Heinz Vallender/Sven-Holger Undritz (Hrsg.)
Praxis des Insolvenzrechts
De Gruyter Handbuch

Heinz Vallender/Sven-Holger Undritz (Hrsg.)

Praxis des Insolvenzrechts

3., neu bearbeitete Auflage

DE GRUYTER

Dr. *Sven-Holger Undritz*, Rechtsanwalt, Hamburg;
Dr. *Heinz Vallender*, Honorarprofessor an der Universität zu Köln, Richter am Amtsgericht a.D., Köln

ISBN 978-3-11-058122-5
e-ISBN (PDF) 978-3-11-058259-8
e-ISBN (EPUB) 978-3-11-058130-0

Library of Congress Cataloging-in-Publication Data: 2021930977

Bibliografische Information der Deutschen Nationalbibliothek
Die Deutsche Nationalbibliothek verzeichnet diese Publikation in der Deutschen Nationalbibliografie; detaillierte bibliografische Daten sind im Internet über http://dnb.dnb.de abrufbar.

© 2021 Walter de Gruyter GmbH, Berlin/Boston
Satz: jürgen ullrich typosatz, Nördlingen
Druck und Bindung: C.H. Beck

www.degruyter.com

Vorwort

Nach dem Startschuss im „ESUG-Jahr" 2012 und der zweiten Auflage im Jahr 2017, in der u.a. die umfassende Reform des Privatinsolvenzrechts aus dem Jahr 2013 und die Reform der EuInsVO durch die EU im Jahr 2015 ihren Niederschlag fanden, war die Zeit reif für die jetzt vorliegende dritte Auflage des Praktiker-Handbuchs. Die Schlagzahl des Gesetzgebers hat nicht nachgelassen und damit auch für die Autoren einer Gesamtdarstellung zum Insolvenzrecht eine besondere Herausforderung dargestellt. Die Herausgeber, das sei gleich zu Beginn des Vorworts angemerkt, sind insbesondere auch den Autoren für ihre unermüdliche Pflege und Aktualisierung der Manuskripte zu großem Dank verpflichtet, sie haben eine Herkules-Aufgabe mit viel Hingabe exzellent bewältigt!

Unser Ziel, dem Leser ein praxisgerechtes und umfassendes Kompendium zu den aktuellen Themen des Insolvenzrechts anzubieten, haben wir auch in dieser Auflage mit besonderem Augenmerk verfolgt. Dabei wurden sämtliche nach der Fachanwaltsordnung nachzuweisenden Bereiche topaktuell dargestellt.

Eine besondere Herausforderung für unser Autorenteam war dabei das Gesetz zur Fortentwicklung des Sanierungs- und Insolvenzrechts (SanInsFoG vom 22. Dezember 2020, BGBl. I S. 3256), mit dem insbesondere die Ergebnisse der im Auftrag des Bundesministerium der Justiz und für Verbraucherschutz durchgeführten ESUG Evaluation und die Restrukturierungs-Richtlinie (EU) 2019/1023 des Europäischen Parlaments und des Rates vom 20. Juni 2019 umgesetzt worden sind, letztere durch das Gesetz über den Stabilisierungs- und Restrukturierungsrahmen für Unternehmen (StaRUG). Die ESUG-Evaluation empfahl insbesondere für die Eigenverwaltung, die von der Praxis gut angenommen und inzwischen nicht mehr weg zu denken ist, zahlreiche Anpassungen, die Frau Sylvia Fiebig in § 9 unter Berücksichtigung des neusten Stands des Gesetzes darstellt. Auch wenn jetzt die ersten StaRUG-Fälle die Sanierungspraxis bereichern, handelt es sich doch um vorinsolvenzliche Sanierungen. Deshalb haben wir von einer umfassenden Kommentierung dieses über 100 Paragraphen umfassenden Gesetzes im Rahmen dieses Kompendiums zum Insolvenzrecht in dieser Auflage Abstand genommen. Einen Überblick über die neuen Instrumente des Stabilisierungs- und Restrukturierungsrahmens nach dem StaRUG bietet das Werk dennoch in § 1 (unter A. VI. 13.) und § 10 (unter A. IV.).

Große Veränderungen brachte auch das Gesetz zur weiteren Verkürzung des Restschuldbefreiungsverfahrens und zur Anpassung pandemiebedingter Vorschriften im Gesellschafts-, Genossenschafts-, Vereins- und Stiftungsrecht sowie im Miet- und Pachtrecht vom 22. Dezember 2020 (BGBl. I S. 3328) mit sich, derer sich unser Mitautor Gerhard Pape in § 11 angenommen hat.

Auch das politisch umstrittene COVID-19-Insolvenzaussetzungsgesetz COVInsAG (Art. 1 des Gesetzes zur Abmilderung der Folgen der COVID-19-Pandemie im Zivil-, Insolvenz- und Strafverfahrensrecht vom 27. März 2020, BGBl. I S. 569) und das von ihm geschaffene „Insolvenzsonderrecht" wurde in dem jeweiligen einschlägigen Zusammenhängen berücksichtigt, insbesondere auch mit Blick auf die kaum noch zu überblickenden Haftungsfragen im Rahmen von § 18 durch unseren Mitautor Rolf E. Köllner.

Auch die Verordnung (EU) 2015/848 des Europäischen Parlaments und des Rates vom 20. Mai 2015 über Insolvenzverfahren hat unserem neuen Mitglied des Autorenteams, Felix Fuchs, einiges abverlangt. Er hat sich mit einer quasi kompletten Neufassung der „alten" EuInsVO beschäftigt, die gem. Art. 92 der Verordnung (überwiegend) am 26. Juni 2017 in Kraft getreten ist.

Von erheblicher praktischer Relevanz in nahezu jedem Insolvenzverfahren ist auch die Insolvenzanfechtung durch den Insolvenzverwalter, die durch das Gesetz zur Verbesserung der Rechtssicherheit bei Anfechtungen nach der Insolvenzordnung und nach dem Anfechtungsgesetz vom 29. März 2017 (BGBl. 2017 I S. 654) ebenfalls in ganz zentralen Bereichen novelliert wurde. Die Änderungen sind im Rahmen von § 7 durch unseren Mitautor Berthold Schäfer aufbereitet worden.

Schließlich wurde die Insolvenzordnung am 21. April 2018 auch noch durch das Gesetz zur Erleichterung der Bewältigung von Konzerninsolvenzen (BGBl. 2017 I S. 866) grundlegend ergänzt. Da bereits der Europäische Verordnungsgeber in Kapitel V der EuInsVO einen speziellen Rechtsrahmen für Konzerninsolvenzen geschaffen hat, hat der Mitherausgeber Heinz Vallender dankenswerter Weise keine Mühen gescheut, dieses Rechtsfeld in einem neuen § 20 umfassend zu beleuchten.

Diese gewiss nicht abschließende Auswahl an Schlaglichtern verdeutlicht, dass das Insolvenzrecht auch in den vergangenen vier Jahren ein juristischer Brennpunkt geblieben ist. Wir sind stolz auf den Mix unserer Autoren aus Advokatur, Justiz, Lehre und der Wirtschaftsprüfung, mit dem wir die Bandbreite der Themen exzellent abdecken konnten. Neu im Team zu begrüßen sind noch Herr RiAG Stephan Deyda (Kapitel: Rechte und Pflichten des Schuldners) und Herr Frank-Rüdiger Heinze (Kapitel: Der Insolvenzverwalter).

Zu guter Letzt: wir danken unserem neuen „Heimathafen", dem Verlag de Gruyter, für die Aufnahme unseres Werkes in seine Schriftenreihen. Unser besonderer Dank gilt neben Frau Birte Treder und Frau Anett Rehner insbesondere Frau Ilona Stettner für ihre stets kompetente und engagierte Begleitung. Ohne ihren ständigen Impuls, verbunden mit der Bereitschaft, unsere Konzepte stets neu zu überdenken, wäre diese Auflage so nicht erschienen.

Wir hoffen und wünschen uns, dass unsere Leser Spaß bei der Lektüre des Buches haben werden und es vor allem als echtes Hilfsmittel bei der Lösung der immer zahlreicher werdenden juristischen Problemstellungen gewinnbringend zu Rate ziehen können. Über etwaige Hinweise und Verbesserungsvorschläge für die Folgeauflage (nach dem Spiel ist vor dem Spiel!) freuen wir uns: hvallender@t-online.de und shundritz@whitecase.com.

Köln und Hamburg, im Mai 2021
Heinz Vallender und Sven-Holger Undritz

Inhaltsübersicht

Vorwort —— V
Inhaltsverzeichnis —— IX
Bearbeiterverzeichnis —— LXXI
Literaturverzeichnis —— LXXIII
Abkürzungsverzeichnis —— LXXXIII

§ 1 Grundlagen des Insolvenzrechts —— 1
§ 2 Das Insolvenzverfahren —— 67
§ 3 Der Insolvenzverwalter —— 317
§ 4 Insolvenzgründe —— 403
§ 5 Insolvenzmasse —— 513
§ 6 Abwicklung der Vertragsverhältnisse in der Insolvenz —— 593
§ 7 Insolvenzanfechtung —— 625
§ 8 Insolvenzplanverfahren —— 933
§ 9 Eigenverwaltung —— 1073
§ 10 Sanierung —— 1147
§ 11 Verbraucherinsolvenz- und Restschuldbefreiungsverfahren sowie Verfahrenskostenstundung —— 1221
§ 12 Arbeits- und Sozialrecht in der Insolvenz —— 1503
§ 13 Gesellschaftsrecht in der Insolvenz —— 1587
§ 14 Steuerrecht in der Insolvenz —— 1633
§ 15 Internationales Insolvenzrecht —— 1687
§ 16 Vergütung der Verfahrensbeteiligten —— 1767
§ 17 Rechnungslegung in der Insolvenz —— 1939
§ 18 Haftungsfragen und Insolvenzdelikte —— 1991
§ 19 Nachlassinsolvenz —— 2061
§ 20 Konzerninsolvenzrecht —— 2097

Sachregister —— 2153

Inhaltsverzeichnis

Vorwort —— V
Inhaltsübersicht —— VII
Bearbeiterverzeichnis —— LXXI
Literaturverzeichnis —— LXXIII
Abkürzungsverzeichnis —— LXXXIII

§ 1
Grundlagen des Insolvenzrechts
A. Historische Entwicklung („Meilensteine des Insolvenzrechts") —— 2
  I. Antike —— 2
  II. Mittelalter —— 3
  III. Neuzeit —— 3
  IV. KO von 1877 —— 3
  V. InsO von 1999 —— 4
  VI. Weitere Gesetzesentwicklung seit Inkrafttreten der InsO —— 6
    1. Insolvenzrechtsänderungsgesetz 2001 —— 6
    2. Gesetz zur Reform des Zivilprozesses —— 6
    3. Gesetz zur Neuordnung des Internationalen Insolvenzrechts —— 6
    4. Gesetz zur Vereinfachung des Insolvenzverfahrens —— 7
    5. Gesetz zur Modernisierung des GmbH-Rechts und zur Bekämpfung von Missbräuchen (MoMiG) —— 7
    6. Gesetz zur Änderung der Zivilprozessordnung (§ 522 ZPO) —— 8
    7. Gesetz zur weiteren Erleichterung der Sanierung von Unternehmen (ESUG) —— 9
    8. Gesetz zur Verkürzung des Restschuldbefreiungsverfahrens und zur Stärkung der Gläubigerrechte —— 12
    9. Gesetz zur Verbesserung der Rechtssicherheit bei Anfechtungen nach der Insolvenzordnung und nach dem Anfechtungsgesetz —— 14
    10. Gesetz zur Erleichterung der Bewältigung von Konzerninsolvenzen —— 16
    11. Gesetz zur Durchführung der Verordnung (EU) 2015/848 über Insolvenzverfahren —— 17
    12. Gesetz zur Abmilderung der Folgen der COVID-19 Pandemie im Zivil-, Insolvenz- und Strafverfahrensrecht —— 17
    13. Gesetz zur Fortentwicklung des Sanierungs- und Insolvenzrechts (SanInsFoG) —— 18
    14. Gesetz zur Verkürzung des Restschuldbefreiungsverfahrens und zur Abmilderung der Folgen der COVID-19 Pandemie —— 20

- B. Ziele des Insolvenzverfahrens —— 21
- C. Rechtsquellen und Systematik des Insolvenzrechts —— 24
  - I. Rechtsquellen —— 24
  - II. Systematik des Insolvenzrechts —— 27
- D. Allgemeine Verfahrensgrundsätze —— 29
  - I. Antragsverfahren – Amtsverfahren —— 30
  - II. Untersuchungsgrundsatz – Amtsbetrieb —— 30
  - III. Mündlichkeit – Öffentlichkeit —— 30
  - IV. Einheitlichkeit des Verfahrens —— 31
  - V. Rechtliches Gehör —— 31
  - VI. Wahrung des Grundsatzes der Verhältnismäßigkeit —— 33
- E. Beteiligte des Insolvenzverfahrens —— 33
  - I. Schuldner —— 34
    1. Die Insolvenzfähigkeit —— 35
    2. Verpflichtungen und Befugnisse des Schuldners in einem Insolvenzverfahren —— 36
    3. Sonstige Auswirkungen des Insolvenzverfahrens auf die Stellung des Schuldners —— 37
  - II. Gläubiger —— 37
- F. Organe des Insolvenzverfahrens —— 41
  - I. Insolvenzgericht —— 41
    1. Sachliche, internationale, örtliche und funktionelle Zuständigkeit —— 42
    2. Die Geschäftsstelle —— 44
    3. Amtshaftung —— 45
  - II. Insolvenzverwalter —— 45
    1. Treuhänder —— 47
    2. Sachwalter —— 48
    3. Sonderinsolvenzverwalter —— 49
  - III. Gläubigerversammlung —— 52
    1. Die Gläubigersammlung als oberstes Organ der insolvenzrechtlichen Selbstverwaltung —— 52
    2. Aufgaben und Befugnisse der Gläubigerversammlung —— 53
    3. Teilnahme an der Gläubigerversammlung und Beschlüsse der Gläubigerversammlung —— 54
  - IV. Gläubigerausschuss —— 55
- G. Sonstige Beteiligte —— 57
  - I. Dienstleister —— 57
  - II. Sachverständige —— 61
    1. Aufgaben des Sachverständigen im Insolvenzeröffnungsverfahren —— 61
    2. Prüfung der Schlussrechnung durch einen Sachverständigen —— 63

H. Aktuelle Reformentwicklungen —— 64
    I. Berufsrecht der Insolvenzverwalter —— 64
    II. Gerichtsvollzieherschutzgesetz (GvSchuG) —— 65

§ 2
Das Insolvenzverfahren
A. Einführung —— 74
B. Voraussetzungen der Verfahrenseröffnung —— 75
    I. Insolvenzfähigkeit des Schuldners (§§ 11 bis 12 InsO) —— 75
        1. Natürliche Personen —— 76
        2. Juristische Personen des Privatrechts —— 76
        3. Nachgesellschaft (§ 11 Abs. 3 InsO) —— 77
        4. Gesellschaften ohne Rechtspersönlichkeit —— 78
        5. Sondervermögen —— 78
        6. Insolvenzfähigkeit öffentlich-rechtlicher Personen —— 79
    II. Eröffnungsantrag (§§ 13 bis 15 InsO) —— 79
        1. Allgemeines —— 79
        2. Eröffnungsgrund (§ 16 InsO) —— 80
        3. Eigenantrag des Schuldners —— 81
            a) Allgemeine Voraussetzungen —— 81
            b) Besondere Antragsvoraussetzungen bei nicht eingestelltem Geschäftsbetrieb (§ 13 Abs. 1 Satz 4–7 InsO) —— 81
            c) Antragsvoraussetzungen bei Beantragung von Eigenverwaltung und im Schutzschirmverfahren (§§ 270 ff. InsO) —— 85
                aa) Isolierter Antrag auf Eigenverwaltung —— 85
                bb) Antrag im Schutzschirmverfahren —— 86
            d) Bestimmung der Verfahrensart —— 87
            e) Antragsberechtigung beim Eigenantrag/Grundsatz —— 87
            f) Antragstellung bei mehreren Vertretungsorganen bzw. persönlich haftenden Gesellschaftern —— 88
            g) Antragsrecht bei führungsloser Gesellschaft —— 89
        4. Fremdantrag eines Gläubigers —— 89
        5. Zuständigkeit des Insolvenzgerichts —— 92
        6. Prüfung der Zulässigkeit des Insolvenzantrags —— 96
            a) Eigenantrag —— 96
            b) Fremdantrag —— 98
            c) Glaubhaftmachung der Antragsvoraussetzungen —— 99
            d) Streitige Antragsforderung —— 102
            e) Rechtsschutzbedürfnis —— 103
            f) Anhörung des Schuldners —— 104

C. Eröffnungsverfahren —— 105
  I. Unzulässiger Antrag —— 105
  II. Zulässiger Antrag —— 105
    1. Amtsermittlung —— 105
    2. Sachverständigenbestellung —— 107
    3. Entscheidung über den Antrag —— 108
  III. Erledigung im Eröffnungsverfahren —— 108
    1. Fortführung nach Zahlung —— 109
    2. Erledigungserklärung des Gläubigers —— 111
    3. Kostentragung bei Erledigungserklärung —— 112
  IV. Abweisung mangels Masse (§ 26 InsO) —— 114
    1. Rechtliches Gehör vor Abweisungsbeschluss —— 116
    2. Wirkungen der Abweisung mangels Masse gem. § 26 InsO —— 117
    3. Zustellung und Bekanntmachung des Abweisungsbeschlusses —— 118
D. Inhalt und Bekanntmachung des Eröffnungsbeschlusses sowie Zustellung —— 119
  I. Inhalt des Eröffnungsbeschlusses (§§ 27 bis 29 InsO) —— 119
    1. Bezeichnung des Schuldners und des Insolvenzgrundes —— 119
    2. Zeitpunkt der Eröffnung —— 119
    3. Bestimmung des Insolvenzverwalters —— 121
    4. Terminierungen —— 121
    5. Aufforderungen und Hinweise —— 122
    6. Entscheidung über die Eigenverwaltung —— 123
    7. Fakultativer Inhalt des Eröffnungsbeschlusses —— 123
  II. Bekanntmachung des Eröffnungsbeschlusses (§§ 9, 30 bis 33 InsO; InsBekV) —— 124
  III. Zustellung (§§ 30 Abs. 2, 8 InsO) —— 125
E. Wirkungen des Eröffnungsbeschlusses —— 127
  I. Übergang der Verwaltungs- und Verfügungsbefugnis (§ 80 InsO) —— 127
  II. Verfügungen des Schuldners (§ 81 InsO) —— 128
    1. Regelungsinhalt und Anwendungsbereich —— 129
    2. Erstreckung auf Dienstbezüge —— 131
  III. Leistungen an den Schuldner (§ 82 InsO) —— 131
  IV. Erbschaft. Fortgesetzte Gütergemeinschaft (§ 83 InsO) —— 133
  V. Auseinandersetzung einer Gesellschaft oder Gemeinschaft (§ 84 InsO) —— 135
    1. Beteiligung des Schuldners an Gesellschaften —— 135
    2. Beteiligung an Gemeinschaften —— 136
    3. Absonderungsrecht der verbleibenden Gesellschafter —— 137
    4. Unwirksamkeit vertraglicher und letztwilliger Beschränkungen des Auseinandersetzungsrechts —— 137

VI. Aufnahme von Aktivprozessen (§ 85 InsO) —— 137
  1. Unterbrechung von Gerichtsverfahren mit Insolvenzeröffnung (§ 240 ZPO) —— 137
  2. Aufnahme nach den Regelungen der ZPO – Abgrenzung Aktiv-/Passivprozess —— 139
  3. Aufnahme von Aktivprozessen gem. § 85 InsO —— 139
     a) Aufnahme durch den Insolvenzverwalter —— 139
     b) Verzögerung der Aufnahme (§ 85 Abs. 1 Satz 2 InsO) —— 141
     c) Ablehnung der Aufnahme (§ 85 Abs. 2 InsO) —— 141
     d) Besondere Verfahrensarten —— 142
VII. Aufnahme bestimmter Passivprozesse (§ 86 InsO) —— 142
  1. Aufnahme nach § 86 Abs. 1 InsO —— 142
  2. Verfahrenskosten bei Anerkenntnis (§ 86 Abs. 2 InsO) —— 144
VIII. Forderungen der Insolvenzgläubiger, Forderungsanmeldung und Prüfungstermin sowie Forderungsfeststellung (§§ 87, 174 bis 185 InsO) —— 145
  1. Forderungsanmeldung und -feststellung —— 145
  2. Anmeldeberechtigung —— 145
  3. Form der Anmeldung —— 146
  4. Tabellenführung und Forderungsprüfung —— 149
  5. Auf Nachhaftung beschränktes Bestreiten durch den Schuldner —— 152
  6. Feststellungsklage bei Widerspruch —— 152
  7. Vorläufiges Bestreiten —— 155
IX. Zwangsvollstreckung (§§ 88 bis 90 InsO) —— 155
  1. Allgemeines Vollstreckungsverbot (§ 89 InsO) —— 155
     a) Anwendungsbereich —— 156
     b) Entsprechende Anwendung auf Neugläubiger —— 158
     c) Vollstreckungsverbot für künftige Forderungen aus Dienstverhältnissen (§ 89 Abs. 2 InsO) —— 158
     d) Vollstreckungen entgegen § 89 InsO/Folgen —— 158
     e) Zuständigkeit für Rechtsbehelfe (§ 89 Abs. 3 InsO) —— 159
  2. Vollstreckungen vor Eröffnung: Rückschlagsperre (§ 88 InsO) —— 159
     a) Zweck der Rückschlagsperre —— 160
     b) Erfasste Tatbestände —— 160
     c) Wirkung der Rückschlagsperre —— 160
     d) Frist —— 161
  3. Vollstreckung durch Massegläubiger (§ 90 InsO) —— 162
     a) Vollstreckungsverbot für oktroyierte Masseverbindlichkeiten —— 162
     b) Kein Vollstreckungsverbot für gewillkürte Masseverbindlichkeiten —— 162

    c) Kein Verbot der Vollstreckung in das insolvenzfreie Vermögen und während der Wohlverhaltensphase —— **163**
    d) Weitere Vollstreckungsverbote —— **164**
  X. Ausschluss sonstigen Rechtserwerbs (§ 91 InsO) —— **164**
  XI. Geltendmachung eines Gesamtschadens (§ 92 InsO) —— **166**
    1. Wirkungsweise des § 92 InsO —— **166**
    2. Praxisrelevante Anwendungsfälle —— **167**
  XII. Gesellschaftsrechtliche Folgen der Eröffnung —— **168**
  XIII. Berufsrechtliche Folgen der Eröffnung —— **168**
F. Einstellung des Insolvenzverfahrens —— **169**
  I. Einleitender Überblick —— **169**
    1. Einstellungsgründe —— **170**
    2. Abgrenzungsfragen —— **170**
  II. Einstellung mangels Masse (§ 207 InsO) —— **171**
    1. Keine Einstellung bei Kostenvorschuss —— **171**
    2. Einstellungsverfahren —— **172**
      a) Anhörungspflichten —— **172**
      b) Verteilung des Vermögens, keine weitere Verwertungspflicht —— **172**
      c) Einstellungsbeschluss —— **173**
  III. Einstellung wegen Masseunzulänglichkeit (§§ 208 bis 211 InsO) —— **173**
    1. Anzeigepflicht des Verwalters —— **174**
      a) Wirkungen der Anzeige (§§ 209, 210 InsO) —— **174**
      b) Rangfolge der Massegläubiger (§ 209 InsO) —— **174**
      c) Vollstreckungsverbot (§ 210 InsO) —— **175**
      d) Aufrechnungsverbote —— **176**
      e) Prozessuale Folgen —— **176**
      f) Anzeige weiterer Masseunzulänglichkeit —— **176**
    2. Öffentliche Bekanntmachung und Zustellung an Massegläubiger —— **177**
    3. Weiterer Verfahrensablauf —— **177**
      a) Abschließende Gläubigerversammlung —— **178**
      b) Verteilung der Masse und Einstellung des Verfahrens —— **179**
    4. Rückkehr ins reguläre Verfahren —— **180**
    5. Nachtragsverteilung —— **180**
  IV. Einstellung wegen Wegfalls des Eröffnungsgrunds (§ 212 InsO) —— **181**
  V. Einstellung auf Antrag des Schuldners mit Zustimmung der Gläubiger (§ 213 InsO) —— **182**
  VI. Verfahren bei Einstellung nach § 212 und § 213 InsO —— **183**
    1. Öffentliche Bekanntmachung des Antrags und Widerspruchsrecht der Insolvenzgläubiger —— **183**
    2. Befriedigung bzw. Sicherung der Masseansprüche —— **184**

  3. Anhörung und Entscheidung des Gerichts —— 185
  4. Öffentliche Bekanntmachung des Einstellungsbeschlusses und Vorabinformation —— 185
  5. Wirkung der Einstellung (§ 215 InsO) —— 186
 VII. Weitere Folgen der Einstellung —— 187
  1. Gesellschaftsrechtliche Folgen der Einstellung —— 187
  2. Wirksamkeit von Rechtshandlungen —— 187
  3. Abwicklungsverhältnis zwischen Schuldner und Insolvenzverwalter —— 188
  4. Prozessführungsbefugnis —— 188
  5. Nachhaftung —— 189

G. Einberufung der Gläubigerversammlung (§§ 74 bis 79 InsO) —— 190
 I. Allgemeines —— 190
  1. Aufgaben der Gläubigerversammlung —— 190
  2. Teilnahmeberechtigung —— 191
  3. Kompetenzübertragung auf Insolvenzverwalter und Insolvenzgericht —— 191
 II. Einberufung der Gläubigerversammlung —— 191
  1. Einberufung von Amts wegen —— 191
  2. Einberufung auf Antrag —— 192
 III. Terminbestimmung —— 193
 IV. Ablauf des Termins —— 194
  1. Bericht des Verwalters —— 195
  2. Protokollierung der Sitzung —— 196
  3. Beschlussfassung —— 196
   a) Stimmberechtigung —— 197
   b) Stimmrechtsfestsetzung —— 198
   c) Wirkung der Stimmrechtsfestsetzung —— 199
   d) Richterliche Stimmrechtsfestsetzung —— 199
  4. Wirkung von Beschlüssen der Gläubigerversammlung —— 200
  5. Aufhebung von Beschlüssen (§ 78 InsO) —— 202

H. Einsetzung eines Gläubigerausschusses (§§ 67 bis 70, 72 InsO) —— 204
 I. Allgemeines —— 204
 II. Abgrenzung zur Gläubigerversammlung —— 204
 III. Aufgaben des Gläubigerausschusses —— 205
 IV. Einsetzung des Gläubigerausschusses —— 207
  1. Besetzung des Gläubigerausschusses —— 207
  2. Bestätigung eines vom Gericht eingesetzten Gläubigerausschusses —— 208
  3. Ende des Amtes —— 208
  4. Entlassung durch das Insolvenzgericht —— 209
 V. Geschäftsordnung und Beschlussfassung —— 210

VI. Pflicht zur unabhängigen Wahrnehmung des Amtes —— 211
VII. Haftung —— 212
VIII. Vorläufiger Gläubigerausschuss —— 213
    1. Vorläufiger Gläubigerausschuss im eröffneten Verfahren —— 213
    2. Vorläufiger Gläubigerausschuss im Eröffnungsverfahren —— 213
       a) Allgemeines —— 214
       b) Voraussetzungen für die Bestellung des vorläufigen Gläubigerausschusses im Eröffnungsverfahren —— 215
       c) Aufgaben des vorläufigen Gläubigerausschusses im Eröffnungsverfahren —— 218
    3. Gläubigerbeirat —— 220

I. Berichtstermin (§§ 156 bis 158 InsO) —— 220
    I. Terminierung —— 221
    II. Verwalterbericht —— 221
    III. Recht zur Stellungnahme —— 222
    IV. Entscheidungen der Gläubigerversammlung im Berichtstermin —— 222
    V. Schriftliches Verfahren —— 224

J. Verwertung der Insolvenzmasse und Erlösverteilung (§§ 159, 166 bis 173, 187 bis 199, 203, 205, 209 InsO) —— 224
    I. Allgemeines/Einleitung —— 224
    II. Verwertung beweglicher Sachen und Forderungen —— 226
    III. Verwertung von Sachen und Forderungen mit Absonderungsrechten —— 227
       1. Verwertung beweglicher Sachen —— 227
       2. Verwertung von Forderungen —— 227
       3. Verwertung sonstiger Rechte —— 228
       4. Kein Verwertungsrecht des Verwalters bei Kapitalmarkt- und Finanzsicherheiten, § 166 Abs. 3 InsO —— 229
       5. Massebeiträge (§§ 170, 171 InsO) —— 229
          a) Feststellungsbeiträge —— 230
          b) Verwertungsbeiträge —— 230
       6. Auskehrung des Verwertungserlöses (§ 170 Abs. 1 InsO) —— 232
       7. Mitteilung der Veräußerungsabsicht (§ 168 InsO) —— 232
          a) Inhalt der Anzeige —— 233
          b) Hinweis auf anderweitige Verwertungsmöglichkeit —— 233
       8. Zinszahlung bei verzögerter Verwertung (§ 169 InsO) —— 234
       9. Nutzung durch den Insolvenzverwalter und Ersatz für Wertverlust (§ 172 InsO) —— 235
       10. Verwertung durch den absonderungsberechtigten Gläubiger —— 236
          a) Eintrittsrecht, § 168 Abs. 3 InsO —— 236
          b) Unechte Freigabe, § 170 Abs. 2 InsO —— 237
          c) Originäres Verwertungsrecht, § 173 InsO —— 238

        11. Verwertung im vereinfachten Verfahren (§ 314 InsO a.F.) —— 239
        12. Verwertung durch den vorläufigen Insolvenzverwalter —— 239
    IV. Verteilung der Masse —— 240
        1. Abschlagsverteilung —— 241
            a) Durchführung nach Ermessen des Verwalters —— 241
            b) Festsetzung und Auszahlung der Quote (§ 195 InsO) —— 242
        2. Schlussverteilung (§ 196 InsO) —— 242
            a) Ausnahmen vom Grundsatz der vollständigen Verwertung —— 243
            b) Zustimmung des Gerichts zur Schlussverteilung —— 244
            c) Überschuss bei der Schlussverteilung (§ 199 InsO) —— 245
        3. Nachtragsverteilung (§ 203 InsO) —— 245
            a) Voraussetzungen und Verfahren der Nachtragsverteilung —— 246
            b) Insolvenzverwalter und Insolvenzbeschlag bei Nachtragsverteilung —— 246
        4. Verteilungsverzeichnis —— 247
            a) Bestrittene Forderungen (§ 189 InsO) —— 248
            b) Forderungen absonderungsberechtigter Gläubiger (§ 190 InsO) —— 248
            c) Aufschiebende bedingte Forderungen (§ 191 InsO) —— 249
            d) Nachträgliche Berücksichtigung (§ 192 InsO) —— 250
            e) Änderungen des Verteilungsverzeichnisses (§ 193 InsO) —— 250
            f) Einwendungen gegen das Verteilungsverzeichnis (§ 194 InsO und § 197 Abs. 1 Satz 2 Nr. 2 InsO) —— 251
            g) Einwendungsfrist —— 252
            h) Entscheidung durch Beschluss —— 252
K. Zwangsversteigerung und Zwangsverwaltung (§§ 165, 49 InsO und ZVG) —— 253
    I. Verwertung durch den Insolvenzverwalter —— 253
        1. Freihändige Verwertung —— 253
        2. Zwangsverwaltung auf Antrag des Insolvenzverwalters —— 255
        3. „Kalte" Zwangsverwaltung —— 255
        4. Freigabe und Verwertung durch Überlassung an den Schuldner —— 256
    II. Verwertung durch den Gläubiger —— 256
L. Aufhebung des Insolvenzverfahrens (§ 200 InsO) —— 257
    I. Schlusstermin (§ 197 InsO) —— 257
        1. Erörterung der Schlussrechnung (§ 197 Abs. 1 Satz 2 Nr. 1 InsO) —— 258
        2. Einwendungen gegen das Schlussverzeichnis (§ 197 Abs. 1 Satz 2 Nr. 2 InsO) —— 259

3. Entscheidung über nicht verwertbare Gegenstände
(§ 197 Abs. 1 Satz 2 Nr. 3 InsO) —— 259
4. Schlusstermin als besonderer Prüfungstermin
(§ 177 Abs. 2 InsO) —— 259
5. Anhörung zur Vergütung der Mitglieder des Gläubigerausschusses —— 260
6. Entscheidung über Versagungsanträge nach § 290 InsO —— 260
7. Schriftliches Verfahren —— 261
II. Aufhebung des Insolvenzverfahrens (§ 200 InsO) —— 261
M. Besondere Arten des Insolvenzverfahrens (§§ 315 bis 334 InsO) —— 263
I. Nachlassinsolvenzverfahren —— 263
II. Fortgesetzte Gütergemeinschaft —— 263
III. Insolvenzverfahren über das Gesamtgut einer Gütergemeinschaft —— 264
IV. Konzerninsolvenzen —— 264
N. Rechte und Pflichten des Schuldners —— 265
I. Anhörung des Schuldners (§ 10 InsO) —— 265
II. Auskunfts- und Mitwirkungspflichten des Schuldners
(§§ 20, 97 InsO) —— 267
1. Auskunftspflicht —— 267
2. Mitwirkungspflicht —— 269
3. Auskunfts- und Mitwirkungsverpflichtete bei Gesellschaften —— 270
4. Auskunftspflicht von Angestellten —— 271
III. Durchsetzung der Auskunfts- und Mitwirkungspflichten
(§ 98 InsO) —— 271
1. Abgabe der eidesstattlichen Versicherung (§ 98 Abs. 1 InsO) —— 271
2. Vorführung des Schuldners und Inhaftierung —— 272
3. Weitere Druckmittel/Mittel zur Gewinnung von Auskünften —— 273
a) Postsperre —— 273
b) § 4 InsO i.V.m. § 802l ZPO —— 275
c) Auswirkungen auf Stundung und RSB —— 276
4. Durchsetzung der Auskunftspflicht (ehemaliger) Angestellter —— 277
IV. Unterhaltsansprüche —— 277
1. Unterhalt aus der Insolvenzmasse, §§ 100, 101 Abs. 1 Satz 3, 278 InsO —— 277
a) Anwendungsbereich —— 277
b) Gewährung von Unterhalt aufgrund der Entscheidung der Gläubigerversammlung —— 278
c) Vorläufige Entscheidung durch den Insolvenzverwalter —— 280
d) Privilegierung des Schuldners in der Eigenverwaltung —— 281
2. Unterhaltspflichten des Schuldners —— 281
a) Grundlagen —— 281
b) Ausnahmeregelung des § 40 InsO —— 283

            c) Unterhaltsansprüche und Restschuld-
                befreiung —— **283**
O. Rechte der Insolvenzgläubiger nach Verfahrensaufhebung —— **284**
    I.   Grundsatz der freien Nachforderung —— **284**
    II. Vollstreckung aus dem Tabelleneintrag —— **286**
    III. Inhaltsänderung von Forderungen durch Feststellung
         zur Tabelle —— **288**
    IV. Rechtsbehelfe des Schuldners gegen die Vollstreckung aus
         dem Tabellenauszug —— **289**
    V.   Zuständigkeitsregelungen des § 202 InsO —— **290**
P. Rechtsmittel der InsO —— **290**
    I.   Einleitung —— **290**
    II. Sofortige Beschwerde (§§ 6, 34, 204, 216 InsO) —— **291**
         1. Statthaftigkeit der Beschwerde (§ 6 Abs. 1 InsO) —— **291**
         2. Gang des Beschwerdeverfahrens —— **295**
            a) Beschwerdeberechtigung —— **295**
            b) Beschwer —— **296**
            c) Form und Frist —— **297**
            d) Abhilfebefugnis —— **298**
            e) Vorlage an das Beschwerdegericht und weiteres
                Verfahren —— **299**
            f) Zeitpunkt der Entscheidung —— **299**
            g) Entscheidung des Beschwerdegerichts —— **300**
            h) Aussetzung der Vollziehung und Anordnung der sofortigen
                Wirksamkeit —— **302**
            i) Zeitpunkt der Wirksamkeit der Beschwerdeentscheidung —— **302**
    III. Rechtsbeschwerde (§ 574 ZPO) —— **303**
         1. Zulässigkeit —— **303**
         2. Form und Frist —— **304**
         3. Weiterer Verfahrensgang und Entscheidung des Gerichts —— **304**
    IV. Wiedereinsetzung in den vorigen Stand —— **305**
         1. Wiedereinsetzung bei Forderungsprüfung (§ 186 InsO) —— **305**
         2. Form und Frist der Wiedereinsetzung —— **306**
         3. Entscheidung des Gerichts —— **306**
    V.   Sonstige Rechtsmittel —— **307**
         1. Rechtspflegererinnerung nach § 11 Abs. 2 RPflG —— **308**
         2. Erinnerung nach § 573 ZPO —— **308**
Q. Gerichtskosten des Insolvenzverfahrens —— **309**
    I.   Gebührentatbestände —— **309**
         1. Gegenstandswert —— **310**
         2. Eröffnungsverfahren —— **311**
         3. Durchführung des Insolvenzverfahrens —— **311**

　　　　4. Besondere Verfahren —— 311
　　　　5. Kosten der Beschwerde und Rechtsbeschwerde —— 312
　　II. Auslagen des Gerichts —— 313
　　III. Kostenschuldner —— 313
　　　　1. Eröffnungsverfahren —— 314
　　　　2. Vorschusspflicht —— 315
　　　　3. Eröffnetes Verfahren —— 315

§ 3
Der Insolvenzverwalter

A. Das Amt des Insolvenzverwalters —— 317
　　I. Aufgaben und Stellung des Verwalters im Verfahren —— 317
　　II. Anforderungen an den Verwalter (§ 56 InsO) —— 322
　　III. Bestellung des Insolvenzverwalters —— 327
　　IV. Vertretung des Insolvenzverwalters —— 332
　　V. Wahl eines anderen Verwalters (§ 57 InsO) —— 335
　　VI. Verschwiegenheitspflicht —— 337
　　VII. Auskunftsrecht —— 341
　　VIII. Akteneinsichtsrecht —— 345
　　IX. Tätigkeitsverbote —— 348
　　X. Beendigung des Amts und Rechnungslegung (§§ 59, 66 InsO) —— 349
B. Die Aufgaben des vorläufigen Insolvenzverwalters —— 353
　　I. Aufgaben und Stellung des vorläufigen Insolvenzverwalters im Verfahren (§ 22 InsO) —— 353
　　II. Verfügungsbeschränkungen (§§ 23–25 InsO) —— 360
　　III. Starker vorläufiger Insolvenzverwalter —— 363
　　IV. Schwacher vorläufiger Insolvenzverwalter —— 365
　　V. Gutachtermodell —— 368
C. Die Aufgaben des Insolvenzverwalters —— 371
　　I. Aufgaben vor dem Berichtstermin —— 371
　　II. Einfluss der Gläubigerautonomie —— 382
　　III. Die Aufgaben als Masseverwerter —— 385
D. Aufsicht des Insolvenzgerichts —— 392

§ 4
Insolvenzgründe

A. Allgemeines —— 405
　　I. Anwendungsbereich der verschiedenen Eröffnungsgründe —— 406
　　II. Die Bedeutung der Insolvenzgründe —— 407
　　　　1. Pflicht zur Stellung eines Insolvenzantrages —— 407
　　　　2. Straftatbestände —— 408
　　　　3. Insolvenz- und Gläubigeranfechtung —— 408

   4. Haftung der Organvertreter und ggf. weiterer (antragspflichtiger) Personen —— 410
B. Zahlungsunfähigkeit —— 411
 I. Bedeutung —— 411
 II. Definition —— 411
 III. Liquide Mittel —— 414
  1. Grundsätze —— 414
  2. Einzelne Aktivpositionen —— 414
  3. Belastung mit Drittrechten —— 416
 IV. Fällige Zahlungspflichten —— 417
  1. Grundsätze —— 417
  2. Ernsthaftes Einfordern —— 418
  3. Streitige Zahlungspflichten —— 421
   a) Grundsätze —— 421
   b) Ableitung der Zahlungsunfähigkeit aus einer streitigen Verbindlichkeit —— 423
  4. Gesicherte Verbindlichkeiten —— 423
  5. Verbindlichkeiten gegenüber Gesellschaftern/Anlegern —— 423
  6. Verfahrenskosten —— 424
 V. Feststellung und Nachweis der Zahlungsunfähigkeit —— 425
  1. Darlegungs- und Beweislast —— 425
   a) Insolvenzeröffnungsverfahren —— 425
   b) Anfechtungs- oder Haftungsprozess —— 426
   c) Widerlegung einer eingetretenen Zahlungsunfähigkeit —— 427
   d) Ernsthaftes Einfordern —— 428
  2. Zahlungseinstellung —— 429
  3. Liquiditätsstatus/-plan —— 431
   a) Pflicht der Organvertreter zur Finanzplanung —— 432
   b) Ex-Ante-Betrachtung (Aktuelle Feststellung) —— 433
   c) Einbeziehung der sog. Passiva II —— 435
   d) Berechnung der Liquiditätslücke —— 436
   e) Muster eines Liquiditätsstatus/-plans —— 437
   f) Ex Post-Betrachtung (Rückwirkende Feststellung) —— 439
  4. Feststellung durch das Insolvenzgericht —— 440
   a) Allgemeines —— 440
   b) Ableitung der Zahlungsunfähigkeit aus einer streitigen Verbindlichkeit —— 442
    aa) Nicht titulierte Verbindlichkeit —— 442
    bb) Titulierte privatrechtliche Verbindlichkeit —— 443
    cc) Titulierte öffentlich-rechtliche Verbindlichkeit —— 445
  5. Feststellung im Anfechtungs- oder Haftungsprozess (Ex-Post-Betrachtung) —— 446

　　　　　　a) Zahlungseinstellung —— 446
　　　　　　b) Anhand der monatlichen Summen- und Saldenlisten —— 446
　　　　　　c) Beweiserleichterungen —— 446
　　　　　　d) Indizien —— 449
　　　VI. Abwendung der Zahlungsunfähigkeit —— 452
　　　　　1. Finanzwirtschaftliche Maßnahmen —— 452
　　　　　　a) Frische Liquidität —— 452
　　　　　　b) Stundung (mit Ratenzahlungsvereinbarung) —— 454
　　　　　　c) Nichteinfordern —— 455
　　　　　　d) Weitere Maßnahmen —— 456
　　　　　2. Leistungswirtschaftliche Maßnahmen —— 457
C. Drohende Zahlungsunfähigkeit —— 458
　　I. Bedeutung —— 458
　　II. Definition —— 459
　　III. Feststellung und Nachweis der drohenden Zahlungsunfähigkeit —— 461
　　　　1. Darlegungs- und Beweislast —— 462
　　　　2. Feststellung durch das Insolvenzgericht —— 462
　　　　3. Feststellung im Anfechtungsprozess/Indizien —— 462
　　IV. Abwendung der drohenden Zahlungsunfähigkeit —— 463
D. Überschuldung —— 464
　　I. Bedeutung —— 464
　　II. Definition und historische Entwicklung —— 464
　　　　1. Der modifiziert zweistufige „alte" Überschuldungsbegriff der KO —— 464
　　　　2. Der „alte" zweistufige Überschuldungsbegriff der InsO —— 465
　　　　3. Der geltende modifiziert zweistufige Überschuldungsbegriff —— 465
　　III. Fortführungsprognose —— 466
　　　　1. Definition —— 466
　　　　2. Zahlungs- oder Ertragsfähigkeit? —— 467
　　IV. Aktiva —— 468
　　　　1. Grundsätze —— 468
　　　　2. Fortführungs- und Liquidationswerte —— 469
　　　　3. Einlageansprüche sowie weitere Ansprüche gegen Gesellschafter und Organvertreter —— 470
　　　　4. Immaterielle Vermögensgegenstände —— 472
　　　　5. Sachanlagen —— 473
　　　　6. Finanzanlagen —— 474
　　　　7. Vorräte/halbfertige Leistungen —— 474
　　　　8. Forderungen und sonstige Vermögensgegenstände —— 475
　　　　9. Regressanspruch wegen Sicherung einer fremden Schuld —— 475
　　　　10. Freistellungsanspruch aufgrund Dritt- bzw. Gesellschaftersicherheit —— 476

11. Kassenbestand, Bankguthaben —— 477
12. Aktive Rechnungsabgrenzungsposten —— 477
V. Passiva —— 477
1. Grundsätze —— 477
2. Streitige Verbindlichkeiten —— 479
3. Rückstellungen —— 479
4. Verpflichtungen aus Dauerschuldverhältnissen —— 480
5. Verbindlichkeiten aus einem Sozialplan —— 480
6. Pensionsverpflichtungen —— 481
7. Eventualverbindlichkeiten —— 482
8. Durch Dritt- oder Gesellschaftersicherheiten abgesicherte Verbindlichkeiten —— 482
9. Gesellschafterdarlehen, Verlustausgleichsverpflichtungen, Finanzplankredite, gesplittete Einlage —— 483
10. Stille Beteiligungen, Genussrechte —— 484
11. Abwicklungskosten —— 484
12. Verfahrenskosten —— 485
13. Passive Rechnungsabgrenzungsposten —— 485
VI. Feststellung und Nachweis der Überschuldung —— 485
1. Prüfungsreihenfolge —— 485
2. Darlegungs- und Beweislast —— 486
   a) Insolvenzeröffnungsverfahren —— 486
   b) Haftungsprozess —— 486
   c) Widerlegung einer eingetretenen Überschuldung —— 488
3. Pflicht der Organvertreter zur Überschuldungsprüfung —— 488
4. Fortführungsprognose —— 489
   a) Dreistufige Prüfung —— 489
   b) Berücksichtigung von Sanierungsmaßnahmen oder Refinanzierungen —— 490
5. Überschuldungsstatus —— 491
6. Feststellung durch das Insolvenzgericht —— 492
   a) Allgemeines —— 492
   b) Ableitung der Überschuldung aus einer streitigen Verbindlichkeit —— 492
7. Feststellung im Haftungsprozess (Ex-Post-Betrachtung) —— 492
VII. Abwendung der Überschuldung —— 494
1. Finanzwirtschaftliche Maßnahmen —— 494
   a) Neues (Eigen-)Kapital —— 494
   b) Patronatserklärung oder vergleichbare Finanzierungszusagen —— 495
      aa) Notwendigkeit einer harten internen Patronatserklärung —— 495

    bb) Rechtsfolge in der Insolvenz der patronierten Gesellschaft —— 497
    cc) Kündigungsrecht des Patrons —— 498
  c) Drittsicherheit —— 499
  d) Rangrücktritt —— 500
    aa) Inhalt —— 501
    bb) Sicherheiten —— 503
    cc) Befristung/Aufhebung —— 504
    dd) Steuerliche Auswirkungen —— 505
  e) Forderungsverzicht (mit Besserungsabrede) —— 505
    aa) Inhalt einer Besserungsabrede —— 506
    bb) Steuerliche Auswirkungen —— 507
  f) Debt Equity Swap —— 508
    aa) Rechtliche Umsetzung —— 509
    bb) Rechtsfolgen für nicht eingebrachte Altforderungen oder Neudarlehen —— 510
    cc) Steuerliche Auswirkungen —— 511
  g) Debt Mezzanine Swap —— 511
  h) Weitere Maßnahmen —— 511
 2. Leistungswirtschaftliche Maßnahmen —— 512

§ 5
Insolvenzmasse

A. Grundsätze der Gläubigerbefriedigung (par conditio creditorum) —— 514
B. Insolvenzmasse —— 516
 I. Soll- und Ist-Masse —— 516
  1. Definition und Bedeutung —— 516
  2. Insolvenzmasse (§§ 35, 36 InsO) —— 517
  3. Besonderer Vollstreckungsschutz —— 518
  4. Die Freigabe von Vermögen aus dem Insolvenzbeschlag —— 520
 II. Gesamtgut bei Gütergemeinschaft (§ 37 InsO) u.a. Güterständen, Erbschaften —— 524
 III. Treugut —— 526
 IV. Gesellschaftsanteile —— 531
 V. Vorausverfügungen —— 532
 VI. Kollidierende Rechte —— 534
 VII. Auslandsvermögen —— 535
 VIII. Insolvenzspezifische Ansprüche —— 537
 IX. Die passive Soll-Masse —— 541
  1. Definition und Bedeutung —— 541
  2. § 38 InsO- und Neugläubiger —— 541

   3. Außerhalb des Insolvenzverfahrens (noch) nicht durchsetzbare Forderungen —— 543
   4. Haftung mehrerer Personen (Gesamtschuldner und Bürgen) —— 546
   5. Gesicherte Darlehen (§ 44a InsO) —— 549
   6. Massekosten und Masseverbindlichkeiten —— 553
C. (Vorläufige) Sicherung der Insolvenzmasse —— 555
 I. Grundsatz —— 555
 II. Sicherung des Unternehmens und der Unternehmensfortführung im Ganzen —— 560
D. Aussonderung —— 563
 I. Allgemeines —— 563
 II. Dingliche Aussonderungsansprüche —— 566
 III. Schuldrechtliche Aussonderungsansprüche —— 567
 IV. Geltendmachung des Aussonderungsanspruches —— 568
 V. Ersatzaussonderung (§ 48 InsO) —— 570
E. Absonderung —— 573
 I. Allgemeines —— 573
 II. Verwertung des Sicherungsguts und Realisierung des Absonderungsrechts —— 575
 III. Sicherheitenpools —— 578
 IV. Verwendung beweglicher Sachen für die Insolvenzmasse —— 580
F. ‚Kleines Abc' der Aus- und Absonderungsrechte —— 581
G. Aufrechnung —— 586
 I. Vorbemerkung – Absonderungsähnlichkeit der Aufrechnung —— 586
 II. Grundsatz der Erhaltung der Aufrechnungslage (§§ 94, 95 InsO) —— 586
   1. Gesetzliche Regelung —— 586
   2. Aufrechnung im Insolvenzplanverfahren —— 587
 III. Kein Aufrechnungsverbot (§ 96 InsO) —— 588
   1. § 96 Abs. 1 Nr. 1 InsO —— 588
   2. § 96 Abs. 1 Nr. 3 InsO —— 589
   3. § 96 Abs. 1 Nr. 4 InsO —— 591
   4. Bei Masseunzulänglichkeit —— 591

§ 6
Abwicklung der Vertragsverhältnisse in der Insolvenz
A. Wahlrecht des Insolvenzverwalters (§§ 103, 105, 119 InsO) —— 594
 I. Das Wahlrecht des Insolvenzverwalters —— 594
 II. Rechtsnatur der Erklärung des Insolvenzverwalters —— 595
 III. Anforderung an die Erklärung des Insolvenzverwalters —— 596
 IV. Teilbare Leistungen (§ 105 InsO) —— 598
 V. Unwirksamkeit abweichender Vereinbarungen (§ 119 InsO) —— 598

B. Sonderbestimmungen für bestimmte Vertragstypen
(§§ 104 bis 108 InsO) —— 601
  I. Fixgeschäfte, Finanzleistungen (§ 104 InsO) —— 601
    1. Fixgeschäfte —— 601
    2. Finanzleistungen —— 602
  II. Vormerkung (§ 106 InsO) —— 603
    1. Insolvenzfestigkeit —— 603
    2. Erweiterung der Insolvenzfestigkeit —— 604
    3. Kein Insolvenzschutz —— 604
  III. Eigentumsvorbehalt (§ 107 InsO) —— 605
    1. Insolvenz des Vorbehaltsverkäufers (§ 107 Abs. 1 InsO) —— 605
    2. Zweifelsfragen zu § 107 Abs. 1 Satz 1 InsO —— 606
    3. Erweiterung der Insolvenzfestigkeit —— 606
    4. Insolvenz des Vorbehaltskäufers (§ 107 Abs. 2 InsO) —— 607
  IV. Fortbestehen bestimmter Schuldverhältnisse (§ 108 InsO) —— 608
    1. Fortbestehen nach § 108 Abs. 1 Satz 1 InsO; § 108 Abs. 3 InsO —— 608
    2. Refinanzierte Leasingverträge (§ 108 Abs. 1 Satz 2 InsO) —— 608
    3. Der Schuldner als Darlehensgeber (§ 108 Abs. 2 InsO) —— 609
C. Abwicklung von Mietverhältnissen in der Insolvenz (§§ 109–112 InsO) —— 610
  I. Insolvenz des Mieters —— 610
    1. Sonderkündigungsrecht nach § 109 Abs. 1 Satz 1 InsO —— 610
    2. Mietverhältnis über die Wohnung des Schuldners
       (§ 109 Abs. 1 Satz 2 InsO) —— 611
    3. Schadensersatzansprüche nach § 109 Abs. 1 Satz 3 InsO —— 613
    4. Nicht vollzogenes Miet- oder Pachtverhältnis
       (§ 109 Abs. 2 Satz 1 InsO) —— 613
    5. Kündigungssperre nach § 112 InsO —— 614
  II. Insolvenz des Vermieters (§§ 110, 111 InsO) —— 615
    1. Grundsätzlicher Fortbestand des Vertragsverhältnisses —— 615
    2. Vorausverfügungen über die Miete —— 616
    3. Veräußerung des Miet- oder Pachtobjekts (§ 111 InsO) —— 617
  III. Probleme bei Sonderformen von Mietverträgen —— 617
    1. Der Schuldner als Mitmieter —— 617
    2. Der Schuldner als Zwischenmieter —— 618
  IV. Zusammenfassung zur Abwicklung von Mietverhältnissen
      in der Insolvenz —— 619
D. Sondervorschriften für Auftrag, Geschäftsbesorgungsvertrag
(§§ 115, 116 InsO) —— 620
  I. Erlöschen von Aufträgen und Geschäftsbesorgungsverträgen
     (§§ 115, 116 InsO) —— 620
  II. Fortbestand von Aufträgen und Geschäftsbesorgungsverträgen —— 622
    1. Notgeschäftsführung —— 622

        2. Gutgläubigkeit des Beauftragten —— **623**
        3. Entsprechende Anwendung auf Geschäftsbesorgungs-
           verträge —— **623**
   III. Erlöschen von Vollmachten (§ 117 InsO) —— **623**
   IV. Auflösung von Gesellschaften (§ 118 InsO) —— **624**

§ 7
Insolvenzanfechtung
A. Einleitung —— **631**
   I. Gesetzeszweck, Anwendungsbereich und Rechtsnatur
      der Anfechtung —— **631**
      1. Zweck der Insolvenzanfechtung —— **631**
      2. Anwendungsbereich (§ 147 InsO); Auslandsbezug —— **631**
   II. Gesetzessystematik der Anfechtungstatbestände —— **634**
      1. Die besondere Insolvenzanfechtung (§§ 130 bis 132 InsO) —— **634**
      2. Die allgemeine Insolvenzanfechtung (§§ 133, 134 InsO) —— **634**
      3. Die Sondertatbestände der §§ 135, 136 InsO —— **635**
      4. Inneres Konkurrenzverhältnis —— **636**
   III. Äußeres Konkurrenzverhältnis —— **637**
      1. Rückschlagsperre nach § 88 InsO —— **637**
      2. Anfechtungsgesetz (AnfG) —— **637**
      3. Deliktsrecht (§§ 823 ff. BGB) und Sittenwidrigkeit
         (§ 138 BGB) —— **637**
      4. Nichtigkeit (insb. § 134 BGB) und Bereicherungsrecht
         (§§ 812 ff. BGB) —— **639**
      5. Aufrechnung —— **639**
   IV. Neuregelungen und Entwicklungstendenzen —— **640**
B. § 129 InsO – Anfechtbare Rechtshandlung —— **647**
   I. Vorbemerkung —— **647**
   II. Die Rechtshandlung —— **647**
      1. Rechtsgeschäfte und Prozesshandlungen —— **649**
      2. Rechtsgeschäftsähnliche Handlungen und Realakte —— **650**
         a) Rechtshandlung des Schuldners —— **651**
            aa) Selbstbestimmtes Verhalten —— **652**
            bb) Unterlassen (§ 129 Abs. 2 InsO) —— **653**
         b) Rechtshandlung des Gläubigers und Dritter (insb. des vorläufigen
            Insolvenzverwalters) —— **654**
      3. Mehrere Rechtshandlungen —— **655**
      4. Mehraktige Rechtshandlungen und Vornahmezeitpunkt
         (§ 140 InsO) —— **657**
         a) Forderungsabtretung —— **659**
         b) Verpfändung und Pfändung —— **662**

aa) Pfandrecht an bestehender und künftiger Forderung —— 662
bb) Pfandrecht zur Sicherung einer künftigen Forderung —— 663
c) Überweisung und Lastschriftverfahren —— 663
5. Rechtshandlungen im Mehrpersonenverhältnis —— 666
 a) Rechtsgrundsätzliches; Abgrenzung der mittelbaren Zuwendung von der Leistungskette —— 666
 b) Leistung an einen Empfangsbevollmächtigten —— 669
 c) Anweisung des Schuldners —— 670
 d) Tilgung einer fremden Schuld —— 672
6. Aufrechnungs- und Verrechnungslagen —— 674
 a) Allgemeines —— 674
 b) Kontokorrent- und Konzernverrechnung —— 678
7. Teilanfechtung —— 680

III. Gläubigerbenachteiligung —— 681
1. Grundsätzliches —— 681
 a) Zahlungen Dritter; durchlaufende Posten —— 683
 b) Gläubigerwechsel —— 684
 c) Fehlende Gläubigerbenachteiligung —— 685
 d) Eintritt und Umfang der Gläubigerbenachteiligung —— 686
2. Arten der Gläubigerbenachteiligung —— 687
 a) Unmittelbare Gläubigerbenachteiligung —— 687
 b) Mittelbare Gläubigerbenachteiligung —— 690
3. Erhaltung der Haftungsmasse —— 692
 a) Unpfändbare Gegenstände —— 694
 b) Schuldnerfremdes und wertausschöpfend belastetes Vermögen; Sicherheitentausch —— 695
 c) Treuhand und Zweckbindung —— 700
4. Aufrechnung und Verrechnung —— 703
5. Weitere Einzelfälle —— 706
 a) Bankmäßiger Geschäftsverkehr —— 706
 b) Sicherungsrechte —— 708
 c) Gesellschaftsrecht —— 709
 d) Insolvenzbedingte Vertragsänderungen —— 710
 e) Nachteilige Vertragsklauseln für den Fall der Insolvenz (insolvenzabhängige Lösungsklauseln) —— 711
 f) Sonstige Fälle der Gläubigerbenachteiligung —— 712
6. Kausalität und Vorteilsausgleichung —— 714
 a) Kausalität —— 714
 b) Hypothetische Geschehensabläufe —— 714
 c) Vorteilsausgleichung —— 716
7. Beweislast —— 717
8. Bargeschäft (§ 142 InsO) —— 718

- a) Allgemeines —— 718
- b) Enger zeitlicher Zusammenhang; Rechtsprechung des BGH —— 720
- c) Rechtsprechung des Bundesarbeitsgerichts; Neuregelung des § 142 Abs. 2 Satz 2 InsO —— 722
- d) Einzelfälle —— 723
- e) Beweislast; Anfechtbarkeit nach § 133 Abs. 1 InsO —— 726

C. § 130 InsO – Kongruente Deckung —— 727
    I. Gesetzessystematik und Gesetzeszweck —— 727
    II. Allgemeines —— 729
    III. Einzelheiten —— 730
        1. Insolvenzgläubiger als Anfechtungsgegner —— 730
- a) Grundsätzliches —— 730
- b) Mehrpersonenverhältnisse —— 732

        2. Gewährung oder Ermöglichung einer kongruenten Sicherung oder Befriedigung —— 733
- a) Befriedigungen —— 735
  - aa) Grundsätzliches —— 735
  - bb) Kontoverrechnungen —— 737
  - cc) Befriedigung bei vorausgegangener Sicherung —— 739
  - dd) Scheckeinreichung und Lastschriftverfahren —— 740
- b) Sicherheiten —— 741
  - aa) Vertragliche Pfandrechte —— 741
  - bb) Gesetzliche Pfandrechte —— 742

        3. Materielle Insolvenz des Schuldners —— 742
- a) Zahlungsunfähigkeit —— 742
  - aa) Zahlungseinstellung —— 744
  - bb) Feststellung der Zahlungsunfähigkeit —— 745
  - cc) Indizien für die Zahlungsunfähigkeit —— 746
  - dd) Wegfall der Zahlungsunfähigkeit —— 747
- b) Eröffnungsantrag; Maßgeblichkeit nach § 139 Abs. 2 InsO —— 747

        4. Subjektive Anfechtungsvoraussetzungen —— 749
- a) Kenntnis des Gläubigers; Erweiterung durch § 130 Abs. 2 InsO —— 749
  - aa) Indizien für die Gläubigerkenntnis —— 750
  - bb) Spezialfall Arbeitnehmervergütung —— 751
- b) Nachträglicher Wegfall der Gläubigerkenntnis —— 752
- c) Kenntnis von Vertretern bzw. Organen —— 753

        5. Darlegungs- und Beweislast —— 756

D. § 131 InsO – Inkongruente Deckung —— 757
    I. Gesetzessystematik und Gesetzeszweck —— 757
    II. Allgemeines —— 759

III. Einzelheiten —— 760
    1. Inkongruente Deckungshandlungen —— 760
        a) Inkongruente Befriedigung —— 763
            aa) Nicht zu beanspruchende Befriedigung —— 763
            bb) Nicht „in der Art" zu beanspruchende Befriedigung —— 767
            cc) Nicht „zu der Zeit" zu beanspruchende Befriedigung —— 770
        b) Inkongruente Sicherung —— 772
            aa) Nicht zu beanspruchende Sicherung —— 773
            bb) Nicht „in der Art" zu beanspruchende Sicherung —— 775
            cc) Nicht „zu der Zeit" zu beanspruchende Sicherung —— 775
    2. Anfechtungszeitraum – Vornahme der Rechtshandlung in der Krise des Schuldners; Erweiterung des § 131 Abs. 2 Satz 1 InsO —— 776
        a) Letzter Monat vor Eröffnungsantrag (§ 131 Abs. 1 Nr. 1 InsO) —— 776
        b) Zweiter oder dritter Monat vor Eröffnungsantrag (§ 131 Abs. 1 Nr. 2 und Nr. 3 InsO) —— 777
        c) Erweiterung des § 131 Abs. 2 Satz 1 InsO —— 777
    3. Darlegungs- und Beweislast; Sonderfall nahestehende Person (§ 131 Abs. 2 Satz 2 InsO) —— 778

E. § 132 InsO – Unmittelbar nachteilige Rechtshandlungen —— 779
    I. Gesetzessystematik und Gesetzeszweck —— 779
    II. Allgemeines —— 781
    III. Einzelheiten —— 783
        1. Unmittelbar nachteilige Rechtsgeschäfte (§ 132 Abs. 1 InsO) —— 783
            a) Rechtsgeschäft —— 783
                aa) Unmittelbare Gläubigerbenachteiligung durch gegenseitige Verträge —— 784
                bb) Unmittelbare Gläubigerbenachteiligung durch sonstige Rechtsgeschäfte —— 785
            b) Subjektive Tatbestandsvoraussetzungen —— 786
            c) Zeitlicher Anwendungsbereich —— 786
        2. Auffangtatbestand des § 132 Abs. 2 InsO —— 786
        3. Darlegungs- und Beweislast —— 787

F. § 133 InsO – Vorsätzliche Benachteiligung —— 788
    I. Gesetzessystematik und Gesetzeszweck —— 788
    II. Allgemeines —— 794
    III. Einzelheiten —— 795
        1. Objektiver Tatbestand des § 133 Abs. 1 InsO —— 795
            a) Rechtshandlung des Schuldners —— 795
            b) Gläubigerbenachteiligung —— 798
            c) Anfechtungszeitraum —— 798

　　　　2. Subjektiver Tatbestand —— 799
　　　　　　a) Vorsatz der Gläubigerbenachteiligung —— 799
　　　　　　　　aa) Bedeutung von Indizien —— 801
　　　　　　　　bb) Kongruente Rechtshandlung —— 804
　　　　　　　　cc) Inkongruente Rechtshandlung —— 807
　　　　　　b) Kenntnis des anderen Teils —— 810
　　　　　　　　aa) Kenntniszurechnung —— 811
　　　　　　　　bb) Vermutung des § 133 Abs. 1 Satz 2 InsO; Wegfall der Kenntnis des Gläubigers —— 812
　　　　　　　　cc) Indizien und Einzelfälle —— 815
　　　　　　c) Mehrpersonenverhältnis —— 819
　　　　3. § 133 Abs. 2 InsO – Verkürzter Anfechtungszeitraum bei Deckungshandlungen —— 820
　　　　4. § 133 Abs. 3 InsO – Eingeschränkte Anfechtbarkeit bei kongruenten Deckungshandlungen und Zahlungserleichterungen —— 821
　　　　　　a) Gesetzeszweck —— 821
　　　　　　b) Einzelheiten —— 821
　　　　　　　　aa) § 133 Abs. 3 Satz 1 InsO —— 821
　　　　　　　　bb) § 133 Abs. 3 Satz 2 InsO —— 822
　　　　5. § 133 Abs. 4 InsO – Entgeltliche Verträge mit nahestehenden Personen (§ 138 InsO) —— 823
　　　　　　a) Entgeltlicher Vertrag —— 824
　　　　　　b) Unmittelbare Gläubigerbenachteiligung —— 824
　　　　　　c) Anfechtungszeitraum —— 825
　　　　6. Darlegungs- und Beweislast —— 825
G. § 134 InsO – Unentgeltliche Leistung —— 826
　　I. Gesetzessystematik und Gesetzeszweck —— 826
　　II. Allgemeines —— 828
　　III. Einzelheiten —— 829
　　　　1. Unentgeltliche Leistung des Schuldners —— 829
　　　　　　a) Leistung des Schuldners —— 830
　　　　　　b) Unentgeltlichkeit —— 832
　　　　　　　　aa) Grundsätzliches —— 832
　　　　　　　　bb) Maßgebender Zeitpunkt; objektive oder subjektive Betrachtungsweise —— 834
　　　　　　　　cc) Weitere Einzelfälle —— 836
　　　　　　　　dd) Irrtumsfälle —— 838
　　　　　　c) Zwei-Personen-Verhältnis —— 839
　　　　　　d) Mehrpersonenverhältnis —— 843
　　　　　　　　aa) Rechtsprechung des BGH —— 843
　　　　　　　　bb) Kritik in Rechtsprechung und Schrifttum —— 846
　　　　　　e) Sicherheitengewährung —— 848

         2. Anfechtungsgegner —— 850
            a) Mittelbare Zuwendung —— 850
            b) Weitere Einzelfälle —— 850
         3. Anfechtungszeitraum —— 852
         4. Darlegungs- und Beweislast —— 853
         5. Ausnahmetatbestand des § 134 Abs. 2 InsO —— 853
   H. § 135 InsO – Gesellschafterdarlehen —— 854
      I. Gesetzessystematik und Gesetzeszweck —— 854
      II. Allgemeines —— 858
         1. Rechtsgrund der Neuregelungen; Rechtsprechung des Bundesgerichtshofs und des Bundesarbeitsgerichts —— 859
         2. Stellungnahme —— 860
      III. Einzelheiten —— 862
         1. Anfechtung der Befriedigung oder Sicherung eines Gesellschafters —— 862
            a) Allgemeines —— 862
               aa) Sachlicher Anwendungsbereich —— 862
               bb) Personeller Anwendungsbereich —— 864
            b) Anfechtbare Sicherung (§ 135 Abs. 1 Nr. 1 InsO) —— 866
            c) Anfechtbare Befriedigung (§ 135 Abs. 1 Nr. 2 InsO) —— 868
         2. Anfechtung der Befriedigung eines gesellschafterbesicherten Drittdarlehens (§ 135 Abs. 2 InsO) —— 871
            a) Grundsätze —— 871
            b) Freiwerden einer Gesellschaftersicherheit durch Ausgleich einer Darlehensrückgewähr durch den Gesellschafter —— 873
            c) Doppelsicherung durch Gesellschaft und Gesellschafter —— 874
         3. Nutzungsüberlassung (§ 135 Abs. 3 InsO) —— 874
            a) Allgemeines —— 874
            b) Rechtsprechung des BGH —— 875
            c) Ausgleichsanspruch nach § 135 Abs. 3 Satz 2 InsO —— 876
            d) Konkurrenzen —— 877
            e) Rechtslage vor Insolvenzeröffnung —— 877
         4. Darlegungs- und Beweislast —— 878
   I. § 136 InsO – Stille Gesellschaft —— 878
      I. Gesetzessystematik und Gesetzeszweck —— 878
      II. Allgemeines —— 879
      III. Einzelheiten —— 881
         1. Anfechtbare Rechtshandlung —— 881
         2. Rechtsfolgen —— 882
         3. Anfechtungszeitraum —— 882
         4. Anfechtungsausschluss – § 136 Abs. 2 InsO —— 883

J. §§ 143 ff. InsO – Rechtsnatur, Rechtsfolgen und Geltendmachung der Anfechtung —— 883
    I. Rechtsnatur des Anfechtungsrechts —— 883
        1. Theorienstreit —— 883
        2. Praktische Relevanz —— 884
        3. Anfechtungseinwand —— 885
    II. Entstehung, Übertragbarkeit und Gegenstand des Anfechtungsanspruchs —— 885
        1. Anspruchsentstehung und Übertragbarkeit; Erlöschen des Anfechtungsrechts —— 885
        2. Umfang der Anfechtung; Rückgewähranspruch —— 888
            a) Rückgewähr in Natur (§ 143 Abs. 1 Satz 1 InsO) —— 889
                aa) Einzelfälle —— 890
                bb) Rechtsfolgen der anfechtbaren Herbeiführung einer Aufrechnungslage —— 892
                cc) Nutzungen —— 893
            b) Wertersatz und Schadensersatz (§ 143 Abs. 1 Satz 2 InsO) —— 896
            c) Gegenrechte des Anfechtungsgegners —— 899
                aa) Ansprüche wegen Verwendungen und Aufwendungen —— 899
                bb) Zurückbehaltungsrecht —— 900
        3. Rückgewähr bei unentgeltlicher Leistung (§ 143 Abs. 2 InsO) —— 900
        4. Haftung bei Gesellschaftersicherheiten (§§ 143 Abs. 3, 135 Abs. 2 InsO) —— 902
            a) Unmittelbarer Anwendungsbereich —— 902
            b) Analoge Anwendung auf Verwertungshandlungen nach Insolvenzeröffnung bei Doppelsicherung —— 903
            c) Ersetzungsbefugnis nach § 143 Abs. 3 InsO —— 904
        5. Darlegungs- und Beweislast —— 904
    III. Geltendmachung der Anfechtung —— 905
        1. Anfechtungsberechtigter; Ausübung des Anfechtungsrechts —— 905
            a) Grundsatz —— 905
            b) Sonderfall Doppelinsolvenz —— 906
            c) Mehrere Anfechtungsberechtigte —— 907
        2. Anfechtungsgegner —— 907
            a) Grundsatz und Sonderregelung des § 143 Abs. 3 InsO —— 907
            b) Anfechtungsgegner bei Deckungsanfechtung —— 909
            c) Anfechtungsgegner bei mittelbaren Zuwendungen —— 909
            d) Anfechtungsgegner bei Zahlungen im „Cash-Pool" —— 911

    e) Mehrere Anfechtungsgegner; Mittelsperson als (zusätzlicher) Anfechtungsgegner —— 911
    f) Rechtsnachfolger (§ 145 InsO) —— 912
  3. Ansprüche des Anfechtungsgegners (§ 144 InsO) —— 914
    a) Wiederaufleben der Forderung (§ 144 Abs. 1 InsO) —— 914
    b) Gegenleistung des Anfechtungsgegners (§ 144 Abs. 2 InsO) —— 915
    c) Geltung des § 144 InsO im Mehrpersonenverhältnis —— 916
  4. Verjährung des Anfechtungsanspruchs (§ 146 InsO) —— 917
    a) Verjährungsfrist und Verjährungshemmung (§ 146 Abs. 1 InsO) —— 917
    b) Leistungsverweigerungsrecht (§ 146 Abs. 2 InsO) —— 920
  5. Gerichtliche Durchsetzung des Anfechtungsanspruchs —— 921
    a) Auskunftsanspruch —— 921
    b) Rechtsweg und Zuständigkeit —— 922
      aa) Rechtsweg —— 922
      bb) Örtliche Zuständigkeit —— 925
      cc) Sachliche Zuständigkeit —— 925
      dd) Internationale Zuständigkeit —— 926
      ee) Bindung an Schiedsabrede —— 926
    c) Klageart und Klageantrag —— 927
    d) Klageänderung —— 928
    e) Prozesskostenhilfe —— 929
    f) Gerichtliche Sicherung des Anfechtungsanspruchs —— 931

§ 8
Insolvenzplanverfahren

A. Einleitung —— 935
  I. Gesetzeszweck und praktische Bedeutung —— 935
  II. Sanierungsziel, ESUG und SanInsFoG —— 937
    1. Sanierung als Ziel der InsO —— 937
    2. ESUG – Gesetz zur weiteren Erleichterung der Sanierung von Unternehmen —— 939
    3. SanInsFoG – Sanierungs- und Insolvenzrechtsfortentwicklungsgesetz —— 943
  III. Planziele und Anwendungsbereiche —— 944
    1. Planziele im Überblick —— 944
    2. Anwendungsbereiche —— 946
      a) Natürliche Personen —— 946
      b) Juristische Personen —— 948
B. Ablauf des Insolvenzplanverfahrens —— 950
  I. Vorprüfung —— 950

- II. Aufstellung des Plans —— 952
  - 1. Planvorlagerecht —— 952
    - a) Verwalterplan —— 953
    - b) Schuldnerplan —— 956
    - c) Planvorlage bei Eigenverwaltung —— 958
    - d) Plankonkurrenz —— 959
  - 2. Inhalte des Insolvenzplans —— 960
    - a) Zur Disposition stehende Regelungsbereiche und Planbeteiligte —— 960
    - b) Darstellender Teil —— 964
      - aa) Lage und Entwicklung des schuldnerischen Unternehmens —— 965
      - bb) Ziele des Insolvenzplans —— 967
      - cc) Planmaßnahmen —— 968
      - dd) Gruppenbildung —— 968
      - ee) Vergleichsrechnung —— 976
    - c) Gestaltender Teil —— 978
      - aa) Änderung der Rechtsstellung des Schuldners —— 979
      - bb) Änderung der Rechtsstellung der Gläubiger —— 980
      - cc) Änderung der Rechtsstellung der Anteilsinhaber —— 983
      - dd) Debt-Equity-Swap —— 985
      - ee) Weitere Gestaltungsmöglichkeiten —— 989
    - d) Plananlagen —— 994
      - aa) Anlagen gem. § 229 InsO —— 994
      - bb) Anlagen gem. § 230 InsO —— 996
  - 3. Vorprüfung durch das Insolvenzgericht —— 998
    - a) Zurückweisung von Amts wegen (§ 231 Abs. 1 InsO) —— 1000
      - aa) Verstoß gegen Vorschriften zu Planvorlage und Inhalt (§ 231 Abs. 1 Nr. 1) —— 1000
      - bb) Keine Aussicht auf Annahme/Bestätigung (§ 231 Abs. 1 Nr. 2 InsO) —— 1002
      - cc) Keine Erfüllbarkeit (§ 231 Abs. 1 Nr. 3 InsO) —— 1003
    - b) Zurückweisung auf Antrag (§ 231 Abs. 2 InsO) —— 1004
    - c) Beschwerderecht (§ 231 Abs. 3 InsO) —— 1004
  - 4. Stellungnahmen, Verwertungsaussetzung und Planniederlegung —— 1005
    - a) Stellungnahmen zum Plan (§ 232 InsO) —— 1005
    - b) Aussetzung von Verwertung und Verteilung (§ 233 InsO) —— 1006
    - c) Niederlegung des Plans (§ 234 InsO) —— 1008
- III. Annahme und Bestätigung des Insolvenzplans —— 1009
  - 1. Erörterungs- und Abstimmungstermin —— 1009
    - a) Terminierung und Verbindung mit weiteren Terminen —— 1009

- b) Ladung der Beteiligten —— 1010
- c) Erörterung —— 1012
  - aa) Grundsätzliches —— 1012
  - bb) Planänderungen —— 1012
  - cc) Stimmrechtsfestsetzung —— 1013
- d) Abstimmung —— 1015
  - aa) Abstimmung in Gruppen —— 1016
  - bb) Gesonderter Abstimmungstermin —— 1016
  - cc) Erforderliche Mehrheiten —— 1017
  - dd) Abstimmungsergebnis —— 1019
- e) Zustimmungsersetzung —— 1019
  - aa) Zustimmungsfiktion für nicht nachrangige Gläubiger (§ 245 InsO) —— 1021
  - bb) Zustimmungsfiktion für Gläubiger mit Rechten aus gruppeninternen Drittsicherheiten —— 1025
  - cc) Zustimmungsfiktion für nachrangige Gläubiger —— 1026
  - dd) Zustimmungsfiktion für Anteilsinhaber —— 1026
  - ee) Zustimmungsfiktion für den Schuldner —— 1027
2. Bestätigung des Insolvenzplans —— 1028
   - a) Planbedingungen gem. § 249 InsO —— 1029
   - b) Versagungsgründe nach § 250 InsO —— 1029
     - aa) Verstoß gegen Vorschriften (§ 250 Nr. 1 InsO) —— 1030
     - bb) Unlautere Herbeiführung der Planannahme (§ 250 Nr. 2 InsO) —— 1032
   - c) Minderheitenschutz (§ 251 InsO) —— 1033
     - aa) Widerspruch im Abstimmungstermin (§ 251 Abs. 1 Nr. 1 InsO) —— 1034
     - bb) Glaubhaft gemachte Schlechterstellung (§ 251 Abs. 1 Nr. 2 und Abs. 2 InsO) —— 1034
     - cc) Salvatorische Entschädigungsklausel (§ 251 Abs. 3 InsO) —— 1036
   - d) Entscheidung des Insolvenzgerichts und Rechtsmittel —— 1036
     - aa) Entscheidung gem. § 252 InsO —— 1036
     - bb) Sofortige Beschwerde gem. § 253 InsO —— 1038
     - cc) Entscheidung über die Beschwerde —— 1041
3. Planberichtigungsverfahren —— 1042

IV. Wirkungen des bestätigten Insolvenzplans —— 1044
1. Allgemeine Wirkungen —— 1044
   - a) Wirkungen für die Insolvenzgläubiger —— 1045
   - b) Wirkungen für Mithaftende —— 1047
   - c) Gesellschaftsrechtliche Regelungen —— 1047
   - d) Wirkungen für Dritte —— 1049

2. Wirkungen für Insolvenzgläubiger mit nicht (rechtzeitig) angemeldeten Forderungen —— 1050
   a) Allgemeines —— 1050
   b) Vollstreckungsschutz —— 1051
   c) Besondere Verjährungsfrist —— 1053
3. Wiederaufleben erlassener Forderungen —— 1053
   a) Wiederaufleben einzelner Forderungen wegen Rückstand —— 1054
   b) Wiederaufleben aller Forderungen wegen neuem Insolvenzverfahren —— 1056
4. Titelwirkung des Insolvenzplans —— 1056
5. Aufhebung des Verfahrens —— 1057
   a) Berichtigung der Masseansprüche —— 1059
   b) Schlussrechnungslegung und Festsetzung der Vergütung —— 1060
   c) Wirkungen der Aufhebung —— 1062
V. Planüberwachung —— 1065
   1. Allgemeines —— 1066
   2. Befugnisse und Pflichten der Planüberwachungsorgane —— 1067
   3. Kreditrahmenregelungen —— 1070

§ 9
Eigenverwaltung

A. Einleitung —— 1075
B. Anordnung, Aufhebung und rechtliche Konsequenzen der Eigenverwaltung —— 1078
   I. Voraussetzungen der Anordnung der Eigenverwaltung —— 1078
      1. Anwendungsbereich —— 1078
      2. Antrag des Schuldners/Eigenverwaltungsplanung —— 1080
         a) Antrag —— 1080
         b) Eigenverwaltungsplanung —— 1081
            aa) Unterlagen —— 1082
               (1) Finanzplan —— 1082
               (2) Konzept für die Durchführung des Insolvenzverfahrens —— 1082
               (3) Darstellung des Verhandlungsstandes —— 1083
               (4) Vorkehrungen zur Erfüllung insolvenzrechtlicher Pflichten —— 1083
               (5) Darstellung der Mehr- oder Minderkosten —— 1083
            bb) Erklärungen —— 1083
      3. (Weiterhin) Vorliegen der Voraussetzungen für die vorläufige Eigenverwaltung —— 1084

- a) Vorliegen der Anordnungsvoraussetzungen gem. § 270b InsO n.F. —— **1085**
- b) Kein Vorliegen von Aufhebungsgründen —— **1085**
- 4. Einfluss der Gläubiger auf die Anordnung der Eigenverwaltung —— **1086**
  - a) Gläubigerausschuss —— **1086**
  - b) Einzelne Gläubiger —— **1087**
- II. Ablehnung der Anordnung —— **1088**
- III. Nachträgliche Anordnung aufgrund Beschlusses der Gläubigerversammlung (§ 271 InsO) —— **1089**
- IV. Die Eigenverwaltung im Insolvenzeröffnungsverfahren —— **1091**
  - 1. Die vorläufige Eigenverwaltung (§ 270b InsO n.F.) —— **1093**
    - a) Anordnungsvoraussetzungen —— **1093**
      - aa) Grundsätze —— **1093**
      - bb) Mängel der Eigenverwaltungsplanung —— **1093**
      - cc) Kontraindikationen —— **1093**
      - ee) Sonstiges —— **1095**
    - b) Rechtsstellung, Befugnisse und Aufgaben des Schuldners in der vorläufigen Eigenverwaltung —— **1095**
      - aa) Befugnisse —— **1095**
      - bb) Pflichtenprogramm —— **1096**
      - cc) Einfluss der Organe (§ 276a Abs. 3 InsO n.F.) —— **1096**
      - dd) Haftung der Organe —— **1097**
    - c) Der vorläufige Sachwalter —— **1097**
      - aa) Zustimmungsvorbehalte —— **1097**
      - bb) Aufgaben und Befugnisse des vorläufigen Sachwalters —— **1098**
      - cc) Vergütung des vorläufigen Sachwalters —— **1101**
    - d) Begründung von Masseverbindlichkeiten —— **1101**
    - e) Gewährung der Möglichkeit zur Antragsrücknahme —— **1102**
    - f) Aufhebung der vorläufigen Eigenverwaltung —— **1103**
      - aa) Aufhebung von Amts wegen —— **1103**
      - bb) Aufhebung auf Gläubigerantrag —— **1104**
      - cc) Sonstiges —— **1104**
  - 2. Das Schutzschirmverfahren —— **1105**
    - a) Voraussetzungen für die Anordnung des „Schutzschirms" —— **1105**
      - aa) Anträge —— **1105**
      - bb) Zulässige Insolvenzgründe —— **1106**
      - cc) Keine offensichtliche Aussichtslosigkeit der angestrebten Sanierung —— **1107**
      - dd) Eigenverwaltungsplanung —— **1108**

- b) Nachweis der Anordnungsvoraussetzungen —— 1108
  - aa) Bestätigung, dass keine Zahlungsunfähigkeit vorliegt —— 1109
  - bb) Bestätigung, dass eine Sanierung nicht offensichtlich aussichtslos ist —— 1110
  - cc) Personelle Anforderung an den Aussteller —— 1111
- c) Dauer und Umfang des „Schutzschirms" —— 1112
- d) Aufsicht durch vorläufigen Sachwalter —— 1113
- e) Begründung von Masseverbindlichkeiten —— 1113
- f) Eintritt der Zahlungsunfähigkeit —— 1114
- g) Aufhebung der Anordnung/Entscheidung über den Fortgang des Verfahrens —— 1114
- h) Entscheidung über den Fortgang des Verfahrens —— 1114
- i) Verfahrensfragen —— 1115

V. Aufgabenverteilung zwischen Schuldner und Sachwalter —— 1115
  1. Rechtsstellung, Aufgaben und Befugnisse des Schuldners —— 1116
     - a) Rechtsstellung des Schuldners —— 1116
     - b) Aufgaben und Befugnisse des Schuldners —— 1117
       - aa) Allgemeines —— 1117
       - bb) Gegenseitige Verträge (§ 279 InsO) —— 1118
       - cc) Berichterstattung, Erstellung von Verzeichnissen (§ 281 InsO) —— 1118
       - dd) Verwertung von Sicherungsgut (§ 282 InsO) —— 1119
       - ee) Bestreiten von Forderungen (§ 283 InsO) —— 1120
       - ff) Verteilung der Masse —— 1120
       - gg) Einberufung einer Gläubigerversammlung —— 1120
       - hh) Vorlage eines Insolvenzplanes (§§ 218, 284 InsO) —— 1120
       - ii) Entnahme von Unterhalt (§ 278 InsO) —— 1121
         - (1) Abgrenzung zu den Pfändungsschutzvorschriften der ZPO/zusätzlicher Unterhalt —— 1122
         - (2) Anwendbarkeit des § 278 auf Gesellschaftergeschäftsführer bzw. -vorstände —— 1123
     - c) Beschränkungen des Schuldners —— 1123
       - aa) Eingehen von Verbindlichkeiten (§ 275 Abs. 1 InsO) —— 1123
         - (1) Zustimmungserfordernis —— 1124
         - (2) Widerspruchsrecht —— 1125
       - bb) Anordnung eines Zustimmungsvorbehaltes (§ 277 InsO) —— 1125
       - cc) Mitwirkung des Gläubigerausschusses (§ 276 InsO) —— 1126
     - d) Haftung des Schuldners bzw. seiner Organe —— 1128
  2. Rechtsstellung, Aufgaben und Befugnisse des Sachwalters —— 1128
     - a) Bestellung des Sachwalters —— 1128

　　　　　b) Aufgaben und Befugnisse des Sachwalters —— 1130
　　　　　　aa) Prüf- und Kontrollpflichten des Sachwalters —— 1130
　　　　　　bb) Anzeigepflicht bei drohenden Nachteilen (§ 274 Abs. 3 InsO) —— 1133
　　　　　　cc) Kassenführung (§ 275 Abs. 2 InsO) —— 1135
　　　　　　dd) Führung der Insolvenztabelle (§ 270c Satz 2 InsO) —— 1136
　　　　　　ee) Anzeige der Masseunzulänglichkeit (§ 285 InsO) —— 1136
　　　　　　ff) Geltendmachung von Haftungs- und Anfechtungsansprüchen (§ 280 InsO) —— 1137
　　　　　　gg) Vorlage eines Insolvenzplanes —— 1138
　　　　　　hh) Unterstützung des Schuldners —— 1139
　　　　　c) Haftung des Sachwalters —— 1139
　　　　　d) Vergütung —— 1140
　　VI. Aufhebung der Eigenverwaltung (§ 272 InsO) —— 1141
　　　　1. Antrag der Gläubigerversammlung —— 1141
　　　　2. Antrag eines Einzelgläubigers —— 1142
　　　　3. Antrag des Schuldners —— 1143
　　　　4. Keine Antragsbefugnis des Sachwalters —— 1144
　　　　5. Rechtsfolgen —— 1144
　　VII. Eigenverwaltung bei gruppenangehörigen Schuldnern (§ 270d InsO) —— 1145
　　　　1. Rechte und Pflichten des Schuldners —— 1145
　　　　2. Stellung des Sachwalters —— 1145

§ 10
Sanierung
A. Möglichkeiten der vorinsolvenzlichen Sanierung —— 1148
　　I. Rahmenbedingungen der „freien" Sanierung —— 1148
　　II. Grenzen der „freien" Unternehmenssanierung —— 1153
　　　　1. Grenzen der Privatautonomie —— 1153
　　　　2. Normbefehle des Gesellschaft- und Insolvenzrechts —— 1154
　　III. Vorinsolvenzliche Sanierung im „Wettbewerb der Sanierungsrechte" —— 1156
　　IV. Paradigmenwechsel: Präventiver Restrukturierungsrahmen und StaRUG —— 1158
　　　　1. Hintergrund —— 1158
　　　　2. Der präventive Restrukturierungsrahmen —— 1159
　　　　　a) Zielsetzung —— 1159
　　　　　b) Ausgangslage und Grundlinien des StaRUG —— 1159
　　　　　c) Zugangsvoraussetzungen und Anzeige der Restrukturierungssache —— 1161

- d) Restrukturierungsplan als „Herzstück" der Sanierung nach dem StaRUG —— 1162
  - aa) Inhalte des Restrukturierungsplans —— 1162
  - bb) Planabstimmung —— 1164
- e) Vollstreckungs- und Verwertungsstopp (Stabilisierungsanordnung) —— 1166
3. Restrukturierungsbeauftragter —— 1167
   - a) Die unterschiedlichen Rollen —— 1167
   - b) Auswahl und Bestellung —— 1168
   - c) Aufgaben —— 1169
   - d) Vergütung —— 1170
4. Restrukturierungsgericht —— 1171

B. Sonderfall „Betriebsveräußerung" im Insolvenzverfahren —— 1173
   - I. Risiken einer übertragenden Sanierung —— 1173
   - II. Grundkonzept des Schutzes nach §§ 162 bis 164 InsO —— 1174
   - III. Veräußerung eines Betriebes —— 1175
     1. Begriff des Betriebes —— 1175
     2. Begriff der Veräußerung —— 1175
   - IV. Veräußerung an „besonders Interessierte" (Insider) —— 1176
     1. Näheverhältnis oder finanzielle Verbundenheit des Erwerbers selbst (§ 162 Abs. 1 Halbs. 1 1. Fall InsO) —— 1176
     2. Beteiligung am Erwerber (§ 162 Abs. 1 Halbs. 1 2. Fall InsO) —— 1177
     3. Ausdehnung auf Umgehungstatbestände (§ 162 Abs. 2 InsO) —— 1177
   - V. Veräußerung unter Wert —— 1178
   - VI. Rechtsfolge —— 1179

C. Die übertragende Sanierung —— 1179
   - I. Überblick —— 1179
     1. Wesensmerkmale und Ablauf der übertragenden Sanierung —— 1179
     2. Vorteile der übertragenden Sanierung gegenüber anderen Sanierungsinstrumenten —— 1182
     3. Grundformen der übertragenden Sanierung —— 1183
     4. Besonderheiten der übertragenden Sanierung im Vergleich zum „normalen" Unternehmenskauf —— 1186
        - a) Asset Deal und Share Deal —— 1186
        - b) Besonderheiten im Rahmen der Vertragsgestaltung —— 1187
        - c) Sonderformen der übertragenden Sanierung —— 1190
   - II. Die einzelnen Schritte der übertragenden Sanierung —— 1191
     1. Die Vertragsanbahnungsphase —— 1191
        - a) Suche nach Käufern bzw. Zielobjekten —— 1192
        - b) Due Diligence und Unternehmensbewertung —— 1194
        - c) Kaufpreisfindung —— 1196

  2. Signing/Closing —— **1197**
  3. Die Phase nach Veräußerung des Geschäftsbetriebs —— **1198**
 III. Der optimale Zeitpunkt der übertragenden Sanierung —— **1199**
  1. Veräußerung vor Stellung eines Insolvenzantrags —— **1200**
   a) Vorteile —— **1200**
   b) Nachteile —— **1201**
    aa) Strafrechtliche Haftung —— **1201**
    bb) Anfechtbarkeit —— **1202**
    cc) Weitere Haftung des Veräußerers —— **1204**
  2. Veräußerung im Rahmen des Eröffnungsverfahrens —— **1205**
   a) Befugnis des vorläufigen Insolvenzverwalters zur Veräußerung —— **1205**
   b) Risiken für den Erwerber und den vorläufigen Insolvenzverwalter —— **1207**
  3. Veräußerung im eröffneten Verfahren —— **1208**
   a) Veräußerung vor dem Berichtstermin —— **1208**
   b) Veräußerung nach dem Berichtstermin —— **1210**
   c) Haftungsprivilegien des Käufers bei Veräußerung im eröffneten Verfahren —— **1210**
    aa) Haftung aus Firmenfortführung gem. § 25 HGB —— **1211**
    bb) Haftung für Betriebssteuern gem. § 75 AO —— **1211**
    cc) Haftung für Altlasten gem. § 4 Abs. 3 BBodSchG —— **1212**
    dd) Übergang der Arbeitsverhältnisse gem. § 613a BGB —— **1212**
    ee) Die beihilferechtliche Haftung —— **1215**
   d) Sonderfrage: Übertragung im Regelverfahren oder im Rahmen eines Insolvenzplans? —— **1218**
 IV. Abschließende Betrachtung —— **1219**

§ 11
Verbraucherinsolvenz- und Restschuldbefreiungsverfahren sowie Verfahrenskostenstundung

A. Verbraucherinsolvenzverfahren —— **1228**
 I. Vorbemerkungen – maßgebliche Änderungen der Insolvenzordnung im Hinblick auf das Verbraucherinsolvenz- und Restschuldbefreiungsverfahren —— **1228**
  1. Insolvenzrechtsänderungsgesetz 2001 – Herstellung der Funktionsfähigkeit des Restschuldbefreiungsverfahrens —— **1228**
  2. Erster Versuch der Verkürzung des Restschuldbefreiungsverfahrens – Gesetz zur Verkürzung des Restschuldbefreiungsverfahrens und zur Stärkung der Gläubigerrechte —— **1229**

3. Zweiter Anlauf zur Verkürzung des Restschuldbefreiungsverfahrens – Gesetz zur weiteren Verkürzung des Restschuldbefreiungsverfahrens —— 1231
II. Verbraucher und Kleingewerbetreibende i.S.d. § 304 InsO – weitere Antragsvoraussetzungen —— 1234
   1. Anwendbare Rechtsvorschriften bei Antragstellung vor und ab dem 1.7.2014 —— 1235
   2. Abgrenzung zum Regelinsolvenzverfahren —— 1236
   3. Außergerichtlicher Einigungsversuch —— 1240
   4. Antragsvoraussetzungen im Verfahren nach den §§ 304 ff. InsO —— 1241
      a) Von einer geeigneten Person oder Stelle auszustellende Bescheinigung über das Scheitern einer außergerichtliche Einigung —— 1242
      b) Beizufügende Listen und Aufstellungen —— 1246
      c) Vorlage eines Schuldenbereinigungsplans —— 1248
   5. Einleitung des Insolvenzverfahrens über das Vermögen natürlicher Personen —— 1249
      a) Besondere Zulässigkeitsvoraussetzungen für Schuldneranträge mit dem Ziel der RSB —— 1250
         aa) Unzulässigkeit des Antrags auf Erteilung der RSB —— 1251
            (1) Versicherung der Vollständigkeit und Richtigkeit der Erklärung des Schuldners zu früheren Verfahren —— 1253
            (2) Anhörung der Gläubiger —— 1254
         bb) Gesetzlich geregelte Unzulässigkeitsgründe —— 1254
            (1) § 287a Abs. 2 Satz 1 Nr. 1 InsO —— 1255
            (2) § 287a Abs. 2 Nr. 2 InsO n.F. —— 1255
            (3) Nicht erfasste Antragswiederholungen —— 1256
            (4) Antragswiederholung nach Rücknahme des Antrags im vorausgehenden Verfahren —— 1259
         cc) Hinweis auf die Unzulässigkeit des Antrags und die Möglichkeit der Rücknahme —— 1260
         dd) Öffentliche Bekanntmachung und Beschwerderechte —— 1261
      b) Erlass von Sicherungsmaßnahmen – Ruhen des Verfahrens —— 1261
      c) Eintritt in das gerichtliche Schuldenbereinigungsverfahren —— 1262
      d) Hinweis des Insolvenzgerichts auf die Möglichkeit der RSB bei Schuldner- und Gläubigerantrag – Anschließung an einen Gläubigerantrag —— 1263

   e) Verpflichtung zur Einleitung eines Restschuldbefreiungs-
    verfahrens im Unterhaltsrecht —— 1266
III. Ablauf des gerichtlichen Schuldenbereinigungsverfahrens —— 1267
  1. Änderungen und Ergänzungen im Schuldenbereinigungsplanverfahren —— 1269
  2. Zustimmung der Gläubiger zum Schuldenbereinigungsplan/
   Zustimmungsersetzungsverfahren —— 1269
   a) Unangemessene Beteiligung des widersprechenden
    Gläubigers —— 1270
   b) Gleichstellung der Gläubiger mit dem Ergebnis eines
    durchgeführten Verfahrens —— 1271
   c) Pflicht zum Erhalt von Sicherungsrechten —— 1271
   d) Zustimmungsersetzung bei „Null-Plänen" —— 1272
   e) Zweifel an den vom Schuldner angegebenen
    Forderungen —— 1275
  3. Wirkungen des gerichtlichen Schuldenbereinigungsplans —— 1276
   a) Auswirkungen auf die Forderungen der Gläubiger —— 1278
   b) Folgen des Scheiterns der gerichtlichen Schulden-
    bereinigung —— 1279
   c) Auswirkungen auf die Verfahrensanträge —— 1280
IV. Durchführung des vereinfachten Insolvenzverfahrens —— 1281
  1. Feststellung der Eröffnungsvoraussetzungen —— 1282
   a) Bestimmung der Kosten des Verfahrens in
    der Verbraucherinsolvenz —— 1282
   b) Feststellung der Kostendeckung —— 1285
  2. Durchführung des vereinfachten Insolvenzverfahrens
   in Alt- und Neufällen —— 1286
   a) Anzuwendendes Recht in ab dem 1.7.2014 beantragten
    Verfahren —— 1287
   b) Anwendbare Vorschriften in vor dem 1.7.2014 beantragten
    Verfahren —— 1289
   c) Bestellung eines „Treuhänders" anstelle des Insolvenzverwalters
    in Altfällen —— 1290
   d) Entsprechende Anwendung der §§ 850 ff. InsO im vereinfachten
    Insolvenzverfahren nach altem und neuem Recht —— 1293
   e) Ausübung des Anfechtungsrechts durch die Gläubiger
    in Altverfahren —— 1301
   f) Verwertungsrecht bzgl. abzusondernder Gegenstände
    in Altverfahren —— 1303
   g) Verzicht auf die Verwertung der Insolvenzmasse
    in Altverfahren —— 1304
  3. Tod des Schuldners während des eröffneten Verfahrens —— 1304

B. Restschuldbefreiungsverfahren §§ 286–303 InsO —— 1305
    I. Vorbemerkung —— 1305
    II. Reform des Restschuldbefreiungsverfahrens durch das Gesetz zur Verkürzung des Insolvenzverfahrens und das Gesetz zur weiteren Verkürzung des Restschuldbefreiungsverfahrens und zur Anpassung pandemiebedingter Vorschriften im Gesellschafts-, Genossenschafts-, Vereins- und Stiftungsrecht sowie im Miet- und Pachtrecht —— 1306
    III. Erfasster Personenkreis —— 1314
    IV. Antragsvoraussetzungen für die Durchführung eines Restschuldbefreiungsverfahrens —— 1315
        1. Entscheidung über die Zulässigkeit des Antrags —— 1316
        2. Abgabe einer Erklärung zur RSB —— 1317
        3. Anschließung an einen Gläubigerantrag —— 1319
        4. Abtretungserklärung des Schuldners —— 1321
            a) Form und Inhalt der Abtretungserklärung —— 1322
            b) Gegenstände der Abtretungserklärung —— 1324
            c) Pflicht zum Hinweis auf bestehende Abtretungen —— 1326
    V. Restschuldbefreiungsverfahren ohne Wohlverhaltensphase —— 1327
        1. Vorzeitige Erteilung bei fehlenden Forderungsanmeldungen in Alt- und Neuverfahren —— 1328
        2. Vergleich des Schuldners mit den Gläubigern angemeldeter Forderungen —— 1330
        3. Ende der Laufzeit der Abtretungserklärung vor Aufhebung des Insolvenzverfahrens – Erteilung der RSB in sog. „asymmetrischen Verfahren" nach altem und neuem Recht —— 1330
    VI. Bedeutung des Antrags auf RSB im eröffneten Verfahren —— 1334
    VII. Anwendungsbereich der Versagungsgründe des § 290 Abs. 1 InsO —— 1335
        1. Bedeutung im Rahmen der Verfahrenskostenstundung —— 1335
        2. Bedeutung im Schuldenbereinigungsverfahren —— 1337
        3. Keine Berücksichtigung in der Wohlverhaltensphase nach altem Recht —— 1337
        4. Unzulässigkeit der Ausweitung auf entsprechende Sachverhalte —— 1338
    VIII. Allgemeine Verfahrensregeln für die Geltendmachung von Versagungsgründen —— 1339
        1. Geltendmachung von Versagungsgründen in Altverfahren —— 1339
        2. Beschränkung des Antrags auf die gesetzlich normierten Versagungsgründe —— 1340
            a) Beschränkung der Antragsbefugnis auf am Verfahren teilnehmende Insolvenzgläubiger —— 1341

    b) Keine Versagung der RSB von Amts wegen —— 1342
    c) Glaubhaftmachung des Versagungsgrundes/Pflicht des Schuldners zur Stellungnahme —— 1343
  3. Pflichten des Insolvenzgerichts nach erfolgreicher Glaubhaftmachung —— 1344
    a) Keine Verschlechterung der Befriedigungsaussichten der Gläubiger —— 1345
    b) Berücksichtigung des Verhältnismäßigkeitsgrundsatzes —— 1345
    c) Rechtsmittel der Beteiligten —— 1346
  4. Anträge auf Versagung der RSB in Neuverfahren —— 1346
 IX. Voraussetzungen der einzelnen Versagungsgründe —— 1349
  1. Versagungsgrund des § 290 Abs. 1 Nr. 1 InsO – rechtskräftige Verurteilung wegen einer Insolvenzstraftat —— 1349
  2. Versagungsgrund des § 290 Abs. 1 Nr. 2 InsO – Falschangaben bei der Kreditaufnahme und im Zusammenhang mit öffentlichen Leistungen —— 1353
  3. Versagungsgrund des § 290 Abs. 1 Nr. 3 InsO „a.F." – früher erteilte/versagte RSB —— 1357
  4. Versagungsgrund des § 290 Abs. 1 Nr. 4 InsO – Vermögensverschwendung —— 1359
  5. Versagungsgrund des § 290 Abs. 1 Nr. 5 InsO – Verletzung von Auskunfts- und Mitwirkungspflichten —— 1362
  6. Versagungsgrund des § 290 Abs. 1 Nr. 6 InsO – Falschangaben in den Verzeichnissen nach § 305 Abs. 1 InsO und in der Erklärung nach § 287 Abs. 1 Satz 3 InsO n.F. —— 1370
  7. Verletzung der Erwerbsobliegenheit des Schuldners im eröffneten Verfahren – § 290 Abs. 1 Nr. 7 InsO —— 1374
  8. Kosten- und Gebühren im Versagungsverfahren —— 1376
 X. Gerichtliche Entscheidung über den Antrag auf RSB nach altem und neuem Recht —— 1377
  1. Ankündigung der RSB in Altverfahren —— 1377
    a) Anfechtung des Ankündigungsbeschlusses —— 1378
    b) Bestellung des Treuhänders für die Wohlverhaltensphase —— 1379
    c) Kriterien für die Bestimmung des Treuhänders —— 1380
    d) Anfechtung der Treuhänderbestellung —— 1380
  2. Übergang in die Abtretungszeit in Neuverfahren —— 1380
 XI. Stellung des Treuhänders im Restschuldbefreiungsverfahren —— 1382
  1. Keine Pflichten gegenüber Neugläubigern des Schuldners —— 1382
  2. Offenlegung der Abtretungserklärung —— 1383
  3. Ausgleich der Stundungskosten und Befriedigung der Massegläubiger —— 1384

4. Motivationsrabatt des Schuldners in der Wohlverhaltensphase/ Aufschiebung der Verteilung —— 1385
5. Antragsbefugnis des Treuhänders nach §§ 850 ff. ZPO —— 1386
6. Überwachung des Schuldners in der Wohlverhaltensphase —— 1387
7. Rechnungslegung, Aufsicht, Haftung, Vergütung des Treuhänders in der Wohlverhaltensphase —— 1387
   a) Entlassung des Treuhänders —— 1388
   b) Haftung des Treuhänders in der Wohlverhaltensphase —— 1388
8. Vergütung des Treuhänders im Restschuldbefreiungsverfahren —— 1389

XII. Stellung des Schuldners in der Wohlverhaltensphase —— 1392
1. Obliegenheiten des Schuldners während der Wohlverhaltensphase —— 1392
2. Fallgruppen des § 295 Abs. 1 Nr. 1–Nr. 4 InsO —— 1393
   a) Pflicht des Schuldners zur Ausübung einer angemessenen Erwerbstätigkeit —— 1394
   b) Verpflichtung selbstständig tätiger Schuldner zur Abführung adäquater Beträge —— 1399
      aa) Neuregelung der Abführungspflicht in § 295a InsO —— 1399
      bb) Bestimmung des abzuführenden Betrages/gerichtliche Feststellung —— 1400
      cc) Pflichten des Schuldners in Mangelfällen —— 1403
      dd) Maßstäbe für die Festsetzung der abzuführenden Beträge —— 1403
      ee) Zeitpunkt der Abführung —— 1405
      ff) Bereicherungsanspruch bei Übererfüllung —— 1407
   c) Beschränkte Verpflichtung zur Herausgabe ererbten Vermögens —— 1407
   d) Abführungspflicht für Schenkungen und Gewinne —— 1408
      aa) Hälftige Abführungspflicht bei Schenkungen in der Abtretungszeit —— 1409
      bb) Herbeiführung eines Klärungsbeschlusses des Insolvenzgerichts —— 1410
      cc) Abführungspflicht bei Gewinnen in der Wohlverhaltensphase —— 1411
   e) Anzeigepflichten des Schuldners in der Wohlverhaltensphase —— 1411
   f) Verbot der Einräumung von Sondervorteilen —— 1413
   g) Begründung unangemessener Verbindlichkeiten als neuer Versagungsgrund in der Treuhandperiode —— 1414
   h) Versagung der RSB wegen des Verstoßes gegen Obliegenheitspflichten während der Wohlverhaltensphase —— 1414

i) Versagung der RSB wegen einer rechtskräftigen Verurteilung des Schuldners aufgrund einer Insolvenzstraftat —— 1417
j) Versagung der RSB wegen fehlender Deckung der Mindestvergütung des Treuhänders —— 1418

XIII. Folgen der Einleitung des Restschuldbefreiungsverfahrens für die Gläubiger —— 1420
1. Auswirkungen des Vollstreckungsverbots in der Wohlverhaltensphase —— 1421
2. Unzulässigkeit von Sonderabkommen mit dem Schuldner —— 1424
3. Im Insolvenzverfahren verheimlichtes Vermögen —— 1424

XIV. Erteilung und Wirkungen der RSB —— 1425
1. Voraussetzungen der Erteilung der endgültigen RSB in vor dem 1. Juli 2014 beantragten Altverfahren —— 1426
2. Voraussetzungen der Erteilung der endgültigen RSB in zwischen dem 1. Juli 2014 und dem 16. Dezember 2019 beantragten Verfahren —— 1427
3. Erteilung der RSB in ab dem 17. Dezember 2019 beantragten Neuverfahren —— 1431
    a) Wirksamwerden der Abtretungserklärung nach Ablauf von 3 Jahren ohne Mindestquote und alternative Fristen —— 1433
        aa) Verfahren zur Erlangung der RSB nach 3 Jahren —— 1433
        bb) Automatisches Wirksamwerden der RSB mit Ablauf der Abtretungsfrist —— 1434
        cc) Verlängerte Abtretungsfrist in Zweitverfahren nach Erteilung der RSB nach Ablauf von 3 Jahren —— 1435
    b) Rückwirkende Verkürzung der Laufzeit der Abtretungserklärung in Altfällen —— 1435
    c) Evaluierung der Laufzeitverkürzung zur Jahresmitte 2024 —— 1438
4. Nachträglicher Widerruf der RSB —— 1438
5. Wirkungen der RSB —— 1440
    a) Entstehung unvollkommener Verbindlichkeiten —— 1442
    b) Faktische Verlängerung der Nachhaftung durch Schufa-Eintrag pp. —— 1443
    c) Aufhebung berufsrechtlicher Einschränkungen —— 1444
    d) Von der RSB ausgenommene Forderungen —— 1445
        aa) Deliktische Forderungen i.S.d. § 302 Nr. 1 InsO —— 1445
            (1) Geltendmachung des Privilegs der vorsätzlich begangenen unerlaubten Handlung —— 1446
            (2) Besonders herausgehobene Verbindlichkeiten —— 1448
            (3) Berücksichtigung von Nebenforderungen usw. —— 1451
        bb) Geldstrafen und Geldbußen i.S.d. § 302 Nr. 2 InsO —— 1452

   cc) Verbindlichkeiten aus bestimmten zinslosen Darlehen gemäß § 302 Nr. 3 InsO —— 1452
   dd) Ausweitung der ausgenommenen Forderungen durch das Verkürzungsgesetz 2014 —— 1453

C. Stundung der Kosten des Insolvenzverfahrens (§§ 4a–4d InsO) —— 1454
 I. Voraussetzungen der Verfahrenskostenstundung —— 1455
  1. Form und Inhalt von Stundungsanträgen —— 1455
  2. Feststellung der Leistungsfähigkeit des Schuldners —— 1456
   a) Vorrangigkeit von Vorschussleistungen —— 1457
   b) Unzulässigkeit von Ratenzahlungsanordnungen/Fehlende Pflicht zur Rücklagenbildung —— 1458
   c) Beschränkung der Auskunftspflicht auf für die Eröffnung und Durchführung des Verfahrens relevante Fragen —— 1459
  3. Gründe für die Stundungsversagung —— 1459
   a) Stundungsversagung wegen eines sehr hohen Anteils ausgenommener Forderungen —— 1460
   b) Versagung der Stundung wegen zweifelsfrei vorliegender Versagungsgründe —— 1462
    aa) Rechtslage bei Antragstellung bis zum 1.7.2014 —— 1463
    bb) Rechtslage bei Antragstellung ab dem 1.7.2014 —— 1464
  4. Entscheidung über die Kostenstundung —— 1467
 II. Wirkungen der Verfahrenskostenstundung —— 1467
  1. Subsidiarität der Stundung/des Anspruchs des Verwalters bzw. Treuhänders gegen die Staatskasse —— 1468
  2. Zurückhaltung von Beträgen bei der Schlussverteilung im Hinblick auf die Kosten der Wohlverhaltensphase —— 1470
  3. Umfang der gestundeten Kosten/Ablehnung der Anwendung auf andere Mangelfälle —— 1470
 III. Rechtsanwaltsbeiordnung i.R.d. Verfahrenskostenstundung —— 1471
 IV. Aufhebung der Verfahrenskostenstundung —— 1472
  1. Erschleichung der Stundung durch unrichtige Angaben —— 1472
  2. Täuschung über die persönlichen und wirtschaftlichen Voraussetzungen für die Verfahrenskostenstundung —— 1473
  3. Rückstand mit gerichtlich angeordneten Zahlungen —— 1474
  4. Nichtausübung einer angemessenen Erwerbstätigkeit/nicht ausreichendes Bemühen um eine solche Tätigkeit —— 1474
  5. Versagung oder Widerruf der RSB —— 1476
 V. Rückzahlung der gestundeten Beträge —— 1478
 VI. Rechtsmittel im Stundungsverfahren —— 1480

D. Schuldnerberatung —— 1481
 I. Geeignete Personen und Stellen zur Ausstellung der Bescheinigung nach § 305 Abs. 1 Nr. 1 InsO —— 1484

II. Ablauf des außergerichtlichen Schuldenbereinigungsverfahrens —— 1487
III. Wirkungen des außergerichtlichen Schuldenbereinigungsplans —— 1487
IV. Beratungshilfe im außergerichtlichen Verfahren —— 1488
E. Schutz eines Kontoguthabens des Schuldners – Einrichtung und Funktionsweise eines P-Kontos —— 1490
    I. Entwicklung des Pfändungsschutzes für Kontoguthaben und Grundzüge der Regelung —— 1492
        1. Wirkungen im Insolvenzverfahren —— 1493
        2. Einrichtung des P-Kontos/Auswirkungen der Verfahrenseröffnung —— 1495
        3. Erteilung von Auskünften —— 1496
        4. Verfahren bei Unterhalten mehrerer P-Konten —— 1497
        5. Behandlung von Gemeinschaftskonten —— 1497
        6. Gebühren für die Führung von P-Konten —— 1498
    II. Bestimmung des geschützten Betrags —— 1498
        1. Grundfreibetrag —— 1499
        2. Mehr- oder Aufstockungsbetrag —— 1499
        3. Bestimmung des pfändungsfreien Betrages bei Unterhaltsansprüchen —— 1501
        4. Abweichende Festsetzung des pfändungsfreien Betrages durch das Vollstreckungsgericht —— 1501
    III. Schutzzeitraum und Übertragung unverbrauchter Beträge —— 1502

§ 12
Arbeits- und Sozialrecht in der Insolvenz

A. Insolvenzarbeitsrecht —— 1504
    I. Kündigung eines Dienstverhältnisses —— 1505
        1. Grundsätze —— 1505
        2. Kündigung —— 1506
            a) Ordentliche Kündigung —— 1507
                aa) Vorläufiger Insolvenzverwalter —— 1507
                bb) Insolvenzverwalter/Eigenverwaltung —— 1508
                cc) Arbeitnehmer —— 1511
                dd) Kündigung – Formelle Voraussetzungen —— 1511
                    (1) Formvoraussetzungen des § 623 BGB —— 1511
                    (2) Vollmacht gem. § 174 BGB —— 1511
                    (3) Kündigungsfrist des § 113 Satz 2 InsO —— 1513
                    (4) Schadensersatz gem. § 113 Satz 3 InsO —— 1514
                    (5) Zugang i.S.d. §§ 130 ff. BGB —— 1514
                    (6) Anhörung des Betriebsrates gem. § 102 BetrVG —— 1515

ee) Kündigung – materielle Voraussetzungen —— 1516
   (1) Abgrenzung von betriebs- und personen/verhaltens-
bedingten Kündigungsgründen —— 1517
   (2) Betriebsbedingte Kündigung unter Berücksichtigung
insolvenzspezifischer Besonderheiten —— 1517
      (a) Wegfall des Arbeitsplatzes —— 1518
      (b) Dringende betriebliche Erfordernisse —— 1519
         (aa) Unternehmerische Entscheidung —— 1519
         (bb) Ursächlichkeit/Dringlichkeit („Ultima ratio")
und fehlende Weiterbeschäftigungs-
möglichkeit —— 1520
      (c) Sozialauswahl —— 1523
         (aa) Betriebsschließung/Gemeinschafts-
betrieb —— 1525
         (bb) Wiedereinstellungsanspruch —— 1536
         (cc) Nachkündigungen —— 1537
   (3) Massenentlassung i.S.v. §§ 17 ff. KSchG —— 1537
   (4) Änderungskündigung nach § 2 KSchG —— 1539
b) Außerordentliche Kündigung (§ 626 BGB) —— 1540
3. Kündigungsschutz —— 1541
  a) Allgemeiner Kündigungsschutz —— 1542
    aa) Klagefrist (§ 4 KSchG) —— 1542
    bb) Richtiger Klagegegner —— 1543
  b) Sonderkündigungsschutz —— 1544
II. Abtretung und Verpfändung von Bezügen i.S.d. § 114 InsO a.F. —— 1549
III. Kündigung von Betriebsvereinbarungen (§ 120 InsO) —— 1551
  1. Belastende Betriebsvereinbarungen —— 1551
  2. Einvernehmliche Änderungen —— 1552
  3. Ordentliche Kündigung (§ 120 Abs. 1 Satz 2 InsO) —— 1553
  4. Außerordentliche Kündigung (§ 120 Abs. 2 InsO) —— 1553
IV. Betriebsänderung und Interessenausgleich i.S.v. §§ 121 ff. InsO —— 1554
  1. Betriebsänderung (§§ 121, 122 Abs. 1, 2 InsO) —— 1555
  2. Interessenausgleich (§ 125 InsO) —— 1558
V. Sozialplan gem. §§ 123, 124 InsO —— 1562
  1. Einführung —— 1562
  2. Verfahren —— 1564
  3. Inhalt und Wirkung eines Sozialplanes —— 1564
  4. Sozialplan nach Eröffnung des Insolvenzverfahrens
(§ 123 Abs. 1, 2 InsO) —— 1565
  5. Abschlagszahlungen (§ 123 Abs. 3 InsO) —— 1566
  6. Sozialplan vor Eröffnung des Insolvenzverfahrens
(§ 124 InsO) —— 1566

　　　　VI. Beschlussverfahren zum Kündigungsschutz (§§ 126, 127 InsO) —— 1567
　　　　　　1. Beschlussverfahren nach § 126 InsO —— 1567
　　　　　　2. Klage des Arbeitnehmers gem. § 127 InsO —— 1568
　　　　VII. § 613a BGB – Betriebsübergang in der Insolvenz —— 1570
　　B. Insolvenzgeld —— 1576
　　　　I. Berechtigter Personenkreis —— 1577
　　　　II. Voraussetzungen und Umfang der Ansprüche auf Insolvenzgeld —— 1577
　　　　III. Höhe des Insolvenzgeldes —— 1579
　　　　IV. Sog. Insolvenzgeldvorfinanzierung —— 1580
　　　　V. Übertragung des Insolvenzgeldanspruches —— 1581
　　C. Sonstige Ansprüche der Arbeitnehmer —— 1582
　　　　I. Freistellung und Arbeitnehmeransprüche —— 1582
　　　　II. Urlaubs- und Urlaubsabgeltungsansprüche —— 1583
　　　　III. Urlaubsentgelte und Urlaubsgeld —— 1584
　　　　IV. Ansprüche aus einer Direktversicherung —— 1584

§ 13
Gesellschaftsrecht in der Insolvenz
　　A. Organisationsrecht der Gesellschaft in der Insolvenz —— 1587
　　　　I. Kapitalgesellschaften —— 1587
　　　　　　1. AG —— 1587
　　　　　　　　a) Ablehnung mangels Masse —— 1588
　　　　　　　　b) Eröffnung des Insolvenzverfahrens —— 1589
　　　　　　2. GmbH —— 1596
　　　　　　　　a) Ablehnung mangels Masse —— 1597
　　　　　　　　b) Eröffnung des Insolvenzverfahrens —— 1597
　　　　II. Personengesellschaften —— 1598
　　　　　　1. OHG, KG —— 1599
　　　　　　2. GbR —— 1599
　　　　III. Besonderheiten im Insolvenzplanverfahren —— 1600
　　　　　　1. Debt-Equity-Swap —— 1600
　　　　　　2. Umwandlung —— 1602
　　　　IV. Exkurs: Insolvenz des Gesellschafters —— 1603
　　　　　　1. Kapitalgesellschaften —— 1603
　　　　　　2. Personengesellschaften —— 1603
　　B. Haftung der Gesellschafter in der Insolvenz —— 1605
　　　　I. Kapitalgesellschaften —— 1605
　　　　II. Personengesellschaften —— 1606
　　　　　　1. Persönlich haftender Gesellschafter —— 1606
　　　　　　2. Kommanditist —— 1608
　　　　　　　　a) Haftung im Außenverhältnis —— 1609
　　　　　　　　b) Beitragspflicht ggü. der Gesellschaft —— 1610

        c) Besonderheiten der gesplitteten Einlagen —— 1610
        d) Existenzvernichtungshaftung des Kommanditisten? —— 1611
        e) Verbotene Ausschüttungen bei der GmbH & Co. KG
            gem. §§ 31, 30 GmbHG (analog) —— 1612
    III. Exkurs: Gesellschafterfremdfinanzierung —— 1613
C. Verantwortlichkeit der Mitglieder des Vertretungsorgans in
    der Insolvenz —— 1617

§ 14
Steuerrecht in der Insolvenz

A. Überblick —— 1634
B. Steuerverfahrensrechtliche Fragen —— 1637
    I. Grundlagen —— 1637
    II. Einzelfragen —— 1642
        1. Säumniszuschläge —— 1642
        2. Rechtsbehelfsbefugnis des Insolvenzverwalters auch
            bei mangelnder Quote —— 1643
        3. Aufrechnung —— 1643
        4. Auskunftsanspruch des Finanzamtes gegenüber dem
            Insolvenzverwalter —— 1647
C. Ertragsteuerliche Fragen —— 1647
    I. Unternehmensinsolvenzverfahren —— 1649
        1. Grundlagen —— 1649
        2. Behandlung von Sanierungsgewinnen gem. § 3a EStG —— 1653
        3. Steuerfreiheit eines Sanierungsgewinns gem. § 3a Abs. 1
            EStG —— 1654
            a) Grundlagen —— 1654
            b) Gesetzliche Neuregelung —— 1655
            c) Voraussetzungen der Steuerbefreiung —— 1657
                aa) Sanierungsbedürftigkeit —— 1657
                bb) Sanierungsfähigkeit und Sanierungs-
                    eignung —— 1658
                cc) Betriebliche Begründung —— 1659
                dd) Sanierungsabsicht —— 1659
                ee) Nachweis durch den Steuerpflichtigen —— 1660
                ff) Antrag —— 1660
            d) Rechtsfolgen —— 1660
                aa) Steuerfreiheit des Sanierungsertrages —— 1660
                bb) Pflicht zur Hebung stiller Lasten —— 1661
                cc) Untergang von Verlustverrechnungspotentialen
                    beim Steuerpflichtigen —— 1661
        4. Neuerwerb —— 1663

                5. Kapitalertragsteuer und Steueranrechnung bei Personenhandels-
                   gesellschaften —— 1664
           II. Verbraucherinsolvenzverfahren —— 1665
                1. Grundlagen —— 1665
                2. Besonderheiten in der Wohlverhaltensphase —— 1667
    D. Umsatzsteuerliche Fragen —— 1670
           I. Grundlagen —— 1670
           II. Umsatzsteuer auf Neuerwerb —— 1675
           III. Umsatzsteuerliche Behandlung der Verwertung von beweglichen
                und unbeweglichen Gegenständen mit Absonderungsrecht durch
                den Insolvenzverwalter —— 1677
                1. Grundlagen —— 1677
                2. Doppel- und Dreifachumsatz bei Sicherungsübereignung —— 1678
           IV. Erteilung einer neuen Steuernummer —— 1679
           V. Organschaft —— 1680
           VI. Bauträger und Umkehr der Steuerschuldnerschaft —— 1682
    E. Bauabzugsteuer —— 1684

§ 15
Internationales Insolvenzrecht
A. Grundlagen des Internationalen Insolvenzrechts —— 1689
    I. Regelungsgegenstand des Internationalen Insolvenz-
       rechts —— 1689
    II. Rechtsquellen des Internationalen Insolvenzrechts —— 1690
        1. Anwendbarkeit der EuInsVO —— 1691
        2. Anwendbarkeit des deutschen autonomen Internationalen Insolvenz-
           rechts —— 1692
        3. Sonderfall Dänemark —— 1694
        4. Sonderfall Vereinigtes Königreich Großbritannien und
           Nordirland —— 1695
        5. Sonderfall ausländischer staatsvertraglicher Regelungen —— 1697
    III. Grundbegriffe des Internationalen Insolvenzrechts —— 1698
        1. Territorialitätsprinzip und Universalitätsprinzip —— 1698
        2. Einheitsprinzip und Pluralitätsprinzip —— 1699
B. Die Insolvenzeröffnung —— 1700
    I. Internationale Zuständigkeit für die Insolvenzeröffnung —— 1700
        1. Internationale Zuständigkeit für die Insolvenzeröffnung nach
           der EuInsVO —— 1701
           a) Hauptinsolvenzverfahren: Mittelpunkt der hauptsächlichen
              Interessen —— 1701
              aa) Gesellschaften und juristische Personen: Satzungsmäßiger
                  Sitz —— 1702

                bb) Gewerbetreibende und Freiberufler:
                    Hauptniederlassung —— 1702
                cc) Verbraucher: Gewöhnlicher Aufenthaltsort —— 1703
            b) Sekundärinsolvenzverfahren: Niederlassung —— 1704
            c) Keine Nachprüfung der Insolvenzeröffnungs-
                entscheidung —— 1705
        2. Internationale Zuständigkeit für die Insolvenzeröffnung nach dem
            autonomen deutschen Internationalen Insolvenzrecht —— 1705
            a) Wohnsitz anstelle von Aufenthaltsort —— 1706
            b) Nachprüfung der internationalen Zuständigkeit —— 1706
C. Grenzüberschreitende Forderungsanmeldung —— 1707
    I. Forderungsanmeldungen nach der EuInsVO —— 1708
        1. Recht auf individuelle Benachrichtigung über die Insolvenz-
            eröffnung —— 1708
        2. Kein Anwaltszwang —— 1709
        3. Mindestinhalt der Forderungsanmeldung —— 1710
        4. Sprache der Forderungsanmeldung —— 1712
            a) Forderungsanmeldung in jeder Amtssprache
                der Europäischen Union —— 1712
            b) Anforderung einer Übersetzung —— 1713
                aa) Übersetzung in eine andere Sprache als die Amts-
                    sprache —— 1714
                bb) Sprache des Übersetzungsverlangens —— 1715
                cc) Form der Übersetzung —— 1715
        5. Frist zur Forderungsanmeldung —— 1716
            a) Fakultative und obligatorische Anmeldefristen —— 1716
            b) Allgemeines zur europäischen Mindestfrist —— 1717
            c) Beginn der europäischen Mindestfrist —— 1718
            d) Beginn der europäischen Mindestfrist bei
                Verbraucherinsolvenzverfahren —— 1719
            e) Berechnung der europäischen Mindestfrist —— 1720
            f) Ende der europäischen Mindestfrist —— 1721
            g) Fristwahrung —— 1722
                aa) Vollständigkeit der Forderungsanmeldung —— 1722
                bb) Fristwahrung bei Anforderung einer Übersetzung —— 1722
    II. Forderungsanmeldungen nach dem autonomen deutschen
        Internationalen Insolvenzrecht —— 1723
D. Internationales Insolvenzanfechtungsrecht —— 1724
    I. Anwendbares Anfechtungsrecht —— 1724
    II. Vertrauensschutz —— 1725
        1. Art. 16 EuInsVO und § 339 InsO —— 1725
        2. Anwendungsbereich und Charakter der Normen —— 1725

3. Maßgeblichkeit eines anderen Rechts —— 1726
4. Unangreifbarkeit der Rechtshandlung —— 1727
III. Beweiserhebung —— 1729
IV. Prozessuales, Vollstreckung —— 1730
E. Grenzüberschreitende Restschuldbefreiung —— 1731
I. Anerkennung einer ausländischen Restschuldbefreiung —— 1731
1. Erteilung der Restschuldbefreiung durch eine gerichtliche Entscheidung —— 1731
2. Erteilung der Restschuldbefreiung aufgrund einer gerichtlichen Entscheidung —— 1733
3. Anerkennung der ausländischen Restschuldbefreiung nach der EuInsVO —— 1735
4. Anerkennung der ausländischen Restschuldbefreiung nach dem autonomen deutschen Internationalen Insolvenzrecht —— 1737
II. Rechtsfolge der ausländischen Restschuldbefreiung —— 1738
1. Fehlende Durchsetzbarkeit der Forderung als Rechtsfolge der Restschuldbefreiung —— 1739
2. Vorübergehende Durchsetzungssperre als Rechtsfolge der Restschuldbefreiung —— 1741
a) Automatisches Entfallen der Durchsetzungssperre —— 1741
aa) Erwerb neuen Vermögens —— 1742
bb) Arbeitseinkommen als neues Vermögen —— 1744
cc) Berücksichtigung im deutschen Erkenntnisverfahren —— 1745
dd) Berücksichtigung im deutschen Vollstreckungsverfahren —— 1747
b) Entfallen der Durchsetzungssperre aufgrund gerichtlicher Entscheidung —— 1749
3. Untergang der Forderung als Rechtsfolge der Restschuldbefreiung —— 1752
III. Umfang der ausländischen Restschuldbefreiung —— 1752
1. Ausnahme einzelner Forderungen von der Restschuldbefreiung aufgrund einer gerichtlichen Ermessensentscheidung —— 1753
2. Ausnahme einzelner Forderungen von der Restschuldbefreiung kraft Gesetzes —— 1754
a) Unterhaltsansprüche —— 1754
b) Forderungen aus einer vorsätzlich begangenen unerlaubten Handlung —— 1755
c) Geldstrafen —— 1756
d) Beweislastverteilung —— 1757
IV. Bedeutung der ausländischen Restschuldbefreiung für einen deutschen Antrag auf Erteilung der Restschuldbefreiung —— 1759
1. Vorherige Erteilung der Restschuldbefreiung im Ausland —— 1759

2. Keine partielle deutsche Restschuldbefreiung für von der ausländischen Restschuldbefreiung ausgenommene Forderungen —— 1761
3. Vorherige Versagung der Restschuldbefreiung im Ausland —— 1762
V. Ordre-public-Verstoß der ausländischen Restschuldbefreiung —— 1762

§ 16
Vergütung der Verfahrensbeteiligten
A. Grundzüge und Struktur des insolvenzrechtlichen Vergütungsverfahrens —— 1772
   I. Einheitliche Regelung für alle Verfahrensarten —— 1772
   II. Gesetzliche Regelungen —— 1773
   III. Systematik des Festsetzungsverfahrens —— 1775
   IV. Kritik und Reformvorschläge —— 1776
B. Berechnungsgrundlagen für die verschiedenen Tatbestände der Vergütung im Insolvenzverfahren —— 1776
   I. Endgültiges Insolvenzverfahren als Grundtatbestand —— 1777
      1. Schlussrechnung als Grundlage der Berechnung —— 1777
      2. Zeitpunkt der Festsetzung —— 1778
      3. In der Schlussrechnung zu berücksichtigende Einnahmen —— 1778
         a) Tatsächliche Zuflüsse —— 1779
         b) Bei ordnungsgemäßem Abschluss des Verfahrens nicht verwertete Aktiva der Anfangsmasse —— 1779
         c) Noch zu erwartende Zuflüsse aus während des Insolvenzverfahrens erwirtschafteten Vermögensgegenständen —— 1781
            aa) Einbeziehung in die Schlussrechnung —— 1781
            bb) Nichtberücksichtigung in der ursprünglichen Schlussrechnung —— 1782
         d) Übernommene Verpflichtungen gegenüber Dritten —— 1783
            aa) Zahlung des nach betriebswirtschaftlichen Kriterien ermittelten Unternehmenswertes —— 1783
            bb) Übernahme ohne vorherige Verrechnung auf den Kaufpreis —— 1784
      4. Berücksichtigung von Massekosten und sonstigen Masseverbindlichkeiten im Allgemeinen nach § 1 Abs. 2 Nr. 4 a) und b) InsVV —— 1784
         a) Massekosten —— 1784
         b) Sonstige Masseverbindlichkeiten —— 1785
         c) Anrechnung der Vergütungen für den Einsatz/Ersatz besonderer Sachkunde —— 1786
      5. Ausnahmen vom Zufluss-/Abflusssystem unter nicht Berücksichtigung von Massekosten und sonstigen Masseverbindlichkeiten —— 1786

- a) Bereicherungsansprüche, massefremde Zuflüsse, durchlaufende Posten —— **1786**
  - aa) Ungerechtfertigte Bereicherung —— **1786**
  - bb) Nicht in die Berechnungsgrundlage einzubeziehende Zahlungen —— **1787**
  - cc) Durchlaufende Posten —— **1787**
- b) Negative Einnahmen, positive Ausgaben —— **1788**
  - aa) Stichtag Verfahrenseröffnung —— **1788**
  - bb) Nach Insolvenzeröffnung rechtlich oder wirtschaftlich begründete Abflüsse aus Rückzahlung erhaltener Einnahmen und Zuflüsse aus zuvor erbrachten Ausgaben —— **1789**
- c) Massekostenvorschüsse/sonstige Zuschüsse —— **1790**
- d) Massedarlehen —— **1791**
- e) Aufrechnungslagen allgemein —— **1791**
- f) Steuerzahlungen/Steuererstattungen —— **1792**
- g) Sondermassen/Sonderverwaltung —— **1793**

6. Behandlung von Aus- und Absonderungsrechten —— **1794**
   - a) Aussonderungsrechte —— **1794**
   - b) Absonderungsrechte —— **1795**
     - aa) Verwertung durch die Insolvenzverwaltung —— **1796**
     - bb) Keine Verwertung durch den Insolvenzverwalter aber Überschuss für die Insolvenzmasse, noch nicht geflossener Überschuss —— **1800**
     - cc) Keine Verwertung und kein Überschuss —— **1800**
   - c) Abfindungen für den Verzicht auf die Geltendmachung von Aus- und Absonderungsrechten gem. § 1 Abs. 2 Nr. 2 InsVV —— **1801**

7. Betriebsfortführung —— **1801**
   - a) Allgemeines —— **1802**
   - b) Betriebsvermögen, Teilbetriebe —— **1803**
   - c) Fortführung des Unternehmens —— **1804**
   - d) Ermittlung des Überschusses —— **1804**
     - aa) Deckungskostenbeitragsrechnung —— **1805**
     - bb) Im Rahmen der Betriebsfortführung erwirtschaftete Einnahmen —— **1805**
     - cc) Im Rahmen der Betriebsfortführung begründete Ausgaben —— **1806**
   - e) Abgrenzung im Rahmen der Betriebsfortführung zwischen dem vorläufigen und endgültigen Verfahren —— **1809**
   - f) Vorzeitige Verfahrensbeendigung —— **1810**

8. Kausale und zeitliche Abgrenzung zwischen vorläufigem und endgültigem Insolvenzverfahren —— **1811**

a) Einzubeziehende Einnahmen für das endgültige Insolvenzverfahren —— 1811
b) Im vorläufigen Verfahren begründete Ausgaben (nachlaufende Masseverbindlichkeiten) —— 1812
9. Vorzeitige Beendigung des Insolvenzverfahrens oder des Amtes als Insolvenzverwalter —— 1812
    a) Allgemeines —— 1812
        aa) Schätzung —— 1813
        bb) Einzelne Vermögensgegenstände —— 1814
        cc) Beschränkung auf die potentielle Masse, welche zur Befriedigung aller Insolvenzgläubiger und Massegläubiger erforderlich gewesen wäre —— 1815
    b) Einzelne Fälle der vorzeitigen Verfahrensbeendigung —— 1816

II. Vorläufiges Insolvenzverfahren —— 1817
1. Gesetzeslage —— 1818
2. Persönlicher Anwendungsbereich und Werte als Basis der Berechnung —— 1818
3. In die Berechnungsgrundlage einzubeziehendes Vermögen —— 1819
    a) Vermögen i.S.d. § 11 Abs. 1 InsVV i.V.m. § 63 InsO —— 1819
    b) Ansatz —— 1820
    c) Zeitpunkt und Zeitraum des Ansatzes —— 1821
    d) Bewertung —— 1821
    e) Einzelne Vermögensgegenstände —— 1822
        aa) Forderungen, Bankguthaben, Auftragsbestand —— 1822
        bb) Firmen- oder Unternehmenswert, sonstige immaterielle Vermögensgegenstände, Lebens- oder Direktversicherung, Umsatzsteuer aus der Vergütung des vorl. Insolvenzverwalters —— 1823
        cc) Schadensersatzforderungen, Gesellschaftsrechtliche- und Organhaftungsansprüche —— 1824
        dd) Anfechtungsansprüche —— 1824
4. Hinzurechnung von Aus- oder Absonderungsrechten unterliegenden Vermögenswerten —— 1825
    a) Gesetzgeberische Grundlagen der Neuregelung des § 11 Abs. 1 S. 2 InsVV —— 1825
    b) Erhebliche Befassung —— 1826
    c) Einzelne Vermögensgegenstände —— 1827
    d) Besitzüberlassungsverträge/Leasingverträge —— 1828
    e) Einbeziehung des Überschusses bei nicht erheblicher Befassung —— 1829
5. Ergänzende Anwendung des § 1 Abs. 2 InsVV, Betriebsfortführung, vorzeitige Beendigung der vorläufigen Insolvenzverwaltung —— 1830

    6. Darlegender Vortrag zur Berechnungsgrundlage im Vergütungsantrag —— 1831
  III. Besondere Verfahrensarten —— 1833
    1. Partikular- und Sekundärinsolvenzverfahren —— 1833
      a) Partikularinsolvenzverfahren —— 1833
      b) Sekundärinsolvenzverfahren —— 1833
      c) Abgrenzung zwischen Haupt- und Partikularinsolvenzverfahren —— 1834
        aa) Partikularinsolvenzverfahren —— 1834
        bb) Sekundärinsolvenzverfahren —— 1834
    2. Gruppeninsolvenz —— 1835
      a) Berechnungsgrundlage für den Verfahrenskoordinator —— 1835
      b) Berechnungsgrundlage für den Gruppenkoordinator —— 1836
    3. Vorläufige und endgültige Sachwaltung —— 1837
      a) Einheitliche Berechnungsgrundlage für den vorläufigen und endgültigen Sachwalter —— 1837
      b) Schlussrechnung des Schuldners —— 1838
      c) Berechnungsgrundlage —— 1839
      d) Vorzeitige Beendigung —— 1839
    4. Berechnungsgrundlage der Vergütung des Insolvenzverwalters im Verbraucherinsolvenzverfahren nach § 13 InsVV —— 1840
    5. Berechnungsgrundlage der Vergütung des Treuhänders in der Wohlverhaltensphase nach § 14 InsVV —— 1841
  IV. Sonderinsolvenzverwaltung —— 1842
    1. Grundlage der Berechnung —— 1842
    2. Typische Verwaltertätigkeit —— 1842
    3. Anwaltliche Tätigkeit —— 1843
C. Gebühren des Insolvenzverwalters —— 1844
  I. Regelvergütung —— 1845
  II. Mindestvergütung —— 1846
  III. Vergütung für Normalverfahren —— 1847
  IV. Zuschläge —— 1851
    1. Zuschläge wegen Bearbeitung von Aus- und Absonderungsrechten —— 1852
    2. Zuschlag für Unternehmensfortführung und Hausverwaltung, § 3 Abs. 1 b) InsVV —— 1854
    3. Zuschlag für Degressionsausgleich, § 3 Abs. 1 c) InsVV —— 1857
      a) Einbeziehung in die InsVV, Ermittlung im Rahmen einer Gesamtschau, Berücksichtigung für den vorläufigen Insolvenzverwalter und Sachwalter, Ermessen des Gerichtes —— 1857
      b) Große Masse —— 1858

   c) Erheblicher Mehraufwand —— **1859**
   d) Berechnung des Degressionsausgleiches —— **1860**
  4. Zuschlag für die Bearbeitung arbeitsrechtlicher Sachverhalte —— **1861**
  5. Zuschlag für Ausarbeitung eines Insolvenzplanes —— **1863**
  6. Zuschlag für Inflationsausgleich —— **1863**
  7. Weitere Zuschlagsfaktoren —— **1864**
 V. Abschläge —— **1866**
  1. Vermeidung einer Doppelberücksichtigung durch gleichzeitige Erhöhung der Berechnungsgrundalge und Gewährung von Zuschüssen —— **1867**
  2. Berücksichtigung mehrerer Zuschlagsfaktoren —— **1870**
  3. Delegation verschiedener Aufgaben auf Hilfspersonen —— **1871**
  4. Abschläge bei vorheriger Bestellung als vorläufiger Insolvenzverwalter/Gutachter —— **1877**
  5. Abschläge bei vorheriger Verwertung der Masse —— **1879**
  6. Abschlag wegen vorzeitiger Verfahrens- oder Amtsbeendigung —— **1879**
  7. Abschlag der Vergütung bei hoher Insolvenzmasse und geringer Arbeitsbelastung —— **1881**
  8. Minderung wegen überschaubarer Vermögensverhältnisse —— **1882**
  9. Abschlag im Koordinationsverfahren, mit Bestellung eines Verfahrenskoordinators —— **1883**
  10. Weitere Kürzungstatbestände —— **1883**
 VI. Arithmetische Berechnung von Zu- und Abschlägen —— **1883**
 VII. Gesamtwürdigung —— **1884**
 VIII. Darlegungs- und Beweislast des Insolvenzverwalters —— **1887**
 IX. Zulässigkeit von Vergütungsvereinbarungen —— **1887**
 X. Auslagen, besondere Sachkunde und Umsatzsteuer —— **1888**
  1. Allgemeine Auslagen —— **1889**
  2. Besondere Auslagen —— **1890**
  3. Besondere Haftpflichtversicherung —— **1891**
  4. Besondere Sachkunde —— **1892**
  5. Umsatzsteuer —— **1892**
 XI. Sonderfälle —— **1893**
  1. Nachtragsverteilungen —— **1893**
  2. Insolvenzplanverfahren —— **1894**
D. Vergütung und Auslagen des vorläufigen Insolvenzverwalters —— **1896**
 I. Änderung der Rechtslage seit 2014 —— **1896**
 II. Allgemeines —— **1897**
 III. Gebühren des vorläufigen Insolvenzverwalters —— **1898**
  1. Regelvergütung und Mindestvergütung —— **1898**

2. Zuschläge, § 3 InsVV —— 1899
    a) Allgemeines —— 1899
    b) Zuschläge im Einzelnen —— 1900
    c) Ausschluss von doppelter Berücksichtigung bei der Berechnungsgrundlage und gleichzeitig bei den einzelnen Zuschlagsfaktoren, Überschneidungen einzelner Faktoren —— 1901
3. Abschläge —— 1902
IV. Auslagen des vorläufigen Insolvenzverwalters —— 1902
V. Kostenschuldner der vorläufigen Verwaltervergütung —— 1902
VI. Vorläufiger Verwalter zugleich als Sachverständiger —— 1903
E. Besondere Verfahrensarten —— 1904
I. Vergütung des (vorläufigen) Sachwalters —— 1904
II. Vergütung des Treuhänders im Restschuldbefreiungsverfahren —— 1908
    1. Verbraucherinsolvenzverfahren —— 1908
    2. Restschuldbefreiungsverfahren —— 1908
III. Sonderinsolvenzverwaltung —— 1910
IV. Partikular- und Sekundärinsolvenzverfahren —— 1911
V. Festsetzung der Vergütung der Koordinatoren von Gruppeninsolvenzen nach der InsO und der EuInsVO —— 1911
    1. Nach der InsO —— 1911
    2. Nach der EuInsVO —— 1912
F. Geltendmachung der Vergütungsansprüche —— 1913
I. Fälligkeit des Vergütungsanspruches —— 1913
II. Festsetzung durch das Insolvenzgericht —— 1914
    1. Zuständigkeit des Richters oder Rechtspflegers für den Antrag —— 1914
    2. Mitwirkung der Beteiligten —— 1916
    3. Beschluss des Insolvenzgerichtes —— 1917
    4. Rechtsbehelfe —— 1917
    5. Rechtskraft —— 1919
    6. Nachträgliche Änderung der ursprünglichen Festsetzung für den vorläufigen Verwalter —— 1919
    7. Vorschüsse auf Vergütung und Auslagen —— 1921
    8. Entnahme und Vergütung des (vorläufigen) Insolvenzverwalters —— 1923
    9. Verjährung und Berücksichtigung des Vergütungsanspruches bei Masseunzulänglichkeit —— 1924
G. Verwirkung der Vergütungsansprüche —— 1925
H. Vergütung des Gläubigerausschusses —— 1927
I. Gebühren —— 1928
    1. Einmalige Vergütung nach § 17 Abs. 2 S. 1 InsVV —— 1928
    2. Regelmäßige Vergütung des vorläufigen Gläubigerausschusses und endgültigen Gläubigerausschusses —— 1929

        a) Vergütung nach Stunden gem. § 17 Abs. 1 InsVV —— 1929
        b) Möglichkeit einer Pauschalierung in Anlehnung an die Vergütung des Insolvenzverwalters —— 1933
        c) Persönliche oder institutionelle Mitgliedschaft —— 1934
        d) Sonderfälle —— 1934
  II. Auslagen und Umsatzsteuer —— 1935
  III. Fälligkeit, Verjährung und Festsetzung —— 1936

§ 17
Rechnungslegung in der Insolvenz

A. Vorbemerkungen —— 1940
  I. Bilanzielle Begriffe —— 1940
  II. Duale vs. Harmonisierte Rechnungslegung —— 1940

B. Interne Rechnungslegung —— 1942
  I. Allgemeines —— 1942
  II. Masseverzeichnis —— 1943
    1. Ansatz —— 1943
    2. Bewertung —— 1944
    3. Ausweis —— 1946
  III. Gläubigerverzeichnis —— 1946
    1. Ansatz —— 1947
    2. Bewertung —— 1947
    3. Ausweis —— 1948
  IV. Vermögensübersicht —— 1949
    1. Ansatz —— 1949
    2. Bewertung —— 1950
    3. Ausweis —— 1950
  V. Zwischenrechnungen —— 1951
  VI. Schlussrechnung —— 1954
    1. Bestandteile der Schlussrechnung —— 1955
        a) Einnahmen-Ausgaben-Rechnung —— 1955
        b) Insolvenzschlussbilanz —— 1956
    2. Schlussbericht —— 1957
    3. Schlussverzeichnis —— 1958
    4. Schlussrechnungen als Basis der Verwaltervergütung —— 1959
    5. Prüfung der Schlussrechnung —— 1960
    6. Schlussrechnung im Planverfahren —— 1963
  VII. Rechnungen im Planverfahren —— 1963
    1. Bedeutung aus gesetzlicher Sicht —— 1963
    2. Planungssystematik —— 1965
    3. Planbilanz —— 1966

       4. Planerfolgsrechnung —— 1968
       5. Planliquiditätsrechnung (Finanzplan) —— 1969
C. Externe Rechnungslegung —— 1970
   I. Pflicht zur externen Rechnungslegung —— 1971
   II. Grundlegende Fragen der externen Rechnungslegung —— 1972
   III. Insolvenzeröffnungsbilanz —— 1975
       1. Vorbemerkung —— 1975
       2. Rechtsnormen —— 1976
       3. Zuordnung der handelsrechtlichen Rechnungslegung zu den einzlnen Verfahrensabschnitten —— 1977
       4. Verfahrenseröffnung – Entstehung des Sondervermögens —— 1978
       5. Eröffnung des Verfahrens —— 1978
       6. Beendigung – Abwicklung des Sondervermögens —— 1979
       7. Insolvenzplan —— 1980
       8. Besonderheiten bei Eigenverwaltung —— 1980
       9. Abweichendes Wirtschaftsjahr —— 1981
       10. Externe Rechnungslegung —— 1981
       11. Bewertung —— 1982
       12. Ausweis —— 1984
   IV. Erläuterungsbericht und Schlussbilanz der insolventen Gesellschaft —— 1987
   V. Prüfung der externen Rechnungslegung —— 1988
D. Fazit —— 1988

§ 18
Haftungsfragen und Insolvenzdelikte
A. Insolvenzantragspflicht (§ 15a InsO) —— 1993
B. Haftung des Insolvenzverwalters (§§ 60 bis 62 InsO) —— 2002
   I. Vorbemerkung —— 2002
   II. Insolvenzspezifische Pflichten —— 2003
       1. Masseschäden —— 2003
          a) Allgemeines und Einzelfälle —— 2003
          b) Masseerhaltung und -mehrung durch Unternehmensfortführung —— 2004
       2. Pflichtverletzungen gegenüber anderen Beteiligten —— 2005
          a) Massegläubiger —— 2005
          b) Insolvenzgläubiger —— 2006
          c) Ab- und Aussonderungsberechtigte —— 2007
          d) Schuldner —— 2007
          e) Weitere Beteiligte —— 2008
       3. Exkurs: Sachwalter in der Eigenverwaltung —— 2008

III. Nichtinsolvenzspezifische Pflichten —— 2009
1. Zivilrechtliche Anspruchsgrundlagen —— 2009
   a) Vertragliche Haftung und Ähnliches —— 2009
   b) Deliktische Haftung —— 2009
2. Öffentlich-rechtliche Anspruchsgrundlagen —— 2010
   a) Abgabenordnung —— 2010
   b) Weitere öffentlich-rechtliche Anspruchsnormen —— 2010
IV. Verschulden —— 2011
1. Haftung – Verschuldensmaßstab – Haftung für Dritte —— 2011
2. Haftung – Prognoseentscheidungen – Rechtskenntnisse – Sachverständige —— 2011
3. Haftung – Mitverschulden —— 2012
4. Haftung – Mitwirken von Gericht, Gläubigerversammlung und Gläubigerausschuss —— 2012
V. Kausalität, Schaden, mehrere Verpflichtete und Beweislast —— 2013
VI. Anspruchsberechtigte – Sonderinsolvenzverwalter – Verjährung – Haftpflichtversicherung —— 2014
C. Haftung der Mitglieder des Gläubigerausschusses, § 71 InsO —— 2015
I. Schutzzweck des § 71 InsO —— 2015
II. Pflichtverletzungen —— 2015
III. Verschulden —— 2015
IV. Verjährung —— 2016
D. Persönliche Haftung der Gesellschafter (§ 93 InsO) —— 2016
I. Normzweck —— 2016
II. Norminhalt —— 2017
1. Persönlicher Anwendungsbereich —— 2017
2. Sachlicher Anwendungsbereich —— 2017
3. Zeitlicher Anwendungsbereich —— 2019
III. Einzelfragen —— 2019
1. Prozessuale Geltendmachung —— 2019
2. Einwendungen des Gesellschafters —— 2021
3. Bildung von Sondermassen —— 2022
E. Insolvenzverschleppungshaftung —— 2023
I. Rechtlicher Hintergrund —— 2023
II. Innenhaftung —— 2023
1. Erstattung verbotener Zahlungen —— 2023
   a) Ermittlung der Insolvenzreife —— 2024
      aa) Zahlungsunfähigkeit —— 2024
      bb) Überschuldung —— 2026
   b) Ermittlung der verbotenen Zahlungen —— 2028
      aa) Berechnung des Erstattungsanspruchs —— 2028
      bb) Erlaubte Zahlungen —— 2029

c) Anspruchsgegner —— **2030**
d) Verschulden —— **2030**
e) Haftungsverlagerung auf Dritte —— **2031**
2. Zahlungen an Gesellschafter —— **2032**
III. Außenhaftung —— **2032**
1. Verstoß gegen § 15a InsO —— **2032**
a) Verpflichteter Personenkreis —— **2032**
b) Verletzung der Insolvenzantragspflicht —— **2032**
c) Anspruchsinhalt —— **2033**
2. Beihilfe zur Insolvenzverschleppung —— **2033**
IV. Aussetzung der Haftung nach COVInsAG —— **2033**
1. Aussetzung der Insolvenzantragspflicht —— **2034**
a) Insolvenzreife infolge der COVID-19-Pandemie —— **2034**
b) Beseitigungsmöglichkeit der Zahlungsunfähigkeit —— **2035**
2. Zulässigkeit von Zahlungen —— **2035**
3. Praktische Konsequenzen —— **2035**
a) Bedeutung der Zahlungsfähigkeit —— **2036**
b) Bedeutung der Überschuldung —— **2036**
F. Organschaftliche Haftung (§ 101 InsO) —— **2037**
I. Normzweck —— **2037**
II. Normadressaten und Pflichtenumfang —— **2037**
1. Organmitglieder und persönlich haftende Gesellschafter —— **2038**
2. Frühere Organmitglieder und persönlich haftende Gesellschafter —— **2038**
3. Gesellschafter —— **2039**
4. Angestellte und frühere Angestellte —— **2039**
G. Haftung des Steuerberaters —— **2040**
H. Insolvenzdelikte —— **2047**
I. Überblick und Systematik und die objektive Bedingung der Strafbarkeit —— **2047**
1. Überblick —— **2047**
2. Systematik der §§ 283 ff. StGB —— **2047**
3. § 283 Abs. 6 StGB – Die sog. „objektive Bedingung der Strafbarkeit" —— **2048**
4. Die Krise – Überschuldung und (drohende) Zahlungsunfähigkeit —— **2049**
II. § 283 StGB – Die Bankrotttatbestände —— **2050**
1. Überblick —— **2050**
2. § 283 Abs. 1 Nr. 1 StGB – Beeinträchtigung von Vermögensbestandteilen —— **2051**
3. § 283 Abs. 1 Nr. 2 StGB – Spekulationsgeschäfte und unwirtschaftliche Ausgaben —— **2052**

4. § 283 Abs. 1 Nr. 3 StGB – Verschleuderungsgeschäfte —— 2053
5. § 283 Abs. 1 Nr. 4 StGB – Scheingeschäfte —— 2053
6. § 283 Abs. 1 Nr. 5 StGB – Unterlassene und/oder mangelhafte Buchführung —— 2053
7. § 283 Abs. 1 Nr. 6 StGB – Beiseiteschaffen und Vernichten von Handelsbüchern —— 2055
8. § 283 Abs. 1 Nr. 7 StGB – Mangelhafte oder nicht rechtzeitige Bilanzerstellung —— 2055
9. § 283 Abs. 1 Nr. 8 StGB – Generalklausel —— 2056
10. § 283 Abs. 2 StGB – Herbeiführen der Krise durch tatbestandsrelevante Handlungen —— 2057
11. Vorsatz oder Fahrlässigkeit – § 283 Abs. 4, Abs. 5 StGB —— 2057
12. Versuchsstrafbarkeit – § 283 Abs. 3 StGB —— 2058
13. § 283a StGB – Besonders schwerer Fall des Bankrotts —— 2058
III. Verletzung der Buchführungspflicht – Gläubiger- oder Schuldnerbegünstigung —— 2058
1. § 283b StGB – Verletzung der Buchführungspflicht —— 2058
2. § 283c StGB – Gläubigerbegünstigung —— 2059
3. § 283d StGB – Schuldnerbegünstigung —— 2060

§ 19
Nachlassinsolvenz

A. Nachlassinsolvenzverfahren —— 2061
 I. Haftungsbeschränkung und Verfahrenseröffnung —— 2062
 II. Haftungsbeschränkende Einreden —— 2062
B. Das Antragsverfahren —— 2063
 I. Zuständigkeit —— 2063
 II. Zulässigkeit —— 2064
 III. Insolvenzgründe —— 2064
 IV. Antragsberechtigung —— 2067
 V. Antragspflicht —— 2068
 VI. Glaubhaftmachung —— 2070
 VII. Verfahrenskostenstundung oder Insolvenzkostenhilfe —— 2071
C. Das eröffnete Nachlassinsolvenzverfahren —— 2071
 I. Wirkungen der Eröffnung —— 2071
 II. Masseverbindlichkeiten —— 2072
 III. Nachlassverbindlichkeiten —— 2073
 IV. Umfang der Haftungsmasse —— 2074
  1. Verwaltungshandeln des Erben —— 2075
  2. Berichtigung von Nachlassverbindlichkeiten —— 2075

   3. Rückschlagsperre —— 2076
   4. Ansprüche in der Hand des Verwalters —— 2077
 V. Massemehrung – nicht ordnungsgemäße Verwaltung —— 2077
 VI. Massemehrung – Haftungsansprüche nach Handelsrecht —— 2078
   1. Fortführung eines Handelsgeschäfts durch den Erben —— 2079
   2. Fortsetzung der OHG mit dem Erben eines OHG-Gesellschafters —— 2081
   3. Unternehmensfortführung mit Erben des Kommanditisten —— 2083
   4. Unternehmensnachfolge mit Erben des Komplementärs —— 2086
   5. Unternehmensnachfolge mit dem Erben eines BGB Gesellschafters —— 2088
   6. Die führungslose GmbH und der Gesellschaftererbe —— 2089
 VII. Massemehrung durch Anfechtung —— 2090
 VIII. Der Tod des Schuldners im Insolvenzverfahren —— 2090
 IX. Stellung der Nachlassgläubiger im eröffneten Insolvenzverfahren des Schuldners —— 2092
 X. Der Schuldner als Erbe – der Nachlass unter Testamentsvollstreckung —— 2094

§ 20
Konzerninsolvenzrecht

A. Konzernbegriff —— 2098
B. Konzerninsolvenz —— 2099
C. Nationaler und europäischer Rechtsrahmen für die Bewältigung von Konzerninsolvenzen —— 2101
 I. Bewältigung von Konzerninsolvenzen in Deutschland bis zum Inkrafttreten des Gesetzes zur Erleichterung der Bewältigung von Konzerninsolvenzen —— 2102
   1. Der Weg der Praxis —— 2103
   2. Erste Initiativen für eine gesetzliche Regelung von Konzerninsolvenzen —— 2105
   3. Gesetzgebungsarbeiten —— 2106
 II. Die Bewältigung von Konzerninsolvenzen in Deutschland seit dem 21.4.2018 auf Grund des Gesetzes zur Erleichterung der Bewältigung von Konzerninsolvenzen —— 2107
   1. Ziele des Gesetzgebers —— 2108
    a) Rechtliche Selbständigkeit der Einzelverfahren —— 2108
    b) Entscheidung gegen Konsolidierungslösungen —— 2109
    c) Kernpunkte der Reform —— 2109
    d) Eigenverwaltung als Sanierungsoption bei Konzerninsolvenzen —— 2110

2. Begriff der Unternehmensgruppe —— 2112
  3. Gruppen-Gerichtsstand —— 2113
     a) Erfordernis von zwei Anträgen —— 2114
     b) Antragsbefugnis —— 2115
     c) Bedeutung des Schuldners innerhalb der Unternehmensgruppe —— 2115
     d) Zentralisierung, § 2 Abs. 3 InsO —— 2116
     e) Richterliche Zuständigkeit —— 2117
     f) Gerichtliche Entscheidung —— 2117
     g) Fortbestehen des Gruppengerichtsstandes, § 3b InsO —— 2118
     h) Verweisung an den Gruppen-Gerichtsstand, § 3d InsO —— 2119
  4. Verwalterbestellung bei Schuldnern derselben Unternehmensgruppe —— 2119
     a) Abstimmungskriterien —— 2120
     b) Einbindung des vorläufigen Gläubigerausschusses, § 56b Abs. 2 InsO —— 2121
     c) Art und Weise der Abstimmung —— 2122
     d) Anträge auf Anordnung der Eigenverwaltung —— 2123
  5. Kooperationspflichten —— 2123
     a) Zusammenarbeit der Insolvenzverwalter —— 2124
     b) Zusammenarbeit der Insolvenzgerichte —— 2126
     c) Zusammenarbeit der Gläubigerausschüsse —— 2128
     d) Koordinationsverfahren —— 2129
        aa) Einleitung des Koordinationsverfahrens —— 2130
        bb) Bestellung eines Verfahrenskoordinators —— 2131
        cc) Der Koordinationsplan —— 2132
III. Bewältigung von Konzerninsolvenzen nach der EuInsVO 2000 —— 2134
  1. Praktische Lösungen —— 2136
  2. Das europäische Gesetzgebungsverfahren zur Reform der EuInsVO —— 2136
     a) Vorschlag der Kommission vom 12.12.2012 —— 2136
     b) Weiterer Verfahrensgang —— 2137
IV. Bewältigung von Konzerninsolvenzen nach der EuInsVO 2015 —— 2138
  1. Systematik und Anwendungsbereich von Kapitel V —— 2138
  2. Verhältnis zu Drittstaaten —— 2139
  3. Insolvenzverfahren i.S.d. Art 1 EuInsVO über das Vermögen von zwei oder mehr Mitgliedern einer Unternehmensgruppe —— 2140
  4. Gesetzliche Anpassung an nationales Recht —— 2141

5. Zusammenarbeit und Koordination in Insolvenzverfahren über das Vermögen von Mitgliedern einer Unternehmensgruppe, Art. 56–60 EuInsVO —— 2141
   a) Zusammenarbeit und Kommunikation der Verwalter —— 2142
   b) Zusammenarbeit und Kommunikation der Gerichte —— 2144
   c) Zusammenarbeit und Kommunikation zwischen Verwaltern und Gerichten —— 2145
   d) Rechte des Verwalters bei Verfahren über das Vermögen von Mitgliedern einer Unternehmensgruppe —— 2146
6. Koordinierung —— 2146
   a) Antrag und Antragsbefugnis —— 2148
   b) Zuständiges Gericht —— 2149
   c) Eröffnung des Gruppen-Koordinationsverfahrens und Bestellung eines Verfahrenskoordinators —— 2149
   d) Der Verfahrenskoordinator —— 2150
      aa) Aufgaben und Befugnisse des Verfahrenskoordinators —— 2150
      bb) Abberufung des Verfahrenskoordinators —— 2151
      cc) Vergütung des Verfahrenskoordinators —— 2152

Sachregister —— 2153

Bearbeiter der 3. Auflage

Dr. iur. h.c. **Rainer M. Bähr,** Rechtsanwalt, Leipzig
Dr. **Christopher Becker, LL. M.,** Eschborn
Dr. **Klaus-Peter Busch,** Richter am Amtsgericht a.D., Detmold
Dr. **Stephan Deyda,** Richter am Amtsgericht, Köln
Sylvia Fiebig, Rechtsanwältin, Hamburg
Dr. **Michael Fischer,** Universitätsprofessor an der Friedrich-Alexander-Universität Erlangen-Nürnberg
Daniel F. Fritz, Rechtsanwalt, Frankfurt am Main
Dr. **Felix Fuchs,** Rechtsanwalt, Köln
Dr. **Andreas Henkel,** Rechtsanwalt, Hamburg
Frank-Rüdiger Heinze, Rechtsanwalt, Bielefeld
Ottmar Hermann, Rechtsanwalt, Frankfurt am Main
Dr. **Gerrit Hölzle,** Honorarprofessor an der Universität Bremen, Rechtsanwalt, Bremen
Rolf Köllner, Rechtsanwalt, Köln
Dr. **Norbert Küpper,** Rechtsanwalt, Verl
Dr. **Peter Laroche,** Richter am Amtsgericht, Köln
Dr. **Solveig Lieder,** Rechtsanwältin, Hamburg
Dr. **Gerhard Pape,** Honorarprofessor an der Georg-August-Universität Göttingen, Richter am Bundesgerichtshof a.D., Karlsruhe
Dr. **Christian Pelke, LL. M.,** Rechtsanwalt, Bielefeld
Berthold Schäfer, Rechtsanwalt, Marbach
Jens Schmitt, Insolvenzverwalter, Zwickau
Dr. **Jens Schmittmann,** Professor an der FOM Hochschule Essen, Rechtsanwalt, Essen
Dr. **Tjark Thies,** Rechtsanwalt, Hamburg
Dr. **Magnus Wagner, LL. M. oec.,** Rechtsanwalt, Köln
Dr. **Rüdiger Werres,** Rechtsanwalt, Köln
Dr. **Sven-Holger Undritz,** Rechtsanwalt, Hamburg
Dr. **Heinz Vallender,** Honorarprofessor an der Universität zu Köln, Richter am Amtsgericht a.D., Köln

Literaturverzeichnis

Achenbach/Ransiek, Handbuch Wirtschaftsstrafrecht, 5. Aufl. 2019
Aderhold, Auslandskonkurs im Inland, Entwicklung und System des deutschen Rechts mit praktischen Beispielen unter besonderer Berücksichtigung des Konkursrechts der Vereinigten Staaten von Amerika, Englands, Frankreichs sowie der Schweiz, 1992
Ahrens/Gehrlein/Ringstmeier, Insolvenzrecht, 4. Auflage 2020
Allgayer, Rechtsfolgen und Wirkungen der Gläubigeranfechtung, 2000
Ampferl, Der „starke" vorläufige Insolvenzverwalter in der Unternehmensinsolvenz, 2002
Arians, Sonderbilanzen, 2. Aufl. 1985
Arbeitskreis für Insolvenz- und Schiedsgerichtswesen e.V. Köln, Kölner Schrift zur Insolvenzordnung, 3. Aufl. 2009
Arnold, Der deutsch-österreichische Konkursvertrag, 1987
Arnold/Meyer-Stolte/Hermann, Rechtspflegergesetz: RPflG, Kommentar, 8. Aufl. 2015
Attinger, Der Mittelpunkt der hauptsächlichen Interessen nach der EuInsVO – erfolgreiches Konzept oder Quelle der Rechtsunsicherheit?, Dissertation, 2008
Backes, Die Insolvenz des Versicherungsunternehmens, 2003
Balz, The European Union Convention on Insolvency Proceedings, in: The American Bankruptcy Law Journal (Am. Bankr. L. J.) 70 (1996), S. 485–531
Balz/Landfermann, Die neuen Insolvenzgesetze, 2. Aufl. 1999
Bassenge/Roth, FamFG/RPflG, Kommentar, 12. Aufl. 2009
Bauer, Festschrift für Peter Schwerdtner zum 65. Geburtstag, 2003
Bauer, Die GmbH in der Krise, 6. Aufl. 2020
Baumbach/Hopt, Handelsgesetzbuch, Kommentar, 39. Aufl. 2020
Baumbach/Hueck, GmbH-Gesetz, Kommentar, 22. Aufl. 2019
Baumbach/Lauterbach/Hartmann/Anders/Gehle, Zivilprozessordnung, Kommentar, 78. Aufl. 2020
Beck/Depré, Praxis der Insolvenz, 3. Aufl. 2017
Beckmann, Internationales Insolvenzrecht im MERCOSUR, 2000
Berger/Kayser/Pannen, Sanierung, Insolvenz, Berufsrecht der Rechtsanwälte und Notare, Festschrift für Gerhard Ganter zum 65. Geburtstag, 2010
Bergschneider, Familienvermögensrecht, 3. Aufl., 2016
Van Betteray, Festschrift für Friedrich Wilhelm Metzeler zum 70. Geburtstag, 2003
Biehl, Insider im Insolvenzverfahren, 2000
Bindemann, Handbuch Verbraucherkonkurs, 3. Aufl. 2002
Binz/Hess, Der Insolvenzverwalter, Rechtsstellung, Aufgaben, Haftung, 2004
Bitter, Festschrift für Karsten Schmidt zum 70. Geburtstag, 2009
Bittmann, Praxishandbuch Insolvenzstrafrecht, 2. Aufl. 2017
Blersch/Goetsch/Haas, Berliner Kommentar Insolvenzrecht (Loseblattwerk), Stand: 2018
Blitz, Sonderinsolvenzverfahren im Internationalen Insolvenzrecht unter besonderer Berücksichtigung der europäischen Verordnung über Insolvenzverfahren vom 29. Mai 2000, 2002
Bode, Der Auskunftsanspruch des (vorläufigen) Insolvenzverwalters gegenüber der Bank des Schuldners, 2007
Böckenförde, Unternehmenssanierung, 1991
Böcking/Gros/Oser/Scheffler/Thormann, Beck'sches Handbuch der Rechnungslegung (Loseblattwerk), Stand: 62. Aufl. 2020
Borchard/Frind, Die Betriebsfortführung im Insolvenzverfahren, 3. Aufl. 2017

Bork/Gehrlein, Aktuelle Probleme der Insolvenzanfechtung, 15. Aufl. 2020
Bork/Grupp/Kübler, Festschrift für Godehard Kayser, Köln, 2019
Bork/Schäfer, GmbHG, Kommentar, 4. Aufl. 2019
Bork, Handbuch des Insolvenzanfechtungsrechts, 2006
ders., Einführung in das Insolvenzrecht, 9. Aufl., 2019
ders., Zahlungsverkehr in der Insolvenz, 2002
Bork/Hölzle, Handbuch Insolvenzrecht, 2. Aufl. 2019
Bormann/Kauka/Ockelmann, Handbuch GmbH-Recht, 3. Aufl. 2015
Braun, Insolvenzordnung, Kommentar, 8. Aufl. 2020
Breuer, Insolvenzrechts-Formularbuch, 4. Aufl. 2021
Brinkmann, Die Bedeutung der §§ 92, 93 InsO für den Umfang der Insolvenz- und Sanierungsmasse, 2002
Brox/Walker, Allgemeiner Teil des BGB, 44. Aufl., 2020
dies., Zwangsvollstreckungsrecht, 11. Aufl. 2018
Budde/Förschle/Winkeljohann, Sonderbilanzen, 5. Aufl. 2016
Busch, Die Haftung des Erben, 2008
Buth/Hermanns, Restrukturierung, Sanierung, Insolvenz, 4. Aufl. 2014
Canaris, Bankvertragsrecht, 4. Aufl. 2005
Carstens, Die internationale Zuständigkeit im Europäischen Insolvenzrecht, 2005
Castendiek, Probleme der durch einstweilige Verfügung und im Konkurseröffnungsverfahren angeordneten Sequestration, 1969
Coenenberg/Haller/Schultze, Jahresabschluss und Jahresabschlussanalyse, Aufgaben und Lösungen, 25. Aufl. 2018
Collins, The Conflict of Laws, Volume 2, 14th ed., London 2006
Dahl, Sanierung und Insolvenz, Festschrift für Klaus Hubert Gorg zum 70. Geburtstag, 2010
Demharter, Grundbuchordnung, Kommentar, 32. Aufl. 2021
Dieterich u.a., Erfurter Kommentar zum Arbeitsrecht, 20. Aufl. 2019
Döbereiner, Die Restschuldbefreiung nach der Insolvenzordnung, 1997
Dörndorfer/Neie/WendtlandGerlach, Beck'scher Online-Kommentar, Kostenrecht, Teil 7 Vergütung sonstiger Personen, 30. Edition, Stand 1.6.2020
Drescher, Die Haftung des GmbH-Geschäftsführers, 8. Aufl. 2019
Duursma-Kepplinger/Duursma/Chalupsky, Europäische Insolvenzverordnung, 2002
Eickmann, Zwangsversteigerungs- und Zwangsverwaltungsrecht, 3. Aufl. 2013
Grottel/Schmidt/Schubert/Störk, Beck'scher Bilanz-Kommentar, 12. Aufl. 2020
Engelhardt, Die gerichtliche Entscheidung nach §§ 21 ff. InsO und ihre Auswirkungen auf die vermögensrechtliche Stellung des Insolvenzschuldners, 2002
Emmerich/Habersack, Konzernrecht, 11. Aufl. 2020
Erman, BGB, Kommentar, 15. Aufl. 2017
Fezer, Markenrecht, 4. Aufl. 2009
Fischer, Strafgesetzbuch und Nebengesetze, Kommentar, 67. Aufl. 2020
Fletcher, Insolvency in Private International Law, National and International Approaches, 2nd Ed., Oxford/New York 2005
Flitsch/Hagebusch/Oerle/Seagon/Schreiber, Festschrift für Jobst Wellensiek zum 80. Geburtstag, 2011
Forsblad, Restschuldbefreiung und Verbraucherinsolvenz im künftigen deutschen Insolvenzrecht, 1997
Förschle/Holland/Kroner, Internationale Rechnungslegung US-GAAP, HGB und IAS, 5. Aufl. 2001
Frege, Der Sonderinsolvenzverwalter, 2. Aufl. 2012

Frege/Keller/Riedel, Insolvenzrecht, Handbuch, 8. Aufl. 2015
Fridgen/Geiwitz/Göpfert, Beck'scher Onlinekommentar zur Insolvenzordnung, Stand: 15.04.2020
Frotscher, Besteuerung bei Insolvenz, 8. Aufl. 2014
Fuchs, Nationale und internationale Aspekte des Restschuldbefreiungs-Tourismus, Eine Untersuchung der Hintergründe dieses Phänomens und der Rechtsfragen im Zusammenhang mit der Anerkennung einer ausländischen Restschuldbefreiung – Zugleich ein Beitrag zur Bestimmung des Mittelpunktes der hauptsächlichen Interessen natürlicher Personen, zum Umgang mit »forum shopping« im Europäischen Insolvenzrecht und zur ordre-public-Kontrolle im Internationalen Insolvenzrecht, 2015
Ganter/Gottwald/Lwowski, Haftung und Insolvenz, Festschrift für Gero Fischer zum 65. Geburtstag, 2008
Geimer, Internationales Zivilprozessrecht, 8. Aufl., 2020
Geimer/Schütze, Internationaler Rechtsverkehr in Zivil- und Handelssachen (Loseblattwerk), Stand: 59. Aufl. 2020
Geiß u.a., Festschrift aus Anlaß des fünfzigjährigen Bestehens von Bundesgerichtshof, Bundesanwaltschaft und Rechtsanwaltschaft beim Bundesgerichtshof, 2000
Gelhausen/Hense/Klein, Wirtschaftsprüferhandbuch 2002, Band II, 12. Aufl. 2003
Gerhardt/Haarmeyer/Kreft, Insolvenzrecht im Wandel der Zeit, Festschrift für Hans-Peter Kirchhof zum 65. Geburtstag, 2003
v. Gerkan/Hommelhoff, Handbuch des Kapitalersatzrechts, 2. Aufl. 2002
Geroldinger, Verfahrenskonzentration im Europäischen Insolvenzrecht, Dissertation, 2010
Gesellschaftsrechtliche Vereinigung (VGR), Die GmbH-Reform in der Diskussion, 2006
Gloger, Haftungsbeschränkung versus Gläubigerschutz in der GmbH, 2007
Goette, Einführung in das neue GmbH-Recht, 2008
ders., Kapitalaufbringung und Kapitalschutz in der GmbH, 2004
Goette/Goette, Die GmbH, 3. Aufl. 2019
Goette/Habersack, MoMiG in Wissenschaft und Praxis, 2009
dies., Münchener Kommentar zum Aktiengesetz, 4. Aufl. 2014 ff., 5. Aufl. 2019 ff
Goette/Kleindiek, Eigenkapitalersatzrecht in der Praxis, 6. Aufl. 2010
Goldschmidt, Derecho internacional privado, Buenos Aires, 4. Auflage 1982.
Gottwald, Insolvenzrechts-Handbuch, 5. Aufl. 2015
Graeber, Die Vergütung des vorläufigen Insolvenzverwalters gem. § 11 InsVV, 2003
ders., Vergütung in Insolvenzverfahren von A–Z, 2005
Graeber/Graeber, Insolvenzrechtliche Vergütungsverordnung, Kommentar, 3. Aufl. 2019
Graf, Die Anerkennung ausländischer Insolvenzentscheidungen, 2003
Grigoleit/Rieder, GmbH-Recht nach dem MoMiG, 2009
Gutsche, Eigenkapitalersetzende Leistungen im Konzern und deren Schicksal in der Insolvenz, 2008
ders., Die Organkompetenzen im Insolvenzverfahren, 2003
Graf-Schlicker, InsO-Kommentar zur Insolvenzordnung, 5. Aufl. 2020
Grunewald/Römermann, Rechtsdienstleistungsgesetz, 2008
Gulde, Die Anordnung der Eigenverwaltung durch das Insolvenzgericht im Eröffnungsbeschluss, 2005
Haarmeyer/Hirte/Kirchhof/Graf v. Westphalen, Verschuldung, Haftung, Vollstreckung, Insolvenz, Festschrift für Gerhard Kreft zum 65. Geburtstag, 2004
Haarmeyer/Pape/Stephan/Nickert, Formularbuch Insolvenzrecht, 3. Aufl. 2015
Haarmeyer/Mock, Insolvenzrechtliche Vergütung, Kommentar, 6. Aufl. 2019
Haarmeyer/Wutzke/Förster, Handbuch der vorläufigen Insolvenzverwaltung, 2010
dies., Handbuch zur Insolvenzordnung, 3. Aufl. 2001

Habersack/Casper/Löbbe, GmbHG, Gesetz betreffend die Gesellschaften mit beschränkter Haftung, Großkommentar, 3. Aufl. 2019 f.
Hachenburg, Gesetz betreffend die Gesellschaften mit beschränkter Haftung, Großkommentar, 8. Aufl. 2002 ff.
Häger, Checkbuch Überschuldung und Sanierung, 3. Aufl. 2004
Häsemeyer, Insolvenzrecht, 4. Aufl. 2007
Hanisch, Probleme des internationalen Insolvenzrechts, in: Wolfgang Frhr. Marschall von Bieberstein (Hrsg.), Probleme des internationalen Insolvenzrechts. Verhandlungen der Fachgruppe für vergleichendes Handels- und Wirtschaftsrecht anlässlich der Tagung für Rechtsvergleichung 1981 in Frankfurt a. M., 1982, S. 9–29
Hanisch, Procédure d'insolvabilité interne comprenant des biens situés à l'étranger, in: Société Suisse de Droit International (Hrsg.), Premier Séminaire de droit international et de droit européen, Neuchâtel, 11–12 octobre 1985, Le droit de la faillite internationale, Zürich 1986, S. 15–36
Haß/Huber/Gruber/Heiderhoff, EU-Insolvenzverordnung: EuInsVO, (Loseblattwerk), Stand: 2005
Hegmanns, Der Gläubigerausschuss – Eine Untersuchung zum Selbstverwaltungsrecht der Gläubiger im Konkurs, 1986
Heidel/Pauly/Wimmer-Amend, AnwaltFormulare, 9. Aufl., 2018
Heidland, Der Bauvertrag in der Insolvenz von Auftraggeber und Auftragnehmer, 2. Aufl. 2003
Henning, Eigenkapitalersetzende Gesellschaftersicherheiten und der Freistellungsanspruch der Gesellschaft, 2005
Henssler/Prütting, Bundesrechtsanwaltsordnung: BRAO, Kommentar, 5. Aufl. 2019
Herchen, Das Übereinkommen über Insolvenzverfahren der Mitgliedstaaten der Europäischen Union v. 23.11.1995, 2000
Hess/Mitlehner, Steuerrecht – Rechnungslegung – Insolvenz, 2001
Hess, Kölner Kommentar zur Insolvenzordnung, 2017
Hess, Sanierungshandbuch, 6. Aufl. 2013
Hess, Kommentar zur Insolvenzordnung mit EGInsO, 2. Aufl. 2013
Hesselmann/Tillmanns/Mueller-Thuns, Handbuch GmbH & Co. KG, 22. Aufl. 2020
Heussen/Hamm, Beck'sches Rechtsanwalts-Handbuch, 11. Aufl. 2016
Heybrock, Praxiskommentar zum GmbH-Recht, 2. Aufl. 2010
Heyer, Restschuldbefreiung im Insolvenzverfahren, 2004
Heyrath/Ebeling/Reck, Schlussrechnungsprüfung im Insolvenzverfahren, 2008
Hirschberger, Die Doppeltreuhand in der Insolvenz und Zwangsvollstreckung, 2005
Holzer, Die Entscheidungsträger im Insolvenzverfahren, 3. Aufl. 2004
Holzer/Kleine-Cosack/Prütting, Die Bestellung des Insolvenzverwalters, 2001
Homann, Praxis und Recht der Schuldnerberatung, 2009
Hommelhoff/Rawert/K. Schmidt, Festschrift für Hans-Joachim Priester zum 70. Geburtstag, 2007
Hommelhoff/Schmidt-Diemitz/Sigle, Familiengesellschaften, Festschrift für Walter Sigle, 2000
Hommelhoff, Festschrift für Hans-Joachim Priester zum 70. Geburtstag, 2007
Honsberger/Dare, Bankruptcy in Canada, 4th ed., Aurora/Ontario 2009.
Hüffer/Koch, Aktiengesetz, Kommentar, 14. Aufl. 2020
Huntemann, Der Gläubiger im Insolvenzverfahren, 1999
Jacoby, Der Musterprozessvertrag, 2000
Jaeger/Henckel/Gerhardt, Insolvenzordnung, Großkommentar, 2007 ff.
Jarass/Pieroth, Grundgesetz für die Bundesrepublik Deutschland: GG, Kommentar, 16. Aufl. 2020
Jitta, La codification du droit international de la faillite, La Haye 1895
Joachim, Die Haftung des Erben für Nachlassverbindlichkeiten, 3. Aufl. 2013
Kahlert/Rühland, Sanierungs- und Insolvenzsteuerrecht, 2. Aufl. 2011

Kayser, Höchstrichterliche Rechtsprechung zum Insolvenzrecht, 6. Aufl. 2012
Kayser/Thole, Heidelberger Kommentar zur Insolvenzordnung, 10. Aufl. 2020
Kegel/Thieme, Vorschläge und Gutachten zum Entwurf eines EG Konkursübereinkommens, 1988
Keller, Vergütung und Kosten im Insolvenzverfahren, 4. Aufl. 2016
Kessler, Die Aktiengesellschaft in der Eigenverwaltung, 2006
Kilger/Schmidt, Insolvenzgesetze KO, VerglO, GesO, 17. Aufl. 1997
Kind/Kießner/Frank, Unternehmenskrisen – Der Jurist als Notarzt, Festschrift für Eberhard Braun zum 60. Geburtstag, 2007
Kindler, Festschrift für Uwe Huffer zum 70. Geburtstag, 2010
Kinski, Aufrechnung durch das Finanzamt in der Insolvenz der Steuerpflichtigen, 2006
Kirchhof/Lwowski/Stürner, Münchener Kommentar zur Insolvenzordnung, 3. Aufl. 2013 ff.
Klein, Handelsrechtliche Rechnungslegung in Insolvenzverfahren, 2004
Knüllig-Dingeldey, Nachforderungsrecht oder Schuldbefreiung, 1984
Koch, Die Eigenverwaltung nach der Insolvenzordnung, 1998
Köhler/Bornkamm/Feddersen, Gesetz gegen den unlauteren Wettbewerb: UWG, Kommentar, 38. Aufl. 2020
Köster, Die Bestellung des Insolvenzverwalters: eine vergleichende Untersuchung des deutschen und englischen Rechts, 2005
Kolmann, Kooperationsmodelle im Internationalen Insolvenzrecht, 2001
Kothe/Ahrens/Grote/Busch, Verfahrenskostenstundung, Restschuldbefreiung und Verbraucherinsolvenzverfahren, 8. Aufl. 2017
Kranemann, Insolvenzanfechtung im deutschen Internationalen Insolvenzrecht, 2002
Kropholler, Internationales Privatrecht, 6. Aufl. 2006
Krüger/Rauscher, Münchener Kommentar zur Zivilprozessordnung, 5. Aufl. 2015 ff., 6. Aufl. 2020 f.
Krug, Der Verbraucherkonkurs, 1998
Kübler, Handbuch der Restrukturierung in der Insolvenz, 3. Aufl. 2019
Kübler/Prütting/Bork, InsO-Kommentar zur Insolvenzordnung (Loseblattwerk), Stand: 83. EL 2020
Landsmann, Die stille Gesellschaft in der Insolvenz, 2007
Laufhütte/Rissing-van-Saan/Tiedemann, Leipziger Kommentar-StGB, 12. Aufl. 2006 ff., 13. Aufl. 2019 ff.
Laut, Universalität und Sanierung im internationalen Insolvenzrecht, 1997
Lenenbach, Sicherungsmaßnahmen im Insolvenzeröffnungsverfahren, 2003
Löwisch, Eigenkapitalersatzrecht, 2007
Lorenz/Klanke, InsVV – GKG – RVG, Kommentar zu Vergütung und Kosten in der Insolvenz, 3. Aufl. 2017
Lüke/Mikami/Prütting, Festschrift für Akira Ishikawa zum 70. Geburtstag am 27. November 2001, 2001
Lutter/Hommelhoff, GmbH-Gesetz, Kommentar, 20. Aufl. 2020
Lutter/Ulmer/Zöllner, Festschrift 100 Jahre GmbH-Gesetz, 1992
Maesch, Corporate Governance in der insolventen Aktiengesellschaft, 2005
Mai, Insolvenzplanverfahren, 2008
Mansel/Pfeiffer/Kronke/Kohler/Hausmann (Hrsg.), Festschrift für Erik Jayme, Band I, München 2004
Martinek/Schmidt/Wadle, Festschrift für Günther Jahr zum siebzigsten Geburtstag, Tübingen 1993
Maus, Steuern im Insolvenzverfahren, 2004
Meili, Die geschichtliche Entwicklung des internationalen Konkursrechtes, Festschrift dem Herrn Geheimen Justizrat Dr. L.v. Bar, Professor an der Universität Göttingen zur Feier des fünfzigjährigen Doctorjubiläums, gewidmet von der Rechts- und Staatswissenschaftlichen Fakultät der Universität Zürich, 1908

Metzger, Die Umsetzung des Istanbuler Konkursübereinkommens in das neue deutsche Internationale Insolvenzrecht, 1994
Meyke, Haftung des GmbH-Geschäftsführers, 5. Aufl. 2007
Michalski/Heidinger/Leible/Schmidt, Kommentar zum Gesetz betreffend die Gesellschaften mit beschränkter Haftung (GmbH-Gesetz), 3. Aufl. 2017
Mitlehner, Mobiliarsicherheiten im Insolenzverfahren, 4. Aufl. 2016
Möhlmann-Mahlau, Die Berichterstattung im neuen Insolvenzverfahren, 1999
Mohrbutter/Ringstmeier, Handbuch der Insolvenzverwaltung, 9. Aufl. 2015
Moll, Festschrift für Hans-Jochem Luer zum 70. Geburtstag, 2008
Moss/Fletcher/Isaacs (eds.), The EC Regulation on Insolvency Proceedings: A Commentary and Annotated Guide, Oxford 2002
Müller-Gugenberger, Handbuch des Wirtschaftsstraf- und Ordnungswidrigkeitenrechts, 6. Aufl. 2015
Musielak/Voit, Zivilprozessordnung (ZPO), Kommentar, 17. Aufl. 2020
Nagel/Gottwald, Internationales Zivilprozessrecht, 7. Aufl. 2013
Nerlich/Kreplin/Tautorus/Janner, Münchener Anwaltshandbuch Insolvenz und Sanierung, 3. Aufl. 2019
Nerlich/Römermann, Insolvenzordnung (Loseblattwerk), Stand: 41. EL 4/2020
Nickert/Lamberti, Überschuldungs- und Zahlungsunfähigkeitsprüfung, 3. Aufl. 2015
Nussbaum, Das schweizerische internationale Insolvenzrecht gemäß dem Bundesgesetz vom 18. Dezember 1987 über das internationale Privatrecht und sein Umfeld in Europa, 1989
Obermüller, Insolvenzrecht in der Bankpraxis, 9. Aufl. 2016
Oelrichs, Gläubigermitwirkung und Stimmverbote im neuen Insolvenzverfahren, 1999
Oepen, Massefremde Masse, 1999
von Oertzen, Inlandswirkungen eines Auslandskonkurses, Univ., Diss., 1990
Onusseit/Kunz, Steuern in der Insolvenz, 2. Aufl. 1997
Palandt, Bürgerliches Gesetzbuch (BGB), 79. Aufl. 2020
Pannen/Riedemann, EU-Insolvenzverordnung, 2007
Pape, Gläubigerbeteiligung im Insolvenzverfahren, 2000
Pape/Uhlenbruck/Voigt-Salus, Insolvenzrecht, 2. Aufl. 2010
Paulus, Europäische Insolvenzordnung, Kommentar, 6. Aufl. 2021
Pelka/Niemann, Praxis der Rechnungslegung im Insolvenzverfahren, 5. Aufl. 2002
Pelz, Strafrecht in Krise und Insolvenz, 2. Aufl. 2011
Peschke, Die Insolvenz des Girokontoinhabers, 2005
Piepenburg u.a., Festschrift für Günter Greiner, 2005
Pink, Insolvenzrechnungslegung, 1995
Plate, Die Konkursbilanz, 2. Aufl. 1981
Pohlmann, Befugnisse und Funktionen des vorläufigen Insolvenzverwalters, 1998
Prölls/Dreher, Versicherungsaufsichtsgesetz: VAG, Kommentar, 13. Aufl. 2018
Prütting/Vallender, Insolvenzrecht in Wissenschaft und Praxis, Festschrift für Wilhelm Uhlenbruck zum 70. Geburtstag, 2000
Rattunde/Smid/Zeuner, Insolvenzordnung (InsO), Kommentar, 4. Aufl. 2018
Reinhart, Sanierungsverfahren im internationalen Insolvenzrecht, 1995
Reiß, Umsatzsteuer und Insolvenz, Gedächtnisschrift für Wolfgang Blomeyer, 2004
Reiß/Kraeusel/Langer, Umsatzsteuergesetz, UStG mit Nebenbestimmungen, Gemeinschaftsrecht (Loseblattwerk), Stand: 07/2020
Roth/Altmeppen, Gesetz betreffend die Gesellschaften mit beschränkter Haftung: GmbHG, Kommentar, 9. Aufl. 2019

Roth/Pfeuffer, Praxishandbuch Nachlassinsolvenzverfahren, 2. Aufl. 2018
Rühle, Gegenseitige Verträge nach Aufhebung des Insolvenzverfahrens, 2006
Rugullis, Litispendenz im Europäischen Insolvenzrecht, 2002
Runkel, Anwaltshandbuch Insolvenzrecht, 3. Aufl. 2015
Säcker/Rixecker/Oetker/Limperg, Münchener Kommentar zum Bürgerlichen Gesetzbuch, 7. Aufl. 2015 ff., 8. Aufl., 2018 ff.
von Savigny, System des heutigen Römischen Rechts, 8. Band, Berlin 1849
Schall, Kapitalgesellschaftsrechtlicher Gläubigerschutz, 2009
Schiessler, Der Insolvenzplan, 1997
Schildt, Die Insolvenz des Freiberuflers, 2006
Schilken u.a., Festschrift für Hans Friedhelm Gaul zum 70. Geburtstag, 1997
Schilken/Kreft/Wagner/Eckhardt, Festschrift für Walter Gerhardt, 2004
Schmidt, Andreas, Privatinsolvenz, 4. Aufl. 2014
ders., Hamburger Kommentar zum Insolvenzrecht, 7. Aufl. 2019
Schmidt, Karsten, Gesellschaftsrecht, Kommentar, 4. Aufl. 2002
ders., Insolvenzordnung, Kommentar, 19. Aufl. 2016
ders., Handelsrecht, Handbuch, 6. Aufl. 2014
ders., Liquidationsbilanzen und Konkursbilanzen, 1989
ders., Münchener Kommentar zum Handelsgesetzbuch, 3. Aufl. 2010 ff., 4. Aufl. 2016 ff.
Schmidt, Ludwig, Einkommensteuergesetz: EStG, Kommentar, 39. Aufl. 2020
Schmidt-Futterer, Mietrecht: MietR, Großkommentar des Wohn- und Gewerberaummietrechts, 14. Aufl. 2019
Schmidt/Uhlenbruck, Die GmbH in Krise, Sanierung und Insolvenz, 5. Aufl. 2016
Schmitz, Die Bauinsolvenz, 6. Aufl. 2015
Schneider/Herget, Streitwert-Kommentar, 14. Aufl. 2015
Schöner/Stöber, Grundbuchrecht, 16. Aufl. 2020
Scholz, GmbH-Gesetz, Kommentar, 12. Aufl. 2018 ff.
Schödermeier/Pérochon, National Report for France, in: McBryde, W. W./Flessner, A./Kortmann, S. C. J. J. (eds.), Principles of European Insolvency Law, Deventer 2003, S. 237–306
Schönke/Schröder/Cramer u.a., Strafgesetzbuch: StGB, Kommentar, 29. Aufl. 2014
Schulte, Das Konkurrenzverhältnis von Insolvenzbeschlag und strafprozessualer Beschlagnahme, 2007
Schulte, Die europäische Restschuldbefreiung. Zu den rechtsvergleichenden und kollisionsrechtlichen Aspekten der Restschuldbefreiung im europäischen Insolvenzrecht, 2001
Seibert, Gesetz zur Modernisierung des GmbH-Rechts und zur Bekämpfung von Missbrauchen – MoMiG, 2008
Sernetz/Haas, Kapitalaufbringung und -erhaltung in der GmbH, 2003
Siemonsen, Die deutschen Ausführungsbestimmungen zur Europäischen Insolvenzverordnung, Dissertation, 2009
Sinz/Wegener/Hefermehl, Verbraucherinsolvenz, 3. Aufl. 2014
Smid, Große Insolvenzrechtsreform 2006, 2006
ders., Handbuch Insolvenzrecht, 7. Aufl. 2018
Smid/Rattunde/Martini, Der Insolvenzplan, 4. Aufl. 2015
Stadie, Umsatzsteuergesetz, Kommentar, 3. Aufl. 2015
Staub, Handelsgesetzbuch, Großkommentar, 5. Aufl. 2008 ff.
Stephan/Riedel, Insolvenzrechtliche Vergütungsverordnung, Kommentar, 2. Aufl. 2021
Stein/Jonas, Kommentar zur Zivilprozessordnung, 22. Aufl. 2005 ff., 23. Aufl. 2014 ff.
Steindorf/Regh, Beck'sches Mandatshandbuch Arbeitsrecht in der Insolvenz, 2. Aufl. 2015
Stöber/Rellermeyer, Forderungspfändung, 17. Aufl. 2020

Stoll, Vorschläge und Gutachten zur Umsetzung des EU-Übereinkommens über Insolvenzverfahren im deutschen Recht, 1997
Stracke, Zur Übertragbarkeit des zivilrechtlichen Überschuldungsbegriffs in das Strafrecht, 2007
Stürner/Eidenmüller/Schoppmeyer, Münchener Kommentar zur Insolvenzordnung, 4. Aufl. 2019 f.
Stummel, Konkurs und Integration. Konventionsrechtliche Wege zur Bewältigung grenzüberschreitender Insolvenzverfahren, 1991
Thomas/Putzo, Zivilprozessordnung: ZPO, Kommentar, 41. Aufl. 2020
Thole, Gläubigerschutz durch Insolvenzrecht, 2010
Tipke/Kruse, Abgabenordnung-Finanzgerichtsordnung (Loseblattwerk), Stand: 161. EL 07/2020
Tkatchenko, Anerkennung der Restschuldbefreiung nach der EuInsVO, Unter Berücksichtigung der Auswirkungen der Reform der Restschuldbefreiung, 2009
Trendelenburg, Restschuldbefreiung, 2000
Trunk, Internationales Insolvenzrecht – Systematische Darstellung des deutschen Rechts mit rechtsvergleichenden Bezügen, 1998
Uhlenbruck, Insolvenzordnung (InsO), Kommentar, 15. Aufl. 2019 f.
Uhlenbruck/Klasmeyer/Kübler, Einhundert Jahre Konkursordnung, Festschrift des Arbeitskreises für Insolvenz- und Schiedsgerichtswesen e.V., 1977
Ulmer/Habersack/Löbbe, GmbHG, Gesetz betreffend die Gesellschaften mit beschränkter Haftung, Großkommentar, 2. Aufl. 2013 ff.
Vallender, EuInsVO, 2. Aufl. 2020
Vallender/Fuchs, Ausländische Restschuldbefreiung und deliktische Forderungen, in: Festschrift für Bruno M. Kübler zum 70. Geburtstag, München 2015, S. 731–739
Von Veit, Sonderbilanzen, 2004
Virgós/Garcimartín, The European Insolvency Regulation: Law and Practice, The Hague 2004
Virgós/Schmit, Erläuternder Bericht vom 8. Juli 1996 zu dem EU-Übereinkommen über Insolvenzverfahren (Europäische Union, Der Rat, Dok.-Nr.: 6500/1/96 REV 1 LIMITE DRS 8 (CFC)), abgedruckt in: Stoll, Hans, Vorschläge und Gutachten zur Umsetzung des EU-Übereinkommens über Insolvenzverfahren im deutschen Recht, Tübingen 1997, S. 32–134
Vormstein, Zuständigkeit bei Konzerninsolvenzen. Verfahrensablauf bei grenzüberschreitenden Konzerninsolvenzen unter besonderer Berücksichtigung der Europäischen Insolvenzverordnung (EuInsVO), 2005
Wabnitz/Janovsky/Schmitt, Handbuch Wirtschafts- und Steuerstrafrechts, 5. Aufl. 2020
Wagenknecht-Hose, Vertragliche und umsatzsteuerliche Neuverbindlichkeiten des Schuldners in der Insolvenz, 2008
Wäger, Organschaft im Umsatzsteuerrecht, Festschrift für Harald Schaumburg zum 65. Geburtstag, 2009
Waza/Uhländer/Schmittmann, Insolvenzen und Steuern, 12. Aufl. 2019
Westermann/Wertenbruch, Handbuch der Personengesellschaften (Loseblattwerk), Stand: 76. EL 03/2020
Westphal/Goetker/Wilkens, Grenzüberschreitende Insolvenzen, 2008
Weyand/Diversy, Insolvenzdelikte, 10. Aufl. 2016
Wilhelm, Konzerninsolvenzrecht, 2018
Wilhelm, Die Haftung des Sachverständigen im Insolvenzeröffnungsverfahren, 2007
Willemer, Vis attractiva concursus und die Europäische Insolvenzverordnung, 2006
Wimmer, Frankfurter Kommentar zur Insolvenzordnung, 9. Aufl. 2018
ders., Das neue Insolvenzrecht nach der ESUG-Reform, 2012
Wimmer/Dauernheim/Wagner/Gietl, Handbuch des Fachanwalts Insolvenzrecht, 8. Aufl. 2018

Winnefeld, Bilanz-Handbuch, 5. Aufl. 2015
Wittmer, Composition and discharge in international insolvency cases – The Swiss view, in: International Bar Association (Hrsg.), Proceedings of the seminar on extraterritorial problems in insolvency proceedings held on April 13–14, 1978 in Brussels, Belgium, ohne Ort und ohne Jahr [London 1979], S. 19.1–19.5
Zeuner, Die Anfechtung in der Insolvenz, 2. Aufl. 2007
Zimmer, InsVV, Kommentar, 2018
Zöller, Zivilprozessordnung, Kommentar, 33. Aufl. 2020

Abkürzungsverzeichnis

A
a.A.	andere Ansicht
a.a.O.	am angegebenen Ort
a.E.	am Ende
a.F.	alte Fassung
abl.	ablehnend
Abs.	Absatz
AG	Amtsgericht/Aktiengesellschaft
AGB	Allgemeine Geschäftsbedingungen
ähnl.	ähnlich
AktG	Aktiengesetz
ALG II	Arbeitslosengeld II
allg.	allgemein
allg. Mg.	allgemeine Meinung
Alt.	Alternative
amtl.	amtlich
AnfG	Anfechtungsgesetz
Anh.	Anhang
Anm.	Anmerkung
AO	Abgabenordnung
ArbG	Arbeitsgericht
ArbGG	Arbeitsgerichtsgesetz
ArbnErfG	Gesetz über Arbeitnehmererfindungen
Art.	Artikel
Aufl.	Auflage
ausfuhrl.	ausführlich
Ausn.	Ausnahme
Az	Aktenzeichen

B
BA	Bundesagentur für Arbeit
BAG	Bundesarbeitsgericht
BAGE	Sammlung der Entscheidungen des Bundesarbeitsgerichts
BayObLG	Bayerisches Oberstes Landesgericht
BB	BetriebsBerater (Zs.)
Bd.	Band
BDSG	Bundesdatenschutzgesetz
Begr.	Begründung
Beschl.	Beschluss
BetrAVG	Gesetz zur Verbesserung der betrieblichen Altersversorgung
BFH	Bundesfinanzhof
BFHE	Entscheidungen des Bundesfinanzhofs
BFH/NV	Sammlung nicht veröffentlichter Entscheidungen des Bundesfinanzhofs
BG	Berufsgenossenschaft
BGB	Bürgerliches Gesetzbuch

BGBl.	Bundesgesetzblatt
BGH	Bundesgerichtshof
BGHSt	Sammlung der Entscheidungen des BGH in Strafsachen
BGHZ	Sammlung der Entscheidungen des BGH in Zivilsachen
BK	Berliner Kommentar
BMF	Bundesministerium der Finanzen
BMJ	Bundesministerium der Justiz
BQG	Beschäftigungs- und Qualifizierungsgesellschaft
BRAGO	Bundesrechtsanwaltsgebührenordnung
BRAK	Bundesrechtsanwaltskammer
BRAO	Bundesrechtsanwaltsordnung
BR-Drucks.	Bundesrats-Drucksache
BSG	Bundessozialgericht
bspw.	beispielsweise
BStBl.	Bundessteuerblatt
BT-Drucks.	Bundestags-Drucksache
Buchst.	Buchstabe
BVerfG	Bundesverfassungsgericht
BVerfGE	Sammlung der Entscheidungen des BVerfG
BVerwG	Bundesverwaltungsgericht
BVerwGE	Sammlung der Entscheidungen des BVerwG
bzgl.	bezüglich
bzw.	beziehungsweise

C
ca.	circa
CD	Compact-Disc
CD-ROM	Compact-Disc-Read-Only-Memory
COMI	Center of Main Interests

D
d.h.	das heißt
DA Insg.	Durchführungsanweisungen zum Insolvenzgeld
DB	Der Betrieb (Zs.)
DGVZ	Deutsche Gerichtsvollzieherzeitung
Diss.	Dissertation
DoKV	Deutsch-Österreichischer Konkursvertrag
DStR	Deutsches Steuerrecht (Zs.)
DStRE	DStR-Entscheidungsdienst (Zs.)
DZWIR	Deutsche Zeitschrift für Wirtschafts- und Insolvenzrecht

E
e.V.	eingetragener Verein
EGBGB	Einführungsgesetz zum Burgerlichen Gesetzbuch
EGInsO	Einführungsgesetz zur Insolvenzordnung
EK	Erfurter Kommentar zum Arbeitsrecht
EstG	Einkommensteuergesetz
ESUG	Gesetz zur weiteren Erleichterung der Sanierung von Unternehmen
etc.	et cetera

EU	Europäische Union
EUR	Euro
EuGH	Gerichtshof der Europäischen Gemeinschaften
EuGVVO	Verordnung über die gerichtliche Zuständigkeit und die Anerkennung und Vollstreckung von Entscheidungen in Zivil- und Handelssachen
EuInsVO	Europäische Verordnung über Insolvenzverfahren
evtl.	eventuell
EWG	Europäische Wirtschaftsgemeinschaft
EWiR	Entscheidungen zum Wirtschaftsrecht (Zs.)
F	
f.	folgende
FamFG	Gesetz über das Verfahren in Familiensachen und in den Angelegenheiten der freiwilligen Gerichtsbarkeit
FamG	Familiengericht
FD-InsR	Fachdienst Insolvenzrecht (Zs.)
ff.	fortfolgende
FG	Finanzgericht
FGO	Finanzgerichtsordnung
FK	Frankfurter Kommentar
Fn.	Fußnote
FS	Festschrift
G	
GBA	Grundbuchamt
GBl.	Gesetzblatt
GbR	Gesellschaft bürgerlichen Rechts
gem.	gemäß
GenG	Genossenschaftsgesetz
GesO	Gesamtvollstreckungsordnung
GewStG	Gewerbesteuergesetz
GG	Grundgesetz
ggf.	gegebenenfalls
ggu.	Gegenüber
GKG	Gerichtskostengesetz
GmbH	Gesellschaft mit beschränkter Haftung
GmbHG	Gesetz betreffend die Gesellschaften mit beschränkter Haftung
GmbHR	GmbH-Rundschau (Zs.)
grds.	grundsätzlich
GrS	Großer Senat
GrStG	Grundsteuergesetz
GS	Gedächtnisschrift
GuV	Gewinn und Verlust
GVBl.	Gesetz- und Verordnungsblatt
GVG	Gerichtsverfassungsgesetz
GVGA	Geschäftsanweisung für Gerichtsvollzieher
GV NW	Gesetz- und Verordnungsblatt des Landes Nordrhein-Westfalen
GWB	Gesetz gegen Wettbewerbsbeschränkungen

H

h.L.	herrschende Lehre
h.M.	herrschende Meinung
HAG	Heimarbeitsgesetz
Halbs.	Halbsatz
HambKomm	Hamburger Kommentar
HB	Handbuch
HGB	Handelsgesetzbuch
hinsichtl.	Hinsichtlich
HintO	Hinterlegungsordnung
HK	Heidelberger Kommentar
HmbAGInsO	Hamburgisches Ausführungsgesetz zur Insolvenzordnung
HOAI	Honorarordnung für Architekten und Ingenieure
HRA	Handelsregisterauszug
HRB	Handelsregisterauszug – Abteilung B
Hrsg.	Herausgeber
HWF	Haarmeyer/Wutzke/Förster – Insolvenzordnung

I

i.d.F.	in der Fassung
i.d.R.	in der Regel
i.E.	im Einzelnen
i.H.	in Höhe
i.H.d.	in Höhe der/des
i.H.e.	in Höhe einer/eines
i.H.v.	in Höhe von
i.L.	in Liquidation
i.R.d.	im Rahmen der/des
i.S.d.	im Sinne der/des
i.S.e.	im Sinne einer/s
i.S.v.	im Sinne von
i.U.	im Übrigen
i.V.	in Vertretung
i.V.m.	in Verbindung mit
IBRRS	Urteilsvolltexte aus den Schwerpunkten Immobilien- & Baurecht
inkl.	inklusive
insb.	insbesondere
InsburO	Zeitschrift für das Insolvenzbüro
InsO	Insolvenzordnung
InsOAndG	Änderungsgesetz zur Insolvenzordnung
InsStatG	Insolvenzstatistikgesetz
InsVV	Insolvenzrechtliche Vergütungsverordnung
InVo	Insolvenz und Vollstreckung (Zs.)
IPR	Internationales Privatrecht
Iprax	Praxis des Internationalen Privat- und Verfahrensrechts (Zs.)

J

JBl.	Justizblatt
JMBl.	Justizministerialblatt

JStG		Jahressteuergesetz
JVEG		Justizvergütungs- und -entschädigungsgesetz
JZ		Juristenzeitung

K

Kap.		Kapitel
KauG		Konkursausfallgeldgesetz
Kfz		Kraftfahrzeug
KG		Kammergericht/Kommanditgesellschaft
KgaA		Kommanditgesellschaft auf Aktien
KindPrax		Kindschaftsrechtliche Praxis (Zs.)
KK		Karlsruher Kommentar
km		Kilometer
KO		Konkursordnung
Komm.		Kommentierung
KPB		Kübler/Prütting/Bork – Kommentar zur Insolvenzordnung
krit.		Kritisch
KSchG		Kündigungsschutzgesetz
KStG		Körperschaftsteuergesetz
KTS		Konkurs, Treuhand, Sanierung (Zs.)
KWG		Kreditwesengesetz

L

LAG		Landesarbeitsgericht/Lastenausgleichsgesetz
LAGE		Sammlung der Entscheidungen der Landesarbeitsgerichte
lfd.		laufend/e
Lfg.		Lieferung
LG		Landgericht
Lit.		Literatur
LK		Leipziger Kommentar
Ls.		Leitsatz
LSG		Landessozialgericht
LVA		Landesversicherungsanstalt

M

m. Anm.		mit Anmerkung
m.E.		meines Erachtens
m.w.N.		mit weiteren Nachweisen
max.		maximal
MDR		Monatsschrift des deutschen Rechts (Zs.)
Mio.		Millionen
MitbestG		Mitbestimmungsgesetz
MiZi		Mitteilungen in Zivilsachen
MK		Münchener Kommentar
MoMiG		Gesetz zur Modernisierung des GmbH-Rechts und zur Bekampfung von Missbrauchen
MüKo		Münchener Kommentar
MuSchG		Mutterschutzgesetz

N

n.F.	neue Fassung
n.rkr.	nicht rechtskräftig
n.v.	nicht veröffentlicht
NachwG	Gesetz über den Nachweis der für ein Arbeitsverhältnis geltenden wesentlichen Bedingungen
NJW	Neue Juristische Wochenschrift (Zs.)
NJW-RR	NJW-Rechtsprechungsreport (Zs.)
Nr.	Nummer
NStZ	Neue Zeitschrift für Strafrecht
NZA	Neue Zeitschrift für Arbeitsrecht
NZI	Neue Zeitschrift für Insolvenzrecht

O

o.	oder
o.a.	oben angeführt
o.Ä.	oder Ähnliches
o.g.	oben genannte/r
OFD	Oberfinanzdirektion
OGH	Oberster Gerichtshof
OHG	offene Handelsgesellschaft
OLG	Oberlandesgericht
OVG	Oberverwaltungsgericht

P

PartG	Partnerschaftsgesetz
PartGG	Gesetz zur Schaffung von Partnerschaftsgesellschaften
PK	PräsenzKommentar Haarmeyer/Wutzke/Forster
PKH	Prozesskostenhilfe
PKW	Personenkraftwagen
PSV	Pension-Sicherungs-Verein

R

RberG	Rechtsberatungsgesetz
Rdn	Randnummer innerhalb des Werks
RefE	Referentenentwurf
RegE	Regierungsentwurf
RegEInsO	Regierungsentwurf Insolvenzordnung
RG	Reichsgericht
RGBl.	Reichsgesetzblatt
rgm.	Regelmäßig
RGZ	Sammlung der Entscheidungen des Reichsgerichts in Zivilsachen
RiAG	Richter am Amtsgericht
RiLG	Richter am Landgericht
RiStBV	Richtlinien für das Straf- und Busgeldverfahren
RL	Richtlinie
Rn	Randnummer in anderen Veroffentlichungen
Rpfleger	Der Deutsche Rechtspfleger (Zs.)

RpflG	Rechtspflegergesetz	
RR	Rechtsprechungsreport	
RSB	Restschuldbefreiung	
Rspr.	Rechtsprechung	
RVG	Rechtsanwaltsvergütungsgesetz	
RVO	Reichsversicherungsordnung	
S		
S.	Seite	
s.	siehe	
s.a.	siehe auch	
s.o.	siehe oben	
s.u.	siehe unten	
ScheckG	Scheckgesetz	
SchlH	Schleswig-Holstein	
SchwbG	Schwerbehindertengesetz	
Senatsurt.	Senatsurteil	
SG	Sozialgericht	
SGB	Sozialgesetzbuch	
sog.	so genannte (r, s)	
st. Rspr.	ständige Rechtsprechung	
StB	Steuerberater	
Stbg	Die Steuerberatung (Zs.)	
StDUV	Steuerdaten-Übermittlungsverordnung	
StGB	Strafgesetzbuch	
str.	streitig	
StPO	Strafprozessordnung	
StVO	Strasenverkehrsordnung	
T		
TOP	Tagesordnungspunkt	
U		
u.	und	
u.a.	unter anderem/und andere	
u.Ä.	und Ähnliches	
u.U.	unter Umständen	
Überbl.	Überblick	
UNCITRAL	United Nations Commission on International Trade Law	
Unterabs.	Unterabsatz	
UrhG	Urhebergesetz	
Urt.	Urteil	
USt	Umsatzsteuer	
UStG	Umsatzsteuergesetz	
UStR	Umsatzsteuerrichtlinien	
usw.	und so weiter	
UWG	Gesetz gegen den unlauteren Wettbewerb	

V

v.	vom/vor
VerbrKG	Verbraucherkreditgesetz
VerglO	Vergleichsordnung
VergVO	Vergütungsverordnung
Verw.	Verwaltung
VGH	Verwaltungsgerichtshof
vgl.	vergleiche
VglO	Vergleichsordnung
VO	Verordnung
Vorbem.	Vorbemerkung

W

WEG	Wohnungseigentumsgesetz
WG	Wechselgesetz
wistra	Zeitschrift für Wirtschafts- und Steuerstrafrecht
WM	Wertpapiermitteilungen (Zs.)

Z

z.B.	zum Beispiel
z.T.	zum Teil
z.Zt.	zur Zeit
ZEV	Zeitschrift für Erbrecht
Ziff.	Ziffer
ZIK	Zeitschrift für Insolvenzrecht und Kreditschutz
ZInsO	Zeitschrift für das gesamte Insolvenzrecht
ZIP	Zeitschrift für Wirtschaftsrecht
ZPO	Zivilprozessordnung
Zs.	Zeitschrift
zust.	zustimmend
ZVG	Gesetz über die Zwangsversteigerung und Zwangsverwaltung
ZVI	Zeitschrift für Verbraucher- und Privatinsolvenzrecht
ZVK	Zusatzversorgungskasse des Baugewerbes
ZwVwVO	Zwangsverwalterverordnung
zzgl.	zuzüglich
ZZP	Zeitschrift für Zivilprozess

§ 1 Grundlagen des Insolvenzrechts

Übersicht

A. Historische Entwicklung („Meilensteine des Insolvenzrechts") —— 1
  I. Antike —— 1
  II. Mittelalter —— 2
  III. Neuzeit —— 3
  IV. KO von 1877 —— 4
  V. InsO von 1999 —— 5
  VI. Weitere Gesetzesentwicklung seit Inkrafttreten der InsO —— 8
    1. Insolvenzrechtsänderungsgesetz 2001 —— 8
    2. Gesetz zur Reform des Zivilprozesses —— 9
    3. Gesetz zur Neuordnung des Internationalen Insolvenzrechts —— 10
    4. Gesetz zur Vereinfachung des Insolvenzverfahrens —— 11
    5. Gesetz zur Modernisierung des GmbH-Rechts und zur Bekämpfung von Missbräuchen (MoMiG) —— 12
    6. Gesetz zur Änderung der Zivilprozessordnung (§ 522 ZPO) —— 13
    7. Gesetz zur weiteren Erleichterung der Sanierung von Unternehmen (ESUG) —— 14
    8. Gesetz zur Verkürzung des Restschuldbefreiungsverfahrens und zur Stärkung der Gläubigerrechte —— 19
    9. Gesetz zur Verbesserung der Rechtssicherheit bei Anfechtungen nach der Insolvenzordnung und nach dem Anfechtungsgesetz —— 23
    10. Gesetz zur Erleichterung der Bewältigung von Konzerninsolvenzen —— 26
    11. Gesetz zur Durchführung der Verordnung (EU) 2015/848 über Insolvenzverfahren —— 27
    12. Gesetz zur Abmilderung der Folgen der COVID-19 Pandemie im Zivil-, Insolvenz- und Strafverfahrensrecht —— 28
    13. Gesetz zur Fortentwicklung des Sanierungs- und Insolvenzrechts (SanInsFoG) —— 29
    14. Gesetz zur Verkürzung des Restschuldbefreiungsverfahrens und zur Abmilderung der Folgen der COVID-19-Pandemie —— 32
B. Ziele des Insolvenzverfahrens —— 34
C. Rechtsquellen und Systematik des Insolvenzrechts —— 39
  I. Rechtsquellen —— 39
  II. Systematik des Insolvenzrechts —— 44
D. Allgemeine Verfahrensgrundsätze —— 50
  I. Antragsverfahren – Amtsverfahren —— 51
  II. Untersuchungsgrundsatz – Amtsbetrieb —— 52
  III. Mündlichkeit – Öffentlichkeit —— 53
  IV. Einheitlichkeit des Verfahrens —— 54
  V. Rechtliches Gehör —— 55
  VI. Wahrung des Grundsatzes der Verhältnismäßigkeit —— 59
E. Beteiligte des Insolvenzverfahrens —— 61
  I. Schuldner —— 62
    1. Die Insolvenzfähigkeit —— 63
    2. Verpflichtungen und Befugnisse des Schuldners in einem Insolvenzverfahren —— 64
    3. Sonstige Auswirkungen des Insolvenzverfahrens auf die Stellung des Schuldners —— 67
  II. Gläubiger —— 68
F. Organe des Insolvenzverfahrens —— 75
  I. Insolvenzgericht —— 76
    1. Sachliche, internationale, örtliche und funktionelle Zuständigkeit —— 77
    2. Die Geschäftsstelle —— 84
    3. Amtshaftung —— 85

- II. Insolvenzverwalter —— 86
  1. Treuhänder —— 90
  2. Sachwalter —— 91
  3. Sonderinsolvenzverwalter —— 92
- III. Gläubigerversammlung —— 97
  1. Die Gläubigersammlung als oberstes Organ der insolvenzrechtlichen Selbstverwaltung —— 98
  2. Aufgaben und Befugnisse der Gläubigerversammlung —— 99
  3. Teilnahme an der Gläubigerversammlung und Beschlüsse der Gläubigerversammlung —— 101
- IV. Gläubigerausschuss —— 102
- G. Sonstige Beteiligte —— 106
  - I. Dienstleister —— 106
  - II. Sachverständige —— 112
    1. Aufgaben des Sachverständigen im Insolvenzeröffnungsverfahren —— 113
    2. Prüfung der Schlussrechnung durch einen Sachverständigen —— 117
- H. Aktuelle Reformentwicklungen —— 118
  - I. Berufsrecht der Insolvenzverwalter —— 118
  - II. Gerichtsvollzieherschutzgesetz (GvSchuG) —— 122

A. Historische Entwicklung („Meilensteine des Insolvenzrechts")

I. Antike

1 In der **Antike** hatte ein Schuldner, der die Forderungen seiner Gläubiger nicht befriedigen konnte, keine Rechte. Ein beredtes Beispiel dafür ist die XII-Tafelgesetzgebung aus dem Jahr 451 vor Christus: „*Am dritten Markttag sollen die Gläubiger sich die Teile schneiden. Wenn einer zuviel oder zu wenig geschnitten hat, soll dies ohne Nachteil sein (tab. III 6).*"[1] Im Laufe der Jahrhunderte wandten sich die Römer von diesem Racheakt ab und rückten den Vermögensbegriff immer mehr in den Vordergrund.[2] Der Übergang von der **Personalexekution** zur **Sachexekution** bedeutete zwar einen grundlegenden Wandel bei der Behandlung der Insolvenz des Schuldners, änderte aber nichts daran, dass die Schuldknechtschaft, wenngleich nur in Form der Schuldhaft wirkend, das grundsätzliche Zwangsvollstreckungsmittel des Zivilrechts blieb.[3] Nach wie vor wurde derjenige, der seine Gläubiger nicht befriedigen konnte, einem Dieb gleich gestellt.

---

[1] Ob jemals eine Personalexekution entsprechend den Vorschriften der Zwölftafeln durchgeführt wurde, ist nicht überliefert.
[2] Paulus, JZ 2009, 1148, 1150.
[3] Vallender, NZI 2010, 838, 839.

II. Mittelalter

Im **Mittelalter** fanden sich in der Unzahl der Verfahrensordnungen sowohl Elemente der Personalvollstreckung als auch der Vermögensvollstreckung. Auch wenn die Herkunft der einzelnen Regelungswerke nicht zweifelsfrei zu erklären ist, dürfte gesicherte Erkenntnis sein, dass die Rezeption des römischen Rechts in Deutschland nicht allein auf dem Gebiet des materiellen Rechts, sondern auch und gerade auf dem Gebiet des Verfahrensrechts stattfand.[4] Dies führte zu einer Veränderung der Insolvenzkultur in dem Sinne, dass sich aus dem Arrestverfahren der **Gantprozess** oder Konkursprozess als ein allgemeines Instrument zur gleichmäßigen Befriedigung sämtlicher Gläubiger bei Zahlungsunfähigkeit des Schuldners entwickelte.[5] Für das Vollstreckungsrecht galt in Deutschland bis ins späte Mittelalter allgemein der Grundsatz, dass derjenige Gläubiger, der zuerst auf das Vermögen des Schuldners im Wege des Arrestprozesses Zugriff nahm, einen pfandrechtsähnlichen Beschlag für sich allein erwarb. Diese Rechtsposition ging allen Gläubiger vor, die nach ihm die Vollstreckung betrieben.[6]

III. Neuzeit

Zu Beginn der Neuzeit wandte man sich in den deutschen Städten von diesem System ab und verschaffte dem römisch-rechtlichen Gedanken der **par condicio creditorum** wieder Geltung. Zu den wichtigsten Kodifikationen dieser Zeit zählen die Nürnberger Reformation v. 1564 Tit. XII, die Frankfurter Reformation v. 1578 I Tit. 50, das Hamburger Stadtrecht v. 1603 I Tit. 43, der bayerische Gantprozess v. 1616, die sächsische Prozessordnung v. 1622, die preußische Hypotheken- und KO v. 1722, der Codex juris Bavarici v. 1753 cap. XIX, die Hamburger Neue Fallitenordnung v. 31.8.1753 sowie die preuß. Allgem. Gerichtsordnung v. 1793.

IV. KO von 1877

Die in Deutschland bestehende Rechtszersplitterung im Bereich des Vollstreckungs- bzw. Konkursrechts wurde mit der am 10.2.1877 verkündeten **KO für das Deutsche Reich** beendet. Maßgeblich geprägt war dieses Gesetzeswerk, vielfach als Perle der Reichsjustizgesetze bezeichnet, von der Preußischen KO v. 8.5.1855, in der die Beschränkung des Konkursverfahrens auf Kaufleute aufgegeben worden war. Gleich-

---

4 Becker, Insolvenzrecht, § 1 Rn 42.
5 Näher dazu Becker, a.a.O., Rn 44 ff.
6 Uhlenbruck, in: Einhundert Jahre KO 1877 – 1977, S. 9.

wohl gab es gravierende Unterschiede in der Verfahrensabwicklung von Kaufleuten und Nichtkaufleuten. So konnte der nichtkaufmännische Konkurs wegen Geringfügigkeit der Masse in einem abgekürzten Verfahren abgewickelt werden. Eine Berichterstattung des Verwalters über die Lage der Masse sah die preußische KO nicht vor.[7]

Die ursprünglich dreiteilig angelegte KO mit einem materiellen und formellen Konkursrecht enthielt in einem dritten Teil Strafvorschriften, die 1976 in das Strafgesetzbuch überführt worden sind.[8] Die KO war nicht von Anfang an ein Verfahren zur Vermögenszerschlagung, sondern kannte die Alternative des Zwangsvergleichs, einer Verständigung zwischen den Beteiligten mit Überwindung von ablehnenden Minderheiten.[9] Der Gedanke einer Rettung des schuldnerischen Unternehmens war mithin auch dem Reichsgesetzgeber nicht völlig fremd. Lediglich privatautonome Bemühungen zur Bewältigung der Insolvenz ohne Konkurs erhielten keinen ordnenden Rahmen eines Verfahrens.

V. InsO von 1999

5   Abgelöst wurden die Konkurs- und Vergleichsordnung sowie die Gesamtvollstreckungsordnung durch die **Insolvenzordnung (InsO) v. 5.10.1994** (BGBl. I, S. 2866), in Kraft getreten am 1.1.1999.[10] In der Allgemeinen Begründung zur InsO wird das Reformbedürfnis mit der Funktionsunfähigkeit des Konkursrechts begründet. V.a. Zahl und Ausmaß der Vorrechtsforderungen würden das vom Bürger erwartete Mindestmaß an Verteilungsgerechtigkeit verhindern.[11] Der **Funktionsverlust des Insolvenzrechts** stelle die Überzeugungskraft der Rechtsordnung infrage. Folgenschwerster Mangel sei es, dass den Beteiligten ein funktionsfähiger rechtlicher Rahmen für die Sanierung notleidender Unternehmen versagt werde. Die **Ursprünge der Reformdiskussion** reichen bis in die fünfziger Jahre des letzten Jahrhunderts zurück.[12] 1976 befasste sich der 51. Deutsche Juristentag und ein Jahr später der unter der Schirmherrschaft des Bundesjustizministers stehende Kölner Insolvenzrechtskongress, an dem über sechshundert Wissenschaftler und Praktiker aus der Bundesrepublik und dem Ausland teilnahmen, mit der Reformbedürftigkeit des Konkursrechts. Im Jahr 1978 berief der damalige Bundesminister der Justiz *Jochen Vogel* eine Kommission für Insolvenzrecht ein, die den Auftrag erhielt, Vorschläge

---

7 Uhlenbruck, in: Einhundert Jahre KO 1877 – 1977, S. 12.
8 Erstes Gesetz zur Bekämpfung der Wirtschaftskriminalität v. 29.7.1976 (BGBl. I, S. 2034).
9 §§ 160 ff. KO 1977, §§ 173 ff. KO in der Neufassung v. 20.5.1898.
10 Zur Geschichte der Reform des Insolvenzrechts s. Hofmann, DRiZ 1994, 411.
11 BR-Drucks. 1/92, abgedr. in: Das neue Insolvenzrecht, S. 222.
12 Siehe Berges, KTS 1955, 80 ff. und F. Weber, KTS 1959, 80 ff.

für ein effektives, modernes und wirtschaftsnahes und zugleich sozialbezogenes Insolvenzrecht zu erarbeiten.[13] Anlass für die umfassende Insolvenzrechtsreform war – wie bereits ausgeführt – v.a. die weitgehende Funktionsunfähigkeit des Konkurs- und Vergleichsrechts. Während die Abweisung der Konkursanträge mangels Masse stetig zugenommen und einen Anteil von nahezu 75% erreicht hatte, waren Vergleichsverfahren fast bedeutungslos geworden. Die alte Vergleichsordnung stellte überzogene Anforderungen an die Vergleichsfähigkeit und ließ absonderungsberechtigte und bevorrechtigte Gläubiger außerhalb des Vergleichs.[14] Folgenschwerster Mangel des Konkurs- und Vergleichsrechts war nach Ansicht zahlreicher Experten der Umstand, dass es den Beteiligten einen funktionsfähigen rechtlichen Rahmen für die Sanierung Not leidender Unternehmen verweigerte.

Auftragsgemäß legte die 1978 eingesetzte, aus Wissenschaftlern und Praktikern des Insolvenzrechts sowie Sachverständigen aus Gewerkschaften und Verbänden bestehende Reformkommission, deren Arbeit von einem breiten öffentlichen Interesse und umfangreichen rechtstatsächlichen Erhebungen begleitet wurde, 1985 und 1986 ihre beiden Berichte vor. Das BMJ holte zu den Berichten der Reformkommission Stellungnahmen der Länder, Verbände und interessierten Fachorganisationen ein, die 1988 in dem DiskE eines Gesetzes zur Reform des Insolvenzrechts verarbeitet wurden. Dieser wurde 1989 ergänzt. Noch im selben Jahr wurde ein RefE vorgelegt.

Obwohl der RefE heftige Kritik erfuhr, legte die Bundesregierung am 15.4.1992 eine leicht modifizierte Fassung von Diskussions- bzw. RefE als RegE vor.[15] Am 21.7.1992 folgte der Entwurf eines Einführungsgesetzes zur Insolvenzordnung, der die inhaltliche Anpassung der insolvenzbezogenen Vorschriften anderer Gesetze, insb. aus den Bereichen des Gesellschafts- und Arbeitsrechts, sowie die redaktionelle Anpassung einer Vielzahl weiterer Gesetze zum Gegenstand hatte. Am 21.4.1994 verabschiedete der Deutsche Bundestag ohne Gegenstimmen die InsO nebst Einführungsgesetz in der vom Rechtsausschuss empfohlenen Fassung.[16] Der Bundesrat rief am 20.5.1994 den Vermittlungsausschuss an. Um der Gefahr einer Überforderung der Justiz zu entgehen, forderten die Länder parallel zum Inkrafttreten der InsO Maßnahmen zur Personalentlastung. Am 15.6.1994 wurde im Vermittlungsausschuss als Kompromiss erzielt, dass das Gesetz nicht schon zum 1.1.1997, sondern erst zum 1.1.1999 in Kraft treten solle.[17] Eine Verknüpfung von Insolvenzrechtsreform und Entlastung der Justiz lehnte der Vermittlungsausschuss allerdings ab.

---

13 Vgl. recht-informationen des Bundesministers der Justiz Nr. 3 v. 30.3.1978, 17, 23.
14 MüKo/Stürner, InsO, Einleitung Rn 34.
15 BT-Drucks. 12/2443, 12/3803.
16 Protokoll der 222. Sitzung in der 12. Wahlperiode, 19114; vgl. auch Uhlenbruck, WiB 1994, 849.
17 BR-Drucks. 12/7948.

Der Empfehlung des Vermittlungsausschusses stimmte der Bundestag am 17.6. 1994 zu.[18] Am 8.7.1994 sind die InsO und das Einführungsgesetz zur InsO (EGInsO) vom Deutschen Bundestag verabschiedet worden. Das Gesetz trat am 1.1.1999 in Kraft.

VI. Weitere Gesetzesentwicklung seit Inkrafttreten der InsO

1. Insolvenzrechtsänderungsgesetz 2001

8 Seit ihrem Inkrafttreten am 1.1.1999 ist die InsO wiederholt geändert und ergänzt worden. Erste einschneidende Veränderungen brachte das **Insolvenzrechtsänderungsgesetz 2001** v. 26.10.2001[19] mit sich. Um die Funktionsfähigkeit insb. des Verbraucherinsolvenzverfahrens zu verbessern, hat der Gesetzgeber in den §§ 4a bis 4d InsO eine Stundungsregelung eingeführt. Diese ist an die Stelle der Bewilligung von PKH im Insolvenzverfahren getreten. Darüber hinaus erfuhren die Vorschriften des Verbraucherinsolvenzverfahrens Korrekturen wie z.B. durch eine fakultative Ausgestaltung des gerichtlichen Schuldenbereinigungsverfahrens oder die Befugnis der Gläubiger, den Treuhänder mit der Geltendmachung eines Anfechtungsrechts zu beauftragen.[20]

2. Gesetz zur Reform des Zivilprozesses

9 Auch das **Gesetz zur Reform des Zivilprozesses**[21] hat zu einer wichtigen Änderung in verfahrensrechtlicher Hinsicht geführt. Waren bis Ende 2001 noch die OLG für die Entscheidung in Rechtsbeschwerden zuständig, fand aufgrund der Änderung des § 7 InsO eine zulassungsfreie Rechtsbeschwerde zum BGH statt. Durch Beschluss des Bundestages v. 7.7.2011 wurde allerdings § 7 InsO ersatzlos gestrichen.[22] Näher dazu Ausführungen Rdn 13.

3. Gesetz zur Neuordnung des Internationalen Insolvenzrechts

10 Nach Inkrafttreten der Europäischen Verordnung über Insolvenzverfahren (EuInsVO v. 31.5.2002)[23] wurde die InsO aufgrund des **Gesetzes zur Neuordnung des In-**

---

18 BGBl. I, S. 2866 bzw. S. 2911.
19 BGBl. I, S. 2710.
20 Näher zu den Veränderungen Pape/Uhlenbruck/Voigt-Salus, Insolvenzrecht, Kap. Rn 15 ff.
21 Zivilprozessreform-ZPO-RG v. 27.7.2001, BGBl. I, S. 1887.
22 Siehe dazu BT-Drucks. 17/5354.
23 ABl EG Nr. L 160 v. 30.6.2000.

ternationalen Insolvenzrechts v. 14.3.2003 um die §§ 335 bis 358 ergänzt.[24] Bis zu diesem Zeitpunkt enthielt die InsO keine umfassende Kodifizierung des Internationalen Insolvenzrechts, sieht man von der lückenhaften Regelung in Art. 102 EGInsO a.F. ab.[25] Grundnorm der neuen Bestimmungen ist § 335 InsO. Nach dieser Vorschrift richtet sich das anzuwendende Insolvenzrecht vorbehaltlich abweichender Einzelanknüpfungen nach der Rechtsordnung des Staates, in dem das jeweilige Insolvenzverfahren eröffnet worden ist.[26]

4. Gesetz zur Vereinfachung des Insolvenzverfahrens

Das am 1.7.2007 in Kraft getretene **Gesetz zur Vereinfachung des Insolvenzverfahrens**,[27] das seine Ursprünge im Zwischenbericht der Bund-Länder-Arbeitsgruppe „Insolvenzrecht" und dem im Juni 2002 vorgelegten Abschlussbericht dieser Kommission hat,[28] enthält insb. Änderungen bzgl. der öffentlichen Bekanntmachung im Insolvenzverfahren (§ 9 InsO), der Behandlung der selbstständigen wirtschaftlichen Tätigkeit des Schuldners im Verfahren (§ 35 Abs. 2 und 3 InsO) sowie der Kündigung von Dauerschuldverhältnissen (§ 113 InsO). Die Neufassung des § 158 InsO ermöglicht dem Insolvenzverwalter mit Zustimmung des Gläubigerausschusses die Veräußerung des schuldnerischen Unternehmens bereits vor der ersten Gläubigerversammlung. Eine solche Maßnahme ist indes nur dann gerechtfertigt, wenn ein Zuwarten bis zum Berichtstermin zu einer wesentlichen Verschlechterung des Verwertungsergebnisses führt.

11

5. Gesetz zur Modernisierung des GmbH-Rechts und zur Bekämpfung von Missbräuchen (MoMiG)

Einige grundlegende Neuerungen im Insolvenzrecht brachte Art. 9 des am 1.11.2008 in Kraft getretenen **Gesetzes zur Modernisierung des GmbH-Rechts und zur Bekämpfung von Missbräuchen (MoMiG)**[29] mit sich. § 10 InsO wurde um eine Regelung ergänzt, nach der die an einer juristischen Person beteiligten Personen angehört werden können, wenn diese führungslos ist, d.h. keinen organschaftlichen Vertreter hat. § 15 Abs. 1 Satz 2 InsO sieht vor, dass im Fall der **Führungslosigkeit** bei einer juristischen Person auch die **Gesellschafter** und bei einer AG oder Genossen-

12

---

24 BGBl. I, S. 345.
25 Liersch, NZI 2003, 302.
26 Uhlenbruck/Lüer/Knof, § 335 InsO Rn 1.
27 BGBl. I, S. 509.
28 Näher dazu Graf-Schlicker/Remmert, ZInsO 2000, 321; Graf-Schlicker/Remmert, ZInsO 2002, 563.
29 BGBl. I, S. 2026, vgl. auch RegE MoMiG, BT-Drucks. 16/6140.

schaft die Mitglieder des Aufsichtsrats **antragsbefugt** sind. Zentrale Bedeutung kommt **§ 15a InsO** zu. Die Vorschrift enthält eine rechtsformneutrale Regelung der Insolvenzantragspflicht, die nicht mehr im Gesellschaftsrecht, sondern einheitlich im Insolvenzrecht angesiedelt ist.[30] Darüber hinaus erfuhr der Überschuldungstatbestand des § 19 InsO eine Ergänzung, die allerdings durch eine weitere Änderung der Vorschrift aufgrund des am 17.10.2008 verkündeten Finanzmarktstabilisierungsgesetzes[31] überlagert wird. Mit dieser Neufassung des § 19 InsO hat die frühere zweistufige Überschuldungsprüfung wieder Einzug ins Gesetz gehalten. Durch das Gesetz zur Erleichterung der Sanierung von Unternehmen v. 24.9.2009 (FMStGÄndG)[32] ist die ursprüngliche Befristung bis zum 31.12.2010 bis zum 31.12.2013 verlängert worden. Eine n.F. durch das MoMiG hat auch § 135 InsO erhalten. Die Vorschrift regelt die Insolvenzanfechtung bei Gesellschafterdarlehen und gleichgestellten Rechtshandlungen sowie die Insolvenzanfechtung bei gesellschafterbesicherten Drittdarlehen.[33] Die Behandlung von Gesellschafterdarlehen im Insolvenzverfahren hat ferner durch die Neufassung des § 39 Abs. 1 Nr. 5 InsO und durch Einführung des § 44a InsO eine Änderung erfahren.

6. Gesetz zur Änderung der Zivilprozessordnung (§ 522 ZPO)

13 Durch das am 10./11.7.2011 vom Deutschen Bundestag in zweiter und dritter Lesung beschlossene **Gesetz zur Änderung der Zivilprozessordnung (§ 522 ZPO)**[34] wurde § 7 InsO aufgrund des Art. 2 dieses Gesetzes aufgehoben. Damit findet in Insolvenzverfahren das allgemeine Rechtsbeschwerdeverfahren Anwendung. Die Abkehr von der bisher zulassungsfreien Rechtsbeschwerde dürfte – zumindest teilweise – zu einer **Entlastung des BGH** führen. Da in den Fällen, in denen die Rechtsbeschwerde zuzulassen ist, nur die zuständige Kammer des LG – nicht aber der Einzelrichter – entscheiden kann,[35] führt die gesetzliche Änderung gleichzeitig zu einer **Mehrbelastung der Beschwerdekammern** der Landgerichte.

Durch die Verweisung in § 4 InsO auf die Vorschriften der Zivilprozessordnung, insb. § 574 ZPO, bleibt auch künftig die Klärung von Grundsatzfragen in Insolvenzsachen zur Wahrung der Rechtseinheit und zur Fortbildung des Insolvenzrechts gewährleistet. Für den Rechtsuchenden stellt es keine Einschränkung seiner Rechte dar, wenn eine Rechtsbeschwerde, die keine grundsätzliche Bedeutung hat und bei

---

30 Pape/Uhlenbruck/Voigt-Salus, Insolvenzrecht, Kap. 8 Rn 27.
31 Gesetz zur Umsetzung eines Maßnahmepakets zur Stabilisierung des Finanzmarkts (Finanzmarktstabilisierungsgesetz – FMStG) v. 17.10.2008, BGBl. I, S. 1982.
32 BGBl. I, S. 3151.
33 HambKomm/J.-S. Schröder, § 135 InsO Rn 1.
34 BT-Drucks. 17/4431; s. dazu ZInsO 2011, Heft 31/32 III.
35 Zöller/Heßler, § 574 ZPO Rn 9b.

der keine Entscheidung des Rechtsbeschwerdegerichts zur Fortbildung des Rechts und zur Sicherung einer einheitlichen Rechtsprechung erforderlich ist, nicht erst durch eine dritte Instanz auf Kosten des Rechtsuchenden als unzulässig verworfen, sondern bereits vom Beschwerdegericht nicht zugelassen wird.

7. Gesetz zur weiteren Erleichterung der Sanierung von Unternehmen (ESUG)

„Wir brauchen in Deutschland eine Kultur der zweiten Chance. In der Vergangenheit hat sich gezeigt, dass dieser Ansatz zu wenig beherzigt wurde. Zudem legt das geltende Recht den Beteiligten vermeidbare Hindernisse zu der für sie bestmöglichen Lösung in den Weg. Mit dem heute zur Debatte anstehenden Regierungsentwurf wollen wir den Rechtsrahmen für Insolvenzen in Deutschland verbessern. Ich hoffe, dass wir mit dieser Novelle einen Schritt in Richtung einer sanierungsfreundlicheren Wirkung des Verfahrens tun können und ihm noch mehr als bislang schon das Stigma des Scheiterns nehmen." Mit diesen Sätzen leitet die frühere Bundesministerin der Justiz, *Sabine Leutheusser-Schnarrenberger*, MdB, bei der 1. Lesung des(Regierungs-)Entwurfs eines Gesetzes zur weiteren Erleichterung der Sanierung von Unternehmen am 30.6.2011 im Deutschen Bundestag ihre Rede ein. 14

Seit dem 1.3.2012 ist das **Gesetz zur weiteren Erleichterung der Sanierung von Unternehmen (ESUG)** vom 7.12.2011[36] in Kraft. Sein Schwerpunkt liegt – wie bereits der Name verrät – in der Erleichterung der Sanierung von Unternehmen durch einen stärkeren Einfluss der Gläubiger auf die Auswahl des Insolvenzverwalters, durch Ausbau und Straffung des Insolvenzplanverfahrens und durch einen erleichterten Zugang zur Eigenverwaltung.[37] Mit der Verbesserung der Sanierungschancen hofft der Gesetzgeber zugleich zum Erhalt von Arbeitsplätzen beizutragen.

Einschneidende Veränderungen bei der **Bestellungspraxis von Insolvenzverwaltern** hat die Neufassung des § 56 InsO mit sich gebracht.[38] Danach haben nicht allein die Gläubiger, sondern auch der Schuldner maßgeblichen Einfluss auf die Ernennung des Insolvenzverwalters. Mit Recht weist *Pape*[39] darauf hin, dass es faktisch auch ein vom Schuldner und seinen Beratern gesteuertes Verfahren gibt, das einer gerichtlichen Einschätzung und Kontrolle nicht ohne Weiteres zugänglich sei. Dieser Einfluss des Schuldners auf den Verfahrensablauf setzt sich im Eigenverwaltungsverfahren fort. Nach § 270b Abs. 2 Satz 2 InsO darf das Gericht von ei- 15

---

36 BGBl. 2011 I, S. 2582.
37 BR-Drucks. 127/11, S. 21.
38 Näher dazu Die Kölner Insolvenzrichter, ZIP 2014, 2153 ff.; zu den Erfahrungen mit dem ESUG siehe ferner Flöther, ZIP 2015, 2159; Seagon, KSI 2015, 75; Kebekus, ZIP 2014, 1262; Hillmer, KSI 2013, 33; Graf-Schlicker, ZInsO 2013, 1765; Riewe, NWB 2013, 135; Commandeur/Schaumann, NZG 2012, 620.
39 ZInsO 2011, 1033.

nem Vorschlag des Schuldners zur Person des vorläufigen Sachwalters nur abweichen, wenn die vorgeschlagene Person offensichtlich für die Übernahme des Amtes nicht geeignet ist.

In der Vergangenheit haben sowohl Gläubiger als auch von der Insolvenz bedrohte Unternehmen immer wieder die fehlende tatsächliche Einflussnahme auf das Insolvenzverfahren, insbesondere auf die Auswahl des Insolvenzverwalters, beklagt. Der Ruf nach einer Stärkung des Gläubigereinflusses blieb nicht ungehört. Die Einsetzung eines **vorläufigen Gläubigerausschusses** (§§ 21 Abs. 2 Nr. 1a, 22a InsO) schon im Eröffnungsverfahren und die Beteiligung dieses Ausschusses an der Bestellung des (vorläufigen) Insolvenzverwalters/Sachwalters sowie an der Entscheidung über die Anordnung der Eigenverwaltung und im Schutzschirmverfahren soll den **Einfluss der Gläubiger auf das Insolvenzverfahren stärken**, um deren effektivere Beteiligung am Verfahren zu erreichen[40] Dabei geht es nach der Vorstellung des Gesetzgebers „um die Fälle, in denen die Sanierung eines insolventen Unternehmens in Betracht kommt und die Erhaltung von Betriebsstätten und Arbeitsplätzen auf dem Spiel steht". **Ein einstimmiger Vorschlag** des vorläufigen Gläubigerausschusses bindet grundsätzlich das Insolvenzgericht bei seiner Verwalterbestellungsentscheidung. So darf das Gericht nach **§ 56a Abs. 2 InsO** von diesem Vorschlag nur abweichen, wenn die vorgeschlagene Person für die Übernahme des Amtes nicht geeignet ist. Das Gericht ist nicht befugt, den Vorschlag allein mit der Begründung zurückzuweisen, der Vorgeschlagene sei nicht gelistet; mangels Kenntnisse seiner Qualifikation komme eine Bestellung nicht in Betracht. Maßgebend für eine den Vorschlag zurückweisende Entscheidung ist allein das in § 56 Abs. 1 S. 1 InsO beschriebene Anforderungsprofil.

16   Das vom Gesetzgeber als Errungenschaft gepriesene **modifizierte Insolvenzplanverfahren** findet ebenfalls nicht ungeteilte Zustimmung. *Pape*[41] sieht bereits jetzt den Erfolg des in § 225a InsO vorgesehenen debt to equity swap gefährdet, weil Abs. 2 der Vorschrift es jedem Gläubiger ermögliche, den Plan auszuhebeln, indem er der Umwandlung seiner Forderung in Anteils- oder Mitgliedsrechte widerspreche. Gerade gesicherte Gläubiger dürften kein Interesse daran haben, ihre Rechtsposition gegen Übernahme ungewisser Anteils- oder Mitgliedschaftsrechte zu tauschen. *K. Schmidt*[42] begrüßt dagegen das für Gesellschafter „gewöhnungsbedürftige" Konzept einer Umwandlung von Fremdkapital in Eigenkapital durch einen Insolvenzplan, äußert aber Bedenken gegen den Ausschluss der Bardeckungspflicht zugunsten der ihre Forderungen umwandelnden Gläubiger. Er konzediert indes, dass ein Festhalten an der Kapitaldeckungshaftung als Sanierungsbremse wirke und deshalb mehr schaden als nutzen werde.

---

40 BT-Drucks. 17/5712 S. 17, 24.
41 ZInsO 2011, 1033, 1040.
42 BB 2011, 1609.

A. Historische Entwicklung („Meilensteine des Insolvenzrechts") — 11

Ebenso wie der Insolvenzplan hatte bis zum Inkrafttreten des ESUG auch die **Eigenverwaltung** in der gerichtlichen Praxis noch keine besondere Bedeutung erlangt.[43] Die Zahl der Anträge von Schuldnern auf Anordnung der Eigenverwaltung blieb bis 2012 hinter den Erwartungen zurück, die an die Annahme dieses neuen Rechtsinstituts durch die Schuldner geknüpft worden waren.[44] Dem hat der Gesetzgeber mit zahlreichen Änderungen der Vorschriften zur Eigenverwaltung entgegengewirkt.[45] Der Antrag des Schuldners auf Eigenverwaltung kann nur dann abgelehnt werden, wenn tatsächlich konkrete Umstände bekannt sind, die erwarten lassen, dass die Anordnung zu Nachteilen für die Gläubiger führen wird (§ 270 Abs. 2 Nr. 2 InsO).[46] Unklarheiten über mögliche Nachteile für die Gläubiger gehen damit nicht zu Lasten des Schuldners. Absatz 3 der Vorschrift stärkt den Einfluss der Gläubiger auf die Anordnung der Eigenverwaltung. Das Insolvenzgericht hat vor seiner Entscheidung dem vorläufigen Gläubigerausschuss[47] Gelegenheit zur Äußerung zu geben, wenn dies nicht offensichtlich zu einer nachteiligen Veränderung in der Vermögenslage des Schuldners führt. Wird der Antrag von einem einstimmigen Beschluss des vorläufigen Gläubigerausschusses unterstützt, so gilt die Anordnung nicht als nachteilig für die Gläubiger. Die Voraussetzungen des § 270 Abs. 2 Nr. 2 InsO gelten damit als erfüllt.

Nach § 270a Abs. 1 InsO soll das Gericht von der Anordnung der in § 21 Abs. 2 Nr. 1 und 2 InsO vorgesehenen Sicherungsmaßnahmen absehen, wenn der vom Schuldner gestellte Antrag auf Anordnung der Eigenverwaltung nicht offensichtlich ohne Aussicht auf Erfolg ist.[48] Anstatt dessen kommt die Bestellung eines vorläufigen Sachwalters in Betracht, auf den die §§ 274 und 275 InsO entsprechend anzuwenden sind. Damit trägt die Regelung des § 270a Abs. 1 S. 2 InsO dazu bei, dass eine Vorentscheidung gegen die Eigenverwaltung vermieden wird.

Die Regelung des **§ 270b InsO („Schutzschirmverfahren")** schafft einen Anreiz zur frühzeitigen Antragstellung, indem sie den Schuldnern, bei denen lediglich drohende Zahlungsunfähigkeit oder Überschuldung vorliegt, die Möglichkeit eröffnet, unter der Sicherheit eines „Schutzschirms" in Eigenverwaltung einen Sanierungsplan zu erarbeiten. Dem Schuldner soll die Sorge genommen werden, mit dem Eröffnungsantrag die Kontrolle über das Unternehmen zu verlieren und bereits im

---

[43] Ähnlich Smid, DZWIR 2002, 493, 500; Gulde, Die Anordnung der Eigenverwaltung durch das Insolvenzgericht im Eröffnungsbeschluss, S. 70. Lt. einer Studie der Boston Consulting Group aus dem Jahre 2015 liegt der Anteil an Eigenverwaltungsverfahren an allen Insolvenzverfahren bei 2,7 %.
[44] Vallender, DStR 1999, 2034, 2041; Huntemann/Dietrich, ZInsO 2001, 13, 14.
[45] Siehe dazu Die Kölner Insolvenzrichter, ZIP 2014, 2153 ff.
[46] Frind, ZInsO 2011, 2249, 2260 hält es für erforderlich, dass das Gericht der Frage der „offensichtlichen Aussichtslosigkeit" des Eigenverwaltungsantrags bereits zu Beginn des Eröffnungsverfahrens nachgeht.
[47] Näher dazu Uhlenbruck/Zipperer, § 270 InsO Rn 57 ff.
[48] Näher dazu Lau, DB 2014, 1417.

Vorfeld vorbereitete Sanierungsschritte nicht mehr durchführen zu können. Darüber hinaus ist mit der Einführung dieser Vorschrift auch die Hoffnung verbunden, *„zumindest einen Teil der Sanierungsfälle abzudecken, die in anderen Staaten mit vorinsolvenzlichen Sanierungsverfahren bewältigt werden".*[49] Inzwischen werden allerdings Stimmen laut, die die Instrumente des ESUG als unzureichend ansehen und die Einführung eines vorgerichtlichen Sanierungsverfahrens fordern. Vgl. dazu die Ausführungen Rdn 103, 104.

17 Der Deutsche Bundestag hatte die Bundesregierung mit Beschluss vom 27.10.2011 verpflichtet, die Erfahrungen mit der Anwendung des Gesetzes fünf Jahre nach dessen Inkrafttreten zu evaluieren und auf dieser Grundlage dem Deutschen Bundestag unverzüglich **Bericht zu erstatten**. Zur Vorbereitung dieses Berichts hatte das Bundesministerium der Justiz und für Verbraucherschutz in Zusammenarbeit mit dem Bundesamt für Justiz eine Forschergemeinschaft mit der Durchführung einer **rechtstatsächlichen und rechtswissenschaftlichen Untersuchung zur Wirkungsweise des ESUG** und der Prüfung der oben aufgeführten Fragen beauftragt. Die Forschergemeinschaft hat am 30. April 2018 ihren Bericht vorgelegt.[50] Dieser beruht in methodischer Hinsicht auf einer statistischen Analyse der Eigenverwaltungsverfahren, einer strukturierten Befragung von Expertinnen und Experten auf dem Gebiet des Insolvenzrechts, einer rechtswissenschaftlichen Bewertung sowie einer Untersuchung von einzelnen, ausgewählten Verfahren anhand einer anonymisierten Auswertung von Gerichtsakten.

18 Im Wesentlichen lassen sich die Ergebnisse des Berichts wie folgt zusammenfassen:

Die durch das ESUG eingeführten Änderungen wurden in den vergangenen fünf Jahren von der Praxis weitgehend positiv angenommen, eine Rückkehr zum früheren Recht ist nicht veranlasst. Die statistische Analyse zeigt, dass die mit dem ESUG neu geschaffenen Verfahrensmöglichkeiten im Auswertungszeitraum in ihrer Breite und in unterschiedlichen Kombinationen genutzt worden sind. Auch die Befragung der Expertinnen und Experten weist überwiegend positive Erfahrungen mit der Reform aus. Bei den im Evaluationsbericht vorgeschlagenen Reformen handelt es sich um Korrekturen in – wenn auch teils nicht unbedeutenden – Einzelfragen, ohne dass hierdurch die grundsätzliche Ausrichtung des ESUG in Frage gestellt würde.

8. Gesetz zur Verkürzung des Restschuldbefreiungsverfahrens und zur Stärkung der Gläubigerrechte

19 Die Diskussion um grundlegende Änderungen des **Verbraucherinsolvenz- und Restschuldbefreiungsverfahrens** hatte auch nach dem Scheitern des „Regie-

---

49 BR-Drucks. 679/11 S. 2.
50 ESUG-Bericht, https://www.rws-verlag.de/buecher/esug-evaluierung-978-3-8145-8245-0.

rungsentwurfs eines Gesetzes zur Entschuldung mittelloser Personen, zur Stärkung der Gläubigerrechte sowie zur Regelung der Insolvenzfestigkeit von Lizenzen" Mitte 2008 kein Ende gefunden. Im Fall der Masselosigkeit wurde nach wie vor gefordert, auf die Eröffnung des Insolvenzverfahrens zu verzichten und dem Schuldner einen schnellen Übergang in die Restschuldbefreiungsphase zu ermöglichen. In dieser Zeit sei eine fachkundige Begleitung des Schuldners unerlässlich.[51] Von diesen Vorstellungen weicht das am 1.7.2014 in Kraft getretene **Gesetz zur Verkürzung des Restschuldbefreiungsverfahrens und zur Stärkung der Gläubigerrechte** v. 15.7. 2013[52] erheblich ab. Nach wie vor ist die Eröffnung des Insolvenzverfahrens Voraussetzung für die Erteilung der Restschuldbefreiung. Allerdings ermöglicht das Gesetz es Schuldnern erstmals, das Restschuldbefreiungsverfahren vorzeitig nach drei bzw. fünf Jahren zu beenden (§ 300 Abs. 1 S. 2 Nr. 2 und 3 InsO). Voraussetzung für die vorzeitige Erteilung der Restschuldbefreiung nach drei Jahren ist, dass der Schuldner einen entsprechenden Antrag stellt und innerhalb der drei Jahre die Kosten des Verfahrens berichtigt und eine Mindestbefriedigungsquote von 35 Prozent erzielt hat. Eine weitere Möglichkeit zur Abkürzung der Restschuldbefreiungsdauer sieht Ziffer 3 der Vorschrift vor. Danach wird das Restschuldbefreiungsverfahren nach fünf Jahren beendet, wenn der Schuldner innerhalb von fünf Jahren zumindest seine Verfahrenskosten begleicht.

Zugleich nimmt das Gesetz eine Umgestaltung des Restschuldbefreiungsverfahrens vor. So hat das Gericht mit der Eröffnung des Insolvenzverfahrens eine Eingangsentscheidung über den Antrag des Schuldners auf Erteilung des Restschuldbefreiung zu treffen. Dabei wird der früher in § 290 Abs. 1 S. 3 InsO a.F. niedergelegte und nur auf entsprechenden Gläubigerantrag zu berücksichtigende „Versagungsgrund" der vorangegangenen Erteilung oder Versagung der Restschuldbefreiung in eine von Amts wegen zu prüfende Zulässigkeitsvoraussetzung transferiert.[53] Eine grundlegende Änderung der Pflicht des Schuldners zur Arbeitsaufnahme im Insolvenzverfahren führt § 287b InsO herbei. Die in dieser Vorschrift normierte Erwerbsobliegenheit beginnt mit der Abtretungsfrist. Der Gesetzgeber fordert auf diese Weise das ernsthafte Bemühen des Schuldners ein, seine Verbindlichkeiten nach seinen Möglichkeiten zu tilgen, um die „Rechtswohltat" der Restschuldbefreiung zu erlangen. § 287b InsO schließt die Lücke zwischen der entsprechenden Pflicht des Schuldners im Fall der Stundung der Verfahrenskosten nach § 4c Nr. 4 und der entsprechenden Pflicht in der Wohlverhaltensphase nach § 295 Abs. 1 Nr. 1 InsO.[54]

Ferner wurde die Vorschrift des § 290 Abs. 1 InsO um den Versagungsgrund des § 290 Abs. 1 Nr. 7 InsO (Versagung wegen einer Verletzung einer Erwerbsobliegen-

---

51 Schmerbach, NZI 2011, 131, 133.
52 BGBl. I, S. 2379.
53 Graf-Schlicker/Kexel, § 287a InsO Rn 2.
54 Uhlenbruck/Sternal, § 287b InsO Rn 1.

heit nach § 287b InsO) erweitert. § 302 Nr. 1 InsO nimmt Verbindlichkeiten aus rückständigem gesetzlichen Unterhalt, den der Schuldner vorsätzlich pflichtwidrig nicht gewährt hat und Verbindlichkeiten aus einem Steuerschuldverhältnis, sofern der Schuldner in Zusammenhang damit wegen einer Steuerstraftat nach §§ 370, 373 oder 374 AO rechtskräftig verurteilt worden ist, von der Restschuldbefreiung aus.

21   Eine wesentliche Änderung im Bereich des Verbraucherinsolvenzverfahrens stellt die Streichung der Vorschriften der §§ 312 bis 314 InsO dar, weil – so die Gesetzesbegründung[55] – die bisherigen Erfahrungen gezeigt hätten, dass sich die Regelungen nicht bewährt haben. Mithin hat das Insolvenzgericht auch in einem Verbraucherinsolvenzverfahren einen Insolvenzverwalter zu bestellen, der dieselben Befugnisse wie der Insolvenzverwalter im Regelinsolvenzverfahren hat. Ein Zurückbleiben der Vergütung des Insolvenzverwalters im vereinfachten Insolvenzverfahren im Vergleich zum Regelverfahren (siehe § 13 InsVV) rechtfertigt der Gesetzgeber nicht nur mit dem geringeren Aufgabenspektrum sondern auch damit, dass in diesen Verfahren regelmäßig eine geeignete Person oder Stelle die Unterlagen vorbereite.

22   Die **Überleitungsvorschrift des Art. 103h S. 1 EGInsO** sieht vor, dass auf Insolvenzverfahren, die vor dem 1.7.2014 beantragt worden sind, vorbehaltlich der Sätze 2 und 3 der Vorschrift die bis dahin geltenden gesetzlichen Vorschriften weiter anzuwenden sind. Auf Insolvenzverfahren nach den §§ 304 bis 314 der Insolvenzordnung in der vor dem 1.7.2014 geltenden Fassung, die vor diesem Datum beantragt worden sind, sind auch die §§ 217 bis 269 InsO (Insolvenzplanverfahren) anzuwenden.

9. Gesetz zur Verbesserung der Rechtssicherheit bei Anfechtungen nach der Insolvenzordnung und nach dem Anfechtungsgesetz

23   Bereits seit 2005 stand die Reform des Anfechtungsrechts auf der Agenda des Gesetzgebers. Nach dem Gesetzentwurf „zum Pfändungsschutz der Altersvorsorge und zur Anpassung des Rechts der Insolvenzanfechtung vom 10.8.2005".[56] sollte eine durch Zwangsvollstreckung oder Vollstreckungsdruck erlangte Deckung als nicht inkongruent eingestuft werden. Darüber hinaus sollte der Tatbestand des § 133 InsO um das Erfordernis eines unlauteren Verhaltens" des Schuldners erweitert werden. Dieser Entwurf wurde nicht Gesetz. Anders verhielt es sich mit der vorgesehenen Änderung zum Anfechtungsrecht im Gesetz zur Änderung Vierten Buches Sozialgesetzbuch und anderer Gesetze vom 19.12.2007.[57] Um die Arbeitnehmerbeiträge der

---

[55] BT-Drucks. 17/11268, S. 35.
[56] S. BT-Drucks. 16/886.
[57] Gesetz v. 19.12.2007, BGBl. I, S. 3024.

Anfechtung zu entziehen, wurde die Vorschrift des § 28e Abs. 1 S. 2 in das SGB IV eingeführt. Der BGH durchkreuzte dieses Vorhaben, indem er die Beiträge als mittelbare Zuwendung an die Einzugsstelle einstufte und damit die Anfechtungslage wieder herstellte.[58] Am 16.3.2015 veröffentlichte das BMJV den Referentenentwurf eines Gesetzes zur Verbesserung der Rechtssicherheit bei Anfechtungen nach der InsO und nach dem Anfechtungsgesetz. Diesem – heftig kritisierten Entwurf – folgte am 29.9.2015 der Regierungsentwurf.[59] Am 15.2.2017 verabschiedete der Deutsche Bundestag **das Gesetz zur Verbesserung der Rechtssicherheit bei Anfechtungen nach der Insolvenzordnung und nach dem Anfechtungsgesetz**[60]; am 5.4.2017 trat das Gesetz in Kraft. Mit ihm verfolgt der Gesetzgeber das Ziel, „den Wirtschaftsverkehr von Rechtsunsicherheiten zu entlasten, die von der derzeitigen Praxis des Insolvenzanfechtungsrechts ausgehen".[61] Im Wesentlichen findet es erst auf nach diesem Zeitpunkt eröffnete Verfahren Anwendung (vgl. Art. 103j EGInsO).

Ein **Kernpunkt des Reformwerks** ist die **Einschränkung der Vorsatzanfechtung für Deckungsgeschäfte**. Insoweit wurde § 133 um die Abs. 2 und 3 ergänzt.[62] Die **Neufassung des § 133** soll die Vorsatzanfechtung für den Geschäftsverkehr kalkulier- und planbarer machen. Offensichtlich meinte der Gesetzgeber, damit auf die Ausweitung der anfechtungsfreundlichen Rspr. des BGH[63] in den Jahren vor Inkrafttreten des Gesetzes reagieren zu müssen.[64]. Eine bessere Kalkulierbarkeit soll neben der Kürzung der Anfechtungsfrist für (kongruente und inkongruente) Deckungshandlungen von zehn auf vier Jahre gem. Abs. 2 insbesondere durch den Ausschluss der Beweislastregel des Abs. 1 Satz 2 für kongruente Deckungsgeschäfte durch Abs. 3 Satz 1 erreicht werden.[65] Die Vermutungsregel des Abs. 1 Satz 2 greift nur noch bei Kenntnis des Anfechtungsgegners von der tatsächlich eingetretenen Zahlungsunfähigkeit des Schuldners; die Kenntnis der drohenden Zahlungsunfähigkeit genügt hingegen nicht mehr. Hatte der Gläubiger dem Schuldner Zahlungserleichterungen gewährt, enthält Abs. 3 Satz 2 darüber hinaus die Vermutung, dass er zur Zeit der Handlung die Zahlungsunfähigkeit des Schuldners nicht kannte.

---

58 BGHZ 183, 86, 95.
59 Siehe Blank/Blank, ZInsO 2015, 1704; Brinkmann, NZG 2015, 697; Dahl/Linnenbring/Schmitz, NZI 2015, 441; Frind, ZInsO 2015, 1001 ff.; Ganter, WM 2015, 905; Hölzle, ZIP 2015, 662; Hacker, NZI 2015, 873; Huber, ZInsO, 2005, 713; Jacobi/Böhme, ZInsO 2015, 721; Jungclaus/Keller, NZI 2015, 297; Sämisch, ZInsO 2015, 1658; Würdinger, KTS 2015, 315, 322.
60 BGBl. I 2017, S. 654.
61 BT-Drucks. 18/ 7054, 1.
62 Näher dazu Hirte, ZInsO 2017, 427, 428; Huber, ZInsO 2017, 517, 518 ff.).
63 Siehe stellvertretend für viele Fischer, NZI 2008,588; Thole, ZIP 2013,2081; Kayser, NJW 2014,422; Bork, ZIP 2014, 797, Nobbe, FS Kübler, 2015, 459.
64 Begr RegE zu § 133 n. F., BT-Drucks. 18/7054, S. 2, 10.
65 Uhlenbruck/Borries/Hirte, § 133 InsO Rn 1.

25 **Weiterer Schwerpunkt** der Reform des Anfechtungsrechts sind die **Änderungen beim Bargeschäftsprivileg nach § 142 InsO**, um die Anfechtbarkeit von Arbeitslöhnen einzuschränken.[66] Nach § 142 Abs. 1 InsO n.F. liegt ein unmittelbarer Leistungsaustausch vor, wenn er nach Art der ausgetauschten Leistungen und unter Berücksichtigung der Gepflogenheiten des Geschäftsverkehrs in einem engen zeitlichen Zusammenhang erfolgt. Eine Geldschuld ist nach dem **neuen § 143 Abs. 1 S. 3 InsO** nur noch dann zu verzinsen, wenn die Voraussetzungen des Schuldnerverzugs oder des § 291 BGB vorliegen. Diese Änderung gilt nach der Übergangsvorschrift des Art. 103 Abs. 2 EGInsO bereits ab ihrem Inkrafttreten auch für bereits eröffnete Insolvenzverfahren. Die Änderungen bei der Vorsatzanfechtung und der Verzinsungspflicht finden auch im **Anfechtungsgesetz** Berücksichtigung.

10. Gesetz zur Erleichterung der Bewältigung von Konzerninsolvenzen

26 Die am 21.4.2018 in Kraft getretenen Regelungen zum Konzerninsolvenzrecht auf Grund des **Gesetzes zur Erleichterung der Bewältigung von Konzerninsolvenzen**[67] bilden **keinen eigenständigen Teil der Insolvenzordnung**, sondern finden sich als Einzelnormen bei den Zuständigkeitsvorschriften (§§ 3a bis 3e) und in einem besonderen Kapitel, dem siebten Teil der InsO (Koordinierung der Verfahren von Schuldnern, die derselben Unternehmensgruppe angehören, §§ 269a bis 269i). Durch die Einführung besonderer Regelungen zur Bewältigung von Konzerninsolvenzen wollte der Gesetzgeber die Grundsätze und Zielbestimmungen des geltenden Insolvenzrechts (§ 1 InsO) nicht in Frage stellen oder abändern. Die neuen Bestimmungen zielen vielmehr darauf ab, diesen Grundsätzen und Zielbestimmungen im Konzernkontext Geltung zu verschaffen.[68] Einerseits soll der Wert konzernförmig organisierter Unternehmen vor solchen Verlusten bewahrt werden, die infolge einer dezentralisierten Insolvenzabwicklung im Rahmen einer Mehrzahl von Verfahren über die Vermögen der einzelnen Konzerngesellschaften eintreten können. Andererseits soll verhindert werden, dass es zu Verteilungseffekten zwischen den Gläubigern unterschiedlicher Konzerngesellschaften kommt.[69] Soweit eine konzernweite Sanierung angestrebt wird, bietet das Insolvenzplanverfahren weiterhin den entsprechenden rechtlichen Rahmen an.[70]

---

66 Kindler/Bitzer, NZI 2017, 369, 371.
67 BGBl. I 2017, 866.
68 BT-Drucks. 18/407, S. 16.
69 BT-Drucks. 18/407, S. 16.
70 Näher zum Ganzen Vallender, Kap. 20 C II Rn 21 ff.

11. Gesetz zur Durchführung der Verordnung (EU) 2015/848 über Insolvenzverfahren

Am 26.6.2017 ist das Gesetz zur Durchführung der Verordnung (EU) 2015/848 über Insolvenzverfahren vom 5.6.2017 in Kraft getreten.[71] Es geht zurück auf einen RegE der Bundesregierung vom 4.11.2016.[72] Ziel des Gesetzes ist es, die Neufassung der EuInsVO vom 5.6.2015[73] in das deutsche Recht mit den hierfür erforderlichen Regelungen einzupassen, damit sich einige Bestimmungen der EuInsVO sinnvoll und praxisgerecht anwenden lassen.[74] Hierzu wurde Art. 102c §§ 1–23 EGInsO eingefügt.

27

12. Gesetz zur Abmilderung der Folgen der COVID-19 Pandemie im Zivil-, Insolvenz- und Strafverfahrensrecht

Ziel des in kürzester Zeit beratenen und am 27.3.2020 in Kraft getretenen Gesetzes zur Abmilderung der Folgen der COVID-19 Pandemie im Zivil-, Insolvenz- und Strafverfahrensrecht[75] ist es, die **Fortführung von Unternehmen** zu ermöglichen und zu erleichtern, die infolge der COVID-19-Pandemie insolvent geworden sind oder wirtschaftliche Schwierigkeiten haben. Den betroffenen Unternehmen und ihren organschaftlichen Vertretern soll Zeit gegeben werden, um die notwendigen Vorkehrungen zur Beseitigung der Insolvenzreife zu treffen, insbesondere um zu diesem Zwecke **staatliche Hilfen in Anspruch zu nehmen** oder Finanzierungs- oder Sanierungsarrangements mit Gläubigern und Kapitalgebern zu treffen. Auch sollen durch die Einschränkung von Haftungs- und Anfechtungsrisiken die Voraussetzungen dafür geschaffen werden, dass solchen Unternehmen Sanierungskredite gewährt werden können und dass die Geschäftsverbindungen zum Schuldner nicht abgebrochen werden. Um dies zu erreichen, hielt der Gesetzgeber es für geboten, das Insolvenzrecht als Ordnungsrecht für die Dauer von mindestens 6 Monaten (Art. 1 § 1) – möglicherweise auch zwölf Monate (Art. 1 § 4) weitestgehend außer Kraft zu setzen. *Pape*[76] kritisiert, dass der Gesetzgeber mit dem vorgenannten Gesetz versuche, die wirtschaftlichen Folgelasten der Corona-Pandemie nach Möglichkeit den Gläubigern aufzubürden. Oberstes Ziel müsse es sein, zur Normalität zurückzukehren.

28

---

71 BGBl. I 2017, S. 1476.
72 BR-Drucks. 654/16.
73 ABl. (EU) L 141 S. 19.
74 BR-Drucks. 654/16, S. 14.
75 BGBl. 2020 I S. 569.
76 NZI 2020, 393, 404; zu den Auswirkungen des Gesetzes auf Gesellschafterdarlehen siehe Mock, NZI 2020, 405. Siehe ferner Ahrens, NZI 2020, 345; Bitter, ZIP 2020, 685; Gehrlein, DB 2020, 713; Deppenkemper, jm 2020, 178; Jarchow/Hölken, ZInsO 2019, 2441; Pape, NWB 2020, 1021, Schluck-Amend, NZI 2020, 289; A. Schmidt, ZVI 2020, 157; Thole, ZIP 2020, 650.

13. Gesetz zur Fortentwicklung des Sanierungs- und Insolvenzrechts (SanInsFoG)

29 Das Sanierungs- und Insolvenzrechtsfortentwicklungsgesetz (SanIns-FoG)[77], dessen **Kernstück** das Gesetz über den Stabilisierungs- und Restrukturierungsrahmen für Unternehmen (**StaRUG**)[78] ist, wurde am 22.12.2020 im Bundestag verabschiedet und ist bereits am 1.1.20201 in Kraft getreten. Innerhalb kürzester Zeit hat der Gesetzgeber einen Rechtsrahmen für Restrukturierungen geschaffen, mit dem Insolvenzverfahren über das Vermögen von Unternehmen vermieden werden können. Dadurch haben auch Unternehmen, die infolge der Corona-Pandemie in finanzielle Schwierigkeiten geraten sind, die Möglichkeit, eine Insolvenz abzuwenden. Mit der Einführung der neuen Restrukturierungsoptionen wird zugleich die europäische Restrukturierungs- und Insolvenzrichtlinie (EU) 2019/1023 umgesetzt. Diese überlässt es dem nationalen Gesetzgeber, für eine sachgerechte Umsetzung des vorgegebenen Restrukturierungsrahmens Sorge zu tragen.

30 Der Deutsche Bundestag hat sich für ein **eigenständiges Verfahren außerhalb der InsO** entschieden und dabei die Entscheidungskompetenz den Justizbehörden zugewiesen. Das StaRUG[79] sieht von einer zu starken Formalisierung des Verfahrens ab. Dies spiegelt sich in dem Umstand wider, dass es kein einheitliches und alle Verfahrenshilfen integrierendes Verfahrensverhältnis anbietet. Schließlich legt das StaRUG den Zeitpunkt der gerichtlichen Beteiligung relativ spät fest. So führt die **Anzeige des Restrukturierungsvorhabens** gem. § 31 StaRUG zwar zur Rechtshängigkeit der Restrukturierungssache, löst aber grds. noch kein Tätigwerden des Gerichts aus.

Erst nach Anzeige des Restrukturierungsvorhabens stehen dem Schuldner **zur Beseitigung der drohenden Zahlungsunfähigkeit** die in § 29 Abs. 2 StaRUG abschließend genannten **Verfahrenshilfen** zur Verfügung. Dazu zählen die Durchführung des gerichtlichen Planabstimmungsverfahren (gerichtliche Planabstimmung), die gerichtliche Vorprüfung von Fragen, die für die Bestätigung des Restrukturierungsplans erheblich sind (Vorprüfung), die gerichtliche Anordnung von Regelungen zur Einschränkung von Maßnahmen der individuellen Rechtsdurchsetzung (Stabilisierung) und die gerichtliche Bestätigung eines Restrukturierungsplans (Planbestätigung). In sämtlichen Fällen wird das Restrukturierungsgericht erst nach einem entsprechenden Antrag des Schuldners tätig. Nur auf diese Weise kann dem Umstand Rechnung getragen werden, dass das Gesetz lediglich einen Rahmen von Verfahrenshilfen zur Verfügung stellt, die der Schuldner im Zuge eines von ihm ver-

---

[77] BGBl. I 2020, S. 3256.
[78] Näher dazu Bork, ZRI 2020, 457; Deppenkemper, ZIP 2020, 2432; Frind, NZI 2020, 865, 1985; Müller, ZIP 2020, 2253; Paulus, ZIP 2020, 2363; Proske/Streit, NZI 2020, 969; Thole, ZIP 2020, 1984; Vallender, ZInsO 2020, 2579; ders. ZInsO 2020, 2677; ders. MDR 2021, Heft 4; ders. ZRI 2021, 165; Ziegenhagen, ZInsO 2020, 2090.
[79] Kapitel 1 des SanInsFoG.

folgten Restrukturierungsvorhabens unabhängig voneinander in Anspruch nehmen kann.[80] „Kern- oder Herzstück" des gesamten Restrukturierungsverfahrens ist der **Restrukturierungsplan**. Er bildet die Grundlage für Eingriffe in die Forderungen und Rechte von Gläubigern und Anteilsinhabern. Der Schuldner kann von den Verfahrenshilfen des Stabilisierungs- und Restrukturierungsrahmens grundsätzlich selbständigen und eigenverantwortlichen Gebrauch machen.[81] Als Korrektiv zur Sicherstellung schutzwürdiger Interessen von Beteiligten, die nicht ohne weiteres ihre eigenen Interessen zu wahren in der Lage sind, kommt die **Bestellung eines Restrukturierungsbeauftragten durch das Restrukturierungsgericht** in Betracht. Das StaRUG umfasst drei verschiedene Bestellungsmodelle. Zum einen hat das Restrukturierungsgericht unter den Voraussetzungen des § 73 Abs. 1 und 2 StaRUG einen Restrukturierungsbeauftragten von Amts wegen zu bestellen. Daneben sieht § 73 Abs. 3 StaRUG die fakultative Bestellung von Amts wegen vor. Schließlich hat gem. § 77 StaRUG eine Bestellung auf Antrag des Schuldners oder auf Antrag einer hinreichend repräsentierten Gläubigergruppe, auf die mehr als 25 % der Stimmrechte entfällt, zu erfolgen.[82]

Die **geänderten Vorschriften zur Insolvenzordnung** (Art. 5 SanInsFoG) basieren größtenteils auf den Empfehlungen der ESUG Evaluation.[83] **Verbessert** wurde insbesondere das **Insolvenzplanverfahren**; komplett neugestaltet das **Eigenverwaltungsverfahren** (§§ 270 ff. InsO). Die Einführung von Mindeststandards für eine Eigenverwaltungsplanung verfolgt das Ziel, die Erfolgsaussichten des Verfahrens zu verbessern und ungeeignete Verfahren möglichst frühzeitig herauszufiltern. Ausdrücklich geregelt ist nunmehr auch die Haftung der Geschäftsleiter im (vorläufigen) Eigenverwaltungsverfahren. Ferner wurde die Überschuldung von der drohenden Zahlungsunfähigkeit besser voneinander abgegrenzt. Während der Prognosezeitraum für die Feststellung der drohenden Zahlungsunfähigkeit auf nunmehr regelmäßig 24 Monate gesetzlich festgeschrieben wurde, beträgt der Prognosezeitraum bei der Überschuldung für die überwiegende Wahrscheinlichkeit der Unternehmensfortführung 12 Monate. Eine weitere wichtige Neuerung betrifft die Insolvenzantragspflicht (§ 15a InsO) und die damit korrespondierende Ersatzpflicht für masseschädliche Zahlungen nach Eintritt der Insolvenzreife (§ 15b InsO).

---

80 Vallender, ZInsO 2020, 2677.
81 BegrRegE S 199.
82 Vallender, ZInsO 2020, 2677, 2684.
83 ESUG-Evaluation, Gesamtbericht. Siehe dazu auch den Bericht der Bundesregierung über Erfahrungen mit der Anwendung zur weiteren Erleichterung der Sanierung von Unternehmen (ESUG) von August 2018.

14. Gesetz zur Verkürzung des Restschuldbefreiungsverfahrens und zur Abmilderung der Folgen der COVID-19 Pandemie

32 Am 30.12.2020 wurde das Gesetz zur Verkürzung des Restschuldbefreiungsverfahrens und zur Anpassung pandemiebedingter Vorschriften im Gesellschafts-, Genossenschafts-, Vereins- und Stiftungsrechts sowie Miet- und Pachtrecht vom 22.12. 2020[84] verkündet, das gem. Art. 14 Abs. 1 mit Wirkung zum 1.10.2020 in Kraft getreten ist. Es sieht als **wesentliche Neuerung** eine **Verkürzung der Restschuldbefreiung ohne Mindestquote** für alle natürlichen Personen auf 3 Jahre vor (§ 300 Abs. 1 InsO). Diese Regelung geht auf die Ergebnisse der Evaluation durch die Bundesregierung zurück und folgt gleichzeitig der ausdrücklichen Empfehlung der Richtlinie über Restrukturierung und Insolvenz (RL (EU) 2019/^1023). Eine Befristung der Einbeziehung von Verbrauchern ist – anders als noch im Regierungsentwurf – nicht mehr vorgesehen.

Die Alternativen einer vorzeitigen Erteilung der Restschuldbefreiung nach 3 Jahren bei Erfüllung einer 35% Quote oder nach 5 Jahren im Fall der Deckung der Verfahrenskosten gibt es nur noch in der Übergangsphase für Altverfahren, die bis zum 30.6.2025 dauert.[85] In Altfällen sind zwei Arten der Rückwirkung zu unterscheiden. So gilt die Verkürzung der Abtretungsfrist auf 3 Jahre für alle Verfahren, die ab dem 1.10.2020 beantragt wurden (Art. 14 Abs. 1). Der zweite Fall der Rückwirkung betrifft diejenigen Verfahren, die zwischen dem 17.12.2019 und dem 30.9.2020 beantragt wurden. Gem. Art. 103k Abs. 2 EGInsO erfolgt für diese Verfahren eine sukzessive Verkürzung der Verfahrensdauer, die bei einem Antrag ab dem 15.12.2019 insgesamt 5 Jahre und 7 Monate dauert. Damit werden die meisten Verfahren aus dem vorgenannten Zeitraum in den Wochen nach dem 17.7.205 beendet sein.[86]

Darüber hinaus schafft § 295 Abs. 1 Nr. 5 InsO eine **neue Obliegenheit** während der Wohlverhaltensperiode. Danach obliegt es dem Schuldner, in dieser Zeit keine unangemessenen Verbindlichkeiten i.S.d. § 290 Abs. 1 Nr. 4 InsO zu begründen. Während noch der Regierungsentwurf eine Versagung von Amts wegen vorsah, hat der Gesetzgeber darauf verzichtet. Damit hat er der Gläubigerautonomie den Vorrang gegeben. Eine weitere Neuerung ist die Regelung des § 295 Abs. 1 S. 1 Nr. 2 InsO, die eine erweiterte Herausgabepflicht des Schuldners während der Wohlverhaltensperiode vorsieht. Danach hat der Schuldner die hälftige Schenkung sowie Gewinne aus Lotterien, Ausspielungen oder anderen Spielen mit Gewinnmöglichkeit herauszugeben. Überraschend in das Gesetz aufgenommen wurde die Neuregelung der Abführungspflicht des Schuldners in der Treuhandperiode (§ 295a InsO). Übergangsregelungen für die Einreichung vorbereiteter Verbraucherinsolvenzan-

---

84 BGBl. 2020 I S. 3328 ff.
85 Pape/Laroche/Grote, ZInsO 2021, 57, 58.
86 Pape/Laroche/Grote, ZInsO 2021, 57, 59.

träge sollen die Arbeit der Schuldnerberatungsbestellen erleichtern helfen (Art. 103k Abs. 4 EGInsO).

Ohne unmittelbaren Bezug zur Umsetzung der Richtlinie (EU) 2019/1023 und zur Änderung des Restschulbefreiungsverfahrens sind die Regelungen zur Abmilderung der COVID-19-Pandemie. Die Regelung des Art. 240 § 7 EGBGB verfolgt das Ziel, den finanziellen Schwierigkeiten der Mieter zu begegnen. So gilt für vermietete Grundstücke oder vermietete Räume, die keine Wohnräume sind, die Vermutung, dass sich ein Umstand i.S.d. § 313 Abs. 1 BGB, der zur Grundlage des Mietvertrags geworden ist, nach Vertragsschluss schwerwiegend verändert hat, wenn die Räume infolge staatlicher Maßnahmen zur Bekämpfung der COVID-für den Betrieb des Mieters nicht oder nur mit erheblicher Einschränkung verwendbar sind. Ferner hat der Gesetzgeber Regelungen verabschiedet, in denen es vornehmlich um die Durchführung elektronischer Mitgliederversammlungen sowie das Recht geht, auf die Einberufung einer ordentlichen Mitgliederversammlung zu verzichten.[87]

B. Ziele des Insolvenzverfahrens

Dem Insolvenzrecht kommt die Aufgabe zu, als Rechtsinstitution den Weg zu einer geordneten Abwicklung und Schuldenbereinigung zu ebnen und die gleichmäßige Befriedigung aller Gläubiger sicherzustellen.[88] Das Insolvenzrecht ist Gesamtvollstreckungsrecht.[89] Um seine Funktion – die Vollsteckung in das Vermögen zugunsten der Gläubigergemeinschaft – erfüllen zu können, bedarf es Eingriffe sowohl in die Rechtsstellung des Schuldners als auch der einzelnen Gläubiger.[90]

Bereits 1891 hatte J. Kohler in seinem Lehrbuch des Konkursrechts[91] festgestellt: *„Das Konkursrecht ist eine soziale Erscheinung ersten Ranges mit weiter Geschichte, tief begründet in den Bedürfnissen eines geregelten Kredits, von den modernen Kulturvölkern mit besonderer Sorgfalt gepflegt"*. Das heutige Verständnis von Insolvenzrecht und Schuldenbereinigung geht noch einen wesentlichen Schritt weiter, indem es dem Schuldner Hilfe bei der Bewältigung seiner Insolvenz zuteil werden lassen

---

[87] Pape/Laroche/Grote, ZInsO 2021, 57, 71.
[88] Uhlenbruck, in: Einhundert Jahre KO 1877 – 1977, S. 5, Paulus (NZI 2014, 1001, 1004) sieht die Prioritäten inzwischen anders gesetzt. Allenfalls beim Verbraucherinsolvenzverfahren sei die Ausrichtung auf die Befriedigung der Gläubiger zutreffend. Im Bereich der Unternehmensinsolvenz sei die praktische Anwendung des deutschen Insolvenzrechts schon seit längerem zu einer Priorisierung des Unternehmenserhalts übergegangen.
[89] Henckel, ZZP 97 (1984), 369 ff.
[90] Vgl. Smid, Grundzüge des neuen Insolvenzrechts, § 1 Rn 8 Satz 3.
[91] Stuttgart 1891, Einl. S. VI.

möchte. Gleichwohl haftet der Insolvenz – und das nicht nur in unserem Lande – nach wie vor ein Makel an.[92]

Dem Insolvenzverfahren liegt ein einheitlicher **Hauptzweck** zugrunde: die **gemeinschaftliche (bestmögliche) Befriedigung der Gläubiger**.[93] Diese Aufgabe findet ihren gesetzlichen Niederschlag in § 1 Satz 1 InsO. Die Vorschrift beschreibt – quasi als Präambel der InsO – die Ziele des Insolvenzverfahrens. Danach dient das Insolvenzverfahren dazu, die Gläubiger eines Schuldners gemeinschaftlich zu befriedigen, indem das Vermögen des Schuldners verwertet und der Erlös verteilt oder in einem Insolvenzplan eine abweichende Regelung insb. zum Erhalt des Unternehmens getroffen wird. Mit gemeinschaftlicher Befriedigung ist keine Entindividualisierung der Ansprüche der Gläubiger gemeint, sondern die Herstellung eines Gleichrangs der Gläubiger (**par condicio creditorum**).[94]

Gläubiger i.S.d. vorgenannten Bestimmung sind allein die Insolvenzgläubiger (§ 38 InsO). Nicht erfasst werden von der Zielbeschreibung des § 1 Satz 1 InsO die Inhaber von nicht geldwerten Forderungen, Aussonderungsberechtigte (§§ 47 f. InsO), absonderungsberechtigte Gläubiger (§§ 49 bis 51 InsO), die Massegläubiger (§§ 53 bis 55 InsO) sowie die Neugläubiger. Bei den letztgenannten handelt es sich um Gläubiger, die erst nach Verfahrenseröffnung Forderungen gegen den Schuldner erworben haben. S. dazu die Ausführungen in Rdn 70.

35 **Verwertung** des schuldnerischen Vermögens (Liquidation) oder die Erhaltung des Schuldnerunternehmens sind gleichermaßen Mittel der Haftungsverwirklichung. Letztlich ist es dem **Bestimmungsrecht der Gläubigerversammlung** vorbehalten, welche Instrumentarien der Insolvenzverwalter zu ihrer bestmöglichen Befriedigung einzusetzen hat (§ 157 InsO). Verspricht eine zerschlagende Verwertung des schuldnerischen Unternehmens ein besseres Verwertungsergebnis als z.B. die Gesamt- oder Teilveräußerung des lebenden Unternehmens im Wege einer übertragenden Sanierung, steht es der Gemeinschaft der Gläubiger frei, sich für diese Verwertungsart zu entscheiden. Sie kann aber auch den Insolvenzverwalter beauftragen, einen Insolvenzplan auszuarbeiten und ihm das Planziel vorgeben.

36 Mit dem **Insolvenzplan**, als „Kernstück der Reform" bezeichnet,[95] hat sich der Gesetzgeber der InsO von den überholten Vorstellungen, die dem Vergleichsrecht zugrunde lagen, gelöst und den Beteiligten die Möglichkeit eröffnet, Insolvenzen auf der Grundlage der Gläubigerautonomie flexibel und wirtschaftlich effektiv abzuwickeln. Bis zum Jahre 1999 kannte das deutsche Insolvenzrecht keine eigenständig durchsetzbare, verhandlungsfähige Rechtsposition zur Eigensanierung des Schuldners/schuldnerischen Unternehmens. Auf der Basis eines Insolvenzplans

---

[92] Vallender, NZI 2010, 838, 843.
[93] Begr RegE zu § 1, BR-Drucks. 1/92. Siehe hierzu auch Paulus, NZI 2014, 1001 ff.
[94] Becker, Insolvenzrecht, Rn 24.
[95] Näher dazu HK-InsO/Haas, Vor §§ 217 ff. Rn 5.

kann aber nicht nur eine Reorganisation des Krisenunternehmens erfolgen, sondern gleichermaßen auch seine Liquidation[96] oder übertragende Sanierung.[97] Der Gesetzgeber hat den Gläubigern mit dem Insolvenzplanverfahren ein Reorganisationsverfahren als Option angeboten, ohne den Beteiligten ein solches Verfahren bindend vorzuschreiben.[98]

Das Ziel der gemeinschaftlichen Befriedigung der Gläubiger ist in erster Linie maßgeblich für die Entscheidungen, die innerhalb des Insolvenzverfahrens zu treffen sind. Die Tätigkeit des Insolvenzverwalters und die Aufsichts- und Eingriffsbefugnisse des Insolvenzgerichts haben sich daran auszurichten.[99] Eine auf soziale, wirtschaftliche oder fiskalische Gründe gestützte Bevorzugung einzelner Gläubigergruppen sieht die InsO nicht vor. Deshalb ist der Erhalt des schuldnerischen Unternehmens und die Sicherung von Arbeitsplätzen nicht Schutzzweck des Gesetzes, die Sanierung kein vorrangiges Verfahrensziel. Allerdings können Bemühungen des Insolvenzverwalters, möglichst viele Arbeitsplätze des schuldnerischen Unternehmens zu sichern, zur Erreichung des Zieles einer bestmöglichen Befriedigung der Gläubiger beitragen.[100]

37

Ein **weiteres Ziel** des Insolvenzverfahrens beschreibt § 1 S. 2 InsO. Danach wird dem redlichen Schuldner Gelegenheit gegeben, sich entweder über das Regelinsolvenzverfahren oder über das Verbraucherinsolvenzverfahren durch ein in den §§ 286 bis 303 InsO geregeltes **Restschuldbefreiungsverfahren** von seinen restlichen Verbindlichkeiten zu befreien.[101] Bei dem Restschuldbefreiungsverfahren handelt es sich um ein in der InsO geregeltes selbstständiges Verfahren.[102] Dabei schaffen die Vorschriften der §§ 286 bis 303 InsO nicht nur die die materiellrechtlichen Voraussetzungen für die Erteilung der RSB, sondern enthalten auch eigenständige Verfahrensregelungen. Fehlt es daran, muss auf die allgemeinen Vorschriften der InsO (§§ 1 bis 11 InsO) zurückgegriffen werden.[103] Enthalten weder die Regelungen des Achten Teils der InsO noch die allgemeinen Vorschriften das Verfahren regelnde Bestimmungen, gelten nach § 4 InsO subsidiär die Vorschriften der ZPO.[104] Damit dient das Insolvenzverfahren erstmals auch den Interessen des Schuldners.

38

---

96 Diese Möglichkeit bietet sich an, wenn das Ziel einer schnellen RSB außerhalb der Wohlverhaltensperiode erreicht werden soll (Hingerl, ZInsO 2008, 404).
97 Die übertragende Sanierung ist selten Gegenstand eines Insolvenzplans, weil sie im laufenden Insolvenzverfahren rationeller und kostengünstiger durchgeführt werden kann.
98 Eidenmüller, Unternehmenssanierung zwischen Markt und Gesetz, S. 50.
99 Begr RegE zu § 1, BR-Drucks. 1/92; siehe auch BGH, NJW 2005, 2015, 2016 Rn 8.
100 HK-InsO/Sternal, § 1 InsO Rn 3.
101 Uhlenbruck/Pape, InsO, 15. Aufl., § 1 InsO Rn 15; Ahrens, VuR 2000, 8.
102 Kohte/Ahrens/Grote, § 286 InsO Rn 18).
103 Uhlenbruck/Vallender, InsO, 13. Aufl., § 286 InsO Rn 44.
104 Uhlenbruck/Vallender, InsO, 13. Aufl., § 286 InsO Rn 44; Döbereiner, RSB, S. 292; N/R/Römermann, vor § 286 InsO Rn 47.

Ob mit der temporären Abfolge der Schuldenbefriedigung vor der Schuldenbereinigung eine allgemeine Hierarchie der Ziele vorgegeben ist, erscheint fraglich. Nach zutreffender Ansicht kann aus der in der Gesetzesbegründung gegebenen Kennzeichnung der Gläubigerbefriedigung als Hauptzweck des Verfahrens nicht zwingend gefolgert werden, dass konkurrierende gesetzliche Ziele allgemein verdrängt werden.[105] Diese Wertung dürfte auch mit dem Willen des Gesetzgebers in Einklang stehen, wonach die Interessen des Schuldners, sofern er eine natürliche Person ist, und die seiner Familie nicht vernachlässigt werden dürfen.[106] Vor diesem Hintergrund erscheint es sachgerecht, die Vorschriften der §§ 286 ff. InsO über die RSB mit der in § 1 Satz 1 InsO beschriebenen Zielsetzung der bestmöglichen Gläubigerbefriedigung zu verbinden[107] und einen Ausgleich mit diesem Verfahrenszweck herzustellen.

C. Rechtsquellen und Systematik des Insolvenzrechts

I. Rechtsquellen

39 **Hauptquelle** des deutschen Insolvenzrechts ist die InsO.[108] Daneben finden sich sowohl im Internationalen Recht, im europäischen Recht, in zahlreichen bundesrechtlichen Regelungswerken als auch in landesrechtlichen Vorschriften weitere Quellen, aus denen sich das Insolvenzrecht speist.

40 Auch nach Inkrafttreten der Europäischen Insolvenzverordnung am 31.5.2002 haben für den außergemeinschaftlichen Raum nach wie vor zwei insolvenzrechtliche Abkommen Geltung, die die Krone Württemberg und das Königreich Bayern mit der Mehrzahl der Schweizer Kantone abgeschlossen haben.[109] Einen „Meilenstein"[110] auf dem Weg zu einem einheitlichen europäischen Wirtschaftsrecht stellt die **Europäische Insolvenzverordnung** (Verordnung EG 1346/2000)[111] dar. Sie bietet bei grenzüberschreitenden Insolvenzen in den Mitgliedstaaten der Europäischen Ge-

---

105 Ahrens, VuR 2000, 81, 10; ähnlich Pape, Rpfleger 1997, 237, 241.
106 Begr RegE, BR-Drucks. 1/92 S 108.
107 Ahrens, VuR 2000, 81, 11.
108 BGBl. 1994 I, S. 2866.
109 Übereinkunft des Vorortes der Schweiz, Eidgenossenschaft mit der Krone Württembergs betreffend die Konkursverhältnisse und Gleichbehandlung der beiderseitigen Staatsangehörigen in Konkursfällen v. 13.5.1826 und die Übereinkunft der königlich-bayerischen Staatsregierung mit mehreren Schweiter Kantonen, die gleichen Konkurs- und Klassifikationsrechte bei Insolvenz-, Erklärungs- und Konkursfällen der gegenseitigen Staatsangehörigkeiten betreffend v. 11.5.1834.
110 Eidenmüller, IPRax 2001, 2; Pannen, Europäische Insolvenzverordnung, Einl. Rn 1.
111 ABl L 160/01.

meinschaft mit Ausnahme Dänemarks, das sich nicht an der Annahme der Verordnung beteiligt hat (s. Erwägungsgrund 33 zur EuInsVO), Lösungen für Kollisionen zwischen den einzelstaatlichen Rechtsordnungen und für Kompetenzkonflikte zwischen Gerichten verschiedener Mitgliedstaaten.[112] Die Verordnung hat allgemeine Geltung; sie ist in allen ihren Teilen verbindlich und gilt unmittelbar in jedem Mitgliedstaat (Art. 288 Abs. 2 S. 2 AEUV).[113]

Am 5.6.2015 wurde die **reformierte Europäische Insolvenzordnung**[114] im Amtsblatt der Europäischen Union[115] veröffentlicht und gilt gemäß Art. 92 S. 2 EuInsVO n.F. ab dem 26.6.2017 verbindlich für alle Mitgliedstaaten der Gemeinschaft mit Ausnahme Dänemarks.[116] Damit haben jahrelange Reformarbeiten ihren Abschluss gefunden, die sich in einem auf 89 Erwägungsgründe und 92 Artikel angewachsenen Regelungswerk widerspiegeln. Die neue Verordnung ersetzt die bisherigen europäischen Vorschriften zum Insolvenzrecht (Verordnung (EG) Nr. 1346/2000 über Insolvenzverfahren), die seit dem 31.5.2002 in Kraft sind. Übergeordnetes Ziel der neuen Verordnung ist es, eine noch effizientere Abwicklung grenzüberschreitender Insolvenzverfahren zu ermöglichen.[117] Dazu sollen eine Erweiterung des Anwendungsbereichs (Art. 1 EuInsVO n.F.), ergänzte Regelungen zur internationalen Zuständigkeit und zum **COMI** (Mittelpunkt der hauptsächlichen Interessen) sowie neue Vorschriften zur Vermeidung von missbräuchlichem *forum shopping* beitragen. Um die Sanierungschancen von Unternehmen zu erhöhen, muss das Sekundärinsolvenzverfahren nicht mehr zwingend ein Liquidationsverfahren sein. Störende Sekundärinsolvenzverfahren soll der Insolvenzverwalter des Hauptverfahrens dadurch verhindern können, dass er gegenüber lokalen Gläubigern Zusicherungen abgibt, dass ihre lokalen Rechte gewahrt bleiben (Art. 36 EuInsVO n.F.). Neu sind die Einrichtung eines europaweit vernetzten Insolvenzregisters (Art. 24 ff. EuInsVO n.F.) sowie das Kapitel zur Konzerninsolvenz mit Vorschriften zur grenzüberschreitenden Kooperation von Insolvenzgerichten und Insolvenzverwaltern verschiedener insolventer Gruppengesellschaften (Art. 56 ff. EuInsVO n.F.) und zum neuen Koordinationsverfahren (Art. 61 ff. EuInsVO n.F.).

Weitere **europäische Rechtsquellen des Insolvenzrechts** sind die Richtlinie 98/26 des Europäischen Parlaments und des Rates v. 19.5.1998 über die Wirksamkeit

---

112 Pannen, a.a.O.
113 Duursma-Kepplinger/Duursma/Chalupsky, Europäische Insolvenzverordnung; Grundsatzfragen Teil 3 Rn 5.
114 Näher dazu Vallender, ZIP 2015, 1513; Parzinger, NZI 2016, 63.
115 L 141/19.
116 Die Verordnung findet nur auf solche Insolvenzverfahren Anwendung, die nach dem 26.6.2017 eröffnet worden sind (Art. 84 Abs. 1 EuInsVO n.F.).
117 Erwägungsgrund Nr. 1.

von Abrechnungen in Zahlungs- sowie Wertpapierliefer- und Abrechnungssystemen,[118] die Richtlinie 2001/17/EG des Europäischen Parlaments und des Rates v. 19.3.2001 über die Sanierung und Liquidation von Versicherungsunternehmen,[119] die Richtlinie 2001/24/EG des Europäischen Parlaments und des Rates v. 4.4.2001 über die Sanierung und Liquidation von Kreditinstituten[120] sowie die Richtlinie 2002/47/EG des Europäischen Parlaments und des Rates v. 6.6.2002 über Finanzsicherheiten.[121]

Konkursrechtliche Verträge, an denen Deutschland beteiligt ist, sowie das europäische Insolvenzrecht einschließlich des dazu ergangenen deutschen Ausführungsrechts (Art. 102 EGInsO) haben Vorrang vor den allgemeinen Regelungen des deutschen autonomen Internationalen Insolvenzrechts (§§ 335 ff. InsO), weil es sich bei diesen Normen um nationales Recht handelt.

43 In zahlreichen Bundesgesetzen und Verordnungen finden sich weitere spezielle insolvenzrechtliche Vorschriften. Rein insolvenzrechtlichen Charakter haben dabei das Einführungsgesetz zur InsO (EGInsO) v. 5.10.1994,[122] das die Wechselwirkungen zwischen Insolvenzrecht und gesamter Rechtsordnung in fast einhundert Änderungsartikeln eindringlich dokumentiert,[123] die Insolvenzrechtliche Vergütungsverordnung (InsVV) v. 19.8.1998,[124] zuletzt durch Art. 6 des SanInsFoG vom 22.12.2020[125] geändert, die Verordnung zu öffentlichen Bekanntmachungen in Insolvenzverfahren im Internet v. 12.2.2002[126], zuletzt geändert durch Art. 7 des SanInsFoG vom 22.12.2020[127], und das Insolvenzstatistikgesetz vom 7.12.2011, zuletzt geändert durch Art. 9 des SanInsFoG vom 22.12.2020[128]. Da das Insolvenzrecht des Bundes auf Vollständigkeit angelegt ist,[129] finden sich insolvenzrechtliche Bestimmungen nur vereinzelt in Landesgesetzen.[130] Ausdrücklich überlässt die InsO dem Landesgesetzgeber oder Landesverordnungsgeber in §§ 2 Abs. 2, 9 Abs. 2 Satz 1, 12 Abs. 1 Nr. 2, 305 Abs. 1 Nr. 1 Halbs. 2, 348 Abs. 2, 3 InsO die Normgebung.

---

118 ABl EG 1998, L 166/45.
119 ABl EG 2001, L 110/28.
120 ABl EG 2001, L 125/15.
121 ABl EG 2002, L 168/43.
122 BGBl. I, S. 2911.
123 Häsemeyer, Insolvenzrecht, Rn 1.02.
124 BGBl. I, S. 2205.
125 BGBl. I, 3288.
126 BGBl. I, S. 677.
127 BGBl. I 3289.
128 BGBl. I S. 3290.
129 Becker, Insolvenzrecht, Rn 71.
130 Siehe die einzelnen Ausführungsgesetze der Länder zur InsO.

II. Systematik des Insolvenzrechts

Das **Insolvenzverfahren als kollektives Vollstreckungsverfahren** dient nach wie vor einem Hauptzweck, der Verwirklichung der schuldnerischen Vermögenshaftung.[131] Es geht in jedem Fall um die Durchsetzung der materiell-rechtlichen Haftungsnormen in einem rein vermögensorientierten Verfahren.[132] Das für die Einzelzwangsvollstreckung geltende Prinzip der Priorität der Vollstreckungsmaßnahmen und des „Kampfes aller gegen alle" wird im Insolvenzverfahren abgelöst durch das Prinzip der **„par condicio creditorum"**. Anstelle des Präventionsprinzips tritt der **Grundsatz der gemeinschaftlichen bzw. gleichmäßigen Befriedigung der Gläubiger** (§ 1 Satz 1 InsO). *Häsemeyer*[133] weist in diesem Zusammenhang zutreffend darauf hin, dass nur eine „allseitig" konzipierte, d.h. die Rechtsverhältnisse zu Mitgläubigern und Schuldner einschließende Systematik den Regelungszielen des Insolvenzrechts gerecht werde. So wie der Gleichbehandlungsgrundsatz für und gegen alle Gläubiger wirke, könne er auch nur durch allseitige, die Rechtsverhältnisse zum Schuldner wie die zu den Mitgläubigern einbeziehende Regelungen verwirklicht werden.[134]

44

Der Grundsatz der gleichmäßigen Gläubigerbefriedigung ist ein das Insolvenzrecht beherrschendes Prinzip.[135] In **rechtssystematischer Hinsicht** versucht der Gesetzgeber die Zielsetzung der gemeinschaftlichen Befriedigung der Insolvenzgläubiger aus dem schuldnerischen Vermögen durch die Konstituierung der Insolvenzmasse in gegenständlicher Hinsicht (§§ 35 bis 27, 47 ff. InsO), die Zuweisung konkreter Aufgaben an die zu diesem Zweck im Insolvenzverfahren tätigen Organe (§§ 148 ff., 159 ff., 218 und 240 InsO) sowie durch Zuweisung der zur Aufgabenerfüllung erforderlichen Rechtsmacht (§ 80 InsO) zu gewährleisten.[136]

45

Obwohl die verschiedenen Konkursvorrechte abgeschafft und die Masseverbindlichkeiten neu strukturiert worden sind, enthält auch die InsO eine deutliche rangmäßige Abstufung.[137] Sie reicht von der Aussonderung (§ 47 InsO) über die Absonderung (§§ 49 ff. InsO) und die Masseverbindlichkeiten (§§ 53 ff. InsO) bis zur Abstufung zu den Insolvenzgläubigern (§ 38 InsO) und den nachrangigen Insolvenzgläubigern (§ 39 InsO). In diesem Zusammenhang verweist *Prütting*[138] allerdings mit Recht darauf, dass nicht in einer Gläubigerabstufung als solcher, sondern in einer

46

---

131 Uhlenbruck, Das neue Insolvenzrecht, S. 37.
132 Vgl. Bork, Einführung in das Insolvenzrecht, Rn 3.
133 Häsemeyer, Insolvenzrecht, Rn 2, 29.
134 Häsemeyer, Insolvenzrecht, Rn 2, 29.
135 KPB/Prütting, InsO, Einl. Rn 74.
136 Jaeger/Windel, § 80 InsO Rn 6.
137 Prütting, in: Kölner Schrift zur InsO, 2009 Rn 64.
138 A.a.O.; vgl. ferner Häsemeyer, KTS 1982, 507; Stürner, ZZP 94 (1981), 269.

übermäßigen Zahl von Konkursvorrechten ein Verstoß gegen den Grundsatz der par condicio creditorum zu sehen sei. Eine Ungleichbehandlung aus Gründen materieller Gerechtigkeit sei dort notwendig, wo aufgrund bestimmter rechtsgeschäftlicher Vereinbarungen oder gesetzlich geregelter Rechtsfolgen besondere Rechte an Vermögensgegenständen bestehen, die vom Insolvenzverwalter vorab zu befriedigen sind.

Die **Vermögenshaftung** kann wahlweise durch Liquidation des Schuldnervermögens, durch Sanierung des schuldnerischen Unternehmens oder durch übertragende Sanierung, die sich häufig als Teilübertragung sanierungsfähiger Betriebsteile darstellt, erfolgen.

47 Wie für jedes andere gerichtliche Verfahren ist auch für das Insolvenzverfahren das **Rechtsstaatsprinzip** von grundsätzlicher Bedeutung (Art. 20 Abs. 3, 28 Abs. 1 GG). Es garantiert die Gesetzesbindung und die Justizförmigkeit des Verfahrens.[139] Zu den weiteren verfassungsrechtlich garantierten Grundsätzen, die in einem Insolvenzverfahren zu beachten sind, zählen der gesetzliche Richter (Art. 101 Abs. 1 Satz 2 GG), der Anspruch auf rechtliches Gehör (Art. 103 Abs. 1 GG),[140] der verfassungsrechtlich anerkannte freie Zugang zum Gericht sowie das vom BVerfG[141] aus Art. 1 Abs. 1 i.V.m. Art. 2 Abs. 1 GG und dem daraus abgeleiteten allgemeinen Persönlichkeitsrecht wiederum abgeleitete Recht auf informationelle Selbstbestimmung. Dieser Grundrechtsschutz erschöpft sich nicht in einem Abwehrrecht gegen staatliche Datenerhebung und Datenverarbeitung. Dieses Grundrecht schützt auch das Interesse des Einzelnen, von staatlichen informationsbezogenen Maßnahmen zu erfahren, die ihn in seinen Grundrechten betreffen[142]

Stärker noch als dies beim Konkursverfahren und gerichtlichen Vergleichsverfahren der Fall war, wird das Insolvenzverfahren nach der InsO von dem Grundsatz der **Gläubigerautonomie** beherrscht. Die Mitwirkung der Gläubigerschaft findet in den Gläubigergremien, der Gläubigerversammlung (§ 74 Abs. 1 Satz 2 InsO) und im (vorläufigen) Gläubigerausschuss (§§ 21 Abs. 2 Nr. 1a, 22a, 67 Abs. 2 InsO), statt, die in ihrer Zusammensetzung nach Möglichkeit die Interessenvielfalt widerspiegeln sollen.[143]

48 Die Gläubigerautonomie wird v.a. durch **erhöhte Mitspracherechte** und durch die Regelung des Insolvenzplanverfahrens gestärkt. Die InsO überlässt es grds. den Gläubigern, wie sie die Haftungsverwirklichung beim Schuldner durchführen. Ein Mitspracherecht über die Verfahrensgestaltung haben nur die am Verfahren teilnehmenden Inhaber werthaltiger Rechte. Dazu zählen die Insolvenzgläubiger, die

---

139 KPB/Prütting, InsO, Einl. Rn 63.
140 Näher dazu Vallender, in: Kölner Schrift zur InsO, 2009, S. 115 ff.
141 BVerfG, Urt. v. 15.12.1983 – 1 BvR 209, 269, 362, 420, 440, 484/83, BVerfGE 65, 1.
142 VG Hamburg, Urt. v. 28.6.2016 – 7 K 2698/10, BeckRs 2016, 134823 Rn 27.
143 Uhlenbruck, Das neue Insolvenzrecht, S. 46.

Absonderungsberechtigten, nach Masseunzulänglichkeit auch die Massegläubiger anstelle der ungesicherten Gläubiger. Aussonderungsberechtigten (§ 47 InsO) und nachrangigen Insolvenzgläubigern (§ 39 InsO) steht ein Mitspracherecht nicht zu.

Für das Verfahren stellt der Gesetzgeber einen neutralen Rechtsrahmen bereit, in dem jedes mögliche Verfahrensergebnis unter gleichen rechtlichen Bedingungen angesteuert werden kann. Aufgabe des Insolvenzgerichts ist es, die Einhaltung dieses Rahmens zu überwachen. Nach wie vor legt das Gesetz die Sammlung, Verwaltung, Verwertung und Verteilung der Masse in die Hände eines Insolvenzverwalters (§§ 148, 159, 187 Abs. 3 InsO), der nach eigenem pflichtgemäßem Ermessen zu handeln und zu bestimmten Maßnahmen die Zustimmung des Gläubigerausschusses (§ 158, 160 InsO) oder der Gläubigerversammlung (§§ 160, 162 InsO) einzuholen hat.

Eine **Stärkung der Gläubigerposition** ist u.a. darin sehen, dass das Insolvenzgericht unter den Voraussetzungen des § 22a Abs. 1 InsO bereits im Eröffnungsverfahren einen **vorläufigen Gläubigerausschuss** einzusetzen hat, der insbesondere erheblichen Einfluss auf die Bestellung des Insolvenzverwalters hat (§ 56a InsO). Die **Gläubigerversammlung** wiederum entscheidet auf der Grundlage eines Berichts des Verwalters in einem besonderen Termin darüber, ob das insolvente Unternehmen stillzulegen ist oder ob der Verwalter versuchen soll, das Unternehmen zu sanieren (§ 157 InsO). Auch kann die Gläubigerversammlung den Insolvenzverwalter beauftragen, einen Insolvenzplan zur Sanierung des Unternehmens auszuarbeiten (§ 218 Abs. 2 InsO). Die Gläubiger entscheiden selbst, welche Quote für sie annehmbar ist oder ob sie das Management des schuldnerischen Unternehmens für hinreichend fähig halten. Die betroffenen Gläubiger stimmen über den Plan in Gruppen je nach Kopf- und Summenmehrheit ab.

49

D. Allgemeine Verfahrensgrundsätze

Das Insolvenzverfahren dient dem Schutz der materiellen Rechtsverhältnisse.[144] Das Insolvenzverfahrensrecht ist die Summe aller Rechtssätze, mit deren Hilfe beim wirtschaftlichen Zusammenbruch eines Schuldners subjektive Rechte zugunsten der Berechtigten realisiert werden.[145]

50

---

[144] Dazu Gaul, AcP 168, 27 ff.; Henckel, Prozessrecht und materielles Recht, S. 41 ff.; Jauernig, JuS 1971, 329 ff.
[145] Häsemeyer, Insolvenzrecht, Rn 3.02.

I. Antragsverfahren – Amtsverfahren

51 Ein Insolvenzverfahren wird nur auf Antrag eröffnet. Eine amtswegige Verfahrenseröffnung ist nach deutschem Recht ausgeschlossen. Damit folgt das Insolvenzrecht bei der Frage der Verfahrenseinleitung und Verfahrensherrschaft im Ansatz zumindest dem Zivilprozessrecht. Als „quasi-streitiges Parteiverfahren" ist das Insolvenzeröffnungsverfahren weitgehend von der Dispositionsmaxime beherrscht. Danach ist es dem antragstellenden Gläubiger überlassen, den Verfahrensgang zu bestimmen. Deutlich wird dies bei der Regelung des § 13 Abs. 2 InsO, nach der ein Insolvenzantrag zurückgenommen werden kann, bis das Insolvenzverfahren eröffnet oder der Antrag rechtskräftig abgewiesen ist. Dagegen zeigt sich bei der Frage nach der Parteiherrschaft über den Verfahrensgegenstand und über das Verfahrensende, dass das Insolvenzrecht hier nur eingeschränkt von der Dispositionsmaxime beherrscht wird.[146]

II. Untersuchungsgrundsatz – Amtsbetrieb

52 Auch wenn § 4 InsO zum subsidiär geltenden Verfahrensrecht ausschließlich die Vorschriften der **Zivilprozessordnung** bestimmt, dokumentiert § 5 InsO eine deutliche Annäherung des Insolvenzverfahrens an Grundzüge der Freiwilligen Gerichtsbarkeit.[147] Kraft Gesetzes gilt der Untersuchungsgrundsatz. Die Vorschrift des § 5 InsO ist wiederum Ausfluss des **Amtsbetriebs** im Insolvenzverfahren. Hierunter versteht man die dem Insolvenzgericht zugewiesene Aufgabe, für Terminsanberaumungen, Ladungen, Zustellungen, Bekanntmachungen und Eintragungen von Amts wegen zu sorgen.[148]

III. Mündlichkeit – Öffentlichkeit

53 Während der Zivilprozess vom Prinzip der Mündlichkeit bestimmt wird (vgl. § 128 Abs. 1 ZPO), geht § 5 Abs. 2 InsO vom Grundsatz der fakultativen Mündlichkeit aus. Danach ist es dem freien Ermessen des Insolvenzgerichts überlassen, ob es vor der Entscheidung mit den Beteiligten mündlich verhandeln will oder nicht. Es genügt auch, dass dem Anzuhörenden Gelegenheit zur schriftlichen Äußerung gegeben wird.[149] Da im Insolvenzrecht der Grundsatz der fakultativen Mündlichkeit gilt, kann

---

146 KPB/Prütting, InsO, Einl. Rn 52.
147 Häsemeyer, Insolvenzrecht, Rn 3.05.
148 Prütting, in: Kölner Schrift zur InsO, 236 Rn 46.
149 HK-InsO/Sternal, § 5 InsO Rn 22.

auch die Öffentlichkeit nur fakultativ eingeräumt sein.[150] Nicht öffentlich sind nach herrschender Meinung Gläubigerversammlungen.[151]

IV. Einheitlichkeit des Verfahrens

Das Insolvenzverfahren nach den Vorschriften der InsO hebt die Dualität von Vergleich und Konkurs auf und fasst wesentliche Elemente des früheren Vergleichs- und Konkursverfahrens zusammen. Es führt nach der Eröffnungsentscheidung alle Gläubiger in einem einheitlichen Verfahren zusammen. Unabhängig davon, ob die Gläubiger sich für eine Sanierung des Unternehmensträgers auf der Grundlage eines Insolvenplans entscheiden oder mit einer Zerschlagung des schuldnerischen Vermögens vorlieb nehmen, das Gericht dem Antrag des Schuldners auf Anordnung der Eigenverwaltung folgt oder ein Schuldner aufgrund seines Antrags auf Erteilung der RSB nach Aufhebung des Insolvenzverfahrens die sogen. Wohlverhaltensperiode zu durchlaufen hat, bleibt das **Insolvenzverfahren ein Einheitsverfahren**.[152] In das Verfahren einbezogen werden auch die absonderungsberechtigten Gläubiger. Für diese Gläubigergruppe gelten indes Regelungen, die außerhalb der Zielsetzung des Insolvenzverfahrens ihren Niederschlag finden (s. §§ 48 bis 52, 165 bis 173 InsO).

54

V. Rechtliches Gehör

Es ist seit langem in der Rechtsprechung anerkannt, dass der Verfassungsgrundsatz des rechtlichen Gehörs (Art. 103 Abs. 1 GG) unmittelbar geltendes Verfahrensrecht enthält[153] und damit auch für das Verfahren mit Offizialmaxime gilt.[154] Die insoweit zur KO angestellten Überlegungen zur Geltung des rechtlichen Gehörs[155] haben damit auch Eingang in das Insolvenzverfahren gefunden, das wie das Konkursverfahren (§ 75 KO) vom Amtsermittlungsgrundsatz bestimmt wird (§ 5 InsO).

55

Der als unabdingbares Verfahrensprinzip[156] geltende Grundsatz des rechtlichen Gehörs soll sicherstellen, dass die gerichtliche Entscheidung frei von Verfahrensfeh-

56

---

150 Prütting, in: Kölner Schrift zur InsO, S. 238 Rn 52.
151 Siehe die Nachweise bei Prütting, a.a.O.
152 Becker, Insolvenzrecht, Rn 203.
153 BVerfGE 9, 89, 96.
154 BVerfGE 7, 53, 56; 7, 275, 281; 9, 256; 10, 177, 183.
155 Vgl. insb. Skrotzki, KTS 1956, 105; Maintzer, KTS 1985, 617 ff.; Uhlenbruck, Das rechtliche Gehör im Konkurseröffnungsverfahren, FS für Baumgärtel, S. 569 ff.; Vallender, Kölner Schrift zur Insolvenzordnung, 3. Aufl., S. 115 ff.
156 BVerfGE 55, 1, 6.

lern ergeht, die auf unterlassene **Kenntnisnahme** und Nichtberücksichtigung des **Vorbringens** der Beteiligten zurückzuführen sind.[157] Das Recht des Betroffenen auf Gehör ist nur gewahrt, wenn er die Möglichkeit zur Äußerung auf Erklärungen des Gerichts, des Gegners oder zu Beweisergebnissen und sonstigen Erkenntnissen erhält, die das Gericht zu verwerten beabsichtigt.[158] Da dies nicht nur durch tatsächliches Vorbringen, sondern auch durch Rechtsausführungen geschehen kann, gewährleistet Art. 103 Abs. 1 GG den Verfahrensbeteiligten das Recht, sich nicht nur zu dem der Entscheidung zugrunde liegenden Sachverhalt, sondern auch zur Rechtslage zu äußern.[159]

57 Auch in der Einzelvollstreckung, als dessen Ergänzung sich die InsO nach der Vorstellung des Gesetzgebers darstellt,[160] erfährt der Grundsatz des rechtlichen Gehörs Einschränkungen. So ist der Schuldner vor dem Erlass eines Vollstreckungsaktes nur ausnahmsweise zu hören (vgl. § 891 ZPO). Dieser Grundsatz des „aufgeschobenen Gehörs"[161] ist nach der Rechtsprechung des BVerfG[162] mit Art. 103 Abs. 1 GG vereinbar, weil der Schuldner sich noch nachträglich ohne endgültigen Rechtsverlust mit Rechtsbehelfen Gehör verschaffen könne. Eine weitere Rechtfertigung findet diese Einschränkung des Verfassungsgrundsatzes mit den auf den „sofortigen Zugriff" angewiesenen „**besonderen Verfahrenslagen**".[163] Dabei ist dem Interesse des Gläubigers am wirksamen Vollstreckungszugriff und der Gefahr der Vollstreckungsvereitelung eine herausragende Bedeutung beizumessen. Der Gesetzgeber hat diesem Gesichtspunkt insb. bei der Regelung des § 834 ZPO Ausdruck verliehen. Danach ist der Schuldner vor der Pfändung über das Pfändungsgesuch nicht zu hören. Letztlich kommt es bei der Beantwortung der Frage, ob und zu welchem Zeitpunkt den Beteiligten im Insolvenzverfahren rechtliches Gehör zu gewähren ist, auf die Art der zu treffenden Entscheidung, die Eilbedürftigkeit der anzuordnenden Maßnahme und die jeweilige Interessenlage der Beteiligten an.

58 Durch zahlreiche Vorschriften hat der Gesetzgeber dem Verfassungsgrundsatz des rechtlichen Gehörs ausdrücklich Eingang in die InsO verschafft. So ist der Schuldner nach § 14 Abs. 2 InsO bei einem zulässigen Antrag des Gläubigers auf Eröffnung des Insolvenzverfahrens zu hören. Ähnliche Regelungen enthalten §§ 15 Abs. 2 Satz 3 InsO, 59 Abs. 1 Satz 3, 70 Satz 3, 98 Abs. 2, 99 Abs. 1 Satz 2 und 3, Abs. 3 Satz 2, 158 Abs. 2 Satz 2, 161 Satz 2, 163 Abs. 1, 173 Abs. 2 Satz 1, 214 Abs. 2 Satz 1

---

157 BVerfGE 53, 219, 222.
158 BGH Report 2005, 939; Zöller/Philippi, vor § 128 ZPO Rn 6 mit weiteren Rechtsprechungsnachweisen.
159 BVerfG ZIP 1995, 1852.
160 Begr. RegE zu § 1 InsO, BR-Drucks. 1/92; Uhlenbruck, Das neue Insolvenzrecht, S. 296.
161 Rosenberg/Gaul/Schilken, Zwangsvollstreckungsrecht, § 5 Anm. 4a S. 51.
162 BVerfGE 9, 89, 98; 57, 346, 358.
163 BVerfGE, a.a.O.

und 2, 248 Abs. 2, 2693 Abs. 3, 270 Abs. 3 Satz 1, 270a Abs. 2, 272 Abs. 2 Satz 2, 289 Abs. 1 Satz 1, 296 Abs. 2 Satz 1, 298 Abs. 2 Satz 1, 300 Abs. 1, 303 Abs. 3, 309 Abs. 2 Satz 1, 317 Abs. 2 Satz 2 und Abs. 3, 318 Abs. 2 Satz 2 und 2 und 333 Abs. 2 Satz 2 Halbs. 2 InsO.

VI. Wahrung des Grundsatzes der Verhältnismäßigkeit

Auch im Rahmen eines Insolvenzverfahrens ist der Grundsatz der Verhältnismäßigkeit zu beachten.[164] Je stärker eine gerichtliche Maßnahme in Persönlichkeits- und Eigentumsrechte des Schuldners eingreift, umso sorgfältiger hat das Gericht zu prüfen, ob die Anordnung im überwiegenden Interesse der Gläubiger diesen Eingriff rechtfertigt.[165] So hat es bei der Anordnung von Sicherungsmaßnahmen stets in seine Überlegungen mit einzubeziehen, ob die Maßnahme geeignet, erforderlich und angemessen im Hinblick auf die Gläubiger- und Schuldnerinteressen ist.[166]

Wird das **Insolvenzgericht als besonderes Vollstreckungsgericht** tätig,[167] hat es ebenso wie das allgemeine Vollstreckungsgericht den Grundsatz der Verhältnismäßigkeit zu beachten. Denn es ist Aufgabe der staatlichen Organe, Grundrechtsverletzungen nach Möglichkeit auszuschließen. Das Verfahren der Vollstreckungsgerichte ist deshalb so durchzuführen, dass den verfassungsrechtlichen Schutzpflichten Genüge getan wird.[168] Diesen Erfordernissen kann im Insolvenzverfahren durch die entsprechende Anwendung des § 765a ZPO Rechnung getragen werden. Hierdurch wird der Gegensatz von Einzel- und Gesamtvollstreckung nicht berührt.[169]

E. Beteiligte des Insolvenzverfahrens

Beteiligte eines Insolvenzverfahrens im eigentlichen Sinne sind der **Schuldner** und die **Insolvenzgläubiger**. Daneben zählen die Massegläubiger einschließlich der Neugläubiger sowie die Aus- und Absonderungsberechtigten zu den Verfahrensbeteiligten. Die Anteils- und Mitgliedschaftsrechte der am Schuldner beteiligten Personen bleiben im Grundsatz vom Insolvenzverfahren unberührt.[170] Die Stellung ei-

---

164 BGH, ZInsO 2015, 1790 Rn 8; BGH, WM 1986, 652.
165 Uhlenbruck/Vallender, § 21 InsO Rn 43.
166 MüKo/Haarmeyer, § 21 InsO Rn 23 ff.
167 BGH, ZInsO 2008, 1383.
168 BVerfGE 52, 214, 221 ff.
169 BGH, a.a.O.
170 Graf-Schlicker/Kebekus/Wehler, § 225a InsO Rn 2.

nes Verfahrenbeteiligten erlangen sie indes, wenn der Insolvenzplan einen Eingriff in ihre Rechte vorsieht. In diesem Fall können sie als eigene Gruppe über den Plan abstimmen. Sie genießen – wie auch die Gläubiger – Minderheitenschutz und sind befugt, sich mit Rechtsmitteln gegen den Plan zu wehren.

I. Schuldner

62 Der Schuldner ist **unmittelbar Betroffener** eines Insolvenzverfahrens. Mit dessen Eröffnung verliert er das Recht, sein zur Insolvenzmasse gehörendes Vermögen zu verwalten und darüber zu verfügen; diese Befugnis geht auf den Insolvenzverwalter über (§ 80 InsO). Der Verwalter hat das schuldnerische Vermögen sofort in Besitz und Verwaltung zu nehmen (§ 148 InsO) und es unverzüglich nach dem Berichtstermin zu verwerten (§ 159 InsO). Sein beschlagfreies Vermögen kann der Schuldner allerdings auch nach der Eröffnungsentscheidung uneingeschränkt verwalten und darüber verfügen. Ebenso behält er die Befugnis, sich durch den Abschluss von Verträgen rechtswirksam zu verpflichten.

Die Position des Schuldners in einem Insolvenzverfahren ist spiegelbildlich zu der des Insolvenzgläubigers zu verstehen. Insolvenzgläubiger sind die Gläubiger, die einen zzt. der Eröffnung des Insolvenzverfahrens begründeten Vermögensanspruch gegen den Schuldner haben (§ 38 InsO). Schuldner eines Insolvenzverfahrens ist mithin derjenige, der Insolvenzforderungen ausgesetzt ist.[171] Dazu zählt die Verpflichtung auf Geldzahlung oder geldwerte Leistung. Höchstpersönliche- und rein familienrechtliche Ansprüche wie z.B. das Umgangsrecht, der Anspruch auf Ehescheidung oder Anerkennung der Vaterschaft sind dagegen keine Insolvenzforderungen, weil sie nicht auf das Vermögen gerichtet sind.[172] Ebenso wenig ist die Abfindungsforderung eines vor der Insolvenz ausgeschiedenen Gesellschafters einer GmbH & Co. KG Insolvenzforderung.[173]

Der Schuldner nimmt als Beteiligter eines Insolvenzverfahrens – anders als noch unter Geltung der Konkurs- und Gesamtvollstreckungsordnung – nicht nur eine passive Rolle in dem Sinne ein, dass er die Verwertung seines Vermögens hinzunehmen hat. Die InsO eröffnet ihm vielmehr zahlreiche Möglichkeiten, aktiv am Geschehen teilzunehmen, um zu einem wirtschaftlichen Neuanfang zu gelangen. Dies gilt für natürliche und juristische Personen gleichermaßen. Ordnet das Insolvenzgericht auf entsprechenden Antrag die Eigenverwaltung nach Maßgabe der §§ 270 ff. an, schlüpft der Schuldner in eine Aktivrolle und wird zum Organ des Insolvenzverfahrens. Durch die ihm in § 218 InsO eingeräumte Befugnis, einen In-

---

[171] Becker, Insolvenzrecht, Rn 255.
[172] HambKomm/Lüdtke, § 38 InsO Rn 14.
[173] BGH v. 28.1.2020 – II ZR 10/19, NZI 2020, 371.

solvenzplan vorlegen zu können, kann der Schuldner ebenfalls aktiv in das Insolvenzgeschehen eingreifen. Aber auch natürlichen Personen, die dem Verbraucherinsolvenzverfahren nach Maßgabe der §§ 304 ff. InsO zuzuordnen sind, stehen im Insolvenzverfahren Möglichkeiten offen, durch eine vergleichsweise Einigung mit ihren Gläubigern von ihren Verbindlichkeiten befreit zu werden. Dies unterstreicht, dass die Rollen von Beteiligten und Organen eines Insolvenzverfahrens nicht immer scharf voneinander abzugrenzen sind.[174]

1. Die Insolvenzfähigkeit

Die Insolvenzfähigkeit des Schuldners ist Voraussetzung dafür, dass über sein Vermögen ein Insolvenzverfahren eröffnet werden und er am Verfahren teilnehmen kann. Hierzu enthält die InsO in den §§ 11 ff. besondere Regelungen. Die Insolvenzfähigkeit korrespondiert mit der Rechtsfähigkeit des materiellen Rechts und der Parteifähigkeit des Zivilprozessrechts.[175]

Vor diesem Hintergrund sind natürliche und juristische Personen insolvenzfähig (vgl. § 11 Abs. 1 Satz 1 InsO). Bei einer unternehmerisch tätigen natürlichen Person findet eine Trennung zwischen dem Privatvermögen und dem Unternehmen nicht statt, weil Objekt des Verfahrens immer das ganze Vermögen des Schuldners ist.[176] Die Insolvenzfähigkeit des nichtrechtsfähigen Vereins, der den juristischen Personen des Privatrechts einschließlich der Kapitalhandelsgesellschaften (§ 11 Abs. 1 Satz 1, 2. Alt. InsO) gleichgestellt ist, findet in § 11 Abs. 1 Satz 2 InsO seinen gesetzlichen Niederschlag. Gesellschaften ohne Rechtspersönlichkeit wie die offene Handelsgesellschaft (oHG), die KG (KG), die Partnerschaftsgesellschaft, die Partenreederei und die Europäische wirtschaftliche Interessenvereinigung sind ebenfalls insolvenzfähig. Schließlich kann nach § 11 Abs. 2 Nr. 2 InsO ein Insolvenzverfahren über einen Nachlass, über das Gesamtgut einer fortgesetzten Gütergemeinschaft oder über ein von den Ehegatten gemeinschaftlich verwaltetes Gesamtgut eröffnet werden.

Als Ausnahmevorschrift zu § 11 InsO befasst sich § 12 InsO mit der Insolvenzfähigkeit juristischer Personen des öffentlichen Rechts. Danach ist das Insolvenzverfahren über Vermögen des Bundes oder der Länder unzulässig. Juristische Personen des öffentlichen Rechts, die der Aufsicht eines Landes unterstehen und für die das Landesrecht die Insolvenzunfähigkeit ausdrücklich anordnet, können nicht Beteiligte eines Insolvenzverfahrens sein.

---

[174] Becker, Insolvenzrecht, Rn 253.
[175] Bork, Insolvenzrecht, Rn 28.
[176] Bork, Insolvenzrecht, Rn 29.

2. Verpflichtungen und Befugnisse des Schuldners in einem Insolvenzverfahren

64 Den Schuldner trifft in einem Insolvenzverfahren eine Vielzahl von Pflichten. **Von zentraler Bedeutung ist die Auskunfts- und Mitwirkungspflicht.** Der Umfang der Auskunfts- und Mitwirkungspflichten ergibt sich im Wesentlichen für das Eröffnungsverfahren aus § 20 InsO und für das eröffnete Verfahren aus § 97 InsO. Auskunft ist danach über alle das Verfahren betreffenden Verhältnisse zu erteilen. Dieser Begriff ist weit auszulegen und umfasst alle rechtlichen, wirtschaftlichen und tatsächlichen Verhältnisse, die für das Verfahren in irgendeiner Weise von Bedeutung sein können. Die Verpflichtung zur Auskunft ist nicht davon abhängig, dass an den Schuldner entsprechende Fragen gerichtet werden. Der Schuldner muss vielmehr die betroffenen Umstände von sich aus, ohne besondere Nachfrage, offen legen, soweit sie offensichtlich für das Insolvenzverfahren von Bedeutung sein können und nicht klar zu Tage liegen.[177] Er kann sich nicht darauf beschränken, sein präsentes Wissen mitzuteilen. Er kann vielmehr auch dazu verpflichtet sein, die Vorarbeiten zu erbringen, die für eine sachdienliche Auskunft erforderlich sind, wobei hierzu auch das Forschen nach vorhandenen Unterlagen und deren Zusammenstellung gehören kann.[178] Zur Mitarbeit im schuldnerischen Unternehmen ist der Schuldner indes nicht verpflichtet. Bei einer natürlichen Person gefährdet dieses Verhalten nicht die RSB, weil die Erwerbsobliegenheit des § 295 InsO erst nach Aufhebung des Verfahrens beginnt. Seit dem 1.7.2014 gilt indes die Regelung des § 287b InsO, nach der es dem Schuldner bereits im eröffneten Verfahren obliegt, eine angemessene Erwerbstätigkeit auszuüben und, wenn er ohne Beschäftigung ist, sich um eine solche zu bemühen und keine zumutbare Tätigkeit abzulehnen. Eine schuldhafte Verletzung dieser Erwerbsobliegenheit hat unter den Voraussetzungen des § 290 Abs. 1 Nr. 7 InsO die Versagung der Restschuldbefreiung zur Folge.

§ 97 Abs. 3 InsO normiert darüber hinaus Bereitschafts- und Unterlassungspflichten. Nach dieser Vorschrift hat sich der Schuldner auf Anordnung des Gerichts an dem Ort bereitzuhalten, an dem er seine Auskunfts- und Mitwirkungspflichten zu erfüllen hat. Er hat ferner alle Handlungen zu unterlassen, die der Erfüllung seiner Pflichten zuwiderlaufen (§ 97 Abs. 3 Satz 2 InsO).

65 Die InsO enthält in einer Vielzahl von Vorschriften die Pflicht zur Anhörung des Schuldners (s. nur §§ 10, 14 Abs. 2, 214 Abs. 2 Satz 1, 232 Abs. 1 Nr. 2, 298 Abs. 2 Satz 1 InsO; vgl. dazu Rdn 55 ff.). Damit trägt der Gesetzgeber dem Umstand Rechnung, dass die Eröffnung des Insolvenzverfahrens erhebliche Einwirkungen auf dessen Rechtsstellung hat. Dementsprechend sieht § 34 Abs. 2 InsO vor, dass allein der Schuldner die Eröffnungsentscheidung anfechten kann. Auch wenn die Gläubigerversammlung die grundsätzlichen Entscheidungen über den Verfahrensfortgang

---

[177] BGH, WM 2010, 524, 525.
[178] BGH, ZInsO 2006, 264.

trifft, ist der Schuldner in diese Entscheidungen einzubinden (§§ 156 Abs. 2, 158 Abs. 2 InsO). Darüber hinaus ist er von besonders bedeutsamen Maßnahmen zu unterrichten und kann durch Anträge Einfluss auf die Entscheidungsfindung nehmen (§ 161 InsO).

Der Schuldner erlangt bereits vor Aufhebung des Insolvenzverfahrens die Verwaltungs- und Verfügungsbefugnis über zur Insolvenzmasse gehörende Gegenstände zurück, wenn der Verwalter diese freigibt. Mit der **Freigabe** endet der Insolvenzbeschlag des betreffenden Gegenstandes. Gleichwohl unterliegt der Gegenstand weiterhin dem Vollstreckungsverbot des § 89 Abs. 1 InsO.[179] Nicht zu verwechseln mit der vorgenannten Freigabe ist die Erklärung des Insolvenzverwalters nach Maßgabe des § 35 Abs. 2 InsO. Die „Freigabe" der selbstständigen Tätigkeit des Schuldners bezieht sich nicht auf einzelne Gegenstände, sondern erfasst vielmehr einen Inbegriff von Rechten und Pflichten.[180]

3. Sonstige Auswirkungen des Insolvenzverfahrens auf die Stellung des Schuldners

Mit der Eröffnung des Insolvenzverfahrens verlieren Schuldner, die Treuepflichten bzgl. Fremdgeldern zu erfüllen haben, die **Befugnis zur Berufsausübung**. Betroffen sind insb. RA (§ 7 Nr. 9 BRAO), Steuerberater (§ 46 Abs. 2 Nr. 4 StBerG) oder Notare (§ 50 Abs. 1 Nr. 6 BNotO). Dagegen verbietet § 12 S. 1 Nr. 1- 3 GewO die Untersagung, Rücknahme oder den Widerruf der Gewerbeerlaubnis während des laufenden Insolvenzverfahrens, weil in dieser Zeit die Überwachung des Schuldners durch den Insolvenzverwalter gewährleistet ist. Handelt es sich bei dem Schuldner um eine juristische Person, führt die Eröffnung des Insolvenzverfahrens zur Auflösung der Gesellschaft (§§ 262 Abs. 1 Nr. 3 AktG, 60 Abs. 1 Nr. 4 GmbHG, 101 GenG). Ebenso wie die juristischen Personen werden die OHG und die KG, der rechtsfähige Verein sowie die GbR (§§ 131 Abs. 1 Nr. 3, 161 Abs. 2 HGB, 42 Abs. 1 BGB, 728 Abs. 1 BGB) durch die Verfahrenseröffnung in das Abwicklungsstadium überführt. Zu beachten ist indes, dass das Insolvenzverfahren das Liquidationsverfahren i.S.d. gesellschaftsrechtlichen Vorschriften vollständig verdrängt.[181]

II. Gläubiger

§ 38 InsO bestimmt, dass die Insolvenzmasse der Befriedigung der persönlichen Gläubiger dient, die einen zzt. der Eröffnung des Insolvenzverfahrens begründeten

---

179 BGH, ZInsO 2009, 830.
180 Näher dazu Uhlenbruck/Hirte, § 35 InsO Rn 91 ff.
181 Reischl, Insolvenzrecht, Rn 191.

Vermögensanspruch gegen den Schuldner haben. Die Vorschrift stellt gleichzeitig die Legaldefinition des Begriffs der **Insolvenzgläubiger** dar. Diese Gläubiger können ihre Forderungen nur nach den Vorschriften über das Insolvenzverfahren verfolgen (§ 87 InsO), also durch Anmeldung zur Tabelle nach den §§ 174 ff. InsO. Die Vorschrift gilt für die gesamte Dauer des Insolvenzverfahrens.

69 Bei den in § 39 InsO genannten Forderungen handelt es sich um Insolvenzforderungen. Sie erlangen jedoch erst Befriedigung, wenn alle Forderungen des § 38 InsO voll gedeckt sind. Die Forderungen dieser – **nachrangigen** – Insolvenzgläubiger sind nur anzumelden, soweit das Insolvenzgericht hierzu besonders auffordert (§ 174 Abs. 3 Satz 1 InsO). Nach der Vorstellung des Gesetzgebers können nachrangige Gläubiger nur in Ausnahmefällen mit einer Befriedigung rechnen. Dies ist der Fall, wenn alle nicht nachrangigen Gläubiger voll befriedigt werden und ein Überschuss verbleibt oder wenn ein Insolvenzplan vorgelegt wird, der Zahlungen an die nachrangigen Gläubiger vorsieht.[182]

70 **Neugläubiger** sind diejenigen Gläubiger, die erst nach Verfahrenseröffnung Forderungen gegen den Schuldner erworben haben. Sie können ihre Forderung während des laufenden Verfahrens nicht zur Tabelle anmelden. Einem Antrag eines Neugläubigers auf Eröffnung des Insolvenzverfahrens fehlt im Hinblick auf die Vorschrift des § 35 InsO das Rechtsschutzinteresse.[183] Während des Insolvenzverfahrens können sie ihre Forderung zwar titulieren lassen. Sie sind aber daran gehindert, ihre Forderung gegen den Schuldner zu realisieren. Einer Vollstreckung in die Masse steht zwar nicht die Vorschrift des § 89 Abs. 1 InsO entgegen, weil diese an die Eigenschaft als Insolvenzgläubiger anknüpft.[184] Im Regelfall dürfte aber kein insolvenzfreies Vermögen vorhanden sein, in das der Neugläubiger vollstrecken könnte. § 89 Abs. 2 Satz 1 InsO erstreckt das für Insolvenzgläubiger geltende Verbot der Vollstreckung in künftige Forderungen aus Dienstverhältnissen auch **auf alle nach Verfahrenseröffnung hinzukommenden Neugläubiger des Schuldners** und auf Gläubiger der Unterhaltsansprüche, die gem. § 40 InsO im Verfahren nicht geltend gemacht werden können.[185] Mit Hilfe dieser Regelung soll der Schuldner in den Stand gesetzt werden, nach Verfahrensbeendigung seine pfändbaren Forderungen auf Bezüge aus einem Dienstverhältnis zum Zwecke der RSB an einen Treuhänder abzutreten (§ 287 Abs. 2 InsO). Das danach grds. auf Neugläubiger erstreckte Vollstreckungsverbot des § 89 Abs. 2 Satz 1 InsO findet in § 89 Abs. 2 Satz 2 InsO zugunsten solcher Neugläubiger eine Ausnahme, die aus Unterhalts- oder Deliktsansprüchen in den Teil der Bezüge vollstrecken, der für sie erweitert pfändbar ist (§§ 850d,

---

[182] Uhlenbruck/Sinz, § 174 InsO Rn 51.
[183] BGH, ZInsO 2004, 739.
[184] HK/Kayser, § 89 InsO Rn 14.
[185] BGH, ZInsO 2008, 39.

850f Abs. 2 ZPO). Neben den vorgenannten Gläubigern nennt die InsO verschiedene weitere Gläubigergruppen.

Eine Privilegierung erfahren die **Massegläubiger**. Diese Gläubiger sind vor den Insolvenzgläubigern zu befriedigen (§ 53 InsO). Zu den Masseforderungen zählen die Verfahrenskosten (§ 54 InsO) sowie die sonstigen Masseverbindlichkeiten gem. § 55 InsO. Abs. 1 der vorgenannten Vorschrift nennt Ansprüche aus Handlungen des Insolvenzverwalters (Nr. 1), Ansprüche aus notwendiger Vertragserfüllung (Nr. 2) sowie Ansprüche aus ungerechtfertigter Bereicherung der Masse (Nr. 3). § 55 Abs. 2 InsO umfasst die Ansprüche aus Handlungen des vorläufigen „starken" Insolvenzverwalters sowie Ansprüche aus der Inanspruchnahme der Gegenleistung im Eröffnungsverfahren. § 55 Abs. 4 InsO, eingeführt durch das Haushaltsbegleitgesetz 2011,[186] bestimmt, dass Verbindlichkeiten des Insolvenzschuldners aus dem Steuerverhältnis, die von einem vorläufigen Insolvenzverwalter oder vom Schuldner mit Zustimmung eines vorläufigen Insolvenzverwalters begründet worden sind, nach Eröffnung des Insolvenzverfahrens als Masseverbindlichkeiten gelten. Darüber hinaus sehen zahlreiche Spezialvorschriften vor, dass Schulden als Masseverbindlichkeiten zu berichtigen sind.[187] § 210a InsO, eingeführt durch das ESUG, stellt klar, dass auch bei Masseunzulänglichkeit i.S.d. § 208 InsO die Vorlage eines Insolvenzplans möglich ist. Nach S. 1 der Vorschrift sind die sogen. Altmassegläubiger (im Rang des § 209 Abs. 1 Nr. 3 InsO) so zu behandeln, wie ansonsten die nicht nachrangigen Insolvenzgläubiger i.S.d. § 38 InsO. Die Ansprüche der sogen. Neumassegläubiger (§ 209 Abs. 1 Nr. 2 InsO) sind hiervon nicht erfasst und müssen voll bedient werden.[188]

Die Realisierung der Masseansprüche vollzieht sich außerhalb des Insolvenzverfahrens.[189] Der Massegläubiger macht seine Ansprüche formlos ggü. dem Insolvenzverwalter geltend. Reicht die Insolvenzmasse nicht aus, die Massegläubiger zu befriedigen, greift der besondere Verteilungsschlüssel des § 209 InsO ein. Bestreitet der Insolvenzverwalter die geltend gemachte Forderung, steht es dem Gläubiger frei, diese außerhalb des Anwendungsbereichs der InsO mit der Leistungs- oder Feststellungsklage zu verfolgen. Ein zzt. der Eröffnung des Insolvenzverfahrens rechtshängiger, die Masse betreffender Prozess wird gem. § 240 Satz 2 ZPO unterbrochen.

Aussonderungsberechtigter Gläubiger ist derjenige Gläubiger, der geltend macht, dass ein Gegenstand zu seinem Vermögen und nicht zur Masse gehört (§ 47 InsO). Der Aussonderungsberechtigte ist kein Insolvenzgläubiger, weil er keine anteilige Befriedigung aus der Masse sucht. Er nimmt nicht am Insolvenzverfahren teil.

---

186 BGBl. I 2010, S. 1885.
187 Siehe die Aufzählung bei Uhlenbruck/Sinz, § 55 InsO Rn 2.
188 Graf-Schlicker/Kebekus/Wehler, § 210a InsO Rn 4.
189 BGH, 11.7.1996 – IX ZR 304/95, NJW 1996, 3008, 3009 m.w.N.

Das Recht des Aussonderungsgläubigers begründet keinen besonderen insolvenzrechtlichen Anspruch, der neben dem materiellrechtlichen Herausgabeanspruch dinglicher oder obligatorischer Natur steht.[190]

Die Aussonderung erfolgt nach den Gesetzen, die außerhalb des Insolvenzverfahrens gelten. Das betrifft sowohl die jeweilige Anspruchsgrundlage als auch das gerichtliche Verfahren.[191] Weigert sich der Insolvenzverwalter, dem Aussonderungsbegehren zu entsprechen, hat der Berechtigte gegen den Verwalter Klage zu erheben, um sein Recht durchsetzen zu können. Die gerichtliche Zuständigkeit richtet sich nach § 19a ZPO.

73 Jemand, dem ein Sicherungsrecht wie z.B. eine Grundschuld, ein zur Sicherheit übereigneter oder verpfändeter Gegenstand, eine sicherungshalber abgetretene Forderung, an einem zum Vermögen des Schuldners gehörenden Gegenstand zusteht, ist mit seinem Anspruch auf Befriedigung aus dem Gegenstand **absonderungsberechtigter Gläubiger**. Das Recht zur abgesonderten Befriedigung setzt den Bestand eines der in §§ 49 bis 51 InsO genannten Rechte voraus. Inhalt und Ausübung des Absonderungsrechts regeln die §§ 165 bis 173 InsO.[192] Da das Sicherungsgut massezugehörig ist, kann der Absonderungsberechtigte es nicht aussondern, sondern nur verlangen, dass der aus der Verwertung des Sicherungsgutes erzielte Erlös vorrangig zur Tilgung der gesicherten Forderung verwendet wird (vgl. § 170 Abs. 1 Satz 2 InsO). Bei einer Mehrfachbelastung des Gegenstandes ist die Rangfolge der Gläubiger zu beachten.

Aufgrund der Massebezogenheit des mit einem Sicherungsrecht belasteten Gegen-stands nimmt der absonderungsberechtigte Gläubiger nicht nur mit Sitz und Stimme an der Gläubigerversammlung teil (§§ 74 Abs. 1 Satz 2, 76 Abs. 2 Halbs. 2 InsO), sondern kann auch nach Maßgabe des § 75 Abs. 1 Nr. 3 und 4 InsO die Einberufung der Gläubigerversammlung beantragen. Im Falle der Anordnung der vorläufigen Sachwaltung kann der absonderungsberechtigte Gläubiger die Aufhebung der gerichtlichen Maßnahme nach Maßgabe des § 270e Abs. 2 S. 1 InsO beantragen. Bei Anordnung der Eigenverwaltung gem. § 270f Abs. 1 InsO steht dem absonderungsberechtigten ebenfalls die Befugnis zur Aufhebung der Anordnung nach § 272 Abs. 1 Nr. 4 InsO zu. Der Ersteller eines Insolvenzplans hat die Möglichkeit, den Absonderungsberechtigten in den Plan einzubeziehen. Dabei kann sich die in § 223 Abs. 2 InsO InsO vorgesehene abweichende Regelung auf das Befriedigungsrecht, auf das zugrunde liegende materielle Sicherungs- oder Verwertungsrecht oder auf die gesicherte Forderung selbst beziehen.[193]

---

190 Berger, FS Kreft, S. 191, 192.
191 HK-InsO/Lohmann, § 47 InsO Rn 28.
192 HK-InsO/Haas, § 223 InsO Rn 3.
193 HK-InsO/Haas, § 223 InsO Rn 5.

Haftet der Schuldner dem Absonderungsberechtigten auch persönlich, sind der **74** Anspruch auf Zahlung als Insolvenzforderung und das Sicherungsrecht voneinander zu trennen. Der Inhaber eines Absonderungsrechtes ist wegen seiner gesamten persönlichen Forderung und nicht nur wegen seines Ausfalls Insolvenzgläubiger. Als Inhaber des Sicherungsrechtes ist er dagegen insoweit nicht Insolvenzgläubiger.[194] Diese **Doppelrolle** verschafft dem Absonderungsberechtigten indes nicht die Möglichkeit einer doppelten Befriedigung. § 52 Satz 2 InsO stellt vielmehr klar, dass der Absonderungsberechtigte als Insolvenzgläubiger nur insoweit Befriedigung aus dem allgemeinen Erlös verlangen kann, als der Erlös aus der Verwertung des Absonderungsgutes nicht zur Befriedigung auch des persönlichen Anspruchs genügt.

F. Organe des Insolvenzverfahrens

Organe des Insolvenzverfahrens sind diejenigen Personen und Institutionen, die **75** arbeitsteilig das Insolvenzverfahren durchführen. Dabei bilden wiederum Beteiligte wie die Insolvenzgläubiger in ihrer Gesamtheit das Organ der Gläubigerversammlung (§ 74 Abs. 1 InsO).

I. Insolvenzgericht

Das Insolvenzgericht wird ausschließlich i.R.d. (kollektiven) Zwangsvollstreckung **76** tätig. Ihm obliegt die Entscheidung über die Anordnung von Sicherungsmaßnahmen (§ 21 Abs. 2 Nr. 2 bis 5 InsO), die Bestellung eines vorläufigen Gläubigerausschusses (§§ 22a Abs. 1, 21 Abs. 2 S. 1 Nr. 1a InsO), die Eröffnung und die Aufhebung des Insolvenzverfahrens (§§ 26 ff., 200 f. InsO), die Anordnung von Zwangsmitteln (§§ 20 Satz 2, 21 Abs. 3, 58 Abs. 2, 98 ff. InsO), die Vernehmung von Zeugen und Sachverständigen (§ 5 Abs. 1 Satz 2 InsO), die Verhängung der Postsperre (§ 99 InsO), die Ernennung und Beaufsichtigung des vorläufigen Insolvenzverwalters/Sachwalters und des Insolvenzverwalters/Sachwalters (§§ 21 Abs. 1 Nr. 1, 27 Abs. 1 Satz 1, 56 ff. InsO), die Festsetzung seiner Vergütung (§ 64), die Entscheidung über das Stimmrecht (§ 77 Abs. 2 Satz 2 InsO) und über Einwendungen gegen das Gläubigerverzeichnis (§ 194 InsO), die Entscheidungen im Insolvenzplanverfahren (§§ 231, 248, 248a InsO) und die Einberufung und Leitung der Gläubigerversammlung (§§ 74, 75, 235 InsO) sowie die Entscheidungen über die Erteilung der Restschuldbefreiung (§§ 290, 300 InsO). Damit ist dem Insolvenzgericht im Wesentlichen die Aufgabe

---

194 BGH, ZIP 2006, 1009, 1010.

eines „Hüters der Rechtmäßigkeit des Verfahrens"[195] beizumessen. Es hat durch die in § 58 InsO normierte Aufsichtspflicht die Gesetzmäßigkeit der Verfahrensabwicklung sicherzustellen. Die vorgenannte Bestimmung ist Ausfluss des Grundsatzes, dass der Staat, wenn er fremdes Vermögen durch eine von ihm bestellte Person verwalten lässt, diese auch zu überwachen hat.[196]

Die **Entscheidung über materiell-rechtliche Fragen** wie z.B. über den Bestand von Forderungen, Aussonderungs-, Absonderungs- oder Masseansprüche sowie über die Aufrechterhaltung und die Anfechtung von Rechtshandlungen durch den Insolvenzverwalter ist dem Insolvenzgericht verwehrt.[197] Diese Streitigkeiten sind außerhalb des Insolvenzverfahrens, regelmäßig also – falls keine Einigung zustande kommt – im Prozesswege vor den ordentlichen Gerichten auszutragen.

1. Sachliche, internationale, örtliche und funktionelle Zuständigkeit

77 Die Amtsgerichte nehmen die Aufgaben eines Insolvenzgerichtes wahr. Die in § 2 Abs. 1 InsO normierte **ausschließliche sachliche Zuständigkeit des AG in Insolvenzsachen** entspricht dem früheren Konkurs- und Vergleichsrecht (§ 71 KO, § 2 Abs. 1 Satz 1 VerglO). Während des Gesetzgebungsverfahrens war diskutiert worden, die Zuständigkeit des AG durch die des LG zu ersetzen. Trotz einiger durch die InsO neu zugewiesener Aufgaben wie etwa die Entscheidungen zur RSB und die Feststellung der Masseunzulänglichkeit hat sich der Gesetzgeber gegen eine Zuständigkeit eines Kollegialgerichts für die Bearbeitung von Insolvenzsachen im Wesentlichen mit der Begründung ausgesprochen, ein solches Gericht sei für die zügige Abwicklung eines Insolvenzverfahrens weniger geeignet. Das Festhalten an der Zuständigkeit des AG ermögliche es darüber hinaus, in Insolvenzsachen „das bewährte Zusammenwirken von Richter und Rechtspfleger im wesentlichen unverändert beizubehalten".[198]

78 Die **örtliche Zuständigkeit** des Insolvenzgerichts richtet sich gem. § 3 Abs. 1 Satz 1 InsO – ebenfalls ausschließlich – nach dem allgemeinen Gerichtsstand des Schuldners.[199] Das Insolvenzgericht, das seine Zuständigkeit von Amts wegen zu prüfen hat (vgl. § 5 InsO), trifft nach Abs. 1 Satz 2 der Vorschrift vorrangig die Pflicht zu prüfen, ob der Schuldner eine selbstständige wirtschaftliche Tätigkeit ausübt. Die Bestimmung des Tätigkeitsmittelpunkts ist umstritten. Nach zutreffender Auffassung von *Ganter*[200] ist darauf abzustellen, wo die Entscheidungen des Schuldners

---

195 Braun/Uhlenbruck, Unternehmensinsolvenz, 5.7, S. 180.
196 Uhlenbruck/Vallender/Zipperer, § 58 InsO Rn 1.
197 Siehe LG Köln NZI 2001, 157.
198 Uhlenbruck, Das neue Insolvenzrecht, S. 298.
199 Bork, Einführung in das Insolvenzrecht, Rn 43.
200 MüKo/Ganter/Bruns, § 3 InsO Rn 10.

manifest werden, wo sie somit dokumentiert werden und in Gestalt von nachvollziehbaren Geschäftsunterlagen ihren Niederschlag finden. Weicht der Mittelpunkt einer selbstständigen wirtschaftlichen Tätigkeit des Schuldners vom Ort des allgemeinen Gerichtsstandes ab, verdrängt Abs. 1 Satz 2 den allgemeinen Gerichtsstand. Dies erscheint sachgerecht und zweckmäßig, weil sich an diesem Ort regelmäßig ein Großteil der Masse und der Gläubiger befindet. Sind Betriebsstätte und Verwaltungssitz an verschiedenen Orten angesiedelt, ist der Verwaltungssitz maßgeblich.

Im Falle der **Insolvenz konzernverbundener Unternehmen**[201] enthalten §§ 3a–3e InsO besondere Zuständigkeitsregelungen. Mit der Schaffung des § 3a InsO hat der Gesetzgeber einen neuen zusätzlichen besonderen Gerichtsstand eingeführt, der es ermöglicht, dass mehrere oder alle Verfahren über das Vermögen gruppenangehöriger Schuldner bei ein- und demselben Gericht geführt werden können.[202]

Die **internationale Zuständigkeit inländischer Gerichte** ist in der InsO nicht geregelt. Sie folgt entsprechend den allgemeinen Grundsätzen des IPR der örtlichen Zuständigkeit.[203] Soweit der Anwendungsbereich der EuInsVO betroffen ist, bestimmt deren Art. 3 Abs. 1 die internationale Zuständigkeit. Nach dieser Vorschrift sind die Gerichte des Mitgliedsstaats international zuständig, in dessen Gebiet der Schuldner den Mittelpunkt seiner hauptsächlichen Interessen hat. Bei Gesellschaften und juristischen Personen gilt die gesetzliche Vermutung, dass der Ort des satzungsmäßigen Satzes maßgeblich ist. Diese Vermutung kann der Antragsteller widerlegen.

Die gesetzliche Regelung der **funktionellen Zuständigkeit** für das Insolvenzverfahren weist sämtliche Entscheidungen ungeachtet ihres Gegenstandes im Eröffnungsverfahren dem Richter (§ 18 Abs. 1 Nr. 1 RPflG) und im eröffneten Verfahren dem Rechtspfleger (§ 3 Nr. 2 Buchst. e) RPflG)) zu. Von diesem Grundsatz sind die in § 18 Abs. 1 Nr. 2 RPflG und 3 RPflG genannten Entscheidungen ausgenommen, welche wegen ihres Gewichts bzw. der Nähe zu einem kontradiktorischen Verfahren dem Richter zugewiesen bleiben. Das Gesetz erreicht auf diese Weise das prozessökonomisch vorzugswürdige Ergebnis, dass dasselbe Verfahren im Regelfall nicht gleichzeitig durch den Richter und den Rechtspfleger bearbeitet wird.[204]

Dem **Richter ist** die Zuständigkeit für das Eröffnungsverfahren (§§ 11 ff. InsO) unter Einschluss der diesen Verfahrenabschnitt abschließenden Entscheidung sowie im Fall der Eröffnung des Insolvenzverfahrens die Bestellung des Insolvenzver-

---

[201] Ausführlich dazu Kapitel 20.
[202] BT-Drs. 18/407, S. 26.
[203] MüKo/Ganter/Bruns, § 3 InsO Rn 22.
[204] BGH, ZInsO 2010, 2103.

walters überantwortet. Seit dem 1.1.2013 ist der Richter zudem für die Bearbeitung des Insolvenzplanverfahrens zuständig (§ 18 Abs. 1 Nr. 2 RPflG).[205]

83 Dem **Rechtspfleger** ist grds. das eröffnete Verfahren und das Restschuldbefreiungsverfahren zugewiesen. Er führt die Aufsicht über den Insolvenzverwalter einschließlich des Rechts, diesen aus wichtigem Grund zu entlassen. Der Rechtspfleger beruft die Gläubigerversammlung ein und leitet sie, er stellt das Stimmrecht der Gläubiger fest, führt den Prüfungstermin durch, trifft die Entscheidung über Einwendungen gegen das Verteilungsverzeichnis und die Erteilung der Zustimmung zur Schlussverteilung, er bestimmt den Schlusstermin, führt ihn durch und hebt das Insolvenzverfahren auf. Schließlich setzt der Rechtspfleger die Vergütung des (vorläufigen) Insolvenzverwalters, des Sachwalters und des Treuhänders fest. Der Richtervorbehalt erstreckt sich nicht auf die Entscheidung über die Festsetzung der Vergütung des vorläufigen Insolvenzverwalters, wenn diese erst nach der Eröffnung des Insolvenzverfahrens zu treffen ist. Dies gilt unabhängig davon, ob der Vergütungsantrag zuvor nicht beschieden oder erst nach diesem Zeitpunkt gestellt wurde. Der Richtervorbehalt ist für das Eröffnungsverfahren in einem zeitlichen Sinne zu verstehen, so dass mit der Eröffnung des Insolvenzverfahrens auch die Zuständigkeit zur Entscheidung über die Vergütung des vorläufigen Insolvenzverwalters auf den Rechtspfleger übergeht.[206]

Die in Art. 97 Abs. 1 GG und § 25 DRiG gewährleistete Unabhängigkeit gilt auch für den in Insolvenzsachen tätigen Rechtspfleger. Auch der Rechtspfleger ist bei seinen Entscheidungen sachlich unabhängig und nur an Recht und Gesetz gebunden (§ 9 RPflG).

2. Die Geschäftsstelle

84 Die Geschäftsstelle der Insolvenzabteilung ist regelmäßig erste Anlaufstelle des Insolvenzverwalters. Sie ist mit einem Beamten des mittleren Justizdienstes und/oder Justizangestellten besetzt. Der Geschäftsstellenverwalter nimmt alle Aufgaben wahr, die nicht nach den gesetzlichen Bestimmungen dem Richter oder Rechtspfleger zugewiesen sind. Dazu zählen auch die Aufgaben des Kostenbeamten iS der Kostenverfügung. Der Kostenansatz in Insolvenzsachen ist indes dem Beamten des gehobenen Justizdienstes vorbehalten.[207]

---

205 Die Übertragung erfolgte aufgrund der wirtschaftlichen Bedeutung und rechtlichen Komplexität des Verfahrens (Begr. RegE, BT-Drucks. 127/11, S. 21 ff.).
206 BGH, ZInsO 2010, 2103.
207 Uhlenbruck/Pape, § 2 InsO Rn 5.

3. Amtshaftung

Das jeweilige Bundesland als Anstellungsbehörde der Bediensteten des Insolvenzgerichts hat für deren schuldhafte Fehlentscheidungen im Wege der Staatshaftung nach § 839 Abs. 1 BGB, Art. 34 Satz 1 GG einzustehen. Da für den Insolvenzrichter nicht das sog. „Spruchrichterprivileg" des § 839 Abs. 2 Satz 1 BGB gilt, sehen sich Richter in einem Insolvenzverfahren einer verschärften Haftung ausgesetzt. Die Auswahl des Insolvenzverwalters steht nach § 56 InsO im pflichtgemäßen Ermessen des Richters, welches in freier richterlicher Unabhängigkeit auszuüben ist.[208] Auch wenn die Vorschrift des § 839 Abs. 2 BGB (Richterspruchprivileg) nicht einschlägig ist, kommt eine Amtspflichtverletzung wegen des verfassungsrechtlichen Schutzes der richterlichen Unabhängigkeit grds. nur bei besonders groben Verstößen,[209] bzw. nur bei unvertretbaren Entscheidungen in Betracht.[210]

85

II. Insolvenzverwalter

Die Tätigkeit von Insolvenzverwaltern wird angesichts der Entwicklung in den letzten 2 Jahrzehnten nicht mehr als bloße Nebentätigkeit der Berufsausübung von RA, Wirtschaftsprüfern oder Steuerberatern angesehen. Vielmehr ist die Betätigung als **Insolvenzverwalter** zu einem **eigenständigen Beruf** geworden, der vielen Personen maßgeblich zur Schaffung und Aufrechterhaltung der Lebensgrundlage dient, sei es als alleiniger Beruf oder neben einem anderen Beruf. RA bilden sich bspw. spezialisiert zum Fachanwalt für Insolvenzrecht fort. Kanzleien halten in erheblichem Umfang geschultes Personal vor, um den Arbeitsanfall bei Großinsolvenzen bewältigen zu können.[211] Es hat sich insoweit ein neuer „Markt" für RA, Steuerberater und Wirtschaftsprüfer gebildet. Der Insolvenzverwalter wird vielfach als „Herr des Verfahrens" bezeichnet und seine Bestellung durch das Insolvenzgericht als „Schicksalsfrage des Insolvenzverfahrens"[212] verstanden.

86

Auch wenn die Diskussion über ein Berufsrecht[213] für Insolvenzverwalter an Fahrt aufgenommen hat, ist dieses Thema nicht neu. Bereits 2009 befürwortete der VID in einem Eckpunktepapier allgemein verbindliche Regelungen der Berufsausübung in Form einer Berufsordnung. Seit die Koalitionspartner sich in ihrem Koali-

87

---

208 Kübler/Prütting/Lüke, § 56 InsO Rn 7.
209 OLG Stuttgart ZIP 2007, 1822; s. dazu etwa BGH, NJW 2003, 3052, Palandt/Sprau, § 839 BGB Rn 53; Staudinger/Wurm, § 839 BGB Rn 639.
210 So BGH, NJOZ 2005, 3987; siehe ferner BGH, ZIP 2014, 2299.
211 BVerfG, NZI 2004, 574= ZInsO 2004, 913; BVerfG, WM 2006, 1956.
212 Jaeger/Weber, KO, § 78 Anm. 7.
213 Der Begriff des Berufsrechts ist nicht verfassungsrechtlicher Natur. Er bezeichnet sämtliche Normen, die sich auf den Zugang zu Berufen sowie insbesondere auf die Berufsausübung beziehen (*Ruffert*, in Kluth, Handbuch des Kammerrechts, 2. Aufl., 2011 § 9 Rn 1).

Vallender

tionsvertrag 2018[214] der Thematik angenommen haben[215], hat diese eine politische Dimension erfahren. Da kein Konsens besteht, wie eine berufsrechtliche Regelung konkret auszusehen hat, spricht einiges dafür, dass es allenfalls eine minimalinvasive Lösung geben wird.[216]

88 Die **starke Stellung des Insolvenzverwalters** in einem Insolvenzverfahren verdeutlicht v.a. die Regelung des § 80 InsO. Danach geht das Recht des Schuldners zur Verwaltung und Verfügung über die Insolvenzmasse mit der Eröffnung des Insolvenzverfahrens auf den Verwalter über. Auch wenn die Gläubigerversammlung das oberste Organ der insolvenzrechtlichen Selbstverwaltung darstellt, kann sie den Verwalter nicht anweisen oder beauftragen, einzelne Maßnahmen vorzunehmen oder zu unterlassen. Selbst wenn der Insolvenzverwalter die Mitwirkungsbefugnisse der Gläubigerversammlung missachtet, bleibt seine Handlung wirksam (§ 164 InsO).[217] Auch diese Regelung unterstreicht die herausragende Stellung des Insolvenzverwalters. Näheres zum Amt des Insolvenzverwalters und seinen Aufgaben siehe in den Ausführungen in § 3.

89 In einem eröffneten Verfahren trifft den Verwalter eine **Vielzahl von Rechten und Pflichten**. Nach der Amtsübernahme hat er sogleich das gesamte zur Insolvenzmasse gehörige Vermögen in Besitz und Verwaltung zu nehmen (§ 148 InsO). Darüber hinaus trifft ihn die Pflicht zur Aufstellung der auch Insolvenzstatus genannten Vermögensübersicht (§ 153 InsO). Regelmäßig übertragen die Insolvenzgerichte dem Insolvenzverwalter die Durchführung der Zustellungen gem. § 8 Abs. 3 InsO. Bei Verfahren mit einer Vielzahl von Gläubigern kann dies zu einer erheblichen arbeitsmäßigen Belastung des Verwalterbüros führen. Von besonderer Bedeutung für die weitere Entwicklung des Verfahrens ist die Entscheidung des Insolvenzverwalters über schwebende Vertragsbeziehungen (§§ 103 ff. InsO). Im Berichtstermin hat der Insolvenzverwalter der Gläubigerversammlung über die wirtschaftliche Lage des Schuldners und die Ursachen der Insolvenz zu berichten. Darüber hinaus hat der Insolvenzverwalter zahlreiche insolvenzspezifische Aufgaben im Laufe der Verfahrensabwicklung zu erledigen. Dazu zählen die Auskunfts-

---

214 „Ein neuer Aufbruch für Europa, Eine neue Dynamik für Deutschland, Ein neuer Zusammenhalt für unser Land".
215 Zeile 6119: „*Wir werden gesetzliche Rahmenbedingungen für die Berufszulassung und -ausübung von Insolvenzverwalterinnen und Insolvenzverwalter sowie Sachwalterinnen und Sachwalter regeln, um im Interesse der Verfahrensbeteiligten eine qualifizierte und zuverlässige Wahrnehmung der Aufgaben sowie effektive Aufsicht zu gewährleisten.*"
216 Näher dazu Ausführungen Rn 118 ff.
217 Freilich bleibt ein Verstoß des Insolvenzverwalters gegen Mehrheitsbeschlüsse der Gläubigerversammlung nicht folgenlos. Die Gläubigerversammlung kann beim Insolvenzgericht Aufsichtsmaßnahmen gegen den Verwalter anregen oder bei einem durch dessen Verhalten eingetretenen Masseschaden die Bestellung eines Sonderinsolvenzverwalters zur Verfolgung dieser Ansprüche beantragen (Vallender, FS für Görg, S. 527, 532).

und Berichtspflicht ggü. dem Insolvenzgericht, die Prüfung der angemeldeten Forderungen (§ 176 InsO), die Verwertung von Absonderungsgut (§§ 166 ff. InsO) und die Wahrung der Pflichten ggü. Aussonderungsberechtigten. In masselosen Verfahren gewinnt die Prüfung möglicher Anfechtungs- und Haftungstatbestände erhebliche Bedeutung. Oft ermöglicht die Realisierung dieser Ansprüche die Verfahrenseröffnung. Nach § 217 InsO ist der Insolvenzverwalter zur Erstellung und Vorlage eines Insolvenzplans befugt. Im gestaltenden Teil des Plans kann ausgesprochen werden, dass der Verwalter dessen Erfüllung zu überwachen hat (§ 260 InsO). Besonders hohe Anforderungen an die Qualität des Insolvenzverwalters stellen die sich aus übergegangener Unternehmerstellung ergebenden Aufgaben. Schließlich treffen den Insolvenzverwalter handels- und steuerrechtliche Pflichten (§ 155 Abs. 1 Satz 2 InsO). Aus Sicht der Gläubiger ist v.a. das Ergebnis eines Insolvenzverfahrens von entscheidender Bedeutung. Sie erhoffen sich aus der vom Insolvenzverwalter durchgeführten Verwertung der Insolvenzmasse eine möglichst hohe Befriedigung ihrer Forderungen. Am Ende des Verfahrens hat der Insolvenzverwalter eine Schlussrechnung zu erstellen, die ein vollständiges Bild der gesamten Geschäftsführung vermitteln soll.

1. Treuhänder

Bis zum Inkrafttreten des Gesetzes zur Verkürzung des Restschuldbefreiungsverfahrens und zur Stärkung der Gläubigerrechte[218] am 1.7.2014 wurden in einem **Verbraucherinsolvenzverfahren** die Aufgaben des Insolvenzverwalters von einem Treuhänder wahrgenommen. Dieser wurde bereits bei Eröffnung des Insolvenzverfahrens bestimmt (§ 313 Abs. 1 InsO a.F.[219]). Mit seiner Ernennung verlautbarte das Insolvenzgericht die allgemein verbindliche Einstufung des Verfahrens als vereinfachtes Verfahren. Infolge der Rechtskraft des Eröffnungsbeschlusses wurde bindend festgestellt, dass der Treuhänder den Beschränkungen des § 313 Abs. 2 und 3 InsO a.F. unterliegt und die Gläubiger die dort genannten besonderen Rechte haben.[220]

Für die Rechte und Pflichten des Treuhänders in den bis zum 1.7.2014 beantragten Insolvenzverfahren gelten die Vorschriften über den Insolvenzverwalter gem. § 313 Abs. 1 S. 3 InsO a.F. (§§ 56 bis 66 InsO) entsprechend. Allerdings sind bestimmte Aufgaben, die im Regelinsolvenzverfahren dem Insolvenzverwalter obliegen, auf die Gläubiger verlagert. So ist der Treuhänder nicht zur Anfechtung von Rechts-

---

218 BGBl. I, S. 2379.
219 § 313 InsO wurde mit Wirkung vom 1.7.2014 durch Art. 1 Nr. 38 des Gesetzes zur Verkürzung des Restschuldbefreiungsverfahrens und zur Stärkung der Gläubigerrechte vom 15.7.2013, BGBl. I, S. 2379 aufgehoben.
220 BGH, ZVI 2008, 183, 185.

handlungen nach den §§ 129 bis 147 InsO kraft seines Amtes berechtigt. Das Anfechtungsrecht steht vielmehr jedem einzelnen Insolvenzgläubiger zu. Allerdings kann die Gläubigerversammlung den Treuhänder mit der Anfechtung beauftragen (§ 313 Abs. 2 S. 3 InsO a.F.). Das Verwertungsrecht bzgl. der Gegenstände, an denen Pfandrechte oder andere Absonderungsrechte bestehen, obliegt dem jeweiligen Gläubiger und nicht dem Treuhänder. Der Treuhänder ist jedoch unter den in § 173 Abs. 2 InsO normierten Voraussetzungen zur Verwertung berechtigt (§ 313 Abs. 3 S. 3 InsO a.F.).

Die Vorschrift des § 313 InsO wurde durch Art. 1 Nr. 38 des Gesetzes zur Verkürzung des Restschuldbefreiungsverfahrens und zur Stärkung der Gläubigerrechte vom 15.7.2013[221] aufgehoben und damit das Amt des Treuhänders im Verbraucherinsolvenzverfahren abgeschafft. In Verbraucherinsolvenzverfahren, die ab dem 1.7.2014 beantragt worden sind, tritt an dessen Stelle ein nach den allgemeinen Regeln einzusetzender und befugter Insolvenzverwalter.[222] Die Aufhebung des § 313 InsO hat zur Folge, dass auch in Verbraucherinsolvenzverfahren der vom Gericht bestellte Insolvenzverwalter zur Anfechtung von Rechtshandlungen nach den §§ 129 bis 147 InsO sowie zur Verwertung von Gegenständen berechtigt ist, an denen Pfandrechte oder andere Absonderungsrechte bestehen.

Im neuen Recht wird ein Treuhänder nur noch für die Treuhandperiode des Restschuldbefreiungsverfahren ernannt (§ 288 S. 2 InsO). Er ist in allen Restschuldbefreiungsverfahren natürlicher Personen tätig, unabhängig davon, ob sie mit einem Regelinsolvenzverfahren oder einem Verbraucherinsolvenzverfahren eingeleitet wurden.[223]

2. Sachwalter

91 Nach § 270f Abs. 2 InsO bestellt das Insolvenzgericht bei Anordnung der Eigenverwaltung im Eröffnungsbeschluss anstelle des Insolvenzverwalters einen Sachwalter. Im Eröffnungsverfahren kann das Gericht unter den Voraussetzungen des § 270b Abs. 1 InsO einen vorläufigen Sachwalter[224] ernennen. Für die Aufsicht des Insolvenzgerichts über den (vorläufigen) Sachwalter und für dessen Haftung gelten nach § 274 Abs. 1 InsO die Vorschriften für den Insolvenzverwalter entsprechend. Der Sachwalter hat die wirtschaftliche Lage des Schuldners zu prüfen und die Geschäftsführung sowie die Ausgaben für die Lebensführung zu überwachen. Er ist nach § 274 Abs. 3 InsO verpflichtet, bei Bekanntwerden von Umständen, die erwarten lassen, dass die Fortsetzung der Eigenverwaltung zu Nachteilen für die Gläubiger führen wird, unverzüglich das Insolvenzgericht und den Gläubigerausschuss zu

---

221 BGBl. I, S. 2379.
222 Ahrens, Das neue Privatinsolvenzrecht, S. 129 Rn 373.
223 Ahrens, a.a.O., S. 290, Rn 902.
224 Näher dazu Flöther, ZInsO 2014, 465 ff.

informieren. Ist ein Gläubigerausschuss nicht bestellt, so hat der Sachwalter an dessen Stelle die Insolvenzgläubiger, die Forderungen angemeldet haben, und die absonderungsberechtigten Gläubiger zu unterrichten. § 275 InsO räumt dem Sachwalter das Recht zur Mitwirkung an der Geschäftsführung des Schuldners und die Befugnis ein, die Kassenführung zu übernehmen. Die Abberufung und Neubestellung von Mitgliedern der Geschäftsleitung des Schuldners durch die Gesellschaftsorgane ist nur mit Zustimmung des Sachwalters wirksam (§ 276a InsO). Der Sachwalter ist ferner befugt, einen Gesamtschaden oder die persönliche Haftung eines Gesellschafters geltend zu machen (§§ 92, 93 InsO) oder Rechtshandlungen anzufechten, die zum Nachteil der Gläubiger vorgenommen worden sind (§§ 129 bis 147 InsO). Die Gläubigerversammlung kann den Sachwalter beauftragen, einen Insolvenzplan auszuarbeiten. Wird der Auftrag an den Schuldner gerichtet, wirkt der Sachwalter beratend mit. Die Überwachung der Planerfüllung ist allein Aufgabe des Sachwalters (§ 284 Abs. 2 InsO).

3. Sonderinsolvenzverwalter

Nach mittlerweile gefestigter Rechtsprechung des BGH und einhelliger Auffassung in der Literatur ist die Bestellung eines Sonderinsolvenzverwalters nach wie vor zulässig.[225] Die in der gestrichenen Vorschrift des Entwurfs in Bezug genommenen Vorschriften der §§ 65 bis 78 RegE-InsO (§§ 56 bis 66 InsO) wendet der BGH im Grundsatz auch auf den Sonderinsolvenzverwalter an.[226] V.a. bei der Insolvenz konzernverbundener Unternehmen sahen sich die Insolvenzgerichte angesichts **möglicher Interessenkollisionen** bei der Bestellung nur eines Insolvenzverwalters über das Vermögen der Muttergesellschaft und konzernangehöriger Tochtergesellschaften veranlasst, bereits im Eröffnungsbeschluss neben dem Insolvenzverwalter einen oder mehrere Sonderinsolvenzverwalter mit bestimmten, eng abgegrenzten Aufgabengebieten zu bestellen.[227] Die InsO enthielt indes ebenso wenig wie die KO bis zum Inkrafttreten des Gesetzes zur Erleichterung der Bewältigung von Konzerninsolvenzen die Bestellung eines Sonderinsolvenzverwalters betreffende Vorschriften.[228] Mit Einführung des **§ 56b InsO** sieht das Gesetz in Abs. 1 S. 2 der Vorschrift im Zusammenhang mit der Verwalterbestellung bei Schuldnern derselben Unternehmensgruppe ausdrücklich die Bestellung eines Sonderinsolvenzverwalters zur Vermeidung möglicher Interessenkonflikte vor.

92

---

[225] Vgl. BGH, NZI 2009, 238; BGH, NZI 2006, 474; BGH, NZI 2007, 284; BGH, NZI 2007, 237; BGH, NZI 2008, 485.
[226] Vgl. zuletzt BGH, ZInsO 2008, 733.
[227] Vallender, FS Görg, S. 527.
[228] Näher dazu § 20 C II 4a Rn 47 ff.

93 Die Bestellung eines Sonderverwalters setzt nach einhelliger Auffassung in Rechtsprechung und Literatur voraus, dass der Verwalter **tatsächlich oder rechtlich verhindert** ist, sein Amt auszuüben.[229] Soweit es um die Verhinderung von Rechts wegen geht, ist zum einen darauf abzustellen, ob dem Handeln des Insolvenzverwalters ausdrückliche Rechtsvorschriften entgegenstehen. Zum anderen kommt die Bestellung eines Sonderinsolvenzverwalters insb. zur Vermeidung eines **Interessenkonflikts** in Betracht. Keinesfalls ist es Aufgabe eines Sonderinsolvenzverwalters, einen Anspruch des Insolvenzschuldners gegen einen Dritten geltend zu machen.[230] Zu den klassischen Fällen, in denen eine Tätigkeit des Verwalters ausgeschlossen ist, gehört der Interessenwiderspruch, der sich ergeben kann, wenn ein Insolvenzverwalter in mehreren Verfahren tätig wird, in denen einander widersprechende Interessen zu berücksichtigen sind. Es soll verhindert werden, dass der Verwalter bspw. in die Gefahr gerät, dass er die Gläubigerinteressen in den verschiedenen von ihm betreuten Verfahren nicht mehr objektiv vertreten kann, weil er sich möglicherweise in Widerspruch zu seinen eigenen Handlungen und Entscheidungen in den unterschiedlichen Verfahren mit gegenteiligen Interessen setzen müsste.

94 Die Nichtanzeige und Nichtbeachtung von Interessenkollisionen, die auftreten können, wenn sich jemand als Insolvenzverwalter in verschiedenen Verfahren mit gegenläufigen wirtschaftlichen Interessen bestellen lässt, wird deshalb auch als so schwer wiegend angesehen, dass in diesen Fällen eine Entlassung des Verwalters von Amts wegen erfolgen kann.[231] Wurden ursprünglich mögliche Interessenkollisionen nicht erkannt oder ist der gerichtlich bestellte Verwalter wegen eines Insichgeschäftes von der Mitwirkung am Verfahren ausgeschlossen, kommt regelmäßig die Bestellung eines Sonderinsolvenzverwalters in Betracht.[232] Dass es diese Möglichkeit gibt, bedeutet aber nicht, dass das Insolvenzgericht von vornherein gehalten ist, einen Verwalter zu bestellen, bei dem Interessenkollisionen absehbar sind, um dann in möglichen Kollisionsfällen jedes Mal einen Sonderinsolvenzverwalter bestellen zu müssen. Insoweit ist es primär Aufgabe des Insolvenzgerichts, durch eine entsprechende Auswahl des Verwalters dafür zu sorgen, dass kein Verwalter bestellt wird, bei dem von vornherein Interessenkollisionen drohen.[233] Insb. in Fällen der Abwahl des gerichtlich bestellten Verwalters, in denen die Gefahr der fehlenden Gläubigerunabhängigkeit des neu gewählten Verwalters besonders groß ist,

---

[229] Vgl. BGH, NZI 2006, 474.
[230] BGH, NZI 2009, 517.
[231] OLG Zweibrücken, NZI 2000, 373.
[232] Soweit der bestellte Sonderinsolvenzverwalter bei einem Insichgeschäft die Willenserklärung des Insolvenzverwalters genehmigt, ist dessen Erklärung ex tunc als wirksam anzusehen (OLG Hamm v. 22.1.2008 – I-19 U 152/08, 19 U 152/06).
[233] Vallender, FS für Görg, S. 529.

hat das Gericht den neu gewählten Verwalter dazu aufzufordern, zu möglichen Interessenkollisionen Stellung zu nehmen und uneingeschränkt offenzulegen, inwieweit er mit dem Verfahren vorbefasst ist und Kontakt zu den Gläubigern oder auch zu anderen Schuldnern, die in dem Verfahren eine Rolle spielen, gehabt hat. Ergibt sich bei dieser Befragung des neu gewählten Verwalters, die zu den Amtspflichten des Insolvenzgerichts gehört, dass Interessenkollisionen drohen, kann das Gericht dem Gewählten i.R.d. § 57 Satz 2 InsO die Ernennung versagen.[234]

Ein wichtiger Fall, der das Insolvenzgericht zur Bestellung eines Sonderinsolvenzverwalters veranlassen kann, ist ein möglicher **Haftungsanspruch gegen den Insolvenzverwalter** selbst. Ansprüche der Insolvenzgläubiger auf Ersatz eines Gesamtschadens können während der Dauer des Insolvenzverfahrens nur vom Insolvenzverwalter geltend gemacht werden; richten sich die Ansprüche gegen den Verwalter selbst, muss dieser abgelöst oder eben ein Sonderinsolvenzverwalter bestellt werden (§ 92 InsO).[235] Nach der Konzeption der InsO folgt daraus jedoch kein Antrags- oder Beschwerderecht des einzelnen Gläubigers in Bezug auf die nach § 92 InsO erforderlichen Maßnahmen. Auch die Gefahr des Eintritts der Verjährung etwaiger Ansprüche nach § 62 InsO rechtfertigt keine andere Beurteilung. Vielmehr besteht für den Einzelgläubiger die Möglichkeit, auf die Bestellung eines Sonderinsolvenzverwalters hinzuwirken, um dem Vorwurf einer verzögerlichen Geltendmachung der Ansprüche zu begegnen.[236] Lehnt das Insolvenzgericht es ab, einen Sonderinsolvenzverwalter zu bestellen, entstehen dem einzelnen Gläubiger dadurch keine nennenswerten Nachteile, weil die Verjährung des Anspruchs eines derartigen Schadens für den Insolvenzgläubiger grds. nicht früher als mit der Rechtskraft des Beschlusses beginnt, mit dem das Insolvenzverfahren aufgehoben oder eingestellt wird.[237] Dies folgt daraus, dass der einzelne Insolvenzgläubiger während des laufenden Verfahrens nicht befugt ist, Schadensersatzansprüche gegen den Verwalter geltend zu machen.

95

Darüber hinaus erscheint die Bestellung eines Sonderinsolvenzverwalters gerechtfertigt, wenn der Insolvenzverwalter bei längerer Erkrankung an der Ausübung seines Amtes gehindert ist. Ist allerdings nicht absehbar, ob der Verwalter sein Amt überhaupt noch wird ausüben können, hat das Insolvenzgericht seine Entlassung aus dem Amt zu erwägen. Ebenso wenig bedarf es der Bestellung eines Sonderinsolvenzverwalters bei einer tatsächlichen Verhinderung der Ausübung des Amtes, wenn die laufenden Geschäfte durch Mitarbeiter oder Kollegen des Insolvenzverwalters erledigt werden können.[238] Dies gilt indes nur für solche Aufgaben, die nicht zu

96

---

234 OLG Celle, NZI 2001, 551.
235 BGH, NZI 2009, 238.
236 OLG Köln v. 28.12.2007 – 2 U 110/07.
237 Vgl. BGH, NZI 2004, 496.
238 Schäfer, Der Sonderinsolvenzverwalter, S. 87.

den ureigensten Aufgaben des Insolvenzverwalters zählen (vgl. §§ 156, 176, 197, 235 InsO). Die in der Praxis vorkommende Bestellung eines Sonderinsolvenzverwalters zur Terminsvertretung dürfte unzulässig sein, weil sie nicht der gesetzlich vorgesehenen Funktion einer Sonderinsolvenzverwaltung entspricht.[239]

III. Gläubigerversammlung

97 Der Gesetzgeber der InsO hat die **Gläubigerautonomie** v.a. in zwei Bereichen verstärkt: Durch erhöhte Mitspracherechte und durch die Regelung des Insolvenzplanverfahrens.[240] Da in einem Insolvenzverfahren naturgemäß höchst unterschiedliche Interessen von Gläubigern aufeinander treffen und jeder Gläubiger oder jede Gläubigergruppe im Rahmen eines Insolvenzverfahrens spezifische Eigeninteressen verfolgt, ist es die vornehmste Aufgabe des Gesetzgebers, Regelungen zu schaffen, die diese unterschiedlichen Interessen nicht nur koordinieren, sondern auch dazu beitragen, dass sie zu einem einheitlichen Willen der Gläubigerschaft umgesetzt werden.

Während noch in der älteren Insolvenzrechtsliteratur der dreißiger Jahre des vorigen Jahrhunderts zahlreiche Stimmen laut wurden, die den Gläubigern vor diesem Hintergrund die Fähigkeit absprachen, wirtschaftliche Tatbestände eigenverantwortlich regeln zu können,[241] hat sich der Gesetzgeber der InsO ebenso wie zuvor schon der Gesetzgeber der KO für eine „modifizierte Gläubigerselbstverwaltung" entschieden, die allerdings im Bereich der formellen Verfahrensabwicklung z.T. eingeschränkt ist.

1. Die Gläubigersammlung als oberstes Organ der insolvenzrechtlichen Selbstverwaltung

98 Den **Schwerpunkt der Gläubigerselbstverwaltung** hat der Gesetzgeber auf die Mitwirkung in den Gläubigergremien, in denen die Gläubiger und ihre Vertreter zusammenkommen, gelegt.[242] Dabei **bilden die Gläubiger zwei Organe**: in vollständiger Zusammensetzung die **Gläubigerversammlung** (§ 74 InsO), in repräsentativer Zusammensetzung den **Gläubigerausschuss** (§§ 67 ff. InsO).[243] Die Gläubigerver-

---

239 Frege, Der Sonderinsolvenzverwalter, S. 52.
240 Uhlenbruck, Das neue Insolvenzrecht, S. 46.
241 S. die Nachweise bei Uhlenbruck, KTS 1989, 229, 238 Rn 32.
242 Begr. RegE, BT-Drucks. 12/2443, Teil B, Vor § 56 EInsO.
243 Becker, Insolvenzrecht, Rn 330.

sammlung[244] stellt das – oberste – Organ der insolvenzrechtlichen Selbstverwaltung und das einzige zwingend notwendige Gläubigergremium im Insolvenzverfahren dar. Sie ist unverzichtbar. Ein Gläubigerausschuss muss dagegen nicht zwingend gebildet werden. Etwas anderes gilt indes im Insolvenzeröffnungsverfahren. Unter den Voraussetzungen des § 22a Abs. 1 InsO trifft das Insolvenzgericht die Pflicht zur Bestellung eines vorläufigen Gläubigerausschusses.

2. Aufgaben und Befugnisse der Gläubigerversammlung

Zu den **wesentlichen Aufgaben und Befugnissen der Gläubigerversammlung** zählen die Wahl eines anderen Insolvenzverwalters nach Maßgabe des § 57 InsO, die Antragstellung zur Entlassung des Insolvenzverwalters (§ 59 Abs. 1 InsO),[245] die Prüfung der Schlussrechnung (§ 66 Abs. 1 InsO), die Entscheidung über die Einsetzung bzw. die Beibehaltung eines Gläubigerausschusses sowie die Abwahl oder Neuwahl von Mitgliedern des Gläubigerausschusses (§ 68 Abs. 1 InsO), die Antragstellung auf Entlassung eines Mitglieds des Gläubigerausschusses (§ 70 InsO), die Entscheidung über die Gewährung von Unterhalt an den Schuldner und dessen Familie (100 Abs. 1 InsO), die Anhörung vor der Einstellung mangels Masse (§ 207 Abs. 2 InsO),[246] die Antragstellung zur Aufhebung der Eigenverwaltung (§ 272 Abs. 1 InsO) sowie die Antragstellung zur Anordnung der Zustimmungsbedürftigkeit bestimmter Rechtsgeschäfte i.R.d. Eigenverwaltung (§ 277 Abs. 1 InsO).

Durch die Gläubigerversammlung nehmen die Insolvenzgläubiger an der Verwertung der Insolvenzmasse insoweit teil, als die InsO dies ausdrücklich bestimmt.

---

244 Unter einer Gläubigerversammlung ist jedes vom Insolvenzgericht zu einem oder mehreren genau bestimmten Tagesordnungspunkten einberufene und geleitete Zusammentreffen der Insolvenzgläubiger zu verstehen (Frege/Keller/Riedel, Insolvenzrecht, Rn 1256). Die Gläubigerversammlung ist von Amts wegen einzuberufen für den Berichtstermin (§ 156 InsO), den Prüfungstermin (§ 176 InsO), den Schlusstermin (§ 197 InsO) sowie den Erörterungs- und Abstimmungstermin (§ 235 Abs. 1 InsO). Darüber hinaus haben der Verwalter, der Gläubigerausschuss und mindesten fünf absonderungsberechtigte oder nicht nachrangige Insolvenzgläubiger, deren Absonderungsrechte und Forderungen nach der Schätzung des Gerichts zusammen ein Fünftel der Summe erreichen, die sich aus dem Wert aller Absonderungsrechte und Forderungsbeträge aller nicht nachrangigen Insolvenzgläubiger ergibt, sowie einer oder mehrere Absonderungsberechtigte oder nicht nachrangige Insolvenzgläubiger, deren Absonderungsrechte und Forderungen nach der Schätzung des Gerichtes zwei Fünftel der oben genannten Summe erreichen, das Recht, den Antrag auf Einberufung einer Gläubigerversammlung zu stellen.
245 Beschließt die Gläubigerversammlung, dass ein Sonderinsolvenzverwalter zur Prüfung und Durchsetzung eines Anspruchs gegen den Insolvenzverwalter eingesetzt werden soll, ist der Insolvenzverwalter nicht berechtigt, die Aufhebung dieses Beschlusses zu beantragen (BGH, NZI 2014, 307).
246 Die Gläubigerversammlung kann aber ihren Verzicht auf dieses gesetzlich vorgesehene Mitwirkungsrecht erklären (vgl. LG Göttingen ZIP 1997, 1039).

Vallender

So sieht § 157 InsO vor, dass die Gläubigerversammlung die Entscheidung über die Fortführung bzw. bzw. Stilllegung des Unternehmens des Schuldners trifft. Nach § 160 InsO ist die Zustimmung des Gläubigerausschusses zu besonders bedeutsamen Rechtshandlungen einzuholen, soweit ein Gläubigerausschuss nicht gebildet ist. Allerdings kann die Gläubigerversammlung dem Insolvenzverwalter eine allgemeine Zustimmung zu diesen Rechtshandlungen erteilen. In den Fällen des § 162 InsO hat die Gläubigerversammlung die Zustimmung zur Veräußerung des Unternehmens oder eines Betriebs zu erteilen. Dies gilt gleichermaßen bei einer Betriebsveräußerung unter Wert (§ 163 InsO). Schließlich steht der Gläubigersammlung die Befugnis zu, den Verwalter mit der Ausarbeitung eines Insolvenzplans zu beauftragen (§ 218 Abs. 2 InsO) sowie über den Insolvenzplan abzustimmen (§ 235 InsO).

3. Teilnahme an der Gläubigerversammlung und Beschlüsse der Gläubigerversammlung

101 § 74 Abs. 1 Satz 2 InsO bestimmt, dass alle absonderungsberechtigten Gläubiger, alle Insolvenzgläubiger, der Insolvenzverwalter, die Mitglieder des Gläubigerausschusses und der Schuldner zur **Teilnahme an der Gläubigerversammlung** berechtigt sind. Die Gläubigerversammlung wird vom Insolvenzgericht geleitet (§ 76 Abs. 1 InsO).

Beschlüsse der Gläubigerversammlung kommen zustande, wenn die Summe der Forderungsbeträge der zustimmenden Gläubiger mehr als die Hälfte der Summe der Forderungsbeträge der abstimmenden Gläubiger beträgt; bei absonderungsberechtigten Gläubigern, denen der Schuldner nicht persönlich haftet, tritt der Wert des Absonderungsrechts an die Stelle des Forderungsbetrags (§ 76 Abs. 2 InsO). Beschlüsse einer Gläubigerversammlung erlangen Wirkung, ohne dass es einer gerichtlichen Bestätigung bedarf.[247] In der Insolvenzordnung finden sich keine Regelungen zur Feststellung der Nichtigkeit eines Beschlusses der Gläubigerversammlung und zur Beschwerdemöglichkeit bei Ablehnung dieser Feststellung. Die Norm des § 78 InsO findet unmittelbar keine Anwendung, weil sie die Wirksamkeit des Beschlusses der Gläubigerversammlung voraussetzt, der aufgeoben werden soll. Nichtige Beschlüsse bedürfen keiner besonderen Aufhebungsentscheidung, sondern sie sind ipso iure unwirksam.[248]

Auf Antrag eines absonderungsberechtigten Gläubigers, eines nicht nachrangigen Insolvenzgläubigers oder des Insolvenzverwalters in der Gläubigerversammlung hat das Insolvenzgericht den Beschluss der Gläubigerversammlung aufzuheben, wenn er dem gemeinsamen Interesse der Gläubiger widerspricht (§ 78 Abs. 1

---

[247] Frege/Keller/Riedel, Insolvenzrecht, Rn 1296.
[248] BGH, NZI 2011, 713 Rn 6.

InsO). Dies ist z.B. der Fall, wenn ein Beschluss der Gläubigerversammlung die voreilige Erfüllung von wahrscheinlich anfechtbar begründeten Ansprüchen einzelner Gläubiger nahelegt.[249] Hat der Insolvenzverwalter triftige Gründe für die anfechtbare Begründung dieser Ansprüche, darf er sie nur erfüllen, nachdem er im Anfechtungsprozess unterlegen oder mit seiner Anfechtungseinrede nicht durchgedrungen ist. Vorher hat auch die Gläubigerversammlung keinen rechtlich zureichenden Grund, den Insolvenzverwalter durch Mehrheitsbeschluss zur Erfüllung anzuhalten oder ihn auch nur dazu zu ermächtigen. Beschlüsse der Gläubigerversammlung, die dagegen verstoßen, hat das Insolvenzgericht auf Antrag eines der in § 78 Abs. 1 InsO Genannten aufzuheben, um den bestehenden Zustand zu sichern.[250]

IV. Gläubigerausschuss

Wesentliche Aufgabe des Gläubigerausschusses ist es, den ständigen Einfluss der beteiligten Gläubiger auf den Ablauf des Insolvenzverfahrens sicherstellen.[251] Da zahlreiche Mitglieder eines Gläubigerausschusses wie Arbeitnehmervertreter, Kreditgläubiger, RAe, die Finanzverwaltung oder Warenlieferanten in einem Insolvenzverfahren häufig Sonderinteressen verfolgen und durch ihre Tätigkeit regelmäßig einen Informationsvorsprung ggü. den übrigen Verfahrensbeteiligten erhalten, den sie im eigenen Interesse ausnutzen könnten, sind **Interessenkonflikte** in diesem Gremium vorprogrammiert. Die InsO enthält keine ausdrückliche Regelung, wie diese Interessenkollisionen aufzulösen sind.[252] Um eine gedeihliche Zusammenarbeit und ein zweckdienliches Tätigwerden des Gläubigerausschusses zu gewährleisten und die Verfolgung von Sonderinteressen abzuwehren, räumt § 70 InsO dem Insolvenzgericht allerdings die Befugnis ein, einzelne Mitglieder des Gläubigerausschusses – auch von Amts wegen – ihres Amtes zu entheben.

Entscheidendes Organ für die Bildung eines Gläubigerausschusses ist die Gläubigerversammlung. Sie beschließt nach freiem Ermessen, ob ein Gläubigerausschuss bestellt werden soll (§ 68 Satz 1 InsO). § 67 Abs. 1 InsO sieht allerdings vor, dass das Insolvenzgericht bereits vor der ersten Gläubigerversammlung einen Gläubigerausschuss einsetzen kann. Bei dieser Anordnung handelt es sich um eine vorläufige Maßnahme.[253] Die endgültige Bestellung erfolgt aufgrund eines Beschlusses der Gläubigerversammlung nach Maßgabe des § 68 InsO.

---

249 BGH, ZInsO 2008, 735.
250 BGH, a.a.O.
251 Oelrichs, Gläubigermitwirkung und Stimmverbote im neuen Insolvenzverfahren, S. 34.
252 Näher dazu Vallender, FS Ganter, S. 391 ff.
253 Vallender, WM 2002, 2040.

Auch wenn § 67 Abs. 3 InsO vorsieht, dass grds. jede Person, also auch solche Personen, die nicht Gläubiger sind, zum Mitglied des Gläubigerausschusses bestellt werden kann, verbietet sich eine Mitgliedschaft des Schuldners, des Insolvenzverwalters oder von Gerichtspersonen, die im Bereich des Insolvenzgerichts tätig sind, von vornherein im Gläubigerausschuss. Für diese Personen besteht ein natürlicher Interessenwiderspruch (Inkompatibilität).[254]

Die Mitgliedschaft in einem Gläubigerausschuss beginnt mit der Annahme des Amtes[255] und endet regelmäßig mit der Aufhebung des Insolvenzverfahrens (s. § 259 Abs. 1 Satz 1 InsO). Die individuelle Mitgliedschaft endet mit dem Tod des Mitglieds, seiner Abwahl oder Entlassung aufgrund Gerichtsbeschlusses.

104   § 69 Satz 1 InsO enthält lediglich eine allgemeine Aufgabenzuweisung an den Gläubigerausschuss.[256] Der Gläubigerausschuss hat den Insolvenzverwalter bei seiner Geschäftsführung zu unterstützen, gleichzeitig aber zu überwachen. Art und Umfang der Überwachungstätigkeit richten sich jeweils nach den Besonderheiten des Schuldnerunternehmens sowie nach der bisherigen Geschäftsführung des Insolvenzverwalters.[257] § 69 Satz 2 InsO sieht darüber hinaus eine Pflicht der Mitglieder des Gläubigerausschusses vor, sich über den Gang der Geschäfte zu unterrichten sowie die Bücher und Geschäftspapiere einzusehen und den Geldverkehr und -bestand prüfen zu lassen.

Die in § 69 InsO normierten Aufgaben richten sich gleichermaßen an den Gläubigerausschuss als Gremium und an jedes einzelne Mitglied. Dies bedeutet aber nicht zwangsläufig, dass alle Mitglieder die gemeinsamen Pflichten auch gemeinsam wahrzunehmen haben. Vielmehr ist es zulässig, dass einzelne Mitglieder aufgrund ihrer besonderen Sachkunde bestimmte Aufgaben innerhalb des Ausschusses übernehmen.

105   Seit Inkrafttreten des ESUG am 1.3.2012[258] ist die Bestellung von vier verschiedenen Gläubigerausschüssen möglich: zum einen – als Novum – der **vorläufige Gläubigerausschuss im Eröffnungsverfahren als** Pflichtausschuss (§ 22a Abs. 1 InsO) oder der **fakultative Antragsausschuss nach § 22a Abs. 2 InsO** sowie der Interimsausschuss vom Eröffnungsbeschluss bis zum Berichtstermin (§ 67 InsO) und der endgültige Gläubigerausschuss (§ 68 InsO).

Sind mindestens zwei der drei im Absatz 1 des **§ 22a InsO** genannten Merkmale erfüllt,[259] hat das Gericht einen vorläufigen Gläubigerausschuss einzusetzen, für den

---

254 Gundlach/Frenzel/Schmidt, ZInsO 2005, 974.
255 LG Duisburg, ZIP 2004, 729.
256 Uhlenbruck/Knof, § 69 InsO Rn 20.
257 Uhlenbruck/Knof, § 69 InsO Rn 22.
258 BGBl. I 2011, S. 2582.
259 Ziffer 1: mindestens 6.000.000 EUR Bilanzsumme nach Abzug eines auf der Aktivseite ausgewiesenen Fehlbetrags im Sinne des § 267 Abs. 3 des Handelsgesetzbuchs; Ziffer 2: mindestens

§ 67 Abs. 2 InsO und die §§ 69 bis 73 InsO entsprechend gelten. Zu Mitgliedern des Gläubigerausschusses können auch Personen bestellt werden, die erst mit der Eröffnung des Verfahrens Gläubiger werden (§ 21 Abs. 1 Nr. 1a InsO).[260] Eine wichtige Erkenntnisquelle für das Gericht, wer zum Mitglied des vorläufigen Gläubigerausschusses bestellt werden kann, bilden vor allem die vom Schuldner vorzulegenden vollständigen Antragsunterlagen nach § 13 InsO. Darüber hinaus kann das Gericht nach § 22a Abs. 4 InsO den Schuldner oder den vorläufigen Insolvenzverwalter auffordern, Personen zu benennen, die als Mitglieder des vorläufigen Gläubigerausschusses in Betracht kommen.

Während der obligatorische Gläubigerausschuss das Erreichen bestimmter Schwellenwerte (siehe § 22a Abs. 1 S. 1 Nr. 1–3 InsO) voraussetzt, kann künftig auch in „Kleinverfahren" der Anstoß zur Bestellung eines vorläufigen Gläubigerausschusses als fakultative Möglichkeit der Gläubigerbeteiligung im Eröffnungsverfahren erfolgen (§ 22a Abs. 2 InsO). Antragsberechtigt sind der Schuldner, jeder Gläubiger[261] und der vorläufige Insolvenzverwalter. Der Antrag ist nur zulässig, wenn Personen (mindestens vier) benannt werden, die als Mitglieder des vorläufigen Gläubigerausschusses in Betracht kommen, und dem Antrag die Einverständniserklärung der benannten Personen entweder im Original oder in beglaubigter Abschrift beigefügt werden.

G. Sonstige Beteiligte

I. Dienstleister

Das Vermögen des Schuldners in Geld umzusetzen, ist **Kern- bzw. Regelaufgabe des Insolvenzverwalters**.[262] Im Einzelfall kann die Verwertung indes mit erheblichen Schwierigkeiten verbunden sein. Es entspricht deshalb allgemeiner Meinung, dass der Insolvenzverwalter nach pflichtgemäßem Ermessen Externe mit der freihändigen

106

12.000.000 EUR Umsatzerlös in den zwölf Monaten vor dem Abschlussstichtag; Ziffer 3: im Jahresdurchschnitt mindestens fünfzig Arbeitnehmer (Fassung aufgrund des Gesetzes zur Umsetzung der Richtlinie 2013/34/EU des Europäischen Parlaments und des Rates vom 26.6.2013 über den Jahresabschluss, den konsolidierten Abschluss und damit verbundene Berichte von Unternehmen bestimmter Rechtsformen und zur Änderung der Richtlinie 2006/43/EG des Europäischen Parlaments und des Rates und zur Aufhebung der Richtlinien 78/660/EWG und 83/349/EWG des Rates (Bilanzrichtlinie-Umsetzungsgesetz – BilRUG) vom 17.7.2015 m.W.v. 23.7.2015).
260 Hierzu zählen insbesondere der Pensionssicherungsverein und die Bundesagentur für Arbeit.
261 Nicht aber die Personen, die erst mit der Eröffnung des Verfahrens Gläubiger werden.
262 BGH, NZI 2008, 38; BGH, ZIP 2005, 36, 37. Zur Abgrenzung der Regel- von den Sonderaufgaben s. BGH, ZInsO 2004, 1348.

Verwertung von Gegenständen der Masse durch Verkauf oder Versteigerung beauftragen kann.[263] Letztlich ist es eine Frage des Einzelfalls, ob ein Insolvenzverwalter externe Dienstleister zu Lasten der Masse einschalten darf. Maßgebend ist der Gesichtspunkt der Angemessenheit im konkreten Verfahren. Dabei sind unterschiedliche, sich möglicherweise auch überschneidende Kriterien zu berücksichtigen wie etwa die Quotenrelevanz, das überlegene Fachwissen des Dienstleisters, die größere Effizienz aufgrund eines spezialisierten und eingearbeiteten Mitarbeiterstabs, die Besonderheiten der zu delegierenden Materie, der Umfang der Aufgabe und die Komplexität der Verhältnisse sowie die Zwänge durch die vorgefundene Organisation des schuldnerischen Unternehmens. An die Darlegung der relevanten Umstände sollte der Insolvenzverwalter mit großer Transparenz und offensiver Informationspolitik herangehen.[264] Für eine Ausnahme von dem Grundsatz, dass es Kernaufgabe des Verwalters ist, die Verwertung selbst durchzuführen, reicht es ferner aus, dass deutlich bessere Erlösaussichten bestehen, wenn die Masse von einem speziell dafür ausgerüsteten gewerblichen Verwerter verwertet wird. Ausschlaggebend hierfür können etwa das überlegene Fachwissen des Verwerters, seine Vertrautheit mit dem Markt, bessere Geschäftsbeziehungen oder das Vorhandensein eines auf diese Aufgabe spezialisierten, eingearbeiteten Mitarbeiterstabes sein.[265] Die Kosten des vom Insolvenzverwalter beauftragten Auktionators bzw. Verwerters sind Teil der tatsächlich angefallenen Verwertungskosten i.S.d. § 171 Abs. 2 Satz 2 InsO.[266]

107 Nach Auffassung des AG Hamburg[267] hat die Beauftragung eines sog. Verwerters zum Zwecke der Bewertung des schuldnerischen Anlagevermögens im Eröffnungsverfahren ausschließlich durch das Insolvenzgericht im Rahmen des § 5 Abs. 1 InsO zu erfolgen.[268] Dem Sachverständigen/vorläufigen Insolvenzverwalter/Verwalter sei

---

263 Nach der Beschlussfassung der Mitglieder des Verbandes der Insolvenzverwalter Deutschland e.V. v. 4.6.2011 entspricht es den Grundsätzen ordnungsgemäßer Insolvenzverwaltung, dass der Verwalter die Beauftragung des Verwerters davon abhängig macht, dass dieser eine grundsätzliche Zertifizierung nach DIN EN ISO 9001:2008 vorweisen kann, den Nachweis einer ausreichenden Haftpflichtversicherung erbringt, Erfahrung mit dem zu verwertenden Gut hat, er für eine transparente Veräußerung an unbeteiligte Dritte (§§ 138, 162 InsO), insb. durch zeitnahe Information zum Verwertungsgegenstand und Vorlage der Kaufverträge Sorge trägt, die Verwertungserlöse auf gesonderte Treuhandkonten für jedes Verfahren vereinnahmt und die Verwertungserlöse zeitnah abrechnet und auskehrt.
264 Bork, ZIP 2009, 1747, 1754.
265 BGH, NZI 2008, 38 Rn 12.
266 BGH, ZIP 2005, 1974.
267 ZIP 2014, 338.
268 Die insolvenzrechtliche Praxis bei den meisten Insolvenzgerichten sieht anders aus. Danach beauftragt der Insolvenzverwalter grundsätzlich in eigener Regie den Dienstleister. Einen Vergütungsanspruch gegen die Staatskasse erwirbt dieser allerdings nur, wenn das Insolvenzgericht der Beauftragung zugestimmt hat.

Vallender

es gestattet, konkrete Vorschläge hinsichtlich der Person zu unterbreiten, denen das Gericht im Regelfall folgen werde. Dadurch werde gewährleistet, dass sich das Gericht selbst ein Bild von der Qualität der jeweiligen Begutachtung durch einen Verwerter bzw. ein Verwerter-Büro machen könne. Darüber hinaus trage diese Bestellungspraxis dazu bei, der Entstehung von Abhängigkeiten und sich daraus entwickelnden „Usancen", wie sie gelegentlich in der Szene kolportiert würden, entgegenzuwirken. Beauftragt das Gericht einen Verwerter mit Aufgaben, die zum Kernbereich der Verwaltertätigkeit zählen, hat er sich eine Regelaufgabe erspart, die zu einem Abzug bei der Verwaltervergütung führt, weil der normalerweise von dem Insolvenzverwalter zu leistende Aufwand erheblich verringert worden ist.[269] Handelt es sich dagegen um die Erledigung einer besonderen Aufgabe durch den Dienstleister, dann ist dessen Entgelt als Masseverbindlichkeit zusätzlich zum Verwalterhonorar aus der Insolvenzmasse zu bezahlen.[270]

Soweit der **Verwalter oder Angehörige des Verwalters an einer Verwertungsgesellschaft beteiligt** sind, versteht es sich von selbst, dass der Verwalter bei Einschaltung dieses Dienstleisters das Gericht zu unterrichten hat.[271] Auch wenn ein Vertrag, durch den der Verwalter die Masse ggü. einer juristischen Person verpflichtet, an der er selbst rechtlich oder wirtschaftlich maßgeblich beteiligt ist, nicht ohne Weiteres nichtig ist,[272] sollten Insolvenzverwalter gleichwohl davon Abstand nehmen, sich an solchen Gesellschaften zu beteiligen. Es besteht zumindest die **Gefahr des Missbrauchs und der Schädigung der Masse**.[273] Um jeglichen Anschein eines pflichtwidrigen Verhaltens zu vermeiden, sollte der betreffende Verwalter zur Lösung des Interessenkonflikts eine Beschlussfassung der Gläubigerversammlung gem. § 160 Abs. 1 Satz 1 InsO herbeiführen. 108

Informiert der Insolvenzverwalter das Gericht nicht von seiner Beteiligung an der eingeschalteten Verwertungsgesellschaft und erhält dieses später hiervon Kenntnis, erschüttert dies nicht nur das Vertrauensverhältnis zum Gericht, sondern stellt eine schwerwiegende Pflichtverletzung dar, die zur Entlassung des Verwalters führen kann. Dabei kann der Verwalter sich nicht mit Erfolg darauf berufen, er sei nicht darüber belehrt werden, etwaige Interessenkollisionen anzuzeigen. Denn ein Verwalter hat seine insolvenzspezifischen Pflichten zu kennen.[274]

Nichts anderes gilt im Fall der Verwertung eines Grundstücks über das **Maklerbüro** oder das **Inkassoinstitut** des Ehegatten. Der Einzug von Forderungen ist we- 109

---

269 BGH, NZI 2008, 39.
270 Bork, in: Sladek/Heffner/Graf Brockdorff, Insolvenzrecht 2010/2011, S. 11.
271 S. dazu auch BGH NJW 1991, 982; Haarmeyer, ZInsO 2011, 1147, 1148.
272 BGH, a.a.O.
273 Näher dazu Uhlenbruck/Zipperer, § 159 InsO Rn 18.
274 BGH, NJW 1991, 982.

Vallender

sentlicher Teil der Verwertungsaufgaben des Insolvenzverwalters und damit grds. seinen Regelaufgaben zuzurechnen.[275] Nur dann, wenn die Beauftragung eines Inkassounternehmens bessere Ergebnisse für die Masse als die Beitreibung der Forderung durch den Verwalter bzw. seine Mitarbeiter erwarten lässt, darf der Verwalter das Inkassounternehmer ausnahmsweise mit dem Forderungseinzug beauftragen. Auch in diesem Fall gilt, dass das Insolvenzgericht im Zusammenhang mit einem Vergütungsantrag berechtigt und verpflichtet ist zu überprüfen, ob dies gerechtfertigt war. Bei der Beantragung der Festsetzung der Vergütung hat der Insolvenzverwalter näher darzulegen, für welche Aufgaben er auf Kosten der Masse welche Dienst- und Werkverträge abgeschlossen hat.[276] Nur auf diese Weise wird das Insolvenzgericht in die Lage versetzt zu prüfen, ob die entsprechende Aufgabe den Bereich der Regelaufgaben oder den der Sonderaufgaben des Insolvenzverwalters betrifft.[277]

110 Da der Insolvenzverwalter nicht gezwungen ist, sämtliche Aufgaben in einem Insolvenzverfahren selbst oder nur mithilfe seiner Mitarbeiter zu erfüllen, darf er zur Erledigung besonderer Aufgaben i.R.d. Verwaltung der Masse **Dienst- oder Werkverträge mit Dritten abschließen.** S. dazu auch die Ausführungen in Rdn 86. Die für diese Leistungen zu zahlende Vergütung kann der Verwalter ohne Zustimmung oder Genehmigung durch das Insolvenzgericht der Masse entnehmen. Handelt es sich bei den übertragenen Aufgaben indes um Tätigkeiten, die zu den **Regelaufgaben des Insolvenzverwalters** gehören, läuft er Gefahr, dass das Insolvenzgericht die entnommenen Beträge von seinem festzusetzenden Vergütungsanspruch abzieht.[278]

111 Der **Insolvenzverwalter**, der **zugleich als RA zugelassen** ist, darf eine Rechtsanwaltskanzlei damit beauftragen, Rechtsstreitigkeiten für die Masse zu führen.[279] Da er bei eigener Prozessführung die von ihm nach dem RVG zu berechnenden Gebühren und Auslagen nach § 5 Abs. 1 InsVV aus der Masse entnehmen kann, gilt bei einer Fremdprozessführung nichts anderes; er darf Gebühren und Auslagen gem. § 4 Abs. 1 Satz 3 InsVV aus der Masse bezahlen. Soweit der Verwalter an der Kanzlei wirtschaftlich beteiligt ist, hat er dem Insolvenzgericht vor der Beauftragung der Kanzlei rechtzeitig diesen Sachverhalt unmissverständlich anzuzeigen[280] und die Entscheidung des Insolvenzgerichts abzuwarten.

---

275 Graeber, Vergütung in Insolvenzverfahren von A-Z, Rn 260.
276 ZInsO 2004, 1348.
277 Graeber, Vergütung in Insolvenzverfahren von A-Z, Rn 271.
278 LG Memmingen, ZInsO 2004, 497.
279 BGH, ZInsO 2004, 1348.
280 BGH, NJW 1991, 982.

II. Sachverständige

Das Insolvenzgericht trifft nach § 5 InsO die Pflicht, alle Umstände zu ermitteln, die für das Insolvenzverfahren von Bedeutung sind. Dazu kann es sich auch eines Sachverständigen bedienen. Zwar enthält § 5 Abs. 1 Satz 2 InsO lediglich die Regelung, dass das Insolvenzgericht einen Sachverständigen vernehmen kann. Dies schließt indes die Befugnis ein, gem. § 4 InsO i.V.m. §§ 358 ff., 402 ff. ZPO einen Sachverständigen mit Ermittlungsaufgaben zu beauftragen.[281] 112

1. Aufgaben des Sachverständigen im Insolvenzeröffnungsverfahren

Die Bestellung eines Sachverständigen im Insolvenzeröffnungsverfahren kommt nicht nur in Verfahren mittleren und größeren Umfangs in Betracht, sondern auch in den Fällen, in denen das Gericht nur in geringem Umfang über die Vermögensverhältnisse des Schuldners informiert ist.[282] Auf die Angaben des Schuldners darf sich das Gericht nicht ohne Weiteres verlassen.[283] Vielmehr dürfte die Inanspruchnahme sachverständiger Hilfe oft unerlässlich sein, weil die Frage nach dem Vorliegen von Insolvenzgründen sowie die nach dem Vorhandensein einer die Kosten des Verfahrens deckenden Masse für die vom Insolvenzgericht im Eröffnungsverfahren zu treffende Entscheidung über den Eröffnungsantrag entscheidungserheblich ist und die Entscheidung über den Insolvenzantrag die Überzeugung vom Vorliegen der entsprechenden Tatbestandsmerkmale voraussetzt.[284] Dabei wird der Sachverständige entweder gesondert beauftragt oder im Rahmen eines gesetzlichen Gutachterauftrags als vorläufiger Insolvenzverwalter nach § 22 Abs. 1 Satz 2 Nr. 3 InsO tätig.[285] Das Insolvenzgericht ist in seiner Entscheidung darin frei, ob es einen „isolierten" Sachverständigen bestellt oder ob es den vorläufigen Insolvenzverwalter „als geborenen Sachverständigen" versteht. In der gerichtlichen Praxis stellt die Bestellung eines Sachverständigen ohne gleichzeitige Anordnung von Sicherungsmaßnahmen die Regel dar. Die Bestellung eines vorläufigen Insolvenzverwalters nach einem zulässigen Insolvenzantrag[286] kommt indes in Betracht, wenn vermögensschädigende oder masseminderende Handlungen aufgrund konkreter Erkenntnisse zu befürchten sind.[287] 113

---

281 Pape/Graeber, Handbuch der Insolvenzverwalterhaftung, Rn 1.
282 BGH, NJW 1977, 337; NJW 1979, 1655.
283 BGH, NZI 2009, 233.
284 BGH, KTS 1957, 67; ebenso Pape/Uhlenbruck/Voigt-Salus, Insolvenzrecht, Kap. 20 Rn 42.
285 Bei einem „schwachen" vorläufigen Insolvenzverwalter hat der Gesetzgeber die Tätigkeit als Sachverständiger nicht als Regelaufgabe vorgesehen.
286 Näher dazu BGH, NZI 2006, 590.
287 MüKo/Haarmeyer, § 22 InsO Rn 142; HK/Kirchhof, § 22 InsO Rn 7.

114 Sachverständiger im Insolvenzverfahren kann nur eine natürliche Person sein. Dies folgt zwar weder aus den Vorschriften der InsO[288] noch aus den Regelungen der ZPO zur Auswahl und Bestellung des Sachverständigen. Mit Recht weist aber *Graeber*[289] darauf hin, dass die Auswahlentscheidung des Gerichts im Wesentlichen davon geprägt sei, eine für die Begutachtungsaufgabe geeignete Person zu bestimmen. Die hierfür notwendige Erfahrung und Sachkenntnis könne nur eine natürliche Person besitzen.

115 Mit der Ernennung des Sachverständigen werden grds. die Weichen für die künftige Bestellung des (vorläufigen) Insolvenzverwalters gestellt. Denn diese Entscheidung nimmt regelmäßig die Auswahl des Insolvenzverwalters im eröffneten Verfahren vorweg. Nur in Ausnahmefällen erfolgt ein Wechsel zwischen der Person des Sachverständigen und der des Insolvenzverwalters.[290] Aus diesem Grunde sollten für den gerichtlich bestellten Sachverständigen im Insolvenzeröffnungsverfahren die gleichen Auswahlkriterien wie für den vorläufigen oder endgültigen Insolvenzverwalter gelten.[291] Danach hat der Sachverständige persönlich über die notwendige Sachkunde zur Begutachtung von Unternehmens- und/oder Verbraucherinsolvenzen zu verfügen. Unerlässlich sind besondere insolvenzrechtliche und betriebswirtschaftliche Kenntnisse im materiellen Insolvenzrecht und Insolvenzverfahrensrecht. Hierzu gehören auch Kenntnisse im Arbeits- und Sozialrecht, Steuerrecht, Gesellschaftsrecht und wenigstens Kenntnis der Grundzüge des internationalen Insolvenzrechts. Unverzichtbar für die Erstattung eines Gutachtens im Insolvenzeröffnungsverfahren sind darüber hinaus Kenntnisse in der Buchführung, Bilanzierung und Bilanzanalyse sowie hinsichtlich der Rechnungslegung in der Insolvenz sowie zu Fragen des Insolvenzplans, der übertragenden Sanierung und der Liquidation.[292]

Der Sachverständige hat sein Amt unparteiisch und unabhängig vom Schuldner und von den Gläubigern auszuüben.[293] Liegen Umstände vor, die ernstliche Zweifel an der Unparteilichkeit oder Unabhängigkeit des Sachverständigen begründen könnten, so hat er das Insolvenzgericht hiervon unverzüglich in Kenntnis zu setzen.

---

288 Nach einer Entscheidung des BVerfG v. 12.1.2016 (NZI 2016, 63 = ZIP 2016, 321) verstößt der Ausschluss juristischer Personen von der Bestellung zum Insolvenzverwalter durch § 56 Abs. 1 Satz 1 InsO weder gegen das Grundrecht der Berufsfreiheit (Art. 12 Abs. 1 GG) noch gegen das Grundrecht auf Gleichbehandlung (Art. 3 Abs. 1 GG).
289 Pape/Graeber, Handbuch der Insolvenzverwalterhaftung, Rn 6.
290 Vallender, ZInsO 2010, 1457.
291 MüKo/Haarmeyer, § 22 InsO Rn 142.
292 Vgl. Uhlenbruck/Zipperer, § 56 InsO Rn 13.
293 Siehe dazu die Arbeitshinweise des AG Duisburg für Insolvenzsachverständige im Eröffnungsverfahren (NZI 1999, 308).

Die Bestellung des Sachverständigen erfolgt durch den Insolvenzrichter. Nach der Entscheidung des BVerfG v. 3.8.2004 zur Verwaltervorauswahl[294] haben die Insolvenzgerichte die Auswahl der Insolvenzverwalterkandidaten auf einer **Vorauswahlliste** als transparenten und nachvollziehbaren Akt zu gestalten.[295] Ob diese Grundsätze auch auf den Sachverständigen im Insolvenzeröffnungsverfahren anzuwenden sind, lässt sich der Entscheidung nicht zweifelsfrei entnehmen. Berücksichtigt man indes, dass in der insolvenzgerichtlichen Praxis die Auswahl des Insolvenzverwalters des eröffneten Insolvenzverfahrens durch die Auswahl des zu beauftragenden Gutachters regelmäßig vorweggenommen wird, erscheint es nahe liegend, die Überlegungen des BVerfG zur Vorauswahl des Insolvenzverwalters auch auf die Bestellung des Sachverständigen im Insolvenzeröffnungsverfahren anzuwenden.[296] Dies gilt umso mehr, als die Person des Sachverständigen wegen der immer gegebenen Möglichkeit oder Erforderlichkeit von Anordnungen nach § 21 InsO stets die gleiche Qualifikation aufweisen muss wie ein nach Maßgabe des §§ 21 Abs. 1, 2 Nr. 1, 56 InsO zu bestellender (vorläufiger) Insolvenzverwalter.[297] Nach wie vor spielen die Persönlichkeit, das Können und die Erfahrung des nach einer Vorauswahl im konkreten Verfahren eingesetzten Sachverständigen in der Insolvenzpraxis eine entscheidende Rolle.[298]

116

2. Prüfung der Schlussrechnung durch einen Sachverständigen

Das Insolvenzgericht kann sich bei der Prüfung der vom Insolvenzverwalter gem. § 66 Abs. 2 InsO vorzulegenden **Schlussrechnung** der Hilfe eines Sachverständigen bedienen.[299] Entscheidend ist, dass der Rechtspfleger des Insolvenzgerichts durch die Hinzuziehung eines Sachverständigen nicht der eigenen Prüfungspflicht enthoben ist. Deshalb steht der Hinzuziehung eines Sachverständigen auch die Regelung des Art. 33 Abs. 4 GG nicht entgegen. Die durch die Hinzuziehung eines Sachverständigen bei der Schlussrechnungsprüfung entstehenden Kosten sind Kosten des Insolvenzverfahrens gem. § 54 Nr. 1 InsO, die von der Insolvenzmasse zu tragen sind.

117

---

294 ZInsO 2004, 913.
295 HambKomm/Frind, § 56 InsO Rn 4.
296 Uhlenbruck, FS Greiner, S. 317, 320.
297 MüKo/Haarmeyer, § 22 InsO Rn 142.
298 Uhlenbruck, FS Greiner, S. 317, 320.
299 OLG Stuttgart, NZI 2010, 191; OLG Köln, ZIP 1990, 58; OLG Hamm, ZIP 1986, 724; ebenso LG Heilbronn, NZI 2009, 606; siehe dazu auch Keller, NZI editorial Heft 14/2016.

H. Aktuelle Reformentwicklungen

I. Berufsrecht der Insolvenzverwalter

118 Seit die Koalitionspartner CDU/CSU und SPD sich in ihrem Koalitionsvertrag 2018 der Thematik „Berufsrecht für Insolvenzverwalter" angenommen haben[300], beschäftigt dieses Thema Berufsverbände und das BMJV. Davon zeugt auch eine erste Gesprächsrunde, zu der das BMJV am 5.9.2018 Vertreter berufsständischer Organisationen, Banken und Sparkassen sowie Richter nach Berlin eingeladen hatte. Europarechtlich überlagert wird das Ganze durch Art. 26, 27 der EU-Restrukturierungsrichtlinie, in denen allgemeine Grundsätze zur Berufszulassung, -ausübung und Vergütung von Verwaltern formuliert werden. Bei der Frage, wie die Richtlinie insoweit umzusetzen ist, steht dem Gesetzgeber ein weitreichender Gestaltungsspielraum zu. Denkbar ist insoweit eine „große" Lösung, die Berufszulassung, Berufsausübung und Berufsaufsicht zum Gegenstand hat und auch Sachwalter, Restrukturierungsverwalter und Berater in ein entsprechendes Regelungswerk einbezieht. Eine „kleine Lösung" könnte sich auf Bestimmungen über den Berufszugang und die Einrichtung einer bundeseinheitlichen Vorauswahlliste beschränken.[301]

119 Am 25.11.2019 haben sich die drei Berufsverbände VID e.V., NIVD e.V. und BAKInsO e.V. in einem Eckpunktepapier über sinnvolle und notwendige Regelungen eines Berufsrechts der Insolvenzverwalter (§§ 56, 58 InsO) verständigt. Einigkeit wurde darüber erzielt, dass eine Berufszugangskontrolle über eine neutrale bundesweite Berufszulassungsstelle eingerichtet wird, bei der formale Kriterien geprüft und in einem bundeseinheitlichen Verzeichnis, das Grundlage für eine Bestellung durch den Insolvenzrichter im Einzelfall bildet, hinterlegt werden.

120 Die drei Verbände halten folgende Kriterien und aufzunehmende Pflichtmitteilungen für ein bundeseinheitliches Verzeichnis für sachgerecht und erforderlich:
- Persönliche Angaben; Verweis auf Homepage,
- Abgeschlossenes Hochschul- oder Fachhochschulstudium der Rechtswissenschaften oder der Betriebswirtschaftslehre,
- Mindestens dreijährige „Lehrzeit" bei einem erfahrenen lnsolvenzverwalter/in, der seit mindestens fünf Jahren kontinuierlich von Insolvenzgerichten in Regelinsolvenzverfahren bestellt wird, nachgewiesen durch eine Bescheinigung des „Ausbilders",
- Jährlicher Nachweis über eine hinreichende Büroorganisation, belegt durch Vorlage eines Organigramms für das lnsolvenzverwalterdezernat,

---

300 Zeile 6119: „Wir werden gesetzliche Rahmenbedingungen für die Berufszulassung und -ausübung von Insolvenzverwalterinnen und Insolvenzverwalter sowie Sachwalterinnen und SachwZalter regeln, um im Interesse der Verfahrensbeteiligten eine qualifizierte und zuverlässige Wahrnehmung der Aufgaben sowie effektive Aufsicht zu gewährleisten."
301 Vallender, ZIP 2019, 158.

- Jährlicher Nachweis über eine auf den einzelnen Verwalter bezogene ausreichende Haftpflichtversicherung über mind. 2 M€ für jeden Einzelfall nebst Zahlungsnachweis,
- Schriftliche Mitteilung darüber, an welchen Gerichten der Verwalter bestellt wird,
- Ergänzung der Mitteilungen in Zivilsachen (MiZi) und Mitteilungen in Strafsachen (MiStra) über rechtskräftige nicht selbst beantragte § 59-er Entscheidungen und rechtskräftige strafrechtliche Verurteilungen (Insolvenzstraftaten und Verurteilungen wegen bestimmter noch zu definierenden Vermögensstraftaten) und eine Verpflichtung des Schuldnerverzeichnisses, abgegebene Vermögensauskünfte an die verzeichnisführende Stelle zu melden.

Das bundeseinheitliche Verzeichnis soll nach dem gemeinsamen Verständnis der Verbände hinsichtlich der Verwalternamen, Kanzleisitze und Internetseiten jedermann zugänglich sein. Die weiteren erhobenen Daten sind ausschließlich für die Insolvenzgerichte zugänglich.

Jeder Verwalter darf seine eigenen Daten einsehen. Sofern alle für die Aufnahme in das Bundesverzeichnis erforderlichen Kriterien und aufzunehmende Pflichtmitteilungen vorliegen, wird der Antragsteller in das Bundesverzeichnis aufgenommen. Darüber hinaus wurde Einigkeit darüber erzielt, dass als Verzeichnis führende Stelle eine Stelle mit bundesweiter Entscheidungszuständigkeit eingesetzt wird und allgemein verbindliche Regelungen zur Berufsausübung als Verordnung zur Geltung kommen sollen. Diese sollen auch für Eigenverwalter und Restrukturierungsbeauftragte Anwendung finden.

II. Gerichtsvollzieherschutzgesetz (GvSchuG)

Das BMJV hat am 12.11.2020 den Referentenentwurf eines Gesetzes zur Verbesserung des Schutzes von Gerichtsvollziehern vor Gewalt sowie zur Änderung weiterer zwangsvollstreckungsrechtlicher Vorschriften (Gerichtsvollzieherschutzgesetz – GvSchuG) veröffentlicht, der neben Änderungen der ZPO, des Gesetzes über das Verfahren in Familiensachen und in den Angelegenheiten der freiwilligen Gerichtsbarkeit sowie weiteren Folgeänderungen auch relevante Änderungen der InsO vorsieht. Nach § 36 Abs. 2 Nr. 2 E-InsO sind die für eine selbständige Tätigkeit des Schuldners benötigten Sachen künftig massezugehörig. Der VID hält in seiner Stellungnahme zu dem Entwurf[302] die Regelung für verfassungsrechtlich bedenklich. Sie lasse keine Vorteile erwarten, die den mit ihr verbundenen Mehraufwand rechtfertigen würden.

---

302 Abgedruckt in NZI Heft 3/2021, NZIaktuell.

Ferner sieht der Entwurf in § 98 Abs. 1a E-InsO die Möglichkeit vor, Drittauskünfte nach § 802 Abs. 1 S. 1 E-ZPO einzuholen (Erhebung bei den Trägern der gesetzlichen Rentenversicherung, Erhebung beim Kraftfahrt-Bundesamt und Ersuchen an das Bundeszentralamt für Steuern).

§ 2 Das Insolvenzverfahren

Übersicht

A. Einführung —— 1
B. Voraussetzungen der Verfahrenseröffnung —— 5
    I. Insolvenzfähigkeit des Schuldners (§§ 11 bis 12 InsO) —— 5
        1. Natürliche Personen —— 7
        2. Juristische Personen des Privatrechts —— 9
        3. Nachgesellschaft (§ 11 Abs. 3 InsO) —— 10
        4. Gesellschaften ohne Rechtspersönlichkeit —— 11
        5. Sondervermögen —— 12
        6. Insolvenzfähigkeit öffentlich-rechtlicher Personen —— 13
    II. Eröffnungsantrag (§§ 13 bis 15 InsO) —— 14
        1. Allgemeines —— 14
        2. Eröffnungsgrund (§ 16 InsO) —— 15
        3. Eigenantrag des Schuldners —— 16
            a) Allgemeine Voraussetzungen —— 16
            b) Besondere Antragsvoraussetzungen bei nicht eingestelltem Geschäftsbetrieb (§ 13 Abs. 1 Satz 4–7 InsO) —— 17
            c) Antragsvoraussetzungen bei Beantragung von Eigenverwaltung und im Schutzschirmverfahren (§§ 270 ff. InsO) —— 18
                aa) Isolierter Antrag auf Eigenverwaltung —— 19
                bb) Antrag im Schutzschirmverfahren —— 20
            d) Bestimmung der Verfahrensart —— 21
            e) Antragsberechtigung beim Eigenantrag/Grundsatz —— 22
            f) Antragstellung bei mehreren Vertretungsorganen bzw. persönlich haftenden Gesellschaftern —— 23
            g) Antragsrecht bei führungsloser Gesellschaft —— 25
        4. Fremdantrag eines Gläubigers —— 26
        5. Zuständigkeit des Insolvenzgerichts —— 27
        6. Prüfung der Zulässigkeit des Insolvenzantrags —— 29
            a) Eigenantrag —— 29
            b) Fremdantrag —— 31
            c) Glaubhaftmachung der Antragsvoraussetzungen —— 32
            d) Streitige Antragsforderung —— 35
            e) Rechtsschutzbedürfnis —— 37
            f) Anhörung des Schuldners —— 39
C. Eröffnungsverfahren —— 40
    I. Unzulässiger Antrag —— 40
    II. Zulässiger Antrag —— 41
        1. Amtsermittlung —— 41
        2. Sachverständigenbestellung —— 44
        3. Entscheidung über den Antrag —— 45
    III. Erledigung im Eröffnungsverfahren —— 46
        1. Fortführung nach Zahlung —— 47
        2. Erledigungserklärung des Gläubigers —— 48
        3. Kostentragung bei Erledigungserklärung —— 51
    IV. Abweisung mangels Masse (§ 26 InsO) —— 53
        1. Rechtliches Gehör vor Abweisungsbeschluss —— 55
        2. Wirkungen der Abweisung mangels Masse gem. § 26 InsO —— 56

3. Zustellung und Bekanntmachung des Abweisungsbeschlusses —— 58
D. Inhalt und Bekanntmachung des Eröffnungsbeschlusses sowie Zustellung —— 59
  I. Inhalt des Eröffnungsbeschlusses (§§ 27 bis 29 InsO) —— 60
    1. Bezeichnung des Schuldners und des Insolvenzgrundes —— 60
    2. Zeitpunkt der Eröffnung —— 61
    3. Bestimmung des Insolvenzverwalters —— 62
    4. Terminierungen —— 63
    5. Aufforderungen und Hinweise —— 64
    6. Entscheidung über die Eigenverwaltung —— 67
    7. Fakultativer Inhalt des Eröffnungsbeschlusses —— 68
  II. Bekanntmachung des Eröffnungsbeschlusses (§§ 9, 30 bis 33 InsO; InsBekV) —— 69
  III. Zustellung (§§ 30 Abs. 2, 8 InsO) —— 71
E. Wirkungen des Eröffnungsbeschlusses —— 72
  I. Übergang der Verwaltungs- und Verfügungsbefugnis (§ 80 InsO) —— 72
  II. Verfügungen des Schuldners (§ 81 InsO) —— 73
    1. Regelungsinhalt und Anwendungsbereich —— 74
    2. Erstreckung auf Dienstbezüge —— 78
  III. Leistungen an den Schuldner (§ 82 InsO) —— 79
  IV. Erbschaft. Fortgesetzte Gütergemeinschaft (§ 83 InsO) —— 82
  V. Auseinandersetzung einer Gesellschaft oder Gemeinschaft (§ 84 InsO) —— 84
    1. Beteiligung des Schuldners an Gesellschaften —— 84
    2. Beteiligung an Gemeinschaften —— 86
    3. Absonderungsrecht der verbleibenden Gesellschafter —— 87
  4. Unwirksamkeit vertraglicher und letztwilliger Beschränkungen des Auseinandersetzungsrechts —— 88
  VI. Aufnahme von Aktivprozessen (§ 85 InsO) —— 89
    1. Unterbrechung von Gerichtsverfahren mit Insolvenzeröffnung (§ 240 ZPO) —— 89
    2. Aufnahme nach den Regelungen der ZPO – Abgrenzung Aktiv-/Passivprozess —— 90
    3. Aufnahme von Aktivprozessen gem. § 85 InsO —— 91
      a) Aufnahme durch den Insolvenzverwalter —— 91
      b) Verzögerung der Aufnahme (§ 85 Abs. 1 Satz 2 InsO) —— 93
      c) Ablehnung der Aufnahme (§ 85 Abs. 2 InsO) —— 94
      d) Besondere Verfahrensarten —— 95
  VII. Aufnahme bestimmter Passivprozesse (§ 86 InsO) —— 96
    1. Aufnahme nach § 86 Abs. 1 InsO —— 96
    2. Verfahrenskosten bei Anerkenntnis (§ 86 Abs. 2 InsO) —— 98
  VIII. Forderungen der Insolvenzgläubiger, Forderungsanmeldung und Prüfungstermin sowie Forderungsfeststellung (§§ 87, 174 bis 185 InsO) —— 99
    1. Forderungsanmeldung und -feststellung —— 99
    2. Anmeldeberechtigung —— 100
    3. Form der Anmeldung —— 102
    4. Tabellenführung und Forderungsprüfung —— 107
    5. Auf Nachhaftung beschränktes Bestreiten durch den Schuldner —— 111
    6. Feststellungsklage bei Widerspruch —— 112
    7. Vorläufiges Bestreiten —— 114

IX. Zwangsvollstreckung (§§ 88 bis 90 InsO) —— 115
  1. Allgemeines Vollstreckungsverbot (§ 89 InsO)
     a) Anwendungsbereich —— 116
     b) Entsprechende Anwendung auf Neugläubiger —— 118
     c) Vollstreckungsverbot für künftige Forderungen aus Dienstverhältnissen (§ 89 Abs. 2 InsO) —— 119
     d) Vollstreckungen entgegen § 89 InsO/Folgen —— 120
     e) Zuständigkeit für Rechtsbehelfe (§ 89 Abs. 3 InsO) —— 121
  2. Vollstreckungen vor Eröffnung: Rückschlagsperre (§ 88 InsO) —— 122
     a) Zweck der Rückschlagsperre —— 123
     b) Erfasste Tatbestände —— 124
     c) Wirkung der Rückschlagsperre —— 125
     d) Frist —— 126
  3. Vollstreckung durch Massegläubiger (§ 90 InsO) —— 127
     a) Vollstreckungsverbot für oktroyierte Masseverbindlichkeiten —— 128
     b) Kein Vollstreckungsverbot für gewillkürte Masseverbindlichkeiten —— 129
     c) Kein Verbot der Vollstreckung in das insolvenzfreie Vermögen und während der Wohlverhaltensphase —— 131
     d) Weitere Vollstreckungsverbote —— 132
X. Ausschluss sonstigen Rechtserwerbs (§ 91 InsO) —— 133
XI. Geltendmachung eines Gesamtschadens (§ 92 InsO) —— 134
  1. Wirkungsweise des § 92 InsO —— 135
  2. Praxisrelevante Anwendungsfälle —— 136
XII. Gesellschaftsrechtliche Folgen der Eröffnung —— 137
XIII. Berufsrechtliche Folgen der Eröffnung —— 138
F. Einstellung des Insolvenzverfahrens —— 139
  I. Einleitender Überblick —— 139
    1. Einstellungsgründe —— 140
    2. Abgrenzungsfragen —— 141
  II. Einstellung mangels Masse (§ 207 InsO) —— 142
    1. Keine Einstellung bei Kostenvorschuss —— 143
    2. Einstellungsverfahren —— 144
       a) Anhörungspflichten —— 145
       b) Verteilung des Vermögens, keine weitere Verwertungspflicht —— 146
       c) Einstellungsbeschluss —— 147
  III. Einstellung wegen Masseunzulänglichkeit (§§ 208 bis 211 InsO) —— 148
    1. Anzeigepflicht des Verwalters —— 149
       a) Wirkungen der Anzeige (§§ 209, 210 InsO) —— 150
       b) Rangfolge der Massegläubiger (§ 209 InsO) —— 151
       c) Vollstreckungsverbot (§ 210 InsO) —— 152
       d) Aufrechnungsverbote —— 153
       e) Prozessuale Folgen —— 154
       f) Anzeige weiterer Masseunzulänglichkeit —— 155
    2. Öffentliche Bekanntmachung und Zustellung an Massegläubiger —— 156
    3. Weiterer Verfahrensablauf —— 157
       a) Abschließende Gläubigerversammlung —— 158

    b) Verteilung der Masse und Einstellung des Verfahrens —— 159
    4. Rückkehr ins reguläre Verfahren —— 160
    5. Nachtragsverteilung —— 161
  IV. Einstellung wegen Wegfalls des Eröffnungsgrunds (§ 212 InsO) —— 162
  V. Einstellung auf Antrag des Schuldners mit Zustimmung der Gläubiger (§ 213 InsO) —— 164
  VI. Verfahren bei Einstellung nach § 212 und § 213 InsO —— 166
    1. Öffentliche Bekanntmachung des Antrags und Widerspruchsrecht der Insolvenzgläubiger —— 167
    2. Befriedigung bzw. Sicherung der Masseansprüche —— 168
    3. Anhörung und Entscheidung des Gerichts —— 169
    4. Öffentliche Bekanntmachung des Einstellungsbeschlusses und Vorabinformation —— 170
    5. Wirkung der Einstellung (§ 215 InsO) —— 171
  VII. Weitere Folgen der Einstellung —— 172
    1. Gesellschaftsrechtliche Folgen der Einstellung —— 172
    2. Wirksamkeit von Rechtshandlungen —— 173
    3. Abwicklungsverhältnis zwischen Schuldner und Insolvenzverwalter —— 174
    4. Prozessführungsbefugnis —— 175
    5. Nachhaftung —— 176
G. Einberufung der Gläubigerversammlung (§§ 74 bis 79 InsO) —— 177
  I. Allgemeines —— 177
    1. Aufgaben der Gläubigerversammlung —— 178
    2. Teilnahmeberechtigung —— 179
    3. Kompetenzübertragung auf Insolvenzverwalter und Insolvenzgericht —— 180
  II. Einberufung der Gläubigerversammlung —— 181
    1. Einberufung von Amtswegen —— 181
    2. Einberufung auf Antrag —— 182
  III. Terminbestimmung —— 183
  IV. Ablauf des Termins —— 184
    1. Bericht des Verwalters —— 185
    2. Protokollierung der Sitzung —— 187
    3. Beschlussfassung —— 188
      a) Stimmberechtigung —— 189
      b) Stimmrechtsfestsetzung —— 190
      c) Wirkung der Stimmrechtsfestsetzung —— 192
      d) Richterliche Stimmrechtsfestsetzung —— 193
    4. Wirkung von Beschlüssen der Gläubigerversammlung —— 195
    5. Aufhebung von Beschlüssen (§ 78 InsO) —— 197
H. Einsetzung eines Gläubigerausschusses (§§ 67 bis 70, 72 InsO) —— 200
  I. Allgemeines —— 200
  II. Abgrenzung zur Gläubigerversammlung —— 201
  III. Aufgaben des Gläubigerausschusses —— 202
  IV. Einsetzung des Gläubigerausschusses —— 205
    1. Besetzung des Gläubigerausschusses —— 206
    2. Bestätigung eines vom Gericht eingesetzten Gläubigerausschusses —— 207
    3. Ende des Amtes —— 208
    4. Entlassung durch das Insolvenzgericht —— 209
  V. Geschäftsordnung und Beschlussfassung —— 210
  VI. Pflicht zur unabhängigen Wahrnehmung des Amtes —— 211
  VII. Haftung —— 212
  VIII. Vorläufiger Gläubigerausschuss —— 213

1. Vorläufiger Gläubigerausschuss im eröffneten Verfahren —— 214
2. Vorläufiger Gläubigerausschuss im Eröffnungsverfahren —— 215
   a) Allgemeines —— 216
   b) Voraussetzungen für die Bestellung des vorläufigen Gläubigerausschusses im Eröffnungsverfahren —— 217
   c) Aufgaben des vorläufigen Gläubigerausschusses im Eröffnungsverfahren —— 218
3. Gläubigerbeirat —— 219

I. Berichtstermin (§§ 156 bis 158 InsO) —— 220
   I. Terminierung —— 221
   II. Verwalterbericht —— 222
   III. Recht zur Stellungnahme —— 223
   IV. Entscheidungen der Gläubigerversammlung im Berichtstermin —— 224
   V. Schriftliches Verfahren —— 226

J. Verwertung der Insolvenzmasse und Erlösverteilung (§§ 159, 166 bis 173, 187 bis 199, 203, 205, 209 InsO) —— 227
   I. Allgemeines/Einleitung —— 227
   II. Verwertung beweglicher Sachen und Forderungen —— 228
   III. Verwertung von Sachen und Forderungen mit Absonderungsrechten —— 229
      1. Verwertung beweglicher Sachen —— 229
      2. Verwertung von Forderungen —— 230
      3. Verwertung sonstiger Rechte —— 231
      4. Kein Verwertungsrecht des Verwalters bei Kapitalmarkt- und Finanzsicherheiten, § 166 Abs. 3 InsO —— 232
      5. Massebeiträge (§§ 170, 171 InsO) —— 233
         a) Feststellungsbeiträge —— 234
         b) Verwertungsbeiträge —— 235
      6. Auskehrung des Verwertungserlöses (§ 170 Abs. 1 InsO) —— 237
      7. Mitteilung der Veräußerungsabsicht (§ 168 InsO) —— 238
         a) Inhalt der Anzeige —— 239
         b) Hinweis auf anderweitige Verwertungsmöglichkeit —— 240
      8. Zinszahlung bei verzögerter Verwertung (§ 169 InsO) —— 241
      9. Nutzung durch den Insolvenzverwalter und Ersatz für Wertverlust (§ 172 InsO) —— 242
      10. Verwertung durch den absonderungsberechtigten Gläubiger —— 244
         a) Eintrittsrecht, § 168 Abs. 3 InsO —— 245
         b) Unechte Freigabe, § 170 Abs. 2 InsO —— 246
         c) Originäres Verwertungsrecht, § 173 InsO —— 248
      11. Verwertung im vereinfachten Verfahren (§ 314 InsO a.F.) —— 251
      12. Verwertung durch den vorläufigen Insolvenzverwalter —— 252
   IV. Verteilung der Masse —— 253
      1. Abschlagsverteilung —— 254
         a) Durchführung nach Ermessen des Verwalters —— 255
         b) Festsetzung und Auszahlung der Quote (§ 195 InsO) —— 256
      2. Schlussverteilung (§ 196 InsO) —— 257
         a) Ausnahmen vom Grundsatz der vollständigen Verwertung —— 258
         b) Zustimmung des Gerichts zur Schlussverteilung —— 261

- c) Überschuss bei der Schlussverteilung (§ 199 InsO) — 263
- 3. Nachtragsverteilung (§ 203 InsO) — 264
  - a) Voraussetzungen und Verfahren der Nachtragsverteilung — 265
  - b) Insolvenzverwalter und Insolvenzbeschlag bei Nachtragsverteilung — 266
- 4. Verteilungsverzeichnis — 267
  - a) Bestrittene Forderungen (§ 189 InsO) — 268
  - b) Forderungen absonderungsberechtigter Gläubiger (§ 190 InsO) — 270
  - c) Aufschiebende bedingte Forderungen (§ 191 InsO) — 271
  - d) Nachträgliche Berücksichtigung (§ 192 InsO) — 272
  - e) Änderungen des Verteilungsverzeichnisses (§ 193 InsO) — 273
  - f) Einwendungen gegen das Verteilungsverzeichnis (§ 194 InsO und § 197 Abs. 1 Satz 2 Nr. 2 InsO) — 274
  - g) Einwendungsfrist — 275
  - h) Entscheidung durch Beschluss — 276
- K. Zwangsversteigerung und Zwangsverwaltung (§§ 165, 49 InsO und ZVG) — 277
  - I. Verwertung durch den Insolvenzverwalter — 278
    - 1. Freihändige Verwertung — 278
    - 2. Zwangsverwaltung auf Antrag des Insolvenzverwalters — 280
    - 3. „Kalte" Zwangsverwaltung — 281
    - 4. Freigabe und Verwertung durch Überlassung an den Schuldner — 282
  - II. Verwertung durch den Gläubiger — 283
- L. Aufhebung des Insolvenzverfahrens (§ 200 InsO) — 284
  - I. Schlusstermin (§ 197 InsO) — 284
    - 1. Erörterung der Schlussrechnung (§ 197 Abs. 1 Satz 2 Nr. 1 InsO) — 285
    - 2. Einwendungen gegen das Schlussverzeichnis (§ 197 Abs. 1 Satz 2 Nr. 2 InsO) — 286
    - 3. Entscheidung über nicht verwertbare Gegenstände (§ 197 Abs. 1 Satz 2 Nr. 3 InsO) — 287
    - 4. Schlusstermin als besonderer Prüfungstermin (§ 177 Abs. 2 InsO) — 288
    - 5. Anhörung zur Vergütung der Mitglieder des Gläubigerausschusses — 289
    - 6. Entscheidung über Versagungsanträge nach § 290 InsO — 290
    - 7. Schriftliches Verfahren — 291
  - II. Aufhebung des Insolvenzverfahrens (§ 200 InsO) — 292
- M. Besondere Arten des Insolvenzverfahrens (§§ 315 bis 334 InsO) — 294
  - I. Nachlassinsolvenzverfahren — 294
  - II. Fortgesetzte Gütergemeinschaft — 295
  - III. Insolvenzverfahren über das Gesamtgut einer Gütergemeinschaft — 296
  - IV. Konzerninsolvenzen — 297
- N. Rechte und Pflichten des Schuldners — 298
  - I. Anhörung des Schuldners (§ 10 InsO) — 298
  - II. Auskunfts- und Mitwirkungspflichten des Schuldners (§§ 20, 97 InsO) — 301
    - 1. Auskunftpflicht — 302
    - 2. Mitwirkungspflicht — 304
    - 3. Auskunfts- und Mitwirkungsverpflichtete bei Gesellschaften — 305

　　　　4. Auskunftspflicht von Angestellten —— 306
III. Durchsetzung der Auskunfts- und Mitwirkungspflichten (§ 98 InsO) —— 307
　　1. Abgabe der eidesstattlichen Versicherung (§ 98 Abs. 1 InsO) —— 308
　　2. Vorführung des Schuldners und Inhaftierung —— 309
　　3. Weitere Druckmittel/Mittel zur Gewinnung von Auskünften —— 312
　　　　a) Postsperre —— 312
　　　　b) § 4 InsO i.V.m. § 802l ZPO —— 317
　　　　c) Auswirkungen auf Stundung und RSB —— 318
　　4. Durchsetzung der Auskunftspflicht (ehemaliger) Angestellter —— 319
IV. Unterhaltsansprüche —— 320
　　1. Unterhalt aus der Insolvenzmasse, §§ 100, 101 Abs. 1 Satz 3, 278 InsO —— 320
　　　　a) Anwendungsbereich —— 321
　　　　b) Gewährung von Unterhalt aufgrund der Entscheidung der Gläubigerversammlung —— 322
　　　　c) Vorläufige Entscheidung durch den Insolvenzverwalter —— 324
　　　　d) Privilegierung des Schuldners in der Eigenverwaltung —— 326
　　2. Unterhaltspflichten des Schuldners —— 327
　　　　a) Grundlagen —— 327
　　　　b) Ausnahmeregelung des § 40 InsO —— 328
　　　　c) Unterhaltsansprüche und Restschuldbefreiung —— 329
O. Rechte der Insolvenzgläubiger nach Verfahrensaufhebung —— 330
　I. Grundsatz der freien Nachforderung —— 330
　II. Vollstreckung aus dem Tabelleneintrag —— 334
　III. Inhaltsänderung von Forderungen durch Feststellung zur Tabelle —— 336
　IV. Rechtsbehelfe des Schuldners gegen die Vollstreckung aus dem Tabellenauszug —— 337
　V. Zuständigkeitsregelungen des § 202 InsO —— 338
P. Rechtsmittel der InsO —— 339
　I. Einleitung —— 339
　II. Sofortige Beschwerde (§§ 6, 34, 204, 216 InsO) —— 340
　　1. Statthaftigkeit der Beschwerde (§ 6 Abs. 1 InsO) —— 340
　　2. Gang des Beschwerdeverfahrens —— 343
　　　　a) Beschwerdeberechtigung —— 344
　　　　b) Beschwer —— 345
　　　　c) Form und Frist —— 347
　　　　d) Abhilfebefugnis —— 348
　　　　e) Vorlage an das Beschwerdegericht und weiteres Verfahren —— 349
　　　　f) Zeitpunkt der Entscheidung —— 350
　　　　g) Entscheidung des Beschwerdegerichts —— 351
　　　　h) Aussetzung der Vollziehung und Anordnung der sofortigen Wirksamkeit —— 352
　　　　i) Zeitpunkt der Wirksamkeit der Beschwerdeentscheidung —— 353
　III. Rechtsbeschwerde (§ 544 ZPO) —— 354
　　1. Zulässigkeit —— 354
　　2. Form und Frist —— 355
　　3. Weiterer Verfahrensgang und Entscheidung des Gerichts —— 356
　IV. Wiedereinsetzung in den vorigen Stand —— 359
　　1. Wiedereinsetzung bei Forderungsprüfung (§ 186 InsO) —— 360

    2. Form und Frist der Wiedereinsetzung —— 361
    3. Entscheidung des Gerichts —— 362
  V. Sonstige Rechtsmittel —— 363
    1. Rechtspflegererinnerung nach § 11 Abs. 2 RPflG —— 364
    2. Erinnerung nach § 573 ZPO —— 365
  Q. Gerichtskosten des Insolvenzverfahrens —— 366
    I. Gebührentatbestände —— 367
      1. Gegenstandswert —— 368
      2. Eröffnungsverfahren —— 369
      3. Durchführung des Insolvenzverfahrens —— 370
      4. Besondere Verfahren —— 371
      5. Kosten der Beschwerde und Rechtsbeschwerde —— 372
    II. Auslagen des Gerichts —— 373
    III. Kostenschuldner —— 374
      1. Eröffnungsverfahren —— 375
      2. Vorschusspflicht —— 377
      3. Eröffnetes Verfahren —— 378

A. Einführung

1 Allgemein wird zwischen **materiellem und formellem Insolvenzrecht** unterschieden. Während das materielle Insolvenzrecht die zivilrechtlichen Vorschriften des BGB ergänzt und teilweise ändert, regelt das formelle Insolvenzrecht das Insolvenzverfahrensrecht.

Die aus anderen Rechtsgebieten bekannte Trennung von Verfahrensrecht und materiellem Recht in verschiedenen Gesetzbüchern (etwa BGB und ZPO, StGB und StPO) ist im Insolvenzrecht nicht erfolgt. Vielmehr finden sich in allen Teilen der InsO Vorschriften sowohl zum Verfahrensrecht als auch zum materiellen Recht. Gleichwohl finden sich in Teil 1 (allgemeine Vorschriften) und Teil 2 (Eröffnung des Insolvenzverfahrens. Erfasstes Vermögen und Verfahrensbeteiligte) überwiegend Verfahrensregeln, während Teil 3 (Wirkungen der Eröffnung des Verfahrens) überwiegend materielles Recht enthält. Die weiteren Teile enthalten in enger Verknüpfung sowohl Verfahrensrecht als auch materielles Recht, teilweise sind die Vorschriften sogar miteinander verbunden.[1]

2 Der Ablauf des Insolvenzverfahrens ist grds. zwei- bzw. dreigeteilt. Erster Verfahrensschritt ist das **Eröffnungsverfahren**, in dem sich Gläubiger und Schuldner als Antragsteller und Antragsgegner in einem quasi-kontradiktorischen Verfahren gegenüberstehen können. Das Eröffnungsverfahren endet mit der Entscheidung über den Insolvenzantrag, also entweder mit der Eröffnung des Insolvenzverfahrens oder mit der Abweisung des Antrags. Es kann wie andere kontradiktorische Verfahren allerdings auch durch Rücknahme des Antrags oder Erledigungserklärung nach §§ 4 InsO, 91a ZPO zum Abschluss gebracht werden. Die Durchführung des Eröffnungsverfahrens obliegt stets dem Insolvenzrichter (§§ 3 Nr. 2, 18 Abs. 1 Nr. 1 RPflG).

---

[1] Uhlenbruck/Pape, § 1 InsO Rn 2.

Für den Fall der Eröffnung des Insolvenzverfahrens folgt als zweiter Verfahrensschritt **das eröffnete Verfahren**. Dieser Abschnitt ist vom Prinzip der Gläubigerautonomie beherrscht, weshalb die Rolle des Gerichts, dem v.a. eine staatliche Überwachungsfunktion zukommt,[2] stark zurückgedrängt ist. Mit der Eröffnung des Verfahrens geht auch die gerichtsinterne funktionale Zuständigkeit über. Für die Durchführung des eröffneten Insolvenzverfahrens ist grds. gem. § 3 Nr. 2e) RPflG der Rechtspfleger zuständig, soweit nicht gem. § 18 RPflG für einzelne Entscheidungen eine (Rest-)Zuständigkeit beim Insolvenzrichter verbleibt.

Das **Verfahren über die RSB** kann man als dritten Verfahrensabschnitt bezeichnen. Es kommt nur bei natürlichen Personen zur Anwendung, wenn ein zulässiger Restschuldbefreiungsantrag gestellt wurde. Dieser Verfahrensschritt, der auch „Wohlverhaltensperiode" genannt wird, ist nicht mehr Teil des Insolvenzverfahrens im engeren (technischen) Sinne, wird in der breiten Öffentlichkeit aber noch als Teil des Verfahrens wahrgenommen. Man könnte insoweit auch vom Insolvenzverfahren im weiteren Sinne sprechen.

Im Folgenden soll der Ablauf des Insolvenzverfahrens (im engeren Sinne) dargestellt werden. Dabei liegt der Schwerpunkt auf dem formellen Recht, allerdings ist wegen der engen Verzahnung auch immer wieder auf das materielle Insolvenzrecht einzugehen. Die Wohlverhaltensperiode und das Verfahren zur Erlangung der RSB sind nicht Teil der Ausführungen in diesem Paragrafen, sondern werden an anderer Stelle des Buches behandelt (vgl. dazu im Einzelnen § 11).

B. Voraussetzungen der Verfahrenseröffnung

I. Insolvenzfähigkeit des Schuldners (§§ 11 bis 12 InsO)

Die Durchführung eines Insolvenzverfahrens setzt voraus, dass der Schuldner insolvenzfähig ist, also der Rechtsträger oder die Vermögensmasse Gegenstand eines Insolvenzverfahrens sein kann.[3]

Gem. § 11 Abs. 1 InsO kann das Insolvenzverfahren eröffnet werden über das **Vermögen jeder natürlichen und juristischen Person**. Damit sind grds. alle juristischen Personen insolvenzfähig, gleich ob bürgerlich-rechtlich oder öffentlich-rechtlich.[4] § 11 Abs. 2 InsO regelt die Insolvenzfähigkeit von **Gesellschaften ohne Rechtspersönlichkeit** sowie bestimmter **Sondervermögen** (Nachlass; Gesamtgut einer fortgesetzten Gütergemeinschaft und Gesamtgut einer Gütergemeinschaft, das von den Ehegatten gemeinsam verwaltet wird).

---

2 Dazu vertiefend: Gundlach/Frenzel/Strandmann, NZI 2008, 461 ff.
3 Uhlenbruck/Hirte, § 11 InsO Rn 1; Frege/Keller/Riedel, HRP, Rn 285.
4 Uhlenbruck/Hirte, § 11 InsO Rn 32 ff.

Die Insolvenzfähigkeit ist Zulässigkeitsvoraussetzung. Fehlt sie, ist der Antrag als unzulässig abzuweisen. Erfolgt allerdings gleichwohl die Eröffnung des Verfahrens, wird der Mangel geheilt.[5]

1. Natürliche Personen

7 Die Insolvenzfähigkeit **natürlicher Personen** knüpft an die **Rechtsfähigkeit, § 1 BGB**, an. Geschäftsfähigkeit ist also ebenso wenig erforderlich wie eine unternehmerische Tätigkeit. Für geschäfts- oder prozessunfähige Personen handelt ihr gesetzlicher Vertreter. Bei Ausländern kommt es nicht darauf an, ob das Heimatrecht die Insolvenzfähigkeit kennt, solange deutsche Insolvenzgerichte international zuständig sind.[6] In erheblichem Umfang praktische Relevanz hat das Insolvenzverfahren über das Vermögen einer natürlichen Person erst durch die Einführung der RSB gem. §§ 286 ff. InsO erlangt, die jedenfalls beim Eigenantrag regelmäßig das wesentliche Ziel des Verfahrens ist. Da sich die zu wählende Verfahrensart danach richtet, ob die Person unternehmerisch tätig ist bzw. war oder nicht, kann man auch von **Unternehmerinsolvenz** und **Verbraucherinsolvenz** sprechen.[7] In letzterem Fall gelten die besonderen Verfahrensregeln der §§ 304 ff. InsO.

8 Die Möglichkeit der **Freigabe der selbstständigen Tätigkeit** gem. § 35 Abs. 2 InsO kann die Besonderheit zur Folge haben, dass über das Vermögen einer natürlichen Person gleichzeitig mehrere Insolvenzverfahren mit verschiedenen Haftungsmassen durchzuführen sind.[8] Während das Erstverfahren das gesamte im Zeitpunkt der Eröffnung vorhandene (pfändbare) Vermögen und den Neuerwerb erfasst, ist die Haftung im Zweitverfahren auf das Vermögen beschränkt, das durch die aus dem Erstverfahren freigegebene selbstständige Tätigkeit erworben wird.[9] Denn dieses ist durch die Freigabeerklärung nicht (mehr) vom Insolvenzbeschlag des Erstverfahrens erfasst. Auf diese Haftungsbeschränkung ist bei der Rubrizierung zu achten.

2. Juristische Personen des Privatrechts

9 Insolvenzfähig sind alle juristischen Personen des Privatrechts, somit **die rechtsfähigen Vereine (§ 21 ff. BGB), Kapitalgesellschaften (AG und GmbH)** einschließ-

---

5 BGH, Urt. v. 14.1.1991 – II ZR 112/90, NJW 1991, 922; Frege/Keller/Riedel, HRP, Rn 287.
6 Uhlenbruck/Hirte, § 11 InsO Rn 6.
7 Uhlenbruck/Hirte, § 11 InsO Rn 7 f.
8 Zur Zulässigkeit: BGH, Beschl. v. 9.6.2011 – IX ZB 175/10, ZInsO 2011, 1349 f.; AG Hamburg, Beschl. v. 18.6.2008 – 67g IN 37/08, ZInsO 2008, 680; AG Köln, Beschl. v. 7.6.2010 – 71 IN 509/09, NZI 2010 743 f.; ausführlich: FK/Schmerbach, § 13 InsO Rn 113 ff.
9 BGH, Beschl. v. 9.6.2011 – IX ZB 175/10, ZInsO 2011, 1349 f.

lich der KGaA, Genossenschaften sowie Stiftungen des Privatrechts. Auch **ausländische juristische Personen** sind im Inland insolvenzfähig.[10] Dies hat hohe praktische Bedeutung bei der **Limited (Ltd.)** nach englischem Recht, die ihren Satzungssitz in Großbritannien haben, allerdings wirtschaftlich ausschließlich im Inland tätig werden. Den juristischen Personen wird über § 11 Abs. 1 Satz 2 InsO der nicht rechtsfähige Verein (§ 54 InsO) gleichgestellt.

3. Nachgesellschaft (§ 11 Abs. 3 InsO)

Gem. § 11 Abs. 3 InsO ist die **Liquidationsgesellschaft** (i.L.) insolvenzfähig, solange die Verteilung des Vermögens nicht vollzogen ist.[11] Dies gilt sogar dann, wenn die Gesellschaft bereits aus dem Handelsregister gelöscht ist, aber noch über Vermögen verfügt. Denn nach der Lehre vom Doppeltatbestand endet die Existenz der Gesellschaft erst, wenn sie sowohl aus dem Register gelöscht ist als auch keinerlei Vermögen mehr besitzt.[12] Ist die Gesellschaft bereits im Handelsregister gelöscht, ist schlüssig vorzutragen, dass noch liquidierbares Vermögen vorhanden ist.[13]

Ist die Gesellschaft noch im Handelsregister eingetragen, wird sie vom Liquidator oder den nach den Gesellschaftsgesetzen für den Fall der Führungslosigkeit zur Vertretung berufenen Personen (Gesellschafter bzw. Aufsichtsrat) passiv (zum Zwecke der Anhörung und Entgegennahme des Insolvenzantrags) und eingeschränkt aktiv (zur Antragstellung) vertreten, § 35 Abs. 1 Satz 2 GmbHG; § 78 Abs. 1 Satz 2 AktG; § 24 Abs. 1 Satz 2 GenG.[14] Ist die Gesellschaft bereits aus dem Handelsregister gelöscht, besteht diese beschränkte Vertretungsmacht nicht mehr. Spätestens mit Eröffnung des Insolvenzverfahrens ist dann vom Registergericht ein Nachlassliquidator zu bestellen, da die Liquidation der juristischen Person jeweils die **Bestellung eines Abwicklers bzw. Liquidators** verlangt, § 264 Abs. 2 AktG; § 66 Abs. 5 Satz 2 GmbHG; § 83 Abs. 5 GenG.[15] Die Kosten der Nachtragsliquidation sind aus der Masse zu zahlen. Die Bestellung eines Nachtragsliquidators bereits im Eröffnungsverfahren ist beim Gläubigerantrag nicht zwingend erforderlich, da nach § 10 Abs. 2 Satz 1, Abs. 1 InsO eine Anhörung des Schuldners unterbleiben kann.

---

10 Uhlenbruck/Hirte, § 11 InsO Rn 33.
11 Uhlenbruck/Hirte, § 11 InsO Rn 243 f.
12 Uhlenbruck/Hirte, § 11 InsO Rn 46 m.w.N.
13 BGH, Beschl. v. 16.12.2004 – IX ZB 6/04, ZInsO 2005, 144; HambKomm/Linker, § 11 InsO Rn 49.
14 HambKomm/Linker, § 13 InsO, Rn 13 ff.; vgl. auch unten Rdn 22.
15 HambKomm/Rüther, § 6 InsO Rn 16a; vertiefend: Horstkotte, ZInsO 2009, 209 ff.; zum Verfahren der Bestellung eines Liquidators: Bumiller/Harders, § 394 FamFG Rn 10.

4. Gesellschaften ohne Rechtspersönlichkeit

11 § 11 Abs. 2 Nr. 2 InsO bezeichnet **oHG, KG, PartG, GbR, Partenreederei und Europäische wirtschaftliche Interessenvereinigung** ausdrücklich als insolvenzfähig.

Es handelt sich dabei um **Sonderinsolvenzverfahren**, die lediglich das **Gesellschaftsvermögen** umfassen, **nicht aber das Privatvermögen** der Gesellschafter. Dies gilt unabhängig von den zur Stellung und persönlichen Haftung der Gesellschafter vertretenen gesellschaftsrechtlichen Theorien.[16] Überwiegend wird vertreten, dass sich die Stellung des Gesellschafters als persönlich haftenden Schuldners der Gesellschaftsverbindlichkeiten insolvenzrechtlich auf das Gesellschaftsvermögen beschränkt, soweit nicht auch über das Privatvermögen des Gesellschafters das Insolvenzverfahren eröffnet worden ist.[17]

Umgekehrt gilt, dass bei Eröffnung eines **Insolvenzverfahrens über das Vermögen eines Gesellschafters** nicht die zum Gesellschaftsvermögen gehörigen Gegenstände vom Insolvenzverfahren betroffen sind, sondern **lediglich seine Beteiligung** an der Gesellschaft.[18]

Die **Vorgesellschaft** (etwa GmbH i.Gr.) ist insolvenzfähig, sobald ein Sondervermögen gegründet worden ist, da ab diesem Zeitpunkt regelmäßig bereits eine GbR existiert.[19] Wegen ihrer strukturellen Ähnlichkeit mit der bereits vollständig errichteten juristischen Person ist sie insolvenzrechtlich allerdings entsprechend dem Recht der eingetragenen juristischen Person zu behandeln.[20]

Die Insolvenzfähigkeit gilt darüber hinaus auch für die **fehlerhafte Gesellschaft** ohne Rechtspersönlichkeit, da diese nach den Regelungen über eine Liquidationsgesellschaft abzuwickeln ist.[21] Nicht insolvenzfähig ist hingegen die **Scheingesellschaft**.[22]

5. Sondervermögen

12 Schließlich ist gem. § 11 Abs. 2 Nr. 2 InsO das Insolvenzverfahren über das Vermögen bestimmter Sondervermögen, nämlich über den **Nachlass, das Gesamtgut einer fortgesetzten Gütergemeinschaft oder einer Gütergemeinschaft**, das von den Ehegatten gemeinsam verwaltet wird, zulässig. Vgl. dazu unten Abschnitt M II., III.

§ 11 Abs. 2 InsO ist in Bezug auf Sondervermögen grds. abschließend. Aus diesem Grund ist auch das Insolvenzverfahren über das Vermögen der Bruchteilsge-

---

16 Uhlenbruck/Hirte, § 11 InsO Rn 235.
17 Uhlenbruck/Hirte, § 11 InsO Rn 236.
18 Uhlenbruck/Hirte, § 11 InsO Rn 235.
19 Uhlenbruck/Hirte, § 11 InsO Rn 241.
20 Uhlenbruck/Hirte, § 11 InsO Rn 40.
21 Uhlenbruck/Hirte, § 11 InsO Rn 238.
22 Vgl. näher: Uhlenbruck/Hirte, § 11 InsO Rn 239.

meinschaft und der WEG ausgeschlossen. Hinsichtlich der WEG ist dies in § 11 Abs. 3 WEG ausdrücklich normiert.

6. Insolvenzfähigkeit öffentlich-rechtlicher Personen

Die Insolvenzfähigkeit **juristischer Personen des öffentlichen Rechts** ist über § 12 InsO eingeschränkt. Unzulässig ist gem. § 12 Abs. 1 Nr. 1 InsO das Insolvenzverfahren über das Vermögen des Bundes oder eines Landes und gem. § 12 Abs. 1 Nr. 2 InsO über das Vermögen einer juristischen Person, die unter Aufsicht eines Landes steht, wenn das Landesrecht dies bestimmt. Dies gilt etwa nach den Gemeindeordnungen der Länder für Gemeinden.[23]

Allerdings ist vorbehaltlich landesrechtlicher Spezialvorschriften mittlerweile die **Insolvenzfähigkeit** einer Vielzahl **juristischer Personen des öffentlichen Rechts anerkannt**, auch wenn teilweise allgemeine verwaltungsrechtliche Erwägungen noch eine Rolle spielen. So sind Körperschaften, Stiftungen und Anstalten des öffentlichen Rechts, seit Wegfall der Gewährträgerhaftung auch Sparkassen, Träger der Sozialversicherung, Handwerksinnungen und Kreishandwerkerschaft, Handwerkskammern, Industrie- und Handelskammern sowie Rechtsanwalts- und Ärztekammern grds. insolvenzfähig, wohingegen die Insolvenzfähigkeit öffentlich-rechtlicher Rundfunkanstalten, Kirchen und Religionsgemeinschaften umstritten ist.[24]

II. Eröffnungsantrag (§§ 13 bis 15 InsO)

1. Allgemeines

Die Eröffnung des Insolvenzverfahrens erfolgt nur auf **schriftlichen Antrag**, § 13 Abs. 1 Satz 1 InsO. Eine Eröffnung von Amts wegen kennt das Gesetz nicht. Antragsberechtigt sind der Schuldner sowie jeder Gläubiger. Der vom Schuldner gestellte Antrag wird als **Eigenantrag** bezeichnet, der Antrag eines Gläubigers als **Fremd- oder Gläubigerantrag**. Besonderheiten gelten für Unternehmen bestimmter Wirtschaftszweige, insb. aus dem **Finanzsektor** (etwa Kreditinstitute, Versicherungen). Dort ist die Antragsberechtigung weitgehend auf die Aufsichtsbehörde übertragen worden. So steht etwa der **BaFin** gem. § 46b KWG die **ausschließliche Insolvenzantragsberechtigung** über das Vermögen eines Kreditinstituts zu.[25] Da die BaFin

---

23 Uhlenbruck/Hirte, § 12 InsO Rn 8.
24 Eingehend: Uhlenbruck/Hirte, § 12 InsO Rn 9 ff. m.w.N.
25 Vgl. näher: HambKomm/Linker, § 13 InsO Rn 33 ff.; Uhlenbruck/Hirte, § 11 InsO Rn 22 ff.; Uhlenbruck/Wegener, § 13 InsO Rn 35 ff.

Laroche

weder als Schuldner noch als Gläubiger auftritt, wird hier von einem **Verwaltungsantrag** gesprochen.[26]

Der Antrag auf Eröffnung des Insolvenzverfahrens richtet sich auf die Durchführung eines **Gesamtvollstreckungsverfahrens**.[27] Da es sich um ein **„quasi-streitiges" Parteiverfahren**[28] handelt, unterliegt der Antrag bis zur Eröffnungsentscheidung der Dispositionsmaxime, kann also insb. ohne Weiteres zurückgenommen werden. Dies gilt selbst dann, wenn etwa für den antragstellenden Geschäftsführer eine Antragspflicht gem. § 15a Abs. 1 InsO besteht.

Da der Insolvenzantrag Prozesshandlung ist, finden über § 4 InsO die allgemeinen zivilprozessualen Vorschriften Anwendung. Es müssen somit insb. die **allgemeinen Prozessvoraussetzungen**, wie Parteifähigkeit, Prozessfähigkeit und Postulationsfähigkeit gegeben sein.[29] Als Prozesshandlung ist der Antrag **bedingungs- und befristungsfeindlich**.[30] Unzulässig wäre deshalb etwa ein Eröffnungsantrag unter der Bedingung, dass Eigenverwaltung angeordnet wird.[31]

2. Eröffnungsgrund (§ 16 InsO)

15 Die Eröffnung des Insolvenzverfahrens setzt das Vorliegen eines Insolvenzgrundes, § 16 InsO, voraus.

Die InsO kennt drei Insolvenzgründe:
- Allgemeiner Insolvenzgrund ist die **Zahlungsunfähigkeit**, § 17 InsO.
- Die **drohende Zahlungsunfähigkeit**, § 18 InsO, ist nur beim Eigenantrag des Schuldners weiterer Eröffnungsgrund.
- Die **Überschuldung**, § 19 InsO, ist ausschließlich für juristische Personen und Gesellschaften ohne Rechtspersönlichkeit, bei denen keine natürliche Person persönlich haftender Gesellschafter ist, weiterer Insolvenzgrund.

Wegen der Einzelheiten der Insolvenzgründe wird auf den gesonderten Abschnitt in diesem Buch verwiesen (§ 4).

---

26 Uhlenbruck/Wegener, § 13 InsO Rn 9.
27 Vgl. Uhlenbruck/Wegener, § 14 InsO Rn 9; MüKo/Vuia, § 80 InsO Rn 1.
28 Vgl. FK/Schmerbach, § 5 InsO, Rn 4; § 13 InsO Rn 6; Uhlenbruck/Wegener, § 13 InsO Rn 55.
29 Uhlenbruck/Wegener, § 13 InsO Rn 58; MüKo/Vuia, § 13 InsO Rn 76; vertiefend: FK/Schmerbach, § 14 InsO Rn 22ff.
30 BGH, Urt. v. 13.4.2006 – IX ZR 158/05, Rn 12, ZInsO 2006, 712; HambKomm/Linker, § 13 InsO Rn 4; Uhlenbruck/Wegener, § 13 InsO Rn 59; FK/Schmerbach, § 14 InsO Rn 50; MüKo/Vuia, § 13 InsO Rn 72.
31 FK/Schmerbach, § 14 InsO Rn 50; MüKo/Vuia, § 13 InsO Rn 74; Uhlenbruck/Wegener, § 13 InsO Rn 60.

3. Eigenantrag des Schuldners

a) Allgemeine Voraussetzungen

Der Eigenantrag eines Schuldners verlangt zwingend die **substantiierte und nachvollziehbare Angabe der möglichen Eröffnungsgründe**.[32] Dabei ist keine Schlüssigkeit im zivilprozessualen Sinne zu verlangen. Es ist vielmehr ausreichend, wenn die dargelegten Tatsachen die wesentlichen Merkmale eines Eröffnungsgrundes erkennen lassen.[33] Jedenfalls müssen die tatsächlichen Angaben des Schuldners die Finanzlage des Schuldners nachvollziehbar darstellen.[34]

16

Die formellen Anforderungen, die an den Schuldnerantrag zu stellen sind, wurden durch das **ESUG** deutlich verschärft. Nach dem neu gefassten § 13 Abs. 1 InsO hat der Schuldner dem Antrag ein Verzeichnis der Gläubiger und ihrer Forderungen beizufügen (§ 13 Abs. 1 Satz 3 InsO).

b) Besondere Antragsvoraussetzungen bei nicht eingestelltem Geschäftsbetrieb (§ 13 Abs. 1 Satz 4–7 InsO)

Sofern der **Geschäftsbetrieb** des Schuldners **nicht eingestellt** ist, sollen in dem **Verzeichnis die höchsten Forderungen**, die **höchsten gesicherten Forderungen**, die **Forderungen der Finanzverwaltung** und **der Sozialversicherungsträger** sowie die Forderungen **aus betrieblicher Altersversorgung** besonders kenntlich gemacht werden (§ 13 Abs. 1 Satz 4 InsO).

17

Es besteht allerdings **keine generelle Pflicht** die Angaben nach § 13 Abs. 1 Satz 4 InsO zu machen, da die Angaben für die anstehenden gerichtlichen Entscheidungen nach Auffassung des Gesetzgebers nicht zwingend erforderlich sind.[35] **Verpflichtend** sind die in Absatz 4 vorgesehenen Angaben nur **unter den Voraussetzungen des 13 Abs. 1 Satz 6 InsO**. Sie sind deshalb vom Schuldner zwingend zu machen, wenn er Eigenverwaltung beantragt, Nr. 1, er die Merkmale des § 22a Absatz 1 erfüllt, Nr. 2 (Schwellenwerte zur verpflichtenden Einsetzung eines Gläubigerausschusses im Eröffnungsverfahren: mindestens 6.000.000,00 EUR Bilanzsumme nach Abzug eines auf der Aktivseite ausgewiesenen Fehlbetrags i.S.d. § 268 Abs. 3 des Handelsgesetzbuchs, mindestens 12.000.000,00 EUR Umsatzerlöse in den 12 Monaten vor dem Abschlussstichtag, im Jahresdurchschnitt mindestens fünfzig Ar-

---

[32] FK/Schmerbach, § 16 InsO Rn 8 i.V.m. § 14 Rn 234 ff.; MüKo/Vuia, § 13 InsO Rn 101; Uhlenbruck/Wegener, § 13 InsO Rn 97.
[33] BGH, Beschl. v. 12.12.2002 – IX ZB 426/02, BGHZ 153, 205 ff. = ZInsO 2002, 217 ff.; HK/Sternal, § 13 InsO Rn 20; Uhlenbruck/Wegener, § 13 InsO Rn 97.
[34] LG Göttingen, NZI 2004, 149.
[35] BT-Drucks. 17/7511 v. 26.10.2011, S. 45; kritisch: Frind, ZInsO 2011, 2249, 2252 ff.

beitnehmer; vgl. dazu näher unter Rdn 209), oder die Einsetzung eines vorläufigen Gläubigerausschusses beantragt wurde, Nr. 3.[36] Zu Problemen kann insbesondere Nr. 3 führen, da nach dem Wortlaut der Vorschrift der Schuldner die Angaben selbst dann nachträglich liefern muss, wenn der vorläufige Gläubigerausschuss von einem Gläubiger oder dem vorläufigen Insolvenzverwalter beantragt wird. Geht ein solcher Antrag ein, soll der Schuldner unter Fristsetzung verpflichtet sein, die Angaben nachzuliefern. Geschieht dies nicht, soll dies zur nachträglichen Unzulässigkeit des Schuldnerantrags führen.[37] In der Praxis legen die Gerichte die Anforderungen, die das Gesetz macht, an dieser Stelle unterschiedlich streng aus. Im Interesse der gerade in der Krise nicht selten überforderten Schuldner ist jedenfalls eine einschränkende Auslegung, die sich am Informationsbedürfnis des Gerichts im konkreten Einzelfall orientiert, vorzugswürdig.

Des Weiteren sind mit dem Eigenantrag des Schuldners Angaben zur **Bilanzsumme**, zu den **Umsatzerlösen** und zur durchschnittlichen **Zahl der Arbeitnehmer** des vorangegangenen Geschäftsjahres sind zu machen, § 13 Abs. 1 Satz 5 InsO. Nach der klaren Formulierung im Gesetz („hat ... zu machen") sind die **nach Satz 5 zu machenden Angaben** Gegensatz zu den Angaben nach Satz 4 **stets zwingend, wenn der Geschäftsbetrieb nicht eingestellt ist**.[38]

Gemäß § 13 Satz 7 InsO ist dem Verzeichnis nach Satz 3 und den Angaben nach Satz 4 und 5 ist die **Erklärung** beizufügen, dass die enthaltenen **Angaben richtig und vollständig** sind. Die Regelung soll sicherstellen, dass der Schuldner keine Informationen zurückhält. Eine förmliche Versicherung an Eides Statt ist nicht verpflichtend. Nach Auffassung des Gesetzgebers ist sie nicht erforderlich. Vielmehr könne sie abschreckend wirken und den Schuldner von einer frühzeitigen Antragstellung abhalten.[39]

Erfüllt ein Eigenantrag die Mindestvoraussetzungen des § 13 Abs. 1 InsO nicht, so ist der Insolvenzantragspflicht des § 15a Abs. 1 InsO nicht Genüge getan, mit der Folge, dass die antragsverpflichteten Organe sich in die **Gefahr einer Strafbarkeit** gem. § 15a Abs. 4, 5 InsO begeben (vgl. § 15a Abs. 4, 1. Alt. InsO „...nicht richtig ... stellt").

---

36 Frind, ZInsO 2011, 2249, 2253 fordert, dass die Voraussetzungen der Nrn. 1 und 2 kumulativ vorliegen. Allerdings geben weder der Wortlaut noch die Gesetzesmaterialien eine solche Einschränkung der Kriterien her. Im Interesse einer umfassenden Information des Gerichts ist mit dem klaren Wortlaut vielmehr davon auszugehen, dass schon bei Erfüllung nur eines Kriteriums die Angaben verpflichtend sind.
37 Frind, ZInsO 2011, 2249, 2254.
38 Pape, ZInsO 2011, 2154, 2255; **a.A.** Frind, ZInsO 2011, 2249, 2252f.
39 BT-Drucks. 17/7511 v. 26.10.2011, S. 45.

> **Praxistipp**
> Unabhängig von den Pflichtangaben gemäß § 13 Abs. 1 InsO empfiehlt es sich, dem Antrag auch die letzte vorhandene Bilanz sowie aktuelle Schuldnerlisten beizufügen. Gleiches gilt hinsichtlich etwaiger noch abzuarbeitender Aufträge oder offener Lieferungen. Je ausführlicher und genauer der Schuldner seine Situation bei Antragstellung schildert, umso eher kann das Gericht im Interesse des Schuldners und der Gläubigergemeinschaft die notwendigen Schritte zur Massesicherung und Sanierung einleiten. Hier ist Zeit im wahrsten Sinne des Wortes Geld.

Werden unnötige Rückfragen bei der Antragstellung vermieden, können häufig schon am Tag der Antragstellung, jedenfalls nur wenige Tage später, die zur Sanierung notwendigen (Sicherungs-)Maßnahmen angeordnet werden. Die sorgsame Vorbereitung eines Insolvenzantrags hilft hier, Sanierungschancen zu wahren.

Die Intention, die hinter der Neuregelung des Eigenantrags durch das ESUG steht, ist zweifelsfrei sinnvoll, setzen diese Informationen das Gericht doch in die Lage, schnell und sachgerecht zu reagieren. Allerdings bergen diese auf Großunternehmen zugeschnittenen, unüberschaubaren Regelungen[40] nicht geringe Gefahren. Die Praxis zeigt, dass nicht wenige Schuldner, gerade aus dem Bereich der Kleinunternehmer („Solo-Selbständige"; „Ich-AG") mit kaufmännischen Fragen schnell überfordert sind, zumal sie sich regelmäßig im unmittelbaren Vorfeld der Insolvenz keine juristische Beratung mehr leisten können.[41] Allerdings sind hier Zulässigkeitshürden errichtet worden, die nicht selten (wenn überhaupt) zu Monierungen durch die Gerichte führen. In diesen Fällen gefährden die erhöhten Anforderungen des geplanten § 13 InsO tatsächlich Sanierungschancen, statt sie zu erhöhen.[42] Hinzu kommt, dass die Gefahr einer Strafbarkeit nach § 15a InsO deutlich erhöht, da ein Antrag, der die in § 13 InsO geforderten Angaben nicht enthält, „nicht richtig" gestellt i.S.d. § 15a Abs. 4 InsO ist. Zur Vermeidung dieser Konsequenzen, die der Gesetzgeber offensichtlich nicht gewollt hat, sollte deshalb i.S.d. Unternehmenssanierung eine **vorläufige Zulassung des Antrags** erfolgen, wenn der Eröffnungsgrund nach Maßgabe der bisherigen Rechtslage schlüssig dargelegt ist. Diese vorläufige Zulassung sollte mit der Möglichkeit und Auflage verbunden werden, innerhalb einer vom Gericht zu setzenden Frist die notwendigen weiteren Angaben nachzuliefern. Kommt der Schuldner dem nicht nach, wäre der Antrag nach Fristablauf als unzulässig abzuweisen.[43] Die strafrechtliche Problematik hat der Gesetzgeber entschärft, indem seit dem 26.6.2017 die Strafbarkeit wegen unrichtiger Antragstellung gemäß § 15a Abs. 6 InsO voraussetzt, dass der Antrag rechtskräftig als unzulässig zurückgewiesen wurde. Es ist allerdings festzustellen, dass sich die Regelung des

---

40 Pape, ZInsO 2011, 2154, 2156.
41 Pape, ZInsO 2011, 2154, 2156.
42 Ebenso: Pape, ZInsO 2011, 2154, 2256.
43 Frind, ZInsO 2011, 2249, 2254; Pape, ZInsO 2011, 2154, 2155; vgl. auch BT-Drucks. 17/7511 v. 26.10.2011, S. 45.

§ 13 InsO mittlerweile in der Praxis etabliert und bewährt hat, weshalb es aktuell nicht erforderlich scheint, dass das BMJV von seiner Ermächtigung nach § 13 Abs. 3 InsO, verbindliche Antragsformulare einzuführen, Gebrauch macht.

Eine zeitlich begrenzte **Besonderheit** hinsichtlich der **Insolvenzantragspflicht** nach § 15a InsO ergibt sich durch das COVInsAG[44], dessen Ziel es ist, die wirtschaftlichen Folgen der **COVID-19-Pandemie** abzuschwächen. Gemäß § 1 Abs. 1 COVInsAG war die Pflicht zur Stellung eines Insolvenzantrags nach § 15a InsO und nach § 42 Abs. 2 BGB bis zum 30.9.2020 ausgesetzt. Dies galt nach § 1 Abs. 1 S. 2 COVInsAG hingegen nicht, wenn die Insolvenzreife nicht auf den Folgen der Ausbreitung des SARS-CoV-2-Virus (COVID-19-Pandemie) beruhte oder wenn keine Aussichten darauf bestanden, eine bestehende Zahlungsunfähigkeit zu beseitigen. War der Schuldner am 31.12.2019 nicht zahlungsunfähig, wurde vermutet, dass die Insolvenzreife auf den Auswirkungen der COVID19-Pandemie beruht und Aussichten darauf bestanden, eine bestehende Zahlungsunfähigkeit zu beseitigen. Die Regelung sollte Unternehmen Gelegenheit geben, die Insolvenz, insbesondere unter Inanspruchnahme der bereitzustellenden staatlichen Hilfen, gegebenenfalls aber auch im Zuge von Sanierungs- oder Finanzierungsvereinbarungen zu beseitigen.[45] Da die Pandemie und ihre Auswirkungen allerdings deutlich stärker und langfristiger waren, als zunächst prognostiziert, wurde durch § 1 Abs. 2 CovInsAG für die Zeit vom 1.10.2020 bis zum 31.12.2020 die Pflicht zur Stellung eines Insolvenzantrags nur wegen des Insolvenzgrundes der Überschuldung nach Maßgabe des Absatzes 1 ausgesetzt. Die Insolvenzantragspflicht wegen Zahlungsunfähigkeit bestand in diesem Zeitraum fort. Da auch dieser Zeitraum zu knapp bemessen war, hat der Gesetzgeber erneut nachgebessert und die Insolvenzantragspflicht nach § 1 Abs. 3 CovInsAG für die Zeit vom 1.1.2021 zunächst bis zum 31.1.2021, und sodann bis zum 30.4.2021 erneut teilweise ausgesetzt, und zwar sowohl für die Zahlungsunfähigkeit als auch für die Überschuldung. Voraussetzung dieser Aussetzung nach § 1 Abs. 3 S. 1 COVInsAG war allerdings, dass der Schuldner im Zeitraum vom 1.11.2020 bis zum 28.2.2021 einen Antrag auf die Gewährung finanzieller Hilfeleistungen im Rahmen staatlicher Hilfsprogramme zur Abmilderung der Folgen der COVID-19-Pandemie gestellt hatte. Sofern eine Antragstellung aus rechtlichen oder tatsächlichen Gründen innerhalb des Zeitraums nicht möglich war, galt die Aussetzung auch für Schuldner, die nach den Bedingungen des staatlichen Hilfsprogramms in den Kreis der Antragsberechtigten gefallen sind. Nach § 1 Abs. 1 S. 3 COVInsAG galt die Aussetzung der Antragspflicht hingegen nicht, wenn offensichtlich keine Aussicht auf Erlangung der Hilfe-

---

44 Gesetz zur vorübergehenden Aussetzung der Insolvenzantragspflicht und zur Begrenzung der Organhaftung bei einer durch die COVID-19-Pandemie bedingten Insolvenz (COVID-19-Insolvenzaussetzungsgesetz – COVInsAG) vom 27.3.2020, BGBl. I 2020, 569.
45 BT-Drucks. 19/18110 S. 22.

leistung bestand oder die erlangbare Hilfeleistung für die Beseitigung der Insolvenzreife unzureichend gewesen wäre.

Eine weitere Ausnahme von der Insolvenzantragspflicht besteht nach § 42 Abs. 1 S. 1 StaRUG. Während der Rechtshängigkeit des **Restrukturierungsverfahrens ruht die Insolvenzantragspflicht** nach § 15a Abs. 1–3 InsO. Sie wird allerdings ersetzt durch eine Anzeigepflicht nach § 42 Abs. 1 S. 2 StaRUG, die ihrerseits nach § 42 Abs. 3 StaRUG strafbewährt ist. Die Antragspflicht lebt gemäß § 42 Abs. 4 StaRUG wieder auf, wenn die Anzeige der Restrukturierungssache nach § 31 Abs. 4 StaRUG seine Wirkung verliert.

c) Antragsvoraussetzungen bei Beantragung von Eigenverwaltung und im Schutzschirmverfahren (§§ 270 ff. InsO)

Besonderheiten ergeben sich, wenn der Schuldner gleichzeitig mit dem Insolvenzantrag einen Antrag auf Eigenverwaltung stellt, insbesondere, wenn er von dem durch das ESUG eingeführte Schutzschirmverfahren Gebrauch machen will. 18

aa) Isolierter Antrag auf Eigenverwaltung

Nachdem durch das ESUG die Anforderungen an die Eigenverwaltung deutlich gesenkt wurden[46], sind durch das SanInsFoG[47] mit Wirkung zum 1.1.2021 erneut umfassende Änderungen an der Eigenverwaltung und den Antragsvoraussetzungen beschlossen worden, die im Wesentlichen auf den Ergebnissen der ESUG-Evaluation beruhen und teilweise eine deutliche Verschärfung bedeuten. Die nach § 270 InsO mögliche Eigenverwaltung setzt neben einem Antrag des Schuldners nunmehr voraus, dass der Schuldner eine umfassende Eigenverwaltungsplanung einreicht, die in § 270a Abs. 1 InsO näher definiert ist. Ergänzend sind dem Antrag eine Reihe Erklärungen des Schuldners nach § 270a Abs. 2 InsO beizufügen, die das Gericht und die Gläubiger bzw. einen eventuell eingesetzten Gläubigerausschuss (vgl. § 270b Abs. 3 InsO) in die Lage versetzen sollen, zu prüfen, ob der Schuldner bereit und in der Lage ist, seine Geschäftsführung an den Interessen der Gläubiger auszurichten, vgl. § 270b Abs. 2 InsO. Zur Eigenverwaltung im Einzelnen vgl. § 9. 19

Zu beachten ist, dass der Eröffnungsantrag **nicht unter die Bedingung der Anordnung von Eigenverwaltung** gestellt werden kann.[48] Gemäß § 270c Abs. 5 InsO hat das Gericht den Schuldner darauf hinzuweisen, wenn es die Voraussetzungen der Eigenverwaltung nicht für gegeben ansieht und der Antrag lediglich auf den

---

46 BT-Drucks. 17/5712 v. 5.4.2011, S. 58.
47 BGBl. I 2020, 3256.
48 HambKomm/Fiebig, § 270 InsO Rn 15; FK/Schmerbach, § 14 InsO, Rn 50 m.w.N.

Eröffnungsgrund der drohenden Zahlungsunfähigkeit gestützt ist. Schließlich ist zu beachten, dass in der Verbraucherinsolvenz die Eigenverwaltung nach § 270 Abs. 2 InsO nicht möglich ist.

bb) Antrag im Schutzschirmverfahren

20 Durch das ESUG neu eingeführt wurde das „Schutzschirmverfahren". Es soll dem Schuldner im Eröffnungsverfahren die Möglichkeit verschaffen, eine Unternehmenssanierung durch einen Insolvenzplan vorzubereiten. Zum Insolvenzplanverfahren im Einzelnen vgl. § 8. Attraktiv ist das Schutzschirmverfahren insbesondere, weil der Schuldner sich selbst einen vorläufigen Sachwalter suchen kann, den das Gericht bei vorhandener Eignung einzusetzen hat, § 270d Abs. 2 Satz 2 InsO. Nach § 270d Abs. 3 iVm § 21 Abs. 2 S. 1 Nr. 3 InsO hat das Gericht auf Antrag des Schuldners die Zwangsvollstreckung gegen den Schuldner zu untersagen oder einstweilen einzustellen, soweit nicht unbewegliche Gegenstände betroffen sind. Die in § 270b Abs. 3 InsO a.F. vorgesehene Möglichkeit einer Generalermächtigung zur Begründung von Masseverbindlichkeiten im Eröffnungsverfahren gilt nicht mehr fort. Sie wurde ersetzt durch die nunmehr in § 270c Abs. 4 InsO geregelte, für alle Eigenverwaltungsverfahren geltende Möglichkeit, Einzelermächtigungen zur Begründung von Masseverbindlichkeiten zu erlassen. Der Erlass einer solchen Einzelermächtigung setzt voraus, dass die Forderung im Finanzplan nach § 270 Abs. 1 Nr. 1 InsO berücksichtigt ist oder andernfalls der Antrag besonders begründet wird, § 270 Abs. 4 S. 2 InsO.

Um in den Genuss des „Schutzschirms" kommen zu können, muss der Schuldner seinen Antrag auf drohende Zahlungsunfähigkeit oder Überschuldung stützen, § 270d Abs. 1 Satz 1 InsO. Ist der Schuldner bereits zahlungsunfähig, ist der Antrag im Schutzschirmverfahren unzulässig. Möglich bleibt aber die reguläre Beantragung der Eigenverwaltung Die angestrebte Sanierung darf darüber hinaus nicht offensichtlich aussichtslos sein, § 270d Abs. 1 S. 1 a.E. InsO.

Die Voraussetzungen sind durch eine qualifizierte, mit Gründen versehene Bescheinigung, die dem Antrag beizufügen ist, nachzuweisen. Sie ist von einem in Insolvenzsachen erfahrenen Steuerberater, Wirtschaftsprüfer, Rechtsanwalt oder einer Person mit vergleichbarer Qualifikation (etwa einem Steuerbevollmächtigten oder vereidigten Buchprüfer) auszustellen, § 270d Abs. 1 Satz 3 InsO. Um die Unabhängigkeit des Sachwalters zu sichern,[49] müssen die ausstellende Person und der vorgeschlagene Sachwalter personenverschieden sein, § 270d Abs. 2 Satz 1 InsO. Dem Schutzzweck entsprechend ist es notwendig, die Vorschrift weit auszulegen und die Inhabilitätsvoraussetzungen des § 45 Abs. 3 BRAO anzuwenden,[50] sodass

---

49 BT-Drucks. 17/7511 v. 26.10.2011, S. 50.
50 Ebenso: Frind, ZInsO 2011, 2249, 2261.

die bescheinigende Person und vorgeschlagene Sachwalter nicht aus derselben Sozietät stammen oder in sonstiger Weise zur gemeinschaftlichen Berufsausübung verbundenen sein dürfen oder dies in der Vergangenheit waren.

Einen erleichterten Zugang zur Eigenverwaltung und zum Schutzschirmverfahren sehen §§ 5, 6 COVInsAG für solche Unternehmen vor, deren Insolvenzreife auf den Folgen der COVID-19-Pandmie beruht. Für diese Unternehmen gelten bei einer Antragstellung bis zum 31.12.2021 die alten, erleichterten Regelungen für den Zugang zu Eigenverwaltung fort.

d) Bestimmung der Verfahrensart

Ist der **Schuldner eine natürliche Person**, hat er mit seinem Antrag die zutreffende Verfahrensart (Verbraucher- oder Regelinsolvenzverfahren) anzugeben. Stellt das Gericht fest, dass der Schuldner die falsche Verfahrensart gewählt hat, ist dem Schuldner Gelegenheit zu geben, den Antrag umzustellen. Beharrt der Schuldner auf der von ihm gewählten Verfahrensart, ist der Antrag als „in der gewählten Verfahrensart unzulässig" zurückzuweisen.[51] Aufgrund der unterschiedlichen Zulässigkeitsvoraussetzungen von Regel- und Verbraucherinsolvenzverfahren, insb. wegen des nur für das Verbraucherinsolvenzverfahren obligatorischen außergerichtlichen Einigungsversuchs gem. § 305 Abs. 1 Nr. 1 InsO und des strengen Formularzwangs auf Grundlage von § 305 Abs. 5 InsO, kommt der Wahl der richtigen Verfahrensart erhebliche Bedeutung zu. So ist etwa nach h.M. der Versuch der außergerichtlichen Einigung auf Planbasis und persönlicher Beratung und eingehender Prüfung der Einkommens- und Vermögensverhältnisse des Schuldners durch eine geeignete Person oder Stelle gemäß § 305 Abs. 1 Nr. 3 InsO Zulässigkeitsvoraussetzung für das Verbraucherinsolvenzverfahren.[52] Wegen Besonderheiten der Antragstellung im Verbraucherinsolvenzverfahren kann auf § 11 verwiesen werden.

e) Antragsberechtigung beim Eigenantrag/Grundsatz

Ist der Schuldner eine juristische Person oder eine Gesellschaft ohne Rechtspersönlichkeit, richtet sich die **Antragsberechtigung** nach § 15 InsO. Zur Antragstellung berechtigt ist zunächst **jedes Mitglied des Vertretungsorgans**, bei einer Gesellschaft ohne Rechtspersönlichkeit oder bei einer KGaA **jeder persönlich haftende**

---

[51] Vgl. HambKomm/Linker, § 13 InsO Rn 17; vgl. Uhlenbruck/Wegener, § 13 InsO Rn 78.
[52] LG Potsdam, Beschl. v. 23.6.2015 – 2 T 24/15, ZInsO 2015, 1868; LG Düsseldorf, v. 26.6.2015 – 25 T 410/15, zitiert bei AG Düsseldorf, Beschl. v. 9.4.2015 – 513 IK 232/14, ZInsO 2015, 1753, 1754; AG Düsseldorf, 3.2.2015 – 513 IK 233/14, ZVI 2015, 171f.; AG Potsdam, Beschl. v. 19.2.2015 – 35 IK 1239/14, ZInsO 2015, 599; AG Köln, Beschl. v. 20.8.2015 – 73 IK 373/15, ZInsO 2015 1932ff.; Uhlenbruck/Sternal, § 305 InsO Rn 7, 8.

Gesellschafter sowie **jeder Abwickler**, § 15 Abs. 1 Satz 1 InsO.[53] Dem **faktischen Geschäftsführer** steht nach h.M. ein Antragsrecht ebenfalls zu, wenn er darlegt, dass er die maßgeblichen, für den wirtschaftlichen Fortbestand des Unternehmens entscheidenden Maßnahmen trifft. Gleichzeitig trifft ihn in diesen Fällen eine Antragspflicht nach § 15a Abs. 1 InsO.[54] Nach a.A. soll ihm ein Antragsrecht nicht zustehen, da aus Gründen der Rechtsklarheit und -sicherheit auf die formalen Verhältnisse abzustellen sei.[55]

f) Antragstellung bei mehreren Vertretungsorganen bzw. persönlich haftenden Gesellschaftern

23 Besonderheiten ergeben sich gem. § 15 InsO immer dann, wenn eine juristische Person oder eine Gesellschaft ohne Rechtspersönlichkeit **durch mehrere** Organe oder Personen **vertreten** wird. Praktisch relevant wird dies nicht nur bei einer GmbH mit mehreren Geschäftsführern, bei AG und Vereinen mit mehreren Vorständen, sondern etwa auch bei Personen(handels)gesellschaften wie einer oHG, einer KG mit mehreren persönlich haftenden Gesellschaftern oder bei einer GbR.

In diesen Fällen ist gem. § 15 Abs. 1 Satz 1 InsO jedes vertretungsberechtigte Organ, sprich jeder Geschäftsführer oder Vorstand, bzw. jeder persönlich haftende Gesellschafter zur Antragstellung berechtigt – aber auch gem. § 15a InsO verpflichtet, wenn kein persönlich haftender Gesellschafter eine natürliche Person ist.

Wird der Antrag nicht von allen Vertretungsberechtigten gestellt, so ist der Eröffnungsgrund gem. § 15 Abs. 2 Satz 1 InsO **glaubhaft zu machen**. Für die Glaubhaftmachung gelten §§ 4 InsO, 294 ZPO. Der Antragsteller kann sich also insb. der eidesstattlichen Versicherung bedienen. Empfehlenswert ist es, die von der Justiz zur Verfügung gestellten Fragebögen zu nutzen und den Inhalt durch eidesstattliche Versicherung glaubhaft zu machen. Des Weiteren gilt das oben Gesagte, nämlich dass insb. das Einreichen von Bilanzen, Gewinn- und Verlustrechnungen sowie Gläubiger- und Schuldnerverzeichnis sinnvoll ist.

24 Ist der Antrag glaubhaft gemacht, sind die übrigen Mitglieder des Vertretungsorgans bzw. weiteren persönlich haftenden Gesellschafter zu hören. **Die Anhörung der weiteren Vertretungsorgane** durch das Insolvenzgericht erfolgt zumeist schriftlich. Dabei übersendet das Insolvenzgericht unter Setzung einer kurzen An-

---

[53] Eine detaillierte Aufstellung der Antragsberechtigten findet sich bei: HambKomm/Linker, § 15 InsO Rn 5.
[54] FK/Schmerbach, § 15 InsO Rn 19; Uhlenbruck/Hirte, § 15a InsO Rn 8; Laroche, ZInsO 2015, 1469 f.; **a.A.** noch die 1. Auflage; HambKomm/Linker, § 15 InsO Rn 16 f.
[55] HambKomm/Linker, § 15 InsO Rn 16f m.w.N.; vgl. auch: BGH, Beschl. v. 7.6.2006 – IX ZB 257/05, ZInsO 2007, 97 f., Rn 11, der betont, dass der „faktische Geschäftsführer" gerade nicht gesetzlicher Vertreter ist.

hörungsfrist (üblich sind 3 Tage bis etwa 2 Wochen) den vollständigen Antrag an die übrigen Vertretungsorgane zur Stellungnahme. In aller Regel wird das Gericht erst nach Ablauf dieser Frist weitere Maßnahmen ergreifen, insb. Sicherungsmaßnahmen anordnen.

Die erforderliche Anhörung, oft genug aber auch unterschiedliche Anforderungen der Insolvenzgerichte an die Glaubhaftmachung, führen immer wieder zu vermeidbaren Verzögerungen im Insolvenzeröffnungsverfahren. Es kann deshalb nur dringend geraten werden, dass der Antrag von allen Vertretungsorganen bzw. persönlich haftenden Gesellschaftern gemeinschaftlich gestellt wird. Nur dann ist eine möglichst zügige Bearbeitung des Antrags gewährleistet, was wiederum die Sanierungschancen erhöht.

---

g) Antragsrecht bei führungsloser Gesellschaft

Durch das MoMiG wurden mit Wirkung zum 1.11.2008 neue Regelungen zum Antragsrecht und zur Antragspflicht bei führungslosen Gesellschaften geschaffen, die eine hohe praktische Relevanz haben. Ziel dieser Regelungen, die mit einer Ausweitung der Strafandrohungen bei Insolvenzverschleppung (§ 15a Abs. 3, 4 InsO) einhergehen, ist die Missbrauchsbekämpfung.[56]

Nach § 15 Abs. 1 Satz 2 InsO ist im Fall der **Führungslosigkeit** einer juristischen Person auch **jeder Gesellschafter**, bei einer AG oder Genossenschaft **jedes Mitglied des Aufsichtsrats** zur Antragstellung berechtigt. § 15a Abs. 3 InsO erstreckt im Fall der Führungslosigkeit die strafbewährte Antragspflicht auf die Gesellschafter einer GmbH und Aufsichtsratsmitglieder von AG und Genossenschaft. Es besteht deshalb neben der passiven Verfahrensfähigkeit (beim Fremdantrag) nur eine eingeschränkte aktive Verfahrensfähigkeit.[57]

Führungslosigkeit der Gesellschaft liegt vor, wenn Geschäftsführer oder Vorstand fehlen (§ 78 Abs. 1 Satz 2 AktG, § 35 Abs. 1 Satz 2 GmbHG, § 24 Abs. 1 GenG). Die bloße Unerreichbarkeit des Geschäftsführers erfüllt hingegen nicht den Tatbestand der Führungslosigkeit.[58]

4. Fremdantrag eines Gläubigers

Grds. ist jeder Gläubiger antragsberechtigt. Im Unterschied zum Schuldnerantrag gelten für den Gläubigerantrag erhöhte Anforderungen. Wie beim Eigenantrag ist zunächst zu verlangen, dass die Eröffnungsvoraussetzungen in substantiierter, nachvollziehbarer Form darzulegen sind. Dies allein genügt allerdings nicht, denn

---

56 Uhlenbruck/Hirte, § 15a InsO Rn 61.
57 HambKomm/Linker, § 13 InsO, Rn 14.
58 FK/Schmerbach, § 15 InsO Rn 51.; Uhlenbruck/Hirte, § 15a InsO Rn 62.

gem. § 14 Abs. 1 Satz 1 InsO hat der Gläubiger das **rechtliche Interesse an der Eröffnung des Insolvenzverfahrens, seine Forderung und den Eröffnungsgrund glaubhaft** zu machen. Näheres dazu unten in Rdn 31.

Der Antrag muss zum Ausdruck bringen, dass der Gläubiger die Eröffnung des Insolvenzverfahrens über das Vermögen des Schuldners ernsthaft will. Der Antrag bezieht sich stets auf das gesamte Schuldnervermögen oder ein bestimmtes Sondervermögen (z.B. den Nachlass). Eine Beschränkung auf einen (nicht insolvenzfähigen) Vermögensteil ist nicht zulässig.[59]

Der Antrag muss Gläubiger und **Schuldner** so **genau bezeichnen**, dass keinerlei Zweifel hinsichtlich der Identität der Beteiligten besteht. Anzugeben sind insb. der richtige Name, richtige Firmenbezeichnung und ladungsfähige Anschrift.[60] Ist bei einem Gläubigerantrag die Anschrift des Schuldners unbekannt, ist dies im Antrag näher darzulegen, wobei die Anforderungen an den Vortrag denen bei Beantragung einer öffentlichen Zustellung nach § 185 ZPO entsprechen.[61]

Nicht zwingend erforderlich, aber äußerst hilfreich ist es, wenn bei im Handelsregister eingetragenen Schuldnern (juristischen Personen, Gesellschaften ohne Rechtspersönlichkeit, eingetragene Kaufleute) dem Antrag ein Registerauszug beigefügt, jedenfalls aber die Handelsregisternummer angegeben wird. Zum einen können so etwaige Fehler in der Schreibweise des Schuldners schnell und einfach korrigiert werden. Zum anderen kann bei juristischen Personen so die Vertretungsbefugnis schnell und zuverlässig glaubhaft gemacht werden, sodass bei Bearbeitung des Antrags keine unnötigen Verzögerungen eintreten.

Ist der Schuldner eine natürliche Person, ist der antragstellende Gläubiger nicht verpflichtet, die Verfahrensart (Verbraucher- oder Regelinsolvenzverfahren) zu wählen, da vom Gläubiger keine Detailkenntnisse über die Gläubigerzahl und Verschuldensstruktur des Schuldners erwartet werden können und die strengen Antragsvoraussetzungen des § 305 InsO nur für den Eigenantrag gelten. Das Verfahren wird im Zweifel zunächst als Regelinsolvenzverfahren geführt und ist ggf. nach Anhörung in ein Verbraucherinsolvenzverfahren überzuleiten.[62] Nur wenn der Gläubiger trotz Hinweises auf der falschen Verfahrensart beharrt, ist der Antrag als „in der gewählten Verfahrensart unzulässig" zurückzuweisen.[63]

---

59 MüKo/Vuia, § 13 InsO Rn 96.
60 LG Hamburg, Beschl. v. 8.7.2010 – 326 T 50/10, ZInsO 2010, 1560; HambKomm/Linker, § 13 InsO Rn 8.
61 HambKomm/Linker, § 13 InsO Rn 10; LG Hamburg, Beschl. v. 8.7.2010 – 326 T 50/10, ZInsO 2010, 1560.
62 Vgl. Frind, ZInsO 2011, 412, 413.
63 HambKomm/Linker, § 13 InsO Rn 17.

Ebenfalls um einen Fremdantrag handelt es sich beim **Insolvenzantrag der Staatsanwaltschaft nach § 111i Abs. 2 StPO** in Fällen der Vermögensabschöpfung.[64] Zu beachten ist, dass es sich bei der Antragsforderung um eine nach § 39 Abs. 1 Nr. 2 InsO nachrangige Forderung handelt, nämlich den Anspruch auf Einziehung des Wertersatzes nach §§ 73, 73c StGB. Dieses bereitet keine Probleme, da auch nachrangige Forderungen dem Gläubiger die Antragsberechtigung verleihen.[65] § 111i Abs. 2 InsO wirkt der Sache nach als **interne Beschränkung des Antragsrechts**.[66] Denn die Staatsanwaltschaft darf im Rahmen der Vermögensabschöpfung nur dann einen Insolvenzantrag stellen, wenn es mehrere Verletzte (i.S.d. Rechts der Vermögensabschöpfung) gibt und der Wert des in Vollziehung des Vermögensarrests gesicherten Gegenstandes oder des durch dessen Verwertung erzielten Erlöses nicht ausreicht, um die Ansprüche der Verletzten auf Ersatz des Wertes des Erlangten, die ihnen aus der Tat erwachsen sind und von ihnen gegenüber der Staatsanwaltschaft geltend gemacht werden, zu befriedigen (**Mangelfall**). Wenn begründete Zweifel daran bestehen, dass das Insolvenzverfahren aufgrund des Antrags eröffnet wird, hat die Staatsanwaltschaft von der Stellung eines Eröffnungsantrags abzusehen, § 111i Abs. 2 S. 2 StPO. Die Ausübung des Antragsrecht ist, obwohl schlichtes Verwaltungshandeln, gem. §§ 23 ff. EGGVG durch das OLG gerichtlich überprüfbar.[67]

Die Beschränkungen des § 111i Abs. 2 StPO gelten nicht, wenn die Staatsanwaltschaft ihren Antrag auf eine andere Forderung als den Einziehungs-Ersatzanspruch stützt, etwa auf Verfahrenskosten aus einem Strafverfahren, die beizutreiben Aufgabe der Staatsanwaltschaft ist.

Eine zeitlich begrenzte **Einschränkung des Insolvenzantragsrecht** für Gläubiger ist durch das COVInsAG[68] geschaffen worden, dessen Ziel es ist, die wirtschaftlichen Folgen der **COVID-19-Pandemie** im Jahre 2020 abzuschwächen. Gemäß § 3 COVInsAG setzte bei zwischen dem 28.3.2020 und dem 28.6.2020 gestellten Gläubigerinsolvenzanträgen die Eröffnung des Insolvenzverfahrens voraus, dass der Eröffnungsgrund bereits am 1.3.2020 vorlag. Diese Regelung hat zum einen die vorübergehende Aussetzung der Insolvenzantragspflicht nach § 1 COVInsAG flankiert, zum anderen sollte dem Umstand Rechnung getragen werden, dass mit Hilfe von Hilfs- und Stabilisierungsmaßnahmen und sonstiger Sanierungs- oder Finanzie-

---

64 Ausführlich zu § 111i StPO: Asensio Pagán, ZInsO 2019, 1554, 1556 (mit Fallbeispielen); Blankenburg, ZInsO 2017, 1453; Laroche, ZInsO 2017, 1245; vgl. auch: Tscharkert, ZInsO 2019, 2148.
65 BGH, Beschl. v. 23.9.2010 – IX ZB 282/09; BT-Drucks.18/11640, S. 87.
66 BT-Drucks.18/11640, 87.
67 BGH, Beschl. v. 10.6.2020 – 5 ARs 17/19, ZInsO 2020, 1648 ff.
68 Gesetz zur vorübergehenden Aussetzung der Insolvenzantragspflicht und zur Begrenzung der Organhaftung bei einer durch die COVID-19-Pandemie bedingten Insolvenz (COVID-19-Insolvenzaussetzungsgesetz – COVInsAG) vom 27.3.2020, BGBl. I 2020, 569.

rungsmaßnahmen die Insolvenzreife wieder beseitigt werden kann.[69] Von der § 4 COVInsAG gegeben Möglichkeit, durch Rechtsverordnung des Bundesministerium der Justiz und für Verbraucherschutz ohne Zustimmung des Bundesrates die Einschränkung für Gläubigeranträge bis zum 31.3.2021 zu verlängern, ist kein Gebrauch gemacht worden. Die Einschränkung des Antragsrechts galt nicht für außerhalb der Insolvenzordnung geregelte Antragsrechte der Bundesanstalt für Finanzdienstleistungsaufsicht und zuständigen Aufsichtsbehörden, insbesondere für Antragsrechte nach § 46b Abs. 1 KWG und § 312 Abs. 1 VAG.[70]

5. Zuständigkeit des Insolvenzgerichts

27 Für das Insolvenzverfahren besteht gem. § 2 Abs. 1 InsO die ausschließliche sachliche Zuständigkeit der AG am Sitz der Landgerichte. Von dieser gesetzlich vorgesehenen **Zuständigkeitskonzentration** macht § 2 Abs. 2 InsO eine Ausnahme. Die Vorschrift ermächtigt die Landesregierungen bzw. Landesjustizverwaltungen, durch Rechtsverordnung andere oder zusätzliche AG zu bestimmen. Diese Regelung soll den besonderen örtlichen Gegebenheiten Rechnung tragen.[71] Es ist nicht nur eine weitere Konzentration über die Grenzen der Landgerichtsbezirke hinaus möglich, sondern auch die Benennung weiterer AG im Bezirk des LG.

Von der Ermächtigung des § 2 Abs. 2 InsO haben verschiedene Bundesländer in unterschiedlichem Maße Gebrauch gemacht, sodass sich insgesamt ein sehr uneinheitliches Bild ergibt. So hat Nordrhein-Westfalen als mit Abstand einwohnerstärkstes Bundesland lediglich 19 Insolvenzgerichte, während Baden-Württemberg über 24, Bayern über 29 und Niedersachsen sogar über 33 Insolvenzgerichte verfügt. Es liegt auf der Hand, dass bei allen Vorzügen, die der Grundsatz der Bürgernähe mit sich bringt, das von der Zuständigkeitskonzentration angestrebte Ziel der Förderung von Kompetenz und Sachkunde bei Richtern und Rechtspflegern konterkariert wird.[72] Nachdem wiederholt der Versuch einer weitergehenden Konzentraton im Gesetzgebungsverfahren gescheitert ist (vgl. § 2 Abs. 2 InsO RegE ESUG[73] und § 2 InsO RegE SanInsFoG)[74], bleibt zu hoffen, dass die Landesregierungen die derzeit teilweise umfangreichen Ausnahmen von der gesetzlichen Grundregel der Konzentration so weit wie möglich abbauen.

28 **Örtlich zuständig** ist ausschließlich das AG, in dessen Bezirk der Schuldner seinen **allgemeinen Gerichtsstand** hat, § 3 Abs. 1 Satz 1 InsO. Dieser wird über § 4

---

69 BT-Drucks. 19/18110 S. 25.
70 BT-Drucks. 19/18110 S. 25.
71 Uhlenbruck/Pape, § 2 InsO Rn 9.
72 Vgl. näher: Uhlenbruck/Pape, § 2 InsO Rn 1, 9.
73 BT-Drs. 17/5712 v. 4.5.2011, S. 4.
74 BT-Drs. 91/24181 v. 9.11.2020, S. 56.

InsO gem. §§ 13 bis 19 ZPO bestimmt. Grds. ist somit gem. § 13 ZPO der inländische **Wohnsitz des Schuldners** maßgebend. Bei juristischen Personen, nicht rechtsfähigen Vereinen und insolvenzfähigen Personenvereinigungen ist gem. § 17 ZPO der Sitz maßgeblich.[75] Dieser wird grundsätzlich durch die Satzung bestimmt. Sofern ein Satzungssitz nicht vorhanden ist, fingiert § 17 Abs. 1 S. 2 ZPO als Sitz den Ort, an dem die Verwaltung geführt wird.[76]

Von dieser Regelung macht § 3 Abs. 1 Satz 2 InsO eine wichtige Ausnahme. Liegt nämlich der **Mittelpunkt der wirtschaftlichen Tätigkeit** des Schuldners an einem anderen Ort, so ist ausschließlich das Insolvenzgericht zuständig, in dessen Bezirk dieser Ort liegt. Dieser Gerichtsstand schließt einen abweichenden allgemeinen Gerichtsstand aus. Die Zuständigkeit nach Satz 2 geht derjenigen nach Satz 1 vor.[77] Der satzungsgemäße Sitz begründet allenfalls eine Vermutung[78] und entbindet das Gericht nicht von seiner Prüfungspflicht hinsichtlich des tatsächlichen Mittelpunktes der wirtschaftlichen Tätigkeit. Dieser kann zunächst unter Rückgriff auf § 21 Abs. 1 ZPO bestimmt werden. Danach liegt der Mittelpunkt der wirtschaftlichen Tätigkeit i.d.R. dort, von wo aus unmittelbar die Geschäfte geschlossen werden. Es kommt darauf an, wo die unternehmensleitenden Entscheidungen getroffen und in laufende Geschäftsführungsakte umgesetzt werden. Im Einzelfall kann auch darauf abgestellt werden, wo sich die Geschäftsbücher und Unterlagen der Gesellschaft befinden.[79]

Ist ausnahmsweise die örtliche **Zuständigkeit mehrerer Insolvenzgerichte** gegeben, so schließt gem. § 3 Abs. 3 InsO das Gericht, an dem zuerst das Insolvenzverfahren beantragt wurde, die übrigen aus. Ein solcher Fall kann etwa vorliegen, wenn ein Unternehmen nach Eingang eines ersten Insolvenzantrags seinen Sitz oder eine natürliche Person ihren Wohnsitz verlegt. Auch erfasst sind Fälle, in denen ein Unternehmen oder eine natürliche Person ausnahmsweise mehrere gleichwertige (Wohn-)Sitze haben oder mehrere gleichwertige selbständige Tätigkeiten an verschiedenen Orten ausübt.[80]

Eine Ausnahme vom Grundsatz der ausschließlichen Zuständigkeit bildet **§ 3 Abs. 2 InsO. Hat der Schuldner** in den letzten 6 Monaten Instrumente nach § 29 StaRUG in Anspruch genommen, ist auch das im Rahmen eines Verfahrens nach dem Stabilisierungs- und Restrukturierungsrahmen angerufene Restrukturierungsgericht auch als Insolvenzgericht (konkurrierend) zuständig. Hierdurch sollen Kon-

---

75 Uhlenbruck/Pape, § 3 InsO Rn 3.
76 Prütting/Gehrlein/Wern, § 17 ZPO Rn 7 ff.
77 OLG München, Beschl. v. 12.3.2009 – 31 AR 158/09, BeckRS 2009, 8972.
78 MüKo/Ganter/Lohmann, § 3 InsO, Rn 42; Uhlenbruck/Pape, § 3 InsO Rn 4a; FK/Schmerbach, § 3 InsO Rn 34; enger noch die 2. Auflage: „Indiz".
79 Uhlenbruck/Pape, § 3 InsO Rn 4a.
80 Uhlenbruck/Pape, § 3 InsO Rn 6.

tinuität und Effektivität der Verfahrensbearbeitung gewahrt werden, auch wenn eine Sanierung scheitert.

Das für einen bestimmten Ort zuständige Insolvenzgericht kann bundesweit über die von der Justiz zur Verfügung gestellte Datenbank im Internet unter www.justizadressen.nrw.de recherchiert werden.

Eine Besonderheit ergibt sich, wenn ein **Gruppen-Gerichtstand** nach § 3a InsO gebildet wurde.[81] Dieser begründet einen Wahlgerichtsstand für die gruppenangehörigen Schuldner i.S.d. § 3e InsO. Die umfassenden Regelungen zur Begründung des Gruppengerichtsstandes sind durch das Gesetz zur Erleichterung der Bewältigung von Konzerninsolvenzen mit Wirkung zum 21.4.2018 eingeführt worden.[82] Aus dem Umstand, dass es sich um einen Wahlgerichtsstand handelt, folgt, dass das Gericht des Gruppen-Gerichtsstandes nicht zwingend alle Verfahren der Unternehmensgruppe auch tatsächlich bearbeitet. § 3c InsO begründet lediglich eine weitere **örtliche Zuständigkeit**. Das Gericht des Gruppen-Gerichtsstandes kann die Verfahren auch nicht aktiv an sich ziehen. Es bedarf vielmehr einer Verweisung gemäß § 3d InsO durch das konkurrierend nach § 3 InsO zuständige Gericht auf Antrag des Schuldners oder von Amts wegen. Möglich ist auch die Insolvenzantragstellung unmittelbar beim Gericht des Gruppen-Gerichtsstandes, sofern ein solcher für die Unternehmensgruppe bereits begründet wurde.

Voraussetzung der Begründung des Gruppen-Gerichtsstandes ist nach § 3a Abs. 1 InsO, dass der Schuldner nicht von untergeordneter Bedeutung ist, wobei § 3a Abs. 1 S. 2 InsO eine Vermutung enthält, wann jedenfalls keine unterordnete Bedeutung vorliegt (Zahl der vom Schuldner im Jahresdurchschnitt beschäftigten **Arbeitnehmer** machte mehr als 15 Prozent der in der Unternehmensgruppe im Jahresdurchschnitt beschäftigten Arbeitnehmer aus **und** die **Bilanzsumme** des Schuldners betrug mehr als 15 Prozent der zusammengefassten Bilanzsumme der Unternehmensgruppe **oder** die **Umsatzerlöse** des Schuldners betrugen mehr als 15 Prozent der zusammengefassten Umsatzerlöse der Unternehmensgruppe). Zu beachten ist, dass es sich nicht um eine Positivdefinition handelt, sondern lediglich um einen quantitativen Orientierungspunkt.[83] So wird ein herrschendes Unternehmen in der Regel keine nur untergeordnete Bedeutung haben.

Weitere Voraussetzung der Begründung des Gruppen-Gerichtstandes ist nach § 3a Abs. 2 InsO, dass eine Verfahrenskonzentration am angerufenen Gericht **im gemeinsamen Interesse der Gläubiger** liegt. Hieran kann es im Einzelfall fehlen,

---

[81] Ausführlich zum Gruppen-Gerichtsstand: Blankenburg, ZInsO 2019, 169; ders., ZInsO 2018, 897; Laroche, ZInsO 2017, 2585.
[82] Gesetz zur Erleichterung der Bewältigung von Konzerninsolvenzen v. 21.4.2017, BGBl. I, S. 866.
[83] RegE, BT- Drucks. 18/407, S. 26.

etwa wenn an einem anderen, nach § 3 InsO zuständigen Gericht bereits Verfahren über gruppenangehörige Schuldner anhängig sind und deshalb eine Konzentration an diesem anderen Gericht sinnvoll und sachdienlich ist.

Ist der Gruppen-Gerichtsstand einmal begründet, so besteht er nach § 3b InsO solange fort, wie noch ein Verfahren über einen gruppenangehörigen Schuldner anhängig ist. Eine weitere Besonderheit ergibt sich aus § 3c Abs. 1 InsO. Diese Vorschrift bestimmt, dass am Gericht des Gruppen-Gerichtsstandes für alle Verfahren **dieselbe Abteilung** zuständig ist. Damit soll eine weitere Konzentration auch bei Gericht erreicht werden.

Der Antrag auf Begründung des Gruppen-Gerichtsstandes unterliegt **strengen Antragsvoraussetzungen**, die sich aus § 13a InsO ergeben. Neben einer Begründung, weshalb die Verfahrenskonzentration am angerufenen Gericht im gemeinsamen Gläubigerinteresse liegt, werden u.a. detaillierte Angaben zu allen Unternehmen der Gruppe, soweit diese nicht nur von untergeordneter Bedeutung sind, verlangt.

Um eine umfassende Sanierung von Unternehmensgruppen zu ermöglichen, bei denen einige Gesellschaften den Weg über das Insolvenzverfahren und andere den Weg über den **Stabilisierungs- und Restrukturierungsrahmen** wählen, sieht § 3a Abs. 4 InsO vor, dass das Insolvenzgericht des Gruppen-Gerichtsstandes sich auf Antrag des Schuldners auch für Restrukturierungssachen der Gruppe für konkurrierend zuständig erklären kann, wenn eine eine generelle Zuständigkeit als Restrukturierungsgericht besteht. Umgekehrt kann nach § 37 Abs. 3 StaRUG das Gericht des Gruppen-Gerichtsstand in einer Restrukturierungssache sich auf Antrag des Schuldners auch für Insolvenzverfahren der Gruppe für (konkurrierend) zuständig erklären.

Schließlich ist die **Zentralisierungsermächtigung** nach § 2 Abs. 3 InsO zu beachten. Diese ermöglicht dem Landesgesetzgeber über eine Öffnungsklausel je Bezirk eines OLG ein Insolvenzgericht bestimmen, an dem ein Gruppen-Gerichtsstand nach § 3a begründet wird. Die Zuständigkeit kann über den Bezirk eines OLG erstreckt werden. Von dieser Klausel haben verschiedene Länder Gebrauch gemacht.[84]

Neben den sich aus den Antragsanforderungen ergebenden Hürden ist in der Praxis ein weiteres Problem, dass natürliche Personen (etwa Geschäftsführer; Gesellschafter) nicht von den Regelungen erfasst sind, da sie nach der Legaldefinition des § 3e InsO nicht Teil einer Unternehmensgruppe sein können. Nicht selten macht

---

[84] NRW, § 1 KonzentrationsVO (Bielefeld, Düsseldorf, Essen, Köln); Bremen, § 1 Insolvenzgerichts-BestimmungsVO (Bremen); Bayern, § 52 Abs. 4 Gerichtliche Zuständigkeitsverordnung Justiz – GZVJu (München, Nürnberg); Baden-Württemberg, § 9b Zuständigkeitsverordnung Justiz – ZuVOJu (Karlsruhe, Stuttgart); Niedersachsen, § 8 Abs. 4 ZustVO-Justiz (Göttingen, Hannover, Oldenburg) Darüber hinaus sind Unternehmensinsolvenzen in Berlin am AG Charlottenburg und in Hamburg alle Insolvenzverfahren am AG Hamburg zentralisiert.

Laroche

es aber Sinn, auch das Insolvenzverfahren über deren Vermögen in die Sanierungsbemühungen mit einzubeziehen. Um dies sicherzustellen, haben eine Reihe von Gerichten in ihren Geschäftsverteilungsplänen Regelungen zur Zuständigkeitskonzentration, die unabhängig von den §§ 3 aff. InsO greifen und hierüber hinaus gehen.

6. Prüfung der Zulässigkeit des Insolvenzantrags

a) Eigenantrag

29 Der Eigenantrag des Schuldners ist zulässig, wenn der Antrag beim zuständigen Gericht (bei natürlichen Personen in der richtigen Verfahrensart) gestellt wurde, die allgemeinen Prozessvoraussetzungen vorliegen und der **Eröffnungsgrund in substantiierter, nachvollziehbarer Form** dargelegt ist.[85]

§ 13 InsO verlangt beim Schuldnerantrag neben dem substantiierten, nachvollziehbaren Vortrag des Insolvenzgrundes zusätzlich die Vorlage einer Gläubigerliste nach Maßgabe von § 13 Abs. 1 Satz 3, 4, 6 InsO. Ist der Gewerbebetrieb nicht eingestellt, sind ergänzende Angaben zu den sog. Schwellenwerten nach § 13 Abs. 1 Nr. 5 InsO erforderlich. Die Angaben sind gemäß § 13 Abs. 1 S. 7 InsO jeweils mit der Erklärung der Vollständigkeit und Richtigkeit zu versehen. Genügt der Antrag diesen Anforderungen nicht, ist der Antrag als unzulässig abzuweisen. Zu den weiteren Angaben, insb. zur Gläubigerliste (vgl. Rdn 16 ff.).

Trotz Erfüllung dieser Voraussetzungen ist der Eigenantrag ausnahmsweise unzulässig, wenn ihm das **Rechtsschutzbedürfnis** fehlt. Dies ist der Fall, wenn ausschließlich insolvenzfremde Zwecke verfolgt werden und die Eröffnung eines Insolvenzverfahrens überhaupt nicht angestrebt wird, etwa weil der Antrag allein zur Vermeidung einer Strafverfolgung wegen Insolvenzverschleppung[86] oder zur Vortäuschung der Vermögenslosigkeit gestellt wird, um das verschleierte Vermögen nach einer Abweisung mangels Masse gem. § 26 InsO dem Zugriff der Gläubiger leichter entziehen zu können.[87]

30 Ist der Schuldner eine **natürliche Person** und hat (vorwerfbar) darauf **verzichtet, auf einen Gläubigerantrag hin einen Eigenantrag zu stellen**, so galt bis zur Reform des Verbraucherinsolvenzrechts mit Wirkung zum 1.7.2014 nach gefestigter Rechtsprechung des BGH, dass einem späteren Eigenantrag innerhalb einer **Sperrfrist von 3 Jahren**[88] analog § 290 Abs. 1 Nr. 3 InsO das Rechtsschutzbedürfnis fehlt,

---

85 HambKomm/Linker, § 13 InsO, Rn 23.
86 AG Dresden, Beschl. v. 13.2.2002 – 530 IN 2190/01, ZIP 2002, 862 f.
87 AG Duisburg, Beschl. v. 2.1.2007 – 64 IN 107/06, ZIP 2007, 690 ff.; HambKomm/Linker, § 13 InsO Rn 22.
88 Vertiefend zur Sperrfristrechtsprechung: Laroche, VIA 2011, 73 ff.

wenn der Schuldner zuvor vom Gericht auf die Möglichkeit der Eigenantragstellung verbunden mit dem Antrag auf RSB hingewiesen und ihm eine richterliche Frist zur Antragstellung gesetzt wurde. Die Sperrfrist hat mit Eröffnung des Insolvenzverfahrens auf Antrag des Gläubigers begonnen.[89] Voraussetzung für die Zulässigkeit eines neuen Antrags nach Ablauf von 3 Jahren sollte allerdings sein, dass das früher eröffnete Verfahren inzwischen aufgehoben ist, denn während eines Insolvenzverfahrens über das Vermögen des Schuldners sind weitere Anträge auf Eröffnung des Verfahrens über das bereits insolvenzbefangene Vermögen unzulässig.[90]

Die 3-jährige **Sperrfrist galt auch**, wenn dem Schuldner **die RSB** in einem früheren Verfahren wegen einer vorsätzlichen oder grob fahrlässigen **Verletzung seiner Auskunfts- und Mitwirkungspflichten versagt**[91] oder ein Antrag auf Erteilung der RSB **als unzulässig verworfen** wurde. In zweiten Fall sollte jedenfalls ein auf Erteilung der RSB gerichteter Eigenantrag ausscheiden.[92] Die Frist begann mit der Rechtskraft des Versagungs- bzw. Abweisungsbeschlusses.[93] Ebenso galt eine Sperrfrist, wenn der Schuldner einen **Antrag auf RSB zurückgenommen** hat, um eine drohende Versagung der RSB zu vermeiden. In diesem Fall beginnt die Sperrfrist mit Rücknahme des Antrags.[94] Schließlich sollte eine Sperrfrist eingreifen, wenn die Rücknahmefiktion des § 305 Abs. 3 S. 2 InsO greift und der Schuldner das Nachbesserungsverlangen fristgerecht hätte erfüllen können.[95]

Mit der Reform des Verbraucherinsolvenzrechts zum 1.7.2014 wurde § 290 Abs. 1 Nr. 3 InsO gestrichen und ein Teil der Sperrfristrechtsprechung im neuen § 287a InsO kodifiziert.[96] Damit ist der Sperrfristrechtsprechung in seiner bisherigen Form der Boden entzogen worden. Nachdem zunächst unklar war, ob und in welchem Umfang die Sperrfristrechtsprechung auch künftig noch eine Rolle spielen wird,[97] entspricht es nunmehr ganz h.M., dass es richterrechtlich geschaffene Sperrfristen jenseits des 287a Abs. 2 InsO nicht mehr gibt.

---

89 BGH, Beschl. v. 21.1.2010 – IX ZB 174/09, ZInsO 2010, 344 f. Rn 8.
90 BGH, Beschl. v. 3.7.2008 – IX ZB 182/07, ZInsO 2008, 924, 925, Rn 8 ff.; Beschl. v. 21.1.2010 – IX ZB 174/09, ZInsO 2010, 344 f. Rn 8.
91 BGH, Beschl. v. 16.7.2009 – IX ZB 219/08, ZInsO 2009, 1777, 1779 f. Rn 13 ff.
92 BGH, Beschl. v. 16.7.2009 – ZInsO 2009, 1777, 1800 Rn 17; BGH, Beschl. v. 21.1.2010 – IX ZB 174/09, ZInsO 2010, 344 f. Rn 7.
93 BGH, Beschl. v. 16.7.2009 – IX ZB 219/08, ZInsO 2009, 1777, 1780 Rn 17.
94 BGH, Beschl. v. 12.5.2011 – IX ZB 221/09, ZInsO 2011, 1127 Rn 6 f.
95 BGH, Beschl. v. 18.9.2014 – IX ZB 72/13, ZInsO 2014, 2177, 2178 Rn 11 ff.
96 Vgl. BT-Drucks. 17/11268, S. 25; Laroche/Siebert, NZI 2014, 541, 542; Blankenburg, ZInsO 2015, 2258.
97 Ausdrücklich offen gelassen etwa von: BGH, Beschl. v. 20.3.2014 – IX ZB 17/13, ZInsO 2014, 795, 796 Rn 11; Beschl. v. 18.9.2014 – IX ZB 72/13, ZInsO 2014, 2177, 2179 Rn 18; gegen eine Fortwirkung: AG Göttingen, Beschl. v. 30.4.2014 – 71 IK 48/14 NOM, ZInsO 2014, 2175, 1176; vgl. näher zur möglichen Entwicklung der Sperrfristrechtsprechung nach Fallgruppen: Schmerbach, NZI 2014, 990 ff.; ZVI 2014, 211 ff.

Zweifellos existieren Fallkonstellationen, in denen ein Bedürfnis für eine Antragssperre besteht. Dies gilt namentlich für Fallgruppen, denen Umgehungstatbestände zugrunde liegen, so etwa bei Rücknahme des Antrags auf Restschuldbefreiung, um einer Entscheidung zur Versagung der Restschuldbefreiung zuvorzukommen. Zweifelhaft erscheint hingegen in diesen Fällen der schematische Rückgriff auf eine feste Sperrfrist. Vielmehr sollten diese Fälle auf anderem Wege im bestehenden System gelöst werden. Denkbar ist etwa eine Einschränkung der Dispositionsbefugnis des Schuldners über seinen Restschuldbefreiungsantrag nach Stellung eines Versagungsantrags entsprechend § 269 Abs. 1, 2 ZPO. Dem Schuldner könnte die Rücknahme seines Antrags verwehrt werden, wenn der Versagungsantragsteller auf einer Sachentscheidung besteht. Es würde dann für ein neues Verfahren unmittelbar die Sperre des § 287a Abs. 2 S. 1 Nr. 2 InsO gelten.[98] Diesen Weg beschreitet nunmehr auf der BGH, der entschieden hat, dass der Schuldner seinen Antrag auf Restschuldbefreiung nur noch mit Zustimmung des Gläubigers zurücknehmen kann, wenn ein fristgerecht und in zulässiger Weise gestellter Versagungsantrag entscheidungsreif ist, keine weiteren Erklärungen der Beteiligten ausstehen und lediglich noch eine Entscheidung des Insolvenzgerichts zu treffen ist.[99] Denkbar ist auch, dem neuen Antrag – oder jedenfalls dem regelmäßig begleitenden Stundungsbegehren in Anwendung des Rechtsgedankens des § 269 Abs. 4 ZPO – für eine gewisse, individuell bemessene Zeit das Rechtsschutzbedürfnis zu versagen.[100]

b) Fremdantrag

31 Der Fremdantrag ist zulässig, wenn (neben Vorliegen der allgemeinen Prozessvoraussetzungen und der Zuständigkeit des Gerichts) der antragstellende Gläubiger ein **rechtliches Interesse** an der Eröffnung des Insolvenzverfahrens hat sowie seine **Forderung** und einen **Eröffnungsgrund glaubhaft** macht, § 14 Abs. 1 Satz 1 InsO.

Zur Antragstellung ausreichend ist jede **persönliche** gegen das Vermögen des Schuldners gerichtete **Forderung**, die jedenfalls **in Geldwert** umrechenbar ist. Sie kann betagt oder bedingt sein. Auch die Verjährungseinrede steht ihr nicht entgegen, solange sie nicht erhoben wurde.[101] Zulässig ist auch, die Forderung (etwa aus Kostengründen) auf einen Teilbetrag zu beschränken.[102] Schließlich ist das Aus-

---

98 Laroche/Siebert, NZI 2014, 541, 542.
99 BGH, Beschl. v. 14.6.218 – IX ZB 43/17, ZInsO 2018, 1635.
100 Vgl. Laroche, NZI 2014, 575, Anm. zu AG Göttingen, NZI 2014, 574.
101 HambKomm/Linker, § 14 InsO Rn 10; in diesen Fällen ist allerdings das Rechtsschutzbedürfnis genau zu prüfen.
102 HambKomm/Linker, § 14 InsO Rn 12; **a.A.** FK/Schmerbach, § 14 InsO Rn 47, der eine Reduzierung des Gebührenstreitwerts gem. § 58 Abs. 2 GKG bei Geltendmachung eines Teilbetrages ablehnt, vgl. FK/Schmerbach, § 13 InsO Rn 208. Selbst wenn man dem folgt, kann sich gleichwohl eine Kostenreduzierung in vielen Fällen ergeben, da das Geltend machen nur eines Teilbetrages jedenfalls

wechseln der Forderung oder Nachschieben einer neuen Forderung zulässig, wenn die ursprüngliche Antragsforderung erst im Eröffnungsverfahren erfüllt worden ist.[103]

Neben der Forderung hat der Gläubiger einen **Insolvenzgrund** glaubhaft zu machen. Infrage kommen Zahlungsunfähigkeit, § 17 InsO, und Überschuldung, § 19 InsO.[104] Auf drohende Zahlungsunfähigkeit, § 18 InsO, kann der Gläubiger den Antrag hingegen nicht stützen, da diese nach dem eindeutigen Wortlaut nur beim Eigenantrag des Schuldners Insolvenzgrund ist. Zu den Insolvenzgründen im Einzelnen sei auf § 4 verwiesen.

Das beim Gläubigerantrag erforderliche Tatbestandsmerkmal des rechtlichen Interesses soll sicherstellen, dass nur solche Gläubiger Anträge stellen, die im Fall der Eröffnung als Insolvenzgläubiger am Verfahren beteiligt wären, und um missbräuchlichen Anträgen vorzubeugen, die etwa zu dem Zweck gestellt werden, Zahlungen solventer, aber zahlungsunwilliger Schuldner zu erzwingen.[105] **Gelingt dem Gläubiger die Glaubhaftmachung von Forderung und Insolvenzgrund**, ist wegen des staatlichen Vollstreckungsmonopols das **rechtliche Interesse an der Eröffnung des Verfahrens regelmäßig gegeben**.[106]

c) Glaubhaftmachung der Antragsvoraussetzungen

Dem Gläubiger obliegt eine **doppelte Glaubhaftmachung**, nämlich von Forderung und Insolvenzgrund.[107] Ein Vollbeweis ist nicht gefordert, es genügt die Feststellung einer überwiegenden Wahrscheinlichkeit.[108] Die Glaubhaftmachung kann durch jedes präsente Beweismittel erfolgen, § 294 ZPO. Zu beachten ist, dass nur das Bestehen der Forderung glaubhaft gemacht werden muss, nicht hingegen eine bestimmte Forderungshöhe. Es reicht daher die Glaubhaftmachung eines Teilbetrages aus.[109]

Die **Glaubhaftmachung der Forderung** kann etwa durch Vorlage eines vollstreckbaren Titels, Verträgen, Rechnungen, Lieferscheinen oder Schreiben, in de-

32

Auswirkungen auf den für etwaige Rechtsanwaltsgebühren maßgeblichen Streitwert des § 28 RVG haben dürfte; vgl. zur Streitwertfestsetzung unten Rdn 369.
103 BGH, Beschl. v. 5.2.2004 – IX ZB 29/03, NZI 2004, 587, 588; HambKomm/Linker, § 14 InsO Rn 13.
104 HambKomm/Linker, § 14 InsO Rn 24.
105 BGH, Beschl. v. 29.6.2006 – IX ZB 245/05, ZInsO 2006, 824, 825 Rn 7.
106 BGH, Beschl. v. 29.6.2006 – IX ZB 245/05, ZInsO 2006, 824, 825 Rn 7; Beschl. v. 5.5.2011 – IX ZB 251/10, BeckRS 2011, 15958 = JurionRS 2011, 17972; Vallender, NJW 2011, 1491.
107 Uhlenbruck/Wegener, § 14 InsO Rn 31.
108 Uhlenbruck/Wegener, § 14 InsO Rn 27.
109 BGH, Beschl. v. 5.2.2004 – IX ZB 29/03, NZI 2004, 2004, 587; Uhlenbruck/Wegener, § 14 InsO Rn 33 m.w.N.

nen der Schuldner die Forderung anerkennt, erfolgen.[110] Umstritten ist, ob ein **nicht rechtskräftiger Vollstreckungsbescheid** ausreicht. Dem wird entgegengehalten, dass keine Schlüssigkeitsprüfung der Forderung erfolgt sei.[111] Dem kann in dieser Allgemeinheit nicht gefolgt werden. Denn der Gläubiger ist nicht darauf beschränkt, seinem Antrag eine rechtskräftig titulierte Forderung zugrunde zu legen. Vielmehr handelt es sich lediglich um eine Frage der Glaubhaftmachung von Forderung und Insolvenzgrund.[112]

Sozialversicherungsträger haben zur schlüssigen Darlegung die **Forderung nach Monaten aufzuschlüsseln**. Darüber hinaus ist anzugeben, ob die Beitragsforderung auf Beitragsnachweisen des Schuldners oder auf Leistungsbescheiden beruht.[113] Säumniszuschläge, Vollstreckungskosten und Kosten der Rechtsverfolgung (Mahnkosten) sind gesondert auszuweisen.[114] Gemäß § 28f Abs. 3 Satz 3 SGB IV gilt der vom Arbeitgeber übermittelte Beitragsnachweis als Dokument zur Glaubhaftmachung der Forderung. Beruft sich der Sozialversicherungsträger auf die vom Schuldner als Arbeitgeber per EDV übermittelten Beitragsnachweise, so hat er einen Ausdruck (softcopy) der Beitragsnachweise beizufügen. Ein Auszug aus dem Beitragskonto reicht grundsätzlich nicht aus.[115] Soweit die Rechtsprechung darüber hinaus vormals eine Aufschlüsselung nach Arbeitnehmern gefordert hat,[116] hat der BGH dieses Kriterium im Hinblick auf § 28f Abs. 3 Satz 3 SGB IV ausdrücklich aufgegeben[117] und folgt damit den Erfordernissen der Praxis.

Entsprechendes gilt für Anträge der **Finanzämter**. Auch diese müssen ihre Forderungen vollständig glaubhaft machen. Dazu ist grundsätzlich erforderlich, dass Steuerbescheide und gegebenenfalls etwaige Steueranmeldungen des Schuldners vorgelegt werden.[118] Die Vorlage lediglich eines Kontoauszugs oder einer Rückstandsaufstellung reicht entgegen einer bisweilen anzutreffenden Praxis regelmäßig nicht aus.[119]

---

110 HambKomm/Linker, § 14 InsO Rn 16.
111 LG Potsdam, Beschl. v. 24.11.1999 – 5 T 248/99, NZI 2000, 233; HambKomm/Linker, § 14 InsO Rn 21.
112 Vgl.: BGH, Beschl. v. 22.9.2005 – IX ZB 205/04, NZI 2006 34; Gottwald/Vuia, InsRHdb, § 9 Rn 28; vgl. auch: FK/Schmerbach, § 14 InsO Rn 205f.
113 BGH, Beschl. v. 5.2.2004 – IX ZB 29/03, NZI 2004, 587, 588; HambKomm/Linker, § 14 InsO Rn 38.
114 HambKomm/Linker, § 14 InsO Rn 38.
115 BGH, Beschl, v. 5.2.2004 – IX ZB 29/03, NZI 2004, 587 ff.; HambKomm/Linker, § 14 InsO Rn 39.
116 Ständige Rspr. seit BGH, Beschl. v. 5.2.2004 – IX ZB 29/03, NZI 2004, 587.
117 BGH, Beschl. v. 11.6.2015 – IX ZB 76/13, ZInsO 2015, 1566, 1567 Rn 7.
118 BGH, Beschl. v. 21.7.2011 – IX ZB 256/10, ZInsO 2011, 1614 Rn 4; HambKomm/Linker, § 14 InsO Rn 41, jeweils m.w.N.
119 BGH, Beschl. v. 21.7.2011 – IX ZB 256/10, ZInsO 2011, 1614 Rn 4; HambKomm/Linker, § 14 InsO Rn 41 jeweils m.w.N.

Der **Insolvenzgrund** kann etwa durch Urkunden, die die Zahlungsunfähigkeit 33
belegen, **glaubhaft** gemacht werden. Zu nennen sind etwa **Protokolle über eine
fruchtlose Pfändung** oder das **Vermögensverzeichnis** (eidesstattliche Versicherung) nach §§ 807, 899 ZPO bzw. § 284 AO.[120] Auch die dem Gläubiger ggü. abgegebene Erklärung, zahlungsunfähig zu sein, kann ausreichen, wenn die Abgabe dieser
Erklärung glaubhaft gemacht wird, etwa durch Vorlage eines Schreibens des
Schuldners, in dem er seine Zahlungsunfähigkeit eingesteht.

Stützt der Gläubiger seinen Antrag auf eine **nicht rechtskräftig** titulierte **Forderung**, hat er i.R.d. Glaubhaftmachung der Zahlungsunfähigkeit – der Insolvenzgrund der Überschuldung spielt beim Gläubigerantrag in der Praxis keine Rolle[121] –
auch darzulegen und glaubhaft zu machen, dass **nicht** lediglich **Zahlungsunwilligkeit** beim Schuldner vorliegt.[122] Der Gläubiger muss deshalb in diesem Fall von
sich aus auch **Einwendungen des Schuldners** gegen die Forderung **mitteilen**, sich
mit diesen auseinandersetzen und mit den Mitteln der Glaubhaftmachung entkräften. Sind keine Einwendungen erhoben, so ist auch dies glaubhaft zu machen.[123]
Hierzu bietet sich insb. die eidesstattliche Versicherung einer mit dem Sachverhalt
vertrauten Person an.[124]

Aufgrund der Strafbarkeit des Vorenthaltens von Arbeitnehmerentgelt gem.
§ 266a StGB kann die Nichtabführung **Sozialversicherungsbeiträgen** über einen
längeren Zeitraum zur Glaubhaftmachung der Zahlungsunfähigkeit ausreichend
sein. Bei einem Rückstand von 6 Monaten wird dies regelmäßig anzunehmen sein.[125]

Kommt das Gericht nach Prüfung des Antrags zu dem Ergebnis, dass die an den 34
Insolvenzantrag zu stellenden Anforderungen erfüllt sind, so lässt es den Antrag zu.
Die Zulassung des Antrags erfolgt formlos durch Vermerk oder durch konkludentes Handeln des Gerichts, etwa durch Zustellung des Antrags an den Schuldner.[126]
Gleichwohl kommt der Zulassung erhebliche Bedeutung vor. Denn erst ab diesem
Zeitpunkt gilt der Amtsermittlungsgrundsatz des § 5 InsO,[127] der neben den Charakter des Insolvenzeröffnungsverfahrens als quasi-streitiges Verfahren tritt.[128]

---

120 HambKomm/Linker, § 14 InsO Rn 28, 35.
121 Vgl. HK/Sternal, § 14 InsO Rn 31.
122 Vgl.: BGH, Beschl. v. 22.9.2005 – IX ZB 205/04, NZI 2006, 34; HK/Sternal, § 14 InsO Rn 24, HK/Laroche, § 17 Rn 12.
123 Gottwald/Vuia, InsRHdb, § 9 Rn 62.
124 Vgl. MüKo/Vuia, § 14 InsO Rn 68.
125 BGH, Beschl. v. 13.6.2006 – IX ZB 238/05, ZInsO 2006, 827f.; HambKomm/Linker, § 14 InsO Rn 40.
126 Uhlenbruck/Wegener, § 14 InsO Rn 149; vgl. FK/Schmerbach, § 13 InsO Rn 2ff., der die Begriffe Vorprüfung und Hauptprüfung verwendet.
127 FK/Schmerbach, § 5 InsO Rn 4.
128 FK/Schmerbach, § 5 InsO Rn 4.

Gelingt dem Gläubiger die Glaubhaftmachung von Forderung und Insolvenzgrund hingegen nicht, so ist der Antrag mit der Kostenfolge der §§ 4 InsO, 91 ZPO als unzulässig zurückzuweisen. Zuvor hat das Gericht den Antragsteller allerdings auf seine Bedenken hinzuweisen und Gelegenheit zur Abhilfe der Beanstandungen zu geben.[129] Vgl. dazu auch Rdn 40.

d) Streitige Antragsforderung

35 Eine Besonderheit ergibt sich, wenn sich aufgrund einer Gegenglaubhaftmachung des Schuldners Zweifel an der dem Antrag zugrunde liegenden Forderung ergeben. Es ist, von offensichtlichen Fällen abgesehen,[130] **nicht Sache des Insolvenzgerichts, den Bestand ernsthaft bestrittener, rechtlich zweifelhafter Forderungen zu überprüfen**.[131] Insoweit besteht nach allgemeiner Ansicht keine Amtsermittlungspflicht des Gerichts. Ist die Forderung **nicht tituliert**, ist der Antrag bei Zweifeln am Bestehen der Forderung aufgrund **erfolgreicher Gegenglaubhaftmachung als unzulässig abzuweisen**.[132] Eine Schlüssigkeitsprüfung im technischen Sinne ist dabei nicht erforderlich. Verbleibende Zweifel gehen zulasten des Gläubigers.[133] Dies gilt allerdings nur, wenn aus der streitigen Forderung gleichzeitig der Insolvenzgrund abgeleitet wird.[134] Leitet sich der Insolvenzgrund auch aus anderen (unstreitigen) Forderungen ab oder hat das Gericht zwischenzeitlich weitere Erkenntnisse erlangt, so sind diese zu berücksichtigen, da es für die Eröffnungsentscheidung darauf ankommt, ob ein Eröffnungsgrund vorliegt, nicht aber, ob die Antragsforderung besteht.[135]

36 Ist die Antragsforderung **tituliert**, sind besondere Anforderungen an die Gegenglaubhaftmachung zu stellen. Denn es ist auch **nicht Aufgabe des Insolvenzgerichts, rechtlich und tatsächlich zweifelhaften Einwänden gegen eine titulierte Forderung nachzugehen**.[136] Zu weitgehend ist es aber, in jedem Fall eine

---

129 Uhlenbruck/Wegener, § 14 InsO Rn 31.
130 BGH, Beschl. v. 29.11.2007 – IX ZB 12/07, ZInsO 2008, 103, 104 Rn 9; AG Köln, Beschl. v. 7.3.2007 – 71 IN 609/06, NZI 2007, 666; vgl. für den Fall, dass ein vorläufig vollstreckbarer Titel existiert: AG Köln, Beschl. v. 6.5.2015 – 72 IN 514/13, ZInsO 2015, 1452 ff.
131 BGH, Beschl. v. 29.11.2007 – IX ZB 12/07, ZInsO 2008, 103, 104 Rn 9; Beschl. v. 29.3.2007 – IX ZB 141/06, ZInsO 2007, 604, Rn 7; Beschl. v. 14.12.2005 – IX ZB 207/04, ZInsO 2006, 145 Rn 6; HambKomm/Linker, § 14 InsO Rn 66, 70, m.w.N.
132 BGH, Beschl. v. 1.2.2007 – IX ZB 79/06, NZI 2007, 350; FK/Schmerbach, § 14 InsO Rn 115; HambKomm/Linker, § 14 InsO Rn 61, 66; HK/Sternal, § 14 InsO Rn 52; Frind, ZInsO 2011, 412, 414.
133 BGH, Beschl. v. 1.2.2007 – IX ZB 79/06, NZI 2007, 350.
134 BGH, Beschl. v. 14.12.2005 – IX ZB 207/04, ZInsO 2006, 145 f.; Beschl. v. 29.11.2007 – IX ZB 12/07, ZInsO 2008, 103, 104 Rn 6.
135 HambKomm/Linker, § 14 InsO Rn 70.
136 BGH, Beschl. v. 29.6.2006 – IX ZB 245/05, ZInsO 2006, 824, 825 Rn 11; Beschl. v. 29.11.2007 – IX ZB 12/07, ZInsO 2008, 103, 104 Rn 9.

entgegenstehende gerichtliche Entscheidung, etwa die Bewilligung vorläufigen Rechtsschutzes oder Einstellung der Zwangsvollstreckung zu verlangen. Ausreichend kann sein, wenn die Forderung mit Rechtsmitteln angegriffen ist und die Anträge auf einstweiligen Rechtsschutz gestellt sind.[137] Nicht notwendigerweise muss einem solchen Antrag bereits stattgegeben worden sein.[138] Solange noch keine Entscheidung vorliegt, muss das Insolvenzgericht die Einwendungen allerdings auch nicht berücksichtigen.[139] Lässt sich ein Eröffnungsgrund nur deshalb nicht feststellen, weil das Vorliegen eines Insolvenzgrundes von der streitigen, zwar glaubhaft gemachten, aber nicht sicher feststehenden Antragsforderung abhängt, ist der Antrag als unbegründet abzuweisen.[140]

e) Rechtsschutzbedürfnis

Der Insolvenzantrag ist unzulässig, wenn ihm das Rechtsschutzbedürfnis fehlt. Das Erfordernis des Rechtschutzbedürfnisses soll sicherstellen, dass missbräuchliche Anträge ausgeschlossen werden und nur solche Gläubiger Anträge stellen, die im Falle der Eröffnung auch als Insolvenzgläubiger am Verfahren beteiligt wären.[141]

37

Schon aufgrund des staatlichen Vollstreckungsmonopols besteht es regelmäßig, wenn dem Antragsteller eine Forderung zusteht und ein Eröffnungsgrund glaubhaft gemacht ist.[142] Es ist dann indiziert und bedarf keiner besonderen Darlegung.[143] Es fehlt, wenn der Gläubiger einen einfacheren Weg zur Durchsetzung seiner Forderung hat. Ein Rechtsschutzbedürfnis ist deshalb zu verneinen, wenn die **Forderung** zweifelsfrei vollständig **dinglich gesichert** ist.[144] Die bloße Behauptung des Schuldners einer ausreichenden Sicherung des Gläubigers genügt hingegen nicht zur Verneinung eines Rechtsschutzbedürfnisses.[145]

Ob und in welchem Umfang vor Zulässigkeit eines Insolvenzantrags Maßnahmen der Einzelzwangsvollstreckung erforderlich sind, ist eine Frage des Einzelfalls. Es ist jedenfalls **nicht erforderlich**, alle **Maßnahmen der Einzelzwangsvollstreckung** auszuschöpfen.[146] Auf eine Einzelzwangsvollstreckung kann etwa verzichtet

---

137 Vgl. BGH, Beschl. v. 6.5.2010 – IX ZB 176/09, BeckRS 2010, 13377; Ganter, NZI 2010, 209, 211.
138 Enger (gerichtliche Entscheidung über Einstellung der Zwangsvollstreckung oder Erklärung der Unzulässigkeit muss vorliegen): HambKomm/Linker, § 14 InsO Rn 67.
139 BGH, Beschl. v. 17.9.2009 – IX ZB 26/08, ZInsO 2009, 2072; Beschl. v. 6.5.2010 – IX ZB 176/09, BeckRS 2010, 13377.
140 HambKomm/Linker, § 14 InsO Rn 70.
141 Pape, ZInsO 2011, 2154, 2165.
142 BGH, Beschl. v. 5.5.2011 – IX ZB 250/10, NZI 20111, 632 Rn 6.
143 Pape, ZInsO 2011, 2154, 2165.
144 BGH, Beschl. v. 29.11.2007 – IX ZB 12/07, NJW 2008, 1380 = ZInsO 2008, 103 ff.
145 BGH, Beschl. v. 5.5.2011 – IX ZB 250/10, NZI 20111, 632 Rn 6; Pape, ZInsO 2011, 2154, 2165.
146 FK/Schmerbach, § 14 InsO Rn 108.

werden, wenn aufgrund einer Anfrage bei einer Wirtschaftsauskunftei davon auszugehen ist, dass diese erfolglos verlaufen wird. Bei der Frage, ob vor Antragstellung der Versuch einer Individualvollstreckung unternommen werden soll, ist aus Praxissicht zu bedenken, dass die Glaubhaftmachung des Insolvenzgrundes durch den Nachweis der erfolglosen Einzelzwangsvollstreckung erheblich erleichtert wird und die Insolvenzantragstellung für den Gläubiger mit einem nicht unerheblichen Kostenrisiko verbunden ist. Vgl. dazu näher Rdn 374.

38   Werden mit der Antragstellung **insolvenzfremde Zwecke** verfolgt, fehlt es am Rechtsschutzbedürfnis. Der Antrag ist dann als unzulässig zurückzuweisen. Zu dieser Fallgruppe gehören insb. **Druckanträge**, die dem Ziel dienen, den solventen, aber zahlungsunwilligen Schuldner zur Zahlung zu bewegen oder Ratenzahlungen zu erzwingen.[147] Auch der Versuch, einer streitigen Forderung durch den Insolvenzantrag zur Anerkennung und/oder Durchsetzung zu verhelfen, gehört hierzu. Ebenso ist es rechtsmissbräuchlich, das Insolvenzverfahren als Mittel zu einer schnellen und günstigen Abwicklung eines lästigen Vertragsverhältnisses nutzen zu wollen.[148]

f) Anhörung des Schuldners

39   Hat der Gläubiger mit seinem Antrag die Zulässigkeitshürde überwunden, ist gem. § 14 Abs. 2 InsO der Schuldner zu hören. Die Anhörung des Schuldners kann mündlich oder schriftlich erfolgen.[149] In der Praxis erfolgt sie regelmäßig schriftlich durch Übersendung des Insolvenzantrags und eines **Fragebogens** an den Schuldner, versehen mit einer kurzen Frist zur Rücksendung innerhalb von wenigen Tagen.

Hält sich der Schuldner bzw. sein organschaftlicher Vertreter im Ausland auf und würde seine Anhörung das Verfahren übermäßig verzögern oder ist sein Aufenthalt unbekannt, kann nach § 10 Abs. 1 InsO die Anhörung unterbleiben. Alternativ können Vertreter und Angehörige des Schuldners oder die an einer Gesellschaft beteiligten Personen unter den Voraussetzungen des § 10 Abs. 1 Satz 2, Abs. 2 Satz 2 InsO angehört werden. Vgl. dazu auch Rdn 312.

Durch die Anhörung erhält der Schuldner die Gelegenheit, die Glaubhaftmachung sowohl der Antragsforderung als auch des Insolvenzgrundes durch eine Gegenglaubhaftmachung zu erschüttern. Hier zeigt sich der Charakter des Eröffnungsverfahrens als quasi-streitiges Parteiverfahren.[150] Gelingt die Gegenglaub-

---

147   BGH, Urt. v. 18.12.2003 – IX ZR 199/02, BGHZ 157, 242, 246 f. = NJW 2004, 1385, 1086; FK/Schmerbach, § 14 InsO, Rn 126.
148   BGH, Beschl. v. 29.6.2006 – IX ZB 245/05, ZInsO 2006, 824, 825, Rn 12; FK/Schmerbach, § 14 InsO, Rn 138; Vallender, NJW 2011, 1491.
149   FK/Schmerbach, § 14 InsO, Rn 245.
150   FK/Schmerbach, § 5 InsO, Rn 4; § 13 InsO Rn 6.

Laroche

haftmachung, ist der Insolvenzantrag trotz der vorherigen Zulassung als unzulässig abzuweisen.[151]

C. Eröffnungsverfahren

I. Unzulässiger Antrag

Hat der Schuldner einen Insolvenzgrund nicht schlüssig und nachvollziehbar dargelegt oder gelingt beim Fremdantrag dem Gläubiger die Glaubhaftmachung von Forderung und Insolvenzgrund nicht, so ist der Antrag mit der Kostenfolge des § 4 InsO, § 91 ZPO als unzulässig zurückzuweisen. Zuvor hat das Gericht den Antragsteller allerdings auf seine Bedenken hinzuweisen und Gelegenheit zur Abhilfe der Beanstandungen zu geben.[152] Entsprechendes gilt beim Fehlen allgemeiner Prozessvoraussetzungen. 40

Ist der Antrag bei einem örtlich unzuständigen Gericht gestellt worden, hat das Gericht auf diesen Umstand hinzuweisen, damit der Antragsteller die **Verweisung an das örtlich zuständige Gericht** beantragen kann, §§ 4 InsO, 281 ZPO. Diese Verweisung ist im Gegensatz zur formlosen Abgabe grds. bindend. Kommen mehrere zuständige Gerichte in Betracht, hat der Antragsteller das zuständige Gericht zu benennen. Nur wenn der Antragsteller keinen Verweisungsantrag stellt, kann das Gericht nach Ablauf einer gesetzten Frist den Antrag als unzulässig zurückweisen.[153]

II. Zulässiger Antrag

1. Amtsermittlung

Ist der Insolvenzantrag zulässig, tritt das Insolvenzgericht in die Prüfung der Begründetheit des Antrags ein. Die Zulassung des Antrags erfolgt formlos durch Vermerk oder durch konkludentes Handeln des Gerichts, etwa durch Zustellung des Antrags an den Schuldner.[154] Gleichwohl kommt der Zulassung erhebliche Bedeutung zu. Denn erst ab diesem Zeitpunkt gilt der **Amtsermittlungsgrundsatz** des § 5 Abs. 1 InsO, der neben den Charakter des Insolvenzeröffnungsverfahrens als quasistreitiges Verfahren tritt.[155] Die Dispositionsmaxime ist weitgehend von der Inquisi- 41

---

151 HambKomm/Linker, § 14 InsO Rn 61.
152 Uhlenbruck/Wegener, § 13 InsO Rn 150f.
153 Frege/Keller/Riedel, HRP, Rn 275ff.
154 HambKomm/Linker, § 14 InsO, Rn 60; FK/Schmerbach, § 14 InsO Rn 242.
155 Uhlenbruck/Pape, § 5 InsO Rn 1; Uhlenbruck/Wegener, § 14 InsO Rn 148.

Laroche

tionsmaxime und dem Amtsbetrieb verdrängt.[156] Das Gericht entscheidet deshalb nach eigenem Ermessen, welche Beweise es erhebt.

Bei kurzfristig nicht auszuräumenden Zweifeln an der Zulässigkeit des Insolvenzantrags kann das Gericht bereits **vor endgültiger Klärung der Zulässigkeit parallel in die Begründetheitsprüfung** einsteigen. Dies gilt etwa bei der bisweilen schwierigen Frage nach der örtlichen Zuständigkeit, wenn der Schwerpunkt der wirtschaftlichen Tätigkeit nicht ohne Weiteres ermittelbar ist.[157] Auch in Fällen einer streitigen Antragsberechtigung, etwa bei bestrittener Forderung (vgl. dazu oben Rdn 32), kann ein solches Vorgehen angezeigt sein.[158]

42 Da das Insolvenzverfahren ein eilbedürftiges Verfahren ist, sind die **Vorschriften der ZPO über Aussetzung, Unterbrechung und Ruhen des Verfahrens nicht entsprechend anwendbar.**[159] Es ist deshalb insb. nicht zulässig, das Insolvenzverfahren aufgrund etwaiger Vergleichsverhandlungen zum Ruhen zu bringen oder, was häufig begehrt wird, aufgrund einer Ratenzahlungsvereinbarung zunächst nicht weiter zu betreiben. Haben sich antragstellender Gläubiger und Schuldner auf eine Ratenzahlung über die Antragsforderung geeinigt, verbleibt ihnen die Möglichkeit der übereinstimmenden Erledigungserklärung oder der Antragsrücknahme, wenn sie weitere Ermittlungen des Gerichts vermeiden wollen.

Zu den Ermittlungsmöglichkeiten des Gerichts gehören zunächst **Anfragen an andere Gerichte und Behörden**, insb. an das Grundbuchamt hinsichtlich etwaigen Grundbesitzes, an das Handelsregister, die Gerichtsvollzieherverteilerstelle und die amtsgerichtliche Vollstreckungsabteilung wegen etwaiger Zwangsvollstreckungen und an das Gewerbeamt. Verfahrensrelevante Unterlagen, etwa eine abgegebene eidesstattliche Versicherung über die Vermögensverhältnisse, oder Akten wird das Gericht sich übersenden lassen bzw. beiziehen.

43 Des Weiteren ist die Vernehmung von **Zeugen und Sachverständigen** möglich, § 5 Abs. 1 Satz 2 InsO. Wesentliche Bedeutung kommt auch der **Anhörung des Schuldners** zu. Diese kann mündlich erfolgen, erfolgt üblicherweise aber auf dem Schriftwege durch Übersendung eines Fragebogens. Der Schuldner ist gem. § 20 InsO zur umfassenden Auskunftserteilung verpflichtet. Diese Pflicht kann das Gericht mit Zwangsmitteln, wie der gerichtlichen Vorführung oder auch der Inhaftierung, durchsetzen. Die §§ 97, 98, 101 Abs. 1 Satz 1, 2, Abs. 2 InsO gelten über § 20

---

156 Uhlenbruck/Pape, § 5 InsO Rn 1.
157 Vgl. BGH, Beschl. v. 22.3.2007 – IX ZB 164/06, ZInsO 2007, 440, 441, siehe auch. unten Rdn 306.
158 Vgl. i.E. ebenso HambKomm/Linker, § 14 InsO Rn 66.
159 BGH, Beschl. v. 17.12.2009 – IX ZB 124/09, ZInsO 2010, 131f.; BGH, Beschl. v. 14.1.2010 – IX ZB 72/08, veröffentlicht auch bei juris = ZIP 2010, 856 (red. LS); Uhlenbruck/Pape, § 4 InsO Rn 2; Vallender, NJW 2011, 1491.

Abs. 1 Satz 2 InsO entsprechend. Der Schuldner ist deshalb im Eröffnungsverfahren auch verpflichtet, über solche Umstände Auskunft zu erteilen, die geeignet sind, eine Verfolgung wegen einer Straftat oder Ordnungswidrigkeit herbeizuführen. Allerdings gilt zum Schutz des Schuldners ein Beweisverwendungsverbot hinsichtlich der vom Schuldner gemachten Auskünfte, § 97 Abs. 1 Satz 3 InsO.[160] Zu den Einzelheiten näher unten die Ausführungen unter § 2 N.

Viele Fälle können bereits durch diese Ermittlungstätigkeit des Gerichts abschließend beurteilt werden. Dies gilt nicht nur für die ganz überwiegende Zahl der Verbraucherinsolvenzverfahren, sondern auch für viele Regelinsolvenzverfahren, insb. dann, wenn ein Einzelunternehmer seinen Geschäftsbetrieb bereits vollständig eingestellt hat und nunmehr die Eröffnung des Insolvenzverfahrens über das Vermögen des Inhabers beantragt worden ist.

2. Sachverständigenbestellung

Reichen die vom Gericht eingeholten Informationen nicht aus, oder ist spezielle Sachkunde erforderlich, beauftragt das Gericht auf Grundlage des § 5 Abs. 1 Satz 2 InsO in Ausübung seiner Verpflichtung zur Amtsermittlung einen **Sachverständigen** mit der Prüfung der Eröffnungsvoraussetzungen. Es handelt sich vornehmlich um Fälle von weiter reichender wirtschaftlicher Bedeutung, insb. um Verfahren mit einem laufenden Geschäftsbetrieb sowie solche, in denen ernsthaft Anfechtungsrechte oder gesellschaftsrechtliche Ansprüche, etwa auf Zahlung einer ausstehenden Stammeinlage oder Organhaftungsansprüche (z.B. gem. § 15b InsO, § 31 BGB, § 64 GmbHG a.F. oder § 93 AktG) in Betracht kommen.

44

Da der zu bestellende Sachverständige über die erforderliche Sachkunde verfügen muss, um dem Insolvenzgericht die für die Eröffnungsentscheidung notwendige tatsächliche Grundlage liefern zu können, wird er regelmäßig aus dem Kreis der Personen ausgewählt, die auch für die Bestellung als Insolvenzverwalter in Betracht kommen. In aller Regel wird der Sachverständige im Fall der Verfahrenseröffnung auch zum Insolvenzverwalter und, soweit sich die Notwendigkeit einer vorläufigen Insolvenzverwaltung ergibt, bereits zuvor zum vorläufigen Insolvenzverwalter bestellt. Der Auswahl des richtigen Sachverständigen kommt somit eine entscheidende Bedeutung für den gesamten weiteren Verlauf des Insolvenzverfahrens zu. Die Gerichte sind deshalb gehalten, die Person des Sachverständigen mit Sorgfalt nach den Erfordernissen des Einzelfalles auszuwählen und nicht lediglich vorhandene Sachverständigenlisten „abzuarbeiten".

---

160 FK/Wimmer/Amend, § 97 Rn 15 ff.

3. Entscheidung über den Antrag

45 Ist das Eröffnungsverfahren nicht durch Antragsrücknahme oder Erledigungserklärung zu einem vorzeitigen Ende gekommen, hat das Gericht nach Abschluss seiner Ermittlungen über den Antrag zu entscheiden. In Betracht kommen
- die Eröffnung des Insolvenzverfahrens, wenn ein Insolvenzgrund festgestellt werden kann und genügend Masse zur Durchführung des Verfahrens vorhanden ist,
- die Zurückweisung des Antrags als unzulässig oder unbegründet, wenn die Antragsvoraussetzungen nicht vorliegen bzw. kein Insolvenzgrund festgestellt werden kann,
- und die Abweisung mangels Masse, wenn zwar ein Insolvenzgrund vorliegt, aber die Masse voraussichtlich nicht ausreichen wird, die Kosten des Verfahrens zu decken (§ 26 Abs. 1 Satz 1 InsO).

III. Erledigung im Eröffnungsverfahren

46 Schuldner versuchen nicht selten, die Eröffnung eines Insolvenzverfahrens zu vermeiden, indem sie nach Stellung eines Gläubigerantrags die Forderung des Antragstellers befriedigen oder zu befriedigen versuchen.

Dies war bis zum 1.1.2011 unproblematisch möglich, da mit Erfüllung der Antragsforderung eine zwingende Voraussetzung des Fremdantrags entfallen war und der Antrag nachträglich unzulässig wurde. Durch das Haushaltsbegleitgesetz 2011[161] wurde mit Wirkung zum 1.1.2011 § 14 InsO in Abs. 1 um die Sätze 2 und 3 sowie eine Kostenregelung in Abs. 3 ergänzt. Seitdem war es so, dass die Erfüllung der Forderung nicht mehr in jedem Falle zwangsläufig zur Unzulässigkeit des Insolvenzantrags führte. Vielmehr sollte bei Vorliegen eines Folgeantrags innerhalb von zwei Jahren die materielle Klärung, ob der Schuldner insolvent ist, im Interesse der Gläubigergemeinschaft und des Wirtschaftsverkehrs nicht mehr durch die Begleichung der Forderung verhindert werden können.

Diese Reform des § 14 InsO wurde allgemein positiv aufgenommen, bisweilen aber als nicht weitgehend genug angesehen.[162] Der Gesetzgeber hat sich dem angenommen und nunmehr im Rahmen der Reform des Anfechtungsrechts die Regelung des § 14 Abs. 1 S. 2 InsO bereits **auf den Erstantrag erstreckt**.[163]

---

161 Haushaltsbegleitgesetz 2011 (HBeglG 2011) v. 9.12.2010, BGBl. I, S. 1885.
162 Vgl. näher Frind, ZInsO 2015, 2049 m.w.N.
163 Vgl. Entwurf eines Gesetzes zur Verbesserung der Rechtssicherheit bei Anfechtungen nach der Insolvenzordnung und nach dem Anfechtungsgesetz, BT-Drucks. 18/7054 v. 16.12.2015. § 14 Abs. 1 S. 2 InsO soll danach lauten: Der Antrag wird nicht allein dadurch unzulässig, dass die Forderung erfüllt wird". S. 3 wird aufgehoben; vgl. zur Neuregelung, insb. zu der systematisch nicht mehr pas-

1. Fortführung nach Zahlung

Nach § 14 Abs. 1 S. 2 InsO wird der Antrag eines Gläubigers nicht allein durch die vollständige Begleichung der Antragsforderung nachträglich unzulässig. Der antragstellende Gläubiger ist – im Gegensatz zum Rechtszustand vor Einführung des § 14 Abs. 1 S. 2 InsO – nicht mehr gehalten, zur Vermeidung einer kostenpflichtigen Abweisung des Antrags als unzulässig, den Insolvenzantrag in der Hauptsache **für erledigt zu erklären**. Vielmehr entspricht des dem gesetzgeberischen Willen, trotz Begleichung der Antragsforderung das Vorliegen eines Insolvenzgrundes gerichtlich klären zu lassen. Ziel der Regelung ist es, wiederholte Antragstellungen innerhalb kürzerer Zeit zu vermeiden, die wirtschaftliche Tätigkeit insolventer Unternehmen einzuschränken und die Zahlungsfähigkeit des Schuldners möglichst frühzeitig abzuklären.[164] In der Änderung des § 14 InsO waren es insb. Anträge von FA und Sozialversicherungsträgern, die durch Zahlung der Erledigung zugeführt wurden.[165] In nicht wenigen Fällen haben in kurzem Abstand weitere Gläubiger Anträge gestellt, die der Schuldner nicht mehr durch Zahlung erledigen konnte. Anstatt rechtzeitig gegenzusteuern, ist der Schuldner immer tiefer in die Krise gerutscht, sodass oftmals noch vorhandene Sanierungschancen vertan wurden und schließlich in einem Insolvenzverfahren allenfalls noch eine Verteilung des Restvermögens erfolgte.

Für die zuvor befriedigten Gläubiger hatte diese späte Insolvenzeröffnung die unangenehme Folge, dass die erhaltene Zahlung vom Insolvenzverwalter erfolgreich angefochten und zur Masse gezogen werden konnte.[166] Der vom Antragsteller verfolgte Ordnungszweck der frühzeitigen Antragstellung wurde ebenso verfehlt wie die vom Schuldner beabsichtigte Befriedigung der Forderung. Diese missliche Situation soll durch die Neuregelung vermieden werden.

Allerdings wirft der neu gefasste § 14 Abs. 1 S. 2 InsO Folgeprobleme auf. Bereits aus dem Wortlaut („... nicht allein dadurch unzulässig ...") folgt, dass nach Erfüllung der Antragsforderung das Insolvenzgericht das Fortbestehen der weiteren Zulässigkeitsvoraussetzungen sehr genau zu prüfen hat. Dies gilt insb. auch für das Rechtsschutzbedürfnis[167] sowie die Glaubhaftmachung und Gegenglaubhaftmachung des Insolvenzgrundes. Der antragstellende Gläubiger ist jedenfalls nicht gehalten, stets neue Tatsachen vorzutragen, die für eine jetzt noch bestehende Zah-

---

senden Kostenregelung des § 14 Abs. 3 InsO: Marotzke, ZInsO 2015, 2397 ff.; Laroche, ZInsO 2015, 2511 ff.
164 BT-Drucks. 17/3030 v. 27.9.2010, S. 42.
165 Vgl. zu den Problemen wiederholten Antragstellung und der Neuregelung aus Sicht der Sozialversicherungsträger: Kollbach/Lodyga/Zanthoff, NZI 2010, 932 ff.
166 BT-Drucks. 17/3030, S. 42; Kollbach/Lodyga/Zanthoff, NZI 2010, 932 f.
167 BGH, Beschl. v. 18.12.2014 – IX ZB 34/14, ZInsO 2015, 329 ff.; vgl. dazu vertiefend: Pape, ZInsO 2011, 2154, 2161 ff.

lungsunfähigkeit sprechen, zumal neuer Vortrag dem Gläubiger oft nicht möglich ist. Es ist vielmehr eine Gesamtwürdigung der Umstände vorzunehmen, wobei das Insolvenzgericht auf Indizien zurückgreifen kann.[168] Solche können etwa die zwischen mehreren Insolvenzanträgen verstrichene Zeit sein, Art und Umfang der Forderung, die Dauer des Zahlungsrückstandes und die Umstände des Forderungsausgleichs. Soweit ein Schuldner gewerblich tätig ist, kann dies dafür sprechen, dass weitere Gläubiger mit offenen Forderungen vorhanden sind. Auch kann nach allgemeiner Lebenserfahrung davon ausgegangen werden, dass ein Schuldner unter dem Druck eines Insolvenzantrags bevorzugt an den antragstellenden Gläubiger zahlt, um ihn zum Stillhalten zu bewegen.[169]

Regelmäßig wird das Rechtsschutzbedürfnis fortbestehen, solange der Schuldner die werbende bzw. unternehmerische Tätigkeit fortführt, denn in diesem Falle müssen Zwangsgläubiger (z.B. Sozialversicherungen, Finanzamt, ggf. Grundversorger) jederzeit mit dem Entstehen neuer Verbindlichkeiten rechnen, ohne sich dagegen wehren zu können. Allein aus diesem Umstand heraus ist ihr Rechtsschutzbedürfnis zu bejahen. Es ergibt sich ergänzend aus den Kostenregelungen der § 14 Abs. 3 InsO, § 23 GKG. Denn nur für den Fall der Abweisung des Antrags als unbegründet nach § 14 Abs. 3 InsO sieht sich der Antragsteller gemäß § 23 Abs. 1 S. 4 GKG nicht der Zweitschuldnerhaftung ausgesetzt. Umgekehrt entfällt das Rechtsschutzbedürfnis in aller Regel, wenn sowohl alle Arbeitsverhältnisse beendet sind als auch (kumulativ!) der Geschäftsbetrieb eingestellt ist.[170]

§ 14 Abs. 1 S. 2 InsO hält Gläubiger dazu nicht an, den Insolvenzantrag aufrecht zu erhalten, sondern eröffnet ein Wahlrecht. Kein Gläubiger ist gehalten, im Interesse der Gläubigergesamtheit die Fortsetzung eines Verfahrens zu betreiben, an dem er selbst kein Interesse mehr hat.[171]

Der Schuldner muss sich bewusst sein, dass die kommentarlose Zahlung regelmäßig nicht ausreichend ist, um die weitere Durchführung des Eröffnungsverfahrens zu verhindern. Vielmehr ist er regelmäßig gehalten, neben der Zahlung die Glaubhaftmachung des Insolvenzgrundes anzugreifen Hierzu ist die bloße Zahlung nicht ausreichend. Es ist insb. darzulegen, dass die Erfüllung der Forderung Ausdruck der (wiedergewonnenen) Zahlungsfähigkeit ist.[172] Die Glaubhaftmachung kann

---

[168] BGH, Beschl. v. 18.12.2014 – IX ZB 34/14, ZInsO 2015, 329 ff.; mit Anm. Laroche, EWiR 2015, 185 f.
[169] BGH, Beschl. v. 18.12.2014 – IX ZB 34/14, ZInsO 2015, 329 ff.; mit Anm. Laroche, EWiR 2015, 185 f.
[170] BGH, Beschl. v. 12.7.2012 – IX ZB 18/12, ZInsO 2012, 1674 ff.; AG Köln, Beschl. v. 30.1.2019 – 74 IN 238/18, ZInsO 2019, 1682 ff.
[171] BGH, Beschl. v. 24.9.2020 – IX ZB 71/19, ZInsO 2020, 2537, 2539, Rn 21.
[172] AG Köln, Beschl. v. 9.5.2011 – 71 IN 57/11, BeckRS 2011, 13039; vgl. auch BGH, Beschl. v. 18.12. 2014 – IX ZB 34/14, ZInsO 2015, 329 ff., der insoweit zur Begründung insbesondere auch das Erfordernis eines Gleichlaufs mit der Darlegungs- und Beweislast im Anfechtungsprozess hervorhebt.

etwa erfolgen durch Vorlage betriebswirtschaftlicher Auswertungen, von Kontoauszügen, Bilanzen oder auch einer konkreten eidesstattlichen Versicherung, die Verbindlichkeiten und Vermögen detailliert auflistet.

Gelingt es dem Schuldner, die ursprüngliche Glaubhaftmachung des Insolvenzgrundes zu erschüttern, ist es wiederum am Gläubiger, das Fortbestehen eines Insolvenzgrundes trotz erfolgter Zahlung glaubhaft zu machen, denn § 14 Abs. 1 Satz 2, Abs. 3 InsO lässt das Erfordernis der Glaubhaftmachung des Insolvenzgrundes nicht entfallen.

2. Erledigungserklärung des Gläubigers

Die Einführung des § 14 Abs. 1 S. 2 InsO hat nichts an der Befugnis des Gläubigers geändert, den Insolvenzantrag in der Hauptsache für erledigt zu erklären, da sich dieses Recht unmittelbar aus der Dispositionsbefugnis des Gläubigers im Rahmen des quasi-kontradiktorischen Antragsverfahrens ergibt.[173] In dieser Erklärung liegt dann eine Antragsänderung mit dem Inhalt, dass der Antrag zulässig und begründet war und sich durch ein nachträglich eingetretenes Ereignis erledigt hat.[174]

Schließt sich der Schuldner der Erledigung ausdrücklich an, ist damit das Eröffnungsbegehren nicht mehr anhängig.[175] Das Gericht hat nur noch gem. §§ 4 InsO, 91a ZPO über die Kosten des Rechtsstreits unter Berücksichtigung des bisherigen Sach- und Streitstandes nach billigem Ermessen durch Beschluss zu entscheiden.[176]

Widerspricht der Schuldner der Erledigungserklärung, bleibt der durch die Erledigungserklärung geänderte Eröffnungsantrag anhängig und muss beschieden werden. Es gelten die Regeln, die für den Zivilprozess zur einseitigen Erledigungserklärung des Klägers entwickelt worden sind, in modifizierter Form. Es ist also zu entscheiden, ob der Insolvenzantrag ursprünglich zulässig und begründet war und sich durch ein nachträglich eingetretenes Ereignis erledigt hat.[177] Über den Antrag, die tatsächliche Erledigung und die Kostentragungspflicht ist unter Berücksichtigung des Sach- und Streitstandes nach Anhörung des Schuldners zu entscheiden, ohne dass weitere Ermittlungen anzustellen wären.[178]

Erklärt der Antragsteller seinen Eröffnungsantrag einseitig für erledigt, findet gegen die Entscheidung des Insolvenzgerichts, welche die Erledigung des Antrags feststellt und dem Antragsgegner die Kosten des Verfahrens auferlegt, die sofortige

---

173 Einschränkend: Webel, ZInsO 2017, 2261, der die Erledigungserklärung für rechtsmissbräuchlich und unbeachtlich hält.
174 BGH, Beschl. v. 25.9.2008 – IX ZB 131/07, ZInsO 2008, 1206, 1207 Rn 8.
175 BGH, Beschl. v. 25.9.2008 – IX ZB 131/07, ZInsO 2008, 1206, 1207 Rn 7.
176 BGH, Beschl. v. 25.9.2008 – IX ZB 131/07, ZInsO 2008, 1206, 1207 Rn 7; Uhlenbruck/Wegener, § 14 InsO Rn 173.
177 BGH, Beschl. v. 25.9.2008 – IX ZB 131/07, ZInsO 2008, 1206, 1207 Rn 8.
178 FK/Schmerbach, § 13 InsO, Rn 268 ff.

Beschwerde nach §§ 6, 34 Abs. 2 InsO statt; § 91a ZPO ist nicht anwendbar, weil das Gericht nicht nur über die Kosten, sondern über den Eröffnungsantrag selbst entschieden hat.[179]

50 Auch wenn der Schuldner der Erledigungserklärung **nicht widerspricht oder schweigt**, ist die **Erledigungserklärung einseitig** geblieben. Allerdings gilt wie im Zivilprozess das Schweigen des Schuldners als Zustimmung zur Erledigungserklärung, soweit der Schuldner entsprechend § 91a Abs. 1 Satz 2 ZPO auf diese Folge hingewiesen wurde und er nicht innerhalb einer Notfrist von zwei Wochen seit Zustellung der Erledigungserklärung widersprochen hat.[180] Aber auch ohne (ausdrücklich oder durch Fiktion gemäß § 91a Abs. 1 Satz 2 ZPO erklärte) Zustimmung ist nach der Erledigungserklärung nur noch eine Kostenentscheidung zu treffen. Denn im Insolvenzverfahren reicht die einseitige Erledigungserklärung zur Beendigung des Verfahrens aus.[181] Insbesondere sind Amtsermittlungen zur Begründetheit des Insolvenzantrags nicht mehr veranlasst, da durch die Erledigungserklärung feststeht, dass es nicht zur Eröffnung des Verfahrens kommt.[182] Ebenso wie beim ausdrücklichen Widerspruch des Schuldners hat das Gericht also zu prüfen, ob der Antrag bis zu der Erledigungserklärung zulässig gewesen ist.[183] Es gilt derselbe Prüfungsumfang und -maßstab wie beim ausdrücklichen Widerspruch des Schuldners. Es ist also ebenfalls ohne weitere Ermittlungen über den Antrag, die tatsächliche Erledigung und die Kostentragungspflicht unter Berücksichtigung des Sach- und Streitstandes zu entscheiden.

Wird die **Erledigung in einem höheren Rechtszug** erklärt, muss auch das Rechtsmittel zulässig sein. Trifft diese Voraussetzung nicht zu, ist das Rechtsmittel zu verwerfen, und es sind gem. § 4 InsO, § 91 ZPO dem Antragsteller die Verfahrenskosten aufzuerlegen.[184]

3. Kostentragung bei Erledigungserklärung

51 Eine von der Erledigungserklärung zu trennende Frage ist es, wem im Falle der Erledigungserklärung die **Kosten des Verfahrens** aufzuerlegen sind. Die Kostentragungspflicht richtet sich in diesem Fall nach § 4 InsO, § 91a ZPO. War der Antrag

---

179 BGH, Beschl. v. 25.9.2008 – IX ZB 131/07, ZInsO 2008, 1206, 1207 Rn 9.
180 Uhlenbruck/Wegener, § 14 InsO Rn 174, **a.A.** noch die 1. Auflage unter Bezug auf BGH, Beschl. v. 11.11.2004 – IX ZB 258/03, ZInsO 2005, 39, 40, allerdings liegt dieser Entscheidung noch der Gesetzesstand vor der Ergänzung des § 14 Abs. 1 S. 2 ZPO zum 1.9.2004 zugrunde.
181 Vgl. BGH, Beschl. v. 11.11.2004 – IX ZB 258/03, ZInsO 2005, 39, 40; Uhlenbruck/Wegener, § 14 InsO Rn 177.
182 Uhlenbruck/Wegener, § 14 InsO Rn 177.
183 BGH, Beschl. v. 11.11.2004 – IX ZB 258/03, ZInsO 2005, 39, 40; Uhlenbruck/Wegener, § 14 InsO Rn 177.
184 BGH, Beschl. v. 11.11.2004 – IX ZB 258/03, ZInsO 2005, 39, 40.

ursprünglich zulässig, insbesondere glaubhaft gemacht und sind im Laufe des Verfahrens keine Umstände hervorgetreten, die entgegen der ursprünglichen Glaubhaftmachung die überwiegende Wahrscheinlichkeit des Vorliegens eines Insolvenzgrundes in Zweifel ziehen könnten, so sind die Kosten regelmäßig dem Schuldner aufzuerlegen.[185] Es kann weder aus der Zahlung allein auf eine (ggf. wiederhergestellte) Zahlungsfähigkeit des Schuldners geschlossen werden, noch aus dem Umstand, dass der Gläubiger den Antrag nach Zahlung für erledigt erklärt, auf einen unzulässigen Druckantrag des Gläubigers. Vielmehr können Gläubiger, müssen aber nicht, den Antrag nach Zahlung fortführen. Zwangsgläubiger, namentlich der Fiskus und die Sozialversicherungsträger verfolgen bei Antragstellung regelmäßig ein Motivbündel. Als Vertreter der öffentlichen Hand erfüllen sie in erster Linie die ihnen gesetzlich zugewiesenen Aufgaben, die sie zum Einzug von Steuern (§ 85 AO) und Beiträgen (§ 76 SGB IV) verpflichten. Sozialversicherungsträger können durch einen Insolvenzantrag sicherstellen, im Insolvenzfall wenigstens den nach § 175 Abs. 1 S. 1 SGB III als Insolvenzgeld abgesicherten Anteil der Rückstände von der Bundesagentur für Arbeit erstattet zu bekommen. Zu den von den Zwangsgläubigern verfolgten Zielen kann auch das Verhindern weiterer auflaufender Forderungen sowie die zumindest teilweise Realisierung der rückständigen Abgaben, welche die Gesamtvollstreckung ermöglicht, sowie eine frühzeitige Abklärung der Zahlungsunfähigkeit gehören.[186] Die Gläubiger müssen aber kein zwangsläufiges Interesse haben, sämtliche Unternehmen vom Markt zu entfernen, die über längere Zeit ihre Abgaben nicht gezahlt haben.[187] Es ist deshalb **in jedem Einzelfall zu prüfen, ob der Antrag nach dem Stand des Verfahrens überwiegende Aussicht auf Erfolgt gehabt hätte.** Für Schuldner bedeutet dies insbesondere, dass sie sich frühzeitig gegen den Insolvenzantrag wehren müssen, insbesondere möglichst bereits im Rahmen ihrer Anhörung die Glaubhaftmachung des Insolvenzantrags erschüttern müssen, wenn sie eine Kostentragungspflicht vermeiden wollen. Gläubiger hingegen müssen sich gewahr sein, dass die Erledigungserklärung zwar zu einer schnellen Beendigung des Insolvenzverfahrens und ggf. ihres Individualanspruchs führt, aber auch mit deutlichen Nachteilen behaftet sein kann: Die Zahlung ist in einem etwaigen späteren Insolvenzverfahren möglicherweise nach § 133 InsO anfechtbar. Im anhängigen Verfahren trifft den Gläubiger im Falle der Erledigungserklärung die Zweitschuldnerhaftung nach § 23 Abs. 1 S. 1 GKG.

Diese Risiken der Anfechtbarkeit und der Zweitschuldnerhaftung kann der Gläubiger vermeiden, indem er das Verfahren fortführt. Stellt das Gericht nämlich fest, dass kein Insolvenzgrund vorliegt, kann der Gläubiger dies idR in einer späteren Insolvenz dem anfechtenden Insolvenzverwalter entgegenhalten. Eine Zweit-

---

185 BGH, Beschl. v. 24.9.2020 – IX ZB 71/19, ZInsO 2020, 2537, 2539.
186 BGH, Beschl. v. 24.9.2020 – IX ZB 71/19, ZInsO 2020, 2537, 2539, Rn 20.
187 BGH, Beschl. v. 24.9.2020 – IX ZB 71/19, ZInsO 2020, 2537, 2539, Rn 21.

schuldnerhaftung trifft den Gläubiger nach der Sonderregelung des § 23 Abs. 1 S. 4 GKG nicht. Diese Regelung dient ausdrücklich dem Ziel der frühzeitigen Klärung einer Insolvenzsituation. Der Gläubiger soll vor Kosten geschützt werden, die durch die im Allgemeininteresse stehende Fortführung des Verfahrens entstehen. Stellt das Gericht aufgrund der Umstände des Einzelfalles fest, dass ein unzulässiger Druckantrag vorliegt, wobei die Voraussetzungen eines insolvenzzweckwidrigen Verhaltens vom Schuldner glaubhaft zu machen sind,[188] sind dem antragstellenden Gläubiger die Kosten aufzuerlegen. Dies gilt auch, wenn der Schuldner eine Kostenübernahmeerklärung abgegeben hat, da sich nicht ausschließen lässt, dass diese grade (nur) aufgrund des durch den Gläubiger mit Insolvenzantrag ausgeübten Drucks abgegeben wurde.[189]

IV. Abweisung mangels Masse (§ 26 InsO)

53 Kommt das Gericht nach Abschluss seiner Amtsermittlung zu dem Ergebnis, dass der Insolvenzantrag zulässig ist und ein Insolvenzgrund vorliegt, das Vermögen des Schuldners allerdings voraussichtlich nicht ausreicht, um die Kosten des Verfahrens zu decken, so ist der Insolvenzantrag mangels Masse abzuweisen, § 26 Abs. 1 Satz 1 InsO. Ein Insolvenzverfahren findet dann nicht statt.[190] Dies ist systemgerecht, da das Insolvenzverfahren als Gesamtvollstreckungsverfahren seinen Zweck nicht erfüllen kann. Der daneben bestehende Ordnungsgedanke des Insolvenzverfahrens hat zurückzustehen.

Die Abweisung unterbleibt, wenn ein zur Durchführung des Verfahrens ausreichender Betrag vorgeschossen wird. Dieser Vorschuss kann vom Schuldner, von jedem Gläubiger oder interessierten Dritten geleistet werden.[191] Der **Kostenvorschuss** ist zweckgebundene Sondermasse.[192] Bei einem vom Schuldner geleisteten Vorschuss gilt dies allerdings nur, wenn er nachweislich massefrei ist.[193] Sobald die Masse ausreicht, die gesamten Verfahrenskosten zu decken, ist der Vorschuss zurückzuzahlen.[194] Die Bereitschaft, einen Vorschuss zu zahlen, soll durch § 26 Abs. 3 InsO weiter gesteigert werden. Die Vorschrift normiert einen Rückgriffsanspruch des Einzahlers gegen diejenigen Personen, die pflichtwidrig und schuldhaft einen Insolvenzantrag nicht rechtzeitig gestellt haben. Da der Anspruch aber im Streitfall

---

188 BGH, Beschl. v. 24.9.2020 – IX ZB 71/19, ZInsO 2020, 2537, 2539, Rn 17.
189 AG Köln, Beschl. v. 30.1.2019 – 74 IN 238/18, ZInsO 2019, 1682 ff.
190 Uhlenbruck/Hirte, § 11 InsO Rn 113.
191 HambKomm/Denkhaus, § 26 InsO Rn 37; FK/Schmerbach, § 26 InsO Rn 34.
192 FK/Schmerbach, § 26 InsO Rn 43.
193 Uhlenbruck/Vallender, § 26 InsO Rn 26.
194 FK/Schmerbach, § 26 InsO Rn 43.

auf dem Zivilrechtsweg durchgesetzt werden muss und die potenziellen Klagegegner häufig ihrerseits vermögenslos sind, ist die praktische Relevanz der Vorschrift gering.[195] Es bleibt dem **Kalkül des potenziellen Einzahlers**, zumeist dem eines Gläubigers, überlassen, ob es im Einzelfall sinnvoll ist, einen Kostenvorschuss zu leisten. In Betracht kann dies insb. dann kommen, wenn insolvenzspezifische Ansprüche, etwa Anfechtungsansprüche oder ein Gesamtschaden, § 92 InsO, mit Erfolg im eröffneten Verfahren geltend gemacht werden könnten. Der Gläubiger wird allerdings zu bedenken haben, ob für ihn eine berechtigte Quotenaussicht besteht.[196] Auch die Ordnungsfunktion des Insolvenzrechts oder die besseren Verwertungsmöglichkeiten von Sicherungsgut im eröffneten Verfahren durch die Möglichkeit des freihändigen Verkaufs können im Einzelfall Gläubiger zur Einzahlung eines Kostenvorschusses veranlassen.[197]

Durch das ESUG wurde in § 26 Abs. 4 InsO ein Anspruch auf Vorschusszahlung gegen diejenigen Personen eingeführt, die entgegen den Vorschriften des Insolvenz- und Gesellschaftsrechts pflichtwidrig und schuldhaft keinen Antrag auf Eröffnung des Insolvenzverfahrens gestellt haben. Auch wenn § 26 Abs. 4 Satz 2 InsO die Beweislast für Pflichtwidrigkeit und Verschulden umkehrt und dem Antragsverpflichteten der Entlastungsbeweis obliegt, dürfte der Anwendungsbereich der Vorschrift gering sein. Sofern die Personen leistungsfähig sind, bestehen regelmäßig konkurrierende Ansprüche, etwa aus § 15b InsO oder § 64 GmbHG a.F. Besteht keine Leistungsfähigkeit, geht der Anspruch ins Leere.

Die Einzahlung eines Kostenvorschusses von Schuldnerseite spielt in der Praxis **54** fast nur bei natürlichen Personen eine Rolle. Sie ist insb. dann in Betracht zu ziehen, wenn RSB begehrt wird, aber eine Stundung der Verfahrenskosten gem. § 4a InsO nicht beantragt wird oder nicht erfolgen kann. Wichtigster Anwendungsfall ist der Anspruch auf **Verfahrenskostenvorschuss** gegen den Ehegatten gem. **§ 1360a Abs. 4 BGB**, der im Fall seiner Realisierbarkeit einer Stundung der Verfahrenskosten entgegensteht. Da der Stundungsantrag wegen des Anspruchs aus § 1360a Abs. 4 BGB auch die Glaubhaftmachung der Einkommens- und Vermögensverhältnisse des Ehegatten verlangt, kann es im Einzelfall sinnvoll sein, den Kostenvorschuss einzuzahlen, wenn die finanziellen Verhältnisse des Ehegatten im Verfahren nicht offenbart werden sollen.

Über die genannten Fälle hinaus ist es für den Schuldner nur selten sinnvoll, für die Einzahlung eines Kostenvorschusses zu sorgen, zumal dieser aus dem insolvenzfreien Vermögen oder aus Drittmitteln erfolgen müsste. Im Einzelfall mag er seine Berechtigung in dem Wunsch eines organschaftlichen Vertreters oder Gesell-

---

195 FK/Schmerbach, § 26 InsO Rn 142.
196 FK/Schmerbach, § 26 InsO Rn 39 f.; Uhlenbruck/Vallender, § 26 InsO Rn 31.
197 Uhlenbruck/Vallender, § 26 InsO Rn 31.

schafters, für eine ordnungsgemäße Liquidation seines Unternehmens im eröffneten Insolvenzverfahren zu sorgen, finden.

1. Rechtliches Gehör vor Abweisungsbeschluss

55 Vor Abweisung eines Insolvenzantrags mangels Masse ist dem Schuldner grds. rechtliches Gehör zu gewähren.[198] Liegt dem Verfahren ein Gläubigerantrag zugrunde, gilt dies auch für den antragstellenden Gläubiger. Die Anhörung kann mit der Anforderung eines Massekostenvorschusses und der Übersendung des Gutachtens verbunden werden.[199] Eine gesonderte Anhörung des Gläubigers ist dann entbehrlich, wenn der Gläubiger bereits im Vorfeld erklärt hat, nicht bereit zu sein, einen Massekostenvorschuss zu zahlen, was insb. bei Sozialversicherungsträgern und der Finanzverwaltung häufig der Fall ist.[200] Von einer Anhörung des Schuldners kann nur abgesehen werden, wenn er im Vorfeld hierauf ausdrücklich verzichtet hat.[201]

Von einer Gutachtenübersendung an den Schuldner kann abgesehen werden, wenn ihm der Inhalt des Gutachtens bekannt ist, etwa weil er mit dem Sachverständigen den Inhalt erörtert hat, und Einwände des Schuldners nicht bestehen. Hierüber ist sinnvollerweise ein vom Sachverständigen und vom Schuldner abgezeichneter Vermerk zu erstellen und zur Insolvenzakte zu reichen.[202] Liegen diese Voraussetzungen nicht vor und ist deshalb mit Einwendungen des Schuldners zu rechnen, z.B. wenn der Sachverständige einen vom Schuldner bestrittenen Insolvenzgrund feststellt, ist dem Schuldner Gelegenheit zur Stellungnahme auch zum Inhalt des Gutachtens zu geben.[203]

Im Hinblick auf den Eilcharakter des Insolvenzverfahrens kann die Stellungnahmefrist kurz bemessen sein. 2 Wochen sind auch bei komplexeren Sachverhalten regelmäßig ausreichend.[204] Die Verletzung des rechtlichen Gehörs kann durch nachträgliche Anhörung im Beschwerdeverfahren geheilt werden.[205] Vgl. dazu auch Rdn 352.

---

[198] BGH, Beschl. v. 15.1.2004 – IX ZB 478/02, ZInsO 2004, 274; Uhlenbruck/Vallender, § 26 InsO Rn 34.
[199] Uhlenbruck/Vallender, § 26 InsO Rn 35.
[200] FK/Schmerbach, § 26 InsO Rn 84; Uhlenbruck/Vallender, § 26 InsO Rn 34.
[201] Uhlenbruck/Vallender, § 26 InsO Rn 35.
[202] Uhlenbruck/Vallender, § 26 InsO Rn 36.
[203] FK/Schmerbach, § 26 InsO Rn 88; HammKomm/Denkhaus, § 26 InsO Rn 58.
[204] Vgl. BGH, Beschl. v. 15.1.2004 – IX ZB 478/02, ZInsO 2004, 274; Uhlenbruck/Vallender, § 26 InsO Rn 37.
[205] BVerfG, Beschl. v. 30.9.2001 – 2 BvR 1338/01, NZI 2002, 30; BGH, Beschl. v. 16.10.2003 – IX ZB 475/02, ZVI 2004, 24; OLG Köln, Beschl. v. 14.6.2000 – 2 W 85/00, ZInsO 2000, 393, 397; HambKomm/Rüther, § 6 InsO Rn 28; Uhlenbruck/Vallender, § 26 InsO Rn 37.

2. Wirkungen der Abweisung mangels Masse gem. § 26 InsO

Da das Gericht bei einer Abweisung mangels Masse die Insolvenz des Schuldners 56 festgestellt hat, sind mit dem Beschluss weitreichende Konsequenzen verbunden, die bei einer Abweisung des Antrags als unzulässig oder unbegründet nicht eintreten.

Der Schuldner ist ein **Schuldnerverzeichnis** einzutragen, die Löschungsfrist beträgt 5 Jahre (§ 26 Abs. 2 InsO).

Juristische Personen sind **mit Rechtskraft** des Abweisungsbeschlusses **aufgelöst** (§ 42 Abs. 1 BGB; § 262 Abs. 1 Nr. 4 AktG; § 289 Abs. 2 Nr. 1 AktG; § 60 Abs. 1 Nr. 5 GmbHG; § 81a Nr. 1 GenG; § 42 Nr. 4 VAG) und bestehen als Liquidationsgesellschaften bis zur Vollbeendigung fort. Sie haben den Zusatz i.L. zu führen. Gleiches gilt für die GmbH & Co. KG, sofern kein persönlich haftender Gesellschafter eine natürliche Person ist (§ 131 Abs. 2 Satz 1 Nr. 1, § 161 Abs. 2 HGB). Die Auflösung ist in das Handelsregister einzutragen (§ 263 AktG; § 65 GmbHG; § 82 GenG; § 143 Abs. 1 HGB).

Soweit trotz Abweisung mangels Masse noch Vermögen bei der Gesellschaft vorhanden ist, hat die **Abwicklung** der Gesellschaft **durch Liquidatoren** zu erfolgen. Die ehemaligen Vorstände des eingetragenen Vereins (§ 48 Abs. 1 BGB), die Vorstandsmitglieder der AG (§ 265 Abs. 1 AktG) bzw. der ehemalige Geschäftsführer der GmbH (§ 66 Abs. 1 GmbHG) sind geborene Liquidatoren. Erst wenn die Gesellschaft keinerlei Vermögen mehr hat, wird sie aus dem Handelsregister gelöscht und tritt Vollbeendigung ein. Eine Fortsetzung als werbende Gesellschaft durch **Fortsetzungsbeschluss ist** nach herrschender Meinung **ausgeschlossen**, da die Gesetze eine Fortsetzungsmöglichkeit bei einer Abweisung mangels Masse anders als bei der Einstellung auf Antrag des Schuldners gerade nicht vorsehen (vgl. § 42 Abs. 1 Satz 2 BGB; § 60 Abs. 1 Nr. 4 und 5 GmbHG; § 274 Abs. 2 Nr. 2 AktG) und zudem jedenfalls bei Kapitalgesellschaften die strengen Gründungsvorschriften einem einfachen Fortsetzungsbeschluss entgegenstehen.[206]

Die rechtskräftige Abweisung mangels Masse kann zu **berufs- und gewerbe-** 57 **rechtlichen Konsequenzen** führen. So müssen etwa RA, Notare, Patentanwälte, Steuerberater, Wirtschaftsprüfer mit einem Widerruf der Bestellung bzw. Zulassung rechnen.[207]

Die Abweisung mangels Masse begründet gem. § 165 Abs. 1 S. 2 Nr. 2 SGB III einen Anspruch der Arbeitnehmer auf **Insolvenzgeld** für die letzten 3 Monate vor Insolvenzantragstellung. I.R.d. betrieblichen Altersvorsorge können gem. § 7 Abs. 1

---

[206] BGH, Urt. v. 8.10.1979 – II ZR 257/78, BGHZ 75, 178 ff. = NJW 1980, 233; **a.A.** Baumbach/Hueck/Haas, § 60 GmbHG Rn 96 m.w.N. für beide Ansichten.
[207] FK/Schmerbach, § 26 InsO Rn 132; näher Uhlenbruck/Vallender, § 26 InsO Rn 51 f.

Satz 3 Nr. 1 BetrAVG Ansprüche gegen den Träger der Insolvenzsicherung (Pensions-Sicherungs-Verein a.G.) geltend gemacht werden.[208]

Dem Antragsteller und dem Schuldner stehen wegen der weitreichenden Wirkungen der Abweisung mangels Masse gem. § 34 Abs. 1 InsO die sofortige Beschwerde gegen den Abweisungsbeschluss zu.

Da der Antragsteller bis zur Rechtskraft des Abweisungsbeschlusses nach § 13 Abs. 2 InsO den Eröffnungsantrag zurücknehmen kann,[209] können auf diese Weise im Einzelfall die negativen Wirkungen des Abweisungsbeschlusses umgangen werden.

3. Zustellung und Bekanntmachung des Abweisungsbeschlusses

58 Der Beschluss über die Abweisung mangels Masse ist dem Schuldner sowie dem antragstellenden Gläubiger zuzustellen. Des Weiteren ist er unverzüglich öffentlich bekannt zu machen, § 26 Abs. 1 Satz 3 InsO. Die Bekanntmachung richtet sich nach der Verordnung zu öffentlichen Bekanntmachungen in Insolvenzverfahren im Internet (InsoBekV) und erfolgt auf der Internetseite www.insolvenzbekanntmachungen.de (vgl. zur Veröffentlichung näher unten Rdn 69).

Der Abweisungsbeschluss ist gem. § 31 Nr. 2 InsO dem **Handels-, Genossenschafts-, Partnerschafts- oder Vereinsregister** zu übermitteln, wenn es sich bei dem Schuldner um eine juristische Person oder eine Gesellschaft ohne Rechtspersönlichkeit handelt, die durch die Abweisung mangels Masse aufgelöst wird, da in den Registern entsprechende Eintragungen vorzunehmen sind ist (§ 32 HGB; § 102 Abs. 1 GenG; § 2 Abs. 2 PartGG; § 75 Abs. 1 BGB). Die Mitteilungspflicht gilt nach herrschender Meinung auch für den eingetragenen Verein und für Stiftungen, obgleich diese nicht aufgelöst werden und eine gesetzliche Regelung fehlt. Aus Gründen des Gläubigerschutzes gilt sie auch für die im Handelsregister eingetragene Zweigniederlassung einer Ltd., wenn das in Deutschland beantragte Insolvenzverfahren mangels Masse abgewiesen wurde.[210]

Weitere Mitteilungspflichten ergeben sich aus der **Anordnung über Mitteilungen in Zivilsachen** (MiZi). So sind je nach Einzelfall Mitteilungen u.a. an die gesetzlichen Krankenversicherungen und Ersatzkassen, Rentenversicherungsträger, Berufsgenossenschaft, FA und StA zu machen.[211]

---

208 Uhlenbruck/Vallender, § 26 InsO Rn 53.
209 FK/Schmerbach, § 26 InsO Rn 105.
210 Vgl. FK/Schmerbach, § 31 InsO Rn 12; Uhlenbruck/Zipperer, § 31 InsO Rn 6.
211 Einzelheiten dieser Mitteilungspflichten ergeben sich aus der Anordnung über Mitteilungen in Zivilsachen (MiZi), Stand 15. Änderung vom 23.11.2018, IX.2.

D. Inhalt und Bekanntmachung des Eröffnungsbeschlusses sowie Zustellung

Kommt das Gericht zu dem Ergebnis, dass die Eröffnungsvoraussetzungen vorliegen, hat die Verfahrenseröffnung zu erfolgen. Ist der Insolvenzgrund vom Schuldner bestritten worden und stellt ein eingeholtes Gutachten einen Insolvenzgrund fest, ist dem Schuldner vor der Eröffnung grds. Gelegenheit zur Stellungnahme zu geben,[212] wobei die Stellungnahmefrist bei Eilbedürftigkeit kurz ausfallen kann.[213]

I. Inhalt des Eröffnungsbeschlusses (§§ 27 bis 29 InsO)

1. Bezeichnung des Schuldners und des Insolvenzgrundes

Der Eröffnungsbeschluss hat gem. § 27 Abs. 2 Nr. 1 InsO die genaue **Bezeichnung und Anschrift des Schuldners**, einschließlich aller Vertretungsorgane zu enthalten.[214] Zusätzlich sind (soweit vorhanden) **Registergericht und Registernummer** sowie der **Geschäftszweig** anzugeben. Bei natürlichen Personen sind Name und Vorname des Schuldners, ggf. die **Firma des Kaufmanns**, die **Anschrift** sowie das **Geburtsdatum** und die **Beschäftigung** anzugeben. Im **Nachlassinsolvenzverfahren** sind Name und Vorname sowie **Sterbedatum** des Erblassers anzugeben.[215]

Vom Gesetz nicht gefordert, aber in der Praxis üblich, ist darüber hinaus die Angabe des Insolvenzgrundes.[216]

2. Zeitpunkt der Eröffnung

Tag und Stunde der Insolvenzeröffnung sind in den Beschluss aufzunehmen. In der Praxis wird die Eröffnung zumeist minutengenau angegeben. Fehlt die Zeitangabe, gilt das Verfahren gem. § 27 Abs. 3 InsO als zur Mittagszeit eröffnet.

Umstritten, aber von hoher praktischer Relevanz ist die Frage, zu welchem Zeitpunkt die Eröffnung zu erfolgen hat. Teilweise wird davon ausgegangen, dass die Verfahrenseröffnung unverzüglich zu erfolgen habe, sobald das Gericht die Eröffnungsvoraussetzungen festgestellt hat.[217] Andere Stimmen billigen dem Gericht einen Ermessensspielraum hinsichtlich des Eröffnungstages zu, insb. im Hinblick auf

---

212 HambKomm/Denkhaus, § 27 InsO Rn 4; Uhlenbruck/Zipperer, § 27 InsO Rn 2.
213 HambKomm/Denkhaus, § 27 InsO Rn 4.
214 FK/Schmerbach, § 27 InsO Rn 37.
215 Uhlenbruck/Zipperer, § 27 InsO Rn 5.
216 FK/Schmerbach, § 27 InsO Rn 58.
217 LG Hamburg, ZInsO 2007, 335; Frind, ZInsO 2012, 1357, 1359; Pape, ZInsO 2005, 1140, 1145; HK/Laroche, § 27 InsO Rn 15; Kayser, ZIP 2020, 97, 99.

Rechnungsabgrenzung, Berechnung von Löhnen und Gehältern sowie einer häufig angestrebten Ausschöpfung des Insolvenzgeldzeitraums,[218] wobei auch diese Ansicht selbstverständlich davon ausgeht, dass im Eröffnungszeitpunkt die Voraussetzungen vorliegen müssen. In der gerichtlichen Praxis sind sog. „**Stichtagseröffnungen**" aus praktischen Erwägungen trotz der rechtlichen Bedenken nicht selten. Um diese möglichst auszuräumen, sind viele Sachverständige dazu übergegangen, ihre Gutachten erst sehr kurzfristig vor dem angestrebten Eröffnungsdatum einzureichen. Auch wenn eine solche „Gestaltung" ebenfalls rechtlich nicht unproblematisch ist, ist sie doch im Interesse einer geordneten Verfahrensabwicklung, die letztlich allen Beteiligten dient, anzuerkennen. Ein begrenztes, die Funktionsfähigkeit des Verfahrens unterstützendes Herausschieben der Eröffnung dürfte deshalb zulässig sein, wobei die reine Erwartung der Quotenerhöhung zugunsten der Insolvenzgläubiger nicht ausreicht, jedenfalls, wenn sie zu Lasten anderer Verfahrensbeteiligter geht.[219]

Das Gesetz trifft zur Frage nach dem Zeitpunkt der Eröffnung keine Aussage. Der BGH hält jedenfalls eine Vordatierung des Eröffnungsbeschlusses für unwirksam, da das Verfahren dann zu einem Zeitpunkt eröffnet würde, zu dem die Eröffnungsvoraussetzungen ungewiss sind.[220] Auch eine Rückdatierung des Beschlusses wird von der herrschenden Meinung für unzulässig gehalten.[221]

Dieser Ansicht ist zuzustimmen. Weder eine Vordatierung noch eine Rückdatierung entspricht den allgemeinen zivilrechtlichen Grundsätzen zum Erlass eines Beschlusses, die über § 4 InsO auch im Insolvenzverfahren anwendbar sind. So kann z.B. im Beschluss nicht die Verfahrenseröffnung für einen in der Zukunft liegenden Termin angeordnet, „**vordatiert**" werden. Unzulässig ist deshalb etwa der Erlass eines Beschl. v. 7.9. mit dem Inhalt, das Insolvenzverfahren zum 1.10. zu eröffnen.[222] Das Gericht hat zu eröffnen, wenn es die Voraussetzungen für gegeben erachtet. Eröffnungszeitpunkt ist immer der Zeitpunkt, zu dem der Eröffnungsbeschluss unterschrieben wird.[223] Allerdings ist ein rechtswidrig vor- oder rückdatierter Beschluss aus Gründen der Rechtssicherheit nicht nichtig, sondern rechtswirksam gegenüber jedermann.[224]

---

218 FK/Schmerbach, § 27 InsO Rn 14, 44.
219 Zutreffend und vertiefend: Kayser, ZIP 2020, 97, 100, 105.
220 BGH, Urt. v. 17.2.2004 – IX ZR 135/03, NZI 2004, 316, 317.
221 BGH, Urt. v. 17.2.2004 – IX ZR 135/03, NZI 2004, 316 f.; Uhlenbruck/Zipperer, § 27 InsO Rn 10; Graf-Schlicker/Voß/Lienau § 27 Rn 10; Greiner, ZInsO 2017, 1076 ff.
222 So der Sachverhalt in der Entscheidung des BGH, Urt. v. 17.2.2004 – IX ZR 135/03, NZI 2004, 316, 317.
223 BGH, Urt. v. 17.2.2004 – IX ZR 135/03, NZI 2004, 316, 317; Uhlenbruck/Zipperer, § 27 InsO Rn 10; Graf-Schlicker/Voß/Lienau § 27 Rn 10.
224 BGH, Urt. v. 17.2.2004 – IX ZR 135/03, NZI 2004, 316, 317; Uhlenbruck/Zipperer, § 27 InsO Rn 10; Graf-Schlicker/Voß/Lienau § 27 Rn 10.

Um gleichwohl in rechtskonformer Weise einem praktischen Bedürfnis folgend Eröffnungsbeschlüsse stichtagsgenau, zumeist zum 1. eines Monats, eröffnen zu können, kann der Richter den Beschluss, ggf. auch am Wochenende oder Feiertag (beachte: 1.1.; 1.5; 1.11.), am heimischen Arbeitsplatz unterzeichnen und später zur Dienstzeit zur weiteren Erledigung in den Geschäftsgang geben.[225] Erst wenn der Beschluss den inneren Bereich des Gerichts zum Zwecke der Bekanntgabe verlassen hat, wobei die formlose Mitteilung an die Beteiligten genügen dürfte, wird er nach außen wirksam, allerdings mit dem im Beschluss genannten Zeitpunkt (Datum, Uhrzeit).[226]

Da die örtliche Praxis unterschiedlich ist, sind individuelle Absprachen zwischen Gericht und Sachverständigen, ob und auf welche Art und Weise eine „Stichtagseröffnung" ermöglicht und umgesetzt werden kann, sinnvoll und geboten. Keinesfalls sollte ein Sachverständiger sich „blind" darauf verlassen, dass eine entsprechende Anregung ohne Weiteres umgesetzt wird.

3. Bestimmung des Insolvenzverwalters

Der **Insolvenzverwalter** ist mit dem Eröffnungsbeschluss zu bestellen, sein Name und seine Anschrift sind in den Beschluss aufzunehmen, § 27 Abs. 2 Nr. 1 InsO. Im Hinblick auf die Möglichkeit, in der Gläubigerversammlung gem. § 57 Satz 1 InsO einen anderen Insolvenzverwalter zu wählen, ist die Bestellung lediglich vorläufig.[227]

Weicht das Gericht bei der Verwalterbestellung von einem einstimmigen Beschluss des vorläufigen Gläubigerausschusses ab, so sind die **Gründe für die Abweichung** ebenfalls in den Beschluss aufzunehmen, § 27 Abs. 2 Nr. 4 InsO, und zu **veröffentlichen**.[228]

4. Terminierungen

Im Eröffnungsbeschluss sind der Termin zur ersten Gläubigerversammlung (**Berichtstermin**), § 29 Abs. 1 Nr. 1 InsO, sowie der Prüfungstermin, § 29 Abs. 1 Nr. 2 InsO, festzusetzen. Die Termine können gem. § 29 Abs. 2 InsO verbunden werden, was in der Praxis der Regelfall ist.

Der Eröffnungsbeschluss enthält üblicherweise auch die **Tagesordnung der Gläubigerversammlung** mit einem möglichst umfassenden Katalog an Tagesordnungspunkten, da nur über solche Punkte abgestimmt werden kann, die Gegenstand der Terminbekanntmachung waren.[229]

---

[225] Ebenso: Uhlenbruck/Zipperer, § 27 InsO Rn 10; Greiner, ZInsO 2017, 1076, 1079; teilweise abweichend noch die Vorauflage.
[226] Uhlenbruck/Zipperer, § 27 InsO Rn 10; Graf-Schlicker/Voß/Lienau § 27 Rn 10; Greiner, ZInsO 2017, 1076, 1077.
[227] Frege/Keller/Riedel, HRP, Rn 761.
[228] Uhlenbruck/Zipperer, § 27 InsO Rn 17.
[229] Uhlenbruck/Zipperer, 29 InsO Rn 5.

5. Aufforderungen und Hinweise

64 Im Eröffnungsbeschluss sind die Insolvenzgläubiger aufzufordern, ihre Forderungen unter Beachtung des § 174 InsO beim Insolvenzverwalter anzumelden. Nachrangige Gläubiger i.S.d. § 39 InsO sind im Eröffnungsbeschluss nur dann zur Anmeldung aufzufordern, sofern hierzu gem. § 174 Abs. 3 InsO ausnahmsweise Anlass besteht.[230] Die **Anmeldefrist** ist auf mindestens 2 Wochen und höchstens 3 Monate festzusetzen, § 28 Abs. 1 InsO (vgl. unten Rdn 102ff.). Wenn die Existenz ausländischer Gläubiger ernsthaft in Betracht kommt, sollte die Frist sinnvollerweise die in Art. 55 Abs. 5 S. 2 EuInsVO vorgesehene Anmeldefrist von 30 Tagen nicht unterschreiten, um einen einheitlichen Fristenlauf für die Forderungsanmeldung zu gewährleisten.[231] Das Fehlen einer Fristbestimmung führt nicht zur Anfechtbarkeit des Beschlusses. Er ist allerdings zu ergänzen. Ist die Frist auf weniger als 2 Wochen festgesetzt, gilt gleichwohl die zweiwöchige Frist als gesetzliche Mindestfrist. Bei einem Überschreiten der Frist gilt die tatsächlich bestimmte Frist.[232] In Umsetzung der europarechtlichen Vorgabe des Art. 79 Abs. 5 EuInsVO verlangt der zum 26.6.2017 neu geschaffene § 27 Abs. 2 Nr. 5 InsO eine abstrakte Darstellung der Löschungsfristen nach der InsBekV.[233]

65 Die Gläubiger sind im Eröffnungsbeschluss aufzufordern, ihre Sicherheiten an beweglichen Gegenständen oder Rechten mitzuteilen und zu spezifizieren, § 28 Abs. 2 InsO. Dieser „**offene Arrest**" dient einer möglichst schnellen Bereinigung der „Ist-Masse" von der „Soll-Masse".[234] Die Mitteilung hat nach dem Wortlaut des Gesetzes „unverzüglich", also ohne schuldhaftes Zögern (vgl. § 121 Abs. 1 Satz 1 BGB) zu erfolgen. Grds. hat deshalb auch keine gerichtliche Fristsetzung zur Mitteilung zu erfolgen. Selbst wenn man sie für zulässig erachten sollte, dürfte sie angesichts des klaren Wortlautes keine rechtliche Relevanz entfalten.[235] Von Bedeutung ist hingegen die Schadensersatzpflicht aus § 28 Abs. 2 Satz 3 InsO. Soweit der Masse durch eine schuldhaft verzögerte oder unterlassene Anzeige ein Schaden entstanden ist, haftet der Gläubiger nach Maßgabe der §§ 249ff. BGB, auch für entgangenen Gewinn. Ein solcher Schaden kann etwa entstehen, wenn durch die nachträgliche Veräußerung und Verteilung neue Kosten entstehen oder eine Wertminderung eintritt oder bessere Verwertungsmöglichkeiten nicht genutzt werden konnten[236] oder ein Anfechtungsrecht bei anfechtbaren Sicherheiten verjährt ist.[237] Gleichzeitig kann die

---

230 Uhlenbruck/Zipperer, § 27 InsO Rn 19.
231 Vgl. auch Uhlenbruck/Zipperer, § 27 InsO Rn 12.
232 HambKomm/Denkhaus, § 28 InsO Rn 4.
233 Näher dazu Uhlenbruck/Zipperer, § 28 InsO Rn 18.
234 Uhlenbruck/Zipperer, § 28 InsO Rn 4.
235 Vgl. HambKomm/Denkhaus, § 28 InsO Rn 7; Uhlenbruck/Zipperer, § 28 InsO Rn 5 m.w.N.
236 Uhlenbruck/Zipperer, § 28 InsO Rn 6.
237 HambKomm/Denkhaus, § 28 InsO Rn 9.

verzögerte Anzeige auch zu einer Entlastung des Verwalters von etwaigen Ansprüchen führen.[238] Die Haftung tritt selbstverständlich nicht ein, wenn der Verwalter bereits anderweitig Kenntnis von dem Sicherungsrecht hatte, da es dann an der Kausalität fehlt.[239]

Drittschuldner sind gem. § 28 Abs. 3 InsO **aufzufordern**, nicht mehr an den Schuldner, sondern nur **noch an den Verwalter zu leisten**. Dieser Hinweis ist nur öffentliche Warnung ohne dingliche Wirkung. Diese richtet sich vielmehr nach § 82 InsO.[240] 66

Ein **Hinweis** auf eine vom Schuldner beantragte **RSB** ist nicht mehr aufzunehmen. Die diesbezügliche Regelung des § 27 Abs. 1 Nr. 4 InsO ist mit Wirkung für ab dem 1.7.2014 beantragte Verfahren weggefallen. Dem Informationsbedürfnis der Gläubiger wird nunmehr durch die gesondert zu treffende **Eingangsentscheidung nach § 287a InsO** Rechnung getragen. Diese Entscheidung kann mit dem Eröffnungsbeschluss verbunden werden, aber auch in einem gesonderten Beschluss erfolgen. Wenn der Schuldner einen zulässigen Antrag auf RSB gestellt hat, ist vom Gericht durch Beschluss festzustellen, dass der Schuldner RSB erlangt, wenn er seinen Obliegenheiten nach den § 295, 295a InsO nachkommt und die Voraussetzungen für die Versagung nach den §§ 290, 297, 298 InsO nicht vorliegen. Vgl. zum Restschuldbefreiungsverfahren im Einzelnen die Ausführungen in § 11 dieses Werks.

6. Entscheidung über die Eigenverwaltung

Hat der Schuldner die **Eigenverwaltung** beantragt, so ist hierüber gem. § 270 Abs. 1 S. 1, 270f Abs. 1 InsO mit dem Eröffnungsbeschluss zu entscheiden. Gibt das Gericht dem Antrag statt, hat es statt eines Insolvenzverwalters einen **Sachwalter** zu bestellen, § 270f Abs. 2 S. 1 InsO. Möglich ist gemäß § 271 InsO auch eine nachträgliche Anordnung der Eigenverwaltung, wenn die Gläubigerversammlung dies mit Kopf- und Forderungsmehrheit beantragt und der Schuldner zustimmt. 67

7. Fakultativer Inhalt des Eröffnungsbeschlusses

Der Eröffnungsbeschluss kann darüber hinaus eine Reihe weiterer Anordnungen enthalten, die nicht originär Gegenstand der Eröffnungsentscheidung sind, aber mit ihr verbunden werden können.[241] Dies gilt etwa für eine **Postsperre**, § 99 InsO, die Einsetzung eines **vorläufigen Gläubigerausschusses**, § 67 Abs. 1 InsO, die Bestimmung der **Hinterlegungsstelle**, § 149 Abs. 1 Satz 2 InsO, und die **Beauftragung** 68

---

238 HambKomm/Denkhaus, § 28 InsO Rn 8.
239 HambKomm/Denkhaus, § 28 InsO Rn 9; Uhlenbruck/Zipperer, § 28 InsO Rn 6.
240 FK/Schmerbach, § 28 InsO Rn 16.
241 FK/Schmerbach, § 27 InsO Rn 55; Uhlenbruck/Zipperer, § 27 InsO Rn 19.

des Insolvenzverwalters **mit den Zustellungen**, § 8 Abs. 3 InsO. Auch alle weiteren für das weitere Verfahren notwendigen Anordnungen können mit dem Eröffnungsbeschluss verbunden werden, so etwa die Berechtigung zum Betreten der Wohn- und Geschäftsräume des Schuldners, mangels Befugnis des Insolvenzgerichts nicht aber die Zustimmung zur oder Anordnung der Betriebsstilllegung.[242] **Besonderheiten** hinsichtlich der im Eröffnungsbeschluss zu treffenden Anordnungen gelten bei der Eröffnung von Insolvenzverfahren über das Vermögen bestimmter Unternehmen aus dem **Versicherungs- und Finanzsektor**.[243]

Soweit sich Vermögen des Schuldners in einem anderen Mitgliedstaat der EU befindet, ist die internationale Zuständigkeit des Gerichts kurz zu begründen, Art. 102 § 2 EGInsO. Die Begründung kann aber auch noch nachgeholt werden, wenn sich erst später herausstellt, dass sich in einem anderen Mitgliedstaat Vermögen befindet.[244]

Eine Kostenentscheidung wird im Eröffnungsbeschluss nicht getroffen, da die Kosten des Verfahrens von der Insolvenzmasse zu tragen sind, § 54 InsO.[245]

II. Bekanntmachung des Eröffnungsbeschlusses (§§ 9, 30 bis 33 InsO; InsBekV)

69 Die **Eröffnung** des Insolvenzverfahrens ist von der Geschäftsstelle des Insolvenzgerichts sofort **öffentlich bekannt zu machen**, § 30 Abs. 1 Satz 1 InsO. Die Bekanntmachung hat eine materiell-rechtliche Warnfunktion und soll zugleich einen Gutglaubenserwerb verhindern.[246] Darüber hinaus gilt sie als Nachweis der Zustellung auch ggü. solchen Beteiligten, für die vom Gesetz eine förmliche Zustellung vorgeschrieben ist, § 9 Abs. 3 InsO.

Die Veröffentlichung erfolgt gem. § 9 Abs. 1 Satz 1 InsO generell und ausschließlich im Internet und richtet sich nach der Verordnung zu öffentlichen Bekanntmachungen in Insolvenzverfahren im Internet (InsBekV). Die Veröffentlichung kann auszugsweise erfolgen, § 9 Abs. 1 Satz 1 Halbs. 2 InsO, hat aber den gesamten wesentlichen Inhalt des Eröffnungsbeschlusses wiederzugeben.[247] Die Veröffentlichungen sind spätestens 6 Monate nach Aufhebung des Verfahrens wieder zu löschen, § 3 Abs. 1 InsBekV.

---

242 Uhlenbruck/Zipperer, § 27 InsO Rn 19.
243 Vgl. hierzu näher: MüKo /Busch, § 29 InsO Rn 102 ff.
244 FK/Schmerbach, § 27 InsO Rn 64.
245 HambKomm/Denkhaus, § 27 InsO Rn 18; Uhlenbruck/Zipperer, § 27 InsO Rn 19.
246 Uhlenbruck/Zipperer, § 30 InsO Rn 2.
247 Zu Einzelheiten des zu veröffentlichenden Inhalts vgl.: FK/Schmerbach, § 30 InsO Rn 19; HambKomm/Denkhaus, InsO, § 30 Rn 4.

D. Inhalt und Bekanntmachung des Eröffnungsbeschlusses sowie Zustellung — **125**

Die Veröffentlichungen finden sich bundeseinheitlich unter der zentralen Internetadresse www.insolvenzbekanntmachungen.de. Zum Schutz vor Missbrauch und zur Datensicherheit sind die veröffentlichten Daten spätestens 2 Wochen nach Veröffentlichung nur noch über eine Detailsuche zu recherchieren. Dazu ist das Insolvenzgericht sowie mindestens eine weitere Komponente zum Verfahren (Name, Firma, Wohnsitz, Aktenzeichen oder Registernummer und -gericht) jedenfalls teilweise anzugeben, § 2 Abs. 1 Nr. 3 InsBekV). Mit Wirkung vom 30.6.2021 gilt diese Einschränkung aufgrund einer dann wirksam werdenden Änderung der InsBekV[248] hingegen nur noch für natürliche Personen, die keine selbständige Tätigkeit ausüben oder ausgeübt haben. Für alle anderen Schuldner ist in Umsetzung der Vorgaben gemäß Artt. 25 ff. EuInsVO – rückwirkend für alle Insolvenzverfahren, die ab dem 26.6.2018 eröffnet wurden – die Suchfunktion ab diesem Zeitpunkt nicht mehr eingeschränkt.

Zu beachten ist aber, dass die Löschungsfristen des § 3 InsBekV unverändert bleiben, sodass spätestens 6 Monate (§ 3 Abs. 1 und 2 InsBekV) nach Rechtskraft der Aufhebung bzw. Einstellung des Insolvenzverfahrens einschließlich des Eröffnungsverfahrens sowie von Entscheidungen im Restschuldbefreiungsverfahren) bzw. nach 1 Monat (§ 3 Abs. 3 InsBekV) bei sonstigen Veröffentlichungen die Daten gelöscht werden.

Eine Ausfertigung des Eröffnungsbeschlusses ist gem. § 31 Nr. 1 InsO dem Registergericht zu übermitteln, wenn der Schuldner im **Handels-, Genossenschafts-, Partnerschafts- oder Vereinsregister** eingetragen ist. Die Eröffnung des Insolvenzverfahrens ist gem. § 32 HGB in das Register einzutragen. Weitere Eintragungen erfolgen in das Grundbuch, wenn der Schuldner über Grundbesitz verfügt, § 32 InsO bzw. in die Register für Schiffe und Luftfahrzeuge, § 33 InsO. Die Eintragungen nach §§ 32 und 33 InsO erfolgen nicht, wenn Eigenverwaltung angeordnet ist, § 270c Satz 3 InsO. 70

Weitere Mitteilungspflichten ergeben sich aus der **Anordnung über Mitteilungen in Zivilsachen** (MiZi). So sind je nach Einzelfall Mitteilungen u.a. an die gesetzlichen Krankenversicherungen und Ersatzkassen, Rentenversicherungsträger, Berufsgenossenschaft, FA und StA zu machen.[249]

III. Zustellung (§§ 30 Abs. 2, 8 InsO)

Dem Schuldner, den (bekannten)[250] Gläubigern und den Drittschuldnern ist der Eröffnungsbeschluss zuzustellen, § 30 Abs. 2 InsO. Dazu können alle Zustellungsarten 71

---

[248] Erste Verordnung zur Änderung der Verordnung zu öffentlichen Bekanntmachungen in Insolvenzverfahren im Internet, BGBl. I 2019, S.1466.
[249] Einzelheiten dieser Mitteilungspflichten ergeben sich aus der Anordnung über Mitteilungen in Zivilsachen (MiZi), Stand 15. Änderung vom 23.11.2018, IX.3.
[250] FK/Schmerbach, § 30 InsO Rn 26.

der ZPO gewählt werden.[251] Regelmäßige Zustellungsart ist gem. § 8 Abs. 1 Satz 2 InsO die **Zustellung durch Aufgabe zur Post**.[252] § 184 Abs. 2 Satz 1, 2 ZPO gelten hierfür entsprechend. Die Zustellung im Inland gilt 3 Tage[253] nach Aufgabe als bewirkt, § 8 Abs. 1 Satz 3 InsO.

Eine insolvenzrechtliche Besonderheit ist, dass es für die wirksame Zustellung gem. § 8 Abs. 1 Satz 1 InsO **keiner Beglaubigung** des zuzustellenden Schriftstücks bedarf.[254] Für Auslandszustellungen gilt die Zweiwochenfrist des § 184 Abs. 2 S. 1 ZPO, sofern die Zustellung durch Aufgabe zur Post zulässig ist, was sich im Bereich der EU nach Art. 14 ZustVO[255] richtet.[256]

Eine weitere Besonderheit ist, dass eine Zustellung nicht erfolgt, wenn der Aufenthalt des Zustellungsadressaten unbekannt ist, § 8 Abs. 2 Satz 1 InsO. Die Zustellung wird hier ersetzt durch die Zustellungsfiktion der öffentlichen Bekanntmachung gem. § 9 Abs. 3 InsO.[257] Es erfolgt deshalb im Geltungsbereich der InsO, abgesehen vom Sonderfall des § 307 Abs. 1 Satz 3 InsO, grds. auch keine öffentliche Zustellung.[258]

Das Insolvenzgericht kann gem. § 8 Abs. 3 InsO den Insolvenzverwalter mit den Zustellungen beauftragen. Von dieser Möglichkeit, die der Entlastung der Gerichte dient, wird sehr umfangreich Gebrauch gemacht.

I.d.R. erfolgt die Übertragung der Zustellung bereits mit dem Eröffnungsbeschluss. Der Verwalter kann die hierbei anfallenden Kosten gem. § 4 Abs. 2 InsVV neben der allgemeinen Kostenpauschale geltend machen.[259] Dem Verwalter stehen dieselben

---

251 Vgl. näher FK/Schmerbach, § 8 InsO Rn 4 ff.
252 FK/Schmerbach, § 8 InsO Rn 2.
253 HK/Sternal, § 8 InsO Rn 7; Graf-Schlicker/Kexel, § 8 InsO, Rn 3; **a.A.** drei „Werktage" noch die 2. Auflage; HambKomm/Rüther, § 8 InsO Rn 8: FK/Schmerbach, § 8 InsO Rn 8. Der Meinungsstreit, ob „drei Tage" als „drei Werktage" zu lesen ist, dürfte kaum praktische Auswirkung haben, da über § 4 InsO die allgemeinen Vorschriften zur Fristberechnung gelten und man über § 222 Abs. 2 ZPO regelmäßig zu denselben Ergebnissen kommt.
254 HambKomm/Rüther, § 8 InsO Rn 6.
255 Verordnung (EG) Nr. 1393/2007 des Europäischen Parlaments und des Rates vom 13. November 2007 über die Zustellung gerichtlicher und außergerichtlicher Schriftstücke in Zivil- oder Handelssachen in den Mitgliedstaaten („Zustellung von Schriftstücken") und zur Aufhebung der Verordnung (EG) Nr. 1348/2000 des Rates. Zu einzelnen Zustellungsfragen siehe die Informationen im Europäischen Justizportal: https://e-justice.europa.eu/content_serving_documents-373-de.do.
256 HambKomm/Rüther, § 8 InsO Rn 10.
257 FK/Schmerbach, § 8 InsO Rn 28.
258 FK/Schmerbach, § 8 InsO Rn 29; § 9 Rn 18; HambKomm/Rüther, § 8 InsO Rn 8, 10.
259 Vgl.: BGH, Beschl. v. 11.6.2015 – IX ZB 50/14, ZInsO 2015, 1519 f. (1,80 EUR Personalkosten zzgl. USt. sowie Sachkosten); FK/Schmerbach, § 8 InsO Rn 37, der einen Gesamtbetrag von 3,70 bis 3,80 EUR je Zustellung für angemessen hält.

Zustellungsformen zu wie dem Insolvenzgericht.[260] Regelmäßig wird auch er sich der Zustellung durch Aufgabe zur Post bedienen.

Auch wenn § 30 Abs. 2 InsO eine gesonderte Zustellung des Beschlusses an Schuldner, Drittschuldner und Gläubiger vorsieht, so ist zu beachten, dass auch dieser Personenkreis sich wegen der Wirkung der öffentlichen Bekanntmachung nach § 9 Abs. 3 InsO nicht auf Zustellungsmängel oder auch die unterlassene Zustellung berufen kann. Rechtsmittelfristen beginnen spätestens mit der öffentlichen Bekanntmachung des Beschlusses. Ist die Individualzustellung früher erfolgt, ist dieser Zeitpunkt nach herrschender Meinung für die Berechnung der Rechtsmittelfrist ausschlaggebend.[261] Voraussetzung der Zustellungswirkung ist aber, dass die bekannt gemachte Entscheidung richtig bezeichnet ist.[262]

E. Wirkungen des Eröffnungsbeschlusses

I. Übergang der Verwaltungs- und Verfügungsbefugnis (§ 80 InsO)

Mit Eröffnung des Insolvenzverfahrens geht die Befugnis, das schuldnerische Vermögen zu verwalten und über es zu verfügen, auf den Insolvenzverwalter über, § 80 Abs. 1 InsO. Der Schuldner bleibt allerdings geschäftsfähig, parteifähig, prozessfähig sowie Inhaber des Vermögens, somit auch Eigentümer von Sachen und Forderungsinhaber.[263] Es erfolgt somit eine **Trennung von Rechtsinhaberschaft und Verwaltungs- und Verfügungsbefugnis**.[264]

Das Verwaltungs- und Verfügungsrecht berechtigt den Insolvenzverwalter ggü. der Gläubigergemeinschaft zu allen Maßnahmen, die den Insolvenzzwecken, insb. der bestmöglichen und gleichmäßigen Gläubigerbefriedigung, dienen oder sich sonst auf die Masse beziehen.[265] Er darf insb. das schuldnerische Unternehmen weiterführen. In dieser Eigenschaft übt er für das schuldnerische Vermögen auch die Arbeitgeberfunktionen aus[266] und haftet ordnungs- und steuerrechtlich für das Unternehmen.[267]

---

260 FK/Schmerbach, § 8 InsO Rn 35; HambKomm/Rüther, § 8 InsO Rn 17.
261 Std. Rspr.: BGH, Beschl. v. 5.11.2009 – IX ZB 173/08, NZI 2010, 159, 160 Rn 9 m.w.N.; **a.A.** FK/Schmerbach, § 9 InsO Rn 19 f.
262 BGH, Beschl. v. 10.11.2011 – IX ZB 165/10, JurionRS 2011, 29376.
263 FK/Wimmer/Amend, § 80 InsO Rn 20; HambKomm/Kuleisa, § 80 InsO Rn 23; Uhlenbruck/Mock, § 80 InsO Rn 11.
264 FK/App, 7. Aufl. 2012, § 80 InsO Rn 1.
265 FK/Wimmer/Amend, § 80 InsO Rn 27.
266 FK/Wimmer/Amend, § 80 InsO Rn 39; HambKomm/Kuleisa, § 80 InsO Rn 28; Uhlenbruck/Mock, § 80 InsO Rn 23.
267 FK/Wimmer/Amend, § 80 InsO Rn 40 f., HambKomm/Kuleisa, § 80 InsO Rn 36; HambKomm/Denkhaus, § 155 InsO Rn 23 ff.

Relative Verfügungsverbote i.S.d. §§ 135, 136 BGB, die nur den Schutz bestimmter Personen bezwecken, sind gem. § 80 Abs. 2 InsO unwirksam. Da absolute Verfügungsverbote nicht erfasst sind, ist der Anwendungsbereich der Vorschrift gering. Ihr unterfallen etwa Veräußerungsverbote aufgrund einstweiliger Verfügung.[268] Pfändungen oder Beschlagnahmen im Wege der Zwangsvollstreckung sind von der Unwirksamkeit nicht erfasst, vgl. § 80 Abs. 2 Satz 2 InsO. Für diese ist allerdings die Rückschlagsperre des § 88 InsO und ein mögliches Vollstreckungsverbot im Eröffnungsverfahren nach § 21 Abs. 2 Nr. 3 InsO zu beachten.[269] Vgl. dazu auch Rdn 122 ff.

Die strafrechtliche Beschlagnahme zur Sicherstellung nach §§ 111b, c StPO ist zwar ausweislich § 111d Abs. 1 S. 1 StPO relatives Verfügungsverbot, gleichwohl gilt nach der ausdrücklichen Anordnung des § 111b Abs. 1 S. 2 StPO, der auch die Anfechtung nach §§ 129 ff. InsO ausschließt, dass die Wirkungen der Beschlagnahme durch die Eröffnung des Insolvenzverfahrens über das Vermögen des Betroffenen nicht berührt werden. Die Beschlagnahme und in der Folge auch die Einziehung (§§ 73 ff. StGB), für die nach § 75 Abs. 4 StGB auch § 91 InsO nicht gilt, sind damit insolvenzfest. Anderes gilt für den strafprozessualen Arrest, der insbesondere die Einziehung des Wertersatzes (§§ 73, 73c StGB) im Rahmen der Vermögensabschöpfung sichert. Hier gilt § 80 Abs. 2 S. 2 InsO über die Verweisung in § 111h Abs. 2 S. 2 StPO. Darüber hinaus gilt die ausdifferenzierte Regelung des § 111i Abs. 1 StPO. Der Arrest ist insolvenzfest, wenn keinem Verletzten (im strafprozessualen Sinne) aus der Tat ein Anspruch auf Ersatz des Wertes des Erlangten erwachsen ist. Gibt es hingegen Verletzte, so gilt ein Vorrang des Insolvenzrechts, soweit der Vermögensbeschlag greift. Zu beachten ist hier aber der Auffangrechtserwerb des Staates nach § 111i Abs. 3 StPO, der verhindert, dass ein Überschuss an den Schuldner herauszugeben ist.[270]

II. Verfügungen des Schuldners (§ 81 InsO)

73 § 81 InsO erklärt Verfügungen des Schuldners nach Eröffnung des Insolvenzverfahrens umfassend für unwirksam, wenngleich auch unter engen Voraussetzungen ein Gutglaubenserwerb möglich ist. Die Vorschrift dient im Wesentlichen zwei Zwecken:

---

[268] FK/Wimmer/Amend, § 80 InsO Rn 64 ff.; vgl. insb. zu den HambKomm/Kuleisa, § 80 InsO Rn 85 ff.
[269] FK/Wimmer/Amend § 80 InsO Rn 68; HambKomm/Kuleisa, § 80 InsO Rn 88.
[270] Vgl. zum Ganzen: HambKomm/Kuleisa § 80 InsO Rn 86; Asensio Pagán, ZInsO 2019, 1554, 1556 (mit Fallbeispielen).

§ 81 Abs. 1 InsO soll im Interesse der Gläubigergemeinschaft masseschädliche Handlungen verhindern und ist deshalb im Zusammenhang mit dem Vollstreckungsverbot gem. § 89 InsO und den Regelungen zum Ausschluss sonstigen Rechtserwerbs gem. § 91 InsO zu sehen.[271]

§ 81 Abs. 2 InsO soll gewährleisten, dass Ansprüche des Schuldners auf Bezüge auch nach Aufhebung des Insolvenzverfahrens noch zur Befriedigung der Altgläubiger im Rahmen eines Insolvenzplans oder eines Restschuldbefreiungsverfahren zur Verfügung stehen.[272]

1. Regelungsinhalt und Anwendungsbereich

Die von § 81 Abs. 1 InsO angeordnete **Unwirksamkeit von Verfügungen** des Schuldners nach Verfahrenseröffnung erfasst alle Arten von Verfügungen, sprich jedes Rechtsgeschäft, durch das der Verfügende auf ein Recht unmittelbar einwirkt, indem er es auf Dritte überträgt, das Recht aufhebt, es mit einem Recht belastet oder es in seinem Inhalt ändert.[273]

Erfasst sind auch die Annahme von Zahlungen oder anderen Leistungen an den Schuldner, und rechtsgeschäftsähnliche Handlungen mit rechtsgestaltendem Charakter (etwa Mahnungen), aber auch „verfügende" Prozesshandlungen, wie Geständnis, Anerkenntnis oder eine Klagerücknahme.[274] Selbstverständlich sind auch die von einem Vertreter oder Bevollmächtigten getätigten Verfügungen von § 81 Abs. 1 InsO erfasst.[275] Nicht erfasst sind allerdings Verfügungen des Schuldners über das insolvenzfreie Vermögen, etwa die Veräußerung eines unpfändbaren Gegenstandes, da § 81 InsO nur Massegegenstände erfasst.[276]

Die § 81 Abs. 1 InsO unterfallende Verfügung ist (schwebend) **absolut unwirksam**, löst also keine rechtliche Wirkung aus.[277] Auf Verschulden oder auch nur Kenntnis der Unwirksamkeit kommt es nicht an.[278] Einen vom Schuldner veräußerten massezugehörigen Gegenstand kann der Verwalter gem. § 985 BGB herausverlangen.[279]

74

75

---

271 FK/Wimmer/Amend, § 81 InsO Rn, 1; 91 InsO Rn 1.
272 FK/Wimmer/Amend, § 81 InsO Rn 5.
273 BGH, Urt. v. 4.5.1987 – II ZR 211/86, BGHZ 101, 24, 66 = NJW 1987, 3177; zur Problematik des Verfügungsbegriffs in § 81 InsO vertiefend: Uhlenbruck/Mock, § 81 InsO Rn 4 ff.
274 FK/Wimmer/Amend, § 81 InsO Rn 11; HambKomm/Kuleisa, § 81 InsO Rn 4; Uhlenbruck/Mock, § 81 InsO Rn 7.
275 FK/Wimmer/Amend, § 81 InsO Rn 23; Uhlenbruck/Mock, § 81 InsO Rn 14.
276 FK/Wimmer/Amend, § 81 InsO Rn 12.
277 BGH, Urt. v. 20.1.2006 – IX ZR 232/04, NZI 2006, 224, 225 Rn 15; FK/Wimmer/Amend, § 81 InsO Rn 26; Uhlenbruck/Mock, § 81 InsO Rn 25.
278 FK/Wimmer/Amend, § 81 InsO Rn 31 ff.
279 FK/Wimmer/Amend, § 81 InsO Rn 26; HambKomm/Kuleisa, § 81 InsO Rn 15.

> Da die Verfügung allerdings nicht nichtig ist, kann der Insolvenzverwalter sie auch genehmigen, wenn er dies im Interesse der Masse für sinnvoll erachtet.[280]

Da die Unwirksamkeit zeitlich für die Dauer und die Zwecke des Insolvenzverfahrens beschränkt ist,[281] handelt es sich um eine schwebende Unwirksamkeit. Es können deshalb die zunächst unwirksamen Verfügungen entsprechend § 185 Abs. 2 S. 1 Alt. 2 BGB wirksam werden, wenn das Insolvenzverfahren beendet und der Schuldner Berechtigter geblieben ist, insbesondere also der Verwalter nicht abweichend verfügt hat.[282] Entsprechendes gilt nach Freigabe eines Gegenstandes.[283]

Abweichendes gilt allerdings für Finanzsicherheiten i.S.d. § 1 Abs. 17 KWG. Diese bleiben gem. § 81 Abs. 2 Satz 2 InsO wirksam, sind aber unter den Voraussetzungen der §§ 129 ff. InsO anfechtbar.[284]

76 Ein **Gutglaubenserwerb** bleibt im Anwendungsbereich des öffentlichen Glaubens von Grundbuch, des Binnenschiffsregisters, des Schiffbauregisters und der Luftfahrzeugrolle (Registerpfandrecht) möglich, § 81 Abs. 1 Satz 2 InsO. Maßgeblicher Zeitpunkt der Kenntnis ist die Vollendung des Rechtserwerbs.[285] Darüber hinaus bleiben die Gutglaubensvorschriften anwendbar, wenn der Schuldner eine Sache veräußert, die nicht in seinem Eigentum steht, da diese nicht massezugehörig ist.[286]

Soweit die Masse durch eine etwaige Gegenleistung des Dritten noch bereichert ist, ist diese Gegenleistung dem Dritten herauszugeben, § 81 Abs. 1 Satz 3 InsO. Es handelt sich um eine Masseverbindlichkeit i.S.d. § 55 Abs. 1 Nr. 3 InsO (ungerechtfertigte Bereicherung).

Beweisbelastet für die Voraussetzungen des § 81 Abs. 1 InsO ist grds. der Insolvenzverwalter. Allerdings gilt nach § 81 Abs. 3 Satz 1 InsO eine widerlegbare Vermutung, dass eine (erwiesenermaßen) am Tage der Verfahrenseröffnung vorgenommene Verfügung zeitlich nach der Eröffnung des Verfahrens erfolgt ist.[287]

77 Im Eigenverwaltungsverfahren findet § 81 InsO grds. keine Anwendung. Vielmehr sind Verfügungen selbst dann wirksam, wenn der Schuldner pflichtwidrig die Zustimmung des Sachwalter (§ 275 Abs. 1 InsO) oder des Gläubigerausschusses

---

280 FK/App, § 81 InsO Rn 16; Uhlenbruck/Mock, § 81 InsO Rn 30.
281 Uhlenbruck/Mock, § 81 InsO Rn 28.
282 Vgl.: BGH, Urt. v. 20.1.2006 – IX ZR 232/04, NZI 2006, 224, 225 Rn 20; Uhlenbruck/Mock, § 81 InsO Rn 28.
283 Uhlenbruck/Mock, § 81 InsO Rn 28.
284 FK/App, § 81 InsO Rn 14; HambKomm/Kuleisa, § 81 InsO Rn 27.
285 Uhlenbruck/Mock § 81 InsO Rn 34; vertiefend zum Gutglaubenserwerb und weiteren Ausnahmetatbeständen: FK/Wimmer/Amend, § 81 InsO Rn 31 ff.; Uhlenbruck/Mock, § 81 InsO Rn 32 ff.
286 H.M.: vgl. HambKomm/Kuleisa, § 81 InsO Rn 19 m.w.N.; ausführlich zum gutgläubigen Fahrniserwerb: Uhlenbruck/Mock, § 81 InsO Rn 36 ff.
287 FK/Wimmer/Amend, § 81 InsO Rn 44; HambKomm/Kuleisa, § 81 InsO Rn 26.

(§ 276 Satz 1 InsO) nicht eingeholt hat.[288] Lediglich, wenn nach § 277 InsO die Zustimmungsbedürftigkeit von Rechtsgeschäften angeordnet wurde, ist § 81 Abs. 1 Satz 2 und 3 InsO anwendbar, § 277 Abs. 1 Satz 2 InsO.[289]

2. Erstreckung auf Dienstbezüge

§ 81 Abs. 2 InsO erstreckt das Verfügungsverbot auf **Bezüge aus einem Dienstverhältnis** und an dessen Stelle tretende Bezüge für die Zeit nach Aufhebung des Insolvenzverfahrens. Erfasst sind neben Arbeitseinkommen insb. auch Renten und sonstige laufende Geldleistungen der Sozialversicherungen und der BfA (etwa Alters-, Erwerbsunfähigkeitsrente und Arbeitslosengeld). Gleiches gilt für das pfändbare Arbeitseinkommen eines Strafgefangenen gem. § 43 StVollzG.[290]

Ergänzt wird die Regelung für Zwangsvollstreckungen durch §§ 88, 89, 114 Abs. 3 InsO. Vgl. dazu im Einzelnen die Ausführungen in Rdn 115 ff. Für Verfahren, die bis zum 30.6.2014 beantragt wurden, wird § 81 Abs. 2 InsO zusätzlich durch den mit Wirkung zum 1.7.2014 aufgehobenen § 114 Abs. 1 InsO a.F., ergänzt, der bestimmt, dass Abtretungen von Dienstbezügen vor Verfahrenseröffnung **für die Dauer von 2 Jahren** nach Verfahrenseröffnung **wirksam** sind.[291] Da diese Regelungen der Befriedigung der Insolvenzgläubiger aus dem Neuerwerb auch i.R.d. Restschuldbefreiungsverfahrens dienen, stehen sie selbstverständlich der Abtretung der Ansprüche an den Treuhänder gem. § 287 Abs. 2 Satz 1 InsO nicht entgegen.[292]

78

III. Leistungen an den Schuldner (§ 82 InsO)

Während § 81 InsO die Wirksamkeit von Verfügungen des Schuldners regelt, betrifft § 82 InsO den umgekehrten Fall. Die Vorschrift regelt den **Gutglaubensschutz** des an den Schuldner leistenden Dritten. Sie ähnelt § 407 BGB, der außerhalb des Insolvenzverfahrens einen vergleichbaren Sachverhalt, nämlich die dem Dritten (nicht) bekannte Abtretung einer Forderung, regelt.[293]

79

Kennt der Dritte im Zeitpunkt seiner Leistung die Eröffnung des Insolvenzverfahrens nicht, so wird er von der Leistung frei, obgleich der Schuldner zur Annahme

---

288 FK/Wimmer/Amend, § 81 InsO Rn 7.
289 HambKomm/Kuleisa, § 81 InsO Rn 3; Uhlenbruck/Zipperer, § 270 InsO Rn 35.
290 FK/Wimmer/Amend, § 81 InsO Rn 43.
291 Die Fortgeltung der Norm ergibt sich aus der Überleitungsvorschrift des Art. 103h EGInsO; zu Einzelheiten vgl. etwa die Kommentierung bei FK/Eisenbeis, § 114 InsO.
292 FK/Wimmer/Amend, § 81 InsO Rn 42.
293 FK/App, 7. Aufl. 2012, § 82 InsO Rn 1.

der Leistung nicht mehr berechtigt war. Es handelt sich insoweit um eine Ausnahme vom Grundsatz des § 81 Abs. 1 Satz 1 InsO im Interesse des Drittschuldnerschutzes.[294] Lediglich **bei positiver Kenntnis** – fahrlässige Unkenntnis genügt nicht – wird der Dritte nicht von der Leistung befreit und hat erneut an den Insolvenzverwalter zu leisten, es sei denn der Insolvenzverwalter genehmigt die Leistung nachträglich.[295] Hat der Dritte allerdings einmal Kenntnis erlangt, so dauert seine Kenntnis fort und kann er sich später auf ein „Vergessen" nicht berufen.[296] Ausreichend ist in jedem Fall die Kenntnis **der vertretungsberechtigten Organe**. Daneben reicht regelmäßig die Kenntnis eines **Wissensvertreters,** also soicher Personen, die im Rechtsverkehr bestimmte Aufgaben eigenverantwortlich wahrnehmen und die dabei anfallenden Informationen zur Kenntnis nehmen. Dabei ist zur Vermeidung einer Zurechnung über ein Organisationsverschulden sicherzustellen, dass die Entscheidungsträger rechtzeitig Kenntnis erlangen.[297] Die Möglichkeit, Insolvenzeröffnungen **im Internet** über das Portal www.insolvenzbekanntmachungen.de zu recherchieren, reicht als solche nicht aus, um positive Kenntnis auch im Massengeschäft, etwa dem automatisierten Zahlungsverkehr anzunehmen. Dies gilt jedenfalls, solange die Möglichkeit einer automatisierten, programmgesteuerten Abfrage nicht besteht.[298] Eine Beschränkung auf die innerhalb einer Organisation im Tagesgeschäft verantwortliche Person, bei einer Bank etwa die Kenntnis des Filialleiters der kontoführenden Stelle, ist andererseits zu eng.[299] Bei Behörden kommt es grundsätzlich auf die Kenntnis der jeweils zuständigen Behörde an, ohne dass die individuelle Kenntnis des jeweiligen Bearbeiters maßgeblich ist. Die einmal bekannte Tatsache wird auch nicht durch einen Zuständigkeitswechsel oder Wechsel des Bearbeiters wieder unbekannt.[300]

80   Im Eigenverwaltungsverfahren gilt § 82 InsO nur, wenn ein Zustimmungsvorbehalt (vgl. § 277 Abs. 1 Satz 2 InsO) angeordnet wurde. Ist dies (wie regelmäßig) nicht der Fall, wird der Leistende stets frei.[301] Dies gilt selbst dann, wenn der Sachwalter gem. § 275 Abs. 2 InsO vom Schuldner verlangt hat, dass Gelder nur vom Sachwalter entgegengenommen werden.[302]

---

294 Uhlenbruck/Mock, § 82 InsO Rn 1.
295 FK/Wimmer/Amend, § 82 InsO Rn 8 f.; 24 f.; HambKomm/Kuleisa, § 82 InsO Rn 25.
296 FK/Wimmer/Amend, § 82 InsO Rn 15.
297 BGH, Urt. v. 15.12.2005 – IX ZR 277/04, ZInsO 2004 92 ff.; Urt. v. 15.4.2010 – IX ZR 62/09, NJW 2010, 1806, HambKomm/Kuleisa, § 82 InsO Rn 26; Uhlenbruck/Mock, § 82 InsO Rn 20 f., jeweils m.w.N.
298 BGH, Urt. v. 18.7.2010 – IX ZR 62/09, NJW 2010, 1806, 1807 Rn 14 ff.; Vallender, NJW 2011, 1491, 1493.
299 Vgl. HambKomm/Kuleisa, § 82 InsO Rn 26.
300 BFH, Urt. v. 18.8.2015 – VII R 24/13, DStRE 2016, 43.
301 FK/Wimmer/Amend, § 82 InsO Rn 2; HambKomm/Kuleisa, § 82 InsO Rn 2.
302 FK/Wimmer/Amend, § 82 InsO Rn 2.

Besondere Bedeutung erlangt in diesem Zusammenhang die öffentliche Bekanntmachung des Eröffnungsbeschlusses. Denn § 82 Satz 2 InsO stellt die widerlegbare Vermutung auf, dass der Dritte bei einer Leistung vor Bekanntmachung die Eröffnung des Verfahrens nicht kannte. Hieraus folgt für alle anderen Fälle, also für die Leistung nach Veröffentlichung und wenn unklar ist, ob vor oder nach Veröffentlichung geleistet wurde, dass der Dritte für seine Gutgläubigkeit beweisbelastet ist.[303] Zum automatisierten Zahlungsverkehr vgl. vorstehende Rdn.

Die Beweisregel des § 82 Satz 2 InsO gilt nicht, wenn der Gutglaubensschutz gesetzlich abweichend geregelt ist. Dies betrifft die Fälle des § 81 Abs. 1 Satz 2 InsO, insb. also das Grundbuch und das Schiffs- und Schiffsbauregister, wo der Gutglaubensschutz (etwa des auf eine Hypothek Leistenden) an die Eintragung des Insolvenzvermerks anknüpft. In diesen Fällen bleibt der Insolvenzverwalter voll beweisbelastet.[304]   81

IV. Erbschaft. Fortgesetzte Gütergemeinschaft (§ 83 InsO)

Das Recht auf **Annahme oder Ablehnung** einer **Erbschaft** oder eines **Vermächtnisses** ist ein höchstpersönliches Recht, das gem. § 83 Abs. 1 Satz 1 InsO dem Schuldner auch nach Eröffnung des Insolvenzverfahrens verbleibt und in sein freies Belieben gestellt ist.[305] Gleiches gilt für die fortgesetzte Gütergemeinschaft, § 83 Abs. 1 Satz 2 InsO. Es gibt weder eine Pflicht noch eine Obliegenheit des Schuldners, eine Erbschaft zur Mehrung der Masse anzunehmen. Dies gilt auch für den Schuldner, der RSB begehrt und gem. § 295 Abs. 1 Nr. 2 InsO die Hälfte des Erworbenen an den Treuhänder herauszugeben hat.[306] Der Schuldner hat durch die Ausschlagung der Erbschaft somit die Möglichkeit, den Nachlass in der Familie zu halten, ohne dass ein Zugriff der Gläubiger erfolgen kann.   82

Allerdings ist zu beachten, dass der **Pflichtteilsanspruch** in die Masse fällt, auch wenn er nach § 852 Abs. 1 ZPO erst pfändbar und damit verwertbar ist, wenn er rechtshängig ist oder durch Vertrag anerkannt wurde. Bis dahin ist er als aufschiebend bedingter Anspruch massezugehörig.[307] Tritt die Bedingung erst nach Aufhebung des Insolvenzverfahrens ein, so unterliegt der Pflichtteilsanspruch der Nach-

---

303 FK/Wimmer/Amend, § 82 InsO Rn 20ff.; Uhlenbruck/Mock, § 82 InsO Rn 33ff.
304 FK/Wimmer/Amend, § 82 InsO Rn 22; Uhlenbruck/Uhlenbruck, § 82 InsO Rn 35.
305 FK/Wimmer/Amend, § 83 InsO Rn 5ff.; HambKomm/Kuleisa, § 83 InsO Rn 2, 7; Vallender, NZI 2005, 318.
306 FK/Ahrens, § 295 InsO Rn 43; HambKomm/Kuleisa, § 83 InsO Rn 7.
307 BGH, Beschl. v. 2.12.2010 – IX ZB 184/09, ZInsO 2011, 45, 46 Rn 8; HambKomm/Kuleisa, § 83 InsO Rn 8; FK/Wimmer/Amend, § 83 InsO Rn 16.

tragsliquidation.³⁰⁸ I.R.d. Restschuldbefreiungsverfahrens besteht die umfassende Obliegenheit, den hälftigen Wert des Pflichtteilsanspruchs an den Treuhänder herauszugeben. Aufgrund der Höchstpersönlichkeit der Entscheidung über die Ausschlagung einer Erbschaft oder die Geltendmachung eines Pflichtteils begründet der Verzicht in der Wohlverhaltensperiode keine Obliegenheitsverletzung nach § 295 Abs. 1 Nr. 2 InsO, da andernfalls ein mittelbarer Zwang zur Annahme bzw. Geltendmachung bestünde.³⁰⁹ Entsprechendes gilt auch für die Annahme oder Ausschlagung eines Vermächtnisses. Die dadurch für den Schuldner bestehende Möglichkeit, den Halbteilungsgrundsatz zu umgehen, indem er das Vermächtnis erst nach Ablauf der Wohlverhaltensperiode annimmt, muss nach Ansicht des BGH in Kauf genommen werden.³¹⁰

Da der Nachlass zunächst ohne Weiteres auf den Erben übergeht, kann es vorkommen, dass der Insolvenzverwalter den Nachlass bereits zur Masse gezogen hat, bevor der Erbe ausschlägt. In diesem Fall entsteht mit der Ausschlagung ein Aussonderungsrecht zugunsten des Ersatzerben, das gegen den Insolvenzverwalter geltend gemacht werden kann.³¹¹

Der Schuldner ist auch nicht gehindert, die Erbschaft eines überschuldeten Nachlasses anzunehmen. In diesem Fall obliegt es dem Insolvenzverwalter, Maßnahmen zur Haftungsbeschränkung der Nachlassverbindlichkeiten zu ergreifen, etwa indem er eine Nachlassverwaltung (§§ 1975 ff. InsO) oder Nachlassinsolvenz (§§ 315 ff. InsO) beantragt.³¹² Die Gläubiger des Nachlasses haben die Möglichkeit Nachlassverwaltung (§ 1981 Abs. 2 BGB) oder ein Nachlassinsolvenzverfahren (§§ 317 ff. InsO) zu beantragen, mit der Folge, dass rückwirkend eine Trennung der Haftungsmassen eintritt und die Nachlassgläubiger ausschließlich aus dem Nachlass, die Gläubiger des Schuldners hingegen aus seinem sonstigen Vermögen zu befriedigen sind.³¹³

83 Ist **Testamentsvollstreckung** angeordnet, ist sie als absolute Verfügungsbeschränkung vom Insolvenzverwalter zu beachten,³¹⁴ mit der Folge, dass der Nachlass erst nach Beendigung der Testamentsvollstreckung dem Verwertungsrecht des Verwalters unterliegt.³¹⁵ In diesen Fällen besteht ein Nebeneinander von Testa-

---

308 BGH, Beschl. v. 2.12.2010 – IX ZB 184/09, ZInsO 2011, 45, 46 Rn 7 ff.
309 BGH, Beschl. v. 25.6.2009 – IX ZB 196/08 ZInsO 2009, 1461 ff.; BGH, Beschl. v. 10.3.2011 – IX ZB 168/09 NZI 2011, 329 Rn 6; FK/Wimmer/Amend, § 83 InsO Rn 14, 17, FK/Ahrens, § 295 InsO Rn 97.
310 BGH, Beschl. v. 10.3.2011 – IX ZB 168/09 NZI 2011, 329 Rn 7.
311 FK/Wimmer/Amend, § 83 InsO Rn 13; HambKomm/Kuleisa, § 83 InsO Rn 6.
312 FK/Wimmer/Amend, § 83 InsO Rn 7 f.; HambKomm/Kuleisa, § 83 InsO Rn 4.
313 FK/Wimmer/Amend, § 83 InsO Rn 8 ff.; HambKomm/Kuleisa, § 83 InsO Rn 4.
314 FK/Wimmer/Amend, § 83 InsO Rn 11; HambKomm/Kuleisa, § 83 InsO Rn 5.
315 BGH, Urt. v. 11.5.2006 – IX ZR 42/05, ZInsO 2006, 705, 706 Rn 12; FK/Wimmer/Amend, § 83 InsO Rn 11.

mentsvollstreckung und Insolvenzverwaltung.[316] Entsprechendes gilt gem. § 83 Abs. 2 InsO für die Anordnung der Nacherbschaft. Diese bleibt als Ausnahme zu § 80 Abs. 2 Satz 1 InsO[317] wirksam, sodass der Nachlass zwar in die Masse fällt, allerdings vom Verwalter nicht verwertet werden darf.[318] Lediglich die Nutzungen (etwa Mieteinnahmen) bis zum Eintritt der Nacherbschaft darf er zur Masse ziehen.[319]

V. Auseinandersetzung einer Gesellschaft oder Gemeinschaft (§ 84 InsO)

1. Beteiligung des Schuldners an Gesellschaften

Ist der Schuldner an einer **Personengesellschaft** beteiligt, so gehört gem. § 84 Abs. 1 InsO nur der **Gesellschaftsanteil zur Masse** und fällt ihr der wirtschaftliche Wert des Nettoanteils der Beteiligung zu.[320] Der Beteiligungswert der übrigen Berechtigten bleibt auf diese Weise erhalten.[321] Gleiches gilt für die stille und die atypische stille Gesellschaft, auf die § 84 InsO entsprechend anwendbar ist.[322]

84

Für das Insolvenzverfahren des Schuldners spielt es deshalb keine Rolle, ob die Gesellschaft aufgrund der Insolvenz des Schuldners gem. § 728 Abs. 2 BGB aufgelöst wird, eine Fortsetzungsklausel unter Ausscheiden des insolventen Gesellschafters besteht, oder der insolvente Gesellschafter wie bei oHG, KG, Partnerschaft oder EWIV kraft Gesetzes aus der Gesellschaft ausscheidet (vgl. § 131 Abs. 3 Nr. 2 HGB).

Denn entweder ist das Auseinandersetzungsguthaben (§§ 733 Abs. 2, 734 BGB) oder aber das Abfindungsguthaben (§ 738 BGB) des Gesellschaftsanteils des Schuldners zu bestimmen. Das ermittelte Guthaben fällt in die Masse.[323] Zur Bewertung sind die allgemeinen gesellschaftsrechtlichen Grundsätze heranzuziehen, wie sie sich aus dem Gesellschaftsvertrag und dem Gesetz ergeben. Sieht der Vertrag einen Ausschluss oder eine Beschränkung des Auseinandersetzungs- oder Abfindungsanspruchs vor, so richtet sich die Wirksamkeit einer solchen Klausel nach Gesellschaftsrecht,[324] die in § 84 Abs. 2 InsO normierte Beschränkung vertraglicher Regelungen ist nicht entsprechend anwendbar.[325] Eine solche Klausel kann wegen

---

316 HambKomm/Kuleisa, § 83 InsO Rn 5.
317 FK/App, § 83 InsO Rn 2.
318 HambKomm/Kuleisa, § 83 InsO Rn 14.
319 FK/Wimmer/Amend, § 83 InsO Rn 22; HambKomm/Kuleisa, § 83 InsO Rn 14.
320 Vgl. HambKomm/Kuleisa, § 84 InsO Rn 2, 7; Uhlenbruck/Hirte, § 84 InsO Rn 15.
321 HambKomm/Kuleisa, § 84 InsO Rn 2.
322 HambKomm/Kuleisa, § 84 InsO Rn 11, 12.
323 HambKomm/Kuleisa, § 84 InsO Rn 7.
324 HambKomm/Kuleisa, § 84 InsO Rn 12; HK/Kayser, § 84 InsO Rn 24.
325 HambKomm/Kuleisa, § 84 InsO Rn 22.

sittenwidriger Benachteiligung des Schuldners oder der Gläubiger unwirksam sein, wie auch eine Anfechtung der Klausel gem. §§ 129 ff. InsO in Betracht kommt.[326]

85 Auf **Beteiligungen an juristischen Personen, nicht rechtsfähigen Vereinen, Partenreedereien und Kapitalanlagegesellschaften** findet § 84 InsO keine Anwendung, da es an einer gemeinschaftlichen Vermögenszuordnung fehlt.[327] Lediglich das **Anteilsrecht** (etwa die Aktie, der Geschäftsanteil) des Schuldners fällt als pfändbar in die Insolvenzmasse.[328] Bei der KGaA ist § 84 InsO anwendbar, wenn über das Vermögen des Komplementärs das Insolvenzverfahren eröffnet wird.[329]

2. Beteiligung an Gemeinschaften

86 § 84 Abs. 1 Satz 1 InsO gilt gleichfalls für eine Beteiligung des Schuldners an einer **Bruchteilsgemeinschaft** (etwa dem im Gemeinschaftseigentum zweier Eheleute stehenden Grundstück) und sonstigen Gemeinschaften, etwa einer **Erbengemeinschaft**.[330] Ausnahmen gelten in den praktisch seltenen Fällen der (fortgesetzten) Gütergemeinschaft, für die § 37 InsO besondere Regelungen aufstellt (vgl. dazu unten Abschnitt M.II.). Wird das Gesamtgut von einem Ehegatten allein verwaltet, so fällt es in die Insolvenzmasse, wenn über das Vermögen dieses Ehegatten das Insolvenzverfahren eröffnet wird.[331]

Praktisch relevant sind Fälle von **Gemeinschaftskonten**, etwa von Eheleuten. Hier ist zwischen **„Und"-Konten**, bei denen beide Kontoinhaber nur gemeinschaftlich verfügen können, und **„Oder"-Konten**, bei denen jeder Kontoinhaber allein verfügungsbefugt ist, zu unterscheiden. Auf das „Und"-Konto ist § 84 InsO unproblematisch anwendbar.[332] Es hat eine Auseinandersetzung des Kontoguthabens stattzufinden. Beim „Oder"-Konto hat die Insolvenzeröffnung zunächst keinen Einfluss auf den Bestand des Girovertrages.[333] Da jeder Kontoinhaber als Gesamtgläubiger i.S.d. § 428 BGB grds. einen Anspruch auf Auszahlung des vollen Betrags hat, fällt das gesamte Guthaben zunächst in die Aktivmasse[334] und kann die Bank mit einem etwaigen Schuldsaldo verrechnen.[335] Nach § 84 InsO sind nur solche Beträge auseinanderzusetzen, die tatsächlich den Berechtigten gemeinsam zustehen.[336]

---

326 HambKomm/Kuleisa, § 84 InsO Rn 22.
327 HambKomm/Kuleisa, § 84 InsO Rn 4; MüKo/Gehrlein, § 84 InsO Rn 19.
328 HambKomm/Kuleisa, § 84 InsO Rn 4; Uhlenbruck/Hirte, § 84 InsO Rn 8.
329 HambKomm/Kuleisa, § 84 InsO Rn 4; Uhlenbruck/Hirte, § 84 InsO Rn 8.
330 Uhlenbruck/Hirte, § 84 InsO Rn 10.
331 Uhlenbruck/Hirte, § 84 InsO Rn 11; ausführlich: Uhlenbruck/Knof, § 37 InsO Rn 1 ff.
332 HambKomm/Kuleisa, § 84 InsO Rn 16; Uhlenbruck/Hirte, § 84 InsO Rn 4.
333 HambKomm/Kuleisa, § 84 InsO Rn 16; Uhlenbruck/Hirte, § 84 InsO Rn 4.
334 HambKomm/Kuleisa, § 84 InsO Rn 16.
335 Uhlenbruck/Hirte, § 84 InsO Rn 4.
336 HambKomm/Kuleisa, § 84 InsO Rn 16; i.E. auch: Uhlenbruck/Hirte, § 84 InsO Rn 4.

3. Absonderungsrecht der verbleibenden Gesellschafter

§ 84 Abs. 1 Satz 2 InsO gewährt den übrigen Gesellschaftern oder Mitgliedern der Gemeinschaft für Ansprüche aus dem Rechtsverhältnis ein **Absonderungsrecht am Anteil des Schuldners**. Der Anwendungsbereich ist relativ gering, da bei Ermittlung des Nettoanteils bereits in der Gesamtabrechnung alle in Betracht kommenden Ansprüche aus dem Gesellschafts- oder Gemeinschaftsverhältnis berücksichtigt sind,[337] und Ansprüche eines Teilhabers aus „Drittgläubigerforderungen" nicht erfasst sind.[338]

87

4. Unwirksamkeit vertraglicher und letztwilliger Beschränkungen des Auseinandersetzungsrechts

Vertragliche Beschränkungen, die die Aufhebung einer Bruchteilsgemeinschaft dauerhaft oder auf Zeit ausschließen, sind gem. § 84 Abs. 2 Satz 1 InsO dem Insolvenzverwalter ggü. relativ unwirksam. Im Verhältnis der übrigen Teilhaber behalten sie ihre Gültigkeit. Diese können aber regelmäßig über § 749 Abs. 2 BGB die Aufhebung der Gesellschaft aus wichtigem Grund verlangen.[339] Die (relative) Unwirksamkeit von Teilungsbeschränkungen gilt gem. § 84 Abs. 2 Satz 2 InsO für Teilungsbeschränkungen des Erblassers oder Vereinbarungen zwischen den Miterben.[340] Gesetzliche Teilungsbeschränkungen werden von § 84 Abs. 2 InsO hingegen nicht erfasst und bleiben bestehen.[341] Besonders bedeutsam ist dies für die **Wohnungseigentumsgemeinschaft**. Für diese schließt § 11 Abs. 2 WEG das Recht des Verwalters auf Aufhebung der Gemeinschaft ausdrücklich aus.[342]

88

VI. Aufnahme von Aktivprozessen (§ 85 InsO)

1. Unterbrechung von Gerichtsverfahren mit Insolvenzeröffnung (§ 240 ZPO)

Da der Schuldner mit Eröffnung des Insolvenzverfahrens die Prozessführungsbefugnis verliert,[343] sind gem. § 240 Satz 1 ZPO Gerichtsverfahren, die **die Masse betreffen**, kraft Gesetzes mit den Wirkungen des § 249 ZPO **unterbrochen**, bis sie

89

---

337 HambKomm/Kuleisa, § 84 InsO Rn 19.; MüKo/Gehrlein, § 84 Rn 1 („nur klarstellende Funktion").
338 Uhlenbruck/Hirte, § 84 InsO Rn 22.
339 HambKomm/Kuleisa, § 84 InsO Rn 20.
340 HambKomm/Kuleisa, § 84 InsO Rn 21.
341 Dies gilt etwa für §§ 1066 Abs. 2, 2043, 2045, 2061 BGB, vgl. HambKomm/Kuleisa, § 84 InsO Rn 23.
342 HambKomm/Kuleisa, § 84 InsO Rn 23; Uhlenbruck/Hirte, § 84 InsO Rn 31.
343 HambKomm/Kuleisa, § 85 InsO Rn 1.

nach den Regelungen der InsO aufgenommen werden. Entsprechendes gilt gem. § 240 Satz 2 ZPO bei Anordnung einer starken vorläufigen Insolvenzverwaltung.

Die Vorschrift gilt nicht nur im Zivilverfahren, sondern über die Generalverweisungen (§ 46 Abs. 2 Satz 1 ArbGG; § 173 VwGO; § 155 FGO; § 202 SGG) entsprechend auch im arbeitsgerichtlichen, verwaltungsgerichtlichen, finanz- und sozialgerichtlichen Verfahren,[344] nicht aber für Schiedsgerichtsverfahren, soweit die streitgegenständliche Forderung vor Ergehen des Schiedsspruchs zur Tabelle angemeldet wurde.[345] Beweissicherungsverfahren werden ebenfalls nicht unterbrochen, da dies dem Zweck des Verfahrens widersprechen würde.[346]

Voraussetzung der Unterbrechung ist, dass das Verfahren die Masse betrifft, gleich ob der Schuldner Kläger oder Beklagter ist. Bei einer Leistungsklage gegen den Schuldner tritt die Unterbrechungswirkung unabhängig davon ein, ob der Anspruch nach Eröffnung eine Insolvenzforderung, eine Masseverbindlichkeit, ein Aus- oder ein Absonderungsrecht betrifft. Auch vorbereitende Klagen, etwa auf Auskunftserteilung oder Rechnungslegung, sind mit Eröffnung unterbrochen.[347]

Weitere Voraussetzung der **Unterbrechungswirkung** ist die Rechtshängigkeit des Verfahrens. Bei einem bloß anhängigen, aber mangels Zustellung noch nicht rechtshängigen Rechtsstreit gilt § 240 ZPO nicht. In diesen Fällen ist die Klage bei Zustellung nach Eröffnung regelmäßig unzulässig.[348] Gläubiger haben ihre Rechte nach den Vorschriften der InsO geltend zu machen, also etwa eine Insolvenzforderung zur Tabelle anzumelden oder ihr Aus- und Absonderungsrecht nach §§ 47 ff. InsO zu verfolgen.[349]

Die Wirkungen des § 240 ZPO treten auch ein, wenn der Schuldner einen Prozessbevollmächtigten beauftragt hatte, da dessen Vollmacht gem. § 117 InsO erlischt.[350]

Die Unterbrechung endet mit Aufnahme des Prozesses nach Maßgabe der §§ 85, 86 InsO oder Beendigung des Insolvenzverfahrens.[351]

---

344 FK/Wimmer/Amend, § 85 InsO Rn 23; Jaeger/Windel, § 85 InsO Rn 79 ff.; HambKomm/Kuleisa, vor §§ 85 bis 87 InsO Rn 23 ff.
345 BGH, Beschl. v. 29.1.2009, III ZB 88/07, Rn 21; FK/Wimmer/Amend, § 85 InsO Rn 25.
346 BGH, Beschl. v. 11.12.2003 – VII ZB 14/03, ZInsO 2004, 85 f.; FK/Wimmer/Amend, § 85 InsO Rn 26; Uhlenbruck/Mock, § 85 InsO Rn 73.
347 HambKomm/Kuleisa, § 85 InsO Rn 3; Prütting/Gehrlein/Anders, § 1240 ZPO Rn 6; Uhlenbruck/Mock, § 85 InsO Rn 25.
348 Uhlenbruck/Mock, § 85 InsO Rn 5; HK/Kayser, § 85 InsO, Rn 11.
349 Uhlenbruck/Mock, § 85 InsO Rn 5.
350 FK/Wimmer/Amend, § 85 InsO Rn 8.
351 Vgl. näher: HambKomm/Kuleisa, vor §§ 85 bis 87 InsO Rn 39.

2. Aufnahme nach den Regelungen der ZPO – Abgrenzung Aktiv-/Passivprozess

§ 85 InsO regelt die Aufnahme von Aktivprozessen, während § 86 InsO Passivprozesse betrifft. Die Unterscheidung richtet sich nicht nach der Parteirolle, sondern danach, ob der Streitgegenstand einen **Aktivposten der Masse** betrifft.[352] Wegen dieser Abgrenzung ist für Aktivprozesse auch der Begriff **Teilungsmassestreit**, für Passivprozesse der Ausdruck **Teilungsmassegegenstreit** gebräuchlich.[353]

Der Rechtsstreit eines Aktivprozesses muss im Fall des Obsiegens zu einer **Mehrung der Masse** führen. Neben Leistungsklagen des Schuldners ist deshalb etwa auch die gegen den Schuldner gerichtete negative Feststellungsklage Aktivprozess.[354]

Andererseits ist die vom Schuldner erhobene negative Feststellungsklage ebenso ein Passivrechtsstreit wie die Geltendmachung von Unterlassungsansprüchen, die Anfechtung von belastenden Verwaltungsakten oder Haftungsbescheiden des FA, da sie vermeintliche Verbindlichkeiten bzw. Verpflichtungen des Schuldners betreffen.[355]

Maßgeblicher Zeitpunkt für die Abgrenzung ist die Aufnahme des Prozesses.[356] Ein ursprünglicher Passivprozess kann deshalb zu einem Aktivprozess werden, etwa wenn es in der Rechtsmittelinstanz um die Rückzahlung aufgrund der erstinstanzlichen Entscheidung gezahlter Beträge geht.[357] Im Fall der Klagehäufung oder bei Widerklagen ist für jede Klage selbstständig zu prüfen, ob es sich um einen Aktiv- oder Passivprozess handelt.[358] Bei vorbereitenden Klagen (etwa auf Auskunft, Rechnungslegung) kommt es darauf an, welches Ziel mit der Auskunft verfolgt wird.[359]

3. Aufnahme von Aktivprozessen gem. § 85 InsO

a) Aufnahme durch den Insolvenzverwalter

Zur Aufnahme eines Aktivprozesses ist der Insolvenzverwalter nach pflichtgemäßem Ermessen berechtigt.[360] Für die Aufnahme von Rechtsstreitigkeiten mit im Ver-

---

352 HambKomm/Kuleisa, § 85 InsO Rn 2; HK/Kayser, § 85 InsO, Rn 47 ff.
353 FK/Wimmer/Amend, § 85 InsO Rn 12; § 86 InsO Rn 4; HambKomm/Kuleisa, § 85 InsO Rn 2, § 86 Rn 2; Uhlenbruck/Mock, § 85 InsO Rn 143, § 86 InsO Rn 3.
354 HambKomm/Kuleisa, § 85 InsO Rn 3.
355 HambKomm/Kuleisa, § 85 InsO Rn 3.
356 HambKomm/Kuleisa, § 85 InsO Rn 2.
357 Vgl. BFH, Urt. v. 19.2.2014 – XI R 1/12; Uhlenbruck/Mock, § 85 InsO Rn 150.
358 HambKomm/Kuleisa, § 85 InsO Rn 5.
359 HambKomm/Kuleisa, § 85 InsO Rn 3.
360 HambKomm/Kuleisa§ 85 InsO Rn 1.

hältnis zur übrigen Insolvenzmasse erheblichem Streitwert[361] ist gem. § 160 Abs. 2 Nr. 3 InsO die Zustimmung des Gläubigerausschusses bzw. der Gläubigerversammlung einzuholen. Die fehlende Zustimmung macht die Aufnahme zwar nicht unwirksam[362], kann aber zu einer Haftung des Verwalters gem. § 60 InsO führen. Auch der **starke vorläufige Verwalter** ist zur Aufnahme berechtigt (§ 24 Abs. 2 InsO).[363] Zu beachten ist, dass nach h.M. eine Aufnahme durch den vorläufigen Insolvenzverwalter nicht endgültig ist, sondern vielmehr mit **Eröffnung** des Insolvenzverfahrens eine **erneute Unterbrechung** eintritt.[364]

Die Aufnahme erfolgt gem. § 250 ZPO durch **Zustellung eines** bei Gericht einzureichenden **Schriftsatzes**.[365] Mit Zustellung des Schriftsatzes ist die Unterbrechung beendet, das Rubrum ist auf den Insolvenzverwalter zu ändern.[366] Die Aufnahme kann aber auch stillschweigend oder durch schlüssiges Handeln erfolgen, etwa durch Fortsetzung der Verhandlung zur Sache oder durch mündliche Erklärung der Aufnahme im Termin bei gleichzeitiger Anwesenheit des Gegners.[367]

Nach Maßgabe des § 78 ZPO gilt für die Aufnahme **Anwaltszwang**.[368] Parteivereinbarungen über die Aufnahme sind ebenso unzulässig wie eine Aufnahme durch den früheren Prozessbevollmächtigten, da dessen Vollmacht gem. § 117 InsO erloschen ist, es sei denn der Insolvenzverwalter hat ihn mit der Fortsetzung beauftragt.[369]

92 Umstritten ist, wie die Aufnahme durch den Verwalter **kostenrechtlich** zu behandeln ist, wobei die Frage im Vordergrund steht, ob die Verfahrenskosten im Fall des Unterliegens Insolvenzforderungen oder Masseverbindlichkeiten sind. Zunehmend wird eine Aufteilung der Kosten entsprechend § 105 InsO vertreten, mit der Folge, dass vor Eröffnung entstandene Kosten Insolvenzforderungen, nach Eröffnung entstandene Kosten Masseverbindlichkeiten sind. Das Prozessgericht hat nach dieser Ansicht bereits in seiner Kostengrundentscheidung eine entsprechende Aufteilung nach Zeitabschnitten vorzunehmen.[370] Nach der Rechtsprechung des BGH ist die Aufteilung nach Zeitabschnitten nach Instanzen vorzunehmen, ohne dass eine

---

361 HambKomm/Decker, § 160 InsO Rn 12.
362 Uhlenbruck/Mock, § 85 InsO Rn 154.
363 Uhlenbruck/Mock, § 85 InsO Rn 16, 156.
364 HambKomm/Kuleisa § 86 InsO Rn 5; Uhlenbruck/Mock, § 85 InsO Rn 156, 16 m.w.N. auch für die Gegenansicht.
365 Uhlenbruck/Mock, § 85 InsO Rn 158.
366 HambKomm/Kuleisa, § 85 InsO Rn 7.
367 HambKomm/Kuleisa, § 85 InsO Rn 7.
368 HK/Kayser, § 85 InsO, Rn 54.
369 HambKomm/Kuleisa, § 85 InsO Rn 7.
370 So HambKomm/Kuleisa, § 85 InsO Rn 15 m.w.N.; Uhlenbruck/Mock, § 85 InsO Rn 166 ff.; eine solche Lösung für zulässig halten wohl auch OLG Stuttgart, Beschl. v. 1.9.2006 – 8 W 352/05, ZInsO 2007, 43 ff. und OLG Düsseldorf, Beschl. v. 23.1.2001 – 10 W 1/01, ZInsO 2001, 560, 561.

weitere Aufteilung innerhalb der Instanz erfolgt.[371] Diese Aufteilung ist kein Verstoß gegen den Grundsatz der Einheit der Kostenentscheidung. Es handelt sich vielmehr lediglich um eine besondere Form der Quotelung.[372] Ist eine solche Kostenteilung in der Kostengrundentscheidung nicht getroffen worden, kann eine Kostenteilung im Kostenfestsetzungsverfahren nicht mehr erfolgen. Die Kosten sind dann einheitlich Masseverbindlichkeiten, da grundsätzlich der im Rubrum benannte Beteiligte erstattungspflichtig ist.[373] Eine Aufteilung der Kosten ist jedenfalls dann nicht geboten, wenn sich der Rechtsstreit im Zeitpunkt der Aufnahme noch in der ersten Instanz befindet.[374]

b) Verzögerung der Aufnahme (§ 85 Abs. 1 Satz 2 InsO)

Nimmt der Insolvenzverwalter den Prozess innerhalb einer den Umständen nach angemessenen Frist nicht auf, so **kann der Gegner** ihn nach § 85 Abs. 1 Satz 2 InsO i.V.m. § 239 Abs. 2 ZPO **zur Aufnahme und Verhandlung laden lassen**. Bei Bestimmung der Frist, die ab Kenntnis des Verwalters vom Prozess zu laufen beginnt, ist eine angemessene Überlegensfrist des Verwalters, der sich in einen fremden Prozessstoff einzuarbeiten hat, ebenso zu berücksichtigen wie ggf. das Erfordernis, eine Zustimmung gem. § 160 Abs. 2 Nr. 3 InsO einholen zu müssen.[375] Bei Unterbrechung zwischen den Instanzen ist das Ausgangsgericht für die Ladung zuständig.[376] Es ist allerdings nur noch über die Aufnahme, nicht über die Hauptsache zu verhandeln.[377]

93

c) Ablehnung der Aufnahme (§ 85 Abs. 2 InsO)

Lehnt der Insolvenzverwalter die Aufnahme des Prozesses ab, können sowohl Schuldner als auch Gläubiger den Prozess aufnehmen (§ 85 Abs. 2 InsO). Die Ablehnung der Aufnahme ist ggü. Schuldner oder Prozessgegner zu erklären, nicht ggü. dem Gericht.[378] Da die **Ablehnung der Aufnahme zugleich Freigabe** aus der Masse

94

---

371 BGH, Beschl. v. 28.6.2016 – II ZR 346/13, NZI 2016, 829 ff.; kritisch dazu, weil nicht hinreichend differenzierend: HambKomm/Kuleisa, § 85 InsO Rn 15.
372 HambKomm/Kuleisa, § 85 InsO Rn 15.
373 OLG Stuttgart, Beschl. v. 1.9.2006 – 8 W 352/05, ZInsO 2007, 43 ff.; OLG Düsseldorf, Beschl. v. 23.1.2001 – 10 W 1/01, ZInsO 2001, 560, 561.
374 BGH, Beschl. v. 28.9.2006 – IX ZB 312/04, ZInsO 2006, 1214, 1215 Rn 14.
375 HambKomm/Kuleisa, § 85 InsO Rn 18.
376 BGH, Beschl. v. 14.8.2008 – VII ZB 3/08, NZI 2008, 683 684 Rn 15; HambKomm/Kuleisa, § 85 InsO Rn 20.
377 HambKomm/Kuleisa, § 85 InsO Rn 20.
378 HambKomm/Kuleisa, § 85 InsO Rn 21.

ist,[379] kann sie auch schlüssig durch die Freigabe des Streitgegenstandes aus der Masse erklärt werden.[380] Mit der Ablehnung der Aufnahme ist der Schuldner wieder prozessführungsbefugt und die Unterbrechungswirkung des § 240 InsO endet.[381] Allerdings ist der Prozess erst fortzuführen, wenn der Schuldner ihn aufnimmt.[382] Obsiegt der Schuldner in dem von ihm aufgenommenen Prozess, so gebühren ihm auch die Früchte dieses Erfolgs und fallen nicht etwa in die Masse.

Der starke vorläufige Insolvenzverwalter ist hingegen nicht zur Ablehnung der Aufnahme befugt, da er nicht wirksam Massegegenstände freigeben kann. Er kann allerdings im Gegenzug auch nicht zur Aufnahme gem. § 85 Abs. 1 Satz 2 InsO i.V.m. § 239 ZPO gezwungen werden.[383]

d) Besondere Verfahrensarten

95 § 240 ZPO und die Aufnahmevorschriften gelten grds. auch bei **Eigenverwaltung**, im **Verbraucherinsolvenzverfahren**, in der **Nachlassinsolvenz** und sonstigen **Sonderinsolvenzverfahren**. Da bei Eigenverwaltung der Schuldner selbst zur Aufnahme des Prozesses berechtigt ist,[384] hat die Ablehnung die Wirkung einer Klagerücknahme.[385] In der Nachlassinsolvenz sind anstelle des Schuldners die Erben zur Aufnahme des Prozesses berechtigt.[386]

VII. Aufnahme bestimmter Passivprozesse (§ 86 InsO)

1. Aufnahme nach § 86 Abs. 1 InsO

96 Passivprozesse können gem. § 86 Abs. 1 InsO sowohl vom Insolvenzverwalter als auch vom Gegner aufgenommen werden. Auch der starke vorläufige Verwalter ist zur Aufnahme berechtigt, § 24 Abs. 2 InsO.[387] Voraussetzung ist, dass der Rechtsstreit einen **Aussonderungsgegenstand** (§ 86 Abs. 1 Nr. 1 InsO), ein **Absonderungsrecht** (§ 86 Abs. 1 Nr. 2 InsO) oder eine **Masseverbindlichkeit** betrifft (§ 86 Abs. 1 Nr. 3 InsO). Zum Anwendungsbereich des § 86 InsO gehören gegen die Masse

---

379 BGH, Urt. v. 21.4.2005 – IX ZR 281/03, BGHZ 163, 32 ff. = ZInsO 2005 594, 595; HambKomm/Kuleisa, § 85 InsO Rn 23; Uhlenbruck/Mock, § 85 InsO Rn 176.
380 HambKomm/Kuleisa, § 85 InsO Rn 21.
381 BGH, Urt. v. 21.4.2005 – IX ZR 281/03, ZInsO 2005 594, 596 (unter III.).
382 HambKomm/Kuleisa, § 85 InsO Rn 24.
383 HambKomm/Kuleisa, § 85 InsO Rn 22.
384 HambKomm/Kuleisa, § 85 InsO Rn 25.
385 HambKomm/Kuleisa, § 85 InsO Rn 25.
386 HambKomm/Kuleisa, § 85 InsO Rn 26.
387 HambKomm/Kuleisa, § 86 InsO Rn 5; Uhlenbruck/Mock, § 86 InsO Rn 2.

gerichtete **Herausgabeklagen, Grundbuchberichtigungsansprüche oder Drittwiderspruchsklagen**.[388] Die Einordnung von **Unterlassungsklagen** ist strittig. Richtigerweise sind sie regelmäßig dem Anwendungsbereich des § 86 InsO zu unterstellen, da sie nicht der Massemehrung dienen, sondern der Abwehr einer Masseminderung.[389]

Weitere Voraussetzung ist, dass der Rechtsstreit bereits vor Verfahrenseröffnung rechtshängig war und gem. § 240 ZPO unterbrochen worden ist. Die Vorschrift findet deshalb keine Anwendung auf Klagen, die erst nach Verfahrenseröffnung erhoben werden.[390] Zu den Voraussetzungen der Unterbrechung vgl. oben Rdn 89.

Da Masseverbindlichkeiten grds. erst nach Verfahrenseröffnung entstehen, hat die Aufnahme nach Nr. 3 einen beschränkten Anwendungsbereich. Sie kommt etwa bei Masseverbindlichkeiten gem. § 55 Abs. 1 Nr. 2 InsO in Betracht, wenn der Verwalter bei einem nicht oder nicht vollständig erfüllten gegenseitigen Vertrag Erfüllung wählt (§ 103 InsO),[391] bei Masseverbindlichkeiten gem. § 55 Abs. 2 InsO, die vom starken vorläufigen Verwalter oder vom schwachen vorläufigen Verwalter aufgrund einer gerichtlichen Einzelermächtigung begründet wurden,[392] sowie bei unvertretbaren Handlungen, die sich auf die Masse beziehen.[393]

Steht dem Insolvenzverwalter nach §§ 166 ff. InsO das **Verwertungsrecht** an einem Absonderungsgut zu, so kann der absonderungsberechtigte Gläubiger nach Eröffnung Herausgabe nicht mehr verlangen.[394] Zur Vermeidung der Abweisung einer Herausgabeklage kann der Gläubiger den Rechtsstreit dann in der Hauptsache **für erledigt erklären**, mit der Folge, dass sein **Kostenerstattungsanspruch** Insolvenzforderung ist. Ist der Gegenstand bereits verwertet, kann der Gläubiger seine Klage auf Auskehrung des Verwertungserlöses umstellen, vgl. § 170 Abs. 1 Satz 2 InsO.[395] Ist noch nicht verwertet, kann er seinen Antrag im Wege der sachdienlichen Klageänderung auch auf Feststellung des Absonderungsrechts umstellen.[396] Allerdings besteht wegen der Möglichkeit des sofortigen Anerkenntnisses des Verwalters gem. § 86 Abs. 2 InsO in beiden Fällen ebenfalls ein Kostenrisiko.[397]

---

388 HambKomm/Kuleisa, § 86 InsO Rn 6; Uhlenbruck/Mock, § 86 InsO Rn 7 ff.
389 Ebenso HambKomm/Kuleisa, § 85 InsO Rn 3; § 86 InsO 7, dort ausführlich m.w.N.
390 HambKomm/Kuleisa, § 86 InsO Rn 3.
391 HambKomm/Kuleisa, § 86 InsO Rn 12.
392 H.M., vgl. HambKomm/Kuleisa, § 86 InsO Rn 12, 14, auch mit Nachweisen für die Gegenansicht.
393 HambKomm/Kuleisa, § 86 InsO Rn 15.
394 HambKomm/Kuleisa, § 86 InsO Rn 11; Uhlenbruck/Mock, § 86 InsO Rn 14.
395 HambKomm/Kuleisa, § 86 InsO Rn 11.
396 HambKomm/Kuleisa, § 86 InsO Rn 11; Uhlenbruck/Mock, § 86 InsO Rn 14.
397 HambKomm/Kuleisa, § 86 InsO Rn 101.

Laroche

97 Die Aufnahme erfolgt gem. § 250 ZPO regelmäßig durch Zustellung eines Schriftsatzes an den Gegner durch das Gericht. Auch eine Aufnahme durch schlüssiges Handeln ist ausnahmsweise möglich, sofern der Wille zur Aufnahme als Prozesshandlung eindeutig erkennbar ist.[398] Der Gläubiger kann die Aufnahme jederzeit erklären und nicht erst bei Verzögerung der Aufnahme oder Freigabe des Gegenstandes durch den Verwalter, wie dies bei Aktivprozessen i.S.d. § 85 InsO der Fall ist.[399] Allerdings ist ggf. zunächst die Abgabe der Erklärung gem. § 103 InsO abzuwarten, wozu der Verwalter gem. § 107 Abs. 2 InsO erst unverzüglich nach dem Berichtstermin verpflichtet ist.[400] Dem Schuldner selbst steht ein Aufnahmerecht nur in der Eigenverwaltung und nach Freigabe des Gegenstands des Rechtsstreits vor der Aufnahme zu.[401]

Durch die **Aufnahme endet die Prozessunterbrechung**. Prozessuale Fristen beginnen gem. § 249 Abs. 2 ZPO neu zu laufen,[402] der Verwalter tritt als Partei kraft Amtes in den Rechtsstreit ein, weshalb die Parteibezeichnung zu ändern ist.[403] An die prozessualen Erklärungen des Schuldners, die dieser vor der Unterbrechung abgegeben hat, ist der Verwalter grds. gebunden, es sei denn, sie sind nach Maßgabe der §§ 129 ff. InsO anfechtbar.[404]

2. Verfahrenskosten bei Anerkenntnis (§ 86 Abs. 2 InsO)

98 § 86 Abs. 2 InsO bestimmt, dass die dem unterlegenen Insolvenzverwalter aufzuerlegenden Kosten nur als Insolvenzforderungen geltend gemacht werden können, wenn dieser den Anspruch sofort anerkennt. Die Vorschrift betrifft somit nicht die Kostengrundentscheidung. Diese richtet sich nach den allgemeinen zivilprozessualen Regelungen, insb. den §§ 91 ff. ZPO.[405] Ist danach das Anerkenntnis des Verwalters bereits ein sofortiges i.S.d. § 93 ZPO, trägt der Gegner ohnehin die Kosten. Ist ein Anerkenntnis des Verwalters aufgrund des bisherigen Prozessverlaufs kein sofortiges i.S.d. § 93 ZPO, so hat der Verwalter bei Erlass eines Anerkenntnisurteils gleichwohl die Kosten des Rechtsstreits gem. § 91 ZPO zu tragen. In diesem Fall greift § 86 Abs. 2 InsO. Der **Kostenerstattungsanspruch** des Gegners ist **einfache Insolvenzforderung**, wenn der Verwalter den Anspruch unmittelbar nach Aufnahme des Rechtsstreits sofort anerkannt hat. Insoweit gelten die zu § 93 ZPO entwickelten Grundsätze entsprechend.[406] Im Fall einer Aufnahme nach Nr. 2 (Absonderungsrecht) kann der Gegner trotz der Qualifizierung des Kostenanspruchs als Insolvenz-

---

398 Vgl. HambKomm/Kuleisa, § 86 InsO Rn 18.
399 HambKomm/Kuleisa, § 86 InsO Rn 16.
400 HambKomm/Kuleisa, § 86 InsO Rn 16.
401 HambKomm/Kuleisa, § 86 InsO Rn 17.
402 HambKomm/Kuleisa, § 86 InsO Rn 20.
403 HambKomm/Kuleisa, § 86 InsO Rn 18.
404 HambKomm/Kuleisa, § 86 InsO Rn 20.
405 HambKomm/Kuleisa, § 86 InsO Rn 21.
406 Vgl. HambKomm/Kuleisa, § 86 InsO Rn 22.

forderung abgesonderte Befriedigung verlangen, da sich das Absonderungsrecht auch auf nach Eröffnung entstandene Kostenforderungen erstreckt.[407]

VIII. Forderungen der Insolvenzgläubiger, Forderungsanmeldung und Prüfungstermin sowie Forderungsfeststellung (§§ 87, 174 bis 185 InsO)

1. Forderungsanmeldung und -feststellung

Das Insolvenzverfahren als Vollstreckungsverfahren ist auf die bestmögliche Verwertung und gleichmäßige Verteilung des Schuldnervermögens unter allen Gläubigern gerichtet. Gleichzeitig ist das Insolvenzverfahren vom Grundsatz der Gläubigerautonomie geprägt. Die wesentlichen Entscheidungen im Insolvenzverfahren obliegen der Gläubigergemeinschaft.

Damit schnell und sicher feststellbar ist, wer als Gläubiger am Verfahren beteiligt ist und Rechte geltend machen kann, existiert das formalisierte Verfahren der Forderungsanmeldung und Forderungsprüfung.

2. Anmeldeberechtigung

Anmeldeberechtigt sind nur **Insolvenzgläubiger**, gleich ob die Forderung tituliert ist oder nicht. Anmeldbar sind nur **vermögensrechtliche Ansprüche** (§ 38 InsO), also Geldforderungen und solche, die in Geldforderungen umgerechnet werden können.[408] Auch **nicht fällige Forderungen** (§ 41 InsO) und **aufschiebend bedingte Forderungen** (§ 42 InsO) können angemeldet werden. Forderungen, bei denen **mehrere Personen haften** (§ 43 InsO) können nach dem **Grundsatz der Doppelberücksichtigung** grds. ebenfalls angemeldet werden.[409] **Gesamtschuldner oder Bürgen** des Schuldners können gem. § 44 InsO ihre Forderung allerdings nur anmelden, wenn sie vor oder nach Eröffnung des Insolvenzverfahrens den Gläubiger voll befriedigt haben. Bei teilweiser Befriedigung *vor* Insolvenzeröffnung kann der insoweit bestehende **Regressanspruch** gegen den Schuldner angemeldet werden. Bei teilweiser Befriedigung *nach* Insolvenzeröffnung steht § 44 InsO der Anmeldung auch der Teilforderung entgegen, um Doppelanmeldungen zu vermeiden.[410] **Nachrangige Gläubiger** (§ 39 InsO) sind nur anmeldeberechtigt, wenn sie ausdrücklich zur Anmeldung aufgefordert wurden.

---

407 BGH, Urt. v. 17.7.2008 – IX ZR 132/07, ZInsO 2008, 915, 916 f. Rn 14 ff.; BGH, Beschl. v. 16.10.2008 – IX ZR 46/08, ZInsO 2008, 1324 Rn 6; HambKomm/Kuleisa, § 86 InsO Rn 22.
408 Uhlenbruck/Sinz, § 174 InsO Rn 2.
409 Dazu näher: Uhlenbruck/Knof, § 43 InsO Rn 1.
410 Uhlenbruck/Sinz, § 174 InsO Rn 11.

101 **Absonderungsberechtigte** Gläubiger sind berechtigt, ihre Forderung anzumelden, soweit ihnen der Schuldner auch persönlich haftet. Die Eigenschaft als Ausfallforderung wirkt sich erst bei der Verteilung der Masse aus.[411] **Aussonderungsberechtigte** Gläubiger sind zur Anmeldung nicht berechtigt, da sie am Insolvenzverfahren nicht teilnehmen. Gleiches gilt für aufrechnungsberechtigte Gläubiger (§§ 94, 95 InsO), da sie die Möglichkeit der Befriedigung außerhalb des Insolvenzverfahrens haben. Lediglich wenn sie auf die Aufrechnungsmöglichkeit verzichten, nehmen sie am Insolvenzverfahren teil. Hinsichtlich des die **Aufrechnung** übersteigenden Teils ihrer Forderung verbleibt ihnen hingegen selbstverständlich die Möglichkeit der Anmeldung.[412] **Massegläubiger** (§ 53 bis 55 InsO) sind ebenfalls nicht anmeldeberechtigt, da es sich nicht um Insolvenzforderungen handelt.[413]

Anders als unter Geltung der KO kann ein Gläubiger wegen § 89 InsO nicht auf Anmeldung und Teilnahme am Insolvenzverfahren verzichten und seine Forderung im Wege der Einzelzwangsvollstreckung durchsetzen. Verzichtet ein Gläubiger auf die Forderungsanmeldung, so nimmt er am Verfahren zwar nicht teil, dessen Wirkungen treffen ihn aber gleichwohl.[414]

3. Form der Anmeldung

102 Die Initiative zur Anmeldung seiner Forderung hat zunächst jeder Gläubiger selbst zu ergreifen. Die Anmeldung erfolgt gem. § 174 Abs. 1 InsO **schriftlich beim Insolvenzverwalter**. Eine Anmeldung bei Gericht ist nicht möglich und unwirksam. Versehentlich bei Gericht eingereichte Anmeldungen werden möglichst an den Verwalter weitergeleitet, allerdings ohne, dass hierauf ein Anspruch besteht. Im Eigenverwaltungsverfahren erfolgt die Anmeldung gemäß § 270f Abs. 2 Satz 2 InsO beim Sachwalter.

Die Anmeldung hat innerhalb der vom Gericht im Eröffnungsbeschluss bestimmten **Anmeldefrist** zu erfolgen. Diese beträgt mindestens 2 Wochen, höchstens 3 Monate nach Bekanntmachung des Eröffnungsbeschlusses, § 28 Abs. 1 Satz 2 InsO. Da es sich nicht um eine Ausschlussfrist handelt,[415] sind auch nach Ablauf der Frist eingegangene Anmeldungen zur Prüfung zuzulassen. Allerdings besteht kein Anspruch, dass die **nachträglich angemeldete Forderung** noch im allgemeinen Prüfungstermin geprüft und festgestellt wird. Widerspricht der Verwalter oder ein anderer Gläubiger der nachträglichen Prüfung oder wird die Forderung gar erst nach

---

411 Uhlenbruck/Sinz, § 174 InsO Rn 2.
412 Uhlenbruck/Sinz, § 174 InsO Rn 8.
413 HambKomm/Preß/Henningsmeier, § 174 InsO Rn 3; Uhlenbruck/Sinz, § 174 InsO Rn 7.
414 Uhlenbruck/Sinz, § 174 InsO Rn 1.
415 HambKomm/Preß/Henningsmeier, § 174 InsO Rn 12; Uhlenbruck/Sinz, § 174 InsO Rn 13.

dem allgemeinen Prüfungstermin angemeldet, so ist die Forderung in einem **gesonderten Prüfungstermin** oder im schriftlichen Verfahren zu prüfen, § 177 Abs. 1 Satz 2 InsO. Die hierfür anfallenden Kosten (22,00 EUR gem. Nr. 2340 KV) sind vom verspätet anmeldenden Gläubiger zu tragen.

Insolvenzverwalter halten zur **Forderungsanmeldung** üblicherweise **Formulare** vor, deren der Gläubiger sich allerdings nicht bedienen muss. Eine Unterschrift ist nicht zwingend erforderlich, es reicht aus, wenn die Anmeldung eindeutig erkennen lässt, von wem sie ausgeht.[416] § 174 Abs. 4 InsO eröffnet dem Insolvenzverwalter die Möglichkeit, eine elektronische Anmeldung, insb. per E-Mail, zuzulassen.[417] Immer mehr Verwalter machen von Möglichkeit der elektronischen Anmeldung Gebrauch und bitten die Gerichte, bereits im Eröffnungsbeschluss hierauf bzw. auf ihre Internetpräsenz hinzuweisen. Nach § 174 Abs. 4 S. 2 InsO kann bei einer elektronischen Anmeldung auch eine elektronischer Rechnung als Urkunde i.S.d. § 174 Abs. 1 Satz 2 InsO übermittelt werden. Im Hinblick auf die von der Rechtsprechung entwickelten Grundsätze dürfte es auch ausreichend sein, der E-Mail mit der Forderungsanmeldung die Urkunden als pdf-Dokumente anzuhängen, wenn der Verwalter diese Dokumente ausdruckt.[418] Auf Verlangen des Verwalters oder des Insolvenzgerichts sind Ausdrucke, Abschriften oder Originale der Urkunden einzureichen, § 174 Abs. 4 Satz 3 InsO.

Die **Anmeldung** hat die Forderung **nach Grund und Höhe** genau zu bezeichnen. Die Forderung ist in EUR anzugeben. Forderungen in Fremdwährung sind mit dem amtlichen Kurs am Eröffnungstag umzurechnen, § 45 Abs. 1 Satz 2 InsO. **Unbezifferte Ansprüche**, wie Schmerzensgeldansprüche, sind zu schätzen, § 45 Abs. 1 Satz 1 InsO.[419] Zinsen müssen nur ausgerechnet werden, wenn sie ausnahmsweise als Hauptforderung geltend gemacht werden.[420]

Im **Anwendungsbereich der EuInsVO** richtet sich die Forderungsanmeldung nach den Art. 53–55 EuInsVO. Die Art. 53 ff. EuInsVO erweitern die Rechte der ausländischen Gläubiger. Stets zulässig ist eine Anmeldung, die den inländischen Vorschriften des § 174 InsO genügt.[421] Darüber hinaus ist es möglich, die Forderung mittels des Formblattes nach Art. 55 EuInsVO (Anhang II zur Durchführungsverordnung (EU) 2017/1105), zum Download verfügbar im europäischen Justizportal

---

416 HambKomm/Preß/Henningsmeier, § 174 InsO Rn 10; Uhlenbruck/Sinz, § 174 InsO Rn 18.
417 HambKomm/Preß/Henningsmeier, § 174 InsO Rn 10; Uhlenbruck/Sinz, § 174 InsO Rn 18.
418 Vgl. dazu BGH, Beschl. v. 18.3.2015 – XII ZB 424/14, ZInsO 2015, 1232 ff. (für Beschwerdeschrift im Verfahren nach FamFG); Prütting/Gehrlein/Prütting, § 129 ZPO Rn 13.
419 Uhlenbruck/Sinz, § 174 InsO Rn 32.
420 Uhlenbruck/Sinz, § 174 InsO Rn 33.
421 EuGH, Urt. v. 18.9.2019 – C-47/18 Rn 54 (zur Vorgängernorm Art. 41 EuInsVO 2000); KPB/Laroche, Art. 55 EuInsVO Rn 3; Paulus, Art. 55 EuInsVO Rn 12; Vallender/Riewe, Art. 55 EuInsVO Rn 9, 11.

(e-justice.europa.eu).[422] Auch eine solche Anmeldung ist stets wirksam.[423] Zu beachten ist, dass nach Art. 54 Abs. 1, Abs. 3 S. 2 EuInsVO eine Unterrichtung über die Verfahrenseröffnung mittels eines Formblattes, das in sämtlichen Amtssprachen der Organe der Europäischen Union mit den Worten Mitteilung über ein Insolvenzverfahren" überschrieben ist, zu erfolgen hat. Das Formular (Anhang I zur Durchführungsverordnung (EU) 2017/1105) ist ebenfalls in sämtlichen Amtssprachen auf der Internetseite des europäischen Justizportals (e-justice.europa.eu) zum Download bereitgestellt.[424] Gemäß Art. 55 Abs. 5 S. 1 EuInsVO kann jeder ausländische Gläubiger seine Forderung auch in der Amtssprache oder einer der Amtssprachen dieses anderen Staates anmelden, wobei Gericht, Verwalter oder eigenverwaltender Schuldner eine Übersetzung verlangen können.

104 Der zugrunde liegende **Sachverhalt** ist so **konkret, individuell und schlüssig darzulegen**, dass eine Prüfung des Anspruchs durch den Insolvenzverwalter und die anderen Gläubiger möglich ist. Es gelten die für den Zivilprozess entwickelten Grundsätze an die Substantiierungspflicht entsprechend.[425] Der Anmeldung sollen nach § 174 Abs. 1 Satz 2 InsO Urkunden, aus denen sich der Anspruch ergibt, in Abschrift beigefügt sein. Soweit sich aus diesen Urkunden der Grund der Forderung eindeutig ergibt, mag dies der Substantiierungspflicht genügen. Dies gilt etwa bei einem beigefügten, mit Gründen versehenen Urteil.[426] Genügt die Anmeldung nicht diesen Anforderungen, hat der Insolvenzverwalter sie zu beanstanden. Der Gläubiger hat dann die Möglichkeit nachzubessern.[427]

Ist der Schuldner eine natürliche Person, ist ggf. der **Vorbehalt der unerlaubten Handlung** mit **anzumelden**, § 174 Abs. 2 InsO, wenn der Gläubiger erreichen will, dass die Forderung gem. § 302 Nr. 1 InsO von der RSB ausgenommen ist. Der Schuldner ist gem. § 175 Abs. 2 InsO vom Insolvenzgericht auf die Rechtsfolgen und die Möglichkeit eines Widerspruchs hinzuweisen. Zur Anmeldung der unerlaubten Handlung genügt es, wenn der Rechtsgrund so beschrieben wird, dass der aus ihm hergeleitete Anspruch in tatsächlicher Hinsicht zweifelsfrei bestimmt werden und der Schuldner erkennen kann, welches Verhalten ihm vorgeworfen wird. Einer schlüssigen Darlegung des (objektiven und subjektiven) Deliktstatbestandes bedarf es nicht.[428] Entsprechendes gilt für die weiteren Ausnahmen nach § 302 InsO. Beim Unterhaltsanspruch erfordert eine hinreichende Attributsanmeldung den Vortrag

---

422 https://e-justice.europa.eu/content_insolvency-474-de.do.
423 MüKo/Reinhart, Art. 53 EuInsVO Rn 4.
424 https://e-justice.europa.eu/content_insolvency-474-de.do.
425 HambKomm/Preß/Henningsmeier, § 174 InsO Rn 18; Uhlenbruck/Sinz, § 174 InsO Rn 29.
426 Uhlenbruck/Sinz, § 174 InsO Rn 29.
427 HambKomm/Preß/Henningsmeier, § 174 InsO Rn 27; Uhlenbruck/Sinz, § 174 InsO Rn 44.
428 BGH, Urt. v. 9.1.2014 – IX ZR 103/13, ZInsO 2014, 236 ff.; **a.A.** noch die 1. Auflage; die Rechtsprechung des BGH ablehnend: Uhlenbruck/Sinz, § 174 InsO Rn 38.

der eigenen Bedürftigkeit sowie, dass der Schuldner nicht gezahlt hat, obwohl er hierzu in der Lage war. Detaillierte Ausführungen zur Leistungsfähigkeit des Schuldners dürften hingegen im Rahmen der Attributsanmeldung nicht erforderlich sein. Bei Anmeldung des Attributs der Steuerstraftat dürfte zunächst die Darlegung des zugrunde liegenden Sachverhalts genügen. Da der Gesetzgeber den Zeitpunkt der Verurteilung ausdrücklich als unbeachtlich ansieht,[429] dürften Ausführungen zum Strafverfahren bei der Anmeldung noch entbehrlich sein.[430]

Selbstverständlich ist eine **Vertretung** bei der Anmeldung ebenso möglich, wie **Sammelanmeldungen**, bei denen gleichartige Ansprüche in einer Anmeldung zusammengefasst werden, und **Poolanmeldungen**, bei denen die Forderungen auf einen Treuhänder übertragen wurden.[431] Hierfür gelten über § 4 InsO die Regelungen der ZPO entsprechend. Vollmachten sind schriftlich nachzuweisen und Mängel von Amts wegen zu beachten, es sei denn, es handelt sich um einen RA, §§ 4 InsO, 88 Abs. 2 ZPO. Bei Sammel- oder Poolanmeldungen ist zu beachten, dass jede einzelne Forderung individualisiert und vollständig prüfbar bleibt.[432]

Die ordnungsgemäße Forderungsanmeldung bewirkt gem. § 204 Abs. 1 Nr. 10 BGB die **Hemmung der Verjährung** bis 6 Monate nach Beendigung des Verfahrens, § 204 Abs. 2 Satz 1 BGB, gem. § 171 Abs. 13 AO die Hemmung der Festsetzungsverjährung und gem. § 231 Abs. 1 AO die Unterbrechung der **Zahlungsverjährung von Steuerforderungen**. Wegen dieser Folgen sind die angemeldeten Forderungen vom Insolvenzverwalter taggenau mit einem Eingangsstempel zu versehen. Rechtshängigkeit i.S.d. § 261 ZPO oder Verzug tritt durch die Forderungsanmeldung hingegen nicht ein.[433]

Schließlich folgt aus der ordnungsgemäßen Forderungsanmeldung das Recht zur Teilnahme an der Gläubigerversammlung und zum Bestreiten der Forderungen anderer Gläubiger.[434]

4. Tabellenführung und Forderungsprüfung

Der Insolvenzverwalter trägt die angemeldeten Forderungen in eine Tabelle ein, § 175 Abs. 1 Satz 1 InsO. In die **Tabellenblätter** sind die Forderungen nach laufender Nummer einzutragen. Es sind (mindestens) **Name und Anschrift des Gläubigers**, **Tag der Anmeldung**, angemeldeter **Betrag**, **Grund** der Forderung, **Prüfungser-**

---

429 BT-Drucks. 17/11268, 32.
430 Vgl. zum Ganzen: Laroche/Siebert, NZI 2014, 541, 546f.
431 Vgl. näher, auch zur Begrifflichkeit: Uhlenbruck/Sinz, § 174 InsO Rn 25.
432 Uhlenbruck/Sinz, § 174 InsO Rn 25.
433 Uhlenbruck/Sinz, § 174 InsO Rn 59.
434 Uhlenbruck/Sinz, § 174 InsO Rn 59; dort auch zu den arbeitsrechtlichen, insb. tarifvertraglichen Folgen der Anmeldung.

gebnis, **Berichtigungen** und **Bemerkungen** einzutragen.[435] Soweit nachrangige Gläubiger zur Forderungsanmeldung aufgefordert wurden, sind der Nachrang und die Rangstelle mit in die Tabelle aufzunehmen.[436] Sofern Sondermassen (etwa nach § 32 Abs. 3 und 4 DepotG) zu bilden sind, ist jeweils eine zusätzliche Abteilung anzulegen.[437]

Nach § 5 Abs. 4 InsO können Tabellen und Verzeichnisse maschinell hergestellt und bearbeitet werden. Die Landesregierungen werden ermächtigt, durch Rechtsverordnung nähere Bestimmungen über die Führung der Tabellen und Verzeichnisse, ihre elektronische Einreichung sowie die elektronische Einreichung der dazugehörigen Dokumente und deren Aufbewahrung zu treffen. Dabei können sie auch Vorgaben für die Datenformate der elektronischen Einreichung machen.[438] Die Übertragung der Daten vom Verwalter zum Gericht erfolgt dann über elektronische Schnittstellen.[439]

Mit der Einführung der **elektronischen Gerichtsakte**, die gemäß § 4 InsO, § 298a Abs. 1a ZPO bis zum 1.1.2026 abgeschlossen sein muss,[440] werden künftig Tabellen auf Grundlage des § 5 Abs. 4 InsO verpflichtend geführt werden. **Tabellendokumente sind elektronisch als strukturierter maschinenlesbarer Datensatz** in den Dateiformaten „XML", „TAB" oder „.ITR" **zu übermitteln**. Die „XML"-Dokumente sind als X-Justiz Datensätze zu übermitteln und müssen bestimmten von der Justiz bekanntgemachten Definitions- oder Schemadateien entsprechen. Entsprechende Rechtsverordnungen werden durch die Bundesländer erlassen.[441]

108 Dem Insolvenzverwalter steht nach herrschender Meinung ein **Vorprüfungs- und Zurückweisungsrecht** bei fehlerhafter Anmeldung zu.[442] Dieses beschränkt sich auf formelle Mängel. Bei offensichtlichen Mängeln hat der Insolvenzverwalter den Gläubiger auf die Mängel hinzuweisen. Ein Anspruch auf sorgfältige Vorprüfung durch den Insolvenzverwalter besteht nicht.[443] Bei **wesentlichen Anmeldungsmängeln** ist die Anmeldung vom Verwalter **zurückzuweisen**. Der Gläubiger

---

435 Gottwald/Eickmann, InsRHdb, § 63 Rn 18 ff.; HambKomm/Preß/Henningsmeier, § 175 InsO Rn 2; Uhlenbruck/Sinz, § 175 InsO Rn 5.
436 HambKomm/Preß/Henningsmeier, § 175 InsO Rn 3.
437 Uhlenbruck/Sinz, § 175 InsO Rn 7.
438 Vgl. HambKomm/Rüther, § 5 InsO Rn 42 ff.; Uhlenbruck/Sinz, § 175 InsO Rn 4.
439 Uhlenbruck/Sinz, § 175 InsO Rn 4.
440 Dazu Blankenburg, ZInsO 2020, 121 ff.
441 Vgl. für NRW: Verordnung über die elektronische Führung und Einreichung der Tabellen und Verzeichnisse sowie der dazugehörigen Dokumente in Insolvenzsachen im Land Nordrhein-Westfalen, (eTabelle Insolvenzordnung – eTab InsO, GV NRW 2020 S. 336).
442 HambKomm/Preß/Henningsmeier, § 174 InsO Rn 26 ff.; Uhlenbruck/Sinz, § 175 InsO Rn 9 m.w.N., auch für die Gegenansicht.
443 Uhlenbruck/Sinz, § 175 InsO Rn 12.

ist dann gehalten, die Forderung erneut anzumelden.[444] Bestehen keine schwerwiegenden Mängel, so wird die Forderung stillschweigend zur Prüfung zugelassen.[445]

Wird eine nicht ausreichend angemeldete Forderung in die Tabelle aufgenommen, so bewirkt dies keine Heilung der fehlerhaften Anmeldung. Die Forderung bleibt nicht prüffähig.[446] Eine Heilung tritt hingegen ein, wenn die Forderung aufgrund eines Prüfungstermins endgültig festgestellt wird.[447] Nimmt der Verwalter eine **ausreichend angemeldete Forderung nicht in die Tabelle auf**, besteht hiergegen **kein Rechtsmittel**. Dem Gläubiger bleibt der Weg, beim Gericht anzuregen, im Aufsichtswege gem. § 58 Abs. 2 Satz 1, § 59 Abs. 1 InsO einzuschreiten.[448] Mittelbar kann der Gläubiger eine Aufnahme in die Tabelle erreichen, wenn er gegen ein vom Verwalter aufgestelltes Verteilungsverzeichnis Einwendungen gem. § 194 InsO erhebt und geltend macht, zu Unrecht nicht in das Verzeichnis aufgenommen worden zu sein. Vgl. dazu auch Rdn 269. Daneben kann der Verwalter sich im Einzelfall schadensersatzpflichtig machen.[449]

Nach Ablauf der Anmeldefrist ist die Tabelle samt der eingereichten Unterlagen auf der **Geschäftsstelle** des Insolvenzgerichts **zur Einsicht** der Beteiligten auszulegen. Gem. § 175 Abs. 1 Satz 2 InsO hat dies innerhalb des ersten Drittels des Zeitraums zwischen Ablauf der Anmeldefrist und Prüfungstermin zu erfolgen. Zwar handelt es sich um eine sanktionslose Ordnungsvorschrift, es ist aber zu beachten, dass eine zu kurz bemessene Niederlegungsfrist die Verlegung des Prüfungstermins erforderlich machen kann.[450] Auch wenn die Forderung noch nicht geprüft ist, findet sich häufig bereits ein vorgedruckter „**Prüfvermerk**" in den Tabellenblättern. Hierbei handelt es sich lediglich um eine vorbereitende Maßnahme des Verwalters, die der Arbeitserleichterung dient und seine vorläufige Einschätzung ausdrückt.[451]

Zur Prüfung der Forderung im **Prüfungstermin** sind nach § 178 Abs. 1 S. 1 InsO sowohl der Insolvenzverwalter als auch die übrigen Anmeldegläubiger berufen. Das Gericht wird lediglich protokollierend tätig und hat keine eigene Prüfungskompetenz.[452] Die Rolle des Schuldners im Prüfungsverfahren ist zunächst darauf beschränkt, dem Insolvenzverwalter und der Gläubigergemeinschaft zum Zwecke der

---

[444] Uhlenbruck/Sinz, § 174 InsO Rn 45.
[445] Uhlenbruck/Sinz, § 175 InsO Rn 16.
[446] Uhlenbruck/Sinz, § 175 InsO Rn 13.
[447] Uhlenbruck/Sinz, § 174 InsO Rn 45.
[448] Gottwald/Eickmann, InsRHdb, § 63 Rn 16; HambKomm/Preß/Henningsmeier, § 175 InsO Rn 30; Uhlenbruck/Sinz, § 175 InsO Rn 14 m.w.N.
[449] HambKomm/Preß/Henningsmeier § 175 InsO Rn 27.
[450] Uhlenbruck/Sinz, § 175 InsO Rn 21.
[451] Frege/Keller/Riedel, HRP, Rn 1625; Uhlenbruck/Sinz, § 178 InsO Rn 2.
[452] Uhlenbruck/Sinz, § 178 InsO Rn 9.

Forderungsprüfung Auskunft zu erteilen.[453] Ihm steht kein bzw. nur ein auf die Nachhaftung beschränktes Recht zum Bestreiten der Forderung zu (vgl. dazu die folgende Rdn 111). Anderes gilt in der Eigenverwaltung. Hier steht dem Schuldner gem. § 283 Abs. 1 InsO neben dem Sachwalter und den Insolvenzgläubigern das vollständige Recht zum Bestreiten der Forderung zu.[454]

Wenn weder Verwalter noch Gläubiger (oder im Fall der Eigenverwaltung auch der Schuldner) der Forderung widersprechen, ist sie festgestellt. Mit Eintragung des **Feststellungsvermerks**[455] durch das Gericht wirkt die Eintragung in die Tabelle wie ein rechtskräftiges Urteil ggü. Insolvenzverwalter und allen Insolvenzgläubigern (§ 178 Abs. 3 InsO). Widerspricht der Verwalter oder ein Gläubiger der Forderung, wird der Widerspruch im Tabellenblatt vermerkt, die Forderung ist damit bestritten.

5. Auf Nachhaftung beschränktes Bestreiten durch den Schuldner

111 Außer bei der Eigenverwaltung wird dem Schuldner lediglich ein eingeschränktes Recht zum Bestreiten der Forderung zugestanden, das sich auf Einwendungen beschränkt, die seine Nachhaftung nach Beendigung des Insolvenzverfahrens betreffen.[456] Sein Bestreiten hat somit keinen Einfluss auf die Feststellung der Forderung zur Tabelle und die Gläubigerrechte im weiteren Verlauf des Verfahrens. Es bewirkt aber, dass der Gläubiger nach Aufhebung des Verfahrens nicht aus dem Tabellenauszug gegen den Schuldner vollstrecken kann (§ 201 Abs. 2 InsO).

Soweit ein Gläubiger den Vorbehalt der unerlaubten Handlung angemeldet hat, steht dem Schuldner gegen diesen Vorbehalt ein isoliertes Widerspruchsrecht zu, da insoweit gerade seine Nachhaftung durch Ausschluss der Forderung von den Wirkungen der RSB gem. § 302 Nr. 1 InsO betroffen ist.[457]

6. Feststellungsklage bei Widerspruch

112 Ist die Forderung bestritten und bislang nicht tituliert, ist es gem. § 179 Abs. 1 InsO am Gläubiger, gegen den Widerspruch im Wege der **Feststellungsklage** vorzugehen. Ist die bestrittene Forderung hingegen tituliert, ist es am Bestreitenden, seinen Widerspruch gerichtlich zu verfolgen, § 179 Abs. 2 InsO.

---

453 Uhlenbruck/Sinz, § 176 InsO Rn 18 f.
454 Uhlenbruck/Sinz, § 178 InsO Rn 15.
455 Uhlenbruck/Sinz, § 178 InsO Rn 9.
456 Uhlenbruck/Sinz, § 176 InsO Rn 20.
457 Vgl. eingehend: Uhlenbruck/Sinz, § 176 InsO Rn 20.

Der Klageantrag kann bei nicht titulierten Forderungen lauten:
„... festzustellen, dass dem Kläger für die im Insolvenzverfahren (Az. ...) angemeldete Forderung in Höhe von ... EUR ein Insolvenzgläubigerrecht (im Rang ...) im Insolvenzverfahren über das Vermögen des/der ... zur lfd. Nr. ... zusteht".

Ungenauer, aber ebenfalls gebräuchlich ist der Antrag:
„die Forderung des Klägers in Höhe von ... EUR zur Insolvenztabelle im Insolvenzverfahren über das Vermögen des/der ... zur lfd. Nr. ... festzustellen".[458]

Bei einer titulierten Forderung kann beantragt werden,
„... den Widerspruch des Klägers in dem Insolvenzverfahren (Az. ...) hinsichtlich der durch (Bezeichnung des Titels) titulierten Forderung des Klägers in Höhe von ... EUR für begründet zu erklären".[459]

Die Klage ist vor dem **Prozessgericht**, also den allgemeinen Zivilabteilungen der AG bzw. den Kammern der Landgerichte, zu erheben. Es handelt sich um ein gewöhnliches **Erkenntnisverfahren** ohne Besonderheiten. Zuständig ist das AG, bei dem das Insolvenzverfahren anhängig ist (§ 180 Abs. 1 InsO). Soweit das Verfahren in die Zuständigkeit des LG gehört, ist das entsprechende LG zuständig.[460] Soweit die Zuständigkeit der **Fachgerichtsbarkeiten** besteht, sind diese gem. § 185 InsO auch für die Feststellungsklage zuständig.[461] Der Streitwert des Verfahrens richtet sich gem. § 182 InsO nach der Quotenerwartung.[462]

Die Klage ist spätestens bis zum Ende der **Ausschlussfrist** des § 189 Abs. 1 InsO geltend zu machen. Die Frist beginnt mit der öffentlichen Bekanntmachung der Verteilung, wobei für den Fristbeginn die Dreitagesfiktion des § 9 Abs. 1 Satz 3 InsO zu beachten ist.[463] Da es sich nicht um eine Notfrist handelt, ist Wiedereinsetzung in den vorigen Stand ebenso ausgeschlossen wie eine Verlängerung der Frist durch Parteivereinbarung.[464] Vielmehr entfällt nach Ablauf der Frist das Feststellungsinteresse.[465]

Die Frist des § 189 Abs. 1 InsO gilt nach herrschender Meinung nicht für die Beseitigung eines **isolierten Widerspruchs** des Schuldners **gegen die Deliktseigenschaft** einer Forderung.[466] Der Gläubiger ist nicht verpflichtet, gegen den Widerspruch vorzugehen. Er kann vielmehr nach dem Ende der Abtretungsfrist in das

---

458 Vgl. näher: HambKomm/Herchen, § 179 InsO Rn 48; Uhlenbruck/Sinz, § 179 InsO Rn 12.
459 HambKomm/Herchen, § 179 InsO Rn 49.
460 HambKomm/Herchen, § 182 InsO Rn 10; Uhlenbruck/Sinz, § 180 InsO Rn 8.
461 Vertiefend: Gerhardt NZI 2010, 849 ff.
462 Vertiefend: HambKomm/Herchen, § 182 InsO Rn 8 ff.
463 Uhlenbruck/Wegener, § 189 InsO Rn 13.
464 HambKomm/Herchen/Gerichhausen, § 189 InsO Rn 6.
465 Uhlenbruck/Sinz, § 179 InsO Rn 10.
466 BGH, Urt. v. 18.12.2008 – IX ZR 124/08, ZInsO 2009, 278, 279 f. Rn 12; OLG Stuttgart, Beschl. v. 20.2.2008 – 10 U 3/08, ZInsO 2008, 981, 982; **a.A.** Uhlenbruck/Wegener, § 189 InsO Rn 21.

Laroche

Vermögen des Schuldners vollstrecken, vgl. § 294 Abs. 1 InsO,[467] und abwarten, ob der Schuldner Vollstreckungsgegenklage erhebt.[468] Nur wenn sich der Widerspruch des Schuldners gegen die angemeldete Forderung als solche richtet, steht der Widerspruch der Vollstreckung entgegen. Richtet sich der Widerspruch lediglich gegen den Rechtsgrund einer Forderung als vorsätzliche unerlaubte Handlung, ist dem Gläubiger nach Erteilung der Restschuldbefreiung eine vollstreckbare Ausfertigung aus der Eintragung der Forderung in der Tabelle zu erteilen.[469]

Um frühzeitig Sicherheit über die Eigenschaft der Forderung als Deliktsforderung und damit eine Ausnahme von der Restschuldbefreiung nach § 302 Nr. 1 InsO zu haben, ist der Gläubiger berechtigt, die Deliktseigenschaft im Wege einer Feststellungsklage auf Feststellung der Eigenschaft als Deliktsforderung im Sinne des § 302 Nr. 1 InsO titulieren zu lassen.[470] Eine solche Feststellungsklage kann bereits (vorinsolvenzlich) mit einer Klage auf erstmalige Titulierung der Forderung verbunden werden.[471] Zu beachten ist, dass die Titulierung der Deliktseigenschaft im Tenor eines Vollstreckungsbescheids nicht ausreichend ist, da ihm keine richterliche Schlüssigkeitsprüfung zugrunde liegt.[472]

Für den **Schuldner** ist die **besondere Klagefrist** des § 184 Abs. 2 InsO zu beachten. Liegt ein vollstreckbarer Titel vor und erhebt der Schuldner Widerspruch, hat er innerhalb eines Monats nach dem Prüfungstermin Klage zu erheben. Versäumt der Schuldner die Frist, gilt der Widerspruch als nicht erhoben, § 184 Abs. 2 Satz 2 InsO.[473] Der Schuldner ist über die Pflicht zur Klageerhebung zu belehren. Ist der Schuldner nicht oder falsch belehrt worden, kommt bei schuldloser Fristversäumung eine Wiedereinsetzung in den vorigen Stand entsprechend § 186 InsO in Betracht.

Soweit der Schuldner nur isoliert der Deliktseigenschaft widerspricht, gilt die Klagefrist nur, wenn sich die **Deliktseigenschaft aus dem Tenor** eines zugrunde liegenden Urteils ergibt, insbesondere also dann, wenn der Gläubiger zuvor erfolg-

---

467 Vgl. HambKomm/Streck, § 294 InsO Rn 6. Mit der Modifizierung des Wortlauts des § 294 Abs. 1 InsO geht keine Änderung der Rechtslage einher. Vielmehr handelt es sich nur um eine redaktionelle Anpassung an den Rechtszustand, der sich bereits durch die Vorverlegung des Fristbeginns des § 287 Abs. 2 InsO und damit auch der Laufzeit der Abtretungserklärung mit dem Gesetz zur Änderung der Insolvenzordnung und anderer Gesetze vom 26.10.2001 (BGBl. I, S. 2710) auf die Eröffnung des Insolvenzverfahrens ergeben hat, vgl. BT-Drucks. 17/11268, S. 24.
468 BGH, Urt. v. 18.5.2006 – IX ZR 187/04, ZInsO 2006, 704 f.; BGH Urt. v. 2.12.2010 – IX ZR 247/09, ZInsO 2011, 41, 43, Rn 16; vgl. vertiefend: Wedekind, VIA 2011, 33 ff.; BGH, Beschl. v. 3.4.2014 – IX ZB 93/13, ZInsO 2014, 1055, 1056 Rn 13.
469 BGH, Beschl. v. 3.4.2014 – IX ZB 93/13, ZInsO 2014, 1055, 1056 Rn 13.
470 BGH, Urt. v. 2.12.2010 – IX ZR 41/10, ZInsO 2011, 39, 40 f., Rn 13 ff.
471 BGH, Urt. v. 2.12.2010 – IX ZR 41/10, ZInsO 2011, 39, 41, Rn 15.
472 BGH, Urt. v. 18.5.2006 – IX ZR 187/04, ZInsO 2006, 704, 705 Rn 13.
473 Vgl. näher: Uhlenbruck/Sinz, § 184 InsO Rn 18.

reich eine Feststellungsklage erhoben hatte. Ergibt sie sich nur aus den Urteilsgründen oder aber aus dem Tenor eines Vollstreckungsbescheids, ist er nicht gehalten, innerhalb der Frist des § 184 Abs. 2 InsO zu klagen.

Praxistipp
Um Rechtssicherheit zu erlangen, kann der Schuldner unbefristet negative Feststellungsklage auf Feststellung, dass keine Deliktseigenschaft besteht, erheben. Das durch eine solche Klage begründete Kostenrisiko für den anmeldenden Gläubiger ist ein geeignetes Mittel, hemmungslosen und unbegründeten Anmeldungen der Deliktseigenschaft vorzubeugen.[474]

7. Vorläufiges Bestreiten

In der Praxis nicht selten ist das „vorläufige" Bestreiten. Konnte der Verwalter oder ein Gläubiger die Berechtigung einer angemeldeten Forderung bis zum Prüfungstermin nicht abschließend bewerten, so kann er die durch **„vorläufiges" Bestreiten** zum Ausdruck bringen. Es ist wie uneingeschränktes Bestreiten zu behandeln, ergänzt um die Erklärung, sich erst noch eine abschließende Meinung bilden zu wollen.[475] Der Gläubiger der bestrittenen Forderung ist deshalb regelmäßig vor Erhebung einer Klage gegen den Widerspruch gehalten, mit Fristsetzung eine endgültige Erklärung vom Bestreitenden zu fordern, will er sich nicht der Gefahr eines sofortigen Anerkenntnisses mit der Kostenfolge des § 93 ZPO aussetzen.[476]

114

IX. Zwangsvollstreckung (§§ 88 bis 90 InsO)

Zum Schutz der Masse und zur Sicherung einer gleichmäßigen Gläubigerbefriedigung regelt die InsO in den §§ 88 bis 90 InsO umfassende Vollstreckungsverbote.

115

1. Allgemeines Vollstreckungsverbot (§ 89 InsO)

Das allgemeine Vollstreckungsverbot während des Insolvenzverfahrens ist in § 89 InsO geregelt. Während der Dauer des Insolvenzverfahrens ist **Insolvenzgläubigern jede Zwangsvollstreckungsmaßnahme** in die Insolvenzmasse und das sonstige Vermögen **verboten**. Geschützt ist nicht nur die Masse, sondern auch das freigegebene oder insolvenzfreie Vermögen des Schuldners.[477]

---

474 Wedekind, VIA 2011, 33, 34.
475 Uhlenbruck/Sinz, § 178 InsO Rn 19; vgl. auch HambKomm/Preß/Henningsmeier, § 178 InsO Rn 9.
476 Uhlenbruck/Sinz, § 178 InsO Rn 20.
477 HambKomm/Kuleisa, § 89 InsO Rn 9.

Laroche

Das Vollstreckungsverbot beginnt mit Eröffnung des Insolvenzverfahrens und endet regelmäßig erst mit rechtskräftiger Aufhebung oder Einstellung des Insolvenzverfahrens.[478] Es ist von jedem Vollstreckungsorgan von Amts wegen zu beachten.[479] Eine begonnene Vollstreckung darf nicht fortgeführt werden, sondern ist einzustellen; ein neuer Antrag zurückzuweisen.[480]

a) Anwendungsbereich

116 Erfasst von § 89 InsO ist jede Art der Vollstreckung, gleich ob in bewegliches oder unbewegliches Vermögen vollstreckt wird und gleich, ob die Grundlage der Vollstreckung ein zivilrechtlicher oder anderer Titel ist. Es ist deshalb auch die Verwaltungsvollstreckung ebenso untersagt wie die Vollstreckung aus finanz-, sozial-, arbeits-, verwaltungsgerichtlichen oder sonstigen Titeln. Die Beschlagnahme nach § 111c Abs. 1 bis 4 StPO a.F.[481] sowie der Arrest nach §§ 111e ff. StPO zur Sicherung der Einziehung des Wertersatzes unterliegen dem Vollstreckungsverbot ebenso wie die Vollstreckung von Geldbußen wegen Ordnungswidrigkeiten, während die Vollstreckung einer Geldstrafe jedenfalls im Wege der Ersatzfreiheitsstrafe zulässig bleibt.[482] Hinsichtlich der Beschlagnahme nach §§ 111b ff. StPO wird hingegen teilweise trotz des scheinbar abweichenden Wortlautes in § 111d Abs. 1 S. 2 StPO („wird von der Eröffnung... nicht berührt") vertreten, sie sei auch nach Eröffnung des Verfahrens zulässig, da nur so dem Opferschutz zum Durchbruch verholfen werden könne. Die (ggf. nach Verfahrenseröffnung) erfolgte Beschlagnahme sei Voraussetzung für den Eigentumserwerb des und das Entstehen eines Aussonderungsrechts des Staates, da gemäß § 75 Abs. 4 StGB dann § 91 InsO nicht gelte. Erst dieses Aussonderungsrecht ermögliche seinerseits den Weg zur Rückübertragung eines vormals massezugehörigen Gegenstandes auf das Tatopfer nach § 459h Abs. 1 StGB.[483] Dieser Lösung ist jedenfalls in den Fällen zuzustimmen, in denen der Verwalter sich bei Verwertung des Gegenstandes einer Strafbarkeit, insb. nach § 261 Abs. 2 StGB (Geldwäsche; Verschleierung unrechtmäßig erlangter Vermögenswerte) strafbar machen würde. Es spricht hier einiges dafür, dass das insolvenzrechtliche Verwertungsgebot des Verwalters strafrechtlich überlagert ist und das Verwertungsrecht von der Einziehung verdrängt wird. Der Verwalter wird sich vor einer Strafbarkeit schützen können, indem er mit der Staatsanwaltschaft abklärt, ob und in welchem Umfang sie Anspruch

---

478 Uhlenbruck/Mock, § 89 InsO Rn 40.
479 HambKomm/Kuleisa, § 89 InsO Rn 13.
480 HambKomm/Kuleisa, § 89 InsO Rn 3, 13; Uhlenbruck/Mock, § 89 InsO Rn 26.
481 FK/Wimmer/Amend, § 89 InsO Rn 20.
482 Laroche, VIA 2013, 57 ff.; FK/Wimmer/Amend, § 89 Rn 28 ff.; Uhlenbruck/Mock, § 89 InsO Rn 21 m.w.N.
483 Bittmann/Tschakert, ZInsO 2017, 2657, 2661.

auf den Gegenstand erhebt. Der Verwalter könnte den Gegenstand sodann aus der Masse freigeben und die Staatsanwaltschaft ihn beschlagnahmen. Da ein solches Vorgehen aber Schutzlücken provoziert, etwa weil eine Beschlagnahmeanordnung nicht zeitig ergeht, muss in den Fällen kollidierender Pflichten (insolvenzrechtliches Verwertungsgebot gegen strafrechtliches Verschaffensverbot nach § 261 Abs. 2 Nr. 1 StGB) zur Sicherung des Einziehungsanspruchs die Beschlagnahme auch während des bereits eröffneten Insolvenzverfahrens zulässig sein.

Bei **eintragungspflichtigen Vollstreckungen** kommt es für die Wirksamkeit der Vollstreckung auf den **Zeitpunkt der Eintragung**, nicht den der Antragstellung an.[484] Ist ein eingegangener Antrag im Zeitpunkt der Eröffnung noch nicht erledigt, so muss er vom Gericht zurückgewiesen werden. Erfolgt die Eintragung gleichwohl, kann der Insolvenzverwalter einen Grundbuchberichtigungsanspruch nach § 894 BGB geltend machen. Das Gericht selbst kann von Amts wegen einen Widerspruch nach § 53 GBO eintragen, wenn es seinen Fehler erkennt.[485]

Die **Vollstreckung vertretbarer Handlungen** (§ 887 ZPO) ist von § 89 InsO erfasst, während **unvertretbare Handlungen** (§§ 888 ff. ZPO) sowie die **Erzwingung von Unterlassungen und Duldungen** (§ 890 ZPO) weiterhin der Vollstreckung unterliegen, da sie keine Insolvenzforderungen sind.[486] Anderes gilt, wenn sie ausnahmsweise der Vollstreckung einer Insolvenzforderung dienen, was etwa bei Auskunftsansprüchen denkbar ist.[487] **Zulässig bleiben** auch **die Vollstreckung vorbereitende Maßnahmen**, etwa die Erteilung einer Vollstreckungsklausel oder die Vollstreckbarkeitserklärung von ausländischen Titeln, Schiedssprüchen, Schieds- oder Anwaltsvergleichen,[488] während die Zustellung eines Pfändungs- und Überweisungsbeschlusses unzulässig und unwirksam ist, wobei zu beachten ist, dass die strafrechtlich über § 136 StGB geschützte Verstrickung gleichwohl entstehen kann.[489] Ebenso sind Anträge auf Abgabe der Vermögensauskunft nach § 802c ZPO oder der Erlass eines Haftbefehls nach § 901 ZPO unzulässig.[490] Unter Androhung einer Zwangsvollstreckung geleistete freiwillige Zahlungen aus dem insolvenzfreien Vermögen[491] sind von § 89 InsO hingegen ebenso wenig erfasst wie Aufrechnungen, für die die Sondervorschriften der §§ 94 ff. InsO gelten.[492]

117

---

484 HambKomm/Kuleisa, § 89 InsO Rn 3; Uhlenbruck/Mock, § 89 InsO Rn 23.
485 HambKomm/Kuleisa, § 89 InsO Rn 3.
486 Uhlenbruck/Mock, § 89 InsO Rn 38.
487 HambKomm/Kuleisa, § 89 InsO Rn 3; Uhlenbruck/Mock, § 89 InsO Rn 31.
488 FK/Wimmer/Amend, § 89 InsO Rn 40 f.; HambKomm/Kuleisa, § 89 InsO Rn 4.
489 HambKomm/Kuleisa, § 89 InsO Rn 13; FK/App, § 89 InsO Rn 51.
490 HambKomm/Kuleisa, § 89 InsO Rn 3; Uhlenbruck/Mock, § 89 InsO Rn 25.
491 BGH, Urt. v. 14.1.2010 – IX ZR 93/09, NZI 2010, 223, 224 Rn 8; HambKomm/Kuleisa, § 89 InsO Rn 4.
492 HambKomm/Kuleisa, § 89 InsO Rn 4; Uhlenbruck/Mock, § 89 InsO Rn 38.

b) Entsprechende Anwendung auf Neugläubiger

118 Die Vorschrift gilt entsprechend für **Neugläubiger**, allerdings nur **soweit die Insolvenzmasse** betroffen ist.[493] Eine Vollstreckung in das beschlagfreie Vermögen bleibt für Neugläubiger möglich. Relevant wird dies insb. bei vom Verwalter freigegebenem Vermögen, etwa einer nach § 35 Abs. 2 InsO freigegebenen selbstständigen Tätigkeit.[494]

Das allgemeine Vollstreckungsverbot gilt weder für Massegläubiger, für die § 90 InsO besondere Regeln enthält, noch für aussonderungsberechtigte Gläubiger und Absonderungsgläubiger, soweit sie ihr Absonderungsrecht verfolgen.[495]

c) Vollstreckungsverbot für künftige Forderungen aus Dienstverhältnissen (§ 89 Abs. 2 InsO)

119 § 89 Abs. 2 InsO erstreckt das allgemeine **Vollstreckungsverbot** auch auf künftige **Forderungen auf Bezüge aus einem Dienstverhältnis** oder vergleichbare Forderungen. Derartige Vollstreckungen sind nicht nur für Insolvenzgläubiger, sondern auch für alle anderen Gläubiger unzulässig.

Eine Ausnahme gilt lediglich für Neugläubiger **einer Unterhalts- oder Deliktsforderung**, die in den ihnen nach §§ 850d, 850f Abs. 2 ZPO zustehenden beschränkt pfändbaren Teil pfänden dürfen, § 89 Abs. 2 Satz 2 InsO.[496] Die Vorschrift dient v.a. der Befriedigung der Gläubiger in einem etwaigen Restschuldbefreiungsverfahren.[497]

d) Vollstreckungen entgegen § 89 InsO/Folgen

120 Eine entgegen § 89 InsO erfolgte Vollstreckung ist **materiell-rechtlich unwirksam**. Ein Pfändungspfandrecht entsteht nicht, allerdings besteht die öffentlich-rechtliche Verstrickung.[498] Eine gesetzwidrig durchgeführte Versteigerung führt hingegen zum Rechtserwerb beim Ersteher, der allerdings das Erlangte nach den Regelungen des Bereicherungsrechts (§§ 812 ff. BGB) an den Insolvenzverwalter herauszugeben hat.[499]

---

493 KG, Beschl. v. 6.7.2005 -2 AR 85/05, ZInsO 2005, 1047, 1048; HambKomm/Kuleisa, § 89 InsO Rn 7; FK/Wimmer/Amend, § 89 InsO Rn 11.
494 HambKomm/Kuleisa, § 89 InsO Rn 7.
495 HambKomm/Kuleisa, § 89 InsO Rn 6, 8; FK/Wimmer/Amend, § 89 InsO Rn 10.
496 Uhlenbruck/Mock, § 89 InsO Rn 51.
497 HambKomm/Kuleisa, § 89 InsO Rn 15.
498 HambKomm/Kuleisa, § 89 InsO Rn 13; Uhlenbruck/Mock, § 89 InsO Rn 42.
499 HambKomm/Kuleisa, § 89 InsO Rn 13; Uhlenbruck/Mock, § 89 InsO Rn 46.

e) Zuständigkeit für Rechtsbehelfe (§ 89 Abs. 3 InsO)

Statthaftes Rechtsmittel bei Vollstreckungen entgegen § 89 InsO ist regelmäßig die Erinnerung gem. § 766 ZPO. **Antragsbefugt** ist der **Insolvenzverwalter**, lediglich bei Eigenverwaltung oder bei Vollstreckung in das insolvenzfreie Vermögen auch der Schuldner.[500]

§ 89 Abs. 3 InsO erklärt das Insolvenzgericht für Rechtsbehelfe, die auf § 89 InsO gestützt werden, für zuständig. Begründet wird dies mit der Sachnähe des Gerichts.[501] Zu beachten ist aber, dass das **Insolvenzgericht** in funktioneller Zuständigkeit des Richters[502] **als Vollstreckungsgericht** entscheidet.[503]

Sofern die Vollstreckungsmaßnahme vom Rechtspfleger erlassen wurde, ist dieser vor einer richterlichen Entscheidung zunächst zur Entscheidung über seine **Abhilfebefugnis** berufen. Zuständig ist der Rechtspfleger des Vollstreckungsgerichts, also der zuständige **Vollstreckungsrechtspfleger** am Erlassgericht, nicht am Insolvenzgericht.[504] Dies gilt selbst dann, wenn Erlassgericht und Insolvenzgericht (wie in Ländern mit Zuständigkeitskonzentration häufig) unterschiedlich sind. Dies folgt aus Sinn und Zweck der Abhilfebefugnis und der fortbestehenden Natur der Entscheidung als solche des Vollstreckungsgerichts.

Es ist anerkannt, dass die Zuweisung vollstreckungsrechtlicher Rechtsbehelfe durch Einzelvorschriften, nämlich die §§ 36 Abs. 4, 89 Abs. 3, 148 Abs. 2 InsO, nicht abschließend ist, wobei allerdings der Umfang der Zuweisung noch nicht vollständig geklärt ist. Anerkannt ist die **entsprechende Anwendung des § 89 Abs. 3 InsO** jedenfalls für **Vollstreckungsverbote der Massegläubiger in § 90 Abs. 1 InsO**.[505] Über das Vollstreckungsverbot des § 294 InsO hat hingegen das Vollstreckungsgericht, in dessen Bezirk die Vollstreckungsmaßnahme stattfindet, zu entscheiden.[506]

2. Vollstreckungen vor Eröffnung: Rückschlagsperre (§ 88 InsO)

Die sog. „**Rückschlagsperre**" des § 88 InsO erklärt durch Vollstreckung erlangte Sicherungen mit Eröffnung des Insolvenzverfahrens für unwirksam, wenn sie **im letzten Monat vor Antragstellung** oder nach dem Insolvenzantrag erlangt wurden.

---

500 HambKomm/Kuleisa, § 89 InsO Rn 18.
501 HambKomm/Kuleisa, § 89 InsO Rn 20.
502 BGH, Beschl. v. 5.2.2004 – IX ZB 97/03, ZInsO 2004, 391, 392; Beschl. v. 6.5.2005 – IX ZB 104/04, NZI 2004, 447 f.; HambKomm/Kuleisa, § 89 InsO Rn 21; Uhlenbruck/Mock, § 89 InsO Rn 64.
503 BGH, Beschl. v. 5.2.2004 – IX ZB 97/03, ZInsO 2004, 391, 392; Beschl. v. 6.5.2005 – IX ZB 104/04, NZI 2004, 447 f.; Prütting/Gehrlein/Scheuch, § 766 ZPO Rn 14.
504 AG Köln, Beschl. v. 4.11.2010 – 73 IN 206/10, JurionRS 2010, 35057.
505 BGH, Beschl. v. 21.9.2006 – IX ZB 11/04, NZI 2006, 697, 698 Rn 10 ff.; HambKomm/Kuleisa, § 89 InsO Rn 22; Prütting/Gehrlein/Scheuch, § 766 ZPO Rn 15.
506 LG Köln, Beschl. v. 14.8.2003 – 19 T 92/03, NZI 2003, 669; Uhlenbruck/Sternal, § 294 InsO Rn 17.

In Verbraucherinsolvenzverfahren ist die Frist nach § 88 Abs. 2 InsO auf 3 Monate verlängert. Bis zum 30.6.2014 fand sich die Fristverlängerung inhaltlich identisch in dem zwischenzeitlich aufgehobenen § 312 Abs. 1 Satz 3 InsO. Vgl. dazu auch Rdn 125.

a) Zweck der Rückschlagsperre

123 Die Rückschlagsperre ergänzt nicht nur das Vollstreckungsverbot des § 89 InsO um bestimmte Vorwirkungen, sondern auch das Anfechtungsrecht der §§ 129 ff. InsO. Ihrerseits ergänzt wird die Vorschrift durch § 110 Abs. 2 InsO (für Mietzins) und in bis zum 30.6.2014 beantragten Verfahren durch § 114 Abs. 3 InsO (für Dienstbezüge),[507] die jeweils bestimmen, dass Verfügungen im Wege der Zwangsvollstreckung nur noch für den Kalendermonat der Eröffnung bzw. bei Eröffnung nach dem 15. eines Monats noch bis zum Ende des Folgemonats wirksam sind.

Zu beachten ist, dass § 88 InsO das Anfechtungsrecht nicht nur ergänzt, sondern auch in einem Konkurrenzverhältnis zu ihm steht, da i.d.R. die Erlangung der Sicherheit durch Vollstreckung auch anfechtbar ist. Die Bedeutung der Rückschlagsperre begründet sich in diesem Bereich durch die regelmäßig schnellere Durchsetzbarkeit für den Verwalter ggü. dem Anfechtungsanspruch.[508]

b) Erfasste Tatbestände

124 Der **Begriff der Zwangsvollstreckung** in § 88 InsO ist wie bei § 89 InsO **weit auszulegen** (vgl. dazu bereits oben Rdn 116).[509] Erfasst sind alle Arten der Vollstreckung, solange der gesicherte Gegenstand dem Insolvenzbeschlag unterliegt.[510] Von der Rückschlagsperre betroffen sind deshalb **nur Vollstreckungsmaßnahmen von Insolvenzgläubigern**. Neugläubiger, Massegläubiger und Aussonderungsberechtigte unterliegen ihr nicht, Absonderungsberechtigte nur, soweit sie einen persönlichen Anspruch geltend machen und nicht aus dem Absonderungsrecht vorgehen.[511]

c) Wirkung der Rückschlagsperre

125 § 88 InsO erklärt **nur die Sicherung** durch Zwangsvollstreckung, **nicht hingegen die Befriedigung durch Vollstreckung** für unwirksam.[512] Erlangt der Gläubiger

---

507 FK/Wimmer/Amend, § 88 InsO Rn 3.
508 HambKomm/Kuleisa, § 88 InsO Rn 1.
509 HambKomm/Kuleisa, § 88 InsO Rn 5.
510 HambKomm/Kuleisa, § 88 InsO Rn 4.
511 HambKomm/Kuleisa, § 88 InsO Rn 3; vgl. näher: Uhlenbruck/Mock, § 88 Rn 7.
512 HambKomm/Kuleisa, § 88 InsO Rn 10.

Befriedigung im Wege der Zwangsvollstreckung, ist der Insolvenzverwalter auf die Anfechtung, insb. nach § 131 Abs. 1 Nr. 1 InsO, angewiesen.[513] Im Eröffnungsverfahren kann der Schutz der Masse über das Verbot von Einzelzwangsvollstreckungsmaßnahmen gem. § 21 Abs. 2 Nr. 3 InsO noch erweitert werden. Keine Anwendung findet die Rückschlagsperre bei der strafprozessualen Beschlagnahme nach §§ 111b ff. StPO, wie § 111d Ab. 1 S. 2 StPO ausdrücklich bestimmt.[514] Auf den Arrest zur Sicherung der Einziehung des Wertersatzes ist die Rückschlagsperre hingegen anwendbar.[515]

Mit Eröffnung des Insolvenzverfahrens wird die erlangte Sicherung ipso iure mit **absoluter Wirkung unwirksam.** Das Sicherungsrecht erlischt also mit Verfahrenseröffnung.[516] Allerdings handelt es sich um eine schwebende Unwirksamkeit entsprechend § 185 Abs. 2 Satz 1 Fall 2 BGB.[517] Die **Unwirksamkeit endet,** wenn sie zur Durchführung des Insolvenzverfahrens und der gleichmäßigen Gläubigerbefriedigung nicht mehr erforderlich ist. Dies kann etwa bei Freigabe des Gegenstandes aus der Insolvenzmasse[518] oder bei vorzeitiger Aufhebung (etwa nach einer Beschwerde gegen den Eröffnungsbeschluss) bzw. Einstellung des Insolvenzverfahrens der Fall sein.[519] Besteht zu dieser Zeit noch die öffentlich-rechtliche Verstrickung, so lebt das Sicherungsrecht wieder auf.[520]

d) Frist

Die Rückschlagsperre gilt gem. § 88 Abs. 1 InsO für den letzten Monat vor Antragstellung und die Zeit danach.

Eine Besonderheit besteht im **Verbraucherinsolvenzverfahren.** Dort beträgt die **Rückschlagsperre 3 Monate,** § 88 Abs. 2 InsO Diese Verlängerung soll sicherstellen, dass der im Verbraucherinsolvenzverfahren obligatorische außergerichtliche Einigungsversuch nicht durch Vollstreckungsmaßnahmen einzelner Gläubiger unterlaufen wird. Da aber, wie bereits erwähnt, die Befriedigung durch Zwangsvollstreckung nicht von der Rückschlagsperre erfasst ist, ist der Schutz ein unvollständiger.[521] Die Berechnung der Monatsfrist richtet sich nach § 139 InsO. Es ist deshalb auf den ersten zulässigen und begründeten Insolvenzantrag abzustellen, selbst

---

513 HambKomm/Kuleisa, § 88 InsO Rn 1.
514 HambKomm/Kuleisa, § 88 Rn 8.
515 HambKomm/Kuleisa, § 88 Rn 9.
516 HambKomm/Kuleisa, § 88 InsO Rn 16.
517 BGH, Urt. v. 19.1.2006 – IX ZR 232/04, ZInsO 2006, 261, 263 Rn 15; BGH, Urt. v. 21.9.2017 – IX ZR 40/17 Rn 14; Urt. v. 19.11.2020 – IX ZR 210/19 Rn 10.
518 BGH, Urt. v. 19.11.2020 – IX ZR 210/19 Rn 12.
519 HambKomm/Kuleisa, § 88 InsO Rn 13.
520 BGH, Urt. v. 21.9.2017 – IX ZR 40/17 Rn 20; Urt. v. 19.11.2020 – IX ZR 210/19 Rn 12.
521 HambKomm/Kuleisa, § 88 InsO Rn 1.

wenn das Verfahren aufgrund eines anderen Antrags eröffnet wurde (§ 139 Abs. 2 InsO).[522] Bei einem einheitlichen Insolvenzereignis, das zwischenzeitlich nicht behoben wurde, also etwa einer über Jahre fortdauernden Zahlungsunfähigkeit, kann selbst ein vor mehreren Jahren mangels Masse abgewiesener Antrag für den Fristbeginn maßgeblich sein.[523]

3. Vollstreckung durch Massegläubiger (§ 90 InsO)

127 Grds. sind Massegläubiger aus der Insolvenzmasse zu befriedigen und können deshalb auch in sie vollstrecken.

a) Vollstreckungsverbot für oktroyierte Masseverbindlichkeiten

128 Zum Erhalt von Sanierungschancen zu Beginn eines Insolvenzverfahrens[524] gelten für **„oktroyierte"** (aufgezwungene) **Masseverbindlichkeiten** hingegen Besonderheiten. Es handelt sich dabei um solche Masseverbindlichkeiten, auf deren Entstehen der Verwalter keinen Einfluss hatte. Dies sind regelmäßig die Masseverbindlichkeiten gem. § 55 Abs. 1 Nr. 2 und Nr. 3 InsO sowie im Nachlassinsolvenzverfahren die weiteren in § 324 InsO genannten Verbindlichkeiten.[525] Wegen solcher Masseverbindlichkeiten darf für die Dauer von 6 Monaten nach Eröffnung des Insolvenzverfahrens nicht vollstreckt werden.

Maßgeblich ist der im Eröffnungsbeschluss angegebene Zeitpunkt. Die Frist berechnet sich nach § 4 InsO, § 222 ZPO, §§ 187 ff. BGB. Der Tag der Eröffnung wird deshalb nicht mitgezählt.[526] Entscheidend für die Unzulässigkeit der Maßnahme ist allerdings der Zeitpunkt des tatsächlichen Zugriffs auf die Masse, nicht der Antrag.[527]

b) Kein Vollstreckungsverbot für gewillkürte Masseverbindlichkeiten

129 Nicht erfasst vom Vollstreckungsverbot sind gem. § 90 Abs. 2 InsO konsequenterweise alle gewillkürten Masseverbindlichkeiten, also auch Verbindlichkeiten aus gegenseitigen Verträgen, deren Erfüllung der Verwalter gewählt hat, oder aus vom

---

522 BGH, Beschl. v. 19.5.2011 – IX ZB 284/09, ZInsO 2011, 1413, 1414 Rn 9; HambKomm/Kuleisa, § 88 InsO Rn 12.
523 BGH, Urt. v. 15.11.2007 – IX ZR 212/06, ZInsO 2008, 159, 161: jedenfalls ein Zeitraum von 3–4 Jahren sei „eindeutig noch erfasst"; HambKomm/Kuleisa, § 88 InsO Rn 12.
524 HambKomm/Kuleisa, § 90 InsO Rn 1.
525 HambKomm/Kuleisa, § 90 InsO Rn 2.
526 FK/Wimmer/Amend, § 90 InsO Rn 14 f.; HambKomm/Kuleisa, § 90 InsO Rn 5.
527 FK/Wimmer/Amend, § 90 InsO Rn 18; HambKomm/Kuleisa, § 90 InsO Rn 5.

Verwalter nicht zum erstmöglichen Zeitpunkt gekündigten Dauerschuldverhältnissen.[528]

Noch ungeklärt ist, ob vom Vollstreckungsverbot auch **Masseverbindlichkeiten** erfasst sind, die **im Eröffnungsverfahren** vom vorläufigen starken Insolvenzverwalter bzw. schwachen vorläufigen Verwalter mit einer entsprechenden Einzelermächtigung gem. § 55 Abs. 2 InsO **begründet** wurden.[529] Aufgrund der weitreichenden Angleichung von starker vorläufiger und endgültiger Verwaltung sowie der Gleichstellung der Masseverbindlichkeiten aufgrund Einzelermächtigung ist eine Erstreckung des Vollstreckungsverbotes abzulehnen. Es handelt sich regelmäßig um gewillkürte Masseverbindlichkeiten. Es ist nicht einzusehen, dass diese aufgrund des oftmals zufälligen Umstandes der Begründung vor oder nach Eröffnung unterschiedlich zu behandeln sein sollen. Wegen Masseverbindlichkeiten, die bereits vor Eröffnung entstanden sind, kann der Gläubiger deshalb grds. bereits während des laufenden Insolvenzverfahrens vollstrecken.[530] Für oktroyierte Masseverbindlichkeiten aus dem Eröffnungsverfahren, insbesondere für Steuerforderungen nach § 55 Abs. 1 InsO gilt nach h.M. hingegen das Vollstreckungsverbot.[531]

In der Praxis stellt sich die Frage nach einer Vollstreckung wegen gewillkürter Masseverbindlichkeiten nur selten. Denn regelmäßig wird der Verwalter für eine ordnungsgemäße Befriedigung der von ihm begründeten Masseverbindlichkeiten Sorge tragen, sodass es erst gar nicht zu Vollstreckungsversuchen kommen wird. Dies gilt nicht zuletzt, weil der Verwalter sich in diesen Fällen stets auch der Gefahr einer persönlichen Haftung gem. § 60 InsO ausgesetzt sieht. 130

Reicht die Masse nicht zur Befriedigung aus, kann der Verwalter gem. § 208 InsO die Masseunzulänglichkeit anzeigen und so das Vollstreckungsverbot des § 210 InsO herbeiführen. Näheres dazu unten bei Rdn 148 ff., 151.

---

c) Kein Verbot der Vollstreckung in das insolvenzfreie Vermögen und während der Wohlverhaltensphase

Nicht erfasst vom Vollstreckungsverbot des § 90 InsO ist das **insolvenzfreie Vermögen** des Schuldners. Durch Einbeziehung des Neuerwerbs handelt es sich allerdings 131

---

528 HambKomm/Kuleisa, § 90 InsO Rn 8 f.
529 Vgl. zum Streitstand: FK/Wimmer/Amend, § 90 InsO Rn 6 f.; HambKomm/Kuleisa, § 90 InsO Rn 4, jeweils m.w.N.
530 FK/Wimmer/Amend, § 90 InsO Rn 6 f.; MüKo/Breuer, 3. Auflage, § 90 InsO Rn 10; einschränkend (nur für durch Rechtshandlungen des vorläufigen Verwalters begründete Masseverbindlichkeiten): HambKomm/Kuleisa, § 90 InsO Rn 12; **a.A.:** nunmehr MüKo/Breuer/Flöther, 4. Auflage, § 90 InsO Rn 9 unter Bezug auf den Wortlaut, der sich nur auf Rechtshandlungen des „endgültigen" Verwalters beziehe.
531 HambKomm/Kuleisa, § 90 InsO Rn 4 m.w.N.

im Wesentlichen um unpfändbare oder aus der Masse **freigegebene Gegenstände**, die regelmäßig kaum verwertbar sind.[532] Entsprechendes gilt im Restschuldbefreiungsverfahren für die Wohlverhaltensperiode, da die Vollstreckungsverbote der §§ 89, 294 InsO nur für Insolvenzgläubiger gelten.[533] Hier tun sich trotz der Abtretung der pfändbaren Bezüge an den Treuhänder Vollstreckungsmöglichkeiten auf, etwa in nicht unter die Abtretung fallende Steuererstattungsansprüche oder sonstigen Vermögenserwerb (Schenkung, Erbschaft etc.). Allerdings ist zu beachten, dass eine Nachhaftung des Schuldners für unerfüllte Masseverbindlichkeiten nicht besteht, wenn diese durch den Insolvenzverwalter begründet wurden, weil dieser nur die Masse, nicht aber den Schuldner persönlich verpflichten kann.[534] Eine Haftung des Schuldners besteht damit im Wesentlichen für die Verfahrenskosten und die oktroyierten Masseverbindlichkeiten.[535]

d) Weitere Vollstreckungsverbote

132 Weitere Vollstreckungsverbote bestehen gem. § 210 InsO **nach Anzeige** der **Masseunzulänglichkeit** für Massegläubiger i.S.d. § 209 Abs. 1 Nr. 3 InsO (vgl. dazu Rdn 143 ff.) und gem. § 123 Abs. 3 Satz 2 InsO für **Sozialplanansprüche** der Arbeitnehmer.[536]

X. Ausschluss sonstigen Rechtserwerbs (§ 91 InsO)

133 Der Schutz der Masse vor Verlust von Vermögensgegenständen wird ergänzt durch den Auffangtatbestand des § 91 InsO.[537] § 91 Abs. 1 InsO bestimmt, dass nach Eröffnung des Verfahrens Rechte an Gegenständen der Insolvenzmasse nicht mehr wirksam erworben werden können, **auch wenn keine Verfügung des Schuldners und keine Zwangsvollstreckung** für einen Insolvenzgläubiger **zugrunde liegt**. Im vorläufigen Insolvenzverfahren ist die Vorschrift nicht anwendbar.[538]

Jeder Rechtserwerb an Massegegenständen ist **absolut unwirksam**, gleich ob es um das Vollrecht oder beschränkt dingliche Rechte oder Zurückbehaltungsrechte, die ein Absonderungsrecht nach § 51 Nr. 2, 3 InsO begründen, geht.[539] Allerdings

---

532 FK/Wimmer/Amend, § 90 InsO Rn 21; HambKomm/Kuleisa, § 90 InsO Rn 12.
533 FK/Wimmer/Amend, § 90 InsO Rn 21; HambKomm/Kuleisa, § 90 InsO Rn 12.
534 BGH, Urt. v. 24.9.2009 – IX ZR 234/07 Rn 12.; HambKomm/Kuleisa, § 90 InsO Rn 13.
535 BGH, Urt. v. 28.6.2007 – IX ZR 73/06 Rn 14; Urt. v. 24.9.2009 – IX ZR 234/07 Rn 24; HambKomm/Kuleisa, § 90 InsO Rn 13.
536 Dazu MüKo/Caspers, § 123 InsO Rn 71.
537 HambKomm/Kuleisa, § 91 InsO Rn 1.
538 HambKomm/Kuleisa, § 91 InsO Rn 2.
539 HambKomm/Kuleisa, § 91 InsO Rn 2; Uhlenbruck/Mock, § 91 InsO Rn 9 ff.

kann der Insolvenzverwalter ihn nachträglich gem. § 185 Abs. 2 BGB **genehmigen**.[540] Die Genehmigung eines vom Schuldner vorgenommenen, unwirksamen Rechtsgeschäfts durch einen Dritten kommt wegen § 91 InsO nur in Betracht, soweit die Masse hierdurch nicht belastet wird. Es ist deshalb etwa möglich, eine unwirksame Verfügung des Schuldners zu genehmigen, wenn dies Voraussetzung ist, um einen Anspruch aus § 816 Abs. 2 BGB gegen einen Dritten (nicht die Masse) begründen zu können.[541] Hingegen ist die Genehmigung eines unwirksamen Rechtsgeschäfts, namentlich eines unberechtigten Forderungseinzugs nach Kündigung der Einziehungsermächtigung im Rahmen einer Globalzession nicht möglich, wenn Ziel der Genehmigung ist, einen Ersatzabsonderungsanspruch entsprechend § 48 InsO gegen die Masse zu generieren.[542]

Entscheidend ist lediglich, dass im Zeitpunkt der Eröffnung der Erwerbstatbestand noch nicht vollständig vollzogen ist.[543] So kann etwa ein **Vermieterpfandrecht** (§ 562 BGB) nicht mehr entstehen, wenn der Gegenstand erst nach Eröffnung eingebracht wird.[544] Gleiches gilt für ein **kaufmännisches Zurückbehaltungsrecht** (§ 369 HGB), wenn der Gläubiger erst nach Eröffnung Verfügungsgewalt erlangt.[545] Hingegen ist etwa der **aufschiebend bedingte Rechtserwerb nicht** von § 91 InsO **erfasst**, wenn der ihn begründende Tatbestand bereits vor Verfahrenseröffnung vollständig verwirklicht war und es nur noch des Bedingungseintritts bedarf.[546] Häufigster Anwendungsfall ist der Eigentumsvorbehalt in der Insolvenz des Vorbehaltsverkäufers. Dieser ist ebenso insolvenzfest wie etwa der Weiterverkauf von Vorbehaltsware unter Eigentumsvorbehalt, wenn und soweit über das Anwartschaftsrecht bereits vor Eröffnung wirksam verfügt wurde.[547]

Von § 91 InsO erfasst ist hingegen der Fall, dass eine selbständige Tätigkeit des Schuldners während des laufenden Insolvenzverfahrens nach § 35 Abs. 2 InsO freigegeben wird, der Schuldner seine künftigen Vergütungsansprüche aber bereits vor Insolvenzeröffnung zur Sicherheit abgetreten hatte. Denn Sinn und Zweck des § 35 Abs. 2 InsO, dem Schuldner durch die Freigabe noch vor Abschluss des Insolvenzverfahrens dank des tatsächlichen Erwerbs neuer Vermögenswerte einen wirtschaftlichen Neustart zu eröffnen, verlangen die Erstreckung des Erwerbsverbots des § 91 InsO auch auf die aus der freigegebenen Tätigkeit erworbenen Forderungen.[548]

---

540 FK/Wimmer/Amend, § 91 InsO Rn 45; HambKomm/Kuleisa, § 91 InsO Rn 33.
541 BGH, Urt. v. 15.1.2009 – IX ZR 237/07.
542 BGH, Urt. v. 12.12.2019 – IX ZR 27/19; sowie Urt. v. 12.12.20219 -IX ZR 26/19.
543 HambKomm/Kuleisa, § 91 InsO Rn 2.
544 FK/Wimmer/Amend, § 91 InsO Rn 29; HambKomm/Kuleisa, § 91 InsO Rn 18.
545 FK/Wimmer/Amend, § 91 InsO Rn 30; HambKomm/Kuleisa, § 91 InsO Rn 5.
546 FK/Wimmer/Amend, § 91 InsO Rn 15.
547 Näher: HambKomm/Kuleisa, § 91 InsO Rn 7.; FK/Wimmer/Amend, § 91 InsO Rn 15.
548 BGH, Urt. v. 6.6.2019 – IX ZR 272/17, ZInsO 2019, 1414 unter ausdrücklicher Aufgabe von BGH, Urteil vom 18.4.2013 – IX ZR 165/12, WM 2013, 1129.

Als Ausnahme von § 91 Abs. 1 InsO bleibt der Gutglaubenserwerb gem. § 91 Abs. 2 InsO, ähnlich wie bei § 81 Abs. 1 Satz 2 InsO, in den Fällen möglich, in denen der Erwerb an den **öffentlichen Glauben von Registereintragungen** anknüpft. Es handelt sich um die Erwerbstatbestände gem. §§ 878, 892, 893 BGB, § 3 Abs. 3, §§ 16, 17 SchRG, § 5 Abs. 3, §§ 16, 17 LuftFzgG, § 20 Abs. 3 SVertO.[549] Eine weitere Ausnahme bildet aufgrund seiner Natur das Eigenverwaltungsverfahren, bei dessen Durchführung § 91 InsO nicht anwendbar ist.[550]

XI. Geltendmachung eines Gesamtschadens (§ 92 InsO)

134 § 92 Satz 1 InsO bestimmt, dass ein Gesamtschaden während der Dauer des Insolvenzverfahrens nur vom Insolvenzverwalter geltend gemacht werden kann. Vom Begriff des Gesamtschadens und damit von § 92 InsO erfasst sind Ansprüche, die einem Gläubiger ausschließlich aufgrund seiner Gläubigerstellung zustehen und dadurch entstanden sind, dass das schädigende Verhalten durch Verringerung der Aktiva und/oder Mehrung der Passiva zu einer Minderung des Schuldnervermögens geführt hat.[551]

Richtet sich der Anspruch gegen den Insolvenzverwalter, so sind die Ansprüche von einem für diesen Aufgabenbereich gesondert einzusetzenden Sonderinsolvenzverwalter geltend zu machen, § 92 Satz 2 InsO.[552]

1. Wirkungsweise des § 92 InsO

135 § 92 InsO ist selbst **keine Anspruchsnorm**, sondern regelt die Einziehung von anderweitig begründeten Ersatzansprüchen einzelner Gläubiger, die sich gegen einen schuldnerfremden Dritten richten.[553] Ziel der Vorschrift ist die Gläubigergleichbehandlung und Massemehrung.[554] Anspruchsinhaber der vom Insolvenzverwalter geltend gemachten Forderung können Insolvenzgläubiger oder Massegläubiger sein, für die § 92 InsO entsprechend anwendbar ist.[555] Für die Dauer des Insolvenzverfahrens verliert der Gläubiger seine **Einziehungs- und Prozessführungsbefug-**

---

[549] Näher dazu: FK/Wimmer/Amend, § 91 InsO Rn 46 ff.
[550] FK/Wimmer/Amend, § 91 InsO Rn 4.
[551] OLG Köln, Beschl. v. 1.6.2006 – 2 U 50/06, ZInsO 2007, 218; HambKomm/Pohlmann, § 92 InsO Rn 15.
[552] Zur Sonderinsolvenzverwaltung vgl.: Vallender, in: Sanierung und Insolvenz, FS für Görg, S. 527 ff.; Entschließung BAK-InsO Herbsttagung 2011, ZInsO 2011, 2223, 224.
[553] HambKomm/Pohlmann, § 92 InsO Rn 4.
[554] HambKomm/Pohlmann, § 92 InsO Rn 1.
[555] HambKomm/Pohlmann, § 92 InsO Rn 13.

nis, bleibt aber materieller Rechtsinhaber und voll verfügungsbefugt.[556] Dies gilt auch in der Eigenverwaltung, in der gem. § 280 InsO der Gesamtschaden nur vom Sachwalter geltend werden kann.[557]

Ein § 92 InsO unterfallender Gesamtschaden liegt auch dann vor, wenn nur ein Teil der Gläubiger betroffen ist. Es handelt sich dann um einen Teilgesamtschaden. Aus den eingezogenen Geldern ist dann eine Sondermasse zu bilden, die ausschließlich zur Befriedigung der beteiligten Gläubiger dient.[558]

Mit § 92 InsO verwandte Regelungen finden sich in §§ 93, 334 InsO und § 171 Abs. 2 HGB.[559]

2. Praxisrelevante Anwendungsfälle

Praxisrelevante Anwendungsfälle sind **Schadensersatzansprüche aus Insolvenzverschleppung**, § 823 Abs. 2 BGB i.V.m. § 15a InsO, und gem. § 826 BGB gegen die Geschäftsführung oder Dritte (etwa wegen Vermögensverschiebungen oder unzulässigen Ausschüttungen).[360]

Nach Eröffnung des Verfahrens ist auch die **Haftung des Insolvenzverwalters** nach § 60 InsO von Bedeutung.[561] Ein Anspruch aus § 60 InsO kommt etwa in Betracht, wenn der Insolvenzverwalter einen Anfechtungsanspruch pflichtwidrig nicht geltend gemacht hat, unnötige Masseverbindlichkeiten begründet hat, mangelnde Obhut über Massegegenstände hat walten lassen oder pflichtwidrig Vorzugsrechte oder Forderungen anerkannt hat.[562] Ansprüche gegen das Gericht aus **Amtspflichtverletzung** gem. § 839 BGB, Art. 34 GG und gegen die Mitglieder des Gläubigerausschusses gem. §§ 69, 71 InsO gehören ebenfalls hierher.[563]

Nicht unter § 92 InsO fallen hingegen die Ansprüche gegen den Geschäftsführer aus oder den Vorstand gem. § 15b InsO bzw. § 64 GmbHG a.F. und § 83 Abs. 2 AktG., da diese Ansprüche der Gesellschaft zustehen und damit originär vom Insolvenzverwalter geltend werden können.[564]

---

556 HambKomm/Pohlmann, § 92 InsO Rn 27.
557 HambKomm/Pohlmann, § 92 InsO Rn 37.
558 HambKomm/Pohlmann, § 92 InsO Rn 16; Uhlenbruck/Hirte, § 92 InsO Rn 16.
559 HambKomm/Pohlmann, § 92 InsO Rn 3.
560 HambKomm/Pohlmann, § 92 InsO Rn 6, 7.
561 HambKomm/Pohlmann, § 92 InsO Rn 9.
562 HambKomm/Pohlmann, § 92 InsO Rn 9.
563 HambKomm/Pohlmann, § 92 InsO Rn 9.
564 HambKomm/Pohlmann, § 92 InsO Rn 8.

XII. Gesellschaftsrechtliche Folgen der Eröffnung

137 Eine **juristische Person** wird mit Eröffnung des Insolvenzverfahrens **aufgelöst** (§ 42 Abs. 1 BGB; § 60 Abs. 1 Nr. 4 GmbHG; § 262 Abs. 1 Nr. 3 AktG). Gleiches gilt für die GmbH und die AG bei rechtskräftiger Abweisung mangels Masse (§ 60 Abs. 1 Nr. 5 GmbHG; § 262 Abs. 1 Nr. 4 AktG). Die Gesellschaft besteht ab diesem Zeitpunkt als **Liquidationsgesellschaft** fort.

> Von der Auflösung zu unterscheiden ist die Vollbeendigung der Gesellschaft, die nach der Lehre vom Doppeltatbestand erst eintritt, wenn die Gesellschaft aus dem Register gelöscht ist und kein Restvermögen mehr vorhanden ist.[565] Vgl. dazu auch Rdn 10.

XIII. Berufsrechtliche Folgen der Eröffnung

138 Die Eröffnung des Insolvenzverfahrens kann für den Schuldner, der natürlicher Person ist, **berufsrechtliche Folgen** haben. Denkbar ist der Widerruf der Bestellung zum Notar (§ 50 Abs. 1 Nr. 6 BNotO), Wirtschaftsprüfer (§ 34 Abs. 2 WPO), Steuerberater (§ 46 Abs. 2 Nr. 4 StBerG) und zum RA (§ 14 Abs. 2 Nr. 7 BRAO) wegen Vermögensverfalls.[566]

Übt der Schuldner ein Gewerbe aus, kommt die **Versagung oder der Widerruf einer Gewerbeerlaubnis** wegen Unzuverlässigkeit kommt in Betracht (§§ 34b Abs. 4 Nr. 2, 34c Abs. 2 Nr. 2, 35 GewO).[567] Allerdings schützt § 12 GewO den Gewerbetreibenden vom Zeitpunkt der Anordnung von Sicherungsmaßnahmen gem. § 12 InsO an für die Dauer des gesamten Insolvenzverfahrens einschließlich der Zeit der Überwachung eines Insolvenzplans gem. § 260 InsO weitgehend vor einer Untersagung des bei Antragstellung ausgeübten Gewerbes.[568]

Zu beachten ist § 301 Abs. 4 InsO, wonach ein allein aufgrund der Insolvenz des Schuldners erlassenes **Verbot**, eine gewerbliche, geschäftliche, handwerkliche oder freiberufliche Tätigkeit aufzunehmen oder auszuüben, **mit Rechtskraft der Erteilung der Restschuldbefreiung außer Kraft** tritt. Dies gilt nach § 301 Abs. 4 S. 2 InsO allerdings nicht für die Versagung und die Aufhebung einer Zulassung zu einer erlaubnispflichtigen Tätigkeit.

Auf einen vom Schuldner ausgeübten **Heilberuf** hat das Insolvenzverfahren regelmäßig keine Auswirkungen. Eine ärztliche Approbation etwa ist nach §§ 3 Abs. 1

---

565 Uhlenbruck/Ries, § 207 InsO Rn 54; zur Lehre des Doppeltatbestands: Uhlenbruck/Hirte, § 11 InsO Rn 46 m.w.N.
566 HK/Kayser, § 80 InsO, Rn.25.
567 HambKomm/Denkhaus, § 27 InsO Rn 34 m.w.N.
568 HambKomm/Kuleisa, § 80 InsO Rn 40f.

Laroche

Nr. 2, 5 Abs. 2 Satz 2 BÄO zu versagen bzw. zu widerrufen, wenn der Schuldner unwürdig oder unzuverlässig ist. Dies kann bei einem Arzt wegen der Eröffnung des Insolvenzverfahrens allerdings nicht angenommen werden.[569] Komplexer ist die Lage bei **Apothekern**, die eine Mischform von freiberuflicher und gewerblicher Tätigkeit ausüben. §§ 2 Abs. 1 Nr. 4, Abs. 4 Abs. 1, 2 Satz 1 ApoG fordern ebenfalls die Zuverlässigkeit des Apothekers, die bei Vermögensverfall nicht mehr gegeben sei und zur Versagung oder zur Entziehung der Erlaubnis führen könne.[570] Allerdings greift auch hier der Schutz des § 12 GewO zugunsten des Apothekers.

Eine Bestellung zum **Vormund, Betreuer, Pfleger oder Nachlassverwalter** ist regelmäßig ausgeschlossen, da die zugrunde liegenden Vorschriften i.R.d. Geeignetheit für das Amt ebenfalls die Zuverlässigkeit in Vermögensangelegenheiten voraussetzen, vgl. §§ 1778 Abs. 1 Nr. 4, 1779 Abs. 2 Satz 2, 1897 Abs. 1, 1908b Abs. 1, 1915 Abs. 1 BGB.[571]

Schließlich soll der Schuldner **nicht** mehr zum **ehrenamtlichen Richter** berufen werden, § 33 Nr. 6 GVG; §§ 21 Abs. 2 Satz 2, 37 Abs. 2, 43 Abs. 3 ArbGG; §§ 17 Abs. 1, 35 Abs. 1, 47 Abs. 2 SGG; § 21 Abs. 2 VwGO; §§ 4 Abs. 3, 7 LwVG; § 18 Abs. 2 FGO.[572]

F. Einstellung des Insolvenzverfahrens

I. Einleitender Überblick

Neben der Beendigung des Insolvenzverfahrens durch Aufhebung des Insolvenzverfahrens nach Verteilung der Masse gem. § 200 Abs. 1 InsO (dazu Näheres in Rdn 284 ff.) kennt das Gesetz vier verschiedene Tatbestände zur **vorzeitigen Verfahrensbeendigung** im Wege einer Verfahrenseinstellung. Die ggü. der KO modifizierten Einstellungstatbestände sollen zu einer ggü. dem alten Recht erhöhten Eröffnungspraxis der Gerichte führen und so eine geregelte rechtsstaatliche Abwicklung insolventer Unternehmen fördern.[573] Sie sind damit zugleich Ausdruck der dem Insolvenzrecht auch innewohnenden Ordnungsfunktion.

---

569 HambKomm/Kuleisa, § 80 InsO Rn 83.
570 Vgl. OVG Berlin, Beschl. v. 18.6.2002 – 5 S 14/02; ausführlich zur Thematik: d'Avoine, ZInsO 2015, 1725 ff.
571 HambKomm/Kuleisa, § 80 InsO Rn 83.
572 HambKomm/Kuleisa, § 80 InsO Rn 83.
573 HambKomm/Weitzmann, Vorbemerkung zu §§ 207 ff. InsO Rn 1.

1. Einstellungsgründe

140 Die beiden wichtigsten Einstellungsgründe sind die **Einstellung mangels Masse** (§ 207 InsO) sowie die **Einstellung wegen Masseunzulänglichkeit** (§§ 208 bis 211 InsO). Die **Einstellung wegen Wegfall des Eröffnungsgrundes** (§ 212 InsO) und die **Einstellung mit Zustimmung der Gläubiger** (§ 213 InsO) haben nur eine geringe praktische Bedeutung.

2. Abgrenzungsfragen

141 Reicht die Insolvenzmasse nicht einmal aus, um wenigstens die Kosten des Insolvenzverfahrens (§ 54 InsO) zu decken, so spricht man von **Masseармut**, die (ohne inhaltliche Unterschiede) auch als Massekostenarmut oder Masselosigkeit bezeichnet wird.[574] In diesem Fall erfolgt eine **Einstellung mangels Masse** gem. § 207 InsO. Sie entspricht in ihren Voraussetzungen weitgehend der Abweisung mangels Masse gem. § 26 Abs. 1 Satz 1 InsO.[575] Während bei der Abweisung mangels Masse die Prognose des Gerichts hinsichtlich der Verfahrenskostendeckung von vornherein negativ war, so hat sich im Fall der Einstellung mangels Masse eine zunächst positive Prognose im Zeitpunkt der Eröffnungsentscheidung nachträglich als falsch herausgestellt.

Die **Einstellung wegen Masseunzulänglichkeit** (Masseinsuffizienz) erfolgt, wenn zwar die Kosten des Verfahrens gedeckt sind, die Masse allerdings nicht ausreicht, um wenigstens die Masseverbindlichkeiten zu befriedigen (§ 208 Abs. 1 Satz 1 InsO).

Wegen der völlig unterschiedlichen Rechtswirkungen ist die Einstellung wegen Masseunzulänglichkeit gem. § 208 InsO, einschließlich der drohenden Masseunzulänglichkeit und der weiteren Masseunzulänglichkeit (Neumasseunzulänglichkeit), von der Einstellung mangels Masse deutlich zu unterscheiden. Im Fall der Einstellung mangels Masse findet eine geordnete Liquidation des schuldnerischen Vermögens nicht statt, sondern es wird nur noch das eröffnete Verfahren abgewickelt.

Völlig anders liegt die Situation bei der Einstellung wegen Masseunzulänglichkeit. Das Insolvenzverfahren ist bis zur vollständigen Verwertung des schuldnerischen Vermögens vom Insolvenzverwalter geordnet fortzuführen.[576] Da die Erteilung der RSB die ordnungsgemäße Abwicklung des schuldnerischen Vermögens in einem geregelten Verfahren voraussetzt, kann bei einer natürlichen Person gem. § 289 Abs. 3 InsO **RSB bei Einstellung wegen Masseunzulänglichkeit** gem. § 211 InsO

---

574 HambKomm/Weitzmann, § 207 InsO Rn 2.
575 HambKomm/Weitzmann, § 207 InsO Rn 4.
576 HambKomm/Weitzmann, § 208 InsO Rn 15; Uhlenbruck/Ries, § 208 InsO Rn 36 ff.

erteilt werden, während dies bei einer Einstellung mangels Masse nach § 207 InsO nicht möglich ist.[577]

II. Einstellung mangels Masse (§ 207 InsO)

Die Einstellung mangels Masse erfolgt von Amts wegen, wenn die Masse nicht zur Deckung der Verfahrenskosten ausreicht. Sie setzt regelmäßig eine entsprechende Anregung des Insolvenzverwalters voraus, da dieser die Werthaltigkeit der Masse besser als das Gericht einschätzen kann.[578]

142

Teilt das Gericht die Einschätzung des Verwalters, wird es das Einstellungsverfahren betreiben. Dieses kann ohne weitere Förmlichkeit, etwa durch Beginn der nach § 207 Abs. 2 InsO erforderlichen Anhörungen oder durch internen Aktenvermerk erfolgen. Hält das Gericht die Voraussetzungen des § 207 InsO nicht für gegeben, so setzt es das Insolvenzverfahren fort, ohne dass es eines Beschlusses oder einer Bescheidung der Anregung bedürfte. Im Hinblick auf die weitreichenden Folgen sollte allerdings der Insolvenzverwalter hierüber unverzüglich in Kenntnis gesetzt werden, damit er, falls erforderlich, zumindest die Masseunzulänglichkeit gem. § 208 InsO anzeigen kann.[579]

1. Keine Einstellung bei Kostenvorschuss

Die Einstellung mangels Masse unterbleibt gem. § 207 Abs. 1 Satz 2 InsO, wenn ein ausreichender Vorschuss gezahlt wird. Der Vorschussleistende erwirbt einen (i.d.R. wenig werthaltigen) Erstattungsanspruch gem. § 207 Abs. 1 Satz 2 i.V.m. § 26 Abs. 3 InsO i.H.d. Vorschusses gegen das antragspflichtige Organ einer juristischen Person, wenn dieses einen Insolvenzantrag pflichtwidrig und schuldhaft nicht gestellt hat.[580]

143

Die Zahlung eines Vorschusses ist in der Praxis selten. Zu denken ist etwa an Insolvenzverfahren über das Vermögen natürlicher Personen, bei denen eine zuvor gewährte Verfahrenskostenstundung nachträglich gem. § 4c InsO aufgehoben wurde. Hierzu kann es bspw. kommen, wenn sich erst nachträglich herausstellt, dass ein Dritter zur Zahlung eines Kostenvorschusses verpflichtet und in der Lage war (etwa gem. § 1360a Abs. 4 BGB). Zur Vermeidung einer Einstellung mangels Masse und damit zum Erhalt der Aussicht auf RSB kann hier die Zahlung eines Kostenvorschusses angezeigt sein.

---

577 Uhlenbruck/Sternal, § 289 InsO Rn 2; krit.: Frege/Keller/Riedel, HRP, Rn 2111 ff.
578 Frege/Keller/Riedel, HRP, Rn 1742; FK/Kießner, § 207 InsO Rn 17 f.
579 Uhlenbruck/Ries, § 207 InsO Rn 29.
580 Vgl. Uhlenbruck/Ries, § 207 InsO Rn 28.

2. Einstellungsverfahren

144 Hat das Insolvenzgericht das Einstellungsverfahren eingeleitet, bleibt der Verwalter zwar zur Verwertung der Masse zunächst berechtigt, verpflichtet ist er hierzu gem. § 207 Abs. 3 Satz 2 InsO allerdings nicht mehr, da ihm nicht zugemutet werden kann, weiter tätig zu werden, ohne dass seine Vergütungsansprüche gedeckt sind.[581] Nicht verwertete Gegenstände hat der Verwalter dem Schuldner zurückzugeben.[582]

a) Anhörungspflichten

145 Das Gericht hat vor der Einstellung eine **Gläubigerversammlung** einzuberufen, da gem. § 207 Abs. 2 InsO Gläubigerversammlung, Schuldner und Massegläubiger zu hören sind.

Da die Massegläubiger nicht in der Gläubigerversammlung vertreten sind, hat der Insolvenzverwalter, idealerweise direkt mit der Anzeige der Massearmut, eine **Aufstellung der Massegläubiger** einzureichen, damit diesen gem. § 207 Abs. 2 InsO die geplante Einstellung gesondert mitgeteilt werden und ihrem Anhörungsrecht Genüge getan werden kann. Dessen ungeachtet sollte es ihnen ermöglicht werden, auch an der Gläubigerversammlung teilzunehmen,[583] wenngleich ihnen ein formelles Teilnahmerecht nicht zusteht.

In der Literatur umstritten ist die Frage, ob die Anhörung bereits in der mit dem Eröffnungsbeschluss terminierten Gläubigerversammlung erfolgen kann. Dies ist aus pragmatischen Erwägungen jedenfalls dann als zulässig anzusehen, wenn in der veröffentlichten Tagesordnung die Erörterung einer möglichen Einstellung mangels Masse bereits vorgesehen ist, wie es die Praxis einiger Insolvenzgerichte vorsieht.[584]

Durch die Möglichkeit, gem. § 5 Abs. 2 InsO Teile des Verfahrens schriftlich abzuwickeln, hat diese Frage etwas an Relevanz verloren, da die Voraussetzungen zur Anwendung des schriftlichen Verfahrens im Fall der Massearmut in aller Regel gegeben sein dürften.

b) Verteilung des Vermögens, keine weitere Verwertungspflicht

146 Vor Einstellung des Verfahrens ist der Verwalter zur Erstattung eines Schlussberichts und zur Erstellung der Schlussrechnung gem. § 66 InsO[585] sowie zur **Verteilung der vorhandenen Barmittel** verpflichtet. Den hierbei anzuwendenden Vertei-

---

581 FK/Kießner, § 207 InsO Rn 35; Uhlenbruck/Ries, § 207 InsO Rn 34.
582 HambKomm/Weitzmann, § 207 InsO Rn 25.
583 Frege/Keller/Riedel, HRP, Rn 1747.
584 Vgl. Frege/Keller/Riedel, HRP, Rn 1750.
585 Uhlenbruck/Ries, § 207 InsO Rn 30.

lungsschlüssel gibt **§ 207 Abs. 3 Satz 1 InsO** vor. Zunächst sind im „ersten Rang" sämtliche Auslagen von Gericht, Verwalter und Gläubigerausschuss und erst anschließend nach voller Befriedigung der Auslagen im „zweiten Rang" die Gerichtskosten und die Verwaltervergütung zu berichtigen. Dabei sind die regelmäßig nicht zur vollen Befriedigung ausreichenden Mittel quotal im Verhältnis ihrer Beträge zu verteilen.[586]

Zum Schutz dieser Verteilungsreihenfolge und der ordnungsgemäßen Abwicklung gilt das **Vollstreckungsverbot des § 210 InsO** entsprechend.[587] Zu Einzelheiten s. unten Rdn 151.

c) Einstellungsbeschluss

Nach Verteilung der Barmittel stellt das Insolvenzgericht das Verfahren durch zu begründenden Beschluss ein. Um dem Verwalter die Möglichkeit zu geben, ordnungsgemäß Schlussrechnung zu legen, und zur Realisierung möglicher Vorsteuererstattungsansprüche aus der Verwaltervergütung sollte der Einstellungstermin zwischen Gericht und Verwalter abgestimmt werden.[588] 147

Gegen den Beschluss stehen dem Schuldner und den Insolvenzgläubigern nach Maßgabe des § 216 InsO die sofortige Beschwerde zu.

III. Einstellung wegen Masseunzulänglichkeit (§§ 208 bis 211 InsO)

Die Einstellung wegen Masseunzulänglichkeit gem. § 211 InsO hat hohe praktische Relevanz. Denn es entspricht den ordnungspolitischen Zielen der InsO, auch Verfahren mit äußerst geringen Massen zu eröffnen, um eine ordnungsgemäße **Liquidation des Vermögens** sicherzustellen. 148

Masseunzulänglichkeit liegt gem. § 208 InsO vor, wenn die Masse zwar die Kosten des Verfahrens gem. § 54 InsO deckt, aber nicht ausreicht, auch die sonstigen Masseverbindlichkeiten i.S.d. § 55 InsO zu erfüllen. Zu den Kosten des Verfahrens gehören gem. § 54 InsO die Gerichtskosten sowie die Auslagen und Vergütung von Insolvenzverwalter und Gläubigerausschuss.

Schon eine Masse von rund 2.000,00 EUR reicht aus, um die Kosten des Verfahrens ausgehend von den Mindestgebühren zu decken. Ein auf dieser Grundlage eröffnetes Verfahren ist nicht selten später wegen Masseunzulänglichkeit wieder ein-

---

586 Uhlenbruck/Ries, § 207 InsO Rn 36.
587 BGH, Urt. v. 13.4.2006, BGHZ 167, 178 ff. = ZInsO 2006, 541, 543, Rn 20; HambKomm/Weitzmann, § 210 InsO Rn 7; Uhlenbruck/Ries, § 207 InsO Rn 43.
588 HambKomm/Weitzmann, § 207 InsO Rn 18.

Laroche

zustellen. Gleiches gilt für eine Vielzahl (fast) vollständig masseloser Verfahren über das Vermögen natürlicher Personen, sei es als Regel-, sei es als Verbraucherinsolvenzverfahren, die nur aufgrund einer Stundung der Verfahrenskosten gem. § 4a InsO eröffnet werden können. Soweit hier Masseverbindlichkeiten begründet werden, liegt ebenfalls die Einstellung wegen Masseunzulänglichkeit nahe.

1. Anzeigepflicht des Verwalters

149 Erkennt der Verwalter, dass **Masseunzulänglichkeit** vorliegt oder sich abzeichnet (drohende Masseunzulänglichkeit), hat er dies **dem Insolvenzgericht anzuzeigen**, § 208 Abs. 1 InsO. Eine vor Eröffnung abgegebene Anzeige ist unwirksam. Der Verwalter ist deshalb gehalten, auch in Fällen, in denen bei Eröffnung die Masseunzulänglichkeit bereits feststeht, nach Eröffnung eine entsprechende Mitteilung zu machen.

a) Wirkungen der Anzeige (§§ 209, 210 InsO)

150 Die Anzeige des Verwalters hat **konstitutive Wirkung**.[589] Folge ist, dass für die Verteilung der Masse die besondere Reihenfolge des § 209 InsO zu beachten ist und gem. § 210 InsO ein Vollstreckungsverbot für bestimmte Masseverbindlichkeiten gilt. Diese Folgen treten auch ein, wenn die Anzeige der Masseunzulänglichkeit zu Unrecht erfolgt ist. Den Verwalter können dann allerdings Schadensersatzansprüche nach §§ 60, 61 InsO treffen.[590]

b) Rangfolge der Massegläubiger (§ 209 InsO)

151 Da im Fall der Masseunzulänglichkeit nicht alle Masseverbindlichkeiten befriedigt werden können, legt § 209 InsO eine verbindliche Reihenfolge zur Verteilung fest.

Kern der Regelung ist eine **Dreiteilung**: Zunächst sind nach § 209 Abs. 1 Nr. 1 InsO die **Verfahrenskosten** zu bedienen. Sodann sind im zweiten Rang die „**Neumasseverbindlichkeiten**", § 209 Abs. 1 Nr. 2 InsO, und als Letztes im dritten Rang die „**Altmasseverbindlichkeiten**", § 209 Abs. 1 Nr. 3 InsO, zu begleichen.

Neumasseverbindlichkeiten sind Verbindlichkeiten, die nach Anzeige der Masseunzulänglichkeit begründet worden sind, Altmasseverbindlichkeiten solche, die vor der Anzeige begründet wurden. Soweit die Masse innerhalb einer Ranggruppe nicht vollständig ausreicht, ist die Masse innerhalb der Gruppe im Verhältnis der Beträge aufzuteilen.

---

589 Frege/Keller/Riedel, HRP, Rn 1772.
590 Frege/Keller/Riedel, HRP, Rn 1772a ff.

Unterhaltsansprüche nach §§ 100, 101 Abs. 1 Satz 3 InsO fallen in den dritten Rang, sind aber auch innerhalb dieser Rangklasse zuletzt zu befriedigen, stehen insoweit im Nachrang (vgl. § 209 Abs. 1 Nr. 3 Halbs. 2 InsO).

Bei Verbindlichkeiten aus **gegenseitigen Verträgen und Dauerschuldverhältnissen** bestimmt sich die Zugehörigkeit zur Rangklasse nach § 209 Abs. 2 InsO. Wählt der Verwalter erst nach Anzeige der Masseunzulänglichkeit Erfüllung eines gegenseitigen Vertrages, gilt die daraus resultierende Gegenleistung als Neumasseverbindlichkeit, § 209 Abs. 2 Nr. 1 InsO. Auch Verbindlichkeiten aus Dauerschuldverhältnissen für die Zeit nach der ersten sich an die Anzeige anschließenden Kündigungsmöglichkeit des Verwalters und Verbindlichkeiten aus Dauerschuldverhältnissen, für die Verwalter die Gegenleistung in Anspruch nimmt, sind Neumasseverbindlichkeiten (§ 209 Abs. 2 Nr. 2, 3 InsO).[591]

Oktroyierte Masseverbindlichkeiten fallen regelmäßig in den dritten Rang. Dies gilt auch für Verbindlichkeiten aus Dauerschuldverhältnissen, wenn der Verwalter schuldlos keine Kenntnis vom Weiterbestehen des Vertrages hatte und der Vertragspartner vorwerfbar eine Anzeige unterlassen hat.[592]

c) Vollstreckungsverbot (§ 210 InsO)

Nach Anzeige der Masseunzulänglichkeit ist gem. § 210 InsO für Altmassegläubiger i.S.d. § 209 Abs. 1 Nr. 3 InsO die **Zwangsvollstreckung in die Masse unzulässig**. Da das Vollstreckungsverbot die Rangfolge des § 209 InsO sichern soll, ist es auf das Rangverhältnis zwischen Neumassegläubigern i.S.d. § 209 Abs. 1 Nr. 2 InsO und Kosten gem. § 209 Abs. 1 Nr. 1 InsO entsprechend anzuwenden.[593] Hinsichtlich der erfassten Vollstreckungsmaßnahmen gilt das zu den Vollstreckungsverboten der §§ 88, 89 InsO Gesagte entsprechend, sodass auf die dortigen Ausführungen verwiesen werden kann (Rdn 115 ff.).

Zur Durchsetzung des Vollstreckungsverbotes kann der Verwalter die Erinnerung gem. § 766 ZPO erheben.[594] Zuständig ist in entsprechender Anwendung des § 89 InsO das Insolvenzgericht als Vollstreckungsgericht; vgl. dazu auch oben Rdn 121.[595]

---

591 Uhlenbruck/Ries, § 209 InsO Rn 22.
592 HambKomm/Weitzmann, § 209 InsO Rn 6.
593 Vgl. BGH, Beschl. v. 9.10.2008 – IX ZB 129/07, ZInsO 2008, 1204 Rn 8; Uhlenbruck/Ries, § 210 InsO Rn 3; HambKomm/Weitzmann, § 209 InsO Rn 1.
594 Uhlenbruck/Ries, § 210 InsO Rn 7; FK/Kießner, § 210 InsO Rn 6.
595 FK/Kießner, § 210 InsO Rn 7; HambKomm/Weitzmann, § 210 InsO Rn 9, 118.

Laroche

d) Aufrechnungsverbote

153 Ebenfalls zum Schutz der zwingenden Rangfolge gelten für Massegläubiger ab der Anzeige der Masseunzulänglichkeit die **Aufrechnungsverbote** der §§ 95 ff. InsO entsprechend.[596] Die Anzeige der Masseunzulänglichkeit ist insoweit Einrede i.S.d. § 390 BGB.[597] Dies gilt jedenfalls in dem Umfang, wie das Aufrechnungsverbot zur Durchsetzung der Rangfolge und ranginternen Verteilung gem. § 209 InsO erforderlich ist.[598]

e) Prozessuale Folgen

154 Eine anhängige Leistungsklage eines Massegläubigers ist nach Anzeige der Masseunzulänglichkeit in eine Feststellungsklage umzustellen,[599] da wegen des Vollstreckungsverbotes aus § 210 InsO kein Leistungsurteil mehr ergehen darf und die Rangfolge des § 209 InsO sichergestellt sein muss. Auch eine Teilleistungsklage auf eine hypothetische Mindestquote ist grds. unzulässig. Die Frage, ob tatsächlich Masseunzulänglichkeit vorliegt, ist in dem Erkenntnisprozess nicht zu klären. Die formgerecht erfolgte Anzeige ist für das Prozessgericht grundsätzlich bindend.[600] Entscheidend ist lediglich, ob die Anzeige durch den Verwalter tatsächlich erfolgt ist.[601]

f) Anzeige weiterer Masseunzulänglichkeit

155

Reicht die vorhandene Masse nicht einmal zur Befriedigung der Neumassegläubiger aus, so kann der Verwalter weitere Masseunzulänglichkeit anzeigen.

Um die verbindliche Verteilungsreihenfolge des § 209 InsO zu sichern, ist im Fall der erneuten Masseunzulänglichkeit das Vollstreckungsverbot des § 210 InsO entsprechend auf Neumassegläubiger anzuwenden, gleich ob ihre Forderung vor oder nach der ersten Anzeige entstanden ist.[602]

---

596 BFH, Urt. v. 4.3.2008 – VII R 10/06, ZIP 2008, 886 ff.; HambKomm/Weitzmann, § 209 InsO Rn 15, § 210 InsO Rn 6; Uhlenbruck/Ries, § 208 InsO Rn 44.
597 HambKomm/Weitzmann, § 210 InsO Rn 6.
598 FK/Kießner, § 209 InsO Rn 52; i.E. wohl auch: Uhlenbruck/Ries, § 208 InsO Rn 44.
599 BGH, Urt. v. 3.4.2003 – IX ZR 101/02, NJW 2003, 2454, 2456 = ZInsO 2003, 465, 468.
600 BGH, Urt. v. 3.4.2003 – IX ZR 101/02, NJW 2003, 2454 = ZInsO 2003, 465; Uhlenbruck/Ries, § 208 InsO Rn 50 weist zutreffend darauf hin, dass dies in Fällen extremen Rechtsmissbrauchs natürlich nicht gilt.
601 Vgl. näher: Uhlenbruck/Ries, § 208 InsO Rn 50.
602 BGH, Urt. v. 13.4.2006 – IX ZR 22/05, NZI 2006, 392, 393; FK/Kießner, § 210 InsO Rn 11.

Die erneute Anzeige der Masseunzulänglichkeit hat allerdings nach zutreffender herrschender Meinung keine weitere Änderung der Rangordnung des § 209 InsO zur Folge, denn im Interesse einer geordneten Verfahrensabwicklung sollen Neumassegläubiger keine weitere Herabstufung ihrer Forderung fürchten müssen.[603]

Die prozessualen Folgen der Anzeige der Masseunzulänglichkeit (dazu oben Rdn 152) gelten auch bei erneuter Anzeige. Insb. gilt es zu vermeiden, dass sich schnelle Neumassegläubiger zulasten der übrigen eine bessere Quote sichern. Deshalb sind auch sie gehalten, ihre Klage in eine Feststellungsklage umzustellen. Anderes kann allenfalls hinsichtlich einer sicher feststehenden Teilquote eines Neumassegläubigers gelten.[604] Hat der Verwalter die weitere Masseunzulänglichkeit nicht angezeigt und beruft sich im Erkenntnisprozess gleichwohl auf Masseunzulänglichkeit, obliegt ihm insoweit die volle Darlegungs- und Beweislast.[605]

2. Öffentliche Bekanntmachung und Zustellung an Massegläubiger

Die **Anzeige der Masseunzulänglichkeit** ist durch das Gericht gem. § 208 Abs. 2 InsO **öffentlich bekannt zu machen**. Die Wirksamkeit der Anzeige hängt hiervon allerdings nicht ab.[606]

Da die **Massegläubiger** von den Wirkungen der Anzeige in besonderem Maße betroffen sind, ist ihnen die **Anzeige gesondert zuzustellen**. Der Insolvenzverwalter ist deshalb gehalten, die ihm bekannten Massegläubiger dem Gericht (möglichst bereits mit der Anzeige) mitzuteilen. Dies gilt auch dann, wenn das Gericht den Verwalter gem. § 8 Abs. 3 InsO mit der Zustellung der Bekanntmachung an die Massegläubiger beauftragt hat.[607]

3. Weiterer Verfahrensablauf

Nach Anzeige der Masseunzulänglichkeit ist das Verfahren zunächst (begrenzt) fortzuführen. Das Gericht hat zur **Forderungsanmeldung** aufzufordern und regelmä-

---

603 Vgl. für die h.M.: BGH, Urt. v. 13.4.2006 – IX ZR 22/05, NZI 2006, 392 ff.; HambKomm/Weitzmann, § 208 InsO Rn 11, § 209 InsO Rn 7; kritisch zur h.M.: Uhlenbruck/Ries, § 208 Rn 24; § 209 InsO Rn 37 ff. m.w.N.; Thole, ZIP 2018, 2241 ff., der dem Verwalter eine „Erschöpfungseinrede" zugestehen will, damit er Neuverbindlichkeiten begründen und befriedigen kann, die nach seiner vertretbaren Einschätzung für die Abwicklung notwendig sind. Dazu sollen auch Verbindlichkeiten öffentlich-rechtlicher oder steuerrechtlicher Natur oder Verbindlichkeiten zwecks Prozessführung zur Massemehrung gehören können.
604 BGH, Urt. v. 3.4.2003 – IX ZR 101/02, NJW 2003, 2454, 1456 = ZInsO 2003, 465, 468; Urt. v. 13.4.2006 – IX ZR 22/05, NZI 2006, 392, 394.
605 BGH, Urt. v. 3.4.2003 – IX ZR 101/02, NJW 2003, 2454, 2456.
606 Frege/Keller/Riedel, HRP, Rn 1779.
607 Vgl. Frege/Keller/Riedel, HRP, Rn 1779.

ßig auch einen **Prüfungstermin** anzuberaumen.[608] Der Insolvenzverwalter hat die Masse zu verwalten und zu verwerten. Eingehende Forderungsanmeldungen sind in die anzulegende Insolvenztabelle aufzunehmen.[609]

Nach **Verwertung der Masse** hat der Insolvenzverwalter dem Gericht seinen Schlussbericht vorzulegen und seine Vergütung zu beantragen, die vom Gericht festgesetzt wird. Im Schlussbericht hat der Verwalter über die Tätigkeit nach Anzeige der Masseunzulänglichkeit gesondert Rechnung zu legen.[610] Gleichzeitig hat der Verwalter ein Verteilungs- oder **Schlussverzeichnis** vorzulegen, das auch Grundlage für eine etwaige Nachtragsverteilung und Verteilungen i.R.d. Wohlverhaltensperiode ist.[611] Auch wenn Massegläubiger im Rahmen einer Nachtragsverteilung und bei Verteilungen in der Wohlverhaltensperiode vorrangig zu befriedigen sind,[612] sind sie in das Schlussverzeichnis nicht aufzunehmen.[613]

a) Abschließende Gläubigerversammlung

158 Nach überwiegender Ansicht und Praxis hat das Gericht einen **Schlusstermin** (Termin zur abschließenden Gläubigerversammlung entsprechend § 197 InsO) zu bestimmen, in dem Einwendungen gegen das Verteilungsverzeichnis erhoben, die **Schlussrechnung erörtert** und **Anträge auf Versagung der RSB** gestellt werden können.[614] Die Massegläubiger sollen möglichst an diesem Termin teilnehmen können und sind auch zur Schlussrechnung des Verwalters zu hören. Da Massegläubiger am Schlussverzeichnis nicht beteiligt sind, können sie allerdings keine Einwendungen gegen das Schlussverzeichnis erheben.[615] Da aber, anders als unter Geltung der KO, die Schlussrechnung nicht als anerkannt gilt, wenn i.R.d. Erörterung keine Einwendungen erhoben werden, sind Massegläubiger auch nicht gehalten, Einwendungen zu erheben, um ihre Haftungsansprüche gegen den Verwalter zu erhalten.[616] Auch Anträge auf Versagung der RSB können die Massegläubiger nicht stellen, da nach dem ausdrücklichen Wortlaut des § 290 Abs. 1 InsO nur Insolvenzgläubiger antragsberechtigt sind.[617]

---

[608] Frege/Keller/Riedel, HRP, Rn 1786; vgl. vertiefend: Uhlenbruck/Ries, § 208 InsO Rn 40 ff., dort auch zu Ausnahmen vom Bedürfnis, einen Prüfungstermin anzuberaumen.
[609] Frege/Keller/Riedel, HRP, Rn 1783.
[610] Frege/Keller/Riedel, HRP, Rn 1789.
[611] Frege/Keller/Riedel, HRP, Rn 1790.
[612] BGH 17.3.2005 – IX ZB 214/04, ZInsO 2005, 597, 599; HambKomm/Streck, § 289 InsO Rn 4; Uhlenbruck/Sternal, § 292 InsO Rn 39.
[613] Frege/Keller/Riedel, HRP, Rn 1790.
[614] Frege/Keller/Riedel, HRP, Rn 1793.
[615] Frege/Keller/Riedel, HRP, Rn 1793.
[616] Frege/Keller/Riedel, HRP, Rn 1794.
[617] Vgl. HambKomm/Streck, § 290 InsO Rn 2; Frege/Keller/Riedel, HRP, Rn 1793.

Zur Verfahrensvereinfachung kann das Gericht den Übergang in das **schriftliche Verfahren** anordnen. Es ist dann statt des Schlusstermins eine **Frist zur abschließenden Stellungnahme** zu bestimmen.[618]

Nach a.A. ist das Gericht **nicht verpflichtet**, weitere **Termine durchzuführen**. Im Zweifel seien alle Termine aufzuheben. Das Gericht sei insb. nicht verpflichtet, einen weiteren Termin nur deshalb durchzuführen, um noch Forderungen (nachträglich) zu prüfen.[619] Eine Ausnahme ist aber jedenfalls dann zu machen, wenn der Schuldner eine natürliche Person ist und einen Antrag auf Erteilung der RSB gestellt hat. Es besteht dann die Notwendigkeit einer weiteren Forderungsprüfung, ggf. auch in einem Nachprüfungstermin.[620] Um den Insolvenzgläubigern die Möglichkeit zu geben, gem. § 289 Abs. 1 InsO Versagungsanträge zu stellen, ist in diesen Fällen grds. auch ein Schlusstermin erforderlich.

b) Verteilung der Masse und Einstellung des Verfahrens

Bevor eine Einstellung des Verfahrens erfolgen kann, verteilt der Insolvenzverwalter 159 auf Grundlage des Schlussverzeichnisses die noch vorhandene Masse, ohne dass die Verteilung von der Genehmigung des Schlussverzeichnisses abhinge. § 196 Abs. 2 InsO ist nicht entsprechend anwendbar.[621] Für **streitige Masseverbindlichkeiten** ist in entsprechender Anwendung von § 214 Abs. 3 InsO **Sicherheit zu leisten**, vgl. dazu auch unten zu Rdn 168.[622] Die Verteilung der Masse ist dem Gericht (mit einer fortgeführten Schlussrechnung) zu belegen.[623]

Nach vollständiger Verteilung der Masse stellt das Gericht das Verfahren gem. § 211 InsO ein. Liegt ein Antrag auf Erteilung der RSB vor, darf die Einstellung erst erfolgen, wenn über diesen Antrag rechtskräftig entschieden ist.

Hat der Rechtspfleger über die Einstellung entschieden, so ist die befristete Erinnerung nach § 11 Abs. 2 RPflG zulässig. Hat der Richter über die Einstellung entschieden, steht ein Rechtsmittel nicht offen.[624]

---

618 Vgl. Uhlenbruck/Pape, § 5 InsO Rn 28.
619 HambKomm/Weitzmann, § 211 InsO Rn 3.
620 HambKomm/Weitzmann, § 211 InsO Rn 3; FK/Kießner, § 211 InsO Rn 10 ff.; auch: Uhlenbruck/Ries, § 211 InsO Rn 4.
621 Frege/Keller/Riedel, HRP, Rn 1796.
622 Frege/Keller/Riedel, HRP, Rn 1796.
623 Frege/Keller/Riedel, HRP, Rn 1797.
624 BGH, Beschl. v. 25.1.2007 – IX ZB 234/05, ZInsO 2007, 263f.; HambKomm/Weitzmann, § 211 InsO Rn 6; eine Zuständigkeit des Richters zur Entscheidung kann sich insb. aus § 11 Abs. 2 RPflG und § 18 Abs. 2 RPflG ergeben.

4. Rückkehr ins reguläre Verfahren

160 Stellt sich im Laufe des Verfahrens heraus, dass keine Masseunzulänglichkeit vorlag oder nicht mehr vorliegt, so kann ohne Weiteres in das reguläre Verfahren zurückgekehrt werden.[625] Einer förmlichen Anzeige bedarf es dazu nach h.M. nicht. Schlüssiges Handeln, etwa die Vornahme von Verteilungen, kann ausreichend sein.[626] Praktisch relevant werden kann dies insb., wenn die Anzeige aufgrund drohender Masseunzulänglichkeit erfolgt ist und entgegen der Prognose die Masse zur Befriedigung der Masseverbindlichkeiten ausreicht.[627] Durch die Rückkehr ins reguläre Verfahren sind die Wirkungen der Masseunzulänglichkeitsanzeige beseitigt. Tritt später erneut Masseunzulänglichkeit ein, steht einer erneuten Anzeige nichts entgegen. Die Wirkungen treten dann ab dem Zeitpunkt der neuen Anzeige ein.

5. Nachtragsverteilung

161 Soweit nach Einstellung des Verfahrens weiteres massezugehöriges Vermögen ermittelt wird, ist gem. § 211 Abs. 3 InsO eine Nachtragsverteilung anzuordnen. Für diese gelten die Regelungen der Nachtragsverteilung nach Aufhebung des Verfahrens entsprechend.

Zu beachten ist jedoch, dass vor einer Verteilung an Insolvenzgläubiger noch offene Masseansprüche zu befriedigen sind.[628] Nach dem Wortlaut des § 211 Abs. 3 InsO findet die Nachtragsverteilung nur statt, wenn neue Masse „ermittelt" wird, nicht aber, wenn etwa zuvor nicht verwertbare Masse liquidiert wird, was etwa der Fall sein kann, wenn eine für streitige Masseverbindlichkeiten hinterlegte Sicherheit frei wird oder aus der Masse gezahlte Gelder an diese zurückfließen. Da nicht einzusehen ist, dass in diesen Fällen eine Nachtragsverteilung nicht stattfinden soll, ist mit der herrschenden Meinung der Anwendungsbereich auch auf die anderen Fälle der Nachtragsverteilung gem. § 203 Abs. 1 InsO auszuweiten.[629]

I.Ü. besteht für Massegläubiger nach Einstellung des Verfahrens grundsätzlich keine Möglichkeit, gegen den Schuldner persönlich vorzugehen, da für die Verbindlichkeiten nur die Masse haftet. Dies gilt jedenfalls soweit die Forderung durch Handeln des Insolvenzverwalters begründet wurde. Anderes gilt, falls die Forderung vom Schuldner begründet wurde oder der Schuldner (wie bei Steuerforderun-

---

625 HambKomm/Weitzmann, § 208 InsO Rn 14; Uhlenbruck/Ries, § 208 InsO Rn 22, 62.
626 HambKomm/Weitzmann, § 208 InsO Rn 14; Uhlenbruck/Ries, § 208 InsO Rn 62, der die Rückkehr ins Verfahren als Verzicht auf die „Einrede" der Masseunzulänglichkeit wertet; dort auch ausführlich zur Gegenansicht.
627 Vgl. Uhlenbruck/Ries, § 208 InsO Rn 22.
628 Frege/Keller/Riedel, HRP, Rn 1804.
629 BGH, Beschl. v. 16.1.2014 – IX ZB 122/12, ZInsO 2014, 340 Rn 8; Frege/Keller/Riedel, HRP, Rn 1803; HambKomm/Weitzmann, § 211 InsO Rn 5; Uhlenbruck/Ries, § 211 InsO Rn 15.

gen) für oktroyierte Masseverbindlichkeiten persönlich haftet; vgl. dazu die Ausführungen in Rdn 176.

IV. Einstellung wegen Wegfalls des Eröffnungsgrunds (§ 212 InsO)

Wenn ein Eröffnungsgrund nicht oder nicht mehr vorliegt, kann auf Antrag des Schuldners das Insolvenzverfahren gem. § 212 InsO eingestellt werden. Die Vorschrift greift auch ein, wenn ein Insolvenzgrund tatsächlich nie vorgelegen hat.[630]
　Voraussetzung der Einstellung gem. § 212 InsO ist der **dauerhafte Wegfall bzw. das Nichtbestehen** aller für den jeweiligen Rechtsträger maßgeblichen **Insolvenzgründe**. Der Wegfall des im Eröffnungsbeschluss genannten Insolvenzgrundes reicht deshalb nicht aus. Vielmehr müssen alle Insolvenzgründe, einschließlich der drohenden Zahlungsunfähigkeit, nachhaltig beseitigt sein.[631] Denn es gilt zu vermeiden, dass ein Insolvenzverfahren eingestellt wird, wenn es sogleich oder in absehbarer Zeit wieder eröffnet werden muss.[632]
　Es reicht auch nicht aus, wenn lediglich die Befriedigung der Anmeldegläubiger gewährleistet ist. Vielmehr hat der Schuldner auch mit Blick auf die Fälligkeit sämtlicher Forderungen gem. § 41 InsO sicherzustellen, dass auch (bislang) nicht angemeldete Forderungen sowie nachrangige Forderungen und Masseverbindlichkeiten befriedigt werden können und noch genügend Mittel für die Fortführung oder gesellschaftsrechtliche Liquidation der Gesellschaft vorhanden sind.[633]

162

Nach § 212 Satz 2 InsO ist der Antrag nur **zulässig**, wenn der Schuldner das **Fehlen** aller Eröffnungsgründe **glaubhaft macht**. Da die Einstellung nach § 212 InsO dem Schutz des solventen Schuldners vor staatlichen Zwangsmaßnahmen dient, aber kein Einfallstor zur Störung eines geordneten Verfahrensablaufs bieten will,[634] sind das Rechtsschutzbedürfnis des Antrags sowie die ausreichende Glaubhaftmachung des Wegfalls der Insolvenzgründe genau zu prüfen. An die Glaubhaftmachung des Nichtvorliegens der Insolvenzgründe sind strenge Anforderungen zu stellen.[635] Deshalb dürfte eine eidesstattliche Versicherung des Schuldners aufgrund des geringen Beweiswertes regelmäßig nicht ausreichend sein. Vielmehr sind weitere substantiierte Beweismittel erforderlich. Zu denken ist etwa an ein Sachverständigengutachten[636], das in seinen Anforderungen dem eines Eröffnungsgutachtens entspricht. Alternativ oder ergänzend kann auch eine Stellungnahme des Insol-

163

630　HambKomm/Weitzmann, § 212 InsO Rn 2; Uhlenbruck/Ries, § 212 InsO Rn 2.
631　HambKomm/Weitzmann, § 212 InsO Rn 2.
632　Uhlenbruck/Ries, § 212 InsO Rn 2.
633　HambKomm/Weitzmann, § 212 InsO Rn 4.
634　HambKomm/Weitzmann, § 212 InsO Rn 3.
635　HambKomm/Weitzmann, § 212 InsO Rn 4.
636　Uhlenbruck/Ries, § 212 InsO Rn 9.

venzverwalters der Glaubhaftmachung dienen, zumal dieser im Einstellungsverfahren ohnehin zu hören ist.[637]

Das Rechtsschutzbedürfnis ist zu verneinen, wenn der Antrag auf ungewisse Sanierungszusagen gestützt ist oder erkennbar die gleichmäßige Gläubigerbefriedigung durch ein geregeltes Insolvenzverfahren stören soll.[638]

Ist der Antrag zulässig, wird das Gericht das Einstellungsverfahren betreiben. Dieses wird weiter unten dargestellt (Rdn 166ff.).

V. Einstellung auf Antrag des Schuldners mit Zustimmung der Gläubiger (§ 213 InsO)

164 Aus der Natur des Insolvenzverfahrens als Gesamtvollstreckungsverfahren und dem Grundsatz der Gläubigerautonomie folgt, dass die Gläubiger auf die Durchführung eines Insolvenzverfahrens verzichten können. Dieser **„Insolvenzverzicht"** ist in der Einstellung mit Zustimmung der Gläubiger gem. § 213 InsO geregelt. Die praktische Relevanz der Vorschrift ist äußerst gering.

Nach § 213 Abs. 1 InsO kann der Schuldner frühestens mit Ablauf der Anmeldefrist und spätestens zum Schlusstermin[639] einen Antrag auf Einstellung mit Zustimmung der Gläubiger stellen. Zur Einstellung muss gem. § 213 Abs. 1 InsO der Schuldner **Zustimmungserklärungen** aller Insolvenzgläubiger beibringen, die ihre Forderung angemeldet haben, § 213 Abs. 1 Satz 1 InsO. Die Zustimmung als solche ist formfrei möglich, also auch durch Erklärung zu Protokoll der Geschäftsstelle oder zu Protokoll der Gläubigerversammlung. Erforderlich ist aber in jedem Fall, dass eine Erklärung in Schriftform zu den Akten gelangt, die zur Einsicht der Beteiligten auf der Geschäftsstelle des Insolvenzgerichts niedergelegt wird.[640] Zur Sicherung der Rechte der nachrangigen Gläubiger ist das Gericht verpflichtet, diese gem. § 174 Abs. 3 Satz 1 InsO zur Anmeldung aufzufordern.[641]

Bei vom Verwalter oder vom Schuldner bestrittenen Forderungen sowie bei zur Absonderung berechtigenden Forderungen entscheidet das Insolvenzgericht nach freiem Ermessen, ob der Schuldner auch hier eine Zustimmungserklärung beibringen muss, § 213 Abs. 1 Satz 2 InsO.

Vor Ablauf der Anmeldefrist ist eine Einstellung mit Zustimmung der Gläubiger nach § 213 Abs. 2 InsO möglich. In diesem Fall hat der Schuldner die Zustimmungs-

---

637 FK/Kießner, § 212 InsO Rn 8.
638 OLG Celle, Beschl. v. 7.9.2000 – 2 W 69/00, ZInsO 2000, 558, 560; HambKomm/Weitzmann, § 212 InsO Rn 3; Uhlenbruck/Ries, § 212 InsO Rn 8.
639 HambKomm/Weitzmann, § 213 InsO Rn 3.
640 HambKomm/Weitzmann, § 213 InsO Rn 4; Uhlenbruck/Ries, § 213 InsO Rn 7.
641 HambKomm/Weitzmann, § 213 InsO Rn 3.

erklärungen aller Gläubiger beizubringen. Ob dies der Fall ist, hat das Gericht von Amts wegen zu ermitteln. Sind die Ausführungen des Schuldners glaubhaft und machen sie einen geordneten Eindruck, dürfte die Versicherung des Schuldners, dass die Zustimmungserklärungen vollständig sind, regelmäßig ausreichend und weitere Ermittlungen nicht erforderlich sein.[642]

Die **Zustimmung** der Gläubiger zur Einstellung **bedeutet weder** einen **Forderungsverzicht noch** einen **Verzicht auf ihre Geltendmachung**. Lediglich auf die Durchführung des Insolvenzverfahrens wird verzichtet, Die Gläubiger können ihre Forderungen ohne Beschränkungen weiterverfolgen,[643] weshalb auch eine RSB im Anschluss an die Einstellung gem. § 213 InsO nicht erlangt werden.

Ist der Antrag zulässig, wird das Gericht das im Folgenden gesondert dargestellte Einstellungsverfahren betreiben.

VI. Verfahren bei Einstellung nach § 212 und § 213 InsO

Das gerichtliche Verfahren bei Einstellung wegen Wegfalls des Eröffnungsgrundes gem. § 212 InsO und bei Einstellung mit Zustimmung der Gläubiger gem. § 213 InsO unterscheidet sich nicht.[644] Beide Einstellungstatbestände setzen einen Antrag des Schuldners voraus. Im Fall eines aus mehreren Personen bestehenden Vertretungsorgans haben alle Vertretungsberechtigten den Antrag zu stellen.[645]

1. Öffentliche Bekanntmachung des Antrags und Widerspruchsrecht der Insolvenzgläubiger

Hat das Gericht die Zulässigkeit des Einstellungsantrags bejaht, so ist gem. § 214 Abs. 1 InsO der **Einstellungsantrag** des Schuldners **öffentlich bekannt zu machen** (§ 9 InsO) und auf der Geschäftsstelle des Insolvenzgerichts zur Einsicht auszulegen. Im Fall des § 213 InsO sind auch die Zustimmungserklärungen der Gläubiger der Niederlegung beizufügen, § 214 Abs. 1 Satz 2 Halbs. 2 InsO.

Gegen den Einstellungsantrag können alle Insolvenzgläubiger innerhalb einer Woche nach Veröffentlichung schriftlich **Widerspruch** einlegen.[646] Für den Fristlauf ist zu beachten, dass die Veröffentlichung gem. § 9 Abs. 1 Satz 3 InsO erst nach Verstreichen von 2 weiteren Tagen nach der Veröffentlichung als bewirkt gilt; vgl. zu den

---

642 HambKomm/Weitzmann, § 213 InsO Rn 6; Uhlenbruck/Ries, § 213 InsO Rn 15.
643 HambKomm/Weitzmann, § 213 InsO Rn 4, 9; Uhlenbruck/Ries, § 213 InsO Rn 19.
644 HambKomm/Weitzmann, § 214 InsO Rn 2.
645 Frege/Keller/Riedel, HRP, Rn 1808 in Fn 57.
646 Uhlenbruck/Ries, § 214 InsO Rn 7; die frühere Möglichkeit, den Widerspruch auch zur Niederschrift der Geschäftsstelle zu erklären, ist durch das ESUG zur Vereinfachung der Abläufe gestrichen worden, vgl. BT-Drucks. 17/5712 S. 30.

Laroche

Bekanntmachungen auch Rdn 69. Widerspruchsberechtigt ist jeder Insolvenzgläubiger, unabhängig davon, ob er seine Forderung angemeldet hat oder nicht.[647] Dies gilt selbst dann, wenn der Gläubiger zunächst der Einstellung zugestimmt hatte.[648] Gläubigern einer verjährten Forderung steht das Widerspruchsrecht allerdings nicht zu.[649]

Da es sich nicht um eine Notfrist handelt, ist ein Versäumen der Frist unschädlich, solange der Widerspruch vor der Entscheidung des Gerichts eingegangen ist.[650] Bei der Einstellungsentscheidung hat das Gericht alle ihm bekannt gewordenen Einstellungshindernisse zu berücksichtigen. Dies gilt auch für solche, auf die sich kein Gläubiger berufen hat[651] oder die erst nach Ablauf der Widerspruchsfrist bekannt geworden sind.[652]

Massegläubigern und dem Insolvenzverwalter steht das Widerspruchsrecht nicht zu. Ihre Rechte werden durch § 214 Abs. 3 InsO gewahrt.[653]

2. Befriedigung bzw. Sicherung der Masseansprüche

168 Vor einer Einstellung des Verfahrens hat der Insolvenzverwalter gem. § 214 Abs. 3 InsO die unstreitigen **Masseverbindlichkeiten zu berichtigen**. Für die streitigen hat er Sicherheit zu leisten. Erfasst sind alle Masseverbindlichkeiten i.S.d. § 53 InsO, also sowohl die Kosten des Verfahrens als auch alle Masseverbindlichkeiten gem. § 55 InsO.[654] Verwalter und, soweit bestellt, Gläubigerausschuss haben deshalb ihren Vergütungs- und Auslagenantrag einzureichen, sobald sich abzeichnet, dass das Gericht dem Einstellungsantrag stattgeben wird, damit durch die Festsetzung keine Verzögerung eintritt. Denn auch Vergütungen und Auslagen sind vor der abschließenden Entscheidung zu berichtigen.[655] Stehen ausreichend liquide Mittel zur Begleichung aller Masseverbindlichkeiten nicht zur Verfügung, hat der Insolvenzverwalter weitere Verwertungsmaßnahmen vorzunehmen, damit alle Masseverbindlichkeiten befriedigt werden können.[656]

Soweit Masseverbindlichkeiten strittig sind, hat der Insolvenzverwalter für diese Sicherheit gem. §§ 232 ff. BGB zu leisten, soweit nicht die Beteiligten eine andere Art der Sicherheit vereinbaren. Um zu vermeiden, dass in absehbarer Zeit ein erneutes Insolvenzverfahren über das Vermögen des Schuldners eröffnet werden muss,

---

647 HambKomm/Weitzmann, § 214 InsO Rn 5; MüKo/Hefermehl, § 214 InsO Rn 6.
648 MüKo/Hefermehl, § 214 InsO Rn 6.
649 HambKomm/Weitzmann, § 214 InsO Rn 5.
650 MüKo/Hefermehl, § 214 InsO Rn 9; Uhlenbruck/Ries, § 214 InsO Rn 6.
651 HambKomm/Weitzmann, § 214 InsO Rn 5; Uhlenbruck/Ries, § 214 InsO Rn 7.
652 MüKo/Hefermehl, § 214 InsO Rn 9, 10.
653 HambKomm/Weitzmann, § 214 InsO Rn 5.
654 HambKomm/Weitzmann, § 214 InsO Rn 7.
655 MüKo/Hefermehl, § 214 InsO Rn 12; Uhlenbruck/Ries, § 214 InsO Rn 8, 11.
656 MüKo/Hefermehl, § 214 InsO Rn 12.

gilt die Sicherstellungsverpflichtung auch für aufschiebend bedingte oder betagte Verbindlichkeiten, die während des Insolvenzverfahrens begründet wurden.[657]

3. Anhörung und Entscheidung des Gerichts

Nach Ablauf der Widerspruchsfrist hat das Gericht gem. § 214 Abs. 2 InsO den Schuldner, den Insolvenzverwalter, den Gläubigerausschuss, sofern ein solcher bestellt ist, und die dem Einstellungsantrag widersprechenden Gläubiger zu hören. Da eine besondere Form nicht vorgeschrieben ist, kann die Anhörung schriftlich oder mündlich erfolgen.[658] Die Anhörung dient zunächst dazu, die Entscheidungsgrundlage des Gerichts zu verbreitern. Gleichzeitig ermöglicht sie dem Insolvenzverwalter, seine Auslagen und Vergütung festsetzen zu lassen sowie gem. § 214 Abs. 3 InsO Masseansprüche zu befriedigen bzw. für diese Sicherheit zu leisten.[659]

Nach der Anhörung hat das Gericht zu prüfen, ob noch weitere für die Entscheidung wesentliche Umstände zu ermitteln sind. Ist dies nicht der Fall, kann das Gericht über den Einstellungsantrag entscheiden.[660] Eine Gläubigerversammlung, etwa zur Prüfung der Schlussrechnung, muss vor der Entscheidung des Gerichts nicht einberufen werden.[661]

Dem Gericht steht bei seiner abschließenden Entscheidung **kein Ermessen** zu. Liegen die Voraussetzungen der Einstellung vor, hat es dem Antrag stattzugeben, da der Schuldner einen Anspruch auf die abgekürzte Verfahrensbeendigung hat.[662] Kann das Gericht hingegen nicht die volle Überzeugung vom Vorliegen des Einstellungsgrundes erlangen, hat es den Antrag als unbegründet abzuweisen.[663]

Gegen die Entscheidung des Gerichts ist nach Maßgabe des § 216 InsO für Insolvenzgläubiger und Schuldner die sofortige Beschwerde eröffnet.

4. Öffentliche Bekanntmachung des Einstellungsbeschlusses und Vorabinformation

Der Einstellungsbeschluss ist mitsamt dem Einstellungsgrund gem. § 215 Abs. 1 InsO öffentlich bekannt zu machen. Hierdurch soll die Kreditwürdigkeit des Schuldners wiederhergestellt werden.[564]

---

657 MüKo/Hefermehl, § 214 InsO Rn 13.
658 Vgl. MüKo/Hefermehl, § 214 InsO Rn 10; Uhlenbruck/Ries, § 214 InsO Rn 8.
659 HambKomm/Weitzmann, § 214 InsO Rn 7; Uhlenbruck/Ries, § 214 InsO Rn 8, 11.
660 MüKo/Hefermehl, § 214 InsO Rn 10.
661 Frege/Keller/Riedel, HRP, Rn 1822; MüKo/Hefermehl, § 214 InsO Rn 14.
662 MüKo/Hefermehl, § 214 InsO Rn 14.
663 MüKo/Hefermehl, § 214 InsO Rn 15.
664 HambKomm/Weitzmann, § 215 InsO Rn 1.

Gem. § 215 Abs. 1 Satz 2 InsO sind Schuldner, Insolvenzverwalter und die Mitglieder des Gläubigerausschusses vom Insolvenzgericht vorab über den Zeitpunkt der Wirksamkeit des Beschlusses zu informieren. Da diese **Vorabinformation** den Beteiligten die Möglichkeit geben soll, sich rechtzeitig und stichtagsbezogen auf den Übergang der Verfügungs- und Verwaltungsbefugnisse einzustellen, sollte sie so zügig wie möglich, spätestens mit Veranlassung der öffentlichen Zustellung erfolgen.[665] Soweit das Gericht keine anderweitige Bestimmung trifft, wird der Einstellungsbeschluss nach § 9 Abs. 1 Satz 3 InsO nach Ablauf zweier weiterer Tage nach der Veröffentlichung wirksam.[666]

5. Wirkung der Einstellung (§ 215 InsO)

171 Mit Wirksamkeit des Einstellungsbeschlusses erlangt der Schuldner seine Verwaltungs- und Verfügungsbefugnis zurück, § 215 Abs. 2 Satz 1 InsO. Eine Ausnahme gilt nur für solche Gegenstände, für die eine etwaige Nachtragsverteilung vorbehalten ist bzw. die für eine Nachtragsverteilung zurückbehalten oder hinterlegt wurden.[667]

Noch ungeklärt ist, ob die Wirkungen des Einstellungsbeschlusses unmittelbar oder erst mit Rechtskraft des Beschlusses eintreten. Systematik und Wortlaut des § 215 InsO sprechen klar für die erste Variante, solange das Gericht nichts anderes bestimmt, zumal ein Rechtsmittel nach § 4 InsO, § 570 ZPO grundsätzlich keine aufschiebende Wirkung hat.[668]

Die Ämter von Insolvenzverwalter und Gläubigerausschuss erlöschen mit Einstellung des Insolvenzverfahrens, wobei es auch insoweit nicht auf die Rechtskraft, sondern lediglich die (bereits zuvor eintretende) Wirksamkeit ankommt.[669]

Zur Vermeidung von etwaigen Unklarheiten und masseschädlichen Handlungen im Fall einer Aufhebung des Beschlusses in der Beschwerde empfiehlt es sich, die Wirksamkeit des Beschlusses von seiner Rechtskraft abhängig zu machen.[670] Es kann in der Vorabinformation und im Einstellungsbeschluss etwa formuliert werden:

„Die Einstellung wird wirksam mit Rechtskraft der Entscheidung".[671]

---

[665] HambKomm/Weitzmann, § 215 InsO Rn 2; MüKo/Hefermehl, § 215 InsO Rn 2.
[666] Frege/Keller/Riedel, HRP, Rn 1824; MüKo/Hefermehl, § 215 InsO Rn 9.
[667] HambKomm/Weitzmann, § 215 InsO Rn 3; Uhlenbruck/Ries, § 215 InsO Rn 5.
[668] Frege/Keller/Riedel, HRP, Rn 1824 f., 1838; HambKomm/Weitzmann, § 207 InsO Rn 21; Uhlenbruck/Ries, § 207 InsO Rn 45; wohl auch: FK/Kießner, § 216 InsO Rn 7.
[669] Vgl. FK/Kießner, § 215 InsO Rn 5, 7; MüKo/Hefermehl, § 207 InsO Rn 70; Uhlenbruck/Ries, § 207 Rn 45, § 215 InsO Rn 7, widersprüchlich insoweit: HambKomm/Weitzmann, § 207 InsO Rn 21 („Wirksamkeit"); § 215 Rn 3 („Rechtskraft").
[670] Frege/Keller/Riedel, HRP, Rn 1838.
[671] Frege/Keller/Riedel, HRP, Rn 1763, 1828, 1843.

VII. Weitere Folgen der Einstellung

1. Gesellschaftsrechtliche Folgen der Einstellung

Da im Fall der Einstellung wegen Masseunzulänglichkeit gem. § 211 InsO eine Abwicklung der Gesellschaft erfolgt und deshalb keinerlei Vermögen mehr vorhanden ist, kann nach Einstellung des Verfahrens die **Amtslöschung im Handelsregister** gem. § 394 Abs. 1 Satz 2 FamFG erfolgen.

172

Anders ist die Situation bei der Einstellung mangels Masse gem. § 207 InsO. In diesem Fall kann noch Restvermögen bei der Gesellschaft vorhanden sein, das der Vollbeendigung und damit einer Löschung der Gesellschaft im Handelsregister gem. § 394 Abs. 1 Satz 2 FamFG entgegensteht und vor einer Löschung im Wege einer gesellschaftsrechtlichen Liquidation zu verteilen ist.[672]

Gleiches gilt bei der Einstellung gem. § 212 InsO oder gem. § 213 InsO. In beiden Fällen wird sogar regelmäßig noch Vermögen bei der Gesellschaft vorhanden sein. Vielfach wird in diesen Fällen kein Interesse an der Liquidation der Gesellschaft bestehen, sondern eine Fortführung der Gesellschaft als werbende gewollt sein. Dem trägt das Gesetz Rechnung, indem die Mitglieder-/Gesellschafter- oder Hauptversammlung die **Fortsetzung der Gesellschaft beschließen** kann, wenn das Insolvenzverfahren auf Antrag des Schuldners, also gem. §§ 212 oder 213 InsO, eingestellt worden ist (§ 62 Abs. 1 Satz 2 BGB; § 60 Abs. 1 Nr. 4 Halbs. 2 GmbHG; § 274 Abs. 2 Nr. 1 AktG). Gleiches gilt bei Bestätigung eines Insolvenzplans, der die Fortsetzung der Gesellschaft vorsieht.

In allen anderen Fällen der Beendigung des Insolvenzverfahrens, also bei der Aufhebung des Insolvenzverfahrens nach Schlussverteilung gem. § 200 InsO und Einstellung gem. § 207 oder § 211 InsO, kommt eine Fortsetzung der Gesellschaft nicht in Betracht, da der Insolvenzverwalter die Liquidation der Gesellschaft zu Ende geführt hat.[673]

Da die Einstellung des Verfahrens in das jeweilige Register einzutragen ist (§ 32 HGB; § 102 Abs. 1 GenG; § 2 Abs. 2 PartGG; § 75 Abs. 1 BGB), hat das Insolvenzgericht den Einstellungsbeschluss dem Registergericht mitzuteilen.[674]

2. Wirksamkeit von Rechtshandlungen

Rechtshandlungen des Insolvenzverwalters während des laufenden Verfahrens **bleiben wirksam** und binden den Schuldner auch nach Einstellung des Verfahrens, selbst wenn sie unzweckmäßig oder unrichtig waren. Der Schuldner bleibt

173

---

[672] FK/Kießner, § 207 InsO Rn 48 f.
[673] Baumbach/Hueck/Haas, § 60 GmbHG Rn 95.
[674] Vgl. die Anordnung über Mitteilungen in Zivilsachen (MiZi), Stand 15. Änderung vom 23.11.2018, IX.4.

deshalb an die vom Verwalter begründeten Masseverbindlichkeiten ebenso gebunden wie an die Ausübung eines Wahlrechts nach § 103 InsO oder an die Kündigung eines Arbeitsverhältnisses. Anderes gilt nur bei offensichtlich dem Insolvenzzweck zuwiderlaufenden Handlungen. Diese sind nichtig und können den Schuldner deshalb nicht binden.[675] Nach der Rechtsprechung des BGH können mit der Beendigung des Insolvenzverfahrens Verfügungen des Schuldners, die gem. § 81 Abs. 1 Satz 1 InsO unwirksam waren, nachträglich wirksam werden, da das Verfügungsverbot nur insofern und solange gilt, wie der Insolvenzzweck es erfordert.[676]

3. Abwicklungsverhältnis zwischen Schuldner und Insolvenzverwalter

174 Zwischen Schuldner und Insolvenzverwalter entsteht ein Abwicklungsverhältnis, das Letzteren verpflichtet, alle erforderlichen Maßnahmen zu treffen, um dem Schuldner wieder die volle Verfügungsgewalt über die Masse zu verschaffen.[677] Insb. sind auch **Geschäftsunterlagen** herauszugeben, da den Schuldner wieder die vollen **Aufbewahrungspflichten** (etwa § 147 AO) treffen. Verweigert der Schuldner die Annahme von Geschäftsbüchern und Schriften, kann dies als Teil der Aufbewahrungspflicht bei AG oder KGaA gem. §§ 407, 273 Abs. 2 AktG mit der Festsetzung eines Zwangsgeldes gegen die Vorstandsmitglieder oder Abwickler erzwungen werden. In allen anderen Fällen verbleibt dem Verwalter die Möglichkeit, dem zuständigen FA den Verstoß gegen die Aufbewahrungspflicht mitzuteilen. Dieses kann dann seinerseits die Aufbewahrungspflichten nach § 328 AO durchsetzen.[678] Vgl. dazu für die vergleichbare Situation nach Aufhebung des Insolvenzverfahrens unten Rdn 293.

4. Prozessführungsbefugnis

175 Mit Einstellung des Insolvenzverfahrens geht die Prozessführungsbefugnis vom Insolvenzverwalter wieder auf den Schuldner über. Anhängige Verwalterprozesse sind entsprechend § 239 ZPO bis zur Aufnahme durch den Schuldner (bzw. bei Verzögerung auch durch den Gegner) unterbrochen.[679]

Bei Anfechtungsprozessen ist aber zu beachten, dass der Schuldner diese insolvenzspezifischen Ansprüche nicht geltend machen kann, da sie nur der Masse zustehen. Zur Vermeidung eines Klage abweisenden Urteils hat der Schuldner deshalb

---

675 Uhlenbruck/Ries, § 215 InsO Rn 7.
676 BGH, Urt. v. 19.1.2006 – IX ZR 232/04, ZInsO 2006, 261, 264, Rn 23; Uhlenbruck/Ries, § 215 InsO Rn 7 m.w.N. auch für die Gegenansicht.
677 HambKomm/Weitzmann, § 215 InsO Rn 5.
678 Uhlenbruck/Ries, § 215 InsO Rn 6.
679 HambKomm/Weitzmann, § 215 InsO Rn 4; Uhlenbruck/Ries, § 215 InsO Rn 8.

im Fall der Aufnahme den Anfechtungsrechtsstreit in der Hauptsache für erledigt zu erklären.[680]

5. Nachhaftung

Nach Einstellung des Verfahrens können Insolvenzgläubiger ihre Ansprüche im Wege der Nachhaftung ohne Einschränkung gegen den Schuldner geltend machen und **aus dem Tabelleneintrag** einer festgestellten Forderung **vollstrecken**, §§ 215 Abs. 2 Satz 2, 201 Abs. 2 Satz 1 InsO.[681] Dies gilt allerdings nur, soweit Forderungen bereits geprüft sind. Es besteht nämlich keine Pflicht, neben dem allgemeinen Prüfungstermin einen weiteren Prüfungstermin durchzuführen, nur um Gläubigern einen vollstreckbaren Titel zu verschaffen.[682] Anderes gilt lediglich, wenn dem Schuldner bei einer Einstellung gem. § 211 InsO die RSB angekündigt wird und sich die Wohlverhaltensperiode anschließt (dazu schon oben bei Rdn 157 f.).[683] Es sind dann allerdings zunächst das Vollstreckungsverbot des § 294 InsO und, bei späterer Erteilung der RSB, auch deren Wirkungen (§§ 301, 302 InsO) zu beachten.

Massegläubiger haben zu beachten, dass sie weder ein Beschwerderecht gegen den Einstellungsbeschluss haben, vgl. § 216 Abs. 1 InsO, noch Einwendungen gegen die Schlussrechnung des Verwalters erheben können.[684] Grundsätzlich besteht eine **persönliche Haftung des Schuldners nach Verfahrenseinstellung.** Diese greift allerdings nicht, soweit die Masseverbindlichkeiten durch den Insolvenzverwalter begründet wurden. Denn dieser kann nur die Masse, nicht aber den Schuldner persönlich verpflichten.[685] Allerdings sind in diesen Fällen Schadensersatzansprüche gegen den Verwalter gem. § 60 InsO oder gegen das Gericht gem. § 839 BGB i.V.m. Art. 34 GG denkbar.[686] Die Nachhaftung des Schuldners betrifft damit im Wesentlichen die Verfahrenskosten (einschließlich Verwaltervergütung) und oktroyierte Masseverbindlichkeiten (§ 55 Abs. 1 Nr. 2 InsO)[687]; s. dazu auch oben Rdn 131.

---

680 HambKomm/Weitzmann, § 215 InsO Rn 4; Uhlenbruck/Ries, § 215 InsO Rn 8.
681 HambKomm/Weitzmann, § 215 InsO Rn 6; Uhlenbruck/Ries, § 215 InsO Rn 9.
682 Liegt ein früherer Titel vor, kann aus diesem weiter vollstreckt werden, soweit eine Forderungsprüfung und damit erneute Titulierung nicht erfolgt ist. Soweit Identität zwischen ursprünglichem Titel und Tabelleneintrag besteht, ist der ursprüngliche Titel aufgezehrt und erfolgt die Vollstreckung nur aus dem Tabellenauszug (vgl. unten Rdn 335).
683 HambKomm/Weitzmann, § 211 InsO Rn 3; HK/Landfermann, § 211 InsO Rn 3 i.V.m. § 208 Rn 31.
684 Frege/Keller/Riedel, HRP, Rn 1747.
685 BGH, Urt. v. 24.9.2009 – IX ZR 234/07 Rn 12.; HambKomm/Kuleisa, § 90 InsO Rn 13; **a.A.** HambKomm/Herchen, § 201 InsO Rn 6; unklar insoweit noch die Vorauflage.
686 Vgl. auch HambKomm/Herchen, § 201 InsO Rn 6.
687 BGH, Urt. v. 28.6.2007 – IX ZR 73/06 Rn 14; Urt. v. 24.9.2009 – IX ZR 234/07 Rn 24; HambKomm/Kuleisa, § 90 InsO Rn 13.

G. Einberufung der Gläubigerversammlung (§§ 74 bis 79 InsO)

I. Allgemeines

177 Die Gläubigerversammlung ist Ausdruck der Gläubigerautonomie und das oberste **Selbstverwaltungsorgan** der Gläubiger im Insolvenzverfahren.[688] Die Gläubiger sollen durch die Gläubigerversammlung Einfluss auf das Verfahren nehmen können. Sie legt deshalb die Hauptlinien der Insolvenzabwicklung fest,[689] ohne es auszugestalten.[690] Durch die Gläubigerversammlung vollzieht sich die Willensbildung aller am Verfahren beteiligten Insolvenzgläubiger.[691] Sie ist hingegen nicht Vertreterin der Gläubiger und deshalb auch nicht berechtigt, für diese Rechtshandlungen vorzunehmen.[692] Einberufen wird die Gläubigerversammlung durch das Gericht von Amts wegen oder auf Antrag.

1. Aufgaben der Gläubigerversammlung

178 Die InsO weist der Gläubigerversammlung eine Vielzahl unterschiedlich ausgestalteter **Mitwirkungs- und Zustimmungsrechte** zu, die sich durch die gesamte InsO ziehen, so in § 57 InsO, § 59 Abs. 1 InsO, § 66 Abs. 1 InsO, § 197 Abs. 1 InsO, § 66 Abs. 3 InsO, § 68 Abs. 1 InsO, § 70 InsO, § 79 InsO, § 100 Abs. 1 InsO, § 101 Abs. 1 InsO, § 149 Abs. 2 InsO, § 157 InsO, § 160 InsO, § 161 InsO, § 162 Abs. 1 InsO, § 163 Abs. 1 InsO, § 207 Abs. 2 InsO, § 218 Abs. 2 InsO, § 235 InsO, § 272 Abs. 1 InsO, § 277 Abs. 1 InsO, § 284 Abs. 1 InsO.[693]

Die Rechte reichen von reinen Informations- und Anhörungsrechten bis hin zu Zustimmungsrechten. Manche Kompetenzen stehen der Gläubigerversammlung originär und ausschließlich zu (etwa § 57 InsO, § 157 InsO), andere sind der Gläubigerversammlung nur subsidiär zugewiesen, falls ein Gläubigerausschuss nicht bestellt ist (etwa § 160 InsO).

Als besonders verfahrensrelevant hervorzuheben sind an dieser Stelle die im Regelfall stets abzuhaltenden und die in der InsO detailliert geregelten Gläubigerversammlungen Berichtstermin, Prüfungstermin und Schlusstermin. Vgl. dazu die Ausführungen zum Berichtstermin (§§ 156–158 InsO in Rdn 220 ff.; zu Tabellenführung und Forderungsprüfung in Rdn 107 ff., 110 und zum Schlusstermin (§ 197 InsO) in Rdn 284 ff.

---

[688] Frege/Keller/Riedel, HRP, Rn 1256.
[689] Frege/Keller/Riedel, HRP, Rn 1249.
[690] HambKomm/Preß, § 74 InsO Rn 1.
[691] HambKomm/Preß, § 74 InsO Rn 1.
[692] Uhlenbruck/Knof, § 74 InsO Rn 5.
[693] Frege/Keller/Riedel, HRP, Rn 1258.

2. Teilnahmeberechtigung

Zur Teilnahme an der Gläubigerversammlung sind gem. § 74 Abs. 1 InsO alle absonderungsberechtigten Gläubiger, alle Insolvenzgläubiger, der Insolvenzverwalter, die Mitglieder des Gläubigerausschusses und der Schuldner berechtigt. Massegläubiger sind grds. nicht teilnahmeberechtigt. Im Fall der Masseunzulänglichkeit (Im Einzelnen dazu in Rdn 148 ff.) sollte den Altmassegläubigern aber die Teilnahme ermöglicht werden.[694]

3. Kompetenzübertragung auf Insolvenzverwalter und Insolvenzgericht

Die Gläubigerversammlung kann **Kompetenzen** uneingeschränkt an den Gläubigerausschuss **delegieren**, sofern ein solcher bestellt ist.[695] Auch auf den Insolvenzverwalter kann die Gläubigerversammlung einzelne Kompetenzen übertragen, und zwar sowohl im Wege der Einzelentscheidung als auch im Wege einer Generalermächtigung (z.B. zur Vornahme besonders bedeutender Rechtshandlungen i.S.d. § 160 InsO). Eine Übertragung sämtlicher Kompetenzen auf den Verwalter ist hingegen unzulässig, weil Aufgabenverteilung und Kontrollmechanismen ausgehebelt würden.[696]

Ob eine Übertragung von Kompetenzen auf das Insolvenzgericht zulässig ist, wird unterschiedlich beantwortet. Teilweise wird die Übertragung einer Entscheidungskompetenz auf das Insolvenzgericht bejaht.[697] Allerdings widerspricht eine solche Übertragungsmöglichkeit der gesetzlichen Kompetenzverteilung, die dem Gericht die Leitung des Verfahrens und Aufsicht über den Verwalter zuweist, und ist deshalb abzulehnen.[698]

II. Einberufung der Gläubigerversammlung

1. Einberufung von Amts wegen

Die Gläubigerversammlung ist zum Berichtstermin, § 156 InsO, zum Prüfungstermin, § 176 InsO, der in der Praxis allerdings regelmäßig gem. § 29 Abs. 2 InsO mit dem Berichtstermin verbunden wird, sowie zum Schlusstermin, § 197 InsO, von Amts

---

694 Frege/Keller/Riedel, HRP, Rn 1257.
695 FK/Wegener, InsO, § 157 Rn 9; HambKomm/Decker, InsO, § 157 Rn 14.
696 FK/Wegener, InsO, § 157 Rn 9; HambKomm/Decker, InsO, § 157 Rn 14; Uhlenbruck/Zipperer, § 157 InsO Rn 23 f.
697 FK/Wegener, § 157 InsO Rn 10; Uhlenbruck/Knof, § 76 InsO Rn 23; Ehricke, NZI 2000, 57, 62; MüKo/Ehricke/Ahrens, § 76 InsO Rn 21.
698 HambKomm/Decker, § 157 InsO Rn 14; HK/Ries, § 157 InsO Rn 10; Uhlenbruck/Zipperer; § 157 InsO Rn 23; allgemein zu Möglichkeiten und Grenzen der insolvenzgerichtlichen Aufsicht: Schmidtberger, NZI 2011, 928 ff.

wegen einzuberufen. Vor einer Einstellung des Insolvenzverfahrens mangels Masse nach § 207 Abs. 2 InsO ist regelmäßig ebenfalls eine Gläubigerversammlung abzuhalten (dazu schon oben in Rdn 145). Sofern ein Insolvenzplan vorgelegt wurde, ist zum Erörterungs- und Abstimmungstermin (§ 235 Abs. 1 InsO) eine Gläubigerversammlung einzuberufen.

Hat das Gericht eine Rechtshandlung des Verwalters gem. § 161 InsO vorläufig untersagt, ist ebenfalls eine Gläubigerversammlung einzuberufen, die über die Vornahme der Rechtshandlung beschließt, § 161 Satz 2 InsO.

Schließlich hat eine Einberufung von Amts wegen nach Ermessen des Gerichts zu erfolgen, wenn das Gericht dies für zweckdienlich hält.[699] Dies kann etwa der Fall sein, wenn über eine besonders bedeutende Rechtshandlung des Verwalters i.S.d. § 160 InsO zu entscheiden ist und dies noch nicht im Berichtstermin erfolgen konnte.[700]

2. Einberufung auf Antrag

182 Neben der Einberufung von Amts wegen ist gem. § 75 InsO eine Gläubigerversammlung auf Antrag einzuberufen. Antragsberechtigt sind
1. der Insolvenzverwalter, § 75 Abs. 1 Nr. 1 InsO,
2. der Gläubigerausschuss, § 75 Abs. 1 Nr. 2 InsO,
3. eine Gruppe von mindestens fünf absonderungsberechtigten Gläubigern oder nicht nachrangigen Insolvenzgläubigern, deren Absonderungsrechte und Forderungen nach der Schätzung des Insolvenzgerichts zusammen ein Fünftel der Summe erreichen, die sich aus dem Wert aller Absonderungsrechte und den Forderungsbeträgen aller nicht nachrangigen Insolvenzgläubiger ergibt, § 75 Abs. 1 Nr. 3 InsO, sowie
4. ein oder mehrere absonderungsberechtigte Gläubiger oder nicht nachrangige Insolvenzgläubiger, deren Absonderungsrechte und Forderungen nach der Schätzung des Gerichts zwei Fünftel der in Nr. 3 bezeichneten Summe erreichen (§ 75 Abs. 1 Nr. 5 InsO).

In dem Antrag ist anzugeben, zu welchem Zweck die Gläubigerversammlung einberufen werden soll, wobei jeder der Gläubigerversammlung gesetzlich zugewiesene Aufgabenbereich in Betracht kommt. Dies gilt auch, wenn über einen Gegenstand bereits abgestimmt wurde, da eine erneute, auch gegenteilige Beschlussfassung möglich bleibt.[701] Eine Ausnahme gilt für die Ab- und Neuwahl des Insolvenzverwalters, die gem. § 57 InsO nur in der ersten Gläubigerversammlung möglich ist.

---

[699] Uhlenbruck/Knof, § 74 InsO Rn 15.
[700] Frege/Keller/Riedel, HRP, Rn 1267.
[701] Frege/Keller/Riedel, HRP, Rn 1270 f.

Genügt der Antrag den skizzierten Anforderungen, so hat das Gericht die Gläubigerversammlung einzuberufen, ohne dass ihm ein Ermessen zustünde.[702] Die Zeit zwischen Eingang des Antrags und dem Termin zur Gläubigerversammlung soll gem. § 75 Abs. 2 InsO höchstens 3 Wochen betragen. Die mündliche Gläubigerversammlung auf Antrag ist auch dann einzuberufen, wenn das Verfahren i.Ü. schriftlich durchgeführt wird,[703] da in diesem Fall dem Interesse des Antragsstellers an einer mündlichen Erörterung der Vorrang vor einer schnellen Verfahrensabwicklung gebührt. Lehnt das Gericht die Einberufung ab, so steht dem Antragsteller hiergegen gem. § 75 Abs. 3 InsO die sofortige Beschwerde zu.

III. Terminbestimmung

Die Terminierung der Gläubigerversammlung erfolgt durch das Gericht. In außergewöhnlichen Fallkonstellationen, etwa wenn ein besonderer Platzbedarf besteht oder mit einer längeren Termindauer zu rechnen ist, empfiehlt es sich, dass der Insolvenzverwalter das Gericht auf diesen Umstand hinweist, damit die Terminierung abgestimmt werden kann.

Der Termin ist mit **Zeit und Ort** öffentlich bekannt zu machen, § 74 Abs. 2 InsO. Die **Tagesordnung** ist schlagwortartig mit zu veröffentlichen, da die Beschlussfassung über einen Gegenstand, der nicht in der Bekanntmachung genannt ist, unzulässig ist. Gleichwohl gefasste Beschlüsse sind ohne weiteres nichtig.[704] Die Ladungsfrist beträgt 3 Tage, § 4 InsO i.V.m. § 217 ZPO. Sie beginnt nach Ablauf von 2 Tagen nach der Veröffentlichung (§ 9 Abs. 1 Satz 3 InsO). Eine öffentliche Bekanntmachung kann unterbleiben, wenn in einer Gläubigerversammlung vertagt worden ist (§ 74 Abs. 2 Satz 2 InsO).

Neben der öffentlichen Bekanntmachung ist eine gesonderte Mitteilung von Berichtstermin und Prüfungstermin an Schuldner, Drittschuldner und Gläubiger vorgesehen, da diese Termine gem. § 29 InsO bereits mit dem Eröffnungsbeschluss zu terminieren sind und dieser Beschluss seinerseits den vorgenannten Beteiligten gesondert zuzustellen ist (§ 30 Abs. 2 InsO). S. dazu näher oben in Rdn 71.

Zu einem **besonderen Prüfungstermin** gem. § 177 InsO sind der betroffene Anmeldegläubiger, der Schuldner und der Insolvenzverwalter gesondert zu laden (§ 177 Abs. 3 Satz 2 InsO).

Wird ein **Insolvenzplan** vorgelegt, hat gem. § 235 Abs. 3 InsO eine gesonderte Ladung zum Erörterungs- und Abstimmungstermin zu erfolgen. Zu laden sind In-

---

[702] Uhlenbruck/Knof, § 75 InsO Rn 7.
[703] Frege/Keller/Riedel, HRP, Rn 1272.
[704] BGH, Beschl. v. 21.7.2011 – IX ZB 128/10, ZInsO 2011, 1598, 1599 Rn 7; Frege/Keller/Riedel, HRP, 1274.

solvenzgläubiger, die Forderungen angemeldet haben, die absonderungsberechtigten Gläubiger, der Insolvenzverwalter, der Schuldner, der Betriebsrat und der Sprecherausschuss der leitenden Angestellten.

In allen weiteren Fällen ist eine gesonderte Ladung oder Terminmitteilung nicht vorgeschrieben und steht im Ermessen des Gerichts.[705] Dies ist insb. hinsichtlich des Schlusstermins angesichts seiner Bedeutung durchaus kritisch zu sehen,[706] zumal Gläubiger einer natürlichen Person gem. § 290 Abs. 2 InsO nur bis diesem Termin die Möglichkeit haben, die Versagung der RSB zu beantragen.

IV. Ablauf des Termins

184 Die Leitung des Termins obliegt gem. § 76 Abs. 1 InsO dem Insolvenzgericht in funktionaler Zuständigkeit des Rechtspflegers. Eine Zuständigkeit des Richters besteht ausnahmsweise, wenn er sich die Durchführung des Termins gem. § 18 Abs. 2 RPflG vorbehalten hat oder die Gläubigerversammlung im Rahmen eines Insolvenzplanverfahrens oder zur Verhandlung über einen Versagungsantrag stattfindet, § 18 Abs. 1 Nr. 1, 4 RPflG.

Die Gläubigerversammlung ist **nicht-öffentlich**, ohne dass es hierzu einer besonderen Anordnung bedarf.[707] Bei besonderem öffentlichem Interesse können Ausnahmen für **Pressevertreter** gemacht werden.[708] Für die Sitzungsleitung gelten die Regelungen des GVG über die Sitzungspolizei (§§ 169 ff. GVG) entsprechend.[709] Die Festsetzung einer Ordnungshaft ist allerdings dem Richter vorbehalten.[710]

Neben dem organisatorischen Rahmen obliegt dem Gericht auch die inhaltliche Leitung der Versammlung, zu der auch die umfassende Information der Beteiligten gehört. Hinsichtlich Art und Umfang der Information ist selbstverständlich den Erfordernissen des Einzelfalles Rechnung zu tragen, sodass etwa auf umfangreiche Darstellungen des Sachstandes oder Belehrungen über Gläubigerrechte verzichtet werden kann, wenn lediglich institutionelle Gläubiger, z.B. Bankenvertreter, anwesend sind und über im Vorfeld bereits erörterte Verwaltungsmaßnahmen abgestimmt werden soll.[711]

---

705 Frege/Keller/Riedel, HRP, Rn 1275.
706 Frege/Keller/Riedel, HRP, Rn 1277.
707 Frege/Keller/Riedel, HRP, Rn 1283.
708 Vgl. LG Frankfurt, Beschl. v. 8.3.1983 – 2/9 T 222/83, ZIP 1983, 344 f. (zur gleichgelagerten Problematik unter Geltung der KO); Uhlenbruck/Knof, InsO, § 76 Rn 16; Schmittmann, ZInsO 2010, 244, 45; krit.: Kölner Schrift/Prütting, Kap. 1 Rn 58 in Fn 75.
709 Uhlenbruck/Knof, § 76 InsO Rn 10 ff.
710 Frege/Keller/Riedel, HRP, Rn 1281; Uhlenbruck/Knof, § 76 InsO Rn 13.
711 Vgl. Frege/Keller/Riedel, HRP, Rn 1282.

1. Bericht des Verwalters

Da die Gläubigerversammlung gem. § 79 InsO berechtigt ist, vom Insolvenzverwalter einzelne Auskünfte sowie einen Bericht über den Sachstand und die Geschäftsführung zu verlangen, nimmt der Bericht des Insolvenzverwalters zur Gläubigerversammlung ebenfalls breiten Raum ein. Die **Art der Berichterstattung** ist gesetzlich nicht vorgeschrieben. Es kann sowohl mündlich als auch schriftlich berichtet werden. Der Bericht soll ergänzend auch zur Einsicht der Gläubiger im **Gläubigerinformationssystem** nach § 4 Abs. 5 InsO zur Verfügung gestellt werden. Handelt es sich um ein Verfahren, bei dem die Schwellenwerte des § 22a Abs. 1 InsO erreicht sind, ist die Bereitstellung der Informationen im Gläubigerinformationssystem nach § 4 Abs. 5 S. 2 InsO verpflichtend.

In der Gläubigerversammlung selbst ist der Bericht jedenfalls mündlich zu erläutern und sind **Einzelauskünfte** zu erteilen. Aus dieser Verpflichtung wird teilweise **die persönliche Anwesenheit des Verwalters** jedenfalls im Berichts- und im Schlusstermin gefolgert, in denen auch eine **Vertretung durch sachkundige Mitarbeiter** unzulässig sei.[712] Dem kann in dieser Allgemeinheit nicht gefolgt werden. Auch wenn aufgrund der Höchstpersönlichkeit des Amtes des Insolvenzverwalters Bedenken gegen eine Vertretung im Berichts- und Schlusstermin bestehen, so ist gleichwohl in begründeten Einzelfällen ein praktisches Bedürfnis zur Vertretung anzuerkennen, auch um im Interesse der Gläubigergemeinschaft und des reibungslosen Verfahrensablaufs unnötige und kostenträchtige Terminverlegungsanträge zu vermeiden. Die Vertretung sollte aber gerade im Berichts- und Schlusstermin die absolute Ausnahme sein und auch hier auf einfach gelagerte Fälle beschränkt bleiben.[713]

Unabhängig von der Zulässigkeit einer Vertretung tun Verwalter gut daran, Termine persönlich wahrzunehmen. Gerichte sollten nicht müde werden, auf eine persönliche Anwesenheit des Verwalters im Termin zu drängen. Die persönliche Anwesenheit entspricht dem Leitbild der InsO von der Höchstpersönlichkeit des Amtes, die etwa in der Auskunftspflicht des Verwalters gem. § 79 InsO und der persönlichen Haftung nach §§ 60, 61 InsO seinen Ausdruck findet.

Jedenfalls auf entsprechenden Beschluss der Gläubigerversammlung oder auf ausdrückliche Aufforderung des Gerichts hat der Verwalter persönlich zu erscheinen, damit er seinen Auskunfts- und das Gericht seinen Aufsichtspflichten nachkommen kann.[714] Kommt der Verwalter seinen Berichts- und ggf. Anwesenheitspflichten nicht nach, kann das Gericht gegen ihn ein Zwangsgeld nach Maßgabe des § 58 Abs. 2 InsO festsetzen.[715]

---

712 Uhlenbruck/Knof, § 79 InsO Rn 11.
713 Vgl. MüKo/Ehricke/Ahrens, § 79 InsO Rn 4; HambKomm/Preß, § 79 Rn 2.
714 Zum Beschluss durch die Gläubigerversammlung vgl. Uhlenbruck/Knof, InsO, § 79 Rn 11.
715 Uhlenbruck/Knof, § 79 InsO Rn 9.

Laroche

2. Protokollierung der Sitzung

187 Von der Gläubigerversammlung ist ein **Versammlungsprotokoll** zu erstellen, das den Anforderungen der §§ 159 ff. ZPO genügt. Es sind also die wesentlichen Vorgänge der Versammlung und die getroffenen Entscheidungen zu protokollieren.[716] Regelmäßig wird sich der Rechtspfleger hierzu eine vorläufige Aufzeichnung gem. § 160a ZPO erstellen, etwa durch Nutzung von Vordrucken oder eines Diktiergerätes. Die Hinzuziehung eines Protokollführers ist nach § 159 Abs. 1 Satz 2 ZPO nur noch erforderlich, wenn dies aufgrund des zu erwartenden Umfangs des Protokolls, in Anbetracht der besonderen Schwierigkeit der Sache oder aus einem sonstigen wichtigen Grund erforderlich ist.

Abschriften des Protokolls erhalten der Schuldner und der Insolvenzverwalter. Gläubiger können auf Antrag gegen Kostenerstattung eine Abschrift erhalten.[717]

3. Beschlussfassung

188 Die Gläubigerversammlung ist beschlussfähig, sobald ein stimmberechtigter Gläubiger anwesend ist.[718] Erscheint kein Gläubiger, so liegt hierin ein Verzicht auf die Zustimmungs- und Mitwirkungsrechte. Es greift dann die gesetzliche Zustimmungsfunktion des § 160 Abs. 1 S. 3 InsO. Auf diese Rechtsfolge ist gemäß § 160 Abs. 1 S. 3 HS 2 InsO mit der Einladung hinzuweisen.[719] Maßnahmen des Insolvenzverwalters oder des Gerichts bleiben deshalb wirksam.[720] Aus dem Teilnahmeverzicht lässt sich hingegen keine Kompetenz des Gerichts herleiten, anstelle der Gläubigerversammlung selbst zu entscheiden.[721]

Beschlüsse werden grds. mit **einfacher Summenmehrheit** der abstimmenden Gläubiger gefasst, vgl. § 76 Abs. 2 InsO. Die zustimmenden Gläubiger müssen also mehr als die Hälfte der Summe der Forderungsbeträge der abstimmenden Gläubiger vertreten. Ausnahmen gelten gem. § 57 Satz 2 InsO für die Abwahl des Insolvenzverwalters und gem. § 244 InsO für die Annahme eines Insolvenzplanes. In beiden Fällen bedarf es zusätzlich zur Summenmehrheit auch der Kopfmehrheit der abstimmenden Gläubiger. Stimmenthaltungen wirken sich auf die Mehrheitsberechnung nicht aus,[722] ungültige Stimmen wirken wie Ablehnungen, da die Forderung bei der Berechnung der Summen- bzw. Kopfmehrheit zu berücksichtigen ist.[723]

---

716 Frege/Keller/Riedel, HRP, Rn 1284.
717 Frege/Keller/Riedel, HRP, Rn 1284.
718 Frege/Keller/Riedel, HRP, Rn 1286.
719 FK/Schmitt, § 76 InsO Rn 9; Uhlenbruck/Knof, § 76 InsO Rn 21 f.
720 FK/Schmitt, § 76 InsO Rn 8.
721 HambKomm/Preß, § 79 Rn 8; MüKo/Ehricke/Ahrens, § 76 Rn 20; Uhlenbruck/Knof, § 76 InsO Rn 21.
722 Uhlenbruck/Knof, § 76 InsO Rn 33; Frege/Keller/Riedel, HRP, Rn 1294.
723 Frege/Keller/Riedel, HRP, Rn 1294.

Die Abstimmung erfolgt grds. durch **offene, mündliche Stimmabgabe**. Es ist aber auch eine geheime Abstimmung denkbar.[724] Grds. ist die persönliche Anwesenheit des Gläubigers in der Versammlung erforderlich, wenn er sein Stimmrecht ausüben will. Der Gläubiger kann sich allerdings in der Versammlung vertreten lassen. Auch können sich Gläubiger oder Gläubigergruppen zusammentun und einen gemeinsamen Vertreter bevollmächtigen.[725]

Wenn in einem Abstimmungstermin über einen **Insolvenzplan** beschlossen werden soll, ist gem. § 242 InsO neben der Stimmabgabe im Termin auch eine **schriftliche Stimmabgabe** möglich. Der Stimmzettel muss dann spätestens am Tag vor dem Abstimmungstermin bei Gericht eingegangen sein (§ 242 Abs. 2 Satz 2 InsO).

a) Stimmberechtigung

Ein **Stimmrecht** wird gem. § 77 Abs. 1 InsO gewährt für **angemeldete Insolvenzforderungen**, die weder vom Insolvenzverwalter noch von einem stimmberechtigten Gläubiger bestritten sind. Dies gilt **auch für betagte oder auflösend bedingte Forderungen**.[726] Nachrangige Gläubiger sind nicht stimmberechtigt, § 77 Abs. 1 Satz 2 InsO.

Das Vorstehende bedeutet nicht, dass **bestrittenen oder noch nicht angemeldeten Forderungen** kein Stimmrecht zukommen kann. Über ihr Stimmrecht haben sich der Insolvenzverwalter und die stimmberechtigten Gläubiger unter Einbeziehung des betroffenen Gläubigers zu einigen. Kommt eine **Einigung** nicht zustande, entscheidet das Insolvenzgericht mit bindender Wirkung über das Stimmrecht, § 77 Abs. 2 Satz 2 InsO. Gleiches gilt gem. § 77 Abs. 3 InsO für **aufschiebend bedingte Forderungen und absonderungsberechtigte Gläubiger**.

Im Einzelfall kann ein Gläubiger mit seinem **Stimmrecht ausgeschlossen** sein, wenn es dazu genutzt wird, Sonderinteressen zu verfolgen und die Gefahr einer unsachlichen Beschlussfassung besteht.[727] In diesem Fall kann der Rechtspfleger den Gläubiger im Einzelfall durch begründeten Beschluss von der Abstimmung ausschließen. Dem ausgeschlossenen Gläubiger steht entsprechend § 18 Abs. 3 Satz 2 RPflG der Antrag auf Stimmrechtsfestsetzung durch den Richter offen.[728] Vgl. dazu Rdn 193.

---

724 Frege/Keller/Riedel, HRP, Rn 1291.
725 Uhlenbruck/Knof, § 76 InsO Rn 24 f.
726 Frege/Keller/Riedel, HRP, Rn 1287.
727 Vallender, FS für Ganter, S. 391, 398; vertiefend: Uhlenbruck/Knof, InsO, § 77 Rn 4 ff.
728 AG Kaiserslautern, Beschl. v. 17.10.2005 – IN 423/03, NZI 2006, 46 ff.; Uhlenbruck/Knof, § 77 InsO Rn 9.

b) Stimmrechtsfestsetzung

190 Eine **Stimmrechtsentscheidung** gem. § 77 Abs. 2 Satz 2 InsO **durch das Gericht** erfolgt, wenn sich Insolvenzverwalter, die anwesenden stimmberechtigten Gläubiger und der betroffene Gläubiger nicht über das Stimmrecht einigen können. Es gilt somit ein **Vorrang der Einigung vor der gerichtlichen Entscheidung.** Dieser ist Ausfluss der Gläubigerautonomie, mit der Folge, dass das ein **ernsthafter Einigungsversuch** Voraussetzung einer gerichtlichen Entscheidung ist.[729]

Die Einigung der Gläubiger, unter Einbeziehung des betroffenen Gläubigers, muss einvernehmlich erfolgen, eine bloße Mehrheitsentscheidung reicht nicht aus.[730] Der Insolvenzverwalter nimmt hier die Rolle eines Vermittlers ein.[731] Da die Höhe der zur Abstimmung berechtigten Forderung eine wesentliche Rolle für die Mehrheitsbildung in der Gläubigerversammlung spielt, ist es auch möglich, sich auf einen Teilbetrag der Forderung als stimmberechtigt zu einigen. Über die Differenz kann dann immer noch die Entscheidung des Gerichts getroffen werden, wenn der betroffene Gläubiger hierauf besteht.[732]

191 Kommt eine Einigung nicht zustande, entscheidet das Gericht aufgrund einer **kursorischen Prüfung** nach pflichtgemäßem Ermessen[733] durch zu begründenden Beschluss.[734] Dabei hat es die allgemeinen Regeln über Substantiierung und Beweislastverteilung in seine Ermessensentscheidung einfließen zu lassen. Spricht eine hohe Wahrscheinlichkeit gegen das Bestehen der Forderung oder die angemeldete Höhe, ist das Stimmrecht ganz oder teilweise zu versagen. Anderseits gilt der Grundsatz **„in dubio pro creditore"**, sodass im Zweifel ein Stimmrecht zu gewähren ist.[735] Ein Rechtsmittel ist nicht vorgesehen. Die Erinnerung ist gem. § 11 Abs. 3 Satz 2 InsO ausgeschlossen.

In der Praxis sind streitige Stimmrechtsfestsetzungen selten und zeichnen sich regelmäßig bereits im Vorfeld des Termins ab. Es empfiehlt sich in einem solchen Fall, dass der Insolvenzverwalter frühzeitig mit den Beteiligten Kontakt aufnimmt und versucht, auf eine Einigung hinzuwirken und die Gläubiger zu einer Teilnahme an der Versammlung zu motivieren bzw. entsprechende Vollmachten zu erteilen.[736]

---

729 FK/Schmitt, § 77 InsO Rn 10.
730 AG Hamburg, Beschl. v. 12.9.2005 – 67e IN 246/04, ZInsO 2005, 1002f.; FK/Schmitt, § 77 InsO Rn 9; Uhlenbruck/Knof, InsO, § 77 Rn 19.
731 FK/Schmitt, § 77 InsO Rn 9, bezeichnet ihn insoweit als „Mediator".
732 FK/Schmitt, § 77 InsO Rn 11.
733 FK/Schmitt, § 77 InsO Rn 13.
734 BVerfG, Beschl. v. 4.8.2004 – 1 BvR 698/03, ZInsO 2004, 1027f.; FK/Schmitt, InsO, § 77 Rn 16, der ein Begründungserfordernis nur dann annimmt, wenn der Rechtspfleger entscheidet und deshalb eine Neufestsetzung durch den Richter nach § 18 Abs. 3 RPflG in Betracht kommt.
735 FK/Schmitt, § 77 InsO Rn 13; Uhlenbruck/Knof, § 77 InsO Rn 22.
736 FK/Schmitt, § 77 InsO Rn 14.

Der Gläubiger einer bestrittenen oder noch nicht angemeldeten Forderung sollte spätestens zur Gläubigerversammlung aussagekräftige Unterlagen und Beweismittel präsent haben, damit ihm im Termin ein Stimmrecht zugesprochen werden kann.

c) Wirkung der Stimmrechtsfestsetzung

Die Stimmrechtsfestsetzung, gleich ob durch Rechtspfleger oder Richter, hat **bindende Wirkung** nicht nur für die gegenständliche Gläubigerversammlung, sondern auch für künftige, sofern keine Neufestsetzung erfolgt.[737] Die Stimmrechtsfestsetzung, auch die auf „0", hat auf den materiell-rechtlichen Bestand der Forderung ebenso wenig Einfluss wie auf die sonstige verfahrensrechtliche Stellung des Anmeldegläubiges. Diese bleiben durch die Stimmrechtsfestsetzung unberührt.[738]

Eine Beschwerde gegen die Stimmrechtsentscheidung sieht das Gesetz nicht vor.[739] Bei einer Stimmrechtsfestsetzung durch den Rechtspfleger besteht allerdings die Möglichkeit der (einmaligen) richterlichen Kontrolle nach § 18 Abs. 3 RPflG. Unabhängig davon können Insolvenzverwalter und die anwesenden stimmberechtigten Gläubiger nach § 77 Abs. 2 Satz 3 InsO eine Abänderung der Entscheidung beantragen. Kommt das Gericht diesem Verlangen nicht nach, bleibt es bei der getroffenen Festsetzung.[740]

Soweit eine zunächst bestrittene Forderung nachträglich festgestellt wird, ist ihr für die kommenden Gläubigerversammlungen auf Grundlage des § 77 Abs. 2 Satz 3 InsO ohne Weiteres das Stimmrecht zuzuerkennen.[741]

Für das Insolvenzplanverfahren ist zu beachten, dass gemäß § 18 Abs. 3 RPflG Stimmrechtsentscheidungen des Rechtspflegers gem. §§ 237, 238, 77 InsO nicht die in § 256 InsO genannten Wirkungen haben.[742] Aufgrund des mit dem ESUG beschlossenen Übergangs der Zuständigkeit für das Insolvenzplanverfahren auf den Richter zum 1.1.2013 hat diese Regelung allerdings nur noch für eine Übergangszeit Bedeutung. § 18 Abs. 3 InsO wurde durch das ESUG entsprechend angepasst.

d) Richterliche Stimmrechtsfestsetzung

Neben der Möglichkeit, eine Neufestsetzung des Stimmrechts nach § 77 Abs. 2 Satz 3 InsO zu beantragen, besteht die Möglichkeit, dass der Richter auf Antrag eines

---

737 FK/Schmitt, § 77 InsO Rn 17; Frege/Keller/Riedel, HRP, Rn 1316; HambKomm/Preß, § 77 InsO Rn 16, 21; Uhlenbruck/Knof, § 77 InsO Rn 27.
738 Uhlenbruck/Knof, § 77 InsO Rn 27.
739 FK/Schmitt, § 77 InsO Rn 22 ff.
740 FK/Schmitt, § 77 InsO Rn 23.
741 Vgl. Frege/Keller/Riedel, HRP, Rn 1316.
742 § 256 InsO betrifft die Frage eines Rückstandes mit der Zahlung auf eine streitige Forderung oder eine Ausfallforderung und die sich hieraus ergebenden Rechtsfolgen.

Gläubigers oder des Insolvenzverwalters gem. § 18 Abs. 3 InsO das **Stimmrecht neu festsetzt**, wenn sich die Entscheidung des Rechtspflegers auf das Ergebnis einer Abstimmung ausgewirkt hat. Die Abänderung des Stimmrechts gem. § 77 Abs. 2 Satz 3 InsO und der Antrag auf richterliche Stimmrechtsentscheidung nach § 18 Abs. 3 RPflG, als eine Art „Rechtsmittelersatz", stehen selbstständig nebeneinander.[743]

Der Antrag kann nur bis zum Schluss des Termins gestellt werden, § 18 Abs. 3 Halbs. 2 RPflG. Auf einen zulässigen Antrag hin hat der Rechtspfleger die Gläubigerversammlung bis zur Entscheidung des Richters zu unterbrechen oder zu vertagen.[744]

194 Setzt der Richter das Stimmrecht nach § 18 Abs. 3 RPflG abweichend vom Rechtspfleger fest, so hat er eine **Wiederholung der Abstimmung** anzuordnen. Dies gilt allerdings nicht, wenn auch unter Zugrundelegung der geänderten Stimmrechte das Ergebnis der Abstimmung unverändert bleibt. Eine Wiederholung der Abstimmung hat deshalb nicht zu erfolgen, wenn sich durch die abweichende Festsetzung (ggf. aller Stimmrechtsentscheidungen) lediglich der Umfang der erzielten Mehrheit verschiebt.[745]

Stimmrechtsentscheidungen nach § 18 Abs. 3 RPflG sind in der Praxis selten. In aller Regel deutet sich ihre Notwendigkeit bereits vor dem Termin an. Es ist deshalb zur Vermeidung von Verzögerungen in diesen Fällen sinnvoll, wenn Rechtspfleger und Richter bereits im Vorfeld der Versammlung Kontakt zueinander aufnehmen und mögliche Stimmrechtsentscheidungen vorbesprechen. In einfach gelagerten Fällen kann der Richter dann zeitnah während einer Unterbrechung der Sitzung entscheiden. Bei komplexeren Sachverhalten empfiehlt sich eine Vertagung.

Eine Vertagung ist insb. dann angezeigt, wenn i.R.d. vom Richter nach kursorischer Prüfung zu treffenden Ermessensentscheidung komplexe Fragen tatsächlicher oder rechtlicher Art aufzubereiten sind. Maßstab der Prüfung durch den Richter sind die auch für den Rechtspfleger bei seiner Entscheidung anzulegenden Kriterien. Vgl. dazu oben Rdn 191.

4. Wirkung von Beschlüssen der Gläubigerversammlung

195 Entscheidungen der Gläubigerversammlung sind wirksam, ohne dass es einer gerichtlichen Bestätigung bedarf. Eine Ausnahme gilt gem. § 248 InsO für die Annah-

---

743 Uhlenbruck/Knof, § 77 InsO Rn 26.
744 FK/Schmitt, § 77 InsO Rn 27; HambKomm/Preß, § 77 InsO Rn 20; Uhlenbruck/Knof, § 77 InsO Rn 23a.
745 AG Mönchengladbach, Beschl. v. 31.10.2000 – 32 IN 53/00, ZInsO 2001, 141 ff.; FK/Schmitt, InsO, § 77 Rn 26; krit.: Uhlenbruck/Knof, InsO, § 77 Rn 23a.

me des Insolvenzplans und gem. § 57 InsO für die Bestellung eines von der Gläubigerversammlung gewählten Verwalters.[746]

Soweit die Beschlüsse sich innerhalb des gesetzlich normierten Aufgabenkreises der Gläubigerversammlung bewegen, haben sie **für den Verwalter bindende Wirkung**.[747] Gehen sie darüber hinaus, haben sie nur empfehlenden Charakter.[748]

Trotz des für den Verwalter grds. bindenden Charakters der Beschlüsse sind Rechtshandlungen, die gegen einen Beschluss verstoßen, gem. § 164 InsO wirksam. **Eine Dritt- oder Außenwirkung der Beschlüsse besteht nicht,**[749] weshalb gemäß § 164 InsO Verstöße gegen die §§ 160 bis 163 InsO die Wirksamkeit einer Handlung des Verwalters nicht berühren.[750]

Allerdings können **Beschlüsse wirkungslos oder nichtig** sein. Dies ist der Fall, wenn sie zu Fragen, die dem Einfluss der Gläubigerversammlung entzogen sind (etwa Zuständigkeit des Insolvenzgerichts),[751] oder unter Verstoß gegen die formellen Erfordernisse bei Einberufung oder Abstimmung ergangen sind,[752] etwa die Abstimmung zu einem nicht veröffentlichten Tagesordnungspunkt.[753] Die Unwirksamkeit eines solches Beschlusses kann jederzeit ohne Form und Frist geltend gemacht werden. Eine Teilnahme an der Beschlussfassung ist hierzu nicht erforderlich. Sie kann bei entsprechendem Feststellungsinteresse auch im Wege der Feststellungsklage gem. § 256 ZPO vor dem Zivilgericht geltend gemacht werden.[754]

Eine **Anfechtung der Beschlüsse** ist nicht möglich, auch eine Beschwerde ist ausgeschlossen. Jedoch kann ein gefasster Beschluss in einer neuen Gläubigerversammlung abgeändert oder aufgehoben werden, sofern nicht die tatsächlichen Umstände des Einzelfalles eine **Abänderung** bereits unmöglich gemacht haben,[755] oder eine Abänderung ausnahmsweise ausgeschlossen ist, was insb. die Wahl des Verwalters (vgl. § 57 InsO) und die Bestellung eines Gläubigerausschusses betrifft (vgl. dazu Rdn 205). Unter den Voraussetzungen des § 78 InsO ist auch eine Aufhebung des Beschlusses durch das Gericht möglich.

---

746 Frege/Keller/Riedel, HRP, Rn 1296; Uhlenbruck/Knof, § 76 InsO Rn 34.
747 Frege/Keller/Riedel, HRP, Rn 1300; Uhlenbruck/Knof, § 76 InsO Rn 34; MüKo/Ehricke/Ahrens, § 76 InsO, Rn 31 („bindende, aber keine weisende Wirkung"); **a.A.** zum Unterhalt gem. § 100 InsO: OLG Frankfurt am Main, Beschl. v. 29.8.2000 – 26 W 61/00, ZInsO 2000, 531, 533.
748 Frege/Keller/Riedel, HRP, Rn 1300.
749 Frege/Keller/Riedel, HRP, Rn 1302; HambKomm/Preß, § 74 InsO Rn 1.
750 Uhlenbruck/Zipperer, § 164 InsO Rn 1.
751 Frege/Keller/Riedel, HRP, Rn 1303.
752 Uhlenbruck/Knof, § 76 InsO Rn 35.
753 Frege/Keller/Riedel, HRP, Rn 1303.
754 Uhlenbruck/Knof, § 76 InsO Rn 35.
755 Frege/Keller/Riedel, HRP, Rn 1299.

5. Aufhebung von Beschlüssen (§ 78 InsO)

197 Widerspricht ein Beschluss der Gläubigerversammlung dem gemeinsamen Interesse der Insolvenzgläubiger, hat das Gericht diesen gem. § 78 InsO auf Antrag aufzuheben. Die Vorschrift soll dem Missbrauch durch eine Mehrheit in der Gläubigerversammlung entgegenwirken und ist die zentrale Norm der Rechtsaufsicht des Insolvenzgerichts über die Gläubigerversammlung.[756]

Die **Aufhebung** durch das Gericht erfolgt nur **auf Antrag**. Ein Tätigwerden von Amts wegen ist ausgeschlossen.[757] Antragsberechtigt sind nach § 78 Abs. 1 InsO absonderungsberechtigte Gläubiger, nicht nachrangige Insolvenzgläubiger und der Insolvenzverwalter. Die Antragsbefugnis des Verwalters verdichtet sich zu einer Antragspflicht, wenn er feststellt, dass ein Beschluss der Gläubigerversammlung dem gemeinsamen Interesse der Gläubiger widerspricht.[758] Der Antrag ist noch in der Gläubigerversammlung, in der der Beschluss gefasst wurde, zu stellen. Er kann schriftlich oder zur Niederschrift gestellt werden, eine Begründung ist nicht erforderlich, aber zweckmäßig.[759]

Angefochten werden kann jede Art von Beschluss, gleich ob dieser noch ausgeführt werden muss oder keiner Ausführung bedarf.[760] Eine Ausnahme gilt für die **Abwahl des Verwalters** gem. § 57 InsO. Die Möglichkeit des Gerichts die Bestellung unter den Voraussetzungen des § 57 Satz 3 InsO zu versagen, schließt als Sonderregelung § 78 InsO aus.[761] Weitere Ausnahme ist die Abstimmung über den Insolvenzplan. Hier schließt die in § 245 InsO geregelte Zustimmungsersetzung die Anwendung des § 78 InsO als lex specialis aus.[762]

Ist ein Beschluss nichtig, so bedarf es keiner Aufhebung. Eine analoge Anwendung des § 78 InsO auf nichtige Beschlüsse kommt nicht in Betracht,[763] weshalb auch die formlose Umdeutung eines Antrags nach § 78 InsO in einen Feststellungsantrag nicht in Betracht kommt.[764] Da die Unwirksamkeit des nichtigen Beschlusses jederzeit und in jedem Zusammenhang von jedermann geltend gemacht werden kann, bedarf es nach Ansicht des BGH einer gesonderten Feststellung der Nichtigkeit durch das Insolvenzgericht nicht.[765]

---

756 Uhlenbruck/Knof, § 78 InsO Rn 1; Gundlach/Frenzel/Strandmann, NZI 2008, 461, 463.
757 Uhlenbruck/Knof, § 78 InsO Rn 4.
758 H.M., vgl. Uhlenbruck/Knof, § 78 InsO Rn 6 m.w.N.; **a.A.** MüKo /Ehricke/Ahrens, § 78 InsO Rn 4.
759 Uhlenbruck/Knof, § 78 InsO Rn 7.
760 Uhlenbruck/Knof, § 78 InsO Rn 9.
761 H.M.: BGH, Beschl. v. 17.7.2003 – IX ZB 530/02, ZInsO 2003, 750 f.; Beschl. v. 7.10.2004 – IX ZB 128/03, ZInsO 2004 1314; **a.A.** Uhlenbruck/Knof, § 78 InsO Rn 18 m.w.N.
762 Uhlenbruck/Knof, § 78 InsO Rn 16.
763 BGH, Beschl. v. 21.7.2011 – IX ZB 128/10, NZI 2011, 713, 714 Rn 8, 12.
764 Uhlenbruck/Knof, InsO, § 78 Rn 8; **a.A.** noch die erste Auflage.
765 BGH, Beschl. v. 21.7.2011 – IX ZB 128/10, NZI 2011, 713, 714 Rn 12.

Maßstab für die Aufhebung **ist das gemeinsame Gläubigerinteresse** (§ 78 Abs. 1 InsO). Dieses ist auf die bestmögliche und gleichmäßige Befriedigung aller Gläubiger, nicht nur der Mehrheit, gerichtet.[766] Die Aufhebung kann deshalb aus rechtlichen oder aus wirtschaftlichen Gründen erfolgen. § 78 InsO ist eng auszulegen. Es müssen eindeutige und erhebliche Verstöße vorliegen.[767] Die bloße Unzweckmäßigkeit eines Beschlusses ist kein Aufhebungsgrund.[768]

Die praktische Bedeutung, die § 78 InsO im Gegensatz zur Vorgängernorm des § 99 KO zunächst hatte, ist mit der nachträglichen Einführung der Kopf- und Summenmehrheit bei der Abwahl des Insolvenzverwalters zurückgegangen. Auch wenn eine Aufhebung in der Praxis nur selten vorkommt, bleibt die Möglichkeit der Aufhebung als Instrument der Prävention zum Schutz vor Missbrauch doch unentbehrlich.

Eine **Aufhebung** kann etwa in Betracht kommen, **wenn eine fachlich oder persönlich** (z.B. wegen Interessenkollision oder Unzuverlässigkeit) ungeeignete Person **in den Gläubigerausschuss gewählt** wird und die Wahl dem gemeinsamen Gläubigerinteresse widerspricht. Gleiches gilt für **Beschlüsse, die einseitig dem Schuldner oder einen Dritten einen Vorteil verschaffen**, ohne dass es zu einer Masseanreicherung kommt.[769] Ein gezielter Mehrheitsmissbrauch zu Lasten einer Minderheit kann ebenfalls ein Aufhebungsgrund sein.[770] Auch kann ein **Beschluss** aufgehoben werden, **der die Unwirksamkeit der Freigabe einer selbstständigen Tätigkeit des Schuldners gem. § 35 Abs. 2 Satz 3 InsO** anordnet. Eine solcher Beschluss ist etwa aufzuheben, wenn mit ihm insolvenzfremde Zwecke verfolgt werden, etwa das Ziel, obstruierende Schuldner mit der Zerschlagung ihres Betriebes zu strafen, unwirtschaftliche Betriebe aus dem Wirtschaftsleben auszuscheiden[771] oder um den Verwalter zu zwingen, Steuererklärungen für den Schuldner abzugeben.

Bei **Verwertungsentscheidungen** wird das Gericht **nur in Ausnahmefällen** eine wirtschaftliche Schlechterstellung annehmen können, da es die bestmögliche Verwertungsalternative benennen müsste und dem zumeist rein hypothetische Annahmen und Erwägungen zugrunde liegen.[772] Bestehen Zweifel, ob der Beschluss

---

766 BGH, Beschl. v. 12.6.2008 – IX ZB 220/07, ZInsO 2008, 735, 736 Rn 9; Uhlenbruck/Knof, InsO, § 78 Rn 10.
767 Uhlenbruck/Knof, § 78 InsO Rn 14.
768 Uhlenbruck/Knof, § 78 InsO Rn 11.
769 Uhlenbruck/Knof, § 78 InsO Rn 12.
770 Vgl. LG Konstanz, Besch. v. 1.7.2013 – 62 T 68/13 A; Uhlenbruck/Knof, § 78 InsO Rn 10.
771 LG Duisburg, Beschl. v. 24.6.2010 – 7 T 109/10, ZIP 2010, 2113f. = InsbürO 2010, 446f., m. abl. Anm.: Henning, InsbürO 2010, 447f.
772 Frege/Keller/Riedel, HRP, Rn 1306.

H. Einsetzung eines Gläubigerausschusses (§§ 67 bis 70, 72 InsO)

I. Allgemeines

200 Der Gläubigerausschuss ist das weitere Selbstverwaltungsorgan der Gläubiger. Er steht neben der Gläubigerversammlung und hat seine Aufgaben selbstständig und unabhängig von der Gläubigerversammlung wahrzunehmen. Er ist weder ein Ausführungsorgan der Gläubigerversammlung noch ihr ggü. weisungsgebunden. Es handelt sich vielmehr um ein eigenständiges Organ zur Wahrung und Durchsetzung der Gläubigerrechte im Insolvenzverfahren.[774]

II. Abgrenzung zur Gläubigerversammlung

201 Ob ein Gläubigerausschuss eingesetzt wird, entscheidet nach § 68 Abs. 1 InsO grds. die Gläubigerversammlung. Diese wählt auch dessen Mitglieder. Ist ein Gläubigerausschuss allerdings erst einmal eingesetzt, so kommt ihm eine **unabhängige und selbstständige Stellung** als Organ der Insolvenzverwaltung auch ggü. der Gläubigerversammlung zu.[775] Er ist weder „Exekutiv-" noch „Unterorgan" der Gläubigerversammlung.[776] Die Gläubigerversammlung hat deshalb auch keine Befugnis, den Gläubigerausschuss anzuweisen oder Beschlüsse der Gläubigerversammlung durch eigene zu ersetzen.[777]

Während die Gläubigerversammlung die „Hauptversammlung" der Gläubiger ist, handelt es sich bei der Gläubigerversammlung um ein insolvenzrechtliches Mitwirkungsorgan, das unmittelbar in die Verfahrensabwicklung und die konkreten Entscheidungen zur Insolvenzverwaltung eingebunden ist.[778] Durch die strikte Trennung der Organe soll die Effizienz und Kontinuität des Insolvenzverfahrens gesichert werden.[779]

---

773 Uhlenbruck/Knof, InsO, § 78 Rn 14.
774 Frege/Keller/Riedel, HRP, Rn 1186, 1249b; Uhlenbruck/Knof, InsO, § 67 Rn 2.
775 Frege/Keller/Riedel, HRP, Rn 1249a; Uhlenbruck/Knof§ 69 InsO, Rn 2, 14.
776 Frege/Keller/Riedel, HRP, Rn 1249a.
777 MüKo/Schmid-Burgk, § 69 InsO Rn 10; Uhlenbruck/Knof, § 69 InsO Rn 14 m.w.N.
778 Frege/Keller/Riedel, HRP, Rn 1249b.
779 Frege/Keller/Riedel, HRP, Rn 1249c.

III. Aufgaben des Gläubigerausschusses

Aufgabe des Gläubigerausschusses ist die **Unterstützung und Kontrolle des Insolvenzverwalters** bei der Durchführung des Insolvenzverfahrens,[780] weshalb er bisweilen auch als „Aufsichtsrat im Insolvenzverfahren"[781] bezeichnet wird. Dazu werden ihm vom Gesetz eine Reihe an Aufgaben und Befugnissen zugewiesen. Soweit ein Gläubigerausschuss nicht eingesetzt ist, fallen diese Aufgaben und Befugnisse je nach gesetzlicher Regelung im Einzelfall teilweise der Gläubigerversammlung zu, teilweise besteht bei Fehlen eines Gläubigerausschusses keine Mitwirkungskompetenz der Gläubiger.[782]

Die **Befugnisse und Pflichten** können entweder **dem Kollektivorgan** oder den einzelnen Mitgliedern als **Individualbefugnisse bzw. -pflichten** zustehen. Spricht das Gesetz vom „Gläubigerausschuss" (z.B. in §§ 59 Abs. 1 Satz 1, 158 Abs. 1, 160 Abs. 1 InsO) so ist das Kollektivorgan gemeint, ist von den „Mitgliedern des Gläubigerausschusses" die Rede (z.B. in § 69 InsO), ist das Recht oder die Pflicht von jedem einzelnen Mitglied höchstpersönlich wahrzunehmen.[783]

Zentrale Norm der Aufgabenzuweisung ist § 69 InsO. Danach haben die Mitglieder des Gläubigerausschusses den Insolvenzverwalter bei der Geschäftsführung zu unterstützen und zu überwachen. Sie haben sich über den Gang der Geschäfte zu unterrichten, die Bücher und Geschäftspapiere einzusehen und den Geldverkehr und -bestand prüfen zu lassen. In Ausübung dieser Aufgaben kann der Gläubigerausschuss sich Dritter bedienen, etwa einen Sachverständigen mit der Rechnungsprüfung beauftragen.[784]

Zu den wichtigsten Befugnissen des Gläubigerausschusses zählen die Zustimmungsbefugnisse des § 160 InsO. Nach dieser Vorschrift hat der Insolvenzverwalter die Zustimmung des Gläubigerausschusses einzuholen, wenn er **Rechtshandlungen** vornehmen will, die für das Insolvenzverfahren **von besonderer Bedeutung** sind. Eine Zustimmung ist insb. einzuholen, wenn
- das Unternehmen oder ein Betrieb, das Warenlager im Ganzen, ein unbeweglicher Gegenstand aus freier Hand, die Beteiligung des Schuldners an einem anderen Unternehmen, die der Herstellung einer dauernden Verbindung zu diesem Unternehmen dienen soll, oder das Recht auf den Bezug wiederkehrender Einkünfte veräußert werden soll, § 160 Abs. 2 Nr. 1 InsO,

---

[780] Frege/Keller/Riedel, HRP, Rn 1224; HambKomm/Frind, § 67 InsO Rn 1.
[781] Frege/Keller/Riedel, HRP, Rn 1186; vgl. auch BGH, Urt. v. 11.11.1993 – IX ZR 35/93, NJW 1994, 453.
[782] Vgl. Frege/Keller/Riedel, HRP, Rn 1249d.
[783] Frege/Keller/Riedel, HRP, Rn 1217; Uhlenbruck/Knof, § 69 InsO Rn 2.
[784] Frege/Keller/Riedel, HRP, Rn 1232a.

- wenn ein Darlehen aufgenommen werden soll, das die Insolvenzmasse erheblich belasten würde, § 160 Abs. 2 Nr. 2 InsO,
- und wenn ein Rechtsstreit mit erheblichem Streitwert anhängig gemacht oder aufgenommen, die Aufnahme eines solchen Rechtsstreits abgelehnt oder zur Beilegung oder zur Vermeidung eines solchen Rechtsstreits ein Vergleich oder ein Schiedsvertrag geschlossen werden soll § 160 Abs. 2 Nr. 3 InsO.

Die Zustimmungsverpflichtung des § 160 InsO ist für den Fall, dass ein Gläubigerausschuss nicht bestellt ist, subsidiär der Gläubigerversammlung zugewiesen, § 160 Abs. 1 Satz 2 InsO. In der Eigenverwaltung gilt § 160 Abs. 1 Satz 2, Abs. 2 InsO entsprechend mit der Maßgabe, dass der Schuldner die Zustimmung einzuholen hat, § 276 InsO.

Das Recht, die Anordnung der Unwirksamkeit einer Freigabe nach § 35 Abs. 2 InsO zu beantragen, steht ebenfalls zunächst dem Gläubigerausschuss und nur subsidiär der Gläubigerversammlung zu.[785] Vgl. dazu die Ausführungen in Rdn 199.

204 Weitere wichtige Zustimmungsnormen finden sich in § 100 Abs. 1, 2 InsO (Unterhalt aus der Insolvenzmasse), § 158 Abs. 1 InsO (Stilllegung des Unternehmens oder Betriebes vor dem Berichtstermin), § 187 Abs. 3 Satz 2 InsO (Verteilung der Masse), § 175 Abs. 1 Satz 1 InsO (Quote bei Abschlagsverteilung), § 233 Satz 2 InsO (Zustimmung zur Fortsetzung der Verwertung und Verteilung im Insolvenzplanverfahren).[786]

Kompetenzen des Gläubigerausschusses, die der Gläubigerversammlung nicht zustehen und auch nicht auf sie übergehen, wenn ein Gläubigerausschuss nicht bestellt ist, finden sich in § 64 Abs. 2 InsO (Zustellung des Vergütungsbeschlusses), § 75 Abs. 1 Nr. 2 InsO (Einberufung der Gläubigerversammlung), § 149 Abs. 1 InsO (Bestimmung der Hinterlegungsstelle), § 156 Abs. 2 InsO (Stellungnahme zum Bericht des Verwalters), § 158 InsO (Zustimmung zu Veräußerung und Stilllegung des Geschäftsbetriebs), § 214 Abs. 2 InsO (Anhörung vor Einstellung des Insolvenzverfahrens), § 218 Abs. 3 InsO (Mitwirkung bei Aufstellung des Insolvenzplans), § 231 Abs. 2 InsO (Zustimmung zum Antrag auf Zurückweisung eines neuen Insolvenzplans), § 232 Abs. 1 Nr. 1 InsO (Stellungnahme zum Insolvenzplan), § 248 Abs. 2 InsO (Anhörung vor Bestätigung des Insolvenzplans), § 258 Abs. 3 InsO (Unterrichtung vor Wirksamwerden der Aufhebung des Insolvenzverfahrens), § 261 Abs. 2 InsO (Unterrichtung über den Stand der Erfüllung des Insolvenzplans).

Das Recht, die Entlassung des Insolvenzverwalters aus wichtigem Grund zu beantragen, steht nach § 59 Abs. 1 Satz 2 InsO beiden Gläubigerorganen (also sowohl der Gläubigerversammlung, als auch dem Gläubigerausschuss) zu.

---

[785] Näher dazu: Fritz, NZI 2011, 801 ff.
[786] Frege/Keller/Riedel, HRP, Rn 1240c.

IV. Einsetzung des Gläubigerausschusses

Ob ein Gläubigerausschuss eingesetzt werden soll, entscheidet grds. die Gläubigerversammlung, § 68 InsO. Allerdings kann das Gericht bereits vor der ersten Gläubigerversammlung gem. § 67 InsO nach pflichtgemäßem Ermessen einen **vorläufigen Gläubigerausschuss** einsetzen.[787] Ist dies geschehen, beschließt die Gläubigerversammlung gem. § 68 Abs. 1 Satz 2 InsO, ob dieser beibehalten werden soll.

Der Gläubigerausschuss kann bereits im Eröffnungsbeschluss durch den Richter eingesetzt werden. Die Einsetzung kann aber auch zu einem späteren Zeitpunkt durch gesonderten Beschluss des Rechtspflegers erfolgen.[788]

Im Eröffnungsverfahren kommt die Einsetzung eines vorläufigen Gläubigerausschusses nach §§ 21 Abs. 2 Satz 1 Nr. 1a, 22a InsO in Betracht; vgl. dazu die Ausführungen Rdn 215 ff.

1. Besetzung des Gläubigerausschusses

Mitglieder der Gläubigerversammlung können sowohl natürliche als auch juristische Personen sein. Eine eigene Gläubigerstellung ist nicht erforderlich, § 67 Abs. 3 InsO. Behörden (ohne eigene Rechtspersönlichkeit) können mangels Rechtsfähigkeit nicht Ausschussmitglied sein.[789] Dies schließt aber nicht aus, dass ein Mitarbeiter einer Behörde zum Ausschussmitglied bestellt wird.[790] Soweit die Finanzverwaltung in den Gläubigerausschuss berufen werden soll, ist deshalb das jeweilige Bundesland, vertreten durch die Oberfinanzdirektion (OFD) oder das FA, zu bestellen, z.B. „das Land Nordrhein-Westfalen, vertreten durch die OFD, diese vertreten durch Herrn/Frau…". Juristische Personen und Anstalten des öffentlichen Rechts können hingegen Mitglied des Gläubigerausschusses werden. Dies ist praktisch relevant etwa für die Bundesagentur für Arbeit, für Sparkassen und Landesbanken.[791]

Zu beachten ist, dass die **Bestellung** zum Ausschussmitglied **der Annahme bedarf**. Erst mit der Annahmeerklärung ggü. dem Gericht, die auch zu Protokoll der Gläubigerversammlung erklärt werden kann, beginnt das Amt als Ausschussmitglied.[792] Eine Pflicht zur Annahme des Amtes besteht nicht.[793]

---

787 Uhlenbruck/Knof, § 67 InsO Rn 8.
788 Uhlenbruck/Knof, § 67 InsO Rn 7.
789 BGH, Urt. v. 11.11.1993 – IX ZR 35/93, NJW 1994, 453 ff. = BGHZ 124, 86 ff.; FK/Schmitt, InsO, § 67 Rn 10; Uhlenbruck/Knof, § 67 InsO Rn 15.
790 FK/Schmitt, § 67 InsO Rn 10; Uhlenbruck/Knof, § 67 InsO Rn 15.
791 Uhlenbruck/Knof, § 67 InsO Rn 15.
792 Uhlenbruck/Knof, § 67 InsO Rn 21, § 68 Rn 19; Frege/Keller/Riedel, HRP, Rn 1202d, halten auch eine konkludente Annahme für zulässig. Im Hinblick auf die weitreichenden Folgen der Amtsübernahme ist dies aber abzulehnen und eine ausdrückliche Annahmeerklärung zu fordern.
793 Frege/Keller/Riedel, HRP, 7. Aufl. 2008, Rn 1204.

Die Besetzung des Gläubigerausschusses richtet sich nach dem zwingenden **Repräsentationsschema** des § 67 Abs. 2 InsO. Danach sollen in ihm die absonderungsberechtigten Gläubiger, die Insolvenzgläubiger mit den höchsten Forderungen und die Kleingläubiger vertreten sein. Dem Ausschuss soll ein Vertreter der Arbeitnehmer angehören. Die früher bestehende Einschränkung, dass dies nur gilt, wenn diese als Insolvenzgläubiger mit nicht unerheblichen Forderungen beteiligt sind, ist durch das ESUG gestrichen worden, so dass nunmehr nach dem ausdrücklichen Willen des Gesetzgebers ein Arbeitnehmervertreter zu den Regelmitgliedern gehört.[794] Das Repräsentationsschema des § 67 Abs. 2 InsO soll sicherstellen, dass alle Gläubigergruppen mit ihren unterschiedlichen Interessen angemessen vertreten sind. Trotz der generellen Vorgaben bleibt die konkrete Zusammensetzung der Gläubigerversammlung eine Ermessensentscheidung des Gerichts.[795]

2. Bestätigung eines vom Gericht eingesetzten Gläubigerausschusses

207 Da die letzte Entscheidung, ob ein Gläubigerausschuss eingesetzt werden soll, bei der Gläubigerversammlung liegt, entscheidet diese, ob ein vom Gericht eingesetzter Gläubigerausschuss beibehalten bleiben soll, § 68 Abs. 1 InsO. Sie kann die vom Gericht bestellten Mitglieder bestätigen, abwählen und andere oder zusätzliche Mitglieder wählen, § 68 Abs. 2 InsO. Die Entscheidung der Gläubigerversammlung über Einsetzung oder Beibehaltung muss nicht zwingend in der ersten Gläubigerversammlung getroffen werden.[796] Zulässig ist auch, dass die Gläubigerversammlung den vom Gericht eingesetzten Gläubigerausschuss nicht bestätigt, wenn das Bedürfnis für einen solchen Ausschuss zunächst verneint wird. Die Gläubigerversammlung kann dann zu einem späteren Zeitpunkt immer noch einen Gläubigerausschuss bestellen.[797]

3. Ende des Amtes

208 Das Amt als Mitglied des Gläubigerausschusses endet, wenn eine **Abberufung** gem. § 70 InsO erfolgt, wenn die Gläubigerversammlung ein **vom Insolvenzgericht eingesetztes Mitglied abwählt** oder wenn ein nach § 67 InsO eingesetzter Gläubigerausschuss von der Gläubigerversammlung nicht beibehalten wird. Die Mitgliedschaft im vorläufigen Insolvenzausschuss im Eröffnungsverfahren nach § 21 Abs. 1 Nr. 1a InsO endet mit Eröffnung des Verfahrens oder Aufhebung der Einsetzung durch das Gericht. Darüber hinaus endet das Amt erst mit Beendigung des Insol-

---

794 BT-Drucks. 17/5712 v. 5.4.2011, S. 39.
795 Vgl.: Frege/Keller/Riedel, HRP, Rn 1203 ff.; Uhlenbruck/Knof, § 67 InsO Rn 8, 18.
796 Uhlenbruck/Knof, § 68 InsO Rn 2.
797 Uhlenbruck/Knof, § 68 InsO Rn 3.

venzverfahrens.[798] Eine Niederlegung des Amtes ist nicht möglich.[799] **Nicht möglich ist** auch **die Abwahl** eines **gewählten Ausschussmitglieds** durch die Gläubigerversammlung oder die Besetzungsänderung eines von der Gläubigerversammlung gewählten oder bestätigten Gläubigerausschusses. Hier geht die Sonderregelung des § 70 S. 2 InsO vor.[800] Nach h.M. soll die Gläubigerversammlung auch nicht berechtigt sein, einen einmal eingesetzten Gläubigerausschuss wieder aufzulösen.[801] Dies ist allerdings zu weitgehend. Eindeutig kann die Gläubigerversammlung darauf verzichten, einen vom Gericht nach § 67 Abs. 1 InsO eingesetzten vorläufigen Gläubigerausschuss in der Gläubigerversammlung nach § 68 Abs. 1 InsO zu bestätigen. Sie kann auch darauf verzichten, einen überhaupt Gläubigerausschuss im eröffneten Verfahren einzusetzen, obgleich das Gericht einen vorläufigen Gläubigerausschuss eingesetzt hatte.[802] Die Gründe hierfür können vielfältig sein. Eine in der Praxis nicht seltene Konstellation ist, dass sich aufgrund des Verfahrensablaufs keine Notwendigkeit mehr für das Fortbestehen eines Gläubigerausschusses mehr ergibt, etwa weil ein Sanierungsszenario, z.B. ein asset deal, bereits umgesetzt ist oder sich verschlagen hat. Es ist aber auch ohne weiteres denkbar, dass sich die vom Gläubigerausschuss wahrzunehmenden Funktionen später im Verfahren erledigt haben. Vor diesem Hintergrund ist kein zwingender Grund ersichtlich, einen von der Gläubigerversammlung eingesetzten Gläubigerausschuss gegen ihren Willen fortbestehen zu lassen, zumal dies mit erheblichen weiteren Kosten für die Masse und damit die Gläubigergemeinschaft und erheblichem Aufwand für die Mitglieder verbunden ist. Wenn der Gläubigerversammlung also das Einsetzungsrecht zusteht, ist ihr nach Sinn und Zweck der Regelungen auch ein Auflösungsrecht zuzubilligen. Dies gilt umso mehr, als dass mit der Befugnis des Insolvenzgerichts nach § 78 InsO Beschlüsse der Gläubigerversammlung im Missbrauchsfall aufzuheben, ein effektives Korrektiv besteht.[803]

4. Entlassung durch das Insolvenzgericht

Der Gläubigerausschuss untersteht keiner Aufsicht durch das Insolvenzgericht in der Gestalt, wie sie etwa § 58 Abs. 1 S. 1 InsO für den Insolvenzverwalter normiert.[804] Das Gericht übt allerdings nach § 70 InsO die **Rechtsaufsicht über die Mitglieder des Gläubigerausschusses** aus.[805] Es kann insb. ein Ausschussmitglied **aus wich-**

---

798 Frege/Keller/Riedel, HRP, Rn 1202d.
799 Frege/Keller/Riedel, HRP, Rn 1202d.
800 FK/Schmitt, § 68 InsO Rn 3; Uhlenbruck/Knof, § 68 InsO Rn 3.
801 FK/Schmitt, § 68 InsO Rn 3; Uhlenbruck/Knof, § 68 InsO Rn 3.
802 FK/Schmitt, § 68 InsO Rn 3.
803 Ausführlich und zutreffend: Brinkmann, ZIP 2019, 241 ff.
804 Uhlenbruck/Knof, § 69 InsO Rn 6.
805 Vgl. Uhlenbruck/Knof, § 69 InsO Rn 3.

tigem Grund entlassen, und zwar von Amts wegen, auf Antrag eines Mitglieds des Gläubigerausschusses oder auf Antrag der Gläubigerversammlung.[806] Der Insolvenzverwalter und einzelne Gläubiger sind nicht antragsberechtigt, können beim Gericht aber ein Tätigwerden von Amts wegen anregen. Der Insolvenzverwalter und die einzelnen Ausschussmitglieder können hierzu ggf. sogar verpflichtet sein.[807]

Ein wichtiger Grund zur Entlassung kann in schwerwiegenden Pflichtverletzungen liegen, aber auch in dauerhafter Unfähigkeit zur Amtsausübung. Voraussetzung einer Entlassung aus wichtigem Grund ist eine Situation, in der die weitere Mitarbeit des zu entlassenden Mitgliedes **die Erfüllung der Aufgaben des Gläubigerausschusses nachhaltig erschwert oder unmöglich macht und die Erreichung der Verfahrensziele objektiv nachhaltig gefährdet**.[808] Zum Schutz der Gläubigerautonomie ist der Tatbestand eng auszulegen. Die Entlassung soll der Ausnahmefall sein.[809] Die Störung des Vertrauensverhältnisses zu den anderen Verfahrensbeteiligten allein reicht schon deshalb nicht aus, weil die InsO ein solches Vertrauensverhältnis nicht voraussetzt.[810]

Vor der Entlassungsentscheidung ist das betroffene Ausschussmitglied zu hören. Gegen die Entscheidung des Gerichts (auch gegen die Verweigerung einer beantragten Entlassung) steht dem betroffenen Mitglied die sofortige Beschwerde zu (§ 70 Satz 3 InsO). Andere Beteiligte sind nicht beschwerdeberechtigt. Es kommt allenfalls die befristete Erinnerung gem. § 11 Abs. 2 Satz 1 RPflG in Betracht, wenn – wie regelmäßig – der Rechtspfleger entschieden hat.[811]

V. Geschäftsordnung und Beschlussfassung

210 Die InsO überlässt es der Gläubigerautonomie, wie die Arbeit des Gläubigerausschusses organisiert wird und macht insoweit keine gesetzlichen Vorgaben. Gesetzlich geregelt ist lediglich, dass Beschlüsse der Gläubigerversammlung zustande kommen, wenn die Mehrheit der Mitglieder an der Beschlussfassung teilgenommen hat und der Beschluss mit der **Mehrheit der abgegebenen Stimmen** gefasst wurde (§ 72 InsO). Jedes Ausschussmitglied hat eine Stimme. **Eine Gewichtung** nach even-

---

806 BGH, Beschl. v. 1.3.2007 – IX ZB 47/06, ZInsO 2007, 444 ff.; Vallender, FS für Ganter, S. 391, 401 ff.
807 FK/Schmitt, § 70 InsO Rn 2.
808 BGH, Beschl. v. 1.3.2007 – IX ZB 47/06, ZInsO 2007, 444, 445 Rn 9; FK/Schmitt, InsO, § 70 Rn 6; MüKo-InsO/Schmid-Burgk, § 70 Rn 6; Vallender, Die Entlassung des Gläubigerausschussmitglieds aus wichtigem Grund, in FS für Kirchhof, S. 507, 510 f.
809 FK/Schmitt, § 70 InsO Rn 7; Vallender, FS für Ganter, S. 391, 402.
810 BGH, Beschl. v. 1.3.2007 – IX ZB 47/06, ZInsO 2007, 444, 445 Rn 12; FK/Schmitt, InsO, § 70 Rn 6.
811 FK/Schmitt, § 70 InsO Rn 9 f.

tueller Forderungsrepräsentanz, wie bei Abstimmungen in der Gläubigerversammlung, **erfolgt nicht**.[812]

Der Gläubigerausschuss sollte sich zur Ausgestaltung seiner Arbeit eine Geschäftsordnung geben.[813] In dieser können Tagungsrhythmus und -weise, Abstimmungsmodalitäten, interne Geschäftsverteilung, Protokollierung der Sitzungen etc. festgelegt werden.

VI. Pflicht zur unabhängigen Wahrnehmung des Amtes

Die Mitglieder des Gläubigerausschusses haben die **Interessen der Gläubigergesamtheit** wahrzunehmen und treten nicht in ein Mandatsverhältnis zu einzelnen Gläubigern.[814] Sie sind verpflichtet, **ihre Aufgaben unparteiisch und eigenverantwortlich wahrzunehmen**.[815]

Da die Ausschussmitglieder häufig selbst Gläubiger sind oder von Gläubigern entsandt worden sind, ist die **Gefahr einer Interessenkollision** groß. Die Geschäftsordnung sollte deshalb Regelungen für den Fall einer Interessenkollision treffen.[816] Sind solche Regelungen nicht getroffen worden, ist grds. davon auszugehen, dass das Ausschussmitglied im Einzelfall **mit seinem Stimmrecht ausgeschlossen** ist, soweit zu einer bestimmten Frage eine Interessenkollision besteht. Dies ist etwa der Fall, wenn zwischen ihm oder dem von ihm gesetzlich vertretenen Unternehmen und der Insolvenzmasse ein Rechtsgeschäft abgeschlossen oder ein Rechtsstreit geführt oder beendet werden soll.[817] Ergänzend können die Regelungen der ZPO über den Ausschluss von Gerichtspersonen (§§ 41 ff. ZPO) entsprechend angewandt werden.[818] Das Ausschussmitglied ist verpflichtet, eine mögliche Interessenkollision auch ohne besondere Aufforderung anzuzeigen.[819]

Auch der Insolvenzverwalter hat mögliche Interessenkollisionen der Gläubigerausschussmitglieder zu berücksichtigen. Sofern er konkret befürchten muss, dass einzelne Ausschussmitglieder die Grenzen der zulässigen Informationsverwertung

---

[812] FK/Schmitt, § 72 InsO Rn 8; vgl. näher: Uhlenbruck/Knof, InsO, § 72 Rn 8.
[813] FK/Schmitt, § 72 InsO Rn 2; Uhlenbruck/Knof, § 67 InsO Rn 28; § 69 Rn 18; eine ausführliche Mustergeschäftsordnung findet sich bei Frege/Keller/Riedel, HRP, Rn 12046.
[814] Frege/Keller/Riedel, HRP, Rn 1250.
[815] Frege/Keller/Riedel, HRP, Rn 1202; Uhlenbruck/Knof, § 69 InsO Rn 15.
[816] Vgl. § 5 Abs. 2 der Mustersatzung bei Frege/Keller/Riedel, HRP, Rn 1207b; vgl. auch: Uhlenbruck/Knof, § 72 InsO Rn 10.
[817] BGH, Urt. v. 22.1.1985 – VI ZR 131/83, ZIP 1985, 423 ff. (zur gleichgelagerten Problematik unter Geltung der KO); FK/Schmitt, InsO, § 72 Rn 7; vgl. näher: Uhlenbruck/Knof, § 72 InsO Rn 10 ff.; Vallender, FS für Ganter, S. 391, 400.
[818] Uhlenbruck/Knof, § 72 InsO Rn 13.
[819] Uhlenbruck/Knof, § 72 InsO Rn 14; Vallender, FS für Ganter, S. 391, 399.

überschreiten, wird teilweise vertreten, er habe diesem Gläubigerausschussmitglied geheimhaltungswürdige Informationen vorzuenthalten.[820] Vor dem Hintergrund des Selbstorganisationsrechts des Gläubigerausschusses ist ein solches Recht zweifelhaft.[821] Allerdings dürfte der Verwalter im Interesse der Gläubigergemeinschaft jedenfalls verpflichtet sein, die übrigen Ausschussmitglieder über seine Befürchtung zu informieren.

VII. Haftung

212 Bei Verletzung ihrer Pflichten haften die Mitglieder des Gläubigerausschusses den geschädigten Gläubigern gem. § 71 InsO auf Schadensersatz.[822] Die **Verletzung der Geheimhaltungspflichten** durch ein Ausschussmitglied kann neben zivilrechtlichen Schadensersatzansprüchen zudem eine Strafbarkeit nach § 203 StGB oder § 266 BGB begründen.[823]

Eine Haftung kommt nicht nur bei Verletzung von Geheimhaltungspflichten in Betracht, sondern auch, wenn die **Pflichten zur Überwachung und Unterstützung des Verwalters nicht** hinreichend ausgeübt werden. Dies kann etwa der Fall sein, wenn es die Ausschussmitglieder verabsäumt haben, sich ein eigenes Urteil über die Geschäftsführung des Verwalters zu bilden. Eine Haftung kann sich ergeben, wenn der Verwalter die Insolvenzmasse schlecht bewirtschaftet, ohne dass der Gläubigerausschuss rechtzeitig einschreitet.[824] Insbesondere besteht eine Haftung bei Verletzung der Prüfungspflichten des Gläubigerausschusses zum Geldverkehr und -bestand und bei unzureichender Kassenprüfung.[825]

Wegen der umfangreichen Haftungsgefahren ist es dringend anzuraten und entspricht der Praxis, dass die Mitglieder eine Haftpflichtversicherung abschließen, deren Kosten Auslagen des Ausschusses i.S.d. § 18 Ab. 1 InsVV und als solche Kosten des Insolvenzverfahrens gem. § 54 InsO und Masseverbindlichkeiten sind und die, anders beim Insolvenzverwalter nach § 4 Abs. 3 S. 1 InsVV, nicht bereits mit der Vergütung abgegolten sind.[826] Beim Abschluss einer solchen Versicherung ist der Insolvenzverwalter regelmäßig behilflich und kompetenter Ansprechpartner.

---

820 Uhlenbruck/Knof, § 72 InsO Rn 14.
821 Gänzlich ablehnend: Vallender, FS für Ganter, S. 391, 399.
822 Ausführlich zur Haftung: BGH, Urt. v. 9.10.2014 – IX ZR 140/11, ZInsO 2014, 2361 ff.
823 Vallender, FS für Ganter, S. 391, 404.
824 Frege/Keller/Riedel, HRP, Rn 1223; vgl. näher zu möglichen Pflichtverletzungen: Uhlenbruck/Knof, § 71 InsO Rn 4 ff.
825 BGH, Urt. v. 9.10.2014 – IX ZR 140/11, ZInsO 2014, 2361.
826 BGH, Beschl. v. 29.3.2012 – IX ZB 310/11, BeckRS 2012, 9054 Rn 9; vgl. näher: Uhlenbruck/Knof, § 71 InsO Rn 24; Vallender, WM 2002, 2040, 2049.

VIII. Vorläufiger Gläubigerausschuss

Unter dem Stichwort des vorläufigen Gläubigerausschusses werden zwei unterschiedliche Sachverhalte diskutiert.

1. Vorläufiger Gläubigerausschuss im eröffneten Verfahren

Zunächst wird unter dem vorläufigen Gläubigerausschuss der vom Gericht mit oder nach Eröffnung des Insolvenzverfahrens gem. § 67 Abs. 1 InsO eingesetzte Gläubigerausschuss verstanden. Es handelt sich hierbei um einen vollwertigen, voll handlungsfähigen Gläubigerausschuss, für den die obigen Ausführungen gelten.

Eingesetzt wird er nach pflichtgemäßem Ermessen des Gerichts, § 67 Abs. 1 InsO.[827] In der Praxis ist es häufig der (vorläufige) Insolvenzverwalter, der die Einsetzung eines vorläufigen Gläubigerausschusses bereits vor der ersten Gläubigerversammlung anregt. Die Einsetzung kommt insb. dann in Betracht, wenn bereits vor der ersten Gläubigerversammlung besonders bedeutende Rechtshandlungen i.S.d. § 160 InsO vorgenommen werden sollen. Ein praktisch relevanter Anwendungsfall ist eine geplante Unternehmens- oder Betriebsveräußerung unmittelbar nach Eröffnung des Verfahrens, die gem. § 158 InsO an die Zustimmung des vorläufigen Gläubigerausschusses gebunden ist, sofern ein solcher bestellt ist.

Erscheint die Bestellung eines vorläufigen Gläubigerausschusses im eröffneten Verfahren erforderlich oder sinnvoll, empfiehlt es sich, dass wenn vorläufiger Insolvenzverwalter und Insolvenzgericht sich zeitig abstimmen und bereits im Eröffnungsverfahren mit potenziellen Ausschussmitgliedern Kontakt aufnehmen, um diese zur Mitarbeit im Gläubigerausschuss zu motivieren.

Unbeschadet einer vorzeitigen individuellen Beendigung des Amtes, findet der vorläufige Gläubigerausschuss spätestens mit Einsetzung bzw. Ablehnung der Einsetzung eines endgültigen Gläubigerausschusses gemäß § 68 InsO seine Beendigung.[828]

2. Vorläufiger Gläubigerausschuss im Eröffnungsverfahren

Durch das ESUG ist die vormals kontrovers diskutierte Frage,[829] ob bereits im Eröffnungsverfahren ein vorläufiger (oder **„vor-vorläufiger"**) **Gläubigerausschuss** ein-

---

827 Uhlenbruck/Knof, § 67 InsO Rn 8.
828 Frind, ZInsO 2011, 2249, 2251.
829 Vgl. etwa: AG Köln, Beschl. v. 29.6.2000, 72 IN 178/00, ZInsO 2000, 406f.; LG Duisburg, Beschl. v. 29.9.2003 – 7 T 203/03 und 235–258/03, NZI 2004, 95f.; FK/Schmitt, § 67 InsO Rn 17; Uhlenbruck, ZIP 2002, 1373, 1374; Uhlenbruck/Knof, § 67 InsO Rn 4f.; differenzierend: Vallender, WM 2002, 2040, 2042f.

gesetzt werden kann, gesetzlich geklärt worden. § 21 Abs. 2 Satz 1 Nr. 1a InsO sieht nunmehr einen vorläufigen Gläubigerausschuss im Eröffnungsverfahren ausdrücklich vor. Im Gesetzgebungsverfahren waren die Regelungen zum vorläufigen Gläubigerausschuss in ihren Details äußerst umstritten.[830] Die gefundene Konzeption greift diese Kritik auf, indem sie einen Kompromiss zwischen wünschenswerter Gläubigerbeteiligung und notwendiger Massesicherung darstellt.

a) Allgemeines

216 Der vorläufige Gläubigerausschuss des Eröffnungsverfahrens ist streng zu unterscheiden vom vorläufigen Gläubigerausschuss des eröffneten Verfahrens und vom Gläubigerausschuss selbst. Die Ausschüsse sind gerade **nicht identisch** und setzten sich auch nicht automatisch fort, wie sich etwa aus der Sonderregelung des § 21 Abs. 2 Satz 1 Nr. 1a, Halbs. 2 InsO und der fehlenden Verweisung auf § 68 InsO ergibt. Das Amt des vorläufigen Gläubigerausschusses endet deshalb kraft Gesetzes mit der Entscheidung über den Insolvenzantrag, regelmäßig also mit Eröffnung des Insolvenzverfahrens. Soll auch für das eröffnete Verfahren ein vorläufiger Gläubigerausschuss (dann nach § 67 InsO) eingesetzt werden, bedarf es einer ausdrücklichen neuen Bestellung.[831]

Für den vorläufigen Gläubigerausschuss im Eröffnungsverfahren gelten § 67 Abs. 2 und 3 InsO und die §§ 69 bis 73 InsO entsprechend, § 21 Abs. 2 Satz 1 Nr. 1a InsO. Dies betrifft sowohl Fragen der Beschlussfassung, Haftung und Vergütung, wie auch die Regelungen über die Besetzung, Beginn und Ende des Amtes, was insbesondere auch bedeutet, dass neben Bestellung auch eine Annahme des Amtes erforderlich ist; vgl. dazu auch die Ausführungen in Rdn 205ff.[832] Allerdings ist eine Ausnahme zu beachten: Nach § 21 Abs. 2 Satz 1 Nr. 1a, Halbs. 2 InsO können zu Ausschussmitgliedern auch solche Personen bestellt werden, die erst mit Eröffnung des Verfahrens Gläubiger werden. Diese Regelung ist geschaffen worden, um namentlich dem Pension-Sicherungs-Verein Versicherungsverein auf Gegenseitigkeit (**PSVaG**) die Möglichkeit zu geben, im vorläufigen Gläubigerausschuss vertreten zu sein.[833] Der klare Wortlaut führt andererseits zu einer bedeutsamen Einschränkung des Kreises potentieller Ausschussmitglieder, die bei oberflächlicher Lektüre der Vorschrift nicht zu erwarten ist. Denn gemäß § 67 Abs. 3 InsO können im (vorläufigen) Gläubigerausschusses des eröffneten Verfahrens Personen sitzen, die keine

---

830 Vgl. zusammenfassend etwa: Frind, ZInsO 2011, 757ff., vgl. auch Steinwachs, ZInsO, 2011, 410ff.
831 Frind, ZInsO 2011, 2249, 2251.
832 Frind, ZInsO 2011, 2249, 2256 will einschränkend für den Fall des Antragsausschusses die vorherige Einverständniserklärung nach § 22a Abs. 2 InsO ausreichen lassen.
833 BT-Drucks. 17/5712 v. 4.5.2011, S. 35.

H. Einsetzung eines Gläubigerausschusses (§§ 67 bis 70, 72 InsO) — 215

Gläubiger sind. Diese Regelung, die etwa **Gewerkschaftsvertretern** den Weg in den Gläubigerausschuss eröffnet, findet für den vorläufigen Gläubigerausschuss im Eröffnungsverfahren gerade keine Anwendung, mit der Folge, dass der nach § 67 Abs. 2 Satz 2 InsO regelmäßig zu bestellende Vertreter der Arbeitnehmer gleichzeitig Gläubiger sein muss.[834]

b) Voraussetzungen für die Bestellung des vorläufigen Gläubigerausschusses im Eröffnungsverfahren

Mit seiner Entscheidung den vorläufigen Gläubigerausschuss im Eröffnungsverfahren zuzulassen, hat der Gesetzgeber gleichzeitig ausführlich geregelt, unter welchen Voraussetzungen ein solcher einzusetzen ist. 217

Gemäß § 22a Abs. 1 InsO ist das Gericht verpflichtet, einen vorläufigen Gläubigerausschuss (**Pflichtausschuss**)[835] einzusetzen, wenn der Schuldner **im vorangegangenen Geschäftsjahr** (das nicht mit dem Kalenderjahr identisch sein muss) mindestens zwei der drei nachstehenden Merkmale erfüllt hat:
1. mindestens 6.000.000,00 EUR Bilanzsumme nach Abzug eines auf der Aktivseite ausgewiesenen Fehlbetrags i.S.d. § 268 Abs. 3 des Handelsgesetzbuchs;
2. mindestens 12.000.000,00 EUR Umsatzerlöse in den 12 Monaten vor dem Abschlussstichtag;
3. im Jahresdurchschnitt mindestens fünfzig Arbeitnehmer.

Diese Schwellenwerte entsprechen denen gemäß § 267 Abs. 1 Nr. 1 bis 3 HGB zur Abgrenzung der kleinen von der mittelgroßen und großen Kapitalgesellschaft. Zu beachten ist, dass die Schwellenwerte auf das **vorangegangene Geschäftsjahr** und nicht auf den Zeitpunkt der Antragstellung abstellen. Dies ist zwar aus insolvenzrechtlicher Sicht zunächst schwer einzusehen, da das schuldnerische Unternehmen sich in der Krise möglicherweise bereits deutlich verkleinert hat.[836] Aus Gründen der einfachen und sicheren Abgrenzung ist die Wahl des Zeitpunkts allerdings sinnvoll, da sich vielfach bereits durch einen Blick auf die letzte Bilanz, die unter der im Auftrag des Bundesjustizministeriums geführten Seite www.unternehmensregister.de abrufbar ist, sicher feststellen lässt, ob die Schwellenwerte erreicht sind. Die in der Literatur zuweilen prognostizierten Schwierigkeiten, die notwendigen Informationen zu erhalten, dürften deshalb regelmäßig nicht auftreten.[837]

Sind die Schwellenwerte des § 22 Abs. 1 InsO nicht erreicht, soll das Gericht gemäß § 22a Abs. 2 InsO einen vorläufigen Gläubigerausschuss einsetzen, wenn Schuldner, vorläufiger Insolvenzverwalter oder ein Gläubiger, auch aus- und absonderungsbe-

---

[834] Frind, ZInsO 2011, 2249, 2250 f.
[835] Bezeichnung nach Frind, ZInsO 2011, 2249, 2252.
[836] Vgl. Frind, ZInsO 2011, 2249, 2252.
[837] Kritisch insbesondere: Frind, ZInsO 2011, 2249, 2252 f.

Laroche

rechtigte Gläubiger,[838] dies beantragen (**Antragsausschuss**).[839] In dem Antrag sind Personen zu benennen, die als Mitglieder des vorläufigen Gläubigerausschusses in Betracht kommen. Dem Antrag sind Einverständniserklärungen der benannten Personen beizufügen, § 22a Abs. 2 a.E. InsO. Der Antragsteller hat einen vollständig besetzten Ausschuss zu benennen, also mindestens vier Personen i.S.d. § 67 Abs. 2 InsO mit Gruppenangabe und Gruppennachweis. Durch diese Regelung soll vermieden werden, dass das Gericht sich die Mitglieder aus der Gläubigerstruktur zusammensuchen muss.[840] Eine Bindung des Gerichts an die vorgeschlagenen Personen besteht nicht. Es steht ihm frei, auch andere Personen zu Ausschussmitgliedern zu bestellen.[841] Lehnt das Gericht die Einsetzung eines vorläufigen Gläubigerausschusses ab, so ist hiergegen kein Rechtsmittel eröffnet. Die Ablehnung kann deshalb durch einfache richterliche Verfügung, deren Inhalt in einem Anschreiben an die Beteiligten mitgeteilt wird, erfolgen.[842]

Schließlich kann ein vorläufiger Gläubigerausschuss als Sicherungsmaßnahme nach § 21 Abs. 1, 2 Nr. 1a InsO auch unabhängig von den Voraussetzungen des § 22a Abs. 1 und 2 InsO eingesetzt werden, wenn dies zur Verhütung einer nachteiligen Veränderung in der Vermögenslage des Schuldners, mithin zur Sicherung der Masse, erforderlich erscheint. Denkbar ist dies etwa, wenn der Schuldner die vorläufige Eigenverwaltung im Schutzschirmverfahren beantragt hat und ein vom Schuldner vorgeschlagener vorläufiger Sachwalter eingesetzt wurde, § 270d Abs. 2 Satz 2, 3 InsO. Die Bestellung eines vorläufigen Gläubigerausschusses kann hier als sinnvolle Kontrollinstanz und dienen und helfen, das Vertrauen der Gläubigergemeinschaft in die beabsichtigte Sanierung durch Eigenverwaltung zu stärken.

Allerdings ist gemäß § 22a Abs. 3 InsO **selbst bei Vorliegen der Einsetzungsvoraussetzungen nach § 21 Abs. 2 Nr. 1a InsO ggf. i.V.m. § 22a Abs. 1, 2 InsO kein vorläufiger Gläubigerausschuss** einzusetzen, wenn der Geschäftsbetrieb des Schuldners eingestellt ist, die Einsetzung des vorläufigen Gläubigerausschusses im Hinblick auf die zu erwartende Insolvenzmasse unverhältnismäßig ist oder die mit der Einsetzung verbundene Verzögerung zu einer nachteiligen Veränderung der Vermögenslage des Schuldners führt.[843]

Von einer **Einstellung des Geschäftsbetriebs** ist auszugehen, wenn die Gesellschaft nicht mehr als werbende am Markt tätig ist. Liquidations- oder Abwicklungsmaßnahmen stehen der Einstellung nicht entgegen.[844]

---

838 Frind, ZInsO 2011, 2249, 2253.
839 Bezeichnung nach Frind, ZInsO 2011, 2249, 2252.
840 Frind, ZInsO 2011, 2249, 2253.
841 Ebenso: Frind, ZInsO 2011, 2249, 2253.
842 Vgl. Frind, ZInsO 2011, 2249, 2254.
843 Vgl. auch Entschließung BAK-InsO Herbsttagung 2011, Ziffer II.3, ZInsO 2011, 2223, 2224.
844 Frind, ZInsO 2011, 2249, 2254.

Wann die Einsetzung des vorläufigen Gläubigerausschusses **im Hinblick auf die zu erwartende Insolvenzmasse unverhältnismäßig** ist, kann nur im Einzelfall nach einer Kosten-Nutzen-Prognose beantwortet werden. Die Einsetzung des vorläufigen Gläubigerausschusses darf jedenfalls nicht dazu führen, dass die Eröffnung des Verfahrens mangels Masse abzuweisen ist.[845] Die Einsetzung eines vorläufigen Gläubigerausschusses führt zu einer nicht zu vernachlässigenden zusätzlichen Belastung der Masse. Den Ausschussmitgliedern steht für ihre Tätigkeit eine Vergütung nach § 17 InsVV zu. Die Beschränkung auf einmalig 500,00 EUR nach § 17 Abs. 2 Satz 1 InsVV gilt nur für die Mitwirkung bei der Verwalterbestellung und die Zustimmung zur vorläufigen Eigenverwaltung gem. § 270 Abs. 3 InsO.[846] Die weiteren Tätigkeiten sind nach der bestehenden Regelung des § 17 Abs. 1 InsVV mit einem Stundensatz zwischen 50,00 und 300,00 EUR zu vergüten. Bei der Festsetzung des Stundensatzes sind insbesondere der Umfang der Tätigkeit und die berufliche Qualifikation des Ausschussmitglieds zu berücksichtigen. Die Ausschussmitglieder sind darüber hinaus auf Kosten der Masse zu versichern. All dies hat zur Folge, dass die Bestellung des vorläufigen Gläubigerausschusses leicht zu einer Belastung der Masse mit einem fünfstelligen Eurobetrag führen kann.[847] Da die durch den vorläufigen Gläubigerausschuss gewollte Stärkung der Gläubigerrechte wegen der Kosten des Ausschusses gleichzeitig zu einen wirtschaftlichen Schaden der Gläubiger durch Verringerung ihrer Quote führt, ist die in der Literatur vorgeschlagene Grenze einer **Belastung der freien Masse** durch die Kosten des Gläubigerausschusses mit **maximal** 5% eine sinnvolle Größenordnung.[848]

Eine **nachteilige Verzögerung** des Insolvenzverfahrens wird stets anzunehmen sein, wenn dem Gericht nicht bereits mit dem Insolvenzantrag bzw. dem Antrag auf Einsetzung eines Gläubigerausschusses sämtliche Entscheidungsgrundlagen vorliegen und der Ausschuss unmittelbar seine Arbeit aufnehmen kann, da bei laufenden Geschäftsbetrieben regelmäßig ein hohes Sicherungsbedürfnis besteht. Der Ausschuss ist dann ggf. nachträglich einzusetzen, wenn und soweit die weiteren Einsetzungsvoraussetzungen zu einem späteren Zeitpunkt vorliegen.[849]

Fallen die Einsetzungsvoraussetzungen vor Eröffnung des Verfahrens weg (etwa bei vollständiger Einstellung des Geschäftsbetriebs) ist an eine vorzeitige Ent-

---

845 Entschließung BAK-InsO Herbsttagung 2011, Ziffer II.1, ZInsO 2011, 2223; Frind, ZInsO 2011, 2249, 2255.
846 BT-Drs. 17/5712 v. 4.5.2011, S. 17.
847 Vgl. Frind, ZInsO 2011, 2249, 2255.
848 Frind, ZInsO 2011, 2249, 2255.
849 Vgl. Frind, ZInsO 2011, 2249, 2255; davon zu unterscheiden ist die Frage nach der Beteiligung des vorläufigen Gläubigerausschusses an der Einsetzung eines vorläufigen Insolvenzverwalters gemäß §§ 21 Abs. 2 Nr. 1, 56a InsO und einer sich hieraus ergebenden möglichen masseschädlichen Verzögerung (vgl. § 56a Abs. 3 InsO).

lassung des gesamten Ausschusses ist aus wichtigem Grund gemäß §§ 21 Abs. 1 Nr. 1a i.V.m. § 70 InsO zu denken.[850]

Zur Erleichterung der Arbeit des Gerichts sind **Schuldner und vorläufiger Insolvenzverwalter verpflichtet, Personen**, die als Gläubigerausschussmitglieder in Betracht kommen, **zu benennen**, § 22a Abs. 3 InsO. Diese Regelung ermöglicht nicht nur im Falle des Pflichtausschusses nach § 22a Abs. 1 InsO eine schnelle Bestellung des Ausschusses, sondern kann vom Gericht auch genutzt werden, wenn ein Antragsausschuss bestellt werden soll, und das Gericht neben den vorgeschlagenen Personen weitere Personen zur Auswahl haben möchte.[851] Kommt der Schuldner der Aufforderung zur Benennung von (weiteren) Personen, die als Ausschussmitglied in Betracht kommen, innerhalb einer vom Gericht gesetzten Frist nicht nach, so kann dies im Einzelfall als schwerwiegender Verstoß des Schuldners gegen seine insolvenzrechtlichen Pflichten gewertet werden, der eine Aufhebung der vorläufigen Eigenverwaltung nach § 270e Abs. 1 Nr. 1 InsO rechtfertigt. Zur Prüfung der Einsetzungsvoraussetzungen, etwa zur Überprüfung der Schuldnerangaben und zur Unterstützung bei der Kosten-Nutzen-Prognose (insbesondere zur Kalkulation der durch den vorläufigen Gläubigerausschuss entstehenden Kosten) kann sich das Gericht auf Grundlage des § 5 InsO eines Sachverständigen bedienen.[852]

Praxistipp

Durch seine Beschränkung auf Schuldner mit laufendem Geschäftsbetrieb und die weiteren Zulässigkeitshürden (Schwellenwerte bzw. Antrag, mit Pflicht zur Benennung eines vollständigen Ausschusses; Kosten-Nutzen-Prognose) ist der Gläubigerausschuss eine seltene Ausnahme.

Schuldner und Gläubiger sollten das Gericht auf mögliche Bedenken bei der Einsetzung eines vorläufigen Gläubigerausschusses im Eröffnungsverfahren aufmerksam machen, insb. wenn sie einen möglichen Zeitverlust oder eine unangemessene Belastung der Masse bedeuten kann. Das Gericht wird dann zu prüfen haben, ob es gem. § 22a Abs. 2 InsO von der Bestellung eines vorläufigen Gläubigerausschusses absieht.

---

c) Aufgaben des vorläufigen Gläubigerausschusses im Eröffnungsverfahren

218 Wichtigste Aufgabe des vorläufigen Gläubigerausschusses im Eröffnungsverfahren soll nach Vorstellung des Gesetzgebers die **Mitwirkung bei der Bestellung eines vorläufigen Insolvenzverwalters** sein. Gemäß § 56a InsO ist dem vorläufigen Gläubigerausschuss vor der Bestellung eines vorläufigen Insolvenzverwalters nach § 21 Abs. 2 Nr. 1 InsO i.V.m. § 56a Abs. 1 InsO Gelegenheit zu geben, sich zu den Anforderungen, die an den Verwalter zu stellen sind und zur Person des Verwalters zu äußern. Neben den vom Gläubigerausschuss bestimmten besonderen Kriterien nach

---

850 Vgl. Frind, ZInsO 2011, 2249, 2254.
851 Ebenso: Frind, ZInsO 2011, 2249, 2253.
852 Entschließung BAK-InsO Herbsttagung 2011, Ziffer II.1, ZInsO 2011, 2223.

§ 56a Abs. 1 InsO hat der Verwalter selbstverständlich die allgemeingültigen Voraussetzungen des § 56 Abs. 1 InsO zu erfüllen.[853]

Gemäß § 56a Abs. 2 Satz 1 InsO darf das Gericht von einem einstimmigen Vorschlag des vorläufigen Gläubigerausschusses zur Person des Verwalters nur abweichen, wenn die vorgeschlagene Person für die Übernahme des Amtes nicht geeignet ist. Das Gericht hat bei der Auswahl des Verwalters die vom vorläufigen Gläubigerausschuss beschlossenen Anforderungen an die Person des Verwalters zugrunde zu legen, § 56a Abs. 2 Satz 2 InsO.

Praxistipp
Die generelle Pflicht zur Anhörung des vorläufigen Gläubigerausschusses vor Bestellung des vorläufigen Insolvenzverwalters besteht allerdings nur, soweit diese nicht innerhalb von zwei Werktagen offensichtlich zu einer nachteiligen Veränderung der Vermögenslage des Schuldners führen würde, § 56a Abs. 1 Halbs. 2 InsO. Der Gesetzgeber trägt mit dieser kurzen Frist dem Umstand Rechnung, dass in der Praxis aufgrund des dringenden Sicherungsbedürfnisses, das bei einem laufenden Geschäftsbetrieb üblicherweise besteht, regelmäßig kaum Zeit für eine Konstituierung und Anhörung des Gläubigerausschusses vor Einsetzung eines vorläufigen Sachwalters oder Insolvenzverwalters bleibt. Der vorläufige Gläubigerausschuss kann in diesem Fall in seiner ersten Sitzung einstimmig eine andere als die vom Gericht bestellte Person zum vorläufigen Insolvenzverwalter wählen, § 56a Abs. 3 InsO.

Weitere Aufgabe des vorläufigen Gläubigerausschusses ist die in § 270b Abs. 3 InsO normierte **Anhörung und Stellungnahme zum Antrag des Schuldners auf Eigenverwaltung**, die nach der Neuregelung der Eigenverwaltung durch das SanInsFoG allerdings nur noch in den besonderen Fällen des § 270b Abs. 2 InsO, in denen der Gesetzgeber eine Gefährdung der Gläubigerinteressen durch die Eigenverwaltung für naheliegend hält, vorgesehen ist. Unterstützt der vorläufige Gläubigerausschuss einstimmig den Antrag auf Eigenverwaltung, so gilt er als nicht nachteilig für die Gläubiger, § 270b Abs. 3 Satz 3 InsO.

Allerdings erschöpfen sich die Aufgaben des vorläufigen Gläubigerausschusses im Eröffnungsverfahren nicht in der Beteiligung an der Auswahl des vorläufigen Insolvenzverwalters und der Stellungnahme zur Eigenverwaltung. Vielmehr obliegen ihn über Verweisung in § 21 Abs. 2 Satz 1 Nr. 1a InsO insbesondere auch die **Unterstützungs- und Kontrollaufgaben** aus § 69 InsO. Näheres dazu oben in Rdn 202 ff.

Diese Regelung führt dazu, dass bereits im Eröffnungsverfahren eine enge Einbindung der Gläubiger erfolgt. Bei konsequenter Nutzung moderner Kommunikationswege, insbesondere auch von Video- und Telefonkonferenzen, erweist sich diese frühzeitige Einbindung als sehr hilfreich für die Sanierungsbemühungen

---

[853] Entschließung BAK-InsO Herbsttagung 2011, Ziffer II.4, ZInsO 2011, 2223, 2224.

und zur Wahrung der Gläubigerinteressen, ohne dass das Eröffnungsverfahren zu schwerfällig würde. Die noch in der 2. Auflage geäußerten Befürchtungen haben sich nicht realisiert. Vielmehr ist die Schaffung des vorläufigen Gläubigerausschusses im Eröffnungsverfahren als Erfolgsgeschichte im Interesse effektiver Gläubigerbeteiligung zu bewerten.

3. Gläubigerbeirat

219 Die Einführung des vorläufigen Gläubigerausschusses im Eröffnungsverfahren durch das ESUG hat nach dem ausdrücklichen Willen des Gesetzgebers weitere Wege der Einbindung von Gläubigern im Eröffnungsverfahren nicht „präjudiziert".[854] Dies gilt deshalb auch für einen **informellen Zusammenschluss** von Gläubigern im Eröffnungsverfahren, der auch auf Initiative des Sachverständigen oder vorläufigen Insolvenzverwalters erfolgen kann. Hier können mit wichtigen Gläubigern informell mögliche Wege der Verwaltung im Eröffnungsverfahren besprochen werden. Auch ein schneller und effizienter Informationsfluss im Eröffnungsverfahren kann so sichergestellt werden. Ein solches Gremium mag man semioffiziell (in Anlehnung an § 44 VerglO) als „Gläubigerbeirat" bezeichnen.[855] Zu betonen ist jedoch, dass ein solches Gremium ohne rechtliche Kontroll-, Aufsichts- oder gar Mitwirkungsfunktionen agiert, dafür andererseits auch keinen Haftungsrisiken ausgesetzt ist.[856] Grade in Fällen, in denen die Einsetzung eines Gläubigerausschusses etwa aus Kostengründen oder mangels hinreichendem Gläubigerinteresses an einer längerfristigen Mitwirkung nicht in Betracht kommt, kann ein temporärer Gläubigerbeirat hilfreich sein.

I. Berichtstermin (§§ 156 bis 158 InsO)

220 Der Berichtstermin ist die erste Gläubigerversammlung. Ihm kommt besondere Bedeutung zu, da in ihm die richtungsweisenden Entscheidungen des Insolvenzverfahrens getroffen werden.[857]

---

854 BT-Drucks. 17/5712 v. 4.5.2011, S. 35.
855 Vgl. etwa Ahrens/Gehrlein/Ringstmeier/Lind, § 67 InsO Rn 2; Uhlenbruck/Knof InsO § 67 InsO Rn 3.
856 Vgl. etwa Uhlenbruck/Knof InsO § 67 InsO Rn 3; das Fehlen von rechtlicher Verbindlichkeit wird teilweise gerade gegen ein solches Gremium angeführt: vgl. Vallender, WM 2002, 2040, 2043, in Fn 40; damit unterscheidet sich der informelle Gläubigerbeirat auch von dem Gläubigerbeirat nach § 44 VerglO, dessen Haftung anerkannt war, vgl. etwa BGH, Urt. v. 26.5.1994 – IX ZR 39/93, NJW 1994, 3102.
857 FK/Wegner, § 157 InsO Rn 1.

I. Terminierung

Aufgrund der besonderen Bedeutung des Berichtstermins ordnet das Gesetz an, dass der Termin **nicht später als 6 Wochen nach Eröffnung** des Verfahrens stattfinden soll und nicht später als 3 Monate nach Eröffnung stattfinden darf, § 29 As. 1 InsO. Eine Missachtung dieser Fristen ist zwar sanktionslos, allerdings ist bei Überschreiten der Drei-Monats-Grenze der Termin auf Antrag vorzuverlegen.[858]

Der Termin wird bereits **mit dem Eröffnungsbeschluss anberaumt** und dementsprechend öffentlich bekannt gemacht. Den bekannten Gläubigern, dem Schuldner und den Drittschuldnern wird er besonders zugestellt, § 30 Abs. 2 InsO (s. dazu oben Rdn 69). Die Durchführung dieser Zustellung wird üblicherweise gem. § 8 Abs. 3 InsO auf den Verwalter übertragen.

I.Ü. finden hinsichtlich Einberufung und Ablauf die allgemein für Gläubigerversammlungen geltenden Regelungen Anwendung; Näheres dazu oben in Rdn 177ff.

II. Verwalterbericht

Grundlage für die Entscheidungen der Gläubigerversammlung ist der Bericht des Insolvenzverwalters gem. § 156 Abs. 1 InsO, den dieser **grds. persönlich zu erstatten** hat; vgl. dazu Rdn 185f.[859] Die Pflicht zur persönlichen Berichterstattung sollte schon aus Eigeninteresse des Verwalters ernst genommen werden. Denn es droht die Gefahr der Haftung gem. § 60 InsO, wenn die Gläubigerversammlung aufgrund des Verwalterberichts eine falsche Entscheidung trifft.[860]

Ist Eigenverwaltung angeordnet, so ist der Bericht vom Schuldner zu erstatten, der Sachwalter nimmt lediglich zum Bericht Stellung, § 281 Abs. 2 InsO.

Der Bericht ist nicht an eine bestimmte Form gebunden. Üblicherweise wird er vom Verwalter vorab schriftlich eingereicht und im Termin je nach Erfordernissen des Einzelfalles mehr oder minder ausführlich erläutert.[861] Der schriftliche Bericht wird als Anlage zu Protokoll genommen, § 4 InsO i.V.m. § 160 Abs. 5 ZPO.[862]

Den **Inhalt des Berichts** gibt § 156 InsO vor. Der Verwalter hat über die wirtschaftliche Lage des Schuldners und ihre Ursachen zu berichten. Dazu gehören die Darstellung der Krise und ihrer Ursachen, die sorgfältige Untersuchung der infrage

---

858 HambKomm/Denkhaus, § 29 InsO Rn 5; HK/Laroche, § 29 InsO Rn 6.
859 Graeber, NZI 2003, 569, 575; OLG Hamburg, Beschl. v. 19.10.2005 – 2 Va 2/05, ZInsO 2005, 1170, 1171; HambKomm/Decker, § 156 InsO Rn 3.
860 FK/Wegener, § 156 InsO Rn 14; HambKomm/Decker, § 156 InsO Rn 4.
861 HambKomm/Decker, InsO, § 156 Rn 3.
862 HambKomm/Decker, § 156 InsO Rn 3.

kommenden Insolvenzgründe und ihr Entstehungszeitpunkt.[863] Es ist darzulegen, ob Aussichten bestehen, das Unternehmen des Schuldners im Ganzen oder in Teilen zu erhalten, welche Möglichkeiten für einen Insolvenzplan bestehen und welche Auswirkungen jeweils für die Befriedigung der Gläubiger eintreten würden.[864] Soweit möglich, sollte zu Quotenaussichten[865] und voraussichtlichen Verteilungszeitpunkten Stellung genommen werden.[866] Die verschiedenen Sanierungs- und Fortführungsmöglichkeiten sind ebenso zu erläutern wie mögliche Liquidierungsszenarien und Möglichkeiten und Risiken eines Insolvenzplans. Dabei darf der Verwalter die bestmögliche Gläubigerbefriedigung als eines der Hauptziele des Verfahrens nicht aus dem Blickfeld verlieren.[867]

Mängel im Bericht kann das Insolvenzgericht als Aufsichtsmaßnahme rügen. Es kann Nachbesserung verlangen und den Termin vertagen.[868]

III. Recht zur Stellungnahme

223 Der möglichst umfassenden Information der Gläubigerversammlung und damit der Schaffung einer breiten Entscheidungsgrundlage dient das in § 157 Abs. 2 InsO normierte Recht zur Stellungnahme.[869]

Dem Schuldner, dem Gläubigerausschuss, dem Betriebsrat und dem Sprecherausschuss der leitenden Angestellten ist im Berichtstermin Gelegenheit zur Stellungnahme zum Verwalterbericht zu geben. Gleiches gilt für die zuständige Berufsvertretung, also Industrie- und Handelskammer, Handwerkskammer oder Landwirtschaftskammer, sofern eine solche für den Schuldner zuständig ist.[870]

IV. Entscheidungen der Gläubigerversammlung im Berichtstermin

224 Da gem. § 57 InsO nur in der ersten Gläubigerversammlung nach Bestellung ein anderer **Insolvenzverwalter gewählt** werden kann, wird regelmäßig im Berichtstermin zunächst über die Person des Verwalters entschieden (s. dazu die Ausführungen in Rdn 185, 197). Sodann folgen die weiteren verfahrensrelevanten Entscheidungen.

---

863 FK/Wegener, § 156 InsO Rn 9.
864 Vgl. näher: HambKomm/Decker, § 156 InsO Rn 6.
865 FK/Wegener, § 156 InsO Rn 12.
866 HambKomm/Decker, § 156 InsO Rn 7.
867 FK/Wegener, § 156 InsO Rn 12.
868 HambKomm/Decker, § 156 InsO Rn 4.
869 FK/Wegener, § 156 InsO Rn 17 ff.; HambKomm/Decker, § 156 InsO Rn 8.
870 Vgl. FK/Wegener, § 156 InsO Rn 20.

Im Berichtstermin entscheidet die Gläubigerversammlung gem. § 157 Satz 1 InsO, ob das **Unternehmen des Schuldners stillgelegt oder vorläufig fortgeführt** werden soll.[871] Natürlich kommt auch in Betracht, lediglich Teile des Unternehmens vorläufig oder dauerhaft fortzuführen und es i.Ü. stillzulegen.[872]

Eine Kompetenz, dem Insolvenzverwalter bestimmte einzelne Verwertungsmaßnahmen vorzugeben, folgt aus § 157 InsO nicht. Solche Beschlüsse sind zwar möglich, haben aber lediglich empfehlenden Charakter und entfalten keine rechtliche Bindung.[873]

Die Gläubigerversammlung kann den **Verwalter beauftragen, einen Insolvenzplan auszuarbeiten**, und ihm das Ziel des Plans vorgeben, § 157 Satz 2 InsO. In diesem Fall hat der Insolvenzverwalter binnen einer angemessenen Frist dem Gericht einen Plan vorzulegen. Ob eine Kompetenz der Gläubigerversammlung besteht, dem Verwalter die Vorlage eines von den Zielvorgaben der Gläubigerversammlung abweichenden, eigene Vorstellungen beinhaltenden Planes zu untersagen, ist zweifelhaft. Jedenfalls dürfte eine solche Untersagung kaum sinnvoll sein, zumal die Vorlage eines von vornherein aussichtslosen Plans jedenfalls nicht die Erhöhung der Vergütung begründen kann.[874]

Grenzen der Beschlussfassung finden sich in den tatsächlichen und rechtlichen Gegebenheiten. So kann die Gläubigerversammlung etwa den (freiberuflich tätigen) Schuldner oder die Gesellschafter es schuldnerischen Unternehmens weder zur Fortführung zwingen, noch eine unternehmerische Tätigkeit untersagen.[875] Ggf. ist der Insolvenzverwalter gehalten, die selbstständige Tätigkeit gem. § 35 Abs. 2 InsO freizugeben.[876]

Die Gläubigerversammlung kann ihre im Berichtstermin getroffenen Entscheidungen in einer späteren Gläubigerversammlung uneingeschränkt ändern, § 157 Satz 3 InsO, sofern nicht durch eine Veränderung der tatsächlichen oder rechtlichen Umstände dies nicht mehr möglich ist (vgl. dazu oben zu Rdn 197). Ausnahmen gelten für die Wahl des Verwalters (vgl. § 57 InsO) und die Bestellung eines Gläubigerausschusses. Diese Beschlüsse sind in einer späteren Gläubigerversammlung nicht mehr bzw. nur noch eingeschränkt abänderbar (s. dazu Rdn 208).

Fasst die Gläubigerversammlung einen unzulässigen Beschluss, hebt das Gericht diesen im Rahmen seiner Rechtsaufsicht gem. § 78 Abs. 1 InsO auf Antrag eines

---

871 Zu möglichen Beschlussinhalten vgl.: HambKomm/Decker, § 157 InsO Rn 3 ff.; Uhlenbruck/Zipperer, § 157 InsO Rn 6 ff.
872 HambKomm/Decker, § 157 InsO Rn 3; Uhlenbruck/Zipperer, § 157 InsO Rn 10.
873 HambKomm/Decker, § 157 InsO Rn 12.
874 HambKomm/Decker, § 157 InsO Rn 11, m.w.N., hält sogar eine Vergütungsminderung für möglich.
875 HambKomm/Decker, § 157 InsO Rn 12; MüKo/Janssen, § 157 InsO Rn 12; Uhlenbruck/Zipperer, § 157 InsO Rn 10.
876 HambKomm/Decker, § 157 InsO Rn 12.

absonderungsberechtigten Gläubigers, eines nicht nachrangigen Insolvenzgläubigers oder des Insolvenzverwalters auf.[877] I.Ü. ist der Insolvenzverwalter grds. verpflichtet, die Entscheidungen der Gläubigerversammlung mitzutragen und umzusetzen. Sieht er sich hierzu (ausnahmsweise) außerstande, muss er gem. § 59 InsO seine Entlassung beantragen.[878]

V. Schriftliches Verfahren

226 Ist gem. § 5 Abs. 3 InsO das schriftliche Verfahren angeordnet, entfällt der Berichtstermin.[879] Das Gericht gibt dem Verwalter stattdessen auf, innerhalb einer vom Gericht zu bestimmenden Frist, regelmäßig gemeinsam mit der Niederlegung der Tabelle, einen schriftlichen Bericht zu erstatten, der den Anforderungen des § 156 InsO genügt. Des Weiteren hat der Verwalter zu erklären, ob und zu welchen besonders bedeutsamen Rechtshandlungen gem. § 160 InsO die Zustimmung der Gläubigerversammlung für erforderlich gehalten wird.

Sind solche Zustimmungen erforderlich, hat das Gericht eine Gläubigerversammlung einzuberufen und jedenfalls insoweit vom schriftlichen Verfahren Abstand zu nehmen.

J. Verwertung der Insolvenzmasse und Erlösverteilung (§§ 159, 166 bis 173, 187 bis 199, 203, 205, 209 InsO)

I. Allgemeines/Einleitung

227 Die Verwertung und (quotale) Verteilung des schuldnerischen Vermögens gehört zu den Grundaufgaben des Verwalters. Die **Verwertungspflicht beginnt unverzüglich nach dem Berichtstermin**, wie sich aus § 159 InsO ergibt.[880] Eine Verwertung vor dem Berichtstermin ist ausnahmsweise zulässig, so etwa der Notverkauf von verderblicher Ware oder von Saisonware, bei der ein Preisverfall droht.[881] Aus denselben Gründen ist ausnahmsweise auch eine Verwertung durch den vorläufigen Insolvenzverwalter bereits im Eröffnungsverfahren zulässig.[882] Da Verwertungs-

---

877 HambKomm/Decker, § 157 InsO Rn 12.
878 HambKomm/Decker, § 157 InsO Rn 12.
879 FK/Wegener, § 156 InsO Rn 1.
880 HambKomm/Decker, § 158 InsO Rn 1.
881 HambKomm/Decker, § 159 InsO Rn 5; Uhlenbruck/Zipperer, § 159 InsO Rn 44.
882 BGH, Beschl. v. 14.12.2000 – IX ZB 105/00, NZI 2001, 191; Beschl. v.18.12.2003 – IX ZB 28/03, NZI 2004, 381; vgl. vertiefend und zu Details: Uhlenbruck/Zipperer, § 159 InsO Rn 44f.

handlungen vor dem Berichtstermin die Entscheidung über den Fortgang des Insolvenzverfahrens nicht vorwegnehmen dürfen, ist insbesondere die Zustimmungs- und Unterrichtungsverpflichtung des § 158 InsO zu beachten. Will der Verwalter vor dem Berichtstermin das Unternehmen des Schuldners stilllegen oder veräußern, hat er nach § 158 Abs. 1 InsO die Zustimmung des Gläubigerausschusses einzuholen. Der Verwalter hat vor der Entscheidung des Gläubigerausschusses oder für den Fall, dass ein solcher nicht bestellt ist, vor der Stilllegung oder Veräußerung des Unternehmens den Schuldner zu unterrichten. Auf Antrag des Schuldners und nach Anhörung des Verwalters hat das Insolvenzgericht die Stilllegung oder Veräußerung zu untersagen, wenn diese ohne eine erhebliche Verminderung der Insolvenzmasse bis zum Berichtstermin aufgeschoben werden kann, § 158 Abs. 2 InsO. Vielfach bietet sich als Ausweg eine Veräußerung des Unternehmens unter der aufschiebenden Bedingung der Zustimmung der Gläubigerversammlung an.[883]

Zu beachten ist, dass etwa die Veräußerung von Umlaufvermögen, der Einzug von Kaufpreis- oder Werklohnforderungen und von nicht mehr benötigtem Anlagevermögen keine Verwertungshandlung ist, sondern eine Verwaltungsmaßnahme, zu der der Verwalter bereits aus seiner Pflicht zur Betriebsfortführung berechtigt ist.[884]

Sind die Vermögenswerte des Schuldners nicht mit Drittrechten belastet, besteht das Verwertungsrecht des Verwalters ohne Weiteres und kann er es durch eine freihändige Verwertung ausüben. Komplexer ist die Situation bei Belastung mit Drittrechten.

Ist der Vermögenswert mit einem Absonderungsrecht belastet, kann der Verwalter dieses abzulösen. Der Gegenstand fällt dann unbelastet in die Masse.[885] Bei Wertlosigkeit eines Gegenstandes kann der Verwalter diesen aus der Masse freigeben. Er ist dann nicht mehr massezugehörig, mit der Folge, dass dem Verwalter kein Verwertungsrecht mehr zusteht.

Löst der Verwalter das Absonderungsrecht nicht ab und gibt er den Gegenstand auch nicht aus der Masse frei, ist für das Verwertungsrecht danach zu differenzieren, ob es sich um bewegliche Sachen, Forderungen, sonstige Rechte oder Immobilien handelt.

Hat der Insolvenzverwalter Besitz an der beweglichen Sache oder ist eine Forderung zur Sicherheit abgetreten, hat er gem. § 166 InsO grds. das Verwertungsrecht, das in diesen Fällen nur ausnahmsweise dem Absonderungsberechtigten zusteht (etwa bei Selbsteintritt gem. § 168 Abs. 3 InsO oder bei einer unechten Freigabe gem.

---

[883] Vgl. HambKomm/Decker, § 158 InsO Rn 5; Uhlenbruck/Zipperer, § 158 InsO Rn 8. Dies ist in der Praxis weit weniger problematisch als in der Literatur teilweise unterstellt, vgl. dazu auch die vorstehenden Nachweise.
[884] HambKomm/Decker, § 158 InsO Rn 3; Uhlenbruck/Zipperer, § 159 InsO Rn 44.
[885] HambKomm/Scholz, § 166 InsO Rn 9.

§ 170 Abs. 2 InsO). Die Konzentration der Verwertungsbefugnis beim Verwalter gem. § 166 InsO dient in erster Linie dem Zweck, die Herauslösung des Sicherungsguts aus dem technisch organisatorischen Verbund des Schuldnervermögens durch einzelne Gläubiger zu verhindern.[886] Liegen die Voraussetzungen des § 166 InsO nicht vor, so liegt das Verwertungsrecht gem. § 173 InsO originär beim Absonderungsberechtigten.

Für **Immobilien** gilt gem. §§ 49, 165 InsO ein Nebeneinander von Verwertungsrecht des Insolvenzverwalters und der absonderungsberechtigten Gläubiger, also i.d.R. der Grundpfandgläubiger. Allerdings ist der Insolvenzverwalter sowohl zur freihändigen Verwertung als auch zur Verwertung nach ZVG (Zwangsverwaltung und Zwangsversteigerung) befugt, während den absonderungsberechtigten Gläubigern nur der Weg über das ZVG offensteht.[887]

II. Verwertung beweglicher Sachen und Forderungen

228 Die **Verwertung beweglicher Sachen** erfolgt im Regelfall durch freihändigen Verkauf.[888] Zu diesem Zwecke schalten Insolvenzverwalter nicht selten professionelle Verwerter ein, die den Verkauf, vielfach im Wege einer Versteigerung, organisieren und durchführen.

Forderungen zieht der Verwalter ein. Die Praxis hier ist fallabhängig. Der Verwalter kann den Forderungseinzug entweder mit eigenen Kräften organisieren oder aber Dritte, etwa RA oder Inkassobüros, beauftragen. Die jeweils entstehenden Kosten fallen der Masse zur Last und sind vorweg zu entnehmen, vgl. § 170 Abs. 1 Satz 1 InsO.

Die Verwertung kann auch durch Überlassung der Sache oder Forderung an den Schuldner gegen Zahlung eines Ablösebetrags erfolgen (modifizierte Freigabe).[889] Diese Art der Verwertung kann bei einem besonderen ideellen (z.B. Familienschmuck) oder wirtschaftlichen (z.B. Todesfallschutz einer Lebensversicherung) Interesse an einer Sache für den Schuldner attraktiv sein (dazu unten Rdn 282).[890] Auch zur Vermeidung einer Austauschpfändung (z.B. des hochwertigen TV-Geräts) kann sie genutzt werden. Zu beachten ist, dass der Ablösebetrag aus dem nicht dem Insolvenzbeschlag unterliegenden Vermögen (insb. dem pfändungsfreien Einkommen des Schuldners) oder aus Drittmitteln (etwa Zahlungen aus dem Verwandtenkreis) erfolgen muss.

---

886 BGH, Urt. v. 11.7.2002 – IX ZR 262/01, ZInsO 2002, 826, 828.
887 Vgl. FK/Wegener, § 165 InsO Rn 1; HambKomm/Scholz, § 165 InsO Rn 1, 10 ff.
888 HambKomm/Scholz, § 166 InsO Rn 8.
889 HambKomm/Lüdke, § 35 InsO Rn 55.
890 Vgl. dazu am Fall der selbst genutzten Immobilie: HambKomm/Scholz, § 165 InsO Rn 21.

III. Verwertung von Sachen und Forderungen mit Absonderungsrechten

1. Verwertung beweglicher Sachen

Bei beweglichen Sachen, die mit Absonderungsrechten belastet sind, knüpft das Verwertungsrecht an den Besitz an. Ist die Sache im Besitz des Insolvenzverwalters (bzw. des Schuldners), liegt das Verwertungsrecht gem. § 166 InsO zunächst ausschließlich beim Insolvenzverwalter. Grds. ist mittelbarer Besitz oder Mitbesitz ausreichend.[891] Dies gilt allerdings dann nicht, wenn der unmittelbare Besitz beim Absonderungsberechtigten liegt.[892] Für diesen Fall ist der Absonderungsberechtigte zur originären Verwertung nach § 173 InsO befugt.[893]

229

2. Verwertung von Forderungen

Das Verwertungsrecht an einer Forderung, die zur Sicherung abgetreten ist, steht gem. § 167 Abs. 2 InsO dem Insolvenzverwalter zu. Dabei ist unerheblich, ob dem Drittschuldner die **Sicherungsabtretung** angezeigt wurde oder nicht. Denn es würde zu erheblichen praktischen Schwierigkeiten führen, wenn die Prüfung des Fehlens einer Abtretungsanzeige Verwertungsvoraussetzung wäre.[894] Das Verwertungsrecht besteht auch, wenn die Forderung als Sicherheit für die Verbindlichkeit eines Dritten abgetreten wurde, der Schuldner also nicht persönlich haftet.[895]

230

Besteht das Absonderungsrecht nicht aus einer Sicherungsabtretung, sondern aus einem anderen Recht, insb. einer **Verpfändung**, liegt das Verwertungsrecht gem. § 173 InsO originär beim absonderungsberechtigten Gläubiger. § 166 InsO ist weder unmittelbar noch entsprechend anwendbar.[896] Das Verwertungsrecht des Pfandgläubigers besteht allerdings erst ab Eintritt der Pfandreife. Zuvor liegt das Verwertungsrecht beim Insolvenzverwalter.[897] Die Unterscheidung des Verwertungsrechts je nach Wahl des Sicherungsmittels hat hohe praktische Rele-

---

891 HambKomm/Scholz, § 166 InsO Rn 6.
892 BGH, Urt. v. 16.2.2006 – IX ZR 26/05, ZInsO 2006, 433, 436 Rn 27; BGH, Urt. v. 16.11.2006 – IX ZR 135/05, ZInsO 2006, 1320, 1321 Rn 9; HambKomm/Scholz, § 166 InsO Rn 6; vgl. vertiefend: Uhlenbruck/Brinkmann; § 166 InsO Rn 8 ff.
893 BGH, Urt. v. 5.5.2011 – IX ZR 144/10, ZInsO 2011, 1463, 1466 Rn 31.
894 BGH, Urt. v. 11.7.2002 – IX ZR 262/01, ZInsO 2002, 826, 828; Uhlenbruck/Brinkmann, § 166 InsO Rn 26.
895 BGH, Urt. v. 11.12.2008 – IX ZR 194/07, ZInsO 2009, 143, 145 Rn 21, der ergänzend darauf hinweist, dass der absonderungsberechtigte Gläubiger im Gegenzug nach § 77 Abs. 3 Nr. 2 InsO Mitglied in der Gläubigerversammlung wird; Uhlenbruck/Brinkmann, InsO, § 166 Rn 26.
896 BGH, Urt. v. 11.4.2013 – IX ZR 176/11, NZI 2013, 596, 597 Rn 15; Uhlenbruck/Brinkmann, § 166 InsO Rn 30.
897 BGH, Urt. v. 7.4.2005 – IX ZR 138/04, ZInsO 2005, 535, 536; BGH, Urt. v. 11.4.2013 – IX ZR 176/11, NZI 2013, 596, 597 Rn 18 ff.; Uhlenbruck/Brinkmann, § 166 InsO Rn 30.

3. Verwertung sonstiger Rechte

231 Das Verwertungsrecht des § 166 Abs. 2 InsO gilt seinem Wortlaut nach nur für sicherungsabgetretene Forderungen. Das **Verwertungsrecht von sonstigen Rechten** (etwa Erbteilen, Immaterialgüterrechten, Mitgliedschaftsrechten, Geschäftsanteilen, Marken, Patenten, Urheberrechten oder Softwarelizenzen), die mit einem Absonderungsrecht belastet sind, ist umstritten.[899] Teilweise wird angenommen, § 166 Abs. 2 InsO enthalte insoweit eine planwidrige Regelungslücke mit der Folge, dass das Verwertungsrecht dem Verwalter zustehe.[900] Teilweise wird genau entgegengesetzt vertreten, der Gesetzgeber habe eine eindeutige Entscheidung gegen ein Verwertungsrecht des Verwalters getroffen.[901] Andere Stimmen wollen je nach Recht und Einzelfall differenzieren.[902]

Eine abschließende Klärung ist bislang weder der Rechtsprechung noch der Literatur gelungen. Der BGH hat eine Klärung der Fragen bislang ausdrücklich vermieden.[903] Allerdings sprechen die besseren Argumente gegen eine Analogie. Zwar liegt eine entsprechende Anwendung des § 166 Abs. 1 InsO dann nahe, wenn und soweit der Insolvenzverwalter die notwendigen Unterlagen in Besitz hat. Allerdings sprechen Klarheit und Bestimmtheit für eine **Zuordnung des Verwertungsrechts an den Absonderungsberechtigten**, der nach Maßgabe des § 173 InsO verwerten darf. Vgl. dazu die Ausführungen unter Rdn 248 ff. Es ist kaum nachvollziehbar, dass der Gesetzgeber die wichtigen sonstigen Rechte nicht nur bei Schaffung der InsO übersehen, sondern gleichzeitig bei den vielfachen Änderungen, die das Gesetz seitdem erfahren hat, ausgerechnet in diesem Punkt auf eine Klarstellung verzichtet hat. Wenn er die sonstigen Rechte dem § 166 InsO hätte zuordnen wollen, hätte hierzu vielfach Gelegenheit bestanden. Richtig ist zwar, dass die Feststellung der Wirksamkeit einer Verpfändung im Einzelfall schwierig sein kann. Auch kann es

---

898 Vgl. ausführlich zu Verwertungsmöglichkeiten und Problemen bei Lebensversicherungen, auch unter Berücksichtigung der Regelungen zur betrieblichen Altersvorsorge: Güther/Kohly, ZIP 2006, 1229 ff.; Rhein/Laser NZI 2007, 153 ff.
899 Vgl. ausführlich: MüKo/Kern, § 166 InsO Rn 101 ff.; Uhlenbruck/Brinkmann, § 166 InsO Rn 35 ff. mit Nachweisen für die verschiedenen Ansichten.
900 Gottwald/Adolphsen, InsRHdb, § 42 Rn 162; HambKomm/Scholz, § 166 InsO Rn 28. Was sagt der Aufsatz in der ZIP zu Geistigem Eigentum?
901 MüKo/Kern, § 166 InsO Rn 103; AG Karlsruhe, Urt. v. 7.2.2008 – 12 C 490/07 ZInsO 2009, 939 f.
902 Uhlenbruck/Brinkmann, § 166 InsO Rn 35 ff., m.w.N., der ein Verwertungsrecht des Verwalters annimmt, wenn Schuldner schon vor Eröffnung zur Nutzung des Rechtes befugt war.
903 Ausdrücklich offen gelassen etwa von: BGH, Urt. v. 24.9.2015 – IX ZR 272/13, ZInsO 2015, 2484, 2486 Rn 19; vgl. näher: Bitter, ZIP 2015, 2249 ff.; Gehrlein, ZInsO 2016, 483, 490.

für die Unternehmensfortführung wichtig sein, dass sonstige Rechte (zunächst) im Unternehmensverbund verbleiben.[904] Allerdings handelt es sich hierbei um keine spezifischen Probleme sonstiger Rechte. Vielmehr bestehen sie bei der Feststellung der Wirksamkeit einer Verpfändung von Forderungen gleichermaßen. Wenn gleichwohl eine entsprechende Anwendung des sich aus § 166 Abs. 2 InsO ergebenden Verwertungsrechts des Verwalters auf verpfändete Forderungen abgelehnt wird,[905] ist nicht einzusehen, dass für sonstige Rechte anderes gelten soll. Die hieraus möglicherweise entstehenden praktischen Probleme sind hinzunehmen.

4. Kein Verwertungsrecht des Verwalters bei Kapitalmarkt- und Finanzsicherheiten, § 166 Abs. 3 InsO

Das Verwertungsrecht des Verwalters gem. § 166 Abs. 1, 2 InsO besteht nach § 166 Abs. 3 InsO nicht, wenn das Absonderungsgut mit bestimmten Kapitalmarkt- bzw. Finanzsicherheiten belastet ist.

Ausgenommen vom Verwertungsrecht sind gem. § 166 Abs. 3 Nr. 1 InsO Sicherheiten zugunsten des Teilnehmers eines Systems gem. § 1 Abs. 16 KWG. Die Regelung hat nur für den Interbankenverkehr Bedeutung. Das erhebliche Systemrisiko, das durch den besonderen Schutz dieser Systeme bei Insolvenz eines Teilnehmers besteht, soll vermindert werden.[906]

Das Verwertungsrecht des Verwalters besteht ebenfalls nicht bei Sicherheiten zugunsten der Europäischen Zentralbank oder den Zentralbanken der EU, § 166 Abs. 3 Nr. 2 InsO, sowie gem. § 166 Abs. 3 Nr. 3 InsO für Finanzsicherheiten gem. § 1 Abs. 17 KWG. Erfasst sind Sicherungen, die der Besicherung von Verbindlichkeiten aus Geschäften dienen, die Finanzinstitute betreffen (Finanzgeschäfte).[907] Das gewöhnliche Darlehen an ein Unternehmen, das mit der Verpfändung von Wertpapieren besichert ist, fällt nicht unter die Regelung.[908]

5. Massebeiträge (§§ 170, 171 InsO)

Für die Masse von erheblicher Bedeutung sind die Massebeiträge der §§ 170, 171 InsO, die selbst bei wertausschöpfender Belastung einer beweglichen Sache oder Forderung zu einer nicht unbedeutenden Anreicherung der Masse führen können. Voraussetzung ist, dass es sich um einen Gegenstand handelt, der vom Verwer-

---

904 Vgl. Uhlenbruck/Brinkmann, § 166 InsO Rn 36 m.w.N.
905 BGH, Urt. v. 11.4.2013 – IX ZR 176/11, NZI 2013, 596, 597 Rn 15; Uhlenbruck/Brinkmann, § 166 InsO Rn 30.
906 Uhlenbruck/Brinkmann, § 166 InsO Rn 43.
907 Ehricke, ZIP 2003, 2141, 2144; Uhlenbruck/Brinkmann, § 166 InsO Rn 45.
908 Uhlenbruck/Brinkmann, § 166 InsO Rn 45.

tungsrecht des Verwalters nach § 166 InsO erfasst ist.[909] Verwertet der absonderungsberechtigte Gläubiger einen solchen Gegenstand selbst, profitiert die Masse regelmäßig mit einem Anteil am Verwertungserlös i.H.v. 4%, ggf. zuzüglich USt. Erfolgt die Verwertung durch den Verwalter, beträgt der Massebeitrag regelmäßig sogar 9% des Erlöses, ggf. zuzüglich USt.

a) Feststellungsbeiträge

234 Zu den Aufgaben des Insolvenzverwalters gehört die Identifizierung des Absonderungsguts, die Feststellung und Prüfung der Absonderungsrechte und die Prüfung von Kollisionslagen mit Aussonderungs- und sonstigen Absonderungsrechten.[910] Die hierbei entstehenden Kosten werden gem. § 171 Abs. 1 InsO durch einen **pauschalen Feststellungsbeitrag** i.H.v. 4% des Bruttoverwertungserlöses[911] zugunsten der Masse abgegolten. Da es sich um eine Pauschale handelt, findet eine Anpassung an die tatsächlichen Feststellungskosten auch dann nicht statt, wenn diese wesentlich über oder unter den vom Gesetz vorgegebenen 4% liegen.[912]

Die Feststellungspauschale i.H.v. 4% des Verwertungserlöses fällt auch an, wenn der Absonderungsberechtigte den Gegenstand (berechtigt oder unberechtigt) selbst verwertet.[913]

---

b) Verwertungsbeiträge

235 Verwertet der Verwalter den Gegenstand, so erhält die Masse hierfür die Kosten erstattet. Diese sind nach § 171 Abs. 2 InsO pauschal mit 5% des Bruttoverwertungserlöses[914] anzusetzen. Anders als bei den Feststellungskosten sind bei den **Verwertungskosten** die **tatsächlich erforderlichen Kosten** anzusetzen, wenn diese wesentlich höher oder niedriger sind als die Pauschale, § 171 Abs. 2 Satz 2 InsO. Eine wesentliche Abweichung ist anzunehmen, wenn die tatsächlichen Kosten um 50% nach oben oder unten von der Pauschale abweichen. Die Beweislast trägt derjenige, der sich auf die Abweichung beruft.[915] Im Verhältnis zum Absonderungsberechtigten

---

909 HambKomm/Scholz, § 170 InsO Rn 2; Uhlenbruck/Brinkmann, § 170 InsO Rn 3.
910 HambKomm/Scholz, § 171 InsO Rn 2.
911 HambKomm/Scholz, § 170 InsO Rn 3; Uhlenbruck/Brinkmann, § 171 InsO Rn 5.
912 BGH, Urt. v. 11.7.2002 – IX ZR 262/01, ZInsO 2002, 826, 828; HambKomm/Scholz, § 171 InsO Rn 3.
913 BGH, Urt. v. 20.11.2003 – IX ZR 259/02, ZInsO 2003, 1137, 1138; HambKomm/Scholz, InsO, § 170 Rn 8.
914 HambKomm/Scholz, § 171 InsO Rn 7.
915 AG Göttingen, Urt. v. 10.12.2013 – 21 C 55/13, ZInsO 2014, 106; HambKomm/Scholz, § 171 InsO Rn 7; Uhlenbruck/Brinkmann, § 171 InsO Rn 13 m.w.N.

kann davon ausgegangen werden, dass er die Kosten genehmigt hat, wenn er nicht von seinem Selbsteintrittsrecht Gebrauch macht. Denn gem. § 168 Abs. 1 Satz 1 InsO hat der Verwalter den Absonderungsberechtigten vor der Verwertung über die vorgesehene Art und Weise der Veräußerung und die dabei entstehenden Kosten der Verwertung hinweisen; vgl. dazu auch Rdn 238.[916] Bei der Verwertung von Lebensversicherungen ist regelmäßig davon auszugehen, dass die tatsächlichen Verwertungskosten unterhalb der Pauschale liegen.[917] In der Regel ist hier ein Ansatz bis zu 50,00 EUR angemessen.[918]

Um die Höhe der Verwertungskosten ermitteln zu können, ist erforderlich, diese von den Feststellungskosten und den allgemeinen Kosten der Insolvenzverwaltung abzugrenzen, was im Einzelfall problematisch sein kann.[919] Zu den Verwertungskosten sind die Kosten der Bewertung (nicht Identifizierung) des Absonderungsguts, die Kosten der Versteigerung einschließlich der Kosten zum Transport zum Ort der Verwertung, die Kosten der Reparatur, Lagerung und Sicherung, soweit es sich nicht um Erhaltungskosten handelt, die Aufwendungen für gerichtliche Geltendmachung von Forderungen und die Abrechnung und Auszahlung des Verwertungserlöses zu zählen.[920] Ob auch Kosten für Auseinandersetzungen mit Absonderungsberechtigten dazu gehören, ist umstritten.[921]

Zusätzlich zu den Feststellungs- und Verwertungskosten ist die **USt** der Masse zu erstatten, soweit die Verwertung zu einer Belastung der Masse mit USt als Masseverbindlichkeit führt, § 171 Abs. 2 Satz 3 InsO.[922]

---

916 HambKomm/Scholz, § 171 InsO Rn 7.
917 OLG Jena, Urt. v. 3.2.2004 – 5 U 709/03, ZInsO 2004, 1364, 1365; AG Mainz 15.9.2004 – 81 C 254/04, ZInsO 2004, 1376; HambKomm/Scholz, § 171 InsO Rn 7; Uhlenbruck/Brinkmann, § 171 InsO Rn 14.
918 OLG Jena, Urt. v. 3.2.2004 – 5 U 709/03, ZInsO 2004, 1364, 1365; AG Mainz, Urt. v. 15.9.2004 – 81 C 254/04, ZInsO 2004, 1376; AG Bonn; Urt. v. 11.10.2000 – 16 C 322/00, NZI 2001, 50 (50,00 DM pro Kündigungsschreiben); Uhlenbruck/Brinkmann, § 171 InsO Rn 14; AG Göttingen, Urt. v. 10.12.2013 – 21 C 55/13, ZInsO 2014, 106, hat aber auch einen Betrag in Höhe von 615,61 EUR für angemessen gehalten, wobei allerdings ein besonderer Aufwand von mindestens 10 Schreiben und einem Telefonat des Verwalters aktenkundig waren; weitergehend noch die Vorauflage: „bis 300 EUR".
919 HambKomm/Scholz, § 171 InsO Rn 4 ff.
920 HambKomm/Scholz, § 171 InsO Rn 5; HK/Landfermann, § 171 InsO Rn 4.
921 Für eine Berücksichtigung als Verwertungskosten: HambKomm/Scholz, § 171 InsO Rn 5; **a.A.** (Teil der Feststellungskosten, bzw. von der Verwaltervergütung bereits abgedeckt): OLG Jena, Urt. v. 3.2.2004 – 5 U 709/02, ZInsO 2004, 509, 510; LG Flensburg, Beschl. v. 13.7.2006 – 1 S 42/06, NZI 2006, 709; HK/Landfermann, § 171 InsO Rn 4.
922 Zur USt-Problematik vgl. BFH, Urt. v. 28.7.2011 – V R 28/09, ZInsO 2011, 1904 ff.; d'Avoine, ZIP 2012, 58 ff.; Uhlenbruck/Sinz, § 171 InsO Rn 18 ff.

6. Auskehrung des Verwertungserlöses (§ 170 Abs. 1 InsO)

237 Hat der Verwalter von seinem Verwertungsrecht nach § 166 InsO Gebrauch gemacht, sind aus dem Verwertungserlös die Kosten der Feststellung und der Verwertung des Gegenstands vorweg für die Insolvenzmasse zu entnehmen. Hat der Verwalter bei der Verwertung einen **Übererlös** erzielt, sind die Kostenbeiträge aus diesem zu entnehmen. Dies hat zur Folge, dass die Kostenbeiträge den Absonderungsberechtigten nur dann belasten, wenn der erzielte Erlös die Kostenbeiträge und die gesicherte Forderung nicht vollständig abdeckt.[923]

Aus dem nach Abzug der Kostenbeiträge verbleibenden Betrag ist der absonderungsberechtigte Gläubiger unverzüglich zu befriedigen, § 170 Abs. 1 InsO. War das Absonderungsgut Teil einer Sachgesamtheit, die zu einem Gesamtpreis veräußert wurde, steht dem Absonderungsberechtigten ein entsprechender Erlösanteil zu.[924]

Bis zur Auskehrung setzt sich das Absonderungsrecht am Erlös fort, da der Erlös das Surrogat des Absonderungsguts darstellt.[925] Er ist deshalb vom Insolvenzverwalter unterscheidbar in der Masse zu halten, wozu eine Einziehung auf einem vom Insolvenzverwalter eingerichteten Sonderkonto ausreichend sein dürfte, ein allgemeines Anderkonto hingegen nicht.[926] Erfolgt eine Separierung nicht, entsteht eine Masseverbindlichkeit und kann eine Haftung des Verwalters begründet sein.[927] Bei verzögerter Auskehrung haftet die Masse nach § 169 InsO.[928] Näheres dazu unten in Rdn 241.

Haftet der Schuldner nicht persönlich für die gesicherte Forderung, erfolgt eine Auszahlung erst mit Eintritt des Sicherungsfalles. Bis dahin hat der Insolvenzverwalter den Erlös zurückzuhalten.[929]

7. Mitteilung der Veräußerungsabsicht (§ 168 InsO)

238 **Bevor der Insolvenzverwalter** einen mit einem Absonderungsrecht belasteten Gegenstand nach § 166 InsO **verwertet**, hat der dies gem. § 168 Abs. 1 InsO **dem Absonderungsberechtigten mitzuteilen** und ihm die **Gelegenheit zu geben**, den Verwalter binnen einer Woche auf eine andere, für den Gläubiger **günstigere Möglichkeit der Verwertung** hinzuweisen. Verwertet der Verwalter unter Verstoß ge-

---

923 HambKomm/Scholz, § 170 InsO Rn 7 m.w.N.
924 BGH, Urt. v. 17.7.2008 – IX ZR 96/06, ZInsO 2008, 918, 919 Rn 10; HambKomm/Scholz, § 170 InsO Rn 6.
925 HambKomm/Scholz § 170 InsO Rn 6; MüKo/Kern § 170 InsO Rn 31; Uhlenbruck-Brinkmann, § 170 InsO Rn 10.
926 Vgl. BGH, Urt. v. 7.2.2019 – IX ZR 47/18, ZInsO 2019, 845 ff.; Urt. v. 24.1.2019 – IX ZR 110/17, ZInsO 2019, 563 ff.
927 HambKomm/Scholz, § 170 InsO Rn 6.
928 HambKomm/Scholz, § 170 InsO Rn 6.
929 HambKomm/Scholz, § 170 InsO Rn 6.

gen das in § 168 InsO geregelte Verfahren, so ändert dies nichts daran, dass es sich um eine berechtigte und voll wirksame Verwertung handelt. Allerdings kann sich der Verwalter ggü. dem absonderungsberechtigten Gläubiger und der Masse schadensersatzpflichtig machen.[930]

Die Anzeigepflicht des § 168 InsO ist vielfach wenig praktikabel, etwa bei einer übertragenen Sanierung oder der Veräußerung von Warenbeständen, und kann zu erheblichen Folgeproblemen führen. Vorzugswürdig ist deshalb der Abschluss von **Verwertungsvereinbarungen** mit den absonderungsberechtigten Gläubigern. In diesen kann etwa festgelegt werden, dass dem Absonderungsberechtigten der Einkaufspreis oder ein bestimmter Anteil aus dem Erlös gezahlt wird.[931]

---

a) Inhalt der Anzeige

Die Mitteilung gem. § 168 Abs. 1 InsO soll den Gegenstand, den Zeitpunkt der Veräußerung, den Kaufpreis und die Zahlungsmodalitäten (z.B. Ratenzahlung), bei Sachgesamtheiten die Erlösverteilung, die Kosten der Verwertung sowie ggf. die Person des Erwerbers enthalten.[932] Allerdings kann die Mitteilung im Einzelfall deutlich weniger detailliert ausfallen, etwa wenn in der Betriebsfortführung belastete Warenbestände veräußert werden sollen. Es kann dann bereits die Angabe des Preisangebots als Anzeige gem. § 168 Abs. 1 InsO ausreichend sein.[933] Aus Gründen der Praktikabilität sind keine zu hohen Anforderungen an die Anzeige zu stellen, wenn sichergestellt ist, dass ihr Informationszweck erreicht wird.[934]

b) Hinweis auf anderweitige Verwertungsmöglichkeit

Teilt der Gläubiger dem Verwalter innerhalb der Wochenfrist oder – da es sich nicht um eine Ausschlussfrist handelt[935] – jedenfalls rechtzeitig vor der Veräußerung eine anderweitige für ihn günstigere Verwertungsmöglichkeit mit, so hat der Verwalter diese wahrzunehmen oder alternativ den Gläubiger so zu stellen, als hätte er sie wahrgenommen, § 168 Abs. 2 InsO.

Eine anderweitige Verwertungsmöglichkeit ist bereits dann günstiger, wenn (bei gleichem Erlös) lediglich Kosten eingespart werden, § 168 Abs. 3 Satz 2 InsO. Entscheidend ist die Höhe des Nettoerlöses, der nach Abzug der Kosten für den Absonderungsgläubiger verbleibt.[936] Der Hinweis des Absonderungsberechtigten muss

---

930 Vgl. näher: HambKomm/Scholz, § 168 InsO Rn 11.
931 HambKomm/Scholz, § 168 InsO Rn 4.
932 Vgl. HambKomm/Scholz, § 168 InsO Rn 3; Uhlenbruck/Brinkmann, § 168 InsO Rn 8.
933 HambKomm/Scholz, § 168 InsO Rn 4; HK/Landfermann, § 168 InsO Rn 4.
934 HK/Landfermann, § 168 InsO Rn 3.
935 Gottwald/Adolphsen, InsRHdb, § 42 Rn 164.
936 HambKomm/Scholz, § 168 InsO Rn 6.

konkrete Angaben enthalten, die vom Insolvenzverwalter nachprüfbar sind und ihn in die Lage versetzen, die Verwertungsmöglichkeit in Anspruch zu nehmen.[937] Die Angabe des potenziellen Käufers ist deshalb regelmäßig unerlässlich.[938] Die anderweitige Verwertungsmöglichkeit kann auch darin bestehen, dass der Gläubiger von seinem Eintrittsrecht gem. § 168 Abs. 3 InsO Gebrauch macht und den Gegenstand selbst übernimmt.[939] Näheres dazu in Rdn 245.

Der Insolvenzverwalter ist nicht verpflichtet, die vom Gläubiger mitgeteilte anderweitige Verwertungsmöglichkeit zu nutzen.[940] Allerdings hat er dem Gläubiger dann einen durch die Verwertung entstandenen etwaigen Nachteil auszugleichen, § 168 Abs. 2 Halbs. 2 InsO. Dieser **Nachteilsausgleich**, der Masseverbindlichkeit ist, errechnet sich nach der Differenz zwischen dem fiktiven Erlös nach Hinweis des absonderungsberechtigten Gläubigers und dem tatsächlich erzielten Erlös.[941] Der Nachteilsausgleich ist beschränkt auf die volle Befriedigung seines Absonderungsrechts. Etwaige Gewinne des Gläubigers aus einer anderweitigen Veräußerung, insb. bei einem Weiterverkauf nach Selbsteintritt, sind nicht geschützt.[942]

8. Zinszahlung bei verzögerter Verwertung (§ 169 InsO)

241 Absonderungsberechtigte Gläubiger sollen durch das Verwertungsrecht des Verwalters aus § 166 InsO keine unnötigen Nachteile erfahren. Deshalb regelt § 169 InsO einen Nachteilsausgleich bei Verzögerung der Verwertung. Vom Berichtstermin an ist der Insolvenzverwalter verpflichtet, den Gläubiger durch **laufende Zinszahlungen** zu entschädigen.

Die Zinshöhe richtet sich nach den vertraglichen Vereinbarungen zwischen Schuldner und Absonderungsberechtigten.[943] In Anlehnung an § 246 BGB soll aber jedenfalls eine Mindestverzinsung von 4% anzunehmen sein.[944] Ausgangsbasis zur Berechnung ist der vom Verwalter bis zum Berichtstermin festzustellende Wert des Gegenstandes bzw. der Forderung, der in das Verzeichnis der Massegegenstände nach § 151 InsO aufzunehmen ist.[945] Bei Wertminderungen des Gegenstandes erfolgt

---

[937] HambKomm/Scholz, InsO, § 168 Rn 7; Uhlenbruck/Brinkmann, InsO, § 168 Rn 14.
[938] HambKomm/Büchler, InsO, § 168 Rn 7.
[939] Uhlenbruck/Brinkmann, § 168 InsO Rn 16.
[940] Gottwald/Adolphsen, InsRHdb, § 42 Rn 166; HambKomm/Scholz, § 168 InsO Rn 11.
[941] HambKomm/Scholz, § 168 InsO Rn 11.
[942] OLG Karlsruhe, Urt. v. 9.10.2008 – 9 U 147/08, ZInsO 2008, 1329, 1313; HambKomm/Scholz, § 168 InsO Rn 11.
[943] BGH, Urt. v. 16.2.2006 – IX ZR 26/05, NJW 2006, 1873, 1876 Rn 31; HambKomm/Scholz, § 169 InsO Rn 7; Gottwald/Adolphsen, InsRHdb, § 42 Rn 147; Uhlenbruck/Brinkmann, § 169 InsO Rn 5.
[944] BGH, Urt. v. 16.2.2006 – IX ZR 26/05, NJW 2006, 1873, 1876 Rn 31; Gottwald/Adolphsen, InsRHdb, § 42 Rn 147.
[945] HambKomm/Scholz, § 169 InsO Rn 6.

eine Anpassung der Zinsen, allerdings besteht ein Anspruch auf Wertausgleich gem. § 172 InsO.[946] Die Zinszahlungspflicht endet mit der Befriedigung des Absonderungsberechtigten aus dem Erlös.[947]

Hat das Gericht im Eröffnungsverfahren zur Sicherung der Masse eine Verwertung im Eröffnungsverfahren untersagt (Anordnung nach § 21 Abs. 2 Nr. 2, 3, 5 InsO), so beginnt die Zinszahlungsverpflichtung bereits 3 Monate nach der gerichtlichen Anordnung, § 169 Satz 2 InsO.[948] Auf Aussonderungsgut ist die Vorschrift entsprechend anwendbar, wenn das Gericht nach § 21 Abs. 2 Nr. 5 InsO die Verwertung oder Einziehung untersagt hat.[949]

9. Nutzung durch den Insolvenzverwalter und Ersatz für Wertverlust (§ 172 InsO)

Der Insolvenzverwalter ist nach § 172 Abs. 1 InsO befugt, eine mit einem Absonderungsgut bewegliche Sache, zu deren Verwertung er berechtigt ist, für die Insolvenzmasse zu benutzen. Insb. in der Betriebsfortführung ist dies nicht selten notwendig. **242**

Der durch die Nutzung entstehende **Wertverlust** ist dem Absonderungsberechtigten von der Eröffnung des Insolvenzverfahrens an **durch laufende Zahlungen auszugleichen**. Die Höhe der Ausgleichszahlung bemisst sich nach der Beeinträchtigung der Sicherheit des Absonderungsberechtigten. Daraus folgt, dass eine Ausgleichszahlung nicht erfolgt, wenn der Absonderungsberechtigte trotz des eintretenden Wertverlustes noch in voller Höhe gesichert ist.[950]

Die Zahlungsverpflichtung beginnt mit Aufnahme der Nutzung und endet mit Einstellung der Nutzung, vollständigem Wertverlust, Befriedigung der gesicherten Forderung des Absonderungsberechtigten, Wegfall des Verwertungsrechts des Insolvenzverwalters sowie Verwertung des Absonderungsgutes.[951]

Der Insolvenzverwalter ist gleichfalls berechtigt, das Sicherungsgut zu verbinden, vermischen und zu verarbeiten, sofern hierdurch die Sicherheit des Absonderungsberechtigten nicht beeinträchtigt wird, § 172 Abs. 2 InsO. Voraussetzung ist deshalb regelmäßig eine nicht widerrufene Verarbeitungsermächtigung. Soweit sich das Recht des Gläubigers an einer anderen Sache fortsetzt, hat der Gläubiger nach § 172 Abs. 2 S. 2 InsO die neue Sicherheit insoweit freizugeben, als sie den Wert der bisherigen Sicherheit übersteigt.[952] Als Ausgleich für den Rechtsverlust nach **243**

---

946 HambKomm/Scholz, § 169 InsO Rn 6; Uhlenbruck/Brinkmann, § 169 InsO Rn 13 f.
947 HambKomm/Scholz, § 169 InsO Rn 5.
948 HambKomm/Scholz, § 169 InsO Rn 4; Uhlenbruck/Brinkmann, § 169 InsO Rn 8.
949 HambKomm/Scholz, § 169 InsO Rn 8.
950 HambKomm/Scholz, § 172 InsO Rn 5; Uhlenbruck/Brinkmann, § 172 InsO Rn 14.
951 HambKomm/Scholz, § 172 InsO Rn 4; vgl. auch: Gottwald/Adolphsen, InsRHdb, § 42 Rn 150.
952 HambKomm/Scholz, § 172 InsO Rn 10; vgl. auch Gottwald/Adolphsen, InsRHdb, § 42 Rn 152 ff.

§§ 946 ff. BGB steht dem Gläubiger gem. § 951 BGB ein Entschädigungsanspruch als Masseverbindlichkeit zu. Ergänzend kommt eine Haftung des Insolvenzverwalters nach § 60 InsO in Betracht.[953]

Da der Absonderungsberechtigte nicht selten mit erheblichen Beweisproblemen hinsichtlich des eingetretenen Wertverlustes konfrontiert ist, empfehlen sich alternative Gestaltungsmöglichkeiten, die insb. eine Erlösbeteiligung vorsehen können.[954]

---

10. Verwertung durch den absonderungsberechtigten Gläubiger

244 Neben dem Verwalter ist unter bestimmten Voraussetzungen auch der absonderungsberechtigte Gläubiger zur Verwertung befugt. Dies gilt beim Selbsteintritt des Gläubigers gem. § 168 Abs. 3 InsO, bei der unechten Freigabe gem. § 170 Abs. 2 InsO sowie beim originären Verwertungsrecht des Gläubigers gem. § 173 InsO.

a) Eintrittsrecht, § 168 Abs. 3 InsO

245 Beim **Selbsteintritt des Gläubigers** gem. § 168 Abs. 3 Satz 1 InsO übernimmt der Absonderungsberechtigte den Gegenstand vom Insolvenzverwalter gegen Zahlung einer Vergütung. Dabei wird die aufgrund des Absonderungsrechts bestehende Erlösbeteiligung des Gläubigers mit dem vom ihm zu zahlenden Kaufpreis verrechnet. Ein Übererlös steht der Masse zu. Veräußert der Gläubiger anschließend den Gegenstand weiter, so fällt der ein aus diesem Folgegeschäft erwirtschafteter **Mehrerlös** seinerseits nicht in die Masse, sondern steht dem Gläubiger zu.[955] Das Eintrittsrecht des Gläubigers ist nicht an ein günstigeres Angebot gebunden. Ein gleichartiges Angebot ist ausreichend.[956]

Da der Selbsteintritt des Gläubigers eine Form der Verwertung durch den Insolvenzverwalter darstellt, fallen die Kostenbeiträge der §§ 170, 171 InsO zugunsten der Masse an und sind bei der Abrechnung zu berücksichtigen.[957]

---

953 HambKomm/Scholz, § 172 InsO Rn 9.
954 Vgl. HambKomm/Scholz, § 172 InsO Rn 18 ff.
955 BGH, Urt. v. 3.11 2005 – IX ZR 181/04, ZInsO 2005, 1270, 1271; HambKomm/Scholz, InsO, § 168 Rn 9.
956 HambKomm/Scholz, § 168 InsO Rn 9.
957 HambKomm/Scholz, § 168 InsO Rn 9.

b) Unechte Freigabe, § 170 Abs. 2 InsO

Bei Freigabe eines Gegenstandes aus der Insolvenzmasse ist zwischen der echten Freigabe und der unechten Freigabe nach § 170 Abs. 2 InsO zu unterscheiden. Bei der echten Freigabe scheidet der Gegenstand durch Erklärung des Verwalters ohne Weiteres aus der Masse aus. Wichtigster Anwendungsfall ist die Wertlosigkeit eines Gegenstandes. Hierzu und zu dem Fall der „Freigabe" durch Ablösung durch den Schuldner vgl. Rdn 278.

246

Bei der unechten Freigabe überlässt der Verwalter lediglich die Verwertung dem Absonderungsberechtigten. Dieser hat aus dem erzielten Verwertungserlös zugunsten der Masse die Feststellungskosten, § 171 Abs. 1 InsO, und die anfallende USt zu erstatten (§ 170 Abs. 2 InsO),[958] sofern es sich um eine bewegliche Sache oder Forderung handelt.

Der Absonderungsberechtigte ist zur Übernahme der Verwertung nach § 170 Abs. 2 InsO nicht verpflichtet, sondern kann diese ablehnen.[959] Übernimmt er die Verwertung, ist er an die Verwertungsmöglichkeiten gebunden, die ihm sein Absonderungsrecht außerhalb des Insolvenzverfahrens bietet. Ist ihm danach eine freihändige Verwertung nicht gestattet (wie regelmäßig bei gesetzlichen Pfandrechten, etwa dem Vermieterpfandrecht), so ist der Absonderungsberechtigte hieran gebunden. Das freihändige Verwertungsrecht des Insolvenzverwalters geht nicht auf ihn über.[960] Allerdings kann der Insolvenzverwalter nach § 1246 BGB verpflichtet sein, einer freihändigen Verwertung durch den Absonderungsberechtigten zuzustimmen.[961]

247

Eine unechte Freigabe kommt etwa in Betracht, wenn die mit der Verwertung verbundenen Kosten (etwa Erhaltungskosten) nicht auf den Absonderungsberechtigten abgewälzt werden können. Sie kommt auch in Betracht, wenn wegen Verwertungsverzögerungen die Gefahr der Zinszahlung an den Absonderungsberechtigten gem. § 169 InsO besteht oder wenn aus anderen Gründen (etwa durch Besitzverlust) ohnehin ein Verlust des Verwertungsrechts droht.[962]

Eine unechte Freigabe von beweglichen Sachen oder Forderungen sollte vermieden werden, wenn sie lediglich erfolgt, weil der Gläubiger über bessere Verwertungsmöglichkeiten als der Insolvenzverwalter verfügt. In diesen Fällen ist es sinnvoller, wenn der Insolvenzverwalter den Absonderungsberechtigten zum Selbsteintritt gem. § 168 Abs. 3 InsO auffordert, da der Verwalter dann nicht nur die Feststellungsbeiträge, sondern auch die Verwertungskostenbeiträge des § 170 InsO für die Masse sichern kann.[963]

---

958 HambKomm/Scholz, § 166 InsO Rn 10.
959 HambKomm/Scholz, § 170 InsO Rn 9; Uhlenbruck/Brinkmann, § 170 InsO Rn 21.
960 HambKomm/Scholz, § 170 InsO Rn 9.
961 HambKomm/Scholz, § 170 InsO Rn 9, § 166 InsO Rn 5.
962 HambKomm/Scholz, § 170 InsO Rn 9.
963 HambKomm/Scholz, § 168 Rn 9; § 170 InsO Rn 9; Uhlenbruck/Brinkmann, § 170 InsO Rn 19.

c) Originäres Verwertungsrecht, § 173 InsO

248 Liegen die Voraussetzungen des § 166 InsO nicht vor, so ist der absonderungsberechtigte Gläubiger originär verwertungsberechtigt (§ 173 Abs. 1 InsO).

Als Faustregel gilt, dass das Verwertungsrecht des Gläubigers für alle Sicherungsrechte eingreift, bei denen er im (unmittelbaren) Besitz des Gegenstandes ist.[964] In Betracht kommen **vertragliche Pfandrechte** ebenso wie **gesetzliche Pfandrechte** (Vermieterpfandrecht, § 562 BGB, Pächterpfandrecht, § 583 BGB, Werkunternehmerpfandrecht, § 647 BGB, Pfandrecht des Gastwirtes, § 704 BGB, Pfandrecht des Kommissionärs, § 397 HGB, Pfandrecht des Frachtführers, § 441 HGB, Pfandrecht des Spediteurs, § 464 HGB, Pfandrecht des Lagerhalters, § 475b HGB).[965]

249 **Sicherungsrechte an Forderungen** berechtigten zur Verwertung durch den Gläubiger, sofern es sich nicht um eine Sicherungsabtretung handelt. Denn zur Sicherung abgetretene Forderungen unterliegen dem Verwertungsrecht des Insolvenzverwalters, § 166 Abs. 2 InsO.[966] Auch das kaufmännische Zurückbehaltungsrecht (§ 371 HGB) und das Zurückbehaltungsrecht wegen nützlicher Verwendungen (§ 1000 BGB) begründen ein Selbstverwertungsrecht des Gläubigers.[967] Schließlich berechtigt das Absonderungsrecht nach § 110 VVG zugunsten des Haftpflichtgläubigers in der Insolvenz des Versicherungsnehmers den Gläubiger zur Selbstverwertung.[968] Die Behandlung von Pfandrechten an Rechten ist hingegen nach wie vor umstritten. Vgl. dazu die Ausführungen unter Rdn 224.

Zur Verwertung berechtigt ist der Gläubiger jederzeit nach **Eintritt der Pfandreife**, also auch im Eröffnungsverfahren, sofern das Gericht nicht ausnahmsweise eine Sicherungsmaßnahme nach § 21 Abs. 2 Nr. 3, 5 InsO angeordnet hat. Die Art und Weise der Verwertung richtet sich nach den zugrunde liegenden vertraglichen Vereinbarungen und gesetzlichen Regelungen (insb. öffentliche Versteigerung gem. § 1235 BGB und freihändiger Verkauf gem. § 1221 BGB).[969]

Die Kostenbeiträge der §§ 170, 171 InsO fallen bei der originären Verwertung durch den Gläubiger nicht an, da sie ein Verwertungsrecht des Verwalters nach § 166 InsO voraussetzen. Allerdings hat der Gläubiger entsprechend § 171 Abs. 2 S. 3 InsO für die Masse anfallende USt an diese abzuführen.[970]

---

964 FK/Wegener, § 173 InsO Rn 2.
965 Vgl. FK/Wegener, § 173 InsO Rn 2; Uhlenbruck/Brinkmann, § 173 InsO Rn 4.
966 Uhlenbruck/Brinkmann, § 173 InsO Rn 4.
967 FK/Wegener, § 173 InsO Rn 2; Uhlenbruck/Brinkmann, § 173 InsO Rn 4.
968 Thole, NZI 2011, 41, 44; Uhlenbruck/Brinkmann, § 173 InsO Rn 4.
969 Uhlenbruck/Brinkmann, § 173 InsO Rn 7; vgl. vertiefend, auch zu möglichen Haftungsrisiken des (vorläufigen) Insolvenzverwalters; BGH, Urt. v. 5.5.2011 – IX ZR 144/10, ZInsO 2011, 1463, 1466 Rn 31.
970 Uhlenbruck/Brinkmann, § 173 InsO Rn 9.

Der Gläubiger ist nicht verpflichtet, selbst zu verwerten, sondern kann das Verwertungsrecht über eine Verwertungsvereinbarung dem Verwalter überlassen.[971] Macht der Gläubiger weder das eine noch das andere, kann ihm das Insolvenzgericht auf Antrag des Insolvenzverwalters nach Anhörung eine **Frist bestimmen, innerhalb derer der Gläubiger zu verwerten hat.** Nach fruchtlosem Fristablauf ist der Verwalter zur Verwertung berechtigt, § 173 Abs. 2 InsO. Durch diese Regelung soll die Masse vor einer Verzögerung der Gläubigerverwertung geschützt werden. Zu beachten ist, dass den Gläubiger eine Pflicht zur optimalen Verwertung trifft, da ein Übererlös an die Masse auszukehren ist.[972]

250

Ist die Verwertungsbefugnis auf den Verwalter (gleich auf welchem Wege) übergegangen, so kann dieser die Art der Verwertung frei wählen, ohne an die vertraglichen Regelungen zwischen Schuldner und Gläubiger gebunden zu sein. Verwertet der Verwalter den Gegenstand, so fallen in entsprechender Anwendung der §§ 170, 171 InsO Kostenbeiträge zugunsten der Masse an.[973]

11. Verwertung im vereinfachten Verfahren (§ 314 InsO a.F.)

Im Verbraucherinsolvenzverfahren bestand die Möglichkeit der vereinfachten Verteilung nach § 314 InsO. Die Vorschrift ist mit Wirkung ab dem 1.7.2014 ersatzlos gestrichen worden, da sie nicht zu den erhofften Verfahrenserleichterungen geführt hat[974] und deshalb kaum praktische Relevanz hatte. Für Verfahren, die bis zum 30.6.2014 beantragt wurden, gilt sie aufgrund der Übergangsregelung des Art. 103h S. 1 EGInsO fort.

251

12. Verwertung durch den vorläufigen Insolvenzverwalter

Der vorläufige Insolvenzverwalter ist grds. nicht zur Verwertung berechtigt.[975] Dies gilt insb. für mit Absonderungsrechten belastete Gegenstände.[976]

252

Von dieser Grundregel sind allerdings Ausnahmen zu machen. So kann der vorläufige **Insolvenzverwalter** gem. **§ 21 Abs. 2 Nr. 5 InsO** zum Einzug auch von zur Sicherung abgetretenen Forderungen **ermächtigt** werden. In diesem Fall fallen

---

971 Uhlenbruck/Brinkmann, § 173 InsO Rn 7.
972 Uhlenbruck/Brinkmann, § 173 InsO Rn 5.
973 HambKomm/Scholz, § 173 Rn 6; Uhlenbruck/Brinkmann, § 173 InsO Rn 18, will einschränkend im Fall der Verwertung nach § 173 Abs. 2 S. 2 InsO keine Feststellungskosten zubilligen; ebenso: MüKo/Kern, § 173 InsO Rn 38.
974 BT-Drucks. 17/11268 v.31.10.2012, S. 35.
975 BGH, Beschl. v. 14.12.2000 – IX ZB 105/00, ZInsO 2001, 165, 167; Urt. v. 20.2.2003 – IX ZR 81/02, ZInsO 2003, 318, 320; FK/Wegener, § 166 InsO Rn 19; Uhlenbruck/Brinkmann, § 166 InsO Rn 20.
976 BGH, Beschl. v. 14.12.2000 – IX ZB 105/00, ZInsO 2001, 165, 167; HambKomm/Scholz, § 166 InsO Rn 30.

auch die Kostenbeiträge der §§ 170, 171 InsO an, § 21 Abs. 2 Nr. 5 S. 3 InsO.[977] Bei einer **Betriebsstilllegung im Eröffnungsverfahren** kann ausnahmsweise ein Verwertungsrecht des (starken) vorläufigen Verwalters bestehen, wenn durch einen Aufschub oder eine Verzögerung der Verwertung eine Belastung der Masse mit weiteren Kosten entstehen würde (etwa Sicherungskosten, Einlagerungskosten).[978]

Soweit teilweise vertreten wird, der vorläufige Verwalter dürfe Sicherungsgut mit Zustimmung des Absonderungsberechtigten bereits im Eröffnungsverfahren verwerten, wenn das Absonderungsgut nicht zur Betriebsfortführung benötigt wird und die spätere Masse jedenfalls i.H.d. Kostenbeiträge der §§ 170, 171 InsO beteiligt wird,[979] ist dies abzulehnen, da es der gesetzlichen Aufgabenzuweisung an den vorläufigen Insolvenzverwalter widerspricht. Eine Ausnahme ist zu machen, wenn die Verwertung im Eröffnungsverfahren dringend geboten ist.[980]

IV. Verteilung der Masse

253 Die Verteilung der Masse erfolgt durch den Insolvenzverwalter, § 187 Abs. 3 Satz 1 InsO. Zu unterscheiden sind die **Abschlagsverteilung** (§ 187 Abs. 2 InsO), die **Schlussverteilung** (§ 196 InsO), und die **Nachtragsverteilung** (§ 203 InsO).

Grundlage jeder Verteilung ist das von Verwalter aufzustellende **Verteilungsverzeichnis** gem. § 188 Satz 1 InsO; dazu Näheres in Rdn 267 ff. Die Verteilung erfolgt durch Auszahlung der jeweiligen Quote an die im Verzeichnis aufgenommenen Gläubiger. Sie ist Holschuld i.S.d. des § 269 Abs. 1 BGB, erfolgt aber regelmäßig durch Überweisung der Beträge.[981] Sind weder Kontoverbindung noch Anschrift des Gläubigers bekannt, ist gem. § 372 BGB zu hinterlegen.[982] Die Tilgung der Forderungen erfolgt gleichmäßig auf alle berücksichtigten Forderungen. Die §§ 366, 367 BGB sind nicht anwendbar.[983]

Im Rahmen einer Verteilung kann es statt zur Auszahlung auch dazu kommen, dass der Verwalter Beträge zurückhält. Diese Vorgehensweise ist zu wählen, wenn noch unklar ist, ob oder in welcher Höhe auszuzahlen ist und betrifft somit bestrittene Forderungen, § 189 Abs. 2 InsO, absonderungsberechtigte Gläubiger (§ 190

---

977 HambKomm/Scholz, § 166 InsO Rn 30; Uhlenbruck/Vallender, § 21 InsO Rn 38c.
978 HambKomm/Scholz, § 166 InsO Rn 31.
979 HambKomm/Scholz, § 166 InsO Rn 31.
980 Vgl. Uhlenbruck/Vallender, § 22 InsO Rn 50, der dringend rät, vorab die Zustimmung des Absonderungsberechtigten, etwa in Form eines Verwertungsvertrages, einzuholen.
981 HambKomm/Preß, § 187 InsO Rn 9; § 196 Rn 13; Uhlenbruck/Wegener, § 196 InsO Rn 29.
982 HambKomm/Preß, § 187 InsO Rn 9, § 198 Rn 5f.
983 BGH, Urt. v. 12.2.1985 – VI ZR 68/83, NJW 1985, 3064, 3066 (zur gleichgelagerten Problematik unter Geltung der KO); HambKomm/Preß, § 187 InsO Rn 10.

Abs. 2 Satz 2 InsO) und aufschiebend bedingte Forderungen (§ 191 Abs. 1 Satz 2 InsO).[984]

Unterlaufen dem Insolvenzverwalter bei der Verteilung Fehler, kommt eine Haftung des Verwalters nach § 60 InsO in Betracht.[985] Daneben können Bereicherungsansprüche zugunsten der Masse bestehen.[986]

1. Abschlagsverteilung

Der Insolvenzverwalter kann unmittelbar nach dem allgemeinen Prüfungstermin mit der Verteilung der Masse beginnen, vgl. § 187 Abs. 1 InsO. Er muss nicht warten, bis die Verwertung beendet und das Insolvenzverfahren abschlussreif ist. Eine Abschlagsverteilung kann immer dann stattfinden, wenn hinreichende Barmittel in der Kasse vorhanden sind (§ 187 Abs. 2 InsO). Sofern ein Gläubigerausschuss bestellt ist, hat der Verwalter vor der Abschlagsverteilung dessen Zustimmung einzuholen (§ 187 Abs. 3 Satz 2 InsO).

254

a) Durchführung nach Ermessen des Verwalters

Die Durchführung einer Abschlagsverteilung liegt im pflichtgemäßen **Ermessen des Insolvenzverwalters**. Eine Verteilung kann etwa unterbleiben, wenn die vorhandenen Barmittel zur Betriebsfortführung oder Abfindung eines absonderungsberechtigten Gläubigers benötigt werden.[987]

255

Da eine Abschlagsverteilung stets auch mit Kosten verbunden ist, hat sie zu unterbleiben, wenn die Verteilung in keinem wirtschaftlich vernünftigen Verhältnis zu den auszuzahlenden Beträgen steht.[988] Die teilweise anzutreffende Praxis, auch Kleinstbeträge im Wege einer Abschlagsverteilung auszuschütten, kann deshalb ggf. Schadensersatzansprüche gegen den Verwalter begründen.

Das Gericht hat grds. auf das „Ob und Wie" der Abschlagsverteilung sowie die Höhe der Auszahlungen keinen Einfluss. Lediglich im Einzelfall kann bei pflichtwidrigem Verhalten ein Einschreiten im Wege der Rechtsaufsicht nach § 58 InsO geboten sein.[989]

---

[984] HambKomm/Preß, § 187 InsO Rn 9.
[985] HambKomm/Preß, § 194 InsO Rn 14.
[986] Vgl. dazu näher: Uhlenbruck/Wegener, § 187 InsO Rn 20.
[987] HambKomm/Preß, § 187 InsO Rn 6.
[988] HambKomm/Preß, § 187 InsO Rn 6; HK/Depré, § 187 InsO Rn 5; Uhlenbruck/Wegener, § 187 InsO Rn 7.
[989] HambKomm/Preß, § InsO 195 Rn 5; Uhlenbruck/Wegener, § 187 InsO Rn 9.

b) Festsetzung und Auszahlung der Quote (§ 195 InsO)

256 Der auszuschüttende Bruchteil, also die Quote, wird vom Gläubigerausschuss auf Vorschlag des Verwalters festgesetzt, § 195 Abs. 1 InsO. Der Gläubigerausschuss ist bei Festsetzung der Quote nicht an den Vorschlag des Verwalters gebunden.[990] Ist kein Gläubigerausschuss bestellt, entscheidet der Verwalter gem. § 195 Abs. 2 InsO nach eigenem Ermessen über die Höhe der Ausschüttung.

Grundlage zur **Berechnung der Quote** ist das Verteilungsverzeichnis und **der zur Verteilung stehende Betrag**. Dieser Betrag und **die Summe der Forderungen** sind vor der Verteilung nach § 188 Satz 3 InsO **öffentlich bekannt zu machen**. Zwischenzeitlich eingetretene Reduzierungen des zu verteilenden Betrages sind bei der Quotenbildung zu berücksichtigen. Insgesamt darf die Ausschüttung den bekannt gemachten Betrag nicht überschreiten. Sieht der Beschluss des Gläubigerausschusses dies gleichwohl vor, ist der Verwalter nicht zur Umsetzung des Beschlusses verpflichtet.[991]

Die festgesetzte Quote ist nicht nur Grundlage der Verteilung, sondern hat auch Bedeutung für Massegläubiger. Denn nach § 206 Nr. 1 InsO können Massegläubiger, die erst nach Festsetzung bekannt geworden sind, nur aus den nach Verteilung noch verbleibenden Mitteln Befriedigung erlangen.

Vor der Verteilung hat der Insolvenzverwalter den Gläubigern die festgesetzte Quote gem. § 195 Abs. 2 InsO formlos mitzuteilen. Der Vollzug der Verteilung schließt sich unmittelbar an.[992] Ein einklagbarer Anspruch auf Auszahlung der beschlossenen und mitgeteilten Quote besteht ebenso wenig, wie ein Rechtsmittel gegen den Beschluss oder die Vornahme der Abschlagsverteilung.[993]

2. Schlussverteilung (§ 196 InsO)

257 Die Schlussverteilung erfolgt, sobald die Verwertung der Insolvenzmasse abgeschlossen ist, § 196 Abs. 1 InsO. Die gesamte noch vorhandene Masse wird nach Maßgabe des Schlussverzeichnisses an die Gläubiger ausgeschüttet und markiert damit das Ende der Gesamtvollstreckung. Grds. sind auch **Kleinstbeträge** bei der Schlussverteilung **auszahlen**, sofern nicht Aufwand und Kosten ausnahmsweise in krassem Missverhältnis hierzu stehen.[994] Aufgrund des abschließenden Charakters der Schlussverteilung ist nach der Schlussverteilung eine Fehlerkorrektur grds.

---

990 HambKomm/Preß, § 195 InsO Rn 3.
991 HambKomm/Preß, § 195 InsO Rn 3.
992 HambKomm/Preß, § 195 InsO Rn 1.
993 HambKomm/Preß, § 195 InsO Rn 8 f.
994 Uhlenbruck/Wegener, § 196 InsO Rn 29.

nicht möglich.[995] Dieser Umstand rechtfertigt auch, dass die Schlussverteilung nur mit Zustimmung des Gerichts vorgenommen werden darf.[996]

Vor der Schlussverteilung ist die abschließende Gläubigerversammlung, der Schlusstermin, abzuhalten. In diesem können **Einwendungen gegen das Schlussverzeichnis** vorgebracht werden können, § 197 Abs. 1 Satz 2 Nr. 2 InsO (zum Schlusstermin s.u. Rdn 284 ff.).[997] Versäumt ein Gläubiger die Erhebung von Einwendungen, ist er mit diesen endgültig ausgeschlossen. Für einen im Schlussverzeichnis gänzlich übergangenen Gläubiger hat dies zur Folge, dass er endgültig von der Verteilung ausgeschlossen ist.[998] Auch von einer etwaigen Nachtragsverteilung ist er ausgeschlossen, da diese auf Grundlage des Schlussverzeichnisses erfolgt, § 205 Satz 1 InsO.[999]

a) Ausnahmen vom Grundsatz der vollständigen Verwertung

Von dem Grundsatz, dass die Schlussverteilung erst nach Verwertung der Insolvenzmasse erfolgt, sind einige Ausnahmen zu machen. 258

Die erste Ausnahme betrifft das laufende Einkommen einer natürlichen Person, § 196 Abs. 1 a.E. InsO. Da nach § 35 InsO auch der **Neuerwerb** und damit das **laufende Einkommen** massezugehörig sind, wäre bei einem erwerbstätigen Schuldner andernfalls nie eine Schlussverteilung möglich, da ständig neue Masse zufließt.[1000]

Die zweite Ausnahme betrifft **unverwertbare Massegegenstände**, da durch sie 259 die Teilungsmasse nicht vergrößert wird. Was mit diesen Gegenständen geschieht, entscheiden nach § 197 Abs. 1 Satz 2 Nr. 3 InsO die Gläubiger im Schlusstermin.[1001] Regelmäßig wird eine Freigabe an den Schuldner erfolgen, wenn weitere Verwertungsmöglichkeiten (etwa Überlassung an einen Gläubiger gegen Entgelt oder auch ausnahmsweise unentgeltlich) ausscheiden.[1002]

Die dritte Ausnahme betrifft Gegenstände, deren **Verwertung erst in ferner** 260 **Zukunft möglich** ist. Sie können im Schlusstermin einer späteren Nachtragsverteilung vorbehalten werden. Praktisch relevant wird dies etwa bei baurechtlichen Si-

---

995 HambKomm/Preß, § 196 InsO Rn 1; Uhlenbruck/Wegener, § 194 InsO Rn 1, 2; zur denkbaren Ausnahme: Bereicherungsansprüche, wenn versehentlich ein zu hoher Betrag ausgezahlt wurde, vgl. Uhlenbruck/Uhlenbruck; 13. Aufl., § 194 InsO Rn 19.
996 HambKomm/Preß, § 196 InsO Rn 1.
997 Uhlenbruck/Wegener; § 197 InsO Rn 8 ff.
998 Uhlenbruck/Wegener; § 197 InsO Rn 12.
999 HambKomm/Preß, § 196 InsO Rn 1.
1000 HambKomm/Preß, § 196 InsO Rn 7; Uhlenbruck/Wegener, § 196 InsO Rn 4.
1001 HambKomm/Preß, § 196 InsO Rn 4; Uhlenbruck/Wegener, § 196 InsO Rn 5.
1002 HambKomm/Preß, § 197 InsO Rn 14; ausführlich: Uhlenbruck/Wegener, § 197 InsO Rn 13 ff.

cherungseinbehalten oder bei einzelnen langwierigen Aktivprozessen, die keine wesentliche Auswirkung auf den Massebestand haben.[1003]

Auch hindern Feststellungsklagen nach § 179 InsO die Schlussverteilung nicht, da die auf die streitigen Forderungen entfallenen anteiligen Quoten zurückzubehalten und zu hinterlegen sind (§ 198 InsO).[1004]

b) Zustimmung des Gerichts zur Schlussverteilung

261 Die Schlussverteilung darf nach § 196 Abs. 2 InsO nur mit Zustimmung des Gerichts erfolgen. Die Zustimmung ist vom Verwalter unter Beifügung der Schlussunterlagen (Schlussbericht mit Hinweis, dass die Verwertung der Insolvenzmasse abgeschlossen ist, Aufstellung der nicht verwertbaren Massegegenstände, Schlussrechnung samt Belegen, § 66 InsO, sowie Schlussverzeichnis, § 188 InsO) zu beantragen.[1005] Die ohne Zustimmung durchgeführte Schlussverteilung ist wirksam, allerdings besteht für den Verwalter die Gefahr einer persönlichen Haftung nach § 60 InsO.[1006]

Die **Genehmigung der Schlussverteilung** erfolgt durch Beschluss, der jedenfalls dann dem Verwalter zuzustellen ist, wenn gleichzeitig Vergütung und Auslagen von Verwalter und Mitgliedern des Gläubigerausschusses festgesetzt werden.[1007] Mit der Zustimmung zur Schlussverteilung ist gem. § 197 Abs. 1 Satz 1 InsO zugleich der Schlusstermin zu bestimmen, wobei zu beachten ist, dass der Schlusstermin mitsamt seiner Tagesordnung öffentlich bekannt zu machen ist.[1008] Näher zum Schlusstermin s. unten zu Rdn 284ff.

262 Das Gericht erteilt die Zustimmung, wenn die Schlussrechnung geprüft, etwaige Mängel und Unregelmäßigkeiten abgestellt oder für den Schlusstermin durch Prüfvermerk offengelegt wurden.[1009] Sie ist insb. dann zu versagen, wenn die Verteilung der Masse noch nicht abgeschlossen ist.[1010] Eine Versagung der Zustimmung kann als Mittel insolvenzgerichtlicher Aufsicht i.S.d. § 58 InsO[1011] in Betracht kommen,

---

1003 HambKomm/Preß, § 196 InsO Rn 5f.; Uhlenbruck/Wegener, § 196 InsO Rn 6, 8.
1004 HambKomm/Preß, § 196 InsO Rn 6, Uhlenbruck/Wegener, § 196 InsO Rn 7.
1005 HambKomm/Preß, § 196 InsO Rn 8.
1006 HambKomm/Preß, § 196 InsO Rn 10; Uhlenbruck/Wegener, InsO, § 196 Rn 14.
1007 HambKomm/Preß, § 196 InsO Rn 9.
1008 Uhlenbruck/Wegner, § 196 InsO Rn 11.
1009 HambKomm/Preß, § 196 InsO Rn 8.
1010 Vgl. HambKomm/Preß, § 196 InsO Rn 8; MüKo /Kebekus/Schwarzer, § 196 InsO Rn 9, die die Verweigerung auf eine noch nicht vollständige Verwertung der Masse infolge eines Fehlverhaltens des Insolvenzverwalters beschränkt sehen wollen.
1011 Uhlenbruck/Wegener, § 196 InsO Rn 12; **a.A.** HambKomm/Preß, § 196 InsO Rn 9; MüKo/Füchsl/Weishäupl/Kebekus/Schwarzer, § 196 InsO Rn 9.

wenn der Verwalter gerichtlichen Beanstandungen hinsichtlich der Schlussrechnung oder dem Schlussverzeichnis nicht nachkommt.[1012]

Gegen den Beschluss ist die sofortige Erinnerung nach § 11 Abs. 2 Satz 2 RPflG gegeben, wenn er, wie regelmäßig, vom Rechtspfleger erlassen wurde. Gegen den richterlichen Beschluss ist ein Rechtsmittel nicht vorgesehen.[1013]

> In Ausnahmefällen kommt ein Widerruf der Zustimmung (ggf. auch auf Anregung des Insolvenzverwalters) in Betracht. Dies kann etwa der Fall sein, wenn zwischen Zustimmung zur Schlussverteilung und Schlusstermin weitere Massegegenstände in einem solchem Umfang entdeckt werden, dass ihre Verwertung und Verteilung nicht einer Nachtragsverteilung überlassen werden kann.[1014]

c) Überschuss bei der Schlussverteilung (§ 199 InsO)

Stellt sich nach der Schlussverteilung ausnahmsweise heraus, dass sämtliche Masseverbindlichkeiten und alle im Schlussverzeichnis aufgeführten Insolvenzgläubiger vollständig befriedigt wurden, so ist der verbleibende Überschuss an den Schuldner herauszugeben, § 199 Satz 1 InsO. Nicht im Schlussverzeichnis aufgeführte Insolvenzgläubiger bleiben unberücksichtigt.[1015]

Ist der Schuldner eine juristische Person, so ist der Überschuss an die an ihr beteiligten Personen (also etwa bei der GmbH an die Gesellschafter) nach Maßgabe einer Liquidation außerhalb des Insolvenzverfahrens herauszugeben, i.d.R. also im Verhältnis der Beteiligungen.[1016] Der Verwalter hat dabei den steuerlichen Erfordernissen Rechnung zu tragen, insb. die bei der Ausschüttung anfallende Körperschaftsteuer zu erklären und abzuführen.[1017]

3. Nachtragsverteilung (§ 203 InsO)

Nicht selten kommt es vor, dass noch Vermögenswerte vorhanden sind, die bei der Schlussverteilung noch nicht berücksichtigt werden konnten. Diese können im Wege einer Nachtragsverteilung gem. § 203 InsO auch nach der Schlussverteilung und selbst noch nach Aufhebung des Insolvenzverfahrens verteilt werden.

1012 Uhlenbruck/Wegener, § 196 InsO Rn 12; zum Umfang des gerichtlichen Prüfungsrechts und Prüfungspflicht, vgl. Uhlenbruck/Wegener, § 196 InsO Rn 10; Gottwald/Eickmann, InsRHdb § 65 Rn 15 ff.; Frege/Keller/Riedel, HRP, Rn 1692.
1013 FK/Kießner, § 196 InsO Rn 18; HambKomm/Preß, § 196 InsO Rn 15.
1014 FK/Kießner, § 196 InsO Rn 19; HambKomm/Preß, § 196 InsO Rn 11.
1015 Vgl. Uhlenbruck/Wegener, § 199 InsO Rn 3.
1016 Uhlenbruck/Wegener, § 199 InsO Rn 5.
1017 Uhlenbruck/Wegener, § 199 InsO Rn 5.

a) Voraussetzungen und Verfahren der Nachtragsverteilung

265 Die Nachtragsverteilung erfolgt auf Antrag des Insolvenzverwalters, eines Insolvenzgläubigers oder von Amts wegen, § 203 Abs. 1 InsO. Das Gericht ordnet die Nachtragsverteilung durch Beschluss an, unabhängig davon, ob die Nachtragsverteilung im Schlusstermin ausdrücklich oder stillschweigend vorgehalten worden ist.[1018]

Das Gesetz nennt in § 203 InsO **drei Fallgruppen**, in denen eine Nachtragsverteilung erfolgen kann:[1019]
- freiwerdende, bislang zurückbehaltene Beträge, § 201 Abs. 1 Nr. 1 InsO,
- aus der Masse gezahlte, an diese zurückfließende Beträge, § 201 Abs. 1 Nr. 2 InsO,
- sowie nachträglich ermittelte Gegenstände der Masse, § 203 Abs. 1 Nr. 3 InsO.

Die Entscheidung über die Anordnung der Nachtragsverteilung liegt nach § 203 Abs. 3 InsO im **Ermessen des Gerichts**, das eine Kosten/Nutzen-Analyse vorzunehmen hat.[1020] Es kann von der Anordnung der Nachtragsverteilung absehen und den zur Verfügung stehenden Betrag oder den ermittelten Gegenstand dem Schuldner überlassen, wenn dies mit Rücksicht auf die Geringfügigkeit des Betrags oder den geringen Wert des Gegenstands und die Kosten einer Nachtragsverteilung angemessen erscheint. Es kann die Anordnung auch davon abhängig machen, dass ein Geldbetrag vorgeschossen wird, der die Kosten der Nachtragsverteilung deckt, § 203 Abs. 3 InsO.

Gegen die Ablehnung einer beantragten Nachtragsverteilung steht dem Antragsteller nach § 204 Abs. 1 InsO die sofortige Beschwerde zu. Gegen die Anordnung der Nachtragsverteilung steht dem Schuldner nach § 204 Abs. 2 Satz 2 InsO die sofortige Beschwerde zu.

b) Insolvenzverwalter und Insolvenzbeschlag bei Nachtragsverteilung

266 Mit Verfahrensaufhebung sind das Amt des Insolvenzverwalters und der Insolvenzbeschlag grds. beendet; die Verfügungsbefugnis ist an den Schuldner zurückgefallen. Die Verwertung des Gegenstandes und Verteilung des Erlöses im Wege der Nachtragsverteilung setzen deshalb die erneute Bestellung eines Verwalters und **Herstellung des Insolvenzbeschlags** voraus. Da die Nachtragsverteilung auch als Fortführung der Schlussverteilung verstanden werden kann, ist regelmäßig der vormalige Insolvenzverwalter erneut zu bestellen.[1021]

[1018] HambKomm/Preß/Henningsmeier, § 203 InsO Rn 16.
[1019] Vgl. zu Beispielen dieser Fallgruppen: HambKomm/Preß/Henningsmeier, § 203 InsO Rn 9 ff.
[1020] HambKomm/Preß/Henningsmeier, § 203 InsO Rn 20.
[1021] HambKomm/Preß/Henningsmeier, § 203 InsO Rn 17.

Der durch Aufhebung des Insolvenzverfahrens entfallende Insolvenzbeschlag entsteht mit Anordnung der Nachtragsverteilung mit Wirkung ex nunc neu.[1022] Hieraus folgt, dass ein nachträglich bekannt gewordener Gegenstand der vormaligen Masse nicht der Nachtragsverteilung unterliegt, wenn der Schuldner zwischenzeitlich über ihn verfügt hat. Allerdings unterliegt in diesem Fall das Surrogat der Nachtragsverteilung, ohne dass es auf eine dingliche Surrogation ankäme. Zieht der Schuldner etwa nach Aufhebung des Insolvenzverfahrens eine Forderung ein, die zur Masse gehörte, unterliegt der Erlös der Nachtragsverteilung. Weshalb der Verwalter den Gegenstand zuvor nicht verwertet hat, ist dabei unerheblich.[1023]

Hat das Gericht hingegen im Schlusstermin hinsichtlich einzelner bereits bekannter, aber noch nicht verwertbarer Vermögensgegenstände die Nachtragsverteilung gem. § 197 Abs. 1 Satz 2 Nr. 3 InsO vorbehalten, erlischt der Insolvenzbeschlag für die betreffenden Gegenstände nicht mit der Verfahrensaufhebung, sondern bleibt bis zur Durchführung der Nachtragsverteilung aufrechterhalten.[1024]

4. Verteilungsverzeichnis

Vor jeder Verteilung hat der Verwalter das für die jeweilige Verteilung maßgebliche Verteilungsverzeichnis aufzustellen, § 188 InsO.[1025] Grundlage eines jeden Verteilungsverzeichnisses ist die beim Insolvenzgericht geführte Tabelle gem. § 178 Abs. 2 Satz 1 InsO. Das Verzeichnis ist auf der Geschäftsstelle zur Einsicht auszulegen, § 188 Satz 2 InsO. Die Summe der aufgenommenen Forderungen und der zur Verteilung stehende Betrag sind öffentlich bekannt zu machen, § 188 Satz 3 InsO.

267

In das Verteilungsverzeichnis werden **nur geprüfte Forderungen** aufgenommen.[1026] Aufzunehmen sind alle nach § 178 Abs. 1 InsO oder § 183 Abs. 1 InsO (nachträglich) festgestellten Forderungen.[1027] Bestrittene Forderungen, Forderungen absonderungsberechtigter Gläubiger und aufschiebend bedingte Forderungen sind nach Maßgabe der §§ 189 bis 192 InsO zu berücksichtigen (dazu näher in Rdn 268).

Die Feststellung einer Forderung muss spätestens i.R.d. Aufstellung des der Schlussverteilung zugrunde liegende Verteilungsverzeichnis (**Schlussverzeichnis**, § 197 Abs. 1 Nr. 2 InsO) erfolgt sein, um noch an der Verteilung teilnehmen zu können.[1028] Eine erst im Schlusstermin geprüfte Forderung kann nicht mehr in das

---

1022 BGH, Beschl. v. 26.1.2012 – IX ZR 111/10, NZI 2012, 271, 272 Rn 16f.; HambKomm/Preß/Henningsmeier, § 203 InsO Rn 10; Uhlenbruck/Wegener, § 203 InsO Rn 14.
1023 BGH, Beschl. v. 26.1.2012 – IX ZR 111/10, NZI 2012, 271, 272 Rn 21ff.; Uhlenbruck/Wegener, § 203 InsO Rn 14; **a.A.** noch die erste Auflage.
1024 BFH, Urt. v. 28.2.2012 – VII R 36/11, ZInsO 2012, 883; 884 Rn 13; HambKomm/Preß/Henningsmeier, § 203 InsO Rn 2; Uhlenbruck/Wegener, § 199 InsO Rn 12.
1025 HambKomm/Preß, § 188 InsO Rn 3.
1026 HambKomm/Preß, § 188 InsO Rn 5.
1027 HambKomm/Preß, § 188 InsO Rn 6, dort auch eine zusammenfassende Übersicht, der aufzunehmenden Forderungen.
1028 HambKomm/Preß, § 188 InsO Rn 4.

Schlussverzeichnis aufgenommen werden und nimmt deshalb an der Verteilung nicht mehr teil.[1029]

a) Bestrittene Forderungen (§ 189 InsO)

268 Bestrittene Forderungen, für die ein **Titel nicht vorliegt**, werden nach § 189 InsO in das Verteilungsverzeichnis aufgenommen, wenn der Gläubiger innerhalb **einer Ausschlussfrist von 2 Wochen** nach der öffentlichen Bekanntmachung nachweist, dass er eine **Feststellungsklage** erhoben oder einen unterbrochenen Rechtsstreit aufgenommen hat, § 189 Abs. 1 InsO. Gelingt der rechtzeitige Nachweis, ist der **Betrag** bis zur Beendigung des Rechtsstreites vom Verwalter **zurückzuhalten**, § 189 Abs. 2 InsO. Wird der Nachweis nicht rechtzeitig geführt, wird die Forderung bei der Verteilung nicht berücksichtigt, § 189 Abs. 3 InsO. Bei der Schlussverteilung zurückbehaltene Beträge sind gem. § 198 InsO vom Verwalter für Rechnung der Beteiligten **zu hinterlegen.**

269 Auf bestrittene Forderungen, für die ein **Titel vorliegt**, ist § 189 InsO entsprechend anwendbar. Allerdings muss nach § 179 Abs. 2 InsO hier der **Bestreitende den Widerspruch verfolgen**. Deshalb ist die Forderung in das Verteilungsverzeichnis aufzunehmen, wenn der bestreitende Insolvenzverwalter oder andere Gläubiger die gerichtliche Verfolgung des Widerspruchs nicht rechtzeitig nachweist.[1030]

Ist eine Forderung „vorläufig" bestritten, gelten keine Besonderheiten. Das Bestreiten ist voll wirksam. Ob die Forderung in das Verteilungsverzeichnis aufgenommen wird, hängt von der rechtzeitigen Einlegung der Feststellungsklage bzw. Verfolgung des Widerspruchs ab.[1031]

Bei der Frist nach § 189 InsO handelt es sich um eine Ausschlussfrist. Weder Wiedereinsetzung noch Verlängerung der Frist sind daher möglich.[1032] Anderes gilt, wenn die gerichtlich erforderliche Genehmigung der Schlussverteilung widerrufen wurde. Dann ist auch die Frist des § 189 InsO gegenstandslos. Mit der erneuten Genehmigung beginnt die Frist erneut zu laufen.[1033]

b) Forderungen absonderungsberechtigter Gläubiger (§ 190 InsO)

270 Forderungen absonderungsberechtigter Gläubiger sind nach Maßgabe des § 190 InsO **mit ihrem Ausfall** im Verteilungsverzeichnis zu berücksichtigen.

1029 FK/Kießner, § 197 InsO Rn 9; HambKomm/Preß, § 188 InsO Rn 4.
1030 HambKomm/Herchen/Gerichhausen, § 189 InsO Rn 2; Uhlenbruck/Wegener, § 189 InsO Rn 19.
1031 HambKomm/Herchen/Gerichhausen, § 189 InsO Rn 4.
1032 FK/Kießner, § 189 InsO Rn 15; HambKomm/Herchen/Gerichhausen, § 189 InsO Rn 6.
1033 HambKomm/Herchen/Gerichhausen, § 189 InsO Rn 7.

Zur Teilnahme an Abschlagsverteilungen genügt es, wenn der Absonderungsberechtigte nach § 190 Abs. 2 Satz 1 InsO seinen Ausfall glaubhaft macht. Der auf den Gläubiger entfallende Anteil an der Verteilung ist dann zurückzuhalten. Ist ausschließlich der Verwalter zur Verwertung des Absonderungsgutes berechtigt (§ 166 InsO; vgl. oben Rdn 229 f.), hat der Verwalter den **voraussichtlichen Ausfall zu schätzen** und einen **entsprechenden Betrag zurückzuhalten**, § 190 Abs. 3 InsO. § 190 Abs. 1, 2 InsO gelten in diesem Fall nicht.

An der **Schlussverteilung** und an **Nachtragsverteilungen** nehmen sie in der Höhe teil, wie der **Ausfall** oder Verzicht auf die abgesonderte Befriedigung innerhalb der Frist des § 189 InsO vom Gläubiger **nachgewiesen** wird, § 190 Abs. 1 Satz 1 InsO. Wird der Nachweis nicht rechtzeitig geführt, wird der auf seine Forderung entfallene Betracht bei der Verteilung nicht berücksichtigt, § 190 Abs. 1 Satz 2 InsO, und somit für die anderen Gläubiger frei.[1034]

c) Aufschiebende bedingte Forderungen (§ 191 InsO)

Aufschiebend bedingte Forderungen sind bei Abschlagsverteilungen **in voller Höhe** zu berücksichtigen, § 191 Abs. 1 Satz 1 InsO. Allerdings ist der **Betrag zurückzuhalten**, § 191 Abs. 1 Satz 2 InsO, sodass der Gläubiger zunächst nur eine Sicherheit erhält.[1035] Tritt die Bedingung vor der Schlussverteilung ein, ist der Betrag an den Gläubiger auszukehren. Kann der Bedingungseintritt nicht mehr erfolgen, so wird der Betrag für die Masse frei.[1036]

271

Für die Berücksichtigung bei der **Schlussverteilung** gilt § 191 Abs. 2 InsO. Die Forderung wird **nicht berücksichtigt, wenn der Bedingungseintritt fernliegt**, sodass der Forderung kein Vermögenswert mehr zukommt. Ob dies der Fall ist, hat zunächst der Verwalter, im Streitfall das Insolvenzgericht gem. §§ 197 Abs. 3, 194 Abs. 2, 3 InsO, zu entscheiden.[1037] Ein nach Abs. 1 zurückgehaltener Anteil wird dann für die Schlussverteilung frei, § 191 Abs. 2 Satz 2 InsO. Ist mit dem Bedingungseintritt zu rechnen, so ist auch bei der Schlussverteilung ein entsprechender Betrag bis zum Bedingungseintritt zurückzuhalten.[1038]

Auf auflösend bedingte Forderungen ist § 191 InsO nicht analog anwendbar. Sie sind vielmehr gem. § 42 InsO wie unbedingte Forderungen zu berücksichtigen.[1039] Tritt die auflösende Bedingung ein, ist der ausgekehrte Betrag für die Masse zurück-

---

[1034] HambKomm/Herchen/Gerichhausen, § 190 InsO Rn 11; Uhlenbruck/Uhlenbruck, § 190 InsO Rn 20.
[1035] HambKomm/Herchen/Gerichhausen, § 191 InsO Rn 1.
[1036] HambKomm/Herchen/Gerichhausen, § 191 InsO Rn 9; Uhlenbruck/Wegener, § 191 InsO Rn 10.
[1037] HambKomm/Herchen/Gerichhausen, § 191 InsO Rn 10; Uhlenbruck/Wegener, § 191 InsO Rn 11.
[1038] HambKomm/Herchen/Gerichhausen, § 191 InsO Rn 10.
[1039] HambKomm/Herchen/Gerichhausen, § 191 InsO Rn 2; Uhlenbruck/Wegener, § 191 InsO Rn 13.

zugewähren und an die anderen Gläubiger, ggf. im Wege einer Nachtragsverteilung, auszukehren.[1040]

d) Nachträgliche Berücksichtigung (§ 192 InsO)

272 Forderungen, die bei einer Abschlagsverteilung nach §§ 189, 190 InsO nicht berücksichtigt wurden, sind nach § 192 InsO bei der folgenden Verteilung vorab zu befriedigen. Die Vorschrift soll die Ausschlusswirkung der §§ 189, 190 InsO begrenzen und einen **Nachteilsausgleich** für die bei den vorhergehenden Verteilungen nicht berücksichtigten Gläubiger schaffen.[1041] Die Voraussetzungen zur Berücksichtigung gem. §§ 189, 190 InsO müssen spätestens bei der Schlussverteilung geschaffen sein. Andernfalls fällt der Gläubiger endgültig aus.[1042] Der Gläubiger fällt ebenfalls (teilweise) aus, wenn die Verteilungsmasse bei der folgenden Verteilung nicht ausreicht, um einen vollen Ausgleich herbeizuführen.[1043]

e) Änderungen des Verteilungsverzeichnisses (§ 193 InsO)

273 Sofern nach Maßgabe der §§ 189 bis 192 InsO **Änderungen am Verteilungsverzeichnis** vorzunehmen sind, hat der Insolvenzverwalter diese **binnen 3 Tagen nach Ablauf der zweiwöchigen Ausschlussfrist** des § 189 Abs. 1 InsO vorzunehmen, § 193 InsO. Hierzu bringt er in der Berichtigungsspalte des auf der Geschäftsstelle des Insolvenzgerichts niedergelegten Verteilungsverzeichnisses einen Vermerk an. Bei der weitgehend üblichen elektronischen Tabellenführung wird ein neuer Datensatz nebst Ausdruck mit den eingearbeiteten Änderungen übersandt.[1044] Das berichtigte Verzeichnis ist gem. § 188 Satz 2 InsO auf der Geschäftsstelle zur Einsicht niederzulegen. Weitere Veröffentlichungen haben nicht zu erfolgen, da dem Informationsbedürfnis der Beteiligten durch die bereits zuvor erfolgten Veröffentlichungen ausreichend Rechnung getragen wurde.[1045]

Nicht nach § 193 InsO, sondern entsprechend § 319 Abs. 1 ZPO können **offenbare Unrichtigkeiten**, wie etwa Schreib- oder Rechenfehler, aber auch offensichtliche Unrichtigkeiten bei der Eintragung von Prüfergebnissen, vom Verwalter jederzeit berichtigt werden.[1046] Ob darüber hinaus auch weitere Fehler, wie etwa die fehler-

---

1040 HambKomm/Herchen/Gerichhausen, § 191 InsO Rn 2.
1041 HambKomm/Herchen/Gerichhausen, § 192 InsO Rn 1 f.
1042 HambKomm/Herchen/Gerichhausen, § 192 InsO Rn 4; Uhlenbruck/Wegener, § 192 InsO Rn 2.
1043 HambKomm/Herchen/Gerichhausen, § 192 InsO Rn 3.
1044 HambKomm/Preß, § 193 InsO Rn 3.
1045 Näher: HambKomm/Preß, InsO, § 193 Rn 7 f.
1046 LG Göttingen, Beschl. v. 23.1.2003 – 10 T 7/03, NZI 2003, 383; AG Köln, Beschl. v. 30.9.2004 – 71 IN 453/02, NZI 2005, 171.

hafte Nichtaufnahme einer Forderung, berichtigt werden können, ist umstritten. Ausdrücklich ist dies im Gesetz nicht vorgesehen. Teilweise wird dem Verwalter zur Vermeidung einer Haftung zugestanden, jedenfalls ohne Weiteres erkennbare Fehler von sich aus innerhalb der Drei-Tages-Frist zu berichtigen,[1047] während die Gegenansicht dem Verwalter nur die Berichtigung aufgrund der §§ 189–192 InsO zugesteht, sofern es sich nicht nur um die Berichtigung offensichtlicher Irrtümer und Unrichtigkeiten, wie z.B. Schreib- und Rechenfehler, handelt.[1048]

f) Einwendungen gegen das Verteilungsverzeichnis (§ 194 InsO und § 197 Abs. 1 Satz 2 Nr. 2 InsO)

Hat ein Insolvenzgläubiger **Einwendungen gegen das Verteilungsverzeichnis**, so kann er diese nach Maßgabe der §§ 194, 197 InsO geltend machen. Gegenstand der Einwendung kann sowohl die Nichtberücksichtigung einer eigenen Forderung als auch die Berücksichtigung der Forderung eines anderen Gläubigers sein. Die Einwendungen können jegliche Art der fehlerhaften Verfahrenshandhabung betreffen, soweit nicht der Anwendungsbereich der §§ 189, 190 InsO eröffnet ist. Denn durch die Einwendungen darf die Ausschlussfrist des § 189 Abs. 1 InsO nicht umgangen werden.[1049] Denkbar ist etwa der Streit über die Einordnung als Vollrecht, oder ob ein Nachweis i.S.d. §§ 189, 190 InsO erbracht wurde. Nicht geltend gemacht werden können hingegen materiell-rechtliche Einwendungen. Diese sind vor den Prozessgerichten geltend zu machen.[1050]

274

Einwendungsberechtigt sind alle Insolvenzgläubiger i.S.d. § 38 InsO, die ihre Forderung angemeldet haben und ein **rechtliches Interesse an der Änderung des Verteilungsverzeichnisses** haben. Es ist nicht erforderlich, dass ihre Forderung bereits geprüft oder gar festgestellt wurde.[1051] Nachrangige Gläubiger (§ 38 InsO), Massegläubiger (§ 53 InsO), aussonderungsberechtigte Gläubiger und der Schuldner selbst sind nicht einwendungsberechtigt.[1052]

Für Einwendungen gegen das Schlussverzeichnis gelten über die Verweisung in § 197 Abs. 3 InsO die Verfahrensregeln des § 194 Abs. 2 und 3 InsO entsprechend.[1053]

1047 HambKomm/Preß, § 193 InsO Rn 6.
1048 Uhlenbruck/Wegener, § 193 InsO Rn 2, 8.
1049 HambKomm/Preß, § 194 InsO Rn 3.
1050 Uhlenbruck/Wegener; § 194 InsO Rn 5, m.w.N.
1051 HambKomm/Preß, § 194 InsO Rn 5; Uhlenbruck/Wegener; § 194 InsO Rn 3.
1052 HambKomm/Preß, § 194 InsO Rn 5f.
1053 Vgl. näher: HambKomm/Preß, § 197 InsO Rn 9ff.

g) Einwendungsfrist

275 Einwendungen gegen das einer **Abschlagsverteilung** zugrunde liegende Verteilungsverzeichnis sind **innerhalb einer Woche** nach Ablauf der zweiwöchigen Ausschlussfrist des § 189 Abs. 1 InsO beim Insolvenzgericht erheben, § 194 Abs. 1 InsO. Eine beim Verwalter erhobene Einwendung ist nur dann zu berücksichtigen, wenn dieser die Einwendung innerhalb der laufenden Frist an das Insolvenzgericht weitergeleitet hat.[1054]

Eine Besonderheit gilt bei der **Schlussverteilung**. Einwendungen gegen das Schlussverzeichnis sind **mündlich im Schlusstermin** zu erheben, § 197 Abs. 1 Satz 2 Nr. 2 InsO, damit eine unmittelbare Klärung erfolgen kann.[1055] Versäumt ein Gläubiger eine Teilnahme am Termin, ist eine Wiedereinsetzung in den vorherigen Stand ausgeschlossen.[1056] Der Gläubiger kann allerdings nach Verfahrensbeendigung seine Forderung gegen den Schuldner geltend machen, weil seine materiellrechtliche Position nicht beeinträchtigt wird.[1057] Dabei ist er selbstverständlich an die auch für alle anderen Insolvenzgläubiger geltenden Beschränkungen gebunden, etwa an das Vollstreckungsverbot nach § 294 Abs. 1 InsO oder eine erteilte Restschuldbefreiung.

Wird der Schlusstermin im schriftlichen Verfahren durchgeführt, bestimmt das Gericht eine Frist, innerhalb derer die Einwendungen zu erheben sind.

h) Entscheidung durch Beschluss

276 Über die Einwendung entscheidet das Insolvenzgericht nach Anhörung des Insolvenzverwalters durch Beschluss, in dem es die Einwendung entweder zurückweist oder die Berichtigung der Tabelle durch den Verwalter anordnet. Die Berichtigung des Verteilungsverzeichnisses selbst erfolgt dann ausschließlich durch den Verwalter.[1058]

Der Beschluss ist dem Insolvenzverwalter und dem Gläubiger zuzustellen. Der stattgebende Beschluss ist darüber hinaus auf der Geschäftsstelle zur Einsicht der Beteiligten niederzulegen, § 194 Abs. 2, 3 InsO. Eine gesonderte Mitteilung an die übrigen Gläubiger ist nicht vorgeschrieben, kann aber vom Gericht vorgenommen werden. Gegen den zurückweisenden Beschluss steht dem Gläubiger die sofortige Beschwerde zu, § 194 Abs. 2 InsO. Der die Berichtigung anordnende Beschluss kann vom Insolvenzverwalter und den Insolvenzgläubigern mit der sofortigen Beschwerde nach Maßgabe des § 194 Abs. 3 InsO angegriffen werden. Da die Beschwerdefrist

---

1054 HambKomm/Preß, § 194 InsO Rn 8.
1055 HambKomm/Preß, § 197 InsO Rn 10.
1056 HambKomm/Preß, § 197 InsO Rn 12; Uhlenbruck/Wegener, § 197 InsO Rn 12.
1057 Uhlenbruck/Wegener, § 197 InsO Rn 12.
1058 HambKomm/Preß, § 194 InsO Rn 10.

gemäß § 194 Abs. 3 InsO mit dem Tag der Niederlegung des Berichtigungsbeschlusses beginnt, empfiehlt sich zur Information der Gläubiger über den Fristenlauf eine Zustellung oder eine Veröffentlichung des Beschlusses.[1059]

K. Zwangsversteigerung und Zwangsverwaltung (§§ 165, 49 InsO und ZVG)

Bei unbeweglichen Gegenständen besteht gem. §§ 165, 49 InsO ein **Nebeneinander des Verwertungsrechts von Insolvenzverwalter und absonderungsberechtigtem Gläubiger**.[1060] Während der absonderungsberechtigte Gläubiger auf Zwangsversteigerung und Zwangsverwaltung nach dem ZVG angewiesen ist, ist der Insolvenzverwalter nicht auf diese Verwertungsmöglichkeiten beschränkt, sondern kann daneben auch freihändig verwerten.[1061]

277

Welche Gegenstände der Verwertung nach §§ 165, 49 InsO unterliegen, richtet sich nach materiellem Recht, insb. nach §§ 864, 865 ZPO i.V.m. §§ 93ff., 1120ff., 1165 BGB[1062], und für Rechte auf Befriedigung aus einem Grundstück nach § 10 ZVG.[1063] Der Haftungsverband des Grundstücks ist auch in der Insolvenz zu beachten, somit sind insb. Zubehör, Bestandteile, Erzeugnisse, Miet- und Pachtzinsen erfasst.[1064]

I. Verwertung durch den Insolvenzverwalter

1. Freihändige Verwertung

Der Insolvenzverwalter ist zur **freihändigen Verwertung** von unbeweglichen Gegenständen berechtigt[1065], sofern nicht gesetzliche oder vertragliche Bindungen entgegenstehen.[1066] Die freihändige Verwertung durch den Verwalter setzt gem. § 160 Abs. 2 Nr. 1, Abs. 1 InsO die Zustimmung des Gläubigerausschusses bzw. der Gläubigerversammlung voraus. Das Fehlen der Zustimmung beeinträchtigt allerdings nicht die Wirksamkeit der Veräußerung.[1067]

278

1059 Vgl. HambKomm/Preß, § 194 InsO Rn 11.
1060 HambKomm/Scholz, § 49 InsO Rn 1, § 165 Rn 1.
1061 HambKomm/Scholz, § InsO 165 Rn 1.
1062 Uhlenbruck/Brinkmann, § 49 InsO Rn 31.
1063 Uhlenbruck/Brinkmann, § 49 InsO Rn 47.
1064 Näher: Uhlenbruck/Brinkmann, § 49 InsO Rn 34ff.
1065 BFH, Urt. v. 18.8.2005 – V R 31/04, NZI 2006, 55f.; Uhlenbruck/Brinkmann, § 165 InsO Rn 27.
1066 BFH, Urt. v. 18.8.2005 – V R 31/04, NZI 2006, 55f.
1067 Uhlenbruck/Brinkmann, § 165 InsO Rn 27.

Das Recht zur freihändigen Verwertung der Immobilie berechtigt den Verwalter auch zur Veräußerung von Grundstückszubehör, sofern dies in den Grenzen einer ordnungsgemäßen Wirtschaft erfolgt.[1068] Veräußert der Insolvenzverwalter zum Haftungsverband gehöriges Zubehör, Bestandteile oder Erzeugnisse außerhalb der Grenzen einer ordnungsgemäßen Wirtschaft und ohne Zustimmung des Absonderungsberechtigten, so kann ein Recht auf Ersatzabsonderung entsprechend § 48 InsO entstehen.[1069] Daneben kommen Schadensersatzansprüche nach § 823 Abs. 1, 2 BGB i.V.m. §§ 1134, 1135 BGB gegen den Verwalter in Betracht, die Masseschuld i.S.d. § 55 Abs. 1 Nr. 1 und 3 InsO sind.[1070]

In vielen Fällen ist die freihändige Verwertung ggü. der Zwangsversteigerung vorzugswürdig, da sie i.d.R. kostengünstiger und schneller abzuwickeln ist und häufig höhere Verwertungserlöse zu erzielen sind.[1071]

279 Dabei empfiehlt sich der Abschluss von **Verwertungsvereinbarungen** zwischen Insolvenzverwalter und absonderungsberechtigten Gläubiger. In diesen kann die Erlösverteilung abhängig davon geregelt werden, ob lastenfrei oder unter Übernahme der Belastungen erworben werden soll. Sollen die Belastungen abgelöst und die Immobilie lastenfrei erworben werden, können die Beteiligten sich bei der Erlösverteilung grds. an der Rangfolge der §§ 10 ff., 155 ZVG orientieren.[1072] In diesem Rahmen kann auch ein Verwertungserlös für sog. „**Schornsteinhypotheken**", also solcher Grundpfandrechte, die in der Zwangsversteigerung ausfallen würden und damit wirtschaftlich praktisch wertlos sind, vereinbart werden. Dabei ist zu beachten, dass Vereinbarung und Zahlung einer solchen „**Lästigkeitsprämie**" sittenwidrig, jedenfalls aber insolvenzzweckwidrig sein können, sofern sie über die bloßen Löschungskosten hinausgehen.[1073] Allerdings sind die widerstreitenden Interessen und Umstände des Einzelfalles zu würdigen und von bloßen Erpressungsversuchen unter Ausnutzung formaler Rechtspositionen zu unterscheiden.

Übernimmt der Erwerber den Gegenstand mit allen Belastungen, hat er regelmäßig den Übererlös an die Masse zu zahlen, während die Rechte der Absonderungsberechtigten am Grundstück bestehen bleiben.[1074] Auch die Übernahme des

---

1068 HambKomm/Scholz, § 49 InsO Rn 4.
1069 HambKomm/Scholz, § 49 InsO Rn 6; Uhlenbruck/Brinkmann, § 49 InsO Rn 14; § 48 InsO Rn 43 m.w.N.
1070 HambKomm/Scholz, § 49 InsO Rn 5; Uhlenbruck/Brinkmann, § 48 InsO Rn 41.
1071 HambKomm/Scholz, § 165 InsO Rn 13; zur USt-Problematik vgl. BFH, Urt. v. 28.7.2011 – V R 28/09, ZInsO 2011, 1904 ff.; d'Avoine, ZIP 2012, 58 ff.
1072 Näher: HambKomm/Büchler, § 49 InsO Rn 12 ff.
1073 BGH, Beschl. v. 20.3.2008 – IX ZR 68/06, NZI 2008, 365, m. zust. Anmerkung Rein, NZI 2008, 365, 366; näher: HambKomm/Scholz, § 165 InsO Rn 14.
1074 HambKomm/Scholz, § 165 InsO Rn 13.

Grundstücks durch den Absonderungsberechtigten selbst ist denkbar. In diesem Fall ist er zur Aufrechnung zwischen Kaufpreis und seiner Erlösbeteiligung befugt.[1075]

2. Zwangsverwaltung auf Antrag des Insolvenzverwalters

Der Insolvenzverwalter kann gem. § 172 ZVG die Zwangsverwaltung des Grundstücks beantragen. Hierzu besteht in aller Regel aber keine Notwendigkeit, da der Verwalter befugt ist, Miet- und Pachtzinsen im Wege der freihändigen Verwertung unmittelbar einzuziehen und so eine weitere Belastung der Masse mit den Kosten der Zwangsverwaltung vermieden werden kann.[1076]

3. „Kalte" Zwangsverwaltung

Bei der „kalten" Zwangsverwaltung zieht der Insolvenzverwalter die laufenden Miet- bzw. Pachtzinsen zugunsten der Masse ein,[1077] während der dinglich gesicherte Absonderungsberechtigte von einer ihm aus seinem Grundpfandrecht möglichen Zwangsverwaltung absieht.[1078]

Der Erlös wird nach Maßgabe einer zwischen Insolvenzverwalter und Absonderungsberechtigtem geschlossenen **Verwertungsvereinbarung** zwischen Absonderungsberechtigtem und Insolvenzmasse aufgeteilt. Ein Orientierungsmaßstab können die Regelungen zur Vergütung des Zwangsverwalters (§§ 17 ff. ZwVwV) sein, sollten als Anreiz für den Gläubiger aber darunter liegen, etwa indem auf eine Vergütung fiktiver Mieten verzichtet wird.[1079]

Im Gegensatz zur Zwangsverwaltung gem. § 172 ZVG ist die „kalte" Zwangsverwaltung im Insolvenzverfahren ein häufig anzutreffendes Instrument. Sie hat für alle Beteiligten wesentliche Vorteile:

Die Masse wird durch die vereinbarten Massebeiträge angereichert, während der Absonderungsberechtigte eine Befriedigung nach Maßgabe seiner Sicherheit erhält, ohne selbst das Zwangsverwaltungs- oder Zwangsversteigerungsverfahren weiter betreiben zu müssen. Der Insolvenzverwalter wird auf eine Freigabe der Immobilie aus dem Insolvenzbeschlag verzichten und kann eine freihändige Verwertung der Immobilie im Insolvenzverfahren vorbereiten und durchführen, die im Vergleich zur Zwangsversteigerung vielfach zu besseren Verwertungsergebnissen

---

1075 D'Avoine, NZI 2008, 17; HambKomm/Scholz, § 165 InsO Rn 12.
1076 HambKomm/Scholz, § 165 InsO Rn 27.
1077 Niering, ZInsO 2008, 790, 792.
1078 Zur kalten Zwangsverwaltung und den entstehenden USt-Fragen vgl. BFH, Urt. v. 28.7.2011 – R 28/09, ZInsO 2011, 1904 ff.; d'Avoine, ZIP 2012, 58 ff.
1079 HambKomm/Scholz, § 165 InsO Rn 16.

4. Freigabe und Verwertung durch Überlassung an den Schuldner

282 Ist die Verwertung für den Insolvenzverwalter wirtschaftlich nicht interessant, kann er den Vermögensgegenstand aus dem Masse freigeben, mit der Folge, dass er in das insolvenzfreie Vermögen des Schuldners fällt.[1081] Bei Immobilien kommt die **Freigabe** insb. in Betracht, wenn weder ein Massebeitrag aus dem Verwertungserlös nach freihändiger Veräußerung noch ein Beitrag durch Miet- oder Pachterlöse, etwa im Wege der „kalten" Zwangsverwaltung, zu erwarten ist.[1082]

Ein Fall der freihändigen Verwertung, nicht der Freigabe, liegt vor, wenn der Insolvenzverwalter dem Schuldner den mit dem Absonderungsrecht belasteten Gegenstand (etwa ein Grundstück, aber auch eine bewegliche Sache, Forderung etc.) gegen Zahlung eines Ablösebetrags überlässt. Diesen kann der Schuldner etwa aus Drittmitteln oder seinem pfändungsfreien Einkommen zahlen. Für den Schuldner kann dies insb. dann attraktiv sein, wenn er in der Lage ist, sich mit den absonderungsberechtigten Gläubigern über laufende Tilgungen, Zinszahlungen etc. zu einigen (etwa Übernahme der Darlehnszinsen durch Dritte). Auf diese Weise ist es etwa möglich, die Familienimmobilie zu erhalten.[1083] Vgl. dazu auch Rdn 228.

II. Verwertung durch den Gläubiger

283 Absonderungsberechtigte Gläubiger sind auch während des laufenden Insolvenzverfahrens zur Verwertung ihrer Sicherheiten aus dinglichen Titeln berechtigt. Praxisrelevant ist v.a. die Verwertung durch **Grundpfandgläubiger** (§ 10 Abs. 1 Nr. 4 ZVG), daneben hat die **Vollstreckung wegen Beiträgen aus Wohnungseigentum** (§ 10 Abs. 1 Nr. 2 i.V.m. Abs. 3 ZVG), **wegen öffentlicher Lasten** (§ 10 Abs. 1 Nr. 3 ZVG) sowie **wegen Reallasten** praktische Bedeutung (§ 10 Abs. 1 Nr. 4 ZVG).[1084] Bei der Vollstreckung durch den Gläubiger ist die zugunsten der Masse anfallende Feststellungspauschale gem. § 10 Abs. 1 Nr. 1a ZVG i.H.v. 4% für mithaftendes Zubehör zu beachten. Zur Sicherung der Masse und der geordneten Verfahrensabwicklung kann der (vorläufige) Insolvenzverwalter, bzw. im Eigenverwaltungsverfahren

---

1080 Vgl. HambKomm/Scholz, § 165 InsO Rn 16.
1081 Vgl. allgemein zur Freigabe: Uhlenbruck/Hirte, § 35 InsO Rn 71ff.
1082 HambKomm/Scholz, § 165 InsO Rn 19ff.
1083 Vgl. zu dieser Art der Verwertung: HambKomm/Scholz, § 165 InsO Rn 21.
1084 HambKomm/Scholz, § 165 InsO Rn 3.

der Schuldner, allerdings gemäß § 30d bzw. § 153b ZVG die **einstweilige Einstellung der Zwangsversteigerung bzw. Zwangsverwaltung** erreichen.[1085]

Eine Besonderheit ist bei Vorliegen einer **Eigentümergrundschuld, bzw. -Pfandrechts** zu beachten. In diesem Fall kann der Verwalter entgegen der Regelung des § 1197 BGB die Verwertung für die Masse betreiben.[1086] Dies kann für die Masse interessant sein, wenn der grundsätzlich insolvenzfeste Löschungsanspruch aus § 1179a BGB ausnahmsweise nicht besteht.[1087]

Betreibt ein Insolvenzgläubiger als persönlicher Gläubiger (§ 10 Abs. 1 Nr. 1 ZVG) die Zwangsversteigerung oder Zwangsverwaltung, so kommt es darauf an, wann er die Vollstreckung begonnen hat. Die nach Eröffnung beantragte Zwangsvollstreckung ist nach § 89 InsO unzulässig. Wurde bereits vor Verfahrenseröffnung vollstreckt, kann die Maßnahme unter die Rückschlagsperre des § 88 InsO fallen (dazu oben Rdn 122 ff.), somit bei Eröffnung unzulässig werden und nach § 28 Abs. 2 ZVG aufzuheben sein.[1088] Des Weiteren besteht die Möglichkeit der Anfechtung nach §§ 129 ff. InsO.

Massegläubiger sind zur Zwangsvollstreckung in unbewegliche Sachen nach Maßgabe des § 90 InsO berechtigt. Allerdings ist das Vollstreckungsverbot des § 90 Abs. 1 InsO für oktroyierte Masseverbindlichkeiten von 6 Monaten ab Verfahrenseröffnung zu beachten.

Näheres dazu oben bei Rdn 127 ff.

L. Aufhebung des Insolvenzverfahrens (§ 200 InsO)

I. Schlusstermin (§ 197 InsO)

Der Schlusstermin gem. § 197 InsO ist die abschließende Gläubigerversammlung und hat aufgrund seiner besonderen Bedeutung – ebenso wie der Berichtstermin als erste Gläubigerversammlung – eine ausdrückliche Regelung erfahren. **284**

Mit der Zustimmung zur Schlussverteilung bestimmt das Gericht auch ohne besonderen Antrag den Schlusstermin. Hinsichtlich Ladung, Tagesordnung und Ablauf gelten die allgemeinen Vorschriften über Gläubigerversammlungen. Deshalb sind **Ort, Zeit und Tagesordnung öffentlich bekannt zu machen**, § 74 Abs. 2 Satz 1, § 9 InsO.[1089] Nach § 197 Abs. 2 InsO soll zwischen der öffentlichen Bekannt-

---

1085 Vgl. dazu näher: Mönning/Zimmermann NZI 2008, 134 ff.
1086 HambKomm/Scholz, § 165 InsO Rn 3.
1087 Vgl. BGH, Urt. v. 27.4.2012 – V ZR 270/10, ZInsO 2012, 1070 ff., unter Aufgabe von BGH, Urt. v. 9.3.2006 – IX ZR 11/05, ZInsO 2006, 599 ff.; vgl. näher: HambKomm/Scholz, InsO, § 49 Rn 26.
1088 HambKomm/Scholz, § 165 InsO Rn 3.
1089 HambKomm/Preß, InsO, § 197 Rn 3.

machung des Termins und dem Termin eine Frist von mindestens einem Monat und höchstens 2 Monaten liegen. Die Frist von mindestens einen Monat gibt dem Insolvenzverwalter die Gelegenheit, nach §§ 189 ff. InsO notwendige Änderungen des Schlussverzeichnisses vorzunehmen; vgl. dazu auch Rdn 259 ff.[1090]

Die Tagesordnung hat folgende Punkte zu enthalten:
- Erörterung der Schlussrechnung des Insolvenzverwalters, § 197 Abs. 1 Satz 2 Nr. 1 InsO;
- Erhebung von Einwendungen gegen das Schlussverzeichnis, § 197 Abs. 1 Satz 2 Nr. 2 InsO;
- Entscheidung der Gläubiger über die nicht verwertbaren Gegenstände der Insolvenzmasse, § 197 Abs. 1 Satz 2 Nr. 3 InsO;
- ggf. Verhandlung über einen vom Schuldner gestellten Antrag auf Erteilung der RSB, § 289 Abs. 1 InsO, einschließlich der Gelegenheit zur Stellung von Versagungsanträgen, § 290 Abs. 1 InsO.

1. Erörterung der Schlussrechnung (§ 197 Abs. 1 Satz 2 Nr. 1 InsO)

285 Der Schlusstermin dient der Erörterung der Schlussrechnung, nicht ihrer Prüfung.[1091] Es besteht insb. die Möglichkeit, einzelne, erörterungsbedürftige Punkte zu besprechen.[1092] Die Prüfung der Schlussrechnung erfolgt bereits im Vorfeld durch das Insolvenzgericht und ist mit dem **Prüfungsvermerk** mindestens eine Woche vor dem Schlusstermin zur Einsicht der Beteiligten auszulegen, § 66 Abs. 2 Satz 2, 3 InsO.[1093]

Sofern Insolvenzgläubiger mündlich **Einwendungen gegen die Schlussrechnung** erheben, sind diese zu protokollieren, falls nicht bereits im Termin eine endgültige Klärung erfolgen kann.[1094] Dem Schlusstermin kommt keine Anerkenntnisfunktion oder Präklusionswirkung zu, wenn ein Gläubiger keine Einwendungen erhebt. Eine § 86 Satz 4 KO entsprechende Regelung ist nicht in die InsO übernommen worden. Die Gläubiger sind deshalb berechtigt, etwaige Schadensersatzansprüche auch nach dem Schlusstermin zu verfolgen, wobei es die Verjährungsfrist des § 62 InsO zu beachten gilt.[1095]

1090 Frege/Keller/Riedel, HRP, Rn 1700.
1091 HambKomm/Preß, § 197 InsO Rn 8; Frege/Keller/Riedel, HRP, Rn 1702.
1092 Vgl. HambKomm/Preß, § 197 InsO Rn 8.
1093 HambKomm/Weitzmann, § 66 InsO Rn 12 ff.; dort auch zu den Anforderungen an die Schlussrechnung und die gerichtliche Prüfung.
1094 Frege/Keller/Riedel, HRP, Rn 1703; **a.A.** wohl HambKomm/Preß, § 197 InsO Rn 8.
1095 HambKomm/Preß, § 197 InsO Rn 8; Frege/Keller/Riedel, HRP, Rn 1704.

2. Einwendungen gegen das Schlussverzeichnis (§ 197 Abs. 1 Satz 2 Nr. 2 InsO)

Einwendungen gem. § 194 InsO (näher dazu oben in Rdn 274) gegen das Schlussverzeichnis können ausschließlich mündlich im Schlusstermin geltend gemacht werden (s. aber unten Nr. 7 zum schriftlichen Verfahren), um eine schnelle Klärung zu ermöglichen, § 197 Abs. 1 Satz 2 Nr. 2 InsO.[1096] Versäumt der Gläubiger seine Teilnahme am Termin, ist eine Wiedereinsetzung in den vorigen Stand ausgeschlossen.[1097] Gelingt eine Klärung im Termin nicht, so hat das Gericht nach §§ 197 Abs. 3, 194 Abs. 2, 3 InsO durch Beschluss zu entscheiden; s. hierzu Rdn 276. Vor der Schlussverteilung muss das Einwendungsverfahren selbstverständlich abgeschlossen sein, da das Schlussverzeichnis möglicherweise aufgrund der Einwendungen korrigiert werden muss.[1098]

286

3. Entscheidung über nicht verwertbare Gegenstände (§ 197 Abs. 1 Satz 2 Nr. 3 InsO)

Soweit noch Gegenstände zur Masse gehören, die nicht verwertbar sind, hat die Gläubigerversammlung über ihr Schicksal zu entscheiden. Sind sie wertlos, werden wie in aller Regel freigegeben und an den Schuldner zurückgegeben, falls der Verwalter nicht bereits im Laufe des Verfahrens die Freigabe erklärt hat.[1099] Trifft die Gläubigerversammlung keinerlei Entscheidung, kann hierin eine konkludente Freigabe gesehen werden.[1100]

287

Die Gläubigerversammlung kann auch beschließen, dass der Verwalter einen weiteren Verwertungsversuch unternimmt. Es ist dann die Nachtragsverteilung vorzubehalten. Gleiches gilt für Gegenstände, bei denen eine Verwertung zu einem späteren Zeitpunkt in Betracht kommt (etwa bei aufschiebend bedingten Forderungen, Bausicherheiten).[1101]

Schließlich können Gegenstände einzelnen Gläubigern für oder ohne eine Gegenleistung überlassen werden.[1102]

4. Schlusstermin als besonderer Prüfungstermin (§ 177 Abs. 2 InsO)

Der Schlusstermin kann (und sollte) als **besonderer Prüfungstermin** i.S.d. § 177 InsO genutzt werden.[1103] Dies ist als gesonderter Punkt in die Tagesordnung aufzu-

288

1096 HambKomm/Preß, § 197 InsO Rn 10.
1097 HambKomm/Preß, § 197 InsO Rn 12.
1098 HambKomm/Preß, § 197 InsO Rn 11.
1099 HambKomm/Preß, § 197 InsO Rn 13; Frege/Keller/Riedel, HRP, Rn 1706 ff.
1100 HambKomm/Preß, § 197 InsO Rn 14.
1101 Uhlenbruck/Wegener, § 197 InsO Rn 15.
1102 HambKomm/Preß, § 197 InsO Rn 14.
1103 HambKomm/Preß, § 197 InsO Rn 5.

nehmen.[1104] Zwar werden die erst im Schlusstermin geprüften und festgestellten Forderungen nicht mehr in das Schlussverzeichnis aufgenommen und nehmen auch an der Verteilung nicht teil, aber der Gläubiger kann noch einen Tabelleneintrag und damit eine rechtskräftige Titulierung nach § 178 Abs. 3 InsO erlangen.[1105] S. dazu auch oben zu Rdn 267.

5. Anhörung zur Vergütung der Mitglieder des Gläubigerausschusses

289 Eine Pflicht zur Anhörung der Gläubigerversammlung vor Festsetzung der Vergütung der Mitglieder des Gläubigerausschusses besteht nicht, da die früher in § 91 Abs. 1 S. 2 KO normierte Anhörungspflicht gerade nicht übernommen wurde.[1106] Es empfiehlt es sich aber gleichwohl, die Gläubigerversammlung anzuhören. Dazu kann die Anhörung zur Vergütung in die Tagesordnung aufgenommen werden und, soweit möglich, die Vergütung im Termin auch schon festgesetzt werden.[1107]

6. Entscheidung über Versagungsanträge nach § 290 InsO

290 In bis zum 30.6.2014 beantragten Verfahren waren nach § 289 Abs. 1 InsO a.F. Insolvenzgläubiger und Verwalter im Schlusstermin zu dem **Antrag auf Erteilung der RSB** zu hören. **Versagungsanträge**, gestützt auf die Versagungstatbestände des § 290 InsO, waren gem. § 290 Abs. 2 InsO im Schlusstermin zu stellen. Für seit dem 1.7.2014 beantragte Verfahren ist diese strenge Regelung aufgehoben worden. Versagungsanträge müssen nunmehr spätestens im Schlusstermin gestellt werden, können aber bereits zuvor gestellt werden. Die Ankündigungsentscheidung am Ende des Insolvenzverfahrens nach §§ 289, 291 InsO a.F. ist weggefallen. Gleichzeitig ist die vormals strenge Zäsurwirkung des § 291 InsO durch die Möglichkeit, unter den weiteren Voraussetzungen des § 297a InsO auch noch nach dem Schlusstermin einen Versagungsantrag auf eine Obliegenheitsverletzung nach § 290 InsO zu stützen, abgeschwächt worden. Nunmehr ist zu Abschluss des Insolvenzverfahrens nur noch dann eine Entscheidung über die Restschuldbefreiung zu treffen, wenn ein Versagungsantrag gestellt wurde. Wird ein Versagungsantrag gestellt, ist die Akte wegen des Richtervorbehalts gem. § 18 Abs. 1 Nr. 2 RPflG nach Beendigung des Schlusstermins dem Richter zur Entscheidung über den Versagungsantrag vorzulegen.[1108]

1104 Frege/Keller/Riedel, HRP, Rn 1709; 1602.
1105 Vgl. näher: Frege/Keller/Riedel, HRP, Rn 1709; 1597 ff.
1106 Uhlenbruck/Knof; § 73 InsO Rn 30 m.w.N. auch für die Gegenansicht.
1107 HambKomm/Frind, § 73 InsO Rn 9; Frege/Keller/Riedel, HRP, Rn 1710, 2553.
1108 Vertiefend zum neuen Recht: Laroche/Siebert, NZI 2014, 541, 543.

7. Schriftliches Verfahren

Wird das Insolvenzverfahren nach § 5 Abs. 2 InsO schriftlich durchgeführt, entfällt der Schlusstermin. An seine Stelle tritt eine vom Gericht zu setzende Frist, innerhalb derer zu den im Schlusstermin abzuhandelnden Punkten, insb. also zur Schlussrechnung, zum Schlussverzeichnis, zu einer beantragten Restschuldbefreiung und zur Entscheidung über nicht verwertbare Gegenstände und zu Vergütungsanträgen, Stellung genommen werden kann. Bis zum Ablauf dieser Frist ist auch ein auf § 290 Abs. 1 InsO gestützter Antrag auf Versagung der Restschuldbefreiung zu stellen. Die **Stellungnahmefrist** ist in Anlehnung an § 197 Abs. 2 InsO festzusetzen, da der Fristablauf **an die Stelle des Schlusstermins** tritt,[1109] und durch die Wahl des schriftlichen Verfahrens Gläubigern und Schuldner weder Vor- noch Nachteile entstehen dürfen.[1110] Die Frist soll deshalb mindestens einen Monat und höchstens 2 Monate ab Veröffentlichung der Frist betragen.

Auch im schriftlichen Verfahren ist eine gesonderte Mitteilung an die Verfahrensbeteiligten, insb. auch die Insolvenzgläubiger, nicht vorgesehen, aber vielfach gute Übung. Zur effektiven Wahrung der Verfahrensrechte sollte sie regelmäßig jedenfalls formlos erfolgen, da es bei der Dauer eines Insolvenzverfahrens von oft mehreren Jahren nur schwer zu rechtfertigen scheint, dem Gläubiger zuzumuten, mindestens monatlich im Internet nach neuen Veröffentlichungen zu recherchieren.

II. Aufhebung des Insolvenzverfahrens (§ 200 InsO)

Das Gericht hebt das Insolvenzverfahren durch Beschluss auf, nachdem der Verwalter die Schlussverteilung vollständig durchgeführt hat. Die vollständige Verteilung hat er dem Gericht anzuzeigen und ggf. durch Belege nachzuweisen.[1111] Ein Rechtsmittel gegen den Beschluss ist nicht vorgesehen, allerdings ist die befristete Rechtspflegererinnerung nach § 11 Abs. 2 RPflG statthaft.[1112]

Die Aufhebung wird im **Zeitpunkt der Beschlussfassung wirksam** und nicht erst im Zeitpunkt der Bekanntmachung nach § 9 Abs. 1 S. 3 InsO.[1113] **Anderes gilt** hingegen nach **Bestätigung eines Insolvenzplans**. In Verfahren, die ab dem 1.1.2021 beantragt wurden, enthält der Aufhebungsbeschluss nach Bestätigung eines Insolvenzplans gemäß § 258 Abs. 3 InsO den Zeitpunkt der Aufhebung, der frü-

---

1109 Uhlenbruck/Pape, § 5 InsO Rn 28; Uhlenbruck/Vallender, 13. Auflage, § 289 InsO, § 289 Rn 13.
1110 Vgl. Vallender, VIA 2009, 1, 3.
1111 HambKomm/Preß, § 200 InsO Rn 2; MüKo/Hintzen, § 200 InsO Rn 8.
1112 Frege/Keller/Riedel, HRP, Rn 1722.
1113 BGH, Beschl. v. 15.7.2010 – IX ZB 229/07, ZInsO 2010, 1496, 1497 Rn 5; Uhlenbruck/Wegener; § 201 InsO Rn 29.

90hestens zwei Tage nach der Beschlussfassung liegen soll. Der Beschluss und der Grund der Aufhebung sind öffentlich bekanntzumachen. Der Schuldner, der Insolvenzverwalter und die Mitglieder des Gläubigerausschusses sind vorab über den Zeitpunkt der Aufhebung zu unterrichten. Die §§ 31–33 InsO über die Eintragung bzw. die Löschung von Eintragungen in öffentlichen Registern gelten entsprechend. Ist der Zeitpunkt der Aufhebung nicht angegeben, wird die Aufhebung nach Bestätigung eines Insolvenzplans wirksam, sobald nach dem Tag der Veröffentlichung (§ 9 Abs. 1 S. 3 InsO) zwei weitere Tage verstrichen sind. Letzteres entspricht dem Rechtszustand vor der Änderung des § 258 Abs. 3 InsO, der für Verfahren, die vor dem 1.1.2021 beantragt wurden, nach der Übergangsvorschrift des Art. 103m EGInsO fort gilt.[1114] In diesen Altfällen ist eine gerichtliche Bestimmung des Aufhebungstages durch Beschluss nicht möglich.

Der **Aufhebungsbeschluss** ist öffentlich bekannt zu machen, § 200 Abs. 2 Satz 1 InsO. Die in den verschiedenen Registern (vgl. § 32 HGB; § 102 Abs. 1 GenG; § 2 Abs. 2 PartGG; § 75 Abs. 1 BGB) und im Grundbuch eingetragenen Insolvenzvermerke sind zu löschen, §§ 200 Abs. 2 Satz 2, 31ff. InsO. Die Löschungsersuchen sind grds. vom AG zu stellen, das von der Aufhebung des Verfahrens auch allen Stellen Kenntnis zu geben hat, die es nach den MiZi-Anordnungen über die Eröffnung informiert hat (vgl. dazu oben zu Rdn 55).[1115] Es schließt sich das registerrechtliche Löschungsverfahren an, da eine Fortsetzung der Gesellschaft als werbende nach Aufhebung des Insolvenzverfahrens ausgeschlossen ist.

Vgl. dazu die Ausführungen unter Rdn 56 und 172. Sie gelten ebenso bei der Aufhebung des Insolvenzverfahrens.

Mit Aufhebung des Insolvenzverfahrens gilt für die Insolvenzgläubiger grds. ein **unbeschränktes Nachforderungsrecht**, das für Insolvenzgläubiger in § 201 InsO näher geregelt ist, sofern sich nicht (bei natürlichen Personen) Wohlverhaltensperiode und Erteilung der RSB anschließen.

293 Dem Schuldner sind seine **Geschäftsbücher und sonstigen Unterlagen zurückzugeben**, da er mit der Aufhebung die volle Verfügungsbefugnis über sein Vermögen zurückerhält. Ist dies aus tatsächlichen Gründen nicht möglich, etwa weil der gesetzliche Vertreter nicht mehr erreichbar oder der Schuldner zur Annahme nicht bereit ist, so kann dies nur bei der AG und der KGaA gem. §§ 407, 273 Abs. 2 AktG mit Zwangsgeld erzwungen werden, das vom Registergericht, nicht vom Insolvenzgericht, festzusetzen ist.[1116] Daneben kommt ggf. die Verhängung eines Zwangsgeldes durch das FA nach §§ 147, 328 AO auf Anregung des Verwalters in Betracht.[1117]

1114 Näher: Uhlenbruck/Lüer/Streit, § 258 InsO, Rn 12, 15.
1115 Frege/Keller/Riedel, HRP, Rn 1723f.
1116 MüKo/Hintzen, § 200 InsO Rn 43.
1117 Frege/Keller/Riedel, HRP, Rn 1725; HambKomm/Preß, § 200 InsO Rn 21; Uhlenbruck/Wegener, § 200 InsO Rn 30.

In allen anderen Fällen bleibt die Möglichkeit einer Einlagerung auf Kosten der Insolvenzmasse. Hierzu hat der Verwalter entsprechende Rückstellungen zu bilden.[1118] Ist ein solcher Fall wahrscheinlich, sollte sich der Verwalter im Schlusstermin von der Gläubigerversammlung ermächtigen lassen, entsprechende Masseverbindlichkeiten zu begründen und diese noch vor der Schlussverteilung begleichen.[1119] Können die Akten dem Schuldner nicht zurückgegeben werden, wird man nach Ablauf der gesetzlichen Aufbewahrungsfristen auch die **Vernichtung der Akten** nach vorheriger Androhung und Information der StA als zulässig ansehen müssen, jedenfalls soweit es sich nicht um Personalakten handelt.[1120]

M. Besondere Arten des Insolvenzverfahrens (§§ 315 bis 334 InsO)

I. Nachlassinsolvenzverfahren

Siehe dazu die gesonderten Ausführungen in § 19 dieses Werkes. **294**

II. Fortgesetzte Gütergemeinschaft

Die Insolvenz der fortgesetzten Gütergemeinschaft ist wie eine Nachlassinsolvenz zu **295** behandeln. § 332 Abs. 1 InsO ordnet an, dass die §§ 315 bis 331 InsO entsprechend für das Insolvenzverfahren über das Gesamtgut gelten. Allerdings gibt es hinsichtlich des Antragsrechts und des Begriffes des Insolvenzgläubigers **Besonderheiten** zu beachten.

Nach § 332 Abs. 3 InsO sind anteilsberechtigte Abkömmlinge nicht berechtigt, die Eröffnung des Verfahrens zu beantragen. Sie sind jedoch vom Insolvenzgericht zu einem Eröffnungsantrag zu hören. Der Begriff des Insolvenzgläubigers ist durch § 332 Abs. 2 InsO auf solche Gläubiger beschränkt, deren Forderungen schon zzt. des Eintritts der fortgesetzten Gütergemeinschaft als Gesamtgutsverbindlichkeiten bestanden.

[1118] Frege/Keller/Riedel, HRP, Rn 1725; HambKomm/Preß, § 200 InsO Rn 21; Uhlenbruck/Wegener, § 200 InsO Rn 30.
[1119] HambKomm/Preß, § 200 InsO Rn 21.
[1120] Vgl. Frege/Keller/Riedel, HRP, Rn 1725; MüKo/Hintzen, § 200 InsO Rn 43; Uhlenbruck/Wegener, § 200 InsO Rn 31.

III. Insolvenzverfahren über das Gesamtgut einer Gütergemeinschaft

296 Bereits die Gütergemeinschaft spielt in der Rechtspraxis nur eine sehr untergeordnete Rolle. Umso mehr gilt dies folglich für das Insolvenzverfahren über das Gesamtgut einer Gütergemeinschaft, das von den Ehegatten gemeinschaftlich verwaltet wird. Gleichwohl hat es in § 333 und § 334 InsO einige spezielle Regelungen erfahren.

Allgemeiner Eröffnungsgrund ist die **Zahlungsunfähigkeit**. Bei Bestimmung der Zahlungsunfähigkeit ist nur auf das **Gesamtgut** abzustellen, da es sich um das Insolvenzverfahren **über ein Sondervermögen** (vgl. § 11 Abs. 2 Nr. 2 InsO) handelt.[1121] Wird der Antrag von beiden Ehegatten gestellt, so ist neben der Zahlungsunfähigkeit auch die drohende Zahlungsunfähigkeit Eröffnungsgrund, § 333 Abs. 2 Satz 3 InsO. Überschuldung ist hingegen mangels gesetzlicher Bestimmung kein Insolvenzgrund.

Antragsberechtigt ist nach § 333 Abs. 1 InsO jeder Gläubiger, der die Erfüllung einer Verbindlichkeit aus dem Gesamtgut verlangen kann. Darüber hinaus ist jeder Ehegatte antragsberechtigt, § 333 Abs. 2 InsO. Wird der Antrag nicht von beiden Ehegatten gestellt, hat der antragstellende Ehegatte die Zahlungsunfähigkeit des Gesamtguts glaubhaft zu machen, andernfalls ist der Antrag unzulässig, § 333 Abs. 2 Satz 2 Halbs. 2 InsO. Das Insolvenzgericht hat den anderen Ehegatten anzuhören, § 333 Abs. 2 Satz 2 Halbs. 2 InsO.

§ 334 Abs. 1 InsO bestimmt, dass die persönliche Haftung eines Ehegatten für die Verbindlichkeiten, deren Erfüllung aus dem Gesamtgut verlangt werden kann, während der Dauer des Insolvenzverfahrens nur vom Insolvenzverwalter oder vom Sachwalter geltend gemacht werden kann. Die Vorschrift orientiert sich an § 93 InsO und soll einen Wettlauf der Gläubiger vermeiden.[1122]

Schließlich stellt § 334 Abs. 2 InsO klar, dass nach Erfüllung eines Insolvenzplans die in § 227 Abs. 1 InsO geregelte RSB für die persönliche Haftung der Ehegatten entsprechend gilt.

IV. Konzerninsolvenzen

297 Siehe dazu die gesonderten Ausführungen in § 20 dieses Werkes.

1121 Uhlenbruck/Lüer/Weidmüller, § 333 InsO Rn 3.
1122 Uhlenbruck/Lüer/Weidmüller, § 334 InsO Rn 1.

N. Rechte und Pflichten des Schuldners

I. Anhörung des Schuldners (§ 10 InsO)

Grds. ist dem Schuldner vor jeder ihn beschwerenden Entscheidung **rechtliches Gehör** zu gewähren, vgl. Art. 103 Abs. 1 GG. Ausprägung findet dieser Verfassungssatz in einer Vielzahl einfachgesetzlicher Regelungen der InsO und – über § 4 InsO – der ZPO.[1123] Zur Gewährung rechtlichen Gehörs reicht es regelmäßig aus, wenn dem Schuldner die befristete **Gelegenheit zur mündlichen oder schriftlichen Äußerung** gegeben wird. Ob er hiervon Gebrauch macht, steht dem Schuldner frei.[1124] Die dem Schuldner zu setzende Frist soll in der Regel nicht mehr als 2 Wochen betragen.[1125] Die Anhörung dient nicht dazu, dem Schuldner zu ermöglichen, ihm günstige Tatsachen zu schaffen, also z.B. die Forderung des antragstellenden Gläubigers zu begleichen.[1126] Im Eröffnungsverfahren kommt aufgrund des Eilcharakters auch die Setzung kürzerer Fristen in Betracht; Fristverlängerungsanträge sind nur bei überzeugender Begründung und in zeitlich geringem Ausmaß zu bewilligen.[1127]

298

Der Grundsatz des rechtlichen Gehörs erfährt verschiedene **Einschränkungen**: Nicht vor jeder Zwischenentscheidung oder vorbereitenden Maßnahme, die in die Rechte des Schuldners eingreift, ist eine gesonderte Anhörung erforderlich. Insbesondere bedarf es – soweit nicht ausdrücklich gesetzlich vorgeschrieben, wie im Fall der Haft – regelmäßig keiner gesonderten Anhörung vor der Anordnung von Sicherungsmaßnahmen nach § 21 InsO, wenn der Schuldner die Eröffnung selbst beantragt hat oder zum Eröffnungsantrag des Gläubigers angehört worden ist, da die Sicherungsmaßnahmen weniger stark in die Rechte des Schuldners eingreifen als die Eröffnung selbst, sich somit als Minus zur Eröffnung darstellen und überdies zumeist besonders eilbedürftig sind.[1128] Auch kann von einer vorherigen Anhörung des Schuldners abgesehen werden, wenn sie den Verfahrenszielen zuwiderlaufen würde. Dies gilt etwa für die Anordnung einer **Postsperre**, bei der das rechtliche Gehör unter den Voraussetzungen des § 99 Abs. 1 Satz 2, 3 InsO nach Erlass nachgeholt werden kann.

Die Anhörung erfolgt vor wesentlichen Entscheidungen (z.B. Eröffnung auf Antrag eines Gläubigers, Haft, Versagung der Restschuldbefreiung) regelmäßig durch **Zustellung** des Antrags bzw. der Androhung der Maßnahme mit Anordung einer

---

[1123] Vgl. die Aufstellung bei HambKomm/Rüther, § 10 InsO Rn 2; HK/Sternal, § 10 InsO Rn 3.
[1124] HambKomm/Rüther, § 10 InsO Rn 4; HK/Sternal, § 10 InsO Rn 5.
[1125] K. Schmidt/Stephan § 10 InsO Rn 7.
[1126] BVerfG, Beschl. v. 30.9.2001 – 2 BvR 1338/01, NZI 2002, 30; HambKomm/Rüther § 10 InsO Rn 4.
[1127] K. Schmidt/Stephan § 10 InsO Rn 7.
[1128] Vgl. HK/Laroche, § 21 InsO Rn 54; K. Schmidt/Hölzle, § 21 InsO Rn 13 ff.

Stellungnahmefrist oder Terminsladung. Dies dient dem Nachweis der Anhörung, außerdem führt es dem Schuldner die Ernsthaftigkeit vor Augen. Die Zustellung ist jedoch nicht Voraussetzung einer wirksamen Anhörung.

299 Eine weitere Einschränkung der Pflicht zur Gewährung rechtlichen Gehörs regelt § 10 InsO im Interesse der Verfahrensbeschleunigung. Eine eigentlich erforderliche Anhörung kann gem. § 10 Abs. 1 Satz 1 InsO unterbleiben, wenn sich der **Schuldner im Ausland** aufhält und die Anhörung das Verfahren übermäßig verzögern würde oder wenn der **Aufenthalt des Schuldners unbekannt** ist. In diesen Fällen soll das Gericht einen Vertreter oder Angehörigen des Schuldners anhören, § 10 Abs. 1 Satz 2 InsO, um dem Verfassungsgebot Genüge zu tun.

Ist der Schuldner keine natürliche Person, gelten nach § 10 Abs. 2 Satz 1 InsO die vorstehenden Regelungen entsprechend für die Anhörung von Personen, die zur Vertretung des Schuldners berechtigt oder an ihm beteiligt sind.

300 Im Fall der **Führungslosigkeit** ist nach § 10 Abs. 2 Satz 2 InsO die Anhörung der am Schuldner beteiligten Personen ausreichend. Angehört werden können nach § 10 Abs. 2 Satz 2 InsO nicht nur **Gesellschafter**, sondern auch die **Mitglieder des Aufsichtsrates** einer AG oder Genossenschaft als Passivvertreter der Gesellschaft, § 78 Abs. 1 Satz 2 AktG bzw. § 24 Abs. 1 Satz 2 GenG; vgl. auch § 35 Abs. 1 Satz 2 GmbHG für die Gesellschafter der GmbH. Ob eine Anhörung nach § 10 Abs. 2 Satz 2 InsO erfolgt, steht im Ermessen des Gerichts.[1129] Bei überschaubarer Gesellschafterstruktur wird sie vielfach zur Wahrung des Verfassungsrechts geboten sein.[1130] Allerdings gilt auch hier die Einschränkung des § 10 Abs. 1 Satz 1 entsprechend. Eine Anhörung kann deshalb jedenfalls dann unterbleiben, wenn sich die anzuhörenden Personen (Gesellschafter oder Aufsichtsräte) im Ausland befinden und ihre Anhörung das Verfahren übermäßig verzögern würde oder ihr Aufenthalt unbekannt ist.[1131]

Die erweiterten Anhörungsmöglichkeiten des § 10 Abs. 2 Satz 2 InsO sind nur bei Führungslosigkeit eröffnet und auf diese Fälle beschränkt. Voraussetzung ist deshalb, dass der gesetzliche Vertreter tatsächlich fehlt, etwa nach Niederlegung des Amts oder infolge Versterbens. Ein bloßes **Untertauchen des Geschäftsführers** genügt nicht und kann auch nicht als konkludente Amtsniederlegung ausgelegt werden.[1132] Deshalb unterbleibt in diesen Fällen die Anhörung des Schuldners nach § 10 Abs. 2 Satz 1, Abs. 1 InsO gänzlich. Allerdings kann das Gericht im Rahmen seiner Amtsermittlung gehalten sein, bei den Gesellschaftern und Aufsichtsräten Erkundigungen einzuholen, ob nicht doch Führungslosigkeit vorliegt, die auch zu

---

[1129] HambKomm/Rüther, § 10 InsO Rn 12.
[1130] Vgl. auch HambKomm/Rüther, § 10 InsO Rn 12.
[1131] HambKomm/Rüther, § 10 InsO Rn 13.
[1132] AG Hamburg, Beschl. v. 27.11.2008 – 67c IN 478/08, ZInsO 2008, 1331 f.; Römermann, NZI 2008, 641, 645 f.; HambKomm/Rüther, InsO, § 10 Rn 11.

einer Insolvenzantragspflicht der Gesellschafter und Aufsichtsräte führen kann, § 15a Abs. 3 InsO.

II. Auskunfts- und Mitwirkungspflichten des Schuldners (§§ 20, 97 InsO)

Die Auskunfts- und Mitwirkungspflichten gelten (selbstverständlich) im **eröffneten Insolvenzverfahren**. §§ 20 Abs. 1 S. 2, 22 Abs. 3 S. 3 InsO erstreckt den Anwendungsbereich auf das **Eröffnungsverfahren**, sobald das Insolvenzgericht die Zulässigkeit des Antrags (ggf. konkludent) bejaht hat. In der **Wohlverhaltensperiode** (zwischen Verfahrensaufhebung und Ablauf der Abtretungsfrist (§ 287 Abs. 2 InsO) bestehen die Auskunfts- und Mitwirkungspflichten nach §§ 97, 101 InsO nicht, vielmehr trifft § 295 Abs. 1 Nr. 3 InsO eine abschließende Regelung in Gestalt von bestimmten Auskunftsobliegenheiten.[1133] Falls die Restschuldbefreiung wegen Ablaufs der Abtretungsfrist vor Beendigung des Insolvenzverfahrens erteilt wird,[1134] beschränken sich im weiteren Verlauf des Insolvenzverfahrens die Auskunfts- und Mitwirkungspflichten auf die Vermögensgegenstände und sonstige Aspekte, die nach der Restschuldbefreiung noch vom Insolvenzbeschlag erfasst sind, also insbesondere nicht mehr auf das Einkommen des Schuldners.[1135] Die Auskunfts- und Mitwirkungspflichten gelten indessen auch nach Erteilung der Restschuldbefreiung, soweit diese für eine **Nachtragsverteilung** von Bedeutung sind.[1136]

301

1. Auskunftspflicht

Der Schuldner ist nach § 97 Abs. 1 Satz 1 InsO verpflichtet, dem Insolvenzgericht, dem Insolvenzverwalter, dem Gläubigerausschuss und auf Anordnung des Gerichts der Gläubigerversammlung über alle das Verfahren betreffenden Verhältnisse Auskunft zu geben. Im Insolvenzeröffnungsverfahren ergeben sich die entsprechenden Pflichten gegenüber dem Insolvenzgericht aus § 20 Abs. 1 S. 2 InsO und gegenüber dem vorläufigen Insolvenzverwalter aus § 22 Abs. 3 S. 3. InsO. Auch gegenüber dem (isolierten) Sachverständigen ist der Schuldner zur Auskunftserteilung verpflichtet, wenn das Gericht eine entsprechende Anordnung trifft.[1137]

302

1133 HK/Schmidt § 97 InsO Rn 6 ff.; Uhlenbruck/Zipperer § 97 InsO Rn 22; HambKomm/Herchen/Morgen § 97 InsO Rn 2; **a.A.** BGH 14.3.2016 – I StR 337/15, ZInsO 2016, 792.
1134 Vgl. BGH, Beschl. v. 3.12.2009 – IX ZB 247/08, ZInsO 2010, 102.
1135 BGH Beschl. v. 8.9.2016 – IX ZB 72/15, Rn 23, ZInsO 2016, 2097; HK/Schmidt, § 97 InsO Rn 8.
1136 Vgl. auch BGH 25.2.2016 – IX ZB 74/15, ZInsO 2016, 246.
1137 BGH, Beschl. v. 19.7.2012, ZInsO 2012, 1472, Rn 11; HK/Laroche, § 20 InsO Rn 3; K. Schmidt/Hölzle § 2 InsO Rn 2.

Die Auskunftspflicht ist umfassend und weit auszulegen. Der Schuldner hat **zu sämtlichen Vorgängen** Auskunft zu erteilen, die in irgendeinem Bezug zum Insolvenzverfahren stehen, v.a. auch über Tatsachen, die zur Insolvenz geführt haben.[1138]

Die Auskunft ist vom Schuldner **persönlich** zu erteilen. Die über einen **RA** als Bevollmächtigten erteilte Auskunft **genügt nicht**, sofern der Auskunftsberechtigte sie nicht ausnahmsweise ausreichen lässt.[1139] Das grundsätzlich auch im Insolvenzverfahren geltende Umgehungsverbot des § 12 BORA hindert einen zum Insolvenzverwalter bestellten RA nicht daran, den anwaltlich vertretenen Schuldner unmittelbar zur Auskunftserteilung aufzufordern.[1140] Nicht ausreichend ist, wenn der Schuldner auf (beschlagnahmte) Geschäftsunterlagen verweist, da in jedem Fall präsentes Wissen mitzuteilen ist der Schuldner zu Nachforschungen verpflichtet ist.[1141]

Die Auskunftspflicht erstreckt sich auch auf **Auslandvermögen** des Schuldners, auf Umstände, die eine **Anfechtung** von Rechtshandlungen rechtfertigen sowie sämtliche Vertragsverhältnisse.[1142] Da etwaige **Haftungsansprüche**, z.B. gem. § 15b Abs. 4 InsO (vormals § 64 GmbHG bzw. § 92 Abs. 2, 93 Abs. 2 Nr. 6 AktG), zur Masse gehören, hat der auskunftsverpflichtete Geschäftsführer auch Tatsachen zu offenbaren, die Forderungen der insolventen Gesellschaft gegen ihn selbst nahelegen können, und zwar auch ohne besondere Nachfrage.[1143] Über seine eigenen wirtschaftlichen Verhältnisse muss er hingen nach Ansicht des BGH keine Angaben machen. Die Auskunftspflicht erfasse nicht Angaben über die Realisierbarkeit gegen den Auskunftsverpflichteten gerichteter Ansprüche.[1144] Diese Verengung der Auskunftspflicht ist vor dem Hintergrund, dass die Auskunftspflicht weit auszulegen ist und alle rechtlichen, wirtschaftlichen und tatsächlichen Verhältnisse, die für das Verfahren von Bedeutung sind, erfasst, wie der BGH selbst feststellt,[1145] zweifelhaft. Denn zu den wirtschaftlichen Verhältnissen der Gesellschaft gehören gerade auch Kenntnisse über die Werthaltigkeit eines Anspruchs. Und um genau die Werthaltigkeit dieser Ansprüche geht es, wenn Auskunft über die wirtschaftlichen Verhältnisse etwa des auskunftspflichtigen Geschäftsführers begehrt wird. Die Beantwortung der Frage nach der Werthaltigkeit eines Anspruchs kann deshalb nicht mit dem Ar-

---

1138 Uhlenbruck/Zipperer, § 97 InsO Rn 7.
1139 FK/Wimmer-Amend, § 97 InsO Rn 13; HambKomm/Herchen/Morgen, § 97 InsO Rn 14.
1140 HambKomm/Herchen/Morgen, § 97 InsO Rn 14; HK/Schmidt, § 97 InsO Rn 29.
1141 Vgl. FK/Wimmer-Amend, § 97 InsO Rn 14; HambKomm/Herchen/Morgen, § 97 InsO Rn 15 ff.
1142 Vgl. näher: Uhlenbruck/Zipperer, § 97 InsO Rn 7.
1143 BGH, Beschl. v. 5.3.2015 – IX ZB 62/14, ZInsO 2015, 740, 714 Rn 11 ff.
1144 BGH, Beschl. v. 5.3.2015 – IX ZB 62/14, ZInsO 2015, 740, 741 Rn 11 ff.; Uhlenbruck/Zipperer, § 97 InsO Rn 7; HambKomm/Herchen/Morgen, § 97 InsO Rn 18.
1145 BGH, Beschl. v. 5.2.2015 – IX ZB 62/14, ZInsO 2015, 740, 714 Rn 12.

gument verneint werden, es würde sich um eine Auskunft über die wirtschaftlichen Verhältnisse eines Dritten handeln.[1146]

Jedenfalls nicht umfasst sind **rein persönliche Tatsachen** ohne Bezug zum Insolvenzverfahren, wobei ein Ehescheidungsverfahren wegen möglicher Unterhaltsansprüche durchaus von Verfahrensrelevanz ist.[1147] Aufgrund der weiten Auslegung der Auskunftspflicht hat der Verpflichtete im Zweifelsfall Auskunft zu erteilen.

303

Im Interesse der Sachaufklärung sind auch solche Tatsachen zu offenbaren, die geeignet sind, eine Verfolgung wegen einer Straftat oder einer Ordnungswidrigkeit herbeizuführen, § 97 Abs. 1 Satz 2 InsO. Um dem strafrechtlichen „nemo tenetur"-Grundsatz, nach dem sich niemand selbst einer Straftat bezichtigen muss, Genüge zu tun, wird die Auskunftspflicht von einem in § 97 Abs. 1 Satz 2 InsO geregelten strafrechtlichen Beweisverwertungsverbot begleitet.

Nach dieser Vorschrift darf eine Auskunft des Schuldners in einem Strafverfahren oder in einem Ordnungswidrigkeitenverfahren gegen den Schuldner oder einen in § 52 Abs. 1 StPO bezeichneten Angehörigen des Schuldners nur mit Zustimmung des Schuldners verwendet werden.

---

2. Mitwirkungspflicht

Nach § 97 Abs. 2 InsO hat der Schuldner den **Verwalter** bei der Erfüllung von dessen Aufgaben **zu unterstützen**. Im Insolvenzeröffnungsverfahren besteht diese Verpflichtung nicht nur gegenüber einem vorläufigen Insolvenzverwalter (§ 22 Abs. 3 S. 3 InsO) sondern auch gegenüber dem Insolvenzgericht (§ 20 Abs. 1 S. 2 InsO). Der Schuldner hat dem Verwalter erforderliche Vollmachten zu erteilen, ihn in das Buchführungs- und Belegwesen einzuführen, Auszüge und Übersichten zu fertigen, in Organisationsabläufe einzuweisen, bei der Pflege von Kontakten zu Lieferanten und Kunden unterstützend mitzuwirken, bei der Inventarisierung zu helfen, Abrechnungen zu fertigen, die zur Erstellung von Steuererklärungen notwendigen Unterlagen vorzulegen sowie Berater (z.B. Steuerberater und RA) von der **Schweigepflicht zu entbinden**.[1148] Letzteres ist im Wesentlichen nur für den vorläufigen schwachen Insolvenzverwalter von Relevanz, da der starke vorläufige Insolvenzverwalter und der Insolvenzverwalter im eröffneten Verfahren die Geheimnisträger (bzw. Banken bzgl. des Bankgeheimnisses) selbst von der Schweigepflicht entbinden kann.[1149] Dies gilt jedenfalls, soweit das Auskunftsverlangen unternehmens- und vermögensbezogene Geheimnisse betrifft. Die Entbindung von der ärztlichen

304

1146 So aber wohl: BGH, Beschl. v. 5.2.2015 – IX ZB 62/14, ZInsO 2015, 740, 714 Rn 16; ausführlich: Laroche, ZInsO 2015, 1469, 1473 ff.
1147 Uhlenbruck/Zipperer, § 97 InsO Rn 7; Laroche, ZInsO 2015, 1469, 1472.
1148 HambKomm/Herchen/Morgen, § 97 InsO Rn 31; HK/Schmidt, § 97 InsO Rn 38; Uhlenbruck/Zipperer, § 20 InsO Rn 25; K. Schmidt/Jungmann, § 97 InsO Rn 22.
1149 OLG Nürnberg, Beschl. v. 18.6.2009 – 1 W 289/09, ZInsO 2009, 2399 ff. (für Wirtschaftsprüfer); HambKomm/Herchen/Morgen, § 97 InsO Rn 31.

Schweigepflicht hinsichtlich etwaiger Erkrankungen des Schuldners dürfte weiterhin ausschließlich dem Schuldner höchstpersönlich zustehen. Der Verpflichtung zur Erteilung von Vollmachten kommt besondere Bedeutung zu, wenn Auslandsvermögen vorhanden ist, auf das der (deutsche) Insolvenzverwalter nicht ohne Weiteres zugreifen kann.[1150] Die Mitwirkungspflicht betrifft stets einzelne Handungen und beinhaltet nicht die Pflicht, dem Insolvenzverwalter die eigene Arbeitskraft zur Verfügung zu stellen.[1151] Ein **Vergütungsanspruch** oder ein Anspruch auf Auslagenerstattung steht dem Schuldner für seine Tätigkeit im Rahmen der Mitwirkungspflicht **grds. nicht** zu.[1152] Im Einzelfall, wenn eine ständige und dauerhafte Mitarbeit vorliegt, die nicht dem eigenen Interesse (z.B. an einer Betriebsfortführung) dient, kommt der Abschluss eines Dienstvertrages mit dem Schuldner bzw. seinem Organvertreter in Betracht und kann aus der Masse eine angemessene Vergütung gezahlt werden.[1153]

3. Auskunfts- und Mitwirkungsverpflichtete bei Gesellschaften

305 Im Interesse einer umfassenden Sachaufklärung und effizienten Verfahrensabwicklung ist der Kreis der zur Auskunft und Mitwirkung verpflichteten Personen weit gefasst. Selbstverständlich und zuvorderst sind die **organschaftlichen Vertreter** und Mitglieder des Aufsichtsorgans (**Aufsichtsrat**) sowie die vertretungsberechtigten **persönlich haftenden Gesellschafter** des Schuldners zur Auskunft und Mitwirkung verpflichtet, § 101 Abs. 1 Satz 1 InsO.

Die **Auskunftspflichten** sind nicht mit dem Ausscheiden aus der Gesellschaft beendet, sondern treffen die a**usgeschiedenen** Vertreter, Aufsichtsräte und persönlich haftenden Gesellschafter in vollem Umfang, sofern sie innerhalb der letzten 2 Jahre vor Antragstellung ausgeschieden sind, §§ 101 Abs. 1 Satz 2 InsO. Die Auskunftspflicht gilt auch für ehemalige Anteilseigner, wenn sie nicht früher als 2 Jahre vor Antragstellung aus der Gesellschaft ausgeschieden sind.[1154]

Ist die Gesellschaft **führungslos**, trifft die Auskunftspflicht die **am Schuldner beteiligten Personen**, also Gesellschafter und Aktionäre, § 101 Abs. 1 Satz 2 Halbs. 2 InsO.

Eine Mitwirkungspflicht trifft die ausgeschiedenen Personen und die am Schuldner beteiligten Personen nicht, da § 101 Abs. 1 Satz 2 InsO nicht auf § 97 Abs. 2 InsO verweist.

1150 BGH, Beschl. v. 18.9.2003 – IX ZB 75/03, ZInsO 2003, 1043 Rn 7; HK/Schmidt § 97 InsO Rn 39.
1151 HK/Schmidt, § 97 Rn 37; K. Schmidt/Jungmann, § 97 InsO Rn 20.
1152 HambKomm/Herchen/Morgen, § 97 InsO Rn 5; HK/Schmidt § 97 InsO Rn 40; Uhlenbruck/Zipperer, § 97 InsO Rn 28.
1153 HK/Schmidt, § 97 InsO Rn 37; K. Schmidt/Jungmann, § 97 InsO Rn 24.
1154 Uhlenbruck/Zipperer, § 101 InsO Rn 24.

4. Auskunftspflicht von Angestellten

Angestellte und ehemalige Angestellte des Schuldners, die nicht länger als 2 Jahre aus dem Unternehmen ausgeschieden sind, sind über §§ 101 Abs. 2, 97 Abs. 1 Satz 1 InsO ebenfalls **zur umfassenden Auskunft verpflichtet**. Dabei ist auf den Zeitpunkt des tatsächlichen Ausscheidens, nicht auf formale Gesichtspunkte (z.B. Kündigungsfristen) abzustellen.[1155] Im Gegensatz etwa zu organschaftlichen Vertretern sind Angestellte allerdings nicht verpflichtet, auch solche Handlungen zu offenbaren, wegen derer ihnen die Gefahr einer Strafverfolgung drohen könnte. § 97 Abs. 1 Satz 2, 3 InsO gilt für sie nicht entsprechend.[1156] Auch die in § 97 Abs. 2 InsO geregelte Mitwirkungspflicht trifft sie nicht, da § 101 Abs. 2 InsO ausdrücklich nur auf die in § 97 Abs. 1 InsO geregelte Auskunftspflicht verweist. 306

III. Durchsetzung der Auskunfts- und Mitwirkungspflichten (§ 98 InsO)

Ggü. dem Schuldner und den nach § 101 Abs. 1 InsO verpflichteten Personen können die Auskunfts- und Mitwirkungspflicht mit verschiedenen Zwangsmitteln durchgesetzt werden. Ggü. Angestellten und ehemaligen Angestellten bestehen hingegen nur begrenzte Durchsetzungsmöglichkeiten. 307

1. Abgabe der eidesstattlichen Versicherung (§ 98 Abs. 1 InsO)

Kommt der Schuldner seiner Auskunftspflicht nicht oder nicht mit der erforderlichen Sorgfalt nach, kann das Insolvenzgericht nach § 98 Abs. 1 InsO die Abgabe einer eidesstattlichen Versicherung anordnen, wenn es zur Herbeiführung wahrheitsgemäßer Aussagen erforderlich erscheint. Der Schuldner hat dann zu Protokoll des Insolvenzgerichts **an Eides statt zu versichern**, dass er die von ihm verlangte **Auskunft nach bestem Wissen und Gewissen richtig und vollständig** erteilt hat. Die zivilprozessualen Vorschriften über die Abgabe der eidesstattlichen Versicherung (§§ 478 bis 480, 483 ZPO) gelten entsprechend. 308

Auch die in § 101 Abs. 1 InsO genannten weiteren Personen (aktuelle und ausgeschiedene Mitglieder der Vertretungs- oder Aufsichtsorgane, persönlich haftende Gesellschafter, Anteilseigner) sind unter denselben Voraussetzungen verpflichtet, die eidesstattliche Versicherung abzugeben, § 101 Abs. 1 Satz 1 und 2 InsO.

[1155] Uhlenbruck/Zipperer, § 101 InsO Rn 22.
[1156] Laroche, ZInsO 2015 1469, 1471; Uhlenbruck/Zipperer, § 101 InsO Rn 22.

2. Vorführung des Schuldners und Inhaftierung

309 Als weiteres Zwangsmittel kommt die **Vorführung** des Schuldners bzw. der in § 101 Abs. 1 InsO genannten Personen in Betracht. Der Auskunftsverpflichtete kann vom Gerichtsvollzieher oder Gerichtswachtmeister **dem Gericht** oder dem **Insolvenzverwalter** bzw. im Eröffnungsverfahren auch dem **Sachverständigen in seinen Büroräumen** vorgeführt werden, wenn er
- eine Auskunft oder die eidesstattliche Versicherung oder die Mitwirkung bei der Erfüllung der Aufgaben des Insolvenzverwalters verweigert, § 98 Abs. 2 Nr. 1 InsO,
- er sich der Erfüllung seiner Auskunfts- und Mitwirkungspflichten entziehen will, insb. Anstalten zur Flucht trifft, § 98 Abs. 2 Nr. 2 InsO, oder
- dies zur Vermeidung von Handlungen des Schuldners, die der Erfüllung seiner Auskunfts- und Mitwirkungspflichten zuwiderlaufen, insb. zur Sicherung der Insolvenzmasse, erforderlich ist, § 98 Abs. 2 Nr. 3 InsO.

310 Unter den gleichen Voraussetzungen kann das Gericht den Auskunftsverpflichteten nach Anhörung auch zur Auskunftserteilung in (Beuge-)Haft (**Zivilhaft**) nehmen.

Vorführ- und **Haftbefehl** sind grundsätzlich gleichwertige Zwangsmittel zur Durchsetzung der Auskunfts- und Mitwirkungspflichten. Nur, wenn beide Maßnahmen im Einzelfall gleichermaßen geeignet sind, gebietet der Verhältnismäßigkeitsgrundsatz, zunächst zu versuchen, die benötigten Auskünfte im Wege der Vorführung zu erlangen.[1157] Vor Erlass eines Haftbefehls ist der Auskunftsverpflichtete anzuhören. Ausreichend ist die schriftliche **Anhörung**. Diese erfolgt regelmäßig in Form eines gerichtlichen Anschreibens, mit dem er zur Auskunftserteilung aufgefordert wird und ihm für den Fall der Weigerung die Inhaftierung angedroht wird. Der Erlass eines Vorführungsbeschlusses verlangt anders als der Haftbefehl nicht ausdrücklich eine vorherige Anhörung.[1158] Allerdings kann sich ihre Notwendigkeit aus dem Grundsatz der Verhältnismäßigkeit ergeben. Oft haben bereits die Androhung von Vorführung und Inhaftierung die gewünschte Wirkung, indem sie dem Schuldner die möglichen Konsequenzen seines Handelns deutlich vor Augen führt. Es empfiehlt sich daher, bereits vor Erlass eines Vorführbefehls sowohl den Erlass des Vorführbefehls als auch – für den Fall der Erfolglosigkeit der Vorführung – des Haftbefehls anzudrohen. Bei Scheitern bzw. Ergebnislosigkeit der Vorführung bedarf es dann keiner erneuten Anhörung vor Erlass des Haftbefehls.[1159]

1157 Vgl. HambKomm/Herchen/Morgen, § 98 InsO Rn 13; HK/Schmidt, § 98 Rn 25; für grundsätzlichen Vorrang der Vorführung allerdings OLG Naumburg, Beschl. v. 24.8.2000 – 5 W 98/00, ZInsO 2000, 562, Rn 11; K. Schmidt/Jungmann, § 98 InsO Rn 17.
1158 HambKomm/Herchen/Morgen, § 98 InsO Rn 16.
1159 K. Schmidt/Jungmann § 98 InsO Rn 15.

Im Haftbefehl sind die verlangten Auskünfte und Mitwirkungshandlungen konkret zu bezeichnen. Es genügt nicht, wenn der Haftbefehl auf ein Schreiben des Insolvenzverwalters Bezug nimmt, vielmehr ist der Grund der Haftanordnung im Haftbefehl konkret zu benennen, sprachlich sowie optisch hervorzuheben und ähnlich einer Tenorierung voranzustellen.[1160] Wegen Erlass und Vollstreckung des Haftbefehls gelten die §§ 904 bis 906, 909, 910 und 913 ZPO entsprechend. Die Dauer der Haft ist nach § 913 ZPO auf 6 Monate beschränkt.

Da Vorführung und Inhaftierung freiheitsentziehende Maßnahmen sind, ist der Richtervorbehalt des Art. 104 GG zu beachten. Zuständig ist der Richter auch dann, wenn das Verfahren i.Ü. nach § 18 RPflG auf den Rechtspfleger übergegangen ist. Zu beachten ist, dass der **Richtervorbehalt** nicht erst **für den Erlass**, sondern bereits **für die Androhung** des Haftbefehls gilt, § 4 Abs. 2 Nr. 2 RPflG.[1161]

311

Die Verhaftung erfolgt nach § 909 ZPO durch den Gerichtsvollzieher. Der Haftbefehl gestattet das Betreten der Wohn- und Geschäftsräume des Auskunftsverpflichteten zur Verhaftung, allerdings ohne ausdrückliche Gestattung nicht zur Nachtzeit sowie an Sonn- und Feiertagen. Eine dahin gehende Anordnung nach § 758a Abs. 4 ZPO kann im Haftbefehl erteilt oder nachträglich durch gesonderten Beschluss angeordnet werden.[1162] Zur Durchsuchung oder zum Betreten der Wohn- und Geschäftsräume Dritter berechtigt der Haftbefehl nicht. Das Insolvenzgericht kann hierzu auch nicht ermächtigen.[1163] Etwas anderes gilt, wenn der Schuldner Mitgewahrsam an den Räumlichkeiten hat, da in diesem Fall mit § 758a Abs. 3 Satz 1 ZPO eine ausdrückliche gesetzliche Grundlage zur Durchsuchung vorliegt.[1164]

3. Weitere Druckmittel/Mittel zur Gewinnung von Auskünften

a) Postsperre

Nach § 99 Abs. 1 S. 1 InsO ordnet das Insolvenzgericht eine Postsperre an, wenn dies erforderlich ist, um **nachteilige Rechtshandlungen** aufzuklären oder zu verhindern. Über § 21 Abs. 2 Nr. 4 InsO gilt dies auch im Eröffnungsverfahren. Für die Anordnung der **vorläufigen Postsperre im Eröffnungsverfahren** gelten dieselben

312

1160 BGH, Beschl. v. 17.2.2005 – IX ZB 62/04, ZInsO 2005, 436, 438; HambKomm/Herchen/Morgen, § 98 InsO Rn 15.
1161 HambKomm/Herchen/Morgen, § 98 InsO Rn 15; HK/Schmidt, § 98 InsO Rn 27.
1162 HambKomm/Herchen/Morgen, § 98 InsO Rn 19.
1163 LG Göttingen, Beschl. v. 21.11.2005 – 10 T 148/05, ZInsO 2005, 1280f.; HambKomm/Herchen/Morgen, InsO, § 98 Rn 19; vgl. auch BGH, Beschl. v. 24.9.2009 – IX ZB 38/08, ZInsO 2009, 2053, 2056, Rn 16.
1164 BGH, Beschl. v. 17.1.2008 – IX ZB 41/07, ZInsO 2008, 268, 269 Rn 10; Beschl. v. 24.9.2009 – IX ZB 38/08, ZInsO 2009, 2053, 2056, Rn 17.

Deyda

Voraussetzungen wie für die Anordnung der Postsperre im eröffneten Verfahren.[1165] Zuständig ist im Eröffnungsverfahren der Richter (§ 18 Abs. 1 Nr. 1 RPflG), im eröffneten Verfahren der Rechtspfleger (§ 3 Nr. 2e) RPflG).

Erforderlich ist eine Postsperre, wenn der Schuldner seinen Auskunfts- und Mitwirkungspflichten gegenüber dem (vorläufigen) Insolvenzverwalter bzw. Gericht nicht nachkommt und von zu sicherndem Vermögen auszugehen ist.[1166] Erst Recht gilt dies, wenn der Schuldner seinen Geschäftsbetrieb fortführt, er bereits Vermögen beiseite geschafft hat oder Anhaltspunkte für eine Vermögensvermischung oder Firmenbestattung vorliegen.[1167] Liegen diese Voraussetzungen vor, scheitert der Erlass einer (vorläufigen) Postsperre nur ausnahmsweise an fehlender **Verhältnismäßigkeit**, z.B., wenn offensichtlich ist, dass nur sehr geringe Vermögenswerte vorhanden sind.[1168]

313 Die vorläufige Postsperre nach § 21 Abs. 2 Nr. 4 InsO setzt nicht voraus, dass ein vorläufiger Insolvenzverwalter bestellt und dem Schuldner ein allgemeines Verfügungsverbot auferlegt wird.[1169] Auch die Bestellung eines „schwachen" vorläufigen Insolvenzverwalters muss nicht zwingend aus Rechtsgründen mit der Postsperre einhergehen. Allerdings wäre eine effiziente Postkontrolle mit sofortiger Reaktion auf die gewonnen Erkenntnisse ohne vorläufigen (ggfs. „schwachen") Insolvenzverwalter aus praktischen Gründen nicht möglich.[1170]

314 Erfasst wird neben der geschäftlichen auch die **private Post** des Schuldners, die für das Insolvenzverfahren nicht von Relevanz ist. Letztere ist an den Schuldner weiterzuleiten (§ 99 Abs. 2 S. 2 InsO). Die Postsperre bezieht sich nicht nur auf klassische Briefsendungen, sondern auch auf **Fax-Schreiben und E-Mails**, wobei die betroffene Fax-Nr. und E-Mail-Adresse in den Beschluss aufgenommen werden sollte.[1171]

Bei juristischen Personen und Gesellschaften kann die Postsperre nicht nur auf die juristische Person oder Gesellschaft selbst, sondern – soweit erforderlich – auch

---

1165 BGH, Beschl. v. 22.10.2009 – IX ZB 49/08, NZI 2010, 260.
1166 OLG Celle, Bschl. v. 17.12.2001 – 1 W 133/01, ZInsO 2002, 131; HambKomm/Herchen/Morgen § 99 InsO Rn 2.
1167 Vgl. HK/Schmidt, § 99 InsO Rn 14 f.
1168 HambKomm/Herchen/Morgen, § 99 InsO Rn 3.
1169 HambKomm/Herchen/Morgen § 99 InsO Rn 3; HK/Laroche § 21 InsO Rn 21; **a.A.** OLG Celle, Beschl. v. 24.1.2001 – 2 W 124/00, ZInsO 2001, 128, Rn 31 ff.; Frege/Keller/Riedel, HRP, Rn 864.
1170 Ausführlich Greiner, ZInsO 2017, 262; HK//Laroche § 21 InsO Rn 21; vgl. auch HambKomm/Herchen/Morgen § 99 InsO Rn 3; a.A.: Bestellung eines (zumindest „schwachen") vorläufigen Verwalters sei erforderlich: AG Ludwigshafen, Beschl. v. 9.5.2016 – 3d IN 36/16, ZInsO 2016, 2352.
1171 HambKomm/Herchen/Morgen, § 99 InsO Rn 7; HK/Schmidt, § 99 InsO Rn 8; K. Schmidt/Jungmann, § 99 InsO Rn 13 f.

auf die **organschaftlichen Vertreter** und **Mitglieder von Aufsichtsorganen** erstreckt werden, § 101 Abs. 1 S. 1 InsO.

Der Beschluss, durch den die (vorläufige) Postsperre angeordnet wird, ist unter Angabe der Tatsachen, die ihre Anordnung erforderlich machen, zu begründen.[1172] Wird, um den Zweck der Anordnung nicht zu gefährden, nach § 99 Abs. 1 S. 2 InsO **von der vorherigen Anhörung des Schuldners abgesehen**, so ist auch dies gesondert zu begründen;[1173] überdies ist die Anhörung nachzuholen (§ 99 Abs. 3 S. 3 InsO). 315

Aus praktischen Gründen empfiehlt sich, den unkooperativen Schuldner frühzeitig und gleichzeitig die Vorführung, den Erlass eines Haftbefehls und die Anordnung einer (vorläufigen) Postsperre anzudrohen. So kommt es nicht durch die mehrfache Anhörung zu verschiedenen Zwangs- bzw. Sicherungsmaßnahmen zu Zeitverzögerungen.

Dem Schuldner – und ggfs. den Personen, auf die die (vorläufige) Postsperre nach § 101 Abs. 1 S. 1 InsO erstreckt wird – steht gegen die Anordnung nach § 21 Abs. 1 S. 2 InsO bzw. § 99 Abs. 3 S. 1 InsO die sofortige Beschwerde zu. Außerdem hat das Gericht die Erforderlichkeit der Fortdauer der Anordnung regelmäßig zu überprüfen (§ 99 Abs. 3 S. 2 InsO). Der (vorläufige) Insolvenzverwalter hat das Gericht zu informieren, wenn aufgrund eines geänderten Ermittlungs-/Verfahrensstandes die Erforderlichkeit der (vorläufigen) Postsperre entfallen ist.[1174] 316

b) § 4 InsO i.V.m. § 802l ZPO

Eine Möglichkeit der Gewinnung von Informationen stellt die Einholung von Auskünften durch den Gerichtsvollzieher nach § 4 InsO i.V.m. § 802l ZPO dar. Konkret kann der Gerichtsvollzieher nach § 802l Abs. 1 S. 1 ZPO beauftragt werden, 317
(1) bei den Trägern der gesetzlichen Rentenversicherung den derzeitigen **Arbeitgeber des Schuldners** zu erfragen,
(2) das Bundeszentralamt für Steuern zu ersuchen, die in § 93b Abs. 1 der Abgabenordnung bezeichneten Daten (also insbesondere **Kontoverbindungen**) abzurufen,
(3) beim Kraftfahrzeug-Bundesamt **Kraftfahrzeuge** zu erfragen, deren Halter der Schuldner ist.

Der Anwendungsbereich von § 802l ZPO ist nicht auf die Einzelzwangsvollstreckung beschränkt, sondern gilt über § 4 InsO auch im der Gesamtvollstreckung dienenden

---

[1172] HambKomm/Herchen/Morgen, § 99 InsO Rn 11; HK/Schmidt, § 99 InsO Rn 23.
[1173] HambKomm/Herchen/Morgen, § 99 InsO Rn 11; HK/Schmidt, § 99 InsO Rn 26.
[1174] HK/Schmidt, § 99 InsO InsO Rn 42.

Insolvenz(eröffnungs)verfahren.[1175] Voraussetzung der Anordnung ist, dass der Schuldner seinen Auskunfts- und Mitwirkungspflichten nicht nachkommt oder eine Vollbefriedigung der Gläubiger aufgrund der vom Schuldner mitgeteilten Vermögenswerte nicht zu erwarten ist. Im eröffneten Verfahren ist der Insolvenzverwalter befugt, den Gerichtsvollzieher zu beauftragen; Vollstreckungstitel ist dann der Eröffnungsbeschluss.[1176] Im Eröffnungsverfahren erfolgt die Beauftragung des Gerichtsvollziehers durch einen entsprechenden Beschluss des Insolvenzgerichts.[1177]

c) Auswirkungen auf Stundung und RSB

318 Immer wieder kommt es vor, dass selbst Schuldner, die einen Eigenantrag verbunden mit einem **Antrag auf Erteilung der RSB** gestellt haben, nicht hinreichend auskunftswillig sind, obgleich für sie ein erhebliches Interesse an der ordnungsgemäßen Durchführung des Verfahrens bestehen sollte.

Kommt der Schuldner in einem solchen Fall seinen Auskunfts- und Mitwirkungspflichten beharrlich nicht nach, kann ein von ihm gestellter **Antrag auf Stundung der Verfahrenskosten** entsprechend § 4a Abs. 1 Satz 3, 4 InsO wegen Verwirklichung des Versagungsgrundes gem. § 290 Abs. 1 Nr. 5 InsO **zurückgewiesen** werden.[1178] Ist die Stundung bereits bewilligt, kann der Beschluss nach § 4c Nr. 1 InsO wieder **aufgehoben** werden. Außerdem riskiert der Schuldner unter den Voraussetzungen des § 290 Abs. 1 Nr. 5 InsO die **Versagung der RSB**.

Schließlich können dem nach § 101 Abs. 1 InsO Auskunftspflichtigen als besondere insolvenzrechtliche Sanktion im Fall der Antragsabweisung die **Kosten des Verfahrens auferlegt** werden, § 101 Abs. 3 InsO.[1179]

1175 AG Ludwigshafen, Beschl. v. 24.11.2015 – 3b IN 208/15, zitiert nach Siebert, NZI 2015, 541; AG München, Beschl. v. 12.2.2016 – 1503 IN 3339/15, ZInsO 2016, 1481; AG Rosenheim Beschl. v. 8.9.2016 – 605 IN 468/15, ZInsO 2016, 1954; AG Leipzig, Beschl. v. 17.9.2018 – 401 IN 305/18, ZInsO 2019, 1079; AG Köln, Beschl. v. 7.6.2018 – 75 IN 197/17, ZInsO 2018, 1538; Beth, NZI 2016, 109; Büttner, ZInsO 2019, 937; ders. InsBüro 2019, 365; HK/Laroche, § 21 InsO Rn 51; Markovic, ZInsO 2016, 1974; Martini, jurisPR-InsR 20/2018, Anm. 3; Siebert, NZI 2016, 541; **a.A.** Ahrens/Gerlein/Ringstmeier/Ahrens, § 4 InsO Rn 7.
1176 AG Rosenheim Beschl. v. 8.9.2016 – 605 IN 468/15, ZInsO 2016, 1954; Büttner, ZInsO 2019, 937, 941.
1177 Vgl. AG München, Beschl. v. 12.2.2016 – 1503 IN 3339/15; Beth, NZI 2016, 109, 110; Büttner, ZInsO 2019, 937, 939; HK/Laroche, § 21 InsO Rn 51.
1178 BGH, Beschl. v. 16.12.2004 – IX ZB 72/03, ZInsO 2005, 207; BGH, Beschl. v. 27.1.2005 – IX ZB 270/03, ZInsO 2005, 265; BGH, Beschl. v. 3.2.2005 – IX ZB 37/04, ZInsO 2005, 264; 265; BGH, Beschl. v. 19.5.2011 – IX ZB 142/11, ZInsO 2011, 1223; Uhlenbruck/Pape, § 4a InsO Rn 34; vgl. auch Schmittmann, VIA 2011, 57.
1179 Näher dazu: Uhlenbruck/Zipperer, § 101 InsO Rn 26.

4. Durchsetzung der Auskunftspflicht (ehemaliger) Angestellter

Die Durchsetzbarkeit der Auskunftspflicht (ehemaliger) Angestellter ist eingeschränkt. Da § 98 InsO nicht entsprechend anwendbar ist, können die Zwangsmittel des § 98 InsO nicht angewandt werden.[1180] Das Gericht hat allerdings die Möglichkeit, sie **als Zeugen** zu vernehmen.[1181] Dann stehen die in der ZPO geregelten Ordnungsmittel gegen Zeugen (insb. § 380 ZPO) über § 4 InsO zur Verfügung. Indessen bestehen dann auch die Zeugnisverweigerungsrechte nach §§ 383 ff. ZPO.

Daneben können auch dem nicht auskunftsbereiten (ehemaligen) Angestellten die **Kosten des Verfahrens auferlegt** werden, wenn der Eröffnungsantrag abgewiesen wird, § 101 Abs. 3 InsO.

IV. Unterhaltsansprüche

1. Unterhalt aus der Insolvenzmasse, §§ 100, 101 Abs. 1 Satz 3, 278 InsO

§ 100 InsO regelt die Gewährung von Unterhalt an den Schuldner und seine Familie aus der Insolvenzmasse (§ 100 InsO). Der Umfang des möglichen Unterhalts und der Personenkreis, dem Unterhalt bewilligt werden kann, unterscheiden sich danach, ob eine vorläufige Entscheidung durch den Insolvenzverwalter vorliegt (§ 100 Abs. 2 InsO) oder die Gläubigerversammlung beschließt (§ 100 Abs. 1 InsO). Über § 101 Abs. 1 Satz 3 InsO gilt § 100 InsO auch für den vertretungsberechtigten persönlich haftenden Gesellschafter des Schuldners, also etwa den Komplementär der KG. Der nach § 100 InsO bewilligte Unterhalt ist **nachrangige Masseverbindlichkeit** gemäß § 209 Abs. 1 Nr. 3 InsO.

a) Anwendungsbereich

Unmittelbare Anwendung finden die Vorschriften der §§ 100, 101 Abs. 1 Satz 3 InsO nur im **eröffneten Insolvenzverfahren**. Hinsichtlich des Eröffnungsverfahrens fehlt eine Verweisung auf diese Vorschriften. Dennoch sind die Bestimmungen über die Gewährung des notwendigen Unterhaltes (§ 100 Abs. 2 InsO, ggfs. in Verbindung mit § 101 ABs. 1 S. 3 InsO) **bei Bestellung eines vorläufigen Insolvenzverwalters und Verhängung eines allgemeinen Verfügungsverbotes** („starker vorläufiger Insolvenzverwalter") entsprechend anzuwenden.[1182] Ist ein vorläufiger Gläubiger-

---

[1180] Uhlenbruck/Zipperer, § 101 InsO Rn 22.
[1181] Näher dazu: Laroche, ZInsO 2015, 1469, 1470 f.; Uhlenbruck/Zipperer, § 101 InsO Rn 22.
[1182] HK/Schmidt, § 100 InsO Rn 7; Frege/Keller/Riedel, HRP, Rn 894; Uhlenbruck/Zipperer, § 100 InsO Rn 9; weitergehend (wohl stets bei Bestellung eines vorläufigen Insolvenzverwalters): LG Bonn, Beschl. v. 4.1.2013 – 6 T 239/12, ZInsO 2013, 833; Rn 18; K. Schmidt/Jungmann, § 100 InsO Rn 3; kritisch: FK/Wimmer-Amend, § 100 Rn 6.

ausschuss nach § 21 Abs. 2 Nr. 1a InsO bestellt, ist dessen Zustimmung einzuholen.[1183] In der Wohlverhaltensperiode finden die Vorschriften über die Gewährung von Unterhalt mangels Insolvenzmasse keine Anwendung.[1184] Auch im Nachlassinsolvenzverfahren gilt § 100 InsO nicht.[1185]

Der praktische Anwendungsbereich ist eingeschränkt: Geht der Schuldner einer **unselbstständigen Beschäftigung** nach, ist der Bedarf des Schuldners bereits über die **zivilprozessualen Pfändungsfreigrenzen** geschützt, die über § 36 Abs. 1 Satz 2 InsO entsprechend auch im Insolvenzverfahren gelten. Falls erforderlich hat das Insolvenzgericht auf Antrag die entsprechenden Beträge durch Beschluss nach § 850f ZPO anzupassen. Das **Einkommen von Selbständigen** (z.B. Ärzten, Handwerkern, Architekten) ist in vergleichbarem Umfang nach § 850i ZPO pfändungsfrei. Das so geschützte Einkommen gehört schon nicht zur Insolvenzmasse. Hat der Schuldner ein Einkommen, das die Pfändungsfreibeträge der §§ 850c ff. ZPO erreicht oder überschreitet, so dass ihm die pfändungsfreien Beträge in voller Höhe zugute kommen, bleibt für die Gewährung von Unterhalt nach § 100 InsO zumeist kein Raum.[1186]

b) Gewährung von Unterhalt aufgrund der Entscheidung der Gläubigerversammlung

322 Zuständig für die Entscheidung, ob und in welchem Umfang Unterhalt gewährt wird, ist die Gläubigerversammlung, § 100 Abs. 1 InsO. Es handelt sich stets um einen **Pflichttagesordnungspunkt**, auch bei Durchführung des schriftlichen Verfahrens und im Verbraucherinsolvenzverfahren.[1187] Die Gläubigerversammlung kann ihre Befugnis nicht delegieren.[1188] Die Gläubigerversammlung ist in ihrer Entscheidung frei („ob und in welchem Umfang"). Da der Gläubigergemeinschaft nicht die Funktion zukommt, das Existenzminimum des Schuldners zu sichern, kann sie beschließen, dass dem Schuldner keinerlei Unterhalt aus der Masse zusteht und den Schuldner **auf staatliche Unterstützung verweisen**, wenn er seinen Lebensunterhalt nicht aus pfändungsfreiem Einkommen bestreiten kann.[1189] Das Gericht ist nicht befugt, im

---

1183 HK/Schmidt, § 100 InsO Rn 7; K. Schmidt/Jungmann, § 100 InsO Rn 3; Uhlenbruck/Zipperer, § 100 InsO Rn 9.
1184 HK/Schmidt, § 100 InsO Rn 6; Uhlenbruck/Zipperer, § 100 InsO Rn 15.
1185 HK/Schmidt, § 100 InsO Rn 6; K. Schmidt/Jungmann, § 100 InsO Rn 4.
1186 Frege/Keller/Riedel, HRP, Rn 891; Uhlenbruck/Zipperer, § 100 InsO Rn 2.
1187 Frege/Keller/Riedel, HRP, Rn 896.
1188 OLG Celle, Urt. v. 21.1.2010 – 5 U 90/09, BeckRS 2010, 17176, Rn 37; Uhlenbruck/Zipperer, § 100 InsO Rn 4; HK/Schmidt, § 100 InsO Rn 9; nach K. Schmidt/Jungmann, § 100 InsO Rn 12 sei die Entscheidung (nur) auf das Insolvenzgericht übertragbar.
1189 OLG Celle, Urt. v. 21.1.2010 – 5 U 90/09, BeckRS 2010, 17176 Rn 35; HambKomm/Herchen/Morgen, § 100 InsO Rn 3; HK/Schmidt § 100 Rn 14; Frege/Keller/Riedel, HRP, Rn 898; K. Schmidt/Jungmann, § 100 InsO Rn 9; Uhlenbruck/Zipperer; § 100 InsO Rn 7.

Wege der Aufsicht nach § 58 InsO oder durch Aufhebung eines Beschlusses nach § 78 InsO einzuschreiten und einen angemessenen Unterhalt festzusetzen.[1190]

Die Fortsetzung einer selbstständigen Tätigkeit des Schuldners im Insolvenzverfahren setzt eine entsprechende **Motivation des Schuldners** voraus. Soweit kein nach § 850i ZPO pfändungsfreies Einkommen erzielt wird, dient die Überlassung eines angemessenen Anteils der Einnahmen an den Schuldner dessen Motivation, die Tätigkeit fortzusetzen und somit auch der Massemehrung. Auch in anderen Fällen kann die Unterhaltsgewährung – ggfs. auch zusätzlich zu einem pfändungsfreien Einkommen – verwendet werden, um den Schuldner zur überobligatorischen Mitwirkung im Interesse der Gläubigergesamtheit zu motivieren.[1191] Sie kann auch neben einem mit dem Verwalter vereinbarten Entgelt für Dienste, die über die Mitwirkungspflichten nach § 97 InsO hinausgehen, bewilligt werden.[1192] Alternativ kann der Insolvenzverwalter den Schuldner auch als Arbeitnehmer anstellen und ihm **Arbeitslohn** zahlen;[1193] in diesem Fall gelten ohne weiteres die Pfändungsfreigrenzen der §§ 850c ff. ZPO.

Die Unterhaltsleistung kann in Form von **Geld- oder Sachleistungen** erfolgen. Letztere kann insbesondere in Form der Überlassung einer zur Insolvenzmasse gehörenden **Wohnung zum Gebrauch des Schuldners und seiner Familie** erfolgen.[1194]

Außer dem Schuldner kann die Gläubigerversammlung seiner **Familie** Unterhalt bewilligen. Auch insoweit ist die Gläubigerversammlung in ihrer Entscheidung frei und kann zwischen verschiedenen Familienmitgliedern differenzieren. Der Begriff der Familie ist gesetzlich nicht definiert und weiter als der in § 100 Abs. 2 S. 2 InsO bezeichnete Personenkreis. Umfasst sind alle Personen, denen der Schuldner gesetzlich zum Unterhalt verpflichtet ist, mit denen er in häuslicher Gemeinschaft lebt und solche, denen der Schuldner kraft sittlicher Verpflichtung Unterhalt gewährt.[1195] Die **weite und unbestimmte Fassung des Personenkreises** ist unbedenklich, da die Gläubiger selbst in der Hand haben, inwieweit sie die ihnen zustehende Masse durch die Gewährung von Unterhalt reduzieren.[1196] Allerdings kann nicht jedem außenstehenden Dritten ohne persönlichen Bezug zum Schuldner Un-

323

[1190] Frege/Keller/Riedel, HRP, Rn 898; Uhlenbruck/Zipperer; § 100 InsO Rn 3.; **a.A.** Kölner Schrift/Kothe, Kap. 36 Rn 80.
[1191] HK/Schmidt, § 100 InsO Rn 11.
[1192] HK/Schmidt, § 100 InsO Rn 11; MK/Schmidt § 100 InsO Rn 15; Uhlenbruck/Zipperer, § 100 InsO Rn 8 a.E.
[1193] BGH, Beschl. v. 4.5.2005 – IX ZB 202/05, NZI 2006, 595, Rn 6; Uhlenbruck/Zipperer, § 100 InsO Rn 14.
[1194] HK/Schmidt, § 100 InsO Rn 10; Uhlenbruck/Zippperer, § 100 InsO Rn 8.
[1195] HK/Schmidt, § 100 InsO Rn 13; Frege/Keller/Riedel, HRP, Rn 892; K. Schmidt/Jungmann § 100 InsO Rn 9; MK/Stephan, § 100 InsO Rn 17 f.; Uhlenbruck/Zipperer § 100 InsO Rn 6.
[1196] HK/Schmidt, § 100 InsO Rn 13; Uhlenbruck/Zipperer § 100 InsO Rn 6.

terhalt bewilligt werden.[1197] Ein **Einschreiten des Insolvenzgerichts** nach § 78 InsO kommt in Betracht, wenn mit dem Schuldner verbundene Gläubiger ihre Mehrheit missbrauchen, um dem Schuldner oder einem Dritten einen unangemessen hohen Unterhalt zuzubilligen.[1198]

c) Vorläufige Entscheidung durch den Insolvenzverwalter

324 Bis zur Entscheidung der Gläubigerversamlung entscheidet der Insolvenzverwalter über die Gewährung von notwendigem Unterhalt nach § 100 Abs. 2. Der Verwalter bedarf hierzu der **Zustimmung des vorläufigen Gläubigerausschusses**, sofern ein solcher bestellt ist.

Der **Begriff des notwendigen Unterhaltes** beschränkt das Ermessen des Insolvenzverwalters der Höhe nach. Die Höhe des notwendigen Unterhaltes bestimmt sich nach der Tabelle zu § 850c ZPO bzw. §§ 19 ff. SGB II.[1199] Auch insoweit können statt Geldzahlungen Sachleistungen erbracht werden. Umstritten ist, ob der Insolvenzverwalter dem Schuldner den notwendigen Unterhalt zu gewähren hat, wenn die Insolvenzmasse ausreicht und der Schuldner anderweitig nicht seinen Lebensunterhalt erlangen kann. Teilweise wird eine solche Verpflichtung des Insolvenzverwalters mit dem verfassungsrechtlichen Gebot der **Existenzsicherung** begründet.[1200] Wortlaut und Systematik von § 100 ist jedoch nicht zu entnehmen, dass das Ermessen des Insolvenzverwalters im Unterschied zu dem der Gläubigerversammlung dahingehend begrenzt wäre, dass der Schuldner Anspruch auf einen Mindestunterhalt hätte. Auch ist kein Grund dafür ersichtlich, den Schuldner nach einer Entscheidung der Gläubigerversammlung, ihm keinen Unterhalt zu gewähren, zur Existenzsicherung auf Sozialleistungen zu verweisen, während diese zuvor von den Gläubigern gewährt werden müsste. Zuzustimmen ist daher der Ansicht, die den Begriff des notwendigen Unterhaltes in § 100 Abs. 2 S. 1 InsO **lediglich als Obergrenze** versteht.[1201] Da es sich von der Eröffnung bis zur ersten Gläubigerversammlung um einen überschaubaren Zeitraum handelt und der Insolvenzverwalter einen kooperativen Schuldner, der für die Masse noch im weitesten Sinne nützlich sein kann, nicht ohne Not verprellen sollte, kann es sich empfehlen, einem solchen Schuldner den notwendigen Unterhalt aus der Masse zu zahlen, wenn er seinen Lebensunterhalt bislang aus der Masse bestritten hat und andernfalls auf Sozialleis-

---

1197 K. Schmidt/Jungmann, § 100 InsO Rn 9.
1198 HambKomm/Herchen/Morgen, § 100 InsO Rn 15.
1199 HK/Schmidt, § 100 InsO Rn 18 f.; Frege/Keller/Riedel, HRP, Rn 894b; K. Schmidt/Jungmann, § 100 InsO Rn 6; Uhlenbruck/Zipperer, § 100 InsO Rn 10.
1200 So Frege/Keller/Riedel, HRP, Rn 894a; K. Schmidt/Jungmann § 100 InsO Rn 9.
1201 HK/Schmidt, § 100 InsO Rn 22; Uhlenbruck/Zipperer, § 100 InsO Rn 10, 13; FK/Wimmer-Amend § 100 Rn 10 f.

tungen angewiesen wäre.[1202] Allerdings trägt der Insolvenzverwalter ein Haftungsrisiko, falls Unterhaltszahlungen geleistet werden und sich das Verfahren als masseunzulänglich erweist.[1203]

Die Befugnis des Verwalters zur Gewährung des notwendigen Unterhalts an Familienangehörige des Schuldners ist durch § 100 Abs. 2 Satz 2 InsO – im Unterschied zu § 100 Abs. 1 InsO – **auf den engen Familienkreis beschränkt**. Der begünstigungsfähige Personenkreis ist in § 100 Abs. 2 Satz 2 InsO abschließend bezeichnet.[1204] Für die Begrenzung der Höhe nach gelten die gleichen Maßstäbe wie hinsichtlich des Schuldners. Die Entscheidung des Verwalters ist vom Gericht im Rahmen seiner Aufsicht nach § 58 InsO überprüfbar.[1205] 325

d) Privilegierung des Schuldners in der Eigenverwaltung

Der Schuldner in Eigenverwaltung wird durch § 278 InsO in mehrfacher Hinsicht gegenüber dem Schuldner im Regelinsolvenzverfahren privilegiert: Anders als § 100 InsO gewährt § 278 InsO ein **Recht des Schuldners, der Masse Mittel für den Lebensunterhalt zu entnehmen**. Der Maßstab für die Bestimmung der Höhe („die unter Berücksichtigung der bisherigen Lebensverhältnisse des Schuldners eine bescheidene Lebensführung gestattet") liegt jedenfalls über dem notwendigen Unterhalt gem. § 100 Abs. 2 S. 1 InsO und eröffnet einen **Spielraum, über dessen Konkretisierung der Schuldner selbst entscheidet**.[1206] Bei überhöhten Entnahmen bleibt dem Sachwalter nur die Möglichkeit, nach § 274 Abs. 3 InsO anzuzeigen, dass die Fortsetzung der Eigenverwaltung Nachteile für die Gläubiger befürchten lässt.[1207] Das Recht des Schuldners zur Entnahme der Mittel für eine bescheidene Lebensführung nach § 278 InsO schließt nicht aus, dass die Gläubigerversammlung ihm zusätzlich nach § 100 Abs. 1 InsO Unterhalt bewilligt.[1208] 326

2. Unterhaltspflichten des Schuldners

a) Grundlagen

Das Schicksal **familienrechtlicher Unterhaltsansprüche** gegen den Schuldner bestimmt sich nach dem Zeitpunkt ihrer Entstehung. Familienrechtliche Unterhalts- 327

1202 Vgl. Uhlenbruck/Zipperer, § 100 InsO Rn 10.
1203 FK/Wimmer-Amend, § 100 Rn 6.
1204 HK/Schmidt, § 100 InsO Rn 21; Uhlenbruck/Zipperer, § 100 InsO Rn 13.
1205 HambKomm/Herchen, § 100 InsO Rn 15.
1206 K. Schmidt/Undritz, § 100 InsO Rn 7; siehe ausführlich § 9 Rn 106 ff.
1207 K. Schmidt/Undritz, § 100 Rn 8.
1208 K. Schmidt/Undritz, § 100 InsO Rn 7; Uhlenbruck/Zipperer, § 100 InsO Rn 13.

ansprüche sind **gesetzliche Unterhaltsansprüche aus dem 4. Buch des BGB** und darauf verweisende Normen des LPartG, auch, wenn sie vertraglich näher ausgestaltet sind, nicht aber vertraglich begründete Ansprüche wie z.B. Leibrentenverträge.[1209] Vertragliche oder deliktische Schadensersatzansprüche sind auch dann keine familienrechtlichen Unterhaltspflichten, wenn Schadensersatz in Form einer Geldrente nach §§ 843 ff. BGB geschuldet wird. Ist der Grund für diese Ansprüche vor Eröffnung des Insolvenzverfahrens entstanden, handelt es sich insgesamt um eine Insolvenzforderung; für eine entsprechende Geldrente gelten die §§ 41, 46 InsO. Entsprechendes gilt für den schuldrechtlichen Versorgungsausgleich.[1210] Nur Ansprüche aus § 826 BGB wegen vorsätzlicher sittenwidriger Entziehung eines Unterhaltsanspruchs werden wegen gleicher Interessenlage den familienrechtlichen Unterhaltsansprüchen gleichgestellt.[1211] Die Überleitung von Unterhaltsansprüchen auf öffentliche Träger (z.B. nach §§ 33 Abs. 1 SGB II, 94 Abs. 1 SGB XII, 7 UVG) ändert an deren Behandlung im Insolvenzverfahren nichts.[1212]

Familienrechtliche Unterhaltsforderungen **entstehen jeden Monat neu**, vgl. § 1361 Abs. 4 S. 2 BGB. Dementsprechend sind Unterhaltsforderungen aus der Zeit vor Eröffnung des Insolvenzverfahrens (Rückstände) **Insolvenzforderungen**, während danach entstehende Unterhaltsforderungen als **Neuforderungen** nicht am Insolvenzverfahren teilnehmen.[1213] Den Unterhaltsgläubigern ist hinsichtlich der Ansprüche für die Zeit nach Verfahrenseröffnung der Zugriff auf die Insolvenzmasse und grundsätzlich auch auf den Neuerwerb des Schuldners versagt (vgl. § 89 Abs. 2 S. 1 InsO), da dieser zur Insolvenzmasse gehört. § 89 Abs. 2 S. 2 InsO ermöglicht allerdings die (Einzel-) Zwangsvollstreckung wegen Unterhaltsforderungen in den Teil der Bezüge des Schuldners, der für andere Gläubiger nicht pfändbar ist, also den sog. **Vorrechtsbereich** nach § 36 Abs. 1 InsO i.V.m. § 850d ZPO.[1214] Nur dieser Teil der nach Verfahrenseröffnung erzielten Bezüge des Schuldners ist vom Insolvenzbeschlag bzw. der Abtretungserklärung nach § 287 Abs. 2 InsO nicht erfasst und unterfällt dem **Zugriff der privilegierten Neugläubiger**. Soweit die Unterhaltsgläubiger Insolvenzgläubiger sind, haben Sie keinen Zugriff auf den Vorrechtsbereich.[1215]

1209 HK/Riedel, § 40 InsO Rn 2 f.; K. Schmidt/Undritz, § 100 InsO Rn 7; zu den Einzelheiten vgl. Uhlenbruck/Knof § 40 InsO Rn 4 ff.
1210 K. Schmidt/Thonfeld, § 40 InsO Rn 9 f.; Uhlenbruck/Knof, § 40 InsO Rn 5.
1211 K. Schmidt/Thonfeld, § 40 InsO Rn 9; Uhlenbruck/Knof, § 40 InsO Rn 5.
1212 HK/Riedel, § 40 InsO Rn 3; MK/Schumann § 40 InsO Rn 13; K. Schmidt/Thonfeld § 40 InsO Rn 11; Uhlenbruck/Knof § 40 InsO Rn 9; **a.A.** FK/Bornemann § 40 InsO Rn 8; HambKomm/Lüdtke, § 40 InsO Rn 12.
1213 HK/Riedel, § 40 InsO Rn 1.
1214 HK/Riedel, § 40 InsO Rn 1; Uhlenbruck/Knof § 40 InsO Rn 2.
1215 BGH, Beschl. v. 27.9.2007 – IX ZB 16/06, ZInsO 2007, 1226, 40 Rn 7 ff.; Uhlenbruck/Knof, § 40 InsO Rn 2.

In aller Regel wirkt sich dies als Privilegierung der neuen Unterhaltsforderungen gegenüber den Insolvenzforderungen aus.

b) Ausnahmeregelung des § 40 InsO

Von der vorbeschriebenen Aufteilung von familienrechtlichen Unterhaltsansprüchen in Insolvenzforderungen (für die Zeit vor Eröffnung) und Neuforderungen (für die Zeit nach Eröffnung) sieht § 40 InsO eine Ausnahme für solche Ansprüche vor, die ausnahmsweise nicht mit dem Tod des Unterhaltspflichtigen erlöschen, sondern auf den Erben übergehen. Eine solche **Erbenhaftung für (zukünftige) Unterhaltspflichten** ist insbesondere für den nachehelichen Unterhalt (§ 1586b Abs. 1 BGB, ggfs. i.V.m. § 1318 Abs. 2 BGB, vgl. auch § 16 S. 2 LPartG) und Unterhalt nach § 1615l Abs. 3 S. 4 BGB vorgesehen.[1216] Familienrechtliche Unterhaltsansprüche, für die der Schuldner als Erbe haftet, sind auch für die Zeit nach Eröffnung nach § 40 S. 1 InsO Insolvenzforderungen und nicht als Neuforderungen geltend zu machen. Für solche „vererbten" Unterhaltspflichten kommt demnach keine Vollstreckung in den Vorrechtsbereich nach § 89 Abs. 2 S. 2 InsO in Betracht. Auf sie finden die §§ 41, 45, 46 InsO Anwendung[1217] und gelten die Bestimmungen über die Restschuldbefreiung.

328

c) Unterhaltsansprüche und Restschuldbefreiung

Die nach Eröffnung des Insolvenzverfahrens entstandenen Unterhaltsforderungen nehmen – wie alle Neuforderungen – nicht an einer etwaigen Restschuldbefreiung teil. In der Wohlverhaltensperiode besteht für die Durchsetzung im Wege der Zwangsvollstreckung keine Einschränkung, da § 294 InsO nur den Insolvenzgläubigern die Zwangsvollstreckung untersagt.[1218]

329

Unterhaltsforderungen, die Insolvenzforderungen sind, erfahren im Insolvenzverfahren keine Privilegierung. Sie können allerdings nach **§ 302 Nr. 1 InsO** von der Restschuldbefreiung ausgenommen sein. Dies war (und ist) stets der Fall, wenn eine **strafbare Unterhaltsentziehung** vorgelegen hat, § 823 Abs. 2 BGB i.V.m. § 170 StGB.[1219] Bei Verfahren, die ab dem 1.7.2014 beantragt worden sind, ist rückständiger Unterhalt weitergehend dann von der Restschuldbefreiung ausgenommen, wenn er vom Schuldner **vorsätzlich pflichtwidrig nicht gewährt** worden ist. Damit ist gegenüber § 170 StGB das Erfordernis einer Gefährdung des Lebensbedarfs des Unter-

---

1216 Vgl. K. Schmidt/Thonfeld, § 40 InsO Rn 12.
1217 K. Schmidt/Thonfeld, § 40 InsO Rn 12.
1218 Uhlenbruck/Knof § 40 InsO Rn 3.
1219 K. Schmidt/Henning, § 302 InsO Rn 10; Uhlenbruck/Knof, § 40 InsO Rn 3a.

haltsgläubigers entfallen.[1220] Die Ausnahme von der Restschuldbefreiung nach § 302 Nr. 1 InsO setzt voraus, dass die Forderung unter Angabe des Grundes für die Ausnahme angemeldet worden ist (§ 174 Abs. 2 InsO) und der Schuldner diesem Attribut nicht widersprochen hat (vgl. § 175 Abs. 2 InsO) oder sein Widerspruch durch Feststellungsklage beseitigt worden ist.[1221]

O. Rechte der Insolvenzgläubiger nach Verfahrensaufhebung

I. Grundsatz der freien Nachforderung

330 Nach Aufhebung des Insolvenzverfahrens besteht grds. ein **unbeschränktes Nachforderungsrecht** der **Insolvenzgläubiger**, § 201 Abs. 1 InsO. Die Dauer des Nachforderungsrechts richtet sich nach dem jeweils zugrunde liegenden materiellen Recht. **Zivilrechtliche Forderungen** verjähren, soweit sie – ggfs. aufgrund der Feststellung zur Tabelle – tituliert sind, nach § 197 Abs. 1 Nr. 5 BGB in 30 Jahren, während zur Tabelle festgestellte **Steuerforderungen** nach § 228 Satz 2 AO in 5 Jahren verjähren.[1222] Zu beachten ist aber die Verjährungsunterbrechung nach § 212 Abs. 1 Nr. 2 BGB bzw. § 231 Abs. 1 S. 1 AO durch Vollstreckungsmaßnahmen, die faktisch dazu führen kann, dass eine Verjährung überhaupt nicht eintritt.[1223]

Eine **Nachhaftung** des Schuldners **zugunsten von Massegläubigern** besteht **grds. nicht**. Die Haftung des Schuldners für vom Insolvenzverwalter begründete Masseverbindlichkeiten beschränkt sich auf die nach Beendigung des Verfahrens zurückerhaltenen Massegegenstände, da sich zuvor im Insolvenzverfahren das Verwaltungs- und Verfügungsrecht des Insolvenzverwalters und somit auch die Verpflichtungsmöglichkeit nur auf die Insolvenzmasse bezogen hat.[1224] Anderes gilt, falls die Forderung ausnahmsweise gleichzeitig Insolvenzforderung ist oder vom Schuldner begründet wurde, was insb. bei oktroyierten Masseverbindlichkeiten nach § 55 Abs. 1 Nr. 2, 2. Alt. InsO der Fall ist. Für solche haftet der Schuldner unbeschränkt und nicht nur mit der ihm überlassenen Masse.[1225] Für Neugläubiger, also

---

1220 RegE eines Gesetzes zur Verkürzung des RSB-Verfahrens und zur Stärkung der Gläubigerrechte, BT-Drucks. 17/11268, S. 31, Nr. 30; HK/Waltenberger § 302 InsO Rn 15; K. Schmidt/Henning, § 302 InsO Rn 10.
1221 HK/Waltenberger, § 302 InsO Rn 13 f.; K Schmidt/Henning, § 302 InsO Rn 13 ff.
1222 Uhlenbruck/Wegener, § 201 InsO Rn 13.
1223 PWW/Deppenkemper, § 212 BGB Rn 7.
1224 HambKomm/Herchen, § 201 InsO Rn 5; HK/Depré, § 201 InsO Rn 3; Frege/Keller/Riedel, HRP, Rn 1807.
1225 BGH, Urt. v. 28.6.2007 – IX ZR 73/06, ZInsO 2007, 994 Rn 14; Frege/Keller/Riedel, HRP, Rn 1807; HambKomm/Herchen, § 201 InsO Rn 6; HK/Depré, § 201 InsO Rn 3; Uhlenbruck/Wegener, § 201 InsO Rn 18, ob oktroyierte Masseverbindlichkeiten von der RSB umfasst sind, ist umstritten,

Gläubiger von Verbindlichkeiten, die der Schuldner erst nach Verfahrenseröffnung eingegangen ist, gilt die Regelung des § 201 InsO nicht.[1226]

Die praktischen Auswirkungen des Grundsatzes der unbeschränkten Nachhaftung sind allerdings begrenzt und haben in der Regel nur für natürliche Personen Bedeutung:[1227]

Die Aufhebung des Verfahrens erfolgt erst nach vollständiger Liquidation des Vermögens. Eine Fortsetzung der **insolventen Gesellschaft** ist ausgeschlossen, sie wird aus dem **Handelsregister gelöscht**; s. dazu auch oben, § 2 Rn 10. Neues Vermögen kann sie folglich nicht erwerben. Soweit nachträglich erhebliches Vermögen bekannt wird, erfolgt regelmäßig eine Nachtragsverteilung nach § 203 InsO. Relevanz hat das freie Nachforderungsrecht hingegen in den (seltenen) Fällen der Einstellung wegen Wegfalls des Eröffnungsgrundes nach § 212 InsO und der Einstellung mit Zustimmung der Gläubiger nach § 213 InsO.

Auch bei Verfahrensbeendigung durch **Insolvenzplan** kann die Nachhaftung eine Rolle spielen. In diesem Zusammenhang ist die Möglichkeit des **Vollstreckungsschutzes gemäß § 259a InsO** zu beachten. Nach dieser Vorschrift kann das Insolvenzgericht nach Aufhebung des Insolvenzverfahrens die Zwangsvollstreckung für einzelne Insolvenzgläubiger, die ihre Forderung bis zum Abstimmungstermin nicht angemeldet hatten, ganz oder teilweise aufheben oder längstens für drei Jahre untersagen. Voraussetzung ist, dass die Zwangsvollstreckung die Durchführung des Insolvenzplans gefährden würde.

In der **Insolvenz natürlicher Personen** ist das Recht der freien Nachforderung durch die RSB eingeschränkt, vgl. § 201 Abs. 3 InsO. Es wird nur dann praktisch relevant, wenn der Schuldner keine RSB beantragt hat, ihm diese versagt wird oder die Forderung von der RSB nach § 302 InsO ausgenommen ist. Wird dem Schuldner hingegen (wie in den meisten Fällen) die RSB erteilt, so wandeln sich die Forderungen in unvollkommene Verbindlichkeiten (Naturalobligationen) um. Ihre Erfüllung bleibt zwar möglich (Rechtsgrund i.S.d. § 812 BGB), ist aber nicht mehr durchsetzbar.[1228] Vorwirkungen ergeben sich daraus, dass bereits während der Dauer des Wohlverhaltensperiode, also zwischen Aufhebung bzw. Einstellung des Insolvenzverfahrens und Erteilung der RSB Zwangsvollstreckungsmaßnahmen einzelner Insolvenzgläubiger in das Vermögen des Schuldners nach § 294 InsO unzulässig sind. Dies gilt nach dem klaren Wortlaut der Vorschrift selbst für solche

---

vgl. K. Schmidt/Henning, § 301 Rn 5; BFH, Urt. v. 2.4.2019 – IX R 21/17, ZInsO 2019, 1667, zur Einkommensteuer, Bigge, SGb 2019, 725 zu Sozialversicherungsbeiträgen, s. auch oben § 2 Rn 128 ff.
1226 Uhlenbruck/Wegener, § 201 InsO Rn 15.
1227 HambKomm/Hercher, § 201 InsO Rn 22; Uhlenbruck/Wegener; § 201 InsO Rn 2.
1228 HK/Waltenberger, § 301 InsO Rn 1; Uhlenbruck/Sternal, § 301 InsO Rn 16.

Insolvenzgläubiger, deren Forderungen nach § 302 InsO von der RSB ausgenommen sind.[1229]

333 Allerdings besteht für den Gläubiger einer nicht angemeldeten oder festgestellten Forderung trotz laufender Wohlverhaltensperiode ein **Rechtsschutzbedürfnis zur Klageerhebung** und Aufnahme eines nach § 240 ZPO unterbrochenen Rechtsstreits. Denn solange nicht positiv feststeht, dass der Gläubiger nicht wird vollstrecken können, kann ihm das Rechtsschutzinteresse an der Titulierung nicht abgesprochen werden.[1230] Zu beachten ist aber das hohe Kostenrisiko des Gläubigers, das eine solche Klage in den seltensten Fällen sinnvoll erscheinen lässt.

II. Vollstreckung aus dem Tabelleneintrag

334 Ist die Forderung eines Gläubigers festgestellt und nicht vom Schuldner bestritten, kann der Gläubiger aus dem **Tabelleneintrag** wie aus einem vollstreckbaren Urteil die **Zwangsvollstreckung betreiben**, § 201 Abs. 2 Satz 1 InsO. Gleiches gilt, wenn der Widerspruch (durch Klage nach § 184 InsO oder Rücknahme des Widerspruchs) beseitigt worden ist, § 201 Abs. 2 Satz 2 InsO. Liegt für eine festgestellte Forderung bereits ein Urteil oder sonstiger Vollstreckungstitel vor, obliegt es dem widersprechenden Schuldner, den Widerspruch binnen Monatsfrist gerichtlich zu verfolgen und dies dem Insolvenzgericht nachzuweisen (§ 184 Abs. 2 S. 1 InsO); geschieht dies nicht, gilt der Widerspruch als nicht erhoben (§ 184 Abs. 2 S. 2 InsO). Die Titulierung der Forderung durch den Tabelleneintrag bewirkt gleichzeitig eine **Aufzehrung (Verdrängung) eines ursprünglichen Titels.**[1231] Die Erteilung des vollstreckbaren Tabellenauszuges soll daher von der Vorlage und Entwertung eines ursprünglichen Titels abhängig gemacht werden.[1232] Soweit der ursprüngliche Titel weiter geht, etwa wegen nicht angemeldeter nachrangiger Zinsen, behält dieser seine Gültigkeit.[1233]

Die Erteilung einer vollstreckbaren Ausfertigung kann erst nach Aufhebung des Insolvenzverfahrens beantragt werden, § 201 Abs. 2 Satz 3 InsO. Abzustellen ist auf den Zeitpunkt der Beschlussfassung.[1234] Ein zuvor gestellter Antrag ist als unzulässig

---

1229 BGH, Beschl. v. 13.7.2006 – IX ZB 288/03, ZInsO 2006, 872 f.; HambKomm/Streck, § 294 InsO Rn 2; FK/Ahrens, § 294 InsO Rn 14; Uhlenbruck/Sternal, § 294 InsO Rn 6.
1230 OLG Brandenburg, Urt. v. 12.12.2007 – 3 U 82/07, JurionRS 2007, 53609, veröffentlicht auch bei juris; FK/Ahrens, § 294 InsO Rn 40.
1231 BGH, Urt. v. 18.5.2006 – IX ZR 187/04, ZInsO 2006, 704 Rn 9; Fischer ZInsO 2005, 69; HambKomm/Herchen, § 201 InsO Rn 12; K. Schmidt/Jungmann, § 201 InsO Rn 5 f.; Uhlenbruck/Wegener, § 201 InsO Rn 22.
1232 BGH, Urt. v. 1.12.2005 – IX ZR 95/04, ZInsO 2006, 102, Rn 11; Frege/Keller/Riedel, HRP, Rn 1849; HambKomm/Herchen, § 201 InsO Rn 12; K. Schmidt/Jungmann, § 201 InsO Rn 5.
1233 Uhlenbruck/Wegener, § 201 InsO Rn 23.
1234 Uhlenbruck/Wegener, § 201 InsO Rn 29.

zurückzuweisen.[1235] Zuständig für die Erteilung der Vollstreckungsklausel ist der Urkundsbeamte der Geschäftsstelle des Insolvenzgerichts, § 4 InsO i.V.m. § 724 Abs. 2 ZPO.[1236] Zahlungen, die der Gläubiger in Abschlags- und der Schlussverteilungen erhalten hat, sind bei Erteilung der Ausfertigung abzusetzen oder zu vermerken.[1237]

Zu beachten ist, dass in der Insolvenz einer Personengesellschaft der Titel nicht zur Vollstreckung in das Vermögen der Gesellschafter berechtigt und auch nicht nach § 727 ZPO umgeschrieben werden kann.[1238] Hingegen findet § 129 HGB Anwendung, sodass der Gesellschafter nur noch Einwendungen, die in seiner Person begründet liegen, geltend machen kann.[1239]

In der Insolvenz einer natürlichen Person besteht auch während der laufenden Wohlverhaltensperiode für den Gläubiger ein Rechtsschutzbedürfnis zur Erteilung einer vollstreckbaren Ausfertigung.[1240] Denn solange es möglich ist, dass die Forderung nicht von einer RSB erfasst ist (etwa wegen einer noch denkbaren Versagung der RSB oder wegen des Rechtsgrunds der vorsätzlichen unerlaubten Handlung) muss der Gläubiger die Gelegenheit haben, unmittelbar nach Wegfall der Vollstreckungsbeschränkungen aus § 294 Abs. 1 InsO reagieren zu können.[1241] Ein Widerspruch des Schuldners nur gegen das Attribut der vorsätzlich unerlaubten Handlung (bzw. anderer der in § 302 Nr. 1 InsO genannten Gründe für den Ausschluss von der Restschuldbefreiung) nach § 175 Abs. 2 InsO steht der Erteilung des Tabellenauszuges – freilich ohne das Attribut, solange der Widerspruch dagegen nicht beseitigt worden ist – nicht entgegen.[1242]

335

Gläubiger, die sich nicht am Insolvenzverfahren beteiligt haben und solche, deren Forderung vom Schuldner bestritten geblieben ist, können aus einem bereits erlassenen Urteil, Vollstreckungsbescheid oder sonstigem Titel vollstrecken oder einen solchen nach Beendigung des Insolvenzverfahrens nach den einschlägigen

---

1235 Frege/Keller/Riedel, HRP, Rn 1847; Uhlenbruck/Wegener, § 201 InsO Rn 29.
1236 Uhlenbruck/Wegener, § 201 InsO Rn 31.
1237 Frege/Keller/Riedel, HRP, Rn 1850; HambKomm/Herchen, § 201 InsO Rn 8; HK/Depré, § 201 InsO Rn 8.
1238 OLG Hamm, Beschl. v. 10.2.1978 – 20 W 39/77, NJW 1979, 51 ff.; HambKomm/Herchen, § 201 InsO Rn 24; K. Schmidt/Jungmann § 201 InsO Rn 40; Uhlenbruck/Wegener, § 201 InsO 201 Rn 21.
1239 HambKomm/Herchen, § 201 InsO Rn 24.
1240 OLG Brandenburg, Urt. v. 2.5.2012 – 7 U 32/11, ZInsO 2012, 1582, Rn 9; LG Arnsberg, Beschl. v. 27.2.2004 – 3 S 22/04, NZI 2004, 515 f.; LG Göttingen, Beschl. v. 22.9.2005 – 10 T 89/05, ZInsO 2005, 1113 f.; HambKomm/Herchen, § 201 InsO Rn 2; Uhlenbruck/Sternal, § 294 InsO Rn 11.
1241 HambKomm/Herchen, § 201 InsO Rn 2.
1242 BGH 3.4.2014 – IX ZB 93/13, ZInsO 2014, 1055, Rn 15 ff.

prozessualen Bestimmungen erwirken, auch während der Wohlverhaltensperiode.[1243]

III. Inhaltsänderung von Forderungen durch Feststellung zur Tabelle

336 Teilweise erfahren Forderungen durch Anmeldung und Feststellung eine Inhaltsänderung. Dies gilt für ursprünglich nicht fällige Forderungen, die nach § 41 Abs. 1 InsO als fällig gelten, für Forderungen, die nicht auf Geld gerichtet waren oder deren Wert nach § 45 Satz 1 InsO geschätzt wurde, für Forderungen in ausländischer Währung, die nach § 45 Satz 2 InsO in inländische Währung umzurechnen sind, sowie für Forderungen auf wiederkehrende Leistungen, die nach § 46 InsO umgerechnet wurden. Diese **Inhaltsänderungen bleiben** nach h.M. auch nach Aufhebung des Insolvenzverfahrens **bestehen** ("Nachhaltigkeit der Inhaltsänderung").[1244] Die Forderungen können nur in der geänderten Form geltend gemacht werden. Auf den ursprünglichen Inhalt der Forderung kann nicht zurückgegriffen werden.[1245] Eine nachhaltige Inhaltsänderung tritt nicht ein, wenn der Gläubiger auf die Teilnahme am Insolvenzverfahren verzichtet hat oder wenn der Forderung widersprochen wurde und der Widerspruch nicht beseitigt ist.[1246]

Die nachhaltige Umwandlung der Forderung durch das Insolvenzverfahren gilt grds. **selbst dann, wenn die ursprüngliche Forderung bereits tituliert war**. Dies kann im Einzelfall zu Nachteilen beim Gläubiger führen. Es wird deshalb vorgeschlagen, dem Gläubiger das Recht einzuräumen, seine Forderung beschränkt auf die Haftung der Insolvenzmasse feststellen zu lassen und wegen der Nachhaftung den ursprünglichen Titel bestehen zu lassen bzw. dem Gläubiger das Recht einzuräumen, einen solchen Titel zu erstreiten.[1247] De lege lata ist dies jedoch abzulehnen, da die InsO eine derart beschränkte Forderungsanmeldung nicht vorsieht.[1248]

1243 HK/Depré, § 201 Rn 9 f.; Uhlenbruck/Wegener, § 201 InsO Rn 6 f.
1244 RGZ 93, 209; RGZ 112, 297; BGH, Urt. v. 22.6.1989 – IX ZR 164/88, ZIP 1989, 926 zur KO; vgl. ausführlich zum Meinungsstreit: Uhlenbruck/Wegener, § 201 InsO Rn 9 m.w.N.
1245 HK/Depré, § 201 InsO Rn 4; K. Schmidt/Jungmann, § 201 InsO Rn 3; Uhlenbruck/Wegener, § 201 InsO Rn 9.
1246 Vgl. Uhlenbruck/Wegener, § 201 InsO Rn 8 f.
1247 HambKomm/Herchen, § 201 InsO Rn 20 m.w.N.
1248 Uhlenbruck/Wegener, § 201 InsO Rn 10.

IV. Rechtsbehelfe des Schuldners gegen die Vollstreckung aus dem Tabellenauszug

Die Unzulässigkeit der **Vollstreckung aus dem alten Titel** nach Erteilung eines vollstreckbaren Tabellenauszuges ist mit der Vollstreckungsgegenklage nach § 767 ZPO[1249] und nicht mit der Vollstreckungserinnerung nach § 766 ZPO[1250] geltend zu machen, da aufgrund der möglichen Inhaltsänderung eine inhaltliche Prüfung des ursprünglichen Titels und des Tabellenauszuges erforderlich sein kann, um festzustellen, ob tatsächlich eine (vollständige) Aufzehrung des ursprünglichen Titels durch den Tabellenauszug vorliegt. 337

Vollstreckt der Insolvenzgläubiger – sei es, aus einem ursprünglichen Titel, sei es aus dem Tabellenauszug – nach Aufhebung des Insolvenzverfahrens, aber während der Wohlverhaltensperiode, so ist das **Vollstreckungsverbot des § 294 Abs. 1 InsO** im Wege der **Vollstreckungserinnerung** nach § 766 ZPO geltend zu machen.[1251] Zuständig ist das **Vollstreckungsgericht**, nicht das Insolvenzgericht, da § 294 Abs. 1 InsO eine Sonderregelung zu § 89 InsO darstellt und eine besondere Zuständigkeitszuweisung, wie sie sich in § 89 Abs. 3 InsO findet, in § 294 InsO fehlt.[1252]

Der **Vollstreckung**, die ein Insolvenzgläubiger **trotz Erteilung der Restschuldbefreiung** betreibt, ist mit der **Vollstreckungsgegenklage** nach § 767 ZPO entgegen zu treten.[1253] Der Schuldner kann, wenn die Forderung der Restschuldbefreiung unterliegt, auch die Herausgabe des Titels verlangen und den Herausgabeanspruch ggfs. im Wege der Klage durchsetzen.[1254] Falls aber im Vollstreckungstitel festgestellt ist, dass die Forderung aus einer vorsätzlich unerlaubten Handlung oder aus einem anderen der in § 302 InsO genannten Gründe von der Restschuldbefreiung ausgenommen ist, kann die Vollstreckungsgegenklage keinen Erfolg haben. Ist dieses Attribut nicht tituliert und ein entsprechender Feststellungsantrag des Gläubigers nicht bereits in einem Rechtsstreit rechtskräftig abgewiesen worden, kann der Gläubiger im Rahmen der Vollstreckungsgegenklage den Einwand erheben,

---

[1249] RGZ 132, 113 (114) zur VglO; HambKomm/Herchen § 201 InsO Rn 14; HK/Depré § 201 InsO Rn 7.
[1250] So aber LG Köln, Beschl. v. 3.7.2012 – 13 T 50/12, ZInsO 2012, 1682, Rn 17; K. Schmidt/Jungmann, § 201 InsO Rn 7; Uhlenbruck/Wegener, § 201 InsO Rn 24.
[1251] LG Köln, Beschl v. 14.8.2003 – 19 T 92/03, NZI 2003, 669; HK/Waltenberger § 294 InsO Rn 11; K. Schmidt/Henning § 294 InsO Rn 5.
[1252] LG Köln, Beschl. v. 14.8.2003 – 19 T 92/03, NZI 2003, 669, Rn 12ff.; HK/Waltenberger § 294 InsO Rn 11; K. Schmidt/Henning, § 294 InsO Rn 5.
[1253] BGH, Beschl. v. 25.9.2008 – IX ZB 205/05, ZInsO 2008, 737; Rn 8ff.; K. Schmidt/Henning, § 301 InsO Rn 12.
[1254] K. Schmidt/Henning, § 301 InsO Rn 12.

dass die Forderung nach § 302 InsO nicht von der Restschuldbefreiung umfasst sei.[1255]

V. Zuständigkeitsregelungen des § 202 InsO

338 § 202 InsO enthält für **Klagen im Zusammenhang mit der Vollstreckung aus dem Tabellenauszug** eine besondere Zuständigkeitszuweisung an die Prozessgerichte. Für Klagen auf Klauselerteilung (§ 731 ZPO), die Klauselgegenklage (§ 768 ZPO) und Vollstreckungsgegenklagen (§ 767 ZPO) ist nach § 202 Abs. 1 InsO das AG (Prozessabteilung), bei dem das Insolvenzverfahren anhängig ist oder war, zuständig. Fällt die Klage in die Zuständigkeit der Landgerichte (§§ 71, 23 GVG), ist das LG, zu dessen Bezirk das Insolvenzgericht gehört, ausschließlich zuständig (§ 202 Abs. 2 InsO).

P. Rechtsmittel der InsO

I. Einleitung

339 Allgemeines Rechtsmittel der InsO ist die **sofortige Beschwerde**. Nach dem **Enumerationsprinzip** des § 6 Abs. 1 InsO ist sie nur statthaft, wenn die InsO sie ausdrücklich vorsieht.[1256] Gegen Entscheidungen des Beschwerdegerichts, die auf Grundlage des § 6 InsO ergangen sind, ist die Rechtsbeschwerde nach § 574 ZPO zulässig.[1257] Liegen die Voraussetzungen der § 6 InsO nicht vor, ist die Entscheidung grds. nicht anfechtbar.

Allerdings können in bestimmten Fällen andere Rechtsbehelfe bestehen. Soweit der Rechtspfleger die Entscheidung getroffen hat und die sofortige Beschwerde nicht eröffnet ist, steht die befristete Rechtspflegererinnerung nach § 11 Abs. 2 RPflG bereit. Die Wiedereinsetzung in den vorigen Stand nach § 186 InsO und § 233 ZPO kann ebenso eine Rolle spielen, wie allgemeine vollstreckungsrechtliche Rechtsbehelfe, die Anhörungsrüge nach § 321a ZPO oder die Erinnerung nach § 573 ZPO.

1255 BGH, 3.4.2014 – IX ZB 93/13, ZInsO 2014, 1055 Rn 19; ausführlich dazu oben, § 2 Rn 113.
1256 Frege/Keller/Riedel, HRP, Rn 237.
1257 Die Rechtsbeschwerde nach § 7 InsO ist durch das am 7.7.2011 verabschiedete Gesetz zur Änderung des § 522 der Zivilprozessordnung, BT-Drucks. 17/5334 v. 1.4.2011, abgeschafft worden. Stattdessen gelten nunmehr die weiter unten dargestellten allgemeinen Regelungen über die Rechtsbeschwerde (§ 544 ZPO), § 2 Rn 354 ff.

II. Sofortige Beschwerde (§§ 6, 34, 204, 216 InsO)

1. Statthaftigkeit der Beschwerde (§ 6 Abs. 1 InsO)

Zur Beschleunigung des Insolvenzverfahrens ist die sofortige Beschwerde nach dem **Enumerationsprinzip** des § 6 Abs. 1 InsO nur in den gesetzlich ausdrücklich vorgesehenen Fällen statthaft. Diese finden sich in zahlreichen **Einzelregelungen**, die sich über die gesamte InsO erstrecken.[1258] Von den in den jeweiligen Normen genannten Beteiligten kann sofortige Beschwerde eingelegt werden gegen

340

- den Stundungsbeschluss oder die Ablehnung der Stundung, § 4d Abs. 1, 2 InsO;
- die Anordnung von Sicherungsmaßnahmen, § 21 Abs. 1 Satz 2 InsO;
- die Festsetzung der Vergütung des vorläufigen Insolvenzverwalters, § 26a Abs. 2 InsO;
- die Zurückweisung eines Insolvenzantrags, § 34 Abs. 1 InsO;
- den Eröffnungsbeschluss, § 34 Abs. 2 InsO;
- die Nichtbestellung eines von der Gläubigerversammlung gewählten Insolvenzverwalters, §§ 57 Satz 4 InsO;
- Aufsichtsmaßnahmen des Insolvenzgerichts, § 58 Abs. 2 Satz 3, Abs. 3 InsO; entsprechend für den vorläufigen Insolvenzverwalter i.V.m. § 21 Abs. 2 Nr. 1 InsO;
- die Entlassung des Insolvenzverwalters oder Ablehnung der Entlassung, § 59 Abs. 2 Satz 1, 2 InsO; entsprechend für den vorläufigen Insolvenzverwalter i.V.m. § 21 Abs. 2 Nr. 1 InsO; für den Treuhänder i.V.m. § 292 Abs. 3 Satz 2 InsO;
- die Vergütungsfestsetzung, § 64 Abs. 3 InsO; auch des vorläufigen Insolvenzverwalters i.V.m. § 21 Abs. 2 Nr. 1 InsO; des Gläubigerausschuss i.V.m. 73 Abs. 2 InsO; des Sachwalters i.V.m. 274 Abs. 1 InsO; des Treuhänders i.V.m. § 293 Abs. 2 InsO;
- die Entlassung eines Mitglieds des Gläubigerausschusses, § 70 Satz 3 Halbs. 2 InsO);
- die Ablehnung der Einberufung einer Gläubigerversammlung, § 75 Abs. 3 InsO;
- die Aufhebung oder Ablehnung der Aufhebung eines Beschlusses der Gläubigerversammlung, § 78 Abs. 2 Satz 3, Abs. 3 InsO;
- eine Haftanordnung oder deren Aufhebung, § 98 Abs. 3 Satz 3 InsO, ggf. i.V.m. § 101 Abs. 1 InsO (Vertreter juristischer Personen); im Eröffnungsverfahren i.V.m. §§ 20 Abs. 1 Satz. 2, 21 Abs. 3 Satz 3, 22 Abs. 3 Satz 3 Halbs. 2 InsO; bei Haftanordnung zur Abgabe der eidesstattlichen Versicherung i.V.m. § 153 Abs. 2 Satz 2 InsO; bei Planüberwachung durch den Insolvenzverwalter i.V.m. § 261

1258 Vgl. die Einzelaufstellungen bei FK/Schmerbach, § 6 InsO Rn 23; HambKomm/Rüther, § 6 InsO Rn 3.

Abs. 1 Satz 3 InsO; bei Überwachung des Schuldners durch Sachwalter i.V.m. § 274 Abs. 2 Satz 2 InsO;
- die Anordnung einer Postsperre, § 99 Abs. 3 Satz 1 InsO, ggf. i.V.m. § 101 Abs. 1 InsO (Vertreter juristischer Personen); im Eröffnungsverfahren i.V.m. § 21 Abs. 2 Nr. 4 InsO;
- die Zurückweisung von Einwendungen gegen Verteilungsverzeichnisse, § 194 Abs. 2 Satz 2 InsO; für das Schlussverzeichnis i.V.m. § 197 Abs. 3 InsO;
- die Anordnung der Berichtigung eines Verteilungsverzeichnisses, § 194 Abs. 3 Satz 2 InsO; für das Schlussverzeichnis i.V.m. § 197 Abs. 3 InsO;
- die Ablehnung oder Anordnung der Nachtragsverteilung, § 204 Abs. 1 Satz 2, Abs. 2 Satz 2 InsO; nach Einstellung wegen Masseunzulänglichkeit i.V.m. § 211 Abs. 3 Satz 2 InsO;
- die Einstellung nach §§ 207, 212, 213 InsO oder deren Ablehnung, § 216 Abs. 1 bzw. 2 InsO;
- die Zurückweisung des Insolvenzplans, § 231 Abs. 3 InsO;
- die Berichtigung eines Insolvenzplans oder deren Versagung, § 248a Abs. 4 InsO;
- die Bestätigung des Insolvenzplans oder deren Versagung, § 253 InsO;
- die Aufhebung der vorläufigen Eigenverwaltung oder die Ablehnung des Aufhebungsantrags, § 270e Abs. 2 Satz 3 InsO;
- die Aufhebung der Eigenverwaltung oder die Ablehnung des Aufhebungsantrags, § 272 Abs. 2 Satz 3 InsO;
- die Versagung der RSB bzw. die Zurückweisung eines Versagungsantrags, §§ 289 Abs. 2 Satz 1, 296 Abs. 3 Satz 1, 297 Abs. 2, 298 Abs. 3, 300 Abs. 3 Satz 2 InsO;
- die Festsetzung des Betrages, den der Schuldner bei Ausübung einer selbständigen Tätigkeit in der Wohlverhaltensperiode oder im Fall der Freigabe abzuführen hat, § 295a Abs. 2 S. 4 InsO;
- den Widerruf der RSB oder dessen Ablehnung, § 303 Abs. 3 Satz 2 InsO;
- die Zustimmungsersetzung im Schuldenbereinigungsplanverfahren oder deren Ablehnung, § 309 Abs. 2 Satz 3 InsO;
- sowie im internationalen Insolvenzrecht gegen die Anordnung von Sicherungsmaßnahmen, § 344 Abs. 2 InsO; die Ablehnung einer öffentlichen Bekanntmachung, § 345 Abs. 3 Satz 3 InsO, sowie die Ablehnung von Register- oder Grundbucheintragungen, § 346 Abs. 2 Satz 2, Abs. 3 InsO.
- Soweit im internationalen Insolvenzrecht die Verordnung (EU) 2015/848 über Insolvenzverfahren (EuInsVO) Anwendung findet, sieht Art. 102c § 4 EGInsO vor, dass neben dem Schuldner auch jedem Gläubiger gegen die Entscheidung über die Eröffnung des Hauptinsolvenzverfahrens nach Art. 3 Abs. 1 EuInsVO zusteht, wenn nach Art. 5 Abs. 1 EuInsVO das Fehlen der internationalen Zuständigkeit für die Eröffnung des Hauptinsolvenzverfahrens gerügt wird. Siehe die sofortige Beschwerde dazu unten, § 2 Rn 363. Weitere Möglichkeiten zur Einlegung der sofortigen Beschwerde sieht Art. 102c EGInsO in §§ 9, 20 und 26 vor.

Aus dem Enumerationsprinzip folgt, dass gegen eine Vielzahl von Entscheidungen eine sofortige Beschwerde nicht oder nur für einen begrenzten Kreis von Beteiligten zulässig ist.

Keine sofortige Beschwerde[1259] **ist** mangels Regelung etwa **statthaft** gegen die Zulassung des Eröffnungsantrags,[1260] die Annahme der örtlichen Zuständigkeit im Eröffnungsverfahren,[1261] verfahrensleitende Entscheidungen und Verfügungen,[1262] den Erlass eines Beweisbeschlusses und die Beauftragung eines Sachverständigen,[1263] die Ablehnung von Sicherungsmaßnahmen,[1264] die Anforderung eines Massekostenvorschusses nach § 26 Abs. 1 Satz 2 InsO,[1265] die Zurückweisung des Antrags auf Eigenverwaltung,[1266] die Anordnung des schriftlichen Verfahrens gem. § 5 Abs. 2 InsO oder deren Aufhebung,[1267] die Ablehnung der Einstellung des Insolvenzverfahrens gem. § 207 InsO,[1268] die Ablehnung von Aufsichtsmaßnahmen gem. § 58 InsO,[1269] die Androhung von Zwangsmitteln i.S.d. § 98 InsO,[1270] die Einberufung und Vertagung bzw. Ablehnung der Vertagung einer Gläubigerversammlung,[1271] Entscheidungen der Gläubigerversammlung, des Gläubigerausschusses oder des Insolvenzverwalters[1272] oder die Zurückweisung eines Antrags auf eine Einzelermächtigung des

341

1259 Vgl. auch die ausführliche Aufstellung bei FK/Schmerbach, § 6 InsO Rn 27.
1260 HambKomm/Rüther, § 6 InsO Rn 6.
1261 OLG Celle, Beschl. v. 24.1.2001 – 2 W 124/00, ZInsO 2001, 128, 129; HambKomm/Rüther, § 6 InsO Rn 6.
1262 OLG Celle, Beschl. v. 7.11.2000 – 2 W 101/00, ZInsO 2001, 40, 41; Uhlenbruck/Pape; § 6 InsO Rn 6.
1263 OLG Köln, Beschl. v. 1.12.2000 – 2 W 231/00, NZI 2001, 598f.; HambKomm/Rüther, § 6 InsO Rn 8; Uhlenbruck/Pape; § 6 InsO Rn 6.
1264 LG München, I, Beschl. v. 30.12.2002 – 14 T 22353/02, NZI 2003, 215f.; HambKomm/Rüther, § 6 InsO Rn 6.
1265 LG Göttingen, Beschl. v. 7.6.2000 – 10 T 48/00, NZI 2000, 438; HambKomm/Rüther, § 6 InsO Rn 6.
1266 BGH, Beschl. v. 11.1.2007 – IX ZB 85/05, NZI 2007, 238f.; auch dann nicht, wenn diese im Eröffnungsbeschluss erfolgt: BGH, Beschl. v. 11.1.2007 – IX ZB 10/05, ZInsO 2007, 207f.; HambKomm/Rüther, § 6 InsO Rn 6; hieran hat auch die Änderung der Zulssungskriterien für die Eigenverwaltung durch das ESUG nichts geändert, vgl. Pape, ZInsO 2011, 2154, 2157; HK/Brünkmans, § 270 InsO Rn 28. Nach § 270 Abs. 4 InsO besteht allerdings die Pflicht, den ablehnenden Beschluss zu begründen.
1267 HambKomm/Rüther, § 6 InsO Rn 6; HK/Sternal, § 6 InsO Rn 7.
1268 BGH, Beschl. v. 26.4.2007 – IX ZB 221/04, ZInsO 2007, 541; HambKomm/Rüther, § 6 InsO Rn 6.
1269 LG Göttingen, Beschl. v. 15.5.2000 – 10 T 42/00, ZInsO 2000, 349f.; HambKomm/Rüther, § 6 InsO Rn 6.
1270 HambKomm/Rüther, § 6 InsO Rn 6.
1271 BGH, Beschl. v. 5.4.2006 – IX ZB 144/05, ZInsO 2006, 547; HambKomm/Rüther, § 6 InsO Rn 6; HK/Sternal, § 6 InsO Rn 7.
1272 HambKomm/Rüther, § 6 InsO Rn 6; HK/Sternal, § 6 InsO Rn 7 m.w.N.

Schuldners zur Begründung von Masseverbindlichkeiten in der vorläufigen Eigenverwaltung.[1273] Auch gegen das Eingreifen und die Mitteilung der Rücknahmefiktion des § 305 Abs. 3 Satz 2 InsO in Verbraucherinsolvenzverfahren ist die Beschwerde nicht eröffnet. Dies gilt selbst dann, wenn das Gericht dem Schuldner zwar vom Gesetz nicht vorgesehene, aber erfüllbare, nicht gegen das Willkürverbot verstoßende Auflagen erteilt hat.[1274] Schließlich ist entsprechend § 99 Abs. 1 ZPO eine isolierte Anfechtung der Kostenentscheidung unzulässig.[1275]

Ist kein Beschwerderecht zugewiesen, bleibt es selbst dann dabei, wenn eine massive Beeinträchtigung von Rechten Dritter droht. Zu denken ist etwa an den Eingriff in die Rechte eines Gläubigers bei Anordnung einer Sicherungsmaßnahme im Eröffnungsverfahren (z.B. § 21 Abs. 5 Nr. 5 InsO),[1276] oder den Eingriff in die Rechte eines potentiellen Verwalters durch Ernennung eines Konkurrenten.[1277]

Das Enumerationsprinzip gilt allerdings nur für solche Maßnahmen, die nach Wortlaut, Inhalt und Zweck des Gesetzes überhaupt in Betracht kommen können. Deshalb ist die sofortige Beschwerde gegen **Entscheidungen, die von vornherein außerhalb der dem Insolvenzgericht von Gesetzes wegen verliehen Befugnisse liegen**, zulässig. Denn in diesen Fällen fehlt es bereits an einer insolvenzrechtlichen Regelung.[1278]

342 **Nicht vom Enumerationsprinzip** des § 6 Abs. 1 InsO **erfasst** sind die nicht insolvenzspezifischen Entscheidungen, die das Gericht „anlässlich" des und nicht "im" Insolvenzverfahren trifft. Dies gilt insb. für Entscheidungen, die über § 4 InsO auf Grundlage der ZPO ergangen sind. Hier richtet sich das Rechtsmittel nach den Vorschriften der ZPO.[1279] Dies gilt etwa für Rechtsmittel Drittbetroffener, wie Zeugen oder Sachverständiger gegen die Anordnung von Ordnungs- und Zwangsmitteln, § 4 InsO i.V.m. §§ 380, 390, 409 ZPO, und ihre Vergütungsfestsetzung, § 4 Abs. 3 JVEG, Kostengrundentscheidungen nach § 4 InsO i.V.m. § 91a ZPO oder für die Zurückweisung von Akteneinsichtsgesuchen, § 4 InsO i.V.m. § 299 ZPO.[1280] Dies gilt auch für

---

1273 BGH, Beschl. v. 7.2.2013 – IX ZB 43/12, NZI 2013, 342, mit Anm. Vallender, NZI 2013, 343 ff.; HambKomm/Rüther, § 6 InsO Rn 6.
1274 BGH, Beschl. v. 22.10.2009 – IX ZB 195/08, ZInsO 2009, 2262, 2263 Rn 5 ff.; HambKomm/Rüther, § 6 InsO Rn 7; bei willkürlichen oder nicht erfüllbaren Auflagen soll hingegen die Beschwerde eröffnet sein: LG Bonn, Beschl. v. 8.9.2010 – 6 T 218/10, NZI 2010, 863 ff.
1275 OLG Köln, Beschl. v. 14.4.2000 – 2 W 65/00, ZInsO 2000, 403; Frege/Keller/Riedel, HRP, Rn 237.
1276 Vgl. BGH, Urt. v. 3.12.2009 – IX ZR 7/09, ZInsO 2010, 136, 137 Rn 21; BayObLG, Beschl. v. 6.8.2001 – 4Z BR 7/01, ZInsO 2001, 754 f.; HambKomm/Rüther, § 6 InsO Rn 6.
1277 BVerfG, Beschl. v. 23.5.2006 – 1 BvR 2530/04, ZInsO 2006, 765, 771 Rn 58 ff.; HambKomm/Rüther, § InsO 6 Rn 6.
1278 BGH, Beschl. v. 24.9.2009 – IX ZB 38/08, NJW 2009, 3438 = ZInsO 2009, 2053; vgl. zu einzelnen Fällen FK/Schmerbach, § 6 InsO, Rn 84 f; HambKomm/Rüther, § 6 InsO Rn 10.
1279 HambKomm/Rüther, § 6 InsO Rn 10.
1280 HambKomm/Rüther, § 6 InsO Rn 13; Uhlenbruck/Pape, § 6 InsO Rn 8.

die vollstreckungsrechtlichen Entscheidungen, die dem Insolvenzgericht wegen der größeren Sachnähe zugewiesen sind, §§ 36 Abs. 4, 89 Abs. 3 InsO. Da das Insolvenzgericht hier funktional als Vollstreckungsgericht entscheidet,[1281] sind die vollstreckungsrechtlichen Rechtsmittel eröffnet.

Über die genannten Einschränkungen des Enumerationsprinzips hinaus kommt selbst bei Verstößen gegen verfassungsrechtliche Verfahrensrechte oder greifbarer Gesetzeswidrigkeit eine außerordentliche Beschwerde nicht in Betracht. Das Gericht ist allerdings verpflichtet, auf eine Gehörsrüge entsprechend § 321a ZPO seine Entscheidung selbst zu korrigieren.[1282]

---

2. Gang des Beschwerdeverfahrens

Ist das Beschwerdeverfahren eröffnet, so richtet sich der Verfahrensgang nach § 4 InsO, §§ 567 ff. ZPO. Ausnahmen ergeben sich aus § 6 Abs. 2, 3 InsO.   **343**

a) Beschwerdeberechtigung

Die Beschwerdeberechtigung richtet sich nach den Anordnungen derjenigen Vorschrift, die die Beschwerde für statthaft erklärt.[1283]   **344**

Für die führungslose Gesellschaft nach § 15 Abs. 1 Satz 2 InsO ist zu beachten, dass den dort genannten Gesellschaftern und Aufsichtsratmitgliedern nur dann ein Beschwerderecht zusteht, wenn sie selbst den Antrag gestellt haben.[1284]

In den anderen Fällen steht ihnen nur ein passives Vertretungsrecht aus § 35 Abs. 1 Satz 2 GmbHG, § 78 Abs. 1 Satz 2 AktG, § 24 Abs. 1 Satz 2 GenG zu.[1285] Dieses berechtigt selbst dann nicht zur Einlegung von Rechtsmitteln, wenn dem Schuldner an sich ein solches zustehen würde.[1286] Die Beschränkung auf ein passives Vertretungsrecht findet seine Rechtfertigung in dem Umstand, dass die Gesellschafter bzw. die Aufsichtsratmitglieder das Recht und die Pflicht haben, für eine ordnungsgemäße Vertretung zu sorgen.[1287]

1281 BGH, Beschl. v. 5.2.2004 – IX ZB 97/03, NZI 2004, 278; Beschl. v. 6.5.2004 – IX ZB 104/04, NZI 2004, 447; Prütting/Gehrlein/Scheuch, § 766 ZPO Rn 14; HambKomm/Rüther, § 6 InsO Rn 12.
1282 BGH, Beschluss von 7.3.2002 – IX ZB 11/02, BGHZ 150, 133 ff. = NJW 2002, 1577 = ZInsO 2002, 371, 372; HambKomm/Rüther, § 6 InsO Rn 15.
1283 HambKomm/Rüther, § 6 InsO Rn 17; HK/Sternal § 6 InsO Rn 26; Uhlenbruck/Pape, § 6 InsO Rn 12.
1284 HambKomm/Rüther, § 6 InsO Rn 18.
1285 HambKomm/Rüther, § 4 InsO Rn 21.
1286 HambKomm/Rüther, § 6 InsO Rn 18.
1287 HambKomm/Rüther, § 6 InsO Rn 18; Horstkotte, ZInsO 2009, 209, 213.

b) Beschwer

345 Die erforderliche Beschwer ist nach den allgemeinen Regelungen zu bestimmen. Eine **(formelle) Beschwer** des Antragstellers ist bei einer vom Antrag abweichenden Entscheidung gegeben, eine **(materielle) Beschwer** des Antragsgegners, wenn seine Rechtsstellung durch die Entscheidung beeinträchtigt ist.[1288]

> Bei der Beschwerde gegen den Eröffnungsbeschluss ist zu beachten, dass diese entsprechend § 513 Abs. 2 ZPO nicht darauf gestützt werden kann, dass das Insolvenzgericht seine Zuständigkeit zu Unrecht angenommen hat, wenn der Beschwerdeführer im Eröffnungsverfahren ausreichend Gelegenheit hatte, die örtliche Unzuständigkeit zu rügen.[1289]

Die Beschwerde gegen die **Bestätigung oder Versagung der Bestätigung eines Insolvenzplans** ist gem. § 253 Abs. 2 InsO nur zulässig, wenn der Beschwerdeführer

1. dem Plan spätestens im Abstimmungstermin schriftlich oder zu Protokoll widersprochen hat,
2. gegen den Plan gestimmt hat und
3. glaubhaft macht, dass er durch den Plan wesentlich schlechtergestellt wird, als er ohne einen Plan stünde, und dass dieser Nachteil nicht durch eine Zahlung aus Mitteln zum Nachteilsausgleich gemäß § 251 Abs. 3 InsO ausgeglichen werden kann.

Die Einschränkungen des § 253 Abs. 2 Nr. 1 und 2 InsO gelten nur, wenn in öffentlicher Bekanntmachung und Ladung zum Abstimmungstermin auf die Notwendigkeit von Widerspruch und Ablehnung des Plans hingewiesen wurde, § 253 Abs. 3 InsO.

346 Die **Beschwer** muss grds. **im Zeitpunkt der Beschwerdeentscheidung** noch bestehen. Fällt sie weg, z.B. durch Aufhebung des Beschlusses oder prozessuale Überholung, ist die Beschwerde zur Vermeidung einer Abweisung für erledigt zu erklären.[1290] Eine Ausnahme gilt, wenn das Bedürfnis nach gerichtlicher Entscheidung fortbesteht. Dies kann der Fall sein, wenn das Interesse des Betroffenen an der Feststellung der Rechtslage in besonderer Weise schutzwürdig ist, etwa dann, wenn das gerichtliche Verfahren dazu dient, einer Wiederholungsgefahr zu begegnen oder eine fortwirkende Beeinträchtigung durch einen an sich beendeten Eingriff zu beseitigen. Des Weiteren kommt das fortbestehende Rechtschutzinteresse in Fällen

---

1288 BGH, Beschl. v. 18.1.2007 – IX ZB 170/06, ZInsO 2007, 206 f.; HambKomm/Rüther, § 6 InsO Rn 19.
1289 OLG Köln, Beschl. v. 2.6.1989 – 2 W 77/89, NJW-RR 1990, 894, 895, zum inhaltsgleichen § 512a ZPO a.F.; Uhlenbruck/Pape, § 3 InsO Rn 19.
1290 HambKomm/Rüther, § 6 InsO Rn 20.

tief greifender Grundrechtseingriffe in Betracht. Es handelt sich typischer Weise um Eingriffe, die unter Richtervorbehalt stehen, insb. die Durchsuchung von Wohn- und Geschäftsräumen.[1291]

Ein **Beschwerdewert** ist nur bei der Beschwerde gegen eine Vergütungsfestsetzung (§§ 26a Abs. 3 Satz 2, 64 Abs. 3 Satz 2, 73 Abs. 2 InsO) zu beachten. Er muss gem. § 4 InsO i.V.m. § 567 Abs. 2 ZPO 200,00 EUR überschreiten. In den anderen Fällen gilt für insolvenzspezifische Beschwerden kein Beschwerdewert.[1292]

c) Form und Frist

Die Beschwerde ist gem. § 6 Abs. 1 Satz 2 InsO in Abweichung von § 569 Abs. 1 Satz 1 ZPO binnen einer **Notfrist von 2 Wochen** entsprechend § 569 Abs. 1 Satz 2 ZPO[1293] ausschließlich beim Insolvenzgericht einzulegen. Durch diese seit dem 1.1.2013 geltende Regelung, die durch das ESUG eingeführt wurde, soll eine Beschleunigung des Beschwerdeverfahrens in Insolvenzsachen erreicht werden, da das Insolvenzgericht unmittelbar über eine mögliche Abhilfe entscheiden kann.[1294] Die sofortige Beschwerde kann gem. § 569 Abs. 3 Nr. 1 ZPO auch durch Erklärung zu Protokoll der Geschäftsstelle eingelegt werden.[1295] Für die Einlegung und Begründung besteht gem. §§ 78 Abs. 3, 569 Abs. 3 Nr. 1, 571 Abs. 4 ZPO **kein Anwaltszwang**.[1296]

Die **Beschwerdeschrift** hat die Bezeichnung der angefochtenen Entscheidung sowie die Erklärung, dass Beschwerde gegen diese Entscheidung eingelegt wurde, zu enthalten, § 569 Abs. 2 Satz 2 ZPO. Sie soll gem. § 571 Abs. 3 ZPO begründet werden, eine Begründungspflicht besteht hingegen nicht.[1297] Nach § 571 Abs. 3 ZPO kann das Gericht eine angemessene Begründungsfrist setzen. Kündigt der Beschwerdeführer an, eine Begründung nachzureichen, hat das Gericht eine angemessene Zeit (ca. 2 Wochen) zu warten oder, wenn der Beschwerdeführer sich selbst eine Frist setzt, diese abzuwarten oder auf angemessene Dauer zu kürzen und dies dem Beschwerdeführer mitzuteilen.[1298]

Die zweiwöchige Beschwerdefrist beginnt gem. § 6 Abs. 2 InsO mit der Verkündung der Entscheidung oder, wenn diese nicht verkündet wird, mit der Zustellung. Zum Nachweis der Zustellung an alle Beteiligten genügt nach § 9 Abs. 3 InsO

[1291] BVerfG, Beschl. v. 18.9.2008 – 2 BvR 683/08, ZInsO 2008, 1267, 1268 Rn 15; BGH, Beschl. v. 24.9.2009 – IX ZB 38/08, ZInsO 2009, 253, 254 Rn 10.
[1292] Uhlenbruck/Pape, § 6 InsO Rn 12; FK/Schmerbach, § 6 InsO Rn 38.
[1293] Uhlenbruck/Pape, § 6 InsO Rn 12.
[1294] HambKomm/Rüther, § 6 InsO Rn 22.
[1295] HambKomm/Rüther, § 6 InsO Rn 22.
[1296] FK/Schmerbach, § 6 InsO Rn 80; HambKomm/Rüther, § 6 InsO Rn 31, dies gilt auch, wenn das Beschwerdegericht nach mündlicher Verhandlung entscheidet.
[1297] HambKomm/Rüther, § 6 InsO Rn 25, Uhlenbruck/Pape, § 6 InsO Rn 13.
[1298] HK/Sternal, § 6 InsO Rn 32; Uhlenbruck/Pape § 6 InsO Rn 13.

die öffentliche Bekanntmachung, auch wenn die InsO neben ihr eine besondere Zustellung vorschreibt. Hieraus folgt, dass die Beschwerdefrist spätestens mit der Wirksamkeit der Veröffentlichung zu laufen beginnt, auch wenn die Individualzustellung später erfolgt ist. Die öffentliche Bekanntmachung gilt nach § 9 Abs. 1 S. 3 InsO als bewirkt, sobald nach dem Tag der Veröffentlichung zwei weitere Tage verstrichen sind. Maßgeblich für die Berechnung der Beschwerdefrist im Falle einer Internetveröffentlichung nach § 9 InsO sind § 4 InsO, § 222 Abs. 1 ZPO, § 187 Abs. 2, § 188 Abs. 2 Fall 2 BGB.[1299] Ist die individuelle Zustellung bereits vor dem so ermittelten Datum erfolgt, beginnt der Fristlauf bereits mit dem Zeitpunkt der Zustellung.[1300]

d) Abhilfebefugnis

348   Nach § 572 Abs. 1 Halbs. 1 ZPO hat das Gericht, dessen Entscheidung angegriffen worden ist, die Befugnis, der Beschwerde abzuhelfen. I.R.d. **Abhilfeverfahrens** ist ggf. zuvor nicht gewährtes rechtliches Gehör nachzuholen.[1301] Erachtet das Gericht die Beschwerde für begründet, hebt das Gericht den angefochtenen Beschluss auf. Ist durch die Aufhebung ein Dritter erstmals beschwert, kann dieser gegen den Abhilfebeschluss seinerseits Beschwerde einlegen, soweit er nach den Vorschriften der InsO beschwerdebefugt ist.[1302] Eine Einschränkung gilt für die Beschwerde gegen den Insolvenzplan. Zur Verfahrensbeschleunigung ist das Abhilfeverfahren ausgeschlossen, wenn der Insolvenzverwalter gemäß § 253 Abs. 4 Satz 1, Halbs. 1 InsO beim Landgericht beantragt, die Beschwerde unverzüglich zurückzuweisen, weil das Vollzugsinteresse des Insolvenzplans die Nachteile des Beschwerdeführers überwiegt, § 253 Abs. 4 Satz 1, Halbs. 2 InsO.[1303] Entsprechendes gilt nach § 248a Abs. 4 Satz 2 InsO für die gerichtliche Bestätigung oder Versagung einer durch den Insolvenzverwalter erfolgten Planberichtigung.

Funktional zuständig für die Abhilfeentscheidung ist der Richter, wenn er die angegriffene Entscheidung erlassen hat. Ist die Entscheidung durch den Rechtspfleger erfolgt, ist dieser auch zur Abhilfeentscheidung berufen.[1304]

1299 BGH, Beschl. v. 14.11.2013 – IX ZB 101/11, juris, Rn 9 ff.
1300 BGH, Beschl. v. 20.3.2003 – IX ZB 140/02, ZInsO 2003, 374; HambKomm/Rüther, § 6 InsO Rn 25; FK/Schmerbach, § 9 InsO Rn 15; **a.A.** Frege/Keller/Riedel, HRP, Rn 240, 70.
1301 HambKomm/Rüther, § 6 InsO Rn 28.
1302 HambKomm/Rüther, § 6 InsO Rn 28; Uhlenbruck/Pape, § 6 InsO Rn 15.
1303 Nur in diesem Sonderfall ist das Abhilfeverfahren ausgeschlossen: Beschlussempfehlung des Rechtsausschusses zum ESUG, BT Drucks. 17/7511 v, 26.10.2011, S. 36.
1304 Uhlenbruck/Pape, § 6 InsO Rn 16.

e) Vorlage an das Beschwerdegericht und weiteres Verfahren

Hält das Insolvenzgericht die Beschwerde für unberechtigt, hat es die Beschwerde unverzüglich dem Beschwerdegericht vorzulegen, § 572 Abs. 1 Halbs. 2 ZPO. Die **Nichtabhilfeentscheidung** hat nach überwiegender Ansicht durch Beschluss zu ergehen, der sich in seiner Begründung jedenfalls mit neuem Beschwerdevorbringen auseinandersetzen muss.[1305] Hat das Erlassgericht nicht ordnungsgemäß über die Abhilfe entschieden, kann das Beschwerdegericht die Akte zur Entscheidung über die Abhilfe zurückgeben. Es ist hierzu aber nicht verpflichtet, sondern kann unmittelbar selbst entscheiden.[1306]

349

Nach § 568 Satz 1 ZPO entscheidet das LG durch den originären Einzelrichter. Dieser überträgt nach § 568 Satz 2 ZPO die Entscheidung der Kammer, wenn die Sache besondere Schwierigkeiten tatsächlicher oder rechtlicher Art aufweist oder die Rechtssache grundsätzliche Bedeutung hat. Eine **mündliche Verhandlung** ist möglich, aber die Ausnahme. Der Amtsermittlungsgrundsatz des § 5 Abs. 1 InsO gilt auch für das Beschwerdegericht.[1307]

f) Zeitpunkt der Entscheidung

Maßgeblicher Zeitpunkt für die rechtliche Beurteilung ist **grds. der Zeitpunkt der Beschwerdeentscheidung**.[1308] Deshalb kann auch eine Verletzung rechtlichen Gehörs durch das Insolvenzgericht durch die Nachholung im Beschwerdeverfahren geheilt werden.[1309]

350

Allerdings sind **Ausnahmen** zu beachten:

Hat der Schuldners sofortige Beschwerde gegen den **Eröffnungsbeschluss** eingelegt, ist maßgeblicher Zeitpunkt für die rechtliche Beurteilung allein der Zeitpunkt der Eröffnung des Verfahrens.[1310] Lagen die Eröffnungsvoraussetzungen in diesem Zeitpunkt nicht vor, ist der Eröffnungsbeschluss aufzuheben und der Eröffnungsantrag abzuweisen. Dies gilt selbst dann, wenn im Zeitpunkt der Beschwerdeentscheidung ein Insolvenzgrund vorliegt.[1311]

1305 Uhlenbruck/Pape, § 6 InsO Rn 15; Zöller/Heßler, § 572 ZPO Rn 10 f.
1306 Zöller/Heßler, § 572 ZPO Rn 4.
1307 BGH, Beschl. v. 13.4.2006 – IX ZB 118/04, NZI 2006, 405; HambKomm/Rüther, § 6 InsO Rn 31.
1308 HambKomm/Rüther, § 6 InsO Rn 32.
1309 BVerfG, Beschl. v. 30.9.2001 – 2 BvR 1338/01, NZI 2002, 30; BGH, Beschl. v. 16.10.2003 – IX ZB 475/02, ZVI 2004, 24; OLG Köln, Beschl. v. 14.6.2000 – 2 W 85/00, ZInsO 2000, 393, 397; Uhlenbruck/Pape, § 6 InsO Rn 18; Uhlenbruck/Vallender, § 26 InsO Rn 37.
1310 BGH, Beschl. v. 27.7.2006 – IX ZB 204/04, BGH Z 169, 17 ff. = ZInsO 2006, 1051 ff.; Beschl. v. 27.3.2008 – IX ZB 144/07, NZI 2008, 391 Rn 6; HambKomm/Rüther, § 6 InsO Rn 32.
1311 BGHZ 169, 17 ff. = ZInsO 2006, 1051 ff.; krit.: HambKomm/Rüther, § 6 InsO Rn 32; Nöll, ZInsO 2007, 249 ff.

Eine weitere Ausnahme gilt bei einer Abweisung mangels Masse nach § 26 InsO. Während hier grundsätzlich die Sachlage im Zeitpunkt der Entscheidung des Beschwerdegerichts maßgeblich ist,[1312] gilt etwas anderes, wenn im Beschwerdeverfahren lediglich die Forderung des Antragstellers durch Befriedigung weggefallen ist. Denn die spätere Befriedigung des Gläubigers ändert nichts daran, dass im Zeitpunkt der Entscheidung des Insolvenzgerichts die Voraussetzungen für eine Abweisung mangels Masse vorgelegen haben.[1313]

Eine praktisch sehr bedeutsame Ausnahme gilt für Beschwerden gegen die **Versagung der RSB**. Da eine Heilung von Obliegenheitsverletzungen nach Stellung eines Versagungsantrags unzulässig ist, können Obliegenheiten, etwa die Erteilung von Auskünften, im Beschwerdeverfahren nicht mehr nachgeholt werden.[1314]

g) Entscheidung des Beschwerdegerichts

351 Ist die Beschwerde unzulässig oder unbegründet, ist sie vom Beschwerdegericht zu verwerfen. Erachtet das LG die Beschwerde für begründet, kann es selbst in der Sache entscheiden oder die Sache an das Insolvenzgericht zur Entscheidung zurückverweisen, § 572 Abs. 3 ZPO. In diesem Fall ist das Insolvenzgericht bei seiner neuen Entscheidung entsprechend § 563 Abs. 2 ZPO an die tragenden Gründe der Beschwerdeentscheidung gebunden.[1315] Im Beschwerdeverfahren gilt das Verbot der reformatio in peius (Verschlechterungsverbot) gem. § 528 ZPO.[1316]

Das Beschwerdegericht hat nach § 97 ZPO bzw., falls ein Beschwerdegegner vorhanden ist, gem. §§ 91 ff. ZPO, auch über die Kosten des Beschwerdeverfahrens zu entscheiden, sofern es selbst über die Beschwerde entscheidet.[1317] Ist die Beschwerde begründet und kein Gegner vorhanden, ergeht keine Kostenentscheidung. Entsprechendes gilt, wenn der angefochtene Beschluss als Entscheidung im laufenden Verfahren keiner Kostenentscheidung fähig ist. Die Kosten des Beschwerdever-

---

1312 BGH, Beschl. v. 27.3.2008 – IX ZB 144/07, NZI 2008, 391 Rn 6.
1313 BGH, Beschl. v. 2.12.2010 – IX ZB 121/10, ZInsO 2011, 92, 93 Rn 3.
1314 BGH, Beschl. v. 17.7.2008 – IX ZB 183/07, ZInsO 2008, 920, 921 Rn 13; Beschl. v. 14.5.2009 – IX ZB 116/08, ZInsO 2009, 1268, 1270, Rn 15; Beschl. v. 22.10.2009 – IX ZB 9/09, BeckRS 2009, 29638; Beschl. v. 3.2.2011 – IX ZB 99/09, BeckRS 2011, 03769; Uhlenbruck/Sternal, § 296 InsO Rn 33.
1315 BGH, Beschl. v. 14.4.2011 – IX ZB 18/10, ZInsO 2011, 1566; HambKomm/Rüther, § 6 InsO Rn 33; HK/Sternal, § InsO 6 Rn 36.
1316 BGH, Beschl. v. 6.5.2004 – IX ZB 349/02, BGHZ 159, 122 ff. = ZInsO 2004, 669; Uhlenbruck/Pape, § 6 InsO Rn 20.
1317 HambKomm/Rüther, § 6 InsO Rn 34; Uhlenbruck/Pape, § 6 InsO Rn 21; näher: Zöller/Herget, § 97 ZPO Rn 9 f.

fahrens sind dann Teil der Gesamtkosten.[1318] Verweist es an das Insolvenzgericht zurück, kann diesem auch die Kostenentscheidung übertragen werden.[1319]

Die Beschwerdeentscheidung ergeht gem. § 572 Abs. 4 ZPO durch Beschluss, der gem. § 329 Abs. 3 ZPO, § 8 InsO zuzustellen ist.[1320] Für die Begründungspflicht gelten nunmehr die allgemeinen Regelungen, nachdem die Sonderregelungen des § 7 InsO für die Zulässigkeit der Rechtsbeschwerde mit Wirkung vom 27.10.2011 aufgehoben wurden. Eine Begründungspflicht lässt sich aus dem Gesetz nicht ausdrücklich herleiten, sofern nicht das Beschwerdegericht die Rechtsbeschwerde zugelassen hat. Aus allgemeinen rechtsstaatlichen Grundsätzen empfiehlt sich aber jedenfalls eine kurze Begründung, auch wenn ein Rechtsmittel nicht gegeben ist.[1321] Hat das Beschwerdegericht die Rechtsbeschwerde hingegen zugelassen, so muss die Entscheidung den maßgeblichen Sachverhalt wiedergeben, über den entschieden wird, sowie den Streitgegenstand und die Anträge in beiden Instanzen erkennen lassen, da die tatsächlichen Feststellungen des Beschwerdegerichts Grundlage für die Entscheidung des Rechsbeschwerdegerichts sind.[1322]

Eine Besonderheit gilt für die **sofortige Beschwerde gegen den Insolvenzplan**. Nach dem Vorbild des aktienrechtlichen Freigabeverfahren gemäß § 246a AktG[1323] sieht der durch das ESUG neu geschaffene § 253 Abs. 4 Satz 1 InsO vor, dass das Landgericht auf Antrag des Insolvenzverwalters die sofortige Beschwerde unverzüglich zurückweist, wenn das alsbaldige Wirksamwerden des Insolvenzplans vorrangig erscheint, weil die Nachteile einer Verzögerung des Planvollzugs nach freier Überzeugung des Gerichts die Nachteile für den Beschwerdeführer überwiegen. Zu vergleichen ist dabei die Lage bei einer sofortigen Bestätigung des Insolvenzplans ohne Sachprüfung der Beschwerde mit der Lage, die sich bei einer späteren Bestätigung des Insolvenzplans nach Sachprüfung ergibt. Es geht mithin um Nachteile, die sich für die Umsetzung des Insolvenzplans aus der Verzögerung durch die Dauer des Beschwerdeverfahrens ergeben können, nicht um Nachteile einer möglichen Aufhebung des Insolvenzplans im Beschwerdeverfahren.[1324]

Bei einem besonders schweren Rechtsverstoß ist dies allerdings nicht möglich, § 253 Abs. 4 Satz 2 InsO. Weist das Landgericht die Beschwerde auf Grundlage des

---

1318 BGH, Beschl. v. 12.12.2005 – II ZB 30/04, NJW-RR 2006, 1289, 1290 Rn 12; Zöller/Herget, § 97 ZPO Rn 9.
1319 HambKomm/Rüther, § 6 InsO Rn 34; Uhlenbruck/Pape, § 6 InsO Rn 21.
1320 HambKomm/Rüther, § 6 InsO Rn 33; Uhlenbruck/Pape, § 6 InsO Rn 18.
1321 Prütting/Gehrlein/Lohmann, § 572 ZPO Rn 13.
1322 BGH, Beschl. v. 5.2.2004 – IX ZB 29/03, NZI 2004, 587 unter II.2; Prütting/Gehrlein/Lohmann, § 572 ZPO Rn 13.
1323 Beschlussempfehlung des Rechtsausschusses zum ESUG, BT Drucks. 17/7511 v. 26.10.2011, S. 36.
1324 BVerfG, Beschl. v. 28.10.2020 – 2 BvR 765/20, Rn 56, ZInsO 2020, 2601 ff.

S. 1 zurück, ist dem Beschwerdeführer sein Schaden aus der Masse zu ersetzen, wobei die Rückabwicklung des Plans nicht als Schadensersatz geltend gemacht werden kann, § 253 Abs. 4 Satz 3 InsO. Der Anspruch ist bei dem Landgericht geltend zu machen, das die Beschwerde zurückgewiesen hat. Es handelt sich hierbei um eine ausschließliche Zuständigkeit, § 253 Abs. 4 Satz 4 InsO.

§ 253 Abs. 4 InsO ist gemäß § 248a Abs. 4 Satz 2 InsO entsprechend anwendbar auf **die gerichtliche Bestätigung einer Planberichtigung** durch den Verwalter oder deren Versagung durch das Gericht.

h) Aussetzung der Vollziehung und Anordnung der sofortigen Wirksamkeit

352 Die Einlegung der Beschwerde hat gem. § 570 Abs. 1 ZPO keine aufschiebende Wirkung. Allerdings können sowohl das Insolvenzgericht als auch das Beschwerdegericht die Vollziehung der Entscheidung aussetzen, § 570 Abs. 2, 3 ZPO. Maßstab für eine Aussetzung sind die Nachteile, die dem Beschwerdeführer durch die Vollziehung der Maßnahme drohen, im Verhältnis zu den Nachteilen für die anderen Beteiligten im Fall der Aussetzung.[1325] Das Beschwerdegericht kann daneben auch eine einstweilige Anordnung nach § 570 Abs. 3 ZPO erlassen.

i) Zeitpunkt der Wirksamkeit der Beschwerdeentscheidung

353 Grds. ist die Entscheidung über die Beschwerde nach § 6 Abs. 3 Satz 1 InsO erst mit dessen Rechtskraft wirksam. Wenn also das Landgericht auf die Beschwerde den Eröffnungsbeschluss aufhebt, der BGH aber auf die Rechtsbeschwerde den Eröffnungsbeschluss bestätigt, haben dessen Wirkungen ununterbrochen fortbestanden.[1326] Das Beschwerdegericht kann aber die sofortige Wirksamkeit anordnen, § 6 Abs. 3 Satz 2 InsO.

Durch das SanInsFoG ist mit Wirkung ab 1.1.2021 klargestellt, dass § 6 Abs. 3 InsO auch im internationalen Insolvenzrecht im Anwendungsbereich der EuInsVO gilt: Art. 102c § 4 S. 2, § 9 S. 2, § 20 Abs. 1 S. 2, Abs. 2 S. 2 und § 26 S. 2 EGInsO sind entsprechend geändert worden. Dies ist vor allem hinsichtlich der sofortigen Beschwerde gegen den Eröffnungsbeschluss nach Art. 5 Abs. 1 EuInsVO i.V.m. Art. 102c § 4 EGInsO von Bedeutung und stellt sicher, dass nach Aufhebung eines deutschen Eröffnungsbeschlusses durch das Beschwerdegericht die Sperrwirkung für die Eröffnung eines Hauptinsolvenzverfahrens in einem anderen Mitgliedstaat (vgl. Art. 3 Abs. 3, 19 Abs. 2 EuInsVO) erst mit Rechtskraft der Beschwerdeentschei-

---

1325 BGH, Beschl. v. 21.3.2002 – IX ZB 48/02, ZInsO 2002, 370; Beschl. v. 27.7.2006 – IX ZB 204/04, Rn 30, ZInsO 2006, 1051, 1055; HambKomm/Rüther, § 6 InsO Rn 30.
1326 HambKomm/Rüther, § 6 InsO Rn 35; HK/Sternal, § 6 InsO Rn 42.

dung entfällt.[1327] Zu berücksichtigen ist insoweit auch, dass bereits die Bestellung eines vorläufigen Insolvenzverwalters eine Eröffnungsentscheidung i.S.d. EuInsVO ist.[1328]

III. Rechtsbeschwerde (§ 574 ZPO)

1. Zulässigkeit

Gegen Entscheidungen des Beschwerdegerichts, die auf Grundlage des § 6 InsO ergangen sind, ist die Rechtsbeschwerde nach §§ 574 ff. ZPO statthaft, wenn das Beschwerdegericht sie nach § 574 Abs. 1 Nr. 2 ZPO im Beschluss zugelassen hat.[1329] § 7 InsO, der eine zulassungsfreie Rechtsbeschwerde ermöglicht hat, ist mit Wirkung ab dem 28.10.2011 entfallen.[1330]

354

Die Rechtsbeschwerde ist gem. § 574 Abs. 3 Satz 1 ZPO vom Beschwerdegericht zuzulassen, wenn die Voraussetzungen des § 574 Abs. 2 ZPO vorliegen, also die Rechtssache **grundsätzliche Bedeutung** hat, § 574 Abs. 2 Nr. 1 ZPO, die **Fortbildung des Rechts**, § 574 Abs. 2 Nr. 2, 1. Alt. ZPO, oder die **Sicherung einer einheitlichen Rechtsprechung** eine Entscheidung des Rechtsbeschwerdegerichts erfordern, § 574 Abs. 2 Nr. 2, 2. Alt. ZPO.[1331] Über die Zulassung muss im angefochtenen Beschluss entschieden werden. Schweigen bedeutet Nichtzulassung.[1332] Möglich ist auch eine Teilzulassung der Rechtsbeschwerde.[1333] Ist keine Entscheidung erfolgt, ist eine Ergänzung entsprechend § 321 ZPO unzulässig. Gem. § 574 Abs. 3 Satz 2 ZPO ist das Rechtsbeschwerdegericht an die Zulassung gebunden. Die Entscheidung, die Rechtsbeschwerde nicht zuzulassen, ist nicht angreifbar. Eine Nichtzulassungsbeschwerde ist nicht vorgesehen.[1334]

1327 Vgl. Deyda, ZInsO 2018, 223, 229 ff.; Thole, ZIP 2018, 401, 406; auch zum Kompetenzkonflikt, den die fehlende Klarheit der bisherigen Regelung im Insolvenzeröffnungsverfahren bzgl. der NIKI Luftfahrt GmbH ausgelöst hatte.
1328 Laroche, ZInsO 2017, 2585, 2588; Deyda, ZInsO 2018, 223, 228.
1329 RegE zur Änderung des § 522 ZPO, BT-Drucks. 17/5334 v. 1.4.2011, S. 8.
1330 Frege/Keller/Riedel, HRP, Rn 244; HambKomm/Rüther, § 7 InsO Rn 1f.
1331 Zu den Zulassungsgründen näher: Prütting/Gehrlein/Lohmann, § 574 ZPO Rn 6 ff.
1332 BGH, Beschl. v. 12.3.2009 – IX ZB 193/08, NZI 2009, 744 Rn 10; MüKo/Lipp, § 574 ZPO Rn 11; Musielak/Voit/Ball, § 574 ZPO Rn 7a; Prütting/Gehrlein/Lohmann, § 574 ZPO Rn 15.
1333 BGH, Beschl. v. 12.4.2011 – II ZB 314/10, NJW 2011, 2371; Musielak/Voit/Ball, § 574 ZPO Rn 7a; Prütting/Gehrlein/Lohmann, § 574 ZPO Rn 17.
1334 Vgl. RegE zur Änderung des § 522 ZPO, BT-Drucks. 17/5334 v. 1.4.2011, S. 8, 9; MüKo/Lipp, § 574 ZPO Rn 4; Musielak/Voit/Ball, § 574 ZPO Rn 9.

2. Form und Frist

355 Die Rechtsbeschwerde ist gem. § 575 Abs. 1 Satz 1 ZPO binnen einer **Notfrist von einem Monat** nach Zustellung der angefochtenen Entscheidung beim BGH als Rechtsbeschwerdegericht (§ 133 GVG) einzulegen.[1335] Sie ist innerhalb eines Monats ab Zustellung der angefochtenen Entscheidung zu begründen (§ 575 Abs. 2 ZPO), wobei die Erfordernisse des § 575 Abs. 3, 4 ZPO zu beachten sind. Einlegung und Begründung müssen durch einen beim BGH zugelassenen Anwalt erfolgen.[1336]

3. Weiterer Verfahrensgang und Entscheidung des Gerichts

356 Eine Abhilfebefugnis des Beschwerdegerichts besteht nicht,[1337] weshalb die Akten auf Anforderung ohne Weiteres an das Rechtsbeschwerdegericht weiterzuleiten sind. Dieses ist bei seiner Entscheidung an den vom Beschwerdegericht festgestellten Sachverhalt gebunden, § 577 Abs. 2 Satz 3, 4 i.V.m. § 559 ZPO. Gleiches gilt für die gestellten Anträge, § 577 Abs. 2 Satz 1 ZPO, nicht aber für die geltend gemachten Rechtsbeschwerdegründe, § 577 Abs. 2 Satz 2 ZPO.

Das Rechtsbeschwerdegericht prüft neben der Zulässigkeit der Rechtsbeschwerde zunächst auch die **Zulässigkeit der sofortigen Beschwerde**. Hat das Beschwerdegericht einer unstatthaften oder unzulässigen sofortigen Beschwerde stattgegeben, ist die Beschwerdeentscheidung aufzuheben und die sofortige Beschwerde zu verwerfen.[1338] Das Verbot der reformatio in peius gilt auch im Rechtsbeschwerdeverfahren.[1339]

357 Die Rechtsbeschwerde ist **begründet**, wenn die Entscheidung des Beschwerdegerichts auf einer Verletzung von Bundesrecht oder einer Vorschrift beruht, deren Geltungsbereich sich über einen OLG-Bezirk hinaus erstreckt, § 576 Abs. 1 ZPO. Das Rechtsbeschwerdegericht verweist in diesem Fall den Rechtsstreit an das Insolvenzgericht oder das Beschwerdegericht zurück, § 577 Abs. 4 ZPO. Es kann auch selbst entscheiden, wenn der Sachverhalt hinreichend aufgeklärt ist, § 577 Abs. 5 ZPO. Stellt sich die Entscheidung des Beschwerdegerichts hingegen trotz Rechtsverletzung aus anderen Gründen als richtig dar, ist die Rechtsbeschwerde zurückzuweisen, § 577 Abs. 3 ZPO.

1335 Eine Zuständigkeit der OLG besteht in Insolvenzsachen aufgrund der Änderungen von ZPO und InsO zum 1.1.2002 nicht mehr; vgl. zur früheren Rechtslage: Uhlenbruck/Pape; § 7 InsO Rn 1a.
1336 BGH, Beschl. v. 21.3.2002 – IX ZB 18/02, BGHZ 150, 133 – 137 = ZInsO 2002, 371f.; Frege/Keller/Riedel, HRP, Rn 247.
1337 Frege/Keller/Riedel, HRP, Rn 248.
1338 BGH, Beschl. v. 23.10.2003 – IX ZB 369/02, ZInsO 2004, 89f.; Beschl. v. 3.7.2014 – IX ZB 2/14, ZInsO 2014, 1961 Rn 4; Uhlenbruck/Pape, § 7 InsO Rn 22; Frege/Keller/Riedel, HRP, Rn 248, zur Berücksichtigung von Verfahrensmängeln vgl. FK/Schmerbach, § 7 InsO Rn 45f.
1339 Frege/Keller/Riedel, HRP, Rn 249.

Die Entscheidung des Rechtsbeschwerdegerichts ergeht durch zu begründen- 358
den Beschluss. Von einer Begründung kann abgesehen werden, wenn sie nicht
geeignet wäre, zur Klärung von Rechtsfragen grundsätzlicher Bedeutung, zur Fortbildung des Rechts oder zur Sicherung einer einheitlichen Rechtsprechung beizutragen, §§ 577 Abs. 6 Satz 3 ZPO oder wenn das Rechtsbeschwerdegericht die Rüge von Verfahrensmängeln nicht für durchgreifend erachtet, §§ 577 Abs. 6 Satz 2, 564 ZPO.

Bis zu einer Entscheidung kann das Rechtsbeschwerdegericht die Vollziehung der Entscheidung des Insolvenzgerichts aussetzen.[1340]

IV. Wiedereinsetzung in den vorigen Stand

Die Vorschriften der Zivilprozessordnung über die Wiedereinsetzung in den vorigen 359
Stand gem. §§ 233 ff. ZPO gelten über § 4 InsO im Insolvenzverfahren entsprechend.[1341] Wiedereinsetzung ist nach § 233 ZPO **möglich bei Versäumen einer Notfrist oder einer Rechtsmittelfrist**. Notfristen sind nach § 224 Satz 1 ZPO nur die im Gesetz ausdrücklich als solche bezeichneten. In allen anderen Fällen der Fristversäumung ist eine Wiedereinsetzung nach § 4 InsO, §§ 233 ff. ZPO nicht möglich. Dies gilt etwa auch für versäumte Fristen im schriftlichen Verfahren nach § 5 Abs. 2 InsO, etwa solche, die anstelle des Prüfungs- oder Schlusstermins treten.

1. Wiedereinsetzung bei Forderungsprüfung (§ 186 InsO)

Von dem Grundsatz, dass Wiedereinsetzung nur bei der Versäumnis einer Notfrist in 360
Betracht kommt, macht § 186 InsO bei der Forderungsprüfung eine **Ausnahme zugunsten des Schuldners**. Der Schuldner, der am Prüfungstermin nicht teilnimmt, hat keine Notfrist versäumt, sodass ihm eine Wiedereinsetzung nach allgemeinen Regeln nicht zusteht. Wegen der weitreichenden Folgen der im Termin erfolgten Forderungsfeststellung, insb. wegen der Nachhaftung nach § 201 Abs. 2 InsO und des Ausschlusses von Deliktsforderungen von der RSB nach § 302 Nr. 1 InsO, wird ihm durch § 186 InsO die Möglichkeit der Wiedereinsetzung in den vorigen Stand eröffnet.

Entsprechend anwendbar ist die Vorschrift, wenn das Insolvenzgericht die **Belehrung** nach § 175 Abs. 2 InsO über die Rechtsfolgen der Anmeldung als **Deliktsforderung** nicht oder falsch erteilt hat und der Schuldner deshalb keinen Wider-

---

1340 BGH, Beschl. v. 21.3.2002 – IX ZB 48/02, ZInsO 2002, 370 f.; Frege/Keller/Riedel, HRP, Rn 249.
1341 HambKomm/Rüther, § 4 InsO Rn 8; Uhlenbruck/Pape, § 4 InsO Rn 38; Frege/Keller/Riedel, HRP, Rn 49.

spruch erhoben hat.[1342] Auch bei einer fehlenden oder falschen Belehrung über die Folgen der nicht rechtzeitigen Widerspruchsverfolgung (Klage) gegen die Feststellung einer titulierten Forderung nach § 184 Abs. 2 InsO ist dem Schuldner Wiedereinsetzung entsprechend § 186 InsO zu gewähren.[1343]

2. Form und Frist der Wiedereinsetzung

361 Die Wiedereinsetzung in den vorherigen Stand setzt einen Antrag des Schuldners voraus, § 233 ZPO bzw. § 186 Abs. 1 Satz 1 InsO.

Der Wiedereinsetzungsantrag ist innerhalb von 2 Wochen nach Wegfall des Hindernisses schriftlich oder zu Protokoll der Geschäftsstelle[1344] zu stellen, § 234 Abs. 1 Satz 1, Abs. 2 ZPO. Auch gegen die Versäumung der Wiedereinsetzungsfrist findet nach dem ausdrücklichen Wortlaut des § 233 ZPO die Wiedereinsetzung statt, obgleich diese keine Notfrist ist. Innerhalb der Wiedereinsetzungsfrist ist die versäumte Handlung nachzuholen, § 236 Abs. 2 Satz 2 Halbs. 1 ZPO. Ist sie bereits fristgerecht nachgeholt worden, kann das Gericht auch ohne ausdrücklichen Antrag Wiedereinsetzung gewähren, § 236 Abs. 2 Satz 2 Halbs. 1 ZPO.

Der Antrag hat konkret die die Wiedereinsetzung begründenden Tatsachen, also den Grund der Versäumung des Prüfungstermins, zu enthalten, § 236 Abs. 2 Satz 1 ZPO. Dieser ist glaubhaft zu machen, § 294 ZPO. Es bieten sich insb. die Abgabe einer eidesstattlichen Versicherung und die Einreichung entsprechender Unterlagen (etwa ärztlicher Atteste bei Krankheit) an. Der Wiedereinsetzungsantrag nach § 186 Abs. 2 Satz 1 InsO ist dem Gläubiger der bestrittenen Forderung zuzustellen. Vor einer Entscheidung ist ihm rechtliches Gehör zu gewähren.[1345]

3. Entscheidung des Gerichts

362 Der Wiedereinsetzungsantrag ist begründet, wenn der Antragsteller an der Einhaltung der Notfrist bzw. am rechtzeitigen Widerspruch im Prüfungstermin ohne Verschulden gehindert war, § 233 ZPO bzw. § 186 Abs. 1 Satz 1 InsO. Der Umstand, auf den der Antrag gestützt wird, muss ursächlich für die Versäumung der Notfrist bzw. des Termins sein. Maßstab für das Verschulden ist § 276 BGB,[1346] wobei nach § 186 Abs. 2 Satz 2 InsO, §§ 51 Abs. 2, 85 Abs. 2 ZPO **Verschulden eines gesetzlichen Ver-**

1342 AG Duisburg, Beschl. v. 26.7.2008 – 62 IN 36/02, NZI 2008, 628 ff.; Uhlenbruck/Sinz, § 186 InsO Rn 2; einschränkend (keine Belehrungspflicht beim geschäftsgewandten Schuldner): AG Göttingen, 15.3.2004 – 74 IN 438/02, ZInsO 2004, 516 f.
1343 Uhlenbruck/Sinz, § 186 InsO Rn 2; zu § 184 Abs. 2 InsO.
1344 HambKomm/Preß, § 186 InsO Rn 5; Uhlenbruck/Sinz, InsO, § 186 Rn 5.
1345 HambKomm/Preß, § 186 InsO Rn 6.
1346 Uhlenbruck/Sinz, § 186 InsO Rn 7.

treters oder **Verfahrensbevollmächtigten zugerechnet** wird. Das Verschulden des Büropersonals des Verfahrensbevollmächtigten ist hingegen nicht zuzurechnen.[1347]

Ist der Wiedereinsetzungsantrag unzulässig, etwa weil die Wiedereinsetzungsfrist versäumt wurde, oder unbegründet, weil die Voraussetzungen des § 233 ZPO nicht gegeben sind, wird der Antrag als unzulässig bzw. unbegründet zurückgewiesen.[1348]

Die Entscheidung über den Wiedereinsetzungsantrag erfolgt durch Beschluss. Hat der Wiedereinsetzungsantrag nach § 186 InsO Erfolg, so steht das schriftsätzliche Bestreiten dem im Prüfungstermin erfolgten Bestreiten gleich, § 186 Abs. 2 Satz 2 InsO. Der Anberaumung eines gesonderten Prüfungstermins bedarf es nicht. Das Bestreiten des Schuldners ist als Widerspruch in die Tabelle einzutragen.[1349]

Gegen die Zurückweisung des Wiedereinsetzungsantrags ist kein Rechtsmittel eröffnet, wenn der Richter entschieden hat. Hat der Rechtspfleger entschieden, steht nur die befristete Erinnerung nach § 11 Abs. 2 Satz 1 RPflG offen.[1350] Der Gläubiger kann gegen den aufgrund erfolgreicher Wiedereinsetzung erfolgten nachträglichen Widerspruch nur im Wege der Klage nach § 184 InsO vorgehen.[1351]

Die Kosten des Wiedereinsetzungsverfahrens trägt nach § 4 InsO, § 238 Abs. 4 ZPO der Schuldner.[1352] Die Kosten fallen nach h.M. nicht der Masse zur Last, sondern sind aus dem insolvenzfreien Vermögen des Schuldners aufzubringen.[1353]

V. Sonstige Rechtsmittel

Soweit die sofortige Beschwerde nicht zulässig ist, können gleichwohl besondere Rechtsbehelfe eingreifen. Die wichtigsten sind die befristete (sofortige) Erinnerung gegen Entscheidungen des Rechtspflegers gem. § 11 Abs. 2 RPflG sowie die Stimmrechtsentscheidung nach § 18 Abs. 3 Satz 2 RPflG (dazu oben Rn 188 f.). Daneben ist die Erinnerung nach § 4 InsO, § 573 ZPO gegen Entscheidungen des beauftragten oder ersuchten Richters sowie des Urkundsbeamten der Geschäftsstelle zu nennen.[1354]

1347 Uhlenbruck/Sinz, § 186 InsO Rn 7.
1348 Uhlenbruck/Sinz, § 186 InsO Rn 11.
1349 HambKomm/Preß, § 186 InsO Rn 8; Uhlenbruck/Sinz, § 186 InsO Rn 10.
1350 HambKomm/Preß, § 186 InsO Rn 9; Uhlenbruck/Sinz, § 186 InsO Rn 12.
1351 FK/Kießner, § 186 InsO Rn 13; Uhlenbruck/Sinz, § 186 InsO Rn 12.
1352 HambKomm/Preß, § 186 InsO Rn 10, Uhlenbruck/Sinz, § 186 InsO Rn 13.
1353 FK/Kießner, § 186 InsO Rn 15; Uhlenbruck/Sinz, § 186 InsO Rn 13.
1354 Uhlenbruck/Pape, § 6 InsO Rn 11.

1. Rechtspflegererinnerung nach § 11 Abs. 2 RPflG

364 Die Rechtspflegererinnerung nach § 11 Abs. 2 RPflG ist immer dann statthaft, wenn der Rechtspfleger entschieden hat und **eine sofortige Beschwerde nicht statthaft** ist. Sie verwirklicht das Recht auf den gesetzlichen Richter, indem sie sicherstellt, dass der Rechtsweg zum Richter eröffnet ist.[1355] Eine Ausnahme bilden Stimmrechtsentscheidungen des Rechtspflegers nach §§ 77, 237, 238 InsO. In diesen Fällen ist gem. § 11 Abs. 3 Satz 2 RPflG nur der Antrag auf Neufestsetzung des Stimmrechts durch den Richter und Wiederholung der Abstimmung nach § 18 Abs. 3 Satz 2 RPflG statthaft.[1356]

Die Rechtspflegererinnerung kommt etwa in Betracht bei Entscheidungen über die vorläufige Stilllegung oder Fortführung eines Unternehmens nach § 158 Abs. 2 Satz 2, § 161 Satz 2 InsO, die Aufhebung des Insolvenzverfahrens nach § 200 InsO, die Einstellung wegen Masseunzulänglichkeit nach §§ 208 ff. InsO[1357] oder bei Zurückweisung eines Antrags auf Wiedereinsetzung in den vorherigen Stand nach § 186 InsO.[1358]

Nach § 11 Abs. 2 Satz 1 RPflG i.V.m. § 569 Abs. 1 Satz 1 ZPO ist die Erinnerung innerhalb einer Notfrist von 2 Wochen einzulegen. Der Rechtspfleger kann der Erinnerung abhelfen, § 11 Abs. 2 Satz 2 RPflG. Hilft er nicht ab, hat er die Erinnerung dem Insolvenzrichter vorzulegen, § 11 Abs. 2 Satz 3 RPflG, der abschließend und unanfechtbar entscheidet.[1359] Auf die Erinnerung sind i.Ü. die Regelungen über die Beschwerde entsprechend anzuwenden, § 11 Abs. 2 Satz 4 RPflG. S. dazu auch die Ausführungen zu § 2 Rn 343 ff.

2. Erinnerung nach § 573 ZPO

365 Nach § 4 InsO, § 573 ZPO ist die sofortige Erinnerung eröffnet **gegen Entscheidungen des beauftragten oder ersuchten Richters und des Urkundsbeamten der Geschäftsstelle.**[1360] Denkbare Anwendungsfälle sind die Ablehnung der Erteilung einer vollstreckbaren Ausfertigung aus der Insolvenztabelle[1361] oder von Akteneinsicht durch die Geschäftsstelle.[1362] Entscheidungen des beauftragten Richters setzen

---

[1355] Frege/Keller/Riedel, HRP, Rn 254.
[1356] Uhlenbruck/Pape, § 6 InsO Rn 6; diese Einschränkung des Rechtsschutzes ist verfassungsrechtlich unbedenklich: BVerfG, Beschl. v. 26.11.2009 – 1 BvR 339/09, ZInsO 2010, 34 ff.
[1357] Frege/Keller/Riedel, HRP, Rn 255.
[1358] BGH, Beschl. v. 3.7.2014 – IX ZB 2/14, ZInsO 2014, 1961 Rn 6; Frege/Keller/Riedel, HRP, Rn 255.
[1359] Uhlenbruck/Pape, § 6 InsO Rn 10.
[1360] Uhlenbruck/Pape, § 6 InsO Rn 11.
[1361] AG Göttingen, Beschl. v. 4.6.2008 – 74 IK 159/00, ZInsO 1036 ff.; Prütting/Gehrlein/Lohmann, § 573 ZPO Rn 2.
[1362] Prütting/Gehrlein/Lohmann, § 573 ZPO Rn 2; Zöller/Greger, § 299 ZPO Rn 5.

einen Spruchköper voraus, sind deshalb im Insolvenzrecht allenfalls im Beschwerdeverfahren denkbar. Entscheidungen des ersuchten Richters kommen etwa bei einer Anhörung eines Beteiligtem im Wege der Rechtshilfe durch ein anderes Gericht in Betracht.

Die Erinnerung ist innerhalb einer Notfrist von 2 Wochen schriftlich oder zu Protokoll der Geschäftsstelle einzureichen, § 573 Abs. 1 Satz 1, 2 ZPO. Hinsichtlich des weiteren Verfahrens gelten die beschwerderechtlichen Vorschriften der §§ 569 Abs. 1 Satz 1, Abs. 2, 570, 572 ZPO gem. § 573 Abs. 1 Satz 3 ZPO entsprechend.

Über die Erinnerung gegen Entscheidungen des Urkundsbeamten entscheidet der Richter, über Erinnerungen gegen Entscheidungen des ersuchten Richters das ersuchende Gericht und über Erinnerungen des beauftragten Gerichts der beauftragende Spruchkörper.[1363]

Gegen die im ersten Rechtszug ergangene Entscheidung über die Erinnerung findet die sofortige Beschwerde statt (§ 573 Abs. 3 ZPO).

Q. Gerichtskosten des Insolvenzverfahrens

Nach § 54 InsO sind Kosten des Insolvenzverfahrens die **Gerichtskosten** für das Insolvenzverfahren (Nr. 1) sowie die **Vergütungen und Auslagen** des (vorläufigen) Insolvenzverwalters und des Gläubigerausschusses (Nr. 2).[1364]

366

Der Begriff der Gerichtskosten i.S.d. § 54 Nr. 1 InsO umfasst die Gerichtsgebühren und die Auslagen des Gerichts sowohl für das Eröffnungsverfahren als auch für die Durchführung des eröffneten Insolvenzverfahrens. Ob und in welcher Höhe Gerichtskosten anfallen und wen die Kostenlast trifft, richtet sich nach dem **Gerichtskostengesetz** (GKG). Allerdings sind nicht sämtliche im Zusammenhang mit einem Insolvenzverfahren anfallenden Gerichtskosten gleichzeitig Kosten des Insolvenzverfahrens. Dies gilt gem. § 23 Abs. 2 GKG namentlich für die Kosten eines besonderen Prüfungstermins, § 177 Abs. 1 Satz 2 InsO, und des Verfahrens über die Versagung oder den Widerruf der RSB nach §§ 296, 297, 300 und 303 InsO. Bei den Kosten von Rechtsmittelverfahren ist nach Beschwerdeführer und Ziel zu differenzieren.[1365]

I. Gebührentatbestände

Die im Insolvenzverfahren einschlägigen Gebührentatbestände finden sich in Anlage 1 zu § 3 Abs. 2 GKG, dem Kostenverzeichnis.

367

1363 Prütting/Gehrlein/Lohmann, § 573 ZPO Rn 4.
1364 Zu Letzterem siehe dazu unten, § 16.
1365 Vgl. näher: Uhlenbruck/Sinz; § 54 InsO Rn 15f.

1. Gegenstandswert

368 Die meisten Gebührentatbestände des Kostenverzeichnisses (KV 2310 ff.) sind wertabhängig. Ihre Höhe richtet sich nach der Tabelle zu § 34 GKG und dem Gegenstandswert, der sich nach § 58 GKG bestimmt.

Für das **Eröffnungsverfahren auf Antrag des Schuldners** sowie **für das eröffnete Verfahren** ist nach § 58 Abs. 1 GKG der **Wert der Masse** zzt. der Beendigung des Verfahrens maßgeblich, wobei Absonderungsrechte nur mit dem Betrag zur Aktivmasse gerechnet werden, der nach abgesonderter Befriedigung übrig bleibt, § 58 Abs. 1 Satz 2 GKG.[1366] Durch das Kostenrechtsänderungsgesetz 2021 wurde die Bestimmung des Wertes mit Wirkung vom 1.1.2021 dahingehend geändert, dass im Fall der Unternehmensfortführung nur der Überschuss der erzielen Einnahmen nach Abzug der Ausgaben zu berücksichtigen ist, § 58 Abs. 1 S. 3 GKG n.F. Die Regelung orientiert sich an dem schon bislang geltenden § 1 Abs. 2 Nr. 4 b) InsVV und soll die Sanierung erleichtern.[1367] Für das **Eröffnungsverfahren auf Antrag eines Gläubigers** ist nach § 58 Abs. 2 GKG der **Wert der (angemeldeten) Forderung** des antragstellenden Gläubigers ohne Nebenforderungen[1368] maßgeblich, es sei denn, die Masse ist geringer. Dann zählt dieser Wert. Letzteres hat zur Folge, dass im masselosen Verfahren regelmäßig der Mindestwert von bis zu 500,00 EUR festzusetzen ist.

Kann der Gegenstandswert nach § 58 GKG nicht genau bestimmt werden, weil das Verfahren bereits im Eröffnungsverfahren endet, so ist der Wert zu schätzen. Der Wert, der nach § 1 InsVV für die Vergütung des Insolvenzverwalters maßgeblich ist, kann vom Wert der Masse i.S.d. § 58 GKG abweichen.[1369]

Nicht nach § 58 GKG (i.V.m. § 23 Abs. 1 Satz 1 RVG) richtet sich der Gegenstandswert zur Festsetzung von Rechtsanwaltsgebühren. Diese sind vielmehr nach § 28 RVG festzusetzen. Die Gebühr für die Vertretung des Schuldners im Eröffnungsverfahren richtet sich grds. nach § 58 GKG; der Gegenstandswert beträgt aber mindestens 4.000,00 EUR, § 28 Abs. 1 RVG. Die Gebühr für die Vertretung des Gläubigers richtet sich nach dem Nennwert der Forderung, einschließlich Nebenforderungen, § 28 Abs. 2 RVG. Dies hat zur Folge, dass im Insolvenzverfahren verschiedene Gegenstandswerte existieren und auf Antrag durch das Gericht festzusetzen sind.[1370]

[1366] Hartmann/Toussaint/Elzer, § 58 Rn 4; zur Wertberechnung bei Betriebsfortführung, vgl. OLG Düsseldorf, Beschl. v. 27.7.2010 – 10 W 60/10, ZInsO 2010, 1645 f.
[1367] RegE Kostenänderungsgesetz 2021, BR-Drucks. 565/20, S. 57 f.
[1368] FK/Schmerbach, InsO, § 13 Rn 212; Frege/Keller/Riedel, HRP Rn 2568.
[1369] Vgl. OLG Düsseldorf, Beschl. v. 27.7.2010 – 10 W 60/10, ZInsO 2010, 1645 f.
[1370] Vgl. Gerold/Schmidt/Meyer, § 28 RVG Rn 6 ff.

2. Eröffnungsverfahren

Für das **Eröffnungsverfahren** entsteht nach KV 2310 bzw. 2311 eine 0,5 Gebühr nach der Tabelle gem. § 34 GKG. Da eine volle Gebühr bei einem Gegenstandswert bis 500,00 EUR 38,00 EUR beträgt, entstehen im masselosen Verfahren Gebühren i.H.v. 19,00 EUR. Die Gebühr entsteht auch, wenn das Verfahren nach § 306 InsO zur Durchführung eines gerichtlichen Schuldenbereinigungsplanverfahrens ruht.

369

Beim **Gläubigerantrag** gilt nach KV 2311 für das Eröffnungsverfahren abweichend eine Mindestgebühr von 198,00 EUR, auch im masselosen Verfahren.

Mehrere Anträge mehrerer Gläubiger lösen die Gebühr für das Eröffnungsverfahren mehrmals aus, es sei denn, sie sind ausnahmsweise Gesamtgläubiger.[1371]

3. Durchführung des Insolvenzverfahrens

Bei den **Gebühren für das eröffnete Insolvenzverfahren** ist danach zu differenzieren, ob das Verfahren (auch) aufgrund eines Schuldnerantrags eröffnet wurde oder ihm nur ein Gläubigerantrag zugrunde liegt.

370

Für die Durchführung des Insolvenzverfahrens, das auf **Antrag des Schuldners** eröffnet wird, fällt gem. KV 2320 eine 2,5 Gebühr nach § 34 GKG an. Im masselosen Verfahren fallen somit Gebühren i.H.v 95,00 EUR an. Wird der Eröffnungsbeschluss auf eine Beschwerde hin aufgehoben, entfällt die Gebühr.

Wird das auf Antrag des Schuldners eröffnete Insolvenzverfahren vorzeitig durch Einstellung (§§ 207, 211, 212, 213 InsO) beendet, reduziert sich die Gerichtsgebühr. Erfolgt die Einstellung vor Beendigung des Prüfungstermins, reduziert sich die Gebühr gem. KV 2321 auf 0,5. Wird das Verfahren erst nach Ende des Prüfungstermins eingestellt, reduziert sie sich gem. KV 2322 auf 1,5.

Liegt dem eröffneten Verfahren lediglich ein **Gläubigerantrag** zugrunde, gelten die vorstehenden Regeln entsprechend, allerdings jeweils mit einer um 0,5 höheren Gebühr. Es fallen somit für die Durchführung des Verfahrens 3,0 Gebühren an (KV 2330, mindestens somit 114,00 EUR), die sich bei Einstellung des Verfahrens auf 1,0 bzw. 2,0 Gebühren (KV 2331, 2332) reduzieren, je nachdem, ob die Einstellung vor oder nach Beendigung des Prüfungstermins erfolgt.

4. Besondere Verfahren

Für die **nachträgliche Forderungsprüfung** gem. § 177 InsO fällt eine Gebühr von 22,00 EUR an (KV 2340). Diese hat nach § 177 Abs. 1 Satz 2 InsO stets der säumige Gläubiger zu tragen.

371

[1371] HambKomm/Jarchow, § 54 InsO Rn 15.

Besondere Bestimmungen über Kosten im internationalen Insolvenzrecht und Konzerninsolvenzrecht finden sich in § 23 Abs. 2–6 und § 58 Abs. 3–6 GKG (s. auch KV 2360–2371).

Bei Anträgen auf Versagung der RSB nach §§ 289, 290 InsO (also vor Ankündigung der RSB) fallen hingegen keine gesonderten Gebühren an. Diese Entscheidungen sind bereits mit der Gebühr für die Durchführung des Insolvenzverfahrens abgegolten. Auch das Versagungsverfahren nach § 298 InsO (fehlende Deckung der Mindestvergütung des Treuhänders) ist gebührenfrei.

Für die Entscheidung über einen **Antrag auf Versagung oder Widerruf der RSB** nach §§ 296, 297, 300, 303 InsO fällt eine Gebühr von 39,00 EUR an (KV 2350). Kostenschuldner ist nach § 23 Abs. 2 GKG in jedem Fall der Antragsteller. Da die Gebühr nur im Fall einer Entscheidung anfällt, ist es aus Kostengründen ratsam, den Antrag zurückzunehmen, wenn sich, etwa auf Hinweis des Gerichts, abzeichnet, dass der Antrag voraussichtlich erfolglos bleiben wird.

Keine gesonderten Gebühren fallen an für das **gerichtliche Schuldenbereinigungsplanverfahren**, das **Insolvenzplanverfahren** und die **Erteilung der RSB** nach § 300 InsO.[1372]

5. Kosten der Beschwerde und Rechtsbeschwerde

372 Für die **Beschwerde gegen die Eröffnungsentscheidung** fällt gem. KV 2380 eine 1,0 Gebühr an. Für **alle anderen Beschwerden** fällt gem. KV 2381 eine **Festgebühr** von 66,00 EUR an, sofern die Beschwerde nicht aufgrund anderer Vorschriften kostenfrei ist. Für den Beschwerdewert ist hier das Interesse des Beschwerdeführers maßgeblich.

Richtet sich die Beschwerde gegen die Eröffnungsentscheidung, bestimmt sich der **Beschwerdewert** nach § 58 GKG, in allen anderen Fällen ist das Interesse des Beschwerdeführers maßgeblich.[1373] Hat die Beschwerde nur teilweise Erfolg, kann das Gericht eine Kostenteilung vornehmen.

Für die Rechtsbeschwerde gegen die Eröffnungsentscheidung fällt gem. KV 2383 eine 2,0 Gebühr an, die sich bei Rücknahme der Rechtsbeschwerde oder des Insolvenzantrags auf 1,0 ermäßigt, KV 2384. In allen anderen Fällen fällt für die Rechtsbeschwerde nach KV 2385 eine feste Gebühr von 132,00 EUR an, die bei teilweisem Obsiegen auf die Hälfte ermäßigt oder erlassen werden kann. Der Beschwerdewert bestimmt sich nach § 47 bzw. 58 GKG.

1372 HambKomm/Jarchow, § 54 InsO Rn 18.
1373 Uhlenbruck/Sinz; § 54 InsO Rn 17.

Die Kosten eines **vom Schuldner eingelegten Rechtsmittels** fallen grds. nicht der Masse zur Last, sondern sind aus dem insolvenzfreien Vermögen des Schuldners auszubringen. Grund hierfür ist, dass der Schuldner nach Eröffnung des Verfahrens nicht mehr berechtigt ist, durch Einlegung von Rechtsmitteln Masseverbindlichkeiten zu begründen.[1374]

II. Auslagen des Gerichts

Neben den Gerichtsgebühren gehören die Auslagen des Gerichts zu den Kosten i.S.d. § 54 Nr. 1 InsO. Die unter den Auslagenbegriff fallenden Tatbestände finden sich in den Ziffern KV 9000 ff. Neben den teilweise pauschalierten **Auslagen für Kopien oder Aktenübersendungen** sind die nach JVEG zu zahlenden Beträge (KV 9005) von Bedeutung.

373

Unter Letztere fallen insb. die Kosten für den vom Gericht im Eröffnungsverfahren beauftragten **Sachverständigen**, die nicht selten Beträge von mehr als 1.000,00 EUR ausmachen. Durch das Kostenrechtsänderungsgesetz 2021 wurde mit Wirkung zum 1.1.2021 eine gesetzliche Regelung für die Vergütung des isolierten Sachverständigen (also den Sachverständigen, der kein vorläufiger Insolvenzverwalter ist) geschaffen: Der Stundensatz beträgt gem. § 9 Abs. 4 S. 1 JVEG n.F. nunmehr 120,00 €. Die bisherige, uneinheitliche Rechtsprechung zur Vergütung des isolierten Sachverständigen[1375] ist damit überholt. Der Stundensatz des Sachverständigen, der zugleich vorläufiger Insolvenzverwalter oder vorläufiger Sachwalter ist, wurde auf 95,00 € angehoben (§ 9 Abs. 4 S. 2 JVEG n.F.).

Veröffentlichungskosten, die früher eine nicht unerhebliche Rolle gespielt haben, sind hingegen praktisch nicht mehr relevant, da Veröffentlichungen regelmäßig nur noch im Internet erfolgen (vgl. § 9 InsO) und hierfür keine Auslagen mehr erhoben werden (vgl. KV 9004).

III. Kostenschuldner

Neben der Frage der Höhe der entstehenden Gebühren ist die Frage nach dem Kostenschuldner von entscheidender Bedeutung. Grundlegende Norm zur Bestimmung der Kostenhaftung ist § 23 GKG.

374

1374 OLG Celle, 12.3.2001 – 2 W 28/01, ZInsO 2001, 266 ff.; vgl. FK/Kießner, § 186 InsO Rn 18; Uhlenbruck/Sinz, § 186 InsO Rn 13.
1375 Vgl. Darstellung von Greiner, ZInsO 2018, 1714.

1. Eröffnungsverfahren

375 Nach § 23 Abs. 1 Satz 1 InsO schuldet der **Antragsteller** die Gebühr für das Eröffnungsverfahren. Im Fall der **Antragsabweisung oder Rücknahme** schuldet der Antragsteller auch die entstandenen Auslagen, § 23 Abs. 1 Satz 2 InsO. Neben dem Antragsteller haftet ggfs. derjenige, dem die Kosten durch gerichtliche Entscheidung auferlegt werden (§ 29 Nr. 1 GKG). Antragsteller und Entscheidungsschuldner haften als Gesamtschuldner (§ 31 Abs. 1 GKG), wobei der Entscheidungsschuldner als Erstschuldner vorrangig in Anspruch zu nehmen ist (§ 31 Abs. 2 S. 1 GKG). Werden die Kosten vom Antragsteller als Zweitschuldner erhoben, kann er diese im Wege eines Kostenfestsetzungsbeschlusses nach § 103 ff. ZPO gegen den Entscheidungsschuldner titulieren lassen.

376 Die **Zweitschuldnerhaftung** birgt erhebliche Risiken für den antragstellenden Gläubiger, insbesondere, wenn der Insolvenzantrag gem. § 26 InsO mangels Masse abgewiesen wird. Zwar sind bei Abweisung mangels Masse die Kosten des Verfahrens dem Schuldner aufzuerlegen.[1376] Da jedoch die Vollstreckung gegen den Schuldner aussichtslos ist, können die Kosten gem. § 31 Abs. 2 S. 1 GKG unmittelbar beim antragstellenden Gläubiger als Zweitschuldner geltend gemacht werden. Dieser hat dann nicht nur die Mindestgebühr von 198,00 EUR, sondern auch etwaige Sachverständigenkosten zu tragen,[1377] die leicht einen Betrag von über 1.000,00 EUR erreichen.

Anders ist die Situation bei der **Erledigung des Insolvenzantrags** im Eröffnungsverfahren, wenn dem Schuldner nach § 4 InsO, § 91a ZPO die Kosten des Verfahrens auferlegt wurden. In diesem Fall haftet der antragstellende Gläubiger nach § 23 Abs. 1 Satz 1 GKG nur für die Gebühren, mangels gesetzlicher Regelung aber nicht als Zweitschuldner für die Auslagen, also auch nicht für die Sachverständigenkosten.[1378]

Eine weitere **Ausnahme** von der Auslagenhaftung des Antragstellers gilt für die Auslagen nach KV 9017, also die **aufgrund einer Stundung** nach § 4a InsO an den vorläufigen Insolvenzverwalter, den Insolvenzverwalter, die Mitglieder des Gläubigerausschusses oder den Treuhänder zu zahlenden Beträge. Diese schuldet nach § 23 Abs. 1 Satz 3 GKV i.V. Nr. 9017 KV GKG nur der Insolvenzschuldner.

Schließlich entfällt die Kostentragungspflicht des Gläubigers, wenn der Schuldner die Kosten des Verfahrens nach § 14 Abs. 3 InsO trägt, also wenn ein

---

1376 LG München I, Beschl. v. 26.10.2001 – 14 T 18429/01, ZInsO 2002, 42; Frege/Keller/Riedel, HRP, Rn 738; K. Schmidt/Keller, § 26 Rn 45; Uhlenbruck/Vallender § 26 Rn 38; **a.A.** Jaeger/Schilken, § 26 Rn 72f.
1377 OLG Köln, Beschl. v. 28.1.2010 – 17 W 343/09, ZInsO 2010, 539, 540.
1378 OLG Köln, Beschl. v. 11.10.2005 – 17 W 91/05, NZI 2005, 683; OLG Düsseldorf, Beschl. v. 29.8.2006 – 10 W 57/06, NZI 2006, 708; OLG Dresden, 15.3.2010 – 3 W 0253/10, ZVI 2010, 205; **a.A.** Frege/Keller/Riedel, HRP, Rn 1564 m.w.N.

Zweitantrag nach Erfüllung der Forderung des Antragstellers **als unbegründet abgewiesen** wurde; vgl. dazu auch oben, § 2 Rn 47.

2. Vorschusspflicht

Nach § 10 GKG kann ein Kostenvorschuss nur in den gesetzlich normierten Fällen verlangt werden. Da für das Insolvenzverfahren keine Regelung existiert, besteht grds. **keine Vorschusspflicht**. Eine Ausnahme hierzu bildet § 26 Abs. 1 Satz 2 InsO. Nach dieser Regelung unterbleibt eine an für sich erforderliche Abweisung mangels Masse, wenn im ansonsten masselosen Verfahren ein ausreichender Vorschuss gezahlt wird oder eine Stundung der Verfahrenskosten nach § 4a InsO erfolgt.

3. Eröffnetes Verfahren

Nach § 23 Abs. 7 GKG schuldet grundsätzlich der **Schuldner** die Kosten des Insolvenzverfahrens. Für den Fall der Eröffnung des Insolvenzverfahrens bedeutet dies, dass mit einigen wenigen Ausnahmen (§ 177 Abs. 1 InsO, § 23 Abs. 2 GKG und Rechtsmittel) die Kosten aus der Masse zu zahlen sind, da es sich um Masseverbindlichkeiten i.S.d. § 53 InsO handelt.

§ 3 Der Insolvenzverwalter

Übersicht

A. Das Amt des Insolvenzverwalters —— 1
  I. Aufgaben und Stellung des Verwalters im Verfahren —— 1
  II. Anforderungen an den Verwalter (§ 56 InsO) —— 7
  III. Bestellung des Insolvenzverwalters —— 17
  IV. Vertretung des Insolvenzverwalters —— 24
  V. Wahl eines anderen Verwalters (§ 57 InsO) —— 29
  VI. Verschwiegenheitspflicht —— 34
  VII. Auskunftsrecht —— 41
  VIII. Akteneinsichtsrecht —— 47
  IX. Tätigkeitsverbote —— 55
  X. Beendigung des Amts und Rechnungslegung (§§ 59, 66 InsO) —— 59
B. Die Aufgaben des vorläufigen Insolvenzverwalters —— 69
  I. Aufgaben und Stellung des vorläufigen Insolvenzverwalters im Verfahren (§ 22 InsO) —— 69
  II. Verfügungsbeschränkungen (§§ 23–25 InsO) —— 82
  III. Starker vorläufiger Insolvenzverwalter —— 92
  IV. Schwacher vorläufiger Insolvenzverwalter —— 99
  V. Gutachtermodell —— 107
C. Die Aufgaben des Insolvenzverwalters —— 113
  I. Aufgaben vor dem Berichtstermin —— 113
  II. Einfluss der Gläubigerautonomie —— 131
  III. Die Aufgaben als Masseverwerter —— 138
D. Aufsicht des Insolvenzgerichts —— 157

A. Das Amt des Insolvenzverwalters

I. Aufgaben und Stellung des Verwalters im Verfahren

Der Insolvenzverwalter[1] ist ein (Zentral-)Organ des Insolvenzverfahrens. Zutreffend wird die Funktion der Tätigkeit als ein **„Amt"** auf Zeit bezeichnet. Es ist kein öffentliches Amt, weil es nicht mit hoheitlichen Befugnissen ausgestattet ist, wenn man von dem Recht, über das Vermögen des Schuldners die Zwangsvollstreckung durch Verwertung zu betreiben, einmal absieht.[2]

Ein „Amt" ist es dennoch, weil der Insolvenzverwalter sich nicht selbst bewerben kann. Der Insolvenzrichter ist für die Bestimmung ausschließlich zuständig, § 18 Abs. 1 Nr. 1 RPflG.[3] Die konkrete Bestellung erfolgt durch einen ausschließlich im Internet bekannt zu machenden insolvenzgerichtlichen Eröffnungsbeschluss,

---

[1] Auf eine geschlechtergerechte Sprache wird zugunsten einer besseren Lesbarkeit verzichtet.
[2] MüKo/Graeber, § 56 InsO Rn 142; Uhlenbruck/Mock, § 80 Rn 59 f.; vgl. LG Stuttgart, 15.2.2019 – 12 O 33/19, ZIP 2019, 585, „öffentliche Stelle" i.S.d. DSGVO; a.A. Ries, ZInsO 2013, 1612, 1617 unter III; Gehrlein, NJW 2013, 3756.
[3] MüKo/Graeber, § 56 InsO Rn 159 f.

§§ 30, 9 InsO.⁴ In der Bekanntgabe wird der vollständige Name mit Anschrift und Telefon bzw. Faxnummer mitgeteilt.⁵ Bestellt wird eine natürliche Person. Die bestellte Person hat ihr Amt in den wesentlichen Angelegenheiten höchstpersönlich auszuüben. Ob eine RA-GmbH in die Insolvenzverwalterliste beim Insolvenzgericht aufgenommen werden kann, ist vom BVerfG „abschlägig" entschieden worden.⁶ Die Frage stellt sich erneut bezüglich ausländischer juristischer Personen.⁷ Die bestellte Person ist in der Annahme des Amtes frei. Die ausgewählte Person kann und muss ggf. im Fall ihrer Vorbefassung die Übernahme des Amtes ablehnen. Sie ist gerichtlich bestellter **Vermögensbetreuer**.⁸ Damit ist sie **Organ der Rechtspflege**, die im eigenen Namen mit Wirkung für die Masse und den Schuldner, der nach wie vor der Rechtsträger ist, auftritt.⁹ Diese Rechtsstellung wirkt sich auf seine Vergütung aus. Seine Vergütung kann tätigkeitsbezogen hoch sein, in Extremfällen kann er diesen Anspruch allerdings auch verwirken, § 654 BGB.¹⁰

3 Überdies werden dem Insolvenzverwalter durch separaten Beschluss vom Insolvenzgericht Weisungen erteilt und dem vorläufigen Insolvenzverwalter Befugnisse durch sog. konkrete Einzelermächtigungen eingeräumt sowie eine **Bestellungsurkunde** ausgehändigt,¹¹ zumeist jedoch zugesandt. Er hat diese Urkunde als gerichtliches Zeugnis z.B. beim Grundbuchamt vorzulegen, wenn er um grundbuch-

---

4 MüKo/Graeber, § 56 InsO Rn 163.
5 Letztere Angaben können jedoch nachgeholt werden, falls es unterblieben war.
6 BVerfG, 12.1.2016 – 1 BVR 3102/13, ZIP 2016, 321; zuvor BGH, 19.9.2013 – IX AR(VZ) 1/12, ZIP 2013, 2070: verneinend; Höfling, ZIP 2015, 1568 i.A. d. VID e.V; Stellungnahme des Gravenbrucher Kreis e.V.: abrufbar auf www.gravenbrucher-kreis.de, verneinend; BRAK Stellungnahme Nr. 19/2015 bejahend; nach wie vor heftig umstr. Kleine-Cosack, ZIP 2016, 741; Römermann, ZIP 2016, 328; Piekenbrock/Bluhm, NJW 2016, 935 einerseits bejahend; andererseits verneinend Pape, ZInsO 2016, 428; Frind, ZInsO 2016, 672, Mitlehner, NZI 2016, 248; Flöther, EWiR 2016, 145; Cranshaw, jurisPR-InsR 9/2016 Anm. 1; Blankenburg, ZIP 2016, 749.
7 AG Mannheim, 14.12.2015 – 804 AR 163/15, ZIP 2016, 132 bejahend, zust. Römermann, EWiR 2016, 83; ebenso Piekenbrock/Bluhm, NJW 2016, 935; AG Mannheim, 20.1.2016 – 804 AR 163/15, ZIP 2016, 431 verneinend; zust. Mankowski, EWiR 2016, 249; ebenso Frind, ZInsO 2016, 672.
8 BFH, 15.12.2010 – VIII R 50/09, ZInsO 2011, 636: eine sonstige selbstständige Tätigkeit i.S.d. § 18 Abs. 1 Nr. 3 EStG; bestätigt durch BFH, 26.1.2011 – VIII R 3/1, ZInsO 2011, 789.
9 BGH, 26.1.2006 – IX ZR 282/03, ZInsO 2006, 260: Amtstheorie, nicht Vertreter, sondern Partei kraft Amtes; Uhlenbruck/Mock, § 80 InsO Rn 59 f.; ausführlich MüKo/Vuia, § 80 InsO Rn 20–35.
10 Sehr ausführlich HambKomm/Frind § 59 Rn 19; Uhlenbruck/Vallender-Zipperer, § 59 Rn 28 a.E.; Rechel, ZInsO 2012, 1641, 1657 zur Verwirkung; ebenso BGH, 12.9.2019 – IX ZB 76/18, ZIP 2019, 2069; BGH, 22.11.2018 -IX ZB 14/18, ZInsO 2019, 91, erfasst auch die Auslagen, soweit Pauschsätze in Ansatz gebracht sind; BGH, 14.7.2016 – IX ZB 52/15, ZIP 2016, 1648; BGH, 9.6.2011 – IX ZB 248/09, ZInsO 2011, 1520; dazu auch die Instanzrechtsprechung: LG Deggendorf, 24.7.2013 – 13 T 57/13, ZIP 2013, 1975; LG Magdeburg, 10.1.2013 – 11 T 507/11, ZInsO 2013, 2578; BGH, 21.9.2017 – 28/14, ZInsO 2017, 2309 Rn 11, **keine** Verwirkung der Vergütung der vorläufigen Verwaltung wegen Verwirkungsgründe im eröffneten Verfahrens.
11 MüKo/Graeber, § 56 InsO Rn 162, zuständig ist der Rechtspfleger, § 3 Nr. 2e RPflG.

rechtliche Eintragungen nachsucht oder an notariellen Beurkundungen beteiligt ist. Die Bestellungsurkunde ist Legitimationsnachweis, um etwa einen Gerichtsvollzieher zu beauftragen, Gegenstände aus den Räumen des Insolvenzschuldners wegzunehmen. Gutglaubensschutz vermittelt sie nicht.[12] Die Bestellungsurkunde ist spätestens nach rechtskräftiger Verfahrensbeendigung oder im Fall der vorherigen Entpflichtung des bisher ernannten Insolvenzverwalters zu diesem Zeitpunkt an das Insolvenzgericht zurückzugeben, § 56 Abs. 2 S. 2 InsO.[13] Eine Amtsniederlegung oder eine Kündigung sind rechtlich nicht vorgesehen. Das Insolvenzgericht kann aber um eine vorzeitige Entlassung aus dem Amt aus wichtigem Grund ersucht werden.

Die gesetzlich vorgegebenen Verfahrensziele hat der Insolvenzverwalter eigenverantwortlich – ggf. unter Beachtung der Grenzen des Katalogs in § 160 InsO – zu erreichen. Die unabhängige Amtsstellung verpflichtet den Insolvenzverwalter zur bestmöglichen Wahrung der Interessen aller Verfahrensbeteiligten. Diesem Anspruch gerecht werden zu wollen, gleicht einer „Quadratur des Kreises". Unabhängigkeit bedeutet daher, dass er nicht den opportunen Interessen Einzelner nachgeben darf. Es schadet aber nicht schon jede Verbundenheit und bestimmte Nähe zu weiteren Verfahrensbeteiligten im Vorfeld. Das ist jetzt deutlich der Wille des Gesetzgebers, wie er sich in § 56 Abs. 1 S. 3 InsO zeigt. Der Insolvenzverwalter kann sich seine Objektivität dadurch bewahren, dass er die Entscheidung zugunsten eines oder mehrerer Verfahrensbeteiligten in nachvollziehbarer Weise offenlegt und diese Informationen etwaigen Interessengegnern zugänglich macht. Üblicherweise geschieht dies durch seine Berichtstätigkeit ggü. dem Insolvenzgericht. Als unabhängigem Vermögensbetreuer ist ihm allerdings ein Selbstkontrahieren nicht erlaubt. In entsprechenden Situationen muss ein Sonderverwalter bestellt werden. Bei Betriebsveräußerungen an nahestehende Personen muss er die Vorgabe und Wirkung der §§ 162, 164 InsO beachten. Der Insolvenzverwalter haftet persönlich in zivilrechtlicher und strafrechtlicher bzw. ordnungsrechtlicher Hinsicht.

Der Insolvenzverwalter ist sicherlich in seiner Funktion **Unternehmer**[14] und übt einen **Beruf** in dem Sinne aus, als es mittlerweile ein gefestigtes, wenn auch in Teilkriterien nicht vollständig homogenes Bild über die notwendige Qualifikation für diese Tätigkeit gibt.[15] Ernannt wird ein Insolvenzverwalter, wenn er geeignet, insb. geschäftserfahren und unabhängig von Schuldner und Gläubigern ist. Persönlich

---

12 MüKo/Graeber, § 56 InsO Rn 161.
13 MüKo/Graeber, § 56 InsO Rn 166, dies ist erzwingbar gem. § 58 Abs. 3 InsO.
14 Umsatzsteuerlich ist Unternehmer ggf. die Kanzlei, für die er tätig ist, gleichviel ob als angestellter Mitarbeiter oder Gesellschafter, s. OFD Frankfurt am Main, Rundverfügung v. 20.1.2010 S 7104 A – 81 – St 110, DStR 2010, 2135.
15 BVerfG, 3.8.2004 – 1 BvR 1086/01, DStR 2004, 1670; es wird geschätzt, dass etwa 2.000 Personen diesen Beruf aktiv ausüben, Ahrendt, InsVZ 2010, 363.

geeignet sind aufgrund ihres üblichen anspruchsvollen Aufgabenspektrums typischerweise Anwälte, Wirtschaftsprüfer, Steuerberater und diplomierte Betriebswirte. Angehörige anderer Berufsfelder sind Ausnahmen.[16] Teilweise mag es zwar auf spezifische Branchenkenntnis ankommen, was dem Tatbestandmerkmal (kaufmännisch) geschäftskundig geschuldet ist, aber dies darf nicht überbewertet werden. Allgemeiner Wahrnehmung nach gibt es viele Rechtsanwälte, die als Insolvenzverwalter bestellt werden.[17] Der Anteil wirtschaftsberatender und steuerberatender Berufsträger nimmt sich dagegen eher bescheiden aus. Andere nicht verkammerte Berufsgruppen kann man vernachlässigen. Dies mag seinen Grund darin finden, dass die Tätigkeit zunächst einmal **Querschnittsfähigkeiten**[18] verlangt, die am ehesten von Juristen erwartet und von ihnen für sich bejaht werden. Zugleich wirft dies die Frage auf, ob das Berufsrecht insbesondere für den anwaltlichen Insolvenzverwalter gilt. Da jedenfalls die Tätigkeit als Insolvenzverwalter nicht zur Kerntätigkeit eines Rechtsanwalts gehört, kommt es für ihn entscheidend darauf an, wie er sich nach außen präsentiert. Nimmt er zugleich seine anwaltliche Kompetenz in Anspruch, hat er seine hieraus resultierenden Berufspflichten zu beachten.[19] Ein einheitliches **Berufsrecht** für Insolvenzverwalter mit eigener Berufsaufsicht in Form einer selbstverwaltenden eigenständigen **Kammer** fehlt hingegen. Dafür sprechen gute Gründe.[20] Dazu gehören Regelungsbereiche wie Ausbildung, Zulassung, Haftung, Be-

---

16 HambKomm/Frind § 56 Rn 14 Verschiebungen des „Berufsbildes" durch „ESUG" „Sanierungsberater", Rn 15 a.E. auch „Wirtschaftsjuristen".
17 BGH, 6.7.2015 – AnwZ (Brfg) 24/14, ZInsO 2015, 1609, Rn 25: 95%.
18 „Ein weites Aufgabenfeld hat der Insolvenzverwalter: Das Vermögen ist zu verwerten, dabei sind Aus- und Absonderungsrechte zu berücksichtigen; Forderungen einzutreiben, (Haftungs-)Ansprüche durchzusetzen; öffentlich-rechtliche Pflichten (Umwelt-, Ordnungs-, Güterkraftverkehrs-, Wettbewerbs-, Wertpapierrecht etc.) zu beachten, Steuererklärungen abzugeben (§ 149 AO). Arbeits- und sozialversicherungsrechtliche Vorschriften für Arbeitsverträge, Kündigungen, berufsgenossenschaftliche Vorschriften, Urlaubskassen, Steuerabzüge, Pfändungen etc. sind ebenso zu beachten wie die handelsrechtlichen Vorschriften über die Rechnungslegung (§§ 238 ff., 264 ff. HGB); gegenseitige Verträge müssen geprüft und beendet oder fortgesetzt werden (§§ 103 ff. InsO), eine übertragende Sanierung muss ggf. umgesetzt, ein Insolvenzplan verfasst werden. Weitere spezifische insolvenzrechtliche Pflichten sind zu erfüllen: So bestehen Berichtspflichten (§§ 79, 156, 159 InsO), Zustellungen (§ 8 InsO) sind vorzunehmen, Verzeichnisse zu erstellen etc.", Lambrecht, DZWIR 2010, 22, „Sie [RA] können nicht einmal Bilanzen lesen" – Zur Bestellung von Juristen als Insolvenzverwalter.
19 BGH, 6.7.2015 – AnwZ (Brfg) 24/14, ZInsO 2015, 1609 bejahend; m. krit. Anm. Römermann GmbHR 2015, R 277 (Heft 18); (Vorinstanz) AGH München, 17.2.2014 – III – 4 5/13, ZIP 2014, 830, bejahend; m. krit. Anm. Römermann, ebd. S. 833 ff.; dafür Sommerwerk, BRAK-Mitt. 2015, 242; Dahns, NJW – Spezial 2014, 254; wohl auch Kleine-Cosack, EWiR 2014, 361 f.; BVerfG, 2. Kammer des Ersten Senats, Beschl. v. 28.10.2015 – 1 BvR 2400/15, ZIP 2015, 2328, Verfassungsbeschwerde unzulässig; HambKomm/Frind § 56 Rn 15.
20 Eckpunktepapier BAKinsO; ZInsO 2019, 604; gem. Stellungnahme BAKinsO, NIVD u. VID v. 29.11.2019, abrufbar: https://www.vid.de/wp-content/uploads/2019/12/reformbedarf-im-berufs

rufsausübung, Aufsicht, Sanktionen und Vergütung. Angesichts des überproportionalen Anteils der Rechtsanwälte wird die Gegenposition vertreten, dass es genüge, ein **Integrationsmodell** unter dem Dach der regionalen Anwaltskammern zu etablieren.[21] Dies würde kostengünstig und dennoch zielführend sein, wenn einzelne Berufspflichten in der InsO konkretisiert werden.

Der Insolvenzverwalter erzielt als Unternehmer in aller Regel durch seine gerichtlich festzusetzende Vergütung nach § 63 Abs. 1 S. 1 InsO i.V.m. §§ 1 ff. InsVV gewinnorientierte Einnahmen aus freiberuflicher Tätigkeit. Ob der Insolvenzverwalter auch **gewerblich** tätig ist, hängt von dem Umfang seiner Aufgabenwahrnehmung ab. Dass er sich auch einer Anzahl qualifizierter Hilfskräfte für die kaufmännisch-technische Abwicklung in einer speziell dafür eingerichteten Insolvenzabteilung bedienen kann, steht außer Frage. Der Insolvenzverwalter rutscht jedoch „gleitend" in die Gewerblichkeit mit der Folge der **Gewerbesteuerpflicht**, wenn er als natürliche Person nicht mehr in der Lage ist, die wesentlichen Tätigkeiten und Entscheidungen höchstpersönlich wahrzunehmen. Was wesentlich und was unwesentlich ist, ist naturgemäß mit einigen Unschärfen behaftet.[22] Es ist immer von Aufgabe zu Aufgabe im Einzelfall zu entscheiden. Der Verwalter muss über das „Ob" wichtiger Einzelakte entscheiden, das „Wie" kann er seinem Fachpersonal überlassen.[23] Es ist daher notwendig, dass der bestellte Insolvenzverwalter die Gesamtverantwortung übernimmt, aber es genügt nicht, dass er im Sinne einer Supervision vorgeht (s. unten Rdn 26). Es muss dem bestellten Insolvenzverwalter demnach stets möglich bleiben, jede Aufgabe höchstpersönlich steuernd wahrzunehmen und dem jeweiligen Verfahren den „Stempel seiner Persönlichkeit" aufzudrücken. Dazu muss er einen organisatorischen Rahmen schaffen, der dies gewährleistet. Das bedeutet letztlich, dass ihm praktisch jedes Schriftstück und jedes mit dem Büro geführte Gespräch durch entsprechenden schriftlichen Vermerk zu der jeweiligen Insolvenzakte zugänglich gemacht werden muss, sodass er davon Kenntnis erlangen *kann*.

---

recht-der-insolvenzverwalter-gem.-eckpunktepapier-bakinso-nivd-vid.pdf; Prütting, FS Vallender, 2015, 455; Vallender, NZI 2017, 641.
21 DAV, AG Insolvenzrecht und Sanierung: Studie v. Prof. Henssler v. 30.1.2020 (160 Seiten), abrufbar: https://arge-insolvenzrecht.de/de/newsroom; Henssler, NZI 2020, 193; BRAK Presseerklärung v. 25.10.2019.
22 BFH, 15.12.2010 – VIII R 50/09, ZInsO 2011, 636: mit Hinweis auf den Wortlaut d. § 18 Abs. 1 Nr. 1 Satz 3 u. 4 EStG „… auch dann freiberuflich tätig, wenn er sich der Mithilfe fachlich vorgebildeter Arbeitskräfte bedient; Voraussetzung ist, dass er … leitend und eigenverantwortliche tätig wird", diese Sätze gelten auch für die Nr. 3, unter Aufgabe d. Rspr. z. sog. Vervielfältigungstheorie! – Folge: keine Buchführungspflicht nach § 141 AO, keine Bilanzierungspflicht u. „Ist-Versteuerung" nach § 20 UStG.
23 FG Hamburg, 5.6.2018 – 2 K 54/14, ZIP 2018, 2938.

II. Anforderungen an den Verwalter (§ 56 InsO)

7 Die fachliche Eignung des Verwalters steht an erster Stelle. Diese vorzuhaltenden Fähigkeiten orientieren sich an den Aufgaben, die im Eröffnungs- und im eröffneten Verfahren auf den Insolvenzverwalter typischerweise zukommen.[24] Dieses Anforderungsprofil gilt auch für einen sog. Sonderinsolvenzverwalter.[25]

8 Eine disziplinierte und organisierte Vorgehensweise ist Grundvoraussetzung, um den vielfältigen Aufgabenstellungen gerecht zu werden. Zeitlich wird es keine Rücksicht auf einen geregelten Tages- bzw. Wochenablauf geben können.

9 Es ist es unabdingbar, dass sich jeder potenzielle Kandidat für das Amt der Insolvenzverwaltung erst einmal selber prüfen möge, ob er in sich einen **Unternehmergeist** verspürt. Die InsO gibt dem Insolvenzverwalter nämlich grds. auf, ein bestehendes Unternehmen fortzuführen. Die InsO geht anders als die KO zudem davon aus, dass ein Insolvenzverwalter mit Entschlussfreude agiert. Dazu ist zwingend erforderlich, dass er sich als (risikobereiter) Manager versteht. Zu den beinahe unabdingbaren Charaktereigenschaften zählt neben einer durchsetzungsfähigen Persönlichkeit die Fähigkeit, eine Vielzahl unterschiedlicher Interessenlagen zu verstehen und jede für sich auch stets im Blick zu behalten.[26]

10 Es gibt natürlich nicht *den* **Persönlichkeitstypus** eines Insolvenzverwalters schlechthin, aber ein starker Auftritt ggü. den verschiedenen Gruppen von Anspruchsstellern wird oft erforderlich sein, um den teils konfliktbeladenen und teils emotionsgeladenen Situationen angemessen zu begegnen. Es gehört von *vornherein* dazu, das richtige Set an „**soft skills**" mitzubringen.[27] Bspw. sind die Arbeitnehmerinteressen ganz anders zu behandeln als diejenigen der Absonderungsberechtigten. Es gilt daher auch ein Interessensvermittler zu sein, um scheinbar unüberbrückbare Differenzen auszugleichen. Auf der einen Seite steht die nötige Härte und auf der anderen Seite verlangt die Aufgabenbewältigung ein Höchstmaß an Sozialkompetenz. Der Insolvenzverwalter benötigt stets ein ausgeprägtes Verhandlungsgeschick, das in jeder Phase des Abwicklungszeitraums neu abgefordert wird. Wird er den Erwartungen Einzelner nicht gerecht, wird dieser sich beschweren wollen. Der Richter oder der Rechtspfleger wird mit solchen Beschwerden befasst. Seine Möglichkeit zur Einflussnahme ist auf die Mittel der Rechtsaufsicht begrenzt (s. unten Rdn 160 ff.). Gerade unterschwellige Unzufriedenheiten lassen sich damit nur unzureichend bewältigen.[28]

---

24 Ausführlich Geiwitz/Schneider, in: Mindestanforderungen an die Insolvenzabwicklung (MaInsO), Rn 31 ff.; Uhlenbruck/Zipperer, § 56 InsORn 17 ff., kaufmännische Erfahrung.
25 Lissner, ZInsO 2016, 1409, 1410.
26 Vgl. FAZ am Sonntag, 7.3.2010, Nr. 9 „Krach unter den Insolvenzverwaltern" zu Wernickes umstrittenem Enthüllungsbuch „Kartell der Plattmacher".
27 Zum Heldenmythos, Mönning, FS für Görg, 2011, 291, 294 f.
28 Der VID hat für seine Mitglieder eine Beschwerdestelle eingerichtet. Der aktuelle Schlichter ist seit 1.7.2017 der „Ombudsmann" RiAG a.D. Rudolf Voß. Seine Amtszeit beträgt 5 Jahre.

Wenn der Insolvenzverwalter bestellt wird, geschieht dies üblicherweise – und zu Recht – ohne Rücksicht auf Branchenkenntnis. Allerdings können sich Insolvenzverwalter selbst spezialisieren, etwa auf kriminalistische Insolvenzen, Banken und Versicherungen. Daneben sind Besonderheiten, wie sie etwa bei Schiffsfonds und Airlines oder Sanatorien auftreten, nicht für jeden Insolvenzverwalter ein wünschenswertes Aktionsfeld. Sollte er dazu gerichtlich beauftragt werden, muss er sich schnell im Klaren werden, ob ihn diese Aufgabe übernehmen will. Daher ist es sehr von Vorteil, wenn er sich ein professionelles Netzwerk aufbaut, das ihm schnell zuverlässige Informationen und kompetente Unterstützung geben kann, um eine unbekannte Problemlage erfolgreich einem Ergebnis zuführen zu können. Sonst kann ihm angesichts der Eile – denn es handelt sich um ein Eilverfahren – eine Betriebsfortführung eines aus den Fugen geratenen Unternehmens nicht gelingen. Soweit ihm lediglich die Aufgabe der Abwicklung zukommt, etwa weil jede Geschäftstätigkeit bereits eingestellt war, ist insoweit zwar die Sache vereinfacht, aber Organisationstalent kann nicht schaden. Dazu stelle man sich nur folgendes Szenario vor: Eine fristlos gekündigte Lagerhalle muss schnellstens geräumt werden.[29] Es befinden sich darin diffizil zuzuordnende Eigentumsvorbehaltsware sowie sicherungsübereignete Ware, gefährliche Stoffe, eingebrachte Hochlager und unverwertbarer Müll, dies alles unter Berücksichtigung des ihm ggü. geltend gemachten Vermieterpfandrechts und in Kenntnis des Bestehens eines Sicherheitenpools. Eine solche Situation wirft auch sogleich die Frage nach einem hinreichenden **Versicherungsschutz** auf, der üblicherweise entgegen der teils blenderischen Hinweise keineswegs durch die anwaltliche Pflichtversicherung abgedeckt wird. Es empfiehlt sich vor der allgegenwärtigen Haftungsfrage nach den §§ 60, 61 InsO[30] beim Versicherer nachzufragen und auf entsprechende schriftliche Bestätigungen des Umfangs oder auf Nachversicherungen gemäß den §§ 23 ff. VVG[31] zu bestehen.[32]

Eine zweite Frage ist, ob es bestimmte **Qualitätsmerkmale**, wie etwa die Erfassung von Kennzahlen,[33] der Durchführung gibt und ob die Einhaltung dieser Krite-

---

29 Räumungspflicht u. teilweiser Räumung u. Instandsetzung in früheren Zustand: BGH, 17.9.2020 – IX ZR 62/19, ZIP 2020, 2025.
30 Zur Haftung im Einzelnen: Kap. 18 B; Überblick auch bei Schultz, ZInsO 2015, 529.
31 Vgl. auch Musterversicherungsbedingungen: BBR-RA Teil 2 A Nr. 4 u. B (Mitversicherte Tätigkeiten); Riechert, AnwBl. 2016, 924.
32 Zur Frage der Kosten (Prämien) f. gesonderte Haftpflichtversicherung bei besonderen Haftungsrisiken (Firmenbestatter), LG Gießen, 29.3.2012 – 7 T 434/11, ZIP 2012, 1677.
33 Zweifelnd Ahrendt, InsVZ 2010, 363 ff., bspw. für Erfolgskriterien/**Kennzahlen** wie Höhe der Quote, Verfahrensdauer, Umgang mit Sicherungsrechten, Anzahl der Unternehmenssanierungen, Durchsetzung von Forderungen, insb. bei Anfechtungen u. Haftung von Unternehmensleitern; ebenso DAV, AG Insolvenzrecht und Sanierung v. 30.5.2018, https://arge-insolvenzrecht.de/de/newsroom/arbeitsgemeinschaft-fordert-abschaffung-der-kennzahlen-bei-insolvenzverwalterauswahl-kennzahlensysteme-untauglich-zur-bemessung befürwortend: Frind, ZInsO 2011, 1913.

rien eine Bedeutung für die Bestellpraxis (s. auch Rdn 17) erfahren hat. Mittlerweile werden von den Interessenverbänden „BAKinso" (Bundesarbeitskreis Insolvenzgerichte e.V.) und „VID" (Verband Insolvenzverwalter Deutschlands e.V.) Standards erarbeitet, die eine ordnungsgemäße Insolvenzverwaltung (sog. **GOI**[34]) gewährleisten sollen.[35] Es gibt zudem Ablaufzertifizierungen für eine professionelle Verfahrensabwicklung.[36] Auf diese wird hiermit hingewiesen.[37] Im Rahmen des Qualitätsmanagements gehört Datenschutzrecht gemäß den Vorgaben der DSGVO zu den etablierten Anforderungsmerkmalen und sollte in der Insolvenzverwalterkanzlei bewusst wahrgenommen sowie organisatorisch umgesetzt werden.[38]

13 Das Berufsbild ist im Fluss, denn es gibt neben dem Sanierungsberater nunmehr den Restrukturierungsbeauftragten. Gerade im Hinblick auf die aktuelle Entwicklung im Insolvenzrecht nach **ESUG**[39], wonach mehr denn je auf die Sanierungschancen eines Unternehmens zu achten und im Fall des Unterschutzstellens von angeschlagenen Unternehmen eine frühzeitige Einbindung von Gläubigergruppen vorgesehen ist, kommt es jetzt zur Erweiterung auf vorinsolvenzliche (präventive) Restrukturierungen.[40] Mittlerweile ist nach Maßgabe der Vorgaben des europäischen Richtlinie über das Gesetz zur Fortentwicklung des Sanierungs- und Insolvenzrechts (SanInsFoG[41]) in Art. 1 das StaRUG (Unternehmensstabilisierungs- und -restrukturierungsgesetz) zum 1. Januar 2021 in Kraft getreten. Danach muss ein Frühwarnsystem für das Unternehmen angelegt werden, welches die Unternehmensleiter aber auch die Steuerberater und Wirtschaftsprüfer in die Pflicht nimmt (§ 1 StaRUG). Zum zwingend zu beherrschendem Instrumentarium für die Berufsträger gehören die Sanierungs-, Restrukturierungsplan- und Insolvenzplanverfahren.[42]

Es fragt sich, welche Berufsgruppe sich zur Umsetzung am ehesten in der Lage sieht. Die Wirtschaftsprüfer wähnen sich da im Vorteil. Diese Neuausrichtung dürfte

---

34 Abrufbar unter: www. vid.de/der-verband/qualitaetsstandards/goi/.
35 Frind, NZI 2011, 875 z. Frage der Bedeutung; krit. Siemon, ZInsO 2013, 666 „Des Guten zuviel!".
36 Krit. Siemon, NZI 2017, 741.
37 DIN EN ISO 9001:2015 – Zertifizierung des Qualitätsmanagementsystems in der Insolvenzverwalterkanzlei.
38 Weiß/Reisener, InsbürO 2020, 69.
39 Beachte die Korrektur bestimmter „Privilegien" der vorläufigen Eigenverwaltung in Art. 5 SaInsFoG zur Änderung der InsO Nr. 37 zu § 270a–§ 270f.
40 C. A. Jacobi, ZInsO 2010, 2316 ff.; zu den Besonderheiten des Sanierungsverfahrens von Kreditinstituten nach dem Restrukturierungsgesetz, s. F. Jacoby, DB, Beilage Nr. 4 zu Heft 13, v. 1.4.2011; Richtlinie über Restrukturierung und Insolvenz (EU) 2019/1023, in Kraft getreten am 16. Juli 2019 mit einer Umsetzungsfrist von 2 Jahren durch die Mitgliedstaaten.
41 BGBl. I Nr. 66 v. 29.12.2020 S. 3256.
42 Eine **ausführliche kritische** Stellungnahme vom VID abrufbar unter: https://www.vid.de/wp-content/uploads/2020/10/VID-Stellungnahme-zum-RefE-SanInsFoG.pdf.

dagegen für den anwaltlichen „Nachwuchs" eine sehr hohe Hürde darstellen, an attraktive Bestellungen zu gelangen. Man bewegt sich überdies wieder auf den **„closed shop"** – jetzt bestimmt durch dominante Gläubiger – zu, den es eigentlich bei der entwickelten Bestellpraxis durch die Insolvenzrichter zu überwinden galt.[43] Es stellt sich vor diesem Hintergrund die Frage nach dem besten oder unabhängigen Insolvenzverwalter jedenfalls anders. Die Berufslandschaft wird sich dadurch entscheidend verändern. Für die jungen Insolvenzfachanwälte gilt: Nach unserer Wahrnehmung nehmen schon heute die Teilnehmerzahlen an den Fachanwaltsseminaren deutlich ab, sodass immer häufiger angebotene Seminare ausfallen. Überdies sind die notwendigen Fallzahlen, die für den Fachanwaltstitel erforderlich sind, ohne Zugehörigkeit zu einem großen Insolvenzverwalterbüro nicht in der vorgegebenen Zeit zu erzielen.[44]

Darüber hinaus möge man sich vergegenwärtigen, dass eine **funktionierende Infrastruktur** vorzuhalten ist.[45] Es bedarf qualifizierten oder zu qualifizierenden Personals zur Datenerfassung und für die Kommunikation mit den Verfahrensbeteiligten sowie kaufmännisch geschulter Mitarbeiter für die zeitnahe Tabellenführung und Buchhaltung. Wie hoch der durchschnittliche Kostenaufwand für ein professionell organisiertes Backoffice anzusetzen ist, lässt sich naturgemäß nur sehr schwer festlegen. Aber es dürfte sich um einen **jährlich fixen Kostenblock** auch bei kleineren Insolvenzverwaltungen von **mindestens 100.000,00 EUR** handeln. Dieser wird nicht zuletzt dadurch bestimmt, dass die sachliche Ausstattung im Verwalterbüro wegen der fortschreitenden Digitalisierung steigt. Allein für die Voraussetzungen der Kommunikation mit den Insolvenzgerichten und Gläubigern[46] müssen IT-Strukturen und entsprechende Schnittstellen bereitgestellt werden. Die wenigen Anbieter von spezieller Software haben *ihren* Lizenzpreis. Zudem muss das eigene Personal immerfort geschult werden. Dies und der Support treiben die Kosten hoch. Ferner kommt durch das hohe Niveau des Datenschutzrechts nach der DSGVO nicht nur erheblicher organisatorischer, sondern vor allem finanzieller Aufwand hinzu.[47] Angesichts dessen kann man nicht einfach mit den Insolvenzverwaltungen beginnen. Der Kostendruck ist tatsächlich enorm und erhöht die Schwelle des Marktzugangs, zumal ja die entsprechenden Vergütungen nicht sogleich erzielt werden. Man fängt klein an. Die Prognose, dass sich ein Trend der Abkehr von Insolvenz-

---

43 Schätzungsweise gibt es 2.000 Unternehmensinsolvenzverwalter, vgl. Ahrendt, InsVZ 2010, 363.
44 Erweiterte Ersetzung von Fällen gem. § 5 Abs. 1 lit. g Nr. 3 lit. a FAO von d. 6. Satzungsversammlung am 21.11.2016 beschlossen.
45 Uhlenbruck/Zipperer, § 56 InsO Rn 27.
46 Art. 5 SanInsFog z. Änderung der InsO Nr. 5 zu § 5 Abs. 5: Vorhalten eines Gläubigerinformationssystems.
47 Das Risiko für den Insolvenzverwalter, bußgeldbewehrte Bescheide vom Landesdatenschutzbeauftragten bei Missachtung von hohen Standards zu erhalten, sollte nicht unterschätzt werden.

verwaltungen versteigern wird, weil die Einnahmequelle „Insolvenzverwaltung" insgesamt überschätzt wird, erscheint nicht zu gewagt.

15 Die zweite ganz wesentliche Anforderung an den Insolvenzverwalter ist seine **Unabhängigkeit**.[48] Eine Vorbefassung aufseiten des Schuldners dürfte regelmäßig einer Bestellung entgegenstehen, weil sich eine **Interessenkollision** abzeichnet.[49] Diese hat der Insolvenzverwalter von sich aus dem Insolvenzgericht mitzuteilen, sofern sich daraus die Besorgnis der Befangenheit ergibt.[50] Das sieht der Gesetzgeber nunmehr aber in einem milderen Licht, wenn man § 56 Abs. 1 S. 3 InsO zugrunde legt. Anstrebenswert ist eine möglichst weitgehende Handlungs- und Entscheidungsfreiheit. Der Insolvenzverwalter ist als Vermögensinteressenwahrer und gleichzeitig als Abwickler oder Sanierer zwar nicht einer notariellen oder richterlichen Neutralität verpflichtet. Gleichwohl wird es ihm gut zu Gesichte stehen, wenn er auf Abstand zu gewissen Gläubigergruppen bedacht ist. Er sollte möglichst keinen Erklärungsbedarf bei der Beauftragung von Dritten und Delegation an Dritte wie Steuerberatern, professioneller Verwertungsgesellschaften[51] oder Rechtsanwälten[52] sowie Kreditgebern wegen persönlicher Nähe heraufbeschwören. Das ihm entgegengebrachte Vertrauen gründet ausschließlich auf seiner persönlichen Integrität. Eine generelle Pflicht zur vorherigen Anzeige einer Eigenbeteiligung ist etwa aus Transparenzgründen nicht erforderlich.[53] Im Einzelfall kann sich allerdings eine solche Pflicht ergeben. Ziel sollte tunlichst eine sachgerechte Ermessensentscheidung frei von persönlichen Interessen sein, die ein Optimum an Insolvenzmasse zum Zwecke der Gläubigerbefriedigung erwirtschaftet. Gelingt dem Verwalter das, ist dies ein Erfolgskriterium und wirkt sich zudem durch Zuschläge nach § 3 InsVV in der Vergütung aus.[54] Lässt er hingegen ihm zugewiesene Aufgaben wie etwa Zustellungen (§ 8 Abs. 3 InsO) durch „teure" Drittunternehmen durchführen, obwohl

---

48 Kumpan, KTS 2010, 169, 170; Bork, ZIP 2006, 58 f., Die Unabhängigkeit des Insolvenzverwalters – ein „hohes Gut"; Bork, ZIP 2013, 145; Vallender/Zipperer, ZIP 2013, 149; Römermann, ZInsO 2013, 218; dagegen Hölzle, ZIP 2013, 447; vermittelnd Rosenmüller/Heitsch, ZInsO 2013, 754, 759 *Verwalterrating*.
49 BGH, 17.3.2016 – IX AR (VZ) 1/15, ZInsO 2016, 1005, Rn 24: Verheimlichung der Vorberatung.
50 Dazu der Fragebogen des BAK-InsO/VID ZInsO 2012, 2240; Frind, ZInsO 2017, 363 schlägt einen „conflict check" vor; dazu die Leitlinien des Insolvenzgerichts Hamburg, ZInsO 2017, 375, u. des Insolvenzgerichts Nürnberg, ZInsO 2020, 77; s. auch die Ausführungen unter Rdn 55.
51 BGH, 26.4.2012 – IX ZB 31/11, ZInsO 2012, 1125.
52 Laubereau, ZInsO 2016, 496, Anfechtungsdienstleister.
53 Ähnlich Römermann, EWiR 2012, 489, 490 unter 3; BGH, 13.10.2016 – IX AR (VZ) 7/15, ZIP 2016, 2127, dazu Wozniak, jurisPR-InsR 21/2016 Anm. 1.
54 Zur Strafbarkeit wegen Geltendmachung von erhöhten Vergütungsansprüchen, LG Aurich, 27.7.2015 – 15 KLs 3/14, Keramati, jurisPR-InsR 3/2016 Anm. 4; OLG Oldenburg, 25.4.2016 – Ws 508/15, ZInsO 2016, 1659 m. Anm. Weyand; Landgericht Aurich, 25.4.2017 – 15 KLs 1000 Js 17239/10 (3/14): Freispruch.

ihm eine Selbstausführung zumutbar war, und schmälert dies die Insolvenzmasse, kann er nur die bei ihm anfallenden Sachkosten erstattet verlangen.[55]

Eine andere Frage ist, ob die konkrete Übernahme eines Verfahrens zur persönlichen Überlastung führt; rund 100 laufende Verfahren sind der Durchschnitt bei professionellen Insolvenzverwaltungen. Wiederum unter Berücksichtigung der zuvor angesprochenen Kosten(druck-)situation kann sich ein Insolvenzverwalter mit einer entsprechend qualifizierten Insolvenzabteilung grds. kaum erlauben, ein Verfahren abzulehnen. Die Kehrseite der generellen Übernahmebereitschaft ist die individuelle Überlastung. Insolvenzverwalter übernehmen nicht selten angesichts der eingeschränkten Angebotssituation die angetragenen Ämter bis an den Rand der Erschöpfung ihrer eigenen Kräfte und der ihrer Mitarbeiter.[56]

16

III. Bestellung des Insolvenzverwalters

Die Bestellung des Verwalters erfolgt bislang durch den Richter des Insolvenzgerichts. Zumeist wird der (endgültige) Insolvenzverwalter schon vor dem eröffneten Verfahren zum Sachverständigen oder vorläufigen Insolvenzverwalter bestellt.[57] Bislang erfolgt dies aufgrund einer **Auswahlliste**, in der alle in Betracht zu ziehenden Insolvenzverwalter am betreffenden Insolvenzgericht aufgeführt sind, durch den zuständigen Insolvenzrichter. Bestellt wird ein Insolvenzverwalter i.d.R. nur dann, wenn er beim betreffenden Insolvenzgericht in die Auswahlliste aufgenommen ist.[58] Eine identische Verwalterbestellung außerhalb einer vorherigen Listung wird vor allem für Verfahren gruppenangehöriger Schuldner in Betracht kommen, § 56b InsO.[59] Hierbei haben sich die Insolvenzgerichte über den Vorschlag und den Vorgaben des vorläufigen Gläubigerausschusses abzustimmen.[60] Es werden deshalb an allen Insolvenzgerichten Vorauswahllisten[61] geführt. Jeder Kandidat muss eine

17

---

55 BGH, 19.4.2012 – IX ZB 23/11, ZInsO 2012, 928, 930.
56 Ausführlich MüKo/Graeber, § 56 InsO Rn 73 – 78
57 Besonderheiten ergeben sich bei der Restrukturierung von Kreditinstituten nach dem KredReorgG.
58 Zur Aufnahme einer **RA-GmbH** in die Liste, BGH, 19.9.2013 – IX AR(VZ) 1/12, ZIP 2013, 2070: verneinend; BVerfG, 12.1.2016 – 1 BVR 3102/13) ZIP 2016, 321 (Verfassungsbeschwerde) verneinend; Höfling, ZIP 2015, 1568 i.A. d. VID e.V.; BRAK Stellungnahme Nr. 19/2015 v. Mai 2015: bejahend.
59 Beachte **§ 10a InsO** Vorgespräch: entsprechend dem „Detmolder Modell" (Konsensgespräch bei Konzerninsolvenz) Busch, in: Mindestanforderungen an die Insolvenzabwicklung (MaInsO), Rn 2280 ff., es wird auch außerhalb der Liste nach einem passenden Insolvenzverwalter gesucht, z.B. Schieder-Möbel-Gruppe und Arcandor; Smid, ZInsO 2010, 2047.
60 Uhlenbruck/Zipperer, § 56b InsO Rn 4 zur Kritik an der Neuregelung.
61 Vorauswahllisten: Neubert, ZInsO 2010, 73; Münchener Bewerbungsbogen z. Aufnahme, ZInsO 2009, 421; Heidelberger Fragebogen, NZI 2009, 97; Hamburger Modell, Frind, NZI 2008, 518;

„**faire Chance**" haben, in diese zunächst aufgenommen zu werden. Damit soll einem „**closed shop**" entgegengewirkt werden. Im Antragswege kann ein Gesuch vom Kandidaten an das betreffende Insolvenzgericht gerichtet werden, ihn aufzunehmen. Die Richter des betreffenden Insolvenzgerichts haben die Eignung zu beurteilen.[62] Der sog. **Aquisitionsverwalter** ist generell ungeeignet.[63] Lehnen die Richter des Insolvenzgerichts das Gesuch ab, kann binnen Monatsfrist nach Bekanntgabe dieses **Justizverwaltungsaktes** gegen die Entscheidung dieses Kollegiums eine volle Überprüfung ihrer Ermessensentscheidung nach §§ 23, 24, 26, 28, 30 (Kosten) EGGVG durch das OLG des Bezirks erfolgen.[64]

An die Vorauswahlliste ist der Anspruch zu erheben, dass sie transparent vorgibt, welche Anforderungen an einen Kandidaten gestellt werden. Es muss daher im Vorhinein festgelegt sein, welche Kriterien der Bewerber erfüllen muss, damit sein Gesuch zur erfolgreichen Aufnahme in die Liste führen wird.[65] Problematisch sind Anforderungen wie **Ortsnähe**[66] und **Erreichbarkeit**.[67]

18   Möglich erscheint, für verschiedene Fälle verschiedene Listen anzulegen, etwa nach Verbraucher-, Regel- und Nachlassinsolvenzen oder Unternehmensgröße zu trennen. Da für einfache Verfahren nur geringe Anforderungen an die fachliche Eignung des Insolvenzverwalters i.S.v. § 56 Abs. 1 InsO zu stellen sind, käme es zu einer Überzahl in der Liste für diese Verfahren.[68] Ob eine Ablehnung eines Bewerbers mit der Begründung des Überangebots gerechtfertigt wäre, ist zu bezweifeln. Gleich-

---

„Uhlenbruck-Kommission" abgedr. in Uhlenbruck/Uhlenbruck, § 56 Rn 29 (13. Aufl.); Smid, ZInsO 2010, 2047; BGH, 17.3.2016 – IX AR (VZ) 5/15, ZIP 2016, 935, Rn 23 f.

62 Frind, NZI 2011, 785, „Versprechen der Einhaltung der GOI" der dem VID e.V. angehörigen Insolvenzverwalter sind „Indiz für sorgfältiges Verwalten"; „ungeeignet" wegen persönlicher verbaler Angriffe gegen einen Insolvenzrichter, OLG Hamburg, 22.6.2018 – 2 VA 12/14, ZInsO 2019, 1066.

63 BGH, 13.10.2016 – IX AR (VZ) 7/15, ZIP 2016, 2127.

64 Instruktiv OLG Hamburg, 22.6.2018 – 2 VA 12/14, ZInsO 2019, 1066; OLG Celle, 4.3.2015 – 16 VA 1/15, ZInsO 2015, 634; OLG Düsseldorf, 9.8.2010 – I-3 VA 1/09, ZInsO 2010, 1739; AG Mannheim, 7.12.2009 – AR 52/09, ZInsO 2010, 2149 zur Ablehnung einer Bewerbung; richtiger Antragsgegner z.B. BGH, 17.3.2016 – IX AR (VZ) 1/15, ZInsO 2016, 1005, Rn 8 ff.; BGH, 2.2.2017 – AR (VZ) 1/16, ZIP 2017, 487; ausführlich HambKomm/Frind, § 56 InsO Rn 17 ff.; Frind, ZInsO 2016, 1083 ff.

65 Intensive Auseinandersetzung mit den Kriterien: HambKomm/Frind § 56 InsO Rn 40 ff.

66 Frind, ZInsO 2015, 799 Ortsnähe befürwortend; Schmidt, ZInsO 2015, 672, Ortsnähe befürwortend und definierend als Eingebundenheit des Insolvenzverwalters in der Region, in der der Insolvenzschuldner seinen Unternehmenssitz hat; a.A. BGH, 17.3.2016 – IX AR (VZ) 2/15, ZIP 2016, 930 kein generell geeignetes Kriterium; zust. Zipperer, EWiR 2016, 341; Wozniak, jurisPR-InsR 9/2016 Anm. 2; BGH, 17.3.2016 – IX AR (VZ)3/15 u. 4/15 „Büro"; ebenso OLG Köln, 27.3.2015 – 7 VA 4/14, ZInsO 2015, 798 zur sachlichen u. persönlichen Infrastruktur; s.a. dagegen OLG Celle, 4.3.2015 – 16 VA 1/15, ZInsO 2015, 634.

67 Instruktiv KG, 22.11.2010 – 1 VA 12/10, ZIP 2010, 2461; OLG Düsseldorf, 20.1.2011 – I-3 VA 2/10; ZInsO 2011, 1010; Art. 16 der Europäischen Dienstleistungsrichtlinie jedenfalls verbietet eine Regulierung, die eine Kanzleipflicht vorsieht.

68 Instruktiv OLG Hamburg, 3.8.2011 – VA 9/11, ZInsO 2011, 1655, 1658.

wohl darf sich ein Newcomer bei einer umfangreicheren Liste wohl nur geringe Chancen auf tatsächliche Bestellung ausrechnen.

Die Kehrseite der Aufnahme in die Liste ist die zwangsweise Streichung (sog. **Delisting**) im Fall bekannt gewordener schwerwiegender Schlechtleistung oder eingetretenem Mangel im Hinblick auf die qualitativen Voraussetzungen.[69] Dies gilt insbesondere wegen Verurteilung von Straftaten mit Bezug zu einem Insolvenzverfahrens und unabhängig davon, wenn der gelistete Verwalter wegen Untreue rechtskräftig verurteilt wurde.[70] Genauso ist der Umstand nicht hinnehmbar, dass gegen den Kandidaten ein Insolvenzverfahren eingeleitet wurde und Sicherungsmaßnahmen angeordnet wurden, da dies auf ungeordnete Vermögensverhältnisse hindeutet.[71] Ferner sind Falschangaben zur Niederlassung im Bezirk nicht hinnehmbar.[72] Für den Fall des Erreichens eines bestimmten Alters ist dies ohne gesetzliche Regelung nicht begründbar.[73]

Dagegen besteht nur eine eingeschränkte Überprüfung des **Ermessensspielraums** im Hinblick auf die tatsächliche Auswahl eines bereits gelisteten Insolvenzverwalters für das jeweilige Verfahren.[74] Es ist müßig, sich an Spekulationen zur tatsächlichen Bestellpraxis zu beteiligen, zumal es eine Begründungspflicht nicht gibt.[75] Selbst wenn es ein Ranking unter den Insolvenzverwaltern mangels Erfassbarkeit objektiver Anhaltspunkte wohl nicht gibt, ist es dennoch nicht auszuschließen, dass Richter nach dem Grundsatz „**bewährt und erfahren**" vorgehen und sich auf einige wenige Personen beschränken. Dies erklärt sich vor dem Hintergrund, dass ein Richter einerseits an einer möglichst reibungslosen Fallabwicklung interes-

---

69 Ausführlich MüKo/Graeber, § 56 InsO Rn 109 ff.; BGH, 17.3.2011 – IX ZB 192/10, ZInsO 2011, 724 zur Entlassung wegen charakterlicher Ungeeignetheit aus allen betreuten Verfahren infolge des Verdachts der Untreue; OLG Köln, 27.3.2015 – 7 VA 4/14, ZInsO 2015, 798; zustimmende Anm. Frind, ZInsO 2015, 799; vgl. a. Frind, NZI 2011, 785, 786, Nichtbeachtung der GOI: Grund z. Delisting; BGH, 17.3.2016 – IX AR (VZ) 5/15, ZIP 2016, 935, Rn 27: Nachweis von zwei Fehlern als Malus; BGH, 17.3.2016 – IX AR (VZ) 1/15, ZInsO 2016, 1005, Verheimlichung der Vorberatung; dazu auch Frind, ZInsO 2016, 1083, 1087 f.
70 AG Potsdam, 5.1.2017 – 3372 E/2-36, ZIP 2017, 784.
71 AG Potsdam, 13.12.2019 – 376 E/2-36, ZInsO 2020, 551.
72 AG Potsdam, 5.6.2018 – 376 E/2-138, ZInsO 2019, 2177; aufgehoben d. OLG Brandenburg, 26.2.2020 – 11 VA 8/18, ZInsO 2020, 1014; **krit.** Frind, EWiR 2020, 531.
73 OLG Hamburg, 6.1.2012 – 2 VA 15/11, ZIP 2012, 336.
74 Keine Konkurrentenklage möglich: Uhlenbruck/Zipperer, § 56 InsO Rn 54; HambKomm/Frind, § 56 Rn 110 f.; OLG Celle, 27.3.2017 – 16 VA 9/16, ZIP 2017, 1237; Moderegger, NZI 2017, 241 krit. zu den Kriterien d. **Hannoveraner Modells**; sehr ausführlich KG, 14.5.2020 -1 VA 17/17, ZIP 2020, 2027; **krit.** Laroche, EWiR 2020, 727 Gewichtung: Jungverwalter mit Kleinverfahren vs. arrivierte Verwalter mit quotenträchtigen Verfahren.
75 Instruktiv OLG Düsseldorf, 9.8.2010 – I-3 VA 1/09, ZInsO 2010, 1739, 1740 reSp. oben; Uhlenbruck/Zipperer, § 56 Rn 47; ders. ausführlich in ZInsO 2018, 2613; ebenso HambKomm/Frind, § 56 Rn 105 ff.

siert ist, aber andererseits im Falle einer fehlerhaften Auswahl auch seine **Amtshaftung** im Raume steht.[76] Ferner muss aufgrund einer Prognose im Hinblick auf den zu erwartenden Abwicklungsumfang vom zuständigen Richter kurzfristig eine Entscheidung getroffen werden. Deshalb steht es dem zuständigen Insolvenzrichter unabhängig von der Vorauswahlliste frei, nach einer geeigneten Person auch außerhalb dieser Liste zu suchen, wenn die Besonderheiten bei dem Insolvenzschuldner eine anderweitige Lösung erfordern. Aber auch eine ständige Nichtberücksichtigung kann nicht überprüft werden.[77] Mit einer konkret-abstrakten Fortsetzungsfeststellungsklage ließe sich bei einem faktischen „kalten" Delisting infolge der Nichtbestellung dagegen zumindest klären, warum der einzig mögliche Bewerber übergangen wurde.[78]

21 Maßgeblich für die tatsächliche Auswahl bleibt stets die persönliche Eignung des Insolvenzverwalters, die nicht nur die fachlichen Kenntnisse und sozialen Fähigkeiten, sondern z.B. auch die personelle und sachliche Büroorganisation sowie die kompetente Unterstützung durch fachlich vorgebildete Mitarbeiter umfasst.[79].

22 Einem vom Schuldner vorgeschlagenen Insolvenzverwalter fehlt nach § 56 Abs. 1 S. 3 Nr. 1 InsO nicht per se die erforderliche Unabhängigkeit.[80] Nach § 56a Abs. 2 InsO dient die im Eröffnungsverfahren vorgesehene Möglichkeit eines Gläubigervorschlags[81] einer **frühzeitigen Gläubigereinflussnahme** auf die zu bestellende Person und stellt ein Novum insoweit dar, als die Unabhängigkeit der betreffenden Person nicht dadurch infrage gestellt wird, dass sie bereits für einen Großgläubiger oder den Schuldner tätig war.[82] Eine Abweichung vom einstimmigen Gläubigervorschlag des nach § 22a i.V.m. § 67 Abs. 2 InsO zu bildenden (vor-)vorläufigen Gläubigerausschusses[83] würde dann eine Pflicht zur Begründung der richterlichen Auswahl führen, die beschwerdefähig wäre.[84] Darüber hinaus kann

---

[76] Kein Spruchrichterprivileg bei Auswahlverschulden, MüKo/Graeber, § 56 InsO Rn 177; Uhlenbruck/Zipperer, § 56 InsO Rn 61.
[77] OLG Celle, 12.11.2018 – 16 VA 5/18, ZIP 2019, 528.
[78] Uhlenbruck/Zipperer, § 56 Rn 38; umfassend u. krit. HambKomm/Frind, § 56 Rn 24 ff. „Plausibilität der Berücksichtigung".
[79] Instruktiv OLG Hamburg, 3.8.2011 – VA 9/11, ZInsO 2011, 1655, 1658 f.; Frind, NZI 2011, 785, 787 f.; ders., ZInsO 2011, 1913 z. Bedeutung von selbst erhobenen Kennzahlen als verlässliche Entscheidungshilfe: „Idealverwalter".
[80] Raab, ZInsO 2020, 67, gegen das Motto „Genannt, verbrannt".
[81] Frind, ZInsO 2011, 2249; z. Vorwirkung: AG Hamburg, 18.11.2011 – 67g IN 459/11, ZIP 2011, 2372.
[82] § 56 Abs. 1 S. 3 InsO; Neuerungen gibt es auch bei der Eigenverwaltung, wenn nach § 270 Abs. 3 InsO ein vorläufiger Sachwalter in den Sanierungsverfahren nach §§ 270a u. 270b InsO bestellt wird, den der Insolvenzschuldner vorschlägt. Eklatant: Vorfälle im Insolvenzverfahren „Dailycer", OLG Dresden, 15.10.2014 – 13 U 1605/13, ZIP 2015, 1937.
[83] Abhängig vom Erreichen unternehmensbezogener Schwellenwerte.
[84] Zum erstellten „Anforderungsprofil" i.S.d. § 56a InsO. Frind, NZI 2012, 650; Uhlenbruck/Zipperer § 56a Rn 11 ff.

nach § 56a Abs. 3 InsO eine Abwahl des durch den Insolvenzrichter bestellten vorläufigen Insolvenzverwalters (ebenso des bestellten vorläufigen Sachverwalters) erfolgen.[85] Dies soll die Gläubigerautonomie stärken. Richtig ist natürlich, dass das rechtsförmliche und rechtsstaatliche Insolvenzverfahren in erster Linie für die Gläubiger zum Zwecke ihrer Forderungsbefriedigung durchgeführt wird. Dieses Verfahren verlangt dennoch einen autonomen Insolvenzverwalter, weil auch die Interessen der anderen Verfahrensbeteiligten zu wahren sind. Jedoch kann ein einschlägig ausgewiesener vorläufiger Insolvenzverwalter bei der Umsetzung eines professionellen Sanierungsplanes mit der Billigung der Hauptgläubiger und des Insolvenzschuldners ein ganz entscheidender Faktor sein. Dies beruht auf der Erkenntnis, dass der zweite Faktor „Schnelligkeit" nur durch ein harmonisches, professionelles und kompetentes Zusammenwirken aller Beteiligten gewährleistet wird.

In der Sache bedeuten die Neuregelungen der §§ 56 a/b InsO, dass sich das **Leistungsprinzip**, das in der **Qualitätsdiskussion** zum Ausdruck kommt, nicht mehr realisieren lässt.[86] Aus Sicht der „entmachteten" Insolvenzrichter erübrigte sich dann, eine sorgfältige, mit dem Anspruch auf Transparenz erstellte Auswahlliste zu führen mit der Folge, dass insb. Newcomer auf der Strecke blieben. U.E. steuern die neuen Vorgaben sehenden Auges auf eine Verringerung und Konzentrierung der in Betracht kommenden Insolvenzverwalter zu. Diese Personen aus der Gruppe der überregional aufgestellten Sanierungsinsolvenzgesellschaften liefen zudem Gefahr, sich selbst zu begünstigen.[87] Dass sich daraus Fehlentwicklungen ergeben können, ist naheliegend.[88] Es ist jedoch auch zur Kenntnis zu nehmen, dass diese Modelle bspw. im britischen Rechtskreis funktionieren. Nebst den Bedenken bzgl. der nicht zum Zuge kommenden Newcomer bleibt auch ein Interessengegensatz bei den ungesicherten Insolvenzgläubigern, die erst spät von der frühzeitigen Auswahl erfahren, weil es ihnen naturgemäß an jeder Organisiertheit fehlt. Sie werden übergangen.

---

[85] Dieses Abwahlrecht hat auch der erst später – also nach der bereits erfolgten Bestellung des vorläufigen Insolvenzverwalters – eingesetzte vorläufige Gläubigerausschuss, Uhlenbruck/Vallender § 22a InsO Rn 62 a.E.
[86] Ähnlich Heyer, ZIP 2011, 557, 558.
[87] In Betracht kommen danach Großverfahren mit der entsprechenden Lukrativität, vgl. Handelsblatt, 1.6.2011, Nr. 106, S. 56 „Der Gesetzgeber stärkt die Marktmacht der großen Insolvenzverwalter".
[88] Äußerst kritisch Graeber, FS Vallender, 2015, 166, 178 ff.; bspw. hat ein Vorfall aufhorchen lassen, als ein Kandidat ausdrücklich um Verschonung von Verbraucher- und Nachlassinsolvenzen beim Insolvenzgericht Hamburg nachgesucht hatte.

IV. Vertretung des Insolvenzverwalters

24 Ein Insolvenzverwalter ist zur **höchstpersönlichen** Leistungserbringung verpflichtet. Wesentliche Aufgaben sind die persönliche Kontaktaufnahme mit dem Schuldner bzw. mit den Organen von juristischen Personen. Die Terminwahrnehmung beim Insolvenzgericht verlangt auch die persönliche Präsenz des Verwalters.[89] Betriebsversammlungen mit der Belegschaft und Gläubigerausschusssitzungen sind ohne Anwesenheit des bestellten Insolvenzverwalters schwerlich vorstellbar. Gespräche mit Investoren und Kreditgebern gehören zum Aufgabenkreis, bei der sich der Insolvenzverwalter üblicherweise nicht vertreten lässt. Andere Aufgaben können **delegiert** werden. Das „Ob" der Entscheidung hat der Insolvenzverwalter stets selbst zu treffen, das „Wie" der Umsetzung kann er seinen Mitarbeitern oder außenstehenden Spezialisten überlassen. Z.B. hat er über insolvenzrechtliche Anfechtungen zu entscheiden. Die Aufforderungsschreiben kann er delegieren und ebenso die Führung eines Anfechtungsprozesses. Dazu zählen des Weiteren die Inventarisierung, die Buchführung, die Tabellenführung und die Verwertung. Dies wird überwiegend durch **eigenes Personal** erfolgen, kann aber auch durch **externe Dienstleister** geschehen.[90] Darüber hinaus dürfen auch wesentliche Aufgaben an Experten übertragen werden, die von überragender Bedeutung etwa bei der vertraglichen Durchführbarkeit von übertragenden Sanierungen sind, wenn es diesbezüglich an der eigenen Expertise fehlt. Dazu zählen z.B. juristischer Beistand in arbeitsrechtlichen Rechtsfragen des Interessenausgleichs mit entsprechender Sozialauswahl oder bei der Errichtung einer Transfergesellschaft sowie bei urheberrechtlichen und lizenzrechtlichen Fragenkomplexen. Ebenso werden mit steuerlichen Aufgaben nicht selten die bisherigen steuerliche Berater des Schuldners beauftragt. Im Rahmen der Betriebsfortführung gehört sicher die Einsetzung eines externen betrieblichen Datenschutzbeauftragten zu den übertragbaren Aufgaben. Sich eigene Grenzen zuzugestehen, ist kein Eingeständnis der Unfähigkeit, sondern Ausdruck verantwortungsvollen Umgangs mit anvertrautem Fremdvermögen. Entscheidend ist, dass die Verantwortlichkeit beim Insolvenzverwalter verbleibt.

25 Davon ist die Frage zu trennen, wer im Krankheitsfalle, bei urlaubsbedingter Abwesenheit oder im Fall anderweitiger Aufgabenwahrnehmung z.B. in der rechtsanwaltlichen Praxis den Insolvenzverwalter im Amt vertreten kann und darf. Bei

---

[89] Uhlenbruck/Zipperer, § 56 InsO Rn 24, auch beim Prüfungstermin möglich, allerdings nur ausnahmsweise; Überblick von Graeber/Graeber, ZInsO 2013, 1056; BGH, 13.10.2016 – IX AR (VZ) 7/15, ZIP 2016, 2127.
[90] BGH, 3.3.2016 – IX ZR 119/15, ZInsO 2016, 687, Rn 17; Jungmann, EWiR 2016, 309; krit. Holzer, NZI 2016, 903; Laubereau, ZInsO 2016, 496, 498, Anfechtungsdienstleister u. ersparte Personalkosten; Graeber/Graeber, ZInsO 2013, 1056.

unaufschiebbaren Terminsachen[91] ist neben dem bestellten Insolvenzverwalter eine alleinvertretungsberechtigte und die rechtlichen Konsequenzen überblickende Person zu bevollmächtigen. Naheliegend ist, dass der Insolvenzverwalter intern einen Vertreter benennt, der selbst über einen hinreichenden Vermögensschadenhaftpflichtschutz verfügt oder der in den Versicherungsschutz des Insolvenzverwalters mit einbezogen werden kann. Unverantwortlich wäre es daher, eine Person zu beauftragen, die nicht hinreichend selbst versichert oder mitversichert ist und die überdies eine Überschreitung ihrer Vertretungsmacht nicht hinreichend erkennen kann. Es empfiehlt sich, die Verantwortung nur in Hände eines im Insolvenzrecht und den angrenzenden Rechtsgebieten kundigen anwaltlichen Berufsträgers zu legen. Wichtige Entscheidungen bleiben dem Insolvenzverwalter vorbehalten; die Problematik entschärft sich in Zeiten moderner Kommunikationsmittel zusehends.

Davon zu unterscheiden ist das Phänomen „**Grauverwalter**". Es bezeichnet die Situation, dass von vornherein ohne Wissen und Zustimmung des Insolvenzgerichts ein Mitarbeiter des bestellten Insolvenzverwalters ausschließlich mit der Bearbeitung des gesamten Verfahrens betraut ist.[92] Damit wird die **Verantwortlichkeit delegiert**. Dies widerspricht dem Grundsatz der persönlichen Aufgabenwahrnehmung und ist **nicht zulässig**.[93] Wer an die Grenzen seiner Kapazität gerät, muss seine Bestellung ablehnen. Das Insolvenzgericht muss prüfen, ob eine Auftragsbearbeitung gewährleistet ist.[94] Da manche Insolvenzverwalter an verschiedenen Insolvenzgerichten gelistet sind, kann dies nur durch Abfrage geschehen. Mitteilungspflichten gibt es allerdings nicht. 26

Ferner ist eine rechtsgeschäftliche Vertretung i.R.d. Betriebsfortführung durch Personal des Insolvenzschuldners zu beachten, § 60 Abs. 2 InsO.[95] In allen wesentlichen und notwendigen Vertretungen des Tagesgeschäfts sind klare Absprachen und Vorgaben mit den bisherigen Abteilungsleitern und ggf. dem bisherigen Unternehmensleiter des schuldnerischen Unternehmens zu treffen. Die in einer konzentrierten Gesprächsrunde vereinbarten Höchstbeträge sind – abhängig von der Verfahrensgröße – i.d.R. von einer Größenordnung im niedrigen 4-stelligen Bereich. Das wird üblicherweise in einem protokollierten Vermerk festgehalten und dieser muss von den Abteilungsleitern gegengezeichnet werden. Teilweise müssen mit dem Vertrieb konkrete Auftragsfristen festgelegt werden, die meist das Quartal nicht überschreiten dürfen, weil eine Finanzplanung in dieser Phase äußerst schwierig und 27

---

91 Bsp.: Einhaltung der Kündigungsfrist i.S.d. § 626 Abs. 2 BGB.
92 Zu Lösungsmöglichkeiten Frind, InsbürO 2015, 47, 50.
93 Uhlenbruck/Zipperer, § 56 InsO Rn 20 ff. (22 delegationsfähig); Graeber/Graeber, ZInsO 2013, 1056, 1061.
94 HambKomm/Frind, § 56 InsO Rn 65.
95 Uhlenbruck/Sinz, § 60 InsO Rn 100 f.

mit vielen Unwägbarkeiten belastet ist, § 61 InsO. Darüber hinaus wird ggf. den Lieferanten und Kunden mitgeteilt, dass den Mitarbeitern des schuldnerischen Unternehmens beschränkte Vollmachten erteilt wurden. Insb. der sog. Hausbank wird auferlegt, im Zweifel Verfügungen nur nach vorheriger Nachfrage auszuführen, zumal wenn eine vorher festgelegte Summe überschritten wird. Auf die strikte Einhaltung der teilweise engen Vorgaben ist durchgängig achtzugeben.

28 Ein dritter Komplex sind die **Interessenkollisionen**. Im Fall von partiellen Interessenkollisionen sind diese unverzüglich dem Insolvenzgericht anzuzeigen und anzuregen, dass punktuell ein Sonderinsolvenzverwalter[96] bestellt wird. Bspw. liegt eine solche vor, die den Insolvenzverwalter rechtlich hindert, seine Funktion auszuüben, wenn bei Personenidentität des Insolvenzverwalters in einem massehaltigen Verfahren eine Forderung zur Tabelle von einem ebenfalls von ihm betreuten Unternehmen angemeldet wird. Die Prüfung, ob die Forderung besteht und deshalb zur Tabelle uneingeschränkt festgestellt wird, sollte von einem Sonderinsolvenzverwalter vorgenommen werden, um über jeden Verdacht gegenläufiger Interessen und Pflichten erhaben zu sein. Eine Besonderheit liegt vor, wenn der Insolvenzverwalter selbst Geschäfte mit der Masse abschließt. Hier könnte möglicherweise ein unwirksames Rechtsgeschäft nach § 181 BGB bestehen. Ein Sozietätsmitglied des Insolvenzverwalters scheidet für eine solche Aufgabe aus. Der bestellte Sonderinsolvenzverwalter agiert eigenverantwortlich und haftet für die korrekte Tätigkeitsausübung. Er erhält seine Vergütung nach der InsVV und kann gem. § 5 InsVV auch gesondert nach dem RVG abrechnen, wenn es sich um anwaltliche Aufgaben handelt.[97]

Es ist darüber hinaus ratsam, z.B. in allen streitigen insolvenzrechtlichen Anfechtungsfällen die Beauftragung von RA der eigenen Sozietät zu vermeiden.[98] Abgesehen von der stets vorteilhaften unvoreingenommenen Prüfung durch einen unabhängigen Berufsträger ist es immer auch leichter, bei Einholung einer Entscheidung durch die Gläubigerversammlung nach § 160 Abs. 2 Nr. 3 InsO klarzustellen, dass es ein persönliches finanzielles Interesse an dem zu führenden Rechtsstreit nicht gibt.[99] Gleiches gilt für die Schlussrechnungsprüfung durch das Insolvenzgericht, dem dies v.a. bei erfolglos geführten Rechtsstreitigkeiten auffällt.

---

96 Lissner, ZInsO 2014, 768, 769f. unter II.; Harder, NJW-Spezial, 2019, 469.
97 Harder, NJW-Spezial, 2019, 469, 470; ausführlich Lissner, ZInsO 2016, 1409,1415f.; die Berechnungsgrundlage bei einer Prüfung nur einer Insolvenzforderung, die zur Tabelle angemeldet wurde, ist die voraussichtliche Befriedigungsquote im Zeitpunkt der ersten vom Sonderinsolvenzverwalter ausgeübten Tätigkeit, BGH, 14.1.2021 – IX ZB 27/18, ZIP 2021, 531.
98 Gleichwohl rechtlich unbedenklich, insoweit zutreffend Jacoby, ZIP 2005, 1060.
99 Hilfreich Dälken, InsbürO 2019, 447, z. Prüfung der Voraussetzung der notwendigen Gläubigermitwirkung und deren Zustimmung mit Beispielen.

V. Wahl eines anderen Verwalters (§ 57 InsO)

Die Gläubigerversammlung hat nach § 57 InsO ein **Recht auf eigene Auswahl**, um eine etwaige Fehlentscheidung durch Wahl eines anderen Kandidaten korrigieren zu können. Allerdings kommt einem Gläubigerantrag ohne Benennung eines alternativen und zur Wahl bereiten Insolvenzverwalters keine Bedeutung zu.[100] Dies ist Ausdruck der Gläubigerautonomie. In der Praxis ist es gleichwohl für die überwiegende Zahl der Verfahren untunlich, weil die entscheidende Weichenstellung im Zeitpunkt der ersten Gläubigerversammlung[101] – üblicherweise der Berichtstermin – längst geschehen ist.

Dennoch ist gerade beim unerwarteten Auftreten oder nachträglichen Bekanntwerden von schwerwiegenden Interessenkollisionen und beim Erkennen fachlicher oder persönlicher Ungeeignetheit ein Bedürfnis auf Bestellung eines anderen Insolvenzverwalters stets zu bejahen. Eine **fachliche Überforderung** kann sich eigentlich nur bei fortzuführenden Unternehmen ergeben. Wer sich z.B. noch nie zuvor mit den Besonderheiten des Abrechnungssystems einer gemeinnützigen privaten Klinik und den vielfältigen sozio-personellen Beziehungsgeflechten (Ärzte, pflegerisches Personal, Verwaltung und Patienten) beschäftigt hat, wird in der Kürze der Einarbeitungszeit nicht in der Lage sein, sich in diesem Dschungel zurechtzufinden und sich in den zahlreichen Fallstricken verfangen. Natürlich wird in solchen Fällen schon das Insolvenzgericht im Vorfeld nach Personen mit Sonderbefähigungen etwa bei Kriminalinsolvenzen auch über die Grenzen des Bezirks hinaus Ausschau halten. Üblicherweise haben die Hauptgläubiger dann meist eine konkrete Vorstellung von einem besseren Geeignetem, der dieses Verfahren aus ihrer Sicht effektiver betreuen kann.[102] Mit ihrer Stimmrechtsmehrheit können sie einen entsprechenden Beschluss herbeiführen. Mit dem Auserwählten ist man zuvor in Kontakt getreten, damit sich dieser auf seine Bestellung vorbereiten kann und man seine Bereitschaft zur Übernahme sicher kennt. Er sollte am Tage der Abstimmung anwesend sein und sich vorstellen sowie für Fragen bereitstehen.

Bezüglich der Bestellung gibt es keine Besonderheiten ggü. einer Erstbestellung.[103] Es ist allerdings umstritten, ob die Ernennung dem Insolvenzrichter vorbehalten ist.[104] Die **Neubestellung ist nicht beschwerdefähig**; das gilt insb. für den

---

[100] AG Hamburg, 22.6.2020 – 67h IN 118/19, ZIP 2020, 1929.
[101] Strittig ist, ob es auf Antrag der Gläubiger für die Wahl eine vorgezogene Gläubigerversammlung geben kann, HambKomm/Frind, § 57 InsO Rn 3f., sehr verhalten.
[102] HambKomm/Frind, § 57 InsO Rn 8 z. Ablauf einer konstruktiven Neuwahl.
[103] Uhlenbruck/Vallender-Zipperer, § 57 InsO Rn 20.
[104] Dafür HambKomm/Frind, § 57 InsO Rn 11; AG Hamburg, 16.1.2015 – 67c IN 513/13, Rpfleger 2015, 301, mit Auseinandersetzung mit der Gegenmeinung; nach a.A. der Rechtspfleger: Uhlenbruck/Vallender-Zipperer, § 57 InsO Rn 20, 30 z. Versagung.

abgewählten Insolvenzverwalter.[105] Wurde das schriftliche Verfahren nach § 5 Abs. 2 InsO angeordnet, kann die Wahl auch in dieser Weise durchgeführt werden.[106] Das Quorum des § 75 Abs. 1 InsO, um eine Gläubigersammlung einzuberufen, muss für einen Gläubigerantrag auf Wahl eines anderen Insolvenzverwalters nicht eingehalten werden.[107] Dies ist zu unterscheiden von der wirksamen Wahl eines anderen Insolvenzverwalters. Ein anderer Insolvenzverwalter ist zu bestellen, wenn das Quorum des § 76 Abs. 2 InsO und zudem die Kopfmehrheit der anwesenden, stimmberechtigten Gläubiger erreicht wird, § 57 S. 2 InsO. Dabei ist darauf zu achten, dass einzelne Gläubiger wegen Interessenkollisionen nicht stimmberechtigt sein können.[108]

32 Denkbar sind Sachverhalte, in denen das Insolvenzgericht den von den Gläubigern gewählten Kandidaten nicht zum Insolvenzverwalter bestellen will wegen **persönlicher Ungeeignetheit** oder wegen einer schwerwiegenden Interessenkollision. Eine Interessenkollision von Gewicht besteht etwa, wenn es eine personelle Verflechtung zum Insolvenzschuldner gibt.[109] Es könnte zudem der Verdacht naheliegen, die Hauptgläubiger wollen nur einen ihnen Genehmeren an die Stelle des bisherigen setzen. Dem Vorgeschlagenen könnte es an unparteilicher Objektivität mangeln.[110] Dann ist – wenn auch in seltenen Fällen – mit einer Versagung durch das Insolvenzgericht zu rechnen. Dann muss allerdings ein mit Gründen versehener **Versagungsbeschluss** ergehen, der **beschwerdefähig** ist.[111] Auch hier ist die Zuständigkeit umstritten.[112] Das Insolvenzgericht wird möglicherweise eine ablehnende Haltung einnehmen, wenn es sich um einen nicht beim Insolvenzgericht gelisteten Kandidaten handeln sollte. Eine Versagung der Bestellung aus diesem Grunde ist abzulehnen.[113] Ebenso wenig ist ausreichend, dass sich der neu Gewählte erst einarbeiten muss und zusätzliche Kosten entstehen.[114] Keineswegs muss er der bestmögliche Insolvenzverwalter sein.

33 Der bisherige Insolvenzverwalter wird nach seiner Abwahl zur **unverzüglichen Rückgabe** seiner Bestellungsurkunde durch das Insolvenzgericht aufgefor-

---

105 Uhlenbruck/Vallender-Zipperer, § 57 InsO Rn 36.
106 BGH, 16.5.2013 – IX ZB 198/11, ZInsO 2013, 1307, Rn 9.
107 BGH, 16.5.2013 – IX ZB 198/11, ZInsO 2013, 1307, 1308, Rn 14.
108 HambKomm/Frind, § 57 InsO Rn 22.
109 Näheres bei Uhlenbruck/Vallender-Zipperer, § 57 InsO Rn 22–28; HambKomm/Frind, § 57 InsO Rn 14 f.; MüKo/Graeber, § 57 InsO Rn 28 f.
110 MüKo/Graeber, § 57 InsO Rn 30.
111 Uhlenbruck/Vallender-Zipperer, § 57 InsO Rn 34 f. z. Beschwerderecht der Insolvenzgläubiger; zu § 57 S. 3 InsO LG Hamburg, 22.6.2016 – 326 T 27/15, ZInsO 2016, 1476 – unkooperativer Insolvenzverwalter in früheren Verfahrensbestellungen.
112 HambKomm/Frind, § 57 InsO Rn 11 der Richter; a.A. Uhlenbruck/Vallender-Zipperer, § 57 InsO Rn 30 der Rechtspfleger.
113 HambKomm/Frind, § 57 InsO Rn 12.
114 MüKo/Graeber, § 57 InsO Rn 32 -34.

dert.[115] Er hat unverzüglich Rechnung zu legen und in seinem Besitz befindliche Massegegenstände herauszugeben und dem neu bestellten Insolvenzverwalter Auskunft zu erteilen.[116] Das Insolvenzgericht kann eine Aktenübergabe anordnen.[117] Ein eigenes Beschwerderecht hat er nicht. Seine bisherigen Abwicklungshandlungen bleiben wirksam.[118]

Allerdings ist vergütungsrechtlich der bisherige Insolvenzverwalter abzugelten.[119] Dies **belastet die Masse** teilweise erheblich. Deshalb ist eine Abwahl in der Praxis ein **Ausnahmefall**.

Dies könnte sich hinsichtlich der Bestellung des vorläufigen Insolvenzverwalters ändern, wenn das Insolvenzgericht im Wege einer Eilentscheidung eine Auswahl ohne Berücksichtigung des vorläufigen Gläubigerausschusses trifft, die dieser alsbald nach § 56a Abs. 3 InsO korrigiert.[120]

VI. Verschwiegenheitspflicht

Der InsO ist eine **gesetzlich normierte Verschwiegenheitspflicht** des Insolvenzverwalters **nicht** zu entnehmen. Aber die Normen der DSGVO sind in vielerlei Hinsicht einschlägig und von ihm zu beachten. Es dürfte danach der Insolvenzverwalter sowohl Verantwortliche Stelle als auch Auftragsdatenverarbeiter sein.[121] Daraus resultieren mannigfache Pflichten und Risiken. Neben Datenverarbeitung und Speicherung kommt die gewichtige Verpflichtung zur Datensparsamkeit und Löschung als herausfordernde Aufgaben hinzu. Der Insolvenzverwalter wird nicht in der Lage sein, bei einer Vielzahl von datenschutzrechtlich Betroffenen eine Einwilligung einzuholen. Außerdem ist diese stets widerruflich. Der Insolvenzverwalter hat daher ein nicht zu unterschätzendes Problem, denn im schuldnerischen Unternehmen gibt es eine Unzahl von geheimhaltungspflichtigen Informationen. So gehören z.B. die persönlichen Daten der Arbeitnehmer zu dem gefahrenträchtigen, sensiblen Datenmaterial für den Insolvenzverwalter, weil sich daraus eine Strafbarkeit, zumindest aber eine Ahndung wegen einer Ordnungswidrigkeit ergeben kann. Es kann

34

---

115 Näheres bei Uhlenbruck/Vallender-Zipperer, § 57 InsO Rn 32.
116 Uhlenbruck/Vallender-Zipperer, § 57 InsO Rn 32; gleiches gilt für den entlassenen Insolvenzverwalter nachwirkende Pflicht z. „Amtshilfe", BGH, 4.12.2003, NZI 2004, 209, m. Anm. Uhlenbruck.
117 AG Göttingen, 15.4.2015 – 74 IN 31/15, ZInsO 2015, 1016.
118 MüKo/Graeber, § 57 InsO Rn 40.
119 Uhlenbruck/Vallender-Zipperer, § 57 InsO Rn 33; Lissner, ZInsO 2016, 953 m. Berechnungsbeispiel.
120 AG Hamburg, 18.11.2011 – 67g IN 459/11, ZIP 2011, 2337 u. 1.2.2012, ZIP 2012, 339, m. krit. Anm. Haarmeyer, ZInsO 2011, 2316.
121 Einführend Thole, ZIP 2018, 1001; Weiß/Reisener, ZInsO 2019, 481; Berg, ZIP 2019, 247; MüKo/Vuia, § 80 InsO Rn 144a–144f.

u.E. nicht immer hinreichend sichergestellt werden, dass in einem Zustand allgemeiner Verunsicherung mit dem abzusichernden Informationsbestand in verantwortlicher Weise umgegangen wird.[122] Gleichwohl wird man sich bemühen müssen, die Arbeitnehmerdaten zu anonymisieren.[123] Geschäftsgeheimnisse können und müssen – soweit verfahrensdienlich – in den nicht öffentlichen Gläubigerversammlungen oder in den Gläubigerausschusssitzungen oder beim „Investorenprozess" preisgegeben werden.[124] Darauf basieren ja auch wesentliche Beschlüsse, z.B. im Fall der übertragenden Sanierung. Der Insolvenzverwalter muss auf die betriebliche Hard- (Server, Stand-Alone-PC, mobile Geräte wie Notebooks, Tablets, Smartphones, USB-Sticks etc.) und Software zugreifen. Im Wege des Outsourcings befinden sich sensible Daten bei Auftragsdatenverarbeitern wie Buchaltungsdienstleistern, Steuerberatern, Archivierern. Diese sind auf ihre Zuverlässigkeit hin zu überprüfen. Es stellt sich im Zeitalter der papierlosen Verwaltung die Frage nach einem umfassenden Rückerhalt von Geschäftsunterlagen i.w.S., falls sie sich in der „Cloud", also in Rechenzentren außerhalb des deutschen Hoheitsgebiets befinden. Der Insolvenzverwalter wird spätestens im eröffneten Insolvenzverfahren einen betrieblichen Datenschutzbeauftragten bestellen müssen, sofern es keinen gab oder der bislang Bestellte sich nicht mehr zur Verfügung hält oder sich als ungeeignet erweist.

Dies betrifft aber auch die eigene Auskunftserteilung, ggf. über Online-Gläubigerinformationssysteme[125], und der nahezu vollständigen Verlagerung der Zustellungen ggü. den Verfahrensbeteiligten durch das Insolvenzgericht auf den Insolvenzverwalter. Auch hier muss er ein technisch hohes Schutzniveau gewährleisten. Auch bei der Übermittlung an das Insolvenzgericht z.B. die Tabelle samt den Forderungsanmeldungen oder von Berichten bis hin zu Schlussunterlagen muss gesichert sein, dass die Daten vertraulich übermittelt werden.

Ferner betrifft die Datenschutzverpflichtung des Insolvenzverwalters die von ihm beauftragten externen IT-Spezialisten und Archivierungsdienstleistern sowie Bewertungssachverständigen. Auch hier hat der Insolvenzverwalter sorgfältig die Auswahl und gelegentliche Überprüfungen vorzunehmen. Von ihnen wird eine jeweils verfahrensindividuelle schuldrechtliche Verschwiegenheitsverpflichtung abzugeben sein. Eine Generalverpflichtung dürfte dagegen unzureichend sein. Auch in der eigenen Kanzlei hat er den hohen Sicherungs- und Schutzanforderungen durch geeignete Maßnahmen Rechnung zu tragen. Bei einer Anzahl von 20 datenverarbeitenden Mitarbeitern hat der Insolvenzverwalter einen internen Daten-

---

122 Umfassend Küpper/Heinze, ZInsO 2004, 1336; Frege/Nicht, ZInsO 2012, 2217; Hartung, ZInsO 2011, 1225.
123 Hartung, ZInsO 2011, 1225, 1233f.
124 Ausführlich zu Grenzen der Informationsverwendung dieser Verfahrensbeteiligten Frege/Nicht, ZInsO 2012, 2217, 2223ff.
125 Weiß/Reisener, InsbürO 2020, 69, 70ff.

schutzbeauftragten zu bestellen. Ferner gilt dies im Datenfernaustausch mit den Betrieben des Insolvenzschuldners.

Der Insolvenzschuldner muss selbst oder durch seine Organe bei juristischen Personen betriebliche Geheimnisse dem Insolvenzverwalter auch dann mitteilen, wenn dieser kein Berufsträger ist, der einer eigenen strafrechtlich sanktionierten Verschwiegenheitspflicht (§ 203 StGB) unterliegt.[126] Der Insolvenzverwalter selbst ist bei strafbarem Verhalten gesetzlicher Vertreter des Schuldnerunternehmens berechtigt, eine Entbindungserklärung für einen Berufsgeheimnisträger abzugeben, der für das Schuldnerunternehmen tätig war, ohne dass es dazu einer Genehmigung früherer oder noch in Funktion befindlicher Vertretungsorgane bedarf.[127] Ob sich ein Rechtsanwalt auf seine Verschwiegenheit berufen kann, wenn durch die Herausgabe seiner Akten an den Insolvenzverwalter das Geheinhaltungsinteresse anderer Mandanten betroffen ist, hängt von der Angabe näherer plausibler Tatsachen ab.[128]

Gewiss sind auch mit einem Investor im Rahmen einer diesem ermöglichten **due diligence** keine über eine übliche schuldrechtliche Verschwiegenheitsverpflichtung hinausgehenden Maßnahmen zu treffen. Aber wenn ein Data-Room eingerichtet wird, muss umsichtig der Datenbestand ausgewählt und kann je nach Verhandlungsstand erweitert werden. Gerade eine ordnungsgemäße Verwertung macht es notwendig, sich an eine Reihe von interessierten Dritten zu wenden, die notwendig Kenntnisse über Geheimnisse erlangen.[129] Es ist eine Frage des Instinkts des Insolvenzverwalters, herauszufinden, ob der Investor ein redliches Interesse hat. Zu denken ist aber des Weiteren auch an begutachtende professionelle Verwertungsgesellschaften, die gerade bei größeren Unternehmensinsolvenzen aufgrund ihrer fachlichen Expertise in der Bewertung von Anlage- und Umlaufvermögen eingeschaltet werden.

Inwieweit Geheimnisse Dritter zu bewahren sind, hängt letztlich vom Einzelfall ab. Verfügt das schuldnerische Unternehmen z.B. über die Berechtigung der Nutzung von Lizenzen, gilt der normale vertragliche Schutz. Natürlich hat der Insolvenzverwalter darauf zu achten, dass er nicht fremde urheberrechtlich geschützte Rechte veräußert. Das größte Problemfeld stellen bei Praxisveräußerungen die Honorarforderungen von insolventen Ärzten, Psychologen, RA und Steuerberatern/WP dar. Aber auch hier muss gelten, dass das Befriedigungsinteresse der Gläubiger den Geheimhaltungsinteressen der Patienten und Mandanten vorgehen muss, weil sich sonst eine Insolvenzverwaltung bei diesem Personenkreis nicht sinnvoll durchführen ließe.[130]

---

[126] Ausführlich Deckenbrock/Fleckner, ZIP 2005, 2290, 2298f., die es ablehnen, dass diese Sachverhalte durch den Anwendungsbereich des § 203 StGB erfasst werden.
[127] Umstr.; LG Bonn, 13.2.2012 – 27 Qs-410 Js 511/10–21/11, ZInsO 2012, 1572.
[128] BGH, 17.5.2018 – IX ZR 243/17, ZInsO 2018, 1670.
[129] Hartung, ZInsO 2011, 1225, 1235f.
[130] Ausführlich Deckenbrock/Fleckner, ZIP 2005, 2290, 2300f.; Uhlenbruck/Hirte-Praß, § 35 InsO Rn 280f., u. § 36 InsO Rn 24ff.

Küpper/Heinze

38 Bislang ist ein **diskretes Vorgehen** der Insolvenzverwalter Teil ihres ungeschriebenen **Berufsethos**.[131] Das gilt insb. auch im Umgang mit der Presse und deren Informationsbedürfnis. In Anlehnung an die Qualitätsdiskussion und das Bestehen eines eigenen Berufsbildes wäre selbstverständlich auch die Schaffung einer Berufsordnung für Insolvenzverwalter denkbar, die eine Verschwiegenheitspflicht gesetzlich verankert, unabhängig von ihrer sonstigen Berufszugehörigkeit.[132]

39 Eine ganz andere von dem Vorstehenden zu unterscheidende Frage ist, ob der Insolvenzverwalter sich auf seine Verschwiegenheitspflicht berufen kann, wenn etwa ein Landesdatenschutzbeauftragter von ihm nicht nur allgemein Auskunft, sondern in konkreten Verfahren verlangt. Die Antwort ist zu bejahen. Handelt es sich um einen RA, könne er sich nach Ansicht des KG auf seine Verschwiegenheitspflicht berufen.[133] Unter der Geltung der DSGVO kann der Landesdatenschutzbeauftragte allerdings Verstöße gegen diese Vorschriften mit empfindlichen Bußgeldern in Millionenhöhe ahnden.[134] Der Landesdatenschutzbeauftragte hat zudem das Recht, sich eine Dokumentation[135] der Verarbeitungstätigkeit vorlegen zu lassen und er kann sich vor Ort von einem implementierten Datenschutzsystem überzeugen. Ferner muss bei jeder mittelgroßen Insolvenzverwaltungskanzlei ein betrieblicher Datenschutzbeauftragter bestellt sein.

Sicherlich kann der Insolvenzverwalter auch Zeuge im Prozess sein. Ihm steht i.d.R. kein Zeugnisverweigerungsrecht zu. Im Masseprozess ist er jedoch Partei kraft Amtes. Nur er allein hat zudem das Recht, einen Geheimnisträger im Betrieb oder Dritte wie z.B. Steuerberater des schuldnerischen Unternehmens von deren Verschwiegenheitspflichten zu entbinden, z.B. um einen erfolgreichen Prozess zu führen.[136]

40 Ob ein Auskunftsersuchen der Finanzbehörden gegen einen vorläufigen Insolvenzverwalter bzw. bezogen auf seine Tätigkeit im Eröffnungsverfahren (hier: ver-

---

131 Vgl. die Zusammenstellung in den Verhaltensrichtlinien und die Berufsgrundsätze des VID, abrufbar als pdf über www.vid.de.
132 So der Vorschlag von Deckenbrock/Fleckner ZIP 2005, 2290, 2299 ff.
133 KG, 20.8.2010 – 1 Ws (B) 51/07 – 2 Ss 23/07 (317 OWi 3235/05), NJW 2011, 324.
134 Die Behörde kann durch Beschwerden Dritter oder einem internen Whistleblower von tatsächlichen oder vermeintlichen Verstößen in Kenntnis gesetzt werden.
135 Listung von technischen und organisatorischen Maßnahmen zur Erfüllung der datenschutzrechtlichen Grundlagen, sog. TOM.
136 Uhlenbruck/Mock, § 80 InsO Rn 136 ff.; OLG Köln, 1.9.2015 – 2 Ws 544/15, ZIP 2016, 331 RA im Strafprozess gegen Organmitglieder; Hellfeld, EWiR 2016, 213; aber zweifelnd OLG Zweibrücken, 8.12.2016 – 1 Ws 334/16, NJW 2017, 902, OLG Hamm, 17.8.2017 4 Ws130/17, ZInsO 2017, 2316 bei sog. Doppelmandate habe auch der Organvertreter von der Verschwiegenheitspflicht zu entbinden. BGH, 27.1.2021 – StB 44/20, ZIP 2021, 475 wirecard, Aussagepflicht der WP vor BT-Untersuchungsausschuss; dazu Thole, EWiR 2021, 179; Trams, NJW Spezial 2021 Heft 5, S. 149–150.

weigerte Zustimmung von Lastschriftabbuchungen) von § 93 AO im Rahmen des Besteuerungsverfahrens gedeckt ist, hat das FG Münster auf Antrag des vorläufigen Insolvenzverwalters auf Aussetzung der Vollziehung hin verneint.[137] Inwieweit es Auskunftsverweigerungsrechte im Sinne des § 102 AO gibt, ist weitestgehend ungeklärt.[138]

VII. Auskunftsrecht

Für die erfolgreiche Abwicklung insb. massearmer Verfahren ist nicht zuletzt der Umfang der dem Insolvenzverwalter zustehenden Auskunftsrechte von Bedeutung. Dass sich dieses zunächst gegen den Schuldner bzw. gegen dessen Organe bei juristischen Personen **und** Angestellte (§ 101 InsO) als wichtigste Erkenntnisquelle richtet, versteht sich von selbst und ist umfassend in den §§ 97ff. InsO geregelt. Das Instrumentarium muss beherrscht werden,[139] hat aber auch erkennbar Grenzen.[140] Einem sich z.B. beharrlich weigernden oder sich ständig falsch erinnernden Geschäftsleiter ist letztlich nicht beizukommen. Aber der Schuldner ist natürlich auch verpflichtet, Dritte umfassend von deren Verschwiegenheitsverpflichtungen zu entbinden und Vollmachten zu erteilen, damit ein Insolvenzverwalter auch z.B. in Drittländern außerhalb der EU wirksam handeln kann. 41

Genau genommen lautet die Fragestellung, wie weit geht die Auskunftspflicht Dritter? Soweit es sich um Private handelt, können sich diese Pflichten nur aus dem Gesetz, z.B. der Drittschuldnerauskunft i.S.d. § 840 ZPO und darüber hinaus aus vertraglichen Ansprüchen sowie ggf. aus den richterrechtlichen Ausprägungen nach § 242 BGB ergeben.[141] Dies kann im Einzelfall sowohl hinreichend als auch unzulänglich sein. Dies ist eine Situation, die sich aus dem Privatrechtsverhältnis ergibt und mit der der Insolvenzverwalter zu leben hat wie jeder andere auch, da ihm trotz seiner amtlichen Bestellung keine hoheitlichen Befugnisse zustehen.[142] 42

---

137 FG Münster, 7.11.2011 – 11 V 2705/11 AO, ZInsO 2012, 343.
138 Es mögen Hinweise aus der Verfügung d. LfSt Bayern v. 28.3.2012 S 0251.1.1.1-2/1 St 42 entnommen werden, abgedr. in DStR 2012, 1610.
139 BGH, 25.2.2016 – IX ZB 74/15, ZIP 2016, 686, Rn 11ff. zur Auskunfts- u. Mitwirkungspflicht d. Schuldners im Nachtragsverteilungsverfahren.
140 Beachtenswert § 97 Abs. 1 S. 3 u. Abs. 2 InsO; dazu OLG Celle, 19.12.2012 – 32 Ss 164/12, ZIP 2013, 1040 u. OLG Jena, 12.8.2010 – Ss 45/10, NJW 2010, 3673 zu Verwendungsverboten im Hinblick auf Insolvenzstraftaten; instruktiv Laroche, ZInsO 2015, 1469, insb. krit. S. 1473ff. zu BGH, 5.3.2015 – IX ZB 62/14, ZInsO 2015, 740.
141 BGH, 13.8.2009 – IX ZR 58/09, ZInsO 2009, 1810, kein Anspruch gegen Insolvenzgläubiger bei nicht auffindbaren Geschäftsunterlagen; Insolvenzverwalter gegen Gesellschafter bzw. dessen Insolvenzverwalter AG Köln, 27.4.2015 – 142 C 295/14, ZIP 2015, 1602 verneinend.
142 Zur Auskunftspflicht des Notars, OLG Schleswig, 14.5.2013 – 11 U 46/12, ZInsO 2013, 1644.

Küpper/Heinze

43 Von ganz anderer Qualität und Bedeutung ist neuerdings die Reichweite dieser Verpflichtung zur Auskunft durch öffentlich-rechtliche Behörden oder Beliehenen wie etwa der Finanzverwaltung oder Gemeindeverwaltungen und quasi-öffentlich-rechtlichen Institutionen wie etwa den Sozialversicherungsträgern[143] und Selbstverwaltungsorganen wie etwa den Berufskammern.[143a] Die Ausgangslage im schuldnerischen Unternehmen ist oft durch eine unzureichende Buchhaltung und Dokumentation sowie Archivierung gekennzeichnet. Ein Informationsdefizit kann teilweise aber auch auf der uneinsichtigen Haltung von Organmitgliedern des insolventen Unternehmens beruhen. In kurzer Zeit und mit zumutbarem Aufwand lässt sich eine eigene Informationsbeschaffung und -aufbereitung durch den Insolvenzverwalter nicht leisten.

44 Dies wird v.a. virulent, wenn der Insolvenzverwalter sich aus der Aktenlage von Behörden ein Bild von deren Kenntnis als Gläubiger und Empfänger von möglicherweise anfechtbaren Zahlungen verschaffen muss. Diese vorbereitende Maßnahme im Hinblick auf einen Rechtsstreit stößt bei einer Behörde auf Unverständnis und Ablehnung. In dieser Situation beruft sich der Insolvenzverwalter auf einen Anspruch auf Akteneinsicht nach § 1 IFG (**Informationsfreiheitsgesetz des Bundes und der Länder**) i.V.m. § 29 VwVfG. Die Auskunft ist kostenpflichtig.[144] Vermehrt geben die VG dem Insolvenzverwalter auf eine entsprechende Klage hin Recht.[145] Für die Praxis gilt zu beachten, dass zunächst der Auskunftsanspruch geltend gemacht wird und dann ein Klageverfahren z.B. wegen einer insolvenzrechtlichen Anfechtung anhängig gemacht wird, weil im umgekehrten Fall nach § 3 Nr. 1 Buchst. g) IFG ein Anspruch ausgeschlossen sein kann; außerdem dient die Kenntnis des Inhalts der Behördenakte auch der Substantiierung der Klage. Diese Vorgehensweise ist natürlich nur ratsam und möglich, solange nicht die Verjährung des insolvenzrechtlichen Anfechtungsanspruchs eingetreten ist.[146]

---

143 Sehr ausführlich VG Köln, 1.12.2016 – 13 K 2824/15, ZIP 2017, 736, voraussetzungsloses Einsichtsrecht in die Betriebsakte; VG Hannover, 12.12.2017 – 10 A 2866/17, ZInsO 2018, 529 Prozessstandschafter.
143a Sparkassen können als rechtsfähige Anstalten des öffentlichen Rechts ebenfalls darunter fallen, OVG Schleswig-Holstein, 21.1.2021 – 4 LB 3/19, ZInsO 2021, 500.
144 Keine Gebühren für Kontoauszug des FA, VG Gelsenkirchen, 8.1.2015 – 17 K 5214/13, ZInsO 2015, 1361; Schmittmann, NZI 2012, 633, 637 unter IV.
145 Zur Rechtswegzuständigkeit BSG, 4.4.2012 – B 12 SF 1/10, ZInsO 2012, 1789 m. zust. Anm. Blank, S. 1792 u. Keller, jurisPR-SozR 15/2012 Anm. 6; LSG Stuttgart (Vorinstanz), 12.11.2010 – L 5 KR 1815/10 B, ZIP 2011, 884; VG Trier, 26.6.2012 – 5 K 504/12, ZInsO 2012, 1639; VG Freiburg, 21.9.2011 – 1 K 734/10, NZI 2011, 825 (= ZInsO 2011, 1956), m. Anm. Schmittmann.
146 Zum Stand der gegenwärtigen Argumente instruktiv: VG Hamburg, 27.8.2010 – 7 K 619/09, ZInsO 2010, 2247, auch elektronisch gespeicherte Informationen sind vom Anspruch erfasst; zusammenfassend Schmittmann, NZI 2015, 594.

Soweit Behörden den **Gerichtsvollzieher** beauftragt haben, gibt es eine Verpflichtung nach § 60 GVO, Anfragen des Insolvenzverwalters zu beantworten und ggf. Akteneinsicht zu gewähren.[147] Entsprechendes gilt für das **Hauptzollamt** als Vollstreckungsbehörde für die Sozialversicherungsträger.[148] Schwieriger wird es, bei laufenden Ermittlungen von der StA gestützt auf § 475 StPO[149] oder von der Steuerfahndung Einsicht zu erhalten, selbst wenn der Insolvenzverwalter als Rechtsanwalt zur Berufsverschwiegenheit verpflichtet ist.[150] Es muss sich schon um Sachverhalte von darzulegender äußerster Dringlichkeit und schwerwiegender Nachteile für die Insolvenzmasse handeln, um Akteneinsicht zu erhalten.[151] Im Rahmen eines wegen der Eröffnung des Insolvenzverfahrens ruhenden Prozesses gewährte das Finanzgericht Einsichtnahme in die Prozessakten durch den Anwalt des Insolvenzverwalters nur beim Finanzamt unter Aufsicht nach § 78 Abs. 3 S. 1 FGO. Eine Aktenübersendung an ihn lehnte es dagegen ab. Hintergrund ist der Schutz vor manipulativen Eingriffen in den Aktenbestand.[152] Der BFH bestätigte diese Rechtsauffassung.[153] Einsicht in öffentliche Register kann der Insolvenzverwalter schon mittels seiner Bestellungsurkunde vornehmen. Sein rechtliches Interesse muss er insoweit nicht näher darlegen.[154] I.Ü. dürften wohl die allgemeinen Regeln gelten, die jeder Auskunftsuchende zu erfüllen hat, vgl. § 299 ZPO.

Das IFG gilt grds. **nicht** für das **Besteuerungsverfahren**.[155] Die Abgabenordnung kennt kein generelles Einsichtsrecht. Deshalb entscheiden die Finanzverwal-

---

147 Fechner, InsbürO, 2010, 468; AG Rosenheim, 8.9.2016 – 605 IN 468/15, ZIP 2016, 1989, Anspruch aus §§ 802a Abs. 2 S. 1 Nr. 3, 802l ZPO.
148 BVerwG, 9.11.2010 – BVerwG 7 B 43.10, ZIP 2011, 41; Fechner, InsbürO, 2010, 468, 469.
149 AG Bochum, 22.11.2016 – 64 Gs-35 Js 206/05–3370/16, ZInsO 2016, 2442 bejahend.
150 OLG Köln, 16.10.2014 -2 Ws 396/14, ZInsO 2014, 2501.
151 Ob dieses Recht sogar einem als Gutachter bestelltem Rechtsanwalt zusteht, OLG Dresden, 4.7.2013 – 1 Ws 53/13, ZInsO 2014, 242 bejahend, kein schutzwürdiges Interesse des Beschuldigten/Angeklagten.
152 Um eine schnelle reibungslose Einsicht zu ermöglichen, dürften gegen Kopien mit dem kamerafähigen Mobiltelefon keine Bedenken entgegenstehen.
153 BFH, 28.11.2019 – X B 132/19, ZInsO 2020, 525.
154 Das gilt auch für die Kfz-Zulassungsbehörde; zur Kostentragungspflicht Heyn, InsbürO 2011, 182.
155 A.A. OLG Rostock, 28.1.2015 – 6 U 6/14, ZInsO 2015, 847; VG Aachen, 19.3.2014 – 8 K 1816/13, ZInsO 2014, 1282; bestätigt durch BVerwG, 26.4.2018 – 7 C 3.16, NZI 2018, 715; OVG Münster, 24.11.2015 – 8 A 1032/14, ZInsO 2016, 159 m. krit. Anm. Nitschke; VG Aachen, 12.2.2014 – 8 K 2198/12, ZInsO 2014, 674; OVG Münster, 6.7.2015 – 8 E 532/14, ZIP 2015, 1943; OVG Münster, 15.6.2011 – 8 A 1150/10, ZInsO 2011, 1553; zust. Blank, EWiR 2011, 505; bestätigt durch BVerwG, 14.5.2012 -7 B 53.11, ZInsO 2012, 1268, m. zust. Anm. Baatz; jetzt klar dafür BVerwG, 15.10.2012 – 7 B 2.12, ZInsO 2012, 2140 Vorlagebeschl. über Rechtsweg an GmS-OGB; jetzt zust. BFH, 8.1.2013 – VII ER-S 1/12, ZInsO 2013, 500; OVG Hamburg, 21.12.2011 – 5 So 114/11, ZInsO 2012, 222, 224 (Vorinstanz); m. abl. Anm. Bartone, jurisPR-SteuerR 13/2012 Anm. 4; VG Berlin, 30.8.2012 – VG 2 K 147/11, ZInsO 2012, 1843.

tung im Wege ihres pflichtgemäßen Ermessens[156] mit Billigung der finanzgerichtlichen Rechtsprechung zugunsten des Insolvenzverwalters in Fällen der insolvenzrechtlichen Anfechtungsansprüche nur dann, wenn der Anspruch dem Grunde nach besteht.[157] Dies ist nicht zuletzt eine Folge einer Entscheidung des BGH, nach der ein zivilrechtlicher Anspruch auf **Ausforschung** nicht besteht.[158] Weiterhin hat sich die Frage gestellt, ob sich mit dem Steuergeheimnis aus § 30 Abs. 2 AO eine Verweigerung der Erteilung der Auskunft rechtfertigen ließe.[159] Der Finanzgerichtsweg nach § 33 FGO ist unzulässig.[160] Es wird dann vom FG an das Verwaltungsgericht verwiesen.[161] Letztlich wird der Insolvenzverwalter nicht die gewünschten Steuerkontenauszüge mit den darin ersichtlichen Vollstreckungsmaßnahmen erhalten, wenn er damit die Durchsetzung von Anfechtungsansprüchen verfolgt.[162]

Ein Anspruch auf Auskunft nach Art. 15 DSVGO lässt sich nicht fruchtbar machen. Dem Insolvenzverwalter wird vielmehr entgegengehalten, dass er nach den Datenschutzgesetzen des Bundes und der Länder nicht „Betroffener" der Daten i.S.d. Art. 4 Nr. 1 DSVGO sei, sondern der Steuerschuldner als natürliche Person.[163] Dieser kann allerdings nach § 97 InsO zur Mitwirkung verpflichtet sein.[164]

---

156 BFH, 19.3.2013 II – R 17/11, ZInsO 2013, 1159, ermesseneinschränkend sei zu berücksichtigen der steuerrechtliche Charakter der Auskunft, also ob sie der Erfüllung steuerlicher Pflichten oder der Prüfung vom FA angemeldeter Insolvenzforderung dient; dazu abl. Schmittmann, NZI 2013, 709.
157 BFH, 10.2.2011 – VII B 183/10, ZIP 2011, 883; FG Hamburg (Vorinstanz), 2.7.2010 – 6 K 75/09, ZInsO 2010, 1613; VG Hamburg, 27.8.2010 – 7 K 619/09, ZInsO 2010, 2247; VG Hamburg, 17.5.2010 – 7 K 429/09, ZInsO 2010, 1097; a.A. VG Aachen, 19.3.2014 – 8 K 1816/13, ZInsO 2014, 1282.
158 BGH, 13.8.2009 – IX ZR 58/09, ZInsO 2009, 1810, obwohl hier dem Insolvenzverwalter nur die konkreten Zeitpunkte und Höhen weiterer Zahlungen unbekannt waren, nicht der Anspruch dem Grunde nach zweifelhaft war.
159 Verneinend OVG Münster, 24.11.2015 – 8 A 1032/14, ZInsO 2016, 159; VG Münster, 27.6.2014 – 1 K 101/14, ZInsO 2014, 1957; bestätigt v. BVerwG, 26.4.2018 – 7 C 3.16, NZI 2018, 715; VG Schleswig, 15.5.2017 – 8 A 74/15, ZIP 2017, 1126; m. Anm Schmittmann; a.A. OVG Schleswig-Holstein, 25.1.2018 – 4 LB 38/17, ZVI 2018, 286.
160 BFH, 16.6.2020 – II B 65/19, ZIP 2020, 1766; OVG Lüneburg, 14.11.2016 – 11 OB 234/16, ZInsO 2016, 2450, z. Anspruch aus dem DatenschutzG Nds.; VG Gießen, 23.10.2019 – 4 K 252/19, NZI 2020, 36.
161 Zuständigkeit des Verwaltungsgerichtsweg bejahend BVerwG, 28.10.2019 – 10 B 21/19, ZIP 2020, 86; VG Gießen, 23.10.2019 – 4 K 252/19, NZI 2020, 36; VG Greifswald, 15.7.2019 -3 K 91/19, ZIP 2019, 2493.
162 Zusammenfassend zur schwierigen Durchsetzung, Schmittmann, ZInsO 2019, 1501.
163 BVerwG, 16.9.2020 – 6 C 10/19, BB 2020, 2177; BVerwG, 15.11.2018 – 6 B 143/18, NZI 2019, 309, m. krit. Anm. Rattunde; BVerwG, 15.11.2018 – 6 B 146/18, ZInsO 2019, 386; OVG Lüneburg, 26.6.2019 – 11 LA 274/18, ZIP 2019, 1388.
164 Stefanink, EWiR 2021, 51, 52 a.E.

VIII. Akteneinsichtsrecht

Der Insolvenzverwalter legt für jedes Verfahren **papiergebundene Akten** an. Insb. sammeln sich dort auch wichtige Geschäftsunterlagen des Schuldners wie Verträge mit Versicherern und Anstellungsverträge von leitenden Mitarbeitern, Gesellschaft(er)sverträge, Darlehens-, Miet-, Leasing- und Lizenzverträge, vom schuldnerischen Unternehmen im Wege der Erfüllungswahl (103 InsO) voraussichtlich abzuarbeitende Aufträge, Testamente, Betreuerbestellungen sowie „*toxische*" Unterlagen", aus denen sich möglicherweise insolvenzrechtliche Anfechtungsvorgänge oder Schadensersatzansprüche z.B. ggü. Geschäftsleitern ergeben. Des Weiteren werden die Akten angereichert durch interne Vermerke und Gutachten, die in unterschiedlichsten Zusammenhängen gefertigt werden. 47

Daneben führt eine Insolvenzabteilung mit einer speziellen EDV-Software (z.B. winsolvenz) eine elektronische Akte, über die die Buchhaltung, die Tabellenführung und Rechnungslegung und Korrespondenz mit Verfahrensbeteiligten und Investoren abgewickelt werden. Diese dient zudem als besondere Datenbank, in der die Datensätze der Verfahrensbeteiligten gespeichert werden, v.a. zum Zwecke einer rationellen Kommunikation mit einer Vielzahl von Anzuschreibenden. Denn üblicherweise delegieren die Insolvenzgerichte zu ihrer Entlastung die Zustellungen an die Insolvenzverwaltung. 48

Es fragt sich, wer von den Verfahrensbeteiligten überhaupt und wenn ja, wann und wie oft, Einsichtsrechte an diesen papiergebundenen und E-Akten geltend machen kann.[165] Man muss hier sehr differenzieren. Soweit es sich um spezielle Angelegenheiten handelt, die die Führung des Verfahrens betreffen, können sicherlich **die Mitglieder des Gläubigerausschusses** im Rahmen ihres Überwachungsauftrages nach **§ 69 InsO** ein weitgehendes Einsichtsrecht v.a. zur permanenten Kassenprüfung beanspruchen.[166] Soweit ein bedeutender mit Absonderungsrechten belasteter Massegegenstand unter Wert durch den Insolvenzverwalter verwertet wurde, kann dem **Absonderungsberechtigten** diesen Vorgang betreffend ein eingeschränktes Einsichtsrecht zustehen.[167] Der **Schuldner** kann in von ihm übergebene Originale Einsicht nehmen. Soweit dies um Vorgänge geht, die **vor** Insolvenzeröffnung lagen, und er sich über seine persönliche Haftung unterrichten will, kann ihm dies gewährt werden. Er kann auf seine Kosten davon auch Kopien vor Ort erstellen. Sobald es sich aber um eine Informationsbeschaffung mit ungewöhnlichem Aufwand handelt, kann ihm dies durch den Insolvenzverwalter auch ver- 49

---

[165] Kurze Zusammenfassung von Rein, NJW-Spezial 2012, 597.
[166] Dies sollte er aus Haftungsgründen auch wahrnehmen, OLG Celle, 3.6.2010 – 16 U 135/09, ZInsO 2011, 1233; BGH, 9.10.2014 – IX ZR 140/11, ZIP 2014, 2242.
[167] Uhlenbruck/Brinkmann, § 167 InsO Rn 11, Gestattung der Einsicht ins Rechnungswesen; Sponagel, DZWIR 2011, 270.

weigert werden. **Organschaftliche Vertreter** und **Gesellschafter** wollen oft über Sachverhalte, die **nach** Insolvenzeröffnung eingetreten sind, Auskunft erhalten. Sie halten sich bspw. aus § 51a GmbHG berechtigt und ihre anwaltlichen Interessenvertreter verlangen dies mit Nachdruck. Sie haben kein Recht dazu.[168] Ansonsten müssen sich Verfahrensbeteiligte an das Insolvenzgericht wenden und dort ihr Einsichtsrecht geltend machen. Eine Vielzahl von **Insolvenzgläubigern** wird bei sich zeitlich streckenden Verfahren immer geneigt sein, „**Sachstandanfragen**" anzubringen.[169] Die Befriedigung des allgemeinen Informationsinteresses ist bei größeren Insolvenzverwaltungen oftmals in der Weise geregelt, dass Internetabfragen durch Vergabe von individuellen Zugangscodes ermöglicht werden, sog. **elektronisches Gläubigerinformationssystem, vgl. § 5 Abs. 5 InsO**.[170] Regelmäßig werden dort aber nur die Zwischenberichte des Insolvenzverwalters und der betreffende Tabellenauszug zur Ansicht eingestellt. Eine interaktive Kommunikation findet darüber hinaus auf diesem Wege nicht statt. Es ist in größeren Verfahren dem Insolvenzverwalter bzw. seiner Insolvenzabteilung i.d.R. nicht zumutbar, diese Anfragen zeitnah zu beantworten.[171] Teilweise werden Fragen von Arbeitnehmern an den Insolvenzverwalter gerichtet, die dieser im Zeitpunkt der Anfrage nicht beantworten kann, z.B. nach dem Zeitpunkt der Auszahlung oder der Höhe von Insolvenzgeld. Deshalb ist es Konsens, dass den Insolvenzverwalter eine solche Pflicht zur individuellen Auskunft nicht trifft.[172] Eine Möglichkeit ist, in den Anschreiben immer wieder darum zu bitten, man möge von derlei Anfragen absehen. Das hat erfahrungsgemäß keine Wirkung. Natürlich ist es legitim, nach der „derzeit zu erwartenden" Quote zu fragen. Die Aussagen dazu sind regelmäßig sehr zurückhaltend.

50   Innerbetrieblich ist der Insolvenzverwalter zur rechtzeitigen Beteiligung des **Betriebsrats** bei Betriebsveränderungen verpflichtet. Damit geht einher, dass spezifische Unterlagen zur Einsicht zur Verfügung gestellt werden müssen.[173]

51   **Massegläubiger** haben ihre vertraglich zugesicherten Rechte. Davon machen spezielle Lieferanten und Massekreditgeber meist umfangreich Gebrauch. Eine Sondersituation ergibt sich im Fall der Anzeige der Masseunzulänglichkeit (§§ 208 ff. InsO).[174]

---

168 Sehr begrenztes Recht d. Kommanditisten, Thole, Beilage ZIP 22/2016, S. 78.
169 Thies, DZWIR 1999, 369; Uhlenbruck/Mock, § 80 InsO Rn 118.
170 Zur Behandlung der Kosten vgl. LG Hannover, 30.11.2011 – 20 T 43/11, ZInsO 2013, 311; BGH, 14.7.2016 – IX ZB 62/15, ZInsO 2016, 1647 allgemeine Geschäftskosten, keine gesonderte Kostenfestsetzung nach § 4 InsVV neben Auslagenpauschale nach § 8 Abs. 3 InsVV.
171 BGH, 29.11.1973 – VII ZR 2/73, BGHZ, 62, 1, 3f. unter 2.a) u. 5f. unter unter 4.a).
172 Ausführlich Sponagel, DZWIR 2011, 270.
173 Uhlenbruck/Mock, § 80 Rn 124.
174 Instruktiv BGH, 4.12.2003 – IX ZR 222/02, NZI 2004, 209 m. Anm. Uhlenbruck, zum Auskunftsverlangen aufgrund von Ansprüchen aus dem Vermieterpfandrecht.

Höchst grenzwertig sind z.B. Anordnungen der Staatsanwaltschaft oder Gerichte auf Durchsuchung von Geschäftsräumen eines selbst unverdächtigen, aber sich weigernden Insolvenzverwalters, um dort Aktenbestände des Schuldners und des Insolvenzverwalters zu sichten und zu beschlagnahmen.[175] Auch die Finanzverwaltung, Sozialversicherungsträger und der Datenschutzbeauftragte des Landes können um Auskunft ersuchen. 52

In einem gerichtlich entschiedenen Fall war eine Bank mit ihrem beschränkten Einsichtsbegehren erfolgreich, die ein Treuhandkonto für einen später entlassenen Insolvenzverwalter führte und wegen Schadensersatzansprüchen selbst in Anspruch genommen wurde.[176] 53

Fazit: Ein Akteneinsichtsbegehren und damit verbundene Informationspflichten können sich insgesamt aus sehr unterschiedlichen Gründen für eine Vielzahl von Interessenten ergeben. Stets ist damit ein erheblicher Eingriff in die Arbeitsabläufe einer Insolvenzabteilung verbunden. Deshalb ist dieses Begehren grds. abzulehnen.[177] Ausnahmsweise ist es einem Beteiligten zu gewähren, wenn es zum Zwecke der Verfolgung seiner Rechte unerlässlich ist. Einen materiellrechtlichen Auskunftsanspruch als allgemeines Instrument der Überwachung der Tätigkeit des Insolvenzverwalters gibt es nicht.[178] Ab der Schlussrechnungslegung besteht dieses grundsätzliche Weigerungsrecht nicht mehr, weil das Verfahren aus Sicht des Insolvenzverwalters mit Ausnahme der Schlussverteilung als abgeschlossen anzusehen ist. Gleichwohl befinden sich dann die Akten zur Einsicht beim „prüfenden" Insolvenzgericht, sodass sich ohnehin keinerlei Behinderung der Büroorganisation beim Insolvenzverwalter mehr ergeben kann. Andererseits ist auch nach Beendigung des Insolvenzverfahrens kein vernünftiges Interesse gegeben, bereits archivierte Unterlagen zu durchforsten, etwa nach Bauplänen. Gläubigerwünsche können grds. zurückgewiesen werden; ob gegen Kostenübernahme eine Nachforschung erfolgt, liegt im Ermessen des Insolvenzverwalters. 54

Davon zu unterscheiden ist der Anspruch, die beim Insolvenzgericht geführte Akte nach § 4 InsO i.V.m. § 299 ZPO einzusehen.[179]

---

175 LG Saarbrücken, 2.2.2010 – 2 Qs 1/10, ZInsO 2010, 431; dies macht deutlich, dass Anwaltskanzleien und Insolvenzabteilungen besser räumlich getrennt werden; vertiefend Stiller, ZInsO 2011, 1633; LG Dresden, 27.11.2013 – 5 Qs 113/13, ZInsO 2013, 2564; dazu Kuhn, EWiR 2014, 257f.
176 OLG Naumburg, 27.5.2010 – 5 VA 11/10, ZIP 2010, 1765; vgl. dazu auch AG Göttingen, 15.4.2015 – 74 IN 31/15, ZInsO 2015, 1016.
177 Sehr deutlich AG Hamburg, 26.1.2011 – 35B C 214/10, ZInsO 2011, 1019.
178 In diesem Sinn wohl auch Thole, ZIP 2012, 1533, 1540 unter III. 2.2 a.E.
179 Ausführlich Swierczok/Kontny, NZI 2016, 566.

IX. Tätigkeitsverbote

55 Der Begriff des „Tätigkeitsverbots" wird hier in einem weiten Sinne verstanden. Darunter fällt alles, was für die Ausübung des Amtes insgesamt schädlich sein kann.[180] Die Tätigkeitsverbote sind abzugrenzen von Einzelinteressenkonflikten, die i.d.R. durch eine punktuelle Bestellung eines Sonderinsolvenzverwalters zu lösen sind.[181]

56 Sobald ein Insolvenzverwalter selbst in **Vermögensverfall** gerät, kann er das Amt der Vermögensbetreuung nicht mehr seriös ausüben; darauf hat er von sich aus hinzuweisen.[182] Einschlägige **Vorstrafen**, insb. wegen Vermögensdelikten, Insolvenzstraftaten, Bestechung und Vorteilsnahme und -gewährung oder das fälschliche Führen von Titeln, Steuerhinterziehung sowie Urkundsdelikte können zur Aufhebung der Bestellung und i.d.R. zudem zum Delisting führen. Auch Gewerbeverbote und Berufsverbote sind geeignet, den Insolvenzverwalter dauerhaft von dieser Tätigkeit auszuschließen. Rein disziplinarisches Vorgehen von Kammern dürfte keinen hinreichenden Grund darstellen. Ebenso führt z.B. selbst ein längeres Fahrverbot nicht zur Entlassung.

57 Weitere Beispielsfälle: Die Auflösung einer Insolvenzabteilung in sachlicher und personeller Hinsicht kann ein Tätigkeitsverbot zur Folge haben. Erkrankungen im psychischen Bereich können ein Tätigkeitsverbot etwa dann rechtfertigen, wenn infolge der Krankheit permanent Ehrverletzungen etwa von Justizorganen vorkommen. Die Übernahme öffentlicher Ämter und Mandate sowie Professuren werden teilweise als Hinderungsgründe angesehen. Darüber hinaus können auch Vorstandstätigkeiten und professionelle Verbandstätigkeiten unvereinbar mit der Ausübung der Insolvenzverwalteraufgabe sein. Geringfügige Aufsichtsratsmitgliedschaften oder ehrenamtliche Aufgaben in Vereinen und Parteien genügen hingegen nicht für eine Ausschließung. Das wäre natürlich dann anders, wenn der zu bestellende Insolvenzverwalter zugleich Vorstand eines insolventen Sportvereins ist. Ebenso dürfte eine dauerhafte Verlegung des Aufenthaltsortes ins Ausland zur Abberufung führen.

58 Ein konfliktträchtiges Feld ist die **anwaltliche Mandatstätigkeit**.[183] Das Berufsrecht nach § 43a BRAO i.V.m. § 45 BRAO steht der Bestellung möglicherweise entge-

---

180 Rechtsvergleichend ist bemerkenswert, dass etwa in Frankreich der Insolvenzverwalter seine anwaltliche Zulassung zurückzugeben hat, wenn er diese Funktion ausüben und bei Gericht gelistet werden will. In seiner Eigenschaft als Treuhänder unterliegt er nicht mehr dem Berufsrecht eines Anwalts, das selbst viel tiefgreifendere Anforderungen an den Anwalt und an seinem Berufsethos stellt.
181 FK/Jahntz, § 56 Rn 59.
182 LG Magdeburg, 10.1.2013 – 11 T 507/11, ZInsO 2013, 2578, 2583.
183 Ausführlich FK/Jahntz, § 56 InsO Rn 41 ff.; Römermann, ZInsO 2011, 1202; Römermann/Praß ZInsO 2011, 1577 zur Vereinbarkeit mit § 56 Abs. 1 InsO m. ESUG, verneinend.

gen und es muss zudem auch mit einer strafrechtlichen Relevanz gerechnet werden (§ 203 StGB und sog. Parteiverrat § 356 StGB). Es kommt dabei auf die Einheitlichkeit des Lebensvorgangs an. Es ist aber zu unterscheiden zwischen vorheriger und nachträglicher Mandatierung. Weit zurückliegende abgeschlossene sowie wirtschaftlich unbedeutende Mandate rechtfertigen trotz „Insiderwissens" kein Tätigkeitsverbot. Aktuelle Mandate sind i.d.R. ein Hinderungsgrund für die Bestellung. Eine nachträgliche Mandatierung kann im Einzelfall zulässig sein. Unproblematisch ist es u.E., wenn ein Insolvenzschuldner sich z.B. in seiner Scheidungssache an die Kanzlei des Insolvenzverwalters wendet. Aber anders liegt der Fall, wenn bereits die Vertretung der Ehefrau eines Schuldners in der Scheidung wahrgenommen wurde. Die Insolvenzberatung der geschiedenen Gattin eines Schuldners dürfte noch mit der Tätigkeit als Insolvenzverwalter vereinbar sein. Auch eine vorherige allgemeine Beratung über das Insolvenzverfahren oder etwaige Haftungsrisiken infolge nicht abgeführter Sozialversicherungsbeiträge gehören noch zum Bereich, der seine Unabhängigkeit vor dem Hintergrund des § 56 Abs. 1 S. 3 Nr. 2 InsO nicht infrage stellt.[184] Vorherige noch nicht beendete Mandate etwa wegen einer geringfügigen Straßenverkehrsordnungswidrigkeit des Insolvenzschuldners beeinträchtigen die Bestellung oder die Amtsführung nicht.

X. Beendigung des Amts und Rechnungslegung (§§ 59, 66 InsO)

Die Rechnungslegung ist eine höchstpersönliche Pflicht des Insolvenzverwalters.[185] Sie beruht schlicht auf der Tatsache, dass der Insolvenzverwalter fremdnütziger Vermögensbetreuer war. Adressat ist die Gläubigerversammlung, nicht dagegen der Schuldner.[186] Mit der Rechnungslegung wird ein Schlussbericht verfasst und dem Insolvenzgericht samt Abschlussrechnung zur Prüfung übersandt. In einem Insolvenzplan kann auf die Prüfung einer vorgelegten Schlussrechnung verzichtet werden (§ 66 Abs. 1 S. 1 InsO).[187]

59

Es gibt **keine gesetzlich vorgeschrieben Standards** für die Schlussrechnungslegung und deren Prüfung. Um eine Standardisierung wird sich allerdings bemüht.[188] Danach wird ein Kontenrahmen entwickelt:

60

---

184 Frings/Bernsen, NJW-Spezial, 2012, 405; dazu auch der Fragebogen des BAK-InsO/VID ZInsO 2012, 2240; Frind, ZInsO 2017, 363 schlägt einen „conflict check" vor; dazu die Leitlinien des Insolvenzgerichts Hamburg, ZInsO 2017, 375, u. des Insolvenzgerichts Nürnberg, ZInsO 2020, 77.
185 Uhlenbruck/Mock, § 66 InsO Rn 77 ff., ggf. Durchsetzung mit Zwangsgeld.
186 OLG Koblenz, 5.1.2015 – 3 W 616/14, ZInsO 2015, 513, 515; a.A. Kremer, EWiR 2015, 388; MüKo/Riedel, § 66 InsO Rn 22 a.E.
187 Uhlenbruck/Mock, § 66 InsO Rn 41 f.; AG Ludwigshafen, v. 10.4.2015 – 3 f IN 27/14, ZInsO 2015, 859; Henkel/Kanschik, EWIR 2015, 523.
188 Empfehlungen der ZEFIS, ZInsO 2010, 1689; 2011, 1874.

– Klare Trennung von Einnahmen und Ausgaben
– Spezielle Konten für
   – Kosten der Verwertung,
   – Verbindlichkeiten aus der vorläufigen Insolvenzverwaltung,
   – Überschüsse aus Prozesstätigkeit und
   – durchlaufende Posten.

61 Darüber hinaus ermittelt das System spezielle Kennzahlen, die Aufschluss über den Erfolg der Insolvenzverwaltung geben sollen.[189] Ziel muss es sein, ein umfassendes Bild über die Tätigkeit des Insolvenzverwalters zu erhalten. Dies betrifft die durch ihn veranlassten Zahlungsströme. Zum einen sind dies die erzielten Einnahmen infolge der Vermögensverwertung des schuldnerischen Unternehmens und zum anderen sämtliche Ausgaben. In ganz massearmen Verfahren kann ausnahmsweise mit Billigung des Gerichts auf die Rechnungslegung verzichtet werden.

62 Allerdings darf bei der gerichtlichen Prüfung **keine Zweckmäßigkeitskontrolle** erfolgen. Vielmehr muss sich der zuständige Rechtspfleger bei seiner Durchsicht der Schlussunterlagen auf die Rechtmäßigkeit beschränken. D.h. er prüft:
– Sind die Einnahmen- und Ausgabenaufzeichnungen ordentlich, vollständig und nachvollziehbar in ihrer Bezeichnung sowie durch die dazugehörigen Belege nachgewiesen?
– Sind die Rechenschritte und Berechnungen korrekt?
– Gehören die ausgewiesenen Positionen zueinander?
– Ist die Vorsteuer korrekt gezogen worden?

63 Liegen insoweit keine Beanstandungen vor, ist der Schlussrechnungslegung ein **Prüfvermerk** des Rechtspflegers beizufügen, der dies testiert.[190] Der zuständige Rechtspfleger kann sich nach § 5 InsO in umfangreichen Verfahren fremder Sachverständiger zu seiner Unterstützung in einem festgelegten Prüfungsumfang bedienen.[191]

---

189 Zweifelnd Ahrendt, InsVZ 2010, 363 ff., bspw. für Erfolgskriterien/**Kennzahlen** wie Höhe der Quote, Verfahrensdauer, Umgang mit Sicherungsrechten, Anzahl der Unternehmenssanierungen, Durchsetzung von Forderungen, insb. bei Anfechtungen u. Haftung von Unternehmensleitern; ebenso DAV, AG Insolvenzrecht und Sanierung v. 30.5.2018, https://arge-insolvenzrecht.de/de/newsroom/arbeitsgemeinschaft-fordert-abschaffung-der-kennzahlen-bei-insolvenzverwalterauswahl-kennzahlensysteme-untauglich-zur-bemessung befürwortend: Frind, ZInsO 2011, 1913.
190 Uhlenbruck/Mock § 66 InsO Rn 97.
191 Lissner, ZInsO 2015, 1184; Keller, Rpfleger 2011, 66; krit. Hebenstreit, ZInsO 2013, 276; Uhlenbruck/Mock, § 66 InsO Rn 89 ff., originäre gerichtliche Aufgabe; ausführlich zur externen Prüfung und rechtlichen Grenzen Metoja, ZInsO 2016, 992.

Die dafür anfallenden Kosten sind Verfahrenskosten i.S.d. § 54 InsO und keine Masseverbindlichkeiten i.S.d. § 55 InsO.[192]

Der Rechtspfleger darf im umgekehrten Fall begründete Zweifel an der Richtigkeit formulieren. Aber er darf nicht seine Beurteilung an die Stelle des Insolvenzverwalters setzen und eine vom Insolvenzverwalter getroffene Verwertungsart als unsachgemäß einschätzen und/oder einen geführten Masseprozess als überflüssig reklamieren.[193] Dies sind Fragen der Zweckmäßigkeit, die sich seiner Prüfungskompetenz entziehen. Eklatante Fehler bei der Insolvenzabwicklung werden aber nach dem Erfassungssystem der Insolvenzgerichte in der Auswahlliste bei dem entsprechenden Insolvenzverwalter vermerkt und stellen einen Malus dar, der sich auf seine zukünftige Bestellung auswirken kann. Schon aus diesem Grund empfiehlt es sich, gut aufbereitete Schlussunterlagen einzureichen und auf Nachfragen zügig und mit der nötigen Präzision zu antworten.[194] Besteht ein Gläubigerausschuss, hat auch dieser die Rechnungslegung in eigener Zuständigkeit zu prüfen. Der Gläubigerausschuss hat dies schriftlich zu den Unterlagen niederzulegen und darf sich auch zur Zweckmäßigkeit und Wirtschaftlichkeit des Verwalterhandelns äußern.[195] Gläubiger können dann in einer Gläubigerversammlung beschließen, dass ein Sonderverwalter bestellt werden möge, der die unregelmäßigen Vorgänge prüfen soll. 64

Darüber hinaus werden durch den Abschluss der Rechnungslegungsprüfung die Endvergütung des Insolvenzverwalters nach dessen Antrag festgesetzt nach §§ 63 ff. InsO i.V.m. §§ 1 ff. InsVV[196] sowie die gerichtlichen Verfahrenskosten nach § 54 Nr. 1 InsO i.V.m. §§ 23 GKG festgestellt, damit diese Verfahrensbeteiligten vor der endgültigen Schlussverteilung ihre Ansprüche befriedigen können, § 53 InsO. 65

Auch ein **entlassener** Insolvenzverwalter ist zur **Schlussrechnungslegung verpflichtet.** Kommt er dem nicht in gehöriger Weise nach, hat dies Auswirkung auf seinen Vergütungsanspruch, der zu reduzieren ist.[197] Es kann gegen ihn zur Einhaltung seiner Verpflichtung ein Zwangsgeld durch das Insolvenzgericht festgesetzt 66

---

192 Uhlenbruck/Mock, § 66 InsO Rn 93; Keller, Rpfleger 2011, 66, 72; krit. Hebenstreit, ZInsO 2013, 276, 277.
193 Uhlenbruck/Mock, § 66 InsO Rn 86.
194 Zur Einarbeitung wird die Monografie von Heyrath/Ebeling/Reck, Schlussrechnungsprüfung im Insolvenzverfahren (als Schnell-Info: Tipps für Rechtspfleger u. Insolvenzverwalter Rn 390) empfohlen.
195 Uhlenbruck/Mock, § 66 InsO Rn 99 f.
196 Dazu gehören auch die Auslagen, § 8 Abs. 3 InsVV. Verwendet der Insolvenzverwalter allerdings ein Gläubigerinformationssystem, ist dafür keine gesonderte Vergütung aus der Masse aufzubringen, § 4 Abs. 1, 2 bzw. § 8 Abs. 3 InsVV, BGH, 14.7.2016 -IX ZB 62/15, ZInsO 2016, 1647. Des Weiteren ist ein Vorschuss nach § 9 InsVV auf die Vergütung anzurechnen, ausführlich Vill, ZInsO 2019, 2493.
197 BGH, 23.9.2010 – IX ZR 243/09, ZInsO 2010, 2134; Lissner, ZInsO 2016, 953 m. Berechnungsbsp. S. 955 ff.

Küpper/Heinze

werden.¹⁹⁸ Es kann sich infolge seiner Weigerung auch ein Schadensersatzanspruch ergeben, einen einklagbaren Anspruch auf Erteilung der Rechnungslegung gibt es hingegen nicht. Gleichwohl ist es hinreichend, wenn er die gesamten Unterlagen an den ihm nachfolgend bestellten Insolvenzverwalter übergibt, der so das Informationsinteresse der Gläubiger erfüllen kann.¹⁹⁹

67 Das Amt des Insolvenzverwalters endet stets mit Aufhebung des Verfahrens, gleich aus welchem Grund (§§ 207 ff. InsO). Üblicherweise sollte dies nach der Schlussverteilung der Fall sein. Der Insolvenzverwalter hat zwischenzeitlich und spätestens bei Beendigung des Insolvenzverfahrens ein umfassendes Erlösverteilungsrecht und eine ebensolche Pflicht.²⁰⁰

68 Es gibt zudem beendende Situationen **im Eröffnungsverfahren**, für die bereits ein vorläufiger Insolvenzverwalter bestellt wurde. Auch in einem solchen Fall ist der vorläufige Insolvenzverwalter zur **Rechnungslegung verpflichtet, wenn ein Treuhandkonto eingerichtet war**. Ein späterer Insolvenzverwalter hat diesen Rechnungslegungsanspruch ihm gegenüber aus § 666 BGB.²⁰¹ Ein vorläufiges Insolvenzverfahren wird mitunter durch die Begleichung der offenen Forderungen durch den Schuldner oder durch Dritte beendet. Ferner kommt es bei masseärmen Verfahren dazu, wenn der Verfahrenskostenvorschuss von den Kostenschuldnern nicht eingezahlt wird. Damit endet das Amt des vorläufigen Insolvenzverwalters. Vergütungsrechtlich ist dies eine schwierige Situation für den vorläufigen Insolvenzverwalter, weil er anders als der vom Gericht beauftragte Sachverständige keinen Anspruch gegen die Staatskasse hat, sondern sich an den Schuldner und ggf. an den antragstellenden Gläubiger im Falle seines groben Verschuldens halten muss. Seit dem 1.3.2012 gibt es eine Vergütungsfestsetzung gem. § 26a InsO durch das Insolvenzgericht.²⁰² Offen ist die funktionelle Zuständigkeit. Es spricht viel für die Zuständigkeit des Richters und nicht des Rechtspflegers.²⁰³ Hat der Insolvenzverwalter seine Vergütung für seine Tätigkeit als vorläufiger Insolvenzverwalter zurückzuerstatten, hat er sie **ab** Entnahme aus der Masse in entsprechender Anwendung des § 717 Abs. 2 u. 3 ZPO nach Maßgabe der §§ 291, 288 Abs. 2 BGB zu verzinsen.²⁰⁴ S. dazu auch Rdn 81.

---

198 BGH, 14.4.2005 – IX ZB 76/04, ZInsO 2005, 483; BGH, 11.12.2014 – IX ZB 42/14, ZInsO 2015, 303.
199 Uhlenbruck/Vallender-Zipperer, § 58 InsO Rn 42.
200 Zur Beendigung aufgrund des Todes des Insolvenzverwalters: ausführlich Wozniak, ZInsO 2019, 2300.
201 OLG Oldenburg, 20.12.2012 – 1 U 70/12, ZIP 2013, 786.
202 Weiterführend Vuia, ZInsO 2014, 1038; zur Kostentragungspflicht des Schuldners auch für Gläubigerantrag und zeitlicher Anwendungsbereich des § 26a a.F.; LG Frankfurt/M, 11.11.2014 – 2-09 T 286/14, NZI 2015, 530 m. Anm. Prasser; BGH, 14.7.2016 – IX ZB 46/14, ZInsO 2016, 1653; LG Lüneburg, 16.9.2019 – 3 T 66/19, ZInsO 2019, 2183.
203 Vgl. AG Hamburg, 4.2.2015 – 67c IN 500/14, ZIP 2015, 795; a.A. AG Hamburg, 20.10.2014 – 67g IN 260/14, ZIP 2015, 47; erläuternd Zipperer, EWiR 2015, 325.
204 BGH, 20.3.2014 – IX ZR 25/12, ZInsO 2014, 1438.

B. Die Aufgaben des vorläufigen Insolvenzverwalters

I. Aufgaben und Stellung des vorläufigen Insolvenzverwalters im Verfahren (§ 22 InsO)

Sowohl die Aufgaben als auch die Stellung des vorläufigen Insolvenzverwalters hängen zunächst davon ab, ob er bei einem Regelinsolvenzverfahren auf eine **Unternehmensinsolvenz** trifft. Des Weiteren ist von Belang, mit welchen Befugnissen der vorläufige Insolvenzverwalter ausgestattet ist. In aller Regel wird ein sog. **schwacher** Insolvenzverwalter mit Zustimmungsvorbehalt bestellt. Der sog. **starke** Insolvenzverwalter, auf den die Verwaltungs- und Verfügungsbefugnis übergeht, ist dagegen die Ausnahme. Von entscheidender Bedeutung ist dann, ob er einen bereits **stillgelegten Betrieb** vorfindet oder eine Weiterführung noch möglich erscheint. Im ersten Fall hat der vorläufige Insolvenzverwalter nur noch die Masse (weltweit)[205] zu sichern und zu bewahren. Das heißt konkret, dass er zunächst zu verhindern sucht, dass mögliche Massegegenstände und wichtige Unterlagen aus dem Umfeld des Insolvenzschuldners verschwinden. Ferner wird er Maßnahmen zu treffen haben, die geeignet sind, Massegegenstände vor Beeinträchtigungen zu schützen. Im Einzelfall muss entschieden werden, ob Hallen und Büros durch Austausch von Schließanlagen separat vor unbefugtem Zutritt gesichert werden. Eine persönliche Aufnahme der Gegenstände in ein vorläufiges Verzeichnis, Sichtung der Geschäftsunterlagen, Befragung des Insolvenzschuldners, seiner als Organ für ihn handelnden Geschäftsleiter und ggf. eine Anhörung der Gesellschafter sowie eine Beauftragung eines Bewertungsbüros sind das Übliche. Aufgrund des Bewertungsgutachtens wird vom vorläufigen Insolvenzverwalter eine Stellungnahme verfasst, mit der dann eine Empfehlung an das Insolvenzgericht ausgesprochen wird, ob das Insolvenzverfahren zu eröffnen oder der Antrag auf Eröffnung mangels Masse abzulehnen sei.

Aufwendiger ist die Situation, wenn der Betrieb noch nicht zum Erliegen kam und deshalb fortgeführt werden muss. Der vorläufige Insolvenzverwalter ist dann grds. nach § 22 Abs. 1 Satz 2 Nr. 2 InsO zur **Fortführung verpflichtet**.[206] Nur ganz ausnahmsweise bei erheblicher Reduzierung des Haftungsvermögens (der vorhandenen Masse) kann mit Zustimmung und Beschluss durch das Insolvenzgericht die Stilllegung des Betriebs verfügt werden.[207] Als Gutachter hat er in jedem Fall eine

---

[205] Ggf. muss auch eine Hauptinsolvenzeröffnung in einem anderen EU-Mitgliedstaat verhindert werden, Uhlenbruck/Vallender, § 22 InsO Rn 20; s.a. z. Eröffnung v. Sekundärinsolvenzverfahren (Alkor-Insolvenz) Dammann/Müller, NZI 2011, 752.
[206] Uhlenbruck/Vallender, § 22 InsO Rn 28 ff.
[207] Uhlenbruck/Vallender, § 22 InsO Rn 32 ff., nach einer Ansicht bei mehr als 10%, nach a.A. erst bei 25%, es stellt sich ohnehin als ein Problem der zutreffenden Bewertung der Vermögensgegenstände dar.

Fortführungsprognose zu erstellen und die Sanierungsfähigkeit des Unternehmens zu ermitteln.[208] Das bedeutet, dass er eine betriebswirtschaftliche Unternehmensanalyse zu erstellen hat.[209] Im Einzelnen sind
- Unternehmensstammdaten zu erfassen,
- Vermögensübersichten aufzustellen,
- Krisenursachen und -symptome zu analysieren,
- Fortführungsaussichten darzustellen,
- Finanzpläne zu erstellen,
- Planliquiditätsrechnungen vorzulegen und
- ggf. ein Sanierungskonzept zu erarbeiten.

71 Fortführung bedeutet, dass alles dafür getan werden muss, dass der betriebliche Organismus am Leben gehalten wird. Das ist meist vor dem Hintergrund erheblicher Lohn- und Gehaltsrückstände nicht ohne Weiteres möglich. Z.B. ist jeder Arbeitnehmer spätestens nach 2 Monaten Zahlungsrückstand zur außerordentlichen, fristlosen Kündigung seines Arbeitsverhältnisses berechtigt. Auch die Lieferanten haben bestenfalls Teilzahlungen erhalten, sodass sie die Weiterbelieferung infrage stellen. Erforderlich ist daher, diesen Anspruchsgruppen eine Perspektive alsbaldiger Wiederaufnahme der Zahlung zu bieten.[210] Auf dem vorläufigen Insolvenzverwalter ruhen dabei einerseits enorme Hoffnungen, er werde „das Schiff schon wieder flottkriegen", andererseits besteht die Angst, „der komme nur, um hier die Lichter auszulöschen". Gleichwohl wird er zumeist aufgrund des Grundsatzes eines verhältnismäßigen Eingriffs als sog. schwacher vorläufiger Insolvenzverwalter bestellt. Der vorläufige Insolvenzverwalter selbst will diesen Status. Denn sobald er verwaltungs- und verfügungsbefugt ist, ergeben sich aus seinen Rechtshandlungen frühzeitig nicht gewollte Masseverbindlichkeiten anstelle von Insolvenzforderungen nach § 55 Abs. 2 InsO und eine damit einhergehende unerwünschte haftungsrechtliche Gefahr der Inanspruchnahme aus den §§ 60, 61 InsO. Gleichwohl entsteht z.B. die Umsatzsteuerpflicht im Eröffnungsverfahren nunmehr nach **§ 55 Abs. 4 InsO** als Masseverbindlichkeit unabhängig vom Status, sofern das Verfahren eröffnet wird.[211] Die Befugnisse des schwachen vorläufigen Verwalters sind entsprechend den gerichtlichen Sicherungsanordnungen beschränkt. Damit ist er gar nicht in der Lage,

---

208 Uhlenbruck/Vallender, § 22 InsO Rn 266 ff.
209 Hilfreich z. thematischen Einarbeitung die Monografie von Nickert/Lamberti: Überschuldungs- und Zahlungsunfähigkeitsprüfung, 3. Aufl. 2016.
210 Haarmeyer, ZInsO 2019, 2502, kein „Selbstzweck", daher keine Fortführung ohne „Konzept".
211 Überblick in Uhlenbruck/Sinz, § 55 Abs. 4 InsO Rn 105 – 158 z. sog. Fiskusprivileg; zur Neufassung nach dem SanInsFoG: Schmittmann, ZInsO 2021, 211.

das Unternehmensruder komplett an sich zu ziehen.[212] Folge ist, dass nach wie vor die bisherige Geschäftsleitung nach außen handelt, allerdings nur mit der jeweiligen Zustimmung des vorläufigen Insolvenzverwalters. I.Ü. ist der vorläufige Insolvenzverwalter auf die Kooperation der Geschäftsleitung des Schuldnerunternehmens angewiesen. Es ist dem schuldnerischen Unternehmen regelmäßig nur untersagt, die Forderungen selbst einzuziehen. Dies macht nunmehr der vorläufige Insolvenzverwalter, soweit er dazu vom Insolvenzgericht ermächtigt wurde, was aber in der Unternehmensinsolvenz übliche Praxis ist. Des Weiteren muss ihn möglicherweise das Insolvenzgericht zur Aufnahme eines Massekredits[213] für die Begleichung der laufenden Kosten wie Energie, notwendige Reparaturen etc. ermächtigen, damit nicht ein sofortiger betrieblicher Stillstand eintritt (s. dazu auch Rdn 99 ff.).

Einige **Schwerpunkte,** um dieser Verpflichtung gerecht zu werden, werden exemplarisch dargestellt: Insolvenzgeldvorfinanzierung, Forderungseinzug und bevorzugte Bedienung von Verbindlichkeiten. 72

Ein ganz schwieriges Feld ist die Bezahlung von offenen Arbeitnehmergehältern. Dazu muss der vorläufige Insolvenzverwalter das Instrument der **Insolvenzgeldvorfinanzierung** kennen.[214] Leider ist dieses Instrument mit zahlreichen Schwierigkeiten verbunden und zwar aus folgenden Gründen: 73

Zum Zweck der Insolvenzgeldvorfinanzierung muss der vorläufige Insolvenzverwalter eindeutige Absprachen mit der Arbeitsverwaltung treffen. Er muss mit den ohnehin schon strapazierten Hausbanken sprechen, ob es bei ihnen nochmals eine entsprechende Bereitschaft zur Kreditvergabe für diesen Zweck der Vorfinanzierung gibt. Dies wird sich nur erfolgreich gestalten, wenn der vorläufige Insolvenzverwalter den eingebundenen Instituten vermitteln kann, dass sich das weitere Kreditengagement für sie lohnt. Dazu muss er sein Konzept darlegen, inwieweit eine reelle Chance besteht, dass das Unternehmen von einem Investor übernommen werden kann oder zumindest bei Industrieunternehmen mit einer Ausproduktion über einen Zeitraum von 3 Monaten eine erhebliche Generierung von Masse voraussichtlich möglich sein wird, die der Befriedigung der offenen Gläubigerforderungen und nicht zuletzt auch der Banken durch ihre Beteiligung an den Erlösen dient. Das setzt zunächst einmal großes Vertrauen der Institute in die Fähigkeit des vorläufigen Insolvenzverwalters voraus. Es ist umgekehrt das Geschick des vorläufigen Insolvenzverwalters, den Banken zu verdeutlichen, dass sie im Weigerungsfalle mit noch höheren Ausfällen zu rechnen haben. Das Gleiche gilt für die Lieferanten und 74

---

212 Gesellschafterbeschlüsse z. Auflösung, Liquidation oder Umwandlung sind unwirksam, AG Freiburg, 14.3.2019 – 8 IN 18/19, ZInsO 2019 2019, 1276.
213 Uhlenbruck/Vallender, § 22 InsO Rn 42; MüKo/Haarmeyer, § 22 InsO Rn 72; Ottinger, in: Mindestanforderungen an die Insolvenzabwicklung (MaInsO), Rn 1658 ff.
214 Hilfreich: Borchardt/Frind/Göttsch, (2. Aufl.), Betriebsfortführung in der Insolvenz, Rn 1206: Ablaufübersicht.

Vermieter sowie Leasinggeber.[215] Erst wenn der Weg von all diesen Gläubigergruppen i.S.e. Art „unechten Massekredits" dafür freigemacht wird, macht es Sinn, sich an die Mitarbeiter zu wenden und ihnen jedenfalls zunächst eine kurzfristige Perspektive zu eröffnen. Dazu muss man die Schlüsselmitarbeiter des Unternehmens für sich gewinnen und ggf. auch den Betriebsrat. Diese Basiskonstellation ist dennoch immer aufs Neue die Herausforderung des vorläufigen Insolvenzverwalters, wobei eine gewisse Routine und ein bestimmter Bekanntheitsgrad gewiss nicht von Schaden sind. Die Insolvenzgeldvorfinanzierung stellt auch eine gewisse Gefahr dar.[216] Denn Zahlung von Insolvenzgeld ist von einem Insolvenzereignis abhängig, das aber gerade nicht vorliegt, wenn der Schuldner einen Eigenantrag gestellt hat und diesen vor der Verfahrenseröffnung zurücknimmt oder im Fall des Fremdantrages dieser infolge der Forderungsbegleichung vom Gläubiger zurückgenommen wird. Dieser Gefahr kann man nur begegnen, wenn die vorfinanzierende Bank eigene Forderungen gegen den Schuldner hat und deshalb parallel einen Antrag auf Eröffnung des Insolvenzverfahrens stellt, das dann ggf. unter einem eigenen Aktenzeichen geführt wird.

75 (wegfallen)

76 Des Weiteren ist v.a. der **Forderungseinzug** eine Hauptaufgabe des vorläufigen Insolvenzverwalters. Dazu wird er im Bestellungsbeschluss ausdrücklich ermächtigt. Dabei stellt sich zunächst die Frage der Einrichtung eines zulässigen Kontos, um Gelder entgegenzunehmen. Der BGH hält ein Anderkonto des vorläufigen Insolvenzverwalters als Eigenkonto für unzulässig.[217] In der Konsequenz muss er ein Sonderkonto der „Insolvenzmasse" errichten. Dazu bedarf es einer ausdrücklichen Ermächtigung des Insolvenzgerichts, sofern er auch über dieses verfügen will, um etwa Zahlungen bei der Unternehmensfortführung vorzunehmen.[218] Dabei ist eine wesentliche Fragestellung, ob ein (Dritt-)Schuldner des Insolvenzschuldners an diesen mit befreiender Wirkung leisten kann, wenn Sicherungsanordnungen im Internet bekannt gemacht worden sind, §§ 24 Abs. 1, 82 S. 1 InsO. Allein die Internetbekanntmachung muss der Drittschuldner entgegen des Wortlauts des § 9 Abs. 1 Satz 3 und Abs. 3 InsO nicht gegen sich gelten lassen.[219] Es ist daher eine wesentliche Aufgabe des vorläufigen Insolvenzverwalters zur Sicherung der Masse, Drittschuldner darauf aufmerksam zu machen. Der vorläufige Insolvenzverwalter wird im eigenen

---

215 Zu den Möglichkeiten der Verhinderung der Aussonderung gem. § 21 Abs. 2 S. 1 Nr. 5 InsO instruktiv Ganter, ZIP 2015, 1767, z. Vermeidung von Kündigungen.
216 Ifftner, in: Mindestanforderungen an die Insolvenzabwicklung (MaInsO), Rn 1640 ff.
217 BGH, 7.2.2019 – IX ZR 47/18, ZInsO 2019, 845.
218 Brzoza, BKR 2019, 460, 462; Möhring, ZInsO 2019, 2601, 2603 f.
219 BGH, 15.4.2010 – IX ZR 62/09, ZInsO, 2010, 912, Rn 14 (nach Eröffnung) Grenze der Zumutbarkeit.

Interesse also sogleich alle wesentlichen Drittschuldner von seiner Bestellung in Kenntnis setzen und diese auf seine Ermächtigung zur Einziehung hinweisen. Meist wird ihm diese Zustellungsaufgabe vom Insolvenzgericht auferlegt. Entsprechend der vom Gericht übermittelten Liste der Drittschuldner werden diese informiert. Aus unterschiedlichen Gründen ist diese Liste meist nicht vollständig. Sollte sich im weiteren Verlauf herausstellen, dass es möglicherweise noch nicht informierte Drittschuldner gibt, müssten diese separat – möglichst mit Einschreiben und Rückschein – auf die Bestellung des vorläufigen Insolvenzverwalters hingewiesen werden. Denn er darf noch nicht einmal bei einem institutionellen Drittschuldner wie einem Versicherungsunternehmen[220] davon ausgehen, dass dieser regelmäßig und systematisch Internetabfragen[221] vornimmt.[222]

Zu beachten ist ferner in diesem Zusammenhang der Fortführungspflicht der „richtige" Umgang mit im Voraus abgetretenen Forderungen. Im ordnungsgemäßen Geschäftsbetrieb darf der vorläufige Insolvenzverwalter diese Forderungen weiterhin trotz Antragstellung einziehen. Den zukünftigen „Absonderungsberechtigten" steht ein Anspruch auf **Separierung ihrer sicherungszedierten Forderungen** aus einer entsprechenden Anwendung des § 170 Abs. 1 Satz 2 InsO zu.[223] Dazu muss er auf ein offenes Treuhandkonto den Erlös für diese Gläubigergruppe einziehen.[224] Der vorläufige Insolvenzverwalter darf sicherungszedierte Forderungen jedenfalls nicht in der Betriebsfortführung „verbrennen". Dadurch entsteht ein Zielkonflikt zwischen Erlösauskehr und Betriebsfortführung. Diese Vorgaben führen möglicherweise zu einer erheblichen Beeinträchtigung gerade im Hinblick auf die Pflicht zur Betriebsfortführung. Der Mangel an Liquidität wird alsbald eine Betriebsfortführung unmöglich machen. Jedoch erlischt das Recht des vorläufigen Insolvenzverwalters zur Einziehung, sobald der Sicherungsnehmer seine Ermächtigung zum Einzug widerruft und die ihm abgetretenen Forderungen ggü. den (Dritt-)Schuldnern aufdeckt. Setzt sich der vorläufige Insolvenzverwalter darüber pflichtwidrig hinweg, entsteht beim Sicherungsnehmer ein Ersatzabsonderungsrecht, § 48 InsO analog. Dieser Anspruch wegen unberechtigter Einziehung steht zum einen einer Bank zu, sofern sie eine Globalzession oder eine Raumsicherungsübereignung hatte, und zum anderen den Eigentumsvorbehaltslieferanten. Dies setzt allerdings voraus, dass die Forderung noch nach Eröffnung des Insolvenzverfahrens unterscheidbar in der Masse vorhanden ist. Der vorläufige Verwalter kann dies auch nicht durch eine

---

[220] BGH, 15.4.2010 – IX ZR 62/09, ZInsO, 2010, 912 (nach Eröffnung) Grenze der Zumutbarkeit; BGH, 10.3.2010 – IV ZR 207/08, ZIP 2010, 890.
[221] www.insolvenzbekanntmachungen.de.
[222] BGH, 7.10.2010 – IX ZR 209/09, ZInsO 2010, 2269; prägnant Gehrlein, VersR 2015, 38.
[223] BGH, 21.1.2010 – IX ZR 65/09 ZInsO 2010, 714; FK/Imberger § 51 InsO Rn 64f.
[224] Möhring, ZInsO 2019, 2601, 2603f.

(nachträgliche) gerichtliche Anordnung nach § 21 Abs. 2 Nr. 5 InsO verhindern.[225] Macht er dies nicht und liegt Masseunzulänglichkeit vor, haftet der (vorläufige) Insolvenzverwalter nach § 60 Abs. 1 InsO persönlich.[226] Will der vorläufige Insolvenzverwalter seine Haftung vermeiden, wird er die Kreditgeber an einen Tisch holen müssen und deren Zustimmung einholen. Das ist praktisch trotz moderner Kommunikationswege in kurzer Frist wohl kaum möglich, vor allem scheitert dies voraussichtlich an der Interessenvielfalt.[227]

Zur Einziehung im eigenen Namen und im Wege der Prozessführung ist der vorläufige Insolvenzverwalter aber grundsätzlich nicht befugt und kann diesbezüglich nicht allgemein ermächtigt werden. Dazu bedarf es schon der Einholung einer Einzelermächtigung des Insolvenzgerichts als Ausnahme.[228]

78 **Umstritten** ist zudem, wie er **Verbindlichkeiten von Neugläubigern** bedienen kann, deren Leistungen z.B. für den betrieblichen Produktionsprozess dringend benötigt werden.[229] Dazu müssen Maßnahmen getroffen werden. Neben dem **Ermächtigungsmodell** des BGH steht das Treuhandmodell. Bei Letzterem ist zu prüfen, ob dies entweder durch ein offenes Treuhandkonto oder ein Anderkonto zu erfolgen hat.[230] Probleme ergeben sich, wenn die Rechnungsstellung erst nach Verfahrenseröffnung erfolgt (sog. nachlaufende Verbindlichkeiten). Es wird dann auf eine „Insolvenzforderung" wie auf eine Masseverbindlichkeit gezahlt. Ferner sind praktische Fragen zu lösen, z.B. wie etwa die nach zwischenzeitlicher Beendigung des Verfahrens oder des Amtes des vorläufigen Insolvenzverwalters auf Treuhandkonten eingehende Zahlungen zu behandeln sind. Gegen den vorläufigen Insolvenzverwalter richten sich Bereicherungsansprüche.[231]

79 Der vorläufige Insolvenzverwalter soll permanent darauf hinwirken, dass Sicherungsanordnungen des Insolvenzgerichts beschlossen werden, wenn es der Siche-

---

[225] BGH, 19.12.2019 – IX ZR 27/19, ZInsO 2020, 188; BGH, 24.1.2019 – IX ZR 110/17, ZInsO 2019, 563; AG Hamburg, 2.5.2011 – 67g (Frind) IN 62/11, ZInsO 2011, 1158; dagegen beachtliche Einwände Tetzlaff, jurisPR-InsR 19/2011 Anm. 5; den Einwänden zustimmend AG Hamburg, 30.9.2011 – 67g (Schmidt) IN 381/11, ZInsO 2011, 2045.
[226] BGH, 19.12.2019 – IX ZR 27/19, ZInsO 2020, 188; BGH, 24.1.2019 – IX ZR 110/17, ZInsO 2019, 563; auch zur primären Beweislast des Anspruchstellers und der sekundären Darlegungslast des Insolvenzverwalters, „Auskunftsanspruch".
[227] Smid, ZInsO 2019, 2554, 2266 zu Handlungsmöglichkeiten und Risiken für den Insolvenzverwalter.
[228] BGH, 15.3.2012 – IX ZR 249/09, NZI 2012, 365 m. Anm. Schädlich/Stapper.
[229] Uhlenbruck/Vallender, § 22 InsO Rn 235 ff.
[230] Uhlenbruck/Vallender, § 22 InsO Rn 238 ff.; hilfreiche Vorschläge dazu von Büttner, ZInsO 2012, 2309, 2317 f.; Schulte-Kaubrügger, ZIP 2011, 1400; Jansen, NJW-Spezial 2011, 21; haftungsträchtig, Stahlschmidt, NZI, 2011, 272 in Auseinandersetzung m. BGH, 20.9.2007 – IX ZR 91/06, ZInsO 2007, 1228 u. BGH, 18.12.2008 – IX ZR 192/07, ZInsO 2009, 521; ferner BGH, 12.5.2011 – IX ZR 133/10, ZInsO 2011, 1051 f., Rn 9 f.; dazu Kroth, FD-InsR 2011, 319562.
[231] BGH, 26.3.2015 – IX ZR 302/13, ZInsO 2015, 1151; hilfreich erläutert Würdinger, EWiR 2015, 449.

rung und Erhaltung der zukünftigen Masse dient, oder – soweit sie nicht (mehr) erforderlich sind – wieder aufgehoben werden.[232] Diese Anordnungen nach § 21 Abs. 2 S. 1 Nr. 5 InsO treffen insb. „Aussonderungsberechtigte" nachteilig, die für einen Zeitraum von bis zu 3 Monaten ihr Eigentum ggf. unentgeltlich zur Verfügung stellen müssen.[233] Lediglich der Wertverlust ist auszugleichen.[234]

Aus diesen Beschreibungen mag man erkennen, dass der vorläufige Insolvenzverwalter, der i.d.R. weder allgemeiner Vertreter noch Partei kraft Amtes ist, solange die allgemeine Verfügungsbefugnis nicht auf ihn übergeht (sog. starker Insolvenzverwalter), einen höchst anspruchsvollen Job macht. Es werden aber ganz wesentliche Entscheidungen bereits in dieser Zeit getroffen. Diese Entscheidungen sind für das eröffnete Insolvenzverfahren von tragender Bedeutung.

Der vorläufige Insolvenzverwalter soll zudem prüfen, ob ein **Insolvenzgrund** 80 i.S.d. §§ 17 und 19 InsO vorliegt und ob die ermittelte Masse hinreichende **Deckung der Verfahrenskosten** nach § 54 InsO gewährleistet, sofern er dies nicht schon als sog. isolierter Sachverständiger untersucht hat (Näheres siehe Rdn 107–112). Er ist zur Erstattung eines Gutachtens verpflichtet, auf das sich die Prognoseentscheidung des Insolvenzgerichts zur Eröffnung des Verfahrens stützt. Alle relevanten Fragen, die ihm zudem im Beschluss des Insolvenzrichters aufgegeben werden, müssen nach den hierfür entwickelten Gutachtenstandards beantwortet werden.[235] Im Fall der Massearmut muss eine konkrete Berechnung des von dritter Seite zu leistenden Massekostenvorschusses erfolgen. Inwieweit Dritte sich zur Vorfinanzierung bereitfinden, ist dann eine zweite Sache. Regelmäßig verneinen die Sozialversicherungsträger als häufigste Antragsteller ihre Bereitschaft.

Nach Erstellung des Gutachtens und Ausübung seiner Tätigkeit hat der vorläu- 81 fige Insolvenzverwalter einen Anspruch auf Vergütung und Auslagenersatz nach § 63 Abs. 3 InsO i.V.m. § 11 InsVV.[236] Grds. reduziert sich der Anspruch ggü. dem Regelanspruch auf 25% der ermittelten Teilungsmasse nach den Staffelvorgaben der InsVV. Er erhöht oder mindert sich durch Zu- bzw. Abschläge gemäß den Besonder-

---

[232] Ausführlich MüKo/Haarmeyer/Schildt, § 21 InsO Rn 11ff., z. Zweckrichtung, Erforderlichkeit, Verhältnismäßigkeit, Verfahren.
[233] Uhlenbruck/Vallender, § 21 InsO Rn 38ff., insb. 38 l g. zu Anordnungen nach § 21 Abs. 2 S.1 Nr. 5 InsO.
[234] BGH, 8.9.2016 IX ZR 52/15, ZInsO 2016, 2201 Schätzung z.B. nach AfA-Tabellen bei LKW.
[235] Hilfreich: Teil 2: Muster 8 Rn 120 u. 9 Rn 125, Checklisten Muster 10 Rn 132 u. Rn 135, in, Haarmeyer/Pape/Stephan/Nickert, Formularbuch Insolvenzrecht.
[236] Muster-Vergütungsantrag des vorläufigen Insolvenzverwalters, Haarmeyer/Heyn, InsbürO 2010, 2; § 9 InsVV i.V.m. § 10 InsVV gibt einen selten genutzten Vorschussanspruch, FK/Lorenz, § 9 InsVV Rn 11ff., z. berechtigten Interesse; Ablehnung d. Vorschusses als Amtspflichtverletzung d. Rechtspflegers: BGH, 16.10.2014 – IX ZR 190/13, ZIP 2014, 2299 (hier: verneinend); erläuternd Kießner, FD-InsR 2014, 364603; kurze Abhandlung z. Vergütungspraxis in Uhlenbruck/Vallender, § 22 InsO Rn 320 -352a.

heiten des jeweiligen Verfahrens. Zu beachten ist, dass nach § 63 Abs. 3 S. 4 InsO i.V.m. § 11 Abs. 2 InsVV im Abweichungsfall der zugrunde gelegten Wertansätze von mehr als 20% ggü. den tatsächlich realisierten Werten am Ende des Verfahrens die bereits festgesetzte Vergütung bei der Festsetzung der Vergütung des endgültigen Insolvenzverwalters neu festgesetzt werden kann. Die Verjährung des Vergütungsanspruchs des vorläufigen Insolvenzverwalters ist bis zum Abschluss des eröffneten Verfahrens gehemmt.[237] Des Weiteren steht ihm ein Auslagenersatz zu, der pauschal oder konkret berechnet werden kann. Nach § 11 Abs. 4 InsVV wird das Sachverständigengutachten nach den §§ 8, 9 JVEG gesondert abgerechnet.[238] Es findet insoweit keine Berücksichtigung mehr bei der Vergütung des vorläufigen Insolvenzverwalters. Schwierig ist die Situation dann, wenn ein Verfahren nicht eröffnet wird.[239] Ein Vergütungsanspruch im Fall des Ausfalls ggü. der Staatskasse besteht nur bei Verfahrenskostenstundung nach §§ 4a ff. InsO, sonst nicht.[240] Hat der vorläufige Insolvenzverwalter seine Vergütung zurückzuerstatten, hat er sie ab Entnahme aus der Masse in entsprechender Anwendung des § 717 Abs. 2 u. 3 ZPO nach Maßgabe der §§ 291, 288 Abs. 2 BGB zu verzinsen.[241]

II. Verfügungsbeschränkungen (§§ 23–25 InsO)

82 Nur dann, wenn die Verfügungsbefugnis des Insolvenzschuldners **allgemein** beschränkt wird und mithin ein sog. starker vorläufiger Insolvenzverwalter bestellt wurde, bedarf es einer öffentlichen Bekanntmachung nach § 9 InsO. Dies ist als notwendige Information an den Geschäftsverkehr erforderlich, um v.a. einer **befreienden Leistung** an den Insolvenzschuldner i.S.d. **§ 82 InsO** zumindest Grenzen zu setzen, wenngleich sie nicht gänzlich zu unterbinden ist. Üblich ist zudem, allen bekannten Drittschuldnern den Beschluss über die Verfügungsbeschränkung zuzustellen. Dabei handelt es sich meist um eine an den vorläufigen Insolvenzverwalter gerichtlich delegierte Aufgabe. Wichtig ist, dass eine angeordnete Verfügungsbe-

---

237 BGH, 22.9.2010 – IX ZB 195/09 [31 ff.], ZInsO 2010, 2103, 2105 f.
238 Krit. zur Vergütungshöhe: FK/Lorenz, § 11 InsVV Rn 114 f.; hilfreich: Muster einer Abrechnung in, FK/Lorenz, § 11 InsVV Rn 125 u. 126.
239 LG Lüneburg, 16.9.2019 – 3 T 66/19, ZInsO 2019, 2183; Smid, ZIP 2014, 1714: zur Titulierung des Vergütungsanspruch i.S.d. § 26a InsO i.d.F. v. 1.7.2014 gem. Abs. 2 auch gegen den antragstellenden Gläubiger bei „groben Verschulden"!?
240 BGH, 13.12.2007 – IX ZR 196/06, ZInsO 2008, 151; ggf. aus § 25 Abs. 2 InsO, vgl. Graeber/Graeber, InsbürO 2009, 354, 355 unter 1. bejahend. Ein Anspruch gegen den Insolvenzschuldner musste vor Inkrafttretens des ESUG (§ 26a InsO) ggf. zivilgerichtlich verfolgt werden BGH, 3.12.2009 – IX ZB 280/08, ZInsO 2010,107; umstr. Seehaus, ZInsO 2011, 1783 sowie LG Koblenz, 5.7.2011 – 2 T 342/11, ZInsO 2011, 1805, jeweils m.w.N.
241 BGH, 20.3.2014 – IX ZR 25/12, ZInsO 2014, 1438.

schränkung auch in den öffentlichen Registern nach §§ 23 Abs. 3, 32 Abs. 1 Nr. 1 InsO eingetragen wird. Anderenfalls kann z.B. ein Grundstück gutgläubig erworben werden gem. §§ 24 Abs. 1, 81 Abs. 1 S. 2 InsO.[242] Ferner sind Gesellschafterbeschlüsse z. Auflösung, Liquidation oder Umwandlung sind unwirksam.[243]

Ferner wirkt sich die allgemeine Verfügungsbeschränkung auf Rechtsstreitigkeiten aus, soweit sie die Insolvenzmasse betreffen.[244] Nach **§ 240 S. 2 ZPO** unterbrochene Verfahren, insb. Aktivprozesse nach § 85 InsO, können (nur) vom starken vorläufigen Insolvenzverwalter aufgenommen und fortgeführt werden.[245] Möglicherweise kann er sogar auch Rechtsstreitigkeiten anhängig machen.[246] Ggf. steht dem vorläufigen Insolvenzverwalter PKH gem. § 116 Abs. 1 Nr. 1 ZPO zu.[247] Allerdings muss er bedenken, dass er sich einer Haftung nach den §§ 21 Abs. 2 Nr. 1, 60, 61 InsO aussetzt.[248] 83

Von der Verfügungsbeschränkung erfasst ist die „Insolvenzmasse" nur insoweit, als sie nicht unpfändbar i.S.d. §§ 4, 36 InsO i.V.m. §§ 811 Abs. 1 Nr. 1 u. 5, 850 ff. ZPO ist. Ein gutgläubiger Erwerb ist bei *beweglichen* Gegenständen (i.w.S.) damit nach § 81 InsO ausgeschlossen, weil es sich um ein absolut wirkendes Verfügungsverbot handelt. Es bleibt dem sog. starken vorläufigen Insolvenzverwalter allerdings unbenommen, die durch einen Verstoß gegen dieses Verbot vorgenommenen Verfügungen zu genehmigen (§§ 185 Abs. 2, 184 BGB). In die öffentlichen Register wird das Verfügungsverbot von Amts wegen eingetragen. 84

Von besonderer Brisanz ist die Situation, in der der Schuldner gerade die Forderungen begleicht, die dem Antrag zugrunde liegen. Der Gläubiger nimmt daraufhin möglicherweise seinen Antrag zurück und erklärt die Hauptsache für erledigt. Diese Zahlungen ohne Zustimmung des sog. starken vorläufigen Insolvenzverwalters sind zunächst nur Erfüllungsversuche. Mangels Erfüllungswirkung geht die darauf bezogene Prozesshandlung des Gläubigers, die Erledigung der Hauptsache zu erklären, ins Leere und die Leistung ist zurückzugewähren.[249] Anders stellt sich die Situation dar, wenn der vorläufige Insolvenzverwalter genehmigt. Sollte alsbald ein Verfahren aufgrund eines weiteren Fremdantrages eröffnet werden, ist diese Zahlung dennoch anfechtbar. Denkbar ist, dass Dritte die Forderung begleichen (vgl. aber § 14 Abs. 1 Satz 2 InsO). Diese privilegierenden Rechtsfolgen stärken die Position des sog. 85

---

242 OLG Köln, 28.10.2019 – 2 Wx 290/19, ZIP 2019, 2362.
243 Instruktiv: AG Freiburg, 14.3.2019 – 8 IN 18/19, ZInsO 2019 2019, 1276 f.
244 Zu beachten ist, dass Prozesse von Aussonderungsberechtigten (z.B. Räumungsklagen des Vermieters) nicht in den Anwendungsbereich fallen.
245 Ausführlich MüKo/Haarmeyer-Schildt § 24 InsO Rn 22 ff.; FK/Schmerbach, § 24 InsO Rn 34 ff., bei Bestellung eines sog. schwachen vorläufigen Insolvenzverwalter tritt diese Rechtsfolge demnach nicht ein.
246 MüKo/Haarmeyer-Schildt § 24 InsO Rn 28.
247 MüKo/Haarmeyer-Schildt § 24 InsO Rn 29 f.
248 FK/Schmerbach, § 24 InsO Rn 39.
249 FK/Schmerbach, § 24 InsO Rn 23.

86 Auch der nur mit einem Zustimmungsvorbehalt versehene vorläufige Insolvenzverwalter ist nicht machtlos. Er kann zudem das Insolvenzgericht ersuchen, dass einzelne besondere Verfügungsverbote angeordnet werden. Dennoch ist dies aber sehr mühsam. Jedoch bei Grundstücken zur Verhinderung etwa der Eintragung von Grundpfandrechten dringend geboten. Bei Verfügungen des Schuldners ist nur eine relative Unwirksamkeit die Folge.[250] Meist wird der sog. schwache vorläufige Insolvenzverwalter die Eröffnung des Verfahrens abwarten müssen und dann versuchen, seine insolvenzrechtlichen Anfechtungsrechte durchzusetzen.

87 Von Bedeutung ist ferner, ob diese **Verfügungsbeschränkungen** auch dann gelten, wenn es sich um einen Gegenstand von erheblichem Wert, insb. um Immobilien, Flugzeuge und Schiffe handelt, die sich **im Ausland** befinden. Da bislang nur ein vorläufiger Insolvenzverwalter bestellt ist, ist es gerade unter der Maßgabe der Regelungen der EuInsVO die Frage, ob sich die Wirkungen auf diesen Verfahrensstand erstrecken, um einen etwaigen Gutglaubensschutz des Belegenheitsstaates zu verhindern. Nach einer im Vordringen befindlichen Auffassung reicht es aus, wenn lediglich ein sog. „schwacher Insolvenzverwalter" nach deutschem Recht eingesetzt und entsprechende insolvenzgerichtliche Anordnungen mit der erforderlichen Beschlagnahmewirkung erlassen wurden.[251]

88 Die Aufhebung von Verfügungsbeschränkungen nach § 25 InsO muss ebenfalls nach Maßgabe des § 9 InsO von Amts wegen öffentlich bekannt gemacht werden. Das gilt auch für einzelne Sicherungsanordnungen.[252] Für den Fall der Eröffnung des Insolvenzverfahrens treten die Beschränkungen automatisch außer Kraft.[253]

89 Eine Besonderheit liegt nach **§ 25 Abs. 2 InsO** insoweit vor, als die vom sog. starken vorläufigen Insolvenzverwalter verursachten Verbindlichkeiten und die Verfahrenskosten des Gerichts und die Kosten der vorläufigen Verwaltung zunächst berichtigt werden, bevor eine Aufhebung auch seiner Bestellung erfolgen darf, wenn sich abzeichnet, dass das Verfahren nicht eröffnet wird.

90 Es ist ein **dreistufiges Aufhebungsverfahren** vorzunehmen:[254]
– Aufhebung der Verfügungsbefugnis mit Ausnahme des Rechts an liquiden Mitteln;

---

250 FK/Schmerbach, § 24 InsO Rn 23.
251 FK/Wenner-Schuster, EuInsVO Art. 52 Rn 1 ff., Rn 10 ff. z. Aufhebung von Sicherungsmaßnahmen; Schmidt/Undritz, EuInsVO, Art. 52 Rn 3; Eröffnung v. Sekundärinsolvenzverfahren (Alkor-Insolvenz) Dammann/Müller, NZI 2011, 752.
252 MüKo/Haarmeyer-Schildt § 24 InsO Rn 10 ff.
253 FK/Schmerbach, § 25 InsO Rn 9.
254 Ausführlich MüKo/Haarmeyer-Schildt § 24 InsO Rn 14 ff.; gut nachvollziehbare Erläuterung der Abwicklungsschritte bei Uhlenbruck/Vallender, § 25 InsO Rn 10–14.

- Beschränkung auf die Verwaltung der liquiden Mittel und ein internes Recht zur Verwertung der erforderlichen Vermögenswerte für die Kostendeckung und Bedienung der vom sog. starken vorläufigen Insolvenzverwalter begründeten Verbindlichkeiten;
- nach Verwertung der erforderlichen Vermögenswerte und Rechnungslegung Aufhebung des Verfahrens insgesamt.

Diese Vorgehensweise geschieht zum Schutz des sog. starken vorläufigen Insolvenzverwalters, da er einerseits mit seiner Vergütung ausfallen kann und andererseits die persönliche Haftung für von ihm begründete Verbindlichkeiten nach § 61 InsO droht.[255] Es ist umstritten, ob auf andere Konstellationen insb. auf den schwachen vorläufigen Insolvenzverwalter § 25 Abs. 2 InsO entsprechend anwendbar ist.[256] Bleiben unbeglichene Verbindlichkeiten, gibt es dafür keine Haftung der Staatskasse.[257]

III. Starker vorläufiger Insolvenzverwalter

Zunächst stellt sich die Frage, ob es eines sog. starken vorläufigen Insolvenzverwalters überhaupt bedarf. Den **Sequester** nach der **KO** wollte der Gesetzgeber nicht mehr, weil ihm zu geringe Befugnisse zustanden. Er musste oft zusehen, wie sich eine ohnehin geringe Masse schnell verflüchtigte, ohne dagegen einschreiten zu können. Daher entstand das Konzept des sog. starken vorläufigen Verwalters. Danach steht die Verwaltungs- und Verfügungsbefugnis an der Ist-Masse allein ihm zu. Allerdings hat dies zum Nachteil, dass jede von ihm begründete Verbindlichkeit mit der Verfahrenseröffnung Masseverbindlichkeit nach § 55 Abs. 2 InsO wird, ganz gleich, ob die Gegenleistung der Masse irgendeinen Nutzen bringt. Dies gilt etwa für Betriebsteile, die faktisch stillgelegt sind, für die ihnen zugewiesenen Mitarbeiter, denen aber bereits gekündigt worden ist und die (un)widerruflich freigestellt waren. Für Dauerschuldverhältnisse gilt dies zwar abgeschwächt für den Fall, dass der vorläufige Insolvenzverwalter die Leistung auch tatsächlich abruft, aber die meisten Dauerschuldverhältnisse sind ohnehin unumgänglich. Eine schnelle Massereduzierung ist die Folge. Deshalb verweisen die Insolvenzverwalter darauf, dass es auch aus dem Gesichtspunkt der Verhältnismäßigkeit nicht sinnvoll sei, sofort dem In-

---

255 FK/Schmerbach, § 25 InsO Rn 22.
256 FK/Schmerbach, § 25 InsO Rn 19; ob dies auch bei vergleichbarer Situation einschlägig ist für den sog. schwachen vorläufigen Verwalter, ist fraglich, vgl. Graeber/Graeber, InsbürO 2009, 354, 355 unter 1. bejahend; HambKomm/Schröder § 25 InsO Rn 10f.; a.A. Uhlenbruck/Vallender, § 25 InsO Rn 6f.
257 Uhlenbruck/Vallender, § 25 InsO Rn 21.

solvenzschuldner die Verwaltungs- und Verfügungsbefugnis zu entziehen, zumal sich damit ein zusätzlicher Imageschaden einstelle. So wurde der Regelfall zur Ausnahme.

93 Dennoch gibt es durchaus Sachverhalte, in denen dieses Modell seinen Zweck erfüllt. Bei **kriminellen Insolvenzen** einerseits und andererseits bei Unternehmen, die trotz **Krankheit**, **Tod** oder **Unauffindbarkeit** geschäftsführender Gesellschafter fortgeführt werden müssen und wenn sich sonst niemand zeitnah aus dem Gesellschafterkreis oder aus dem Kreis naher Angehöriger zur Unternehmensleitung bereitfindet, macht es Sinn, einen sog. starken vorläufigen Insolvenzverwalter zu bestellen. Die **Führungslosigkeit** in einem noch betriebenen Unternehmen führt sehr schnell zur **Masseschädigung**. Dass hierbei auch das erhöhte Haftungsrisiko des vorläufigen Insolvenzverwalters aus den §§ 60, 61 InsO besteht, ist durch eine gezielte Erhöhung der Haftpflichtversicherung aufzufangen.

94 Regelmäßig werden in der Unternehmensinsolvenz die betrieblichen Strukturen noch vorhanden sein. Der unternehmensfremde vorläufige Insolvenzverwalter wird weder alles anders noch alles besser machen können. Gleichwohl könnte er als sog. starker vorläufiger Insolvenzverwalter sämtliche bestehenden Verträge kündigen und neue notwendige eingehen. Das erscheint zunächst sehr komfortabel und könnte ihm ein ungestörtes Handeln ermöglichen. Es kommt dennoch i.d.R. nur darauf an, dass die Kassenkontrolle zum Schutze der Masse in die Hände des vorläufigen Insolvenzverwalters übergeht. Der Zustimmungsvorbehalt reicht i.Ü. aus. Ist dabei für ihn erkennbar, dass wichtige Potenziale genutzt werden könnten, mag er sich dazu eine Anzahl konkreter Einzelermächtigungen vom Insolvenzgericht zum Abschluss einzelner oder einer Reihe von Verträgen erteilen lassen.[258] Wichtig könnte u.a. sein, sich eine Ermächtigung geben zu lassen, nach der er insb. eine Kreditzusage erlangen kann.[259]

95 Das Instrument der insolvenzrechtlichen Anfechtung läuft beim sog. starken vorläufigen Insolvenzverwalter im Hinblick auf seine für die Masse getätigten Rechtsgeschäfte leer. Er kann diese nicht im eröffneten Verfahren nach den Anfechtungsregeln der §§ 129 ff. InsO anfechten.

96 Ihn treffen nun aber die Ordnungs-, Steuer-, Sozialversicherungspflichten etc. Genau genommen gerät er gänzlich unvorbereitet in die Verantwortung ohne Rückendeckung. Er weiß noch gar nicht, wer sein(e) „Verbündeter(n)" im Unternehmen sein könnte(n) und muss dennoch sofort auf unsicherer Kenntnislage Entscheidungen treffen. Haftungsfallen – wie etwa zu bezahlende Lizenzgebühren – lauern dagegen überall. Jeder zusätzliche Tag ohne diese Entscheidungsverantwortlichkeit, an dem er sich in das Unternehmen einarbeiten kann, wird ihm noch eine

---

[258] Ausführlich: Laroche, NZI 2010, 965.
[259] Zum echten Massekredit und diesbezügliche Bedenken, Borchardt/Frind/Borchardt, (2. Aufl.), Betriebsfortführung in der Insolvenz, Rn 614–616.

Betrachtung von außen ermöglichen und ihm helfen, Klarheit über den Fortgang des Unternehmens zu gewinnen.

Schließlich wirkt sich die Bestellung als sog. starker vorläufiger Insolvenzverwalter nicht, zumindest nicht wesentlich, auf seine Vergütung aus. 97

Daher ist das Fazit schnell gezogen: Der sog. starke vorläufige Insolvenzverwalter ist meist entbehrlich, weil die Befugnisse des sog. schwachen vorläufigen Insolvenzverwalters sukzessive bis zu denen des sog. starken vorläufigen Insolvenzverwalters ausgedehnt werden können. Die zu bestellende Person wird deshalb i.d.R. nicht den Status eines sog. starken vorläufigen Insolvenzverwalters begrüßen. Denn für den Schutz der Gläubiger reicht die Einsetzung eines sog. schwachen vorläufigen Insolvenzverwalters im Allgemeinen aus. Gleichwohl gibt es Sondersituationen, die es erforderlich machen, den vorläufigen Verwalter bereits im Eröffnungsverfahren als Partei kraft Amtes, d.h. als *starken* vorläufigen Insolvenzverwalter, einzusetzen. 98

IV. Schwacher vorläufiger Insolvenzverwalter

Der sog. schwache vorläufige Insolvenzverwalter ist in der insolvenzgerichtlichen Praxis der Regelfall. Er wird in dem Umfang mit Befugnissen ausgestattet, wie es in dem jeweiligen Einzelfall erforderlich ist.[260] Der sog. schwache vorläufige Insolvenzverwalter kann mittels **Einzelermächtigungen** in die Lage versetzt werden, Masseverbindlichkeiten zu begründen.[261] Deren Umfang wird einerseits von den notwendigen Mitteln für die Aufrechterhaltung des Geschäftsbetriebs und andererseits maßgeblich von der Fortführungsprognose bestimmt. Diese kann sich etwa darauf beschränken, eine Auslaufproduktion vorzunehmen oder sich die Chance zu einer übertragenden Sanierung zu erhalten. Die Vorgaben dazu machte der **BGH**,[262] indem er dem Insolvenzrichter **untersagte**, General- bzw. **Pauschalermächtigungen** auszustellen. Der BGH verlangt als gültige Rechtsgrundlage für die Begründung von konkreten Masseverbindlichkeiten eine darauf bezogene Einzelermächtigung, aus der sich Art und Umfang ergibt. Das setzt voraus, dass sich der Insolvenzrichter von dem vorläufigen Insolvenzverwalter die Notwendigkeit begründen lässt und er diese als erforderlich geprüft hat.[263] Gleichwohl darf dies nicht zu einer Überforderung des vorläufigen Insolvenzverwalters führen, indem ihm eine zu kleinliche Vorgehensweise abverlangt wird. Maßstab ist die Praktikabilität. Dabei muss es sich jetzt nicht 99

---

260 Laroche, NZI 2010, 965.
261 Büttner, ZInsO 2020, 810 zu den Rechtsfolgen fehlender Einzelermächtigungen im Hinblick auf seine Rechnungslegung.
262 BGH, 18.7.2002 – IX ZR 195/01, ZInsO 2002, 819.
263 FK/Schmerbach, § 22 InsO Rn. 114 ff., z. Haftung d. Richters Rn 122.

um eine Vielzahl von Einzelermächtigungen handeln. Diese können auch als Gruppen- oder Bündelermächtigungen erfolgen, aber sie müssen den Vertragspartner und den monatlichen Umfang eingrenzen.[264] Allerdings eröffnet sich mit der Einzelermächtigung auch das Haftungsfeld des § 61 InsO.[265]

100 Regelmäßig wird das Handeln des sog. schwachen vorläufigen Insolvenzverwalters von **Anordnungen nach § 21 Abs. 2 S. 1 Nr. 5 InsO** flankiert, wodurch Verfügungsbeschränkungen ggü. Dritten ergehen, was insb. Leasinggeber und Vorbehaltsverkäufer betrifft.[266] Deshalb muss der Insolvenzrichter das „Programm" des vorläufigen Insolvenzverwalters im Wesentlichen kennen, das diesem die Einschätzung erlaubt, dass es voraussichtlich durch die zu erteilenden Einzelermächtigungen zu einer Massemehrung kommen wird.

101 **Haftungsträchtig** für den vorläufigen Insolvenzverwalter und den Insolvenzrichter sind aber **Massekredite** in einem größeren Volumen. Dadurch wird die bei Eröffnung des Verfahrens vorhandene Masse erheblich vorbelastet. Ob der weitere Verfahrensablauf sich erfolgreich gestaltet oder nicht, ist nicht vorherbestimmbar. Der Insolvenzrichter wird dennoch darauf zu achten haben, dass die Vorbelastung in einem angemessenen Verhältnis zum zu erwartenden Umsatz und zu den bisherigen allgemeinen Zahlungsströmen des Unternehmens steht. Der vorläufige Insolvenzverwalter weist dies durch aktuelle und aktualisierte Liquiditätspläne nach. Diese muss er ggf. auf Verlangen des Gerichts mehrfach vorlegen und detaillierte Zwischenberichte erstatten.

102 U.E. sind die Ermächtigungen nicht zu veröffentlichen.[267] Sie dienen v.a. der Rechtssicherheit des möglichen Vertragspartners und nicht sämtlichen Verfahrensbeteiligten als Informationsquelle. Der Vertragspartner weiß natürlich, in welchem Umfang im jeweiligen Monat mit der Insolvenzschuldnerin Geschäfte gemacht wurden und hat somit eine fixe Vorgabe. Ein Mehr an Rechtssicherheit kann es in diesem Zeitraum bis zur Verfahrenseröffnung nicht geben. Ein Zwang zum Vertragsabschluss besteht ohnehin nicht. Abwicklungstechnisch wird der vorläufige Insolvenzverwalter durch ein von ihm eingerichtetes gesondertes Treuhandkonto die für den Vertragspartner erforderliche Sicherheit der Zahlung gewährleisten.[268] Üblicherweise wird der vorläufige Insolvenzverwalter auch zur Kassenführung und zum Forderungseinzug ermächtigt. Dies führt zugleich zu der Frage, an wen sich ein

---

264 Laroche, NZI 2010, 965, 968.
265 FK/Schmerbach, § 22 InsO Rn 124, am besten ist, wenn die Rechnungen vor Eröffnung bezahlt sind.
266 Auch der Aussonderungsberechtigte hat Anspruch auf max. 3 Mon. Nutzungsentschädigung u. ggf. daneben einen (höheren) Ersatzanspruch für den Wertverlust als Masseverbindlichkeit, BGH, 8.3.2012 – IX ZR 78/11, NZI 2012, 369; Rn 22ff., m. Anm. Schädlich/Stapper.
267 Laroche, NZI 2010, 965, 972, Veröffentlichungen könnten sogar Schaden anrichten.
268 FK/Schmerbach, § 22 InsO Rn 124ff.

Drittschuldner wenden kann, falls er auf ein solches gesondertes Treuhandkonto geleistet hat, obwohl dies z.B. irrtümlich geschehen war und das Insolvenzverfahren nicht eröffnet wird. Mit seinem Bereicherungsanspruch kann er sich dann nicht an den Schuldner, sondern nur an den ehemaligen vorläufigen Insolvenzverwalter halten.[269]

Das gravierendste **Problemfeld** stellt die **Weiterbelieferung** des Insolvenzschuldners mit Waren durch wirtschaftlich starke Lieferanten dar. Verlangen sie Ausgleichung von Altforderungen, kann der sog. schwache vorläufige Insolvenzverwalter mit Zustimmungsvorbehalt der Verfügung zustimmen und im eröffneten Verfahren die Zahlung insolvenzrechtlich anfechten. Seine Zustimmung ist dann i.d.R. nicht als widersprüchliches Verhalten und daher als rechtsmissbräuchlich zu werten.[270] Gleichwohl gibt es Grenzen.[271] Insoweit stellt sich die Situation anders als beim sog. starken vorläufigen Insolvenzverwalter dar. 103

Der sog. schwache vorläufige Insolvenzverwalter darf i.d.R. nicht verwerten.[272] Sollten sich aber für einen Absonderungsberechtigten eine günstige Verwertungsmöglichkeit bieten, hat der vorläufige Insolvenzverwalter dazu seine Zustimmung zu geben; ggf. besteht sogar eine Verpflichtung, beim Insolvenzgericht eine darauf gerichtete Anordnung einzuholen.[273] Die Umsatzgeschäfte im üblichen Geschäftsverkehr bleiben davon unberührt. Manchmal müssen aus Liquiditätsgründen auch Vermögensgegenstände veräußert werden, zu denen der vorläufige Insolvenzverwalter mit Zustimmungsvorbehalt seine Einwilligung geben muss. Dazu gehört auch eine Veräußerung des Betriebs oder eines Betriebsteils. Das ist meist aber nicht erwünscht, weil die Vorteile des Erwerbers sich erst nach Eröffnung des Verfahrens einstellen.[274] 104

Arbeitsrechtlich tritt der sog. schwache vorläufige Insolvenzverwalter i.d.R. **nicht** in die **Arbeitgeberfunktion** ein.[275] Diese verbleibt damit weiterhin bei der Geschäftsleitung des Insolvenzschuldners. Gleichwohl können dem sog. schwache vorläufige Insolvenzverwalter erforderlichenfalls Arbeitgeberbefugnisse durch das Insolvenzgericht übertragen werden. Es ist eine insolvenzrechtliche Tatsache, dass gerade zu hohe Personalkosten einen wesentlichen Grund für die Schieflage eines Unternehmens darstellen. Je nachdem, ob der vorläufige Verwalter eine alsbaldige 105

---

269 BGH, 26.3.2015 – IX ZR 302/13, ZInsO 2015, 1151.
270 BGH, 15.12.2005 – IX ZR 156/04, ZInsO 2006, 208.
271 BGH, 9.12.2004 – IX ZR 108/04, ZInsO 2005, 209.
272 BGH, 15.3.2012 – IX ZR 249/09, ZInsO 2012, 693, Rn 11 m.w.N.
273 BGH, 5.5.2011 – IX ZR 144/10, ZInsO 2011, 1463.
274 Sog. Erwerberkonzept, BAG, 20.3.2003 – 8 AZR 97/02, ZInsO 2003, 1057 zu § 613a BGB; BAG, 20.9.2006 – 6 AZR 249/05, ZIP 2006, 595 zu §§ 125ff. InsO; zudem keine Anwendung von § 25 HGB u. § 75 AO, BGH, 3.12.2019 – II ZR 457/18, ZIP 2020, 263 (Eigenverwaltung).
275 Uhlenbruck/Ries, § 22 InsO Rn 62f. (starker) u. 64ff. (schwacher).

Betriebsstilllegung mit anschließender Einzelverwertung oder eine Übertragung der wesentlichen Betriebsteile und der Belegschaft bzw. Teilen davon (Stichwort: **Erwerberkonzept**) anstrebt, wird er möglicherweise schon auf die Entscheidungen der Geschäftsleitung und ggf. des Betriebsrats Einfluss zu nehmen versuchen. Ganz praktisch bedeutet dies, dass befristete Arbeitsverhältnisse nicht verlängert werden. Ob der vorläufige Insolvenzverwalter versuchen sollte, unentbehrliche Leistungsträger vom Verbleib im Unternehmen zu überzeugen und Personal, das infolge von Synergieeffekten zukünftig nicht benötigt wird, alsbald das Ausscheiden nahezulegen, ist vor dem Ziel der Vermeidung der Wirkungen des § 613a BGB kritisch zu sehen. Ggf. kann über eine **Beschäftigungs- und Transfergesellschaft** mit der Arbeitsverwaltung schon eine verbindliche Absprache getroffen werden.

106 Insgesamt ist aber gerade diese Phase von 2 – 3 Monaten bis zur Eröffnung des Verfahrens die mit Abstand intensivste, in der die wichtigsten Entscheidungen über das schuldnerische Unternehmen getroffen werden. Insb. geht es um Sofortmaßnahmen, die eine Erhaltung der Handlungsfähigkeit ermöglichen sollen.[276]

V. Gutachtermodell

107 Der sog. **isolierte Sachverständige** soll die von gerichtlicher Seite nicht erfüllbare Aufklärungsarbeit vor Ort leisten, insb. sobald ein Fremdantrag auf Eröffnung eines Insolvenzverfahrens gestellt wurde. Sein **gerichtlicher Prüfauftrag** lautet regelmäßig, ein Gutachten über den Insolvenzgrund und den Zeitpunkt des erstmaligen Vorliegens der Insolvenzreife zu erstellen. Ferner soll er ermitteln, ob eine positive Fortsetzungsprognose[277] und eine kostendeckende Masse besteht.[278] Seine Feststellungen und Empfehlungen dienen als Entscheidungsgrundlage für das Insolvenzgericht nach § 4 InsO i.V.m. §§ 402 ff. ZPO.[279] Der Gutachter haftet für die Richtigkeit seiner Feststellungen und Empfehlungen gem. § 839a BGB. Dafür muss er sich bei der Unternehmensinsolvenz ein Bild von der Struktur der Verbindlichkeiten machen und die Umsätze erfassen. Er muss insb. nach den Vorgaben des BGH[280] die Art der Zahlungsilliquidität feststellen sowie der Frage nachgehen, ob diese kurz-

---

276 Siehe auch Überblickbeitrag v. Hölzle, ZIP 2011, 1889.
277 MüKo/Haarmeyer-Schildt, § 22 InsO Rn 163 ff., z. schwierigen Feststellung der Prüfung der Sanierungsaussichten in diesem Stadium.
278 Hilfreich: Teil 2: Muster 8 Rn 120 u. 9 Rn 125, Checklisten Muster 10 Rn 132 u. Rn 135, in, Haarmeyer/Pape/Stephan/Nickert, Formularbuch Insolvenzrecht.; Flöther/Looff, in: Mindestanforderungen an die Insolvenzabwicklung (MaInsO), Mustergutachten GmbH Rn 436.
279 Beachtenswert: § 97 InsO gilt im Eröffnungsverfahren nur gegenüber dem Insolvenzgericht, § 20 Abs. 1 S. 2 InsO.
280 BGH, 24.5.2005 – IX ZR 123/04, ZInsO 2005, 807.

fristig durch liquide Zahlungsmittel behoben werden kann.[281] Unter **Hinzuziehung von Bewertungsspezialisten** hat er eine Inventarisierung des Anlage- und Umlaufvermögens vorzunehmen und die Liquiditätswerte bzw. die Fortführungswerte zu ermitteln sowie die „freie" Masse zu bestimmen. Ferner muss er bei gegebenem Anlass zunächst den Ort des Mittelpunkts der wirtschaftlichen Tätigkeit nach § 3 InsO ermitteln. Dies tritt bei kurzfristig vor Antragstellung vorgenommenen Sitzverlegungen auf, nicht selten im Zusammenhang mit sog. Firmenbestattungen.[282] Dies betrifft auch grenzüberschreitende Sachverhalte, die nach der Auslegung durch den EuGH des Art. 3 EuInsVO aufzuklären sind.[283] Aus Sicht des Schuldners stellt das „Gutachtermodell" die für ihn weniger einschneidende Maßnahme gegenüber der sofortigen Bestellung eines vorläufigen Insolvenzverwalters dar und entspricht somit dem zu beachtenden Verhältnismäßigkeitsgrundsatz. Es wird dabei eine Bereitschaft des Schuldners zur bereitwilligen Auskunftserteilung unterstellt. Im Falle der Weigerung und sich die wirtschaftlichen Verhältnisse als nicht überschaubar erweisen oder sich gravierende Anhaltspunkte von mangelnder Seriosität ergeben, kann das Insolvenzgericht zum Schutz der Interessen der Gläubiger die vorläufige Insolvenzverwaltung anordnen.[284]

Des Weiteren hat sich der Sachverständige zu massemehrenden Vermögensansprüchen zu äußern, die sich auf insolvenzrechtlich anfechtbare Vorgänge beziehen. Manch ein Verfahren hat nur deshalb eine zu erwartende kostendeckende Masse, weil sicher prognostiziert werden kann, dass im Wege von Anfechtungen Massezuflüsse ermöglicht werden. Zu beachten gilt, dass das Anfechtungsrecht in seiner Ausgestaltung durch die Rechtsprechung des neunten Zivilsenats des BGH in den Blickpunkt der Politik geraten ist. Die Vorsatzanfechtung sowie die Ausweitung des Bargeschäfts bezüglich Arbeitsentgelte wurden erheblich eingeschränkt.[285] Danach ist es nicht mehr so leicht, sich im Gutachten auf eine bestimmte Größenordnung festzulegen. Möglicherweise wird die Neigung zunehmen, eine nicht die Kosten deckende Masse anzunehmen. 108

Ferner muss er gesellschaftsrechtliche Zusammenhänge aufklären und einen Konzernbezug aufdecken. Dabei hat er zu klären, ob die Gesellschafter noch Pflichteinlagen zu leisten oder überobligatorische Entnahmen getätigt haben oder durch tatsächliche Maßnahmen die Gesellschaft existenzgefährdend geschädigt haben 109

---

281 BGH, 19.12.2017 – II ZR 88/16, ZInsO 2018, 381; kurze Darstellung v. Wigand, InsbürO 2019, 443, „Bugwelle" [445].
282 OLG Hamm, 2.10.2019 – 32 SA 25/19, ZIP 2020, 284.
283 EuGH, 20.10.2011 – Rs C 396/09, ZIP 2011, 2153, „Interedil"; eine Blaupause für ein solches Gutachten bei grenzüberschreitenden Sachverhalten – sog. COMI – ist abgedr. in ZIP 2016, 1407 (Scholz Holding GmbH).
284 LG Stuttgart, 9.8.2018 – 19 T 200/18, ZInsO 2019, 2172.
285 Gesetz z. Verbesserung d. Rechtssicherheit bei Anfechtung nach der InsO u. AnfG v. 29.3.2017.

(§ 826 BGB). Ggf. hat er Tatbestände, die zur Haftung der Geschäftsleiter (vgl. §§ 15a Abs. 1, 15b InsO)[286] führen, zu ermitteln. Außerdem soll er die betriebswirtschaftlichen Schwachpunkte, aber auch die Stärken des betroffenen Unternehmens herausfinden.

110 Die **Befugnisse** des Sachverständigen sind sehr begrenzt. Er kann nur das Insolvenzgericht auffordern, dass es Amtshilfeersuchen vornimmt. Beispielsweise kann es bei den Gerichtsvollziehern Auskünfte nach § 802l ZPO einholen.[287] Es kann Handelsregister- und Grundbuchauszüge anfordern. Auch Haftanordnungen und Vorführungen des Schuldners sind mögliche Zwangsmaßnahmen des Insolvenzgerichts, um die notwendige Sachaufklärung zu beschleunigen. Insgesamt hat der Sachverständige auf einer eher dünnen Informationsgrundlage anspruchsvolle Fragen und bislang unbekannte Zusammenhänge zu eruieren.[288] Dies geschieht i.d.R. durch die von den Hauptbeteiligten zu erlangenden Auskünften und deren Geschäftsunterlagen. Sich teilweise aus sehr eigentümlichen und unvollständigen Dokumenten und mangelhaften betriebswirtschaftlichen Auswertungen sowie widersprüchlichen Aussagen eine konturierte Vorstellung von der Unternehmenssituation zu machen, um daraus ein **gerichtlich verwertbares Gutachten** zu erstellen, ist eine nicht von jedem beherrschte Fertigkeit. Von Vorteil ist, wenn man nicht blauäugig den Aussagen und vorgelegten Unterlagen vertraut, sondern kritische Punkte erkennt und an diesen ansetzt, um daraufhin gezielt weiter zu recherchieren. Die Zahlen- und Rechenwerke sowie eine Vielzahl von Zahlungsvorgängen sind sachkundig zu beurteilen. Das ist in der Kürze der Anfertigungsfrist nur möglich, wenn man einen klaren Blick für die betriebliche Struktur gewinnt. Dazu ist ein persönliches Erscheinen in der gewerblichen Niederlassung des möglichen Insolvenzschuldners unerlässlich. Dass die betriebliche Struktur bei einem Dienstleistungsbetrieb wie etwa einer Zeitpersonalfirma sicher anders ist als bei einem Mehrproduktindustrieunternehmen, dürfte kaum überraschen. Schwierig sind Sachverhalte wie Bauunternehmerinsolvenzen, weil eine Vielzahl in der Abwicklung befindliche Projekte – manchmal weit über das Land verstreut – in Augenschein zu nehmen sind. Erschwert wird die Tätigkeit dadurch, dass die Zwangsbefugnisse des vorläufigen Insolvenzverwalters nach § 22 Abs. 3 InsO für den Sachverständigen nicht gelten.[289] Insb. gibt es nicht ohne Weiteres eine Zustimmung des Insolvenzschuldners zur Einbindung von Steu-

---

286 S. Neufassungen nach dem SanInsFoG: Kranzfelder/Ressmann, ZInsO 2021, 191; Schmittmann, ZInsO 2021, 211.
287 AG Köln, 7.6.2018 – 75 IN 197/17, ZInsO 2018, 1538.
288 Einführend: Jacobi/Böhme, ZInsO 2019, 1357; Jungmann, DZWIR 2002, 363.
289 Akteneinsichtsrecht in Straf- u. Ermittlungsakten, OLG Braunschweig, 10.3.2016 – 1 Ws 56/16, ZInsO 2016, 1011; zweifelhaft, ob erweiternde Befugnisse vom Insolvenzgericht eingeräumt werden können, bejahend AG Charlottenburg, 11.2.2019 -36a IN 4993/18, ZInsO 2019, 625, zustimmend Haarmeyer, ebenda.

erberatern oder Banken. Vieles hängt in diesem Stadium daher von der Kooperationsbereitschaft des Insolvenzschuldners ab.[290] Dies wird zudem erschwert, wenn sich dieser in Haft befindet oder im Ausland aufhält.[291] Ferner sind sog. Briefkastenfirmen ein schwer überwindbares Hindernis, um „Licht ins Dunkel" zu bringen. Schon die Kontaktaufnahme scheitert, weil kein aktiver Telefonanschluss existiert oder der Briefkasten seit geraumer Zeit offensichtlich nicht mehr geleert wurde und die Protokolle eines Gerichtsvollziehers ausweisen, dass es dort keinen Geschäftsraum gibt und eine sonst empfangsbereite Person nicht anzutreffen sei.

Die Ermittlungstätigkeit ist bei Fremdanträgen immer dann sofort einzustellen, wenn die zugrunde liegende Forderung vom Schuldner oder durch Dritte beglichen wird, es sei denn, die Voraussetzungen des § 14 Abs. 1 Satz 2 InsO sind gegeben. Danach kann der Antrag trotz Forderungserfüllung aufrechterhalten werden, wenn schon einmal in einem rückwärtigen Zeitraum von 2 Jahren ein Insolvenzantrag gestellt, aber zurückgenommen oder für erledigt erklärt worden ist. 111

Der sog. isolierte Sachverständige erhält für seine Gutachtertätigkeit eine von der Staatskasse zu zahlender **Vergütung**, die sich nach **§ 9 JVEG** richtet. Im Hinblick auf die unterschiedlichen Unternehmensgrößen und Branchen ist umstritten, ob die Regelsätze auskömmlich sind.[292] Darüber hinaus besteht Anspruch auf Aufwendungsersatz nach § 12 JVEG. Die Frist zur Geltendmachung beträgt nur 3 Monate nach Ablieferung des Gutachtens gem. § 2 Abs. 1 Satz 1u. 2 Nr. 1 JVEG. 112

C. Die Aufgaben des Insolvenzverwalters

I. Aufgaben vor dem Berichtstermin

Nachdem das Verfahren eröffnet wurde, gibt es einige **Pflichtaufgaben** des Insolvenzverwalters, die v.a. Transparenz in die Vermögensstruktur und die Gläubiger- 113

---

290 Zu den Grenzen der „Amtsermittlung": LG Kassel, 20.11.2015 – 3 T 352/15, ZInsO 2015, 2591.
291 S. auch Küpper, InsbürO 2018, 292, z. Anordnung der Haft gegen den Schuldner oder Geschäftsleiter wegen Obstruktion.
292 Ausführlich MüKo/Stephan, § 11 InsVV Rn 128 ff. [133] FK/Schmerbach, § 22 InsO Rn 174 ff. [181.] Zusammenstellung zur (Un-)Angemessenheit der gesetzlichen Vergütungshöhe Rechtslage ab 1.8.2013 gem. § 9 Abs. 1 bzw. Abs. 2 JVEG: OLG Bamberg, 29.9.2017 – 8 W 75/17, ZInsO 2017, 2457 (115 EUR/Std.); OLG Karlsruhe, 16.9.2015 – 15 W 57/15, ZInsO 2016, 355 (115 EUR/Std.) m. Anm. Straßburg, ZInsO 2016, 318; AG Göttingen, 25.7.2016 – 71 IN 21/16 NOM, ZInsO 2016, 1758 (115 EUR/Std.); OLG Frankfurt, 29.9.2016 – 26 W 2/16, NZI 2017, 225 (95 EUR /Std.); OLG Zweibrücken, 11.8.2016 – 6 W 45/16, ZIP 2016, 2427 (95 EUR /Std.); AG Darmstadt, 17.10.2013 – 9 IN 612/13, ZInsO, 2013, 2400: (95 EUR/Std.); LG Wuppertal, 4.3.2014 – 16 T 37/14145, ZInsO 2015, 875, (90 EUR/Std.); auffällig ist, mit welchen sich widersprechenden Argumenten entschieden wurde, dazu Uhlenbruck/Pape, § 5 InsO Rn 18; FK/Lorenz § 11 InsVV Rn 147, 148: 115 EUR.

schaft bringen sollen. Zur Vorbereitung des Berichtstermins ist deshalb ein **Masseverzeichnis** nach § 151 InsO zu erstellen, in dem nach der von ihm durchgeführten Inventur die ursprüngliche Inventarliste nunmehr um die auszusondernden Gegenstände zu bereinigen ist (von der Ist- zur Soll-Masse).Gleichwohl bleibt es auch zumindest bei der notwendigen numerischen Erfassung der Aussonderungsgegenstände.[293] Eine Bewertung der Massegegenstände muss – soweit noch nicht geschehen – erfolgen, d.h., dass die Liquidations- und Fortführungswerte sachverständig zu ermitteln sind.

114 Es ist eine alphabetische **Gläubigerliste** mit aktuellen Anschriften und Korrespondenzadressen der Rechtsbeistände oder Inkassogesellschaften aufzustellen. Zur Entlastung der Insolvenzgerichte wird der Insolvenzverwalter mit der Zustellung von Schriftstücken an die Gläubiger nach § 8 Abs. 3 InsO beauftragt, die Insolvenztabelle zu führen und die Anmeldung innerhalb der Anmeldefrist entgegenzunehmen. Daher ist eine Insolvenztabelle anzulegen, § 175 InsO.[294] Zu diesem Zweck wird der Verwalter die bekannten Gläubiger anschreiben und zur Anmeldung auffordern. Eine Teilnahme der Insolvenzgläubiger am Insolvenzverfahren ist keine Pflicht, aber die Wirkungen des Verfahrens erstrecken sich auch auf sie unabhängig von ihrer Teilnahme. Dem Insolvenzverwalter obliegt eine Vorprüfung der Forderungsanmeldung, indem er die Eintragungen mit Bemerkungen versieht.[295] Er kann vorläufig[296] bestreiten und zur Klärung auffordern. Es besteht weder eine Hinweispflicht bei mangelhafter Anmeldung noch ein entsprechender Anspruch des Insolvenzgläubigers.[297] Bis zum Prüfungstermin berichtigt oder ergänzt der Insolvenzverwalter die Tabelleneintragungen und dokumentiert dies und unterrichtet das Insolvenzgericht davon.

115 Darüber hinaus ist eine nach Gegenstandsarten geordnete Vermögensübersicht anzufertigen. Der Zweck der Übersicht ist die Erkennbarkeit der Verwertungsmöglichkeiten und der voraussichtlich erzielbaren Erlöse. Daraus soll sich die zu erwartende Gläubigerbefriedigung ableiten lassen. Die Gläubiger sollen in Erfahrung bringen können, wie die Quotenaussicht sein wird. Dies ist dann ein Kontrollin-

---

[293] BGH, 13.2.2014 – IX ZR 313/12, ZIP 2014, 736, Konsignationslager u. Haftung d. Insolvenzverwalters.
[294] Näheres ist den §§ 174 ff. InsO zu entnehmen. Die Gestaltung und Gliederung der elektronisch erstellten nicht amtlichen Tabellenblätter ergeben sich nach Zweckmäßigkeitsgesichtspunkten; dabei sind sie zwar unterschiedlich, aber sie ähneln sich sehr nach dem jeweiligen angewandten justiz- bzw. verwaltereigenen Datenverarbeitungsprogramm. Gleiches gilt für die Anmeldeformulare. Zur Zusammenarbeit mit dem Gericht, s. dazu Riedel: in, Mindestanforderungen an die Insolvenzabwicklung (MaInsO), Rn 2393 ff.
[295] Uhlenbruck/Sinz, § 175 InsO Rn 9 ff.
[296] Das vorläufige Bestreiten hat sich in der Praxis herausgebildet, ist also gesetzlich nicht vorgesehen.
[297] Uhlenbruck/Sinz, § 175 InsO Rn 12.

strument im Hinblick auf die tatsächliche Verteilung aufgrund des Verwertungsergebnisses im Vergleich zur prognostizierten Quote.

Auf den Insolvenzverwalter ist nunmehr die **Verwaltungs- und Verfügungsbefugnis nach § 80 InsO** übergegangen. Seine Befugnisse sind jedoch an seine Person gebunden, selbst wenn er ein Unternehmen fortführt, das kraft Rechtsform Kaufmannseigenschaft hat und dessen Geschäfte Handelsgeschäfte sind. Deshalb steht ihm etwa eine Prorogationsbefugnis nach § 38 ZPO nicht zu, weil er gerade kein Kaufmann i.S.d. Handelsrechts ist.[298] Der Insolvenzverwalter übt nach Verfahrenseröffnung z.B. die Rechte des insolventen Gesellschafters einer GmbH in deren Gesellschafterversammlung[299] oder das Veranlagungswahlrecht von Ehepartnern nach § 26 EStG[300] aus. Er ist darüber hinaus berechtigt, ein Bezugsrecht einer zugunsten eines Arbeitnehmers erteilten Versorgungsanwartschaft bei fehlender Unverfallbarkeit der betrieblichen Altersvorsorge zum Zwecke der Realisierung des Rückkaufwertes einer Direktversicherung gegenüber dem Versicherer zu widerrufen.[301]

116

Der Insolvenzverwalter muss die Geschäftsunterlagen und die digitale Verwaltung übernehmen. Er muss auch weiterhin die Vermögensgegenstände sichern und bewahren sowie Vermögensansprüche realisieren. Nach **§ 148 InsO** hat er sämtliche Massegegenstände (§ 35 InsO) **in Besitz** zu nehmen. Dies ist bei **Kryptowerten** und -währungen möglicherweise kein leichtes Unterfangen. Wie vollzieht sich die Feststellung einerseits[302], wie lässt sich Wertzuwachs oder deren Wertminderung ermitteln und wie die Durchsetzung andererseits realisieren? Das betrifft auch im Ausland befindliches und belegenes Vermögen.[303] Dazu gehört, dass der Schuldner als Rechtsträger insoweit mitwirkt, dass der Verwalter imstande ist, sich im Belegenheitsstaat auszuweisen und rechtswirksame Handlungen vorzunehmen, falls seine Bestellungsurkunde ihm dort nichts nützt.[304] Der Schuldner ist verpflichtet, sein

117

---

[298] OLG Zweibrücken, 16.11.2018 – 2 U 68/17, NZI 2019, 54, m. zustimmender Anm. Henke/Krämer, nur eine Ergänzung der Vorschrift könnte daran etwas ändern.
[299] OLG München, 24.8.2010 – 31 Wx 154/10, ZInsO 2010, 1744; anderseits ist er zur Änderung der Firma nicht befugt, BGH, 26.11.2019 – II ZB 21/17, ZIP 2020, 266.
[300] BGH, 18.5.2011 – XII ZR 67/07, NZI 2011, 647, nicht aber die Wahl der Steuerklasse, BFH, 27.7.2011 – VI R 9/11, ZIP 2011, 2118; Grenzen höchstpersönliche Rechte: kein Antragsrecht auf vorgezogene Rente eines im berufsständischen Versorgungswerk versicherten Insolvenzschuldners, VG Düsseldorf, 21.3.2011 – 20 K 7697/09, DStR 2011, 1972 m. Anm. Hartmann/Dulle.
[301] BAG, 19.4.2011 – 3 AZR 267/09, DB 2011, 2555; instruktiv OLG Braunschweig, 4.9.2019 – 11 U 116/18, ZInsO 2019, 2527 z. GmbH-Gesellschafter-Geschäftsführer.
[302] MüKo/Peters, § 35 InsO Rn 407 a.E., Mitwirkung des Schuldners ist unabdingbar erforderlich (private key – Authentifizierungscode).
[303] OLG Düsseldorf, 8.7.2010 – I-12 U 87/08, ZInsO 2010, 1934, z. Anfechtung d. Erwerbs e. in Frankreich belegenen Grundstücks; OLG Koblenz, 10.12.2010 – 8 U 1112/09, NZI 2011, 448, z. Anfechtung d. Erwerbs eines in Österreich belegenen Grundstücks.
[304] BGH, 18.9.2003 – IX ZB 75/03, ZInsO 2003, 1043.

Vermögen an den Insolvenzverwalter herauszugeben. Der Insolvenzverwalter ist jedoch nicht berechtigt, einen Gegenstand gegen den Willen des Schuldners aus dessen Sachherrschaft zu entfernen. Da er keine eigenen hoheitlichen Befugnisse hat, muss er dazu einen Gerichtsvollzieher beauftragen. Benötigt der Insolvenzverwalter dazu Prozesskostenhilfe, ist das Insolvenzgericht das zuständige Vollstreckungsgericht.[305]

118 Der Insolvenzverwalter hat zudem darauf zu achten, dass einzelne Gläubiger keinen unverhältnismäßigen Vorteil erhalten.[306] Bei einer Spedition wird er etwa darauf bedacht sein, dass der Vermieter von Lagergrundstücken nicht sein Vermieterpfandrecht an Speditionsfahrzeugen geltend macht, indem der Verwalter die Fahrzeuge nicht auf dem gemieteten Firmengelände parken, sondern sie auf einem Stellplatz eines Autohofs oder einer Reparaturwerkstatt abstellen lässt.[307] Die Verwertung selbst hat dagegen zunächst noch zu unterbleiben.

Der Insolvenzverwalter hat aber bereits jetzt eine **Wertmehrungspflicht**, die sich aus der Pflicht zur bestmöglichen Gläubigerbefriedigung ergibt, und muss daher Ertragschancen nutzen.[308] Zur Vermögenserhaltungspflicht gehört die zinsgünstige Anlage nicht benötigter Gelder.[309] Insb. hat er es zu unterlassen, ihm günstige Eigengeschäfte zu tätigen, wodurch die Geschäftschancen des Schuldners gemindert werden.[310]

118a Ebenso hat der Insolvenzverwalter umfassend durch **Sicherungsmaßnahmen** dafür Sorge zu tragen, dass es nicht zu Masseschwund, etwa durch Diebstahl oder Veruntreuung, oder Masseverringerung, etwa wegen unberechtigten Berühmens eines Aussonderungsrechts, kommt. Das gilt auch für die Bewahrung von Betriebs- bzw. Geschäftsgeheimnissen und Datenbeständen, etwa gegen Cyberattacken. Dies ist in Zeiten von externen IT-Dienstleistungen und Daten in der „Cloud" und bei Mitarbeitern im „homeoffice" kein leichtes Unterfangen. Ein Zaun oder Schloss- und Schlüsselauswechselung werden dazu oft nicht genügen, sondern der Insolvenzverwalter hat ggf. im Wege einstweiligen Rechtsschutzes gegen Verstöße vorzugehen. Ferner gehört dazu die Aufrechterhaltung von Versicherungsschutz und Patent- bzw. Lizenznutzungsberechtigungen durch rechtzeitige Zahlung von Gebühren beim Patentamt oder Entgelten beim Lizenzgeber.

119 Nach § 240 ZPO sind mit Eröffnung des Insolvenzverfahrens zunächst einmal sämtliche **Rechtsstreitigkeiten**, die bereits zuvor rechtshängig waren, kraft Geset-

---

305 BGH, 26.4.2012 – IX ZB 273/11, ZInsO 2012, 970.
306 Küpper, InsbürO 2005, 162.
307 Vgl. BGH, 6.12.2017 – XII ZR 95/16, ZIP 2018, 236, zum Erlöschen und Neubegründen.
308 Böhme, ZInsO 2017, 1468.
309 BGH, 26.6.2014 – IX ZR 162/13, Rn 15 ff., ZIP 2014, 1447.
310 BGH, 16.3.2017 – IX ZR 253/15, ZInsO 2017, 827; OLG Köln, 9.8.2017 – 2 U 77/15, ZInsO 2018, 460.

zes unterbrochen. Der Insolvenzverwalter muss sich aber dennoch schnell darüber klar werden, welche Prozesse er aufnehmen und fortsetzen will gemäß den §§ 85 (Aktivprozesse), 86 InsO (Passivprozesse).[311] Das heißt, dass er die Prozessaussichten von anhängigen Rechtsstreitigkeiten untersuchen muss.[312] Mit der Aufnahme des Prozesses werden alle Kosten i.S.d. § 91 ZPO, wie etwa für ein Gutachten eines Sachverständigen, die nach Eröffnung entstehen, Masseverbindlichkeiten.[313] Während dieser Zeit bis zum Berichtstermin kommen häufig infolge von Kündigungen durch den Insolvenzverwalter Kündigungsschutzklagen von Arbeitnehmern auf ihn zu.

Der Insolvenzverwalter muss sich mit der **Restrukturierung** des Unternehmens beschäftigen. Er kann zu diesem Zweck auch Investorengespräche zur Vorbereitung einer „übertragenden Sanierung" führen und den Interessenten eine „due diligence" ermöglichen. Von endgültigen Schritten wird er aber i.d.R. absehen, da hierüber nach den §§ 160, 162 InsO die Gläubigerversammlung zu entscheiden hat. Dennoch ist die Möglichkeit einer vorzeitigen Veräußerung nach § 158 Abs. 1, 2. Alt. InsO ausdrücklich vorgesehen. Dann hat ein bestellter Gläubigerausschuss allerdings zuzustimmen. Wird die Zustimmung nicht eingeholt, stellt sich die Frage, wie sich dies materiellrechtlich z.B. auf ein Veräußerungsgeschäft auswirkt. In § 164 InsO ist normiert, dass auch dann, wenn der Gläubigerausschuss vom Insolvenzverwalter übergangen wurde, z.B. eine Veräußerung des gesamten Unternehmens zivilrechtlich wirksam ist und bleibt.[314] Allerdings birgt dies ggf. haftungsrechtliche Konsequenzen für den Insolvenzverwalter. **120**

Der Insolvenzverwalter wird die möglichen **anfechtbaren Rechtshandlungen**[315] sorgfältig auf ihre Durchsetzbarkeit hin prüfen und voraussichtlich sichere, massemehrende Ansprüche der Gläubigerversammlung unterbreiten. Sind bei der Aufklärung dazu externe vorprozessuale Privatsachverständigengutachten erforderlich, sind die dafür aufgebrachten Sachverständigenhonorare keine erstattungsfähigen notwendigen Kosten des – später geführten – Rechtsstreits i.S.d. § 91 ZPO, die **121**

---

311 Zur Frage, ob der Insolvenzschuldner befugt ist, ein unterbrochenes Verfahren nach § 85 Abs. 2 oder § 86 Abs. 1 InsO aufzunehmen, instruktiv BGH, 10.5.2016 – XI ZR 46/14, ZInsO 2016, 1225 Rn 10 ff.
312 Empfehlenswerter Überblick zu prozess- u. materiellrechtlichen Fragestellungen in Uhlenbruck/Mock §§ 85–87 InsO; umfassend MüKo/Schumacher, Vor §§ 85–87, § 85, § 86 InsO u. MüKo/Breuer-Flöther, § 87 InsO; ausführlich HambKomm/Kuleisa, Vor §§ 85–87, § 85–§ 87 InsO.
313 A.A. BFH, 20.12.2013 – II E 18/12, ZInsO 2014, 1444; ausführlich Froehner, NZI 2016, 425, 427 unter VI. 4 *aufteilbar*; keine Haftung des Insolvenzverwalters: BGH, 20.7.2017 – IX ZR 310/14, ZIP 2017, 1571.
314 Meyer-Löwy, ZInsO 2011, 613; zum Verfahren: Uhlenbruck/Zipperer, § 158 InsO Rn 9 ff.; FK/Wegener, § 158 InsO Rn 8 ff.; die **1. Alt.** ermöglicht die vorzeitige Stilllegung, dazu Uhlenbruck/Zipperer, § 158 InsO Rn 3 ff.
315 Fraglich ist, ob eine gläubigerbenachteiligende Transaktion in einer Blockchain rückabgewickelt werden kann, ob also eine „Registerposition" rückübertragbar ist.

der Anfechtungsgegner zu tragen hätte.[316] Er kann nach seinem Ermessen zweifelhafte Ansprüche an Dritte wirksam abtreten und für den Fall, dass dieser ein Erlös erzielt wird, sich davon einen Anteil auskehren lassen, ohne dass dies insolvenzzweckwidrig ist.[317] Anfechtungsklagen gegen Anfechtungsgegner, die ihren Sitz in einem Staat haben, in der die EuInsVO gilt, können unter Rückgriff auf § 19a ZPO im Inland geführt werden.[318] Gleiches gilt für Ansprüche, die sich gegen Gesellschafter[319] oder Organmitglieder richten, soweit sie ihren Wohnsitz oder gewöhnlichen Aufenthaltsort in einem EuInsVO-Staat haben. Ob dabei eine Zahlung aus einer D & O-Versicherung realisierbar ist, ist von ihm zu prüfen.[320]

Der Widerstand bei der Durchsetzung vorgenannter Ansprüche ist erheblich. Im Fall nur geringer liquider Mittel der Masse ist bei entsprechender Erhöhung der Quote mit den „profitierenden" Insolvenzgläubigern über die zumutbare Kostenbeteiligung einer gerichtlichen Auseinandersetzung zu sprechen;[321] ggf. ist **PKH** nach § 116 Satz 1 Nr. 1 ZPO für den Insolvenzverwalter als Partei kraft Amtes zu beantragen.[322]

Diese Vorfinanzierung der Vorschüsse für die Gerichts- und Rechtsanwaltskosten aus der Staatskasse zum Zwecke der Massemehrung – typischerweise durch Anfechtungsansprüche u.a. gegen Gesellschafter und Haftungsansprüche gegen Geschäftsleiter sowie beim Forderungseinzug – setzt einen Antrag des Insolvenzverwalters als Partei kraft Amtes voraus, aus dem sich ergeben muss, dass dafür keine Deckung in der verwalteten Vermögensmasse vorhanden ist. Bloß angezeigte

---

316 OLG Düsseldorf, 2.7.2018 – I-12 W 8/18, ZInsO 2018, 2602; z. Zweckmäßigkeit Budnik, EWiR 2018, 759, 760.
317 BGH, 10.1.2013 – IX ZR 172/11, ZInsO 2013, 441 Rn 9 f.= NZI 2013, 347, 348 m. lesenswerter Anm. Hölzle zum Ermessensspielraum eines Insolvenzverwalters.
318 EuGH, 12.2.2009 – Rs C-339/07, ZInsO 2009, 493; BGH, 19.5.2009 – IX ZR 39/06, ZInsO 2009, 1270. Eine zweite davon zu unterscheidende Frage ist, ob dies aus prozesstaktischen Gründen sinnvoll ist; wie diffizil die Vorprüfung in grenzüberschreitenden Anfechtungsklagen sein kann, lässt sich der Entscheidung „Lutz" des OLG Stuttgart, 28.9.2012 – 5 U 17/12, ZIP 2012, 2162 (Vorinstanz) entnehmen; BGH, 10.10.2013 – IX ZR 265/12,ZIP 2013, 2162 u. BGH, 16.1.2014 – IX ZR 265/12, NJW 2014, 1539; EuGH, 16.4.2015 – C – 557/13, ZIP 2015, 1030.
319 Berechtigung d. Insolvenzverwalters z. abgeltenden Vergleichsabschluss nach § 93 InsO, BGH, 17.12.2015 – IX ZR 143/13, ZIP 2016, 274; Lüke, EWiR 2016, 211; Pohlmann, DB 2016, 643.
320 Ausführlich HambKomm/Pohlmann, Anhang I J. D&O, insb. Rn 5a; verneinend OLG Düsseldorf, 20.7.2018 – 4 U 93/16, ZInsO, 2018, 1809; 26.6.2020 – 4 U 134/18, ZIP 2020, 2018; **a.A.** BGH, 18.11.2020 – IV ZR 217/19, ZInsO 2021, 53.
321 BGH, 6.3.2006 – II ZB 11/05, ZInsO 2006, 369.
322 Ausführlich: HambKomm/Kuleisa, § 80 Rn 58–79; MüKo/Vuia, § 80 InsO Rn 85–94; Uhlenbruck/Mock, § 80 InsO Rn 189–226; Küpper/Heinze, ZInsO 2007, 680; Küpper, InsbürO 2007, 442; zur optimistischen Einschätzung, ob PKH-Gesuche erfolgreich sind: Brete/Gehlen, ZInsO 2014, 1777, 1784; dagegen eher BGH, 10.9.2015 – IX ZR 17/15; BGH, 19.5.2015 – II ZR 262/14, ZInsO 2015, 1465; BGH, 25.3.2015 – IX ZR 244/14, ZInsO 2015, 898; OLG Köln, 7.1.2014 – 18 W 21/13, ZIP 2014, 2311; OLG Celle, 23.2.2015 – 16 W 6/15, ZInsO 2015, 636; keine PKH ohne Nutzen für die Masse OVG Hamburg, 6.12.2017 – 3 Bf 222/17, ZIP 2018, 1151, Einsicht in Steuervollstreckungsakte.

Masseunzulänglichkeit genügt für sich allein nicht, um die Massearmut hinreichend darzulegen.[323] Zunächst muss der Insolvenzverwalter unter Berücksichtigung der Gläubigerstruktur und dem damit verbundenen Koordinierungsaufwand versuchen, die Kostenbeteiligung von den wirtschaftlich Beteiligten zu erlangen. Zu diesen zählen alle, die den Vorschuss unschwer aufbringen können.[324] Dazu werden die Insolvenzgläubiger, insb. der Fiskus[325], und ferner die Massegläubiger[326] bei Masseunzulänglichkeit gerechnet. Von vornherein gehören nicht dazu der Insolvenzverwalter, Sozialversicherungsträger (umstritten), die BAfA (§ 55 Abs. 3 InsO) und die sog. Kleingläubiger, die nur geringfügige Forderungen zur Tabelle angemeldet haben, insb. Arbeitnehmer mit ihren rückständigen Arbeitsentgelten. Ob den wirtschaftlich Beteiligten die Aufbringung letztlich zuzumuten ist, hängt von einer wertenden Gesamtabwägung aller Umstände des Einzelfalls ab. Eine starre oder feste Grenze gibt es nicht.[327] Zumutbar ist die Kostenbeteiligung bei dem zu erwartenden Nutzen regelmäßig dann, wenn sich bei vernünftiger Betrachtung des Eigeninteresses, des Prozess- und des Vollstreckungsrisikos im Falle des Obsiegens eine Quotenverbesserung ergibt, die im Verhältnis mehr als das Doppelte der eigenen Beteiligung am Vorschuss erwarten lässt.[328] Ob die wirtschaftlich beteiligten Gläubiger letztlich bereit sind, die Kosten zu tragen, ist unerheblich.[329] Ist die Zumutbarkeit zu verneinen, muss des Weiteren die Klage Aussicht auf Erfolg haben; dies muss sich aus einer summarischen Prüfung der Klageschrift und der Stellungnahme des Klagegegners ergeben. Schließlich darf die zu führende Klage nicht mutwillig erhoben worden sein, vgl. Legaldefinition § 114 Abs. 2 ZPO. Das ist u.a. der Fall, wenn noch nicht einmal die Massearmut beseitigt werden kann.[330] Davon spricht man, wenn die Verfahrenskosten nicht gedeckt sind. Eine Teilklage ist zulässig.[331] Die Rechtsverfolgung ist nicht schon deshalb zwingend mutwillig, weil eine Ausfallwahrscheinlichkeit beim Beklagten von 90% zu erwarten ist, sofern von einem günstigen Prozessausgang ausgegangen werden kann.[331a] Es liegt kein missbräuchliches PKH-Gesuch

---

323 BGH, 28.3.2019 – IX ZA 8/18, ZInsO 2019, 1261.
324 BGH, 21.11.2013 – IX ZA 20/13, ZInsO 2014, 79.
325 BGH, 5.2.2004 – IX ZR 473/00, ZInsO 2004, 501 Rn 4 f.; Uhlenbruck/Mock, § 80 InsO Rn 209, 215; **a.A.** MüKo/Vuia, § 80 InsO Rn 93, keine Pflicht zur Aufbringung, daher auch keine PKH.
326 Uhlenbruck/Mock, § 80 InsO Rn 200, erste Profiteure; HambKomm/Kuleisa, § 80 InsO Rn 70.
327 BGH, 26.4.2018 – IX ZB 29/17, ZInsO 2018, 1364; BGH, 21.2.2017 – IX ZR 59/16, NZI 2017, 414.
328 BGH, 18.7.2019 – IX ZB 57/18, ZInsO 2019, 1793; BGH, 19.7.2018 – IX ZB 24/16, ZInsO 2018, 1952; instruktive Berechnungsbspe. OLG Düsseldorf, 4.10.2018 – I-12 W 12/18, ZInsO 2019, 205, auch unter Berücksichtigung des Einsatzes der freien Masse.
329 BGH, 21.11.2013 – IX ZA 20/13, ZInsO 2014, 79 Rn 4 m.w.N.
330 HambKomm/Kuleisa § 80 InsO Rn 68; KG, 9.11.2020 – 2 W 1022/20, ZInsO 2020, 2714, falls der Beklagte vollständig vermögenslos ist.
331 Näheres in HambKomm/Kuleisa § 80 InsO Rn 64.
331a KG, 9.11.2020 – 2 W 1022/20, ZInsO 2020, 2714 m. zustimmender Anm. Siller, ZInsO 2020, 2699 u. Freitag, NZI 2021, 246.

i.S.d. § 242 BGB vor, wenn dadurch zunächst nur die Hemmung der Verjährung nach § 204 Abs. 1 Nr. 14 BGB bewirkt werden soll.[332]

122 Der Insolvenzverwalter hat darauf hinzuwirken, dass Zwangsvollstreckungsmaßnahmen in die Masse unterbleiben und beschlagnahmte Massegegenstände frei werden (vgl. §§ 88, 89 InsO).[333] Soweit Aussonderungsberechtigte Herausgabe verlangen, hat er dies zeitnah zu veranlassen. Er kann bei eindeutig massemindernden Gegenständen die **Freigabe erklären**;[334] das gilt auch für Immobilien, die etwa Altlasten[335] aufweisen oder Wohnungseigentum des Schuldners, das unvermietbar ist.[336]

Darüber hinaus hat der Insolvenzverwalter sich evtl. ggü. dem Insolvenzschuldner nach § 35 Abs. 2 Satz 1 InsO zu erklären, ob er dessen „selbstständig ausgeübte Tätigkeit" aus der Insolvenzmasse „freigibt".[337] Dadurch werden Abgrenzungsfragen nach der Masse zugehöriger Forderungen und den massefremden Neuforderungen ausgelöst.[338] Ferner können aus einer unbekannten fortgeführten Tätigkeit ggf. die Gefahr von steuerlichen Masseverbindlichkeiten entstehen.[339] Die Gläubigerversammlung bzw. der Gläubigerausschuss können dies durch ihren Widerspruch verhindern.[340] Eine voreilige Freigabe der selbstständigen Tätigkeit kann insolvenzzweckwidrig und damit unwirksam sein, die seine Schadensersatzpflicht auslöst (§ 60 InsO).[341] Der Insolvenzverwalter hat eine umfassende Massezuordnungspflicht und ein ebensolches Recht. D.h., er muss entscheiden, was die von ihm verwaltete sog. Sollmasse umfassen soll.

123 Masseverbindlichkeiten sind vom Insolvenzverwalter zu bedienen, soweit es die liquiden Mittel zulassen. Vorrangig hat er aber darauf zu achten, hinreichende Geldmittel für die Verfahrenskosten nach § 54 InsO zurückzubehalten.[342] Er hat u.U. „rechtzeitig" **Masseunzulänglichkeit nach § 208 InsO anzuzeigen**, um sei-

---

332 OLG Düsseldorf, 9.11.2017 – I-12 W 19/17, ZInsO 2018, 1513 (lesenswerte Konstellation).
333 OLG Köln, 14.7.2010 – 2 Wx 86/10, ZIP 2010, 1763, zur Löschung einer eingetragenen Zwangssicherungshypothek; BGH, 21.9.2017 – IX ZR 40/17, ZIP 2017, 2016, beschlagnahmte Guthaben auf Pfändungsschutzkonto.
334 Uhlenbruck/Hirte-Praß, § 35 InsO Rn 69 ff.
335 Ausführlich MüKo/Kern, § 165 InsO Rn 201 ff.
336 FK/Bornemann, § 35 InsO Rn 77 ff.: Anwendungsfälle.
337 Kurzer Überblick z. Reichweite u. Wirkung Harder, NJW-Spezial, 2019, 277; ausführlich FK/Bornemann, § 35 InsO Rn 29 -59.
338 BGH, 21.2.2019 – IX ZR 246/17, NJW 2019, 1451, Zahnarzt m. Ansprüchen gg. privatversicherte Patienten u. KZÄV; BGH, 6.6.2019 – IX ZR 272/17, ZInsO 2019, 1414, globalabgetretene Forderungen; krit. Anm. Würdinger, EWiR 2019, 499, 500 unter 3.
339 BFH, 6.6.2019 – V R 51/17, ZIP 2019, 2420, verneinend, falls dies ohne Wissen u. Billigung des Insolvenzverwalters geschehen; anderenfalls führt pflichtwidriges Unterlassen zu Masseverbindlichkeit gem. § 55 Abs. 1 Nr. 1 2. Var. InsO, BFH, 18.12.2019 – XI R 10/19, ZInsO 2020, 1320.
340 HambKomm/Lüdtke, § 35 InsO Rn 278 f.
341 HambKomm/Lüdtke, § 35 InsO Rn 281 ff. Verwalterhaftung.
342 BGH, 19.11.2009 – IX ZB 261/08, ZInsO 2010, 63, absoluter Vorrang!

nen Handlungsspielraum zurückzuerhalten, die Abwicklung fortsetzen zu können.[343] Dazu hat er ein weites Einschätzungs- und Entscheidungsermessen.[344] Das hat weitreichende Folgen für die „Beteiligten" des Insolvenzverfahrens. Sog. Altmasseverbindlichkeiten werden dann in der sog. „Insolvenz in der Insolvenz" i.d.R. nur noch quotal bedient nach der Befriedigungsrangfolge des § 209 InsO.[345] Eine Leistungsklage gerichtet auf Zahlung ist nunmehr unzulässig. Eine Feststellungsklage dagegen kann dem Gläubiger angeraten sein, wenn die Forderung zu verjähren droht. Ggf. kann es ausreichen, den Insolvenzverwalter zu ersuchen, den Verzicht der Erhebung der Verjährungseinrede zu erklären.[346]

Grds. ist der **Geschäftsbetrieb fortzuführen**. Dazu kann der Insolvenzverwalter **124** das Produktionsprogramm weiter aufrechterhalten. Er muss aber auch ständig die Fortführungsfähigkeit überprüfen.[347] Er kann nach Unterrichtung des Schuldners Teile der Produktion aussetzen, die unter Kostengesichtspunkten stark Masse aufzehrend sind, oder den Betrieb insgesamt vorzeitig stilllegen § 158 Abs. 1, 1. Alt. InsO.[348] Falls ein Gläubigerausschuss besteht, ist der Insolvenzverwalter von dessen Zustimmung für diese Maßnahme abhängig. Häufig zwingt ihn faktisch ein Haupt-Warenlieferant zur Stilllegung, wenn dieser das Unternehmen nicht mehr beliefert. Eine ähnliche Problematik tritt auf, wenn eine behördliche Gewerbeuntersagung ergangen ist oder stark finanziell belastende behördliche Auflagen, z.B. zum Immissionsschutz angeordnet werden.[349] Darüber hinaus hat er ggf. einen betrieblichen Datenschutzbeauftragten zu bestellen, was erhebliche Kosten auslösen kann.

Der Insolvenzverwalter wird überdies eine **neue interne und externe Konten-** **125** **führung installieren**; zumal er eine neue Steuernummer für das Unternehmen erhält, dessen Wirtschaftsjahr mit Eröffnung des Verfahrens beginnt.[350] Massezuflüsse insb. „Geld" müssen entgegengenommen und bei einer zuverlässigen Hinterlegungsstelle i.S.d. § 149 InsO verwahrt werden. Ein Anderkonto i.S.d. Vollrechtskonto auf den Namen des Insolvenzverwalters ist dafür unzulässig und pflichtwidrig,

---

343 BGH, 21.10.2010 – IX ZR 220/09, ZInsO 2010, 2323; Büchler, ZInsO 2011, 1241; Gundlach/Frenzel/Jahn, DZWIR 2011, 177; Klaas/Zimmer, ZInsO 2011, 666.
344 BGH, 20.7.2017 – IX ZR 310/14, ZIP 2017, 1571 Rn 24 ff.; ausführlich MüKo/Hefermehl, § 208 InsO Rn 38 ff.; HambKomm/Weitzmann, § 208 InsO Rn 9 Übersicht „Masseunzulänglichkeitsrechnung" „Einnahmen vs. Ausgaben".
345 Zum Sonderproblem „Dauerschuldverhältnis" BGH, 4.12.2003 – IX ZR 222/02, NZI 2004, 209, m. Anm. Uhlenbruck.
346 Ausführlich dazu Hahn, ZInsO 2016, 616.
347 Uhlenbruck/Sinz § 148 InsO Rn 42.
348 Instruktiv Zimmermann, ZInsO 2011, 2057, insb. die verfassungsrechtliche Dimension nach Art. 12 GG steht nach seiner Auffassung nicht entgegen, S. 2061.
349 VG Trier, 14.4.2010 – 5 K 11/10. TR, ZInsO 2010, 1744.
350 Lesenswert IDW Rechnungslegungshinweis: Externe (handelsrechtliche) Rechnungslegung im Insolvenzverfahren, abgedr. in ZInsO 2015, 2568.

weil er dadurch Geldmittel der Insolvenzmasse seinem Vermögen zuleite.[351] Es bedarf dazu vielmehr eines Insolvenz-Sonderkontos, bei dem der Anspruch der Auszahlung von Guthaben der Insolvenzmasse zustehe. Nur der Insolvenzverwalter ist ermächtigt, über dieses zu verfügen. Er hat persönlich den steuerlichen und handelsrechtlichen Buchführungspflichten gem. § 34 Abs. 3 AO i.V.m. § 155 InsO nachzukommen. Die Steuern und öffentlich-rechtlichen Abgaben, dazu gehören z.B. LohnSt. und USt. sowie Grundbesitzabgaben, hat er ebenfalls rechtzeitig zu erfüllen.[352] Seit 1.1.2011 sind auch solche Steuerforderungen aus der Zeit *vor* Eröffnung gem. § 55 Abs. 4 InsO Masseverbindlichkeiten.[353] Die Verpflichtungen, die sich hier ergeben, haben sich erst allmählich konkretisiert.[354] Die korrespondierenden Fehlerquellen auf Seiten der Insolvenzverwaltung waren entsprechend hoch. Er muss demzufolge auch Jahresabschlüsse – ggf. für zurückliegende Jahre –[355] erstellen und diesbezügliche Steuererklärungen abgeben.[356] Ist bereits vor Eröffnung des Insolvenzverfahrens ein Abschlussprüfer bestellt, ist er für alle offenen Abschlüsse zuständig, § 155 Abs. 3 S. 2 InsO analog.[357]

126   Einerseits darf der Insolvenzverwalter Verträge, die er nicht mehr erfüllen kann oder will, kündigen. Dies gilt v.a. für Miet- und Leasingverträge nach den §§ 108, 109 InsO.[358] Auch Lebensversicherungsverträge sind zu kündigen, wenn die laufenden Prämien nicht gezahlt werden können, jedoch der Rückkaufswert realisiert werden soll. Andererseits wird der Insolvenzverwalter gem. **§ 103 InsO Erfüllung wählen**, wenn ersichtlich ist, dass das beiderseitig noch nicht erfüllte Vertragsverhältnis der

---

351 BGH, 7.2.2019 – IX ZR 47/18, ZInsO 2019, 845, m. Anm. Wipperfürth, Anlass war eine Veruntreuung des Insolvenzverwalters und die Pflicht der Bank zur Beobachtung der Verwendung von Mitteln und entsprechender Warnung zum Schutz der Insolvenzmasse ggü. dem Insolvenzgericht; krit. Kamm, ZInsO 2019, 1085; ferner Blankenburg/Godzierz, ZInsO 2019, 1092; a.A. MüKo/Jaffé, § 149 InsO Rn 12ff.
352 Uhlenbruck/Sinz, § 55 InsO Rn 25ff.
353 Ausführlich Uhlenbruck/Sinz, § 55 InsO Rn 105ff.; ebenso HambKomm/Denkhaus, § 55 InsO Rn 85ff.
354 Ausführlich Uhlenbruck/Sinz, § 55 InsO Rn 113ff.
355 Soweit dies für Gesellschafter einer Personen(handels-)gesellschaft erfolgt, kann der Insolvenzverwalter Kostenvorschuss verlangen, BGH, 16.9.2010 – IX ZR 121/09, ZInsO 2010, 2094; zu beachten ist § 335 HGB (EHUG) Veröffentlichungspflicht selbst bei Massearmut; erläuternd Pink, FS Vallender, 2015, 419; das Bundesamt für Justiz ahndet Verstöße gegen die Offenlegungspflicht nicht mehr, HambKomm/Denkhaus, § 155 InsO Rn 14.
356 Zur Frage des Zwangsgeldes gegen den Insolvenzverwalter wegen Nichtabgabe: FG Gotha, 1.9.2011 – 1 K 355/10, ZIP 2011, 2021, verneinend, wenn keine steuerliche Auswirkung besteht; a.A. BFH, 6.11.2012 -VII R 72/11, ZInsO 2013, 82; dazu Harder, ZInsO 2013, 227.
357 BGH, 8.5.2018 – II ZB 17/17, ZInsO 2018, 1673.
358 Zur Räumungspflicht u. teilweiser Räumung u. Instandsetzung in früheren Zustand BGH, 17.9.2020 – IX ZR 62/19, ZIP 2020, 2025, keine Masseverbindlichkeit, nur Insolvenzforderung des Vermieters.

Masse Vorteile bringt.³⁵⁹ Ein besonderes Augenmerk gilt hier den sog. Lösungsklauseln, § 119 InsO.³⁶⁰ Damit ist gemeint, dass der nicht insolvente Vertragspartner sich seiner Erfüllungsverpflichtungen durch meist vorformulierte Klauseln in der sich abzeichnenden Insolvenz entledigen will.³⁶¹ Das kann in einem krassen Gegensatz zu den Interessen der Gläubigergemeinschaft stehen und dem Insolvenzverwalter oft jede Fortführungsoption von vornherein nehmen.³⁶²

Der Insolvenzverwalter kann nunmehr auch ggü. den Arbeitnehmern Kündigungen aussprechen. Er kann dabei die **Sonderkündigungsfristen des § 113 InsO nutzen**. Das hat besondere Bedeutung, weil die Arbeitsverhältnisse fortbestehen, „wie sie liegen und stehen". Sie sind Masseverbindlichkeiten nach § 55 Abs. 1 Nr. 2 InsO und daher vollständig zu erfüllen.³⁶³ Das gilt auch für Sozialpläne, die infolge von zuvor vereinbarten Betriebsänderungen nach § 111, 112, 112a BetrVG erstellt wurden. Sofern sie 3 Monate vor Antragsstellung erstellt wurden, steht ihm ein besonderes Widerspruchsrecht nach § 124 InsO zu. Will er selbst Stilllegungen im eröffneten Verfahren vornehmen, muss er die absoluten und relativen Obergrenzen im Sozialplan nach § 123 InsO beachten. Der Interessen- bzw. Nachteilsausgleich und die Sozialauswahl bei Personalverringerung werden ihm in dieser Phase im Zusammenwirken mit einem Betriebsrat nach § 125 InsO erheblich erleichtert. Dies betrifft insb. die arbeitsgerichtsfeste betriebsbedingte Massenkündigung, vgl. § 17 KSchG.³⁶⁴ Er hat die Insolvenzgeldanträge entsprechend vorzubereiten.³⁶⁵

127

Eine weitere Folge des Übergangs der Verwaltungs- und Verfügungsbefugnis ist, dass den Insolvenzverwalter nunmehr die **öffentlich-rechtlichen Ordnungspflichten** persönlich treffen.³⁶⁶ Das kann ein schwerwiegendes Problem für den Insolvenzverwalter im Fall der bei der Produktion anfallenden Schadstoffe oder sonstigen gefährlichen Immissionen sein. Dadurch begründet er eine Verhaltensstörerschaft, für die er u.U. persönlich einzustehen hat. Wird er lediglich als Zustandsstörer z.B. bei Altlasten in Anspruch genommen, wird er sich durch rechtzeitige Freigabe des Gegenstandes seiner Pflichtig- und Verantwortlichkeit und mithin einer persönlichen Haftung entziehen können.³⁶⁷

128

---

359 Zur umsatzsteuerrechtlichen Problematik, BFH, 9.2.2011 – XI R 35/09, ZIP 2011, 1222; m. Anm. de Weerth, EWIR 2011, 471f.
360 BGH, 15.11.2012 – IX ZR 169/11, ZIP 2013, 274.
361 Vgl. § 8 Nr. 2 Abs. 1 VOB/B, BGH, 7.4.2016 – VII ZR 56/15, ZIP 2016, 981, wirksame Lösungsklausel; krit. Schmidt, ZInsO 2016, 2464.
362 Wimmer, FS Vallender, 2015, 793, 794 in Fn 3 Zusammenstellung einschlägiger Lit.
363 NZI 2007, 58.
364 BAG, 13.2.2020 – 6 AZR 146/19, ZIP 2020,1569 Tücken: Air Berlin.
365 Uhlenbruck/Zobel, § 22 InsO Rn 204f.; Kurzüberblick Rein, NJW-Spezial, 2015, 661.
366 Ausführlich MüKo/Hefermehl, § 55 InsO Rn 88ff.
367 Küpper/Heinze, ZInsO 2005, 409; MüKo/Kern, § 165 InsO Rn 202ff.

129 Der Insolvenzverwalter hat ab der Insolvenzeröffnung darauf zu achten, dass Gebühren z.B. für Lizenzen oder Register und etwa Beiträge an den ARD ZDF Deutschlandradio Beitragsservice (ehem. GEZ) oder Beiträge für Pflichtmitgliedschaften[368] als Masseverbindlichkeiten gemäß § 55 Abs. 1 Nr. 1 Var. 2 InsO rechtzeitig abgeführt werden. Für von ihm erforderlich gehaltene Eintragungen ins Handelsregister sind die Gebühren zu entrichten, vgl. § 58 Abs. 1 S. 2 GNotKG.[369] Sofern diese nicht beglichen werden können, muss er sich mit den Behörden und Körperschaften rechtzeitig ins Benehmen setzen. Ggf. muss er für hinreichenden Versicherungsschutz sorgen. Er hat auf die Einhaltung von Schutz- und Gefahrenvorschriften hinzuwirken.[370]

130 Diese Zusammenstellung kann nur ein winziger Ausschnitt und eine gezielte Auswahl sein. Das Pflichtprogramm eines Insolvenzverwalters geht selbstverständlich in vielfältiger Weise darüber hinaus. Es sind zudem vermehrt grenzüberschreitende Sachverhalte zu bearbeiten, die unter Berücksichtigung der dazu ergehenden EuGH-Rechtsprechung und unter Beachtung der Vorgaben der EuInsVO zu lösen sind.[371] Der Insolvenzverwalter kann sich zur Erfüllung seiner Kernaufgaben immer der Unterstützung durch Dritte bedienen. Das Spektrum der zulässigen Delegation reicht von eigenem Personal über Personal des Insolvenzschuldners bis zu externen Dienstleistern.[372]

II. Einfluss der Gläubigerautonomie

131 Der Insolvenzverwalter verfasst den **Bericht** für die Gläubigerversammlung und das Insolvenzgericht gemäß den Vorgaben des § 156 InsO. Nach § 154 InsO hat er diesen und die Verzeichnisse bis spätestens 1 Woche vor dem Berichtstermin an das Insolvenzgericht zu senden, damit sie dort von interessierten Gläubigern eingesehen werden können.

132 Aus dem **Bericht** muss sich eine detaillierte wirtschaftliche Analyse der Situation des Schuldners ergeben. Die Ursachen der Krise sind zu bezeichnen und die

---

368 BVerwG, 11.3.2020 – 8 C 17.19, ZIP 2020, 1419f. Kapitalgesellschaft, hier UG; (Vorinstanz) OVG Münster, 18.6.2018 – 17 A 1258/15, ZIP 2018, 1703, IHK-Beitrag; krit. Bremen in EWiR 2018, 659.
369 KG, 12.8.2019 – 22 W 91/17, ZInsO 2019, 2214.
370 VG Frankfurt a.M., 8.3.2019 – 2 K 6239/17.F, BKR 2020, 308, 310 Rn 15ff., Listing-Gebühren Börsennotierung u. keine abweichende Voraussetzungen für den Antrag auf Widerruf derselben gem. § 39 Abs. 2 BörsG (Delisting) z. Schutz d. Anleger; bestätigt durch VGH Hessen, 15.1.2021 – 6 A 857/19, ZInsO 2021, 685.
371 Bspw.: EuGH-Vorlage des LG Essen, 25.11.2010 3 KHs – 43 O 129/09, ZIP 2011, 875; Cranshaw, jurisPR-InsR 11/2011 Anm. 5; LAG Frankfurt, 14.12.2010 – 13 Sa 969/10, ZInsO, 2011, 878; Cranshaw, jurisPR-InsR 11/2011 Anm. 2.
372 Graeber/Graeber, ZInsO 2013, 1284 auch zu Auswirkungen auf die Vergütung des Insolvenzverwalters.

Sanierungsaussichten, ggf. durch übertragende Sanierung, darzustellen. Der Bericht muss eine plausible Darlegung der zu erwartenden Liquidationswerte im Fall der Verwertung und der Möglichkeit der Betriebsfortführung enthalten. Die Aussicht eines quotenverbessernden Insolvenzplans nach §§ 1 Satz 1, 2. Alt., 217ff. InsO muss in ihm erörtert werden.[373] Diese Untersuchungs- und Einschätzungspflichten sind nicht zu unterschätzen. Die Frist bis zur ersten Gläubigerversammlung beträgt max. 3 Monate ab Eröffnung, und das ist knapp bemessen. Der Insolvenzverwalter wird i.d.R. zudem mit der Zustellung der Ladungen beauftragt. Er benennt die Tagesordnungspunkte schlagwortartig, die er nach dem bisherigen Verfahrensstand für erörterungswürdig hält.

Nach der **umfassenden Information der Gläubigerversammlung** durch den Insolvenzverwalter **persönlich** in nicht öffentlicher Sitzung nach Maßgabe des Vorstehenden ergeht eine Beschlussfassung über den Verfahrensfortgang und das Verfahrensziel nach § 157 InsO. Dazu gehört die Entscheidung über die Fortführung oder Einstellung eines Betriebes. Die Gläubiger sind in Kenntnis zu setzen, ob es im Interesse der Massemehrung ein Einigungspotenzial mit den Absonderungsberechtigten gibt. Dies betrifft etwa die Veräußerung der Immobilien, der Produktionsstraßen oder des Fuhrparks und die Partizipation der Masse am Erlös außerhalb der Pauschalbeiträge nach § 171 InsO. Dazu hat der Insolvenzverwalter zuvor eine Empfehlung im Bericht auszusprechen. Gleichzeitig ist über die Führung wesentlicher Gerichtsprozesse zu entscheiden.[374] Ggf. kann über die Einsetzung bzw. Beibehaltung eines Gläubigerausschusses entschieden werden. Auch eine Abwahl des Insolvenzverwalters ist in dieser Gläubigerversammlung möglich. Es können außerdem die Gesellschafter und Personen der Geschäftsführung des Schuldners, der Betriebsrat und ggf. auch Dritte mit besonderem Sachverstand gehört werden. Evtl. stellen sich Investoren vor. 133

(weggefallen) 134

Die Gläubigerautonomie beinhaltet auch das **Initiativrecht** gem. § 218 Abs. 2 InsO, den Insolvenzverwalter zur Erstellung eines **Insolvenzplans**[375] aufzufordern. Dabei können ihm Ziele vorgegeben werden. Das kann den Vorstellungen des Insolvenzverwalters zuwiderlaufen. Er hat sich letztlich aber dem Willen der Gläubigerversammlung zu beugen, denn er ist deren Interessenwahrer.[376] Eine Sondervergü- 135

---

373 MüKo/Janssen, § 156 InsO Rn 34 ff.; Uhlenbruck/Zipperer, § 156 InsO Rn 10 ff.; vgl. die erweiterten Handlungsmöglichkeiten §§ 217, 221, 225a InsO; Frank/Heinrich, ZInsO 2011, 858, z. Gläubigerautonomie im Planverfahren.
374 Dälken, InsbürO 2019, 447, Gläubigerbeteiligung im Vorfeld von Prozesshandlungen mit praktischem Ermittlungsschema [450] u. Beispiele. [451 ff.].
375 Prägnanter Gesamtüberblick s. FK/Jaffé, § 217 InsO; Uhlenbruck/Lüer/Streit, Vor §§ 217 – 269 InsO, z. steuerrechtlichen Lage zum Sanierungsertrag gem. § 3a EStG (verfassungswidriger Sanierungserlass) Rn 20–27; s.a. die alphabetische Literaturübersicht bei Uhlenbruck/Lüer/Streit, Vor §§ 217 – 269 InsO Rn 28.
376 FK/Jaffé, § 218 InsO Rn 38–49 Kollision d. Pläne, Missbrauch [45 ff.].

tung gibt es für den Planentwurf nicht. Er wird aber üblicherweise einen Zuschlagstatbestand i.R.d. Vergütung darstellen. Lediglich zwingend hinzuzuziehendes Expertenwissen ist zusätzlich nach § 4 Abs. 1 S. 3 InsVV und § 5 InsVV aus der Masse zu vergüten.

136 Soweit eine **übertragende Sanierung** im Raume steht, ist dazu die **Zustimmung** von der Gläubigerversammlung nach § 160 InsO einzuholen, weil es sich dabei sogar um eine Verwertung unterhalb von Liquidationswerten handeln kann.[377] Diese Zustimmung kann auch ein vorläufiger Gläubigerausschuss erteilen; dieser Beschluss kann vor dem Berichtstermin erfolgen (vgl. § 158 Abs. 1, 2. Var. InsO). Dies kann sich daraus rechtfertigen, dass z.b. eine bestimmte Anzahl von Arbeitsplätzen erhalten bliebe. Ein weiterer Rechtfertigungsgrund dieser schnellen Abwicklung läge darin, dass etwa verbundene und bekannte Risiken (Stichwort: Altlasten), die möglicherweise stark Masse reduzierend wirken, vermieden werden.

137 Es gehört zur Gläubigerautonomie, dass die Gläubiger ihr **Recht auf Information** durch Beantragung einer Gläubigerversammlung unter Beachtung der in § 75 Abs. 1 Nr. 3 und 4 InsO festgelegten Quoren von Forderungsbeträgen einfordern können. Der Insolvenzverwalter ist verpflichtet, an dieser teilzunehmen. Selbstverständlich steht dem Insolvenzverwalter das Recht zu, eine außerordentliche Gläubigerversammlung einzuberufende. Beantragt er diese etwa zum Zwecke der Beschlussfassung über besonders bedeutsame Rechtshandlungen i.S.d. § 160 InsO, hat er den Gegenstand der Tagesordnung klar zu benennen.[378] Weitere Voraussetzungen gibt es nicht. Dem Insolvenzgericht steht diesbezüglich keine Ermessensentscheidung zu.[379]

In der Gläubigerversammlung kann auch ein Beschluss über die Einsetzung eines **Sonderinsolvenzverwalters** zur Geltendmachung von Schadenersatzansprüchen der Masse gegen den (bisherigen) Insolvenzverwalter nach § 92 InsO getroffen werden.[380] Genauso gut kann ein Beschluss auf den Verzicht der Bestellung eines Sonderinsolvenzverwalters ergehen.

137a Üblicherweise wird im ersten Berichtstermin eine Prüfung der bisherigen Forderungsanmeldungen zur Insolvenztabelle und eine Erörterung im Fall des Bestreitens nach § 176 InsO vorgenommen werden, sofern es nicht dafür einen gesonderten

---

[377] FK/Wegener, § 159 InsO Rn 19, § 160 InsO Rn 10, z. Verfahren 20 ff., zu den Rechtsfolgen § 160 InsO Rn 27 ff.; instruktiv LG Saarbrücken, 26.11.2010 – 5 T 621/09, ZInsO 2011, 437; Cranshaw, jurisPR-InsR 25/2010 Anm. 5; z. Haftungsgefahr OLG Rostock, 8.4.2011 – 5 U 31/08, NZI 2011, 488.
[378] AG Düsseldorf, 29.3.2018 – 502 IN 216/15; ZIP 2018, 1992, auch z. Frage der Justiziabilität von Beschlüssen.
[379] LG Münster, 21.1.2019 – 5 T 742/18, ZIP 2019, 486; LG Mönchengladbach, 12.8.2013 – 5 T 197/13, ZInsO 2013, 1753 m.w.N.
[380] Dazu ausführlich BGH, 21.7.2016 – IX ZB 58/15, ZIP 2016, 1738; BGH, 9.6.2016 – IX ZB 21/15 ZIP 2016, 1351 u. BGH, 9.6.2016 – IX ZB 83/15; HambKomm/Frind § 59 InsO Rn 42b u. Rn 42h.

Termin gibt.³⁸¹ Jeder Insolvenzgläubiger kann sich zur Berechtigung nach Grund und Höhe der eingetragenen Forderungen äußern und diese bestreiten, sofern dies der Insolvenzverwalter (noch) nicht getan hat. Das hat möglicherweise zur Folge, dass ein Feststellungsstreit nach §§ 179 ff. InsO zu führen ist.³⁸² Einige Streitfragen ranken um diese Feststellungsklage.³⁸³

III. Die Aufgaben als Masseverwerter

Der Insolvenzverwalter hat eine **Verwertungspflicht**, der er sich nur ausnahmsweise durch Freigabe entziehen kann. Damit korrespondiert zwischenzeitlich und insbesondere bei Beendigung des Insolvenzverfahrens ein umfassendes Erlösverteilungsrecht. Grds. soll er die Masseverwertung eigenhändig vornehmen, aber es ist durchaus üblich, dass professionelle Versteigerer oder dritte Hilfskräfte, z.B. Makler bei der Suche nach geeigneten Erwerbern, eingeschaltet werden.³⁸⁴ Nach der Beschlussfassung im Berichtstermin über das Verwertungsziel hat der Insolvenzverwalter die Verwertung zügig vorzunehmen. Dabei liegt der Fokus auf bewegliche Gegenstände, die reale Erlöse erbringen, § 166 Abs. 1 InsO. Eine Verwertung durch einen liquidierenden Insolvenzplan ist dazu eine Alternative. 138

Zur Masseverwertung zählt auch der weitere **Forderungseinzug**.³⁸⁵ Zumeist handelt es sich um global zedierte Forderungen, § 166 Abs. 2 InsO.³⁸⁶ Soweit absonderungsberechtigte Sicherungsnehmer den Forderungseinzug durch den Insolvenzverwalter zulassen, stellt sich die Frage nach den Ansprüchen der Insolvenzmasse einerseits und denen der absonderungsberechtigten Sicherungsnehmern andererseits bei verzögerter Vornahme bzw. Weiterleitung des Erlöses durch den Insolvenzverwalter, § 169 InsO. Dazu hat der BGH in einer grundlegenden Entscheidung die Abgrenzungen nach dem Zeitpunkt des Zahlungseingangs für das Entstehen der 139

---

381 Voraussetzung einer wirksamen Forderungsanmeldung, AG Darmstadt, 18.3.2016 – 315 C 170/15, ZInsO 2016, 810.
382 Streitwertermittlung nach § 182 InsO i.V.m. § 4 ZPO, BGH, 21.3.2019 – IX ZR 30/18; BGH, 23.3.2016 – IX ZB 73/15; BGH, 14.1.2016 – IX ZB 57/15, ZIP 2016, 342.
383 Instruktiv: Stangl, NZI 2016, 429.
384 BGH, 18.10.2012 – IX ZR 10/10, ZInsO 2012, 2341; Uhlenbruck/Zipperer, § 159 InsO Rn 17 f., Besonderheiten bei Auslandsvermögen [20 f.].
385 Einführend MüKo-InsO/Kern, Vor §§ 166–173 Rn 22–42; Rn 85–103 „Poolung von Sicherheiten".
386 MüKo-InsO/Kern, § 166 Rn 82–89 z. USt.-Problematik, insb. § 13c UStG; zu berechtigenden Gründen des Outsourcings von sicherungszedierten Forderungen durch Ermächtigung zur Einziehung an Dritte: BGH, 18.10.2012 – IX ZR 10/10, ZIP 2013, 35; dazu Cranshaw, jurisPR-InsR 2/2013 Anm. 3.

Kostenpauschalen nach §§ 170, 171 InsO einerseits und andererseits der Erlösabführung und dem Entstehen und der Dauer von Zinsen vorgenommen.[387]

140 Interessant ist es, wenn sich eine **Immobilie i**m Vermögen befindet und diese nicht wertausschöpfend belastet ist. Zwar können auch die Absonderungsberechtigten die Veräußerung in eigener Regie durchführen, aber für gewöhnlich ist es Sache des Insolvenzverwalters, die Immobilie im Wege des **freihändigen Verkaufs** zu veräußern.[388] Dabei ist es üblich, dass Immobilienmakler eingeschaltet werden, um insb. für Industriegrundstücke mit spezifischer Bebauung alsbald einen geeigneten Erwerber zu finden. Der Erlös ist dann entsprechend dem Vorrang oder der zwischen ihm und den Grundpfandrechtsgläubigern getroffenen Vereinbarung an diese und die Masse zu verteilen. Gibt der Insolvenzverwalter dagegen ein Grundstück zur Verwertung an den einzigen Grundpfandrechtsgläubiger frei,[389] erhält er dafür zwar keine Feststellungspauschale nach § 171 InsO, gleichwohl wird entsprechend verfahren, indem ggf. ein Massebeitrag mit dem Grundpfandrechtsgläubiger „verhandelt" wird.[390] Dieser Beitrag unterfällt der Umsatzbesteuerung und löst einen Zahlungsanspruch des Fiskus aus.[391]

141 Ein weiteres Problemfeld sind durch die Verwertung ausgelöste steuerliche Tatbestände wie die Aufdeckung **stiller Reserven**, die als Masseverbindlichkeiten regelmäßig dazu führen, dass Erlöse sehr geschmälert werden.[392]

142 Kommt es zu keiner Einigung, ist der Insolvenzverwalter kraft Gesetzes, also ohne Titel, zur Betreibung der **Zwangsversteigerung** antragsberechtigt, § 165 InsO.[393]

143 Eine davon zu unterscheidende Frage ist, ob ein nachrangiger absonderungsberechtigter Gläubiger eine sog. „**Lästigkeitsprämie**" für die zügige Löschungsbewilligung im Insolvenzverfahren verlangen kann. Der BGH neigt dazu, diese Zahlung als insolvenzzweckwidrig einzustufen, wenn der Gläubiger in der Zwangsversteigerung leer ausgegangen wäre.[394] Gleichwohl kommt es darauf an, ob der Erlös der

---

387 BGH, 20.2.2003 – IX ZR 81/02, ZInsO 2003, 318; zum Einzugsrecht fälliger verpfändeter Forderung, BGH, 11.4.2013 – IX ZR 176/11, ZInsO 2013, 926; BGH, 14.11.2019 – IX ZR 50/17, ZIP 2019, 2416.
388 Uhlenbruck/Brinkmann, § 49 InsO Rn 29, 30; § 160 Abs. 2 Nr. 1 InsO m. Zustimmung des Gläubigerausschusses bzw. der Gläubigerversammlung; MüKo/Kern, § 165 InsO Rn 173 ff., keine Pflicht zur Mitwirkung [183].
389 Diese „Freigabe" ist hier „untechnisch" gemeint.
390 Uhlenbruck/Brinkmann, § 165 InsO Rn 20; MüKo/Kern, § 165 InsO Rn 187.
391 BFH, 28.7.2011 – V R 28/09, ZInsO 2011, 1904 Rn 16 ff. z. alten Rechtsauffassung [ab 26 ff. z. neuen Ansicht], krit. Anm. Schmittmann; noch deutlicher: Mitlehner, EWiR 2011, 673.
392 Frotscher, Besteuerung bei Insolvenz, Teil 2 B I Nr. 6, S. 139 ff.
393 Uhlenbruck/Brinkmann, § 165 InsO Rn 14 ff.; ausführlich MüKo/Kern, § 165 InsO Rn 123 ff.
394 BGH, 20.3.2008 – IX ZR 68/06, DZWIR 2008, 376; erläuternd Smid, DZWIR 2008, 501; keine Pflicht zur Löschungsbewilligung einer nachrangigen Zwangshypothek aus Treu und Glauben, BGH, 30.4.2015 – IX RR 301/13, ZIP 2015, 1131; a.A. OLG Nürnberg, 19.11.2013 – 4 U 994/13, (Vorinstanz) ZIP 2013, 2471; Uhlenbruck/Brinkmann § 49 InsO Rn 54.

Masse dadurch geschmälert wird.[395] Im Fall des Ausfalls nimmt der absonderungsberechtigte Gläubiger mit seiner Forderung nach § 52 InsO an der Quotenzahlung als Insolvenzgläubiger teil. Diese berechnet sich aus folgenden Komponenten:
- Kosten bis zur Insolvenzeröffnung
- Zinsen bis zur Insolvenzeröffnung
- Hauptforderung
- Kosten nach Insolvenzeröffnung
- Zinsen nach Insolvenzeröffnung.

Bzgl. der letzten beiden Posten ist § 39 Abs. 1 Nr. 1 und 2 InsO zu beachten.

Eine weitere Konfliktlage ergibt sich durch den sog. **Haftungsverband** der §§ 1120 ff. BGB infolge der Veräußerung von Zubehör.[396] Es empfiehlt sich, mit den Grundpfandrechtsgläubigern eine konkrete Vereinbarung zu treffen. 144

Ein ganz grundsätzlicher Konflikt entsteht bzw. besteht, wenn vor Eröffnung des Verfahrens bereits durch einen Grundpfandrechtsgläubiger die **Zwangsverwaltung** beantragt wurde und sowohl dieser Zwangsverwalter als auch der Insolvenzverwalter auf denselben Gegenstand in unterschiedlicher Weise zugreifen wollen.[397] Dies betrifft typischerweise das Betriebsgelände, sofern es z.B. im Wege der sanierenden Übertragung auf einen Erwerber übergehen soll. Nach § 153b ZVG kann vom Insolvenzverwalter beim Vollstreckungsgericht die einstweilige Einstellung der Zwangsverwaltung beantragt werden, wenn die Insolvenzverwaltung dadurch erheblich erschwert wird.[398] Die Einstellung erfolgt nur gegen laufende Zahlung eines Nachteilsausgleichs aus der Masse. 145

Wenn es sich um umfangreichere **Abverkäufe** von Lagern und Ausstellungsware handelt, für die eine Vielzahl von Interessenten angesprochen werden soll, werden vermehrt Sonderveranstaltungen (Auktionen) durchgeführt.[399] 146

Die Verwertung von Immaterialgütern ist von Bedeutung, aber auch problembehaftet.[400] Ggf. sind die **Firma** und das **Logo** sowie eine **Domain**[401] zu veräußern. Fraglich ist, ob der Insolvenzverwalter die Befugnis dazu hat, eine Firma zu verwerten.[402] Bzgl. der Firma müsste der Insolvenzverwalter das Recht haben, die Firma für die verbleibende Gesellschaft zu ändern. Der BGH weist dieses Recht aber den Ge- 147

---

395 BGH, 20.3.2014 – IX ZR 80/13, ZInsO 2014, 1009; krit. Weiß/Linsenbarth, EWIR 2014, 593, 594 unter 3.; vertiefend Oster/Steinwachs, ZInsO 2011, 1638.
396 Ausführlich MüKo/Kern, § 165 InsO Rn 230 ff.
397 Ausführlich Zipperer, ZfIR 2011, 385.
398 Brüggemann/Haut, Arbeitshilfen Zwangsverwaltung, Muster 196, Rn 990.
399 Uhlenbruck/Zipperer, § 159 InsO Rn 19.
400 Überblicksbeitrag von Berger, ZIP 2020, 52.
401 Müller/Obermüller/Weiß, ZInsO 2012, 780.
402 Eine isolierte Verwertung ohne das Unternehmen ist nach § 23 HGB nicht möglich.

Küpper/Heinze

sellschaftern der insolventen abzuwickelnden Kapitalgesellschaft zu.[403] Dies erschwert die Verwertung z.B. bei einer übertragenden Sanierung, weil er zuvor auf deren Mitwirkung zur Satzungsänderung angewiesen wäre.[404] Allerdings bereiten diese vorgenannten Immaterialgüter ebenso wie **Patente** und **Lizenzen**[405] sowie selbst erstellte Software und **Markenrechte** immer größere Schwierigkeiten, weil es schon keine klar definierten Kriterien der Bewertung gibt.[406] Werden die wenigen spezialisierten Institute mit der Bewertung immaterieller Vermögenswerte beauftragt, fallen meist hohe Kosten an, weil diese quasi ein Expertisemonopol besitzen. Einen Abnehmermarkt zu finden, ist hier besonders schwierig. Ein Sonderproblem stellt die Behandlung von **Arbeitnehmererfindungsrechten** nach § 27 ArbNErfG (gemeldet n. d. 1.10.2009) insb. bei Unternehmensveräußerungen dar.[407] Auch **Kundendateien** zu veräußern, ist nicht nur datenschutzrechtlich[408] problematisch, sondern erweist sich heutzutage bei dem Bestehen von umfangreichen Datenbanksystemen meist als nicht mehr lukrativ. Dies zeigt sich nicht zuletzt bei Verkäufen freiberuflicher Praxen. Wegen der Flüchtigkeit der Patienten, Klienten, Mandanten und Kunden lässt sich selbst mit einer langjährig eingeführten Praxis oft kein hoher Erlös erzielen. Ferner gibt es moderne Assets wie **Kryptowerte und -währungen.**[409] Dies stellt neue Herausforderungen an die Verwertung.

Die Verwertung von **Gesellschaftsanteilen** bereitet vielschichtige Probleme.[410] Sollte es sich zudem um eine Personengesellschaft handeln, ist der Geschäftsanteil an einen Dritten nur schwer veräußerbar, weil die personalen Beziehungen und Zustimmungspflichten der anderen Gesellschafter entgegenstehen. Stattdessen besteht die Kündigungsmöglichkeit, sofern nicht ein Ausscheiden gegen Abfindung im Falle der Insolvenz des Anteilsinhaber gesellschaftsvertraglich ohnehin vorgesehen ist. Abfindungsklauseln sehen einen niedrigeren als den wahren Abfindungswert oder teilweise den gänzlichen Ausschluss vor. Für einen Gesellschaftsanteil an einer GmbH ist es durchaus möglich, einen Erwerber zu finden, zumal es die Erleichterung des gutgläubigen Erwerbs anhand des Ausweises der Gesellschafterliste

---

403 BGH, 26.11.2019 – II ZB 21/17, ZIP 2020, 266; Uhlenbruck/Zipperer § 159 InsO Rn 23–25.
404 Dem „Verdrängungsbereich" angehörend: Priester in EWiR 2020,103; Thole, Anm. in ZRI 2020, 140; Primozic, NZI 2020, 234.
405 Bei Nutzungsrechten erweist sich der Sukzessionsschutz als ein großes Hindernis, Berger, ZIP 2020, 52, 59 ff.
406 Jörg, DZWIR 2013, 155; Nester/Hunkemöller, ZInsO 2009, 2233.
407 Hilfreich Paul, ZInsO 2009, 1839; ergänzend empf.: FK/Bartenbach/Volz-Kunzmann, § 27 ArbNErfG (Anhang III) Rn 51 ff.; Uhlenbruck/Zipperer § 159 InsO Rn 30; LG Düsseldorf, 10.8.2010 – 4a O 132/09, NZI 2012, 627, m. Anm. Kunzmann.
408 Berger, ZIP 2020, 52, 57, berechtigtes überwiegendes öffentliche Interesse Art. 6 Abs. 1 Buchst. e DSGVO.
409 MüKo/Peters, § 35 InsO Rn 407,
410 Uhlenbruck/Zipperer, § 159 InsO Rn 34 f.

nach §§ 16 Abs. 3, 40 GmbHG gibt. Die Bewertung des Anteils und die daraus erwachsenden Kosten sind meist das Problem. Üblicherweise übernehmen aber die übrigen Gesellschafter oder die Gesellschaft nach § 33 GmbHG den Anteil gegen Zahlung des Abfindungsguthabens. Ähnlich schwierig ist die Verwertung von freiberuflichen Praxen, insbesondere wenn berufsspezifische Verschwiegenheitspflichten bestehen. Stets sind datenschutzrechtliche Bestimmungen bei der Veräußerung zu beachten.[411]

Ein die Masse mehrendes Instrument und eine „besondere Art" der Verwertung stellt die sog. **„kalte Zwangsverwaltung"** dar.[412] Es vermeidet die Nachteile der Zwangsverwaltung.[413] Dabei handelt es sich um eine rechtsgeschäftliche Vereinbarung[414] zwischen dem/den Grundpfandrechtsgläubiger/n und dem Insolvenzverwalter über die Vermietung einer Immobilie. Der Insolvenzverwalter verpflichtet sich, sich um diese Vermietung zu kümmern. Dafür erhält die Masse die Zahlung eines einmaligen Betrages oder von laufenden Pauschalen.[415] Vereinbart der Insolvenzverwalter dafür eine zusätzliche persönliche Vergütung und beabsichtigt er, diese für sich zu vereinnahmen anstatt sie an die Masse abzuführen, wäre dies unzulässig.[416] Infolge der Mehrerlöse erweitert sich möglicherweise die Berechnungsgrundlage der von ihm verwalteten Masse. Der Insolvenzverwalter erhält anderenfalls für seinen zusätzlichen Aufwand einen Vergütungszuschlag bei der Vergütungsfestsetzung nach § 3 Abs. 1 InsVV.[417]

148

Die Verwertung von **beweglichen Vermögensgegenständen mit Sicherungsrechten** richtet sich nach den §§ 166 ff. InsO.[418] Es gibt für die im Besitz des Insolvenzverwalters befindlichen Wirtschaftsgüter ein Vorrecht der Verwertung durch den Insolvenzverwalter ggü. den Absonderungsberechtigten, hingegen besteht hierzu keine Verpflichtung (vgl. §§ 166 Abs. 1, 173 InsO). Will der Absonderungsberechtigte nicht selbst verwerten, obwohl er im Besitz der Gegenstände ist, muss ihm zunächst eine Frist vom Insolvenzgericht gesetzt werden, § 173 Abs. 2 S. 2 InsO, und erst nach ungenutztem Ablauf der Frist kann der Insolvenzverwalter Klage auf Her-

149

---

411 Uhlenbruck/Zipperer, § 159 InsO Rn 31 f.
412 Ausführlich MüKo/Kern, § 165 InsO Rn 188 ff.; BGH, 14.7.2016 – IX ZB 31/14, ZIP 2016, 1543; Commandeur/Utsch, NZG 2016, 1377.
413 MüKo/Kern, § 165 InsO Rn 254 ff.
414 Zum Mindestregelungsgehalt: MüKo/Kern, § 165 InsO Rn 190; Muster 9 „Kalte Zwangsverwaltung", in Haarmeyer/Pape/Stephan/Nickert, Formularbuch Insolvenzrecht, Rn 72 (3. Aufl.).
415 BGH, 14.7.2016 – IX ZB 31/14, ZIP 2016, 1543; instruktiv: LG Leipzig, 23.1.2007 – 12 T 763/06, ZInsO 2007, 148; BFH, 28.7.2011 – V R 28/09, DStR 2011, 1853; (Vorinstanz) FG Düsseldorf, 10.6.2009 – 5 K 3940/07 U, ZInsO 2010, 434, z. USt.-Problematik jeweils bejahend.
416 Bork hält „kalte Zwangsverwaltung" diesbezüglich für ein „heißes Eisen", ZIP 2013, 2129, 2134 ff.; ähnlich Becker, ZInsO 2013, 2532; BGH, 14.7.2016 – IX ZB 31/14, ZIP 2016, 1543.
417 MüKo/Kern, § 165 InsO Rn 194; BGH, 14.7.2016 – IX ZB 31/14, ZIP 2016, 1543.
418 Ausführlich MüKo/Kern, Vor §§ 166–173 InsO Rn 66–84; § 166 InsO Rn 1–66.

ausgabe erheben.[419] Beachtenswert ist die Entscheidung des BGH[420] zur Häufigkeit der Mitteilungspflichten des Insolvenzverwalters von seiner Veräußerungsabsicht nach § 168 InsO ggü. den Absonderungsberechtigten. Zumeist bestehen ausschöpfende Sicherungsrechte, sodass kein Übererlös sondern nur die gesetzlichen Feststellungs- und Verwertungspauschalen nach § 170 InsO für die Masse bleiben. Zu beachten ist dabei die umsatzsteuerliche Problematik.[421]

150   Solange der Insolvenzverwalter insb. den Maschinenpark für eine lukrative Ausproduktion nutzen will, ist er an einer Verwertung nicht interessiert. Das Interesse der Absonderungsberechtigten kann dem entgegenstehen. Der Absonderungsberechtigte kann beim Insolvenzgericht beantragen, den Insolvenzverwalter zur Verwertung unter Fristsetzung aufzufordern. I.Ü. ist nach § 169 InsO oder § 172 InsO eine Kompensation vorgesehen. Der Verwalter wird die für ihn günstigere Alternative wählen.

151   Die Verwertung ist teilweise von glücklichen Umständen abhängig. Es kann auch vorkommen, dass sich trotz gemeinsamer Anstrengung von Insolvenzverwalter, Absonderungsberechtigten und Schuldner die Verhandlungen mit Käufern doch letztlich zerschlagen. I.d.R. befinden sich die Käufer in der besseren Position. Andererseits ist es eben auch das Geschick des Insolvenzverwalters zu erkennen, wie weit er gehen kann. Der Insolvenzverwalter ist zur bestmöglichen Verwertung verpflichtet. In einer globalen Weltwirtschaft kann er sich z.B. bei dem Verkauf spezieller Maschinen nicht auf Deutschland als Veräußerungsgebiet beschränken. Investitionsgüter werden heutzutage weltweit nachgefragt.[422] Einen Grund, z.B. einen russischen oder chinesischen Interessenten abzuweisen, gibt es regelmäßig nicht. Schon bei der Suche nach Interessenten wird er die Möglichkeiten des Internets ausschöpfen müssen. Auch die Einrichtung einer Online-Versteigerung für einen ausgewählten Interessentenkreis – etwa für ein Patent – gehört zu den in Betracht zu ziehenden Verwertungswegen. Der Insolvenzverwalter wird mehr denn je an solchen Kennzahlen wie den erzielten Erlösen gemessen.

152   Bei der Verwertung sollte eine **Orientierung an den Liquidationswerten** erfolgen, so wie sie anhand des Bewertungsgutachtens ermittelt wurden. Es ist allerdings zu betonen, dass es sich bei diesen Werten um eine Orientierung und um keine fixe Untergrenze handeln kann. Ein vorwerfbares Verschulden i.S.d. § 60 InsO durch den Insolvenzverwalter kann aber i.d.R. selbst dann nicht vorliegen, wenn etwa bei einer übertragenden Sanierung diese Orientierungswerte unterschritten

---

419 BGH, 14.4.2016 – IX ZR 176/15, ZIP 2016, 1301.
420 BGH, 22.4.2010 – IX ZR 208/08, ZInsO 2010, 1000 m.w.N.
421 Klar in der Darstellung: Frotscher, Besteuerung bei Insolvenz, Teil 2 B V Nr. 6, S. 243 ff.; Überblick bei Uhlenbruck/Sinz, § 171 InsO Rn 16–53.
422 Zu unvorhersehbaren Problemen instruktiv: OLG Nürnberg, 11.12.2013 – 12 U 1530/12, ZInsO 2014, 206.

werden.⁴²³ Das liegt an der günstigen Position des Erwerbers. Das gilt v.a., wenn bisherige Gesellschafter ein Unternehmen oder bisherige Hauptlieferanten das gesamte Anlage- und Umlaufvermögen übernehmen. Außerdem ist es keineswegs sicher, dass durch eine Einzelverwertung auch tatsächlich die Liquidationswerte erzielt werden, zumal von den Erlösen der Veräußerungsaufwand abzuziehen ist. Verderbliche Ware oder Saisonartikel werden zwangsläufig weit unter Wert veräußert. Die sog. Fortführungswerte und erst recht ein Überschreiten derselben dürften äußerst glücklichen Umständen geschuldet sein, etwa wenn es zwei Interessenten gibt, die sich überbieten.

Gefahrträchtig ist auch die oft schwer aufzuklärende Vorrangigkeit des Vermieters aus seinem **Vermieterpfandrecht** für rückständige Mieten am Erlös an eingebrachten Gegenständen.⁴²⁴

Es ist immer darauf zu achten, ob nicht bei Einzelmaterien **Sondernormen** in Betracht zu ziehen sind. Als ein Beispiel sei § 19 SchVG (Schuldverschreibungsgesetz v. 4.8.2009) erwähnt, nach dem hier Besonderheiten zu beachten sind.⁴²⁵ Hier ist von Bedeutung, dass dem Insolvenzverwalter nicht jeder einzelne Gläubiger einer Schuldverschreibung gegenüberstehen soll, sondern vom Insolvenzgericht eine Gläubigerversammlung einzuberufen und durchzuführen ist, bei der ein sog. „Gemeinsamer Vertreter" gewählt wird. Er vertritt ausschließlich die Interessen dieser Gläubigergruppe. In Wahrnehmung dieser Funktion gibt es unterschiedliche Ansichten darüber, ob ein „Gemeinsamer Vertreter" aus der Masse seine Vergütung verlangen kann.⁴²⁶ Der BGH hat sich gegen eine in §§ 7 Abs. 6, 19 Abs. 2 SchVG 1899 normierte Masseverbindlichkeit ausgesprochen.⁴²⁷

153

Nicht unerwähnt sollte an dieser Stelle bleiben, dass das wirtschaftliche Risiko des Scheiterns der Gesamtvollstreckung sowohl auf die Massegläubiger als auch auf den Insolvenzverwalter verschoben wird. Die Massegläubiger fallen mit ihren Forderungen im Fall der Masseunzulänglichkeit ganz oder teilweise aus, § 209 InsO. Aber v.a. der Insolvenzverwalter sieht sich der Haftung nach § 61 InsO ausgesetzt, weil er z.B. in Erwartung einer erfolgreichen Ausproduktion rechtsgeschäftliche

154

---

423 Zur trotzdem bestehenden Haftungsgefahr einer übereilten Veräußerung instruktiv: OLG Rostock, 8.4.2011 – 5 U 31/08, NZI 2011, 488; z. Frage d. nachträglichen Zustimmung instruktiv LG Saarbrücken, 26.11.2010 – 5 T 621/09, ZInsO 2011, 437; Cranshaw, jurisPR-InsR 25/2010 Anm. 5; BGH, 10.1.2013 – IX ZR 172/11, Rn 9f., ZInsO 2013, 441 = NZI 2013, 347, 348 m. lesenswerter Anm. Hölzle zum Ermessensspielraum eines Insolvenzverwalters; dazu auch Schulz, EWiR 2013, 329 unter 3. insb. zur Haftung.
424 BGH, 15.10.2014 – XII ZR 163/12, ZInsO 2014, 2464.
425 Veranneman/Rattunde, § 19 SchVG (2016); Uhlenbruck/Knof, § 74 InsO Rn 20; FK/Jaffé, § 225a InsO Rn 10; empf. HambKomm/Knof Anhang II SchVG.
426 Horn, BKR 2014, 449.
427 BGH, 12.1.2017 – IX ZR 87/16, ZInsO 2017, 438; m. krit. Anm. Schaumann/Zenker, EWIR 2017, 181, 180; HambKomm/Knof, Anhang II SchVG, Kostentragung Rn 73–79.

Verbindlichkeiten zur Mehrung der Masse begründet hatte, die im Ergebnis nicht eintrat.[428]

155 Auch bei einer Vollbeendigung der Abwicklung sind immer noch die gesetzlichen Aufbewahrungspflichten von steuererheblichen Geschäftsunterlagen und Belegen zu beachten. Nach § 147 Abs. 3 AO gelten folgende Aufbewahrungsfristen:
- 10 Jahre aufzubewahren sind: Handelsbücher und Aufzeichnungen, Inventare, Eröffnungsbilanzen, Jahresabschlüsse, Lageberichte, Konzernabschlüsse, Arbeitsanweisungen und sonstige Organisationsunterlagen.
- 6 Jahre aufzubewahren sind: Empfangene Handels-/Geschäftsbriefe, Wiedergaben der abgesandten Handels-/Geschäftsbriefe, sonstige Unterlagen, soweit sie für die Besteuerung von Bedeutung sind.

Arbeitsvertragliche Aufbewahrungspflichten können über die gesetzlichen Fristen hinausgehen.

156 Üblicherweise wird ein externer Dienstleister mit der Verwahrung beauftragt. Die hierfür anfallenden Kosten sind erheblich. Ob dafür Rücklagen gebildet werden können, ist umstritten.[429] Die reine Verwahrung und Lagerung von Geschäftsunterlagen stellt keine rechtserhebliche Datenspeicherung nach Art. 4 Nr. 2 DSGVO dar.[429a] Im Fall einer übertragenden Sanierung empfiehlt sich eine Vereinbarung mit dem Erwerber, dem die handels- und steuerrechtlich relevanten Unterlagen ausgehändigt werden, in der dieser sich verpflichtet, die Unterlagen bis zum Ablauf der Aufbewahrungsfristen zu archivieren.[430] Im Übrigen ist der Schuldner (bei juristischen Personen: die Organe) zur Rücknahme verpflichtet.[431] Wenn er sich weigert, ist es nicht leicht, eine Lösung zu finden.[432]

D. Aufsicht des Insolvenzgerichts

157 Die **Aufsichtsbefugnis** und die Mittel des Gerichts ergeben sich aus §§ 58, 59 InsO. Das Insolvenzgericht hat damit neben der Bestellung ein Aufsichtsmonopol inne. Daraus folgt eine Aufsichtspflicht von Amts wegen. Eine nicht hinreichende Verwalterüberwachung führt ggf. zu einem **Amtshaftungsanspruch** nach **§ 839 BGB**

---

428 Zur Frage, ob der Insolvenzverwalter seinen Versicherungsschutz verliert: BGH, 17.12.2014 – IV ZR 90/13, ZIP 2015, 184 (hier: „wissentlich" verneinend).
429 Umfassend: Riedel, InsbürO 2011, 221.
429a OVG Hamburg, 15.10.2020 - 5 Bs 152/20, ZInsO 2021, 257 m. Anm. Reisener/Weiß.
430 Runkel, FS Vallender, 2015, 555, 563 ff., insb. z. Freigabe bei Masseinsuffizienz u. sensiblen Aktenbestände: Patientenakten etc.
431 Uhlenbruck/Wegener, § 200 InsO Rn 30 f.
432 MüKo/Hintzen, § 200 InsO Rn 43, verneinend, dass ein Zwangsmittel gegen ihn zulässig wäre.

i.V.m. Art. 34 GG.[433] Es ist zunächst danach zu unterscheiden, ob es sich um das Eröffnungsverfahren handelt oder um das eröffnete Verfahren. Es gibt einen Wechsel in der funktionellen Zuständigkeit vom anfänglich ausschließlich zuständigen Insolvenzrichter zum Rechtspfleger (vgl. §§ 3 Abs. 2e, 4 u. 18 RPflG). Es handelt sich unabhängig von der funktionellen Zuständigkeit stets um eine Rechtsaufsicht. Das bedeutet, dass es nie darum gehen kann, ob der Insolvenzverwalter zweckmäßig bzw. -widrig gehandelt hat. M.a.W.: Es besteht kein Recht zur fachlichen Anweisung, wie der Insolvenzverwalter seine Aufgabe wahrzunehmen hat. Das betrifft z.B. die Frage der Verwertungsart,[434] der Prozessführung oder der Schlussrechnungserstellung.[435] Der Insolvenzverwalter und auch bereits der vorläufige Insolvenzverwalter handeln eigenverantwortlich und haften den Gläubigern nach den speziellen Normen §§ 60, 61 InsO und für die Masse betreffende Straftaten nach allgemeinem Deliktsrecht.[436] Diesen feinen Unterschied gilt es immer im Auge zu behalten.

Grds. ist zwischen diesen Organen des Verfahrens – Gericht und Verwalter – von einer **vertrauensvollen und kooperativen Zusammenarbeit** auszugehen. Gerade im Eröffnungsverfahren ist der Insolvenzrichter „Herr des Verfahrens", nicht nur „Hüter des Verfahrens".[437] Zur Effektivität, Professionalität und Effizienz der Insolvenzabteilungen der 182 Amtsgerichte im Hinblick auf den Justizgewährungsanspruch kann man unterschiedlicher Auffassung sein. Am Ort des Geschehens ist dagegen nur der vorläufige Insolvenzverwalter oder der gerichtlich beauftragte Gutachter. Der gerichtlich beauftragte Gutachter ist als Sachverständiger Erfüllungsgehilfe des Insolvenzrichters und unterliegt nicht dem Aufsichtsrecht i.S.d. §§ 58 InsO.[438] Anders dagegen ist die Stellung des vorläufigen Insolvenzverwalters zu bewerten, die von vornherein einen weiten Handlungsspielraum vorsieht. Er führt die Gespräche mit der Geschäftsleitung und den Gesellschaftern sowie der Arbeitnehmervertretung. Er führt Verhandlungen mit möglichen Massekreditgebern (Bankenpool und Lieferantenpool) sowie mit etwaigen Investoren. Der Insolvenzrichter benötigt sämtliche Informationen von diesem, was in Form schriftlicher Zwischenberichte und mündlicher Unterrichtung geschieht. Das Gericht wird statt des bisherigen Gutachters einen vorläufigen Insolvenzverwalter bestellen, wenn sich Anhaltspunkte ergeben, dass die Masse anders nicht hinreichend gesichert werden kann. Der Insolvenzrichter hat auf Anregungen des vorläufigen Insolvenzverwalters

---

433 Uhlenbruck/Vallender-Zipperer, § 58 InsO Rn 1a.
434 AG Hamburg, 18.3.2009 – 68c IK 207/08, NZI 2009, 331 unter II. A. 4.
435 Zu Letzterem Küpper/Heinze, ZInsO 2010, 214.
436 Zur Haftung im Einzelnen: Kap. 18 B; Überblick bei Schultz, ZInsO 2015, 529.
437 Uhlenbruck/Vallender-Zipperer, § 58 InsO Rn 21 ff., spezielle Aufsichtspflicht im Insolvenzeröffnungsverfahren Rn 25.
438 Uhlenbruck/Pape, § 5 InsO Rn 13, „verlängerter Arm", Pflicht z. Erstattung eines Gutachtens gem. §§ 407, 409 ZPO.

Sicherungsanordnungen zu beschließen und Einzelbefugnisse und Einzelermächtigungen zu erteilen.[439] Das setzt ein Vertrauensverhältnis zwingend voraus. Andererseits sollen die Eingriffe in die Sphäre des Schuldners verhältnismäßig bleiben. Von den erforderlichen alternativen Mitteln ist stets das mildeste zu wählen. Dies gilt erst recht, wenn Sicherungsanordnungen i.S.d. §§ 97 ff. InsO gegen den Schuldner oder organschaftliche Vertreter (§ 101 InsO) getroffen werden sollen oder Sicherungsanordnungen gegen Dritte nach § 21 Abs. 2 S. 1 Nr. 5 InsO im Raume stehen. Deshalb hat der Richter kritisch zu prüfen, welche Maßnahmen tatsächlich notwendig sind. Damit ist ein Spannungsfeld eröffnet zwischen den berechtigten Belangen des vorläufigen Insolvenzverwalters und denen der übrigen Verfahrensbeteiligten.

159 Die Aufsicht i.S.e. echten Überwachung des Insolvenzverwalters kommt hingegen erst im eröffneten Verfahren zum Tragen. Nunmehr liegt die Verfahrensleitung in den Händen der Rechtspfleger. Die Aufsicht des Insolvenzgerichts soll den Verwalter zur Einhaltung der ihm obliegenden Pflichten veranlassen. Diese effektive Aufsicht ließe sich – zumal bei einer (noch) fehlenden berufsrechtlichen Aufsicht für Insolvenzverwalter – gegenüber juristischen Personen als ausübender Verwalter nicht sicherstellen.[440] Sie stellt aber den notwendigen Ausgleich dafür dar, dass einzelnen Gläubigern eine individuelle Rechtsdurchsetzung nach Verfahrenseröffnung nicht mehr möglich ist und ein kontrollierender Gläubigerausschuss schon aus Kostengründen oft fehlt. Dazu muss das Insolvenzgericht periodisch unterrichtet werden. Auskunft über den Verfahrensverlauf kann das Insolvenzgericht jederzeit vom Insolvenzverwalter nach § 58 Abs. 1 Satz 2 InsO verlangen. Dabei sollte dies ohne kleinliche Überwachung erfolgen. Üblicherweise weist das Gericht den Insolvenzverwalter an, dass von ihm lediglich halbjährlich und in kleineren Verfahren jährlich formelle schriftliche **(Tätigkeits-)Berichte** einzureichen sind, die den aktuellen Sachstand und den Umfang der Geschäftsführung kurz wiedergeben sowie einen zeitlichen Ausblick der noch notwendigen Maßnahmen mitteilen. Für diese Berichterstattung haben sich gewisse Standards und Grundsätze etabliert, die v.a. auch einer schnellen Aufnahme durch das Insolvenzgericht dienen sollen.[441] Soweit erforderlich, wird es daneben immer eine informelle Kommunikation zwischen dem Insolvenzgericht und dem Insolvenzverwalter geben. Dabei werden sich individuelle Usancen einspielen. Ein besonderes Aufsichtsfeld ist die Überwachung von Hinterlegungskonten. Verfahrensspezifische Konten i.S.d. § 149 InsO müssen als Insolvenz-Sonderkonten errichtet sein. Ein Anderkonto des Insolvenzverwalters ist

---

[439] BGH, 5.5.2011 – IX ZR 144/10, ZInsO 2011, 1463 Rn 46 ff. [54], z. bestmöglichen Befriedigung durch freihändige Veräußerung gegen den Willen d. Schuldners bereits im Eröffnungsverfahren.
[440] Deutlich Pape, ZInsO 2016, 428, 430 unter IV. 2.; a.A. Kleine-Cosack, ZIP 2016, 741, 742 ff.
[441] Hilfreich: Geiwitz/Schneider, in: Mindestanforderungen an die Insolvenzabwicklung (MaInsO), Rn 226 ff.

unzulässig. Das Insolvenzgericht hat auf ein zulässigen Insolvenz-Sonderkonto zu achten.⁴⁴²

Insbesondere Beschwerden oder „Anträge" einzelner Verfahrensbeteiligter sind nur als Anregungen zu verstehen, Aufsichtsmaßnahmen zu veranlassen, anders verhält es sich dagegen bei einem Beschluss der Gläubigerversammlung.⁴⁴³ Für den Fall, dass sich allerdings Zweifel an der korrekten Amtsführung des Insolvenzverwalters ergeben, hat das Insolvenzgericht eine Amtspflicht zur Aufklärung nach § 5 InsO. Unterschwellige Maßnahmen sind etwa die Aufforderungen zur Einreichung von säumigen turnusmäßigen Tätigkeitsberichten und ggf. Stellungnahmen. Vermehrt treten konkrete Empfehlungen auf, gewisse langandauernde Verfahren *endlich* abzuschließen. Liegt das mögliche pflichtwidrige Verhalten außerhalb seiner Erkenntnisfähigkeit, muss zur näheren Sachaufklärung ein **Sonderinsolvenzverwalter** bestellt werden.⁴⁴⁴ Die funktionale Zuständigkeit für seine Bestellung und die Ausgestaltung seiner Befugnisse sind umstritten.⁴⁴⁵ Eine gesetzliche Regelung fehlt.⁴⁴⁶ Vieles spricht für den Richtervorbehalt.⁴⁴⁷ In dem Bestellungsbeschluss wird die Aufgabenstellung des Sonderverwalters präzise festgelegt.⁴⁴⁸ Damit dieser Sonderinsolvenzverwalter sich ein umfassendes Bild machen kann, benötigt er die Mitwirkung des Schuldners, aber eben auch des amtierenden Insolvenzverwalters. Vor diesem Hintergrund fragt sich, welche Möglichkeiten der Durchsetzung bestehen, wenn der amtierende Insolvenzverwalter sich nicht kooperativ verhält.⁴⁴⁹ Der **BGH** hat in einer Reihe von denselben Sachverhalt betreffenden Entscheidungen gewisse Maßstäbe festgelegt. Er geht davon aus, dass eine Anwesenheit des Insolvenzverwalters in einem Anhörungstermin durch ein vom Insolvenzgericht (hier vom Richter) **festgesetztes Zwangsgeld** durchgesetzt werden kann.⁴⁵⁰ Eine Inhaftierung bei unentschuldigtem Fernbleiben sei dagegen unzulässig, weil eine Anwendung der §§ 97, 98 InsO nur den Schuldner betreffe und eine analoge Anwendung auf den

---

442 BGH, 7.2.2019 – IX ZR 47/18, ZInsO 2019, 845.
443 Uhlenbruck/Vallender-Zipperer, § 58 InsO Rn 18 ff.; aufschlussreich BGH, 9.6.2016 – IX ZB 21/15, ZIP 2016, 1351; BGH, 21.7.2016 – IX ZB 58/15, ZIP 2016, 1738.
444 Instruktiv AG Charlottenburg, 12.2.2015 – 36a IN 51/11, ZInsO 2015, 582; BGH, 9.6.2016 – IX ZB 21/15, ZIP 2016, 1351 u. BGH, 9.6.2016 – IX ZB 83/15; ausführlich Uhlenbruck/Zipperer, § 56 InsO Rn 57 ff.; ebenso HambKomm/Frind § 56 InsO Rn 42b ff.; zu weiteren Aspekten um den Sonderinsolvenzverwalter als Sonderermittler Lissner, ZInsO 2016, 1409.
445 Ausführlich Lissner, ZInsO 2014, 768, 770 ff. unter II. 3 u. 4.
446 Dazu nun ausführlich BGH, 21.7.2016 – IX ZB 58/15, ZIP 2016, 1738.
447 A.A. Busch, in: Mindestanforderungen an die Insolvenzabwicklung (MaInsO), Rn 2389.
448 Zur Vergütung d. Sonderverwalters: BGH, 26.3.2015 – IX ZB 62/13, ZInsO 2015, 1031; s.a. Stoffler, EWiR 2015, 517.
449 Umfassend u. krit. ggü. den nachzitierten BGH-Entscheidungen: Foltis, ZInsO 2010, 545; z. Anordnung der Herausgabe der Akten: AG Göttingen, 15.4.2015 – 74 IN 31/15, ZInsO 2015, 1016.
450 BGH, 17.12.2009 – IX ZB 2/09, ZInsO 2010, 185, angemessen seien einmalig 5.000,00 EUR, zusammengerechnet bei demselben Verstoß max. 25.000,00 EUR, vgl. § 58 Abs. 2 S. 2 InsO.

Insolvenzverwalter ausscheide.[451] Des Weiteren habe er eine eidesstattliche Versicherung abzugeben; diese beruhe allerdings nicht auf einer Zwangsmaßnahme des Insolvenzgerichts, sondern ergebe sich aus dem materiell-rechtlichen Anspruch des auskunftbegehrenden Insolvenzgläubigers als Verfahrensbeteiligter.[452]

161 Erst wenn der Sonderverwalter in seiner gutachtlichen Stellungnahme zu dem Ergebnis kommt, dass ein Fehlverhalten feststeht, kann das Gericht ggü. dem Insolvenzverwalter – je nach Schwere seiner Verfehlung – die nach §§ 58 Abs. 2 und 59 InsO vorgesehenen Aufsichtsmittel zur Behebung der rechtswidrigen Pflichtverletzungen nach pflichtgemäßem Ermessen einsetzen.[453] Ein vom Insolvenzgericht festgesetztes Zwangsgeld muss nicht zwingend zuvor angedroht werden.[454] Es ist aber klar herauszustellen, dass ein festgesetztes Zwangsgeld nicht dazu dient, vergangenheitsbezogenes Fehlverhalten zu sanktionieren, sondern zu gebotenem Verhalten anzuhalten. Sobald der Insolvenzverwalter seiner bislang unterbliebenen Verpflichtung, für die ein Zwangsgeldbeschluss vorliegt, nachkommt, hat er einen Anspruch darauf, dass im Beschlusswege die Zwangsvollstreckung aus einem formell und materiell rechtskräftigen Zwangsgeldbeschluss für unzulässig erklärt wird, § 4 InsO i.V.m. § 794 Abs. 1 Nr. 3, 795, 767 ZPO.[455] Die Entlassung ist hingegen nur als ultima ratio vorgesehen. Dazwischen ist jede Menge Raum für maßvolle Reaktionen. Diese Kontrollmittel hat der Rechtspfleger im pflichtgemäßen Ermessen einzusetzen; sie sind (nur) mit der Rechtspflegererinnerung nach § 11 RPflG anfechtbar.[456] Demzufolge geht es auch nicht um die einseitige Verfolgung von Gläubigerinteressen, denn die Gläubiger können ein Tätigwerden des Insolvenzgerichts zwar anregen bzw. beantragen, aber nicht erzwingen.[457]

162 Der betroffene Insolvenzverwalter hat gegen die oben genannten Aufsichtsmaßnahmen die Möglichkeit der **sofortigen Beschwerde** nach §§ 6 i.V.m. 58 Abs. 2 Satz 3 InsO.[458] Nach Wegfall des § 7 InsO entfällt die Möglichkeit der Rechtsbeschwerde, es sei denn, sie wurde durch das Landgericht gemäß §§ 4, 6 InsO i.V.m. §§ 574 Abs. 1 Nr. 1, Abs. 2 Nr. 1 u. 2 ZPO wegen grundsätzlicher Bedeutung, zur Fortbildung des Rechts oder zur Sicherung einer einheitlichen Rechtsprechung ausdrücklich zugelassen.[459] Jedoch kann er sich nicht erfolgreich gegen die Einsetzung

---

451 BGH, 17.12.2009 – IX ZB 175/08, ZInsO 2010, 132.
452 BGH, 17.12.2009 – IX ZB 177/08, ZInsO 2010, 188.
453 Zu einer konfliktären Sachverhaltskonstellation, in der eine Anweisung des Insolvenzgerichts zulasten des Insolvenzverwalters erging, LG Göttingen, 4.4.2013 – 10 T 24/13, ZInsO 2013, 796.
454 LG Göttingen, 20.11.2008 – 10 T 106/08, ZIP 2009, 1021.
455 BGH, 11.12.2014 – IX 42/14, ZInsO 2015, 303.
456 BGH, 7.4.2011 – IX ZB 170/10, ZInsO 2011, 917; instruktiv Anm. Blank, ZfIR 2011, 682.
457 Deutlich FK/Jahntz, § 58 InsO Rn 9 f. u. 18; BGH, 25.9.2008 – IX ZA 23/08, ZInsO 2008, 1207.
458 BGH, 7.4.2011 – IX ZB 170/10, ZInsO 2011, 917 f.; instruktiv Anm. Blank, ZfIR 2011, 682.
459 Seit 27.10.2011 gem. BGBl I Nr. 53, S. 2082, v. 26.10.2011; ausführlich Uhlenbruck/Pape, § 7 InsO.

eines Sonderinsolvenzverwalters wehren.[460] Dieser wird aufgrund der Amtsermittlungspflicht des Gerichts nach § 5 InsO bestellt, wenn dieses einen hinreichenden und konkreten Anlass sieht, Sachaufklärung zu betreiben.[461]

Nach **§ 75 Abs. 1 Nr. 1 InsO** hat der Insolvenzverwalter in jeder Lage des Verfahrens das Recht, eine **außerordentliche Gläubigerversammlung** zu beantragen, ohne dass es auf ein Quorum ankommt.[462] Von diesem Recht wird er Gebrauch machen, wenn es um eine Entscheidung von erheblicher Bedeutung für die Insolvenzmasse geht, wie etwa einem Vergleich mit Gesellschaftern über zurückzugewährende Vermögensgegenstände oder Geschäftsleitern über Haftungsansprüche oder Verkäufe von Immobilien. Üblicherweise umreißt der Insolvenzverwalter den Grund schriftlich für seinen Antrag. Der Beschluss über einen Antrag ist im Internet gemäß § 9 InsO bekannt zu geben, damit die Gläubiger Kenntnis davon erhalten. In besonderen Sachverhalten regt der Insolvenzverwalter die persönliche Zustellung nach § 8 InsO an. Das Insolvenzgericht hat sich dazu im Regelfall **neutral** zu verhalten.[463] Das bedeutet, dass es eine (Amts-)Pflicht ohne Ermessen hat, dem Antrag stattzugeben mit allen organisatorischen Folgen.[464] Sollte es zur Überzeugung gelangen, es handele sich um einen missbräuchlichen Antrag, darf es diesen ausnahmsweise zurückweisen.[465] Lehnt das Insolvenzgericht die Einberufung ab, ist gegen diesen Beschluss sofortige Beschwerde nach §§ 6, 75 Abs. 3 InsO möglich.[466]

163

Des Weiteren gibt es nachwirkende Pflichten des Insolvenzverwalters. Am deutlichsten werden sie, wenn es zu einer gerichtlichen Anordnung der **Nachtragsverteilung** nach §§ 203 ff. InsO kommt.[467] Auch insoweit untersteht der Insolvenzverwalter der Aufsicht des Insolvenzgerichts.[468] Falls der Insolvenzverwalter dem Gericht Masseunzulänglichkeit (Insolvenz in der Insolvenz) anzeigt, ergeben sich bzgl.

164

---

460 BGH, 23.4.2015 – IX ZB 29/13, ZInsO 2015, 1100, zur Frage, ob der Verwalter zur Einberufung einer Gläubigerversammlung berechtigt sei: verneinend; a.A. HambKomm/Preß, § 75 Rn 2.
461 BGH, 17.12.2009 – IX ZB 178/08, ZInsO 2009, 187 m.w.N.; AG Charlottenburg, 12.2.2015 – 36a IN 51/11, ZInsO 2015, 582, 583.
462 MüKo/Ehricke-Ahrens, § 75 InsO Rn 6.
463 MüKo/Ehricke-Ahrens, § 75 InsO Rn 4.
464 LG Münster, 21.1.2019 – T 742/18, ZIP 2019, 486.
465 BGH, 23.4.2015 – IX ZB 29/13, ZInsO 2015, 1100, zur Frage, ob der Verwalter zur Einberufung einer Gläubigerversammlung berechtigt sei, um gegen die Bestellung eines Sonderverwalters vorzugehen: verneinend; unbenommen bleibt ihm, Gläubiger zu einer entsprechenden Antragstellung zu bewegen. Die Quoren des § 75 InsO sind dann erforderlich.
466 Zur Frage, ob das Insolvenzgericht den Insolvenzverwalter vor Inanspruchnahme auf Schadensersatz zu schützen habe: instruktiv LG Saarbrücken, 26.11.2010 – 5 T 621/09, ZInsO 2011, 437; Cranshaw, jurisPR-InsR 25/2010 Anm. 5 jeweils verneinend.
467 Uhlenbruck/Wegener § 203 InsO Rn 26 ff.; BGH, 27.4.2017 – IX ZB 93/16, ZInsO 2017, 1850; z. Auskunfts- u. Mitwirkungspflicht d. Schuldners BGH, 25.2.2016 – IX ZB 74/15, ZIP 2016, 686, Rn 11.
468 Uhlenbruck/Wegener § 203 InsO Rn 21 ff.; z. begrenzten Wirkung Rn 20; BGH, 25.2.2016 – IX ZB 74/15, ZIP 2016, 686, Rn 11.

der Bekanntmachung und der „rangabhängigen" Erlösverteilung Besonderheiten nach den §§ 208 ff. InsO. Den Insolvenzverwalter trifft eine Anzeigepflicht.[469] Ein Prüfrecht des Insolvenzgerichts besteht jedoch nicht.[470] Überdies treten Probleme auf, sofern die (temporäre) Masseunzulänglichkeit ggf. zu einem späteren Zeitpunkt wieder entfällt.[471]

165 Eine besonders einschneidende Maßnahme ist die **Entlassung** des Insolvenzverwalters nach **§ 59 InsO**.[472] Das Gesetz sieht grds. eine Entlassung nur aus wichtigem Grund vor.[473] Absolute Entlassungsgründe sind im Gesetz nicht normiert. Eine Entlassung unterliegt zudem dem Verhältnismäßigkeitsprinzip beruhend auf Art. 12 GG, welches eine Interessenabwägung erforderlich macht, ob im Einzelfall ein schutzwürdiges Interesse für ein Verbleiben im Amt besteht.[474] Eine Vielzahl von konkret festgestellten Pflichtverletzungen rechtfertigt, wenn jede für sich genommen weniger schwer wiegt, in der **Gesamtschau** ganz ausnahmsweise eine Entlassung.[475] Meinungsverschiedenheiten zwischen dem Insolvenzverwalter und dem Insolvenzgericht genügen i.a.R. nicht, um eine Entlassung aus wichtigem Grund zu rechtfertigen.[476] Es muss darüber hinaus stets abgewogen werden, ob eine dadurch eintretende Verfahrensverzögerung nicht gegen die Entlassung spricht. Eine Entlassung ist trotz der Fassung des § 92 Satz 2 InsO nicht allein deshalb geboten, weil sich ein Schadensersatzanspruch gegen den Insolvenzverwalter richtet.[477] Die Gläubiger sind durch die §§ 60, 61 InsO hinreichend geschützt.[478] Das Entlassungsverfahren wird i.d.R. von Amts wegen eingeleitet.[479] Vor einer Entscheidung ist der Insolvenzverwalter nach § 59 Abs. 1. Satz 2 InsO zu hören. Von der Anhörung kann nicht abgesehen werden, sie kann aber bei schwersten Verfehlungen – ggf. im Rechtsmit-

---

[469] Uhlenbruck/Ries, § 208 InsO Rn 4, 6 u. 15 (drohende Masseunzulänglichkeit), Feststellung durch Insolvenzverwalter Rn 10 f., Anzeigepflicht 17 ff. [21] unzulässige prophylaktische Anzeige; ebenso MüKo/Hefermehl, § 208 InsO Rn 31, z. provozierten Anzeige Rn 32.
[470] MüKo/Hefermehl, § 208 InsO Rn 35, 38 ff. [40].
[471] MüKo/Hefermehl, § 208 InsO Rn 25 f.
[472] Umfassend Rechel, ZInsO 2012, 1641.
[473] Zusammenstellung von Gründen in HambKomm/Frind, § 59 InsO Rn 10; MüKo/Graeber. § 59 InsO Rn 16 ff.; Uhlenbruck/Vallender-Zipperer, § 59 InsO Rn 7 ff.
[474] BGH, 4.5.2017 – ZB 102/15, NZI 2017, 667, hier verneinend.
[475] BGH, 25.9.2014 – IX ZB 11/14, ZInsO 2014, 2368 (im Fall verneinend); a.A. Antoni, NZI 2015, 543.
[476] BGH, 19.1.2012 – IX ZB 21/11, ZInsO 2012, 551.
[477] MüKo/Graeber, § 59 InsO Rn 25; Uhlenbruck/Hirte, § 92 InsO Rn 30.
[478] Zur Haftung im Einzelnen: Kap. 18 B; Überblick bei Schultz, ZInsO 2015, 529; Zurechnung eines pflichtwidrigen masseverkürzenden Verhaltens eines beauftragten Rechtsanwalts nach § 278 BGB: BGH, 3.3.2016 – IX ZR 119/15, ZInsO 2016, 687, Rn 17; Jungmann, EWiR 2016, 309; krit. Baumert, FD-InsR 2016, 377690; ebenso Holzer, NZI 2016, 903.
[479] Ausführlich Rechel, ZInsO 2012, 1641, 1643 ff.

telzug – nachgeholt bzw. geheilt werden.[480] Dazu muss der dringende Verdacht bestehen, dass der Masse großer Schaden zugefügt ist. Einer Gewissheit bedarf es nicht, weil das sich auf diese Verfehlung erstreckende Amtsermittlungsverfahren des Insolvenzgerichts nicht geeignet ist, die gesamten kriminellen Machenschaften aufzudecken. Die Entlassung in einem Verfahren kann die Entlassung aus anderen Verfahren nach sich ziehen und rechtfertigen, wenn die charakterliche Ungeeignetheit durch die eine Straftat feststeht und die konkrete Gefahr für die verwalteten Massebestände nicht anders abgewendet werden kann.

Nicht immer muss das Verhalten des Verwalters die Dimension von Straftaten erreichen.[481] Entlassungen sind auch dann gerechtfertigt, wenn sich ein überlanges Verfahren daraus ergibt, dass die erforderliche Masseverwertung auch nach etlichen Jahren ohne ersichtlichen Grund nicht zu einem Ende gebracht wird.[482] Das ist etwa dann anders, wenn ein Massezufluss durch einen Pflichtteilsanspruch zu erwarten ist, aber es darüber unter den Erben noch einen hartnäckigen Erbstreit gibt und nur die Vermutung besteht, dass ein vorzeitiger Vergleich zu einer baldigen Verfahrensbeendigung geführt hätte. Eine relevante zur Entlassung führende schuldhafte Verzögerung liegt dann nicht vor. Es kann dem Insolvenzverwalter insb. nicht unter Fristsetzung aufgegeben werden, um jeden Preis einen Vergleich zu erzielen.[483] Hartnäckige Nichterfüllung von abverlangten Handlungen rechtfertigt dagegen die Entlassung und auch schwerwiegende Verletzungen der Vermögensbetreuungspflicht.[484] Ebenso verhält es sich, wenn der Insolvenzverwalter in unzulässiger Weise Einfluss auf die Vergütungsentscheidung des Insolvenzgerichts zu nehmen versucht.[485] Ferner können rechtfertigende Gründe in der unzureichenden Forderungsprüfung liegen[486] und ebenso wegen Führung evident nutzloser Anfechtungsprozesse.[487]

166

Ein nicht alltäglicher Fall, der zur Entlassung des Insolvenzverwalters führt, ist der, dass ihm die sachlichen und persönlichen Mittel für die Durchführung der In-

167

---

480 BGH, 17.3.2011 – IX ZB 192/10, ZInsO 2011, 724, es bestand dringender Tatverdacht der Untreue nach § 266 StGB in 33 Fällen.
481 Instruktiv BGH, 8.12.2005 – IX ZB 308/04, ZInsO 2006, 147, für einen nicht hinreichenden Sachverhalt; Frind, NZI 2011, 785, 788f., zur Frage, ob Verstöße gegen die GOI des VID e.V. eine Begründung stützen können, grundsätzlich bejahend.
482 BGH, 25.9.2014 – IX ZB 11/14, ZInsO 2014, 2368.
483 BGH, 14.10.2010 – IX ZB 44/09, ZInsO 2010, 2147; BGH, 21.3.2019 – IX ZB 47/17, ZIP 2019, 1077, aber möglich, wenn ein die Insolvenzgläubiger benachteiligender Vergleich geschlossen wurde.
484 BGH, 12.1.2012 – IX ZB 157/11, WM 2012, 280; LG Göttingen, 15.2.2019 – 10 T 4/19, NZI 2019, 281.
485 BGH, 19.1.2012 – IX ZB 21/11, ZInsO 2012, 551, Störung des Vertrauensverhältnisses, aber keine subjektiven Kriterien, BB-Kommentar Weizmann, BB v. 30.4.2012, S. VII; BGH, 19.4.2012 – IX ZB 23/11, ZInsO 2012, 928; BGH, 26.4.2012 – IX ZB 31/11, ZInsO 2012, 1125.
486 LG Stendal, 12.10.2017 – 25 T 13/17, ZIP 2018, 191.
487 LG Hamburg, 13.7.2017 – 326 T 97/16, ZIP 2017, 1771, hier verneinend.

solvenzverwaltung fehlen. Das ist vor allem dann der Fall, wenn er durch Eigenkündigung mit einer ihn ausstattenden überregionalen Insolvenzverwaltungsgesellschaft für diesen Missstand gesorgt hat. Üblicherweise stellt dann der Insolvenzverwalter einen Eigenantrag auf Entlassung.[488] Ebenso kann eine gravierende Überlastung Grund für eine Entlassung darstellen. Grenzen einer realistischen persönlichen Belastung können aber selten konkret bestimmt werden.[489]

168 Daneben kommt es vor, dass sich der Insolvenzverwalter z.B. nach unablässigen persönlichen Attacken vom Schuldner, dessen Angehörigen oder durch Gläubiger außerstande sieht, seine Aufgabe weiter fortzuführen. Weiterer wichtiger Grund ist eine eigene schwere Krankheit oder ein gravierendes Unfallereignis bzw. die Betroffenheit eines nahen Angehörigen von solchen Ereignissen. In diesen Fällen erübrigt sich eine förmliche Anhörung. Schließlich ist auch der Tod des Insolvenzverwalters jedenfalls ein Beendigungstatbestand.[490]

169 Die funktionelle Zuständigkeit liegt beim Rechtspfleger.[491] Er muss den Entlassungsbeschluss oder einen Zurückweisungsbeschluss mit entsprechenden Gründen versehen.[492] Dagegen ist nach § 6 i.V.m. § 59 Abs. 2 Satz 1 InsO **sofortige Beschwerde** statthaft.[493] Es empfiehlt sich daher eine öffentliche Bekanntmachung nach § 9 InsO.

170 Mit seiner Entlassung hat der Insolvenzverwalter seine **Bestellungsurkunde zurückzugeben**[494] und eine **Schlussrechnung nach § 66 InsO** zu erstellen.[495] Er hat danach Anspruch auf Vergütungsfestsetzung nach §§ 63 ff. InsO i.V.m. §§ 2 ff. InsVV.[496] Es werden i.d.R. Abschläge nach § 3 Abs. 2c InsVV zu berücksichtigen sein.[497] Bei groben Pflichtverletzungen wird üblicherweise ein Sonderinsolvenzverwalter mit der Prüfung von Schadenersatzansprüchen vom Insolvenzgericht beauftragt, 92 InsO. Dies führt aber nicht dazu, dass nicht zugleich über einen noch nicht festgesetzten Vergütungsanspruch für die Tätigkeit als vorläufiger Insolvenzverwalter entschieden werden darf und deshalb ist diese Vergütung auch aus der Insol-

---

[488] Uhlenbruck/Vallender-Zipperer, § 59 InsO Rn 17, zum Eigenantrag, Rn 18 keine Pflicht des Gerichts, sondern Ermessensentscheidung.
[489] Ausführlich MüKo/Graeber, § 56 InsO Rn 73–78.
[490] Ausführlich Wozniak, ZInsO 2019, 2300.
[491] Uhlenbruck/Vallender-Zipperer, § 59 InsO Rn 21; Rechel, ZInsO 2012, 1641, 1642; dagegen Entlassung durch den Richter, HambKomm/Frind, § 59 InsO Rn 11; AG Ludwigshafen a. Rhein, 21.12.2011 – 3c IK 468/11, ZInsO 2012, 93.
[492] Uhlenbruck/Vallender-Zipperer, § 59 InsO Rn 21.
[493] Uhlenbruck/Vallender-Zipperer, § 59 InsO Rn 23 ff.; Rechel, ZInsO 2012, 1641, 1645.
[494] Uhlenbruck/Vallender-Zipperer, § 59 InsO Rn 26.
[495] Zu weiteren Pflichten gegenüber seinem Nachfolger Rechel, ZInsO 2012, 1641, 1647 f.
[496] BGH, 10.11.2005 – IX ZB 168/04, ZIP 2006, 93; BGH, 11.6.2015 – IX ZB 18/13 ZInsO 2015, 1636 (Schätzwert).
[497] BGH, 16.12.2004 – IX ZB 301/03, ZInsO 2005, 85; Rechel, ZInsO 2012, 1641, 1657; Lissner, ZInsO 2016, 953 m. Berechnungsbeispiel S. 957.

venzmasse auszuzahlen, wenn keine aufrechenbare Forderung besteht.[498] Erfolgt die Entlassung aufgrund schwerwiegender Pflichtverletzung insb. Straftaten in der Insolvenzverwaltung kann die Vergütung ausgeschlossen sein (Alles-oder-Nichts).[499]

Die Insolvenzgerichte sind auch gefordert im Falle von **grenzüberschreitenden Verfahren.** Ihre Entscheidungen oder ihre Untätigkeit betreffen oft die Stellung des Insolvenzverwalters. Überaus schwierig gestalten sich Informations- und Kooperationspflichten insb. bei Konzerninsolvenzen, und zwar nicht nur in sprachlicher Hinsicht.[500] Die Maßnahmen mögen bei Zugrundelegung der EuInsVO – anders als bei der Parallelnorm § 357 InsO – schon erfolgversprechender sein.[501] In Art. 41 EuInsVO gibt es eine Abstimmungspflicht der Insolvenzverwalter in **Haupt- und Sekundärverfahren.** In Artt. 42 ff. EuInsVO finden sich Pflichten der Insolvenzgerichte untereinander und der Insolvenzverwalter mit diesen zur Zusammenarbeit. Kosten dürfen gegenseitig dafür nach Art. 44 EuInsVO nicht in Rechnung gestellt werden. Des Weiteren bleibt es dabei, dass der Insolvenzrichter eines Sekundärverfahrens keine Aufsichtsrechte nach den §§ 58, 59 InsO ggü. dem Hauptinsolvenzverwalter und ebenso wenig der Insolvenzrichter des Hauptverfahrens ggü. dem Sekundärverwalter ausüben kann.[502] Zielführend ist hier allein der gemeinsame Wille zur erfolgreichen Verfahrensabwicklung. 171

Darüber hinaus gibt es nun ausführliche Regelungen von Insolvenzen **multinationaler Unternehmensgruppen** im Kap. V. Artt. 56 ff. EuInsVO und den daraus folgenden Koordinations- und Kooperationspflichten der Beteiligten. Danach wird ein „unparteiischer" **Koordinator** installiert, Artt. 71 ff. EuInsVO. Bei Antragstellung muss dem entscheidenden Insolvenzgericht ein Vorschlag eines geeigneten und unabhängigen „Koordinators" unterbreitet werden. Seine mediatorischen Fähigkeiten stehen dabei im Vordergrund.[503] Dieser soll die Verwertung und Erlösverteilung koordinieren. Er hat einen Anspruch auf Vergütung.[504] 172

---

498 LG Göttingen, 9.8.2012 – 10 T 38/12, ZInsO 2013, 355.
499 Sehr ausführlich HambKomm/Frind, § 59 Rn 19; Uhlenbruck/Vallender-Zipperer, § 59 InsO Rn 28 a.E.; Rechel, ZInsO 2012, 1641, 1657 zur Verwirkung; ebenso BGH, 12.9.2019 – IX ZB 76/18, ZIP 2019, 2069; BGH, 22.11.2018 -IX ZB 14/18, ZInsO 2019, 91; BGH, 14.7.2016 – IX ZB 52/15, ZIP 2016, 1648; BGH, 9.6.2011 – IX ZB 248/09, ZInsO 2011, 1520; dazu auch die Instanzrechtsprechung: LG Deggendorf, 24.7.2013 – 13 T 57/13, ZIP 2013, 1975; LG Magdeburg, 10.1.2013 – 11 T 507/11, ZInsO 2013, 2578; BGH, 21.9.2017 – 28/14, ZInsO 2017, 2309 Rn 11, **keine** Verwirkung der Vergütung der vorläufigen Verwaltung wegen Verwirkungsgründe im eröffneten Verfahrens.
500 Ausführlich Stephan, in: Mindestanforderungen an die Insolvenzabwicklung (MaInsO), Rn 1226 ff.; s.a. zur Eröffnung von Sekundärinsolvenzverfahren (Alkor-Insolvenz) Dammann/Müller, NZI 2011, 752.
501 Schmidt/Tschentscher, EuInsVO, Art. 42 Rn 21 f.
502 Stephan, in: Mindestanforderungen an die Insolvenzabwicklung (MaInsO), Rn 1325 a.E.
503 Schmidt/Tschentscher, EuInsVO, Art. 71 Rn 7.
504 Wimmer, jurisPR-InsR 7/2015 Anm. 1 zur EuInsVO in d. Fassung v. 20.5.2015; zu den Grenzen der Kooperationspflichten Kübler, FS Vallender, 2015, 291, 301 ff.

Küpper/Heinze

172a Nach nationalem Recht sind nunmehr endlich die Vorschriften der §§ 269a – 269i InsO seit dem 21.4.2018 für **Konzerninsolvenzen** in Kraft getreten.[505] Auf Antrag eines Gläubigers oder eines Gläubigerausschusses bei einem Insolvenzgericht kann bereits im Eröffnungsverfahren oder später ein Kooperationsverfahren bei „Konzerninsolvenzen" eingeleitet werden mit dem Ziel einer bestmöglichen Wahrnehmung der Gläubigerinteressen. Das zuständige Koordinationsinsolvenzgericht (§ 3a InsO i.V.m. § 269d InsO) „soll" eine Person als **Verfahrenskoordinator** bestellen, die von den bislang bestellten Insolvenzverwaltern und Sachwaltern unabhängig ist, § 269e Abs. 1 S.2 InsO.[506] „Soll" bedeutet, dass in der Regel ein Dritter und nur ausnahmsweise einer aus der Reihe der bereits bestellten Personen ausgewählt werden soll.[507] Nach § 269f Abs. 3 InsO gilt das Aufsichtsrecht auch für den Verfahrenskoordinator.[508]

173 Neben der Kontrolle des Gerichts ist eine **aktive Rolle der Gläubiger** durch den Gläubigerausschuss oder die Gläubigerversammlung zu beachten. Gerade bei der Verwertung von sicherungszedierten Gegenständen oder bei der Hingabe von Massekrediten liegt es an ihnen, eine Abrechnungskontrolle oder eine ständige Überprüfung bei umfangreichem Geldverkehr[509] vorzunehmen. Dies kann nicht an das Insolvenzgericht „delegiert" werden.

---

[505] HambKomm/Pannen § 269e InsO Rn 12 ff.: krit. z. Vorauswahlliste; ebenso MüKo/Brünkmans, § 269e InsO Rn 12; zum Entwurf d. Konzerninsolvenzrecht in §§ **269a-i InsO-E s.** dazu a. DB 2013, 1343 ff., mit krit. Einwänden Wimmer S. 1346 a.E.
[506] HambKomm/Pannen, § 269d InsO Rn 13: funktionell zuständig: der Richter nach § 18 Abs. 1 Nr. 3 RPflG auch im bereits eröffneten Verfahren; MüKo/Brünkmans, § 269d InsO Rn 23 a.E.
[507] HambKomm/Pannen, § 269e InsO Rn 15; MüKo/Brünkmans, § 269e InsO Rn 8 f.
[508] HambKomm/Pannen, § 269f InsO Rn 36; MüKo/Brünkmans, § 269f InsO Rn 31; eingehend FK/Wimmer, § 269f Rn 26 f.
[509] BGH, 25.6.2015 – IX ZR 142/13 ZInsO 2015, 1563; BGH, 9.10.2014 – IX ZR 140/11, ZIP 2014, 2242; BGH, 21.3.2013 – IX ZR 109/10, ZIP 2013, 1235; OLG Celle (Vorinstanz), 3.6.2010 – 16 U 135/09, ZInsO 2010, 1233.

§ 4 Insolvenzgründe

Übersicht

A. Allgemeines —— 1
    I. Anwendungsbereich der verschiedenen Eröffnungsgründe —— 2
    II. Die Bedeutung der Insolvenzgründe —— 6
        1. Pflicht zur Stellung eines Insolvenzantrages —— 7
        2. Straftatbestände —— 9
        3. Insolvenz- und Gläubigeranfechtung —— 10
        4. Haftung der Organvertreter und ggf. weiterer (antragspflichtiger) Personen —— 13

B. Zahlungsunfähigkeit —— 17
    I. Bedeutung —— 17
    II. Definition —— 18
    III. Liquide Mittel —— 23
        1. Grundsätze —— 23
        2. Einzelne Aktivpositionen —— 24
        3. Belastung mit Drittrechten —— 26
    IV. Fällige Zahlungspflichten —— 27
        1. Grundsätze —— 28
        2. Ernsthaftes Einfordern —— 30
        3. Streitige Zahlungspflichten —— 32
            a) Grundsätze —— 33
            b) Ableitung der Zahlungsunfähigkeit aus einer streitigen Verbindlichkeit —— 35
        4. Gesicherte Verbindlichkeiten —— 36
        5. Verbindlichkeiten gegenüber Gesellschaftern/Anlegern —— 37
        6. Verfahrenskosten —— 40
    V. Feststellung und Nachweis der Zahlungsunfähigkeit —— 41
        1. Darlegungs- und Beweislast —— 42
            a) Insolvenzeröffnungsverfahren —— 42
            b) Anfechtungs- oder Haftungsprozess —— 43
            c) Widerlegung einer eingetretenen Zahlungsunfähigkeit —— 44
            d) Ernsthaftes Einfordern —— 45
        2. Zahlungseinstellung —— 46
        3. Liquiditätsstatus/-plan —— 48
            a) Pflicht der Organvertreter zur Finanzplanung —— 49
            b) Ex-Ante-Betrachtung (Aktuelle Feststellung) —— 50
            c) Einbeziehung der sog. Passiva II —— 53
            d) Berechnung der Liquiditätslücke —— 54
            e) Muster eines Liquiditätsstatus/-plans —— 55
            f) Ex Post-Betrachtung (Rückwirkende Feststellung) —— 56
        4. Feststellung durch das Insolvenzgericht —— 58
            a) Allgemeines —— 59
            b) Ableitung der Zahlungsunfähigkeit aus einer streitigen Verbindlichkeit —— 62
                aa) Nicht titulierte Verbindlichkeit —— 63
                bb) Titulierte privatrechtliche Verbindlichkeit —— 65
                cc) Titulierte öffentlich-rechtliche Verbindlichkeit —— 67
        5. Feststellung im Anfechtungs- oder Haftungsprozess (Ex-Post-Betrachtung) —— 69
            a) Zahlungseinstellung —— 70
            b) Anhand der monatlichen Summen- und Saldenlisten —— 71
            c) Beweiserleichterungen —— 72
            d) Indizien —— 77

VI. Abwendung der Zahlungsunfähigkeit —— 78
  1. Finanzwirtschaftliche Maßnahmen —— 79
     a) Frische Liquidität —— 80
     b) Stundung (mit Ratenzahlungsvereinbarung) —— 83
     c) Nichteinfordern —— 86
     d) Weitere Maßnahmen —— 88
  2. Leistungswirtschaftliche Maßnahmen —— 90
C. Drohende Zahlungsunfähigkeit —— 91
  I. Bedeutung —— 91
  II. Definition —— 92
  III. Feststellung und Nachweis der drohenden Zahlungsunfähigkeit —— 94
    1. Darlegungs- und Beweislast —— 95
    2. Feststellung durch das Insolvenzgericht —— 96
    3. Feststellung im Anfechtungsprozess/Indizien —— 97
  IV. Abwendung der drohenden Zahlungsunfähigkeit —— 99
D. Überschuldung —— 100
  I. Bedeutung —— 100
  II. Definition und historische Entwicklung —— 101
    1. Der modifiziert zweistufige „alte" Überschuldungsbegriff der KO —— 102
    2. Der „alte" zweistufige Überschuldungsbegriff der InsO —— 103
    3. Der geltende modifiziert zweistufige Überschuldungsbegriff —— 104
  III. Fortführungsprognose —— 106
    1. Definition —— 107
    2. Zahlungs- oder Ertragsfähigkeit? —— 108
  IV. Aktiva —— 109
    1. Grundsätze —— 109
    2. Fortführungs- und Liquidationswerte —— 111
    3. Einlageansprüche sowie weitere Ansprüche gegen Gesellschafter und Organvertreter —— 112

4. Immaterielle Vermögensgegenstände —— 115
5. Sachanlagen —— 118
6. Finanzanlagen —— 121
7. Vorräte/halbfertige Leistungen —— 122
8. Forderungen und sonstige Vermögensgegenstände —— 123
9. Regressanspruch wegen Sicherung einer fremden Schuld —— 124
10. Freistellungsanspruch aufgrund Dritt- bzw. Gesellschaftersicherheit —— 125
11. Kassenbestand, Bankguthaben —— 127
12. Aktive Rechnungsabgrenzungsposten —— 128
V. Passiva —— 129
  1. Grundsätze —— 129
  2. Streitige Verbindlichkeiten —— 133
  3. Rückstellungen —— 134
  4. Verpflichtungen aus Dauerschuldverhältnissen —— 135
  5. Verbindlichkeiten aus einem Sozialplan —— 136
  6. Pensionsverpflichtungen —— 137
  7. Eventualverbindlichkeiten —— 139
  8. Durch Dritt- oder Gesellschaftersicherheiten abgesicherte Verbindlichkeiten —— 140
  9. Gesellschafterdarlehen, Verlustausgleichsverpflichtungen, Finanzplankredite, gesplittete Einlage —— 141
  10. Stille Beteiligungen, Genussrechte —— 142
  11. Abwicklungskosten —— 144
  12. Verfahrenskosten —— 145
  13. Passive Rechnungsabgrenzungsposten —— 146
VI. Feststellung und Nachweis der Überschuldung —— 147
  1. Prüfungsreihenfolge —— 148
  2. Darlegungs- und Beweislast —— 149

- a) Insolvenzeröffnungsverfahren —— 149
- b) Haftungsprozess —— 150
- c) Widerlegung einer eingetretenen Überschuldung —— 152
3. Pflicht der Organvertreter zur Überschuldungsprüfung —— 153
4. Fortführungsprognose —— 154
   - a) Dreistufige Prüfung —— 155
   - b) Berücksichtigung von Sanierungsmaßnahmen oder Refinanzierungen —— 156
5. Überschuldungsstatus —— 157
6. Feststellung durch das Insolvenzgericht —— 158
   - a) Allgemeines —— 158
   - b) Ableitung der Überschuldung aus einer streitigen Verbindlichkeit —— 159
7. Feststellung im Haftungsprozess (Ex-Post-Betrachtung) —— 160
VII. Abwendung der Überschuldung —— 162
1. Finanzwirtschaftliche Maßnahmen —— 163
   - a) Neues (Eigen-)Kapital —— 163
   - b) Patronatserklärung oder vergleichbare Finanzierungszusagen —— 165
     - aa) Notwendigkeit einer harten internen Patronatserklärung —— 166
     - bb) Rechtsfolge in der Insolvenz der patronierten Gesellschaft —— 168
     - cc) Kündigungsrecht des Patrons —— 169
   - c) Drittsicherheit —— 171
   - d) Rangrücktritt —— 172
     - aa) Inhalt —— 174
     - bb) Sicherheiten —— 176
     - cc) Befristung/Aufhebung —— 178
     - dd) Steuerliche Auswirkungen —— 180
   - e) Forderungsverzicht (mit Besserungsabrede) —— 181
     - aa) Inhalt einer Besserungsabrede —— 182
     - bb) Steuerliche Auswirkungen —— 183
   - f) Debt Equity Swap —— 185
     - aa) Rechtliche Umsetzung —— 186
     - bb) Rechtsfolgen für nicht eingebrachte Altforderungen oder Neudarlehen —— 188
     - cc) Steuerliche Auswirkungen —— 189
   - g) Debt Mezzanine Swap —— 190
   - h) Weitere Maßnahmen —— 191
2. Leistungswirtschaftliche Maßnahmen —— 192

A. Allgemeines

Ein Insolvenzverfahren kann nur eröffnet werden, wenn ein zulässiger Insolvenzantrag (§§ 13 ff. InsO) gestellt wurde, die Verfahrenskostendeckung (§ 26 Abs. 1 InsO) gewährleistet ist und insb. ein Insolvenz- oder Eröffnungsgrund vorliegt. Insolvenzgründe sind die Zahlungsunfähigkeit (§ 17 InsO), die drohende Zahlungsunfähigkeit (§ 18 InsO) und die Überschuldung (§ 19 InsO). 1

I. Anwendungsbereich der verschiedenen Eröffnungsgründe

2 Die **Zahlungsunfähigkeit** ist **allgemeiner Eröffnungsgrund** (§ 17 Abs. 1 InsO). Das bedeutet, die Eröffnung eines Insolvenzverfahrens kann bei sämtlichen Rechtsträgern und Vermögensmassen stets auf die Zahlungsunfähigkeit gestützt werden. Dies gilt unabhängig davon, ob der Schuldner selbst (sog. Eigenantrag) oder ein Gläubiger (sog. Fremdantrag) den Insolvenzantrag gestellt hat (§ 13 Abs. 1 Satz 2 InsO).

3 Die **drohende Zahlungsunfähigkeit** kann nur zur Eröffnung führen, **wenn der Schuldner dies beantragt** (§ 18 Abs. 1 InsO). In einem Nachlassinsolvenzverfahren tritt an die Stelle des verstorbenen Schuldners der Erbe, der Nachlassverwalter oder ein anderer Nachlasspfleger oder ein Testamentsvollstrecker (§ 320 Satz 2 InsO). Auch bei einem Verfahren über das Gesamtgut einer fortgesetzten Gütergemeinschaft bildet die drohende Zahlungsunfähigkeit einen möglichen Eröffnungsgrund, wenn der überlebende Ehegatte oder ein Gesamtgutsverwalter dies beantragt (§ 332 Abs. 1 InsO). Das gilt auch im Rahmen eines Insolvenzverfahrens über das gemeinschaftlich verwaltete Gesamtgut einer Gütergemeinschaft, wenn der Antrag von beiden Ehegatten gestellt wird (§ 333 Abs. 2 Satz 3 InsO). Bei **Versicherungsunternehmen** ist die drohende Zahlungsunfähigkeit kein Eröffnungsgrund (§ 311 Abs. 1 VAG).[1]

4 Daneben ist auch die **Überschuldung** Eröffnungsgrund, allerdings nur bei bestimmten Rechtsträgern. Dies sind gem. § 19 Abs. 1 InsO zunächst die **juristischen Personen**,[2] d.h. insb. die GmbH (auch in der Variante der Unternehmergesellschaft nach § 5a GmbHG), die AG, die Genossenschaft, der rechtsfähige Verein, die KGaA, der VVaG, die rechtsfähige Stiftung, die in einem EU-Mitgliedstaat gegründeten rechtsfähigen Gesellschaften sowie der einer juristischen Person insoweit gleichgestellte nicht rechtsfähige Verein (§ 11 Abs. 1 Satz 2 InsO). Juristische Personen des öffentlichen Rechts sind nicht insolvenzfähig (§ 12 Abs. 1 InsO)[3] mit Ausnahme der Krankenkassen und Krankenkassenverbände, auf die § 12 Abs. 1 Nr. 2 InsO seit dem 1.1.2010 keine Anwendung mehr findet (§§ 171b Abs. 1, 171f SGB V). Hinsichtlich dieser ist auch der Insolvenzgrund der Überschuldung anwendbar (§§ 171b Abs. 2, 171f SGB V). Die Überschuldung ist gem. § 19 Abs. 3 Satz 1 InsO ferner Eröffnungsgrund bei **solchen Gesellschaften ohne Rechtspersönlichkeit** (§ 11 Abs. 2 Nr. 1 InsO), bei denen **kein persönlich haftender Gesellschafter eine natürliche Person** ist, wie insb. die GmbH & Co. KG. Dies gilt allerdings nicht, wenn zu den persönlich haften-

---

1 HambKomm/Schröder, § 18 InsO Rn 4; Uhlenbruck/Hirte, § 11 InsO Rn 28.
2 Siehe ausführlich zu den einzelnen insolvenzfähigen juristischen Personen: HambKomm/Linker, § 11 InsO Rn 8 f.; Uhlenbruck/Hirte, § 11 InsO Rn 32 f.
3 Siehe dazu: HambKomm/Linker, § 12 InsO Rn 2 f.; Uhlenbruck/Hirte, § 12 InsO Rn 1 f.

den Gesellschaftern eine andere Gesellschaft gehört, bei der ein persönlich haftender Gesellschafter eine natürliche Person ist (§ 19 Abs. 3 Satz 2 InsO).

Die Überschuldung kann weiter bei Insolvenzverfahren über einen **Nachlass** oder das Gesamtgut einer **fortgesetzten Gütergemeinschaft** die Eröffnung begründen (§§ 320 Satz 1, 332 Abs. 1 InsO). Bei einer **Genossenschaft** ist nach § 98 GenG die Überschuldung nur dann Grund für die Eröffnung, wenn die Mitglieder Nachschüsse bis zu einer Haftsumme zu leisten haben und die Überschuldung ein Viertel des Gesamtbetrags der Haftsummen aller Mitglieder übersteigt (Nr. 1), die Mitglieder keine Nachschüsse zu leisten haben (Nr. 2) oder die Genossenschaft aufgelöst ist (Nr. 3). In der Insolvenz eines **Kreditinstituts** ist die Überschuldung auch dann Eröffnungsgrund, wenn dieses von einem Einzelkaufmann oder einer Personenhandelsgesellschaft betrieben wird (§ 46b Abs. 1 Satz 1 KWG).

Die Eröffnungsgründe spielen ferner eine Rolle, wenn das Insolvenzverfahren auf Antrag des Schuldners wegen ihres Wegfalls eingestellt werden soll. Das Insolvenzgericht kann nur dann die Einstellung beschließen, wenn gewährleistet ist, dass anschließend weder Zahlungsunfähigkeit, noch drohende Zahlungsunfähigkeit noch Überschuldung – soweit sie Eröffnungsgrund ist – vorliegt (§ 212 InsO).

II. Die Bedeutung der Insolvenzgründe

Die Insolvenzgründe sind nicht nur maßgeblich für die Eröffnung eines Insolvenzverfahrens, sondern ihre Bedeutung geht weit darüber hinaus.

1. Pflicht zur Stellung eines Insolvenzantrages

Im Fall der **Zahlungsunfähigkeit** oder **Überschuldung** von juristischen Personen oder gleichgestellten Gesellschaften ohne Rechtspersönlichkeit sind die **Organe zur Stellung eines Insolvenzantrages verpflichtet**. Die Antragspflicht ist – rechtsformübergreifend – in **§ 15a Abs. 1, 2 InsO** oder ggf. spezialgesetzlich[4] geregelt. Im Zuge der **Coronakrise** hat der Gesetzgeber die Antragspflicht vom 1.3. bis zum 30.9.2020 unter bestimmten Voraussetzungen ausgesetzt (§ 1 COVInsAG) und dies später unter strengeren Bedingungen verlängert. Die **Antragspflicht besteht nicht bei drohender Zahlungsunfähigkeit** (§ 18 InsO), welche dem Schuldner lediglich das Recht zur Antragstellung gibt. Dieser Eröffnungsgrund stellt nur ein Angebot an den Schuldner dar, um mit einer frühzeitigeren Verfahrenseinleitung die Chancen zur Sanierung, zur Schuldenbereinigung und zur Gläubigerbefriedigung zu erhö-

---

4 Zu den spezialgesetzlichen Antragspflichten s.: HambKomm/Linker, § 15a InsO Rn 2.

hen,[5] ggf. flankiert durch das sog. **Schutzschirmverfahren** zur Vorlage eines Insolvenzplans in Eigenverwaltung (§ 270d Abs. 1 InsO). Deshalb kann dieser Tatbestand auch ausschließlich bei einem Eigenantrag des Schuldners zur Eröffnung führen. Vom Vorliegen der sog. **Insolvenzreife** spricht man daher ausschließlich bei Zahlungsunfähigkeit oder Überschuldung, nicht aber bereits im Fall der drohenden Zahlungsunfähigkeit.

8   Bei **Führungslosigkeit** (Legaldefinition in § 10 Abs. 2 Satz 2 InsO oder § 35 Abs. 1 Satz 2 GmbHG) einer GmbH sind grds. auch die Gesellschafter und bei einer AG oder einer Genossenschaft die Aufsichtsratsmitglieder zur Stellung des Insolvenzantrages verpflichtet (§ 15a Abs. 3 InsO).

2. Straftatbestände

9   Die zur Antragspflicht führenden Insolvenzgründe der Zahlungsunfähigkeit und der Überschuldung haben auch Bedeutung für den Straftatbestand der **Insolvenzverschleppung** in § 15a Abs. 4–6 InsO. Danach macht sich strafbar, wer als Organvertreter oder bei Führungslosigkeit als Gesellschafter (bei der GmbH) bzw. Aufsichtsratsmitglied (bei einer AG oder einer Genossenschaft) einen Insolvenzantrag nicht, nicht rechtzeitig oder nicht richtig stellt. Demgegenüber sind beim Straftatbestand des **Bankrotts** sämtliche Insolvenzgründe, d.h. auch die drohende Zahlungsunfähigkeit, maßgeblich (§ 283 StGB). Die **Gläubigerbegünstigung** gem. § 283c StGB knüpft ausschließlich an die Zahlungsunfähigkeit an, während es i.R.d. **Schuldnerbegünstigung** gem. § 283d StGB auf die drohende Zahlungsunfähigkeit bzw. die Zahlungseinstellung (§ 17 Abs. 2 Satz 2 InsO) ankommt.

3. Insolvenz- und Gläubigeranfechtung

10 Nach dem mit Wirkung zum 5.4.2017 reformierten Anfechtungsrecht gilt: Die **Insolvenzanfechtung** wegen einer **kongruenten Deckung** im **Dreimonatszeitraum** ist hinsichtlich einer Rechtshandlung aus der Zeit vor dem Eröffnungsantrag nur möglich, wenn objektiv **Zahlungsunfähigkeit** vorlag und der Anfechtungsgegner dies wusste (§ 130 Abs. 1 Satz 2 Nr. 1 InsO). Eine nach dem Antrag vorgenommene Rechtshandlung ist anfechtbar, wenn der Gläubiger die Zahlungsunfähigkeit oder den Eröffnungsantrag kannte (§ 130 Abs. 1 Satz 2 Nr. 1 InsO). Der wenig praxisrelevante Anfechtungstatbestand des § 132 Abs. 1 InsO enthält insoweit identische Voraussetzungen. Die Anfechtung einer **inkongruenten Deckung** innerhalb des zweiten oder dritten Monats vor Stellung des Insolvenzantrages setzt voraus, dass der Schuldner zahlungsunfähig war (§ 131 Abs. 1 Nr. 2 InsO) oder dass dem Anfech-

---

5 HambKomm/Schröder, § 18 InsO Rn 1.

tungsgegner bekannt war, dass die fragliche Handlung die Gläubiger benachteiligte (§ 131 Abs. 1 Nr. 3 InsO). Das **AnfG** enthält keine den §§ 130 bis 132 InsO entsprechenden Tatbestände, weshalb diese Vorschriften als sog. besondere Insolvenzanfechtung bezeichnet werden.

Die sog. **Vorsatzanfechtung** nach § 133 Abs. 1 InsO, die einen Anfechtungszeitraum von vier bzw. zehn Jahren umfasst, verweist auf die **eingetretene oder die drohende Zahlungsunfähigkeit**. Nach § 133 Abs. 1 Satz 2 InsO wird – bei einer inkongruenten Deckung – die Kenntnis des anderen Teils vom Gläubigerbenachteiligungsvorsatz des Schuldners widerlegbar vermutet, wenn er wusste, dass dessen Zahlungsunfähigkeit drohte und die Handlung die Gläubiger benachteiligte. Bei einer kongruenten Deckung ist die eingetretene Zahlungsunfähigkeit maßgeblich, § 133 Abs. 3 Satz 1 InsO. Daneben hat der BGH zum alten Anfechtungsrecht **tatsächliche Vermutungen** herausgearbeitet: Derjenige, der weiß, dass der Schuldner zahlungsunfähig ist, weiß regelmäßig auch, dass dessen Rechtshandlung die Gläubiger benachteiligt.[6] Der Gläubigerbenachteiligungsvorsatz des Schuldners ist – auch bei einer kongruenten Deckung – i.a.R. anzunehmen, wenn er zum Zeitpunkt der Rechtshandlung zahlungsunfähig ist und seine Zahlungsunfähigkeit kennt.[7] Auch die Kenntnis von der eigenen drohenden Zahlungsunfähigkeit stellt insoweit ein starkes Beweisanzeichen dar.[8] In **§§ 3 Abs. 1 Satz 2, Abs. 3 Satz 1 AnfG** finden sich für die Gläubigeranfechtung entsprechende Vorschriften.

Zur Bewältigung der **Coronakrise** wurden die Voraussetzungen der Insolvenzanfechtung zum Schutz der betroffenen Schuldner/Unternehmen und deren Vertragspartner enger gefasst, § 2 Abs. 1 Nr. 2, 4, Abs. 2, 3 COVInsAG.

Die **Überschuldung** hat im Anfechtungsrecht grds. **keine Bedeutung**. Lediglich die Vorschrift des § 136 Abs. 2 InsO verweist allgemein auf den Eintritt eines Eröffnungsgrundes und somit auch auf die Überschuldung.

Ein Gesellschafter des Schuldners unterliegt nicht den Rechtsfolgen der §§ 135, 39 Abs. 1 Nr. 5 InsO; § 6 AnfG, wenn er sich auf das sog. **Sanierungsprivileg** in § 39 Abs. 4 Satz 2 InsO (früher vor Inkrafttreten des MoMiG: § 32a Abs. 3 Satz 3 GmbHG a.F.) berufen kann. Das ist – bis zur nachhaltigen Sanierung – der Fall,

---

[6] BGH, 18.7.2019 – IX ZR 258/18, ZInsO 2019, 1787, Rn 25; BGH, 9.6.2016 – IX ZR 174/15, ZInsO 2016, 1357, Rn 17; BGH, 7.5.2015 – IX ZR 95/14, ZInsO 2015, 1262, Rn 17; BGH, 6.12.2012 – IX ZR 3/12, ZInsO 2013, 190, Rn 15; BGH, 20.12.2007 – IX ZR 93/06, ZInsO 2008, 273, Rn 37; HambKomm/Rogge/Leptien, § 133 InsO Rn 30.
[7] BGH, 21.11.2019 – IX ZR 238/18, ZInsO 2020, 86, Rn 23; BGH, 18.7.2019 – IX ZR 258/18, ZInsO 2019, 1787, Rn 21; BGH, 7.5.2015 – IX ZR 95/14, ZInsO 2015, 1262, Rn 11; BGH, 7.11.2013 – IX ZR 49/13, ZInsO 2013, 2434, Rn 9; BGH, 6.12.2012 – IX ZR 3/12, ZInsO 2013, 190, Rn 15; HambKomm/Rogge/Leptien, § 133 InsO Rn 30; Uhlenbruck/Borries/Hirte, § 133 InsO Rn 83.
[8] BGH, 12.5.2016 – IX ZR 65/14, ZInsO 2016, 1251, Rn 14; BGH, 22.5.2014 – IX ZR 95/13, ZInsO 2014, 1326, Rn 15; BGH, 10.1.2013 – IX ZR 28/12, NZI 2013, 253, Rn 16; BGH, 22.11.2012 – IX ZR 62/10, ZInsO 2013, 76, Rn 14.

wenn der Neugesellschafter die Anteile bei Insolvenzreife bzw. bei drohender Zahlungsunfähigkeit zum Zweck der Sanierung erworben hat.

4. Haftung der Organvertreter und ggf. weiterer (antragspflichtiger) Personen

13 Die Insolvenzreife, d.h. Zahlungsunfähigkeit und Überschuldung, ist ferner maßgeblich für die Haftung der Organe von Kapitalgesellschaften bzw. gleichgestellten Personengesellschaften für anschließend noch erbrachte Zahlungen (sog. **Masseschmälerung**). Nach § 15b Abs. 1, 4 InsO ist die Geschäftsleitung ggü. der Gesellschaft (bzw. ihrem Insolvenzverwalter) zum **Ersatz von solchen Zahlungen** verpflichtet, die nach **Eintritt der Insolvenzreife geleistet** wurden, es sei denn, diese waren mit der Sorgfalt eines ordentlichen und gewissenhaften Geschäftsleiters vereinbar. Die vormaligen spezialgesetzlichen Regelungen (v.a. in § 64 Satz 1, 2 GmbHG a.F. und §§ 92 Abs. 2, 93 Abs. 2 Satz 1, Abs. 3 Nr. 6) AktG a.F.) wurden durch das SanInsFoG mit Wirkung zum 1.1.2021 aufgehoben. In Betracht kann insoweit auch eine Haftung der **Aufsichtsratsmitglieder** einer AG kommen.[9] Nach der im Rahmen des SanInsFoG überarbeiteten Neufassung des § 116 Satz 1 AktG gilt für Mitglieder des Aufsichtsrates nun ausdrücklich § 15b InsO sinngemäß.

Auch die Haftung nach diesen Vorschriften hat der Gesetzgeber im Rahmen der **Coronakrise** zum Schutz der betroffenen Geschäftsleiter entschärft, § 2 Abs. 1 Nr. 1 COVInsAG. Danach sind Zahlungen, die im ordnungsgemäßen Geschäftsgang erfolgen, insb. solche, die der Aufrechterhaltung oder Wiederaufnahme des Geschäftsbetriebes oder der Umsetzung eines Sanierungskonzepts dienen, nicht verboten. Im Nachgang dazu ist nunmehr allgemein in § 15b Abs. 2, 3 InsO geregelt, dass Zahlungen im ordnungsgemäßen Geschäftsgang grds. unschädlich sind.

14 Daneben haften die Organvertreter persönlich für die verspätete Antragstellung ggü. den Gläubigern der Gesellschaft aus § 823 Abs. 2 BGB i.V.m. § 15a Abs. 1, 2 InsO (sog. **Insolvenzverschleppung**). Die sog. Altgläubiger, deren Forderungen bereits vor Eintritt der Insolvenzreife begründet wurden, können den Ersatz des Quotenschadens verlangen (durchgesetzt vom Insolvenzverwalter als Gesamtschaden nach § 92 InsO), der aber in der Praxis keine große Rolle spielt. Der Anspruch der sog. Neugläubiger, die nach Eintritt der Insolvenzreife noch mit der Gesellschaft kontrahiert haben, ist hingegen auf den Ersatz des Vertrauensschadens gerichtet.

15 Im Fall der **Führungslosigkeit** sind auch die **Gesellschafter** (bei einer GmbH) oder die Mitglieder des **Aufsichtsrats** (bei einer AG oder einer Genossenschaft) zur

---

[9] BGH, 20.9.2010 – II ZR 78/09, ZInsO 2010, 1943, Rn 13, 21; BGH, 16.3.2009 – II ZR 280/07, ZInsO 2009, 876, Rn 15; siehe ferner: BGH, 1.12.2008 – II ZR 102/07, ZInsO 2009, 40, Rn 14. Der fakultative Aufsichtsrat einer GmbH haftet im Regelfall nicht: BGH, 20.9.2010 – II ZR 78/09, ZInsO 2010, 1943, Rn 21.

Antragstellung verpflichtet (§ 15a Abs. 3 InsO). Ein Verstoß kann ebenfalls die persönliche Haftung auslösen.[10]

Nach der durch das MoMiG eingeführten Vorschrift haftet die Geschäftsführung einer GmbH auch für Zahlungen an Gesellschafter, soweit diese zur Zahlungsunfähigkeit der Gesellschaft führen mussten (§ 64 Satz 3 GmbHG a.F.). Dieser Tatbestand ist seit dem 1.1.2021 nun rechtformübergreifend in § 15b Abs. 5 InsO normiert.

B. Zahlungsunfähigkeit

I. Bedeutung

Die Zahlungsunfähigkeit hat neben ihrer Funktion als Eröffnungsgrund insb. Bedeutung im Anfechtungsrecht, bei der persönlichen Haftung von Organen und weiteren antragspflichtigen Personen sowie im Strafrecht (s. dazu Rdn 6 f.). Die meisten Insolvenzanträge werden auf Zahlungsunfähigkeit gestützt, die im Regelfall aber erst nach der Überschuldung eintritt.

II. Definition

Nach der **Legaldefinition** in § 17 Abs. 2 Satz 1 InsO ist der Schuldner zahlungsunfähig, wenn er nicht in der Lage ist, die fälligen Zahlungspflichten zu erfüllen. Der Begriff der Zahlungsunfähigkeit wird auch im **Anfechtungs- oder Gesellschaftsrecht**[11] und ebenso im **Strafrecht**[12] identisch verstanden. Diejenigen Autoren, die das zum Strafrecht anders beurteilen,[13] übersehen, dass die von ihnen als Beleg zitierte Entscheidung des 1. Strafsenats des BGH[14] zeitlich vor der Entscheidung des IX. Zivilsenats zur Renaissance des Merkmals des ernsthaften Einforderns ergangen ist.

In der **KO** war die Zahlungsunfähigkeit nicht gesetzlich definiert, § 102 KO. Der BGH verstand sie als das auf einem nicht nur vorübergehenden Mangel an Zah-

---

10 Siehe dazu: HambKomm/A. Schmidt, Anhang zu § 35 InsO H. Rn 62.
11 BGH, 8.1.2015 – IX ZR 203/12, ZInsO 2015, 196, Rn 13; BGH, 29.3.2012 – IX ZR 40/10, ZInsO 2012, 976, Rn 8; HambKomm/Schröder, § 17 InsO Rn 3.
12 BGH, 21.8.2013 – 1 StR 665/12, ZInsO 2013, 2107, Rn 13; BGH, 23.5.2007 – 1 StR 88/07, ZInsO 2007, 1115; BGH, 19.4.2007 – 5 StR 505/06, NStZ 2008, 415; s. ferner: BGH, 28.10.2008 – 5 StR 166/08, ZInsO 2008, 1385, 1386; zur drohenden Zahlungsunfähigkeit nach § 18 Abs. 2 InsO: BGH, 29.4.2010 – 3 StR 314/09, ZInsO 2010, 1383, 1388, Rn 52.
13 Scholz/Bitter, vor § 64 GmbHG Rn 7; Pape, WM 2008, 1949, 1956.
14 BGH, 23.5.2007 – 1 StR 88/07, ZInsO 2007, 1115.

lungsmitteln beruhende Unvermögen, wesentliche Teile der fälligen Verbindlichkeiten zu erfüllen.[15]

19 Die Legaldefinition in § 17 Abs. 2 Satz 1 InsO hat der **BGH** näher konkretisiert. Danach gelten die **folgenden Grundsätze:**[16]

Zahlungsunfähigkeit ist in der Regel gegeben, wenn **eine Liquiditätslücke von 10% oder mehr besteht, die nicht innerhalb einer Frist von 3 Wochen geschlossen werden kann**.[17] Dies muss allein aufgrund der objektiven Umstände beurteilt werden.[18] Das Erreichen des Schwellenwerts von 10% begründet eine widerlegbare Vermutung für die Zahlungsunfähigkeit.[19]

20 Beträgt die Unterdeckung **weniger als 10%**, liegt regelmäßig Zahlungsfähigkeit vor, weshalb für eine etwaige Zahlungsunfähigkeit **besondere Umstände** gegeben sein müssen, wie z.B. die auf Tatsachen gegründete Erwartung, dass sich der Niedergang des Schuldner-Unternehmens fortsetzen und die Liquiditätslücke demnächst mehr als 10% erreichen wird.[20] Unter „demnächst" dürfte ein Zeitraum von 3 bzw. max. 6 Monaten zu verstehen sein.[21] Die negative wirtschaftliche Entwicklung muss mit an Sicherheit grenzender Wahrscheinlichkeit eintreten.[22] Nach dem OLG Rostock sind diese besonderen Umstände bei einem dauerhaften Rückstand von unter 10% ggü. einem Sozialversicherungsträger, der sich über einen Zeitraum von 15 Monaten erstreckt, zu bejahen.[23] Das IDW ist noch strenger und hält ein Un-

---

15 BGH, 16.6.1994 – IX ZR 94/93, NJW 1994, 2893, 2894; BGH, 30.4.1992 – IX ZR 176/91, NJW 1992, 1960; BGH, 22.11.1990 – IX ZR 103/90, NJW 1991, 980, 981; s. ferner: BGH, 19.7.2007 – IX ZB 36/07, ZInsO 2007, 939, 941 (Rn 14); BGH, 24.5.2005 – IX ZR 123/04, ZInsO 2005, 807; Pape, WM 2008, 1949.
16 Siehe dazu auch das Schaubild bei Steffan/Solmecke, ZInsO 2015, 1365, 1367.
17 Grundlegend: BGH, 24.5.2005 – IX ZR 123/04, ZInsO 2005, 807; seitdem st. Rspr.: BGH, 19.12.2017 – II ZR 88/16, ZInsO 2018, 381, Rn 32; BGH, 26.1.2016 – II ZR 394/13, ZInsO 2016, 1119, Rn 31; BGH, 7.5.2013 – IX ZR 113/10, ZInsO 2013, 1419, Rn 15; OLG Düsseldorf, 20.1.2020 – I-12 U 23/19, ZInsO 2020, 2157, 2159; s. ferner: HambKomm/Schröder, § 17 InsO Rn 4, 18; SanRKomm/Kuleisa, § 17 InsO Rn 6 f.; Uhlenbruck/Mock, § 17 InsO Rn 23, 28; IDW S 11, ZInsO 2015, 1136 Rn 15 f.
18 BGH, 21.6.2007 – IX ZR 231/04, ZInsO 2007, 816, Rn 38; BGH, 12.10.2006 – IX ZR 228/03, ZInsO 2006, 1210, Rn 28; BGH, 24.5.2005 – IX ZR 123/04, ZInsO 2005, 808.
19 BGH, 24.5.2005 – IX ZR 123/04, ZInsO 2005, 807, 809; HambKomm/Schröder, § 17 InsO Rn 28; Uhlenbruck/Mock, § 17 InsO Rn 23; Pape, WM 2008, 1949, 1953.
20 BGH, 7.5.2013 – IX ZR 113/10, ZInsO 2013, 1419, Rn 15; BGH, 6.12.2012 – IX ZR 3/12, ZInsO 2013, 190, Rn 19; BGH, 21.6.2007 – IX ZR 231/04, ZInsO 2007, 816, Rn 37; BGH, 24.5.2005 – IX ZR 123/04, ZInsO 2005, 807, 809/810; HambKomm/Schröder, § 17 InsO Rn 28, 30; Uhlenbruck/Mock, § 17 InsO Rn 24; IDW S 11, ZInsO 2015, 1136 Rn 17; Pape, WM 2008, 1949, 1953.
21 Theiselmann/Redeker, Restrukturierungsrecht, Kap. 13 Rn 53; Plagens/Wilkes, ZInsO 2010, 2107, 2111.
22 Fischer, FS Ganter, S. 153, 163.
23 OLG Rostock, 10.7.2006 – 3 U 158/05, ZInsO 2006, 1109, 1110, dem folgend: Uhlenbruck/Mock, § 17 InsO Rn 24. Diese Annahme lässt sich jedoch wohl nur deshalb rechtfertigen, weil Gläubiger ein Sozialversicherungsträger war, der schon wegen § 266a StGB erfahrungsgemäß eher vorrangig bedient wird.

ternehmen, das dauerhaft eine – auch nur geringfügige – Liquiditätslücke aufweist, für ökonomisch nicht erhaltenswürdig und -fähig.[24] Deshalb liege Zahlungsunfähigkeit vor, wenn eine Lücke, die kleiner als 10% ist, nicht innerhalb von 3–6 Monaten vollständig geschlossen werden kann.

Liegt eine Unterdeckung **von 10% oder mehr** vor, ist dagegen regelmäßig von Zahlungsunfähigkeit auszugehen, sofern nicht ausnahmsweise mit an Sicherheit grenzender Wahrscheinlichkeit zu erwarten ist, dass die Liquiditätslücke zwar erst mehr als 3 Wochen später, jedoch in überschaubarer Zeit beseitigt wird und den Gläubigern ein Zuwarten nach den besonderen Umständen des Einzelfalls zuzumuten ist.[25] Dies kann z.B. bei dem zu erwartenden Verkauf einer Immobilie oder der Auflösung einer Kapitallebensversicherung der Fall sein.[26] Dabei kann ebenfalls ein Zeitraum von 3[27] bzw. max. 6 Monaten[28] noch als „überschaubar" angesehen werden. Bloße Verkaufsaussichten für bestimmte Immobilien genügen aber z.B. nicht.[29]   21

Zur Begründung seiner Rspr. führt der Senat u.a. aus, eine bloße Zahlungsstockung sei anzunehmen, wenn der Zeitraum nicht überschritten wird, den eine kreditwürdige Person benötigt, um sich die benötigten Mittel zu leihen.[30] Für diese Kreditbeschaffung seien 3 Wochen erforderlich, aber auch ausreichend. Zudem zeige die Vorschrift des § 15a Abs. 1 Satz 2 InsO (= § 64 Abs. 1 Satz 1 GmbHG a.F.), dass das Gesetz eine Ungewissheit über die Wiederherstellung der Zahlungsfähigkeit einer Gesellschaft längstens 3 Wochen hinzunehmen bereit ist. Sind die Liquiditätslücken nur ganz geringfügig reiche dies für die Annahme der Zahlungsunfähigkeit nicht aus.[31] Denn ein Insolvenzverfahren solle immer – aber auch erst – dann eingeleitet werden, wenn die Einzelzwangsvollstreckung keinen Erfolg mehr verspricht und nur noch die schnellsten Gläubiger zum Ziel kommen, sodass eine gleichmäßige Befriedigung nicht mehr erreichbar ist.   22

---

24 IDW S 11, ZInsO 2015, 1136 Rn 17; dagegen: Zabel/Pütz, ZIP 2015, 912, 917.
25 BGH, 19.12.2017 – II ZR 88/16, ZInsO 2018, 381, Rn 10; BGH, 26.1.2016 – II ZR 394/13, ZInsO 2016, 1119, Rn 31; BGH, 7.5.2013 – IX ZR 113/10, ZInsO 2013, 1419, Rn 15; BGH, 6.12.2012 – IX ZR 3/12, ZInsO 2013, 190, Rn 19; BGH, 24.5.2005 – IX ZR 123/04, ZInsO 2005, 807, 810; HambKomm/Schröder, InsO, § 17 Rn 29; Uhlenbruck/Mock, § 17 InsO Rn 25; IDW S 11, ZInsO 2015, 1136 Rn 16.
26 BGH, 19.7.2007 – IX ZB 36/07, ZInsO 2007, 939, Rn 30, 31; BGH, 27.7.2006 – IX ZB 204/04, ZInsO 2006, 1051, Rn 16; s. dazu: Tetzlaff, ZInsO 2007, 1334, 1336.
27 OLG Jena, 30.4.2009 – 1 U 657/06, NZG 2009, 1034; IDW S 11, ZInsO 2015, 1136 Rn 16; ähnlich: AG Hamburg, 27.11.2007 – 67c IN 443/07, ZInsO 2008, 52, 53.
28 HambKomm/Schröder, § 17 InsO Rn 29; Plagens/Wilkes, ZInsO 2010, 2107, 2111; IDW S 11, ZInsO 2015, 1136 Rn 16.
29 LG Hamburg, 26.6.2012 – 326 T 77/12, ZInsO 2012, 1479, 1480.
30 BGH, 24.5.2005 – IX ZR 123/04, ZInsO 2005, 807, 808.
31 BGH, 24.5.2005 – IX ZR 123/04, ZInsO 2005, 807, 809.

III. Liquide Mittel

1. Grundsätze

23 Fällige Zahlungspflichten (§ 17 Abs. 2 Satz 1 InsO) können nur mit Geld oder anderen üblichen Zahlungsmitteln erfüllt werden. Deshalb sind auf der Aktivseite einer Liquiditätsbilanz bzw. eines Liquiditätsplans (dazu ausführlich Rdn 48 f.) nur die **aktuell verfügbaren liquiden Mittel** (Aktiva I) und die **kurzfristig, innerhalb von 3 Wochen liquidierbaren Vermögensbestandteile** des Schuldners (inkl. Auslandsvermögen[32]) bzw. etwaige **Zuflüsse aus Fremdmitteln** aufzunehmen (jeweils Aktiva II).[33] Ohne Bedeutung ist, aus welchen Quellen die Zahlungsmittel stammen, sodass es insb. nicht darauf ankommt, ob sich der Schuldner die Zahlungsmittel auf redliche oder unredliche Weise beschafft hat.[34] Deshalb sind auch aus Straftaten herrührende illegale Einkünfte als liquide Mittel anzusehen,[35] denen aber daraus resultierende fällige Rückzahlungsansprüche gegenüber stehen können.[36]

Bei den Aktiva II, die erst innerhalb von 3 Wochen zu einem Liquiditätszufluss führen bzw. führen sollen, sind letztlich grds. die Ist-Daten und nicht die Planzahlen maßgeblich (s. Rdn 52).

2. Einzelne Aktivpositionen

24 Zu den flüssigen (Aktiva I) oder kurzfristig, d.h. innerhalb von max. 3 Wochen, verwertbaren Vermögensbestandteilen (Aktiva II) gehören insb.:[37]
– **Bankguthaben**[38] (auch auf einem Anderkonto vom RA des Schuldners)[39]
– eine ungekündigte, noch nicht ausgeschöpfte **Kreditlinie**[40]

---

[32] HambKomm/Schröder, § 17 InsO Rn 44.
[33] BGH, 19.12.2017 – II ZR 88/16, ZInsO 2018, 381, Rn 33; BGH, 26.1.2016 – II ZR 394/13, ZInsO 2016, 1119, Rn 31; BGH, 14.5.2009 – IX ZR 63/08, ZInsO 2009, 1254, Rn 37; BGH, 14.2.2008 – IX ZR 38/04, ZInsO 2008, 378, Rn 18; BGH, 24.5.2005 – IX ZR 123/04, ZInsO 2005, 807, 808.
[34] BGH, 16.5.2017 – 2 StR 169/15, ZInsO 2017, 1364, Rn 34; BGH, 14.5.2009 – IX ZR 63/08, ZInsO 2009, 1254, Rn 19.
[35] BGH, 14.5.2009 – IX ZR 63/08, ZInsO 2009, 1254, Rn 19; BGH, 19.4.2007 – 5 StR 505/06, NStZ 2008, 415, 416.
[36] Siehe dazu: BGH, 16.5.2017 – 2 StR 169/15, ZInsO 2017, 1364, Rn 35.
[37] Siehe ferner: IDW S 11, ZInsO 2015, 1136 Rn 33, 36.
[38] BGH, 24.4.2008 – II ZR 51/07, ZInsO 2008, 1019, Rn 5; BGH, 19.7.2007 – IX ZB 36/07, ZInsO 2007, 939, Rn 29.
[39] BGH, 2.4.2009 – IX ZB 245/08, ZInsO 2009, 872, Rn 6, 7; BGH, 5.2.2009 – IX ZB 245/08, ZInsO 2009, 432, Rn 2.
[40] OLG Hamm, 16.10.2007 – 27 U 179/06, ZInsO 2008, 511, 513; HambKomm/Schröder, § 17 InsO Rn 20; IDW S 11, ZInsO 2015, 1136 Rn 32; Plagens/Wilkes, ZInsO 2010, 2107, 2113; Bork, ZIP 2008, 1749, 1750.

- **Kassenbestände**, d.h. Bargeld[41]
- kurzfristig und tatsächlich **zu erwartende Zahlungen** (aus Lieferung und Leistung, Anzahlungen von Kunden etc.),[42] ggf. durch Kundenscheck,[43] u.U. abzgl. Wertberichtigungen[44]
- **Zu- oder Rückflüsse im Rahmen eines Cash-Pooling** (an die angeschlossenen Untergesellschaften oder die Konzernober- bzw. Finanzierungsgesellschaft [Cash-Pool-Clearing-Gesellschaft])[45]

Praxistipp
Zum Schutz der Zahlungsfähigkeit der jeweils anspruchsberechtigten Gesellschaften ist darauf zu achten, dass in die Cash-Pool-Vereinbarung Regelungen aufgenommen werden, die eine kurzfristige Kündigung der Darlehensforderung zulassen.[46]

- **Rückkaufswerte** aus Kapitallebensversicherungen[47]
- **kurzfristig verwertbares, nicht betriebsnotwendiges Anlagevermögen** (Aktien, ggf. Maschinen oder Immobilien etc.),[48] auch Kfz,[49] oder **Privatvermögen**, sofern der Schuldner dies auch jeweils tatsächlich verwerten will[50] (s. dazu auch Rdn 52)
- **Frisches Eigenkapital** (durch Barkapitalerhöhung, Einzahlung in die Kapitalrücklage etc.),[51] welches nachweislich verfügbar sein muss, d.h. „Hoffnungswerte" genügen nicht[52] (s.a. zur Fortführungsprognose i.R.d. Überschuldung Rdn 156)

---

41 BGH, 19.7.2007 – IX ZB 36/07, ZInsO 2007, 939, Rn 29; HambKomm/Schröder, § 17 InsO Rn 20.
42 BGH, 19.7.2007 – IX ZB 36/07, ZInsO 2007, 939, Rn 29; BGH, 3.12.1998 – IX ZR 313/97, ZInsO 1999, 107, 109 (zur GesO); IDW S 11, ZInsO 2015, 1136 Rn 36; Plagens/Wilkes, ZInsO 2010, 2107, 2114; Pape, WM 2008, 1949, 1952.
43 BGH, 14.5.2009 – IX ZR 63/08, ZInsO 2009, 1254, Rn 18.
44 Bork, ZIP 2008, 1749, 1750.
45 SanRKomm/Kuleisa, § 17 InsO Rn 29; IDW S 11, ZInsO 2015, 1136 Rn 46 f; Küting/Eichenlaub, GmbHR 2014, 169, 171.
46 Saenger/Koch, GmbHR 2010, 113, 116.
47 BGH, 27.7.2006 – IX ZB 204/04, ZInsO 2006, 1051, Rn 16.
48 BGH, 14.7.2011 – IX ZB 57/11, ZInsO 2011, 1742, Rn 15; BGH, 19.7.2007 – IX ZB 36/07, ZInsO 2007, 939, Rn 31; LG München, 8.3.2010 – 7 T 479/09, ZInsO 1009, 1010; AG Köln, 7.3.2007 – 71 IN 609/06, NZI 2007, 666, 668; Ampferl/Kilper, NZI 2018, 191, 196; Plagens/Wilkes, ZInsO 2010, 2107, 2114.
49 BGH, 19.7.2007 – IX ZB 36/07, ZInsO 2007, 939, Rn 29.
50 BGH, 19.12.2017 – II ZR 88/16, ZInsO 2018, 381, Rn 70.
51 BGH, 14.2.2008 – IX ZR 38/04, ZInsO 2008, 378, Rn 25 f.; Blöse/Wieland-Blöse, Praxisleitfaden Insolvenzreife, S. 87.
52 BGH, 8.10.1998 – IX ZR 337/97, ZInsO 1998, 395, 397 (zur GesO); BGH, 25.9.1997 – IX ZR 231/96, NJW 1998, 607, 608 (zur GesO); BGH, 27.4.1995 – IX ZR 147/94, NJW 1995, 2103, 2104 (zur KO); OLG Köln, 5.2.2009 – 18 U 171/07, ZInsO 2009, 1402, 1404; Blöse/Wieland-Blöse, Praxisleitfaden Insolvenzreife, S. 87.

– **Frisches Fremdkapital** durch Gesellschafterdarlehen oder Bankdarlehen (sofern die Darlehensgewährung realistisch ist und Kreditwürdigkeit vorliegt, s. dazu auch im Zusammenhang mit der Fortführungsprognose Rdn 156), ggf. auf der Basis beleihbarer Vermögensgegenstände (Immobilien, Kapitallebensversicherungen, Festgeldkonten, Erbteil etc.)[53] oder von Gesellschaftersicherheiten.

Auch der werthaltige Freistellungsanspruch einer Komplementär-GmbH gegen die GmbH & Co. KG aus §§ 161 Abs. 2, 110 HGB kann als liquide angesetzt werden.[54]

25 **Nicht zu berücksichtigen** sind bspw.: nur **längerfristig zu versilbernde Gegenstände** (wie die Geschäftseinrichtung des Schuldners),[55] grds. Steuererstattungsansprüche,[56] ein erst mit dem Bilanzstichtag fällig werdender Verlustausgleichsanspruch nach § 302 AktG (analog)[57] oder sämtliche erst **nach einer Insolvenzeröffnung entstehenden Ansprüche**, insb. aus Insolvenzanfechtung.[58] Deshalb sind auch Haftungsansprüche der Gläubiger gegen einen persönlich haftenden Gesellschafter (z.B. nach § 128 HGB), die nach § 93 InsO durch den Insolvenzverwalter der Gesellschaft geltend gemacht werden, unbeachtlich.[59] Denn bis zur Verfahrenseröffnung ist noch jeder einzelne Gläubiger aktivlegitimiert.

3. Belastung mit Drittrechten

26 Die liquiden oder liquidierbaren Mittel müssen grds. in der freien Verfügung des Schuldners stehen.[60] Deshalb sind solche Mittel, die (ggf. z.T.) mit einem **Aus- oder Absonderungsrecht belastet** sind und über die der Schuldner nicht verfügen kann (z.B. ein verpfändetes Bankguthaben), **grds. nicht zu aktivieren**. Das ist nur dann anders, wenn der Sicherungsfall eingetreten ist, d.h. das Drittrecht eine Verbindlichkeit sichert, die fällig und somit im Liquiditätsstatus/-plan zu passivieren ist.[61]

---

53 BGH, 19.12.2017 – II ZR 88/16, ZInsO 2018, 381, Rn 69; BGH, 26.1.2016 – II ZR 394/13, ZInsO 2016, 1119 (Rn 31); BGH, 2.4.2009 – IX ZB 245/08, ZInsO 2009, 872, Rn 8; BGH, 27.7.2006 – IX ZB 204/04, ZInsO 2006, 1051, Rn 16; HambKomm/Schröder, InsO, § 17 Rn 14; Parzinger/Lappe/Meyer-Löwy, ZIP 2019, 2143, 2149; Staufenbiel/Hoffmann, ZInsO 2008, 785, 787.
54 Scholz/Bitter, vor § 64 GmbHG Rn 251; Uhlenbruck/Mock, § 17 InsO Rn 106.
55 BGH, 19.7.2007 – IX ZB 36/07, ZInsO 2007, 939, Rn 29; Pape, WM 2008, 1949, 1952.
56 BGH, 18.4.2013 – IX ZR 90/10, ZInsO 2013, 1085, Rn 7.
57 Förschle/Heinz, in: Budde/Förschle/Winkeljohann, Sonderbilanzen, Q. Rn 75; Ziemons, GWR 2009, 411. Es ist noch nicht zweifelsfrei geklärt, ob der Untergesellschaft bei gefährdeter Zahlungsfähigkeit ein Anspruch auf Abschlagszahlung zusteht.
58 BGH, 19.7.2007 – IX ZB 36/07, ZInsO 2007, 939, Rn 29; HambKomm/Schröder, § 17 InsO Rn 33.
59 HambKomm/Schröder, § 17 InsO Rn 34; Uhlenbruck/Mock, § 17 InsO Rn 61.
60 BGH, 19.4.2007 – 5 StR 505/06, NStZ 2008, 415; BGH, 17.5.2001 – IX ZR 188/98, ZInsO 2001, 617, 618 (zur KO); HambKomm/Schröder, § 17 InsO Rn 20; SanRKomm/Kuleisa, § 17 InsO Rn 26; Blöse/Wieland-Blöse, Praxisleitfaden Insolvenzreife, S. 81.
61 SanRKomm/Kuleisa, § 17 InsO Rn 30.

Denn ansonsten ergibt sich ein schiefes Bild. **Zur Sicherheit abgetretene Forderungen** sind auch dann auf der Aktivseite anzusetzen, wenn der Zessionar die Einziehungsermächtigung noch nicht widerrufen hat und somit der Schuldner die Erlöse im Rahmen seines laufenden Geschäftsbetriebes einsetzen kann.

IV. Fällige Zahlungspflichten

Die verfügbaren und kurzfristig verfügbar werdenden Mittel des Schuldners sind in Beziehung zu setzen zu seinen an demselben Stichtag fälligen, auf Geldzahlung gerichteten vertraglichen oder gesetzlichen Verbindlichkeiten. 27

1. Grundsätze

Es kommt nur auf die **Geldschulden** an. Darunter fallen auch solche Schulden, die durch Nichterfüllung von Leistungspflichten etc. in eine Zahlungspflicht übergehen (z.B. Schadensersatz).[62] Es spielt keine Rolle, ob die fragliche Schuld im Fall einer etwaigen Insolvenzeröffnung **nach § 39 Abs. 1 InsO nachrangig** ist.[63] 28

Fälligkeit bedeutet zunächst, dass der Gläubiger die Leistung fordern kann (was grds. sofort der Fall ist, § 271 Abs. 1 BGB). **Gehälter** sind z.B. erst am Monatsende fällig (§ 614 BGB),[64] **Mieten und Leasingraten** am Monatsanfang (§ 556b Abs. 1 BGB). Hat der Schuldner mit einem Lieferanten ein **Zahlungsziel** vereinbart („zahlbar bis ...") tritt vor dessen Ablauf keine Fälligkeit ein.[65] Ein nicht gekündigtes oder noch nicht ausgelaufenes **Darlehen** ist nicht zur Rückzahlung fällig, § 488 Abs. 3 BGB.[66] Ansprüche der Bank aus einer **nicht genehmigten Kontoüberziehung** sind sofort, d.h. ohne Kündigung, fällig[67] und somit zu passivieren,[68] es sei denn, die Kreditlinie wurde durch die geduldete Überziehung ausnahmsweise konkludent erweitert.

---

62 HambKomm/Schröder, § 17 InsO Rn 5; Uhlenbruck/Mock, § 17 InsO Rn 81. Siehe zur Pflicht zu Bestellung von Bauhandwerkersicherungen: von Stein-Lausnitz/Ludwig, ZInsO 2014, 816.
63 Zu § 39 Abs. 1 Nr. 5 InsO: BGH, 19.5.2011 – IX ZB 214/10, ZInsO 2011, 1063, Rn 11; BGH, 23.9.2010 – IX ZB 282/09, ZInsO 2010, 2091, Rn 10; siehe ferner: Scholz/Bitter, vor § 64 GmbHG Rn 8.
64 BGH, 19.7.2007 – IX ZB 36/07, ZInsO 2007, 939, 942, Rn 24.
65 HambKomm/Schröder, § 17 InsO Rn 9; Blöse/Wieland-Blöse, Praxisleitfaden Insolvenzreife, S. 83; IDW S 11, ZInsO 2015, 1136 Rn 27.
66 BGH, 7.5.2009 – IX ZR 140/08, ZInsO 2009, 1054, Rn 9; IDW S 11, ZInsO 2015, 1136, Rn 26.
67 BGH, 19.5.2011 – IX ZR 9/10, ZInsO 2011, 1115, Rn 13; BGH, 17.7.2008 – IX ZR 148/07, ZInsO 2008, 913, Rn 11; BGH, 13.1.2005 – IX ZR 457/00, ZInsO 2005, 373.
68 IDW S 11, ZInsO 2015, 1136 Rn 27; Plagens/Wilkes, ZInsO 2010, 2107, 2113; Pape, WM 2008, 1949, 1952.

29   Nicht erforderlich ist, dass sich der Schuldner mit der fraglichen Verbindlichkeit in Verzug befindet.[69] Verjährte oder i.Ü. **einrede- oder einwendungsbehaftete Forderungen** sind nicht als Passiva zu berücksichtigen,[70] es sei denn, der Schuldner lehnt die Erhebung der Einrede ausnahmsweise ausdrücklich ab,[71] was v.a. bei drohender Insolvenz kaum vorkommen dürfte. Ebenfalls nicht anzusetzen sind Forderungen, die der Schuldner noch beglichen hatte, auch wenn dies später der Insolvenzanfechtung nach §§ 129 ff. InsO unterliegt.[72]

Hinweis
Anders ist es im Anfechtungsprozess, wenn der Anfechtungstatbestand (z.B. in § 131 Abs. 1 Nr. 2 InsO oder § 130 Abs. 1 Satz 1 Nr. 1 InsO) die Feststellung erfordert, dass der Schuldner zu dem fraglichen Zeitpunkt zahlungsunfähig war. Die Forderung, deren Begleichung angefochten wird, muss dann passiviert werden.[73] Demgegenüber sind aber auch die Mittel, mit denen die Zahlung erfolgt ist, zu aktivieren.

Eine etwaige Niederschlagung der Verbindlichkeit, weil diese wirtschaftlich nicht durchsetzbar ist (§ 261 AO, § 76 Abs. 2 Satz 1 Nr. 2 SGB IV), begründet kein subjektives Recht des Schuldners.[74] Deshalb sind auch solche Schulden als Passiva anzusetzen. Verbindlichkeiten einer **GmbH & Co. KG**, für welche die Komplementär-GmbH nach §§ 161 Abs. 2, 128 HGB haftet, sind in deren Liquiditätsstatus/-plan zu berücksichtigen, wenn die GmbH & Co. KG zahlungsunfähig ist.[75]

2. Ernsthaftes Einfordern

30   Allerdings ist der **insolvenzrechtliche Begriff der Fälligkeit enger als der zivilrechtliche**. Das hat seinen Grund in der unterschiedlichen Funktion, den die „Fälligkeit" einer Forderung im jeweiligen Regelungszusammenhang erfüllt.[76] Zivilrechtlich ist sie Voraussetzung für den Schuldnerverzug, die Erhebung der Leistungsklage und den Verjährungsbeginn. Insolvenzrechtlich geht es aber um den Zeitpunkt der Zahlungsunfähigkeit des Schuldners, von dem an der Übergang von

---

69 BGH, 24.5.2005 – IX ZR 123/04, ZInsO 2005, 807, 808; HambKomm/Schröder, § 17 InsO Rn 7; Uhlenbruck/Mock, § 17 InsO Rn 113, 134; SanRKomm/Kuleisa, § 17 InsO Rn 17.
70 BGH, 29.3.2007 – IX ZB 141/06, ZInsO 2007, 604, Rn 10; BGH, 19.7.2007 – IX ZB 36/07, ZInsO 2007, 939, Rn 20; HambKomm/Schröder, § 17 InsO Rn 11; Uhlenbruck/Mock, § 17 InsO Rn 79, 109.
71 HambKomm/Schröder, § 17 InsO Rn 11; Uhlenbruck/Mock, § 17 InsO Rn 114; Blöse/Wieland-Blöse, Praxisleitfaden Insolvenzreife, S. 85; zur Überschuldung: Steinrötter/Meier, NZI 2015, 919.
72 BGH, 27.7.2006 – IX ZB 204/04, ZInsO 2006, 1051, Rn 15.
73 BGH, 14.5.2009 – IX ZR 63/08, ZInsO 2009, 1254, Rn 24.
74 BGH, 12.10.2006 – IX ZB 107/05, juris, Rn 4; MüKo/Vuia, § 14 InsO Rn 98.
75 Uhlenbruck/Mock, § 17 InsO Rn 107; Scholz/Bitter, vor § 64 GmbHG Rn 251.
76 BGH, 19.7.2007 – IX ZB 36/07, ZInsO 2007, 939, Rn 12.

der Einzelzwangs- zur Gesamtvollstreckung zu erfolgen hat. Der Zweck des § 17 InsO gebietet die Berücksichtigung auch solcher Gläubiger, die den Schuldner zur Zahlung aufgefordert, dann aber weitere Bemühungen eingestellt haben. Die Forderung eines Gläubigers, der in eine spätere oder nachrangige Befriedigung eingewilligt hat, darf hingegen nicht berücksichtigt werden, auch wenn keine rechtlich bindende Vereinbarung getroffen worden ist oder die Vereinbarung nur auf die Einrede des Schuldners berücksichtigt wird und vom Gläubiger einseitig aufgekündigt werden kann.[77]

Daher ist eine Forderung mit dem **BGH** – wie unter Geltung der KO – **nur dann i.S.v. § 17 Abs. 2 Satz 1 InsO fällig**, wenn eine Gläubigerhandlung feststeht, aus der sich der Wille, vom Schuldner Erfüllung zu verlangen, im Allgemeinen ergibt, d.h. **die Forderung „ernsthaft eingefordert" ist**.[78] Bei gesetzlichen Schuldverhältnissen bedarf es i.d.R keines Einforderns.[79]

Hinweis

An dieses besondere Tatbestandsmerkmal **sind keine hohen Anforderungen** zu stellen.[80] Das Merkmal dient ausschließlich dem Zweck, solche Forderungen auszunehmen, die rein tatsächlich gestundet sind.[81]

Hierfür genügend, aber nicht erforderlich, ist die Übersendung einer Rechnung.[82] Es ist nicht zu verlangen, dass der Gläubiger ein Zahlungsverlangen wiederholt.[83] Die kalendermäßige (ggf. vertraglich vereinbarte) Fälligkeit einer Verbindlichkeit macht ein Einfordern des Gläubigers ent-

---

77 BGH, 14.2.2008 – IX ZR 38/04, ZInsO 2008, 378, Rn 21; BGH, 19.7.2007 – IX ZB 36/07, ZInsO 2007, 939, Rn 17.
78 Grundlegend: BGH, 19.7.2007 – IX ZB 36/07, ZInsO 2007, 939, Rn 14 f.; seitdem st. Rspr.: BGH, 19.12.2017 – II ZR 88/16, ZInsO 2018, 381, Rn 16; BGH, 6.12.2012 – IX ZR 3/12, ZInsO 2013, 190 (Rn 26); BGH, 14.7.2011 – IX ZB 57/11, ZInsO 2011, 1742, Rn 9; siehe ferner: HambKomm/Schröder, § 17 InsO Rn 13a; Uhlenbruck/Mock, § 17 InsO Rn 123.
79 HambKomm/Schröder, § 17 InsO Rn 15; SanRKomm/Kuleisa, § 17 InsO Rn 22.
80 BGH, 14.2.2008 – IX ZR 38/04, ZInsO 2008, 378, Rn 22; BGH, 19.7.2007 – IX ZB 36/07, ZInsO 2007, 939, Rn 14; BGH, 8.10.1998 – IX ZR 337/97, ZInsO 1998, 395, 396 (zur GesO); BGH, 25.9.1997 – IX ZR 231/96, NJW 1998, 607 (zur GesO); HambKomm/Schröder, § 17 InsO Rn 15; Pape, WM 2008, 1949, 1955.
81 BGH, 18.7.2019 – IX ZR 259/18, ZInsO 2019, 1790 Rn 20; BGH, 19.12.2017 – II ZR 88/16, ZInsO 2018, 381, Rn 59; BGH, 6.12.2012 – IX ZR 3/12, ZInsO 2013, 190, Rn 26; BGH, 14.7.2011 – IX ZB 57/11, ZInsO 2011, 1742, Rn 9; BGH, 14.5.2009 – IX ZR 63/08, ZInsO 2009, 1254, Rn 22; OLG Hamburg, 4.4.2014 – 1 U 69/13, ZInsO 2014, 891, 894.
82 BGH, 19.12.2017 – II ZR 88/16, ZInsO 2018, 381, Rn 16; BGH, 6.12.2012 – IX ZR 3/12, ZInsO 2013, 190, Rn 26; BGH, 14.7.2011 – IX ZB 57/11, ZInsO 2011, 1742, Rn 9; BGH, 14.5.2009 – IX ZR 63/08, ZInsO 2009, 1254, Rn 22; HambKomm/Schröder, § 17 InsO Rn 15; SanRKomm/Kuleisa, § 17 InsO Rn 18, 22.
83 BGH, 18.7.2019 – IX ZR 259/18, ZInsO 2019, 1790 Rn 20; BGH, 14.5.2009 – IX ZR 63/08, ZInsO 2009, 1254, Rn 26; BGH, 19.7.2007 – IX ZB 36/07, ZInsO 2007, 939, Rn 17; HambKomm/Schröder, § 17 InsO Rn 15.

behrlich,[84] z.B. nach Ablauf der Prolongation eines befristeten Darlehens (wobei aber erfolgversprechende Umschuldungsverhandlungen u.U. für eine faktische Stundung sprechen können).[85] Das gilt auch dann, wenn der Schuldner die zeitnahe Begleichung der Forderung ankündigt.[86] Verlustausgleichsverpflichtungen gemäß § 302 Abs. 1 AktG (analog) sind zwar grds. bereits zum Bilanzstichtag fällig,[87] werden aber seitens der abhängigen Gesellschaft oftmals nicht sofort ernsthaft eingefordert[88] bzw. tatsächlich gestundet sein.[89]

Aufgrund der Einbuchung der jeweiligen Verbindlichkeit in die Buchhaltung des Schuldners ist ebenfalls bereits von einem ernsthaften Einfordern des Gläubigers auszugehen.[90]

Beispiel
Mangels Einfordern ist Fälligkeit zu verneinen, wenn Schuldner und Gläubiger – was aber nicht rückwirkend möglich ist[91] – vereinbaren, dass „die Forderung im Rahmen der finanziellen Möglichkeiten des Schuldners beglichen werden kann" (Stillhalteabkommen),[92] wenn sie sich ausdrücklich auf einen Vollstreckungsaufschub verständigen[93] oder wenn eine Finanzbehörde die Vollziehung eines Steuerbescheides aussetzt.[94] Damit hat der Gläubiger zum Ausdruck gebracht, dass er weder eine bevorrechtigte Befriedigung i.R.d. vollstreckungsrechtlichen Prioritätsprinzips noch die Eröffnung des Insolvenzverfahrens über das Vermögen des Schuldners anstrebt.[95] Eine Begleichung der offenen Forderung wird dann nicht erwartet.[96]

31 Hat der Gläubiger das Stillhalten aber an die Erbringung gewisser Leistungen geknüpft, insb. Ratenzahlungen, wird der Schuldner von neuem zahlungsunfähig, wenn er nicht in der Lage ist, diese zu erbringen.[97] **„Erzwungene Stundungen"**, die dadurch zustande kommen, dass der Schuldner seine fälligen Verbindlichkeiten nicht mehr oder nur noch mit Verzögerungen begleicht, die Gläubiger aber nicht sofort Klage erheben und vollstrecken, weil sie dies für aussichtslos halten oder sie nicht den sofortigen Zusammenbruch des Schuldners verantworten wollen, genü-

---

84 BGH, 19.12.2017 – II ZR 88/16, ZInsO 2018, 381, Rn 58; BGH, 22.11.2012 – IX ZR 62/10, ZInsO 2013, 76, Rn 8, 12; BGH, 14.5.2009 – IX ZR 63/08, ZInsO 2009, 1254, Rn 26; Uhlenbruck/Mock, § 17 InsO Rn 128.
85 BGH, 22.11.2012 – IX ZR 62/10, ZInsO 2013, 76, Rn 8, 12, 13.
86 BGH, 14.5.2009 – IX ZR 63/08, ZInsO 2009, 1254, Rn 24.
87 BGH, 16.6.2015 – II ZR 384/13, ZIP 2015, 1483, Rn 24.
88 OLG Düsseldorf, 20.12.2018 – 10 U 70/18, ZInsO 2020, 104, 105 f.
89 OLG Frankfurt/M., 17.1.2018 – 4 U 4/17, ZInsO 2018, 713, 715.
90 BGH, 19.12.2017 – II ZR 88/16, ZInsO 2018, 381, Rn 17.
91 OLG Brandenburg, 6.3.2013 – 7 U 23/11, ZInsO 2013, 987, 989.
92 BGH, 6.12.2012 – IX ZR 3/12, ZInsO 2013, 190, Rn 29; BGH, 19.7.2007 – IX ZB 36/07, ZInsO 2007, 939 (Rn 19); SanRKomm/Kuleisa, § 17 InsO Rn 20.
93 BGH, 8.3.2012 – IX ZR 102/11, ZInsO 2012, 732, Rn 7.
94 BGH, 22.5.2014 – IX ZR 95/13, ZInsO 2014, 1326, Rn 30; IDW S 11, ZInsO 2015 1136, Rn 30.
95 BGH, 19.7.2007 – IX ZB 36/07, ZInsO 2007, 939, Rn 19.
96 BGH, 22.5.2014 – IX ZR 95/13, ZInsO 2014, 1326, Rn 30.
97 BGH, 6.12.2012 – IX ZR 3/12, ZInsO 2013, 190, Rn 29.

gen nicht, um die fällige Verbindlichkeit auszublenden.[98] Das gilt insb. für „erzwungene Stundungen" der Arbeitnehmer, die oft aus Sorge, ihren Arbeitsplatz zu verlieren, stillhalten werden.[99]

Praxistipp
Im Anfechtungs- oder Haftungsprozess gilt im Hinblick auf das ernsthafte Einfordern eine abgestufte **Darlegungs- und Beweislast** (s. dazu Rdn 45).

---

3. Streitige Zahlungspflichten

Fraglich ist, wie (vermeintliche) Verbindlichkeiten zu behandeln sind, die – dem Grund und/oder der Höhe nach – zwischen Gläubiger und Schuldner streitig sind. Hier muss ein sachgerechter Ausgleich zwischen dem Erhaltungsinteresse des Schuldners und den Gläubigerinteressen gefunden werden.

32

a) Grundsätze

Streitige Verbindlichkeiten sind grds. nur dann vollständig in die Prognoseberechnung einzubeziehen, wenn überwiegend wahrscheinlich ist, dass sie im Prognosezeitraum uneingeschränkt durchsetzbar werden.[100] Sie sind grds. auf der Basis der **Wahrscheinlichkeit ihres Bestehens**, insb. unter Berücksichtigung des Prozessrisikos **zu schätzen**,[101] es sei denn, der Gläubiger verzichtet bis zu einer Klärung auf die Durchsetzung der umstrittenen Forderung.[102] Daraus folgt die folgende abgestufte Bewertung:[103]

33

---

98 BGH, 26.1.2016 – II ZR 394/13, ZInsO 2016, 1119, Rn 26; BGH, 6.12.2012 – IX ZR 3/12, ZInsO 2013, 190, Rn 34; BGH, 14.2.2008 – IX ZR 38/04, ZInsO 2008, 378, Rn 22; HambKomm/Schröder, § 17 InsO Rn 17; Uhlenbruck/Mock, § 17 InsO Rn 127; Pape, WM 2008, 1949, 1955.
99 BGH, 14.2.2008 – IX ZR 38/04, ZInsO 2008, 378, Rn 23.
100 BGH, 22.5.2014 – IX ZR 95/13, ZInsO 2014, 1326, Rn 33.
101 AG Hamburg, 19.7.2007 – 67a IN 244/06, ZInsO 2007, 950; AG Hamburg, 20.8.2004 – 67a 346/04, ZInsO 2004, 991, 992; HambKomm/Schröder, § 17 InsO Rn 6; Parzinger/Lappe/Meyer-Löwy, ZIP 2019, 2143, 2149/2150; Hermanns/Wachter, ZInsO 2018, 1589, 1593; Staufenbiel/Hoffmann, ZInsO 2008, 891, 893; Schmidt/Roth, ZInsO 2006, 236, 239/240; kritisch: SanRKomm/Kuleisa, § 17 InsO Rn 12; Ampferl/Kilper, NZI 2018, 191, 196.
102 BGH, 22.5.2014 – IX ZR 95/13, ZInsO 2014, 1326, Rn 30, 33.
103 Schmidt/Roth, ZInsO 2006, 236, 239/240; dem grds. folgend: Uhlenbruck/Mock, § 17 InsO Rn 136; Höffner, DStR 2008, 1787, 1789 (für die Überschuldung); kritisch: Leithaus/Wachholtz, ZIP 2019, 649, 652.

Wertansatz	Fallgruppe
0%	Die Behauptung der Forderung durch den Gläubiger ist evident unzutreffend oder rechtsmissbräuchlich.
2–5%	Die Rechtsposition ist so schwach, dass ein vernünftiger Gläubiger wegen ihr keinen Prozess anstrengen würde („Lästigkeitsprämie").
10–50%	Wegen der fraglichen Verbindlichkeit ist ein Rechtsstreit anhängig.
50–80%	Ein Prozess ist in erster oder zweiter Instanz verloren gegangen.
80–100%	Neben der ersten Instanz ist zudem die Berufung verloren gegangen oder die Einwendungen des Schuldners sind – auch wenn kein Prozess geführt wird – evident unzutreffend.
100%	Die Verbindlichkeit ist rechtskräftig festgestellt.

34 Diese Abstufung ist auch bei negativer Fortführungsprognose anzuwenden. Das Vorliegen eines Insolvenzgrundes kann nicht davon abhängen, ob der Rechtsträger wahrscheinlich (irgendwann) liquidiert werden muss.

Praxistipp
Wird über die **streitige Forderung später rechtskräftig entschieden** oder stellt sich anderweitig heraus, dass diese tatsächlich (nicht) bestand, ist der **Liquiditätsstatus/-plan rückwirkend zu korrigieren**. Soweit es – etwa im Hinblick auf die persönliche Haftung organschaftlicher Vertreter oder deren Strafbarkeit – auf Vorsatz ankommt, wird dieser, wenn sich die Verbindlichkeit anschließend als berechtigt erweist, regelmäßig zu verneinen sein.[104]
Es bietet sich an, bis zur (rechtskräftigen) Entscheidung eine Stundung oder ein Nichteinfordern der Forderung zu vereinbaren.[105] Bei öffentlich-rechtlichen Forderungen (v.a. Steuern und Sozialversicherungsbeiträgen) kommt vorwiegend die Aussetzung oder einstweilige Einstellung der Vollziehung (z.B. nach §§ 361 Abs. 2, 258 AO) in Betracht. Diese lassen jedenfalls die insolvenzrechtliche Fälligkeit der Forderung entfallen.[106]

---

[104] Schmidt/Roth ZInsO 2006, 236, 240/241.
[105] Schmidt/Roth, ZInsO 2006, 236, 240.
[106] BGH, 22.5.2014 – IX ZR 95/13, ZInsO 2014, 1326, Rn 30; HambKomm/Schröder, § 16 InsO Rn 9b, § 17 Rn 18; Brete/Thomsen, GmbHR 2008, 912.

b) Ableitung der Zahlungsunfähigkeit aus einer streitigen Verbindlichkeit
Ein Sonderfall liegt vor, wenn die streitige Verbindlichkeit zugleich den Insolvenz- 35
grund bildet, da keine weiteren wesentlichen fälligen Zahlungspflichten bestehen.
Dieser Themenkomplex wird unter Rdn 62f. umfassend dargestellt.

4. Gesicherte Verbindlichkeiten
Fällige Geldschulden sind **auch dann zu passivieren, wenn der Gläubiger** – 36
durch eine Sicherheit des Schuldners oder eines Dritten – **abgesichert** ist.[107] Handelt es sich um eine vom Schuldner gestellte Sicherheit und stellt diese einen liquiden oder innerhalb von 3 Wochen liquidierbaren Vermögenswert dar, ist dieser aber im Gegenzug auf der Aktivseite zu berücksichtigen.[108]

5. Verbindlichkeiten gegenüber Gesellschaftern/Anlegern
Nach früherem Recht waren Ansprüche von Gesellschaftern oder gleichgestellten 37
Dritten auf Rückzahlung von an die schuldnerische Gesellschaft gewährten Darlehen oder vergleichbare Ansprüche nicht zu berücksichtigen, wenn die gewährten Leistungen **eigenkapitalersetzend** waren.[109] Aufgrund der Auszahlungssperre gem. §§ 30, 31 GmbHG a.F. analog waren diese Verbindlichkeiten nicht fällig.

Mit Inkrafttreten des **MoMiG** zum 1.11.2008 wurde das Eigenkapitalersatzrecht abgeschafft (§ 30 Abs. 1 Satz 3 GmbHG, § 57 Abs. 1 Satz 4 AktG). Das Recht der Gesellschafterdarlehen und gleichgestellter Leistungen wurde in das (Insolvenz-)Anfechtungsrecht verlagert (§§ 39 Abs. 1 Nr. 5, Abs. 4, Abs. 5, 135 InsO, §§ 6, 6a AnfG). Etwaige im Anfechtungszeitraum erfolgte Zahlungen können später zurückgefordert werden, das präventive **Auszahlungsverbot** ist aber **entfallen**. Deshalb sind **solche Verbindlichkeiten, die in der Insolvenz nachrangig** sind (§ 39 Abs. 1 Nr. 5 InsO), **nunmehr zu passivieren**.[110] Auch **Schuldverschreibungen und Genussrechte** sind als Zahlungsverpflichtung zu berücksichtigen, soweit deren Rückzahlung fällig ist.[111]

---

[107] BGH, 3.12.1998 – IX ZR 313/97, ZInsO 1999, 107, 108 (zur GesO); OLG Dresden, 29.4.2004 – 13 U 1775/03, ZInsO 2004, 746, 747; OLG Köln, 3.3.2000 – 2 W 31/00, NZI 2001, 33, 34; HambKomm/Schröder, § 17 InsO Rn 9; SanRKomm/Kuleisa, § 17 InsO Rn 24; Uhlenbruck/Mock, § 17 InsO Rn 117; Ganter, WM 2014, 1457, 1458; s. ferner: BGH, 9.3.2006 – IX ZB 83/05, juris.
[108] Ganter, WM 2014, 1457, 1459.
[109] BGH, 14.5.2009 – IX ZR 63/08, ZInsO 2009, 1254, Rn 20; Dahl/Schmitz, NZG 2009, 567, 569; a.A. (nur nach Rangrücktritt): HambKomm/Schröder, § 17 InsO Rn 12.
[110] BGH, 9.10.2012 – II ZR 298/11, ZInsO 2012, 2291 (Rn 15); BGH, 19.5.2011 – IX ZB 214/10, ZInsO 2011, 1063, Rn 11; BGH, 23.9.2010 – IX ZB 282/09, ZInsO 2010, 2091, Rn 10; SanRKomm/Kuleisa, § 17 InsO Rn 14; Uhlenbruck/Mock, § 17 InsO Rn 99, 100.
[111] AG Itzehoe, 1.5.2014 – 28 IE 1/14, ZInsO 2014, 1106, 1107; Uhlenbruck/Mock, § 17 InsO Rn 102; SanRKomm/Kuleisa, § 17 InsO Rn 15; Bork, ZIP 2014, 997, 998.

38 Bei der Ermittlung der Zahlungsunfähigkeit im Rahmen des durch das MoMiG eingeführten Haftungstatbestands des § 64 Satz 3 GmbHG a.F., nunmehr rechtformübergreifend geregelt in **§ 15b Abs. 5 InsO**, ist eine fällige Forderung des Gesellschafters ebenfalls in der Liquiditätsbilanz zu passivieren.[112] Diese mögliche Haftung des Vertretungsorgans, die voraussetzt, dass die „Zahlungen an Gesellschafter ... zur Zahlungsunfähigkeit der Gesellschaft führen mussten" hat zur Folge, dass der Gesellschaft ein Leistungsverweigerungsrecht zusteht.[113] Das ändert aber nichts an der Passivierungspflicht.[114] Da die Vorschrift nicht einschlägig ist, wenn Zahlungsunfähigkeit bereits vorliegt, ist ihr Anwendungsbereich klein.[115]

39 Ein **Rangrücktritt** (dazu Rdn 172f.) des Gesellschafters (oder auch ggf. eines Dritten, z.B. bei mezzaninen Finanzierungsformen[116]), der in der Praxis insb. zur Vermeidung einer Überschuldung erklärt wird, führt dazu, dass – was streitig ist – die entsprechende Verbindlichkeit in der Regel auch im Liquiditätsstatus/-plan nicht zu berücksichtigen ist, jdf. deshalb, weil sie nicht ernsthaft eingefordert ist.[117] Etwas anderes ist nur dann anzunehmen, wenn die Nachrangabrede eindeutig dahingehend auszulegen ist, dass sie sich nur auf die Überschuldung, nicht aber auf die Zahlungsunfähigkeit bezieht.

6. Verfahrenskosten

40 Zahlungspflichten, die erst durch die Eröffnung eines Insolvenzverfahrens entstehen, sind nicht zu berücksichtigen.[118] Praxisrelevant ist dies insb. für die bisher entstandenen oder noch entstehenden **Kosten des Insolvenzverfahrens** (Gerichtskosten, Vergütung des Insolvenzverwalters). Diese haben **außer Betracht** zu bleiben.[119] Denn die Grundlage der Eröffnungsentscheidung darf die Folgen der Verfahrenser-

---

112 BGH, 9.10.2012 – II ZR 298/11, ZInsO 2012, 2291, Rn 7f.
113 BGH, 9.10.2012 – II ZR 298/11, ZInsO 2012, 2291, Rn 18; **a.A.**: OLG Koblenz, 15.12.2011 – 6 U 309/11, ZInsO 2012, 842, 846.
114 SanRKomm/Kuleisa, § 17 InsO Rn 14; so wohl auch: BGH, 9.10.2012 – II ZR 298/11, ZInsO 2012, 2291 (Rn 11, 12); **a.A.**: Uhlenbruck/Mock, § 17 InsO Rn 94 m.w.N.
115 BGH, 9.10.2012 – II ZR 298/11, ZInsO 2012, 2291, Rn 13.
116 BGH, 5.3.2015 – IX ZR 133/14, ZInsO 2015, 681, Rn 14.
117 HambKomm/Schröder, § 17 InsO Rn 13; Uhlenbruck/Mock, § 17 InsO Rn 147; MüKo/Eilenberger, § 17 InsO Rn 7a; Desch, BB 2010, 2586; **a.A.**: AG Itzehoe, 1.5.2014 – 28 IE 1/14, ZInsO 2014, 1106, 1107; SanRKomm/Kuleisa, § 17 InsO Rn 15. Wie hier wohl auch: BGH, 5.3.2015 – IX ZR 133/14, ZInsO 2015, 681, Rn 16, 50, 52, „Rangrücktritt ... als rechtsgeschäftliches Zahlungsverbot"; BGH, 19.7.2007 – IX ZB 36/07, ZInsO 2007, 939, Rn 18.
118 AG Göttingen, 22.8.2002 – 71 IN 65/01, ZInsO 2002, 944, 945; HambKomm/Schröder, § 17 InsO Rn 5; SanRKomm/Kuleisa, § 17 InsO Rn 16; Frystatzki, NZI 2011, 521, 525; anders für den Sonderfall des § 14 Abs. 1 Satz 2 InsO: AG Göttingen, 14.7.2011 – 74 IN 106/11, ZInsO 2011, 1515, 1517.
119 AG Göttingen, 22.8.2002 – 71 IN 65/01, ZInsO 2002, 944, 945; Frystatzki, NZI 2011, 521, 525.

öffnung nicht vorwegnehmen.[120] Das gilt jedoch nicht für die vorher entstehenden Kosten, insb. der vorläufigen Insolvenzverwaltung (§ 26a InsO).

V. Feststellung und Nachweis der Zahlungsunfähigkeit

Die Zahlungsunfähigkeit kann auf verschiedene Weise festgestellt werden: über die gesetzliche Vermutung des § 17 Abs. 2 Satz 2 InsO (Zahlungseinstellung), durch Liquiditätsstatus/-plan (ggf. auch rückwirkend) oder auch ausschließlich anhand von Indizien.

1. Darlegungs- und Beweislast

a) Insolvenzeröffnungsverfahren

Das Gericht hat im Insolvenzeröffnungsverfahren **von Amts wegen** zu prüfen, ob ein Eröffnungsgrund (Zahlungsunfähigkeit, Überschuldung oder ggf. drohende Zahlungsunfähigkeit) vorliegt, § 5 Abs. 1 InsO. Eine formelle Beweislast gibt es nicht, die Nichterweislichkeit geht aber zulasten des Antragstellers.[121] Die Zahlungsunfähigkeit wird **widerlegbar vermutet**, wenn die **Liquiditätslücke** über einen Zeitraum von 3 Wochen **10% oder mehr** beträgt (s. dazu Rdn 19). Wenn diese Lücke vorliegt, muss sich – bei einem Fremdantrag – der Schuldner auf Umstände berufen, die ausnahmsweise doch auf seine Zahlungsfähigkeit schließen lassen, welche das Insolvenzgericht sodann festzustellen hat.[122] Liegt eine Unterdeckung von **weniger als 10%** vor, ist von Zahlungsfähigkeit auszugehen, es sei denn der Antragsteller kann Anhaltspunkte für einen weiteren Niedergang glaubhaft machen und das Insolvenzgericht diese feststellen.[123] Die InsO sieht nicht vor, dass dem Schuldner vor der Verfahrenseröffnung Gelegenheit gegeben werden muss, die dem Antrag zugrunde liegende Forderung zu begleichen.[124]

---

120 Frystatzki, NZI 2011, 521, 525.
121 HambKomm/Schröder, § 16 InsO Rn 18; Uhlenbruck/Mock, § 16 InsO Rn 18.
122 BGH, 24.5.2005 – IX ZR 123/04, ZInsO 2005, 807, 810; Uhlenbruck/Mock, § 17 InsO Rn 36; Pape, WM 2008, 1949, 1954.
123 BGH, 24.5.2005 – IX ZR 123/04, ZInsO 2005, 807, 809/810; Uhlenbruck/Mock, § 17 InsO Rn 35; Pape, WM 2008, 1949, 1954.
124 BGH, 9.2.2012 – IX ZB 188/11, ZInsO 2012, 593, Rn 7; AG Hamburg, 1.6.2012 – 67c IN 49/12, NZI 2012, 850; AG Hamburg, 31.5.2012 – 67c IN 110/12, ZInsO 2012, 1484.

b) Anfechtungs- oder Haftungsprozess

43 Im Anfechtungsprozess (§§ 129f. InsO), im Haftungsprozess wegen Masseschmälerung bzw. Insolvenzverschleppung (§ 15b Abs. 1, 4 InsO = § 64 Satz 1 GmbHG a.F., § 823 Abs. 2 BGB i.V.m. § 15a InsO etc.) oder – nach früherem Recht – im Prozess zur Durchsetzung eines Anspruchs aus dem Eigenkapitalersatzrecht tragen der **Insolvenzverwalter/Sachwalter**[125] (bzw. die Gesellschaft) oder der **Gläubiger** (sog. Neugläubiger)[126] die **Darlegungs- und Beweislast** für die Zahlungsunfähigkeit oder Überschuldung zu dem fraglichen Zeitpunkt. Dazu gehört auch – sofern streitig – der Bestand und die Höhe der (fälligen) Verbindlichkeiten[127] und die – im Vergleich zum Vortrag des Prozessgegners – geringere Höhe bestimmter Aktivwerte (wie z.B. eines Forderungsbestandes).[128] Bestreitet der Geschäftsführer das Bestehen bestimmter Verbindlichkeiten, welche er in der Handelsbilanz eingestellt hat, muss er dies erklären.[129] Stützt sich die Gesellschaft im Prozess gegen ihren Geschäftsführer auf vorhandene Buchungen und Buchungsunterlagen, obliegt es dem Geschäftsführer, eine etwaige **Unrichtigkeit der Buchhaltung** darzulegen und zu beweisen.[130] Er ist berechtigt, zum Zwecke seiner Beweisführung, Einsicht in die Buchhaltung der Gesellschaft zu nehmen.[131]

Praxistipp
Sind die Verbindlichkeiten (ggf. zu Unrecht) **zur Insolvenztabelle festgestellt** kann der Prozessgegner ihre Berechtigung trotz der Rechtwirkungen des § 178 Abs. 3 InsO – anders als gelegentlich angenommen wird[132] (auch vom BFH[133]) – wirksam bestreiten.[134] Denn diese Regelung entfaltet im

---

125 BGH, 26.3.2015 – IX ZR 134/13, ZInsO 2015, 1056, Rn 6; BGH, 31.5.2011 – II ZR 106/10, ZInsO 2011, 1470, Rn 4; BGH, 2.4.2009 – IX ZR 236/07, ZInsO 2009, 1060, Rn 55; BGH, 29.10.2008 – II ZR 234/07, ZInsO 2009, 102, Rn 10; HambKomm/Schröder, § 17 InsO Rn 52; HambKomm/Rogge/Leptien, § 130 InsO Rn 55, § 131 Rn 42.
126 BGH, 19.11.2019 – II ZR 53/18, ZInsO 2020, 373, Rn 20; BGH, 15.3.2011 – II ZR 204/09, ZInsO 2011, 970, Rn 9; BGH, 27.4.2009 – II ZR 253/07, ZInsO 2009, 1159, Rn 9; BGH, 12.3.2007 – II ZR 315/05, ZInsO 2007, 543, Rn 12.
127 BGH, 12.7.2007 – IX ZR 210/04, ZInsO 2007, 1046, Rn 5; BGH, 6.2.2002 – VIII ZR 185/00, ZInsO 2002, 628, 629; BGH, 17.5.2001 – IX ZR 188/98, ZInsO 2001, 617, 618 (zur KO); OLG Köln, 29.9.2004 – 2 U 01/04, NZI 2005, 112, 115.
128 BGH, 18.10.2010 – II ZR 151/09, ZInsO 2010, 2396, Rn 20.
129 OLG Hamburg, 25.6.2010 – 11 U 133/06, GmbHR 2011, 371, 372.
130 BGH, 19.12.2017 – II ZR 88/16, ZInsO 2018, 381, Rn 17, 23; BGH, 19.1.2016 – II ZR 61/15, ZInsO 2016, 923, Rn 25.
131 BGH, 19.12.2017 – II ZR 88/16, ZInsO 2018, 381, Rn 24.
132 Hölzle, ZIP 2007, 613, 616; ähnlich wohl: OLG Düsseldorf, 8.3.2012 – I-12 U 34/11, ZInsO 2012, 786, 788.
133 BFH, 17.9.2019 – VII R 5/18, ZInsO 2020, 250, Rn 29; BFH, 16.5.2017 – VII R 25/16, ZInsO 2017, 2029, Rn 10f.
134 BGH, 26.1.2016 – II ZR 394/13, ZInsO 2016, 1119, Rn 19; so im Ergebnis auch: BGH, 17.5.2001 – IX ZR 188/98, ZInsO 2001, 617, 619 (zur KO).

Verhältnis zu Dritten keine Wirkung.¹³⁵ Das ändert aber nichts an den Beweiserleichterungen für den Insolvenzverwalter bzw. bei der Eigenverwaltung (§ 280 InsO) für den Sachwalter (s. Rdn 73 f.). Im Haftungsprozess gegen den Geschäftsführer kann sein eigenes Verhalten im Anmeldeverfahren aber indizielle Bedeutung haben.¹³⁶

Gelingt der Nachweis einer Liquiditätslücke von mindestens 10% und beruft sich der Gegner trotzdem auf Zahlungsfähigkeit muss er entsprechende Umstände vortragen und beweisen.¹³⁷ Bei einer Unterdeckung von weniger als 10% muss im Zivilprozess derjenige, der die Zahlungsunfähigkeit behauptet, vortragen und beweisen, dass diese ausnahmsweise vorliegt.¹³⁸

c) Widerlegung einer eingetretenen Zahlungsunfähigkeit

Eine **einmal eingetretene Zahlungsunfähigkeit** bzw. **Zahlungseinstellung (§ 17 Abs. 2 Satz 2 InsO) wirkt grds. fort** und kann nur dadurch wieder beseitigt werden, dass der Schuldner seine Zahlungen allgemein wieder aufnimmt. Dies hat derjenige darzulegen und zu beweisen, der sich darauf beruft, mithin im **Anfechtungsprozess** der Anfechtungsgegner.¹³⁹ Letzteres gilt uneingeschränkt jedenfalls dann, wenn zwischen den angefochtenen Zahlungen und dem Insolvenzantrag nur ein kurzer Zeitraum liegt.¹⁴⁰ Zur Beseitigung der Zahlungseinstellung bedarf es der allgemeinen Aufnahme der (rückständigen und laufenden)¹⁴¹ Zahlungen; allein die Begleichung der zwischen Schuldner und dem jeweiligen Gläubiger vereinbarten Raten genügt nicht.¹⁴² Betreibt der Schuldner ein gewerbliches Unternehmen, verbietet sich daher im Regelfall ein Schluss des Gläubigers dahin, dass – nur weil er selbst Zahlungen erhalten hat – der Schuldner diese auch allgemein wieder aufge-

44

---

135 BGH, 26.1.2016 – II ZR 394/13, ZInsO 2016, 1119, Rn 19; BGH, 18.5.1995 – IX ZR 129/94, NJW 1995, 2161, 2162 (zur KO).
136 BGH, 26.1.2016 – II ZR 394/13, ZInsO 2016, 1119, Rn 19.
137 BGH, 24.5.2005 – IX ZR 123/04, ZInsO 2005, 807, 810; HambKomm/Schröder, § 17 InsO Rn 52; Pape, WM 2008, 1949, 1954.
138 BGH, 24.5.2005 – IX ZR 123/04, ZInsO 2005, 807, 809/810; Pape, WM 2008, 1949, 1954.
139 BGH, 31.10.2019 – IX ZR 170/18, ZInsO 2020, 91, Rn 23; BGH, 12.10.2017 – IX ZR 50/15, ZInsO 2017, 2612, Rn 13; BGH, 16.6.2016 – IX ZR 23/15, ZInsO 2016, 1427, Rn 22; BGH, 17.12.2015 – IX ZR 61/14, ZInsO 2016, 214, Rn 27; BGH, 7.5.2013 – IX ZR 113/10, ZInsO 2013, 1419, Rn 21; HambKomm/Schröder, § 17 InsO Rn 35, 53; HambKomm/Rogge/Leptien, § 130 InsO Rn 64.
140 BGH, 11.2.2010 – IX ZR 104/07, ZInsO 2010, 673, Rn 44; BGH, 20.11.2001 – IX ZR 48/01, ZInsO 2002, 29, 31.
141 BGH, 19.5.2011 – IX ZR 9/10, ZInsO 2011, 1115, Rn 22.
142 BGH, 31.10.2019 – IX ZR 170/18, ZInsO 2020, 91, Rn 23; BGH, 24.3.2016 – IX ZR 242/13, ZInsO 2016, 910, Rn 11; BGH, 6.12.2012 – IX ZR 3/12, ZInsO 2013, 190, Rn 35, 42.

nommen hat.¹⁴³ Auch im **Haftungsprozess** ist, wenn der Beweis der Insolvenzreife geführt ist, grds. davon auszugehen, dass die Gesellschaft auch später – zumindest soweit noch ein zeitlicher Zusammenhang besteht – noch insolvenzreif war.¹⁴⁴ Dann hat der Prozessgegner darzulegen und zu beweisen, dass die Überschuldung oder Zahlungsunfähigkeit später wieder nachhaltig beseitigt war.¹⁴⁵

d) Ernsthaftes Einfordern

45 Im Hinblick auf das Tatbestandmerkmal des ernsthaften Einforderns (dazu Rdn 30 f.) hat das **Insolvenzgericht** Tatsachenbehauptungen des Schuldners oder anderen Anhaltspunkten nachzugehen, die es konkret als möglich erscheinen lassen, dass sich der Gläubiger ggü. dem Schuldner mit einer nachrangigen Befriedigung einverstanden erklärt hat.¹⁴⁶ Im **Zivilprozess** gilt insoweit eine **abgestufte Darlegungs- und Beweislast**.¹⁴⁷ Zunächst muss der Insolvenzverwalter bzw. der Sachwalter (§ 280 InsO) eine Gläubigerhandlung darlegen, aus der sich der Wille des jeweiligen Gläubigers ergibt, vom Schuldner Erfüllung zu erlangen. Will der Gegner demgegenüber einwenden, die Forderung sei nicht ernsthaft geltend gemacht worden, hat er Tatsachen vorzutragen und zu beweisen, die ein solches atypisches Verhalten konkret möglich erscheinen lassen. Wenn ihm dies gelungen ist, obliegt es dem Verwalter, den Vollbeweis für seine Behauptung zu erbringen.¹⁴⁸

Praxistipp
Das OLG Celle hat entschieden, der Vortrag des Insolvenzverwalters zu fälligen Forderungen in bestimmter Höhe unter **Beifügung einer Summen- und Saldenliste** beinhalte die Behauptung, die entsprechenden Forderungen seien, z.B. durch Stellen einer Rechnung, zumindest einmal geltend gemacht worden. Denn anders wäre es bei lebensnaher Betrachtung nicht erklärlich, wie diese Forderungen Eingang in die Summen- und Saldenliste der Insolvenzschuldnerin hätten finden können.¹⁴⁹

---

143 BGH, 16.6.2016 – IX ZR 3/15, ZInsO 2016, 1427, Rn 23; BGH, 6.12.2012 – IX ZR 3/12, ZInsO 2013, 190, Rn 42.
144 BGH, 15.3.2011 – II ZR 204/09, ZInsO 2011, 970, Rn 10; BGH, 24.4.2008 – II ZR 51/07, ZInsO 2008, 1019, Rn 8.
145 BGH, 21.11.2019 – IX ZR 238/18, ZInsO 2020, 86, Rn 23; BGH, 24.3.2016 – IX ZR 242/13, ZInsO 2016, 910, Rn 11; BGH, 15.3.2011 – II ZR 204/09, ZInsO 2011, 970, Rn 10; BGH, 12.3.2007 – II ZR 315/05, ZInsO 2007, 543, Rn 15; OLG Saarbrücken, 15.1.2010 – 5 U 44/19, ZInsO 2020, 673, 676; s. ferner: BGH, 26.4.2010 – II ZR 60/09, ZInsO 2010, 1396, Rn 13; BGH, 5.2.2007 – II ZR 234/05, ZInsO 2007, 376, Rn 9.
146 BGH, 19.7.2007 – IX ZB 36/07, ZInsO 2007, 939, Rn 18.
147 BGH, 8.10.1998 – IX ZR 337/97, ZInsO 1998, 395, 397 (zur GesO); Erdmann, NZI 2007, 695, 698; ähnlich auch: Staufenbiel/Hoffmann, ZInsO 2008, 785, 788; inzident: BGH, 14.5.2009 – IX ZR 63/08, ZInsO 2009, 1254, 1257, Rn 22 f.; OLG Hamm, 16.10.2007 – 27 U 179/06, ZInsO 2008, 511, 513.
148 BGH, 8.10.1998 – IX ZR 337/97, ZInsO 1998, 395, 397 (zur GesO).
149 OLG Celle, 22.5.2008 – 13 U 117/07, OLGR 2009, 703.

2. Zahlungseinstellung

Nach der **widerlegbaren gesetzlichen Vermutung**[150] des § 17 Abs. 2 Satz 2 InsO ist Zahlungsunfähigkeit in der Regel anzunehmen, wenn der Schuldner seine Zahlungen eingestellt hat. Die Zahlungseinstellung ist ein stärkerer Unterfall der Zahlungsunfähigkeit: Letztere ist denkbar, ohne dass eine Zahlungseinstellung vorliegt, was aber nicht umgekehrt gilt.

Die Zahlungseinstellung hat insb. Bedeutung im Rahmen eines Anfechtungsprozesses (da die Vermutung auch i.R.d. §§ 129 ff. InsO gilt)[151] oder eines Haftungsprozesses, ggf. aber auch bei Feststellung der Zahlungsunfähigkeit im Eröffnungsverfahren.[152] Zahlungseinstellung ist dasjenige **äußerliche Verhalten des Schuldners, in dem sich typischerweise eine Zahlungsunfähigkeit ausdrückt.**[153] Es muss sich mindestens für die beteiligten Verkehrskreise der berechtigte Eindruck aufdrängen, dass der Schuldner nicht in der Lage ist, seine fälligen und eingeforderten Zahlungsverpflichtungen zu erfüllen.[154] Maßgeblich ist der nach außen hervortretende objektive Eindruck, so dass die Zahlungsunfähigkeit auch dann gemäß § 17 Abs. 2 InsO vermutet wird, wenn der Schuldner in Wirklichkeit nur zahlungsunwillig ist.[155] Die Nichtzahlung eines erheblichen Teils der fälligen Verbindlichkeiten reicht für eine Zahlungseinstellung aus.[156] Das gilt auch dann, wenn die tatsächlich noch geleisteten Zahlungen beträchtlich sind, aber im Verhältnis zu den fälligen Gesamtschulden nicht den wesentlichen Teil ausmachen.[157] Auch die Nicht-

---

150 BGH, 19.12.2017 – II ZR 83/16, ZInsO 2018, 381, Rn 66; BGH, 26.1.2016 – II ZR 394/13, ZInsO 2016, 1119, Rn 14, 30; BGH, 30.6.2011 – IX ZR 134/10, ZInsO 2011, 1410, Rn 20; HambKomm/Schröder, § 17 InsO Rn 35.
151 BGH, 16.6.2016 – IX ZR 3/15, ZInsO 2016, 1427, Rn 9; BGH, 26.3.2015 – IX ZR 134/12, ZInsO 2015, 1056, Rn 6; BGH, 29.3.2012 – IX ZR 40/10, ZInsO 2012, 976, Rn 9; BGH, 30.6.2011 – IX ZR 134/10, ZInsO 2011, 1410, Rn 10; BGH, 21.6.2007 – IX ZR 231/04, ZInsO 2007, 816, Rn 27.
152 BGH, 18.12.2014 – IX ZB 34/14, ZInsO 2015, 301, Rn 6, 10; BGH, 13.4.2006 – IX ZB 118/04, ZIP 2006, 1056, Rn 9, 14; HambKomm/Schröder, § 17 InsO Rn 35; Pape, WM 2008, 1949, 1956.
153 BGH, 12.10.2017 – IX ZR 50/15, ZInsO 2017, 2612, Rn 12; BGH, 26.1.2016 – II ZR 394/13, ZInsO 2016, 1119, Rn 14; BGH, 8.1.2015 – IX ZR 203/12, ZInsO 2015, 396, Rn 15; BGH, 26.2.2013 – II ZR 54/12, GmbHR 2013, 482, Rn 6; OLG Brandenburg, 29.7.2020 – 7 W 38/20, ZInsO 2020, 2057; HambKomm/Schröder, § 17 InsO Rn 35; SanRKomm/Kuleisa, § 17 InsO Rn 33.
154 BGH, 5.3.2020 – IX ZR 171/18, ZInsO 2020, 893 Rn 12; BGH, 8.1.2015 – IX ZR 203/12, ZInsO 2015, 396, Rn 15; BGH, 29.3.2012 – IX ZR 40/10, ZInsO 2012, 976, Rn 10; BGH, 30.6.2011 – IX ZR 134/10, ZInsO 2011, 1410, Rn 12; HambKomm/Schröder, § 17 InsO Rn 36.
155 BGH, 12.10.2017 – IX ZR 50/15, ZInsO 2017, 2612, Rn 13.
156 BGH, 15.11.2018 – IX ZR 81/18, ZInsO 2019, 192, Rn 5; BGH, 17.11.2016 – IX ZR 65/15, ZInsO 2016, 2474, Rn 19; BGH, 18.7.2013 – IX ZR 143/12, ZInsO 2013, 2109, Rn 9; BGH, 29.3.2012 – IX ZR 40/10, ZInsO 2012, 976, Rn 10; OLG Düsseldorf, 11.4.2019 – I-12 U 44/18, ZInsO 2019, 1263, 1267 Uhlenbruck/Mock, § 17 InsO Rn 156; Pape WM 2008, 1949, 1956.
157 BGH, 5.3.2020 – IX ZR 171/18, ZInsO 2020, 893 Rn 12; BGH, 12.10.2017 – IX ZR 50/15, ZInsO 2017, 2612, Rn 12; BGH, 15.3.2012 – IX ZR 239/09, ZInsO 2012, 696, Rn 9; BGH, 21.6.2007 – IX ZR 231/04, ZInsO 2007, 816, Rn 29; HambKomm/Schröder, § 17 InsO Rn 37; Uhlenbruck/Mock, § 17 InsO Rn 156.

zahlung ggü. einem einzigen Gläubiger kann genügen, wenn dessen Forderung von erheblicher Höhe ist.[158] Die Zahlungseinstellung ist wie die Zahlungsunfähigkeit von der vorübergehenden Zahlungsstockung abzugrenzen.[159] Sind Indizien für eine Zahlungseinstellung vorhanden, bedarf es keiner darüber hinausgehenden Feststellung der genauen Höhe der gegen den Schuldner bestehenden Verbindlichkeiten oder gar einer Unterdeckung von mindestens 10%.[160] Sie ist jedoch nicht anzunehmen, wenn der Schuldner die Zahlungen verweigert hat, weil er die Forderungen für unbegründet hielt.[161]

Hinweis
Die Zahlungseinstellung kann oftmals anhand von **Indizien** festgestellt werden. Dabei kann sie aus einem einzelnen, aber auch aus einer Gesamtschau mehrerer Beweisanzeichen abgeleitet werden.[162] S. dazu ausführlich unter Rdn 77.

Eine einmal eingetretene Zahlungseinstellung wirkt grds. fort. Derjenige, der sich auf ihren Fortfall beruft, muss dies darlegen und beweisen (s. dazu Rdn 44). Um die allgemeine Aufnahme der Zahlungen annehmen zu können, darf allenfalls ein nicht wesentlicher Teil der Forderungen unerfüllt bleiben.[163]

47 Von der Rechtsprechung wurde eine Zahlungseinstellung bspw. (s. ferner Rdn 77) angenommen bei:
– Kündigung eines Kredits in erheblicher Größenordnung[164]
– einem Schreiben des Schuldners an die Sozialversicherungsträger, wonach eine Zahlung der kurzfristig fälligen Beiträge nicht erfolgen könne und daher eine Bedienung in 3 monatlichen Raten angeboten wird[165]

---

158 BGH, 18.7.2019 – IX ZR 258/18, ZInsO 2019, 1787, Rn 21; BGH, 26.1.2016 – II ZR 394/13, ZInsO 2016, 1119, Rn 14; BGH, 26.2.2013 – II ZR 54/12, GmbHR 2013, 482, Rn 6; BGH, 6.12.2012 – IX ZR 3/12, ZInsO 2013, 190, Rn 21; BGH, 11.2.2010 – IX ZR 104/07, ZInsO 2010, 673, Rn 39; BGH, 24.4.2008 – II ZR 51/07, ZInsO 2008, 1019, Rn 5; HambKomm/Schröder, § 17 InsO Rn 37.
159 BGH, 30.6.2011 – IX ZR 134/10, ZInsO 2011, 1410, Rn 12.
160 BGH, 15.11.2018 – IX ZR 81/18, ZInsO 2019, 192, Rn 4; BGH, 7.5.2015 – IX ZR 95/14, ZInsO 2015, 1262, Rn 13; BGH, 15.3.2012 – IX ZR 239/09, ZInsO 2012, 696, Rn 9; BGH, 30.6.2011 – IX ZR 134/10, ZInsO 2011, 1410, Rn 13; Uhlenbruck/Mock, § 17 InsO Rn 157.
161 BGH, 26.1.2016 – II ZR 394/13, ZInsO 2016, 1119, Rn 21; BGH, 11.2.2010 – IX ZR 104/07, ZInsO 2010, 673, Rn 42.
162 BGH, 17.12.2015 – IX ZR 61/14, ZInsO 2016, 214, Rn 18; BGH, 7.5.2015 – IX ZR 95/14, ZInsO 2015, 1262, Rn 13; OLG Braunschweig, 30.4.2020 – 9 U 3/20, ZInsO 2020, 1941, 1943.
163 BGH, 25.10.2001 – IX ZR 17/01, ZInsO 2001, 1150, 1152 (zur GesO); OLG Hamm, 16.10.2007 – 27 U 179/06, ZInsO 2008, 511, 512.
164 BGH, 20.12.2007 – IX ZR 93/06, ZInsO 2008, 273, Rn 22; BGH, 21.6.2007 – IX ZR 231/04, ZInsO 2007, 816, Rn 31; BGH, 27.4.1995 – IX ZR 147/94, NJW 1995, 2103, 2104 (zur KO).
165 BGH, 12.10.2006 – IX ZR 228/03, ZInsO 2006, 1210, Rn 15f.

- der verspäteten Abführung von Sozialversicherungsbeiträgen[166]
- Nichtzahlung fälliger Verbindlichkeiten in wesentlicher Höhe bis zur Verfahrenseröffnung, so dass diese ggf. zur Insolvenztabelle angemeldet wurden[167]
- erheblichen Steuerrückständen,[168] auch wenn diese ggf. später unter Vollstreckungsdruck ausgeglichen wurden[169]
- gegen den Schuldner betriebenen Vollstreckungsverfahren[170]
- einer – in einer Fortführungsprognose dokumentierten – deutlich angespannten Liquiditätssituation mit kleineren Rückständen ggü. verschiedenen Gläubigern und schleppender Zahlungsweise[171]
- erheblichen Rückständen ggü. einem wesentlichen Stakeholder (z.B. Lieferant, Vermieter)[172]

3. Liquiditätsstatus/-plan

Die fundierteste Methode zur Ermittlung der Zahlungsunfähigkeit ist die Gegenüberstellung der liquiden Mittel und der fälligen Geldschulden. Nach dem BGH erfolgt dies im Rahmen einer „Liquiditätsbilanz" (die aber eigentlich nur statisch ist), in welcher die im maßgeblichen Zeitpunkt verfügbaren und innerhalb von 3 Wochen flüssig zu machenden Mittel in Beziehung zu setzen sind zu den an demselben Stichtag fälligen und eingeforderten Verbindlichkeiten.[173] In anderen BGH-Entschei-

48

---

166 BGH, 31.10.2019 – IX ZR 170/18, ZInsO 2020, 91, Rn 13; BGH, 15.11.2018 – IX ZR 81/18, ZInsO 2019, 192, Rn 5; BGH, 17.12.2015 – IX ZR 61/14, ZInsO 2016, 214, Rn 21; BGH, 7.5.2015 – IX ZR 95/14, ZInsO 2015, 1262, Rn 15, 20; OLG Braunschweig, 30.4.2020 – 9 U 3/20, ZInsO 2020, 1941, 1943.
167 BGH, 15.11.2018 – IX ZR 81/18, ZInsO 2019, 192, Rn 5; BGH, 9.6.2016 – IX ZR 174/15, ZInsO 2016, 1357, Rn 20; BGH, 7.5.2015 – IX ZR 95/14, ZInsO 2015, 1262, Rn 15; BGH, 29.3.2012 – IX ZR 40/10, ZInsO 2012, 976, Rn 10, 15; OLG Braunschweig, 30.4.2020 – 9 U 3/20, ZInsO 2020, 1941, 1943; OLG Brandenburg, 24.4.2019 – 7 U 1/18, ZInsO 2019, 1110, 1113.
168 BGH, 15.11.2018 – IX ZR 81/18, ZInsO 2019, 192, Rn 5; BGH, 7.5.2015 – IX ZR 95/14, ZInsO 2015, 1262, Rn 15; OLG Braunschweig, 30.4.2020 – 9 U 3/20, ZInsO 2020, 1941, 1943.
169 BGH, 29.3.2012 – IX ZR 40/10, ZInsO 2012, 976, Rn 15; BGH, 9.1.2003 – IX ZR 175/02, ZInsO 2003, 180.
170 BGH, 15.11.2018 – IX ZR 81/18, ZInsO 2019, 192, Rn 5; BGH, 30.6.2011 – IX ZR 134/10, ZInsO 2011, 1410, Rn 17.
171 OLG Dresden, 27.8.2008 – 13 U 129/07, ZInsO 2010, 1187, 1189.
172 BGH, 14.7.2016 – IX ZR 188/15, ZInsO 2016, 1749, Rn 17, 21; BGH, 9.6.2016 – IX ZR 174/15, ZInsO 2016, 1357, Rn 24, 26; BGH, 17.12.2015 – IX ZR 61/14, ZInsO 2016, 214, Rn 25, 30; BGH, 6.12.2012 – IX ZR 3/12, ZInsO 2013, 190, Rn 23, 42; OLG Hamburg, 1.3.2019 – 7 U 132/17, ZInsO 2020, 192, 194; OLG Frankfurt/M., 22.8.2018 – 4 U 159/17, ZInsO 2018, 2301, 2304; OLG Hamburg, 3.2.2012 – 8 U 39/11, ZInsO 2012, 491, 493; siehe ferner: BGH, 16.6.2016 – IX ZR 3/15, ZInsO 2016, 1427, Rn 17, 23.
173 BGH, 19.12.2017 – II ZR 88/16, ZInsO 2018, 381, Rn 10; BGH, 17.11.2016 – IX ZR 65/15, ZInsO 2016, 2474, Rn 17; BGH, 26.1.2016 – II ZR 394/13, ZInsO 2016, 1119, Rn 31; BGH, 5.2.2015 – IX ZR 211/13, ZInsO 2015, 841, Rn 12; BGH, 8.1.2015 – IX ZR 203/12, ZInsO 2015, 196, Rn 13; BGH, 18.7.2013 – IX ZR 143/12, ZInsO 2013, Rn 7; BGH, 24.5.2005 – IX ZR 123/04, ZInsO 2005, 807, 808.

dungen ist von einer „Liquiditätsprognose" die Rede.[174] Eine Liquiditätsbilanz ist keinesfalls mit einer Handelsbilanz gleichzusetzen, so dass z.B. handelsrechtliche Rückstellungspflichten nicht anzuwenden sind.[175] Im Strafrecht spricht der BGH von der sog. betriebswirtschaftlichen Methode.[176]

Im Hinblick auf den 3-Wochen-Zeitraum reicht eine zeitpunktbezogene statische Beurteilung (Liquiditätsstatus, Liquiditätsbilanz oder Finanzstatus) nicht aus. Erforderlich ist vielmehr zusätzlich eine zeitraumbezogene, also dynamische Betrachtungsweise (Liquiditäts- oder Finanzplan). Hierzu sind in der Literatur verschiedene, mehr oder weniger einheitliche **Muster**[177] entwickelt worden, wobei auch die benutzte Terminologie bisweilen unterschiedlich ist. Wirtschaftsprüfer haben den vom Institut der Wirtschaftsprüfer (IDW) entwickelten Standard IDW S 11[178] (vormals: IDW PS 800) in seiner jeweils gültigen Fassung zu beachten. Nach dem IDW S 11 reicht bei kurzfristigen, wenige Wochen umfassenden Finanzplänen eine auf dem Finanzstatus aufbauende Liquiditätsplanung aus, andernfalls ist ein umfassender Finanzplan auf der Basis einer integrierten Planung zu erstellen.[179]

a) Pflicht der Organvertreter zur Finanzplanung

49 Die organschaftlichen Vertreter einer Gesellschaft haben die wirtschaftliche Lage des von ihnen geführten Unternehmens laufend zu beobachten, wozu insb. die Prüfung gehört, ob ein Insolvenzgrund vorliegt.[180] Diese Pflicht ist nun auch allgemein und rechtsformübergreifend in § 1 StaRUG normiert. Für die AG ist zudem gesetzlich geregelt, dass der Vorstand geeignete Maßnahmen zu treffen und insb. ein Überwachungssystem einzurichten hat, damit den Fortbestand der Gesellschaft gefährdende Entwicklungen früh erkannt werden, § 91 Abs. 2 AktG. Die Organe sind deshalb zumindest beim Auftreten von Indikatoren für auftretende Liquiditätsengpässe (Ausschöpfung der Kreditlinie, Auftragseinbrüche, deutliche Verringerung der Zah-

---

174 BGH, 23.9.2010 – IX ZB 282/09, ZInsO 2010, 2091, Rn 10; siehe ferner: BGH, 12.10.2006 – IX ZR 228/03, ZInsO 2006, 1210, Rn 28; BGH, 24.5.2005 – IX ZR 123/04, ZInsO 2005, 807, 809.
175 BGH, 5.2.2015 – IX ZR 211/13, ZInsO 2015, 841, Rn 12.
176 BGH, 12.4.2018 – 5 StR 538/17, ZInsO 2018, 1410, Rn 16; BGH, 21.8.2013 – 1 StR 665/12, ZInsO 2013, 2107, Rn 14.
177 HambKomm/Schröder, § 17 InsO Rn 48f.; SanRKomm/Kuleisa, § 17 InsO Rn 50; MüKo/Eilenberger, § 17 InsO Rn 14, 20; Blöse/Wieland-Blöse, Praxisleitfaden Insolvenzreife, S. 189; Plagens/Wilkes, ZInsO 2010, 2107, 2117f.; Staufenbiel/Hoffmann, ZInsO 2008, 891, 892f.
178 ZInsO 2015, 1136.
179 IDW S 11, ZInsO 2015, 1136 Rn 33.
180 BGH, 26.1.2016 – II ZR 394/13, ZInsO 2016, 1119, Rn 33; BGH, 7.3.2013 – II ZR 64/12, ZInsO 2013, 826, Rn 21; BGH, 19.6.2012 – II ZR 243/11, ZInsO 2012, 1536, Rn 11; BGH, 14.5.2007 – II ZR 48/06, ZInsO 2007, 660, Rn 16, 17; IDW S 11, ZInsO 2015, 1136 Rn 4; Aleth/Harlfinger, NZI 2011, 166, 172; Bork, ZIP 2011, 101, 102.

lungseingänge, Forderungsausfall, Umsatzrückgang, Verluste, negativer Cash-Flow usw.) zu einer kontinuierlichen Finanzplanung inkl. Aufstellung einer Liquiditätsbilanz verpflichtet[181] (zur Pflicht zur frühzeitigen Überprüfung einer etwaigen Überschuldung s. Rdn 153). Bei Verstößen kommt eine Haftung nach § 15b Abs. 1, 4 InsO, § 823 Abs. 2 BGB i.V.m. § 15a InsO in Betracht. Allerdings handelt der organschaftliche Vertreter nicht schuldhaft, wenn er bei fehlender eigener Sachkunde den Rat eines unabhängigen, fachlich qualifizierten Berufsträgers einholt.[182]

Auch der (obligatorische oder fakultative) **Aufsichtsrat** muss sich ein genaues Bild von der wirtschaftlichen Situation der Gesellschaft verschaffen und insb. in einer Krisensituation alle ihm zur Verfügung stehenden Erkenntnisquellen ausschöpfen.[183] Stellt er dabei fest, dass die Gesellschaft insolvenzreif ist, hat er darauf hinzuwirken, dass die Organvertreter rechtzeitig einen Insolvenzantrag stellen. Nach der im Rahmen des SanInsFoG überarbeiteten Neufassung des § 116 Satz 1 AktG gilt nun § 15b InsO sinngemäß. Der fakultative Aufsichtsrat einer GmbH haftet aber im Regelfall nicht, da dies nur bei einer Schädigung des Vermögens der Gesellschaft der Fall wäre, nicht aber wenn die fraglichen Zahlungen lediglich zu einer Verringerung der Insolvenzmasse geführt haben.[184]

b) Ex-Ante-Betrachtung (Aktuelle Feststellung)

Zur Ermittlung, ob momentan Zahlungsunfähigkeit vorliegt, ist zunächst auf den aktuellen Zeitpunkt ein **Liquiditätsstatus** zu erstellen.[185] Die so auf der Basis von Ist-Zahlen ermittelte statische Liquidität stellt den Ausgangspunkt der weiteren Prüfung dar. Weist der Status aus, dass der Schuldner alle fälligen Zahlungspflichten vollständig erfüllen kann, liegt keine Zahlungsunfähigkeit vor und die Erstellung eines Finanzplans ist nicht erforderlich.[186] Sofern der Status aber eine Unterdeckung aufweist (auch wenn diese geringer als 10% ausfällt), ist anschließend ein **Liquiditätsplan** für den Zeitraum der kommenden 3 Wochen aufzustellen.[187] Dies erfolgt

---

181 BGH, 26.1.2016 – II ZR 394/13, ZInsO 2016, 1119, Rn 333; BGH, 24.5.2005 – IX ZR 123/04, ZInsO 2005, 807, 809; Uhlenbruck/Mock, § 17 InsO Rn 33; IDW S 11, ZInsO 2015, 1136 Rn 5; IDW S 6 Rn 77; Bork, ZIP 2011, 101, 103; Plagens/Wilkes, ZInsO 2010, 2107, 2115, 2121.
182 BGH, 26.1.2016 – II ZR 394/13, ZInsO 2016, 1119, Rn 34; BGH, 14.5.2007 – II ZR 48/06, ZInsO 2007, 660, 662, Rn 18.
183 BGH, 20.9.2010 – II ZR 78/09, ZInsO 2010, 1943, Rn 13, 21; BGH, 16.3.2009 – II ZR 280/07, ZInsO 2009, 876, Rn 15; siehe ferner: BGH, 1.12.2008 – II ZR 102/07, ZInsO 2009, 40, Rn 14; umfassend zu Überwachungs- und Beratungspflichten des Aufsichtsrats in der Krise: Hasselbach NZG 2012, 41.
184 BGH, 20.9.2010 – II ZR 78/09, ZInsO 2010, 1943, 1946, Rn 21.
185 Zu Problemen der Zahlungsunfähigkeitsprüfung ex-ante siehe auch: Leib/Zabel/Rendels, INDAT-Report 2013, 46.
186 IDW S 11, ZInsO 2015, 1136 Rn 24.
187 IDW S 11, ZInsO 2015, 1136 Rn 25, 34.

auf der Basis von Planzahlen, also Schätzungen (ggf. indem man von einem best-case und einem worst-case ausgeht).[188] Diese Prognosewerte werden durch Verarbeitung der Vergangenheits- und Gegenwartsdaten gewonnen.[189]

Auf der Aktivseite des **Liquiditätsstatus** sind sämtliche Vermögenswerte zu berücksichtigen, die am Stichtag als liquide Mittel (dazu: Rdn 23f.) vorhanden oder innerhalb von 24 Std. liquidierbar sind (sog. **Aktiva I**). Eine Forderung, deren Zahlungseingang erst in einigen Tagen zu erwarten ist, darf daher z.B. erst in die nachfolgende Planung eingestellt werden. Bei den Passiva sind sämtliche zum Stichtag fälligen und ernsthaft eingeforderten Verbindlichkeiten (s. Rdn 27f.) aufzuführen (sog. **Passiva I**).

51 I.R.d. **Liquiditätsplans** sind sodann sämtliche in den nächsten 3 Wochen – tatsächlich,[190] ggf. abzgl. Wertberichtigungen[191] – zu erwartende Zahlungseingänge (aus Forderungen aus Lieferung und Leistung [die vor und ggf. auch nach dem Stichtag erwirtschaftet wurden, ggf. abzgl. Skonto], aus Finanzerträgen etc., ggf. aus Ausgleichsmaßnahmen wie dem Verkauf nicht betriebsnotwendigen Anlagevermögens, zusätzlichen Darlehen oder Gesellschaftermitteln usw.)[192] anzugeben (sog. **Aktiva II**, s. Rdn 23f.). Diesen sind die sog. **Passiva II** (dazu Rdn 53), d.h. sämtliche in den kommenden 3 Wochen fällig werdenden Geldschulden (Zahlungsausgänge, ggf. abzgl. Skonto), auch aus im Planungszeitraum ggf. neu begründeten Verbindlichkeiten, gegenüberzustellen. Hierbei ist grds. zu unterstellen, dass sie bei Fälligkeit auch ernstlich eingefordert werden.[193]

52 Kann die Liquiditätsunterdeckung von 10% oder mehr nicht innerhalb der Frist von 3 Wochen verringert oder beseitigt werden, wird die Zahlungsunfähigkeit ab diesem Zeitpunkt vermutet (s. Rdn 21). Zahlungsunfähigkeit liegt – etwas anders als der II. Zivilsenat des BGH dies annimmt[194] – **grds. erst nach dem Ablauf dieser Frist** – auf der Basis von Ist-Daten – vor, es sei denn, sie zeichnet sich basierend auf den Plan-Zahlen eindeutig schon früher ab.[195] Denn erst auf der Basis der tatsächli-

---

188 Plagens/Wilkes, ZInsO 2010, 2107, 2119/2120.
189 Perridon/Steiner/Rathgeber, Finanzwirtschaft der Unternehmung, S. 641; zur Berechnung der sog. Verweilzeitverteilung zwischen Umsatzforderung und Einzahlung: Perridon/Steiner/Rathgeber, Finanzwirtschaft der Unternehmung, S. 666f.
190 Plagens/Wilkes, ZInsO 2010, 2107, 2110.
191 Bork, ZIP 2008, 1749, 1750.
192 Näher dazu: Plagens/Wilkes, ZInsO 2010, 2107, 2114.
193 HambKomm/Schröder, § 17 InsO Rn 15; Scholz/Bitter, vor § 64 GmbHG Rn 13; Theiselmann/Redeker, in: Theiselmann, Restrukturierungsrecht, Kap. 13 Rn 54; Pape, WM 2008, 1949, 1955; Bork, ZIP 2008, 1749, 1752.
194 BGH, 19.12.2017 – II ZR 88/16, ZInsO 2018, 381 (Rn 46).
195 Scholz/Bitter, vor § 64 GmbHG Rn 30; Parzinger/Lappe/Meyer-Löwy, ZIP 2019, 2143, 2147; Plagens/Wilkes, ZInsO 2010, 2107, 2113; Fischer, FS Ganter, S. 153, 162; etwas weitergehender: Blöse/Wieland-Blöse, Praxisleitfaden Insolvenzreife, S. 92; Ganter, ZInsO 2011, 2297, 2300, 2302, die bei negativer Prognose das sofortige Vorliegen von Zahlungsunfähigkeit annehmen.

chen Daten steht die Zahlungsunfähigkeit, sofern nicht vorher eingetreten, endgültig fest. Dies bedeutet, es kommt grds. auf die tatsächlichen Werte der im Liquiditätsplan angesetzten Positionen an. Wenn sich daher nach dem Ablauf der 3 Wochen herausstellt, dass die im Liquiditätsplan – auf der Basis einer realistischen und vorsichtigen Annahme – zu Recht berücksichtigten Aktiva II, welche noch die Annahme der Zahlungsfähigkeit stützten, nicht „gehalten" werden konnten (etwa weil der Forderungseinzug weniger erfolgreich verlief oder bestimmte Vermögensgegenstände nicht kurzfristig verkauft werden konnten), liegt erst nach dem Fristablauf Zahlungsunfähigkeit vor.[196]

Beruhte die positive Prognose darauf, dass der Schuldner Bestandteile seines Anlagevermögens verkaufen oder beleihen wollte und war dies aber tatsächlich gar nicht beabsichtigt, liegt bereits unmittelbar mit Erstellung des Liquiditätsstatus Zahlungsunfähigkeit vor.

Zur Prüfung, ob ein **Ausnahmefall** vorliegt, der die Vermutung der Zahlungsunfähigkeit widerlegt, kann die Liquiditätsplanung ggf. bis zu 6 Monaten fortzuschreiben sein (unter Einbeziehung der sog. **Aktiva** und **Passiva III**).[197] Dies kommt in Betracht, wenn Anhaltspunkte dafür bestehen, dass eine Unterdeckung ab 10% in überschaubarer Zeit beseitigt werden kann oder sich bei einer Lücke von unter 10% der Niedergang des schuldnerischen Unternehmens „demnächst" weiter fortsetzen wird (s. Rdn 20, 21). Im letztgenannten Fall liegt – bis zum tatsächlichen Erreichen der 10%-Grenze – grds nur drohende Zahlungsunfähigkeit gem. § 18 InsO vor.[198] Nach einer Entscheidung des AG Hamburg in einem Schutzschirmverfahren soll, wenn die Unterdeckung von 10% oder mehr sicher erst „demnächst" (in ca. 3 Monaten) eintreten wird, bereits jetzt zum Betrachtungsstichtag Zahlungsunfähigkeit anzunehmen sein.[199] Das begegnet Bedenken, denn so ist keine sachgerechte Abgrenzung zur nur drohenden Zahlungsunfähigkeit möglich und der Anwendungsbereich dieses Insolvenzgrundes würde zu stark eingeschränkt.

c) Einbeziehung der sog. Passiva II

In den Liquiditätsplan sind auch die Passiva II einzustellen, d.h. diejenigen Zahlungspflichten, die in den nächsten 3 Wochen fällig werden und ggf. auch erst neu

---

196 So wohl auch: BGH, 19.12.2017 – II ZR 88/16, ZInsO 2018, 381, Rn 46; **a.A.**: Ampferl/Kilper, NZI 2018, 191, 192.
197 Plagens/Wilkes, ZInsO 2010, 2107, 2111/2112; Frystatzki, NZI 2010, 389, 392.
198 Plagens/Wilkes, ZInsO 2010, 2107, 2113; strenger: IDW S 11, ZInsO 2015, 1136 Rn 17.
199 AG Hamburg, 15.7.2013 – 67e IN 108/13, ZIP 2013, 1684, 1685; kritisch auch: Stahlschmidt, EWiR 2013, 591.

entstehen.²⁰⁰ Wenn die Aktiva II anzusetzen sind, muss das denklogisch auch für die Passiva II gelten, denn andernfalls ergibt sich ein verfälschtes Bild. Der Schuldner, der davon profitiert, dass ihm während der Dreiwochenfrist neue Aktiva zufließen, muss auch das Risiko ertragen, dass in dieser Zeit neue Geldschulden fällig werden,²⁰¹ d.h. es ist nicht möglich, diese Verbindlichkeiten – als „Bugwelle" – vor sich herzuschieben.

Hinweis
Einige Autoren waren bis zur Klärung durch den II. Zivilsenat des BGH der Ansicht, die Passiva II seien nicht zu berücksichtigen, sodass im Hinblick auf die Verbindlichkeiten – anders als bei den Aktiva – lediglich eine Stichtagsbetrachtung vorzunehmen sei.²⁰² Es wurde u.a. vorgebracht, der Schuldner habe für die Tilgung dieser Neuverbindlichkeiten letztlich weniger als 3 Wochen Zeit, sodass ggf. lediglich eine Zahlungsstockung angenommen werden könne.²⁰³ Die Gefahr, dass – wie befürchtet²⁰⁴ – Insolvenzverfahren aufgrund von im Ergebnis unrichtigen Prognosen eröffnet werden, besteht in der Praxis aber nicht. Denn zwischen Antrag und Eröffnung liegen im absoluten Regelfall stets über 3 Wochen und Zahlungsunfähigkeit ist dann auch nach der Gegenansicht bereits tatsächlich eingetreten.²⁰⁵

d) Berechnung der Liquiditätslücke

54 Es war lange Zeit unklar, wie die Liquiditätslücke sodann konkret zu berechnen ist.²⁰⁶ Zum Teil wurde vertreten, es seien jeweils die Aktiva I zu den Passiva I und die Aktiva II zu den Passiva II (unter Einbeziehung des negativen Anfangsbestandes aus der jeweiligen Vorperiode) ins Verhältnis zu setzen. Ergebe dies in dem Zeitraum von 3 Wochen (in der Regel bei wöchentlichen Intervallen) eine Unterdeckung von mindestens 10%, soll Zahlungsunfähigkeit vorliegen. Wie *Frystatzki* zutreffend herausgearbeitet hat, dürfen die Passiva aber nicht mit den Aktiva saldiert werden. Auch berücksichtigt diese Methode nicht hinreichend, dass die anfangs bereits bestehenden fälligen Verbindlichkeiten in dem 3-Wochenzeitraum befriedigt werden.

---

200 BGH, 19.12.2017 – II ZR 88/16, ZInsO 2018, 381, Rn 34 f.; HambKomm/Schröder, § 17 InsO Rn 24; SanRKomm/Kuleisa, § 17 InsO Rn 23; IDW S 11, ZInsO 2015, 1136 Rn 37; Zabel/Pütz, ZIP 2015, 912, 916; Ganter, WM 2014, 1457, 1458; Frystatzki, NZI 2010, 389, 390; Staufenbiel/Hoffmann, ZInsO 2008, 891, 893; so jdf. für das Strafrecht auch: BGH, 21.8.2013 – 1 StR 665/12, ZInsO 2013, 2107, Rn 14; BGH, 19.2.2013 – 5 StR 427/12, ZInsO 2013, 876, Rn 12.
201 Ganter, ZInsO 2011, 2297, 2301; so nunmehr auch: BGH, 19.12.2017 – II ZR 88/16, ZInsO 2018, 381, Rn 52.
202 Fischer, FS Ganter, S. 153, 158; Becker/Janssen/Müller, DStR 2009, 1660, 1661.
203 Fischer, FS Ganter, S. 153, 158; siehe zu diesem Einwand auch: BGH, 19.12.2017 – II ZR 88/16, ZInsO 2018, 381, Rn 45 f.
204 Fischer, FS Ganter, S. 153, 159.
205 Siehe ferner: Ganter, ZInsO 2011, 2297, 2301.
206 Zabel/Pütz, ZIP 2015, 912, 916 stellen dazu verschiedene Alternativen dar.

Nach seiner richtigen Ansicht ergibt sich die Lücke aus dem Verhältnis der Aktiva I und II sowie der Passiva I und II, d.h. ohne negativen Anfangsbestand.[207] Der II. Zivilsenat des BGH ist dem im Ergebnis gefolgt.[208] Letztlich führt diese Berechnung dazu, dass die Zahlungsunfähigkeit jedenfalls in nicht eindeutigen Fällen – mit Recht – etwas später anzunehmen ist. Beide Auffassungen können zu unterschiedlichen Ergebnissen kommen, was nachfolgend verdeutlicht werden soll:

Beispiel
Der Liquiditätsstatus weist zum Stichtag liquide Mittel von 80.000,00 EUR und fällige Geldschulden von 100.000,00 EUR aus, sodass die – ggf. vorzutragende – Unterdeckung 20.000,00 EUR (= 20%) beträgt.[209] In den nächsten 3 Wochen sind Zuflüsse von 100.000,00 EUR bei fällig werdenden Zahlungspflichten von 90.000,00 EUR zu erwarten (wobei der 3-Wochenzeitraum der Einfachheit halber als ein Zeitintervall dargestellt werden soll). Nach der richtigen Methode folgt daraus eine Liquiditätskennzahl (LKZ) von 94,74% (80 + 100/100 + 90 × 100), mithin eine Liquiditätslücke von 5,26%. Nach a.A. liegt hier – trotz der Tatsache, dass die Aktiva II die Passiva II während des gesamten 3-Wochenzeitraums übersteigen – Zahlungsunfähigkeit vor. Denn danach beträgt die LKZ nach Ablauf der 3 Wochen 88,88% (–20 + 100/90 × 100), was einer Liquiditätslücke von 11,12% entspricht.

e) Muster eines Liquiditätsstatus/-plans

Ein Muster für einen Liquiditätsstatus (Stichtag mit Aktiva und Passiva I) samt Liquiditätsplan (1.–3. Woche mit Aktiva und Passiva II) könnte wie folgt aussehen:

	Stichtag TEUR	1. Woche TEUR	2. Woche TEUR	3. Woche TEUR
A. Aktiva (liquide Mittel)				
I. Anfangsbestand (Aktiva I)		–	–	–
1. Kontoguthaben				
2. Kassenbestände				
3. freie Kreditlinie				
4. Sonstige				
Summe A. I.		–	–	–

---

[207] Frystatzki, NZI 2010, 389, 392; so wohl auch: Plagens/Wilkes, ZInsO 2010, 2107, 2115 (siehe aber auch: a.a.O., 2113, 2119).
[208] BGH, 19.12.2017 – II ZR 88/16, ZInsO 2018, 381, Rn 62; zustimmend: Parzinger/Lappe/Meyer-Löwy, ZIP 2019, 2143, 2146; Ampferl/Kilper, NZI 2018, 191, 194; siehe ferner: Hermanns/Wachter, ZInsO 2018, 1589, 1593.
[209] Beispiel nach Frystatzki, NZI 2010, 389, 392; weitere Beispiele bei Parzinger/Lappe/Meyer-Löwy, ZIP 2019, 2143, 2146; Ampferl/Kilper, NZI 2018, 191, 195.

	Stichtag TEUR	1. Woche TEUR	2. Woche TEUR	3. Woche TEUR
II. Einzahlungen (Aktiva II)	–			
1. Einnahmen Geschäftsbetrieb				
1.1. Kundenrechnungen				
1.2. Barverkäufe				
1.3. Sonstiges				
2. Einnahmen Finanzbereich				
2.1. Zinserträge				
2.2. Beteiligungen				
Summe A. II.	–			
B. Passiva (fällige Zahlungspflichten)				
I. Auszahlungen Geschäftsbetrieb				
1. Gehälter/Löhne				
2. Sozialversicherungsbeiträge				
3. Geschäftsführung				
4. Lieferanten				
5. Miete, Leasing				
6. Energiekosten				
7. Kfz-Kosten				
8. Versicherungen				
9. Reparaturen/Wartungen				
10. Bürokosten				
11. Steuern/Abgaben				
12. Sonstiges				
II. Auszahlungen Investitionen				
1. Sachinvestitionen				
2. Finanzinvestitionen				
III. Auszahlungen Finanzverkehr				
1. Kredittilgung				
2. Zinsen				
Summe B. I – III.				
C. Liquidität				
Summe A. – Summe B.				

	Stichtag TEUR	1. Woche TEUR	2. Woche TEUR	3. Woche TEUR
D. Ausgleichsmaßnahmen				
I. Aktivseite (A.)	–			
1. Kapitalerhöhung/Kapitalrücklage				
2. Gesellschafterdarlehen				
3. Bankkredit				
4. Verkauf Anlagevermögen (Desinvestition)				
5. Vorschuss Kunde				
6. Sonstiges				
II. Passivseite (B)				
1. Stundung/Stillhalteabkommen				
2. Sonstiges				
E. Liquidität nach Ausgleichsmaßnahmen				
F. Liquidität in %				
Summe A. (Stichtag + 1. + 2. + 3. Woche) × 100 ÷ Summe B. (Stichtag + 1. + 2. + 3. Woche)				

f) Ex Post-Betrachtung (Rückwirkende Feststellung)

Der Insolvenzverwalter/Sachwalter bzw. ein Gläubiger hat im **Anfechtungs- oder** 56 **Haftungsprozess** ggf. darzulegen und zu beweisen, dass Zahlungsunfähigkeit bereits zu einem früheren Zeitpunkt vorgelegen hat (dazu ausführlich Rdn 69 f.). Auch im Rahmen eines **Sanierungsmandats** kann der Berater ggf. zu prüfen haben, ob die Zahlungsunfähigkeit (und natürlich die Überschuldung) nicht bereits länger gegeben ist.

Diese rückwirkende (retrograde) Feststellung kann einerseits auf der Basis der 57 monatlichen **Summen- und Saldenlisten** und weiterer Unterlagen oder Informationen aus dem schuldnerischen Unternehmen, z.B. zu den Fälligkeiten, erfolgen. Die Über-/Unterdeckung ist sodann jeweils anhand des Anfangsbestandes der liquiden Mittel zum Monatsanfang zuzüglich der Zugänge (abzgl. etwaiger Transferzahlungen und Rücklastschriften) sowie der kurzfristigen Verbindlichkeiten und Auszahlungen zu ermitteln.[210]

---

[210] Siehe dazu ausführlich: Staufenbiel/Hoffmann, ZInsO 2008, 891, 892; zustimmend: Plagens/Wilkes, ZInsO 2010, 2107, 2121/2122; siehe ferner: Blöse/Wieland-Blöse, Praxisleitfaden Insolvenzreife, S. 93.

Einfacher, wenn auch ungenauer, ist es, aus den Summen- und Saldenlisten von 2 oder 3 aufeinanderfolgenden Monaten jeweils die liquiden Mittel und fälligen Geldschulden – rein statisch – gegenüberzustellen, ohne Berücksichtigung der zwischenzeitlichen Zahlungsströme. Wenn die Liquiditätslücke jeweils über 10% liegt, spricht sehr viel für die Zahlungsunfähigkeit.[211] Dabei darf unterstellt werden, dass die zwischenzeitlich eingegangenen Geldmittel zur Bedienung fälliger Verpflichtungen eingesetzt worden sind.

4. Feststellung durch das Insolvenzgericht

58 Das Insolvenzgericht hat zunächst die Zulässigkeit des Insolvenzantrages zu prüfen, die von dessen Begründetheit zu unterscheiden ist.[212] Seine Amtsermittlungspflicht nach § 5 InsO beginnt erst dann, wenn ein zulässiger Eröffnungsgrund vorliegt.[213]

a) Allgemeines

59 Begründet ist der Insolvenzantrag – neben der Deckung der Verfahrenskosten (§ 26 InsO) – dann, wenn ein Eröffnungsgrund gegeben ist, § 16 InsO. Dies setzt – beim Eigen- und Fremdantrag – voraus, dass der jeweilige Eröffnungsgrund **zur Überzeugung des Gerichts feststeht**.[214] Ein für das praktische Leben brauchbarer Grad an Gewissheit reicht dabei aus.[215] Wegen der rechtlichen und wirtschaftlichen Tragweite einer Verfahrenseröffnung ist diese Prüfung mit besonderer Sorgfalt vorzunehmen, insb. wenn der Schuldner die Insolvenzreife bestreitet.[216] Das Insolvenzgericht – oder ggf. auch das Beschwerdegericht[217] – haben die Voraussetzungen eines Eröffnungsgrundes eigenständig aufzuklären, wobei ihnen ggf. die Mittel des § 20 Abs. 1 Satz 2 InsO i.V.m. §§ 97, 98, 101 InsO (Auskunfts- und Mitwirkungspflicht des

---

211 HambKomm/Schröder, § 17 InsO Rn 38; Neu/Ebbinghaus, ZInsO 2012, 2229, 2233; Plagens/Wilkes, ZInsO 2010, 2107, 2121, 2122.
212 BGH, 18.12.2014 – IX ZB 34/14, ZInsO 2015, 301, Rn 13, 14; BGH, 12.7.2007 – IX ZB 82/04, ZInsO 2007, 887, Rn 8, 14; BGH, 22.3.2007 – IX ZB 164/06, ZInsO 2007, 440, Rn 9; BGH, 13.6.2006 – IX ZB 214/05, ZInsO 2006, 828, Rn 6, 11, 13; AG Hamburg, 18.6.2008 – 67g IN 37/08, ZInsO 2008, 680, 681; HambKomm/Linker, InsO, § 14 Rn 4, 70.
213 BGH, 12.7.2007 – IX ZB 82/04, ZInsO 2007, 887, Rn 8; BGH, 12.12.2002 – IX ZB 426/02, ZInsO 2003, 217, 218.
214 BGH, 13.4.2006 – IX ZB 118/04, ZIP 2006, 1056, Rn 6; OLG Köln, 14.12.2001 – 2 W 146/01, ZInsO 2002, 772, 774; AG Hamburg, 19.7.2007 – 67a IN 244/06, ZInsO 2007, 950; HambKomm/Schröder, § 16 InsO Rn 8; s. ferner: BGH, 12.7.2007 – IX ZB 82/04, ZInsO 2007, 887, Rn 14.
215 BGH, 13.4.2006 – IX ZB 118/04, ZIP 2006, 1056, 1057, Rn 14; HambKomm/Schröder, § 16 InsO Rn 18; MüKo/Vuia, § 16 InsO Rn 34.
216 HambKomm/Schröder, § 16 InsO Rn 8; Uhlenbruck/Mock, § 16 Rn 9.
217 BGH, 13.4.2006 – IX ZB 118/04, ZIP 2006, 1056, Rn 6.

Schuldners) zur Verfügung stehen.²¹⁸ Bei Regelinsolvenzverfahren (sog. IN-Verfahren) setzt das Gericht fast ausnahmslos einen gerichtlichen Sachverständigen oder einen vorläufigen Insolvenzverwalter ein, §§ 5 Abs. 1 Satz 2, 22 Abs. 1 Satz 2 Nr. 3, Abs. 2 InsO. Das Gericht kann die mangelnde Überzeugungsbildung hinsichtlich eines Eröffnungsgrundes nicht an die bloße Unerreichbarkeit des Schuldners bzw. dessen Organe knüpfen.²¹⁹ Die Amtsermittlungspflicht besteht auch dann, wenn der Schuldner den Eröffnungsgrund ausdrücklich oder konkludent zugesteht.²²⁰ Nach Ansicht des AG Göttingen soll bei einem Eigenantrag nebst Restschuldbefreiungsantrag auch dann Zahlungsunfähigkeit vorliegen (so dass das Verfahren eröffnet werden kann), wenn die Verbindlichkeiten eigentlich im Rahmen eines Besserungsscheins mit Vollstreckungsverzicht gestundet sind.²²¹

Der maßgebliche **Zeitpunkt** zur Feststellung des Insolvenzgrundes ist die Eröffnungsentscheidung, sofern die Rechtmäßigkeit eines Eröffnungsbeschlusses zu überprüfen ist.²²² Waren die Eröffnungsvoraussetzungen zu diesem Zeitpunkt erfüllt, kann der nachträgliche Wegfall des Insolvenzgrundes nur im Verfahren des § 212 InsO geltend gemacht werden.²²³ Ist der Antrag dagegen abgewiesen und das Verfahren somit nicht eröffnet worden, bleibt es bei dem allgemeinen Grundsatz, dass der Zeitpunkt der Entscheidung des Beschwerdegerichts maßgeblich ist.²²⁴ **60**

Das Gericht kann seine Überzeugung von der Zahlungsunfähigkeit sowohl auf einen **Liquiditätsstatus/-plan**²²⁵ stützen als auch auf **Indizien**²²⁶ (dazu Rdn 77), ggf. auch über die Vermutungswirkung des § 17 Abs. 2 Satz 2 InsO (Zahlungseinstellung). Hat das Insolvenzeröffnungsverfahren (wie im absoluten Regelfall) länger als 3 Wochen gedauert und sind nach wie vor mindestens 10% der fälligen Verbindlichkeiten offen, liegt Zahlungsunfähigkeit vor. Oft führt die Kenntnis von einem Insolvenzantrag dazu, dass Kreditinstitute ihre bislang ungekündigten Darlehen fällig stellen, was die Zahlungsunfähigkeit nochmals verstärkt oder erst herbeiführt. **61**

---

218 BGH, 12.7.2007 – IX ZB 82/04, ZInsO 2007, 887, Rn 14.
219 BGH, 13.4.2006 – IX ZB 118/04, ZIP 2006, 1056, Rn 11; HambKomm/Schröder, § 16 InsO Rn 12; siehe ferner: LG Kassel, 20.11.2015 – 3 T 352/15, ZInsO 2015, 2591; MüKo/Vuia, § 16 InsO Rn 36.
220 HambKomm/Schröder, § 16 InsO Rn 12; Uhlenbruck/Mock, § 16 InsO Rn 89.
221 AG Göttingen, 4.7.2012 – 74 IN 63/12, ZInsO 2012, 1324, 1325.
222 BGH, 9.2.2012 – IX ZB 188/11, ZInsO 2012, 593, Rn 6; BGH, 21.7.2011 – IX ZB 256/10, ZInsO 2011, 1614, Rn 3; BGH, 2.4.2009 – IX ZB 245/08, ZInsO 2009, 872, Rn 7; BGH, 27.3.2008 – IX ZB 144/07, NZI 2008, 391, Rn 6; HambKomm/Schröder, § 16 InsO Rn 16; Pape, WM 2008, 1949, 1952.
223 BGH, 27.7.2006 – IX ZB 204/04, ZInsO 2006, 1051, Rn 19; BGH, 27.7.2006 – IX ZB 12/06, ZVI 2006, 564, Rn 4; HambKomm/Schröder, § 16 InsO Rn 16; Uhlenbruck/Mock, § 16 InsO Rn 22.
224 BGH, 27.3.2008 – IX ZB 144/07, NZI 2008, 391, Rn 6; HambKomm/Schröder, § 16 InsO Rn 16.
225 BGH, 12.10.2006 – IX ZR 228/03, ZInsO 2006, 1210, Rn 28; OLG Frankfurt am Main, 3.2.2010 – 4 U 184/09, ZInsO 2010, 1328, 1329; Pape, WM 2008, 1949, 1956.
226 BGH, 13.4.2006 – IX ZB 118/04, ZIP 2006, 1056, Rn 9, 14; LG Kassel, 20.11.2015 – 3 T 352/15, ZInsO 2015, 2591; HambKomm/Schröder, § 17 InsO Rn 38 f.; Pape, WM 2008, 1949, 1956.

Henkel

b) Ableitung der Zahlungsunfähigkeit aus einer streitigen Verbindlichkeit

62 In der Praxis kommt es immer wieder vor, dass die Feststellung eines Eröffnungsgrundes (Zahlungsunfähigkeit oder Überschuldung) vom Bestehen einer streitigen Verbindlichkeit abhängt, diese Forderung also zugleich den Insolvenzgrund bildet. Oftmals handelt es sich hierbei um die vom Schuldner bestrittene Forderung des antragstellenden Gläubigers, welche dieser für die Zulässigkeit seines Antrags zunächst nur glaubhaft machen muss, § 14 Abs. 1 InsO. Für die Eröffnung des Insolvenzverfahrens muss diese dann aber bewiesen sein.[227] Gelegentlich stellen Organvertreter von Kapitalgesellschaften aber im Hinblick auf den Straftatbestand des § 15a Abs. 4 – 6 InsO vorsorglich einen Eigenantrag und bestreiten weiterhin die fragliche Verbindlichkeit. Die wesentlichen Fragen zu diesem Themenkomplex sind durch die Rechtsprechung des BGH geklärt:

aa) Nicht titulierte Verbindlichkeit

63 Ist die vom Schuldner – fundiert – bestrittene Schuld **nicht tituliert**, ist der Insolvenzantrag abzuweisen, da das Insolvenzverfahren nicht dazu geeignet ist, den Bestand ernsthaft bestrittener, rechtlich zweifelhafter Forderungen zu klären.[228] In aller Regel fehlt es bei einem Gläubigerantrag – wenn die tatsächliche oder rechtliche Beurteilung nicht eindeutig ausfällt – dann schon an der Glaubhaftmachung des Insolvenzgrundes.[229] Nur in eindeutigen Ausnahmefällen kann das Gericht das Bestehen der streitigen Forderung selbst klären,[230] z.B. wenn es um die Frage geht, ob die Kündigung eines Kredits wirksam war und somit ein Darlehensrückzahlungsanspruch fällig ist.[231]

---

[227] BGH, 15.9.2016 – IX ZB 32/16, ZInsO 2016, 2199, Rn 12; BGH, 23.6.2016 – IX ZB 18/15, ZInsO 2016, 1575, Rn 12; BGH, 14.1.2010 – IX ZB 177/09, ZInsO 2010, 331, Rn 6; BGH, 17.9.2009 – IX ZB 26/08, ZInsO 2009, 2072, Rn 3; BGH, 29.11.2007 – IX ZB 12/07, ZInsO 2008, 103, Rn 6; BGH, 8.11.2007 – IX ZB 201/03, ZInsO 2007, 1275, Rn 3; HambKomm/Schröder, § 16 InsO Rn 9, § 17 InsO Rn 6; Henkel, ZInsO 2011, 1237.
[228] BGH, 29.3.2007 – IX ZB 141/06, ZInsO 2007, 604, Rn 7, 8; BGH, 1.2.2007 – IX ZB 79/06, NZI 2007, 350, Rn 6; BGH, 8.11.2007 – IX ZB 201/03, ZInsO 2007, 1275, Rn 3; BGH, 14.12.2005 – IX ZB 207/04, ZInsO 2006, 145, Rn 6; HambKomm/Schröder, § 16 InsO Rn 9; MüKo/Vuia, § 16 InsO Rn 38; Henkel, ZInsO 2011, 1237, 1238.
[229] BGH, 29.3.2007 – IX ZB 141/06, ZInsO 2007, 604, Rn 7; BGH, 14.12.2005 – IX ZB 207/04, ZInsO 2006, 145, Rn 6; BGH, 11.11.2004 – IX ZB 258/03, ZInsO 2005, 39, 40; HambKomm/Schröder, § 16 InsO Rn 9; **a.A.** (Frage der Begründetheit): Uhlenbruck/Mock, § 16 InsO Rn 13.
[230] BGH, 29.11.2007 – IX ZB 12/07, ZInsO 2008, 103, Rn 9; HambKomm/Schröder, § 16 InsO Rn 9 a.E.
[231] BGH, 8.11.2007 – IX ZB 201/03, ZInsO 2007, 1275, Rn 3; AG Köln, 7.3.2007 – 71 IN 609/06, NZI 2007, 666.

Hinweis 64

Eine **Aussetzung** des Insolvenzeröffnungsverfahrens entsprechend § 148 ZPO kommt im Hinblick auf dessen Eilcharakter nicht in Betracht.[232] Der antragstellende Gläubiger ist ggf. auf den Prozessweg zu verweisen.[233]

bb) Titulierte privatrechtliche Verbindlichkeit

Bei einer **rechtskräftig titulierten** bzw. **nicht rechtskraftfähigen vollstreckbaren** 65 (z.B. aus einer vollstreckbaren Urkunde, § 794 Abs. 1 Nr. 5 ZPO) privatrechtlichen Forderung ist der Beweis ihres Bestehens geführt.[234] Denn die Wertung des § 179 Abs. 2 InsO gilt auch im Eröffnungsverfahren.[235] Der Insolvenzschuldner muss seine Einwendungen gegen die titulierte Forderung oder gegen deren Vollstreckbarkeit in dem dafür vorgesehenen Verfahren (z.B. nach §§ 578 ff., 732, 767, 768 ZPO) verfolgen bzw. hätte dies tun können.[236] Das Insolvenzgericht braucht diese Einwendungen nicht zu berücksichtigen, solange die Vollstreckbarkeit nicht auf diese Weise beseitigt ist.[237] Es kann diese Prüfung – von eindeutigen Fällen abgesehen – nicht vornehmen bzw. nachholen, da es ihm nicht obliegt, rechtlich oder tatsächlich zweifelhaften Einwänden gegen eine titulierte Forderung nachzugehen.[238] Der BGH hat offen gelassen, ob dies ausnahmsweise anders zu beurteilen ist, wenn die Tatsachen, die dem Titel entgegenstehen, unstreitig oder offensichtlich sind.[239]

---

232 BGH, 29.3.2007 – IX ZB 141/06, ZInsO 2007, 604, Rn 12; AG Göttingen, 4.1.2013 – 71 IN 100/11, ZInsO 2013, 303, 304; AG Leipzig, 10.2.2010 – 401 IN 3811/09, ZInsO 2010, 1239, 1245.
233 BGH, 8.11.2007 – IX ZB 201/03, ZInsO 2007, 1275, Rn 3; BGH, 29.3.2007 – IX ZB 141/06, ZInsO 2007, 604, Rn 7; BGH, 27.7.2006 – IX ZB 15/06, NZI 2006, 642, Rn 5; BGH, 14.12.2005 – IX ZB 207/04, ZInsO 2006, 145, Rn 6; MüKo/Vuia, § 16 InsO Rn 35, 38.
234 BGH, 23.6.2016 – IX ZB 18/15, ZInsO 2016, 1575, Rn 14, 15; BGH, 14.1.2010 – IX ZB 177/09, ZInsO 2010, 331, Rn 6, 7; BGH, 29.11.2007 – IX ZB 12/07, ZInsO 2008, 103, Rn 9; BGH, 27.7.2006 – IX ZB 15/06, NZI 2006, 642, Rn 4; BGH, 29.6.2006 – IX ZB 245/05, ZInsO 2006, 824, Rn 11; HambKomm/Schröder, § 16 InsO Rn 10; SanRKomm/Kuleisa, § 17 InsO Rn 13; Uhlenbruck/Mock, § 16 InsO Rn 15; Henkel ZInsO 2011, 1237, 1238; **a.A.:** AG Köln, 6.5.2015 – 72 IN 514/13, ZInsO 2015, 1452, 1453 (für die vollstreckbare Urkunde); OLG Köln, 18.5.1989 – 2 W 41/89, ZIP 1989, 789, 791 (zur KO).
235 BGH, 15.9.2016 – IX ZB 32/16, ZInsO 2016, 2199, Rn 14; BGH, 29.11.2007 – IX ZB 12/07, ZInsO 2008, 103, Rn 9.
236 BGH, 23.6.2016 – IX ZB 18/15, ZInsO 2016, 1575, Rn 15, 16; BGH, 14.1.2010 – IX ZB 177/09, ZInsO 2010, 331, Rn 6; BGH, 29.11.2007 – IX ZB 12/07, ZInsO 2008, 103, Rn 9; BGH, 29.3.2007 – IX ZB 141/06, ZInsO 2007, 604, Rn 7; BGH, 27.7.2006 – IX ZB 15/06, NZI 2006, 642, Rn 4.
237 BGH, 15.9.2016 – IX ZB 32/16, ZInsO 2016, 2199, Rn 15; BGH, 23.6.2016 – IX ZB 18/15, ZInsO 2016, 1575, Rn 14, 15; BGH, 14.1.2010 – IX ZB 177/09, ZInsO 2010, 331, Rn 6; BGH, 17.9.2009 – IX ZB 26/08, ZInsO 2009, 2072, Rn 5.
238 BGH, 29.11.2007 – IX ZB 12/07, ZInsO 2008, 103, Rn 9; BGH, 29.3.2007 – IX ZB 141/06, ZInsO 2007, 604, Rn 7; BGH, 29.6.2006 – IX ZB 245/05, ZInsO 2006, 824, Rn 11.
239 BGH, 23.6.2016 – IX ZB 18/15, ZInsO 2016, 1575, Rn 14; BGH, 2.12.2010 – IX ZB 121/10, ZInsO 2011, 92, Rn 2.

Praxistipp
Der einzige Ausweg für den Schuldner ist die vorläufige Einstellung der Zwangsvollstreckung, z.B. über einen Antrag nach § 769 Abs. 1 ZPO. Dann bildet der Titel (ggf. nach Leistung einer Sicherheit) keine Grundlage mehr für den Insolvenzantrag.[240] I.Ü. kann er nur geltend machen, dass die Forderung beglichen oder durch wirksame Aufrechnung erloschen ist.[241]

66 Die Rechtslage stellt sich anders dar, wenn ein **nicht rechtskräftiger** und somit lediglich **vorläufig vollstreckbarer** Titel über eine zivilrechtliche Forderung vorliegt. Grds. ist die Zwangsvollstreckung dann erst nach Sicherheitsleistung des Gläubigers zulässig, § 709 ZPO.

Aber auch wenn die Vollstreckungsvoraussetzungen vorliegen, bindet ein solcher Titel den Insolvenzrichter nicht, d.h. er hat die Aussichten eines vom Schuldner eingelegten Rechtsmittels nach freiem Ermessen zu würdigen.[242] Die vorläufige Vollstreckbarkeit ist kein zwingender Beweis, geht doch der vorweggenommene Zwangszugriff auf Gefahr des Gläubigers (§ 717 ZPO).[243] Der Insolvenzantrag ist somit im Zweifel abzuweisen, sofern der Schuldner die streitige Schuld schlüssig und substantiiert bestreitet.[244]

In klaren Fällen (z.B. Zurückweisung der Berufung des Schuldners und Nichtzulassung der Revision) kann die Forderung aber i.H.v. zumindest 95% passiviert werden,[245] auch wenn – anders als z.T. vertreten[246] – davon der Insolvenzgrund abhängt. Der Schuldner hat dann die Möglichkeit, die Vollstreckung seinerseits durch Sicherheitsleistung abzuwenden (§§ 707, 712, 719, 720a Abs. 3 ZPO), sodass sich das Insolvenzverfahren erledigt.[247]

---

240 BGH, 14.1.2010 – IX ZB 177/09, ZInsO 2010, 331 (Rn 7); OLG Köln, 18.5.1989 – 2 W 41/89, ZIP 1989, 789, 790 (zur KO); HambKomm/Linker, § 14 InsO Rn 22; kritisch: Uhlenbruck/Wegener, § 14 InsO Rn 39.
241 Uhlenbruck/Wegener, § 14 InsO Rn 40.
242 BGH, 19.12.1991 – III ZR 9/91, ZIP 1992, 947/948 (zur KO); LG Potsdam, 11.7.2007 – 5 T 448/07, ZInsO 2007, 999, 1000; AG Hamburg, 20.8.2004 – 67a 346/04, ZInsO 2004, 991, 992; HambKomm/Schröder, § 16 InsO Rn 10; MüKo/Vuia, § 16 InsO Rn 39; Uhlenbruck/Mock, § 16 InsO Rn 17; Henkel, ZInsO 2011, 1237, 1239; Höffner DStR 2008, 1787, 1791; **a.A.**: AG Köln, 6.5.2015 – 72 IN 514/13, ZInsO 2015, 1452, 1453 (das Gericht hat vom Bestand der Forderung auszugehen, wenn im Erkenntnisverfahren eine gerichtliche Sachprüfung stattgefunden hat).
243 BGH, 19.12.1991 – III ZR 9/91, ZIP 1992, 947, 948 (zur KO); ähnlich: AG Hamburg, 19.7.2007 – 67a IN 244/06, ZInsO 2007, 950; **a.A.**: SanRKomm/Kuleisa, § 17 InsO Rn 13.
244 Auch nach dem AG Köln, 6.5.2015 – 72 IN 514/13, ZInsO 2015, 1452, 1453 hat das Gericht demgegenüber vom Bestand der Forderung auszugehen, wenn im Erkenntnisverfahren eine gerichtliche Sachprüfung stattgefunden hat (d.h. nicht bei einem Versäumnisurteil, einem Vollstreckungsbescheid oder einer vollstreckbaren Urkunde).
245 AG Hamburg, 20.8.2004 – 67a 346/04, ZInsO 2004, 991, 992.
246 FK/Schmerbach, § 17 InsO Rn 10.
247 S. ferner: BGH, 14.1.2010 – IX ZB 177/09, ZInsO 2010, 331, 332, Rn 7.

cc) Titulierte öffentlich-rechtliche Verbindlichkeit

Bei einer **öffentlich-rechtlichen Verbindlichkeit** (insb. aus Steuern oder Sozial- 67
versicherungsbeiträgen) besteht die Besonderheit, dass diese unmittelbar durch den zugrunde liegenden Verwaltungsakt begründet und zugleich tituliert wird. Basiert der Insolvenzantrag auf einem **bestandskräftigen Bescheid**, braucht das Insolvenzgericht die Einwendungen des Schuldners nicht berücksichtigen, solange die Vollstreckbarkeit nicht beseitigt ist.[248] Das Gericht hat nicht zu prüfen, ob ein solcher Bescheid nichtig ist.[249] Die Verbindlichkeit ist damit bewiesen.

Hinweis
Auf die bloßen Aussichten eines Erlassverfahrens (§ 227 AO, § 76 Abs. 2 Satz 1 Nr. 3 SGB IV) kommt es – entgegen dem LG Hildesheim[250] – nicht an.[251]

Etwas anders ist die Verbindlichkeit aus einem **nicht bestandskräftigen Bescheid** 68
zu behandeln. Wenn sich ernsthafte Zweifel an dem Bestand der Forderung ergeben, ist auch hier zu beachten, dass das Insolvenzeröffnungsverfahren nicht dazu geeignet und bestimmt ist, den Bestand rechtlich zweifelhafter Forderungen zu klären.[252] Das Insolvenzgericht muss daher die Rechtsbehelfsaussichten würdigen,[253] insb. auch dann, wenn der Gläubiger an dem Bescheid selbst nicht mehr festhält.[254] Somit ist der Insolvenzantrag im Zweifel abzuweisen, wenn der Schuldner die Forderung substantiiert bestreitet und seinen Rechtsbehelf schlüssig begründet. Der BGH beurteilt das aber wohl strenger.[255]

Praxistipp
Zudem kann hier die Aussetzung der Vollziehung (s. z.B. nach § 361 Abs. 2 AO) in Betracht kommen, welche jedenfalls die insolvenzrechtliche Fälligkeit der Forderung entfallen lässt.[256]

---

248 BGH, 6.5.2010 – IX ZB 176/09, ZInsO 2010, 1091, Rn 6, 7; BGH, 17.9.2009 – IX ZB 26/08, ZInsO 2009, 2072, Rn 3; Henkel, ZInsO 2011, 1237, 1239; siehe ferner: HambKomm/Schröder, § 16 InsO Rn 11.
249 BGH, 27.7.2006 – IX ZB 12/06, ZVI 2006, 564, 565, Rn 4.
250 LG Hildesheim, 8.1.2007 – 7 T 140/06, ZIP 2008, 325, 326.
251 HambKomm/Schröder, § 17 InsO 18; so wohl auch: BGH, 12.10.2006 – IX ZB 107/05, juris, Rn 4.
252 BGH, 13.6.2006 – IX ZB 214/05, ZInsO 2006, 828, Rn 13; BGH, 5.2.2004 – IX ZB 29/03, NZI 2004, 587, 588; AG Göttingen, 4.1.2013 – 71 IN 100/11, ZInsO 2013, 303, 304; Henkel ZInsO 2011, 1237, 1240.
253 AG Köln, 6.5.2015 – 72 IN 514/13, ZInsO 2015, 1452, 1453; AG Hamburg, 19.7.2007 – 67a IN 244/06, ZInsO 2007, 950, 951.
254 LG München, 8.3.2010 – 7 T 479/09, ZInsO 2010, 1009, 1010.
255 BGH, 6.5.2010 – IX ZB 176/09, ZInsO 2010, 1091, Rn 6, 7; siehe auch: Uhlenbruck/Mock, § 16 InsO Rn 18.
256 BGH, 22.5.2014 – IX ZR 95/13, ZInsO 2014, 1326, Rn 30; HambKomm/Schröder, § 17 InsO 18; IDW S 11, ZInsO 2015, 1136 Rn 30; Brete/Thomsen, GmbHR 2008, 912.

5. Feststellung im Anfechtungs- oder Haftungsprozess (Ex-Post-Betrachtung)

69 Die Darlegungs- und Beweislast für die Zahlungsunfähigkeit liegt bei der Durchsetzung von Ansprüchen aus Insolvenzanfechtung (§§ 129f. InsO) oder Masseschmälerung bzw. Insolvenzverschleppung (§ 15b Abs. 1, 4 InsO, § 823 Abs. 2 BGB i.V.m. § 15a InsO etc.) beim Insolvenzverwalter/Sachwalter bzw. der Gesellschaft oder ggf. dem Gläubiger (s. dazu: Rdn 43). Die Schwierigkeit besteht darin, rückwirkend nachzuweisen, dass die Zahlungsunfähigkeit zeitlich schon vor Stellung des Insolvenzantrages, der zur Eröffnung geführt hat, vorlag.

a) Zahlungseinstellung

70 Bei Zahlungseinstellung wird die Zahlungsunfähigkeit widerleglich vermutet (§ 17 Abs. 2 Satz 2 InsO). Sie wird definiert als dasjenige äußerliche Verhalten des Schuldners, in dem sich typischerweise eine Zahlungsunfähigkeit ausdrückt. Die Zahlungseinstellung (dazu ausführlich: Rdn 46f.) lässt sich im Prozess u.U. deutlich einfacher nachweisen, ggf. anhand von Indizien (s. Rdn 77). Der Anfechtungsgegner kann sich nicht mit Erfolg darauf berufen, dass er nur von Zahlungsunwilligkeit ausgegangen sei, denn diese liegt nur vor, wenn gleichzeitig Zahlungsfähigkeit gegeben ist.[257]

b) Anhand der monatlichen Summen- und Saldenlisten

71 Oftmals lassen sich anhand der monatlich erstellten Summen- und Saldenlisten und weiterer Ermittlungen die damals vorhandenen liquiden Mittel den jeweils fälligen Verbindlichkeiten gegenüberstellen, ggf. unter Berücksichtigung der zwischenzeitlichen Zahlungsströme (dazu näher Rdn 57).

c) Beweiserleichterungen

72 Bei der Frage der Darlegungslast ist zu berücksichtigen, ob sich die vorgetragenen Geschehnisse im Wahrnehmungsbereich der Partei zugetragen haben. Das gilt – so der BGH – insb. im **Anfechtungsprozess** des Insolvenzverwalters, dem über die vorgefundenen, häufig unvollständigen schriftlichen Unterlagen hinaus allenfalls der Schuldner bzw. dessen Organvertreter als Auskunftsperson zur Verfügung stehen.[258] Zu hohe Anforderungen an die Substantiierungslast würden die Erfolgsaus-

---

[257] BGH, 10.7.2014 – IX ZR 287/13, ZInsO 2014, 1661, Rn 6; BGH, 15.3.2012 – IX ZR 239/09, ZInsO 2012, 696, Rn 16, 18.
[258] BGH, 12.7.2007 – IX ZR 210/04, ZInsO 2007, 1046, Rn 5; zur GesO: BGH, 14.2.2008 – IX ZR 38/04, ZInsO 2008, 378, Rn 32; BGH, 8.10.1998 – IX ZR 337/97, ZInsO 1998, 395, 396.

sichten einer Anfechtungsklage daher oft von vornherein vereiteln.[259] Ein Vortrag, der zwar in bestimmten Punkten lückenhaft ist, eine Ergänzung fehlender Tatsachen aber auf der Grundlage allgemeiner Erfahrungen und Gebräuche im Geschäftsverkehr oder von Beweisanzeichen zulässt, reicht aus.[260] Deshalb kann die Vorlage von Listen, aus denen sich die jeweilige Forderung samt Fälligkeit entnehmen lässt, genügen.[261]

Der **Insolvenzverwalter/Sachwalter** hat im Anfechtungs- oder Haftungsprozess eine weitere Möglichkeit, retrospektiv die Zahlungsunfähigkeit bzw. die Zahlungseinstellung nachzuweisen und zwar anhand der ihm bekannten, zur **Insolvenztabelle** angemeldeten Forderungen. Nach dem BGH ist, wenn im fraglichen Zeitpunkt fällige Verbindlichkeiten bestanden haben, die bis zur Verfahrenseröffnung nicht mehr beglichen worden sind, im Anfechtungsprozess regelmäßig von der Zahlungsunfähigkeit zu diesem Zeitpunkt auszugehen[262] (das gilt auch im Haftungsprozess[263]). Die Zahlungsunfähigkeit wird dann widerlegbar vermutet.[264] Denn es liegt eine Zahlungseinstellung nahe, wenn der Anfechtungsgegner Zahlung erlangt, während gleichzeitig fällige Verbindlichkeiten sonstiger Gläubiger bis zur Insolvenzeröffnung nicht befriedigt wurden.[265] Etwas anderes gilt – so der BGH – nur dann, wenn aufgrund konkreter Umstände, die sich nachträglich geändert haben, damals angenommen werden konnte, der Schuldner werde rechtzeitig in der Lage sein, die Verbindlichkeiten zu erfüllen.[266]

73

---

259 BGH, 12.7.2007 – IX ZR 210/04, ZInsO 2007, 1046, Rn 5; zur GesO: BGH, 14.2.2008 – IX ZR 38/04, ZInsO 2008, 378, Rn 32.
260 BGH, 30.6.2011 – IX ZR 134/10, ZInsO 2011, 141, Rn 13; BGH, 12.7.2007 – IX ZR 210/04, ZInsO 2007, 1046, Rn 5; BGH, 8.10.1998 – IX ZR 337/97, ZInsO 1998, 395, 396 (zur GesO).
261 BGH, 12.7.2007 – IX ZR 210/04, ZInsO 2007, 1046, Rn 5.
262 BGH, 9.6.2016 – IX ZR 174/15, ZInsO 2016, 1357, Rn 20; BGH, 7.5.2015 – IX ZR 95/14, ZInsO 2015, 1262, Rn 15; BGH, 8.1.2015 – IX ZR 203/12, ZInsO 2015, 396, Rn 18; BGH, 7.5.2013 – IX ZR 113/10, ZInsO 2013, 1419, Rn 21; BGH, 29.3.2012 – IX ZR 40/10, ZInsO 2012, 976, Rn 10, 15; dem folgend: OLG Rostock, 11.6.2014 – 6 U 17/13, ZInsO 2014, 1446, 1448; KG, 22.10.2013 – 14 U 94/12, ZInsO 2013, 2275, 2276; OLG Düsseldorf, 14.3.2013 – I-12 U 52/12, ZInsO 2013, 935, 936; HambKomm/Schröder, § 17 InsO Rn 52; Uhlenbruck/Mock, § 17 InsO Rn 38; Staufenbiel/Hoffmann ZInsO 2008, 785, 790.
263 BGH, 19.12.2017 – II ZR 88/16, ZInsO 2018, 381, Rn 56; BGH, 26.1.2016 – II ZR 394/13, ZInsO 2016, 1119, Rn 14; Scholz/Bitter, vor § 64 GmbHG Rn 31; Krüger/Wigand, ZInsO 2011, 314, 318; Froehner, ZInsO 2011, 1617, 1619; **a.A.:** LG Göttingen, 11.2.2011 – 2 S 10/10, ZInsO 2011, 1310; Plagens/Wilkes, ZInsO 2010, 2107, 2121.
264 Hölzle, ZIP 2007, 613, 616; Fischer, FS Ganter, S. 153, 166; s. ferner: BGH, 30.6.2011 – IX ZR 134/10, ZInsO 2011, 1410, Rn 15, 20.
265 BGH, 9.6.2016 – IX ZR 174/15, ZInsO 2016, 1357, Rn 20.
266 BGH, 26.1.2016 – II ZR 394/13, ZInsO 2016, 1119, Rn 29; BGH, 12.10.2006 – IX ZR 228/03, ZInsO 2006, 1210, Rn 28; s. zur Entkräftung der Vermutung: Fischer, FS Ganter, S. 153, 167.

74 Hinweis
Es wurde z.T. vertreten, dass diese nicht beglichenen Verbindlichkeiten mindestens 10% der Gesamtverbindlichkeiten ausmachen müssen, so wie auch bei der prospektiven Analyse.[267] Dies sei vom Insolvenzverwalter darzulegen und zu beweisen, der danach vorzutragen habe, wie hoch im fraglichen Zeitpunkt die gesamten Verbindlichkeiten einschließlich der bezahlten waren.[268]

Diese Ansicht ist – mit dem **BGH**[269] – abzulehnen. Da aufgrund der späteren Insolvenz im Nachhinein feststeht, dass sich der wirtschaftliche Niedergang des Schuldners fortgesetzt hat, besteht nicht zwingend ein Bedürfnis für den Schwellenwert von 10%, anders als bei der Feststellung aus ex-ante-Sicht.[270]

Allerdings dürfen diese offen gebliebenen fälligen Forderungen nicht gänzlich unerheblich sein. Nach dem BGH muss es sich um „**beträchtliche Zahlungsrückstände**" handeln, die „mit Rücksicht auf den Umfang des Geschäftsbetriebs des Schuldners einen maßgeblichen Betrag" ausmachen.[271] Alternativ können sie z.B. auch ins Verhältnis zu den insgesamt angemeldeten Forderungen gesetzt werden.[272]

75 Praxistipp
Hat der Insolvenzverwalter (ggf. zu Unrecht) die Verbindlichkeiten zur Tabelle festgestellt, kann der Prozessgegner (Anfechtungsgegner oder Geschäftsführer etc.) ihre Berechtigung trotz des § 178 Abs. 3 InsO – anders als gelegentlich angenommen wird,[273] insb. vom BFH[274] – wirksam bestreiten.[275] Denn diese Regelung entfaltet im Verhältnis zu Dritten keine Wirkung.[276] Das Verhalten des Geschäftsführers im Anmeldeverfahren kann aber im Prozess gegen ihn selbst eine indizielle Bedeutung haben.[277]

76 Im **Haftungsprozess** gegen ein **Vertretungsorgan** ist der Nachweis der Insolvenzreife (Zahlungsunfähigkeit und Überschuldung) zudem dann als geführt anzusehen, wenn dem Verwalter oder dem Gläubiger der Beweis nur deshalb nicht möglich ist, weil das beklagte Organmitglied die ihm obliegende **Pflicht zur Führung und Auf-**

---

267 OLG Frankfurt am Main, 7.7.2010 – 4 U 21/10, EWiR 2011, 85; OLG Frankfurt am Main, 3.2.2010 – 4 U 184/09, ZInsO 2010, 1328, 1329; Blöse/Wieland-Blöse, Praxisleitfaden Insolvenzreife, S. 94; Fischer, FS Ganter, S. 153, 166.
268 OLG Frankfurt am Main, 3.2.2010 – 4 U 184/09, ZInsO 2010, 1328, 1329.
269 BGH, 7.5.2015 – IX ZR 95/14, ZInsO 2015, 1262, Rn 13; BGH, 29.3.2012 – IX ZR 40/10, ZInsO 2012, 976, Rn 11; BGH, 30.6.2011 – IX ZR 134/10, ZInsO 2011, 1410, Rn 13, 15.
270 BGH, 30.6.2011 – IX ZR 134/10, ZInsO 2011, 1410, Rn 13; OLG Hamburg, 24.7.2009 – 1 U 23/09, ZInsO 2009, 1698, 1701; Krüger/Wigand, ZInsO 2011, 314, 319.
271 BGH, 30.6.2011 – IX ZR 134/10, ZInsO 2011, 1410, Rn 15.
272 OLG Hamburg, 24.7.2009 – 1 U 23/09, ZInsO 2009, 1698, 1701; Krüger/Wigand, ZInsO 2011, 314, 320.
273 Hölzle, ZIP 2007, 613, 616.
274 BFH, 17.9.2019 – VII R 5/18, ZInsO 2020, 250, Rn 29; BFH, 16.5.2017 – VII R 25/16, ZInsO 2017, 2029, Rn 10 f.
275 So im Ergebnis auch: BGH, 17.5.2001 – IX ZR 188/98, ZInsO 2001, 617, 619 (zur KO).
276 BGH, 26.1.2016 – II ZR 394/13, ZInsO 2016, 1119, Rn 19; BGH, 18.5.1995 – IX ZR 129/94, NJW 1995, 2161, 2162 (zur KO); Uhlenbruck/Sinz, § 178 InsO Rn 33.
277 BGH, 26.1.2016 – II ZR 394/13, ZInsO 2016, 1119, Rn 19.

bewahrung von Belegen (§ 257 HGB, nach Liquidation: § 74 Abs. 2 GmbHG, § 273 Abs. 2 AktG, § 157 Abs. 2 HGB) **verletzt** hat.[278]

d) Indizien

Im Anfechtungs- oder Haftungsprozess kann die Zahlungsunfähigkeit bzw. die Zahlungseinstellung ggf. auch ausschließlich anhand von Beweisanzeichen festgestellt werden,[279] eine Liquiditätsbilanz ist oft nicht erforderlich.[280] Dasselbe gilt für die sog. wirtschaftskriminalistischen Beweisanzeichen im Strafprozess.[281] Wichtige Indizien für die Zahlungsunfähigkeit bzw. die Zahlungseinstellung (§ 17 Abs. 2 Satz 2 InsO, s. dazu auch Rdn 47) sind:[282]

– Ein mehr-, nicht notwendig sechsmonatiger Rückstand von Sozialversicherungsbeiträgen[283] (v.a. im Hinblick auf § 266a StGB, der bei Pauschalabgaben aus geringfügiger Beschäftigung aber nicht relevant ist[284]), verspätete Zahlungen von jeweils nur 3–4 Wochen genügen jedoch nicht[285]

– Erhebliche Gehalts-[286] oder Steuerverbindlichkeiten[287] (falls die rückständigen Steuern gezahlt wurden und der Verzug nur auf Unzulänglichkeiten bei der

---

278 BGH, 24.1.2012 – II ZR 119/10, ZInsO 2012, 648, Rn 16; BGH, 12.3.2007 – II ZR 315/05, ZInsO 2007, 543, Rn 14.
279 BGH, 30.6.2011 – IX ZR 134/10, ZInsO 2011, 1410, Rn 13; BGH, 12.10.2006 – IX ZR 228/03, ZInsO 2006, 1210, 1212, Rn 28; BGH, 13.6.2006 – IX ZB 238/05, ZInsO 2006, 827, Rn 6; OLG Frankfurt am Main, 3.2.2010 – 4 U 184/09, ZInsO 2010, 1328, 1329.
280 BGH, 8.1.2015 – IX ZR 203/12, ZInsO 2015, 196, Rn 13; BGH, 29.3.2012 – IX ZR 40/10, ZInsO 2012, 976, Rn 8.
281 BGH, 11.7.2019 – 1 StR 456/18, ZInsO 2019, 2461, Rn 17; BGH, 10.7.2018 – 1 StR 605/16, ZInsO 2018, 1953, Rn 3; BGH, 21.8.2013 – 1 StR 665/12, ZInsO 2013, 2107, Rn 15; BGH, 19.2.2013 – 5 StR 427/12, ZInsO 2013, 876, Rn 13; BGH, 28.10.2008 – 5 StR 166/08, ZInsO 2008, 1385, 1386, Rn 20; Pape, WM 2008, 1949, 1951.
282 Siehe dazu ferner: BGH, 30.6.2011 – IX ZR 134/10, ZInsO 2011, 1410, Rn 13f.; OLG Celle v. 29.12.2011 – 13 U 124/11, ZInsO 2012, 90, 91/92; HambKomm/Schröder, § 17 InsO Rn 38; Uhlenbruck/Mock, § 17 InsO Rn 166f.; IDW S 11, ZInsO 2015, 1136 Rn 19; Krüger/Wigand, ZInsO 2011, 314, 315.
283 BGH, 31.10.2019 – IX ZR 170/18, ZInsO 2020, 91, Rn 13; BGH, 7.5.2015 – IX ZR 95/14, ZInsO 2015, 1262, Rn 15, 20; BGH, 18.7.2013 – IX ZR 143/12, ZInsO 2013, 2109, Rn 12; BGH, 30.6.2011 – IX ZR 134/10, ZInsO 2011, 1410, Rn 15; BGH, 17.6.2010 – IX ZR 134/09, ZInsO 2010, 1324, Rn 9; AG Hamburg, 18.6.2008 – 67g IN 37/08, ZInsO 2008, 680, 681.
284 OLG Hamm, 19.8.2014 – 27 U 25/14, ZInsO 2014, 2499, 2500.
285 BGH, 7.11.2013 – IX ZR 49/13, ZInsO 2013, 2434, Rn 13.
286 BGH, 19.2.2009 – IX ZR 62/08, ZInsO 2009, 515, Rn 16; BGH, 24.4.2008 – II ZR 51/07, ZInsO 2008, 1019, Rn 7; BGH, 14.2.2008 – IX ZR 38/04, ZInsO 2008, 378, Rn 20; BGH, 12.10.2006 – IX ZR 228/03, ZInsO 2006, 1210, Rn 24; OLG Dresden, 27.8.2008 – 13 U 129/07, ZInsO 2010, 1187, 1189.
287 BGH, 7.5.2015 – IX ZR 95/14, ZInsO 2015, 1262, Rn 15; BGH, 6.12.2012 – IX ZR 3/12, ZInsO 2013, 190, Rn 36; BGH, 24.4.2008 – II ZR 51/07, ZInsO 2008, 1019, Rn 6; OLG Braunschweig, 30.4.2020 – 9 U 3/20, ZInsO 2020, 1941, 1943; AG Köln, 6.11.2008 – 71 IN 487/07, ZInsO 2009, 671, 674.

- Buchführung zurückzuführen war, muss der Anfechtungsgegner dies beweisen[288])
- Bis zur Verfahrenseröffnung nicht gezahlte, ggf. zur Tabelle angemeldete, nicht unerhebliche Verbindlichkeiten (s. Rdn 73f. – das gilt jedoch nicht im Strafrecht, um eine nach § 15a Abs. 4, 5 InsO strafbare Insolvenzverschleppung festzustellen[289])
- Eine dauerhaft schleppende Zahlungsweise[290] (z.B. bei durchgängig um einen Monat verspäteten Zahlungen);[291] wiederholt bloße Teilzahlungen (als sog. strategische Zahlung),[292] stetiges Anwachsen von Zahlungsrückständen[293] oder wenn der Schuldner infolge der ständigen verspäteten Begleichung einen Forderungsrückstand vor sich hergeschoben hat[294]
- Das Nichteinhalten einer Ratenzahlungsvereinbarung, die zudem ggf. zum Eingreifen einer Verfallklausel führt, nach welcher der Restbetrag sofort fällig ist[295]
- Eigene Erklärungen des Schuldners, eine fällige Verbindlichkeit (anders als angeboten) nicht begleichen zu können, auch wenn diese mit einer Stundungsbitte versehen sind[296] (Ausnahme: die erbetene Ratenzahlungsvereinbarung hält sich im Rahmen der Gepflogenheiten des Geschäftsverkehrs;[297] oder u.U. bei nicht betriebsnotwendigen Verbindlichkeiten[298])
- Das monatelange völlige Schweigen eines Schuldners auf Rechnungen und Mahnungen,[299]

---

288 BGH, 29.3.2012 – IX ZR 40/10, ZInsO 2012, 976, Rn 15.
289 BGH, 21.8.2013 – 1 StR 665/12, ZInsO 2013, 2107, Rn 17.
290 BGH, 31.10.2019 – IX ZR 170/18, ZInsO 2020, 91, Rn 12; BGH, 7.5.2015 – IX ZR 95/14, ZInsO 2015, 1262, Rn 19; BGH, 8.1.2015 – IX ZR 203/12, ZInsO 2015, 396, Rn 20; BGH, 18.7.2013 – IX ZR 143/12, ZInsO 2013, 2109, Rn 12; KG, 7.12.2018 – 14 U 132/17, ZInsO 2019, 898, 901.
291 BGH, 9.6.2016 – IX ZR 174/15, ZInsO 2016, 1357, Rn 23, 27.
292 BGH, 7.5.2015 – IX ZR 95/14, ZInsO 2015, 1262, Rn 21; BGH, 6.12.2012 – IX ZR 3/12, ZInsO 2013, 190, Rn 34; „nach Kassenlage": BGH, 17.11.2016 – IX ZR 65/15, ZInsO 2016, 2474, Rn 23.
293 BGH, 16.6.2016 – IX ZR 3/15, ZInsO 2016, 1427, Rn 14, 15.
294 BGH, 30.4.2015 – IX ZR 149/14, ZInsO 2015, 1441, Rn 9; BGH, 18.7.2013 – IX ZR 143/12, ZInsO 2013, 2109, Rn 13; BGH, 6.12.2012 – IX ZR 3/12, ZInsO 2013, 190, Rn 21, 23; BGH, 25.10.2012 – IX ZR 117/11, ZInsO 2012, 2244, Rn 19.
295 BGH, 16.4.2015 – IX ZR 6/14, ZInsO 2015, 898, Rn 5; BGH, 8.10.2009 – IX ZR 173/07, ZInsO 2009, 2148, Rn 13.
296 BGH, 5.3.2020 – IX ZR 171/18, ZInsO 2020, 893 Rn 12; BGH, 15.11.2018 – IX ZR 81/18, ZInsO 2019, 192, Rn 5; BGH, 30.4.2015 – IX ZR 149/14, ZInsO 2015, 1441, Rn 9; BGH, 16.4.2015 – IX ZR 6/14, ZInsO 2015, 898, Rn 4; BGH, 8.1.2015 – IX ZR 203/12, ZInsO 2015, 396, Rn 21; BGH, 10.7.2014 – IX ZR 280/13, ZInsO 2014, 1947, Rn 28; OLG Karlsruhe, 6.6.2014 – 15 U 184/13, ZInsO 2014, 2042, 2044; OLG Hamburg, 4.4.2014 – 1 U 69/13, ZInsO 2014, 891, 893.
297 BGH, 30.4.2015 – IX ZR 149/14, ZInsO 2015, 1441, Rn 10; BGH, 16.4.2015 – IX ZR 6/14, ZInsO 2015, 898, Rn 3.
298 BGH, 14.7.2016 – IX ZR 188/15, ZInsO 2016, 1749, Rn 21.
299 BGH, 6.7.2017 – IX ZR 178/16, ZInsO 2017, 1881, Rn 16.

- Erhebliche Rückstände ggü. einem wesentlichen Stakeholder (z.B. Lieferant, Vermieter),[300] ggf. nach Androhung einer Liefersperre
- Eine fruchtlose Pfändung[301] oder Vollstreckungsmaßnahmen/Vollstreckungsdruck[302]
- Mehrere Insolvenzanträge von Gläubigern, auch wenn der erste Antrag nach Zahlung für erledigt erklärt wurde[303]
- Die Gewährung eines Vollstreckungsaufschubs[304] (nicht aber eine bloße Zahlungsvereinbarung nach § 802b Abs. 2 ZPO)[305]
- Abgabe der eidesstattlichen Versicherung[306]
- Häufige Scheck- und Wechselproteste[307] oder Rücklastschriften[308]
- Die Schließung des Geschäftsbetriebes ohne ordnungsgemäße Abwicklung.[309]

Diese Beweisanzeichen tragen zu dem Gesamtbild eines am Rande des finanzwirtschaftlichen Abgrunds operierenden Schuldners bei, der nur noch darum bemüht ist, trotz fehlender Mittel den Anschein eines funktionstüchtigen Geschäftsbetriebs aufrechtzuerhalten.[310]

---

300 BGH, 17.7.2016 – IX ZR 188/15, ZInsO 2016, 1749, Rn 21; BGH, 9.6.2016 – IX ZR 174/15, ZInsO 2016, 1357, Rn 24, 26; BGH, 17.12.2015 – IX ZR 61/14, ZInsO 2016, 214, Rn 25, 30; BGH, 6.12.2012 – IX ZR 3/12, ZInsO 2013, 190, Rn 23, 42; KG, 7.12.2018 – 14 U 132/17, ZInsO 2019, 898; OLG Hamburg, 3.2.2012 – 8 U 39/11, ZInsO 2012, 491, 493; siehe ferner: BGH, 16.6.2016 – IX ZR 3/15, ZInsO 2016, 1427, Rn 17, 23.
301 BGH, 6.7.2017 – IX ZR 178/16, ZInsO 2017, 1881, Rn 20; BGH, 30.1.2003 – 3 StR 437/02, ZInsO 2003, 519, 520; BGH, 20.7.1999 – 1 StR 668/98, NJW 2000, 154, 156; OLG Hamburg, 27.7.2007 – 1 U 66/06, ZInsO 2007, 1350, 1352.
302 BGH, 31.10.2019 – IX ZR 170/18, ZInsO 2020, 91, Rn 13, 18; BGH, 15.11.2018 – IX ZR 81/18, ZInsO 2019, 192, Rn 5; BGH, 7.5.2015 – IX ZR 95/14, ZInsO 2015, 1262, Rn 15, 21; BGH, 8.1.2015 – IX ZR 203/12, ZInsO 2015, 396, Rn 23; BGH, 30.6.2011 – IX ZR 134/10, ZInsO 2011, 1410, Rn 17; BGH, 13.4.2006 – IX ZB 118/04, ZIP 2006, 1056, Rn 14; OLG Frankfurt am Main, 3.2.2010 – 4 U 184/09, ZInsO 2010, 1328, 1329.
303 BGH, 18.12.2014 – IX ZB 34/14, ZInsO 2015, 301, Rn 11.
304 BGH, 8.3.2012 – IX ZR 102/11, ZInsO 2012, 732, Rn 8.
305 BGH, 6.7.2017 – IX ZR 178/16, ZInsO 2017, 1881, Rn 20.
306 BGH, 20.7.1999 – 1 StR 668/98, NJW 2000, 154, 156; OLG Celle, 29.10.2001 – 2 W 114/01, ZInsO 2001, 1106.
307 BGH, 30.6.2011 – IX ZR 134/10, ZInsO 2011, 1410, Rn 17; BGH, 30.1.2003 – 3 StR 437/02, ZInsO 2003, 519, 520; BGH, 20.11.2001 – IX ZR 159/00, ZInsO 2002, 125 (zur KO); BGH, 20.7.1999 – 1 StR 668/98, NJW 2000, 154, 156.
308 BGH, 6.12.2012 – IX ZR 3/12, ZInsO 2013, 190, Rn 31, 44; OLG Braunschweig, 30.4.2020 – 9 U 3/20, ZInsO 2020, 1941, 1943; Krüger/Wigand, ZInsO 2011, 314, 315; Pape, WM 2008, 1949, 1951; Indiz für drohende Zahlungsunfähigkeit: BGH, 1.7.2010 – IX ZR 70/08, ZInsO 2010, 1598, Rn 10; OLG Celle v. 29.12.2011 – 13 U 124/11, ZInsO 2012, 90, 92.
309 BGH, 13.4.2006 – IX ZB 118/04, ZIP 2006, 1056, Rn 14.
310 BGH, 7.5.2015 – IX ZR 95/14, ZInsO 2015, 1262, Rn 21; BGH, 8.1.2015 – IX ZR 203/12, ZInsO 2015, 396, Rn 23.

VI. Abwendung der Zahlungsunfähigkeit

78 Der Insolvenzgrund der Zahlungsunfähigkeit kann – wie die Überschuldung – durch Mehrung der Aktiva und/oder Verringerung der Passiva verhindert werden. Bei einem vorausschauenden Krisenmanagement sollte es eher um die Vermeidung einer u.U. mittelfristig drohenden Zahlungsunfähigkeit gehen, bei vielen Beratungsmandaten steht die Zahlungsunfähigkeit aber oft schon kurz bevor oder ist bereits eingetreten.

1. Finanzwirtschaftliche Maßnahmen

79 Kurzfristig wirkende Effekte lassen sich vorwiegend durch bestimmte finanzwirtschaftliche Maßnahmen[311] erreichen, die – zunächst vorübergehend – zur Stärkung der Aktiva oder zur Entlastung der Passivseite führen.

a) Frische Liquidität

80 Auf der Aktivseite kommt insb. die Zuführung von „Fresh Money" in Betracht. Dieses kann durch neues **Eigenkapital**[312] von Alt- oder Neugesellschaftern (durch Barkapitalerhöhung, ggf. mit vereinfachter Kapitalherabsetzung [sog. Kapitalschnitt], Zuzahlung in die Kapitalrücklage [§ 272 Abs. 2 Nr. 4 HGB]) etc.), **Fremdkapital**[313] (durch Bankkredit, Gesellschafterdarlehen, staatliche Fördermaßnahmen[314] etc.), u.U. auch über eine **Neuordnung des Fremdkapitals**,[315] oder ggf. auch durch **Mezzaninekapital**[316] („hybride" Finanzierungsformen, die zwischen Eigen- und Fremd-

---

311 Siehe dazu ausführlich auch: SanRKomm/Haas/Tyroller, Teil 1 Abschnitt 4 Rn 1 f.; Buth/Hermanns, Restrukturierung, Sanierung, Insolvenz, 4. Teil; Steffan, WPg 2009, 273, 279.
312 BGH, 12.5.2016 – IX ZR 65/14, ZInsO 2016, 1251, Rn 38; dazu näher: SanRKomm/Raschke/Warneke, Teil 1 Abschnitt 4 Rn 175 f.; Buth/Hermanns, in: Buth/Hermanns, Restrukturierung, Sanierung, Insolvenz, § 16 Rn 2 f.; Brunke/Waldow, in: Buth/Hermanns, Restrukturierung, Sanierung, Insolvenz, § 18 Rn 1 f.; Arnold/Spahlinger/Maske-Reiche, in: Theiselmann, Restrukturierungsrecht, Kap. 1 Rn 230 f.; Seibt, in: Theiselmann, Restrukturierungsrecht, Kap. 6 Rn 1 f.; Budde, ZInsO 2010, 2251, 2254.
313 Siehe dazu ausfürlich: Buth/Hermanns, in: Buth/Hermanns, Restrukturierung, Sanierung, Insolvenz, § 16 Rn 44 f.; Sievers/Bizenberger, in: Buth/Hermanns, Restrukturierung, Sanierung, Insolvenz, § 19 Rn 1 f.; Undritz, in: Kölner Schrift zur InsO, Kap. 29 Rn 71 f.; Budde, ZInsO 2010, 2251, 2253.
314 Dazu umfassend: Arhold/Struckmann, in: Theiselmann, Restrukturierungsrecht, Kap. 12 Rn 2 f.; Janus, in: Buth/Hermanns, Restrukturierung, Sanierung, Insolvenz, § 16 Rn 59 f.; Budde, ZInsO 2010, 2251, 2255.
315 Blöcker/Schäfer/Schlitt, in: Theiselmann, Restrukturierungsrecht, Kap. 2 Rn 1 f.
316 Siehe dazu ausführlich: SanRKomm/Sax/Amer, Teil 1 Abschnitt 4 Rn 217 f.; Kuhlwein von Rathenow/Heumann, in: Buth/Hermanns, Restrukturierung, Sanierung, Insolvenz, § 2 Rn 5, Rn 24 f.;

kapital stehen, wie Genussrechte, stille Beteiligungen, Nachrangdarlehen u.a.) erfolgen.

Praxistipp 81

Fremdkapitalgeber werden in der Regel **Sicherheiten** verlangen. Hier muss darauf geachtet werden, dass diese wirksam und insb. insolvenzfest vereinbart werden.[317] Sicherheiten für **Gesellschafterdarlehen** unterliegen – auch wenn zeitgleich vereinbart, d.h. grds. ein Bargeschäftsprivileg nach § 142 InsO vorliegt – der Insolvenzanfechtung nach § 135 Abs. 1 Nr. 1 InsO. Etwas anderes gilt nur, wenn das Sanierungs- oder Kleinbeteiligtenprivileg eingreift, §§ 135 Abs. 4, 39 Abs. 4 Satz 2, Abs. 5 InsO. Wenn es später zur Insolvenz kommt, sind im Jahreszeitraum erfolgte Rückzahlungen auf Gesellschafterdarlehen nach § 135 Abs. 1 Nr. 2 InsO anfechtbar, was – anders als ggf. nach früherem Eigenkapitalersatzrecht[318] – auch bei **kurzfristigen Überbrückungskrediten** (Laufzeit von max. 3 Wochen) gilt.[319]

In der Praxis wird die neue Liquidität oft sehr dringend benötigt, sodass ein Beschluss über die **Kapitalerhöhung** (§ 53 GmbHG, § 182 AktG) nicht abgewartet werden kann. Eine sog. **Voreinzahlung**[320] auf eine Erhöhung, die bis zur Beschlussfassung schon verbraucht ist, sollte grds. vermieden werden.

Auch bei etwaigen **Zahlungen auf debitorische Konten** ist Vorsicht geboten. Diese sind nur erfüllungstauglich, wenn die Gesellschaft über die Mittel frei verfügen kann.[321]

Anders als i.R.d. Überschuldung hilft bei der Zahlungsunfähigkeit auch ein reiner 82 **Aktivtausch**, d.h. die Liquidierung von Anlage- oder Umlaufvermögen. Zu denken ist hier an den Verkauf nicht betriebsnotwendiger Vermögensgüter oder den Verkauf von Unternehmensteilen (**Desinvestition**).[322] I.R.d. **Sale-and-Lease-Back-Verfahrens** ist es ferner möglich, betriebsnotwendiges Anlagevermögen zu veräußern.[323] Hierbei sollten allerdings die dauerhaften Rentabilitätseinbußen durch die zu zahlenden Nutzungsentgelte nicht aus dem Auge verloren werden. Sofern die Liquiditätsschwierigkeiten mit schleppender Zahlungsmoral der Kunden (bei Zah-

---

Arnold/Spahlinger/Maske-Reiche, in: Theiselmann, Restrukturierungsrecht, Kap. 1 Rn 284 f.; Budde, ZInsO 2010, 2251, 2258; Knebel/Schmidt, BB 2009, 430, 432.
317 Dazu umfassend: Budde, ZInsO 2010, 2251, 2257.
318 BGH, 21.7.2011 – IX ZR 185/10, ZInsO 2011, 1792, Rn 67; BGH, 26.4.2010 – II ZR 60/09, ZInsO 2010, 1396, Rn 17; BGH, 17.7.2006 – II ZR 106/05, ZInsO 2007, 38, Rn 9.
319 BGH, 27.6.2019 – IX ZR 167/18, ZInsO 2019, 1734, Rn 31; BGH, 16.1.2014 – IX ZR 116/13, ZInsO 2014, 339, Rn 1; BGH, 4.7.2013 – ZInsO 2013, 1686, Rn 29; HambKomm/Schröder, § 135 InsO Rn 22.
320 Siehe dazu: BGH, 24.4.2008 – III ZR 223/06, ZIP 2008, 1928, Rn 14; BGH, 26.6.2006 – II ZR 43/05, ZIP 2006, 2214, Rn 13, 14; SanRKomm/Raschke/Warneke, Teil 1 Abschnitt 4 Rn 180; HambKomm/Kuleisa, Anhang B. zu § 35 InsO Rn 10 f.; Budde, ZInsO 2010, 2251, 2254.
321 BGH, 8.11.2004 – II ZR 362/02, ZInsO 2005, 315, 316; SanRKomm/Raschke/Warneke, Teil 1 Abschnitt 4 Rn 179.
322 SanRKomm/Haas/Tyroller, Teil 1 Abschnitt 4 Rn 62 f.
323 SanRKomm/Haas/Tyroller, Teil 1 Abschnitt 4 Rn 65; Jünger, in: Buth/Hermanns, Restrukturierung, Sanierung, Insolvenz, § 14 Rn 32; Buth/Hermanns, in: Buth/Hermanns, Restrukturierung, Sanierung, Insolvenz, § 16 Rn 57.

lungsfähigkeit) o.ä. in Zusammenhang stehen, kann auch über einen **Forderungsverkauf** (**Factoring**, **Verbriefung** etc.) nachgedacht werden.[324]

b) Stundung (mit Ratenzahlungsvereinbarung)

83 Auf der Passivseite ist als wichtigste Maßnahme die **Stundung** (anderer Begriff: Zahlungsaufschub, Moratorium) bestimmter Verbindlichkeiten zu nennen (auch „Standstill" genannt). Dazu bedarf es einer Vereinbarung zwischen Gläubiger und Schuldner, entweder bei Vertragsschluss oder nachträglich.[325] Eine rückwirkende Stundung ist nicht möglich.[326] Die Stundung bewirkt das Hinausschieben der Fälligkeit, sodass die jeweilige Verbindlichkeit im Liquiditätsstatus/-plan nicht zu passivieren ist.[327] Der Zahlungsaufschub erfolgt in der Regel zeitlich begrenzt. Stundet der Gläubiger auf unbestimmte Zeit, kann er die Fälligkeit später gem. §§ 316, 315 BGB nach billigem Ermessen festsetzen.[328] Er kann die Stundung widerrufen, wenn der Schuldner den Anspruch bestreitet oder ihn in sonstiger Weise erheblich gefährdet, bei einer nachträglichen Stundung zudem dann, wenn sich dessen Vermögensverhältnisse wesentlich verschlechtern.[329]

---

84 **Praxistipp**
Eine Stundungsvereinbarung kann formfrei[330] (außer bei formbedürftigen Verträgen[331]), sollte aus Beweiszwecken aber stets schriftlich getroffen werden. Die nachträgliche Stundung stellt in der Regel ein Anerkenntnis dar (Klarstellung angeraten) und bewirkt damit den Neubeginn der Verjährung, § 212 Abs. 1 Nr. 1 BGB, zudem führt sie stets zur Hemmung der Verjährung nach § 205 BGB.[332]
Sie kann wie folgt formuliert werden:
„*Stundungsvereinbarung*
A („Gläubiger") steht gegen B („Schuldner") eine Forderung aus ... über ... EUR zu. Die Parteien sind sich darüber einig, dass diese Forderung nicht zum ..., sondern erst zum ... zur Zahlung fällig ist."

---

324 SanRKomm/Haas/Tyroller, Teil 1 Abschnitt 4 Rn 67; Litten, in: Theiselmann, Restrukturierungsrecht, Kap. 3 Rn 1 f.
325 BGH, 19.7.2007 – IX ZB 36/07, ZInsO 2007, 939, Rn 23; BGH, 25.3.1998 – VIII ZR 298/97, NJW 1998, 2060, 2061; HambKomm/Schröder, § 17 InsO Rn 10; MüKo/Krüger, § 271 BGB Rn 22 f.; SanRKomm/Sax/Amer, Teil 1 Abschnitt 4 Rn 362.
326 OLG Brandenburg, 6.3.2013 – 7 U 23/11, ZInsO 2013, 987, 989.
327 BGH, 22.5.2014 – IX ZR 95/13, ZInsO 2014, 1326, Rn 26; BGH, 20.12.2007 – IX ZR 93/06, ZInsO 2008, 273, Rn 25; BGH, 21.6.2007 – IX ZR 231/04, ZInsO 2007, 816, Rn 34; BGH, 12.10.2006 – IX ZR 228/03, ZInsO 2006, 1210, Rn 17; HambKomm/Schröder, § 17 InsO Rn 10; Uhlenbruck/Mock, § 17 InsO Rn 143; IDW S 11, ZInsO 2015, 1136 Rn 28.
328 BGH, 24.10.1990 – VIII ZR 305/89, NJW-RR 1991, 822; MüKo/Krüger, § 271 BGB Rn 24.
329 MüKo/Krüger, § 271 BGB Rn 5.
330 BGH, 19.7.2007 – IX ZB 36/07, ZInsO 2007, 939, Rn 23; HambKomm/Schröder, § 17 InsO Rn 10.
331 MüKo/Krüger, § 271 BGB Rn 22.
332 MüKo/Grothe, § 205 BGB Rn 3, § 212 Rn 17; Undritz, in: Kölner Schrift zur InsO, Kap. 29 Rn 59.

Gläubiger werden oftmals nur dann zur Stundung bereit sein, wenn gleichzeitig 85
eine **Ratenzahlungsvereinbarung** abgeschlossen wird. Durch den Erhalt entsprechender Teilzahlungen setzt sich der Gläubiger u.U. jedoch einem gewissen **Anfechtungsrisiko** aus, wenn es später zur Insolvenz kommt. Denn sofern seine gesamten Forderungen fällig waren, war ihm zweifellos bekannt, dass die liquiden Mittel des Schuldners nicht ausreichen, um diese auszugleichen.

Praxistipp

In Betracht kommt in aller Regel nur eine Anfechtung wegen kongruenter Deckung nach § 130 Abs. 1 Satz 1 Nr. 1 oder § 133 Abs. 1 Satz 1, Abs. 3 Satz 1 InsO. Um das Anfechtungsrisiko möglichst zu minimieren, muss die Stundung – soweit möglich – zeitlich vor dem Eintritt der Fälligkeit sowie vor dem Erhalt von Zahlungen vereinbart werden. Zudem ist darauf zu achten, dass die Ratenzahlungsvereinbarung vollständig und pünktlich eingehalten wird. Eine Stundungsbitte kann ein starkes Indiz für eine Zahlungseinstellung und somit auch der Kenntnis hiervon darstellen (s. Rdn 77). Nach der Reform des Anfechtungsrechts mit Inkrafttreten am 5.4.2017 sind Ratenzahlungen nun aber grds. privilegiert, § 133 Abs. 3 Satz 2 InsO.

Zahlungen für Neubestellungen sollten im Wege des Bargeschäfts (§ 142 InsO), ggf. nach Leistung eines Vorschusses, abgewickelt werden. Sie sollten mit einer konkreten Tilgungsbestimmung auf die Neuverbindlichkeiten versehen werden (§ 366 BGB).

---

c) Nichteinfordern

Weniger weitreichend, aber ebenso wirkungsvoll ist es, wenn der Gläubiger die Forderung nicht ernsthaft einfordert (s. dazu Rdn 30f.), durch ein Stillhalteabkommen oder durch tatsächliche Stundung ohne rechtlichen Bindungswillen.[333] Im letztgenannten Fall handelt es sich lediglich um eine **einseitige Erklärung** des Gläubigers. 86

Praxistipp 87

Auch das Nichteinfordern sollte stets schriftlich dokumentiert werden. Es bietet ggü. der Stundung zwei wesentliche **Vorteile**:
1. Der Gläubiger kann von seiner **einseitigen Erklärung jederzeit Abstand nehmen** und die Zahlung einfordern, sofern er sich nicht anderweitig, z.B. für einen bestimmten Zeitraum, ggü. dem Schuldner (ggf. im Rahmen einer Vereinbarung) gebunden hat.
2. Da die Forderung zivilrechtlich weiterhin fällig ist, bleibt die freihändige **Verwertung von Sicherheiten** möglich, ohne dass aufgrund etwaiger Zahlungsunfähigkeit – jedenfalls im Hinblick auf diese Forderung – Insolvenzantragspflicht besteht.[334]

---

[333] BGH, 20.12.2007 – IX ZR 93/06, ZInsO 2008, 273, Rn 25, 26; OLG Celle, 20.5.2009 – 13 U 24/09, ZInsO 2009, 1203, 1204; HambKomm/Schröder, § 17 InsO Rn 16; Uhlenbruck/Mock, § 17 InsO Rn 125f., 145; SanRKomm/Sax/Amer, Teil 1 Abschnitt 4 Rn 349f., 353f.
[334] Schulz, ZIP 2009, 2281, 2283.

Auch das Stillhalten kann an die Erbringung gewisser Leistungen, insb. **Ratenzahlungen**, geknüpft werden.[335] Der Schuldner kann dabei von neuem zahlungsunfähig werden, wenn er nicht in der Lage ist, die vereinbarten Leistungen zu erbringen.[336]

Nachfolgend ein Formulierungsvorschlag zum Nichteinfordern:

„*Verzicht auf ernsthaftes Einfordern einer Forderung*

A („Gläubiger") hat gegen B („Schuldner") eine Forderung aus … i.H.v. … EUR. Der Gläubiger erklärt, dass er seine Forderung bis auf Widerruf (zumindest aber bis zum …) gegenüber diesem nicht einfordert. Die zivilrechtliche Fälligkeit (§ 271 BGB) der Forderung bleibt unberührt."

d) Weitere Maßnahmen

88 Eine sog. harte (konzern-)interne **Patronatserklärung** (s. ausführlich Rdn 165 f.) kann, soweit sie die Zurverfügungstellung von Liquidität zum Inhalt hat („Liquiditätszusage" oder „Zahlungszusage"[337]), die Zahlungsunfähigkeit verhindern.[338] Allerdings kommt sie zu spät, wenn bereits Zahlungseinstellung (§ 17 Abs. 2 InsO) vorliegt, denn dann vermag sie es nicht, die allgemeine Wiederaufnahme der Zahlungen zu begründen.[339] Sie ist nur dann zielführend, wenn der Patron bezüglich seiner demnächst ggf. fälligen Regress- oder Rückgriffsforderung einen Rangrücktritt vereinbart, auf diese verzichtet oder diese stundet. Andernfalls liegt ein bloßer Gläubigertausch vor, mit welchem dem Schuldner nicht gedient ist (s. Rdn 167). Zudem ist, da hier die Liquidität maßgeblich ist, erforderlich, dass der Schuldner einen kurzfristig durchsetzbaren und – selbstverständlich – werthaltigen Anspruch gegen den Patron hat.[340] Der BGH fordert, dass dem Schuldner ein ungehinderter Zugriff auf die vom Patron zur Verfügung gestellten Mittel eröffnet wird oder der Patron seiner Ausstattungspflicht auch tatsächlich nachkommt.[341] Eine (konzern-)externe Erklärung beseitigt die Zahlungsunfähigkeit erst, wenn der Patron seine gegenüber dem Gläubiger einge-

---

335 BGH, 20.12.2007 – IX ZR 93/06, ZInsO 2008, 273, Rn 26; Schulz, ZIP 2009, 2281, 2283.
336 BGH, 16.4.2015 – IX ZR 6/14, ZInsO 2015, 898, Rn 5; BGH, 8.10.2009 – IX ZR 173/07, ZInsO 2009, 2148, Rn 13; BGH, 20.12.2007 – IX ZR 93/06, ZInsO 2008, 273, Rn 26.
337 BGH, 26.1.2016 – II ZR 394/13, ZInsO 2016, 1119, Rn 31; BGH, 19.9.2013 – IX ZR 232/12, ZInsO 2013, 2055, Rn 7.
338 BGH, 26.1.2016 – II ZR 394/13, ZInsO 2016, 1119, Rn 31; BGH, 19.9.2013 – IX ZR 232/12, ZInsO 2013, 2055, Rn 7; BGH, 19.5.2011 – IX ZR 9/10, ZInsO 2011, 1115, Rn 21; Arnold/Spahlinger/Maske-Reiche, in: Theiselmann, Restrukturierungsrecht, Kap. 1 Rn 133; IDW S 11, ZInsO 2015, 1136 Rn 33; Ganter, WM 2014, 1457, 1459; Raeschke-Kessler/Christopeit, NZG 2010, 1361, 1366.
339 BGH, 17.9.2009 – IX ZR 103/07, juris, Rn 2; Arnold/Spahlinger/Maske-Reiche, in: Theiselmann, Restrukturierungsrecht, Kap. 1 Rn 133; Krüger/Pape, NZI 2011, 617, 619.
340 Krüger/Pape, NZI 2011, 617, 619.
341 BGH, 26.1.2016 – II ZR 394/13, ZInsO 2016, 1119, Rn 31; BGH, 19.9.2013 – IX ZR 232/12, ZInsO 2013, 2055, Rn 7; BGH, 19.5.2011 – IX ZR 9/10, ZInsO 2011, 1115, Rn 21.

gangene Verpflichtung durch die Liquiditätsausstattung des Schuldners tatsächlich erfüllt hat.[342]

Zur Vermeidung einer Überschuldung wird oftmals ein **Rangrücktritt** erklärt (dazu: Rdn 172f.). Dieser kann sich – was umstritten ist – ebenfalls auf die Zahlungsunfähigkeit auswirken, weil die entsprechende Verbindlichkeit dann in der Regel auch nicht fällig bzw. eingefordert ist.[343] Der – praktisch schwer durchsetzbare – **Forderungsverzicht (mit Besserungsabrede)** (dazu Rdn 181f.) entlastet die Passivseite ebenfalls, wenn die betreffende Verbindlichkeit fällig ist oder demnächst fällig wird.

Ein **Debt Equity Swap** (s. dazu Rdn 185f.) kann unmittelbar zur Abwendung der Zahlungsunfähigkeit beitragen, sofern er sich – ausnahmsweise – auf fällige Verbindlichkeiten bezieht. Soweit diese und andere, primär auf die Entlastung der Überschuldungsbilanz gerichteten Maßnahmen (wie im Regelfall) keine fälligen Verbindlichkeiten betreffen, haben sie zumindest mittelbar positiven Einfluss auf die Zahlungsfähigkeit. Denn durch die Verringerung der Passiva sinkt die Zins- und Tilgungslast.

Denkbar ist letztlich auch eine Restrukturierung durch Beteiligung des Schuldners an einer **Umwandlungsmaßnahme** nach dem UmwG.[344] Hier kommt insb. die Verschmelzung oder Spaltung des Krisenunternehmens in Betracht. Bei einer Kapitalgesellschaft, die zur Insolvenzantragstellung verpflichtet ist, kann ggf. auch der Formwechsel zur Personengesellschaft ein Weg sein.

89

2. Leistungswirtschaftliche Maßnahmen

Eine rein finanzwirtschaftliche Sanierung, mit der nur der gegenwärtige Schuldenstand reduziert wird, ist nicht zielführend, wenn dadurch die Ursachen der Krise nicht beseitigt werden und wenn das Unternehmen (weiterhin) nicht profitabel arbeitet.[345] Erfolgversprechend kann dies nur sein, wenn der Insolvenzgrund allein auf einem Finanzierungsproblem beruht, etwa dem Ausfall berechtigter Forderungen des Schuldners.[346]

90

---

342 BGH, 19.5.2011 – IX ZR 9/10, ZInsO 2011, 1115, Rn 22; siehe ferner: BGH, 22.11.2012 – IX ZR 62/10, ZInsO 2013, 76, Rn 13.
343 HambKomm/Schröder, § 17 InsO Rn 13; MüKo/Eilenberger, § 17 InsO Rn 7a; SanRKomm/Raschke/Warneke, Teil 1 Abschnitt 4 Rn 143; Desch, BB 2010, 2586; **a.A.:** AG Itzehoe, 1.5.2014 – 28 IE 1/14, ZInsO 2014, 1106, 1107; Uhlenbruck/Mock, § 17 InsO Rn 133, 147. Wie hier wohl auch: BGH, 5.3.2015 – IX ZR 133/14, ZInsO 2015, 681, Rn 16, 50, 52 „Rangrücktritt … als rechtsgeschäftliches Zahlungsverbot"; BGH, 19.7.2007 – IX ZB 36/07, ZInsO 2007, 939, Rn 18.
344 Dazu umfassend: Hermanns, in: Buth/Hermanns, Restrukturierung, Sanierung, Insolvenz, § 17 Rn 25f.; Cahn/Simon, in: Theiselmann, Restrukturierungsrecht, Kap. 7 Rn 49f.; Schwetlik, GmbHR 2011, 130.
345 BGH, 12.5.2016 – IX ZR 65/14, ZInsO 2016, 1251, Rn 29, 31, 40.
346 BGH, 12.5.2016 – IX ZR 65/14, ZInsO 2016, 1251, Rn 31.

Notwendig sind daher in aller Regel auch Restrukturierungen im leistungswirtschaftlichen Bereich (Vertrieb, Einkauf, Logistik und Produktion, Personal, Finanzen, Controlling, EDV, Forschung und Entwicklung).[347] Sie sind vorwiegend betriebswirtschaftlicher Natur und wirken i.d.R. nicht sofort und zudem erst im Zusammenspiel miteinander. Ausnahmen bilden Sofortmaßnahmen zur zügigen Reduzierung der laufenden Kosten (Personal, Miete etc.) oder zur Erhöhung der Einnahmen (insb. Anhebung der Preise).

C. Drohende Zahlungsunfähigkeit

I. Bedeutung

91 Die drohende Zahlungsunfähigkeit kann nur dann zur Eröffnung eines Insolvenzverfahrens führen, wenn der Schuldner selbst den Insolvenzantrag gestellt hat (sog. **Eigenantrag**; § 18 Abs. 1 InsO). Dieser Insolvenztatbestand gibt dem Schuldner **ein Recht** und löst auch bei solchen Gesellschaften, die grds. antragspflichtig sind, noch **keine Pflicht zur Antragstellung** aus, § 15a Abs. 1 InsO. Bei juristischen Personen kann eine Überschuldung nicht vorliegen, wenn eine positive Fortführungsprognose anzunehmen ist (§ 19 Abs. 2 Satz 1 InsO). Deshalb kann ein Antragsrecht nach § 18 InsO ohne gleichzeitige Antragspflicht (nach §§ 15a Abs. 1, 19 InsO) nur bestehen, wenn die Fortführungsprognose negativ ist und die Aktiva zu Liquidationswerten die Passiva übersteigen (positives Reinvermögen), was nur in seltenen Fällen gegeben sein wird.[348] Abgesehen davon ist eine Verfahrenseröffnung (nur) wegen drohender Zahlungsunfähigkeit in der Praxis die Ausnahme. Das hat seinen Grund auch darin, dass oftmals infolge des – zu Recht – auf lediglich drohende Zahlungsunfähigkeit gestützten Insolvenzantrages die tatsächliche Zahlungsunfähigkeit eintritt, etwa weil die Banken die Kredite kündigen und fällig stellen (siehe dazu auch die entsprechende Anzeigepflicht nach § 270d Abs. 4 Satz 1 InsO). Zudem begründen Schuldner ihren Eigenantrag gelegentlich mit vermeintlich drohender Zahlungsunfähigkeit und übersehen dabei, dass diese bei Lichte betrachtet bereits eingetreten ist. Das sog. **Schutzschirmverfahren** kann nur bei drohender Zahlungsunfähigkeit oder Überschuldung, nicht jedoch bei bereits eingetretener Zahlungsunfähigkeit beantragt werden (§ 270d Abs. 1 Satz 1 InsO).

Die durch das StaRUG in nationales Recht umgesetzte EU-Richtlinie über einen **präventiven Restrukturierungsrahmen** knüpft ihren sachlichen Anwendungsbereich an eine „wahrscheinliche Insolvenz" (= „likelihood of insolvency") an. In § 29

---

347 Siehe dazu ausführlich: Buth/Hermanns, Restrukturierung, Sanierung, Insolvenz, 3. Teil („Sanierung der leistungswirtschaftlichen Bereiche"); Steffan, WPg 2009, 273, 276.
348 IDW S 11, ZInsO 2015, 1136, Rn 94.

Abs. 1 **StaRUG** ist nun geregelt, dass die Instrumente in Anspruch genommen werden können, um eine drohende Zahlungsunfähigkeit i.S.v. § 18 InsO nachhaltig zu beseitigen.

Praktische Bedeutung hat die drohende Zahlungsunfähigkeit – nach alter und neuer Rechtslage – auch i.R.d. **Insolvenz- und Gläubigeranfechtung** gemäß § 133 Abs. 1 Satz 2 InsO und § 3 Abs. 1 Satz 2 AnfG (s. Rdn 10 f.). Nach neuem Anfechtungsrecht ist sie nur noch bei inkongruenter Deckung maßgeblich (siehe § 133 Abs. 3 Satz 1 InsO, § 3 Abs. 3 Satz 1 AnfG). Die Kenntnis des Anfechtungsgegners wird bei Kenntnis der drohenden Zahlungsunfähigkeit dann vermutet. Daneben kann sie auch im Strafrecht relevant werden (s. Rdn 9).

II. Definition

Nach der **Legaldefinition** in § 18 Abs. 2 Satz 1 InsO droht der Schuldner zahlungsunfähig zu werden, wenn er voraussichtlich nicht in der Lage sein wird, die bestehenden Zahlungspflichten im Zeitpunkt der Fälligkeit zu erfüllen. Das bedeutet, es muss im Planungszeitraum eine Liquiditätslücke von mehr als 10% entstehen, die nicht innerhalb von 3 Wochen geschlossen werden kann (s. dazu Rdn 19).[349] Teilweise wird sogar verlangt, dass alle Verbindlichkeiten erfüllt werden können.[350] Bei einer **negativen Fortführungsprognose** im Rahmen der Überschuldung i.S.v. § 19 Abs. 2 Satz 1 InsO liegt stets zumindest drohende Zahlungsunfähigkeit vor.[351] Die vorgenannte Definition gilt auch i.R.d. **Insolvenzanfechtungsrechts**[352] und des **Strafrechts**.[353]

92

Bei – zu einer entsprechenden Unterdeckung führenden – Verbindlichkeiten aus einem **Darlehen** droht dem Schuldner z.B. die Zahlungsunfähigkeit, wenn dieses auf einen bestimmten zukünftigen Zeitpunkt bereits gekündigt ist,[354] aber auch, wenn es noch prolongiert ist und Umschuldungsverhandlungen keine sichere Erfolgsaussicht bieten[355] oder wenn eine Kündigung/Fälligstellung im Prognosezeit-

---

349 BGH, 19.12.2017 – II ZR 88/16, ZInsO 2018, 381, Rn 45; BGH, 22.11.2012 – IX ZR 62/10, ZInsO 2013, 76, Rn 15; BGH, 13.8.2009 – IX ZR 159/06, ZInsO 2009, 1909, Rn 10; Groß/Amen, DB 2005, 1861, 1862.
350 Uhlenbrock/Mock, § 18 InsO Rn 19, 20; Harz/Comtesse/Conrad, ZInsO 2019, 2241, 2242, 2246.
351 IDW S 11, ZInsO 2015, 1136 Rn 53, 90.
352 BGH, 22.11.2012 – IX ZR 62/10, ZInsO 2013, 76, Rn 8; OLG Frankfurt am Main, 4.11.2004 – 26 U 17/03, ZInsO 2005, 548, 549; HambKomm/Schröder, § 18 InsO Rn 2, 3.
353 BGH, 29.4.2010 – 3 StR 314/09, ZInsO 2010, 1383, 1388, Rn 52.
354 BGH, 22.5.2014 – IX ZR 95/13, ZInsO 2014, 1326, Rn 33; BGH, 5.12.2013 – IX ZR 93/11, ZInsO 2014, 77, Rn 10.
355 BGH, 22.11.2012 – IX ZR 62/10, ZInsO 2013, 76, Rn 13, 15.

raum überwiegend wahrscheinlich ist.[356] Das gilt z.B. auch bei befristeter Stundung einer Steuerverbindlichkeit.[357]

Bei einer negativen Prognose nach § 18 Abs. 2 InsO tritt die tatsächliche Zahlungsunfähigkeit (§ 17 InsO) erst in dem **Zeitpunkt** ein, wenn die 10%-Grenze tatsächlich erreicht ist.[358] Daher bestehen Bedenken gegen eine Entscheidung des AG Hamburg in einem § 270d InsO-Verfahren, wonach dann, wenn die Unterdeckung von 10% oder mehr sicher erst „demnächst" (in ca. 3 Monaten) eintreten wird, bereits jetzt zum Betrachtungsstichtag Zahlungsunfähigkeit anzunehmen sei.[359] Denn andernfalls ist keine sachgerechte Abgrenzung zur nur drohenden Zahlungsunfähigkeit möglich und der Anwendungsbereich dieses Insolvenzgrundes wäre zu stark eingeschränkt.

93   In die Prognose muss die gesamte Finanzlage des Schuldners bis zur Fälligkeit aller bestehenden Verbindlichkeiten einbezogen werden.[360] Das sind zunächst – auf den Zeitpunkt ihrer künftigen Fälligkeit[361] – die **bestehenden**, d.h. die rechtlich bereits begründeten (fälligen oder noch nicht fälligen) **Zahlungspflichten**[362] (s. umfassend zu den zu passivierenden fälligen Verbindlichkeiten: Rdn 27 f.). Zudem sind die **künftigen laufenden Verpflichtungen**, die noch nicht entstanden sind, zu berücksichtigen,[363] z.B. Löhne, Mieten, Kosten für Material/Dienstleistungen, Energie etc.[364] oder etwaige Rückstellungen.[365] Dabei ist davon auszugehen, dass die Verbindlichkeiten im Zeitpunkt ihrer Fälligkeit auch ernsthaft eingefordert werden,[366] es sei denn, es besteht eine konkrete Stundungsaussicht.[367] Diesen Passivpositionen sind die in dem jeweiligen Zeitraum verfügbaren **Zahlungsmittel**

---

356 BGH, 5.2.2015 – IX ZR 211/13, ZInsO 2015, 841, Rn 13; BGH, 22.5.2014 – IX ZR 95/13, ZInsO 2014, 1326, Rn 33; BGH, 5.12.2013 – IX ZR 93/11, ZInsO 2014, 77, Rn 10, 14; so auch: KG, 4.3.2014 – 14 U 98/12, ZInsO 2014, 2113, 2115.
357 BGH, 22.5.2014 – IX ZR 95/13, ZInsO 2014, 1326, Rn 13.
358 Plagens/Wilkes, ZInsO 2010, 2107, 2113.
359 AG Hamburg, 15.7.2013 – 67e IN 108/13, ZIP 2013, 1684, 1685; kritisch auch: Stahlschmidt, EWiR 2013, 591.
360 BGH, 5.12.2013 – IX ZR 93/11, ZInsO 2014, 77, Rn 10.
361 Siehe dazu: Uhlenbruck/Mock, § 18 InsO Rn 46, 52.
362 BGH, 19.12.2017 – II ZR 88/16, ZInsO 2018, 381, Rn 45; BGH, 5.12.2013 – IX ZR 93/11, ZInsO 2014, 77, Rn 10; BGH, 13.8.2009 – IX ZR 159/06, ZInsO 2009, 1909, Rn 10; OLG Hamm, 13.4.2010 – I-27 U 133/09, ZInsO 2010, 1004, 1006; HambKomm/Schröder, § 18 InsO Rn 6; Uhlenbruck/Mock, § InsO 18 Rn 52.
363 BT-Drucks. 12/2443, S. 115; HambKomm/Schröder, § 18 InsO Rn 6; Uhlenbruck/Mock, § 18 InsO Rn 53, 54.
364 HambKomm/Schröder, § 18 InsO Rn 6; Harz/Comtesse/Conrad, ZInsO 2019, 2241, 2245.
365 Uhlenbruck/Mock, § 18 InsO Rn 49; MüKo/Drukarczyk, § 18 InsO Rn 47.
366 BGH, 19.12.2017 – II ZR 88/16, ZInsO 2018, 381, Rn 59; Scholz/Bitter, vor § 64 GmbHG Rn 13.
367 OLG Frankfurt/M., 17.1.2018 – 4 U 4/17, ZInsO 2018, 713, 716.

(dazu ausführlich: Rdn 23 f.) gegenüberzustellen,[368] auch soweit sie auf künftig zu erwartenden Umsätzen,[369] liquidierbaren Gegenständen des Anlagevermögens,[370] neuen Krediten[371] sowie Gesellschaftereinlagen[372] etc. beruhen. Der **Prognosezeitraum** richtet sich grds. nach dem spätesten Fälligkeitstermin der gegenwärtig bestehenden Zahlungspflichten (auch aus Dauerschuldverhältnissen), nach altem Recht begrenzt auf das laufende und das folgende Geschäftsjahr.[373] Nach neuem Recht, das zum 1.1.2021 durch das SanInsFoG in Kraft getreten ist, ist in aller Regel ein Prognosezeitraum von 24 Monaten zugrunde zu legen, § 18 Abs. 2 Satz 2 InsO. Die **Wahrscheinlichkeit**, dass die Zahlungsunfähigkeit tatsächlich eintritt, muss mindestens **50% überschreiten.**[374] Richtigerweise wird man darüber hinaus verlangen müssen, dass es nach vernünftigem menschlichen Ermessen zur Zahlungsunfähigkeit kommen wird.[375]

Der BGH verlangt, „dass der Eintritt der Zahlungsunfähigkeit wahrscheinlicher ist als deren Vermeidung"[376] bzw. dass – bei einem Darlehen – „eine Fälligstellung im Prognosezeitraum überwiegend wahrscheinlich ist".[377]

III. Feststellung und Nachweis der drohenden Zahlungsunfähigkeit

Die drohende Zahlungsunfähigkeit stellt nicht auf die gegenwärtige bzw. kurzfristig in 3 Wochen zu erwartende, sondern auf die künftige Liquiditätssituation ab.[378] Um sie ermitteln und nachweisen zu können ist die Aufstellung eines **Liquiditätsplans** 94

---

368 BGH, 5.12.2013 – IX ZR 93/11, ZInsO 2014, 77, Rn 10; BGH, 13.8.2009 – IX ZR 159/06, ZInsO 2009, 1909, Rn 10; HambKomm/Schröder, § 18 InsO Rn 18, § 17 Rn 49; Uhlenbruck/Mock, § 18 InsO Rn 27 f.; MüKo/Drukarczyk, § 18 InsO Rn 15.
369 BGH, 5.12.2013 – IX ZR 93/11, ZInsO 2014, 77, Rn 10; HambKomm/Schröder, § 18 InsO Rn 6; Uhlenbruck/Mock, § 18 InsO Rn 38.
370 Uhlenbruck/Mock, § 18 InsO Rn 42.
371 Uhlenbruck/Mock, § 18 InsO Rn 41.
372 Uhlenbruck/Mock, § InsO 18 Rn 3.
373 HambKomm/Schröder, § 18 InsO Rn 12; IDW S 11, ZInsO 2015, 1136 Rn 93; Greil/Herden, ZInsO 2011, 109, 112.
374 HambKomm/Schröder, § 18 InsO Rn 11; Uhlenbruck/Mock, § 18 InsO Rn 26; MüKo/Drukarczyk, § 18 InsO Rn 33, 40.
375 Scholz/Bitter, vor § 64 GmbHG Rn 112; **a.A.:** Fischer, NZI 2016, 665, 666.
376 BGH, 19.12.2017 – II ZR 88/16, ZInsO 2018, 381, Rn 46; BGH, 5.12.2013 – IX ZR 93/11, ZInsO 2014, 77, Rn 10; so auch: OLG Düsseldorf, 16.5.2019 – I-12 U 47/18, ZInsO 2019, 2532, 2534; OLG Hamm, 23.9.2014 – I-27 U 149/13, ZInsO 2014, 2275, 2278.
377 BGH, 5.2.2015 – IX ZR 211/13, ZInsO 2015, 841, Rn 13; siehe ferner: BGH, 22.5.2014 – IX ZR 95/13, ZInsO 2014, 1326, Rn 33.
378 HambKomm/Schröder, § 18 InsO Rn 5.

(anderer Ausdruck: **Finanzplan**) erforderlich.[379] Dieser Liquiditätsplan ist **identisch** mit demjenigen zur Erstellung der **Fortführungsprognose** i.R.d. Überschuldungsprüfung[380] (s. dazu Rdn 106 f., 155) bzw. zur Feststellung der Zahlungsunfähigkeit (s. Rdn 55). Im Anfechtungsprozess kann insb. auf Indizien zurückgegriffen werden.

1. Darlegungs- und Beweislast

95 Das Gericht hat im **Insolvenzeröffnungsverfahren von Amts wegen** zu prüfen, ob ein Eröffnungsgrund gegeben ist, § 5 Abs. 1 InsO. Es gibt keine formelle Beweislast, aber die Nichterweislichkeit geht zulasten des Antragstellers (s. Rdn 42), d.h. bei der drohenden Zahlungsunfähigkeit stets zulasten des Insolvenzschuldners. Im Rahmen eines Anfechtungsprozesses liegt die Darlegungs- und Beweislast beim Insolvenzverwalter/Sachwalter bzw. bei der Einzelanfechtung beim Gläubiger[381] (dazu näher Rdn 43).

2. Feststellung durch das Insolvenzgericht

96 Das Insolvenzgericht hat zwar auch das Vorliegen einer drohenden Zahlungsunfähigkeit grds. von Amts wegen aufzuklären. Es kann aber vom **Schuldner**, der seinen Insolvenzantrag auf drohende Zahlungsunfähigkeit stützt, die **Vorlage eines Liquiditätsplans** verlangen.[382] Zur Plausibilisierung ist daneben auch eine Ertragsplanung erforderlich, mit welcher die Finanzplanung verknüpft ist.[383] Es ist nicht etwa Sache des Gerichts oder eines von ihm eingesetzten Gutachters zu entscheiden, welche Gegenstände des Anlage- oder Umlaufvermögens liquidierbar oder beleihbar sind.

3. Feststellung im Anfechtungsprozess/Indizien

97 Im Anfechtungsprozess des Insolvenzverwalters bzw. Sachwalters (§ 280 InsO) nach § 133 Abs. 1 Satz 2 InsO oder ggf. des Gläubigers nach § 3 Abs. 1 AnfG (bei anderen Tatbeständen spielt die drohende Zahlungsunfähigkeit keine Rolle) kommt es – bei inkongruenten Deckungen – insb. auf die Kenntnis des Anfechtungsgegners von der

---

379 HambKomm/Schröder, § 18 InsO Rn 18; Uhlenbruck/Mock, § 18 InsO Rn 27; Scholz/Bitter, vor § 64 GmbHG Rn 116; Greil/Herden ZInsO 2011, 109, 111.
380 MüKo/Drukarczyk, § 18 InsO Rn 54; Blöse/Wieland-Blöse, Praxisleitfaden Insolvenzreife, S. 98; IDW S 11, ZInsO 2015, 1136 Rn 93; Groß/Amen, DB 2005, 1861, 1862.
381 HambKomm/Schröder, § 18 InsO Rn 22.
382 HambKomm/Schröder, § 18 InsO Rn 18; Uhlenbruck/Mock, § 18 InsO Rn 33, 36.
383 HambKomm/Schröder, § 18 InsO Rn 21; MüKo/Drukarczyk, § 18 InsO Rn 16.

drohenden Zahlungsunfähigkeit an. Diese kann denklogisch nur bejaht werden, wenn die drohende Zahlungsunfähigkeit auch objektiv vorliegt. In der Praxis lässt sich dies grds. nur über Indizien feststellen. Da der Anfechtungsgegner im Allgemeinen in die fälligen Gesamtverbindlichkeiten des Schuldners keinen Einblick hat, muss – soweit es um seine Kenntnis geht – darauf abgestellt werden, ob sich die schleppende oder ganz ausbleibende Tilgung seiner Forderung bei einer Gesamtbetrachtung der für ihn ersichtlichen Umstände, insb. unter Berücksichtigung der Art der Forderung, der Person des Schuldners und dem Zuschnitt seines Geschäftsbetriebs, als ausreichendes Indiz für eine zumindest drohende Zahlungsunfähigkeit darstellt.[384]

Es kann insoweit auf die Beweisanzeichen zur Feststellung der Zahlungsunfähigkeit bzw. Zahlungseinstellung (s. dazu Rdn 77) verwiesen werden, welche in diesem Zusammenhang hier ggf. etwas großzügiger angewendet werden können.[385] Nach der Rechtsprechung des BGH stellen z.B. die Rückgabe von Lastschriften oder Vollstreckungsmaßnahmen[386] ein erhebliches Indiz für eine mindestens drohende Zahlungsunfähigkeit dar.[387] Sie kann z.B. auch dann anzunehmen sein, wenn der Schuldner die Einstellung seines Geschäftsbetriebes beschließt, aber bis zur Beendigung des Mietverhältnisses noch über einen Zeitraum von fast 2 Jahren Mietzahlungen leisten muss[388] oder wenn die Finanzverwaltung erhebliche Steuerrückstände in kleinen Einzelbeträgen beitreiben muss.[389] Die Zahlung einer fälligen Schuld in zwei Raten nach Androhung von Vollstreckungsmaßnahmen lässt noch nicht zwingend auf drohende Zahlungsunfähigkeit schließen.[390] **98**

IV. Abwendung der drohenden Zahlungsunfähigkeit

Zur Abwendung einer drohenden Zahlungsunfähigkeit kommen dieselben Maßnahmen in Betracht wie bei der Vermeidung bzw. Beseitigung der Zahlungsunfähigkeit. Diese sind unter Rdn 78 f. umfassend dargestellt. **99**

---

384 BGH, 1.7.2010 – IX ZR 70/08, ZInsO 2010, 1598, 1599, Rn 10; BGH, 13.8.2009 – IX ZR 159/06, ZInsO 2009, 1909, 1911, Rn 10.
385 Siehe ferner: LG München I, 22.5.2015 – 14 HK O 867/14, ZInsO 2015, 1349, 1353; Harz/Comtesse/Conrad, ZInsO 2019, 2241, 2244.
386 BGH, 22.5.2014 – IX ZR 95/13, ZInsO 2014, 1326, Rn 17.
387 BGH, 22.5.2014 – IX ZR 95/13, ZInsO 2014, 1326, Rn 17; BGH, 1.7.2010 – IX ZR 70/08, ZInsO 2010, 1598 (Rn 10); so auch: OLG Celle v. 29.12.2011 – 13 U 124/11, ZInsO 2012, 90, 92.
388 OLG Hamm, 13.4.2010 – I-27 U 133/09, ZInsO 2010, 1004, 1006.
389 OLG München, 28.3.2007 – 20 U 4101/06, OLGR 2007, 533 (unter II. 1. d) bb)).
390 OLG Frankfurt am Main, 4.11.2004 – 26 U 17/03, ZInsO 2005, 548, 549/550; ähnlich auch: OLG Koblenz, 19.1.2009 – 2 U 419/08, ZInsO 2009, 1702, 1703.

D. Überschuldung

I. Bedeutung

100 Die Überschuldung hat neben ihrer Funktion als Insolvenzgrund insb. Bedeutung i.R.d. persönlichen Haftung von Organvertretern oder Aufsichtsratsmitgliedern und im Strafrecht (s. dazu Rdn 9, 13f.). Im Insolvenzanfechtungsrecht spielt sie keine Rolle, da die dortigen Tatbestände ausschließlich an die (drohende) Zahlungsunfähigkeit anknüpfen. Sie tritt i.d.R. früher als die Zahlungsunfähigkeit ein und nimmt anders als diese nicht die Liquidität, sondern das gesamte Vermögen in den Blick.

II. Definition und historische Entwicklung

101 Die Definition der Überschuldung hat sich mehrfach gewandelt. Erst seit Einführung der InsO ist der Begriff legaldefiniert. Er wird auch **außerhalb der InsO** jeweils gleichlautend verstanden,[391] auch im **Strafrecht**. Die Terminologie der verschiedenen Überschuldungsbegriffe ist nicht einheitlich. Hier soll zwischen dem **modifiziert zweistufigen** („alten" bzw. ab 2008 wieder „neuen") **Überschuldungsbegriff**, der geltendes Recht ist und dem damals mit der InsO eingeführten **zweistufigen** („neuen" und seit 2008 wieder „alten") Überschuldungsbegriff differenziert werden.

1. Der modifiziert zweistufige „alte" Überschuldungsbegriff der KO

102 Die KO enthielt keine Definition der Überschuldung. Die §§ 207 Abs. 1, 209 Abs. 1 Satz 2, 213 KO regelten lediglich, dass diese für bestimmte Rechtsträger Eröffnungsgrund ist. Zunächst war über lange unklar, wie die Überschuldung zu definieren war.[392] Nach der Grundsatzentscheidung des BGH aus dem Jahr 1992, der die inzwischen entwickelte herrschende Meinung im Schrifttum bestätigte, lag Überschuldung dann vor, „wenn das Vermögen der Gesellschaft bei Ansatz von Liquidationswerten unter Einbeziehung der stillen Reserven die bestehenden Verbindlichkeiten nicht deckt (rechnerische Überschuldung) und die Finanzkraft der Gesellschaft nach überwiegender Wahrscheinlichkeit mittelfristig nicht zur Fortführung des Unternehmens ausreicht (Überlebens- oder Fortbestehensprognose)."[393] Bei Vorliegen

---

[391] HambKomm/Schröder, § 19 InsO Rn 1.
[392] Dazu eingehend: K. Schmidt, DB 2008, 2467, 2468; Hirte/Knof/Mock, ZInsO 2008, 1217, 1219.
[393] Grundlegend: BGH, 13.7.1992 – II ZR 269/91, NJW 1992, 2891, 2894; s. ferner: BGH, 15.3.2011 – II ZR 204/09, ZInsO 2011, 970, Rn 30; BGH, 12.3.2007 – II ZR 315/05, ZInsO 2007, 543, Rn 14; BGH, 12.7.1999 – II ZR 87/98, NZI 1999, 408, 409; BGH, 20.3.1995 – II ZR 205/94, NJW 1995, 1739, 1743; Scholz/Bitter, vor § 64 GmbHG Rn 44.

einer positiven Fortführungsprognose konnte daher – unabhängig von einer rechnerischen Überschuldung – nie eine sog. rechtliche Überschuldung vorliegen. Das prognostische und das exekutorische Element (Bewertung des Vermögens) standen damit gleichwertig nebeneinander. Hintergrund war die Überlegung, dass es nicht zu rechtfertigen sei, ein grds. überlebensfähiges Unternehmen, welches wahrscheinlich zahlungsfähig bleiben wird, in die Insolvenz zu treiben.

2. Der „alte" zweistufige Überschuldungsbegriff der InsO

Nach der ursprünglichen Fassung der InsO war die Überschuldung wie folgt definiert (§ 19 Abs. 2 InsO a.F.): „Überschuldung liegt vor, wenn das Vermögen des Schuldners die bestehenden Verbindlichkeiten nicht mehr deckt. Bei der Bewertung des Vermögens des Schuldners ist jedoch die Fortführung des Unternehmens zugrunde zu legen, wenn diese nach den Umständen überwiegend wahrscheinlich ist." Die positive Fortführungsprognose verlor damit ihre eigenständige Bedeutung als Tatbestandsmerkmal und konnte nur noch bewirken, dass im Überschuldungsstatus die (in aller Regel höheren) Fortführungswerte statt der (niedrigeren) Liquidationswerte anzusetzen waren.[394] Der InsO-Gesetzgeber hielt – da sich eine positive Prognose nachträglich als falsch herausstellen kann und sie zudem Gestaltungsräume bietet – zum Schutz der Gläubiger ein Weiterwirtschaften der Gesellschaft dann nicht für gerechtfertigt, wenn ein die Schulden deckendes Kapital nicht zur Verfügung steht.

103

3. Der geltende modifiziert zweistufige Überschuldungsbegriff

Im Zuge der sog. Finanzkrise in den Jahren 2007/2008 führte der Gesetzgeber mit dem Finanzmarktstabilisierungsgesetz (FMStG) den alten Begriff der KO mit Wirkung ab Inkrafttreten am 18.10.2008[395] wieder ein (Art. 5 FMStG). Dieser ist seitdem – anders als i.R.d. KO – im Gesetz definiert, § 19 Abs. 2 Satz 1 InsO. Diese Regelung wurde zunächst bis zum 31.12.2010 und später bis zum 31.12.2013 befristet (Art. 7 Abs. 2 Satz 2, Art. 6 Abs. 3 FMStG). Anlass waren durch die Finanzkrise verursachte Werteinbrüche bei Aktien und Immobilien. Es sollte das „ökonomisch völlig unbefriedigende Ergebnis" vermieden werden, dass „auch Unternehmen, bei denen die

104

---

[394] BGH, 31.5.2011 – II ZR 106/10, ZInsO 2011, 1470, Rn 8; BGH, 27.4.2009 – II ZR 253/07, ZInsO 2009, 1159, Rn 12; BGH, 5.2.2007 – II ZR 234/05, ZInsO 2007, 376, Rn 19; OLG Oldenburg, 24.4.2008 – 8 U 5/08, ZInsO 2009, 154, 155; HambKomm/Schröder, § 19 InsO Rn 13; Scholz/Bitter, vor § 64 GmbHG Rn 52.
[395] BGH, 18.10.2010 – II ZR 151/09, ZInsO 2010, 2396, Rn 9; BGH, 16.3.2009 – II ZR 280/07, ZInsO 2009, 876, Rn 10; OLG Schleswig, 11.2.2010 – 5 U 60/09, ZInsO 2010, 530, 531; HambKomm/Schröder, § 19 InsO Rn 3; Hirte/Knof/Mock ZInsO 2008, 1217, 1224.

überwiegende Wahrscheinlichkeit besteht, dass sie weiter erfolgreich am Markt operieren können, zwingend ein Insolvenzverfahren zu durchlaufen haben."[396]

105 Mit einem Gesetz vom 5.12.2012 (BGBl. I, S. 2418) hat der Gesetzgeber diese Befristung aufgehoben. Damit hat er sich von einem durch die InsO neu eingeführten Grundsatz wieder gelöst, der somit nur von 1999–2008 Geltung beanspruchte. Diese Entscheidung beruht auf einer rechtstatsächlichen Untersuchung der Professoren Bitter und Hummerich, wonach die in der Finanzkrise getroffenen Maßnahmen richtig waren und der alte Überschuldungsbegriff der InsO für nicht praktikabel gehalten wurde.[397]

III. Fortführungsprognose

106 Demnach reicht nunmehr eine positive Fortführungsprognose auf Dauer aus, um eine rechnerische Überschuldung zu überwinden.[398] Auch hier ist die Terminologie uneinheitlich: Es wird sowohl der Begriff **„Fortführungsprognose"** (der nach a.A. aber lediglich die handelsrechtliche Bewertung beschreiben soll, § 252 Abs. 1 Nr. 2 HGB[399]), als auch der Begriff **„Fortbestehensprognose"**[400] benutzt. In Anlehnung an den Gesetzeswortlaut („Fortführung des Unternehmens") soll hier der erstgenannte Begriff verwandt werden.

1. Definition

107 Eine positive Fortführungsprognose setzt subjektiv den Willen des Schuldners bzw. seiner Organe (ggf. auch eines zukünftigen Käufers) zur Fortführung des Unternehmens und objektiv einen Ertrags- und Finanzplan mit einem schlüssigen und realisierbaren Unternehmenskonzept für einen angemessenen Prognosezeitraum voraus[401] (ausführlich zur Feststellung der Fortführungsprognose Rdn 154f.). Die

---

396 BT-Drucks. 16/10600, S. 13.
397 BT-Drucks. 17/11385, S. 20.
398 BGH, 7.3.2013 – IR ZR 64/12, ZInsO 2013, 826, Rn 18.
399 Blöse/Wieland-Blöse, Praxisleitfaden Insolvenzreife, S. 117; IDW S 6 Rn 79; Haußer/Heeg, ZIP 2010, 1427, 1428; Frystatzki, NZI 2011, 173, 174; Groß/Amen, DB 2005, 1861.
400 BGH, 19.11.2019 – II ZR 53/18, ZInsO 2020, 373, Rn 27; BGH, 26.1.2017 – IX ZR 285/14, ZInsO 2017, 432, Rn 28; IDW S 11, ZInsO 2015, 1136 Rn 57f.
401 BGH, 18.10.2010 – II ZR 151/09, ZInsO 2010, 2396, Rn 13; BGH, 9.10.2006 – II ZR 303/05, ZInsO 2007, 36, Rn 3; OLG Hamburg, 8.11.2013 – 11 U 192/11, ZInsO 2013, 2447, 2449; OLG Oldenburg, 24.4.2008 – 8 U 5/08, ZInsO 2009, 154, 155; AG Itzehoe, 1.5.2014 – 28 IE 1/14, ZInsO 2014, 1106, 1107; HambKomm/Schröder, § 19 InsO Rn 18; Theiselmann/Redeker, in: Theiselmann, Restrukturierungsrecht, Kap. 13 Rn 70f.; ausführlich dazu: Sikora, ZInsO 2010, 1761.

Prognose ist dann positiv, wenn das Unternehmen objektiv[402] überlebensfähig ist, d.h. sich die überwiegende Wahrscheinlichkeit ergibt, dass der Schuldner mittelfristig Einnahmenüberschüsse erzielen wird, aus denen die gegenwärtigen und künftigen Verbindlichkeiten gedeckt werden können.[403] Erforderlich ist eine **Wahrscheinlichkeit** von mindestens **über 50%.**[404] Der **Prognosezeitraum** betrug nach altem Recht i.d.R. max. 2 Jahre (das laufende und das folgende Geschäftsjahr), im Einzelfall konnten je nach Art und Branche des Unternehmens auch abweichende Perioden gewählt werden.[405] Seit Inkrafttreten des SanInsFoG ist der Zeitraum legaldefiniert auf die nächsten 12 Monate. Die vorgenannten Anforderungen gelten auch bei einer sich in Liquidation befindlichen Gesellschaft.[406] Bei einer negativen Prognose liegt stets zumindest **drohende Zahlungsunfähigkeit** i.S.v. § 18 InsO vor[407] bzw. letztere schließt eine positive Prognose aus.[408]

2. Zahlungs- oder Ertragsfähigkeit?

Umstritten ist, ob sich die vorzunehmende Prognose allein auf die Beibehaltung der **Zahlungsfähigkeit** bezieht (so die wohl h.M.)[409] oder ob die Anforderungen höher sind und es auch auf die **Ertragsfähigkeit**[410] ankommt.[411] Der Unterschied besteht insb. darin, dass ein ertragsfähiges Unternehmen die Mittel zur Deckung der laufenden Ausgaben und Verbindlichkeiten selbst erwirtschaftet (sog. Innenfinanzierung), während bei der liquiditätsorientierten Betrachtungsweise sämtliche Finanz-

108

---

402 Kühne/Nickert, ZInsO 2014, 2297, 2300 halten die Forderung nach einer objektiven Betrachtung für falsch, da jede Planung immer subjektiv sei.
403 OLG Schleswig, 11.2.2010 – 5 U 60/09, ZInsO 2010, 530, 532; KG, 1.11.2005 – 7 U 49/05, ZInsO 2006, 437, 438; OLG Naumburg, 20.8.2003 – 5 U 67/03, ZInsO 2004, 512, 513; HambKomm/Schröder, § 19 InsO Rn 18.
404 HambKomm/Schröder, § 19 InsO Rn 21; Uhlenbruck/Mock, § 19 InsO Rn 228; IDW S 11, ZInsO 2015, 1136 Rn 64; Haarmann/Vorwerk, BB 2015, 1603, 1613, 1611; Sikora, ZInsO 2010, 1761, 1766.
405 HambKomm/Schröder, § 19 InsO Rn 27; Uhlenbruck/Mock, § 19 InsO Rn 225; IDW S 11, ZInsO 2015, 1136 Rn 60; Aleth/Harlfinger, NZI 2011, 166, 169; Sikora, ZInsO 2010, 1761, 1765.
406 Ähnlich: Hecker/Glozbach, BB 2009, 1544, 1546.
407 IDW S 11, ZInsO 2015, 1136 Rn 53, 90.
408 BGH, 19.11.2019 – II ZR 53/18, ZInsO 2020, 373, Rn 27.
409 OLG Hamburg, 8.11.2013 – 11 U 192/11, ZInsO 2013, 2447, 2449; OLG Köln, 5.2.2009 – 18 U 171/07, ZInsO 2009, 1402, 1404; HambKomm/Schröder, § 19 InsO Rn 19, 20; Uhlenbruck/Mock, § 19 InsO Rn 220; Scholz/Bitter, vor § 64 GmbHG Rn 56; Fischer, NZI 2016, 665; Haarmann/Vorwerk, BB 2015, 1603, 1608, 1610; Frystatzki, NZI 2011, 173; Haußer/Heeg, ZIP 2010, 1427, 1428.
410 AG Hamburg, 2.12.2011 – 67c IN 421/11, ZInsO 2012, 183, 184 (bei einem nicht operativ tätigen Schuldner); SanRKomm/Kulesa, § 19 InsO Rn 24; Theiselmann/Redeker, in: Theiselmann, Restrukturierungsrecht, Kap. 13 Rn 69; Greil/Herden, ZInsO 2011, 109, 113; Ehlers, NZI 2010, 161, 162; Dahl/Schmitz, NZG 2009, 567; ähnlich: Förschle/Hoffmann, in: Budde/Förschle/Winkeljohann, Sonderbilanzen, P. Rn 73, 76.
411 Ausführlich dazu: Frystatzki, NZI 2011, 173; Sikora, ZInsO 2010, 1761, 1764.

quellen berücksichtigt werden können, insb. auch solche der sog. Außenfinanzierung (frisches Fremd- oder Eigenkapital) oder auch Zuflüsse aus dem Verkauf des nicht betriebsnotwendigen Anlagevermögens oder aus einem werthaltigen Verlustausgleichsanspruch o.ä.[412] Der BGH hat sich dazu bislang nicht konkret geäußert und spricht allgemein von „Überlebensfähigkeit".[413] Auf eine ausreichende Rentabilität – d.h. die Aussicht, sogar Gewinne zu erzielen – kommt es unstreitig grds. nicht an.[414] Relevant ist diese Frage insb. bei Assetfinanzierungen (Unternehmen, deren Vermögen aus einem einzigen Gegenstand besteht, wie Schiff, Immobilie, Hotel etc.), bei Start-ups oder bei subventionierten Unternehmen.[415] Zum Teil wird vertreten, dass bei der Liquidation von Zweckgesellschaften auch eine positive Liquidationsprognose ausreicht, wenn die durch das Vermögen nicht gedeckten Restverbindlichkeiten geregelt sind.[416]

Nach hier vertretener Auffassung ist allein an der Zahlungsfähigkeitsprognose festzuhalten, jedoch mit der Maßgabe, dass nur nachhaltig zahlungsfähige Unternehmen als fortführungsfähig ausgewiesen werden.[417] Der Gläubigerschutz erfordert lediglich, dass der Schuldner zahlungsfähig bleibt, mehr aber grds. nicht.

IV. Aktiva

1. Grundsätze

109 Auf der Aktivseite der Überschuldungsbilanz sind sämtliche einzelnen Vermögensgegenstände des Rechtsträgers – zu ihren **tatsächlichen aktuellen Werten** – anzusetzen, d.h. stille Reserven sind aufzudecken.[418] Der Überschuldungsstatus dient allein dem Zweck, die wirklichen Werte zu ermitteln, die im Insolvenzfall tatsächlich zur Befriedigung der Gläubiger zur Verfügung stünden.[419] Die handelsrechtlichen Ansatz- und Bewertungsvorschriften der §§ 246f., 252f. HGB sind nicht anzuwenden.[420]

---

412 Bitter, ZIP 2012, 1733, 1736; Frystatzki, NZI 2011, 173, 174.
413 BGH, 9.10.2006 – II ZR 303/05, ZInsO 2007, 36, Rn 3.
414 Scholz/Bitter, vor § 64 GmbHG Rn 56; Wolf, DStR 2009, 2682, 2684.
415 Haarmann/Vorwerk, BB 2015, 1603, 1610; Bitter, ZIP 2012, 1733, 1734/1735.
416 Morgen/Rathje, ZIP 2018, 1955.
417 Ausführlich dazu: Sikora, ZInsO 2010, 1761, 1764; ähnlich wohl auch: HambKomm/Schröder, § 19 InsO Rn 20; Gehrlein, WM 2018, 1, 7; Steffan/Solmecke, ZInsO 2015, 1365, 1373; Bitter, ZIP 2012, 1733, 1742.
418 BGH, 26.4.2010 – II ZR 60/09, ZInsO 2010, 1396, Rn 11; BGH, 27.4.2009 – II ZR 253/07, ZInsO 2009, 1159, Rn 12; BGH, 2.4.2009 – IX ZR 236/07, ZInsO 2009, 1060, Rn 55; HambKomm/Schröder, § 19 InsO Rn 30; Scholz/Bitter, vor § 64 GmbHG Rn 68.
419 BGH, 13.7.1992 – II ZR 269/91, NJW 1992, 2891, 2894.
420 BGH, 30.1.2003 – 3 StR 437/02, ZInsO 2003, 519; MüKo/Drukarczyk/Schüler, § 19 InsO Rn 87; Theiselmann/Redeker, in: Theiselmann, Restrukturierungsrecht, Kap. 13 Rn 76; IDW S 11, ZInsO 2015, 1136 Rn 69; Wieland-Blöse, WPg 2009, 1184, 1185.

Handelsrechtliche Bilanzierungshilfen stellen keinen Vermögenswert dar und sind – wie etwa **Ingangsetzungsaufwendungen** (§ 269 HGB a.F.) – nicht zu aktivieren.[421]

Es spielt keine Rolle, ob die einzelnen Aktivwerte Bestandteil des freien Vermögens sind, ob sie in einem Insolvenzverfahren mit einem **Absonderungsrecht** (§§ 49 bis 51 InsO) belastet wären oder ob sie ggf. fremde Verbindlichkeiten absichern (dazu Rdn 124). **Nicht** zu aktivieren sind dagegen Vermögenspositionen, die in der Insolvenz ein **Aussonderungsrecht** (§ 47 InsO, z.B. Gegenstände unter Eigentumsvorbehalt[422] oder Leasinggüter) begründen, da diese nicht zur Insolvenzmasse (Soll-Masse) gehören.[423] Dementsprechend sind die durch ein Aussonderungsrecht gesicherten Schulden auch nicht als Passiva anzusetzen. Sofern bei zu erwartender Auflösung der Verträge ein **Verpflichtungsüberschuss** verbleibt (wegen Wertverfall der Vorbehaltsware oder des Leasingguts, hohen Verwertungskosten etc.), ist aber eine Drohverlustrückstellung zu bilden.[424]

110

Ansprüche, die erst **nach Eröffnung** eines Insolvenzverfahrens **entstehen**, wie z.B. aus Insolvenzanfechtung (§§ 129 ff. InsO), sind ebenfalls nicht aktivierbar[425] (so auch i.R.d. Zahlungsunfähigkeit, s. Rdn 25).

2. Fortführungs- und Liquidationswerte

Nach jetziger Rechtslage, wonach eine positive Fortführungsprognose die Überschuldung stets ausschließt, sind im Überschuldungsstatus stets Liquidationswerte (anderer Ausdruck: Zerschlagungswerte[426]) anzusetzen.[427] Fortführungswerte spielen daher nach derzeitigem Recht keine Rolle (mehr).

111

---

421 BGH, 22.10.1990 – II ZR 238/99, NJW 1991, 1057, 1059; Uhlenbruck/Mock, § 19 InsO Rn 126; MüKo/Drukarczyk/Schüler, § 19 InsO Rn 92; Förschle/Hoffmann, in: Budde/Förschle/Winkeljohann, Sonderbilanzen, P. Rn 105, 113; Möhlmann-Mahlau/Schmitt, NZI 2009, 19, 22.
422 Entgegen: OLG Hamburg, 25.6.2010 – 11 U 133/06, GmbHR 2011, 371, 373; Blöse/Wieland-Blöse, Praxisleitfaden Insolvenzreife, S. 146.
423 HambKomm/Schröder, § 19 InsO Rn 48 a.E.; Uhlenbruck/Mock, § 19 InsO Rn 75; MüKo/Drukarczyk/Schüler, § 19 InsO Rn 87.
424 Kühne, in: Nickert/Lamberti, Überschuldungs- und Zahlungsunfähigkeitsprüfung, Rn 974 f.
425 HambKomm/Schröder, § 19 InsO Rn 46; Uhlenbruck/Mock, § 19 InsO Rn 128; MüKo/Drukarczyk/Schüler, § 19 InsO Rn 87; Brünkmanns, ZInsO 2011, 2167.
426 Gelegentlich wird unter einem Zerschlagungswert (oder Verschleuderungswert) aber der unter hohem Zeitdruck und ohne Sanierungskonzept erzielbare Erlös verstanden, der niedriger als der Liquidationswert sein könne: Uhlenbruck/Mock, § 19 InsO Rn 131; MüKo/Drukarczyk/Schüler, § 19 InsO Rn 91; Scholz/Bitter, vor § 64 GmbHG Rn 67; Möhlmann-Mahlau/Schmitt, NZI 2009, 19, 22.
427 BGH, 15.3.2011 – II ZR 204/09, ZInsO 2011, 970, Rn 30, 35; BGH, 13.7.1992 – II ZR 269/91, NJW 1992, 2891, 2894; BT-Drucks. 16/10600, S. 13; Uhlenbruck/Mock, § 19 InsO Rn 126; IDW S 11, ZInsO 2015, 1136 Rn 73; Haußer/Heeg, ZIP 2010, 1427, 1429.

Unter einem **Liquidationswert** wird der Einzelveräußerungswert eines Wirtschaftsgutes bei Liquidation des Unternehmens verstanden, wobei die Verwertungskosten sowie die USt abzuziehen sind.[428] Dabei ist grds. von dem im Rahmen einer planmäßigen Veräußerung ohne besonderen Zeitdruck erzielbaren Erlös auszugehen, es sei denn die Zahlungsunfähigkeit steht alsbald bevor.[429] Die in der Handelsbilanz aufgenommenen Buchwerte stellen grds. – abgesehen von etwaigen stillen Reserven – Fortführungswerte dar (§ 252 Abs. 1 Nr. 2 HGB),[430] die für die Überschuldungsprüfung nicht maßgeblich sind.

3. Einlageansprüche sowie weitere Ansprüche gegen Gesellschafter und Organvertreter

112 Noch offene (eingeforderte oder nicht eingeforderte) **Einlageansprüche** (Bar- oder Sacheinlagen) gegen die Gesellschafter (§ 272 Abs. 1 Satz 3 HGB) sind – soweit wirtschaftlich durchsetzbar – zu aktivieren,[431] auch wenn diese aus einer wirksamen **Kapitalerhöhung** resultieren.[432] Das betrifft ggf. auch solche im Zusammenhang mit einer verdeckten Sacheinlage (§ 19 Abs. 4 GmbHG, § 27 Abs. 3 AktG) oder einem Hin- und Herzahlen (§ 19 Abs. 5 GmbHG, § 27 Abs. 4 AktG). Ferner gilt dies für weitere werthaltige Ansprüche gegen die Gesellschafter,[433] z.B. aus Kapitalerhaltung, Existenzvernichtungshaftung[434] oder Darlehen.[435] Ansprüche aus Finanzierungszusagen, wie Verlustübernahmeverträgen,[436] Liquiditätsausstattungsgarantien o.ä.[437] oder – inhaltlich grds. dasselbe – aus einer sog. **harten (konzern-)internen Patronatser-**

---

428 HambKomm/Schröder, § 19 InsO Rn 32; IDW S 11, ZInsO 2015, 1136 Rn 70 f.; siehe ausführlich: Uhlenbruck/Mock, § 19 InsO Rn 131 f.; Haas, in: Kölner Schrift zur InsO, Kap. 40 Rn 17 f.; Förschle/Hoffmann, in: Budde/Förschle/Winkeljohann, Sonderbilanzen, P. Rn 90 f.; Wieland-Blöse, WPg 2009, 1184, 1188.
429 Haas, in: Kölner Schrift zur InsO, Kap. 40 Rn 18; Förschle/Hoffmann, in: Budde/Förschle/Winkeljohann, Sonderbilanzen, P. Rn 90.
430 BGH, 31.5.2011 – II ZR 106/10, ZInsO 2011, 1470, Rn 8; BGH, 27.4.2009 – II ZR 253/07, ZInsO 2009, 1159, Rn 11.
431 HambKomm/Schröder, § 19 InsO Rn 34; Uhlenbruck/Mock, § 19 InsO Rn 89; Scholz/Bitter, vor § 64 GmbHG Rn 75, 77; IDW S 11, ZInsO 2015, 1136 Rn 77.
432 Das ist anders, wenn z.B. die Kapitalerhöhung nicht eingetragen wird: OLG Brandenburg, 23.7.2008 – 7 U 217/07, ZInsO 2008, 1081, 1082.
433 HambKomm/Schröder, § 19 InsO Rn 35, 37, 38; Uhlenbruck/Mock, § 19 InsO Rn 95- 98, 100.
434 **A.A.**: Frystatzki, NZI 2013, 161, 164.
435 BGH, 23.4.2012 – II ZR 252/10, ZInsO 2012, 1025, Rn 25.
436 Scholz/Bitter, vor § 64 GmbHG Rn 64, 78; Förschle/Heinz, in: Budde/Förschle/Winkeljohann, Sonderbilanzen, Q. Rn 75; Blöse/Wieland-Blöse, Praxisleitfaden Insolvenzreife, S. 142; s.a. BGH, 8.5.2006 – II ZR 94/05, ZInsO 2006, 650, 651, Rn 14.
437 Scholz/Bitter, vor § 64 GmbHG Rn 65; siehe ferner: OLG Köln, 5.2.2009 – 18 U 171/07, ZInsO 2009, 1402, 1404.

klärung (dazu näher Rdn 165f.) sind ebenfalls zu berücksichtigen,[438] sich dadurch ergebende Gegenansprüche sind aber zu passivieren. Diese Ansprüche aus den Finanzierungszusagen werden mit Insolvenzeröffnung nicht hinfällig, es sei denn, es ist etwas anderes vereinbart.[439]

Haftungsansprüche gegen einen **persönlich haftenden Gesellschafter** (z.B. nach §§ 128, 161 HGB) sind nicht zu berücksichtigen, da sie den einzelnen Gläubigern zustehen und § 93 InsO erst nach Verfahrenseröffnung Wirkung entfaltet.[440] Bei der **GmbH & Co. KG** kann dies ausnahmsweise anders sein, wenn die KG im Innenverhältnis einen werthaltigen Freistellungsanspruch gegen die GmbH nebst Rangrücktritt oder ggf. Forderungsverzicht hat.[441] Ansprüche aus persönlicher Haftung des **Kommanditisten** gem. §§ 171 Abs. 1, 172 Abs. 4, 176 HGB sind ebenfalls nicht als Aktiva anzusetzen.[442] Etwaige in der Handelsbilanz aktivierte Verlust-Sonderkonten von **stillen Gesellschaftern** finden in der Überschuldungsbilanz keine Berücksichtigung, da diesen kein Wert zukommt.[443]

Ansprüche gegen die Organe (z.B. aus § 43 GmbHG oder § 93 AktG) sind – sofern die Durchsetzung möglich und gewollt ist – grds. zu aktivieren,[444] was nach z.T. vertretener Ansicht aber nicht für solche wegen **Masseschmälerung** (§ 15b Abs. 1, 4 InsO) oder solche nach § 15b Abs. 5 InsO gelten soll.[445] Diese Einschränkung ist jedoch abzulehnen, da diese Tatbestände weder die Eröffnung des Insolvenzverfahrens noch die Ablehnung der Eröffnung mangels Masse voraussetzen und bereits im Zeitpunkt der Zahlung entstehen.[446] Der Anspruch des bevorzugt befriedigten Zahlungsempfängers ist demgegenüber zu passivieren.[447] Bei der Prüfung der Werthaltigkeit eines zu aktivierenden Anspruchs ist ggf. die Zahlungspflicht einer D&O-Versicherung zu berücksichtigen.

---

438 HambKomm/Schröder, § 19 InsO Rn 36; Uhlenbruck/Mock, § 19 InsO Rn 112; IDW S 11, ZInsO 2015, 1136 Rn 80; Tetzlaff, ZInsO 2008, 337, 338.
439 BGH, 19.5.2011 – IX ZR 9/10, ZInsO 2011, 1115, Rn 19; BGH, 8.5.2006 – II ZR 94/05, ZInsO 2006, 650, 651, Rn 14; Hölzle, NZI 2015, 805; **a.A.**: OLG Schleswig – 29.4.2015 – 9 U 132/13, ZInsO 2015, 1745, 1746.
440 HambKomm/Schröder, § 19 InsO Rn 39; Uhlenbruck/Mock, § 19 InsO Rn 95; Scholz/Bitter, vor § 64 GmbHG Rn 76, 251; Haas, in: Kölner Schrift zur InsO, Kap. 40 Rn 33.
441 HambKomm/Schröder, § 19 InsO Rn 62; Scholz/Bitter, vor § 64 GmbHG Rn 251.
442 OLG Koblenz, 24.4.2008 – 5 U 1126/03, GmbHR 2008, 658, 660; HambKomm/Schröder, § 19 InsO Rn 62; Uhlenbruck/Mock, § 19 InsO Rn 102; Scholz/Bitter, vor § 64 GmbHG Rn 252.
443 OLG Schleswig, 11.2.2010 – 5 U 60/09, ZInsO 2010, 530, 532; Krüger, NZI 2010, 495.
444 Uhlenbruck/Mock, § 19 InsO Rn 117, 149.
445 HambKomm/Schröder, § 19 InsO Rn 37; Frystatzki, NZI 2013, 161, 162, 164; Haas, in: Kölner Schrift zur InsO, Kap. 40 Rn 11.
446 Uhlenbruck/Mock, § 19 InsO Rn 120; Scholz/Bitter, vor § 64 GmbHG Rn 80; Brünkmanns, ZInsO 2011, 2167; siehe ferner: BGH, 23.9.2010 – IX ZB 204/09, ZInsO 2010, 2101, Rn 13.
447 Brünkmanns, ZInsO 2011, 2167, 2173.

4. Immaterielle Vermögensgegenstände

115 Zu den immateriellen Werten gehören insb. **Patente, Lizenzen, Marken, bestimmte Genehmigungen, Urheberrechte, Warenzeichen, Internetdomains** oder **Kundenkarteien**.[448] Da das Bilanzierungsverbot des § 248 Abs. 2 HGB für bestimmte selbst geschaffene immaterielle Vermögensgegenstände nicht zu beachten ist, sind auch diese voll zu aktivieren.[449] Bei der Bewertung ist ein strenger Maßstab anzulegen, es ist zu prüfen, ob der jeweilige Gegenstand einzeln veräußerbar ist.[450] Da in der Regel keine Marktpreise vorliegen, ist die Wertbestimmung schwierig, es sei denn, es liegt ein konkretes Kaufangebot vor.[451]

116 Ein selbstständiger **Geschäfts- oder Firmenwert**, der über die einzelnen Substanzwerte hinausgeht, kann nur ausnahmsweise angesetzt werden. Er setzt sich aus verschiedenen erfolgsfördernden Faktoren zusammen, wie z.B. Kundenstamm, Firma, getätigten Investitionen in Forschung und Entwicklung,[452] Good-will, Ruf oder Know-how.[453] Allerdings ist insoweit deutliche Zurückhaltung geboten, um etwaige Gestaltungsspielräume weitestgehend einzuschränken und weil Liquidationswerte maßgeblich sind. Zudem darf der Firmenwert nicht bereits in die Bewertung der einzelnen Vermögenswerte eingeflossen sein.[454] Eine Aktivierung kommt insb. in Betracht, wenn es sehr konkrete und berechtigte Aussichten gibt, dass Betriebseinheiten verkauft werden können und der Kaufpreis über der Summe der einzelnen Liquidationswerte liegt.[455]

117 Teilweise wird auch vertreten, dass **Kostenvorteile** (z.B. günstige Miet- oder Lieferverträge) aktivierbar sein sollen, wenn sie vertraglich abgesichert sind.[456] Dies

---

448 HambKomm/Schröder, § 19 InsO Rn 40; Uhlenbruck/Mock, § 19 InsO Rn 79 f.; Theiselmann/Redeker, in: Theiselmann, Restrukturierungsrecht, Kap. 13 Rn 77.
449 BGH, 13.7.1992 – II ZR 269/91, NJW 1992, 2891, 2894; Uhlenbruck/Mock, § 19 InsO Rn 79 f.; Haas, in: Kölner Schrift zur InsO, Kap. 40 Rn 34; IDW S 11, ZInsO 2015, 1136 Rn 78.
450 Scholz/Bitter, vor § 64 GmbHG Rn 74; Haas, in: Kölner Schrift zur InsO, Kap. 40 Rn 34, 35.
451 Dazu ausführlich: Nickert, in: Nickert/Lamberti, Überschuldungs- und Zahlungsunfähigkeitsprüfung, Rn 377 f.; Blöse/Wieland-Blöse, Praxisleitfaden Insolvenzreife, S. 135 f.
452 BGH, 13.7.1992 – II ZR 269/91, NJW 1992, 2891, 2894; Uhlenbruck/Mock, § 19 InsO Rn 81; Thonfeld, NZI 2009, 15, 18. Ingangsetzungsaufwendungen selbst sind aber grds. nicht aktivierbar (dazu Rdn 109).
453 HambKomm/Schröder, § 19 InsO Rn 40; Uhlenbruck/Mock, § 19 InsO Rn 82; Haas, in: Kölner Schrift zur InsO, Kap. 40 Rn 28.
454 Nickert, in: Nickert/Lamberti, Überschuldungs- und Zahlungsunfähigkeitsprüfung, Rn 390; Haas, in: Kölner Schrift zur InsO, Kap. 40 Rn 29.
455 OLG Celle, 5.12.2001 – 9 U 204/01, NZG 2002, 730; Uhlenbruck/Mock, § 19 InsO Rn 84, 85; Scholz/Bitter, vor § 64 GmbHG Rn 69; MüKo/Drukarczyk/Schüler, § 19 InsO Rn 93; Haas, in: Kölner Schrift zur InsO, Kap. 40 Rn 28, 30; Förschle/Hoffmann, in: Budde/Förschle/Winkeljohann, Sonderbilanzen, P. Rn 111; IDW S 11, ZInsO 2015, 1136 Rn 79; s. ferner: BT-Drucks. 16/10600, S. 13. Der BGH, 15.10.2007 – II ZR 236/06, ZInsO 2008, 164 (Rn 5) hat die Frage offengelassen.
456 IDW FAR 1/1996, WPg 1997, 22, 25.

erscheint aber sehr zweifelhaft, insb. weil Überschuldung nur bei einer negativen Fortführungsprognose vorliegen kann.

5. Sachanlagen

I.R.d. Sachanlagen sind insb. **Immobilien**,[457] **Maschinen** und **Anlagen**[458] sowie die **Betriebs- und Geschäftsausstattung** zu berücksichtigen.[459]   118

Mietereinbauten,[460] wie z.B. Maschinen, Beleuchtungen, Energieversorgungs-, Kühl- oder Klimaanlagen, oder auch vom Mieter eines Grundstücks errichtete Baulichkeiten können mit Einbau wesentlicher Bestandteil der Mietsache (§§ 93, 94, 946 BGB) werden, sodass der Vermieter auch Eigentümer ist. Allerdings erfolgt die Verbindung oftmals nur zu einem vorübergehenden Zweck, sodass lediglich ein Scheinbestandteil nach § 95 Abs. 1 oder Abs. 2 BGB vorliegt.[461] Im letztgenannten Fall steht einer Aktivierung nichts im Weg.   119

Ist aber kein Scheinbestandteil anzunehmen, sind diese Sachen grds. nicht aktivierungsfähig. Ein ggf. als Aktivposition zu berücksichtigender Ausgleichsanspruch gegen den Vermieter kann in aller Regel (sofern nichts Abweichendes vereinbart ist) nur ausnahmsweise nach den Vorschriften der Geschäftsführung ohne Auftrag bestehen (§ 539 Abs. 1 BGB).[462] Der Mieter hat – auch während des laufenden Mietverhältnisses[463] – ein Wegnahme- und Aneignungsrecht nach § 539 Abs. 2 BGB (beim Landpachtvertrag gilt § 591a BGB), muss anschließend aber die Mietsache auf seine Kosten in den früheren Zustand versetzen (§ 258 Satz 1 BGB).[464] Die Sachen sind daher – sofern noch verkäuflich – unter Abzug dieser Kosten aktivierbar.

Typischerweise können Sachanlagen im Vergleich mit den handelsrechtlichen Buchwerten erhebliche stille Reserven enthalten (z.B. lässt sich für voll abgeschriebenes Gerüstbaumaterial in der Regel immer noch ein hoher Verkaufspreis erzielen). Denkbar sind aber auch stille Lasten (z.B. aufgrund von Altlasten).[465]   120

---

457 Dazu sehr ausführlich: Naujocks, in: Nickert/Lamberti, Überschuldungs- und Zahlungsunfähigkeitsprüfung, Rn 428 f.
458 Siehe zur Mobilienbewertung insgesamt: Opderbeck, in: Nickert/Lamberti, Überschuldungs- und Zahlungsunfähigkeitsprüfung, Rn 785 f.
459 HambKomm/Schröder, § 19 InsO Rn 41; Haas, in: Kölner Schrift zur InsO, Kap. 40 Rn 37.
460 Siehe dazu auch: Uhlenbruck/Mock, § 19 InsO Rn 138; Opderbeck, in: Nickert/Lamberti, Überschuldungs- und Zahlungsunfähigkeitsprüfung, Rn 868 f.
461 Uhlenbruck/Mock, § 19 InsO Rn 138; Schmidt-Futterer/Langenberg, Mietrecht, § 539 BGB Rn 49.
462 Siehe dazu m.w.N.: MüKo/Bieber, § 539 BGB Rn 8 f.
463 MüKo/Bieber, § 539 BGB Rn 17.
464 MüKo/Bieber, § 539 BGB Rn 19.
465 HambKomm/Schröder, § 19 InsO Rn 41; Uhlenbruck/Mock, § 19 InsO Rn 137.

6. Finanzanlagen

121 Bei den Finanzanlagen handelt es sich insb. um **Beteiligungen** an (ggf. i.S.v. § 271 Abs. 2 HGB verbundenen) Unternehmen,[466] **Wertpapiere** oder auch **Darlehensrückzahlungsansprüche**, die jeweils mit ihrem Verkehrs- oder ggf. Kurswert anzusetzen sind.[467] Beteiligungen sind im Überschuldungsstatus als Zukunftserfolgswert zu ermitteln, d.h. als Wert der aus dem jeweiligen Unternehmen entziehbaren Überschüsse. Diese können sich aus einer unbegrenzten Fortführung des Unternehmens oder einer zeitnahen Veräußerung (ggf. bereits konkretisiert in einem Kaufpreisangebot von dritter Seite) ergeben.[468] Beteiligungen an **Personengesellschaften** sind regelmäßig nicht frei veräußerbar, sodass ein evtl. Abfindungsanspruch anzusetzen ist.[469]

Umstritten ist, wie **eigene Anteile** (§ 33 GmbHG, § 71 AktG) zu behandeln sind. Nach überwiegender Ansicht sind diese nicht aktivierbar, da Liquidationswerte maßgeblich sind.[470]

7. Vorräte/halbfertige Leistungen

122 **Roh-, Hilfs- und Betriebsstoffe** sind mit dem zu erwartenden Nettoveräußerungserlös (abzgl. der Veräußerungskosten) abzubilden.[471] Bei überalterten Beständen sind stets Abschläge geboten.[472] Die **fertigen Erzeugnisse (Leistungen) und Waren** sind grds. auf der Basis von marktüblichen Verkaufspreisen (ggf. abzgl. Vertriebskosten) zu bewerten.[473] Bei schwer absetzbaren Produkten oder Überbeständen sind Abschläge vorzunehmen.[474] Für **unfertige Erzeugnisse und Leistungen** sind nur noch Schrottwerte darstellbar, wenn bei Liquidation eine Fertigstellung nicht mehr möglich ist.[475]

---

466 Siehe dazu ausführlich: Nickert, in: Nickert/Lamberti, Überschuldungs- und Zahlungsunfähigkeitsprüfung, Rn 412 f.; Blöse/Wieland-Blöse, Praxisleitfaden Insolvenzreife, S. 147 f.
467 HambKomm/Schröder, § 19 InsO Rn 42; Uhlenbruck/Mock, § 19 InsO Rn 145.
468 Wieland-Blöse, WPg 2009, 1184, 1188 f.
469 Uhlenbruck/Mock, § 19 InsO Rn 67, 150; Scholz/Bitter, vor § 64 GmbHG Rn 74; Haas, in: Kölner Schrift zur InsO, Kap. 40 Rn 37.
470 HambKomm/Schröder, § 19 InsO Rn 42; Scholz/Bitter, vor § 64 GmbHG Rn 74; IDW S 11, ZInsO 2015, 1136 Rn 87; Möhlmann-Mahlau/Schmitt, NZI 2009, 19, 22.
471 Haas, in: Kölner Schrift zur InsO, Kap. 40 Rn 38.
472 HambKomm/Schröder, § 19 InsO Rn 43; Uhlenbruck/Mock, § 19 InsO Rn 65, 142.
473 HambKomm/Schröder, § 19 InsO Rn 43; MüKo/Drukarczyk/Schüler, § 19 InsO Rn 95.
474 BGH, 15.3.2011 – II ZR 204/09, ZInsO 2011, 970, 974, Rn 36; Uhlenbruck/Mock, § 19 InsO Rn 66, 142.
475 HambKomm/Schröder, § 19 InsO Rn 44; Uhlenbruck/Mock, § 19 InsO Rn 143; MüKo/Drukarczyk/Schüler, § 19 InsO Rn 95; siehe ferner: BGH, 15.3.2011 – II ZR 204/09, ZInsO 2011, 970, 974, Rn 36.

8. Forderungen und sonstige Vermögensgegenstände

Forderungen (aus Lieferung und Leistung) können nicht mit dem Nominalwert angesetzt werden. Es sind in jedem Fall Abschläge hinsichtlich der Bonität, des Alters der Forderungen oder – bei streitigen Forderungen[476] – hinsichtlich der Möglichkeit des Nachweises in einem etwaigen Prozess vorzunehmen.[477] Es kann insoweit eine Einteilung in sichere, zweifelhafte und uneinbringliche Forderungen erfolgen.[478] Da der **Liquidationsfall** vorliegt, d.h. der Insolvenzschuldner entfällt zukünftig als Marktteilnehmer und kann keine Folgeaufträge mehr platzieren, sind **deutliche Abschläge** veranlasst.[479] Eine etwaige Sicherheit ist zu berücksichtigen. Die Aktivierung setzt jeweils voraus, dass die Forderung überhaupt durchsetzbar ist.[480] Forderungen in **Fremdwährung** sind zunächst zum amtlichen Geldkurs des Stichtages umzurechnen.

123

Beim **echten Factoring** (soweit der Factoringvertrag noch nicht gekündigt ist) ist eine Forderung gegen den Factor zu aktivieren, abzgl. der Kosten und des Sperrbetrages.[481] **Forderungen aus schwebenden Geschäften** können berücksichtigt werden, wenn noch mit ihrer Erfüllung zu rechnen ist, wobei das Wahlrecht des Insolvenzverwalters aus § 103 InsO außer Betracht zu bleiben hat.[482]

Verlustvorträge können ausnahmsweise angesetzt werden.[483] Bei sonstigen Forderungen, auf welche sich die Gesellschaft – was gelegentlich in der Praxis zu beobachten ist – ggf. beruft, um sich „schön zu rechnen" (z.B. vermeintliche Schadensersatzansprüche), ist Vorsicht geboten. Diese sind exakt auf ihre Berechtigung und ggf. Nachweisbarkeit zu überprüfen.

9. Regressanspruch wegen Sicherung einer fremden Schuld

Aktivpositionen sind auch dann aufzunehmen, wenn sie als dingliche Sicherheit Verbindlichkeiten eines Dritten (z.B. einer Tochtergesellschaft) absichern. Die gesi-

124

---

476 Siehe dazu: OLG Hamburg, 13.10.2017 – 11 U 53/17, ZInsO 2017, 2556, 2561.
477 HambKomm/Schröder, § 19 InsO Rn 32; Uhlenbruck/Mock, § 19 InsO Rn 139; Scholz/Bitter, vor § 64 GmbHG Rn 75, 81; Nickert/Lienhard, in: Nickert/Lamberti, Überschuldungs- und Zahlungsunfähigkeitsprüfung, Rn 879f.; s.a. OLG Celle, 5.12.2001 – 9 U 204/01, NZG 2002, 730/731.
478 Nickert/Lienhard, in: Nickert/Lamberti, Überschuldungs- und Zahlungsunfähigkeitsprüfung, Rn 882f.
479 Uhlenbruck/Mock, § 19 InsO Rn 143; Nickert/Lienhard, in: Nickert/Lamberti, Überschuldungs- und Zahlungsunfähigkeitsprüfung, Rn 895.
480 BGH, 18.10.2010 – II ZR 151/09, ZInsO 2010, 2396, Rn 18.
481 Uhlenbruck/Mock, § 19 InsO Rn 73, 144.
482 OLG München, 17.1.2019 – 23 U 998/18, ZInsO 2019, 447, 448; HambKomm/Schröder, § 19 InsO Rn 44; Uhlenbruck/Mock, § 19 InsO Rn 69; Scholz/Bitter, vor § 64 GmbHG Rn 81; Förschle/Hoffmann, in: Budde/Förschle/Winkeljohann, Sonderbilanzen, P. Rn 113; siehe zur Passivierung: BGH, 18.10.2010 – II ZR 151/09, ZInsO 2010, 2396, 2397, Rn 12.
483 Nickert, in: Nickert/Lamberti, Überschuldungs- und Zahlungsunfähigkeitsprüfung, Rn 394f.

cherte Schuld, die sich nicht gegen das Krisenunternehmen richtet, ist als Eventualverbindlichkeit zu erfassen, wenn es wahrscheinlich zu einer Inanspruchnahme aus der Sicherheit kommt (s. Rdn 139). Sofern der Rückgriffsanspruch des Krisenunternehmens (z.B. aus §§ 670, 774, 1143 Abs. 1 BGB) gegen den Schuldner der Verbindlichkeit werthaltig ist, ist dieser zu aktivieren.[484] Da der Sicherungsfall eingetreten ist, ist die Werthaltigkeit aber kaum anzunehmen, es sei denn, der Rückgriffsanspruch ist seinerseits ebenso – werthaltig – gesichert.

10. Freistellungsanspruch aufgrund Dritt- bzw. Gesellschaftersicherheit

125 Wenn Verbindlichkeiten der Gesellschaft durch werthaltige **Sicherheiten von Dritten** (z.B. Bürgschaft, Sicherungsübereignung oder -abtretung) abgesichert sind, führt dies nicht zu einer Entlastung der Überschuldungsbilanz. Denn die Sicherung wird durch den nach Verwertung entstehenden **Rückgriffsanspruch** des Dritten (z.B. aus §§ 670, 774, 1143 Abs. 1 BGB) neutralisiert.[485]

Etwas anderes gilt nur dann, wenn zwischen Gesellschaft und Sicherungsgeber im Innenverhältnis ein **Freistellungsanspruch** vereinbart ist, wonach dieser die Gesellschaft von ihrer Schuld ggü. dem Sicherungsnehmer freistellt, verbunden mit einem **Rangrücktritt oder ggf. Verzicht** (s. dazu Rdn 172f., 181f.) hinsichtlich seines Regressanspruchs. Dieser Freistellungsanspruch ist dann – bei Werthaltigkeit – als Aktivposition zu erfassen, wobei die gesicherte Verbindlichkeit weiterhin zu passivieren ist.[486] Aufgrund des auch beim Überschuldungsstatus zu beachtenden Saldierungsverbots (vgl. § 246 Abs. 2 HGB) ist dies die transparentere Lösung. Denkbar ist es aber auch, weder den Freistellungsanspruch noch die gesicherte Verbindlichkeit zu erfassen.[487] Bei einer Schuldübernahme (§§ 414, 415 BGB) des Dritten (mit Rangrücktritt oder ggf. Verzicht bzgl. des Regressanspruchs) ist weder ein Aktiv- noch ein Passivposten zu erfassen.

126 Seit dem Inkrafttreten des MoMiG am 1.11.2008 und somit der Abschaffung des Eigenkapitalersatzrechts (§ 30 Abs. 1 Satz 3 GmbHG, § 57 Abs. 1 Satz 4 AktG) gilt das Vorgenannte auch dann, wenn **Sicherungsgeber** ein **Gesellschafter** ist. Die Gesellschaft hat nach heutigem Recht – zumindest außerhalb der Insolvenz – keinen Freistellungsanspruch mehr gegen ihren Gesellschafter.[488] Deshalb ist die durch eine

---

484 HambKomm/Schröder, § 19 InsO Rn 60; Uhlenbruck/Mock, § 19 InsO Rn 87.
485 Uhlenbruck/Mock, § 19 InsO Rn 152; Scholz/Bitter, vor § 64 GmbHG Rn 82.
486 BGH, 9.2.1987 – II ZR 104/86, NJW 1987, 1697, 1698; OLG Stuttgart, 6.12.2006 – 11 U 55/05, GmbHR 2007, 369, 371; OLG München, 15.4.1996 – 31 U 4886/95, GmbHR 1998, 281, 282; HambKomm/Schröder, § 19 InsO Rn 55; Scholz/Bitter, vor § 64 GmbHG Rn 82; siehe ferner: Uhlenbruck/Mock, § 19 InsO Rn 156.
487 Förschle/Hoffmann, in: Budde/Förschle/Winkeljohann, Sonderbilanzen, P. Rn 121.
488 HambKomm/Schröder, § 19 InsO Rn 55, § 135 Rn 41; Löser, ZInsO 2010, 28, 30; Schmidt, ZInsO 2010, 70, 72; Dahl/Schmitz, NZG 2009, 567, 569; Spliedt, ZIP 2009, 149, 156.

Gesellschaftersicherheit gesicherte Schuld – ohne Ausgleich auf der Aktivseite – zu passivieren, es sei denn, Gesellschaft und Gesellschafter vereinbaren nach den unter Rdn 125 dargestellten Grundsätzen eine Freistellungsverpflichtung mit Rangrücktritt oder ggf. Forderungsverzicht.[489]

Nach dem Eigenkapitalersatzrecht wirkte sich die Gesellschaftersicherheit jedenfalls bei Vorliegen einer Unterbilanz noch automatisch bilanzneutral aus: der zu passivierenden Schuld stand auf der Aktivseite – sofern werthaltig – der Freistellungsanspruch gegen den Gesellschafter aus §§ 30, 31 GmbHG a.F. analog[490] (ohne Regressanspruch) ggü.[491]

11. Kassenbestand, Bankguthaben

Liquide Mittel wie Bargeldbestände oder Kontoguthaben sind ohne Abschläge in Ansatz zu bringen. Eine nicht ausgeschöpfte Kreditlinie ist – anders als i.R.d. Zahlungsunfähigkeit – nicht zu aktivieren,[492] da der Rückzahlungsanspruch gleichzeitig zu passieren wäre. 127

12. Aktive Rechnungsabgrenzungsposten

Unter aktiven Rechnungsabgrenzungsposten (vgl. § 250 Abs. 1 HGB) sind geleistete Vorauszahlungen z.B. auf Versicherungsbeiträge, Kfz-Steuern oder Mieten etc. zu verstehen. Diese sind als Aktivposition nur dann zu erfassen, wenn eine vorzeitige und entschädigungslose Vertragsauflösung möglich ist und diese zu einem entsprechenden Rückzahlungsanspruch des Rechtsträgers führt.[493] 128

V. Passiva

1. Grundsätze

Auf der Passivseite sind sämtliche Verbindlichkeiten der Gesellschaft (d.h. nicht nur Zahlungspflichten) zu erfassen, und zwar mit ihrem Nennwert und unabhängig von 129

---

[489] HambKomm/Schröder, § 19 InsO Rn 55; Dahl/Schmitz, NZG 2009, 567, 569; K. Schmidt, DB 2008, 1966, 1971.
[490] Siehe zu diesem Freistellungsanspruch: BGH, 20.7.2009 – II ZR 36/08, ZInsO 2009, 1774, Rn 16; BGH, 26.1.2009 – II ZR 260/07, ZInsO 2009, 674, Rn 10; HambKomm/Schröder, § 19 InsO Rn 55, § 135 Rn 200; diesen Anspruch übersieht: OLG Jena, 30.4.2009 – 1 U 657/06, NZG 2009, 650, 651.
[491] Meyer-Löwy, ZIP 2003, 1920, 1924.
[492] Scholz/Bitter, vor § 64 GmbHG Rn 83.
[493] Uhlenbruck/Mock, § 19 InsO Rn 124; Förschle/Hoffmann, in: Budde/Förschle/Winkeljohann, Sonderbilanzen, P. Rn 115; IDW S 11, ZInsO 2015, 1136 Rn 81; siehe ferner: Möhlmann-Mahlau/Schmitt, NZI 2009, 19, 22.

ihrer Fälligkeit.[494] Betagte und langfristige, unverzinsliche Verbindlichkeiten sind abzinsen (§ 41 Abs. 2 InsO).[495] Anzusetzen sind auch solche Schulden, die in einem Insolvenzverfahren **nachrangige Verbindlichkeiten** gem. **§ 39 Abs. 1 InsO** wären.[496] Verjährte Schulden sind nicht anzusetzen, es sei denn, der Schuldner möchte trotzdem erfüllen.[497]

130 Verbindlichkeiten, die durch ein **Absonderungsrecht** am Schuldnervermögen gesichert sind, sind zu berücksichtigen,[498] da auch der Aktivwert zu erfassen ist (s. Rdn 110). Zur Behandlung von Schulden, die durch **Drittsicherheiten** abgesichert sind, s. Rdn 140. Gegenstände, die mit einem **Aussonderungsrecht** belastet sind, sind grds. nicht zu aktivieren, sodass auch eine Passivierung der gesicherten Schulden entfällt, es sei denn, es verbleibt aus der zu erwartenden Nichterfüllung des Vertrages ein **Verpflichtungsüberschuss** (s. Rdn 110).

131 Da die handelsrechtlichen Grundsätze nicht gelten, sind nur echte Verbindlichkeiten zu passivieren.[499] Deshalb sind **Sonderposten mit Rücklagenanteil** grds. nicht zu erfassen.[500] Eigenkapitalpositionen sind nicht aufzunehmen, zumal das Eigenkapital auch handelsrechtlich lediglich die Differenz zwischen den Aktiva und den Passiva abbildet.

132 Im Überschuldungsstatus der **Komplementär-GmbH** einer **GmbH & Co. KG** sind die Verbindlichkeiten der KG erst dann zu passivieren, wenn die KG rechnerisch überschuldet ist und somit eine Inanspruchnahme der Komplementärin aus §§ 128, 161 HGB droht.[501] Die Erstattungsansprüche der Komplementärin gegen die KG aus §§ 110, 161 HGB oder weitere Ansprüche sind dann nicht mehr werthaltig.[502]

---

494 OLG Brandenburg, 13.1.2015 – 6 U 195/12, GmbHR 2015, 1094, 1095; OLG Hamburg, 20.6.2013 – 11 U 107/11, ZInsO 2013, 1517, 1519;; HambKomm/Schröder, § 19 InsO Rn 49; Uhlenbruck/Mock, § 19 InsO Rn 152, 154; MüKo/Drukarczyk/Schüler, § 19 InsO Rn 89, 90; Haußer/Heeg, ZIP 2010, 1427, 1429.
495 HambKomm/Schröder, § 19 InsO Rn 52; Uhlenbruck/Mock, § 19 InsO Rn 209, 210.
496 BGH, 23.9.2010 – IX ZB 282/09, ZInsO 2010, 2091, Rn 10; BGH, 1.3.2010 – II ZR 13/09, ZInsO 2010, 1069, Rn 13; Uhlenbruck/Mock, § 19 InsO Rn 161.
497 Steinrötter/Meier, NZI 2015, 919.
498 Scholz/Bitter, vor § 64 GmbHG Rn 84, 86.
499 HambKomm/Schröder, § 19 InsO Rn 50.
500 BFH, 31.5.2005 – I R 35/04, GmbHR 2005, 1571, 1573; HambKomm/Schröder, InsO, § 19 Rn 50; Blöse/Wieland-Blöse, Praxisleitfaden Insolvenzreife, S. 143; Möhlmann-Mahlau/Schmitt, NZI 2009, 19, 23.
501 OLG Hamburg, 20.6.2013 – 11 U 107/11, ZInsO 2013, 1517, 1519; HambKomm/Schröder, § 19 InsO Rn 63; Uhlenbruck/Mock, § 19 InsO Rn 190; Scholz/Bitter, vor § 64 GmbHG Rn 259; Kammeter/Geißelmeier, NZI 2007, 214, 216; siehe ferner: BGH, 22.10.1990 – II ZR 238/99, NJW 1991, 1057, 1059/1060.
502 HambKomm/Schröder, § 19 InsO Rn 63; Scholz/Bitter, vor § 64 GmbHG Rn 259.

Hinweis
Umstritten ist, ob sämtliche Schulden der KG anzusetzen sind[503] oder nur der ungedeckte Teil, d.h. abzgl. der Aktiva der KG.[504]

2. Streitige Verbindlichkeiten

Zur Berücksichtigung von Verbindlichkeiten, welche die Gesellschaft bestreitet, gelten die Ausführungen zur Zahlungsunfähigkeit entsprechend[505] (s. Rdn 32f.). 133

3. Rückstellungen

Unter Rückstellungen sind Passivposten zu verstehen, deren exakte wirtschaftliche Daten – insb. Existenz oder Höhe – noch offen sind (vgl. zur Handelsbilanz: § 249 HGB).[506] Diese sind (z.B. im Hinblick auf etwaige Schadensersatzverpflichtungen) auch in der Überschuldungsbilanz zu bilden, **wenn eine Inanspruchnahme ernsthaft droht**[507] (zur Behandlung von Eventualverbindlichkeiten s. Rdn 139). Ist die Forderung nach Grund und Höhe dagegen bereits sicher, verbietet sich eine Rückstellung und sie ist als solche zu passivieren.[508] Anzusetzen sind grds. nur Rückstellungen für Verbindlichkeiten, nicht jedoch Aufwandsrückstellungen.[509] Sofern bei **schwebenden Geschäften** (z.B. über Bauleistungen) ein Verpflichtungsüberschuss verbleibt, sind **Drohverlustrückstellungen** (vgl. § 249 Abs. 1 Satz 1, 2. Alt. HGB) zu bilden.[510] Wenn es der Gesellschaft bei negativer Fortführungsprognose auch im Rahmen einer geordneten Ausproduktion nicht mehr möglich ist, ihren Lieferverpflichtungen nachzukommen, sind entsprechende Rückstellungen für die Schadensersatzansprüche der Vertragspartner anzusetzen.[511] 134

---

503 HambKomm/Schröder, § 19 InsO Rn 63.
504 Uhlenbruck/Mock, § 19 InsO Rn 184.
505 HambKomm/Schröder, § 19 InsO Rn 53; Uhlenbruck/Mock, § 19 InsO Rn 159; Haas, in: Kölner Schrift zur InsO, Kap. 40 Rn 40.
506 Haas, in: Kölner Schrift zur InsO, Kap. 40 Rn 42.
507 BGH, 18.10.2010 – II ZR 151/09, ZInsO 2010, 2396, Rn 19; BGH, 22.9.2003 – II ZR 229/02, ZIP 2003, 2068, 2070; HambKomm/Schröder, InsO § 19 Rn 50; MüKo/Drukarczyk/Schüler, § 19 InsO Rn 99; IDW S 11, ZInsO 2015, 1136 Rn 84; Haußer/Heeg, ZIP 2010, 1427, 1429.
508 Haas, in: Kölner Schrift zur InsO, Kap. 40 Rn 43.
509 MüKo/Drukarczyk/Schüler, § 19 InsO Rn 100; Möhlmann-Mahlau/Schmitt, NZI 2009, 19, 23.
510 OLG München, 17.1.2019 – 23 U 998/18, ZInsO 2019, 447, 448; Uhlenbruck/Mock, § 19 InsO Rn 157; Blöse/Wieland-Blöse, Praxisleitfaden Insolvenzreife, S. 144.
511 Haas, in: Kölner Schrift zur InsO, Kap. 40 Rn 46.

4. Verpflichtungen aus Dauerschuldverhältnissen

135 Handelsrechtlich gilt die **Ausgeglichenheitsvermutung**,[512] d.h. es darf unterstellt werden, dass die laufenden Ausgaben aus Dauerschuldverhältnissen (Gehälter, Miete, Leasing etc.) durch entsprechende Erträge kompensiert werden. Das ist im Rahmen eines Überschuldungsstatus grds. nicht anders.[513] Bei der hier maßgeblichen **negativen Fortführungsprognose** (Liquidationswerte) kehrt sich die Vermutung aber in eine – widerlegbare – „Unausgeglichenheitsvermutung" um.[514] Dann sind grds. **Drohverlustrückstellungen** für die bis zur vorzeitigen Beendigung der Verträge monatlich anfallenden Zahlungen zuzüglich etwaiger Abfindungen abzgl. eines etwaigen Erlöses (sog. **Remanenzkosten**) zu bilden,[515] was auch der BGH bestätigt hat[516] (allg. zu den Kosten der Betriebseinstellung s. Rdn 144). Dieser hat zu Mietverpflichtungen entschieden, dass bei fehlender Fortführungsmöglichkeit nur eine spätere Kündigung durch den Insolvenzverwalter realistisch ist, sodass Rückstellungen für einen Schadensersatzanspruch des Vermieters (§ 109 Abs. 1 Satz 3 InsO), unter Berücksichtigung etwaiger Möglichkeiten der Neuvermietung, zu bilden sind.[517] Außerhalb der Insolvenz begründet das eigene wirtschaftliche Unvermögen eines Unternehmens, seine Pflichten aus Dauerschuldverhältnissen zu erfüllen, grds. keine Möglichkeit sich von diesen loszusagen.[518]

5. Verbindlichkeiten aus einem Sozialplan

136 Verpflichtungen aus einem **bereits aufgestellten Sozialplan** (§ 112 Abs. 1 Satz 2 BetrVG) sind unstreitig zu passivieren.[519] Auch **künftige Sozialplankosten** sind zu erfassen, wenn eine sozialplanpflichtige Betriebsänderung (§ 111 BetrVG) bereits beschlossen ist oder dies auf der Basis des Unternehmenskonzepts unmittelbar be-

---

512 BFH, 25.4.2006 – VIII R 40/04, DStR 2006, 1741, 1742; BFH, 27.6.2001 – I R 11/00, DStR 2001, 1559, 1561; BFH, 2.10.1997 – IV R 82/96, DStR 1998, 23.
513 Scholz/Bitter, vor § 64 GmbHG Rn 87; Förschle/Hoffmann, in: Budde/Förschle/Winkeljohann, Sonderbilanzen, P. Rn 91, 118.
514 Scholz/Bitter, vor § 64 GmbHG Rn 87; Förschle/Hoffmann, in: Budde/Förschle/Winkeljohann, Sonderbilanzen, P. Rn 91.
515 Scholz/Bitter, vor § 64 GmbHG Rn 87; Kühne, in: Nickert/Lamberti, Überschuldungs- und Zahlungsunfähigkeitsprüfung, Rn 981; Förschle/Hoffmann, in: Budde/Förschle/Winkeljohann, Sonderbilanzen, P. Rn 91, 118; **a.A.:** Ahrens, ZInsO 2019, 1403, 1406 (strenges Stichtagsprinzip).
516 BGH, 18.10.2010 – II ZR 151/09, ZInsO 2010, 2396, Rn 12, 19.
517 BGH, 18.10.2010 – II ZR 151/09, ZInsO 2010, 2396, Rn 19; **a.A.:** Uhlenbruck/Mock, § 19 InsO Rn 207.
518 Kühne, in: Nickert/Lamberti, Überschuldungs- und Zahlungsunfähigkeitsprüfung, Rn 976.
519 MüKo/Drukarczyk/Schüler, § 19 InsO Rn 101; Scholz/Bitter, vor § 64 GmbHG Rn 91; IDW S 11, ZInsO 2015, 1136 Rn 72.

vorsteht.[520] Richtigerweise ist eine Passivierung nicht allein bereits deshalb vorzunehmen, nur weil die **Fortführungsprognose negativ** ist.[521] Etwaige Minderungen des Sozialplanvolumens bei Aufstellung des Sozialplans nach Insolvenzeröffnung (§ 123 Abs. 1 InsO) dürfen nicht vorweggenommen werden.[522]

6. Pensionsverpflichtungen

Laufende Pensionsverpflichtungen und **unverfallbare Pensionsanwartschaften** (§ 1b Abs. 1 BetrAVG) sind mit ihrem versicherungsmathematisch ermittelten Barwert abzubilden,[523] der nicht etwa auf den Prognosezeitraum der Fortführungsprognose beschränkt ist.[524] Die Eintrittspflicht des Pensionsversicherungsvereins in der Insolvenz ändert daran nichts, zumal dies lediglich einen Gläubigerwechsel (§ 9 Abs. 2 BetrAVG) zur Folge hat.[525] **Pensionsanwartschaften**, die noch **nicht unverfallbar** sind, sind ebenfalls zu berücksichtigen,[526] es sei denn, die betreffenden Arbeitnehmer sollen kurzfristig entlassen werden[527] (was wiederum ggf. Rückstellungen für Abfindungen zur Folge hätte). Die Passivierungspflicht entfällt erst, wenn die Anwartschaft rechtlich nicht mehr besteht.[528] Pensionsverpflichtungen gegenüber **Gesellschaftern** und **Organen** (sofern diese keinen Arbeitnehmerstatus haben) sind immer zu passivieren.[529] Ansprüche aus **Rückdeckungsversicherungen** können als Aktivposten angesetzt werden.[530]

137

---

520 HambKomm/Schröder, § 19 InsO Rn 51; MüKo/Drukarczyk/Schüler, § 19 InsO Rn 101; Scholz/Bitter, GmbHG, vor § 64 Rn 91; Förschle/Hoffmann, in: Budde/Förschle/Winkeljohann, Sonderbilanzen, P. Rn 91, 117; Frystatzki, NZI 2011, 521, 525; **a.A.**: Ahrens, ZInsO 2019, 1403, 1406 (strenges Stichtagsprinzip).
521 OLG Celle, 5.12.2001 – 9 U 204/01, NZG 2002, 730, 731; Haas, in: Kölner Schrift zur InsO, Kap. 40 Rn 50; strenger: Uhlenbruck/Mock, § 19 InsO Rn 166; Scholz/Bitter, vor § 64 GmbHG Rn 91.
522 Förschle/Hoffmann, in: Budde/Förschle/Winkeljohann, Sonderbilanzen, P. Rn 117.
523 HambKomm/Schröder, § 19 InsO Rn 52; Uhlenbruck/Mock, § 19 InsO Rn 213, 214; Scholz/Bitter, vor § 64 GmbHG Rn 90; Förschle/Hoffmann, in: Budde/Förschle/Winkeljohann, Sonderbilanzen, P. Rn 116; IDW S 11, ZInsO 2015, 1136 Rn 85.
524 Haas, in: Kölner Schrift zur InsO, Kap. 40 Rn 51.
525 Uhlenbruck/Mock, § 19 InsO Rn 215; MüKo/Drukarczyk/Schüler, § 19 InsO Rn 102; Haas, in: Kölner Schrift zur InsO, Kap. 40 Rn 51.
526 Kühne, in: Nickert/Lamberti, Überschuldungs- und Zahlungsunfähigkeitsprüfung, Rn 997, 999 (nur bei negativer Fortführungsprognose); Förschle/Hoffmann, in: Budde/Förschle/Winkeljohann, Sonderbilanzen, P. Rn 116; Haas, in: Kölner Schrift zur InsO, Kap. 40 Rn 52.
527 Förschle/Hoffmann, in: Budde/Förschle/Winkeljohann, Sonderbilanzen, P. Rn 116; IDW S 11, ZInsO 2015, 1136 Rn 85.
528 Ausführlich zur Bewertung von Pensionsverbindlichkeiten bei negativer Fortführungsprognose: v. Buddenbrock/Rathje, BB 2010, 1331, 1333.
529 Kühne, in: Nickert/Lamberti, Überschuldungs- und Zahlungsunfähigkeitsprüfung, Rn 996.
530 Kühne, in: Nickert/Lamberti, Überschuldungs- und Zahlungsunfähigkeitsprüfung, Rn 1008.

138　Das Recht zum (teilweisen) **Widerruf** insolvenzgeschützter **Versorgungsansprüche wegen wirtschaftlicher Notlage** des Unternehmens **besteht** seit der Streichung des § 7 Abs. 1 Satz 3 Nr. 5 BetrAVG durch Art. 91 EGInsO **nicht mehr**.[531] Unter diesem Gesichtspunkt ist daher keine Kürzung der anzusetzenden Pensionsverpflichtungen möglich.

7. Eventualverbindlichkeiten

139　Eine sog. Eventualverbindlichkeit liegt vor, wenn die Inanspruchnahme ungewiss ist, wie z.B. bei einer **Sicherheitenstellung für eine fremde Schuld** (durch persönliche oder dingliche Sicherheiten, wie z.B. Bürgschaft, Patronatserklärung, Sicherungsübereignung oder -abtretung), bei etwaigen **Gewährleistungsansprüchen** von Kunden oder **bedingten** (§ 158 BGB) **Verbindlichkeiten**. Diese sind im Wege der Schätzung nach dem Grad der Wahrscheinlichkeit ihrer Inanspruchnahme anzusetzen.[532] Es spielt dabei keine Rolle, dass eine Sachsicherheit für die Schuld eines Dritten lediglich ein Verwertungsrecht des Gläubigers, aber keine unmittelbare Zahlungspflicht des Sicherungsgebers auslöst. Kommt es wahrscheinlich zu einer Inanspruchnahme aus der Drittsicherheit, ist grds. ein Rückgriffsanspruch (z.B. aus §§ 670, 774, 1143 Abs. 1 BGB) gegen den Schuldner der gesicherten Schuld zu aktivieren.[533] Dieser dürfte aber im Regelfall nicht werthaltig sein, da andernfalls der Sicherungsfall nicht eingetreten wäre (es sei denn, der Rückgriffsanspruch ist seinerseits ebenso – werthaltig – gesichert).

8. Durch Dritt- oder Gesellschaftersicherheiten abgesicherte Verbindlichkeiten

140　Auch Verbindlichkeiten des Schuldners, die durch von dritter Seite gestellte Sicherheiten abgesichert sind, sind als Passiva zu erfassen.[534] Denn nach einer etwaigen Verwertung der Sicherheit steht dem Dritten gegen ihn ein **Rückgriffsanspruch** (z.B. aus §§ 670, 774, 1143 Abs. 1 BGB) zu.[535] Die Drittsicherheit entlastet nur dann

---

531　BAG, 31.7.2007 – 3 AZR 373/06, ZIP 2007, 2326, 2328; BAG, 17.6.2003 – 3 AZR 396/02, DB 2004, 324, 325; zum Eingriff in kollektive Versorgungszusagen s.: v. Buddenbrock/Rathje, BB 2010, 1331, 1334.
532　HambKomm/Schröder, § 19 InsO Rn 53, 60; Uhlenbruck/Mock, § 19 InsO Rn 158.
533　HambKomm/Schröder, § 19 InsO Rn 60; Uhlenbruck/Mock, § 19 InsO Rn 156, 158; Ganter, WM 2014, 1457, 1460.
534　OLG Jena, 30.4.2009 – 1 U 657/06, NZG 2009, 650, 651; OLG Celle, 5.12.2001 – 9 U 204/01, NZG 2002, 730, 731; HambKomm/Schröder, § 19 InsO Rn 55; Uhlenbruck/Mock, § 19 InsO Rn 156; hinsichtlich der Aktivseite s.: Scholz/Bitter, vor § 64 GmbHG Rn 83.
535　Uhlenbruck/Mock, § 19 InsO Rn 85, 156; Scholz/Bitter, vor § 64 GmbHG Rn 83; Ganter, WM 2014, 1457, 1460.

den Überschuldungsstatus, wenn Rechtsträger und Sicherungsgeber (ein Gesellschafter oder sonstiger Dritter) vereinbaren, dass Letzterer im Innenverhältnis für die Schuld aufzukommen hat (s. dazu näher Rdn 125).

9. Gesellschafterdarlehen, Verlustausgleichsverpflichtungen, Finanzplankredite, gesplittete Einlage

Darlehensverbindlichkeiten ggü. Gesellschaftern sind sowohl nach Inkrafttreten des MoMiG[536] am 1.11.2008 als auch nach altem Eigenkapitalersatzrecht[537] zu passivieren. Für das aktuelle Recht ergibt sich das bereits aus einem Umkehrschluss aus § 19 Abs. 2 Satz 2 InsO. Das Entfallen der Passivierungspflicht kann durch einen Rangrücktritt (dazu Rdn 172f.) oder einen Forderungsverzicht (dazu Rdn 181f.) bewirkt werden. 141

Verlustausgleichsansprüche (z.B. von Tochtergesellschaften) gemäß § 302 Abs. 1 AktG (analog) werden – vorbehaltlich einer abweichenden Vereinbarung – bereits zum Bilanzstichtag fällig[538] und somit bei der Schuldnerin als Obergesellschaft zu passivieren. Sie sind aber seitens der abhängigen Gesellschaft oftmals nicht ernsthaft eingefordert[539] bzw. entsprechend ständiger Praxis im Konzern bis zu einer späteren Verrechnung zunächst tatsächlich gestundet.[540]

Als Passiva anzusetzen sind auch Rückzahlungsansprüche des Gesellschafters aus zugunsten der Gesellschaft gewährten sog. **Finanzplankrediten**.[541] Das gilt ebenso für die sog. „**gesplittete Einlage**",[542] d.h. einem Darlehen, welches ein Gesellschafter aufgrund eines Versprechens im Gesellschaftsvertrag neben der Einlage geleistet hat. Dass das Darlehen nicht ohne die Gesellschafterstellung gekündigt werden kann, bedeutet noch keinen qualifizierten Rangrücktritt.[543]

---

[536] BGH, 23.9.2010 – IX ZB 282/09, ZInsO 2010, 2091, Rn 10; BGH, 1.3.2010 – II ZR 13/09, ZInsO 2010, 1069, Rn 13; Uhlenbruck/Mock, § 19 InsO Rn 181; Scholz/Bitter, vor § 64 GmbHG Rn 92, 93.
[537] Grundlegend: BGH, 8.1.2001 – II ZR 88/99, ZInsO 2001, 260, 262; s. ferner: BGH, 1.3.2010 – II ZR 13/09, ZInsO 2010, 1069, Rn 6; BGH, 5.2.2007 – II ZR 234/05, ZInsO 2007, 376, Rn 19; Scholz/Bitter, vor § 64 GmbHG Rn 93; Förschle/Hoffmann, in: Budde/Förschle/Winkeljohann, Sonderbilanzen, P. Rn 116.
[538] BGH, 16.6.2015 – II ZR 384/13, ZIP 2015, 1483, Rn 24.
[539] OLG Düsseldorf, 20.12.2018 – 10 U 70/18, ZInsO 2020, 104, 105f.
[540] OLG Frankfurt/M., 17.1.2018 – 4 U 4/17, ZInsO 2018, 713, 715.
[541] OLG Köln, 11.12.2008 – 18 U 138/07, ZInsO 2009, 392, 394; Haas, in: Kölner Schrift zur InsO, Kap. 40 Rn 63.
[542] BGH, 1.3.2010 – II ZR 13/09, ZInsO 2010, 1069, Rn 6, 13; OLG Köln, 11.12.2008 – 18 U 138/07, ZInsO 2009, 392, 394; s. ferner: Haas, in: Kölner Schrift zur InsO, Kap. 40 Rn 61.
[543] BGH, 1.3.2010 – II ZR 13/09, ZInsO 2010, 1069, Rn 11.

10. Stille Beteiligungen, Genussrechte

142 Der **stille Gesellschafter** hat einen schuldrechtlichen **Anspruch auf Rückgewähr** der Einlage (§ 236 Abs. 1 HGB). Dieser ist als Passivposten zu erfassen, soweit er nicht durch Teilnahme am Verlust aufgezehrt ist,[544] was vertraglich ausgeschlossen werden kann, § 231 Abs. 2 HGB. Es macht grds. keinen Unterschied, ob eine sog. typische oder untypische (ausgestattet mit Vermögens- und Kontrollrechten) stille Beteiligung vorliegt,[545] es sei denn, der atypisch stille Gesellschafter ist vermögensmäßig einem Gesellschafter gleichgestellt, so dass sein Anspruch nicht zu passivieren ist.[546]

143 Auch Ansprüche auf **Rückzahlung von Genussrechtskapital** (welches gesetzlich nicht definiert ist) sind grds. als Passiva anzusetzen.[547] Hiervon können die Genussrechtsbedingungen aber abweichen mit der Folge, dass die Passivierungspflicht u.U. entfällt.[548]

11. Abwicklungskosten

144 Bei **negativer Fortführungsprognose** (und nur diese ist ja maßgeblich) sind grds. auch die Abwicklungskosten in Ansatz zu bringen.[549] Diese werden auch als Zerschlagungs- oder Auslaufkosten bezeichnet. Hierzu gehören zunächst die Kosten der Einstellung des Geschäftsbetriebes,[550] jedenfalls soweit diese nicht bereits als Drohverlustrückstellungen i.R.d. Beendigung von Dauerschuldverhältnissen (dazu Rdn 135) erfasst sind. Des Weiteren sind grds. auch die Aufwendungen zu passivieren, die getätigt werden müssen, um den im Überschuldungsstatus angesetzten Wert zu realisieren.[551]

> **Hinweis**
> Allerdings sind auf der Aktivseite stets die Liquidationswerte abzgl. der Verwertungskosten und der USt anzusetzen (s. Rdn 111). Die dort bereits in Abzug gebrachten Kosten dürfen daher auf der Passivseite nicht erneut berücksichtigt werden.

---

544 KG, 17.11.2009 – 14 U 208/08, NZG 2010, 463; HambKomm/Schröder, § 19 InsO Rn 58; Uhlenbruck/Mock, § 19 InsO Rn 177; Haas, in: Kölner Schrift zur InsO, Kap. 40 Rn 65.
545 KG, 17.11.2009 – 14 U 208/08, NZG 2010, 463; HambKomm/Schröder, § 19 InsO Rn 58.
546 Uhlenbruck/Mock, § 19 InsO Rn 174, 178a; Scholz/Bitter, vor § 64 GmbHG Rn 104.
547 AG Itzehoe, 1.5.2014 – 28 IE 1/14, ZInsO 2014, 1106, 1107; HambKomm/Schröder, § 19 InsO Rn 59; Uhlenbruck/Mock, § 19 InsO Rn 165; Mock, NZI 2014, 102, 103.
548 Uhlenbruck/Mock, § 19 InsO Rn 165; Haas, in: Kölner Schrift zur InsO, Kap. 40 Rn 64.
549 HambKomm/Schröder, § 19 InsO Rn 39; Scholz/Bitter, vor § 64 GmbHG Rn 91; IDW S 11, ZInsO 2015, 1136 Rn 84; Frystatzki, ZInsO 2020, 176, 177; Frystatzki, NZI 2011, 521, 525; **a.A.:** Ahrens, ZInsO 2019, 1403, 1406 (strenges Stichtagsprinzip).
550 KG, 1.11.2005 – 7 U 49/05, ZInsO 2006, 437, 439; Haas, in: Kölner Schrift zur InsO, Kap. 40 Rn 49.
551 Haas, in: Kölner Schrift zur InsO, Kap. 40 Rn 48.

12. Verfahrenskosten

Da die **Kosten** eines etwaigen **Insolvenzverfahrens** (§ 54 InsO) erst durch die Verfahrenseröffnung ausgelöst werden, sind sie im Überschuldungsstatus nicht anzusetzen,[552] ebenso wie bei der Feststellung der Zahlungsunfähigkeit. Das gilt jedoch nicht für die vorher entstehenden Kosten, insb. der vorläufigen Insolvenzverwaltung (§ 26a InsO). 145

13. Passive Rechnungsabgrenzungsposten

Vor Erbringung der Gegenleistung **bereits erhaltene Einnahmen**, die Ertrag für die Zeit nach dem Stichtag der Erstellung der Überschuldungsbilanz darstellen (z.B. Voraus- oder Anzahlungen), sind als passive Rechnungsabgrenzungsposten (vgl. § 250 Abs. 2 HGB) **zu passivieren**.[553] Denn sie begründen entweder eine Leistungspflicht oder eine Pflicht, die vereinnahmten Gelder zurückzuzahlen. 146

VI. Feststellung und Nachweis der Überschuldung

Die rechnerische Überschuldung kann ausschließlich über einen Überschuldungsstatus (anderer Ausdruck: Überschuldungsbilanz) festgestellt werden. In dieser sog. Sonderbilanz sind grds. sämtliche Aktiva den Passiva des Unternehmens gegenüberzustellen, sodass überprüft werden kann, ob das Vermögen insgesamt noch die Schulden deckt. 147

1. Prüfungsreihenfolge

Im Hinblick auf die Fortführungsprognose besteht teilweise Uneinigkeit über die konkrete Prüfungsreihenfolge,[554] wobei dieser Streit lediglich akademische Bedeutung hat. Es kann zunächst geprüft werden, ob die Passiva die Aktiva nach Liquidationswerten übersteigen und anschließend im Fall des Bejahens, ob die Fortführungsprognose negativ ist. Je nach Aufwand und Zweckmäßigkeit ist aber ohne Weiteres auch die umgekehrte Reihenfolge denkbar. 148

---

552 HambKomm/Schröder, § 19 InsO Rn 51; Uhlenbruck/Mock, § 19 InsO Rn 206; Scholz/Bitter, vor § 64 GmbHG Rn 91; Förschle/Hoffmann, in: Budde/Förschle/Winkeljohann, Sonderbilanzen, P. Rn 91; Frystatzki, ZInsO 2020, 176.
553 HambKomm/Schröder, § 19 InsO Rn 61; Uhlenbruck/Mock, § 19 InsO Rn 201; MüKo/Drukarczyk/Schüler, § 19 InsO Rn 109; Förschle/Hoffmann, in: Budde/Förschle/Winkeljohann, Sonderbilanzen, P. Rn 115.
554 Siehe dazu ausführlich: HambKomm/Schröder, § 19 InsO Rn 6, 10; Uhlenbruck/Mock, § 19 InsO Rn 41f.

Früher – unter Geltung des zweistufigen Überschuldungsbegriffs – war zunächst die Fortführungsprognose anzufertigen. Je nachdem, ob diese negativ oder positiv ausfiel, war die Überschuldungsbilanz sodann auf der Basis von Liquidations- oder Fortführungswerten aufzustellen.

2. Darlegungs- und Beweislast

a) Insolvenzeröffnungsverfahren

149 Im Insolvenzeröffnungsverfahren hat das Gericht **von Amts wegen** (§ 5 Abs. 1 InsO) zu prüfen, ob ein Eröffnungsgrund (Zahlungsunfähigkeit, Überschuldung oder ggf. drohende Zahlungsunfähigkeit) gegeben ist, wobei es keine formelle Beweislast gibt (s. Rdn 42). Soweit dies entscheidungserheblich ist, hat das Insolvenzgericht – mithilfe eines Sachverständigengutachtens – daher grds. auch aufzuklären, ob eine positive **Fortführungsprognose** besteht oder nicht. Allerdings obliegt es dem Rechtsträger bzw. dessen Organen, eine positive Prognose, einschließlich der Tatsachen, die ihr zugrunde liegen, vorzulegen, um entsprechende Ermittlungspflichten des Gerichts auszulösen.[555]

b) Haftungsprozess

150 Im Haftungsprozess sind der **Insolvenzverwalter/Sachwalter** bzw. die Gesellschaft oder ggf. der **Gläubiger** (sog. Neugläubiger) darlegungs- und beweispflichtig für die Insolvenzreife und somit auch die Überschuldung der Gesellschaft (dazu ausführlich Rdn 43). Denn grds. muss derjenige die Überschuldung beweisen, der sich auf sie beruft. Die **positive Fortführungsprognose** hat demgegenüber der **Prozessgegner** (Geschäftsführer, Vorstand oder ggf. Aufsichtsrat etc.) darzulegen und zu beweisen. Das gilt sowohl im Rahmen des geltenden modifiziert zweistufigen Überschuldungsbegriffs[556] (auch für die Beweislast[557]) als auch bezüglich des

---

[555] Zu § 212 InsO: LG Göttingen, 3.11.2008 – 10 T 119/08, ZInsO 2009, 38, 40; anders wohl: Eckert/Happe, ZInsO 2008, 1098, 1099.
[556] OLG Hamm, 2.12.2009 – 11 U 151/08, ZInsO 2010, 527, 528; Uhlenbruck/Mock, § 19 InsO Rn 54; Scholz/Bitter, vor § 64 GmbHG Rn 49, 53; Aleth/Harlfinger NZI 2011, 166, 172; Haußer/Heeg, ZIP 2010, 1427, 1428; Sikora, ZInsO 2010, 1761, 1774; **a.A.:** OLG Düsseldorf, 10.2.1999 – 15 U 107/98, GmbHR 1999, 718 (LS).
[557] Der BGH, 6.6.1994 – II ZR 292/91, NJW 1994, 2220, 2224 hatte dies – in obiter dictum – hinsichtlich der Beweis-, nicht jedoch der Darlegungslast, noch als „zweifelhaft" bezeichnet. Diese Zweifel dürften sich aber inzwischen erledigt haben. Denn der Senat zieht die Beweislast in seiner in der nachfolgenden Fußnote zitierten Rspr. zum zweistufigen Überschuldungstatbestand ausdrücklich mit ein. Allerdings erwähnt er in der Entscheidung BGH, 15.3.2011 – II ZR 204/09, ZInsO 2011, 970, 973, Rn 31 ebenfalls nur die Darlegungslast.

früheren zweistufigen Überschuldungsbegriffs.[558] Denn die positive Fortführungsprognose stellt nach dem Gesetzeswortlaut („es sei denn") stets den Ausnahmefall dar, und jede Partei muss grds. die Voraussetzungen der für sie günstigen Norm darlegen und beweisen. Zwar ist die Prognose selbst nicht beweisbar, doch lässt sich ohne Weiteres beweisen, dass eine schlüssige Prognose mit den notwendigen Bestandteilen erstellt worden ist.[559]

Hinweis
Gelegentlich wird behauptet, dass sich der Prozessgegner bei einer tatsächlich erfolgten Fortführung des Unternehmens (z.B. über 1,5 Jahre bis zur Insolvenzeröffnung) auf den **Anscheinsbeweis einer positiven Fortführungsprognose** berufen könne, welcher vom Insolvenzverwalter oder ggf. einem geschädigten Gläubiger zu erschüttern sei.[560] Dem kann nicht gefolgt werden. Denn die tatsächliche Fortführung kann ebenso auf ein „Weiterwirtschaften" hindeuten und sie besagt keinesfalls, dass die Gesellschaft während dieses Zeitraums stets zahlungsfähig war. Ganz im Gegenteil kann die spätere Insolvenz gegen eine positive Prognose sprechen.

Ist Prozessgegner ein Organvertreter, ist ihm die Darlegung auch deshalb zumutbar, 151 weil er zumindest in der Krise der von ihm geführten Gesellschaft ohnehin zu einer laufenden Prüfung der Unternehmenslage verpflichtet war,[561] was nun auch gesetzlich geregelt ist (§ 1 Abs. 1 StaRUG).

Praxistipp
Den organschaftlichen Vertretern ist zu raten, sämtliche **Besprechungsergebnisse und Unterlagen** etc. zur Fortführungsprognose und zu den durchgeführten Restrukturierungsbemühungen geordnet zu **dokumentieren** und zu **verwahren**.[562] Nur auf diese Weise wird es ihnen später in einem etwaigen Prozess möglich sein, ihrer Darlegungs- und Beweislast nachzukommen. Sie haben aber als Prozessgegner auch das Recht, in die von einem Insolvenzverwalter verwahrten Geschäftsunterlagen der Gesellschaft Einsicht zu nehmen.[563]
Bei **Refinanzierungsverhandlungen** sollte von den beteiligten Banken ein „Restructuring Letter" eingefordert werden, in welchem diese bestätigen, dass man gemeinsam mit der Gesellschaft und deren Gesellschaftern eine nachhaltige Refinanzierung bzw. Sanierung des Unternehmens anstrebt und diese für überwiegend wahrscheinlich hält.[564]

---

558 BGH, 18.10.2010 – II ZR 151/09, ZInsO 2010, 2396, Rn 11; BGH, 27.4.2009 – II ZR 253/07, ZInsO 2009, 1159, Rn 11; BGH, 9.10.2006 – II ZR 303/05, ZInsO 2007, 36, Rn 3; OLG Schleswig, 11.2.2010 – 5 U 60/09, ZInsO 2010, 530, 531; OLG Köln, 5.2.2009 – 18 U 171/07, ZInsO 2009, 1402, 1405; Aleth/Harlfinger, NZI 2011, 166, 172; Sikora ZInsO 2010, 1761, 1774.
559 Theiselmann/Redeker, in: Theiselmann, Restrukturierungsrecht, Kap. 13 Rn 80.
560 OLG Saarbrücken, 30.11.2000 – 8 U 71/00, NZG 2001, 414, 415; Sikora, ZInsO 2010, 1761, 1774; kritisch wohl: BGH, 15.3.2011 – II ZR 204/09, ZInsO 2011, 970 Rn 31.
561 BGH, 6.6.1994 – II ZR 292/91, NJW 1994, 2220, 2224.
562 Uhlenbruck/Mock, § 19 InsO Rn 46; MüKo/Drukarczyk/Schüler, § 19 InsO Rn 57; Aleth/Harlfinger, NZI 2011, 166, 172/173; Sikora, ZInsO 2010, 1761, 1773.
563 OLG Köln, 5.2.2009 – 18 U 171/07, ZInsO 2009, 1402, 1405.
564 Haarmann/Vorwerk, BB 2015, 1603, 1611; Aleth/Harlfinger, NZI 2011, 166, 172.

c) Widerlegung einer eingetretenen Überschuldung

152 Die spätere Beseitigung der für einen früheren Zeitpunkt im Prozess bewiesenen Überschuldung muss – sofern noch ein zeitlicher Zusammenhang besteht – der beklagte Geschäftsführer darlegen[565] (zur Zahlungsunfähigkeit siehe näher Rdn 44).

3. Pflicht der Organvertreter zur Überschuldungsprüfung

153 Die organschaftlichen Vertreter einer Gesellschaft sind verpflichtet, sich stets über die **wirtschaftlichen Verhältnisse** des von ihnen geführten Unternehmens **zu vergewissern**, wozu insb. die Prüfung gehört, ob ein Insolvenzgrund vorliegt (s. dazu Rdn 49). Bei **Anzeichen einer Krise** (z.B. nicht durch Eigenkapital gedeckter Fehlbetrag in der Handelsbilanz oder einem unterjährigen Zwischenabschluss, hoher Jahresverlust, hohe Verluste aus einzelnen Geschäften, hohe außerplanmäßige Abschreibungen/Wertminderungen, nennenswerte Forderungsausfälle, Liquiditätsengpässe etc.) sind sie verpflichtet, sich durch eine **Überschuldungsprüfung** einen Überblick über den Vermögensstand zu verschaffen und diese regelmäßig fortzuschreiben.[566] Diese Überwachungspflicht ist nun auch in § 1 Abs. 1 StaRUG gesetzlich geregelt. Bei Verstößen droht – sofern Insolvenzreife vorliegt – eine Haftung gem. § 15b Abs. 1, 4 InsO oder § 823 Abs. 2 BGB i.V.m. § 15a InsO. Der organschaftliche Vertreter handelt allerdings nicht schuldhaft, wenn er bei fehlender eigener Sachkunde den Rat eines unabhängigen, fachlich qualifizierten Berufsträgers einholt.[567] Bei der Feststellung der Überschuldung – inkl. der Fortführungsprognose – ist den Organvertretern ein gewisser **Beurteilungsspielraum** zuzubilligen.[568] Es kommt auf die **ex-ante-Perspektive** eines ordentlichen Geschäftsleiters an, d.h. nachträgliche, nicht vorhersehbare Erkenntnisse spielen keine Rolle.[569]

Auch die Aufsichtsratsmitglieder haben sich ein genaues Bild von der wirtschaftlichen Lage des Unternehmens zu machen (s. dazu Rdn 49). Der **Steuerbera-**

---

565 BGH, 19.11.2019 – II ZR 53/18, ZInsO 2020, 373, Rn 24.
566 BGH, 23.8.2017 – 2 StR 456/16, ZInsO 2018, 709, Rn 31; BGH, 7.3.2013 – IX ZR 64/12, ZInsO 2013, 826, Rn 21; BGH, 19.6.2012 – II ZR 243/11, ZInsO 2012, 1536, Rn 11; OLG Schleswig, 11.2.2010 – 5 U 60/09, ZInsO 2010, 530, 533; OLG Oldenburg, 24.4.2008 – 8 U 5/08, ZInsO 2009, 154, 156; Uhlenbruck/Mock, § 19 InsO Rn 48; IDW S 11, ZInsO 2015, 1136 Rn 54, 55; Wirsch, NZG 2010, 1131.
567 BGH, 26.1.2016 – II ZR 394/13, ZInsO 2016, 1119, Rn 34; BGH, 27.3.2012 – II ZR 171/10, ZInsO 2012, 1177, Rn 16, 17; BGH, 14.5.2007 – II ZR 48/06, ZInsO 2007, 660, Rn 18.
568 BGH, 12.2.2007 – II ZR 308/05, ZInsO 2007, 374, Rn 16; BGH, 6.6.1994 – II ZR 292/91, NJW 1994, 2220, 2224; OLG Hamburg, 25.6.2010 – 11 U 133/06, GmbHR 2011, 371, 372; OLG Schleswig, 11.2.2010 – 5 U 60/09, ZInsO 2010, 530, 532; IDW S 11, ZInsO 2015, 1136 Rn 64; Fischer, NZI 2016, 665, 667; Sikora, ZInsO 2010, 1761, 1773; siehe auch: BAG, 20.3.2014 – 8 AZR 45/13, ZInsO 2014, 2167, Rn 28, wonach die positive Prognose „zumindest vertretbar" darstellbar sein muss.
569 BGH, 12.2.2007 – II ZR 308/05, ZInsO 2007, 374, Rn 16; BGH, 6.6.1994 – II ZR 292/91, NJW 1994, 2220, 2224; OLG Hamburg, 25.6.2010 – 11 U 133/06, GmbHR 2011, 371, 372; OLG Schleswig, 11.2.2010 – 5 U 60/09, ZInsO 2010, 530, 532; Sikora, ZInsO 2010, 1761, 1773.

ter ist bei einer Unterdeckung im Rahmen der Handelsbilanz verpflichtet, die Geschäftsführung auf die Pflicht hinzuweisen, eine Überschuldungsprüfung vorzunehmen, wenn er mit der Prüfung der Insolvenzreife beauftragt ist.[570] Diese Hinweispflicht besteht zudem, wenn entsprechende Anhaltspunkte für einen möglichen Insolvenzgrund offenkundig sind und er annehmen muss, dass dies dem Mandanten nicht bewusst ist.[571] Die bei Erstellung des Jahresabschlusses dahingehend bestehende Pflicht für Steuerberater, Wirtschaftsprüfer und Rechtsanwälte etc. ist seit dem 1.1.2021 nun auch in § 102 StaRUG normiert.

4. Fortführungsprognose

Nach geltendem Recht führt eine positive Fortführungsprognose (zur Definition siehe Rdn 107) dazu, dass keine Überschuldung vorliegt. Auf der Basis des früheren Rechts (s. Rdn 103) hatte sie lediglich Bedeutung dafür, ob die Überschuldungsbilanz auf der Basis von Fortführungs- oder (niedrigeren) Liquidationswerten aufzustellen ist.

154

a) Dreistufige Prüfung

Die Prognose setzt sich aus der Beurteilung von Fakten und der Einschätzung künftiger Entwicklungen des Unternehmens, seiner Absatz- und Gewinnchancen, seiner Produkte und der allgemeinen Wirtschafts- und Marktverhältnisse zusammen.[572] Dem Gläubigerschutz wird nur eine Planung gerecht, welche die Grundsätze des **Vorsichtsprinzips** berücksichtigt. In der Praxis wird gelegentlich auf der Basis verschiedener Szenarien gearbeitet, z.B. worst-, real- oder best-case.[573] Wird die Fortführungsprognose für einen Konzernverbund erstellt, ist sie für jede **Konzerngesellschaft** getrennt aufzustellen.[574] Sie sollte von einem externen, neutralen und qualifiziertem Berufsträger erarbeitet werden,[575] und zwar in drei Schritten:[576]
– **Unternehmenskonzept**
– **integrierte Ertrags- und Finanzplanung**
– **qualitative Gesamtbewertung.**

155

---

570 BGH, 7.3.2013 – IX ZR 64/12, ZInsO 2013, 826, Rn 15; BGH, 14.6.2012 – IX ZR 145/11, ZInsO 2012, 1312, Rn 9 f.; OLG Saarbrücken, 9.12.2015 – 1 U 13/12, ZInsO 2016, 458.
571 BGH, 26.1.2017 – IX ZR 285/14, ZInsO 2017, 432, Rn 44 f.
572 BGH, 20.3.1995 – II ZR 205/94, NJW 1995, 1739, 1744; Weller, DStR 2009, 1046; zu Indizien, die eine Unternehmensfortführung zweifelhaft erscheinen lassen: BGH, 26.1.2017 – IX ZR 285/14, ZInsO 2017, 432, Rn 33 f.
573 Kühne/Nickert, ZInsO 2014, 2297, 2298.
574 Sikora, ZInsO 2010, 1761, 1774.
575 Sikora, ZInsO 2010, 1761, 1773.
576 HambKomm/Schröder, § 19 InsO Rn 15; Uhlenbruck/Mock, § 19 InsO Rn 218; Aleth/Harlfinger, NZI 2011, 166, 168; Sikora, ZInsO 2010, 1761, 1768.

Die Grundlage bildet zunächst – das liegt in der Natur der Sache – **ein Fortführungswille** des Schuldners bzw. seiner Organe.[577] Entscheidend ist sodann ein schlüssiges und realisierbares Unternehmenskonzept, in dem der Ist-Zustand analysiert und der geplante unternehmerische Soll-Verlauf samt Sanierungsmaßnahmen dargestellt wird.[578] Aus diesem Konzept ist die Ertragsplanung zu entwickeln und anschließend die „integrierte" Finanzplanung, die somit in den betrieblichen Gesamtplan eingebettet ist.[579] Daraus ist sodann abschließend die eigentliche Fortführungsprognose als Gesamtergebnis zu erstellen. Die Planung ist dabei laufend fortzuschreiben und ggf. an neue Tatsachen, Entwicklungen oder Erkenntnisse anzupassen (**Soll-Ist-Vergleich**).[580] Sofern dies geschieht spielt es nur eine untergeordnete Rolle, ob sich die Prognose als zutreffend erweist.[581] Die organschaftlichen Vertreter haben bei der Erstellung der Fortführungsprognose einen gewissen **Beurteilungsspielraum** (s. Rdn 153).

b) Berücksichtigung von Sanierungsmaßnahmen oder Refinanzierungen

156 Eingeleitete oder geplante Sanierungsmaßnahmen sind in die Prognose einzustellen, sofern die erwarteten Effekte mit überwiegender Wahrscheinlichkeit eintreten werden (woran strenge Anforderungen zu stellen sind).[582] Das ist nicht der Fall, wenn sie von der Zustimmung eines Dritten abhängen, welcher diese bereits verweigert hat.[583] Maßnahmen der **Eigenkapitalzufuhr** sind in der Ertrags- und Finanzplanung – entsprechende Bonität vorausgesetzt – grds. nur zu berücksichtigen, wenn sie rechtsverbindlich abgesichert sind,[584] wobei es aber Ausnahmen geben kann.[585] Da es für Kredite einen Markt mit institutionellen Kreditgebern gibt,

---

577 OLG München, 17.1.2019 – 23 U 998/18, ZInsO 2019, 447, 449; OLG Hamburg, 13.10.2017 – 11 U 53/17, ZInsO 2017, 2556, 2560. Nach Morgen/Rathje, ZIP 2018, 1955, 1962 soll auch ein Liquidations- bzw. Abwicklungswille ausreichen; ähnlich: Wolfer, in BeckOK InsO, § 19 Rn 12.
578 Dazu ausführlich: Nickert, in: Nickert/Lamberti, Überschuldungs- und Zahlungsunfähigkeitsprüfung, Rn 289 f.; Sikora, ZInsO 2010, 1761, 1768.
579 Möhlmann-Mahlau/Schmitt, NZI 2009, 19, 22; Groß/Amen DB 2005, 1861, 1863; siehe dazu umfassend: Sikora, ZInsO 2010, 1761, 1768 f.; Weller DStR 2010, 1046, 1048 f.
580 IDW S 11, ZInsO 2015, 1136 Rn 67; Aleth/Harlfinger, NZI 2011, 166, 173; Sikora, ZInsO 2010, 1761, 1773.
581 Sikora, ZInsO 2010, 1761, 1772.
582 IDW S 11, ZInsO 2015, 1136 Rn 66; Pickerill, NZG 2018, 609, 615, 616; Sikora ZInsO 2010, 1761, 1769/1770; siehe dazu ausführlich: Fischer, NZI 2016, 665, 668 f.
583 BGH, 23.2.2004 – II ZR 207/01, ZInsO 2004, 679, 681; Uhlenbruck/Mock, § 19 InsO Rn 222.
584 OLG Köln, 5.2.2009 – 18 U 171/07, ZInsO 2009, 1402, 1404; Förschle/Hoffmann, in: Budde/Förschle/Winkeljohann, Sonderbilanzen, P. Rn 74; Sikora, ZInsO 2010, 1761, 1771; etwas weniger streng: IDW S 11, ZInsO 2015, 1136 Rn 66; **a.A.:** Fischer, NZI 2016, 665, 672; Aleth/Harlfinger, NZI 2011, 166, 170.
585 Dazu ausführlich: Sikora, ZInsO 2010, 1761, 1771; siehe ferner: Fischer, NZI 2016, 665, 671.

ist für Maßnahmen der zusätzlichen oder neu strukturierten **Fremdkapitalzufuhr** die Darstellung der Kreditwürdigkeit ausreichend, wobei eine verbindliche Zusicherung nicht zwingend erforderlich ist.[586] **Sanierungsbeiträge von Gläubigern** (Stundung, Forderungsverzicht etc.) müssen ebenfalls bereits umgesetzt oder zumindest rechtssicher in Aussicht gestellt sein.[587]

5. Überschuldungsstatus

Die Überschuldung kann grds. **nur durch Aufstellung** eines stichtagsbezogenen **Überschuldungsstatus** (anderer Ausdruck: Überschuldungsbilanz) – unter Aufdeckung der stillen Reserven – dargelegt bzw. festgestellt werden,[588] was auch im Strafrecht gilt.[589] Die **Handelsbilanz** ist dagegen grds. **nicht ausreichend**, weil sie nach anderen Kriterien anzufertigen ist.[590] Allerdings hat sie indizielle Bedeutung, und das Mengengerüst der letzten Handelsbilanz kann als Ausgangspunkt für die Überschuldungsbilanz genutzt werden. Anders als i.R.d. Zahlungsunfähigkeit ist die Feststellung über sichere Indizien[591] oder eine widerlegbare Vermutung nicht möglich.

Im Überschuldungsstatus sind – auf der Basis der obigen Ausführungen (s. Rdn 109 f.) – die Aktiva des Krisenunternehmens den Passiva gegenüberzustellen, ggf. unter Berücksichtigung etwaiger Rangrücktritte, Forderungsverzichte oder weiterer Maßnahmen zur Vermeidung einer Überschuldung (s. ausführlich Rdn 162 f.). Der Status ist rein stichtagsbezogen aufzustellen (auf den aktuellen Zeitpunkt

157

---

[586] Uhlenbruck/Mock, § 19 InsO Rn 222; Förschle/Hoffmann, in: Budde/Förschle/Winkeljohann, Sonderbilanzen, P. Rn 74; Sikora, ZInsO 2010, 1761, 1771; ähnlich: Aleth/Harlfinger, NZI 2011, 166, 171 f.; strenger: OLG Köln, 5.2.2009 – 18 U 171/07, ZInsO 2009, 1402, 1404; ausführlich zur Fortführungsprognose bei anstehenden oder andauernder Refinanzierungsverhandlungen: Haarmann/Vorwerk, BB 2015, 1603, 1611; Aleth/Harlfinger, NZI 2011, 166, 171 f.
[587] Uhlenbruck/Mock, § 19 InsO Rn 222; Nickert, in: Nickert/Lamberti, Überschuldungs- und Zahlungsunfähigkeitsprüfung, Rn 182; Förschle/Hoffmann, in: Budde/Förschle/Winkeljohann, Sonderbilanzen, P. Rn 74; Sikora, ZInsO 2010, 1761, 1772; etwas großzügiger: Fischer, NZI 2016, 665, 669, 672.
[588] BGH, 31.5.2011 – II ZR 106/10, ZInsO 2011, 1470, Rn 4; BGH, 15.3.2011 – II ZR 204/09, ZInsO 2011, 970, Rn 33; BGH, 26.4.2010 – II ZR 60/09, ZInsO 2010, 1396, Rn 11; BGH, 27.4.2009 – II ZR 253/07, ZInsO 2009, 1159, Rn 9; BGH, 12.3.2007 – II ZR 315/05, ZInsO 2007, 543, Rn 14.
[589] BGH, 6.5.2008 – 5 StR 34/08, NStZ 2009, 153, 155; BGH, 1.3.2005 – 2 StR 507/04, wistra 2005, 260; BGH, 30.1.2003 – 3 StR 437/02, ZInsO 2003, 519; Schreiber, in: Nickert/Lamberti, Überschuldungs- und Zahlungsunfähigkeitsprüfung, Rn 1025.
[590] BGH, 7.3.2013 – IX ZR 64/12, ZInsO 2013, 826, Rn 16; BGH, 26.4.2010 – II ZR 60/09, ZInsO 2010, 1396, Rn 11; BGH, 2.4.2009 – IX ZR 236/07, ZInsO 2009, 1060, Rn 55; BGH, 12.3.2007 – II ZR 315/05, ZInsO 2007, 543, Rn 14; BGH, 7.3.2005 – II ZR 138/03, ZInsO 2005, 486.
[591] Nach a.A. sollen z.B. Rücklastschriften, Vollstreckungsmaßnahmen, eine ausgeschöpfte Kreditlinie oder Rückstände an Sozialversicherungsbeiträgen, Steuern oder Gehältern Indizien darstellen: OLG Oldenburg, 24.4.2008 – 8 U 5/08, ZInsO 2009, 154, 155.

oder – für den Haftungsprozess – einen vergangenen; ggf. auch auf einen zukünftigen Zeitpunkt). Anders als bei der Zahlungsunfähigkeit (10%-Grenze) ist es nicht erforderlich, dass die Verbindlichkeiten das Vermögen in einem bestimmten Umfang überschreiten.[592] Die Aufstellung ist verhältnismäßig einfach und beschränkt sich auf eine reine Gegenüberstellung (im Schrifttum sind **Muster** zu finden[593]).

6. Feststellung durch das Insolvenzgericht

a) Allgemeines

158 Das Insolvenzgericht hat **von Amts wegen** zu prüfen, ob zu seiner Überzeugung ein Eröffnungsgrund feststeht (s. Rdn 42). In aller Regel setzt es dazu einen Sachverständigen ein. Die Frage, ob eine rechnerische Überschuldung vorliegt, kann nur durch einen Überschuldungsstatus beantwortet werden. Wenn es darauf ankommt, hat das Gericht grds. auch zu prüfen, ob eine positive **Fortführungsprognose** besteht oder nicht. Allerdings obliegt es der schuldnerischen Gesellschaft bzw. deren Organen, eine positive Prognose (einschließlich der Tatsachen, die ihr zugrunde liegen) vorzulegen, um entsprechende Ermittlungspflichten des Gerichts auszulösen.[594] Ohne Vorlage der Prognose kann der Einwand, nach Feststellung der rechnerischen Überschuldung habe die Gesellschaft eine positive Fortführungsprognose, nicht gehört werden.[595] Maßgeblich für die Feststellung ist grds. der **Zeitpunkt** der Eröffnungsentscheidung (dazu näher Rdn 60).

b) Ableitung der Überschuldung aus einer streitigen Verbindlichkeit

159 Zur Frage, wie zu verfahren ist, wenn die Gesellschaft – bei einem Fremd- oder ggf. auch einem Eigenantrag – bestimmte Verbindlichkeiten bestreitet und es vom Bestehen dieser streitigen Schulden abhängt, ob Überschuldung vorliegt, wird auf Rdn 62f. verwiesen.

7. Feststellung im Haftungsprozess (Ex-Post-Betrachtung)

160 Für die nachträgliche Feststellung in einem Haftungsprozess ist zunächst zu beachten, dass im Zeitraum bis zum 18.10.2008 noch der zweistufige Überschuldungsbe-

---

592 OLG Oldenburg, 24.4.2008 – 8 U 5/08, ZInsO 2009, 154, 155.
593 Siehe z.B.: HambKomm/Schröder, § 19 InsO Rn 70, 72; Blöse/Wieland-Blöse, Praxisleitfaden Insolvenzreife, S. 190.
594 Zu § 212 InsO: LG Göttingen, 3.11.2008 – 10 T 119/08, ZInsO 2009, 38, 40; anders wohl: Eckert/Happe, ZInsO 2008, 1098, 1099.
595 S. ferner: Sikora, ZInsO 2010, 1761, 1774.

griff zugrunde zu legen ist, während danach der modifizierte zweistufige Überschuldungsbegriff gilt (s. Rdn 103f.). Zu berücksichtigen sind – unabhängig von einer damaligen Kenntnis der Beteiligten – die Wertverhältnisse im damaligen Zeitpunkt.

Auch in einem Haftungsprozess hat der **Insolvenzverwalter/Sachwalter** bzw. der **Gläubiger** die Überschuldung durch **Vorlage** eines – naturgemäß in aller Regel rückwirkend erstellten – **Überschuldungsstatus** darzulegen und ggf. zu beweisen (s. Rdn 150), d.h. die Vorlage der Handelsbilanz ist nicht ausreichend.[596]

Praxistipp

Die **Handelsbilanz** kann nach ständiger Rechtsprechung des BGH aber **indizielle Bedeutung** für die Überschuldung haben, sodass Folgendes gilt:[597]

Legt der Insolvenzverwalter bzw. der Gläubiger eine Handelsbilanz vor, aus der sich ein nicht durch Eigenkapital gedeckter Fehlbetrag (§ 268 Abs. 3 HGB, sog. bilanzielle oder handelsrechtliche Überschuldung) ergibt, hat er jedenfalls die Ansätze der Handelsbilanz daraufhin zu überprüfen und zu erläutern, ob und ggf. in welchem Umfang stille Reserven oder sonstige aus ihr nicht ersichtliche Veräußerungswerte vorhanden sind. Dabei muss er nicht jede denkbare Möglichkeit ausschließen, sondern nur naheliegende Anhaltspunkte, bspw. stille Reserven bei Grundvermögen. Sodann ist es Sache des **Prozessgegners**, im Rahmen seiner **sekundären Darlegungslast** im Einzelnen vorzutragen, welche stillen Reserven oder sonstigen für eine Überschuldungsbilanz maßgeblichen Werte in der Handelsbilanz nicht abgebildet sind. Der Verwalter bzw. der Gläubiger hat anschließend die von dem Gegner insoweit aufgestellten Behauptungen zu widerlegen.

Wenn dem Verwalter oder dem Gläubiger der Beweis nur deshalb nicht möglich ist, weil das beklagte Organmitglied die ihm obliegende **Pflicht zur Führung und Aufbewahrung von Belegen** (§ 257 HGB, nach Liquidation: § 74 Abs. 2 GmbHG, § 273 Abs. 2 AktG, § 157 Abs. 2 HGB) **verletzt** hat, sodass die Erstellung eines Überschuldungsstatus durch den vom Gericht beauftragten Sachverständigen scheitert, so gilt die Insolvenzreife (Überschuldung oder Zahlungsunfähigkeit) nach den Grundsätzen der Beweisvereitelung als bewiesen.[598]

161

---

[596] BGH, 26.4.2010 – II ZR 60/09, ZInsO 2010, 1396, Rn 11; BGH, 2.4.2009 – IX ZR 236/07, ZInsO 2009, 1060, Rn 55; BGH, 12.3.2007 – II ZR 315/05, ZInsO 2007, 543, Rn 14.
[597] BGH, 19.11.2019 – II ZR 53/18, ZInsO 2020, 373, Rn 21; BGH, 19.11.2013 – II ZR 229/11, ZInsO 2014, 197, Rn 17, 18; BGH, 8.3.2012 – IX ZR 102/11, ZInsO 2012, 732, Rn 5; BGH, 26.4.2010 – II ZR 60/09, ZInsO 2010, 1396, Rn 11; BGH, 27.4.2009 – II ZR 253/07, ZInsO 2009, 1159, Rn 9; OLG München, 17.1.2019 – 23 U 998/18, ZInsO 2019, 447, 448; OLG Hamburg, 8.11.2013 – 11 U 192/11, ZInsO 2013, 2447, 2449; HambKomm/Schröder, § 19 InsO Rn 74; Uhlenbruck/Mock, § 19 InsO Rn 53.
[598] BGH, 24.1.2012 – II ZR 119/10, ZInsO 2012, 648, Rn 16; BGH, 12.3.2007 – II ZR 315/05, ZInsO 2007, 543, Rn 14.

Praxistipp
Die positive Fortführungsprognose hat der Organvertreter im Prozess darzulegen und zu beweisen (s. Rdn 150). Dies wird ihm nachträglich nur gelingen, wenn eine fundierte Fortführungsprognose erstellt und diese umfangreich dokumentiert wurde (dazu Rdn 151). Der Prozessgegner kann in die vom Insolvenzverwalter verwahrten Geschäftsunterlagen der Gesellschaft Einsicht nehmen.[599]

VII. Abwendung der Überschuldung

162 Um die Überschuldung abzuwenden, ist es insb. erforderlich, die Aktiv- und/oder Passivseite zu restrukturieren. Alternativ genügt es auch, sicherzustellen, dass eine positive Fortführungsprognose vorliegt. Es können daher auch Maßnahmen, welche die kurz- und mittelfristige Zahlungsfähigkeit fördern (s. dazu: Rdn 78 f.), im Rahmen der Abwendung der Überschuldung hilfreich sein. Umgekehrt wirken sich auch zahlreiche Instrumente, welche primär auf die Entlastung der Überschuldungsbilanz gerichtet sind (z.B. neues [liquides] Eigenkapital, Rangrücktritt, Forderungsverzicht, Debt Equity Swap), mittelbar positiv auf die Zahlungsfähigkeit und somit wiederum auf die Fortführungsprognose aus. Durch die Verringerung der Passiva sinkt die Zins- und Tilgungslast und u.U. wird auch der Spielraum für zukünftige Finanzierungen erweitert.

1. Finanzwirtschaftliche Maßnahmen

a) Neues (Eigen-)Kapital

163 Durch neues **Eigen- oder ggf. Mezzanine-Kapital** wird die Aktivseite gestärkt (s. dazu Rdn 80). Anders als bei der Zahlungsunfähigkeit kommt es bei der Überschuldung nicht darauf an, dass es sich um Geldmittel („Fresh Money") handelt, sodass z.B. auch eine Kapitalerhöhung durch Sacheinlage ein taugliches Instrument sein kann. Die Zuführung von **Fremdkapital** (insb. durch Gesellschafterdarlehen) kann nur dann zur Vermeidung der Überschuldung führen, wenn mit dem Darlehensgeber hinsichtlich seines Rückzahlungsanspruchs ein **Rangrücktritt** oder ggf. ein **Forderungsverzicht** (s. Rdn 172 f., 181 f.) vereinbart wird.

164 Die **Liquidierung von Anlagevermögen** (Desinvestition, Sale-and-Lease-Back etc.) **hilft** – im Unterschied zur Zahlungsunfähigkeit – **nicht**, da damit lediglich ein Aktivtausch verbunden ist. Etwaige stille Reserven sind auch ohne Liquidierung zu aktivieren. Auch der **Verkauf von Forderungen** (Factoring, Verbriefung etc.) ist bilanzneutral.

---

[599] OLG Köln, 5.2.2009 – 18 U 171/07, ZInsO 2009, 1402, 1405.

b) Patronatserklärung oder vergleichbare Finanzierungszusagen

Die – gesetzlich nicht normierte – Patronatserklärung ist **die Erklärung eines Dritten** („Patron", i.d.R. die Muttergesellschaft) **zur Aufrechterhaltung der Bonität eines anderen Unternehmens** (i.d.R. Tochter- oder Enkelgesellschaft). Sie kommt in den unterschiedlichsten Variationen vor und ihr genauer Inhalt ist durch Vertragsauslegung zu ermitteln. Für sog. Verlustübernahme-/Verlustausgleichsverpflichtungen (Rdn 112) oder (primär nur die Zahlungsfähigkeit betreffende) Liquiditätszusagen etc. (Rdn 88), bei denen es sich im Wesentlichen nur um andere Bezeichnungen handelt, gilt grds. nichts anderes.[600]

165

Hinweis

Die Patronatserklärung ist in der (Konzern-)Praxis recht beliebt, weil der Patron in der Wahl der Finanzierungsform flexibel bleibt, sie nicht zu einem unmittelbaren Mittelabfluss führt und das Stellen einer „klassischen" Sicherheit vermeidet. Zudem kann sie recht zügig und mit wenig Aufwand umgesetzt werden. Die mit ihr verbundenen Rechtsfolgen sollten aber nicht aus dem Auge verloren werden.

aa) Notwendigkeit einer harten internen Patronatserklärung

Die sog. „weiche" Patronatserklärung ist nicht mit einer unmittelbaren rechtlichen Verpflichtung verbunden und auch nicht auf Zahlung, sondern auf sonstige Handlungen gerichtet.[601] Sie hat daher keine überschuldungsabwendende Wirkung.[602]

166

Beispiel

Weiche Patronatserklärungen sind etwa bei folgenden Formulierungen anzunehmen: „Es entspricht unserer Geschäftspolitik, die Bonität unserer Tochtergesellschaft aufrecht zu halten" oder „Wir werden unseren Einfluss geltend machen, damit unsere Tochtergesellschaft ihren Verbindlichkeiten nachkommt".[603]

---

[600] BGH, 19.5.2011 – IX ZR 9/10, ZInsO 2011, 1115, Rn 19; BGH, 8.5.2006 – II ZR 94/05, ZInsO 2006, 650, Rn 14.
[601] BGH, 19.5.2011 – IX ZR 9/10, ZInsO 2011, 1115, Rn 17; BAG, 29.9.2010 – 3 AZR 427/08, ZIP 2011, 191, Rn 38; HambKomm/Knof, Anhang zu § 35 InsO L. Rn 3; MüKo/Habersack, vor § 765 BGB Rn 54; SanRKomm/Raschke/Warneke, Teil 1 Abschnitt 4 Rn 112; J. Schmidt, in: Buth/Hermanns, Restrukturierung, Sanierung, Insolvenz, § 31 Rn 144; Haußer/Heeg, ZIP 2010, 1427, 1430.
[602] Uhlenbruck/Mock, § 19 InsO Rn 111; Meyer-Löwy/Schmidt/Shubina, ZIP 2014, 2478, 2481; Haußer/Heeg, ZIP 2010, 1427, 1430.
[603] SanRKomm/Raschke/Warneke, Teil 1 Abschnitt 4 Rn 113; Arnold/Spahlinger/Maske-Reiche, in: Theiselmann, Restrukturierungsrecht, Kap. 1 Rn 128.

Demgegenüber begründet die sog. „harte" Patronatserklärung eine – ggf. massive – rechtsverbindliche Einstandspflicht des Patrons ggü. dem Adressaten,[604] die durch **Vertrag** zustande kommt.[605] Handelt es sich um eine **harte externe Patronatserklärung**, d.h. die ggü. Dritten (dem/den Gläubiger/n) abgegeben wird und der patronierten Gesellschaft keinen eigenen Anspruch einräumt, ist auch diese nicht zur Vermeidung der Überschuldung geeignet[606] (es sei denn, der Patron hat die Forderung des/der Gläubiger(s) bereits erfüllt[607]). Anders ist dies zu beurteilen, wenn der Gesellschaft ein Freistellungsanspruch gegen den Patron zusteht, dann sollte aber[608] ohnehin von einer internen Erklärung gesprochen werden.

Hinweis
Die Aktivierbarkeit wird z.T. bejaht, wenn die externe Erklärung zugunsten sämtlicher Gläubiger, d.h. nicht nur einzelner oder einem einzigen, abgegeben wird.[609] Diese Ansicht kann jedoch nicht überzeugen, weil der Umfang des Adressatenkreises nichts daran ändert, dass dem Unternehmen kein originärer Anspruch zusteht.[610]

167 Daher kann nur die **harte interne Patronatserklärung**, die also ggü. der Gesellschaft abgegeben wurde und auf Zahlung oder Freistellung gerichtet ist, als Aktivposten angesetzt werden[611] und nur sie ist – Werthaltigkeit vorausgesetzt – geeignet, eine Überschuldung der Gesellschaft zu vermeiden.[612]

---

604 BGH, 12.1.2017 – IX ZR 95/16, ZInsO 2017, 318, Rn 6; BGH, 19.5.2011 – IX ZR 9/10, ZInsO 2011, 1115, Rn 18; BGH, 20.9.2010 – II ZR 296/08, ZInsO 2010, 2137, Rn 17; BGH, 30.1.1992 – IX ZR 112/91, NJW 1992, 2093, 2095; BAG, 29.9.2010 – 3 AZR 427/08, ZIP 2011, 191, Rn 38; Uhlenbruck/Mock, § 19 InsO Rn 107; SanRKomm/Raschke/Warneke, Teil 1 Abschnitt 4 Rn 115; Haußer/Heeg, ZIP 2010, 1427, 1430.
605 BGH, 20.9.2010 – II ZR 296/08, ZInsO 2010, 2137, Rn 18, 32, 34, 42: „Patronatsvereinbarung"; Merz/Hübner, DStR 2005, 802, 803; siehe ferner: Raeschke-Kessler/Christopeit, NZG 2010, 1361, 1362 („Vertrag sui generis").
606 BGH, 19.5.2011 – IX ZR 9/10, ZInsO 2011, 1115, Rn 22; OLG Celle, 18.6.2008 – 9 U 14/08, ZIP 2008, 2416, 2417; Uhlenbruck/Mock, § 19 InsO Rn 109, 115; SanRKomm/Raschke/Warneke, Teil 1 Abschnitt 4 Rn 128; Arnold/Spahlinger/Maske-Reiche, in: Theiselmann, Restrukturierungsrecht, Kap. 1 Rn 132; Haußer/Heeg, ZIP 2010, 1427, 1431.
607 BGH, 19.5.2011 – IX ZR 9/10, ZInsO 2011, 1115, Rn 22.
608 Entgegen: Arnold/Spahlinger/Maske-Reiche, in: Theiselmann, Restrukturierungsrecht, Kap. 1 Rn 132; Meyer-Löwy/Schmidt/Shubina, ZIP 2014, 2478, 2482. Siehe dazu auch: BGH, 20.9.2010 – II ZR 296/08, ZInsO 2010, 2137, Rn 17, 25; Raeschke-Kessler/Christopeit, NZG 2010, 1361, 1364.
609 Uhlenbruck/Mock, § 19 InsO Rn 113; Merz/Hübner, DStR 2005, 802, 804.
610 Förschle/Heinz, in: Budde/Förschle/Winkeljohann, Sonderbilanzen, Q. Rn 79; Haußer/Heeg ZIP 2010, 1427, 1431.
611 HambKomm/Schröder, § 19 InsO Rn 36; SanRKomm/Raschke/Warneke, Teil 1 Abschnitt 4 Rn 124; Meyer-Löwy/Schmidt/Shubina, ZIP 2014, 2478, 2481; Tetzlaff, ZInsO 2008, 337, 338.
612 BGH, 20.9.2010 – II ZR 296/08, ZInsO 2010, 2137, Rn 17, 18 a.E., 35; OLG Celle, 18.6.2008 – 9 U 14/08, ZIP 2008, 2416, 2417; HambKomm/Schröder, InsO, § 19 Rn 36; HambKomm/Knof, Anhang zu § 35 InsO L. Rn 16; Krüger/Pape, NZI 2011, 617, 618.

Hinweis
Sie kann z.B. wie folgt formuliert werden:
„Die A-GmbH verpflichtet sich gegenüber der B-GmbH, diese in jedem Fall in solchem Umfang mit finanziellen Mitteln auszustatten, dass sie ihre finanziellen Verpflichtungen gegenüber ihren Gläubigern erfüllen kann."[613]
„Die A-GmbH ist verpflichtet, auf Anforderung Verbindlichkeiten der B-GmbH, sobald sie fällig geworden sind, in dem Umfang zu erfüllen, als dies zur Vermeidung der Überschuldung und Zahlungsunfähigkeit erforderlich ist."[614]

Praxistipp
Wie bei anderen Drittsicherheiten auch (s. Rdn 171) ist es zur Vermeidung der Überschuldung zwingend erforderlich, dass der Patron zudem hinsichtlich seines **Regress- oder Darlehensrückzahlungsanspruchs** (sofern er auf der Basis der getroffenen Vereinbarung besteht)[615] einen **Rangrücktritt oder ggf. Forderungsverzicht** (s. Rdn 172 f., 181 f.) erklärt.[616]

bb) Rechtsfolge in der Insolvenz der patronierten Gesellschaft

Außerhalb der Insolvenz begründet die Patronatserklärung lediglich eine (meist nicht einklagbare) **Ausstattungsverpflichtung**. **In der Insolvenz** der Gesellschaft, zu der es im Regelfall auch deshalb gekommen sein wird, weil der Patron seiner Pflicht letztlich nicht nachgekommen ist, wandelt sich diese in eine **Zahlungspflicht** um. Daher steht dem Insolvenzverwalter der Gesellschaft im Fall der **harten internen** Erklärung ein Zahlungsanspruch gegen den Patron zu.[617] Die Verpflichtung wird durch die Insolvenzeröffnung nicht hinfällig, es sei denn, es ist eindeutig etwas anderes vereinbart.[618] Bei einer **harten externen** Patronatserklärung sind der

168

---

613 Arnold/Spahlinger/Maske-Reiche, in: Theiselmann, Restrukturierungsrecht, Kap. 1 Rn 123; Blöse/Wieland-Blöse, Praxisleitfaden Insolvenzreife, S. 187; krit. ggü. einer reinen Ausstattungsverpflichtung: Raeschke-Kessler/Christopeit, NZG 2010, 1361, 1362.
614 In Anlehnung an die Formulierung im Fall BGH, 20.9.2010 – II ZR 296/08, ZInsO 2010, 2137, Rn 3.
615 Siehe dazu: BGH, 20.9.2010 – II ZR 296/08, ZInsO 2010, 2137, Rn 32.
616 HambKomm/Knof, Anhang zu § 35 InsO L. Rn 16; Blöse/Wieland-Blöse, Praxisleitfaden Insolvenzreife, S. 164; IDW S 11, ZInsO 2015, 1136 Rn 80; Böcker, DZWIR 2011, 93/94; Blum, NZG 2010, 1331.
617 BGH, 19.5.2011 – IX ZR 9/10, ZInsO 2011, 1115, Rn 19; BFH, 25.10.2006 – I R 6/05, DB 2007, 492; OLG Celle, 18.6.2008 – 9 U 14/08, ZIP 2008, 2416, 2418; OLG München, 22.7.2004 – 19 U 1867/04, ZInsO 2004, 1040, 1041/1042; HambKomm/Lüdtke, § 35 InsO Rn 166; MüKo/Peters, § 35 InsO Rn 405; J. Schmidt, in: Buth/Hermanns, Restrukturierung, Sanierung, Insolvenz, § 31 Rn 148; Blum, NZG 2010, 1331; inzident auch: BGH, 20.9.2010 – II ZR 296/08, ZInsO 2010, 2137; **a.A.** noch: OLG Celle, 28.6.2000 – 9 U 54/00, OLGR 2001, 39.
618 BGH, 19.5.2011 – IX ZR 9/10, ZInsO 2011, 1115, Rn 19; BGH, 8.5.2006 – II ZR 94/05, ZInsO 2006, 650, Rn 14; Hölzle, NZI 2015, 305; **a.A.**: OLG Schleswig – 29.4.2015 – 9 U 132/13, ZInsO 2015, 1745, 1746.

oder die Gläubiger als Adressat der Erklärung aktivlegitimiert.[619] Die **Verjährung** eines solchen Anspruchs beginnt nicht mit Abgabe der Erklärung, sondern erst mit Verfahrenseröffnung.[620]

cc) Kündigungsrecht des Patrons

169 Der Patron hat ein erhebliches Interesse daran, sich möglichst jederzeit einseitig von seiner Erklärung lösen zu können. Die Parteien können in Ausübung ihrer Privatautonomie ein **Kündigungsrecht** mit Wirkung ex nunc, d.h. von nun an, **vereinbaren**,[621] im Einzelfall auch konkludent.[622] Sofern es sich – wie im Regelfall – bei dem Patron um einen Gesellschafter handelt, stehen dem die Grundsätze des Finanzplankredits nicht entgegen,[623] jedenfalls sofern die Erklärung in der Krise, ohne Verlautbarung an die Gläubiger und mit Verzicht auf die Regressforderung erfolgte. Eine **unbefristete Patronatserklärung** kann stets (auch ohne besondere Vereinbarung) – so wie eine unbefristete Bürgschaft – **ordentlich** nach 3 Jahren und innerhalb einer angemessenen Frist **gekündigt** werden,[624] u.U. besteht ein **außerordentliches gesetzliches Kündigungsrecht** (gemäß § 314 Abs. 1 BGB, § 490 Abs. 1 BGB analog) oder es kommt eine Anpassung nach § 313 Abs. 1 BGB in Betracht.[625]

Praxistipp
Sofern nicht eine Befristung gewollt ist, sollte stets **ausdrücklich ein Kündigungsrecht vereinbart** werden, ggf. gekoppelt an das Nichterreichen bestimmter Kennzahlen durch das Unternehmen. Zudem sollten die Parteien ggf. einen Höchstbetrag festgelegen.[626] Allerdings **kann die** (ggf. sogar

---

619 BGH, 12.1.2017 – IX ZR 95/16, ZInsO 2017, 318, Rn 6, 7; BGH, 19.5.2011 – IX ZR 9/10, ZInsO 2011, 1115, Rn 20; BGH, 30.1.1992 – IX ZR 112/91, NJW 1992, 2093, 2095; BAG, 29.9.2010 – 3 AZR 427/08, ZIP 2011, 191, Rn 40, 41; HambKomm/Knof, Anhang zu § 35 InsO L. Rn 10; MüKo/Habersack, vor § 765 BGB Rn 52; Arnold/Spahlinger/Maske-Reiche, in: Theiselmann, Restrukturierungsrecht, Kap. 1 Rn 125; Tetzlaff, ZInsO 2008, 337, 339.
620 OLG Celle, 18.6.2008 – 9 U 14/08, ZIP 2008, 2416, 2418.
621 BGH, 12.1.2017 – IX ZR 95/16, ZInsO 2017, 318, Rn 9; BGH, 20.9.2010 – II ZR 296/08, ZInsO 2010, 2137, Rn 17; HambKomm/Knof, Anhang zu § 35 InsO L. Rn 18, 20; SanRKomm/Raschke/Warneke, Teil 1 Abschnitt 4 Rn 133; Meyer-Löwy/Schmidt/Shubina, ZIP 2014, 2478, 2484.
622 BGH, 20.9.2010 – II ZR 296/08, ZInsO 2010, 2137, Rn 19; HambKomm/Knof, Anhang zu § 35 InsO L. Rn 19; ablehnend: Tetzlaff, ZInsO 2011, 226, 228.
623 BGH, 20.9.2010 – II ZR 296/08, ZInsO 2010, 2137, Rn 27 f.; siehe dazu: Raeschke-Kessler/Christopeit, NZG 2010, 1361, 1363, 1365/1366; Ziemons, GWR 2009, 411.
624 Tetzlaff, ZInsO 2011, 226, 228; Blum, NZG 2010, 1331, 1332.
625 Dazu näher: HambKomm/Knof, Anhang zu § 35 InsO L. Rn 18; Arnold/Spahlinger/Maske-Reiche, in: Theiselmann, Restrukturierungsrecht, Kap. 1 Rn 139 f.; Tetzlaff, ZInsO 2011, 226, 228; Blum, NZG 2010, 1331, 1332. Der BGH, 20.9.2010 – II ZR 296/08, ZInsO 2010, 2137, Rn 21 hat diese Frage offengelassen.
626 HambKomm/Knof, Anhang zu § 35 InsO L. Rn 22; Meyer-Löwy/Schmidt/Shubina, ZIP 2014, 2478, 2482.

frei) **kündbare Patronatserklärung u.U. ihren Zweck verfehlen.** Denn teilweise wird – was allerdings nicht überzeugt – angenommen, die kündbare Patronatserklärung sei nur dann geeignet ist, Überschuldung (und Zahlungsunfähigkeit) zu verhindern, wenn der Eintritt des Kündigungsgrundes unwahrscheinlich ist.[627]

Die **Kündigung** hat nur **Wirkung für die Zukunft.** Daher kann sich der Patron auf diese Weise nur von der Haftung **für Neuverbindlichkeiten,** aber nicht von bereits fälligen Verbindlichkeiten der Gesellschaft befreien.[628] Nach zutreffender, aber umstrittener Ansicht bezieht sich die Haftung nach Kündigung im Regelfall auch auf **bereits begründete, aber noch nicht fällige Schulden.**[629] Nur wenn die Patronatserklärung ausschließlich auf die Vermeidung der Zahlungsunfähigkeit abzielte („Liquiditätszusage", s. Rdn 88), sind nur die fälligen Geldschulden erfasst.

Teilweise wird vertreten, die **Kündigung** der Patronatserklärung durch den Gesellschafter sei als Rücknahme der mit ihr für diesen bereits eingetretenen Vermögensbelastung (bezogen auf künftige Verbindlichkeiten[630]) nach **§ 135 Abs. 1 Nr. 2 InsO anfechtbar.**[631] Der BGH hat diese Ansicht abgelehnt,[632] allerdings durch den II. und nicht den IX. Zivilsenat. Eine – einvernehmliche – Aufhebung verbunden mit dem Erlass der bis dahin entstandenen Verpflichtungen unterliegt der Anfechtung nach § 134 Abs. 1 InsO.[633]

170

c) Drittsicherheit

Die Überschuldung kann auch durch übrige klassische Sicherheiten (Bürgschaft, Sicherungsübereignung, -abtretung etc.) vermieden werden, die von dritter Seite gestellt werden. Ein die Überschuldung reduzierender oder beseitigender Effekt kann damit aber nur verbunden sein, wenn zugunsten der Gesellschaft als Aktivposten ein Freistellungsanspruch gegen den Sicherungsgeber vereinbart wird und Letzterer von vornherein mit seinem Rückgriffsanspruch im Rang zurücktritt oder ggf. auf diesen verzichtet (dazu ausführlich Rdn 125 f.).

171

---

627 Scholz/Bitter, vor § 64 GmbHG Rn 63; Uhlenbruck/Mock, § 19 InsO Rn 112; Kaiser, ZIP 2011, 2136; Krüger/Pape, NZI 2011, 617, 619; **a.A.:** Pickerill, NZG 2018, 609, 618; Blum, NZG 2010, 1331, 1332.
628 BGH, 12.1.2017 – IX ZR 95/16, ZInsO 2017, 318, Rn 9; BGH, 20.9.2010 – II ZR 296/08, ZInsO 2010, 2137, 2141, Rn 42; SanRKomm/Raschke/Warneke, Teil 1 Abschnitt 4 Rn 139; Uhlenbruck/Mock, § 19 InsO Rn 112.
629 HambKomm/Knof, Anhang zu § 35 InsO L. Rn 21; Tetzlaff, ZInsO 2011, 226, 228; Lange, BB 2010, 2720; siehe ferner: BGH, 20.9.2010 – II ZR 296/08, ZInsO 2010, 2137, Rn 42.
630 Das übersieht Mirow, Der Konzern 2006, 112, 120.
631 OLG München, 22.7.2004 – 19 U 1867/04, ZInsO 2004, 1040, 1042 (zu § 135 InsO a.F.); HambKomm/Rogge/Leptien, § 129 InsO Rn 104; Uhlenbruck/Hirte, § 135 InsO Rn 11; SanRKomm/Raschke/Warneke, Teil 1 Abschnitt 4 Rn 141; Haußer/Heeg, ZIP 2010, 1427, 1432.
632 BGH, 20.9.2010 – II ZR 296/08, ZInsO 2010, 2137, Rn 40 f. zu § 135 InsO a.F.
633 Arnold/Spahlinger/Maske-Reiche, in: Theiselmann, Restrukturierungsrecht, Kap. 1 Rn 147; Blum, NZG 2010, 1331, 1332.

d) Rangrücktritt

172 Der Rangrücktritt („Subordination") lässt – anders als ein Verzicht – den Bestand der Forderung unberührt, beseitigt aber – bei richtiger Formulierung – ebenso wie dieser die Passivierungspflicht in der Überschuldungsbilanz. In der **Handels- und Steuerbilanz** ist die Verbindlichkeit aber trotzdem anzusetzen,[634] so dass auch weiterhin eine handelsbilanzielle Überschuldung vorliegt. Der vereinbarte Nachrang erfasst neben der Hauptforderung grds. auch die Zinsen und sonstigen Nebenforderungen, sofern nicht anders vereinbart.[635] Seit Inkrafttreten des MoMiG am 1.11.2008 ist der **Rangrücktritt** – jedenfalls für Gesellschafterdarlehen oder gleichgestellte Forderungen – **gesetzlich geregelt** (§ 19 Abs. 2 Satz 2 InsO). Für die Rangrücktrittsvereinbarung mit einem **Dritten**, d.h. einem Gläubiger, der nicht Gesellschafter ist, gilt die Vorschrift entsprechend, sodass die Anforderungen identisch sind.[636] Rangrücktritte von Nichtgesellschaftern sind insb. als Bestandteil mezzaniner Finanzierungsformen verbreitet, durch die der Kapitalgeber im Wege der Gewährung eines Nachrangdarlehens in die Zwischenebene von Fremd- und Eigenkapital einrückt.[637] Eine trotz eines Rangrücktritts im Stadium der (drohenden) Insolvenzreife bewirkte Zahlung kann nach § 812 BGB kondizierbar oder – bei späterer Insolvenz – zudem nach § 134 Abs. 1 InsO[638] oder § 131 Abs. 1 InsO[639] anfechtbar sein.

173 Rechtsdogmatisch handelt es sich nach dem BGH beim (nachträglichen) **Rangrücktritt** um einen den Inhalt eines Schuldverhältnisses abändernden **Vertrag** (§ 311 Abs. 1 BGB) zwischen Gläubiger und Schuldner,[640] in Form eines Vertrages zugunsten Dritter (§ 328 BGB).[641] Der Rangrücktritt und die Durchsetzungssperre bestimmen sich nach den getroffenen Vereinbarungen, Inhalt und Reichweite sind frei vereinbar.[642] Eine bestimmte Form ist nicht vorgeschrieben, was auch beim Alleingesellschafter gilt, der zugleich Geschäftsführer ist. Es genügt, wenn die durch den Rangrücktritt begünstigten Gläubiger nachträglich bestimmbar sind.[643] Eine

---

634 BFH, 19.8.2020 – XI R 32/18, ZInsO 2021, 99, Rn 33; BFH, 10.11.2005 – IV R 13/04, ZInsO 2006, 212, 214; HambKomm/Schröder, § 19 InsO Rn 57; Budde, ZInsO 2010, 2251, 2261, 2263; Seppelt BB 2010, 1395, 1396, 1398.
635 BGH, 5.3.2015 – IX ZR 133/14, ZInsO 2015, 681, Rn 17; Westphal/Kresser, DB 2016, 33, 36.
636 BGH, 5.3.2015 – IX ZR 133/14, ZInsO 2015, 681, Rn 14; HambKomm/Schröder, § 19 InsO Rn 56; **a.A.**: Scholz/Bitter, vor § 64 GmbHG Rn 94, 102.
637 BGH, 5.3.2015 – IX ZR 133/14, ZInsO 2015, 681, Rn 14.
638 BGH, 5.3.2015 – IX ZR 133/14, ZInsO 2015, 681, Rn 10 f., 49 f.; BFH, 19.8.2020 – XI R 32/18, ZInsO 2021, 99, Rn 29; siehe ferner: BGH, 6.12.2018 – IX ZR 143/17, ZInsO 2019, 723, Rn 45.
639 BGH, 6.12.2018 – IX ZR 143/17, ZInsO 2019, 723, Rn 24.
640 BGH, 5.3.2015 – IX ZR 133/14, ZInsO 2015, 681, Rn 27, 32; BGH, 20.2.2014 – IX ZR 137/13, ZInsO 2014, 952, Rn 7; Budde, ZInsO 2010, 2251, 2261.
641 BGH, 5.3.2015 – IX ZR 133/14, ZInsO 2015, 681, Rn 35, 42; kritisch dazu: Berger, ZInsO 2015, 1938, 1945.
642 BGH, 6.12.2018 – IX ZR 143/17, ZInsO 2019, 723, Rn 24.
643 BGH, 5.3.2015 – IX ZR 133/14, ZInsO 2015, 681, Rn 40.

Rangrücktrittsvereinbarung in AGB unterliegt der Inhaltskontrolle nach den §§ 305f. BGB.[644] Der BGH hat eine solche in einem Darlehensvertrag zur Finanzierung eines privaten Schulbetriebs zwischen den Eltern und dem Schulträger für wirksam gehalten.[645] Bei von Privatanlegern eingeworbenen Nachrangdarlehen stellt der BGH hohe Anforderungen an die Transparenz einer derartigen Klausel (§ 307 Abs. 1 Satz 2 BGB).[646] Das AG Itzehoe ist in der Prokon-Insolvenz zu dem Ergebnis gekommen, dass der in den Genussrechtsbedingungen geregelte Rangrücktritt gegen das Transparenzgebot nach § 307 Abs. 1 Satz 2 BGB verstößt und die Rückzahlungsansprüche der Genussrechtsinhaber somit zu passivieren sind.[647]

Eine sog. **Gläubigervereinbarung** („Intercreditor Agreement") zwischen mehreren Gläubigern über den Rang ihrer Forderungen untereinander reicht nicht aus.[648] Denn der Nachrang des Junior Kreditgebers ist nur ggü. dem Senior Kreditgeber vereinbart, nicht aber mit Wirkung ggü. allen Gläubigern. Sofern der Rangrücktritt mit einem Gesellschafter in AGB vereinbart ist, stellt dies keine überraschende Klausel i.S.v. § 305c BGB dar, wenn dieser von seinem unternehmerischen Risiko wusste.[649] Der Rangrücktritt hinsichtlich gewährter Beihilfen ist unzulässig, weil der Beihilfegeber sich nicht seiner Rückforderungsverpflichtung entziehen darf.[650]

aa) Inhalt

Durch den Gesetzeswortlaut (§ 19 Abs. 2 Satz 2 InsO) ist klargestellt, dass ein Rücktritt **hinter den Rang des § 39 Abs. 1 Nr. 5 InsO**, d.h. in denjenigen des § 39 Abs. 2 InsO und somit vor denjenigen des § 199 Satz 2 InsO (Auszahlung eines etwaigen Überschusses an die Gesellschafter), ausreichend ist.[651] Nach **altem Recht** war noch ein sog. **„qualifizierter Rangrücktritt"** notwendig, d.h. ein Rücktritt – wie der BGH klargestellt hat – „in den Rang von § 39 Abs. 2 InsO a.F. ... an die letzte Stelle".[652]

174

---

644 BGH, 6.12.2018 – IX ZR 143/17, ZInsO 2019, 723, Rn 25f.; BGH, 20.2.2014 – IX ZR 137/13, ZInsO 2014, 952, Rn 8; ausführlich dazu: Westphal/Kresser, DB 2016, 33, 39; Bitter, ZIP 2015, 345.
645 BGH, 20.2.2014 – IX ZR 137/13, ZInsO 2014, 952, Rn 11f., 19f., 24f.
646 BGH, 6.12.2018 – IX ZR 143/17, ZInsO 2019, 723, Rn 34f.
647 AG Itzehoe, 1.5.2014 – 28 IE 1/14, ZInsO 2014, 1106, 1107.
648 Scholz/Bitter, vor § 64 GmbHG Rn 103; Sutter/Fiedler, ZInsO 2011, 552, 556; Wittig, NZI 2001, 169.
649 OLG Schleswig, 5.2.2009 – 5 U 106/08, ZInsO 2009, 1768, 1769.
650 BGH, 5.7.2007 – IX ZR 221/05, ZInsO 2007, 986, Rn 17.
651 BGH, 5.3.2015 – IX ZR 133/14, ZInsO 2015, 681, Rn 18; BGH, 20.2.2014 – IX ZR 137/13, ZInsO 2014, 952, Rn 7; BT-Drucks. 16/9737, S. 58; HambKomm/Schröder, § 19 InsO Rn 56; Uhlenbruck/Mock, § 19 InsO Rn 240; Leithaus/Schaefer, NZI 2010, 844, 846.
652 BGH, 5.3.2015 – IX ZR 133/14, ZInsO 2015, 681, Rn 25; BGH, 1.3.2010 – II ZR 13/09, ZInsO 2010, 1069, Rn 12; unklar noch: BGH, 14.5.2007 – II ZR 48/06, ZInsO 2007, 660, Rn 10; BGH, 8.1.2001 – II ZR 88/99, ZInsO 2001, 260, 262; siehe ferner: HambKomm/Schröder, § 19 InsO Rn 56.

> **Hinweis**
> Im Hinblick auf den Gesetzeswortlaut in § 19 Abs. 2 Satz 2 InsO („für die *gemäß § 39 Abs. 2 ...* der Nachrang *im Insolvenzverfahren*") war der notwendige **zeitliche Umfang des Rangrücktritts** umstritten. Z.T. wurde vertreten, dass es für das Entfallen der Passivierungspflicht genüge, den Rangrücktritt für die Zeit nach Eröffnung des Insolvenzverfahrens zu vereinbaren.[653]
> Der BGH hat zu Recht entschieden, dass dies nicht ausreicht, denn eine Forderung kann nicht vor Verfahrenseröffnung durchsetzbar sein, nach Verfahrenseröffnung aber ausgeblendet werden. Der Überschuldungsstatus würde andernfalls die Schuldendeckungsfähigkeit nicht zutreffend abbilden.[654] Die fragliche Verbindlichkeit kann daher nur dann nicht angesetzt werden, wenn die Forderung des Gläubigers auch bis zu einer etwaigen Verfahrenseröffnung nicht mehr durchsetzbar ist.

175 Nach dem Willen des Gesetzgebers gilt nunmehr: „Welchen Inhalt die Rangrücktrittserklärung haben muss, ist künftig vom Gesetz vorgegeben."[655]

> **Praxistipp**
> Sie kann wie folgt formuliert werden:[656]
> „Rangrücktrittsvereinbarung
> A („Gläubiger") hat gegen die B („Gesellschaft") eine Forderung aus ... i.H.v. ... EUR. Zur Vermeidung der Überschuldung der Gesellschaft vereinbaren die Parteien gemäß § 19 Abs. 2 Satz 2 InsO den Nachrang dieser Forderung hinter die in § 39 Abs. 1 Nr. 1–5 InsO bezeichneten Forderungen."
> Diese ist zu ergänzen um die aus steuerlichen (dazu Rdn 180), aber nicht aus insolvenzrechtlichen,[657] Gründen erforderliche[658] sog. **Besserungsabrede**:[659]
> „Zahlungen auf die Forderung dürfen nur nachrangig nach allen Gläubigern (außer anderen Rangrücktrittsgläubigern und mit diesen im Verhältnis ihrer Forderungen) aus einem etwaigen (1) Jahresüberschuss, (2) Bilanzgewinn, (3) Liquidationsüberschuss oder (4) sonstigem freien Vermögen verlangt werden können."
> Der BFH hat klargestellt, dass auch die letztgenannte Alternative („aus sonstigem freien Vermögen") aufgeführt sein muss, um zu verhindern, dass sich der Rangrücktritt ertragswirksam auswirkt und somit nicht mehr steuerneutral wäre.[660]

---

653 AG Mönchengladbach, 25.7.2014 – 45 IN 27/14, juris; Geiser, NZI 2013, 1056; Kahlert/Gehrke, DStR 2010, 227, 229.
654 BGH, 5.3.2015 – IX ZR 133/14, ZInsO 2015, 681, Rn 15, 16, 19; so auch: Uhlenbruck/Mock, § 19 InsO Rn 187, 239; Frystatzki, NZI 2013, 609, 610; Henkel/Wentzler, GmbHR 2013, 239, 240.
655 BT-Drucks. 16/9737, S. 58.
656 Weitere Musterformulierungen finden sich bei: Westphal/Kresser, DB 2016, 33, 40; Taplan/Baumgartner/Baumgartner, GmbHR 2015, 347, 353; Kahlert/Gehrke, DStR 2010, 227, 230/231.
657 Frystatzki, NZI 2013, 609, 613.
658 Arnold/Spahlinger/Maske-Reiche, in: Theiselmann, Restrukturierungsrecht, Kap. 1 Rn 186, 198; Kahlert/Gehrke, DStR 2010, 227, 232; Kammeter/Geißelmeier NZI 2007, 214, 216.
659 In Anlehnung an: Kahlert/Gehrke, DStR 2010, 227, 231.
660 BFH, 19.8.2020 – XI R 32/18, ZInsO 2021, 99, Rn 38; BFH, 15.4.2015 – I R 44/14, ZInsO 2015, 1503, Rn 9, 12; BFH, 30.11.2011 – I R 100/10, NZG 2012, 357, Rn 20; siehe dazu: SanRKomm/Ziegenhagen, Anhang 2 Rn 8, 9; Bitter/Heim, ZIP 2015, 644, 647; Klusmeier, ZInsO 2012, 965.

bb) Sicherheiten

Grds. bleibt eine etwaige Sicherheit, die für die vom Rangrücktritt erfasste Forderung bestellt wurde, bestehen.[661] Bei **Insolvenz** seines Schuldners kann der im Rang zurückgetretene Gläubiger ein **Aus- oder Absonderungsrecht** aber – anders als jedenfalls bei nachrangigen Forderungen gem. § 39 Abs. 1 Nr. 1 InsO[662] – **nicht geltend machen**, d.h. er hat die Sicherheit „freizugeben".[663] Denn mit der Insolvenz wird der Sicherheit die vertragliche Rechtsgrundlage entzogen, da der Gläubiger seine Forderung auf Dauer nicht mehr durchsetzen kann.[664] Bei einem Gesellschafterdarlehen oder einer gleichgestellten Forderung kann die Sicherheit – auch ohne Rangrücktritt – zudem der Insolvenzanfechtung nach § 135 Abs. 1 Nr. 1 InsO unterliegen.

176

Praxistipp

Eine Schuld, die (durch Sicherheit der Gesellschaft) gesichert ist, muss allerdings – trotz Rangrücktritt – weiterhin passiviert werden, wenn auf der Aktivseite das Sicherungsgut weiter mit dem Sicherungsrecht belastet ist.[665] Denn es macht keinen Unterschied, ob die nachrangige Forderung durch unmittelbare Zahlung (welcher der Rangrücktritt entgegen steht) oder durch eine etwaige Sicherheitenverwertung bedient wird. In beiden Fällen muss die Gesellschaft Vermögen zur Befriedigung der Verbindlichkeit aufwenden. Der Rangrücktritt verfehlt dann seinen Zweck.

Die **Entlastung der Überschuldungsbilanz** durch den Rangrücktritt kann daher bei nicht akzessorischen Sicherheiten nur dann eintreten, wenn sich aus den Vereinbarungen zum Sicherungszweck ergibt, dass der Gläubiger **auch die Sicherheit nur nachrangig** (ggf. mit Besserungsabrede) beanspruchen kann oder er auf diese sogar verzichtet.[666] Ein solcher Nachrang sollte ausdrücklich vertraglich geregelt werden. Sind die Sicherheiten akzessorisch (z.B. Pfandrecht oder Hypothek), kann die Gesellschaft dem Sicherungsnehmer die Einrede des Rangrücktritts der Forderung schon kraft Gesetzes entgegenhalten.[667]

---

661 BGH, 5.3.2015 – IX ZR 133/14, ZInsO 2015, 681, Rn 32; BFH, 19.8.2020 – XI R 32/18, ZInsO 2021, 99, Rn 28; Uhlenbruck/Hirte, § 39 InsO Rn 53; Bloß/Zugelder, NZG 2011, 332, 334; Wittig, NZI 2001, 169, 171.
662 BGH, 17.7.2008 – IX ZR 132/07, ZInsO 2008, 915, Rn 8.
663 Diem/Grell/Schormair, in: Theiselmann, Restrukturierungsrecht, Kap. 11 Rn 82; Budde, ZInsO 2010, 2251, 2261; Wittig, NZI 2001, 169, 171; siehe ferner: Bloß/Zugelder, NZG 2011, 332, 333.
664 So zu einer eigenkapitalersetzenden Sicherheit nach altem Recht: BGH, 26.1.2009 – II ZR 213/07, ZInsO 2009, 530, Rn 17; BGH, 5.7.2007 – IX ZR 256/06, ZInsO 2007, 989, Rn 51.
665 Scholz/Bitter, vor § 64 GmbHG Rn 103; Westphal/Kresser, DB 2016, 33, 38; Henkel/Wentzler, GmbHR 2013, 239, 242; Bloß/Zugelder, NZG 2011, 332, 334; Glaßer, BB 1996, 1229, 1230.
666 Uhlenbruck/Mock, § 19 InsO Rn 242; Westphal/Kresser, DB 2016, 33, 38; Henkel/Wentzler, GmbHR 2013, 239, 240; Bloß/Zugelder, NZG 2011, 332, 334. Demgegenüber halten Scholz/Bitter, vor § 64 GmbHG Rn 103 Fn 4; Berger, ZInsO 2015, 1938, 1941 die Differenzierung zwischen akzessorischen und nicht akzessorischen Sicherheiten für nicht überzeugend.
667 Uhlenbruck/Mock, § 19 InsO Rn 242; Henkel/Wentzler, GmbHR 2013, 239, 242.

177 Sofern es sich um eine von einem **Dritten bestellte Sicherheit** handelt, steht einer Verwertung im Fall der Insolvenz des Schuldners nichts im Wege.[668] Der Rangrücktritt erreicht außerhalb der Insolvenz seinen Zweck aber ebenfalls grds. nur dann, wenn der Sicherungsnehmer klarstellt, dass er die Sicherheit nur im Rang der Forderung geltend macht oder auf diese verzichtet (sofern nicht bereits der Sicherungsgeber hinsichtlich seines Rückgriffsanspruchs einen Rangrücktritt oder ggf. Verzicht vereinbart hat, s. dazu Rdn 125f.).[669] Denn andernfalls tritt – jedenfalls wenn der spätere Eintritt des Sicherungsfalls wahrscheinlich ist – an die Stelle der mit dem Rangrücktritt versehenen Forderung des Gläubigers die Regressforderung des Sicherungsgebers.

cc) Befristung/Aufhebung

178 Eine – grds mögliche – zeitliche **Befristung** der Rangrücktrittsvereinbarung ist schädlich, da dann nur eine Stundung der fraglichen Forderung vorliegt, welche an der Passivierungspflicht im Überschuldungsstatus nichts ändert.[670] Nach einer Ansicht im Schrifttum soll dies anders zu beurteilen sein, wenn der Ablaufzeitpunkt der Befristung unter der Bedingung steht, dass eine Überschuldung nicht vorliegt.[671] Ein Rangrücktritt als Vertrag zugunsten Dritter (§ 328 BGB) führt aus dem vorgenannten Grund auch dann nicht zur Abwendung der Überschuldung, wenn eine ordentliche **Kündigungsmöglichkeit** zugunsten des im Rang zurückgetretenen Gläubigers vereinbart ist.[672] Denn im Interesse des Gläubigerschutzes ist eine Bindung der Vertragsparteien erforderlich, die eine freie Aufhebung ausschließt.[673]

Praxistipp
Der Gläubiger, der seine Forderung mit einem Rangrücktritt versehen will, welcher seinen Zweck erreicht, gleichzeitig sich aber ein etwaiges Wiederaufleben der Zahlungspflicht offen halten will, kann dies nur über die in der Praxis übliche und aus steuerlichen Gründen notwendige, unter Rdn 175 dargestellte, sog. **Besserungsabrede** erreichen. Der BGH hat bestätigt, dass gemäß § 328

---

668 Henkel/Wentzler, GmbHR 2013, 239, 242; Wittig NZI 2001, 169, 171.
669 Uhlenbruck/Mock, § 19 InsO Rn 231; Westphal/Kresser, DB 2016, 33, 38; siehe auch: Wittig, NZI 2001, 169, 171.
670 BGH, 5.3.2015 – IX ZR 133/14, ZInsO 2015, 681, Rn 16, 38; Uhlenbruck/Mock, § 19 InsO Rn 241; Scholz/Bitter, vor § 64 GmbHG Rn 97, 99; SanRKomm/Raschke/Warneke, Teil 1 Abschnitt 4 Rn 158, 161; Henkel/Wentzler, GmbHR 2013, 239, 240. Eine Befristung ist nicht unwirksam: OLG München, 22.12.2010 – 7 U 4960/07, ZIP 2011, 225, 226.
671 Kammeter/Geißelmeier, NZI 2007, 214, 219/220.
672 BGH, 5.3.2015 – IX ZR 133/14, ZInsO 2015, 681, Rn 38, 42; Scholz/Bitter, vor § 64 GmbHG Rn 97, 99; Frystatzki, NZI 2013, 609, 613; Henkel/Wentzler, GmbHR 2013, 239, 240; Leithaus/Schaefer, NZI 2010, 844, 848.
673 BGH, 5.3.2015 – IX ZR 133/14, ZInsO 2015, 681, Rn 38.

Abs. 2 BGB eine solche Aufhebung der Rangrücktrittserklärung ohne Mitwirkung der begünstigten Gläubiger zulässig ist, wenn eine Insolvenzreife nicht vorliegt oder beseitigt ist.[674]

Der Rangrücktritt kann grds. nicht **durch** einen **Vertrag** zwischen Schuldner und Forderungsgläubiger, d.h. ohne Mitwirkung der begünstigten Gläubiger **aufgehoben** werden.[675] Abgesehen davon stehen einer Aufhebung keine gesellschaftsrechtlichen Hindernisse entgegen.[676] Die Aufhebung durch einen Gesellschafter gegen den Willen seiner Mitgesellschafter ist u.U. treuwidrig.[677] Kommt es später zur Insolvenz, ist die Aufhebung des Rangrücktritts, welche zur Erhöhung der Passiva führte, ggf. nach §§ 129 ff. InsO anfechtbar.[678] 179

dd) Steuerliche Auswirkungen

Ein richtig formulierter Rangrücktritt hat keine steuerlichen Auswirkungen, da er aufseiten der Gesellschaft keinen außerordentlichen Ertrag bewirkt. Die Rangrücktrittsvereinbarung ist dann weder als Forderungsverzicht noch als Fall des § 5 Abs. 2a EStG zu beurteilen. Um die Steuerneutralität zu gewährleisten,[679] ist der eigentliche Rangrücktritt jedoch um die sog. **Besserungsabrede** zu ergänzen (s. Rdn 175). 180

e) Forderungsverzicht (mit Besserungsabrede)

Den stärksten Sanierungsbeitrag eines Gläubigers stellt der Forderungsverzicht („Haircut") dar, weshalb er sich in der Praxis außergerichtlich auch nur selten durchsetzen lässt. In einem Insolvenzverfahren, das auf den Erhalt des Unternehmens/Rechtsträgers ausgerichtet ist (§ 1 Satz 1 InsO) lässt sich ein Verzicht durch einen Insolvenzplan durchsetzen, § 224 InsO. Da der Verzicht – auch der mit Besserungsabrede – zum Freiwerden etwaiger Sicherheiten führt,[680] kommt er zudem fak- 181

---

674 BGH, 5.3.2015 – IX ZR 133/14, ZInsO 2015, 681, Rn 42; SanRKomm/Raschke/Warneke, Teil 1 Abschnitt 4 Rn 160.
675 BGH, 5.3.2015 – IX ZR 133/14, ZInsO 2015, 681, Rn 35 f., 42; SanRKomm/Raschke/Warneke, Teil 1 Abschnitt 4 Rn 159.
676 Leithaus/Schaefer, NZI 2010, 844, 848.
677 Gunßer, GmbHR 2010, 1250, 1252.
678 Leithaus/Schaefer, NZI 2010, 844, 848; Wittig, NZI 2001, 169, 175.
679 SanRKomm/Ziegenhagen, Anhang 2 Rn 8, 9, 36; Arnold/Spahlinger/Maske-Reiche, in: Theiselmann, Restrukturierungsrecht, Kap. 1 Rn 186, 198; Klusmeier, ZInsO 2012, 965; Kahlert/Gehrke, DStR 2010, 227, 232.
680 Undritz, in: Kölner Schrift zur InsO, Kap. 29 Rn 63; Arnold/Spahlinger/Maske-Reiche, in: Theiselmann, Restrukturierungsrecht, Kap. 1 Rn 164.

tisch nur bei ungesicherten Verbindlichkeiten in Betracht. Der Verzicht kommt durch einen Erlassvertrag zustande, § 397 BGB.[681]

aa) Inhalt einer Besserungsabrede

182 Ein Gläubiger wird sich am ehesten auf einen Verzicht (außerhalb eines Insolvenzverfahrens) einlassen, wenn seine Forderung bei Besserung der wirtschaftlichen Verhältnisse seines Schuldners wiederauflebt (sog. Besserungsabrede oder Besserungsschein, auch „Debtor Warrant" genannt). Dies kann rechtstechnisch auf zweifache Weise bewirkt werden: entweder durch unbedingten Erlass und aufschiebend bedingter Begründung einer neuen Schuld oder durch auflösend bedingten Verzicht auf die Altschuld.[682] Solange die Bedingung nicht eingetreten ist, ist die betreffende Verbindlichkeit im Überschuldungsstatus nicht zu passivieren,[683] so wie auch i.R.d. Handels- und Steuerbilanz (insoweit anders als beim Rangrücktritt).

Praxistipp
Im **Interesse des Gläubigers** ist bei einer Besserungsabrede darauf zu achten, dass die **Voraussetzungen, die zum Wiederaufleben führen** sollen (z.B. bestimmte Kennzahlen), möglichst **konkret definiert** werden. In der Praxis wird häufig vereinbart, dass die Zahlungen aus einem künftigen Bilanzgewinn oder einem Liquidationsüberschuss zu bedienen sind.[684] Die Forderung sollte rückwirkend zu verzinsen sein und es sollte die Pflicht des Schuldners geregelt werden, über seine wirtschaftlichen Verhältnisse Auskunft zu erteilen, ggf. verbunden mit der Pflicht zur Vorlage der Jahresabschlüsse und weiterer Geschäftsunterlagen. Letztlich sollte vereinbart werden, dass der Verzicht im Insolvenzfall entfällt, damit die Forderung, nachdem die Sanierung gescheitert ist, zumindest zur Tabelle angemeldet werden kann.[685]

Aus **Schuldnersicht** ist eine spätere Ratenzahlungsvereinbarung anzustreben und die Bedingung darf nur eintreten, wenn die neu oder wieder entstandene Zahlungspflicht nicht erneut zur Überschuldung (bzw. Zahlungsunfähigkeit) führt.[686]

---

[681] MüKo/Schlüter, § 397 BGB Rn 1; Undritz, in: Kölner Schrift zur InsO, Kap. 29 Rn 61; Buth/Hermanns, in: Buth/Hermanns, Restrukturierung, Sanierung, Insolvenz, § 16 Rn 26, 47; Budde, ZInsO 2010, 2251, 2264; Becker/Pape/Wobbe DStR 2010, 506, 507.
[682] Arnold/Spahlinger/Maske-Reiche, in: Theiselmann, Restrukturierungsrecht, Kap. 1 Rn 167; Knebel, DB 2009, 1094, 1095, Musterformulierungen bei: Blöse/Wieland-Blöse, Praxisleitfaden Insolvenzreife, S. 184 f.
[683] Budde, ZInsO 2010, 2251, 2264.
[684] Arnold/Spahlinger/Maske-Reiche, in: Theiselmann, Restrukturierungsrecht, Kap. 1 Rn 168; Budde, ZInsO 2010, 2251, 2264; siehe ferner: Schwenker/Fischer, DStR 2010, 1117, 1119.
[685] Schultze/Tögel, ZIP 2011, 1250, 1251.
[686] Budde, ZInsO 2010, 2251, 2265.

bb) Steuerliche Auswirkungen

Steuerrechtlich führt der Forderungsverzicht (ohne oder mit Besserungsabrede) und auch der Forderungsverzicht im Rahmen eines Insolvenzplans beim Schuldner grds. zu einem **außerordentlichen Ertrag**, was den entscheidenden Unterschied zum Rangrücktritt darstellt. Beim Verzicht eines **Gesellschafters**, der auf dem Gesellschaftsverhältnis beruht, entsteht der Ertrag i.H.d. nicht werthaltigen Teils der Forderung (Differenz zwischen Nenn- und Teilwert).[687] Verzichtet ein **Drittgläubiger**, umfasst der Ertrag die gesamte Forderung.[688] Ergibt sich auf diese Weise, ggf. nach Verrechnung mit Verlusten oder Verlustvorträgen, ein Sanierungsgewinn, können die dadurch entstehenden zukünftigen Steuerverbindlichkeiten ihrerseits die Restrukturierung des Unternehmens gefährden, weil entsprechende Rückstellungen zu bilden sind.[689] Es handelt sich um einen reinen Buchgewinn, d.h. ein entsprechender Liquiditätszufluss erfolgt nicht.[690] Deshalb kann die Steuerschuld auf den Sanierungsgewinn das Unternehmen in erhebliche Zahlungsschwierigkeiten bringen. Bis zum 8.2.2017 gab es folgende Lösung: Auf der Basis des sog. **Sanierungserlasses des BMF**[691] muss die Finanzverwaltung bei einer unternehmensbezogenen Sanierung die Steuer aus dem Sanierungsgewinn zunächst stunden (was an der Passivierung im Überschuldungsstatus noch nichts ändert) und anschließend erlassen,[692] allerdings nur **nach einer vollständigen Verlustverrechnung**.[693]

- Sanierungsbedürftigkeit des Unternehmens
- Sanierungsfähigkeit des Unternehmens
- Sanierungseignung des Schuldenerlasses
- Sanierungsabsicht der Gläubiger.

Der Sanierungserlass betraf allerdings nur die **Körperschafts- und ESt** sowie den **Solidaritätszuschlag**, für die **Gewerbesteuer** war die jeweilige Gemeinde der Betriebsstätte(n) zuständig.[694] Dabei hatten die Gemeinden dieselben Rechtsvorschrif-

---

687 BFH, 6.8.2019 – VIII R 18/16, NZI 2019, 980, Rn 15; BFH (Großer Senat), 6.6.1997 – GrS 1/94, DStR 1997, 1282, 1284; Arnold/Spahlinger/Maske-Reiche, in: Theiselmann, Restrukturierungsrecht, Kap. 1 Rn 175; Schwenker/Fischer, DStR 2010, 1117, 1119; Budde, ZInsO 2010, 2251, 2265.
688 Arnold/Spahlinger/Maske-Reiche, in: Theiselmann, Restrukturierungsrecht, Kap. 1 Rn 176; Budde, ZInsO 2010, 2251, 2265; Knebel, DB 2009, 1094, 1095; Knebel/Schmidt, BB 2009, 430, 431.
689 Budde, ZInsO 2010, 2251, 2265.
690 BFH, 25.3.2015 – X ZR 23/13, ZInsO 2015, 1331, Rn 62, 72.
691 BMF-Schreiben v. 27.3.2003, BStBl I 2003, 240; BMF-Schreiben v. 22.12.2009, BStBl I 2010, 18.
692 Siehe ausführlich zum Sanierungserlass: SanRKomm/Ziegenhagen, Anhang 2 Rn 13 f.; Budde, ZInsO 2010, 2251, 2265; Schwenker/Fischer, DStR 2010, 1117, 1119.
693 Budde, ZInsO 2010, 2251, 2265.
694 BFH, 25.4.2012 – I R 14/11, ZIP 2012, 1571, Rn 10; BMF-Schreiben v. 27.3.2003, BStBl I 2003, 240 Rn 15; Becker/Pape/Wobbe, DStR 2010, 506, 508; Knebel, DB 2009, 1094, 1096.

ten anzuwenden wie die Finanzverwaltung. Die vom Finanzamt getroffene Entscheidung hatte aber keine bindende Wirkung für die Gemeinde, was in der Praxis immer wieder Probleme bereitete.[695]

184 Nach einigem Hin und Her v.a. zwischen BFH und Finanzverwaltung[696] finden nunmehr die neuen gesetzlichen Regelungen in §§ 3a, 3c Abs. 4 EStG, § 7b GewStG automatisch Anwendung.[697] Diese führen zu einer Steuerfreiheit des Sanierungsertrags, die nicht von einem Antrag des Steuerpflichtigen abhängt. Die Steuerbefreiung greift sowohl für die Körperschaftssteuer gemäß § 8 Abs. 1 KStG als auch unmittelbar für die Gewerbesteuer, so dass keine separate Abstimmung mit der Gemeinde mehr erforderlich ist. Tatbestandsvoraussetzungen des § 3a Abs. 1, 2 EStG[698] sind wie nach altem Recht:
– Sanierungsbedürftigkeit des Unternehmens,
– Sanierungsfähigkeit des Unternehmens,
– Sanierungseignung des Forderungsverzichts sowie
– Sanierungsabsicht der Gläubiger.

Weitere Regelungen dazu finden sich insb. in den §§ 3a Abs. 1 Satz 2, 3, Abs. 3, 3c Abs. 4 EStG.

f) Debt Equity Swap

185 Unter einem **Debt Equity Swap** versteht man die vollständige oder teilweise Umwandlung von gegen die Gesellschaft gerichteten Forderungen, welche ggf. in der Krise erst erworben wurden, in Eigenkapital, d.h. der Gläubiger wird zum Gesellschafter. Die betreffenden Verbindlichkeiten sind anschließend nicht mehr im Überschuldungsstatus zu passivieren. Dabei kommt grds. jede Fremd- und Eigenkapitalposition in Betracht. Der Debt Equity Swap ist – bis auf § 9 KredReorgG und bis auf § 225a Abs. 2 InsO im Rahmen des Insolvenzplanverfahrens – gesetzlich nicht geregelt.

Kommt es nach einem Debt Equity Swap später zur Insolvenz ist dieser mangels Gläubigerbenachteiligung **nicht nach §§ 129 ff. InsO anfechtbar**.[699]

---

695 Harder, ZInsO 2013, 1070, 1071; Ebbinghaus/Hinz, ZInsO 2013, 911.
696 SanRKomm/Ziegenhagen, Anhang 2 Rn 15 f.
697 Siehe dazu ausführlich: SanRKomm/Ziegenhagen, Anhang 2 Rn 20 f.
698 Siehe ausführlich: Schmidt/Levedag, § 3a EStG Rn 20 f.; SanRKomm/Ziegenhagen, Anhang 2 Rn 23 f.
699 So zur Einbringung von Gesellschafterforderungen: Wirsch, NZG 2010, 1131; **a.A.:** Müller, KTS 2012, 419, 449; Bauer/Dimmling, NZI 2011, 517, 519.

> **Hinweis**
> Ein Debt Equity Swap kommt insb. für schlecht oder (z.T.) ungesicherte Gläubiger in Betracht, da etwaige **Sicherheiten** mit der eingebrachten Forderung entfallen.[700] Vorteilhaft für den Gläubiger ist, dass dieser gesellschaftsrechtliche Einflussmöglichkeiten erhält und dadurch auf die Restrukturierung des Unternehmens einwirken kann. Gelingt die Sanierung, kann er über die Wertsteigerung seiner Beteiligung den Verlust seiner umgetauschten Forderung ausgleichen.

aa) Rechtliche Umsetzung

Der Debt Equity Swap wird durchgeführt im Wege der **Kapitalerhöhung mit Sacheinlage** (in Gestalt der ggü. dem Unternehmen bestehenden Forderung), i.d.R. mit vorhergehender vereinfachter Kapitalherabsetzung, und **Erlass oder** – zum Erlöschen durch Konfusion führender – **Übertragung der einzubringenden Forderung**.[701] Möglich ist auch der Erwerb von Geschäftsanteilen im Wege des Share-Deals gegen Forderungsverzicht.[702] Der Debt Equity Swap kann außerhalb von § 225a InsO **nicht ohne Zustimmung der Altgesellschafter** erfolgen, da diese an der Kapitalerhöhung (bzw. der Anteilsübertragung) mitwirken müssen.[703] Für die gerichtliche Durchsetzung einer etwaigen Zustimmungspflicht fehlt bei Sanierungssituationen i.d.R. die Zeit.[704] **Einlagefähig** sind auch **Forderungen aus Gesellschafterdarlehen** oder gleichstehende Forderungen, da sie außerhalb der Insolvenz – anders als nach dem durch das MoMiG abgeschafften Eigenkapitalersatzrecht – durchsetzbar sind.[705] Handelt es sich um eine **börsennotierte AG** und erwirbt der Gläubiger zwar nicht alle Aktien, überschreitet aber die Schwelle von 30%, müsste er den übrigen Aktionären ein **Übernahmeangebot** machen.[706]

186

Die Forderung des Gläubigers (Dritter oder Gesellschafter) wird nicht zum Nennwert, sondern zum **realen Zeitwert** (streitig) eingebracht,[707] welcher sich auf-

187

---

700 Schlitt/Ries, in: Theiselmann, Restrukturierungsrecht, Kap. 9 Rn 10.
701 Uhlenbruck/Hirte, § 225a InsO Rn 20; SanRKomm/Seibt/Westphal, § 225a InsO Rn 14; 20 f.; Schlitt/Ries, in: Theiselmann, Restrukturierungsrecht, Kap. 9 Rn 29 f.; Undritz, in: Kölner Schrift zur InsO, Kap. 29 Rn 108 f.; Budde, ZInsO 2010, 2251, 2268.
702 Schlitt/Ries, in: Theiselmann, Restrukturierungsrecht, Kap. 9 Rn 1; Budde, ZInsO 2010, 2251, 2268; Schwenker/Fischer, DStR 2010, 1117, 1120.
703 Schlitt/Ries, in: Theiselmann, Restrukturierungsrecht, Kap. 9 Rn 7 f.; Budde, ZInsO 2010, 2251, 2268; Carli/Rieder/Mückl, ZIP 2010, 1737, 1741.
704 Schmidt/Schlitt, Der Konzern 2009, 279, 282.
705 Schlitt/Ries, in: Theiselmann, Restrukturierungsrecht, Kap. 9 Rn 29; Undritz, in: Kölner Schrift zur InsO, Kap. 29 Rn 115.
706 Schlitt/Ries, in: Theiselmann, Restrukturierungsrecht, Kap. 9 Rn 42; Bauer/Dimmling NZI 2011, 517, 519.
707 SanRKomm/Seibt/Westphal, § 225a InsO Rn 34; Schlitt/Ries, in: Theiselmann, Restrukturierungsrecht, Kap. 9 Rn 31; Knecht/Drescher, in: Buth/Hermanns, Restrukturierung, Sanierung, Insolvenz, § 20 Rn 48; Priester, DB 2010, 1445; **a.A.:** Cahn/Simon/Theiselmann, DB 2010, 1629.

grund der Sanierungsbedürftigkeit der Gesellschaft oftmals bereits gemindert hat.

Praxistipp
Die Beteiligten müssen daher den aktuellen Wert der Forderung feststellen.[708] Andernfalls droht sowohl bei der GmbH (§§ 9 Abs. 1 Satz 1, 56 Abs. 2 GmbHG) als auch bei der AG die **Differenzhaftung** der Gesellschafter[709] sowie ggf. auch die persönliche Haftung oder Strafbarkeit der Organvertreter.[710] Bei einem Debt Equity Swap auf der Basis des Erwerbs von Geschäftsanteilen spielt die Differenzhaftung jedoch keine Rolle,[711] im Rahmen des Insolvenzplanverfahrens ist sie ausgeschlossen (§ 254 Abs. 4 InsO).

bb) Rechtsfolgen für nicht eingebrachte Altforderungen oder Neudarlehen

188 Wenn der – vormalige – Gläubiger Teile seiner Forderungen nicht einbringt oder neue Darlehen gewährt, ist zu beachten, dass er daneben nunmehr Gesellschafter ist. Die restlichen, weiter bestehenden Altforderungen (sofern als Gesellschafterdarlehen oder gleichgestellte Forderung zu qualifizieren, wie z.B. nach Stundung sonstiger fälliger Verbindlichkeiten) und die Forderungen aus den Neudarlehen stellen dann – in einer etwaigen späteren Insolvenz – **nachrangige Insolvenzforderungen** dar, § 39 Abs. 1 Nr. 5 InsO. Sofern die Gesellschaft hierauf innerhalb der in **§ 135 Abs. 1 InsO** genannten Fristen Sicherung oder Befriedigung gewährt hatte, ist diese Rechtshandlung **anfechtbar**.[712] Das gilt nicht nur ggü. unmittelbaren Gesellschaftern, sondern auch ggü. **gleichgestellten Dritten**.[713]

Diese Rechtsfolge tritt nicht ein i.R.d. sog. **Sanierungs- oder Kleinbeteiligtenprivilegs** (§§ 39 Abs. 4 Satz 2, Abs. 5 InsO) oder nach § 24 UBGG bei behördlich anerkannten Unternehmensbeteiligungsgesellschaften i.S.d. UBGG. Das Sanierungsprivileg greift allerdings nur „bis zur nachhaltigen Sanierung" des Unternehmens. Als Reaktion auf die **Coronakrise** hat der Gesetzgeber auch hier zusätzliche Erleichterungen für Gesellschafter geschaffen, § 2 Abs. 1 Nr. 2 COVInsAG.

---

708 Siehe dazu: Budde, ZInsO 2010, 2251, 2269; Cahn/Simon/Theiselmann, DB 2010, 1629; Priester, DB 2010, 1445, 1447.
709 Schlitt/Ries, in: Theiselmann, Restrukturierungsrecht, Kap. 9 Rn 39; Undritz, in: Kölner Schrift zur InsO, Kap. 29 Rn 112, 114; Budde, ZInsO 2010, 2251, 2269; Carli/Rieder/Mückl ZIP 2010, 1737, 1740; Vallender, NZI 2007, 129, 132.
710 Undritz, in: Kölner Schrift zur InsO, Kap. 29 Rn 113, 114.
711 Budde, ZInsO 2010, 2251, 2270.
712 Hautkappe/Schmidt-Ehemann, in: Theiselmann, Restrukturierungsrecht, Kap. 9 Rn 174 f.; Budde, ZInsO 2010, 2251, 2270; Carli/Rieder/Mückl, ZIP 2010, 1737, 1740.
713 BGH, 17.2.2011 – IX ZR 131/10, ZInsO 2011, 626, Rn 10; HambKomm/Schröder, § 135 InsO Rn 142 f.; Schall, ZIP 2010, 205; Budde, ZInsO 2010, 2251, 2262, 2270.

cc) Steuerliche Auswirkungen

Es ist steuerrechtlich problematisch, wenn der Gläubiger i.H.d. Nominalwertes verzichtet, dieser aber den tatsächlichen Wert (Teilwert) seiner Forderung übersteigt. Bei der Gesellschaft führt dies i.H.d. Differenzbetrages zu einem **außerordentlichen Ertrag**[714] und somit, nach Abzug etwaiger Verluste oder Verlustvorträge, ggf. zu einem Sanierungsgewinn, sofern dieser nicht nach § 3a EStG steuerfrei ist[715] (dazu näher Rdn 183). Die sodann zukünftig entstehende Steuerschuld ist im Überschuldungsstatus als Rückstellung zu passivieren, sodass die erzielten Sanierungseffekte teilweise ggf. wieder konterkariert werden. Zudem kann die **Verlustabzugsbeschränkung** des § 8c Abs. 1 KStG und § 10a Satz 10 GewStG drohen.[716] Um Sanierungen nicht zu gefährden, enthält die Regelung in § 8c Abs. 1a KStG eine sog. **Sanierungsklausel**.[717]

189

g) Debt Mezzanine Swap

Um die vorstehend geschilderten nachteiligen Steuerfolgen des Debt Equity Swap zu vermeiden, können die Verbindlichkeiten – statt in bilanzielles Eigenkapital – auch in Mezzaninekapital umgewandelt werden, welches nur steuerrechtlich, nicht aber insolvenzrechtlich als Fremdkapital zu behandeln ist (sog. **Debt Mezzanine Swap**).[718] Als mezzanine Finanzierungsinstrumente kommen insoweit insb. Genussrechte, stille Beteiligungen oder Wandel- und Optionsanleihen in Betracht.[719]

190

h) Weitere Maßnahmen

Letztlich ist als weiteres Sanierungsinstrument die Beteiligung des Krisenunternehmens an einer **Umwandlungsmaßnahme** nach dem UmwG denkbar, insb. in Gestalt der Verschmelzung, Spaltung oder des Formwechsels einer Kapital- zur Personengesellschaft (s. Rdn 89).

191

---

714 Meiisel/Weber, in: Theiselmann, Restrukturierungsrecht, Kap. 9 Rn 76 f.; Budde, ZInsO 2010, 2251, 2271; Carli/Rieder/Mückl, ZIP 2010, 1737, 1741.
715 SanRKomm/Ziegenhagen, Anhang 2 Rn 35; zum alten Recht: Blaas/Schwahn, DB 2013, 2412, 2413; Budde, ZInsO 2010, 2251, 2271; Carli/Rieder/Mückl, ZIP 2010, 1737, 1741.
716 SanRKomm/Ziegenhagen, Anhang 2 Rn 68; Oelke/Wöhlert/Degen, BB 2010, 299, 300; Budde, ZInsO 2010, 2251, 2271; ausführlich zu § 8c KStG: SanRKomm/Ziegenhagen, Anhang 2 Rn 101 f.
717 Siehe dazu umfassend: SanRKomm/Ziegenhagen, Anhang 2 Rn 142 f.
718 Siehe dazu umfassend: SanRKomm/Raschke/Warneke, Teil 1 Abschnitt 4 Rn 213 f.; Schlitt/Ries, in: Theiselmann, Restrukturierungsrecht, Kap. 9 Rn 17 f., 51 f.; Oelke/Wöhlert/Degen, BB 2010, 299, 300; Budde, ZInsO 2010, 2251, 2272; Carli/Rieder/Mückl, ZIP 2010, 1737, 1742.
719 Schlitt/Ries, in: Theiselmann, Restrukturierungsrecht, Kap. 9 Rn 17; Budde, ZInsO 2010, 2251, 2272.

2. Leistungswirtschaftliche Maßnahmen

192 Eine rein finanzwirtschaftliche Sanierung, mit der nur der gegenwärtige Schuldenstand reduziert wird, ist nicht zielführend, wenn dadurch die Ursachen der Krise nicht beseitigt werden und wenn das Unternehmen (weiterhin) nicht profitabel arbeitet.[720]

Hinsichtlich der oftmals notwendigen leistungswirtschaftlichen Maßnahmen wird auf die betriebswirtschaftliche Literatur verwiesen.

---

[720] BGH, 12.5.2016 – IX ZR 65/14, ZInsO 2016, 1251, Rn 29, 31, 40.

§ 5 Insolvenzmasse

Übersicht

A. Grundsätze der Gläubigerbefriedigung (par conditio creditorum) —— 1
B. Insolvenzmasse —— 5
    I. Soll- und Ist-Masse —— 5
        1. Definition und Bedeutung —— 5
        2. Insolvenzmasse (§§ 35, 36 InsO) —— 9
        3. Besonderer Vollstreckungsschutz —— 18
        4. Die Freigabe von Vermögen aus dem Insolvenzbeschlag —— 25
    II. Gesamtgut bei Gütergemeinschaft (§ 37 InsO) u.a. Güterständen, Erbschaften —— 37
    III. Treugut —— 47
    IV. Gesellschaftsanteile —— 61
    V. Vorausverfügungen —— 65
    VI. Kollidierende Rechte —— 75
    VII. Auslandsvermögen —— 77
    VIII. Insolvenzspezifische Ansprüche —— 81
    IX. Die passive Soll-Masse —— 98
        1. Definition und Bedeutung —— 98
        2. § 38 InsO- und Neugläubiger —— 101
        3. Außerhalb des Insolvenzverfahrens (noch) nicht durchsetzbare Forderungen —— 107
        4. Haftung mehrerer Personen (Gesamtschuldner und Bürgen) —— 125
        5. Gesicherte Darlehen (§ 44a InsO) —— 133
        6. Massekosten und Masseverbindlichkeiten —— 150
C. (Vorläufige) Sicherung der Insolvenzmasse —— 157
    I. Grundsatz —— 157
    II. Sicherung des Unternehmens und der Unternehmensfortführung im Ganzen —— 179
D. Aussonderung —— 189
    I. Allgemeines —— 189
    II. Dingliche Aussonderungsansprüche —— 200
    III. Schuldrechtliche Aussonderungsansprüche —— 202
    IV. Geltendmachung des Aussonderungsanspruches —— 205
    V. Ersatzaussonderung (§ 48 InsO) —— 210
E. Absonderung —— 221
    I. Allgemeines —— 221
    II. Verwertung des Sicherungsguts und Realisierung des Absonderungsrechts —— 229
    III. Sicherheitenpools —— 242
    IV. Verwendung beweglicher Sachen für die Insolvenzmasse —— 245
F. ‚Kleines Abc' der Aus- und Absonderungsrechte —— 251
G. Aufrechnung —— 279
    I. Vorbemerkung – Absonderungsähnlichkeit der Aufrechnung —— 279
    II. Grundsatz der Erhaltung der Aufrechnungslage (§§ 94, 95 InsO) —— 282
        1. Gesetzliche Regelung —— 282
        2. Aufrechnung im Insolvenzplanverfahren —— 285
    III. Kein Aufrechnungsverbot (§ 96 InsO) —— 288
        1. § 96 Abs. 1 Nr. 1 InsO —— 289
        2. § 96 Abs. 1 Nr. 3 InsO —— 292
        3. § 96 Abs. 1 Nr. 4 InsO —— 299
        4. Bei Masseunzulänglichkeit —— 301

A. Grundsätze der Gläubigerbefriedigung (par conditio creditorum)

1 Das Insolvenzverfahren ist ein Gesamtvollstreckungsverfahren über das vollständige Vermögen des Schuldners. Das Verfahren dient der Haftungsabwicklung des schuldnerischen Gesamtvermögens zur gemeinschaftlichen Befriedigung der Gläubiger, aber nicht notwendigerweise auch im (typisiert) gleich gerichteten Interesse aller Gläubiger. Denn selbstverständlich erkennt das Insolvenzrecht unterschiedliche Rechte der Gläubiger an, weshalb gesicherte Gläubiger auch unter dem Regime der Gesamtvollstreckung ihre bevorzugte Befriedigungsposition gegenüber ungesicherten Gläubigern selbstverständlich behalten. Im Grundsatz treten jedoch innerhalb des Gesamtvollstreckungsverfahrens individuelle Gläubiger*interessen* hinter den solidarisierten Interessen der Gläubigergemeinschaft zurück, soweit sie eben nicht aus individuellen *Rechten* herrühren. Die Gläubigergemeinschaft bildet dabei eine zivilrechtliche Sonderverbindung, aus der wechselseitige Loyalitäts- und Rücksichtnahmepflichten resultieren,[1] die jedenfalls nach § 242 BGB auch justitiabel sind.[2]

2 Da der Mensch als homo oeconomicus zu opportunistischem Verhalten und damit zu dem Ausbruch aus solidarisierten Strukturen neigt, wenn dies seinem eigenen Vorteil zu diesen scheint, ist eine Gesamtvollstreckungsordnung zur Herstellung eines typisierten Haftungsausgleichs unter den solidarisierten Gläubigern gezwungen. Das aus dem Bestehen einer Sonderverbindung abzuleitende Solidarprinzip des Insolvenzrechts folgt dabei dem obersten Primat der gleichmäßigen Befriedigung aller Insolvenzgläubiger (sog. par conditio creditorum) im selben Rang. Nicht zuletzt diesem Grundsatz folgend und ihn deutlich stärkend hat die InsO bei deren Ablösung im Jahr 1999 die Vorrechte einiger Insolvenzgläubiger aus der KO beseitigt. Zwar perforieren immer neue lobbyistische Angriffe auf das Insolvenzrecht diesen obersten Grundsatz, wie in der ausschließlich mit Fiskalinteressen zu erklärenden Norm des § 55 Abs. 4 InsO und der hierzu ergangenen äußerst fragwürdigen Rechtsprechung insbesondere des V. Senats des BFH[3] sowie in den Bestrebungen zu einer systemwidrigen Reform des Anfechtungsrechts[4] beispielhaft zum Ausdruck kommt, dennoch steht die par conditio creditorum nach wie vor an vielen Stellen des Insolvenzverfahrens und der InsO als Leitgedanke und Normprinzip hinter zahlreichen Vorschriften. Die Verwirklichung des Grundsatzes der gleichmäßi-

---

1 Krebs, Sonderverbindungen und außerdeliktische Schutzpflichten (Habil. 2000), S. 114; ähnlich bereits Wiedemann, Gesellschaftsrecht I (1980), S. 14.
2 Gottwald, in: FS Giger (1989), S. 195, 198.
3 Die Rechtsprechung des BFH nahm ihren Ausgang mit dem Urteil vom 9.12.2010 V R 20/10, BFHE 232, 301.
4 Vgl. dazu Hölzle, ZIP 2015, 662.

gen Gläubigerbefriedigung mit dem Mittel der Gesamtvollstreckung in das gesamte vorhandene Vermögen des Schuldners erfordert eine Absicherung der Insolvenzmasse in zwei Richtungen: Nämlich sowohl gegen Verfügungen des Schuldners als auch gegen individualisierte Zugriffe einzelner Gläubiger, die im Vorfeld verhindert oder nachträglich rückabgewickelt werden müssen.[5]

Die Insolvenzeröffnung trennt daher das gesamte der Zwangsvollstreckung unterliegende Schuldnervermögen von dem vollstreckungsfreien Vermögen (§ 36 InsO) und nimmt es gem. § 80 InsO in Beschlag. Der Insolvenzbeschlag erstreckt sich auch auf das nach Insolvenzeröffnung erworbene pfändbare Vermögen und zwar grundsätzlich das Bruttovermögen ohne Ansehung von zu seinem Erwerb nötigen und getätigten Aufwendungen.[6] Diese umfassende Beschlagnahmewirkung im Gläubigergleichbehandlungsinteresse bereits im Eröffnungsverfahren, also in der Zeit des noch kontradiktorischen Verfahrens zwischen Insolvenzantragstellung und Insolvenzeröffnung zu schützen, dienen die Sicherungsanordnungen im Eröffnungsverfahren (§§ 21, 22 InsO). Die Haftungsabwicklung wird darüber hinaus aber auch vor weiter zurückliegenden, nämlich der Insolvenz vorangegangenen Einzelzugriffen durch eine zeitliche Rückbeziehung der par conditio creditorum auf einen Zeitpunkt vor Insolvenzeröffnung und sogar vor Insolvenzantragstellung geschützt, was insb. in den Anfechtungsrechten (§§ 129 ff. InsO), der vollstreckungsrechtlichen Rückschlagsperre (§ 88 InsO) und weiteren Vorschriften (z.B. §§ 112, 119 InsO) zum Ausdruck kommt. 3

Der Grundsatz der Gläubigergleichbehandlung gilt im eröffneten und im Eröffnungsverfahren damit gleichermaßen. Unerheblich ist, in welcher Verfahrensart das Verfahren geführt wird. Auch wenn die (vorläufige) Eigenverwaltung angeordnet und das Verfahren maßgeblich betrieben wird, um die Sanierung des Unternehmens zu fördern, so darf auch und gerade im Rahmen eines solchen Verfahrens natürlich nicht gegen die insolvenzrechtlichen Leitprinzipien verstoßen werden. Denn im Rahmen der Eigenverwaltung werden dem Schuldner nicht bloß die ihm außerhalb eines Insolvenzverfahrens zugewiesenen (Selbst-)Verwaltungsrechte belassen, vielmehr beinhalt die Anordnung der Eigenverwaltung – oder im Eröffnungsverfahren: Das Absehen von der Bestellung eines vorläufigen Insolvenzverwalters – die implizite Übertragung der insolvenzrechtlich sonst dem Verwalter im Gläubigerinteresse zugewiesenen Befugnisse, beruht also die Rechtsmacht der eigenverwaltenden Geschäftsführung gleichermaßen auf einem hoheitlichen Zuweisungs- bzw. Belassungsakt.[7] Ein solcher Verstoß wäre Anlass, unverzüglich die 4

---

5 Häsemeyer, Insolvenzrecht, S. 220.
6 Vgl. BGH, 19.5.2011 – IX ZB 94/09, ZInsO 2011, 1412.
7 In diesem Sinne eindeutig BGH, 26.4.2018 – IX ZR 238/17, ZIP 2018, 977; dazu ausf. *Hölzle*, ZIP 2018, 1669.

Eigenverwaltung zu beenden und das Insolvenz(eröffnungs)verfahren als Regelverfahren fortzusetzen. Das nötige Vertrauen in die Insolvenzordnung als Sanierungsordnung, wie es durch das zum 1.3.2012 in Kraft getretene Gesetz zur weiteren Erleichterung der Sanierung von Unternehmen (ESUG) gefördert und insoweit eine Sanierungskultur geschaffen werden soll, setzt insbesondere in eigenverwalteten Insolvenzverfahren ein hohes Maß an Transparenz bei der Einhaltung der insolvenzrechtlichen Leitgedanken voraus, wozu neben der Verhinderung von Sondervorteilen für einzelne Gläubiger auch die Realisierung der insolvenzrechtlichen Sonderaktiva gehört (Anfechtungs- und insb. gesellschaftsrechtliche Haftungsverwirklichung), die wesentlicher Bestandteil des Gleichbehandlungsgrundsatzes sind.

B. Insolvenzmasse

I. Soll- und Ist-Masse

1. Definition und Bedeutung

5 Die Wirkweise des Insolvenzverfahrens als Gesamtvollstreckungsverfahren in das gesamte pfändbare Vermögen des Schuldners, wie es bei Insolvenzeröffnung besteht und das der Schuldner im Verlauf des Insolvenzverfahrens erwirbt, definiert die „Soll-Masse" des Insolvenzverfahrens, auf die sich der Gesamtvollstreckungszugriff materiell erstreckt. Die Soll-Masse ist demnach das insolvenzrechtlich materielle Haftungssubstrat.

6 Bei Eintritt der Sicherungs- (§§ 21, 22 InsO) und der Beschlagnahmewirkungen (§ 80 InsO) weicht die reale Vermögensstruktur jedoch von dieser Soll-Masse regelmäßig ab, da einerseits dem Vollstreckungszugriff und damit auch der Gesamtvollstreckung nicht unterliegende Gegenstände im Besitz oder im sonstigen Zugriff bzw. der Verfügungsgewalt des Schuldners liegen, andererseits die Haftungsverwirklichung beeinträchtigende Maßnahmen im Vorfeld der Sicherungsanordnung (oder auch danach) die Soll-Masse geschmälert haben und rückabzuwickeln sind.

7 Die Soll-Masse zu identifizieren und in ihrer konkreten Zusammensetzung zu definieren, um sodann die notwendigen Maßnahmen zu ergreifen, das materielle Haftungssubstrat – und nur dieses – zu realisieren, ist Aufgabe des Insolvenzverwalters. In der Eigenverwaltung ist die Aufgabenverteilung gespalten. Während die Realisierung der Anfechtungsansprüche (§§ 129 ff. InsO) gemäß § 280 InsO in der Hand des Sachwalters liegt, werden alle übrigen Maßnahmen zur Herstellung der insolvenzrechtlichen Soll-Masse von dem Insolvenzschuldner selbst verantwortet.

8 Die Realisierung der Soll-Masse bzw. die Rückführung der Ist- auf die Soll-Masse geschieht durch Herausgabe materiell nicht dem Vollstreckungszugriff unterliegenden Vermögens (Aus- und Absonderung) sowie durch Realisierung von insol-

venzspezifischen Ansprüchen, Anfechtungsrechten, gesellschaftsrechtlicher Haftung z.B. aus §§ 30, 31, 43, 64 GmbHG bzw. § 93 AktG zur Haftungsverwirklichung.

2. Insolvenzmasse (§§ 35, 36 InsO)

Dem Insolvenzbeschlag und damit dem Gesamtvollstreckungszugriff unterliegt das gesamte Vermögen des Schuldners, das diesem im Zeitpunkt der Insolvenzeröffnung materiell zusteht und das dieser während des Insolvenzverfahrens erwirbt (§ 35 Abs. 1 InsO). 9

Gem. § 36 Abs. 1 InsO fällt in den Insolvenzbeschlag jedoch nur Vermögen, das der Zwangsvollstreckung unterliegt. Da der Schuldner, soweit es sich um eine natürliche Person handelt, mit Mitteln der Insolvenzmasse jedoch nur mit Zustimmung der Gläubigerversammlung unterstützt wird (§ 100 InsO), kann die InsO als Gesamtvollstreckungsordnung nicht auf einen Pfändungsschutz des Schuldners verzichten. Aus diesem Grunde finden über § 36 Abs. 1 InsO die Pfändungs- und Vollstreckungsschutzvorschriften der §§ 811 ff. ZPO entsprechende Anwendung. 10

Darüber hinaus sind der Pfändung nur (auch subjektive) Vermögensrechte, nicht aber Personenrechte unterworfen. Dementsprechend unterliegt das Namensrecht des Schuldners grds. nicht dem Insolvenzbeschlag und ist nicht verwertbar, wobei jedoch seit der Neuordnung des Firmenrechts (§§ 18, 19 HGB)[8] derjenige Schuldner, der seinen Namen als Firmenbezeichnung zur Verfügung stellt, sich gegen eine Verwertung der Firma nicht wehren kann, weil insoweit durch die Verwendung der Namensbezeichnung, wo auch eine Sachbezeichnung möglich gewesen wäre, der vermögensrechtliche Bezug der Bezeichnung überwiegt. 11

Soweit aber bei anderen Rechten der personenrechtliche Bezug überwiegt, findet eine insolvenzrechtliche Verstrickung nicht statt. Aus diesem Grunde kann der Schuldner insb. nicht gezwungen werden, Erwerbsmöglichkeiten auch zu realisieren, seine Arbeitskraft also zum Nutzen der Masse zu verwenden. Tut er dies nicht, so kann hierin jedoch nach § 295 Abs. 1 Nr. 1 InsO ein Versagungsgrund für die Erteilung der Restschuldbefreiung liegen. 12

Die Reichweite des Vollstreckungsschutzes und damit die Reichweite des materiell insolvenzbefangenen Vermögens richtet sich im Einzelnen nach den Vollstreckungsschutzvorschriften des § 811 ZPO. Geschützt ist darüber hinaus auch das unpfändbare Arbeitseinkommen nach §§ 850 ff. ZPO. 13

Neben dieser subjektiv bestimmten Reichweite des Insolvenzbeschlages ist von der insolvenzrechtlichen Verstrickung selbstverständlich nur dasjenige Vermögen umfasst, das in der zivilrechtlichen Vermögenszuordnung dem Schuldner tatsächlich zugewiesen ist. Die haftungsrechtliche Zuordnung folgt dabei – mit wenigen 14

---

[8] Vgl. K. Schmidt, NJW 1998, 2161, 2167.

Ausnahmen – der bürgerlich-rechtlichen dinglichen Zuordnung. Die Formulierung in § 35 Abs. 1 InsO, wonach das Insolvenzverfahren das gesamte Vermögen erfasst, das dem Schuldner z.Zt. der Eröffnung des Verfahrens „gehört", ist daher in dinglicher Hinsicht mit dem Eigentum (§ 903 BGB), Anwartschaftsrechten und Forderungsinhaberschaften sowie der Inhaberschaft an immateriellen Vermögensgegenständen (Marken, Urheberrechten etc.) gleichzusetzen.

15 Reflex dieser Vorschriften mit einem letztlich identischen Aussagegehalt ist § 47 InsO, wonach Vermögensgegenstände, die dem Schuldner nicht in diesem Sinne „gehören", ausgesondert werden können, hinsichtlich derer der Berechtigte also vom Insolvenzverwalter, der zunächst den Besitz für den Schuldner weiter ausübt, die Herausgabe verlangt werden kann. Der Aussonderungsanspruch setzt daher einen dinglichen Anspruch auf zivilrechtlicher Grundlage im Insolvenzverfahren fort. Die (eigenmächtige) Wegnahme des Aussonderungsguts ist indes ausgeschlossen. Die InsO zielt zunächst darauf ab, die Sachgesamtheit im Interesse einer geordneten Unternehmensfortführung zusammenzuhalten. Der Aussonderungsanspruch muss deshalb gegenüber dem Verwalter geltend gemacht werden. Der Herausgabeanspruch wird nicht vor der ersten Gläubigerversammlung fällig. Sondervorschriften enthalten die §§ 21 Abs. 2 Nr. 5 InsO für das Eröffnungs- und § 172 InsO für das eröffnete Verfahren, wobei letzter auf Aussonderungsgut gerade nicht anwendbar ist.[9]

16 Die Möglichkeit, das (pfändbare) Einkommen als Kreditsicherheit einzusetzen, wurde durch § 114 InsO a.F. zugunsten des sich aus § 35 InsO ergebenden Grundsatzes, dass auch der Neuerwerb zur Insolvenzmasse gehört, begrenzt.[10]

17 § 114 InsO ist jedoch mit Wirkung zum 1.7.2014 aufgehoben worden.

3. Besonderer Vollstreckungsschutz

18 Probleme bereitet in Insolvenzverfahren natürlicher Personen die Bestimmung der Insolvenzmasse und des dem Insolvenzbeschlag unterworfenen pfändbaren Anteils des Arbeitseinkommens, wenn der Insolvenzschuldner selbstständig tätig ist und/oder über unregelmäßige Einkünfte aus seiner Tätigkeit verfügt (z.B. Autorenhonorare, Lizenzgebühren etc.).

19 Grds. gilt, dass Einkünfte, die ein selbstständig tätiger Schuldner nach der Eröffnung des Insolvenzverfahrens erzielt, in vollem Umfange, ohne einen Abzug für beruflich bedingte Ausgaben, zur Insolvenzmasse gehören.[11] Dasselbe gilt für nicht regelmäßiges sonstiges Arbeitseinkommen eines Insolvenzschuldners, das nicht dem allgemeinen Vollstreckungsschutz der §§ 850 ff. ZPO unterliegt.

---

9 *Hölzle*, in: Kayser/Thole, HK-InsO, § 172 Rn 6.
10 Smid/Wehdeking InVo 2000, 293, 298.
11 BGH, 19.5.2011 – ZB 94/09, ZInsO 2011, 1412; BGH, 5.4.2006 – IX ZB 169/04, ZVI 2007, 78.

Der Schuldner hat jedoch die Möglichkeit, gem. § 850i ZPO zu beantragen, dass ihm von seinen durch Vergütungsansprüche gegen Dritte erzielten Einkünften ein pfandfreier Anteil belassen wird.[12] Entscheidungszuständig für einen solchen Antrag ist gem. § 36 Abs. 1 Satz 2 InsO das Insolvenzgericht.

Mit dem Inkrafttreten des Gesetzes zum Pfändungsschutz der Altersvorsorge im Jahr 2007 hat der Gesetzgeber eine Lücke im Pfändungsschutz für Lebensversicherungen und sonstige Altersvorsorgen geschlossen. Bis dorthin war Folge eines fehlenden Pfändungsschutzes für die Altersvorsorge Selbstständiger, dass Insolvenzverwalter Lebensversicherungsverträge kündigten und den Rückkaufswert zugunsten sämtlicher Gläubiger zur Insolvenzmasse zogen.[13] Das erklärte Ziel des Gesetzes ist die Absicherung der Altersvorsorge Selbstständiger, die – anders als die Altersbezüge abhängig Beschäftigter, deren Ruhestandsbezüge durch § 54 Abs. 4 SGB I i.V.m. §§ 850 Abs. 1, 850c ZPO geschützt sind –, bis dahin nicht geschützt waren. Es sollte verhindert werden, dass Selbstständige weiterhin nach Aufhebung des Insolvenzverfahrens im Alter wegen des Verlustes ihrer Altersvorsorge auf staatliche Transferleistungen angewiesen sind und die Allgemeinheit für die Existenzsicherung des (früheren) Schuldners aufzukommen hat.[14] Nach den neu eingefügten §§ 851c und 851d ZPO dürfen Ansprüche auf Leistungen, die aufgrund von Verträgen gewährt werden, unter bestimmten Voraussetzungen nur wie Arbeitseinkommen gepfändet werden. Voraussetzung hierfür ist, dass

– die Leistungen in regelmäßigen Zeitabständen lebenslang und nicht vor Vollendung des 60. Lebensjahres oder bei Eintritt der Berufsunfähigkeit gewährt werden,
– über die Ansprüche aus dem Vertrag nicht verfügt werden darf,
– ein Bezugsrecht von Dritten – mit Ausnahme von Hinterbliebenen – ausgeschlossen ist und
– keine Zahlung einer Kapitalleistung, ausgenommen einer Zahlung für den Todesfall, vereinbart worden ist.

Das Besondere an dieser Pfändungsschutzregelung ist, dass sie nicht nur den im Zeitpunkt der Eröffnung des Insolvenzverfahrens angesparten Betrag schützt, sondern dass bei Erfüllung der Voraussetzungen auch der durch künftige Einzahlung (definierter) Beiträge weiter anzusparende Kapitalstock, der zum weiteren Aufbau

---

12 BGH, 19.5.2011 – ZB 94/09, ZInsO 2011, 1412; BGH, 20.3.2003 – IX ZB 388/02, NJW 2003, 2167; BGH, 5.4.2006 – IX ZB 169/04, ZVI 2007, 78.
13 Vgl. Pape, ZInsO 2007, 337, 341.
14 Pape/Uhlenbruck/Voigt-Salus, Insolvenzrecht, Kap. 8 Rn 21; von Gleichenstein, ZVI 2004, 149; Hasse, VersR 2006, 145.

einer angemessenen Alterssicherung aufgebaut wird, geschützt ist.[15] Der Pfändungsschutz erstreckt sich dann selbstverständlich auch auf die laufenden Bezüge aus dem geschützt angesparten Kapital. Nach § 851c Abs. 2 ZPO besteht dieser Pfändungsschutz bis zu einer angesparten Gesamtsumme von 238.000,00 €. Die Staffel der jährlich geschützten Anspar-Beträge ergibt sich aus § 851c Abs. 2 Satz 2 ZPO. Durch den Verweis in § 851c Abs. 3 ZPO auf § 850e Nr. 2 und Nr. 2a ZPO ist klargestellt, dass Ansprüche aus verschiedenen Verträgen zusammengerechnet werden können.

23   Denselben Schutz genießen Ansprüche aus zertifizierten Altersvorsorgeprogrammen (z.B. „Riester-Rente"), die im Rahmen eines Auszahlungsplanes nach § 1 Abs. 1 Satz 1 Nr. 4 des Altersvorsorge-Verträge-Zertifizierungsgesetzes aus steuerlich gefördertem Altersvorsorgevermögen gezahlt werden (§ 851d ZPO i.V.m. § 36 InsO).

24   Eine Sonderstellung nehmen Rückdeckungsversicherungen für z.B. dem Geschäftsführer einer GmbH erteilte Versorgungszusagen ein. Versicherungsnehmer ist in diesem Fall regelmäßig die Gesellschaft. Die Leistungen aus der Versicherung werden dem versorgungsberechtigten Geschäftsführer neben der Einräumung des Bezugsrechts aus der Versicherung verpfändet. Der Geschäftsführer, der zugleich auch Gesellschafter mit bestimmendem Einfluss auf die Gesellschaft ist, unterfällt nicht dem BetrAVG. Eine an die arbeitsrechtliche Unverfallbarkeit gekoppelte Unwiderruflichkeit greift daher für diesen Geschäftsführer nicht, weshalb es entscheidend auf die Verpfändung ankommt. Die Ausübung der aus dem Pfandrecht resultierenden Ansprüche durch den Geschäftsführer in der Insolvenz der Gesellschaft scheitert nach der Rechtsprechung des BGH[16] jedoch, wenn die Pfandreife noch nicht eingetreten ist. In diesem Fall steht das Einzugsrecht gegen den Drittschuldner (die Versicherungsgesellschaft) allein dem Insolvenzverwalter zu, weil der Geschäftsführer lediglich einen Anspruch auf Sicherstellung hat. Hat der Gesellschafter/Geschäftsführer allerdings – ohne Wissen des vorläufigen Insolvenzverwalters und ggf. auch entgegen getroffenen Sicherungsanordnungen – über die Versicherung bereits verfügt, so scheidet ein Erstattungsanspruch der Insolvenzmasse gegen die Versicherungsgesellschaft in der Regel aus.[17]

4. Die Freigabe von Vermögen aus dem Insolvenzbeschlag

25   Seit jeher praktiziert, aber ebenso lange umstritten, war die Möglichkeit des Insolvenzverwalters, insolvenzbefangenes Vermögen aus dem Insolvenzbeschlag freizugeben. Für den Insolvenzverwalter kann sich die Freigabe als opportun darstellen,

---

15 Dazu im Einzelnen: Flitsch, ZVI 2007, 161, 162; Pape/Uhlenbruck/Voigt-Salus, Insolvenzrecht, Kap. 8 Rn 21; jetzt auch BGH, 12.5.2011 – IX ZB 181/10, ZInsO 2011, 1153.
16 BGH ZIP 2005, 909 (2. Leitsatz); BGH ZIP 1997, 1596.
17 BGH ZIP 2014, 2251.

wenn ein Gegenstand z.B. insolvenzfest wertausschöpfend belastet ist, jedoch zulasten der Insolvenzmasse regelmäßige Aufwendungen anfallen, wie dies z.B. bei grundpfandrechtlich belasteten Grundstücken, für die es keine aussichtsreichen Verwertungsmöglichkeiten gibt, der Fall sein kann. In die Diskussion war die Zulässigkeit einer Freigabe eines Gegenstandes durch den Insolvenzverwalter wieder im Zusammenhang mit Umweltlasten geraten. Dabei wurde z.T. vertreten, dass es – in der Gesellschaftsinsolvenz – kein insolvenzfreies Vermögen gebe und deshalb eine Freigabe nicht möglich sei.[18]

26 Anders als noch in der KO sprach jedoch vieles dafür, dass unter dem Statut der InsO die Liquidation der Gesellschaft und des gesamten Gesellschaftsvermögens in das Insolvenzverfahren einbezogen ist. Schließt sich die Liquidation aber nicht, wie noch zu Zeiten der KO, an das Insolvenzverfahren an, sondern ist sie Bestandteil desselben, so bleibt richtigerweise für eine Freigabeerklärung des Insolvenzverwalters grds. kein Raum. Die Gesellschaft verfügt nämlich nicht über eine insolvenzfreie Sphäre und ein insolvenzfreies Vermögen, in welches in die Freigabe erfolgen könnte. Die Freigabe zugunsten eines Gläubigers oder zugunsten eines Gesellschafters/Geschäftsführers beinhaltet jedoch immer eine Änderung der zivilrechtlichen Rechtsträgerschaft und damit einen Übertragungsakt. Es handelt sich dann nicht um eine bloße Freigabe aus dem Insolvenzbeschlag, sondern um eine Form der Verwertung, wenn auch einer unentgeltlichen Verwertung.[19] Anders jedoch der BGH,[20] der eine echte Freigabe auch aus dem Vermögen einer Gesellschaft für möglich erklärt hat.[21]

In steuerlicher Hinsicht wird demgegenüber vom BFH[22] seit langem und nach wie vor die Ansicht vertreten, dass eine echte Freigabe und damit die Entlassung des freigegebenen Gegenstandes aus der insolvenz-steuerlichen Verstrickung nicht möglich ist, ging die Rechtsprechung zu Zeiten der KO noch davon aus, dass eine Freigabe aus dem Konkursbeschlag rechtlich möglich sei.

27 Weniger problematisch ist die Rechtslage bei der Insolvenz über das Vermögen einer natürlichen Person aus. Wie oben (Rdn 10) bereits festgestellt, verfügt die natürliche Person, die sich im Insolvenzverfahren befindet, sehr wohl über ein insolvenzfreies Vermögen. In diese vom Insolvenzbeschlag getrennte Vermögenssphäre kann ein Gegenstand oder eine Sachgesamtheit freigegeben werden, ohne dass hier-

---

18 Vgl. K. Schmidt/W.Schulz, ZIP 1982, 1015, 1017; K.Schmidt, Kölner Schrift, S. 1199 Rn 20ff.; Bork, Einführung in das Insolvenzrecht, Rn 149, 158 ff.; Westphal, Umweltschutz und Insolvenz, S. 27 ff., 146, 151 ff.
19 Im Ergebnis ebenso: MüKo/Peters, § 35 InsO Rn 104 ff.
20 BGH, 21.4.2005 – IX ZR 281/03, NJW 2005, 2015 = ZInsO 2005, 594.
21 Dies entspricht der früheren Rechtslage zur KO, vgl. BGH, ZIP 1996, 842, 844; BVerwG, NJW 1984, 2487; OVG Sachsen-Anhalt, ZIP 1994, 1130, 1131.
22 BFH, 27.9.1987 – VR 196/83, BStBl. II 1987, 873; BFH, 16.8.2001 – V R 58/99, BStBl. II 2003, 208.

mit eine Änderung in der Rechtsträgerschaft und damit der zivilrechtlichen Rechtszuständigkeit verbunden ist.

28 Durch die Freigabeerklärung erlangt der Schuldner die Verfügungsbefugnis über den freigegebenen Gegenstand zurück.[23]

29 Anwendungsbeispiele für eine solche Freigabe sind die Verhinderung der Entstehung von Real- und Umsatzsteuern (Grundsteuer, Kfz-Steuer etc.),[24] zur Beseitigung von Zustandsverantwortlichkeiten und der Beendigung der Eigenschaft als Zustandsstörer (insb. in Altlasten-Fällen)[25] und nicht zuletzt auch als Druckmittel ggü. grundpfandrechtlich besicherten Gläubigern, um bei der freihändigen Verwertung für die Insolvenzmasse eine Massebeteiligung zu erzielen. Ist nämlich z.B. ein Grundstück wertausschöpfend belastet, so partizipiert die Insolvenzmasse wegen der Absonderungsberechtigung an einem Verwertungserlös bei Verkauf des Grundstücks vorbehaltlich individualvertraglicher Absprachen mit dem Absonderungsgläubiger nicht. Da der Grundpfandgläubiger aber nach § 1147 BGB lediglich die (langwierige) Zwangsversteigerung betreiben, nicht aber die freihändige Verwertung vornehmen kann, ist er auf die Mitarbeit des Insolvenzverwalters nicht selten angewiesen. Diese Mitarbeit macht der Insolvenzverwalter jedoch von der Zahl einer seinen Aufwand vergütenden Massebeteiligung aus dem Veräußerungserlös (i.d.R. zwischen 2 und 7%) abhängig. Durch die Freigabe des Grundstücks, das ohne Zahlung einer Massebeteiligung für die Insolvenzmasse nur Lasten und keine Vorteile mit sich bringt, entledigt sich der Insolvenzverwalter seiner Einflussmöglichkeit auf den Massegegenstand, da die Freigabe nicht reversibel ist. Dem grundpfandrechtlich gesicherten Gläubiger bliebe dann nur, auf die Mitarbeit des Insolvenzschuldners als Freigabeempfängers zu hoffen, oder aber den Zwangsversteigerungsweg zu beschreiten.

30 Bei der Freigabeerklärung handelt es sich um eine einseitige, empfangsbedürftige Willenserklärung, die konstitutive Wirkung hat. Eine Rückgängigmachung der Freigabeerklärung ist daher nur über die allgemeinen Vorschriften der Irrtumsanfechtung nach § 119 BGB möglich.

31 Einen gesetzlich geregelten Sonderfall der Freigabe aus dem Insolvenzbeschlag stellt die Abwicklung eines nicht auf Rechnung der Insolvenzmasse fortzuführenden Geschäftsbetriebes des selbstständig tätigen Schuldners durch Neufassung des § 35 Abs. 2 InsO mit Wirkung zum 1.7.2007 dar. Nach § 35 Abs. 2 Satz 1 InsO hat der Insolvenzverwalter ggü. dem Schuldner, der eine selbstständige Tätigkeit ausübt oder beabsichtigt, eine solche demnächst auszuüben, zu erklären, ob Vermögen aus

---

23 BGHZ 35, 180, 181.
24 Beachte aber Rspr. des BFH, 24.9.1987 – VR 196/83, BStBl. II 1987, 873; BFH, 16.8.2001 – V R 58/99, BStBl. II 2003, 208.
25 Vgl. zur Masseverantwortlichkeit für Beseitigungskosten: BVerwG WM 1999, 818; BVerwG ZInsO 2006, 495; Lwowski/Tetzlaff, WM 2005, 921.

der selbstständigen Tätigkeit zur Insolvenzmasse gehört und ob Ansprüche aus dieser Tätigkeit im Insolvenzverfahren geltend gemacht werden können.[26] Gibt der Insolvenzverwalter die selbstständige Tätigkeit frei, so wirtschaftet der Insolvenzschuldner außerhalb des Insolvenzbeschlages; dies auch, soweit er Erträge (deutlich) oberhalb der Pfändungsfreigrenzen erwirtschaften sollte. Allerdings ist, scheitert diese Tätigkeit erneut, auch die Eröffnung eines zweiten Insolvenzverfahrens über den freigegebenen Geschäftsbetrieb möglich,[27] wodurch auch die InsO wieder die 'Insolvenz in der Insolvenz' kennt. Restschuldbefreiung kann in diesem zweiten Insolvenzverfahren jedoch nicht erlangt werden, bevor nicht über einen im Erstverfahren gestellten Restschuldbefreiungsantrag entschieden ist.[28]

32 Der Unterschied der Freigaberegelung der §§ 35 Abs. 2, 3 InsO zu der seit jeher möglichen singulären Freigabeerklärung des Insolvenzverwalters besteht darin, dass die Freigabe nach § 35 Abs. 2 InsO den gesamten selbstständigen Geschäftsbetrieb des Insolvenzschuldners erfasst, also hierzu nicht nur die im Anlage- und Umlaufvermögen zusammenzufassenden Sachgesamtheiten (§ 811 Abs. 1 Nr. 5 ZPO) gehören, sondern auch Vertragsverhältnisse, der gesamte Neuerwerb, aber auch Verpflichtungen aus dieser Unternehmung.[29]

33 Die Erklärung des Insolvenzverwalters (also gültig erst ab Eröffnung des Insolvenzverfahrens) ist ggü. dem Schuldner abzugeben. Sie ist jedoch regelmäßig gem. § 35 Abs. 3 Satz 1 InsO dem Gericht ggü. anzuzeigen und vom Insolvenzgericht nach § 35 Abs. 3 Satz 2 InsO öffentlich bekannt zu machen. Hierdurch wird die nötige Publizität sichergestellt.

34 Die Gläubiger des Insolvenzschuldners haben die Möglichkeit, die Erklärung des Insolvenzverwalters über die Freigabe des selbstständigen schuldnerischen Geschäftsbetriebes für unwirksam erklären zu lassen. Dies geschieht auf Antrag des Gläubigerausschusses oder, wenn ein solcher nicht bestellt ist, auf Antrag der Gläubigerversammlung ggü. dem Insolvenzgericht, das an diesen Antrag sodann gebunden ist, § 35 Abs. 2 Satz 3 InsO.

35 Das Gesetz ordnet keinerlei Fristen an, binnen derer der Insolvenzverwalter eine Freigabeerklärung nach § 35 Abs. 2 InsO abzugeben hat. Da die Freigabe jedoch i.d.R. nur bei solchen selbstständigen Betätigungen erklärt wird, hinsichtlich derer der Insolvenzverwalter nicht absehen kann, ob die Tätigkeit mit wirtschaftlichem Erfolg (dann für die Masse) ausgeführt werden kann, empfiehlt sich zur Vermeidung von zwischenzeitlich entstehenden Masseverbindlichkeiten eine frühzeitige Freigabeerklärung. In der Praxis hat sich z.T. eingebürgert, dass der (noch vorläufige) Insolvenzverwalter bereits mit der Einreichung seines Schlussgutachtens beim

---

[26] Vgl. dazu Haarmeyer, ZInsO 2007, 696.
[27] BGH ZIP 2011, 1326.
[28] BGH NZI 2015, 289.
[29] Vgl. BAG ZIP 2008, 1346, 1348; dazu EWiR 2008, 687 – Henkel; Gutsche, ZVI 2008, 41, 46.

Insolvenzgericht, mit dem er die Eröffnung des Insolvenzverfahrens empfiehlt, eine zweifach bedingte Freigabeerklärung ggü. dem Schuldner (§ 35 Abs. 2 Satz 1 InsO) abgibt und diese dem Gericht anzeigt (§ 35 Abs. 3 Satz 1 InsO). Die doppelte Bedingung besteht zum einen in der tatsächlichen Eröffnung des Insolvenzverfahrens und zum anderen in der Bestellung des bislang vorläufigen Insolvenzverwalters auch zum Insolvenzverwalter. Treten beide Bedingungen ein, wird die Freigabeerklärung mit der Eröffnung des Insolvenzverfahrens automatisch wirksam, ohne dass es eines weiteren Rechtsaktes bedurfte. Das Entstehen von Masseverbindlichkeiten aus dieser Betätigung ist damit von vornherein ausgeschlossen.

36   Die Freigabe bewirkt nicht nur die insolvenzrechtliche Entstrickung des sämtlichen zum schuldnerischen Geschäftsbetrieb gehörenden Vermögens, sondern auch die Entlastung der Insolvenzmasse von sämtlichen Verbindlichkeiten, die in diesem selbstständigen Geschäftsbetrieb begründet werden. Forderungen daraus können im Insolvenzverfahren weder als Insolvenzforderung noch als Masseverbindlichkeit geltend gemacht werden.

II. Gesamtgut bei Gütergemeinschaft (§ 37 InsO) u.a. Güterständen, Erbschaften

37 Die eherechtlichen Güterstände der Zugewinngemeinschaft (§ 1363 BGB) und der Gütertrennung (§ 1414 BGB) führen nicht zu einer vermögensrechtlichen Vermischung des Vermögens der jeweiligen Ehegatten. Da auch in einer Gesamthandsgemeinschaft der Anteil des Schuldners an dem Gesamthandsvermögen[30] in die Insolvenzmasse fällt, ist die Haftungszuordnung grds. auch bei „gemeinschaftlichem Vermögen" der Ehegatten ohne größere Probleme zu vollziehen. Auch im Insolvenzverfahren gilt über § 4 InsO die Eigentumsvermutung des § 1362 Abs. 1 BGB in Zusammenwirkung mit der Gewahrsamsvermutung des § 739 Abs. 1 ZPO. Aus diesem Grunde trifft die Beweislast für den Gegenbeweis nach §§ 1362 Abs. 2 BGB, 739 Abs. 1 ZPO auch den nicht insolvenzbefangenen Ehegatten, der sich darauf beruft.[31]

38 Für die eheliche Gütergemeinschaft (§§ 1415 ff. BGB) wird demgegenüber die materiell-rechtliche Haftungszuordnung im Insolvenzverfahren abweichend von der dinglichen Zuordnung bestimmt. Gem. § 37 InsO folgt die insolvenzrechtliche Haftungszuordnung im Insolvenzverfahren über das Vermögen eines Ehegatten der Zuordnung des Verwaltungsrechts über das Gesamtgut (§ 1421 BGB), weil das Gesamtgut für Verbindlichkeiten des verwaltenden Ehegatten unbeschränkt, für sol-

---

30 Häsemeyer, Insolvenzrecht, Rn 9.17. Nicht in die Insolvenzmasse fällt aber der (ideelle) Anteil an einzelnen Vermögensgegenständen, weil dieser rechtlich nicht verselbstständigungfähig ist.
31 AG Duisburg, 4.8.2004 – 62 IN 345/04, ZInsO 2005, 105.

che des nicht verwaltenden Ehegatten jedoch nur beschränkt haftet (§ 1437 Abs. 1 BGB). Deshalb gehört bei Insolvenz des allein verwaltenden Ehegatten nicht nur dessen Anteil am Gesamtgut zur Insolvenzmasse, sondern das Gesamtgut schlechthin, während im Insolvenzverfahren über das Vermögen des nicht verwaltenden Ehegatten dessen Anteil am Gesamtgut nicht in die Masse fällt (§ 37 Abs. 1 InsO), das Verfahren also nur über das Sonder- und Vorbehaltsgut (§§ 1417, 1418 BGB) stattfindet.[32]

Wird über das Vermögen des allein verwaltenden Ehegatten das Insolvenzverfahren eröffnet, so sind Insolvenzgläubiger sämtliche Gläubiger des verwaltenden Ehegatten, unabhängig davon, ob sich die Verbindlichkeiten gegen das Gesamtgut oder das Eigenvermögen des Schuldners richten.[33] In der Insolvenz des nicht verwaltenden Ehegatten sind Insolvenzgläubiger alle Gläubiger des Schuldners, die nach §§ 1438 bis 1440 BGB Befriedigung allein aus dem Eigenvermögen des Schuldners verlangen können, aber auch diejenigen, die Inhaber einer in der Person des Schuldners entstandenen Gesamtgutsverbindlichkeit sind. Dem verwaltenden Ehegatten steht in diesem Fall ein Aussonderungsrecht hinsichtlich seines Eigenvermögens und hinsichtlich des Gesamtguts nach § 47 InsO zu.[34]

39

Verwalten die Ehegatten das Gesamtgut gemeinschaftlich, gehört dieses auch dann nicht zur Insolvenzmasse, wenn ein Insolvenzverfahren über das Vermögen eines Ehegatten eröffnet wird. Der Gesamtgutsanteil des Schuldners ist nicht Bestandteil der Insolvenzmasse, §§ 860 Abs. 1 ZPO, 36 InsO. Hinsichtlich des Gesamtguts steht in diesem Fall beiden Ehegatten nach § 47 InsO ein Aussonderungsrecht zu.[35] Es gilt die widerlegbare Vermutung der Zugehörigkeit von Gegenständen zum Gesamtgut nach § 1416 BGB auch im Insolvenzverfahren.[36]

40

Wegen dieser haftungsrechtlichen Trennung der verschiedenen Vermögensmassen und weil das Gesamtgut ein gesondertes Haftungsvermögen bildet, ist hierüber ein selbstständiges Insolvenzverfahren zulässig, wenn das Gesamtgut zahlungsunfähig ist oder zu werden droht, § 333 Abs. 2 InsO. Die Überschuldung hingegen ist kein Insolvenzantragsgrund für das Gesamtgut.

41

In dem Insolvenzverfahren über das Gesamtgut kann die persönliche Haftung der Ehegatten für Gesamtgutsverbindlichkeiten nur vom Insolvenzverwalter geltend gemacht werden (§ 334 Abs. 1 InsO).

42

Für die Erbschafts- bzw. Vermächtniszugehörigkeit zur Insolvenzmasse gilt, wenn der Insolvenzschuldner Erbe oder Vermächtnisnehmer ist, mit § 83 Abs. 1 InsO eine Sonderregelung. Das Recht zur Ausschlagung einer vor Eröffnung des

43

---

32 Häsemeyer, Insolvenzrecht, Rn 9.18b.
33 MüKo/Schumann, § 37 InsO Rn 24.
34 BGH, FamRZ 2006, 1030; HambKomm/Lüdtke, § 37 InsO Rn 10.
35 HambKomm/Lüdtke, § 37 InsO Rn 13.
36 MüKo/Schumann, § 37 InsO Rn 32.

Insolvenzverfahrens oder während seiner Dauer anfallenden Erbschaft verbleibt als höchstpersönliches Recht ausschließlich beim Schuldner. Daraus folgt, dass die Bestimmung über die Massezugehörigkeit der Erbschaft dem Schuldner selbst obliegt.[37]

44 Durch die Erbschaft findet wegen des bestehenden Ausschlagungsrechts noch kein endgültiger Vermögensanfall statt, weshalb das Insolvenzrecht auch nicht die Entscheidung des Schuldners, die Erbschaft anzunehmen, derogieren soll. Eine vom Schuldner erklärte Ausschlagung kann insolvenzrechtlich nicht angefochten werden.[38]

45 Die Missbrauchsanfälligkeit der Vorschrift des § 83 Abs. 1 InsO liegt dabei auf der Hand. Schlägt der Schuldner zugunsten etwaig berufener Miterben oder zugunsten z.B. der an seine Stelle in der Erbfolge tretenden Kinder aus, so geht die Insolvenzmasse auch dann leer aus, wenn dem Schuldner die Verfügungsbefugnis über das Vermögen zwar nicht rechtlich, jedoch durch Nebenabreden rein tatsächlich erhalten bleibt. Dem Herr zu werden, ist in der Praxis äußerst schwierig. Rechtlich würde eine missbräuchliche Gestaltung jedoch einen Grund für die Versagung der RSB nach § 290 Abs. 1 Nr. 5 InsO darstellen.

46 Nicht zu überzeugen vermag zudem die unterschiedliche Behandlung einer während des eröffneten Insolvenzverfahrens anfallenden Erbschaft und einer Erbschaft, die (erst) in der Wohlverhaltensphase anfällt. Nach §§ 295 Abs. 1 Nr. 2, 296 InsO gehört im letzteren Fall die Hälfte der angefallenen Erbschaft in die Insolvenzmasse und verstößt der Schuldner gegen seine Obliegenheiten, wenn er durch Ausschlagung diesen hälftigen Anteil bei der Insolvenzmasse verhindert.[39]

III. Treugut

47 Regelmäßige Probleme bei der Bestimmung der materiellen Erstreckung des § 35 InsO, d.h. bei der Bestimmung der Massezugehörigkeit, bereiten Treuhandverhältnisse. Einigermaßen unproblematisch ist hierbei noch der Fall der Insolvenz des Treugebers. In diesem Fall kann der Insolvenzverwalter von dem Treuhänder die Herausgabe verlangen.[40] Hierbei ist nicht entscheidend, inwieweit die Treuhand neben einem schuldrechtlichen auch ein dingliches Element aufweist, weil der Insolvenzverwalter des Treugebers bereits auf Grundlage der schuldrechtlichen Ab-

---

37 Häsemeyer, Insolvenzrecht, Rn 9.24.
38 BGH, NJW 1997, 2384; Marotzke, ZVI 2003, 309.
39 So entgegen der hM Thora, ZInsO 2002, 176; vgl. auch Diekmann, in: Leipold (Hrsg.), Insolvenzrecht im Umbruch (1991), S. 127, 133. Zur abweichenden hM vgl. u.a. Wenzel, in: KPM, § 295 InsO Rz. 19b; HambKomm/Streck, § 295 InsO Rn 10.
40 BGH WM 1964, 179.

rede von dem (nicht insolventen) Treuhänder die Herausgabe nach Maßgabe der Treuhandvereinbarung verlagen kann.[41]

Problematisch und in der Gestaltungsberatung nicht selten übersehen wird jedoch der Fall der Insolvenz des Treuhänders und die Frage, ob das Treugut zur Insolvenzmasse gehört, also zur Befriedigung sämtlicher Insolvenzgläubiger zur Verfügung steht, oder vom Treugeber, da die materielle Berechtigung diesem zugewiesen ist, herausverlangt werden kann (Aussonderung, § 47 InsO, dazu unten Rdn 188 ff.). **48**

Zu unterscheiden ist hierbei zwischen der **echten Treuhand** und der **unechten Treuhand**. Während die echte Treuhand das Entstehen einer vom Vermögen des Insolvenzschuldners separierten Vermögensmasse zur Folge hat, die in dem Insolvenzverfahren über das Vermögen des Treuhänders nicht dem § 35 InsO unterfällt und deshalb ausgesondert werden kann (§ 47 InsO), bewirkt eine unechte Treuhand i.d.R. nur einen schuldrechtlichen Anspruch, der im Insolvenzverfahren nicht privilegiert ist und dem Treugeber nur eine Insolvenzforderung im Rang des § 38 InsO (einfacher ungesicherter Insolvenzgläubiger) verschafft. **49**

Die echte Treuhand zeichnet sich dadurch aus, dass das Treuhandverhältnis über die Zuordnung des „wirtschaftlichen Eigentums" hinaus quasi dingliche Kraft entfaltet.[42] **50**

Damit es sich um eine echte Treuhand handelt, müssen daher besondere Anforderungen sowohl an die schuldrechtliche als auch an die dingliche Ausgestaltung des Treuhandverhältnisses gestellt werden.[43] **51**

Schuldrechtlich muss dem Treugeber ein Weisungsrecht ggü. dem Treunehmer hinsichtlich des Umgangs mit dem Treugut zustehen.[44] Darüber hinaus sollte festgeschrieben sein, dass der Treuhänder zum Zwecke der jederzeitigen Identifikation des Treuguts (Bestimmtheitsgrundsatz) verpflichtet ist, dieses getrennt von seinem sonstigen Vermögen zu verwahren und eine jede Vermögensvermischung zu vermeiden. **52**

Diese schuldrechtliche Verpflichtung leitet dann über zu der dinglichen Ausgestaltung, für welche die Trennung unerlässlich ist. Allerdings reicht diese Vermögenstrennung allein zur Begründung eines echten Treuhandverhältnisses nicht aus.[45] Vielmehr ist erforderlich, dass auch ein dinglicher Bezug des Treugebers zum Treugut besteht, der erst dadurch hergestellt wird, dass das Treugut **unmittelbar** aus dem Vermögen des Treugebers in das Vermögen des Treuhänders gelangt **53**

---

41 MüKo/Peters, § 35 InsO Rn 139.
42 HambKomm/Büchler, § 47 InsO Rn 38.
43 BGH ZInsO 2003, 797.
44 BGH ZInsO 2003, 705.
45 HambKomm/Büchler, § 47 InsO Rn 40.

(**"Unmittelbarkeitsprinzip"**). Ausnahmen von diesem Unmittelbarkeitsprinzip hat die Rechtsprechung bislang lediglich in Fällen zugelassen, die sachenrechtlich als „Geheißerwerb"[46] zu qualifizieren gewesen wären, nämlich z.B., wenn von dritter Seite Geld auf ein Rechtsanwaltsanderkonto eingezahlt wird,[47] oder wenn der Treuhänder Zahlungen auf Forderungen einzieht, die unmittelbar in der Person des Treugebers entstanden sind.[48]

54 Insb. kann das Unmittelbarkeitsprinzip, dessentwegen die echte Treuhand auch „Übertragungstreuhand" genannt wird,[49] nicht (allein) durch die Offenkundigkeit des Treuhandverhältnisses (sog. „**Offenkundigkeitsprinzip**") ersetzt werden.[50] Auch in der jüngeren Rechtsprechung, die insoweit bereits mit der Rechtsprechung des Reichsgerichts[51] einhergeht, ist anerkannt, dass eine Aussonderung von Treugut voraussetzt, dass die auszusondernden Gegenstände bestimmt oder bestimmbar sind und eine Aussonderung wegen eines bloßen, auch offenkundigen Geldsummenanspruchs nicht möglich ist.[52] Auch nach der jüngeren Rechtsprechung ist für die echte Treuhand darüber hinaus typisch, dass sie neben der schuldrechtlichen eine dingliche Komponente aufweist, in dem die Rechte an einem Gegenstand auf den Treuhänder verlagert und ihm zugleich in der Weise anvertraut werden, dass er seine Befugnisse nur in einer inhaltlich mit dem Treugeber abgestimmten Art und Weise ausüben darf. Da beide rechtlichen Elemente zusammengehören, ist es verfehlt, das Aussonderungsrecht in Treuhandfällen allein aus der „quasi-dinglichen" Rechtsstellung des Treugebers oder nur aus der schuldrechtlichen Vereinbarung zwischen ihm und dem Treuhänder herzuleiten.[53] Nach Sinn und Zweck des § 47 InsO steht ein Aussonderungsrecht nur demjenigen zu, der sich zu Recht darauf beruft, dass der umstrittene Gegenstand – sei es auch auf Grundlage eines schuldrechtlichen Herausgabeanspruchs – zu seinem Vermögen und nicht zu demjenigen des Schuldners gehört. Die Zuordnung wird i.d.R. nach dinglichen Gesichtspunkten vorgenommen, weil das dingliche Recht im Grundsatz ein absolutes Herrschaftsrecht bezeichnet. Jedoch können schuldrechtliche Ansprüche bei einer den Normzweck beachtenden wertenden Betrachtungsweise zu einer vom dinglichen Recht abweichenden Vermögenszuordnung führen.

---

[46] Vgl. dazu grundlegend MüKo/Oechsler, § 929 BGB Rn 68 ff.
[47] BGH NJW 1996, 1543.
[48] BGH NJW 1959, 1221 = BGHZ 30, 40.
[49] Heidner, DStR 1989, 276; MüKo/Peters, § 35 InsO Rn 131.
[50] HambKomm/Büchler, § 47 InsO Rn 40; **a.A.** Jaeger/Henckel, § 47 InsO Rn 72; MüKo/Ganter, § 47 InsO Rn 356 ff., 357 ff.
[51] RGZ 84, 217; RGZ 91, 12, 16; RGZ 133, 84, 87; im Nachgang: BGH, NJW 1959, 1223, 1224; BGH, WM 1960, 325; BGH, WM 1993, 1524.
[52] BGH, 23.9.2010 – IX ZR 212/09, NJW 2010, 3578.
[53] BGH, 24.6.2003 – IX ZR 75/01, NJW 2003, 3414.

Bei Treuhandgeschäften in dem oben beschriebenen Sinne ist dies deshalb gerechtfertigt, weil der Treuhänder das dingliche Recht von vornherein nur in einer die Ausübungsbefugnis im Interesse eines anderen einschränkenden Gestalt erhalten hat.[54] Eine echte, aussonderungsberechtigende Treuhand liegt daher nur dann vor, wenn der Treuhänder infolge der Vereinbarung mit dem Treugeber das Eigentum nur in solcher Weise eingeschränkt erworben hat, dass dem Treugeber wegen seiner von Anfang an bestehenden Weisungsbefugnis der Gegenstand vermögensmäßig zuzuordnen ist.[55] Auch der BGH[56] hat in einem Urteil aus dem Jahre 2011 die Grenzen der Treuhand noch einmal enger gezogen und einen Aussonderungsanspruch verneint, wenn der Treuhänder das auf ein Treuhandkonto eingezahlte Fremdgeld wie eigenes Vermögen behandelt.[57]

Insb. in einem im Jahre 2011 durch das OLG Düsseldorf entschiedenen Rechtsstreit,[58] in welchem die Deutsche Post von dem Insolvenzverwalter über das Vermögen eines aufgrund eines „Partner-Vertrages" geführten Postfilialbetriebes die Aussonderung der im Insolvenzeröffnungsverfahren aus Postdienstleistungen und Postbankgeschäften erzielten Einkünfte verlangte, hat das OLG Düsseldorf trotz offenkundiger Bestimmbarkeit der zur Aussonderung verlangten Beträge das Bestehen eines Aussonderungsrechts – zu Recht – verneint. Auf Basis des Partnervertrages, der Grundlage des Filialbetriebes war, war der Partner verpflichtet, Einnahmen und Ausgaben aus dem Postleistungs- und dem Postbankgeschäft taggenau in einem gesonderten und von der Deutschen Post AG zur Verfügung gestellten Buchhaltungssystem, auf das die Deutsche Post AG Online-Zugriff hatte, zu erfassen und jeweils einen dem Kontokorrentsaldo entsprechenden Betrag getrennt von seinem Vermögen vorzuhalten. Hinsichtlich des Umgangs mit diesem Betrag (taggenauer Kontokorrentsaldo) waren dem Partner strenge Vorgaben gemacht. Das Risiko des Verlustes, des zufälligen Untergangs und des Diebstahls war dem Partner zugewiesen, der kraft des Partnervertrages verpflichtet war, für eine stets ausreichende Versicherungsdeckung zu sorgen.

Das OLG Düsseldorf urteilte zu Recht, dass einer solchen vertraglichen Abrede lediglich eine schuldrechtliche Verpflichtung zu entnehmen ist, die einen Aussonderungsanspruch nach § 47 InsO nicht begründet, und dass es insb. an der unmit-

---

54 So wörtlich OLG Düsseldorf, 14.1.2011 – I-16 U 244/05 (keine Aussonderung von Geldbeträgen durch die Deutsche Post AG in der Insolvenz der Post-Partner-Filiale, auch wenn die Geldbestände aus der Erbringung von Postdienstleistungen oder aus der Zur-Verfügung-Stellung von Geldbeständen i.R.v. Postbank-Geschäften resultieren).
55 BGH, 24.6.2003 – IX ZR 75/01, NJW 2003, 3414.
56 BGH, 10.2.2011 – IX ZR 49/10, ZIP 2011, 777.
57 In diesem Sinne ebenfalls BGH, 10.9.2015 – IX ZR 215/13, ZIP 2015, 2083.
58 OLG Düsseldorf, 14.1.2011 – I-16 U 244/09, ZIP 2011, 485 (vorgehend LG Kleve, 9.12.2009 – 2 O 259/09).

telbaren – was das OLG so jedoch nicht ausdrücklich bezeichnet, jedoch impliziert – Übertragung des vorzuhaltenden Vermögens von dem Treugeber an den Treuhänder fehle. Der Partnervertrag enthalte nämlich keinerlei Vorgaben dazu, aus welchen Vermögensmitteln und -beständen der Kontokorrentsaldo vorzuhalten war. Möglich blieb vielmehr, dass der Filialpartner einen dem taggenauen Kontokorrentsaldo entsprechenden Betrag nicht aus den Einnahmen aus Postdienstleistungs- und Postbankgeschäften vorhielt, sondern aus seinem Privatvermögen.

58 In dem Bestreben, die Filial- und Partnerverträge dergestalt zu optimieren, dass der jeweilige Filialpartner das Risiko des zufälligen Untergangs, des Diebstahls und sonstigen Verlustes trägt, ist bei der Ausgestaltung des Treuhandverhältnisses die insolvenzrechtliche Seite nicht bedacht worden.

59 Trotz der großen Sorgfalt, die bei der Ausgestaltung von Treuhandverhältnissen zu beobachten ist, erfreut sich die Treuhand in besonderem Maße auch seit Beginn der Wirtschaftskrise, jedoch gestalterisch auch schon zuvor, großer Beliebtheit. Dies betrifft insb. Treuhandverhältnisse an Gesellschaftsanteilen im Zusammenhang mit Restrukturierungs- und Sanierungskonstruktionen. Soweit sich eine Bank an einer Sanierung beteiligt und im Gegenzug für die Neugewährung von Kapital Gesellschaftsanteile erhalten soll, scheut sie dies häufig wegen der berechtigten Befürchtung, mit ihren Darlehen in den Anwendungsbereich der insolvenzrechtlichen Verstrickung nach §§ 39 Abs. 1 Nr. 5, 135 InsO durch den Anteilserwerb hinein zu wachsen.[59]

60 Die insolvenzrechtliche Verstrickung wird durch einen Verzicht auf die unmittelbare Beteiligung an dem zu sanierenden Unternehmen vermieden. Um jedoch nicht allein den früheren Gesellschafter an dem Gelingen der Sanierung durch Werterholung der Geschäftsanteile partizipieren zu lassen, werden diese auf einen Treuhänder im Wege der doppelnützigen Treuhand übertragen. Der Treuhänder wird materiell Gesellschafter und hält die Geschäftsanteile gemäß den Bestimmungen des Treuhandvertrages im beiderseitigen Interesse, nämlich einmal im Interesse der Bank und zum anderen im Interesse der Alt- und etwaig neu eintretender Neugesellschafter.[60]

---

[59] Dieses Risiko wird deutlich am Beispiel von BGH, 25.6.2020 – IX ZR 243/18, ZIP 2020, 1468, wo eine gesellschaftergleiche Stellung der Bank nach Vereinbarung einer doppelnützigen Treuhand zwar (gerade noch) verneint worden war, die Schwelle zur gesellschafterähnlichen Stellung aber deutlich wird.
[60] Vgl. Budde, ZInsO 2011, 1369; sehr ausführlich Bitter, Rechtsträgerschaft für fremde Rechnung (Habil 2006); für die Praxis Achsnick, Die doppelnützige Treuhand in der Sanierung (2010).

IV. Gesellschaftsanteile

Juristische Personen sind, anders als Personengesellschaften, mitgliederbestandsunabhängig. Durch die Insolvenz eines Gesellschafters wird der Bestand einer GmbH, einer AG oder einer Genossenschaft nicht berührt. § 84 InsO gilt nicht.[61]

Gesellschaftsanteile an Kapitalgesellschaften fallen demgemäß in die Insolvenzmasse und können vom Insolvenzverwalter veräußert werden. Auch eine Vinkulierung der Geschäftsanteile (§§ 15 Abs. 5 GmbHG, 68 Abs. 2 AktG) steht dem nicht entgegen.[62] Sieht die Gesellschaftssatzung jedoch für den Fall der Insolvenz die Einziehung des Anteils vor (z.B. § 34 GmbHG), so ist dies wirksam. Der Insolvenzmasse steht sodann ein Abfindungsanspruch zu.[63] Die Massezugehörigkeit des Gesellschaftsanteils erstreckt sich auf sämtliche mit diesem Anteil verbundenen Rechte einschließlich des Gewinnanspruchs und die Ausübung des Stimmrechts.[64] Problematisch ist die Zugehörigkeit von Kapitalgesellschaftsanteilen zur Insolvenzmasse lediglich dann, wenn hieran Drittrechte, insbesondere Pfandrechte bestehen. Dann nämlich ist fraglich und bisher nicht höchstrichterlich entschieden, wem das Verwertungsrecht an diesen Geschäftsanteilen zusteht: Dem Insolvenzverwalter oder dem Pfandgläubiger. Eine Richtschnur liefert jedoch das Urteil des BGH[65] zur Verwertungsbefugnis bei sammeldepotverwahrten Aktien. Die dort aufgestellten Grundsätze scheinen verallgemeinerungsfähig, so dass es für die Frage der Massezugehörigkeit darauf ankommt, wer die mitgliedschaftlichen Rechte aus der Beteiligung wahrnimmt.[66]

Zu keiner materiellen, sondern nur zu einer formellen Erweiterung der Soll-Masse führt die durch das ESUG 2012 eingefügte Erstreckung der insolvenzrechtlichen Eingriffsbefugnisse durch §§ 217 S. 2, 225a InsO auf die Geschäftsanteile an der Insolvenzschuldnerin selbst (so genannter Verdrängungsbereich II).[67] Mit dieser Eingriffsbefugnis wollte der Gesetzgeber nämlich Obstruktionspotentiale der Gesellschafter verhindern, nicht aber diesen zugewiesene, noch werthaltige materielle Rechtspositionen dem Insolvenzbeschlag unterwerfen.[68]

Grds. gilt das Gleiche auch für den Geschäftsanteil des Schuldners an einer Personengesellschaft, weil solche Geschäftsanteile auch der Einzelzwangsvollstre-

---

61 HambKomm/Lüdtke, § 35 InsO Rn 150.
62 Statt vieler Scholz/Seibt, § 15 GmbHG Rn 254; **a.A.** Liebscher/Lübke, ZIP 2004, 241.
63 HambKomm/Lüdtke, § 35 InsO Rn 152.
64 Bergmann, ZInsO 2004, 225, 228.
65 BGH ZIP 2015, 2286.
66 Dazu instruktiv Undritz, BB 2016, 74; vgl. ausführlich auch Hölzle, in: Kayser/Thole, HK_InsO, § 166 Rn 47.
67 Vgl. Hölzle, in: Kübler, HRI (3. Aufl. 2019), § 30 Rn 20ff., 25.
68 Vgl. dazu die Gesetzesbegründung BT-Drs. 17/5712, S. 32.

ckung zugänglich sind (§ 859 Abs. 1 ZPO).[69] Eine Veräußerung des Geschäftsanteils ist wegen §§ 719 Abs. 1 BGB, 105 Abs. 3, 161 Abs. 2 HGB, 1 Abs. 4 PartGG nur mit Zustimmung der Mitgesellschafter möglich, die allerdings bereits im Gesellschaftsvertrag erklärt sein kann.[70]

64 In der Insolvenz des Gesellschafters einer GbR führt, sofern der Gesellschaftsvertrag nicht abweichend eine Fortführungsklausel enthält, die Insolvenz eines Gesellschafters gem. § 728 Abs. 2 BGB zu deren Auflösung und Abwicklung. Der Anteil des insolventen Gesellschafters am Liquidationserlös fällt sodann in die Insolvenzmasse. Das bei der GbR durch Gesellschaftsvertrag regelbare Ausscheiden des insolventen Gesellschafters ist bei der OHG (§ 131 Abs. 3 Nr. 2 HGB) und bei der KG (§ 161 Abs. 2 HGB) sowie der Partnerschaftsgesellschaft (§ 9 Abs. 1 PartGG) der gesetzliche Regelfall. Hier fällt sodann das Abfindungsguthaben in die Insolvenzmasse.

V. Vorausverfügungen

65 Hat der Insolvenzschuldner vor dem Insolvenzantrag über Gegenstände seines Vermögens mit Wirkung für die – das Insolvenzereignis überdauernde – Zukunft verfügt, so ist fraglich, inwieweit diese Verfügung insolvenzfest ist.

66 Richtschnur, die erneut dem Grundsatz der par conditio creditorum folgt, ist § 91 InsO, wonach Rechte an Gegenständen der Insolvenzmasse nach Eröffnung des Insolvenzverfahrens nicht (mehr) erworben werden können. Dies hat Bedeutung vor allem im Zusammenhang mit der Unwirksamkeit z.B. von Globalzessionen in Bezug auf Forderungen, die erst nach Eröffnung des Insolvenzverfahrens entstehen oder durch Leistungserbringung werthaltig gemacht werden.[71]

67 Ungeklärt ist, inwieweit die materiell-rechtlich beschränkte Wirkung von Vorausverfügungen auch dinglich wirkt. Namentlich für die Hypothek ist die dingliche Erstreckung auf Mietzinsen aus dem Grundstück durch § 1123 Abs. 2 BGB begrenzt. Ob sich dies auch auf andere Rechte, z.B. das Vermieterpfandrecht, übertragen lässt, ist demgegenüber offen.

Beispiel
Der Insolvenzschuldner ist Eigentümer einer Fabrikationshalle. Die Fabrikationshalle ist vermietet an den Mieter M. Dieser hat eine in seinem Eigentum und in den Mieträumen befindliche Maschine im Wege eines Sale-and-lease-Back an eine Leasing-Gesellschaft veräußert. Die Maschine blieb am Standort stehen und wurde weiterhin für die betrieblichen Zwecke des M. eingesetzt. Nachdem M.

---

69 Häsemeyer, Insolvenzrecht, Rn 9.18a.
70 Palandt/Sprau, § 719 BGB Rn 6; HambKomm/Lüdtke, § 35 InsO Rn 155.
71 BGH, 17.3.2011 – IX ZR 63/10, ZIP 2011, 773; BGH, 29.11.2007 – I X ZR 30/07, ZIP 2008, 183; jüngst Geßner, ZIP 2012, 455.

in den folgenden 2 Jahren sowohl die Mieten als auch die Leasing-Raten stets pünktlich bedient hat, gerät auch er in die Insolvenz.

Der Insolvenzverwalter des Vermieters macht in dem Insolvenzverfahren über das Vermögen des Mieters Rechte aus Vermieterpfandrecht an der Maschine geltend. Der Leasing-Geber tritt dem entgegen und verlangt die Aussonderung der Maschine.

Ließe sich für dingliche Sicherungsrechte aus § 1123 Abs. 2 BGB ein allgemeiner Rechtsgedanke ableiten, wonach die Erstreckung eines Sicherungsrechts auf erst künftig entstehende zu sichernde Forderungen zeitlich beschränkt ist, so könnte ein solcher Rechtsgedanke über § 562 Abs. 2 BGB, wonach das Vermieterpfandrecht nur für künftige Mietforderungen aus dem laufenden und dem folgenden Mietjahr geltend gemacht werden kann, ebenfalls übertragen und die Wirkung des Vermieterpfandrechts bei rechtlichem Ausscheiden des Gegenstandes aus dem Haftungsverband ohne Entfernung des Gegenstandes aus den Mieträumen ebenfalls befristet werden. Eine solche Erstreckung mit der Folge einer Enthaftung des rechtlich aus dem Vermögen des Insolvenzschuldners ausgeschiedenen Gegenstandes durch Zeitablauf ist m.E. zu bejahen. 68

Unzweifelhaft beeinträchtigt die Veräußerung und die Eigentumsübertragung eines mit einem Vermieterpfandrecht belasteten Gegenstandes ohne dessen Wegschaffung aus den Mieträumen das einmal entstandene Vermieterpfandrecht zunächst nicht. Das Vermieterpfandrecht geht insoweit der Veräußerung vor. Gesetzgeberisches Motiv dafür ist das Bestreben, das Vermieterpfandrecht nicht durch Veräußerung der vom Mieter eingebrachten Gegenstände schleichend, und ohne, dass dies für den Vermieter erkennbar würde, auszuhöhlen. 69

Diesem Motiv aber stehen die berechtigten Interessen des Mieters ggü., im ungestört abgewickelten Mietverhältnis die in seinem Eigentum stehenden Gegenstände fungibel zu halten und insb. als Kreditunterlage bzw. als Mittel der Unternehmensfinanzierung zu erhalten. Wäre eine Enthaftung der vom Vermieter eingebrachten Gegenstände auch im ungestörten Mietverhältnis bis Ultimo ausgeschlossen, so stünde dies der Verwendung des Betriebsvermögens zu einer unternehmensüblichen Finanzierung entgegen. 70

Den Widerstreit dieser Interessen hat der Gesetzgeber erkannt und in § 562 Abs. 2 BGB tendenziell einer Regelung zugeführt. Danach kann das Vermieterpfandrecht nur für künftige Mietforderungen geltend gemacht werden, soweit diese sich auf das laufende und das künftige Mietjahr erstrecken. 71

Daraus folgt jedoch: Veräußert der Mieter einen von ihm eingebrachten Gegenstand an einen Dritten, so erwirbt der Dritte diesen Gegenstand zunächst belastet mit dem vorrangigen Vermieterpfandrecht. Soweit das Vermieterpfandrecht jedoch nicht im laufenden Mietjahr der Veräußerung und auch nicht in dem darauf folgenden Mietjahr geltend gemacht wird, weil das Mietverhältnis in dieser Zeit ungestört fortgeführt wird, endet die zeitliche Erstreckung des Vermieterpfandrechts für künftige Mietforderungen und erlischt die dem Eigentumserwerb vorangehende Sicherung. 72

Hölzle

73 Für nach dem Ende der zeitlichen Erstreckung gem. § 562 Abs. 2 BGB neu entstehende Mietforderungen gilt sodann gem. §§ 1257, 1209 BGB erneut der Prioritätsgrundsatz, wonach nunmehr die Veräußerung der Entstehung des Vermieterpfandrechts zeitlich vorangeht und somit sich das Pfandrecht auf die nicht mehr im Eigentum des Mieters stehende Sache nicht mehr erstrecken kann.[72]

74 Im Ergebnis handelt es sich dabei nicht um eine nach § 562 Abs. 2 BGB eintretende „Enthaftung" des Gegenstandes. Vielmehr gelangt das Vermieterpfandrecht für künftige Mietforderungen, die nach Ablauf des auf das Mietjahr der Veräußerung folgenden Mietjahres entstehen, gar nicht erst zur Entstehung.

VI. Kollidierende Rechte

75 In die sachliche Nähe zu Vorausverfügungen fallen auch Vollstreckungsmaßnahmen in unmittelbarem zeitlichem Zusammenhang mit dem Insolvenzantrag. Hat ein Gläubiger sich in einem solchen engen zeitlichen Zusammenhang, der in der InsO regelmäßig mit einem Monat vor Stellung des Insolvenzantrages angegeben wird, im Wege der Zwangsvollstreckung Sicherungsrechte verschafft, so wird diese Sicherung mit Eröffnung des Insolvenzverfahrens unwirksam, § 88 InsO (sog. Rückschlagsperre). Auch diese Vorschrift dient der zeitlichen Vorverlagerungen des Grundsatzes der Gläubigergleichbehandlung (par conditio creditorum) auf einen Zeitpunkt vor Insolvenzantragstellung.

76 Kollisionen können auch entstehen, wenn aufgrund einer Vorbelastung z.B. eines Grundstücks mit einer Hypothek oder einer Grundschuld, auf deren Grundlage nach Eröffnung des Insolvenzverfahrens die Zwangsverwaltung angeordnet wird, die Verwaltungs- und Verfügungsbefugnisse des Zwangsverwalters (§§ 148 ff. ZVG) mit der Verwaltungs- und Verfügungsbefugnis des Insolvenzverwalters (§ 80 InsO) kollidieren. Inzwischen ist jedoch anerkannt, dass in solchen Fällen das Zwangsverwaltungsrecht der insolvenzrechtlichen Verwaltungs- und Verfügungsbefugnis vorgeht.[73]

---

72 I.E. ähnlich Palandt/Weidenkaff, BGB, § 562 Rn 15 a.E.: „Für später entstandene Forderungen kann das Pfandrecht erneut geltend gemacht werden, jedoch haben zwischenzeitlich entstandene Pfandrechte Vorrang"; was für zwischenzeitlich entstandene Pfandrechte gilt, muss umso mehr für das stärkere Eigentumsrecht eines Dritten gelten, was aus dem Prioritätsgrundsatz des § 1209 BGB folgt.
73 (Für das Eigenkapitalersatzrecht): BGH, 31.1.2005 – II ZR 240/02, ZInsO 2005, 490; BGH, 9.11.2006 – IX ZR 133/05, ZInsO 2006, 1321 (Erstreckung auf Mietforderungen).

VII. Auslandsvermögen

Ähnlich wie im Einkommensteuerrecht das Welteinkommensprinzip gilt, wird das Insolvenzrecht von dem Universalitätsprinzip[74] beherrscht. Danach gehört auch das gesamte Auslandsvermögen des Schuldners zur Insolvenzmasse, gleichgültig, ob es aufgrund der Bestimmungen des ausländischen Rechts zur Masse gezogen werden kann oder nicht.[75] Einzige Ausnahme der Erfassung des gesamten in- und ausländischen Vermögens des Schuldners durch einen Insolvenzeröffnungsbeschluss eines deutschen Gerichts ist die ausnahmsweise auf das Inlandsvermögen beschränkte Wirkung eines Partikularinsolvenzverfahrens.[76] Partikularinsolvenzverfahren, die nur das in Deutschland (bzw. vize versa trotz Eröffnung eines deutschen Insolvenzverfahrens das im nicht EU-Ausland belegene Vermögen)[77] belegene Vermögen des Schuldners erfassen, sind möglich als isoliertes Partikularinsolvenzverfahren (§ 354 InsO) als auch als Sekundärinsolvenzverfahren parallel zu einem ausländischen Hauptinsolvenzverfahren (§ 356 InsO).[78]

Liegt das Auslandsvermögen des Schuldners in einem Mitgliedstaat der EU, so wird die Auslandswirkung der Eröffnung eines Hauptinsolvenzverfahrens im Inland aufgrund der EuInsVO (Art. 16, 17) in allen EU-Mitgliedstaaten ohne weitere Förmlichkeiten anerkannt. Damit unterliegt das gesamte schuldnerische Vermögen in der EU dem Insolvenzbeschlag nach deutschem Recht.[79] Außerhalb des EU-Auslandes kommt es jedoch zu praktischen Umsetzungsproblemen, da die von deutschen Gerichten angeordnete Beschlagnahme regelmäßig nicht anerkannt wird, sobald es keine bi- oder multilateralen Vorschriften oder Staatsverträge auf dem Gebiet des Insolvenzrechts gibt.[80] Die multilateralen europäischen Vorschriften über die gerichtliche Zuständigkeit und die Vollstreckung gerichtlicher Entscheidungen in Zivil- und Handelssachen (EuGVÜ) und des Lugano-Abkommens gelten für Insolvenzsachen gerade nicht.[81] Ungeachtet dessen, ob der deutsche Beschlagnahme-

---

74 BGHZ 88, 147; Canaris, ZIP 1983, 647.
75 MüKo/Peters, § 35 InsO Rn 36.
76 AG Duisburg, 10.2.2002 – 62 IN 190/02, NZI 2003, 160.
77 So z.B. in der Schweiz, wo die Beschlagnahmewirkung eines deutschen Insolvenzeröffnungsbeschlusses nicht anerkannt wird, sondern in der Schweiz über das dort belegene schuldnerische Vermögen ein Partikularinsolvenzverfahren eröffnet wird, das vorrangig der Befriedigung der schweizerischen Gläubiger dient, und in dessen Folge nur der dort verbleibende Überschuss an den Insolvenzverwalter ausgekehrt wird.
78 HambKomm/Lüdtke, § 35 InsO Rn 9.
79 AG Duisburg, 10.2.2002 – 62 IN 190/02, NZI 2003, 160; ausführlich Hölzle KTS 2011, 291.
80 Eine Zusammenstellung solcher zwischenstaatlichen Abkommen findet sich bei Mohrbutter/Ringstmeier, Handbuch der Insolvenzverwaltung, 10. Aufl., Rn XXIII 2ff. und Art. 102 EGInsO, §§ 335ff.; zur EuInsVO vgl. z.B. Ehricke, WM 2005, 397.
81 Prütting, ZIP 1996, 1277, 1278; MüKo/Peters, § 35 InsO Rn 38.

beschluss im Ausland vollstreckbar ist, ist der deutsche Insolvenzverwalter wegen der materiellen Zugehörigkeit auch des im Ausland belegenen Schuldnervermögens verpflichtet, die gebotenen und gehörigen Anstrengungen zu unternehmen, um im Gläubigerinteresse dieses Vermögen sicherzustellen und nach Maßgabe der insolvenzrechtlichen Vorschriften dem Gläubigerbefriedigungszweck zuzuführen.[82] Die Auskunftspflichten des Insolvenzschuldners nach §§ 97, 98 InsO erstrecken sich auch auf die Mitwirkung an der Realisierung des Auslandsvermögens.[83]

79 Trotz dieser Auskunftspflichten des Schuldners ist es für den Insolvenzverwalter regelmäßig mit erheblichen Schwierigkeiten verbunden, die Existenz von Auslandsvermögen festzustellen. Gelingt ihm dies noch, ist es gerade bei beweglichen Gegenständen schwierig, deren Weg nach zu verfolgen und ihrer habhaft zu werden. Für die Ermittlung, Verfolgung und Sicherstellung von Auslandsvermögen hat sich der Begriff des Asset-Tracing herausgebildet.[84] Die Möglichkeiten zur Ermittlung von Auslandsvermögen sind dabei weitreichend und ungezählt und decken sich z.T. auch mit den typischerweise als „Entdeckungsrisiken" bezeichneten Umständen i.R.d. Steuerstrafrechts und der Steuerfahndungsprüfung.

80 Hierzu gehören insb.
- (anonyme) Hinweise von enttäuschten oder ehemaligen Mitarbeitern und Geschäftspartnern sowie selbstverständlich auch Ex-Ehepartnern und Ex-Lebensgefährten;
- Hinweise im Zahlungsverkehr, Kontoeröffnungsunterlagen, EMail-Verkehr, nicht erklärbare Überweisungen etc.;
- Aufforderung der Finanzverwaltung zur Erklärung von ausländischen Kapitaleinkünften nach Pflichtmitteilungen der Banken über einen Kapitaltransfer ins Ausland, nach Geldwäscheverdachtsanzeigen etc.;
- nicht zuordenbare Versicherungen (z.B. für Segelyachten, Ferienimmobilien o.ä.).

Eine abschließende Aufzählung ist nicht möglich. Jedoch wird der Bereich des Asset-Tracing auch für die von Insolvenzverwaltern regelmäßig beauftragten Auktions- und Verwertungsbüros ein zunehmend ernst zu nehmendes Thema.

---

82 Vgl. bereits BGH NJW 1977, 900.
83 BVerfG ZIP 1986, 1336.
84 Vgl. ausführlich Toube et al., International Asset-Tracing in Insolvency, Oxford University Press, 2010. Im deutschsprachigen Rechtskreis hat sich das Asset-Tracing als eigenständige Teildisziplin des Insolvenzrechts noch nicht in dem Maße herausgebildet. Monografien hierzu fehlen bislang.

VIII. Insolvenzspezifische Ansprüche

Wie eingangs (Rdn 1 ff.) bereits dargestellt, erstreckt sich der materiell-insolvenzrechtliche Haftungsverbund in zeitlicher Vorverlagerung des Gläubigergleichbehandlungsgrundsatzes (par conditio creditorum) auch auf Handlungen, die zeitlich vor dem Insolvenzantrag liegen, jedoch die Haftungsordnung unter dem Leitbild eines die Gläubiger gleich behandelnden Gesamtvollstreckungsverfahrens derart stören, dass ihre Rückabwicklung im Insolvenzverfahren geboten scheint. Es handelt sich deshalb um insolvenzspezifisches Sondermögen, das grds. nur im Zusammenhang mit einem tatsächlich eröffneten Insolvenzverfahren oder jedenfalls mit eingetretenen Insolvenzantragsgründen und – pflichten realisiert werden kann.

81

Zunächst gilt dies natürlich zunächst für die Tatbestände der Insolvenzanfechtung in §§ 129 ff. InsO und den daraus entstehenden Rückgewähranspruch nach § 143 InsO (i.V.m. § 818 BGB).[85] Ergänzt wird das Anfechtungsrecht um die Rückschlagsperre nach § 88 InsO sowie Aufrechnungsverbote nach § 96 InsO (dazu unten Rdn 284 ff.).

82

Neben dem anfechtungsrechtlichen Rückgewähranspruch gehören zur Insolvenzmasse jedoch auch die Ansprüche aus Gesellschafter- und Durchgriffshaftung sowie des durch das Anfechtungsrecht (§ 135 InsO) überformten Eigenkapitalersatzrechts.[86] Darüber hinaus ergeben sich in einer Vielzahl von Fällen Haftungsansprüche gegen Gesellschafter von Gesellschaften in haftungsbeschränkender Rechtsform – einschließlich ausländischer Rechtsformen[87] – aus der Nichtbeachtung von Kapitalaufbringungs- und Kapitalerhaltungsregeln. Während grds. die Verantwortlichkeit des Gesellschafters mit der Aufbringung des statutarisch geschuldeten Kapitals endet, genügt es nicht allein, dieses Kapital einmal eingezahlt zu haben. Es muss erstens auch bei – erstmaliger oder nach wirtschaftlicher Neugründung erneuter – Eintragung der Gesellschaft in das Handelsregister noch vorhanden sein.[88] Hier fehlt es nicht zuletzt häufig bei der Aufnahme des Geschäftsbetriebes vor Eintragung der neu gegründeten Gesellschaft in das Handelsregister und Zahlung z.B. von Mieten etc., denen kein bleibender Vermögenswert im Gesellschaftsvermögen gegenübersteht, der im Zeitpunkt der Eintragung der Gesellschaft in das Handelsregister aktivierungsfähig wäre und damit die (lediglich geforderte) bilanzielle Deckung des Stammkapitals im Zeitpunkt der Eintragung herstellt.

83

---

85 Vgl. zur Insolvenzanfechtung ausführlich Kap. 7.
86 Dazu ausführlich Hölzle, ZIP 2009, 1939; Hölzle, ZIP 2010, 913 und Hölzle, ZIP 2011, 650, jeweils mit zahlreichen weiteren Nachweisen. Auch dazu oben ausführlich Kap. 7.
87 Vgl. ausführlich Hölzle, KTS 2011, 291.
88 Vgl. Westermann, in: Scholz, GmbHG, Einl. Rn 27 und Winter/Westermann, § 5 Rn 9.

84 Schädlich sind zweitens die Fälle des sog. Hin- und Herzahlens, in welchen die in bar geschuldete Stammeinlage zwar zunächst eingezahlt, jedoch in unmittelbarem zeitlichen Zusammenhang (i.d.R. 6 Monate) an den Inferenten ganz oder teilweise z.B. im Rahmen eines Verkehrsgeschäfts zurückfließt. Schädlich ist dementsprechend die Bargründung einer Gesellschaft durch Einzahlung der Stammeinlage, wenn innerhalb des als schädlich unwiderleglich vermuteten Zeitrahmens von 6 Monaten der Einlagebetrag verwendet wird, ein Erwerbsgeschäft mit dem Inferenten zu tätigen, also z.B. dessen bis dort geführtes einzelunternehmerisches Gewerbe durch die GmbH ankaufen zu lassen. Selbstverständlich gilt für Geschäfte in geringerem Umfang (Kauf eines Kfz etc.) entsprechendes.

85 Keine entsprechende Anwendung findet diese Rechtsprechung zum Hin- und Herzahlen und zu den Fällen der verdeckten Sacheinlage jedoch nach ausdrücklicher Klarstellung durch den BGH im Jahr 2009[89] auf Dienstleistungen, welche ein GmbH-Gesellschafter nach Leistung einer Bareinlage entgeltlich erbringen soll. Die Dienstleistung, so der BGH, sei kein einlagefähiger Gegenstand, weshalb eine verdeckte Sacheinlage ausscheidet. Der Erfüllung der Einlageschuld entgegenstehendes Hin- und Herzahlen der Einlagemittel scheide dann aus, wenn die Einlagemittel nicht für die Vergütung der Dienstleistungen „reserviert" worden seien. Im Umkehrschluss folgt daraus, dass eine von vornherein auf das Hin- und Herzahlen gerichtete Abrede, die einer anderweitigen Verwendung der Einlagemittel entgegensteht, sehr wohl schädlich sein kann. Der BGH hat jedoch außerdem klargestellt, dass die Dienstleistungsverpflichtung eines Gesellschafters selbst nicht in Eigenkapitalersatz (a.F.) umqualifiziert werden kann, dass jedoch stehen gelassene Vergütungsansprüche Eigenkapital ersetzenden Charakter (a.F.) erlangen.

86 Letztlich bestehen Haftungsrisiken für den Gesellschafter aus dem Gesichtspunkt der Existenzgefährdungs- bzw. Existenzvernichtungshaftung, die in langer Rechtsprechungsentwicklung[90] bis hin zu einer reinen, durch Urteil des BGH[91] aus dem Jahr 2007 einen Paradigmenwechsel vollziehenden Deliktshaftung wegen vorsätzlicher sittenwidriger Schädigung (§ 826 BGB) fortentwickelt wurde.[92]

87 Unter den Oberbegriff der **Durchgriffshaftung**, unter den auch der Tatbestand der Existenzvernichtungshaftung zu subsumieren ist, fallen auch die (seltenen) Fälle der sog. Vermögensvermischung oder der Waschkorblagen, in welchen eine klare und nachvollziehbare Trennung zwischen dem Vermögen der Gesellschaft und dem Vermögen des Gesellschafters nicht mehr festzustellen ist. In solchen Fällen ist ein Verlust des kapitalgesellschaftstypischen Haftungsprivilegs (für die GmbH: § 13

---

89 BGH, 16.2.2009 – II ZR 120/07, ZInsO 2009, 775 – Qivive.
90 Dazu ausführlich Hölzle, ZIP 2003, 1376.
91 BGH, 16.7.2007 – II ZR 3/04, ZInsO 2007, 881 – Trihotel; vgl. ferner BGH, 28.4.2008 – II ZR 264/06, ZIP 2008, 1232 – Gamma; BGH, 9.2.2009 – II ZR 292/07, ZInsO 2009, 878 – Sanitary.
92 Dazu Hölzle, DZWIR 2007, 397.

Abs. 2 GmbHG) die Folge dieses Missbrauchs der Rechtsform und des der Sphäre des Gesellschafters entstammenden Transparenzdefizits.[93]

Insgesamt liegt die Aktivlegitimation ohne Ansehung des Zeitpunkts der Entstehung des Anspruchs gem. § 93 InsO ausschließlich beim Insolvenzverwalter. Dies gilt auch für die nicht zwingend als gesellschaftsrechtlich zu qualifizierenden Haftungsansprüche aus Waschkorblagen.[94]

Neben den Gesellschaftern bestehen jedoch auch und überwiegend Haftungsansprüche der Geschäftsführer ggü. der Gesellschaft, respektive ggü. der Insolvenzmasse, die als insolvenzspezifisches Vermögen dem materiell-insolvenzrechtlichen Haftungsverband ebenfalls zuzurechnen sind.[95]

So haftet der Geschäftsführer der Gesellschaft für Zahlungen, die er nach Eintritt der Insolvenzreife getätigt hat (z.B. § 64 Satz 1 GmbHG, § 92 Abs. 2 AktG), soweit ihm nicht der Entlastungsbeweis gelingt, dass diese Zahlung mit der Sorgfalt eines ordentlichen Geschäftsmannes vereinbar waren (§ 64 Satz 2 GmbHG). Der Begriff der Zahlung wird hierbei denkbar weit ausgelegt und betrifft z.B. auch Einzahlungen auf ein debitorisch geführtes Bankkonto, hinsichtlich derer vom Geschäftsführer einer krisenbehafteten Gesellschaft regelmäßig verlangt wird, dass er nach Eintritt der Krise eingehende Zahlungen auf ein unbelastetes Konto umleitet, um eine einseitige Befriedigung der Bank zu verhindern.[96] Nicht Haftung auslösend sind solche in Empfangnahmen von Zahlungen daher nur dann und insoweit, als die Bank erneut Verfügungen i.H.d. Gutschriften zulässt und aus diesem Grunde eine bevorzugte Befriedigung des Kreditinstitutes nicht eintritt.

Darüber hinaus haftet der Geschäftsführer der Gesellschaft für Zahlungen an die Gesellschafter, welche die Zahlungsunfähigkeit der Gesellschaft verursacht haben.[97] Dabei entspricht es – m.E. zu Unrecht – gegenwärtig wohl vorherrschender Ansicht, dass zwischen der Zahlung und dem Eintritt der Zahlungsunfähigkeit ein unmittelbares Kausalitätsverhältnis bestehen muss und die nur mittelbare Kausalität der Zahlung für den Insolvenzverursachung nicht ausreicht.[98]

Diese Insolvenzverursachungshaftung gerät in die Nähe einer Existenzvernichtungshaftung und eines im Zuge der Reformierung des GmbH-Rechts durch das

---

[93] Dazu ausführlich Röhricht, in: FS 50 Jahre BGH, S. 83 ff.
[94] BGH, 14.11.2005- II ZR 178/03 ZInsO 2006, 328 m. Anm. Empfing, KTS 2007, 70.
[95] Haftungsansprüche ggü. Dritten, z.B. ggü. der Finanzverwaltung, §§ 69, 191 AO, ggü. Sozialversicherungsträgern, § 823 Abs. 2 BGB i.V.m. § 263a StGB u.a. sind hingegen nicht Bestandteil der Soll-Masse, sondern vom jeweiligen Gläubiger in eigener Aktivlegitimation unmittelbar geltend zu machen.
[96] BGH, 29.11.1999 – II ZR 273/98, NJW 2000, 210.
[97] Bereits zum Entwurf krit. Hölzle GmbHR 2007, 725.
[98] Bunnemann/Zirngibl, Die GmbH in der Praxis, § 3 Rn 212 ff.; **a.A.** Beck/Depré/Jenal, Praxis der Insolvenz, § 33 Rn 7 ff.

MoMiG diskutierten Solvenztests anstelle der Kapitalerhaltungsgrundsätze, bleibt dahinter jedoch zurück, weil die Haftung auf den jeweils ausgezahlten Betrag beschränkt ist und nicht den tatsächlich eingetretenen Schaden oder die Wiederauffüllung des Stammkapitals zum Gegenstand hat.[99]

93 Die gesellschaftsrechtlichen Zahlungsverbote sind durch die Einführung des § 15b InsO im Rahmen der Umsetzung des Gesetzes zur Fortentwicklung des Sanierungs- und Insolvenzrechts (SanInsFoG) tatbestandlich konturiert und vor allem dadurch entschärft worden, dass Zahlungen im ordnungsgemäßen Geschäftsgang als mit der Sorgfalt eines ordentlichen und gewissenhaften Geschäftsleiters vereinbar gelten, solange der Antragspflichtige die Vorbereitung der Antragstellung oder Maßnahmen zur anchhaltigen Beseitigung der Überschuldung mit der Sorgfalt eines ordntlichen und gewissenhaften Geschäftsleiters betreibt. Gleichzeitig ist die Haftung durch § 15b Abs. 3 InsO insoweit verschärft worden, als außerhalb des Antragszeitraums grundsätzlich zu vermuten ist, dass die Zahlung nicht mit der Sorgfalt eines gewissenhaften Geschäftsleiters vereinbar ist.

94 Schließlich haftet der Geschäftsführer der Gesellschaft für die ordnungsmäßige Geschäftsführung nach der in § 43 GmbHG aufgehenden business judgement rule, die allerdings nicht insolvenzspezifisch ist und für die die allgemeinen Grundsätze gelten.[100]

95 Zu differenzieren ist bei der Haftung des/der Geschäftsführer(s) für die durch Insolvenzverschleppung eintretenden Schäden, also für die Schäden der Gläubiger, die aus einer trotz Eintritts der Insolvenzantragspflicht nicht rechtzeitigen Insolvenzantragstellung herrühren. Da Insolvenzanträge durchschnittlich und ungeachtet der bestehenden Strafandrohung ca. 10 Monate zu spät gestellt werden,[101] kommt diesem Haftungsverbund eine ganz erhebliche praktische Bedeutung zu.

96 Hierbei ist zu unterscheiden zwischen sog. Alt- und Neugläubigern, also zwischen solchen Gläubigern, die bereits vor Eintritt der Insolvenzantragspflicht mit der Gesellschaft kontrahiert haben, jedoch keine Befriedigung mehr erlangen konnten und deren Quotenaussicht sich durch das Hinauszögern des Insolvenzantrages verschlechtert hat, sowie denjenigen Neugläubigern, die überhaupt erst nach Eintritt der Insolvenzantragspflicht mit der Gesellschaft kontrahiert haben.

97 Während der Insolvenzverwalter für die Geltendmachung der kumulierten Schadensersatzansprüche der Altgläubiger nach § 93 InsO aktivlegitimiert ist, diese Ansprüche also zur Soll-Masse gehören, liegt die Aktivlegitimation für die Durchsetzung der Neugläubigeransprüche allein bei diesen. Bei den Neugläubigerschäden handelt es sich daher nicht um materiell insolvenzrechtliches Haftungssubstrat.[102]

---

99 Greulich/Rau, NZG 2008, 284, 288.
100 Scholz/Schneider/Crezelius, GmbHG, § 43 Rn 53 ff.
101 Kirstein, ZInsO 2006, 966, 967.
102 Vgl. dazu ausführlich Beck, ZInsO 2007, 1233.

IX. Die passive Soll-Masse

1. Definition und Bedeutung

Nicht nur die Bestimmung der aktiven Soll-Masse ist für die Abwicklung des Insolvenzverfahrens von Bedeutung, sondern auch die Bestimmung derjenigen Verbindlichkeiten des Insolvenzschuldners, die an dem Verfahren teilnehmen und zu deren Gunsten die Gesamtvollstreckung in das Vermögen des Schuldners betrieben wird.

Während mit Einführung der InsO zum 1.1.1999 die früher bestehenden Konkursvorrechte einzelner Gläubiger und die Rangordnung von Gläubigern abgeschafft wurde, soll das Insolvenzverfahren nunmehr der gleichmäßigen Befriedigung aller persönlichen Gläubiger dienen, die einen z.Zt. der Eröffnung des Insolvenzverfahrens begründeten Vermögensanspruch gegen den Schuldner haben (Insolvenzgläubiger), § 38 InsO. Eine systemwidrige Ausnahme hiervon bildet lediglich § 55 Abs. 4 InsO zu Gunsten des Fiskus.

Die Definition des § 38 InsO ist materiell-rechtlicher Natur, d.h. unabhängig von der Teilnahme am Verfahren. Auch der Gläubiger, der von sich aus am Insolvenzverfahren nicht teilnimmt, unterliegt den durch die InsO angeordneten Beschränkungen und Verfahrensweisen.[103] Als Folge bzw. in Umkehr dazu ist der Insolvenzverwalter auch ohne aktive Teilnahme des Gläubigers zunächst verpflichtet, einen jeden ihm bekannt werdenden Gläubiger nach insolvenzrechtlichen Grundsätzen zu behandeln und die Forderung materiell-rechtlich zu qualifizieren. Handelt es sich um eine Insolvenzforderung, ist der Gläubiger „von Amts wegen" durch den Insolvenzverwalter in die Gläubigerliste aufzunehmen und hat diesem durch Zustellung des Eröffnungsbeschlusses Gelegenheit zur Anmeldung seiner Forderung zur Insolvenztabelle zu geben; handelt es sich um einen Masseschuldgläubiger, so hat der Insolvenzverwalter auch „von Amts wegen" die Masseschuld nach insolvenzrechtlichen Grundsätzen zu erfüllen (§§ 55, 207 ff. InsO).

2. § 38 InsO- und Neugläubiger

Die Definition der Insolvenzforderung im § 38 InsO als materiell-rechtlicher Bestimmung der passiven Soll-Masse kommt im Wesentlichen Abgrenzungsfunktion zu. Insolvenzforderung i.S.d. § 38 InsO ist jede Forderung, die kumulativ die folgenden drei Tatbestandsmerkmale erfüllt:

a) Persönliche Haftung des Schuldners, d.h. eine Haftung nicht nur mit bestimmten Gegenständen;
b) Haftung auf/aus einem Vermögensanspruch, d.h. eines mit Geld zu befriedigenden Anspruches und nicht eines höchstpersönlichen Rechts und

---

103 HambKomm/Lüdtke, § 38 InsO Rn 4.

c) Begründetheit (nicht Fälligkeit) des Anspruchs im Zeitpunkt der Eröffnung des Insolvenzverfahrens.

102 § 38 InsO unterstellt dabei das wirksame Bestehen des Anspruchs, das je nach Verfahrensstadium entweder nur glaubhaft gemacht (§ 14 InsO für den Insolvenzantrag), überwiegend wahrscheinlich (§§ 77, 237 InsO für Abstimmungen) oder nachgewiesen (§ 16 InsO für die Eröffnung; §§ 189, 187, 183 InsO für Verteilungen/Ausschüttungen) sein muss.[104]

103 Mit dieser Definition grenzt § 38 InsO die Gläubigergemeinschaft der Insolvenzgläubiger, in deren Interesse die Gesamtvollstreckung vollzogen wird (vgl. oben Rdn 5) ab von
– denjenigen Gläubigern, die kein Insolvenzgläubiger sind, weil sie entweder
  – keine Vermögensansprüche, also keine in Geld zu zahlenden oder in einen Geldbetrag umzurechnenden Ansprüche gegen den Schuldner geltend zu machen haben, die zur Insolvenztabelle angemeldet werden könnten, oder
  – ihre Forderungen (außerhalb des Anwendungsbereiches des § 55 InsO) erst nach Eröffnung des Insolvenzverfahrens i.S.e. insolvenzrechtlichen Begründetseins[105] erworben haben und deren Anspruch sich daher nur gegen das insolvenzfreie Vermögen des Schuldners (pfändungsfreies Vermögen oder freigegebenes Vermögen auch nach Freigabe i.S.d. § 35 Abs. 2 InsO)[106] richtet;
– denjenigen Gläubigern, denen Vorzugsrechte zustehen, weil
  – ihre Ansprüche als Masseverbindlichkeiten (§§ 53 bis 55 InsO) vorrangig aus der Insolvenzmasse ggf. nach der Verteilungsordnung des § 209 InsO zu befriedigen sind oder
  – sie (dingliche) Rechte an einzelnen Gegenständen des schuldnerischen Vermögens gegen die Insolvenzmasse geltend machen können, indem sie Gegenstände, an denen sie insolvenzfeste Rechte haben, aus- (§ 47 InsO) oder mit zu ihren Gunsten mit Sicherungsrechten belastete Gegenständen absondern (§§ 49 bis 52 InsO), die Ersatzaus- und – absonderung (§ 48 InsO) sowie Rechte aus einer Vormerkung (§§ 883 BGB, 106 InsO) eingeschlossen.[107]

---

[104] Vgl. dazu auch HambKomm/Lüdtke, § 38 InsO Rn 4 ff.
[105] Vgl. z.B. BGH ZInsO 2008, 91 (zur Anfechtbarkeit einer Globalzession wegen künftig entstehenden Forderungen und des insolvenzrechtlich maßgeblichen Zeitpunkts des Begründetseins der Forderung).
[106] Nach nunmehr erfolgter Klärung durch den BGH (BGH, 9.6.2011 – IX ZB 175/10, NZI 2011, 633) ist auch ein Zweitinsolvenzverfahren (Insolvenz in der Insolvenz) über einen freigegebenen Geschäftsbetrieb nach § 35 Abs. 2 InsO möglich, bevor das Erstinsolvenzverfahren abgeschlossen ist.
[107] Auch insoweit HambKomm/Lüdtke, § 38 InsO Rn 3.

Hölzle

Wegen der Beschränkung von Insolvenzforderungen auf Vermögensansprüche oder solche Rechte, die gem. § 45 InsO in Geldzahlungsansprüche umgewandelt werden können, gehören nicht zu den Insolvenzforderungen: **104**
- höchstpersönliche Ansprüche, z.B. familienrechtliche Ansprüche, Ansprüche auf Achtung der Intimsphäre (wohl jedoch Insolvenzforderung: Schadensersatzansprüche wegen der Missachtung der Intimsphäre oder aus dem Familienrechtsverhältnis erwachsende Unterhaltsansprüche);
- Unterlassungsansprüche und Ansprüche auf nicht vertretbare Handlungen;
- Beseitigungspflichten des Schuldners als Zustandsstörer;
- Auskunftsansprüche, Ansprüche auf Rechnungslegung und Aufstellung von Bilanzen;
- Gestaltungsrechte;
- unvollkommene Verbindlichkeiten (Heiratsvermittlung § 656 BGB; Spiel oder Wette § 762 BGB; aber auch in einem Insolvenzplan erlassene Schulden § 254 Abs. 3 InsO oder von der RSB betroffene Verbindlichkeiten § 301 Abs. 1 InsO);
- vertraglich subordinierte Ansprüche (z.B. Ausbesserungsabrede, Rangrücktritt etc.).[108]

Verjährte Ansprüche sind, da die Verjährung nur Einrede ist und auf den Bestand der Verbindlichkeit zunächst keinen Einfluss nimmt und von dem Schuldner geltend gemacht werden muss, demgegenüber Insolvenzforderungen. Die Anmeldung der Forderung zur Insolvenztabelle ist möglich (und hemmt die Verjährung). Wird eine bereits verjährte Forderung zur Tabelle angemeldet oder tritt die Verjährung zwischen Eröffnung des Insolvenzverfahrens und dem Zeitpunkt der Anmeldung ein, so ist es an dem Insolvenzverwalter, die Verjährungseinrede zu erheben (und die Forderung zu bestreiten). **105**

§ 38 InsO ist nach alledem materiell-rechtliche Grundlage für die Anmeldung einer Forderung zur Insolvenztabelle gem. §§ 174 ff. InsO. Die Anmeldung wiederum ist Grundlage für die Teilnahme an der Verteilung (Quotenausschüttung) nach §§ 188, 178 InsO.[109] **106**

3. Außerhalb des Insolvenzverfahrens (noch) nicht durchsetzbare Forderungen
Einen Sonderfall i.R.d. zur Insolvenztabelle anzumeldenden (§ 174 InsO) Insolvenzforderungen (§ 38 InsO) bilden diejenigen Forderungen, die außerhalb eines Insolvenzverfahrens ggü. dem Schuldner noch nicht durchsetzbar wären. **107**

---

[108] Zur Aufzählung im Ganzen mit ausführlichen Erläuterungen MüKo/Ehricke/Behme, § 38 InsO Rn 42 ff.
[109] Vgl. HambKomm/Preß, § 188 InsO Rn 4.

108 Hierzu gehören insb.:
a) nicht fällige Forderungen, § 41 InsO,
b) auflösend bedingte Forderungen, § 43 InsO,
c) nicht auf die Leistung von Geld oder nur auf einen unbestimmten Geldbetrag gerichtete Forderungen, § 45 InsO und
d) wiederkehrende Leistungen, § 46 InsO.

109 Da das Insolvenzverfahren i.R.d. Gesamtvollstreckung eine vermögensrechtliche Abwicklung einerseits des gesamten vorhandenen Vermögens, andererseits aber auch unter Berücksichtigung sämtlicher Gläubiger herbeiführen soll, ist die Einbeziehung einer jeden der vorgenannten Forderungen in das Insolvenzverfahren positiv geregelt und können auch solche Forderungen unter den jeweiligen Tatbeständen der insolvenzrechtlichen Sondervorschriften zur Insolvenztabelle angemeldet werden.

110 Grundlegend gelten zunächst nicht fällige Forderungen uneingeschränkt als fällig, § 41 InsO. Unverzinsliche Forderungen sind dabei mit dem gesetzlichen Zinssatz abzuzinsen (§ 41 Abs. 2 InsO). Dabei gilt § 41 InsO jedoch ausschließlich im Anwendungsbereich des § 38 InsO. Auf Aussonderungsrechte i.S.d. § 47 InsO findet § 41 InsO keine Anwendung; eine vorzeitige Aussonderung eines Gegenstandes aus der Insolvenzmasse vor Fälligkeit des Herausgabeanspruches ist daher nicht möglich.[110]

111 Umstritten ist demgegenüber die Anwendbarkeit des § 41 InsO auf Absonderungsrechte. Zu Recht ist dabei danach zu differenzieren, ob im Insolvenzverfahren ein isoliertes Absonderungsrecht besteht, d.h. der Schuldner nicht auch Schuldner der persönlichen Forderung, sondern nur des dinglichen Rechts ist, oder ob beide Schuldnereigenschaften zusammenfallen.

112 Im erstgenannten Fall dürfte eine Anwendung des § 41 InsO auf das Absonderungsrecht ausgeschlossen sein, weil kein Grund erkennbar ist, den Gläubiger insoweit zu bevorzugen und ihm eine vorzeitige Absonderung zu ermöglichen.

113 Im zweitgenannten Fall, in dem die persönliche Forderung ohnehin nah § 41 InsO fällig wird und in aller Regel eine vertragliche Konstellation besteht, wonach die dingliche Sicherung (i.d.R. das Grundpfandrecht) ohnehin zeitgleich fällig wird, dürfte § 41 InsO auch auf das Absonderungsrecht zu erstrecken sein.

114 Für auflösend bedingte Forderungen gibt es in § 42 InsO eine Sonderregel.

115 Während für aufschiebend bedingte Forderungen ein Stimmrecht nach § 77 Abs. 2 und 3 Nr. 1 InsO festzulegen und die Aufrechnung mit solchen Forderungen in § 95 Abs. 1 Satz 1 InsO geregelt ist und für aufschiebend bedingte Forderungen gem. § 191 InsO der auf sie entfallende Betrag bei der Verteilung zurückzuhalten ist,

---

110 Jaeger/Henckel, § 41 InsO Rn 6.

nehmen nach § 42 InsO auflösend bedingte Forderungen vor Eintritt der Bedingung am Insolvenzverfahren teil wie jede andere Forderung auch.

Sie sind zur Insolvenztabelle anzumelden, im Fall ihrer materiellen Berechtigung festzustellen und werden behandelt, als gäbe es die auflösende Bedingung nicht.[111]

Im Fall des Bedingungseintritts, also des Wegfalls der materiellen Berechtigung der Forderung, gilt Folgendes:
- Fällt die Bedingung noch vor Anmeldung der Forderung zur Insolvenztabelle weg, entfällt die Eigenschaft, Insolvenzforderung zu sein, und darf die Forderung zur Tabelle nicht mehr festgestellt werden.
- War die Forderung vor Bedingungseintritt bereits zur Insolvenztabelle festgestellt und ist der Gläubiger nach Aufforderung durch den Insolvenzverwalter nicht bereit, die Forderungsanmeldung zurückzunehmen, also auf die Forderung zu verzichten, ist der Insolvenzverwalter gehalten, Vollstreckungsabwehrklage nach § 767 ZPO zu erheben, da es eine andere Möglichkeit der Rechtskraftdurchbrechung (§ 178 Abs. 3 InsO) nicht gibt.
- Tritt die Bedingung erst nach einer Abschlags- oder nach der Schlussverteilung ein, ist der Insolvenzverwalter gehalten, den ausgezahlten Betrag nach §§ 159, 812 BGB zurückzufordern.[112]
- War das Verfahren im Zeitpunkt des Bedingungseintritts bereits aufgehoben, ist die Rückholung der ex post zu Unrecht ausgezahlten Beträge und deren Verteilung auf die übrigen Gläubiger im Rahmen einer Nachtragsverteilung nach § 203 Abs. 1 Nr. 2 InsO durchzusetzen.[113]

Sieht der Schuldner sich einem schuldrechtlichen geldwerten Anspruch ausgesetzt, der aber nicht auf die Leistung von Geld gerichtet ist, so kann es sich dennoch um eine Insolvenzforderung handeln, sofern dem nicht ein höchstpersönliches oder ausschließlich dinglich beschränktes Recht zugrunde liegt (vgl. oben Rdn 100).

Der Wert eines solchen schuldrechtlichen Anspruches ist gem. § 45 InsO für Zwecke der Anmeldung zur Insolvenztabelle in einen – nötigenfalls geschätzten – Geldanspruch umzurechnen.

Typische Anwendungsfälle hierfür sind schuldrechtliche Verschaffungs- oder Herausgabeansprüche, Übereignungsansprüche, Nacherfüllungs- und Mängelbeseitigungsansprüche etc. Außerdem gehören hierzu Ansprüche aus einer betrieblichen Altersversorgung, die zu kapitalisieren und im Insolvenzverfahren geltend zu machen sind.[114]

---

[111] HambKomm/Lüdtke, § 42 InsO Rn 6 ff.
[112] Vgl. MüKo/Bitter, § 42 InsO Rn 9.
[113] Jaeger/Henckel, § 42 InsO Rn 5; HambKomm/Lüdtke, § 42 InsO Rn 11.
[114] Ausführlich Bitter, NZI 2000, 399.

121 Für die Umrechnung des Anspruches in eine Geldforderung ist allein der Gläubiger in eigener Obliegenheit zuständig.[115] Soweit mit der Umrechnung Kosten verbunden sind, z.B. für die Erstellung von (versicherungsmathematischen) Gutachten[116] oder zur Plausibilisierung von Schätzungen, hat diese ebenfalls der Gläubiger zu tragen. Die Kosten können allenfalls als nachrangige Insolvenzforderung (§ 39 Abs. 1 Nr. 2 InsO) zur Tabelle angemeldet werden.

122 Kommt der Gläubiger dieser Obliegenheit nicht nach, kann der Insolvenzverwalter die nicht in Euro bezifferte Forderung nicht zur Insolvenztabelle aufnehmen (§ 174 Abs. 2 InsO).

123 Maßgeblicher Zeitpunkt für die Schätzung des Geldwertes der umzurechnenden Leistung ist der Eröffnungszeitpunkt des Insolvenzverfahrens, wobei bereits absehbare künftige Entwicklungen jedoch zu berücksichtigen sind.[117]

124 Die Wirkung der Umwandlung tritt mit der rechtskräftigen Feststellung der Forderung zur Insolvenztabelle bzw. mit Rechtskraft der Planbestätigung im Rahmen eines Insolvenzplanverfahrens ein. Ein Streit über die Richtigkeit der Schätzung oder Umrechnung ist im Feststellungsprozess nach §§ 179 ff. InsO auszutragen.

4. Haftung mehrerer Personen (Gesamtschuldner und Bürgen)

125 Sieht sich ein Gläubiger durch eine Haftungsgemeinschaft gesichert, haften ihm also mehrere Personen auf die gesamte Leistung (als Gesamtschuldner), so kann er nach § 43 InsO von jedem dieser Schuldner die gesamte Leistung bis zu seiner vollständigen Befriedigung beanspruchen und die gesamte Forderung zur Insolvenztabelle anmelden. § 43 InsO korrespondiert folglich mit § 421 BGB.

126 Dem Gläubiger steht es damit frei, wen von mehreren Schuldnern er in Anspruch nimmt. § 43 InsO stellt zum Schutze des Gläubigers den Grundsatz der Doppelberücksichtigung auf, wonach der Gläubiger in jedem Verfahren seine volle Ausgangsforderung geltend machen kann, bis er vollständig befriedigt ist.[118]

127 Der Anwendungsbereich des § 43 InsO ist eröffnet zunächst für sämtliche Fälle der echten Gesamtschuld,[119] ist jedoch auch anwendbar auf die sog. unechte Gesamtschuld, die sich dadurch auszeichnet, dass es zwischen den Schuldnern im Innenverhältnis an der Gleichstufigkeit fehlt (z.B. Verhältnis zwischen schädigenden Arbeitnehmer und Arbeitgeber, zwischen Schädiger und Versicherung).[120] Für

---

115 Jaeger/Henckel, § 45 InsO Rn 44; MüKo/Bitter, § 45 InsO Rn 21; HambKomm/Lüdtke, § 45 InsO Rn 21, jeweils m.w.N.
116 Grub, DZWIR 2000, 223, 226.
117 HambKomm/Lüdtke, § 45 InsO Rn 25.
118 HambKomm/Lüdtke, § 43 InsO Rn 2.
119 BGH NJW 1992, 2093, 2095; BGH KTS 1997, 255, 256.
120 Jaeger/Henckel, § 43 InsO Rn 9; Uhlenbruck/Knof, § 43 InsO Rn 1.

die Anwendung des § 43 InsO kommt es allein darauf an, dass der Gläubiger die ihm gebührende Leistung von den Schuldnern gleichzeitig, aber insgesamt nur ein Mal fordern kann, ohne dass dabei die innere Verbundenheit der Verpflichtungen entscheidend wäre.[121]

Demgegenüber ist § 43 InsO nicht anwendbar, wenn die in Haftungsgemeinschaft stehenden Schuldner nicht gleichrangig, sondern in einem Stufenverhältnis haften. Dies ist insb. der Fall, wenn die Bürgschaft nur als Ausfallbürgschaft hingegeben ist, kraft derer der Gläubiger den Bürgen nur nach nachgewiesenem Ausfall in Anspruch nehmen kann.[122] Anders jedoch im Fall einer nicht selbstschuldnerischen Bürgschaft, hinsichtlich derer dem Bürgen die Einrede der Vorausklage noch zusteht. Diese Einrede ändert in der Insolvenz des Hauptschuldners nichts an der Gleichrangigkeit von Hauptschuld und Bürgschaft (vgl. § 773 Abs. 1 Nr. 3 BGB), weshalb § 43 InsO in diesem Fall uneingeschränkt anwendbar ist.[123] Die Inanspruchnahme des Insolvenzschuldners durch den Gläubiger unter Befreiung des Mithaftenden stellt im Regelfall auch keine anfechtbare Rechtshandlung dar, auf die sich der Insolvenzverwalter zugunsten der Masse berufen könnte.

128

Beispiel
Der Insolvenzschuldner M ist Mieter des Vermieters V. Für Forderungen aus dem Mietverhältnis hat M einerseits ein Mietkautionssparbuch i.H.v. 20.000,00 € verpfändet, hat andererseits der Bürge B eine Bürgschaft in derselben Höhe abgegeben.
Vermieter V nimmt im Insolvenzverfahren aus persönlicher Verbundenheit nicht den Bürgen B, sondern den Mieter M und die von diesem gestellte Mietsicherheit in Anspruch.

Eine Anfechtung der Inanspruchnahme der Sicherheit im Insolvenzeröffnungsverfahren nach § 130 InsO scheidet regelmäßig aus. Zwar liegt in der Entscheidung des Vermieters eine Rechtshandlung i.S.d. § 130 InsO, die dieser auch in Kenntnis der Insolvenzlage vorgenommen hat, jedoch fehlt es regelmäßig an der Gläubigerbenachteiligung i.S.d. § 129 InsO. Würde der Vermieter nämlich den Bürgen in Anspruch genommen haben, so hätte dies auch bei vollständiger Befriedigung des Vermieters aus der Bürgschaftshaftung nicht zu einem Freiwerden des Mietkautionssparbuches zugunsten der Insolvenzmasse geführt. Soweit nämlich im Innenverhältnis zwischen dem Bürgen und dem Hauptschuldner der Hauptschuldner vorrangig verpflichtet ist, führt die Befriedigung des Gläubigers durch den Bürgen gem.

---

[121] BGH NJW 1992, 2093, 2095.
[122] MüKo/Bitter, § 43 InsO Rn 9.
[123] BGH NJW 1992, 2093, 2095, BGH ZIP 1984, 1509; Jaeger/Henckel, § 43 InsO Rn 11; **a.A.** HambKomm/Lüdtke, § 43 InsO Rn 9 mit Hinweis zwar auf § 773 Abs. 1 Nr. 3 BGB, ohne diesen jedoch zutreffend zu verorten.

§ 774 Abs. 1 BGB, der sich gem. § 401 BGB (ggf. analog) auch auf die Neben- und Sicherungsrechte erstreckt, zum Übergang der Hauptforderung auf den Bürgen. Die Sicherheit wäre in diesem Fall also qua sessio legis, also ohne zugrunde liegende Rechtshandlung, auf den Bürgen übergegangen und hätte von diesem verwertet werden können. Eine Benachteiligung der Masse i.S.d. § 129 InsO ist nicht eingetreten.

Etwas anderes gilt nur dann, wenn ausnahmsweise im Innenverhältnis der Bürge vorrangig verpflichtet ist oder der Übernahme der Bürgschaft kein Auftragsverhältnis sondern z.B. eine Schenkung zugrunde liegt, die Bürgschaft also als regresslose Bürgschaft ausgestaltet ist.

129   Nach § 44 InsO kann der Bürge nämlich seine Regressforderung gegen den Insolvenzschuldner geltend machen, soweit der Gläubiger der Hauptforderung seine Forderung im Insolvenzverfahren nicht (mehr) verfolgt. Wichtig ist dabei jedoch, dass die Gläubigerbenachteiligung nur dann nicht eintritt und ein Übergang auch der Sachsicherheiten i.R.d. §§ 43, 44 InsO nur dann stattfindet, wenn es sich um solche Sicherheiten handelt, die im BGB ausdrücklich eine Regelung erfahren haben. Bei den erst später in der Praxis ausgeprägten Sachsicherheiten, wie der Sicherungsübereignung, der Sicherungsgrundschuld oder der Sicherungsabtretung findet kein gesetzlicher Forderungsübergang bei Befriedigung des Gläubigers statt.[124]

130   Das vollständige Einrücken des den Gläubiger befriedigenden Mithafters findet darüber hinaus nur statt, wenn der den Gläubiger befriedigende Gesamtschuldner tatsächlich vollständigen Regress verlangen kann. Handelt es sich hingegen bei dem Hauptschuldner und dem Mithaftenden um echte Gesamtschuldner i.S.d. § 426 BGB, so wird vermutet, dass diese im Zweifel zu gleichen Teilen haften, sodass bei z.B. zwei gesamtschuldnerisch Verpflichteten der zahlende Gesamtschuldner nur zur Hälfte in die Position des Gläubigers einrückt und nach Vollbefriedigung des Gläubigers aus dem Insolvenzverfahren eine Quote nur auf den hälftigen Betrag seiner Ausgleichsforderung ggü. dem Schuldner erhält.[125]

131   Soweit der Mitverpflichtete den Gläubiger befriedigt und in dessen Rechtsstellung im Insolvenzverfahren einrückt, bedarf es keiner Neuanmeldung zur Insolvenztabelle, sondern genügt die Anzeige und der Nachweis der Rechtsnachfolge ggü. dem Insolvenzverwalter, um eine Umschreibung der Tabelle zu erreichen.[126]

132   Die Vorschrift des § 44 InsO gilt i.Ü. auch für den Regress zwischen Gesellschafter und Gesellschaft, wenn der Gesellschafter einen Gesellschaftsgläubiger entgegen

---

[124] Siehe zur Grundschuld BGH, NJW 1988, 2730 m.w.N.; BGH, NJW 1990, 903; Lwowski, Das Recht der Kreditsicherung, 9. Aufl. 2011, Rn 257, 282; MüKo/Bitter, § 44 InsO Rn 10.
[125] MüKo/Bitter, § 44 InsO Rn 21.
[126] Jaeger/Henckel, § 38 InsO Rn 121.

§§ 93 InsO, 171 Abs. 2 HGB z.B. aufgrund einer schuldrechtlichen Abrede befriedigt.[127]

5. Gesicherte Darlehen (§ 44a InsO)

Mit der Modernisierung des GmbH-Rechts und den damit einhergehenden Änderungen der InsO durch das MoMiG[128] ist das Eigenkapitalersatzrecht grundlegend reformiert und sind die §§ 32a, 32b GmbHG a.F. gestrichen worden. Für gesellschafterbesicherte Drittdarlehen und die Anmeldung der Gesellschaftersicherheit zur Insolvenztabelle, die bis dorthin in § 32a Abs. 2 und Abs. 3 Satz 1 GmbHG a.F. geregelt war, ist an deren Stelle § 44a InsO getreten.[129] **133**

§ 44a InsO soll in Abweichung des Prinzips der Doppelberücksichtigung (§ 43 InsO) für gesellschafterbesicherte Drittdarlehen das auch in § 52 InsO niedergelegte **Ausfallprinzip** zur Geltung bringen. **134**

§ 44a InsO ist dabei insoweit missverständlich formuliert, als dass ein Dritt-Darlehensgeber kein Nachranggläubiger i.S.d. § 39 Abs. 1 Nr. 5 InsO sein kann; diese Vorschrift erfasst nur Gesellschafter und wirtschaftlich wie Gesellschafter zu behandelnde (nahestehende) Dritte. I.R.d. § 44a InsO fällt in den Anwendungsbereich des § 39 Abs. 1 Nr. 5 InsO lediglich der Regressanspruch des das Darlehen besichernden Gesellschafters.[130] Hat also z.B. die Hausbank der Gesellschaft ein Darlehen gewährt und hat der Gesellschafter hierfür der Hausbank – wie nicht selten üblich – eine Sicherheit z.B. in Gestalt einer persönlichen Bürgschaft, einer Sicherungsgrundschuld auf Privateigentum etc. gewährt, so ist die Bank nach § 44a InsO am Verteilungsverfahren nicht zu beteiligen, solange sie nicht ihren (anteiligen) Ausfall aus der Inanspruchnahme der Gesellschaftersicherheit nachweist.[131] **135**

Bei § 44a InsO handelt es sich daher um eine reine Verfahrensvorschrift ohne unmittelbare materiell-rechtliche Wirkung.[132] Eine von dem Gesellschafter besicherten Darlehensgeber zur Insolvenztabelle angemeldete Forderung kann daher vom Insolvenzverwalter allenfalls für den Ausfall festgestellt werden. Auf den Bestand der Forderung nimmt § 44a InsO materiell-rechtlich jedoch keinen Einfluss. § 44a **136**

---

[127] MüKo/Bitter, § 44 InsO Rn 33 ff.; für den Kommanditisten insb. K. Schmidt, Einlage und Haftung des Kommanditisten (1977), S. 145 ff.
[128] BT-Drucks. 16/6140; Gesetz zur Modernisierung des GmbH-Rechts und zur Bekämpfung von Missbräuchen v. 23.10.2008 – BGBl. I, S. 2026.
[129] Zu den mit dem MoMiG vollzogenen Änderungen insgesamt vgl. Hölzle, GmbHR 2007, 729 m.w.N.
[130] Ausführlich Altmeppen, ZIP 2011, 741; Hölzle, GmbHR 2007, 729.
[131] Zur Erstattungspflicht des Gesellschafters nach Verwertung der Gesellschaftssicherheit vgl. jetzt BGH, 1.12.2011 – IX ZR 11/11, ZIP 2011, 2417.
[132] Altmeppen, ZIP 2011, 741.

InsO wirkt dementsprechend erst auf Ebene der Verteilung/Ausschüttung und führt zur Anwendung des § 190 InsO.[133]

137 Die eigentlichen Streitfragen und wesentlichen Probleme im Zusammenhang mit § 44a InsO entstehen dann, wenn neben dem Gesellschafter – wie häufig anzutreffen – auch die Gesellschaft dem Darlehensgeber Sicherheit gewährt hat, also z.B. die Hausbank des Unternehmens nicht nur durch die Gesellschafter, sondern auch durch das Unternehmen selbst besichert ist, z.B. mit konkurrierenden Grundschulden.

138 Nach der alten Rechtslage vor Einführung des MoMiG zum 1.11.2008 gewährte die überwiegende Ansicht dem Drittgläubiger ein Wahlrecht, ob er die Sicherheit der Gesellschaft oder des Gesellschafters verwerten wollte. Übte der Darlehensgeber sein Wahlrecht jedoch dahin gehend aus, dass er die Gesellschaftssicherheit in Anspruch nahm, stand dem Insolvenzverwalter ein Regressanspruch gegen den Gesellschafter aus §§ 30, 31, 32b GmbHG a.F. analog zu. Wirtschaftlich stellte sich daher allein die Frage, wer den Anspruch gegen den Gesellschafter geltend machen und die damit verbundenen Prozessrisiken tragen musste: der Darlehensgeber oder der Insolvenzverwalter.[134]

139 Ein solches Wahlrecht wird auch nach Inkrafttreten des MoMiG dem Darlehensgeber überwiegend zugestanden,[135] u.a. mit dem Argument, dass der Gesetzgeber in Kenntnis des Problems der Doppelbesicherung § 44a InsO nicht auf diese Konstellation ausgedehnt habe.[136] Darüber hinaus wird eingewandt, dass die Verfahrensvorschrift des § 44a InsO nicht die materiell-rechtliche Wirkung haben könne, dingliche Rechte, die dem Drittkreditgeber im Sicherungsfall die Verwertung von Massegegenständen einräumen, zu beschränken oder aufzuheben. Ein solches Ergebnis sei mit den Grundprinzipien des Sachenrechts unvereinbar.[137]

140 Die Vertreter der Gegenansicht, die eine entsprechende Anwendung des § 44a InsO auf den Fall der Doppelbesicherung befürworten, begründen dies insb. damit, dass infolge des Wegfalls des im alten Recht bekannten Freistellungsanspruchs aus §§ 30, 31 GmbHG a.F. analog der Gesellschafter bei Inanspruchnahme der Gesellschaftssicherheit durch den Gläubiger frei würde, obwohl in § 44a InsO die deutliche Wertung zum Ausdruck komme, dass es letztlich der Gesellschafter ist, der wirtschaftlich belastet werden soll.[138] Dies verkennt auch der BGH nicht, der selbst-

---

133 Scholz/K. Schmidt, GmbHG, Bd. III, Nachtr. MoMiG, §§ 32a/b Rn 57; Gehrlein, BB 2008, 846, 852.
134 Vgl. Altmeppen, ZIP 2011, 741.
135 BGH, 1.12.2011 – IX ZR 11/11, ZIP 2011, 2417.
136 FK/Schuhmacher, § 44a InsO Rn 8; Löser, ZInsO 2010, 28, 30; Spliedt, ZIP 2009, 149, 154; KPB/Preuß, (36. Lfg. 5/09), § 44a InsO Rn 13.
137 Altmeppen, ZIP 2011, 741.
138 N. Schmidt, ZInsO 2010, 70, 71; Scholz/K. Schmidt, GmbHG Bd. III, Nachtr. MoMiG §§ 32, a/b Rn 58; HambKomm/Lüdtke, § 44a InsO Rn 20; Schröder-Grau, ZInsO 2007, 353, 354.

verständlich daran festhält, dass im Innenverhältnis der Gesellschafter vorrangig zur Befriedigung des Gläubigers verpflichtet ist.[139]

Die Vertreter der überwiegenden, dem Gläubiger ein Wahlrecht einräumenden Ansicht lassen dieses Argument nicht unberücksichtigt und gewähren der Gesellschaft, respektive dem Insolvenzverwalter bei Inanspruchnahme der Gesellschaftssicherheit einen Regressanspruch gegen den Gesellschafter entsprechend §§ 135 Abs. 2, 143 Abs. 3 InsO.[140] Ob die §§ 135, 143 Abs. 3 InsO angewendet werden können, war allerdings lange streitig und wurde z.B. durch das OLG Hamm[141] ausdrücklich abgelehnt. Die unmittelbare Anwendung dieser Vorschriften kommt nämlich prima vista nicht in Betracht, da es sich bei der Verwertung der Gesellschaftssicherheit um eine Rechtshandlung nach Eröffnung des Insolvenzverfahrens handelt, auf welche nach dem eindeutigen Wortlaut des §§ 129 Abs. 1, 135 InsO gerade nicht anwendbar sind. 141

Auch wenn der BGH diese Rechtsfrage nunmehr im Sinne des Bestehens eines Regressanspruchs entschieden hat, so bleibt die Frage bestehen, ob es nicht richtiger ist, bereits das Wahlrecht des doppelt besicherten Gläubigers zu beschränken. 142

– einstweilen frei – 143

Bei § 44a InsO handelt es sich um eine Verfahrensvorschrift, die dem darlehensgebenden Gläubiger in dem Normalfall der ausschließlich gesellschafterbesicherten Forderung eine Teilnahme am Verteilungsverfahren der InsO verwehrt. Da es sich bei dem Insolvenzverfahren um ein Gesamtvollstreckungsverfahren handelt, in dem sämtliche Vermögenswerte des Schuldners zugunsten der Gläubiger einer zwangsweisen Verwertung zugeführt werden (vgl. oben Rdn 9 ff.), stehen Vorschriften, welche die Teilnahme einer Gläubigerforderung an dem Gesamtvollstreckungserfolg suspendieren oder verbieten, einem Vollstreckungshindernis gleich. Für die Forderung ist bis zum Nachweis des Ausfalls (§§ 44a, 190 InsO) die Verwertungsreife noch nicht eingetreten. 144

Überträgt man diese allgemeinen Überlegungen auf den Fall der Doppelbesicherung, so folgt daraus entgegen der jüngsten Rechtsprechung des BGH,[142] die ein Wahlrecht des Gläubigers mit anschließendem Regreßanspruch der Insolvenzmasse für den Fall der Inanspruchnahme der Gesellschafts- vor der Gesellschaftersicherheit annimmt: 145

Soweit der Gläubiger mit seiner Forderung als Forderung im Range des § 38 InsO gem. § 44a InsO an der Teilnahme am Verteilungsverfahren (§§ 187 ff. InsO) gehindert ist, kann dieses Verwertungshindernis auch auf die dem Darlehensgeber

---

[139] BGH, 13.7.2017 – IX ZR 173/16, ZIP 2017, 1632.
[140] Wie jetzt auch der BGH, 13.7.2017 – IX ZR 173/16, ZIP 2017, 1632.
[141] OLG Hamm, 29.12.2010 ZIP 2011, 343; aufgehoben durch BGH, 1.12.2011 – IX ZR 11/11, ZIP 2011, 2417.
[142] BGH, 1.12.2011 – IX ZR 11/11, ZIP 2011, 2417.

gewährte und mit einer Gesellschaftersicherheit konkurrierende Gesellschaftssicherheit ausgedehnt und § 44a InsO insoweit als Sondervorschrift zu § 41 InsO erweiternd ausgelegt werden. Dies hat zur Folge, dass es für die Verwertung der Gesellschaftssicherheit an der Verwertungsreife und damit mangels Fälligkeit an der Berechtigung fehlt, dass aus der Sicherheitenbestellung resultierende Absonderungsrecht geltend zu machen.[143]

146 Im Verhältnis der Bank zum Sicherheitengeber hat der BGH[144] entschieden, dass eine Bank ihr bestellte Sicherheiten nicht in Anspruch nehmen kann, wenn sie diese zwar in banküblicher Weise erworben hat, sie die Sicherheit aber ohne eigenes wirtschaftliches Interesse nur deshalb verwertet, um einen Dritten Vorteile in Gestalt der Deckung aus einer von ihr, der Bank, nicht voll benötigten Sicherheit zu verschaffen. Darüber hinaus hat der BGH[145] entschieden, dass dem Insolvenzverwalter das Verwertungsrecht (mit der Verpflichtung zur anschließenden Sicherstellung des Verwertungserlöses) allein zusteht, wenn es dem Sicherungsnehmer mangels Pfandreife (noch) an einem eigenen Verwertungsrecht fehlt.

147 Für den hier zu beurteilenden Fall der Doppelbesicherung bedeutet dies, dass dem gesellschafter- und gesellschaftsbesicherten Darlehensgeber aus einer Nebenpflicht des Vertrages zwischen ihm und der Gesellschaft, die aus einer an § 44a InsO orientierten Auslegung zu gewinnen ist, gerade kein Wahlrecht zusteht, den Gesellschafter mit der von ihm gestellten Sicherheit (anteilig) zu entlasten. Ein wirtschaftliches Interesse der Bank an einer solchen Entlastung des Gesellschafters durch vorrangige Inanspruchnahme der Gesellschaftssicherheit ist nämlich regelmäßig zu verneinen. Daraus folgt dann aber die Verpflichtung des Darlehensgebers, sich zunächst aus der Gesellschaftersicherheit zu befriedigen und eine Verwertungssperre infolge noch nicht eingetretener Verwertungsreife hinsichtlich der Gesellschaftssicherheit.

148 Letztere wiederum führt zu einem Einziehungs- und Verwertungsrecht des Insolvenzverwalters, der dann jedoch verpflichtet ist, den realisierten Erlös zugunsten des Darlehensgebers bis zum Nachweis von dessen Ausfall sicherzustellen und zu separieren.

149 Im Ergebnis ist damit nicht der überwiegenden Ansicht zu folgen, die dem Darlehensgeber ein Wahlrecht einräumt, sondern ist ein solches Wahlrecht zu verneinen. Dies kollidiert auch nicht mit sachenrechtlichen Grundprinzipien,[146] sondern folgt diesen Prinzipien, weil dem Drittdarlehensgeber nicht eine zu seinen Gunsten bestellte Sicherheit genommen wird, sondern lediglich dem allgemeinen Grundsatz folgend, dass eine Verwertung erst nach Eintritt der Verwertungsreife erfolgen darf,

---

143 I.E. ebenso K. Schmidt, BB 2008, 1966, 1970; Lenger, NZI 2011, 253.
144 BGH, 31.1.1983 – II ZR 24/82, ZIP 1983, 667.
145 BGH, 7.4.2005 – IX ZR 138/04, ZIP 2005, 909 = ZInsO 2005, 535.
146 **A.A.** Altmeppen, ZIP 2011, 741.

dem Umstand Rechnung getragen wird, dass der Gläubiger mit seiner zu sichernden Forderung im Insolvenzverfahren (noch) nicht berücksichtigt werden kann. Eine wirtschaftliche Benachteiligung des Darlehensgebers ist damit nicht verbunden, weil der Insolvenzverwalter bei Ausübung seines ihm hinsichtlich der Gesellschaftssicherheit vorrangig eingeräumten Verwertungsrechts zur Sicherstellung und Separierung verpflichtet ist, bis der Gläubiger seinen Ausfall nachgewiesen hat.

6. Massekosten und Masseverbindlichkeiten

150 Keine Insolvenzforderungen i.S.d. § 38 InsO, sondern aus der Insolvenzmasse vorweg zu berichtigen (§ 53 InsO) sind die Kosten des Insolvenzverfahrens (§ 54 InsO) und die sonstigen Masseverbindlichkeiten (§ 55 InsO).

151 Zu den Massekosten, also den Kosten des Insolvenzverfahrens im Rang des § 54 InsO gehören die Gerichtskosten für das Insolvenzverfahren nach GKG einerseits (Nr. 1) sowie die Vergütungen und die Auslagen des vorläufigen Insolvenzverwalters, des Insolvenzverwalters und der Mitglieder des Gläubigerausschusses (Nr. 2). Die Berechnung der Vergütung richtet sich nach InsVV und ist abhängig von der vom (vorläufigen) Insolvenzverwalter verwalteten (freien) Insolvenzmasse. Mit Aus- und Absonderungsrechten belastete Gegenstände können bei der Vergütung des vorläufigen Insolvenzverwalters nur dann mit vollem Wert angesetzt werden, wenn dieser auf die jeweiligen Gegenstände erheblichen Aufwand getätigt hat. Bei der Berechnung der Vergütung des Insolvenzverwalters bleiben mit Aus- und Absonderungsrechten belastete Gegenstände außer Betracht. Ob auch die Kosten der Eigenverwaltung, jedenfalls wenn deren Berechnung an die InsVV angelehnt ist, zu den Kosten im Rang des § 54 InsO gezählt werden können, ist ungewiss. Das Amtsgericht Hamburg[147] hat dies jüngst mit überzeugender Begründung so gesehen.

152 Der Massegläubiger hat seinen Anspruch unmittelbar ggü. dem Insolvenzverwalter geltend zu machen und steht insoweit „außerhalb des Insolvenzverfahrens".[148] So kann der Massegläubiger, wie jeder andere Gläubiger auch, seine Forderung jederzeit titulieren lassen und gegen die Insolvenzmasse vollstrecken. Die für Insolvenzforderungen geltenden Vorschriften stehen dem gerade nicht entgegen.

153 Etwas anderes gilt nur dann, wenn und soweit der Insolvenzverwalter nach den Vorschriften der §§ 209 ff. InsO Masseunzulänglichkeit angezeigt und damit ein Vollstreckungsverbot ausgelöst hat. In diesem Fall reicht die Insolvenzmasse nicht aus, nach den Verfahrenskosten im Rang des § 54 InsO auch die sonstigen Masseverbindlichkeiten im Rang des § 55 InsO zu bedienen.

154 Sonstige Masseverbindlichkeiten aus § 55 InsO sind zunächst solche, die durch Handlung des Insolvenzverwalters oder in anderer Weise durch die Verwaltung,

---

[147] AG Hamburg, 7.5.2019 – 67g IN 118/19, ZIP 2019, 978.
[148] MüKo/Hefermehl, § 53 InsO Rn 46.

Verwertung und Verteilung der Insolvenzmasse begründet werden, ohne zu den Kosten des Insolvenzverfahrens zu gehören (Nr. 1). Hierunter fallen insb. Kosten aus der Fortführung eines schuldnerischen Unternehmens und vom Insolvenzverwalter ausgelösten Bestellungen, in Anspruch genommenen Dienstleistungen etc. Außerdem gehören zu den sonstigen Masseverbindlichkeiten Verpflichtungen aus gegenseitigen Verträgen für die Zeit nach Eröffnung des Insolvenzverfahrens, soweit deren Erfüllung zur Insolvenzmasse verlangt wird (§ 103 InsO) oder für die Zeit nach Eröffnung des Insolvenzverfahrens aus anderem Grund erfolgen muss (sog. oktruierte Masseverbindlichkeiten). Dazu gehören insb. Forderungen aus Miet- und Pachtverträgen, Lohn- und Gehaltsforderungen der Arbeitnehmer jeweils im Auslauf der Kündigungsfrist, Steuerverbindlichkeiten (USt, LohnSt aber auch Ertragssteuern nach Eröffnung) sowie weitere Verbindlichkeiten aus fortlaufenden Verträgen oder gesetzlichen Schuldverhältnissen für die Zeit nach Eröffnung.

155 Schließlich haftet die Insolvenzmasse für eine jede ungerechtfertigte Bereicherung (Nr. 3), z.B. wenn nach einer übertragenden Sanierung der Drittschuldner noch auf das Konto der insolventen Ursprungsgesellschaft und nicht auf das Konto der neuen Auffanggesellschaft zahlt. Eine solche fehlgeleitete und nach Insolvenzeröffnung bei der Insolvenzmasse zu verbuchende Zahlung ist dem wahren Berechtigten nach den Grundsätzen der §§ 812 ff. BGB zu erstatten.

156 Der vorläufige Insolvenzverwalter begründet Masseverbindlichkeiten im Rang des § 55 InsO nur, wenn ihm nach § 21 Abs. 2 Nr. 2, 1. Alt., 22 Abs. 1 Satz 1 InsO die Verwaltungs- und Verfügungsbefugnis für das schuldnerische Vermögen obliegt, oder wenn ihn das Insolvenzgericht entsprechend § 55 Abs. 2 InsO ausdrücklich zur Begründung von Masseverbindlichkeiten ermächtigt (sog. partiell starker Insolvenzverwalter). Eine Ausnahme gilt hierbei für im Insolvenzeröffnungsverfahren begründete Steuerverbindlichkeiten. Mit § 55 Abs. 4 InsO hat der Gesetzgeber mit Wirkung ab dem 1.1.2011 durch die Hintertür ein Fiskusprivileg wieder eingeführt und durchgesetzt, dass Steuerforderungen (insb., aber nicht nur Umsatzsteuerforderungen) aus dem Insolvenzeröffnungsverfahren nach Eröffnung des Insolvenzverfahrens den Rang einer sonstigen Masseverbindlichkeit (§ 55 InsO) genießen.[149] Die Einführung des § 55 Abs. 4 InsO ist insb. deshalb fragwürdig, weil die dem Insolvenzverwalter mit § 55 InsO im Allgemeinen eingeräumte Rechtsmacht, zulasten der Insolvenzmasse Verbindlichkeiten begründen zu können, nicht unbegrenzt ist. Auf den Insolvenzverwalter wird die Verfügungsbefugnis übertragen, um die gemeinschaftliche Befriedigung der Gläubiger als Ziel des Insolvenzverfahrens nach § 1 Satz 1 InsO zu verwirklichen. Diese Rechtsmacht wird deshalb objektiv durch den Insolvenzzweck begrenzt.[150] Rechtshandlungen des Insolvenzverwalters, die offen-

---

[149] Dazu ausführlich Beck, ZIP 2011, 551.
[150] BGH ZInsO 2002, 1093; MüKo/Hefermehl, § 55 InsO Rn 26.

kundig dem Insolvenzzweck zuwiderlaufen, sind nichtig, wie der BGH[151] bereits festgestellt hat. In dem dort entschiedenen Fall ging es um die von nachrangigen Grundschuldgläubigern i.R.d. freihändigen Verwertung eines dem Insolvenzbeschlag unterliegenden Grundstücks regelmäßig geforderte Lästigkeitsprämie aus dem Verwertungserlös als Gegenleistung für die Abgabe der Löschungsbewilligung. Der BGH hat in einem solchen Fall entschieden, dass die von dem Insolvenzverwalter dem durch eine offensichtlich wertlose Grundschuld gesicherten Gläubiger gegen Erteilung der Löschungsbewilligung versprochene Geldleistung wegen Insolvenzzweckwidrigkeit nichtig ist. Leider findet diese Rechtsprechung in der Praxis all zu selten Beachtung.

C. (Vorläufige) Sicherung der Insolvenzmasse

I. Grundsatz

Die Durchsetzung der Ansprüche zur Realisierung der Soll-Masse setzt voraus, dass der (vorläufige) Insolvenzverwalter tatsächlich in der Lage ist, den nötigen Einfluss auf die Insolvenzmasse auszuüben und entsprechende Möglichkeiten hat, die erforderlichen Kenntnisse in Bezug auf die Insolvenzmasse zu gewinnen. 157

Die Einflussnahmemöglichkeit sichert das Insolvenzrecht grds. über § 80 InsO ab, wodurch die Verwaltungs- und Verfügungsbefugnis über das schuldnerische Vermögen auf den Insolvenzverwalter übergeht. Der Insolvenzverwalter ist kraft dieser Anordnung berechtigt, uneingeschränkt über das schuldnerische Vermögen zu verfügen und nimmt diejenige Rechtsstellung ein, die der Schuldner in Bezug auf den jeweiligen Vermögensgegenstand innehatte, ohne dass hierdurch eine Rechtsnachfolge i.S.e. Eigentumswechsels etc. einträte. 158

Im Insolvenzeröffnungsverfahren hat der vorläufige Insolvenzverwalter lediglich einen Sicherungsauftrag, der eine nachteilige Veränderung der Insolvenzmasse zulasten der Gläubiger im eröffneten Verfahren verhindern soll. Zur Verwertung von schuldnerischem Vermögen ist der vorläufige Insolvenzverwalter daher, gleich wie weit sein Auftrag im Einzelnen reicht, grds. nicht berechtigt, da die Verwertung von dem Sicherungszweck des vorläufigen Insolvenzverfahrens nur dann gedeckt ist, wenn anderenfalls schwerwiegende Schäden drohten. Dies ist z.B. bei verderblicher Ware der Fall.[152] 159

I.Ü. ergibt sich die Reichweite der Handlungsbefugnisse und Einflussnahmemöglichkeiten des vorläufigen Insolvenzverwalters aus der Reichweite der Anordnung nach §§ 21, 22 InsO. 160

---

151 Vgl. BGH, 20.3.2008 – IX ZR 68/06, ZIP 2008, 884.
152 Vgl. z.B. BGH, 14.12.2000 – IX ZB 105/00, ZInsO 2001, 165.

161 Um seine Befugnisse jedoch im Interesse der Gläubigerschaft auszuüben – und dieses Interesse kollidiert nicht selten mit dem Interesse des Insolvenzschuldners oder seiner Organe, die bei vollständiger Information des Insolvenzverwalters Haftungs- und Regressansprüche befürchten –, ist eine breite Auskunfts- und Informationsgrundlage für den (vorläufigen) Insolvenzverwalter unverzichtbar. Die InsO ordnet deshalb eine Reihe von Auskunfts- und Mitwirkungspflichten an, die auch schon im Insolvenzeröffnungsverfahren Geltung beanspruchen, vgl. §§ 20 Abs. 1 i.V.m. 97, 98, 101 Abs. 1 Satz 1, 2, Abs. 2 InsO.

162 Zunächst hat nach § 20 InsO der Schuldner dem Insolvenzgericht diejenigen Auskünfte zu erteilen, die zur Entscheidung über den Antrag erforderlich sind, und es auch sonst bei der Erfüllung seiner Aufgaben zu unterstützen. Dem Insolvenzgericht obliegt im Insolvenzeröffnungsverfahren eine Amtsermittlungspflicht (§ 5 Abs. 1 Satz 1 InsO), der es regelmäßig in Vollzug der Berechtigung nach § 5 Abs. 1 Satz 2 InsO durch Bestellung eines Sachverständigen, der wiederum mit der Person des vorläufigen Insolvenzverwalters identisch ist, nachkommt. Im Rahmen dieser Amtsermittlungspflicht ist der Schuldner zunächst ggü. dem Insolvenzgericht verpflichtet; dieses leitet seine Auskunftsberechtigung und die Mitwirkungsverpflichtung des Schuldners in dem Beschluss über die Bestellung des Sachverständigen und/oder die Anordnung der vorläufigen Insolvenzverwaltung über auf die Person des Sachverständigen/vorläufigen Insolvenzverwalters.

163 Die zu erteilende Auskunft hat ggf. durch Vorlage von Belegen zu erfolgen. Der nach §§ 97 Abs. 1, 101 Abs. 1 Satz 2 InsO zur Auskunft Verpflichtete darf sich nicht darauf beschränken, sein präsentes Wissen mitzuteilen. Er kann vielmehr auch dazu verpflichtet sein, die Vorarbeiten zu erbringen, die für eine sachdienliche Auskunft erforderlich sind, wobei hierzu auch das Forschen nach vorhandenen Unterlagen und deren Zusammenstellung gehören kann.[153]

164 In §§ 97 ff. InsO sind sodann umfangreiche Auskunfts- und Mitwirkungspflichten des Schuldners geregelt. Insb. hat der Schuldner dabei nach § 97 Abs. 1 Satz 2 InsO auch solche Tatsachen zu offenbaren, die geeignet sind, eine Strafverfolgung gegen ihn herbeizuführen. Nach § 97 Abs. 1 Satz 3 InsO gilt für solche Informationen jedoch ein strafprozessuales Verwertungsverbot. Dieses ist jedoch in der Praxis kaum durchsetzbar.[154]

165 Problematisch ist das Verwertungsverbot insb. dann, wenn ein vorläufiger Insolvenzverwalter nicht bestellt worden ist, sondern das Gericht nach § 5 Abs. 1 Satz 2

---

[153] BGH, 19.1.2006 – IX ZB 14/03, ZInsO 2006, 264.
[154] Bader, NZI 2009, 416; krit. auch Diversy, ZInsO 2005, 180, zu dem praktischen Problem, dass die StA Einsicht in die Insolvenzakte erhält, in der sie wiederum die vom Schuldner dem Insolvenzgericht ggü. gemachten Angaben und Informationen finden. Das Insolvenzgericht schwärzt jedoch entsprechende Passagen nicht vor Herausgabe der Akten an die StA, zu der sie regelmäßig sogar von Amts wegen nach der Verordnung über Mitteilung in Zivilsachen (MiZi) verpflichtet ist.

Hölzle

InsO lediglich einen Sachverständigen bestellt, den Schuldner in dem Beschluss aber auffordert, dem Sachverständigen sämtliche von ihm erbetenen Auskünfte zu erteilen. Wegen der fehlenden Erwähnung des insolvenzgerichtlich bestellten Sachverständigen in § 97 InsO und des Verweises in § 20 InsO auf § 97 InsO nur für die Fälle der Anordnung der vorläufigen Insolvenzverwaltung ist das Beweisverwertungsverbot des § 97 InsO bei der Bestellung nur eines Sachverständigen grds. nicht anwendbar.[155]

Die Befugnisse des Sachverständigen richten sich nach § 4 InsO, der auf die ZPO verweist. Danach stehen dem Sachverständigen grds. die Befugnisse nach §§ 144, 402ff. ZPO zu.[156] Dabei kann das Insolvenzgericht dem Sachverständigen nach Maßgabe des § 404a Abs. 4 ZPO gestatten, eigene Ermittlungen durch Kontaktaufnahme mit Zeugen oder mit dem Insolvenzschuldner anzustellen.[157] Der Gutachter selbst hingegen hat keine Zwangsbefugnisse ggü. den Verfahrensbeteiligten oder Dritten.

166

Praxistipp   167

Dies ändert jedoch nichts daran, dass auf Anregung des Sachverständigen das Insolvenzgericht selbstverständlich jederzeit Zwangsmaßnahmen gegen den Schuldner nach Maßgabe des § 98 InsO durchsetzen kann, die bis zur Zwangshaft reichen. In der Praxis ist es dabei dann im Regelfall nicht erforderlich, dass der Sachverständige solche Maßnahmen über das Insolvenzgericht tatsächlich anstrengt; die Drohung ggü. dem Schuldner reicht in aller Regel aus, damit dieser die Auskünfte unmittelbar dem Sachverständigen ggü. erteilt. Dass darauf das Verwertungsverbot des § 97 Abs. 1 Satz 3 InsO keine Anwendung finden soll, ist dann aber mit der Rechtswirklichkeit nicht in Einklang zu bringen. Vielmehr ist § 97 Abs. 1 Satz 3 InsO insoweit erweiternd auszulegen.

Problematischer als die erforderlichen Auskünfte beim Schuldner zu erhalten, ist regelmäßig die (begrenzte) Reichweite von Ermittlungsmöglichkeiten ggü. Dritten. Die Auskunfts- und Mitwirkungsbereitschaft von Dritten leidet häufig z.B. darunter, dass diese in der Vergangenheit für den Schuldner tätig waren, jedoch keine Bezahlung mehr erhalten haben und deshalb zu weiteren Leistungen oder der Herausgabe von Unterlagen (insb. bei Steuerberatern, Verfahrensbevollmächtigten etc. des Schuldners) nicht mehr bereit sind oder es sich um Gläubiger handelt, die bei Erteilung der geforderten Informationen die Aufdeckung von Anfechtungsansprüchen befürchten.

168

In beiden dieser typischen Fälle jedoch stehen dem Insolvenzverwalter weitreichende Möglichkeiten zu, an die gewünschten Informationen zu gelangen.

169

Zunächst ist davon auszugehen, dass dem Steuerberater, RA etc. des Schuldners ein Zurückbehaltungsrecht an bereits erstellten (Teil-)Leistungen nicht zusteht,

170

---

155 OLG Jena, 12.8.2010 – 1 Ss 45/10, ZInsO 2011, 732.
156 BGH, 4.3.2004 – IX ZB 133/03, ZInsO 2004, 550.
157 Jaeger/Gerhardt, § 5 InsO Rn 15.

weil die Anerkennung eines solchen Zurückbehaltungsrechts gegen den Grundsatz der Gläubigergleichbehandlung (par conditio creditorum) verstoßen würde.

171 Steht dem Steuerberater ggü. dem vorläufigen Insolvenzverwalter wegen der Herausgabeansprüche (§ 667 BGB) von Arbeitsergebnissen (nicht: Schuldnerunterlagen!) zwar das Zurückbehaltungsrecht des § 66 Abs. 4 StBerG bzw. des § 273 BGB zu, so verschiebt sich die Rechtslage nach Eröffnung des Insolvenzverfahrens zugunsten des Insolvenzverwalters.

Das Zurückbehaltungsrecht steht dem Steuerberater nämlich nur wegen fälliger Honoraransprüche zu. Fällig sind nur solche Ansprüche, die durchsetzbar sind. Da Vergütungsansprüche aus dem Vorinsolvenzzeitraum – von der Ausnahme der Begründung von Masseverbindlichkeiten durch den starken vorläufigen Insolvenzverwalter nach § 55 Abs. 2 InsO abgesehen – aber einfache Insolvenzforderungen nach § 38 InsO und damit nicht mehr durchsetzbar sind, verlieren die Zurückbehaltungsrechte ihre Wirkung mit dem Stichtag der Insolvenzeröffnung.

172 Wegen den von dem Steuerberater selbst oder in seinem Auftrag erstellten Unterlagen, wie z.B. Konten, Hauptabschlussübersichten, Inventar- und Anlagenverzeichnissen, Lohnkonten, ist dies allerdings umstritten. Nach einer teils gerichtlich bestätigten Auffassung besteht eine Herausgabepflicht erst nach vollständigem Ausgleich der Honoraransprüche[158]. Grund hierfür ist, dass es sich bei den Arbeitsergebnissen des Steuerberaters nicht um Unterlagen handele, die der Steuerberater i.S.d. § 667 BGB von dem Mandanten bzw. i.R.d. Auftrages erlangt habe. Insoweit stehe dem Steuerberater auch nach Eröffnung des Insolvenzverfahrens ein Zurückbehaltungsrecht ggü. dem Insolvenzverwalter bis zum Ausgleich der Honoraransprüche zu.

173 Nach Auffassung des OLG Düsseldorf kann der Insolvenzverwalter jedoch jedenfalls die Herausgabe der DATEV-Buchhaltungsausdrucke verlangen. Andere Auffassungen gehen noch weiter und verneinen ein Zurückbehaltungsrecht insgesamt unter Hinweis auf die fehlende Nennung eines Zurückbehaltungsrechts in § 51 Nr. 2 InsO.[159]

174 Der Auffassung des OLG Düsseldorf ist uneingeschränkt zuzustimmen, da der Steuerberater die Buchhaltungsausdrucke „aus der Geschäftsbesorgung" erlangt und es sich insoweit nicht um eigene Arbeitsergebnisse im Sinne eigenschöpferischer Leistung handelt. Der Steuerberater, der sich wegen seiner Arbeitsergebnisse auf sein Zurückbehaltungsrecht beruft, muss dies detailliert geltend machen, insb. die ihm zustehenden Forderungen exakt und nachvollziehbar darlegen. Außerdem ist der Steuerberater für die ordnungsgemäße Abrechnung i.S.d. § 9 StBGebV beweispflichtig. Aber auch soweit es sich um eigene Arbeitsergebnisse handelt, ist zu

---

[158] Vgl. z.B. OLG Thüringen, Beschl. v. 13.12.2018 – 4 W 392/18, MDR 2019, 512; **a.A.** LG Hannover, Beschl. v. 4.3.2009 – 44 StL 19/06, NZI 2010, 119.
[159] LG Cottubs, Urt. v. 2.5.2001 – 1 S 42/01, DStRE 2002, 63; Gottwald, Insolvenzrechts-Handbuch, § 42 Rn 51; zum Zurückbehaltungsrecht des RA ebenso MüKo/Bearbeiter, § 51 InsO Rn 242.

bedenken, dass der Steuerberater damit in Vorleistung gegangen ist und letztlich ein Insolvenzrisiko des Mandanten übernommen hat. Die wesentliche Leistung des Steuerberaters besteht in der Erbringung der Dienstleistung selbst und nicht in der Überlassung der dokumentierten Arbeitsergebnisse in Papierform. Wenn aber die charakteristische Leistung, die anders als z.B. bei einem Werklieferungsvertrag nicht in der Verschaffung von Besitz und Eigentum besteht, bereits erbracht ist, dann ist eine Besserstellung des Steuerberaters ggü. anderen Insolvenzgläubigern nicht gerechtfertigt. Die fehlende Nennung des Zurückbehaltungsrechts in § 51 Nr. 2 InsO bewirkt daher eine uneingeschränkte Herausgabepflicht des Steuerberaters ggü. dem Verwalter.

Für die Herausgabepflicht in Bezug auf Schuldnerunterlagen gilt dies ohnehin. Diese Pflicht kann dabei sogar unter Androhung von Zwangsgeld durchgesetzt werden, was sich aus dem Verweis in § 4 InsO u.a. auf § 142 ZPO erschließt. Das Insolvenzgericht ist danach nämlich im Rahmen seiner Amtsermittlungspflicht berechtigt, die Vorlage von Unterlagen anzuordnen, die sich im Besitz von Dritten befinden. Verweigert der Dritte die Herausgabe von Unterlagen, so ist das Insolvenzgericht berechtigt, diese unter Androhung und anschließender Festsetzung eines Zwangsgeldes durchzusetzen.[160] Noch einschneidender sind die Auskunftsansprüche des Insolvenzverwalters ggü. Behörden und sonstigen öffentlich-rechtlichen Hoheitsträgern, die häufig für den Insolvenzverwalter deswegen interessant sind, weil sie wegen der selbst erklärten Vollstreckbarkeit ihrer Titel zu den zuerst vollstreckenden Gläubigern und damit regelmäßig zu den Wichtigsten Anfechtungsgegnern gehören. Ggü. diesen Gläubigern besteht ein uneingeschränkter Auskunftsanspruch nach dem IFG des Bundes und den entsprechenden Gesetzen der Länder.

Dass auch der Insolvenzverwalter berechtigt ist, diesen Anspruch für den Schuldner durchzusetzen, ist mittlerweile anerkannt.[161] Da der Informationsanspruch nach IFG jedoch nur greift, wenn kein vorrangiger spezialgesetzlicher Auskunftsanspruch oder eine diesen sperrende Norm existiert, war streitig, inwieweit aus dem IFG tatsächlich Auskunftsansprüche insb. gegen Sozialversicherungsträger (Vorrang des SGB?) oder die Finanzverwaltung (Vorrang der AO?) hergeleitet werden können.

Insb. das OVG NRW (Münster) hat sich hier mit den beiden vorzitierten Entscheidungen als Wegbereiter erwiesen und sowohl Informationsansprüche gegen Sozialversicherungsträger als auch gegen die Finanzverwaltung sehr differenziert und wohl begründend bejaht. I.R.d. Rechtsstreites über die Berechtigung des Insolvenzverwalters, auch von der Finanzverwaltung Auskünfte nach IFG einholen zu

---

160 Vgl. LG Köln, 5.7.2004 – 19 T 81/04, NZI 2004, 671.
161 OVG NRW, 28.7.2008 – 8 A 1548/07, ZInsO 2008, 927 – Sozialversicherungsträger; OVG NRW, 15.6.2011 – 8 A 1150/10, ZIP 2011, 1426 (bei Redaktionsschluss n. rk.) – Finanzverwaltung.

können, hat das OVG Nordrhein-Westfalen i.Ü. auch klargestellt, dass für Auskunftsansprüche nach IFG nicht das FG zuständig ist, wie es noch das VG gesehen und den Rechtsstreit an das FG verwiesen hatte, sondern dass es sich bei dem Auskunftsanspruch nach IFG um eine Verwaltungsrechtsangelegenheit handelt, die im Verwaltungsrechtsweg auszutragen ist.[162]

178 Demgegenüber geht der BGH[163] im zivilrechtlichen Anfechtungsrechtsstreit davon aus, dass eine Auskunfts- oder Offenbarungspflicht des Anfechtungsgegners in Bezug auf anfechtbar erhaltene Zahlungen wegen des zivilprozessualen Beibringungsgrundsatzes grds. nicht besteht und die volle Darlegungs- und Beweislast beim Insolvenzverwalter liegt. Etwas anderes kann sich aus § 242 BGB nur dann ergeben, wenn der Anfechtungstatbestand dem Grunde nach vollständig nachgewiesen ist, der Insolvenzverwalter aus entschuldbaren Gründen jedoch gehindert ist, die Höhe des Anspruches genau zu beziffern.

II. Sicherung des Unternehmens und der Unternehmensfortführung im Ganzen

179 Auch dem vorläufigen Insolvenzverwalter obliegt grundsätzlich die Pflicht, einen vorgefundenen laufenden Geschäftsbetrieb im Insolvenzeröffnungsverfahren fortzuführen.[164] Die Fortführung eines Geschäftsbetriebes wird durch eine Gesetzesänderung v. 13.4.2007 (Gesetz zur Vereinfachung des Insolvenzverfahrens) noch erleichtert, mit welcher dem Katalog möglicherSicherungsanordnungen des § 21 InsO in Abs. 2 eine neue Nr. 5 angefügt wurde. Danach ist das Insolvenzgericht ermächtigt, anzuordnen, dass Gegenstände, die im Fall der Eröffnung des Insolvenzverfahrens von § 166 InsO erfasst würden oder deren Aussonderung verlangt werden könnte, vom Gläubiger nicht verwertet oder eingezogen werden dürfen, und dass solche Gegenstände zur Fortführung des Unternehmens des Schuldners eingesetzt werden können, soweit sie hierfür von erheblicher Bedeutung sind. Darüber hinaus ordnet § 21 Abs. 2 Nr. 5 InsO die entsprechende Geltung von §§ 169 Satz 2 und 3 InsO sowie §§ 170, 171 InsO an.

180 Durch diese Regelung soll gewährleistet werden, dass betriebswesentliche Gegenstände nicht bereits im Insolvenzeröffnungsverfahren durch die Geltendmachung von Absonderungs- oder Aussonderungsansprüchen der Masse entzogen und so die Betriebsfortführung und ggf. bestehende Sanierungsaussichten von vornherein zunichte gemacht werden.[165]

---

162 OVG NRW, 26.8.2009 – 8 E 1044/09, ZInsO 2009, 2401.
163 Vgl. z.B. BGH, 13.8.2009 – IX ZR 58/06, ZInsO 2009, 1810.
164 Hölzle, ZIP 2011, 1889.
165 Ausführlich zu dieser Vorschrift und den mit ihr verbundenen Problemen Kirchhof, ZInsO 2007, 227.

Für die aus- und absonderungsberechtigten Gläubiger beinhaltet § 21 Abs. 2 **181**
Nr. 5 InsO insb. wegen des Verweises auf § 169 InsO eine einschneidende Regelung.
Die Suspendierung von Aus- und Absonderungsrechten erfolgt nämlich grds. für die
Dauer von 3 Monaten unentgeltlich, d.h. ohne weiteren Anspruch auf Zahlung der
vorinsolvenzlich ggf. vereinbarten Nutzungs- oder Überlassungsentgelte. Durch die
Nichtzahlung werden Kündigungsrechte nicht ausgelöst, weil es hierzu an dem für
einen Verzug nötigen Verschulden fehlt.[166] Lediglich der durch die fortwährende
Nutzung eintretende Wertverzehr ist zu entschädigen. Dieser dürfte angesichts der
kurzen Dauer vorläufiger Insolvenzverfahren allerdings kaum je feststellbar sein
(weitere Abnutzung von Maschinen, Kilometerleistung von Pkw etc.).[167]

Wegen dieser einschneidenden Rechtsfolgen, die nicht zuletzt einen Eingriff in **182**
die Eigentumsgarantie (Art. 14 GG) darstellen, hat der BGH[168] an das Begründungserfordernis sehr hohe Anforderungen gestellt. Er hat klargestellt, dass ein Verwertungs- und Einziehungsverbot für künftige Aus- und Absonderungsrechte sowie
eine Anordnung, dass davon betroffene Gegenstände zur Fortführung des Unternehmens eingesetzt werden können, nur durch eine individualisierende Anordnung
getroffen werden können, die dem sachenrechtlichen Bestimmtheitsgrundsatz vollkommen Rechnung trägt. In dem Beschluss müsse daher individualisiert bezeichnet
angegeben werden, welche Gegenstände konkret von der Anordnung umfasst sind.

Für den vorläufigen Insolvenzverwalter begründet dies die Schwierigkeit, die **183**
betroffenen Gegenstände in einem sehr frühen Verfahrensstadium bereits genau
bezeichnen und auflisten zu müssen, was angesichts der Schwere des Eingriffs jedoch richtig und auch zumutbar scheint.

Weitgehend ungeklärt ist demgegenüber jedoch, ob der in seinem Wortlaut **184**
nicht differenzierende § 21 Abs. 2 Nr. 5 InsO tatsächlich jede Form von Aus- und Absonderungsrechten erfasst.

Im Insolvenzverfahren gibt es mehr als 20 denkbar mögliche Varianten von **185**
Aussonderungsrechten (vgl. unten Rdn 247 ff.), die in ihrem Rechtsgrund, der
Rechtsstellung des Schuldners und in ihrer Ausgestaltung sehr stark variieren. Es
wird deshalb in der Literatur zu Recht die Auffassung vertreten, dass § 21 Abs. 2
Nr. 5 InsO sich nicht unterschiedslos auf sämtliche Aus- und Absonderungsrechte
erstreckt, sondern dass auszusondernde Gegenstände, an denen der Schuldner zu
keinem Zeitpunkt ein eigenes Recht erlangt hat, von der Sicherungsmaßnahme ausgeschlossen sind.[169] Sehr ausführlich hat sich dabei auch Kirchhof[170] mit der Exegese
und nötigen Einschränkungen des § 21 Abs. 2 Nr. 5 InsO im Rahmen seiner Anwend-

---

[166] Hölzle, ZIP 2014, 1155.
[167] Vgl. Braun/Böhm, § 21 InsO Rn 65.
[168] BGH, 3.12.2009 – IX ZR 7/09, ZInsO 2010, 136.
[169] Vgl. Graf-Schlicker/Voß, § 21 InsO Rn 25.
[170] Kirchhof, ZInsO 2007, 227.

barkeit auf Aussonderungsrechte befasst. Auch Kirchhof kommt dabei zu dem Ergebnis, dass an denjenigen Vermögensgegenständen, an welchen der Insolvenzschuldner kein eigenes Recht erlangt hat, dem Berechtigten nicht gegen seinen Willen eine fortdauernde Nutzung zugemutet werden kann, die im Ergebnis auch noch unvergütet bleibt. Kirchhof bezieht diese Rechtsauffassung sodann ausdrücklich auf Miet- und Leasingverträge und die sich aus solchen Verträgen ableitenden Rechte des Vermieters bzw. Leasinggebers hinsichtlich der Beendigung – oder, als minderes Mittel: der einstweiligen Vorenthaltung/Zurückbehaltung – der Nutzungsmöglichkeit.

186 In der Tat gründet die Sicherungsanordnung des § 21 Abs. 2 Nr. 5 InsO wohl tatsächlich auf der Überlegung, dass Rechtspositionen, welche der Schuldner vorinsolvenzlich erlangt hat, nicht vorschnell vernichtet werden können sollen, wodurch tatsächlich im Einzelfall Erfolg versprechende Sanierungsbemühungen zum Scheitern gebracht werden können. Die Sicherungsanordnung des § 21 Abs. 2 Nr. 5 InsO ist damit eine Vorschrift, die die ratio des § 119 InsO in das Insolvenzeröffnungsverfahren vorverlagert und dem vorläufigen Insolvenzverwalter bereits einen Anspruch einräumt, eine – zeitlich befristete – Insolvenzfestigkeit von dem Schuldner zugewiesenen Rechtspositionen herbeizuführen. Dies gründet jedoch auf der Notwendigkeit, dass der Schuldner selbst tatsächlich eine solche Rechtsposition innehat, die immer Folge einer Vorleistung des Gläubigers ist. Ist der Gläubiger jedoch vorinsolvenzlich in Vorleistung getreten, so hat er das Insolvenzrisiko sehenden Auges in Kauf genommen, was eine insolvenzliche Verstrickung dieser Vorleistung auch unter dem Gesichtspunkt der par conditio creditorum rechtfertigt.

187 Auch bei Miet- und Pachtverhältnissen besteht ein der Vorleistung ähnliches Risiko, da der Gegenstand der Nutzung durch den Schuldner überlassen worden ist. Da durch § 21 Abs. 2 Nr. 5 InsO auch nur dieses Nutzungsrecht insolvenzrechtlich zum Zwecke des Erhalts der Sanierungsoptionen manifestiert und nicht in die Sachsubstanz eingegriffen wird, erstreckt sich § 21 Abs. 2 Nr. 5 InsO seiner Ratio nach (Grundgedanke: § 119 InsO) auch auf Miet- oder Leasingverträge. Während der Anwendungsdauer des § 21 Abs. 2 Nr. 5 InsO sind, ebenfalls dr Ratio der Norm folgend, außerordentliche Kündigungsrechte wegen Zahlungsverzugs ebenfalls suspendiert, da es bereits am Verzug fehlt (oben Rn 180).

188 § 21 Abs. 2 Nr. 5 InsO ist daher auch auf reine Nutzungsüberlassungsverhältnisse und auch auf die Nutzungsüberlassung von Immobilien anwendbar.[171] Wie der BGH[172] zuletzt allerdings festgestellt, und dadurch den Anwendungsbereich des § 21 Abs. 2 Nr. 5 InsO deutlich geschwächt hat, ist eine Anwendung auf Umlaufvermögen und dessen Verwertung ausgeschlossen.[173]

---

171 Vgl. nochmals Hölzle, ZIP 2014, 1155.
172 BGH, 24.1.2019 – IX ZR 110/17, ZIP 2019, 472.
173 Kritisch dazu Hölzle, in: Kayser/Thole, HK-InsO, § 172 Rn 5.

D. Aussonderung

I. Allgemeines

Nicht nur das den gesicherten Gläubigern unter geltung der alten Rechtslage zustehende Recht, ihre Sicherheiten aus dem schuldnerischen Vermögen außerhalb des Konkursverfahrens selbst zu verwerten, sondern auch das damit verbundene unkoordinierte „asset stripping" führte zur Vereitelung von Fortführungsmöglichkeiten in Konkurs geratener Unternehmen innerhalb des Verfahrens und nicht zuletzt auch zu dem häufig beklagten „Konkurs des Konkurses".[174] 189

Dementsprechend wurden in der Diskussion um den Erlass der InsO und die nötigen Reformen des Rechts der Sicherheiten auch Möglichkeiten und Wege diskutiert, wie die gesicherten Gläubiger stärker in das Insolvenzverfahren eingebunden werden könnten. Insb. hielt es der InsO-Gesetzgeber für erforderlich, das Verwertungsverfahren den Bedürfnissen einer geordneten Insolvenzabwicklung anzupassen und die Insolvenzmasse vor der unkontrollierten Zerschlagung durch Einzelzugriffe zu schützen.[175] 190

Die Lösung dieser aus der KO bekannten Probleme betraf nach Ansicht des Gesetzgebers aber im Wesentlichen die Einbeziehung der absonderungsberechtigten Gläubiger in das Insolvenzverfahren. Absonderungsberechtigte Gläubiger, die zugleich auch eine persönliche Forderung gegen den Schuldner haben, werden nach § 52 Satz 1 InsO vollständig als Insolvenzgläubiger in das Verfahren einbezogen. Sie können die ihnen zustehenden Ansprüche nur innerhalb des Insolvenzverfahrens und nur nach Maßgabe der insolvenzrechtlichen Vorschriften geltend machen. 191

Ganz anders die Vorschrift über Aussonderungsrechte. Entsprechend den einleitenden Ausführungen (vgl. oben Rdn 5 ff.) werden auch von dem insolvenzrechtlichen Gesamtvollstreckungsverfahren und deren mit ihm verfolgen Haftungsordnung nur die Vermögensgegenstände erfasst, die dem schuldnerischen Vermögen, der Soll-Masse, zuzuordnen sind. Wie erläutert, fallen gem. § 35 InsO deshalb nur diejenigen Gegenstände in die Insolvenzmasse, die dem Schuldner haftungsrechtlich zuzuordnen sind, diesem „gehören". 192

Gegenstände, Forderungen und Rechte, die nach dieser Qualifikation bzw. Definition aus dem schuldnerischen Haftungsverband des § 35 InsO herausfallen, nehmen an der insolvenzrechtlichen Gesamtvollstreckung nicht teil und sind auszusondern, § 47 InsO. 193

---

[174] Vgl. RegE-InsO, BT-Drucks. 12/2443, S. 72.
[175] BT-Drucks. 12/243, S 2.

194   Mit der Eröffnung des Insolvenzverfahrens nimmt der Insolvenzverwalter das gesamte zur Insolvenzmasse gehörende Vermögen sofort in Besitz und unter Verwaltung (§ 148 Abs. 1 InsO).[176] Mit diesem Zeitpunkt, der Eröffnung des Insolvenzverfahrens also, entsteht der Aussonderungsanspruch.[177] Der vorläufige Insolvenzverwalter ist daher nicht berechtigt, Aussonderungsbegehren zu erfüllen. Dies würde seinem Sicherungsauftrag zuwiderlaufen, da durch die Aussonderung die Ist-Masse,[178] die der vorläufige Insolvenzverwalter in ihrem Bestand zunächst zu erhalten hat, geschmälert würde.[179]

195   Die Aussonderungsberechtigten sind daher keine Insolvenzgläubiger, sondern machen im Verfahren lediglich den Anspruch geltend, dass die vorgefundene Ist-Masse um die auszusondernden Gegenstände auf die Soll-Masse zu reduzieren ist. Der Aussonderungsanspruch aus § 47 InsO findet in der Einzelzwangsvollstreckung seine Parallele daher in der Drittwiderspruchsklage des § 771 ZPO.[180]

196   Die materielle Aussonderungsberechtigung ergibt sich, dies ist Folge dieser Parallele, dabei nicht aus § 47 InsO selbst, sondern aus den allgemeinen Gesetzen und den materiell-rechtlich vorzufindenden Rechtspositionen. Die Vorschriften über die Aussonderung von nicht massezugehörigen Gegenständen sind zwingend und stehen nicht zur Disposition des Insolvenzverwalters und des Schuldners.[181] Selbstverständlich kann der Insolvenzverwalter sich aber mit aus- und absonderungsberechtigten Gläubigern über die Reichweite ihrer Rechte vergleichen, wenn an der Wirksamkeit ihrer materiell-rechtlichen Entstehung Zweifel bestehen. Diese können begründet sein in jeder Art materiell-rechtlicher Mängel, wobei sachenrechtliche Fragen häufig im Vordergrund stehen, nämlich Fragen der Erfüllung des Bestimmtheitsgrundsatzes, der sachenrechtlichen Publizität, der Übersicherung (§ 138 BGB), AGB-rechtliche Fragen, aber auch Fragen des Insolvenzrechts, insb. der Insolvenzanfechtung.

197   Zu differenzieren ist bei der Bestimmung von Aussonderungsrechten zwischen dinglichen und persönlichen (schuldrechtlichen) Aussonderungsrechten. Aussonderungsfähig i.S.d. § 47 InsO sind daher insb. Gegenstände, also bewegliche und unbewegliche Sachen, dingliche und persönliche Rechte, Forderungen aller Art sowie der

---

176 Hierin kommt zugleich ein vorläufiges Verwertungsverbot zum Ausdruck, da nach § 159 InsO die Insolvenzmasse grds. erst nach dem Berichtstermin, vgl. § 29 Abs. 1 Nr. 1 InsO, verwertet werden darf, vgl. MüKo/Füchsl/Weishäupl, § 148 InsO Rn 3.
177 MüKo/Ganter, § 47 InsO Rn 446.
178 Dass sich im vorläufigen Insolvenzverfahren der Sicherungsauftrag des vorläufigen Insolvenzverwalters auf die Ist- und nicht auf die Soll-Masse bezieht, entspricht der Rspr., vgl. OLG Hamm, NZI 2000, 477, 478.
179 MüKo/Ganter, § 47 InsO Rn 471a; Kölner Schrift/Uhlenbruck, S. 325, 351 Rn 28; AG Mühldorf a. Inn, ZInsO 1999, 481.
180 Runkel/Drees, Anwalts-Hdb. Insolvenzrecht, § 6 Rn 19.
181 Hess, Sanierungshandbuch, Rn 20.3.

Besitz. Mängel in der Bestimmtheit des Aussonderungsrechts und/oder der Bestimmbarkeit des Aussonderungsobjekts gehen grds. zulasten des aussonderungsberechtigten Gläubigers.[182] Ob hiervon in besonders gelagerten Fällen Ausnahmen zuzulassen sind, ist ungeklärt. Folgender Beispielsfall böte ein Paradebeispiel zur wirtschaftlich orientierten Auslegung der Definition von Aussonderungsansprüchen:

Beispiel 198

Maschinenfabrik M verwendet bei der Montage ihrer Maschinen Komponenten des Herstellers/Zulieferers H. H ist für die fraglichen Bauteile der einzige Lieferant. Im Zeitpunkt der Insolvenzantragstellung befinden sich im Lager der M von H gelieferte Komponenten, bilanziert nach der LiFo-Methode, im Einkaufswert von 100. Dem stehen offene Lieferrechnungen i.H.v. 70 ggü. Die vorhandene Ware ist also zu 30% bezahlt. Die unstreitig einbezogenen allgemeinen Lieferbedingungen von H sehen einen verlängerten, nicht aber einen erweiterten Eigentumsvorbehalt vor. Eine Zuordnung der vorgefundenen Komponenten zu den bezahlten oder unbezahlten Rechnungen ist unmöglich. H macht Aussonderungsansprüche geltend. Der Insolvenzverwalter der M verweigert diese unter Hinweis auf die fehlende sachenrechtliche Bestimmtheit, weil eine Zuordnung der Gegenstände zu den dem Eigentumsvorbehalt unterliegenden unbezahlten Rechnungen nicht möglich sei.

Mögliche Lösung

Die Insolvenzschuldnerin hat für Zwecke ihrer Rechnungslegung nach HGB buchhalterisch die sog. Last in – First out-Methode (LiFo-Methode) angewendet. Dies ist nach § 6 Abs. 1 Nr. 2 a) EStG i.V.m. § 8 Abs. 1 KStG sowohl steuerlich als auch nach § 256 Satz 1 HGB handelsrechtlich zulässig.

Hiernach gilt für die Bewertung eines Vorratslagers eine Unterstellung dergestalt, dass die zuletzt eingegangenen Produkte einem Lager zuerst entnommen werden, also jeweils die jüngste Lieferung zuerst Verwendung findet. Die LiFo-Methode wird landläufig der Art verbildlicht, dass eine große Lagerhalle nicht an beiden Enden über Lagertore verfügt, von welchen eines für die Einlagerung und das andere für die Auslagerung dient, sodass stets das älteste Produkt, das am nächsten am Auslagerungstor liegt, Verwendung findet, sondern dass die Lagerhalle nur ein Tor hat und sämtliche Waren stets von vornherein gefahren und auch von dort wieder herausgeholt werden. Damit findet stets die zuletzt eingelagerte Ware zuerst Verwendung.

Ist im vorliegenden Fall aber davon auszugehen, dass die Insolvenzschuldnerin ihren vertraglichen Nebenpflichten (§ 241 Abs. 2 BGB) nur dann gerecht wird, wenn dieses System der Bewertung ihrer Lagerbestände auch für Zwecke der zivilrechtlichen Beurteilung angewendet wird, so folgt daraus, dass mangels und zulasten der Insolvenzschuldnerin gehender Nachweisbarkeit der konkreten Produktverwendung zu konkreten Lieferungen jeweils die Produkte und Komponenten der letzten Lieferung als erstes Verwendung gefunden haben.

Diese – auch bei zivilrechtlicher Unterstellung – zuerst verwendeten, aber zuletzt gelieferten Komponenten und Bauteile waren jedoch im Zeitpunkt ihrer Verwendung nicht bezahlt. Nach § 366 Abs. 2 BGB wird von mehreren fälligen Schulden zuerst diejenige bedient, welche dem Gläubiger die geringere Sicherheit bietet. Die geringste Sicherheit bietet der Klägerin hier wegen der Verrechnung zunächst auf die fälligen und unter den fälligen auf die älteste Schuld gerade diese jeweils älteste Schuld, da mit der Bezahlung der vereinbarte verlängerte Eigentumsvorbehalt untergeht.

---

182 BGH NJW 1996, 2233.

Hölzle

> Daraus folgt dann aber, dass solange aus dem bestehenden Kontokorrentverhältnis noch Forderungen der Klägerin gegen die Insolvenzschuldnerin offen sind, sich diese Forderungen auf die jeweils jüngsten Rechnungen und Lieferungen beziehen. Dies sind aber diejenigen Lieferungen, die als erstes als verwendet gelten.
> Aus der Gegenläufigkeit der Verwendungsfiktion des § 256 Abs. 1 HGB einerseits und der Tilgungsfiktion des § 366 Abs. 2 BGB andererseits folgt daher, dass solange ein offener Saldo besteht, die verwendeten Bauteile zwingend dem vereinbarten verlängerten Eigentumsvorbehalt unterfallen. Die sachenrechtliche Spezialität ist, da andere Lieferanten als die Klägerin nicht in Betracht kommen, unter Anwendung dieser doppelten Fiktion – zu der es aber keine Alternative gibt – gewahrt. Eines wie auch immer gearteten Nachweises der Nämlichkeit i.S.e. Bezeichnung, Benennung des Gegenstandes bedürfte es nicht.

199 Rechtsprechung zu einer solchen „betriebswirtschaftlichen Auslegung des sachenrechtlichen Spezialitätsprinzips" gibt es soweit erkennbar jedoch nicht. Grds. verbleibt es deshalb bei der Geltung der sachen- und der schuldrechtlichen Notwendigkeit zur Identifikation des Aussonderungsgutes. Dies gilt insb. auch für die Bildung von Sicherheitenpools (dazu unten Rdn 241).

II. Dingliche Aussonderungsansprüche

200 In feiner Differenzierung zu den dinglichen Sachenrechten, worunter für gewöhnlich all diejenigen Rechte zählen, die dem Rechtsinhaber das Recht zur Herrschaft über eine Sache (insb. §§ 854, 903 BGB) gewähren, zählen zu den dinglichen Rechten i.S.d. § 47 InsO diejenigen, die die Rechtsinhaberschaft an Gegenständen i.S.d. InsO dem Aussonderungsberechtigten zuweisen[183] Der BGH[184] hat dabei klargestellt, dass der Aussonderungsanspruch nur den dinglichen Titel erfasst, nicht jedoch daraus abzuleitende Folgeansprüche, weshalb der Herausgabeanspruch des Mieter sich aus § 985 BGB als Aussonderungsanspruch in der Insolvenz fortsetzt, ein weiter gehender mietvertraglicher Räumungsanspruch jedoch kein Aussonderungsrecht begründet. Die dem Aussonderungsberechtigten zugewiesene Rechtsinhaberschaft muss grds. eine diesen uneingeschränkt berechtigende Rechtsinhaberschaft sein, die nicht mit Vorbehalten zugunsten der Insolvenzmasse behaftet ist. Aus diesem Grunde begründet insb. die Sicherungsübereignung, obwohl zivilrechtlich Vollrechtseigentum und auch i.R.d. § 771 ZPO vollständig respektiert, nur ein Absonderungs – nicht aber ein Aussonderungsrecht.[185]

---

[183] Runkel/Drees, Anwalts-Hdb. Insolvenzrecht, § 6 Rn 22.
[184] BGH, 5.7.2011 – IX ZR 327/99, NJW 2001, 2966.
[185] MüKo/Ganter, § 51 InsO Rn 4; Uhlenbruck/Brinkmann, InsO, § 51 Rn 27; Hess, Sanierungshandbuch, Rn 20.64.

Hölzle

Eine Übersicht über die typischen Aussonderungsansprüche findet sich im Anschluss an die Darstellung im ABC der Sicherungsrechte (unten Rdn 250). 201

III. Schuldrechtliche Aussonderungsansprüche

Nicht nur dingliche, sondern auch persönliche Rechte können einen Aussonderungsanspruch begründen, wenn sie auf die Herausgabe gerichtet sind. Dies ist z.B. der Fall bei den Herausgabeansprüchen des Verpächters, Vermieters, Verpfänders und Verleihers, aber auch bei dem Anspruch des Direktversicherten[186] (Arbeitnehmers, Geschäftsführers etc.), zu dessen Gunsten im Versicherungsvertrag ein unwiderrufliches Bezugsrecht eingeräumt wurde und zwar unabhängig von der Frage, ob die Prämien auf eine Gehaltsumwandlung zurückgehen oder aus dem Vermögen des Arbeitgebers bezahlt wurden.[187] Für den auf Räumung und Herausgabe zielenden Anspruch auf Rückgabe der Mietsache nach § 546 ABs. 1 BGB gilt dies jedoch nur insoweit, als er sich seinem Inhalte nach mit dem Herausgabeanspruch aus § 985 BGB deckt.[188] 202

Verschaffungsansprüche gewähren demgegenüber keinen Aussonderungsanspruch, weil sie (noch) nicht auf die Herausgabe einer individualisierbaren Sache oder eines individualisierbaren Rechtes gerichtet sind.[189] Der Herausgabeanspruch des schuldrechtlich Berechtigten ist mit Blick auf die Entstehung eines Aussonderungsanspruches unabhängig davon, ob der schuldrechtlich Berechtigte auch der dinglich Berechtigte ist. Es kommt vielmehr allein darauf an, dass der Herausgabeanspruch darauf beruht, dass die Sache nicht zur Masse gehört.[190] Ein Verschaffungsanspruch begründet auch dann kein Aussonderungsrecht, wenn der Verschaffungsanspruch als auf die Herausgabe einer Sache oder eines Rechts gerichteter Anspruch formuliert ist, wie dies insb. für Bereicherungsansprüche gilt. Denn auch hier gilt, dass der Bereicherungsanspruch nicht darauf beruht, dass das Recht an dem betreffenden Gegenstand nicht zur Insolvenzmasse gehört. Vielmehr ist der Bereicherungsanspruch gerade darauf gerichtet, einen solchen mit der Rechtsordnung nicht zu vereinbarenden Rechteerwerb rückgängig zu machen. Dies aber stellt einen schuldrechtlichen Verschaffungsanspruch dar, der gerade kein individualisiertes Recht begründet, dass dazu berechtigt, die Massefremdheit des Gegenstandes geltend zu machen.[191] 203

---

186 Vgl. dazu die ausführliche Übersicht bei HambKomm/Büchler, § 47 InsO Rn 63.
187 BGH NZI 2001, 604.
188 BGH, 7.7.2010 – XII ZR 158/09, ZIP 2010, 2410.
189 BGH ZIP 2000, 238.
190 Runkel/Drees, Anwalts-Hdb. Insolvenzrecht, § 6 Rn 81; Gundlach/Frenzel/Schmidt, DZWIR 2001, 95.
191 Uhlenbruck/Brinkmann, § 47 InsO Rn 62.

Hölzle

204 Auch Forderungen können Gegenstand des Aussonderungsanspruches sein, wenn dem Forderungsinhaber das ausschließliche Recht zum Forderungseinzug zusteht.[192] Dies ist der Fall, wenn die Forderung (unbedingt) abgetreten oder an Zahlung statt überwiesen ist. Denn in diesen Fällen ist der Zessionar Vollrechtsinhaber der Forderung ohne fiduziarischen Charakter geworden. Überwiegt jedoch der fiduziarische Charakter z.B. einer Abtretung, liegt also insb. eine Sicherungsabtretung vor, so kann der Zessionar für sich nicht die unbedingte Forderungsinhaberschaft und nicht den absoluten Zuweisungsgehalt der Forderung reklamieren. Die Sicherungsabtretung begründet daher lediglich ein Absonderungs-, nicht aber ein Aussonderungsrecht.[193] An dieser Stelle wird deutlich, dass es sich bei der Sicherungsabtretung letztlich um ein besitzloses Pfandrecht handelt, wobei gerade die Besitzlosigkeit hier die Entstehung des Aussonderungsanspruches hindert.

IV. Geltendmachung des Aussonderungsanspruches

205 Der Insolvenzverwalter und auch der vorläufige Insolvenzverwalter sind zur Sicherung zunächst der gesamten Insolvenzmasse verpflichtet. Insb. der Schutzzweck der vorläufigen Insolvenzverwaltung umfasst dabei die Verpflichtung des vorläufigen Insolvenzverwalters, das gesamte vorgefundene Vermögen zu sichern und zu erhalten und zwar ungeachtet der Prüfung der Eigentumsverhältnisse. Auch der Aussonderungsgläubiger hat daher einen Sicherungsanspruch gegen den (vorläufigen) Insolvenzverwalter.[194] Insb. für Gegenstände, die unter Eigentumsvorbehalt geliefert worden sind, folgt dies aus § 107 Abs. 2 InsO, dort insb. aus Satz 2. Danach muss der Insolvenzverwalter eine Erklärung über die Vertragserfüllung gem. § 103 InsO erst unverzüglich nach dem Berichtstermin (§ 156 InsO) abgeben. Bis dorthin ist er nicht verpflichtet, den Aussonderungsgegenstand herauszugeben. Die Schutzpflicht zugunsten des Aussonderungsgläubigers ergibt sich aber aus § 107 Abs. 2 Satz 2 InsO, wonach nämlich ein weiter gehender Anspruch des Aussonderungsgläubigers auf vorzeitige Herausgabe für den Fall des Wertverfalls besteht. I.Ü. folgt eine entsprechende Suspendierung der Aussonderungsansprüche während des Insolvenzeröffnungsverfahrens auch aus der Fortführungspflicht des vorläufigen Insolvenzverwalters, wonach für ein vorgefundenes und noch lebendes Unternehmen sämtliche gleichberechtigt nebeneinanderstehenden Insolvenzziele (Sanierung im Insolvenzplanverfahren, übertragende Sanierung, Liquidation) im Insolvenzeröffnungsver-

---

192 Uhlenbruck/Brinkmann, § 47 InsO Rn 48.
193 Vgl. MüKo/Ganter, § 51 InsO Rn 4.
194 Vgl. Uhlenbruck/Vallender, § 22 InsO Rn 48.

fahren potenziell erhalten bleiben müssen. Damit aber verträgt sich die Erfüllung von Aussonderungsansprüchen bereits im Insolvenzeröffnungsverfahren nicht.[195]

Der Insolvenzverwalter hat dem aussonderungsberechtigten Gläubiger jedoch Auskunft über das Aussonderungsgut, dessen Verbleib und ggf. Art und Menge zu erteilen. Dies schließt z.B. beim verlängerten Eigentumsvorbehalt die Auskunft über den Weiterverkauf und daraus etwaig entstandene Forderungen ein.[196] Hat der Aussonderungsgläubiger sein Aussonderungsrecht materiell-rechtlich nachgewiesen und stehen insolvenzrechtliche Gründe der Herausgabe nicht (mehr) entgegen (§ 107 Abs. 2 InsO, vorläufige Insolvenzverwaltung), so ist der Insolvenzverwalter zur Herausgabe des Aussonderungsguts nach Maßgabe des jeweiligen materiellen Anspruches (z.B. § 985 BGB) jeweils i.V.m. § 47 InsO verpflichtet. Die Verpflichtung umfasst jedoch lediglich die Bereitstellung des Aussonderungsgutes, nicht auch dessen Versand. **206**

Ist mit der Auskunft oder mit der Herausgabe ein unverhältnismäßiger Aufwand verbunden, weil z.B. der Insolvenzverwalter zunächst umfangreiche Ermittlungen über den Verbleib des Aussonderungsgutes anstellen müsste, so beschränkt sich der Anspruch auf die dem Insolvenzverwalter im Rahmen seiner Tätigkeit unschwer zugänglichen Information und Unterlagen. Ein umfassender Anspruch auf Ermittlung oder detaillierte Auskunft steht dem Aussonderungsgläubiger nicht zu, soweit dem Insolvenzverwalter hierdurch über seinen gewöhnlichen Auftrag hinausgehende Ermittlungslasten auferlegt würden. In diesem Fall ist dem Aussonderungsgläubiger jedoch (ausnahmsweise) Gelegenheit zu geben, die notwendigen Schuldnerunterlagen selbst einzusehen, um sich selbst in die Lage zu versetzen, den Aussonderungsanspruch zu realisieren.[197] **207**

Weigert sich der Insolvenzverwalter, den Aussonderungsanspruch zu erfüllen, so steht dem Aussonderungsberechtigten der Klageweg offen. Die Beschränkungen des § 87 InsO gelten nicht, da der Aussonderungsgläubiger nach § 47 InsO gerade nicht Insolvenzgläubiger ist. **208**

Hat der Insolvenzverwalter keinen Anlass zur Klage gegeben, weil er sich insb. mit der Herausgabe aus insolvenzspezifischen Gründen nicht in Verzug befunden hat, so gelten die allgemeinen Regeln. Nach § 93 ZPO trägt dann der Aussonderungsgläubiger die Kosten des Rechtsstreites. I.Ü. kann der Insolvenzverwalter das Herausgabeverlangen des Aussonderungsberechtigten von der Kostenübernahmeerklärung abhängig machen, da der Aussonderungsberechtigte verpflichtet ist, die notwendigen Aufwendungen, die mit der Aussonderung entstanden sind oder entstehen werden, der Insolvenzmasse nach §§ 677, 663, 670 BGB zu erstatten, wobei dieser Kostenersatzanspruch nicht zwingend konkret zu berechnen ist, son- **209**

---

[195] Vgl. dazu Hölzle, ZIP 2011, 1889.
[196] Hess, Sanierungshandbuch, Rn 20.106.
[197] FK/Joneleit/Imberger, § 47 InsO Rn 60; Runkel/Drees, Anwalts-Hdb. Insolvenzrecht, § 6 Rn 109.

dern (z.B. wegen der Verwahrungskosten) gem. § 287 Abs. 2 ZPO geschätzt werden kann.[198]

V. Ersatzaussonderung (§ 48 InsO)

210 Das Aussonderungsrecht des § 47 InsO ist das stärkste in der InsO verankerte Recht. Dies wird nicht zuletzt daran deutlich, dass das Aussonderungsrecht, dass sich stets auf einen identifizierbaren Gegenstand oder ein identifizierbares Recht beziehen muss, auch nach Fortfall dieses Gegenstandes oder Rechts an dessen Surrogat fortsetzt. Der dingliche oder jedenfalls schuldrechtlich individualisierbare und auf die Herausgabe gerichtete Anspruch setzt sich dann in einem schuldrechtlichen Anspruch gegen die Insolvenzmasse in Gestalt des Ersatzaussonderungsanspruches nach § 48 InsO fort.

211 Nach § 48 InsO steht dem aussonderungsberechtigten Gläubiger der Anspruch auf die Gegenleistung zu, die aus einer unberechtigten Veräußerung eines zur Aussonderung berechtigenden Gegenstandes aus der Insolvenzmasse durch den Schuldner oder den Insolvenzverwalter resultiert. Ist die Gegenleistung bereits zur Masse gelangt, setzt sich das Aussonderungsrecht an der Gegenleistung fort, wenn diese noch unterscheidbar in der Masse vorhanden ist.

212 Tatbestandliche Voraussetzungen für das Entstehen eines Ersatzaussonderungsanspruches ist daher, dass
– ein Aussonderungsanspruch nach § 47 InsO im Zeitpunkt der Veräußerung besteht;
– eine „Veräußerung" durch den Schuldner oder den Insolvenzverwalter vorgenommen wird, wobei der Begriff der Veräußerung untechnisch zu verstehen ist und jede rechtsgeschäftähnliche oder rechtsgeschäftliche Handlung erfasst, die zu einer vom aussonderungsberechtigten Gläubiger nicht genehmigten Verfügung über den zur Aussonderung berechtigenden Gegenstand führt;
– diese Veräußerung unberechtigt i.S.d. § 48 InsO war.

---

[198] Hess, Sanierungshandbuch, Rn 20.109; **a.A.** Gundlach/Frenzel/Schmidt, DZWIR 2001, 277, 278; Nehrlich/Römermann/Andres, § 47 InsO Rn 60; Uhlenbruck/Brinkmann, § 47 InsO Rn 104 f.; Tatsächlich spricht die Tatsache, dass der Gesetzgeber in §§ 170, 171 InsO eine Kostenregelung nur für das Absonderungsrecht getroffen hat, grds. dafür, Kosten im Zusammenhang mit der Erfüllung von Aussonderungsansprüchen der Insolvenzmasse zu belasten. Jedoch regeln §§ 170, 171 InsO nur eine pauschale Kostentragungspflicht des absonderungsberechtigten Gläubigers. Soweit der Insolvenzmasse durch die Aussonderung konkret bezifferbare Kosten entstehen, sind diese von dem aussonderungsberechtigten Gläubiger auch zu erstatten. Die InsO enthält nämlich im Umkehrschluss keine die §§ 677, 663, 670 ausschließende Regelung. Der Insolvenzverwalter erbringt jedoch ein jedenfalls auch fremdes Geschäft, wenn er die Aussonderungsansprüche von nicht verfahrensbeteiligten Aussonderungsgläubigern erfüllt.

Die Tatsache, dass der Gläubiger den Anspruch auf die Gegenleistung zwar nicht im 213
Wege einer cessio legis, wohl aber einen Anspruch auf Abtretung erlangt, zeigt,
dass die beeinträchtigende Verfügung entgeltlich gewesen sein muss. Eine Gleichwertigkeit ist dabei allerdings nicht erforderlich.[199]

Wesentliches Merkmal zur Feststellung des Ersatzaussonderungsanspruches 214
nach § 48 InsO ist die fehlende Berechtigung der Veräußerung des betreffenden Gegenstandes. Ein Ersatzaussonderungsanspruch entsteht nämlich nur, wenn der Insolvenzverwalter bzw. der Schuldner zur Veräußerung des Gegenstandes nicht berechtigt waren.

In Fällen dinglicher Aussonderungsrechte ist eine solche Berechtigung zur Wei- 215
terveräußerung bzw. deren Fehlen verhältnismäßig einfach festzustellen. Die Verwertung fremden Eigentums ist i.d.R. unzulässig. Anders stellt sich dies dar, wenn
es sich lediglich um Sicherungseigentum oder auch Rechte aus einem verlängerten
Eigentumsvorbehalt handelt, bei dem jedoch der Schuldner ähnlich wie bei der Einziehung einer im Wege des verlängerten Eigentumsvorbehalts abgetretenen Forderung im gewöhnlichen Geschäftsgang zur Veräußerung bzw. zur Einziehung berechtigt bleibt. Weder verliert nämlich der Schuldner die Berechtigung, eine unter
Eigentumsvorbehalt erworbene Ware zu den Bedingungen des Vertrages im gewöhnlichen Geschäftsgang weiterzuveräußern, noch endet die Einziehungsbefugnis
aus dem verlängerten Eigentumsvorbehalt automatisch mit Einsetzen der finanziellen Krise, der Eröffnung einer Insolvenz oder der der Anordnung vorgeschalteter
Sicherungsmaßnahmen.[200] Das Fortbestehen der Weiterveräußerungsermächtigung
und der Einziehungsbefugnis hat der BGH insb. deshalb für erforderlich gehalten,
weil die im Gesetz vorausgesetzte Fortführung eines Unternehmens durch den (vorläufigen) Insolvenzverwalter (§ 22 Abs. 1 Satz 2 Nr. 2 InsO) kaum möglich wäre,
wenn ein wesentlicher Teil des Umlaufvermögens bereits blockiert wäre.[201]

Aus der Rechtsprechung des BGH folgt, dass die Weiterveräußerung von Gegen- 216
ständen oder die Einziehung von Forderungen solange berechtigt bleibt und damit
das Entstehen von Ersatzaussonderungsansprüchen verhindert, wie die dazu erteilte Berechtigung vertragsgerecht fortbesteht und nicht widerrufen ist. Allein der Verstoß gegen schuldrechtliche Abreden, z.B. der Verstoß gegen die Verpflichtung, eingehende Gelder ausschließlich zur Tilgung der Verbindlichkeiten zu verwenden, zu
separieren oder unverzüglich weiterzuleiten, ändert an dem Fortbestand der grundsätzlichen Weiterveräußerungs- bzw. Einziehungsermächtigung nichts.[202] Die Weiterveräußerungsermächtigung entfällt deshalb erst, wenn sie vom Vorbehaltsver-

---

[199] HambKomm/Büchler, § 48 InsO Rn 10.
[200] Dazu BGH, 24.1.2019 – IX ZR 110/17, ZIP 2019, 472; BGHZ 144, 192, 198; mit Bezug darauf BGH, 21.1.2010 – IX ZR 65/09, ZInsO 2010, 714.
[201] Nochmals: BGHZ 144, 192, 199.
[202] BGH, ZInsO 2006, 493, 495; HambKomm/Büchler, § 48 InsO Rn 13.

käufer widerrufen wird; eine AGB-Klausel, wonach die Weiterveräußerungs- oder Einziehungsermächtigung mit Anordnung eines vorläufigen oder Eröffnung eines Insolvenzverfahrens automatisch erlischt, dürfte unzulässig sein. Eine solche Klausel verstieße nämlich gegen § 119 InsO, der dem Insolvenzverwalter das Wahlrecht des § 103 InsO erhalten soll. Der Wegfall der Weiterveräußerungsermächtigung stellt aber bereits einen Eingriff in den Vertrag dar, hinsichtlich dessen der Insolvenzverwalter die Erfüllungswahl frei nach dem Maßstab des für die Insolvenzmasse Günstigsten soll treffen können. Der Fortbestand der Weiterveräußerungs- und Einziehungsbefugnis hat aber nicht zur Folge, dass der Schuldner bzw. der vorläufige Insolvenzverwalter auch über die eingezogenen Beträge im fortgeführten Geschäftsbetrieb frei verfügen könnte. Denn nach den jüngsten Feststellungen des BGH[203] ist die Einziehung dann unberechtigt, wenn dadurch die Sicherungsinteressen des Gläubigers beeinträchtigt werden, weshalb die eingezogenen Beträge auf einem zu Gunsten des Sicherungsnehmers eingerichteten offenen Treuhandkonto zu separieren sind, soweit nicht mit diesem eine anderslautende Vereinbarung (sog. `unechter Massekredit´[204]) getroffen wird.

217 Fälle der Verbindung, Vermischung und Verarbeitung unterfallen nur dann dem § 48 InsO, wenn das zugrunde liegende Vertragsverhältnis eine Verarbeitungsklausel mit Verarbeitungsermächtigung enthält. Ist dies nicht der Fall, findet § 48 InsO keine Anwendung, da die bloße Verarbeitung als Realakt nicht unter den Veräußerungsbegriff des § 48 InsO zu subsumieren ist.[205]

218 Der Ersatzaussonderungsanspruch des § 48 InsO ist auf Abtretung der noch nicht erfüllten Gegenleistung oder aber auf Auskehr der Gegenleistung aus der Insolvenzmasse gerichtet, wenn diese noch unterscheidbar vorhanden ist.

219 Insb. bei der Einziehung von Forderungen durch den (vorläufigen) Insolvenzverwalter kommt es daher darauf an, ob das Konto, auf welches der Insolvenzverwalter die Forderungen eingezogen hat, durchgängig eine oberhalb des eingezogenen Betrages liegende Deckung aufgewiesen hat. Ist die Kontendeckung nämlich auch nur ein einziges Mal unter den Gesamtbetrag der Ersatzaussonderungsansprüche abgesunken, so fehlt es an der Unterscheidbarkeit und der Ersatzaussonderungsanspruch erlischt. Ggf. können daraus aber Ansprüche aus Haftung des (vorläufigen) Insolvenzverwalters unmittelbar resultieren.[206]

220 Der Eigentumsvorbehaltslieferant muss sich auf den Ersatzaussonderungsanspruch dasjenige anrechnen lassen (§§ 684, 812 BGB), was er an Kosten der Abholung, Wiedereingliederung in das eigene Lager, Reinigung, Aufwendung für den

---

203 BGH, 24.1.2019 – IX ZR 110/17, ZIP 2019, 472.
204 Dazu z.B. AG Köln, 12.10.2018 – 74 IN 196/18, ZIP 2018, 2234.
205 Ausführlich zu den verschiedenen Konstellationen bei Verarbeitungsklauseln und verlängertem Eigentumsvorbehalten HambKomm/Büchler, § 48 InsO Rn 14 ff.
206 BGH, 21.1.2010 – IX ZR 65/09, ZInsO 2010, 714.

Wiederverkauf etc. erspart hat. Diese Ersparnis kann nach § 287 Abs. 2 ZPO geschätzt werden.[207] Es gilt hier dasselbe, wie bereits oben zu Rn 208 Gesagte: Ob es sich bei der Erfüllung des Aussonderungsanspruches um ein (auch) fremdes Geschäft i.S.d. §§ 684ff. BGB handelt, ist streitig. Richtigerweise wird dies jedoch anzunehmen sein.

E. Absonderung

I. Allgemeines

Nach § 127 Abs. 2 KO waren absonderungsberechtigte Gläubiger im Konkurs privilegiert. Dies führte infolge der stetigen Zunahme von Mobiliarsicherheiten zu einem schrittweise Funktionsverlust des Konkursverfahrens als Sanierungsverfahren. Dementsprechend war die Liquidation des Unternehmens im Konkursrecht auch die – nicht nur im Gesetz angelegte – Regel. Die Reformbestrebungen zur Schaffung der am 1.1.1999 in Kraft getretenen InsO gingen daher in erster Linie dahin, auch die absonderungsberechtigten Gläubiger am Insolvenzverfahren zu beteiligen und diese stärker in das Verfahren einzubinden. Aus diesem Grunde hat der Gesetzgeber die Abwicklung der Absonderungsrechte und die Verwertung des Absonderungsgutes auch in die Hände des Insolvenzverwalters gelegt. 221

Anders als aussonderungsberechtigte Gläubiger sind absonderungsberechtigte Gläubiger daher am Insolvenzverfahren beteiligt (§ 52 InsO). Der Katalog der Absonderungsrechte ist abschließend in den §§ 49 bis 51 InsO geregelt. Darüber hinausgehende Absonderungsrechte können nur durch Gesetz oder Gewohnheitsrecht geschaffen werden. Die Vorschriften zur Begründung von Absonderungsrechten sind demgegenüber aber nicht dispositiv, weshalb zwar ein Verzicht auf begründete Absonderungsrechte möglich ist, nicht aber eine parteiautonome Erweiterung des Katalogs der Absonderungsrechte.[208] 222

Absonderungsrechte unterscheiden sich von Aussonderungsrechten dadurch, dass nicht der absolute Zuweisungsgehalt des Rechts beim Gläubiger liegt, sondern dass es sich um eine dem Gläubiger fiduziarisch zugewiesene Rechtsposition i.R.d. (Kredit-) Sicherung handelt. 223

Das Absonderungsrecht muss bereits im Zeitpunkt der Eröffnung des Insolvenzverfahrens bestehen. Nach Eröffnung des Verfahrens können nach § 91 InsO Rechte an Gegenständen der Insolvenzmasse nicht mehr begründet werden. Bedeutung hat dies insb. im Zusammenhang mit der Vorauszession künftiger Forderungen oder 224

---

207 Vgl. Hess, Sanierungshandbuch, Rn 20.151.
208 HambKomm/Büchler, vor §§ 49 bis 51 InsO Rn 1.

sonstigen Verfügungen über ein künftiges Recht.[209] Insb. betrifft dies auch Vorausverfügungen z.B. aus verlängerten Eigentumsvorbehalten.[210] Nicht insolvenzfest ist ferner die Belastung von sonstigen Forderungen aus Dauerschuldverhältnissen mit Absonderungsrechten, die erst mit der Inanspruchnahme der jeweiligen Gegenleistung entstehen.[211] Hier gilt der Grundgedanke, dass Forderungen, die mit Mitteln der Masse generiert werden, nicht der Sonderbefriedigung einzelner Gläubiger dienen sollen.[212]

225 Problematisch ist dabei jedoch nicht nur der Erwerb einer Sicherheit nach Eröffnung des Insolvenzverfahrens, sondern bereits auch der Erwerb einer Sicherheit in unmittelbarer zeitlicher Nähe zum Insolvenzantrag. Gem. § 88 InsO (sog. Rückschlagsperre) ist auch der Erwerb von Sicherungen durch Zwangsvollstreckung an Gegenständen der Insolvenzmasse unwirksam, der im letzten Monat vor dem Antrag auf Einleitung eines Insolvenzverfahrens stattgefunden hat (in Kleinverfahren auf Antrag des Schuldners: 3 Monate; § 312 Abs. 1 S. 3). Zwar ist die Privilegierung der Rechtsposition des zur Absonderung berechtigten Gläubigers mit Einführung der InsO deutlich reduziert worden, jedoch musste auch die InsO ein Instrumentarium zur Gewährleistung der dem gesicherten Gläubiger zustehenden Rechte auch unter vorrangiger Gewichtung der Verfahrensziele der InsO zur Verfügung gestellt werden. Dieses Instrumentarium findet sich im Anschluss an das Verwertungsrecht des Insolvenzverwalters aus § 166 InsO, wonach der Insolvenzverwalter berechtigt ist, Sicherungsgut, das sich in seinem Besitz befindet, zu verwerten, in den Vorschriften der §§ 167 ff. InsO.[213] Insb. ist der Insolvenzverwalter, was bereits der ständigen Rechtsprechung zur KO entsprach, dem gesicherten Gläubiger ggü. nach § 167 InsO zur umfassenden Auskunft, ersatzweise zur Gestattung der Besichtigung des sicherungsbelasteten Gegenstandes verpflichtet.

226 Durch den Auskunftsanspruch soll der gesicherte Gläubiger insb. in die Lage versetzt werden, die Verwertungsaussichten für das Objekt einschätzen und ggf. nach § 168 InsO eine günstigere Verwertungsalternative mitteilen zu können. Der Insolvenzverwalter darf, weil er zu der Auskunft nach § 167 InsO verpflichtet ist, diese nicht von dem Ausgleich von Aufwendungsersatzansprüchen abhängig machen. Der mit der Bearbeitung von Absonderungsrechten einschließlich der Auskunftserteilung verbundene Aufwand wird durch die Feststellungs- und Verwertungskostenpauschale der §§ 170, 171 InsO vollständig abgegolten.[214]

---

209 Ausführlich hierzu im Zusammenhang mit der Begründung von Rechten an künftigen Miet-, Leasing- und Factoringforderungen Hölzle/Gessner, ZIP 2009, 1641.
210 HambKomm/Büchler, § 51 InsO Rn 18.
211 BGH ZInsO 2006, 708.
212 HambKomm/Büchler, Vorbem. zu §§ 49 bis 51 InsO Rn 7a.
213 Vgl. Runkel/Drees, Anwalts-Hdb. Insolvenzrecht, § 6 Rn 285.
214 Uhlenbruck/Brinkmann, § 167 InsO Rn 12.

Soweit der Gläubiger aus seinem Sicherungsrecht keine vollständige Befriedigung erlangen kann oder auf die Sicherheit verzichtet hat, nimmt er nach § 52 InsO als einfacher Insolvenzgläubiger im Rang des § 38 InsO am Insolvenzverfahren und an der Verteilung teil. Es gilt das Ausfallprinzip. 227

Bei der Berechnung des Ausfalls ist davon auszugehen, dass Zahlungen des Insolvenzverwalters (oder auch schon des Schuldners) zunächst auf das Absonderungsrecht anzurechnen sind. Insb. sind Anrechnungsvereinbarungen, wie sie häufig in Zweckerklärungen der Banken zu gesicherten Darlehensverträgen anzutreffen sind, des Inhalts, dass *„alle Zahlungen ausschließlich auf die durch die Grundschuld gesicherten Ansprüche verrechnet [werden] und eine Verrechnung auf die Grundschuld nur erfolgt, wenn hierüber eine besondere schriftliche Vereinbarung getroffen ist"* nicht insolvenzfest und binden den Insolvenzverwalter nicht. Dieser darf Zahlungen auf die persönliche Schuld nicht leisten. Seine Leistungen werden stets auf die Grundschuld erbracht, sodass bei vollständiger Tilgung die Insolvenzmasse insoweit eine Eigentümergrundschuld erwirbt. Irrtümlich auf die persönliche Schuld bzw. die gesicherte Forderung geleistete Zahlungen sind nach § 812 Abs. 1 Satz 1 BGB zu kondizieren.[215] 228

II. Verwertung des Sicherungsguts und Realisierung des Absonderungsrechts

Absonderungsrechte können an dem unbeweglichen Vermögen (§ 49 InsO), durch Pfandrecht (§ 50 InsO) und als sonstige Sicherungsrechte (§ 51 InsO) begründet werden. 229

Die Realisierung der Absonderungsrechte nach § 49 InsO an dem unbeweglichen Vermögen erfolgt nach Maßgabe des ZVG im Wege der Zwangsverwaltung bzw. im Wege der Zwangsversteigerung. Die Geltendmachung des Absonderungsrechts vollzieht sich in diesem Fall außerhalb des Insolvenzverfahrens ggü. dem Insolvenzverwalter. 230

Praxistipp 231

Ein Kostenerstattungsanspruch steht der Insolvenzmasse in diesem Fall grds. nicht zu. Da jedoch häufig die freihändige Verwertung die günstigere Verwertungsalternative darstellt, der absonderungsberechtigte Gläubiger hierzu aber nicht berechtigt ist, ist er auf die Mitarbeit und die Mithilfe des Insolvenzverwalters angewiesen. Dieser jedoch wird – zu Recht – zu einer solchen Mitwirkung an der freihändigen Veräußerung des unbeweglichen schuldnerischen Vermögens nur gegen Vereinbarung einer Massebeteiligung aus dem zu erzielenden Erlös bereit sein. Während institutionelle Gläubiger (insb. Banken) i.c.R. die Notwendigkeit der Zahlung einer Massebeteiligung erkennen, diese aber klein halten wollen (3–5%), sind Insolvenzverwalter natürlich bestrebt, eine möglichst hohe Massebeteiligung (5–12%) zu verhandeln. In der Praxis wird i.d.R. ein Mittelwert gefunden.

---

[215] Hess, Sanierungshandbuch, 4. Aufl. 2009, Rn 20.159; ebenso HambKomm/Büchler, vor §§ 49 bis 51 InsO Rn 21.

Hölzle

232 Praxistipp

Als problematisch bei der freihändigen Verwertung kann sich der Erhalt von Löschungsbewilligungen nachrangiger Sicherungsnehmer erweisen. Häufig sind Objekte bereits mit dem erst- und/oder zweitrangigen Grundpfandrecht wertausschöpfend belastet. Der Sicherungsnehmer dieser erstrangigen Sicherheit ist an der freihändigen Verwertung interessiert und bestrebt, mit dem Insolvenzverwalter eine Einigung über die zu zahlende Massebeteiligung zu erzielen. Da dabei aber die nachrangigen Sicherungsnehmer häufig leer ausgehen, versuchen diese in der Praxis regelmäßig, sich die Abgabe der Löschungsbewilligung mit einer „Lästigkeitsprämie" abkaufen zu lassen. Solches Verhalten ist verbots- (§ 134 BGB) und wohl auch sittenwidrig (§ 138 BGB), weil es gegen die Insolvenzzwecke (§ 1 InsO) verstößt. Dem Insolvenzverwalter jedenfalls ist es untersagt, eine solche Lästigkeitsprämie an den nachrangigen Sicherungsgläubiger zu zahlen; umgekehrt ist Letzterer verpflichtet, die Löschungsbewilligung allein gegen Kostenübernahmeerklärung durch den Insolvenzverwalter abzugeben.[216] Leider wird dies allzu selten beachtet. Droht der freihändige Verkauf zu scheitern, weil der nachrangige Sicherungsgläubiger zur Abgabe der Löschungsbewilligung nicht bereit ist, so ist dem Insolvenzverwalter zu empfehlen, ohne Anerkennung einer Rechtspflicht und unter dem Vorbehalt der Rückforderung (§ 814 BGB) zu zahlen und im Anschluss die Insolvenzzweckwidrigkeit der Zahlung klageweise geltend zu machen und die geleistete Lästigkeitsprämie zu kondizieren.

Die Rechte des nachrangigen Sicherungsgrundschuldgläubigers wurden durch die jüngere Rechtsprechung des BGH[217] weiter geschwächt: Im Regelfall valutieren insbesondere ältere erstrangige Grundschulden nicht mehr in voller Höhe, weil der Schuldner die Annuität bis zum Insolvenzereignis geleistet hat. Der dennoch möglichen Anmeldung im Zwangsversteigerungsverfahren in voller Höhe der Nennvaluta des erstrangigen Pfandrechts mit der Folge, dass ein darauf zugeteilter, die persönliche Forderung übersteigender Überschuss nach § 812 BGB an den Insolvenzverwalter herauszugeben ist, versuchen die nachrangigen Grundpfandgläubiger durch Abtretung oder Pfändung des Rückgewähranspruchs des Schuldners in Bezug auf die vorrangigen Grundpfandrechte zu begegnen. Dem hat der BGH jetzt Grenzen gesetzt, indem er eine solche Sicherungsabtretung nur für den Fall als insolvenzfest eingestuft hat, wenn die Revalutierung der Grundschuld ohne Zustimmung des Zessionars (der Rückgewähransprüche) nicht mehr in Betracht kommt.

233 Soweit ein absonderungsberechtigter Gläubiger seine Absonderungsrechte an unbeweglichem Vermögen gem. § 49 InsO nach den Vorschriften des ZVG zu realisieren beabsichtigt, steht dem Insolvenzverwalter auch hiergegen die Verteidigungsmöglichkeit der §§ 30c, 30f, 31 ZVG bzw. für die Zwangsverwaltung §§ 153b, 153c ZVG zur Seite, wenn der Gegenstand für eine Fortführung des Unternehmens oder eine Gesamtveräußerung benötigt wird. Bis zur Durchführung des Berichtstermins (§ 156 InsO) kann der Insolvenzverwalter die Zwangsversteigerung bzw. die Zwangsverwaltung ohne Begründung einstweilen einstellen lassen.

234 Durch diese Regelung soll sichergestellt werden, dass die von dem absonderungsberechtigten Gläubiger einzuleitenden Zwangsmaßnahmen die Insolvenzziele

---

[216] BGH, 20.3.2008 – IX ZR 68/06, ZIP 2008, 884; OLG Schleswig, 23.2.2011 – 5 W 8/11, ZIP 2011, 1254; Rein, NZI 2008, 365.
[217] BGH, 10.11.2011 – IX ZR 142/10, ZIP 2011, 2364.

der Unternehmensfortführung oder auch einer gleichberechtigt danebenstehenden sanierenden Übertragung nicht stören.[218]

Durch die einstweilige Einstellung soll der wirtschaftliche Wert des Absonderungsrechts jedoch nicht vermindert werden. Der Gläubiger soll durch den Zeitablauf nicht schlechter gestellt werden, als er bei unverzüglicher Verwertung stünde. § 30e Abs. 1 ZVG sieht daher vor, dass das Vollstreckungsgericht (nicht das Insolvenzgericht) obligatorisch die Entschädigung des Gläubigers durch laufende Zinszahlungspflicht anzuordnen hat. Regelmäßig setzt die Zinszahlungspflicht mit dem Termin zur Gläubigerversammlung (Berichtstermin, § 156 InsO) ein, spätestens jedoch 3 Monate nach der ersten einstweiligen Einstellungsanordnung. Die Höhe der Zinszahlungspflicht wird aus Praktikabilitätsgründen dem schuldrechtlichen Zinsanspruch des Gläubigers, wie er vertraglich vereinbart[219] oder gesetzlich geschuldet (§§ 288 BGB, 352 HGB) ist, entsprechen. Die dinglichen Zinsen können jedoch nicht verlangt werden.[220] 235

Die Realisierung von Absonderungsrechten an beweglichen Gegenständen aufgrund von Pfandrechten (§ 50 InsO) oder sonstigen Sicherungsrechten (§ 51 InsO) erfolgt nach Verwertung durch den Insolvenzverwalter, soweit dieser den Gegenstand in Besitz hat (§ 166 InsO), anderenfalls durch den besitzenden Gläubiger selbst. 236

Soweit der Insolvenzverwalter nach § 166 InsO verwertet, hat er die Verwertungsabsicht dem Gläubiger nach § 168 InsO zuvor anzuzeigen und diesem Gelegenheit zu geben, innerhalb einer Woche eine günstigere Verwertungsmöglichkeit nachzuweisen oder den Selbsteintritt (§ 168 Abs. 3 Satz 1 InsO) zu erklären. Nach Ablauf der Wochenfrist ist der Verwalter zur Verwertung berechtigt. 237

Über die Verwertung hat der Verwalter dem Gläubiger Rechnung zu legen. Die Rechnungslegung orientiert sich an §§ 170, 171 InsO, wonach der infolge der Verwertung erhöhte Vergütungsanspruch des Insolvenzverwalters, der anderenfalls die übrigen ungesicherten Gläubiger belasten würde, durch einen pauschalen Feststellungs- und Verwertungskostenbeitrag i.H.v. 4 bzw. 5% aus dem Bruttoverwertungserlös abgegolten wird. Regelmäßig verbleiben in der Insolvenzmasse nach der Verwertung durch den Insolvenzverwalter daher 9% aus dem Bruttoverwertungserlös sowie die vereinnahmte USt (§ 171 InsO). 238

Die USt ist auch dann an die Insolvenzmasse abzuführen, von dem Insolvenzverwalter voranzumelden und ggf. an das FA auszuzahlen, wenn der Gläubiger entweder wegen seines Besitzes oder z.B. nach Freigabe zur Verwertung durch den Insolvenzverwalter selbst verwertet hat.[221] Ein Anspruch auf die Feststellungskos- 239

---

[218] Wenzel, NZI 1999, 101.
[219] LG Göttingen NZI 2000, 186.
[220] Wenzel, NZI 1999, 102; Lwowski/Tetzlaff, WM 1999, 2336.
[221] BGH, 29.3.2007 – IX ZR 27/06, NZI 2007, 394.

tenpauschale (4%) nach § 170 InsO steht der Insolvenzmasse nach Auffassung des BGH in diesem Fall allerdings nicht zu.[222] Die Feststellungs- und Verwertungskostenpauschale selbst unterliegt nicht der USt.[223]

240 Ist die Verwertung abgeschlossen, so nimmt der Gläubiger i.H.d. verbliebenen persönlichen Anspruches nach § 52 InsO als Insolvenzgläubiger im Rang des § 38 InsO am Insolvenzverfahren teil. Er ist daher berechtigt, seine Ausfallforderung zur Insolvenztabelle anzumelden. Allerdings setzt die Teilnahme an der Schlussverteilung (§ 196 InsO) voraus, dass der Absonderungsberechtigte nach §§ 190 Abs. 1, 189 Abs. 1 InsO die Höhe seines Ausfalls nachweist. Auch auf seine persönliche Forderung ggü. dem Schuldner kann der absonderungsberechtigte Gläubiger daher eine Quotenzahlung nur beanspruchen, wenn er den Nachweis seines Verzichts auf das Absonderungsrecht oder eines tatsächlichen Ausfalls rechtzeitig, nämlich bis zum Abschluss der Ausschlussfrist des § 189 Abs. 1 InsO erbringt, § 190 Abs. 1 InsO.[224] Der Nachweis des Ausfalls kann dabei nur durch den realen Verwertungsnachweis geführt werden. Ein abstrahierter Nachweis z.B. über die Höhe des Verkehrswertes etc. reicht hingegen nicht aus.

241 Die Nachweispflicht des Gläubigers besteht indes nicht, wenn und soweit der Insolvenzverwalter nach § 166 InsO selbst zur Verwertung des Absonderungsgegenstandes berechtigt war. In diesem Fall kennt der Insolvenzverwalter den Verwertungserlös oder hat ihn ggf. zu schätzen (§ 190 Abs. 3 InsO).

III. Sicherheitenpools

242 Macht ein Gläubiger im Insolvenzverfahren Absonderungsrechte geltend, so ist er für deren Bestand vollständig darlegungs- und beweispflichtig.[225] Dies gilt auch dann, wenn der Insolvenzverwalter im Wege der negativen Feststellungsklage die Feststellung des Nichtbestehens eines solchen Absonderungsrechtes begehrt.[226]

Dies stellt absonderungsberechtigte Gläubiger häufig vor das aus dem Bestimmtheitsgrundsatz folgenden sachenrechtliche Problem, nachweisen zu müssen, welche konkreten Gegenstände, die sich noch im Vermögen des Schuldners befinden, tatsächlich von ihm geliefert und inwieweit diese noch unbezahlt sind (sog. Nämlichkeitsnachweis, vgl. dazu oben Rn 196 ff. mit Bsp. Rn 197). Dies gilt vor allem dann, wenn für einen bestimmten Rohstoff verschiedene Lieferanten in Betracht

---

222 BGH, 29.3.2007 – IX ZR 27/06, NZI 2007, 394.
223 Beck, ZInsO 2006, 244.
224 MüKo/Ganter, § 52 InsO Rn 22; Uhlenbruck/Brinkmann, InsO, § 52 Rn 18.
225 MüKo/Ganter, vor §§ 49–52 Rn 144.
226 BGH, 25.10.1991 – V ZR 196/90, NJW 1992, 1101, 1103.

kommen und eine konkrete Zuordnung des vorgefundenen Bestandes zu einem der in Betracht Lieferanten nicht möglich ist.

Die betroffenen Gläubiger versuchen häufig, dem durch Bildung eines Gläubigerpools zu begegnen. In einem solchen Gläubigerpool werden – in der Rechtsform der GbR – alle möglichen Rechte der in Betracht kommen Lieferanten gebündelt und einheitlich für diese geltend gemacht, so dass mit Blick auf die sachenrechtliche Bestimmtheit die Person des Lieferanten gleichgültig wird, weil alle denkbaren Lieferanten zu einem Anspruchsteller zusammengefasst werden. Sinn und Zweck eines solchen Gläubigerpools ist es damit, den Gläubigern die Nachweisprobleme dadurch zu nehmen, dass sämtliche Lieferanten einer Warengattung in dem Pool zusammengeführt werden und somit feststeht, dass die konkret gelieferte Ware von einem Poolmitglied, das seine Rechte dem Pool übertragen hat, geliefert worden ist, somit die Sicherungsrechte dem Pool unzweifelhaft zustehen.[227]

Voraussetzung für das Funktionieren eines solchen Gläubigerpools, nämlich Voraussetzung dafür, den sachenrechtlich erforderlichen sogenannten Nämlichkeitsnachweis tatsächlich erbringen zu können, ist damit die Poolung sämtlicher Lieferanten. Anderenfalls nämlich sind bei einer Lieferung gleichartiger Gegenstände durch verschiedene Lieferanten ohne eine Möglichkeit der konkreten Identifizierung der Gegenstände und Zuordnung zu einem bestimmten Lieferanten die Gegenstände untrennbar i.S.d. § 948 BGB vermischt.[228] Erfasst der Pool nicht sämtliche Lieferanten, so vertritt er nur einen – nicht näher bestimmbaren – Miteigentumsanteil an den gelieferten Gegenständen. Dieser Miteigentumsanteil wird weiter durch die Verarbeitung der gelieferten Gegenstände verwässert und setzt sich allenfalls in einem nicht mehr identifizierbaren Anteil an der Forderung aus dem Weiterverkauf fort. Dies jedoch nur dann, wenn überhaupt ein konkreter Anteil an dem vorhandenen Gesamtbestand nachweisbar ist. Gerade dies ist jedoch nicht der Fall, wenn nicht alle in Betracht kommenden Gläubiger gepoolt werden, weshalb eine solche – auch eine nicht identifizier- und quantifizierbare – Fortsetzung in solchem Fall von vorne herein ausscheidet; der BGH hat es nämlich abgelehnt, § 742 BGB entsprechend anzuwenden.[229]

Da für den Sicherheiten-Pool aber die Möglichkeit zur Darlegung und substantiierten Bezifferung des Anteils am Sicherungseigentum entfällt, wenn auch nur ein einzelner Gläubiger dem Pool nicht beitritt,[230] ist der Nachweis von Rechten einem nicht alle in Betracht kommende Lieferanten umfassenden Pool von Vornherein ausgeschlossen.

Die weitere Hürde für die Bildung eines Pools neben der Erfassung aller in Betracht kommenden Lieferanten ist die dabei zu beachtende Sorgfalt, dass keine

---

227 Drees, in: Runkel (Hrsg) Anwalts-Handbuch Insolvenzrecht, § 6 Rz. 414 f.
228 Reinicke/Tiedtke, Kreditsicherung, 4. Aufl. 2000, Rz. 786.
229 BGH NJW 1958, 1534 (vorangehend bereits RGZ 112, 102, 104).
230 Vgl. Berner, Sicherheiten-Pools der Lieferanten und Banken im Insolvenzverfahren, S. 109.

Gläubiger in den Poll einbezogen werden, denen Aus- oder Absonderungsrechte von vorneherein nicht zustehen. Ein Pool, der auch solche nicht gesicherten Gläubiger einbezieht, ist unzulässig. Dadurch würde nämlich die Gefahr begründet, dass die Forderungen gesicherter Gläubiger durch die Poolung mit Forderungen ungesicherter Gläubiger ggf. (wieder) vollständig valutiert werden und die Insolvenzmasse hierdruch beeinträchtigt wird.[231] Ein solches Vorgehen scheitert bereits ein einem Verstoß gegen § 91 InsO. Die Bündelung der Einzelrechte im Pool kann nicht zu einer Veränderung der dinglichen Rechtslage oder der Haftungssituation führen. Dem Pool können materiell-rechtlich nicht mehr Rechte zustehen, als den Gesellschaftern vor dem Zusammenschluss als individuellen Rechtsinhabern.[232]

IV. Verwendung beweglicher Sachen für die Insolvenzmasse

245 Führt der Insolvenzverwalter das schuldnerische Unternehmen fort, so ist er nach § 172 InsO berechtigt, eine bewegliche Sache, zu deren Verwertung er berechtigt wäre (§ 166 InsO), für die Insolvenzmasse zu benutzen. Er ist in diesem Fall lediglich verpflichtet, den entstehenden Wertverlust von der Eröffnung des Insolvenzverfahrens an durch laufende Zahlung an den Gläubiger auszugleichen, dies jedoch nur, soweit der durch die Nutzung entstehende Wertverlust die Sicherung des absonderungsberechtigten Gläubigers tatsächlich beeinträchtigt.

246 Bei der bereits erörterten Vorschrift des § 21 Abs. 2 Nr. 5 InsO (vgl. oben Rdn 178) handelt es sich letztlich um die Vorverlagerung der Vorschrift des § 172 InsO auf den Zeitpunkt vor Eröffnung des Insolvenzverfahrens. Der hinter beiden Vorschriften stehende Gedanke der Sicherung der Unternehmensfortführung und damit das Prinzip des Vorrangs des Unternehmenserhaltes vor den Sicherungsrechten der Gläubiger ist beiden Vorschriften gemein.

247 Wie in § 172 Abs. 2 InsO zum Ausdruck kommt, erfasst die „Nutzung" eines beweglichen Gegenstandes für die Insolvenzmasse auch dessen Gebrauch, Verbindung und Vermischung.

248 Die Verarbeitung[233] hingegen ist von § 172 InsO nicht gedeckt, soweit hierdurch das Eigentum und damit das Absonderungsrecht wegen des Eigentumserwerbs der Insolvenzmasse untergeht.[234]

---

231 Grundlach/Frenzel/Schmidt, NZI 2003, 142; Uhlenbruck/Brinkmann, § 51 InsO Rz. 47.
232 Drees, in: Runkel (Hrsg) Anwalts-Handbuch Insolvenzrecht, § 6 Rz. 417.
233 Für den Fall einer nur geringwertigen Wertsteigerung durch die Verarbeitung vgl. BGH NJW 1995, 2633.
234 Hölzle, in: Kayser/Thole, HK-InsO, § 172 Rn 16 f.; HambKomm/Büchler, § 172 InsO Rn 8 f.; **a.A.** Runkel, in: FS Kirchhof (2003), S. 455, 462 f.

Die Höhe der Ausgleichszahlung bemisst sich an der Höhe des (kausal) durch die Nutzung eintretenden Wertverlustes. Es handelt sich gerade nicht um eine Nutzungsentschädigung, sondern nur um einen Ausgleichsanspruch i.H.d. real eintretenden Wertminderung gerade infolge der fortwährenden Nutzung. Maßgebend sind dabei Nichtnutzungsvorteile für die Masse oder entgangene Nutzungsmöglichkeiten des Absonderungsberechtigten, sondern lediglich feststellbare objektive Wertminderungen.[235] Wegen der Feststellung dieses Wertverlustes ist der Insolvenzverwalter dem Gläubiger jedoch zur Auskunft verpflichtet. 249

Auf die Nutzung von mit Aussonderungsrechten belasteten Gegenständen findet § 172 InsO keine entsprechende Anwendung. Eine Grundlage für ein Nutzungsrecht des Insolvenzverwalters zugunsten der Masse gibt das Gesetz daher im eröffneten Insolvenzverfahren – anders als mit § 21 Abs. 2 Satz 1 Nr. 5 InsO im Insolvenzeröffnungsverfahren – nicht her.[236] 250

F. ‚Kleines Abc' der Aus- und Absonderungsrechte

Abtretung (Sicherungsabtretung): *Absonderung.* Bei der Sicherungszession handelt es sich um ein Sicherungsmittel i.S.d. § 51 Nr. 1 InsO, weshalb die Zession nur zur Absonderung, nicht zur Aussonderung berechtigt. Zwar erwirbt der Gläubiger durch die Abtretung die volle Gläubigerstellung, die fiduziarische Sicherungsabrede bewirkt aber den ausschließlichen Sicherungscharakter, an den der Zessionar gebunden ist. Auch bei den Sicherungszessionen ist, wie im Sachenrecht, die Bestimmbarkeit der abgetretenen Forderungen für die Entstehung des Absonderungsrechts entscheidend. Soweit der Insolvenzverwalter durch Einziehung einer abgetretenen Forderung das Gläubigerrecht vereitelt, stehen dem Gläubiger die Rechte aus § 170 InsO oder hilfsweise aus einer entsprechenden Anwendung des § 48 InsO (Ersatzabsonderung) zu. Für die Wirksamkeit der Abtretung kommt es i.Ü. auf die Bestimmungen des BGB und ergänzende Bestimmungen anderer Rechtsmaterien an, z.B. soweit diese besondere Publizität erfordern. So ist z.B. die Wirksamkeit der Abtretung von Ansprüchen aus einer Lebensversicherung nach ALB von der Anzeige der Abtretung ggü. der Versicherungsgesellschaft abhängig. 251

Abtretung (Vollrecht): *Aussonderung.* Handelt es sich bei der Abtretung nicht um eine Sicherungsabtretung, sondern um die Begründung einer nicht gebundenen vollen Gläubigerstellung aufseiten des Zessionars, so entsteht hieraus ein Aussonderungsrecht. Dies insb., wenn die Abtretung erfüllungshalber oder an Erfüllung statt erfolgt ist. 252

---

[235] HambKomm/Büchler, § 172 InsO Rn 4.
[236] Uhlenbruck/Brinkmann, § 172 InsO Rn 2 m.w.N.

253   **Besitz:** *Aussonderung.* Da es sich bei dem Besitz um ein auch nach § 823 Abs. 1 BGB absolut geschütztes Recht handelt, kann der Anspruch auf Wiedereinräumung des Besitzes (§ 861 BGB), die Beseitigung einer Besitzstörung (§ 862 BGB) oder der Herausgabeanspruch aus § 1007 BGB zur Aussonderung berechtigen, wenn nicht aus insolvenzrechtlichen Gründen der Besitzanspruch ggü. dem Schuldner/der Insolvenzmasse entfällt.

254   **Eigentum:** *Aussonderung.* Dem nicht fiduziarisch gebundenen Vollrechtseigentümer steht ein Aussonderungsanspruch in der Insolvenz des Besitzers zu. Allerdings ist der Eigentümer verpflichtet, die Vermutung des § 1006 BGB zu widerlegen, um sein Aussonderungsrecht durchzusetzen (BGH, ZIP 1996, 1181).

255   **Eigentum (Sicherungseigentum):** *Absonderung.* Das Sicherungseigentum hingegen begründet, ähnlich wie bei der Sicherungsabtretung, nur ein Absonderungsrecht, weil auch hier der fiduziarische Charakter überwiegt und das Sicherungseigentum letztlich dem Sicherungseigentümer wegen der Bindung an die Sicherungsabrede nur eine pfandrechtsgleiche Gläubigerstellung verschafft. Der Insolvenzverwalter ist, sofern er Besitz hat, nach § 166 InsO zur Verwertung und auch zur Nutzung des Sicherungsgutes berechtigt.

256   **Eigentumsvorbehalt (einfacher):** *Aussonderung.* Der Verkäufer, der einen Gegenstand an den Insolvenzschuldner unter Eigentumsvorbehalt liefert, bleibt bis zum Eintritt der an die Einigungserklärung (§ 929 BGB) geknüpften aufschiebenden Bedingungen Vollrechtseigentümer des gelieferten Gegenstandes. Ihm steht im Insolvenzverfahren des Käufers/Besitzers ein Aussonderungsrecht zu. Der Vorbehaltseigentümer kann sein Eigentumsrecht im Insolvenzeröffnungsverfahren durch einstweiligen Rechtsschutz sichern lassen, auch wenn im Eröffnungsverfahren Maßnahmen der Zwangsvollstreckung untersagt worden sind (LG Köln, DB 2003, 195). Zu beachten ist aber die Regelung des § 107 Abs. 2 InsO, wonach der Insolvenzverwalter die Eigentumsvorbehaltsansprüche grds. erst nach dem Berichtstermin (§ 156 InsO) zu erfüllen hat. Mit einer Erfüllungswahl nach § 103 InsO oder Begleichung der offenen Restschuld erlischt der Eigentumsvorbehalt und damit auch der Aussonderungsanspruch.

257   **Eigentumsvorbehalt (erweitert):** *Aussonderung.* Gegen einen erweiterten Eigentumsvorbehalt, d.h. gegen die Ausweitung der aufschiebenden Bedingung in Bezug auf die dingliche Einigung, dass der Eigentumserwerb erst eintritt, wenn sämtliche Forderungen aus der Kundenbeziehung erfüllt sind, bestehen zivilrechtlich grds. keine Bedenken. Da sich der materielle Inhalt eines Aussonderungsrechts nach dem Zivilrecht richtet, begründet daher auch ein erweiterter Eigentumsvorbehalt grds. Aussonderungsansprüche. Zu achten ist bei der Prüfung aber darauf, ob und ggf. zu welchem Zeitpunkt ein vollständiger Ausgleich bestanden hat, weil sodann wieder bestimmbar sein muss, welche Teile (z.B.) des Lagerbestandes zu diesem Zeitpunkt der bezahlten und welche Teile der unbezahlten Ware zuzuordnen sind. Ist eine solche Aufteilung nicht möglich, scheitert der erweiterte Eigentumsvorbehalt an der Bestimmbarkeit insgesamt. I.Ü. sind die AGB-rechtlichen Vorgaben

in Bezug auf Freigabeklauseln und die Rechtsprechung des BGH zur Übersicherung (§ 138 BGB) zu beachten. Der Aussonderungsanspruch gilt dabei jedoch grds. nur für den Teil der Ware, die selbst unbezahlt ist (Zuordnung, Zulieferung und Rechnung). Tritt der Erweiterungsfall ein, d.h. ist eine konkrete Lieferung bezahlt, geht sie aber nicht in das Eigentum des nachmaligen Insolvenzschuldners über, weil ein erweiterter Eigentumsvorbehalt vereinbart und noch nicht die Gesamtvaluta aus dem Leistungsverhältnis ausgeglichen ist, so wandelt sich der Eigentumsvorbehalt von einem Aussonderungs- in einen Absonderungsanspruch, weil es sich in diesem Fall um ein Sicherungsmittel pfandrechtsgleicher Natur handelt.

Eigentumsvorbehalt (Konzernvorbehalt): *kein Sonderrecht.* Nach § 449 Abs. 3 BGB ist ein Konzernvorbehalt nichtig und damit insolvenzrechtlich unbeachtlich. Ist ein solcher Konzernvorbehalt (noch) in älteren AGB vorhanden, so kann das Verbot der Geltung zur erhaltenden Reduktion zur Gesamtnichtigkeit des Eigentumsvorbehalts und damit zur Befreiung der gelieferten Gegenstände von Drittrechten im Insolvenzverfahren führen. 258

Eigentumsvorbehalt (verlängert): *Absonderung.* Ist der Käufer und nachmalige Insolvenzschuldner zur Weiterveräußerung/Weiterverarbeitung des gelieferten Gegenstandes berechtigt und ist statt dessen die Abtretung der aus dem Weiterverkauf entstehenden Forderungen vereinbart, so handelt es sich bei der Abtretung um eine Sicherungsabtretung, die grds. ein Absonderungsrecht begründet. Problematisch ist dies vor dem Hintergrund des § 91 InsO und der Frage des Fortbestandes der Weiterveräußerungs-/Weiterverarbeitungsermächtigung (dazu oben Rdn 214 ff.). 259

Erbbaurecht: *Aussonderung.* Erbbaurechte berechtigen i.S.d. §§ 1012 ff. BGB zur Aussonderung. Es handelt sich um beschränkt dingliche Rechte, die auch im Insolvenzverfahren beachtlich sind. 260

Erbschaftsanspruch: *Aussonderung.* Soweit der Herausgabeanspruch des Erben gegen den Erbschaftsbesitzer nach §§ 2018, 2019 BGB geltend gemacht wird, handelt es sich um einen Aussonderungsanspruch. Schadensersatzansprüche aus §§ 2021, 2023 ff. BGB begründen demgegenüber kein insolvenzrechtliches Sonderrecht, weil sie nur schuldrechtlicher Natur sind. Im Fall der Erbengemeinschaft (§§ 2032 ff. BGB) ist nur die Gesamthand aktivlegitimiert. 261

Factoring (echt): *Aussonderung.* Im Fall des echten Factoring kauft der Factor die Forderung zum abgezinsten Nominalbetrag abzgl. der Factoringgebühr und übernimmt das Delkredererisiko (Ausfallrisiko). Der Factor wird Vollrechtsinhaber ohne fiduziarische Bindung ggü. dem Factoringkunden, weshalb die angekauften Forderungen ihn zur Aussonderung berechtigen. 262

Factoring (unecht): *Absonderung.* Beim unechten Factoring verbleibt das Delkredererisiko beim Kunden und geht nicht auf den Factor über. Die Abtretungen der Kundenforderungen, die der Factor letztlich zur Einziehung erhält, haben nur Sicherungscharakter, weshalb das unechte Factoring nur einen Absonderungsanspruch begründet. 263

264 **Grunddienstbarkeit:** *Aussonderung.* Auch die Grunddienstbarkeiten nach §§ 1018 ff. BGB gehören zu den beschränkt dinglichen Rechten, die Aussonderungsansprüche begründen.

265 **Grundschuld:** *Absonderung.* Grundschuld berechtigen den Grundpfandrechtsgläubiger nach den Bestimmungen des ZVG zur abgesonderten Befriedigung aus den belasteten Grundvermögen. Die Realisierung erfolgt außerhalb des Insolvenzverfahrens (vgl. oben Rdn 229 ff.).

266 **Hypothek:** *Absonderung.* Es gilt das Gleiche wie zur Grundschuld. Die Realisierung der Hypothek erfolgt nach den Vorschriften des ZVG außerhalb des Insolvenzverfahrens und berechtigt den Hypothekengläubiger zur abgesonderten Befriedigung aus dem Grundvermögen.

267 **Leasing:** *Aussonderung.* Bei Leasingverträgen, gleich ob in der Ausgestaltung des Operating-Leasing oder des Finanzierungsleasing, verbleibt das (zivilrechtliche) Eigentum beim Leasinggeber, das diesen grds. zur Aussonderung berechtigt. Anders, wenn der Insolvenzverwalter nach §§ 108, 109 InsO, die nach herrschender Auffassung auf beide Formen des Leasings Anwendung finden, an dem Vertrag festhält und hinsichtlich einer Kaufoption zugunsten der Insolvenzmasse gem. § 103 InsO die Vertragserfüllung wählt. Zur Insolvenz des Leasinggebers vgl. *Hölzle/Gessner*, ZIP 2009, 1641.

268 **Miteigentum:** *Aussonderung.* Das Miteigentum begründet einen Aussonderungsanspruch unter Berücksichtigung der für die Gesamtheitsverhältnisse geltenden Vorschriften (§§ 1008 ff., 432 BGB).

269 **Nießbrauch:** *Aussonderung.* Auch der Nießbrauch i.S.d. §§ 1030 ff. BGB begründet als beschränkt dingliches Recht einen Aussonderungsanspruch in der Insolvenz.

270 **Pfandrecht (Faustpfand):** *Absonderung.*; Nach § 50 InsO begründen vertragliche und Faustpfandrechte ein Absonderungsrecht. Pfandrechte können bestellt werden an beweglichen Gegenständen, an Forderungen, Aktien, sonstigen Gesellschaftsrechten/-anteilen, Wertpapieren etc. In der Praxis ist eine Verpfändung wegen der nötigen Publizität allerdings selten in (wirksamer) Form anzutreffen. An ihre Stelle ist regelmäßig die Sicherungsübereignung/-abtretung getreten, die eine solche Publizität nicht voraussetzt. Eine Umdeutung (§ 140 BGB) der unwirksamen Verpfändung in eine wirksame Sicherungsabtretung ist allerdings nicht möglich. Zu Pfandrechten an Anteilen von Kapitalgesellschaften vgl. oben Rn 62.

271 **Pfandrecht (gesetzlich):** *Absonderung.* Auch hier gilt § 50 InsO. Die gesetzlichen Pfandrechte, insb. die Pfandrechte des Vermieters und Verpächters (§§ 559, 581, 592 BGB), des Gastwirtes bei Beherbungsverträgen (§ 704 BGB), des Sicherungsberechtigten aus der Hinterlegung (§ 233 BGB), des Kommissionärs am Kommissionsgut (§§ 397 ff. HGB), des Spediteurs am Speditionsgut (§§ 410, 411 HGB), des Lagerhalters am Lagergut (§ 421 HGB), des Frachtführers am Frachtgut (§ 440 HGB) und des Werkunternehmers für seine Werklohnforderung (§ 647 BGB) begründen Absonderungsrechte. Für das Vermieter-/Verpächterpfandrecht ist dabei zu beach-

ten, dass dieses gem. § 50 Abs. 2 InsO nur für Forderungen aus den letzten 12 Monaten vor dem Insolvenzantrag geltend gemacht werden kann.

Pfandrecht (Pfändungspfandrecht): *Absonderung.* Auch das Pfändungspfandrecht (§§ 803 ff., 928 ff. ZPO) begründet, sofern es vor Verfahrenseröffnung wirksam entstanden ist (Titel, Klausel, Zustellung), ein Absonderungsrecht. Liegt die Entstehung allerdings im letzten Monat vor dem Insolvenzantrag, so unterfällt das Pfändungspfandrecht der Rückschlagsperre des § 88 InsO und wird mit Eröffnung des Insolvenzverfahrens unwirksam (für Kleinverfahren s. § 312 Abs. 1 S. 3: 3 Monate). 272

Poolvereinbarung: *Aussonderung/Absonderung.* Poolen sich aus- oder absonderungsberechtigte Gläubiger, um Probleme bei der Bestimmtheit der ihnen jeweils zustehenden Rechte zu umgehen, so kann dies zur wirksamen Geltendmachung der Rechte im Insolvenzverfahren führen (vgl. oben Rdn 241 ff.). Die Voraussetzung für die wirksame Begründung eines Pools müssen dabei jedoch beachtet werden. 273

Reallast: *Absonderung.* Nach § 49 InsO berechtigen Reallasten zur Absonderung, weil es sich um dingliche Rechte an einem unbeweglichen Gegenstand handelt. 274

Treuhand: *Aussonderung.* Soweit eine insolvenzfeste Treuhandvereinbarung vorliegt, die dem Unmittelbarkeitskriterium Genüge tut (vgl. ausführlich oben Rdn 47 ff.), entstehen Aussonderungsansprüche, weil das Treuhandverhältnis in diesem Fall insolvenzfest ist. 275

Wohnrecht: *Aussonderung.* Auch das Wohnrecht nach § 1090 BGB begründet als beschränkt dingliches Recht einen Aussonderungsanspruch im Insolvenzverfahren. 276

Zurückbehaltungsrecht (rechtsgeschäftlich): *kein Sonderrecht.* Die einfachen Zurückbehaltungsrechte aus z.B. §§ 273, 320 BGB sind nicht insolvenzfest; ebenso wenig das Zurückbehaltungsrecht aus § 66 Abs. 4 StBerG. Im Interesse der Gleichbehandlung sämtlicher Gläubiger stehen Zurückbehaltungsrechte an bereits erbrachten (Vor)Leistungen denjenigen Vorleistungen solcher Gläubiger gleich, die ihre Leistung bereits an den nachmaligen Insolvenzschuldner erbracht haben. Vertragliche oder rechtsgeschäftliche Zurückbehaltungsrechte sind deshalb nicht insolvenzfest. 277

Zurückbehaltungsrecht (wegen nützlichen Verwendungen und aus § 369 HGB): *Absonderung.* Lagen bereits vor Eröffnung des Insolvenzverfahrens die Voraussetzungen für ein kaufmännisches Zurückbehaltungsrecht an beweglichen Sachen und Wertpapieren nach § 369 HGB vor, so begründet dies nach § 51 Nr. 3 InsO ein Absonderungsrecht. Nach § 51 Nr. 2 InsO gewähren nützliche Verwendungen an beweglichen Sachen und ein darauf zurückzuführenden Zurückbehaltungsrecht ein Absonderungsrecht im Insolvenzverfahren, soweit der Zurückbehaltende den Besitz der Sache vor der Verfahrenseröffnung erlangt hat, wenn durch die Verwendung der Wert der Sache erhöht wurde und die Werterhöhung im Zeitpunkt der Verfahrenseröffnung noch vorhanden war. 278

G. Aufrechnung

I. Vorbemerkung – Absonderungsähnlichkeit der Aufrechnung

279 Die Aufrechnung in der Insolvenz ist oft die einzige Möglichkeit, Forderungen über die zu erwartende Insolvenzquote hinaus zu realisieren, wenn anderweitige Sicherheiten nicht bestellt sind.

280 Stehen dem Schuldner Forderungen gegen einen Dritte zu, wird dieser versuchen, seine eigenen Ansprüche, die sonst als Insolvenzforderungen, also als vor Verfahrenseröffnung begründete Forderungen (38 InsO), nur im Verteilungsverfahren befriedigt werden würden, gegen die Forderungen des Schuldners, die er sonst zur Masse befriedigen müsste, aufzurechnen, was der Möglichkeit einer abgesonderten Befriedigung gleichkommt.

281 Die Aufrechnung im Insolvenzverfahren stellt daher, in gleicher Weise wie die Absonderung, die Geltendmachung eines Sicherungsrechts an einer Forderung dar. Gerade in laufenden Geschäftsbetrieben mit wechselseitigen Austauschverträgen kommt der Frage der Aufrechnung für den (vorläufigen) Insolvenzverwalter eine besondere Bedeutung zu, weil er für die Fortführung eines Unternehmens regelmäßig auf Liquidität, also auf tatsächliche Zahlung, angewiesen ist. Die Aufrechnung durch Drittschuldner-Gläubiger hat daher das Potenzial, Unternehmensfortführungen zu vereiteln. Einige Insolvenzgerichte sind daher dazu übergegangen, bereits in dem Beschluss für die Anordnung der vorläufigen Insolvenzverwaltung als besondere Sicherungsmaßnahme auch ein allgemeines Aufrechnungsverbot anzuordnen. Ob eine solche Anordnung vor dem Hintergrund des § 94 InsO noch von §§ 21, 22 InsO gedeckt ist, darf bezweifelt werden. Als dilatorisches Sicherungsmittel mag eine solche Anordnung jedoch Bestand haben, wenn sie dann auch den mit ihr beabsichtigten Zweck nicht erfüllt, da der vorläufige Insolvenzverwalter im Zweifel nicht berechtigt ist, über die eingezogenen Geldbeträge i.R.d. Unternehmensfortführung zu verfügen.[237]

II. Grundsatz der Erhaltung der Aufrechnungslage (§§ 94, 95 InsO)

1. Gesetzliche Regelung

282 Die InsO lässt eine solche abgesonderte Befriedigung unter bestimmten Voraussetzungen zu. Gem. § 94 InsO hat der Insolvenzgläubiger das Recht zur Aufrechnung im Insolvenzverfahren, wenn er bei Eröffnung des Verfahrens zur Aufrechnung berechtigt gewesen wäre.

Es wird damit das Vertrauen auf eine bestehende Aufrechnungslage geschützt.

---

237 Vgl. dazu nochmals BGH, 21.1.2010 – IX ZR 65/09, ZInsO 2010, 714.

Dieser Schutzbereich wird durch die Regelung des § 95 InsO erweitert auch hin- 283
sichtlich des Vertrauensschutzes auf eine entstehende Aufrechnungslage.[238] Danach
ist die Aufrechnung auch noch von Forderungen möglich, die erst nach Insolvenzeröffnung fällig werden oder bei denen die Bedingung erst nach Insolvenzeröffnung
eintritt. Dieser Vertrauensschutz und damit die Aufrechnung wird gem. § 95 Abs. 1
Satz 3 InsO versagt, wenn die (Haupt-) Forderung des Schuldners vor der auf-
zurechnenden (Gegen-) Forderung des Insolvenzgläubigers unbedingt oder fällig
wird.

Die nach dieser Vorschrift bestehende Aufrechnungsmöglichkeit verdrängt das 284
Aufrechnungsverbot des § 96 Abs. 1 Nr. 1 InsO, wonach eine Aufrechnung unzulässig ist, wenn ein Insolvenzgläubiger erst nach Eröffnung des Insolvenzverfahrens
etwas zur Insolvenzmasse schuldig geworden ist. § 95 Abs. 1 Satz 1 InsO ist demnach
lex specialis ggü. § 96 Abs. 1 Nr. 1 InsO.[239]

2. Aufrechnung im Insolvenzplanverfahren

Grds. gilt der Vertrauensschutz in das Bestehen einer Aufrechnungslage nach 285
§ 94 InsO unbeschadet der besonderen Regelungen des § 96 InsO unbedingt. Es
stellt sich dann aber die Frage, ob und inwieweit im Rahmen eines Insolvenzplanverfahrens gegen den Willen des betroffenen Gläubigers in diese Rechtsposition
(zwangsweise) eingegriffen werden kann, ob also der Vertrauensschutz nur für die
Regelabwicklung gilt oder durch die gestaltenden Eingriffe im Rahmen eines Insolvenzplanverfahrens aus übergeordneten Erwägungen überlagert werden kann
(§§ 224, 225 InsO).

Zu dieser Frage gibt es zwei divergierende Entscheidungen zweier Senate des
OLG Celle (v. 13.11.2008[240] und 23.12.2008)[241] sowie die hierzu erfolgte Klarstellung
durch den BGH v. 19.5.2011.[242]

Zu entscheiden war der Sachverhalt, dass der Vertreter der Finanzbehörde ei- 286
nem Insolvenzplan mit dem Inhalt eines Teilerlasses der Forderungen der nicht
nachrangigen Gläubiger zugestimmt hatte; nachdem der Insolvenzplan rechtskräftig gerichtlich bestätigt worden war, erfolgte die Aufrechnung gegen eine Werklohnforderung der – vormaligen – Insolvenzschuldnerin mit Umsatzsteuerrückständen
aus der Zeit vor Insolvenzeröffnung.

---

238 Braun/Kroth, § 95 InsO Rn 1.
239 BGH ZIP 2004, 1608, dazu EWiR 2005, 509 – Fliegner.
240 OLG Celle ZInsO 2008, 1327.
241 OLG Celle ZIP 2008, 2372.
242 BGH ZInsO 2011, 1214.

Die zentrale vom BGH in diesem Fall zu beantwortende Frage bestand darin, ob das durch die §§ 94 bis 96 InsO geschützte Vertrauen auf die bestehende Aufrechnungslage durch die Rechtskraft des bestätigten Insolvenzplanes subordiniert wird.

287 Der BGH hat dazu wie folgt entschieden:

> „Ein bei Eröffnung des Insolvenzverfahrens bestehendes Aufrechnungsrecht bleibt auch dann erhalten, wenn die aufgerechnete Gegenforderung nach einem rechtskräftig bestätigten Insolvenzplan erlassen gilt."

Für ausschlaggebend hielt der BGH dabei, dass mit der InsO die nach früherem Recht bestehenden Aufrechnungsmöglichkeiten nicht beschränkt werden sollten, weshalb auch das Insolvenzplanverfahren eine bestehende Aufrechnungslage nicht überlagern könne.

III. Kein Aufrechnungsverbot (§ 96 InsO)

288 Der grds. in der InsO angeordnete Erhalt von Aufrechnungslagen wird nur durch die im unmittelbaren Kontext selbst geregelten Aufrechnungsverbote eingeschränkt. In § 96 InsO sind vier Aufrechnungsverbote normiert. Die größte praktische Relevanz haben dabei die Aufrechnungsverbote des § 96 Nr. 1, 3 und 4.

1. § 96 Abs. 1 Nr. 1 InsO

289 Nach § 96 Abs. 1 Nr. 1 InsO ist die Aufrechnung unzulässig, wenn der Insolvenzgläubiger erst nach Insolvenzeröffnung etwas zur Insolvenzmasse schuldig geworden ist. Hierbei kommt es auf den Zeitpunkt an, zu dem die Forderung im insolvenzrechtlichen Sinne begründet worden ist.

Liefert bspw. der Insolvenzverwalter i.R.d. Fortführung eines insolventen Unternehmens an einen Kunden mit Gegenforderungen aus vorinsolvenzlicher Zeit, so ist eine Aufrechnung des Kunden unzulässig.

290 Eine Aufrechnung ist nach § 96 Abs. 1 Nr. 1 InsO daher nur zulässig, wenn Forderung und Gegenforderung den gleichen Vermögensmassen zuzuordnen sind. Praktisch wichtig ist dies im Fall der Erfüllungswahl durch den Insolvenzverwalter nach § 103 InsO. Danach kann der Insolvenzverwalter die Erfüllung eines beidseits noch nicht vollständig erfüllten Vertrages nach Eröffnung des Insolvenzverfahrens ablehnen oder wählen und damit den Vertrag (erneut) in Vollzug setzen. Zwar hält der BGH an seiner früheren Rechtsprechung, wonach mit der Insolvenzeröffnung die Ansprüche aus gegenseitigen Verträgen erlöschen und mit der Erfüllungswahl (§ 103 InsO) neu entstehen, nicht mehr fest, jedoch hat die Erfüllungswahl die gleiche Wirkung, als hätten Verwalter und Vertragspartner den Vertrag mit identischem

Inhalt neu abgeschlossen,²⁴³ sodass gegen die neue Forderung der Masse gem. § 96 Nr. 1 InsO nicht mit einem vor Verfahrenseröffnung und außerhalb des Vertragsverhältnisses begründeten Anspruch aufgerechnet werden kann.²⁴⁴ Gegenforderungen der Masse für Leistungen allerdings, die der Schuldner schon vor Verfahrenseröffnung erbracht hat, bleiben dem Vertragspartner als Sicherungsmittel erhalten; hier greift das Aufrechnungsverbot nicht.²⁴⁵

Ausgeschlossen ist die Aufrechnung nach § 96 Nr. 1 InsO insb. auch gegen den Anspruch der Insolvenzmasse aus einer Insolvenzanfechtung nach § 143 InsO i.V.m. §§ 129 ff. InsO, weil der insolvenzrechtliche Anfechtungsanspruch ipso iure erst mit der Verwirklichung eines Anfechtungstatbestandes und der Eröffnung des Insolvenzverfahrens entsteht.²⁴⁶

291

2. § 96 Abs. 1 Nr. 3 InsO

Die wesentliche Einschränkung des mit § 94 InsO begründeten Vertrauensschutzes enthält § 96 Abs. 1 Nr. 3 InsO. Der Insolvenzgläubiger nämlich, der das Aufrechnungsrecht durch eine anfechtbare Rechtshandlung erworben hat, ist nach Auffassung des Gesetzgebers²⁴⁷ nicht schutzbedürftig.²⁴⁸

292

Gegen das Aufrechnungsverbot nach § 96 Abs. 1 Nr. 3 InsO verstößt ein Insolvenzgläubiger, wenn er die Möglichkeit der Aufrechnung durch eine anfechtbare Rechtshandlung i.S.d. §§ 129 ff. InsO erlangt hat. Darauf, welcher Anfechtungstatbestand verwirklicht ist bzw. auf einen wie auch immer gearteten Unredlichkeits- oder Verschuldensvorwurf ggü. dem Gläubiger kommt es daher nicht an. Die Aufrechnung ist, ohne dass es einer Anfechtungserklärung bedürfte, kraft Gesetzes unwirksam. Richtigerweise ist davon auszugehen, dass es sich bei der Aufrechnung, weil bei Begründung des Schuldverhältnisses regelmäßig kein Anspruch auf diese Form des Erfüllungssurrogats bestand, um eine inkongruente Deckung handelt.²⁴⁹

293

Der VII. Senat des BFH hatte über einen Fall zu entscheiden, wonach der Vorsteuer aus der Rechnung des vorläufigen Insolvenzverwalters im selben Voranmeldungszeitraum keine USt gegenüberstand – mit der Folge, dass in derselben Höhe ein Umsatzsteuervergütungsanspruch zugunsten der Insolvenzmasse entstand. Auf der Grundlage der bisherigen Rechtsprechung wäre die vom FA mit Insolvenzforde-

294

---

243 BGH NZI 2002, 375; BGH, NJW 1997, 3434.
244 So MüKo/Lohmann/Reichelt, § 96 InsO Rn 10.
245 BGHZ 135, 25.
246 BGH NJW 1995, 1093; BGH NJW 1995, 2783; BGH NZI 2004, 248, 249.
247 RegE BT-Drucks. 12/2443, S. 141.
248 Ebenso der BGH NJW 1997, 1991.
249 Vgl. statt vieler Bork, Einführung in das Insolvenzrecht, Rz. 266.

rungen erklärte Aufrechnung wirksam gewesen. In Änderung dieser bisherigen Rechtsprechung lautet der Leitsatz des BFH-Urteils v. 2.11.2010:[250]

„Die Verrechnung von Insolvenzforderungen des Finanzamtes mit einem aus der Honorarzahlung an einen vorläufigen Insolvenzverwalter resultierenden Vorsteuervergütungsanspruch des Insolvenzschuldners ist, sofern bei Erbringung der Leistungen des vorläufigen Insolvenzverwalters die Voraussetzungen des § 130 InsO oder § 131 InsO vorgelegen haben, unzulässig."

295 Der BFH begründet dieses Ergebnis damit, dass der vom FA erklärten Aufrechnung das Aufrechnungsverbot nach § 96 Abs. 1 Nr. 3 InsO entgegenstehe. Problematisch sei die in der Vergangenheit verneinte Frage, ob die Finanzbehörde „etwas durch eine anfechtbare Rechtshandlung erlangt habe". Der BFH folgt zu dieser Thematik nunmehr der Rechtsprechung des BGH (Urt. v. 22.10.2009),[251] wonach die Leistungserbringung vor Insolvenzeröffnung die Rechtshandlung i.S.d. § 129 InsO darstellt.

296 Im weiteren liegen bei einer derartigen Aufrechnung die tatbestandlichen Voraussetzungen nach § 131 Abs. 1 Nr. 1 InsO vor: Die hier maßgebliche Rechtshandlung – Leistung des vorläufigen Insolvenzverwalters – ist nach Stellung des Insolvenzantrages vorgenommen worden. Dass ihm diese Aufrechnungsmöglichkeit verschafft wird, konnte das FA nicht beanspruchen, sodass von einer Inkongruenz i.S.d. § 131 InsO auszugehen sei.

297 Der VII. Senat des BFH hat in der vorbenannten Entscheidung ausdrücklich offen gelassen, ob das Aufrechnungsverbot des § 96 Abs. 1 Nr. 3 InsO auch auf den Fall Anwendung findet, in dem im selben Voranmeldezeitraum auch USt zu berücksichtigen ist. In diesem Fall kommt es unter Berücksichtigung der Aufrechnungsverbote zur Saldierung nach § 16 Abs. 2 UStG.

298 Im weiteren wird in der Literatur[252] die Frage aufgeworfen, welche Auswirkungen § 55 Abs. 4 InsO auf das Aufrechnungsverbot habe. Danach gelten Verbindlichkeiten des Insolvenzschuldners aus dem Steuerverhältnis, die von einem vorläufigen Insolvenzverwalter oder vom Schuldner mit Zustimmung des vorläufigen Insolvenzverwalters begründet worden sind, nach Eröffnung des Insolvenzverfahrens als Masseverbindlichkeiten. Da die §§ 129 ff. InsO die Rechtshandlung eines Insolvenzgläubigers voraussetzen, stellt sich die Frage, ob die Insolvenzanfechtung einer Aufrechnung nach § 96 Abs. 1 Nr. 3 InsO bei Eingreifen des § 55 Abs. 4 InsO ausscheidet. Damit wäre das Urteil des BFH v. 2.11.2010 für alle Insolvenzverfahren, die ab dem 1.1.2011 beantragt worden sind, ohne Relevanz.

---

250 BFH ZIP 2011, 181.
251 BGH ZIP 2010, 90.
252 Kahlert, ZIP 2011, 185, 186.

3. § 96 Abs. 1 Nr. 4 InsO

Ein Aufrechnungsverbot besteht nach § 96 Abs. 1 Nr. 4 InsO zudem, wenn ein Gläubiger, dessen Forderung aus dem insolvenzfreien Vermögen des Schuldners zu erfüllen ist, etwas zur Insolvenzmasse schuldet. Betroffen von dieser Regelung sind z.B. rechtsgeschäftliche Verpflichtungen, die der Schuldner nach Insolvenzeröffnung eingegangen ist. Da der Schuldner nicht die Masse verpflichten kann, kann der mit dem Schuldner kontrahierende Gläubiger nur auf das insolvenzfreie Vermögen des Schuldners zugreifen. Ein Anwendungsbeispiel sind damit die nach § 35 Abs. 2 InsO freigegebenen beruflichen Tätigkeiten der Insolvenzschuldner. 299

§ 96 Abs. 1 Nr. 4 InsO schließt die Aufrechnung insb. wieder der Finanzbehörde als Neugläubigerin ggü. Masseforderungen aus. Für Insolvenzschuldner von erheblicher praktischer Relevanz ist der umgekehrte Sachverhalt, in dem sie vom FA eine Zahlung zu beanspruchen haben, z.B. einen Umsatzsteuerrückvergütungsanspruch. Hierzu hat der BFH mit Beschl. v. 1.9.2010 entschieden: 300

„Hat der Insolvenzverwalter dem Insolvenzschuldner eine gewerbliche Tätigkeit durch Freigabe aus dem Insolvenzbeschlag ermöglicht, fällt ein durch diese Tätigkeit erworbener Umsatzsteuervergütungsanspruch nicht in die Insolvenzmasse und kann vom Finanzamt mit vorinsolvenzlichen Steuerschuldern verrechnet werden."

4. Bei Masseunzulänglichkeit

Die Vorschrift des § 96 Abs. 1 Nr. 1 InsO wendet der BFH in einem Urt. v. 4.3.2008[253] im Fall der Anzeige der Masseunzulänglichkeit entsprechend an. Die Leitsätze dieses Urteils lauten wie folgt: 301

„1. In massearmen Insolvenzverfahren können Neuforderungen, die erst nach Feststellung der Masseunzulänglichkeit begründet worden sind, nicht zur Aufrechnung gestellt werden."

„2. Auch eine Aufrechnung gegen einen Vorsteuervergütungsanspruch, der sich aus anteiliger Verwaltervergütung für den Zeitraum bis zur Feststellung der Masseunzulänglichkeit ergibt, ist nicht zulässig, wenn eine entsprechende Teilvergütung vom Insolvenzgericht nicht festgesetzt worden ist." 302

Der Vergütungsanspruch des Insolvenzverwalters bezieht sich sowohl auf seine Leistungen vor der Anzeige der Masseunzulänglichkeit als auch auf seine Leistungen nach Anzeige der Masseunzulänglichkeit. Der BFH hat hierzu – wie vorstehend zitiert – entschieden, dass eine Aufrechnung dann nicht zulässig ist, wenn bei der 303

---

253 BFH ZIP 2008, 886.

Vergütungsfestsetzung keine Aufteilung nach den unterschiedlichen Zeiträumen stattgefunden hat. Eine solche Aufteilung wurde in dem streitgegenständlichen Fall nicht vorgenommen.

304 Im Zusammenhang mit der Aufrechnung bei Masseunzulänglichkeit ist insb. auch der Beschluss des BGH v. 14.10.2010[254] von großer praktischer Bedeutung:

„Veräußert der Insolvenzverwalter nach eingetretener Masseunzulänglichkeit Massegegenstände, gehört die dabei anfallende Umsatzsteuer nicht zu den vorrangig zu berichtigenden Kosten des Insolvenzverfahrens."

305 Begründet wird diese Entscheidung mit den folgenden beiden wesentlichen Aspekten:

Es ist aufgrund der Masseunzulänglichkeit die Rangordnung des § 209 InsO einzuhalten. An erstem Rang stehen die Kosten des Insolvenzverfahrens, die in § 54 InsO definiert sind und unter die die USt nicht subsumiert werden kann.

---

254 BGH ZIP 2010, 2252.

§ 6 Abwicklung der Vertragsverhältnisse in der Insolvenz

Übersicht

A. Wahlrecht des Insolvenzverwalters (§§ 103, 105, 119 InsO) —— 1
   I. Das Wahlrecht des Insolvenzverwalters —— 1
   II. Rechtsnatur der Erklärung des Insolvenzverwalters —— 4
   III. Anforderung an die Erklärung des Insolvenzverwalters —— 5
   IV. Teilbare Leistungen (§ 105 InsO) —— 10
   V. Unwirksamkeit abweichender Vereinbarungen (§ 119 InsO) —— 12
B. Sonderbestimmungen für bestimmte Vertragstypen (§§ 104 bis 108 InsO) —— 18
   I. Fixgeschäfte, Finanzleistungen (§ 104 InsO) —— 18
      1. Fixgeschäfte —— 18
      2. Finanzleistungen —— 19
   II. Vormerkung (§ 106 InsO) —— 22
      1. Insolvenzfestigkeit —— 22
      2. Erweiterung der Insolvenzfestigkeit —— 24
      3. Kein Insolvenzschutz —— 25
   III. Eigentumsvorbehalt (§ 107 InsO) —— 27
      1. Insolvenz des Vorbehaltsverkäufers (§ 107 Abs. 1 InsO) —— 27
      2. Zweifelsfragen zu § 107 Abs. 1 Satz 1 InsO —— 30
      3. Erweiterung der Insolvenzfestigkeit —— 32
      4. Insolvenz des Vorbehaltskäufers (§ 107 Abs. 2 InsO) —— 33
   IV. Fortbestehen bestimmter Schuldverhältnisse (§ 108 InsO) —— 35
      1. Fortbestehen nach § 108 Abs. 1 Satz 1 InsO; § 108 Abs. 3 InsO —— 35
      2. Refinanzierte Leasingverträge (§ 108 Abs. 1 Satz 2 InsO) —— 37
      3. Der Schuldner als Darlehensgeber (§ 108 Abs. 2 InsO) —— 39
C. Abwicklung von Mietverhältnissen in der Insolvenz (§§ 109–112 InsO) —— 40
   I. Insolvenz des Mieters —— 40
      1. Sonderkündigungsrecht nach § 109 Abs. 1 Satz 1 InsO —— 40
      2. Mietverhältnis über die Wohnung des Schuldners (§ 109 Abs. 1 Satz 2 InsO) —— 45
      3. Schadensersatzansprüche nach § 109 Abs. 1 Satz 3 InsO —— 49
      4. Nicht vollzogenes Miet- oder Pachtverhältnis (§ 109 Abs. 2 Satz 1 InsO) —— 50
      5. Kündigungssperre nach § 112 InsO —— 52
   II. Insolvenz des Vermieters (§§ 110, 111 InsO) —— 55
      1. Grundsätzlicher Fortbestand des Vertragsverhältnisses —— 55
      2. Vorausverfügungen über die Miete —— 56
      3. Veräußerung des Miet- oder Pachtobjekts (§ 111 InsO) —— 58
   III. Probleme bei Sonderformen von Mietverträgen —— 60
      1. Der Schuldner als Mitmieter —— 60
      2. Der Schuldner als Zwischenmieter —— 61
   IV. Zusammenfassung zur Abwicklung von Mietverhältnissen in der Insolvenz —— 63
D. Sondervorschriften für Auftrag, Geschäftsbesorgungsvertrag (§§ 115, 116 InsO) —— 66
   I. Erlöschen von Aufträgen und Geschäftsbesorgungsverträgen (§§ 115, 116 InsO) —— 66

II. Fortbestand von Aufträgen und Geschäftsbesorgungsverträgen —— 70
    1. Notgeschäftsführung —— 71
    2. Gutgläubigkeit des Beauftragten —— 72
    3. Entsprechende Anwendung auf Geschäftsbesorgungsverträge —— 73
III. Erlöschen von Vollmachten (§ 117 InsO) —— 74
IV. Auflösung von Gesellschaften (§ 118 InsO) —— 77

A. Wahlrecht des Insolvenzverwalters (§§ 103, 105, 119 InsO)

I. Das Wahlrecht des Insolvenzverwalters

1 Nach den allgemeinen Wirkungen der Eröffnung des Insolvenzverfahrens (§§ 80 bis 102 InsO) ist in den §§ 103 bis 119 InsO geregelt, welche Auswirkungen die Insolvenzeröffnung auf bestehende Verträge hat. **Grundnorm ist § 103 InsO**. Diese Vorschrift räumt dem Verwalter bei beiderseits noch nicht (vollständig) erfüllten Verträgen das **Wahlrecht** ein, die Vertragsabwicklung fortzusetzen oder die Erfüllung zu verweigern. Im Interesse des Masseschutzes[1] wird dem Insolvenzverwalter ein **breiter wirtschaftlicher Handlungsspielraum** eröffnet. Er soll die Möglichkeit haben, günstige Verträge weiter abzuwickeln und hierdurch die Masse zu mehren, umgekehrt aber auch verlustbringende Verträge zu stoppen, um hierdurch Schaden von der Masse abzuwenden.[2] Der Vertragspartner kann in letzterem Fall seinen Nichterfüllungsschaden nur als Insolvenzgläubiger geltend machen (**§ 103 Abs. 2 Satz 1 InsO**).[3]

2 Hat eine Partei den Vertrag bereits vollständig erfüllt, geht es nur noch um die Frage der Durchsetzbarkeit der ausstehenden Gegenleistung. Demgegenüber ist eine wirtschaftliche Abwägung und Entscheidung immer dann zu treffen, wenn es um die Bewertung der noch ausstehenden Leistung und Gegenleistung geht. § 103 InsO betrifft daher ausschließlich Verträge, die weder vom Schuldner noch von dem anderen Teil vollständig erfüllt sind. Dem Verwalter soll auch dann das Wahlrecht zustehen, wenn der Schuldner zwar alle Leistungshandlungen erbracht hat, der Leistungserfolg aber noch nicht eingetreten ist.[4] I.d.R. wird der Verwalter Vertrags-

---

[1] Ausführlich zur Entwicklung des Normenverständnisses: Uhlenbruck/Wegener, § 103 InsO Rn 1 ff.
[2] Lehnt der Verwalter im Insolvenzverfahren über das Vermögen eines Bauträgers die Erfüllung eines Subunternehmervertrages ab, kann er nicht statt der Erfüllung Schadensersatz wegen Nichterfüllung verlangen: BGH, 19.11.2015 – IX ZR 198/14, ZIP 2016, 85.
[3] Der Grundstücksverkäufer kann in der Käuferinsolvenz nach Erfüllungsablehnung sein Grundstück aussondern und seinen Nichterfüllungsschaden mit dem Anspruch des Verwalters auf Rückzahlung einer Anzahlung verrechnen: BGH, 7.2.2013 – IX ZR 218/11, ZIP 2013, 526.
[4] Allg M.; HambKomm/Ahrendt, § 103 InsO Rn 10 ff.; MüKo/Huber, § 103 InsO Rn 122.

erfüllung wählen, wenn er die der Insolvenzmasse zustehende Leistung höher bewertet als die an die Gegenseite – dann nach § 55 Abs. 1 Nr. 2 InsO als Masseverbindlichkeit – zu erbringende Leistung. Von dem Verwalter sind hierbei **oft sehr schwierige Prognoseentscheidungen** zu treffen. So muss er z.B. in Bauinsolvenzen auch der Frage nachgehen, wie wahrscheinlich die Gefahr ist, dass die Masse später von dem anderen Teil auf Mängelrechte nach §§ 634 ff. BGB in Anspruch genommen wird.

Praxistipp
Besondere Schwierigkeiten ergeben sich im Baubereich in Generalunternehmerinsolvenzen. Hier ist zunächst zu prüfen, ob es Subunternehmer mit „Erpressungspotenzial" gibt (häufiges Beispiel: Aufzugbauer) und ob mit diesen eine Lösung gefunden werden kann, bevor im Verhältnis zum Bauherrn eine Entscheidung über den Weiterbau getroffen wird.

Vorausgesetzt wird in § 103 InsO ein gegenseitiger Vertrag i.S.d. § 320 BGB. Dies setzt voraus, dass die beiderseitigen Leistungspflichten in einem **synallagmatischen Verhältnis** zueinander stehen.[5] Dies ist z.B. bei der Abnahme i.S.d. § 640 BGB der Fall, nicht aber bei einer Abnahme von Mängelbeseitigungsleistungen nach § 13 Abs. 5 Nr. 1 Satz 3 VOB/B[6]. Die Parteien können auch eine Nebenpflicht vertraglich als Hauptleistungspflicht ausgestalten.[7] Bei vielen Vertragstypen fehlt es von vornherein an einer synallagmatischen Verknüpfung wie z.B. bei Gesellschafts-[8], Vereins- oder Tarifverträgen.

3

II. Rechtsnatur der Erklärung des Insolvenzverwalters

Die Auffassungen zur Rechtsnatur des Wahlrechts unterlagen mehrfachen Wandlungen. Der BGH ging **bis zum Jahr 1988**[9] davon aus, der Verwalter greife mit der **Erfüllungsablehnung rechtsgestaltend** in das Vertragsverhältnis ein. Mit den beiden Entscheidungen v. 11.2.1988[10] und 20.12.1988[11] entwickelte der BGH die **Erlö-**

4

---

5 Uhlenbruck/Wegener, § 103 InsO Rn 25; Übersichten zu einzelnen Vertragstypen finden sich bei HambKomm/Ahrendt, § 103 InsO Rn 7 f. und MüKo/Huber, § 103 InsO Rn 67 ff. sowie Uhlenbruck/Wegener, § 103 InsO Rn 26 ff.
6 BGH, 16.5.2019 – IX ZR 44/18, ZInsO 2019, 1364.
7 Vorlage von Unbedenklichkeitsbescheinigungen von Krankenkassen u.a. als Fälligkeitsvoraussetzung für Werklohnansprüche, vgl. BGH 15.12.2016 – IX ZR 117/16, ZInsO 2017, 82, insbes. Rn 19.
8 Instruktiv: BGH, 27.7.2017 – I ZB 93/16, ZIP 2018, 487.
9 BGH, 21.12.1983 – VIII ZR 256/82, WM 1984, 265 [Rn 14]; weitere Nachweise bei Uhlenbruck/Wegener, § 103 InsO Rn 5.
10 BGH, 11.2.1988 – IX ZR 36/87, BGHZ 103, 250 = NJW 1988, 1790 = ZIP 1988, 322.
11 BGH, 20.12.1988 – IX ZR 50/88, BGHZ 106, 236 = NJW 1989, 1282.

schenstheorie,[12] wonach die Erfüllungsansprüche mit Verfahrenseröffnung automatisch erlöschen und an deren Stelle der einseitige Anspruch des anderen Teils auf Schadensersatz wegen Nichterfüllung treten solle.[13] Nach der Erlöschenstheorie kam nunmehr der **Erfüllungswahl rechtsgestaltende („novierende") Wirkung** zu mit der – von der Rechtsprechung beabsichtigten – Folge, dass die vor Eröffnung erfolgte Abtretung oder Pfändung von Erfüllungsansprüchen des Schuldners wegen § 91 Abs. 1 InsO (früher § 15 KO) ins Leere ging[14] und eine Aufrechnung mit Insolvenzforderungen des Gegners an § 96 Abs. 1 Nr. 1 InsO (früher § 55 Nr. 1 KO) scheiterte. Da die Erlöschenstheorie neue Probleme aufwarf,[15] gab der BGH diese in seiner **Grundsatzentscheidung v. 25.4.2002**[16] auf und ging davon aus, dass die noch offenen Ansprüche im Insolvenzverfahren lediglich ihre Durchsetzbarkeit verlieren. Diese sollen bei Erfüllungswahl des Verwalters die **Rechtsqualität von originären Forderungen der und gegen die Masse** erhalten; bei dieser Sichtweise blieben die genannten positiven Aspekte der Erlöschenstheorie zu den §§ 91 Abs. 1 und 96 Abs. 1 Nr. 1 InsO erhalten.[17]

III. Anforderung an die Erklärung des Insolvenzverwalters

5   Das Erfüllungsverlangen erfolgt durch einseitige, empfangsbedürftige[18] und formfreie Willenserklärung;[19] diese ist unwiderruflich und bedingungsfeindlich.[20] Der Insolvenzverwalter kann seine Erklärung zwar unter den Voraussetzungen der §§ 119 ff. BGB anfechten,[21] jedoch nicht mit der Begründung, er habe geglaubt, diese sei für die Insolvenzmasse günstig; insoweit handelt es sich um einen unbeachtlichen Kalkulationsirrtum.[22]

6   Wegen der vorgenannten weitreichenden Folgen kann ein **konkludentes Erfüllungsverlangen nur unter strengen Voraussetzungen** angenommen werden.[23] Diese sind nicht erfüllt bei standardisierten Zahlungsaufforderungen zum Einzug

---

12 Zur Erlöschenstheorie vgl. Kreft, ZIP 1997, 865 und MüKo/Huber, § 103 InsO Rn 3 ff.
13 Uhlenbruck/Wegener, § 103 InsO Rn 6.
14 KPB/Tintelnot, § 103 InsO Rn 283.
15 Z.B. das Erlöschen akzessorischer Sicherungen.
16 BGH, 25.4.2002 – IX ZR 313/99, BGHZ 150, 353 = ZInsO 2002, 577.
17 MüKo/Huber, § 103 InsO Rn 4a.
18 BGH, 1.3.2007 – IX ZR 81/05, NJW 2007, 1594 = ZIP 2007, 778 [Rn 13].
19 Uhlenbruck/Wegener, § 103 InsO Rn 113.
20 HambKomm/Ahrendt, § 103 InsO Rn 19; Uhlenbruck/Wegener, § 103 InsO Rn 123.
21 Uhlenbruck/Wegener, § 103 InsO Rn 125.
22 MüKo/Huber, § 103 InsO Rn 206.
23 OLG Stuttgart, 22.2.2005 – 10 U 242/04, ZIP 2005, 588; HambKomm/Ahrendt, § 103 InsO Rn 21; Uhlenbruck/Wegener, § 103 InsO Rn 115.

fälliger Forderungen. Fordert dagegen der Verwalter erkennbar in Kenntnis des Umstandes, dass der Schuldner den Vertrag nicht (vollständig) erfüllt hat, den Gegner zur Erbringung der vertraglichen Leistung auf, kann dieser von einer Erfüllungswahl ausgehen.[24]

Strenge Voraussetzungen an eine konkludente Erklärung sind auch deshalb geboten, weil der Vertragspartner es nach **§ 103 Abs. 2 Satz 2 InsO** in der Hand hat, für klare Verhältnisse zu sorgen. Antwortet der Insolvenzverwalter auf die Aufforderung des anderen Teils, sich zur Ausübung seines Wahlrechts zu erklären, nicht unverzüglich, so kann der Verwalter keine Erfüllung mehr verlangen (§ 103 Abs. 2 Satz 3 InsO). Dem Verwalter ist aber eine nach den Umständen des Einzelfalles angemessene Prüfungs- und Überlegungsfrist einzuräumen. Z.T. wird vertreten,[25] der Verwalter könne bis zum Berichtstermin (§ 156 InsO) abwarten, wenn die Weiterführung des Vertrages nur bei Fortführung des Betriebes wirtschaftlich sinnvoll ist. Dies erscheint zweifelhaft, weil damit die Sondervorschrift des § 107 Abs. 2 InsO die Grundregel des § 103 Abs. 2 Satz 2 InsO weitgehend leerlaufen ließe.[26]

Praxistipp
Wegen der genannten Unsicherheiten empfiehlt sich insb. bei Dauerschuldverhältnissen, die nicht unter § 108 InsO fallen (z.B. Versorgungs- und Versicherungsverträge, Mobilienleasing), in der Insolvenz des Kunden dem Vertragspartner die vorläufige Weiterzahlung der monatlich geschuldeten Beträge anzubieten und dafür die Entscheidung über das Wahlrecht einvernehmlich bis nach dem Berichtstermin zurückzustellen. Eine spätere Erfüllungsablehnung kann dann aber nur ex nunc wirken, weil der Verwalter jedenfalls bis dahin die Erfüllung zur Insolvenzmasse verlangt hat und die gezahlten Beträge damit unter § 55 Abs. 1 Nr. 2 InsO fallen.

Unanwendbar ist § 103 InsO auf den vorläufigen Insolvenzverwalter. Eine an ihn gerichtete Aufforderung zur Wahlrechtsausübung ist daher folgenlos,[27] selbst eine positive Antwort kann das erst mit der Eröffnung des Verfahrens entstehende Wahlrecht grds. nicht beseitigen.[28] Auch bei einem mit Zustimmung des vorläufigen schwachen Verwalters[29] im Eröffnungsverfahren abgeschlossenen Vertrag kann nach Eröffnung das Wahlrecht ausgeübt werden.

---

24 Instruktiv: Uhlenbruck/Wegener, § 103 InsO Rn 116; nach BGH, 13.2.2014 – IX ZR 313/12, ZIP 2014, 736, können Materialentnahmen die Erfüllungswahl eines Konsignationslagervertrages darstellen.
25 Uhlenbruck/Wegener, § 103 InsO Rn 129; MüKo/Huber, § 103 InsO Rn 173f.
26 So MüKo/Vuia, § 107 InsO Rn 18.
27 BGH, 8.11.2007 – IX ZR 53/04, ZInsO 2007, 1275.
28 MüKo/Huber, § 103 InsO Rn 150, will eine Einschränkung machen bei treuwidrigem Verhalten des vorläufigen Verwalters.
29 Beim starken vorläufigen Verwalter ist eine Wahlrechtsausübung wegen § 55 Abs. 2 InsO obsolet; zu weiteren Einzelheiten: MüKo/Huber, § 103 InsO Rn 151.

Werres

IV. Teilbare Leistungen (§ 105 InsO)

10 Der in Rdn 4 geschilderte Theorienstreit (Stichwort: sog. Erlöschenstheorie) betrifft in erster Linie die rechtliche Einordnung der Ansprüche der Insolvenzmasse aus einer Vertragsfortführung nach einer Erfüllungswahl. Hiervon zu unterscheiden ist die Frage, welche Auswirkung die Erfüllungswahl auf die **noch nicht erledigten Ansprüche der Gegenseite aus der Zeit vor der Insolvenzeröffnung**[30] hat. Da der BGH[31] annahm, dass der Verwalter grds. nur Erfüllung des gesamten Vertrages wählen kann, konnte eine Erfüllungswahl dazu führen, dass diese Gegenleistung (ebenfalls) als Masseschuld beglichen werden musste.[32] In der Entscheidung v. 4.5.1995[33] ging der BGH unter Berufung auf § 36 Abs. 2 Satz 1 VglO davon aus, dass ein **einheitliches Vertragsverhältnis bei Teilleistungen** in einen erfüllten und einen nicht ausgeführten Teil **zerfalle**. Im Urt. v. 27.2.1997[34] entschied er, dass bei einem Sukzessivlieferungsvertrag auch bei einer Erfüllungswahl des Verwalters die Gegenansprüche für Leistungen, die der andere Teil vor Eröffnung erbracht habe, keinen Masseschuldcharakter hätten. Diese **Rechtsprechung hat der Gesetzgeber in § 105 Satz 1 InsO übernommen.**[35] Der BGH hält heute im Interesse des Schutzes der Masse alle Leistungen für teilbar, wenn sich eine erbrachte Teilleistung feststellen und bewerten lässt.[36] Ausnahmen sollen allenfalls dann gelten, wenn es sich um höchstpersönliche Leistungen (z.B. Anfertigung eines Gemäldes) handelt.[37]

11 Nach § 105 Satz 2 InsO, der dem früheren § 26 Satz 1 KO entspricht, kann der andere Teil keine Rückgabe der in das Vermögen des Schuldners übergegangenen Teilleistung verlangen. Erforderlich ist aber ein Vollrechtserwerb des Schuldners. Solange dieser nicht gegeben ist, steht § 105 Satz 2 InsO Aussonderungs- oder Ersatzaussonderungsansprüchen nicht entgegen.[38]

V. Unwirksamkeit abweichender Vereinbarungen (§ 119 InsO)

12 Das einseitige Wahlrecht des Verwalters und die gesetzliche Aufteilung der Gegenansprüche in Masseverbindlichkeiten nach § 55 Abs. 1 Nr. 2 InsO und Insolvenzforderungen nach § 38 InsO können für den anderen Teil eine erhebliche Belastung

---

30 Die Ansprüche nach Insolvenzeröffnung regelt § 55 Abs. 1 Nr. 2 bzw. § 103 Abs. 2 Satz 1 InsO.
31 BGH, 11.2.1988 – IX ZR 36/87, BGHZ 103, 250, 253 = ZIP 1988, 322.
32 MüKo/Huber, § 105 InsO Rn 14.
33 BGH, 4.5.1995 – IX ZR 256/93, BGHZ 129, 336 = ZIP 1995, 926.
34 BGH, 27.2.1997 – IX ZR 5/96, BGHZ 135, 25 = ZIP 1997, 688 – Sachsenmilch.
35 Uhlenbruck/Wegener, § 103 InsO Rn 7.
36 BGH, 25.4.2002 – IX ZR 313/99, BGHZ 150, 353 = ZInsO 2002, 577; MüKo/Huber, § 105 InsO Rn 14.
37 MüKo/Huber, § 105 InsO Rn 22.
38 Vgl. Uhlenbruck/Wegener, § 105 InsO Rn 30 ff.

darstellen. So kann er bei einer Erfüllungswahl gezwungen sein, eine für die Masse günstige – und für ihn ungünstige – Restabwicklung eines Vertrages vornehmen zu müssen,[39] während er für die vor Eröffnung erbrachten – u.U. besonders gut kalkulierten[40] – Leistungsteile mit seinen offenen Vergütungsansprüchen nur Insolvenzgläubiger ist. Aus diesem Grund besteht generell die Gefahr, dass Vertragspartner im Vorfeld durch entsprechende Vertragsgestaltung die Regelungen der §§ 103 bis 118 InsO zu umgehen versuchen. Denkbar ist bspw. die Vereinbarung einer Vertragsstrafe für den Fall der Nichterfüllungswahl,[41] die Festlegung einer Schadenspauschale anstelle einer konkreten Schadensberechnung nach § 103 Abs. 2 Satz 1 InsO oder die Verkürzung der Überlegungsfrist des § 103 Abs. 2 Satz 2 InsO.[42] Derartige Vereinbarungen, die einen **Eingriff in die Abwicklungsmechanismen der §§ 103 bis 118 InsO** darstellen, hat der Gesetzgeber in § 119 InsO generell für **unwirksam** erklärt.

Hiervon zu unterscheiden ist die Frage, ob der Vertragspartner nicht durch sog. **Lösungsklauseln** insolvenzbedingt eine Beendigung des Vertragsverhältnisses erwirken kann. Durch derartige Lösungsklauseln wird nicht in die Abwicklungsmechanismen der §§ 103 ff. InsO eingegriffen, sondern es wird – einen Schritt vorher – das Wahlrecht des Verwalters unterlaufen, indem bereits der andere Teil den Vertrag lösen kann. Ursprünglich sah der RegE zur InsO in § 137 Abs. 2[43] vor, dass derartige Klauseln unwirksam sein sollten. Auf Veranlassung der Wirtschaftsverbände wurde diese Vorschrift gestrichen,[44] woraus aber nicht zwingend auf eine Zulässigkeit derartiger Klauseln geschlossen werden kann.[45] 13

Bei *gesetzlichen* Lösungsklauseln (z.B. § 89a HGB) steht die Wirksamkeit außer Frage. Das früher in § 14 VVG geregelte Recht des Versicherers, bei Insolvenz des Versicherungsnehmers zu kündigen, wurde bei der Neufassung des VVG v. 23.11. 2007[46] abgeschafft. Hauptstreitpunkt zur *vertraglichen* Lösungsklausel ist § 8 Abs. 2 Nr. 1 VOB/B, wonach der Auftraggeber aufgrund eines Insolvenzantrages (Eigenantrag des Auftragnehmers oder zulässiger Fremdantrag) das Vertragsverhältnis kündigen kann. In der schon vor Inkrafttreten der InsO geführten Diskussion hatte der VII. Zivilsenat des BGH[47] (Baurechtssenat) die **Kündigungsklausel** für **wirksam** erachtet. Zur Begründung wurde darauf abgestellt, dass dem Auftraggeber ohnehin das freie Kündigungsrecht nach § 648 S. 1 BGB (früher: § 649 S. 1 BGB) zusteht. Der 14

---

39 Z.B. teure und schlecht kalkulierte Ausbaugewerke in der Insolvenz des Bauherrn.
40 Z.B. sehr kostengünstig erstellter Rohbau.
41 Vgl. Uhlenbruck/Sinz, § 119 InsO Rn 3.
42 Weitere Beispiele bei MüKo/Huber, § 119 InsO Rn 57 ff.
43 Zum Gesetzgebungsverfahren vgl. MüKo/Huber, § 119 InsO Rn 5–12.
44 MüKo/Huber, § 119 InsO Rn 11.
45 Uhlenbruck/Sinz, § 119 InsO Rn 10.
46 BGBl. I 2007, S. 2631.
47 BGH, 26.9.1985 – VII ZR 19/85, BGHZ 96, 34 = ZIP 1985, 1509.

IX. Zivilsenat ist dieser Rechtsprechung in einer späteren Entscheidung[48] gefolgt. Im Baubereich sieht auch der ARGE-Mustervertrag[49] ein Kündigungsrecht bei Insolvenzantrag und ein automatisches Ausscheiden des ARGE-Partners bei Insolvenzeröffnung vor. Auch diese Regelungen hat der BGH[50] wegen der engen Anlehnung an die gesetzliche Regelung (§§ 736, 738 BGB) gebilligt.

15 Die **Kritiker**[51] dieser Rechtsprechung **hatten neuen Auftrieb erfahren durch das Urteil des IX. Zivilsenats des BGH**[52] **vom 15.11.2012.** Nach dieser Entscheidung sollen Lösungsklauseln in Verträgen über die fortlaufende Lieferung von Waren oder Energie, die an den Insolvenzantrag oder die Insolvenzeröffnung anknüpfen, unwirksam sein. Ob das Urteil auf § 8 Abs. 2 Nr. 1 VOB/B übertragbar ist, wurde sehr kontrovers diskutiert. Vieles spricht dafür, dass es sich um eine Einzelfallentscheidung handelte. Dem BGH ging es darum, der Verhaltensweise des Stromanbieters, der ersichtlich die Lieferbeziehung nicht abbrechen, sondern höhere Preise durchsetzen wollte, den Erfolg zu versagen.[53] Nach dem Urteil des IX. Zivilsenats gingen die Oberlandesgerichte Celle[54] und Koblenz[55] weiterhin davon aus, dass § 8 Abs. 2 Nr. 1 VOB/B nicht gegen § 119 InsO verstößt. Das sah die baurechtliche Literatur[56] überwiegend anders. Auf eine Revision gegen ein Urteil des OLG Frankfurt[57] hat der **VII. Zivilsenat des BGH**[58] mit Urteil vom 7.4.2016 mit eingehender Begründung **an seiner früheren Rechtsprechung festgehalten**, wonach die **Kündigungsklausel wirksam** ist.

16 Mit dieser Entscheidung sind die **Meinungsstreitigkeiten** keineswegs beigelegt. Mit der Reform des Bauvertragsrechts wurde zum 1.1.2018 eine an § 314 BGB angelehnte Regelung zu möglichen Kündigungen aus wichtigem Grund im Werkvertragsrecht aufgenommen: **§ 648a BGB n.F.** Diese Vorschrift wird **in unterschiedliche Richtungen gedeutet**. Während teilweise vertreten wird, die Insolvenz stelle immer einen wichtigen Kündigungsgrund i.S.d. § 648a BGB dar[59], leiten andere aus

---

48 BGH, 11.11.1993 – IX ZR 257/92, BGHZ 124, 76 = NJW 1994, 449 = ZIP 1994, 40.
49 § 23.41 und § 23.52 des ARGE-Mustervertrages 2016.
50 BGH, 14.12.2006, IX ZR 194/05, ZInsO 2007, 213; vgl. hierzu MüKo/Huber, § 119 InsO Rn 26 und Uhlenbruck/Sinz, § 119 InsO Rn 16.
51 KPB/Tintelnot, § 119 InsO Rn 22 ff., jetzt insbesondere Rn 47; N/R/Balthasar, § 119 InsO Rn 16; Kölner Schrift/Pape, S 359 und 388.
52 BGH, 15.11.2012 – IX ZR 169/11, ZIP 2013, 274.
53 Huber, ZIP 2013, 493 und – aktualisiert: MüKo/Huber, § 119 InsO, Rn 28–45.
54 OLG Celle, 5.3.2014 – 7 U 114/13, ZInsO 2014, 1853.
55 OLG Koblenz, 5.5.2014 – 12 U 231/13, ZInsO 2014, 1996.
56 Claus Schmitz, Die Bauinsolvenz, 6. Aufl. 2015, Rn 84 ff.; Kniffka, ibr-online Kommentar Bauvertragsrecht, § 649 BGB, Rn 166; von Kiedrowski, BauR 2013, 1325; ebenso Burghard Wegener, ZInsO 2013, 1105.
57 OLG Frankfurt, 16.3.2015 – 1 U 38/14 mit zahlreichen Fundstellen in Rn 13 = ZInsO 2015, 695.
58 BGH, 7.4.2016 – VII ZR 56/15, ZInsO 2016, 1062; vgl. hierzu Huber, NZI 2016, 525.
59 So MüKo/Huber, § 119 InsO Rn 45.

der Tatsache, dass § 8 Abs. 2 VOB/B nicht ins BGB übernommen wurde, die Unzulässigkeit der letztgenannten Vorschrift ab[60]. Beide Meinungen sind abzulehnen. Der Gesetzgeber hat bewusst davon abgesehen, den Fall der Insolvenz als gesetzlichen Kündigungsgrund zu normieren[61], weil dies der „Vielgestaltigkeit der Lebensverhältnisse" nicht hinreichend Rechnung trage. Der Gesetzgeber hat damit einer Einzelfallgerechtigkeit den Vorzug gegenüber einer Rechtssicherheit gegeben. Allerdings hat der BGH bereits in einer Entscheidung vom 14.9.2017[62] – auch unter Hinweis auf den zum 1.1.2018 in Kraft tretenden § 648a Abs. 1 Satz 2 BGB – darauf hingewiesen, dass die Eröffnung des Insolvenzverfahrens keinen wichtigen Kündigungsgrund darstelle. Das könnte man als Widerspruch zum Urteil des VII. Zivilsenats vom 7.4.2016[63] und zu den Motiven des Gesetzgebers zum neuen § 648a BGB sehen. Richtigerweise wird man den IX. Zivilsenat des BGH wohl dahingehend zu verstehen haben, dass die **Insolvenz des Werkunternehmers alleine als Kündigungsgrund nach § 648a Abs. 1 Satz 2 BGB nicht ausreicht;** hinzutreten müssen vielmehr weitere Umstände, die eine Fortsetzung des Vertragsverhältnisses für den Vertragspartner unzumutbar machen.

Nach einem Erfüllungsverlangen des Verwalters ist einer Kündigung aufgrund einer Lösungsklausel der Boden entzogen;[64] insoweit kann es zu einem „Wettlauf" zwischen dem Wahlrecht des Verwalters und dem Lösungsrecht des Vertragspartners kommen. Die Ausübung dieses Rechts kann auch nach § 242 BGB rechtsmissbräuchlich sein, wenn der Vertragspartner beim Verwalter Vertrauen auf die Nichtausübung des Gestaltungsrechts begründet hat.[65]

17

B. Sonderbestimmungen für bestimmte Vertragstypen (§§ 104 bis 108 InsO)

I. Fixgeschäfte, Finanzleistungen (§ 104 InsO)

1. Fixgeschäfte

Bei **Fixgeschäften** über Waren, die einen **Markt- oder Börsenpreis** haben, wird durch § 104 Abs. 1 Satz 1 InsO, der inhaltlich dem früheren § 18 Abs. 1 KO entspricht,

18

---

60 So KPB/Tintelnot, § 119 InsO, Rn 47.
61 Vgl. BR-Drucks. 123/16 vom 11.3.2016, S. 52f.
62 BGH, 14.9.2017 – IX ZR 261/15, ZInsO 2017, 2159; ausführlich zu diesem Urteil Zeyns, ZIP 2018, 8.
63 BGH, 7.4.2016 – VII ZR 56/15, ZInsO 2016, 1062.
64 So Uhlenbruck/Sinz, § 119 InsO Rn 24, der allerdings eine Interessenabwägung vornehmen will und sich damit den gesetzgeberischen Motiven des § 648a BGB in der ab dem 1.1.2018 geltenden Fassung nähert; unklar jetzt MüKo/Huber, § 119 InsO Rn 49, 2. Spiegelstrich.
65 MüKo/Huber, § 119 InsO Rn 49, 1. Spiegelstrich.

das **Wahlrecht** des Verwalters nach § 103 InsO **ausgeschlossen**. Anstelle der weiteren Abwicklung ist der Nichterfüllungsschaden zu ersetzen, der – anders als bei § 103 InsO – auch der Insolvenzmasse zustehen kann. Die Besonderheit derartiger Geschäfte liegt in deren **Risikocharakter**. Die Preis- und Kursschwankungen erfordern durchweg unverzügliche Reaktionen, die dem Vertragspartner nicht möglich sind, wenn er aufgrund eines Wahlrechts des Verwalters nicht wissen kann, ob der mit der Schuldnerin abgeschlossene Vertrag überhaupt zur Durchführung kommt. Umgekehrt könnte der Verwalter bei einem ihm eingeräumten Wahlrecht je nach Preisentwicklung zulasten des Vertragspartners spekulieren (wobei er sich natürlich auch zulasten der Masse verspekulieren könnte). Um derartige Spekulationen zu vermeiden, hat der Gesetzgeber die **Beendigung solcher Vertragsverhältnisse angeordnet** und der hierdurch benachteiligten Partei einen Anspruch wegen Nichterfüllung eingeräumt, der nach § 104 Abs. 2 InsO zu berechnen ist. Dabei ging der Gesetzgeber davon aus, dass die Parteien aufgrund des Markt- oder Börsenpreises sich kurzfristig anderweitig eindecken können. Der Vertragspartner kann den Nichterfüllungsschaden nur als Insolvenzgläubiger geltend machen (§ 104 Abs. 5 InsO).

2. Finanzleistungen

19   In § 104 Abs. 2 Satz 1 InsO hatte der Gesetzgeber eine entsprechende Regelung für Finanzleistungen, die einen Markt- oder Börsenpreis haben, geschaffen (jetzt: § 104 Abs. 1 Satz 2 InsO). Die in § 104 Abs. 1 Satz 3 InsO **nicht abschließend aufgezählten Finanzleistungen** haben typischerweise **Spekulationscharakter**. Die Überlegungen zu § 104 Abs. 1 Satz 1 InsO gelten für derartige Rechtsgeschäfte entsprechend, sodass auf Drängen der Kreditwirtschaft eine dem § 18 KO noch unbekannte Parallelregelung aufgenommen wurde.

20   Eine **Besonderheit** stellt § 104 Abs. 3 InsO dar. Danach werden mehrere in einem **Rahmenvertrag** zusammengefasste Geschäfte über Finanzleistungen als einheitlicher gegenseitiger Vertrag i.S.d. §§ 103, 104 InsO verstanden mit der Folge, dass die verschiedenen **Einzelansprüche innerhalb des Rahmenvertrages saldiert werden können** (sog. close out netting).[66] Gäbe es die Vorschrift nicht, so könnte der Verwalter bei einzelnen, ihm günstigen Geschäften die Nichterfüllungsforderung nach § 104 Abs. 1 Satz 2 i.V.m. Satz 1 InsO erheben, während der andere Teil bei Geschäften, die ihm günstig gewesen wären, nach § 104 Abs. 5 InsO nur eine Insolvenzforderung geltend machen könnte. Die Vorschrift des § 104 Abs. 3 InsO verhindert somit, dass der Verwalter sich aus einem Rahmenvertrag nur die „Rosinen herauspickt". Der Entwurf des ESUG[67] sah in § 104a InsO Privilegien für Börsen-

---

66   Vgl. MüKo/Fried, § 104 InsO Rn 195 ff.
67   Vgl. ZIP 2011, Beilage 1 zu Heft 6, S. 11–15.

geschäfte unter Einschaltung eines sog. zentralen Kontrahenten vor; die Vorschrift wurde im Rechtsausschuss zu Fall gebracht.[68]

Zu großer Aufregung führte ein Urteil des BGH vom 9.6.2016[69]. In einem Rechtsstreit, der sich gegen ein in London ansässiges Institut der 2008 insolvent gewordenen Lehman-Gruppe richtete, hielt der BGH Klauseln in dem vom Bundesverband Deutscher Banken publizierten Muster „Deutscher Rahmenvertrag für Finanztermingeschäfte" wegen Verstoß gegen § 119 InsO für unwirksam. Noch am Tag der Urteilsverkündung erließ die Bundesanstalt für Finanzdienstleistungsaufsicht (BaFin) nach § 4a WpHG eine Allgemeinverfügung zu Nettingvereinbarungen im Anwendungsbereich des deutschen Insolvenzrechts, um die Finanzmärkte zu beruhigen. Zwischenzeitlich hat der Gesetzgeber[70] eingegriffen und § 104 InsO geändert.[71] Herzstück der Änderung ist § 104 Abs. 4 InsO, wonach die Parteien abweichende Bestimmungen treffen können, sofern diese mit den wesentlichen Grundgedanken der jeweiligen gesetzlichen Regelung vereinbar sind. In § 104 Abs. 4 Satz 2 Nr. 1–3c InsO hat der Gesetzgeber bestimmte Klauseln ausdrücklich für wirksam erklärt, insbesondere eine Vorwirkung auf den Zeitpunkt des Insolvenzantrages. 21

II. Vormerkung (§ 106 InsO)

1. Insolvenzfestigkeit

Die im Grundbuch einzutragende Vormerkung[72] nach § 883 BGB prophezeit und sichert eine künftige Rechtsänderung. Hauptanwendungsfall ist die sog. Auflassungsvormerkung, mit der ein künftiger Eigentumswechsel gesichert werden soll. Spätere Verfügungen des bisherigen Eigentümers, die dem Anspruch des Erwerbers zuwiderlaufen, sind zwar rechtlich möglich, ihm ggü. jedoch nach § 883 Abs. 2 BGB unwirksam (sog. relative Unwirksamkeit). 22

Der Schutz des Erwerbers wäre unvollkommen, wenn er zwar vor abredewidrigen Verfügungen des bisherigen Eigentümers nach § 883 Abs. 2 BGB geschützt wäre, nicht aber vor dessen Insolvenz. **Ohne eine Sondervorschrift würde der Rechtsverkehr** mit Grundstücken **massiv behindert**, weil die allgemein übliche Abwicklung (Zahlung des Kaufpreises nach Eintragung einer Auflassungsvormerkung) für 23

---

68 Vgl. ZIP 2011, Sonderheft ESUG i.d.F.v. 27.10.2011; ferner BR-DrS 127/1/11 v. 5.4.2011, S. 8–10.
69 BGH, 9.6.2016 – IX ZR 314/14, ZIP 2016, 1226 = ZInsO 2016, 1299 = NZI 2016, 627 = NJW 2016, 2328; zu diesem Urteil: Hartmann, EWiR 2016, 535.
70 BGBl. 2016, I, S. 3147; vgl. hierzu Marotzke, ZInsO 2019, 1341.
71 Mit einer Übergangslösung für die Zeit vom 10.6.2016 (Tag nach der Verkündung des Urteils des BGH vom 9.6.2016) bis zum 29.12.2016.
72 Entsprechendes gilt nach § 106 Abs. 2 InsO für Vormerkungen im Schiffsregister, Schiffsbauregister und Register für Pfandrechte an Luftfahrzeugen.

den Käufer viel zu gefährlich wäre. Aus diesem Grund bestimmt § 106 Abs. 1 Satz 1 InsO, der dem früheren § 24 Satz 1 KO entspricht, dass der Berechtigte seinen Anspruch auch gegen die Insolvenzmasse durchsetzen kann. Die Vorschrift stellt damit eine Ausnahme ggü. dem Wahlrecht des Verwalters nach § 103 InsO dar.

2. Erweiterung der Insolvenzfestigkeit

24 Die Vorschrift des § 106 Abs. 1 Satz 2 InsO (und der Vorgängervorschrift des § 24 Satz 2 KO) erklärt sich aus einer aufsehenerregenden Entscheidung des V. Zivilsenats des **BGH zum Bauträgervertrag** aus dem Jahr **1976**.[73] Beim Bauträgervertrag geht es um den Kauf einer Immobilie mit einem vom Verkäufer hierauf noch zu errichtenden Bauwerk. Der BGH entschied, dass die Bauverpflichtung nicht nach § 883 BGB sicherungsfähig sei und daher wegen des einheitlichen Vertrages das Wahlrecht des Verwalters nicht durch die Vormerkung verdrängt werde. Die heftige Kritik gegen das Urteil führte zu einem schnellen Eingreifen des Gesetzgebers, der in § 24 Satz 2 KO (jetzt § 106 Satz 2 InsO) anordnete, dass die Vormerkung auch in derartigen Fällen gegen den Verwalter durchgesetzt werden könne. Das ändert allerdings nichts daran, dass der Erwerber zwar die Übereignung des Grundbesitzes (und damit u.U. auch des stecken gebliebenen Bauwerks) erzwingen kann, nicht aber die Erbringung der (restlichen) Bauleistungen. Hier hat der Verwalter nach wie vor die Möglichkeit, die Leistungserbringung abzulehnen. In diesem Fall **muss der einheitliche Vertrag aufgetrennt werden**[74] in den Grundstückskaufpreis und den Preis für die Bauleistungen; Letztere sind wiederum aufzusplitten in die bereits erbrachten und die noch ausstehenden Bauleistungen. – Umfassend ist nunmehr auch die Insolvenzfestigkeit des gesetzlichen Löschungsanspruchs nach § 1179a Abs. 1 Satz 1 und 3 BGB.[75]

3. Kein Insolvenzschutz

25 Unerheblich ist, ob die Vormerkung aufgrund einer Bewilligung oder einer einstweiligen Verfügung im Grundbuch eingetragen wurde. Ist ein notarieller Kaufvertrag wegen einer nicht beurkundeten Nebenabrede nach §§ 311b Abs. 1 Satz 1, 125 BGB nichtig, so kann eine daraufhin eingetragene Auflassungsvormerkung vom Verwalter kondiziert werden und ist zu löschen. Damit verliert der Käufer jeglichen Insol-

---

[73] BGH, 29.10.1976 – V ZR 4/75, NJW 1977, 146; aufgegeben in BGH, 21.4.1978 – V ZR 77/77, NJW 1978, 1437.
[74] Vgl. Uhlenbruck/Wegener, § 106 InsO Rn 37 f.
[75] BGH, 27.4.2012 – V ZR 270/10, ZIP 2012, 1140 (lt. Rn 21 hat der IX. Zivilsenat seine einschränkende Rechtsprechung aufgegeben).

venzschutz[76] und hat wegen bereits gezahlter Kaufpreisanteile nur eine Insolvenzforderung.

§ 106 InsO schützt den Vormerkungsberechtigten auch **nicht vor Anfechtungen** nach §§ 129 ff. InsO. Bei einer Eintragung aufgrund einstweiliger Verfügung liegt i.d.R. eine inkongruente Deckung nach § 131 InsO vor. Zu beachten ist aber, dass der Bauunternehmer nach **§ 650e BGB** einen Anspruch auf Einräumung einer sog. Bauhandwerkersicherungshypothek hat; wegen dieses materiellrechtlichen Anspruchs handelt es sich um eine **kongruente Deckung**, auch wenn die Vormerkung im Wege der einstweiligen Verfügung eingetragen wurde.[77]

26

III. Eigentumsvorbehalt (§ 107 InsO)

1. Insolvenz des Vorbehaltsverkäufers (§ 107 Abs. 1 InsO)

Während die KO keine Regelung der insolvenzrechtlichen Behandlung eines Eigentumsvorbehalts enthielt, hat der Gesetzgeber der InsO die Insolvenz des Vorbehaltsverkäufers in § 107 Abs. 1 InsO und die Insolvenz des Vorbehaltskäufers in § 107 Abs. 2 InsO geregelt.

27

Bei der Vereinbarung eines Eigentumsvorbehalts ist nach § 449 Abs. 1 BGB im Zweifel anzunehmen, dass das Eigentum an dem verkauften Gegenstand unter der aufschiebenden Bedingung vollständiger Zahlung des Kaufpreises übertragen wird. In der Insolvenz des Vorbehaltsverkäufers hat der Käufer i.d.R. noch nicht alle Zahlungen erbracht, während der Verkäufer üblicherweise alle Leistungshandlungen vorgenommen hat. Allerdings fehlt noch der Leistungserfolg, weil das Eigentum erst unter der aufschiebenden Bedingung vollständiger Zahlung übergehen soll.

28

I.R.d. § 103 InsO kommt es auf den Leistungserfolg an; vgl. dazu Rdn 2.[78] Aus diesem Grund ging der BGH von einem Wahlrecht des Verwalters nach § 17 KO (heute § 103 InsO) aus.[79] Diese Rechtsprechung wurde von der Literatur[80] weitgehend kritisiert. Zutreffend ist, dass der Vorbehaltskäufer durch die Vereinbarung eines Eigentumsvorbehalts i.S.d. § 449 Abs. 1 BGB ein **Anwartschaftsrecht** erhält; die Erlangung des Vollrechts (Eigentum) hängt nur noch davon ab, dass er vollständig erfüllt. Ginge man von einem Wahlrecht des Verwalters aus, so müsste der Käufer

29

---

[76] BGH, 7.3.2002 – IX ZR 457/99, BGHZ 150, 138 = ZInsO 2002, 487.
[77] N/R/Nerlich, § 131 InsO Rn 37 f.; Heidland, Der Bauvertrag, Rn 530 f.; **a.A.** bei einstweiligen Verfügungen offenbar MüKo/Kayser/Freudenberg, § 131 Rn 26.
[78] HambKomm/Ahrendt, § 103 InsO Rn 10 ff.; MüKo/Huber, § 103 InsO Rn 122.
[79] BGH, 9.7.1986 – VIII ZR 232/85, BGHZ 98, 160 = ZIP 1986, 1059; Uhlenbruck/Wegener, § 107 InsO Rn 2; MüKo/Vuia, § 107 InsO Rn 3.
[80] Kuhn/Uhlenbruck, KO, 11. Aufl. 1994, § 17 Rn 18c und d; weitere Nachweise bei MüKo/Vuia, § 107 InsO Rn 3 und 4.

i.d.R. das Vorbehaltseigentum zurückgeben und erhielte für seine – möglicherweise fast vollständig gezahlten – Raten nur eine Quote. Dem Käufer würde damit das Anwartschaftsrecht aus der Hand geschlagen. Da auch der Zweck der Einräumung des Wahlrechts, die Insolvenzmasse vor Schäden zu schützen (vgl. dazu Rdn 1), bei einer derartigen Konstellation nicht eingreift, folgte der Gesetzgeber der Literaturmeinung und machte in § 107 Abs. 1 Satz 1 InsO das Anwartschaftsrecht – ebenso wie die Vormerkung in § 106 InsO – **insolvenzfest**.

2. Zweifelsfragen zu § 107 Abs. 1 Satz 1 InsO

30 Der Wortlaut des § 107 Abs. 1 Satz 1 InsO lässt viele Fragen offen. So bestimmt § 449 Abs. 1 BGB, dass bei Vereinbarung eines Eigentumsvorbehalts nur im Zweifel von einer Übereignung unter der aufschiebenden Bedingung vollständiger Zahlung des Kaufpreises auszugehen ist. Liegt keine aufschiebend bedingte Übereignung vor, sondern nur eine schuldrechtliche Verpflichtung zur Übereignung nach vollständiger Zahlung, entsteht kein Anwartschaftsrecht, sodass auch § 107 Abs. 1 Satz 1 InsO auf diesen Fall nicht anwendbar ist.[81] Unklar erscheint auch das Erfordernis der Besitzübertragung in § 107 Abs. 1 Satz 1 InsO. Dem Gesetzgeber hat offenbar der Regelfall der Übereignung nach § 929 BGB mit der Einräumung des unmittelbaren Besitzes vorgeschwebt, jedoch kann die Anwendbarkeit der Vorschrift nicht auf diesen Fall beschränkt werden. **Maßgeblich ist immer die Entstehung des Anwartschaftsrechtes**, das auch bei den Übereignungsformen der §§ 930, 931 BGB entstehen kann.[82]

31 Anwartschaftsrechte können auch bei anderen Konstellationen entstehen, z.B. beim Finanzierungsleasingvertrag mit Kaufoption des Leasingnehmers. Aus steuerlichen Gründen wird hierbei jedoch regelmäßig nur eine schuldrechtliche Kaufoption und nicht eine aufschiebend bedingte Übereignung vereinbart, sodass § 107 Abs. 1 Satz 1 InsO nicht anwendbar ist.[83]

3. Erweiterung der Insolvenzfestigkeit

32 In § 107 Abs. 1 Satz 2 InsO hat der Gesetzgeber eine dem § 106 Abs. 1 Satz 2 InsO entsprechende Regelung eingeführt (vgl. dazu Rdn 24). Denkbar sind z.B. Verträge, bei denen der Verkäufer einer Sache auch für einen gewissen Zeitraum die Durchführung von Wartungsarbeiten übernommen hat. Hier gelten die gleichen Überlegun-

---

[81] MüKo/Vuia, § 107 InsO Rn 8.
[82] Vgl. MüKo/Vuia, § 107 InsO Rn 11; Uhlenbruck/Wegener, § 107 InsO Rn 6; für den Kfz-Handel OLG Düsseldorf, 16.1.2013, I-3 U 1/12, ZIP 2013, 327.
[83] MüKo/Vuia, § 107 InsO Rn 7; Kölner Schrift/Pape, S. 381.

gen wie zu § 106 Abs. 1 Satz 1 InsO: **Geschützt werden soll lediglich die Durchsetzung des quasidinglichen Rechts** des anderen Vertragsteils (die Rechte aus der Vormerkung nach § 106 InsO und das Anwartschaftsrecht des Käufers nach § 107 InsO). Ebenso wenig wie der Vertragspartner eines Bauträgervertrages die Durchsetzung der Bauarbeiten erzwingen kann, kann auch der Eigentumsvorbehaltskäufer bei § 107 InsO die Erbringung weiterer Leistungshandlungen des Verwalters (z.B. Wartungsarbeiten) nicht erzwingen; insoweit bleibt es beim Wahlrecht nach § 103 InsO. Ausnahmsweise kann der Schutzzweck der Norm zu einem Erfüllungsanspruch des Käufers führen, wenn ansonsten das Anwartschaftsrecht völlig wertlos würde (z.B. bei fehlender Instruktion durch den Verkäufer).[84]

4. Insolvenz des Vorbehaltskäufers (§ 107 Abs. 2 InsO)

Anders als in der Insolvenz des Vorbehaltsverkäufers geht es in der Insolvenz des Vorbehaltskäufers nicht um den Schutz des Vertragspartners; dieser ist aufgrund des Eigentumsvorbehalts nach wie vor Eigentümer und könnte daher umgehende Herausgabe seines Eigentums nach § 985 BGB i.V.m. § 47 InsO verlangen. § 107 Abs. 2 Satz 1 InsO belässt es daher bei dem Wahlrecht des Verwalters und will die Masse dadurch schützen, dass der Insolvenzverwalter abweichend von § 103 Abs. 2 Satz 2 InsO seine **Entscheidung erst unverzüglich nach dem Berichtstermin** abgeben muss. Sinn der Vorschrift ist es, die im Besitz des Schuldners befindlichen Gegenstände zusammenzuhalten, um die Entscheidung der Gläubiger im Berichtstermin über eine Stilllegung oder Betriebsfortführung nicht zu beeinträchtigen.[85] Dieser Schutz der Interessen der anderen Gläubiger muss dann zurücktreten, wenn sich aus der Verzögerung die Gefahr einer erheblichen Wertminderung ergibt und der Gläubiger auf diesen Umstand hinweist (§ 107 Abs. 2 Satz 2 InsO). 33

Ebenso wie § 107 Abs. 1 Satz 1 InsO fordert auch § 107 Abs. 2 Satz 1 InsO einen Besitz des Schuldners an der Sache. Obwohl beide Vorschriften nahezu wortgleich sind, sind sie aufgrund des unterschiedlichen Gesetzeszwecks unterschiedlich zu interpretieren. Die Situation beim Kauf unter Eigentumsvorbehalt ähnelt der Situation der Sicherungsübereignung, bei der der Verwalter nach § 166 Abs. 1 InsO ein Verwertungsrecht hat, wenn er die Sache in seinem Besitz hat. Dies spricht dafür, § 107 Abs. 2 InsO nur auf die Fälle des unmittelbaren Besitzes des Schuldners anzuwenden.[86] Diese Auffassung erscheint allerdings zu eng: Auch beim Vorbehaltskäufer, der die gekaufte Sache an einen Dritten vermietet hat, erscheint es sinnvoll, dem Verwalter die Möglichkeit einzuräumen, das Wahlrecht erst unverzüglich nach dem 34

---

84 MüKo/Vuia, § 107 InsO Rn 14.
85 Vgl. Uhlenbruck/Wegener, § 107 InsO Rn 11.
86 N/R/Balthasar, § 107 InsO Rn 13.

Berichtstermin auszuüben.[87] Im Ergebnis ist **§ 107 Abs. 2 InsO immer dann anzuwenden, wenn der Veräußerer jegliches Besitzrecht verloren hat.**[88]

IV. Fortbestehen bestimmter Schuldverhältnisse (§ 108 InsO)

1. Fortbestehen nach § 108 Abs. 1 Satz 1 InsO; § 108 Abs. 3 InsO

35 Die Grundsatzentscheidung in § 103 InsO, dem Verwalter bei beiderseits noch nicht vollständig erfüllten Verträgen ein Wahlrecht über die Vertragsfortführung einzuräumen, hielt der Gesetzgeber nicht bei allen Vertragstypen für sachgerecht. **Für bestimmte**, in § 108 Abs. 1 Satz 1 InsO **aufgezählte Vertragstypen**[89] ordnete er daher den **Fortbestand** auch über die Eröffnung des Verfahrens hinaus an. Die praktisch größte Bedeutung liegt in der Fortführung der Dienstverhältnisse[90]; das Nähere regelt das Insolvenzarbeitsrecht (s. die Ausführungen unter § 12). **Bei Miet- und Pachtverhältnissen differenzierte der Gesetzgeber**: Während es bei beweglichen Gegenständen grds. beim Wahlrecht nach § 103 InsO bleibt, sollen bei unbeweglichen Gegenständen die Vertragsverhältnisse fortgeführt werden, wobei Einzelheiten in den §§ 109 bis 112 InsO geregelt sind (s. dazu Rdn 40 ff.)

36 Mit § 108 Abs. 3 (bis 2007: Abs. 2) InsO bezweckte der Gesetzgeber im Wesentlichen eine Klarstellung,[91] die angesichts der §§ 38 und 55 InsO entbehrlich gewesen wäre; inhaltlich ist die Vorschrift als Pendant zu § 105 Satz 1 InsO zu verstehen. Die Ansprüche werden allerdings durch die speziellere Vorschrift des § 55 Abs. 2 Satz 2 InsO[92] zu Masseverbindlichkeiten hochgestuft, soweit ein vorläufiger Insolvenzverwalter, auf den die Verfügungsbefugnis über das Vermögen des Schuldners übergegangen ist, die Gegenleistung in Anspruch nimmt.

2. Refinanzierte Leasingverträge (§ 108 Abs. 1 Satz 2 InsO)

37 Die Entscheidung des Gesetzgebers, dem Verwalter in der Insolvenz von Vermietern oder Verpächtern beweglicher Gegenstände – entgegen dem früheren § 21 Abs. 1 KO

---

[87] Das gilt insb. dann, wenn die Vermietung von Gegenständen primärer Geschäftszweck des Unternehmens ist.
[88] Im Ergebnis ebenso: Uhlenbruck/Wegener, § 107 InsO Rn 12.
[89] Ursprünglich bezog sich § 108 Abs. 1 InsO allgemein auf Dauerschuldverhältnisse, was jedoch durch Gesetz v. 13.4.2007, BGBl. I 2007, S. 509, geändert wurde; wegen der jetzigen Fassung scheidet eine analoge Anwendung auf andere Vertragstypen aus, vgl. Uhlenbruck/Wegener, § 108 InsO Rn 1.
[90] Hierzu gehört der Anwaltsvertrag in aller Regel nicht; vgl. BGH, 28.11.2019 – IX ZR 239/18, Rn 40 ff., ZIP 2020, 371.
[91] MüKo/Hoffmann, § 108 InsO Rn 154.
[92] BGH, 18.7.2002 – IX ZR 195/01, BGHZ 151, 353 = ZInsO 2002, 819 = ZIP 2002, 1625; MüKo/Hoffmann, § 108 InsO Rn 157.

– ein Wahlrecht einzuräumen, rief die Leasingbranche auf den Plan. Diese wies darauf hin, dass Leasinggesellschaften regelmäßig die Forderungen aus den Leasingverträgen zur Refinanzierung abtreten. Würde man dem Verwalter einer Leasinggesellschaft das Wahlrecht belassen, so würde die Sicherungszession wirkungslos und daher als Refinanzierungsinstrument unbrauchbar.[93] Der Gesetzgeber hat den Bedenken noch vor Inkrafttreten der InsO durch Gesetz v. 19.7.1996[94] durch Einfügung des § 108 Abs. 1 Satz 2 InsO Rechnung getragen; dabei hat er jedoch nicht die komplette Rechtslage wie nach § 21 Abs. 1 KO wieder hergestellt, sondern das Wahlrecht des Verwalters nur für refinanzierte Leasingverträge[95] ausgeschlossen. Mit dem Wortlaut sollte auch Software als häufiges Leasingobjekt erfasst werden.[96]

Mit den enumerativen Ausnahmen zum Wahlrecht des Verwalters wird § 108 InsO leicht zum Spielball von Interessengruppen. So wurde im Jahr 2008 versucht, mit der Einfügung eines § 108a InsO die Insolvenzfestigkeit von Lizenzen herbeizuführen;[97] dieses Gesetzesvorhaben ist gescheitert. Nachdem auch der erneute Versuch im Referentenentwurf eines Gesetzes zur Verkürzung des Restschuldbefreiungsverfahrens[98] gescheitert war, wurde bei Erfüllungsablehnung ein Anspruch auf Abschluss eines neuen Lizenzvertrages zu angemessenen Bedingungen diskutiert.[99]

38

3. Der Schuldner als Darlehensgeber (§ 108 Abs. 2 InsO)

Der 2007[100] eingefügte neue § 108 Abs. 2 InsO sollte lediglich klarstellenden Charakter haben. Geht man davon aus, dass der Kreditgeber mit der Auszahlung des Darlehens den Vertrag vollständig erfüllt hat, ist § 103 InsO ohnehin nicht anwendbar. Der BGH[101] hat die Frage offen gelassen, während ein Teil der Literatur[102] von der Anwendbarkeit des § 103 InsO ausging. Der Gesetzgeber befürchtete rechtspolitisch unerwünschte Folgen, wenn der Verwalter eines Kreditinstitutes eine Vielzahl von Darlehen kurzfristig beenden könnte; gleiches galt für vom schuldnerischen Unternehmen gewährte Arbeitgeberdarlehen. Die Darlehensnehmer, die nicht rechtzeitig umschulden könnten, liefen Gefahr, selbst in wirtschaftliche Schwierigkeiten zu

39

---

93 Instruktiv: Schmid-Burgk/Ditz, ZIP 1996, 1123.
94 BGBl. I 1996, S. 1013.
95 Ausführlich zu Leasingverträgen in der Insolvenz: Uhlenbruck/Sinz, § 108 InsO Rn 65 ff.
96 MüKo/Hoffmann, § 108 InsO Rn 135; Uhlenbruck/Sinz, § 108 InsO Rn 134.
97 Vgl. Mitlehner, ZIP 2008, 450.
98 Vgl. ZInsO 2012, 69.
99 Wimmer, ZIP 2012, 545; vgl. auch OLG München, 25.7.2013 – 6 U 541/12, ZIP 2013, 1734.
100 BGBl. I 2007, S. 509.
101 BGH, 5.10.1989 – III ZR 34/88, NJW 1990, 1356.
102 So z.B. Uhlenbruck/Berscheidt, 12. Aufl., § 103 InsO Rn 21.

geraten.[103] Um dies zu verhindern, ordnete der Gesetzgeber in § 108 Abs. 2 InsO den Fortbestand des Darlehensvertrages an, soweit dem Darlehensnehmer der geschuldete Gegenstand zur Verfügung gestellt wurde. Anstelle des Wahlrechts bleiben dem Verwalter danach nur die gesetzlichen und vertraglichen Kündigungsfristen.

C. Abwicklung von Mietverhältnissen in der Insolvenz (§§ 109–112 InsO)

I. Insolvenz des Mieters

1. Sonderkündigungsrecht nach § 109 Abs. 1 Satz 1 InsO

40 Die Grundsatzentscheidung in § 108 Abs. 1 Satz 1 InsO, dem Verwalter bei Miet- und Pachtverhältnissen über unbewegliche Gegenstände das Wahlrecht zu nehmen und diese Verträge fortbestehen zu lassen, machte weitere Regelungen erforderlich. In der Insolvenz eines Mieters oder Pächters räumt § 109 Abs. 1 Satz 1 InsO dem Verwalter ein **Sonderkündigungsrecht** ein, um die Masse vor Mietansprüchen zu schützen, wenn eine wirtschaftlich angemessene Nutzung des Objektes nicht (mehr) möglich ist.[104] Bei der Ausübung des Rechts **unterliegt** der Verwalter **keiner zeitlichen Beschränkung**. Der Vermieter kann den Verwalter auch nicht zwingen, sich hinsichtlich der Rechtsausübung frühzeitig festzulegen; nur in engen Ausnahmefällen kann ein sehr später Gebrauch vom Sonderkündigungsrecht gegen Treu und Glauben verstoßen.[105]

41 Ursprünglich musste der Verwalter beim Ausspruch der Kündigung die gesetzlichen Fristen einhalten, die sich als zu lang erwiesen (§ 580a Abs. 2 BGB: max. knapp 9 Monate). Erst mit Wirkung zum 1.7.2007[106] hat der Gesetzgeber in § 109 Abs. 1 Satz 1 Halbs. 2 InsO die **dreimonatige Höchstfrist** des § 113 InsO übernommen.

42 § 19 KO räumte auch dem anderen Teil ein Kündigungsrecht ein. Dies hat § 109 InsO bewusst nicht übernommen. Auf diese Weise wird verhindert, dass der Vermieter einer betriebsnotwendigen Immobilie trotz Zahlung der Mieten mittels Kündigung die Betriebsfortführung behindern kann.

43 Macht der Insolvenzverwalter von seinem Kündigungsrecht Gebrauch, so hat er nach Ablauf der Kündigungsfrist das Mietobjekt zurückzugeben. Der Herausgabeanspruch des Vermieters (§ 546 Abs. 1 BGB), der nicht Eigentümer der vermieteten

---

103 Zur Ratio legis vgl. MüKo/Hoffmann, § 108 InsO Rn 142ff.; Uhlenbruck/Ries/Wegener, § 108 InsO, Rn 58f.
104 Uhlenbruck/Wegener, § 109 InsO Rn 1.
105 Vgl. MüKo/Hoffmann, § 109 InsO Rn 25f.
106 Gesetz zur Vereinfachung des Insolvenzverfahrens v. 13.4.2007, BGBl. I 2007, S. 509.

Sache ist, stellt ein persönliches Recht auf Aussonderung i.S.d. § 47 InsO dar.[107] Bei der Bestimmung des Inhalts des Herausgabeanspruchs des Vermieters orientiert der BGH[108] sich am Inhalt eines dinglichen Herausgabeanspruchs nach § 985 BGB; ein weiter gehender mietvertraglicher Räumungsanspruch führe nur zu einer Insolvenzforderung. **Danach reicht es, dass der Verwalter dem Vermieter den unmittelbaren Besitz an dem Mietobjekt verschafft**, insb. den Zugang ermöglicht und die Wegnahme duldet. Demgegenüber ist er nicht verpflichtet, einen früheren Zustand des Mietobjektes wieder herzustellen, dieses zu renovieren oder störende Gegenstände (z.B. Müll) zu beseitigen,[109] es sei denn, diese Veränderungen sind nach Insolvenzeröffnung entstanden und dem Verwalter nach § 55 Abs. 1 Nr. 1 InsO zuzurechnen.[110]

Wurde der Insolvenzverwalter rechtskräftig zur Räumung des Mietobjektes verurteilt, kann er sich durch Freigabe des Grundstücks nicht mehr der Erfüllung der Masseverbindlichkeit entziehen.[111]

2. Mietverhältnis über die Wohnung des Schuldners (§ 109 Abs. 1 Satz 2 InsO)

Das Mietverhältnis über die Wohnung des Schuldners fällt in die Insolvenzmasse, sodass der Verwalter bei Anwendung des § 109 Abs. 1 Satz 1 InsO das Mietverhältnis auch dann hätte kündigen können, wenn der Mieter aus seinen pfändungsfreien Bezügen die laufende Miete zahlt. Der Insolvenzverwalter hätte so insbesondere die Kaution zur Masse ziehen können. Dies war politisch nicht gewollt. Mit Wirkung zum 1.12.2001[112] wurde durch § 109 Abs. 1 Satz 2 InsO das Kündigungsrecht nach Abs. 1 Satz 1 durch eine **Enthaftungserklärung**[113] des Verwalters ersetzt. Die Haftung der Masse kann so auf die Zeit bis zum Ablauf der Kündigungsfrist nach § 109 Abs. 1 Satz 1 InsO begrenzt werden. Nach Ablauf dieser Frist muss der Schuldner aus seinem pfändungsfreien Vermögen die laufende Miete zahlen. Tut der das nicht, kann der Vermieter kündigen.

---

107 Vgl. Uhlenbruck/Brinkmann, § 47 InsO Rn 61.
108 BGH, 5.7.2001 – IX ZR 327/99, BGHZ 148, 252 = ZInsO 2001, 751.
109 BGH, 5.7.2001 – IX ZR 327/99, BGHZ 148, 252 = ZInsO 2001, 751; BGH, 18.4.2002 – IX ZR 161/01, BGHZ 150, 305 = ZInsO 2002, 524; missverständlich das Urt. v. 2.2.2006 – IX ZR 46/05, ZInsO 2006, 326, in Rn 11; zutreffend wieder der Beschl. v. 17.4.2008 – IX ZR 144/07, über die Zurückweisung der Nichtzulassungsbeschwerde gegen das Urteil des OLG Celle v. 20.7.2007 – 2 U 85/07, ZIP 2007, 1914.
110 Uhlenbruck/Wegener, § 108 InsO Rn 36.
111 BGH, 2.2.2006 – IX ZR 46/05, ZInsO 2006, 326.
112 Insolvenzrechtsänderungsgesetz v. 26.10.2001, BGBl. I 2001, S. 2710.
113 Eine Freigabeerklärung kam nicht in Betracht, da diese sich grds. nur auf Vermögensaktiva bezieht (vgl. Kölner Schrift/Pape, S. 390); anders seit 2007 die „Freigabe" einer selbstständigen Tätigkeit nach § 35 Abs. 2 und 3 InsO (vgl. Uhlenbruck/Hirte/Praß, § 35 InsO Rn 90).

46 Nach einer früher nicht unumstrittenen Meinung[114] soll mit der Enthaftungserklärung auch die Kündigungssperre nach § 112 Nr. 1 InsO entfallen mit der Folge, dass der Vermieter jetzt auch wegen solcher – älterer – Mietrückstände kündigen kann.[115] Dieser Ansicht wurde in der ersten Auflage mit der Begründung widersprochen, dass andernfalls der mit § 109 Abs. 1 Satz 2 InsO bezweckte Schutz des Mieters ins Gegenteil verkehrt würde. Diese Auffassung wurde im Anschluss an eine Entscheidung des BGH aus dem Jahr 2015[116] aufgegeben. Der BGH wies darauf hin, dass § 109 Abs. 1 Satz 2 InsO nur den vertragstreuen, nicht aber den vertragsuntreuen Mieter schützen wolle. **Auch diene § 112 InsO nicht dem Mieterschutz**, sondern wolle den Insolvenzverwalter davor bewahren, dass gemietete oder gepachtete Gegenstände als Teil einer wirtschaftlichen Einheit im Besitz des Schuldners zur Unzeit entzogen würden. Da § 112 Nr. 1 InsO die vom Schuldner noch selbst vor dem Eröffnungsantrag verursachten Zahlungsrückstände erfasst, ist dem **Vermieter nicht zuzumuten**, nach einer Enthaftungserklärung einen **weiteren Zahlungsverzug abzuwarten**, bevor er kündigen kann

47 Die Enthaftungserklärung nach § 109 Abs. 1 Satz 2 InsO muss dem Vermieter zugehen; der Schuldner sollte informiert werden.[117] Der BGH[118] hat klargestellt, dass der Mieter mit Ablauf der Kündigungsfrist (§ 109 Abs. 1 Satz 1 und 2 InsO) die Verwaltungs- und Verfügungsbefugnis über das Mietverhältnis zurück erhält. Er ist daher allein empfangsberechtigt für Kündigungen des Vermieters[119] und allein aktivlegitimiert und prozessführungsbefugt, soweit es um die Geltendmachung von Ansprüchen aus der Zeit nach Wirksamwerden der Enthaftungserklärung geht.[120] Der Anspruch auf Rückzahlung der **Mietkaution** ist bereits vor Insolvenzeröffnung entstanden und würde daher eigentlich der Insolvenzmasse zustehen[121]. **Der BGH**[122] **hat** demgegenüber aus sozialpolitischen Gründen **den Rückzahlungsanspruch** – soweit sich die Kaution im gesetzlich zulässigen Rahmen bewegt – **dem Schuldner zugesprochen**; die Entscheidung ist zu Recht kritisiert worden[123]. Der Insolvenzverwalter sollte allerdings nach wie vor den Vermieter mit der Enthaftungserklärung darauf hinweisen, dass – abgesehen von einer gesetzlich zulässigen und geleisteten

---

114 MüKo/Hoffmann, § 109 InsO Rn 59; Kölner Schrift/Pape, S. 390.
115 In diesem Fall bleibt dem Schuldner nur die Möglichkeit, die Miete innerhalb von 2 Monaten nachzuentrichten (§ 569 Abs. 3 Nr. 2 BGB).
116 BGH, 17.6.2015 – VIII ZR 18/14, ZIP 2015, 1496.
117 Uhlenbruck/Wegener, § 109 InsO Rn 21.
118 BGH, 22.5.2014 – IX ZR 136/13, ZIP 2014, 1341.
119 So ausdrücklich auch der VIII. Zivilsenat: BGH, 9.4.2014 – VIII ZR 107/13, ZIP 2014, 1086.
120 Zur Frage, inwieweit ein Neuerwerb des Schuldners vorliegt, vgl. BGH, 22.5.2014 – IX ZR 136/13 Rn 31 ff. = ZIP 2014, 1341.
121 So noch die Vorauflage.
122 BGH, 16.3.2017 – IX ZB 45/15, ZInsO 2017, 875.
123 MüKo/Eckert/Hoffmann, § 109 InsO Rn 61 und insb. Cymutta/Schädlich, NZI 2017, 445.

Kaution – solche Ansprüche für die Insolvenzmasse beansprucht werden, die vor Ablauf der Kündigungsfrist entstanden sind, z.B. Guthaben aus Nebenkostenabrechnungen[124].

Umstritten **war**, ob dem Verwalter in entsprechender Anwendung des § 109 Abs. 1 Satz 2 InsO die Kündigung eines Genossenschaftsanteils verwehrt ist, weil dies zur Kündigung der vom Schuldner bewohnten **Genossenschaftswohnung** führen konnte. Der BGH[125] hat dies abgelehnt. Der Gesetzgeber hat demgegenüber in § 67c GenG die Kündigungsmöglichkeiten, insbesondere bei Kleinbeteiligungen, eingeschränkt.[126]

3. Schadensersatzansprüche nach § 109 Abs. 1 Satz 3 InsO

Ähnlich wie § 103 Abs. 2 Satz 1 InsO (und § 113 Satz 3 InsO) bestimmt § 109 Abs. 1 Satz 3 InsO, dass der Vermieter **Schadensersatz** wegen vorzeitiger Beendigung des Vertragsverhältnisses oder wegen der Folgen der Enthaftungserklärung nach § 109 Abs. 1 Satz 2 InsO **nur als Insolvenzgläubiger** geltend machen kann. Ein Vermieterpfandrecht steht ihm insoweit nicht zu, § 50 Abs. 2 InsO. Der Vermieter kann Schadensersatzansprüche auch während des Insolvenzverfahrens mit der Begründung geltend machen, dass der Schuldner das mit ihm nach § 109 Abs. 1 Satz 2 InsO fortgesetzte Mietverhältnis nicht ordnungsgemäß erfüllt habe.[127]

4. Nicht vollzogenes Miet- oder Pachtverhältnis (§ 109 Abs. 2 Satz 1 InsO)

War der Schuldner bei Insolvenzeröffnung noch nicht im Besitz des Mietobjektes, können sowohl der Verwalter als auch der Vermieter vom Vertrag zurücktreten. Der Schuldner wird in diesem Fall als weniger schutzbedürftig angesehen;[128] umgekehrt soll einem Vermieter nicht zugemutet werden, das Mietobjekt einem insolventen Mieter überlassen und damit vorleisten zu müssen.[129] Mit der Gewährung des Rücktrittsrechts in § 109 Abs. 2 InsO sollen die Möglichkeiten der Beendigung des Miet- bzw. Pachtverhältnisses erweitert werden.[130] Das Sonderkündigungsrecht des Ver-

---

124 Im Falle des Bezugs von Arbeitslosengeld II ist der Anspruch wegen § 22 Abs. 3 SGB II unpfändbar und fällt daher nicht in die Masse; vgl. BGH, 22.5.2014 – IX ZR 136/13, ZIP 2014, 1341, Rn 31.
125 BGH, 19.3.2009 – IX ZR 58/08, ZInsO 2009, 826; zuletzt zu diesem Komplex: BGH, 26.4.2018 – IX ZR 56/17, ZInsO 2018, 1573.
126 Eine rückwirkende Anwendung dieser Vorschrift, die seit dem 19.7.2013 in Kraft ist, hat der BGH abgelehnt: BGH, 18.9.2014 – IX ZR 276/13, ZIP 2014, 2142.
127 MüKo/Hoffmann, § 109 InsO Rn 60 f.
128 Vgl. auch die gesetzliche Wertung in § 166 Abs. 1 InsO.
129 Instruktiv: KPB/Tintelnot, § 109 InsO Rn 8 und 52 ff.
130 Die Vorgängervorschrift in § 20 KO kannte ein Rücktrittsrecht nur für den Vertragspartner.

walters nach § 109 Abs. 1 Satz 1 InsO, das keine Besitzeinräumung des Schuldners voraussetzt, bleibt daneben bestehen.[131] Auch wenn beide Vertragsparteien auf das Rücktrittsrecht nach § 109 Abs. 2 Satz 1 InsO verzichten und das Mietobjekt nach Verfahrenseröffnung dem Insolvenzverwalter zur Nutzung überlassen wird, kann er gleichwohl später von dem Sonderkündigungsrecht nach § 109 Abs. 1 Satz 1 InsO Gebrauch machen.

51 Vor einer Überlassung des Mietobjektes kann durch Aufforderung an die Gegenpartei, sich innerhalb von 2 Wochen zu erklären, Rechtsklarheit herbeigeführt werden (§ 109 Abs. 2 Satz 3 InsO); nach einer Gebrauchsüberlassung ist dies hinsichtlich des Sonderkündigungsrechtes nicht möglich. Vgl. dazu Rdn 40. Eine Anfrage an den Vertragspartner, ob er zurücktreten wolle, stellt keinen Verzicht auf das eigene Rücktrittsrecht dar.[132]

5. Kündigungssperre nach § 112 InsO

52 Um die wirtschaftliche Einheit „im Besitz" des Schuldners zu erhalten,[133] schränkt § 112 InsO die Kündigungsmöglichkeiten des Vermieters bzw. Verpächters ein. Die Vorschrift stellt insofern einen Fremdkörper im dritten Teil (§§ 80 ff.) der InsO dar, als sie nicht an die Eröffnung, sondern an den Insolvenzantrag anknüpft. Wegen eines zu diesem Zeitpunkt bereits eingetretenen Zahlungsverzuges oder wegen Verschlechterung der Vermögensverhältnisse soll eine Kündigungsmöglichkeit des Vermieters ausgeschlossen sein. Das schließt eine Kündigung wegen anderer Vertragsverletzungen oder gemäß § 543 Abs. 2 Nr. 3 BGB wegen nach dem Insolvenzantrag neu aufgelaufener Zahlungsrückstände nicht aus.

53 Die Vorschrift ist sowohl auf bewegliche wie auch unbewegliche Mietgegenstände anwendbar. Ob § 112 InsO entsprechend seinem Wortlaut auch dann anzuwenden ist, wenn das Mietobjekt dem Schuldner bei Stellung des Insolvenzantrages noch nicht überlassen war oder ob eine teleologische Reduktion geboten ist, ist umstritten;[134] für Letzteres spricht die auf den Besitz des Schuldners abstellende Gesetzesbegründung und die Rücktrittsmöglichkeit des Vermieters nach Insolvenzeröffnung gem. § 109 Abs. 2 Satz 1 InsO. Die praktische Bedeutung der Streitfrage dürfte allerdings gering sein, weil ein Zahlungsverzug vor Gebrauchsüberlassung selten vorkommen dürfte und der Vermieter durch die Kündigungssperre des § 112 InsO

---

131 MüKo/Hoffmann, § 109 InsO Rn 73 ff.; Uhlenbruck/Wegener, § 109 InsO Rn 41.
132 Uhlenbruck/Wegener, § 109 InsO Rn 39; ebenso jetzt MüKo/Hoffmann, § 109 InsO Rn 65.
133 Zu den Gesetzesmaterialien vgl. N/R/Balthasar, § 112 InsO Rn 1 ff.
134 Für die Anwendbarkeit der Kündigungssperre: Uhlenbruck/D.Wegener, § 112 InsO Rn 5; für eine teleologische Reduktion: FK/B.Wegener, § 112 InsO Rn 3; N/R/Balthasar, § 112 InsO Rn 11; nunmehr auch MüKo/Hoffmann, § 112 Rn 18; differenzierend: KPB/Tintelnot, § 112 InsO Rn 4.

jedenfalls nicht gehindert ist, die Einreden der §§ 320, 321 BGB einem Begehren auf Gebrauchsüberlassung entgegenzusetzen.[135]

Anwendbar ist § 112 InsO auch auf Leasingverträge als atypische Mietverträge[136] und auf Lizenzverträge, die als Rechtspacht eingeordnet werden.[137]

II. Insolvenz des Vermieters (§§ 110, 111 InsO)

1. Grundsätzlicher Fortbestand des Vertragsverhältnisses

Anders als in der Insolvenz des Mieters kennt die InsO **keine Sonderrechte in der Insolvenz des Vermieters oder Verpächters unbeweglicher Gegenstände**. Solche Verträge wirken nach § 108 Abs. 1 Satz 1 InsO fort. Entgegen dem Wortlaut will der **BGH**[138] **nur dann** von einem **Fortbestand** des Mietverhältnisses ausgehen, **wenn die Mietsache** im Zeitpunkt der Eröffnung des Insolvenzverfahrens dem Mieter **bereits überlassen worden ist** und der Besitz fortbesteht.[139] Begründet wird die teleologische Reduktion des § 108 Abs. 1 Satz 1 InsO zunächst damit, dass auch die Vorgängervorschrift (§ 21 Abs. 1 KO) nur im Fall der bereits erfolgten Überlassung der Mietsache einen Fortbestand des Vertrages nach Eröffnung des Verfahrens vorsah und den Gesetzesmaterialien der InsO nicht zu entnehmen sei, dass von dieser Wertung abgewichen werden sollte. Bei Anwendung des § 108 Abs. 1 Satz 1 InsO werde der nicht besitzende Mieter ggü. anderen Gläubigern schuldrechtlicher Ansprüche unangemessen privilegiert, ohne dass ein im Verhältnis zu anderen Gläubigern gesteigertes Schutzbedürfnis erkennbar sei; u.U. könne der Mieter nicht nur die Besitzeinräumung, sondern sogar die Herstellung des noch nicht existenten Mietobjektes erzwingen.[140] Der BGH kehrte durch die Nichtanwendung der Ausnahmevorschrift des § 108 Abs. 1 Satz 1 InsO zum Wahlrecht des Verwalters nach § 103 InsO zurück.[141] *Pape*[142] spricht in diesem Fall von einem Rücktrittsrecht des Verwalters. Dem kann weder nach dem Wortlaut noch der Systematik des Gesetzes (Regel-Ausnahmecharakter von § 103 Abs. 1 InsO einerseits und § 108 Abs. 1 Satz 1 InsO andererseits) gefolgt werden. Ein bloßes Rücktrittsrecht – etwa über eine Analogie

---

135 Uhlenbruck/Wegener, § 112 InsO Rn 5 und KPB/Tintelnot, § 112 InsO Rn 4.
136 Ausführlich hierzu: Uhlenbruck/Sinz, § 108 InsO Rn 65 ff.
137 Vgl. Uhlenbruck/Wegener, § 112 InsO Rn 3.
138 BGH, 5.7.2007 – IX ZR 185/06, BGHZ 173, 116 = NJW 2007, 3715 = ZIP 2007, 2087.
139 Daran fehlt es, wenn der Mieter zur Durchführung einer geplanten – schließlich aber insolvenzbedingt nicht mehr durchgeführten – Sanierung übergangsweise eine Ersatzwohnung bezogen hatte; BGH, 11.12.2014 – IX ZR 87/14, ZIP 2015, 135.
140 Im konkreten Fall hatte die Schuldnerin einen Einkaufsmarkt langfristig vermietet, aber noch nicht mit dessen Errichtung begonnen.
141 BGH, 5.7.2007 – IX ZR 185/06, BGHZ 173, 116 = NJW 2007, 3715 = ZIP 2007, 2087, Rn 33.
142 Kölner Schrift/Pape, S. 397.

zu § 109 Abs. 2 InsO – wäre für den Verwalter viel zu gefährlich, weil er durch bloßes Schweigen sein Rücktrittsrecht verlieren könnte (§ 109 Abs. 2 Satz 3 InsO).[143] Das hätte zur Folge, dass er – wie im Fall des BGH[144] – verpflichtet bliebe, das vermietete, jedoch noch nicht existente Bauwerk zu errichten. Sachgerecht ist allein die Anwendung des § 103 InsO, die im Fall des Schweigens des Verwalters gerade nicht zu einem Erfüllungsanspruch des anderen Teils führt.

2. Vorausverfügungen über die Miete

56 Ein Festhalten an einem vom Schuldner abgeschlossenen Miet- oder Pachtvertrag nach § 108 Abs. 1 Satz 1 InsO ist nur dann sachgerecht, wenn die Insolvenzmasse auch in den Genuss der Gegenleistung (z.B. lfd. Mietzahlung) kommt.[145] Das wird dadurch gewährleistet, dass Mietforderungen erst mit dem Beginn des jeweiligen Nutzungszeitraums entstehen[146] und Vorausverfügungen deshalb nach § 91 Abs. 1 InsO unwirksam sind.[147] Die Vorschrift des § 110 Abs. 1 Satz 1 InsO verursacht wegen ihrer unglücklichen sprachlichen Fassung,[148] die auf § 21 Abs. 2 KO zurückgeht, Fehldeutungen. Sie dient nicht dem Schutz der Masse,[149] sondern verdrängt in ihrem zeitlichen Anwendungsbereich § 91 InsO.[150] § 110 Abs. 1 InsO ist somit wirksamkeitsbegründend und will den vorauszahlenden Mieter schützen. Das erklärt auch die Differenzierung in § 110 Abs. 1 Satz 2 InsO (Eröffnung nach dem 15. Tag des Monats; vgl. auch § 566b BGB).

57 § 110 Abs. 2 InsO überträgt die Regelung auch auf Zwangsvollstreckungsmaßnahmen. Ein Grundpfandgläubiger kann sich die Mietansprüche für spätere Zeiträume nur durch ein Zwangsverwaltungsverfahren[151] sichern;[152] die Tätigkeit des

---

143 Beim Schadensersatz wegen Nichterfüllung ergibt sich kein Unterschied: § 103 Abs. 2 Satz 1 InsO einerseits und § 109 Abs. 2 Satz 2 InsO andererseits.
144 S. Fn. 138 und 140.
145 Bei den Nebenkosten können sich Vertragsbeziehungen zwischen Stromversorger und Insolvenzverwalter oder Mieter (nicht aber zum Schuldner) ergeben: BGH, 25.2.2016 – IX ZR 146/15, ZIP 2016, 682.
146 BGH, 30.1.1997 – IX ZR 89/96, ZIP 1997, 513; BGH, 17.9.2009 – IX ZR 106/08, ZIP 2010, 38; BGH, 25.4.2013 – IX ZR 62/12, ZIP 2013, 1082.
147 Uhlenbruck/D.Wegener, § 110 InsO Rn 13.
148 Die Wendung „nur wirksam, soweit" indiziert – fälschlich – eine wirksamkeitseinschränkende Wirkung.
149 So aber: FK/B.Wegener, § 110 InsO Rn 1 und 7.
150 BGH, 25.4.2013 – IX ZR 62/12 Rn 25, ZIP 2013, 1082.
151 §§ 148 Abs. 1 Satz 1 und 21 Abs. 2 ZVG, § 1123 Abs. 1 BGB.
152 In der Praxis wird der Insolvenzverwalter häufig mit einer Grundpfandgläubigerin, die mit einem Zwangsverwaltungsantrag droht, eine sog. kalte Zwangsverwaltung vereinbaren (Einziehung der Mieten und Objektverwaltung über ein Sonderkonto des Insolvenzverwalters).

Zwangsverwalters nach § 152 ZVG (dieser – und nicht die Masse – muss die laufenden Kosten bestreiten) wird von § 110 Abs. 2 InsO nicht erfasst.[153]

§ 110 Abs. 3 Satz 1 InsO räumt dem Mieter für den Zeitraum wirksam bleibender Vorausverfügungen des Schuldners eine – eigentlich nach § 96 Abs. 1 Nr. 1 InsO unzulässige – Aufrechnungsmöglichkeit ein. § 110 Abs. 3 Satz 2 InsO stellt klar, dass die anderen Aufrechnungsverbote unberührt bleiben.

3. Veräußerung des Miet- oder Pachtobjekts (§ 111 InsO)

Bei der Zwangsversteigerung einer Immobilie hat der Ersteher nach **§ 57a ZVG** das Recht, Miet- oder Pachtverhältnisse unter Einhaltung der gesetzlichen Frist zu kündigen, allerdings nur für den ersten zulässigen Termin. Um die Verwertung der Insolvenzmasse zu erleichtern, wurde in **§ 111 InsO** für den freihändigen Verkauf eine **Parallelregelung** geschaffen. Diese stellt eine Ausnahme von dem Grundsatz „Kauf bricht nicht Miete" in § 566 Abs. 1 BGB dar. Um einen möglichen Rechtsverlust zu vermeiden, muss der Erwerber sich intensiv um den Zeitpunkt der Grundbucheintragung kümmern; er muss unmittelbar danach die Kündigung ohne schuldhaftes Zögern erklären.[154]

Das Kündigungsrecht des Erwerbers besteht nur, wenn er anstelle des Schuldners in das Miet- oder Pachtverhältnis eintritt. Das ist nach § 578 Abs. 1 i.V.m. § 566 Abs. 1 BGB nicht der Fall, wenn der Insolvenzverwalter eine vermietete, dem Mieter aber noch nicht überlassene Mietsache veräußert. Auch wegen dieser besonderen Gefahren hat der BGH[155] die Anwendung des § 108 Abs. 1 Satz 1 InsO auf vom Schuldner als Vermieter bei Insolvenzeröffnung dem Mieter noch nicht überlassenen Mietobjekte abgelehnt und ein Wahlrecht des Verwalters nach § 103 InsO angenommen (vgl. dazu oben Rdn 55).

III. Probleme bei Sonderformen von Mietverträgen

1. Der Schuldner als Mitmieter

Mietverhältnisse können nur einheitlich gekündigt werden.[156] Probleme können daher entstehen, wenn der **Schuldner nur Mitmieter** ist. Der Schutzzweck des § 109 InsO gebietet es, dem Verwalter die Ausübung des Sonderkündigungsrechtes auch

---

153 Uhlenbruck/Wegener, § 110 InsO Rn 12.
154 Uhlenbruck/Wegener, § 111 InsO Rn 10.
155 BGH, 5.7.2007 – IX ZR 185/06, BGHZ 173, 116 = NJW 2007, 3715 = ZIP 2007, 2087 Rn 16.
156 Palandt/Weidenkaff, § 542 BGB Rn 18.

ohne Mitwirkung der anderen Mieter zuzubilligen.[157] Streitig ist nur, ob hierdurch das Mietverhältnis insgesamt beendet wird[158] oder ob nur der Schuldner aus dem Mietverhältnis ausscheidet.[159] Letzteres erscheint als weniger einschneidende Maßnahme vorzugswürdiger. § 109 InsO will – wie dessen Abs. 1 Satz 2 verdeutlicht – die Haftung der Insolvenzmasse begrenzen. Mit einem wirtschaftlichen Ausfall eines Gesamtschuldners müssen aber sowohl der Gläubiger, als auch der Mitverpflichtete von Anfang an rechnen, sodass ein Festhalten am Vertrag unter den übrigen Beteiligten sachgerecht erscheint.

2. Der Schuldner als Zwischenmieter

61 Sonderprobleme ergeben sich, wenn der **Schuldner als Zwischenmieter** fungierte. Sowohl das Haupt- als auch das Untermietverhältnis bestehen nach § 108 Abs. 1 InsO fort. Ist die Miete im Untermietverhältnis geringer als im Hauptmietverhältnis oder treffen den Schuldner Verpflichtungen (z.B. auf Vornahme bestimmter Investitionen) im Untermietverhältnis, für die er im Hauptmietverhältnis keinen Rückgriffs- oder Erstattungsanspruch hat, so führt die Fortführung der Mietverhältnisse zu einer Masseschädigung. Kündigen kann der Verwalter nach § 109 Abs. 1 Satz 1 InsO nur das Hauptmietverhältnis, während er an das Untermietverhältnis gebunden bleibt. Bei einer Vermietung zu Wohnzwecken ist eine Kündigung des Hauptmietverhältnisses durch den Verwalter nach § 109 Abs. 1 Satz 1 InsO unproblematisch, soweit der Vermieter nach § 565 Abs. 1 BGB in das Mietverhältnis zum Untermieter eintritt. In anderen Fällen entsteht bei Kündigung des Hauptmietverhältnisses durch den Verwalter ein Schadensersatzanspruch des Untermieters, weil er nach § 546 Abs. 2 BGB dem Herausgabeanspruch des Hauptvermieters ausgesetzt ist. Da diese Pflicht erst durch die vom Insolvenzverwalter erklärte Kündigung entstanden ist, wird die Auffassung vertreten, der Schadensersatzanspruch des Untermieters stelle eine Masseverbindlichkeit nach § 55 Abs. 1 Nr. 1 InsO dar.[160] Kündigt dagegen der Hauptvermieter, so dürfte es an einer zurechenbaren Handlung des Verwalters fehlen mit der Folge, dass der Schadensersatzanspruch des Untermieters nur als Insolvenzforderung geltend gemacht werden kann.[161]

---

157 H.M., vgl. Uhlenbruck/Wegener, § 109 InsO Rn 3.
158 So die wohl h.M.: Uhlenbruck/Wegener, § 109 InsO Rn 3; HambKomm/Ahrendt, § 109 InsO Rn 19; Ganter, ZIP 2019, 97, 100; ebenso für gewerbl. Mietverhältnisse: BGH, 13.3.2013 – XII ZR 34/12 = ZIP 2013, 835.
159 So MüKo/Eckert, § 109 InsO Rn 37; differenzierend: KPB/Tintelnot, § 109 InsO Rn 46 und jetzt ebenso MüKo/Hoffmann, § 109 InsO Rn 36 ff.
160 Vgl. z.B. Uhlenbruck/Wegener, § 108 InsO Rn 26; **a.A.** MüKo/Hoffmann, § 108 InsO Rn 95.
161 Ebenso: Uhlenbruck/Wegener, § 108 InsO Rn 26; Marotzke, ZInsO 2007, 1 ff., will dem Verwalter im Untermietverhältnis das Wahlrecht nach § 103 InsO einräumen, wenn das Hauptmietverhältnis ohne seine Mitwirkung endete.

Unklar ist, **wie mit der** vom Insolvenzverwalter des Zwischenmieters eingezogenen **Untermiete zu verfahren ist**. Nach Auffassung des für Wohnraummiete zuständigen VIII. Senats des BGH[162] sollen der starke vorläufige und der endgültige Insolvenzverwalter verpflichtet sein, die eingezogene Miete an den Hauptvermieter weiterzuleiten.[163] Der IX. Zivilsenat des BGH[164] hat dies für den vorläufigen schwachen Verwalter abgelehnt; kündige dieser aber an, künftig keine Mieten zahlen zu wollen, soll der Hauptvermieter aus wichtigem Grund nach § 543 Abs. 1 BGB kündigen können, ohne hieran durch § 112 InsO gehindert zu sein. **Nach richtiger Auffassung steht die eingezogene Untermiete in keinem Fall dem Hauptvermieter zu**, denn die Zahlung des Untermieters erfolgt weder mit einer Zweckbindung noch einer Treuhandbindung, und dem Hauptvermieter steht auch kein Absonderungsrecht an der Untermiete zu. Der Untermieter darf daher auch nicht unmittelbar an den Hauptvermieter zahlen.[165] Tut er es dennoch, tritt keine Erfüllung im Verhältnis zum Zwischenmieter nach § 362 Abs. 2 i.V.m. § 185 BGB[166] ein und der Untermieter muss nochmals zahlen.

IV. Zusammenfassung zur Abwicklung von Mietverhältnissen in der Insolvenz

Beendigung oder Weiterführung von Miet- und Pachtverträgen in der Insolvenz

A:	Mietobjekt = beweglicher Gegenstand:	
	Grundsatz	Wahlrecht des Verwalters, § 103 InsO, (in Vermieter- und Mieterinsolvenz)
	Ausnahme:	Fortbestand bei refinanzierten Leasingverträgen in der Insolvenz des Leasinggebers, § 108 Abs. 1 Satz 2 InsO
B:	Mietobjekt = unbeweglicher Gegenstand:	
	Grundsatz:	Fortbestand, kein Wahlrecht, § 108 Abs. 1 Satz 1 InsO

---

162 BGH, 9.3.2005 – VIII ZR 394/03, ZIP 2005, 1085.
163 So wohl auch Uhlenbruck/Wegener, § 108 InsO Rn 27.
164 BGH, 24.1.2008 – IX ZR 201/06, ZInsO 2008, 321.
165 A.A. LG Hamburg, 3.11.2005, 334 O 122/05, ZfIR 2006, 346.
166 Die Konstellation ähnelt der Direktzahlung des Bauherrn an den Subunternehmer nach § 16 Abs. 6 VOB/B; vgl. hierzu BGH, 16.10.2008 – IX ZR 2/05 = ZInsO 2008, 1322; Heidland, Der Bauvertrag, Rn 967 bis 969a; Schmitz, Die Bauinsolvenz, Rn 859 und 806 ff.

64 I Schuldner = **Mieter** des unbeweglichen Gegenstandes

		Vermieter/Verpächter		Mieter/Pächter	
		Vertragspartner (VP)		Insolvenzverwalter (IV)	
		Gestaltungsrechte	Ansprüche	Gestaltungsrechte	Ansprüche
1)	Normalfall	Kündigungssperre § 112	– MS* bis Abl. d. Kdgsfrist – SE* (§ 38) bei Kdg, § 109 Abs. 1 Satz 3	kein WahlR, aber KdgsR (max. 3 Monate), § 109 Abs. 1 Satz 1	–
2)	Wohnung des Schuldners	Kündigungssperre § 112	– MS bis Abl. d. Kdgsfrist – SE (§ 38) bei „Freigabe", § 109 Abs. 1 Satz 3	kein WahlR, kein KdgsR, aber Erklärung nach § 109 Abs. 1 Satz 2	–
3)	vor Gebrauchsüberlassung	RücktrittsR (vor Eröffnung: Kdgssperre, § 112)	SE (§ 38), wenn IV zurücktritt, § 109 Abs. 2 Satz 2	KdgsR und RücktrittsR (zusätzlich)	kein SE, wenn VP zurücktritt

* MS = Masseschuld
* SE = Schadensersatzansprüche

65 II Schuldner = **Vermieter** des unbeweglichen Gegenstandes

		Vermieter/Verpächter		Mieter/Pächter	
		Insolvenzverwalter (IV)		Vertragspartner (VP)	
		Gestaltungsrechte	Ansprüche	Gestaltungsrechte	Ansprüche
1)	Normalfall	keine Sonderrechte	–	keine Sonderrechte	–
2)	vor Gebrauchsüberlassung	WahlR entgegen Wortlaut des § 108 Abs. 1 Satz 1: BGH NJW 2007, 3715 (Pape: RücktrittsR)	–	keine Sonderrechte	SE (§ 38) nach – § 103 Abs. 2 Satz 2 – Pape: § 109 Abs. 2 Satz 2
3)	Veräußerung	**Erwerber:** einmaliges Sonder-KdgsR, § 111	–	keine Sonderrechte	kein SE, wenn Erwerber kündigt

D. Sondervorschriften für Auftrag, Geschäftsbesorgungsvertrag (§§ 115, 116 InsO)

I. Erlöschen von Aufträgen und Geschäftsbesorgungsverträgen (§§ 115, 116 InsO)

66 Mit der Insolvenzeröffnung geht das Verfügungs- und Verwaltungsrecht des Schuldners nach § 80 Abs. 1 InsO auf den Insolvenzverwalter über. Sein alleiniges

Dispositionsrecht (und die damit verbundene alleinige Verantwortung für die Insolvenzmasse) wäre gefährdet, wenn zwar nicht der Schuldner selbst, wohl aber von ihm Beauftragte weiterhin Geschäfte des Schuldners besorgen könnten. Da der Verwalter u.U. nicht einmal Kenntnis von derartigen Rechtsverhältnissen hat, ordnen §§ 115 Abs. 1 und 116 Satz 1 InsO, die auf § 23 Abs. 1 und 2 KO zurückgehen, das (automatische) Erlöschen der Aufträge und Geschäftsbesorgungsverträge, die der Schuldner erteilt hat, zeitgleich mit der Eröffnung des Insolvenzverfahrens an. Mit diesem flankierenden Schutz der Insolvenzmasse – neben § 80 Abs. 1 InsO[167] – wird **bewusst auf das Wahlrecht des Verwalters nach § 103 InsO verzichtet**. Aus diesem Grund lässt sich auch kein einseitiges Optionsrecht des Verwalters auf Fortsetzung eines Auftrages oder Geschäftsbesorgungsvertrages begründen, sodass der Verwalter auf eine Verhandlungslösung angewiesen ist.[168] Die Notwendigkeit eines Neuabschlusses kann der bisherige Vertragspartner u.U. zulasten der Insolvenzmasse nutzen; er kann aber aus nachwirkender Treuepflicht gehalten sein, das Vertragsverhältnis zu angemessenen Konditionen fortzusetzen.[169]

Wegen der Zielsetzung, die Dispositionsbefugnis des Verwalters nach § 80 Abs. 1 InsO zu schützen, ist es folgerichtig, dass § 115 Abs. 1 und § 116 Satz 1 InsO nur einschlägig sind, soweit die Rechtsgeschäfte sich auf das zur Insolvenzmasse gehörende Vermögen beziehen.[170] Das gilt z.B. nicht, wenn der Schuldner einen RA mit seiner Vertretung im Ehescheidungsprozess beauftragt hat.[171]

Praktische Bedeutung haben die §§ 115, 116 InsO für eine Reihe von Vertragstypen.[172] Besonders hervorzuheben sind hierbei die bankmäßigen Geschäftsbesorgungsverhältnisse[173] und hier insb. der **Girovertrag**. Dieser erlischt mit Insolvenzeröffnung. Gleichwohl ist die Bank kraft Nachwirkung des Vertrages befugt, aber nicht verpflichtet, noch eingehende Überweisungsbeträge für den Schuldner entgegenzunehmen.[174] Eine Verrechnung derartiger Zahlungseingänge mit debitorischen

---

167 MüKo/Vuia, § 115 InsO Rn 1.
168 BGH, 26.6.2008 – IX ZR 47/05, ZInsO 2008, 803 Rn 11; MüKo/Vuia, § 116 InsO Rn 49.
169 MüKo/Vuia, § 116 InsO Rn 49; so wird ein RA wohl nicht berechtigt sein, eine bereits abgerechnete und bezahlte Geschäfts- oder Verfahrensgebühr ein zweites Mal in Rechnung zu stellen.
170 Bei einer sog. Doppeltreuhand sind die §§ 115, 116 InsO zwar auf die Verwaltungs-, nicht aber auf die Sicherungstreuhand anwendbar: BGH, 24.9.2015 – IX ZR 272/13, Rn 40 ff., ZIP 2015, 2286; BAG, 18.7.2013 – 6 AZR 47/12, Rn 47 ff., ZIP 2013, 2025; Uhlenbruck/Sinz, §§ 115, 116 Rn 3.
171 Kölner Schrift/Pape, S. 399.
172 Vgl. z.B. die Auflistung in HambKomm/Ahrendt § 116 InsO Rn 5.
173 Uhlenbruck/Sinz, §§ 115, 116 InsO Rn 15 ff.; MüKo/Vuia, § 116 InsO Rn 33 ff.
174 BGH, 26.6.2008 – IX ZR 47/05, ZInsO 2008, 803 Rn 11; Uhlenbruck/Sinz, §§ 115, 116 InsO Rn 18; **a.A.** HambKomm/Ahrendt, § 116 InsO Rn 8, der die Bank für verpflichtet hält, Zahlungen entgegenzunehmen; MüKo/Vuia, § 116 InsO Rn 37 hält die Bank jetzt weder für berechtigt noch verpflichtet, Zahlungen entgegenzunehmen.

Salden ist allerdings nach § 96 Abs. 1 Nr. 1 InsO ausgeschlossen,[175] sodass die Beträge an den Insolvenzverwalter auszukehren sind.

Die grundlegenden Änderungen in den §§ 675ff. BGB in den Jahren 1999[176] und 2009[177] haben die Aufnahme und Änderung von § 116 Satz 3 InsO erforderlich gemacht, wonach bestimmte Verträge zum Zahlungsverkehr fortbestehen und vom Verwalter nur nach allgemeinen Vorschriften gekündigt werden können.[178]

68 **Kautionsversicherungsverträge**, bei denen sich der Versicherer i.d.R. verpflichtet, bis zu einem bestimmten Limit Gewährleistungs- bzw. Vertragserfüllungsbürgschaften zu stellen, sind ebenfalls Geschäftsbesorgungsverträge, die mit Insolvenzeröffnung nach §§ 115 Abs. 1, 116 Satz 1 InsO erlöschen. Dies hat zur Folge, dass der Kautionsversicherer für die Zeit nach Eröffnung des Insolvenzverfahrens **Prämienansprüche nicht insolvenzfest** vereinbaren oder sichern kann.[179] Entsprechendes gilt für Bankavalverträge[180]

69 Bei **Steuerberatungs- oder Rechtsberatungsverträgen** sind aufgrund der Beendigung des Mandatsverhältnisses die **Unterlagen** gem. § 676 BGB **herauszugeben**, die der Steuerberater oder RA zur Ausführung des Auftrages erhält. Das sind insb. die vom Mandanten übergebenen Buchhaltungs- oder sonstigen Unterlagen. Demgegenüber kann der RA oder Steuerberater ein **Zurückbehaltungsrecht** wegen offener Honorarforderungen geltend machen, soweit es um die Herausgabe des vertraglichen **Arbeitsergebnisses** (z.B. Jahresabschluss) geht.[181]

II. Fortbestand von Aufträgen und Geschäftsbesorgungsverträgen

70 Die InsO kennt – ebenso wie das BGB[182] – zwei Ausnahmen vom Erlöschen von Aufträgen bzw. Geschäftsbesorgungsverträgen.

1. Notgeschäftsführung

71 Nach Erlöschen eines Auftrages ist der Beauftragte gleichwohl verpflichtet, die Besorgung des übertragenen Geschäfts fortzusetzen, wenn mit dem Aufschub Gefahr

---

[175] BGH, 26.6.2008 – IX ZR 47/05, ZInsO 2008, 803, Rn 12.
[176] Überweisungsgesetz v. 21.7.1999, BGBl. I 1999, S. 1642.
[177] Gesetz zur Umsetzung der Verbraucherkreditrichtlinie und des zivilrechtlichen Teils der Zahlungsdiensterichtlinie v. 29.7.2009, BGBl. I 2009, S. 2355.
[178] Vgl. Uhlenbruck/Sinz, §§ 115, 116 InsO Rn 26.
[179] BGH, 6.7.2006 – IX ZR 121/05, ZInsO 2006, 1055; Uhlenbruck/Sinz, §§ 115, 116 Rn 25d.
[180] BGH, 6.10.2011 – IX ZR 153/09, ZIP 2011, 2163.
[181] BGH, 25.10.1988 – XI ZR 3/88, ZIP 1988, 1474; MüKo/Vuia, § 116 InsO Rn 49.
[182] Deutlicher wurde der Zusammenhang zwischen den insolvenzrechtlichen Vorschriften und dem BGB früher in § 27 KO.

verbunden ist (§ 672 Satz 2 BGB). Diesen Rechtsgedanken hat § 115 Abs. 2 Satz 1 und 2 InsO übernommen. Da die Fortsetzung des Geschäftes im Interesse der Masse ist, qualifiziert das Gesetz in § 115 Abs. 2 Satz 3 InsO die **Ersatzansprüche als Masseansprüche**.

2. Gutgläubigkeit des Beauftragten

Erlischt der Auftrag anders als durch Widerruf, fingiert § 674 BGB den Auftrag als fortbestehend, bis der Beauftragte von dem Erlöschen Kenntnis erlangt oder das Erlöschen kennen muss. Ähnlich fingiert § 115 Abs. 3 Satz 1 InsO den Auftrag als fortbestehend, solange der Beauftragte die Eröffnung des Verfahrens ohne Verschulden nicht kennt. Da diese Fiktion nicht dem Schutz der Masse, sondern des Beauftragten dient, der ansonsten Schadensersatzansprüchen nach § 678 BGB ausgesetzt sein könnte,[183] qualifiziert § 115 Abs. 3 Satz 2 InsO dessen **Ersatzansprüche nur als Insolvenzforderungen**.

72

3. Entsprechende Anwendung auf Geschäftsbesorgungsverträge

Die beiden vorgenannten Sonderfälle können nicht nur beim Auftrag, sondern auch beim Geschäftsbesorgungsvertrag auftreten. § 116 Satz 2 InsO übernimmt daher die differenzierende Betrachtung von § 115 Abs. 2 und 3 InsO für die Ersatzansprüche und dehnt dies auch auf die Vergütungsansprüche des Geschäftsbesorgers aus.

73

III. Erlöschen von Vollmachten (§ 117 InsO)

Das Erlöschen von Aufträgen und Geschäftsbesorgungsverträgen gem. §§ 115, 116 InsO hat nach § 168 Satz 1 BGB zur Folge, dass damit auch die erteilten Vollmachten erlöschen. Insoweit hat § 117 Abs. 1 InsO nur deklaratorischen Charakter. Vollmachten können aber auch aufgrund von Dienstverhältnissen erteilt werden, die nach § 108 Abs. 1 Satz 1 InsO fortgelten. Hier ordnet § 117 Abs. 1 InsO zum Schutz des Verwaltungs- und Verfügungsrechts des Insolvenzverwalters nach § 80 InsO und der Insolvenzmasse an, dass im Außenverhältnis sämtliche Vollmachten erlöschen, die sich auf das zur Insolvenzmasse gehörende Vermögen beziehen.[184] Hierzu gehören

74

---

[183] Uhlenbruck/Sinz, §§ 115, 116 InsO Rn 14.
[184] Ausnahmen: Vollmacht zur Vertretung des Schuldners im Eröffnungsverfahren: BGH, 20.1.2011 – IX ZB 242/08, ZIP 2011, 1014; Sanierungs- und Restrukturierungstreuhandverträge, die (auch) dem Interesse Dritter dienen: BGH, 24.9.2015 – IX ZR 272/13, ZIP 2015, 2286, Rn 37 ff.

Werres

auch die handelsrechtlichen Vollmachten wie Prokura, Handlungs- und Abschlussvollmacht.[185]

75 Die Ausnahmeregelungen in § 115 Abs. 2 und 3 InsO werden in § 117 Abs. 2 und 3 InsO für das Außenverhältnis fortgeschrieben: Bei der Notgeschäftsführung gilt nach § 117 Abs. 2 InsO auch die Vollmacht im Umfang des § 115 Abs. 2 InsO als fortbestehend. Der gutgläubige Beauftragte oder Geschäftsbesorger, der nach § 115 Abs. 3 Satz 1 InsO im Innenverhältnis vor Schadensersatzansprüchen nach § 678 BGB geschützt ist, soll nach § 117 Abs. 3 InsO auch im Außenverhältnis nicht nach § 179 BGB haften.

76 Das Erlöschen der Vollmachten tritt auch im Fall der Anordnung der **Eigenverwaltung** ein,[186] sodass der Schuldner Vollmachten neu erteilen muss. Auch der Insolvenzverwalter darf nach Eröffnung Prokura neu erteilen.[187]

IV. Auflösung von Gesellschaften (§ 118 InsO)

77 Der auf § 28 KO zurückgehende § 118 InsO betrifft den Fall, dass eine Gesellschaft ohne Rechtspersönlichkeit oder eine KGaA durch Insolvenzeröffnung über das Vermögen eines Gesellschafters aufgelöst wird. Der geschäftsführende Gesellschafter sollte hier in einer dem § 115 Abs. 2 und 3 InsO entsprechenden Weise geschützt werden. Durch das Handelsrechtsreformgesetz v. 22.6.1998[188] führt die Insolvenz eines Gesellschafters grds. nur noch zu dessen Ausscheiden, nicht mehr aber zur Auflösung der Gesellschaft.[189] § 118 InsO hat daher heute **kaum noch praktische Bedeutung**.[190]

---

185 HambKomm/Ahrendt, § 117 InsO Rn 3.
186 MüKo/Vuia, § 117 InsO Rn 14.
187 Uhlenbruck/Sinz, § 117 InsO Rn 14; MüKo/Vuia, § 117 InsO Rn 7; Kölner Schrift/Pape, S. 401.
188 BGBl. I 1998, S. 1474.
189 Vgl. z.B. § 131 Abs. 3 Nr. 2 HGB im Gegensatz zu § 131 Nr. 5 HGB a.F.
190 MüKo/Vuia, § 118 InsO Rn 2.

§ 7 Insolvenzanfechtung

Übersicht

A. Einleitung —— 1
   I. Gesetzeszweck, Anwendungsbereich und Rechtsnatur der Anfechtung —— 1
      1. Zweck der Insolvenzanfechtung —— 1
      2. Anwendungsbereich (§ 147 InsO); Auslandsbezug —— 2
   II. Gesetzessystematik der Anfechtungstatbestände —— 7
      1. Die besondere Insolvenzanfechtung (§§ 130 bis 132 InsO) —— 7
      2. Die allgemeine Insolvenzanfechtung (§§ 133, 134 InsO) —— 8
      3. Die Sondertatbestände der §§ 135, 136 InsO —— 11
      4. Inneres Konkurrenzverhältnis —— 12
   III. Äußeres Konkurrenzverhältnis —— 15
      1. Rückschlagsperre nach § 88 InsO —— 15
      2. Anfechtungsgesetz (AnfG) —— 16
      3. Deliktsrecht (§§ 823 ff. BGB) und Sittenwidrigkeit (§ 138 BGB) —— 17
      4. Nichtigkeit (insb. § 134 BGB) und Bereicherungsrecht (§§ 812 ff. BGB) —— 19
      5. Aufrechnung —— 20
   IV. Neuregelungen und Entwicklungstendenzen —— 21

B. § 129 InsO – Anfechtbare Rechtshandlung —— 37
   I. Vorbemerkung —— 37
   II. Die Rechtshandlung —— 38
      1. Rechtsgeschäfte und Prozesshandlungen —— 41
      2. Rechtsgeschäftsähnliche Handlungen und Realakte —— 43
        a) Rechtshandlung des Schuldners —— 44
          aa) Selbstbestimmtes Verhalten —— 45
          bb) Unterlassen (§ 129 Abs. 2 InsO) —— 47
        b) Rechtshandlung des Gläubigers und Dritter (insb. des vorläufigen Insolvenzverwalters) —— 50
      3. Mehrere Rechtshandlungen —— 53
      4. Mehraktige Rechtshandlungen und Vornahmezeitpunkt (§ 140 InsO) —— 56
        a) Forderungsabtretung —— 59
        b) Verpfändung und Pfändung —— 63
          aa) Pfandrecht an bestehender und künftiger Forderung —— 63
          bb) Pfandrecht zur Sicherung einer künftigen Forderung —— 66
        c) Überweisung und Lastschriftverfahren —— 68
      5. Rechtshandlungen im Mehrpersonenverhältnis —— 73
        a) Rechtsgrundsätzliches; Abgrenzung der mittelbaren Zuwendung von der Leistungskette —— 73
        b) Leistung an einen Empfangsbevollmächtigten —— 79
        c) Anweisung des Schuldners —— 81
        d) Tilgung einer fremden Schuld —— 83
      6. Aufrechnungs- und Verrechnungslagen —— 89
        a) Allgemeines —— 89
        b) Kontokorrent- und Konzernverrechnung —— 95
      7. Teilanfechtung —— 99
   III. Gläubigerbenachteiligung —— 101
      1. Grundsätzliches —— 101
        a) Zahlungen Dritter; durchlaufende Posten —— 106

Schäfer

- b) Gläubigerwechsel —— 108
- c) Fehlende Gläubigerbenachteiligung —— 110
- d) Eintritt und Umfang der Gläubigerbenachteiligung —— 111
2. Arten der Gläubigerbenachteiligung —— 113
    - a) Unmittelbare Gläubigerbenachteiligung —— 114
    - b) Mittelbare Gläubigerbenachteiligung —— 120
3. Erhaltung der Haftungsmasse —— 126
    - a) Unpfändbare Gegenstände —— 129
    - b) Schuldnerfremdes und wertausschöpfend belastetes Vermögen; Sicherheitentausch —— 131
    - c) Treuhand und Zweckbindung —— 142
4. Aufrechnung und Verrechnung —— 148
5. Weitere Einzelfälle —— 156
    - a) Bankmäßiger Geschäftsverkehr —— 156
    - b) Sicherungsrechte —— 160
    - c) Gesellschaftsrecht —— 163
    - d) Insolvenzbedingte Vertragsänderungen —— 166
    - e) Nachteilige Vertragsklauseln für den Fall der Insolvenz (insolvenzabhängige Lösungsklauseln) —— 167
    - f) Sonstige Fälle der Gläubigerbenachteiligung —— 170
6. Kausalität und Vorteilsausgleichung —— 174
    - a) Kausalität —— 174
    - b) Hypothetische Geschehensabläufe —— 175
    - c) Vorteilsausgleichung —— 178
7. Beweislast —— 181
8. Bargeschäft (§ 142 InsO) —— 186
    - a) Allgemeines —— 186
    - b) Enger zeitlicher Zusammenhang; Rechtsprechung des BGH —— 190
    - c) Rechtsprechung des Bundesarbeitsgerichts; Neuregelung des § 142 Abs. 2 Satz 2 InsO —— 193
    - d) Einzelfälle —— 194
    - e) Beweislast; Anfechtbarkeit nach § 133 Abs. 1 InsO —— 201

C. § 130 InsO – Kongruente Deckung —— 202
  I. Gesetzessystematik und Gesetzeszweck —— 202
  II. Allgemeines —— 207
  III. Einzelheiten —— 211
    1. Insolvenzgläubiger als Anfechtungsgegner —— 211
        - a) Grundsätzliches —— 211
        - b) Mehrpersonenverhältnisse —— 214
    2. Gewährung oder Ermöglichung einer kongruenten Sicherung oder Befriedigung —— 216
        - a) Befriedigungen —— 220
            - aa) Grundsätzliches —— 220
            - bb) Kontoverrechnungen —— 225
            - cc) Befriedigung bei vorausgegangener Sicherung —— 229
            - dd) Scheckeinreichung und Lastschriftverfahren —— 230
        - b) Sicherheiten —— 232
            - aa) Vertragliche Pfandrechte —— 233
            - bb) Gesetzliche Pfandrechte —— 234
    3. Materielle Insolvenz des Schuldners —— 235
        - a) Zahlungsunfähigkeit —— 236
            - aa) Zahlungseinstellung —— 239

            bb) Feststellung der Zahlungsunfähigkeit —— 240
            cc) Indizien für die Zahlungsunfähigkeit —— 242
            dd) Wegfall der Zahlungsunfähigkeit —— 243
        b) Eröffnungsantrag; Maßgeblichkeit nach § 139 Abs. 2 InsO —— 244
    4. Subjektive Anfechtungsvoraussetzungen —— 248
        a) Kenntnis des Gläubigers; Erweiterung durch § 130 Abs. 2 InsO —— 249
            aa) Indizien für die Gläubigerkenntnis —— 251
            bb) Spezialfall Arbeitnehmervergütung —— 253
        b) Nachträglicher Wegfall der Gläubigerkenntnis —— 256
        c) Kenntnis von Vertretern bzw. Organen —— 258
    5. Darlegungs- und Beweislast —— 263
D. § 131 InsO – Inkongruente Deckung —— 267
    I. Gesetzessystematik und Gesetzeszweck —— 267
    II. Allgemeines —— 273
    III. Einzelheiten —— 276
        1. Inkongruente Deckungshandlungen —— 276
            a) Inkongruente Befriedigung —— 281
                aa) Nicht zu beanspruchende Befriedigung —— 282
                bb) Nicht „in der Art" zu beanspruchende Befriedigung —— 292
                cc) Nicht „zu der Zeit" zu beanspruchende Befriedigung —— 298
            b) Inkongruente Sicherung —— 301
                aa) Nicht zu beanspruchende Sicherung —— 302
                bb) Nicht „in der Art" zu beanspruchende Sicherung —— 307
                cc) Nicht „zu der Zeit" zu beanspruchende Sicherung —— 308
        2. Anfechtungszeitraum – Vornahme der Rechtshandlung in der Krise des Schuldners; Erweiterung des § 131 Abs. 2 Satz 1 InsO —— 310
            a) Letzter Monat vor Eröffnungsantrag (§ 131 Abs. 1 Nr. 1 InsO) —— 311
            b) Zweiter oder dritter Monat vor Eröffnungsantrag (§ 131 Abs. 1 Nr. 2 und Nr. 3 InsO) —— 312
            c) Erweiterung des § 131 Abs. 2 Satz 1 InsO —— 314
        3. Darlegungs- und Beweislast; Sonderfall nahestehende Person (§ 131 Abs. 2 Satz 2 InsO) —— 315
E. § 132 InsO – Unmittelbar nachteilige Rechtshandlungen —— 318
    I. Gesetzessystematik und Gesetzeszweck —— 318
    II. Allgemeines —— 323
    III. Einzelheiten —— 328
        1. Unmittelbar nachteilige Rechtsgeschäfte (§ 132 Abs. 1 InsO) —— 328
            a) Rechtsgeschäft —— 328
                aa) Unmittelbare Gläubigerbenachteiligung durch gegenseitige Verträge —— 332
                bb) Unmittelbare Gläubigerbenachteiligung durch sonstige Rechtsgeschäfte —— 335
            b) Subjektive Tatbestandsvoraussetzungen —— 336

c) Zeitlicher Anwendungsbereich — 337
2. Auffangtatbestand des § 132 Abs. 2 InsO — 338
3. Darlegungs- und Beweislast — 341
F. § 133 InsO – Vorsätzliche Benachteiligung — 342
I. Gesetzessystematik und Gesetzeszweck — 342
II. Allgemeines — 356
III. Einzelheiten — 360
1. Objektiver Tatbestand des § 133 Abs. 1 InsO — 360
a) Rechtshandlung des Schuldners — 361
b) Gläubigerbenachteiligung — 365
c) Anfechtungszeitraum — 366
2. Subjektiver Tatbestand — 367
a) Vorsatz der Gläubigerbenachteiligung — 368
aa) Bedeutung von Indizien — 373
bb) Kongruente Rechtshandlung — 378
cc) Inkongruente Rechtshandlung — 385
b) Kenntnis des anderen Teils — 389
aa) Kenntniszurechnung — 392
bb) Vermutung des § 133 Abs. 1 Satz 2 InsO; Wegfall der Kenntnis des Gläubigers — 393
cc) Indizien und Einzelfälle — 398
c) Mehrpersonenverhältnis — 402
3. § 133 Abs. 2 InsO – Verkürzter Anfechtungszeitraum bei Deckungshandlungen — 404
4. § 133 Abs. 3 InsO – Eingeschränkte Anfechtbarkeit bei kongruenten Deckungshandlungen und Zahlungserleichterungen — 406
a) Gesetzeszweck — 406
b) Einzelheiten — 407
aa) § 133 Abs. 3 Satz 1 InsO — 407
bb) § 133 Abs. 3 Satz 2 InsO — 408
5. § 133 Abs. 4 InsO – Entgeltliche Verträge mit nahestehenden Personen (§ 138 InsO) — 411
a) Entgeltlicher Vertrag — 412
b) Unmittelbare Gläubigerbenachteiligung — 413
c) Anfechtungszeitraum — 414
6. Darlegungs- und Beweislast — 415
G. § 134 InsO – Unentgeltliche Leistung — 418
I. Gesetzessystematik und Gesetzeszweck — 418
II. Allgemeines — 423
III. Einzelheiten — 425
1. Unentgeltliche Leistung des Schuldners — 425
a) Leistung des Schuldners — 426
b) Unentgeltlichkeit — 431
aa) Grundsätzliches — 431
bb) Maßgebender Zeitpunkt; objektive oder subjektive Betrachtungsweise — 434
cc) Weitere Einzelfälle — 437
dd) Irrtumsfälle — 440
c) Zwei-Personen-Verhältnis — 441
d) Mehrpersonenverhältnis — 447
aa) Rechtsprechung des BGH — 447
bb) Kritik in Rechtsprechung und Schrifttum — 453

Schäfer

		e)	Sicherheitengewährung —— 458
	2.		Anfechtungsgegner —— 462
		a)	Mittelbare Zuwendung —— 463
		b)	Weitere Einzelfälle —— 464
	3.		Anfechtungszeitraum —— 469
	4.		Darlegungs- und Beweislast —— 471
	5.		Ausnahmetatbestand des § 134 Abs. 2 InsO —— 472
H.	§ 135 InsO – Gesellschafterdarlehen —— 473		
	I.		Gesetzessystematik und Gesetzeszweck —— 473
	II.		Allgemeines —— 483
		1.	Rechtsgrund der Neuregelungen; Rechtsprechung des Bundesgerichtshofs und des Bundesarbeitsgerichts —— 484
		2.	Stellungnahme —— 485
	III.		Einzelheiten —— 488
		1.	Anfechtung der Befriedigung oder Sicherung eines Gesellschafters —— 488
		a)	Allgemeines —— 488
			aa) Sachlicher Anwendungsbereich —— 489
			bb) Personeller Anwendungsbereich —— 493
		b)	Anfechtbare Sicherung (§ 135 Abs. 1 Nr. 1 InsO) —— 497
		c)	Anfechtbare Befriedigung (§ 135 Abs. 1 Nr. 2 InsO) —— 499
		2.	Anfechtung der Befriedigung eines gesellschafterbesicherten Drittdarlehens (§ 135 Abs. 2 InsO) —— 504
		a)	Grundsätze —— 504
		b)	Freiwerden einer Gesellschaftersicherheit durch Ausgleich einer Darlehensrückgewähr durch den Gesellschafter —— 507
		c)	Doppelsicherung durch Gesellschaft und Gesellschafter —— 508
		3.	Nutzungsüberlassung (§ 135 Abs. 3 InsO) —— 510
		a)	Allgemeines —— 510
		b)	Rechtsprechung des BGH —— 512
		c)	Ausgleichsanspruch nach § 135 Abs. 3 Satz 2 InsO —— 514
		d)	Konkurrenzen —— 516
		e)	Rechtslage vor Insolvenzeröffnung —— 517
		4.	Darlegungs- und Beweislast —— 518
I.	§ 136 InsO – Stille Gesellschaft —— 519		
	I.		Gesetzessystematik und Gesetzeszweck —— 519
	II.		Allgemeines —— 522
	III.		Einzelheiten —— 526
		1.	Anfechtbare Rechtshandlung —— 526
		2.	Rechtsfolgen —— 529
		3.	Anfechtungszeitraum —— 530
		4.	Anfechtungsausschluss – § 136 Abs. 2 InsO —— 531
J.	§§ 143 ff. InsO – Rechtsnatur, Rechtsfolgen und Geltendmachung der Anfechtung —— 532		
	I.		Rechtsnatur des Anfechtungsrechts —— 532
		1.	Theorienstreit —— 532
		2.	Praktische Relevanz —— 534
		3.	Anfechtungseinwand —— 536
	II.		Entstehung, Übertragbarkeit und Gegenstand des Anfechtungsanspruchs —— 537
		1.	Anspruchsentstehung und Übertragbarkeit; Erlöschen des Anfechtungsrechts —— 537
		2.	Umfang der Anfechtung; Rückgewähranspruch —— 544
		a)	Rückgewähr in Natur (§ 143 Abs. 1 Satz 1 InsO) —— 547

aa) Einzelfälle —— 549
bb) Rechtsfolgen der anfechtbaren Herbeiführung einer Aufrechnungslage —— 554
cc) Nutzungen —— 557
b) Wertersatz und Schadensersatz (§ 143 Abs. 1 Satz 2 InsO) —— 562
c) Gegenrechte des Anfechtungsgegners —— 569
aa) Ansprüche wegen Verwendungen und Aufwendungen —— 569
bb) Zurückbehaltungsrecht —— 570
3. Rückgewähr bei unentgeltlicher Leistung (§ 143 Abs. 2 InsO) —— 571
4. Haftung bei Gesellschaftersicherheiten (§§ 143 Abs. 3, 135 Abs. 2 InsO) —— 573
a) Unmittelbarer Anwendungsbereich —— 573
b) Analoge Anwendung auf Verwertungshandlungen nach Insolvenzeröffnung bei Doppelsicherung —— 576
c) Ersetzungsbefugnis nach § 143 Abs. 3 InsO —— 577
5. Darlegungs- und Beweislast —— 578
III. Geltendmachung der Anfechtung —— 581
1. Anfechtungsberechtigter; Ausübung des Anfechtungsrechts —— 581
a) Grundsatz —— 581
b) Sonderfall Doppelinsolvenz —— 584
c) Mehrere Anfechtungsberechtigte —— 585
2. Anfechtungsgegner —— 586
a) Grundsatz und Sonderregelung des § 143 Abs. 3 InsO —— 586

b) Anfechtungsgegner bei Deckungsanfechtung —— 589
c) Anfechtungsgegner bei mittelbaren Zuwendungen —— 590
d) Anfechtungsgegner bei Zahlungen im „Cash-Pool" —— 593
e) Mehrere Anfechtungsgegner; Mittelsperson als (zusätzlicher) Anfechtungsgegner —— 594
f) Rechtsnachfolger (§ 145 InsO) —— 596
3. Ansprüche des Anfechtungsgegners (§ 144 InsO) —— 601
a) Wiederaufleben der Forderung (§ 144 Abs. 1 InsO) —— 601
b) Gegenleistung des Anfechtungsgegners (§ 144 Abs. 2 InsO) —— 604
c) Geltung des § 144 InsO im Mehrpersonenverhältnis —— 606
4. Verjährung des Anfechtungsanspruchs (§ 146 InsO) —— 607
a) Verjährungsfrist und Verjährungshemmung (§ 146 Abs. 1 InsO) —— 607
b) Leistungsverweigerungsrecht (§ 146 Abs. 2 InsO) —— 614
5. Gerichtliche Durchsetzung des Anfechtungsanspruchs —— 615
a) Auskunftsanspruch —— 615
b) Rechtsweg und Zuständigkeit —— 619
aa) Rechtsweg —— 619
bb) Örtliche Zuständigkeit —— 623
cc) Sachliche Zuständigkeit —— 624
dd) Internationale Zuständigkeit —— 625

Schäfer

ee) Bindung an Schieds-
abrede —— 626
c) Klageart und Klage-
antrag —— 627
d) Klageänderung —— 631
e) Prozesskosten-
hilfe —— 632
f) Gerichtliche Sicherung
des Anfechtungsan-
spruchs —— 636

A. Einleitung

I. Gesetzeszweck, Anwendungsbereich und Rechtsnatur der Anfechtung

1. Zweck der Insolvenzanfechtung

Zweck der insolvenzrechtlichen Anfechtungstatbestände ist es, die Rückgängigmachung ungerechtfertigter Vermögensverschiebungen zu ermöglichen, welche die spätere Insolvenzmasse verkürzt haben.[1] Durch die Insolvenzanfechtung soll bereits für eine bestimmte Zeit vor der Eröffnung des Insolvenzverfahrens dem **Grundsatz** der **Gleichbehandlung** der **Gläubiger** Rechnung getragen werden („par condicio creditorum"),[2] wobei allerdings streitig ist, ob dies uneingeschränkt auch für § 133 InsO gilt[3] (vgl. dazu Rdn 344 ff.). In anfechtbarer Weise weggegebene Gegenstände müssen gem. § 143 InsO zum Zwecke der **gleichmäßigen Befriedigung** der Insolvenzgläubiger (vgl. §§ 38, 39 InsO) zur Insolvenzmasse zurückgewährt werden. Entsprechend diesem Zweck müssen nach der Rechtsprechung des BGH bei der Entscheidung der Frage, ob eine Anfechtung durchgreift und welchen Inhalt der Rückgewähranspruch hat, die zugrunde liegenden Vorgänge mehr unter **wirtschaftlichen** als unter formalrechtlichen **Gesichtspunkten** betrachtet werden.[4]

1

2. Anwendungsbereich (§ 147 InsO); Auslandsbezug

Die Anfechtungstatbestände erfassen nach der anfechtungsrechtlichen **Grundnorm** des **§ 129 Abs. 1 InsO** Rechtshandlungen, die **vor** der **Eröffnung** des Insolvenzverfahrens über das Vermögen des Schuldners **vorgenommen** wurden. Wann eine Rechtshandlung anfechtungsrechtlich vorgenommen wurde, bestimmt § 140 InsO.

2

---

1 Begr. zum RegE, BT-Drucks. 12/2443, S. 156; BGH, 15.12.1994 – IX ZR 153/93, BGHZ 128, 184, 191; BGH, 16.11.2007 – IX ZR 194/04, BGHZ 174, 228, 238; HambKomm/Rogge, § 129 InsO Rn 1.
2 BGH, 25.9.1972 – VIII ZR 216/71, BGHZ 59, 230, 232; MüKo/Kirchhof, vor §§ 129 bis 147 InsO Rn 2 ff.; HK/Kreft, § 129 InsO Rn 1.
3 Vgl. BGH, 10.2.2005 – IX ZR 211/02, BGHZ 162, 143 ff. Rn 20; Jaeger/Henckel, § 129 InsO Rn 4; Schoppmeyer, ZIP 2009, 600, 602.
4 BGH, 3.4.2014 – IX ZR 201/13, ZIP 2014, 1032 ff. Rn 22; BGH, 21.2.2013 – IX ZR 32/12, BGHZ 196, 220 ff. Rn 31; BGH, 14.12.2006 – IX ZR 102/03, BGHZ 170, 196 ff. Rn 17; BGH, 14.6.1978 – VIII ZR 149/77, BGHZ 72, 39, 41.

Rechtshandlungen, deren Wirkungen erst nach der Eröffnung des Insolvenzverfahrens eintreten, entfalten im Grundsatz gem. **§ 91 InsO** keine Wirkung zulasten der Insolvenzmasse. **§ 147 Satz 1 InsO** erstreckt die Anfechtbarkeit über § 129 Abs. 1 InsO hinaus auf Rechtshandlungen, die wegen des **öffentlichen Glaubens** bestimmter **Register**, insb. des Grundbuchs, noch nach der Eröffnung des Insolvenzverfahrens gem. §§ 81 Abs. 1, 91 Abs. 2 InsO wirksam werden können.[5] Dabei ist zu beachten, dass als Anfechtungsgrund sämtliche Anfechtungstatbestände ohne Rücksicht auf die darin genannten Fristen in Betracht kommen, auch wenn der Anfechtungstatbestand erst nach der Insolvenzeröffnung erfüllt wurde.[6]

3   Für Anfechtungsfälle mit **Auslandsbezug** gelten im Bereich der EU – mit Ausnahme Dänemarks – die **Art. 4 Abs. 2m), 13 EuInsVO** und im Verhältnis zu Drittstaaten **§ 339 InsO**. Maßgebend ist danach grds. das Recht des Staates der Verfahrenseröffnung (lex fori concursus oder Insolvenzstatut), sofern der Anfechtungsgegner nicht nachweist, dass für die Handlung das Recht eines anderen Staates maßgebend und die Handlung nach diesem Recht in keiner Weise angreifbar ist.[7] Im Rahmen des § 339 InsO ist die Anwendung des ausländischen Rechts nicht von Amts wegen zu prüfen, sondern vom Anfechtungsgegner darzulegen und zu beweisen. Ist die ausländische Rechtslage im konkreten Fall ungeklärt, wirkt dies zum Nachteil des Anfechtungsgegners.[8] Der BGH hat dem Europäischen Gerichtshof die Fragen zur Entscheidung vorgelegt, ob Art. 13 EUInsVO auch dann anwendbar ist, wenn die vom Insolvenzverwalter angegriffene Auszahlung eines vor der Insolvenzeröffnung gepfändeten Betrages erst nach der Verfahrenseröffnung erfolgt ist, ob sich bejahendenfalls die Einrede nach Art. 13 EUInsVO auch auf die Verjährungs-, Anfechtungs- und Ausschlussfristen des Wirkungsstatuts (lex causae) der angegriffenen Rechtshandlung bezieht und ob – wiederum bejahendenfalls – sich auch die für die Geltendmachung des Anspruchs im Sinne von **Art. 13 EUInsVO** beachtlichen Formvorschriften nach der lex causae oder nach der lex fori concursus[9] bestimmen.[10] Der Europäische Gerichtshof hat durch Urt. v. 16.4.2015[11] die beiden ersten Fragen bejaht und entschieden, dass sich die Formvorschriften für die Erhebung einer Insolvenzanfechtungsklage im Hinblick auf die Anwendung von **Art. 13 der Verordnung (EG) Nr. 1346/2000** nach dem Recht richten, das für die vom Insolvenzverwalter angefochtene Rechtshandlung gilt.

---

5   Vgl. HK/Kreft, § 147 InsO Rn 2; Jaeger/Henckel, § 147 InsO Rn 2.
6   Jaeger/Henckel, § 147 InsO Rn 5; Uhlenbruck/Hirte/Ede, § 147 InsO Rn 1a.
7   Vgl. EuGH, 15.10.2015 – C-310/14; HK/Kreft, § 129 Rn 97.
8   BGH, 12.12.2029 – IX ZR 328/18, ZIP 2020, 280 ff. Rn 20.
9   Vgl. zu dieser Unterscheidung Schäfer in Kummer/Schäfer/Wagner, Rn A47b.
10 BGH, 10.10.2013 – IX ZR 265/12, ZIP 2013, 2167 ff.
11 EuGH, 16.4.2015 – C-557/13, NZI 2015, 8 ff.

Schäfer

Der **BGH** hat daraufhin am 15.10.2015[12] wie folgt geurteilt: Ist die Zahlungsklage 4
des Verwalters in einem in Deutschland eröffneten Insolvenzverfahren über eine
Gesellschaft nach dem Recht eines anderen Mitgliedstaates (konkret: Österreich)
gegen einen Insolvenzgläubiger nach deutschem Recht begründet, weil das der
nach Eröffnung erfolgten Auszahlung zugrunde liegende Pfändungspfandrecht infolge der Rückschlagsperre gemäß § 88 InsO und die Auszahlung an den Gläubiger
gemäß § 91 InsO unwirksam waren, steht der Umstand, dass das Pfändungspfandrecht nach der lex causae (konkret: dem österreichischen Recht) wirksam geblieben
ist, dem Erfolg der Klage nicht entgegen, wenn die Auszahlung ihrerseits nach der
lex causae insolvenzrechtlich wirksam angefochten worden ist. Die **Auszahlung** des
Geldes ist jedoch **nach** dem Recht der **lex causae in keiner Weise angreifbar**
im Sinne des Art. 13 EUInsVO, **wenn** die **nach diesem Recht geltenden Verjährungs-, Anfechtungs- oder Ausschlussfristen** oder die **Formvorschriften nicht
eingehalten** sind.

Bedeutsam für die Frage der internationalen Zuständigkeit bei Insolvenzanfech- 5
tungsklagen ist ein Urteil des Europäischen Gerichtshofes v. 12.2.2009.[13] Danach ist
Art. 3 Abs. 1 der **Verordnung (EG) Nr. 1346/2000** des Rates v. 29.5.2000 über Insolvenzverfahren (**EuInsVO**) dahin gehend auszulegen, dass die Gerichte des Mitgliedstaats, in dessen Gebiet das Insolvenzverfahren eröffnet worden ist, für eine
Insolvenzanfechtungsklage gegen einen Anfechtungsgegner, der seinen satzungsmäßigen Sitz in einem anderen Mitgliedstaat hat, zuständig sind. Der Europäische
Gerichtshof hat ferner entschieden, dass diese Zuständigkeit auch für eine Klage
gegen einen Anfechtungsgegner gegeben ist, der seinen Wohnsitz nicht in einem
Mitgliedstaat hat.[14] Zur Frage der **örtlichen Zuständigkeit** ist die Rechtsprechung
des BGH zu beachten, wonach das sachlich zuständige Streitgericht für den Sitz des
eröffnenden Insolvenzgerichts ausschließlich örtlich zuständig ist, wenn die deutschen Gerichte für eine Insolvenzanfechtungsklage europarechtlich international
zuständig sind, ohne dass nach den allgemeinen deutschen Gerichtsstandsbestimmungen eine örtliche Zuständigkeit begründet wäre.[15]

Die insolvenzrechtlichen Voraussetzungen und Wirkungen einer Aufrechnung 6
sowie die **Anfechtbarkeit** einer **Aufrechnungslage** sind grundsätzlich Gegenstand
des allgemeinen Insolvenzstatuts und unterliegen daher der **lex fori concursus**.[16]
Eine alternative Anknüpfung für das Aufrechnungsstatut ist nur eröffnet, wenn das
nach der lex fori concursus anwendbare Insolvenzrecht die materiell-rechtlich be-

---

12 BGH, 15.10.2015 – IX ZR 265/12, ZIP 2015, 2284 ff.
13 EuGH, 12.2.2009 – C-339/07, ZIP 2009, 427 f.; vgl. dazu ferner BGH, 19.5.2009 – IX ZR 39/06,
ZInsO 2009, 1270 ff.
14 EuGH, 16.1.2014 – C-328/12, ZInsO 2014, 192 ff.
15 BGH, 19.5.2009 – IX ZR 39/06, ZInsO 2009, 1270 ff.
16 BGH, 8.2.2018 – IX ZR 103/17, BGHZ 217, 300 ff.

stehende Aufrechnungsmöglichkeit des Insolvenzgläubigers aus einem anderen Grund als dem einer Insolvenzanfechtung einschränkt. In diesem Fall ist maßgeblich, ob der Insolvenzgläubiger nach dem Insolvenzrecht der **lex causae** zur Aufrechnung berechtigt wäre. Daran fehlt es, wenn die Aufrechnungslage nach dem Insolvenzrecht der lex causae anfechtbar ist. Ist eine Aufrechnungslage nach der lex fori concursus anfechtbar, kann sich der Anfechtungsgegner im Hinblick auf die Anfechtung nur auf die alternative Anknüpfung für das Anfechtungsstatut berufen. In diesem Fall hat das Gericht die alternative Anknüpfung für das Anfechtungsstatut nur auf **Einrede** des **Anfechtungsgegners** zu prüfen.[17]

II. Gesetzessystematik der Anfechtungstatbestände

1. Die besondere Insolvenzanfechtung (§§ 130 bis 132 InsO)

7 In den Tatbeständen der besonderen Insolvenzanfechtung ist die Anfechtbarkeit von Rechtshandlungen geregelt, die im Zustand der **materiellen Insolvenz** des Schuldners vorgenommen wurden. Mit den **§§ 130 bis 132 InsO** soll in den darin vorgesehenen Anfechtungszeiträumen schon im Vorfeld der Insolvenzeröffnung dem **Grundsatz der Gleichbehandlung** der Gläubiger im Interesse ihrer gleichmäßigen Befriedigung („par condicio creditorum") Geltung verschafft werden.[18] Wer in Kenntnis der Zahlungsunfähigkeit des Schuldners oder des Insolvenzantrages noch Sicherung oder Befriedigung erlangt, soll das Erlangte nicht behalten dürfen. Die §§ 130 bis 132 InsO erfassen jedoch nur Rechtshandlungen, die während der letzten 3 Monate vor der Stellung des Insolvenzantrages oder danach bis zur Insolvenzeröffnung vorgenommen wurden.

2. Die allgemeine Insolvenzanfechtung (§§ 133, 134 InsO)

8 Die **§§ 133, 134 InsO** werden als Tatbestände der allgemeinen Insolvenzanfechtung bezeichnet, weil sie eine **Entsprechung** im Recht der Einzelzwangsvollstreckung in den **§§ 3, 4 AnfG** haben. Von besonderer praktischer Bedeutung ist der Tatbestand des **§ 133 Abs. 1 InsO**, da nach ihm Rechtshandlungen des Schuldners innerhalb der letzten 10 Jahre vor der Stellung des Insolvenzantrages angefochten werden können, wenn sie mit Gläubigerbenachteiligungsvorsatz vorgenommen wurden und der Gläubiger diesen Vorsatz kannte. Der Anwendungsbereich dieser Bestimmung ist dadurch erweitert, dass sie **kein unlauteres Verhalten** voraussetzt[19] und die Recht-

---

17 BGH, 8.2.2018 – IX ZR 103/17, BGHZ 217, 300 ff., Leitsätze 1 bis 5.
18 BGH, 10.2.2005 – IX ZR 211/02, BGHZ 162, 143 ff. Rn 17; MüKo/Kirchhof, § 130 InsO Rn 1.
19 BGH, 5.6.2008 – IX ZR 17/07, ZIP 2008, 1291 ff. Rn 20; BGH, 17.7.2003 – IX ZR 272/02, ZInsO 2003, 850.

sprechung zudem Beweiserleichterungen entwickelt hat, die dem Insolvenzverwalter beim Nachweis der Anfechtungsvoraussetzungen zugutekommen.[20]

§ 133 Abs. 2 InsO betrifft entgeltliche Verträge des Schuldners mit einer **nahestehenden Person** i.S.d. § 138 InsO, die anfechtbar sind, sofern der Anfechtungsgegner nicht beweist, dass sie früher als 2 Jahre vor dem Eröffnungsantrag vorgenommen wurden oder dass ihm der Gläubigerbenachteiligungsvorsatz des Schuldners nicht bekannt war.

Nach § 134 InsO kann der Insolvenzverwalter **unentgeltliche Leistungen** des Schuldners anfechten, die innerhalb eines Zeitraums von 4 Jahren vor der Stellung des Insolvenzantrages oder danach vorgenommen wurden. Auch dieser Tatbestand hat durch die Rechtsprechung des BGH eine weite Auslegung erfahren, da keine Einigung über die Unentgeltlichkeit erforderlich ist, sondern sich die Frage der Unentgeltlichkeit – insb. im Drei-Personen-Verhältnis – im Grundsatz nach objektiven Kriterien bestimmt.[21]

3. Die Sondertatbestände der §§ 135, 136 InsO

Das frühere Recht der **eigenkapitalersetzenden Gesellschafterleistungen** hat durch das am 1.11.2008 in Kraft getretene „MoMiG" in § 135 InsO eine **rein insolvenzrechtliche Regelung** erfahren.[22] Eine wesentliche Besonderheit der Neuregelung besteht darin, dass der Gesetzgeber bewusst auf das Merkmal der **Krisenfinanzierung verzichtet** hat.[23] Gem. § 39 Abs. 1 Nr. 5 InsO werden Forderungen auf Rückgewähr eines Gesellschafterdarlehens oder Forderungen aus Rechtshandlungen, die einem solchen Darlehen wirtschaftlich entsprechen, im Insolvenzverfahren nur nachrangig berücksichtigt. Nach § 135 Abs. 1, 2 InsO sind Rechtshandlungen anfechtbar, durch die innerhalb der letzten 10 Jahre vor der Stellung des Insolvenzantrages für eine solche Forderung Sicherung oder durch die innerhalb des letzten Jahres vor der Antragstellung Befriedigung gewährt wurde. In § 135 Abs. 3 InsO ist die Behandlung von **Gebrauchsüberlassungen** durch den Gesellschafter in der Insolvenz der Gesellschaft geregelt. § 136 InsO enthält eine Sonderregelung für den stillen Gesellschafter.

---

[20] Vgl. zu den Beweiserleichterungen nach der neueren BGH-Rspr. BGH, 18.12.2003 – IX ZR 199/02, BGHZ 157, 242 ff. Rn 35; Uhlenbruck/Hirte/Ede, § 133 InsO Rn 59.
[21] BGH, 2.4.2009 – IX ZR 236/07, ZIP 2009, 1080 ff. Rn 16; BGH, 28.2.1991 – IX ZR 74/90, BGHZ 113, 393, 396.
[22] Vgl. dazu Habersack in Goette/Habersack, Das MoMiG in Wissenschaft und Praxis, S. 159 ff.; Gehrlein, BB 2011, 3; Bork, ZGR 2007, 250 ff.
[23] Begr. zum RegE, BT-Drucks. 16/6140, S. 56, 57.

4. Inneres Konkurrenzverhältnis

12 Die Anfechtungsbestimmungen stehen **im Grundsatz selbstständig nebeneinander**.[24] Die Spezialtatbestände der Deckungsanfechtung (**§§ 130, 131 InsO**) **verdrängen** indes in ihrem Anwendungsbereich den Tatbestand des **§ 132 InsO**.[25] Da aber nach den §§ 130, 131 InsO nur Rechtshandlungen anfechtbar sind, die ggü. einem Insolvenzgläubiger vorgenommen wurden,[26] ist umstritten, ob § 132 InsO anwendbar ist, wenn der Empfänger einer Verfügung des Schuldners kein Insolvenzgläubiger ist.[27] § 130 InsO ist im Verhältnis zu **§ 131 InsO Auffangtatbestand**, wenn die Inkongruenz der Deckungshandlung nicht festzustellen ist.[28]

13 **§ 133 InsO** kann wegen seines speziellen Gesetzeszwecks grundsätzlich uneingeschränkt mit den sonstigen Anfechtungstatbeständen konkurrieren. Jedoch werden seinem Anwendungsbereich Grenzen durch die Tatbestände der Deckungsanfechtung gesetzt. Mit der Abgrenzung der Vorsatzanfechtung nach § 133 Abs. 1 InsO gegenüber **§ 132 InsO** befasst sich ein Urteil des BGH vom 4.12.1997.[29] Danach begründet der Umstand, dass der Schuldner ein objektiv die Gläubiger unmittelbar benachteiligendes Rechtsgeschäft abgeschlossen hat, kein zwingendes Indiz für einen Gläubigerbenachteiligungsvorsatz des Schuldners.

14 Auch **§ 134 InsO** kann im Grundsatz mit allen sonstigen Anfechtungstatbeständen konkurrieren, ausgenommen **§ 133 Abs. 2 InsO**, der einen entgeltlichen Vertrag voraussetzt. Eine Anwendung des § 134 InsO scheidet nach der Rechtsprechung des BGH ferner aus, wenn innerhalb der Anfechtungszeiträume der **§§ 130, 131 InsO** eine unentgeltliche Sicherung für eine Insolvenzforderung gewährt wird, ohne dass die sonstigen Voraussetzungen der Deckungsanfechtung vorliegen.[30] Die Anfechtung nach den anderen Anfechtungstatbeständen kann allerdings für den Insolvenzverwalter günstiger sein, wenn sich der Anfechtungsgegner ggü. dem Anspruch aus § 134 InsO auf den **Wegfall** der **Bereicherung** gem. **§ 143 Abs. 2 InsO** berufen könnte.[31] Die Anfechtung nach § 134 InsO ist neben der Anfechtung nach **§ 136 InsO** möglich.[32]

---

24 Jaeger/Henckel, § 129 InsO Rn 250; siehe zum Konkurrenzverhältnis im Mehrpersonenverhältnis die Ausführungen zu den einzelnen Anfechtungstatbeständen.
25 Vgl. Henckel in Kölner Schrift zur InsO, S. 834 Rn 47; BGH, 16.9.1999 – IX ZR 204/98, BGHZ 142, 284, 288ff.
26 BGH, 29.11.2007 – IX ZR 121/06, BGHZ 174, 314, 316; HambKomm/Rogge, § 130 InsO Rn 3, § 131 Rn 2.
27 Bejahend FK/Dauernheim, § 132 InsO Rn 2; MüKo/Kirchhof, § 132 InsO Rn 5 – **a.A.** Henckel ZIP 2004, 1671, 1673; MüKo/Kayser, § 132 Rn 5; Bork/Brinkmann, Handbuch des Insolvenzanfechtungsrechts, Kap. 17 Rn 95; offenlassend für den Fall der Tilgung einer fremden Schuld BGH, 21.5.1980 – VIII ZR 40/79, NJW 1980, 1961, 1962.
28 Vgl. MüKo/Kayser, § 130 InsO Rn 5.
29 BGH, 4.12.1997 – IX ZR 47/97, NJW 1998, 1561, 1563.
30 BGH, 15.3.1972 – VIII ZR 159/70, BGHZ 58, 240ff. – **a.A.** MüKo/Kirchhof, § 134 InsO Rn 3; Uhlenbruck/Ede/Hirte, § 134 InsO Rn 7.
31 MüKo/Kirchhof, § 134 InsO Rn 3.
32 Vgl. Uhlenbruck/Ede/Hirte, § 134 InsO Rn 10.

III. Äußeres Konkurrenzverhältnis

1. Rückschlagsperre nach § 88 InsO

Gem. § 88 Abs. 1 InsO wird mit der Insolvenzeröffnung eine Sicherung unwirksam, die ein Insolvenzgläubiger im **letzten Monat** vor der Stellung des Insolvenzantrages oder nach diesem Antrag durch Zwangsvollstreckung erlangt hat. Wird ein Verbraucherinsolvenzverfahren nach § 304 InsO eröffnet, beträgt die Frist gemäß § 88 Abs. 2 InsO drei Monate. Es bedarf daher in solchen Fällen keiner Anfechtung.

15

2. Anfechtungsgesetz (AnfG)

Die Insolvenzanfechtung ist eng mit der Anfechtung nach dem Anfechtungsgesetz verwandt, welche der Verwirklichung der gesetzlichen Haftungsordnung zugunsten einzelner Gläubiger außerhalb eines Insolvenzverfahrens dient.[33] Mit der Eröffnung des der gleichmäßigen Gläubigerbefriedigung dienenden Insolvenzverfahrens **geht** daher die **Insolvenzanfechtung vor** (vgl. die **§§ 16 bis 18 AnfG**). Ein rechtshängiges Verfahren wird gem. **§ 17 Abs. 1 AnfG unterbrochen** und kann vom Insolvenzverwalter aufgenommen werden. Der Insolvenzverwalter ist jedoch nicht zur Aufnahme gezwungen. Er kann vielmehr gemäß § 17 Abs. 3 Satz 2 AnfG die Aufnahme ablehnen und nach den §§ 129 ff. InsO anfechten; dies ist insbesondere bei unsorgfältiger Prozessführung des Gläubigers von Vorteil. Nach der **Beendigung des Insolvenzverfahrens** können Anfechtungsansprüche nach dem Anfechtungsgesetz im Grundsatz weiterverfolgt werden (vgl. **§ 18 AnfG**). Wurde der Anfechtungsgegner vor der Eröffnung des Insolvenzverfahrens nach dem Anfechtungsgesetz von einem Einzelgläubiger in Anspruch genommen, scheidet ein Anspruch des Insolvenzverwalters im Umfang der Erfüllung des Anfechtungsanspruchs aus.[34]

16

3. Deliktsrecht (§§ 823 ff. BGB) und Sittenwidrigkeit (§ 138 BGB)

Nach herrschender Auffassung in Rechtsprechung und Schrifttum[35] sind die **§§ 129 ff. InsO lex specialis** zu den §§ 138, 823 ff. BGB. Sie stellen keine Schutzgesetze im Sinne des § 823 Abs. 2 BGB dar.[36] Das bedeutet, dass ein Schadensersatzanspruch wegen unerlaubter Handlung oder Sittenwidrigkeit nur gegeben ist, wenn zusätzliche **erschwerende Umstände** vorliegen.[37] Dies ist etwa beim planmäßigen

17

---

33 MüKo/Kirchhof, vor §§ 129 bis 147 InsO Rn 42.
34 BGH, 15.11.2012 – IX ZR 173/09, ZIP 2013, 131 ff.
35 Vgl. BGH, 5.7.1971 – II ZR 176/68, BGHZ 56, 339, 355; BGH, 4.7.2000, VI ZR 192/99, ZInsO 2000, 497 f.; HK/Kreft, § 129 InsO Rn 77; Bork, Handbuch des Insolvenzanfechtungsrechts, Einführung Rn 18, 25; HambKomm/Rogge, Vor §§ 129 ff. InsO Rn 9.
36 Vgl. Bork, Handbuch des Insolvenzanfechtungsrechts, Einführung, Rn 25.
37 BGH, 8.2.2018 – IX ZR 92/17, ZIP 2018, 1455 ff.

Zusammenwirken des Schuldners mit Dritten zum Zwecke der Vereitelung des Zugriffs von Gläubigern der Fall.[38] Die planmäßige Mitwirkung des Gläubigers an einem **Vertragsbruch** des Schuldners kann gegen § 138 Abs. 1 BGB verstoßen.[39] Ein Verstoß gegen die §§ 138, 826 BGB kommt ferner in Betracht, wenn ein Gläubiger den Schuldner zur **verspäteten Stellung** des **Insolvenzantrages** veranlasst, um eine Anfechtung innerhalb der Anfechtungsfristen zu vermeiden.[40] § 826 BGB kann schließlich erfüllt sein, wenn der Schuldner von einem Gläubiger durch die Gewährung eines offensichtlich unzureichenden Kredits von der Stellung eines **Insolvenzantrages abgehalten** wird.[41] Nach einem Urteil des KG vom 4.11.2015[42] kann der Vorwurf sittenwidrigen Handelns begründet sein, wenn eine Bank aus eigensüchtigen Beweggründen die **Insolvenz** eines Unternehmens **hinausschiebt** und für sie abzusehen ist, dass die ergriffenen Stützungsmaßnahmen den Zusammenbruch allenfalls verzögern, aber nicht auf Dauer verhindern können. Auch in den Fällen, in denen **ausländisches Insolvenzanfechtungsrecht** anwendbar ist, kommt eine Haftung wegen vorsätzlicher sittenwidriger Schädigung nur in Betracht, wenn der beanstandete Vorgang über einen bloßen Anfechtungstatbestand im Sinne der §§ 130 ff. InsO hinaus **besondere Umstände** aufweist, die den Vorwurf der **Sittenwidrigkeit** rechtfertigen.[43]

18 Der **BGH** hat seine Rechtsprechung zum Vorliegen eines Sittenverstoßes bei der Gewährung von **(Sanierungs-)Krediten** und/oder durch **Besicherung** in einem **Urt. v. 12.4.2016**[44] **zusammengefasst**. Danach kann sich die Sittenwidrigkeit insbesondere aus einer Knebelung des Schuldners, einer **Insolvenzverschleppung** oder einer anderweitigen **Gläubigergefährdung** bzw. **Kredittäuschung** ergeben.[45] Eine Insolvenzverschleppung liegt danach bspw. vor, wenn ein Kreditgeber um eigener Vorteile willen die letztlich unvermeidliche Insolvenz eines Unternehmens hinausschiebt, indem er Kredite gewährt, die nicht zur Sanierung, sondern nur dazu ausreichen, den Zusammenbruch zu verzögern, wenn hierdurch andere Gläubiger über die Kreditfähigkeit des Unternehmens getäuscht und geschädigt werden sowie der Kreditgeber sich dieser Erkenntnis mindestens leichtfertig verschließt.[46] Soll der

---

38 BGH, 16.11.2007 – IX ZR 194/04, BGHZ 174, 228 ff. Rn 16; BGH, 9.12.1999 – IX ZR 102/97, ZIP 2000, 238, 243.
39 BGH, 19.10.1993 – IX ZR 184/92, NJW 1994, 128 ff.
40 BGH, 10.2.2005 – IX ZR 211/02, BGHZ 162, 156 ff.
41 BGH, 15.6.1962 – VI ZR 268/61, WM 1962, 962, 965.
42 KG, 4.11.2015 – 24 U 112/14, ZInsO 2016, 37 ff.; beim BGH unter dem Az. XI ZR 571/15 anhängig.
43 BGH, 8.2.2018 – IX ZR 103/17, BGHZ 217, 300 ff.
44 BGH, 12.4.2016 – XI ZR 305/14, ZIP 2016, 1058 ff.; vgl. dazu ferner Gehrlein, DB 2016, 1177 ff.
45 BGH, 12.4.2016 – XI ZR 305/14, ZIP 2016, 1058 f. Rn 39 m.w.N.
46 Vgl. BGH, 12.4.2016 – XI ZR 305/14, ZIP 2016, 1058 ff. Rn 40; BGH, 11.11.1985 – II ZR 109/84, BGHZ 96, 231, 235; BGH, 26.3.1984 – II ZR 171/83, BGHZ 90, 381, 399.

Zusammenbruch des Schuldners nur **hinausgezögert** werden und hofft der Gläubiger, sich daraus persönliche Vorteile zu verschaffen, erweist sich der Vertrag als sittenwidrig.[47] Eine sittenwidrige Gläubigerbenachteiligung kann auch dann vorliegen, wenn das Sicherungsgeschäft, mit dem der Schuldner (fast) sein gesamtes freies Vermögen zur Sicherung auf einen Gläubiger überträgt, unter Umständen abgeschlossen wird, die dazu geeignet und bestimmt sind, andere gegenwärtige oder zukünftige Gläubiger über die **Kreditwürdigkeit** des Schuldners zu **täuschen** und dadurch zur Vergabe weiterer Kredite zu verleiten.[48]

4. Nichtigkeit (insb. § 134 BGB) und Bereicherungsrecht (§§ 812 ff. BGB)

Die **§§ 129 ff. InsO** sind **keine Verbotsgesetze** i.S.d. § 134 BGB, sodass die bloße Anfechtbarkeit nicht zur Nichtigkeit der Rechtshandlung führt.[49] Insolvenzanfechtungsrecht und Bereicherungsrecht stehen im Grundsatz selbstständig nebeneinander. Ist ein Rechtsgeschäft nichtig, kann es jedoch an der erforderlichen Gläubigerbenachteiligung fehlen, wenn gegen den Empfänger ein Rückforderungsanspruch besteht, der ohne Weiteres begründet und problemlos durchsetzbar ist.[50] **§ 814 BGB** steht dem Anfechtungsanspruch nicht entgegen (konkret: Rückforderung von Scheingewinnen).[51] Denn die Insolvenzanfechtung eröffnet dem Insolvenzverwalter eine Rückforderungsmöglichkeit, die nach dem materiellen Recht dem Verfügenden selbst verwehrt ist und die dem Schutz Dritter (Gläubigergleichbehandlung) dient.[52] Auch die **Saldotheorie** des Bereicherungsrechts ist im Insolvenzrecht **nur eingeschränkt anwendbar** und bietet keine Grundlage dafür, Forderungen, die ohne Saldierungsmöglichkeit bloße Insolvenzforderungen wären, zu „Masseforderungen" zu erheben.[53]

5. Aufrechnung

Gem. **§ 96 Abs. 1 Nr. 3 InsO** ist die Aufrechnung unzulässig, wenn ein Insolvenzgläubiger die Möglichkeit der Aufrechnung durch eine anfechtbare Rechtshandlung erlangt hat, wenn also die Aufrechnungslage in einer Weise herbeigeführt wurde,

---

47 BGH, 9.7.1953 – IV ZR 242/52, BGHZ 10, 228, 232; Gehrlein, DB 2016, 1177, 1178.
48 BGH, 12.4.2016 – XI ZR 305/14, ZIP 2016, 1058 ff. Rn 41; BGH, 16.3.1995 – IX ZR 72/94, ZIP 1995, 630 ff.; BGH, 19.3.1998 – IX ZR 22/97, BGHZ 138, 291, 300.
49 Vgl. BGH, 20.6.1996 – IX ZR 314/95, ZIP 1996, 1475 f.; HambKomm/Rogge, vor §§ 129 ff. InsO Rn 8.
50 BGH, 4.3.1999 – IX ZR 63/98, BGHZ 141, 96, 106. Zu Recht kritisch dazu MüKo/Kayser, § 129 Rn 101b.
51 BGH, 11.12.2008 – IX ZR 195/07, ZIP 2009, 186 ff.
52 BGH, 1.12.2008 – IX ZR 195/07, ZIP 2009, 186 ff. Rn 15 f.
53 Vgl. BGH, 22.4.2010 – IX ZR 163/09, ZIP 2010, 1253 ff. Rn 8.

die einen der Insolvenzanfechtungstatbestände erfüllt. Dies gilt **auch** dann, wenn die **Aufrechnung** bereits **vor** der **Verfahrenseröffnung** erklärt wurde.[54] Die Aufrechnungserklärung wird mit der Eröffnung des Insolvenzverfahrens **rückwirkend unwirksam**, so dass es in diesen Fällen keiner Anfechtung bedarf.

IV. Neuregelungen und Entwicklungstendenzen

21 Es hat immer wieder Versuche gegeben, die in ihren Rechtsfolgen oft als einschneidend empfundene, häufig länger zurückliegende Vermögensverschiebungen betreffende Insolvenzanfechtung einzuschränken.[55] Dies gilt insbesondere für die Vorsatzanfechtung nach **§ 133 Abs. 1 InsO** mit ihrem zehnjährigen Anfechtungszeitraum, die nach der Rechtsprechung des **BGH** einen **recht weiten Anwendungsbereich** hat. Nachdem Wirtschaftsverbände dezidiert Stellung bezogen hatten,[56] hat sich die Politik der Sache in einem Referentenentwurf eines „**Gesetzes zur Verbesserung der Rechtssicherheit bei Anfechtungen** nach der InsO und nach dem AnfG" vom 16.3.2015 angenommen,[57] der durch den RegE vom 29.9.2015[58] zu Recht wesentliche Änderungen erfahren hat.

22 Ein wesentlicher **Kritikpunkt** war im Rahmen des Gesetzgebungsverfahrens die Rechtsprechung des Bundesgerichtshofes, wonach selbst bei **kongruenten Rechtshandlungen** im Grundsatz für die Annahme eines Handelns des Schuldners mit Gläubigerbenachteiligungsvorsatz die Vorsatzform des **dolus eventualis genügte** und es gemäß § 133 Abs. 1 Satz 2 InsO für die Kenntnis des Gläubigers ausreiche, wenn dieser die drohende Zahlungsunfähigkeit des Schuldners kannte. Speziell im Fall einer **Ratenzahlungsvereinbarung** zwischen Gläubiger und Schuldner hatten zwei Leitsätze eines Urteils des BGH vom 6.12.2012[59] für Verunsicherung gesorgt. Danach obliegt dem Gläubiger der Beweis, dass die bereits einge-

---

54 BGH, 28.9.2006 – IX ZR 136/05, BGHZ 169, 158, 161 ff.
55 Vgl. dazu HK/Kreft, § 129 InsO Rn 4 f.
56 Vgl. Positionspapier des Bundesverbandes der Deutschen Industrie (BDI) und des Zentralverbandes des Deutschen Handwerks (ZDH) vom 14.10.2013, ZInsO 2013, 2312 ff.
57 Abgedruckt in ZIP 2015, Beilage zu Heft 12; vgl. dazu M. Huber, ZInsO 2015, 713 ff.; Hölzle, ZIP 2015, 662 ff.; Würdinger, KTS 2015, 315 ff.
58 Abgedruckt in ZIP 2015, Beilage zu Heft 40; kritisch dazu Brinkmann/Jacoby/Thole, ZIP 2015, 2001 f.; E. Wagner, ZInsO 2015, 2171 f.; Ganter, WM 2015, 2117 ff.; M. Huber, ZInsO 2015, 2297 ff.; Marotzke, ZInsO 2015, 2397 ff.; N. Schmidt, ZInsO 2015, 2473 ff.; Kayser/Heidenfelder, ZIP 2016, 447 ff.; Klinck, DB 2016, 634 ff.; vermittelnd K. Schmidt, ZIP 2015, 2104 f.; den RegE zu § 131 InsO verteidigend Jungclaus, KTS 2016, 45 ff.; vgl. zum weiteren Gesetzgebungsverfahren Empfehlungen der Ausschüsse v. 13.11.2015, BR-Drucks. 495/15 sowie Stellungnahme des Bundesrates vom 27.11.2015, abgedr. in ZInsO 2015, 2525 ff.
59 BGH, 6.12.2012 – IX ZR 3/12, ZIP 2013, 228 ff.

tretene Zahlungsunfähigkeit des Schuldners durch eine mit ihm getroffene Ratenzahlungsvereinbarung nachträglich entfallen ist (1. Leitsatz), und danach entfällt die Kenntnis des Gläubigers von einer bestehenden Zahlungsunfähigkeit nicht durch den Abschluss einer vom Schuldner vereinbarungsgemäß bedienten Ratenzahlungsvereinbarung, wenn bei dem gewerblich tätigen Schuldner mit weiteren Gläubigern zu rechnen ist, die keinen vergleichbaren Druck zur Eintreibung ihrer Forderungen ausüben (2. Leitsatz).

Als weiterer Problempunkt stand die **Anfechtbarkeit** von **Lohnzahlungen** gegenüber Arbeitnehmern in der Diskussion, nachdem der BGH und das BAG insoweit unterschiedliche Auffassungen vertraten. Nach Ansicht des **BGH** schied ein unanfechtbares **Bargeschäft** nach § 142 InsO aus, wenn die Lohnzahlung nicht innerhalb eines Zeitraums von 30 Tagen nach Fälligkeit erfolgte.[60] Nach der Rechtsprechung des **BAG** sollte ein Bargeschäft auch dann noch gegeben sein, wenn eine in den letzten drei Monaten vor der Lohnzahlung erbrachte Arbeitsleistung entgolten wurde.[61] Korrekturbedarf wurde schließlich bei der Verzinsung des Anfechtungsanspruchs gesehen. Denn früher war dieser bereits ab dem Zeitpunkt der Eröffnung des Insolvenzverfahrens zu verzinsen und zudem waren die gezogenen oder schuldhaft nicht gezogenen Zinsen als Nutzungen seit der Vornahme der anfechtbaren Rechtshandlung herauszugeben.

Am **5.4.2017** trat schließlich das „**Gesetz zur Verbesserung der Rechtssicherheit bei Anfechtungen** nach der InsO und nach dem AnfG" in Kraft. Nach der Übergangsbestimmung des Art. 103j EGInsO finden bei Insolvenzverfahren, die vor dem 5.4.2017 eröffnet wurden, mit Ausnahme des § 143 Abs. 1 Satz 3 InsO n.F. die bis dahin geltenden Bestimmungen weiter Anwendung. Die Neuregelung über die Verzinsung des Anfechtungsanspruchs gilt somit auch für laufende Insolvenzverfahren, die vor dem Inkrafttreten des Gesetzes eröffnet wurden.[62] Für die Zeit vor dem Inkrafttreten des Gesetzes sieht die Bestimmung zugleich vor, dass die **Zinsen** und **Nutzungen**, die bis zum Inkrafttreten des Gesetzes auf der Grundlage des bis dahin geltenden Rechts verlangt werden konnten, auch weiterhin beansprucht werden können. Der neugefasste **§ 143 Abs. 1 Satz 3 InsO** gilt nach seinem Wortlaut nur für erlangte **Geldbeträge**, nicht dagegen für sonstige Sachen und Rechte. Der Insolvenzverwalter kann daher etwa im Fall der anfechtbaren Übertragung von Aktien die erzielte Rendite herausverlangen.

In **§ 133 InsO** wurde im Zuge der Reform ein **neuer Abs. 2** eingefügt, wonach der Anfechtungszeitraum nach § 133 Abs. 1 Satz 1 InsO nur noch **vier Jahre** beträgt, wenn die Rechtshandlung dem anderen Teil eine Sicherung oder Befriedigung ge-

---

60 BGH, 10.7.2014 – IX ZR 192/13, ZIP 2014, 1491 ff. Rn 16 ff.
61 BAG, 6.10.2011 – 6 AZR 262/10, BAGE 139, 235 ff. Rn 16 ff.
62 Vgl. Beschlussempfehlung und Bericht des Ausschusses für Recht und Verbraucherschutz, BT-Drucks. 18/11199, S. 12.

währt hat. Diese Verkürzung der Anfechtungsfrist auf vier Jahre betrifft nicht nur kongruente, sondern auch inkongruente **Deckungshandlungen**. Die zehnjährige Anfechtungsfrist und die Indizwirkung der Inkongruenz für den subjektiven Tatbestand des § 133 Abs. 1 InsO gelten allerdings auch weiterhin für inkongruente Befriedigungen und Sicherungen außerhalb des Bereiches der Zwangsvollstreckung und der Befriedigung durch „Druckzahlung".[63] Nach dem **neuen Abs. 3 Satz 1** des § 133 InsO tritt für den Fall, dass die Rechtshandlung dem anderen Teil eine **Sicherung** oder **Befriedigung** gewährt oder ermöglicht, welche dieser in der Art und zu der Zeit **beanspruchen konnte**, an die Stelle der drohenden Zahlungsunfähigkeit des Schuldners nach § 133 Abs. 1 Satz 2 InsO die **eingetretene Zahlungsunfähigkeit**. Nach dem **neugefassten Abs. 3 Satz 2** des § 133 InsO wird **vermutet**, dass der andere Teil zur Zeit der Handlung die **Zahlungsunfähigkeit** des Schuldners **nicht kannte**, wenn er mit dem Schuldner eine Zahlungsvereinbarung getroffen oder diesem in sonstiger Weise eine **Zahlungserleichterung** gewährt hatte.

26 Nach der Gesetzesbegründung soll die Grundstruktur der Vorsatzanfechtung unberührt bleiben und ihr Anwendungsbereich nur bei **Deckungshandlungen maßvoll zurückgenommen** werden, insbesondere soll im Rahmen des Grundtatbestandes des § 133 Abs. 1 InsO die gesetzliche Vermutung der Kenntnis des Anfechtungsgegners vom Benachteiligungsvorsatz des Schuldners weiterhin an die drohende Zahlungsunfähigkeit anknüpfen.[64] Bei Deckungshandlungen soll dem Umstand Rechnung getragen werden, dass eine geschuldete Leistung erbracht wird und der Schuldner vor dem Eintritt der Insolvenz grundsätzlich frei ist zu entscheiden, welche Forderungen er erfüllt.[65] Hinter der Neuregelung des **§ 133 Abs. 3 Satz 2 InsO** steht nach der **Gesetzesbegründung** der – fragwürdige – Gedanke, dass die mit einer Stundungs- oder Ratenzahlungsbitte dem Gläubiger offenbar werdende Liquiditätslücke mit Gewährung der Stundung respektive Abschluss der **Ratenzahlungsvereinbarung** regelmäßig beseitigt sein werde.[66] Zur Widerlegung der Vermutung des Abs. 3 Satz 1 müsse der Insolvenzverwalter konkrete Umstände darlegen und gegebenenfalls beweisen, die darauf schließen ließen, dass dem Anfechtungsgegner die Zahlungsunfähigkeit des Schuldners zum Zeitpunkt der angefochtenen Handlung doch bekannt gewesen sei. Er könne damit den ihm obliegenden Beweis weder auf die Gewährung der Zahlungserleichterung noch auf die entsprechende Bitte des Schuldners stützen.[67] Im Gesetzentwurf werden ferner bestimmte Umstän-

---

63 Vgl. M. Huber, ZInsO 2015, 2297, 2299.
64 Vgl. RegE, BT-Drucks. 18/7054, S. 13.
65 RegE, BT-Drucks. 18/7054, S. 13, 18.
66 RegE, BT-Drucks. 18/7054, S. 18.
67 RegE, BT-Drucks. 18/7054, S. 18; vgl. zur Kritik an dieser Regelung die Ausführungen bei § 133 InsO.

de genannt, die trotz der Vermutung des § 133 Abs. 3 Satz 2 InsO für die Kenntnis des Anfechtungsgegners sprechen können.[68]

Die Regelung zum **Bargeschäft** in **§ 142 InsO** wurde dahingehend neu gefasst, dass eine Leistung des Schuldners, für die unmittelbar eine gleichwertige Gegenleistung in sein Vermögen gelangt, **nur anfechtbar** ist, wenn die Voraussetzungen des § 133 Abs. 1 bis 3 InsO gegeben sind und der andere Teil erkannt hat, dass der Schuldner **unlauter** handelte. Nach § 142 InsO a.F. schied die Annahme eines Bargeschäfts aus, wenn die Voraussetzungen des § 133 Abs. 1 InsO gegeben waren. Nach der **Gesetzesbegründung** zur Neufassung des § 142 InsO soll diese für die Vorsatzanfechtung bestehende Ausnahme vom Bargeschäftsprivileg eingeschränkt und der **neueren Rechtsprechung** des **BGH begegnet werden**, wonach das entkräftende Beweisanzeichen des bargeschäftsähnlichen Leistungsaustauschs nicht eingreift, wenn der Schuldner erkennt, dass die Fortführung des schuldnerischen Unternehmens unrentabel ist, so dass sie für die Gläubiger auch auf längere Sicht ohne Nutzen ist.[69] Das geforderte unlautere Verhalten des Schuldners setze mehr voraus als die Vornahme der Rechtshandlung in dem Bewusstsein, nicht mehr in der Lage zu sein, alle Gläubiger befriedigen zu können. Da dem Schuldnervermögen beim Bargeschäft eine gleichwertige Gegenleistung zufließe, müssten **hinreichend gewichtige Umstände hinzutreten**, um in dem vollzogenen Austausch einen besonderen Unwert zu erkennen. Im Anschluss werden einige **Beispiele genannt**, in denen ein unlauteres Verhalten des Schuldners gegeben sein kann. Eine solche unlautere Handlung soll bspw. gegeben sein, wenn der Schuldner Vermögen für Leistungen verschleudert, die den Gläubigern unter keinem erdenklichen Gesichtspunkt nützen können, wie etwa bei flüchtigen Luxusgütern.[70]

(weggefallen)

Das vom Gesetzentwurf betonte Ziel der **Rechtssicherheit**[71] wird jedoch mit der Einfügung des Tatbestandsmerkmals des unlauteren Handelns des Schuldners **nicht erreicht**, da das „Bargeschäftsprivileg" mit einem konturlosen Tatbestandsmerkmal in den Bereich der Vorsatzanfechtung hinein erstreckt wird. Zudem wird mit dem Erfordernis eines unlauteren Verhaltens des Schuldners und der weiteren Voraussetzung einer entsprechenden Kenntnis des Anfechtungsgegners die **Vorsatzanfechtung** im Ergebnis **zu sehr eingeschränkt**.[72] Es besteht die Gefahr, dass letztlich nur noch solche Fälle vom „Bargeschäftsprivileg" ausgenommen sind, bei denen der Insolvenzverwalter nachweisen kann, dass der Schuldner und der Leis-

---

68 RegE, BT-Drucks. 18/7054, S. 17.
69 Vgl. RegE, BT-Drucks. 18/7054, S. 19 mit Hinweis auf BGH, 12.2.2015 – IX ZR 180/12, ZIP 2015, 585 ff. Rn 25.
70 RegE, BT-Drucks. 18/7054, S. 19.
71 RegE, BT-Drucks. 18/7054, S. 1, 13.
72 Vgl. Brinkmann/Jacoby/Thole, ZIP 2015, 2001, 2002; Ganter, WM 2015, 2117, 2120.

tungsempfänger kollusiv mit der Absicht zusammengewirkt haben, die Gläubigergemeinschaft zu schädigen.[73]

30 Von einem **unlauteren Handeln** dürfte aber jedenfalls dann auszugehen sein, wenn der Schuldner Vermögensgegenstände zu einem angemessenen Preis verkauft, um die dafür erhaltenen Geldmittel den Gläubigern leichter **entziehen zu können**,[74] oder wenn der Schuldner mit einem seiner Schuldner vereinbart, Zahlungen auf das bei seiner Bank geführte Kontokorrentkonto zu leisten und dieser dadurch eine **Verrechnung ermöglicht**.[75]

31 Der Bundesrat hatte ferner angeregt, § 142 Abs. 2 Satz 2 InsO wie folgt zu fassen:

„Gewährt der Schuldner seinem Arbeitnehmer Arbeitsentgelt oder führt er Teile des Arbeitsentgelts aufgrund gesetzlicher Verpflichtungen an Dritte ab, ist ein enger zeitlicher Zusammenhang gegeben, wenn der Zeitraum zwischen Arbeitsleistung und Gewährung des Arbeitsentgelts oder der Abführung von Teilen an Dritte drei Monate nicht übersteigt".

Die Annahme, in diesen Fällen liege ein Bargeschäft im Sinne des § 142 InsO vor, entspricht der zutreffenden Auffassung des BFH.[76] Die vom Bundesrat vorgeschlagene Regelung ist jedoch nicht Gesetz geworden.

32 Nach dem neu eingefügten **Satz 3 des § 143 Abs. 1 InsO** ist eine Geldschuld nur zu verzinsen, wenn die Voraussetzungen des **Schuldnerverzuges** oder des **§ 291 BGB** vorliegen; ein darüber hinausgehender Anspruch auf Herausgabe von Nutzungen eines erlangten Geldbetrages ist ausgeschlossen. Da die Fälligkeit des Anfechtungsanspruchs mit Eröffnung des Insolvenzverfahrens eintritt und der Anfechtungsgegner gemäß § 143 Abs. 1 Satz 2 InsO einem Bereicherungsempfänger gleichsteht, dem der Mangel des rechtlichen Grundes bekannt ist, kann der Anfechtungsgegner nach bisherigem Recht einer erheblichen Zinsbelastung unterliegen. Dem soll durch die Neuregelung abgeholfen werden.[77] Durch das Wort „nur" in § 143 Abs. 1 Satz 3 InsO und die weitere Klarstellung im zweiten Halbsatz soll verdeutlicht werden, dass die Regelung hinsichtlich der **Verzinsung** als **abschließende Regelung** zu verstehen ist. Demgemäß können künftig Zinsen nicht mehr als gezogene oder schuldhaft nicht gezogene Nutzungen herausverlangt werden.[78] Eine Pflicht zur Herausgabe tatsächlich gezogener Nutzungen wäre indes angemessen gewesen.[79] Nach dem Wortlaut des § 143 Abs. 1 Satz 3 InsO gilt die Bestimmung **nur für**

---

73 Vgl. dazu Stellungnahme des Bundesrates vom 27.11.2015, ZInsO 2015, 2525, 2527.
74 Vgl. BAG, 21.2.2008 – 6 AZR 273/07, BAGE 126, 89 ff. Rn 51; MüKo/Kirchhof, 2. Aufl., § 142 Rn 24.
75 Vgl. BGH, 26.4.2012 – IX ZR 67/09, ZIP 2012, 1301 ff.
76 Vgl. BFH, 11.8.2005 – VII B 244/04, ZInsO 2005, 1105 ff.; BFH/NV 1999, 745.
77 RegE, BT-Drucks. 18/7054, S. 21.
78 RegE, BT-Drucks. 18/7054, S. 21.
79 Vgl. Würdinger, KTS 2015, 315, 336.

anfechtbar erlangte **Geldbeträge** und somit nicht für die Herausgabe sonstiger Sachen oder Rechte. Verlangt daher der Insolvenzverwalter etwa die Herausgabe anfechtbar erlangter Aktien, so kann er auch die Herausgabe der vom Anfechtungsgegner erzielten Rendite fordern.

Anlässlich der **COVID-19-(„Corona"-)Pandemie** wurden vom Gesetzgeber **Neuregelungen** geschaffen,[80] um den Geschäftspartnern eines materiell insolventen Unternehmens Sicherheit zu verschaffen, in welchem Umfang die ihnen erbrachten Leistungen der späteren Insolvenzanfechtung unterliegen. Insolvenzantragspflichtige werden durch die **Vermutung** entlastet, dass bei bestehender **Zahlungsfähigkeit am 31.12.2019** davon auszugehen ist, dass die **spätere Insolvenzreife** auf der **COVID-19-Pandemie beruht** und Aussichten darauf bestehen, eine bestehende Zahlungsunfähigkeit zu beseitigen (§ 1 COVInsAG).[81] Soweit nach § 1 Satz 1 COVInsAG die **Pflicht** zur Stellung eines **Insolvenzantrages bis** zum **30.9.2020 ausgesetzt** ist, gilt gemäß § 2 Abs. 1 Nr. 2 COVInsAG die **bis** zum **30.9.2023** erfolgende Rückgewähr eines im Aussetzungszeitraum gewährten neuen Kredits sowie die im Aussetzungszeitraum erfolgte Bestellung von Sicherheiten zur Absicherung solcher Kredite als **nicht gläubigerbenachteiligend**; dies gilt auch für die Rückgewähr von Gesellschafterdarlehen und Zahlungen auf Forderungen aus Rechtshandlungen, die einem solchen Darlehen wirtschaftlich entsprechen, nicht aber für deren Besicherung; § 39 Abs. 1 Nr. 5 InsO und § 44 InsO finden insoweit in Insolvenzverfahren, die bis zum 30.9.2023 beantragt weren, keine Anwendung. Nicht privilegiert wird somit die Gewährung von Sicherheiten für Gesellschafterdarlehen aus dem Vermögen der Gesellschaft.[82] Da § 2 COVInsAG an die Regelung in § 1 COVInsAG anknüpft, gelten auch die dortigen tatbestandlichen Voraussetzungen, so dass die in § 2 Abs. 1 Nr. 2 Halbs. 1 des Gesetzes aufgeführten Vergünstigungen nicht für Kreditgeber von Unternehmen gelten, die **nicht aus coronabedingten Gründen insolvenzreif** werden. Zu beachten ist ferner, dass die Insolvenzantragspflicht nur so lange ausgesetzt wird, wie noch Aussichten bestehen, die Zahlungsunfähigkeit zu beseitigen. Mit § 1 COVInsAG verbindet sich also kein genereller Zeitaufschub bis zum 30.9.2020.[83]

Nach § 2 Abs. 1 Nr. 3 COVInsAG sind Kreditgewährungen und Besicherungen im Aussetzungszeitraum **nicht** als sittenwidriger Beitrag zur **Insolvenzverschleppung** anzusehen. Gemäß § 2 Abs. 1 Nr. 4 COVInsAG sind Rechtshandlungen, die dem anderen Teil eine **Sicherung** oder **Befriedigung** gewährt oder ermöglicht haben, die dieser in der Art und zu der Zeit **beanspruchen konnte**, in einem späteren

---

80 Vgl. dazu Gehrlein, DB 2020, 713 ff.; Thole, ZIP 2020, 650 ff.; Fritzsche/Rüppell, DB 2020, 1059 ff.
81 Vgl. dazu näher BT-Drucks. 19/18110, S.22.
82 BT-Drucks. 19/18110, S. 24.
83 Vgl. Thole, ZIP 2020, 650, 653.

Insolvenzverfahren **nicht anfechtbar**; dies gilt nicht, wenn dem anderen Teil bekannt war, dass die Sanierungs- und Finanzierungsbemühungen des Schuldners nicht zur Beseitigung einer eingetretenen Zahlungsunfähigkeit geeignet gewesen sind. **Entsprechendes** gilt nach **§ 2 Abs. 1 Nr. 4 Satz 2 COVInsAG** für Leistungen an Erfüllungs Statt oder erfüllungshalber, für Zahlungen durch einen Dritten auf Anweisung des Schuldners, für die Bestellung einer anderen als der ursprünglich vereinbarten Sicherheit, wenn diese nicht werthaltiger ist, für die Verkürzung von Zahlungszielen und die Gewährung von Zahlungserleichterungen. **Weiterhin möglich** bleibt die Anfechtung bestimmter, in der Aufzählung des zweiten Satzes **nicht genannter inkongruenter Deckungen**. Außerdem kann eine Anfechtung weiterhin erfolgen, wenn dem anderen Teil bekannt war, dass die Sanierungs- und Finanzierungsbemühungen des Schuldners **nicht** zur **Beseitigung** der **Insolvenzreife geeignet** gewesen sind. Die **Beweislast** liegt bei demjenigen, der sich auf die Anfechtbarkeit berufen möchte. Der andere Teil muss sich nicht davon überzeugen, dass der Schuldner geeignete Sanierungs- und Finanzierungsbemühungen entfaltet; nur die nachgewiesene „positive" Kenntnis von deren Fehlen oder von deren offensichtlichen Ungeeignetheit würde den Anfechtungsschutz entfallen lassen.[84]

35 Ein Anfechtungsschutz nach **§ 2 Abs. 1 Nr. 4 COVInsAG** ist nach dem Willen des **Gesetzgebers** auch in bestimmten Fällen angezeigt, in dene kein neuer Kredit vorliegt. Dies gilt etwa für **Vertragspartner von Dauerschuldverhältnissen**, wie Vermieter und Leasinggeber sowie Lieferanten. Wenn diese befürchten müssten, erhaltene Zahlungen aufgrund einer Anfechtung zurückzahlen zu müssen, wären sie geneigt, die Vertragsbeziehung auf dem schnellsten Weg zu beenden, was wiederum die Sanierungsbemühungen vereiteln würde.[85]

36 **§ 2 Abs. 1 Nr. 2, 3 und 4 COVInsAG** gilt auch für Unternehmen, die **keiner Antragspflicht unterliegen**, sowie für Schuldner, die **weder zahlungsunfähig noch überschuldet** sind. § 2 Abs. 1 Nr. 2 und 3 COVInsAG gilt schließlich im Fall von Krediten, die von der **Kreditanstalt für Wiederaufbau** und ihren Finanzierungspartnern oder von anderen Institutionen im Rahmen staatlicher Hilfsprogramme anlässlich der COVID-19-Pandemie gewährt werden, auch dann, wenn der Kredit nach dem Ende des Aussetzungszeitraums gewährt oder besichert wird, und unbefristet für deren Rückgewähr.

---

[84] BT-Drucks. 19/18110, S. 24.
[85] Vgl. BT-Drucks. 19/18110 S. 17; Gehrlein, DB 2020, 713, 723.

B. § 129 InsO – Anfechtbare Rechtshandlung

I. Vorbemerkung

§ 129 InsO ist die **Grundnorm** des Insolvenzanfechtungsrechts, die im Rahmen sämtlicher Anfechtungstatbestände zu beachten ist. Nach ihr setzt jede Anfechtung eine anfechtbare Rechtshandlung und eine Gläubigerbenachteiligung voraus, wobei sich die Anfechtung nicht gegen die Rechtshandlung als solche, sondern gegen deren gläubigerbenachteiligende Wirkung richtet.[86] Der Anfechtungsanspruch ist ein schuldrechtlicher Verschaffungsanspruch.[87] Mit der Anfechtung wird kein Handlungsunrecht sanktioniert; **angefochten** wird nicht die Rechtshandlung selbst, sondern allein die durch die Rechtshandlung ausgelöste **Rechtswirkung**, die **gläubigerbenachteiligend** ist.[88] Wird daher der Gläubiger in der Krise des Schuldners selbst zu dessen Schuldner, um sich Befriedigung für seine Forderungen gegen den Schuldner zu verschaffen, muss nicht der die Aufrechnung ermöglichende Vertragsschluss angefochten werden, vielmehr kann die Anfechtung auf die Herbeiführung der Aufrechnungslage beschränkt werden.[89] Die Rückgewähr der Aufrechnungslage besteht nicht in der Rückabwicklung des Vertrages, sondern im Gegenteil in der Durchsetzung der Forderung des Schuldners unabhängig von der Gegenforderung.[90] Die Aufrechnungserklärung selbst ist als Rechtshandlung anfechtungsrechtlich ohne Bedeutung.[91]

37

II. Die Rechtshandlung

Der anfechtungsrechtliche Begriff der „**Rechtshandlung**" ist im **weitesten Sinne** zu verstehen und umfasst jedes selbstbestimmte Verhalten, das eine rechtliche Wirkung auslöst[92] und das Vermögen des Schuldners zum Nachteil der Insolvenzgläu-

38

---

[86] BGH, 16.3.1995 – IX ZR 72/94, NJW 1995, 1668, 1670; BGH, 5.4.2001 – IX ZR 216/98, BGHZ 147, 233 ff.
[87] BGH, 21.9.2006 – IX ZR 235/04, ZIP 2006, 2176 ff.; Gehrlein in Ahrens/Gehrlein/Ringstmeier, § 143 Rn 2.
[88] BGH, 11.3.2010 – IX ZR 104/09, ZInsO 2010, 711 ff. Rn 10.
[89] Vgl. BGH, 2.6.2005 – IX ZR 263/03, ZInsO 2005, 884; Henckel in Kölner Schrift zur InsO, S. 847 Rn 76; HK/Kreft, § 129 InsO Rn 17.
[90] Vgl. BGH, 1.4.2004 – IX ZR 305/00, ZInsO 2004, 548 ff.; 22.7.2004 – IX ZR 270/03, ZIP 2004, 1912 ff.
[91] Uhlenbruck/Hirte/Ede, § 129 Rn 59.
[92] BGH, 9.7.2009 – IX ZR 86/08, ZIP 2009, 1674 ff.: Bierbrauen, das zur Entstehung der Biersteuer führt; BGH, 5.2.2009 – IX ZR 78/07, ZIP 2009, 673 ff.: Verweigerung der Genehmigung beim Lastschriftverfahren.

biger verändern kann.⁹³ Rechtshandlung im Sinne des § 129 Abs. 1 InsO ist mithin jedes von einem Willen getragene Handeln vor der Eröffnung des Insolvenzverfahrens, das eine rechtliche Wirkung auslöst.⁹⁴ **Ausgenommen** sind lediglich **rein tatsächliche Maßnahmen**, die keine Rechtswirkung entfalten, beispielsweise rein deklaratorische Bankbuchungen,⁹⁵ wie etwa die bloße Belastung des Schuldnerkontos beim Lastschriftverfahren (ohne Genehmigung des Schuldners),⁹⁶ und die Grundbucheintragung als solche.⁹⁷ Widerspricht der Insolvenzverwalter einer Lastschrift, weil die Belastung des schuldnerischen Kontos nicht durch eine wirksame Lastschriftermächtigung gedeckt ist, scheidet die Anfechtung der Gutschrift aus, da der Widerspruch nur deklaratorische Wirkung hat.⁹⁸ Keine anfechtbaren Rechtshandlungen stellen ferner **höchstpersönliche** Rechtsgeschäfte oder personenrechtliche **Vorgänge** (bspw. Erbschafts- und Vermächtnisausschlagung, Erb- und Pflichtteilsverzicht) dar.⁹⁹

39   Nach einem umstrittenen Urteil des OLG Stuttgart vom 15.12.2011¹⁰⁰ soll die **Umwandlung** einer **Lebensversicherung** gemäß **§ 167 VVG** zur Erlangung des Pfändungsschutzes nach § 851c ZPO durch den Schuldner nicht nach den §§ 129 ff. InsO anfechtbar sein, da es an einer Vermögenszuwendung an eine andere Person fehle. Bedeutsam ist ferner die Rechtsprechung des BFH,¹⁰¹ wonach die mit der Insolvenzeröffnung nach den **§§ 16 ff. UStG** vorzunehmende Steuerberechnung keine anfechtbare Rechtshandlung im Sinne der §§ 129 ff. InsO darstellt. Nach dieser Entscheidung besteht das Unternehmen nach der Eröffnung des Insolvenzverfahrens aus mehreren Unternehmensteilen, zwischen denen einzelne umsatzsteuerliche Berechtigungen und Verpflichtungen nicht miteinander verrechnet werden können. Die Steuerberechnung ist daher für den „vorinsolvenzrechtlichen Unternehmensteil" bis zur Insolvenzeröffnung vorzunehmen. Diese Steuerberechnung nach den

---

93 BGH, 22.10.2009 – IX ZR 147/06, ZInsO 2009, 2334 ff. Rn 14; BGH, 14.12.2006 – IX ZR 102/03, BGHZ 170, 196 ff. Rn 10; BGH, 5.2.2004 – IX ZR 473/00, ZInsO 2004, 499 ff.; OLG Dresden, 3.12.2009 – 8 U 305/09, ZInsO 2010, 598: Verjährungsverzicht.
94 BAG, 27.3.2014 – 6 AZR 204/12, ZIP 2014, 927 ff. Rn 27; BGH, 4.7.2013 – IX ZR 229/12, BGHZ 198, 77 ff. Rn 15.
95 Vgl. BGH, 4.4.1979 – VIII ZR 96/78, BGHZ 74, 129 ff.; OLG Karlsruhe, 19.5.2009 – 17 U 467/08, ZInsO 2009, 1594 ff.
96 BGH, 21.12.1977 – VIII ZR 255/76, BGHZ 70, 177 ff.
97 MüKo/Kayser, § 129 InsO Rn 7.
98 BGH, 5.2.2009 – IX ZR 78/07, ZIP 2009, 673 ff. Rn 13.
99 Vgl. BGH, 20.12.2012 – IX ZR 56/12, ZIP 2013, 272 ff.; Bork/Ehricke, Handbuch des Insolvenzanfechtungsrechts, Kap. 3 Rn 6.
100 OLG Stuttgart v. 15.12.2011 – 7 U 184/11, ZInsO 2012, 281 ff.; vgl. zum Streitstand Wollmann, ZInsO 2012, 2061 ff. u. Frind, ZInsO 2014, 1739, 1741.
101 BFH, 24.11.2011 – V R 13/11, ZIP 2011, 2481 ff.; BFH, 25.7.2012 – VII R 29/11, BFHE 238, 307 ff.

§§ 16ff. UStG unterliegt nach dem Urteil des BFH weder den Beschränkungen der Insolvenzaufrechnung noch denen der Insolvenzanfechtung.

Alle Rechtshandlungen sind **gesondert** auf ihre Anfechtbarkeit hin zu prüfen, und zwar selbst dann, wenn sie gleichzeitig vorgenommen wurden oder sich wirtschaftlich ergänzen. Der Eintritt der Gläubigerbenachteiligung ist isoliert mit Bezug auf die konkret angefochtene Minderung des Aktivvermögens oder die Vermehrung der Passiva des Schuldners zu beurteilen; eine Vorteilsausgleichung findet nicht statt. Dies gilt selbst dann, wenn keine mehraktige, sondern eine einheitliche Rechtshandlung, die mehrere Rechtswirkungen entfaltet, Gegenstand der Insolvenzanfechtung ist.[102] Diese **„vereinzelnde" Betrachtungsweise** bedeutet jedoch nicht, dass bei der Prüfung, ob eine bestimmte Rechtshandlung die Gläubiger benachteiligt, nur die unmittelbare rechtliche Folge der Handlung berücksichtigt werden dürfte. Vielmehr ist die durch die Handlung bewirkte Vermögensverschiebung in ihrer **wirtschaftlichen Bedeutung** zu erfassen. So werden die Gläubiger durch den Abschluss eines Vertrages unmittelbar benachteiligt, wenn der gesamte rechtsgeschäftliche Vorgang die Zugriffsmöglichkeiten der Gläubiger verschlechtert.[103]

40

1. Rechtsgeschäfte und Prozesshandlungen

§ 129 InsO erfasst daher **sämtliche rechtsgeschäftlichen Maßnahmen**, wie den Abschluss von Verpflichtungs- und Verfügungsgeschäften, die Abgabe von Willenserklärungen, und sei es nur im Wege der Genehmigungsfiktion nach Nr. 7 Abs. 3 AGB-Banken bzw. Nr. 7 Abs. 4 AGB-Sparkassen, darüber hinaus aber auch bspw. die Zahlung mittels Lastschrift,[104] insbesondere die Genehmigung des Lastschrifteinzuges.[105] Umfasst sind insbesondere Verfügungsgeschäfte wie die Eigentumsübertragung, speziell die Sicherungsübereignung,[106] Abtretungen,[107] Verpfändungen[108] und Erfüllungshandlungen, sofern man diese nicht als rechtsgeschäftsähnliche Handlungen oder Realakte ansieht.[109]

41

---

102 BGH, 11.3.2010 – IX ZR 104/09, ZInsO 2010, 711ff. Rn 10; BGH, 9.7.2009 – IX ZR 86/08, ZInsO 2009, 1585ff.; BGH, 16.11.2007 – IX ZR 194/04, BGHZ 174, 228ff. Rn 18; BGH, 2.6.2005 – IX ZR 263/03, ZInsO 2005, 884f. Rn 20.
103 BGH, 21.12.2010 – IX ZA 14/10, WM 201, 276 Rn 2; BGH, 1.7.2010 – IX ZR 58/09, ZIP 2010, 1702ff. Rn 9.
104 Vgl. Jaeger/Henckel, § 129 InsO Rn 10; BGH, 19.12.2002 – IX ZR 377/99, ZInsO 2003, 324ff.
105 BGH, 25.4.2013 – IX ZR 235/12, ZIP 2013, 1127ff. Rn 20; BGH, 21.10.2010 – IX ZR 240/09, ZInsO 2010, 2293ff. Rn 7.
106 BGH, 12.11.1992 – IX ZR 236/91, ZIP 1993, 276ff.
107 BGH, 29.11.2007 – IX ZR 30/07, BGHZ 174, 297ff.
108 BGH, 7.4.2005 – IX ZR 138/04, ZInsO 2005, 535ff.
109 Vgl. dazu Palandt/Grüneberg, § 362 Rn 1.

42 Auch **Prozesshandlungen**[110] und Maßnahmen der **Zwangsvollstreckung**[111] können der Anfechtung unterliegen, wie etwa der Verzicht oder das Anerkenntnis im Prozess (vgl. §§ 306, 307 ZPO), die Klagerücknahme (§ 269 ZPO), der Rechtsmittelverzicht (§§ 515, 565 ZPO), das Erwirken eines Vollstreckungstitels, das Geständnis (§ 288 ZPO), nicht jedoch der Erwerb des Eigentums durch Zuschlag in der Zwangsversteigerung.[112] In diesem Zusammenhang ist ferner die Bestimmung des **§ 141 InsO** zu beachten, wonach die Anfechtung nicht dadurch ausgeschlossen wird, dass für die Rechtshandlung ein vollstreckbarer Schuldtitel erlangt oder dass die Handlung durch Zwangsvollstreckung erwirkt worden ist.

2. Rechtsgeschäftsähnliche Handlungen und Realakte

43 Rechtshandlungen i.S.d. § 129 InsO sind ferner rechtsgeschäftsähnliche **Handlungen** und **Realakte**, denen das **Gesetz Rechtswirkungen beimisst**, wie etwa die Abtretungsanzeige nach § 409 BGB,[113] Erfüllungshandlungen, Kontosperren,[114] Verwendungen,[115] Verbindungen, Vermischungen und Verarbeitungen gem. §§ 946 ff. BGB,[116] die Herstellung eines Werkes,[117] das Werthaltigmachen einer vorausabgetretenen Forderung[118] einer Aufrechnungslage[119] oder einer Pfändung,[120] die Übergabe der Kaufsache,[121] die Überlassung von Arbeitskräften,[122] Handlungen, die zum Entstehen einer Umsatzsteuerschuld führen,[123] und selbst das Brauen von Bier, das die Sachhaftung des Bieres für die Biersteuer gem. § 76 AO zur Folge hat.[124]

---

110 Vgl. HambKomm/Rogge/Leptien, § 129 InsO Rn 11; Jaeger/Henckel, § 129 InsO Rn 10; MüKo/Kayser, § 129 Rn 20; OLG Stuttgart, 8.4.1994 – 2 U 267/93, WM 1994, 1495, 1497.
111 Vgl. BGH, 21.3.2000 – IX ZR 138/99, ZInsO 2000, 333 f.
112 BGH, 15.5.1986 – IX ZR 2/85, ZIP 1986, 926 f.; vgl. dazu Jaeger/Henckel, § 133 InsO Rn 9.
113 Palandt/Grüneberg, § 409 BGB Rn 3; OLG Köln, 21.11.2007, 13 U 21/07, veröffentlicht bei juris.
114 Vgl. BGH, 12.2.2004 – IX ZR 98/03, ZInsO 2004, 342.
115 BGH, 20.2.1980 – VIII ZR 48/79, NJW 1980, 1580 f.
116 Vgl. MüKo/Kirchhof, § 129 InsO Rn 22.
117 Nicht jedoch die Abnahme des Werkes: BGH, 7.6.2001 – IX ZR 134/00, NJW-RR 2001, 1337, 1338.
118 Vgl. BGH, 29.11.2007 – IX ZR 30/07, BGHZ 174, 297 ff.
119 BGH, 14.2.2013 – IX ZR 94/12, ZIP 2013, 588 ff.; BGH, 22.10.2009 – IX ZR 147/06, ZIP 2010, 90 ff.
120 BGH, 19.9.2013 – IX ZR 4/13, ZIP 2013, 2113 ff. Rn 10; OLG Frankfurt a.M., 21.8.2013 – 19 U 80/13, ZInsO 2013, 1852 f.; vgl. dazu ferner BGH, 14.6.2012 – IX ZR 145/09, ZIP 2012, 1422 ff. Rn 22.
121 BGH, 29.11.2007 – IX ZR 30/07, BGHZ 174, 297 ff. Rn 36.
122 BGH, 11.12.2003 – IX ZR 336/01, ZInsO 2004, 149 ff.
123 BGH, 22.10.2009 – IX ZR 147/06, ZIP 2010, 90 ff.; MüKo/Kayser, § 129 Rn 22.
124 BGH, 9.7.2009 – IX ZR 86/08, ZInsO 2009, 1585 ff. – „Bierbrauen".

a) Rechtshandlung des Schuldners

Erfordert der Anfechtungstatbestand eine Rechtshandlung des Schuldners (vgl. §§ 132, 133, 134, 137 InsO), so reicht es aus, wenn dieser **in rechtlich relevanter Weise** an der angefochtenen Rechtshandlung, etwa i.R.d. Zwangsvollstreckung,[125] **mitgewirkt** hat. Eine Rechtshandlung des Schuldners ist schon dann gegeben, wenn er aktiv die Vollstreckung durch den Gläubiger gefördert hat. Dafür kann es genügen, dass er den Gläubiger über den bevorstehenden Zugriff anderer Gläubiger benachrichtigt, dass er Pfändungsgegenstände verheimlicht, um sie gerade für den Zugriff des zu begünstigenden Gläubigers bereitzuhalten oder dass er dem Gläubiger beschleunigt einen Vollstreckungstitel verschafft.[126] Eine gläubigerbenachteiligende Rechtshandlung des Schuldners liegt nach der bisherigen Rechtsprechung des BGH ferner vor, wenn ein Konto des Schuldners von einem Gläubiger gepfändet wird, ein Pfändungspfandrecht jedoch erst dadurch entsteht, dass der Schuldner einen ihm eröffneten Kontokorrentkredit abruft.[127] Eine vom Anfechtungsgegner durch **Zwangsvollstreckung** bewirkte Vermögensverlagerung kann aber nach der Rechtsprechung des BGH nur dann auch als Rechtshandlung des Schuldners gewertet werden, wenn der Schuldner einen Beitrag zum Erfolg der Zwangsvollstreckung geleistet hat, der ein der **Vollstreckungstätigkeit** des **Gläubigers vergleichbares Gewicht** hat.[128] Die vom Anfechtungsgegner durch eine Vollstreckungsmaßnahme bewirkte Vermögensverlagerung gilt nicht zugleich als Rechtshandlung des Schuldners, wenn sich der Schuldner angesichts einer bevorstehenden oder bereits eingeleiteten berechtigten Vollstreckungsmaßnahme nicht anders verhält als ohne die Vollstreckung und sich damit darauf beschränkt, die Vollstreckung des Gläubigers hinzunehmen.[129] Die maßgebliche Frage geht nach Ansicht des BGH dahin, „wie sich der Schuldner ohne die Pfändung verhalten hätte".[130] Er betont die Bedeutung des Gesichtspunkts, ob der Schuldner nach erfolgter Kontopfändung seine **Geschäftstätigkeit unverändert fortgeführt** und sich damit auf die Hinnahme der Zwangsvollstreckung beschränkt hat.[131] Sofern kein allgemeines Verfügungsverbot verhängt, sondern nur ein sog. „schwacher" vorläufiger Insolvenzverwalter unter Anordnung eines Zustimmungsvorbehalts bestellt wurde (vgl. § 21 Abs. 2 Satz 1 Nr. 2 Alt. 2 InsO), kann der **vorläufige Insolvenzverwalter** im Grundsatz nur zusammen

---

125 BGH, 27.5.2003 – IX ZR 169/02, BGHZ 155, 75 ff. – „Bautenschutz".
126 Vgl. Gehrlein, BB 2011, 1539, 1550.
127 BGH, 3.12.2015 – IX ZR 131/15, ZIP 2016, 124.
128 BGH, 1.6.2017 – IX ZR 48/15, ZInsO 2017, 1422 ff., 1. Leitsatz; BGH, 1.6.2017 – IX ZR 114/16, ZInsO 2017, 1479 f. Rn 7; BGH, 27.4.2017 – IX ZR 192/15, ZIP 2017, 2074 ff. Rn 14.
129 BGH, 1.6.2017 – IX ZR 48/15, ZInso 2017, 1422 ff. 2. Leitsatz.
130 BGH, 1.6.2017 – IX ZR 114/16, ZInsO 2017, 1479 f. Rn 13.
131 BGH, 1.6.2017 – IX ZR 114/16, ZInsO 2017, 1479 f. Rn 15.

mit dem Schuldner rechtsverbindlich handeln. Seine Rechtshandlungen sind daher zugleich auch Rechtshandlungen des Schuldners.[132]

aa) Selbstbestimmtes Verhalten

45 Eine Rechtshandlung i.S.d. § 129 InsO setzt nach der Rechtsprechung des BGH ein selbstbestimmtes, verantwortungsgesteuertes Verhalten des Schuldners voraus.[133] Dies ist der Fall, wenn der Schuldner zur Abwendung einer ihm angedrohten, **unmittelbar bevorstehenden Zwangsvollstreckung** leistet.[134] Ein selbstbestimmtes Verhalten des Schuldners liegt auch dann noch vor, wenn er der anwesenden Vollziehungsperson zur Vermeidung eines – mangels pfändbarer Gegenstände voraussichtlich erfolglosen – Pfändungsversuchs einen Scheck über den geforderten Betrag übergibt. Denn das auf einem freien Willensentschluss beruhende Verhalten des Schuldners hätte von der Vollziehungsperson nicht erzwungen werden können.[135] Eine Rechtshandlung des Schuldners ist in diesen Fällen nur dann nicht gegeben, wenn der Schuldner **keine Möglichkeit mehr** hatte, sich der **Pfändung zu entziehen**.[136]

46 Trotz fortbestehender Kritik[137] hat der BGH seine Rechtsprechung durch Urt. v. 10.12.2009[138] erneut bekräftigt und zugleich klargestellt, dass auch Teilzahlungen, die der Schuldner nach fruchtloser Zwangsvollstreckung im Rahmen einer vom **Gerichtsvollzieher** herbeigeführten **Ratenzahlungsvereinbarung** erbringt, wegen vorsätzlicher Gläubigerbenachteiligung nach § 133 Abs. 1 InsO anfechtbar sein können. **Füllt** der Schuldner die **Kasse** in Erwartung eines Vollstreckungsversuchs gezielt auf, um eine Befriedigung des Gläubigers zu ermöglichen, liegt ebenfalls eine anfechtbare Rechtshandlung des Schuldners vor.[139] Die **Übergabe** eines **Schecks** an den Gerichtsvollzieher beruht selbst dann auf einer Rechtshandlung des Schuldners, wenn der Gerichtsvollzieher andernfalls in das sonstige Vermögen des Schuldners vollstreckt hätte.[140]

---

132 Vgl. BGH, 13.3.2003 – IX ZR 64/02, BGHZ 154, 190 ff. Rn 11; OLG Stuttgart, 24.7.2002 – 3 U 14/02, ZInsO 2002, 986 ff.
133 BGH, 6.10.2009 – IX ZR 191/05, BGHZ 182, 317 ff. Rn 8; BGH, 27.5.2003 – IX ZR 169/02, BGHZ 155, 75, 83 f. – „Bautenschutz".
134 BGH, 27.5.2003 – IX ZR 169/02, BGHZ 155, 83 f.; BGH, 9.9.1997 – IX ZR 14/97, BGHZ 136, 309 ff.
135 BGH, 19.2.2009 – IX ZR 22/07, ZInsO 2009, 717 f.
136 BGH, 19.2.2009 – IX ZR 22/07, ZInsO 2009, 717 f.; krit. dazu Bork, Handbuch des Insolvenzanfechtungsrechts, Kap. 5 Rn 9.
137 Vgl. OLG Karlsruhe, 27.2.2007 – 8 U 201/06, ZIP 2007, 2132 ff.; OLG Karlsruhe, 24.6.2008 – 8 U 186/07, ZIP 2008, 1687 ff.; OLG Frankfurt am Main, 29.8.2005 – 16 U 11/05, ZInsO 2005, 1110 f.; krit. dazu Henkel, EWiR 2005, 901 f.
138 BGH, 10.12.2009 – IX ZR 128/08, ZIP 2010, 191 ff.
139 BGH, 3.2.2011 – IX ZR 213/09, ZIP 2011, 531 ff.
140 BGH, 14.6.2012 – IX ZR 145/09, ZIP 2012, 1422 ff.

bb) Unterlassen (§ 129 Abs. 2 InsO)

Die anfechtbare Rechtshandlung kann nach § 129 Abs. 2 InsO auch in einem **Unterlassen** bestehen, das allerdings auf einer Willensbetätigung beruhen und somit **bewusst und gewollt** erfolgen muss.[141] Nötig ist das Bewusstsein, dass das „Nichthandeln" irgendwelche Rechtsfolgen haben wird. Auf eine konkrete Rechtsfolge müssen sich die Vorstellungen des Schuldners allerdings nicht richten; sie müssen auch nicht rechtlich zutreffend sein. Anfechtbar ist es deshalb, wenn aus einer Situation, die in nahe liegender Weise materiell-rechtliche Ansprüche auslöst, bewusst keine Konsequenzen gezogen werden, z.B. eine Besicherung belassen wird, nachdem der besicherte Gesellschafterkredit erkennbar eigenkapitalersetzend geworden ist.[142] Ein anfechtbares Unterlassen kann ferner gegeben sein, wenn eine GmbH als Schuldnerin es bewusst unterlässt, vor einer Sitzverlegung ins Ausland einen Freistellungs- bzw. Erstattungsanspruch nach den Rechtsgrundsätzen zu den eigenkapitalersetzenden Gesellschafterleistungen gegen den Gesellschafter geltend zu machen.[143] Bei der **fingierten Genehmigung** einer **Lastschrift** gemäß Nr. 7 Abs. 3 AGB-Banken bzw. Nr. 7 Abs. 4 AGB-Sparkassen handelt es sich jedoch nach zutreffender Auffassung nicht um ein Unterlassen, denn dies würde der Annahme einer Fiktion widersprechen.[144]

Unterlässt es der Schuldner, dessen Konten durch seinen Gläubiger gepfändet sind, ein **weiteres Konto zu eröffnen** und Zahlungen seiner Schuldner auf dieses freie Konto zu leiten, steht diese Unterlassung nach einem Urteil des IX. Zivilsenats des BGH vom 16.1.2014[145] einer Rechtshandlung nicht gleich. Im Schrifttum[146] wird zu Recht auf eine „gewisse Diskrepanz" dieser Entscheidung zur Rechtsprechung des II. Zivilsenats des BGH hingewiesen, wonach eine Ersatzpflicht des Geschäftsführers einer GmbH besteht, der nach dem Eintritt der Insolvenzreife **Zahlungen** der Schuldner **auf** ein **debitorisches Konto** zulässt, die zu einer Befriedigung der Bank führen.[147] Aufgrund der zu unterstellenden Kenntnis der Finanzlage der Gesellschaft müsse der Geschäftsführer im Stadium der Insolvenzreife eine bevorzugte Befriedigung eines einzelnen Gläubigers aufgrund einer Kontenpfändung verhindern. Lege man einen solchen pflichtgemäßen Kenntnisstand des Geschäftsführers zugrunde, könnte nach dieser Ansicht im Rahmen des § 133 Abs. 1 InsO aufgrund

---

141 BGH, 16.1.2014 – IX ZR 31/12, ZIP 2014, 275 ff. Rn 12; BGH, 22.12.2005 – IX ZR 190/02, ZIP 2006, 243 ff. Rn 19; BGH, 24.10.1996 – IX ZR 284/95, ZIP 1996, 2080 ff.; HK/Kreft, § 129 InsO Rn 24; Uhlenbruck/Hirte/Ede, § 129 InsO Rn 119.
142 BGH, 22.12.2005 – IX ZR 190/02, BGHZ 165, 343 ff. Rn 19 – „Unternehmensbestattung".
143 BGH, 22.12.2005 – IX ZR 190/02., BGHZ 165, 343 ff.
144 HK/Kreft, § 129 InsO Rn 24; HambKomm/Rogge/Leptien, § 129 Rn 5b; vgl. dazu ferner Wiechers, WM 2011, 145, 148.
145 BGH, 16.1.2014 – IX ZR 31/12, ZIP 2014, 275 ff.
146 Gehrlein, ZInsO 2015, 477, 478.
147 Vgl. BGH, 3.6.2014 – II ZR 100/13, ZIP 2014, 1523 ff. Rn 13 ff.

bedingten Vorsatzes des Geschäftsführers, dem ein „Fehlverhalten" anzulasten sei, vielfach von einer Rechtshandlung durch Unterlassen auszugehen sein.[148]

49 Unterlassungen unterliegen jedoch nur dann der Anfechtung, wenn sie zu einer **Minderung des Schuldnervermögens** geführt haben; ein Verhalten, das eine Vermögensmehrung verhindert hat, genügt hingegen nicht.[149] Unterlässt daher der Schuldner den Einsatz seiner Arbeitskraft, so ist dies nicht anfechtbar,[150] wohl aber die Überlassung von Personal an einen Dritten bzw. das Unterlassen der Geltendmachung einer angemessenen Vergütung.[151] Da die Anfechtungstatbestände voraussetzen, dass eine Person durch die Rechtshandlung eine das schuldnerische Vermögen schmälernde Zuwendung erhalten hat, kann die **unterbliebene** rechtzeitige **Stellung** eines **Insolvenzantrages** nicht angefochten werden.[152]

b) Rechtshandlung des Gläubigers und Dritter (insb. des vorläufigen Insolvenzverwalters)

50 Auch **Rechtshandlungen** des **Gläubigers** und **Dritter** können der Anfechtung unterliegen, sofern der Anfechtungstatbestand nicht eine Rechtshandlung des Schuldners verlangt. Eine anfechtbare Rechtshandlung eines Dritten ist bspw. gegeben, wenn ein **persönlich haftender Gesellschafter** in der Krise der Gesellschaft einen Gesellschaftsgläubiger befriedigt.[153] Anfechtbar können ferner die gläubigerbenachteiligenden Wirkungen der Rechtshandlungen Dritter sein, die – wie etwa die Beantragung von Insolvenzausfallgeld – kraft eines gesetzlichen Forderungsübergangs dem Aufrechnenden (**Bundesanstalt für Arbeit**) eine Gläubigerstellung verschaffen.[154] Soweit die Verrechnung mit Gegenforderungen der Bank im Kontokorrentverhältnis der Insolvenzanfechtung unterliegt, kann sich der Insolvenzverwalter unmittelbar auf die Unwirksamkeit der Verrechnung gemäß § 96 Abs. 1 Nr. 3 InsO berufen und den Anspruch aus der Gutschrift uneingeschränkt geltend machen.[155]

51 Wurde dem Schuldner ein **allgemeines Verfügungsverbot** gemäß **§ 21 Abs. 2 Nr. 2 InsO** auferlegt, entspricht die Stellung des vorläufigen Insolvenzverwalters weitgehend derjenigen des endgültigen Verwalters. Seine Rechtshandlungen sind

---

148 Gehrlein, ZInsO 2015, 479; vgl. dazu noch Ludwig, ZInsO 2015, 1048 ff.
149 Vgl. HambKomm/Rogge/Leptien, § 129 InsO Rn 16.
150 BGH, 26.6.2008 – IX ZR 144/05, ZInsO 2008, 801 ff. Rn 29.
151 BGH, 11.12.2003 – IX ZR 336/01, ZInsO 2004, 149 ff.
152 BGH, 10.2.2005 – IX ZR 211/02, BGHZ 162, 143 ff.; HK/Kreft, § 129 InsO Rn 24.
153 Vgl. BGH, 9.10.2008 – IX ZR 138/06, BGHZ 178, 171 f.; Jaeger/Henckel, § 129 InsO Rn 228; HK/Kreft, § 129 Rn 34.
154 BGH, 24.6.2010 – IX ZR 125/09, ZInsO 2010, 1378 f. Rn 9.
155 BGH, 30.4.2020 – IX ZR 162/16, ZIP 2020, 1253 ff. Rn 16; Bork in FS für Gero Fischer, 2008, S. 37, 38.

daher grundsätzlich nicht anfechtbar, soweit er gemäß § 55 Abs. 2 InsO Masseverbindlichkeiten begründet, besichert oder tilgt.[156] Da aber die Handlungsmöglichkeiten jedes vorläufigen Insolvenzverwalters insoweit hinter denjenigen des endgültigen Insolvenzverwalters zurückbleiben, als er seine Tätigkeit kurzfristig beginnt und oft schnelle Entscheidungen treffen muss, ist es im Grundsatz gerechtfertigt, die Erfüllung oder Besicherung bloßer Insolvenzforderungen aus der künftigen Insolvenzmasse auch durch den **vollberechtigten vorläufigen Verwalter** nach denselben Grundsätzen für anfechtbar anzusehen wie die gleichen Handlungen des „schwachen" vorläufigen Insolvenzverwalters.[157] In Betracht kommt zudem eine Nichtigkeit des Verwalterhandelns wegen Insolvenzzweckwidrigkeit.[158]

Rechtshandlungen des **„schwachen" vorläufigen Insolvenzverwalters** sind im Grundsatz anfechtbar, da dieser nur zusammen mit dem Schuldner handeln kann. Anfechtbar ist daher insb. die Genehmigung einer **Lastschrift** im **Einzugsermächtigungsverfahren** durch den „schwachen" vorläufigen Insolvenzverwalter.[159] Die Anfechtung gegenüber einem vorläufigen Insolvenzverwalter ist nur dann ausgeschlossen, wenn dieser durch sein Handeln einen **schutzwürdigen Vertrauenstatbestand** ggü. dem Gläubiger geschaffen hat und Letzterer nach Treu und Glauben damit rechnen durfte, ein nicht mehr entziehbares Recht erlangt zu haben.[160] Dies ist nicht der Fall, wenn der Gläubiger die Zustimmung des vorläufigen Verwalters nur aufgrund seiner wirtschaftlichen Machtstellung durchsetzen konnte.[161]

52

3. Mehrere Rechtshandlungen

Mehrere Rechtshandlungen sind grds. **anfechtungsrechtlich getrennt** zu beurteilen. Dies gilt selbst dann, wenn sie gleichzeitig vorgenommen wurden oder sich wirtschaftlich ergänzen.[162] Wirtschaftliche Erwägungen rechtfertigen es allenfalls unter besonderen, als zusätzliche Klammern wirkenden rechtlichen Voraussetzungen – insbesondere im Fall der mittelbaren Zuwendung –, mehrere Rechtshandlun-

53

---

156 Vgl. MüKo/Kayser, § 129 InsO Rn 44.
157 BGH, 20.2.2014 – IX ZR 164/13, ZIP 2014, 584 ff. Rn 12; MüKo/Kayser, § 129 InsO Rn 44.
158 Vgl. BGH, 10.1.2013 – IX ZR 172/11, ZIP 2013, 531 ff.; BGH, 22.1.2009 – IX ZR 66/07, ZInsO 2009, 378 ff.; BGH, 9.12.2004 – IX ZR 108/04, BGHZ 161, 315 ff. Rn 24; Gottwald/Huber, Insolvenzrechts-Handbuch, § 46 Rn 32.
159 BGH, 21.10.2010 – IX ZR 240/09, ZInsO 2010, 2293 ff.
160 Vgl. BGH, 20.2.2014 – IX ZR 164/13, BGHZ 200, 210 ff. Rn 12; BGH, 9.12.2004 – IX ZR 108/04, BGHZ 161, 315, 320.
161 BGH, 15.12.2005 – IX ZR 156/04, BGHZ 165, 283 ff.; BGH, 9.12.2004 – IX ZR 108/04, BGHZ 161, 315 ff.
162 BGH, 11.3.2010 – IX ZR 104/09, ZIP 2010, 793 ff. Rn 10; BGH, 12.7.2007 – IX ZR 235/03, ZInsO 2007, 1107 ff.

gen zu einer Einheit zu verbinden. Dafür genügt es nach der Rechtsprechung des IX. Zivilsenats des BGH nicht allein, dass der Schuldner einen Kredit nur aufgenommen hat, um eine bestimmte Schuld zu tilgen.[163] Grundgeschäft und Erfüllungsgeschäft sind daher jeweils für sich genommen anfechtbar.[164] Wird nur das **Grundgeschäft** angefochten, so sind die erbrachten Leistungen gem. **§§ 812 ff. BGB** zurückzugewähren. Wird nur das **Erfüllungsgeschäft** angefochten, so bleibt die Masse gem. **§ 144 Abs. 1 InsO** mit einer Insolvenzforderung belastet. Nur wenn beide Geschäfte erfolgreich angefochten werden, ist der Leistungsgegenstand ohne Ausgleich zurückzugewähren.[165] Die Anfechtung einer Zahlung nützt letztlich nichts, wenn die Pfändung bzw. Abtretung anfechtungsfest vorgenommen wurde.[166] Nach der Rechtsprechung des BGH scheidet die Anfechtung der Abtretung einer künftigen Forderung mangels Gläubigerbenachteiligung aus, wenn ein verlängerter Eigentumsvorbehalt, von dem die künftige Forderung erfasst wird, in unkritischer Zeit vereinbart wurde.[167] Nur soweit der Wert der abgetretenen Forderung jenen des vorbehaltenen Sacheigentums übersteigt, kommt eine Benachteiligung der Gläubiger in Betracht.

54 Die **Darlehensgewährung** und die Auszahlung der Darlehensvaluta an einen Dritten stellen zwei getrennte Rechtshandlungen dar, und zwar auch dann, wenn sie in unmittelbarem zeitlichen Zusammenhang erfolgen.[168] Dies gilt nach der Rechtsprechung des IX. Zivilsenats des BGH auch im Fall der **geduldeten Kontoüberziehung** zum Zwecke der Befriedigung eines bestimmten Gläubigers des Insolvenzschuldners, so dass von einer Benachteiligung der übrigen Insolvenzgläubiger auszugehen ist.[169] Der II. Zivilsenat des BGH geht bei seiner Rechtsprechung zu **§ 64 GmbHG** indes davon aus, dass Zahlungen aus einem debitorisch geführten Bankkonto einer insolvenzreifen GmbH die künftige Insolvenzmasse nicht berührten, sondern allein zum Nachteil der Bank gingen; es liege ein bloßer **Gläubigertausch** vor.[170] Nach einem Urteil des II. Zivilsenats vom 23.6.2015[171] stellen der Einzug von

---

[163] BGH, 7.2.2002 – IX ZR 115/99, ZIP 2002, 489 ff. Rn 15; vgl. jedoch zu Zahlungen des Geschäftsführers aus einem debitorisch geführten Bankkonto einer insolvenzreifen GmbH BGH, 26.3.2007 – II ZR 310/05, ZInsO 2007, 542 f.; BGH, 25.1.2010 – II ZR 258/08, ZInsO 2010, 568 f. Rn 10.
[164] BGH, 9.10.2008 – IX ZR 138/06, ZInsO 2008, 1275 ff. Rn 25; BGH, 24.5.2007 – IX ZR 105/05, ZIP 2007, 1274 ff. Rn 27; Jaeger/Henckel, § 129 InsO Rn 109.
[165] Vgl. MüKo/Kayser, § 129 InsO Rn 57.
[166] BGH, 21.3.2000 – IX ZR 138/99, ZInsO 2000, 333 ff.; BGH, 20.3.2003 – IX ZR 166/02, ZIP 2003, 808 ff.
[167] Vgl. BGH, 17.3.2011 – IX ZR 63/10, BGHZ 189, 1 ff.
[168] BGH, 9.6.2011 – IX ZR 179/08, ZIP 2011, 1324 ff.; BGH, 27.5.2003 – IX ZR 169/02, BGHZ 155, 75 ff. Rn 16.
[169] BGH, 29.9.2011 – IX ZR 202/10, ZInsO 2012, 138 ff.; BGH, 17.3.2011 – IX ZR 166/08, ZIP 2011, 824 ff. Rn 10.
[170] BGH, 26.3.2007 – II ZR 310/05, ZInsO 2007, 542 f.; BGH, 18.11.2014 – II ZR 231/13, DB 2015, 55 ff. mit Anmerkung Strohn.
[171] BGH, 23.6.2015 – II ZR 366/13, ZIP 2015, 1480 ff.

Forderungen, die an die Bank **zur Sicherheit abgetreten** waren, auf einem debitorischen Konto der GmbH und die anschließende Verrechnung mit dem Sollsaldo grundsätzlich keine vom Geschäftsführer der GmbH veranlasste masseschmälernde Zahlung im Sinne des § 64 GmbHG dar, wenn vor der Insolvenzreife die Sicherungsabtretung vereinbart und die Forderung der Gesellschaft entstanden und werthaltig geworden ist.

Der Grundsatz, dass bei mehreren Rechtshandlungen jede einzelne von ihnen auf das Vorliegen der Anfechtungsvoraussetzungen hin zu prüfen ist, bedeutet jedoch nicht, dass bei der Prüfung, ob eine bestimmte Rechtshandlung die Gläubiger benachteiligt hat, nur die unmittelbare rechtliche Folge der Handlung berücksichtigt werden dürfte. Vielmehr ist die durch die Handlung bewirkte **Vermögensverschiebung** in ihrer **wirtschaftlichen Bedeutung** zu erfassen. Durch den Abschluss eines Vertrages werden daher die Gläubiger unmittelbar benachteiligt, wenn der gesamte rechtsgeschäftliche Vorgang die Zugriffsmöglichkeiten der Gläubiger verschlechtert.[172] Wird die auf den Abschluss eines gegenseitigen schuldrechtlichen Vertrages gerichtete Willenserklärung angefochten, kann die gläubigerbenachteiligende Rechtsfolge nicht allein der Leistungspflicht des Schuldners entnommen werden, vielmehr entfallen mit der Anfechtung auch alle Ansprüche des Schuldners aus dem Vertrag.[173]

4. Mehraktige Rechtshandlungen und Vornahmezeitpunkt (§ 140 InsO)

Gem. **§ 140 Abs. 1 InsO** gilt eine Rechtshandlung als in dem Zeitpunkt vorgenommen, in dem ihre rechtlichen Wirkungen eintreten. Besteht die Rechtshandlung aus mehreren Teilakten, kommt es daher grds. auf den **letzten**, zur Erfüllung des Tatbestandes erforderlichen **Teilakt** an.[174] Bedarf daher ein Rechtsgeschäft einer privatrechtlichen **Zustimmung**, so ist es erst mit der Erteilung der **Zustimmung** i.S.d. § 140 Abs. 1 InsO vorgenommen, auch wenn die Zustimmung gem. § 184 Abs. 1 BGB zurückwirkt.[175] Eine Ausnahme gilt nach der Rechtsprechung des BGH im Fall einer devisenrechtlichen Genehmigung. In einem solchen Fall wird die Wirksamkeit des Rechtserwerbs nicht dadurch beeinträchtigt, dass die **Genehmigung** erst in der kritischen Zeit erteilt wird.[176] Bei **Lastschrifteinzügen** im Wege des Einziehungsermächtigungsverfahrens ist vor der Genehmigung des Schuldners auch nicht auflö-

---

172 BGH, 21.12.2010 – IX ZA 14/10, WM 2011, 276 Rn 2.
173 BGH, 26.4.2012 – IX ZR 146/11, ZIP 2012, 1183ff. Rn 32f.
174 Vgl. Begr. zum RegE, BT-Drucks. 12/2443, S. 166; BGH, 18.3.2010 – IX ZR 111/08, ZInsO 2010, 710f.; BGH, 14.12.2006 – IX ZR 102/03, BGHZ 170, 196ff. Rn 14.
175 Begr. zum RegE, BT-Drucks. 12/2443, S. 166; BGH, 30.9.2010 – IX ZR 178/09, Rn 21; vgl. zur devisenrechtlichen Genehmigung MüKo/Kirchhof, § 140 InsO Rn 8.
176 BGH, 9.10.1958 – II ZR 229/57, WM 1958, 1417, 1418f.; MüKo/Kirchhof, § 140 Rn 8.

send bedingt erfüllt.[177] Auch das **Werthaltigmachen vorausabgetretener Forderungen** in den kritischen Anfechtungszeiträumen kann anfechtbar sein,[178] wobei die Anfechtung nach Ansicht des BGH nicht nur die in der Krise erbrachten Aufwendungen des Schuldners, sondern darüber hinaus die durch sie bewirkte Wertsteigerung der Forderung erfasst.[179] Bei einer Unterlassung im Sinne des § 129 Abs. 2 InsO gelten die rechtlichen Wirkungen frühestens als in dem Zeitpunkt eingetreten, in dem die Rechtsfolgen der Unterlassung nicht mehr durch eine positive Handlung abgewendet werden können. Liegt das Unterlassen im Verstreichenlassen der Verjährungsfrist, ist Vornahmezeitpunkt der Eintritt des Fristablaufs.[180]

57 Für **registerrechtliche Eintragungen** wird der Vornahmezeitpunkt durch § 140 Abs. 2 InsO vorverlegt, sofern dem anderen Teil bereits eine gesicherte Rechtsposition zustand.[181] Nach dem Wortlaut des § 140 Abs. 2 InsO wird dieser Schutz allerdings nur dann gewährt, wenn der Eintragungsantrag vom Anfechtungsgegner gestellt wurde.[182] Im Urteil des BGH vom 19.7.2011[183] hatten beide Parteien in der **notariellen Urkunde** die **Eintragung bewilligt** und beantragt, und die Urkunde war vom Notar beim Grundbuchamt eingereicht worden. Daraus folgerte der BGH, dass nicht der Notar einen Antrag nach § 15 GBO, sondern die Parteien jeweils eigene Eintragungsanträge gestellt hätten. Der BGH maß daher dem Umstand, dass der Notar von beiden Parteien bevollmächtigt war, gestellte Eintragungsanträge zurückzunehmen, keine Bedeutung bei. Die Rücknahme eines vom Erwerber selbst gestellten Eintragungsantrages durch eine von ihm bevollmächtigte Person sei nicht als Handeln eines Dritten anzusehen.[184] § 140 Abs. 2 InsO gilt nur für **Rechtsgeschäfte**, so dass eine Vorverlegung des Vornahmezeitpunkts bei Maßnahmen der **Zwangsvollstreckung** (z.B. bei der Eintragung einer Zwangshypothek gem. § 867 ZPO) **ausscheidet**.[185] Ist zur Entstehung der Grundschuld – wie regelmäßig – deren rechtsgeschäftliche Bestellung erforderlich, bestimmt sich der Zeitpunkt, in dem die Anfechtungsvoraussetzungen vorliegen müssen, nicht nach § 140

---

177 Vgl. HK/Kreft, § 140 InsO Rn 14; BGH, 4.11.2004 – IX ZR 22/03, BGHZ 161, 49 ff.; BGH, 20.7.2010 – XI ZR 236/07, BGHZ 186, 269 ff. – „SEPA-Lastschriftverfahren".
178 Vgl. BGH, 29.11.2007 – IX ZR 30/07, BGHZ 174, 297 ff. Rn 35 ff.; BGH, 26.6.2008 – IX ZR 144/05, ZInsO 2008, 801 ff.; Kirchhof, FS für Uhlenbruck, S. 269, 277; Uhlenbruck/Ede/Hirte, § 140 InsO Rn 54; Bork, Insolvenzrechts-Handbuch, Kap. 15 Rn 5.
179 BGH, 17.3.2011 – IX ZR 63/10, BGHZ 189, 1 ff. Rn 36, 46; BGH, 29.11.2007 – IX ZR 30/07, BGHZ 174, 297 ff. Rn 37; krit. dazu Eckardt EWiR 2008, 689 f.
180 BGH, 17.12.2020 – IX ZR 205/19, juris Rn 34; Schäfer in Kummer/Schäfer/Wagner, Rn M33.
181 Uhlenbruck/Ede/Hirte, § 140 InsO Rn 28.
182 Vgl. Jaeger/Henckel, § 140 InsO Rn 41.
183 BGH, 19.7.2011 – X ZR 140/10, BGHZ 190, 281 ff.
184 Vgl. BGH, 19.7.2011 – X ZR 140/10, BGHZ 190, 289 in Abgrenzung zu BGH, 19.5.2009 – IX ZR 129/06, ZInsO 2009, 1249 ff.; HK/Kreft, § 140 InsO Rn 10.
185 HK/Kreft, § 140 InsO Rn 8; Jaeger/Henckel, § 140 InsO Rn 47; Uhlenbruck/Ede/Hirte, § 140 InsO Rn 29 – **a.A.** Häsemeyer, Insolvenzrecht, 4. Aufl., Rn 21.49; KPB/Lüke, § 88 Rn 17.

Abs. 2 InsO, wenn die dingliche Einigung ausnahmsweise der Eintragung nachfolgt; vielmehr ist gemäß § 140 Abs. 1 InsO auf den Zeitpunkt der Einigung abzustellen.[186]

§ 140 Abs. 3 InsO stellt klar, dass **bedingte** oder **befristete Rechtshandlungen** schon vor dem Eintritt der Bedingung oder des Termins als vorgenommen anzusehen sind.[187] Die Bestimmung setzt voraus, dass die Rechtshandlung des Schuldners, an die angeknüpft werden soll, dem Gläubiger bereits eine **gesicherte Rechtsstellung** verschafft hat.[188] Eine solche gesicherte Rechtsposition hat der Anfechtungsgegner erlangt, wenn sie ihm nicht mehr entzogen werden kann und ihr Eintritt nicht von freien Entscheidungen des Schuldners oder eines Dritten abhängt.[189] Da § 140 Abs. 3 InsO nur eingreift, wenn die anzufechtende Rechtshandlung selbst bedingt oder befristet ist, findet die Bestimmung keine Anwendung im Fall der (unbedingten) Abtretung einer bedingten oder befristeten Forderung; es gilt vielmehr § 140 Abs. 1 InsO.[190] Eine „vertragliche **Fälligkeitsvereinbarung**" stellt nach der Rechtsprechung des BGH eine Befristung im Sinne des § 140 Abs. 3 InsO dar.[191]

58

a) Forderungsabtretung

Der BGH geht zwar davon aus, dass die Abtretung einer künftigen Forderung bereits alle Merkmale enthalte, aus denen der Übertragungstatbestand bestehe; die Entstehung der abgetretenen Forderung gehöre sogar dann nicht dazu, wenn noch nicht einmal der Rechtsgrund für sie gelegt sei.[192] Die Abtretung kann daher **bis zur Eröffnung** des Insolvenzverfahrens (**danach gilt § 91 InsO**)[193] noch wirksam werden, selbst wenn bereits eine Verfügungsbeschränkung i.S.d. § 21 Abs. 2 Satz 1 Nr. 2 InsO ergangen ist. In anfechtungsrechtlicher Hinsicht enthält jedoch die **Gesetzesbegründung** zu § 140 InsO eine erfreulich klare Aussage. Danach ist die Abtretung einer künftigen Forderung (**anfechtungsrechtlich**) erst mit der **Entstehung** der

59

---

186 OLG Düsseldorf, 23.4.2015 – I-12 U 39/14, ZInsO 2015, 1164 ff.; KPB/Ehricke, § 140 Rn 12.
187 Vgl. BGH, 29.6.2004 – IX ZR 195/03, BGHZ 159, 388, 395.
188 BGH, 14.6.2007 – IX ZR 56/06, ZIP 2007, 1507 ff. Rn 17.
189 BGH, 11.12.2008 – IX ZR 194/07, ZInsO 2009, 143 ff. Rn 12; vgl. dazu ferner Gehrlein, ZInsO 2013, 1170 ff.
190 MüKo/Kirchhof, § 140 InsO Rn 51a; Uhlenbruck/Ede/Hirte, § 140 Rn 45.
191 BGH, 11.2.2010 – IX ZR 104/07, ZIP 2010, 682 ff. Rn 15; MüKo/Kirchhof, § 140 Rn 53.
192 BGH, 20.3.1997 – IX ZR 71/96, BGHZ 135, 140, 144; BGH, 22.10.2009 – IX ZR 90/08, ZInsO 2009, 2336 ff. Rn 7 – krit. dazu B. Schäfer, Die Wirkungen der Insolvenzeröffnung, Rn 119 ff.; Eckardt, ZIP 1997, 957 ff.; Mitlehner, Mobiliarsicherheiten im Insolvenzverfahren, Rn 449 ff.; Gerhardt in Kölner Schrift zur InsO, S. 196 Rn 9; Häsemeyer, Insolvenzrecht, Rn 7.38a; MüKo/Ott/Vuia, § 80 InsO Rn 8 ff.; HambKomm/Schröder, § 24 InsO Rn 8.
193 Vgl. BGH, 22.4.2010 – IX ZR 8/07, ZInsO 2010, 1001 ff.

Forderung vorgenommen.¹⁹⁴ Dementsprechend geht der BGH in ständiger Rechtsprechung davon aus, dass die Vorausabtretung einer künftigen Forderung anfechtbar ist, wenn die Forderung in den kritischen Anfechtungszeiträumen entstanden ist.¹⁹⁵ Werden sämtliche Ansprüche aus einer Kapitallebensversicherung an ein Kreditinstitut zur Sicherung einer fremden Darlehensschuld abgetreten, ist die Zuwendung der Sicherheit an den persönlichen Schuldner jedoch schon mit der Abtretung vorgenommen.¹⁹⁶ Dies beruht jedoch auf den Besonderheiten des (teilbaren) Anspruchs auf die Versicherungsleistung.¹⁹⁷ Erlässt der spätere Insolvenzschuldner eine künftige Forderung, ist die Zuwendung des Forderungserlasses mit Abschluss des Erlassvertrages vorgenommen.¹⁹⁸

60   Für die Beurteilung der Anfechtbarkeit des „durch die Forderungsabtretung erworbenen Abtretungsrechts" ist nach der Rechtsprechung des BGH gemäß **§ 140 Abs. 1 InsO** auf den Zeitpunkt abzustellen, zu dem die **künftigen Forderungen begründet** wurden. Entscheidend ist insoweit grundsätzlich der Zeitpunkt des Vertragsschlusses.¹⁹⁹ Ist die Abtretung selbst nicht anfechtbar, so kann nur das spätere **Werthaltigmachen** der **abgetretenen Forderung** angefochten werden. Steht dem Anfechtungsgegner ein anfechtungsfest begründetes Absonderungsrecht an einer abgetretenen Forderung zu, das die objektive Gläubigerbenachteiligung ausschließt, muss der Insolvenzverwalter eine nachträgliche Wertschöpfung, die erst zur Werthaltigkeit des Absonderungsrechts geführt hat, darlegen und beweisen.²⁰⁰

61   Zu beachten ist, dass sich der Zeitpunkt der Vornahme bei der **unbedingten Abtretung** einer **bedingten** oder **befristeten Forderung** nach § 140 Abs. 1 InsO und nicht etwa nach § 140 Abs. 3 InsO bestimmt, da **§ 140 Abs. 3 InsO** nur dann eingreift, wenn die **anzufechtende Rechtshandlung** selbst **bedingt** oder **befristet** ist.²⁰¹ § 140 Abs. 3 InsO betrifft **nur rechtsgeschäftliche Bedingungen**.²⁰² § 140 Abs. 1 InsO bringt den Rechtsgedanken zum Ausdruck, dass für die Vornahme der Rechtshandlung der Zeitpunkt entscheiden soll, in dem durch die Handlung eine

---

194   Begr. zum RegE, BT-Drucks. 12/2443, S. 166.
195   BGH, 14.1.2010 – IX ZR 78/09, ZInsO 2010, 327 ff. Rn 31; BGH, 29.11.2007 – IX ZR 30/07, BGHZ 174, 297 ff. Rn 13 zur Globalzession; BGH, 11.5.2006 – IX ZR 247/03, BGHZ 167, 363 ff.; BGH, 30.1.1997 – IX ZR 89/96, ZIP 1997, 513 ff.
196   BGH, 17.12.2020 – IX ZR 205/19, juris Rn 15 ff.
197   Vgl. dazu Rn 64.
198   BGH, 17.12.2020 – IX ZR 205/19, juris Rn 32.
199   BGH, 11.6.2015 – IX ZR 110/13, ZIP 2015, 1398 ff.Rn 15.
200   BGH, 11.6.2015 – IX ZR 110/13, ZIP 2015, 1398 ff. Rn 15; Obermüller, Insolvenzrecht in der Bankpraxis, Rn 6.357.
201   Vgl. MüKo/Kirchhof, § 140 InsO Rn 50b; Uhlenbruck/Ede/Hirte, § 140 InsO Rn 45.
202   BGH, 17.9.2009 – IX ZR 106/08, BGHZ 182, 264 ff. Rn 13; BGH, 23.3.2006 – IX ZR 116/03, BGHZ 167, 11 ff. Rn 14; BGH, 20.3.2003 – IX ZR 166/02, ZInsO 2003, 372 f.; HK/Kreft, § 140 InsO Rn 13; HambKomm/Rogge/Leptien, § 140 InsO Rn 33.

Rechtsposition begründet wurde, die bei der Eröffnung des Insolvenzverfahrens ohne die Anfechtung beachtet werden müsste.[203] Bei bedingten oder befristeten Rechtshandlungen bleibt demzufolge der Eintritt der Bedingung oder des Termins gemäß § 140 Abs. 3 InsO außer Betracht, denn bedingte oder befristete Forderungen werden im Insolvenzverfahren berücksichtigt (**§§ 41, 42, 191 InsO**).[204]

Bei der Abtretung von **Mietforderungen** ist der Beginn des jeweiligen Nutzungszeitraums maßgebend, da der Vermieter zuvor keine gesicherte Rechtsposition hinsichtlich der künftigen Mietforderung innehat.[205] Soweit daher die im Voraus abgetretene Mietforderung erst in den kritischen Anfechtungszeiträumen entstanden ist, kann die Abtretung grundsätzlich angefochten werden. Für die Anfechtbarkeit einer Sicherungszession kommt es nicht auf den Zeitpunkt ihrer Vereinbarung an. Abzustellen ist vielmehr gemäß § 140 Abs. 1 InsO auf den Zeitpunkt, in dem die jeweilige, durch Zahlung auf das Girokonto beglichene Mietforderung entstanden ist.[206] Dem steht § 140 Abs. 3 InsO, wonach bei einer befristeten Rechtshandlung der Eintritt des Termins außer Betracht bleibt, nicht entgegen. Denn eine befristete Abtretung und die Abtretung eines befristeten Rechts sind zweierlei Dinge.[207] Entsprechendes gilt für die Abtretung (künftiger) **dienstvertraglicher Ansprüche**[208] und für den **Herausgabeanspruch** des Geschäftsherrn gem. **§ 667 BGB**, der erst mit dem Eingang des herauszugebenden Gegenstandes entsteht.[209] Im Fall einer **Treuhandvereinbarung** ist die Entstehung des Treuguts maßgebend, da erst in diesem Moment eine insolvenzfeste Rechtsposition des Anfechtungsgegners entstehen kann.[210] Bei Werklohnforderungen ist für die Bestimmung des maßgeblichen Zeitpunkts von § 140 Abs. 1 InsO auszugehen, weil die Werklohnforderung nicht unter einer rechtsgeschäftlichen Bedingung steht.[211] Die **Schlusssaldoforderung** aus einem Kontokorrent entsteht erst mit der Beendigung des Kontokorrents, sodass auch eine Abtretung erst zu diesem Zeitpunkt wirksam wird; die Einzelforderungen sind nicht maßgebend, da diese wegen der Kontokorrentbindung nicht selbstständig abtretbar sind.[212]

---

[203] Vgl. BGH, 22.1.2004 – IX 39/03, BGHZ 157, 350, 353f.
[204] BGH, 17.9.2009 – IX ZR 106/08, BGHZ 182, 264ff. Rn 9 – „Doppelsicherung".
[205] BGH, 14.1.2010 – IX ZR 78/09, ZInsO 2010, 327ff. Rn 20f.; BGH, 30.1.1997 – IX ZR 89/96, ZIP 1997, 513ff. – anders für Leasingforderungen BGH, 14.12.1989 – IX ZR 283/88, BGHZ 109, 368ff.; BGH, 28.3.1990 – VIII ZR 17/89, BGHZ 111, 84ff. und für einen atypischen Mietvertrag BGH, 4.11.2009 – XII ZR 170/07, ZIP 2010, 332ff.
[206] BGH, 30.4.2020 – IX ZR 162/16, ZIP 2020, 1253ff. Rn 41.
[207] Vgl. Jaeger/Henckel, § 140 InsO Rn 9.
[208] Vgl. BGH, 11.5.2006 – IX ZR 247/03, BGHZ 167, 363ff.; BGH, 18.2.2010 – IX ZR 61/09, ZInsO 2010, 567f.; BGH, 30.1.1997 – IX ZR 89/96, ZIP 1997, 513ff. unter II. 1. a) aa).
[209] BGH, 14.6.2007 – IX ZR 56/06, DZWIR 2007, 473ff.
[210] BGH, 24.5.2007 – IX ZR 105/05, ZIP 2007, 1274ff.
[211] Vgl. BGH, 30.6.2011 – IX ZR 155/08, NJW 2011, 2791f. Rn 12; HK/Kayser, § 96 InsO Rn 58.
[212] BGH, 25.6.2009 – IX ZR 98/08, BGHZ 181, 362ff.; BGH, 22.10.2009 – IX ZR 90/08, ZInsO 2009, 2336ff. – in Abkehr von BGH, 7.12.1977 – VIII ZR 164/76, BGHZ 70, 86, 93.

b) Verpfändung und Pfändung

aa) Pfandrecht an bestehender und künftiger Forderung

63 Die Verpfändung bzw. Pfändung einer **bestehenden Forderung** ist mit der **Anzeige (§ 1280 BGB)** bzw. der **Zustellung** des **Pfändungsbeschlusses** an den Drittschuldner (**§ 829 Abs. 3 ZPO**) i.S.d. § 140 Abs. 1 InsO vorgenommen. Wird eine **künftige Forderung** verpfändet oder gepfändet, ist – wie bei der Abtretung – auf deren **Entstehungszeitpunkt** abzustellen.[213] Pfändet der Gläubiger in eine dem Schuldner eröffnete Kreditlinie, so entsteht ein Pfandrecht erst mit dem Abruf der Kreditmittel als Rechtshandlung des Schuldners.[214] Zu beachten ist ferner, dass bei der Pfändung künftiger Forderungen nicht die Ausbringung der Pfändung maßgebend ist, sondern der Zeitpunkt, zu dem der **Pfändungs- und Überweisungsbeschluss werthaltig** gemacht wurde. Dies ist der Moment, in dem die gepfändete Forderung entsteht.[215] Der BGH hat dies in einem Fall bestätigt, in dem der Schuldner eine Pfändung durch eine Einzahlung auf ein debitorisches Konto werthaltig machte.[216]

64 Eine (scheinbare) Besonderheit besteht bei der **Pfändung** des Anspruchs auf die Versicherungsleistung aus einem **Lebensversicherungsvertrag**. Dieser Anspruch ist zwar im Grundsatz ein künftiger Anspruch.[217] Dennoch ist die Pfändung bereits mit der Zustellung des Pfändungs- und Überweisungsbeschlusses vorgenommen, wenn der Anspruch einen **Rückkaufswert** hat.[218] Insoweit handelt es sich aber bei genauer Betrachtung nicht um die Pfändung eines künftigen, sondern (aufgrund der Teilbarkeit der Versicherungsleistung) eines bereits entstandenen Anspruchs.

65 Zum Fall der **Doppelsicherung** eines Grundschuldgläubigers, der zusätzlich die Mietforderungen des Schuldners gegen einen Dritten gepfändet hatte, hat der BGH durch Urt. v. 17.9.2009[219] entschieden, dass **kein masseneutraler Sicherheitentausch** gegeben ist, wenn die gepfändete Mietforderung in den Haftungsverband einer Grundschuld fällt, sondern das durch Pfändung der Mietforderung entstandene Pfandrecht anfechtbar ist, weil der Nutzungszeitraum, für den die Mieten geschuldet sind, erst in der anfechtungsrelevanten Zeit begonnen hat.

---

213 BGH, 17.9.2009 – IX ZR 106/08, BGHZ 182, 264f. Rn 9; BGH, 26.6.2008 – IX ZR 87/07, ZInsO 2008, 806ff. Rn 10; MüKo/Kirchhof, § 140 InsO Rn 15; HK/Kreft, § 140 InsO Rn 4.
214 BGH, 9.6.2011 – IX ZR 179/08, ZIP 2011, 1324ff.; BGH, 25.10.2007 – IX ZR 157/06, ZIP 2008, 131ff.; MüKo/Kirchhof, § 140 InsO Rn 17.
215 Vgl. OLG Frankfurt a.M., 21.8.2013 – 19 U 80/13, ZInsO 2013, 1852f.
216 Vgl. BGH, 19.9.2013 – IX ZR 4/13, ZIP 2013, 2113ff. Rn 10; BGH, 14.6.2012 – IX ZR 145/09, ZIP 2012, 1422ff. Rn 22.
217 BGH, 23.10.2008 – VII ZB 16/08, WM 2008, 2265, 2266; BGH, 28.10.2009 – VII ZB 82/09, juris.
218 Vgl. BGH, 26.1.2012 – IX ZR 191/10, ZIP 2012, 638ff. Rn 32; MüKo/Kirchhof, § 140 InsO Rn 51a.
219 BGH, 17.9.2009 – IX ZR 106/08, BGHZ 182, 264ff.

bb) Pfandrecht zur Sicherung einer künftigen Forderung

Noch nicht abschließend geklärt ist hingegen die Frage, wann die Verpfändung oder Pfändung einer Sache oder eines bereits bestehenden Rechts zur Sicherung einer künftigen Forderung vorgenommen ist. Der **BGH** hat im Urt. v. 14.12.2006[220] **offen gelassen**, ob in solchen Fällen an seiner früheren Rechtsprechung festzuhalten ist, wonach der Zeitpunkt der **Bestellung** des **Pfandrechts maßgebend** sein soll.[221] Das gesetzliche **Vermieterpfandrecht** an eingebrachten Sachen des Mieters soll jedenfalls nach diesem Urteil bereits mit der Einbringung entstehen, auch soweit es erst künftig entstehende Forderungen aus dem Mietverhältnis sichert.[222]

66

Im **Schrifttum** wird zu Recht darauf hingewiesen, dass **wertungsmäßig kein Unterschied** zwischen dem Pfandrecht an einer künftigen Forderung und dem Pfandrecht für eine künftige Forderung zu machen ist.[223] Selbst wenn das Pfandrecht für eine künftige Forderung bereits wirksam entstanden und nicht erst begründet sein sollte, steht dem späteren Insolvenzschuldner zumindest eine **Einrede gegen das Pfandrecht** zu, solange diesem noch keine gesicherte Forderung zugrunde liegt. Diese Einrede steht mit der Insolvenzeröffnung der Masse zu. Deshalb kann kein Absonderungsrecht mehr zum Nachteil der Masse entstehen, wenn die zu sichernde Forderung erst nach der Insolvenzeröffnung entsteht (**§ 91 InsO**). Dementsprechend ist auch für die Anfechtung ausschlaggebend, dass dem Insolvenzschuldner zum Nachteil seiner Gläubiger die Einrede gegen das Pfandrecht entzogen wird, wenn die zu sichernde Forderung erst in den kritischen Anfechtungszeiträumen entsteht.[224]

67

c) Überweisung und Lastschriftverfahren

Eine **Überweisung** ist mit der Entstehung des **Anspruchs auf** die **Gutschrift** vorgenommen. Dieser entsteht bei institutsfremder Überweisung, sobald die Empfängerbank den Betrag erhalten hat, bei der innerbetrieblichen Überweisung hingegen bereits mit der Belastungsbuchung auf dem Konto des Auftraggebers.[225] Die Vor-

68

---

220 BGH, 14.12.2006 – IX ZR 102/03, BGHZ 170, 196 ff. – „Vermieterpfandrecht".
221 Vgl. BGH, 26.1.1983 – VIII ZR 257/81, BGHZ 86, 340, 346 ff.; BGH, 29.11.1984 – IX ZR 44/84, BGHZ 93, 71, 76; vgl. zur nachträglichen „Unterlegung" eines Pfandrechts durch eine gesicherte Forderung BGH, 19.3.1998 – IX ZR 22/97, BGHZ 138, 291 ff.; MüKo/Kirchhof, § 140 InsO Rn 15.
222 Ebenso BGH, 15.10.2014 – XII ZR 163/12, NJW 2014, 3775 ff. Rn 19.
223 Jaeger/Henckel, § 140 InsO Rn 17; Berger, NZI 2007, 566 ff.; Mitlehner ZIP 2007, 804 ff.; HK/Kreft, § 140 InsO Rn 4 m. Fn 42; MüKo/Kirchhof, § 140 InsO Rn 15.
224 Vgl. Jaeger/Henckel, § 140 InsO Rn 17; Schäfer, in: Kummer/Schäfer/Wagner, Rn M56 ff.
225 BGH, 20.6.2002 – IX ZR 177/99, ZInsO 2002, 721 ff.; MüKo/Kirchhof, § 140 InsO Rn 11; Canaris, Bankvertragsrecht, Rn 476.

69 Beim **Lastschrifteinzug** im „**Abbuchungsverfahren**" ist der Lastschriftbetrag erst mit wirksamer Einlösung durch die Zahlstellenbank des Schuldners endgültig zugewandt.[227] Beim „**Einziehungsermächtigungsverfahren**" ist die Zahlung des Schuldners auf der Grundlage der vom BGH vertretenen „**Genehmigungstheorie**" erst mit dessen Genehmigung i.S.d. §§ 129 Abs. 1, 140 Abs. 1 InsO vorgenommen.[228] Hat der Schuldner den Lastschrifteinzug erst in den kritischen Anfechtungszeiträumen genehmigt, so kann daher die Genehmigung als Abschluss einer mehraktigen Rechtshandlung anfechtbar sein.[229] Dazu hat der BGH durch Urt. v. 30.9.2010[230] klargestellt, dass der Genehmigung hinsichtlich des Vornahmezeitpunkts keine Rückwirkung zukommt.

70 Durch zwei Urteile v. 20.7.2010[231] haben der **XI.** und der **IX. Zivilsenat** des **BGH** die bis dahin bestehenden **Differenzen** in der Rechtsprechung beider Senate **beigelegt**. Nach dem Urteil des XI. Zivilsenats ist eine Zahlung mittels des im November 2009 neu eingeführten **SEPA-Lastschriftverfahrens** insolvenzfest. Zu dem bis zur Einführung des SEPA-Lastschriftverfahrens geltenden Einziehungsermächtigungsverfahren hat der BGH klargestellt, dass die Genehmigungsfiktion in den allgemeinen Geschäftsbedingungen der Kreditinstitute eine vorherige **Genehmigung durch schlüssiges Verhalten** nicht ausschließt. Bei regelmäßig wiederkehrenden Leistungen kann jedenfalls im **unternehmerischen Geschäftsverkehr** eine konkludente Genehmigung vorliegen, wenn der Lastschriftschuldner nicht innerhalb einer angemessenen Prüffrist widerspricht und er einen früheren Einzug zuvor bereits genehmigt hat. Eine wirksame Genehmigung liegt aber nur vor, wenn die Genehmigung gegenüber dem Schuldner oder der Schuldnerbank erklärt wird; eine Genehmigung gegenüber dem Zahlungsempfänger genügt nicht.[232] Werden im **unternehmerischen Verkehr** fortlaufend Forderungen in unterschiedlicher Höhe im Rahmen von **laufenden Geschäftsbeziehungen** mittels Lastschrift im Einzugser-

---

226 Vgl. Uhlenbruck/Ede/Hirte, § 140 InsO Rn 64.
227 BGH, 19.12.2002 – IX ZR 377/99, ZInsO 2003, 324 ff. Rn 18; van Gelder in Schimansky/Bunte/Lwowski, Bankrechtshandbuch, § 58 Rn 164.
228 BGH, 20.7.2010 – XI ZR 236/07, ZInsO 2010, 1538 ff.; BGH, 20.7.2010 – IX ZR 37/09, ZInsO 2010, 1534 ff.; BGH, 30.9.2010 – IX ZR 178/09, WM 2010, 2023 ff.; BGH, 4.11.2004 – IX ZR 22/03, BGHZ 161, 49 ff.; vgl. ferner Kümpel/Wittig, Bank- und Kapitalmarktrecht, Rn 7.473; van Gelder in Schimansky/Bunte/Lwowski, Bankrechtshandbuch, § 58 Rn 175 ff. – **a.A.** Canaris, Bankvertragsrecht, Rn 636.
229 BGH, 21.10.2010 – IX ZR 240/09, ZInsO 2010, 2293 ff.; BGH, 30.9.2010 – IX ZR 178/09, ZIP 2010, 2105 ff. Rn 21.
230 BGH, 30.9.2010 – IX ZR 178/09, ZIP 2010, 2105 ff. Rn 21.
231 BGH, 20.7.2010 – XI ZR 236/07, BGHZ 186, 269 ff.; BGH, 20.7.2010 – IX ZR 37/09, BGHZ 186, 242 ff.
232 BGH, 30.9.2010 – IX ZR 178/09, WM 2010, 2023 ff.

mächtigungsverfahren eingezogen, so kommt eine konkludente Genehmigung einer Lastschriftbuchung in Betracht, wenn sie sich innerhalb einer **Schwankungsbreite** von bereits zuvor genehmigten Lastschriftbuchungen bewegt oder diese **nicht wesentlich über- oder unterschreitet**.[233]

Es ist eine Frage des Einzelfalles, welche **Prüffrist** als angemessen anzusehen ist. Im **unternehmerischen Geschäftsverkehr** ist in der Regel von einer vierzehntägigen Frist auszugehen, wobei der BGH es als revisionsrechtlich unbedenklich angesehen hat, dass unter bestimmten Voraussetzungen eine Prüffrist von drei Bankarbeitstagen ausreichend sein soll.[234] Nach einem weiteren Urteil des XI. Zivilsenats v. 3.5.2011[235] gilt Gleiches wie im unternehmerischen Geschäftsverkehr im Grundsatz auch bei **Verbrauchern**. Bei einem Verbraucher kann die kontoführende Bank allerdings nicht ohne Weiteres davon ausgehen, dass die Kontobewegungen zeitnah nachvollzogen und überprüft werden. Es muss vielmehr anhand **konkreter Anhaltspunkte** erkennbar sein, dass der Verbraucher die **Überprüfung vorgenommen** hat. Erst dann und nach einer angemessenen Überlegungsfrist kann die Bank davon ausgehen, dass er keine Einwendungen gegen die aus dem Kontoauszug ersichtlichen Buchungen erhebt. Nachdem der Verbraucher zwei **Folgeabbuchungen nicht widersprochen** hat, kann die Bank jedoch i.d.R. davon ausgehen, dass keine Einwendungen mehr erhoben werden.

Der IX. Zivilsenat hat zunächst klargestellt, dass der (vorläufige) Verwalter bzw. Treuhänder Lastschriften **nicht pauschal** die Genehmigung versagen bzw. **widersprechen** darf, sondern im Einzelfall prüfen muss, wie weit seine Rechtsmacht reicht, insb., ob das „Schonvermögen" des Schuldners betroffen ist.[236] In einem weiteren Urt. v. 30.9.2010[237] hat er unter Aufgabe von BGHZ 174, 84 ff. und im Anschluss an BGHZ 177, 81 ff. entschieden, dass eine Lastschrift im Einziehungsermächtigungsverfahren wirksam genehmigt wird, wenn der „schwache" vorläufige Insolvenzverwalter eine nach **Nr. 7 Abs. 4 AGB-Sparkassen a.F. fingierte Genehmigung** des Schuldners entweder nach Ablauf der dort bestimmten 6-Wochen-Frist genehmigt oder ihr vor dem Ablauf der Frist zustimmt. Eine solche Erklärung ist ggü. dem Schuldner oder der Schuldnerbank (Zahlstelle), nicht aber ggü. dem Zahlungsempfänger abzugeben. Eine vom Schuldner im Lastschriftweg veranlasste Zahlung **gilt** nach der Rechtsprechung des IX. Zivilsenats **als genehmigt**, wenn ihr der danach bestellte „schwache" vorläufige Insolvenzverwalter **bis** zum **Ablauf** der

---

233 BGH, 27.9.2011 – XI ZR 328/09, ZIP 2011, 2400 ff.
234 Vgl. BGH, 3.4.2012 – XI ZR 39/11, ZIP 2012, 1018 ff. Rn 44 i.V.m. OLG München, 20.12.2010 – 19 U 2126/09, ZIP 2011, 43 ff.
235 BGH, 3.5.2011 – XI ZR 152/09, ZIP 2011, 1252 ff.
236 BGH, 20.7.2010 – IX ZR 37/09, BGHZ 186, 242 ff.
237 BGH, 30.9.2010 – IX ZR 178/09, ZIP 2010, 2105 ff.

6-Wochen-Frist nach Nr. 7 Abs. 4 AGB-Sparkassen a.F. **nicht widerspricht**.[238] Rechtshandlungen des späteren Insolvenzschuldners, denen der „schwache" vorläufige Insolvenzverwalter zugestimmt hat, können im Grundsatz nach den §§ 129 ff. InsO angefochten werden.[239]

5. Rechtshandlungen im Mehrpersonenverhältnis

a) Rechtsgrundsätzliches; Abgrenzung der mittelbaren Zuwendung von der Leistungskette

73 Da der BGH von einem **weiten Begriff** der „**Rechtshandlung**" ausgeht und danach ein Zuwendungsvorgang vorrangig in seiner wirtschaftlichen Bedeutung zu erfassen ist, kann eine einheitliche Rechtshandlung auch dann gegeben sein, wenn der Schuldner Bestandteile seines Vermögens **mit Hilfe** einer **Mittelsperson** an den gewünschten Empfänger **verschiebt**, ohne mit diesem in unmittelbare Rechtsbeziehungen zu treten (sog. „mittelbare Zuwendung").[240] Ist dies von Anfang an gewollt, so ist der Gesamtvorgang anfechtungsrechtlich so anzusehen, als ob – nur – der Dritte unmittelbar vom Schuldner erworben hätte.[241] Voraussetzung ist jedoch stets, dass es sich aus der Sicht des Empfängers **erkennbar** um eine **Leistung des Schuldners** gehandelt hat.[242] Dabei entsprechen die **Zuordnungskriterien** denen des **bereicherungsrechtlichen Leistungsbegriffs**.[243] Nach der Rechtsprechung des BGH ist eine mittelbare Zuwendung bspw. gegeben, wenn der Schuldner einen Vermögensgegenstand über einen Treuhänder auf den von Anfang an vorgesehenen Empfänger überträgt,[244] wenn der Darlehensgeber die Darlehensvaluta aufgrund einer Anweisung des Schuldners an einen Dritten auszahlt[245] oder wenn ein privater Krankenversicherer[246] bzw. Endmieter[247] auf Weisung des Versicherungsnehmers

---

238 BGH, 30.9.2010 – IX ZR 178/09, ZIP 2010, 2105 ff.
239 BGH, 30.9.2010 – IX ZR 177/07, ZInsO 2010, 2133 f.
240 BGH, 17.3.2011 – IX ZR 166/08, ZInsO 2011, 782 Rn 10; BGH, 6.10.2009 – IX ZR 191/05, BGHZ 182, 317 ff. Rn 14; MüKo/Kayser, § 129 InsO Rn 68 ff.
241 BGH, 9.5.1996 – IX ZR 50/95, NJW 1996, 2231, 2233; BGH, 5.12.1991 – IX ZR 271/90, NJW 1992, 834, 835; HK/Kreft, § 129 InsO Rn 28.
242 BGH, 13.6.2013 – IX ZR 259/12, ZInsO 2013, 1898 Rn 21; BGH, 16.11.2007 – IX ZR 194/04, BGHZ 174, 228 Rn 35.
243 BGH, 3.4.2014 – IX ZR 201/13, ZIP 2013, 1032 Rn 24; BGH, 16.9.1999 – IX ZR 204/98, BGHZ 142, 284, 287; BGH, 5.2.2004 – IX ZR 473/00, ZInsO 2004, 499.
244 BGH, 19.3.1980 – VIII ZR 195/79, NJW 1980, 1795; MüKo/Kayser, § 129 InsO Rn 69.
245 BGH, 7.6.2001 – IX ZR 195/00, ZIP 2001, 1248 ff.
246 Vgl. OLG Karlsruhe, 10.9.2004 – 1 U 72/04, ZInsO 2004, 1367.
247 BGH, 20.1.2011 – IX ZR 58/10, ZInsO 2011, 421.

bzw. Zwischenmieters direkt an den Arzt bzw. Vermieter bezahlt (sog. „**Anweisung auf Schuld**").[248]

Derartige mittelbare Zuwendungen sind strikt von den Fällen der **Rechtsnachfolge** (vgl. **§ 145 InsO**), wie sie insbesondere bei einer sog. „**Leistungskette**" gegeben ist, **abzugrenzen**.[249] Unterwürfe man auch Leistungen Dritter der Insolvenzanfechtung, verstieße man gegen den insolvenzrechtlichen Grundsatz, dass den Insolvenzgläubigern allein das Vermögen des Schuldners haftet.[250] Eine Rechtsnachfolge im Sinne des § 145 InsO ist nach der Rechtsprechung des BGH etwa gegeben, wenn der Empfänger (Ehemann) eines anfechtbar begebenen Schecks diesen über das Konto eines Dritten (Ehefrau) zu deren Gunsten einziehen lässt[251] oder wenn eine Bank, die gegenüber einem Bürgen eine Avalprovision zu entrichten und ihrerseits gegenüber dem Schuldner einen entsprechenden Erstattungsanspruch hat, das schuldnerische Konto zugunsten eines Eigenkontos belastet und von dort die Avalprovision an den Bürgen überweist.[252] Eine **Leistungskette** ist nach der Rechtsprechung des BGH gegeben, wenn der Schuldner einen Vermögensgegenstand anfechtbar auf einen ersten Leistungsempfänger überträgt, der ihn aufgrund einer **eigenständigen Rechtshandlung** seinerseits an einen Dritten **weiterleitet**.[253] Diese unklare Definition wird teilweise dahingehend interpretiert, dass der Schuldner bei einer Leistungskette den Vermögensgegenstand tatsächlich dem ersten Empfänger zuwenden will, auch wenn dabei feststeht, dass dieser ihn an einen Letztempfänger weitergeben will.[254] Dies deutet auf die Beachtlichkeit der zwischen den Beteiligten bestehenden Kausalbeziehungen hin.[255]

Aufgrund der Rechtsprechung des BGH ist geklärt, dass eine **mittelbare Zuwendung ausscheidet**, wenn der Schuldner auf eine **eigene Verbindlichkeit** gegenüber dem Zuwendungsempfänger geleistet hat.[256] Die Zahlung des Schuldners stellt sich in einem solchen Fall als Leistung im Zwei-Personen-Verhältnis dar.[257]

---

248 BGH, 21.6.2012 – IX ZR 59/11, ZIP 2012, 1468 Rn 12; BGH, 16.10.2008 – IX ZR 147/07, ZIP 2008, 2182f.; Gehrlein in Ahrens/Gehrlein/Ringstmeier, § 129 Rn 54ff.; vgl. dazu und zur Abgrenzung gegenüber der Anweisung auf Kredit ferner Schäfer in Kummer/Schäfer/Wagner, Rn B108.
249 Vgl. BGH, 3.4.2014 – IX ZR 201/13, ZIP 2014, 1032 Rn 25ff. – „Inkassozession"; BGH, 5.11.2009 – IX ZR 233/08, BGHZ 183, 86; BGH, 19.2.2009 – IX ZR 16/08, ZIP 2009, 769; Kayser, FS für Ganter, 2010, S. 221ff.
250 Vgl. Kayser, FS für Ganter, 2010, S. 221, 224.
251 BGH, 10.1.2002 – IX ZR 61/99, NJW 2002, 1342.
252 BGH, 19.2.2009 – IX ZR 16/08, ZIP 2009, 769 – „Avalprovision".
253 BGH, 3.4.2012 – IX ZR 201/13, ZIP 2014, 1032 Rn 27.
254 Vgl. Bork/Gehrlein, Aktuelle Probleme der Insolvenzanfechtung, Rn 879.
255 Vgl. dazu B. Schäfer, ZInsO 2014, 1965ff.
256 BGH, 29.10.2015 – IX ZR 123/13, ZIP 2015, 2484ff. zur Zahlung eines persönlich haftenden Gesellschafters; BGH, 3.4.2014 – IX ZR 201/13, ZIP 2014, 1032 Rn 26; BGH, 19.1.2012 – IX ZR 2/11, BGHZ 192, 221 Rn 35 – „Organschaft"; BGH, 24.9.1962 – VIII ZR 18/62, BGHZ 38, 44, 48.
257 BGH, 29.10.2015 – IX ZR 123/13, ZIP 2015, 2484ff. Rn 8.

Soweit die Vermögensübertragung unmittelbar auch eigene Rechte oder Pflichten der Zwischenperson – etwa als (Mit-)Schuldner oder Sicherungsnehmer – berührt, diese also nicht als Zahlungs- und Verrechnungsstelle eingeschaltet ist, richtet sich der Anfechtungsanspruch grundsätzlich gegen die Zwischenperson.[258] Hat die Zahlung des Schuldners eine **Doppelwirkung** in dem Sinne, dass neben dem Drittschuldner auch der Schuldner selbst von einer Verbindlichkeit gegenüber dem Zuwendungsempfänger frei wird, ist keine mittelbare Zuwendung gegeben.[259] Dagegen steht es nach Ansicht des BGH der Annahme einer mittelbaren Zuwendung (und damit der Anfechtung des Insolvenzverwalters gegenüber dem Leistungsempfänger nach § 134 InsO) nicht entgegen, wenn der Schuldner aufgrund einer **entgeltlichen Kausalbeziehung** mit dem **Drittschuldner** zur Zahlung an den Zuwendungsempfänger verpflichtet ist.[260]

76 **Überweist** der Schuldner einen Betrag **auf das debitorisch geführte Konto** eines anderen, damit „Zinsen gespart" werden, so soll sich nach einem Urteil des BGH vom 19.3.1998[261] bei einer derartigen mittelbaren Zuwendung der Anfechtungsanspruch (auch) gegen die Empfängerbank richten. Der BGH hat aber durch Beschl. v. 9.7.2015[262] klargestellt, dass die Zahlung eines Schuldners auf ein debitorisch geführtes Girokonto seines Gläubigers **nur dann** als – mittelbare – **unentgeltliche Leistung** gemäß **§ 134 Abs. 1 InsO** gegenüber der Bank anfechtbar ist, wenn der **Wille** des Schuldners erkennbar **darauf gerichtet** ist, die Zahlung im Endergebnis der **Bank zuzuwenden**. Dass der Schuldner in Kenntnis der Kontoüberziehung zahlt, genügt hierfür nicht.

77 Die Erwägung, dass sich bei einer Überweisung auf das debitorisch geführte Konto eines anderen der Anfechtungsanspruch (aus Deckungsanfechtung gemäß §§ 130, 131 InsO) auch gegen die Empfängerbank richten könne, hat auch in einem Urteil des BGH vom 9.10.2008[263] eine Rolle gespielt. Im konkreten Fall hatte die Schuldnerin **Betriebsvermögen an** eine **neu gegründete Gesellschaft verkauft**, wobei der Kaufpreis durch die **verklagte Bank finanziert** wurde. Die Bank hatte bereits zuvor den Gesellschaftern der Schuldnerin Kredit gewährt; letztere hatte sich dafür selbstschuldnerisch verbürgt. Die **Schuldnerin leitete** die **Kaufpreiszahlung**

---

258 BGH, 12.9.2009 – IX ZR 264/18, ZIP 2019, 1924 ff. Rn 10; BGH, 19.10.2017, IX ZR 289/14, BGHZ 216, 260 ff. Rn 16.
259 Vgl. BGH v. 19.1.2012 – IX ZR 2/11, BGHZ 192, 221 Rn 30; Gehrlein in Ahrens/Gehrlein/Ringstmeier, § 129 InsO Rn 55; einschränkend offenbar MüKo/Kayser, § 129 InsO Rn 72 i.V.m. Rn 14 a.E.
260 BGH, 16.11.2007 – IX ZR 194/04, BGHZ 174, 228 Rn 11 – „Cash-Pool (2)"; BGH, 30.3.2006 – IX ZR 84/05, ZIP 2006, 957 Rn 14; BGH, 4.3.1999 – IX ZR 63/98, BGHZ 141, 96, 101; kritisch dazu B. Schäfer, ZInsO 2014, 1965, 1972 ff.
261 BGH, 19.3.1998 – IX ZR 22/97, BGHZ 139, 291 ff. – „Zinsersparnis".
262 BGH, 9.7.2015 – IX ZR 207/13, ZIP 2015, 1545 f.
263 BGH, 9.10.2008 – IX ZR 59/07, ZIP 2008, 2183 ff. – „Verschmelzung".

entsprechend einer vorgefassten Absicht über eine Schwestergesellschaft **auf die debitorisch geführten Konten** ihrer **Gesellschafter** bei der verklagten Bank **weiter**. Nach Ansicht des BGH war die Beklagte unabhängig davon Insolvenzgläubigerin, ob auf die Hauptschuld oder die Bürgschaft gezahlt worden war. Im Verhältnis zwischen der Schuldnerin und der Beklagten liege eine **mittelbare Zuwendung** vor. Leistungsempfänger seien nicht nur die Gesellschafter der Schuldnerin gewesen; vielmehr habe auch die Beklagte als Gläubigerin der Darlehens- und Bürgschaftsforderung mit der Verringerung der Schulden eine Zuwendung erhalten.

Der BGH bejaht somit die **Insolvenzgläubigerstellung** der Beklagten, weil diese Inhaberin einer Bürgschaftsforderung gegen die Schuldnerin war. Dies steht in gewissem Widerspruch zur neueren Rechtsprechung des BGH, in der er betont, die **Deckungsanfechtung** finde **nicht gegen** den **Leistungsmittler** statt, **der als solcher kein Gläubiger des Schuldners** sei, sondern allein gegen den Leistungsempfänger.[264] Eine mittelbare Zuwendung soll zudem ausscheiden, wenn der Schuldner auch auf eine eigene Verbindlichkeit geleistet hat.[265] Es ist fraglich, ob die Entscheidung des BGH mit dem Grundsatz in Einklang steht, wonach sich die Bestimmung des richtigen Anfechtungsgegners nach den **Kriterien** des **bereicherungsrechtlichen Leistungsbegriffs** richtet. Davon wäre möglicherweise auszugehen gewesen, wenn (auch) eine Leistung der Schuldnerin auf ihre Bürgschaftsverbindlichkeit gegenüber der Beklagten vorgelegen hätte. Eben dies hat der BGH jedoch offen gelassen.[266] Die Anfechtbarkeit gegenüber der Beklagten hätte sich aber nach der neueren Rechtsprechung des BGH wohl mit § 133 Abs. 1 InsO begründen lassen.

b) Leistung an einen Empfangsbevollmächtigten

Weder eine **Leistungskette** noch eine **mittelbare Zuwendung** ist bei einer Leistung an einen **Empfangsbevollmächtigten** gegeben.[267] Für die Frage, ob an einen Empfangsbevollmächtigten geleistet wurde, ist nach Ansicht des BGH nicht in erster Linie die rechtliche Situation, sondern die das Anfechtungsrecht prägende wirtschaftliche Betrachtungsweise maßgebend. Tilgt der Schuldner eine zum Zwecke des Forderungseinzugs treuhänderisch abgetretene Forderung gegenüber einem **Inkassounternehmen** als Forderungszessionar, kann die Zahlung daher trotz der Forderungsinhaberschaft des Zessionars gegenüber dem Zedenten angefochten wer-

---

264 BGH, 26.4.2012 – IX ZR 74/11, BGHZ 193, 129 ff. Rn 9.
265 Vgl. BGH, 19.1.2012 – IX ZR 2/11, BGHZ 192, 221 ff. Rn 35; BGH, 24.9.1962 – VIII ZR 18/62, BGHZ 38, 44, 48; Gehrlein, ZInsO 2012, 197, 198.
266 BGH, 9.10.2008 – IX ZR 59/07, ZIP 2008, 2183 ff. Rn 14.
267 BGH, 12.3.2009 – IX ZR 85/06, ZInsO 2009, 716; BGH, 3.4.2014 – IX ZR 201/13, ZIP 2014, 1032 – „Inkassozession"; vgl. dazu ferner OLG Koblenz, 23.12.2014 – 4 U 914/13, ZInsO 2015, 448 ff.

den.²⁶⁸ Nach der Weiterleitung der eingezogenen Beträge an den Zedenten kann nur noch diesem gegenüber angefochten werden.²⁶⁹

80 Es ist indes zu beachten, dass die **Einzugsstellen** der **Sozialversicherungsträger** nicht als bloße Zahlstelle tätig werden und somit nicht als Mittelsperson einer mittelbaren Zuwendung anzusehen sind. Sie können vielmehr auch insoweit Anfechtungsgegner sein, als sie fremdnützig eingezogene Beträge an die berechtigten Sozialkassen ausgekehrt haben.²⁷⁰ Als Empfangsbeauftragte sind die Einzugsstellen nicht anzusehen, weil der Schuldner mit befreiender Wirkung nur an diese leisten kann.²⁷¹ Auch die Stellung des **Zwangsverwalters** ist nicht mit der eines Leistungsmittlers, sondern in wesentlichen Elementen mit derjenigen von Einzugsstellen für Gesamtsozialversicherungsbeiträge vergleichbar.²⁷² Auch er leitet seine Rechtsstellung nicht aus einer Verfügung eines Dritten ab, wie es bei einem Inkassounternehmen als Forderungszessionar der Fall ist.

c) Anweisung des Schuldners

81 **Weist** der **Schuldner** einen **Dritten an**, die geschuldete Leistung an einen Gläubiger des Schuldners zu erbringen, ist eine solche Zuwendung **im Grundsatz nur gegenüber** dem **Zuwendungsempfänger** anfechtbar, sofern für diesen die Rechtshandlung als eine solche des Schuldners erkennbar war (mittelbare Zuwendung).²⁷³ Wenn eine Zahlung vom Konto eines Dritten an den Anfechtungsgegner erfolgt, liegt die **Rechtshandlung** des Schuldners in der an den Dritten gerichteten **Anweisung**, zugunsten des Anfechtungsgegners eine Überweisung auszuführen.²⁷⁴ Die Gläubigerbenachteiligung äußert sich in der Weggabe der Zahlungsmittel an den Anfechtungsgegner, durch die entweder das auf dem Konto des Dritten befindliche Treugut des Schuldners vermindert und zugleich das für seine Verbindlichkeiten haftende Vermögen verkürzt wird oder der Dritte seine Verbindlichkeiten gegenüber dem Schuldner tilgt und dieser dadurch unter Verkürzung des haftenden Vermögens seine Forderung gegen den Dritten verliert.²⁷⁵ Demgegenüber liegt eine **gläubigerbenachteiligende Rechtshandlung** bei einer Überweisung von einem Konto

---

268 BGH, 3.4.2014 – IX ZR 201/13, ZIP 2014, 1032.
269 BGH, 24.9.2015 – IX ZR 308/14, WM 2015, 2324 f.
270 BGH, 12.2.2004 – IX ZR 70/03, NJW 2004, 2163 f. – „Einzugsstellen"; vgl. zu einem privaten Mautbetreiber ferner BGH, 10.10.2013 – IX ZR 319/12, ZIP 2013, 2210.
271 BGH, 3.4.2014 – IX ZR 201/13, ZIP 2014, 1032 Rn 24.
272 OLG Dresden, 5.11.2014 – 13 U 408/14, ZInsO 2014, 2435 ff.
273 Vgl. BGH, 26.4.2012 – IX ZR 74/11, BGHZ 193, 129 Rn 9; BAG, 21.11.2013 – 6 AZR 159/12, BAGE 146, 323 Rn 13; Jaeger/Henckel, § 130 InsO Rn 45; HK/Kreft, § 129 InsO Rn 28.
274 BGH, 12.9.2019 – IX ZR 16/18, NJW 2019, 3578 ff. Rn 17.
275 BGH, 12.9.2019 – IX ZR 16/18, NJW 2019, 3578 ff. Rn 17; BGH, 12.4.2018 – IX ZR 88/17, ZIP 2018, 1033 ff. Rn 10.

eines Dritten **nicht** vor, wenn dieser auf Veranlassung des Schuldners, ohne dazu diesem gegenüber verpflichtet zu sein, dessen Verbindlichkeiten aus eigenen Mitteln begleicht (**Anweisung auf Kredit**).[276] Schließlich fehlt es an einer die Gläubiger benachteiligenden Rechtshandlung, sofern der Dritte **ohne Veranlasssung** und nähere Kenntnis des **Schuldners** im ausschließlichen Interesse der Befriedigung des Anfechtungsgegners aus eigenem Vermögen die Überweisungen vornimmt.[277]

In den sog. „Anweisungslagen" scheidet eine Anfechtung gegenüber der Mittelsperson aus, wenn sich deren Beteiligung an dem Zuwendungsvorgang in einer „**Zahlstellenfunktion**" **erschöpft**.[278] Dies kommt etwa in der Formulierung des BGH zum Ausdruck, wonach bei einer mittelbaren Zuwendung die Deckungsanfechtung nicht gegen den Leistungsmittler stattfinde, der als solcher kein Gläubiger des Schuldners sei.[279] **Anders** verhält es sich nur dann, **wenn** in der Person des **Leistungsmittlers** die Voraussetzungen des **§ 133 Abs. 1 InsO** erfüllt sind.[280] Setzt die Schuldnerbank als Zahlstelle die Erledigung von Aufträgen des Schuldners gemäß § 675o Abs. 2 BGB zahlungstechnisch um, kommt indes auch eine Vorsatzanfechtung nach § 133 Abs. 1 InsO selbst im Fall der Kenntnis der Bank von der Zahlungsunfähigkeit des Schuldners in der Regel nicht in Betracht, sondern **nur** dann, **wenn** sie im Zuge der Verfolgung eigener Interessen in eine vom Schuldner angestrebte **Gläubigerbenachteiligung eingebunden** ist[281] (sog. „**selektive Befriedigung**").[282] Andererseits setzt aber die Anfechtung gegenüber dem Leistungsmittler nicht voraus, dass dieser einen eigenen Vorteil erlangt hat.[283] Im Innenverhältnis schuldet der gesamtschuldnerisch mithaftende Zuwendungsempfänger[284] die Rückgewähr allerdings allein; die Regressmöglichkeit des Leistungsmittlers mildert nach Ansicht des BGH dessen Haftungsrisiko in interessengerechter Weise.[285]

---

[276] BGH, 12.9.2019 – IX ZR 16/18, NJW 2019, 3578 ff. Rn 17; BGH, 12.4.2018 – IX ZR 88/17, ZIP 2018, 1033 ff. Rn 11.
[277] Vgl. BGH, 12.9.2019 – IX ZR 16/18, NJW 2019, 3578 ff. Rn 17; BGH, 12.4.2018 – IX ZR 88/17, ZIP 2018, 1033 ff. Rn 11; BGH, 21.6.2012 – IX ZR 59/11, ZIP 2012, 1468 ff. Rn 12.
[278] BGH, 13.6.2013 – IX ZR 259/12, ZIP 2013, 1826; BGH, 24.1.2013 – IX ZR 11/12, ZIP 2013, 371 Rn 31; MüKo/Kayser, § 129 InsO Rn 49 f.
[279] BGH, 23.10.2014 – IX ZR 290/13, ZIP 2014, 2351 Rn 8; BGH, 26.4.2012 – IX ZR 74/11, BGHZ 193, 129 Rn 9 – „uneigennütziger Treuhänder".
[280] Vgl. BGH, 29.11.2007 – IX ZR 121/06, BGHZ 174, 314 – „Subunternehmer".
[281] BGH, 13.6.2013 – IX ZR 259/12, ZIP 2013, 1826 Rn 25; BGH, 25.4.2013 – IX ZR 235/12, ZIP 2013, 1127 Rn 30; BGH, 24.1.2013 – IX ZR 11/12, ZIP 2013, 371 Rn 32.
[282] Vgl. dazu BGH, 25.4.2013 – IX ZR 235/12, ZIP 2013, 1127 – „Versicherungsmakler"; Schäfer, in: Kummer/Schäfer/Wagner, § 133 InsO Rn F31a.
[283] Vgl. BGH, 26.4.2012 – IX ZR 74/11, BGHZ 193, 129 – „uneigennütziger Treuhänder".
[284] Vgl. dazu BGH, 29.11.2007 – IX ZR 121/06, BGHZ 174, 314.
[285] BGH, 26.4.2012 – IX ZR 74/11, BGHZ 193, 129 Rn 15.

d) Tilgung einer fremden Schuld

83 Leistet der Schuldner aufgrund eines Anspruchs oder einer **Weisung** des **Drittschuldners** an dessen Gläubiger, stellt sich dies als Leistung des Schuldners an den Drittschuldner dar, der dadurch von seiner Verbindlichkeit gegenüber dem Gläubiger befreit wird. Wie im Bereicherungsrecht kommt in solchen Fällen eine Anfechtung grundsätzlich **nur** im **jeweiligen Leistungsverhältnis**, also zwischen dem Schuldner und dem Drittschuldner, in Betracht.[286] **Etwas anderes** gilt jedoch nach der Rechtsprechung des BGH im Fall einer unentgeltlichen Leistung im Sinne des **§ 134 Abs. 1 InsO**, von der dann auszugehen ist, wenn die Forderung des Zuwendungsempfängers gegen den Drittschuldner zum Zeitpunkt der Zuwendung wertlos war.[287] In diesem Sinne hat der BGH in dem für das Anfechtungsrecht bedeutsamen „Cash-Pool (2)-Fall"[288] entschieden, in dem ein verbundenes Unternehmen (Schuldnerin) für andere Konzernunternehmen fällige Sozialversicherungsbeiträge an den verklagten Sozialversicherungsträger gezahlt hatte. Nach der Behauptung des Beklagten stammten die dafür erforderlichen Mittel ursprünglich aus dem Vermögen der anderen Konzernunternehmen.

84 Obwohl nach Ansicht des BGH die tatbestandlichen Voraussetzungen des **§ 134 Abs. 1 InsO** im Verhältnis zwischen der Schuldnerin und dem Beklagten erfüllt waren, konnte der Klage nicht stattgegeben werden, da auch die anderen Konzernunternehmen insolvent waren (Stichwort **„Doppelinsolvenz"**) und deren Insolvenzverwalter möglicherweise ebenfalls unter dem Gesichtspunkt der mittelbaren Zuwendung wegen inkongruenter Deckung nach § 131 InsO ggü. dem Beklagten anfechten konnte.[289] Nach der Auffassung des BGH können in einem solchen Fall **konkurrierende Anfechtungsansprüche** verschiedener Insolvenzmassen vorliegen, wobei die **Deckungsanfechtung** die **„Schenkungsanfechtung"** verdrängt. Der nach § 134 Abs. 1 InsO in Anspruch genommene Zuwendungsempfänger hat darzulegen und zu beweisen, dass der vorrangige Anspruch aus Deckungsanfechtung erhoben ist und seine Voraussetzungen erfüllt sind.[290]

85 Es dürfte indes eine **„Leistungskette"** vorgelegen haben, wenn im „Cash-Pool (2)-Fall" die Behauptung zutraf, dass der Schuldnerin die an den Beklagten gezahlten Mittel von den verbundenen Unternehmen überlassen worden waren. **Ein und dieselbe Rechtshandlung** kann aus der Sicht des Zuwendungsempfängers **nicht**

---

[286] Vgl. BGH, 5.2.2004 – IX ZR 473/00, ZIP 2004, 917 – „Pachtablösung".
[287] BGH, 5.6.2008 – IX ZR 163/07, ZIP 2008, 1385 Rn 13; BGH, 30.3.2006 – IX ZR 84/05, ZIP 2006, 957 Rn 11; K. Schmidt/Ganter/Weinland, § 134 InsO Rn 51.
[288] BGH, 16.11.2007 – IX ZR 194/04, BGHZ 174, 228 – „Cash-Pool (2)"; vgl. zuvor schon BGH, 3.3.2005 – IX ZR 441/00, BGHZ 162, 276 ff. – „Cash-Pool (1)"; BGH, 4.3.1999 – IX ZR 63/98, BGHZ 141, 96.
[289] Zutr. Huber, NZI 2008, 149, während der BGH von der Möglichkeit einer kongruenten Deckung gem. § 130 InsO ausgeht – vgl. demgegenüber BGH, 8.12.2005 – IX ZR 182/01, ZIP 2006, 290 ff.
[290] BGH, 16.11.2007 – IX ZR 194/04., BGHZ 174, 228 ff.

zugleich entgeltlich (im Verhältnis zu den verbundenen Unternehmen) **und unentgeltlich** (im Verhältnis zur Schuldnerin) sein.[291] Der BGH muss die „Schenkungsanfechtung" des Insolvenzverwalters der Schuldnerin aufgrund einer möglichen Deckungsanfechtung des Insolvenzverwalters der verbundenen Unternehmen zurückdrängen. Damit sind jedoch erhebliche Probleme verbunden. Hat letzterer noch nicht gegenüber dem Zuwendungsempfänger angefochten, kann auch der Insolvenzverwalter der Schuldnerin nicht verlässlich anfechten. Ob etwa der Zuwendungsempfänger die Zahlungsunfähigkeit oder den Insolvenzantrag der verbundenen Unternehmen kannte, kann der Insolvenzverwalter der Schuldnerin nicht wissen. Der Zuwendungsempfänger muss auf dessen „Schenkungsanfechtung" hin an diesen zahlen, obwohl er nicht weiß, ob er auch noch vom Insolvenzverwalter der verbundenen Unternehmen in Anspruch genommen wird. Eine **„echte" Leistung auf fremde Schuld** (vgl. § 267 BGB), welche die Anfechtung nach § 134 Abs. 1 InsO gegenüber dem Zuwendungsempfänger rechtfertigt, liegt daher **im Grundsatz nur** vor, wenn der Schuldner **weder gegenüber** dem **Zuwendungsempfänger noch** gegenüber dessen Schuldner (**Drittschuldner**) aufgrund einer entgeltlichen Kausalbeziehung zur Zahlung **verpflichtet** war.[292]

Der **BGH** hat durch Urt. v. 4.2.2016[293] **klargestellt**, dass die **Deckungsanfechtung** durch den Insolvenzverwalter des (Dritt-)Schuldners eine **„Schenkungsanfechtung"** durch den Insolvenzverwalter des Leistungsmittlers **nur insoweit ausschließt**, als der **Anfechtungsgegner** das anfechtbar Erlangte **tatsächlich** an den Insolvenzverwalter, der die Deckungsanfechtung geltend macht, **zurückgewährt**. Es lasse sich gegenüber den Gläubigern des Leistungsmittlers nicht rechtfertigen, dass der Anfechtungsanspruch aus „Schenkungsanfechtung" dadurch zunichte gemacht werde, dass ein **Vergleich** über einen zweifelhaften Anspruch aus Deckungsanfechtung geschlossen werde.[294]

Die **Problematik** der Rechtsprechung des **BGH** in den Fällen, in denen der Schuldner gegenüber dem Schuldner des Zuwendungsempfängers (Drittschuldner) aufgrund einer entgeltlichen Kausalbeziehung zur Leistung an den Zuwendungsempfänger verpflichtet war, wird an dem **Beispielsfall** deutlich, dass eine offene Handelsgesellschaft (OHG) als **Arbeitgeber** (Schuldnerin) für die bei ihr beschäftigten, **freiwillig krankenversicherten Arbeitnehmer** in der Krise die Versicherungsbeiträge an die **Krankenkasse zahlt**.[295] Denkt man sich den Fall so, dass auch der Arbeitnehmer zahlungsunfähig ist (etwa weil er zugleich als Minderheitsgesellschafter an der OHG beteiligt ist und daher gemäß § 128 HGB persönlich haftet), so

---

[291] Vgl. Bork/Brinkmann, Handbuch des Insolvenzanfechtungsrechts, Kap. 17 Rn 101.
[292] Vgl. Thole, KTS 2011, 219, 232; Schäfer, in: Kummer/Schäfer/Wagner, Rn B145m.
[293] BGH, 4.2.2016 – IX ZR 42/14.
[294] Vgl. BGH, 4.2.2016 – IX ZR 42/14 Rn 24.
[295] Vgl. dazu BGH, 22.11.2012 – IX ZR 22/12, ZInsO 2013, 73 ff. – „freiwillig Krankenversicherte".

kommt nach der Rechtsprechung des BGH im Verhältnis zwischen dem Arbeitgeber und dem Zuwendungsempfänger (Krankenkasse) eine Anfechtung nach § 134 InsO in Betracht, da die Forderung des Zuwendungsempfängers gegen den Arbeitnehmer „wertlos" war und die Schuldnerin nicht auf eine eigene Verbindlichkeit gegenüber dem Zuwendungsempfänger geleistet hat. Denn der Arbeitgeber ist nicht Schuldner der Beiträge der freiwillig krankenversicherten Arbeitnehmer.[296] Infolge der Anfechtung des Insolvenzverwalters über das Vermögen der Schuldnerin nach § 134 InsO gegenüber dem Zuwendungsempfänger lebt dessen Forderung gegen den Drittschuldner gemäß **§ 144 Abs. 1 InsO** wieder auf.[297]

88 Der BGH meint im Urt. v. 22.11.2012, es könne gerechtfertigt sein, auch die Forderung des Arbeitnehmers gegen den Arbeitgeber entsprechend **§ 144 Abs. 1 InsO** wieder aufleben zu lassen.[298] Diese Forderung ist aber in dem oben gebildeten Fall aufgrund der Insolvenz des Arbeitgebers „wertlos". Den **Drittschuldner treffen** somit letztlich die **Folgen der Anfechtung** im Verhältnis zwischen dem Arbeitgeber und dem Zuwendungsempfänger, **selbst wenn in seiner Person kein Anfechtungstatbestand erfüllt** ist. Dies weckt Zweifel an der Rechtsprechung des BGH.[299] Es wird vielmehr zu erwägen sein, ob in den Fällen, in denen der Schuldner aufgrund einer entgeltlichen Kausalbeziehung zum Drittschuldner an den Zuwendungsempfänger zahlt, eine „Schenkungsanfechtung" gegenüber dem Zuwendungsempfänger grundsätzlich ausscheidet.[300] Denn in der Regel wird in solchen Fällen auch eine entgeltliche Kausalbeziehung zwischen dem Zuwendungsempfänger und dem Drittschuldner bestehen. Aus der Sicht des Zuwendungsempfängers kann aber ein und dieselbe Zuwendung nicht zugleich entgeltlich und unentgeltlich sein.[301] Es **spricht** daher in der Tat **einiges dafür**, solche **Anweisungsfälle** von der **Anfechtung nach § 134 InsO auszunehmen**.[302]

6. Aufrechnungs- und Verrechnungslagen

a) Allgemeines

89 Rechnet ein Insolvenzgläubiger in den kritischen Anfechtungszeiträumen ggü. einer Forderung des Schuldners auf, so kann die **Herbeiführung** der **Aufrechnungslage**

---

296 BGH, 22.11.2012 – IX ZR 22/12, ZInsO 2013, 73 ff.
297 BGH, 22.11.2012 – IX ZR 22/12, ZInsO 2013, 73 ff. Rn 12; BGH, 24.9.1962 – VIII ZR 18/62, BGHZ 38, 44, 48; MüKo/Kirchhof, § 144 Rn 7a.
298 BGH, 22.11.2012 – IX ZR 22/12, ZInsO 2012, 73 ff. Rn 13.
299 Vgl. Schönfelder, WuB VI A. § 133 InsO 5.13.
300 Vgl. dazu Thole, KTS 2011, 219, 232.
301 Vgl. Bork/Brinkmann, Handbuch des Insolvenzanfechtungsrechts, Kap. 17 Rn 101.
302 Thole, KTS 2011, 219, 232 – **a.A.** K. Schmidt/Ganter/Weinland, § 134 InsO Rn 26.

unabhängig von dem Rechtsgeschäft anfechtbar sein, durch das sie herbeigeführt wurde.[303] Dabei ist jedoch zu beachten, dass es in solchen Fällen gem. **§ 96 Abs. 1 Nr. 3 InsO** gar keiner Anfechtung bedarf, sondern die Aufrechnung schon **kraft Gesetzes unwirksam** ist.[304] Die Aufrechnungserklärung ist somit in der Regel für die Anfechtung ohne Bedeutung. Nur wenn der Schuldner die Aufrechnung erklärt hat, ist es erforderlich, auch die Aufrechnungserklärung selbst anzufechten.[305] Da die **Verrechnung** kein gesetzlich vorgesehenes Rechtsinstitut ist, sind auch in diesem Fall die vertraglichen oder gesetzlichen Regelungen zur Aufrechnung und zu etwaigen Aufrechnungsverboten uneingeschränkt anwendbar.[306] Die Aufrechnungslage ist gem. **§ 140 Abs. 1 InsO** in dem Zeitpunkt herbeigeführt, in dem das **Gegenseitigkeitsverhältnis** i.S.d. **§ 387 BGB begründet** wurde.[307] Es muss somit die Gegenforderung vollwirksam und fällig und die Hauptforderung muss zumindest erfüllbar sein.[308] Hingegen ist es grundsätzlich unerheblich, ob die Forderung des Schuldners oder jene des Insolvenzgläubigers früher entstanden oder fällig geworden ist.[309] Gegen eine künftige oder aufschiebend bedingte Forderung kann nicht aufgerechnet werden.[310]

Die frühere **Erleichterung** des **§ 54 KO**, der auch betagte oder bedingte Forderungen im Konkurs für aufrechenbar erklärte, ist in **§ 95 InsO nicht übernommen** worden; die zu § 54 KO entwickelte Konstruktion „gesetzlicher Bedingungen" ist damit gegenstandslos.[311] § 95 InsO erfasst nach der Rechtsprechung des BGH zwar auch Fälle, in denen eine gesetzliche Voraussetzung für das Entstehen der Forderung fehlt. Voraussetzung ist dann aber, dass die **Forderung** in ihrem „rechtlichen Kern" **aufgrund gesetzlicher Bestimmungen** oder **vertraglicher Vereinbarungen bereits gesichert** ist und fällig wird, ohne dass es einer weiteren Rechtshandlung bedarf.[312]

---

303 Vgl. BGH, 14.12.2006 – IX ZR 194/05, ZInsO 2007, 213 ff.; BGH, 29.11.2007 – IX ZR 30/07, BGHZ 174, 297 ff. Rn 11.
304 BGH, 28.9.2006 – IX ZR 136/05, BGHZ 169, 158 ff.
305 Vgl. KPB/Schoppmeyer, § 130 InsO Rn 19.
306 BGH, 13.7.2006 – IX ZR 152/04, ZIP 2006, 1740 Rn 14; BGH, 23.6.2005 – VII ZR 197/03, BGHZ 163, 274 Rn 20.
307 BGH, 11.11.2004 – IX ZR 237/03, ZIP 2005, 181 ff. Rn 15; BGH, 29.6.2004 – IX ZR 195/03, ZIP 2004, 1558, 1560; MüKo/Kirchhof, § 140 InsO Rn 11b.
308 Vgl. BGH, 11.2.2010 – IX ZR 104/07, ZIP 2010, 682 ff. Rn 11; MüKo/Kirchhof, § 140 InsO Rn 11c.
309 BGH, 26.6.2008 – IX ZR 47/05, ZInsO 2008, 803 ff. Rn 17.
310 BGH, 29.6.2004 – IX ZR 147/03, BGHZ 160, 1, 6; BGH, 10.3.1988 – VII ZR 8/87, BGHZ 103, 362, 367; K. Schmidt/Thole, § 95 InsO Rn 6; B. Schäfer, Die Wirkungen der Insolvenzeröffnung, Rn 340.
311 Vgl. MüKo/Kirchhof, § 140 InsO Rn 11c.
312 Vgl. BGH, 7.5.2013 – IX ZR 191/12, ZIP 2013, 1180 f. Rn 11; BGH, 29.6.2004 – IX ZR 147/03, BGHZ 160, 1, 4; BGH, 8.1.2009 – IX ZR 217/07, ZIP 2009, 380 Rn 32; HK/Kayser, § 96 Rn 15.

91 Allerdings ist **§ 140 Abs. 3 InsO** auch i.R.d. § 96 Abs. 1 Nr. 3 InsO für die Anfechtbarkeit und damit die Unzulässigkeit der Aufrechnung von Bedeutung.[313] Ist zumindest eine der gegenseitigen, durch Rechtsgeschäft entstandenen Forderungen **bedingt** oder **befristet**, kommt es für die Anfechtbarkeit des Erwerbs der Aufrechnungslage auf den Zeitpunkt an, zu dem die spätere Forderung entstanden ist und damit das Gegenseitigkeitsverhältnis begründet wurde. Abzustellen ist grds. auf den **„Abschluss der rechtsbegründenden Tatumstände"**.[314] Die mit Abschluss eines Vertrages entstandene Forderung ist erst ab dem Zeitpunkt und nur insoweit zu berücksichtigen, als sie – etwa durch Erbringung der versprochenen Leistung – **werthaltig** geworden ist und dem Gläubiger durch die Aufrechnung eine tatsächliche Befriedigung seiner Forderung ermöglicht.[315] Dagegen geht es über § 140 Abs. 3 InsO hinaus, allein ein Entstehen der Gegenforderung „im Kern" oder eine „gesetzliche Bedingung" für eine Vorverlegung des anfechtungsrechtlich maßgeblichen Zeitpunkts ausreichen zu lassen.[316]

92 Im Urt. v. 11.11.2004[317] hat der **BGH** noch entschieden, maßgebliche Rechtshandlung für die Möglichkeit der Aufrechnung von Mietzinsansprüchen gegen Ansprüche auf Auszahlung von Guthaben aus **Mietnebenkostenvorauszahlungen** sei der Abschluss des Mietvertrages. Der Anspruch auf Rückzahlung zu viel gezahlter Mietnebenkosten sei bedingt durch den Ablauf des Abrechnungszeitraumes und eine tatsächlich eingetretene Überzahlung gewesen. Gem. § 140 Abs. 3 InsO bleibe der Eintritt der Bedingung außer Betracht; es sei vielmehr auf den „Abschluss der rechtsbegründenden Tatumstände" abzustellen, die mit dem **Abschluss** des **Mietvertrages** vorgelegen hätten. Der BGH ist von diesem Urteil zu Recht in einer neueren Entscheidung v. 17.9.2009[318] wieder **abgerückt**. Soweit er im Urt. v. 11.11.2004 auf den Zeitpunkt des Abschlusses des Mietvertrages abgestellt habe, gebe er diese Rechtsprechung auf.

93 Das **neuere Verständnis** des **BGH** kommt in den Urteilen vom 11.2.2010,[319] vom 30.6.2011[320] und zuvor schon im Urt. v. 4.10.2001[321] zum Ausdruck. Darin betont er, dass insolvenzrechtlich die im wirtschaftlichen Ergebnis einer **Vollstreckung gleichkommenden Rechtsfolgen** der Aufrechnung von Bedeutung seien. Allein

---

313 BGH, 11.2.2010 – IX ZR 104/07, ZInsO 2010, 673 ff. Rn 13.
314 Begr. zum RegE, BT-Drucks. 12/2443, S. 167; BGH, 11.2.2010 – IX ZR 104/07, ZInsO 2010, 673 ff. Rn 13.
315 BGH, 11.2.2010 – IX ZR 104/07, ZInsO 2010, 673 ff.; BGH, 4.10.2001 – IX ZR 207/00, ZIP 2001, 2055, 2056.
316 Vgl. MüKo/Kirchhof, § 140 InsO Rn 11d; Christiansen, KTS 2003, 353, 368 ff.
317 BGH, 11.11.2004 – IX ZR 237/03, ZInsO 2005, 94 f. – „Mietnebenkosten".
318 BGH, 17.9.2009 – IX ZR 106/08, BGHZ 182, 264 ff.
319 BGH, 11.2.2010 – IX ZR 104/07, ZInsO 2010, 673 ff. – „Telekommunikation".
320 BGH, 30.6.2011 – IX ZR 155/08, BGHZ 190, 210 ff. – „Behördenabgleich".
321 BGH, 4.10.2001 – IX ZR 207/00, ZIP 2001, 2055 ff.

eine mit Abschluss eines Vertrages entstandene Aufrechnungslage bringe dem Gegner noch keinen unmittelbaren wirtschaftlichen Nutzen. Solange der Schuldner nichts geleistet habe, wofür der Gläubiger eine Vergütung schulde, bestehe für ihn keine Befriedigungsmöglichkeit im Wege der Aufrechnung. Die Aufrechnungslage als Befriedigungsmöglichkeit entstehe vielmehr erst durch die Inanspruchnahme der Leistung des Schuldners. Es kommt also darauf an, wann dessen Forderung **werthaltig** wird, nicht jedoch auf den Zeitpunkt der Rechnungstellung.[322] Diese Rechtsprechung zum „**Werthaltigmachen der Aufrechnungslage**" setzt die Rechtsprechung zum Werthaltigmachen vorausabgetretener Forderungen[323] im Bereich der Aufrechnung konsequent fort.

Für die Frage der Anfechtbarkeit der Aufrechnungslage ist es ferner von Bedeutung, ob der Gläubiger einen **Anspruch auf** die **Erlangung** der **Aufrechnungsmöglichkeit**[324] bzw. auf die Vereinbarung hatte, welche die Aufrechnungslage geschaffen hat.[325] Die Herstellung der Aufrechnungslage führt zu einer inkongruenten Deckung, wenn der Aufrechnende zuvor keinen Anspruch auf die Vereinbarung hatte, welche die Aufrechnungslage entstehen ließ.[326] Die Aufrechnungslage ist inkongruent erlangt, soweit sich die Aufrechnungsbefugnis **nicht aus** dem zwischen dem Schuldner und dem Gläubiger **zuerst entstandenen Rechtsverhältnis ergibt**.[327] Die Aufrechnungslage ist ferner inkongruent erlangt, wenn der Gläubiger ggü. der Forderung des Schuldners aus einem gegenseitigen Vertrag **mit einem abgetretenen Anspruch aufrechnet**, der aus einem gegenseitigen Vertrag des Zedenten mit dem Schuldner stammt.[328] Ein praktisch bedeutsames Beispiel der anfechtbaren Aufrechnungslage ist gegeben, wenn sich der **Gläubiger** in der **Krise** des **Schuldners zu dessen Schuldner macht**, um sich durch Aufrechnung volle Befriedigung zu verschaffen. Der künftigen Insolvenzmasse entgeht dadurch die Differenz zwischen dem Nennbetrag der gegen den Insolvenzgläubiger gerichteten Forderung und der auf dessen getilgte Forderung entfallenden Quote.[329]

94

---

322 BGH, 14.2.2013 – IX ZR 94/12, ZIP 2013, 588 ff.; BGH, 11.2.2010 – IX ZR 104/07, ZInsO 2010, 673 ff. Rn 13; vgl. dazu noch von Olshausen, ZIP 2010, 2073 ff.
323 Vgl. BGH, 29.11.2007 – IX ZR 165/05, ZInsO 2008, 209 ff.
324 BGH, 9.6.2011 – IX ZR 183/09, juris Rn 2; BGH, 7.5.2009 – IX ZR 22/08, ZInsO 2009, 1294 ff. Rn 4.
325 Vgl. BGH, 9.2.2006 – IX ZR 121/03, ZIP 2006, 818 ff. Rn 14; BGH, 29.6.2004 – IX ZR 195/03, NJW 2004, 3118 ff.; HK/Thole, § 131 InsO Rn 12.
326 BGH, 11.2.2010 – IX ZR 104/07, ZInsO 2010, 673 ff. Rn 27.
327 Vgl. Kummer, jurisPR-BGHZivilR 22/2006 Anm. 5.
328 BGH, 9.2.2006 – IX ZR 121/03, ZIP 2006, 818 ff.
329 Vgl. BGH, 2.6.2005 – IX ZR 263/03, ZInsO 2005, 884 f.; BGH, 9.10.2003 – IX ZR 28/03, ZInsO 2003, 1101 ff.

b) Kontokorrent- und Konzernverrechnung

95 Auch **bankmäßige Kontokorrentverrechnungen** können im Grundsatz anfechtbare Rechtshandlungen darstellen.[330] Nach dem grundlegenden Urteil des BGH v. 7.3.2002[331] liegt allerdings ein unanfechtbares **Bargeschäft** i.S.d. **§ 142 InsO** vor, soweit die Bank den Kunden vereinbarungsgemäß in ihrer **Funktion als Zahlstelle** i.R.d. eingeräumten Kreditrahmens weiter verfügen lässt und die Zahlungseingänge auf dem schuldnerischen Konto nicht dazu benutzt, ihre Forderung gegen den Schuldner zurückzuführen. Ein unanfechtbares Bargeschäft kann auch dann noch vorliegen, wenn die Bank nicht mehr alle Überweisungen zugelassen, sondern nur noch ausgewählte Verfügungen im Ausgleich gegen verrechnete Eingänge ausgeführt hat.[332] Ihre Verrechnungspraxis darf nur nicht dazu führen, dass sich der Saldo des schuldnerischen Kontos in den kritischen Anfechtungszeiträumen zu ihren Gunsten verringert.[333] Zum bankmäßigen Geschäftsverkehr im Übrigen vgl. Rdn 156 ff.

96 Für die Anfechtung der Rückführung eines Kontokorrentkredits durch die Bank kommt es auf den Betrag an, um den die verrechneten Einzahlungen die Auszahlungen im **gesamten Anfechtungszeitraum** übersteigen; der höchste erreichte Sollstand ist grundsätzlich unerheblich. Für eine Anfechtung nach § 131 Abs. 1 Nr. 1 InsO kommt es auf den Betrag an, um den die **verrechneten Einzahlungen** in diesem Zeitraum die **Auszahlungen überstiegen**. Allein in diesem Umfang hat die Bank den Schuldner letztlich nicht wieder über die Eingänge verfügen lassen.[334] Will der Insolvenzverwalter für die Berechnung des anfechtbar zurückgeführten Sollstandes einen späteren (höheren) Sollstand als den zu Beginn des Dreimonatszeitraums gemäß § 131 Abs. 1 Nr. 2 InsO zugrundelegen, muss er beweisen, dass die Zahlungsunfähigkeit des Schuldners erst zu diesem späteren Zeitpunkt eingetreten ist.[335] Nach den Urteilen des BGH vom 26.4.2012[336] und vom 25.4.2013[337] kann die Bank zudem Gefahr laufen, der Vorsatzanfechtung nach § 133 Abs. 1 InsO zu unterliegen, wenn sie in Kenntnis der Krise des Schuldners ihre **Zahlstellenfunktion** über-

---

[330] BGH, 7.3.2002 – IX ZR 223/01, BGHZ 150, 122 ff.; BGH, 17.6.2004 – IX ZR 124/03, ZInsO 2004, 856 ff.; vgl. dazu näher Jaeger/Henckel, § 140 InsO Rn 22 ff.; Bork, FS für Kirchhof, 2003, S. 57 ff.
[331] BGH, 7.3.2002 – IX ZR 223/01, BGHZ 150, 122 ff.
[332] Vgl. BGH, 1.10.2002 – IX ZR 360/99, ZInsO 2002, 1136 ff.; Uhlenbruck/Ede/Hirte, § 142 InsO Rn 51.
[333] BGH, 7.5.2009 – IX ZR 140/08, ZInsO 2009, 1054 ff.; vgl. dazu noch OLG Karlsruhe, 4.9.2007 – 17 U 355/06, ZIP 2007, 2367 ff.
[334] BGH, 15.11.2007 – IX ZR 212/06, ZIP 2008, 235 ff. Rn 17; Bork/Gehrlein, Aktuelle Probleme der Insolvenzanfechtung, Rn 505.
[335] Vgl. KPB/Schoppmeyer, § 131 InsO Rn 76a.
[336] BGH, 26.4.2012 – IX ZR 74/11, BGHZ 193, 129 ff. – „uneigennütziger Treuhänder".
[337] BGH, 25.4.2013 – IX ZR 235/12, ZIP 2013, 1127 ff. – „Versicherungsmakler".

schreitet und eine eigene maßgebliche Rolle im Rahmen der Zahlungsabwicklung übernimmt.

Die in das Kontokorrent eingestellten Einzelforderungen sind nicht selbstständig abtretbar, solange die **Kontokorrentbindung** besteht.[338] Da an den in das Kontokorrent eingestellten Einzelforderungen somit auch kein Pfandrecht durch einen Dritten erworben werden kann, kommt für den Erwerb des Pfandrechts von vornherein nur der **Schlusssaldo** in Betracht. Für die Anfechtbarkeit ist deshalb auf diesen abzustellen, nicht auf die in das Kontokorrent eingestellten Einzelforderungen.[339] Der Anspruch auf den Schlusssaldo entsteht indes erst mit der Insolvenzeröffnung.[340] Die Kontokorrentbindung hindert jedoch die Übertragbarkeit und Pfändbarkeit **allein im Verhältnis zu Dritten**. Die mit der Einzahlung auf ein bei der Bank geführtes Kontokorrentkonto des Schuldners verbundene Kontokorrentbindung steht indes einem **AGB-Pfandrecht** der Bank am Anspruch des Schuldners auf Gutschrift **nicht entgegen**.[341] Die Verrechnung wechselseitiger Forderungen im Kontokorrentverhältnis benachteiligt die Insolvenzgläubiger nicht, soweit die eingegangenen Gutschriften auf der Begleichung solcher Forderungen beruhen, welche der Bank anfechtungsfest zur Sicherheit abgetreten worden waren und der Bank eine **anfechtungsfeste Sicherheit** am Anspruch des Schuldners auf Gutschrift zusteht.[342]

Die nach der Eröffnung des Insolvenzverfahrens auf eine **Konzernverrechnungsklausel** gestützte Aufrechnung bzw. Verrechnung ist unwirksam, da die Gegenseitigkeit erst durch die Erklärung der Aufrechnung und somit erst nach der Insolvenzeröffnung hergestellt wurde.[343] Entsprechendes gilt für die Anfechtung, wenn die **Gegenseitigkeit erst** in den kritischen **Anfechtungszeiträumen herbeigeführt** wurde. Die Herstellung der Aufrechnungslage bleibt auch maßgeblich, soweit die Aufrechenbarkeit über die gesetzlichen Voraussetzungen hinaus vertraglich erleichtert wurde; die bloß abstrakte Möglichkeit einer durch solche Vereinbarungen künftig zu bewirkenden Verminderung des Schuldnervermögens verdichtet sich erst mit dem Eintritt einer – vereinfachten – Verrechnungslage zu einem selbstständig anfechtbaren Erfüllungssurrogat.[344]

---

338 Vgl. BGH, 25.6.2009 – IX ZR 98/08, BGHZ 181, 361 ff. Rn 9.
339 BGH, 18.3.2010 – IX ZR 111/08, ZInsO 2010, 710 f.
340 BGH, 25.6.2009 – IX ZR 98/08, BGHZ 181, 361 ff.
341 BGH, 2.2.2017 – IX ZR 245/14, ZIP 2017, 533 ff., 2. Leitsatz; Bestätigung von BGH, 29.11.2007 – IX ZR 30/07, BGHZ 174, 297 ff.
342 BGH, 2.2.2017 – IX ZR 245/14, ZIP 2017, 533 ff., 1. Leitsatz.
343 Vgl. BGH, 15.7.2004 – IX ZR 224/03, BGHZ 160, 107 ff.; OLG Köln, 28.4.1995 – 25 U 17/94, ZIP 1995, 850 ff.; HK/Kayser, § 94 Rn 51 ff.; Häsemeyer, Insolvenzrecht, Rn 19.30; Windel, KTS 2004, 305, 308 ff.
344 MüKo/Kirchhof, § 140 InsO Rn 11b.

7. Teilanfechtung

99 Eine **Rechtshandlung** kann nach der Rechtsprechung des BGH **grds. nur insgesamt angefochten** werden. So ist insb. die Anfechtung einzelner Bestimmungen eines Vertrages im Grundsatz ausgeschlossen. Die Anfechtung des Vertrages als Ganzes kann aber die Wirkung einer Teilanfechtung haben, wenn die anfechtbare Handlung das Schuldnervermögen nur in begrenztem Umfang geschmälert hat und das Rechtsgeschäft insoweit **teilbar** ist.[345] Teilbar in diesem Sinne ist etwa ein allgemein ausgewogener Vertrag, der den Schuldner **in einzelnen Punkten** gezielt für den **Fall der Insolvenz benachteiligt**. In diesem Fall entfällt für die Rückabwicklung allein die benachteiligende Vertragsklausel.[346] Eine Teilbarkeit kommt ferner in Betracht, wenn eine Sicherheit, die für mehrere Forderungen (darunter bspw. Altforderungen) gewährt wurde, auf die einzelnen Forderungen aufgeteilt werden kann.[347]

100 Der BGH ist ferner im Fall eines unangemessen hohen **Sanierungshonorars** eines anwaltlichen Beraters von einer Teilbarkeit ausgegangen.[348] Das Urteil wird jedoch im Schrifttum zu Recht kritisiert.[349] Denn es widerspricht dem Grundsatz, dass die Rechtsfolge der Anfechtung nicht in der bloßen Anpassung unausgewogener Leistungen besteht. **§ 144 Abs. 2 InsO** ergäbe keinen Sinn, wenn sich die Wirkung der Anfechtung darauf beschränkte, den Vertrag so anzupassen, dass die Gläubigerbenachteiligung entfällt.[350] Richtig ist indes der Gedanke, dass es für die Frage der Teilanfechtung nicht auf die Teilbarkeit der Rechtshandlung, sondern der Vermögensbewegung ankomme, da nicht die Rechtshandlung, sondern die durch sie bewirkte Vermögensverschiebung Anfechtungsgegenstand sei.[351] Bei der sog. „Teilanfechtung" ist somit darauf abzustellen, ob es sich um eine einheitliche Wirkung einer anfechtbaren Rechtshandlung handelt – dann nur einheitliche Anfechtung – oder ob sich die **Wirkungen in selbstständige Teile zerlegen lassen**; in diesem Fall muss eine Teilanfechtung möglich sein.[352]

---

345 BGH, 13.3.2008 – IX ZB 39/05, ZInsO 2008, 558 ff. Rn 16; BGH, 19.4.2007 – IX ZR 59/06, ZInsO 2007, 600 ff. Rn 32 – „Heimfallklausel", BGH, 11.11.1993 – IX ZR 257/92, BGHZ 124, 76, 83 f. – „Breitbandverteilanlage".
346 BGH, 13.3.2008 – IX ZB 39/05, ZInsO 2008, 558 ff. Rn 16.
347 Vgl. OLG Hamburg, 26.10.1984 – 11 U 168/83, ZIP 1984, 1373, 1375; MüKo/Kirchhof, § 143 InsO Rn 18a.
348 BGH, 11.6.1980 – VIII ZR 62/79, BGHZ 77, 250 ff.
349 Vgl. Zeuner, Die Anfechtung in der Insolvenz, Rn 23; Jaeger/Henckel, § 129 InsO Rn 248; KPB/Schoppmeyer, § 132 InsO Rn 14.
350 Vgl. Jaeger/Henckel, § 129 InsO Rn 247.
351 Vgl. MüKo/Kirchhof, § 143 InsO Rn 17 f.; Bork/Gehrlein, Aktuelle Probleme der Insolvenzanfechtung, Rn 979; K. Schmidt, § 129 InsO Rn 4, 42.
352 Bork/Gehrlein, Aktuelle Probleme der Insolvenzanfechtung, Rn 979; vgl. etwa BGH, 6.4.2000 – IX ZR 122/99, ZInsO 2000, 349 ff. Rn 24 zum verlängerten Eigentumsvorbehalt, soweit der Wert der abgetretenen Forderung den Wert der mit der Vorbehaltsware hergestellten Sache übersteigt.

III. Gläubigerbenachteiligung

1. Grundsätzliches

Nach dem anfechtungsrechtlichen **Grundtatbestand** des §129 Abs. 1 InsO setzt jeder Anfechtungstatbestand eine **objektive Benachteiligung** der **Insolvenzgläubiger** voraus (vgl. §§ 38, 39 InsO).[353] Dabei geht der BGH vor dem Hintergrund des Gesetzeszwecks der Insolvenzanfechtung von einem **weiten Begriff** der Gläubigerbenachteiligung aus.[354] Eine Gläubigerbenachteiligung ist gegeben, wenn die angefochtene Rechtshandlung entweder die Aktivmasse verkürzt oder die Schuldenmasse vermehrt hat, wenn sich also mit anderen Worten die Befriedigungsmöglichkeiten der Insolvenzgläubiger ohne die angefochtene Rechtshandlung bei wirtschaftlicher Betrachtung günstiger gestaltet hätten.[355] Eine Rechtshandlung ist gläubigerbenachteiligend, wenn dadurch der **Zugriff** auf die der Gläubigerbefriedigung dienende Haftungsmasse **vereitelt**, **erschwert** oder **verzögert** wird.[356] Anhaltspunkte dafür, was zur Haftungsmasse gehört, geben die §§ 35 und 36 InsO. So ist bspw. die Überlassung von Geldern des Schuldners an einen **Treuhänder** gläubigerbenachteiligend, weil die Gläubiger des Schuldners das Treugut nicht aufgrund eines Titels gegen den Schuldner pfänden können, so dass ein Zugriffshindernis entstanden ist.[357] Gläubigerbenachteiligend sind aber auch die Insolvenzsicherung von **Altersteilzeitguthaben** auf einem Treuhandkonto (**Doppeltreuhand**)[358] und die Überweisung des Treuhänders aus dem Treugut des treugebenden Schuldners.[359]

101

Es ist im konkreten Fall zu prüfen, ob sich die **Befriedigung** der Insolvenzgläubiger ohne die angefochtene Rechtshandlung **günstiger gestaltet hätte**.[360] Da bereits eine Erschwerung des Zugriffs der Gläubiger genügt,[361] können auch **nichtige**

102

---

353 BGH, 20.12.1984 – IX ZR 114/83, WM 1985, 364, 365; BGH, 2.6.2005 – IX ZR 181/03, ZInsO 2005, 932 ff. Rn 7.
354 Vgl. BGH, 6.10.2009 – IX ZR 191/05, BGHZ 182, 317 ff. Rn 13 – „geduldete Kontoüberziehung"; K. Schmidt, § 129 InsO Rn 50.
355 BGH, 9.7.2009 – IX ZR 86/08, ZInsO 2009, 1585 ff. Rn 25; BGH, 20.11.2008 – IX ZR 130/07, ZInsO 2009, 31 f. Rn 9.
356 BGH, 24.5.2007 – IX ZR 105/05, ZInsO 2007, 658 ff. Rn 18; BGH, 22.12.2005 – IX ZR 190/02, BGHZ 165, 343, 350.
357 BGH, 26.4.2012 – IX ZR 74/11, BGHZ 193, 129 ff. Rn 12; BGH, 9.12.1993 – IX ZR 100/93, BGHZ 124, 298, 301.
358 BAG, 18.7.2013 – 6 AZR 47/12, BAGE 146, 1 ff. Rn 61; BAG, 15.1.2013 – 9 AZR 448/11, ZIP 2013, 900 ff. Rn 15 f.
359 Vgl. BGH, 24.10.2013 – IX ZR 104/13, ZIP 2013, 2262 ff. Rn 8; HK/Kreft, § 129 Rn 37.
360 BGH, 9.7.2009 – IX ZR 86/08, ZInsO 2009, 1585 ff. Rn 25; BGH, 20.11.2008 – IX ZR 130/07, ZInsO 2009, 31 f. Rn 9; BGH, 10.1.2008 – IX ZR 33/07, ZInsO 2008, 271 ff. Rn 12.
361 BGH, 15.12.1994 – IX ZR 153/93, BGHZ 128, 184 ff. zur Einbringung einer Sacheinlage gegen Einräumung eines Geschäftsanteils; vgl. zum Abschluss eines Poolvertrages OLG Köln, 29.4.1994 – 20 U 168/90, ZIP 1994, 1461 ff.

Rechtsgeschäfte anfechtbar sein. Der Inhaber einer Zwangshypothek kann bspw. im Wege der Anfechtung die Löschung einer vorrangigen, aufgrund eines nichtigen Rechtsgeschäfts eingetragenen Auflassungsvormerkung verlangen.[362] Eine Gläubigerbenachteiligung ist ferner gegeben, wenn eine GmbH nach einer Verlegung ihres Firmensitzes ins Ausland „still liquidiert" werden soll und die Durchführung einer Nachtragsliquidation zumindest erhebliche Schwierigkeiten bereiten würde.[363] Nach einem Urteil des BGH vom 4.3.1999[364] soll es im Fall eines nichtigen Rechtsgeschäfts an der erforderlichen Gläubigerbenachteiligung fehlen, wenn gegen den Empfänger ein Rückforderungsanspruch besteht, der ohne weiteres begründet und problemlos durchsetzbar ist. Dies wird jedoch im Schrifttum[365] zu Recht kritisiert. Die Insolvenzmasse war in dem entschiedenen Fall durch Zahlungen an eine Gläubigerbank tatsächlich verkürzt. Dieser konkret eingetretene Nachteil hätte durch eine Bereicherungsklage (nur) wieder rückgängig gemacht werden können.

103   Der Eintritt der Gläubigerbenachteiligung ist isoliert in Bezug auf die **konkret bewirkte Minderung** des **Aktivvermögens** oder die **Vermehrung** der **Passiva** des Schuldners zu beurteilen, und es sind somit lediglich solche Folgen zu berücksichtigen, die an die angefochtene Rechtshandlung selbst anknüpfen. Hingegen bleiben entferntere Ereignisse grundsätzlich selbst dann außer Betracht, wenn sie adäquat kausal verursacht wurden. Eine Vorteilsausgleichung findet grundsätzlich nicht statt, da der Anfechtungsanspruch kein deliktsrechtlicher Anspruch ist.[366] Zur Vorteilsausgleichung im Übrigen vgl. Rdn 174 ff.

104   So entfällt bspw. die gläubigerbenachteiligende Wirkung der Begleichung der Schulden aus Stromlieferungen nicht deshalb, weil sonst die – berechtigte – Einstellung der Stromversorgung im Betrieb des Schuldners zu einem **Produktionsausfall** geführt hätte.[367] Ist allerdings der **Betrieb des Schuldners** nur mit Zustimmung eines Lieferanten günstig zu **verwerten** und macht dieser seine Einwilligung davon abhängig, dass ihm der Schuldner ausstehende Schulden begleicht, so benachteiligt die Schuldtilgung die anderen Insolvenzgläubiger nicht, wenn der Betrieb ohne die „erkaufte" Einwilligung weniger wert gewesen wäre. Hier schlägt sich der Vorteil unmittelbar und gegenständlich in einer Mehrung des Schuldnervermögens nieder.[368] Werden durch eine Zahlung des Schuldners aufgrund eines **mit** dem **Gläubi-**

---

362 BGH, 11.7.1996 – IX ZR 226/94, ZIP 1996, 1516 ff.
363 Vgl. BGH, 22.12.2005 – IX ZR 190/02, BGHZ 165, 343 ff. – „Unternehmensbestattung".
364 BGH, 4.3.1999 – IX ZR 63/98, BGHZ 141, 96, 106.
365 MüKo/Kayser, § 129 InsO Rn 101b.
366 BGH, 18.7.2013 – IX ZR 219/11, BGHZ 198, 64 ff. Rn 14; BGH, 9.7.2009 – IX ZR 86/08, ZIP 2009, 1674 ff. Rn 26 ff. – „Bierbrauen"; HK/Kreft, § 129 Rn 37.
367 BGH, 13.3.2003 – IX ZR 64/02, BGHZ 154, 190 ff. Rn 16; BGH, 25.9.1952 – IV ZR 13/52, BB 1952, 868.
368 BGH, 13.3.2003 – IX ZR 64/02, BGZ 154, 190 ff. Rn 16; BGH, 24.11.1959 – VIII ZR 220/57, WM 1960, 377, 379.

ger vereinbarten Verzichts** über den Zahlungsbetrag hinausgehende Verbindlichkeiten getilgt, scheidet eine Gläubigerbenachteiligung aus, wenn der in der Zahlung liegende Vermögensverlust durch den damit verbundenen Verzicht auf weitere Forderungen voll ausgeglichen wird.[369]

Ganz allgemein ist die Frage, ob eine **Gläubigerbenachteiligung** gegeben ist, nach **wirtschaftlichen Gesichtspunkten** zu beurteilen.[370] Sie ist jedoch nicht nach rein bilanziellen Gesichtspunkten zu beantworten. So können die Gläubiger bspw. auch dann benachteiligt sein, wenn der Schuldner in den kritischen Anfechtungszeiträumen einen Gegenstand verliehen hat. Die Gläubiger werden dagegen nicht benachteiligt, wenn der Schuldner für das, was er aufgibt, eine **gleichwertige Gegenleistung** erhält.[371] Dies ist etwa beim Vorliegen eines Bargeschäfts i.S.d. **§ 142 InsO** der Fall. Eine Gläubigerbenachteiligung ist ferner nicht gegeben, wenn dem Schuldner gegen Stellung von Sicherheiten ein Darlehen gewährt wird.[372]

105

a) Zahlungen Dritter; durchlaufende Posten

Zahlungen Dritter betreffen i.d.R. nicht das Vermögen des Schuldners. Begleichen daher nicht persönlich haftende Gesellschafter die Verbindlichkeit einer Gesellschaft auf deren Anweisung ggü. einem Gläubiger, scheidet eine Gläubigerbenachteiligung aus, wenn die Gesellschafter durch die Zahlung **keine eigene Schuld** ggü. der Gesellschaft **getilgt** haben.[373] Eine vorausgehende Kreditgewährung an die Gesellschaft kann in diesen Vorgang nicht hineininterpretiert werden, der zugleich ein Beispiel für eine sog. „**Anweisung auf Kredit**"[374] darstellt. Die Zahlung eines Dritten kann jedoch dann zu einer objektiven Benachteiligung der Gläubiger führen, wenn der Dritte mit der Zahlung eine eigene Verbindlichkeit ggü. dem Schuldner tilgt oder einen **Aufwendungs-** oder **Schadensersatzanspruch** gegen den Schuldner **erwirbt**.[375] Eine durch eine Anweisung auf Kredit bewirkte Zahlung löst auch dann **keine Gläubigerbenachteiligung** aus, wenn der auftragsrechtliche Erstat-

106

---

369 BGH, 28.1.2016 – IX ZR 185/13.
370 BGH, 23.9.1981 – VIII ZR 245/80, ZIP 1981, 1229, 1231; BGH, 23.9.2010 – IX ZR 212/09, ZInsO 2010, 2009 ff. Rn 19.
371 Vgl. BGH, 13.3.2008 – IX ZR 39/05, ZInsO 2008, 558 ff. Rn 17; BGH, 15.12.1994 – IX ZR 153/93, BGHZ 128, 184, 190.
372 BGH, 19.3.2009 – IX ZR 39/08, ZInsO 2009, 828 ff. Rn 17.
373 BGH, 16.10.2008 – IX ZR 147/07, ZInsO 2008, 1200 f.
374 Vgl. dazu sowie zur Zahlung durch den Geschäftsführer und zur Abgrenzung gegenüber der „Anweisung auf Schuld" BGH, 21.6.2012 – IX ZR 59/11, ZIP 2012, 1468 ff. Rn 12 und Schäfer in Kummer/Schäfer/Wagner, Rn B108.
375 BGH, 24.5.2007 – IX ZR 105/05, ZInsO 2007, 658 ff. Rn 18; BGH, 17.6.1999 – IX ZR 176/98, WM 1999, 1581, 1582; vgl. zur Bürgschaft ferner BGH, 9.10.2008 – IX ZR 59/07, ZInsO 2008, 1202 ff. – „Verschmelzung".

tungsanspruch des Angewiesenen **nachträglich in** ein **Darlehen umgewandelt** wird.[376]

107 Eine Masseschmälerung ist nicht deshalb zu verneinen, weil eine Gesellschaft vor der Zahlung gleich hohe Zahlungen anderer (Konzern-)Gesellschaften erhalten hat, durch welche diese ihre Pflicht zum Aufwendungsersatz vorab befriedigen wollten. Ausschlaggebend ist die Erwägung, dass sich Gläubiger, die **Voranzahlungen** auf den **künftig entstehenden Aufwendungsersatzanspruch** geleistet haben, wie alle anderen Gläubiger am Insolvenzverfahren beteiligen müssen. Folglich ist es ohne Bedeutung, wenn es sich bei der Zahlung wirtschaftlich um einen **durchlaufenden Posten** handelt.[377]

b) Gläubigerwechsel

108 Ein reiner **Gläubigerwechsel** benachteiligt die Insolvenzgläubiger des Schuldners ebenfalls nicht.[378] Dies gilt jedoch nicht für den hiervon zu unterscheidenden Fall des Austauschs eines Schuldners des Insolvenzschuldners gegen einen anderen (Schuldnertausch), weil dessen Bonität und die Einredefreiheit seiner Verpflichtung zusätzlich zu berücksichtigen sind.[379] Ein Gläubigerwechsel kommt insb. bei der **vom Schuldner angewiesenen Zahlung eines Dritten** auf eine Verbindlichkeit des Schuldners in Betracht. In solchen Fällen ist im Grundsatz zwischen der Anweisung auf Schuld und der Anweisung auf Kredit zu unterscheiden.[380] Im ersten Fall tilgt der Angewiesene mit der Zahlung an den Empfänger eine eigene, ggü. dem Anweisenden bestehende Verbindlichkeit. Demgegenüber nimmt der Angewiesene im zweiten Fall die Zahlung an den Empfänger ohne eine Verpflichtung ggü. dem Anweisenden vor, sodass er infolge der Zahlung zum Gläubiger des Anweisenden wird.[381]

109 Handelt es sich um eine **Anweisung auf Schuld**, führt die Zahlung durch den Angewiesenen zu einer Gläubigerbenachteiligung, weil der **Schuldner** mit der Zahlung an den Dritten seine **Forderung gegen** den **Angewiesenen verliert**,[382] während der Dritte volle Befriedigung für seine ansonsten als Insolvenzforderung anzumeldende Forderung erlangt.[383] Liegt dagegen eine **Anweisung auf Kredit** vor,

---

376 BGH, 28.1.2016 – IX ZR 185/13.
377 BGH, 23.9.2010 – IX ZR 212/09, ZIP 2010, 2009 ff. Rn 21; Gehrlein, ZInsO 2015, 477, 480.
378 BGH, 20.12.2001 – IX ZR 419/98, NJW 2002, 1578, 1579.
379 Vgl. BGH, 24.5.2007 – IX ZR 105/05, ZInsO 2007, 658 ff. Rn 20; MüKo/Kayser, § 129 InsO Rn 101a.
380 BGH, 21.6.2012 – IX ZR 59/11, ZIP 2012, 1468 ff. Rn 12; BGH, 16.10.2008 – IX ZR 147/07, ZInsO 2008, 1200 f. Rn 9.
381 Vgl. MüKo/Hüffer, § 787 BGB Rn 2.
382 MüKo/Kirchhof, § 129 InsO Rn 144.
383 Vgl. HK/Kreft, § 129 InsO Rn 40.

scheidet eine **Gläubigerbenachteiligung nach der Rechtsprechung des BGH grds. aus**, weil es durch die Zahlung lediglich zu einem Gläubigerwechsel in der Person des Angewiesenen kommt. Die Belastung der Masse mit dem Rückgriffsanspruch des Angewiesenen wird hier durch die Befreiung von der Schuld ggü. dem Zahlungsempfänger ausgeglichen. Etwas anderes gilt nur dann, wenn der Kredit für den Schuldner belastender ist als die mit seiner Hilfe getilgte Schuld, etwa weil er nur gegen Sicherheiten gewährt wurde.[384] Bei der **geduldeten Kontoüberziehung** liegt nach der Rechtsprechung des IX. Zivilsenats des BGH eine Anweisung auf Schuld vor, weil die vom Schuldner veranlasste Zuwendung nur „infolge und nach Einräumung des vom Schuldner beantragten Überziehungskredits" bewirkt werden kann.[385] Erst nach vorausgegangener weiterer Krediteinräumung ist die Bank bereit, der Anweisung des Schuldners Folge zu leisten.

c) Fehlende Gläubigerbenachteiligung

Es ist hingegen nicht Zweck der Insolvenzanfechtung, der Insolvenzmasse Vermögensvorteile zu verschaffen, die sie ohne die anfechtbare Rechtshandlung nicht erlangt hätte.[386] Die **verspätete Stellung** des **Insolvenzantrages** durch den Schuldner ist daher nicht anfechtbar, selbst wenn sie zu einer Verkürzung denkbarer Anfechtungsansprüche geführt haben mag.[387] Nicht anfechtbar ist ferner ein Schenkungsvertrag über ein Grundstück mit gleichzeitiger Einräumung eines **vormerkungsgesicherten Rückübertragungsanspruchs** für den Fall der Insolvenz des Beschenkten. Denn es kann mit der Anfechtung nicht geltend gemacht werden, dass dem Schuldner mehr geschenkt oder ein Geschenk ohne Belastung hätte überlassen werden müssen.[388] Tilgt der Schuldner eine gegen ihn gerichtete Darlehensforderung durch Barzahlung, wird die darin liegende Gläubigerbenachteiligung beseitigt, wenn der Darlehensgeber dem Schuldner **erneut Barmittel** zu gleichen Bedingungen **zur Verfügung stellt**.[389] Hat eine Gesellschaft ein Darlehen ihrem **Gesellschafter teilweise erstattet**, wird die damit verbundene Gläubigerbenachteiligung durch eine **nachfolgende Zahlung** des **Gesellschafters** an die Gesellschaft jedoch nicht beseitigt, wenn der Gesellschaft in diesem Umfang eine weitere Darlehensforderung gegen den Gesellschafter zusteht.[390] Gewährt der Schuldner ein Darlehen, führt die dem Darlehensnehmer verschaffte Kapitalnutzung nur zu einer Gläubigerbenachtei-

110

---

384 BGH, 9.10.2008 – IX ZR 59/07, ZInsO 2008, 1200 f. Rn 9.
385 Vgl. BGH, 6.10.2009 – IX ZR 191/05, BGHZ 182, 317 ff. Rn 14 – „Kontoüberziehung".
386 BGH, 26.5.1971 – VIII ZR 61/70, WM 1971, 908; BGH, 30.1.1986 – IX ZR 79/85, BGHZ 97, 87, 96.
387 Vgl. BGH, 10.2.2005 – IX ZR 211/02, BGHZ 162, 143 ff. = NJW 2005, 1121, 1124.
388 BGH, 13.3.2008 – IX ZB 39/05, ZInsO 2008, 558 ff.
389 BGH, 25.1.2018 – IX ZR 299/16, ZIP 2018, 445.
390 BGH, 21.11.2019 – IX ZR 223/18, ZIP 2020, 128 ff.

ligung, wenn die **Nutzungsüberlassung** das Aktivvermögen des Schuldners verkürzt. Hätte der **Schuldner selbst keine Nutzungen gezogen,** führt diese unterlassene Nutzung zu keiner Gläubigerbenachteiligung, weil der Schuldner damit nur einen möglichen Erwerb unterlässt.[391] Hingegen wird die durch eine Überweisung ausgelöste Gläubigerbenachteiligung seitens des Empfängers nicht mit Hilfe einer zuvor einvernehmlich abgesprochenen **Barrückzahlung** rückgängig gemacht, weil den Gläubigern durch diese Maßnahme der Zugriff auf das Schuldnervermögen erschwert wird.[392]

d) Eintritt und Umfang der Gläubigerbenachteiligung

111 Die **Beeinträchtigung** der **Insolvenzgläubiger** ist gem. § 129 Abs. 1 InsO **nur Voraussetzung** der Anfechtung, **bestimmt** aber **nicht** zugleich deren **Umfang.** Gläubigerbenachteiligende Rechtshandlungen sind grundsätzlich insgesamt anfechtbar, auch wenn sie die Gläubiger nur in geringem Umfang benachteiligen. § 129 InsO gestattet die Anfechtung nicht etwa nur, „soweit" eine Gläubigerbenachteiligung eingetreten ist. Der gebotene Ausgleich wird vielmehr durch **§ 144 InsO** herbeigeführt. Soweit die Gegenleistung in ihrem nicht beeinträchtigenden Teil in der Masse zumindest wertmäßig noch vorhanden ist, erhält der Anfechtungsgegner sie zurück; i.Ü. ist er auf eine Insolvenzforderung verwiesen.[393]

112 An der erforderlichen Benachteiligung der Insolvenzgläubiger fehlt es, wenn die Insolvenzmasse zur **Befriedigung** aller **Insolvenzgläubiger ausreicht.** Insoweit spricht ein **Anscheinsbeweis** dafür, dass im eröffneten Verfahren die Insolvenzmasse nicht ausreicht, um alle Gläubigeransprüche zu befriedigen.[394] Dabei sind auch die Forderungen einzubeziehen, denen der **Insolvenzverwalter widersprochen** hat, weil nach der Lebenserfahrung die Möglichkeit besteht, dass der Widerspruch durch eine Feststellungsklage (§ 179 InsO) beseitigt werden kann. Greift der Anscheinsbeweis ein, muss der Anfechtungsgegner nachweisen, dass die angemeldeten Forderungen nicht bestehen oder nicht durchsetzbar sind und eine Feststellung zur Tabelle unter jedem Gesichtspunkt ausscheidet. Der Anscheinsbeweis ist erschüttert, wenn die ernsthafte Möglichkeit eines atypischen Verlaufs feststeht.[395] Gem. **§ 39 InsO** genügt es, wenn die **nachrangigen Insolvenzgläubiger** benachteiligt werden. Praktisch bedeutsam ist dies jedoch nur dann, wenn die vor-

---

391 BGH, 15.11.2018 – IX ZR 229/17, ZIP 2019, 333 ff. Rn 22.
392 BGH, 10.9.2015 – IX ZR 299/16, ZIP 2018, 385 f. Rn 17; BGH, 10.9.2015 – IX ZR 215/13, WM 2015, 1996 Rn 16.
393 Vgl. MüKo/Kayser, § 129 InsO Rn 102; KPB/Ehricke, § 129 InsO Rn 85.
394 BGH, 6.2.2020 – IX ZR 5/19, ZIP 2020, 563 f.; BGH, 20.2.2014 – IX ZR 164/13, BGHZ 200, 210 ff. Rn 20.
395 BGH, 6.2.2020 – IX ZR 5/19, ZIP 2020, 563 f. Rn 4 ff.

handene Masse die Forderungen aller nicht nachrangigen Gläubiger deckt.[396] Die Befriedigung oder Besicherung nicht nachrangiger Insolvenzforderungen führt zu keiner Gläubigerbenachteiligung, wenn die Insolvenzmasse zur Befriedigung dieser Forderungen ausreicht und lediglich nachrangige Forderungen unberücksichtigt bleiben.[397] Durch eine **Masseunzulänglichkeit** wird nicht die Möglichkeit der Gläubigerbenachteiligung ausgeschlossen. Andernfalls würde das Ziel des Insolvenzverfahrens (vgl. § 1 InsO), die Gläubiger – und dazu zählen auch die Massegläubiger – zu befriedigen, nicht erreicht, und die Anfechtungsgegner erhielten einen nicht gerechtfertigten Vorteil.[398] Anders verhält es sich nur im Fall der **Massekostenarmut**, die auch bei einer Durchsetzung von Anfechtungsansprüchen nicht beseitigt werden könnte.[399] Eine Rechtshandlung kann daher auch dann die Insolvenzgläubiger benachteiligen, wenn nur ein **einziger Insolvenzgläubiger** vorhanden ist.[400]

2. Arten der Gläubigerbenachteiligung

In den Anfechtungstatbeständen wird zwischen einer unmittelbaren und einer mittelbaren Gläubigerbenachteiligung unterschieden. Sofern das **Gesetz nicht ausdrücklich** eine **unmittelbare Gläubigerbenachteiligung verlangt** (vgl. §§ 132 Abs. 1, 133 Abs. 2 InsO), genügt eine mittelbare Benachteiligung der Gläubiger. 113

a) Unmittelbare Gläubigerbenachteiligung

Unmittelbar ist eine Benachteiligung, die **ohne** das **Hinzutreten späterer Umstände** bereits mit der Vornahme der angefochtenen Rechtshandlung selbst eintritt. Entscheidend ist insoweit gem. **§ 140 InsO** der Zeitpunkt der Vollendung der Rechtshandlung.[401] Nach Sinn und Zweck der Anfechtungsbestimmungen muss bei der Frage, ob die Gläubiger unmittelbar benachteiligt werden, die **Vermögensverschiebung in ihrer wirtschaftlichen Bedeutung** erfasst und deshalb eine mehrteilige Rechtsübertragung als ein einheitliches Ganzes betrachtet werden. Durch den Abschluss eines Vertrages werden die Gläubiger unmittelbar benachteiligt, wenn der gesamte rechtsgeschäftliche Vorgang, der sich aus schuldrechtlichem Verpflichtungsgeschäft und dinglichem Erfüllungsgeschäft zusammensetzt, die Zugriffsmög- 114

---

396 Vgl. Henckel in Kölner Schrift zur InsO, S. 821 Rn 20.
397 BGH, 7.2.2013 – IX ZR 146/12, ZIP 2013, 637 f. Rn 3.
398 BGH, 28.2.2008 – IX ZR 213/06, ZInsO 2008, 374 f. Rn 14; BGH, 18.9.2003 – IX ZB 460/02, ZIP 203, 2036; BAG, 24.10.2013 – 6 AZR 466/12, ZIP 2014, 91 ff. Rn 43; Pape/Hauser, Massearme Verfahren nach der InsO, Rn 370 ff.
399 Vgl. BGH, 16.7.2009 – IX ZB 221/08, ZIP 2009, 1591 f. Rn 4.
400 BGH, 14.2.2019 – IX ZB 25/17, ZIP 2019, 715 ff. Rn 10.
401 BGH, 12.7.2007 – IX ZR 235/03, ZInsO 2007, 1107 ff. Rn 9; MüKo/Kayser, § 129 InsO Rn 113.

lichkeiten der Gläubiger verschlechtert.[402] Durch einen **Vertragsschluss**, aufgrund dessen der Schuldner für das, was er aufgibt, eine vollwertige Gegenleistung erhält, werden die Insolvenzgläubiger indes dann nicht benachteiligt, wenn diese Gegenleistung infolge eines weiteren, nicht zu dem Gesamttatbestand des Rechtsgeschäfts gehörenden Umstandes in dem Zeitpunkt nicht mehr im Vermögen des Schuldners vorhanden ist, in dem die von ihm zu erbringende Leistung endgültig aus seinem Vermögen „herausgeht".[403]

115   Grds. ist aber **jede Rechtshandlung selbstständig** auf ihre Ursächlichkeit für die konkret angefochtene gläubigerbenachteiligende Folge zu überprüfen.[404] Anfechtungsrechtlich selbstständig zu erfassen sind auch mehrere Rechtshandlungen, **die gleichzeitig vorgenommen** werden oder sich **wirtschaftlich ergänzen**.[405] Der Eintritt der Gläubigerbenachteiligung ist isoliert mit Bezug auf die konkret angefochtene Minderung des Aktivvermögens zu beurteilen. Dabei sind lediglich solche Folgen zu berücksichtigen, die an die anzufechtende Rechtshandlung selbst anknüpfen. Erhält der Schuldner für das, was er aus seinem Vermögen weggibt, unmittelbar eine vollwertige Gegenleistung, liegt keine unmittelbare Gläubigerbenachteiligung vor.[406] Erhält er etwas, das zwar keine Gegenleistung darstellt, sich aber in anderer Weise als – zumindest gleichwertiger – Vorteil erweist, kommt es darauf an, **ob der Vorteil unmittelbar mit** dem **Vermögensopfer zusammenhängt**. Das ist nicht schon dann der Fall, wenn das Vermögensopfer gezielt eingesetzt wird, um den Vorteil zu erreichen. Vielmehr muss sich der Vorteil unmittelbar in einer – den anderweitigen Nachteil zumindest ausgleichenden – Mehrung des Schuldnervermögens niederschlagen. Hingegen bleiben entferntere Ereignisse regelmäßig sogar dann außer Betracht, wenn sie adäquat kausal verursacht sind; eine **Vorteilsausgleichung** findet grds. **nicht** statt.[407] Erstattungsleistungen einer Sozialkasse knüpfen nicht in einer Weise an die Beitragszahlungen des Schuldners an, die es rechtfertigen könnte, die infolge der Beitragszahlungen eingetretene Gläubigerbenachteiligung im Umfang der Erstattungen als aufgehoben zu betrachten.[408]

---

402 BGH, 21.10.2010 – IX ZA 14/10, WM 2011, 276; BGH, 11.2.2010 – VII ZR 225/07, ZIP 2010, 646 ff. Rn 12; BGH, 15.12.1994 – IX ZR 153/93, BGHZ 128, 184, 187; HK/Kreft, § 129 InsO Rn 43.
403 BGH, 9.2.1955 – IV ZR 173/54, WM 1955, 404 ff.
404 BGH, 12.7.2007 – IX ZR 235/03, ZInsO 2007, 1107 ff. Rn 11 – „Maklerprovision"; BGH, 9.7.2009 – IX ZR 86/08, ZInsO 2009, 1585 ff. Rn 36.
405 Vgl. BGH, 7.2.2002 – IX ZR 115/99, WM 2002, 561, 563; BGH, 21.12.2010 – IX ZA 14/10, WM 2011, 276.
406 BGH, 13.3.2003 – IX ZR 64/02, BGHZ 154, 190, 195 f.
407 Vgl. zum Ganzen BGH, 21.11.2019 – IX ZR 238/18, WM 2020, 100 ff.; BGH, 12.7.2007 – IX ZR 235/03, ZInsO 2007, 1107 ff. Rn 11; BGH, 24.11.1959 – VIII ZR 220/57, WM 1960, 377 – „Unternehmensveräußerung"; MüKo/Kayser, § 129 InsO Rn 175 f.
408 BGH, 18.7.2019 – IX ZR 259/18, ZInsO 2019, 1790 ff.

Es genügt nicht, dass der Schuldner aufgrund eines Vertrages eine für ihn **116** gleichwertige Leistung erhalten hat. Diese Leistung muss auch **zugunsten** der **Insolvenzgläubiger verwertbar** sein. Räumt der Käufer hinsichtlich der Differenz zwischen seiner Zahlungspflicht und dem Verkehrswert eines Betriebsgrundstücks dem Schuldner als Verkäufer ein entgeltliches, auf den Kaufpreis anzurechnendes **unübertragbares Nutzungsrecht** ein, werden die Gläubiger unmittelbar benachteiligt, da ein solches Nutzungsrecht **unpfändbar** ist und somit nicht dem Gläubigerzugriff unterliegt.[409]

Verkauft der Schuldner in der Krise eine bewegliche Sache, so werden seine **117** Gläubiger unmittelbar benachteiligt, wenn der vereinbarte Kaufpreis **hinter** dem **Wert** der verkauften Sache **zurückbleibt**.[410] Unmittelbar gläubigerbenachteiligend ist auch ein Rechtsgeschäft des Schuldners, mit dem er **mehr zu leisten verspricht**, als der andere Teil fordern kann.[411] Bedeutsam ist dies in den Fällen, in denen ein Gläubiger den vorläufigen „schwachen" Insolvenzverwalter (vgl. § 21 Abs. 2 Satz 1 Nr. 2 Alt. 2 InsO) unter der **Drohung**, eine für die Fortführung des Geschäftsbetriebes des Schuldners notwendige Leistung nicht zu erbringen, dazu veranlasst, auch dessen „**Altforderungen**" zu befriedigen. Die Benachteiligung der Insolvenzgläubiger besteht in diesen Fällen darin, dass der Gläubiger volle Befriedigung erlangt, obwohl er im Insolvenzverfahren i.d.R. allenfalls eine Quote auf seine „Altforderungen" hätte erlangen können.[412] Die Schenkung eines wertausschöpfend belasteten Grundstücks hat eine unmittelbare Benachteiligung der Gläubiger zur Folge, wenn die **Belastungen nicht mehr voll valutieren** und der Schuldner seine Ansprüche auf Rückgewähr der nicht valutierten Grundpfandrechte mitverschenkt.[413]

Entrichtet eine GmbH nach drohender Zahlungsunfähigkeit **Prämien** für eine **118** **Direktversicherung** ihres Geschäftsführers weiter, so benachteiligt dies im Regelfall trotz der als Gegenleistung erhaltenen Dienste die Gläubiger der Gesellschaft.[414] Denn für die Insolvenzgläubiger gewährten die erbrachten Tätigkeiten des Geschäftsführers keine Zugriffsmöglichkeit, wie sie die zur Entrichtung der Versicherungsprämien abgeflossenen Zahlungsmittel boten.[415]

---

409 BGH, 18.12.2008 – IX ZR 79/07, ZInsO 2009, 518 ff.; vgl. ferner BGH, 29.4.1986 – IX ZR 145/85, ZIP 1986, 787 ff.
410 Vgl. BGH, 21.5.1980 – VIII ZR 40/79, NJW 1980, 1961 f.
411 Jaeger/Henckel, § 129 InsO Rn 96.
412 Vgl. BGH, 9.12.2004 – IX ZR 108/04, BGHZ 161, 315 ff.; BGH, 13.3.2003 – IX ZR 64/02, BGHZ 154, 190 ff.
413 Vgl. BGH, 10.1.1985 – IX ZR 2/84, ZIP 1985, 372 f.; Gehrlein in Ahrens/Gehrlein/Ringstmeier, § 129 Rn 68.
414 BGH, 12.1.2012 – IX ZR 95/11, ZIP 2012, 285 f.
415 BGH, 12.1.2012 – IX ZR 95/11, ZIP 2012, 285 f. Rn 6; Jaeger/Henckel, § 133 InsO Rn 19.

Schäfer

119 Eine unmittelbare Gläubigerbenachteiligung tritt bereits in dem Zeitpunkt ein, in dem der Erwerber ein **Anwartschaftsrecht** erlangt. Ist dies der Fall, so wird die Gläubigerbenachteiligung nicht mehr dadurch beseitigt, dass der Schuldner das Grundstück wertausschöpfend belastet, bevor der Eigentumswechsel im Grundbuch eingetragen wird.[416] Ein solches Anwartschaftsrecht steht jedoch dem Begünstigten einer Lebensversicherung mit der Einräumung eines **widerruflichen Bezugsrechts** noch **nicht** zu.[417] Eine Gläubigerbenachteiligung in Form einer Erschwerung des Gläubigerzugriffs ist gegeben, wenn ein Grundstück oder ein Anwartschaftsrecht in eine GmbH eingebracht wird. In dem dafür erworbenen Geschäftsanteil an der GmbH liegt in der Regel kein vollwertiger Ausgleich, weil ein Geschäftsanteil im Allgemeinen schwerer zu verwerten ist als ein Grundstück.[418]

b) Mittelbare Gläubigerbenachteiligung

120 Eine mittelbare Gläubigerbenachteiligung ist gegeben, wenn die Benachteiligung der Gläubiger nicht bereits durch die angefochtene Rechtshandlung selbst, sondern erst **durch** einen **weiteren Umstand ausgelöst** wird.[419] Dabei reicht es aus, wenn dieser weitere Umstand bis zum Zeitpunkt der **letzten mündlichen Verhandlung** in den **Tatsacheninstanzen** eintritt und sich somit die Gläubigerbenachteiligung erst in diesem Moment verwirklicht.[420] Eine Gläubigerbenachteiligung ist daher auch bei Rechtshandlungen anzunehmen, die zwar im Rahmen von **Sanierungsbemühungen** erfolgen, welche aber letztlich die Insolvenz nicht abgewendet haben.[421] Genügt eine mittelbare Gläubigerbenachteiligung, so ist es unerheblich, ob die bei der Vornahme der Rechtshandlung vorhandenen Mittel noch zur vollständigen Befriedigung der Gläubiger ausreichen und ob der Schuldner zu diesem Zeitpunkt überhaupt Gläubiger hatte.[422] Setzt der Anfechtungstatbestand nur eine mittelbare Gläubigerbenachteiligung voraus (vgl. §§ 130 Abs. 1 Satz 1, 133 Abs. 1 InsO), so ist keine durchgängige Zahlungsunfähigkeit des Schuldners erforderlich. Die Insolvenzgläubiger können durch Zahlungen des Schuldners vielmehr auch dann i.S.d. § 129 Abs. 1 InsO benachteiligt werden, wenn der zum Zeitpunkt der Zahlungen zahlungsunfähige Schuldner vor dem Eintritt der zur Verfahrenseröffnung füh-

---

416 BGH, 15.12.1994 – IX ZR 153/93, BGHZ 128, 184 ff.
417 Vgl. BGH, 23.10.2003 – IX ZR 252/01, BGHZ 156, 350 ff.; BGH, 4.3.1993 – IX ZR 169/92, ZIP 1993, 600, 602.
418 BGH, 15.12.1994 – IX ZR 153/93, BGHZ 128, 184, 189.
419 BGH, 11.11.1993 – IX ZR 257/92, BGHZ 124, 76, 79; HK/Kreft, § 129 InsO Rn 42.
420 BGH, 30.9.1993 – IX ZR 227/92, BGHZ 123, 320, 323; BGH, 11.7.1996 – IX ZR 226/94, NJW 1996, 3147, 3149; BGH, 9.12.1999 – IX ZR 102/97, BGHZ 143, 246, 253; Gottwald/Huber, Insolvenzrechts-Handbuch, § 46 Rn 69.
421 BGH, 14.6.2018 – IX ZR 22/15, ZIP 2018, 1794 ff. Rn 15; MüKo/Kayser, § 129 InsO Rn 122.
422 Vgl. BGH, 13.8.2009 – IX ZR 159/06, ZIP 2009, 1966 ff. Rn 5; Jaeger/Henckel, § 134 InsO Rn 6.

renden Insolvenz **vorübergehend seine Zahlungsfähigkeit wiedererlangt** hatte.[423]

Zwischen der angefochtenen Rechtshandlung und der eingetretenen Gläubigerbenachteiligung muss ein **ursächlicher Zusammenhang** bestehen. Insoweit genügt es jedoch, dass die Rechtshandlung im natürlichen Sinne eine Bedingung für die Gläubigerbenachteiligung darstellt. Da es nicht um einen Schadensersatzanspruch geht, der sich u.U. auch auf entfernte Folgen einer Handlung erstrecken kann, bedarf es i.R.d. Anfechtungsrechts **nicht der Einschränkung** durch die **Adäquanztheorie**.[424]

121

Eine mittelbare Gläubigerbenachteiligung liegt daher in den praktisch bedeutsamen Fällen vor, in denen der Schuldner zunächst eine gleichwertige **Gegenleistung** erlangt hat, diese aber zum Zeitpunkt der Eröffnung des Insolvenzverfahrens **nicht mehr vorhanden** ist, etwa weil sie in Verlust geraten, für die Befriedigung einzelner Gläubiger verwendet oder beiseite geschafft wurde.[425] In der **Gesetzesbegründung** zu § 129 InsO wird darauf hingewiesen, dass die Veräußerung eines Grundstücks auch dann wegen vorsätzlicher Benachteiligung anfechtbar sein könne, wenn sie zwar zu einem angemessenen Preis erfolge, der Schuldner aber die dem anderen Teil bekannte **Absicht** habe, das Geld dem **Zugriff** der Gläubiger **zu entziehen**.[426] Die Veräußerung einer Sache kann ferner mittelbar benachteiligend sein, wenn die dem Schuldner zustehende **Leistung uneinbringlich** ist.[427] Bringt der Schuldner ein Grundstück in eine GmbH ein, ist eine mittelbare Gläubigerbenachteiligung gegeben, wenn die GmbH verpflichtet ist, daran zur Sicherung der Finanzierung des Grundstückserwerbs durch den Schuldner eine Grundschuld zu bestellen.[428]

122

Eine mittelbare Gläubigerbenachteiligung liegt ferner vor, wenn die **Gegenleistung** an **Wert verloren** hat.[429] Ist der **Wert** des **anfechtbar weggegebenen Gegenstandes** nach der Vornahme der Rechtshandlung **gestiegen**, kann ebenfalls eine mittelbare Gläubigerbenachteiligung gegeben sein.[430] Entsprechendes gilt nach der Rechtsprechung des BGH, wenn der Weggabe eines Vermögensgegenstandes durch den Schuldner im wirtschaftlichen Ergebnis nicht der Zufluss einer gleichwertigen Gegenleistung, sondern die durch **Aufrechnung** erfolgte Tilgung einer **Insolvenz-**

123

---

[423] BGH, 20.10.2016 – IX ZR 305/14, ZInsO 2016, 2393ff. Rn 13.
[424] BGH, 9.12.1999 – IX ZR 102/97, BGHZ 143, 246, 253; Jaeger/Henckel, § 129 Rn 127.
[425] Vgl. BGH, 3.3.1988 – IX ZR 11/87, WM 1988, 799, 801; Uhlenbruck/Hirte/Ede, § 129 InsO Rn 245.
[426] Begr. zum RegE, BT-Drucks. 12/2443, S. 157.
[427] Uhlenbruck/Hirte/Ede, § 129 InsO Rn 242.
[428] BGH, 15.12.1994 – IX ZR 153/93, BGHZ 128, 184, 189; Gehrlein in Ahrens/Gehrlein/Ringstmeier, § 129 InsO Rn 72.
[429] HK/Kreft, § 129 InsO Rn 48; Gottwald/Huber, Insolvenzrechts-Handbuch, § 46 Rn 69.
[430] Uhlenbruck/Hirte/Ede, § 129 InsO Rn 245.

forderung gegenübersteht.[431] Eine mittelbare Gläubigerbenachteiligung kann ferner bei der Zahlung einer angemessenen Vergütung für Sanierungsbemühungen eintreten, die letztlich die Insolvenz nicht abwenden konnten.[432]

124 Mittelbar benachteiligt werden die Gläubiger auch dann, wenn der Wert des dem Anfechtungsgegner übertragenen Gegenstandes dadurch steigt, dass nach der Vornahme der Rechtshandlung vorrangige **Sicherungsrechte** Dritter **wegfallen**.[433] Auf der anderen Seite kann die **Gläubigerbenachteiligung entfallen**, wenn der in das Vermögen des Schuldners gelangte Gegenstand nach der Vornahme der Rechtshandlung **Wertsteigerungen** erfahren hat, indem etwa vorrangige Sicherungsrechte Dritter weggefallen sind.[434] Eine mittelbare Gläubigerbenachteiligung ist gegeben, wenn durch die angefochtene Rechtshandlung eine Forderung des Anfechtungsgegners, die im Fall der Insolvenzeröffnung eine bloße Insolvenzforderung gewesen wäre, zur **Masseverbindlichkeit aufgewertet** wird. Dies ist etwa der Fall, wenn eine **Vertragsübernahme** zur Folge hat, dass die Insolvenzmasse gemäß § 108 Abs. 1 Satz 1 InsO für die nach der Eröffnung des Insolvenzverfahrens fällig gewordenen Mieten haftet, die nach den §§ 53, 55 Abs. 1 Nr. 2 InsO vorweg als Masseverbindlichkeiten zu befriedigen sind.[435]

125 Die **Herbeiführung** einer **Aufrechnungslage** führt in der Regel nur zu einer mittelbaren Gläubigerbenachteiligung, da die Aufrechnung als generell zulässiges Erfüllungssurrogat zu einer ausgleichenden Schuldtilgung auf Seiten des Schuldners führt; erst die Eröffnung des Insolvenzverfahrens bewirkt insoweit die Gläubigerbenachteiligung, indem der Aufrechnungsbefugte mehr als die auf ihn entfallende Insolvenzquote erhält.[436]

3. Erhaltung der Haftungsmasse

126 Die Anfechtung soll weggegebene Gegenstände des Schuldners dem **(Vollstreckungs-) Zugriff** der Gläubiger **wieder erschließen**.[437] Nach der früheren Rechtsprechung des BGH fehlte es an einer Gläubigerbenachteiligung i.S.d. § 129 Abs. 1 InsO, wenn der weggegebene Gegenstand nicht als Bestandteil des Schuldnerver-

---

431 BGH, 14.12.1983 – VIII ZR 352/82, BGHZ 89, 189 ff. – „Panzerbrücken" – m. krit. Anm. von Baur, JZ 1984, 422 f.; vgl. dazu ferner Jaeger/Henckel, § 132 Rn 20; Uhlenbruck/Hirte/Ede, § 129 Rn 245.
432 Vgl. MüKo/Kayser, § 129 InsO Rn 122 mit Hinweis auf BGH, 4.12.1997 – IX ZR 47/97, NJW 1998, 1561, 1564.
433 Vgl. BGH, 12.11.1992 – IX ZR 237/91, ZIP 1993, 271, 274.
434 Vgl. KPB/Ehricke, § 129 InsO Rn 99.
435 BGH, 26.4.2012 – IX ZR 146/11, ZIP 2012, 1183 ff.; BGH, 8.11.2012 – IX ZR 77/11, ZInsO 2012, 2338 ff.
436 BGH, 18.4.2013 – IX ZR 240/12, juris Rn 3; MüKo/Kayser, § 129 InsO Rn 149.
437 BGH, 8.7.1993 – IX ZR 116/92, BGHZ 123, 183, 185; BGH, 23.2.1984 – IX ZR 26/83, BGHZ 90, 207, 211 f.

mögens **pfändbar** war.⁴³⁸ Davon ist der **BGH** in seinem grundlegenden Urt. v. 6.10.2009⁴³⁹ zur Tilgung einer Verbindlichkeit des Schuldners im Wege der nur **geduldeten Kontoüberziehung abgerückt**. Eine Gläubigerbenachteiligung sei nicht nur dann gegeben, wenn der Schuldner pfändbare Vermögensgegenstände dem Gläubigerzugriff entziehe; die Gläubiger würden auch dann benachteiligt, wenn durch die angefochtene Rechtshandlung die **Schuldenmasse vermehrt** werde.⁴⁴⁰ Die mittelbare Zuwendung könne nur infolge und nach der Einräumung des vom Schuldner beantragten Überziehungskredits bewirkt werden. Der unmittelbar aus dem Vermögen der Bank herrührende Zahlungsfluss sei daher dem Schuldner zuzurechnen. Die Gläubigerbenachteiligung bestehe gerade darin, dass die Kreditmittel nicht in das Vermögen des Schuldners gelangt und dort für den Zugriff der Gläubigergesamtheit verblieben seien.⁴⁴¹ Erbringt eine von mehreren verbundenen Gesellschaften, denen die Bank eine **gemeinschaftliche Kreditlinie** eingeräumt hatte, eine Zahlung durch eine **geduldete Überziehung** ihres Kontos, benachteiligt dies ihre Gläubiger, auch wenn mit der Zahlung die **Verbindlichkeit** einer **verbundenen Gesellschaft getilgt** wird.⁴⁴²

Festzuhalten ist somit, dass sich nach der **neueren Rechtsprechung** des BGH **127** der dem Anfechtungsgegner zugewendete Gegenstand **nicht** zuvor im **Vermögen des Schuldners befunden haben muss**. Dies im Urt. v. 6.10.2009 auszusprechen war indes unnötig, da auch der BGH davon ausgeht, dass die mittelbare Zuwendung des Schuldners „nur infolge und nach Einräumung des Überziehungskredits" habe bewirkt werden können.⁴⁴³ Also stand dem Schuldner zumindest vorübergehend auch die Verfügungsmacht über die fraglichen Mittel zu; bis zur Vollendung der Verfügung hätten seine Gläubiger erfolgreich eine Pfändung erwirken können.⁴⁴⁴

Die Frage der **Zugehörigkeit** des zugewendeten Vermögensgegenstandes zum **128 Schuldnervermögen** stellte sich ferner in einem Urteil des BGH vom 22.10.2015.⁴⁴⁵ War das ursprüngliche **Bezugsrecht** bei einer **Lebensversicherung** widerruflich oder wurde es mit Zustimmung des ursprünglich Bezugsberechtigten widerrufen, kann bei einer späteren Bezugsrechtsänderung eine Gläubigerbenachteiligung gegeben sein. Zwar gehört nach der Rechtsprechung des BGH auch im Fall eines widerruflichen Bezugsrechts der **Anspruch auf** die **Versicherungsleistung bis** zum **Eintritt** des **Versicherungsfalles nicht** zum **Vermögen** des **Versicherungsneh-**

---

438 BGH, 8.7.1993 – IX ZR 116/92, BGHZ 123, 183, 185 m.w.N.
439 BGH, 6.10.2009 – IX ZR 191/05, BGHZ 182, 317 ff. – „Kontoüberziehung".
440 Vgl. BGH, 16.11.2007 – IX ZR 194/04, BGHZ 174, 228, 233 f. Rn 18.
441 BGH, 6.10.2009 – IX ZR 191/05, BGHZ 182, 317 ff. Rn 14 f.
442 BGH, 25.2.2016 – IX ZR 12/14.
443 BGH, 6.10.2009 – IX ZR 191/05, BGHZ 182, 317 ff. Rn 14.
444 Zu Recht kritisch HK/Kraft, § 129 InsO Rn 53.
445 BGH, 22.10.2015 – IX ZR 248/14, ZInsO 2015, 2374 ff.

mers; er entsteht vielmehr mit dem Todesfall unmittelbar im Vermögen des Bezugsberechtigten.[446] Der **Versicherungsnehmer wende** die Versicherungssumme dem Bezugsberechtigten **allerdings mittelbar zu**. Deswegen komme es nicht darauf an, ob sich der Anspruch auf die Versicherungsleistung tatsächlich jemals im Vermögen des Schuldners befunden habe.[447]

a) Unpfändbare Gegenstände

129 Bezieht sich die angefochtene Rechtshandlung auf **Gegenstände**, die **nicht** der **Zwangsvollstreckung unterliegen** (vgl. insb. die **§§ 811 Nr. 1 bis 3, 5 bis 8, 10 bis 13, 850 ff. ZPO**), werden die Insolvenzgläubiger im Grundsatz nicht benachteiligt, weil diese Gegenstände auch ohne die angefochtene Rechtshandlung nicht zur gleichmäßigen Befriedigung der Insolvenzgläubiger zur Verfügung gestanden hätten.[448] Dazu gehören auch **Persönlichkeitsrechte** und **höchstpersönliche Rechte** des Schuldners, wie etwa personenrechtliche Veränderungen, selbst wenn sie sich nachteilig auf das Schuldnervermögen auswirken. Unpfändbar ist bspw. das Recht des Mitglieds eines Versorgungswerks, die **Mitgliedschaft** zu beenden, um die Erstattung gezahlter Beträge verlangen zu können,[449] nicht jedoch ausgezahltes Baugeld, sofern es nicht auf einem besonderen Treuhandkonto verbucht ist.[450] Nach einem Urteil des IV. Zivilsenats des BGH vom 19.2.2014[451] wird ein **privater Krankheitskostenversicherungsvertrag** nicht vom Insolvenzbeschlag erfasst und unterliegt daher nicht dem Wahlrecht des Insolvenzverwalters. Wenn und soweit das in einem **Altersvorsorgevertrag** im Sinne der **§§ 1, 5 AltZeitG** angesparte Kapital aus gefördertem Altersvorsorgevermögen, geförderten laufenden Altersvorsorgebeiträgen oder gezahlten Zulagen stammt, ist es auch dann unpfändbar, wenn der Schuldner berechtigt ist, den Altersvorsorgevertrag jederzeit zu kündigen.[452]

130 Eine Anfechtung der **Erbschaftsausschlagung** ist nicht möglich, da das Recht zur Annahme oder Ausschlagung der Erbschaft gem. **§ 83 Abs. 1 Satz 1 InsO** nur dem Schuldner zusteht.[453] Unanfechtbar ist ferner der Verzicht auf den **Pflichtteil**, wenn er vor dem Eintritt der Pfändungsvoraussetzungen gem. **§ 852 Abs. 1 ZPO** er-

---

446 Vgl. BGH, 22.10.2015 – IX ZR 248/14, ZInsO 2015, 2374 ff. Rn 21 mit Hinweis auf BGH, 28.4.2010 – IV ZR 73/08, BGHZ 185, 252 ff. Rn 17.
447 BGH, 22.10.2015 – IX ZR 248/14, ZInsO 2015, 2374 ff. Rn 22.
448 Vgl. HK/Kreft, § 129 InsO Rn 53.
449 BGH, 10.1.2008 – IX ZR 94/06, ZInsO 2008, 204 ff.
450 Vgl. BGH, 13.10.1987 – VI ZR 279/86, ZIP 1987, 1436, 1439; BGH, 26.4.2013 – IX ZR 220/11, ZIP 2013, 1288 f. Rn 5.
451 BGH, 19.2.2014 – IV ZR 163/13, ZIP 2014, 688 ff.
452 BGH, 16.11.2017 – IX ZR 21/17, ZIP 2018, 135 ff.
453 Vgl. BGH, 20.12.2012 – IX ZR 56/12, WM 2013, 229 ff.; Uhlenbruck/Hirte/Ede, § 129 InsO Rn 408.

folgt.⁴⁵⁴ Auch die **Arbeitskraft** des Schuldners ist unpfändbar (vgl. **§ 888 Abs. 2 ZPO**) und somit der Anfechtung entzogen. Anders ist dies jedoch dann, wenn der Schuldner seine eigene Arbeitskraft oder seine Arbeitnehmer zugunsten eines einzelnen Gläubigers tatsächlich einsetzt.⁴⁵⁵ Die Arbeitskraft des Schuldners unterliegt zwar gemäß § 888 Abs. 2 ZPO nicht dem Insolvenzbeschlag; setzt er seine Arbeitskraft jedoch tatsächlich ein, so kann dies eine Benachteiligung der Insolvenzgläubiger zur Folge haben.⁴⁵⁶

b) Schuldnerfremdes und wertausschöpfend belastetes Vermögen; Sicherheitentausch

Schuldnerfremdes Vermögen unterliegt nicht dem Insolvenzbeschlag, sodass Rechtshandlungen, die fremde Vermögensgegenstände betreffen, die Insolvenzgläubiger grds. nicht benachteiligen.⁴⁵⁷ Dies gilt v.a. für Insolvenzgläubiger, die aufgrund eines **dinglichen** oder **persönlichen Rechts** gemäß **§ 47 InsO** zur **Aussonderung** berechtigt sind. Auch die **Ablösung** eines solchen unanfechtbar begründeten Aussonderungsrechts kann daher nicht angefochten werden, wenn die Zahlung dem Wert des Aussonderungsrechts entspricht.⁴⁵⁸ Beim Kauf von Kraftstoffen an einen Handelsvertreter gezahltes Bargeld geht unmittelbar in das Eigentum des Mineralölunternehmens über. Dieses erlangt Miteigentum, wenn der Handelsvertreter das Geld mit eigenem Geld in der Kasse verwahrt. Das Recht eines Miteigentümers wird in der Insolvenz eines Mitberechtigten wie der Aussonderungsanspruch eines Alleineigentümers behandelt. Dem Miteigentümer obliegt jedoch der schwer zu führende Beweis des auf ihn entfallenden Anteils. Überdies entfällt ein Aussonderungsrecht, wenn der Schuldner fremdes Geld auf sein eigenes Konto einzahlt.⁴⁵⁹ Für die Annahme einer Gläubigerbenachteiligung ist es ohne Bedeutung, ob ein vollstreckungsrechtlicher Zugriff auf das Kontoguthaben des Schuldners wegen des engen zeitlichen Zusammenhangs der Einzahlung und der anschließenden Überweisung mit besonderen Schwierigkeiten verbunden war.⁴⁶⁰ 131

Anders verhält es sich hingegen bei **Absonderungsrechten** i.S.d. **§§ 50, 51 InsO**. Befinden sich die ihnen unterliegenden beweglichen Sachen im Besitz des 132

---

454 HK/Kreft, § 129 InsO Rn 20.
455 Vgl. BGH, 26.6.2008 – IX ZR 144/05, ZInsO 2008, 801 ff.
456 Vgl. BGH, 26.6.2008 – IX ZR 144/05, ZInsO 2008, 801 ff.; HambKomm/Rogge/Leptien, § 129 InsO Rn 42.
457 BGH, 11.5.2000 – IX ZR 262/98, NJW 2000, 3777, 3778; BGH, 19.3.2009 – IX ZR 39/08, ZInsO 2009, 828 ff. Rn 13.
458 Vgl. BGH, 11.7.1991 – IX ZR 230/90, ZIP 1991, 1014, 1017; BGH, 17.6.2004 – IX ZR 124/03, ZInsO 2004, 856 ff. Rn 24; HambKomm/Rogge, § 129 InsO Rn 55.
459 Vgl. BGH, 23.9.2010 – IX ZR 212/09, ZInsO 2010, 1929 ff. Rn 13 ff.
460 BGH, 23.9.2010 – IX ZR 212/09, ZInsO 2010, 1929 ff. Rn 22.

Schäfer

Insolvenzverwalters, so ist dieser gem. § 166 InsO zur Verwertung berechtigt. Das der Insolvenzmasse gem. §§ 166 Abs. 2, 170, 171 InsO verbleibende **Verwertungsrecht** verkörpert durchweg noch einen **selbstständigen**, im Kern geschützten **Vermögenswert**. Entsprechendes gilt für Forderungen. Hat daher der Schuldner eine Forderung sicherungshalber an einen Dritten abgetreten, kann die Aufrechnung des Forderungsschuldners die Insolvenzgläubiger benachteiligen.[461] Geht einer Vollabtretung eine Sicherungsabtretung voraus, liegt die objektive Gläubigerbenachteiligung im Entzug des zunächst in der künftigen Insolvenzmasse verbleibenden Vermögenskerns.[462]

133   Hat dagegen der Schuldner den absonderungsberechtigten Gläubiger in der Krise im **Vorfeld** der **Insolvenzeröffnung** (wertangemessen) **befriedigt**, konnte kein Verwertungsrecht zugunsten der Insolvenzmasse entstehen, sodass ein unanfechtbarer, **wirtschaftlich neutraler Vorgang** gegeben ist.[463] Das bloße Entfallen von Kostenbeiträgen nach den §§ 170, 171 InsO führt nicht zu einer Gläubigerbenachteiligung, da diese lediglich Mehrkosten ausgleichen sollen, die durch die Bearbeitung von Absonderungsrechten im Insolvenzverfahren anfallen.[464] Gläubigerbenachteiligend kann dagegen die Belastung mit Umsatzsteuer sein.[465] Ein die Gläubiger nicht benachteiligender **Sicherheitentausch** liegt vor, wenn ein Kreditinstitut, dem der Schuldner **künftige Forderungen** (anfechtungsfest) **sicherungshalber abgetreten** hat, auf dem Konto des Schuldners eingehende Zahlungen von Drittschuldnern mit seinen Forderungen gegen den Schuldner verrechnet.[466] Die Zahlung erfolgt in diesen Fällen nach Ansicht des BGH unmittelbar in das Vermögen des Kreditinstituts, das den Erlös selbst bei einer noch nicht offengelegten Abtretung als wahrer Berechtigter erhält. Zwar erlischt damit der als Sicherheit dienende Anspruch des Kreditinstituts gegen den Einzahlenden, und es entsteht der Anspruch des Kunden auf Herausgabe gem. § 667 BGB. Gleichzeitig erwirbt das Kreditinstitut jedoch gem. **Nr. 14 Abs. 1 Satz 2 AGB-Banken** ein Pfandrecht an dem Herausgabeanspruch des Kunden. Ein solcher Austausch von Sicherheiten wirkt nicht gläubigerbenachteiligend.[467]

134   Soll durch die Zahlung des Kaufpreises ein an der Kaufsache bestehendes Recht der Bank des Verkäufers abgelöst werden, so unterliegt die **Kaufpreisforderung**

---

461   BGH, 5.4.2001 – IX ZR 216/98, BGHZ 147, 233 ff.
462   BGH, 20.12.2012 – IX ZR 130/10, ZIP 2013, 374 ff.
463   Vgl. BGH, 9.10.2003 – IX ZR 28/03, ZInsO 2003, 1101 ff.; BGH, 17.6.2004 – IX ZR 124/03, ZInsO 2004, 856 ff. Rn 24; Uhlenbruck/Hirte/Ede, § 129 InsO Rn 180.
464   BGH, 26.4.2012 – IX ZR 67/09, ZIP 2012, 1301 ff. Rn 28.
465   BGH, 29.3.2007 – IX ZR 27/06, ZIP 2007, 1126 ff.
466   BGH, 1.10.2002 – IX ZR 360/99, NJW 2003, 360 ff.
467   BGH, 28.2.2008 – IX ZR 177/05, ZInsO 2008, 375 ff. Rn 12; BGH, 1.10.2002 – IX ZR 360/99, NJW 2003, 361; BGH, 2.6.2005 – IX ZR 181/03, ZInsO 2005, 932 ff. Rn 14; Gottwald/Huber, Insolvenzrechts-Handbuch, § 46 Rn 58 – kritisch dazu Jaeger/Henckel, § 130 Rn 87; Braun/de Bra, § 129 Rn 33.

einer **treuhänderischen Bindung**, wenn der Kaufpreis nach der vertraglichen Vereinbarung nur auf das bei der betreffenden Bank im Soll geführte Konto des Verkäufers gezahlt werden darf; diese treuhänderische Bindung müssen auch die Gläubiger des Verkäufers gegen sich gelten lassen. Hat die Bank im Gegenzug für diese Treuhandbindung ihr Sicherungseigentum an den verkauften Waren aufgegeben, so liegt im Umfang des Wertes des aufgegebenen Sicherungsrechts ein **Sicherheitentausch** vor, der die Gläubiger nicht benachteiligt.[468]

Ein solcher anfechtungsrechtlich neutraler Sicherheitentausch ist indes nicht gegeben, wenn die **Sicherungskette nicht geschlossen** ist, etwa weil dem Sicherungsnehmer im Falle der Bildung eines **Sicherheitenpools** mit anderen Sicherungsnehmern keine dinglichen, sondern nur schuldrechtliche Rechte an den in den Pool eingebrachten Sicherungsrechten zustehen.[469] Kein bloßer Sicherheitentausch liegt ferner dann vor, wenn der **Schuldner** die zur Sicherheit abgetretene Forderung **selbst eingezogen** und den eingezogenen Betrag erst dann an den Sicherungsnehmer weitergeleitet hat. Denn in diesem Fall ist das Absonderungsrecht des Sicherungsnehmers erloschen, und der Schuldner hatte zwischenzeitlich ein dinglich unbelastetes Recht an dem Zahlungsbetrag inne. Anders ist es nur dann, wenn der Sicherungsnehmer ein **Ersatzabsonderungsrecht** erworben hat.[470] Ein solches Ersatzabsonderungsrecht entsteht jedoch nicht bei berechtigter Einziehung, da die analoge Anwendung des **§ 48 InsO** eine unberechtigte Einziehung voraussetzt.[471] Bei unberechtigter Einziehung muss der gezahlte Betrag noch unterscheidbar im Schuldnervermögen vorhanden sein, andernfalls entsteht kein Ersatzabsonderungsrecht.[472]

Der Austausch einer unanfechtbaren **Grundschuld** gegen ein Pfandrecht am Anspruch auf Gutschrift des Veräußerungserlöses benachteiligt die Gläubiger ebenfalls nicht.[473] Ein bloßer Sicherheitentausch liegt dagegen nicht vor, wenn der Schuldner als Eigentümer eines mit einem Grundpfandrecht belasteten Grundstücks in der Krise noch vor der Beschlagnahme über die Mietforderungen zugunsten des Grundpfandgläubigers verfügt bzw. in die Mietforderungen vollstreckt wird.[474] Beim **verlängerten Eigentumsvorbehalt** tritt die Forderung aus der Weiterveräußerung der Sache im Wege des Sicherheitentauschs an die Stelle des Sacheigentums. Die Gläubiger werden daher nicht benachteiligt, sofern der Wert der abgetretenen For-

---

[468] BGH, 26.4.2012 – IX ZR 67/09, ZIP 2012, 1301 ff. Rn 26.
[469] Vgl. BGH, 2.6.2005 – IX ZR 181/03, ZInsO 2005, 932 ff. – „Sicherheitenpool (1)".
[470] BGH, 19.1.2006 – IX ZR 154/03, ZInsO 2006, 493 ff. – „Zahlungsweiterleitung".
[471] BGH, 8.3.2007 – IX ZR 127/05, ZIP 2007, 924 ff.
[472] Vgl. BGH, 11.3.1999 – IX ZR 164/98, BGHZ 141, 116, 120 ff.
[473] BGH, 18.9.2008 – IX ZR 62/05, NZG 2008, 902.
[474] Vgl. BGH, 17.9.2009 – IX ZR 106/08, BGHZ 182, 264 ff. – „Doppelsicherung"; vgl. dazu Schäfer in Kummer/Schäfer/Wagner, Rn B322 ff.

derung jenen der veräußerten Sache nicht übersteigt.[475] Hinsichtlich der vom Schuldner als Vorbehaltskäufer aufgeschlagenen **Marge** kann jedoch eine Gläubigerbenachteiligung gegeben sein. Denn insoweit liegt mit der Vereinbarung des Eigentumsvorbehalts noch keine Sicherung vor; vielmehr wird eine solche erst mit der Entstehung der abgetretenen Forderung begründet.[476] Übereignet der Schuldner **Bestandteile** seines **Geschäftsbetriebes** zur **Sicherheit** an einen Darlehensgeber und veräußert er danach den gesamten Geschäftsbetrieb unter Eigentumsvorbehalt an einen Erwerber mit der Weisung, den Kaufpreis direkt an den Darlehensgeber zu zahlen, werden die Gläubiger benachteiligt, wenn die Höhe der Zahlung den Wert des dem Darlehensgeber insolvenzfest übereigneten Sicherungsguts übersteigt.[477]

137   Noch nicht abschließend geklärt ist die Frage, ob ein insolvenzfest begründetes **Pfandrecht** ohne Benachteiligung der Gläubiger noch anfechtungsfest **durch** eine **zu sichernde Forderung „unterlegt"** werden kann, wenn die zu sichernde Forderung erst in den kritischen Anfechtungszeiträumen entsteht. Der BGH hat dies bejaht.[478] Es geht dabei um die Unterscheidung zwischen dem **Pfandrecht an** einer **künftigen Forderung** und dem **Pfandrecht für** eine **künftige Forderung**. Ersteres entsteht erst mit der Entstehung der verpfändeten Forderung; letzteres soll dagegen schon mit der Pfandrechtsbestellung wirksam sein.[479]

138   Diese **Unterscheidung** ist jedoch **wertungsmäßig nicht gerechtfertigt**.[480] Gemäß § 91 InsO kann kein Absonderungsrecht mehr zum Nachteil der Masse entstehen, wenn die zu sichernde Forderung erst nach der Eröffnung des Insolvenzverfahrens entsteht. Dementsprechend ist auch für die Anfechtung ausschlaggebend, dass dem Insolvenzschuldner zum Nachteil seiner Gläubiger die **Einrede der Nichtvalutierung** gegen das Pfandrecht entzogen wird, wenn die gesicherte Forderung erst in der kritischen Zeit entsteht. Es ergibt sich bereits aus einem Urteil des BGH vom 13.5.1997,[481] dass dem Pfandgläubiger beim Fehlen einer zu sichernden Forderung noch keine **gesicherte Rechtsposition** zukommt. Erwirbt die kontokorrentführende Bank erst nach der Pfändung des Kontokorrentsaldos durch einen Gläubiger des Bankkunden eine Forderung gegen diesen, so kann sie nach diesem Urteil den „Zustellungssaldo" auch nicht aufgrund ihres AGB-Pfandrechts mit Wirkung gegenüber dem Pfändungsgläubiger um den Betrag der Forderung verringern.

---

[475] BGH, 6.4.2000 – IX ZR 122/99, ZInsO 2000, 349 ff.; BGH, 14.5.1975 – VIII ZR 254/73, BGHZ 64, 312, 314 ff.
[476] BGH, 26.4.2012 – IX ZR 67/09, ZIP 2012, 1301 ff. Rn 33; BGH, 17.3.2011 – IX ZR 63/10, BGHZ 189, 1 ff. Rn 33.
[477] BGH, 19.3.2009 – IX ZR 39/08, ZInsO 2009, 828 ff.
[478] BGH, 19.3.1998 – IX ZR 22/97, BGHZ 138, 291 ff.
[479] Vgl. dazu BGH, 14.12.2006 – IX ZR 102/03, BGHZ 170, 196 ff. – „Vermieterpfandrecht".
[480] Vgl. MüKo/Kirchhof, § 140 InsO Rn 15; Jaeger/Henckel, § 140 InsO Rn 17 f.; HK/Kreft, § 140 InsO Rn 4 mit Fn 42; Berger, NZI 2007, 566 ff.
[481] BGH, 13.5.1997 – IX ZR 129/96, NJW 1997, 2322 ff.

Mit Sicherungsrechten (anfechtungsfest) belastete Gegenstände unterliegen der 139 abgesonderten Befriedigung der gesicherten Gläubiger (vgl. §§ 49 ff., 165 ff. InsO), sodass der künftigen Insolvenzmasse nichts entgeht, wenn es sich um **wertausschöpfende Belastungen** handelt.[482] Dabei ist jedoch zu beachten, dass dafür nicht der Nominalwert der Belastungen, sondern allein die Höhe der noch durch das dingliche Recht gesicherten Forderungen (**Valutierung**) maßgebend ist.[483] Soweit nämlich dingliche Belastungen nicht mehr valutieren, bietet sich den Gläubigern die Möglichkeit, sich aus dem Schuldnervermögen zu befriedigen. Eine Ausnahme gilt nur dann, wenn der schuldrechtliche Anspruch auf Rückgewähr eines nicht (mehr) valutierten Teils der Sicherheit beim Schuldner verblieben ist. In diesem Fall können die Gläubiger in diesen Anspruch vollstrecken.[484] Die Übertragung eines wertausschöpfend belasteten Grundstücks ist schließlich auch dann objektiv gläubigerbenachteiligend, wenn die bei der Übertragung noch bestehenden Belastungen vom Schuldner im **Nachhinein** vertragsgemäß **beseitigt** werden.[485] Für die Frage der wertausschöpfenden Belastung kommt es auf den **Verkehrswert** des Grundstücks an[486] und **nicht** etwa darauf, welcher **Erlös** bei einer **Zwangsversteigerung** nach Abzug der Vollstreckungskosten an die Gläubiger hätte ausgezahlt werden können.[487] **Anders** sieht dies allerdings der **BGH**.[488] Danach soll **nur dann, wenn** der Insolvenzverwalter zu einer **freihändigen Veräußerung in der Lage** ist, der bei einer solchen freihändigen Verwertung zu erzielende Erlös maßgebend sein. Fehle dem Insolvenzverwalter diese Befugnis, weil der für den Eintritt der Gläubigerbenachteiligung maßgebliche Zeitpunkt vor der Verfahrenseröffnung liege oder einer freihändigen Veräußerung die von einem dinglichen Gläubiger betriebene Zwangsvollstreckung entgegenstehe, sei der in einer Zwangsversteigerung zu erwartende Erlös maßgebend. Setze der Anfechtungstatbestand (konkret: § 133 Abs. 2 InsO) eine unmittelbare Gläubigerbenachteiligung zum Zeitpunkt der Vornahme der Rechtshandlung voraus, könne mangels einer zu diesem Zeitpunkt gegebenen Verwer-

---

482 Vgl. zur nochmaligen Verpfändung eines Kontoguthabens BGH, 17.6.2004 – IX ZR 124/03, ZInsO 2004, 856 ff.
483 BGH, 19.5.2009 – IX ZR 129/06, ZIP 2009, 1285 ff. Rn 20; BGH, 3.5.2007 – IX ZR 16/06, ZIP 2007, 1326 ff. Rn 15; Gehrlein in Ahrens/Gehrlein/Ringstmeier, § 129 Rn 116.
484 Vgl. BGH, 23.11.2006 – IX ZR 126/03, ZInsO 2007, 101 ff. Rn 21; BGH, 24.9.1996 – IX ZR 190/95, NJW 1996, 3341, 3342; BGH, 27.3.1984 – IX ZR 49/83, ZIP 1984, 753, 755.
485 BGH, 19.5.2009 – IX ZR 129/06, ZInsO 2009, 1249 ff.; Gehrlein in Ahrens/Gehrlein/Ringstmeier, § 129 Rn 116.
486 Vgl. OLG Brandenburg, 19.11.2008 – 7 U 150/06, ZInsO 2009, 240 ff.; HambKomm/Rogge/Leptien, § 129 InsO Rn 65a; HK/Kreft, § 129 InsO Rn 56.
487 So Bork/Gehrlein, Aktuelle Probleme der Insolvenzanfechtung, Rn 153; Bork/Ehricke, Handbuch des Insolvenzanfechtungsrechts, Kap. 4 Rn 14; offen gelassen in BGH, 9.2.2012 – IX ZR 48/11, ZInsO 2012, 1264 f. Rn 5.
488 BGH, 9.6.2016 – IX ZR 153/15, ZIP 2016, 1491 ff.

tungsbefugnis des Insolvenzverwalters nur der in einem Zwangsversteigerungsverfahren zu erwartende Erlös zugrundegelegt werden.[489]

140 Hinsichtlich des maßgebenden **Zeitpunkts** der Wertausschöpfung ist zwischen der **unmittelbaren** und der **mittelbaren Gläubigerbenachteiligung** zu unterscheiden. Für die unmittelbare Gläubigerbenachteiligung kommt es auf den Zeitpunkt der Vornahme der Rechtshandlung an (vgl. **§ 140 InsO**). Bei einer Grundstücksübereignung tritt die unmittelbare Gläubigerbenachteiligung bereits dann ein, wenn der Erwerber ein Anwartschaftsrecht auf das Grundeigentum erlangt. Sie wird nicht dadurch beseitigt, dass der Schuldner das Grundstück wertausschöpfend belastet, bevor der Eigentumswechsel im Grundbuch eingetragen wird.[490]

141 Im Fall einer **mittelbaren Gläubigerbenachteiligung** kommt es hingegen auf den Zeitpunkt der **letzten mündlichen Verhandlung** in den **Tatsacheninstanzen** an.[491] Es kann daher mit Erfolg angefochten werden, wenn nach der Vornahme der Rechtshandlung eine Belastung wegfällt, es sei denn, der Anfechtungsgegner hat die Belastung mit eigenen Mitteln beseitigt. Ein solcher **eigener Mittelaufwand** liegt aber nicht vor, soweit die den Belastungen zugrunde liegenden Verbindlichkeiten aus den Nutzungen des ihm übertragenen Gegenstandes zurückgeführt wurden.[492] Wird ein Zwischendarlehensvertrag mit einem **Bauspardarlehensvertrag** in der Weise kombiniert, dass die Sparleistungen nur der Tilgung der Darlehensrückzahlungsforderung dienen können, ist bei der Frage, in welcher Höhe das die Darlehensrückzahlungsforderung sichernde Grundpfandrecht valutiert, das Sparguthaben zu berücksichtigen.[493]

c) Treuhand und Zweckbindung

142 Zur Aussonderung können nicht nur dingliche Rechte, sondern auch „echte" **Treuhandverhältnisse** berechtigen (vgl. **§ 47 InsO**: „dingliches oder persönliches Recht"). Ein solches Treuhandverhältnis muss neben der schuldrechtlichen allerdings auch eine **quasi-dingliche Komponente** aufweisen, indem die Rechte an einem Gegenstand auf den Treuhänder verlagert und ihm zugleich in einer Weise anvertraut werden, dass er seine Befugnisse nur in einer inhaltlich mit dem Treugeber abgestimmten Art und Weise ausüben darf.[494] Ausreichend sind nach der Recht-

---

[489] BGH, 9.6.2016 – IX ZR 153/15, ZIP 2016, 1491 ff. Rn 25.
[490] BGH, 15.12.1994 – IX ZR 153/93, BGHZ 128, 184 ff.
[491] BGH, 19.5.2009 – IX ZR 129/06, ZInsO 2009, 1249 ff. Rn 29; BGH, 23.11.2006 – IX ZR 126/03, ZInsO 2007, 101 ff. Rn 19.
[492] BGH, 24.9.1996 – IX ZR 190/95, NJW 1996, 3341, 3342.
[493] Vgl. BGH, 3.5.2007 – IX ZR 16/06, ZInsO 2007, 778 ff.
[494] Vgl. BGH, 24.6.2003 – IX ZR 75/01, BGHZ 155, 227 ff. sowie näher Ganter, FS für Kreft, 2004, S. 251 ff.

sprechung des BGH **Anderkonten** und darüber hinaus auch noch solche Konten, die **offenkundig** der **Verwaltung fremder Gelder** dienen. Anerkannt ist schließlich noch eine „**Erwerbstreuhand**", wie sie etwa bei Wohngeldkonten gegeben ist.[495] Eine sog. „**Doppeltreuhand**" zur Absicherung eines **Altersteilzeitguthabens** des Arbeitnehmers ist in der Regel insolvenzfest.[496]

Es genügt hingegen **nicht**, dass über ein Sonderkonto Forderungen im **wirtschaftlichen Interesse** eines anderen eingezogen werden[497] oder dass Vermögensgegenstände aufgrund einer schuldrechtlichen Vereinbarung im Interesse eines anderen verwaltet werden.[498] **Schuldrechtliche Verschaffungsansprüche** rechtfertigen ebenfalls nicht die Annahme eines Treuhandverhältnisses.[499] Behandelt der Treuhänder die auf ein Treuhandkonto eingezahlten Fremdgelder als eigenes Vermögen, kann das bei der Insolvenzeröffnung vorhandene Restguthaben nicht ausgesondert werden.[500] 143

Schon die **Begründung** eines **Treuhandverhältnisses** kann die Gläubiger des Schuldners als Treugeber benachteiligen, da bereits dadurch ein **Zugriffshindernis** entsteht.[501] Hat der Schuldner eine Sache, die ihm zu uneigennütziger Treuhand übereignet wurde, im eigenen Namen an einen Dritten veräußert und den Kaufpreis an den Treugeber ausbezahlt, so hat er das Geld aus seinem eigenen Vermögen gezahlt. In diesem Fall kommt nach der Rechtsprechung des BGH eine Anfechtung in Betracht, da die Annahme einer **Surrogation** ausscheidet.[502] 144

Wichtig für die Frage der Anfechtbarkeit ist der Zeitpunkt der **Entstehung** des **Treuguts**. In einem vom BGH durch Urt. v. 24.5.2007[503] entschiedenen Fall war zwar die Treuhänderstellung – verbunden mit einem Anspruch gem. § 667 BGB auf Auszahlung der auf ein Rechtsanwaltsanderkonto gezahlten Beträge – bereits zum Zeitpunkt der Freigabe eines gepfändeten Kontos begründet gewesen. Dies genügte jedoch nicht für die Annahme eines Sicherheitentauschs. Denn die **Rechtsposition** aus der Treuhandvereinbarung wurde erst mit der Überweisung der herauszugebenden Gelder auf das Anderkonto **werthaltig**. Geschieht dies erst in den kritischen Anfechtungszeiträumen, unterliegt die Zahlung der Anfechtung. 145

---

[495] Vgl. Ganter, FS für Kreft, 2004, S. 258.
[496] BAG, 18.7.2013 – 6 AZR 47/12, BAGE 146, 1 ff.
[497] BGH, 19.11.1992 – IX ZR 45/92, ZIP 1993, 213 f.
[498] BGH, 24.6.2003 – IX ZR 75/01, BGHZ 155, 227 ff.; vgl. ferner BGH, 20.12.2007 – IX ZR 132/06, ZInsO 2008, 206 f.: keine Treuhand an Mietkaution, die nicht auf Sonderkonto angelegt wurde.
[499] BGH, 8.2.2007 – IX ZR 218/04, veröffentlicht bei juris.
[500] BGH, 10.2.2011 – IX ZR 49/10, ZInsO 2011, 784 ff.
[501] BGH, 4.3.1993 – IX ZR 151/92, NJW 1993, 2041, 2042; BGH, 9.12.1993 – IX ZR 100/93, BGHZ 124, 298, 301 f.; MüKo/Kirchhof, § 129 InsO Rn 140.
[502] BGH, 19.11.1992 – IX ZR 45/92, ZIP 1993, 213 f.; BGH, 15.3.1990 – III ZR 131/89, BGHZ 111, 14, 18; Jaeger/Henckel, § 129 InsO Rn 190.
[503] BGH, 24.5.2007 – IX ZR 105/05, ZInsO 2007, 658 ff.

146 Nach der Rechtsprechung des BGH handelt der Arbeitgeber bei der Abführung der **Arbeitnehmeranteile** zur **Sozialversicherung** nicht als Treuhänder des Arbeitnehmers.[504] Auch nach dem Inkrafttreten des **§ 28e Abs. 1 Satz 2 SGB IV**, wonach die Zahlung des vom Beschäftigten zu tragenden Teils des Gesamtsozialversicherungsbeitrages „als aus dem Vermögen des Beschäftigten erbracht" gilt, kann die Zahlung des Arbeitgebers **weiterhin als mittelbare Zuwendung** an die Einzugsstelle **angefochten** werden.[505] Ebenso wirkt die Abführung der **Lohnsteuer** an das FA nach Ansicht des BGH in der Insolvenz des Arbeitgebers regelmäßig gläubigerbenachteiligend.[506] In beiden Fällen soll insb. kein **Bargeschäft** i.S.d. **§ 142 InsO** gegeben sein. Der BGH setzt sich damit in Widerspruch zur Rechtsprechung des **BFH**.[507] Nach einem Urteil des OLG Karlsruhe vom 18.1.2007[508] stellt auch die im Wege der Entgeltumwandlung erfolgende Zahlung der Prämien auf eine **Direktversicherung**, die der Arbeitgeber zugunsten des Arbeitnehmers abgeschlossen hat, kein treuhänderisches Rechtsgeschäft dar.

147 **Schuldrechtliche Zweckbindungen** können zwar nach der Rechtsprechung des BGH die Unpfändbarkeit einer Forderung begründen.[509] Eine solche Zweckbindung ist aber jedenfalls dann anfechtungsrechtlich unbeachtlich, wenn die Zweckbindung **nicht** dem **Schutz** des **Schuldners**, sondern den Interessen des Gläubigers dient.[510] Wirtschaftliche Erwägungen rechtfertigen es allenfalls unter besonderen, als zusätzliche Klammer wirkenden rechtlichen Voraussetzungen – insbesondere im Fall der mittelbaren Zuwendung –, mehrere Rechtshandlungen zu einer Einheit zu verbinden. Dafür genügt es nicht allein, dass der Schuldner einen Kredit nur aufgenommen hat, um eine bestimmte Schuld zu tilgen. Denn eine solche interne Verwendungsabsicht bindet die Insolvenzmasse noch weniger als eine zweiseitige Zweckvereinbarung, die schon nicht ausreicht, solange sie nicht aus Gründen treuhänderischer Bindung zur Unpfändbarkeit des Darlehensanspruchs führt.[511] Wird daher dem Schuldner ein **Darlehen zweckgebunden** zur Befriedigung eines bestimmten Gläubigers gewährt, liegt nicht etwa ein bloßer Gläubigertausch vor; ent-

---

[504] BGH, 25.10.2001 – IX ZR 17/01, BGHZ 149, 100, 105 ff.; BGH, 20.11.2001 – IX ZR 159/00, ZIP 2002, 228 ff.
[505] BGH, 5.11.2009 – IX ZR 233/08, BGHZ 183, 86 ff.; BGH, 30.9.2010 – IX ZR 237/09, ZIP 2010, 2209; vgl. dazu ferner Kreft, FS für Samwer, 2008, S. 261, 272/273.
[506] BGH, 22.10.2015 – IX ZR 74/15, juris Rn 2; BGH, 22.1.2004 – IX ZR 39/03, BGHZ 150, 350 ff.; BGH, 22.10.2015 – IX ZR 74/15, juris Rn 2.
[507] Vgl. BFH, 11.8.2005 – VII B 244/04, ZInsO 2005, 1105 ff.; BFH/NV 1999, 745.
[508] OLG Karlsruhe, 18.1.2007 – 12 U 185/06, ZIP 2007, 286 ff.; krit. dazu B. Schäfer, NZI 2008, 151 ff.
[509] Vgl. BGH, 7.6.2001 – IX ZR 195/00, ZInsO 2001, 661 ff.; BGH, 17.6.2004 – IX ZR 124/03, ZIP 2004, 1509, 1510 f.
[510] BGH, 28.2.2008 – IX ZR 213/06, ZInsO 2008, 374 f. Rn 9; vgl. dazu ferner BGH, 17.3.2011 – IX ZR 166/08, ZInsO 2011, 782 ff.
[511] BGH, 7.2.2002 – IX ZR 115/99, ZIP 2002, 489 ff. Rn 15.

scheidend ist vielmehr, dass die darlehensweise überlassenen Mittel zumindest vorübergehend dem **schuldnerischen Vermögen zugeordnet** waren. Dies gilt auch dann, wenn der Kredit nicht unmittelbar an den Begünstigten ausgezahlt wird, sondern die Valuta zunächst auf das **Fremdgeldkonto** eines vom Schuldner und vom Darlehensgeber gemeinsam beauftragten RA und von dort an den Begünstigten weitergeleitet wird.[512] Der Schuldner kann insb. nicht einwenden, dass das Darlehen ohne die Zweckbindung nicht gewährt worden wäre.[513]

4. Aufrechnung und Verrechnung

Eine Benachteiligung der Insolvenzgläubiger tritt v.a. in den praktisch bedeutsamen Fällen ein, in denen ein Gläubiger in der Krise des Schuldners zu dessen Schuldner wird und dadurch im Wege der Aufrechnung volle Befriedigung für seine Gegenforderung erlangt.[514] Denn ohne die **Herbeiführung** der gesondert anfechtbaren[515] **Aufrechnungslage** hätte der Gläubiger im Insolvenzverfahren über das Vermögen des Schuldners in aller Regel nur eine Quote auf seine Insolvenzforderung zu erwarten gehabt. Dies gilt auch dann, wenn der Schuldner durch eine andere **Rechtshandlung eines Dritten** einen Vorteil erlangt hat. Es steht daher der Anfechtbarkeit der Herbeiführung der Aufrechnungslage nicht entgegen, dass der Sicherungsnehmer den ihm sicherungsübereigneten Gegenstand zuvor dem Schuldner für den Verkauf freigegeben hat.[516] Auch die gläubigerbenachteiligenden Rechtshandlungen Dritter können anfechtbar sein, die – wie etwa die Beantragung von Insolvenzausfallgeld – kraft eines gesetzlichen Forderungsübergangs dem Aufrechnenden eine Gläubigerstellung verschaffen.[517]

148

Gläubigerbenachteiligend ist die **Entgegennahme** von **Werkleistungen** in der Krise des Schuldners, welche die Aufrechnungslage herbeiführt und dem Gläubiger die Aufrechnung mit einer Gegenforderung erst ermöglicht.[518] Es kommt insoweit nicht darauf an, ob der Gläubiger die Handlung beanspruchen konnte, welche die Befriedigung ermöglichte, sondern nur darauf, ob er einen Anspruch auf die ermög-

149

---

512 BGH, 17.3.2011 – IX ZR 166/08, ZInsO 2011, 782f.
513 Vgl. BGH, 7.6.2001 – IX ZR 195/00, ZInsO 2001, 661ff.
514 BGH, 2.6.2005 – IX ZR 263/03, ZInsO 2005, 884f.; BGH, 5.4.2001 – IX ZR 216/98, BGHZ 147, 233ff.; Jaeger/Henckel, § 129 Rn 121.
515 Vgl. BGH, 2.6.2005 – IX ZR 263/03, ZInsO 2005, 884f.; BGH, 5.4.2001 – IX ZR 216/98, BGHZ 147, 233ff.
516 Vgl. BGH, 5.4.2001 – IX ZR 216/98, BGHZ 147, 233ff.; BGH, 9.10.2003 – IX ZR 28/03, ZIP 2003, 2370ff.; Jager/Henckel, § 129 InsO Rn 121.
517 BGH, 24.6.2010 – IX ZR 125/09, ZInsO 2010, 1378f. Rn 9; BGH, 24.6.2010 – IX ZR 97/09, NZI 2010, 903 Rn 9; BGH, 22.10.2009 – IX ZR 147/06, ZIP 2010, 90ff. Rn 16ff.
518 BGH, 30.6.2011 – IX ZR 155/08, ZInsO 2011, 1454ff.; BGH, 4.10.2001 – IX ZR 207/00, ZIP 2001, 2055ff.

lichte Befriedigung hatte.[519] Nach der Rechtsprechung des BGH bringt die mit dem **Abschluss** eines **Vertrages** „entstandene" (besser: begründete) Aufrechnungslage allein dem Anfechtungsgegner **noch keinen unmittelbaren wirtschaftlichen Nutzen**. Solange der Schuldner nichts geleistet hat, wofür der Gläubiger eine Vergütung schuldet, besteht für ihn keine Befriedigungsmöglichkeit im Wege der Aufrechnung. Die Aufrechnungslage als Befriedigungsmöglichkeit entsteht vielmehr erst durch die Inanspruchnahme der Leistung des Schuldners. Es kommt also darauf an, wann dessen **Forderung werthaltig** geworden ist. Erst dann sind die rechtlichen Wirkungen eingetreten, die für die Beurteilung der Aufrechnungslage nach § 96 Abs. 1 Nr. 3 InsO maßgebend sind.[520]

150   Für das Anfechtungsrecht bedeutsam ist auch das Urteil des BGH vom 7.5.2013.[521] Danach ist die nach der Eröffnung des Insolvenzverfahrens erklärte Aufrechnung mit Insolvenzforderungen gegenüber dem **Ausgleichsanspruch** des **Vertragshändlers** gemäß **§ 89b HGB** insolvenzrechtlich unwirksam, wenn der Unternehmer den Vertrag gekündigt hat, weil der Vertragshändler einen Insolvenzantrag gestellt hat. **Erst** die **Kündigung** des nach § 108 Abs. 1 Satz 1 InsO mit Wirkung für die Insolvenzmasse fortbestehenden Vertrages führte zur **Möglichkeit der Aufrechnung**, welche den Ausgleichsanspruch der Gesamtheit der Gläubiger entzog. Es war somit entscheidend, dass die Aufrechnungsmöglichkeit noch von einer weiteren Rechtshandlung (Kündigung) abhing.

151   Aufrechnungen bzw. Verrechnungen der Bank im **Kontokorrent** sind nicht gläubigerbenachteiligend, wenn sie den Schuldner in der Krise unter **Fortführung** der **Giroabrede** vereinbarungsgemäß in engem zeitlichem Zusammenhang mit Geldeingängen wieder über die gutgeschriebenen Beträge verfügen lässt (Bargeschäft gemäß § 142 InsO). Denn ohne die einzelnen Kreditrückführungen wären die Kreditmittel, die der Schuldner danach tatsächlich noch erhalten hat, ihm nicht mehr zugeflossen.[522] Einzelkredite können indes nur in besonders gelagerten Ausnahmefällen zu einem Kontokorrentkredit zusammengefasst werden.[523] Die Gläubiger werden durch eine Kontokorrentverrechnung benachteiligt, wenn das Kreditinstitut Zahlungseingänge mit seinen Forderungen gegen den Schuldner verrechnet und so den **Sollsaldo zu seinen Gunsten zurückführt**.[524] Die Annahme eines Bar-

---

[519] Vgl. Klinck, KTS 2014, 197, 203.
[520] BGH, 11.2.2010 – IX ZR 104/07, ZInsO 2010, 673 ff. Rn 13; HK/Kayser, § 96 InsO Rn 58; vgl. ferner von Olshausen, ZIP 2010, 2073 ff.
[521] BGH, 7.5.2013 – IX ZR 191/12, ZIP 2013, 1180 f.
[522] BGH, 7.3.2002 – IX ZR 223/01, BGHZ 150, 122 ff.; BGH, 25.2.1999 – IX ZR 353/98, ZInsO 1999, 289 ff.; BGH, 26.4.2012 – IX ZR 67/09, ZIP 2012, 1301 ff. Rn 13; BGH, 16.1.2014 – IX ZR 116/13, ZIP 2014, 785 ff.; vgl. dazu ferner Bork, FS für Gerhardt, 2003, S. 57 ff.; Steinhoff, ZIP 2000, 1141 ff.
[523] Vgl. BGH, 16.1.2014 – IX ZR 116/13, ZIP 2014, 785 ff. Rn 3.
[524] BGH, 7.5.2009 – IX ZR 140/08, ZInsO 2009, 1054 ff.; BGH, 15.11.2007 – IX ZR 212/06, ZInsO 2008, 159 ff. Rn 15.

geschäfts kommt nicht in Betracht, soweit durch Kontobelastungen unmittelbar oder mittelbar Forderungen der Bank getilgt werden.[525] Anfechtbar sind solche Kreditrückführungen durch die Bank nicht in ihrer Summe, sondern nur bis zu der eingeräumten Kreditobergrenze.[526] Dabei kommt es für die Frage der Gläubigerbenachteiligung darauf an, ob die verrechneten **Einzahlungen** im **gesamten Anfechtungszeitraum** die **Auszahlungen überstiegen** haben.[527]

An einer zur Anfechtung berechtigenden Gläubigerbenachteiligung fehlt es hingegen, wenn die Forderungen des Schuldners gegen Dritte **insolvenzfest** an das Kreditinstitut **abgetreten** waren oder wenn ihm ein anderes insolvenzfestes Sicherungsrecht, etwa ein **Pfandrecht** nach **Nr. 14 Abs. 1 Satz 2 AGB-Banken** bzw. nach **Nr. 21 Abs. 1 AGB-Sparkassen**, zustand.[528] Zu beachten ist jedoch, dass das Pfandrecht nach den AGB-Banken erst mit der Entstehung der verpfändeten künftigen Forderung entsteht.[529] Gläubigerbenachteiligend ist die Aufrechnung mit einer Insolvenzforderung gegen eine vom Schuldner **zur Sicherheit abgetretene Forderung**. Denn ein solches Absonderungsrecht entzieht die abgetretene Forderung nicht ihrem Bestand nach der Insolvenzmasse.[530]

152

Eine Bank erwirbt mit der **Hereinnahme** eines **Inkassoschecks** Sicherungseigentum bzw. ein Pfandrecht, wenn ein Schuldsaldo i.H.d. Schecksumme besteht. Sie kann von dem ihr zustehenden **Absonderungsrecht** Gebrauch machen, indem sie die Forderung einzieht. Geht der Erlös ein, erlischt ihre gesicherte Forderung gegen den Schuldner (vgl. § 1288 Abs. 2 BGB). Dazu bedarf es keiner kontokorrentmäßigen Verrechnung; bei der **späteren Verrechnung** handelt es sich lediglich um die **buchungstechnische Erledigung** dieses Vorgangs, der keine selbstständige Bedeutung zukommt.[531]

153

Werden die Ansprüche der Gesellschafter einer **Bau-Arbeitsgemeinschaft** (ARGE) absprachegemäß durch **Kontenangleichung** verrechnet, soll nach Ansicht des BGH § 96 Abs. 1 Nr. 3 InsO nicht anwendbar und eine Anfechtung somit ausge-

154

---

[525] BGH, 26.4.2012 – IX ZR 67/09, ZIP 2012, 1301 ff. Rn 13.
[526] Vgl. BGH, 16.1.2014 – IX ZR 116/13, ZIP 2014, 785 ff. Rn 2; v. 7.3.2013 – IX ZR 7/12, ZInsO 2013, 717 ff. Rn 16.
[527] BGH, 15.11.2007 – IX ZR 212/06, ZInsO 2008, 159 ff.; BGH, 7.7.2011 – IX ZR 100/10, ZIP 2011, 1576 f.
[528] Vgl. BGH, 20.6.2008 – IX ZR 47/05, ZInsO 2008, 803 ff. Rn 20; BGH, 30.4.1992 – IX ZR 176/91, NJW 1992, 1960 f.; BGH, 13.7.1983 – VIII ZR 246/82, NJW 1983, 2147, 2149; MüKo/Kayser, § 129 InsO Rn 150.
[529] BGH, 24.10.1996 – IX ZR 284/95, ZIP 1996, 2080 ff. Rn 26; BGH, 8.3.2007 – IX ZR 127/05, ZIP 2007, 924 ff. Rn 16.
[530] BGH, 1.10.2002 – IX ZR 360/99, ZIP 2002, 2182 ff. Rn 24; BGH, 5.4.2001 – IX ZR 216/98, BGHZ 147, 233, 239.
[531] BGH, 30.4.1992 – IX ZR 176/91, BGHZ 118, 171 ff.; BGH, 1.7.1985 – II ZR 155/84, BGHZ 95, 149, 153.

schlossen sein. § 387 BGB setze zwei selbstständige Forderungen voraus, die in einem Gegenseitigkeitsverhältnis stünden und gleichartig seien. Daran fehle es bei **unselbstständigen Rechnungsposten**, die „gebunden und gelähmt" seien. Der Insolvenzverwalter könne daher bei vertragsgerechtem Verhalten der Gesellschafter in der Krise **nur** ein etwaiges **Auseinandersetzungsguthaben** des insolventen Gesellschafters zur Masse ziehen.[532] Mit der von ihm angenommenen „**Durchsetzungssperre**" behandelt der BGH jedoch die gesellschaftsvertraglich vereinbarte Verrechnung und die bankrechtliche Kontokorrentverrechnung anfechtungsrechtlich unterschiedlich, ohne dass dafür ein rechtfertigender Grund erkennbar ist.[533] Der BGH hat nicht nachgewiesen, dass der Grundsatz der „par condicio creditorum" nach dem Willen des Gesetzgebers im speziellen Bereich der Beteiligung an einer Gesellschaft nicht gelten soll.

155   Macht die **Urlaubsregelung** einer **Sozialkasse** den Anspruch des Arbeitgebers auf Erstattung von Urlaubsvergütungen vom Ausgleich des Beitragskontos abhängig, so hat die Sozialkasse nicht in einer anfechtbaren Weise eine **Aufrechnungsmöglichkeit** erlangt. Denn die Rechtsposition des Arbeitgebers als Schuldner hatte in dem Umfang, in dem er der Sozialkasse Beiträge schuldete, für die Gläubiger keinen wirtschaftlichen Wert, auf den sie hätten zugreifen können. Die Erstattungsansprüche des Schuldners hätten auch im Insolvenzverfahren erst zur Masse gezogen werden können, wenn in gleichem Umfang Beitragsforderungen der Sozialkasse erfüllt worden wären. **Anders** wäre dies nur dann, wenn die Beitragsrückstände ein bloßes **Zurückbehaltungsrecht** der Sozialkasse nach **§ 273 BGB** begründeten.[534]

5. Weitere Einzelfälle

a) Bankmäßiger Geschäftsverkehr

156   In einem echten **Kontokorrent** mit vereinbarter Kreditobergrenze scheidet eine Gläubigerbenachteiligung durch **einzelne Kreditrückführungen** aus, weil ohne sie die Kreditmittel, die der Schuldner danach tatsächlich noch erhalten hat, ihm nicht mehr zugeflossen wären. Nach der Kreditabrede stehen dort die Leistungen des Schuldners an den Gläubiger in einem unmittelbaren rechtlichen Zusammenhang mit der dem Schuldner eingeräumten Möglichkeit, einen neuen Kredit zu ziehen. Anfechtbar sind solche Kreditrückführungen daher nicht in ihrer Summe, sondern bis zu der **eingeräumten Kreditobergrenze**. Mehr als die ausgeschöpften Mittel der Kreditlinie war im Schuldnervermögen nie vorhanden und für die Gläubigerbe-

---

532 Vgl. BGH, 14.12.2006 – IX ZR 194/05, BGHZ 170, 206 ff.; G. Fischer, WM 2008, 1, 6.
533 Zu Recht kritisch M. Huber, NZI 2007, 224 f.; Cranshaw, jurisPR-InsR 10/2007 Anm. 3.
534 BGH, 3.5.2018 – IX ZR 150/16, WM 2018, 1063 f. Rn 6.

friedigung einsetzbar.⁵³⁵ Einzelkredite können nur in besonders gelagerten Ausnahmefällen zu einem Kontokorrentkredit zusammengefasst werden.⁵³⁶

Begleicht der Schuldner im Wege der **geduldeten Kontoüberziehung** eine Verbindlichkeit, so werden die Gläubiger dadurch unabhängig davon benachteiligt, ob aus der Einräumung des Überziehungskredits für die Masse ein pfändbarer Anspruch gegen die Bank entsteht oder durch die Valutierung von Sicherheiten ein entsprechender Rückübertragungsanspruch verloren geht.⁵³⁷ Die Gläubigerbenachteiligung liegt bei der **Direktauszahlung** des Überziehungskredits nach Ansicht des BGH darin, dass die Kreditmittel nicht in das Vermögen des Schuldners gelangt sind.⁵³⁸

157

Die Gläubiger des Schuldners werden benachteiligt, wenn bei einer **Lastschrift** im Wege des Einziehungsermächtigungsverfahrens in den kritischen Anfechtungszeiträumen des § 130 InsO die **Genehmigungsfiktion** nach **Nr. 7 Abs. 3 AGB-Banken** bzw. nach **Nr. 7 Abs. 4 AGB-Sparkassen** eintritt oder der vorläufige „schwache" Insolvenzverwalter den Lastschrifteinzug genehmigt,⁵³⁹ denn erst damit wird die Verfügung zulasten des schuldnerischen Vermögens wirksam. Dabei ist zu beachten, dass nach der neuesten Rechtsprechung (auch) des IX. Zivilsenats des BGH die Genehmigungsfiktion auch zulasten des vorläufigen „schwachen" Insolvenzverwalters wirkt.⁵⁴⁰ Der vorläufige „schwache" Insolvenzverwalter kann somit den Lastschrifteinzug genehmigen und später anfechten.⁵⁴¹ Die Genehmigung muss jedoch gegenüber dem Schuldner oder der Schuldnerbank erklärt werden, um wirksam zu sein.⁵⁴²

158

Eine **Kontosperre** der Bank **mit anschließender Verrechnung** kann zu einer anfechtbaren Gläubigerbenachteiligung führen, wenn das Pfandrecht inkongruent erlangt wurde, etwa weil die verpfändete Forderung erst in den kritischen Anfechtungszeiträumen entstanden ist. Ist das Pfandrecht dagegen unanfechtbar entstanden, so stellt die Kontosperre keine anfechtbare Rechtshandlung dar, vielmehr dient sie nur der Sicherstellung der Verwertung des anfechtungsfesten Pfandrechts.⁵⁴³

159

---

535 BGH, 16.1.2014 – IX ZR 116/13, ZIP 2014, 785 ff. Rn 2; BGH, 7.3.2013 – IX ZR 7/12, ZIP 2013, 734 ff. Rn 16.
536 BGH, 16.1.2014 – IX ZR 116/13, ZIP 2014, 785 ff. Rn 3.
537 BGH, 25.2.2016 – IX ZR 12/14, ZIP 2016, 581 ff. Rn 7; BGH, 6.10.2009 – IX ZR 191/05, BGHZ 182, 317 ff. unter Aufgabe von BGHZ 170, 276 ff.
538 BGH, 6.10.2009 – IX ZR 191/05, BGHZ 182, 317 ff. Rn 15.
539 BGH, 30.9.2010 – IX ZR 177/07, ZInsO 2010, 2133 f.
540 Vgl. BGH, 30.9.2010 – IX ZR 178/09, ZIP 2010, 2105 ff. unter Aufgabe von BGHZ 174, 84 ff., 92 ff., Rn 21 ff. und im Anschluss an BGHZ 177, 69, 81 ff. Rn 30 ff.; BGH, 21.10.2010 – IX ZR 240/09, ZInsO 2010, 2293 ff.
541 Vgl. Wiechers, WM 2011, 145, 148.
542 BGH, 30.9.2010 – IX ZR 178/09, ZIP 2010, 2105 ff.
543 BGH, 12.2.2004 – IX ZR 98/03, ZInsO 2004, 342 ff.

b) Sicherungsrechte

160 Hat der Schuldner eine Forderung **sicherungshalber** an eine Bank **abgetreten**, werden die Insolvenzgläubiger regelmäßig benachteiligt, wenn der Schuldner den zunächst von ihm vereinnahmten Betrag an die Bank überweist. Anders verhält es sich, wenn diese ein Ersatzabsonderungsrecht erworben hat.[544] Hat die Bank die dem Schuldner erteilte Einziehungsermächtigung nicht widerrufen, so benachteiligt die Weiterleitung der auf dem Schuldnerkonto eingegangenen Erlöse der wirksam erfüllten Forderungen an die Bank die Gesamtheit der Gläubiger. An den eingezogenen Forderungsbeträgen entsteht **kein Ersatzabsonderungsrecht analog § 48 InsO**, wenn der Schuldner die **Einziehung berechtigt** vorgenommen hat.[545] Tritt die Bank eine Grundschuld an einen bis dahin ungesicherten Gläubiger ab, kann eine Gläubigerbenachteiligung im **Verlust** der **Nichtvalutierungseinrede** zu sehen sein.[546]

161 Die Zahlung auf eine Forderung, die zunächst im Rahmen einer **Sicherungsglobalzession** abgetreten worden war und dann erneut abgetreten wurde, ist gläubigerbenachteiligend, weil das Recht zur Einziehung oder anderweitigen **Verwertung** grundsätzlich allein dem **Insolvenzverwalter zusteht** (vgl. **§ 166 Abs. 2 InsO**) und dieses Recht einen selbstständigen, im Kern geschützten Vermögenswert verkörpert.[547] Aus dem gleichen Grund kann auch die Abtretung einer zuvor zur Sicherung abgetretenen Forderung gläubigerbenachteiligend sein.[548] Geht einer Vollabtretung eine Sicherungsabtretung voraus, liegt die objektive Gläubigerbenachteiligung im Entzug des zunächst in der künftigen Insolvenzmasse verbleibenden Vermögenskerns.[549] Es benachteiligt die Gläubigergesamtheit, wenn zur Sicherheit abgetretene Forderungen mit Verbindlichkeiten des Schuldners verrechnet werden, die vom ursprünglich vereinbarten Sicherungszweck nicht umfasst waren.[550]

162 Gläubigerbenachteiligend ist unter Umständen auch die **Neuvalutierung** einer **Sicherheit** zugunsten des bisherigen oder eines anderen Sicherungsnehmers.[551] Erklärt der Schuldner gegenüber dem Sicherungsnehmer sein Einverständnis zur **Verwertung** des Sicherungsguts zu einem **unter** dem **Verkehrswert** liegenden Preis, kann dies zu einer unmittelbaren Gläubigerbenachteiligung führen.[552] Eine Gläubi-

---

544 BGH, 19.1.2006 – IX ZR 154/03, ZInsO 2006, 493 ff.
545 Vgl. BGH, 12.2.2015 – IX ZR 180/12, ZIP 2015, 585 ff. Rn 10 ff.; BGH, 6.4.2006 – IX ZR 185/04, ZIP 2006, 1009 ff.; BGH, 6.4.2000 – IX ZR 422/98, BGHZ 144, 192, 198.
546 Vgl. BGH, 21.2.2008 – IX ZR 255/06, ZInsO 2008, 317 ff.
547 BGH, 29.9.2011 – IX ZR 74/09, ZInsO 2011, 1979 f. Rn 8; HK/Kreft, § 129 Rn 40.
548 BGH, 20.12.2012 – IX ZR 130/10, ZIP 2013, 374 ff. Rn 29.
549 BGH, 20.12.2012 – IX ZR 130/10, ZIP 2013, 374 ff.
550 BGH, 19.3.2020 – IX ZR 162/16, ZIP 2020, 1253 ff. Rn 40.
551 BGH, 21.2.2008 – IX ZR 255/06, ZIP 2008, 703 ff. zu § 91 Abs. 1 InsO; Häsemeyer, Insolvenzrecht, 4. Aufl., Rn 21.24.
552 BGH, 9.1.1997 – IX ZR 1/96, ZIP 1997, 367 ff.

gerbenachteiligung ist bei der Zahlung der **Miete** an den **Grundpfandgläubiger** vor der Beschlagnahme des Grundstücks gegeben, weil die in anfechtbarer Zeit getilgte Mietforderung dem Gläubigerzugriff unterlag (vgl. § 865 Abs. 2 Satz 2 ZPO) und den Insolvenzgläubigern die Möglichkeit endgültig abgeschnitten wurde, sie aus dem Haftungsverband zu lösen.[553] Werden an den **Grundpfandgläubiger Mieten gezahlt**, die in den **Haftungsverband** des **Grundpfandrechts** fallen, benachteiligt dies die Gläubigergesamtheit, wenn die den Zahlungen zugrundeliegenden Mietforderungen nicht insolvenzfest beschlagnahmt waren und deshalb dem Gläubigerzugriff unterlagen. Es kann jedoch unter besonderen Voraussetzungen am Gläubigerbenachteiligungsvorsatz des Schuldners im Sinne des § 133 InsO fehlen.[554] Es liegt kein Fall der Befriedigung eines insolvenzfest gesicherten Absonderungsberechtigten vor, wenn der Schuldner als **Mieter** eines Grundstücks Zahlungen an den **Inhaber** eines **Grundpfandrechts** erbringt. Ein Absonderungsrecht steht dem Berechtigten allenfalls im Verhältnis zum Grundstückseigentümer als Vollstreckungsschuldner, nicht aber im Verhältnis zum Schuldner als dessen Mieter zu.[555]

c) Gesellschaftsrecht

Der **gesellschaftsrechtliche Kapitalerhaltungsgrundsatz** steht der Anfechtung 163
nicht entgegen, wenn die Gläubiger des Gesellschafters durch eine Leistung des Gesellschafters an die Gesellschaft benachteiligt werden. Die **Interessen** der **Gesellschaftsgläubiger**, die durch den anfechtbaren Vermögenszufluss begünstigt werden, **müssen** hinter den haftungsrechtlichen Grundsatz, wonach der anfechtbar weggegebene Gegenstand dem Zwangszugriff der Gläubiger so zur Verfügung zu stellen ist, als befinde er sich noch im Vermögen des Gesellschafters, **zurücktreten**.[556] Gläubigerbenachteiligend ist bereits die Erschwerung der Geltendmachung von Ansprüchen nach dem **Eigenkapitalersatzrecht** durch eine **Verlegung** des **Gesellschaftssitzes** ins Ausland.[557] Selbst der Umstand, dass der Insolvenzgläubiger die dem Schuldner gewährte und von diesem vor der Insolvenzeröffnung **zurückgezahlte Beihilfe** nach einer Entscheidung der Europäischen Kommission zurückzufordern hat, steht der Anfechtung der Rückzahlung nicht entgegen, weil die schutzwürdigen Interessen der Gläubiger des Schuldners vorgehen.[558] Die gesamtschuldnerische Haftung einer vom Schuldner abgespaltenen Gesellschaft nach § 133

---

553 BGH, 17.9.2009 – IX ZR 106/08, BGHZ 182, 264 ff. Rn 17.
554 BGH, 30.4.2020 – IX ZR 162/16, ZIP 2020, 1253 ff.
555 Vgl. BGH, 19.10.2017 – IX ZR 289/14, BGHZ 216, 260 ff. Rn 11.
556 BGH, 15.12.1994 – IX ZR 153/93, NJW 1995, 659, 662.
557 BGH, 22.12.2005 – IX ZR 190/02, BGHZ 165, 343 ff.
558 Vgl. BGH, 5.7.2007 – IX ZR 256/06, BGHZ 173, 129 ff.

UmwG steht der gläubigerbenachteiligenden Wirkung von Zahlungen aus dem Vermögen des Schuldners nicht entgegen.[559]

164 Nimmt die Schuldnerin eine **Überweisung** zur Tilgung der Verbindlichkeit einer Schwestergesellschaft an den Gläubiger vor, werden die Gläubiger benachteiligt, selbst wenn im Rahmen eines **konzerninternen Cash-Pools** für das Schwesterunternehmen bestimmte Überweisungen auf dem Konto der Schuldnerin eingehen, weil eingehende Zahlungen nicht in einem rechtlichen Zusammenhang mit der unentgeltlichen Verfügung stehen.[560] Eine mittelbare Gläubigerbenachteiligung kann darin zu sehen sein, dass eine nicht unerhebliche Verringerung des Reinvermögens einer Tochtergesellschaft zu einer **Verringerung** des **Beteiligungswertes** der Muttergesellschaft führt.[561]

165 Nehmen Gesellschafter und Gesellschaft **taggleiche Hin- und Herzahlungen** im Rahmen des gleichen darlehensähnlichen Verhältnisses ohne wirksamen anderen Rechtsgrund vor, kommt eine darlehensgleiche Forderung nur in Höhe des **Saldos** in Betracht.[562] Im Rahmen eines kontokorrentähnlichen Gesellschafterdarlehensverhältnisses ist eine Befriedigung des Darlehensrückzahlungsanspruchs gegenüber dem Gesellschafter nur anfechtbar, soweit der im Anfechtungszeitraum bestehende höchste Saldo bis zum Zeitpunkt der Eröffnung des Insolvenzverfahrens endgültig zurückgeführt wurde.[563] Gewährt der Schuldner ein **Darlehen**, kommt eine unmittelbare Gläubigerbenachteiligung in Betracht, wenn die Forderung gegen den Darlehensnehmer im Zeitpunkt der Vornahme der Rechtshandlung für einen Pfändungsgläubiger aus Rechtsgründen nicht durchsetzbar ist oder aus rechtlichen oder tatsächlichen Gründen nicht als gleichwertige Gegenleistung für den Verlust der Darlehensvaluta anzusehen ist. Der im **Insolvenzfall** eintretende **Nachrang** einer Forderung auf Rückgewähr eines Gesellschafterdarlehens genügt hierfür nicht.[564]

d) Insolvenzbedingte Vertragsänderungen

166 Die Gläubiger werden nicht benachteiligt, soweit **Bauherren** – die ggü. dem in der Krise befindlichen Bauunternehmer die Zahlung des Entgelts bis zur Fertigstellung eines Gebäudes verweigern dürfen – ihre Gegenrechte durch eine Vereinbarung ablösen lassen, der zufolge sie die zurückbehaltenen Teile des Entgelts **an** einen

---

[559] BGH, 17.10.2019 – IX ZR 215/16, ZIP 2019, 2224 f.
[560] BGH, 3.3.2005 – IX ZR 441/00, BGHZ 162, 276, 283; Gehrlein in Ahrens/Gehrlein/Ringstmeier, § 129 InsO Rn 84.
[561] OLG Celle, 16.12.2010 – 13 U 98/10, ZIP 2011, 676 f. Rn 20; vgl. dazu ferner Hirte, ZInsO 2004, 1161, 1165.
[562] BGH, 27.6.2019 – IX ZR 167/18, NJW 2019, 2923 ff.
[563] BGH, 27.6.2019 – IX ZR 167/18, NJW 2019, 2923 ff. Rn 41.
[564] BGH, 27.6.2019 – IX ZR 167/18, NJW 2019, 2923 ff. Rn 71 ff.

Treuhänder zahlen, der daraus offenstehende Forderungen von Handwerkern bezahlen soll, damit diese die Gebäude anstelle des Schuldners ohne Preisaufschlag fertigstellen.[565] An einer Gläubigerbenachteiligung fehlt es ferner dann, wenn der Schuldner nicht in der Lage gewesen wäre, den einem **Dritten überlassenen Auftrag** auszuführen, und er sich andernfalls in erheblichem Umfang schadensersatzpflichtig gemacht hätte. Etwas anderes gilt allerdings dann, wenn der Dritte sich die Leistungen des Schuldners ohne Entgelt zunutze gemacht hat.[566]

e) Nachteilige Vertragsklauseln für den Fall der Insolvenz (insolvenzabhängige Lösungsklauseln)

Durch Urt. v. 15.11.2012[567] hat der BGH entschieden, dass Lösungsklauseln in Verträgen über die **fortlaufende Lieferung** von **Waren** oder **Energie**, die an den Insolvenzantrag oder die Insolvenzeröffnung anknüpfen, unwirksam sind. Nach einem weiteren Urt. v. 22.10.2013[568] ist auch eine in einem **Mietvertrag** vereinbarte insolvenzabhängige Lösungsklausel unwirksam. Im Schrifttum ist streitig, ob vor diesem Hintergrund auch von der Unwirksamkeit der Einbeziehung des **§ 8 Abs. 2 Nr. 1 VOB/B** in der Insolvenz des Auftragnehmers auszugehen ist.[569] Nach einem Urteil des Oberlandesgerichts Frankfurt a.M. vom 16.3.2015[570] ist § 8 Abs. 2 VOB/B nach § 119 InsO unwirksam. 167

Vielfach ist jedoch bereits die **Fragestellung** in diesem Zusammenhang **ungenau**. Ist die Klausel nicht schon generell unwirksam (so dass es keiner Anfechtung bedarf), so kommt es allein darauf an, ob die Berufung auf die Klausel in der konkreten Situation der Anfechtung unterliegt, wenn sie die Gläubiger benachteiligt und auch die sonstigen Anfechtungsvoraussetzungen gegeben sind.[571] Hat sich der **Auftragnehmer** bis zur Berufung des Gläubigers auf die Lösungsklausel **vertragstreu verhalten** und **bietet** der (vorläufige) **Insolvenzverwalter** die **Vertragserfüllung an**, ohne dass seine Leistungsunfähigkeit konkret festzustellen ist, so erscheint die Besserstellung des Auftraggebers allein wegen der Insolvenz des 168

---

565 BGH, 24.1.2002 – IX ZR 180/99, ZInsO 2002, 278 ff.; vgl. dazu ferner BGH, 17.7.2014 – IX ZR 240/13, ZIP 2014, 1595 ff.
566 BGH, 19.4.2007 – IX ZR 79/05, ZInsO 2007, 598 ff. – „Auftragsübernahme".
567 BGH, 15.11.2012 – IX ZR 169/11, BGHZ 195, 348 ff.
568 BGH, 22.10.2013 – II ZR 394/12, ZIP 2014, 23 ff. Rn 12 f.
569 So Wegener, ZInsO 2013, 1105 ff.; HK/Marotzke, § 119 InsO Rn 7; Braun/Kroth, § 119 InsO Rn 13 – a.A. OLG Düsseldorf, 8.9.2006 – 23 U 35/06, BauR 2006, 1909, 1912; OLG Schleswig, 9.12.2011 – 1 U 72/11, NJW 2012, 1967 ff.; zweifelnd auch M. Huber, ZIP 2013, 493, 499/500.
570 OLG Frankfurt a.M., 16.3.2015 – 1 U 38/14, ZInsO 2015, 695 ff.; aufgehoben durch BGH, 7.6.2016 – IX ZR 56/15, ZIP 2016, 981 ff.
571 Ähnlich zu den bankrechtlichen Lösungsklauseln MüKo/Huber, § 119 InsO Rn 37a.

Schäfer

Schuldners nicht gerechtfertigt.[572] Es ist unter haftungsrechtlichen Gründen nicht hinnehmbar, dass der künftigen Insolvenzmasse durch das Verhalten des Gläubigers bereits erworbene Rechte entzogen werden.[573] Teilweise wird die Auffassung vertreten, insolvenzabhängige Lösungsklauseln seien nur dann anzuerkennen, wenn sie einer gesetzlichen Lösungsmöglichkeit entsprächen.[574] Der **VII. Zivilsenat** des **BGH** hat nunmehr durch Urt. v. 7.4.2016[575] entschieden, dass die in einen Bauvertrag einbezogenen Regelungen des **§ 8 Abs. 2 Nr. 1 Fall 2 i.V.m. § 8 Abs. 2 Nr. 2 VOB/B (2009) nicht** gemäß § 134 BGB **wegen Verstoßes gegen** die **§§ 103, 119 InsO unwirksam** seien. Die Kündigungsmöglichkeit gehe nicht über jene nach § 649 Satz 1 BGB hinaus; § 8 Abs. 2 Nr. 1 Fall 2 VOB/B habe daher nur deklaratorische Bedeutung.[576]

169 Das in einem **Grundstückskaufvertrag** zugunsten des Verkäufers vereinbarte **Rücktrittsrecht für** den **Insolvenzfall** ist nicht gläubigerbenachteiligend, wenn es von vornherein Bestandteil des gegenseitigen Vertrages ist, der Schuldner Rechte an der Sache ausschließlich aufgrund dieses Vertrages erworben hat, die Rücktrittsklausel den Berechtigten in den Stand setzt, einen Zugriff der Gläubiger auf die Sache jederzeit abwehren zu können, und die Rücktrittsklausel freie Verfügungen des Schuldners zugunsten einzelner Gläubiger ausschließt. Die **Verpflichtung** des Schuldners zur **unentgeltlichen Rückübertragung** ist gläubigerbenachteiligend. Der Verwalter kann in diesem Fall verlangen, dass die Masse so gestellt wird, wie wenn dem Schuldner die gesetzlichen Ansprüche aus dem Rückgewährschuldverhältnis zustünden.[577]

f) Sonstige Fälle der Gläubigerbenachteiligung

170 Nach der Rechtsprechung des BGH benachteiligt die Zahlung von **Sozialversicherungsbeiträgen**[578] – einschließlich der **Arbeitnehmeranteil**e – und die Abführung der **Lohnsteuer**[579] durch den Arbeitgeber dessen Gläubiger. Bei der gebotenen Beachtung der zwischen den Beteiligten bestehenden Kausalbeziehungen ist indes auch für die anfechtungsrechtliche Beurteilung von einer Leistung des Arbeitgebers an den Arbeitnehmer und von einer Leistung des Arbeitnehmers an den Sozialversicherungsträger bzw. den Fiskus auszugehen, wobei im Verhältnis zwischen Arbeit-

---

572 Vgl. zu dieser Erwägung MüKo/Kayser, § 129 InsO Rn 131.
573 Vgl. Berger, ZInsO 2016, 2111, 2112.
574 Vgl. FK/Wegener, § 129 InsO Rn 5; Obermüller, ZInsO 2013, 476, 477.
575 BGH, 7.4.2016 – VII ZR 56/15, ZIP 2016, 981 ff.; vgl. dazu M. Huber, ZInsO 2016, 2130 ff. und Berger, ZInsO 2016, 2111 ff.
576 BGH, 7.4.2016 – VII ZR 56/15, ZIP 2016, 981 ff. Rn 26.
577 BGH, 12.10.2017 – IX ZR 288/14, BGHZ 216, 136 ff.
578 BGH, 5.11.2009 – IX ZR 233/08, BGHZ 183, 86 ff.
579 Vgl. BGH, 22.1.2004 – IX ZR 39/03, BGHZ 157, 350 ff.; BGH, 22.10.2015 – IX ZR 74/15, juris Rn 2.

geber und Arbeitnehmer ein Bargeschäft gemäß § 142 InsO vorliegt.[580] Eine gläubigerbenachteiligende Wirkung von **Beitragszahlungen** für das Baugewerbe an die **Urlaubskasse** wird nicht dadurch teilweise aufgehoben, dass die Urlaubskasse zeitlich nach den jeweiligen Beitragszahlungen Urlaubsvergütungen erstattete.[581] Eine (mittelbare) Gläubigerbenachteiligung ist gegeben, wenn durch die angefochtene Rechtshandlung (**Vertragsübernahme**) eine Forderung des Anfechtungsgegners, die im Falle der Insolvenzeröffnung eine bloße Insolvenzforderung gewesen wäre, zu einer Masseverbindlichkeit aufgewertet wird.[582] Die Überweisung des auf einem Anderkonto befindlichen Geldes auf ein **Eigenkonto** des **vorläufigen Insolvenzverwalters** (als Vergütung) in einem nicht eröffneten Insolvenzverfahren ist ebenfalls gläubigerbenachteiligend.[583] **Liefert** der Schuldner die **verkaufte Ware** in der materiellen Insolvenz aus und macht er dadurch die Kaufpreisforderung werthaltig, so ist eine Benachteiligung der Insolvenzgläubiger gegeben.[584]

Hat der Sicherungsnehmer die dem Schuldner erteilte Einziehungsermächtigung nicht widerrufen, so benachteiligt die **Weiterleitung** der auf dem **Schuldnerkonto eingegangenen Erlöse** der wirksam erfüllten Forderungen an den Sicherungsnehmer die Gesamtheit der Gläubiger, wenn der Schuldner nicht verpflichtet war, vereinnahmte Beträge an den Sicherungsnehmer abzuführen und keine (anfechtungsfeste) Anschlusssicherheit vereinbart war.[585] 171

Schon durch die bloße Übertragung des **Besitzes** können die Gläubiger benachteiligt werden. Eine Gläubigerbenachteiligung kann bspw. durch die mit der Besitzübergabe verbundene **Eigentumsvermutung** gemäß § 1006 BGB eintreten.[586] Die Übertragung eines wertausschöpfend belasteten **Grundstücks** durch den Schuldner ist objektiv gläubigerbenachteiligend, wenn die bei der Übertragung noch bestehenden Belastungen im Nachhinein vertragsgemäß von ihm beseitigt werden.[587] Auch die Zahlung einer Geldstrafe kann wegen ihrer die Gläubiger benachteiligenden Wirkung anfechtbar sein.[588] Entsprechendes gilt für Zahlungen an die Staats- 172

---

580 So zutr. BFH, 11.8.2005 – VII B 244/04, ZInsO 2005, 1105 ff. sowie zuvor schon BFH/NV 1999, 745 – **a.A.** Kayser, ZIP 2007, 49 ff.
581 BGH, 18.7.2019 – IX ZR 258/18, ZIP 2019, 1624 ff. Rn 13; vgl. dazu ferner **Rn 372**.
582 BGH, 26.4.2012 – IX ZR 146/11, ZIP 2012, 1183 ff. Rn 26 f.; BAG, 12.9.2013 – 6 AZR 980/11, BAGE 146, 64 ff. Rn 48 – „Halteprämie".
583 BGH, 15.11.2011 – IX ZR 118/11, ZIP 2012, 333 ff.
584 Vgl. Kirchhof, WM Sonderbeilage 1/2008, S. 31 mit Hinweis auf BGH, 29.11.2007 – IX ZR 165/05, WM 2008, 363, 364 f. – anders hinsichtlich der Abnahme der Werkleistung BGH, 7.6.2001 – IX ZR 134/00, NJW-RR 2001, 1337, 1338.
585 BGH, 6.4.2006 – IX ZR 185/04, ZIP 2006, 1009 ff.; vgl. dazu ferner BGH, 12.2.2015 – IX ZR 180/12, ZIP 2015, 585 ff.
586 Jaeger/Henckel, § 129 InsO Rn 151; MüKo/Kayser, § 129 InsO Rn 136.
587 BGH, 19.5.2009 – IX ZR 129/06, ZIP 2009, 1285 ff.
588 BGH, 14.10.2010 – IX ZR 16/10, ZIP 2010, 2358 ff.

kasse, um eine **Auflage** nach **§ 153a StPO** zu erfüllen.[589] Da eine Gläubigerbenachteiligung auch eintritt, wenn der Anspruch des Gläubigers tatsächlich besteht, ist es unerheblich, ob auf eine rechtsgrundlose Forderung gezahlt wurde.[590]

173 Liegt die anfechtbare Rechtshandlung in der **Überweisung** eines Guthabens des Schuldners **auf** das **Konto eines Dritten**, wird die objektive Gläubigerbenachteiligung nicht dadurch wieder rückgängig gemacht, dass der Dritte den Betrag planmäßig abhebt und dem **Schuldner bar zur Verfügung stellt**. Insoweit ist ein uneigennütziger Treuhänder, der anfechtbar erlangte Gelder des Schuldners weisungsgemäß an diesen zurückzahlt, zum Wertersatz verpflichtet, ohne sich auf einen Wegfall der Bereicherung berufen zu können.[591]

6. Kausalität und Vorteilsausgleichung

a) Kausalität

174 Zwischen der angefochtenen Rechtshandlung und der Gläubigerbenachteiligung muss ein **ursächlicher Zusammenhang** bestehen. Es ist daher i.S.d. conditio-sine-qua-non-Formel zu prüfen, ob sich die Befriedigung der Gläubiger ohne die angefochtene Rechtshandlung bei **wirtschaftlicher Betrachtungsweise günstiger gestaltet hätte**.[592] Für die Kausalität genügt Ursächlichkeit im natürlichen Sinne. Einer Einschränkung durch die **Adäquanztheorie** bedarf es **nicht**, vielmehr grenzen die Anfechtungstatbestände mit eigenen Mitteln, insb. über die subjektive Voraussetzung des Gläubigerbenachteiligungsvorsatzes (vgl. § 133 Abs. 1 InsO) oder durch die Beschränkung auf unentgeltliche Leistungen (vgl. § 134 InsO) zu weit gehende Folgen von der Haftung aus.[593]

b) Hypothetische Geschehensabläufe

175 Nach der neueren Rechtsprechung des BGH[594] wird der Ursachenzusammenhang zwischen der Rechtshandlung und der Gläubigerbenachteiligung nicht durch hypothetische, **nur gedachte Geschehensabläufe** infrage gestellt; entscheidend ist

---

589 BGH, 5.6.2008 – IX ZR 17/07, WM 2008, 1412 ff.
590 BGH, 21.11.2019 – IX ZR 238/18, WM 2020, 100 ff. Rn 17.
591 BGH, 10.9.2015 – IX ZR 215/13, ZIP 2015, 2083 ff.
592 Vgl. BGH, 19.4.2007 – IX ZR 59/06, NJW 2007, 2325, 2326; HambKomm/Rogge/Leptien, § 129 InsO Rn 111.
593 BGH, 9.12.1999 – IX ZR 102/97, BGHZ 143, 246, 253; Uhlenbruck/Hirte/Ede, § 129 InsO Rn 229.
594 Vgl. zuvor BGH, 23.2.1984 – IX ZR 26/83, BGHZ 90, 207, 212; BGH, 16.5.1979 – VIII ZR 156/78, WM 1979, 776 ff.

vielmehr allein das reale Geschehen.[595] Auf der anderen Seite können hypothetische Geschehensabläufe auch nicht die Ursächlichkeit einer Rechtshandlung des Schuldners für die Benachteiligung seiner Gläubiger begründen.[596]

Die Benachteiligung der Gläubiger des Schuldners wird daher nicht dadurch in Frage gestellt, dass der Gläubiger die **Möglichkeit** der **Aufrechnung gehabt hätte**, wenn er nicht durch Zahlung befriedigt worden wäre.[597] Im Fall der **Überlassung** von **Kundenschecks** an einen Gläubiger des Schuldners werden die übrigen Gläubiger auch dann benachteiligt, wenn die Schuldnerbank im Fall der Scheckeinreichung bei ihr eine Verrechnung mit den ihr zustehenden Forderungen vorgenommen hätte.[598] Es spielt für die Anfechtbarkeit ferner keine Rolle, ob der Schuldner ein ihm gewährtes Darlehen für **andere Zwecke verbraucht** hätte.[599] Unbeachtlich ist der Einwand des Gläubigers, dass er den **Vertrag** mit dem Schuldner ohne die dadurch ermöglichte Aufrechnung **nicht abgeschlossen** hätte.[600] Ebenso ist es unerheblich, dass die Beteiligten anstelle einer Zuwendung über den Schuldner auch den Weg der **direkten Zuwendung** vom Dritten an den Zuwendungsempfänger hätten beschreiten[601] und dass der Anfechtungsgegner dem Schuldner anstelle von Staffelkrediten eine **dauernde Kreditlinie** hätte einräumen können.[602]

176

Für die Anfechtbarkeit einer **verfrühten Zahlung** ist es im Grundsatz ohne Bedeutung, ob sie auch nach dem Eintritt der Fälligkeit vorgenommen worden wäre. Ob die wenige Tage nach der Zahlung eingetretene Fälligkeit der Anfechtung entgegensteht, ist nach der Rechtsprechung des Bundesgerichtshofes keine **Frage** der Ursächlichkeit, sondern der **Zurechenbarkeit**. Im Wege der wertenden Betrachtung ist einzuschätzen, ob dieselbe Masseschmälerung durch eine gesetzlich nicht missbilligte Rechtshandlung des Schuldners hätte herbeigeführt werden können. Im konkreten Fall war entscheidend, dass der Schuldner aufgrund des angeordneten Zustimmungsvorbehalts nicht mehr die Möglichkeit gehabt hätte, nach Eintritt der Fälligkeit über sein Vermögen zu verfügen.[603]

177

---

595 BGH, 7.3.2013 – IX ZR 7/12, ZIP 2013, 734 ff. Rn 22; BGH, 12.7.2007 – IX ZR 235/03, ZInsO 2007, 1107 ff. Rn 15; BGH, 16.10.2008 – IX ZR 2/05, ZInsO 2008, 1322 ff. Rn 11; BGH, 29.6.2004 – IX ZR 258/02, BGHZ 159, 397, 401: MüKo/Kayser, § 129 Rn 170.
596 BGH, 19.4.2007 – IX ZR 199/03, ZInsO 2007, 596 ff.
597 BGH, 12.7.2007 – IX ZR 235/03, ZInsO 2007, 1107 ff. – „Maklerprovision".
598 Vgl. BGH, 30.9.1993 – IX ZR 227/92, BGHZ 123, 320, 325 f.; BGH, 7.6.1988 – IX ZR 144/87, BGHZ 104, 355, 360 f.
599 BGH, 27.3.2008 – IX ZR 210/07, ZInsO 2008, 449 ff.
600 BGH, 2.6.2005 – IX ZR 263/03, ZInsO 2005, 884 f.
601 Vgl. Gottwald/Huber, Insolvenzrechts-Handbuch, § 46 Rn 74.
602 BGH, 7.3.2013 – IX ZR 7/12, ZIP 2013, 734 ff. Rn 21 f.
603 Vgl. BGH, 9.6.2005 – IX ZR 152/03, ZInsO 2005, 766 ff.

c) Vorteilsausgleichung

178 Die Frage des Eintritts einer **Gläubigerbenachteiligung** ist **isoliert** im Hinblick auf die konkret angefochtene Minderung des Aktivvermögens oder die Vermehrung der Passiva des Schuldners zu beurteilen; eine **Vorteilsausgleichung** findet **nicht** statt.[604] Dies soll nach Ansicht des BGH sogar so weit gehen, dass der beim Brauen von Bier für die künftige Insolvenzmasse eintretende Nachteil der Sachhaftung für die **Biersteuer** nicht durch die mit dem Brauvorgang zugleich einhergehende Sachwerterhöhung kompensiert wird.[605] Andererseits ist nach seiner Auffassung keine Gläubigerbenachteiligung gegeben, wenn der **Betrieb** des Schuldners **nur mit Zustimmung** eines Lieferanten **günstig zu verwerten** ist und dieser seine Einwilligung davon abhängig macht, dass der Schuldner ausstehende Schulden begleicht, sofern der Betrieb ohne die „erkaufte" Einwilligung weniger wert gewesen wäre als der tatsächlich erzielte Kaufpreis abzgl. der Tilgungsleistung. Insoweit schlage sich der **Vorteil unmittelbar** und gegenständlich in einer Mehrung des Schuldnervermögens nieder.[606]

179 Die gläubigerbenachteiligende Wirkung der Begleichung von Schulden aus **Stromlieferungen** entfällt nicht deshalb, weil ansonsten die Einstellung der Stromversorgung – als entfernteres Ereignis – zu einem **Produktionsausfall** im schuldnerischen Betrieb geführt hätte.[607] Die **fortgesetzte Nutzung** der vom Schuldner **gemieteten Räume** gleicht nicht die Pfändung des Vermieters wegen älterer Mietforderungen aus.[608] Die Tilgung von **Steuerschulden** benachteiligt die Insolvenzgläubiger ungeachtet der Frage, ob der Betrieb des Schuldners andernfalls noch vor der Eröffnung des Insolvenzverfahrens hätte geschlossen werden müssen.[609] Dass ein Unternehmer gegen zusätzliche Zahlungen auf **ausstehende Forderungen** oder gegen die Bewilligung einer Sicherheit die ihm übertragenen Arbeiten gegen volles Entgelt weiterführt, gleicht den Verlust für die künftige Insolvenzmasse des Auftraggebers nicht aus.[610]

180 Dass die Rechtshandlung, welche die Aufrechnungslage herbeiführt, der **Insolvenzmasse auch Vorteile verschafft**, steht nach den obigen Ausführungen einer Gläubigerbenachteiligung nicht entgegen. Es ist daher für die Frage der Anfechtbar-

---

604 BGH, 16.11.2007 – IX ZR 194/04, BGHZ 174, 228 ff.; BGH, 2.6.2005 – IX ZR 263/03, ZIP 2005, 1521, 1523; BGH, 26.4.2012 – IX ZR 146/11, ZIP 2012, 1183 ff. Rn 30; MüKo/Kayser, § 129 InsO Rn 175 f.
605 Vgl. BGH, 9.7.2009 – IX ZR 86/08, ZIP 2009, 1674 ff. – „Bierbrauen".
606 BGH, 13.3.2003 – IX ZR 64/02, BGHZ 154, 190 ff. – „Saudi-Arabien"; BGH, 24.11.1959 – VIII ZR 220/57, WM 1960, 377, 379.
607 BGH, 13.3.2003 – IX ZR 64/02, BGHZ 154, 190 ff.
608 Vgl. MüKo/Kayser, § 129 InsO Rn 176.
609 MüKo/Kayser, § 129 InsO Rn 176 mit Hinweis auf OLG Köln, 1.7.1992 – 13 U 303/91, NJW-RR 1992, 1382, 1384.
610 BGH, 13.3.2003 – IX ZR 64/02, BGHZ 154, 190, 196; BGH, 22.4.2004 – IX ZR 370/00, ZIP 2004, 1160 f.; MüKo/Kayser, § 129 Rn 176.

keit ohne Bedeutung, dass die vom Insolvenzverwalter angefochtene Vertragskündigung des Vertragsgegners einen aufrechenbaren Ausgleichsanspruch des Schuldners nach § 89b HGB erst begründet hat.[611]

7. Beweislast

Nach allgemeinen Grundsätzen obliegt dem **Insolvenzverwalter** die **Darlegungs- und Beweislast** für das Vorliegen einer Gläubigerbenachteiligung.[612] Dem genügt er, wenn er vorträgt und ggf. beweist, dass der Anfechtungsgegner einen Vermögensgegenstand des Schuldners ohne (angemessene) Gegenleistung erlangt hat. Es ist dann Sache des Anfechtungsgegners, konkrete Tatsachen vorzutragen, aus denen er anfechtungsrechtlich beachtliche Einwände herleitet, etwa dass er den Gegenstand schon durch einen früheren Vertrag oder dass er schon zuvor ein vorrangiges Sicherungsrecht erworben habe.[613] Der **Anfechtungsgegner** trägt ganz allgemein die Darlegungs- und Beweislast hinsichtlich solcher Tatsachen, die zur **Beseitigung** einer zunächst eingetretenen **Gläubigerbenachteiligung** geführt haben sollen.[614]

181

Hinsichtlich solcher Umstände, die der Insolvenzverwalter nicht kennt und auch nicht aufgrund eigener Nachforschungsmöglichkeiten kennen muss, kommt ihm ferner nach den allgemeinen Grundsätzen die **sekundäre Darlegungslast** des **Anfechtungsgegners** zugute.[615] Hat daher der Schuldner dem Anfechtungsgegner Grundstücke übereignet, so trifft den Insolvenzverwalter zwar die Darlegungs- und Beweislast dafür, dass die Grundstücke nicht **wertausschöpfend belastet** waren.[616] Dem Anfechtungsgegner obliegt es jedoch i.R.d. sekundären Darlegungslast, Einzelheiten zum **Stand der Valutierung** der Belastungen zum maßgeblichen Zeitpunkt vorzutragen.[617] Ganz allgemein trifft den Anfechtungsgegner, der Gegenrechte gegen den Anfechtungsanspruch geltend macht, insoweit eine sekundäre Darlegungslast.[618]

182

Erfordert der Anfechtungstatbestand eine **unmittelbare Gläubigerbenachteiligung**, so muss der Insolvenzverwalter auch deren Voraussetzungen darlegen und

183

---

611 BGH, 7.5.2013 – IX ZR 191/12, ZIP 2013, 1180f. Rn 7; Gehrlein in Ahrens/Gehrlein/Ringstmeier, § 129 InsO Rn 64.
612 Vgl. BGH, 28.2.2008 – IX ZR 177/05, ZInsO 2008, 375ff. Rn 21; HK/Kreft, § 129 InsO Rn 64.
613 BGH, 11.7.1991 – IX ZR 230/90, NJW 1992, 624, 626; BGH, 17.12.1998 – IX ZR 196/97, ZIP 1999, 196ff.
614 Jaeger/Henckel, § 129 InsO Rn 232.
615 Vgl. dazu Jaeger/Henckel, § 129 InsO Rn 230; BGH, 7.12.1998 – II ZR 266/97, BGHZ 140, 156, 158f.; Zöller/Greger, § 138 ZPO Rn 8b.
616 Vgl. BGH, 3.3.1988 – IX ZR 11/87, WM 1988, 799, 801.
617 BGH, 19.5.2009 – IX ZR 129/06, ZInsO 2009, 1249ff. Rn 34.
618 BGH, 14.6.2012 – IX ZR 145/09, ZIP 2012, 1424ff. Rn 17; HK/Kreft, § 129 InsO Rn 64.

ggf. beweisen.⁶¹⁹ Genügt eine **mittelbare Gläubigerbenachteiligung**, so obliegt ihm der Nachweis, dass der anfechtbar weggegebene Gegenstand zum Zeitpunkt der **letzten mündlichen Verhandlung** in den **Tatsacheninstanzen** nicht mehr vorhanden war oder an Wert verloren hat.⁶²⁰

184 Die frühere Rechtsprechung des BGH, wonach der Insolvenzverwalter bei einer Zahlung des Schuldners über ein Bankkonto darzulegen und zu beweisen hatte, dass die Zahlung aus einem Guthaben oder im Rahmen einer eingeräumten Kreditlinie und nicht im Wege der **geduldeten Kontoüberziehung** erbracht wurde, gilt seit dessen Urt. v. 6.10.2009⁶²¹ nicht mehr.

185 Wurde das Insolvenzverfahren wegen **Überschuldung** (vgl. § 19 InsO) oder wegen **Zahlungsunfähigkeit** eröffnet (vgl. § 17 InsO), spricht nach der Rechtsprechung des BGH ein **Anschein** dafür, dass die **Masse nicht** zur Befriedigung aller Insolvenzgläubiger **ausreicht**.⁶²² Hat der Schuldner wegen **drohender Zahlungsunfähigkeit** Insolvenzantrag gestellt (vgl. § 18 InsO), so trifft den **Insolvenzverwalter** die Darlegungs- und Beweislast, wenn der Anfechtungsgegner geltend macht, dass die Insolvenzmasse zur Befriedigung sämtlicher Gläubiger ausreiche.⁶²³

8. Bargeschäft (§ 142 InsO)

a) Allgemeines

186 Nach **§ 142 Abs. 1 InsO** ist eine Leistung des Schuldners, für die **unmittelbar** eine **gleichwertige Gegenleistung** in sein Vermögen gelangt, nur anfechtbar, wenn die Voraussetzungen des **§ 133 Abs. 1 bis 3 InsO** gegeben sind und der **andere Teil erkannt** hat, dass der Schuldner **unlauter** handelte. Der Austausch von Leistung und Gegenleistung ist gemäß § 142 Abs. 2 Satz 1 InsO unmittelbar, wenn er nach Art der ausgetauschten Leistungen und unter Berücksichtigung der Gepflogenheiten des Geschäftsverkehrs in einem engen zeitlichen Zusammenhang erfolgt. **§ 142 Abs. 2 Satz 3 und 4 InsO** enthält ferner eine Sonderregelung für den Fall der Gewährung von **Arbeitsentgelt**. Die bei isolierter Betrachtung der Rechtshandlung des Schuldners gegebene Benachteiligung der Gläubiger bleibt bei einem Bargeschäft außer Betracht, da sie durch die Gegenleistung wieder ausgeglichen wird und somit eine **bloße** (objektiv gleichwertige) **Vermögensumschichtung** stattgefunden

---

619 Vgl. Uhlenbruck/Hirte/Ede, § 129 InsO Rn 259.
620 Jaeger/Henckel, § 129 InsO Rn 231.
621 BGH, 6.10.2009 – IX ZR 191/05, BGHZ 182, 317 ff. – „Kontoüberziehung".
622 BGH, 13.3.1997 – IX ZR 93/96, ZIP 1997, 853, 854.
623 Vgl. HK/Kreft, § 129 InsO Rn 64; Uhlenbruck/Hirte/Ede, § 129 InsO Rn 260 – **a.A.** MüKo/Kayser, § 129 InsO Rn 107; Graf-Schlicker/Huber, § 129 InsO Rn 25.

hat.[624] Auf die Reihenfolge der Leistungen kommt es nicht an. Eine Vorleistungspflicht des Schuldners schließt daher die Annahme eines Bargeschäfts nicht aus.[625] Liegt eine solche bloße Vermögensumschichtung vor, ist eine Anfechtung nur unter den Voraussetzungen der Vorsatzanfechtung gemäß § 133 Abs. 1 bis 3 InsO möglich, da diese auch mittelbare Gläubigerbenachteiligungen erfasst.[626]

Der **entscheidende Grund** für diese Ausnahmeregelung des Bargeschäfts ist der wirtschaftliche Gesichtspunkt, dass ein Schuldner, der sich in der Krise befindet, **praktisch vom Geschäftsverkehr ausgeschlossen würde**, wenn die von ihm abgeschlossenen wertäquivalenten Bargeschäfte der Anfechtung unterlägen.[627] An der erforderlichen Gleichwertigkeit der Gegenleistung fehlt es nicht schon dann, wenn dem Schuldner Geld gezahlt wird, das leichter verschleudert werden kann, oder wenn an den Schuldner vorgeleistet wurde und die Gegenleistung zum Zeitpunkt seiner Leistungserbringung **nicht mehr vorhanden** ist.[628] Bestellt der Schuldner anlässlich einer weiteren Kreditgewährung eine Sicherheit, die nicht nur den neuen Kredit, sondern auch eine **Altverbindlichkeit** sichern soll, liegt dagegen keine gleichwertige Gegenleistung vor.[629] Bei Sanierungsbemühungen eines Rechtsanwalts ist nach einem Urteil des BGH v. 26.10.2000[630] kein Bargeschäft gegeben, wenn die entfalteten Tätigkeiten von vornherein nicht sachgerecht waren.[631]

187

§ 142 InsO ist nur anwendbar, wenn Leistung und Gegenleistung **durch Parteivereinbarung** miteinander **verknüpft** sind. Dies wird im Gesetz durch die Worte „**für die**" zum Ausdruck gebracht.[632] Es genügt daher nicht, dass eine Bank in der Absicht, dem Schuldner bei der Sanierung behilflich zu sein, ständig **Kreditüberziehungen** in nicht exakt festgelegter Höhe „**toleriert**" hat, solange ihr nur (ohne Absprache) Kundenschecks, in welcher Höhe auch immer, eingereicht wurden.[633] Erbringt der Schuldner eine Leistung an einen Dritten, so fehlt es in der Regel an der von § 142 InsO vorausgesetzten Anbindung des unmittelbaren Leistungsaustauschs an eine zwischen dem Schuldner und dem Dritten getroffene Parteiverein-

188

---

624 BGH, 9.6.2005 – IX ZR 152/03, ZInsO 2005, 766 ff. Rn 21; vgl. zum Bargeschäft beim Bestehen eines Cash-Pools BGH, 13.6.2013 – IX ZR 259/12, ZIP 2013, 1826 ff.
625 BGH, 11.2.2010 – IX ZR 104/07, ZInsO 2010, 673 ff. Rn 31.
626 HK/Kreft, § 142 InsO Rn 2.
627 Vgl. Begr. zum RegE, BT-Drucks. 12/2443, S. 167; BGH, 7.3.2002 – IX ZR 223/01, BGHZ 150, 122 ff.
628 Vgl. Begr. zum RegE, BT-Drucks. 12/2443, S. 167; Uhlenbruck/Ede/Hirte, § 142 InsO Rn 15.
629 BGH, 12.11.1992 – IX ZR 237/91, ZIP 1993, 271 ff.
630 BGH, 26.10.2000 – IX ZR 289/99, ZInsO 2001, 72 ff.
631 Vgl. dazu ferner LG Dessau-Roßlau, 24.7.2015 – 2 O 480/14, ZIP 2015, 2034 f.
632 Begr. zum RegE, BT-Drucks. 12/2443, S. 167; BGH, 6.4.2006 – IX ZR 185/04, NJW-RR 2006, 1134 ff. Rn 29; BGH, 30.9.1993 – IX ZR 227/92, BGHZ 123, 320, 328; MüKo/Kirchhof, § 142 InsO Rn 5.
633 BGH, 30.4.1992 – IX ZR 176/91, BGHZ 118, 171, 173.

barung.[634] Der Begriff der **Vermögensumschichtung** setzt voraus, dass die Gegenleistung Bestandteil des schuldnerischen Vermögens wird.[635]

189 Nach der Rechtsprechung des BGH ist nur eine der Parteivereinbarung entsprechende Leistung kongruent und damit geeignet, den Bargeschäftseinwand auszufüllen; bei **inkongruenten Rechtshandlungen** kommt hingegen ein **Bargeschäft nicht in Betracht**.[636] Diese Auffassung des **BGH** wird jedoch mit guten Gründen **angezweifelt**. Die Begründung zu § 161 des Regierungsentwurfs, der gut anderthalb Jahre vor dem Erlass der Grundsatzentscheidung des BGH vom 30,.9.1993[637] verabschiedet wurde, geht wie selbstverständlich davon aus, dass Bargeschäfte nicht der Anfechtung kongruenter und inkongruenter Deckungen unterliegen.[638] Das Bargeschäftsprivileg gilt nicht bei der Anfechtung der Besicherung eines Gesellschafterdarlehens.[639] Ein Bargeschäft kann allerdings auch bei **gesetzlichen Abwicklungsverhältnissen** (Rücktritt, ungerechtfertigte Bereicherung) gegeben sein, wenn das Gesetz eine Zug-um-Zug-Leistung vorsieht.[640] Für den Fall, dass der vorläufige Insolvenzverwalter in einem nicht zur Eröffnung gelangten Verfahren seine Vergütung aus der künftigen Insolvenzmasse entnimmt, hat der BGH es trotz fehlender Parteivereinbarung als erwägenswert angesehen, ihm die Privilegierung des Bargeschäfts zu gewähren.[641] **Maßgebender Zeitpunkt** für das Vorliegen eines Bargeschäfts ist derjenige, in dem die **zeitlich erste Leistung** eines Vertragsteils erbracht wird. Bis dahin können die Parteien ihre Vereinbarung noch abändern, ohne deren Charakter als Bargeschäft zu gefährden.[642]

b) Enger zeitlicher Zusammenhang; Rechtsprechung des BGH

190 Das Tatbestandsmerkmal „**unmittelbar**" in § 142 InsO besagt, dass zwischen der Leistung und der Gegenleistung ein **enger zeitlicher Zusammenhang** bestehen muss. Wie schon unter der Geltung der KO kann zwischen den Leistungen zwar eine

---

634 BGH, 23.9.2010 – IX ZR 212/09, ZIP 2010, 2009 ff. Rn 25 ff. – „Tankstellenbetreiber"; vgl. ferner BGH, 8.12.2005 – IX ZR 182/01, ZIP 2006, 290 ff. Rn 16 f. zur Abführung von Lohnsteuer und Sozialversicherungsbeiträgen.
635 Vgl. BGH, 23.9.2010 – IX ZR 212/09, ZIP 2010, 2009 ff. Rn 24; Graf-Schlicker/Huber, § 142 InsO Rn 3.
636 BGH, 30.9.1993 – IX ZR 227/92, BGHZ 123, 320 ff.; BGH, 23.9.2010 – IX ZR 212/09, ZInsO 2010, 1929 ff. Rn 26; BGH, 15.11.2007 – IX ZR 212/06, ZIP 2008, 235 ff. Rn 15; – **a.A.** Wagner in Kummer/Schäfer/Wagner, Rn 067 ff.; kritisch ferner Bork, FS für Kirchhof, 2003, S. 57, 67.
637 BGH, 30.9.1993 – IX ZR 227/92, BGHZ 123, 320 ff.
638 Vgl. MüKo/Kirchhof/Piekenbrock, § 142 InsO Rn 12.
639 BGH, 14.2.2019 – IX ZR 149/16, BGHZ 221, 100 ff. Rn 40.
640 Vgl. Jaeger/Henckel, § 142 InsO Rn 8.
641 BGH, 15.12.2011 – IX ZR 118/11, ZIP 2012, 333 ff. Rn 22.
642 BGH, 10.5.2007 – IX ZR 146/05, ZInsO 2007, 662 f. Rn 14; MüKo/Kirchhof, § 142 InsO Rn 8.

gewisse Zeitspanne liegen; sie darf jedoch nicht so lang sein, dass das Rechtsgeschäft unter Berücksichtigung der üblichen Zahlungsbräuche den **Charakter** eines **Kreditgeschäfts** annimmt.[643] Jegliche Kreditgewährung durch verzögerte Geschäftsabwicklung schließt nach dem Normzweck des § 142 InsO die Annahme eines Bargeschäfts aus.[644] Bei einer **Stundung** der Forderung des Gläubigers ist somit die Annahme eines unmittelbaren Leistungsaustauschs ausgeschlossen, wenn die Stundung darauf beruht, dass der Schuldner die Forderung zum Fälligkeitszeitpunkt nicht begleichen kann. Insoweit kann nach der Rechtsprechung des BGH bereits eine Stundung der Gegenleistung um eine Woche die Annahme eines Bargeschäfts ausschließen, wenn diese auf der Zahlungsunfähigkeit des Schuldners beruht.[645] Eine sich in verspäteten Entgeltzahlungen ausdrückende **Kreditgewährung** schließt daher ebenfalls die Annahme eines Bargeschäfts aus, weil es notwendigerweise an einem engen zeitlichen Zusammenhang des Leistungsaustauschs fehlt.[646]

Nach Ansicht des BGH stellt **§ 142 InsO** eine **Ausnahmeregelung** dar, weil er an sich anfechtbare Vorgänge der Anfechtung entziehe; für eine erweiternde Auslegung sei daher kein Raum.[647] Dies dürfte jedoch in dieser Allgemeinheit nicht zutreffen. Auch eine Ausnahmebestimmung kann vielmehr einer erweiternden Auslegung zugänglich sein, wenn sich ein entsprechendes Erfordernis nach allgemeinen Auslegungsgrundsätzen feststellen lässt.[648]

191

Die **Länge** des unschädlichen Zeitraums lässt sich zwar **nicht allgemein festlegen**; sie hängt vielmehr von der Art der Leistungen[649] und den **Gepflogenheiten des Geschäftsverkehrs** ab.[650] In bestimmten Fällen ist der BGH jedoch von einer „30-Tage-Regel" ausgegangen. So dürfen bei einem **Kaufvertrag** über bewegliche Sachen zwischen der Leistung und der Gegenleistung nicht mehr als dreißig Tage

192

---

643 Vgl. Begr zum RegE, BT-Drucks. 12/2443, S. 167; BGH, 11.2.2010 – IX ZR 104/07, ZInsO 2010, 673 ff. Rn 30.
644 BGH, 13.4.2006 – IX ZR 158/05, ZInsO 2006, 712 ff. Rn 33 – „Honorarvorschuss"; BGH, 19.12.2002 – IX ZR 377/99, ZIP 2003, 488 ff.: Stundung der Gegenleistung um eine Woche; MüKo/Kirchhof, § 142 InsO Rn 15; HambKomm/Rogge/Leptien, § 142 InsO Rn 5.
645 BGH, 19.12.2002 – IX ZR 377/99, ZIP 2003, 488, 493.
646 BGH, 10.7.2014 – IX ZR 192/13, ZIP 2014, 1491 ff. Rn 15.
647 BGH, 23.9.2010 – IX ZR 212/09, ZInsO 2010, 1929 ff. Rn 35 mit Hinweis auf BGH, 29.11.2007 – IX ZR 30/07, BGHZ 174, 297 ff. Rn 43.
648 Vgl. Wagner in Kummer/Schäfer/Wagner, Rn O45.
649 Vgl. zu Grundstücksgeschäften BGH, 26.1.1977 – VIII ZR 122/75, NJW 1977, 718, 719; BGH, 21.5.1980 – VIII ZR 40/79, NJW 1980, 1961.
650 BGH, 11.2.2010 – IX ZR 104/07, ZIP 2010, 682 ff. Rn 31; BGH, 21.6.2007 – IX ZR 231/04, ZInsO 2007, 816 ff. Rn 51; Uhlenbruck/Ede/Hirte, § 142 InsO Rn 29; vgl. dazu ferner BGH, 16.4.2015 – IX ZR 6/14, ZIP 2015, 937.

liegen.⁶⁵¹ Im anwaltlichen **Mandatsverhältnis** ist die Annahme eines Bargeschäfts ausgeschlossen, wenn zwischen dem Beginn der anwaltlichen Tätigkeit und der Erbringung der Gegenleistung mehr als dreißig Tage liegen. Im Fall der Anforderung eines **Vorschusses** ist eine Bargeschäftsausnahme nur dann anzunehmen, wenn in regelmäßigen Abständen Vorschüsse eingefordert werden, die in etwa dem Wert der inzwischen entfalteten oder in den nächsten dreißig Tagen zu erbringenden Tätigkeiten entsprechen.⁶⁵² Im Fall der **Genehmigung** eines **Lastschrifteinzugs** kann sich dieser Zeitraum verlängern. Denn nach der Rechtsprechung des BGH ist bei der Frage, ob ein Bargeschäft gegeben ist, auf den Zeitpunkt des Lastschrifteinzugs und nicht auf den späteren Zeitpunkt der Genehmigung abzustellen, da diese zurückwirkt.⁶⁵³ Nach herrschender Auffassung im Schrifttum scheidet die Annahme eines Bargeschäfts jedoch aus, wenn der Schuldner vorgeleistet hat und dessen Vertragspartner seine Leistung erst in größerem zeitlichem Abstand erbracht hat, obwohl dem Schuldner in diesem Fall kein Kredit eingeräumt wurde.⁶⁵⁴

c) Rechtsprechung des Bundesarbeitsgerichts; Neuregelung des § 142 Abs. 2 Satz 2 InsO

193 Nach der Rechtsprechung des Bundesarbeitsgerichts⁶⁵⁵ sollte im Fall der **Lohnzahlung** des Arbeitgebers an den Arbeitnehmer bei einer Zeitdauer zwischen der erbrachten Arbeitsleistung und der Zahlung von **bis zu drei Monaten** ein Bargeschäft anzunehmen sein.⁶⁵⁶ Dies wurde im insolvenzrechtlichen Schrifttum zu Recht kritisiert.⁶⁵⁷ Dem Bundesarbeitsgericht wurde mit Recht entgegengehalten, dass seine Rechtsprechung auf ein nach dem Willen des Gesetzgebers der Insolvenzordnung nicht vorgesehenes Sonderrecht für eine einzelne Gläubigergruppe hinausläuft.⁶⁵⁸ Auch der **BGH** war der Auffassung des Bundesarbeitsgerichts **entgegengetreten**. War der Arbeitnehmer vorleistungspflichtig, sollten nach seiner Ansicht (nur) Lohn-

---

651 BGH, 21.6.2007 – IX ZR 231/04, ZInsO 2007, 816 ff. Rn 51; BGH, 13.4.2006 – IX ZR 158/05, BGHZ 167, 190, 201.
652 Vgl. BGH, 18.9.2008 – IX ZR 134/05, NZG 2008, 902; BGH, 6.12.2007 – IX ZR 113/06, ZInsO 2008, 101 ff.
653 BGH, 29.5.2008 – IX ZR 42/07, ZInsO 2008, 749 f.; BGH, 10.6.2008 – XI ZR, 283/07, ZInsO 2008, 1076 ff. – krit. dazu Jacoby ZIP 2010, 1725, 1729; Werres, ZInsO 2008, 1065, 1067.
654 Vgl. MüKo/Kirchhof, § 142 InsO Rn 16; HK/Kreft, § 142 InsO Rn 6 – **a.A.** Jaeger/Henckel, § 142 InsO Rn 18: zur Handlungsfreiheit in der Krise gehöre auch die Freiheit, Waren durch Vorauszahlung zu erwerben.
655 BAG, 6.10.2011 – 6 AZR 262/10, BAGE 139, 235 ff.; zu Recht kritisch M. Huber, EWiR 2011, 817 f.
656 Vgl. BAG, 6.10.2011 – 6 AZR 262/10, BAGE 139, 235 ff. Rn 16 ff.; BAG, 29.1.2014 – 6 AZR 345/12, ZIP 2014, 628 ff. Rn 46 ff.
657 Vgl. Gehrlein in Ahrens/Gehrlein/Ringstmeier, § 142 Rn 8 m. Fn 30; HK/Kreft, § 142 InsO Rn 5 a.E.; MüKo/Kirchhof, § 142 InsO Rn 19; Huber, EWiR 2011, 817 f.; Klinck, DB 2014, 2455 ff.
658 Klinck, DB 2014, 2455 ff.

zahlungen seines insolventen Arbeitgebers, die binnen 30 Tagen nach Fälligkeit bewirkt wurden, das Bargeschäftsprivileg genießen.[659] Nach der am 5.4.2017 in Kraft getretenen **Neuregelung** des **§ 142 Abs. 2 Satz 2 InsO** ist ein enger zeitlicher Zusammenhang im Fall der Gewährung von **Arbeitsentgelt** durch den Schuldner gegeben, wenn der Zeitraum zwischen Arbeitsleistung und Gewährung des Arbeitsentgelts drei Monate nicht übersteigt.

d) Einzelfälle

Nach dem Grundsatzurteil des BGH v. 7.3.2002[660] kann im **bankmäßigen Geschäftsverkehr** bei der Einstellung von Zahlungseingängen ins **Kontokorrent** in dem Umfang ein unanfechtbares Bargeschäft vorliegen, in dem die Bank ihren Kunden unter **Fortführung der Giroabrede** wieder über den Gegenwert verfügen lässt. Die Bank erfüllt jedoch nur dann eine gleichwertige Pflicht aus dem Kontokorrentvertrag, wenn die Verfügung des Schuldners **fremdnützig** wirkt, der finanzielle Vorteil daraus also grds. allein einem Dritten zufließt. Daher begründet eine Zahlung aus dem Kontokorrent, die mittelbar auch der Bank zugutekommt, i.d.R. kein Bargeschäft. An einer gleichwertigen Gegenleistung der Bank fehlt es daher, soweit diese von einer **Bürgschaftsverbindlichkeit** frei geworden ist, die sie **zugunsten** des **Schuldners** übernommen hatte.[661] Bei der Einstellung eines Rückgriffsanspruchs aus der Inanspruchnahme aufgrund einer übernommenen Bürgschaft in das Kontokorrent handelt es sich nicht um eine grds. unanfechtbare Bardeckung.[662]

194

Allein der Umstand, dass die Bank die Kreditlinie offen gehalten hat, macht ihre Verrechnungen somit noch nicht kongruent.[663] Soweit sie vielmehr **Verrechnungen zu ihren Gunsten** vornimmt, handelt sie **inkongruent**. Wenn sich die Bank dagegen auf ihre Rolle als **Zahlstelle** beschränkt und mit den Verrechnungen nicht den bestehenden Sollsaldo des schuldnerischen Kontos zu ihren Gunsten zurückführt, handelt die Bank kongruent und im Wege des unanfechtbaren Bargeschäfts.[664] Dabei kann die Frage der Kongruenz oder Inkongruenz der Rückführung eines Darlehens für den Zeitraum der Anfechtbarkeit nur einheitlich beantwortet werden. Es kommt daher für die Anfechtung der Rückführung eines Kontokorrentkredits auf den Betrag an, um den die verrechneten Einzahlungen die berücksichtigungsfähi-

195

---

659 BGH, 10.7.2014 – IX ZR 192/13, ZIP 2014, 1491 ff.
660 BGH, 7.3.2002 – IX ZR 223/01, BGHZ 150, 122 ff. – „Kontokorrentverrechnung (1)".
661 BGH, 11.10.2007 – IX ZR 195/04, ZInsO 2008, 163 f. Rn 9.
662 BGH, 7.5.2009 – IX ZR 140/08, ZInsO 2009, 1054 ff. Rn 13; BGH, 17.6.2004 – IX ZR 124/03, WM 2004, 1576, 1577.
663 BGH, 7.5.2009 – IX ZR 140/08, ZInsO 2009, 1054 ff. Rn 10.
664 BGH, 7.3.2002 – IX ZR 223/01, BGHZ 150, 122 ff.; vgl. dazu ferner Steinhoff, ZIP 2000, 1141 ff.; Kirchhof, ZInsO 2003, 149 ff.

Schäfer

gen Auszahlungen **im gesamten Anfechtungszeitraum** übersteigen; der höchste erreichte Sollstand ist grds. unerheblich.[665]

196 Ein Bargeschäft kann auch dann vorliegen, wenn die Bank zwar nicht alle, wohl aber einzelne Verfügungen des Schuldners über sein im Soll geführtes Konto im Ausgleich gegen verrechnete Eingänge ausführt. Voraussetzung ist allerdings, dass das eigene **Bestimmungsrecht** des Schuldners **gewahrt** bleibt, also nicht gegen seinen Willen Verrechnungen durchgeführt werden,[666] und dass die **Verrechnung** einer **Gutschrift nicht** der **letzte Akt** ist, bevor das Kreditinstitut das Konto des Schuldners schließt.[667] Höchstrichterlich noch nicht entschieden ist die Frage, ob die oben dargestellten Grundsätze auch bei einem im Haben geführten Konto des Schuldners anwendbar sind. Nach den Rechtsgrundsätzen zur mittelbaren Zuwendung kommt in solchen Fällen allerdings i.d.R. nur eine Anfechtung ggü. dem Zuwendungsempfänger in Betracht.[668]

197 Auch der vereinbarungsgemäße Leistungsaustausch im Rahmen eines **Arbeitsverhältnisses** stellt ein Bargeschäft dar.[669] Kein Bargeschäft soll jedoch nach Ansicht des BGH bei der Abführung der **Arbeitnehmeranteile** zur **Sozialversicherung** durch den in der Krise befindlichen Arbeitgeber anzunehmen sein. Die durch das Sozialversicherungssystem bereitgestellten Leistungen führten zu keiner Bereicherung der Masse des insolventen Arbeitgebers; sehe man die Gegenleistung in der Arbeitsleistung der Arbeitnehmer, so rühre diese nicht vom Sozialversicherungsträger als Anfechtungsgegner her.[670] Eine vergleichbare Problemstellung besteht bei der Zahlung von **Versicherungsprämien** auf eine Lebensversicherung (**Direktversicherung**), die der Arbeitgeber zugunsten eines Arbeitnehmers abgeschlossen hat.[671] Gerade das zuletzt genannte Beispiel zeigt, dass die Auffassung des BGH überdacht werden sollte. Denn es erscheint nicht gerechtfertigt, die Zahlung der Versicherungsprämien an die Versicherung im Wege des **verkürzten Zahlungsweges** anfechtungsrechtlich anders zu behandeln, als wenn die Prämien zunächst als Teil des Arbeitslohns an den Arbeitnehmer ausbezahlt worden wären und dieser sie selbst an die Versicherung gezahlt hätte.[672] Bei Berücksichtigung der zwischen

---

665 BGH, 7.7.2011 – IX ZR 100/10, ZIP 2011, 1576 ff.; BGH, 15.11.2007 – IX ZR 212/06, ZInsO 2008, 159 ff. Rn 15; BGH, 7.5.2009 – IX ZR 140/08, ZInsO 2009, 1054 ff. Rn 12.
666 Vgl. BGH, 1.10.2002 – IX ZR 360/99, ZInsO 2002, 1136 ff.
667 BGH, 14.1.2010 – IX ZR 150/07, DZWIR 2010, 290.
668 Vgl. Uhlenbruck/Ede/Hirte, § 142 InsO Rn 57.
669 Vgl. BGH, 10.7.2014 – IX ZR 192/13, ZIP 2014, 1491 ff.; Bork, ZIP 2007, 2337, 2338 f.; Uhlenbruck/Hirte, § 142 InsO Rn 11.
670 BGH, 9.6.2005 – IX ZR 152/03, ZInsO 2005, 766 ff. Rn 22; BGH, 25.10.2001 – IX ZR 17/01, BGHZ 149, 100 ff.
671 Vgl. OLG Karlsruhe, 18.1.2007 – 12 U 185/06, ZIP 2007, 286 ff.; ausführlich dazu B. Schäfer, NZI 2008, 151 ff.
672 Ebenso im Ergebnis HK/Kreft, § 142 InsO Rn 4.

den Beteiligten bestehenden Kausalbeziehungen ist es (auch anfechtungsrechtlich) so anzusehen, als habe der Arbeitgeber an den Arbeitnehmer und dieser an den Zuwendungsempfänger geleistet.[673] Im Ergebnis dürfte daher auch dem **BFH** zuzustimmen sein, der – anders als der BGH[674] – im Fall der Abführung der **Lohnsteuerabzugsbeträge** von einem Bargeschäft i.S.d. § 142 InsO ausgeht.[675]

Wurden im Rahmen einer **Globalzession** künftige Forderungen im Voraus abgetreten, kann auch unter dem Gesichtspunkt der **„revolvierenden Sicherheiten"** nicht mit der Erwägung von einem Bargeschäft ausgegangen werden, dass die Bank dem Sicherungsgeber die Einziehung der abgetretenen Forderungen gestatte und deshalb die Wiederauffüllung der Sicherheiten verlangen könne. Denn nach Ansicht des BGH fehlt die für ein Bargeschäft erforderliche **rechtsgeschäftliche Verknüpfung hinsichtlich der ausscheidenden und der hinzukommenden Forderungen**, und auch das **Stehenlassen** der Darlehensforderung stelle **keine ausgleichende Gegenleistung** dar, da dem Schuldner allein damit kein neuer Vermögenswert zugeführt werde.[676] Die Rückzahlung eines Gesellschafterdarlehens kann ebenfalls nicht als Bargeschäft gewertet werden.[677] Nach zutreffender Auffassung ist § 142 InsO auch auf die (anfängliche und nachträgliche) Besicherung von Gesellschafterdarlehen nicht anzuwenden.[678]

198

Bedeutsam für die **Grenzen** des **Bargeschäfts** ist ein Urteil des BGH v. 23.9. 2010.[679] Die Schuldnerin verkaufte als **Handelsvertreterin** namens und für Rechnung der Beklagten deren Kraftstoffe und Motoröle. Nach der Verhängung einer „Kreditsperre" schlossen die Beteiligten einen gerichtlichen Vergleich, wonach die Beklagte die Schuldnerin weiter belieferte, diese die **Agenturerlöse taggenau abrechnete** und nach Abzug der Provisionen an die Beklagte **abführte**. Anders als das Berufungsgericht hat der BGH ein Bargeschäft hinsichtlich der im Zustand der Zahlungsunfähigkeit der Schuldnerin abgeführten Erlöse verneint. Die getroffene Abrede sei nicht auf einen unmittelbaren Leistungsaustausch zwischen der Schuldnerin und der Beklagten gerichtet gewesen, da die im Namen der Beklagten handelnde Schuldnerin weder schuldrechtlich noch dinglich in die Veräußerungsgeschäfte zwischen der Beklagten und den Tankkunden einbezogen gewesen sei. Da die dem

199

---

673 Vgl. dazu MüKo/Kirchhof, § 142 InsO Rn 5b m. Fn 46; HK/Kreft, § 142 InsO Rn 4 a.E.
674 Vgl. BGH, 5.11.2009 – IX ZR 233/08, BGHZ 183, 86 ff.
675 BFH, 11.8.2005 – VII B 244/04, BFHE 210, 410 ff. sowie zuvor BFH/NV 1999, 745 – **a.A.** Kayser, ZIP 2007, 49 ff.
676 BGH, 29.11.2007 – IX ZR 30/07, BGHZ 174, 297 ff. Rn 41 f. – „Globalzession (1)".
677 Vgl. BGH, 7.5.2013 – IX ZR 271/12, NZI 2013, 816 Rn 2; vgl. zum Vorliegen eines Bargeschäfts bei anfänglicher Besicherung der Forderung eines Dritten durch den Gesellschafter unten Rn 498.
678 Brinkmann, in: K. Schmidt/Uhlenbruck, Rn 2.128; Gehrlein, FS für Kübler, 2015, S. 181, 187 f.; K. Schmidt, § 135 InsO Rn 15 f. – **a.A.** Bitter, ZIP 2013, 1583; Schröder, Die Reform des Eigenkapitalersatzrechts durch das MoMiG, S. 44.
679 BGH, 23.9.2010 – IX ZR 212/09, ZInsO 2010, 1929 ff. – „Tankstellenbetrieb".

Tankstellenbetreiber gelieferten Kraftstoffe den Abnehmern unmittelbar im Namen des Mineralölunternehmens übereignet wurden, gelangte keine dem Zugriff der Gläubiger offenstehende gleichwertige Gegenleistung des Mineralölunternehmens in das Vermögen des Tankstellenbetreibers. Die Erwägung, dass bei einer Weiterveräußerung der Schuldnerin im eigenen Namen möglicherweise ein Bargeschäft gegeben gewesen wäre, war anfechtungsrechtlich unbeachtlich.

200 Nutzt ein Gesellschafter eine **Ausschüttung** aus dem Vermögen „seiner" Gesellschaft, um aus diesen Mitteln eine **Einlage** zu leisten, stehen beide Zahlungen nicht im Gegenseitigkeitsverhältnis.[680]

e) Beweislast; Anfechtbarkeit nach § 133 Abs. 1 InsO

201 Die **Beweislast** für das Vorliegen eines Bargeschäfts trägt nach allgemeinen Grundsätzen der **Anfechtungsgegner**. Denn er beruft sich auf den **Ausnahmetatbestand** des § 142 InsO, der die Anfechtbarkeit ausschließt.[681] Die Voraussetzungen der Vorsatzanfechtung nach **§ 133 Abs. 1 InsO**, die gem. § 142 InsO der Annahme eines Bargeschäfts entgegensteht, hat hingegen der **Insolvenzverwalter** darzulegen und ggf. zu beweisen. Dabei ist zu beachten, dass nach der Rechtsprechung des BGH in aller Regel derjenige Schuldner nicht mit Gläubigerbenachteiligungsvorsatz handelt, der eine **kongruente Gegenleistung** für die von ihm empfangene Leistung erbringt, welche zur **Fortführung** seines Unternehmens **nötig** ist und damit den **Gläubigern** im Allgemeinen **nützt**.[682] Die Indizwirkung einer Kenntnis der Zahlungsunfähigkeit kann im Einzelfall ausgeschlossen sein, wenn der Schuldner von einer **anfechtungsrechtlich unbedenklichen Willensrichtung** geleitet war und das Bewusstsein der Benachteiligung anderer Gläubiger infolgedessen in den Hintergrund getreten ist. So kann dem Schuldner bei einer **bargeschäftsähnlichen Lage** gerade infolge des gleichwertigen Austauschs von Leistung und Gegenleistung die dadurch eingetretene mittelbare Benachteiligung seiner Gläubiger nicht bewusst geworden sein.[683] Eine Bank, die als **bloße Zahlstelle** handelt, hat nach der Rechtsprechung des BGH **in der Regel keine Kenntnis** vom Gläubigerbenachteiligungsvorsatz des Schuldners, wenn sie nur über die Zahlungsunfähigkeit des Schuldners unterrichtet ist. Anders verhält es sich jedoch dann, wenn sie im Zuge der Verfol-

---

680 OLG Naumburg, 22.6.2005 – 5 U 39/05, ZIP 2005, 1564, 1565; MüKo/Kirchhof, § 142 InsO Rn 6 a.E.
681 Vgl. BGH, 6.4.2006 – IX ZR 185/04, ZInsO 2006, 544 ff. Rn 29; Gottwald/Huber, Insolvenzrechts-Handbuch, § 46 Rn 84.
682 BGH, 17.7.2014 – IX ZR 240/13, ZIP 2014, 1595 ff. Rn 29; BAG, 12.9.2013 – 6 AZR 980/11, BAGE 146, 64 ff. Rn 69; BGH, 10.7.1997 – IX ZR 234/96, NJW 1997, 3028, 3029.
683 BGH, 17.11.2016 – IX ZR 65/15, ZIP 2016, 2423 ff. Rn 31; BGH, 10.7.2014 – IX ZR 192/13, BGHZ 202, 59 ff. Rn 44.

C. § 130 InsO – Kongruente Deckung

I. Gesetzessystematik und Gesetzeszweck

Als Nachfolgebestimmung des § 30 Nr. 1 Alt. 2 KO betrifft § 130 InsO die Anfechtbarkeit einer dem **Insolvenzgläubiger gebührenden** kongruenten **Befriedigung** oder **Sicherung** (sog. „Deckungsanfechtung").Dabei geht die Bestimmung insoweit über das frühere Recht hinaus, als mit dem Begriff „Insolvenzgläubiger" auch die **nachrangigen Gläubiger** (vgl. § 39 InsO) erfasst werden.[685] Der Anfechtungszeitraum wurde von 6 Monaten auf 3 Monate verkürzt; da aber nunmehr der Zeitpunkt der Stellung des Insolvenzantrages und nicht mehr die Eröffnung des Insolvenzverfahrens maßgebend ist, wurden die Anfechtungsmöglichkeiten praktisch erweitert. Da § 130 Abs. 1 Satz 1 Nr. 2 InsO auch den **Eigenantrag** des Schuldners bei nur **drohender Zahlungsunfähigkeit** (vgl. § 18 InsO) erfasst, hat die Bestimmung eine Erstreckung des Anwendungsbereichs ins Vorfeld der materiellen Insolvenz zur Folge. Dies wurde zwar teilweise kritisiert,[686] doch wird die Ausdehnung der Anfechtbarkeit damit gerechtfertigt, dass in einem solchen Fall mit der Verfahrenseröffnung zu rechnen und der Anreiz zur Vorteilsverschaffung durch den einzelnen Gläubiger hoch sei.[687]

202

Mit dem Tatbestandsmerkmal „**ermöglichen**" sollen nach der Gesetzesbegründung Rechtshandlungen erfasst werden, die selbst zwar keine Deckung gewähren, jedoch zu einer solchen führen können; als Beispiel werden **Prozesshandlungen**, wie etwa das Anerkenntnis und das Nichteinlegen erfolgversprechender Rechtsbehelfe, genannt.[688] Auch eine **Kündigung**, die der Bank die Aufrechnung ermöglicht, fällt nach einem Urteil des BGH v. 14.5.2009[689] unter die neu gefasste Bestimmung. Entsprechendes gilt für das Werthaltigmachen einer Forderung, welches die Aufrechnungslage herbeiführt[690] und das Stehenlassen eines eingezahlten Betrages,

203

---

[684] Vgl. BGH, 24.1.2013 – IX ZR 11/12, ZIP 2013, 371 ff. Rn 31 ff.; BGH, 26.4.2012 – IX ZR 74/11, BGHZ 193, 129 ff. Rn 24 ff.
[685] Vgl. Begr. zum RegE, BT-Drucks. 12/2443, S. 157.
[686] Vgl. Gerhardt, FS für Brandner, 1996, S. 605, 617; Henckel in Kölner Schrift zur InsO, 2. Aufl., S. 813, 829 Rn 37.
[687] HK/Thole, § 130 InsO Rn 4.
[688] Begr. zum RegE, BT-Drucks. 12/2443, S. 157; KPB/Schoppmeyer, § 130 InsO Rn 37.
[689] BGH, 14.5.2009 – IX ZR 63/08, BGHZ 181, 132 ff. Rn 14.
[690] Vgl. BGH, 14.2.2013 – IX ZR 94/12, ZIP 2013, 588 ff.: nicht Zeitpunkt der Rechnungstellung, sondern der Leistungserbringung maßgebend.

welches der Bank eine Aufrechnung bzw. Verrechnung ermöglicht.[691] Das **Unterlassen** einer Kündigung durch den Schuldner ist indes keine ermöglichende Rechtshandlung des Schuldners im Sinne des § 130 InsO, wenn er eine Kündigung nicht in Betracht gezogen hat.[692] Zum bewussten Unterlassen vgl. auch Rdn 47 ff.

204 § 130 InsO dient der Durchsetzung des Grundsatzes der **Gleichbehandlung** der **Insolvenzgläubiger** in der **materiellen Insolvenz** des Schuldners.[693] Anfechtungsgegner kann nur ein Insolvenzgläubiger sein (vgl. **§§ 38, 39 InsO**). Gemeint sind solche Gläubiger, die ohne die erlangte Deckung mit dem befriedigten oder gesicherten Anspruch an dem anschließenden Insolvenzverfahren hätten teilnehmen können. Ob der Empfänger der Leistung des Schuldners tatsächlich am Verfahren teilgenommen hätte, ist unerheblich.[694] In der Insolvenz eines **selbstschuldnerischen Bürgen** können daher die von ihm erbrachten Zahlungen ggü. dem Gläubiger angefochten werden.[695]

205 Hinsichtlich der **subjektiven Anfechtungsvoraussetzungen** in der Person des Anfechtungsgegners spricht die Begründung zum RegE zwar davon, dass bereits die grob fahrlässige Unkenntnis der Zahlungsunfähigkeit oder des Eröffnungsantrags genüge (vgl. § 130 Abs. 2 InsO).[696] Dabei ist jedoch zu beachten, dass nach Ansicht des **BGH** die Begründung des Rechtsausschusses des Bundestages den Willen des Gesetzgebers erkennen lässt, es solle ein **strengerer Maßstab** angelegt werden **als** jener der von der Bundesregierung vorgeschlagenen **groben Fahrlässigkeit**.[697]

206 Im **Verhältnis** zu **§ 131 InsO** und **§ 135 InsO a.F.** ist § 130 InsO Auffangtatbestand, wenn die Inkongruenz einer Deckungshandlung oder die eigenkapitalersetzende Funktion der Forderung des Gesellschafters nicht festzustellen ist.[698] Es kann daher letztlich offenbleiben, ob eine kongruente oder eine inkongruente Deckung gegeben ist, sofern die sonstigen tatbestandlichen Voraussetzungen des § 130 InsO gegeben sind.[699] Die Tatbestände der Deckungsanfechtung (§§ 130, 131 InsO) und

---

691 MüKo/Kayser, § 130 InsO Rn 13b mit Hinweis auf BGH, 26.4.2012 – IX ZR 74/11, NZI 2012, 453, 455 f.
692 Vgl. BGH, 24.10.1996 – IX ZR 284/95, ZIP 1996, 2080 ff.
693 BGH, 10.2.2005 – IX ZR 211/02, BGHZ 162, 143 ff. Rn 18 f.; HambKomm/Rogge/Leptien, § 130 InsO Rn 1.
694 Vgl. BGH, 19.1.2012 – IX ZR 2/11, BGHZ 192, 221 ff. Rn 15; BGH, 20.7.2006 – IX ZR 44/05, ZIP 2006, 1591 ff. Rn 10 zur Befriedigung des Freistellungsanspruchs eines mithaftenden Gesamtschuldners.
695 BGH, 9.10.2008 – IX ZR 59/07, NJW 2008, 3780 ff.
696 Vgl. Begr. zum RegE, BT-Drucks. 12/2443, S. 158.
697 BGH, 20.11.2001 – IX ZR 48/01, BGHZ 149, 178, 185.
698 Vgl. MüKo/Kirchhof, § 130 InsO Rn 5.
699 Bork/Schoppmeyer, Handbuch des Insolvenzanfechtungsrechts, Kap. 7 Rn 13.

§ 132 InsO schließen sich nach herrschender Auffassung in Rechtsprechung und Schrifttum gegenseitig aus.[700]

II. Allgemeines

§ 130 InsO beruht – wie alle Tatbestände der besonderen Insolvenzanfechtung gemäß §§ 130 bis 132 InsO – auf dem Gedanken, dass vom **Offenbarwerden** der **Krise** (Zahlungsunfähigkeit oder Insolvenzantrag) an das Vermögen des Schuldners der **Allgemeinheit** der **persönlichen Gläubiger verfangen** ist.[701] Durch diese Bestimmungen soll bereits für eine bestimmte Zeit vor der Eröffnung des Insolvenzverfahrens dem **Grundsatz** der **Gleichbehandlung** der **Gläubiger** („par condicio creditorum") im Sinne der gleichmäßigen Befriedigung Geltung verschafft werden. Sie bestimmen, unter welchen Voraussetzungen und in welchem Umfang die materiellen Wirkungen der Insolvenz schon vor der formellen Insolvenzeröffnung eintreten.[702] Im Rahmen der besonderen Insolvenzanfechtung wird den Gläubigern die Pflicht zur **wechselseitigen Rücksichtnahme** auferlegt. Die **§§ 130 bis 132 InsO verdrängen** in dem von ihnen abgedeckten zeitlichen Bereich das die Einzelzwangsvollstreckung beherrschende **Prioritätsprinzip**, wenn für die Gesamtheit der Gläubiger wegen der materiellen Insolvenz des Schuldners nicht mehr die Aussicht besteht, aus dem Vermögen des Schuldners volle Deckung zu erhalten. Dann tritt die Befugnis des Gläubigers zur zwangsweisen Durchsetzung seiner Ansprüche hinter dem Schutz der Gläubigergesamtheit zurück.[703] Wer in Kenntnis der Zahlungsunfähigkeit des Schuldners oder des Eröffnungsantrages noch eine Sicherung oder Befriedigung erlangt, soll das Erlangte nicht behalten dürfen.

207

Aus Gründen des Verkehrsschutzes **genügt** jedoch der **Eintritt** der **materiellen Insolvenz** noch **nicht** für die Anfechtbarkeit nach den Tatbeständen der besonderen Insolvenzanfechtung. Erforderlich ist vielmehr im Grundsatz, dass der Anfechtungsgegner die Krise des Schuldners oder jedenfalls **Umstände kennt**, die **zwingend** auf die **Krise schließen lassen**.[704] Nur im Fall der besonders verdächtigen **inkongruenten Deckungen** verzichtet das Gesetz auf subjektive Voraussetzungen, wenn die Handlung im letzten Monat vor der Stellung des Insolvenzantrages oder

208

---

700 Vgl. BGH, 16.9.1999 – IX ZR 204/98, BGHZ 142, 284 ff.; Jaeger/Henckel, § 130 InsO Rn 9; HambKomm/Rogge/Leptien, § 130 InsO Rn 54; näher dazu Bork/Brinkmann, Handbuch des Insolvenzanfechtungsrechts, Kap. 17 Rn 93 ff.
701 Vgl. BGH, 15.3.1972 – VII ZR 159/70, NJW 1972, 870, 871; Uhlenbruck/Ede/Hirte, § 130 InsO Rn 2.
702 BGH, 10.2.2005 – IX ZR 211/02, BGHZ 162, 143 ff. Rn 17; MüKo/Kirchhof, § 130 InsO Rn 1.
703 BGH, 10.2.2005 – IX ZR 211/02, BGHZ 162, 143 ff. Rn 17; BGH, 27.5.2003 – IX ZR 169/02, BGHZ 155, 75, 80; BGH, 9.9.1997 – IX ZR 14/97, BGHZ 136, 309, 319 ff.
704 Vgl. Jaeger/Henckel, § 130 InsO Rn 8.

aber innerhalb des zweiten oder dritten Monats vor dem Eröffnungsantrag oder danach vorgenommen wurde und der Schuldner zum Zeitpunkt der Vornahme der Rechtshandlung zahlungsunfähig war (Vgl. § 131 Abs. 1 Nr. 1 und Nr. 2 InsO). Ist Letzteres nicht der Fall, muss die Kenntnis der Benachteiligung der Insolvenzgläubiger oder aber zumindest die Kenntnis von Umständen hinzukommen, die zwingend auf die Benachteiligung der Insolvenzgläubiger schließen ließen (vgl. § 131 Abs. 1 Nr. 3 i.V.m. Abs. 2 InsO).

209 Auch für die Anfechtung kongruenter Deckungen nach § 130 InsO sind der **Eröffnungsantrag** und die **Zahlungsunfähigkeit** des Schuldners die entscheidenden Anknüpfungsmerkmale. In den letzten 3 Monaten vor der Stellung des Insolvenzantrages müssen aber gem. § 130 Abs. 1 Nr. 1 InsO die Zahlungsunfähigkeit des Schuldners und die entsprechende **Kenntnis des Gläubigers** hinzukommen. Bei Rechtshandlungen nach der Stellung des Insolvenzantrages muss der Gläubiger gem. § 130 Abs. 1 Nr. 2 InsO von diesem oder aber von der Zahlungsunfähigkeit des Schuldners Kenntnis gehabt haben. Dabei steht gem. **§ 130 Abs. 2 InsO** der Kenntnis der Zahlungsunfähigkeit oder des Eröffnungsantrages die Kenntnis von Umständen gleich, die zwingend auf die Zahlungsunfähigkeit oder den Eröffnungsantrag schließen ließen. Für alle Alternativen des § 130 Abs. 1 InsO genügt der Eintritt einer **mittelbaren Gläubigerbenachteiligung**. Nach **§ 130 Abs. 3 InsO** wird ggü. einer Person, die dem Schuldner zur Zeit der Handlung i.S.d. **§ 138 InsO** nahestand, vermutet, dass sie die Zahlungsunfähigkeit oder den Eröffnungsantrag kannte. Für sog. „**Margensicherheiten**" gilt § 130 Abs. 1 InsO nicht (vgl. § 130 Abs. 1 Satz 2 InsO).

210 Den Tatbestandsmerkmalen „**Zahlungsunfähigkeit**" und „**Eröffnungsantrag**" kommt jeweils **selbstständige Bedeutung** zu. Eine nach der Stellung des Insolvenzantrages vorgenommene Rechtshandlung ist daher auch dann anfechtbar, wenn die Zahlungsunfähigkeit erst später oder gar nicht eingetreten ist, etwa weil das Verfahren wegen Überschuldung oder auf einen Eigenantrag des Schuldners hin wegen drohender Zahlungsunfähigkeit (vgl. § 18 InsO) eröffnet wurde.[705]

III. Einzelheiten

1. Insolvenzgläubiger als Anfechtungsgegner

a) Grundsätzliches

211 **Insolvenzgläubiger** gemäß § 130 InsO ist jeder, der im Insolvenzverfahren eine Forderung im Sinne des **§ 38 InsO** oder eine nachrangige Forderung im Sinne des

---

[705] Uhlenbruck/Ede/Hirte, § 130 InsO Rn 52; vgl. zur Problematik bei der Stellung eines Eigenantrages des Schuldners wegen drohender Zahlungsunfähigkeit Henckel in Kölner Schrift, 2. Aufl., S. 813, 829 Rn 37.

§ 39 InsO gehabt hätte.[706] Der Schuldner befriedigt auch dann einen (künftigen) Insolvenzgläubiger, wenn er vor der Insolvenzeröffnung den Freistellungsanspruch eines neben ihm haftenden Gesamtschuldners erfüllt. Ob der Empfänger der Leistung des Schuldners **tatsächlich** am Insolvenzverfahren **teilnehmen würde**, spielt **keine Rolle**, weil davon die Gläubigerbenachteiligung durch die Rechtshandlung des Schuldners nicht abhängt.[707] Es genügt eine aufschiebend bedingte Forderung, da nach **§ 191 Abs. 1 InsO** selbst bedingte Forderungen einen Vermögensanspruch gegen den Schuldner begründen.[708] Nicht von § 130 InsO erfasst sind Rechtshandlungen, mit denen sich ein Dritter erst zum Insolvenzgläubiger gemacht haben würde.[709]

Eine **Insolvenzforderung** im Sinne der §§ 38, 39 InsO liegt nach der Rechtsprechung des BGH vor, wenn der **anspruchsbegründende Tatbestand** schon **vor** der **Verfahrenseröffnung** abgeschlossen ist, mag sich eine Forderung des Gläubigers daraus auch erst nach Beginn des Insolvenzverfahrens ergeben. Nur die schuldrechtliche Grundlage des Anspruchs muss schon vor der Eröffnung des Insolvenzverfahrens entstanden sein.[710] Das Finanzamt erlangt daher eine Zahlung als Insolvenzgläubiger, wenn es in Fällen einer umsatzsteuerrechtlichen **Organschaft** der Steuerschuld des Organträgers entsprechende Beträge durch Lastschrift vom Konto der Organgesellschaft einzieht und damit den steuerrechtlichen Haftungsanspruch nach § 73 AO geltend macht.[711]

212

Eine Deckungsanfechtung kommt auch ggü. **absonderungsberechtigten Gläubigern** in Betracht, die zugleich einen persönlichen Anspruch gegen den Schuldner haben (**§ 52 InsO**), weil dessen Erfüllung geeignet ist, die Befriedigungsaussichten der Gläubigergesamtheit zu schmälern.[712] Verschafft sich der Absonderungsberechtigte in der kritischen Zeit den Besitz an dem beweglichen Sicherungsgut, handelt er auch im Hinblick auf die gesicherte Forderung. Dies gilt umso mehr dann, wenn der Absonderungsberechtigte noch keinen fälligen Anspruch auf Verwertung des Sicherungsgutes hat, sondern diese lediglich sicherstellen will.[713] Es kann jedoch an der Gläubigerbenachteiligung fehlen, bspw. wenn der Schuldner das Absonderungs-

213

---

[706] BGH, 9.10.2008 – IX ZR 59/07, ZIP 2008, 2183 ff. Rn 15; K. Schmidt/Ganter/Weinland, § 130 Rn 23.
[707] BGH, 20.7.2006 – IX ZR 44/05, ZIP 2006, 1591 ff. Rn 10.
[708] BGH, 19.1.2012 – IX ZR 2/11, BGHZ 192, 221 ff. Rn 16 zur nachrangigen Haftung der Organgesellschaft gemäß §§ 73, 219 Satz 1 AO; Jaeger/Henckel, § 38 InsO Rn 87.
[709] BGH, 15.3.2012 – IX ZA 107/11, ZIP 2012, 833 f. Rn 12 zur Nichtauszahlung von Aufwendungsbeihilfen zur Wohnbauförderung.
[710] BGH, 19.1.2012 – IX ZR 2/11, BGHZ 192, 221 ff. Rn 15 – „Organschaft"; BGH, 22.9.2011 – IX ZB 121/11, ZVI 2011, 408 f. Rn 3.
[711] Vgl. BGH, 19.1.2012 – IX ZR 2/11, BGHZ 192, 221 ff.
[712] BGH, 29.3.2007 – IX ZR 27/06, ZInsO 2007, 605 ff.
[713] Vgl. BGH, 29.3.2007 – IX ZR 27/06, ZInsO 2007, 605 ff. Rn 25.

recht durch eine seinem Wert entsprechende Zahlung **ablöst**.[714] Eine Gläubigerbenachteiligung kann nicht damit begründet werden, dass der künftigen Insolvenzmasse die **Feststellungs-** bzw. **Verwertungskostenpauschale** gemäß **§ 171 InsO** entgangen sei.[715]

b) Mehrpersonenverhältnisse

214 Nur ein Insolvenzgläubiger kommt als Anfechtungsgegner einer Deckunganfechtung in Betracht. Dabei ist die Frage der **Insolvenzgläubigerstellung** stets auf die **konkret betroffene Forderung** zu beziehen.[716] Eine Insolvenzgläubigerstellung aus anderen Gründen genügt nicht. Tilgt der Schuldner eine **fremde Schuld**, so scheitert die Deckungsanfechtung gegenüber dem Zuwendungsempfänger in der Regel daran, dass dieser nicht Insolvenzgläubiger ist.[717] Anders verhält es sich dann, wenn mit der Erfüllung der Verbindlichkeit des Dritten die Tilgung einer Forderung des befriedigten Gläubigers gegenüber dem Schuldner einhergeht.[718]

215 Tilgt der Schuldner eine Verbindlichkeit, für die ein **Dritter** eine **Sicherung bestellt** hat, wird zugleich der Anspruch des Dritten auf Befreiung von der Verbindlichkeit erfüllt; in diesem Fall ist der Sicherungsgeber ebenfalls Insolvenzgläubiger, so dass auch ihm gegenüber angefochten werden kann.[719] Bei einer solchen **Doppelwirkung** einer Leistung hat der Insolvenzverwalter die Wahl, welchen Leistungsempfänger er in Anspruch nimmt; die beiden Leistungsempfänger haften gegebenenfalls als **Gesamtschuldner**.[720] Der als bloße Zahlstelle auftretende **Leistungsmittler** ist in dieser Funktion kein Insolvenzgläubiger.[721] Wird daher eine **Kreditkarte** als Barzahlungsersatz eingesetzt, richtet sich die Deckungsanfechtung in der Insolvenz des Karteninhabers gegen das Vertragsunternehmen und nicht gegen den Kartenaussteller (bloße Zahlstelle).[722]

---

714 BGH, 6.4.2006 – IX ZR 185/04, ZIP 2006, 1009 ff. Rn 21.
715 BGH, 23.9.2004 – IX ZR 25/03, ZInsO 2005, 148; BGH, 20.11.2003 – IX ZR 259/02, ZInsO 2003, 1137 f.
716 Vgl. MüKo/Kayser, § 130 InsO Rn 17d.
717 BGH, 5.2.2004 – IX ZR 473/00, ZInsO 2004, 499 ff.; BGH, 3.3.2005 – IX ZR 441/00, BGHZ 162, 276 ff. Rn 11.
718 Vgl. BGH, 9.10.2008 – IX ZR 59/07, NJW 2008, 3780 ff. zum selbstschuldnerischen Bürgen.
719 BGH, 19.1.2012 – IX ZR 2/11, BGHZ 192, 221 ff. Rn 29; Jaeger/Henckel, § 130 Rn 18.
720 BGH, 19.1.2012 – IX ZR 2/11, BGHZ 192, 221 ff. Rn 33; BGH, 29.11.2007 – IX ZR 165/05, ZIP 2008, 372 ff. Rn 17.
721 BGH, 13.6.2013 – IX ZR 259/12, ZIP 2013, 1826 ff. Rn 21 ff.; BGH, 25.4.2013 – IX ZR 235/12, ZIP 2013, 1127 ff. Rn 11; BGH, 3.4.2012 – XI ZR 39/11, ZIP 2012, 1018 ff. Rn 37 f. zum Lastschrifteinzug.
722 BGH, 23.10.2014 – IX ZR 290/13, ZIP 2014, 2351 ff.

2. Gewährung oder Ermöglichung einer kongruenten Sicherung oder Befriedigung

Mit **Befriedigung** ist die vollständige oder teilweise Erfüllung des zum maßgeblichen Zeitpunkt (§ 140 InsO) bereits entstandenen Anspruchs gemeint, und zwar auch durch **Erfüllungssurrogate** (bspw. Hinterlegung und Leistung an Erfüllungs Statt), wobei in den letzteren Fällen jedoch Inkongruenz gegeben sein kann.[723] Unter **Sicherung** ist jede Maßnahme zu verstehen, welche die Durchsetzung eines Anspruchs erleichtert.[724] § 130 InsO setzt – anders als § 132 InsO – **keine Rechtshandlung** des **Schuldners** und auch nicht dessen Mitwirkung an der Rechtshandlung eines Dritten voraus. Damit werden im Grundsatz auch **Zwangsvollstreckungsmaßnahmen** eines Gläubigers erfasst. Insoweit ist jedoch zu beachten, dass nach der ständigen Rechtsprechung des BGH eine während der kritischen Zeiträume des § 131 InsO unter dem **Druck** der unmittelbar drohenden **Zwangsvollstreckung** bzw. im Wege der Zwangsvollstreckung erlangte Befriedigung als inkongruent anzusehen ist.[725]

Von § 130 InsO werden im Grundsatz sämtliche Rechtshandlungen (zum Begriff oben Rdn 38 ff.) erfasst, mit denen ein Insolvenzgläubiger **genau das erhält**, was er **zu beanspruchen** hatte (kongruente Deckung). Durch die Erweiterung auf die Ermöglichung einer Deckung wird bspw. auch das **Werthaltigmachen** einer **abgetretenen Forderung** einbezogen, welches dem Zessionar die Möglichkeit der Befriedigung durch Aufrechnung verschafft.[726] Dabei soll nach einem Urteil des OLG München v. 8.9.2009[727] in dem Fall, dass eine staatliche **Behörde auf Ersuchen** einer anderen Behörde mit staatlichen Ansprüchen (konkret: Steuerforderungen) gegen Ansprüche des Schuldners (konkret: Werklohnansprüche) **aufrechnet**, die Kenntnis von Umständen i.S.d. § 130 Abs. 2 InsO bei der ersuchenden Behörde die Kenntnis des Gläubigers nach § 130 Abs. 1 InsO begründen. Auf eine etwaige Unkenntnis der die Aufrechnung erklärenden Behörde soll es nicht ankommen. In dem entschiedenen Fall kam es auf diese Frage jedoch letztlich nicht an, wie der BGH durch Beschluss v. 9.6.2011[728] klargestellt hat. Da das verklagte Land **nur** einen **Anspruch auf Befriedigung** der Steuerschulden **durch Zahlung, nicht aber** auf Befriedigung durch **Aufrechnung** hatte, lag eine inkongruente Deckung vor.[729]

---

[723] Vgl. HK/Thole, § 130 InsO Rn 12.
[724] Vgl. Gehrlein in Ahrens/Gehrlein/Ringstmeier, § 130 Rn 3; Schäfer in Kummer/Schäfer/Wagner, Rn H63d, H70: Umwandlung eines unbefristeten in einen befristeten Rangrücktritt.
[725] BGH, 9.9.1997 – IX ZR 14/97, BGHZ 136, 309 ff.; BGH, 20.11.2001 – IX ZR 159/00, ZInsO 2002, 125 f.
[726] BGH, 11.2.2010 – IX ZR 104/07, ZIP 2010, 682 ff.; HK/Thole, § 130 InsO Rn 13.
[727] OLG München, 8.9.2009 – 5 U 2499/09, ZInsO 2009, 2151 ff.
[728] BGH, 9.6.2011 – IX ZR 183/09, veröffentlicht bei juris.
[729] Vgl. dazu noch BFH, 2.11.2010 – VII R 6/10, ZIP 2011, 181 ff. Rn 41.

218 §130 InsO ist nur anwendbar auf Deckungshandlungen, denen die **Begründung** eines auf entsprechende Deckung gerichteten **Anspruchs vorausgegangen** ist.[730] Ein **Abänderungsvertrag** stellt keine wirksame Kongruenzvereinbarung für spätere Direktzahlungen dar, wenn er seinerseits anfechtbar ist.[731] Fallen die Anspruchsbegründung und die Deckung in einem Rechtsgeschäft zusammen, kommt nur eine Anfechtung nach **§ 132 InsO** in Betracht.[732] Beim **Vergleich** zwischen dem Anspruch des Gläubigers und der ihm gewährten Deckung legt der BGH **strenge Maßstäbe** an. Danach ist eine Überweisung, die früher als 5 Tage vor der Fälligkeit beim Gläubiger eingeht, bereits als inkongruent anzusehen.[733] **Geringfügige Abweichungen**, die der Verkehrssitte oder Handelsbräuchen entsprechen und somit nicht verdächtig erscheinen, stellen die Kongruenz allerdings nicht infrage.[734] Die Ausnutzung der vertraglich eingeräumten Skontoabzugsmöglichkeit und die Erteilung eines Abbuchungsauftrages zum Zwecke des Lastschrifteinzuges machen die Deckung in der Regel nicht inkongruent.[735] Entsprechendes gilt bei einer Sicherungsübereignung anstelle einer Pfandrechtsbestellung.[736] Keine unwesentliche Abweichung ist dagegen in einer Sicherungsabtretung anstelle einer Grundschuldbestellung[737] und in der Überlassung von Kundenschecks – im Gegensatz zur Gewährung eigener Schecks – zu sehen.[738]

219 Eine Deckung ist nur dann kongruent, wenn der Gläubiger einen **hinreichend bestimmten Anspruch** gegen den Schuldner hatte, auf den er eine Sicherung oder Befriedigung erlangt hat. Dafür genügt ein allgemeiner Anspruch auf Sicherheitenbestellung, wie er etwa nach **Nr. 14 Abs. 1 AGB-Banken** gegeben ist, nicht. Ein **Pfandrecht**, das gem. Nr. 14 Abs. 1 AGB-Banken in den letzten 3 Monaten vor der Stellung des Insolvenzantrages entsteht, ist daher als inkongruente Sicherung anfechtbar.[739] Anders verhält es sich jedoch bei einer **Globalzession**, wenn bereits beim Abschluss des Globalzessionsvertrages das dingliche Geschäft vollzogen und zugleich die schuldrechtliche Seite in dem vertragsrechtlich möglichen Maße derart konkretisiert wurde, dass die abgetretenen Forderungen zumindest bestimmbar

---

730 Vgl. KPB/Schoppmeyer, § 130 InsO Rn 16.
731 BGH, 17.7.2014 – IX ZR 240/13, ZIP 2014, 1595 ff. Rn 19; BGH, 7.5.2013 – IX ZR 113/10, ZIP 2013, 2323 ff. Rn 13.
732 Jaeger/Henckel, § 130 InsO Rn 12: MüKo/Kayser, § 130 InsO Rn 5.
733 Vgl. BGH, 9.6.2005 – IX ZR 152/03, ZIP 2005, 1243 ff.
734 BGH, 9.6.2005 – IX ZR 152/03, ZIP 2005, 1243 ff. Rn 12.
735 BGH, 6.5.2010 – IX ZR 114/08, ZIP 2010, 1188; BGH, 13.12.2012 – IX ZR 1/12, ZIP 2013, 324 f.
736 Vgl. Uhlenbruck/Ede/Hirte, § 131 InsO Rn 14.
737 BGH, 13.6.2007 – IX ZR 330/05, ZInsO 2007, 772 ff. Rn 38.
738 BGH, 14.5.2009 – IX ZR 63/08, BGHZ 181, 132 ff.
739 BGH, 29.11.2007 – IX ZR 30/07, BGHZ 174, 297 ff. Rn 17; BGH, 7.3.2002 – IX ZR 223/01, BGHZ 150, 122 ff.

waren.⁷⁴⁰ Kongruent ist insoweit auch das **Werthaltigmachen** der künftigen Forderungen in der Krise.⁷⁴¹ **Erweiterte** und **verlängerte Eigentumsvorbehalte** sind hinsichtlich der abgetretenen, zukünftig entstehenden oder zukünftig werthaltig gemachten Forderungen ebenfalls nur als kongruente Deckung anfechtbar.⁷⁴²

a) Befriedigungen

aa) Grundsätzliches

Befriedigung i.S.d. § 130 Abs. 1 InsO ist die Erfüllung (auch durch Erfüllungssurrogat)⁷⁴³ eines Anspruchs im Sinne des § 194 Abs. 1 BGB mit der Folge seines Erlöschens, wobei es jedoch auf den Eintritt einer **schuldtilgenden Wirkung nicht ankommt (etwa bei Leistung auf vermeintliche Schuld)**, sondern allein darauf, ob die Gläubiger benachteiligt werden.⁷⁴⁴ Trifft der zahlungsunfähige Schuldner im Mehrpersonenverhältnis mit seinem Auftraggeber (Bauherrn) und seinem Lieferanten vor der Fälligkeit der nächsten Werklohnrate die Vereinbarung, dass der Kaufpreis für die vom Lieferanten zu liefernden Bauteile vom Auftraggeber vor der Lieferung direkt gezahlt werde, kann in der vom Schuldner veranlassten **Direktzahlung** eine kongruente Deckung liegen.⁷⁴⁵ Eine in den kritischen Zeiträumen des § 130 InsO im Mehrpersonenverhältnis geschlossene **Kongruenzvereinbarung**, die einen Baraustausch ermöglichen soll, kann nach der Rechtsprechung des BGH als solche nicht Gegenstand einer Deckungsanfechtung sein.⁷⁴⁶ Eine solche Kongruenzvereinbarung kann bis zu dem Zeitpunkt getroffen werden, zu dem eine der Vertragsparteien nicht nur eine erste Leistungshandlung vorgenommen, sondern einen ersten Leistungserfolg herbeigeführt hat. Werden im Rahmen eines Werkvertrages Baumaterialien vom Auftragnehmer lediglich an die Baustelle gebracht, aber nicht eingebaut, fehlt es an einem ersten Leistungserfolg.⁷⁴⁷

Bei der **Aufrechnung** ist i.d.R. bereits die **Herbeiführung** der **Aufrechnungslage** der entscheidende Vorgang für die anfechtungsrechtliche Beurteilung. Dabei

---

740 BGH, 29.11.2007 – IX ZR 30/07, BGHZ 174, 297 ff. Rn 28; BGH, 17.1.2008 – IX ZR 134/07, DZWIR 2008, 253; fragwürdig allerdings K. Schmidt/Ganter/Weinland, § 130 Rn 19: der Globalzessionsvertrag werde „anfechtungsrechtlich privilegiert".
741 BGH, 29.11.2007 – IX ZR 30/07, BGHZ 174, 297 ff. Rn 35 ff.; BGH, 26.6.2008 – IX ZR 144/05, ZIP 2008, 1435 ff. Rn 17.
742 BGH, 17.3.2011 – IX ZR 63/10, BGHZ 189, 1 ff.
743 K. Schmidt/Ganter/Weinland, § 130 InsO Rn 14.
744 Vgl. MüKo/Kayser, § 130 InsO Rn 7.
745 BGH, 17.7.2014 – IX ZR 240/13, ZIP 2014, 1595 ff.
746 BGH, 17.12.2015 – IX ZR 287/14, ZIP 2016, 279 ff. – „Brückengeländer"; BGH, 17.7.2014 – IX ZR 240/13, ZIP 2014, 1595 ff.
747 BGH, 17.12.2015 – IX ZR 287/14, ZIP 2016, 279 ff. Rn 23 ff.

bedarf es indes gem. **§ 96 Abs. 1 Nr. 3 InsO**, der auch die vor der Insolvenzeröffnung erklärte Aufrechnung erfasst,[748] gar keiner Anfechtung; die Aufrechnung ist vielmehr ipso jure unwirksam, sofern der Insolvenzgläubiger die Möglichkeit der Aufrechnung durch eine anfechtbare Rechtshandlung erlangt hat. Für die Anwendbarkeit des § 96 Abs. 1 Nr. 3 InsO reicht es i.Ü. aus, wenn die anfechtbare Rechtshandlung von einem **Dritten** vorgenommen wurde, etwa indem dieser eine Forderung an einen Schuldner des Insolvenzschuldners abgetreten und diesem die spätere Aufrechnung ermöglicht hat. Der Erwerber muss bei der Begründung der Aufrechnungslage nicht schon die Stellung eines Insolvenzgläubigers innegehabt haben.[749]

222 So stellt etwa die **Verknüpfung** der ursprünglichen **Gläubigerstellung mit** einer eigenen schuldrechtlichen **Verpflichtung** eine weitere, sichernde und die spätere Erfüllung vorbereitende Rechtshandlung dar. **Angefochten** wird ohnehin nicht die Rechtshandlung selbst, sondern die **gläubigerbenachteiligende Wirkung**, die durch die Rechtshandlung verursacht wird.[750] In dem vom BGH durch Urt. v. 14.12.1983[751] entschiedenen „**Panzerbrückenfall**" hatte die Aufrechnungslage dem Anfechtungsgegner erst in dem Moment eine gesicherte Rechtsposition verschafft, als die Gemeinschuldnerin ihren Vergütungsanspruch durch Lieferung der Panzerbrücken in der kritischen Zeit einredefrei (bzw. werthaltig) gemacht hatte.[752] Es ist somit für die Anfechtbarkeit nicht entscheidend, wann die Aufrechnungslage begründet wurde bzw. entstanden ist; maßgebend ist vielmehr, dass dem Aufrechnenden nur eine **ungesicherte Aussicht** auf **künftige Befriedigung** zustand, solange die **Hauptforderung noch nicht werthaltig** gemacht wurde.

223 Die Frage der **Kongruenz** oder **Inkongruenz** der Herbeiführung einer Aufrechnungslage bestimmt sich danach, ob der Aufrechnende einen **Anspruch auf** Abschluss der Vereinbarung hatte, die zur Entstehung der **Aufrechnungslage** führte.[753] In diesem Fall ist die Aufrechnungslage kongruent erlangt. Wird der Gläubiger, der vom Schuldner eine Zahlung zu fordern hat, durch **pflichtgemäßes Verhalten** seinerseits Schuldner einer Gegenforderung des späteren Insolvenzschuldners, so ist die Aufrechnungslage dem Grunde nach kongruent hergestellt.[754] Steht einer Werklohnforderung des Schuldners schon vor der Insolvenzeröffnung aus demselben Schuldverhältnis ein **Mängeleinwand** entgegen, so ist diese schon vor der In-

---

748 Vgl. BGH, 28.9.2006 – IX ZR 136/05, BGHZ 169, 158 ff.
749 Vgl. OLG Köln, 17.11.2000 – 19 U 206/99, WM 2002, 354 ff.
750 BGH, 5.4.2001 – IX ZR 216/98, BGHZ 147, 233, 236.
751 BGH, 14.12.1983 – VIII ZR 352/82, BGHZ 89, 189 ff. – „Panzerbrücken".
752 Vgl. dazu Jaeger/Henckel, § 132 InsO Rn 20.
753 BGH, 7.5.2009 – IX ZR 22/08, ZInsO 2009, 1294.
754 BGH, 11.2.2010 – IX ZR 104/07, ZIP 2010, 682 ff. Rn 27; BGH, 28.9.2000 – VII ZR 372/99, BGHZ 145, 245, 253 ff.; vgl. zur Geltendmachung von Gewährleistungsansprüchen beim Werkvertrag BGH, 24.3.1994 – IX ZR 149/93, NJW 1994, 1659 f.

solvenzeröffnung in ihrem Wert gemindert, so dass die Aufrechnung kongruent und anfechtungsfest erfolgen kann.[755] In einem Urteil des BGH vom 7.2.2013[756] ist davon die Rede, dass die gegenseitigen Ansprüche aus dem konkreten Vertragsverhältnis gar keiner Aufrechnung bedürften; sie seien vielmehr nur Rechnungsposten bei der Ermittlung des Ersatzanspruchs.[757]

§ 131 InsO bezeichnet dagegen jede Rechtshandlung als inkongruent, die dem Insolvenzgläubiger eine Befriedigung gewährt, auf die er keinen Anspruch hatte. Deshalb ist die Herstellung einer **Aufrechnungslage inkongruent**, soweit sich die Aufrechnungsbefugnis **nicht** aus dem zwischen dem Schuldner und dem Gläubiger **zuerst entstandenen Rechtsverhältnis** ergibt.[758] Bspw. genügt es nicht, dass der Aufrechnende einen vertraglichen Anspruch auf die vom Schuldner erbrachten Werkleistungen hatte; hinzukommen muss vielmehr das Recht, sich durch die Entgegennahme dieser Werkleistungen in der materiellen Insolvenz des Schuldners Befriedigung für eine Forderung zu verschaffen, die ohne die Herbeiführung der Aufrechnungslage als bloße Insolvenzforderung zu befriedigen wäre.[759] Der BGH fordert somit eine die Aufrechnungsbefugnis begründende Verknüpfung zwischen den beiden Forderungen.[760]

224

bb) Kontoverrechnungen

Im Eröffnungsverfahren sind **Verrechnungen**, zumindest aber **Aufrechnungen**, nach der Rechtsprechung des BGH im Grundsatz trotz der Anordnung von **Verfügungsbeschränkungen** weiterhin möglich und unterliegen allenfalls der Anfechtung.[761] Eine Bank kann die Rückzahlung eines Kredits grundsätzlich erst nach dessen Kündigung fordern; allein die Giro- oder Kontokorrentabrede stellt den gewährten Kredit nicht zur Rückzahlung fällig. Im Grundsatz besteht daher ein uneingeschränkter Anspruch der Bank auf Verrechnung von Gutschriften mit dem im Soll geführten Konto des Schuldners nur dann, wenn der Verrechnung eine **Kündigung** der Bank oder eine nur **geduldete Kontoüberziehung** voraus-

225

---

755 BGH, 22.9.2005 – VII ZR 117/03, BGHZ 164, 159 ff. – „Sonnenschutzlamellen"; vgl. dazu B. Schäfer, Die Wirkungen der Insolvenzeröffnung, Rn 370 ff.
756 BGH, 7.2.2013 – IX ZR 218/11, BGHZ 196, 160 ff. Rn 12 mit Hinweis auf BGH, 5.5.1977 – VII ZR 85/76, BGHZ 68, 379, 380.
757 Vgl. ferner HK/Kayser, § 95 InsO Rn 26, wonach zu erwägen sei, synallagmatisch verbundene Forderungen von den §§ 94, 95 InsO auszunehmen.
758 BGH, 9.2.2006 – IX ZR 121/03, ZIP 2006, 818 ff. Rn 14.
759 Vgl. BGH, 9.6.2011 – IX ZR 183/09, juris Rn 2; BFH, 2.11.2010 – VII R 6/10, ZIP 2011, 181 ff. Rn 41.
760 Vgl. Kummer, jurisPR-BGHZivilR 22/06 Anm. 5.
761 BGH, 29.6.2004 – IX ZR 195/03, BGHZ 159, 388 ff.; BGH, 10.12.2009 – IX ZR 1/09, ZIP 2010, 138 ff. Rn 25 ff.

ging.[762] Nimmt die Bank jedoch an einem im Konzern vereinbarten **"Cash-Pool"** teil, so sind die jeweiligen Saldenausgleichsmaßnahmen der Bank zwischen den Konzernunternehmen als kongruent anzusehen.[763] Der BGH hat im Urt. v. 14.5.2009[764] offen gelassen, ob auch dann von einer kongruenten Deckung auszugehen ist, wenn die Kündigung der Bank innerhalb des kritischen Zeitraums erfolgte.[765] Man wird auch insoweit darauf abstellen müssen, ob dem Kündigenden bereits zuvor ein anfechtungsfest begründetes Recht zur Kündigung zustand.

226 Zu beachten ist, dass der BGH inzwischen ebenfalls davon ausgeht, dass die **mittelbare Zuwendung** des Schuldners an seinen Gläubiger im Falle der **Kontoüberziehung** nur „infolge und nach Einräumung" des vom Schuldner beantragten Überziehungskredits bewirkt werden kann. Die mehrfache Duldung einer Überziehung genüge indes nicht, um von einer **konkludenten Erweiterung** der **Kreditlinie** ausgehen zu können.[766] Einer Kündigung der Bank bedarf es daher nicht. Erklärt ein Kreditinstitut, das den Kredit wegen einer finanziellen Krise des Kunden gekündigt und fällig gestellt hat, es werde künftig Kontoüberziehungen dulden, rechtfertigt dies allein noch nicht die Annahme, das Kreditinstitut fordere den Kredit nicht mehr ernsthaft ein.[767] Nach einem Urteil des BGH v. 14.5.2009[768] erlangt der Gläubiger im Falle der jederzeitigen Kündbarkeit des Kredits auch bei einer **Kündigung** des Kredits **durch den Schuldner** mit der anschließenden Tilgung eine inkongruente Deckung.

227 Eine **Kontosperre** beinhaltet noch keine Kreditkündigung. Sie ist selbst keine Verwertungsmaßnahme der Bank, sondern dient **nur der Sicherstellung** der späteren Verwertung aufgrund ihres Pfandrechts nach **Nr. 14 Abs. 1 Satz 2 AGB-Banken**. Die Kontosperre ist nur insoweit inkongruent, als auch das Pfandrecht der Bank inkongruent ist.[769] Lässt die Bank es zu, dass der Kunde nach der Kontosperre über sein Kontoguthaben verfügt, gibt sie insoweit ihr **Pfandrecht frei**. Erhöht sich anschließend im letzten Monat vor der Stellung des Insolvenzantrages durch Gutschriften der Kontostand, ist das in entsprechender Höhe neu entstehende Pfandrecht nach **§ 131 InsO** anfechtbar.[770]

---

762 Vgl. BGH, 7.5.2009 – IX ZR 140/08, ZInsO 2009, 1054 ff. Rn 9; BGH, 11.1.2007 – IX ZR 31/05, BGHZ 170, 276 ff.; BGH, 22.1.1998 – IX ZR 99/97, BGHZ 138, 40, 47; Gottwald/Huber, Insolvenzrechts-Handbuch, § 47 Rn 54.
763 Vgl. BGH, 13.6.2013 – IX ZR 259/12, ZIP 2013, 1826 ff.; Obermüller, Insolvenzrecht in der Bankpraxis, Rn 3.1125.
764 BGH, 14.5.2009 – IX ZR 63/08, BGHZ 181, 132 ff. – „Kundenschecks".
765 Vgl. dazu MüKo/Kirchhof, § 131 InsO Rn 41a; KPB/Schoppmeyer, § 131 InsO Rn 69 f.
766 BGH, 6.10.2009 – IX ZR 191/05, BGHZ 182, 317 ff. – „Kontoüberziehung"; K. Schmidt/Ganter/Weinland, § 131 Rn 47.
767 BGH, 25.1.2001 – IX ZR 6/00, NJW 2001, 1650 ff.; MüKo/Kirchhof, § 131 InsO Rn 44a.
768 Vgl. BGH, 14.5.2009 – IX ZR 63/08, BGHZ 181, 132 ff.
769 BGH, 12.2.2004 – IX ZR 98/03, ZIP 2004, 620 ff. Rn 14.
770 BGH, 12.2.2004 – IX ZR 98/03, ZIP 2004, 620 ff.

Obwohl keine Kündigung des Kredits vorliegt und somit bei einer Einzelbe- 228
trachtung der Verrechnungsvorgänge von einer inkongruenten Deckung auszugehen wäre, sind **Verrechnungen** der Bank im Kontokorrent **kongruent**, soweit die Bank in der **Funktion** einer **Zahlstelle** die **Giroabrede fortsetzt** und den späteren Insolvenzschuldner vereinbarungsgemäß wieder über die Eingänge verfügen lässt, insb. eine Kreditlinie offenhält.[771] Stehen den Zahlungseingängen zugunsten des Schuldners allerdings keine Kontobelastungen aufgrund von Überweisungen an Dritte gegenüber., sondern **verrechnet** die Bank die Zahlungseingänge **eigennützig** mit ihren Forderungen gegen den Schuldner, so liegt eine **inkongruente Deckung** vor, soweit im gesamten Anfechtungszeitraum die Summe der Eingänge die der Ausgänge übersteigt.[772] Kein fremdnütziges Verhalten der Bank ist ferner gegeben, wenn sie sich für die getilgte Verbindlichkeit des Schuldners **verbürgt** hatte.[773] Inkongruent ist darüber hinaus die **Aufrechnung** der Bank mit einer **außerhalb** des **Kontokorrents stehenden Forderung**.[774] Die Saldierungsvereinbarung deckt somit nicht die endgültige Rückführung des eingeräumten Kredits, sondern lediglich das Offenhalten der Kreditlinie für weitere Verfügungen des Kunden. Nutzt dieser die eingeräumte Kreditlinie tatsächlich nicht mehr, darf die Bank eingehende Mittel nicht zu einer Kredittilgung verwenden.[775]

cc) Befriedigung bei vorausgegangener Sicherung

Die Anfechtung der Verrechnung eines Zahlungseingangs auf dem schuldnerischen 229
Konto mit dem Sollsaldo ist ausgeschlossen, wenn die durch den Dritten getilgte Forderung des Schuldners der Bank **anfechtungsfest zur Sicherheit abgetreten** war. Denn in diesem Fall **fehlt** es an der erforderlichen **Gläubigerbenachteiligung** gem. § 129 Abs. 1 InsO.[776] Die Einzahlung des Dritten auf das bei der Bank geführte Konto des Schuldners erfolgt nach der Rechtsprechung des BGH jeweils unmittelbar in das Vermögen des Kreditinstituts, welches den Erlös auch im Fall einer noch nicht offen gelegten Abtretung als wahrer Berechtigter erhält.[777] **Zwar erlischt** mit

---

[771] BGH, 7.3.2002 – IX ZR 223/01, BGHZ 150, 122 ff.; BGH, 17.6.2004 – IX ZR 2/01, ZIP 2004, 854 ff. zu geduldeten Kontoüberziehungen.
[772] BGH, 7.7.2011 – IX ZR 100/10, ZIP 2011, 1576 ff.; BGH, 7.5.2009 – IX ZR 140/08, ZInsO 2009, 1054 ff. Rn 12; BGH, 15.11.2007 – IX ZR 212/06, ZIP 2008, 235 ff. Rn 15.
[773] BGH, 11.10.2007 – IX ZR 195/04, ZInsO 2008, 163 f.
[774] Vgl. BGH, 7.5.2009 – IX ZR 22/08, ZInsO 2009, 1294.
[775] BGH, 7.5.2009 – IX ZR 140/08, ZInsO 2009, 1054 ff. Rn 12; BGH, 7.3.2002 – IX ZR 223/01, BGHZ 150, 122, 129.
[776] BGH, 26.6.2008 – IX ZR 47/05, ZInsO 2008, 803 ff. Rn 20; BGH, 11.5.2000 – IX ZR 262/98, ZIP 2000, 1061, 1063.
[777] BGH, 1.10.2002 – IX ZR 360/99, ZInsO 2002, 1136 ff.; zust. Obermüller, Insolvenzrecht in der Bankpraxis, 8. Aufl., Rn 3.159 – dagegen zu Recht krit. Jaeger/Henckel, § 130 InsO Rn 87; Braun/de Bra, § 129 Rn 33; K. Schmidt, § 129 Rn 66.

der Zahlung die der Bank als Sicherheit **abgetretene Forderung**. Die **Bank erwirbt jedoch** gemäß **Nr. 14 Abs. 1 AGB-Banken** an deren Stelle ein **Pfandrecht** an dem neu entstandenen **Anspruch** des Schuldners auf Herausgabe gemäß **§ 667 BGB**. Ein solcher unmittelbarer **Sicherheitentausch** benachteiligt die Gläubiger nicht, sofern das Kreditinstitut aufgrund einer Globalabtretung an den während des Drei-Monats-Zeitraums vor dem Eingang des Eröffnungsantrags entstandenen oder werthaltig gewordenen Forderungen ein anfechtungsfestes Absonderungsrecht (vgl. **§ 51 Nr. 1 InsO**) erworben hatte.[778] Dabei ist für die anfechtungsrechtliche Beurteilung auf den Zeitpunkt abzustellen, zu dem die Forderungen begründet wurden.[779] Dementsprechend sind auch **erweiterte** und **verlängerte Eigentumsvorbehalte** hinsichtlich der abgetretenen, zukünftig entstehenden oder zukünftig werthaltig gemachten Forderungen grds. nur als kongruente Deckung anfechtbar, sofern nicht ohnehin ein die Gläubiger nicht benachteiligender Sicherheitentausch gegeben ist.[780]

dd) Scheckeinreichung und Lastschriftverfahren

230 Für die Anfechtbarkeit nach § 130 InsO kommt es entscheidend darauf an, ob der Insolvenzgläubiger die Deckung innerhalb der Anfechtungszeiträume dieser Bestimmung erlangt hat. Dies richtet sich nach **§ 140 InsO**. Nach dessen Absatz 1 gilt eine Rechtshandlung in dem Zeitpunkt vorgenommen, in dem ihre **rechtlichen Wirkungen eintreten**. Zu diesem Zeitpunkt muss auch die nach § 130 InsO erforderliche Kenntnis des Anfechtungsgegners gegeben sein. Bei einer **Scheckeinreichung** ist die Verrechnungslage nicht schon mit der vorläufigen Gutschrift zugunsten des Scheckeinreichers herbeigeführt. Erst wenn die **bezogene Bank** das **Ausstellerkonto belastet** hat, sind die in der Girokette erfolgten Gutschriften und Belastungen wirksam geworden und die Verrechnungslage eingetreten; es handelt sich insoweit nach der Rechtsprechung des BGH um eine aufschiebende Bedingung.[781]

231 Beim **Lastschriftverfahren** entsteht die Verrechnungslage mit der Einlösung, wenn die Bank die Kausalforderung nicht erworben hat. Hat die Bank mit der Einreichung der Lastschrift die dieser zugrunde liegende Forderung erworben, so ist maßgebender Zeitpunkt jener der Abtretung, nämlich der Einreichung der Lastschrift.[782] Der BGH hat zum Einziehungsermächtigungsverfahren klargestellt, dass

---

778 Vgl. BGH, 29.11.2007 – IX ZR 30/07, BGHZ 174, 297 ff. Rn 13.
779 Vgl. zum Ganzen BGH, 26.6.2008 – IX ZR 47/05, ZInsO 2008, 803 ff. Rn 20.
780 BGH, 17.3.2011 – IX ZR 63/10, BGHZ 189, 1 ff.
781 BGH, 30.4.1992 – IX ZR 176/91, BGHZ 118, 171 ff.
782 Jaeger/Henckel, § 130 InsO Rn 92.

die **Genehmigung** des Lastschrifteinzuges durch den Schuldner **keine Rückwirkung** entfaltet. § 184 BGB findet in diesem Zusammenhang keine Anwendung.[783]

b) Sicherheiten

Unter einer Sicherung i.S.d. § 130 InsO ist eine Rechtsposition zu verstehen, die **geeignet** ist, die **Durchsetzung des Anspruchs**, für den sie eingeräumt ist, **zu erleichtern**.[784] Darunter fallen sämtliche Arten von Sicherheiten, wie etwa vertragliche und gesetzliche Pfandrechte, insb. Pfändungspfandrechte, Sicherungseigentum, Sicherungsabtretungen (insb. Globalzessionen), Zurückbehaltungsrechte, etwa nach **§ 369 Abs. 1 HGB**, Personalsicherheiten, wie etwa die Bürgschaft, die Vormerkung, die Gewährung einer Bauhandwerkersicherung gem. **§ 648a BGB**, die Herbeiführung der Aufrechnungslage[785] und nach Ansicht des BGH auch eine gesellschaftsrechtliche Verrechnungslage.[786] Darüber hinaus soll auch der Abschluss eines Aufrechnungsvertrages oder einer Verrechnungsabrede eine Sicherung schaffen und somit nicht § 132 Abs. 1 InsO, sondern der Deckungsanfechtung unterfallen; er benachteiligt die Insolvenzgläubiger allerdings nur, soweit er die Aufrechnung unter erleichterten Bedingungen zulässt.[787] **§ 648a BGB n.F.** gibt dem Unternehmer – anders als die Vorgängerbestimmung – einen gesetzlichen Anspruch auf Sicherheitengewährung. Man wird daher die Einräumung einer Sicherheit aufgrund dieser Bestimmung ungeachtet etwaiger Bedenken hinsichtlich der Bestimmtheit des Anspruchs[788] als kongruente Deckung ansehen müssen.[789] Inkongruent bleibt jedoch die Direktzahlung des Auftraggebers an einen Subunternehmer des Schuldners.[790]

232

aa) Vertragliche Pfandrechte

Sicherungsabsprachen, die es dem **Ermessen** der Beteiligten oder dem **Zufall** überlassen, welche konkrete Sicherheit erfasst werden wird, **rechtfertigen nicht** die

233

---

783 BGH, 30.9.2010 – IX ZR 178/09, ZIP 2010, 2105 ff. Rn 21.
784 Vgl. HambKomm/Rogge/Leptien, § 130 InsO Rn 7; Gehrlein, in: Ahrens/Gehrlein/Ringstmeier, § 130 InsO Rn 3.
785 Vgl. MüKo/Kayser, § 130 InsO Rn 9.
786 BGH, 29.6.2004 – IX ZR 147/03, BGHZ 160, 1 ff.; vgl. dazu ferner OLG Frankfurt am Main, 24.11.2005 – 1 U 19/05, ZIP 205, 2325 ff. und OLG Köln, 19.10.2005 – 2 U 28/05, ZIP 2005, 2072 ff.
787 Vgl. MüKo/Kirchhof, § 130 InsO Rn 9; krit. dazu Lüke, ZIP 2001, 1, 5 f.
788 Vgl. dazu HK/Thole, § 131 InsO Rn 21 f.
789 Ebenso KPB/Schoppmeyer, § 131 InsO Rn 109; Graf-Schlicker/Huber, § 130 InsO Rn 9 – **a.A.** HK/Thole, § 131 InsO Rn 22 i.V.m. § 133 Rn 23.
790 BGH, 10.5.2007 – IX ZR 146/05, ZInsO 2007, 662 f. Rn 8; BGH, 16.10.2008 – IX ZR 2/05, ZIP 2008, 2324 ff. Rn 13.

Besserstellung einzelner Gläubiger unter **Durchbrechung** des insolvenzrechtlichen **Gleichbehandlungsgrundsatzes**.[791] Dies gilt etwa für das in einem Poolvertrag vereinbarte Pfandrecht, das jegliche Zahlungseingänge auf einem Konto erfassen soll.[792] Bestand in unkritischer Zeit nur ein allgemeiner Anspruch auf Sicherheitenbestellung, wie etwa nach **Nr. 14 Abs. 1 AGB-Banken**, so ist eine in der Krise des Schuldners erlangte Sicherung inkongruent.[793]

bb) Gesetzliche Pfandrechte

234 Gesetzliche Pfandrechte – wie etwa das **Vermieterpfandrecht** nach **§ 562 BGB** und das **Frachtführerpfandrecht** nach **§ 441 HGB** – entstehen kraft Gesetzes, sind demzufolge unverdächtig und setzen daher nicht voraus, dass dem Pfandgläubiger zuvor ein Anspruch auf Pfandbestellung zustand. Dabei gilt im Fall des Frachtführerpfandrechts auch der Erwerb des Pfandrechts für offene „Altforderungen" aus früheren Transportgeschäften als kongruent.[794]

3. Materielle Insolvenz des Schuldners

235 Entscheidendes Anknüpfungskriterium des § 130 Abs. 1 InsO ist die materielle Insolvenz des Schuldners, die mit dem Eintritt der **Zahlungsunfähigkeit** gem. § 17 InsO gegeben ist. Gleichgestellt ist die **Stellung** des **Insolvenzantrages**, da sich in ihr i.d.R. ebenfalls die materielle Insolvenz des Schuldners manifestiert; zumindest aber ist der Gläubiger, dessen Kenntnis von der Stellung des Insolvenzantrages tatbestandliche Voraussetzung ist, ausreichend auf die Möglichkeit der Insolvenz des Schuldners hingewiesen.

a) Zahlungsunfähigkeit

236 Bei der Prüfung des Eintritts der Zahlungsunfähigkeit ist **§ 17 InsO** heranzuziehen.[795] Die in § 17 Abs. 2 Satz 2 InsO formulierte Vermutung gilt auch im Rahmen des § 130 Abs. 1 InsO. Liegt daher **Zahlungseinstellung** vor, begründet dies eine gesetzliche Vermutung für die Zahlungsunfähigkeit, die vom Anfechtungsgegner zu widerlegen

---

791 BGH, 17.3.2011 – IX ZR 63/10, ZIP 2011, 773 ff. Rn 35; HK/Thole, § 131 InsO Rn 22.
792 BGH, 2.6.2005 – IX ZR 181/03, ZInsO 2005, 932 ff.
793 Vgl. BGH, 7.3.2002 – IX ZR 223/01, BGHZ 150, 122 ff.; HK/Thole, § 131 InsO Rn 22.
794 BGH, 18.4.2002 – IX ZR 219/01, BGHZ 150, 326 ff.; BGH, 21.4.2005 – IX ZR 24/04, ZIP 2005, 992 ff.
795 Vgl. zur Zahlungsunfähigkeit Pape, WM 2008, 1949 ff.

ist.⁷⁹⁶ **Zahlungsunfähigkeit** des Schuldners ist i.d.R. gegeben, wenn die **Liquiditätslücke 10 %** oder mehr beträgt und **nicht** ausnahmsweise mit an Sicherheit grenzender Wahrscheinlichkeit **zu erwarten** ist, dass die Liquiditätslücke **innerhalb von 3 Wochen** vollständig oder fast vollständig **beseitigt** werden wird.⁷⁹⁷ Ist der Schuldner nicht in der Lage, sich innerhalb von 3 Wochen die zur Begleichung der in diesem Umfang fälligen und ernsthaft eingeforderten Verbindlichkeiten benötigten Mittel zu beschaffen, liegt keine bloße **Zahlungsstockung** mehr vor.⁷⁹⁸ Zahlungsunfähigkeit ist ferner gegeben, wenn der Schuldner durch den Verkauf von Vermögensgegenständen die erforderliche Liquidität schaffen könnte, dazu aber nicht bereit ist.⁷⁹⁹

Mit dem Erfordernis des „**ernsthaften Einforderns**" sollen solche Forderungen 237 ausgesondert werden, die rein tatsächlich – also auch ohne rechtlichen Bindungswillen oder erkennbare Erklärung – **gestundet** sind⁸⁰⁰ oder hinsichtlich derer ein **Stillhalteabkommen** mit dem Gläubiger abgeschlossen wurde, das keine Stundung im Rechtssinne enthalten muss.⁸⁰¹ Setzt das Finanzamt die Vollziehung eines Steuerbescheids aus, fordert sie den festgesetzten Betrag für die Dauer der Aussetzung nicht mehr ernsthaft ein. Ist eine unstreitige Forderung für begrenzte Zeit gestundet oder nicht ernsthaft eingefordert, kann sie bei der Prognose, ob drohende Zahlungsunfähigkeit vorliegt, gleichwohl zu berücksichtigen sein.⁸⁰² Eine **erzwungene Stundung** – etwa ggü. Arbeitnehmern – ändert hingegen nichts an der Fälligkeit der Verbindlichkeit.⁸⁰³

Streitig ist, ob aus dem **Rücktritt** von **Genussrechtsinhabern** („Prokon") in 238 den Rang des **§ 39 Abs. 2 InsO** zu folgern ist, dass deren Forderungen bei der Prüfung der Zahlungsunfähigkeit nicht zu berücksichtigen sind oder ob nur die (zusätzliche) Vereinbarung einer vorinsolvenzlichen Durchsetzungssperre die Berücksichtigung der nachrangigen Forderung im Liquiditätsstatus zur Ermittlung der Zahlungsunfähigkeit hindert.⁸⁰⁴ Nach wohl **herrschender Auffassung** ist § 19 Abs. 2

---

796 BGH, 12.10.2006 – IX ZR 228/03, ZInsO 2006, 1210 ff.; BGH, 7.11.2013 – IX ZR 49/13, ZIP 2013, 2318 ff. Rn 11.
797 Vgl. BGH, 24.5.2005 – IX ZR 123/04, BGHZ 163, 134 ff.; BGH, 1.7.2010 – IX ZR 70/08, ZInsO 2010, 1598 ff. Rn 10; MüKo/Kayser, § 130 InsO Rn 28a.
798 BGH, 24.5.2005 – IX ZR 123/04, BGHZ 163, 134 ff.; BGH, 12.10.2006 – IX ZR 228/03, ZIP 2006, 2222 ff. Rn 27.
799 BGH, 3.12.2015 – IX ZR 131/15, ZIP 2016, 124 Rn 5.
800 Vgl. BGH, 14.5.2009 – IX ZR 63/08, BGHZ 181, 132 ff. Rn 2; Graf-Schlicker/Huber, § 130 InsO Rn 14.
801 BGH, 20.12.2007 – IX ZR 93/06, ZInsO 2008, 273 ff.; KPB/Schoppmeyer, § 130 InsO Rn 75.
802 BGH, 22.5.2014 – IX ZR 95/13, ZIP 2014, 1289 ff.
803 BGH, 14.2.2008 – IX ZR 38/04, ZInsO 2008, 378 ff.
804 Vgl. dazu Bork, ZIP 2014, 997 ff.; Bitter/Rauhut, ZIP 2014, 1005 f.; K. Schmidt, § 17 Rn 10, 13; G. Fischer, FS für Kübler, 2015, S. 137 ff.; AG Itzehoe, 1.5.2014 – 28 IE 1/14, ZIP 2014, 1038 ff.

Satz 2 InsO nicht entsprechend anwendbar. Durch eine Nachrangvereinbarung im Sinne des § 39 Abs. 2 InsO verlieren die davon betroffenen Forderungen ihre Fälligkeit nur, wenn zugleich deren Stundung für den Zeitraum vor der Entscheidung über die Zahlungsunfähigkeit vereinbart wird.[805] In diesem Zusammenhang ist das Urteil des **BGH** vom 5.3.2015[806] zu beachten, wonach ein nur für den Fall der Insolvenzeröffnung vereinbarter **Rangrücktritt** nicht geeignet ist, die Überschuldung des Unternehmens abzuwenden, weil der Gläubiger nicht gehindert wäre, seine Forderung vor der Verfahrenseröffnung durchzusetzen. Eine mit „**Nachrangigkeit**" überschriebene **Klausel** in den Bedingungen eines Genussrechts, aus der sich klar und unmissverständlich ergibt, dass die Forderungen der **Genussrechtsgläubiger** gegenüber einfachen Insolvenzgläubigern nachrangig sind, enthält auch dann keine zur Nichtigkeit der Nachrangregelung gegenüber den einfachen Insolvenzgläubigern führende unangemessene Benachteiligung aufgrund eines Verstoßes gegen das Transparenzgebot, wenn eine von der Klausel zusätzlich vorgesehene Regelung der Rangklasse innerhalb der nachrangigen Forderungen unklar ist oder Auslegungszweifel aufwirft, sofern die Regelungen insoweit inhaltlich und sprachlich trennbar sind.[807]

aa) Zahlungseinstellung

239 Zahlungseinstellung ist dasjenige **äußere Verhalten** des Schuldners, in dem sich typischerweise eine **Zahlungsunfähigkeit ausdrückt**. Es muss sich also mindestens für die beteiligten Verkehrskreise der berechtigte Eindruck aufdrängen, dass der Schuldner nicht in der Lage ist, seine fälligen Zahlungspflichten zu erfüllen.[808] Die tatsächliche Nichtzahlung eines erheblichen Teils der fälligen Verbindlichkeiten, für den die **10%-Grenze nicht gilt**, reicht aus.[809] **Eigene Erklärungen** des Schuldners, eine fällige Verbindlichkeit nicht begleichen zu können, deuten auf eine Zahlungseinstellung hin, auch wenn sie mit einer Stundungsbitte verbunden sind.[810] Wohl nicht zuletzt wegen der **Kritik** an seiner recht weit gehenden Rechtsprechung zur Anfechtbarkeit bei **Ratenzahlungsvereinbarungen** hat der **BGH**

---

805 Vgl. Bitter/Rauhut, ZIP 2014, 1005, 1007 f.; K. Schmidt, § 17 Rn 10, 13; G. Fischer, FS für Kübler, 2015, S. 137, 140/141; AG Itzehoe, 1.5.2014 – 28 IE 1/14, ZIP 2014, 1038 ff.
806 BGH, 5.3.2015 – IX ZR 133/14, ZIP 2015, 638 ff. Rn 15; zugleich zum Rangrücktritt zur Abwendung der Überschuldung.
807 BGH, 22.3.2018 – IX ZR 99/17, BGHZ 218, 183 ff. Rn 41 ff.
808 BGH, 12.10.2006 – IX ZR 228/03, ZIP 2006, 2222 ff. Rn 13; BGH, 20.11.2001 – IX ZR 48/01, BGHZ 149, 178, 184 f.
809 BGH, 30.6.2011 – IX ZR 134/10, ZIP 2011, 1416 ff. Rn 13; MüKo/Kayser, § 130 InsO Rn 28a.
810 Vgl. BGH, 5.3.2020 – IX ZR 171/18, ZInsO 2020, 893 ff. Rn 12; BGH, 14.7.2016 – IX ZR 188/15, ZIP 2016, 1686 ff. Rn 17; BGH, 4.10.2001 – IX ZR 81/99, ZIP 2001, 2097, 2098; HK/Kirchhof, § 17 InsO Rn 30.

schon vor der am 5.4.2017 in Kraft getretenen Reform des Anfechtungsrechts klargestellt, dass eine Ratenzahlungsbitte des Schuldners, die nicht mit der Erklärung verbunden ist, die fälligen Verbindlichkeiten nicht begleichen zu können, kein Indiz für eine Zahlungseinstellung oder Zahlungsunfähigkeit darstellt, wenn sie sich im Rahmen der Gepflogenheiten des Geschäftsverkehrs hält. Eine **Bitte um Ratenzahlung** ist vielmehr nur dann ein Indiz für eine Zahlungseinstellung, wenn sie vom Schuldner mit der Erklärung verbunden wird, seine fälligen Verbindlichkeiten (anders) nicht begleichen zu können.[811] Selbst aus der Äußerung des Schuldners, er könne die insgesamt offenstehende Forderung nicht sofort und in einem Zuge begleichen, ist nicht zwingend auf dessen Zahlungseinstellung zu schließen. Eine solche Mitteilung deute zwar auf einen Liquiditätsengpass hin, bringe aber nicht zweifelsfrei zum Ausdruck, dass bereits Insolvenzreife vorliege und die Zahlungsschwierigkeiten unüberwindbar seien.[812] Erklärt sich der Schuldner einer geringfügigen Forderung gegenüber dem Gerichtsvollzieher zum Abschluss einer **Zahlungsvereinbarung** gemäß **§ 802b ZPO** bereit, muss der Gläubiger allein aus diesem Umstand nicht zwingend darauf schließen, dass der Schuldner seine Zahlungen eingestellt hat.[813] Die unterbliebene Zahlung ggü. einem **einzelnen Gläubiger** kann ausreichen, wenn es sich um eine nicht unerhebliche Forderung gerade des Anfechtungsgegners handelt.[814] Aus der Nichtabführung von Sozialversicherungsbeiträgen in Höhe von fast 10.000 Euro kann auf die Zahlungseinstellung des Schuldners geschlossen werden.[815] Schiebt der Schuldner ständig einen Forderungsrückstand vor sich her, den er nur schleppend abträgt, verwirklicht sich ein typisches Merkmal einer Zahlungseinstellung.[816] Der Tatrichter hat stets eine **Gesamtabwägung** vorzunehmen, ob eine Zahlungseinstellung gegeben war.[817]

bb) Feststellung der Zahlungsunfähigkeit

Zur Feststellung der Zahlungsunfähigkeit ist **nicht unbedingt** die Aufstellung einer **Liquiditätsbilanz** erforderlich. Es genügt vielmehr, wenn anderweitig festgestellt werden kann, dass der Schuldner einen wesentlichen Teil seiner Verbindlichkeiten

---

[811] BGH, 14.7.2016 – IX ZR 188/15, ZIP 2016, 1686 ff. Rn 16 ff.; BGH, 25.2.2016 – IX ZR 109/15, NJW 2016, 1168 ff. Rn 20; BGH, 16.4.2015 – IX ZR 6/14, ZIP 2015, 937 Rn 3 f.
[812] BGH, 14.7.2016 – IX ZR 188/15, ZIP 2016, 1686 ff. Rn 16 f.
[813] BGH, 6.7.2017 – IX ZR 178/16, ZIP 2017, 1677 ff.
[814] BGH, 27.4.1995 – IX ZR 147/95, ZIP 1995, 929, 930.
[815] BGH, 12.9.2019 – IX ZR 262/18, WM 2019, 2019 Rn 19.
[816] BGH, 25.10.2012 – IX ZR 117/11, ZIP 2012, 2355 ff. Rn 19; BGH, 30.6.2011 – IX ZR 134/10, ZIP 2011, 1416 ff. Rn 16.
[817] Vgl. BGH, 18.7.2013 – IX ZR 143/12, ZIP 2013, 2015 ff. Rn 10; BGH, 30.6.2011 – IX ZR 134/10, ZIP 2011, 1416 ff. Rn 13.

nicht begleichen konnte.[818] Eine solche Liquiditätsbilanz ist entbehrlich, wenn eine **Zahlungseinstellung (§ 17 Abs. 2 Satz 2 InsO)** die gesetzliche Vermutung der Zahlungsunfähigkeit begründet.[819] Eine Zahlung, die erst die Zahlungsunfähigkeit auslöst, unterliegt zwar selbst nicht der Anfechtung; eine Forderung, deren Begleichung angefochten wird, muss jedoch bei der Feststellung der Zahlungsunfähigkeit mit berücksichtigt werden.[820] Bestanden bei der Vornahme der Rechtshandlung fällige **Verbindlichkeiten, die bis zur Eröffnung** des Insolvenzverfahrens **nicht mehr beglichen** wurden, ist i.d.R. von der Zahlungsunfähigkeit zu diesem Zeitpunkt auszugehen. Etwas anderes gilt nur dann, wenn seinerzeit aufgrund konkreter Umstände, die sich später geändert haben, angenommen werden konnte, der Schuldner werde rechtzeitig zur Begleichung der Verbindlichkeiten in der Lage sein.[821]

241 **Streitig** ist die Frage, ob bei der Prüfung der Zahlungsunfähigkeit auch die sog. „**Passiva II**" zu berücksichtigen sind, welche erst in den **nächsten 3 Wochen fällig** werden bzw. erst neu entstehen.[822] Im Grundsatz wird man auch diese Verbindlichkeiten in die Betrachtung einbeziehen müssen, wobei freilich dem Schuldner auch zur Begleichung dieser Verbindlichkeiten 3 Wochen verbleiben müssen. Der II. Zivilsenat hat inzwischen durch **Grundsatzurteil** vom 19.12.2017 entschieden, dass bei der Feststellung der Zahlunngsunfähigkeit gemäß § 17 Abs. 2 Satz 1 InsO anhand einer Liquiditätsbilanz auch die innerhalb von drei Wochen nach dem Stichtag fällig werdenden und eingeforderten Verbindlichkeiten (**sog. „Passiva II"**) einzubeziehen sind.[823]

cc) Indizien für die Zahlungsunfähigkeit

242 Für die Zahlungsunfähigkeit des Schuldners können **Indizien** sprechen, die der **Tatrichter** gem. **§ 286 Abs. 1 ZPO** zu würdigen hat. Beträchtliche Zahlungsrückstände, die bis zur Insolvenzeröffnung nicht mehr beglichen wurden,[824] das ständige „Vorsichherschieben" fälliger Verbindlichkeiten,[825] eine dauerhaft schleppende Zahlungsweise[826] und die Nichteinhaltung einer Ratenzahlungsvereinbarung[827] kön-

---

818 BGH, 12.10.2006 – IX ZR 228/03, ZIP 2006, 2222 ff. Rn 28.
819 Vgl. BGH, 12.10.2017 – IX ZR 50/15, ZIP 2017, 2368 ff. Rn 10; BGH, 30.6.2011 – IX ZR 134/10, ZIP 2011, 1416 ff. Rn 10.
820 BGH, 14.5.2009 – IX ZR 63/08, BGHZ 181, 132 ff. Rn 24.
821 BGH, 18.7.2013 – IX ZR 143/12, ZIP 2013, 2015 ff. Rn 12; BGH, 12.10.2006 – IX ZR 228/03, ZIP 2006, 2222 ff. Rn 28.
822 Sog. „Bugwelleneffekt"; vgl. Ganter, ZInsO 2011, 2297 ff.; K. Schmidt, § 17 Rn 27 ff.; Brinkmann, in: K. Schmidt/Uhlenbruck, Rn 5.28.
823 BGH, 19.12.2017 – II ZR 88/16, BGHZ 217, 129 ff.
824 BGH, 30.6.2011 – IX ZR 134/10, ZIP 2011, 1416 ff. Rn 15.
825 BGH, 30.6.2011 – IX ZR 134/10, ZIP 2011, 1416 ff. Rn 16.
826 BGH, 18.7.2013 – IX ZR 143/12, ZIP 2013, 2015 ff. Rn 12.
827 Vgl. BGH, 6.12.2012 – IX ZR 3/12, ZIP 2013, 228 ff.

nen solche Indizien darstellen. Die mindestens halbjährige Nichtabführung von Sozialversicherungsbeiträgen kann hinreichend auf eine Zahlungseinstellung hindeuten.[828] Durch die Nichtzahlung der **Sozialversicherungsbeiträge**, der **Löhne** und der sonstigen Verbindlichkeiten über einen Zeitraum von mehr als 3 Wochen nach Fälligkeit wird für die beteiligten Verkehrskreise i.d.R. der Mangel an Geldmitteln erkennbar.[829] Die **schleppende Zahlung** von Löhnen und Gehältern ist ein Anzeichen für eine Zahlungseinstellung.[830] Die **Rückgabe** von **Lastschriften** und **Scheckrückbelastungen** stellen ein erhebliches Beweisanzeichen für eine zumindest drohende Zahlungsunfähigkeit dar.[831]

dd) Wegfall der Zahlungsunfähigkeit

243 Eine einmal eingetretene Zahlungsunfähigkeit wird nur dadurch wieder beseitigt, dass die Zahlungen **im Allgemeinen wieder aufgenommen** werden. Die **Darlegungs- und Beweislast** obliegt grds. demjenigen, der sich auf den nachträglichen Wegfall der Zahlungsunfähigkeit beruft. Dies gilt uneingeschränkt jedenfalls dann, wenn zwischen den angefochtenen Zahlungen und dem Eingang eines erneuten, erfolgreichen Eröffnungsantrages nur ein kurzer Zeitraum liegt.[832]

b) Eröffnungsantrag; Maßgeblichkeit nach § 139 Abs. 2 InsO

244 Neben der Zahlungsunfähigkeit ist der **Eröffnungsantrag** ein weiteres wesentliches Tatbestandsmerkmal, an das die Deckungsanfechtung gem. § 130 InsO anknüpft. Hinzukommen muss die **Kenntnis** des **Anfechtungsgegners** von der Stellung des Insolvenzantrages oder der Zahlungsunfähigkeit oder aber von Umständen, die zwingend auf den Eröffnungsantrag oder die Zahlungsunfähigkeit schließen lassen (**§ 130 Abs. 2 InsO**). Mit der Kenntnis des Eröffnungsantrages ist der Gläubiger hinreichend auf die Möglichkeit der materiellen Insolvenz des Schuldners hingewiesen. Darauf, ob diese auch tatsächlich schon eingetreten war, kommt es nicht an.[833] Allein aus der öffentlichen Bekanntmachung der Bestellung eines vorläufigen Insolvenzverwalters ist jedoch nicht schon auf die Kenntnis des Anfechtungsgegners vom Eröffnungsantrag zu schließen.[834]

---

828 BGH, 10.7.2003 – IX ZR 89/02, ZInsO 2003, 755 ff.
829 BGH, 12.10.2006 – IX ZR 228/03, ZIP 2006, 2222 Rn 24.
830 BGH, 14.2.2008 – IX ZR 38/04, ZInsO 2008, 378 ff.
831 Vgl. BGH, 6.12.2012 – IX ZR 3/12, ZIP 2013, 190 ff. Rn 31; BGH, 1.7.2010 – IX ZR 70/08, ZInsO 2010, 1598 ff. Rn 10; BGH, 4.10.2001 – IX ZR 81/99, ZIP 2001, 2097, 2098.
832 BGH, 20.11.2001 – IX ZR 43/01, BGHZ 149, 178 ff.; KPB/Schoppmeyer, § 130 InsO Rn 95.
833 Vgl. KPB/Schoppmeyer, § 130 InsO Rn 99.
834 BGH, 7.10.2010 – IX ZR 209/09, ZInsO 2010, 2296 ff.

245 Ein Eröffnungsantrag ist **auch dann** für die Anfechtung **maßgebend, wenn** er zum Zeitpunkt seiner Einreichung **unzulässig** oder **unbegründet** war, sofern seine Zulässigkeit bzw. Begründetheit zumindest zum Zeitpunkt der Insolvenzeröffnung gegeben war.[835] Bei rechtskräftiger Insolvenzeröffnung kommt es nicht mehr darauf an, ob der ihr zugrunde liegende Insolvenzantrag zulässig und begründet war.[836] Sind **mehrere Eröffnungsanträge** gestellt worden, so ist gem. **§ 139 Abs. 2 Satz 1 InsO** der erste zulässige und begründete Antrag maßgeblich, auch wenn das Verfahren **aufgrund** eines **späteren Antrags eröffnet** worden ist. Wurde das Insolvenzverfahren nicht aufgrund des zuerst gestellten, sondern aufgrund eines späteren Insolvenzantrages eröffnet, so hat das Gericht zu prüfen, ob der zuerst gestellte Antrag zulässig und begründet war.[837] Insolvenzanträge, die anfangs zulässig und begründet waren, aber bis zur Entscheidung über die **Eröffnung unbegründet** wurden, sind für die Berechnung des Anfechtungszeitraums unbeachtlich. Liegt eine **einheitliche Insolvenz** vor, ist der erste, mangels Masse abgewiesene Antrag grundsätzlich auch dann maßgebend, wenn zwischen ihm und dem Antrag, der zur Verfahrenseröffnung geführt hat, ein beträchtlicher Zeitraum (konkret: drei Jahre) liegt.[838]

246 Für die **Berechnung** des **Anfechtungszeitraums** kommt es allein darauf an, dass der Antrag zur Verfahrenseröffnung geführt hätte, wenn er nicht **mangels Masse** rechtskräftig **abgewiesen** (vgl. **§ 139 Abs. 2 Satz 2 InsO**) oder das Verfahren nicht aufgrund eines späteren Antrags eröffnet worden wäre. Aus **anderen Gründen abgewiesene Anträge** bleiben, auch wenn die Abweisung zu Unrecht erfolgt ist, unberücksichtigt.[839] Auch rechtswirksam für **erledigt erklärte** oder **zurückgenommene** Anträge sind nach der Rechtsprechung des Bundesgerichtshofes in entsprechender Anwendung des § 139 Abs. 2 Satz 2 InsO bei der Berechnung der Anfechtungsfrist nicht zu berücksichtigen.[840] Eine Ausnahme wird im Schrifttum gemäß **§ 242 BGB** für den Fall erwogen, dass die Zurücknahme oder die Erledigungserklärung vorgenommen wurden, um eine Rechtshandlung der Anfechtung zu entziehen.[841] Ein Eröffnungsantrag ist ferner dann für die Anfechtung unbeachtlich, wenn der **Eröffnungsgrund** zwischen dem ersten und dem zweiten Insolvenzantrag **entfallen** war.[842]

---

835 Vgl. MüKo/Kirchhof, § 139 InsO Rn 9; HK/Kreft, § 139 InsO Rn 10.
836 BGH, 22.1.1998 – IX ZR 99/97, BGHZ 138, 40 ff.; Jaeger/Henckel, § 130 InsO Rn 109.
837 HK/Kreft, § 139 InsO Rn 10.
838 BGH, 15.11.2007 – IX ZR 212/06, ZIP 2008, 235 ff.
839 Vgl. Begr. zum RegE, BT-Drucks. 12/2443, S. 163.
840 BGH, 2.4.2009 – IX ZR 145/08, ZInsO 2009, 870 ff. Rn 10; BGH, 20.11.2001 – IX ZR 48/01, BGHZ 149, 178, 180 ff.
841 MüKo/Kirchhof, § 139 InsO Rn 9a; HK/Kreft, § 139 InsO Rn 12.
842 BGH, 2.4.2009 – IX ZR 145/08, ZInsO 2009, 870 ff. Rn 7; BGH, 15.11.2007 – IX ZR 212/06, ZInsO 2008, 159 ff. Rn 11; Henckel, in: Kölner Schrift zur InsO, 2. Aufl., S. 847 Rn 75.

Ein im Zeitpunkt des Eröffnungsbeschlusses zulässiger und begründeter Insolvenzantrag ist auch dann für die Berechnung der Anfechtungsfristen maßgebend, wenn er nach der Verfahrenseröffnung wegen **prozessualer Überholung** für erledigt erklärt wurde.[843] Im Fall der **Doppelinsolvenz** von **Gesellschaft** und persönlich haftendem **Gesellschafter** ist für die Berechnung des Anfechtungszeitraums der zuerst gestellte Insolvenzantrag maßgebend.[844]

4. Subjektive Anfechtungsvoraussetzungen

Allein die Zahlungsunfähigkeit bzw. die Stellung des Insolvenzantrages rechtfertigen im Anwendungsbereich des § 130 InsO nicht die Anfechtung, da der Gläubiger bei einer kongruenten Deckung erhalten hat, was ihm nach der Rechtsordnung gebührt. Hinzukommen muss vielmehr die entsprechende **Kenntnis** des **Gläubigers**, zumindest aber gem. **§ 130 Abs. 2 InsO** die Kenntnis von **Umständen**, die **zwingend** auf die Zahlungsunfähigkeit oder den Eröffnungsantrag schließen lassen.

a) Kenntnis des Gläubigers; Erweiterung durch § 130 Abs. 2 InsO

Die Kenntnis des Gläubigers erfordert „positives", für sicher gehaltenes Wissen zum Zeitpunkt der Vornahme der Rechtshandlung gem. § 140 InsO;[845] bloßes **Kennenmüssen bzw. grobe Fahrlässigkeit reicht nicht**.[846] Eine der Rechtshandlung nachfolgende Kenntnis schadet nicht.[847] Für die Kenntnis des Gläubigers genügt es, wenn er aus den ihm bekannten Tatsachen und dem Verhalten des Schuldners bei natürlicher Betrachtungsweise den zutreffenden Schluss gezogen hat, dass der Schuldner wesentliche Teile, nämlich 10 % oder mehr, seiner fälligen Verbindlichkeiten in einem Zeitraum von 3 Wochen nicht wird tilgen können.[848] Kennt ein im **Geschäftsleben nicht unerfahrener Gläubiger** alle für das Vorliegen der Zahlungseinstellung wesentlichen Tatsachen, so kennt er die Zahlungseinstellung auch dann, wenn er die aus den Tatsachen zwingend abzuleitenden Schlussfolgerungen nicht zieht; dies gilt regelmäßig auch dann, wenn dieser Gläubiger mit mehr als einmonatiger Verzögerung nach der Stellung eines Insolvenzantrages vollständig befriedigt wird.[849]

---

843 BGH, 2.4.2009 – IX ZR 145/08, ZInsO 2009, 870 ff.
844 BGH, 9.10.2008 – IX ZR 138/06, BGHZ 178, 171 ff. – „KG-Doppelinsolvenz".
845 BGH, 19.2.2009 – IX ZR 62/08, BGHZ 180, 63 ff. Rn 13; BGH, 27.3.2008 – IX ZR 98/07, ZIP 2008, 930 ff. Rn 14; MüKo/Kirchhof, § 130 InsO Rn 33.
846 BGH, 19.2.2009 – IX ZR 62/08, BGHZ 180, 63 ff. – „Arbeitnehmervergütung".
847 BGH, 27.3.2008 – IX ZR 98/07, ZIP 2008, 930 ff. Rn 13; HK/Kreft, § 130 InsO Rn 24.
848 BGH, 12.10.2006 – IX ZR 228/03, ZIP 2006, 2222 Rn 30.
849 BGH, 10.7.2003 – IX ZR 89/02, ZInsO 2003, 755 ff.

250 Da die Kenntnis des Anfechtungsgegners von der Zahlungsunfähigkeit des Schuldners bzw. von der Stellung des Insolvenzantrages nur schwer nachzuweisen ist, erweitert **§ 130 Abs. 2 InsO** den Anfechtungstatbestand dahin gehend, dass die **Kenntnis von Umständen** genügt, die **zwingend auf** die **Zahlungsunfähigkeit** oder den **Eröffnungsantrag schließen lassen**. In der Begründung zum Gesetzentwurf der Bundesregierung wird dazu zwar ausgeführt, dass die zeitliche Nähe des Erwerbs zur Verfahrenseröffnung es rechtfertige, die grob fahrlässige Unkenntnis der Krise genügen zu lassen.[850] Nach dem endgültigen Willen des Gesetzgebers soll jedoch ein strengerer Maßstab angelegt werden.[851] Vorausgesetzt wird nach der Rechtsprechung des BGH, dass der Insolvenzgläubiger die **tatsächlichen Umstände kennt**, aus denen bei zutreffender rechtlicher Bewertung die **Zahlungsunfähigkeit zweifelsfrei folgt**. Dann kann er sich nicht mit Erfolg darauf berufen, dass er den an sich zwingenden Schluss von den Tatsachen auf die Rechtsfolge selbst nicht gezogen habe.[852]

aa) Indizien für die Gläubigerkenntnis

251 Da die Kenntnis des Gläubigers eine **innere Tatsache** darstellt, kommt der Darlegung und dem Beweis von **Indizien**, die den Schluss auf die Kenntnis des Gläubigers zulassen, **besondere praktische Bedeutung** zu.[853] Die Würdigung dieser Indizien obliegt dem Tatrichter gem. § 286 Abs. 1 ZPO; sie unterliegt nur eingeschränkt der revisionsgerichtlichen Nachprüfung.[854] So kann die mindestens halbjährige **Nichtabführung** von **Sozialversicherungsbeiträgen** angesichts deren Strafbewehrtheit gem. **§ 266a StGB** hinreichend auf eine Zahlungsunfähigkeit des Schuldners hindeuten.[855] Auch schon zuvor können zusätzliche Umstände für die Zahlungsunfähigkeit des Schuldners sprechen, wie etwa das **stetige Anwachsen** der **Rückstände** oder ein **vertröstendes Verhalten** des Schuldners.[856]

252 Die **Rückgabe** von **Lastschriften** und die **Nichteinlösung** von **Schecks** können ebenfalls Beweisanzeichen für eine Zahlungsunfähigkeit des Schuldners und eine entsprechende Kenntnis des Insolvenzgläubigers sein.[857] Auch die **schleppende Zahlung** von **Löhnen** und **Gehältern** ist ein Anzeichen für eine Zahlungseinstel-

---

850 Begr. zum RegE, BT-Drucks. 12/2443, S. 158.
851 Vgl. Beschlussempfehlung und Bericht des Rechtsausschusses, BT-Drucks. 12/7302, S. 173.
852 BGH, 20.11.2001 – IX ZR 48/01, BGHZ 149, 178 ff. Rn 29; HK/Kreft, § 130 InsO Rn 29.
853 Vgl. FK/Dauernheim, § 130 InsO Rn 41 ff.; M. Huber, ZInsO 2012, 53 ff.
854 BGH, 15.10.2009 – IX ZR 201/08, ZInsO 2009, 2244 ff. Rn 13.
855 Vgl. BGH, 10.7.2003 – IX ZR 89/02, ZInsO 2003, 755 ff.
856 BGH, 20.11.2001 – IX ZR 48/01, BGHZ 149, 178 ff.; OLG Celle, 30.10.2008 – 13 U 130/08, ZInsO 2009, 386 ff.
857 Vgl. BGH, 1.7.2010 – IX ZR 70/08, ZInsO 2010, 1598 ff.; BGH, 19.2.2009 – IX ZR 62/08, ZInsO 2001, 1049, 1050.

lung.[858] Holen Lieferanten unter Eigentumsvorbehalt gelieferte Waren aus dem Lager des Schuldners zurück und bedient dieser nur noch Neuschulden, so spricht dies für eine Zahlungseinstellung.[859]

bb) Spezialfall Arbeitnehmervergütung

In seinem Urteil zur Anfechtung von Zahlungen auf rückständige Arbeitnehmervergütung v. 19.2.2009[860] hat der **BGH** klargestellt, dass die Rechtsprechung, wonach die mehrere Monate lang unterbliebene Zahlung von Löhnen und Sozialversicherungsbeiträgen auf die Zahlungsunfähigkeit eines Unternehmens hindeuten könne, **nur** für **institutionelle Gläubiger** oder Gläubiger mit „**Insiderkenntnissen**" gelte. **Demgegenüber** werde der **Überblick** eines **Arbeitnehmers**, insb. wenn er weder in der Finanzbuchhaltung eingesetzt sei noch Leitungsfunktionen im kaufmännischen Bereich wahrzunehmen habe, **in aller Regel begrenzt** sein und nur Schlussfolgerungen allgemeiner Art wie diejenige auf Zahlungsschwierigkeiten, Zahlungsstockungen oder eine Tendenz zum Vermögensverfall zulassen. § 130 Abs. 2 InsO verlange hingegen Kenntnisse von den konkreten Umständen, die ein **eindeutiges Urteil** über die **Liquiditätsgesamtlage** des Unternehmens ermöglichten.[861] Er hat die tatrichterliche Würdigung, wonach die erforderliche Kenntnis des Arbeitnehmers fehlte, in einem Fall unbeanstandet gelassen, in dem der Arbeitnehmer im Juli 2004 die Höhe seiner eigenen rückständigen Forderungen kannte und wusste, dass sich der Arbeitgeber gegenüber einem Großteil der übrigen Beschäftigten seit Herbst 2003 in Rückstand befand.[862]

253

In **zwei Entscheidungen** v. 15.10.2009[863] und v. 4.2.2010[864] ist der BGH indes von der **Anfechtbarkeit** der **Lohnzahlungen ausgegangen**. Im ersten Fall hatte der Schuldner nach mehr als 6 Monaten vollständigen Lohnausfalls nicht einmal ein Fünftel der aufgelaufenen Lohnrückstände eines Bauleiters ausgeglichen. Im anderen Fall befand sich der Schuldner zum Zeitpunkt der Rechtshandlung am 5.8.2004 mit der Zahlung von 7 bis 9 Monatslöhnen im Rückstand. Mit der angefochtenen Zahlung wurden lediglich restliche Lohnansprüche des Arbeitnehmers bis einschließlich Dezember 2003 ausgeglichen.

254

---

858 BGH, 14.2.2008 – IX ZR 38/04, ZInsO 2008, 378 ff.
859 OLG Stuttgart, 22.1.1997 – 9 U 138/96, ZIP 1997, 632 f.
860 BGH, 19.2.2009 – IX ZR 62/08, BGHZ 180, 63 ff. – „Elektroinstallateur".
861 BGH, 19.2.2009 – IX ZR 62/08, BGHZ 180, 63 ff. Rn 17; vgl. dazu noch LAG Thüringen, 12.5.2009 – 7 Sa 413/07, ZInsO 2010, 688: schleppende Lohnzahlungen allein rechtfertigen nicht den Schluss auf Zahlungsunfähigkeit.
862 BGH, 19.2.2009 – IX ZR 62/08, BGHZ 180, 63 ff. Rn 16.
863 BGH, 15.10.2009 – IX ZR 201/08, ZIP 2009, 2306 f. – „Bauleiter".
864 BGH, 4.2.2010 – IX ZR 32/09, ZInsO 2010, 714.

Schäfer

255 Nach der Rechtsprechung des **Bundesarbeitsgerichts** ist die **Stellung** oder die **Funktion** des Arbeitnehmers für die Frage seiner Kenntnis „**nicht per se maßgebend**".[865] Es folgt ansonsten zwar im Wesentlichen dem rechtlichen Ansatz des BGH, geht jedoch tendenziell eher vom Fehlen der nach § 130 InsO erforderlichen Kenntnis des Arbeitnehmers aus. Nach seiner Ansicht reicht es nicht aus, wenn der Arbeitnehmer wusste, dass der Schuldner auch gegenüber anderen Arbeitnehmern mit den Entgeltzahlungen in Rückstand war[866] und dass er sich um neue Kredite bemühte, weil infolge der Nichteinbringung seiner umfangreichen Zahlungsforderungen keine Mittel mehr zur Realisierung seiner fälligen Zahlungsverpflichtungen vorhanden waren.[867] Der Rechtsprechung des Bundesarbeitsgerichts wird im **Schrifttum** indes zu Recht entgegengehalten, sie laufe auf ein **Sonderrecht für Arbeitnehmer** hinaus, obwohl es erklärtes Ziel der Insolvenzordnung sei, jegliche Sonderrechte für einzelne Gläubigergruppen abzuschaffen.[868]

b) Nachträglicher Wegfall der Gläubigerkenntnis

256 Eine zunächst gegebene Kenntnis des Gläubigers von der Zahlungsunfähigkeit des Schuldners kann nachträglich wieder entfallen, sodass auch eine Anfechtung nicht mehr durchgreift. Dabei **genügt** es, dass der Anfechtungsgegner von der bloßen **Möglichkeit** des **Wegfalls** der **Zahlungsunfähigkeit ausgegangen** ist; es ist nicht erforderlich, dass er vom Wegfall der Zahlungsunfähigkeit überzeugt war. Die Annahme des Gläubigers muss allerdings an eine ihm **nachträglich bekannt gewordene Veränderung** der **Tatsachengrundlage** anknüpfen.[869] Zum einen dürfen die Umstände, welche die Kenntnis des Anfechtungsgegners begründet haben, nicht mehr gegeben sein. In einem zweiten Schritt hat der Tatrichter die **Gesamtumstände** im Hinblick darauf zu würdigen, ob die Kenntnis der Zahlungsunfähigkeit bei der Vornahme der Rechtshandlung nicht mehr bestanden hat.[870] In diesem Zusammenhang ist zu beachten, dass eine an den Gläubiger gerichtete **harte Patronatserklärung** der Muttergesellschaft weder die objektive Zahlungsunfähigkeit der Tochtergesellschaft noch die darauf bezogene Kenntnis des Gläubigers beseitigt.[871]

---

865 BAG, 6.10.2011 – 6 AZR 262/10, BAGE 139, 235 ff. Rn 32.
866 Vgl. BAG, 6.10.2011 – 6 AZR 585/10, ZInsO 2012, 271 ff.
867 Vgl. BAG, 6.11.2011 – 6 AZR 732/10, ZInsO 2012, 834 ff.
868 M. Huber, EWiR 2011, 817 f.; Klinck, DB 2014, 2455 ff.
869 BGH, 17.12.2015 – IX ZR 61/14, ZIP 2016, 173 ff. Rn 27; BGH, 19.5.2011 – IX ZR 9/10, ZIP 2011, 1111 ff. Rn 15; BGH, 27.3.2008 – IX ZR 98/07, ZIP 2008, 930 ff.; Uhlenbruck/Ede/Hirte, § 130 InsO Rn 77.
870 BGH, 19.5.2011 – IX ZR 9/10, ZIP 2011, 1111 ff. – „Patronatserklärung"; BGH, 27.3.2008 – IX ZR 98/07, ZIP 2008, 930 ff. Rn 17.
871 BGH, 19.5.2011 – IX ZR 9/10, ZIP 2011, 1111 ff.

Ein Gläubiger, der nach einem Insolvenzantrag mit dem Schuldner eine **Raten-** 257
zahlungsvereinbarung schließt, darf grds. nicht davon ausgehen, dass die Forderungen der anderen, zurückhaltenderen Gläubiger in vergleichbarer Weise bedient werden. Vielmehr entspricht es einer allgemeinen Lebenserfahrung, dass Schuldner – um ihr wirtschaftliches Überleben zu sichern – unter dem **Druck** eines **Insolvenzantrages** Zahlungen bevorzugt an den antragstellenden Gläubiger leisten, um ihn zum Stillhalten zu bewegen. Dies verbietet einen Schluss des antragstellenden Gläubigers dahin gehend, dass – nur weil er selbst Zahlungen erhalten hat – der Schuldner seine Zahlungen auch im Allgemeinen wieder aufgenommen habe.[872] Bei **gewerblich tätigen Schuldnern** liegt vielmehr auf der Hand, dass die Verbindlichkeiten ggü. dem befriedigten Gläubiger nicht die einzigen gewesen waren.[873] Zu beachten ist insoweit jedoch die **neuere Rechtsprechung** des **BGH**, wonach eine **Ratenzahlungsbitte als solche im Grundsatz nicht geeignet** ist, dem Anfechtungsgegner die **Kenntnis** von einer (drohenden) **Zahlungsunfähigkeit zu vermitteln**, sofern sie sich im Rahmen der Gepflogenheiten des Geschäftsverkehr hält.[874]

c) Kenntnis von Vertretern bzw. Organen

Handelt für den Anfechtungsgegner ein **Vertreter**, so gilt für die Kenntniszurech- 258
nung **§ 166 Abs. 1 BGB**.[875] So ist etwa die Kenntnis des Kassierers einer Bankfiliale, die er bei Erfüllung der ihm übertragenen Aufgaben hinsichtlich der Zahlungseinstellung des Schuldners erlangt hat, der Bank auch ohne Unterrichtung ihrer Repräsentanten zuzurechnen.[876] Hat der Vertreter nach **bestimmten Weisungen** des **Vertretenen** gehandelt, kann sich dieser nach **§ 166 Abs. 2 BGB** in Ansehung solcher Umstände, die er selbst kannte, nicht auf die Unkenntnis des Vertreters berufen. Dabei ist der Begriff des „Handelns auf Weisung" aufgrund des Gesetzeszwecks der Anfechtungstatbestände und der mangelnden Schutzwürdigkeit des durch die Rechtshandlung begünstigten Anfechtungsgegners, der die Zahlungsunfähigkeit des Schuldners oder den Eröffnungsantrag kennt, **weit auszulegen**.[877] Auf Weisung handelt daher insb. der **Prozessbevollmächtigte** bei der Vornahme von Vollstreckungshandlungen. Ganz allgemein ist das Wissen eines Prozessbevollmächtigten dem Anfechtungsgegner zuzurechnen, soweit es innerhalb des erteilten Mandats

---

872 BGH, 20.11.2001 – IX ZR 48/01, BGHZ 149, 178, 190; BGH, 10.7.2003 – IX ZR 89/02, ZInsO 2003, 755 ff. Rn 21.
873 Vgl. BGH, 25.10.2001 – IX ZR 17/01, BGHZ 149, 100 ff. Rn 23.
874 BGH, 16.4.2015 – IX ZR 6/14, ZIP 2015, 937 Rn 3 f.
875 BGH, 12.3.2009 – IX ZR 85/06, ZInsO 2009, 716 für Empfangsbeauftragten; BGH, 15.1.1964 – VIII ZR 236/62, BGHZ 41, 17, 21 f.
876 BGH, 1.3.1984 – IX ZR 34/83, ZIP 1984, 809 ff.; BGH, 15.12.2005 – IX ZR 227/04, ZInsO 2006, 92 ff.
877 Vgl. KPB/Schoppmeyer, § 130 InsO Rn 129; HambKomm/Rogge/Leptien, § 130 InsO Rn 30.

erlangt wurde.[878] Die Kenntnis des **Gerichtsvollziehers** als Organ der staatlichen Rechtspflege ist dem Vollstreckungsgläubiger hingegen **nicht zuzurechnen**.[879]

259   Da juristische Personen nur durch ihre **Organe** handeln können, ist das Wissen eines Organs im Grundsatz dem Wissen der juristischen Person gleichzusetzen,[880] und zwar auch dann, wenn es an der fraglichen Rechtshandlung nicht mitgewirkt[881] und mit dem operativen Geschäft an der Basis nicht unmittelbar etwas zu tun hat.[882] Es wird zwar z.T. die **Auffassung** vertreten, allein die **Organstellung rechtfertige noch nicht** die **Wissenszurechnung**, vielmehr sei auf die **Informations- und Organisationspflicht** innerhalb der juristischen Person abzustellen. Dem ist jedoch nur für die Wissenszurechnung unterhalb der Organebene zu folgen.[883]

260   Eine Körperschaft des öffentlichen Rechts muss sich nicht das Wissen sämtlicher **Behörden** unabhängig von ihrer Beteiligung an der angefochtenen Rechtshandlung zurechnen lassen; vielmehr kommt es nach der Rechtsprechung des BGH im Grundsatz auf das Wissen des jeweils **zuständigen Bediensteten** der **zuständigen Behörde** an.[884] Zwar dürfe sich im rechtsgeschäftlichen Verkehr eine organisationsbedingte „Wissensaufspaltung" nicht zu Lasten des Geschäftspartners auswirken; dies gelte aber zunächst nur für die nach außen auftretende Organisationseinheit, also das Amt oder die Behörde. Eine Wissenszurechnung zwischen **verschiedenen Behörden** ist danach von **weiteren Voraussetzungen abhängig**.[885]

261   Da es für die Kenntnis im Sinne des § 130 InsO allein auf die Wissenszurechnung und nicht auf die rechtsgeschäftlichen Wirkungen ankommt, bildet § 166 BGB keine Schranke für die Kenntniszurechnung.[886] **Über** die Wissenszurechnung nach **§ 166 BGB hinaus** hat die **Rechtsprechung** vielmehr den Grundsatz entwickelt, dass jede am Rechtsverkehr teilnehmende **Organisation sicherstellen muss**, dass die ihr ordnungsgemäß zugehenden, rechtserheblichen **Informationen** von ihren Entscheidungsträgern **zur Kenntnis genommen werden können**. Sie muss es deshalb so einrichten, dass ihre Repräsentanten, die dazu berufen sind, im Rechtsverkehr bestimmte Aufgaben in eigener Verantwortung wahrzunehmen, die erkennbar erheblichen Informationen tatsächlich an die entscheidenden Personen weiterlei-

---

878   BGH, 22.11.1990 – IX ZR 103/90, NJW 1991, 980 ff.; FK/Dauernheim, § 130 InsO Rn 51.
879   Jaeger/Henckel, § 130 InsO Rn 139; MüKo/Kayser, § 130 Rn 51.
880   BGH, 8.12.1989 – V ZR 246/87, BGHZ 109, 327, 331.
881   Vgl. BGH, 17.4.1986 – IX ZR 54/85, ZIP 1986, 720 ff.
882   Vgl. BGH, 15.12.2005 – IX ZR 227/04, ZInsO 2006, 92 ff. Rn 13.
883   Vgl. K. Schmidt, Gesellschaftsrecht, § 10 V. 2. a), S. 285.
884   BGH, 30.6.2011 – IX ZR 155/08, ZInsO 2011, 1454 ff. Rn 16; BGH, 4.2.1997 – VI ZR 306/95, BGHZ 134, 343, 346.
885   BGH, 30.6.2011 – IX ZR 155/08, ZInsO 2011, 1454 ff. Rn 16.
886   MüKo/Kayser, § 130 InsO Rn 46.

ten.⁸⁸⁷ Fehlt es an derartigen organisatorischen Maßnahmen, so muss sich die Organisation das Wissen einzelner Mitarbeiter – auf welcher Ebene auch immer diese angesiedelt sind – zurechnen lassen.⁸⁸⁸ Soweit es um die **Fortdauer** der **Wissenszurechnung** geht, ist die Rechtsprechung des BGH zu beachten, wonach jedenfalls „**typischerweise aktenmäßig festgehaltenes Wissen**" weiterhin zuzurechnen ist.⁸⁸⁹

Nutzt eine **Behörde** in Zusammenarbeit mit einer anderen Behörde **gezielt** deren **Wissen** bei der Abwicklung eines bestimmten Vorgangs, besteht insoweit auch eine behördenübergreifende Pflicht, sich gegenseitig über alle hierfür relevanten Umstände zu informieren (sog. „**behördenübergreifende Handlungs- und Informationseinheit**").⁸⁹⁰ Dabei wird das im maßgeblichen Zeitraum vorhandene Wissen der Behörde einer anderen Behörde desselben Rechtsträgers auch dann zugerechnet, wenn diese die Informationen erst im Laufe des Rechtsstreits zum Zwecke der Aufrechnung einholt.⁸⁹¹ Der BGH hat zu Recht entschieden, dass sich die **ersuchende Behörde** das Wissen des Sachbearbeiters der **ersuchten Behörde** zurechnen lassen muss, wenn eine Behörde oder ein Sozialversicherungsträger eine andere zuständige Behörde mit der Vollstreckung fälliger Forderungen mit der Folge beauftragt, dass diese für das Vollstreckungsverfahren als Gläubigerin der Forderung fingiert wird (vgl. **§ 252 AO**).⁸⁹² Nach einem Urteil des OLG Nürnberg vom 9.1.2012 sollen jedoch die Kenntnisse der Umsatz- und Einkommensteuerstelle eines Finanzamts einer organisatorisch, sachlich und personell getrennten **Sondervollstreckungsstelle** für Kfz-Steuer desselben Finanzamts nicht zuzurechnen sein.⁸⁹³ Einem Sozialversicherungsträger sind Kenntnisse des **Hauptzollamts**, dessen er sich bei der Vollstreckung bedient, auch insoweit entsprechend § 166 Abs. 1 BGB zuzurechnen, als sie die von weiteren Einzugsstellen wegen Beitragsrückständen gegen den Schuldner betriebenen Vollstreckungsverfahren betreffen.⁸⁹⁴

---

887 Vgl. BGH, 30.6.2011 – IX ZR 155/08, ZInsO 2011, 1454 ff. Rn 17; BGH, 12.11.1998 – IX ZR 145/98, BGHZ 140, 54, 62; BGH, 2.5.1996 – IX ZR 239/94, BGHZ 132, 30, 36; FK/Dauernheim, § 130 InsO Rn 49.
888 BGH, 15.12.2005 – IX ZR 227/04, ZInsO 2006, 92 ff. Rn 13.
889 Vgl. BGH, 2.2.1996 – V ZR 239/94, BGHZ 132, 30 ff.; BGH, 31.1.1996 – VIII ZR 297/94, NJW 1996, 1205, 1206.
890 BGH, 30.6.2011 – IX ZR 155/08, BGHZ 190, 201 ff.; K. Schmidt/Ganter/Weinland, § 130 InsO Rn 73.
891 BGH, 26.6.2014 – IX ZR 200/12, ZIP 2014, 1497 Rn 2.
892 Vgl. BGH, 14.2.2013 – IX ZR 115/12, ZIP 2013, 685 f.; vgl. dazu ferner BGH, 31.10.2019 – IX ZR 170/18, ZIP 2020, 83 ff. Rn 14.
893 OLG Nürnberg, 9.1.2012 – 4 U 931/11, ZIP 2012, 1043 f. – zu Recht **a.A.** HK/Thole, § 130 InsO Rn 36.
894 BGH, 7.5.2015 – IX ZR 95/14, ZIP 2015, 1234 ff. Rn 23.

5. Darlegungs- und Beweislast

263 **Grds.** obliegt dem **Insolvenzverwalter** die Darlegungs- und Beweislast hinsichtlich der objektiven und subjektiven Tatbestandsvoraussetzungen des § 130 InsO, **soweit** es **nicht** um die Anfechtung ggü. einer **nahestehenden Person** geht (vgl. **§ 130 Abs. 3 InsO**). Er muss daher insb. darlegen und ggf. beweisen, dass einem Gläubiger, dem im Insolvenzverfahren die Stellung eines Insolvenzgläubigers zugekommen wäre (vgl. §§ 38, 39 InsO), durch eine Rechtshandlung, die in den Anfechtungszeiträumen des § 130 InsO vorgenommen wurde (vgl. § 140 InsO), eine Befriedigung oder Sicherung verschafft bzw. ermöglicht wurde. Nachzuweisen sind ferner die nach dem Grundtatbestand des **§ 129 Abs. 1 InsO** stets erforderliche **Gläubigerbenachteiligung** und die Kenntnis des Anfechtungsgegners von der Zahlungsunfähigkeit des Schuldners oder dem Eröffnungsantrag, zumindest aber die Kenntnis von Umständen, die zwingend auf diese schließen ließen (**§ 130 Abs. 2 InsO**).

264 Dabei dürfen allerdings nach der Rechtsprechung des BGH an die **Substantiierungslast** des Insolvenzverwalters **keine zu hohen Anforderungen** gestellt werden. So muss die Zahlungsunfähigkeit des Schuldners nicht zwingend durch eine Liquiditätsbilanz nachgewiesen werden.[895] Leistet etwa der Schuldner, der mit seinen laufenden steuerlichen Verbindlichkeiten zunehmend in Rückstand geraten ist, lediglich eine **Teilzahlung**, und bestehen keine konkreten Anhaltspunkte dafür, dass er in Zukunft die fälligen Forderungen alsbald erfüllt, so kennt die Finanzverwaltung in der Regel Umstände, die zwingend auf die Zahlungsunfähigkeit des Schuldners schließen lassen.[896] Erleichtert wird der Nachweis dadurch, dass der **Tatrichter** aufgrund von **Indizien** gem. **§ 286 Abs. 1 ZPO** zu der Überzeugung gelangen kann, dass der Schuldner zahlungsunfähig war und der Gläubiger dies wusste. Von erheblicher praktischer Bedeutung ist es schließlich, dass der Insolvenzverwalter den **Schuldner als Zeugen** für dessen Zahlungsunfähigkeit und die entsprechende Kenntnis des Gläubigers benennen kann.[897]

265 Die **allgemeine Wiederaufnahme** der **Zahlungen** nach einer zuvor eingetretenen Zahlungsunfähigkeit des Schuldners hat derjenige darzulegen und zu beweisen, der sich auf den nachträglichen Wegfall der Zahlungsunfähigkeit beruft.[898] Der Nachweis des **späteren Wegfalls** einer zunächst gegebenen **Kenntnis** von der Zahlungsunfähigkeit des Schuldners obliegt dem Anfechtungsgegner.[899]

---

[895] BGH, 12.10.2006 – IX ZR 228/03, ZIP 2006, 2222 ff. Rn 28.
[896] BGH, 9.1.2003 – IX ZR 175/02, ZInsO 2003, 180 f.
[897] HambKomm/Rogge/Leptien, § 130 InsO Rn 58.
[898] BGH, 20.11.2001 – IX ZR 48/01, BGHZ 149, 178 ff.; BGH, 12.10.2006 – IX ZR 228/03, ZInsO 2006, 1210 ff. Rn 23.
[899] BGH, 27.3.2008 – IX ZR 98/07, ZIP 2008, 930 ff.; BGH, 6.12.2012 – IX ZR 3/12, ZIP 2013, 228 ff. Rn 33.

§ 130 Abs. 3 InsO enthält eine **Umkehr** der **Darlegungs- und Beweislast** für 266 nahestehende Personen i.S.d. **§ 138 InsO**. Die herrschende Auffassung im Schrifttum geht davon aus, dass die in dieser Bestimmung enthaltene Vermutung hinsichtlich der Kenntnis von der Zahlungsunfähigkeit bzw. vom Eröffnungsantrag **auch** die **Vermutung** der Kenntnis von Umständen umfasst, die zwingend auf die Zahlungsunfähigkeit oder den Eröffnungsantrag schließen lassen (vgl. **§ 130 Abs. 2 InsO**).[900]

D. § 131 InsO – Inkongruente Deckung

I. Gesetzessystematik und Gesetzeszweck

§ 131 InsO ist an die Stelle von § 30 Nr. 2 KO getreten. Er regelt die Anfechtbarkeit 267 einer Sicherung oder Befriedigung (Deckung), die dem Gläubiger **nicht** bzw. **nicht so wie geschehen** zusteht. Ein Gläubiger, der eine ihm nicht gebührende Leistung erhält, erschien dem Gesetzgeber wegen der besonderen **Verdächtigkeit** einer solchen Leistung weniger schutzwürdig als ein Gläubiger, dem eine kongruente Deckung gewährt wird.[901] Beim Erhalt einer inkongruenten Deckung ist häufig die Annahme berechtigt, dass der Gläubiger die angespannte Finanzsituation des Schuldners erkannt und zu seinen Gunsten genutzt hat.[902] Nach einem wenig fassbaren Grundsatz des BGH ist § 131 InsO, soweit möglich, in dem Sinne auszulegen, dass sich eine die berechtigten Interessen aller Beteiligten berücksichtigende ausgewogene anfechtungsrechtliche Gesamtlösung ergibt.[903]

§ 131 Abs. 1 Nr. 1 InsO verzichtet für den **letzten Monat** vor der Stellung des In- 268 solvenzantrages auf jegliche subjektive Voraussetzungen in der Person des Anfechtungsgegners und darüber hinaus auch auf die Zahlungsunfähigkeit des Schuldners; die **Kenntnis** von der Krise **und** die **Krise** selbst werden **unwiderleglich vermutet**.[904] Dies wird im Schrifttum wegen der wertungsmäßigen Nähe der inkongruenten Deckung zu einer Schenkung als gerechtfertigt angesehen.[905] § 131 Abs. 1 Nr. 1 InsO führt allerdings im Fall der Stellung eines Eigenantrages des Schuldners wegen drohender Zahlungsunfähigkeit gem. § 18 Abs. 1 InsO zu der zweifelhaften

---

900 Vgl. HK/Thole, § 130 InsO Rn 44; MüKo/Kayser, § 130 InsO Rn 67; Uhlenbruck/Ede/Hirte, § 130 InsO Rn 112.
901 Vgl. Begr. zum RegE, BT-Drucks. 12/2443, S. 158; BGH, 20.1.2011 – IX ZR 58/10, ZIP 2011, 438 ff. Rn 17; HambKomm/Rogge/Leptien, § 131 InsO Rn 1.
902 BGH, 8.10.1998 – IX ZR 337/97, ZInsO 1998, 395, 398; Gehrlein in Ahrens/Gehrlein/Ringstmeier, § 131 Rn 1.
903 BGH, 29.11.2007 – IX ZR 30/07, BGHZ 174, 297 ff. Rn 32 – „Globalzession".
904 Begr. zum RegE, BT-Drucks. 12/2443, S. 158.
905 MüKo/Kayser, § 131 InsO Rn 1; Henckel, ZIP 1982, 391, 396.

Folge, dass im Fall der Anfechtung Vermögensgegenstände zurückgewährt werden müssen, die in unverdächtiger Zeit weggegeben wurden, als die Gläubiger noch nicht dem Grundsatz der Gläubigergleichbehandlung Geltung verschaffen konnten.[906]

269 § 131 Abs. 1 Nr. 1 InsO wird **ergänzt durch** die **Rückschlagsperre des § 88 InsO**, wonach eine durch Zwangsvollstreckung im letzten Monat (Verbraucherinsolvenz: drei Monate) vor der Stellung des Insolvenzantrages oder danach erlangte Sicherung mit der Verfahrenseröffnung unwirksam wird. In diesem Fall bedarf es daher keiner Anfechtung.

270 § 131 Abs. 1 Nr. 2 und Nr. 3 InsO liegt die Erwägung zugrunde, dass bei Rechtshandlungen im **zweiten** und **dritten Monat** vor dem Eröffnungsantrag die unwiderlegliche Vermutung der Krise des Schuldners nicht mehr gerechtfertigt ist. **Nr. 2** erfordert daher die **Zahlungsunfähigkeit** des Schuldners, die vom Insolvenzverwalter zu beweisen ist.[907] **Nr. 3** verzichtet auf das objektive Erfordernis der Zahlungsunfähigkeit, verlangt dafür aber als **subjektive Voraussetzung**, dass dem Anfechtungsgegner die **Benachteiligung** der **anderen Gläubiger** oder aber zumindest Umstände **bekannt** waren, die zwingend auf die Gläubigerbenachteiligung schließen ließen (**§ 131 Abs. 2 InsO**). Dafür genügt die Vorstellung des Anfechtungsgegners, dass der Schuldner seine Gläubiger in absehbarer Zeit nicht mehr wird befriedigen können.[908] Ein Benachteiligungsvorsatz des Schuldners wird nicht vorausgesetzt.

271 Da nach Ansicht des BGH die mit einer inkongruenten Deckung verbundene **Indizwirkung durch** die **Vermutungsregel des § 133 Abs. 1 Satz 2 InsO nicht verdrängt** wird, folgt für ihn daraus im Hinblick auf § 131 Abs. 1 Nr. 3 InsO, dass der Inkongruenz dann ein gemäß § 286 ZPO zu berücksichtigendes Beweisanzeichen für eine Kenntnis des Anfechtungsgegners zu entnehmen sein kann, wenn er wusste, dass sich der Schuldner in einer finanziell beengten Lage befand. Wollte man die Indizwirkung einer inkongruenten Deckung im Rahmen des § 131 Abs. 1 Nr. 3 InsO gänzlich vernachlässigen, führte dies dazu, dass eine innerhalb von 3 Monaten vor dem Eröffnungsantrag erfolgte inkongruente Deckung nach § 133 Abs. 1 InsO leichter anfechtbar wäre als nach § 131 Abs. 1 Nr. 3 InsO. Ein derartiger Wille kann nach Ansicht des BGH dem Gesetzgeber nicht unterstellt werden.[909]

272 Nach **§ 131 Abs. 2 Satz 2 InsO** wird ggü. einer Person, die dem Schuldner zur Zeit der Handlung nahestand (vgl. **§ 138 InsO**), vermutet, dass sie die Benachteiligung der Insolvenzgläubiger kannte.

---

[906] Vgl. Henckel in Kölner Schrift zur InsO, 2. Aufl., S. 829 Rn 37.
[907] Begr. zum RegE, BT-Drucks. 12/2443, S. 159.
[908] Vgl. Henckel in Kölner Schrift zur InsO, 2. Aufl., S. 831 Rn 40; HK/Thole, § 131 InsO Rn 35.
[909] BGH, 18.12.2003 – IX ZR 199/02, BGHZ 157, 242ff. Rn 29; HK/Thole, § 131 InsO Rn 35.

II. Allgemeines

§ 131 InsO ist – ebenso wie § 130 InsO – Ausprägung des Grundsatzes, dass die **gleichmäßige Befriedigung** der Insolvenzgläubiger bereits im Zustand der **materiellen Insolvenz** des Schuldners **durchgesetzt** werden soll.[910] Auch dieser Tatbestand der Deckungsanfechtung setzt keine Rechtshandlung des Schuldners voraus und lässt eine **mittelbare Gläubigerbenachteiligung** genügen. Er erfasst daher insb. Maßnahmen der Zwangsvollstreckung.[911] Abgesehen von der Voraussetzung der inkongruenten Deckungshandlung stimmt § 131 InsO in den objektiven Voraussetzungen mit § 130 InsO überein, sodass ergänzend auf die dortigen Ausführungen zu verweisen ist. **Anfechtungsgegner** kann auch bei § 131 InsO **nur** ein **Insolvenzgläubiger** sein (vgl. **§§ 38, 39 InsO**). Insolvenzgläubiger ist jeder, der ohne die erlangte Deckung seinen Anspruch als Insolvenzforderung hätte verfolgen müssen (vgl. dazu oben Rdn 211 ff.). Dies trifft auch auf denjenigen zu, der eine Deckung **ohne wirksamen Rechtsgrund** erlangt hat, obwohl ihm kein als Insolvenzforderung anzumeldender Anspruch zusteht.[912]

273

Eine Deckung ist **nicht schon deshalb inkongruent**, weil es an einer **Gegenleistung fehlt oder diese hinter dem Wert der Leistung des Schuldners zurückbleibt**;[913] unentgeltliche Leistungen unterfallen vielmehr § 134 InsO. Auch eine vertragliche **Übersicherung** kann nicht als inkongruente Deckung angefochten werden.[914] Eine erst nach der angefochtenen Rechtshandlung ausgesprochene **materiell-rechtliche Anfechtung** eines Vertrages führt nicht zur Inkongruenz der Leistung. Die im Zeitpunkt der Rechtshandlung bestehende materiell-rechtliche Anfechtbarkeit begründet die Inkongruenz der Leistung nur dann, wenn dem Schuldner ein materiell-rechtliches Anfechtungsrecht zustand; es genügt nicht, wenn nur der Insolvenzgläubiger anfechten kann.[915] Eine Leistung, die ein Schuldner auf einen Anspruch erbringt, der aufgrund einer **Rangrücktrittsvereinbarung** mit einer Durchsetzungssperre behaftet ist, ist im Allgemeinen inkongruent. Dies ist indes nicht der Fall, wenn die Rangrücktrittsvereinbarung wegen Intransparenz AGB-rechtlich unwirksam ist.[916] Im **Dreipersonenverhältnis** ist die Deckungsanfechtung nach § 131 InsO nicht schon dann begründet, wenn der Zuwendungsempfänger keinen Anspruch gegen den Schuldner hatte. Allerdings scheitert die Anfechtung nach

274

---

[910] Vgl. BGH, 10.2.2005 – IX ZR 211/02, BGHZ 162, 143 ff. Rn 17; KPB/Schoppmeyer, § 131 InsO Rn 3.
[911] BGH, 9.9.1997 – IX ZR 14/97, BGHZ 136, 309 ff.; BGH, 27.5.2003 – IX ZR 169/02, BGHZ 155, 75 ff.
[912] BGH, 19.1.2012 – IX ZR 2/11, BGHZ 192, 221 ff. Rn 12; MüKo/Kayser, § 131 InsO Rn 6; KPB/Schoppmeyer, § 131 InsO Rn 27 – **a.A.** Zeuner, Die Anfechtung in der Insolvenz, Rn 127.
[913] KPB/Schoppmeyer, § 131 InsO Rn 27.
[914] BGH, 22.3.2001 – IX ZR 407/98, NJW 2001, 2545, 2547.
[915] BGH, 6.12.2018 – IX ZR 143/17, NJW 2019, 1446 ff.
[916] Vgl. BGH, 6.12.2018 – IX ZR 143/17, NJW 2019, 1446 ff. Rn 23 ff.

§ 131 InsO in diesen Fällen i.d.R. bereits daran, dass der Zuwendungsempfänger kein Insolvenzgläubiger ist.[917] Dem Zuwendungsempfänger kommt jedoch eine **Insolvenzgläubigerstellung** zu, wenn ihm **gegen** den **Schuldner** ein **Ausgleichs-** bzw. **Rückgriffsanspruch** aus einem Gesamtschuldverhältnis oder aus Bürgschaft zustand.[918] Insolvenzgläubiger ist nach zutreffender Auffassung auch die Finanzbehörde im Verhältnis zur insolventen **Organgesellschaft** als Haftungsschuldner gem. **§ 73 AO**.[919] Im Dreipersonenverhältnis stellt insb. die über eine Mittelsperson vorgenommene **mittelbare Zuwendung** an einen Dritten i.d.R. eine inkongruente Deckung dar, da der Dritte keinen Anspruch auf diese Art der Deckung hatte.[920]

275 § 131 InsO setzt – wie jeder Anfechtungstatbestand – eine **Gläubigerbenachteiligung** voraus, die allerdings **aufgrund** einer **inkongruenten Deckung** eingetreten sein muss. Erforderlich ist daher eine spezielle Kausalität zwischen der Inkongruenz und der Gläubigerbenachteiligung. Eine Anfechtung nach § 131 InsO kann daher ausscheiden, wenn die Abweichung von der ursprünglichen Vereinbarung noch vor der Insolvenzeröffnung weggefallen ist, etwa weil die Fälligkeit der befriedigten Forderung eingetreten ist.[921]

III. Einzelheiten

1. Inkongruente Deckungshandlungen

276 Der Anfechtungstatbestand des § 131 InsO beruht maßgeblich auf der Erwägung, dass der Empfänger einer Sicherung oder Befriedigung (Deckung), die er nicht oder jedenfalls so nicht zu beanspruchen hatte, **wegen** der **Verdächtigkeit** des inkongruenten Erwerbs im Zustand der materiellen Insolvenz des Schuldners **keinen Schutz verdient**.[922] Dabei ist jedoch zu beachten, dass die Verdächtigkeit einer Zu-

---

917 Vgl. BGH, 29.11.2007 – IX ZR 121/06, BGHZ 174, 314 ff. – „Subunternehmer".
918 BGH, 20.7.2006 – IX ZR 44/05, ZIP 2006, 1591 ff.; BGH, 9.10.2008 – IX ZR 59/07, ZInsO 2008, 1202 ff.
919 Vgl. OLG Hamm, 2.12.2010 – 27 U 55/10, ZIP 2010, 2517 ff., bestätigt durch BGH, 19.1.2012, IX ZR 2/11, BGHZ 192, 221 ff.- „Organschaft"; OLG Köln, 14.12.2005 – 2 U 89/05, ZInsO 2006, 1329 f.; OLG Nürnberg, 11.2.2009 – 4 U 2506/08, ZIP 2009, 1435 ff. – **a.A.** BFH, 23.9.2009 – VII R 43/08, ZIP 2009, 2455 ff.
920 Vgl. BGH, 10.5.2007 – IX ZR 146/05, ZInsO 2007, 662 ff. zur Direktzahlung des Bauherrn an Subunternehmer; BGH, 9.1.2003 – IX ZR 85/02, ZInsO 2003, 178 ff. zur Direktzahlung an Sozialversicherer; BGH, 30.9.1993 – IX ZR 227/92, BGHZ 123, 320, 324 f. zur Überlassung von Kundenschecks; BGH, 20.1.2011 – IX ZR 58/10, ZInsO 2011, 421 ff. zur Direktzahlung des Endmieters an den Vermieter; OLG Karlsruhe, 10.9.2004 – 1 U 72/04, ZInsO 2004, 1367 f. zur Direktzahlung des Krankenversicherers an den Arzt.
921 Vgl. BGH, 13.3.1997 – IX ZR 93/96, ZIP 1997, 853 ff.; Jaeger/Henckel, § 131 InsO Rn 5.
922 Vgl. Begr. zum RegE, BT-Drucks. 12/2443, S. 158; BGH, 29.11.2007 – IX ZR 30/07, BGHZ 174, 297 ff. Rn 31.

wendung keine zwingende Voraussetzung für die Anwendbarkeit des § 131 InsO darstellt.[923]

Inkongruenz ist nach § 131 Abs. 1 InsO gegeben, wenn der Gläubiger eine Sicherung oder Befriedigung erlangt hat, die er nicht oder „nicht in der Art" oder „nicht zu der Zeit" zu beanspruchen hatte, wenn also die Deckung, die er erhalten hat, nicht einem bestehenden Anspruch entspricht.[924] Entscheidend für die Inkongruenz ist das **Abweichen** der konkreten **Deckungshandlung** vom **Inhalt** des zwischen dem Schuldner und dem Insolvenzgläubiger **bestehenden Schuldverhältnisses**.[925] Darüber hinaus ist aber auch eine in den kritischen Anfechtungszeiträumen des § 131 Abs. 1 InsO getroffene **(Abänderungs-)Vereinbarung** nicht geeignet, die Kongruenz der Deckung zu begründen; eine solche Vereinbarung und ihr Vollzug unterliegen daher nicht nur der Anfechtung nach den §§ 130, 132 InsO, sondern auch nach dem Tatbestand des § 131 InsO.[926] In einem Urt. v. 17.7.2014[927] ist der BGH allerdings davon ausgegangen, dass die dortige **Kongruenzvereinbarung** nicht anfechtbar sei, weil sie keine Deckungshandlung im Sinne der §§ 130, 131 InsO darstelle, verbunden mit dem Hinweis, dass die Vertragsparteien den Inhalt ihrer Vereinbarungen noch abändern könnten, ohne den Charakter der Bardeckung zu gefährden, wenn sie die Abänderungsvereinbarung träfen, bevor die erste Leistung eines Vertragsteils erbracht worden sei.[928]

277

Im **Schrifttum** wird jedoch zu Recht zu bedenken gegeben, dass damit der Weg zu einer **Umgehung des § 131 InsO** geöffnet werde.[929] Die Entscheidung des BGH hätte sich eher auf die Erwägung stützen lassen, dass ein Bargeschäft auch im Fall einer inkongruenten Deckung in Betracht komme. Dies scheidet jedoch nach der derzeitigen Rechtsprechung des BGH aus.[930] Der **BGH** hat seine Rechtsprechung

278

---

923 BGH, 29.11.2007 – IX ZR 30/07, BGHZ 174, 297 ff. Rn 31; vgl. ferner BGH, 18.11.2004 – IX ZR 299/00, WM 2005, 804, 806 zu § 648 BGB.
924 Jaeger/Henckel, § 131 InsO Rn 3.
925 BGH, 20.7.2006 – IX ZR 44/05, ZIP 2006, 1591 ff. Rn 12; BGH, 11.3.2004 – IX ZR 160/02, ZIP 2004, 1060, 1061.
926 Vgl. BGH, 29.9.2005 – IX ZR 184/04, ZInsO 2005, 1160 ff.; BGH, 8.12.2011 – IX ZR 156/09, ZInsO 2012, 171 ff. Rn 10; BGH, 7.5.2013 – IX ZR 113/10, ZIP 2013, 2323 ff. Rn 13; BGH, 17.7.2014 – IX ZR 240/13, ZIP 2014, 1595 ff. Rn 19; Jaeger/Henckel, § 131 InsO Rn 4; KPB/Schoppmeyer, § 131 InsO Rn 36.
927 BGH, 17.7.2014 – IX ZR 240/13, ZIP 2014, 1595 ff. Rn 20, bestätigt durch BGH, 17.12.2015 – IX ZR 287/14, ZIP 2016, 279 ff. – „Brückengeländer".
928 BGH, 17.7.2014 – IX ZR 240/13, ZIP 2014, 1595 ff. Rn 21 mit Hinweis auf BGH, 10.5.2007 – IX ZR 146/05, ZIP 2007, 1162 ff. Rn 14.
929 Vgl. Jaeger/Henckel, § 131 InsO Rn 4.
930 Vgl. BGH, 23.9.2010 – IX ZR 212/09, 1929 ff. Rn 26; BGH, 15.11.2007 – IX ZR 212/06, ZIP 2008, 235 ff. Rn 15 – **a.A.** Wagner in Kummer/Schäfer/Wagner, Rn O67 ff.; kritisch ferner Bork, FS für Kirchhof, 2003, S. 57, 67.

vielmehr durch Urt. v. 17.12.2015[931] **bekräftigt**. Danach kann eine in der kritischen Zeit geschlossene **Kongruenzvereinbarung**, die einen Baraustausch ermöglichen soll, als solche nicht Gegenstand der Deckungsanfechtung sein. Eine solche Kongruenzvereinbarung kann bis zu dem Zeitpunkt getroffen werden, zu dem eine der Vertragsparteien nicht nur eine erste Leistungshandlung vorgenommen, sondern einen **ersten Leistungserfolg herbeigeführt** hat. Werden im Rahmen eines Werkvertrages Baumaterialien vom Auftragnehmer lediglich an die Baustelle gebracht, aber nicht eingebaut, fehlt es an einem ersten Leistungserfolg. **Arbeitsvertragsparteien** können nicht durch den Abschluss einer Vereinbarung, die neue Ansprüche des Arbeitnehmers begründet, die Anfechtungstatbestände der §§ 131, 133 Abs. 1 InsO umgehen.[932] Erlangt der Gläubiger aus einer erfüllungshalber abgetretenen Forderung Befriedigung, handelt es sich um eine inkongruente Deckung, wenn die **Abtretung ihrerseits anfechtbar** ist.[933]

279   Die Frage der **Kongruenz** zwischen Anspruch und Deckungsleistung ist nach der Rechtsprechung des BGH und der herrschenden Auffassung im Schrifttum im Interesse der Gläubigergleichbehandlung nach **strengen Maßstäben** zu beurteilen; lediglich **geringfügige Abweichungen**, die der Verkehrssitte oder Handelsbräuchen (vgl. § 346 HGB) entsprechen, schaden nicht.[934] Eine Befriedigungshandlung des Schuldners nach einem **bloßen Gläubigerwechsel** ist nicht als inkongruente Deckung anfechtbar. Anders ist dies jedoch dann, wenn gleichzeitig mit einer Besicherung, die ggü. dem früheren Gläubiger als inkongruent anzusehen wäre, ein Gläubigerwechsel stattfindet.[935] Wenn in einem **Konzern** in gesunden wirtschaftlichen Verhältnissen ein **externes Cash-Management-System** in einer Weise eingerichtet und über zehn Jahre ohne Beanstandungen durchgeführt worden ist, dass eine Konzerngesellschaft über die ganze Zeit die bei den Konzerngesellschaften eingehenden Gelder gesammelt und die an die Konzerngesellschaften gerichteten Rechnungen vereinbarungsgemäß auch dann beglichen hat, wenn die internen Verrechnungskonten der Konzerngesellschaften bei der die Zahlungen vornehmenden Gesellschaft im Soll standen, weicht die Überweisung eines von einer anderen Konzerngesellschaft geschuldeten Geldbetrages durch jene Gesellschaft nur geringfügig von der vereinbarten Zahlungsweise ab.[936] Werden jedoch fällige Verbindlichkeiten jeweils von dem Unternehmen beglichen, das gerade über die erforderliche Liqui-

---

931 BGH, 17.12.2015 – IX ZR 287/14, ZIP 2016, 279 ff.
932 BAG, 12.9.2013 – 6 AZR 980/11, ZIP 2014, 37 ff. Rn 74 – „Halteprämie".
933 BGH, 19.12.2013 – IX ZR 127/11, ZIP 2014, 231 ff.
934 BGH, 9.1.2003 – IX ZR 85/02, ZIP 2003, 356, 358; BGH, 15.11.1960 – V ZR 35/59, BGHZ 33, 389, 393; HK/Thole, § 131 InsO Rn 19; Uhlenbruck/Ede/Hirte, § 131 InsO Rn 6.
935 Vgl. BGH, 11.3.2004 – IX ZR 160/02, ZInsO 2004, 616 ff.
936 BGH, 12.9.2019 – IX ZR 16/18, NJW 2019, 3578 ff.

dität verfügt, verbleibt es bei dem Grundsatz, dass Drittzahlungen inkongruent sind.[937]

Die Frage der **Übereinstimmung** von **Anspruch** und **Deckung** ist **rein objektiv** zu beurteilen, wobei die Gründe, welche zu der Abweichung geführt haben, unerheblich sind. Unerheblich ist ferner, ob die erbrachte Leistung denselben wirtschaftlichen Wert hat wie im Zeitpunkt der Vereinbarung; Inkongruenz darf allerdings nicht schon deshalb angenommen werden, weil der Gläubiger mehr erhalten hat, als er aufgrund der Vermögensverhältnisse des Schuldners erwarten durfte.[938] Leistet der Schuldner über eine **Mittelsperson**, ist für die Frage der Inkongruenz maßgebend, was der Zuwendungsempfänger vom Schuldner beanspruchen konnte. **Gewährt** ein **Dritter** die **Deckung**, richtet sich die Frage der Inkongruenz danach, ob die Leistung des Dritten der vom Schuldner geschuldeten Leistung entspricht und ob der Gläubiger eine entsprechende Leistung des Dritten beanspruchen konnte.[939]

a) Inkongruente Befriedigung

Eine inkongruente Befriedigung ist gegeben, wenn dem Gläubiger zum Zeitpunkt 281 der Vornahme der Rechtshandlung **kein durchsetzbarer Anspruch** zustand, etwa weil schon kein Anspruch begründet war oder weil ihm eine Einwendung oder eine Einrede entgegenstand.[940]

aa) Nicht zu beanspruchende Befriedigung

Eine vom Gläubiger nicht zu beanspruchende Befriedigung ist bspw. bei der Erfüllung **unwirksamer Rechtsgeschäfte**, insb. sittenwidriger und formunwirksamer Verträge, gegeben. Entsprechendes gilt für Rechtsgeschäfte, die nach den §§ 119 ff. BGB anfechtbar sind. Nicht zu beanspruchen ist ferner die Erfüllung **unvollkommener Verbindlichkeiten** aus Spiel, Wette, Lotterie- oder Ausspielvertrag (vgl. §§ 762 f. BGB) und **verjährter Forderungen**.[941] Wird ein Entgelt für Leistungen gezahlt, die aufgrund einer früheren Vereinbarung unentgeltlich hätten beansprucht werden können, liegt eine inkongruente Deckung vor.[942] Inkongruent sind ferner die

---

937 BGH, 12.9.2019 – IX ZR 16/18, NJW 2019, 3578 ff. Rn 27; Spiekermann, NZI 2014, 1030, 1033 f.
938 Vgl. MüKo/Kayser, § 131 InsO Rn 9; FK/Dauernheim, § 131 InsO Rn 10.
939 Vgl. KPB/Schoppmeyer, § 131 InsO Rn 31.
940 MüKo/Kayser, § 131 InsO Rn 13.
941 Vgl. BGH, 5.2.2004 – IX ZR 473/00, ZIP 2004, 917 ff. Rn 15; HambKomm/Rogge/Leptien, § 131 InsO Rn 4; MüKo/Kayser, § 131 InsO Rn 14a: da in der Insolvenz nur klagbare Ansprüche berücksichtigt würden.
942 BGH, 15.12.1994 – IX ZR 18/94, NJW 1995, 1093, 1094.

Erfüllung aufschiebend bedingter Ansprüche **vor** dem **Eintritt** der **Bedingung** und die **Übertragung** einer **Direktversicherung** auf den Arbeitnehmer, wenn diesem noch **keine unverfallbare Anwartschaft** i.S.d. Gesetzes zur Verbesserung der betrieblichen Altersversorgung zustand.[943] Wird ein kongruenzbegründendes Kausalgeschäft erfolgreich angefochten, ist die darauf erbrachte Leistung inkongruent.[944]

283 Bei der Aufrechnung oder Verrechnung hängt die Frage der Kongruenz oder Inkongruenz davon ab, ob der Gläubiger einen **Anspruch auf** die Herbeiführung der **Aufrechnungs- bzw. Verrechnungslage** hatte.[945] Auch die Art und Weise der Erfüllung kann nach der Rechtsprechung des BGH inkongruent sein. Es überzeuge daher nicht, die Herbeiführung der Aufrechnungslage schon deshalb als kongruent anzusehen, weil die Aufrechnung in ihrer Wirkung der Erfüllung gleichstehe.[946] So führt etwa eine **außerhalb** eines **Kontokorrentverhältnisses** begründete Aufrechnungslage nicht zu einer kongruenten Befriedigung. Ob eine Befriedigung durch Aufrechnung kongruent oder inkongruent ist, hängt vielmehr davon ab, ob der Insolvenzgläubiger einen (anfechtungsfesten) Anspruch auf die Erlangung der Aufrechnungsmöglichkeit hatte.[947]

284 Es kommt somit nicht darauf an, ob der Gläubiger die Handlung beanspruchen konnte, welche die Befriedigung ermöglichte, sondern nur darauf, ob er einen **Anspruch auf** die **ermöglichte Befriedigung** hatte.[948] Zumeist wird daher eine inkongruente Deckung vorliegen, da in der Regel nur ein Anspruch auf Zahlung, nicht jedoch auf Befriedigung im Wege der Aufrechnung bestehen dürfte.[949] **Kongruent** ist indes die Aufrechnung mit einem **Gegenanspruch**, der **aus demselben Schuldverhältnis** resultiert, aus welchem die Hauptforderung entstammt. In einem Urteil des BGH vom 7.2.2013[950] ist insoweit davon die Rede, dass die gegenseitigen Ansprüche aus dem konkreten Vertragsverhältnis keiner Aufrechnung bedürften; sie seien Rechnungsposten bei der Ermittlung des Ersatzanspruchs.[951]

---

943 BAG, 19.11.2003 – 10 AZR 110/03, BAGE 108, 367 ff.
944 Vgl. BGH, 16.3.1995 – IX ZR 72/94, NJW 1995, 1668, 1671; KPB/Schoppmeyer, § 131 Rn 51; MüKo/Kayser, § 131 InsO Rn 14a.
945 BGH, 7.5.2009 – IX ZR 22/08, ZInsO 2009, 1294; BGH, 9.2.2006 – IX ZR 121/03, ZIP 2006, 818 ff. Rn 14; Jaeger/Henckel, § 131 InsO Rn 18; Uhlenbruck/Ede/Hirte, § 131 InsO Rn 51.
946 BGH, 29.6.2004 – IX ZR 195/03, BGHZ 159, 388 ff. Rn 19.
947 BGH, 7.5.2009 – IX ZR 22/08, ZInsO 2009, 1294.
948 Vgl. Klinck, KTS 2014, 197, 203.
949 Vgl. Graf-Schlicker/Hofmann, § 96 Rn 16.
950 BGH, 7.2.2013 – IX ZR 218/11, BGHZ 196, 160 ff. Rn 12 mit Hinweis auf BGH, 5.5.1977 – VII ZR 85/76, BGHZ 68, 379, 380.
951 Vgl. dazu noch BGH, 22.9.2005 – VII ZR 117/03, BGHZ 164, 159 ff. Rn 31 zur Aufrechnung mit einem Anspruch auf Ersatz von Mängelbeseitigungskosten; Jaeger/Windel, § 95 Rn 15; HK/Kayser, § 95 Rn 26.

Für die Frage der Anfechtbarkeit der Herbeiführung der Aufrechnungslage **285** kommt es **nicht** auf den **Zeitpunkt** der **Begründung** bzw. **Entstehung** der Forderung des Schuldners, sondern darauf an, wann diese Forderung durch Inanspruchnahme der Leistung des Schuldners **werthaltig** geworden ist.[952] Der BGH sieht insoweit zu Recht die im wirtschaftlichen Ergebnis einer **Vollstreckung gleichkommenden Rechtsfolgen** der Aufrechnung als entscheidend an. Allein eine mit dem Abschluss eines Vertrages „entstandene" (besser: begründete) Aufrechnungslage bringt dem Gegner noch keinen unmittelbaren wirtschaftlichen Nutzen. Solange der Schuldner noch nichts geleistet hat, wofür der Gläubiger eine Vergütung schuldet, besteht für ihn keine Befriedigungsmöglichkeit im Wege der Aufrechnung.[953] Rechnet der Schuldner mit einer fälligen Hauptforderung gegen eine noch nicht fällige, jedoch bereits erfüllbare Gegenforderung des Gläubigers auf, ist darin eine vorzeitige und damit inkongruente Befriedigung zu sehen. Die Aufrechnung benachteiligt die übrigen Insolvenzgläubiger, weil der Anfechtungsgegner seinerseits im Insolvenzverfahren nicht hätte aufrechnen können (**§ 95 Abs. 1 Satz 3 InsO**).[954]

Im **bankmäßigen Geschäftsverkehr** hängt die Frage der Inkongruenz der Ver- **286** rechnung von Zahlungseingängen auf dem Konto des Schuldners mit Darlehensansprüchen der Bank gegen den Schuldner davon ab, ob die Bank die **Rückführung** des **Kredits beanspruchen konnte**. Dies ist der Fall, wenn die Bank den Kredit zuvor **wirksam gekündigt** hatte; allein die Giro- oder Kontokorrentabrede stellt den gewährten Kredit nicht zur Rückzahlung fällig.[955] Beruht die Fälligkeit eines Kredits auf einer Kündigung durch den Gläubiger, so liegt in der Befriedigung seiner Forderung grundsätzlich eine kongruente Deckung, wenn der Kündigung ein wirksamer Kündigungsgrund zugrunde liegt. Dies gilt nach herrschender Meinung auch dann, wenn die Kündigung innerhalb des kritischen Zeitraums erfolgte.[956] Der BGH hat im Urt. v. 14.5.2009 offen gelassen, ob dem zu folgen ist.[957] Es dürfte insoweit darauf abzustellen sein, ob sich der **Kündigungsgrund** bereits aus Gesetz oder Vertrag ergab oder ob er **in anfechtbarer Weise herbeigeführt** wurde.[958] Liegt eine nur **geduldete Kontoüberziehung** vor, so kann die Bank auch nach der neueren Rechtsprechung des BGH, wonach auch einer Zahlung im Wege der geduldeten Überzie-

---

[952] BGH, 30.6.2011 – IX ZR 155/08, BGHZ 190, 201ff. Rn 11 – „Behördenabgleich"; BGH, 11.2.2010 – IX ZR 104/07, ZInsO 2010, 673ff. Rn 13.
[953] BGH, 30.6.2011 – IX ZR 155/08, BGHZ 190, 201ff. Rn 11; BGH, 11.2.2010 – IX ZR 104/07, ZIP 2010, 682ff. Rn 13.
[954] Jaeger/Henckel, § 131 InsO Rn 25.
[955] Vgl. BGH, 7.5.2009 – IX ZR 140/08, ZInsO 2009, 1054ff. Rn 9.
[956] BGH, 14.5.2009 – IX ZR 63/08, BGHZ 181, 132ff. Rn 13; KPB/Schoppmeyer, § 131 InsO Rn 69f.; MüKo/Kayser, § 131 InsO Rn 41a.
[957] BGH, 14.5.2009 – IX ZR 63/08, BGHZ 181, 132ff. Rn 13.
[958] Vgl. MüKo/Kayser, § 131 InsO Rn 41a.

hung eine Kreditgewährung vorausgeht,⁹⁵⁹ ohne Kündigung die jederzeitige Rückführung des Kredits verlangen. Denn danach genügt selbst die mehrfache Duldung einer Überziehung nicht, um von einer **konkludenten Erweiterung** der **Kreditlinie** ausgehen zu können.⁹⁶⁰

287   **Vereinbart** das Kreditinstitut mit dem Kunden jedoch **stillschweigend eine Erweiterung der Kreditlinie**, liegt darin eine weitere Kreditgewährung, die erst wieder gekündigt werden muss.⁹⁶¹ Hingegen soll nach der früheren Rechtsprechung des BGH noch nicht die Annahme gerechtfertigt sein, das Kreditinstitut fordere den Kredit nicht mehr ernsthaft ein, wenn es nach der Kündigung des Kredits wegen der finanziellen Krise des Schuldners erklärt hat, es werde künftig Kontoüberziehungen dulden.⁹⁶²

288   Sichert sich eine Bank für ihre Forderungen gegen den Kunden durch eine **Kontosperre**, so verschafft sie sich eine inkongruente Deckung, wenn der Vertrag eine solche Maßnahme nicht vorsieht. Sichert das vereinbarte Pfandrecht der Bank etwaige Ansprüche aus übernommenen Bürgschaften erst ab deren Fälligkeit, ist eine frühere Kontosperre inkongruent.⁹⁶³ Hat die Bank allerdings in Ausübung eines ihr zustehenden **unanfechtbaren Pfandrechts** die Kontosperre verhängt (wozu sie gemäß **§ 1281 Satz 2 Halbs. 1 BGB** berechtigt ist), ist die Befriedigung kongruent.⁹⁶⁴

289   **Auch wenn** der Kredit **nicht gekündigt** wurde, sind die Kontokorrentverrechnungen der Bank dennoch kongruent, soweit die Bank in der Funktion als Zahlstelle die **Giroabrede fremdnützig fortsetzt** und den späteren Insolvenzschuldner vereinbarungsgemäß wieder über die Eingänge verfügen lässt, insb. eine Kreditlinie offenhält.⁹⁶⁵ **Verrechnet** die Bank jedoch die Zahlungseingänge **eigennützig** mit ihren Forderungen gegen den Schuldner, so liegt eine **inkongruente Deckung** vor, soweit im Anfechtungszeitraum die Summe der Eingänge die der Ausgänge übersteigt.⁹⁶⁶ Dabei kann die Frage der Inkongruenz der Verrechnungen für den gesamten **Anfechtungszeitraum nur einheitlich** beantwortet werden.⁹⁶⁷ Die Bank hat

---

959 BGH, 6.10.2009 – IX ZR 191/05, BGHZ 182, 317 ff. – „Kontoüberziehung".
960 Vgl. BGH, 6.10.2009 – IX ZR 191/05, BGHZ 182, 317 ff. Rn 9; K. Schmidt/Ganter/Weinland, § 131 InsO Rn 47.
961 Vgl. BGH, 17.6.2004 – IX ZR 2/01, ZInsO 2004, 854 ff. Rn 15; BGH, 22.1.1998 – IX ZR 99/97, NJW 1998, 1318, 1320.
962 BGH, 25.1.2001 – IX ZR 6/00, NJW 2001, 1650 ff.
963 BGH, 18.12.2003 – IX ZR 9/03, ZIP 2004, 324 ff. Rn 24; Jaeger/Henckel, § 131 InsO Rn 42.
964 BGH, 12.2.2004 – IX ZR 98/03, ZIP 2004, 620 ff.; Jaeger/Henckel, § 131 InsO Rn 42; K. Schmidt/Ganter/Weinland, § 131 InsO Rn 51.
965 BGH, 7.3.2002 – IX ZR 223/01, BGHZ 150, 122 ff.; BGH, 17.6.2004 – IX ZR 2/01, ZIP 2004, 854 ff. zu geduldeten Kontoüberziehungen.
966 BGH, 7.5.2009 – IX ZR 140/08, ZInsO 2009, 1054 ff. Rn 12; BGH, 15.11.2007 – IX ZR 212/06, ZIP 2008, 235 ff. Rn 15.
967 Vgl. BGH, 7.7.2011 – IX ZR 100/10, ZIP 2011, 1576 ff.

den Kredit innerhalb des Anfechtungszeitraums zu ihren Gunsten zurückgeführt, wenn der Sollstand zu Beginn des Anfechtungszeitraums höher war als an dessen Ende; auf den höchsten Sollstand im Anfechtungszeitraum kommt es nicht an.[968] Eine inkongruente Verrechnung ist ferner gegeben, wenn sich die **Bank** für die getilgte Verbindlichkeit des Schuldners **verbürgt hatte**[969] oder wenn sie mit einer **außerhalb** des **Kontokorrents** stehenden Forderung **aufrechnet**.[970] Eine Verrechnung mit dem nicht fälligen Darlehensrückzahlungsanspruch ist hingegen nicht inkongruent, wenn sie mit dem Kunden (anfechtungsfest) vereinbart war.[971]

Da § 131 Abs. 1 Nr. 2 InsO als weiteres Tatbestandsmerkmal die **Zahlungsunfähigkeit** des Schuldners voraussetzt, beginnt der für die Anfechtbarkeit maßgebende Zeitraum erst mit dem Eintritt der Zahlungsunfähigkeit. Will der Insolvenzverwalter für die Berechnung des anfechtbar zurückgeführten Sollstand einen **späteren (höheren) Sollstand** als den zu Beginn des Dreimonatszeitraums zugrundelegen, muss der **Insolvenzverwalter** beweisen, dass die Zahlungsunfähigkeit erst zu diesem späteren Zeitpunkt eingetreten ist, weil ihn auch die **Beweislast** für den Umfang der anfechtbaren Kontorückführung trifft.[972]

290

Nach der Rechtsprechung des BGH ist eine inkongruente Deckung auch dann gegeben, wenn der **Schuldner** selbst den jederzeit kündbaren Kredit in der Krise **gekündigt** und anschließend getilgt hat.[973] Die **Kündigung selbst** bildet eine **anfechtbare**, die Befriedigung erst ermöglichende **Rechtshandlung**. In dieser Gestaltung räumt der Schuldner durch seine auf einer persönlichen Entschließung fußende Rechtshandlung dem Gläubiger mehr Rechte ein, als diesem kraft seiner eigenen Rechtsstellung gebühren.[974]

291

bb) Nicht „in der Art" zu beanspruchende Befriedigung

Bei einer **Abweichung** der tatsächlich **erbrachten Leistung** von der nach dem Inhalt des **Schuldverhältnisses geschuldeten Leistung** liegt eine „nicht in der Art" zu beanspruchende Befriedigung vor. Dies trifft im Grundsatz auf Leistungen an Erfüllungs Statt und auf erfüllungshalber erbrachte Leistungen zu.[975] Inkongruent ist daher insb. die Abtretung einer Forderung statt der vereinbarten Barzahlung.[976]

292

---

968 BGH, 15.11.2007 – IX ZR 212/06, ZIP 2008, 235 ff. Rn 17.
969 BGH, 11.10.2007 – IX ZR 195/04, ZInsO 2008, 163 f.
970 BGH, 7.5.2009 – IX ZR 22/08, ZInsO 2009, 1294.
971 BGH, 11.2.2010 – IX ZR 42/08, ZIP 2010, 588; K. Schmidt/Ganter/Weinland, § 131 InsO Rn 50.
972 KPB/Schoppmeyer, § 131 InsO Rn 76a.
973 Vgl. BGH, 14.5.2009 – IX ZR 63/08, BGHZ 181, 132 ff.; krit. dazu Paulus, NJW 2009, 2603, 2604.
974 BGH, 14.5.2009 – IX ZR 63/08, BGHZ 181, 132 ff. Rn 14; MüKo/Kayser, § 131 InsO Rn 41b.
975 Jaeger/Henckel, § 131 InsO Rn 9.
976 Vgl. BGH, 8.10.1998 – IX ZR 337/97, ZInsO 1998, 395 ff.; BGH, 3.4.1968 – VIII ZR 23/66, WM 1968, 683 ff.; Graf-Schlicker/Huber, § 131 InsO Rn 5.

Erlangt der Gläubiger aus einer erfüllungshalber abgetretenen Forderung Befriedigung, handelt es sich um eine inkongruente Deckung, wenn die Abtretung ihrerseits anfechtbar ist.[977] Die Hingabe von **Kundenschecks** bildet im nicht bankmäßigen Geschäftsverkehr im Gegensatz zur Zahlung mit eigenen Schecks regelmäßig eine inkongruente Deckung, da der Gläubiger auf diese Art der Erfüllung keinen Anspruch hat.[978] Etwas **anderes** gilt **nur** dann, **wenn** der Schuldner die **Kausalforderung** in nicht anfechtbarer Weise an den Gläubiger **abgetreten** und die unverzügliche Weitergabe von Kundenschecks zugesagt hatte. Ob der Fall, dass die Kausalforderung erst mit der Einreichung der Kundenschecks abgetreten wird – wie dies in **Nr. 15 Abs. 2 AGB-Banken** und **Nr. 25 Abs. 2 AGB-Sparkassen** vorgesehen ist –, gleich behandelt werden kann, hat der BGH als zweifelhaft bezeichnet, letztlich aber dahingestellt sein lassen.[979]

293   Praktisch bedeutsam ist die **Tilgung** einer **Verbindlichkeit des Schuldners** auf dessen Anweisung hin **durch** einen **Dritten**.[980] Vereinbart ein Schuldner mit einer Mittelsperson, diese solle für ihn seine Verbindlichkeit ggü. einem Dritten begleichen, so bewirkt allein schon die **Mittelbarkeit** dieser Zahlung i.d.R. eine **inkongruente Deckung**.[981] Eine zwischen den Vertragsparteien nicht vereinbarte **Direktzahlung** des **Auftraggebers** an den Subunternehmer ist auch dann inkongruent, wenn diesem ggü. dem Hauptunternehmer ein Leistungsverweigerungsrecht nach **§ 648a BGB a.F.** zustand.[982] Dies gilt auch für Direktzahlungen nach **§ 16 Nr. 6 VOB/B**.[983]

294   Auch wenn **verbundene Unternehmen** alles aus einem Topf bestreiten („**Cash-Pool**"), ist eine inkongruente Deckung gegeben, wenn ein Schwesterunternehmen Lohnzahlungen an einen Arbeitnehmer eines anderen Unternehmens leistet.[984] Die bloße Bildung eines Gemeinschaftsunternehmens genügt noch nicht, um anzunehmen, die angefochtenen Zahlungen seien aufgrund einer stillschweigend

---

977 BGH, 19.12.2013 – IX ZR 127/11, ZIP 2014, 231 ff.
978 BGH, 14.5.2009 – IX ZR 63/08, BGHZ 181, 132 ff. Rn 11; BGH, 30.9.1993 – IX ZR 227/92, BGHZ 123, 320, 324 f.; Nobbe in Schimansky/Bunte/Lwowski, Bankrechtshandbuch, § 61 Rn 68.
979 Vgl. BGH, 14.5.2009 – IX ZR 63/08, BGHZ 181, 132 ff. Rn 11; BGH, 30.9.1993 – IX ZR 227/92, BGHZ 123, 320, 324 f.; Nobbe, in: Schimansky/Bunte/Lwowski, Bankrechts-Handbuch, § 61 Rn 68, 73.
980 Vgl. BGH, 20.1.2011 – IX ZR 58/10, ZInsO 2011, 421 ff. zur Direktzahlung des Endmieters an den Vermieter auf Anweisung des insolventen Zwischenmieters.
981 BGH, 16.10.2008 – IX ZR 2/05, ZInsO 2008, 1322 f.; BGH, 8.12.2005 – IX ZR 182/01, ZInsO 2006, 94 ff.; BGH, 9.1.2003 – IX ZR 85/02, ZIP 2003, 356, 358.
982 Vgl. BGH, 10.5.2007 – IX ZR 146/05, ZInsO 2007, 662 f.; vgl. zu § 648 BGB n.F. oben Rdn 232.
983 BGH, 16.10.2008 – IX ZR 2/05, ZInsO 2008, 1322 f.; vgl. dazu ferner Gottwald/Huber, Insolvenzrechts-Handbuch, § 47 Rn 52.
984 BAG, 21.11.2013 – 6 AZR 159/12, ZIP 2014, 233 ff.

getroffenen **dreiseitigen (kongruenzbegründenden) Abrede** erfolgt.[985] Erfolgt die Entgeltzahlung nicht über das Konto des späteren Insolvenzschuldners, über das üblicherweise die Gehaltszahlungen erfolgen, sondern über das **Konto** einer **dritten Person**, der die dafür erforderlichen Mittel zuvor vom Schuldner zur Verfügung gestellt wurden, liegt in der Regel eine inkongruente Deckung und nicht nur eine geringfügige Abweichung[986] vor.[987]

Von erheblicher praktischer Bedeutung ist schließlich die Rechtsprechung des BGH, wonach eine unter dem **Druck** der zumindest unmittelbar bevorstehenden **Zwangsvollstreckung** bzw. im Wege der Zwangsvollstreckung erlangte Befriedigung in den Anfechtungszeiträumen des § 131 InsO als inkongruente Deckung anzusehen ist.[988] Denn nach dem Eintritt der Zahlungsunfähigkeit des Schuldners bzw. der Stellung des Insolvenzantrages soll eine **Ungleichbehandlung** der Gläubiger **nicht mehr durch staatliche Machtmittel erzwungen** werden. Zur Neuregelung vgl. oben unter Rdn 22. 295

Der Schuldner leistet nur dann unter dem Druck der **unmittelbar drohenden Zwangsvollstreckung**, wenn der Gläubiger aus der objektivierten Sicht des Schuldners zum Ausdruck gebracht hat, dass er alsbald die Mittel der Zwangsvollstreckung einsetzen werde, und wenn der Schuldner deshalb bei der Vornahme der Rechtshandlung damit rechnen musste, dass der Anfechtungsgegner ohne sie nach dem kurz bevorstehenden Ablauf einer letzten Zahlungsfrist mit der ohne Weiteres zulässigen Zwangsvollstreckung sofort beginne.[989] Dafür genügt **weder** die **Zustellung** eines **Vollstreckungsbescheids**[990] **noch** die **Rückstandsanzeige** eines Sozialversicherungsträgers bzgl. der vorausgegangenen Monatsbeträge.[991] Es reicht jedoch aus, wenn der Gläubiger unter Ankündigung der Zwangsvollstreckung zur umgehenden Leistung auffordert, ohne eine letzte konkrete Zahlungsfrist zu setzen.[992] Erbringt der Arbeitgeber eine Zahlung aufgrund einer Vorpfändung des Arbeitnehmers, so ist eine inkongruente Deckung gegeben.[993] **Teilzahlungen**, die der Schuldner auf eine nach **§ 802b ZPO** mit dem **Gerichtsvollzieher** geschlossene Zahlungsvereinbarung 296

---

985 BAG, 21.11.2013 – 6 AZR 159/12, ZIP 2014, 233 ff. Rn 18; vgl. zu einer solchen dreiseitigen Kongruenzvereinbarung BGH, 17.7.2014 – IX ZR 240/13, ZIP 2014, 1595 ff.
986 So noch LAG Niedersachsen, 29.7.2013 – 10 Sa 1105/12, ZIP 2014, 743 f.
987 BAG, 13.11.2014 – 6 AZR 369/13, ZInsO 2015, 224; vgl. zu einem Ausnahmefall BAG, 22.10.2015 – 6 AZR 538/14, ZIP 2016, 33 ff.
988 Vgl. BGH, 17.6.2010 – IX ZR 134/09, ZInsO 2010, 1324 f.; BGH, 7.12.2006 – IX ZR 157/05, ZIP 2007, 136 f.; BGH, 9.9.1997 – IX ZR 14/97, BGHZ 136, 309 ff.; ebenso nunmehr BAG, 31.8.2010 – 3 ABR 139/09, ZIP 2011, 629 ff.; HK/Thole, § 131 Rn 13 ff.
989 BGH, 7.12.2006 – IX ZR 157/05, ZIP 2007, 136 f. Rn 8, 9.
990 Vgl. BGH, 7.12.2006 – IX ZR 157/05, ZInsO 2007, 99 f.
991 BGH, 17.6.2010 – IX ZR 134/09, ZInsO 2010, 1324 f.
992 BGH, 20.1.2011 – IX ZR 8/10, ZIP 2011, 385 ff.
993 BAG, 3.7.2014 – 6 AZR 953/12, ZInsO 2014, 2286 ff. Rn 15.

erbringt, sind selbstständig anfechtbar. Ob diese Zahlungen inkongruente Deckung bewirken, bestimmt sich nach dem Zeitpunkt, in dem sie die Befriedigung des Gläubigers bewirken. Das ist der Zeitpunkt, in dem der Gerichtsvollzieher den an ihn gezahlten Teilbetrag an den Gläubiger auskehrt.[994] Auch wenn der Vollstreckungsauftrag vor der kritischen Zeit erteilt wurde, musste der Schuldner damit rechnen, dass der Arbeitnehmer sein Einverständnis mit der Zahlungsvereinbarung widerrief und die Zwangsvollstreckung fortsetzte, wenn er die Raten nicht pünktlich zahlte. Dies begründete nach Ansicht des Bundesarbeitsgerichts den **fortbestehenden Vollstreckungsdruck** und damit die **Inkongruenz** der Zahlungen.[995]

297   Die aufgrund eines **angedrohten** oder **gestellten** und später zurückgenommenen oder für erledigt erklärten **Insolvenzantrages** erlangte Befriedigung ist stets inkongruent, und zwar unabhängig davon, ob die Befriedigung innerhalb der Zeiträume des § 131 InsO erfolgte.[996] Dies ist von Bedeutung für § 133 Abs. 1 InsO im Fall der mehrfachen Stellung von Insolvenzanträgen. Eine die Inkongruenz begründende Drohung mit einem Insolvenzantrag kann auch dann vorliegen, wenn die Möglichkeit eines solchen Vorgehens im Mahnschreiben nur „zwischen den Zeilen" deutlich gemacht, aber dem Schuldner das damit verbundene Risiko klar vor Augen geführt wird.[997] Der BGH hat jedoch klargestellt, dass ein **sonstiger**, auf den Schuldner ausgeübter **Druck**, der nicht durch Drohung mit der Zwangsvollstreckung oder durch die Androhung eines Insolvenzantrages erfolgt, **grds. nicht** zur Inkongruenz einer daraufhin vorgenommenen Zahlung des Schuldners führt.[998] Auch die Drohung mit einem **Strafantrag** hat nach herrschender Auffassung nicht die Inkongruenz einer dadurch erlangten Deckung zur Folge.[999]

cc) Nicht „zu der Zeit" zu beanspruchende Befriedigung

298   Die dritte Alternative des § 131 Abs. 1 InsO ist erfüllt, wenn eine Forderung zum Zeitpunkt der Vornahme der Rechtshandlung **noch nicht fällig** war. Darunter fällt nicht nur die Leistung auf eine noch **betagte** Forderung, sondern auch die Leistung auf eine **aufschiebend bedingte** oder i.S.d. § 163 BGB **befristete Forderung**[1000] sowie jene auf eine Forderung, der eine **vorübergehende Einrede** entgegenstand.[1001] Wenngleich der Schuldner gem. § 271 Abs. 2 BGB die Leistung schon vor deren Fäl-

---

994 Vgl. BAG, 20.9.2017 – 6 AZR 58/16, BAGE 160, 182 ff.
995 BAG, 20.9.2017 – 6 AZR 58/16, BAGE 160, 182 ff. Rn 27.
996 BGH, 18.12.2003 – IX ZR 199/02, BGHZ 157, 242 ff.
997 BGH, 7.3.2013 – IX ZR 216/12, ZIP 2013, 838 ff. Rn 13.
998 BGH, 23.4.2009 – IX ZR 82/06, veröffentlicht bei juris.
999 Vgl. Kirchhof, ZInsO 2004, 1168, 1171; KPB/Schoppmeyer, § 131 InsO Rn 133 – **a.A.** Homan, EWiR 2003, 1041, 1042.
1000 Vgl. Jaeger/Henckel, § 131 InsO Rn 23.
1001 KPB/Schoppmeyer, § 131 InsO Rn 62; HambKomm/Rogge/Leptien, § 131 InsO Rn 18.

ligkeit bewirken und der Gläubiger sie auch nicht zurückweisen kann, ist nach dem Schutzzweck des § 131 InsO dennoch eine inkongruente Deckung gegeben, wenn der Schuldner vor dem Eintritt der Fälligkeit leistet.[1002] Wenn Zahlungen „spätestens" an einem bestimmten Tag fällig werden, ist dieser Tag für die Fälligkeit maßgebend; erst von diesem Tag an kann der Gläubiger die Leistung einfordern. Dieses Recht, die Leistung einzufordern, unterscheidet kongruente von inkongruenten Rechtshandlungen.[1003] Tritt die Fälligkeit allerdings kraft Gesetzes oder aufgrund einer unanfechtbaren Vereinbarung noch vor der Insolvenzeröffnung ein, so kommt eine Anfechtung nur hinsichtlich der Zwischenzinsen in Betracht.[1004]

Aufgrund der **strengen Maßstäbe**, die der BGH i.R.d. § 131 InsO anlegt, ist eine Leistung nur dann als kongruent anzusehen, wenn die voraussichtliche Dauer des Zahlungsvorgangs nicht nennenswert überschritten wird. Dafür gibt **§ 676a Abs. 2 Nr. 2 BGB a.F.** eine Orientierung (Überweisung im **Inlandsverkehr** binnen **dreier Bankgeschäftstage**). Eine Überweisung, die früher als 5 Bankgeschäftstage vor Fälligkeit eingeht, ist daher inkongruent.[1005] Ist allerdings davon auszugehen, dass der Schuldner die Forderung bei Eintritt der Fälligkeit noch wirksam hätte erfüllen können, besteht der Nachteil für die Gläubiger nicht in der Leistung selbst, sondern in der bis zur Fälligkeit entgangenen Nutzungsmöglichkeit.[1006] Dies gilt jedoch nicht, wenn vor dem Eintritt der Fälligkeit eine insolvenzrechtliche **Verfügungsbeschränkung** ergangen ist.[1007] Kongruent ist eine Zahlung unter Ausnutzung des **Skontoabzugs**.[1008] Setzt eine Bank eine Frist zur Rückzahlung eines in Anspruch genommenen Kontokorrentkredits, so stellt die Rückführung vor Fristablauf auch dann eine inkongruente Deckung dar, wenn die Bank gleichzeitig mit der Fristsetzung ankündigt, sie lasse weitere Belastungen ab sofort nicht mehr zu.[1009] Zu Bankverrechnungen s. ferner oben Rdn 286 ff.

Inkongruent ist die **vorzeitige Befriedigung** des **Freistellungsanspruchs** eines mithaftenden Gesamtschuldners. Dabei ist zu beachten, dass sich die sofortige Fälligkeit des Freistellungsanspruchs nicht schon aus einer rechtsähnlichen Anwendung der §§ 257 Satz 2, 738 Abs. 1 Satz 3, 775 Abs. 2 BGB ergibt; maßgebend sind vielmehr die Parteiabreden bzw. die Umstände des konkreten Falles.[1010] Einen Vor-

---

1002 Gehrlein, in: Ahrens/Gehrlein/Ringstmeier, § 131 InsO Rn 20.
1003 BGH, 9.6.2005 – IX ZR 152/03, ZIP 2005, 1243 ff. Rn 11; BGH, 14.5.2009 – IX ZR 63/08, BGHZ 181, 132 ff. Rn 14; HK/Thole, § 131 Rn 16.
1004 Vgl. BGH, 6.4.1995 – IX ZR 61/94, BGHZ 129, 236, 242; HambKomm/Rogge/Leptien, § 131 InsO Rn 18.
1005 BGH, 9.6.2005 – IX ZR 152/03, ZInsO 2005, 766 ff.
1006 BGH, 13.3.1997 – IX ZR 93/96, ZIP 1997, 853 ff.
1007 Vgl. BGH, 9.6.2005 – IX ZR 152/03, ZInsO 2005, 766 ff.
1008 BGH, 6.5.2010 – IX ZR 114/08, ZInsO 2010, 1090 f.
1009 BGH, 1.10.2002 – IX ZR 360/99, ZIP 2002, 2182 ff.
1010 Vgl. BGH, 20.7.2006 – IX ZR 44/05, ZIP 2006, 1591 ff.

schussanspruch erwirbt der Rechtsanwalt zwar bereits mit dem Abschluss des Anwaltsvertrages. Dieser erlischt jedoch mit der Beendigung der Angelegenheit, wobei letztere nicht mit dem Mandat gleichzusetzen ist. Soweit **Vorschusszahlungen** in bereits abgeschlossenen Angelegenheiten geleistet wurden, sind diese somit inkongruent. Sofern anstelle des Vorschussanspruchs ein **Vergütungsanspruch** bestand und möglicherweise auch bereits fällig war, ändert dies nichts an der Inkongruenz, wenn der Vergütungsanspruch **mangels Abrechnung** gemäß § 10 Abs. 1 RVG noch nicht eingefordert werden konnte.[1011] Der **Herausgabeanspruch** des Auftraggebers gem. **§ 667 BGB** entsteht nicht schon mit dem Abschluss des Anwaltsvertrages, sondern erst mit dem Eingang der herauszugebenden Fremdgelder. Fällt dieser Moment in den Anfechtungszeitraum des § 131 InsO, ist die Aufrechnungslage in inkongruenter Weise herbeigeführt, da der Anwalt aus dem Anwaltsvertrag keinen Anspruch darauf hatte, dass eine Aufrechnungslage entstand.[1012]

b) Inkongruente Sicherung

301 Ein kongruenter Anspruch auf Sicherung setzt voraus, dass nach Gesetz oder Vertrag ein **hinreichend konkretisierter** und anfechtungsfester **Anspruch** auf **Sicherstellung** bestand.[1013] War dies nicht der Fall, so ist die in der Krise des Schuldners gewährte Sicherung inkongruent. Gleiches gilt, wenn dem Gläubiger unter Abänderung der ursprünglichen Vereinbarung eine Sicherheit gewährt wird, auf die er bis dahin keinen Anspruch hatte.[1014] Wird allerdings ein **Anspruch auf Sicherung in demselben Vertrag** eingeräumt, durch den der gesicherte Anspruch selbst entsteht, liegt in der späteren Gewährung der Sicherheit keine inkongruente Deckung, weil von Anfang an ein Anspruch auf die Sicherung bestand.[1015] Eine inkongruente Sicherung ist auch dann gegeben, wenn in der kritischen Zeit eine Sicherheit gewährt wird, **ohne** dass es bereits eine **zu sichernde Forderung** gibt. Die **Unterlegung** einer zunächst nur „auf Vorrat" gewährten Sicherheit mit einer zu sichernden Forderung darf sich in der Krise des Schuldners nicht mehr zu Lasten der Gläubigergesamtheit auswirken.[1016]

[1011] BGH, 13.4.2006 – IX ZR 158/05, BGHZ 167, 190 ff.; krit. dazu Jaeger/Henckel, § 131 InsO Rn 23.
[1012] Vgl. BGH, 14.6.2007 – IX ZR 56/06, NJW 2007, 2640 ff.
[1013] Vgl. Jaeger/Henckel, § 131 InsO Rn 29; BGH, 29.11.2007 – IX ZR 30/07, BGHZ 174, 297 ff. – „Globalzession (1)".
[1014] BGH, 18.3.2010 – IX ZR 57/09, ZIP 2010, 841 ff. Rn 16; K. Schmidt/Ganter/Weinland, § 131 Rn 57.
[1015] BGH, 11.3.2004 – IX ZR 160/02, ZInsO 2004, 616 ff. Rn 19; BGH, 4.12.1997 – IX ZR 47/97, NJW 1998, 1561, 1563; Jaeger/Henckel, § 131 InsO Rn 29.
[1016] Vgl. Kirchhof, ZInsO 2004, 465, 467; KPB/Schoppmeyer, § 131 InsO Rn 81, 117 – teilw. **a.A.** K. Schmidt/Ganter/Weinland, § 131 Rn 60.

aa) Nicht zu beanspruchende Sicherung

Ein Gläubiger hat eine Sicherung nicht zu beanspruchen, wenn ihm kein anfechtungsfester Anspruch auf Sicherheitsleistung zustand. Allein aus dem Befriedigungsanspruch ergibt sich noch kein Anspruch auf Sicherung; der **Anspruch auf Sicherung** ist **nicht** als **Minus** im **Anspruch auf Befriedigung** enthalten.[1017] Wird eine bereits bestehende Verbindlichkeit („Altverbindlichkeit") nachträglich besichert, kann darin somit eine inkongruente Handlung liegen.[1018] Dies ist etwa der Fall, wenn sich eine Bank in der Krise des Schuldners von einem anderen Gläubiger eine bis dahin **ungesicherte Forderung** gegen den Schuldner **abtreten lässt**, die in den Deckungsbereich der Sicherungsabrede fällt.[1019] Die nachträgliche Besicherung wird auch nicht dadurch kongruent, dass der Anspruch an einen Dritten abgetreten und die Sicherung zugleich mit der Abtretung unmittelbar zugunsten des Dritten vereinbart wurde. Denn es handelt sich dabei nur um einen Gläubigerwechsel, der an dem Inhalt des Schuldverhältnisses nichts zu ändern vermag.[1020]

302

Ein (anfechtungsfester) Anspruch auf Sicherung ist nicht gegeben, wenn der vertraglich eingeräumte **Anspruch** auf Sicherheitsleistung **nicht hinreichend bestimmt** ist.[1021] Dies ist etwa bei dem allgemeinen Anspruch der Banken oder Sparkassen auf Bestellung oder Verstärkung von Sicherheiten gem. **Nr. 13 ff. AGB-Banken** bzw. **Nr. 22 f. AGB-Sparkassen** der Fall. Selbst wenn man diese Bestimmungen dahin gehend auslegt, dass das Kreditinstitut und der Kunde sich nicht nur über die Pfandrechtsbestellung dinglich einig sind, sondern zugleich einen schuldrechtlichen Anspruch darauf begründen, wird dieser **erst** in demjenigen Zeitpunkt auf einen bestimmten **Sicherungsgegenstand konkretisiert**, in dem **dieser entsteht**. Absprachen, die es dem **Ermessen** der Beteiligten oder dem **Zufall** überlassen, welche konkrete Sicherheit erfasst wird, rechtfertigen nicht die Besserstellung einzelner Gläubiger unter Durchbrechung des insolvenzrechtlichen Gleichbehandlungsgrundsatzes.

303

So führt insb. das in den Allgemeinen Geschäftsbedingungen der Banken und Sparkassen geregelte Pfandrecht in den kritischen Anfechtungszeiträumen des § 131 InsO nur zu einer inkongruenten Deckung.[1022] **Kongruent** ist dagegen nach der Rechtsprechung des BGH die durch eine **Globalzession** erlangte Sicherung, wenn

304

[1017] BGH, 1.6.2006 – IX ZR 159/04, ZInsO 2006, 771 ff. Rn 9.
[1018] BGH, 11.3.2004 – IX ZR 160/02, ZInsO 2004, 616 ff. Rn 19; BGH, 12.11.1992 – IX ZR 237/91, ZIP 1993, 271 ff.
[1019] BGH, 25.9.1972 – VIII ZR 216/71, BGHZ 59, 230 ff.; vgl. dazu noch BGH, 11.3.2004 – IX ZR 160/02, ZIP 2004, 1060 ff. Rn 22.
[1020] Vgl. BGH, 11.3.2004 – IX ZR 160/02, ZIP 2004, 1060 ff. Rn 23.
[1021] HK/Kreft, § 131 InsO Rn 13; MüKo/Kirchhof, § 131 InsO Rn 20.
[1022] BGH, 2.6.2005 – IX ZR 181/03, ZInsO 2005, 932 ff. Rn 12 f.; BGH, 7.3.2002 – IX ZR 223/01, BGHZ 150, 122, 126.

bereits beim Abschluss des Globalzessionsvertrages das dingliche Geschäft vollzogen und zugleich die schuldrechtliche Seite in dem vertragsrechtlich möglichen Maße derart konkretisiert wird, dass die abgetretenen Forderungen zumindest bestimmbar sind.[1023] Entsprechendes gilt für **verlängerte** und **erweiterte Eigentumsvorbehalte**.[1024]

305   Reicht der Schuldner **Kundenschecks** bei seiner Bank ein, stellt das Sicherungseigentum der Bank nach Nr. 15 Abs. 2 AGB-Banken eine **inkongruente Sicherung** dar. **Anders** verhält es sich jedoch, wenn die **Kausalforderung** bereits **zuvor anfechtungsfest** an die Bank **abgetreten** war. Ob der Fall, dass die Kausalforderung erst mit der Einreichung der Kundenschecks abgetreten wird – wie es in **Nr. 15 Abs. 2 AGB-Banken** und **Nr. 25 Abs. 2 AGB-Sparkassen** vorgesehen ist – gleich behandelt werden kann, hat der BGH im Urt. v. 14.5.2009[1025] als zweifelhaft bezeichnet, im Ergebnis aber mangels Entscheidungserheblichkeit offen gelassen.[1026] Nach einer Auffassung im Schrifttum macht die Bank bei der Einlösung eines Kundenschecks nicht von ihrem Sicherungsrecht Gebrauch, sondern löst den Scheck für den Kunden ein, weshalb eine kongruente Deckung gegeben sei, wenn die Bank einen Anspruch auf Rückführung des Saldos habe.[1027] Eine auf das Pfandrecht der Bank gestützte **Kontosperre** ist inkongruent, wenn die Befriedigung aus dem Pfandrecht ebenfalls inkongruent wäre.[1028] Von einem insolvenzfest begründeten Pfandrecht kann die Bank hingegen bei entsprechendem Sicherungsbedürfnis schon vor der Pfandreife durch eine Kontosperre zur Sicherung einer späteren Verwertung Gebrauch machen.[1029]

306   Die Gewährung einer Sicherheit zur **Abwendung** des **Kündigungsrechts** des Kreditgebers nach **§ 490 Abs. 1 BGB** ist inkongruent, weil das Gesetz dem Gläubiger nur ein Kündigungsrecht einräumt. Eine Sicherheit nach **§ 8a AltTZG** ist dagegen nicht inkongruent, wenn sie sich im Rahmen des § 8a Abs. 4 AltTZG hält, weil darin dem Arbeitnehmer ein (inhaltlich eingeschränkter) klagbarer Anspruch eingeräumt wird.[1030]

1023 BGH, 29.11.2007 – IX ZR 30/07, BGHZ 174, 297 ff. – „Globalzession (1)"; BGH, 17.1.2008 – IX ZR 134/07, DZWIR 2008, 253 ff.
1024 BGH, 17.3.2011 – IX ZR 63/10, BGHZ 189, 1 ff.
1025 BGH, 14.5.2009 – IX ZR 63/08, BGHZ 181, 132 ff. Rn 11.
1026 Vgl. dazu Bork, Zahlungsverkehr in der Insolvenz, 2002, Rn 366, 467; MK/Kayser, § 131 Rn 18.
1027 Jaeger/Henckel, § 131 InsO Rn 16; KPB/Schoppmeyer, § 131 Rn 61.
1028 BGH, 18.12.2003 – IX ZR 9/03, ZIP 2004, 324 ff.
1029 BGH, 12.2.2004 – IX ZR 98/03, ZInsO 2004, 342 ff.
1030 KPB/Schoppmeyer, § 131 InsO Rn 109b.

bb) Nicht „in der Art" zu beanspruchende Sicherung

Eine Sicherung anderer Art ist eine solche, die von der nach Vertrag oder Gesetz **geschuldeten abweicht**. Auch hier legt der BGH einen strengen Maßstab an.[1031] Inkongruent ist daher bspw. die Bestellung eines Grundpfandrechts statt der geschuldeten Forderungsabtretung.[1032] **Geringfügige Abweichungen** schaden allerdings nicht, wenn die gewährte Sicherung im Hinblick auf die Benachteiligung der Insolvenzgläubiger mit der geschuldeten gleichwertig und **nicht verdächtig** ist. So ist etwa die Inkongruenz zu verneinen, wenn statt eines vereinbarten Pfandrechts die Sache sicherungsübereignet oder statt einer Sicherungshypothek eine Grundschuld bestellt wird.[1033]

cc) Nicht „zu der Zeit" zu beanspruchende Sicherung

Der Gläubiger hat eine Sicherung „nicht zu der Zeit" erhalten, wenn sie ihm vorzeitig gewährt wurde. Dies ist dann der Fall, wenn der **Sicherungsanspruch** noch **nicht fällig, aufschiebend bedingt** oder **befristet** und zum Zeitpunkt der Leistung die Bedingung bzw. der für die Leistung vorgesehene Zeitpunkt noch nicht eingetreten war.[1034] Unter dieser Tatbestandsalternative wird auch die Frage diskutiert, ob der Inhaber eines **Pfandrechts** die gewährte Sicherung erst dann zu beanspruchen hat, wenn ihr eine **zu sichernde** schuldrechtliche **Forderung zugrunde liegt**. Erwerbe er diese erst in der Krise des Schuldners, sei die Valutierung der Grundschuld inkongruent.[1035] **Höchstrichterlich** ist diese Frage **noch nicht abschließend geklärt**. Nach der vom BGH im Urt. v. 19.3.1998[1036] vertretenen Auffassung ist die Verfügung schon mit dem Abschluss des Verpfändungsvertrages beendet. Das Pfandrecht an einer künftigen Forderung werde aber erst „begründet", wenn die verpfändete Forderung entstehe. Unerheblich sei dagegen der Zeitpunkt, in dem die zu sichernden Forderungen entstünden, sofern es überhaupt dazu komme. In einem späteren Urt. v. 14.12.2006[1037] hat er es dahingestellt sein lassen, ob an dieser Rechtsprechung noch festzuhalten sei. Für das **Vermieterpfandrecht** ergebe sich jedenfalls aus dem Rechtsgedanken des **§ 140 Abs. 3 InsO**, dass anfechtungsrechtlich auf den Zeitpunkt der Pfandrechtsentstehung abzustellen sei.

1031 Vgl. BGH, 15.11.1960 – V ZR 35/59, BGHZ 33, 389, 393; BGH, 9.1.2003 – IX ZR 85/02, ZIP 2003, 356, 358.
1032 Graf-Schlicker/Huber, § 131 InsO Rn 5.
1033 Vgl. HK/Thole, § 131 InsO Rn 19; MüKo/Kayser, § 131 InsO Rn 37.
1034 Vgl. Jaeger/Henckel, § 131 InsO Rn 48.
1035 MüKo/Kayser, § 131 InsO Rn 43 mit Hinweis auf BGH, 25.6.1975 – VIII ZR 71/74, WM 1975, 947, 948.
1036 BGH, 19.3.1998 – IX ZR 22/97, BGHZ 138, 291 ff.
1037 BGH, 14.12.2006 – IX ZR 102/03, BGHZ 170, 196 ff. – „Vermieterpfandrecht".

309 Eine **anfechtungsrechtliche Unterscheidung** zwischen einem Pfandrecht an einer künftigen Forderung und einem Pfandrecht für eine künftige Forderung ist **wertungsmäßig nicht gerechtfertigt**.[1038] Solange es an der gesicherten Forderung fehlt, steht dem Schuldner zumindest eine **Einrede gegen** das **Pfandrecht** zu, welche mit der Insolvenzeröffnung der Masse zusteht. Dementsprechend ist auch für die Anfechtung entscheidend, dass dem Schuldner zum Nachteil seiner Gläubiger die Einrede gegen das Pfandrecht entzogen wird, wenn die Forderung erst in der kritischen Zeit entsteht.[1039] Der BGH hat durch Urt. v. 25.6.1975[1040] entschieden, dass eine inkongruente Deckung vorliegt, wenn eine Sicherheit in der Krise durch Forderungsabtretung valutiert wurde.

2. Anfechtungszeitraum – Vornahme der Rechtshandlung in der Krise des Schuldners; Erweiterung des § 131 Abs. 2 Satz 1 InsO

310 § 131 InsO erfasst nur Rechtshandlungen, die in den letzten 3 Monaten vor der Stellung des Insolvenzantrages oder danach vorgenommen wurden, wobei sich der Zeitpunkt der **Vornahme** nach § 140 InsO bestimmt. Insbesondere **künftige Forderungen** wurden daher nur dann bereits vor dem Eintritt der Krise abgetreten, wenn sie nicht nur vor der Krise begründet, sondern auch schon entstanden waren.[1041]

a) Letzter Monat vor Eröffnungsantrag (§ 131 Abs. 1 Nr. 1 InsO)

311 Im letzten Monat vor der Stellung des Insolvenzantrages und danach bedarf es keiner weiteren Voraussetzungen für die Anfechtung. Die Kenntnis des Insolvenzgläubigers von der Krise und die Krise selbst werden nach der Gesetzesbegründung unwiderleglich vermutet.[1042] Auch die **Kenntnis** des Gläubigers vom **Eröffnungsantrag** ist **nicht erforderlich**.[1043] Dies gilt selbst dann, wenn der Schuldner den Insolvenzantrag wegen drohender Zahlungsunfähigkeit gestellt hat und die Inkongruenz nur geringfügig ist.[1044]

1038 Vgl. MüKo/Kirchhof, § 140 InsO Rn 15; Berger, NZI 2007, 566 ff.; HK/Kreft, § 140 InsO Rn 4 m. Fn 42.
1039 Zutr. Jaeger/Henckel, § 140 InsO Rn 17.
1040 BGH, 25.6.1975 – VIII ZR 71/74, WM 1975, 947, 948.
1041 Vgl. BGH, 30.1.1997 – IX ZR 89/96, ZIP 1997, 513 ff. – „Mietforderungszession"; BGH, 11.5.2006 – IX ZR 247/03, BGHZ 167, 363 ff. – „Kassenzahnärztliche Vereinigung".
1042 Begr. zum RegE, BT-Drucks. 12/2443, S. 158.
1043 Vgl. Uhlenbruck/Ede/Hirte, § 131 InsO Rn 18.
1044 KPB/Schoppmeyer, § 131 InsO Rn 143.

b) Zweiter oder dritter Monat vor Eröffnungsantrag (§ 131 Abs. 1 Nr. 2 und Nr. 3 InsO)

§ 131 Abs. 1 Nr. 2 InsO setzt wegen des größeren zeitlichen Abstands von der Stellung des Insolvenzantrages zusätzlich als objektive Tatbestandsvoraussetzung (nur) die **Zahlungsunfähigkeit** des Schuldners voraus. Auch hier wird die Kenntnis des Insolvenzgläubigers von der Zahlungsunfähigkeit unwiderleglich vermutet.[1045] 312

Anstelle der Zahlungsunfähigkeit lässt es **§ 131 Abs. 1 Nr. 3 InsO** genügen, wenn dem Gläubiger innerhalb des zweiten oder dritten Monats vor dem Eröffnungsantrag oder danach **bekannt** war, dass die Rechtshandlung die **Insolvenzgläubiger benachteiligte**. Nach der Gesetzesbegründung soll es sich dabei um einen auf inkongruente Deckungen bezogenen Sonderfall der Vorsatzanfechtung (vgl. § 133 Abs. 1 InsO) handeln.[1046] Dagegen wird im Schrifttum[1047] zu Recht eingewandt, dass sich § 131 Abs. 1 Nr. 3 InsO im System der Anfechtung nach der InsO nicht mehr als Anfechtung wegen vorsätzlicher Benachteiligung darstelle; insb. werde **kein Benachteiligungsvorsatz** des **Schuldners vorausgesetzt**.[1048] Nach dieser Auffassung ist es insbesondere möglich, Zwangsvollstreckungen im Zeitraum des § 131 Abs. 1 Nr. 3 InsO als erfasst anzusehen,[1049] denn (erst) im Anwendungsbereich der Deckungsanfechtung gilt der Grundsatz der gleichmäßigen Gläubigerbefriedigung.[1050] Kenntnis von der Gläubigerbenachteiligung im Sinne dieser Bestimmung hat jener Gläubiger, der weiß, dass der Schuldner wegen seiner finanziell beengten Lage in absehbarer Zeit nicht mehr in der Lage ist, sämtliche Gläubiger zu befriedigen.[1051] 313

c) Erweiterung des § 131 Abs. 2 Satz 1 InsO

Nach § 131 Abs. 2 Satz 1 InsO steht der Kenntnis der Benachteiligung der Insolvenzgläubiger die **Kenntnis von Umständen** gleich, die **zwingend** auf die Benachteiligung schließen lassen. Dies erfordert ein für sicher gehaltenes Wissen; grobe Fahrlässigkeit genügt nicht.[1052] Vom Vorliegen dieser Kenntnis ist – ähnlich **wie** bei **§ 130** 314

1045 Begr. zum RegE, BT-Drucks. 12/2443, S. 158.
1046 Begr. zum Reg.-Entw BT-Drucks. 12/2443, S. 159.
1047 Vgl. Henckel, in: Kölner Schrift zur InsO, 2. Aufl., S. 831 Rn 40.
1048 Henckel, in: Kölner Schrift zur InsO, 2. Aufl., S. 831 Rn 40; HK/Thole, § 131 InsO Rn 32.
1049 Vgl. HK/Thole, § 131 Rn 32; Braun/de Bra, § 131 InsO Rn 33 – **a.A.** KPB/Schoppmeyer, § 131 InsO Rn 148.
1050 BGH, 10.2.2005 – IX ZR 211/02, BGHZ 162, 143 ff. Rn 17; BGH, 11.4.2002 – IX ZR 211/01, ZIP 2002, 1159 ff. Rn 13.
1051 BGH, 9.11.2006 – IX ZR 285/03, ZIP 2006, 2391 ff. Rn 24; BGH, 18.12.2003 – IX ZR 199/02, BGHZ 157, 242 ff. Rn 22.
1052 BGH, 20.11.2001 – IX ZR 48/01, BGHZ 149, 178, 185; K. Schmidt/Ganter/Weinland, § 131 InsO Rn 98.

Abs. 2 InsO – auszugehen, wenn sich ein redlich Denkender, der vom Gedanken auf den eigenen Vorteil nicht beeinflusst ist, angesichts der ihm bekannten Tatsachen nicht der Einsicht verschließen konnte, der Schuldner werde in absehbarer Zeit nicht in der Lage sein, seine sämtlichen Gläubiger zu befriedigen.[1053]

3. Darlegungs- und Beweislast; Sonderfall nahestehende Person (§ 131 Abs. 2 Satz 2 InsO)

315 Der Nachweis der tatbestandlichen Voraussetzungen des § 131 Abs. 1 und Abs. 2 Satz 1 InsO obliegt im Grundsatz dem Insolvenzverwalter. Dabei kann ihm allerdings im Einzelfall die **sekundäre Darlegungslast** des **Anfechtungsgegners** zugutekommen, dem es u.U. obliegt, einen Anspruch auf Sicherung oder Befriedigung vorzutragen. Hinsichtlich der von § 131 Abs. 1 Nr. 3, Abs. 2 Satz 1 InsO geforderten subjektiven Anfechtungsvoraussetzungen in der Person des Anfechtungsgegners kommt dem Insolvenzverwalter darüber hinaus die Beweiserleichterung zugute, dass bereits der Nachweis von Umständen genügt, die zwingend auf die Benachteiligung der Gläubiger schließen ließen. Eine Nachweiserleichterung stellt schließlich die ständige Rechtsprechung des BGH dar, wonach die **Gewährung** einer **inkongruenten Deckung** i.d.R. ein **starkes Beweisanzeichen** für den **Gläubigerbenachteiligungsvorsatz** des Schuldners und die entsprechende **Kenntnis** des **Gläubigers** bildet.[1054] Die Kenntnis der Benachteiligung der Insolvenzgläubiger kann allerdings nicht allein wegen der Inkongruenz der Deckung bejaht werden. Da die Inkongruenz bereits tatbestandsmäßige Voraussetzung der Vorschrift ist, kann sie nicht zugleich als selbstständige, zusätzliche Beweislastregel innerhalb dieser Norm dienen. Das zeigt auch der Umkehrschluss aus § 131 Abs. 2 Satz 2 InsO.[1055]

316 Bei **Verrechnungen** der Bank im **Kontokorrent** hat der Insolvenzverwalter im Grundsatz darzulegen und zu beweisen, dass die Summe der verrechneten Eingänge im **gesamten Anfechtungszeitraum** die der Ausgänge übersteigt.[1056] Will der Insolvenzverwalter für die Berechnung des anfechtbar zurückgeführten Sollstandes einen **späteren (höheren) Sollstand** als den des Dreimonatszeitraums zugrundelegen, muss er beweisen, dass die Zahlungsunfähigkeit erst zu diesem späteren Zeitpunkt eingetreten ist.[1057]

1053 HK/Thole, § 131 InsO Rn 35.
1054 BGH, 18.12.2003 – IX ZR 199/02, BGHZ 157, 242, 250; BGH, 8.12.2005 – IX ZR 182/01, ZIP 2006, 290 ff. Rn 21.
1055 BGH, 18.12.2003 – IX ZR 199/02, BGHZ 157, 242, 250; HK/Thole, § 131 InsO Rn 35.
1056 Vgl. BGH, 15.11.2007 – IX ZR 212/06, ZIP 2008, 235 ff. Rn 15; BGH, 27.3.2008 – IX ZR 29/07, juris; BGH, 7.7.2011 – IX ZR 100/10, ZIP 2011, 1576 f.
1057 KPB/Schoppmeyer, § 131 InsO Rn 76a.

Im Fall der Anfechtung ggü. einer **nahestehenden Person** i.S.d. § 138 InsO **kehrt § 131 Abs. 2 Satz 2 InsO** die **Darlegungs- und Beweislast** hinsichtlich der Gläubigerkenntnis **um**. Dabei kommt dem Insolvenzverwalter nach herrschender Auffassung auch die Beweiserleichterung des **§ 131 Abs. 2 Satz 1 InsO** zugute, so dass die nahestehende Person darlegen und ggf. beweisen muss, dass sie keine Umstände gekannt hat, die zwingend auf die Benachteiligung der Gläubiger schließen ließen.[1058]

317

E. § 132 InsO – Unmittelbar nachteilige Rechtshandlungen

I. Gesetzessystematik und Gesetzeszweck

§ 132 Abs. 1 InsO regelt als Nachfolgebestimmung des § 30 Nr. 1 Alt. 1 KO die Anfechtbarkeit von Rechtsgeschäften, die in den **letzten 3 Monaten** vor der Stellung des Insolvenzantrages und danach bei Kenntnis des Anfechtungsgegners von der Zahlungsunfähigkeit des Schuldners bzw. von der Antragstellung vorgenommen wurden. Dabei gelten gem. **§ 132 Abs. 3 InsO** die Regelungen des **§ 130 Abs. 2 und 3 InsO entsprechend**. Auch für diesen Anfechtungstatbestand genügt daher die Kenntnis des Insolvenzgläubigers von Umständen, die zwingend auf die Zahlungsunfähigkeit oder den Eröffnungsantrag schließen ließen. Auch hier wird schließlich die Darlegungs- und Beweislast ggü. **nahestehenden Personen** i.S.d. **§ 138 InsO** wie bei § 130 Abs. 3 InsO umgekehrt.

318

Auch dieser Tatbestand der besonderen Insolvenzanfechtung beruht auf dem Rechtsgedanken, dass es dem Schuldner mit dem Eintritt der **materiellen Insolvenz** nicht mehr möglich sein soll, vermögensschmälernde Handlungen zugunsten einzelner Gläubiger vorzunehmen, vielmehr ab diesem Zeitpunkt der **Grundsatz** der **gleichmäßigen Befriedigung** der **Insolvenzgläubiger** gilt. Anders als die §§ 130, 131 InsO erfordert jedoch **§ 132 Abs. 1 InsO** zur Begrenzung des Anwendungsbereichs des Tatbestandes eine **unmittelbare Gläubigerbenachteiligung**. Damit soll es dem Schuldner v.a. ermöglicht werden, trotz Eintritts der Krise auch **über** den engen Anwendungsbereich des **Bargeschäfts** i.S.d. **§ 142 InsO hinaus** weiter am rechtsgeschäftlichen Verkehr teilnehmen zu können, ohne eine Anfechtung befürchten zu müssen.[1059] Bargeschäfte, bei denen unmittelbar, d.h. in engem zeitlichem Zusammenhang mit der Leistung des Schuldners, eine gleichwertige Gegen-

319

1058 Vgl. HK/Thole, § 131 InsO Rn 36; MüKo/Kayser, § 131 InsO Rn 64; HambKomm/Rogge/Leptien, § 131 InsO Rn 60.
1059 Vgl. KPB/Schoppmeyer, § 132 InsO Rn 2, 3.

320 Anders als bei den §§ 130 und 131 InsO geht es hier nicht um Deckungshandlungen auf ein bereits zuvor bestehendes Rechtsgeschäft, sondern um die Eingehung bzw. **Vornahme eines Rechtsgeschäfts**, das als solches die Gläubiger unmittelbar benachteiligt und deshalb der Anfechtung unterliegt.[1061] Die **§§ 130, 131 InsO** gehen daher als **lex specialis** § 132 InsO vor, **soweit** einem **Insolvenzgläubiger** eine **Deckung** gewährt oder ermöglicht wurde.[1062] Da allerdings die §§ 130, 131 InsO eine Deckungshandlung ggü. einem Insolvenzgläubiger voraussetzen, wird im Schrifttum die Anwendbarkeit des § 132 InsO für den Fall diskutiert, dass der Empfänger der Zuwendung des Schuldners kein Insolvenzgläubiger ist.[1063] Dies kommt bei der Leistung des Schuldners auf eine fremde Schuld in Betracht, sofern der Empfänger kein Insolvenzgläubiger ist.[1064] In einem solchen Fall stellt sich die Frage, ob es gerechtfertigt ist, den Zuwendungsempfänger dem Gläubigergleichbehandlungsgrundsatz zu unterwerfen, welcher für die besondere Insolvenzanfechtung prägend ist. Dies dürfte indes zu verneinen sein, wenn der Zuwendungsempfänger in keiner Rechtsbeziehung zum Schuldner gestanden hat.[1065]

321 Da im Unterschied zu § 30 Nr. 1 Alt. 1 KO nicht mehr von einem „eingegangenen", sondern von einem „**vorgenommenen**" Rechtsgeschäft die Rede ist, werden nunmehr auch **einseitige Rechtsgeschäfte** wie die Kündigung erfasst. Es genügt jedoch weiterhin nicht, dass zwischen der Vornahme des Rechtsgeschäfts und der Gläubigerbenachteiligung irgendein ursächlicher Zusammenhang besteht; die Benachteiligung der Gläubiger muss vielmehr unmittelbar durch die Vornahme des Rechtsgeschäfts eingetreten sein.[1066]

322 **§ 132 Abs. 2 InsO** enthält eine Erweiterung auf Rechtshandlungen des Schuldners, durch die dieser ein **Recht verliert** oder nicht mehr geltend machen kann oder durch die ein vermögensrechtlicher **Anspruch** gegen ihn **erhalten** oder durchsetzbar wird. Dieser **Auffangtatbestand** ist in erster Linie auf **Unterlassungen** (vgl.

1060 Henckel, in: Kölner Schrift zur InsO, 2. Aufl., S. 834 Rn 47; HK/Thole, § 132 InsO Rn 6.
1061 Vgl. Begr. zum RegE, BT-Drucks. 12/2443, S. 159.
1062 KPB/Schoppmeyer, § 132 InsO Rn 4; MüKo/Kirchhof, § 132 InsO Rn 5; Häsemeyer, Insolvenzrecht, Rn 21.67.
1063 Bejahend MüKo/Kayser, § 132 InsO Rn 5; FK/Dauernheim, § 132 InsO Rn 2 – **a.A.** Bork/Brinkmann, Handbuch des Insolvenzanfechtungsrechts, Kap. 17 Rn 95; Henckel, ZIP 2004, 1671, 1673; offen lassend für die Tilgung fremder Schuld BGH, 21.5.1980, VIII ZR 40/79, NJW 1980, 1961, 1962 und BGH, 5.2.2004 – IX ZR 473/00, ZIP 2004, 917 ff.
1064 Vgl. Bork/Brinkmann, Handbuch des Insolvenzanfechtungsrecht, Kap. 17 Rn 93.
1065 Vgl. Henckel, ZIP 2004, 1671, 1673.
1066 Begr. zum RegE, BT-Drucks. 12/2443, S. 159.

§ 129 Abs. 2 InsO) zugeschnitten,[1067] erfasst darüber hinaus aber auch Realakte und rechtsgeschäftsähnliche Handlungen des Schuldners.[1068]

II. Allgemeines

§ 132 InsO erfasst – anders als die §§ 130, 131 InsO – **nur Rechtsgeschäfte (Abs. 1)** 323 und bestimmte, den Rechtsgeschäften **gleichgestellte Rechtshandlungen (Abs. 2)** des **Schuldners**. Soweit es um **Unterlassungen** geht, werden **nur bewusste** Verhaltensweisen erfasst, die unmittelbar zu einem Rechtsverlust führen. Es reicht daher nicht aus, dass die Unterlassung des Schuldners nur mittelbar zu einem Rechtsverlust führt, wie es etwa der Fall ist, wenn der Schuldner durch Unterlassung der Mietzahlung den Vermieter zur Kündigung veranlasst.[1069]

Tatbestandsvoraussetzung ist ein Rechtsgeschäft bzw. eine gleichgestellte 324 Rechtshandlung des Schuldners. Diese Voraussetzung ist auch beim Handeln eines vorläufigen Insolvenzverwalters erfüllt, der unter Anordnung eines Zustimmungsvorbehalts bestellt wurde (sog. **„schwacher" vorläufiger Insolvenzverwalter**; vgl. **§ 21 Abs. 2 Satz 1 Nr. 2 Alt. 2 InsO**). Da der Schuldner seine Verfügungsmacht in diesem Fall nicht verloren hat, sind die Rechtshandlungen des vorläufigen Insolvenzverwalters stets auch Rechtshandlungen des Schuldners.[1070] Dessen Handlungen können nach der Rechtsprechung des BGH selbst bei Personenidentität im Grundsatz vom (endgültigen) Insolvenzverwalter angefochten werden, es sei denn, er hat beim Anfechtungsgegner einen **schutzwürdigen Vertrauenstatbestand** hinsichtlich der Beständigkeit seines Erwerbs begründet. Dies ist indes nicht der Fall, wenn der Gläubiger unter Ausnutzung einer wirtschaftlichen Machtstellung gehandelt und etwa die weitere Belieferung von der Begleichung sog. **„Altverbindlichkeiten"** abhängig gemacht hat.[1071] Darüber hinaus können Rechtshandlungen des vorläufigen Insolvenzverwalters wegen **Insolvenzzweckwidrigkeit** unwirksam sein.[1072]

Wie jeder Anfechtungstatbestand erfordert auch § 132 InsO eine **Benachteili-** 325 **gung** der **Insolvenzgläubiger**, die bei **§ 132 Abs. 1 InsO** schon nach dem Wortlaut eine **unmittelbare** sein muss. Für **§ 132 Abs. 2 InsO** soll hingegen nach herrschen-

---

[1067] Begr. zum RegE, BT-Drucks. 12/2443 S. 159; HK/Thole, § 132 InsO Rn 8.
[1068] K. Schmidt/Ganter/Weinland, § 132 InsO Rn 10.
[1069] Vgl. Begr. zum RegE, BT-Drucks. 12/2443, S. 159; Jaeger/Henckel, § 132 InsO Rn 38.
[1070] BGH, 13.3.2003 – IX ZR 64/02, BGHZ 154, 190 ff.; OLG Stuttgart, 24.7.2002 – 3 U 14/02, ZIP 2002, 1900, 1901.
[1071] Vgl. BGH, 13.3.2003 – IX ZR 64/02, BGHZ 154, 190 ff.; BGH, 15.12.2005 – IX ZR 156/04, BGHZ 165, 283 ff.
[1072] Vgl. BGH, 10.1.2013 – IX ZR 172/11, ZIP 2013, 531 f.; BGH, 17.2.2011 – IX ZR 91/10, ZInsO 2011, 1154 ff. Rn 10; BGH, 20.3.2008 – IX ZR 68/06, ZIP 2008, 884 f.

der Auffassung trotz der anderslautenden Gesetzesüberschrift eine **mittelbare** Gläubigerbenachteiligung genügen.[1073] Dieser Auffassung ist zuzustimmen, da sich aus den Gesetzesmotiven hinreichend deutlich ergibt, dass der Eintritt einer unmittelbaren Gläubigerbenachteiligung nicht tatbestandliches Erfordernis des § 132 Abs. 2 InsO sein soll.[1074]

326 Hauptanwendungsfall des § 132 InsO sind sog. „**Verschleuderungsgeschäfte**", durch die sich der Schuldner zur Veräußerung von Vermögensgegenständen ohne gleichwertige Gegenleistung verpflichtet.[1075] Darunter fallen insb. **Notverkäufe**, die der Schuldner **deutlich unter Wert** vornimmt, um sich kurzfristig die benötigte Liquidität zu verschaffen,[1076] darüber hinaus aber auch der Kauf zu überhöhtem Preis.[1077] Dabei ist zu beachten, dass weder dem Schuldner noch dem Anfechtungsgegner die Benachteiligung der übrigen Insolvenzgläubiger bewusst sein muss.[1078]

327 Sind die tatbestandlichen Voraussetzungen des § 132 Abs. 1 InsO erfüllt, so ist nach der herrschenden Auffassung im Schrifttum **im Grundsatz** das Rechtsgeschäft **insgesamt** und nicht etwa nur insoweit **anfechtbar**, als die übrigen Gläubiger unmittelbar benachteiligt werden. Der Anfechtungsgegner kann seine Gegenleistung nur nach Maßgabe des **§ 144 InsO** geltend machen.[1079] Davon geht im Grundsatz auch der BGH aus, wenngleich er in einem Urt. v. 11.6.1980[1080] entschieden hat, dass im Fall der Vereinbarung eines unangemessen hohen **Anwaltshonorars** für **Sanierungsberatungen** bei einer **Teilbarkeit** nur der nicht angemessene Vergütungsteil zur Masse zurückzugewähren sei. Eine Beschränkung der Anfechtung auf die Wertdifferenz erscheint indes wertungsmäßig im Grundsatz nicht geboten, da die für § 132 InsO erforderliche Kenntnis des Anfechtungsgegners hinreichend vor unausgewogenen Geschäften mit dem Schuldner warnt.[1081] Von einer bloßen **Teilanfechtbarkeit** ist allerdings dann auszugehen, wenn die übrigen Gläubiger nur durch eine sachlich **abtrennbare Vertragsklausel** benachteiligt werden.[1082]

1073 MüKo/Kayser, § 132 InsO Rn 27; Jaeger/Henckel, § 132 InsO Rn 37; HK/Thole, § 132 InsO Rn 10; Graf-Schlicker/Huber, § 132 InsO Rn 11.
1074 Vgl. HK/Thole, § 132 InsO Rn 10 mit Hinweis auf die Kommissionsbegründung zu LS 5.2.5 Abs. 3.
1075 KPB/Schoppmeyer, § 132 InsO Rn 18.
1076 MüKo/Kayser, § 132 InsO Rn 1; HambKomm/Rogge/Leptien, § 134 InsO Rn 12.
1077 FK/Dauernheim, § 132 InsO Rn 6.
1078 Vgl. Häsemeyer, Insolvenzrecht, Rn 21.66.
1079 MüKo/Kayser, § 132 InsO Rn 29; HambKomm/Rogge/Leptien, § 132 InsO Rn 13; Zeuner, Die Anfechtung in der Insolvenz, Rn 23 – **a.A.** Häsemeyer, Insolvenzrecht, Rn 21.71.
1080 BGH, 11.6.1980 – VIII ZR 62/79, BGHZ 77, 250 ff.; vgl. dazu ferner BGH, 15.12.1994 – IX ZR 18/94, NJW 1995, 1093, 1094.
1081 Vgl. MüKo/Kayser, § 132 InsO Rn 29.
1082 BGH, 11.11.1993 – IX ZR 257/92, BGHZ 124, 76 ff. – „Breitbandverteilanlage"; BGH, 19.4.2007 – IX ZR 59/06, ZIP 2007, 1120 ff. – „Heimfallanspruch".

III. Einzelheiten

1. Unmittelbar nachteilige Rechtsgeschäfte (§ 132 Abs. 1 InsO)

a) Rechtsgeschäft

Der **Begriff** des **Rechtsgeschäfts** ist grds. i.S.d. **Rechtsgeschäftslehre** des Bürgerlichen Gesetzbuches zu verstehen. Er bezeichnet den aus einer oder mehreren privaten Willenserklärungen, ggf. in Verbindung mit anderen Tatsachen, bestehenden Tatbestand, an den die Rechtsordnung den Eintritt des in der Willenserklärung bezeichneten rechtlichen Erfolgs knüpft.[1083] Dabei hat der Gesetzgeber mit der Verwendung des Begriffs „**vorgenommenes**" statt „eingegangenes" Rechtsgeschäft klargestellt, dass auch **einseitige Rechtsgeschäfte** wie die Kündigung erfasst werden.[1084] § 132 Abs. 1 InsO unterfallen v.a. **schuldrechtliche Verträge**, speziell Vertragsänderungen, Vergleiche[1085] und güterrechtliche Auseinandersetzungsverträge.[1086] Sein Anwendungsbereich erstreckt sich aber auch auf **Verfügungsgeschäfte**, sofern sie dem Zuwendungsempfänger keine Deckung gewähren. Erfasst sind daher bspw. Abtretungen und Schulderlassverträge i.S.d. § 397 Abs. 1 BGB.[1087]

328

Bei **gegenseitigen Verträgen** kann der Insolvenzverwalter allerdings auch gem. § 103 InsO die Erfüllung ablehnen und einem etwaigen Schadensersatzanspruch des Anfechtungsgegners mit dem Einwand der Anfechtbarkeit begegnen.[1088] Hat er aber bereits die Erfüllung des Vertrages gewählt, kann er nicht mehr anfechten, da dies einem unzulässigen Widerruf der Erfüllungswahl gleichkäme.[1089] Dagegen **scheidet** die Anfechtung nach **§ 132 InsO nicht schon dann aus, wenn** der **Schuldner bereits erfüllt** hat. Dessen Erfüllung unterliegt zwar der Deckungsanfechtung, doch kann daneben auch der Vertrag mit der Folge angefochten werden, dass die gewährte Deckung als inkongruent anzusehen ist.[1090]

329

Als **einseitige Rechtsgeschäfte** können insb. gestaltende Willenserklärungen des Schuldners angefochten werden, wie etwa die Kündigung eines für den Schuldner günstigen Vertrages.[1091] Anfechtbar ist ferner die Zustimmung des Schuldners

330

[1083] Vgl. MüKo/Kayser, § 132 InsO Rn 6; MüKo/Kramer, vor § 116 BGB Rn 17; Flume, Das Rechtsgeschäft, S. 23.
[1084] Begr. zum RegE, BT-Drucks. 12/2443, S. 159.
[1085] Vgl. K. Schmidt/Ganter/Weinland, § 132 Rn 13; **a.A.** Uhlenbruck/Ede/Hirte, § 132 InsO Rn 4: Deckungsanfechtung.
[1086] MüKo/Kayser, § 132 InsO Rn 7.
[1087] Vgl. KPB/Schoppmeyer, § 132 InsO Rn 23.
[1088] Gottwald/Huber, Insolvenzrechts-Handbuch, § 47 Rn 73.
[1089] MüKo/Kayser, § 132 InsO Rn 12.
[1090] Vgl. KPB/Schoppmeyer, § 132 InsO Rn 20.
[1091] Begr. zum RegE, BT-Drucks. 12/2443, S. 159.

zur Verwertung von Sicherungsgut unter Wert durch den Sicherungsnehmer.[1092] Selbst **Schweigen** oder **konkludentes Handeln** kann genügen, wenn daran rechtsgeschäftliche Folgen geknüpft werden, wobei letztlich dahingestellt bleiben kann, ob diese Fälle Abs. 1 oder Abs. 2 des § 132 InsO unterfallen. Praktisch bedeutsam ist dies für die Frage der **Genehmigung** von **Lastschriften** gem. **Nr. 7 Abs. 3 AGB-Banken.** So kann nach der neueren Rechtsprechung des BGH insbesondere im unternehmerischen Geschäftsverkehr eine konkludente Genehmigung des Lastschrifteinzuges vorliegen, wenn der Lastschriftschuldner in Kenntnis der Belastung dem Einzug nach Ablauf einer angemessenen Prüffrist nicht widerspricht und er einen früheren Einzug zuvor bereits genehmigt hatte.[1093] **I.d.R.** handelt es sich in solchen Fällen **allerdings** um eine Deckungshandlung, sodass § 132 InsO wegen des Vorrangs der **§§ 130, 131 InsO** ausscheidet.

331   Auch **Erfüllungshandlungen** werden im Grundsatz von § 132 InsO erfasst, sofern sie keine Deckungshandlungen darstellen. Dies kommt in Betracht, wenn es sich nicht um Leistungen auf eine Insolvenzforderung handelt oder wenn der Schuldner auf eine Nichtschuld leistet.[1094]

aa) Unmittelbare Gläubigerbenachteiligung durch gegenseitige Verträge

332   Für die Frage, ob die Gläubiger durch den Abschluss eines gegenseitigen Vertrages unmittelbar benachteiligt werden, ist im Grundsatz das **objektive Wertverhältnis** der ausgetauschten Leistungen und damit i.d.R. der objektiv zu ermittelnde Marktpreis maßgebend. **Krisenbedingte Preisnachlässe** begründen die Anfechtung,[1095] bloße **Sonderangebote** dagegen nicht. Ein Verkauf zu „Sonderpreisen wegen Geschäftsaufgabe" ist anfechtbar, da § 132 Abs. 1 InsO krisenbedingte „Verschleuderungsgeschäfte" verhindern soll.[1096] Da aber häufig kein objektiver Preis feststellbar und den Beteiligten somit ein **gewisser Bewertungsspielraum** zuzubilligen ist, fehlt es an einer unmittelbaren Gläubigerbenachteiligung, wenn sich die Parteien in unverdächtiger Weise auf einen angemessen erscheinenden Preis geeinigt haben.[1097]

333   Erhält der Schuldner für das, was er aus seinem Vermögen weggibt, unmittelbar eine vollwertige Gegenleistung, liegt keine unmittelbare Gläubigerbenachteiligung vor. Erhält er etwas, das zwar **keine Gegenleistung** darstellt, sich aber in anderer

---

1092 Vgl. BGH, 9.1.1997 – IX ZR 1/96, ZIP 1997, 367 ff.
1093 BGH, 20.7.2010 – XI ZR 236/07, ZInsO 2010, 1538 ff.; BGH, 1.3.2011 – XI ZR 320/09, ZIP 2011, 826 ff.; BGH, 25.1.2011 – XI ZR 171/09, ZIP 2011, 482 ff. Rn 23.
1094 KPB/Schoppmeyer, § 132 InsO Rn 24.
1095 Vgl. BGH, 13.3.2003 – IX ZR 64/02, BGHZ 154, 190 ff.; BGH, 13.3.2003 – IX ZR 56/02, ZIP 2003, 855 f.; BGH, 11.10.2010 – IX ZR 370/08, ZIP 2011, 91 ff.; Uhlenbruck/Ede/Hirte, § 132 InsO Rn 9; Jaeger/Henckel, § 132 InsO Rn 13.
1096 Jaeger/Henckel, § 132 InsO Rn 13.
1097 KPB/Schoppmeyer, § 132 InsO Rn 29.

Weise als zumindest gleichwertiger Vorteil erweist, kommt es darauf an, ob der **Vorteil unmittelbar** mit dem **Vermögensopfer zusammenhängt**. Das ist nicht schon dann der Fall, wenn das Vermögensopfer gezielt eingesetzt wird, um den Vorteil zu erreichen. Vielmehr muss sich der Vorteil unmittelbar in einer – den anderweitigen Nachteil zumindest ausgleichenden – Mehrung des Schuldnervermögens niederschlagen. Hingegen bleiben **entferntere Ereignisse** regelmäßig sogar dann **außer Betracht**, wenn sie adäquat kausal verursacht sind.[1098]

Eine unmittelbare Benachteiligung der Gläubiger ist etwa gegeben, wenn der Schuldner **Darlehen** zu **unüblichen Konditionen** vergibt oder in Anspruch nimmt.[1099] Auch die **Bestellung überhöhter Sicherheiten** gegen gleichzeitige Kreditgewährung kann der Anfechtung nach § 132 InsO unterliegen. Auch insoweit ist den Vertragsparteien indes ein gewisser Beurteilungsspielraum zuzubilligen, da der Marktwert des Sicherungsgutes häufig nicht sicher einzuschätzen ist.[1100] Eine der Höhe nach angemessene **Vergütung** des Schuldners für **Sanierungsbemühungen** benachteiligt die Gläubiger aber nicht schon deswegen unmittelbar, weil die Insolvenz letztlich nicht abgewendet werden konnte; dies wäre allenfalls eine mittelbare Benachteiligung. Die Gläubiger können jedoch unmittelbar benachteiligt sein, wenn die zu vergütenden Dienste von vornherein nutzlos waren und deshalb keine gleichwertige Gegenleistung darstellten. Eine Anfechtung nach § 132 InsO kommt ferner in Betracht, wenn das vereinbarte Honorar unangemessen hoch war.[1101]

334

bb) Unmittelbare Gläubigerbenachteiligung durch sonstige Rechtsgeschäfte

Auch die **Abtretung** einer Forderung des Schuldners,[1102] die Übernahme einer **Bürgschaft**, die Eingehung einer **Wechselverbindlichkeit** und selbst die **Verleihung** eines Gegenstandes (vgl. §§ 598 ff. BGB) können die Gläubiger unmittelbar benachteiligen.[1103] Dies gilt ferner für die **Kündigung** eines für den Schuldner günstigen Vertrages,[1104] die **Genehmigung** eines durch einen vollmachtlosen Vertreter abgeschlossenen Vertrages, den **Verzicht** auf ein werthaltiges Recht[1105] und die Zustimmung des Schuldners zu einer nachteiligen Verwertung von Sicherungsgut.[1106] Veranlasst der künftige Insolvenzschuldner die **Umwandlung** einer **Lebensversi-**

335

1098 BGH, 12.7.2007 – IX ZR 235/03, ZInsO 2007, 1107 ff. Rn 11; BGH, 13.3.2003 – IX ZR 64/02, BGHZ 154, 190, 195 f.
1099 Vgl. BGH, 21.4.1988 – IX ZR 71/87, ZIP 1988, 725 ff.; Jaeger/Henckel, § 132 InsO Rn 14.
1100 Vgl. BGH, 4.12.1997 – IX ZR 47/97, ZIP 1998, 248, 251.
1101 BGH, 4.12.1997 – IX ZR 47/97, ZIP 1998, 248, 251; MüKo/Kayser, § 132 InsO Rn 14.
1102 Vgl. BGH, 12.7.2007 – IX ZR 235/03, ZInsO 2007, 1107 ff. Rn 9.
1103 KPB/Schoppmeyer, § 132 InsO Rn 36.
1104 Vgl. Begr. zum RegE, BT-Drucks. 12/2443, S. 159.
1105 Jaeger/Henckel, § 132 InsO Rn 32.
1106 BGH, 9.1.1997 – IX ZR 1/96, ZIP 1997, 367 ff.

cherung in eine Altersrentenversicherung, kommt der Anfechtungstatbestand des § 132 Abs. 1 InsO in Betracht, weil den (künftigen) Insolvenzgläubigern durch die Umwandlung der Lebensversicherung in eine Altersrentenversicherung (§ 851c ZPO) der Rückkaufswert entzogen wird.[1107]

b) Subjektive Tatbestandsvoraussetzungen

336 **Subjektive Voraussetzungen** werden **nur** in der Person des **Anfechtungsgegners** gefordert. Sie entsprechen jenen des § 130 Abs. 1 InsO, sodass auf die dortigen Ausführungen verwiesen werden kann. Es genügt daher, dass der Anfechtungsgegner zum Zeitpunkt der Vornahme der Rechtshandlung (vgl. § 140 InsO) Umstände gekannt hat, die zwingend auf die Zahlungsunfähigkeit oder den Eröffnungsantrag schließen ließen (vgl. **§ 132 Abs. 3 InsO i.V.m. § 130 Abs. 2 InsO**). Zu beachten ist jedoch, dass weder dem Schuldner noch dem Anfechtungsgegner die Unausgewogenheit des Rechtsgeschäfts bewusst gewesen sein muss.[1108]

c) Zeitlicher Anwendungsbereich

337 § 132 Abs. 1 InsO erfasst nur Rechtsgeschäfte, die innerhalb der **letzten 3 Monate** vor der Stellung des Insolvenzantrages oder danach vorgenommen wurden. Auch hier ist es im Einzelfall von wesentlicher Bedeutung für die Beurteilung der Frage, ob das Rechtsgeschäft in den Anfechtungszeitraum fällt, zu welchem Zeitpunkt das Rechtsgeschäft i.S.d. **§ 140 InsO** vorgenommen ist. Dies ist erst in dem Moment der Fall, in dem die **rechtlichen Wirkungen** der Rechtshandlung **eintreten** (vgl. § 140 Abs. 1 InsO). Insoweit ist auf die Ausführungen unter Rdn 56 ff. zu verweisen.

2. Auffangtatbestand des § 132 Abs. 2 InsO

338 § 132 Abs. 2 InsO stellt einen Auffangtatbestand für bestimmte Rechtshandlungen dar, die für die Gläubiger nachteilig sind, ohne dass sie von der Deckungsanfechtung nach den §§ 130, 131 InsO oder der Anfechtung unmittelbar benachteiligender Rechtshandlungen gem. § 132 Abs. 1 InsO erfasst werden.[1109] Insoweit soll § 132 Abs. 2 InsO nach der Gesetzesbegründung v.a. **Regelungslücken** schließen, die nach der KO bei der Anfechtung von **Unterlassungen** im Bereich der besonderen Insolvenzanfechtung bestanden. Darüber hinaus werden im Wesentlichen noch **rechtsgeschäftsähnliche Handlungen** des Schuldners und **Realakte** erfasst.

1107 Vgl. BGH, 13.10.2011 – IX ZR 80/11, NZI 2011, 937; Wimmer, ZInsO 2007, 281, 285.
1108 Vgl. MüKo/Kayser, § 132 InsO Rn 17, 18.
1109 Begr. zum RegE, BT-Drucks. 12/2443, S. 159.

§ 132 Abs. 2 InsO führt mehrere **Beispiele** auf, die nach herrschender Auffassung als **abschließend** anzusehen sind, um einer uferlosen Ausweitung des Anfechtungsrechts vorzubeugen.[1110] Zur Tatbestandsvariante „**ein Recht verliert**" erwähnt die Gesetzesbegründung die Unterlassung eines Protests nach Wechselrecht und die Unterbrechung der Ersitzung. Unter die weitere Variante „**ein Recht nicht mehr geltend machen kann**" fallen nach der Gesetzesbegründung die unterlassene Einlegung von Rechtsmitteln bzw. Rechtsbehelfen und die unterbliebene Verjährungsunterbrechung. I.S.d. dritten Variante des § 132 Abs. 2 InsO **erhalten** wird ein **Anspruch** bspw. durch das Unterlassen einer rechtzeitigen Irrtumsanfechtung nach den §§ 119 ff. BGB, und im Sinne der vierten Variante **durchsetzbar** wird ein Anspruch etwa dann, wenn der Schuldner es unterlässt, in einem Passivprozess die Verjährungseinrede zu erheben.[1111]

339

Die in der **Gesetzesbegründung** erwähnten Anwendungsbeispiele lassen erkennen, dass lediglich an Folgen gedacht war, die **unmittelbar durch** die **Rechtshandlung** des **Schuldners** ausgelöst werden, nicht aber daran, dass diese erst im weiteren Verlauf durch das Eingreifen zusätzlicher Personen eintreten. So genügt es etwa nicht, dass der Vermieter aufgrund des vom Schuldner ausgelösten Zahlungsverzuges den Mietvertrag fristlos gekündigt hat. Dagegen ist es unschädlich, wenn die Verwirklichung einer der tatbestandlichen Folgen im Einzelfall nicht schon von sich aus, sondern erst durch weitere Umstände – mittelbar – zu einer Gläubigerbenachteiligung führt.[1112]

340

3. Darlegungs- und Beweislast

Die **Darlegungs- und Beweislast** hinsichtlich der objektiven und subjektiven Tatbestandsvoraussetzungen des § 132 InsO obliegt **im Grundsatz** dem **Insolvenzverwalter**.[1113] Es obliegt ihm somit i.R.d. § 132 Abs. 1 InsO der Nachweis des anfechtbaren Rechtsgeschäfts und i.R.d. § 132 Abs. 2 InsO jener der gleichgestellten Rechtshandlung des Schuldners. § 132 Abs. 1 InsO erfordert ferner den Nachweis der unmittelbaren Gläubigerbenachteiligung. Darlegungs- und beweisbelastet ist der Insolvenzverwalter zudem hinsichtlich der Vornahme des Rechtsgeschäfts bzw. der Rechtshandlung in den kritischen Anfechtungszeiträumen sowie hinsichtlich der erforderlichen Kenntnis des Anfechtungsgegners, wobei ihm gemäß **§ 132 Abs. 3 InsO** die **Nachweiserleichterung** des § 130 Abs. 2 InsO zugutekommt. Ggü. einer **nahestehenden Person** i.S.d. § 138 InsO wird schließlich gem. **§ 132 Abs. 3 i.V.m.**

341

[1110] Vgl. MüKo/Kayser, § 132 InsO Rn 22; Jaeger/Henckel, § 132 InsO Rn 38; KPB/Schoppmeyer, § 132 InsO Rn 44.
[1111] Vgl. zum Ganzen Begr. zum RegE, BT-Drucks. 12/2443, S. 160.
[1112] MüKo/Kayser, § 132 InsO Rn 22.
[1113] Uhlenbruck/Ede/Hirte, § 132 InsO Rn 17; Jaeger/Henckel, § 132 InsO Rn 35.

§ 130 Abs. 3 InsO vermutet, dass sie die Zahlungsunfähigkeit bzw. den Eröffnungsantrag kannte.

F. § 133 InsO – Vorsätzliche Benachteiligung

I. Gesetzessystematik und Gesetzeszweck

342 § 133 InsO hat den früheren Tatbestand der „Absichtsanfechtung" gem. § 31 KO abgelöst. Der Begriff der „Absicht" wurde durch den Begriff des „Vorsatzes" ersetzt. In der **Gesetzesbegründung** wird indes darauf hingewiesen, dass diese Berichtigung des Gesetzeswortlauts **keine Änderung** des **geltenden Rechtszustandes** bedeute, da auch schon unter der Geltung der KO der **bedingte Vorsatz** als **ausreichend** erachtet worden sei.[1114] Die frühere Rechtsprechung zu § 31 KO kann daher im Grundsatz auch bei der Auslegung des § 133 InsO herangezogen werden.[1115]

343 Der frühere **Anfechtungszeitraum** von 30 Jahren wurde in § 133 Abs. 1 InsO **auf 10 Jahre verkürzt**, wobei nicht mehr vom Zeitpunkt der gerichtlichen Geltendmachung des Anfechtungsanspruchs, sondern wie bei den übrigen Anfechtungstatbeständen von der Stellung des Insolvenzantrages zurückgerechnet wird. § 133 Abs. 1 InsO belässt es aufgrund des langen Anfechtungszeitraums dabei, dass der Insolvenzverwalter den Gläubigerbenachteiligungsvorsatz des Schuldners beweisen muss, wobei ihm jedoch die **Vermutung** des **§ 133 Abs. 1 Satz 2 InsO** zugutekommt. Gelingt dem Insolvenzverwalter der Beweis der die Vermutung tragenden Tatsachen, obliegt dem Anfechtungsgegner der Beweis des Gegenteils.[1116] Mit Wirkung ab dem 5.4.2017 wurde der Anfechtungszeitraum in **§ 133 Abs. 2 InsO** für die Fälle **auf 4 Jahre verkürzt**, in denen die Rechtshandlung dem anderen Teil eine Sicherung oder Befriedigung gewährt oder ermöglicht hat.

344 § 133 Abs. 1 InsO beruht nach der Rechtsprechung des **BGH** auf einem Ansatzpunkt, der sich vom **Schutzzweck der §§ 130 bis 132 InsO grundlegend unterscheidet**.[1117] Er steht nicht in unmittelbarem Zusammenhang mit der **materiellen Insolvenz**, sondern missbilligt bestimmte Verhaltensweisen des Schuldners.[1118] Die

---

1114 Begr. zum RegE, BT-Drucks. 12/2443, S. 160.
1115 Vgl. Jaeger/Henckel, § 133 InsO Rn 1; BGH, 1.4.2004 – IX ZR 305/00, ZInsO 2004, 548 ff. Rn 22 m.w.N.
1116 Vgl. Begr. zum RegE, BT-Drucks. 12/2443, S. 160; BGH, 13.5.2004 – IX ZR 190/03, ZIP 2004, 1512 ff. Rn 18.
1117 BGH, 10.2.2005 – IX ZR 211/02, BGHZ 162, 143 ff. Rn 20; BGH, 16.1.2014 IX ZR 31/12 ZIP 2014, 275 ff. Rn 17.
1118 Vgl. Begr. zum RegE, BT-Drucks. 12/2443, S. 160; Erster Bericht der Insolvenzrechtskommission 1985, S. 417 f.

Bestimmung ist Ausdruck des Gedankens, dass ein Schuldner nicht berechtigt ist, vorsätzlich einzelne Gläubiger ggü. anderen zu bevorzugen, soweit die ihnen ggü. bestehenden Verpflichtungen gleichrangig sind.[1119] Sie schützt also das Interesse der Gläubiger daran, dass der **Schuldner** ihre **prinzipiell gleichen Befriedigungschancen nicht beeinträchtigt.** Zentraler Anknüpfungspunkt ist der in einer Rechtshandlung zum Ausdruck gekommene Wille des Schuldners, den Anfechtungsgegner zum Nachteil anderer Gläubiger zu bevorzugen.[1120]

§ 133 Abs. 1 InsO soll zwar die Interessen der Gläubiger daran schützen, dass der Schuldner ihre prinzipiell gleichen Befriedigungschancen nicht beeinträchtigt. Daraus folgt jedoch **keine Garantenpflicht** des Schuldners, die es gebieten könnte, schon vor dem Eintritt der Krise sämtliche ihm möglichen Maßnahmen zu ergreifen, um eine **gleichmäßige Befriedigung** aller Gläubiger **zu gewährleisten.**[1121] Der insolvenzrechtliche Gleichbehandlungsgrundsatz wurde nach dem System der Anfechtungsregeln bewusst auf die Zeit der Krise beschränkt und verdrängt gemäß §§ 130, 131 InsO erst in der „kritischen" Zeit das die Einzelzwangsvollstreckung beherrschende **Prioritätsprinzip.**[1122] Es erscheint als zweifelhaft, den Gläubiger dem – die besondere Insolvenzanfechtung prägenden – Grundsatz der gleichmäßigen Gläubigerbefriedigung zu unterwerfen, wenn er etwa im Fall der nur drohenden Zahlungsunfähigkeit (vgl. § 133 Abs. 1 Satz 2 InsO) gar keine Möglichkeit hätte, die gleichmäßige Gläubigerbefriedigung durch Stellung eines Insolvenzantrages herbeizuführen.

345

Bislang hat der **BGH** allerdings aus den Erkenntnissen in BGHZ 162, 143 ff. **noch keine Folgerungen** im Hinblick auf den **Gläubigerbenachteiligungsvorsatz des Schuldners gezogen.**[1123] Er geht nach wie vor davon aus, dass ein Schuldner, der zahlungsunfähig ist und seine Zahlungsunfähigkeit kennt, in aller Regel mit Gläubigerbenachteiligungsvorsatz handelt.[1124] Nach BGHZ 162, 143 ff. hat zudem jeder Gläubiger, der in Kenntnis der Zahlungsunfähigkeit des Schuldners vollstreckt, Benachteiligungsvorsatz im Sinne des § 133 Abs. 1 InsO.[1125] Selbst die nur **drohende Zahlungsunfähigkeit** stellt nach der Rechtsprechung des BGH ein **starkes Beweisanzeichen** für den Benachteiligungsvorsatz des Schuldners dar, wenn sie ihm

346

1119 Vgl. Foerste, FS für Picker, 2010,, S. 227 ff.
1120 BGH, 10.2.2005 – IX ZR 211/02, BGHZ 162, 143 ff. Rn 20; Schoppmeyer, NZI 2005, 185, 187 f.; Uhlenbruck/Ede/Hirte, § 133 InsO Rn 3.
1121 Vgl. BGH, 16.1.2014 – IX ZR 31/12, ZIP 2014, 275 ff.: keine Verpflichtung zur Eröffnung eines weiteren Kontos bei Kontopfändung.
1122 BGH, 16.1.2014 – IX ZR 31/12, ZIP 2014, 275 ff. Rn 17; Schoppmeyer, WM 2018, 353, 355.
1123 Vgl. dazu B. Schäfer in Kummer/Schäfer/Wagner, Rn F7a f. u. Ganter, WM 2014, 49 ff., der sich für eine teilweise Weiterentwicklung ausspricht.
1124 BGH, 26.4.2012 – IX ZR 74/11, BGHZ 193, 129 ff. Rn 17; BGH, 18.3.2010 – IX ZR 57/09, ZIP 2010, 841 ff. Rn 19.
1125 BGH, 10.2.2005 – IX ZR 211/02, BGHZ 162, 143 ff. Rn 26.

bei der Vornahme der Rechtshandlung bekannt war.[1126] In diesen Fällen handelt der Schuldner dann nicht mit Benachteiligungsvorsatz, wenn er **aufgrund konkreter Umstände** – etwa der sicheren Aussicht, demnächst Kredit zu erhalten oder Forderungen realisieren zu können – mit einer **baldigen Überwindung** der **Krise rechnen kann**. Droht die Zahlungsunfähigkeit, bedarf es danach konkreter Umstände, die nahe legen, dass die Krise noch abgewendet werden kann.[1127]

347 Die Erkenntnis, dass § 133 Abs. 1 InsO nicht in gleicher Weise wie die Tatbestände der besonderen Insolvenzanfechtung der Durchsetzung der gleichmäßigen Gläubigerbefriedigung dient, sollte zu einer **systemimmanenten Beschränkung** seines **Anwendungsbereichs** führen.[1128] Bei § 133 Abs. 1 InsO ist tatbestandlich **mehr vorauszusetzen als** bei der Deckungsanfechtung nach **§ 130 Abs. 1 InsO**, da ansonsten die Deckungsanfechtung über § 133 Abs. 1 InsO eine Ausdehnung über die relativ kurzen Anfechtungszeiträume des § 130 InsO hinaus erführe.[1129] So kann insbesondere die Kenntnis des Gläubigers von der drohenden Zahlungsunfähigkeit des Schuldners für die einen Zeitraum von zehn Jahren umfassende Vorsatzanfechtung nach § 133 Abs. 1 InsO nicht ausreichen, wenn § 130 Abs. 1 Satz 1 Nr. 1 InsO im wesentlich kürzeren Anfechtungszeitraum der Deckungsanfechtung den Nachweis der eingetretenen Zahlungsunfähigkeit des Schuldners und der entsprechenden Kenntnis des Anfechtungsgegners voraussetzt.[1130] Ein wesentlicher Unterschied zwischen § 130 InsO und § 133 Abs. 1 InsO soll nach Ansicht des Vorsitzenden des IX. Zivilsenats des BGH darin zu sehen sein, dass die subjektiven Voraussetzungen des **§ 133 Abs. 1 InsO** auf der Grundlage einer **Gesamtwürdigung** festzustellen seien, die Raum für entlastende Umstände lasse, während dies bei § 130 InsO nicht der Fall sei.[1131]

348 Es ist jedoch zu bezweifeln, ob dies ein tauglicher Ansatz ist, um das Problem der tatbestandlichen Abgrenzung zu lösen. Zum einen ist allein mit einer tatrichterlichen Gesamtwürdigung im subjektiven Bereich die **notwendige Rechtssicherheit** für die möglichen **Anfechtungsgegner** nicht gewährleistet. Die grundlegendere Frage geht indes dahin, ob ein **Gläubiger**, der bei nur drohender Zahlungsunfähigkeit des Schuldners gegen diesen im Wege des gesetzlich vorgesehenen und justizförmig ablaufenden Zwangsvollstreckungsverfahrens vorgeht und in dieser Situation **noch keinen Insolvenzantrag** zur Wahrung seiner Rechte **stellen könnte**, im

---

1126 BGH, 5.12.2013 – IX ZR 93/11, ZIP 2014, 183 ff. Rn 9; BGH, 22.11.2012 – IX ZR 62/10, ZIP 2013, 79 ff.
1127 BGH, 5.12.2013 – IX ZR 93/11, ZIP 2014, 275 ff. Rn 9.
1128 Vgl. dazu Bork, ZIP 2008, 1041, 1045/1046.
1129 Vgl. Schoppmeyer, ZIP 2009, 603, 604; Foerste, FS für Picker, 2010, S. 227, 241 ff.
1130 Vgl. Schönfelder, WuB VI. A. § 133 InsO 1.09; K. Schmidt/Ganter/Weinland, § 133 Rn 52.
1131 Vgl. Kayser, NJW 2014, 422, 42 mit Hinweis auf BGH, 18.3.2010 – IX ZR 57/09, NZI 2010, 439 ff. Rn 18.

Grundsatz schon dann der Vorsatzanfechtung unterworfen werden darf, wenn er die drohende Zahlungsunfähigkeit des Schuldners kennt. Dies ist zu verneinen, da auch nach der Rechtsprechung des BGH die Geltung des **Prioritätsprinzips** durch § 133 Abs. 1 InsO **außerhalb** der Anfechtungszeiträume der **Deckungsanfechtung im Grundsatz nicht eingeschränkt** wird.[1132] Es geht somit um die grundsätzliche Frage, wie der zu weit gefasste § 133 Abs. 1 InsO gesetzessystematisch gegenüber der Deckungsanfechtung abzugrenzen ist.

Die Rechtsprechung des **BGH** hat die wertungsmäßig **nicht überzeugende Konsequenz**, dass eine **Zwangsvollstreckung** durch einen Gläubiger selbst bei einer **ganz untergeordneten Mitwirkung** des **Schuldners** (vgl. § 133 Abs. 1 Satz 1 InsO: „Rechtshandlung des Schuldners") im Grundsatz bereits dann nach § 133 Abs. 1 InsO anfechtbar sein kann, wenn der Schuldner und der Gläubiger Kenntnis von der (drohenden) Zahlungsunfähigkeit des Schuldners haben, nicht jedoch dann, wenn der Gläubiger ohne Mitwirkung des Schuldners vollstreckt. Der BGH ist insoweit zu **subtilen Erwägungen gezwungen**, unter welchen Voraussetzungen noch von einem selbstbestimmten Verhalten des Schuldners auszugehen ist.[1133] Nicht die nur untergeordnete Beteiligung des Schuldners an dem justizförmig ablaufenden Zwangsvollstreckungsverfahren, sondern die **Beeinträchtigung** der **prinzipiell gleichen Befriedigungschancen** der Gläubiger ist indes der maßgebende Rechtsgedanke des § 133 Abs. 1 InsO. Es ist daher unerheblich, ob der Schuldner dem in den Geschäftsräumen des Schuldners anwesenden Gerichtsvollzieher Geld übergeben oder ob dieser es sich selbst genommen hat.

349

Aus der Regelung in **§ 15a Abs. 1 Satz 1 InsO** über die Verpflichtung des Vertretungsorgans einer juristischen Person zur **Stellung** eines **Insolvenzantrages** bei Eintritt der Zahlungsunfähigkeit oder Überschuldung folgt nicht, dass bei Zahlungen des Schuldners in Kenntnis der Zahlungsunfähigkeit stets von einem Handeln mit Gläubigerbenachteiligungsvorsatz auszugehen ist.[1134]

350

Die **Vermutungsregelung** in **§ 133 Abs. 1 Satz 2 InsO** steht einer solchen einschränkenden Auslegung des § 133 Abs. 1 InsO aufgrund seines Gesetzeszwecks **nicht entgegen**. Im Schrifttum wird vielmehr zu Recht darauf hingewiesen, dass der Gesetzgeber die Vermutung bewusst auf die **Kenntnis** des **Anfechtungsgegners beschränkt** und **nicht** auf den **Gläubigerbenachteiligungsvorsatz** des Schuldners erstreckt hat.[1135] Wer lediglich duldet, dass sein Gläubiger von dem ihm

351

[1132] BGH, 10.2.2005 – IX ZR 211/02, BGHZ 162, 143 ff. Rn 23.
[1133] Vgl. insbes. BGH, 16.1.2014 – IX ZR 31/12, ZIP 2014, 2275 ff.: Unterlässt es der Schuldner, dessen Konten gepfändet sind, ein weiteres Konto zu eröffnen und Zahlungen seiner Schuldner auf dieses Konto zu leiten, so steht diese Unterlassung einer Rechtshandlung nicht gleich.
[1134] Vgl. BAG, 29.1.2014 – 6 AZR 345/12, ZIP 2014, 628 ff. Rn 78 – **a.A.** Bork, ZIP 2014, 797, 807.
[1135] Jaeger/Henckel, § 133 InsO Rn 53 mit Hinweis auf Begr. zum RegE, BT-Drucks. 12/2443, S. 160.

durch das Gesetz zur Verfügung gestellten Zwangsvollstreckungsverfahren Gebrauch macht, nimmt die Benachteiligung seiner übrigen Gläubiger nicht billigend in Kauf. Die Kenntnis des anderen Teils von der „Gläubigerbenachteiligung" im Sinne des § 133 Abs. 1 Satz 2 InsO ist vielmehr vor dem Hintergrund des oben beschriebenen Gesetzeszwecks des § 133 Abs. 1 InsO zu lesen. „Gläubigerbenachteiligung" meint **nicht** die **Beeinträchtigung der gleichmäßigen Gläubigerbefriedigung, sondern** die Beeinträchtigung der **prinzipiell gleichen Befriedigungschancen** der Gläubiger. An einer solchen fehlt es im Rahmen eines justizförmig ablaufenden Zwangsvollstreckungsverfahrens auch dann, wenn der Schuldner daran in untergeordneter Weise mitwirkt, ohne korrigierend in das Geschehen einzugreifen.

352   Der Rechtsgrund des § 133 Abs. 1 InsO war auch von Bedeutung für die Frage, ob die Bestimmung entgegen ihrem Wortlaut, der eine Rechtshandlung des Schuldners fordert, aufgrund von Wertungsgesichtspunkten auf **Rechtshandlungen des Gläubigers** (insb. im Wege der Zwangsvollstreckung) **auszudehnen** sei.[1136] Der **BGH** hat dies im Urt. v. 10.2.2005[1137] **verneint**, weil **§ 133 Abs. 1 InsO nicht im Zusammenhang mit** der **materiellen Insolvenz** des Schuldners steht, **sondern bestimmte Verhaltensweisen** des Schuldners **missbilligt**.

353   Wenngleich § 133 Abs. 1 InsO die Anfechtung an eine vorsätzliche Benachteiligung der Gläubiger knüpft, ist er nach herrschender Auffassung kein Deliktstatbestand und somit **kein Schutzgesetz** i.S.d. **§ 823 Abs. 2 BGB**.[1138] Eine Haftung des Anfechtungsgegners auf Schadensersatz nach Deliktsrecht erfordert vielmehr **besondere erschwerende Umstände** über den Tatbestand des § 133 Abs. 1 InsO hinaus. So kommt etwa ein Schadensersatzanspruch aus § 826 BGB in Betracht, wenn der Schuldner planmäßig mit eingeweihten Helfern zusammenwirkt, um sein wesentliches Vermögen dem Zugriff der Gläubiger zu entziehen.[1139]

354   Aufgrund seines speziellen Rechtsgrundes **konkurriert § 133 Abs. 1 InsO** im Grundsatz **uneingeschränkt mit** den **übrigen Anfechtungstatbeständen**, insb. jenen der Deckungsanfechtung. Jedoch wird seine Auslegung durch jene beeinflusst. Da sowohl die Tatbestände der Deckungsanfechtung als auch § 133 Abs. 1 InsO an die Krisensituation des Schuldners anknüpfen, darf die **Auslegung** des § 133 Abs. 1 InsO **nicht so weit** gehen, dass im Ergebnis die auf die letzten 3 Monate vor der Stellung des Insolvenzantrages beschränkte **Deckungsanfechtung durch** die **Vorsatzanfechtung** über diesen Anfechtungszeitraum hinaus **ausgedehnt**

1136 Vgl. Kreft, KTS 2004, 205, 216 ff.; Rendels, ZIP 2004, 1289, 1294 ff.
1137 BGH, 10.2.2005 – IX ZR 211/02, BGHZ 162, 143 ff. Rn 20.
1138 Jaeger/Henckel, § 133 InsO Rn 3; MüKo/Kayser, vor §§ 129 – 147 InsO Rn 87.
1139 BGH, 16.11.2007 – IX ZR 194/04, BGHZ 174, 228 ff. Rn 16; BGH, 13.7.1995 – IX ZR 81/94, BGHZ 130, 314, 331.

Schäfer

wird.[1140] Der BGH ist daher in seinem Urt. v. 13.8.2009[1141] zu Recht (teilweise) von seiner **früheren Rechtsprechung abgerückt**, wonach der Gläubigerbenachteiligungsvorsatz des Schuldners schon dann zu vermuten war, wenn er seine drohende Zahlungsunfähigkeit kannte, und nach der bei einem Gläubiger, der Umstände kannte, die zwingend auf eine drohende Zahlungsunfähigkeit des Schuldners hindeuteten, **widerleglich zu vermuten** sein sollte, dass er auch die drohende Zahlungsunfähigkeit und die Benachteiligung der Gläubiger kannte.[1142] Tatsachen, aus denen die subjektiven Tatbestandsvoraussetzungen der Vorsatzanfechtung gefolgert werden können, stellen nach der neueren Rechtsprechung des BGH nur mehr oder weniger gewichtige Beweisanzeichen dar, die eine **Gesamtwürdigung** durch den Tatrichter nicht entbehrlich machen (vgl. die Ausführungen unter Rdn 369 ff.).[1143]

Die weite Auslegung des **§ 133 Abs. 1 InsO** durch den BGH hat zu Diskussionen geführt, wie der Tatbestand **gegenüber § 134 InsO abzugrenzen** ist, der eine nur vierjährige Anfechtungsfrist vorsieht. So wird es im Schrifttum als problematisch bezeichnet, wenn die Unentgeltlichkeit der Schuldnerleistung als Indiz für den Gläubigerbenachteiligungsvorsatz des Schuldners angesehen werde, da dies in der Regel auch zur Anwendbarkeit des § 133 Abs. 1 InsO führen müsste.[1144] Dagegen wird indes vom **BGH** und im Schrifttum zu Recht eingewandt, dass für die Anfechtung nach § 134 InsO die Vermögenslage des Schuldners keine Rolle spiele, während **§ 133 Abs. 1 InsO** an die **zusätzliche Voraussetzung** einer **„unsicheren Liquiditätslage"** des Schuldners anknüpfe.[1145] Es wäre nach Ansicht des BGH nicht gerechtfertigt, einen Gläubiger, der eine rechtsgrundlose Leistung erlangt, von der Anfechtung nach § 133 Abs. 1 InsO freizustellen, nicht aber einen Gläubiger, der für einen rechtlich begründeten Anspruch lediglich eine inkongruente Deckung erhält.[1146] Nach der Rechtsprechung des **BAG** sind die unmittelbare Gläubigerbenachteiligung, unentgeltliche Zuwendungen oder Verschleuderungsverträge Beweisanzeichen von geringerer Bedeutung.[1147]

1140 Vgl. dazu Schoppmeyer, ZIP 2009, 600, 603/604 und Foerste, FS für Picker, 2010, S. 227, 241 ff.
1141 BGH, 13.8.2009 – IX ZR 159/06, ZIP 2009, 1966 ff.; vgl. ferner BGH, 8.10.2009 – IX ZR 173/07, ZInsO 2009, 2148 ff.
1142 So noch BGH, 17.2.2004 – IX ZR 318/01, ZInsO 2004, 385, 386; BGH, 13.5.2004 – IX ZR 190/03, ZInsO 2004, 859 ff.
1143 BGH, 13.8.2009 – IX ZR 159/06, ZIP 2009, 1966 ff. Rn 8; BGH, 18.3.2010 – IX ZR 57/09, ZIP 2010, 841 ff. Rn 18; Gehrlein in Ahrens/Gehrlein/Ringstmeier, § 133 InsO Rn 13.
1144 KPB/Bork, § 133 InsO Rn 49.
1145 BGH, 6.12.2012 – IX ZR 3/12, ZIP 2013, 228 ff. Rn 47; K. Schmidt/Ganter/Weinland, § 133 InsO Rn 102.
1146 BGH, 6.12.2012 – IX ZR 3/12, ZIP 2013, 228 ff. Rn 47; BGH, 19.1.2012 – IX ZR 2/11, BGHZ 192, 221 ff. Rn 12.
1147 Vgl. BAG, 12.9.2013 – 6 AZR 980/11, BAGE 146, 64 ff. Rn 57.

Schäfer

355 §133 Abs. 2 InsO sieht eine erleichterte Anfechtbarkeit entgeltlicher, die Insolvenzgläubiger unmittelbar benachteiligender **Verträge** vor, die der Schuldner mit einer ihm **nahestehenden Person** im Sinne des §138 InsO abgeschlossen hat.[1148] Die Anfechtung ist nach §133 Abs. 2 Satz 2 InsO ausgeschlossen, wenn der Vertrag früher als zwei Jahre vor dem Eröffnungsantrag geschlossen wurde oder der andere Teil keine Kenntnis vom Gläubigerbenachteiligungsvorsatz des Schuldners hatte.

II. Allgemeines

356 Der Wortlaut des §133 Abs. 1 InsO setzt eine **Rechtshandlung** des **Schuldners** voraus. Dafür genügt es, wenn der Schuldner in irgendeiner Weise an der Rechtshandlung des Gläubigers oder eines Dritten **mitwirkt**.[1149] Dies ist etwa der Fall beim **Lastschrifteinzug** des Gläubigers[1150] und bei der Zahlung eines Dritten auf **Anweisung** des Schuldners.[1151] Auch Zahlungen des Schuldners unter dem **Druck** der laufenden oder unmittelbar drohenden **Zwangsvollstreckung** stellen Rechtshandlungen des Schuldners i.S.d. §133 Abs. 1 InsO dar.[1152] Anders verhält es sich nur dann, wenn der Schuldner keinerlei Möglichkeit hatte, der Zwangsvollstreckung zu entgehen, und somit jede Möglichkeit eines selbstbestimmten Handelns ausgeschlossen war.[1153]

357 Im **Schrifttum** wurde **erwogen**, §133 Abs. 1 InsO über seinen Wortlaut hinaus auch auf **Rechtshandlungen** des **Gläubigers** anzuwenden.[1154] Denn es sei wertungsmäßig nicht gerechtfertigt, den Gläubiger, der ohne Handlungsalternative des Schuldners auf dessen Vermögen zugreife, besser zu stellen als jenen, den der Schuldner freiwillig befriedige. Dem ist der **BGH nicht gefolgt**. Er hat durch Urt. v. 10.2.2005[1155] entschieden, dass Zwangsvollstreckungshandlungen eines Gläubigers ohne eine vorsätzliche Rechtshandlung oder eine ihr gleichstehende Unterlassung des Schuldners nicht nach §133 Abs. 1 InsO anfechtbar sind. Die Anfechtung kann auch nicht darauf gestützt werden, dass der Schuldner den Insolvenzantrag vorsätzlich verspätet gestellt und dadurch eine Anfechtung vereitelt hat.

1148 Vgl. Begr. zum RegE, BT-Drucks. 12/2443, S. 160.
1149 BGH, 5.7.2007 – IX ZR 256/06, BGHZ 173, 129 ff. Rn 50; Uhlenbruck/Ede/Hirte, §133 InsO Rn 9; HK/Kreft, §133 InsO Rn 6.
1150 Vgl. BGH, 19.12.2002 – IX ZR 377/99, ZInsO 2003, 488 ff.
1151 BGH, 5.7.2007 – IX ZR 256/06, BGHZ 173, 129 ff. Rn 50.
1152 BGH, 19.2.2009 – IX ZR 22/07, ZIP 2009, 728 f.; BGH, 27.5.2003 – IX ZR 169/02, BGHZ 155, 75, 79 f.
1153 Vgl. BGH, 10.2.2005 – IX ZR 211/02, BGHZ 162, 143 ff.; BGH, 3.2.2011 – IX ZR 213/09, ZInsO 2011, 574 ff.
1154 Vgl. Kreft, KTS 2004, 205, 216 ff.; Rendels, ZIP 2004, 1289, 1294; Marotzke, DZWIR 2007, 265, 274 ff.
1155 BGH, 10.2.2005 – IX ZR 211/02, BGHZ 162, 143 ff.

§ 133 Abs. 1 InsO kann sich im Grundsatz gegen jeden Zuwendungsempfänger **358** richten, da der **Anfechtungsgegner** – anders als bei den §§ 130, 131 InsO – **nicht Insolvenzgläubiger** bzw. Vertragspartner des Schuldners sein muss.[1156]

Vertragliche **Lösungsklauseln** bzw. **Verfallsklauseln**, die dem Schuldner für **359** den Fall seiner Insolvenz Vermögensnachteile auferlegen, können nach § 133 Abs. 1 InsO anfechtbar sein, wenn die Nachteile über die gesetzlichen Folgen hinausgehen und nicht zur Erreichung des Vertragszwecks geboten sind.[1157]

III. Einzelheiten

1. Objektiver Tatbestand des § 133 Abs. 1 InsO

Der objektive Tatbestand des § 133 Abs. 1 InsO erfordert eine gläubigerbenachtei- **360** ligende Rechtshandlung des Schuldners, die in den letzten 10 Jahren vor der Stellung des Insolvenzantrages oder danach vorgenommen wurde. Für den Zeitpunkt der **Vornahme** ist wiederum **§ 140 InsO** zu beachten.

a) Rechtshandlung des Schuldners

Der Begriff der **Rechtshandlung** i.S.d. § 133 Abs. 1 InsO deckt sich mit jenem des § 129 **361** Abs. 1 InsO und ist ebenfalls im **weitesten Sinne** zu verstehen.[1158] Auf die dortigen Ausführungen ist daher zu verweisen. Es genügt, wenn der Schuldner durch ein selbstbestimmtes Verhalten an der Rechtshandlung einer anderen Person mitgewirkt[1159] bzw. durch sein Verhalten zu einer gläubigerbenachteiligenden Vermögensverlagerung beigetragen hat.[1160] Ausreichend ist bereits eine **„ermöglichende" Verhaltensweise** des Schuldners, die etwa darin bestehen kann, dass er dem Gläubiger durch die Angabe einer Zahlstelle bzw. durch die Erbringung von Leistungen zur Herstellung einer Aufrechnungslage verhilft[1161] oder durch die Annahme der Leistung eines Drittschuldners die gegen diesen gerichtete Forderung zum Erlöschen bringt.[1162]

[1156] BGH, 29.9.2011 – IX ZR 202/10, ZInsO 2012, 138ff. Rn 11; BGH, 24.5.2012 – IX ZR 142/11, NZI 2012, 713 Rn 2; K. Schmidt/Ganter/Weinland, § 133 InsO Rn 29.
[1157] BGH, 11.11.1993 – IX ZR 257/92, BGHZ 124, 76, 82f. – „Breitbandverteilanlage"; BGH, 12.6.2008 – IX ZB 220/07, WM 2008, 1414, 1415: Heimfall des Erbbaurechts; vgl. ferner zum vertraglich vorgesehenen Wegfall einer zu Sanierungszwecken vereinbarten Lohnkürzung BAG, 19.1.2006 – 6 AZR 529/04, ZIP 2006, 1366ff. und zur Verrechnung der gegenseitigen Ansprüche im Rahmen einer Mitarbeiterbeteiligung BAG, 21.1.2010 – 6 AZR 593/07, ZInsO 2010, 569ff.
[1158] BGH, 5.2.2004 – IX ZR 473/00, ZInsO 2004, 499ff.
[1159] Vgl. BGH, 18.6.2009 – IX ZR 7/07, ZIP 2009, 1434f.; MüKo/Kayser, § 133 InsO Rn 7, 9a.
[1160] BGH, 19.9.2013 – IX ZR 4/13, WM 2013, 1995 Rn 9.
[1161] BGH, 22.4.2004 – IX ZR 370/00, ZIP 2004, 1160f.
[1162] Vgl. MüKo/Kayser, § 133 InsO Rn 8.

362 Beim Handeln gegenüber einem **Vollstreckungsorgan** kommt es darauf an, ob dieses die vom Schuldner zur Abwendung der Zwangsvollstreckung vorgenommene Rechtshandlung **hätte erzwingen können** (dann liegt keine Rechtshandlung des Schuldners vor) oder ob der Schuldner **Handlungsalternativen** hatte.[1163] Auch im Unterlassen eines aussichtsreichen Rechtsbehelfs kann eine Rechtshandlung des Schuldners zu sehen sein. Dies setzt jedoch ein **bewusstes Unterlassen** voraus.[1164] Ein Pfändungspfandrecht kann der Vorsatzanfechtung unterliegen, wenn der Schuldner die Entstehung des Pfandrechts zielgerichtet gefördert, insbesondere ein Pfändungspfandrecht durch sein Verhalten **werthaltig gemacht** hat.[1165] Auch eine **Anweisung** des Schuldners ggü. einer Mittelsperson kann nach § 133 Abs. 1 InsO anfechtbar sein.[1166]

363 An einem **selbstbestimmten Handeln** des Schuldners – und damit an einer Rechtshandlung im Sinne des § 133 Abs. 1 InsO – **fehlt** es, wenn dieser **nur noch die Wahl** hat, die geforderte Zahlung sofort an den Gerichtsvollzieher **zu leisten oder** die **Zwangsvollstreckung zu dulden**.[1167] Dies ist der Fall, wenn der Gerichtsvollzieher ohne die Barzahlung des Schuldners eine Kassenpfändung vorgenommen hätte[1168] oder wenn der Schuldner ihm nach erfolgter **Kontopfändung** einen Scheck aushändigt.[1169] Eine vom Anfechtungsgegner durch **Zwangsvollstreckung** bewirkte Vermögensverlagerung kann nach der Rechtsprechung des BGH nur dann auch als Rechtshandlung des Schuldners gewertet werden, wenn der Schuldner einen Beitrag zum Erfolg der Zwangsvollstreckung geleistet hat, der ein der **Vollstreckungstätigkeit** des **Gläubigers vergleichbares Gewicht** hat.[1170] Nicht jeder auch nur entfernte Mitwirkungsbeitrag des Schuldners rechtfertigt es, die vom Gläubiger durch eine Vollstreckungsmaßnahme erwirkte Vermögensverlagerung auch als Rechtshandlung des Schuldners zu werten. Andernfalls wäre für die Pfändung künftiger Forderungen, die selten ohne eine Mitwirkung des Schuldners entstehen, regelmäßig der Anwendungsbereich des § 133 Abs. 1 InsO eröffnet. Dies stünde nach Ansicht des BGH nicht im Einklang mit dem **Zweck dieser Norm**, außerhalb des Zeitraums von drei Monaten vor dem Antrag auf Eröffnung des Insolvenzverfahrens (§§ 130, 131 InsO) die **prinzipiell gleichen Befriedigungsmöglichkeiten** der Gläubiger auch

---

1163 Vgl. KPB/Bork, § 133 InsO Rn 9.
1164 BGH, 3.2.2011 – IX ZR 213/09, ZIP 2011, 531 ff. Rn 8; KPB/Bork, § 133 InsO Rn 11.
1165 BGH, 14.9.2017 – IX ZR 108/16, ZIP 2017, 1962 ff.; BGH, 21.11.2013 – IX ZR 128/13, ZIP 2014, 35 ff.; BGH, 3.2.2011 – IX ZR 213/09, ZIP 2011, 531 ff. Rn 12.
1166 Vgl. BGH, 29.11.2007 – IX ZR 121/06, BGHZ 174, 314 ff.; KPB/Bork, § 133 InsO Rn 6.
1167 BGH, 10.2.2005 – IX ZR 211/02, BGHZ 162, 143 ff.
1168 Vgl. BGH, 14.6.2012 – IX ZR 145/09, ZIP 2012, 1422 ff. Rn 8.
1169 Vgl. BGH, 8.12.2005 – IX ZR 182/01, ZIP 2006, 290 ff. Rn 27.
1170 Vgl. BGH, 1.6.2017 – IX ZR 48/15, ZInsO 2017, 1422, 1. Leitsatz; BGH, 1.6.2017 – IX ZR 114/16, ZInsO 2017, 1479 f. Rn 7; BGH, 27.4.2017 – IX ZR 192/15, ZIP 2017, 2074 ff. Rn 14.

durch Maßnahmen der Zwangsvollstreckung **zu gewährleisten**.[1171] Vollstreckt ein Gläubiger aus einem **Anerkenntnisurteil**, soll das Anerkenntnis durch den Schuldner zu keiner eigenen mitwirkenden Rechtshandlung führen, wenn die anerkannte Forderung bestand und eingefordert werden konnte und der Schuldner dem Gläubiger durch das Anerkenntnis nicht beschleunigt einen Titel verschaffen wollte.[1172] Vollstreckt ein Gläubiger aus einem Anerkenntnisurteil, das auf einem **Vergleich** beruht, kann nach Ansicht des BGH in dem Vergleichsschluss nur dann eine mitwirkende Rechtshandlung des Schuldners liegen, wenn der Vergleichsinhalt den Bereich verlässt, der bei objektiver Beurteilung ernstlich zweifelhaft sein kann.[1173] Die regelmäßige **Einreichung** von **Umsatzsteuervoranmeldungen**, aufgrund derer das Finanzamt vollstreckbare Steuerbescheide erlässt, hat kein mit der sich anschließenden Vollstreckungstätigkeit des Finanzamts vergleichbares Gewicht.[1174]

Ein selbstbestimmtes Handeln des Schuldners ist jedoch gegeben, wenn ein Pfändungspfandgläubiger das Konto des Schuldners für weitere Verfügungen freigegeben hat, da es damit im Belieben des Schuldners stand, zu wessen Gunsten er verfügte.[1175] Eine Rechtshandlung des Schuldners liegt ferner vor, wenn er die **Kasse** in Erwartung eines Vollstreckungsversuches **gezielt aufgefüllt** hat, um eine Befriedigung des Gläubigers zu ermöglichen.[1176] Aber selbst dann, wenn der Vollziehungsbeamte ohne die Ausstellung eines Schecks durch den Schuldner erfolgreich in dessen sonstiges Vermögen vollstreckt hätte, ist nach der früheren Rechtsprechung des BGH eine anfechtbare Rechtshandlung des Schuldners gegeben, wenn er dem **Vollziehungsbeamten** einen **Scheck übergibt**.[1177] Denn der Vollziehungsbeamte hätte dieses Verhalten nicht erzwingen können. **Unterlässt** es der Schuldner, dessen Konten gepfändet sind, ein weiteres **Konto zu eröffnen** und Zahlungen seiner Schuldner auf dieses freie Konto zu leiten, so steht diese Unterlassung allerdings einer Rechtshandlung nicht gleich.[1178] Sieht der Schuldner hingegen bewusst davon ab, zusätzlich zu seinen gepfändeten Konten ein neues Konto für den Zahlungsverkehr zu eröffnen oder zu Barzahlungen überzugehen, kann darin nach ei-

364

1171 BGH, 1.6.2017 – IX ZR 48/15, ZInsO 2017, 1422, 2. Leitsatz mit Hinweis auf BGH, 10.2.2005 – IX ZR 211/02, BGHZ 162, 143, 150.
1172 BGH, 14.9.2017 – IX ZR 108/16, ZIP 2017, 1962 ff., 1. Leitsatz.
1173 BGH, 14.9.2017 – IX ZR 108/16, ZIP 2017, 1962 ff., 2. Leitsatz; kritisch dazu B. Schäfer, ZInsO 2018, 917 ff.; Pape, ZInsO 2018, 745, 748.
1174 OLG Düsseldorf, 14.11.2019 – 12 U 17/19, ZInsO 2020, 413 ff.
1175 BGH, 25.10.2007 – IX ZR 157/06, ZInsO 2008, 161 ff.
1176 BGH, 3.2.2011 – IX ZR 213/09, ZInsO 2011, 574 ff.
1177 BGH, 14.6.2012 – IX ZR 145/09, ZIP 2012, 1422 ff. Rn 10; in diesem Fall zu Recht am Gläubigerbenachteiligungsvorsatz des Schuldners zweifelnd Ganter, WM 2014, 49, 53.
1178 BGH, 16.1.2014 – IX ZR 31/12, ZIP 2014, 275 ff.

nem Urteil des OLG Naumburg vom 9.12.2015[1179] ein der Rechtshandlung nach § 133 Abs. 1 InsO gleichgestelltes Unterlassen liegen.

b) Gläubigerbenachteiligung

365 Nach dem anfechtungsrechtlichen Grundtatbestand des § 129 Abs. 1 InsO setzt auch § 133 Abs. 1 InsO eine **Gläubigerbenachteiligung** voraus, die **objektiv** auch tatsächlich **eingetreten** und nicht nur gewollt gewesen sein muss.[1180] Dabei muss sich die tatsächlich eingetretene Benachteiligung nicht mit der vom Vorsatz des Schuldners umfassten Benachteiligung decken.[1181] Für die Vorsatzanfechtung genügt – anders als nach § 133 Abs. 2 InsO – eine bloß **mittelbare Gläubigerbenachteiligung**, bei welcher der Nachteil erst nach Abschluss der Rechtshandlung durch das Hinzutreten weiterer Umstände eintritt.[1182] Es ist somit nicht erforderlich, dass bereits bei der Vornahme der Rechtshandlung weitere Gläubiger vorhanden waren, die durch diese benachteiligt wurden.[1183] Auch eine Veräußerung gegen angemessenes Entgelt kann daher anfechtbar sein, wenn die **Gegenleistung** vor der Eröffnung des Insolvenzverfahrens durch eine Handlung des Schuldners oder durch Zufall dem **Zugriff der Gläubiger entzogen** wurde.[1184]

c) Anfechtungszeitraum

366 Mit der Vorsatzanfechtung nach § 133 Abs. 1 InsO können Rechtshandlungen des Schuldners angefochten werden, die in den **letzten 10 Jahren** vor dem Eröffnungsantrag oder danach vorgenommen wurden. Es genügt ein Eigenantrag des Schuldners wegen drohender Zahlungsunfähigkeit (§ 18 InsO).[1185] Der **Vornahmezeitpunkt** bestimmt sich nach **§ 140 InsO** und somit im Grundsatz danach, wann die **rechtlichen Wirkungen** der Rechtshandlung **eingetreten** sind. Wird ein Insolvenzantrag mit der Bitte eingereicht, das Insolvenzgericht möge dessen Bearbeitung noch kurzfristig zurückstellen, ist er dennoch bereits mit der Einreichung wirksam gestellt.[1186]

1179 OLG Naumburg, 9.12.2015 – 5 U 144/15, ZInsO 2016, 455 ff.
1180 Vgl. Jaeger/Henckel, § 133 InsO Rn 16; Nerlich in Nerlich/Römermann, § 133 Rn 15.
1181 BGH, 24.10.2013 – IX ZR 104/13, ZIP 2013, 2262 ff. Rn 14; MüKo/Kayser, § 133 Rn 11.
1182 BGH, 19.4.2007 – IX ZR 59/06, ZInsO 2007, 600 ff. Rn 15.
1183 BGH, 7.5.1987 – IX ZR 51/86, WM 1987, 881, 882.
1184 Jaeger/Henckel, § 133 InsO Rn 19; MüKo/Kayser, § 133 InsO Rn 11.
1185 Graf-Schlicker/Huber, § 133 InsO Rn 10.
1186 BGH, 13.4.2006 – IX ZR 158/05, BGHZ 167, 190 ff.

2. Subjektiver Tatbestand

Angesichts der Weite des objektiven Tatbestandes des § 133 Abs. 1 InsO liegt das Schwergewicht der Prüfung auf den subjektiven Tatbestandsvoraussetzungen, bei deren Auslegung im Blick zu behalten ist, dass eine **übermäßige Ausdehnung** des Tatbestandes der Vorsatzanfechtung und eine **Überschneidung** mit den Tatbeständen der **Deckungsanfechtung** (§§ 130, 131 InsO) **zu vermeiden** ist.[1187] Nach der Rechtsprechung des **Bundesarbeitsgerichts** soll § 133 InsO nicht dem Gedanken der Gläubigergleichbehandlung auch für die Zeit vor Beginn des Dreimonatszeitraums Geltung verschaffen, sondern ein die **gleichen Zugriffschancen** der Gläubiger **beeinträchtigendes Verhalten** des Schuldners sanktionieren.[1188]

a) Vorsatz der Gläubigerbenachteiligung

Wie schon die Vorgängerbestimmung der „Absichtsanfechtung" in § 31 Nr. 1 KO setzt auch § 133 Abs. 1 InsO kein unlauteres Zusammenwirken zwischen Schuldner und Gläubiger und auch **kein unlauteres Handeln** des Schuldners voraus,[1189] es sei denn, es liegen die Voraussetzungen eines Bargeschäfts vor (vgl. § 142 Abs. 1 InsO n.F.). Der Schuldner handelt vielmehr schon dann mit Gläubigerbenachteiligungsvorsatz, wenn er bei der Vornahme der Rechtshandlung (vgl. § 140 InsO) die **Benachteiligung** der **Gläubiger** im Allgemeinen als Erfolg seiner Rechtshandlung gewollt oder als mutmaßliche Folge – sei es auch als unvermeidliche Nebenfolge eines an sich erstrebten anderen Vorteils – **erkannt** und **billigend in Kauf genommen** hat (bedingter Vorsatz).[1190] Kennt der Schuldner seine Zahlungsunfähigkeit, kann daraus (auch) nach der neueren Rechtsprechung des BGH auf seinen Gläubigerbenachteiligungsvorsatz geschlossen werden.[1191] Auch die nur drohende Zahlungsunfähigkeit stellt danach ein starkes Beweisanzeichen für den Gläubigerbenachteiligungsvorsatz des Schuldners dar, wenn sie ihm bei der Vornahme der Rechtshandlung bekannt war.[1192] Der Vorsatz des Schuldners muss sich hingegen nicht auf den konkreten Umstand beziehen, aus dem die Gläubigerbenachteiligung folgt.[1193]

1187 Vgl. dazu BAG, 29.1.2014 – 6 AZR 345/12, ZIP 2014, 628 ff.; Bork, ZIP 2008, 1041, 1045/1046; Schoppmeyer, ZIP 2009, 600 ff.; Ganter, WM 2009, 1441 ff.
1188 BAG, 29.1.2014 – 6 AZR 345/12, ZIP 2014, 628 ff. Rn 82.
1189 BGH, 17.7.2003 – IX ZR 272/02, ZIP 2003, 1799 ff.; BGH, 13.5.2004 – IX ZR 190/03, ZInsO 2004, 859 ff. Rn 14; HambKomm/Rogge/Leptien, § 133 InsO Rn 13.
1190 BGH, 18.12.2008 – IX ZR 79/07, ZIP 2009, 573 ff. Rn 13 – „Großküchenbetrieb"; BGH, 13.4.2006 – IX ZR 158/05, BGHZ 167, 190 ff. Rn 14; BGH, 27.5.2003 – IX ZR 169/02, BGHZ 155, 75, 83 f.
1191 BGH, 10.1.2013 – IX ZR 13/12, ZIP 2013, 174 ff. Rn 14 – „Göttinger Gruppe".
1192 BGH, 25.4.2013 – IX ZR 235/12, ZIP 2013, 1127 f. Rn 24; BGH, 5.3.2009 – IX ZR 85/07, BGHZ 180, 98 ff. Rn 10.
1193 BGH, 10.1.2008 – IX ZR 33/07, ZInsO 2008, 271 ff.; HK/Thole, § 133 InsO Rn 16.

369 Der **BGH** hatte seine **Rechtsprechung zwischenzeitlich** dahin gehend **ausgedehnt**, dass ein Schuldner, der seine Zahlungsunfähigkeit kenne, in aller Regel mit **Gläubigerbenachteiligungsvorsatz** handle;[1194] dessen Vorliegen sei darüber hinaus schon dann **zu vermuten**, wenn der Schuldner seine **drohende Zahlungsunfähigkeit kenne**. Dies sei aus **§ 133 Abs. 1 Satz 2 InsO** zu folgern. Da für den anderen Teil die Kenntnis vom Gläubigerbenachteiligungsvorsatz des Schuldners vermutet werde, wenn er gewusst habe, dass dessen Zahlungsunfähigkeit gedroht habe, könnten für den Schuldner selbst keine strengeren Anforderungen gelten.[1195]

370 Im **Schrifttum** wurde jedoch zu Recht geltend gemacht, dass diese Rechtsprechung zu **Problemen** bei der **Abgrenzung** der Vorsatzanfechtung – die ja 10 Jahre zurückreicht – ggü. der **Deckungsanfechtung** führt.[1196] Vermutet man bei einem Schuldner, der seine Zahlungsunfähigkeit oder gar nur seine drohende Zahlungsunfähigkeit kennt, das Vorliegen des Gläubigerbenachteiligungsvorsatzes, und hat auch der Gläubiger Kenntnis von der (drohenden) Zahlungsunfähigkeit des Schuldners, an welche wiederum gem. § 133 Abs. 1 Satz 2 InsO die Vermutung der Kenntnis des Gläubigerbenachteiligungsvorsatzes geknüpft wird, so **droht** in der Tat die **Deckungsanfechtung zum Unterfall der Vorsatzanfechtung zu werden**.[1197]

371 Der **BGH** ist daher **zu Recht** von der oben genannten Rechtsprechung (teilweise) wieder **abgerückt**. Nach seinem Urt. v. 13.8.2009[1198] begründen Tatsachen, aus denen die subjektiven Tatbestandsvoraussetzungen der Vorsatzanfechtung gefolgert werden können, **keine Vermutung, sondern** stellen nur mehr oder weniger gewichtige **Beweisanzeichen** dar. Danach hat der Tatrichter die subjektiven Voraussetzungen des § 133 Abs. 1 InsO gem. § 286 Abs. 1 ZPO unter **Würdigung** aller maßgeblichen Umstände des Einzelfalles auf der Grundlage des **Gesamtergebnisses** der Verhandlung und einer etwaigen Beweisaufnahme zu prüfen. Soweit frühere Entscheidungen anders verstanden werden könnten, werde daran nicht festgehalten.

372 In einem Urt. v. 30.6.2011[1199] ist indes erneut davon die Rede, dass § 133 Abs. 1 Satz 2 InsO eingreife, wenn dem Anfechtungsgegner Umstände bekannt gewesen seien, die zwingend auf die drohende Zahlungsunfähigkeit des Schuldners hingedeutet hätten; von einem Gläubiger dem solche Umstände bekannt seien, sei wider-

---

1194 BGH, 16.10.2008 – IX ZR 183/06, ZInsO 2009, 87 ff. Rn 46.
1195 Vgl. BGH, 29.11.2007 – IX ZR 121/06, BGHZ 174, 314 ff. Rn 32; BGH, 13.4.2006 – IX ZR 158/05, BGHZ 167, 190 ff. Rn 14 sowie BGH, 30.6.2011 – IX ZR 134/10, ZInsO 2011, 1410 ff. Rn 8; HK/Thole, § 133 InsO Rn 16.
1196 Vgl. Schoppmeyer, ZIP 2009, 600, 603/604; Foerste, FS für Picker, 2010, S. 227, 241 ff.
1197 So der treffende Titel des Beitrags von Schoppmeyer, ZIP 2009, 600 ff.
1198 BGH, 13.8.2009 – IX ZR 159/06, ZInsO 2009, 1901 ff.; bestätigt durch Urt. v. 8.10.2009 – IX ZR 173/07, ZInsO 2009, 2148 ff. und v. 18.3.2010 – IX ZR 57/09, ZInsO 2010, 807 ff.
1199 BGH, 30.6.2011 – IX ZR 155/08, ZIP 2011, 1523 ff. Rn 32; vgl. dazu ferner BGH, 30.6.2011 – IX ZR 134/10, ZIP 2011, 1416 ff.

leglich zu vermuten, dass er auch die drohende Zahlungsunfähigkeit und die Benachteiligung der Gläubiger kenne. Auch die nur **drohende Zahlungsunfähigkeit** soll ein starkes Beweisanzeichen für den Gläubigerbenachteiligungsvorsatz des Schuldners darstellen, wenn sie ihm bei der Vornahme der Rechtshandlung bekannt war.[1200] Es bleibt abzuwarten, ob der BGH daran nach der Reform des Insolvenzanfechtungsrechts für kongruente Deckungen noch festhält. Der **Schluss** auf das Vorliegen eines **Gläubigerbenachteiligungsvorsatzes** des Schuldners ist allerdings dann **nicht gerechtfertigt**, wenn Umstände vorliegen, die den Benachteiligungsvorsatz infrage stellen, weil die angefochtene Rechtshandlung von einem anderen, **anfechtungsrechtlich unbedenklichen Willen** geleitet war und das Bewusstsein bzw. die Billigung der Benachteiligung anderer Gläubiger in den Hintergrund getreten ist. Erbringt ein Schuldner, der seine Zahlungsunfähigkeit kennt, eine Leistung in der **berechtigten Annahme**, dadurch eine Gegenleistung in sein Vermögen zu veranlassen, kann ihm eine gleichwohl eingetretene Gläubigerbenachteiligung nicht bewusst geworden sein, auch wenn die Voraussetzungen eines **bargeschäftsähnlichen Leistungsaustauschs** nicht gegeben sind.[1201]

aa) Bedeutung von Indizien

Die subjektiven Tatbestandsmerkmale der Vorsatzanfechtung können – weil es sich um **innere**, dem Beweis nur eingeschränkt zugängliche **Tatsachen** handelt – meist nur **mittelbar aus objektiven Tatsachen** hergeleitet werden. Soweit dabei Rechtsbegriffe wie etwa die Zahlungsunfähigkeit betroffen sind, muss deren Kenntnis zudem oft aus der Kenntnis von Anknüpfungstatsachen erschlossen werden.[1202] Die Rechtsprechung hat daher zur Feststellung eines Benachteiligungsvorsatzes im Laufe der Zeit bestimmte, aus der **Lebenserfahrung** abgeleitete Grundsätze (**Beweisanzeichen**) entwickelt.[1203] So kann es etwa auf einen Gläubigerbenachteiligungsvorsatz hindeuten, wenn der Schuldner ein Grundstück überträgt und sich gleichzeitig einen **Rückauflassungsanspruch** vormerken lässt. Indizielle Bedeutung kann ferner einem **Näheverhältnis** im Sinne des § 138 InsO zwischen dem Schuldner und dem Begünstigten zukommen.[1204] Die **Wahl** einer ungünstigen **Steuerklasse** kann für einen Gläubigerbenachteiligungsvorsatz sprechen, wenn dafür kein sachlich rechtferti-

373

[1200] BGH, 24.1.2013 – IX ZR 11/12, ZIP 2013, 371 ff. Rn 23.
[1201] BGH, 18.7.2019 – IX ZR 258/18, ZIP 2019, 1624 ff. und BGH, 21.11.2019 – IX ZR 238/18, WM 2020, 100 ff. zur Urlaubskasse im Baugewerbe.
[1202] BGH, 7.11.2013 – IX ZR 248/12, ZIP 2013, 2368 ff. Rn 7; BGH, 13.8.2009 – IX ZR 159/06, ZInsO 2009, 1901 ff. Rn 8; BAG, 29.1.2014 – 6 AZR 345/12, ZIP 2014, 628 ff. Rn 61.
[1203] Vgl. BGH, 8.12.2005 – IX ZR 182/01, ZInsO 2006, 94 ff. Rn 21; MüKo/Kayser, § 133 InsO Rn 27.
[1204] MüKo/Kayser, § 133 InsO Rn 27.

gender Grund erkennbar ist.[1205] Hat der Schuldner eine **inkongruente Deckung** vorgenommen, auf die der Begünstigte keinen Rechtsanspruch hatte, so ist darin i.d.R. ein **starkes Beweisanzeichen** für einen Gläubigerbenachteiligungsvorsatz des Schuldners zu sehen.[1206] Werden Sozialversicherungsbeiträge mehrere Monate verspätet abgeführt, kann daraus auf eine Zahlungseinstellung des Schuldners und einen Benachteiligungsvorsatz geschlossen werden.[1207]

374 Bei **fehlgeschlagenen Sanierungsbemühungen**[1208] kann indes selbst der Schluss von der Gewährung einer inkongruenten Deckung auf den Gläubigerbenachteiligungsvorsatz des Schuldners ausgeschlossen sein, wenn diese den Bestandteil eines **ernsthaften**, letztlich allerdings fehlgeschlagenen **Sanierungsversuchs** bildeten.[1209] Ein Sanierungskonzept muss, um zu einer Verneinung des Gläubigerbenachteiligungsvorsatzes zu führen, zwar nicht bestimmten formalen Erfordernissen entsprechen, wie sie das Institut für Wirtschaftsprüfer in Deutschland e.V. in dem IDW Standard S6 (IDW S6) oder das Institut für die Standardisierung von Unternehmenssanierungen (ISU) als Mindestanforderungen an Sanierungskonzepte aufgestellt haben. Um die Vermutung des § 133 Abs. 1 Satz 2 InsO zu widerlegen, ist jedoch Voraussetzung auf Schuldnerseite, dass zur Zeit der angefochtenen Handlung ein **schlüssiges**, von den tatsächlichen Gegebenheiten ausgehendes **Sanierungskonzept** vorlag, das mindestens in den Anfängen schon **in die Tat umgesetzt** war und die ernsthafte und begründete **Aussicht auf Erfolg** rechtfertigte; die bloße Hoffnung des Schuldners auf eine Sanierung räumt seinen Gläubigerbenachteiligungsvorsatz nicht aus.[1210] Erforderlich sind eine Analyse der Verluste und der Möglichkeit deren künftiger Vermeidung, eine Beurteilung der Erfolgsaussichten und der Rentabilität des Unternehmens in der Zukunft und Maßnahmen zur Vermeidung oder Beseitigung der (drohenden) Insolvenzreife. Bei einem **Sanierungsvergleich** müssen zudem die Art und Höhe der Verbindlichkeiten, die Art und Zahl der Gläubiger und die zur Sanierung erforderliche Quote des Erlasses der Forderungen festgestellt werden. Da eine Zustimmung aller Gläubiger regelmäßig nicht zu erreichen ist, muss eine Zustimmungsquote nach Schuldenstand

---

1205 BGH, 4.10.2005 – VII ZB 26/05, WM 2005, 2324 f.
1206 Vgl. BGH, 17.7.2003 – IX ZR 272/02, ZInsO 2003, 850 ff. Rn 10; BGH, 5.3.2009 – IX ZR 85/07, BGHZ 180, 98 ff. Rn 17; BAG, 27.3.2014 – 6 AZR 989/12, ZInsO 2014, 1386 ff. Rn 33 – anders hingegen BGH, 18.11.2004 – IX ZR 299/00, ZInsO 2005, 439 ff. zur Forderungsabtretung an Subunternehmer.
1207 BGH, 7.5.2015 – IX ZR 95/14, ZIP 2015, 1234 ff.
1208 Vgl. zur Anfechtung bei Sanierungsmaßnahmen Gehrlein, WM 2011, 577 ff. und Ganter, WM 2009, 1441, 1447 ff.
1209 BGH, 10.7.2014 – IX ZR 192/13, ZIP 2014, 1491 ff. Rn 43; BGH, 8.12.2011 – IX ZR 156/09, ZIP 2012, 137 ff. Rn 11; BGH, 5.3.2009 – IX ZR 85/07, BGHZ 180, 98 ff. Rn 17; BGH, 1.4.2004 – IX ZR 305/00, ZInsO 2004, 548 ff.
1210 BGH, 14.6.2018 – IX ZR 22/15, ZIP 2018, 1794 ff. Rn 10; BGH, 12.5.2016 – IX ZR 65/14, BGHZ 210, 249 ff.

festgelegt werden, gegebenenfalls für unterschiedliche Arten von Gläubigergruppen, sowie die Behandlung nicht verzichtender Gläubiger. Gegebenenfalls sind Art und Höhe einzuwerbenden frischen Kapitals darzustellen sowie die Chance, dieses tatsächlich zu gewinnen.[1211] Der Schuldner muss nicht der sicheren Überzeugung gewesen sein, die Sanierung werde gelingen.[1212] An dem Erfordernis, dass das Sanierungskonzept schon in die Tat umgesetzt sein muss, sollte jedoch nicht uneingeschränkt festgehalten werden, da davon der Gläubigerbenachteiligungsvorsatz des Schuldners nicht abhängt.[1213]

Auch wenn die Sanierung **objektiv aussichtslos** war, der Schuldner sie **aber ernsthaft betrieben** und für erfolgversprechend gehalten hat, kann es am Gläubigerbenachteiligungsvorsatz des Schuldners fehlen.[1214] Die nicht fachgerechte Einleitung eines Sanierungsversuchs kann allerdings Rückschlüsse auf mangelnde Ernsthaftigkeit zulassen.[1215] Ein erfolgversprechendes Sanierungskonzept setzt nicht in jedem Fall eine Einbeziehung sämtlicher Gläubiger voraus, denn ein Sanierungsversuch kann auch aussichtsreich sein, wenn sich die beabsichtigten Maßnahmen nur auf einen **Teil der Gläubiger** erstrecken, etwa wenn umfangreiche Forderungsverzichte dem Schuldner Liquidität verschaffen sollen, mit der er in die Lage versetzt wird, seine übrigen Gläubiger vollständig zu befriedigen.[1216]

375

Ein Gläubigerbenachteiligungsvorsatz des Schuldners und eine entsprechende Kenntnis des Anfechtungsgegners können aber auch dann ausgeschlossen sein, wenn lediglich ein **Überbrückungskredit** gewährt wurde, der nicht die Qualität eines Sanierungsversuchs erreichte. Die subjektiven Anfechtungsvoraussetzungen des **§ 133 Abs. 1 InsO** dürfen **nicht schon** deswegen bejaht werden, **weil ein Sanierungsversuch objektiv nicht hinreichend fachgerecht vorbereitet** wurde; denn Fahrlässigkeit genügt nicht für eine Anwendung des § 133 Abs. 1 InsO. Beteiligte, die ernsthaft und mit aus ihrer Sicht tauglichen Mitteln die Sanierung anstreben, handeln vielmehr subjektiv redlich.[1217] Nach einem zweifelhaften Urteil des LG Frankfurt a.M. vom 7.5.2015[1218] soll einem anwaltlichen Sanierungskonzept, dessen Umsetzung von **rechtlichen und tatsächlichen Unwägbarkeiten** abhängt, die notwendige

376

1211 BGH, 14.6.2018 – IX ZR 22/15, ZIP 2018, 1794 ff. Rn 10; BGH, 12.5.2016 – IX ZR 65/14, BGHZ 210, 249 ff. Rn 18.
1212 BGH, 12.9.2019 – IX ZR 264/19, ZIP 2019, 1921 ff. Rn 29; BGH, 12.11.1992 – IX ZR 236/91, ZIP 1993, 276 ff. Rn 31.
1213 Vgl. Thole, ZIP 2013, 2081, 2087.
1214 Ganter, WM 2009, 1441, 1447.
1215 BGH, 4.12.1997 – IX ZR 47/97, WM 1998, 248, 251.
1216 BGH, 8.12.2011 – IX ZR 156/09, ZIP 2012, 137 ff. Rn 13.
1217 BGH, 4.12.1997 – IX ZR 47/97, NJW 1998, 1561, 1564; OLG München, 21.5.2008 – 20 U 4231/07, veröffentlicht bei juris, Rn 52.
1218 Landgericht Frankfurt a.M., 7.5.2015 – 2–32 O 102/13, ZIP 2015, 1358 ff. – „Q-Cells"; zu Recht kritisch dazu Ganter, ZIP 2015, 1413 ff.

Erfolgsaussicht fehlen können, um den Gläubigerbenachteiligungsvorsatz auszuschließen, und zwar beim Vorliegen eines abweichenden erstinstanzlichen Urteils selbst dann, wenn sich der BGH später der Auffassung der Rechtsberater anschließt.

377 Die **Indizwirkung** einer **Kenntnis** der Zahlungsunfähigkeit für das Handeln mit Gläubigerbenachteiligungsvorsatz **kann im Einzelfall ausgeschlossen sein**, wenn der Schuldner von einer anfechtungsrechtlich unbedenklichen Willensrichtung geleitet war und das Bewusstsein der Benachteiligung anderer Gläubiger infolgedessen in den Hintergrund getreten ist. So kann dem Schuldner bei einer **bargeschäftsähnlichen Lage** gerade infolge des gleichwertigen Austauschs von Leistung und Gegenleistung die dadurch eingetretene mittelbare Benachteiligung seiner Gläubiger nicht bewusst geworden sein.[1219] Tauscht der zahlungsunfähige Schuldner in bargeschäftsähnlicher Weise Leistungen aus, kann allein aus dem Wissen des Gläubigers um die zumindest drohende Zahlungsunfähigkeit des Schuldners nicht auf sein Wissen von einer Gläubigerbenachteiligung geschlossen werden; ein solcher Schluss setzt das Wissen des Gläubigers voraus, dass die Belieferung des Schuldners mit gleichwertigen Waren für die übrigen Gläubiger nicht von Nutzen ist, weil der Schuldner **fortlaufend unrentabel arbeitet** und weitere Verluste erwirtschaftet.[1220] Die Darlegungs- und Beweislast für diese Kenntnis des Anfechtungsgegners trifft den anfechtenden Insolvenzverwalter.[1221]

bb) Kongruente Rechtshandlung

378 Ein Gläubigerbenachteiligungsvorsatz des Schuldners kann im Grundsatz auch bei einer **kongruenten Rechtshandlung** gegeben sein, wenn somit der Anfechtungsgegner nur das erhält, was ihm nach Gesetz oder Vertrag zusteht. In diesem Fall sind jedoch an die Darlegung und den Beweis des Benachteiligungsvorsatzes **erhöhte Anforderungen** zu stellen.[1222] Nach der Rechtsprechung des BGH und des Bundesarbeitsgerichts handelt ein Schuldner, dem es **mehr auf** die **Erfüllung** seiner **Vertragspflichten als auf** die **Schädigung** der übrigen **Gläubiger ankommt**, nicht mit Gläubigerbenachteiligungsvorsatz.[1223] Ohne Benachteiligungsvorsatz han-

---

1219 BGH, 17.11.2016 – IX ZR 65/15, ZIP 2016, 2423 ff. Rn 31; BGH, 10.7.2014 – IX ZR 192/13, BGHZ 202, 59 ff. Rn 44.
1220 BGH, 19.9.2019 – IX ZR 148/18, ZIP 2019, 2225 ff.; BGH, 4.5.2016 – IX ZR 285/16, ZIP 2017, 1232 f.
1221 BGH, 19.9.2019 – IX ZR 148/18, ZIP 2019, 2225 ff. Rn 23.
1222 BGH, 20.12.2007 – IX ZR 93/06, ZInsO 2008, 273 ff. Rn 19; BGH, 13.5.2004 – IX ZR 190/03, ZInsO 2004, 859 ff.
1223 BGH, 19.3.1998 – IX ZR 22/97, ZInsO 1998, 89 ff.; BGH, 18.2.1993 – IX ZR 129/92, NJW 1993, 1640, 1641; BAG, 29.1.2014 – 6 AZR 345/12, ZIP 2014, 628 ff. Rn 85, 89; MüKo/Kayser, § 133 InsO Rn 33a; kritisch dazu Thole, Gläubigerschutz durch Insolvenzrecht, S. 495, 496.

delt in aller Regel derjenige Schuldner, der eine kongruente Gegenleistung für die von ihm empfangene Leistung erbringt, welche zur **Fortführung** seines eigenen **Unternehmens nötig** ist und damit den **Gläubigern** im Allgemeinen **nützt**.[1224]

War dem Schuldner bei der Vornahme der Rechtshandlung seine **Zahlungsunfähigkeit bewusst**, so liegt zwar der Schluss auf ein Handeln mit Gläubigerbenachteiligungsvorsatz nahe, wenn er einen von ihnen vollständig befriedigt. Ein solcher Schluss ginge aber zumindest bei einer kongruenten Deckung zu weit. Es **müssen** vielmehr **weitere Umstände hinzukommen**, die das Verhalten des Schuldners **nicht als bloße Erfüllung** seiner **Vertragspflichten erscheinen lassen**, um einen Wertungswiderspruch zu § 130 Abs. 1 Nr. 1 Satz 1 InsO zu vermeiden.[1225] Im **Schrifttum** wird zum Teil angenommen, dass die Kongruenz der Deckungshandlung regelmäßig ein Beweisanzeichen gegen die bewusste Inkaufnahme der Gläubigerbenachteiligung darstelle.[1226] Der **BGH** versucht, dem Problem dadurch Rechnung zu tragen, dass er vom Tatrichter eine **Gesamtwürdigung** aller maßgeblichen Umstände fordert.[1227]

Befriedigt der Schuldner in **Kenntnis** seiner **Zahlungsunfähigkeit** einen Gläubiger, so handelt er nach der Rechtsprechung des BGH in der Regel mit Gläubigerbenachteiligungsvorsatz, da er in diesem Fall weiß, dass sein Vermögen nicht ausreicht, um sämtliche Gläubiger zu befriedigen. In Fällen **kongruenter Leistungen** hat der BGH allerdings anerkannt, dass der Schuldner trotz der Indizwirkung einer erkannten Zahlungsunfähigkeit ausnahmsweise nicht mit Gläubigerbenachteiligungsvorsatz handelt, wenn er seine Leistung Zug um Zug gegen eine zur Fortführung seines Unternehmens **unentbehrliche Gegenleistung** erbracht hat, die den Gläubigern im Allgemeinen nutzt.[1228] Der subjektive Tatbestand des § 133 Abs. 1 InsO kann nach dieser Rechtsprechung des BGH nicht festgestellt werden, wenn im unmittelbaren Zusammenhang mit der potentiell anfechtbaren Rechtshandlung eine gleichwertige Gegenleistung in das Vermögen des Schuldners gelangt, also ein Leistungsaustausch ähnlich einem Bargeschäft stattfindet. Im Falle einer solchen **bargeschäftsähnlichen Lage** kann dem Schuldner infolge des gleichwertigen Leistungsaustauschs die dadurch eingetretene mittelbare Gläubigerbenachteiligung nicht bewusst geworden sein.[1229]

[1224] BGH, 17.7.2014 – IX ZR 240/13, ZIP 2014, 1595 ff. Rn 29. BGH, 16.2.2009 – IX ZR 28/07, ZInsO 2010, 87 ff.; BGH, 10.7.1997 – IX ZR 234/96, NJW 1997, 3028, 3029.
[1225] Vgl. KPB/Bork, § 133 InsO Rn 25, 46; Schoppmeyer, ZIP 2009, 600 ff.; Jacoby, KTS 2009, 3 ff.
[1226] Kirchhof, FS für G. Fischer, 2008, S. 285, 295; HK/Kreft, 6. Aufl., § 133 Rn 14 a.E.
[1227] BGH, 24.1.2013 – IX ZR 11/12, ZIP 2013, 371 ff. Rn 28.
[1228] BGH, 19.9.2019 – IX ZR 148/18, ZIP 2019, 2225 ff.; BGH, 27.9.2018 – IX ZR 313/16, ZIP 2018, 2124 f. Rn 3; BGH, 12.2.2015 – IX ZR 180/12, ZIP 2015, 585 ff. Rn 22; BGH, 17.7.2014 – IX ZR 240/13, ZIP 2014, 1595 ff. Rn 29.
[1229] BGH, 10.7.2014 – IX ZR 280/13, ZIP 2014, 1887 ff. Rn 24; Kayser, NJW 2014, 422, 427; Fischer, NZI 2008, 588, 594.

381 Auch bei einem solchen bargeschäftsähnlichen Leistungsaustausch wird sich der Schuldner nach Ansicht des BGH allerdings der eintretenden **mittelbaren Gläubigerbenachteiligung** dann **bewusst** werden, wenn er weiß, dass er trotz Belieferung zu marktgerechten Preisen **fortlaufend unrentabel** arbeitet und deshalb bei der Fortführung seines Geschäfts weitere Verluste anhäuft, welche die Befriedigungsaussichten der Gläubiger weiter mindern, ohne dass auf längere Sicht Aussicht auf Ausgleich besteht.[1230] Zu beachten ist in diesem Zusammenhang jedoch die mit Wirkung ab dem 5.4.2017 in Kraft getretene **Neuregelung** des **§ 142 Abs. 1 InsO**, wonach eine Leistung des Schuldners, für die unmittelbar eine gleichwertige Gegenleistung in sein Vermögen gelangt ist, nur dann anfechtbar ist, wenn die **Voraussetzungen** des **§ 133 Abs. 1 bis 3 InsO** gegeben sind und der andere Teil erkannt hat, dass der Schuldner **unlauter** handelte. Das aus der Kenntnis von der Zahlungsunfähigkeit abgeleitete Beweisanzeichen für den Gläubigerbenachteiligungsvorsatz des Schuldners entfällt jedoch trotz der Belieferung des Schuldners zu marktgerechten Preisen nicht, wenn es wegen eines verlängerten und erweiterten **Eigentumsvorbehalts** des Geschäftspartners an dem erforderlichen unmittelbaren Austausch gleichwertiger Leistungen fehlt.[1231]

382 **Selbst wenn** im Übrigen – so der BGH – eine solche **bargeschäftsähnliche Situation** vorliege, werde sich der Schuldner der eingetretenen mittelbaren Gläubigerbenachteiligung jedoch gleichwohl bewusst werden, wenn er wisse, dass er trotz Belieferung zu marktgerechten Preisen **fortlaufend unrentabel** arbeite und **weitere Verluste** anhäufe. In einem solchen Fall könne der Schuldner nicht davon ausgehen, dass der durch die angefochtenen Zahlungen ermöglichte weitere Warenbezug den Gläubigern im Allgemeinen nütze.[1232] Diese Erwägung des BGH **unterliegt Bedenken**. Denn nach seiner Rechtsprechung soll regelmäßig ein Gläubigerbenachteiligungsvorsatz ausscheiden, wenn durch **Gehaltszahlungen** an Arbeitnehmer **im Zuge** eines **Baraustauschs** die für die Betriebsfortführung unerlässliche Gegenleistung der Arbeitstätigkeit entgolten wird,[1233] ohne dass darauf abgestellt wird, ob sich die Betriebsfortführung letztlich rentiert hat.

383 Einem Schuldner, der weiß, dass er nicht alle seine Gläubiger befriedigen kann, und der Forderungen eines einzelnen Gläubigers vorwiegend deshalb erfüllt, um diesen von der Stellung eines **angedrohten Insolvenzantrages** abzuhalten, kommt es nach der Rechtsprechung des BGH nicht in erster Linie auf die Erfüllung seiner gesetzlichen oder vertraglichen Pflichten, sondern auf die Bevorzugung dieses einzelnen Gläubigers an; damit nimmt er die Benachteiligung der Gläubiger im Allge-

---

[1230] BGH, 27.9.2018 – IX ZR 313/16, ZIP 2018, 2124 ff. Rn 3; BGH, 4.5.2017 – IX ZR 285/16, ZIP 2017, 1232 Rn 7; BGH, 12.2.2015 – IX ZR 180/12, ZIP 2015, 585 ff. Rn 25.
[1231] BGH, 12.2.2015 – IX ZR 180/12, ZIP 2015, 585 ff. – „Backlieferant".
[1232] BGH, 12.2.2015 – IX ZR 180/12, ZIP 2015, 585 ff. Rn 25.
[1233] Vgl. BGH, 10.7.2014 – IX ZR 192/13, BGHZ 202, 59 ff. Rn 44.

meinen in Kauf.[1234] Im Schrifttum[1235] wird ferner das anschauliche Beispiel erwähnt, dass der Schuldner seine **Gläubiger** in der Krise in solche **eingeteilt** hat, die für die Fortführung des Unternehmens besonders wichtig waren, und solche, die als weniger wichtig auf sog. „**Schiebelisten**" gesetzt wurden.[1236] Gerade das zuletzt genannte Beispiel ist sehr aufschlussreich für das Verständnis der Vorsatzanfechtung. **Außerhalb** der Anfechtungszeiträume der **Deckungsanfechtung** ist der Schuldner nicht zur gleichmäßigen Befriedigung seiner Gläubiger verpflichtet; es gilt vielmehr **im Grundsatz** das **Prioritätsprinzip**. Solange der Schuldner daher nicht korrigierend in das Geschehen eingreift und dabei die Benachteiligung der übrigen Gläubiger billigend in Kauf nimmt, dürfte bei kongruenten Deckungen der Gläubigerbenachteiligungsvorsatz in der Regel zu verneinen sein. Dem Schuldner steht es in der Krise jedoch nicht zu, die prinzipiell gleichen Befriedigungschancen der Gläubiger zugunsten eines bestimmten Gläubigers zu beeinflussen („**selektive Befriedigung**").[1237]

Ein uneigennütziger Treuhänder unterliegt daher der Vorsatzanfechtung, wenn **384** er nach Kenntnis der Zahlungsunfähigkeit des Schuldners ihm überlassene Geldbeträge vereinbarungsgemäß an bestimmte, bevorzugt zu befriedigende Gläubiger des Schuldners weiterleitet.[1238] Es stellt ferner eine vorsätzliche Benachteiligung nach § 133 Abs. 1 InsO dar, wenn der bereits zahlungsunfähige **Schuldner** einen Rechtsanwalt mit der Einziehung von Außenständen beauftragt und ihn **anweist**, eingehende Beträge direkt vom Rechtsanwaltsanderkonto **an ausgewählte Gläubiger auszuzahlen**. Ein Rechtsanwalt, der den Forderungseinzug übernommen hat, ist nicht als Zahlstelle im Sinne von BGHZ 193, 129 ff.[1239] anzusehen.[1240]

cc) Inkongruente Rechtshandlung

Auch unter der Geltung der InsO geht der BGH von dem Grundsatz aus, dass eine **385** **inkongruente Deckung** i.d.R. ein **Beweisanzeichen** für den **Gläubigerbenachteiligungsvorsatz** des Schuldners bildet.[1241] **Voraussetzung** ist allerdings, dass die Wirkungen der Rechtshandlung zu einem Zeitpunkt eintraten, als zumindest aus der Sicht des Leistungsempfängers **Anlass** bestand, an der **Liquidität** des Schuld-

---

1234 BGH, 27.5.2003 – IX ZR 169/02, BGHZ 155, 75 ff.; BGH, 8.12.2005 – IX ZR 182/01, ZInsO 2006, 94 ff. Rn 21.
1235 Vgl. Kirchhof, FS für G. Fischer, 2008, S. 285, 292.
1236 BGH, 19.12.2002 – IX ZR 377/99, ZInsO 2003, 324 ff.; vgl. ferner OLG München, 28.3.2007 – 20 U 4101/06, veröffentlicht bei juris: Verteilung von Mitteln nach Gutdünken und Lästigkeitsgrad.
1237 Vgl. dazu BGH, 26.4.2012 – IX ZR 74/11, BGHZ 193, 129 ff. Rn 27 f.
1238 BGH, 26.4.2012 – IX ZR 74/11, BGHZ 193, 129 ff.
1239 BGH, 26.4.2012 – IX ZR 74/11, BGHZ 193, 129 ff.
1240 OLG München, 26.3.2015 – 24 U 3722/14, ZInsO 2015, 1226 ff.
1241 Krit. zur Fortgeltung des Beweisanzeichens: Henckel, FS 50 Jahre BGH, S. 785, 790/791.

Schäfer

ners zu zweifeln.[1242] Dem liegt die Erwägung zugrunde, dass Schuldner nach allgemeiner Erfahrung im Geschäftsverkehr regelmäßig nicht bereit sind, anderes oder gar mehr zu leisten als sie schulden. Tun sie dies dennoch, so müssen dafür im Allgemeinen besondere Beweggründe vorliegen. Beim Leistungsempfänger muss die **Abweichung von** der **geschuldeten Leistung** einen entsprechenden **Verdacht** wecken.[1243] Zur **Entkräftung** des Beweisanzeichens muss der Anfechtungsgegner dartun, dass der Schuldner bei der Vornahme der Rechtshandlung angenommen hat, er könne mit Sicherheit alle seine Gläubiger in absehbarer Zeit befriedigen.[1244] Die Indizwirkung einer inkongruenten Deckung für den Benachteiligungsvorsatz setzt nicht voraus, dass der Schuldner bei der Rechtshandlung bereits drohend zahlungsunfähig war.[1245] Gewährt der Schuldner eine inkongruente Deckung, mit der er nahezu seine gesamte Liquidität einem beherrschenden Unternehmen überträgt, legen finanziell beengte Verhältnisse vor, die ernsthafte Zweifel an der Liquiditätslage des Schuldners begründen, wenn der Schuldner aufgrund der Rechtshandlung nicht mehr in der Lage ist, bestehende Verpflichtungen aus einem Werkvertrag zu finanzieren.[1246] Ob die Indizwirkung gemindert ist, weil die Rechtshandlung längere Zeit vor dem Insolvenzantrag liegt, hängt davon ab, inwieweit der Schuldner nach der Rechtshandlung weiter geschäftlich tätig gewesen ist und regelmäßig Einnahmen und Ausgaben zu verbuchen hatte.[1247]

386   **Außerhalb** der **Anfechtungszeiträume** der **Deckungsanfechtung** (§§ 130, 131 InsO) ist eine unter dem **Druck** der **Zwangsvollstreckung** erfolgte Befriedigung des Gläubigers **nicht** als **inkongruent** anzusehen.[1248] Es kann ihr daher auch kein Beweisanzeichen für den Gläubigerbenachteiligungsvorsatz des Schuldners entnommen werden.[1249] Auch außerhalb der Zeiträume der Deckungsanfechtung kann aber die Indizwirkung der Inkongruenz eingreifen, sofern die von einem **angekündigten Insolvenzantrag ausgehende Drucksituation** nicht durch den Pfändungsdruck überlagert wird.[1250] Die durch die Androhung eines Insolvenzantrages bewirkte De-

---

1242 BGH, 7.11.2013 – IX ZR 248/12, ZIP 2013, 2368 ff. Rn 12; BGH, 18.3.2010 – IX ZR 57/09, ZInsO 2010, 807 ff.; BGH, 18.12.2003 – IX ZR 199/02, BGHZ 157, 242 ff. Rn 26; BGH, 21.1.1999 – IX ZR 329/97, ZIP 1999, 406, 407.
1243 Vgl. BGH, 30.1.1997 – IX ZR 89/96, ZIP 1997, 513, 515; K. Schmidt/Ganter/Weinland, § 133 Rn 41.
1244 BGH, 5.3.2009 – IX ZR 85/07, BGHZ 180, 98 ff. Rn 17; BGH, 11.3.2004 – IX ZR 160/02, ZInsO 2004, 616 ff. Rn 25; BGH, 2.12.1999 – IX ZR 412/98, NJW 2000, 957, 958.
1245 BGH, 17.9.2020 – IX ZR 174/19, BB 2020, 2317 ff.
1246 BGH, 17.9.2020 – IX ZR 174/19, BB 2020, 2317 ff. Rn 25.
1247 BGH, 17.9.2020 – IX ZR 174/19, BB 2020, 2317 ff. Rn 36.
1248 BGH, 18.6.2009 – IX ZR 7/07, ZIP 2009, 1434 ff. Rn 6.
1249 Vgl. KPB/Bork, § 133 InsO Rn 37.
1250 BGH, 18.6.2009 – IX ZR 7/07, ZInsO 2009, 1394 f.; vgl. zur umgekehrten Situation BGH, 18.12.2003 – IX ZR 199/02, BGHZ 157, 242, 256.

ckung ist stets inkongruent und stellt auch i.R.d. § 133 Abs. 1 InsO i.d.R. ein starkes Beweisanzeichen für den Gläubigerbenachteiligungsvorsatz des Schuldners und die Kenntnis des Gläubigers hiervon dar.[1251]

Die **Bedeutung** der Inkongruenz als **Beweisanzeichen** hängt von deren **Art und Ausmaß** ab.[1252] Je geringer deren Ausmaß im Einzelfall ist, desto mehr tritt ihre Bedeutung als Beweisanzeichen zurück. Der Schluss von der Gewährung einer inkongruenten Deckung auf den Gläubigerbenachteiligungsvorsatz des Schuldners kann durch die Umstände des Einzelfalles ausgeschlossen sein, wenn diese ergeben, dass die Rechtshandlung von einem anderen, **anfechtungsrechtlich unbedenklichen Willen** geleitet war und das Bewusstsein der Benachteiligung anderer Gläubiger infolgedessen in den Hintergrund getreten ist.[1253] Der **Beweiswert** der Inkongruenz kann schon dann **entkräftet** sein, wenn **Umstände** gegeben sind, die den **Gläubigerbenachteiligungsvorsatz** des Schuldners **ernsthaft infrage stellen**.[1254] Er kann ferner entfallen, wenn der Schuldner und der Anfechtungsgegner rechtsirrig glaubten, letzterer könne die Leistung beanspruchen.[1255] Die Indizwirkung einer inkongruenten Deckung fällt schließlich umso weniger ins Gewicht, je länger die Handlung vor der Verfahrenseröffnung (genauer: vor der Stellung des Insolvenzantrages)[1256] liegt.[1257]

387

Ein Gläubigerbenachteiligungsvorsatz des Schuldners und dessen Kenntnis seitens des Anfechtungsgegners kann nicht allein aus dem Umstand hergeleitet werden, dass der Schuldner seinem Gläubiger eine sofort bei der Bestellung und nicht erst im Insolvenzfall wirksame (inkongruente) Deckung gewährt.[1258] Bei einer **sofort wirksamen** und **unbedingten Sicherheitenbestellung** kann ein Gläubigerbenachteiligungsvorsatz und dessen Kenntnis nur angenommen werden, wenn die Beteiligten den Eintritt einer Insolvenz während der Dauer des Sicherungsgeschäfts konkret für wahrscheinlich halten. Das Beweisanzeichen der Inkongruenz greift nicht durch, wenn im Zeitpunkt der Sicherheitengewährung **keine Zweifel** an der **Liqui-**

388

1251 BGH, 18.12.2003 – IX ZR 199/02, BGHZ 157, 242 ff.; BGH, 18.6.2009 – IX ZR 7/07, ZInsO 2009, 1394 f.
1252 BGH, 18.12.2003 – IX ZR 199/02, BGHZ 157, 242, 252; BAG, 27.3.2014 – 6 AZR 989/12, ZInsO 2014, 1386 ff. Rn 19; MüKo/Kayser, § 133 InsO Rn 31b.
1253 Vgl. BGH, 8.12.2011 – IX ZR 156/09, ZIP 2012, 137 ff. Rn 11; BGH, 1.4.2004 – IX ZR 305/00, ZInsO 2004, 548 ff. Rn 24; BGH, 12.11.1992 – IX ZR 236/91, ZIP 1993, 276 ff.; HK/Thole, § 133 Rn 22.
1254 BGH, 5.3.2009 – IX ZR 85/07, ZIP 2009, 922 ff. Rn 17; KPB/Bork, § 133 InsO Rn 31.
1255 Vgl. BGH, 4.12.1997 – IX ZR 47/97, NJW 1998, 1561, 1565; BGH, 12.7.1990 – IX ZR 245/89, BGHZ 112, 136, 139.
1256 Vgl. MüKo/Kirchhof, § 133 InsO Rn 31b Fn 197.
1257 BGH, 18.12.2003 – IX ZR 199/02, BGHZ 157, 242, 254; Gottwald/Huber, Insolvenzrechts-Handbuch, § 48 Rn 20.
1258 Vgl. BGH, 7.11.2013 – IX ZR 248/12, ZIP 2013, 2368 ff.

dität des Schuldners bestanden.[1259] Eine Vereinbarung, in der sich ein zahlungsschwacher **Bauhauptunternehmer** gegenüber einem **Subunternehmer** verpflichtet, in einer Höhe, in der dieser werkvertragsrechtlich Sicherheit verlangen kann, ihm einen Teil des Werklohnanspruchs gegen den Bauherrn abzutreten, bildet kein starkes Beweisanzeichen für einen Gläubigerbenachteiligungsvorsatz.[1260] Der Schluss von der Inkongruenz auf den Gläubigerbenachteiligungsvorsatz des Schuldners kann ferner ungerechtfertigt sein, wenn die Gewährung der inkongruenten Deckung Bestandteil eines ernsthaften, letztlich allerdings fehlgeschlagenen **Sanierungsversuchs** ist.[1261]

b) Kenntnis des anderen Teils

389 Als weitere subjektive Tatbestandvoraussetzung erfordert § 133 Abs. 1 InsO die Kenntnis des Anfechtungsgegners vom Gläubigerbenachteiligungsvorsatz des Schuldners. Der **andere Teil** muss somit **nicht selbst** mit **Benachteiligungsvorsatz** gehandelt haben. Es reicht vielmehr aus, wenn er im Allgemeinen um den Benachteiligungsvorsatz des Schuldners gewusst hat; alle Einzelheiten braucht er nicht zu kennen.[1262] Dies gilt insbesondere im Hinblick auf die **Schuldnerhandlung**. Auf sie muss sich die **Kenntnis** des Anfechtungsgegners **nicht beziehen**, sofern eine solche objektiv vorliegt und keine Anhaltspunkte dafür bestehen, dass eine „echte" Drittzahlung im Sinne des § 267 BGB gegeben ist.[1263] Es steht daher der Kenntnis des Anfechtungsgegners nicht entgegen, dass der Schuldner ihm eigene Mittel über das Konto seines Vaters zugewendet hat.[1264]

390 Für die **Kenntnis** des anderen Teils gelten ansonsten gleichsam **spiegelbildlich** die **Beweiserleichterungen**, die der BGH hinsichtlich des **Gläubigerbenachteiligungsvorsatzes** des Schuldners entwickelt hat.[1265] Spiegelbildlich muss der Anfechtungsgegner zum Zeitpunkt der Vornahme der Rechtshandlung des Schuldners erkannt haben, dass diese dessen Gläubiger benachteiligt und dass der Schuldner dies auch wollte. Der Benachteiligungsvorsatz des Schuldners und seine Kenntnis beim Anfechtungsgegner sind mithin auf die gläubigerbenachteiligende

---

1259 BGH, 7.11.2013 – IX ZR 248/12, ZIP 2013, 2368f. Rn 11, 17.
1260 BGH, 18.11.2004 – IX ZR 299/00, ZIP 2005, 769ff.
1261 BGH, 5.3.2009 – IX ZR 85/07, BGHZ 180, 98ff. Rn 17; BGH, 21.6.2007 – IX ZR 231/04, ZIP 2007, 1469ff. Rn 18.
1262 BGH, 29.11.2007 – IX ZR 121/06, BGHZ 174, 314ff. Rn 34; HambKomm/Rogge/Leptien, § 133 InsO Rn 20.
1263 BGH, 19.9.2013 – IX ZR 4/13, ZIP 2013, 2113ff. Rn 10, 26.
1264 BGH, 24.10.2013 – IX ZR 104/13, ZIP 2013, 2262ff.
1265 Vgl. BGH, 6.2.2014 – IX ZR 148/13, ZInsO 2014, 495f. Rn 2; BGH, 4.12.1997 – IX ZR 47/97, ZIP 1998, 248ff. Rn 35.

Rechtshandlung des Schuldners bezogen.[1266] Sind daher dem Anfechtungsgegner die Beweisanzeichen bewusst, die einen Benachteiligungsvorsatz des Schuldners begründen, so kann von seiner Kenntnis ausgegangen werden.[1267] Wenngleich **grob fahrlässige Unkenntnis** des Anfechtungsgegners **nicht genügt**, kann ihn nach der Rechtsprechung des BGH eine **Beobachtungs- und Erkundigungspflicht** treffen. Die objektive Verletzung dieser Pflicht kann zur Folge haben, dass er sich nicht auf die Unkenntnis berufen darf.[1268]

Für den Bereich der **Sanierungsmaßnahmen** hat der **BGH** die **Anforderungen**, die aus der Sicht des Anfechtungsgegners gegeben sein müssen, um der Anfechtung nach § 133 Abs. 1 InsO zu entgehen, nochmals in einem **Urteil vom 12.5.2016**[1269] **zusammengefasst**. Er betont zunächst, dass den Gläubiger, der die (drohende) Zahlungsunfähigkeit des Schuldners und die Benachteiligung der Gläubiger kennt, die **Darlegungs- und Beweislast** trifft, das er spätere Zahlungen auf der Grundlage eines schlüssigen Sanierungskonzepts erlangt hat.[1270] Der Gläubiger kann nur dann von einem schlüssigen Sanierungskonzept des Schuldners ausgehen, wenn er in Grundzügen über die **wesentlichen Grundlagen** des Konzepts **informiert** ist; dazu gehören die Ursachen der Insolvenz, die Maßnahmen zu deren Beseitigung und eine positive Fortführungsprognose. **Verzichtet** der Gläubiger im Rahmen eines Sanierungsvergleichs **quotal auf** seine **Forderungen** in der Annahme, andere verzichteten in ähnlicher Weise, kann er von einer Sanierung des Schuldnerunternehmens allein durch diese Maßnahme nur ausgehen, wenn nach seiner Kenntnis die Krise allein auf Finanzierungsproblemen beruht, etwa dem Ausfall berechtigter Forderungen des Schuldners.[1271] Der Gläubiger ist hingegen **nicht verpflichtet**, das **Sanierungskonzept zu prüfen** oder prüfen zu lassen; er kann sich im Grundsatz auf die Angaben des Schuldners verlassen. Der Sanierungsplan des Schuldners muss nicht den formalen Erfordernissen entsprechen, die bestimmte Institute aufgestellt haben.

aa) Kenntniszurechnung

Hat der Anfechtungsgegner durch einen **Stellvertreter** gehandelt, ist **§ 166 Abs. 1 BGB** direkt anwendbar, wenn es sich um einen rechtsgeschäftlichen Erwerb handelt; andernfalls ist – etwa im Fall der Zwangsvollstreckung – § 166 BGB entspre-

---

1266 BGH, 6.2.2014 – IX ZR 148/13, ZInsO 2014, 495 f. Rn 2.
1267 Bork/Gehrlein, Aktuelle Probleme der Insolvenzanfechtung, Rn 632.
1268 BGH, 30.6.2011 – IX ZR 155/08, BGHZ 190, 201 ff.; MüKo/Kayser, § 133 Rn 19a.
1269 BGH, 12.5.2016 – IX ZR 65/14.
1270 Vgl. BGH, 12.5.2016 – IX ZR 65/14 Rn 23; BGH, 3.4.2014 – IX ZR 201/13, ZIP 2014, 1032 ff. Rn 40.
1271 BGH, 12.5.2016 – IX ZR 65/14 Rn 33 ff.

Schäfer

chend anwendbar.[1272] Zu beachten ist die ständige Rechtsprechung des BGH, nach der jede am Rechtsverkehr teilnehmende **Organisation sicherstellen muss**, dass die ihr zugehenden **rechtserheblichen Informationen** von ihren Entscheidungsträgern **zur Kenntnis genommen** werden können, und es deshalb so einrichten muss, dass ihre Repräsentanten, die dazu berufen sind, im Rechtsverkehr bestimmte Aufgaben in eigener Verantwortung wahrzunehmen, die erkennbar erheblichen Informationen tatsächlich an die entscheidenden Personen weiterleiten.[1273] Zur Frage der Kenntniszurechnung kann im Übrigen auf die Ausführungen zu § 130 InsO verwiesen werden (insbes. Rdn 258 ff.). Zu § 133 Abs. 1 InsO hat der BGH ergänzend entschieden, dass das im maßgeblichen Zeitpunkt vorhandene **Wissen** der Finanzbehörde einer **anderen Behörde** desselben Rechtsträgers auch dann zugerechnet wird, wenn diese die Informationen erst im Laufe des Rechtsstreits zum Zwecke der Aufrechnung einholt.[1274] Einem Sozialversicherungsträger sind Kenntnisse des **Hauptzollamts**, dessen er sich bei der Vollstreckung bedient, auch insoweit entsprechend § 166 Abs. 1 BGB zuzurechnen, als sie die von weiteren Einzugsstellen wegen Beitragsrückständen gegen den Schuldner betriebenen Vollstreckungsverfahren betreffen.[1275]

bb) Vermutung des § 133 Abs. 1 Satz 2 InsO; Wegfall der Kenntnis des Gläubigers

393 Nach **§ 133 Abs. 1 Satz 2 InsO** wird die **Kenntnis** des **Gläubigers vermutet**, wenn er wusste, dass die Zahlungsunfähigkeit des Schuldners drohte und dass die Rechtshandlung die Gläubiger benachteiligte. Mit dieser Regelung soll dem Insolvenzverwalter die schwierige **Beweisführung** und damit die praktische Durchsetzung des Anfechtungsanspruchs **erleichtert** werden. Gelingt ihm der Beweis der die Vermutung des § 133 Abs. 1 Satz 2 InsO rechtfertigenden Tatsachen, so hat der **Anfechtungsgegner** den **Beweis des Gegenteils** (Gegenbeweis) zu führen, um die Vermutung zu widerlegen.[1276] Kennt der Anfechtungsgegner die Zahlungsunfähigkeit des Schuldners, so weiß er auch, dass Leistungen aus dessen Vermögen die Befriedigungsmöglichkeit anderer Gläubiger vereiteln oder zumindest erschweren und verzögern. Mithin ist der Anfechtungsgegner regelmäßig über den Gläubigerbenach-

---

1272 BGH, 10.1.2013 – IX ZR 13/12, ZIP 2013, 174 ff. Rn 26 – „Göttinger Gruppe"; Jaeger/Henckel, § 133 InsO Rn 49.
1273 Vgl. BGH, 30.6.2011 – IX ZR 155/08, BGHZ 190, 201 ff. Rn 17 f. – „Behördenabgleich"; BGH, 26.6.2014 – IX ZR 200/12, ZIP 2014, 1497; BGH, 12.11.1998 – IX ZR 145/98, BGHZ 140, 54, 62.
1274 BGH, 26.6.2014 – IX ZR 200/12, ZIP 2014, 1497; vgl. dazu ferner BGH, 30.6.2011 – IX ZR 155/08, BGHZ 190, 201 ff.
1275 BGH, 31.10.2019 – IX ZR 170/18, ZIP 2020, 83 ff.; BGH, 7.5.2015 – IX ZR 95/14, ZIP 2015, 1234 ff. Rn 23.
1276 Vgl. Begr. zum RegE, BT-Drucks. 12/2443, S. 160; BGH, 15.3.2012 – IX ZR 239/09, ZIP 2012, 735 ff. Rn 14.

teiligungsvorsatz im Bilde.[1277] Zur **Widerlegung** der **Vermutung** muss der Anfechtungsgegner Umstände darlegen und gegebenenfalls beweisen, die es naheliegend erscheinen lassen, dass ihm der Gläubigerbenachteiligungsvorsatz des Schuldners nicht bekannt war. Kennt der Gläubiger die einmal eingetretene Zahlungsunfähigkeit des Schuldners und ist aufgrund der Umstände zu vermuten, dass sein Benachteiligungsvorsatz dem **Gläubiger** bekannt ist, so obliegt es dem Gläubiger, darzulegen und **zu beweisen**, dass er später gleichwohl davon ausgehen durfte, der Schuldner habe seine **Zahlungen wieder aufgenommen**.[1278] Insoweit muss zum einen eine wesentliche Veränderung der Tatsachengrundlage eingetreten sein; zum anderen hat der Tatrichter die Umstände des Einzelfalles dahingehend zu würdigen, ob eine Kenntnis der Zahlungsunfähigkeit bei der Vornahme der Rechtshandlung nicht mehr bestand.[1279] Hatte der Schuldner seine Zahlungen eingestellt, muss der **Anfechtungsgegner darlegen und beweisen**, dass der Schuldner die Zahlungen im Zeitpunkt der angefochtenen Rechtshandlung allgemein wieder aufgenommen hatte.[1280] **Allein** die Tasache, dass über die Verbindlichkeit des Schuldners eine **Ratenzahlungsvereinbarung** getroffen wurde und der Schuldner die vereinbarten Raten zahlte, **genügt** hierfür **in der Regel** selbst dann **nicht**, wenn die Zahlungseinstellung maßgeblich aus der Nichtbedienung dieser Verbindlichkeit abgeleitet wurde.[1281]

Die nach dem Wortlaut des **§ 133 Abs. 1 Satz 2 InsO** neben der Kenntnis der drohenden Zahlungsunfähigkeit erforderliche Kenntnis des anderen Teils von der Gläubigerbenachteiligung kann genau genommen nicht vorliegen, wenn die Zahlungsunfähigkeit des Schuldners nur drohte. Denn in diesem Fall ist der Schuldner zu dem für die Kenntnis maßgebenden Zeitpunkt noch in der Lage, alle seine Gläubiger zu befriedigen. Daran ändert es auch nichts, dass für § 133 Abs. 1 InsO eine mittelbare Gläubigerbenachteiligung genügt. Die **unglücklich formulierte Bestimmung** dürfte auf der Erwägung des Gesetzgebers beruhen, dass dem anderen Teil die Kenntnis einer bereits eingetretenen Zahlungsunfähigkeit des Schuldners häufig nicht nachzuweisen sein dürfte. In Bezug auf den Anfechtungsgegner sollte daher der Nachweis genügen, dass dieser von einer zumindest drohenden Zahlungsunfähigkeit des Schuldners ausging. Nach der **tatbestandlichen Fassung** des § 133 Abs. 1 Satz 2 InsO ist es somit **nicht ausgeschlossen**, auf der Seite des

394

1277 BGH, 14.7.2016 – IX ZR 188/15, ZIP 2016, 1686 ff. Rn 14; BGH, 17.12.2015 – IX ZR 61/14, WM 2016, 172 ff. Rn 23.
1278 BGH, 14.7.2016 – IX ZR 188/15, ZIP 2016, 1686 ff. Rn 18; BGH, 25.2.2016 – IX ZR 109/15 Rn 24; BGH, 17.12.2015 – IX ZR 61/14, ZIP 2016, 173 ff.; BGH, 20.11.2008 – IX ZR 188/07, ZInsO 2009, 145 f.
1279 Vgl. BGH, 25.2.2016 – IX ZR 109/15 Rn 28; BGH, 27.3.2008 – IX ZR 98/07, ZIP 2008, 930 ff. Rn 10 ff.
1280 BGH, 21.11.2019 – IX ZR 238/18, WM 2020, 100 ff. Rn 23; BGH, 14.9.2017 – IX ZR 3/16, ZIP 2017, 2370 ff.
1281 BGH, 24.3.2016 – IX ZR 242/13, ZIP 2016, 874 ff.

Schuldners die **Kenntnis** der bereits **eingetretenen Zahlungsunfähigkeit** zu fordern, auf der Seite des **Anfechtungsgegners** dagegen die Kenntnis der zumindest **drohenden Zahlungsunfähigkeit** genügen zu lassen.

395 Der **BGH** hat die **Vermutung** des **§ 133 Abs. 1 Satz 2 InsO** über ihren Wortlaut hinaus **erweitert**. Danach steht der Kenntnis von der (drohenden) Zahlungsunfähigkeit die Kenntnis von Umständen gleich, die zwingend auf eine drohende oder bereits eingetretene Zahlungsunfähigkeit hinweisen. Es genügt, dass der Anfechtungsgegner die tatsächlichen Umstände kennt, aus denen bei zutreffender rechtlicher Beurteilung die drohende Zahlungsunfähigkeit zweifelsfrei folgt.[1282] Nach dem Leitsatz seines Urteils vom 21.1.2016[1283] können die **subjektiven Voraussetzungen** der Vorsatzanfechtung auch dann unter dem Gesichtspunkt der **erkannten drohenden Zahlungsunfähigkeit** des Schuldners **zu bejahen sein**, wenn der Schuldner im Zeitpunkt der angefochtenen Handlung noch uneingeschränkt zahlungsfähig ist, aber bereits feststeht, dass Fördermittel, von denen eine kostendeckende Geschäftstätigkeit abhängt, alsbald nicht mehr gewährt werden. Nach Ansicht des BGH genügt es, dass der Anfechtungsgegner „im Blick auf die unternehmerische Tätigkeit des Schuldners wusste, dass die Schuldnerin zumindest in der Zukunft weitere Gläubiger haben würde, die durch die Lastschrifteinzüge benachteiligt wurden". Damit setzt sich der BGH jedoch dem **Einwand** aus, dass er im Rahmen des § 133 Abs. 1 InsO die Kenntnis von der drohenden Zahlungsunfähigkeit des Schuldners genügen lasse, während nach **§ 130 InsO** die zumindest die **Kenntnis von Umständen erforderlich** ist, die **zwingend** auf die **(eingetretene) Zahlungsunfähigkeit** des Schuldners **schließen ließen**.[1284] Unerheblich ist es ferner nach Ansicht des BGH, dass der Anfechtungsgegner bei nur drohender Zahlungsunfähigkeit noch nicht durch die Stellung eines Insolvenzantrages auf die gleichmäßige Gläubigerbefriedigung hinwirken könnte.

396 Jedoch darf nach der **neueren Rechtsprechung** des BGH, mit der er auf die Kritik im Schrifttum reagiert hat, nicht übersehen werden, dass solche Tatsachen, die für das Vorliegen der subjektiven Voraussetzungen des § 133 Abs. 1 InsO sprechen, **nur** mehr oder weniger gewichtige **Beweisanzeichen** darstellen, die eine **Gesamtwürdigung nicht entbehrlich machen** und nicht schematisch i.S.e. vom anderen Teil zu widerlegenden Vermutung angewandt werden dürfen. Die subjektiven Voraussetzungen der Vorsatzanfechtung hat der Tatrichter vielmehr gem. **§ 286 Abs. 1 ZPO** unter Würdigung aller maßgeblichen Umstände des Einzelfalles zu prüfen.[1285]

1282 BGH, 8.10.2009 – IX ZR 173/07, ZInsO 2009, 2148 ff. Rn 10; BGH, 19.2.2009 – IX ZR 62/08, BGHZ 180, 63 ff. Rn 13; BGH, 20.11.2008 – IX ZR 188/07, ZInsO 2009, 145 f. Rn 10.
1283 BGH, 21.1.2016 – IX ZR 84/13, ZIP 2016, 374 ff.
1284 Vgl. Schönfelder, WuB VI. A. § 133 InsO 1.09; K. Schmidt/Ganter/Weinland, § 133 Rn 60.
1285 BGH, 14.7.2016 – IX ZR 188/15, ZIP 2016, 1686 ff. Rn 12; BGH, 13.8.2009 – IX ZR 159/06, ZIP 2009, 1966 ff. Rn 8.

An anderslautenden früheren Entscheidungen hält der BGH ausdrücklich nicht mehr fest.[1286]

Hinzukommen muss nach § 133 Abs. 1 Satz 2 InsO somit stets die **Feststellung** **der Kenntnis** des **Gläubigers**, dass die Handlung die **übrigen Gläubiger benachteiligte**. Ein einzelner Gläubiger, der von seinem Schuldner Leistungen erhält, wird die zur Beurteilung dieser Voraussetzungen notwendigen Tatsachen meist nicht kennen, weil es ihm an dem erforderlichen **Gesamtüberblick** fehlt. Er kennt in der Regel nur seine eigenen Forderungen und das auf diese Forderungen bezogene Zahlungsverhalten des Schuldners. Zahlungsunfähigkeit ist jedoch nach der Rechtsprechung des BGH in der Regel dann anzunehmen, wenn der Schuldner seine Zahlungen eingestellt hat (§ 17 Abs. 2 Satz 2 InsO), d.h. wenn ein Verhalten des Schuldners nach außen hervorgetreten ist, in dem sich typischerweise ausdrückt, dass er nicht in der Lage ist, seine fälligen Zahlungspflichten zu erfüllen.[1287] Da der Anfechtungsgegner im Allgemeinen keinen Einblick in die fälligen Gesamtverbindlichkeiten des Schuldners hat, muss – soweit es um seine Kenntnis von der zumindest drohenden Zahlungsunfähigkeit des Schuldners geht – darauf abgestellt werden, ob sich die **schleppende** oder ganz **ausbleibende Tilgung** seiner Forderung bei einer **Gesamtbetrachtung** der für den Anfechtungsgegner ersichtlichen Umstände, insb. unter Berücksichtigung der Art der Forderung, der Person des Schuldners und des Zuschnitts seines Geschäftsbetriebes, als **ausreichendes Indiz** für eine **zumindest drohende Zahlungsunfähigkeit** darstellt.[1288] Im Fall des bargeschäftsähnlichen Austauschs von Leistungen kann allein aus dem Wissen des Gläubigers um die zumindest drohende Zahlungsunfähigkeit des Schuldners nicht auf sein Wissen von einer Gläubigerbenachteiligung geschlossen werden. Dies setzt vielmehr das Wissen des Anfechtungsgegners voraus, dass die Belieferung des Schuldners mit gleichwertigen Waren für die übrigen Gläubiger nicht von Nutzen ist, weil der Schuldner fortlaufend unrentabel arbeitet und weitere Verluste erwirtschaftet.[1289]

cc) Indizien und Einzelfälle

Sofern die Vermutung des **§ 133 Abs. 1 Satz 2 InsO nicht eingreift**, muss der Insolvenzverwalter die Kenntnis des Anfechtungsgegners auf andere Weise nachweisen.

[1286] BGH, 13.8.2009 – IX ZR 159/06, ZInsO 2009, 1901ff. Rn 8; bestätigt durch BGH, 18.3.2010 – IX ZR 57/09, ZInsO 2010, 807ff. Rn 18.
[1287] BGH, 12.2.2015 – IX ZR 180/12, ZIP 2015, 585ff. Rn 18; BGH, 13.8.2009 – IX ZR 159/06, ZInsO 2009, 1901ff. Rn 10.
[1288] BGH, 1.7.2010 – IX ZR 70/08, ZInsO 2010, 1598ff. Rn 10; BGH, 13.8.2009 – IX ZR 159/06, ZInsO 2009, 1901ff. Rn 10.
[1289] BGH, 19.9.2019 – IX ZR 148/18, ZIP 2019, 2225ff. Rn 19.

Dabei können ihm wiederum Indizien zugutekommen.[1290] Nach der **neueren Rechtsprechung** des BGH kann allerdings bei Kenntnis der zumindest drohenden Zahlungsunfähigkeit von einer Kenntnis des Anfechtungsgegners von der Gläubigerbenachteiligung nur ausgegangen werden, wenn er **Kenntnis von weiteren ungedeckten Verbindlichkeiten** des Schuldners hatte **oder** mit dem Entstehen solcher Verbindlichkeiten **rechnete**. Von der Begründung solcher Verbindlichkeiten kann danach regelmäßig nur bei einem **unternehmerisch tätigen Schuldner** ausgegangen werden.[1291] Eine unternehmerische Tätigkeit des Schuldners rechtfertigt den Schluss auf eine Kenntnis des Anfechtungsgegners von anderen, durch die angefochtene Rechtshandlung benachteiligten Gläubigern nur dann, wenn der **Anfechtungsgegner** von dieser Tätigkeit **weiß**.[1292] Für **Arbeitnehmer**, die keinen genaueren Einblick in die finanzielle Situation des Unternehmens haben, gilt dies nicht.[1293] Das **Bundesarbeitsgericht** hat eine tatrichterliche Würdigung der Vorinstanz gebilligt, wonach die Kenntnis, dass die Schuldnerin auch gegenüber einem Großteil der anderen Arbeitnehmer seit **mehreren Monaten** mit den **Lohn- und Gehaltszahlungen** in **Rückstand** geraten war, noch kein eindeutiges Urteil über die Liquiditäts- und Zahlungslage der Schuldnerin zugelassen habe, weil für den Arbeitnehmer nicht erkennbar gewesen sei, welchen Anteil die Lohn- und Gehaltsrückstände an den insgesamt fälligen und eingeforderten Geldschulden gehabt hätten.[1294]

399 Die **Rückgabe** von **Lastschriften** stellt ein erhebliches Beweisanzeichen für eine drohende Zahlungsunfähigkeit dar.[1295] Es spricht ferner für die Kenntnis des Gläubigers von der drohenden Zahlungsunfähigkeit des Schuldners und einer Benachteiligung der übrigen Gläubiger, wenn die **Verbindlichkeiten** des Schuldners beim späteren Anfechtungsgegner über einen **längeren Zeitraum** hinweg ständig in beträchtlichem Umfang **nicht ausgeglichen** wurden und jenem den Umständen nach **bekannt** war, dass es **noch weitere Gläubiger mit ungedeckten Ansprüchen** gab.[1296] Zahlt der Schuldner auf Steuerforderungen nur noch unter **Vollstre-**

1290 Vgl. BGH, 30.6.2011 – IX ZR 134/10, ZIP 2011, 1416 ff.; BGH, 1.7.2010 – IX ZR 70/08, WM 2010, 1756 f. Rn 9; Huber, ZInsO 2012, 53 ff.; KPB/Bork, § 133 Rn 59.
1291 BGH, 18.3.2010 – IX ZR 57/09, ZInsO 2010, 807 ff. Rn 21; BGH, 13.8.2009 – IX ZR 159/06, ZInsO 2009, 1901 ff. Rn 14.
1292 Vgl. BGH, 7.5.2020 – IX ZR 18/19, ZIP 2020, 1191 ff.
1293 BGH, 19.2.2009 – IX ZR 62/08, BGHZ 180, 63 ff. – „Elektroinstallateur"; BGH, 15.10.2009 – IX ZR 201/08, ZInsO 2009, 2244 ff. – „Bauleiter".
1294 BAG, 6.10.2011 – 6 AZR 262/10, BAGE 139, 235 ff. Rn 34.
1295 BGH, 12.2.2015 – IX ZR 180/12, ZIP 2015, 585 ff. Rn 19; BGH, 1.7.2010 – IX ZR 70/08, ZInsO 2010, 1598 ff. Rn 10.
1296 Vgl. BGH, 8.10.2009 – IX ZR 173/07, NZI 2009, 847 ff. Rn 11; BGH, 6.12.2012 – IX ZR 3/12, ZIP 2013, 228 ff. Rn 15; BGH, 24.5.2007 – IX ZR 97/06, ZInsO 2007, 819 ff. Rn 24; BGH, 20.11.2008 – IX ZR 188/07, ZInsO 2009, 145 ff. Rn 10.

ckungsdruck** und weiß der Steuergläubiger, dass die Hausbank des Schuldners eine **Ausweitung** seines **ausgeschöpften Kreditlimits ablehnt** und Zahlungen nur noch aus einer geduldeten Kontoüberziehung erfolgen, kann daraus auf eine Zahlungseinstellung des Schuldners und einen Benachteiligungsvorsatz sowie dessen Kenntnis geschlossen werden.[1297] Es kann ferner für die Kenntnis des Gläubigers vom Benachteiligungsvorsatz des Schuldners sprechen, wenn der Schuldner ihm eine erst später fällige **Forderung abtritt**, nachdem er zuvor zu verstehen gegeben hat, die Forderung des Gläubigers nicht erfüllen zu können.[1298] Schließlich stellt auch eine **inkongruente Deckung** ein starkes Beweisanzeichen sowohl für den Gläubigerbenachteiligungsvorsatz des Schuldners als auch für die entsprechende Kenntnis des Anfechtungsgegners dar, sofern aus der Sicht des Zuwendungsempfängers Anlass bestand, an der Liquidität des Schuldners zu zweifeln.[1299]

Weiß der **Gläubiger** bei Durchsetzung eines Anspruchs auf Rückzahlung einer Kapitalanlage, dass der Schuldner ein **Schneeballsystem** betreibt, liegt darin ein wesentliches Beweisanzeichen für seine Kenntnis von einem Gläubigerbenachteiligungsvorsatz des Schuldners.[1300] Das Wissen um eine drohende Zahlungsunfähigkeit kann nach der neueren Rechtsprechung des BGH **nicht** aus dem Umstand hergeleitet werden, dass **Beitragsrückstände** angewachsen waren, **wenn keine Maßnahmen** der **Forderungseinziehung** getroffen wurden, deren Erfolglosigkeit den Rückschluss auf eine ungünstige Vermögenslage des Schuldners gestattete.[1301] Eine **Ratenzahlungsbitte als solche** ist im Grundsatz ebenfalls **nicht geeignet**, dem Anfechtungsgegner die Kenntnis von einer drohenden Zahlungsunfähigkeit zu vermitteln, sofern sie sich im Rahmen der **Gepflogenheiten des Geschäftsverkehrs** hält. Sie ist **nur** dann ein Indiz für eine Zahlungseinstellung, wenn sie vom Schuldner mit der **Erklärung verbunden** wird, seine fälligen **Verbindlichkeiten** (anders) **nicht begleichen zu können**.[1302] Die Bitte des Schuldners um Abschluss einer Ratenzahlungsvereinbarung entspricht allerdings dann nicht den Gepflogenheiten des Geschäftsverkehrs, wenn sie nach mehrmaligen fruchtlosen Mahnungen und nicht eingehaltenen Zahlungszusagen gegenüber einem vom Gläubiger mit dem Forderungseinzug betrauten Inkassounternehmen geäußert wird.[1303] Zahlt der Schuldner auf eine relativ geringfügige Forderung erst aufgrund mehrerer Mahnungen nach über einem Jahr zwei Raten und tilgt die Forderung nicht vollständig,

---

1297 BGH, 21.1.2016 – IX ZR 32/14, ZIP 2016, 481 ff.
1298 BGH, 12.7.2007 – IX ZR 235/03, ZIP 2007, 2084 f. – „Maklerprovision".
1299 BGH, 8.12.2011 – IX ZR 156/09, ZInsO 2012, 171 ff. Rn 10; BGH, 18.3.2010 – IX ZR 57/09, ZIP 2010, 841 ff. Rn 15; Graf-Schlicker/Huber, § 133 InsO Rn 19.
1300 BGH, 8.1.2015 – IX ZR 198/13, ZIP 2015, 279 ff.
1301 BGH, 3.4.2014 – IX ZR 223/13, ZInsO 2014, 1057 f.
1302 Vgl. BGH, 16.4.2015 – IX ZR 6/14, ZIP 2015, 937 Rn 3 f.; OLG Hamm, 29.8.2014 – 27 W 94/14, ZInsO 2014, 2437 f. Rn 8 sowie ausführlich bei **Rn 230**.
1303 BGH, 24.9.2015 – IX ZR 308/14, ZIP 2015, 2180 f.

kann das Tatgericht zu dem Ergebnis gelangen, dass der Gläubiger allein hieraus nicht auf eine Zahlungseinstellung durch den Schuldner schließen musste.[1304] **Schweigt** der **Schuldner** einer erheblichen Forderung (konkret: ca. 16.000 EUR) **während** eines **monatelangen Zeitraums** auf Rechnungen und Mahnungen und **bietet** er nach Einschaltung eines Inkassounternehmens und Erwirken eines Mahnbescheids in dem auf seinen Widerspruch eingeleiteten **gerichtlichen Verfahren** die **ratenweise Zahlung** der Gesamtforderung einschließlich der Zinsen und der angefallenen Kosten **an**, hat der Gläubiger nach einem Urteil des BGH vom 25.2. 2016[1305] die Zahlungseinstellung des Schuldners, dessen Zahlungsverzug nicht mit einer fortdauernden Anspruchsprüfung erklärt werden kann, erkannt. **Schweigt** der **Schuldner** einer erheblichen, seit mehr als 9 Monaten fälligen Forderung nach anwaltlicher Mahnung und **Androhung gerichtlicher Maßnahmen** bis zum Erlass eines Vollstreckungsbescheids und bietet er erst nach dessen Rechtskraft die Begleichung der Forderung in nicht näher bestimmten Teilbeträgen aus seinem laufenden Geschäftsbetrieb an, so hat der Gläubiger die Zahlungseinstellung des Schuldners erkannt.[1306] Erklärt sich der spätere Schuldner gegenüber einem **Grundpfandgläubiger** damit einverstanden, die aus dem Grundpfandrecht folgende Haftung von Mietforderungen in einer Art und Weise zu verwirklichen, die in ihren Wirkungen einer **formellen Zwangsverwaltung entspricht**, kann es am Gläubigerbenachteiligungsvorsatz des Schuldners fehlen, wenn die Erstreckung des Grundpfandrechts auf die Mietforderungen insolvenzfest ist.[1307]

401 Der Vorsitzende des IX. Zivilsenats des **BGH** hat die Rechtsprechung des Senats zur **Anfechtbarkeit** von **Ratenzahlungen** des Schuldners dahingehend zusammengefasst, dass die Indizwirkung des **§ 133 Abs. 1 Satz 2 InsO** auch dann eintreten könne, wenn der Schuldner die Offenlegung seiner Zahlungseinstellung mit der Bitte um Stundung verbinde.[1308] Entscheidende Indiztatsache stelle die Mitteilung der Zahlungseinstellung dar. Dieser Erklärungsinhalt werde der geäußerten Stundungsbitte mitunter vorschnell entnommen; entscheidend seien indes die Gesamtumstände. Die Bitte des Schuldners um Stundung könne nur dann ein **Indiz** für die **Zahlungseinstellung** sein, wenn sie vom Schuldner mit der Erklärung verbunden sei, seine **fälligen Verbindlichkeiten *anders* nicht begleichen zu können**.[1309] Diese Auffassung vermag indes nicht zu überzeugen. Damit wird der Vorgang der Ra-

---

1304 BGH, 30.4.2015 – IX ZR 149/14, ZIP 2015, 1549 ff.
1305 BGH, 25.2.2016 – IX ZR 109/15.
1306 BGH, 18.1.2018 – IX ZR 144/16, ZIP 2018, 432 ff.
1307 BGH, 30.4.2020 – IX ZR 162/16, NJW 2020, 2399 ff.
1308 Vgl. Kayser, ZInsO 2016, 2134, 2135 mit Hinweis auf BGH, 16.4.2015 – IX ZR 6/14, ZInsO 2015, 898 Rn 4 m.w.N.; vgl. dazu ferner BGH, 17.11.2016 – IX ZR 65/15, ZIP 2016, 2423 ff. Rn 23.
1309 Kayser, ZInsO 2016, 2134, 2135 mit Hinweis auf BGH, 16.4.2015 – IX ZR 6/14, ZInsO 2015, 898 Rn 4 m.w.N.

tenzahlungsbitte und der Ratenzahlungsgewährung in unangemessener Weise aufgespalten. Zu der Frage, was hinsichtlich der Frage der Zahlungsunfähigkeit gilt, wenn der Gläubiger dem Schuldner dessen Wunsch entsprechend entgegenkommt, sagt der Schuldner mit der Äußerung, seine Verbindlichkeit(en) anders nicht begleichen zu können, nichts. Beim Fehlen jeglicher sonstiger Anhaltspunkte wird der Anfechtungsgegner somit zu Recht annehmen, der Schuldner werde zur Begleichung seiner fälligen Verbindlichkeit(en) in der Lage sein, wenn er ihm wunschgemäß die Möglichkeit gibt, die bestehende(n) Verbindlichkeit(en) durch konkret angebotene, monatliche Teilzahlungen zu begleichen.[1310]

c) Mehrpersonenverhältnis

Nach dem Grundsatzurteil des BGH v. 29.11.2007[1311] kommt auch der **Angewiesene** im Fall einer **mittelbaren Zuwendung** als Anfechtungsgegner einer Vorsatzanfechtung in Betracht. Bereits durch die Überlassung des Vermögensgegenstandes an die Mittelsperson tritt ein gläubigerbenachteiligendes **Zugriffshindernis** ein.[1312] In solchen Fällen ist zwar der Gläubigerbenachteiligungsvorsatz des Schuldners im Deckungsverhältnis und im Valutaverhältnis einheitlich zu bestimmen. Anders verhält es sich jedoch hinsichtlich der Kenntnis des Angewiesenen (Anfechtungsgegners) vom Gläubigerbenachteiligungsvorsatz des Schuldners. Dessen **Kenntnis** von der **Inkongruenz** der Deckung im **Valutaverhältnis** begründet **kein Beweisanzeichen** für die **Kenntnis** vom **Gläubigerbenachteiligungsvorsatz** des Schuldners. Die Indizwirkung der Inkongruenz gilt vielmehr nur in dem jeweiligen Verhältnis, aus dem sich die Inkongruenz ergibt.[1313]

402

Die **Anfechtbarkeit** gegenüber der **Mittelsperson setzt nicht voraus**, dass diese durch die angefochtene Rechtshandlung einen **eigenen** (wirtschaftlichen) Erfolg bzw. **Vorteil** erfahren hat.[1314] Die Anfechtung ist dagegen nicht begründet, wenn sich die Tätigkeit des Leistungsmittlers in einer **bloßen Zahlstellenfunktion** erschöpft.[1315] Der Leistungsmittler überschreitet seine Rolle als Zahlstelle erst dann, wenn er in eine kollusive, eigennützige oder selektive Gläubigerbefriedigung eingebunden ist.[1316] Grundsätzlich kann aus der Kenntnis der Zahlungsunfähigkeit nicht

403

1310 Ausführlicher dazu B. Schäfer, ZInsO 2016, 2467, 2468.
1311 BGH, 29.11.2007 – IX ZR 121/06, BGHZ 174, 314 ff. – „Subunternehmer".
1312 BGH, 26.4.2012 – IX ZR 74/11, BGHZ 193, 129 ff. Rn 12 – „uneigennütziger Treuhänder".
1313 Vgl. BGH, 11.12.2008 – IX ZR 194/07, ZIP 2009, 228 ff. Rn 17; BGH, 29.11.2007 – IX ZR 121/06, BGHZ 174, 314 ff. Rn 35; KPB/Bork, § 133 InsO Rn 59.
1314 BGH, 26.4.2012 – IX ZR 74/11, BGHZ 193, 129 ff.; BGH, 25.4.2013 – IX ZR 235/12, ZIP 2013, 1127 ff. – „Versicherungsmakler".
1315 BGH, 24.1.2013 – IX ZR 11/12, ZIP 2013, 371 ff.
1316 Vgl. BGH, 26.4.2012 – IX ZR 74/11, BGHZ 193, 129 ff. Rn 26; BGH, 24.1.2013 – IX ZR 11/12, ZIP 2013, 371 ff. Rn 32; HK/Thole, § 133 InsO Rn 29.

in jedem Fall auf die **Kenntnis** des **Zahlungsmittlers** vom Gläubigerbenachteiligungsvorsatz des Schuldners geschlossen werden. Nimmt der Leistungsmittler jedoch im Eigen- oder Fremdinteresse **aktiv** an einer Gläubigerbenachteiligung des Schuldners **teil**, kann aus dieser Mitwirkung eine Kenntnis des Benachteiligungsvorsatzes abgeleitet werden. Im konkreten Fall hatte ein Steuerberater aufgrund einer Vereinbarung mit dem Schuldner Gelder eingezogen und das Finanzamt befriedigt, das Insolvenzantrag gestellt hatte.[1317] Das anfechtungsrechtliche Haftungsrisiko der **bösgläubigen Mittelsperson** wird dadurch gemildert, dass sie gegebenenfalls den Zuwendungsempfänger im Wege des Gesamtschuldnerausgleichs nach § 426 Abs. 1 BGB in Anspruch nehmen kann.[1318]

3. § 133 Abs. 2 InsO – Verkürzter Anfechtungszeitraum bei Deckungshandlungen

404 Durch das „Gesetz zur Verbesserung der Rechtssicherheit bei Anfechtungen nach der InsO und nach dem AnfG" wurde der Anfechtungszeitraum bei (kongruenten und inkongruenten) **Deckungshandlungen** mit Wirkung ab dem 5.4.2017 **auf vier Jahre verkürzt**. Deckungshandlungen sind nach der Gesetzesbegründung Erfüllungsleistungen, die nach ihrer äußeren Erscheinungsform nicht ohne weiteres den Verdacht begründen, anderen Gläubigern werde in ungebührlicher Weise die Haftungsgrundlage entzogen.[1319] Dabei wird in der **Gesetzesbegründung** betont, dass sich dadurch für die paradigmatischen Fälle der Vorsatzanfechtung – wie z.B. die Rückgängigmachung von Bankrotthandlungen und Vermögensverschiebungen – keine Änderungen im Vergleich zur bisherigen Rechtslage ergäben.[1320] Das schuldbegründende Kausalverhältnis kann somit nach der Neuregelung länger anfechtbar sein als die zu seiner Erfüllung vorgenommenen Rechtshandlungen.

405 Die **Beschränkung** des Anfechtungszeitraums auf **vier Jahre** gilt nach dem Wortlaut des § 133 Abs. 2 InsO für die Fälle, in denen dem „anderen Teil" eine **Sicherung** oder **Befriedigung** gewährt oder ermöglicht wurde. Insoweit dürfte aus dem **systematischen Zusammenhang** mit den **§§ 130, 131 InsO** zu schließen sein, dass die Einschränkung nur bei Deckungen im Sinne der §§ 130, 131 InsO gilt, also nur dann, wenn ein Insolvenzgläubiger befriedigt oder besichert wurde. Dies kann etwa bei Anweisungsfällen und bei der Anfechtung in der Insolvenz des Leistungsmittlers (der an den Gläubiger eines anderen leistet) relevant werden.[1321]

1317 BGH, 14.9.2017 – IX ZR 3/16, ZIP 2017, 2370 ff.; vgl. dazu ferner BGH, 25.4.2013 – IX ZR 235/12, ZInsO 2013, 1077 ff. Rn 21.
1318 BGH, 26.4.2013 – IX ZR 74/11, BGHZ 193, 129 ff. Rn 15.
1319 Begr. zum RegE, BT-Drucks. 18/7054, S. 10.
1320 Begr. zum RegE, BT-Drucks. 18/7054, S. 13.
1321 Vgl. Kayser/Thole, § 133 InsO Rn 40.

4. § 133 Abs. 3 InsO – Eingeschränkte Anfechtbarkeit bei kongruenten Deckungshandlungen und Zahlungserleichterungen

a) Gesetzeszweck

In der **Gesetzesbegründung** ist von einer „**überbordenden Komplexität**" der **Vorsatzanfechtung** die Rede, nachdem die Rechtsprechung die Anforderungen an den Nachweis des Gläubigerbenachteiligungsvorsatzes herabgesetzt habe.[1322] Infolge dieser Entwicklung würden vermehrt auch Erfüllungsleistungen der Anfechtung unterworfen, die von ihrer äußeren Erscheinungsform her nicht ohne weiteres den Verdacht begründeten, anderen Gläubigern werde in ungebührlicher Weise die Haftungsgrundlage entzogen. Das „entkräftende" Beweisanzeichen des **bargeschäftsähnlichen Austauschs** solle nach der Rechtsprechung des BGH entfallen, wenn der Schuldner wisse, dass mit der Fortführung des Unternehmens **weitere Verluste** anfielen, die für die Gläubiger auch auf längere Sicht ohne Nutzen seien. Da es im Vorlauf zu den meisten Verfahrenseröffnungen zur Fortschreibung von Verlusten kommen dürfte, sei unklar, ob und unter welchen Voraussetzungen der bargeschäftsähnliche Austausch unter diesen Rechtsprechungsgrundsätzen noch einer Vorsatzanfechtung entgegenstehe.[1323] Daran knüpfe die rechtspolitische Forderung, dafür Sorge zu tragen, dass sich der Ausgang von Anfechtungsstreitigkeiten künftig wieder mit einem für praktische Bedürfnisse verträglichen Grad an Sicherheit prognostizieren lasse.[1324]

b) Einzelheiten

aa) § 133 Abs. 3 Satz 1 InsO

Nach der **Neuregelung** des § 133 Abs. 3 Satz 1 InsO knüpft die Vermutung des § 133 Abs. 1 Satz 2 InsO bei **kongruenten Rechtshandlungen** nunmehr an die Kenntnis der **eingetretenen** – statt bisher der nur drohenden – **Zahlungsunfähigkeit** an. Die gesetzliche Vermutung soll also erst eingreifen, wenn der Anfechtungsgegner die eingetretene Zahlungsunfähigkeit des Schuldners kannte.[1325] Damit soll dem Umstand Rechnung getragen werden, dass eine geschuldete Leistung erbracht wird und der Schuldner vor dem Eintritt der Insolvenz grundsätzlich frei ist zu entscheiden, welche Forderungen er erfüllt.[1326] In diesem Fall rechtfertigt die Kenntnis der

---

[1322] Begr. zum RegE, BT-Drucks. 18/7054, S. 10 mit Hinweis auf Bork, ZIP 2008, 1041, 1044 ff. u. Fischer, NZI 2008, 588 ff.
[1323] Begr. zum RegE, BT-Drucks. 18/7054, S. 11 mit Hinweis auf BGH, 12.2.2015 – IX ZR 180/12, ZIP 2015, 585 ff. Rn 25.
[1324] Begr. zum RegE, BT-Drucks. 18/7054, S. 11.
[1325] Begr. zum RegE, BT-Drucks. 18/7054, S. 18.
[1326] Vgl. dazu BGH, 10.2.2005 – IX ZR 211/02, BGHZ 162, 143 ff. Rn 23.

nur drohenden Zahlungsunfähigkeit daher den Schluss auf den Gläubigerbenachteiligungsvorsatz des Schuldners nicht.[1327]

bb) § 133 Abs. 3 Satz 2 InsO

408 Hatte der Anfechtungsgegner mit dem Schuldner eine Zahlungsvereinbarung getroffen oder diesem in sonstiger Weise eine **Zahlungserleichterung** gewährt, so wird nach **§ 133 Abs. 3 Satz 2 InsO vermutet**, dass er zur Zeit der Handlung die **Zahlungsunfähigkeit** des Schuldners **nicht kannte**. Damit soll die verbreitete und bewährte Praxis, mit Schuldnern bei vorübergehenden Liquiditätsschwierigkeiten einen Zahlungsaufschub oder Ratenzahlungen zu vereinbaren und diesen damit eine Überbrückungsfinanzierung zu gewähren, auf rechtssicheren Boden gestellt werden. Darüber hinaus werde denjenigen Gläubigern Rechtssicherheit verschafft, die im Rahmen der Durchsetzung ihrer Forderung auf eine gütliche Erledigung bedacht seien und auf der Grundlage gesetzlicher Regelungen (vgl. etwa **§§ 802b ZPO, 222, 258 AO, 76 SGB IV, 42 StGB, 459a StPO**) mit dem Schuldner **Zahlungsvereinbarungen** träfen oder diesem in anderer Weise Zahlungserleichterungen gewährten.[1328] Hinter der Neuregelung steht der (fragwürdige) Gedanke, dass die mit einer Stundungs- oder Ratenzahlungsbitte dem Gläubiger offenbar werdende Liquiditätslücke mit Gewährung der Stundung respektive Abschluss der Ratenzahlungsvereinbarung beseitigt sein werde.[1329] Umstände, die neben der Ratenzahlungsbitte des Schuldners für eine Kenntnis des Anfechtungsgegners vom Gläubigerbenachteiligungsvorsatz des Schuldners sprechen, können nach der **Gesetzesbegründung** vom Insolvenzverwalter uneingeschränkt geltend gemacht werden.[1330]

409 Eine **gesetzliche Vermutung**, wonach derjenige, der eine Zahlungserleichterung gewährt, die Zahlungsunfähigkeit des Schuldners nicht kennt, geht jedoch an der **Wirklichkeit vorbei** und überzeugt daher nicht.[1331] Denn die Bitte des Schuldners um Zahlungserleichterung ist häufig gerade ein Anzeichen dafür, dass auch der Gläubiger von Zahlungsschwierigkeiten des Schuldners ausgeht. Die Vermutung dürfte daher in der Praxis leicht zu widerlegen sein. Die Bestimmung stellt im Übrigen eine Vermutung auf, die **ohnehin schon gilt**. Denn der Insolvenzverwalter muss die Kenntnis des Anfechtungsgegners von der Zahlungsunfähigkeit des Schuldners beweisen, um sich auf die Vermutung des § 133 Abs. 1 Satz 2 InsO stüt-

---

1327 Begr. zum RegE, BT-Drucks. 18/7054, S. 18.
1328 Vgl. Begr. zum RegE, BT-Drucks. 18/7054, S. 18.
1329 Begr. zum RegE, BT-Drucks. 18/7054, S. 18 mit Hinweis auf BGH, 6.12.2012 – IX ZR 3/12, ZIP 2013, 228 ff. Rn 29.
1330 BT-Drucks. 18/7054, S. 18.
1331 Zutr. Brinkmann/Jacoby/Thole, ZIP 2015, 2001; Ganter, WM 2015, 2117, 2119 f.; Schoppmeyer, WM 2018, 353, 358; HK/Thole, § 133 Rn 44.

zen zu können. Die Bundesregierung hat in ihrer Gegenäußerung zur Stellungnahme des Bundesrates klargestellt, was mit der Neuregelung eigentlich gewollt ist: Die Vermutung soll lediglich bewirken, dass der Insolvenzverwalter den ihm obliegenden Beweis **weder** auf die Gewährung der **Zahlungserleichterung noch** auf die entsprechende **Bitte** des Schuldners **stützen** kann.[1332] Sie sollte jedoch dann nicht greifen, wenn der Schuldner zu erkennen gegeben hat, dass er zahlungsunfähig und aus diesem Grund auf eine Zahlungserleichterung angewiesen ist. Zur Widerlegung der Vermutung des § 133 Abs. 3 Satz 2 InsO muss der Insolvenzverwalter konkrete, über die Stundungsbitte hinausgehende Umstände darlegen und gegebenenfalls beweisen, die darauf schließen lassen, dass dem Anfechtungsgegner die Zahlungsunfähigkeit des Schuldners doch bekannt war.

Inzwischen ist bereits eine **Leitsatzentscheidung** des **BGH** zu der Neuregelung in **§ 133 Abs. 3 Satz 2 InsO** ergangen.[1333] Danach handelt es sich bei der Vermutung, dass der andere Teil im Falle einer Zahlungsvereinbarung oder einer sonstigen Zahlungserleichterung die Zahlungsunfähigkeit des Schuldners zur Zeit der angefochtenen Rechtshandlung nicht kannte, um eine **widerlegbare gesetzliche Vermutung**. Vermutungstatbestand ist die Gewährung einer Zahlungserleichterung. Vermutungsfolge ist die Nichtkenntnis der Zahlungsunfähigkeit des Schuldners.[1334] Zur Widerlegung der Vermutung kann sich der Insolvenzverwalter auf alle **Umstände** berufen, die über die Gewährung der **Zahlungserleichterung** und die darauf gerichtete Bitte des Schuldners **hinausgehen**. Die Vermutung kann auch durch den Nachweis widerlegt werden, dass der Anfechtungsgegner Umstände kannte, die bereits vor Gewährung der Zahlungserleichterung bestanden und aus denen nach der gewährten Zahlungserleichterung wie schon zuvor zwingend auf eine Zahlungsunfähigkeit des Schuldners zu schließen war.[1335] Der Abschluss einer Ratenzahlungsvereinbarung über die Verbindlichkeit des Schuldners gegenüber dem Anfechtungsgegner lässt dessen Kenntnis von der Zahlungsunfähigkeit des Schuldners nur dann entfallen, wenn die Zahlungsunfähigkeit auf dieser Verbindlichkeit beruhte.[1336]

410

5. § 133 Abs. 4 InsO – Entgeltliche Verträge mit nahestehenden Personen (§ 138 InsO)

Für den Fall, dass der Schuldner mit einer **nahestehenden Person** i.S.d. **§ 138 InsO** einen entgeltlichen Vertrag abgeschlossen hat, durch den die Insolvenzgläubiger

411

1332 Vgl. BT-Drucks. 18/7054, S. 32; KPB/Bork, § 133 Rn 69; Uhlenbruck/Borries/Hirte, § 133 Rn 82b.
1333 BGH, 7.5.2020 – IX ZR 18/19, ZIP 2020, 1191 ff.
1334 BGH, 7.5.2020 – IX ZR 18/19, ZIP 2020, 1191 ff. Rn 17.
1335 BGH, 7.5.2020 – IX ZR 18/19, ZIP 2020, 1191 ff. Rn 18.
1336 BGH, 7.5.2020 – IX ZR 18/19, ZIP 2020, 1191 ff. Rn 18.

unmittelbar benachteiligt wurden, wird durch **§ 133 Abs. 4 InsO** die **Beweislast** nicht nur hinsichtlich der **Kenntnis** des Anfechtungsgegners vom Gläubigerbenachteiligungsvorsatz des Schuldners, sondern auch hinsichtlich des **Zeitpunkts umgekehrt**, zu dem der Vertrag abgeschlossen wurde; dadurch soll der Gefahr betrügerischer Rückdatierungen begegnet werden.[1337] Auch ein Freiberufler im Dienste des Schuldners (konkret: Steuerberater) kann als nahestehende Person im Sinne des § 138 Abs. 2 Nr. 2 InsO anzusehen sein, wenn ihm nach der vertraglich eingeräumten Rechtsstellung wie einem in gleicher Zuständigkeit tätigen Angestellten alle über die wirtschaftliche Lage des Auftraggebers erheblichen Daten üblicherweise im normalen Geschäftsgang zufließen.[1338] Der **nichteheliche Partner** des Schuldners gehört nicht zu den nahestehenden Personen i.S.d. § 138 InsO.[1339]

a) Entgeltlicher Vertrag

412 Der Begriff des **entgeltlichen Vertrages** ist **weit auszulegen**.[1340] Er deckt sich mit dem Begriff der Rechtshandlung des Schuldners, sofern diese in Übereinstimmung mit dem Willen des Anfechtungsgegners vorgenommen wurde,[1341] da auch ein nicht rechtsgeschäftlicher, auf wechselseitiger Willensübereinstimmung beruhender Erwerbsvorgang (etwa durch **Zwangsvollstreckung**) erfasst wird.[1342] Auch reine **Erfüllungsgeschäfte** werden vom BGH zu den entgeltlichen Verträgen gerechnet. Bei ihnen besteht das Entgelt in der Befreiung von der Schuld.[1343] Auch die Leistung des Schuldners auf einen **nicht rechtsbeständigen Anspruch** stellt einen auf einer Willensübereinstimmung beruhenden Erwerbsvorgang dar.[1344]

b) Unmittelbare Gläubigerbenachteiligung

413 Anders als § 133 Abs. 1 InsO setzt **§ 133 Abs. 4 InsO** eine **unmittelbare Benachteiligung** der **Insolvenzgläubiger** voraus. Es muss somit ein unmittelbarer Zusammenhang zwischen dem Vertragsschluss und der Benachteiligung der Insolvenzgläubi-

---

1337 Begr. zum RegE, BT-Drucks. 12/2443, S. 160.
1338 BGH, 15.11.2012 – IX ZR 205/11, BGHZ 195, 358 ff. Rn 11 – „ausgelagerte Buchhaltung".
1339 BGH, 17.3.2011 – IX ZA 3/11, ZInsO 2011, 784.
1340 BGH, 1.7.2010 – IX ZR 58/09, ZIP 2010, 1702 ff. Rn 9.
1341 Jaeger/Henckel, § 133 InsO Rn 59; Uhlenbruck/Ede/Hirte, § 133 InsO Rn 184.
1342 Vgl. BGH, 30.4.1959 – VIII ZR 179/58, WM 1959, 891 ff.; HK/Thole, § 133 InsO Rn 31.
1343 BGH, 27.6.2019 – IX ZR 167/18, BGHZ 222, 283 ff. Rn 69; BGH, 10.7.2014 – IX ZR 192/13, BGHZ 202, 59 ff. Rn 13; BGH, 12.7.1990 – IX ZR 245/89, BGHZ 112, 136, 138; BGH, 15.2.1990 – IX ZR 149/88, ZIP 1990, 459, 460; HambKomm/Rogge/Leptien, § 133 InsO Rn 45.
1344 BGH, 27.6.2019 – IX ZR 167/18, BGHZ 222, 283 ff. Rn 70; BGH, 6.4.1995 – IX ZR 61/94, BGHZ 129, 236, 247 ff.

ger gegeben sein.[1345] Auch für § 133 Abs. 4 InsO ist es hingegen nicht erforderlich, dass der Schuldner zum Zeitpunkt des Vertragsschlusses bereits andere Gläubiger hatte.[1346] Bei **gegenseitigen schuldrechtlichen Verträgen** liegt die erforderliche unmittelbare Benachteiligung der Gläubiger **nur** vor, wenn der Schuldner eine **höherwertige Leistung** zu erbringen hat als der Gläubiger.[1347]

c) Anfechtungszeitraum
Wegen der **besonderen Verdächtigkeit** der von § 133 Abs. 4 InsO erfassten Verträge hat es der Gesetzgeber als gerechtfertigt angesehen, den Anfechtungszeitraum, der auch hier vom Zeitpunkt der Stellung des Insolvenzantrages zurückzurechnen ist, auf **2 Jahre** auszudehnen.[1348]

414

6. Darlegungs- und Beweislast
Dem Insolvenzverwalter obliegt im Grundsatz der Nachweis aller objektiven und subjektiven Voraussetzungen des § 133 InsO. Dabei kommen ihm jedoch die oben aufgeführten **Beweiserleichterungen (Beweisanzeichen)** zugute. Insoweit ist zu beachten, dass nach der neueren Rechtsprechung des BGH die Tatsachen, aus denen die subjektiven Tatbestandsvoraussetzungen der Vorsatzanfechtung gefolgert werden können, **keine Vermutung** begründen, sondern nur mehr oder weniger gewichtige Beweisanzeichen darstellen, die eine Gesamtwürdigung durch den Tatrichter nicht entbehrlich machen.[1349] Greift der **Vermutungstatbestand** des **§ 133 Abs. 1 Satz 2 InsO** ein, bewirkt dies eine **Umkehr** der **Beweislast**. Der Anfechtungsgegner muss daher darlegen und ggf. beweisen, dass entweder der Schuldner nicht mit Benachteiligungsvorsatz handelte oder dass der Anfechtungsgegner nichts vom Benachteiligungsvorsatz des Schuldners wusste.[1350] Stützt sich der Insolvenzverwalter zum Nachweis der Zahlungsunfähigkeit des Schuldners auf ein oder mehrere Beweisanzeichen und auf die im Fall einer Zahlungseinstellung bestehende gesetzliche Vermutung, ist im Rahmen des Prozessrechts auf Antrag des Anfechtungsgegners zur **Entkräftung** der Beweisanzeichen und zur Wiederlegung der Vermutung durch einen **Sachverständigen** eine **Liquiditätsbilanz** erstellen zu lassen.[1351]

415

1345 BGH, 21.4.1988 – IX ZR 71/87, NJW 1989, 1037, 1038; Uhlenbruck/Ede/Hirte, § 133 InsO Rn 192.
1346 MüKo/Kirchhof, § 133 InsO Rn 44a.
1347 Vgl. Jaeger/Henckel, § 133 InsO Rn 65.
1348 Begr. zum RegE, BT-Drucks. 12/2443, S. 160.
1349 BGH, 13.8.2009 – IX ZR 159/06, ZIP 2009, 526 ff.; BGH, 8.10.2009 – IX ZR 173/07, ZInsO 2009, 2148 ff.; BGH, 7.11.2013 – IX ZR 248/12, ZIP 2013, 2368 ff. Rn 7.
1350 BGH, 24.5.2007 – IX ZR 97/06, ZInsO 2007, 819 ff. Rn 7.
1351 BGH, 26.3.2015 – IX ZR 134/13, ZIP 2015, 1077 ff.

Schäfer

416 Den **nachträglichen Wegfall** einer eingetretenen **Zahlungsunfähigkeit** hat derjenige zu beweisen, der sich darauf beruft.[1352] Den über die Zahlungsunfähigkeit des Schuldners unterrichteten Anfechtungsgegner trifft die Darlegungs- und Beweislast dafür, spätere Zahlungen des Schuldners auf der Grundlage eines **schlüssigen Sanierungskonzepts** erlangt zu haben.[1353]

417 Bei der Anfechtung nach **§ 133 Abs. 4 InsO** muss der Insolvenzverwalter lediglich darlegen und ggf. beweisen, dass der Schuldner einen entgeltlichen Vertrag mit einer **nahestehenden Person** i.S.d. § 138 InsO abgeschlossen hat, durch den die Insolvenzgläubiger unmittelbar benachteiligt wurden. Alsdann obliegt dem **Anfechtungsgegner** der **Nachweis**, dass der **Vertrag früher als 2 Jahre** vor dem Eröffnungsantrag geschlossen wurde, der **Schuldner ohne Gläubigerbenachteiligungsvorsatz** handelte **oder** aber ihm – dem Anfechtungsgegner – dessen Benachteiligungsvorsatz **nicht bekannt** war.[1354] Die nahestehende Person trifft die volle Darlegungs- und Beweislast sowohl für die Behauptung, der Schuldner habe nicht mit Gläubigerbenachteiligungsvorsatz gehandelt, als auch für die von ihr behauptete fehlende Kenntnis vom Benachteiligungsvorsatz des Schuldners.[1355]

G. § 134 InsO – Unentgeltliche Leistung

I. Gesetzessystematik und Gesetzeszweck

418 § 134 InsO hat die frühere „Schenkungsanfechtung" abgelöst und spricht bewusst nur noch von der Anfechtung einer „unentgeltlichen Leistung" statt einer „unentgeltlichen Verfügung". Damit soll zum einen der **weitere Anwendungsbereich** der Bestimmung verdeutlicht und insb. klargestellt werden, dass der Tatbestand **nicht nur rechtsgeschäftliche Verfügungen** (so noch § 32 KO) im engen materiell-rechtlichen Sinn erfasst.[1356] Aufgrund der weiteren Fassung des Tatbestandes kann die Rechtsprechung zu § 32 KO auch weiterhin herangezogen werden.[1357] Nach § 134 InsO ist somit auch das **Schenkungsversprechen** selbstständig anfechtbar,[1358] was wiederum zu der Streitfrage führt, **ob** auch **dieses in** den **4-jährigen Anfechtungs-**

1352 BGH, 6.12.2012 – IX ZR 3/12, ZIP 2013, 228 ff. Rn 33; BGH, 20.11.2001 – IX ZR 48/01, BGHZ 149, 178, 188.
1353 BGH, 3.4.2014 – IX ZR 201/13, ZIP 2014, 1032 ff. Rn 40; OLG Celle, 8.10.2015 – 16 U 17715, ZInsO 2015, 2444 ff.; Gehrlein, WM 2011, 577, 578 f.
1354 Vgl. BGH, 1.7.2010 – IX ZR 58/09, ZInsO 2010, 1489 ff.; KPB/Bork, § 133 InsO Rn 60.
1355 BGH, 20.12.2012 – IX ZR 130/10, ZIP 2013, 374 ff. Rn 30; BGH, 1.7.2010 – IX ZR 58/09, ZIP 2010, 1702 Rn 11.
1356 Begr. zum RegE, BT-Drucks. 12/2443, S. 160/161.
1357 Jaeger/Henckel, § 134 InsO Rn 2.
1358 BGH, 15.4.1964 – VIII ZR 232/62, BGHZ 41, 298, 299; MK/Kayser, § 134 Rn 6.

zeitraum fallen muss, damit die Anfechtung durchgreift. Insoweit lässt sich argumentieren, man könne wohl kaum den Gläubiger eines Schenkungsvertrages, der im Anfechtungszeitraum des § 134 Abs. 1 InsO Befriedigung erlangt habe, schlechter stellen als jenen Gläubiger, der vor der Insolvenzeröffnung nicht mehr befriedigt worden sei und dem gemäß **§ 39 Abs. 1 Nr. 4 InsO** eine **nachrangige Insolvenzforderung** zustehe. Dieses Argument wird nicht dadurch entkräftet, dass der BGH auch in seiner neueren Rechtsprechung betont, dass das Schenkungsversprechen und der Schenkungsvollzug zusammen die unentgeltliche Leistung des Schuldners bildeten.[1359] Ein Schenkungsversprechen, dessen **Erfüllung erzwungen** wurde, muss innerhalb des Vierjahreszeitraums liegen, um anfechtbar zu sein.[1360]

Die Regelung über die Anfechtbarkeit unentgeltlicher Leistungen ist nicht Ausprägung des Prinzips der gleichmäßigen Gläubigerbefriedigung, sondern **Ausdruck der generellen Schwäche** des **unentgeltlichen Erwerbs**, die sich auch in § 39 Abs. 1 Nr. 4 InsO und bspw. in den §§ 528, 816 Abs. 1 Satz 2, 822, 988 BGB zeigt. Der unentgeltliche Erwerber soll im Grundsatz hinter die Interessen der Insolvenzgläubiger zurücktreten.[1361] Aufgrund des unterschiedlichen Gesetzeszwecks kann § 134 InsO **grds. uneingeschränkt** mit den Tatbeständen der Deckungsanfechtung (§§ 130, 131 InsO)[1362] und auch mit § 132 InsO **konkurrieren**. Eine **Ausnahme** gilt nach der früheren Rechtsprechung des BGH jedoch für den Fall, dass sich ein Gläubiger innerhalb der **Dreimonatsfrist** der **§§ 130, 131 InsO** eine **Sicherheit gewähren lässt**, ohne dem Schuldner einen gleichwertigen Vorteil einzuräumen. Danach kommt nur eine Anfechtung nach den §§ 130, 131 InsO und nicht zugleich eine Anfechtung nach § 134 InsO in Betracht, da andernfalls schwer lösbare Abgrenzungsschwierigkeiten entstünden. Die Grenze zwischen einer entgeltlichen und einer unentgeltlichen Sicherung wäre nach Ansicht des BGH oft schwer zu bestimmen.[1363] Es ist jedoch fraglich, ob der BGH an dieser Rechtsprechung auch heute noch festhalten würde.[1364]

419

Die Anwendbarkeit des **§ 132 InsO** hat – ebenso wie jene der anderen Anfechtungstatbestände – für die Masse den **Vorteil**, dass der **Anfechtungsgegner uneingeschränkt** nach § 143 Abs. 1 InsO **haftet, während** er sich ggü. **§ 134 InsO** im

420

1359 Vgl. BGH, 13.2.2014 – IX ZR 133/13, ZIP 2014, 528 ff. Rn 17.
1360 Vgl. Uhlenbruck/Ede/Hirte, § 134 InsO Rn 17; Gottwald/Huber, Insolvenzrechts-Handbuch, § 49 Rn 16; ebenso zu § 32 KO: BGH, 4.3.1999 – IX ZR 63/98, BGHZ 141, 96, 103.
1361 Vgl. BGH, 20.7.2006 – IX ZR 226/03, ZInsO 2006, 937 f. Rn 12; Jaeger/Henckel, § 133 InsO Rn 2.
1362 Uhlenbruck/Ede/Hirte, § 134 InsO Rn 6.
1363 BGH, 15.3.1972 – VIII ZR 159/70, BGHZ 58, 240, 244/245; vgl. dazu näher Bork, Insolvenzrechts-Handbuch, Kap. 6 Rn 11 – **a.A.** MK/Kirchhof, § 134 InsO Rn 3; Jaeger/Henckel, § 134 InsO Rn 3.
1364 Vgl. dazu Bork, Insolvenzrechts-Handbuch, Kap. 6 Rn 12 f.; MüKo/Kayser, § 134 InsO Rn 3; Uhlenbruck/Ede/Hirte, § 134 InsO Rn 7.

Schäfer

Grundsatz auf den **Wegfall** der **Bereicherung** berufen kann (vgl. **§ 143 Abs. 2 InsO**).[1365] § 134 InsO kann ferner mit § 133 Abs. 1 InsO konkurrieren,[1366] nicht jedoch mit § 133 Abs. 2 InsO, da dieser einen entgeltlichen Vertrag voraussetzt.

421 Im **Schrifttum** wird es als **problematisch angesehen**, dass der BGH von der **Indizwirkung** einer **unentgeltlichen Verfügung** für das Vorliegen der subjektiven Voraussetzungen des **§ 133 Abs. 1 InsO** ausgehe. Nehme man diese Formulierung beim Wort, hätte dies zur Folge, dass in allen Fällen des § 134 InsO der Gläubigerbenachteiligungsvorsatz indiziert wäre, so dass man regelmäßig auch § 133 Abs. 1 InsO anwenden könnte.[1367] Diesem Einwand wird mit der Erwägung begegnet, dass für eine Anfechtung nach § 134 InsO die Vermögenslage des Schuldners zum Zeitpunkt der Leistung unerheblich sei, während § 133 Abs. 1 InsO an die **zusätzliche Voraussetzung** einer **unsicheren Liquiditätslage** des Schuldners geknüpft sei.[1368]

422 Im **Mehrpersonenverhältnis** (Stichwort „**Doppelinsolvenz**") **schließt** die auf eine mittelbare Zuwendung gestützte **Deckungsanfechtung** durch den Insolvenzverwalter des die Zuwendung veranlassenden Schuldners eine „**Schenkungsanfechtung**" durch den Insolvenzverwalter des Leistungsmittlers **aus**. Der Anfechtungsbeklagte der „Schenkungsanfechtung", der unter Hinweis auf den konkurrierenden Anfechtungsanspruch aus Deckungsanfechtung die Sachbefugnis des Anfechtungsklägers bestreitet, hat allerdings die Voraussetzungen des konkurrierenden Anfechtungsanspruchs darzulegen und zu beweisen.[1369] Bei sog. „**Doppelwirkungen**" einer unentgeltlichen Leistung kann der Insolvenzverwalter die Zuwendungsempfänger wahlweise in Anspruch nehmen, sofern die Anfechtungsvoraussetzungen erfüllt sind.[1370]

II. Allgemeines

423 § 134 InsO setzt lediglich voraus, dass der Schuldner dem Anfechtungsgegner innerhalb der **letzten 4 Jahre** vor dem Eröffnungsantrag **oder danach** eine unentgeltliche Leistung erbracht hat, durch welche die Insolvenzgläubiger benachteiligt wurden (ungeschriebene Tatbestandsvoraussetzung gem. § 129 Abs. 1 InsO), wobei

---

1365 Vgl. MüKo/Kayser, § 134 InsO Rn 3.
1366 BGH, 6.12.2012 – IX ZR 3/12, ZIP 2013, 228 ff. Rn 47.
1367 KPB/Bork, § 133 InsO Rn 49.
1368 K. Schmidt/Ganter/Weinland, § 133 Rn 93 mit Hinweis auf BGH, 18.12.2003 – IX ZR 199/02, BGHZ 157, 242, 250 f.; BGH, 18.3.2010 – IX ZR 57/09, ZIP 2010, 841 ff. Rn 15.
1369 BGH, 16.11.2007 – IX ZR 194/04, BGHZ 174, 228 ff. – „Cash-Pool (2)"; vgl. ferner BGH, 22.10.2009 – IX ZR 182/08, ZInsO 2009, 2241 ff. Rn 12.
1370 Vgl. BGH, 20.12.2012 – IX ZR 21/12, ZIP 2013, 223 ff.; K. Schmidt/Ganter/Weinland, § 130 InsO Rn 32.

eine **mittelbare Gläubigerbenachteiligung** genügt.[1371] Es ist daher unerheblich, ob zum Zeitpunkt der Leistung des Schuldners bereits andere Gläubiger vorhanden waren und ob die Mittel seinerzeit noch zur Befriedigung aller vorhandenen Gläubiger ausreichten.[1372] **Subjektive Tatbestandsvoraussetzungen** stellt § 134 InsO **nicht** auf. Die Anfechtung nach § 134 InsO findet gegenüber **Religionsgesellschaften** in der Rechtsform von Körperschaften des öffentlichen Rechts wegen freiwilliger Spenden auch dann statt, wenn diese an sich befugt wären, gleich hohe Beträge als Kirchensteuer einzuziehen.[1373]

Es wird noch im Einzelnen zu zeigen sein, dass zwischen dem BGH und einem Teil der Literatur grundsätzliche **Meinungsverschiedenheiten** hinsichtlich der **Auslegung** des § 134 InsO und damit über dessen Reichweite in der Rechtsanwendungspraxis bestehen. Der **BGH** stellt bei der Prüfung der Unentgeltlichkeit der schuldnerischen Leistung im **Mehrpersonenverhältnis** nicht auf die Kausalbeziehungen, sondern darauf ab, ob der Empfänger etwas aufgegeben bzw. verloren hat, was **objektiv** als „**Gegenleistung**" für die Leistung des Schuldners angesehen werden kann.[1374] Dagegen wird in der **Literatur**[1375] und in der **obergerichtlichen Rechtsprechung**[1376] zu Recht geltend gemacht, dass die Frage der Unentgeltlichkeit der Leistung des Schuldners nur unter **Berücksichtigung** der bestehenden **Kausalbeziehungen** beurteilt werden könne. Darauf ist im Zusammenhang mit den Zwei-Personen-Verhältnissen und den Mehrpersonenverhältnissen zurückzukommen. 424

III. Einzelheiten

1. Unentgeltliche Leistung des Schuldners

§ 134 InsO betrifft nur unentgeltliche Leistungen des Schuldners, wobei es aber auch hier genügt, dass der Schuldner **in irgendeiner Weise** an der Leistung eines anderen **mitgewirkt** hat,[1377] etwa durch Anweisung ggü. einem Dritten.[1378] Erfasst werden daher insb. auch **mittelbare Zuwendungen** des Schuldners, die v.a. in den Fällen 425

1371 BGH, 18.3.2010 – IX ZR 57/09, ZIP 2010, 841 ff. Rn 14; BGH, 13.8.2009 – IX ZR 159/06, WM 2009, 1943 ff. Rn 5; Gehrlein in Ahrens/Gehrlein/Ringstmeier, § 134 Rn 2.
1372 Vgl. Jaeger/Henckel, § 134 InsO Rn 6.
1373 BGH, 4.2.2016 – IX ZR 77/15, WM 2016, 518 ff.
1374 Vgl. BGH, 3.3.2005 – IX ZR 441/00, BGHZ 162, 276 ff. Rn 14; BGH, 17.6.2010 – IX ZR 186/08, ZInsO 2010, 1379 f. Rn 7.
1375 Jaeger/Henckel, § 134 InsO Rn 3; Bork, Handbuch des Insolvenzanfechtungsrechts, Kap. 6 Rn 47, Häsemeyer, Insolvenzrecht, 4. Aufl., Rn 21.92; Wittig, NZI 2005, 606 ff.; zum Teil kritisch auch Thole, KTS 2011, 219 ff.
1376 OLG Koblenz, 13.5.2004 – 5 U 1539/03, ZInsO 2004, 552 ff.
1377 Vgl. BGH, 10.12.2009 – IX ZR 128/08, ZInsO 2010, 226 ff. Rn 6 zu § 133 InsO.
1378 Vgl. BGH, 29.11.2007 – IX ZR 121/06, BGHZ 174, 314 ff.

Schäfer

der Begleichung einer fremden Schuld, speziell im Rahmen sog. **„Cash-Pool-Systeme"**, von erheblicher praktischer Bedeutung sind.[1379]

a) Leistung des Schuldners

426 Der **Begriff** der **Leistung** ist nach der Gesetzesbegründung[1380] nicht im Sinne des Schenkungsbegriffs und nach der Rechtsprechung des **BGH** auch nicht i.S.d. bereicherungsrechtlichen Leistungsbegriffs, sondern **weit zu verstehen**.[1381] Eine **Einigung** zwischen dem Schuldner und dem Leistungsempfänger über die Erbringung einer unentgeltlichen Leistung ist **nicht erforderlich**. Nach dem Gesetzeszweck, einseitige Schmälerungen des Schuldnervermögens rückgängig zu machen, ist vielmehr allein entscheidend, dass ein Gegenstand **ohne Entgelt** aus dem Vermögen des Schuldners übertragen wurde.[1382] Dabei genügt es, wenn die Vermögensschmälerung durch ein **(bewusstes)**[1383] **Unterlassen** des Schuldners herbeigeführt wurde.[1384] Erfasst werden daher etwa der materiell-rechtliche Verzicht und die Aufgabe des Eigentums (vgl. § 959 BGB), sofern dadurch dem Anfechtungsgegner ein Vorteil erwächst, der Erlass (vgl. § 397 BGB), aber auch der Verzicht auf die Einlegung eines Rechtsmittels, die unterbliebene Erhebung der Verjährungseinrede[1385] und selbst die rein tatsächliche Gebrauchs-[1386] bzw. Personalüberlassung.[1387] **Entscheidend** ist somit **weniger** das Vorliegen einer **„Leistung", sondern** dass jemand durch eine Rechtshandlung des Schuldners **unentgeltlich begünstigt** wird.[1388]

427 Auch das **Stehenlassen** einer **Gesellschafterleistung**, das zur Umqualifizierung in haftendes Eigenkapital führt, kann nach der Rechtsprechung des BGH in der Insolvenz des Gesellschafters gegenüber der Gesellschaft als unentgeltliche Leistung anfechtbar sein.[1389] Gleiches kann nunmehr im Regelungsbereich des **§ 39 Abs. 1 Nr. 5 InsO** gelten, wenn der Gesellschafter eine andere Forderung – etwa aus

---

1379 Vgl. BGH, 3.3.2005 – IX ZR 441/00, BGHZ 162, 276 ff.; BGH, 16.11.2007 – IX ZR 194/04, BGHZ 174, 228 ff.; Willemsen/Rechel, BB 2009, 2215 ff.
1380 Begr. zum RegE, BT-Drucks. 12/2443, S. 160/161.
1381 BGH, 20.12.2012 – IX ZR 21/12, ZIP 2013, 223 ff. Rn 18; BGH, 3.3.2005 – IX ZR 441/00, BGHZ 162, 276 ff. Rn 14 – „Cash-Pool (1)"; Uhlenbruck/Ede/Hirte, § 134 InsO Rn 14; KPB/Bork, § 134 InsO Rn 15.
1382 BGH, 22.3.2001 – IX ZR 373/98, ZIP 2001, 889 ff. Rn 22 – „Bundesligalizenz".
1383 HK/Kreft, § 129 InsO Rn 24.
1384 Vgl. BGH, 15.10.1975 – VIII ZR 62/74, WM 1975, 1182, 1184; Jaeger/Henckel, § 134 InsO Rn 41; MüKo/Kayser, § 134 InsO Rn 10.
1385 BGH, 15.10.1975 – VIII ZR 62/74, WM 1975, 1182, 1184.
1386 Vgl. OLG Stuttgart, 22.9.1986 – 5 U 19/86, NJW-RR 1987, 570, 571.
1387 Vgl. HambKomm/Rogge/Leptien, § 134 InsO Rn 3; BGH, 11.12.2003 – IX ZR 336/01, ZInsO 2004, 149 ff.
1388 Häsemeyer, Insolvenzrecht, Rn 21.89.
1389 BGH, 2.4.2009 – IX ZR 236/07, ZIP 2009, 1080 ff. Rn 16 ff.

einem normalen Umsatzgeschäft oder Ansprüche auf Geschäftsführerbezüge – mit der Folge des Nachrangs nach § 39 Abs. 1 Nr. 5 InsO stehen lässt.[1390]

§ 134 InsO setzt somit eine **Handlung** des **Schuldners** voraus, die **zumindest** dessen **selbstbestimmte Mitwirkung** an der Handlung eines Dritten erfordert.[1391] Es ist im Schrifttum **umstritten**, ob die **zwangsweise Durchsetzung** eines außerhalb des Vierjahreszeitraums des § 134 Abs. 1 InsO abgegebenen **Schenkungsversprechens** durch Zwangsvollstreckung als unentgeltliche Leistung des Schuldners anfechtbar ist, wenn die Vollstreckung erst innerhalb des Vierjahreszeitraums erfolgte.[1392] Insoweit ist zu beachten, dass der BGH zu § 133 Abs. 1 InsO entschieden hat, Zwangsvollstreckungshandlungen eines Gläubigers seien nicht einer Rechtshandlung des Schuldners gleichzustellen.[1393]

Im **Mehrpersonenverhältnis** ist eine Leistung des Schuldners etwa in dem praktisch bedeutsamen Fall gegeben, dass dieser einen seiner **Schuldner veranlasst**, **direkt** an einen Gläubiger des Schuldners **zu zahlen**.[1394] Erbringt der Schuldner aufgrund eines „letter of intent" der Gegenseite **Werkleistungen**, überlässt er den Auftrag jedoch einem Dritten, der den vollen Werklohn erhält, so können die vom Schuldner erbrachten Werkleistungen im Verhältnis zum Dritten als unentgeltliche Leistung anfechtbar sein.[1395] **Lohnzahlungen** einer insolventen Gesellschaft an den Arbeitnehmer einer Schwestergesellschaft sind nach der Rechtsprechung des BGH auch dann unentgeltliche Leistungen im Sinne des § 134 Abs. 1 InsO, wenn der Arbeitnehmer seine Arbeitsleistung entsprechend einer vertraglichen Regelung im Arbeitsvertrag zwischen dem Arbeitnehmer und der Schwestergesellschaft auf deren Weisung hin im Geschäftsbereich der Schuldnerin erbracht hat.[1396] Da die Frage der Unentgeltlichkeit nach Ansicht des **BGH allein im Zuwendungsverhältnis** zwischen dem verfügenden **Insolvenzschuldner** und dem „**Leistungsempfänger**" zu beurteilen ist, ist es unerheblich, dass der Arbeitnehmer auf eine Verpflichtung gegenüber der Schwestergesellschaft geleistet hat.[1397] Selbst in einem solchen Fall ist somit der Zuwendungsempfänger nicht vor einer Anfechtung nach § 134 InsO geschützt.

Es ist indes schon unzutreffend, den Arbeitnehmer als Leistungsempfänger der Zuwendung der Insolvenzschuldnerin zu bezeichnen. Denn die **Insolvenzschuld-**

1390 Vgl. Gehrlein in Ahrens/Gehrlein/Ringstmeier, § 134 InsO Rn 8.
1391 BGH, 10.2.2005 – IX ZR 211/02, BGHZ 162, 143 ff.
1392 Bejahend Jaeger/Henckel, § 134 InsO Rn 38; HK/Thole, § 134 InsO Rn 6 – **a.A.** MüKo/Kayser, § 134 InsO Rn 11; KPB/Bork, § 134 InsO Rn 34.
1393 BGH, 10.2.2005 – IX ZR 211/02, BGHZ 162, 143 ff.
1394 Vgl. BGH, 16.9.1999 – IX ZR 204/98, BGHZ 142, 284 ff.; BGH, 8.12.2005 – IX ZR 182/01, ZInsO 2006, 94 ff.
1395 BGH, 19.4.2007 – IX ZR 79/05, ZInsO 2007, 598 ff. – „letter of intent".
1396 BGH, 17.10.2013 – IX ZR 10/13, ZIP 2013, 2208 ff. Rn 8 ff.
1397 Vgl. BGH, 17.10.2013 – IX ZR 10/13, ZIP 2013, 2208 ff.

nerin verfolgt mit ihrer Zuwendung keinen Leistungszweck gegenüber dem fremden Arbeitnehmer. Sie **leistet** vielmehr **auf** ein bestehendes oder angestrebtes **Kausalverhältnis zur Schwestergesellschaft**. Auch der Arbeitnehmer sieht es zu Recht so an, als habe die Insolvenzschuldnerin an die Schwestergesellschaft und diese, die allein sein Arbeitgeber ist, an ihn geleistet. **Ein und dieselbe Zuwendung** kann jedoch aus der Sicht des Arbeitnehmers **nicht zugleich entgeltlich** (im Verhältnis zur Schwestergesellschaft) **und** zugleich **unentgeltlich** (im Verhältnis zur Insolvenzschuldnerin) sein. Der BGH ignoriert zu Unrecht die zwischen den Beteiligten bestehenden Kausalbeziehungen, welche die anfechtungsrechtliche Beurteilung beeinflussen.

b) Unentgeltlichkeit

aa) Grundsätzliches

431 Der **BGH** sieht in ständiger Rechtsprechung eine Leistung dann als unentgeltlich an, wenn ihr **nach** dem **Inhalt** des **Rechtsgeschäfts keine Leistung** des **Empfängers gegenübersteht**, die dem aufgegebenen Vermögenswert entspricht; hierüber entscheidet grds. das **objektive Verhältnis** der ausgetauschten Werte.[1398] Erst wenn feststeht, dass der Zuwendungsempfänger einen „Gegenwert für seine Zuwendung" erbracht hat, ist zu prüfen, ob gleichwohl der Hauptzweck des Geschäfts Freigebigkeit gewesen ist.[1399] Unentgeltlichkeit i.S.d. § 134 InsO ist gegeben, wenn der Anfechtungsgegner als Empfänger der Leistung für sie **vereinbarungsgemäß keine ausgleichende Gegenleistung** – sei es an den Schuldner, sei es an einen Dritten – zu erbringen hat.[1400] Nach einer anderen Formulierung liegt eine unentgeltliche Leistung vor, wenn ein Vermögenswert des Verfügenden zugunsten einer anderen Person aufgegeben wird, **ohne dass** dem Verfügenden ein entsprechender **Gegenwert zufließen soll**.[1401] Der anfechtungsrechtliche Begriff der unentgeltlichen Leistung ist nach der Rechtsprechung des BGH weit auszulegen und setzt eine Einigung über die Unentgeltlichkeit als solche nicht voraus.[1402] Auch eine bleibende Bereicherung

---

[1398] BGH, 5.6.2008 – IX ZR 17/07, ZInsO 2008, 738 ff. Rn 11; BGH, 9.11.2006 – IX ZR 285/03, ZIP 2006, 2391 ff. Rn 15; BGH, 29.11.1990 – IX ZR 29/90, BGHZ 113, 98, 101 ff.
[1399] BGH, 21.12.2010 – IX ZR 199/10, ZInsO 2011, 183 ff. Rn 10; BGH, 3.3.2005 – IX ZR 441/00, BGHZ 162, 276 ff. Rn 14 – „Cash-Pool (1)".
[1400] BGH, 2.4.2009 – IX ZR 236/07, ZInsO 2009, 1060 ff. Rn 16; BGH, 5.6.2008 – IX ZR 17/07, ZInsO 2008, 738 ff. Rn 11.
[1401] Vgl. BGH, 19.4.2007 – IX ZR 79/05, ZInsO 2007, 598 ff. Rn 16; K. Schmidt/Ganter/Weinland, § 134 InsO Rn 18.
[1402] BGH, BGH, 3.3.2005 – IX ZR 441/00, BGHZ 162, 276 ff. Rn 14; BGH, 24.6.1993 – IX ZR 96/92, NJW-RR 1993, 1379, 1381.

des Zuwendungsempfängers ist nicht erforderlich.[1403] Veräußert der Schuldner einen Vermögensgegenstand, dessen objektiver Wert denjenigen der vereinbarten Gegenleistung erheblich übersteigt, scheidet eine Anfechtung wegen einer teilweise unentgeltlichen Leistung aus, wenn beide Teile nach den objektiven Umständen der Vertragsanbahnung, der Vorüberlegungen der Parteien und des Vertragsschlusses selbst von einem Austauschgeschäft ausgehen und zudem von der Gleichwertigkeit der ausgetauschten Leistungen überzeugt sind.[1404] Beruft sich der Anfechtungsgegner darauf, die Vertragsparteien seien von einem gleichwertigen Leistungsaustausch ausgegangen, muss der Insolvenzverwalter beweisen, dass die Fehlvorstellung keine Grundlage in den objektiven Umständen des Vertragsschlusses hatte. Nach den Grundsätzen der sekundären Darlegungslast muss jedoch der Anfechtungsgegner solche Umstände substantiiert darlegen.[1405]

Die für die Annahme der Entgeltlichkeit erforderliche Leistung des Empfängers der schuldnerischen Leistung **muss keine Gegenleistung** i.S.d. **§§ 320 ff. BGB sein**; es genügt vielmehr jeder entsprechend werthaltige Vermögensvorteil zugunsten des Schuldners, wie etwa ein Zahlungsaufschub.[1406] Leistet der Schuldner auf einen **entgeltlichen schuldrechtlichen Vertrag**, sieht der BGH die Gegenleistung des Gläubigers im **Erlöschen** seiner **Forderung gegen** den **Schuldner**.[1407] Auch ohne eine vertragliche Vereinbarung einer Gegenleistung fehlt es an einer für die Unentgeltlichkeit erforderlichen kompensationslosen Minderung des schuldnerischen Vermögens, wenn der Empfänger die Leistung des Schuldners auf andere Art und Weise auszugleichen hat.[1408] Das **Stehenlassen** einer wegen der Insolvenzreife des Schuldners nicht mehr durchsetzbaren Forderung **gegen Nachbesicherung** stellt nach der Rechtsprechung des BGH kein Vermögensopfer dar, das geeignet ist, die Entgeltlichkeit zu begründen.[1409] Entgeltlich sind Zahlungen, die aufgrund gesetzlicher oder tariflicher Bestimmungen erfolgen, die unter Durchbrechung des Grundsatzes „kein Entgelt ohne Arbeit" eine **Entgeltzahlungspflicht ohne Arbeitsleistung** des Arbeitnehmers vorsehen. Eine Zahlung in Erfüllung einer vergleichsweise vereinbarten **Freistellung** ist in der Regel ebenfalls entgeltlich.[1410]

432

1403 MüKo/Kayser, § 134 InsO Rn 12, 17b.
1404 BGH, 22.10.2020 – IX ZR 208/18, ZIP 2020, 2348 ff. Rn 8, 10.
1405 BGH, 22.10.2020 – IX ZR 208/08, ZIP 2020, 2348 ff. Rn 11.
1406 Vgl. MüKo/Kayser, § 134 InsO Rn 17a mit Hinweis auf RG JW 1913, 608, 609; vgl. jedoch zum Stehenlassen einer Darlehensforderung BGH, 7.5.2009 – IX ZR 71/08, ZInsO 2009, 1056 f. und BGH, 22.7.2004 – IX ZR 183/03, ZInsO 2004, 967 ff.
1407 BGH, 3.3.2005 – IX ZR 441/00, BGHZ 162, 276 ff. Rn 13; BGH, 15.3.1972 – IX ZR 159/70, BGHZ 58, 240, 244 f.; krit. dazu Jaeger/Henckel, § 134 InsO Rn 3.
1408 BGH, 1.10.2020 – IX ZR 247/19, ZIP 2020, 2242 ff. Rn 10.
1409 BGH, 1.6.2006 – IX ZR 159/04, ZInsO 2006, 771 ff.
1410 BAG, 17.12.2015 – 6 AZR 186/14, ZIP 2016, 377 ff.

Schenkungscharakter hat jedoch eine Freistellung, die auf familienrechtlichen Gründen beruht.[1411]

433 Die Erfüllung einer **einredebehafteten Forderung** stellt keine unentgeltliche Leistung dar, wenn die Forderung entgeltlich begründet wurde. Eine Zuwendung des Schuldners ist ferner nicht schon deshalb unentgeltlich, weil die vereinbarte angemessene **Gegenleistung ausbleibt**.[1412] Zahlt der Empfänger eines Darlehens die erhaltenen Gelder tatsächlich zurück, rechtfertigt bei einem Zwei-Personen-Verhältnis die zum Zeitpunkt der Auszahlung bestehende **Insolvenzreife** des Empfängers allein nicht, die Auszahlung als unentgeltliche Leistung einzuordnen. Insoweit liegt der Fall anders als bei einer tatsächlich erbrachten, aber von Anfang an wirtschaftlich wertlosen Gegenleistung, die nicht zur Entgeltlichkeit führt.[1413] Ist dem Schuldner ein Gegenwert zugeflossen, ist es nicht gerechtfertigt, die Erfüllung der entgeltlichen Verbindlichkeit als unentgeltlich anzusehen, weil dem Schuldner eine **Einrede** zustand. Soweit dem Schuldner bei dauerhaften Einreden ein Bereicherungsanspruch gemäß § 813 Abs. 1 BGB zusteht, führt schon dies zur Entgeltlichkeit seiner Leistung.[1414] Auch die Erfüllung einer **verjährten Verbindlichkeit** ist entgeltlich, sofern die Verbindlichkeit entgeltlich war.[1415] Ein Schuldner, der im Zwei-Personen-Verhältnis auf eine nicht bestehende Schuld leistet, nimmt eine entgeltliche Leistung vor, wenn nur der Empfänger durch die Annahme der Leistung gegen die guten Sitten verstößt.[1416] Eine unentgeltliche Leistung ist in einem solchen Fall jedoch gegeben, wenn die Rückforderung der Leistung ausgeschlossen ist, weil dem leistenden Schuldner ein Verstoß gegen die guten Sitten zur Last fällt; die Leistung ist jedoch entgeltlich, wenn dem Schuldner im rechtlichen Zusammenhang mit seiner Leistung eine ausgleichende Gegenleistung zugeflossen ist.[1417]

bb) Maßgebender Zeitpunkt; objektive oder subjektive Betrachtungsweise

434 Maßgebender Zeitpunkt für die Frage der Unentgeltlichkeit ist der **Zeitpunkt** der **Vollendung** des **Rechtserwerbs**, bei gegenseitigen Verpflichtungen also der Zeit-

---

1411 BAG, 17.12.2015 – 6 AZR 186/14, ZIP 2016, 377 ff. Rn 22.
1412 BGH, 27.6.2019 – IX ZR 167/18, BGHZ 222, 283 ff. Rn 62; BGH, 21.1.1999 – IX ZR 429/97, ZIP 1999, 316, 317; MüKo/Kayser, § 134 InsO Rn 17c.
1413 BGH, 27.6.2019 – IX ZR 167/18, BGHZ 222, 283 ff. Rn 63; BGH, 28.2.1991 – IX ZR 74/90, BGHZ 113, 393, 397 f.
1414 Vgl. BGH, 27.6.2019 – IX ZR 167/18, BGHZ 222, 283 ff. Rn 86; BGH, 20.4.2017 – IX ZR 252/16, BGHZ 214, 350 ff. Rn 13.
1415 BGH, 27.6.2019 – IX ZR 167/18, BGHZ 222, 283 ff. Rn 87; MüKo/Kayser, § 134 Rn 26; Jaeger/Henckel, § 134 InsO Rn 12.
1416 BGH, 27.6.2019 – IX ZR 167/18, BGHZ 222, 283 ff. Rn 87.
1417 BGH, 27.6.2019 – IX ZR 167/18, BGHZ 222, 283 ff. Rn 94.

punkt ihrer Begründung.[1418] Die Unentgeltlichkeit einer Leistung ist nach den rechtlichen und tatsächlichen Verhältnissen in dem Zeitpunkt zu beurteilen, in dem die jeweilige Leistung vorgenommen wurde. Eine erst nach der angefochtenen Rechtshandlung ausgesprochene **materiell-rechtliche Anfechtung** eines Vertrages führt daher auch nicht zur Inkongruenz der Leistung.[1419] Die Entgeltlichkeit kann nicht nachträglich dadurch begründet werden, dass bisher nicht miteinander in Beziehung stehende Leistungen nach dem Leistungsaustausch durch Parteivereinbarung miteinander verknüpft werden.[1420] Von seiner **früheren Rechtsprechung**, wonach die Sicherstellung einer fremden Schuld **entgeltlich** sein sollte, **wenn** dem Sicherungsgeber dafür die Kreditgewährung an einen Dritten versprochen wurde, an der er ein **eigenes wirtschaftliches Interesse** hatte,[1421] ist der **BGH abgerückt**. So ist die Besicherung einer fremden Forderung nicht deswegen entgeltlich, weil der Sicherungsgeber mit der Gewährung der Sicherheit ein eigenes wirtschaftliches Interesse verfolgt; es kommt allein darauf an, ob der Sicherungsnehmer zugunsten des Sicherungsgebers oder eines Dritten ein Vermögensopfer erbringt.[1422]

Bis vor kurzem war nach der Rechtsprechung des **BGH** im **Zwei-Personen-Verhältnis** eine **weite Auslegung** des § 134 Abs. 1 InsO geboten und eine objektive Betrachtung anzustellen. Danach setzte die Bestimmung eine vertragliche Einigung über die Unentgeltlichkeit als solche nicht voraus. Für die Bewertung waren nicht die subjektiven Vorstellungen und Absichten des Schuldners und seines Vertragspartners entscheidend, sondern die **objektive Wertrelation** zwischen Leistung und Gegenleistung. Andernfalls könnten – so die Erwägung des BGH – die Beteiligten allein dadurch, dass sie einer für den Schuldner objektiv wertlosen Leistung in ihren rechtsgeschäftlichen Erklärungen einen (subjektiven) Wert beimessen, den Zweck des Gesetzes vereiteln. Erst wenn feststand, dass der Schuldner objektiv betrachtet überhaupt einen Gegenwert für seine Zuwendung erhalten hatte oder ihm eine werthaltige Gegenleistung versprochen worden war, bestand Anlass zu prüfen, ob die Beteiligten die Gegenleistung als Entgelt angesehen hatten oder mit der Verfügung des Schuldners Freigiebigkeit, wenn auch nur zum Teil, bezweckt war. Fehlte es objektiv an einem Gegenwert, kam es auf die subjektiven Vorstellungen der Beteiligten nicht an.[1423] Dementsprechend sollte es bei der **Zahlung auf** eine

435

[1418] BGH, 26.4.2012 – IX ZR 146/11, ZIP 2012, 1183 ff. Rn 43.
[1419] BGH, 6.12.2018 – IX ZR 143/17, NJW 2019, 1446 ff.
[1420] Vgl. BFH, 10.2.1987 – VII R 122/84, BFHE 149, 204, 209 f.; Uhlenbruck/Ede/Hirte, § 134 InsO Rn 37.
[1421] Vgl. BGH, 19.3.1998 – IX ZR 22/97, BGHZ 138, 291 ff.
[1422] BGH, 1.6.2006 – IX ZR 159/04, ZInsO 2006, 771 ff. Rn 14.
[1423] Vgl. zum Ganzen BGH, 5.3.2015 – IX ZR 133/14, BGHZ 204, 231 ff. Rn 49; BGH, 3.3.2005 – IX ZR 441/00, BGHZ 162, 276 ff. Rn 14; BGH, 28.2.1991 – IX ZR 74/90, BGHZ 113, 393, 396 f.

Nichtschuld an der Entgeltlichkeit der Leistung fehlen.[1424] Da die Frage der Unentgeltlichkeit nach der Rechtsprechung des BGH objektiv zu bestimmen war, konnte der Insolvenzverwalter die Auszahlung von Scheingewinnen im Rahmen eines „**Schneeballsystems**" durch den späteren Insolvenzschuldner als objektiv unentgeltliche Leistung anfechten, weil **einseitigen Vorstellungen** des Leistungsempfängers über eine Entgeltlichkeit der Leistung selbst dann **keine Bedeutung** zukam, wenn der Irrtum durch den Schuldner hervorgerufen wurde.[1425] Dies galt auch für die auf der Grundlage von Scheingewinnen gezahlten **Provisionen**, da auch die ihnen zugrunde liegenden Betreuungsdienste objektiv ohne Wert sind.[1426] **Auszahlungen** auf die **Einlage** sind dagegen entgeltlich, weil der Anleger dadurch seinen Anspruch auf Rückzahlung der (noch vorhandenen) Einlage verliert.[1427]

436 Es ist jedoch zu beachten, dass der **BGH** in seiner **neueren Rechtsprechung nicht mehr** an dieser **streng objektiven Betrachtung** festhält.[1428] Vielmehr sollen gemäß § 134 Abs. 1 InsO **nur freigiebige Leistungen** des Schuldners im Insolvenzfall rückgängig gemacht werden. Dementsprechend rechtfertigt die Begleichung einer objektiv wertlosen Forderung nicht die „Schenkungsanfechtung", wenn beide Teile von einem Austauschgeschäft ausgehen und zudem in gutem Glauben von der Werthaltigkeit der dem Schuldner gewährten Gegenleistung überzeugt sind, die sich erst aufgrund einer nachträglichen Prüfung als wertlos erweist.[1429] Auf der Grundlage seiner neueren Auffassung hat der BGH ferner entschieden, dass der Schuldner, der im Zwei-Personen-Verhältnis auf eine **tatsächlich nicht bestehende Schuld** leistet, keine unentgeltliche Leistung vornimmt, wenn er irrtümlich annimmt, zu einer entgeltlichen Leistung verpflichtet zu sein.[1430]

cc) Weitere Einzelfälle

437 Entgeltlich ist nach einem Urteil des BGH vom 12.12.1996[1431] auch die Zahlung einer **freiwilligen Weihnachtsgratifikation** an einen Arbeitnehmer für überdurch-

---

1424 BGH, 5.3.2015 – IX ZR 133/14, BGHZ 204, 231 ff. Rn 49; BGH, 21.12.2010 – IX ZR 199/10, ZIP 2011, 484 f. Rn 12.
1425 BGH, 21.12.2010 – IX ZR 199/10, ZIP 2011, 484 ff.; BGH, 11.12.2008 – IX ZR 195/07, BGHZ 179, 137 ff. Rn 6 – „Schneeballsystem (1)".
1426 BGH, 21.12.2010 – IX ZR 199/10, ZIP 2011, 484 ff.; OLG Frankfurt am Main, 11.3.2010 – 16 U 129/09, ZIP 2010, 938 ff.
1427 BGH, 22.4.2010 – IX ZR 225/09, ZInsO 2010, 1454 ff. Rn 12.
1428 Vgl. dazu Gehrlein, WM 2019, 1241 ff.
1429 BGH, 15.9.2016 – IX ZR 250/15, ZIP 2016, 2329 ff. Rn 22; Jaeger/Henckel, § 134 Rn 20; FK/Dauernheim, § 134 InsO Rn 11; Ganter, NZI 2015, 249, 256 f. **a.A.** MK/Kayser, § 134 InsO Rn 40; HK/Thole, § 134 InsO Rn 13; KPB/Bork, § 134 InsO Rn 45.
1430 BGH, 20.4.2017 – IX ZR 252/16, BGHZ 214, 350 ff.
1431 BGH, 12.12.1996 – IX ZR 76/96, NJW 1997, 866 f.

schnittlichen Diensteifer, selbst wenn sie vom Alleingesellschafter einer Handelsgesellschaft als Arbeitgeber geleistet wird. Gleiches gilt nach der Rechtsprechung des Bundesarbeitsgerichts für die Zahlung einer **Halteprämie**, mit der die Betriebstreue honoriert werden soll.[1432] Aber auch bei einem wirksamen Arbeitsverhältnis können Lohnzahlungen unentgeltliche Leistungen darstellen, wenn der Schuldner die hierfür geschuldete **Arbeitsleistung** trotz vorhandener Arbeitsmenge **nicht vollständig in Anspruch nimmt**. Gleiches gilt im Falle der Vergütungsleistung trotz vertragswidriger Arbeitsverweigerung des Arbeitnehmers.[1433] Der Umstand, dass für eine **Vertragsübernahme** selbst keine gesonderte Gegenleistung erbracht wurde, macht diese noch nicht unentgeltlich.[1434] Unterwirft sich der Verletzer eines Markenrechts dem Anspruch des Verletzten durch Abgabe einer strafbewehrten **Unterlassungserklärung**, stellt weder die für den Fall einer Zuwiderhandlung übernommene Verpflichtung zu einer Vertragsstrafe noch deren Zahlung eine unentgeltliche Leistung des Verletzers dar.[1435]

Eine unentgeltliche Leistung ist auch bei der Erfüllung einer aufschiebend bedingten Verbindlichkeit gegeben, da **vor** dem **Eintritt** der **Bedingung** noch kein Anspruch auf die Leistung besteht.[1436] Im Fall der **vorzeitigen Erfüllung** einer Schuld kann eine unentgeltliche Leistung hinsichtlich des Zwischenzinses gegeben sein.[1437] Streitig ist, ob die Erfüllung eines verjährten Anspruchs als unentgeltliche Leistung anzusehen ist. Dies wird zum Teil mit Hinweis auf § 214 Abs. 2 BGB verneint,[1438] was jedoch im Hinblick darauf zweifelhaft erscheint, dass im Insolvenzverfahren nur durchsetzbare Ansprüche berücksichtigt werden.[1439] Entgeltlich ist die Erfüllung eines nicht einklagbaren Anspruchs und eines Anspruchs aus einem gesetzlichen Schuldverhältnis.[1440] Erbringt der Schuldner eine rechtsgrundlose Leistung in Kenntnis der Nichtschuld, ist dies nach § 134 InsO anfechtbar.[1441] Die Auszahlung der in einem „**Schneeballsystem**" erzielten **Scheingewinne** unterliegt daher als objektiv unentgeltliche Leistung der Anfechtung gem. § 134 InsO. Dabei ist außerdem zu beachten, dass aufgrund des Aufrechnungsverbots nach § 96 Abs. 1

438

[1432] BAG, 12.9.2103 – 6 AZR 913/11, ZIP 2014, 139 ff.
[1433] BAG, 18.9.2014 – 6 AZR 145/13, ZIP 2014, 2519 ff. – „Scheinarbeitsverhältnis".
[1434] Vgl. BGH, 26.4.2012 – IX ZR 146/11, ZIP 2012, 1183 ff. Rn 40.
[1435] BGH, 16.4.2015 – IX ZR 180/13.
[1436] MüKo/Kayser, § 134 InsO Rn 26; HambKomm/Rogge/Leptien, § 134 Rn 22 – a.A. Uhlenbruck/Ede/Hirte, § 134 InsO Rn 46, da die Erfüllung einer entgeltlich begründeten aufschiebend bedingten Verbindlichkeit in aller Regel nicht aus Freigiebigkeit erfolge.
[1437] BGH, 13.3.1997 – IX ZR 93/96, ZIP 1997, 853 ff.
[1438] MüKo/Kayser, § 134 InsO Rn 26.
[1439] Vgl. K. Schmidt/Ganter/Weinland, § 134 InsO Rn 48; HK/Thole, § 134 InsO Rn 15.
[1440] KPB/Bork, § 134 InsO Rn 81; MüKo/Kayser, § 134 InsO Rn 26.
[1441] BGH, 11.12.2008 – IX ZR 195/07, BGHZ 179, 137 ff. – „Scheingewinne (1)"; BGH, 2.4.2009 – IX ZR 197/07, ZInsO 2009, 1202 f.; Jaeger/Henckel, § 134 InsO Rn 13.

Nr. 3 InsO kein Wertungswiderspruch mehr zu § 814 BGB besteht, der es erfordern würde, den Anleger so zu stellen, als könne er mit Schadensersatzansprüchen aufrechnen.[1442]

439 Räumt ein Erwerber dem Schuldner ein höchstpersönliches, **unübertragbares Nutzungsrecht** ein, das nicht der Pfändung unterliegt (vgl. §§ 851, 857 ZPO), so ist darin keine entgeltliche Gegenleistung zu sehen, da dieses Recht nicht dem Zugriff der Gläubiger unterliegt.[1443] Dementsprechend stellt auch ein **Pflichtteilsverzicht** keine der Anfechtung nach § 134 InsO entgegenstehende Gegenleistung dar, da auch dieser den Gläubigern keine Zugriffsmöglichkeit eröffnet.[1444] Überträgt der spätere Insolvenzschuldner seine vertragliche Rechtsstellung als **Zwischenmieter** auf einen Dritten, kann dies als unentgeltliche Leistung anfechtbar sein, wenn die vom Dritten übernommenen Pflichten keine die erlangten Rechte ausgleichende Gegenleistung darstellen.[1445]

dd) Irrtumsfälle

440 **Einseitige Vorstellungen** des **Schuldners** über mögliche wirtschaftliche Vorteile, die in keiner rechtlichen Abhängigkeit von seiner Leistung stehen, vermögen eine **Entgeltlichkeit ebenso wenig** zu begründen[1446] **wie irrtümliche Fehlvorstellungen** des **Empfängers**, die durch den Schuldner hervorgerufen wurden.[1447] **Streitig** ist, ob die Leistung auf eine **nicht bestehende Forderung** stets als unentgeltlich anzusehen ist.[1448] Zum Teil wird die Auffassung vertreten, dass derjenige, der auf eine nicht bestehende, aber als entgeltlich angesehene Schuld zahle, nicht schon deshalb unentgeltlich leiste, weil die Schuld nicht bestehe.[1449] Nach der Rechtsprechung des **BGH** ist eine Leistung nicht unentgeltlich, wenn der Schuldner zu der Leistung verpflichtet war oder **wenigstens** eine solche **Verpflichtung angenom-**

1442 Vgl. BGH, 2.4.2009 – IX ZR 197/07, ZInsO 2009, 1202 f.; BGH, 11.12.2008 – IX ZR 195/07, BGHZ 179, 137 ff.; BGH, 2.4.2009 – IX ZR 221/07, veröffentlicht bei juris; BGH, 21.12.2010 – IX ZR 199/10, ZInsO 2011, 183 ff.: auf Scheingewinnen beruhende Vermittlungsprovision.
1443 BGH, 18.12.2008 – IX ZR 79/07, ZInsO 2009, 518 ff. Rn 11.
1444 Vgl. BGH, 28.2.1991 – IX ZR 74/90, NJW 1991, 1610 f.
1445 BGH, 1.3.2018 – IX ZR 207/15, ZIP 2018, 792 ff.
1446 BGH, 29.11.1990 – IX ZR 29/90, BGHZ 113, 98, 103 f.
1447 BGH, 11.12.2008 – IX ZR 195/07, BGHZ 179, 137 ff. Rn 6 – „Scheingewinne (1)"; BGH, 21.12.2010 – IX ZR 199/10, ZIP 2011, 484 f. Rn 10.
1448 Bejahend MüKo/Kirchhof, § 134 InsO Rn 21; HambKomm/Rogge/Leptien, § 134 InsO Rn 15a – **a.A.** Jaeger/Henckel, § 134 InsO Rn 12; Zeuner, Die Anfechtung in der Insolvenz, Rn 220.
1449 Jaeger/Henckel, § 134 InsO Rn 12; Zeuner, Die Anfechtung in der Insolvenz, Rn 220 – **a.A.** Uhlenbruck/Ede/Hirte, § 134 InsO Rn 48: Unentgeltlichkeit i.d.R. auch bei unbewusst rechtsgrundloser Leistung.

men hat.[1450] Dagegen ist eine ohne Rechtsgrund erbrachte Leistung, die der Schuldner in **Kenntnis** der **Nichtschuld** vorgenommen hat, als unentgeltliche Leistung nach § 134 InsO anfechtbar.[1451] Der BGH hat es in einem Urt. v. 28.2.1991[1452] dahingestellt sein lassen, ob ein **Irrtum beider Teile** über die tatsächlichen Voraussetzungen der **Werthaltigkeit** einer Gegenleistung der Anwendung der §§ 3 Abs. 1 Nr. 3, 4 AnfG entgegenstünde. Er hat diese Frage in seinem Urteil vom 15.9.2016 für § 134 InsO bejaht.[1453] Entrichtet der Schuldner den vereinbarten Kaufpreis für einen nach den tatsächlichen Gegebenheiten objektiv wertlosen GmbH-Geschäftsanteil an den Verkäufer, scheidet eine Anfechtung wegen einer unentgeltlichen Leistung aus, wenn beide Teile nach den objektiven Umständen von einem Austausch-Marktgeschäft ausgegangen und in gutem Glauben von der Werthaltigkeit des Kaufgegenstandes überzeugt sind.

c) Zwei-Personen-Verhältnis

Nach der ständigen Rechtsprechung des **BGH** ist im **Zwei- Personen-Verhältnis** 441 von einer unentgeltlichen Leistung i.S.d. § 134 InsO auszugehen, wenn ein Vermögenswert des Leistenden zugunsten des anderen Teils aufgegeben wird, **ohne dass dem Leistenden ein entsprechender Gegenwert zufließen soll.**[1454] Im Zwei-Personen-Verhältnis hängt die Entgeltlichkeit einer Leistung nicht davon ab, ob die Gegenleistung dem Vermögen des Leistenden zufließt, wenn sie ihm in **anderer Weise zugutekommt**. Dies ist insb. der Fall, wenn der leistende Schuldner Geld aufwendet, um sich eigene Rechtsgüter zu erhalten, etwa in der Absicht, Gefahren für seine Gesundheit, seine Freiheit oder sein Eigentum abzuwenden, bspw. durch die Zahlung einer **Geldauflage** als Voraussetzung für die Einstellung des Strafverfahrens gem. **§ 153a Abs. 2 StGB**. Auch im zuletzt genannten Fall kann jedoch die Vorsatzanfechtung gem. § 133 Abs. 1 InsO begründet sein.[1455]

Wenngleich der **BGH** im Grundsatz auf das objektive Wertverhältnis der ausge- 442 tauschten Leistungen abstellt, kommt er **nicht umhin**, den Vertragsparteien hinsichtlich der Frage der Gleichwertigkeit ihrer Leistungen einen **Bewertungsspiel-**

1450 BGH, 9.10.2014 – IX ZR 294/13, juris Rn 3; BGH, 29.11.1990 – IX ZR 29/90, BGHZ 113, 98, 103; BGH, 13.3.1978 – VIII ZR 241/76, BGHZ 71, 61, 66.
1451 Vgl. Jaeger/Henckel, § 134 InsO Rn 13; Uhlenbruck/Ede/Hirte, § 134 InsO Rn 47.
1452 BGH, 28.2.1991 – IX ZR 74/90, BGHZ 113, 393 ff. Rn 11.
1453 BGH, 15.9.2016 – IX ZR 250/15, ZIP 2016, 2329 ff.
1454 BGH, 19.4.2007 – IX ZR 79/05, ZInsO 2007, 598 ff. Rn 16; BGH, 9.11.2006 – IX ZR 285/03, ZInsO 2006, 1322 ff. Rn 15.
1455 Vgl. BGH, 5.6.2008 – IX ZR 17/07, ZInsO 2008, 738 ff. Rn 14; Gottwald/Huber, Insolvenzrechts-Handbuch, § 49 Rn 14.

raum zuzubilligen.[1456] So kann etwa das **vergleichsweise Nachgeben** eines Teils erst dann als (teilweise) unentgeltliche Leistung gewertet werden, wenn der Vergleichsinhalt den Bereich verlässt, der bei objektiver Beurteilung ernstlich zweifelhaft sein kann, wenn also der Gläubiger ohne Ungewissheit über die Sach- und Rechtslage aus anderen Gründen vergleichsweise einen Teil seiner Forderung aufgibt.[1457] Findet sich der Schuldner ohne Ungewissheit der Sach- und Rechtslage aufgrund eines Liquiditätsengpasses oder aus sonstigen Gründen bereit, vergleichsweise einen Teil seiner Forderung(en) aufzugeben, so ist ein solcher Vergleich in der Regel nach § 134 InsO anfechtbar, sofern seine **Vorteile** das **Nachgeben** des **Schuldners nicht aufwiegen**.[1458] Eine Anfechtung nach § 134 Abs. 1 InsO kann allerdings ausscheiden, wenn die Wirksamkeit eines Vertrages, der einem Dienstleister eine erfolgsunabhängige Vergütung gewährt, wegen eines auffälligen Missverhältnisses von Leistung und Gegenleistung Wirksamkeitsbedenken unterliegt und der Dienstleister im Rahmen eines Vergleichs auf seine Forderung teilweise verzichtet.[1459]

443   Entsprechendes gilt für die Frage, ob ein Leistungsaustausch als **gemischte Schenkung** anzusehen ist.[1460] Besteht bei einem Zuwendungsgeschäft zwischen Leistung und Gegenleistung ein **objektives**, über ein geringes Maß deutlich hinausgehendes **Missverhältnis**, so besteht eine **tatsächliche Vermutung** für das Vorliegen einer gemischten Schenkung.[1461] Veräußert der Schuldner einen Vermögensgegenstand, dessen objektiver Wert denjenigen der vereinbarten Gegenleistung erheblich übersteigt, scheidet eine Anfechtung wegen einer teilweise unentgeltlichen Leistung jedoch aus, wenn beide Teile nach den objektiven Umständen der Vertragsanbahnung, der Vorüberlegungen der Parteien und des Vertragsschlusses selbst von einem Austauschgeschäft ausgehen und zudem von der Gleichwertigkeit der ausgetauschten Leistungen überzeugt sind.[1462] Bei einer gemischten Schenkung wird im Schrifttum ein Recht des Anfechtungsgegners befürwortet, den Rückgewähranspruch des Insolvenzverwalters durch **Zahlung** des **Differenzbetrages** abzuwenden, da die Insolvenzgläubiger i.d.R. nur am Verwertungserlös des unentgelt-

---

1456 Vgl. BGH, 9.11.2006 – IX ZR 285/03, ZInsO 2006, 1322 ff. Rn 16; BGH, 13.3.1978 – VIII ZR 241/76, BGHZ 71, 61, 66; BAG, 18.9.2014 – 6 AZR 145/13, ZIP 2014, 2519 ff. Rn 46; Uhlenbruck/Ede/Hirte, § 134 InsO Rn 34.
1457 BGH, 9.11.2006 – IX ZR 285/03, ZInsO 2006, 1322 ff. Rn 15, 17; BGH, 1.4.2004 – IX ZR 305/00, ZIP 2004, 957 ff. Rn 39.
1458 BGH, 8.3.2012 – IX ZR 51/11, ZIP 2012, 984 ff. Rn 35; BGH, 9.11.2006 – IX ZR 285/03, ZIP 2006, 2391 ff. Rn 16 ff.
1459 BGH, 8.3.2012 – IX ZR 51/11, ZIP 2012, 984 ff. Rn 28 ff.
1460 BGH, 2.4.1998 – IX ZR 232/96, ZIP 1998, 830 ff. unter II. 2. c).
1461 Vgl. BGH, 6.11.2013 – XII ZB 434/12, NJW 2014, 294 ff.
1462 BGH, 22.10.2020 – IX ZR 208/18, ZIP 2020, 2348 ff.

lich weggegebenen Gegenstandes interessiert seien.¹⁴⁶³ Der BGH hat auch in einem Fall der **Sicherungsübertragung** die Möglichkeit einer **Teilanfechtung erwogen**.¹⁴⁶⁴

Der **BGH** ging offenbar auch im **Zwei-Personen-Verhältnis** davon aus, dass eine Leistung auf ein entgeltliches Kausalverhältnis in bestimmten Fällen schon dann als unentgeltliche Leistung i.S.d. **§ 134 InsO** anfechtbar sein kann, **wenn** es **objektiv** an der **Gleichwertigkeit** der **Leistungen fehlt**. Er vertrat im Urt. v. 2.4.2009¹⁴⁶⁵ die Auffassung, es könne bei einer **Leistung**, die ein **Gesellschafter** seiner Gesellschaft erbringe und die sofort nach dem Eingang bei der Gesellschaft **eigenkapitalersetzend** werde, die Anfechtbarkeit nach § 134 InsO nicht zweifelhaft sein. Diese Ansicht hätte aber letztlich zur Konsequenz, dass bei jedem zeitversetzten Leistungsaustausch auf der Grundlage eines gegenseitigen Vertrages eine unentgeltliche Leistung anzunehmen wäre, wenn der **Anspruch** des **vorleistenden Anfechtungsgegners** wegen der bereits eingetretenen Insolvenz seines Vertragspartners **nicht mehr (voll) durchsetzbar** und somit nach Ansicht des BGH objektiv wertlos ist. In beiden Fällen beruht die Undurchsetzbarkeit auf gesetzlicher Anordnung, die nichts daran ändert, dass die Leistung aufgrund eines entgeltlichen Vertrages erfolgt. Es geht insoweit auch nicht um die Problematik, ob der rechtsgrundlose Erwerb einem unentgeltlichen Erwerb gleichzusetzen ist. Der BGH geht aber selbst zu Recht davon aus, dass eine Leistung nicht schon deshalb unentgeltlich ist, weil die vereinbarte Gegenleistung ausgeblieben ist.¹⁴⁶⁶ Er hat nunmehr zur **neuen Rechtslage** nach **MoMiG** entschieden, dass die Auszahlung eines Gesellschafterdarlehens an die Gesellschaft in der Insolvenz des Gesellschafters **nicht als unentgeltliche Leistung** des Gesellschafters **angefochten** werden könne. Der Insolvenzverwalter über das Vermögen eines Gesellschafters, welcher der Gesellschaft ein Darlehen gewährt hat, kann dem Nachrangeinwand des Insolvenzverwalters über das Vermögen der Gesellschaft nicht den Gegeneinwand entgegenhalten, die Gewährung eines Gesellschafterdarlehens sei als unentgeltliche Leistung anfechtbar.¹⁴⁶⁷

Der **BGH** hat durch Urteil vom 20.4.2017¹⁴⁶⁸ eine **wesentliche Klarstellung** vorgenommen, die für den gesamten Anwendungsbereich der Anfechtung nach § 134 InsO von erheblicher Bedeutung ist. Danach nimmt der Schuldner, der im Zwei-Personen-Verhältnis auf eine tatsächlich nicht bestehende Schuld leistet, keine un-

---

1463 Vgl. Jaeger/Henckel, § 134 InsO Rn 29.
1464 BGH, 2.4.1998 – IX ZR 232/96, ZIP 1998, 830 ff. unter II. 2. c).
1465 BGH, 2.4.2009 – IX ZR 236/07, ZInsO 2009, 1060 ff. Rn 16.
1466 BGH, 21.1.1999 – IX ZR 429/97, NJW 1999, 1033 ff.
1467 BGH, 13.10.2016 – IX ZR 184/14.
1468 BGH, 20.4.2017 – IX ZR 252/16, ZIP 2017, 1233 ff.; vgl. dazu ferner BGH, 12.9.2017 – IX ZR 316/16, ZInsO 2017, 2693 f.

entgeltliche Leistung vor, wenn er **irrtümlich annimmt**, zu einer **entgeltlichen Leistung** verpflichtet zu sein. Der Begriff der unentgeltlichen Leistung setzt eine Einigung über die Unentgeltlichkeit als solche nicht voraus. § 134 Abs. 1 InsO beruht auf der gesetzgeberischen Wertung, dass ein in Vermögenverfall geratener Schuldner sich nicht auf Kosten seiner Gläubiger freigiebig zeigen darf.[1469] Entscheidender Gesichtspunkt ist, dass der Schuldner, statt seine Gläubiger zu befriedigen, diesen durch die unentgeltliche Leistung kompensationslos Mittel entzogen hat, die andernfalls im Zeitpunkt der Insolvenz zu ihrer Befriedigung zur Verfügung zur Verfügung gestanden hätten. **Freigiebige Leistungen** des Schuldners sollen daher im Insolvenzfall im Interesse einer besseren Befriedigung der Gläubiger rückgängig gemacht werden.[1470] Die Unterscheidung, ob freigiebige Leistungen des Schuldners vorliegen, richtet sich entsprechend der Zielrichtung des § 134 Abs. 1 InsO danach, inwieweit der leistende Schuldner eine dem von ihm aufgegebenen Vermögenswert entsprechende Gegenleistung erhalten soll oder nicht.[1471] Im Fall der **rechtsgrundlosen Leistung** ist der Empfänger im Grundsatz einem Bereicherungsanspruch ausgesetzt. Insoweit fehlt es bei einer solchen Leistung an einem endgültigen, vom Empfänger nicht auszugleichenden, freigiebigen Vermögensverlust des Schuldners.[1472] Dementsprechend ist auch die Zahlung einer Kommanditgesellschaft an ihren **Kommanditisten**, der ein **gewinnunabhängiges Zahlungsversprechen** im Gesellschaftsvertrag zugrundeliegt, nicht schon deswegen unentgeltlich, weil die Zahlung nicht durch Gewinne der Kommanditgesellschaft gedeckt ist.[1473] Und die Übertragung von Geldern durch den Schuldner auf einen **Treuhänder** zum Zweck der Befriedigung seiner Gläubiger stellt auch dann keine unentgeltliche Leistung dar, wenn die Treuhandvereinbarung wegen eines Vertretungsmangels unwirksam ist.[1474]

446 Gehrlein[1475] vertritt als Mitglied des für das Insolvenzrecht zuständigen IX. Zivilsenats des BGH zu Recht die Auffassung, dass die „Akzentversichierung" in der Rechtsprechung des BGH zum Zwei-Personen-Verhältnis nicht ohne Einfluss auf das Drei-Personen-Verhältnis bleiben könne. Die **„Schenkungsanfechtung"** im **Drei-Personen-Verhältnis** könne nicht allein auf die Wertlosigkeit der beglichenen Drittforderung gestützt werden; erfordere die „Schenkungsanfechtung" im „Zwei-

---

[1469] BGH, 20.4.2017 – IX ZR 252/16, ZIP 2017, 1233 ff. Rn 10; BGH, 13.3.2008 – IX ZR 117/07, ZIP 2008, 975 Rn 10.
[1470] BGH, 20.4.2017 – IX ZR 252/16, ZIP 2017, 1233 ff. Rn 10 m. Hinw. auf Hahn, Die gesamten Materialien zur KO, 1881, S. 141.
[1471] BGH, 20.4.2017 – IX ZR 252/16, ZIP 2017, 1233 ff. Rn 11.
[1472] BGH, 20.4.2017 – IX ZR 252/16, ZIP 2017, 1233 ff. Rn 13; Kayser, ZIP 2019, 293, 298.
[1473] BGH, 20.4.2017 – IX ZR 189/16, ZIP 2017, 1284 ff.
[1474] BGH, 7.9.2017 – IX ZR 224/16, ZIP 2017, 1863 ff.
[1475] Gehrlein, WM 2019, 1241 ff.

Personen-Verhältnis ein Wissen um die Freigiebigkeit, könne im Drei-Personen-Verhältnis nichts anderes gelten.[1476]

d) Mehrpersonenverhältnis

aa) Rechtsprechung des BGH

Nach der ständigen Rechtsprechung des **BGH** erweisen sich die **Rechtsgrundsätze** zur Unentgeltlichkeit einer Leistung im **Zwei-Personen-Verhältnis** dort als **zu eng**, wo eine **dritte Person** in den Zuwendungsvorgang eingeschaltet wird.[1477] In solchen Fällen kommt es nicht entscheidend darauf an, ob der Schuldner selbst für die von ihm erbrachte Leistung einen Ausgleich erhalten hat. Maßgebend ist vielmehr, ob der **Zuwendungsempfänger** seinerseits eine **Gegenleistung zu erbringen hat**. Denn es entspricht der Wertung des § 134 InsO, dass der Empfänger einer Leistung dann einen **geringeren Schutz verdient**, wenn er keine ausgleichende Gegenleistung zu erbringen hat.[1478] Selbst wenn der Schuldner im Verhältnis zu einem Dritten zur Leistung verpflichtet war oder mit der Leistung eigene wirtschaftliche Interessen verfolgte oder Vorteile erzielte, macht dies den Empfänger ggü. den Insolvenzgläubigern des Schuldners nicht schutzwürdig und lässt die Unentgeltlichkeit der Leistung im Verhältnis zum Empfänger nicht entfallen.[1479] Nach der Rechtsprechung des BGH steht es somit der Anfechtbarkeit nach **§ 134 Abs. 1 InsO nicht entgegen**, dass der Schuldner aufgrund einer **entgeltlichen Kausalbeziehung zum Drittschuldner** zur Zahlung an den Zuwendungsempfänger verpflichtet ist. Maßgebend ist allein das Verhältnis zwischen Schuldner und Zuwendungsempfänger.

447

Begleicht der **Zuwendende** die **gegen** einen **Dritten gerichtete Forderung** des **Zuwendungsempfängers**, liegt dessen **Gegenleistung** nach Ansicht des BGH i.d.R. **darin**, dass er mit der Leistung, die er gem. § 267 Abs. 2 BGB nur bei einem Widerspruch seines Schuldners ablehnen kann, eine **werthaltige Forderung** gegen diesen **verliert**. Grundsätzlich ist deshalb nicht der Leistungsempfänger, sondern dessen Schuldner der richtige Beklagte für eine Anfechtung wegen unentgeltlicher Zuwendung.[1480] Ist hingegen die Forderung des Zuwendungsempfängers **wertlos**, verliert dieser wirtschaftlich **nichts, was als Gegenleistung** für die Zuwendung

448

1476 Gehrlein, WM 2019, 1241, 1243; vgl. dazu ferner **Rn 457**.
1477 BGH, 4.3.1999 – IX ZR 63/98, BGHZ 141, 96, 99f.; BGH, 5.6.2008 – IX ZR 163/07, ZIP 2008, 1385 ff. Rn 11.
1478 BGH, 4.3.1999 – IX ZR 63/98, BGHZ 141, 96, 99f.; BGH, 3.3.2005 – IX ZR 441/00, BGHZ 162, 276 ff. Rn 13 – „Cash-Pool (1)"; BGH, 5.6.2008 – IX ZR 163/07, ZIP 2008, 1385 ff. Rn 11.
1479 BGH, 30.3.2006 – IX ZR 84/05, ZIP 2006, 957 ff. Rn 14; BGH, 3.3.2005 – IX ZR 441/00, BGHZ 162, 276 ff. Rn 18.
1480 BGH, 27.2.2020 – IX ZR 337/18, ZIP 2020, 723f. Rn 12; BGH, 3.5.2005 – IX ZR 441/00, BGHZ 162, 276, 279f.

angesehen werden kann. In solchen Fällen ist die Tilgung einer fremden Schuld als unentgeltliche Leistung anfechtbar. Der Zuwendungsempfänger ist nach Ansicht des BGH ggü. den Insolvenzgläubigern des Zuwendenden nicht schutzwürdig; denn er hätte ohne dessen Leistung, auf die er keinen Anspruch hatte, seine Forderung nicht durchsetzen können.[1481] Es ist ferner unerheblich, ob dem Zuwendungsempfänger die Wertlosigkeit seiner Forderung gegen den Drittschuldner bewusst war.[1482] **Soweit** der **Empfänger** jedoch **nach** dem **Empfang** der Leistung des Schuldners seinerseits vertragsgemäß eine **Leistung** an einen **Dritten erbringt**, stellt die Leistung des Schuldners an den Empfänger **keine unentgeltliche Leistung** i.S.d. § 134 InsO dar.[1483]

449 Es ist jedoch zu beachten, dass auch nach der Rechtsprechung des BGH eine Anfechtung nach **§ 134 Abs. 1 InsO** gegenüber dem Zuwendungsempfänger **ausscheidet**, wenn der **Schuldner zugleich** auf eine **eigene Schuld** gegenüber dem Zuwendungsempfänger **geleistet** hat.[1484] Befriedigt daher ein persönlich haftender Gesellschafter die Forderung eines Gläubigers gegen die Gesellschaft und erlischt dadurch die Haftungsverbindlichkeit des Gesellschafters, so ist seine Leistung im Insolvenzverfahren über sein Vermögen nicht als unentgeltliche Leistung anfechtbar.[1485] Im **Freiwerden** von der Schuld der **Komplementärin** liegt der Ausgleich im Verhältnis zwischen dem Zuwendungsempfänger und der Schuldnerin (Komplementärin), der eine Anwendung des § 134 InsO ausschließt.[1486] Hat die Zahlung des Schuldners eine **Doppelwirkung** in dem Sinne, dass neben dem Drittschuldner auch der Schuldner selbst von einer Verbindlichkeit gegenüber dem Zuwendungsempfänger frei wird, ist keine mittelbare Zuwendung gegeben, die gegenüber dem Zuwendungsempfänger nach § 134 Abs. 1 InsO anfechtbar ist.[1487]

450 **Maßgebender Zeitpunkt** für die Frage der Unentgeltlichkeit ist der Zeitpunkt des **Rechtserwerbs** des **Anfechtungsgegners**. Hat der Leistungsempfänger **bereits zuvor** seinem Schuldner eine **Leistung erbracht**, kann deshalb nicht auf ihren damaligen objektiven Wert abgestellt werden. Vielmehr kann in diesem Fall die Un-

---

[1481] BGH, 16.11.2007 – IX ZR 194/04, ZInsO 2008, 106 ff. Rn 8; BGH, 30.3.2006 – IX ZR 84/05, ZIP 2006, 957 ff. Rn 11; MüKo/Kayser, § 134 InsO Rn 17a; Gehrlein in Ahrens/Gehrlein/Ringstmeier, § 134 InsO Rn 12.
[1482] BGH, 30.3.2006 – IX ZR 84/05, ZIP 2006, 957 ff. Rn 12; Gehrlein in Ahrens/Gehrlein/Ringstmeier, § 134 InsO Rn 12.
[1483] Vgl. BGH, 5.6.2008 – IX ZR 163/07, ZInsO 2008, 811 ff. – „Kraftfahrzeugversicherung".
[1484] BGH, 19.1.2012 – IX ZR 2/11, BGHZ 192, 221 ff. Rn 35; BGH, 24.9.1962 – VIII ZR 18/62, BGHZ 38, 44, 48.
[1485] BGH, 29.10.2015 – IX ZR 123/13, ZIP 2015, 2484 ff.
[1486] BGH, 29.10.2015 – IX ZR 123/13, ZIP 2015, 2484 ff. Rn 9; BGH, 19.1.2012 – IX ZR 2/11, BGHZ 192, 221 ff. Rn 35.
[1487] BGH, 19.1.2012 – IX ZR 2/11, BGHZ 192, 221 ff. Rn 30; Gehrlein in Ahrens/Gehrlein/Ringstmeier, § 129 InsO Rn 55.

entgeltlichkeit nur anhand des Wertes der Forderung bestimmt werden, die dem Zuwendungsempfänger im Zeitpunkt des Rechtserwerbs gegen seinen Schuldner zusteht.[1488] Die zunächst noch offen gelassene Frage, ob von einer wertlosen Forderung auch dann auszugehen ist, wenn der Zuwendungsempfänger in der Insolvenz seines Schuldners eine Quote zu erwarten hat, hat der BGH durch Urt. v. 22.10.2009 entschieden.[1489] Danach wird die im Fall der **Insolvenzreife** des **Drittschuldners anzunehmende Wertlosigkeit** und fehlende Durchsetzbarkeit der Forderung **durch** eine **etwaige**, auf den Gläubiger entfallende **Quote nicht berührt**. Trotz der Wertlosigkeit der getilgten Forderung liegt allerdings eine unentgeltliche Leistung des Schuldners nicht vor, wenn dem **Drittschuldner** ein auf die Tilgung der Verbindlichkeit gerichteter **werthaltiger Regressanspruch** bzw. **werthaltige Außenstände** zustanden, auf die der Anfechtungsgegner hätte zugreifen können; die Darlegungs- und Beweislast hierfür trägt der Anfechtungsgegner.[1490]

Die Erfüllung der gegen einen Dritten gerichteten Forderung des Anfechtungsgegners kann eine entgeltliche Leistung des Schuldners darstellen, wenn sich der **Zahlungsempfänger** gegenüber seinem Schuldner **durch Aufrechnung** hätte **Befriedigung** verschaffen können.[1491] Begleicht der Schuldner eine gegen einen Dritten gerichtete wertlose Forderung (des Zuwendungsempfängers), scheidet eine „Schenkungsanfechtung" aus, wenn eine weitere Person für die Forderung eine **werthaltige Sicherheit** gestellt hatte, die der durch die Zahlung befriedigte Gläubiger verliert.[1492] 451

Hat der Schuldner im **Mehrpersonenverhältnis** einen Drittschuldner veranlasst, seine Leistung nicht an ihn, sondern an einen seiner Gläubiger zu erbringen, und fechten im Fall der **Doppelinsolvenz** sowohl des Schuldners als auch des Dritten beide Insolvenzverwalter die Erfüllungshandlung zu Recht an, so **schließt** die auf die mittelbare Zuwendung gestützte **Deckungsanfechtung** durch den Insolvenzverwalter des Schuldners nach der Rechtsprechung des BGH eine „**Schenkungsanfechtung**" durch den Insolvenzverwalter des Dritten **aus**. Der Anfechtungsbeklagte hat zur Abwendung der gegen ihn geltend gemachten „Schenkungsanfechtung" die Voraussetzungen des konkurrierenden Anspruchs aus Deckungsanfechtung darzulegen und gegebenenfalls zu beweisen.[1493] 452

[1488] BGH, 5.6.2008 – IX ZR 163/07, ZInsO 2008, 811 f. Rn 12 f.; BGH, 16.11.2007 – IX ZR 194/04, BGHZ 174, 228 ff. Rn 10; BGH, 3.3.2005 – IX ZR 441/00, BGHZ 162, 276 ff. Rn 17.
[1489] BGH, 22.10.2009 – IX ZR 182/08, ZInsO 2009, 2241 ff.
[1490] Vgl. BGH, 19.11.2009 – IX ZR 9/08, ZInsO 2010, 597 f. Rn 11,14; BGH, 17.6.2010 – IX ZR 186/08, ZInsO 2010, 1379 f.; Gehrlein in Ahrens/Gehrlein/Ringstmeier, § 134 InsO Rn 11.
[1491] BGH, 18.4.2013 – IX ZR 90/10, ZIP 2013, 1131 ff.
[1492] BGH, 3.4.2014 – IX ZR 236/13, ZIP 2014, 977 f.
[1493] BGH, 16.11.2007 – IX ZR 194/04, BGHZ 174, 228 ff. – „Cash-Pool (2)".

bb) Kritik in Rechtsprechung und Schrifttum

453 Die **Rechtsprechung** des **BGH** zur Unentgeltlichkeit im Mehrpersonenverhältnis wird zu Recht **kritisiert**.[1494] Die Frage der Unentgeltlichkeit einer Leistung kann zum einen nicht nach deren Wirkung, sondern nur anhand der bestehenden Kausalbeziehungen beantwortet werden. Bei einer **wirtschaftlichen Betrachtungsweise**, wie sie gerade der BGH im Anfechtungsrecht vorrangig anstellt, kann zum anderen aus der bloßen **Insolvenzreife** des Drittschuldners **nicht** die **Wertlosigkeit** der gegen ihn gerichteten Forderung des Gläubigers gefolgert werden. Zahlungsunfähigkeit im Sinne des § 17 InsO liegt schon dann vor, wenn die Liquiditätslücke des Schuldners 10% oder mehr beträgt und er nicht in der Lage ist, innerhalb von 3 Wochen die zur Begleichung der fälligen Verbindlichkeiten benötigten Mittel zu beschaffen.[1495] Der Gläubiger, der einer Drittleistung gegen den Willen seines Schuldners gar nicht widersprechen kann (vgl. § 267 Abs. 2 BGB), läuft nach der Rechtsprechung des BGH Gefahr, die Quote, die er ohne die Leistung des Schuldners in einem frühzeitig eröffneten Insolvenzverfahren über das Vermögen des Drittschuldners immerhin noch zu erwarten gehabt hätte, zu verlieren. Ein solcher Eingriff in die zwischen dem Zuwendungsempfänger und dem Drittschuldner bestehende Kausalbeziehung ist auch bei Berücksichtigung des Gesetzeszwecks des § 134 InsO nicht gerechtfertigt.

454 Der BGH musste in **BGHZ 174, 228ff.** die „**Schenkungsanfechtung**" des klagenden Insolvenzverwalters **aufgrund** des **Vorrangs** einer **möglichen Deckungsanfechtung** des Insolvenzverwalters über das Vermögen der verbundenen Unternehmen (Drittschuldner) **zurücktreten lassen**. Dies ist jedoch mit **erheblichen Schwierigkeiten verbunden**, die bislang nicht gelöst sind. Hat der Insolvenzverwalter des Drittschuldners noch nicht gegenüber dem Zuwendungsempfänger angefochten, kann auch der Insolvenzverwalter des zahlenden Schuldners nicht verlässlich anfechten. Ob etwa der Zuwendungsempfänger die Zahlungsunfähigkeit oder den Insolvenzantrag des Drittschuldners kannte, kann er nicht wissen. Der Zuwendungsempfänger muss auf die „Schenkungsanfechtung" hin zahlen, obwohl er nicht weiß, ob er noch im Wege der Deckungsanfechtung in Anspruch genommen wird. Der BGH verkennt schon im Ansatz, dass eine Zuwendung aus der **Sicht** des **Zuwendungsempfängers nicht zugleich entgeltlich** (im Verhältnis zum Drittschuldner) **und unentgeltlich** (im Verhältnis zum zahlenden Schuldner) sein kann. Es spricht vielmehr **einiges dafür**, die vom BGH als mittelbare Zuwendungen eingestuften **Anweisungsfälle**, in denen zwischen dem Anweisenden und dem Zuwen-

---

[1494] Vgl. Jaeger/Henckel, § 134 InsO Rn 3 ff.; Häsemeyer, Insolvenzrecht, Rn 21.92; Herrlich/Merkel, WM 2010, 2343 ff.; Gundlach/Frenzel, NZI 2006, 400 f.; M. Huber, NZI 2008, 149 ff.; Wittig, NZI 2005, 606 ff.; OLG Koblenz, 13.5.2004 – 5 U 1539/03, ZIP 2004, 1275 ff.; zum Teil kritisch auch Thole, KTS 2011, 219 ff.
[1495] BGH, 12.10.2006 – IX ZR 228/03, ZIP 2006, 2222 ff.

dungsempfänger eine entgeltliche Kausalbeziehung besteht, von der Anfechtung nach **§ 134 Abs. 1 InsO auszunehmen**.[1496]

Im Urt. v. 5.6.2008[1497] hat der BGH klargestellt, dass eine Leistung, die der spätere Insolvenzschuldner zur Tilgung einer Forderung des Leistungsempfängers gegen einen Dritten erbringt, **nicht unentgeltlich** im Sinne des § 134 Abs. 1 InsO ist, **soweit** der **Empfänger anschließend** die von ihm geschuldete ausgleichende **Gegenleistung** an den Dritten **erbringt**. In dem entschiedenen Fall hatte die verklagte Versicherung durchgängig nichts anderes getan, als der Drittschuldnerin die vertragliche geschuldete entgeltliche (Versicherungs-) Leistung zu erbringen. Diese Leistungserbringung spaltet der BGH anfechtungsrechtlich in eine teilweise entgeltliche und eine teilweise unentgeltliche Leistungserbringung auf. Dies wird im Schrifttum zu Recht als „konstruktiver Trick" bezeichnet.[1498] Denn es wird den zwischen den Beteiligten **bestehenden Kausalbeziehungen** nicht gerecht, allein den Verlust des noch offenen Forderungsteils als Gegenleistung anzusehen, die bei der Frage der Unentgeltlichkeit zu berücksichtigen ist.[1499]

455

Die **Zahlung** eines Schuldners **auf ein debitorisch geführtes Girokonto** seines Gläubigers ist in der Insolvenz des Schuldners nur dann als – mittelbare – unentgeltliche Leistung gemäß § 134 Abs. 1 InsO gegenüber der Bank anfechtbar, wenn der Wille des Schuldners erkennbar darauf gerichtet ist, die Zahlung im Endergebnis der Bank zuzuwenden. Dass der Schuldner in Kenntnis der Kontoüberziehung zahlt, genügt hierfür nicht.[1500]

456

Gehrlein[1501] ist als Mitglied des für das Insolvenzrecht zuständigen IX. Zivilsenats des BGH zu Recht der Ansicht, dass dessen neuere Rechtsprechung zur „Schenkungsanfechtung" im Zwei-Personen-Verhältnis **nicht ohne Einfluss** auf das **Drei-Personen-Verhältnis** bleiben könne.[1502] Die „Schenkungsanfechtung" könne auch im Drei-Personen-Verhältnis nicht allein auf die Wertlosigkeit der beglichenen Drittforderung gestützt werden. Erfordere die „Schenkungsanfechtung" im Zwei-Personen-Verhältnis ein **Wissen** um die **Freigiebigkeit**, könne im Drei-Personen-Verhältnis nichts anderes gelten.[1503] Soweit die „Schenkungsanfechtung" sogar dann eröffnet werde, wenn der Schuldner dem Forderungsschuldner zu der **Drittzahlung** an dessen Gläubiger verpflichtet gewesen sei, überzeuge dies nicht, weil

457

1496 Vgl. dazu Thole, KTS 2011, 219, 232 – **a.A.** K. Schmidt/Ganter/Weinland, § 134 InsO Rn 24 ff.
1497 BGH, 5.6.2008 – IX ZR 163/07, ZIP 2008, 1385 ff.
1498 Vgl. Thole, KTS 2011, 219, 230.
1499 Zu Recht kritisch auch Bork/Brinkmann, Insolvenzrechtshandbuch, Kap. 17 Rn 102.
1500 BGH, 9.7.2015 – IX ZR 207/13, ZIP 2015, 1545 ff.
1501 Gehrlein, WM 2019, 1241 ff.
1502 Vgl. Gehrlein, WM 2019, 1241, 1243.
1503 Gehrlein, WM 2019, 1241, 1243.

die Gegenleistung für die Drittzahlung in der Kausalbeziehung zum Forderungsschuldner wurzle. Vielmehr sei die Zahlung auf eine bestehende Verbindlichkeit niemandem gegenüber unentgeltlicher Natur.[1504]

e) Sicherheitengewährung

458 Nach der Rechtsprechung des BGH ist sowohl die **ursprüngliche** als auch die **nachträgliche Bestellung** einer **Sicherheit für** eine **eigene**, durch einen **entgeltlichen Vertrag begründete Verbindlichkeit** als **entgeltliche Leistung** anzusehen.[1505] Der im Schrifttum vertretenen Auffassung, wonach von einer unentgeltlichen Leistung auszugehen sei, wenn ein ungekündigter Kredit nachträglich besichert werde, ohne dass dem eine vereinbarte Gegenleistung des Sicherungsnehmers gegenüberstehe,[1506] ist der BGH nicht gefolgt. Die nachträgliche Bestellung einer Sicherheit für eine Verbindlichkeit aus einer **unerlaubten Handlung** stellt ebenfalls eine entgeltliche Leistung dar. Gleiches gilt für die Verstärkung des Anspruchs durch Schuldanerkenntnis.[1507]

459 Bei der Besicherung einer **fremden Verbindlichkeit** ist nach der Rechtsprechung des BGH im Grundsatz allein das **Rechtsverhältnis** zwischen dem verfügenden **Schuldner** und dem **Zuwendungsempfänger** (Zuwendungsverhältnis) **maßgebend**.[1508] Die **anfängliche Besicherung** einer fremden Verbindlichkeit ist entgeltlich, wenn der Sicherungsnehmer dem Sicherungsgeber für seine Leistung die Kreditgewährung an einen Dritten verspricht.[1509] Die **nachträgliche Besicherung** einer **fremden Schuld** ist unentgeltlich, wenn kein (werthaltiger) Nachbesicherungsanspruch bestand.[1510] Die Abtretung der Ansprüche aus einer **Lebensversicherung** für den Erlebens- und Todesfall sowie die Weiterzahlung der Prämien auf der Grundlage einer in der Abtretungsvereinbarung hierzu übernommenen Verpflichtung sind gegenüber dem Sicherungsnehmer nicht als unentgeltliche Leistung anfechtbar, wenn dieser Zug-um-Zug oder später vereinbarungsgemäß einem Dritten ein Darlehen ausreicht; die Entgeltlichkeit setzt nicht voraus, dass der Sicherungsnehmer auch dem Sicherungsgeber gegenüber zur Darlehensgewährung ver-

---

1504 Gehrlein, WM 2019, 1241, 1244.
1505 BGH, 6.12.2012 – IX ZR 105/12, ZInsO 2013, 73; BGH, 22.7.2004 – IX ZR 183/03, ZInsO 2004, 967 ff.; BGH, 12.7.1990 – IX ZR 245/89, BGHZ 112, 136 ff.; Gehrlein in Ahrens/Gehrlein/Ringstmeier, § 134 InsO Rn 18.
1506 Vgl. Ganter, WM 2006, 1081 ff. und WM 2011, 245 ff.
1507 BGH, 18.3.2010 – IX ZR 57/09, WM 2010, 851 ff.
1508 BGH, 30.3.2006 – IX ZR 84/05, ZIP 2006, 957 ff. Rn 14.
1509 Vgl. BGH, 11.12.2008 – IX ZR 194/07, ZInsO 2009, 143 ff. Rn 14; Ganter, WM 2006, 1081, 1084.
1510 BGH, 7.5.2009 – IX ZR 71/08, ZIP 2009, 1122 ff. Rn 9; K. Schmidt/Ganter/Weinland, § 134 Rn 56.

pflichtet ist.¹⁵¹¹ Ansonsten ist aber die Besicherung einer fremden Forderung nicht schon deswegen entgeltlich, weil der Sicherungsgeber mit der Gewährung der Sicherheit ein eigenes wirtschaftliches Interesse verfolgt.¹⁵¹²

Das **Stehenlassen** einer ungekündigten, aber kündbaren **Darlehensforderung gegen Nachbesicherung** stellt nach Ansicht des **BGH** keine zur Entgeltlichkeit führende Leistung dar. Nach seiner neueren Rechtsprechung zu § 142 InsO enthalte das Stehenlassen einer Darlehensforderung **keine ausgleichende Gegenleistung**, da allein damit dem Schuldner kein neuer Vermögenswert zugeführt werde. Dies gelte entsprechend im Rahmen des § 134 Abs. 1 InsO, wenn ein ungekündigter Kredit eines Drittschuldners nachträglich besichert werde, ohne dass dem eine vereinbarte Gegenleistung gegenüberstehe. Dies soll sogar unabhängig davon gelten, ob die Kreditrückführung noch hätte durchgesetzt werden können.¹⁵¹³ Diese Auffassung des BGH unterliegt **Bedenken**. Zwar liegt ein Bargeschäft i.S.d. § 142 InsO nur dann vor, wenn für die Leistung des Schuldners vereinbarungsgemäß eine gleichwertige Gegenleistung in dessen Vermögen gelangt. Bei **§ 134 InsO** ist indes auch nach Ansicht des BGH nicht die Vereinbarung, sondern der **objektive Wert** der „**Leistung**" des **Empfängers maßgebend**.¹⁵¹⁴

Durch das **Stehenlassen** seiner Forderung **verschlechtert sich** aber i.d.R. die zu erwartende **Quote** des Gläubigers in der Insolvenz seines Schuldners.¹⁵¹⁵ Man kann daher nicht sagen, der Gläubiger habe für das Stehenlassen seiner Forderung nur einen wertlosen Gegenstand aufgegeben. Auch nach der Auffassung des BGH ist für § 134 InsO nicht – wie beim Bargeschäft nach § 142 InsO – entscheidend, ob der Schuldner etwas erhalten, sondern ob der Zuwendungsempfänger etwas aufgegeben hat. Es ist **wertungsmäßig nicht einzusehen**, weshalb die **nachträgliche Besicherung** durch den **Schuldner selbst** zwar **entgeltlich** sein soll, **nicht dagegen jene** durch einen **Dritten**. Auch im letzteren Fall stellt aus der Sicht des Sicherungsnehmers in aller Regel nicht Freigebigkeit den Grund für die Sicherheitenbestellung dar, sondern dessen entgeltliche Kausalbeziehung zu dem Dritten. Ein und dieselbe Sicherheitenbestellung kann nicht zugleich entgeltlich und unentgeltlich sein.¹⁵¹⁶

460

461

1511 BGH, 20.12.2012 – IX ZR 21/12, ZIP 2013, 223 ff.
1512 BGH, 1.6.2006 – IX ZR 159/04, ZInsO 2006, 771 ff.; BGH, 30.3.2006 – IX ZR 84/05, ZIP 2006, 957 ff. Rn 14; OLG Frankfurt am Main, 2.3.2011 – 19 W 5/11, veröffentlicht bei juris.
1513 BGH, 7.5.2009 – IX ZR 71/08, ZIP 2009, 1122 ff.
1514 Vgl. BGH, 18.3.2010 – IX ZR 57/09, ZInsO 2010, 807 ff. Rn 9.
1515 Vgl. Berger, ZIP 2010, 2078, 2081; krit. auch Grell/Schormair, NZI 2009, 625 ff.
1516 Jaeger/Henckel, § 134 InsO Rn 26.

Schäfer

2. Anfechtungsgegner

462 Leistungsempfänger und Anfechtungsgegner i.S.d. § 134 InsO ist derjenige, der einen Gegenstand aus dem Vermögen des Schuldners unentgeltlich empfangen hat. Dabei ist es **nicht erforderlich**, dass das **Vermögen** des **Empfängers noch** zum Zeitpunkt der Geltendmachung des Anfechtungsanspruchs **vermehrt** ist. Die **Folgen** eines **Bereicherungswegfalls** bestimmen sich vielmehr nach **§ 143 Abs. 2 InsO**.[1517] Schwierigkeiten bereitet die Ermittlung des Leistungsempfängers i.d.R. nur dann, wenn an einem Zuwendungsvorgang mehrere Personen beteiligt sind.

a) Mittelbare Zuwendung

463 Im Fall der **Tilgung** einer **fremden Schuld** durch den späteren Insolvenzschuldner richtet sich die **Anfechtung** nach § 134 Abs. 1 InsO im Grundsatz nicht gegen den Gläubiger der getilgten Forderung als unmittelbaren Zuwendungsempfänger, sondern **gegen** den **Drittschuldner**, dessen Schuld getilgt wurde.[1518] Die Anfechtung ist jedoch ggü. dem **Zuwendungsempfänger** begründet, **wenn dieser** für die Leistung des Schuldners **keine ausgleichende Gegenleistung** – sei es an den Schuldner oder einen Dritten – **erbracht** hat. An einer ausgleichenden Gegenleistung des Empfängers fehlt es nach der Rechtsprechung des BGH auch dann, wenn die vom Schuldner **getilgte Forderung** des Empfängers gegen den Drittschuldner wegen dessen Insolvenzreife **wertlos** war.[1519]

b) Weitere Einzelfälle

464 Die Übertragung von Treugut auf einen **uneigennützigen Treuhänder** ist diesem ggü. nicht nach § 134 Abs. 1 InsO anfechtbar, da dieser nichts für sich erlangt hat.[1520] Soweit er das Treugut noch in Besitz hat, ist es nach den geltenden Bestimmungen zurückzugewähren; es kommt ferner eine Anfechtung nach den **§§ 130 bis 133 InsO** in Betracht, wenn und soweit die Treuhänderstellung die **Insolvenzgläubiger benachteiligt**.[1521] Wird eine Forderung an einen Treuhänder abgetreten, der nicht nur die Interessen des Zedenten, sondern treuhänderisch auch die Interessen eines Dritten wahrnehmen soll, so stellt dies keine unentgeltliche Leistung i.S.d. § 134 InsO

1517 MüKo/Kayser, § 134 InsO Rn 12.
1518 BGH, 30.3.2006 – IX ZR 84/05, ZIP 2006, 957 ff. Rn 10; BGH, 5.2.2004 – IX ZR 473/00, ZIP 2004, 917, 918.
1519 Vgl. BGH, 5.6.2008 – IX ZR 163/07, ZInsO 2008, 811 f. Rn 13; BGH, 30.6.2006 – IX ZR 84/05, ZIP 2006, 957 ff. Rn 11; K. Schmidt/Ganter/Weinland, § 134 InsO Rn 51.
1520 MüKo/Kayser, § 134 InsO Rn 13.
1521 BGH, 26.4.2012 – IX ZR 74/11, BGHZ 193, 129 ff. – „uneigennütziger Treuhänder"; MüKo/Kayser, § 134 InsO Rn 13.

dar.¹⁵²² Die mittelbare Zuwendung des Versprechensempfängers an den Dritten beim **Vertrag zugunsten Dritter** wird anfechtungsrechtlich genauso behandelt wie die mittelbare Zuwendung des Anweisenden an den Empfänger.¹⁵²³

Der Abschluss einer **Lebensversicherung** stellt einen entgeltlichen Vertrag zwischen Versicherer und Versicherungsnehmer dar. **Anfechtungsgegner** einer Anfechtung nach **§ 134 Abs. 1 InsO** kann daher im Grundsatz nur ein im Versicherungsvertrag benannter **bezugsberechtigter Dritter** sein.¹⁵²⁴ Insoweit richtet sich die Frage der Unentgeltlichkeit danach, ob der Dritte für die Einräumung der Bezugsberechtigung eine Gegenleistung erbringen musste,¹⁵²⁵ was i.d.R. nicht der Fall ist. Anders verhält es sich jedoch bei einer **Direktversicherung**, die der Arbeitgeber zugunsten eines Arbeitnehmers abgeschlossen hat, da die Leistungen des Arbeitgebers als Teil des Arbeitsentgelts anzusehen sind.¹⁵²⁶

Wurde ein **unwiderrufliches Bezugsrecht** früher als 4 Jahre vor der Stellung des Insolvenzantrages eingeräumt, scheidet nach der Rechtsprechung des BGH eine Anfechtung der Bezugsrechtseinräumung nach § 134 InsO aus. Anfechtbar sind dann allenfalls die im Anfechtungszeitraum gezahlten **Versicherungsprämien**.¹⁵²⁷ Anders ist dies bei einem **widerruflichen Bezugsrecht**, da dieses dem Bezugsberechtigten **keine gesicherte Rechtsposition** vermittelt. Es ist daher auf den Eintritt des Versicherungsfalles abzustellen, da die Zuwendung erst zu diesem Zeitpunkt i.S.d. **§ 140 InsO** vorgenommen ist (vgl. § 159 Abs. 2 VVG). Die Anfechtung erfasst in diesem Fall die Zahlung der Versicherungsleistung und nicht etwa nur die gezahlten Versicherungsprämien.¹⁵²⁸ Sofern der Versicherungsfall noch nicht eingetreten ist, bedarf es allerdings keiner Anfechtung, da der Insolvenzverwalter die Bezugsberechtigung jederzeit widerrufen kann.

Eine trotz eines **qualifizierten Rangrücktritts** im Stadium der Insolvenzreife bewirkte Zahlung kann nach der Rechtsprechung des BGH als unentgeltliche Leistung des Schuldners im Sinne des § 134 Abs. 1 InsO angefochten bzw. mangels Rechtsgrundes kondiziert werden.¹⁵²⁹ In der Rangrücktrittsvereinbarung verwirklicht sich eine **Durchsetzungssperre**, die aufgrund einer rechtsgeschäftlichen Vereinba-

---

1522 OLG Karlsruhe, 22.11.1990 – 13 U 309/89, ZIP 1991, 43 ff.
1523 Vgl. Uhlenbruck/Ede/Hirte, § 134 InsO Rn 77.
1524 HambKomm/Rogge/Leptien, § 134 InsO Rn 11.
1525 Vgl. Uhlenbruck/Ede/Hirte, § 134 InsO Rn 86.
1526 Vgl. BGH, 10.7.2014 – IX ZR 192/13, ZIP 2014, 1491 ff.; Kayser, ZInsO 2004, 1321, 1325.
1527 BGH, 10.7.1997 – IX ZR 151/96, ZIP 1997, 1596, 1600, insoweit nicht in BGHZ 136, 220 ff. abgedruckt; Gottwald/Huber, Insolvenzrechts-Handbuch, § 49 Rn 14; HambKomm/Rogge/Leptien, § 134 InsO Rn 11.
1528 BGH, 23.10.2003 – IX ZR 252/01, BGHZ 156, 350 ff.; BGH, 27.4.2010 – IX ZR 245/09, ZInsO 2010, 997 f.
1529 BGH, 5.3.2015 – IX ZR 133/14, ZIP 2015, 638 ff. mit kritischer Anmerkung K. Schmidt, ZIP 2015, 901 ff. u. BB 2016, 2 ff.

rung der Bindung kapitalersetzender Darlehen entspricht.[1530] Der vereinbarte Nachrang erfasst neben der Hauptforderung gemäß **§ 39 Abs. 3 InsO auch** die **Zinsen und sonstige Nebenforderungen**.[1531] Eine solche qualifizierte Rangrücktrittsvereinbarung kann als Vertrag zugunsten Dritter, der zum Vorteil aller Gläubiger des Schuldners Rechte begründet, nicht durch eine Abrede des Schuldners mit dem Forderungsgläubiger aufgehoben werden, es sei denn, eine Insolvenzreife des Schuldners liegt nicht vor oder ist beseitigt.[1532] Einem Bereicherungsanspruch der Gesellschaft kann zwar bei Kenntnis vom Verstoß gegen das Zahlungsverbot § 814 BGB entgegenstehen. Der Anfechtbarkeit nach § 134 Abs. 1 InsO steht § 814 BGB jedoch nicht entgegen, weil diese Bestimmung auf das anfechtungsrechtliche Rückgewährverhältnis des § 143 Abs. 1 InsO nicht anzuwenden ist.[1533]

468 Mit dieser Entscheidung ist zugleich die **Streitfrage umgangen**, ob die Bestimmung des § 135 InsO analog auf einen **außenstehenden Drittgläubiger** anwendbar ist, der freiwillig einen Rangrücktritt erklärt hat.[1534] Eine entsprechende Bindung des Dritten besteht nach dem Urteil des BGH schon aufgrund der rechtsgeschäftlichen Rangrücktrittsvereinbarung.

3. Anfechtungszeitraum

469 Unentgeltliche Leistungen des Schuldners sind wegen der geringen Schutzwürdigkeit des Empfängers innerhalb eines **Zeitraums von 4 Jahren** vor der Stellung des Insolvenzantrages anfechtbar. Nach der früheren Rechtsprechung des BGH zur Konkursordnung war auch das außerhalb des Anfechtungszeitraums abgeschlossene **Grundgeschäft** anfechtbar, wenn nur der **Schenkungsvollzug** innerhalb der Anfechtungsfrist vorgenommen wurde, da beide zusammen die unentgeltliche Verfügung bildeten.[1535] Ob diese Rechtsprechung auch im Rahmen des § 134 InsO fortgilt, ist im Schrifttum streitig.[1536] Die ablehnende Auffassung dürfte zutreffen. Man kann wohl kaum den Gläubiger eines Schenkungsvertrages, der im Anfechtungszeitraum des § 134 Abs. 1 InsO befriedigt wurde, schlechter stellen als jenen Gläubiger, der vor der Insolvenzeröffnung nicht mehr befriedigt wurde. Letzterem steht aber nach **§ 39 Abs. 1 Nr. 4 InsO** eine **unanfechtbare Insolvenzforderung** als

---

[1530] BGH, 5.3.2015 – IX ZR 133/14, ZIP 2015, 638 ff. Rn 34.
[1531] BGH, 5.3.2015 – IX ZR 133/14, ZIP 2015, 638 ff. Rn 17.
[1532] BGH, 5.3.2015 – IX ZR 133/14, ZIP 2015, 638 ff. Rn 42.
[1533] Vgl. BGH, 5.3.2015 – IX ZR 133/14 Rn 46; BGH, 11.12.2008 – IX ZR 195/07, BGHZ 179, 137 ff. Rn 15; BGH, 16.7.2009 – IX ZR 53/08, NZI 2010, 320 Rn 3.
[1534] Dafür Bork, ZIP 2012, 2277, 2281 – dagegen Bitter, ZIP 2013, 2, 7.
[1535] Vgl. BGH, 4.3.1999 – IX ZR 63/98, BGHZ 141, 96, 103.
[1536] Dafür etwa Gottwald/Huber, Insolvenzrechts-Handbuch, § 49 Rn 16 – **a.A.** MüKo/Kayser, § 134 InsO Rn 7; HambKomm/Rogge/Leptien, § 134 Rn 36.

nachrangigem Insolvenzgläubiger zu.[1537] Ein Schenkungsversprechen, dessen Erfüllung zwangsweise durchgesetzt wurde, muss mangels einer Rechtshandlung des Schuldners innerhalb der Frist des § 134 Abs. 1 InsO erteilt worden sein, um der Anfechtung zu unterliegen.[1538]

Nach wohl herrschender Auffassung verschafft auch eine vor dem Beginn des Vierjahreszeitraums eingetragene **Vormerkung** dem unentgeltlich Begünstigten **keine anfechtungsfeste Rechtsposition**. Denn es muss berücksichtigt werden, dass die Vormerkung des Anspruchs auf eine unentgeltliche Leistung nur eine nach § 39 Abs. 1 Nr. 4 InsO nachrangige Insolvenzforderung sichert.[1539] 470

4. Darlegungs- und Beweislast

Der **Insolvenzverwalter** hat darzulegen und ggf. zu beweisen, dass der Schuldner dem in Anspruch genommenen Anfechtungsgegner eine **unentgeltliche Leistung** erbracht hat, welche die **Insolvenzgläubiger benachteiligt** (vgl. § 129 Abs. 1 InsO). Hängt die Frage der Unentgeltlichkeit von der Wertlosigkeit der Forderung des Anfechtungsgegners gegen einen Drittschuldner ab, so trifft ihn auch in diesem Punkt die Beweislast.[1540] **Dagegen** muss der Insolvenzverwalter nach der Gesetzesformulierung (… es sei denn, …) **nicht** darlegen und beweisen, dass die Rechtshandlung des Schuldners **innerhalb** des **Vierjahreszeitraums vorgenommen** wurde. Insoweit wird die Beweislast umgekehrt, um betrügerische Rückdatierungen unschädlich zu machen.[1541] Beruft sich der Anfechtungsgegner einer „Schenkungsabfechtung" darauf, die Vertragsparteien seien von einem gleichwertigen Leistungsaustausch ausgegangen, muss der Insolvenzverwalter beweisen, dass die Fehlvorstellung keine Grundlage in den objektiven Umständen des Vertragsschlusses hatte. Nach den Grundsätzen der sekundären Darlegungslast muss jedoch der Anfechtungsgegner solche Umstände substantiiert darlegen.[1542] 471

5. Ausnahmetatbestand des § 134 Abs. 2 InsO

§ 134 Abs. 2 InsO ersetzt die Regelung in § 32 Nr. 1 KO über **gebräuchliche Gelegenheitsgeschenke**, die von der Rechtsprechung z.T. sehr weit ausgedehnt worden war. Um dem für die Zukunft vorzubeugen, hat der Gesetzgeber die Ausnahme in 472

1537 Vgl. Uhlenbruck/Ede/Hirte, § 134 InsO Rn 17.
1538 Gottwald/Huber, Insolvenzrechts-Handbuch, § 49 Rn 16; MüKo/Kayser, § 134 InsO Rn 11; ebenso zu § 32 KO: BGH, 4.3.1999 – IX ZR 63/98, BGHZ 141, 96, 103.
1539 Vgl. Jaeger/Henckel, § 134 InsO Rn 65; MüKo/Kirchhof, § 129 InsO Rn 61.
1540 Uhlenbruck/Ede/Hirte, § 134 InsO Rn 164.
1541 Vgl. Begr. zum RegE, BT-Drucks. 12/2443, S. 161.
1542 BGH, 22.10.2020 – IX ZR 208/18, ZIP 2020, 2348 ff. Rn 11.

§ 134 Abs. 2 InsO ausdrücklich auf Gegenstände **von geringem Wert** beschränkt.[1543] Gebräuchliche Gelegenheitsgeschenke sind nach der Rechtsprechung des BGH von geringem Wert im Sinne des § 134 Abs. 2 InsO, wenn sie zu der **einzelnen Gelegenheit** den Wert von **200 EUR** und im **Kalenderjahr** den Wert von **500 EUR nicht übersteigen**.[1544]

H. § 135 InsO – Gesellschafterdarlehen

I. Gesetzessystematik und Gesetzeszweck

473 § 135 InsO wurde in seiner **jetzigen Fassung** durch das am 1.11.2008 in Kraft getretene Gesetz zur Modernisierung des GmbH-Rechts und zur Bekämpfung von Missbräuchen („**MoMiG**") **vom 23.10.2008** geschaffen. Mit ihm wurde das von der Rechtsprechung im Wege der analogen Anwendung des § 30 Abs. 1 GmbHG („Rechtsprechungsregeln") entwickelte und partiell in den §§ 32a, 32b GmbHG, 129a, 172a HGB, 39 Abs. 1 Nr. 5, 135 InsO, 6 AnfG („Novellenregeln") geregelte **Recht der eigenkapitalersetzenden Gesellschafterleistungen** auf eine **rein insolvenz- und anfechtungsrechtliche Grundlage gestellt**.[1545] Damit wurde zugleich erreicht, dass kollisionsrechtlich das Insolvenzstatut zur Anwendung kommt[1546] und die anfechtungsrechtlichen Neuregelungen auch auf Kapitalgesellschaften anzuwenden sind, die in einem anderen Mitgliedstaat der EU gegründet wurden, sofern über deren Vermögen in Deutschland das Hauptinsolvenzverfahren eröffnet wurde.[1547]

474 **Insolvenzrechtlicher Natur** sind indes **bereits** die durch Gesetz vom 4.7.1980 geschaffenen „**Novellenregeln**", weil sie nach ihrem materiellen Gehalt insolvenzrechtliche Regeln enthalten und nur im Fall der Insolvenzeröffnung Rechtsfolgen zeitigen. Dies hat der BGH durch Urt. v. 21.7.2011 klargestellt.[1548] Dementsprechend finden die Regelungen über die Nachrangigkeit eigenkapitalersetzender Gesellschafterdarlehen nach den §§ 32a GmbHG a.F., 39 Abs. 1 Nr. 5 InsO a.F. – ebenso wie die Neuregelungen nach „MoMiG" – auf **Kapitalgesellschaften**, über deren Vermögen in Deutschland das Hauptinsolvenzverfahren eröffnet wurde, auch dann Anwendung, wenn diese in einem **anderen Mitgliedstaat** der **Europäischen Union** gegründet wurden.

1543 Begr. zum RegE, BT-Drucks. 12/2443, S. 161.
1544 BGH, 4.2.2016 – IX ZR 77/15, WM 2016, 518 ff.
1545 Vgl. Habersack in Goette/Habersack, Das MoMiG in Wissenschaft und Praxis, Rn 5.1.
1546 HambKomm/Schröder, § 135 InsO Rn 5.
1547 Vgl. Begr. zum RegE, BT-Drucks. 16/6140, S. 57; BGH, 21.7.2011 – IX ZR 185/10, BGHZ 190, 364 ff. – „PIN".
1548 BGH, 21.7.2011 – IX ZR 185/10, BGHZ 190, 364 ff. ff.

Der **Gesellschafter** ist nach den durch das MoMiG geschaffenen Bestimmungen 475 nicht mehr von der Teilnahme am Insolvenzverfahren der Gesellschaft ausgeschlossen; er kann vielmehr seinen Rückforderungsanspruch gem. **§ 39 Abs. 1 Nr. 5 InsO** als **nachrangiger Insolvenzgläubiger** geltend machen und auch einen Insolvenzantrag stellen.[1549] Die Neuregelungen gelten nach **Art. 103d Satz 1 EGInsO** für Insolvenzverfahren, die **nach** dem **Inkrafttreten** des **MoMiG** am **1.11.2008 eröffnet** wurden.[1550] Für die davor eröffneten Insolvenzverfahren gelten weiterhin die Rechtsprechungs- und Novellenregeln. Nach dem Urteil des BGH vom 26.1.2009[1551] folgt dies bereits aus den **allgemeinen Grundsätzen** des **intertemporalen Rechts**, wonach ein Schuldverhältnis nach seinen Voraussetzungen, seinem Inhalt und seinen Wirkungen dem Recht untersteht, das zur Zeit seiner Entstehung galt.[1552]

Streitig ist die Einordnung jener Fälle, in denen der fragliche **Sachverhalt vor** 476 dem **1.11.2008 verwirklicht**, das **Insolvenzverfahren** jedoch erst **nach** dem **1.11.2008 eröffnet** wurde.[1553] Aus der Geltung der allgemeinen Grundsätze des intertemporalen Rechts folgt das Fortbestehen der bereits vor dem Inkrafttreten des MoMiG nach altem Recht entstandenen Erstattungsansprüche, bei denen also der Rechtserwerb bereits abgeschlossen war. Es ist somit davon auszugehen, dass **materiell-rechtliche Ansprüche** aus **früherem Eigenkapitalersatzrecht**, insbesondere aufgrund der Rückzahlung eigenkapitalersetzender Gesellschafterdarlehen, **nicht erlöschen**, wenn sie bereits vor dem 1.11.2008 begründet bzw. entstanden waren.[1554] **Art. 103d EGInsO** trifft dazu **keine Aussage**. Dementsprechend hat der BGH durch Urteil vom 12.12.2019[1555] entschieden, dass ein Erstattungsanspruch, der nach Maßgabe der früheren Rechtsprechungsregeln über den Eigenkapitalersatz vor diesem Zeitpunkt entstanden sind, **auch nach** dem **1.11.2008** unabhängig davon **verfolgt werden kann**, ob und wann ein Insolvenzverfahren eröffnet wurde. Ein Wille des Gesetzgebers, die Anwendbarkeit des Eigenkapitalersatzrechts zu regeln, wenn das Insolvenzverfahren nach dem Stichtag eröffnet wurde, hat in Art. 103d EGInsO keinen Ausdruck gefunden.[1556] Da aber in der Gesetzesbegründung zur Än-

---

1549 Uhlenbruck/Hirte, § 135 InsO Rn 5.
1550 Vgl. zur Fortgeltung der früheren Novellen- (§§ 32a, b GmbHG a.F.) und Rechtsprechungsregeln (§§ 30, 31 GmbHG a.F. analog) BGH, 26.1.2009 – II ZR 260/07, BGHZ 179, 249 ff. – „Gut Buschow" – und Art. 103d Satz 2 EGInsO zu Rechtshandlungen, die vor dem 1.11.2008 vorgenommen wurden.
1551 BGH, 26.1.2009 – II ZR 260/07, BGHZ 179, 249 ff. – „Gut Buschow".
1552 BGH, 26.1.2009 – II ZR 260/07, BGHZ 179, 249 ff. Rn 19 ff.
1553 Vgl. dazu Schröder, Die Reform des Eigenkapitalersatzrechts durch das MoMiG, Rn 571 ff.
1554 Lutter/Hommelhoff/Kleindiek, GmbHG, 18. Aufl., Anh. zu § 64 Rn 148 ff.; K. Schmidt, § 135 Rn 5; Fastrich, in: Baumbach/Hueck, GmbHG, 20. Aufl., Anh. zu § 30 Rn 110 f. – **a.A.** OLG Hamburg, 19.3.2015 – 11 U 22/14, ZIP 2015, 840 f.
1555 BGH, 12.12.2019 – IX ZR 328/18, ZIP 2020, 280 ff.
1556 BGH, 12.12.2019 – IX ZR 328/18, ZIP 2020, 280 ff. Rn 32.

derung des § 30 GmbHG davon die Rede ist, dass Tilgungsleistungen auf eigenkapitalersetzende Gesellschafterdarlehen keine verbotenen Stammkapitalrückzahlungen (mehr) sein können,[1557] ist vom **Willen** des **Gesetzgebers** auszugehen, das alte Recht sogar **mit (unechter) Rückwirkung aufzuheben**, soweit es sich nicht um bereits abgeschlossene Sachverhalte handelt.[1558] Die Gesellschafter können daher die noch nach dem 1.11.2008 stehen gelassenen Gesellschafterdarlehen zurückfordern und auch Zinszahlungen beanspruchen.[1559]

477 § 135 InsO soll nach herrschender Auffassung **verhindern**, dass **§ 39 Abs. 1 Nr. 5 InsO**, der dem Darlehensrückzahlungsanspruch des Gesellschafters im Insolvenzverfahren über das Vermögen der Gesellschaft den Rang nach allen anderen Insolvenzgläubigern zuweist, durch die Begründung von speziellen Haftungsrechten an Gegenständen des Gesellschaftsvermögens oder durch Befriedigung vor der Verfahrenseröffnung **unterlaufen wird.**[1560] Es wäre wenig überzeugend, wenn der Gesellschafter die Nachrangigkeit seines Darlehensrückzahlungsanspruchs dadurch umgehen könnte, dass er sich von der Gesellschaft eine Sicherheit bestellen lässt.[1561] Dies wird zwar im Schrifttum zum Teil bestritten und geltend gemacht, die Bestimmungen über den Nachrang nach § 39 Abs. 1 Nr. 5 InsO und über die Anfechtbarkeit nach § 135 Abs. 1 InsO stellten konzeptionell getrennte Regelungen dar.[1562] Diese Auffassung trifft indes nicht zu, wie noch darzulegen sein wird; vgl. dazu Rdn 485.

478 In § 135 Abs. 1 InsO ist die Anfechtbarkeit einer **Sicherung (Nr. 1)** bzw. **Befriedigung (Nr. 2)** geregelt, die einem Kredit gewährenden Gesellschafter innerhalb der **letzten zehn Jahre** (Sicherung) bzw. innerhalb des **letzten Jahres** (Befriedigung) vor dem Eröffnungsantrag oder danach gewährt wurde. Der **BGH** hatte schon bald über die Frage zu entscheiden, ob **§ 135 Abs. 1 Nr. 2 InsO** eine **„Sperrwirkung"** gegenüber **§ 135 Abs. 1 Nr. 1 InsO** in dem Sinne zukommt, dass die innerhalb der Jahresfrist des § 135 Abs. 1 Nr. 2 InsO erfolgte Befriedigung des Gesellschafters durch Verwertung einer von der Gesellschaft gestellten Sicherheit die Anfechtung der Sicherheitengewährung nach § 135 Abs. 1 Nr. 1 InsO, welche zehn Jahre zurückreicht, ausschließt.[1563] Er hat diese **Frage verneint** und dies zum einen mit der Selbstständigkeit der jeweiligen anfechtbaren Rechtshandlungen begründet, selbst wenn die-

---

1557 Vgl. Begr. zum RegE, BT- Drucks. 16/6140, S. 42.
1558 Hirte, Kapitalgesellschaftsrecht, Rn 5.157; Wedemann, GmbHR 2008, 1131, 1135; OLG München, 22.12.2010 – 7 U 4960/07, ZIP 2011, 225 ff.; OLG München, 6.5.2010 – 23 U 1564/10, ZIP 2010, 1236, 1237 f.
1559 Vgl. BGH, 15.11.2011 – II ZR 6/11, ZIP 2012, 86 ff. Rn 11 f.; HK/Kleindiek, § 39 Rn 30.
1560 Vgl. Jaeger/Henckel, § 129 InsO Rn 6; Gehrlein BB 2008, 846, 853; MüKo/Gehrlein, § 135 InsO Rn 10.
1561 Vgl. Brinkmann, in: K. Schmidt/Uhlenbruck, Rn 2.131.
1562 So Thole, Gläubigerschutz durch Insolvenzrecht, S. 390 ff.
1563 BGH, 18.7.2013 – IX ZR 219/11, BGHZ 198, 64 ff.

se sich wirtschaftlich ergänzen.[1564] Zum anderen werde ein gesicherter Gesellschafter, der anders als im Falle der Gabe ungesicherter Darlehensmittel nicht um die Erfüllung seines Rückzahlungsanspruchs fürchten müsse, in Wahrnehmung der Geschäftsführung zur Eingehung unangemessener, wenn nicht gar unverantwortlicher, allein die ungesicherten Gläubiger treffender geschäftlicher Wagnisse neigen. Die Gewährung von Gesellschafterdarlehen, die durch das **Gesellschaftsvermögen gesichert** würden, sei darum mit einer **ordnungsgemäßen Unternehmensfinanzierung nicht vereinbar.**[1565]

Diese Entscheidung wird im **Schrifttum zum Teil kritisiert.**[1566] Es stelle einen Wertungswiderspruch dar, dass eine Befriedigung durch Verwertung einer Gesellschaftssicherheit über den Jahreszeitraum des § 135 Abs. 1 Nr. 2 InsO hinaus anfechtbar sei, eine Befriedigung aus dem sonstigen Gesellschaftsvermögen dagegen nicht. Die Entscheidung des **BGH** lässt sich **allenfalls mit** der **Erwägung halten**, dass auch die Neuregelungen nach MoMiG **Ausprägung** der **Finanzierungsfolgenverantwortung** des Gesellschafters sind und dass sie nicht erst mit der Eröffnung des Insolvenzverfahrens Rechtswirkungen zeitigen,[1567] vielmehr ein **Gesellschafterdarlehen nicht insolvenzfest besichert werden kann**, und zwar auch schon außerhalb der Jahresfrist des § 135 Abs. 1 Nr. 2 InsO.[1568] Insoweit wird zu Recht darauf hingewiesen, dass das mit der Gesellschafterfremdfinanzierung für die **Gesellschaftsgläubiger verbundene Risiko** noch **erhöht** wird, wenn der Gesellschafter damit rechnen kann, aufgrund der ihm gewährten Sicherheit sogar vorrangig befriedigt zu werden.[1569] Schon eine außerhalb der (kurzen) Jahresfrist des § 135 Abs. 1 Nr. 2 InsO vorgenommene (anfängliche[1570] und nachträgliche) Besicherung durch die Gesellschaft ist **potentiell** (im Hinblick auf eine etwaige Insolvenz) **gläubigergefährdend**. Die mit der Zehnjahresfrist versehene Sicherung ist der Grundtatbestand, weil sie dem Gesellschafter einen Vorteil bietet, welcher wirtschaftlich der Befriedigung gleichkommt.[1571]

Die Erwägung, wenn der Gesellschafter außerhalb der Jahresfrist insolvenzfest aus dem Gesellschaftsvermögen befriedigt werden könne, so müsse ihm außerhalb dieser Frist auch die Befriedigung durch Verwertung einer ihm gewährten Gesell-

---

1564 BGH, 18.7.2013 – IX ZR 219/11, BGHZ 198, 64 ff. Rn 13 f.
1565 BGH, 18.7.2013 – IX ZR 219/11, BGHZ 198, 64 ff. Rn 19 mit Hinweis auf Engert, ZGR 2004, 813, 831 u. Cahn, AG 2005, 217, 225.
1566 Vgl. HK/Kleindiek, § 135 InsO Rn 13 ff.; Bitter, ZIP 2013, 1583 ff. u. 1998 ff.; Altmeppen, ZIP 2013, 1745 ff.; Mylich, ZIP 2013, 2444 ff.
1567 A.A. Altmeppen, ZIP 2013, 1745, 1746 ff.
1568 Vgl. Altmeppen, ZIP 2013, 1745, 1751.
1569 Vgl. MüKo/Gehrlein, § 135 InsO Rn 15.
1570 A.A. Bitter, ZIP 2013, 1998 ff.; Mylich, ZIP 2013, 2444, 2449.
1571 Kayser, WM 2015, 1973, 1977.

schaftssicherheit möglich sein,[1572] erscheint zwar zunächst plausibel. **Praktisch gesehen** ist es jedoch ein **Unterschied**, ob ein **ungesicherter Gesellschafter**, der die drohende Insolvenz der Gesellschaft erkennt, die **Rückzahlung** eines **Darlehens durchsetzen muss oder** ob er **nur** die **Voraussetzungen schaffen muss**, um die **Gesellschaftssicherheit verwerten zu können**. Vor dem Hintergrund des Gesetzeszwecks erscheint daher die Auffassung des BGH als vertretbar, zumal die Jahresfrist des § 135 Abs. 1 Nr. 2 InsO sehr kurz ist.

481 **§ 135 Abs. 2 InsO ergänzt § 44a InsO**, wonach der Dritte im Fall der Besicherung oder Verbürgung durch einen Gesellschafter **vorrangig Befriedigung aus** der **Gesellschaftersicherheit** zu suchen hat und nur in Höhe seines Ausfalls am Insolvenzverfahren über das Vermögen der Gesellschaft teilnimmt. Wurde er innerhalb des letzten Jahres vor dem Eröffnungsantrag oder danach befriedigt, so ist nach dem missverständlichen Wortlaut des § 135 Abs. 2 InsO nicht etwa die Tilgungsleistung zugunsten des Dritten **anfechtbar**, sondern die **Befreiung** des **Gesellschafters als Sicherungsgeber** (vgl. **§ 143 Abs. 3 InsO**).[1573] **§ 135 Abs. 3 InsO** enthält schließlich eine Sonderregelung für **Nutzungsüberlassungen** durch einen Gesellschafter.

482 Die Regelungen in § 135 Abs. 1 und Abs. 2 InsO können **im Grundsatz uneingeschränkt** mit den übrigen Anfechtungstatbeständen **konkurrieren**.[1574] Neben der Anfechtung nach § 135 InsO kommt insbesondere eine Vorsatzanfechtung nach **§ 133 Abs. 1 InsO** in Betracht, wenn etwa die Frist des § 135 Abs. 1 Nr. 2 InsO verstrichen ist. Insoweit wird bei den Gesellschaftern häufig die Kenntnis der Gläubigerbenachteiligung durch die Rechtshandlung der Schuldnerin gegeben sein. **§ 135 InsO geht** hingegen in seinem Anwendungsbereich der Deckungsanfechtung nach den **§§ 130, 131 InsO vor**.[1575]

II. Allgemeines

483 Der Gesetzgeber hat bei der Schaffung der neuen Bestimmungen ausdrücklich auf das nach früherem Recht maßgebende **Merkmal** der **Krisenfinanzierung verzichtet**. Die durch das MoMiG geschaffenen Neuregelungen knüpfen nach der Gesetzesbegründung durchgängig **nicht mehr** an einen „eigenkapitalersetzenden" **Charakter** der Gesellschafterleistung an; es gibt danach künftig keine Unterscheidung

---

1572 Vgl. HK-InsO/Kleindiek, § 135 InsO Rn 17.
1573 Altmeppen, NJW 2008, 3601, 3607; K. Schmidt, § 135 InsO Rn 25.
1574 BGH, 2.2.2006 – IX ZR 82/02, ZInsO 2006, 371 ff. Rn 29.
1575 Uhlenbruck/Hirte, § 135 InsO Rn 6; Henckel in Kölner Schrift zur InsO, 2. Aufl., S. 813, 822 Rn 22 – teilw. **a.A.** Häsemeyer, Insolvenzrecht, Rn 30.60, 30.62.

zwischen „kapitalersetzenden" und „normalen" Gesellschafterdarlehen.[1576] Die Anfechtung der Rückgewähr eines Gesellschafterdarlehens binnen eines Jahres vor der Stellung eines Insolvenzantrages **setzt keine Krise** der **Gesellschaft voraus**. Entsprechendes gilt für die Rückgewähr eines durch den Gesellschafter abgesicherten Kredits.[1577] Weder für eine teleologische Reduktion des § 135 InsO in dem Sinne, dass dem Gesellschafter der Entlastungsbeweis ermöglicht wird, bei der Rückführung des Darlehens habe noch kein Insolvenzgrund vorgelegen, noch für eine analoge Anwendung des **§ 136 Abs. 2 InsO** bleibt im Hinblick auf das Gesamtkonzept der neuen Regelungen Raum.[1578] Diese verstoßen auch nicht gegen Art. 14 Abs. 1 Satz 1 InsO.[1579]

1. Rechtsgrund der Neuregelungen; Rechtsprechung des Bundesgerichtshofs und des Bundesarbeitsgerichts

Aus der Gesetzesbegründung geht nicht hervor, worin nach dem Wegfall des Krisenfinanzierungsgedankens der **tragende Grund** für die **Neuregelung** zu sehen sein soll.[1580] Diese Grundsatzfrage ist im Schrifttum **umstritten**.[1581] Der **BGH** hat sie zunächst in einem Urt. v. 17.2.2011[1582] mangels Entscheidungserheblichkeit dahingestellt sein lassen. Er hat zugleich **klargestellt**, dass jedenfalls **nicht** der typischerweise gegebene **Informationsvorsprung** des **Gesellschafters** der maßgebliche Grund für den Nachrang des von ihm gewährten Darlehens sei.[1583] In seinem Urt. v. 21.2.2013[1584] führt der BGH ohne nähere Auseinandersetzung mit den kontroversen Auffassungen im Schrifttum aus, die ausdrückliche Bezugnahme des Gesetzgebers auf die Novellenregeln, verbunden mit der Erläuterung, die Regelungen zu den Gesellschafterdarlehen in das Insolvenzrecht verlagert zu haben,[1585] lege die Annahme nahe, dass das **neue Recht mit** der **Legitimationsgrundlage** des **früheren Rechts**

484

1576 Begr. zum RegE, BT-Drucks. 16/6140, S. 56 f.; ebenso BGH, 17.2.2011 – IX ZR 131/10, ZInsO 2011, 626 ff. Rn 25.
1577 BGH, 30.4.2015 – IX ZR 196/13, ZIP 2015, 1130 ff.; BGH, 21.2.2013 – IX ZR 32/12, BGHZ 196, 220 ff. Rn 10.
1578 BGH, 30.4.2015 – IX ZR 196/13, ZIP 2015, 1130 ff. Rn 7.
1579 BGH, 30.4.2015 – IX ZR 196/13, ZIP 2015, 1130 ff. Rn 8.
1580 Vgl. dazu K. Schmidt, ZIP 2006, 1925 ff.; Krolop, GmbHR 2009, 397 ff.; B. Schäfer, ZInsO 2010, 1311 ff.
1581 Vgl. U. Huber, FS für Priester, 2007, S. 259, 275 ff.; Habersack, in: Goette/Habersack, Rn 5.13; K. Schmidt, ZIP 2006, 1925, 1934; Hirte, WM 2008, 1429, 1430; Haas, ZInsO 2007, 617, 618; Noack, DB 2007, 1395, 1398; Baumbach/Hueck/Fastrich, Anh. zu § 30 GmbHG Rn 6; Bork, ZGR 2007, 250, 257.
1582 BGH, 17.2.2011 – IX ZR 131/10, ZInsO 2011, 626 ff. Rn 16.
1583 BGH, 17.2.2011 – IX ZR 131/10, ZInsO 2011, 626 ff. Rn 17.
1584 BGH, 21.2.2013 – IX ZR 32/12, BGHZ 196, 220 ff.
1585 Begr. zum RegE, BT-Drucks. 16/6140, S. 42.

Schäfer

im Sinne einer **Finanzierungsfolgenverantwortung „harmoniere"**.[1586] An anderer Stelle ist nochmals ausdrücklich von der „den Gesellschafter treffenden Finanzierungsfolgenverantwortung" die Rede.[1587] Hiermit stimmt die Rechtsprechung des Bundesarbeitsgerichts im Wesentlichen überein.[1588] Nach Ansicht des **BGH** hat der Gesetzgeber die **Haftung** der **Gesellschafter** in der Insolvenz der Gesellschaft im letzten Jahr vor der Insolvenzantragstellung durch den Verzicht auf das Merkmal der Gesellschaftskrise **verschärft**.[1589] Nach dem neueren Urteil des BGH vom 27.6. 2019[1590] liegt der **tragende Grund** der **Nachrangigkeit** des Darlehensrückzahlungsanspruchs des Gesellschafters im Insolvenzfall darin, dass dieser mit seiner **Finanzierungsentscheidung** die Kapitalausstattung der eigenen Gesellschaft verbessert hat. Entscheidend ist daher, ob die Gesellschafterleistung nach ihrer wirtschaftlichen Funktion einer Leistung von Eigenkapital vergleichbar ist. Die **Finanzierungsfolgenverantwortung** des Gesellschafters ist bei der Auslegung des § 135 Abs. 1 InsO weiterhin beachtlich.[1591]

2. Stellungnahme

485 Der **Rechtsgrund** der Neuregelungen kann **nicht allein** im **Prinzip der Haftungsbeschränkung** gemäß § 13 Abs. 2 GmbHG gesehen werden, dessen missbräuchlicher Ausnutzung durch die Gesellschafter begegnet werden solle.[1592] Rein abstrakte Missbrauchserwägungen dürften nicht genügen, um die mit den Neuregelungen verbundenen Rechtsfolgen als gerechtfertigt anzusehen. Zutreffend erscheint vielmehr die Auffassung, wonach auch die Neuregelungen noch eine (**rudimentäre**) **Ausprägung** der **Finanzierungs(folgen)verantwortung** des Gesellschafters darstellen, ohne dass es jedoch auf eine (vermutete) Krisenfinanzierungsentscheidung des Gesellschafters ankommt.[1593] Der Regelungsgrund dürfte in der Schaffung einer Gefahrenlage für den Rechtsverkehr durch die Gesellschafterfremdfinanzierung anstelle registerpublizierter Eigenkapitalausstattung bzw. marktüblicher Sicherheitengewährung zu sehen sein. Der **Rechtsgrund** für den **Nachrang** des Gesellschafterdarlehens und für die Anfechtbarkeit seiner Rückzahlung wird bereits **durch** die

---

1586 BGH, 21.2.2013 – IX ZR 32/12, BGHZ 196, 220 ff. Rn 18.
1587 BGH, 21.2.2013 – IX ZR 32/12, BGHZ 196, 220 ff. Rn 31.
1588 Vgl. BAG, 27.3.2014 – 6 AZR 204/12, ZIP 2014, 927 ff. Rn 23 f.
1589 BGH, 30.4.2015 – IX ZR 196/13, ZIP 2015, 1130 f. Rn 7.
1590 BGH, 27.6.2019 – IX ZR 167/18, ZIP 2019, 1577 ff. Rn 24.
1591 BGH, 14.2.2019 – IX ZR 149/16, ZIP 2019, 666 ff. Rn 50.
1592 Vgl. U. Huber, FS für Priester, 2007, S. 259, 275 ff.; Habersack, in: Goette/Habersack, Das MoMiG in Wissenschaft und Praxis, Rn 5.13; vgl. ferner Hirte, WM 2008, 1429, 1430: „unwiderlegliche Vermutung des missbräuchlichen Charakters der Darlehensgewährung".
1593 Vgl. Bork, ZGR 2007, 250, 257: „Zukünftig gehört nur noch die Darlehensgewährung und damit die Finanzierungsentscheidung, nicht aber die Krise zum Tatbestand der Norm".

Finanzierungsentscheidung des Gesellschafters **begründet**. Rechtsfolgen ergeben sich daraus freilich erst mit der Eröffnung des Insolvenzverfahrens über das Vermögen der Gesellschaft. Tritt die Insolvenz der Gesellschaft ein, so behandelt das Gesetz die überlassenen Gesellschaftermittel zum Schutz der übrigen Gesellschaftsgläubiger als **haftendes Risikokapital**.[1594] Die Annahme, der Gesetzgeber habe auf ein **reines „ex-post-Konzept"** umgestellt, das erst mit der Insolvenzeröffnung Rechtsfolgen an die Gesellschafterfremdfinanzierung knüpfe,[1595] **bleibt hinter** dem **erkennbaren Gesetzeszweck** der Neuregelungen **zurück**.[1596] Denn allein der Umstand, dass über das Vermögen der Gesellschaft ein Insolvenzverfahren eröffnet wurde, vermag nicht zu erklären, dass der Gesellschafter keine volle Befriedigung seines Darlehensrückzahlungsanspruchs verlangen kann.

Auf der Grundlage der oben dargestellten Auffassung erscheint es auch als möglich, der Gesellschaft im **Vorfeld** der **Insolvenzeröffnung** ein **Leistungsverweigerungsrecht** gegenüber dem Darlehensrückzahlungsanspruch des Gesellschafters zuzubilligen, gestützt auf den Einwand (nicht: Einrede) der Anfechtbarkeit.[1597] In der **Gesetzesbegründung** zum „MoMiG" wurde zwar ausdrücklich die analoge Anwendbarkeit des **§ 30 GmbHG** ausgeschlossen. Dies betrifft indes **nur** den **gesellschaftsrechtlichen Aspekt**. Es wird zugleich darauf hingewiesen, dass dadurch keine ernstzunehmenden Schutzlücken entstünden oder aber diese durch flankierende Regelungen im Anfechtungsrecht geschlossen würden.[1598] Auch der BGH geht offenbar von einem solchen Leistungsverweigerungsrecht aus, wenn er in seinem Urt. v. 7.3.2013[1599] ausführt, dass die neben dem Kreditverhältnis bestehende **gesellschaftliche Treuepflicht**[1600] es einem Gesellschafter verbieten könne, gegenüber seiner GmbH einen Anspruch auf Rückgewähr eines Gesellschafterdarlehens durchzusetzen, wenn diese dadurch in eine Krise geriete.

486

Zu beachten ist, dass nach **§ 135 Abs. 4 InsO** das sog. **„Sanierungsprivileg"** gem. § 39 Abs. 4 Satz 2 InsO und das sog. **„Kleinbeteiligungsprivileg"** gem. § 39 Abs. 5 InsO entsprechend gelten. Das „Sanierungsprivileg" gilt jedoch nach herrschender Auffassung nicht für den Gesellschafter, der bereits zuvor mit mehr als

487

1594 Vgl. K. Schmidt, GmbHR 2009, 1009 ff.; B. Schäfer ZInsO 2010, 1311 ff.; Haas, ZInsO 2007, 617, 618.
1595 So Thole, ZInsO 2012, 661, 663.
1596 Vgl. dazu Kayser, WM 2015, 1973, 1977: „gesellschaftsrechtliche Verstrickung des Darlehens".
1597 Vgl. Schäfer in Kummer/Schäfer/Wagner, Rn H54ff.; Spliedt, ZIP 2009, 149, 169; vgl. dazu ferner BGH, 9.10.2012 – II ZR 298/11, BGHZ 195, 42ff. zu § 64 Satz 3 GmbHG.
1598 Begr. zum RegE, BT-Drucks. 16/6140, S. 42.
1599 BGH, 7.3.2013 – IX ZR 7/12, ZIP 2013, 734ff. Rn 24.
1600 Vgl. zur Treuepflicht des Gesellschafters auch BGH, 7.3.2013 – IX ZR 7/12, ZIP 2013, 734ff. Rn 24.

zehn Prozent beteiligt war, sondern nur für jenen, der zuvor noch nicht Gesellschafter oder nur „Kleinbeteiligter" war.[1601]

III. Einzelheiten

1. Anfechtung der Befriedigung oder Sicherung eines Gesellschafters

a) Allgemeines

488 § 135 Abs. 1 InsO betrifft die Anfechtung einer **Befriedigung** oder **Sicherung** für ein **Gesellschafterdarlehen** oder einer ihm **gleichgestellten Forderung**. Dabei kommt es – anders als nach früherem Recht – auf einen eigenkapitalersetzenden Charakter des Gesellschafterdarlehens in der Krise der Gesellschaft nicht mehr an. Es ist ferner unerheblich, ob die Insolvenz der Gesellschaft überraschend durch ein plötzliches externes Ereignis verursacht wurde.[1602] **§ 136 Abs. 2 InsO** ist im Rahmen des § 135 Abs. 1 InsO **nicht analog anwendbar**.[1603] Einer Darlehensforderung gleichgestellt ist die Stundung einer Forderung aus anderem Rechtsgrund, da jede **Stundung** bei wirtschaftlicher Betrachtung einer Darlehensgewährung entspricht. Einer ausdrücklichen Stundungsabrede bedarf es nicht.[1604]

aa) Sachlicher Anwendungsbereich

489 Von § 135 InsO wird jedes Geld – bzw. Sachdarlehen im Sinne der §§ 488, 607 BGB erfasst, bei dem die schuldnerische Gesellschaft Darlehensnehmerin und ein Gesellschafter oder ein gleichgestellter Dritter Gläubiger des Rückgewähranspruchs ist. Darlehensgleich im Sinne der Bestimmung (**„gleichgestellte Forderung"**) ist jede Forderung eines Gesellschafters auf Rückzahlung eines vom Gesellschafter aus seinem Vermögen der Gesellschaft zur Verfügung gestellten Geldbetrages, sofern ein solcher Rückzahlungsanspruch durchgängig seit der Überlassung des Geldes bestand und sich Gesellschafter und Gesellschaft von vornherein einig waren, dass die Gesellschaft das Geld zurückzuzahlen habe.[1605] Nehmen Gesellschafter und Gesellschaft **taggleiche Hin- und Herzahlungen** im Rahmen des gleichen darlehensähn-

---

[1601] Vgl. HK/Kleindiek, § 39 Rn 53; MüKo/Gehrlein, § 135 InsO Rn 10 – **a.A.** Haas, ZInsO 2007, 617, 624 f.; Altmeppen, NJW 2008, 3601, 3605.
[1602] Uhlenbruck/Hirte, § 135 InsO Rn 7; Goette, Einführung in das neue GmbH-Recht, Rn 58; Habersack in Goette/Habersack, Das MoMiG in Wissenschaft und Praxis, Rn 5.9.
[1603] Vgl. BGH, 30.4.2015 – IX ZR 196/13, ZIP 2015, 1130 f. Rn 7; Haas, ZInsO 2007, 617, 621 f.; Hirte, WM 2008, 1429, 1433.
[1604] BGH, 10.7.2014 – IX ZR 192/13, ZIP 2014, 1491 ff. Rn 50; Gehrlein, WM 2009, Sonderbeilage 1, S. 50.
[1605] BGH, 27.6.2019 – IX ZR 167/18, BGHZ 222, 283 ff. Rn 30.

lichen Verhältnisses ohne wirksamen anderen Rechtsgrund vor, kommt eine darlehensgleiche Forderung **nur** in Höhe des **Saldos** in Betracht.[1606] Im Rahmen eines kontokorrentähnlichen Gesellschafterdarlehensverhältnisses ist eine Befriedigung des Darlehensrückzahlungsanspruchs gegenüber dem Gesellschafter nur anfechtbar, soweit der im **Anfechtungszeitraum** bestehende **höchste Saldo** bis zum Zeitpunkt der Eröffnung des Insolvenzverfahrens **endgültig zurückgeführt** wurde.[1607] Vertragliche Ansprüche eines Gesellschafters auf **marktübliche Zinsen** stellen keine einem Gesellschafterdarlehen gleichgestellte Forderung dar, sofern sie nicht erst zu außerhalb jeder verkehrsüblichen Handhabung liegenden Zinsterminen gezahlt werden.[1608]

490 Da es auf einen Eigenkapitalersatzcharakter der Kreditgewährung nicht mehr ankommt, werden von § 135 InsO auch **kurzfristige Überbrückungskredite** erfasst.[1609] Auch das **Stehenlassen** von Forderungen aus gegenseitigen Verträgen kann einer Darlehensgewährung gleichkommen.[1610] Wird die aus einem üblichen **Austauschgeschäft** herrührende Forderung eines Gesellschafters über einen Zeitraum von mehr als drei Monaten rechtsgeschäftlich oder faktisch zugunsten seiner Gesellschaft gestundet, handelt es sich grundsätzlich um eine darlehensgleiche Forderung.[1611]

491 Bedeutsam für den Anwendungsbereich des § 135 Abs. 1 Nr. 2 InsO ist ein Beschluss des BGH vom 15.11.2011,[1612] wonach der Darlehensrückzahlungsanspruch eines ausgeschiedenen Gesellschafters im Insolvenzverfahren allenfalls dann als nachrangig im Sinne des § 39 Abs. 1 Nr. 5 InsO zu behandeln ist, wenn dieser im letzten Jahr vor dem Eröffnungsantrag oder nach diesem Antrag ausgeschieden ist. Für **§ 135 Abs. 1 Nr. 2 InsO** bedeutet dies, dass die Anwendung der Bestimmung **ausscheidet**, wenn der **Gesellschafter während** des Laufs der **Anfechtungsfrist nicht mehr Gesellschafter gewesen ist** und die Stellung als Darlehensgeber bis zur Insolvenzeröffnung beibehalten hat. Der BGH stellt in diesem Urteil ferner klar, dass auch Zinsen für die Vergangenheit geltend gemacht werden können, da die Bindung als haftendes Eigenkapital mit Inkrafttreten des „MoMiG" entfallen ist.

492 Wurde zwischen der Gesellschaft und ihrem Gesellschafter ein **qualifizierter Rangrücktritt** vereinbart, kann eine im Stadium der Insolvenzreife von der Gesell-

---

1606 BGH, 27.6.2019 – IX ZR 167/18, BGHZ 222, 283 ff. Rn 37 ff.
1607 BGH, 27.6.2019 – IX ZR 167/18, BGHZ 222, 283 ff. Rn 40 f.
1608 BGH, 27.6.2019 – IX ZR 167/18, BGHZ 222, 283 ff. Rn 43 ff.
1609 Vgl. BGH, 4.7.2013 – IX ZR 229/12, BGHZ 198, 77 ff. Rn 29; BGH, 7.3.2013 – IX ZR 7/12, ZIP 2013, 734 ff. Rn 14.
1610 BGH, 29.1.2015 – IX ZR 279/13, BGHZ 204, 83 ff. Rn 70; BGH, 10.7.2014 – IX ZR 192/13, BGHZ 202, 59 ff. Rn 50.
1611 BGH, 11.7.2019 – IX ZR 210/18, ZIP 2019, 1675 ff.
1612 BGH, 15.11.2011 – II ZR 6/11, ZIP 2012, 86 ff.; kritisch dazu B. Schäfer, MDR 2012, 262 ff. u. ZInsO 2012, 1354 ff.

schaft an den Gesellschafter bewirkte Zahlung als unentgeltliche Leistung gemäß § 134 Abs. 1 InsO angefochten bzw. kondiziert werden. Als **Vertrag zugunsten der Gläubigergesamtheit** kann eine solche Vereinbarung ab Eintritt der Insolvenzreife nicht durch eine Abrede des Schuldners mit dem Gläubiger aufgehoben werden.[1613] Nach dem Urteil des BGH liegt somit im Fall der Rückzahlung nicht nur eine inkongruente Deckung im Sinne des § 131 InsO vor, wie es bei einer bloßen Stundungsvereinbarung (pactum de non petendo) der Fall wäre;[1614] vielmehr ist eine **Leistung auf eine Nichtschuld** gegeben, die nach § 134 Abs. 1 InsO wesentlich länger anfechtbar ist. Aus der Durchsetzungssperre wird ein Zahlungsverbot.[1615] Die Annahme eines pactum de non petendo erschiene nach Ansicht des BGH nicht sachgerecht, da dadurch ein bloßes, in seiner Ausübung im Belieben des Schuldners stehendes Leistungsverweigerungsrecht begründet würde und die Forderung weiterhin im Überschuldungsstatus zu berücksichtigen wäre. Dagegen wird im **Schrifttum** zu Recht eingewandt, dass der Überschuldungstatbestand einen solchen Schutz gegen das Belieben der Parteien nicht kennt. Die Nichtausübung des Leistungsverweigerungsrechts hätte dann eben die Überschuldung zur Folge. Rechtsdogmatisch lässt sich die Annahme eines **Vertrages zugunsten Dritter wohl nicht begründen**.[1616] Die rechtliche Würdigung des BGH hat möglicherweise auch steuerrechtliche Probleme zur Folge.[1617]

bb) Personeller Anwendungsbereich

493   Auch wenn **Rechtshandlungen Dritter** in § 39 Abs. 1 Nr. 5 InsO nicht ausdrücklich erwähnt werden, sollte der Anwendungsbereich des früheren **§ 32a Abs. 3 Satz 1 GmbHG** auch **in personeller Hinsicht übernommen** werden.[1618] Von der Neuregelung werden daher auch Rechtshandlungen Dritter erfasst, welche der Darlehensgewährung durch einen Gesellschafter wirtschaftlich entsprechen.[1619] Die Forderung aus der Rechtshandlung eines Dritten entspricht einem Gesellschafterdarlehen jedoch nicht schon deshalb, weil es sich bei dem Dritten um eine **nahestehende Person** i.S.d. **§ 138 InsO** handelt. Gewährt eine nahestehende Person dem Schuldner ein ungesichertes Darlehen, begründet dies keinen ersten Anschein für eine wirt-

---

1613   BGH, 5.3.2015 – IX ZR 133/14, ZIP 2015, 638 ff.
1614   Vgl. BGH, 5.3.2015 – IX ZR 133/14, ZIP 2015, 638 ff. Rn 30 f.; K. Schmidt, § 39 Rn 22.
1615   K. Schmidt, ZIP 2015, 901, 906/907.
1616   Vgl. K. Schmidt, ZIP 2015, 901, 908/909.
1617   Vgl. K. Schmidt, BB 2016, 2 ff. u. BFH, 15.4.2015 – I R 44/14, BFHE 249, 493 ff.
1618   Vgl. Begr. zum RegE, BT-Drucks. 16/6140, S. 56; BGH, 21.2.2013 – IX ZR 32/12, BGHZ 196, 220 ff. Rn 11.
1619   BGH, 17.2.2011 – IX ZR 131/10, ZInsO 2011, 626 ff. Rn 10; Uhlenbruck/Hirte, § 39 InsO Rn 40; Ulmer/Habersack, Ergänzungsband MoMiG, § 30 GmbHG Rn 43.

schaftliche Gleichstellung mit einem Gesellschafterdarlehen.[1620] Bei der Anfechtung einer Rechtshandlung, mit der eine Gesellschaft einem Dritten für eine Forderung auf Rückgewähr eines Darlehens Befriedigung gewährt hat, hat der Insolvenzverwalter darzulegen und zu beweisen, dass der Dritte kein Gesellschafter des Schuldners ist. Den Anfechtungsgegner trifft hingegen die Beweislast dafür, dass der Dritte einem Gesellschafter gleichzustellen ist.[1621] Ansprüche eines Darlehensgebers stehen wirtschaftlich einer Forderung auf Rückgewähr eines Gesellschafterdarlehens gleich, wenn sich die Tätigkeit der Gesellschaft für den Darlehensgeber in einer Gesamtbetrachtung aufgrund seiner einem Gesellschafter vergleichbaren Rechtsstellung als eigene unternehmerische Betätigung darstellt.[1622] Allein die Bildung einer doppelseitigen Treuhand führt nicht dazu, dass der Darlehensgeber einem Gesellschafter gleichzustellen ist.[1623] Eine bloß faktische Möglichkeit des Darlehensgebers, Einfluss auf die Entscheidungen der Gesellschaft zu nehmen, genügt nicht für eine Gleichstellung mit einem Gesellschafter.[1624]

Weil durch § 135 Abs. 1 InsO der bisherige § 32a GmbHG a.F. in personeller – durch Einbeziehung Dritter – und sachlicher Hinsicht übernommen werden sollte,[1625] kann nach der Rechtsprechung des **BGH** hinsichtlich der **Reichweite** der Regelungen im Verhältnis zu **Dritten** auf die zum **Eigenkapitalersatzrecht entwickelte Rechtsprechung zurückgegriffen** werden.[1626] Tritt der Gesellschafter eine gegen die Gesellschaft gerichtete Darlehensforderung binnen eines Jahres vor der Stellung des Insolvenzantrages durch die Gesellschaft ab und tilgt die Gesellschaft anschließend die Verbindlichkeit gegenüber dem Zessionar, unterliegt nach der Verfahrenseröffnung **neben** dem **Zessionar** auch der **Gesellschafter** der Anfechtung.[1627] Der Zessionar müsse das Nachrangrisiko gemäß **§ 404 BGB** gegen sich gelten lassen.[1628] Daneben unterliege auch der Zedent der Anfechtung. Aufgrund der im Rahmen des § 135 InsO anzustellenden wirtschaftlichen Betrachtungsweise sei die im Wege der Abtretung ebenso wie die durch eine Anweisung[1629] bewirkte Drittzahlung als Leistung an den Gesellschafter zu behandeln. Dem Gesellschafter sei es

494

1620 BGH, 17.2.2011 – IX ZR 131/10, ZInsO 2011, 626 ff.
1621 BGH, 25.6.2020 – IX ZR 243/18, BGHZ 226, 125 ff. Rn 15.
1622 BGH, 25.6.2020 – IX ZR 243/18, BGHZ 226, 125 ff. Rn 30.
1623 BGH, 25.6.2020 – IX ZR 243/18, BGHZ 226, 125 ff. Rn 37.
1624 BGH, 25.6.2020 – IX ZR 243/18, BGHZ 226, 125 ff. Rn 56.
1625 BGH, 21.2.2013 – IX ZR 32/12, BGHZ 196, 220 ff. Rn 11.
1626 Vgl. BGH, 21.2.2013 – IX ZR 32/12, BGHZ 196, 220 ff. Rn 11 mit Hinweis auf BGH, 17.2.2011 – IX ZR 131/10, BGHZ 188, 363 ff. Rn 10 u. BGH, 28.6.2012 – IX ZR 191/11, BGHZ 193, 378 ff. Rn 11 zum atypischen stillen Gesellschafter.
1627 BGH, 21.2.2013 – IX ZR 32/12, BGHZ 196, 220 ff.
1628 BGH, 21.2.2013 – IX ZR 32/12, BGHZ 196, 220 ff. Rn 24.
1629 Vgl. BGH, 29.5.2000 – II ZR 118/98, ZIP 2000, 1251 ff.

versagt, durch den Verkauf eines Gesellschafterdarlehens auf dem Rücken der Gläubiger zu spekulieren und das Anfechtungsrisiko auf sie abzuwälzen.[1630]

495 Für die **Fristberechnung** gilt **§ 139 InsO**. Insoweit reicht es aus, wenn ein **Dritter**, der zunächst nur Darlehensgeber war, innerhalb der Anfechtungsfrist **Gesellschafter geworden** ist. Ist ein Gesellschafter im letzten Jahr vor der Stellung des Insolvenzantrages **ausgeschieden**, greift dennoch § 135 Abs. 1 InsO ein, wenn er innerhalb der Anfechtungsfrist eine Tilgungs- oder Sicherheitsleistung erhalten hat.[1631] Auch die **Abtretung an** einen **Nichtgesellschafter** entzieht die Forderung nicht dem Anwendungsbereich der Bestimmung.[1632] Denn der Grund für die **Nachrangigkeit** wurde **bereits durch** die **Darlehensgewährung** und die damit verbundene Risikoerhöhung für die Gläubiger im Hinblick auf eine spätere Insolvenz der Gesellschaft **begründet**. Von der Nachrangigkeit ist auch dann auszugehen, wenn der Gesellschafter seine **Mitgliedschaft** innerhalb des Anfechtungszeitraums auf einen Dritten **überträgt** und seine Stellung als Darlehensgeber behält.[1633]

496 Der **atypische stille Gesellschafter** einer GmbH & Co. KG steht mit seinen Ansprüchen „wirtschaftlich dem Gläubiger eines Gesellschafterdarlehens insolvenzrechtlich gleich", wenn in einer Gesamtbetrachtung seine Rechtsposition nach dem Beteiligungsvertrag der eines Kommanditisten im Innenverhältnis weitgehend angenähert ist.[1634]

b) Anfechtbare Sicherung (§ 135 Abs. 1 Nr. 1 InsO)

497 Nach § 135 Abs. 1 Nr. 1 InsO ist eine Sicherung anfechtbar, die einem Gesellschafter oder einem gleichgestellten Dritten in den **letzten 10 Jahren** vor der Stellung des Insolvenzantrages oder danach gewährt wurde. Der Begriff der **Sicherung** ist **weit zu verstehen** und umfasst jede Rechtsposition, die den Anfechtungsgegner besser stellt als einen Insolvenzgläubiger, ihm also insb. ein **Absonderungsrecht** nach den **§§ 49 bis 51 InsO** gewährt.[1635] Erfasst sind alle Rechtspositionen, die den Leistungsanspruch des Gesellschafters in seiner Durchsetzbarkeit verstärken oder erleichtern.[1636] § 135 Abs. 1 Nr. 1 InsO betrifft somit alle Arten von Sicherheiten,

---

[1630] BGH, 21.2.2013 – IX ZR 32/12, BGHZ 196, 220 ff. Rn 31 f. mit Hinweis auf BGH, 26.3.1984 – II ZR 171/83, BGHZ 90, 381, 388.
[1631] Vgl. Uhlenbruck/Hirte, § 135 InsO Rn 9.
[1632] Vgl. BGH, 21.2.2013 – IX ZR 32/12, BGHZ 196, 220 ff.; Habersack, ZIP 2007, 2145, 2149; B. Schäfer, ZInsO 2010, 1311, 1314; Gehrlein, BB 2008, 846, 850.
[1633] BGH, 15.11.2011 – IX ZR 6/11; ZInsO 2012, 141 ff.; vgl. zum alten Recht BGH, 8.11.2004 – II ZR 300/02, WM 2005, 78 ff.
[1634] BGH, 28.6.2012 – IX ZR 191/11, ZIP 2012, 1869 ff.
[1635] Vgl. Graf-Schlicker/Neußner, § 135 InsO Rn 10.
[1636] MüKo/Gehrlein, § 135 InsO Rn 15; vgl. ferner OLG München, 22.12.2010 – 7 U 4960/07, ZIP 2011, 225 ff. Rn 50: Umwandlung unbefristeter in befristete Rangrücktritte.

wie etwa (Grund-)Pfandrechte, Sicherungsübereignung und Sicherungszession, Zwangshypotheken und Pfändungspfandrechte.[1637] Dazu gehören auch Sicherungen für einen Regressanspruch des Gesellschafters, der einen von ihm besicherten Darlehensgeber der Gesellschaft befriedigt hat oder befriedigen muss.[1638] Die Inanspruchnahme einer Sicherung für ein Gesellschafterdarlehen belegt nach Ansicht des **BGH**, dass der Gesellschafter, der in die Rolle eines außenstehenden Dritten einzurücken sucht, die Übernahme einer **Finanzierungsfolgenverantwortung** ablehnt. Der bereits in der beschränkten Haftung liegende Risikoanreiz des Gesellschafters wird zusätzlich erhöht, wenn er aus dem Gesellschaftsvermögen dank einer Sicherung im Verhältnis zu den sonstigen Gläubigern auch noch vorrangig befriedigt wird. Ein gesicherter Gesellschafter, der um die Erfüllung seines Rückzahlungsanspruchs nicht fürchten muss, wird in Wahrnehmung der Geschäftsführung zur **Eingehung unangemessener**, wenn nicht gar unverantwortlicher, allein die ungesicherten Gläubiger treffender geschäftlicher **Wagnisse** neigen. Die Gewährung von Gesellschafterdarlehen, die durch das Gesellschaftsvermögen gesichert werden, ist daher mit einer **ordnungsgemäßen Unternehmensfinanzierung** nicht vereinbar.[1639]

§ 135 Abs. 1 Nr. 1 InsO betrifft Sicherheiten, die zum Zeitpunkt der Insolvenzeröffnung noch bestehen. Im Schrifttum wird indes zu Recht darauf hingewiesen, dass die **praktische Bedeutung** dieses Anfechtungstatbestandes insoweit **gering** ist.[1640] Bei **akzessorischen Sicherheiten** muss der Insolvenzverwalter nicht anfechten, vielmehr kann er dem Sicherungsnehmer entgegenhalten, dass dieser nach **§ 39 Abs. 1 Nr. 5 InsO** die gesicherte Forderung nur als nachrangige geltend machen und deshalb nicht auf die Sicherheit zugreifen kann. Aber auch bei **nichtakzessorischen Sicherheiten** kann der Insolvenzverwalter aufgrund der **Sicherungsabrede** wegen der Nachrangigkeit der Forderung in der Regel die Freigabe der Sicherheit fordern.[1641] Eine **Beschränkung** des § 135 Abs. 1 Nr. 1 InsO auf **nachträgliche Besicherungen scheidet** nach Sinn und Zweck des Gesetzes **aus**.[1642] Eine nachträgliche Besicherung des Gesellschafters stellt eine inkongruente Deckung dar, welche häufig schon nach § 133 Abs. 1 InsO anfechtbar ist. Es bedürfte daher einer Erklärung, weshalb der Ge-

---

1637 KPB/Preuß, § 135 InsO Rn 16.
1638 Vgl. BGH, 27.11.1989 – II ZR 310/88, ZIP 1990, 95 ff.; Jaeger/Henckel, § 135 InsO Rn 10.
1639 BGH, 14.2.2019 – IX ZR 149/16, NJW 2019, 1289 ff. Rn 50; BGH, 18.7.2013 – IX ZR 219/11, BGHZ 198, 64 ff. Rn 19.
1640 Jaeger/Henckel, § 135 InsO Rn 10; Gottwald/Huber, Insolvenzrechts-Handbuch, 4. Aufl., § 50 Rn 11.
1641 Vgl. BGH, 26.1.2009 – II ZR 213/07, ZIP 2009, 471 ff. Rn 17; Jaeger/Henckel, § 135 InsO Rn 10; Gottwald/Huber, Insolvenzrechts-Handbuch, 4. Aufl., § 50 Rn 11.
1642 Zutr. K. Schmidt, § 135 Rn 16; HK-InsO/Kleindiek, § 135 InsO Rn 16; Gehrlein, FS für Kübler, 2015, S. 181, 185/186 – **a.A.** Mylich, ZHR 136, 547, 569; Uhlenbruck/Hirte, § 135 InsO Rn 13; Marotzke, DB 2015, 2495 ff.; Hiebert, ZInsO 2016, 1679 ff.

setzgeber mit § 135 Abs. 1 Nr. 1 InsO nur nachträgliche Sicherungen erfassen wollte, die ohnehin weitgehend bereits nach § 133 Abs. 1 InsO der Anfechtung unterliegen.[1643] Auch ein **Bargeschäft** gemäß **§ 142 InsO** ist bei **anfänglicher Besicherung zu verneinen**.[1644] Denn es ist offenkundiger Zweck der §§ 39 Abs. 1 Nr. 5, 135 Abs. 1 InsO, „Vorratsbefriedigungen" des gesicherten Gesellschafters zum Nachteil der Insolvenzgläubiger zu verhindern. Auch der **BGH** ist dieser Auffassung in seinem neueren Urteil vom 14.2.2019[1645] **gefolgt** und hat dies ausführlich anhand der Gesetzessystematik und des Sinns und Zwecks der Norm des § 135 InsO begründet.

c) Anfechtbare Befriedigung (§ 135 Abs. 1 Nr. 2 InsO)

499 § 135 Abs. 1 Nr. 2 InsO erfasst alle Rechtshandlungen, die innerhalb des **letzten Jahres** vor dem Eröffnungsantrag oder danach zur **Tilgung** der Forderung geführt haben, also auch die Befriedigung durch Zwangsvollstreckung, Verrechnung, Erfüllungssurrogat oder aus einer von der Gesellschaft gestellten, nicht insolvenzfesten Sicherheit.[1646] Hinsichtlich der Rechtsfolgen ist zu beachten, dass die Rückgewähr einer anfechtbaren Darlehensrückzahlung zum **Wiederaufleben** einer **nachrangigen Insolvenzforderung** gemäß § 39 Abs. 1 Nr. 5 InsO führt (vgl. **§ 144 Abs. 1 InsO**).[1647] Anders als nach dem früheren Eigenkapitalersatzrecht unterliegt auch die Rückzahlung **kurzfristiger Überbrückungskredite** der Anfechtung.[1648] Wird ein besichertes Gesellschafterdarlehen im letzten Jahr vor der Antragstellung zurückgewährt, scheitert die Anfechtung nicht an der fehlenden Gläubigerbenachteiligung, wenn die **Sicherung ihrerseits anfechtbar** ist, weil sie im Zeitraum von zehn Jahren vor dem Eröffnungsantrag bestellt wurde.[1649] Die in der Rückzahlung eines Gesellschafterdarlehens liegende **Gläubigerbenachteiligung** wird **nicht beseitigt**, indem der Gesellschafter die empfangenen Darlehensmittel zwecks Erfüllung einer von ihm übernommenen **Kommanditeinlagepflicht** an die Muttergesellschaft der Schuldnerin weiterleitet, welche der Schuldnerin anschließend Gelder in gleicher Höhe auf der Grundlage einer von ihr übernommenen Verlustdeckungspflicht zur Verfügung stellt.[1650] Gewährt ein **außenstehender Dritter** einem Gesellschafter der späteren Insolvenzschuldnerin und dessen Ehefrau ein Darlehen, welches der Ge-

---

1643 Vgl. Gehrlein, FS für Kübler, 2015, S. 181, 185.
1644 Vgl. Thole, FS für Kübler, 2015, S. 681, 689; Gehrlein, FS für Kübler, 2015, S. 181, 185f.; **a.A.** Mylich, ZHR 136, 547, 569; Uhlenbruck/Hirte, § 135 InsO Rn 13; Marotzke, DB 2015, 2495, 2498.
1645 BGH, 14.2.2019 – IX ZR 149/16, NJW 2019, 1289ff.
1646 KPB/Preuß, § 135 InsO Rn 17.
1647 K. Schmidt, § 135 InsO Rn 15.
1648 BGH, 4.7.2013 – IX ZR 229/12, BGHZ 198, 77ff. Rn 29; BGH, 7.3.2013 – IX ZR 7/12, ZIP 2013, 734ff. Rn 9.
1649 Vgl. MüKo/Gehrlein, § 135 InsO Rn 16.
1650 BGH, 2.5.2019 – IX ZR 67/18, ZIP 2019, 1128ff.

sellschafter zur Gewährung eines Darlehens an die Gesellschaft verwendet, ist die Rückzahlung des Darlehens an den Dritten durch die Gesellschaft dem Dritten gegenüber nicht als Rückgewähr eines Gesellschafterdarlehens anfechtbar.[1651]

Es ist streitig, ob die **Ausschüttung stehengelassener Gewinnvorträge** der Anfechtung nach § 135 Abs. 1 Nr. 2 InsO unterliegt.[1652] Dies kann nicht ohne weiteres mit der Erwägung bejaht werden, dass das Stehenlassen von Gewinnen wirtschaftlich einer Darlehensgewährung entspreche. Denn bei bilanziell ausgewiesenen Gewinnvorträgen handelt es sich um **Eigenkapital der Gesellschaft**, das von ihr erwirtschaftet wurde und Ausdruck der Finanzkraft der Gesellschaft ist. Mit dem Stehenlassen von Gewinnen ist daher **keine vergleichbare Schaffung einer Risikolage** für die Gesellschaftsgläubiger gegeben, wie im Fall der Darlehensgewährung. Insoweit dürfte ein Unterschied zwischen dem neuen Recht und dem früheren Eigenkapitalersatzrecht bestehen. Der BGH hat allerdings durch Urteil vom 17.12.2020[1653] entschieden, dass die Entnahme von Guthaben auf dem Kapitalkonto des Kommanditisten wie die Rückgewähr eines Gesellschafterdarlehens anfechtbar ist, wenn die Auslegung des Gesellschaftsvertrages ergibt, dass das Guthaben keine Beteiligung des Kommanditisten, sondern schuldrechtliche Forderungen ausweist. Entnimmt ein **Kommmanditist** Gelder aus dem Vermögen der Gesellschaft und sind die Entnahmen durch ein Guthaben auf einem Kapitalkonto gedeckt, scheidet nach einem Urteil des OLG Schleswig vom 8.2.2017[1654] eine Anfechtung nach § 135 Abs. 1 Nr. 2 InsO aus, wenn das Guthaben eine **Beteiligung** am **Eigenkapital** der Gesellschaft ausweist und damit keine Forderung des Gesellschafters darstellt.[1655] Die **Befreiung** von einer **harten Patronatserklärung**[1656] kann nach § 135 Abs. 1 Nr. 2 InsO anfechtbar sein. Dagegen ist keine anfechtbare Befriedigung gegeben, wenn eine Patronatserklärung ordentlich für die Zukunft gekündigt wird.[1657] Streitig ist, ob die Aufhebung der Zusage eines sog. „**Finanzplankredits**" nach § 135 Abs. 1 Nr. 2 InsO anfechtbar ist.[1658] Dabei ist zu beachten, dass der Finanzplankredit nach einem Urteil des BGH vom

---

1651 BGH, 27.2.2020 – IX ZR 337/18, ZIP 2020, 723 f.
1652 So OLG Koblenz, 15.10.2013 – 3 U 635/13, ZInsO 2013, 2168 ff.; OLG München, 18.12.2013 – 7 U 2900/09, ZIP 2014, 69 ff. zum alten Recht; Mylich, ZGR 2009, 474, 491 ff.; Scholz/Bitter, GmbHG, Anh. § 64 Rn 177; Freudenberg, ZInsO 2014, 1544 ff. – a.A. Menkel, NZG 2014, 982 ff.; Neußner, EWiR 2015, 746; Gehrlein, in: Gehrlein/Ekkenga/Simon, vor § 64 Rn 126, 145 zur Kapitalrücklage.
1653 BGH, 17.12.2020 – IX ZR 122/19, ZIP 2021, 93 ff.
1654 OLG Schleswig, 8.2.2017 – 9 U 84/16, ZIP 2017, 622 ff.
1655 Vgl. dazu noch Priester, GmbHR 2017, 1245 ff.
1656 OLG München, 22.7.2004 – 19 U 1867/04, ZIP 2004, 2102 ff.; Uhlenbruck/Hirte, § 135 InsO Rn 11.
1657 BGH, 20.9.2010 – II ZR 296/08, NJW 2010, 3442 ff. Rn 22 ff. – „STAR 21"; MüKo/Gehrlein, § 135 InsO Rn 16.
1658 Dafür OLG München, 22.7.2004 – 19 U 1867/04, ZIP 2004, 2102 ff.; Uhlenbruck/Hirte, § 135 Rn 11 – dagegen K. Schmidt, § 135 Rn 19.

28.6.1999[1659] keine eigenständige Kategorie des Eigenkapitalersatzrechts darstellt.[1660] Die Fortgeltung der früheren Rechtsprechungsgrundsätze wird daher durch das „MoMiG" nicht in Frage gestellt. Die **Rückzahlung** des **Darlehens an** einen **Dritten** wird von der Bestimmung **ebenfalls nicht erfasst**. Eine Rückgewährpflicht des begünstigten Gesellschafters kann sich **jedoch** aus **§ 135 Abs. 2 InsO i.V.m. § 143 Abs. 3 InsO** ergeben. Darüber hinaus kommt eine Anfechtung ggü. dem Dritten nach den **§§ 130, 131, 133 InsO** in Betracht.[1661]

501 Die Verrechnung von Darlehensgewährungen im Rahmen eines „**Cash-Pools**" zwischen verbundenen Unternehmen stellt keine (länger anfechtbare) Sicherung im Sine des § 135 Abs. 1 Nr. 1 InsO, sondern eine Befriedigung im Sinne des § 135 Abs. 1 Nr. 2 InsO dar.[1662] Insoweit dürfen die einzelnen Tilgungsleistungen **nicht einfach aufaddiert** werden, weil dies der wirtschaftlichen Bedeutung des Geschehens nicht entspräche.[1663] Mehrere Gesellschafterdarlehen können vielmehr nach der Rechtsprechung des BGH als Kontokorrentkredit zu behandeln sein, wenn sie „nach der Art eines Kontokorrentkredits" miteinander verbunden sind („**Staffelkredit**").[1664] Der BGH stellt in einem solchen Fall keine Einzel-, sondern eine Gesamtbetrachtung an. Entscheidend ist die im gesamten Anfechtungszeitraum eingetretene **Verringerung** des **zwischenzeitlich höchsten Kreditstandes**, da dies dem vom Anfechtungsgegner übernommenen Insolvenzrisiko entspricht.[1665] Nach dem Leitsatz eines BGH-Urteils vom 27.6.2019[1666] ist im Rahmen eines **kontokorrentähnlichen Gesellschafterdarlehensverhältnisses** eine Befriedigung des Darlehensrückzahlungsanspruchs gegenüber dem Gesellschafter nur anfechtbar, soweit der im Anfechtungszeitraum bestehende höchste Saldo bis zur Eröffnung des Insolvenzverfahrens endgültig zurückgeführt wurde.

502 Nach wohl herrschender Auffassung im **Schrifttum** ist die Anfechtbarkeit nach § 135 Abs. 1 Nr. 2 InsO nicht auf die Befriedigung der Hauptforderung beschränkt, sondern erstreckt sich auch auf die Tilgung von **Nebenforderungen**, insbesondere **Zinszahlungen**.[1667] Dies versteht sich indes nicht von selbst, da es vor der Rückzah-

---

1659 BGH, 28.6.1999 – II ZR 272/98, BGHZ 142, 116 ff.
1660 Vgl. Schröder, Die Reform des Eigenkapitalersatzrechts durch das MoMiG, Rn 539 ff.
1661 Vgl. Uhlenbruck/Hirte, § 135 InsO Rn 12.
1662 Uhlenbruck/Hirte, § 135 InsO Rn 11; Hamann, NZI 2008, 667 ff.
1663 BGH, 7.3.2013 – IX ZR 7/12, ZIP 2013, 734 ff. Rn 17.
1664 BGH, 16.1.2014 – IX ZR 116/13, ZIP 2014, 785 f. Rn 4; BGH, 7.3.2013 – IX ZR 7/12, ZIP 2013, 734 ff. Rn 17.
1665 Vgl. BGH, 7.3.2013 – IX ZR 7/12, ZIP 2013, 734 ff. Rn 26; Baumbach/Hueck/Fastrich, GmbHG, Anh. § 30 Rn 63a – a.A. HK/Kleindiek, § 135 InsO Rn 39; KPB/Preuß, § 135 InsO Rn 24.
1666 BGH, 27.6.2019 – IX ZR 167/18, BGHZ 222, 283 ff.
1667 OLG Düsseldorf, 20.5.2014 – 12 U 87/13, ZIP 2015, 187 ff. Rn 26; HK/Kleindiek, § 135 InsO Rn 26; Gehrlein, in: Ahrens/Gehrlein/Ringstmeier, § 135 Rn 3 – **a.A.** Uhlenbruck/Hirte, § 135 InsO Rn 7; Brinkmann, in: K. Schmidt/Uhlenbruck, Rn 2.122; K. Schmidt, § 135 InsO Rn 19.

lung des Darlehens an einer dem alten Eigenkapitalersatzrecht entsprechenden **„Verstrickung"** gefehlt hat. Es ließe sich zur Begründung anführen, dass der Gesellschafter (rückblickend) im letzten Jahr vor dem Eröffnungsantrag nur nachrangige Befriedigung (vgl. § 39 Abs. 1 Nr. 5 InsO) habe beanspruchen können. Der **BGH** hat jedoch durch Urteil vom 27.6.2019[1668] entschieden, dass vertragliche Ansprüche eines Gesellschafters auf marktübliche Zinsen für das von ihm gewährte Gesellschafterdarlehen **keine** einem Gesellschafterdarlehen **gleichgestellte Forderung** darstellen, sofern sie nicht erst zu außerhalb jeder verkehrsüblichen Handhabung liegenden Zinsterminen gezahlt werden.

Im Fall der **Doppelinsolvenz** von Gesellschafter und Gesellschaft stellt die anfechtbare Hingabe des Gesellschafterdarlehens eine **Einrede gegen** den **Anfechtungsanspruch** aufgrund der Befriedigung des Anspruchs auf Rückgewähr dieses Darlehens dar.[1669] Zwar führen wechselseitige Anfechtungsansprüche im Grundsatz nur dazu, dass die jeweiligen Anfechtungsansprüche als Insolvenzforderungen zur Tabelle anzumelden sind.[1670] Anders ist dies jedoch, wenn die wechselseitigen Anfechtungsansprüche zwei rechtlich aufeinander bezogene Rechtshandlungen betreffen, von denen die eine in anfechtbarer Weise einen Vermögenswert verschafft und die andere diesen in anfechtbarer Weise wieder zurückführt.[1671]

503

2. Anfechtung der Befriedigung eines gesellschafterbesicherten Drittdarlehens (§ 135 Abs. 2 InsO)

a) Grundsätze

Gem. **§ 44a InsO** kann ein Gläubiger nach Maßgabe des § 39 Abs. 1 Nr. 5 InsO für eine Forderung auf Rückgewähr eines Darlehens oder für eine gleichgestellte Forderung, für die ein Gesellschafter eine Sicherheit bestellt oder für die er sich verbürgt hat, im Insolvenzverfahren über das Vermögen der Gesellschaft **nur anteilsmäßige Befriedigung** verlangen, **soweit** er bei der **Inanspruchnahme** der **Sicherheit** oder des **Bürgen ausgefallen** ist. **§ 135 Abs. 2 InsO ergänzt** diese Bestimmung für den Fall, dass die **Gesellschaft** ein solches gesellschafterbesichertes Drittdarlehen vor der Stellung des Insolvenzantrages oder danach **zurückgezahlt hat**. Die Vorschrift unterwirft die Zahlung innerhalb des **letzten Jahres** vor dem Eröffnungsantrag und danach der Anfechtung, weil dadurch der Gesellschafter von seiner Sicherheit frei wird; Gegenstand der Anfechtung ist somit die Befreiung des sichernden Gesell-

504

[1668] BGH, 27.6.2019 – IX ZR 167/18, BGHZ 222, 283 ff. Rn 43 ff.
[1669] BGH, 27.6.2019 – IX ZR 167/18, BGHZ 222, 283 ff. Rn 50 ff.
[1670] Vgl. BGH, 24.6.2003 – IX ZR 228/02, BGHZ 155, 199, 202 f.
[1671] BGH, 27.6.2019 – IX ZR 167/18, BGHZ 222, 283 ff. Rn 54 ff.

schafters, gegen den sich folglich die Anfechtung richtet.[1672] Führt die Gesellschaft einen von ihrem Gesellschafter besicherten Kontokorrentkredit zurück, indem der vorläufige Insolvenzverwalter Einziehungsaufträge oder Abbuchungsermächtigungen widerruft, kann die dadurch bedingte Befreiung von der Sicherung gegenüber dem Gesellschafter angefochten werden.[1673]

505 Bestellt der Gesellschafter zugunsten eines Dritten, welcher der Gesellschaft ein Darlehen gewährt hat, eine **Sicherung**, ist dies wirtschaftlich als ein der **Darlehensgewährung** durch einen Gesellschafter **entsprechender Vorgang** zu bewerten. Insoweit besteht die Gefahr, dass der Gesellschafter nach dem Zugriff des Dritten auf die jenem gewährte Sicherheit bei der Gesellschaft Regress sucht. Ein solcher Regress ist dem Gesellschafter verwehrt.[1674] Nach **§ 143 Abs. 3 Satz 1 und 2 InsO** hat der Gesellschafter, der die Sicherheit bestellt hatte oder als Bürge haftete, die seitens der Gesellschaft dem Dritten gewährte Leistung **bis zur Höhe** des Betrages, zu dem er **frei geworden** ist, zur **Insolvenzmasse zu erstatten**. Er kann stattdessen gemäß § 143 Abs. 3 Satz 3 InsO die freigewordenen Sicherheiten der Insolvenzmasse zur Verfügung stellen. Es handelt sich dabei um eine **Ersetzungsbefugnis**.[1675] Führt die Gesellschaft durch die Zahlung des Gesellschafters auf das debitorische Konto das besicherte Drittdarlehen nur teilweise zurück und kann der Gesellschafter weitehin aus der von ihm bestellten Sicherheit von der Bank in Anspruch genommen werden, darf die Summe aus dem Anfechtungsganspruch nach § 135 Abs. 2 InsO und der fortbestehenden Verpflichtung des Gesellschafters aus der Sicherheit den Höchstbetrag der eingegangenen Sicherheitsverpflichtungen des Gesellschafters nicht übersteigen.[1676]

506 Der Begriff der **Rückzahlung** ist **weit zu verstehen**. Er umfasst jede wirtschaftlich zu Lasten der Gesellschaft gehende Befriedigung des Kreditgebers und somit im Fall der **Doppelsicherung** im Grundsatz auch die Verwertung einer von der Gesellschaft gestellten Sicherheit, die neben der Gesellschaftersicherheit gewährt wurde.[1677] Der Erstattungsanspruch der Gesellschaft entfällt nach zutreffender Auffassung auch nicht im Fall eines **Verzichts des Kreditgebers** auf die Gesellschaftersicherheit, indem er etwa den Gesellschafter aus der von ihm übernommenen Bürgschaft entlässt.[1678] Ein solcher Verzicht hat nur im Verhältnis zwischen Gläubiger und Gesellschafter Wirkung und lässt den **Anspruch** der **Gesellschaft gegen**

1672 Vgl. K. Schmidt, BB 2008, 1966, 1969; Gottwald/Huber, Insolvenzrechts-Handbuch, § 50 Rn 35.
1673 BGH, 20.2.2014 – IX ZR 164/13, ZIP 2014, 584 ff. Rn 12 zur Rückführung eines gesellschafterbesicherten Kontokorrentkredits infolge des Widerrufs von Lastschriften; HK/Kleindiek, § 135 Rn 44.
1674 Vgl. BGH, 4.7.2013 – IX ZR 229/12, BGHZ 198, 77 ff. Rn 18; MüKo/Gehrlein, § 135 InsO Rn 36.
1675 Vgl. KPB/Preuß, § 135 InsO Rn 27.
1676 BGH, 4.7.2013 – IX ZR 229/12, BGHZ 198, 77 ff.
1677 BGH, 19.11.1984 – II ZR 84/84, NJW 1985, 858 f.; Graf-Schlicker/Huber, § 135 InsO Rn 28.
1678 Vgl. dazu Altmeppen, ZIP 2016, 2089 ff.

den **Gesellschafter** nach den §§ 135 Abs. 2, 143 Abs. 3 InsO **unberührt**.[1679] Nach anderer Auffassung soll eine Anfechtung nach § 135 Abs. 2 InsO ausscheiden, wenn der Dritte vor der Insolvenzeröffnung auf die Sicherheit des Gesellschafters verzichtet und danach die von der Gesellschaft gestellte Sicherheit verwertet hat. Anders als nach früherem Recht begründe ein solcher Verzicht auch keinen Erstattungsanspruch der Gesellschaft gegen den Gesellschafter, da darin kein einer Kapitalrückzahlung vergleichbarer Vorgang mehr zu sehen sei.[1680] Mit dieser Auffassung sind jedoch unverkennbar **Umgehungsgefahren** verbunden. Ausschlaggebend sollte vielmehr die Erwägung sein, dass der Gesellschafter auch nicht mit Hilfe des Dritten zu Lasten der künftigen Insolvenzmasse von dem von ihm durch die **Sicherheitengewährung übernommenen Risiko** befreit werden kann.

b) Freiwerden einer Gesellschaftersicherheit durch Ausgleich einer Darlehensrückgewähr durch den Gesellschafter

Auch wenn bei vordergründiger Betrachtung der **Gesellschafter selbst** (und nicht die Gesellschaft; vgl. § 135 Abs. 2 InsO) die **Rechtshandlung vorgenommen** hat, welche im Ergebnis zur Befreiung des Gesellschafters von der Gesellschaftersicherheit geführt hat, kann § 135 Abs. 2 InsO anwendbar sein. **Zahlt ein Gesellschafter** die ihm im letzten Jahr vor dem Eröffnungsantrag **auf ein Gesellschafterdarlehen zurückgezahlten Beträge** an die **Gesellschaft zurück**, entfällt die mit der Rückgewähr eingetretene objektive Gläubigerbenachteiligung; erfolgt die Rückzahlung auf ein im Soll geführtes Konto der Gesellschaft, für das der Gesellschafter eine Sicherheit bestellt hat, kann die Rückführung des Saldos gemäß § 135 Abs. 2 InsO anfechtbar sein.[1681] Durch die Einzahlung des Gesellschafters auf das debitorisch geführte Konto der Gesellschaft führt diese selbst im Sinne des § 135 Abs. 2 InsO ihre Kreditverbindlichkeit gegenüber der Bank zurück, weil in der Zahlung eine Leistung des Gesellschafters an die Gesellschaft und eine Leistung der Gesellschaft an die Bank zu sehen ist. Die Anfechtung scheitert daher nicht am Wortlaut des § 135 Abs. 2 InsO, wonach eine Rechtshandlung der Gesellschaft erforderlich ist.

[1679] OLG Stuttgart, 14.3.2012 – 14 U 28/11, ZIP 2012, 834 ff.; Baumbach/Hueck/Fastrich, GmbHG, 20. Aufl., Anh. § 30 Rn 97, 99; HK/Kleindiek, § 143 Rn 37; vgl. zum früheren Eigenkapitalersatzrecht auch BGH, 2.6.1997 – II ZR 211/95, ZIP 1997, 1648 ff. Rn 15.
[1680] Vgl. LG Kleve, 3.3.2015 – 4 O 35/13, ZIP 2015, 988 ff.; Uhlenbruck/Hirte, § 135 InsO Rn 18; MüKo/Gehrlein, § 135 InsO Rn 39; Priebe, EWiR 2015, 615 f.
[1681] Vgl. BGH, 4.7.2013 – IX ZR 229/12, BGHZ 198, 77 ff.

c) Doppelsicherung durch Gesellschaft und Gesellschafter

508 Es war zunächst streitig, ob auch nach der Neuregelung im Fall der **Doppelsicherung** durch den Gesellschafter und die Gesellschaft dem **Sicherungsnehmer** ein **Wahlrecht** zusteht, **welche Sicherheit** er in Anspruch nehmen will,[1682] **oder ob** er bzw. der Insolvenzverwalter über das Vermögen der Gesellschaft auch in diesem Fall gemäß **§ 44a InsO** vorrangig Befriedigung aus der Gesellschaftersicherheit zu suchen hat.[1683] Mit der **wohl** schon **herrschenden Auffassung** im **Schrifttum** war davon auszugehen, dass der **Gesetzgeber** am **Wahlrecht** des Sicherungsnehmers **nichts ändern wollte**.[1684] Da aber auch nach den Neuregelungen letztlich vorrangig der Gesellschafter haften soll, ist der von der Haftung frei gewordene Gesellschafter in **analoger Anwendung** des **§ 143 Abs. 3 InsO** auch dann zur Erstattung verpflichtet, wenn die Sicherheit erst nach der Eröffnung des Insolvenzverfahrens verwertet wurde.[1685] Es macht wertungsmäßig keinen Unterschied, ob der Gesellschafter schon im Vorfeld der Insolvenzeröffnung oder – wie im Regelfall – erst durch die Verwertung der Gesellschaftssicherheit im Insolvenzverfahren frei geworden ist.

509 **In diesem Sinne** hat der **BGH** durch Urt. v. 1.12.2011[1686] entschieden. Wird die am Gesellschaftsvermögen und am Vermögen eines Gesellschafters gesicherte Forderung eines Darlehensgläubigers nach der Eröffnung des Insolvenzverfahrens über das Vermögen der Gesellschaft durch Verwertung der Gesellschaftssicherheit befriedigt, ist der Gesellschafter in analoger Anwendung des § 143 Abs. 3 Satz 1 InsO zur Erstattung des an den Gläubiger ausgekehrten Betrages zur Insolvenzmasse verpflichtet.

3. Nutzungsüberlassung (§ 135 Abs. 3 InsO)

a) Allgemeines

510 § 135 Abs. 3 InsO wurde erst auf Empfehlung des Rechtsausschusses in das Gesetz eingefügt.[1687] Die Bestimmung stellt nach der zutreffenden herrschenden Meinung

---

1682 So zum alten Recht BGH, 9.12.1991 – II ZR 43/91, NJW 1992, 1166; BGH, 2.4.1990 – II ZR 149/89, NJW 1990, 2260 f.
1683 Vgl. dazu OLG Hamm, 29.12.2010 – 8 U 85/10, ZIP 2011, 343 ff. – **a.A.** OLG Hamm, 7.4.2011 – 27 U 94/10, ZIP 2011, 1226 ff.
1684 Vgl. Altmeppen, ZIP 2011, 741 ff.; Uhlenbruck/Hirte, § 44a Rn 7; KPB/Preuß, § 44a Rn 13; Graf-Schlicker/Neußner, § 44a InsO Rn 10; Spliedt, ZIP 2009, 149, 154/155; zum Aktienrecht Drygala in Kölner Kommentar zum Aktienrecht, § 57 Rn 186 – **a.A.** OLG Hamm, 29.12.2010 – 8 U 85/10, ZIP 2011, 343 ff.; Gundlach/Frenzel/Strandmann, DZWIR 2010, 232 ff.; wohl auch K. Schmidt, BB 2008, 1966, 1970.
1685 Ebenso Drygala in Kölner Kommentar zum Aktienrecht, § 57 Rn 187; Spliedt ZIP 2009, 149, 154/155; Graf-Schlicker/Neußner, § 44a InsO Rn 10.
1686 BGH, 1.12.2011 – IX ZR 11/11, ZIP 2011, 2417 ff.
1687 BT-Drucks. 16/9737, S. 59; vgl. dazu B. Schäfer, NZI 2010, 505 ff.

der Sache nach **keinen Anfechtungstatbestand** dar, sondern ist sowohl systematisch als auch inhaltlich den **§§ 103 ff. InsO zuzuordnen.**[1688] Der Anspruch auf **Aussonderung** eines vom Gesellschafter zum Gebrauch oder zur Ausübung überlassenen Gegenstandes kann danach während der Dauer des Insolvenzverfahrens über das Vermögen der Gesellschaft, **höchstens** aber für **ein Jahr** ab der Eröffnung des Insolvenzverfahrens, **nicht geltend gemacht werden**, wenn der Gegenstand für die Fortführung des schuldnerischen Unternehmens **von erheblicher Bedeutung** ist. Für die Nutzungsüberlassung ist dem Gesellschafter gemäß **§ 135 Abs. 3 Satz 2 InsO** ein **Ausgleich** zu gewähren.

In der **Gesetzesbegründung** ist ausdrücklich festgehalten, dass die Begründung für die Einbeziehung der Nutzungsüberlassung in die Eigenkapitalersatzregeln in den Neuregelungen keine Grundlage mehr finde, da diese nach ihrer Systematik durchgängig **nicht mehr** an einen **eigenkapitalersetzenden Charakter** der Leistung **anknüpften.**[1689] Es ist daher davon auszugehen, dass sowohl die Nutzungsüberlassung selbst als auch die laufende (pünktliche) Zahlung des Nutzungsentgelts (i.d.R. ohnehin Bargeschäft gemäß § 142 InsO) nicht mehr von den Neuregelungen erfasst werden.[1690] Auch hinsichtlich der laufenden Zahlung des Nutzungsentgelts kommt indes eine Anfechtung nach § 133 Abs. 1 InsO gegenüber dem häufig über die finanziellen Verhältnisse der Gesellschaft informierten Gesellschafter in Betracht, wenn andere Gläubiger nicht mehr pünktlich bedient wurden.[1691]

b) Rechtsprechung des BGH

Der **BGH** hat inzwischen durch ein **Grundsatzurteil** vom 29.1.2015[1692] bestätigt, dass nach dem Wegfall des Eigenkapitalersatzrechts **kein Anspruch** des Insolvenzverwalters (mehr) auf **unentgeltliche Nutzung** von Betriebsanlagen besteht, die der Gesellschafter seiner Gesellschaft vermietet hat. Auch die Zahlung des vertraglich vereinbarten **Nutzungsentgelts** kann gemäß § 135 Abs. 1 Nr. 2 InsO nicht als Befriedigung einer Forderung auf Rückgewähr eines Darlehens, sondern **nur als Befriedigung** einer einem **Darlehen gleichgestellten Forderung** angefochten werden.[1693]

1688 Vgl. Habersack in Goette/Habersack, Das MoMiG in Wissenschaft und Praxis, Rn 5.40; K. Schmidt, DB 2008, 1727, 1732; Altmeppen NJW 2008, 3601, 3607; HambKomm/Schröder, § 135 InsO Rn 53.
1689 Vgl. Begr. zum RegE, BT-Drucks. 16/6140, S. 56.
1690 Vgl. Goette/Kleindiek, Gesellschafterfinanzierung nach MoMiG; Rn 213; Gehrlein, BB 2011, 3, 5; HambKomm/Schröder, § 135 Rn 54 – **a.A.** Marotzke, ZInsO 2008, 1281, 1284 ff. u. JZ 2010, 592, 596 ff.; Hölzle, ZIP 2009, 1939, 1944 ff.
1691 Vgl. Dahl/Schmitz, NZG 2009, 325, 330.
1692 BGH, 29.1.2015 – IX ZR 279/13.
1693 BGH, 29.1.2015 – IX ZR 279/13 Rn 65.

Dabei kann allein in der (vertraglichen) Bestimmung des Fälligkeitszeitpunkts der Miete auf den jeweils 15. Werktag des Monats keine Stundung erblickt werden. Werden die Mietzahlungen zudem bargeschäftsähnlich (binnen eines Zeitraums von 30 Tagen) abgewickelt, scheidet eine rechtliche oder rein faktische Stundung, die zur Umqualifizierung als Darlehen führt, aus.[1694]

513   Es war ferner streitig, ob der Insolvenzverwalter das vertragliche Nutzungsverhältnis beenden muss, um sich auf § 135 Abs. 3 InsO berufen zu können, da bei einem unbeendeten Nutzungsverhältnis kein Aussonderungsrecht besteht.[1695] Auch diese Frage hat der **BGH** durch Urt. v. 29.1.2015[1696] entschieden. Danach **scheidet eine Aussonderungssperre aus, wenn** der **Überlassungsvertrag fortwirkt** und der Gesellschafter gegenüber dem Insolvenzverwalter keine Aussonderung verlangen kann. Die Ermäßigung des Entgeltanspruchs gemäß § 135 Abs. 3 Satz 2 InsO setzt voraus, dass das vertragliche Besitzrecht der Gesellschaft beendet ist.[1697]

c) Ausgleichsanspruch nach § 135 Abs. 3 Satz 2 InsO

514 Nach § 135 Abs. 3 Satz 2 InsO steht dem Gesellschafter für die weitere Nutzungsüberlassung ein **Ausgleichsanspruch als Masseverbindlichkeit** gemäß § 55 Abs. 1 Nr. 1 InsO zu, der sich im Grundsatz nach dem Durchschnitt der im letzten Jahr vor der Verfahrenseröffnung geleisteten Vergütung bemisst. Da im Eröffnungsverfahren häufig keine Zahlungen durch den vorläufigen Insolvenzverwalter mehr erfolgen, hat dies eine Minderung des Ausgleichsanspruchs zur Folge. Es erschien jedoch als zweifelhaft, ob es aus diesem Grund möglich sei, nicht auf die Insolvenzeröffnung, sondern auf die Insolvenzantragstellung abzustellen.[1698] Der **BGH** ist in seinem Urt. v. 29.1.2015[1699] von einem **Redaktionsversehen** ausgegangen und hat entschieden, dass **abweichend vom Wortlaut** des § 135 Abs. 3 Satz 2 InsO nicht der Zeitpunkt der Verfahrenseröffnung, sondern entsprechend den allgemeinen anfechtungsrechtlichen Grundsätzen der Zeitpunkt der **Antragstellung als Stichtag** der Jahresfrist für die Berechnung des Ausgleichsanspruchs **heranzuziehen** ist. Das zu entrichtende Nutzungsentgelt bemisst sich nach dem Durchschnitt des im letzten Jahr vor der Stellung des Insolvenzantrages anfechtungsfrei tatsächlich Geleisteten.[1700]

1694 Vgl. BGH, 29.1.2015 – IX ZR 279/13 Rn 70, 72; BGH, 10.7.2014 – IX ZR 192/13, BGHZ 102, 59 ff. Rn 50 f.
1695 Dafür K. Schmidt, DB 2008, 1727, 1732; HK/Kleindiek, § 135 InsO Rn 25; Gehrlein, BB 2011, 3, 10/11 – **a.A.** Dahl/Schmitz, NZG 2009, 325, 329; Spliedt, ZIP 2009, 149, 158; Bitter, ZIP 2010, 1, 13.
1696 BGH, 29.1.2015 – IX ZR 279/13, ZIP 2015, 589.
1697 Vgl. BGH, 29.1.2015 – IX ZR 279/13, BGHZ 204, 83 ff. Rn 63.
1698 So Dahl/Schmitz, NZG 2009, 325, 330; Uhlenbruck/Hirte, § 135 InsO Rn 23; MüKo/Gehrlein, § 135 InsO Rn 49 – **a.A.** HK/Kleindiek, § 135 InsO Rn 58; Bitter, ZIP 2010, 1, 12.
1699 BGH, 29.1.2015 – IX ZR 279/13, BGHZ 204, 83 ff. Rn 56.
1700 Vgl. BGH, 29.1.2015 – IX ZR 279/13, BGHZ 204, 83 ff., 2. Leitsatz.

Wird während der Gesellschaftsinsolvenz auch noch das Insolvenzverfahren 515 über das Vermögen des Gesellschafters eröffnet (sog. „Doppelinsolvenz"), so gilt die Aussonderungssperre zugunsten des ersten Insolvenzverfahrens fort. Sie **hindert** jedoch **nicht** den **Zugriff** von **Gläubigern des Gesellschafters**, da die haftungsrechtliche Zuordnung des Gegenstandes von § 135 Abs. 3 InsO nicht berührt wird. Die Aussonderungssperre gilt daher ab der Beschlagnahme auch nicht für den die Zwangsversteigerung oder die Zwangsverwaltung betreibenden Grundpfandrechtsgläubiger.[1701]

d) Konkurrenzen

Da § 135 Abs. 3 InsO der Sache nach keinen Anfechtungstatbestand darstellt, kann 516 er auch nicht in **Konkurrenz** zu den übrigen Anfechtungstatbeständen treten. Er ist vielmehr gesetzessystematisch dem Bereich der §§ 103 ff. InsO zuzuordnen, sodass an die Rechtsprechung des BGH zu § 114 Abs. 3 InsO (inzwischen aufgehoben) zu erinnern ist, wonach diese Regelung die Anwendung der Anfechtungsbestimmungen nicht ausschließt.[1702] Es ist daher im Grundsatz von der Anwendbarkeit der übrigen Anfechtungstatbestände neben § 135 Abs. 3 InsO auszugehen.[1703] Für **stehengelassene Entgeltforderungen** für die Nutzungsüberlassung und deren Befriedigung vor der Insolvenzeröffnung gelten die §§ 39 Abs. 1 Nr. 5, 135 Abs. 1 Nr. 2 InsO.[1704]

e) Rechtslage vor Insolvenzeröffnung

Da § 135 Abs. 3 InsO nur eine Regelung für das Insolvenzverfahren vorsieht, stellt 517 sich die **Frage, ob** der **Aussonderungsanspruch** des Gesellschafters im **Vorfeld der Insolvenzeröffnung keinerlei Beschränkungen unterliegt.**[1705] Dies kann von Bedeutung sein, wenn das Nutzungsverhältnis vor der Eröffnung des Insolvenzverfahrens einvernehmlich beendet oder vom Gesellschafter gekündigt wurde. Insoweit wird **zum Teil** eine **Anfechtbarkeit** nach den **(sonstigen) Anfechtungsbestimmungen befürwortet**.[1706] Der Gesellschafter ist zwar hinsichtlich des auf sein Eigen-

---

[1701] Gottwald/Huber, Insolvenzrechts-Handbuch, 4. Aufl., § 50 Rn 44, 47; vgl. zum alten Recht BGH, 2.2.2006 – II ZR 67/02, BGHZ 166, 125 ff. Rn 17.
[1702] BGH, 26.6.2008 – IX ZR 87/07, ZIP 2008, 1488 ff.
[1703] Vgl. B. Schäfer, NZI 2010, 505 ff.; K. Schmidt, DB 2008, 1727, 1734 f.; HambKomm/Schröder, § 135 InsO Rn 55.
[1704] Dahl/Schmitz, NZG 2009, 325, 329; HambKomm/Schröder, § 135 InsO Rn 22.
[1705] Vgl. dazu K. Schmidt, DB 2008, 1727, 1734; Spliedt, ZIP 2009, 149, 159; Habersack in Goette/Habersack, Das MoMiG in Wissenschaft und Praxis, Rn 5.43; Rühle, ZIP 2009, 1358, 1359 f.
[1706] Uhlenbruck/Hirte, § 135 InsO Rn 23; HambKomm/Schröder, § 135 InsO Rn 55; HK/Kleindiek, § 135 InsO Rn 52; Gruschinske, GmbHR 2010, 179, 183.

tum gestützten Herausgabeanspruchs kein Insolvenzgläubiger im Sinne der Tatbestände der Deckungsanfechtung. Gleichwohl ist insoweit zu beachten, dass der Besitz an dem überlassenen Gegenstand für die Gesellschaftsgläubiger im Hinblick auf die Regelung des § 135 Abs. 3 InsO einen selbstständigen, im Kern geschützten Vermögenswert verkörpert.[1707] Vor dem Hintergrund der dem Geschäftsführer der Gesellschaft kraft Gesetzes zugewiesenen Sicherungsfunktion im Hinblick auf die künftige Insolvenzmasse (vgl. § 64 GmbHG) **sollte** darüber hinaus **erwogen werden**, ihm ein auf den Einwand der Anfechtbarkeit gestütztes **Leistungsverweigerungsrecht** zu gewähren. Der Gesellschafter verstieße zudem gegen die ihm gegenüber der Gesellschaft obliegende **Treuepflicht**, wenn er in einer solchen Situation auf der Herausgabe des überlassenen Gegenstandes bestünde.[1708]

4. Darlegungs- und Beweislast

518 Der **Insolvenzverwalter** hat i.R.d. § 135 Abs. 1 InsO nach allgemeinen Grundsätzen das Vorliegen eines **Gesellschafterdarlehens** oder einer (wirtschaftlich) **gleichgestellten Forderung** sowie die hierauf in den kritischen Zeiträumen gewährte **Sicherung** bzw. **Befriedigung** darzulegen und ggf. zu beweisen. Bei § 135 Abs. 2 InsO obliegt ihm der Nachweis der Befriedigung eines Drittdarlehens, für das der Gesellschafter Sicherheit geleistet hatte. Hinzu kommt der Nachweis der bei allen Anfechtungstatbeständen erforderlichen **Gläubigerbenachteiligung** (vgl. § 129 Abs. 1 InsO). Der **Anfechtungsgegner** trägt dagegen die Beweislast hinsichtlich der Voraussetzungen des **Sanierungs-** bzw. **Kleinbeteiligungsprivilegs** gem. § 135 Abs. 4 InsO.

I. § 136 InsO – Stille Gesellschaft

I. Gesetzessystematik und Gesetzeszweck

519 § 136 InsO wurde durch das **„MoMiG" nicht geändert**. Nach Abs. 1 dieser Bestimmung ist die Rückgewähr der Einlage eines stillen Gesellschafters oder der Erlass seines Anteils am entstandenen Verlust anfechtbar, wenn die zugrunde liegende **Vereinbarung** im **letzten Jahr** vor dem Antrag auf Eröffnung des Insolvenzverfahrens über das Vermögen des Inhabers des Handelsgeschäfts oder danach getroffen wurde. Die **besonderen gesellschaftsrechtlichen Beziehungen** zwischen dem Letzteren und dem stillen Gesellschafter **rechtfertigen** es nach Ansicht des Gesetz-

---

1707 Vgl. B. Schäfer, NZI 2010, 505, 507.
1708 Vgl. dazu B. Schäfer, NZI 2010, 505, 507/508; HambKomm/Schröder, § 135 InsO Rn 55.

gebers, die Anfechtung von **rein objektiven Voraussetzungen** abhängig zu machen.[1709]

§ 136 InsO stellt einen **besonderen Fall** einer **inkongruenten Deckung** dar, da er – wie sich aus § 136 Abs. 2 InsO ergibt – auf eine zwischen dem Geschäftsinhaber und dem stillen Gesellschafter im Zustand der materiellen Insolvenz getroffene besondere Vereinbarung abstellt.[1710] Nach **Abs. 2** der Bestimmung ist die Anfechtung ausgeschlossen, wenn ein Eröffnungsgrund erst nach der Vereinbarung zwischen dem Geschäftsherrn und dem Stillen eingetreten ist. Diese vom Anfechtungsgegner nachzuweisende **Ausnahmeregelung** zeigt, dass § 136 InsO die **Gleichbehandlung** der **Gläubiger** in der materiellen Insolvenz des Schuldners **sichern soll**.[1711]

§ 136 InsO kann **uneingeschränkt** mit den anderen Anfechtungstatbeständen **konkurrieren**. In der Gesetzesbegründung wird ausdrücklich darauf hingewiesen, dass die Anfechtbarkeit als unmittelbar nachteiliges Rechtsgeschäft (§ 132 InsO) oder als unentgeltliche Leistung (§ 134 InsO) unberührt bleibe, da allgemein alle Anfechtungstatbestände miteinander konkurrierten.[1712] In Betracht kommt insbesondere **§ 133 Abs. 1 InsO**, dessen Voraussetzungen aufgrund der **besonderen gesellschaftsrechtlichen Beziehungen** zwischen dem stillen Gesellschafter und dem Geschäftsinhaber nicht selten gegeben sein dürften. Eine Anfechtung nach § 136 InsO wird nicht dadurch ausgeschlossen, dass die stille Einlage kraft Finanzplanabrede dem Risikokapital zuzuschlagen ist.[1713] Ein stiller Gesellschafter haftet als Kapitalanleger ungeachtet des § 136 Abs. 2 InsO für die in den letzten vier Jahren vor dem Eröffnungsantrag ausgeschütteten Scheingewinne.[1714]

II. Allgemeines

Die Einlage des stillen Gesellschafters stellt nach dem Gesetz **im Grundsatz Fremdkapital** dar.[1715] Der Stille kann daher seinen Einlagenrückgewähranspruch im Insolvenzverfahren über das Vermögen des Geschäftsinhabers **grundsätzlich** gemäß **§ 236 HGB** als (gleichrangiger) Insolvenzgläubiger – freilich unter Berücksichtigung der auf ihn entfallenden Verlustanteile – **geltend machen**. Die Einlage kann jedoch beim Vorliegen einer **atypischen stillen Gesellschaft** als haftendes Risiko-

---

1709 Begr. zum RegE, BT-Drucks. 12/2443, S. 161.
1710 Jaeger/Henckel, § 136 InsO Rn 13; MüKo/Gehrlein, § 136 InsO Rn 9.
1711 MüKo/Gehrlein, § 136 InsO Rn 1; KPB/Preuß, § 136 InsO Rn 2.
1712 Vgl. Begr. zum RegE, BT-Drucks. 12/2443, S. 161.
1713 MüKo/K. Schmidt, § 236 HGB Rn 36.
1714 Vgl. Mylich, ZIP 2011, 2182, 2185f.; Graf-Schlicker/Huber, § 136 InsO Rn 9.
1715 KPB/Preuß, § 136 InsO Rn 3; HambKomm/Schröder, § 136 InsO Rn 3; vgl. ferner K. Schmidt, Gesellschaftsrecht, § 62 V. 2. a) S. 1862: „qualifizierter Kredit auf gesellschaftsrechtlicher Grundlage".

kapital im Sinne der §§ 39 Abs. 1 Nr. 5, 135 InsO mit der Folge anzusehen sein, dass der Rückgewähranspruch des stillen Gesellschafters in der Insolvenz des Geschäftsinhabers nur nachrangig berücksichtigt wird und eine vor der Insolvenzeröffnung erfolgte Rückzahlung der Anfechtung nach § 135 InsO unterliegt.[1716] Bei einer stillen Beteiligung mit **Finanzplanabrede** kommt eine Forderungsanmeldung nach § 236 HGB nicht in Betracht.[1717] Auch der BGH hat dem atypischen stillen Gesellschafter, dessen Rechtsposition jener eines Kommanditisten im Innenverhältnis weitgehend angenähert ist, im Ergebnis die auf § 236 HGB gestützte Forderungsanmeldung versagt.[1718]

523   Nach herrschender Meinung kommt eine **analoge Anwendung** des § 136 InsO auf **Unterbeteiligungen** und **sonstige längerfristige Fremdfinanzierungen nicht in Betracht**.[1719] Denn auch das neue Recht knüpft – ungeachtet der Frage, ob ihm der Gedanke der Finanzierungsfolgenverantwortung zugrunde liegt – weiterhin an die „Doppelrolle" als Gesellschafter und Kreditgeber an.[1720]

524   § 136 Abs. 1 InsO **setzt nicht voraus**, dass die **stille Gesellschaft** zum Zeitpunkt der **Insolvenzeröffnung noch bestanden** hat, wie die Regelung in Satz 2 zeigt.[1721] Er ist auch beim Vorliegen einer **fehlerhaften Gesellschaft** anwendbar, wenn die Einlagenrückgewähr nicht allein aufgrund der Fehlerhaftigkeit der stillen Gesellschaft erfolgt.[1722] § 136 InsO findet dagegen keine Anwendung, wenn das Gesellschaftsverhältnis im Zusammenhang mit der Einlagenrückgewähr oder dem Erlass des Verlustanteils aufgrund der Fehlerhaftigkeit der Gesellschaft aufgelöst wird, denn in diesem Fall fehlt es an der vorausgesetzten Inkongruenz der Leistung.[1723]

525   Trotz der erleichterten Anfechtungsvoraussetzungen spielt § 136 InsO in der **Praxis kaum eine Rolle**. Dies soll auch an den dem Gesellschafter zur Verfügung stehenden Kündigungsmöglichkeiten wegen wichtigen Grundes liegen, die eine Vereinbarung im Sinne des § 136 Abs. 1 InsO entbehrlich machten.[1724] Der Anfechtung nach § 136 InsO entzogen ist jede Rückgewähr der Einlage und jeder Erlass der Verlustbeteiligung, deren Rechtsgrundlage schon vor der kritischen Zeit des § 136 InsO bestanden hat.[1725] Der Insolvenzverwalter kann allerdings die **Einlagenrück-**

1716 Vgl. MüKo/K. Schmidt, § 236 HGB Rn 28.
1717 K. Schmidt, § 136 InsO Rn 5.
1718 BGH, 28.6.2012 – IX ZR 191/11, BGHZ 193, 378 ff.
1719 Jaeger/Henckel, § 136 InsO Rn 20; MüKo/Gehrlein, § 136 InsO Rn 7 f.; HK/Kreft, § 136 InsO Rn 2 – **a.A.** Uhlenbruck/Hirte, § 136 InsO Rn 5; Krolop, ZIP 2007, 1738, 1741 ff.; differenzierend K. Schmidt, § 136 InsO Rn 23.
1720 Vgl. HK/Kleindiek, § 39 Rn 44.
1721 MüKo/K. Schmidt, Anh. zu § 236 HGB Rn 9.
1722 Vgl. OLG Hamm, 2.3.1999 – 27 U 237/98, ZIP 1999, 1530 ff.; MüKo/Gehrlein, § 136 InsO Rn 5.
1723 MüKo-HGB/K. Schmidt, Anh. § 236 HGB Rn 9; MüKo/Gehrlein, § 136 InsO Rn 5.
1724 Vgl. MüKo/Gehrlein, § 136 InsO Rn 12.
1725 Jaeger/Henckel, § 136 InsO Rn 14.

gewähr anfechten, wenn der **wichtige Grund** zur **Kündigung** (insbes. Vermögensverfall des Geschäftsinhabers) durch den stillen Gesellschafter **erst in der kritischen Zeit eingetreten** ist.[1726] Nach dem Gesetzeszweck des § 136 InsO dürfte jedoch im Vermögensverfall des Geschäftsinhabers schon kein wichtiger Grund zur Kündigung der stillen Gesellschaft zu sehen sein.[1727]

III. Einzelheiten

1. Anfechtbare Rechtshandlung

Die anfechtbare Rechtshandlung muss auf einer **besonderen Vereinbarung** zwischen dem Geschäftsinhaber und dem Stillen beruhen. Daran **fehlt es, wenn** die Rückgewähr der Einlage **aufgrund des Gesellschaftsvertrages** erfolgt, auch wenn dieser erst im letzten Jahr vor der Stellung des Insolvenzantrages abgeschlossen wurde.[1728] Nicht nach § 136 InsO anfechtbar sind Rechtshandlungen, auf die der Gesellschafter einen **gesetzlichen** oder **vertraglichen Anspruch** hat. Ein Anfechtungsrecht besteht daher nicht, wenn die Einlage aufgrund einer Regelung im Gesellschaftsvertrag oder einer wirksam ausgesprochenen Kündigung ohnehin zurückgezahlt werden müsste.[1729] War dem stillen Gesellschafter schon im Gesellschaftsvertrag ein Recht zur Kündigung eingeräumt, kann die Rückgewähr der Einlage nach § 136 InsO selbst dann nicht angefochten werden, wenn die Kündigung in kritischer Zeit erfolgte.[1730] Die Anfechtung ist auch dann ausgeschlossen, wenn es nach der Kündigung zu einer Auflösungsvereinbarung kommt, die nur das konkretisiert, was der stille Gesellschafter auch ohne sie aufgrund des ursprünglichen Vertrages beanspruchen konnte. Wird die Einlagenrückgewähr durch Zwangsvollstreckung durchgesetzt, greift § 136 InsO ein, wenn der Titel auf einer besonderen Vereinbarung beruht.[1731]

Als **Einlagenrückgewähr** sind alle Rechtshandlungen anzusehen, die dem Stillen eine Deckung für die von ihm erbrachte Einlage gewähren, z.B. durch Rückzahlung an ihn oder an einen Dritten, aber auch durch Einräumung eines zur Aus- bzw. Absonderung berechtigenden Sicherungsrechts oder durch Aufrechnung.[1732] Es stellt hingegen **keine Einlagenrückgewähr** dar, wenn eine **noch nicht geleistete Einla-**

[1726] Jaeger/Henckel, § 136 InsO Rn 14; vgl. dazu noch OLG Hamm, 2.3.1999 – 27 U 237/98, ZIP 1999, 1530 ff.
[1727] MüKo/Gehrlein, § 136 InsO Rn 12.
[1728] Uhlenbruck/Hirte, § 136 InsO Rn 8; MüKo/Stodolkowitz/Bergmann, § 136 InsO Rn 9.
[1729] Vgl. BGH, 27.11.2000 – II ZR 218/00, NJW 2001, 1270, 1272; HK/Kreft, § 136 InsO Rn 7.
[1730] BGH, 22.9.2015 – II ZR 310/14, ZIP 2016, 266, 268.
[1731] Gehrlein, WM 2009, Sonderbeilage 1, S. 52.
[1732] Vgl. HK/Kreft, § 136 InsO Rn 9.

ge erlassen wird.¹⁷³³ Auch die Umwandlung einer Einlage in ein Darlehen ist noch keine Rückgewähr.¹⁷³⁴ Soll durch die Umwandlung der Einlage in ein Darlehen auch ein bereits durch Verluste verbrauchter Teil der Einlage zu einem Darlehensanspruch erstarken, liegt darin ein Erlass des Verlustanteils, der als solcher anfechtbar ist.¹⁷³⁵

528 Nach dem klaren Wortlaut des § 136 Abs. 1 InsO ist **nur** der **Erlass bereits entstandener Verlustanteile** erfasst. Die Aufhebung der Beteiligung an künftigen Verlusten ist somit nicht nach § 136 InsO, sondern allenfalls nach anderen Bestimmungen anfechtbar.¹⁷³⁶ Lässt sich nicht mit vertretbarem Aufwand feststellen, wie sich der Verlust bis zu der besonderen Vereinbarung entwickelt hat, dürfte es genügen, dass der Insolvenzverwalter eine zeitanteilige Aufteilung auf der Grundlage des nächsten Jahresabschlusses vornimmt.¹⁷³⁷

2. Rechtsfolgen

529 Die **Einlagenrückgewähr** unterliegt **in vollem Umfang** der Anfechtung und nicht etwa nur in dem Umfang, in dem die Einlage zur Deckung des auf den stillen Gesellschafter entfallenden Verlustanteils benötigt wird.¹⁷³⁸ Hat der stille Gesellschafter die empfangene Leistung aufgrund der Anfechtung zurückgewährt, kann er seinen Einlagerückgewähranspruch im Grundsatz gemäß **§ 236 Abs. 1 HGB** zur Tabelle anmelden. Ist allerdings eine atypische stille Gesellschaft gegeben, bei der die Einlage Risikokapitalcharakter hat, kann diese nicht nach § 236 Abs. 1 HGB zurückgefordert werden.¹⁷³⁹

3. Anfechtungszeitraum

530 Eine Anfechtung ist nur möglich, wenn die Vereinbarung im **letzten Jahr vor** dem **Eröffnungsantrag** oder danach abgeschlossen wurde. Anders als bei den übrigen Anfechtungstatbeständen kommt es somit nicht darauf an, wann die angefochtene Rechtshandlung vorgenommen wurde; maßgebend ist vielmehr der Abschluss der ihr zugrundeliegenden Vereinbarung.¹⁷⁴⁰

1733 Uhlenbruck/Hirte, § 136 InsO Rn 6.
1734 FK/Dauernheim, § 136 InsO Rn 10; MüKo/K. Schmidt, Anh. § 236 HGB Rn 12.
1735 Vgl. MüKo/Gehrlein, § 136 Rn 17, 21.
1736 HK/Kreft, § 136 Rn 10; MüKo/Gehrlein, § 136 InsO Rn 21.
1737 MüKo/Gehrlein, § 136 InsO Rn 21; HambKomm/Schröder, § 136 InsO Rn 11.
1738 MüKo/K. Schmidt, Anh. § 236 HGB Rn 12; FK/Dauernheim, § 136 InsO Rn 19; vgl. dazu ferner K. Schmidt, KTS 1977, 65, 71.
1739 Vgl. BGH, 28.6.2012 – IX ZR 191/11, BGHZ 193, 378 ff.; Uhlenbruck/Hirte, § 136 InsO Rn 4.
1740 Jaeger/Henckel, § 136 InsO Rn 15; KPB/Preuß, § 136 InsO Rn 16.

4. Anfechtungsausschluss – § 136 Abs. 2 InsO

Die Anfechtung ist gemäß § 136 Abs. 2 InsO ausgeschlossen, wenn der **Eröffnungsgrund erst nach** dem **Zustandekommen** der **Vereinbarung** zwischen dem Geschäftsinhaber und dem stillen Gesellschafter eingetreten ist. Die materielle Insolvenz wird nach § 136 Abs. 2 InsO vermutet, so dass dem stillen Gesellschafter die Darlegungs- und Beweislast hinsichtlich des Nichtvorliegens eines Insolvenzgrundes beim Abschluss der Vereinbarung obliegt.[1741] In der Gesetzesbegründung wird klargestellt, dass auch die drohende Zahlungsunfähigkeit (vgl. § 18 InsO) als Eröffnungsgrund im Sinne des § 136 Abs. 2 InsO anzusehen ist.[1742]

531

J. §§ 143 ff. InsO – Rechtsnatur, Rechtsfolgen und Geltendmachung der Anfechtung

I. Rechtsnatur des Anfechtungsrechts

1. Theorienstreit

Das Recht zur Insolvenzanfechtung ist **kein Gestaltungsrecht**. Es wird vielmehr unmittelbar als Folge der Verwirklichung eines Anfechtungstatbestandes begründet und entsteht kraft Gesetzes mit der Eröffnung des Insolvenzverfahrens mit der Folge einer Rückgewährpflicht des Anfechtungsgegners.[1743] Die Rechtsnatur des Anfechtungsrechts ist i.Ü. aber bis heute umstritten. Zu dieser Frage werden im Wesentlichen die „**dingliche**", die „**haftungsrechtliche**" und die „**schuldrechtliche**" **Theorie** vertreten.[1744] In der **Gesetzesbegründung** zu § 129 InsO findet sich dazu lediglich der Hinweis, es habe sich schon unter der Geltung der KO die Auffassung durchgesetzt, dass die Anfechtbarkeit nicht als relative Unwirksamkeit aufzufassen sei, sondern im **Regelfall** einen **obligatorischen Rückgewähranspruch** begründe.[1745] Einer **weitergehenden Stellungnahme** zum Streit um die dogmatische Einordnung der Anfechtung hat sich der **Gesetzgeber** ausdrücklich **enthalten**.[1746] Es besteht weitgehende Einigkeit, dass die sich stellenden Sachfragen nicht auf der Grundlage einer zwangsläufig vergröbernden Theorie, sondern stets anhand der

532

1741 Vgl. MüKo/K. Schmidt, Anh. § 236 HGB Rn 25.
1742 Begr. zum RegE, BT-Drucks. 12/2443, S. 161.
1743 Vgl. Kummer, jurisPR-BGHZivilR 12/2010 Anm. 3.
1744 Vgl. dazu Jaeger/Henckel, § 129 InsO Rn 3 ff.; MüKo/Kirchhof, vor §§ 129 bis 147 InsO Rn 11 ff.; Uhlenbruck/Ede/Hirte, § 143 InsO Rn 1 ff.
1745 Begr. zum RegE, BT-Drucks. 12/2443, S. 157; ebenso BGH, 17.2.2011 – IX ZR 91/10, ZIP 2011, 1114 ff.
1746 Begr. zum RegE, BT-Drucks. 12/2443, S. 157.

einschlägigen gesetzlichen Wertungen zu lösen sind.[1747] Gleichwohl muss man sich der unterschiedlichen rechtlichen Ansätze bewusst sein, etwa wenn es um bestimmte prozessrechtliche Problemstellungen geht.[1748]

533 Der **BGH** hat durch Urt. v. 23.10.2003[1749] entschieden, dass der Anfechtungsanspruch in der Insolvenz des Anfechtungsgegners im Allgemeinen ein **Aussonderungsrecht** gewährt. Damit hat sich der BGH der Sache nach zu Recht unter Abkehr von seiner früheren Rechtsprechung[1750] der haftungsrechtlichen Theorie angeschlossen. Nach **§ 47 Satz 1 InsO** kann auch ein „persönliches Recht" ein Aussonderungsrecht vermitteln.[1751] In **§ 7 Abs. 1 AnfG a.F.** war nicht ohne Grund noch davon die Rede, dass der aus dem Vermögen des Schuldners weggegebene Gegenstand „als noch zu demselben gehörig" vom Empfänger zurückzugewähren sei. Dies ändert allerdings nichts daran, dass der Rückgewähranspruch nach § 143 Abs. 1 Satz 1 InsO als **schuldrechtlicher Verschaffungsanspruch** anzusehen ist.[1752]

2. Praktische Relevanz

534 Wenngleich die Bedeutung des Theorienstreits – wie allgemein – nicht überschätzt werden darf, ist er dennoch **nicht nur rein akademischer Natur.**[1753] Erwähnt wurde bereits die zur **Aussonderung** berechtigende Wirkung in der Insolvenz des Anfechtungsgegners.[1754] Nach der schuldrechtlichen Theorie müsste der Insolvenzverwalter zum Zwecke der Verwertung des anfechtbar weggegebenen Gegenstandes zunächst einen Herausgabetitel erwirken. Es entspricht indes der herrschenden Auffassung, dass er den Anfechtungsgegner auf **Duldung** der **Zwangsvollstreckung** in Anspruch nehmen kann.[1755] Obwohl der Anfechtungsanspruch nur ein schuldrechtlicher Verschaffungsanspruch sein sollte, wurde er in der früheren Rechtsprechung des Reichsgerichts und des BGH als ein die Veräußerung hinderndes Recht i.S.d. **§ 771 ZPO** mit der Möglichkeit der Erhebung einer **Drittwiderspruchsklage** ange-

---

1747 Vgl. MüKo/Ott/Vuia, § 80 Rn 26; HambKomm/Kuleisa, § 80 Rn 8; K. Schmidt/Sternal, § 80 Rn 19.
1748 Vgl. BGH, 5.10.1994 – XII ZR 53/93, BGHZ 127, 156 ff.; kritisch dazu K. Schmidt, NJW 1995, 911 ff.; vgl. dazu Rdn 507 f.
1749 BGH, 23.10.2003 – IX ZR 252/01, BGHZ 156, 350 ff.
1750 BGH, 11.1.1990 – IX ZR 27/89, NJW 1990, 990, 992.
1751 Vgl. Gerhardt ZIP 2004, 1675 ff.
1752 Vgl. BGH, 17.2.2011 – IX ZR 91/10, ZIP 2011, 1114 ff.; BGH, 21.9.2006 – IX ZR 235/04, ZIP 2006, 2176 ff.; Jaeger/Henckel, § 143 InsO Rn 178.
1753 Zutr. Braun/de Bra, § 129 InsO Rn 6.
1754 BGH, 23.10.2003 – IX ZR 252/01, BGHZ 156, 350 ff. – **a.A.** Häsemeyer, Insolvenzrecht, 4. Aufl., Rn 21.16.
1755 BGH, 19.5.2009 – IX ZR 129/06, ZInsO 2009, 1249 ff.; Jaeger/Henckel, § 143 InsO Rn 16; HK/Kreft, § 143 InsO Rn 6.

Schäfer

sehen.[1756] Das ablehnende Urteil des BGH v. 11.1.1990[1757] dürfte nach BGHZ 156, 350 ff. keinen Bestand mehr haben.[1758]

Sicherheiten, die **für** eine **anfechtbar erlassene Schuld** bestellt waren, bestehen nach der dinglichen und nach der haftungsrechtlichen Theorie im Grundsatz fort; nach der schuldrechtlichen Theorie müssten sie neu begründet werden.[1759] Wird eine auf den Abschluss eines gegenseitigen Vertrages gerichtete **Willenserklärung angefochten**, hat das zur Folge, dass sich der Anfechtungsgegner nicht auf die Erklärung des Schuldners berufen kann, ohne dass der Insolvenzverwalter auf Rückgewähr der Vertragserklärung des Schuldners klagen müsste; dies gilt sogar nach der Verjährung des Anfechtungsanspruchs (vgl. **§ 146 Abs. 2 InsO**).[1760] Stellt das Gericht eine in Unkenntnis der Insolvenzeröffnung gegen den Schuldner gerichtete Klage dem Insolvenzverwalter zu, so wird zunächst weder der eine noch der andere zur beklagten Partei.[1761]

3. Anfechtungseinwand

Macht der Anfechtungsgegner Ansprüche gegen den Insolvenzverwalter geltend, kann sich dieser dagegen mit dem **Einwand der Anfechtbarkeit** wehren. Insoweit ist häufig unzutreffend von der „Einrede der Anfechtbarkeit" die Rede. Der Insolvenzverwalter beruft sich jedoch nicht einredeweise auf einen Anfechtungsanspruch, vielmehr verteidigt er die Insolvenzmasse mit dem Einwand der haftungsrechtlichen Unwirksamkeit.[1762] Der Einwand der Anfechtbarkeit ist daher vom Gericht **von Amts wegen zu berücksichtigen**.

II. Entstehung, Übertragbarkeit und Gegenstand des Anfechtungsanspruchs

1. Anspruchsentstehung und Übertragbarkeit; Erlöschen des Anfechtungsrechts

Nach der Rechtsprechung des BGH **entsteht** das **Anfechtungsrecht mit** und deshalb nach der **Eröffnung** des **Insolvenzverfahrens** und wird – da es keiner besonderen Geltendmachung der Anfechtung bedarf – zugleich fällig.[1763] Man wird jedoch zwischen der Begründung, Entstehung und Fälligkeit des Anspruchs unterscheiden

---

1756 Vgl. Jaeger/Henckel, § 143 InsO Rn 16 mit Nachweisen aus der früheren Rspr.
1757 BGH, 11.1.1990 – IX ZR 27/89, NJW 1990, 990 ff.
1758 Vgl. Uhlenbruck/Ede/Hirte, § 143 InsO Rn 172; Eckardt KTS 2005, 15, 47 f.; Gottwald/Huber, Insolvenzrechts-Handbuch, § 51 Rn 30.
1759 MüKo/Kirchhof, vor §§ 129 – 147 InsO Rn 21.
1760 Vgl. Kayser, ZIP 2015, 449, 451.
1761 BGH, 5.10.1994 – XII ZR 53/93, BGHZ 127, 156 ff.
1762 Vgl. Jaeger/Henckel, § 146 InsO Rn 63.
1763 BGH, 1.2.2007 – IX ZR 96/04, BGHZ 171, 38, 44; HK/Kreft, § 129 Rn 82.

müssen. **Begründet** ist der Anfechtungsanspruch **bereits mit** dem **Eintritt** der **Rechtswirkung** der **anfechtbaren Handlung**;[1764] er entsteht jedoch erst mit der Insolvenzeröffnung, und zwar auch dann, wenn zuvor aufgrund desselben Sachverhalts eine Einzelgläubigeranfechtung möglich gewesen wäre.[1765] Nur so lassen sich die **Rechtsnachfolge des Insolvenzverwalters** in den Anfechtungsanspruch gem. **§§ 16 f.** AnfG und die Haftung des Anfechtungsgegners für die schon vor der Insolvenzeröffnung verursachte Unmöglichkeit der Rückgewähr erklären, ohne dass man von einem aufschiebend bedingten Anspruch ausgehen muss.[1766] Wurde der Anfechtungsgegner vor der Eröffnung des Insolvenzverfahrens nach den Bestimmungen des Anfechtungsgesetzes in Anspruch genommen, scheidet ein Anfechtungsanspruch im Umfang der Erfüllung dieses Anspruchs aus.[1767]

538 Auf der Grundlage dieser Auffassung ist es auch begründbar, dass **Nutzungen** (bspw. Zinsen) gemäß § 143 Abs. 1 Satz 2 InsO vom Zeitpunkt der Vornahme der Rechtshandlung an zurückzugewähren sind.[1768] Damit erscheint es bspw. auch möglich, dass der Geschäftsführer dem Gesellschafter, der im **Vorfeld** der **Insolvenzeröffnung** die Herausgabe eines der Gesellschaft zur Nutzung überlassenen Gegenstandes verlangt (vgl. § 135 Abs. 3 InsO), den **Einwand der Anfechtbarkeit** entgegenhalten kann.[1769] **Wirkungen gegenüber jedermann** entfaltet die Anfechtung jedoch nach der Rechtsprechung des BGH erst mit der Erfüllung des Anfechtungsanspruchs durch den Anfechtungsgegner. Der Zwangsverwalter eines vermieteten Grundstücks kann daher eine Räumungsklage auch nach der Eröffnung des Insolvenzverfahrens über das Vermögen des Vermieters nicht auf die insolvenzrechtliche Anfechtbarkeit des Mietvertrages stützen.[1770]

539 Gegen den anfechtungsrechtlichen Rückgewähranspruch kann daher **nicht mit** einer **Insolvenzforderung aufgerechnet** werden (vgl. § 96 Abs. 1 Nr. 1 InsO), da er erst mit der Insolvenzeröffnung entsteht.[1771] Dies folgt i.Ü. auch aus dem Wesen des Anfechtungsanspruchs, welcher der Verwirklichung der Gläubigergleichbehandlung dient und somit eine Einzelbefriedigung durch Aufrechnung nicht zulässt.[1772] Aufgrund des besonderen Charakters des gesetzlichen Anfechtungsanspruchs, welcher der Durchsetzung der gleichmäßigen Gläubigerbefriedigung dient, geht der BGH unter der Geltung der InsO ferner davon aus, dass **§ 814 BGB** (Kenntnis der

---

1764 Vgl. B. Schäfer, NZI 2010, 505, 507.
1765 HK/Kreft, § 129 InsO Rn 82.
1766 So Jaeger/Henckel, § 143 InsO Rn 103; MüKo/Kirchhof, § 129 InsO Rn 186; zweifelnd wohl auch HK/Kreft, § 129 InsO Rn 82.
1767 BGH, 15.11.2012 – IX ZR 173/09, ZIP 2013, 131 ff.
1768 Vgl. BGH, 1.2.2007 – IX ZR 96/04, BGHZ 171, 38 ff. Rn 22 f.; HK/Kreft, § 129 Rn 82.
1769 Vgl. dazu B. Schäfer, NZI 2010, 505, 508.
1770 BGH, 16.10.2014 – IX ZR 282/13, ZInsO 2014, 2318 f. Rn 13.
1771 BGH, 18.5.1995 – IX ZR 189/94, BGHZ 130, 38, 40.
1772 Vgl. Häsemeyer, Insolvenzrecht, Rn 19.21.

Nichtschuld) der Geltendmachung des Anfechtungsanspruchs **nicht entgegensteht**.[1773] Auch die **Saldotheorie** gilt im Insolvenz(anfechtungs)recht **nur sehr eingeschränkt** und bildet keine Grundlage dafür, bloße Insolvenzforderungen zu „verdinglichen" oder gar in den Rang von Masseforderungen zu erheben.[1774]

Der BGH ist in seiner **früheren Rechtsprechung** davon ausgegangen, dass das Anfechtungsrecht **untrennbar mit** dem **Amt** des **Verwalters verbunden** sei.[1775] Dies sprach dafür, dass er von der Unabtretbarkeit des Anfechtungsanspruchs ausging, wobei er allerdings über diese Frage nicht konkret zu entscheiden hatte. Die herrschende Auffassung im **Schrifttum** ging hingegen zu Recht von der **Abtretbarkeit** aus, sofern diese nicht insolvenzzweckwidrig war.[1776] Dieser Ansicht hat sich der **BGH** zu Recht in seinem Urt. v. 17.2.2011 **angeschlossen**.[1777]

540

Die Auffassung, das Anfechtungsrecht sei untrennbar mit dem Amt des Verwalters verbunden, war unzutreffend. Im **Schrifttum**[1778] wird zutreffend darauf hingewiesen, dass damit dem Verwalter eine stärkere Rechtsstellung beigemessen werde, als er bedürfe und als das Insolvenzrecht ihm allgemein zugestehe. Begründungsschwierigkeiten bestünden ferner im Fall der Aufrechnung des Insolvenzverwalters gegen Forderungen, die gegen die Masse gerichtet sind (Masseverbindlichkeiten). Man wird letztlich vor dem Hintergrund der neueren Rechtsentwicklungen[1779] von einem in gewisser Hinsicht **rechtlich verselbstständigten Sondervermögen** in Gestalt der Insolvenzmasse ausgehen können, welches der Insolvenzverwalter in eigenem Namen und aus eigenem Recht verwaltet.[1780]

541

Die **Abtretung** des aus der Anfechtung folgenden streitigen Rückgewähranspruchs ist nicht **insolvenzzweckwidrig**, wenn die Masse als Gegenleistung einen Anspruch auf Auskehr des hälftigen Erlöses des vom Zessionar zu führenden Rechtsstreits erhält.[1781] Im Urt. v. 21.2.2013[1782] hat der BGH die – zu bejahende – Frage

542

[1773] BGH, 11.12.2008 – IX ZR 195/07, BGHZ 179, 137 ff.; bestätigt durch BGH, 2.4.2009 – IX ZR 221/07, veröffentlicht bei juris.
[1774] BGH, 22.4.2010 – IX ZR 163/09, ZIP 2010, 1253 ff. Rn 8; BGH, 2.12.2004 – IX ZR 200/03, NJW 2005, 884, 887.
[1775] BGH, 2.4.2009 – IX ZB 182/08, ZInsO 2009, 820 ff. Rn 22; BGH, 22.12.1982 – VIII ZR 214/81, BGHZ 86, 190 ff.
[1776] KPB/Jacoby, § 143 InsO Rn 8; HK/Kreft, § 129 InsO Rn 90 f.; MüKo/Kirchhof, § 129 InsO Rn 214 ff.
[1777] BGH, 17.2.2011 – IX ZR 91/10, ZIP 2011, 1114 ff.
[1778] Vgl. MüKo/Kayser, § 129 InsO Rn 188.
[1779] Vgl. BGH, 2.6.2005 – V ZB 32/05, BGHZ 163, 154 ff. zur Teilrechtsfähigkeit der Wohnungseigentümergemeinschaft; BGH, 20.1.2010 – VIII ZR 329/08, ZIP 2010, 586 f. Rn 12.
[1780] Häsemeyer, Insolvenzrecht, 4. Aufl., Rn 15.06; Jaeger/Henckel, § 143 InsO Rn 97 a.E.; vgl. dazu ferner Kayser, ZIP 2015, 449, 452: „Inhaber des Anfechtungsrechts ist das den Insolvenzgläubigern dienende „Sondervermögen des Schuldners", die Insolvenzmasse".
[1781] BGH, 10.1.2013 – IX ZR 172/11, ZIP 2013, 531 f.
[1782] BGH, 21.2.2013 – IX ZR 59/12, ZIP 2013, 586 ff. Rn 18.

offen gelassen, ob der Zessionar einen abgetretenen Anfechtungsanspruch auch dann noch weiterverfolgen kann, wenn das Insolvenzverfahren aufgehoben wurde.

543 Das Anfechtungsrecht **erlischt mit** der **Beendigung** des **Insolvenzverfahrens**, sofern der Insolvenzverwalter nicht zuvor seine Anfechtungsbefugnis rechtsbeständig ausgeübt hat. Ein anhängiger Anfechtungsprozess erledigt sich deshalb mit der Verfahrensbeendigung in der Hauptsache, soweit nicht das Ergebnis des Prozesses ausdrücklich vorbehalten wurde. Auf der Grundlage eines **Insolvenzplans** kann der Insolvenzverwalter nur einen bereits rechtshängigen Anfechtungsrechtsstreit fortsetzen, aber nicht einen neuen einleiten. Eine solche Befugnis kann dem Insolvenzverwalter nicht durch eine Entscheidung des Insolvenzgerichts eingeräumt werden.[1783]

2. Umfang der Anfechtung; Rückgewähranspruch

544 Gem. **§ 143 Abs. 1 Satz 1 InsO** muss zur Insolvenzmasse zurückgewährt werden, was durch die anfechtbare Handlung aus dem Vermögen des Schuldners veräußert, weggegeben oder aufgegeben wurde. Der Anfechtungsanspruch ist **kein Deliktsanspruch** und auch **kein Bereicherungsanspruch**,[1784] auch wenn § 143 Abs. 1 Satz 2 InsO die Vorschriften über die Rechtsfolgen einer ungerechtfertigten Bereicherung, bei der dem Empfänger der Mangel des rechtlichen Grundes bekannt ist, für entsprechend anwendbar erklärt. Es ist von grundlegender Bedeutung für das Verständnis der Rechtsfolgen der Anfechtung, dass nur dasjenige zur Masse zurückzugewähren ist, **was** dem **Vermögen** des **Schuldners entzogen wurde**, und **nicht** etwa das, **was in** das **Vermögen** des **Anfechtungsgegners gelangt** ist.[1785]

545 Nach der Rechtsprechung des BGH hat der Anfechtungsgegner grundsätzlich den **gesamten**, durch die angefochtene Rechtshandlung **erlangten Geldbetrag auch dann herauszugeben, wenn** er möglicherweise einen erheblichen Teil davon im Verteilungsverfahren als **Quote** zurückerhalten wird.[1786] Von praktischer Bedeutung ist in diesem Zusammenhang ein Beschluss des **OLG München** vom 20.1.2015,[1787] wonach eine **Ausnahme** dann gegeben ist, wenn der im Wege der Anfechtung zurückgeforderte Betrag ein hohes Vielfaches (konkret: rund das Zehnfache) des Betrages ausmacht, der zur Begleichung aller vorrangigen und gleichrangigen Forderungen erforderlich ist. Ist der Anfechtungsgegner der einzige Insolvenzgläubiger, weil er alle anderen Gläubiger abgefunden hat und deren an-

---

1783 Vgl. BGH, 10.12.2009 – IX ZR 206/08, ZIP 2010, 102 ff.; MüKo/Kirchhof, § 129 InsO Rn 225.
1784 BGH, 29.1.1964 – Ib ZR 197/62, BGHZ 41, 98, 103.
1785 BGH, 13.3.1978 – VIII ZR 241/76, BGHZ 71, 61 ff.; BGH, 15.10.1969 – VIII ZR 136/67, NJW 1970, 44, 46.
1786 Vgl. BGH, 11.6.1992 – IX ZR 147/91, ZIP 1992, 1008 ff.
1787 OLG München, 20.1.2015 – 5 W 1651/14, ZInsO 2015, 1444 f.

gemeldete Forderungen an ihn abgetreten wurden, kommt in einem solchen Fall die Gewährung von Prozesskostenhilfe zugunsten des Insolvenzverwalters für eine gegen ihn gerichtete Anfechtungsklage nicht in Betracht.

Vorteile, die der Insolvenzmasse in adäquat ursächlichem Zusammenhang mit der anfechtbaren Rechtshandlung zugewachsen sind, vermögen im Grundsatz weder die Entstehung des Anfechtungsrechts zu hindern noch den Inhalt oder Umfang des Rückgewähranspruchs zu beeinflussen. Eine Anwendung der schadensrechtlichen Grundsätze über die **Vorteilsausgleichung** kommt im Anfechtungsrecht **nicht in Betracht**.[1788] Da die Berücksichtigung der Möglichkeit zum Vorsteuerabzug im Schadensersatzrecht auf dem Prinzip der Vorteilsausgleichung beruht, ist etwa im Fall der anfechtbaren Zahlung eines Beraterhonorars die gezahlte **Bruttovergütung** zurückzugewähren. Der anfechtungsrechtliche Rückgewähranspruch umfasst auch den in der gewährten Leistung enthaltenen **Umsatzsteueranteil**.[1789] Die Vollziehung der Anfechtung hat steuerrechtlich zur Folge, dass der Verwalter den Vorsteuerabzug zu berichtigen hat, weil eine steuerpflichtige Leistung rückgängig gemacht wurde (vgl. § 17 Abs. 1 Satz 1 Nr. 2, Abs. 2 Nr. 3 UStG).[1790] Führt die Insolvenzanfechtung aufgrund einer Rückzahlung an den Insolvenzverwalter zu einer **Berichtigung** des **Vorsteuerabzuges** gemäß **§ 17 Abs. 2 Nr. 1 Satz 2 UStG**, ist der sich hieraus ergebende Steueranspruch nach § 55 Abs. 1 Nr. 1 InsO Teil der Masseverbindlichkeiten für den Besteuerungszeitraum der Berichtigung.[1791]

a) Rückgewähr in Natur (§ 143 Abs. 1 Satz 1 InsO)

Der Anfechtungsanspruch ist **grds.** auf **Rückgewähr „in Natur"** gerichtet.[1792] Die Insolvenzmasse ist in die Lage zu versetzen, in der sie sich befände, wenn das anfechtbare Verhalten unterblieben wäre.[1793] Für den Fall, dass gegen den Schuldner schuldrechtliche Ansprüche begründet wurden oder dieser ggü. dem Anfechtungsgegner auf Rechte verzichtet hat, bedeutet dies, dass die **Wirkung** der **Rechtshandlung unberücksichtigt** bleibt.[1794] Wird die Schuldbegründung angefochten, ist eine darauf beruhende Befriedigung oder Sicherung inkongruent. Ist die auf eine **angefochtene Schuldverpflichtung** erbrachte Befriedigung oder Sicherung nicht an-

---

1788 BGH, 15.12.1994 – IX ZR 18/94, NJW 1995, 1093, 1095; KPB/Jacoby, § 143 InsO Rn 77.
1789 BGH, 10.2.2011 – IX ZR 80/08, Rn 5; BGH, 15.12.1994 – IX ZR 18/94, NJW 1995, 1093 ff.
1790 Vgl. Bork/Gehrlein, Aktuelle Probleme der Insolvenzanfechtung, Rn 905; BGH, 15.12.1994 – IX ZR 18/94, NJW 1995, 1093 ff.
1791 BFH, 15.12.2016 – V R 26/16, DB 2017, 408 ff.; Eiselt, ZInsO 2017, 630 ff.
1792 Vgl. Begr. zum RegE, BT-Drucks. 12/2443, S. 167; BGH, 17.12.2009 – IX ZR 16/09, ZIP 2010, 531 ff. Rn 15.
1793 BGH, 12.7.2007 – IX ZR 235/03, ZIP 2007, 2084 ff. Rn 23; BGH, 11.11.1993 – IX ZR 257/92, BGHZ 124, 76, 84.
1794 HK/Kreft, § 143 InsO Rn 4.

Schäfer

fechtbar, kann die Erfüllungshandlung mangels eines Rechtsgrundes kondiziert werden.[1795]

548 Die **Vermögensübertragung** ist in ihrer **wirtschaftlichen Bedeutung** zu erfassen.[1796] Dieser Grundsatz eröffnet die notwendigen Spielräume bezüglich des Umfangs der Rückgewähr.[1797] So ist etwa die Anfechtung bei **Verrechnungen** im **Bankkontokorrent** von den einzelnen Verrechnungsvorgängen abgelöst und auf die Rückführung des Kredits im Anfechtungszeitraum beschränkt.[1798] Gewährt ein Gesellschafter seiner Gesellschaft einen **Staffelkredit** in der Art eines Kontokorrentkredits, ist die Anfechtung auf die Verringerung des Schuldsaldos im Anfechtungszeitraum beschränkt.[1799]

aa) Einzelfälle

549 **Übereignete Sachen** sind zurückzuübereignen und herauszugeben. Eine **abgetretene Forderung** ist zurückzuübertragen; zuvor kann sie nicht vom Insolvenzverwalter eingezogen werden.[1800] Eine Ausnahme gilt gem. § 166 Abs. 2 InsO für eine zur Sicherheit abgetretene Forderung; diese kann der Insolvenzverwalter einziehen. **Leistet** der **Drittschuldner** unmittelbar an den Insolvenzverwalter, kann dieser einen auf § 816 Abs. 2 BGB gestützten Bereicherungsanspruch mit dem Einwand der Anfechtbarkeit abwehren.[1801] Hatte der spätere Insolvenzschuldner nach der **anfechtbaren Abtretung** seinerseits unanfechtbar über die abgetretene Forderung verfügt und war diese Verfügung wegen der zeitlich früheren Abtretung unwirksam, wird die spätere Verfügung auch nicht aufgrund einer erfolgreichen Anfechtung der ersten Abtretung rechtswirksam. Dasselbe gilt, wenn die anfechtbar abgetretene Forderung anschließend von einem anderen Gläubiger des Schuldners gepfändet wurde; diese Pfändung bleibt wirkungslos.[1802] Der **Sicherungszessionar**, dessen Forderung nach nochmaliger, an sich unwirksamer Abtretung gem. §§ 408, 407 BGB erloschen ist und dessen dadurch entstandener Bereicherungsanspruch aus **§ 816 Abs. 2 BGB** infolge einer erfolgreichen Insolvenzanfechtung wegen Wegfalls der Bereicherung des Bereicherungsschuldners **nicht mehr durchsetzbar** ist, hat allerdings **gegen** den **Insolvenzverwalter Anspruch auf Herausgabe des Erlangten**.

1795 BGH, 16.3.1995 – IX ZR 72/94, NJW 1995, 1668, 1671; Gehrlein, in: Ahrens/Gehrlein/Ringstmeier, § 143 Rn 14.
1796 BGH, 21.12.2010 – IX ZA 14/10, WM 2011, 276 Rn 2; MüKo/Kirchhof, § 143 InsO Rn 21.
1797 Vgl. Kayser, ZIP 2015, 449, 453.
1798 Vgl. BGH, 7.3.2002 – IX ZR 223/01, BGHZ 150, 122 ff.; BGH, 7.7.2011 – IX ZR 100/10, ZIP 2011, 1576 f.
1799 BGH, 7.3.2013 – IX ZR 7/12, ZIP 2013, 734 ff.
1800 Vgl. BGH, 1.12.1988 – IX ZR 112/88, BGHZ 106, 127, 129.
1801 BGH, 30.6.1959 – VIII ZR 11/59, BGHZ 30, 238, 239 f.; MüKo/Kirchhof, § 143 InsO Rn 36a.
1802 Vgl. MüKo/Kirchhof, § 143 InsO Rn 37; HambKomm/Rogge/Leptien, § 143 InsO Rn 24.

Auf bestellte **Pfandrechte** und **erwirkte Titel** ist gem. § 143 Abs. 1 InsO[1803] zu verzichten, und eine **erlassene Forderung** ist zu erfüllen, ohne dass es einer Neubegründung bedürfte.[1804] Bei der anfechtbaren Befriedigung einer **Altforderung** muss sich der Anfechtungsgegner so behandeln lassen, als habe der Schuldner ihm auf eine bloße Insolvenzforderung volle Befriedigung gewährt.[1805]

Im Fall der Übertragung von **Grundstücken** ist der Anfechtungsanspruch nicht auf Grundbuchberichtigung, sondern auf Rückauflassung und Eintragung gerichtet.[1806] Wurde ein **Miteigentumsanteil** übertragen, so kann der Insolvenzverwalter dessen Rückübertragung verlangen. Er kann aber auch auf **Duldung der Zwangsvollstreckung** in den Miteigentumsanteil klagen, um den anteiligen Versteigerungserlös der Masse zuzuführen, selbst wenn der Miteigentumsanteil nach der Eintragung des Anfechtungsgegners als Alleineigentümer nicht mehr besteht.[1807] Ein Anspruch gegen den Dritten auf Duldung der Zwangsvollstreckung bleibt auch dann bestehen, wenn dem Dritten das Grundstück **später** in der **Zwangsversteigerung zugeschlagen** wurde.[1808] Bei **Belastungen** des übertragenen Gegenstandes kommt ein Vorgehen nach **§ 145 Abs. 2 InsO** gegen den **Rechtsnachfolger** in Betracht. Im Fall der Belastung eines Grundstücks mit einer Grundschuld kann deren Löschung nur verlangt werden, wenn keine weiteren nachrangigen Belastungen im Grundbuch eingetragen sind; andernfalls kommt nur eine Abtretung an den Insolvenzverwalter oder ein rangwahrender Verzicht nach den §§ 1168, 1177, 1192 Abs. 1 BGB in Betracht.[1809]

Anfechtbar übertragene **Immaterialgüterrechte** – insbes. Patente – sind grundsätzlich an die Insolvenzmasse zurückzuübertragen. Wurde ein Geschmacksmusterrecht anfechtbar übertragen, kann der Insolvenzverwalter sich damit begnügen, dessen Löschung im Musterregister und die Prioritätszusprechung gemäß § 10c Abs. 2 Nr. 3 und Abs. 3 GeschmMG zu verlangen, wenn ihm das im Einzelfall für die Verwertung ausreicht.[1810] Wurde nur eine Lizenz anfechtbar eingeräumt, ist das Nutzungsrecht zurückzugewähren und die weitere Nutzung zu unterlassen.[1811] Die Übertragung eines **Geschäftsanteils** wird mit der Folge angefochten, dass der Anteil an den Schuldner zurückzuübertragen ist. Die Beschränkung der Einzelzwangsvoll-

---

[1803] BGH, 22.10.2015 – IX ZR 171/14, ZIP 2015, 2282 ff.
[1804] Vgl. BGH, 11.10.1989 – VIII ZR 285/88, ZIP 1989, 1611 ff. Rn 39; Gottwald/Huber, Insolvenzrechts-Handbuch, § 52 Rn 9; K. Schmidt/Büteröwe, § 143 InsO Rn 10.
[1805] BGH, 13.3.2003 – IX ZR 64/02, NJW 2003, 1865, 1867.
[1806] Jaeger/Henckel, § 143 InsO Rn 56.
[1807] BGH, 19.3.1992 – IX ZR 14/91, ZIP 1992, 558 ff.; Jaeger/Henckel, § 143 InsO Rn 62 f.
[1808] BGH, 29.6.2004 – IX ZR 258/02, NJW 2004, 2900 f.
[1809] BGH, 3.12.1998 – IX ZR 313/97, NJW 1999, 645, 646; HK/Kreft, § 143 InsO Rn 14.
[1810] BGH, 2.4.1998 – IX ZR 232/96, NJW-RR 1998, 1057, 1059; HK/Kreft, § 143 InsO Rn 5; MüKo/Kirchhof, § 143 InsO Rn 39a.
[1811] MüKo/Kirchhof, § 143 InsO Rn 39a.

streckung durch **§ 135 HGB** betrifft allein deren Rechtsfolgen und ist für die **Gesamtvollstreckung bedeutungslos**. Gegen das Eindringen des Insolvenzverwalters in die inneren Angelegenheiten der Gesellschaft sind die Mitgesellschafter durch § 131 Abs. 3 Satz 1 Nr. 2 HGB geschützt.[1812]

552 **Verfahrenshandlungen** können nur wegen ihrer **Auswirkungen auf materielle Rechte** der Masse gläubigerbenachteiligend und daher anfechtbar sein. Daher führt etwa das anfechtbare Unterlassen der Berufungseinlegung nicht dazu, dass der Insolvenzverwalter die Berufung nachholen kann. Er kann aber einen Anspruch, den die erste Instanz **rechtskräftig abgewiesen** hat, unter Hinweis auf die anfechtbare Prozessführung erneut geltend machen, ohne dass die Klage wegen entgegenstehender Rechtskraft unzulässig ist.[1813]

553 Ein durch anfechtbares **Unterlassen** eingetretener Rechtsverlust ist als unwirksam zu behandeln, sodass die Rückgewähr des durch die Unterlassung Erlangten verlangt werden kann.[1814] Darüber hinaus kann es im **Einzelfall so anzusehen** sein, als sei die **unterlassene Rechtshandlung vorgenommen** worden.[1815] Hat der Schuldner nicht rechtzeitig die Hemmung der Verjährung herbeigeführt, kann der Insolvenzverwalter die verjährte Forderung einklagen und sich gegen die Einrede der Verjährung mit der Anfechtbarkeit der Unterlassung verteidigen.[1816] Liegt ein anfechtbares Unterlassen im Verstreichenlassen der Verjährungsfrist, ist Vornahmezeitpunkt der Zeitpunkt des Fristablaufs.[1817]

bb) Rechtsfolgen der anfechtbaren Herbeiführung einer Aufrechnungslage

554 Im Fall der anfechtbaren **Herbeiführung** einer **Aufrechnungslage** bleibt die Aufrechnung unberücksichtigt,[1818] ohne dass es der Anfechtung bedarf.[1819] Dem Aufrechnungseinwand des Anfechtungsgegners ist mit dem Gegeneinwand seiner anfechtungsrechtlichen Unwirksamkeit zu begegnen.[1820] Insoweit ist ferner zu beachten, dass ein Insolvenzverwalter, der die Unzulässigkeit einer Aufrechnung oder Verrechnung geltend macht, die **Anfechtbarkeit von Rechten** des **Insolvenzgläubigers**, die der objektiven Gläubigerbenachteiligung möglicherweise entgegen-

---

1812 Vgl. MüKo/Kirchhof, § 143 InsO Rn 41.
1813 Jaeger/Henckel, § 143 InsO Rn 76; MüKo/Kirchhof, § 143 InsO Rn 56; KPB/Jacoby, § 143 InsO Rn 45 f.
1814 Jaeger/Henckel, § 143 InsO Rn 73.
1815 Uhlenbruck/Ede/Hirte, § 143 InsO Rn 192.
1816 Jaeger/Henckel, § 143 InsO Rn 73.
1817 BGH, 17.12.2020 – IX ZR 205/19, juris Rn 34; Schäfer in Kummer/Schäfer/Wagner, Rn M33.
1818 Vgl. Gottwald/Huber, Insolvenzrechts-Handbuch, § 52 Rn 9 f.
1819 BGH, 22.7.2004 – IX ZR 270/03, ZInsO 2004, 1028 ff.; BGH, 16.9.1999 – IX ZR 204/98, BGHZ 142, 284 ff.
1820 Vgl. BGH, 22.7.2004 – IX ZR 270/03, ZIP 2004, 1912 ff.

stehen, **nicht** innerhalb der **Anfechtungsfrist** des § 146 InsO gerichtlich geltend machen muss.[1821] Da § 96 Abs. 1 Nr. 3 InsO eine anfechtbar herbeigeführte Aufrechnungslage insolvenzrechtlich für unwirksam erklärt, besteht die Forderung des Schuldners, gegen die aufgerechnet wurde (Hauptforderung), für die Dauer und die Zwecke des Insolvenzverfahrens fort. Es stellt sich daher die Frage, was dies für die **Verjährung** der **Hauptforderung** bedeutet. Der BGH hat die Frage dahin gehend beantwortet, dass auf die Verjährung der Hauptforderung **§ 146 Abs. 1 InsO analog** anzuwenden ist. Wird die Verjährung daher nicht vor Ablauf dieser Verjährungsfrist gehemmt und beruft sich der Gegner darauf, entfaltet § 96 Abs. 1 Nr. 3 insolvenzrechtlich keine Wirkung mehr und es bleibt bei dem zivilrechtlichen Erlöschen der Hauptforderung durch die Aufrechnung.[1822]

Das OLG Zweibrücken hatte durch Urt. v. 11.3.2015[1823] entschieden, dass kein 555 Rückgewährschuldverhältnis i.S.d. § 143 Abs. 1 InsO mit den sich daraus ergebenden Folgen für die Verzinsung begründet werde, wenn die Aufrechung gem. § 96 Abs. 1 Nr. 3 InsO unwirksam sei; die Hauptforderung bestehe vielmehr für das Insolvenzverfahren in der ihr eigenen Rechtsnatur weiter. Der Zinsanspruch bestimme sich folglich nach dem Recht der Hauptforderung. Der **BGH** ist dieser Auffassung zu Recht nicht gefolgt. Verschafft sich ein Gläubiger durch Auf- oder Verrechnung in anfechtbarer Weise Befriedigung seiner Forderung, so sind hierauf **ab Verfahrenseröffnung** gem. § 143 Abs. 1 Satz 2 InsO **Prozesszinsen** zu entrichten.[1824]

Nicht von § 96 Abs. 1 Nr. 3 InsO erfasst wird nach der Rechtsprechung des 556 BGH der Fall, dass der **Gläubiger** einen ihm vom Schuldner vor dem Eintritt eines Verfügungsverbots **gewährten Vorschuss** nach dem Eintritt der Verfügungsbeschränkung **abarbeitet**. In einem solchen Fall handelt es sich um eine vorweggenommene Tilgung des Vergütungsanspruchs, die **ohne Aufrechnung** oder sonstige Erklärung die **Erfüllung** des später entstehenden Lohnanspruchs **bewirkt**. Einer Aufrechnung, die unwirksam sein könnte, bedarf es dazu nicht.[1825]

cc) Nutzungen

Der Rückgewähranspruch erstreckt sich auch auf die aus dem anfechtbar weggege- 557 benen Gegenstand **gezogenen Nutzungen**, insb. **Sach- und Rechtsfrüchte** sowie Gebrauchsvorteile (vgl. §§ 143 Abs. 1 Satz 2 InsO, 818 Abs. 1, 819 Abs. 1, 818 Abs. 4, 292 Abs. 2, 987 Abs. 1 BGB). Der Anfechtungsgegner hat diese in Natur herauszuge-

---

1821 Vgl. BGH, 17.7.2008 – IX ZR 148/07, ZInsO 2008, 913 ff.
1822 BGH, 28.9.2006 – IX ZR 136/05, BGHZ 169, 158 ff.; BGH, 12.7.2007 – IX ZR 120/04, ZIP 2007, 1467 ff. Rn 12; BGH, 17.7.2008 – IX ZR 148/07, ZIP 2008, 1593 ff. Rn 19; HK/Kreft, § 146 InsO Rn 6.
1823 OLG Zweibrücken, 11.3.2015 – 1 U 56/14, ZIP 2015, 1740.
1824 BGH, 24.9.2015 – IX ZR 55/15, ZIP 2016, 30 f.
1825 BGH, 21.2.2013 – IX ZR 69/12, ZIP 2013, 586 ff. Rn 14; Kayser, ZIP 2015, 449, 451.

ben, soweit sie bei ihm noch vorhanden sind.[1826] Da nach **§ 143 Abs. 1 Satz 1 InsO** die Insolvenzmasse in die Lage zu versetzen ist, in welcher sie sich befunden hätte, wenn das anfechtbare Verhalten unterblieben wäre, wären danach Nutzungen im Grundsatz nur insoweit herauszugeben oder zu ersetzen, wie sie **gezogen worden wären**, wenn der nutzbare Gegenstand im Vermögen des Schuldners geblieben wäre. Besteht die anfechtbare Handlung in einer Geldzahlung, ist der Anfechtungsgegner daher dann zur Erstattung entgangener Zinsen verpflichtet, wenn sich feststellen lässt, dass das Geld ohne die anfechtbare Handlung **verzinslich angelegt worden wäre**. Da aber **§ 143 Abs. 1 Satz 2 InsO** auf die Vorschriften über die **Rechtsfolgen** einer **ungerechtfertigten Bereicherung** verweist, bei der dem Empfänger der Mangel des rechtlichen Grundes bekannt ist, umfasst der Rückgewähranspruch gem. §§ 819 Abs. 1, 818 Abs. 4, 292 Abs. 2, 987 Abs. 1 oder 2 BGB **auch** die vom **Anfechtungsgegner** tatsächlich **gezogenen** oder **vorwerfbar nicht gezogenen Nutzungen** vom Zeitpunkt der Weggabe an, auch wenn der Schuldner selbst sie nicht gezogen hätte.[1827] Zu beachten ist jedoch, dass mit Wirkung **ab** dem **5.4.2017** die **Neuregelung** des **§ 143 Abs. 1 Satz 3 InsO** in Kraft getreten ist. Danach ist eine Geldschuld nur zu verzinsen, wenn die Voraussetzungen des Schuldnerverzuges oder des § 291 BGB vorliegen; ein darüber hinaus gehender Anspruch auf Herausgabe von Nutzungen eines erlangten Geldbetrages ist ausgeschlossen. Durch das Wort „nur" und die weitere Klarstellung im zweiten Halbsatz soll verdeutlicht werden, dass die Regelung hinsichtlich der Verzinsung als abschließende Regelung zu verstehen ist. Demgemäß können künftig Zinsen nicht mehr als gezogene oder schuldhaft nicht gezogene Nutzungen herausverlangt werden.[1828] Der Schuldner kann somit nach der Neuregelung nur auf Zinsen in Anspruch genommen werden, soweit er einem berechtigten Herausgabeverlangen des Insolvenzverwalters nicht nachgekommen ist.[1829]

558   Zu den Nutzungen zählen auch **ersparte Zinsen**, wenn der Anfechtungsgegner anfechtbar erlangtes Geld zur Kredittilgung verwendet hat.[1830] Im Fall der anfechtbaren Weggabe von Geld umfasst der Rückgewähranspruch gemäß **§ 990 Abs. 1 BGB i.V.m. § 987 Abs. 2 BGB** daher auch die Zahlung von **Zinsen in marktüblicher Höhe** bereits vom Zeitpunkt der Vornahme der Rechtshandlung an.[1831] Dem steht es nicht entgegen, dass Zinsen im Sinne des **§ 291 BGB** erst ab Insolvenzeröffnung zu

---

1826   HK/Kreft, § 143 InsO Rn 18; Gehrlein, in: Ahrens/Gehrlein/Ringstmeier, § 143 Rn 16.
1827   BGH, 1.2.2007 – IX ZR 96/04, BGHZ 171, 38 ff. Rn 22; BGH, 22.9.2005 – IX ZR 271/01, ZIP 2005, 1888 f.; MüKo/Kirchhof, § 143 Rn 60a; Uhlenbruck/Hirte, § 143 InsO Rn 35: marktübliche Zinsen bei der anfechtbaren Weggabe von Geld.
1828   Vgl. RegE, BT-Drucks 18/7054, S. 21.
1829   Kummer in Kummer/Schäfer/Wagner, Rn P107b.
1830   Jaeger/Henckel, § 143 InsO Rn 135.
1831   BGH, 1.2.2007 – IX ZR 96/04, BGHZ 171, 38, 44 f.; MüKo/Kirchhof, § 143 InsO Rn 63.

zahlen sind. Denn das Anfechtungsrecht wird schon mit der Verwirklichung des Anfechtungstatbestandes begründet. Ohne die Insolvenzeröffnung hätten die Gläubiger bereits im Wege der Einzelanfechtung entsprechende Nutzungen verlangen können; in deren Rechtsposition rückt der Insolvenzverwalter entsprechend **§ 16 Abs. 1 Satz 1 AnfG** ein.[1832]

Der Annahme des BGH, dass die Vornahme der Rechtshandlung als maßgebender Zeitpunkt anzusehen sei, ab dem gezogene Nutzungen herauszugeben bzw. schuldhaft nicht gezogene Nutzungen zu ersetzen seien,[1833] wird im **Schrifttum zum Teil entgegengehalten**, dass nach allgemeiner zivilrechtlicher Rechtslage eine Pflicht zur Herausgabe von **Nutzungen erst mit** der **Entstehung** des **primären Herausgabeanspruchs** einsetze.[1834] Um diesen Widerspruch aufzulösen, wird zum Teil angenommen, dass der Anfechtungsanspruch bereits mit der Vollendung des Anfechtungstatbestandes aufschiebend bedingt auf die Insolvenzeröffnung entstehe.[1835] Einer solchen Annahme bedarf es jedoch nicht. Es genügt, dass das **Anfechtungsrecht bereits mit** der **Verwirklichung** des **Anfechtungstatbestandes begründet** wird, mag der Anfechtungsanspruch auch erst mit der Eröffnung des Insolvenzverfahrens entstehen. 559

Der **Staat** hat **als Steuergläubiger** auf erlangte Geldzahlungen Zinserträge als gezogene Nutzungen von solchen Einnahmeüberschüssen herauszugeben, die im Haushaltsvollzug ausnahmsweise zeitweilig nicht benötigt werden, ferner ersparte Zinsen für Kassenverstärkungskredite oder andere staatliche Refinanzierungsinstrumente, die infolge des Eingangs der – später wirksam angefochtenen – Steuerzahlungen zurückgeführt oder vermieden worden sind. Der Staat handelt allerdings nicht schuldhaft, wenn er empfangene Steuerzahlungen zur Deckung laufender Ausgaben verbraucht, also keine Nutzungen daraus zieht.[1836] 560

Prozesszinsen gem. § 143 Abs. 1 Satz 2 InsO i.V.m. §§ 819 Abs. 1, 818 Abs. 4, 291, 288 Abs. 1 Satz 2 BGB hat der Anfechtungsgegner dagegen **erst ab der Eröffnung** des Insolvenzverfahrens zu zahlen, da diese Fälligkeit voraussetzen und der Anfechtungsanspruch erst mit der Insolvenzeröffnung fällig wird.[1837] 561

[1832] Vgl. MüKo/Kirchhof, § 143 InsO Rn 63.
[1833] BGH, 1.2.2007 – IX ZR 96/04, BGHZ 171, 38 f. Rn 22.
[1834] Uhlenbruck/Ede/Hirte, § 143 InsO Rn 41.
[1835] Vgl. MüKo/Kayser, § 129 InsO Rn 186.
[1836] BGH, 24.5.2012 – IX ZR 125/11, ZIP 2012, 1299 ff. Rn 7 f.; MüKo/Kirchhof, § 143 InsO Rn 60 f.
[1837] Vgl. BGH, 1.2.2007 – IX ZR 96/04, BGHZ 171, 38 ff.; kritisch dazu Kummer in Kummer/Schäfer/Wagner, Rn P107.

b) Wertersatz und Schadensersatz (§ 143 Abs. 1 Satz 2 InsO)

562 Ist dem Anfechtungsgegner die **Rückgewähr** in Natur rechtlich oder tatsächlich **unmöglich**, so kann der Insolvenzverwalter Wertersatz gem. **§ 143 Abs. 1 Satz 2 InsO i.V.m. §§ 819 Abs. 1, 818 Abs. 4, 292 Abs. 1, 989 BGB** verlangen.[1838] Es handelt sich dabei um einen schuldrechtlichen, nicht aber deliktsrechtlichen Schadensersatzanspruch.[1839] Aufgrund des in Bezug genommenen **§ 989 BGB** haftet der Anfechtungsgegner nur dann für die Unmöglichkeit der Rückgewähr oder für Wertminderungen, wenn ihn daran ein **Verschulden** trifft.[1840] Bei der Bestimmung des **Verschuldensmaßstabes** ist zu beachten, dass nach § 143 Abs. 1 Satz 2 InsO „**der Mangel des rechtlichen Grundes**" dem Empfänger **als** von Anfang an **bekannt gilt**. Der Anfechtungsgegner ist daher wie ein bösgläubiger Bereicherungsschuldner der verschärften Haftung des § 819 Abs. 1 BGB unterworfen und so zu behandeln, als wäre der Rückgewähranspruch schon in dem Zeitpunkt rechtshängig geworden, in dem die anfechtbare Rechtshandlung ihm ggü. gem. § 140 InsO vorgenommen wurde. Es ist somit beim Anfechtungsgegner von einer Kenntnis der Rückgewährpflicht auszugehen, so dass sich jede Weitergabe des zurückzugewährenden Gegenstandes durch ihn als pflichtwidrig erweist. Daher hat der Empfänger im Fall einer freiwilligen Übertragung der anfechtbar erworbenen Gegenstände dafür uneingeschränkt Wertersatz zu leisten.[1841] Ist die **Unmöglichkeit** der **Rückgewähr** dadurch verursacht, dass Gläubiger des Anfechtungsgegners den von diesem anfechtbar erlangten Gegenstand **pfänden** oder **anderweitig verwerten**, liegt ein Verschulden des Anfechtungsgegners regelmäßig darin, dass er seine Gläubiger nicht aus anfechtungsfreiem Vermögen befriedigt hat.[1842]

563 Im Fall des **Verzuges** mit der Rückgewähr haftet der Anfechtungsgegner nach den **§§ 287 Satz 2, 990 Abs. 2 BGB verschärft**.[1843] Nur Empfänger unentgeltlicher Leistungen werden durch § 143 Abs. 2 Satz 1 InsO besser gestellt.[1844] **Nach der Insolvenzeröffnung** trifft den Anfechtungsgegner eine **verschuldensunabhängige Haftung gemäß §§ 819 Abs. 1, 817 Abs. 4, 292 Abs. 1, 287 Satz 2 BGB**.[1845] Der auf Zahlung von Geld gerichtete Rückgewähranspruch ist keine Entgeltforderung, die bei

---

1838 BGH, 12.7.2007 – IX ZR 235/03, ZInsO 2007, 1107 ff. Rn 23; BGH, 21.9.2006 – IX ZR 235/04, ZIP 2006, 2176 ff. Rn 20; HK/Kreft, § 143 InsO Rn 20.
1839 Vgl. HK/Kreft, § 143 InsO Rn 20.
1840 HK/Kreft, § 143 InsO Rn 20; Graf-Schlicker/Huber, § 143 InsO Rn 18; Jaeger/Henckel, § 143 InsO InsO Rn 124 ff.
1841 Vgl. BGH, 26.4.2012 – IX ZR 74/11, BGHZ 193, 129 ff. Rn 31 unter Aufgabe von BGH, 9.12.1993 – IX ZR 100/93, BGHZ 124, 298, 302 f.
1842 MüKo/Kirchhof, § 143 InsO Rn 80; Jaeger/Henckel, § 143 InsO Rn 127.
1843 MüKo/Kirchhof, § 143 InsO Rn 78; KPB/Jacoby, § 143 Rn 64 f.
1844 MüKo/Kirchhof, § 143 InsO Rn 73.
1845 BAG, 19.5.2011 – 6 AZR 736/09, ZIP 2011, 1628 ff. Rn 21; Gottwald/Huber, Insolvenzrechts-Handbuch, § 52 Rn 12.

Rechtsgeschäften, an denen kein Verbraucher beteiligt ist, einen erhöhten Verzugszinssatz begründet. Es kann allein der **Zinssatz** des **§ 288 Abs. 1 BGB** gefordert werden und nicht der erhöhte Zinssatz nach § 288 Abs. 2 BGB.[1846]

Der Anfechtungsgegner hat den Wert zu ersetzen, den der anfechtbar weggegebene Gegenstand für die Insolvenzmasse gehabt hätte. Dies bedeutet, dass **Wertsteigerungen**, die seit der Vornahme der anfechtbaren Rechtshandlung eingetreten sind, grds. der **Insolvenzmasse zustehen**. Dies gilt insb. für Werterhöhungen infolge der allgemeinen Marktlage, die auch beim Schuldner eingetreten wären, nicht jedoch ohne weiteres für Wertsteigerungen durch den **Einsatz eigener Mittel** des **Anfechtungsgegners**.[1847] Insoweit können dem Anfechtungsgegner Gegenansprüche wegen notwendiger Verwendungen, des Bestreitens von Lasten und – allerdings in eingeschränktem Umfang – nützlicher Verwendungen zustehen. Mit solchen Gegenansprüchen kann im Grundsatz selbst bei vorsätzlichem Handeln des Anfechtungsgegners ggü. dem Wertersatzanspruch aufgerechnet werden, da dieser kein Anspruch aus unerlaubter Handlung ist (vgl. § 393 BGB).[1848] Der Anfechtungsgegner kann mit seinem Anspruch auf **Erstattung** von **Fruchtgewinnungskosten** nur gegenüber dem Anspruch der Masse auf Herausgabe der vereinnahmten Mieten oder auf Wertersatz für diese Früchte aufrechnen, nicht aber gegenüber dem **Wertersatzanspruch** der **Masse** wegen einer unmöglich gewordenen Herausgabe der Immobilie.[1849] Der Anspruch auf Erstattung von Fruchtgewinnungskosten kann eine **Masseverbindlichkeit** im Sinne des **§ 55 Abs. 1 Nr. 3 InsO** begründen. Er soll sowohl auf der Grundlage des § 102 BGB als auch im Rahmen der Verwendungskondiktion eine ungerechtfertigte Bereicherung des Fruchtgläubigers in Gestalt derjenigen Kosten abschöpfen, deren Aufwendung die Gewinnung der dem Fruchtgläubiger schuldrechtlich zugewiesenen Früchte erst ermöglicht hat. Die Vorschrift des § 55 Abs. 1 Nr. 3 InsO trägt einem solchen Bereicherungsverbot Rechnung und erfasst die Fälle einer Massebereicherung, die nach der Eröffnung des Insolvenzfahrens eintritt. Die Masse erlangt den Wert der ersparten Fruchtgewinnungskosten allerdings nicht bereits mit der Rückgewähr der Immobilie oder dem an deren Stelle getretenen Wertersatzanspruch, sondern **erst mit** der **Herausgabe** der **gezogenen Nutzungen** oder mit der Zahlung eines an deren Stelle tretenden **Wertersatzes**.[1850]

Für die Bestimmung des Wertersatzes ist im Grundsatz auf den Wert abzustellen, den der Gegenstand zum **Zeitpunkt** der **letzten mündlichen Verhandlung** in den **Tatsacheninstanzen** gehabt hätte, wenn er im **Vermögen** des **Schuldners**

1846 BGH, 12.4.2018 – IX ZR 88/17, ZIP 2018, 1033 ff.
1847 Vgl. BGH, 24.9.1996 – IX ZR 190/95, NJW 1996, 3341, 3342.
1848 HK/Kreft, § 143 InsO Rn. 24; vgl. dazu auch Rn 569.
1849 BGH, 24.1.2019 – IX ZR 121/16, ZIP 2019, 626 f.
1850 BGH, 24.1.2019 – IX ZR 121/16, ZIP 2019, 626 f. Rn 18.

verblieben wäre; denn das ist der Wert, den der Insolvenzverwalter durch Verwertung erzielt hätte. Dies dürfte auch in dem Fall gelten, dass die Rückgewähr in Natur bereits zum Zeitpunkt der Insolvenzeröffnung unmöglich war.[1851] Nach einem Urteil des Bundesgerichtshofes vom 9.7.1987[1852] soll jedoch der Zeitpunkt der Insolvenzeröffnung maßgebend sein, wenn der Anfechtungsgegner bereits zu diesem Zeitpunkt nur noch Wertersatz schuldete. Sieht man den Wertersatzanspruch jedoch nicht als schadensersatzähnlich an, so ist auf den Zeitpunkt der letzten mündlichen Verhandlung im Anfechtungsprozess abzustellen.[1853]

566 Ist der Wert während des Insolvenzverfahrens gestiegen, muss dies der Masse zugutekommen, wenn die Wertsteigerung auch beim Schuldner eingetreten wäre. Ist der **Wert** des anfechtbar Weggegebenen **gefallen**, ohne dass dafür eine schuldhafte Verschlechterung durch den Anfechtungsgegner ursächlich war, muss der Wertverlust die Masse treffen.[1854] Der Wertersatzanspruch ist daher nicht auf den Kaufpreis beschränkt, den der Anfechtungsgegner bei einer **Weiterveräußerung** erzielt hat, oder auf den Erlös, den er bei einer **Zwangsversteigerung** erzielen konnte. Auf der anderen Seite steht der Masse kein Anspruch auf einen **Mehrerlös** zu, den der Insolvenzverwalter nicht erzielt hätte.[1855] Auch gesetzliche und rechtsgeschäftliche **Surrogate** dürften der Insolvenzmasse zustehen, da zu den allgemeinen Bestimmungen, auf die § 819 Abs. 4 BGB verweist, auch § 285 BGB gehört.[1856]

567 Es wurde bereits darauf hingewiesen, dass der Wertverlust die Masse trifft, wenn der Wert des anfechtbar weggegebenen Gegenstandes gefallen ist, ohne dass dafür eine schuldhafte Verschlechterung durch den Anfechtungsgegner ursächlich war, trifft der Wertverlust die Masse.[1857] Anders ist dies jedoch ab der **Rechtshängigkeit** des **Anfechtungsanspruchs**.[1858] **Hypothetische Veränderungen**, die sich im Fall des Unterbleibens der anfechtbaren Rechtshandlung aufgrund der Verhältnisse beim Insolvenzschuldner ergeben hätten, bleiben hingegen **grds. außer Betracht**.[1859] Umstritten ist dies für den Fall, dass die Unmöglichkeit oder Verschlech-

---

1851 MüKo/Kirchhof, § 143 InsO Rn 85; Bork/Gehrlein, Aktuelle Probleme der Insolvenzanfechtung, Rn 686.
1852 BGH, 9.7.1987 – IX ZR 167/86, BGHZ 101, 286, 289.
1853 Vgl. Jaeger/Henckel, § 143 InsO Rn 134; Gerhardt, ZIP 1987, 1429, 1432 f.; Zeuner, Die Anfechtung in der Insolvenz, S. 231.
1854 Jaeger/Henckel, § 143 InsO Rn 134.
1855 BGH, 20.2.1980 – VIII ZR 48/79, NJW 1980, 1580 f.; Uhlenbruck/Ede/Hirte, § 143 InsO Rn 35.
1856 Vgl. MüKo/Kirchhof, § 143 InsO Rn 72; Uhlenbruck/Ede/Hirte, § 143 InsO Rn 36; FK/Dauernheim, § 143 InsO Rn 16 – **a.A.** hinsichtlich des rechtsgeschäftlichen Surrogats Jaeger/Henckel, § 143 InsO Rn 151; offen lassend BGH, 23.10.2008 – IX ZR 202/07, ZInsO 2008, 1269 ff. Rn 28.
1857 Jaeger/Henckel, § 143 InsO Rn 134.
1858 MüKo/Kirchhof, § 143 InsO Rn 85.
1859 Vgl. MüKo/Kirchhof, § 143 InsO Rn 83; Gottwald/Huber, Insolvenzrechts-Handbuch, § 46 Rn 73.

terung auch im Vermögen des Schuldners eingetreten wäre.[1860] Nach Ansicht des **BGH** ist es eine **Frage wertender Beurteilung**, inwieweit der hypothetische Kausalverlauf geeignet ist, eine an sich gegebene Haftung des Anfechtungsgegners zu beeinflussen.[1861] Nur wenn der Anfechtungsgegner nachweist, das ihm Geleistete zu demselben Zweck verwendet zu haben, für den es auch der Schuldner von Rechts wegen – anfechtungsfrei – hätte verwenden müssen, oder zu einem Zweck, der in vollem Umfang der Gesamtheit der Insolvenzgläubiger zugutegekommen ist, ist Wertersatz ausgeschlossen.[1862]

Haftet der **Anfechtungsgegner verschärft** auf Schadensersatz, bemisst sich 568 die Schadenshöhe danach, welche **Entwicklung** der herauszugebende Gegenstand in der **Insolvenzmasse** genommen hätte. So ist bspw. bei Wertpapieren darauf abzustellen, wann diese zwecks Verwertung veräußert worden wären.[1863] Ein **Vorenthaltungsschaden** ist vom Anfechtungsgegner erst zu ersetzen, wenn er in **Verzug** gesetzt wurde. Dies ist von Bedeutung, wenn bei einer früheren Verwertung ein höherer Erlös hätte erzielt werden können[1864] oder wenn der entstandene Schaden die gezogenen oder zu ziehenden Nutzungen übersteigt, insbesondere nach anfechtbarer Übertragung von Geld.[1865]

c) Gegenrechte des Anfechtungsgegners

aa) Ansprüche wegen Verwendungen und Aufwendungen

Wegen **notwendiger Verwendungen** und des **Bestreitens von Lasten** kann dem 569 Anfechtungsgegner ein Anspruch gem. §§ 143 Abs. 1 Satz 2 InsO, 819 Abs. 1, 818 Abs. 4, 292, 994 Abs. 2, 995 Satz 1, 996 BGB als **Masseverbindlichkeit** gem. § 55 Abs. 1 Nr. 3 InsO zustehen, sofern die Aufwendungen dem Interesse und – abgesehen von § 679 BGB – dem wirklichen oder mutmaßlichen Willen der Insolvenzmasse entsprachen.[1866] Notwendig sind Verwendungen, die objektiv erforderlich sind, um den Gegenstand in seinem wirtschaftlichen Bestand einschließlich seiner Nutzungsfähigkeit zu erhalten.[1867] Für **nützliche Verwendungen** kann der Anfechtungsgegner nach dem Wortlaut des **§ 996 BGB** eigentlich keinen Ersatz verlangen. Dies wird

---

1860 Vgl. BGH, 7.6.1988 – IX ZR 144/87, BGHZ 104, 355 ff.; Gottwald/Huber, Insolvenzrechts-Handbuch, § 46 Rn 73; FK/Dauernheim, § 143 InsO Rn 22.
1861 BGH, 7.6.1988 – IX ZR 144/87, BGHZ 104, 355, 360 – „Zugewinnausgleich".
1862 MüKo/Kirchhof, § 143 InsO Rn 83.
1863 Bork/Jacoby, Handbuch des Insolvenzanfechtungsrechts, Kap. 12 Rn 61; OLG Stuttgart, 13.1.2005 – 2 U 164/04, ZIP 2005, 1837, 1841.
1864 Jaeger/Henckel, § 143 InsO Rn 134.
1865 MüKo/Kirchhof, § 143 InsO Rn 58.
1866 HK/Kreft, § 143 InsO Rn 19; Jaeger/Henckel, § 143 InsO Rn 145.
1867 Jaeger/Henckel, § 143 InsO Rn 146; MüKo/Baldus, § 994 BGB Rn 24 f.

jedoch z.T. zumindest für den Bereich des Anfechtungsrechts als unbillig empfunden, da die Gläubiger keinen höheren Wert beanspruchen könnten als jenen, den der haftende Vermögensgegenstand hätte, wenn er im Vermögen des Schuldners verblieben wäre.[1868] Dies kann etwa bei der **Ablösung** eines auf dem anfechtbar weggegebenen Gegenstand lastenden **Pfandrechts** eine Rolle spielen.[1869] Hat der Anfechtungsgegner den Wert des anfechtbar erworbenen Gegenstandes unter **Einsatz eigener Mittel** wesentlich erhöht, so steht ihm bei der Verteilung des Erlöses nach der von ihm zu duldenden Zwangsvollstreckung ein Anspruch auf Ersatz seiner Aufwendungen zu.[1870]

bb) Zurückbehaltungsrecht

570 Der Anspruch des Anfechtungsgegners gem. **§ 144 Abs. 2 InsO** vermittelt ihm ein **Zurückbehaltungsrecht** nach § 273 BGB mit der Folge, dass er **Zug um Zug** gegen Rückgabe der Gegenleistung zur Rückgewähr zu verurteilen ist.[1871] Dies gilt hingegen nicht für andere Ansprüche, die nicht in einem vergleichbar **engen Zusammenhang** mit dem anfechtungsrechtlichen Rückgewähranspruch stehen. Dem Anfechtungsgegner steht daher kein Zurückbehaltungsrecht wegen des Auskunftsanspruchs über den Verbleib von Gegenständen zu, an denen ihm ein Aus- oder Absonderungsrecht zusteht.[1872]

3. Rückgewähr bei unentgeltlicher Leistung (§ 143 Abs. 2 InsO)

571 **§ 143 Abs. 2 InsO** enthält eine **Sonderregelung** für den **redlichen Empfänger** einer unentgeltlichen Leistung i.S.d. **§ 134 InsO**.[1873] Dieser hat eine unentgeltliche Leistung nach Satz 1 der Bestimmung nur zurückzugewähren, soweit er durch sie bereichert ist. Seine Rückgewährpflicht entspricht jener eines Bereicherungsschuldners nach **§ 818 Abs. 1 bis 3 BGB**.[1874] Er haftet somit nicht für die schuldhafte Unmöglichkeit der Rückgabe oder die Verschlechterung des empfangenen Gegenstandes; auch für schuldhaft nicht gezogene Nutzungen haftet er nicht.[1875] Die Besserstellung des Empfängers einer unentgeltlichen Leistung beruht darauf, dass bei

---

[1868] Vgl. Jaeger/Henckel, § 143 InsO Rn 148; HK/Kreft, § 143 InsO Rn 19.
[1869] MüKo/Kirchhof, § 143 InsO Rn 69; vgl. dazu ferner BGH, 29.6.2004 – IX ZR 258/02, BGHZ 159, 397, 402; BGH, 27.3.1984 – IX ZR 49/83, NJW 1984, 2890, 2892.
[1870] BGH, 27.3.1984 – IX ZR 49/83, NJW 1984, 2890 ff.
[1871] Vgl. BGH, 29.4.1986 – IX ZR 145/85, ZIP 1986, 787 ff.
[1872] BGH, 11.5.2000 – IX ZR 262/98, ZIP 2000, 1061 ff.
[1873] HK/Kreft, § 143 InsO Rn 26.
[1874] HK/Kreft, § 143 InsO Rn 27.
[1875] Begr. zum RegE, BT-Drucks. 12/2443, S. 167; Uhlenbruck/Ede/Hirte, § 143 InsO Rn 54.

ihm nicht von vornherein eine Bösgläubigkeit vermutet werden kann.[1876] Redlich ist der Anfechtungsgegner gem. **§ 143 Abs. 2 Satz 2 InsO** in dem Moment nicht mehr, in dem er weiß oder den **Umständen nach wissen muss**, dass die unentgeltliche Leistung die **Gläubiger benachteiligt**. Sind dem Anfechtungsgegner Umstände bekannt, die mit **auffallender Deutlichkeit dafür sprechen** und deren Kenntnis auch einem Empfänger mit durchschnittlichem Erkenntnisvermögen ohne gründliche Überlegung die Annahme nahe legt, dass die **Befriedigung der Gläubiger** infolge der Freigiebigkeit **verkürzt** ist, muss er den Umständen nach wissen, dass die empfangene Leistung die Gläubiger benachteiligt.[1877] Die Kenntnis des Anfechtungsgegners muss sich über die Zugehörigkeit der empfangenen unentgeltlichen Leistung zu der den Gläubigern haftenden Vermögensmasse hinaus nicht auf weitere Umstände erstrecken.[1878] In dem entschiedenen Fall hatte der Geschäftsführer und Alleingesellschafter der Schuldnerin 10.000 € mit der Angabe „Darlehen" und 25.000 € als „Stammeinlage" auf das Konto der Schuldnerin überwiesen, nachdem das verklagte Land die Eröffnung des Insolvenzverfahrens über sein Vermögen beantragt hatte. Die Schuldnerin überwies noch am selben Tag 33.000 € auf die Steuerschuld ihres Alleingesellschafters. Die Insolvenzverwalterin über das Vermögen des Alleingesellschafters forderte vom verklagten Land mit Erfolg die Rückgewähr unter dem Gesichtspunkt der Vorsatzanfechtung. Der Insolvenzverwalter über das Vermögen der Schuldnerin forderte vom verklagten Land ebenfalls die Rückzahlung von 23.000 €.

Setzt der Empfänger einer unentgeltlichen Zuwendung das erhaltene Geld zur **Tilgung bestehender Verbindlichkeiten** ein, kann er sich nur auf Entreicherung berufen, wenn er darlegt und beweist, dass und wofür er seine durch die Verwendung der unentgeltlichen Zuwendung zur Schuldtilgung freigewordenen Mittel anderweitig ausgegeben hat, er hierdurch **keinen bleibenden Vorteil erlangt** hat und diese **anderweitige Verwendung** der freigewordenen Mittel ohne die – nunmehr angefochtene – unentgeltliche Leistung des Schuldners **unterblieben wäre**.[1879] Begründet der Empfänger einer unentgeltlichen Zuwendung **neue Verbindlichkeiten**, die er mit dem erhaltenen Geld erfüllt, kann er sich nur auf Entreicherung berufen, wenn er darlegt und beweist, dass dies zu keinem die Herausgabe rechtfertigenden Vermögensvorteil bei ihm geführt hat, und nicht anzunehmen ist, dass die Ausgaben ansonsten mit anderen verfügbaren Mitteln bestritten worden wären.[1880]

1876 MüKo/Kirchhof, § 143 InsO Rn 100.
1877 BGH, 8.9.2016 – IX ZR 151/14, ZIP 2016, 2376 ff., 1. Ls.
1878 BGH, 8.9.2016 – IX ZR 151/14, ZIP 2016, 2376 ff., 2. Ls.
1879 BGH, 27.10.2016 – IX ZR 160/14, ZIP 2016, 2326 ff., 1. Ls.
1880 BGH, 27.10.2016 – IX ZR 160/14, ZIP 2016, 2326 ff., 2. Ls.

572 **Streitig** und höchstrichterlich noch nicht geklärt ist die Frage, ob im Rahmen des § 143 Abs. 2 InsO **einfache Fahrlässigkeit** genügt (vgl. § 122 Abs. 2 BGB) oder ob **grobe Fahrlässigkeit** erforderlich ist[1881] Es wird zu Recht darauf hingewiesen, dass nach hergebrachtem Verständnis von Gutgläubigkeit auszugehen sei, wenn dem Empfänger weder bekannt noch aufgrund grober Fahrlässigkeit unbekannt gewesen sei, dass die Freigebigkeit die Befriedigung der Gläubiger verkürzt habe, und dass sich daran ungeachtet der Formulierung „oder den Umständen nach wissen muss" nichts geändert habe.[1882] Ist die Rechtshandlung nicht nur nach § 134 InsO, sondern auch nach einem anderen Anfechtungstatbestand anfechtbar, findet § 143 Abs. 2 InsO insoweit keine Anwendung.[1883]

4. Haftung bei Gesellschaftersicherheiten (§§ 143 Abs. 3, 135 Abs. 2 InsO)

a) Unmittelbarer Anwendungsbereich

573 § 143 Abs. 3 InsO ist mit dem MoMiG in Kraft getreten und regelt die Rechtsfolgen der Anfechtung nach § 135 Abs. 2 InsO in Anlehnung an § 32b GmbHG a.F. Er betrifft somit den Fall, dass eine Gesellschaft im Sinne des § 39 Abs. 4 Satz 1 InsO die **Forderung eines Dritten** auf Darlehensrückgewähr (oder eine gleichgestellte Forderung) innerhalb der Jahresfrist des § 135 Abs. 1 Nr. 2 InsO **befriedigt** hat und der **Gesellschafter** für diese Forderung eine **Sicherheit bestellt** hatte. Dabei ist zu beachten, dass – anders als es der missverständliche Wortlaut des § 135 Abs. 2 InsO nahelegt – **nicht** die **Zahlung an den Dritten anfechtbar ist, sondern das Freiwerden des Gesellschafters** als Sicherungsgeber.[1884] Die Bestimmung stellt insoweit einen Sonderfall im System des Insolvenzanfechtungsrechts dar, als der Anspruch sich nicht gegen den Empfänger der Leistung – der Darlehensrückzahlung – richtet, sondern gegen einen Dritten, nämlich den Gesellschafter, der hierdurch nur mittelbar – durch Freiwerden der von ihm gestellten Sicherheit – begünstigt wird.[1885] Der Gesellschafter hat die dem Dritten von der Gesellschaft gewährte Leistung zur Insolvenzmasse zu erstatten, wobei der **Erstattungsanspruch nicht** dadurch **entfällt**, dass der **Kreditgeber** auf die **Gesellschaftersicherung verzichte**t,

---

1881 In ersterem Sinne OLG Rostock, 17.12.2007 – 3 U 99/07, ZIP 2008, 568 f. Rn 31; MüKo/Kirchhof, § 143 InsO Rn 107 – **a.A.** HK/Kreft, § 143 InsO Rn 29 ff.; HambKomm/Rogge, § 143 InsO Rn 86; Uhlenbruck/Ede/Hirte, § 143 Rn 59 – offenlassend BGH, 12.6.2008 – IX ZA 11/07, veröffentlicht bei juris.
1882 Vgl. HK/Kreft, § 143 InsO Rn 28; Kummer in Kummer/Schäfer/Wagner, Rn P123; HambKomm/Rogge/Leptien, § 143 InsO Rn 86.
1883 BGH, 15.11.2012 – IX ZR 173/09, ZIP 2013, 131 ff. Rn 13; HK/Kreft, § 143 Rn 26.
1884 Vgl. Gehrlein, in: Ahrens/Gehrlein/Ringstmeier, § 143 Rn 18.
1885 Vgl. Begr. zum RegE, BT-Drucks. 16/6140, S. 57; BGH, 1.12.2011 – IX ZR 11/11, BGHZ 192, 9 ff.

den Gesellschafter also etwa aus der von ihm übernommenen Bürgschaft entlässt. Ein solcher Verzicht hat nur im Verhältnis zwischen dem Kreditgeber und dem Gesellschafter Wirkung und lässt den Anspruch der Gesellschaft gegen den Gesellschafter nach den §§ 135 Abs. 2, 143 Abs. 3 InsO unberührt.[1886]

Führt die **Gesellschaft** das besicherte **Drittdarlehen nur teilweise zurück** 574 und kann es deshalb weiterhin zur Inanspruchnahme des Gesellschafters durch den Gläubiger der Gesellschaft kommen, darf die Summe aus dem Anspruch gemäß §§ 135 Abs. 2, 143 Abs. 3 InsO und der fortbestehenden Verpflichtung des Gesellschafters aus der Sicherheit dessen ohne die teilweise Rückführung des Darlehens bestehende Verpflichtung nicht übersteigen.[1887] War etwa ein Kredit der Gesellschaft über 100.000,– EUR zur Hälfte durch eine Gesellschaftersicherheit gesichert und wurde er in Höhe von 80.000,– EUR zurückgezahlt, so hat der Gesellschafter 30.000,– EUR zu erstatten, da seine Sicherheit in Höhe von 20.000,– EUR fortbesteht.

Soweit eine von der **Gesellschaft gestellte Sicherheit verwertet** und der **Ge-** 575 **sellschafter** durch die Anrechnung des Verwertungserlöses von seiner **Bürgschaftsschuld frei** wird, steht dies einer Auszahlung an den Gesellschafter gleich, auch wenn der Gesellschafter selbst oder eine von ihm beherrschte Gesellschaft die Gesellschaftssicherheit erwirbt. Die Höhe des Erstattungsanspruchs der Gesellschaft richtet sich allein nach der durch die Verwertung der Gesellschaftssicherheit erlangten Befreiung von der Bürgschaftsschuld und nicht nach dem Wert des Sicherungsguts.[1888]

b) Analoge Anwendung auf Verwertungshandlungen nach Insolvenzeröffnung bei Doppelsicherung

Obwohl § 143 Abs. 3 InsO als Rechtsfolgenbestimmung den Anfechtungstatbestand 576 des § 135 Abs. 2 InsO in Bezug nimmt, welcher im Grundsatz nach der anfechtungsrechtlichen Grundnorm des **§ 129 Abs. 1 InsO** eine **Rechtshandlung voraussetzt, die vor** der **Eröffnung** des Insolvenzverfahrens vorgenommen wurde, ist die Bestimmung nach der Rechtsprechung des BGH **analog** anwendbar, wenn die am Gesellschaftsvermögen und am Vermögen des Gesellschafters gesicherte Forderung (Doppelsicherung) **erst nach** der **Eröffnung** des Insolvenzverfahrens über das Vermögen der Gesellschaft durch Verwertung der Gesellschaftssicherheit **befriedigt**

1886 OLG Stuttgart, 14.3.2012 – 14 U 28/11, ZIP 2012, 834 ff.; HK/Kleindiek, § 143 Rn 37; vgl. zum früheren Eigenkapitalersatzrecht BGH, 2.6.1997 – II ZR 211/95, ZIP 1997, 1648 ff. Rn 15 – **a.A.** LG Kleve, 3.3.2015 – 4 O 35/13, ZIP 2015, 988 ff.; Priebe, EWiR 2015, 615 f.
1887 BGH, 4.7.2013 – IX ZR 229/12, ZIP 2013, 1629 ff. Rn 22.
1888 BGH, 20.7.2009 – II ZR 36/08, ZIP 2009, 1806 ff.

wird. Das unter dem früheren Recht überwiegend bejahte **Wahlrecht** des **Insolvenzverwalters** bei der Inanspruchnahme der bestehenden Sicherheiten wird insoweit nicht durch § 44a InsO eingeschränkt.[1889]

c) Ersetzungsbefugnis nach § 143 Abs. 3 InsO

577 Dem Gesellschafter wird durch § 143 Abs. 3 InsO die **Möglichkeit** eingeräumt, die **freigewordene Gesellschaftersicherheit** der Insolvenzmasse **zur Verfügung zu stellen**, ohne dass er dazu verpflichtet wäre (Ersetzungsbefugnis). Einen etwaigen überschießenden Verwertungserlös hat die Gesellschaft dem Gesellschafter herauszugeben.[1890] Wird auch der Gesellschafter insolvent, kann der Insolvenzverwalter der Gesellschaft nur eine Insolvenzforderung gemäß §§ 38, 87, 174 ff. InsO zur Tabelle anmelden. Hatte der Gesellschafter allerdings schon vor der Insolvenzeröffnung von seiner Ersetzungsbefugnis Gebrauch gemacht, begründet der Anspruch auf den Sicherungsgegenstand ein Aussonderungsrecht zugunsten der Insolvenzmasse der Gesellschaft.[1891]

5. Darlegungs- und Beweislast

578 Der Insolvenzverwalter hat darzulegen und zu beweisen, dass der Anfechtungsgegner einen bestimmten Gegenstand aus dem Schuldnervermögen in anfechtbarer Weise erhalten hat. Dem **Anfechtungsgegner** obliegt die Beweislast, dass und aus welchen Gründen ihm eine **Rückgewähr in Natur nicht möglich** ist; ferner hat er **fehlendes Verschulden** an der Unmöglichkeit der Rückgewähr bzw. an der Verschlechterung und ggf. an einem eingetretenen **Verzug** zu beweisen. Die objektiven Verzugsvoraussetzungen hat dagegen der **Insolvenzverwalter** nachzuweisen. Dieser trägt ferner die Darlegungs- und Beweislast hinsichtlich der Höhe des **zu ersetzenden Wertes** des anfechtbar weggegebenen Gegenstandes.[1892] **Der Insolvenzverwalter** hat **gegebenenfalls zu beweisen**, dass **Nutzungen gezogen** wurden **oder** bei ordnungsgemäßer Wirtschaft **zu ziehen waren**.[1893] Die Darlegungs- und Beweislast für erstattungsfähige **Verwendungen** liegt hingegen beim **Anfechtungsgegner**.[1894]

1889 BGH, 1.12.2011 – IX ZR 11/11, BGHZ 192, 9 ff.
1890 HK/Kleindiek, § 143 InsO Rn 41.
1891 MüKo/Kirchhof, § 143 InsO Rn 114; KPB/Jacoby, § 143 InsO Rn 83.
1892 MüKo/Kirchhof, § 143 InsO Rn 116; HambKomm/Rogge/Leptien, § 143 InsO Rn 90 f.
1893 Vgl. BGH; 14.7.1995 – V ZR 45/94, NJW 1995, 2627, 2628 zu § 818 BGB; MüKo/Kirchhof, § 143 Rn 116.
1894 Vgl. Gottwald/Huber, Insolvenzrechts-Handbuch, § 52 Rn 17.

I.R.d. **§ 143 Abs. 2 Satz 1 InsO** obliegt dem **Anfechtungsgegner** die Beweislast, dass er nicht mehr bereichert ist.[1895] Mit der Fassung des **§ 143 Abs. 2 Satz 2 InsO** hat der Gesetzgeber schließlich klargestellt, dass der **anfechtende Insolvenzverwalter** die Unredlichkeit bzw. Bösgläubigkeit des Anfechtungsgegners zu beweisen hat.[1896]

Bei **§ 143 Abs. 3 Satz 1 InsO** muss der Insolvenzverwalter neben den allgemeinen Anfechtungsvoraussetzungen des § 135 Abs. 2 InsO darlegen und gegebenenfalls beweisen, dass die Leistung an den Darlehensgeber mit Mitteln der Gesellschaft erbracht wurde. Dagegen folgt aus der einschränkenden Fassung des **§ 143 Abs. 3 Satz 2 InsO**, dass der Gesellschafter die wertmäßige Beschränkung seiner Rückgewährpflicht beweisen muss.[1897]

III. Geltendmachung der Anfechtung

1. Anfechtungsberechtigter; Ausübung des Anfechtungsrechts

a) Grundsatz

Im **Grundsatz** ist nur der **Insolvenzverwalter** zur Anfechtung berechtigt. Die unter der Geltung der KO vertretene Auffassung des BGH, das Anfechtungsrecht sei untrennbar mit dem Amt des Verwalters verbunden,[1898] kann allerdings seit dem Inkrafttreten der InsO nicht mehr aufrecht erhalten werden.[1899] Im Fall der **Eigenverwaltung** durch den Schuldner steht das Anfechtungsrecht gemäß § 280 InsO dem **Sachwalter** zu. Der **Insolvenzschuldner** ist hingegen **niemals** anfechtungsberechtigt, auch nicht nach der Aufhebung des Verfahrens.[1900] Bei Masselosigkeit oder Masseunzulänglichkeit haftet der Insolvenzverwalter bei der Geltendmachung von Anfechtungsansprüchen persönlich gegenüber dem Prozessgegner nur nach Maßgabe der §§ 826, 823 Abs. 2 BGB; § 61 InsO greift nicht ein.[1901]

Der **Zwangsverwalter** eines vermieteten Grundstücks kann eine Räumungsklage auch nach der Eröffnung des Insolvenzverfahrens über das Vermögen des Vermieters nicht auf die insolvenzrechtliche Anfechtbarkeit des Mietvertrages stützen.[1902] **Aufgehoben** wird der **angefochtene Vertrag** nicht bereits durch die vom Insolvenzverwalter erklärte oder gerichtlich geltend gemachte Anfechtung, sondern

---

1895 BGH, 17.12.2009 – IX ZR 16/09, ZInsO 2010, 521 ff.; MüKo/Kirchhof, § 143 InsO Rn 111.
1896 Vgl. Begr. zum RegE, BT-Drucks. 12/2443, S. 168.
1897 MüKo/Kirchhof, § 143 InsO Rn 120.
1898 BGH, 10.2.1982 – VIII ZR 158/80, BGHZ 83, 102, 105.
1899 Vgl. HK/Kreft, § 129 InsO Rn 84; Gottwald/Huber, Insolvenzrechts-Handbuch, § 51 Rn 4 und BGH, 17.2.2011 – IX ZR 91/10, ZIP 2011, 1114 ff.
1900 Gottwald/Huber, Insolvenzrechts-Handbuch, § 51 Rn 1.
1901 Vgl. BGH, 2.12.2004 – IX ZR 142/03, BGHZ 161, 236, 239 ff.; MüKo/Kayser, § 129 InsO Rn 192.
1902 BGH, 16.10.2014 – IX ZR 282/13, ZInsO 2014, 2318 f.

erst mit der **Zustimmung** oder einer entsprechenden **Verurteilung** des **Anfechtungsgegners**. Allenfalls dann kommt eine Wirkung der Anfechtung auch gegenüber Dritten in Betracht.[1903]

583 Das Anfechtungsrecht ist **kein Gestaltungsrecht**.[1904] Für die Ausübung des Anfechtungsrechts genügt **jede erkennbare Willensäußerung** dahingehend, dass der Insolvenzverwalter eine Gläubigerbenachteiligung in der Insolvenz nicht hinnimmt, sondern zur Masseanreicherung wenigstens wertmäßig auf Kosten des Anfechtungsgegners wieder auszugleichen sucht.[1905] Die gesetzliche Bestimmung, auf welche sich die Anfechtungsklage stützt, braucht der Insolvenzverwalter nicht zu bezeichnen. Es gelten vielmehr die allgemeinen Grundsätze der Schlüssigkeitsprüfung, welche die richterliche Rechtsfindung auch dann nicht begrenzen, wenn der Kläger zwar einzelne Anfechtungsbestimmungen ausdrücklich nennt, zu einem anderen Anfechtungstatbestand aber nur den Sachverhalt vorträgt.[1906] Stützt der Insolvenzverwalter sein Begehren auf einen **Sachverhalt**, der **geeignet** sein kann, die **Voraussetzungen** eines **Anfechtungstatbestandes zu erfüllen**, und lässt der Vortrag erkennen, welche Rechtshandlungen angefochten werden, wird daher die **Verjährung** bzgl. all dieser Rechtshandlungen **gehemmt**.[1907] Selbst wenn der Insolvenzverwalter die klageweise geltend gemachte Forderung nur aus ungerechtfertigter Bereicherung geltend gemacht hat, enthebt dies das Gericht nicht der Notwendigkeit, den Anspruch auch unter anfechtungsrechtlichen Gesichtspunkten zu prüfen (Grundsatz „jura novit curia").[1908] Umgekehrt hemmt die auf die Anfechtung gestützte Zahlungsklage die Verjährung auch bzgl. eines alternativ gegebenen, auf Zahlung gerichteten Bereicherungsanspruchs, wenn dessen Voraussetzungen mit dem Sachvortrag der Klage dargelegt sind.[1909]

b) Sonderfall Doppelinsolvenz

584 Hat ein **persönlich haftender Gesellschafter** vor der Eröffnung des Insolvenzverfahrens über das Vermögen der Gesellschaft Leistungen an einen Gesellschaftsgläubiger erbracht, ist grds. der Insolvenzverwalter über das Vermögen der Gesellschaft zur Anfechtung berechtigt (vgl. **§ 93 InsO**). Im Fall der **Doppelinsolvenz** der **Gesellschaft** und des **Gesellschafters** steht das Recht zur Insolvenzanfechtung hingegen

---

1903 BGH, 16.10.2014 – IX ZR 282/13, ZInsO 2014, 2318f. Rn 14.
1904 BGH, 5.6.2008 – IX ZR 17/07, ZInsO 2008, 738ff. Rn 17; BGH, 21.2.2008 – IX ZR 209/06, ZInsO 2008, 508f. Rn 11; BAG, 13.11.2014 – 6 AZR 869/13, ZInsO 2015, 306ff. Rn 43.
1905 BGH, 21.2.2008 – IX ZR 209/06, ZInsO 2008, 508f. Rn 11.
1906 BGH, 5.6.2008 – IX ZR 17/07, ZInsO 2008, 738ff. Rn 17.
1907 Vgl. BGH, 21.2.2008 – IX ZR 209/06, ZInsO 2008, 508f. Rn 12.
1908 Vgl. BGH, 26.10.2000 – IX ZR 289/99, ZIP 2001, 33ff. Rn 25.
1909 BGH, 29.10.2015 – IX ZR 222/13, ZIP 2015, 2383ff.

dem Insolvenzverwalter über das Vermögen des Gesellschafters zu. Der Anfechtungszeitraum errechnet sich in diesem Fall nach dem früher gestellten Insolvenzantrag.[1910]

c) Mehrere Anfechtungsberechtigte

Nach der Rechtsprechung des BGH kann eine anfechtbare Rechtshandlung bei einer sog. **„Doppelinsolvenz"** für **mehrere Anfechtungsberechtigte** die Anfechtung ggü. demselben Anfechtungsgegner begründen. Entschieden ist dies für den Fall, dass der **Schuldner auf Anweisung** eines **Dritten** dessen Verbindlichkeit ggü. einem Gläubiger begleicht (**„Tilgung fremder Schuld"**) und die **Forderung** dieses **Gläubigers** gegen den anweisenden Dritten **wertlos** war.[1911] In diesem Fall kann im Grundsatz sowohl der Insolvenzverwalter über das Vermögen des Schuldners als auch jener über das Vermögen des Dritten ggü. dem befriedigten Gläubiger anfechten, wobei allerdings die **Deckungsanfechtung** des Letzteren der **„Schenkungsanfechtung"** des Ersteren **vorgeht**. Sofern der Anfechtungsgegner unter Hinweis auf den konkurrierenden Anfechtungsanspruch des Dritten die Sachbefugnis des Insolvenzverwalters über das Vermögen des zahlenden Schuldners bestreitet, hat der **Anfechtungsgegner** darzulegen und **zu beweisen**, dass der **konkurrierende vorrangige Anfechtungsanspruch erhoben** ist und dass seine Voraussetzungen gegeben sind.[1912] Der Zuwendungsempfänger hat eine Anfechtung durch den unentgeltlich handelnden Leistungsmittler auch in Fällen einer mittelbaren Zuwendung zu gewärtigen, wenn die Deckungsanfechtung durch den Leistenden an den Fristen der §§ 130, 131 InsO scheitert.[1913] Ein Vorrang der Deckungsanfechtung besteht hingegen nicht, wenn die Zuwendung nicht aufgrund einer Weisung und mit Mitteln desjenigen vorgenommen wurde, der mit dem Zuwendungsempfänger durch eine Leistungsbeziehung verbunden war.[1914]

2. Anfechtungsgegner

a) Grundsatz und Sonderregelung des § 143 Abs. 3 InsO

Anfechtungsgegner ist grds. derjenige, der durch die anfechtbare Rechtshandlung **etwas aus** dem **Schuldnervermögen erlangt** hat.[1915] Dies kann auch eine tarifver-

---

1910 Vgl. BGH, 9.10.2008 – IX ZR 138/06, BGHZ 178, 171 ff. – „KG-Doppelinsolvenz".
1911 BGH, 16.11.2007 – IX ZR 194/04, BGHZ 174, 228 ff. – „Cash-Pool (2)"; krit. dazu Bork, ZIP 2008, 1041, 1048.
1912 BGH, 16.11.2007 – IX ZR 194/04, BGHZ 174, 228 ff. Rn 49.
1913 BGH, 22.10.2009 – IX ZR 182/08, ZIP 2009, 2303 ff. Rn 13.
1914 Vgl. BGH, 22.10.2009 – IX ZR 182/08, ZIP 2009, 2303 ff. Rn 13.
1915 BGH, 16.9.1999 – IX ZR 204/98, BGHZ 142, 284, 288 – „Computeranlage"; Jaeger/Henckel, § 143 Rn 99.

traglich zur Einziehung von Sozialkassenbeiträgen der Arbeitgeber ermächtigte **Einzugsstelle** sein, soweit sie die fremdnützig eingezogenen Beträge an die berechtigten Sozialkassen ausgekehrt hat.[1916] Entsprechendes gilt für eine private **Betreiberin** eines **LKW-Maut-Systems**, welche im Auftrag der Bundesrepublik Deutschland Gebühren für die Benutzung der Bundesautobahnen erhebt.[1917] Nimmt ein **Zwangsverwalter** als Vermieter Mietzahlungen seines Mieters ein, obwohl er gewusst hat oder wissen musste, dass der Mieter zahlungsunfähig war, ist er im Fall einer Insolvenzanfechtung zur Rückgewähr des Erlangten verpflichtet.[1918] Leistet der Schuldner in anfechtbarer Weise an einen vom Gläubiger mit dem **Empfang** der Leistung **beauftragten Dritten**, ist der Gläubiger zur Rückgewähr der Leistung verpflichtet.[1919]

587 § 143 Abs. 3 InsO enthält für den Fall der anfechtbaren Befriedigung einer **gesellschafterbesicherten Drittforderung** eine **Sonderregelung**, die § 32b GmbHG a.F. entspricht und nach der nicht der befriedigte Dritte, sondern der Gesellschafter, dessen Sicherheit durch die anfechtbare Rechtshandlung frei wurde, Anfechtungsgegner ist.[1920] Denn gemäß § 44a InsO soll der Gesellschafter vorrangig vom Gläubiger in Anspruch genommen werden. Hat die Gesellschaft den Dritten befriedigt, ist der Gesellschafter ihr gegenüber zur Erstattung verpflichtet.[1921]

588 Der **Insolvenzschuldner** ist – wie sich insbesondere aus § 143 Abs. 1 InsO ergibt, der voraussetzt, dass ein Vermögensgegenstand aus dem Vermögen des Schuldners veräußert, weggegeben oder aufgegeben wurde – **grundsätzlich nicht tauglicher Gegner** eines Insolvenzanfechtungsanspruchs.[1922] Die Frage, ob der Insolvenzschuldner selbst Anfechtungsgegner sein kann, stellte sich etwa im Zusammenhang mit einem Urteil des OLG Stuttgart vom 15.12.2011.[1923] Danach sollte die **Umwandlung** einer **Lebensversicherung** gemäß **§ 167 VVG** zur Erlangung des Pfändungsschutzes nach **§ 851c ZPO** nicht nach den §§ 129ff. InsO anfechtbar sein. Die Umwandlung gewähre keiner anderen Person eine Vermögenszuwendung. Die Wirkung der Umwandlung bestehe vielmehr allein in der Begründung von Pfän-

---

1916 BGH, 12.2.2004 – IX ZR 70/03, NJW 2004, 2163 f.
1917 BGH, 10.10.2013 – IX ZR 319/12, ZIP 2013, 2210 ff.
1918 OLG Dresden, 30.7.2014 – 13 U 461/14, ZIP 2014, 1642 ff.
1919 BGH, 12.3.2009 – IX ZR 85/06, ZIP 2009, 726 f. Rn 2; BGH, 3.4.2014 – IX ZR 201/13, ZIP 2014, 1032 ff. – „Inkassozession (1)"; BGH, 24.9.2015 – IX ZR 308/14, WM 2015, 2324 f. – „Inkassozession (2)".
1920 Vgl. Begr. zum RegE des „MoMiG", BT-Drucks. 16/6140, S. 57; Graf-Schlicker/Huber, § 143 InsO Rn 30.
1921 Vgl. BGH, 4.7.2013 – IX ZR 229/12, BGHZ 198, 77 ff. Rn 20.
1922 BGH, 13.10.2011 – IX ZR 80/11, NZI 2011, 937; einschränkend MüKo/Kirchhof, § 145 Rn 17a; HK/Kreft, § 129 Rn 93 i.V.m. § 145 Rn 7; vgl. dazu ferner Onusseit/Umbach, FS für Kübler, 2015, S. 473 ff.
1923 Vgl. OLG Stuttgart, 15.12.2011 – 7 U 184/11, ZInsO 2012, 281 ff.; Wollmann, ZInsO 2012, 2061 ff.

dungsschutz zugunsten des Insolvenzschuldners; Vorteile für eine andere Person seien damit nicht verbunden.[1324]

b) Anfechtungsgegner bei Deckungsanfechtung

Anfechtungsgegner einer **Deckungsanfechtung** i.S.d. §§ 130, 131 InsO kann **nur** ein **Insolvenzgläubiger** bzw. ein Gläubiger sein, der Insolvenzgläubiger gewesen wäre, wenn er nicht durch die anfechtbare Rechtshandlung befriedigt worden wäre. Dazu gehört auch der Gläubiger, der einen Anspruch gegen den Schuldner im Insolvenzverfahren **aufschiebend bedingt für den Ausfall** hätte anmelden können, etwa im Fall einer **Organschaft** die Steuerbehörde gem. **§ 73 AO**.[1925] Dazu gehören auch die Inhaber von **Absonderungsrechten gemäß § 52 InsO, soweit** Rechtshandlungen nicht nur der Befriedigung ihres Absonderungsrechts dienen, sondern auch die durch das Absonderungsrecht **gesicherten Forderungen** erfüllen.[1926]

589

c) Anfechtungsgegner bei mittelbaren Zuwendungen

Bei **mittelbaren Zuwendungen** richtet sich die Bestimmung des Anfechtungsgegners im Grundsatz nach den Kriterien des **bereicherungsrechtlichen Leistungsbegriffs**. Hat daher der Schuldner eine Mittelsperson eingeschaltet, die für ihn durch eine einheitliche Handlung eine Zuwendung an einen Dritten bewirkt und damit zugleich unmittelbar das den Insolvenzgläubigern haftende Vermögen vermindert hat, so richtet sich die Anfechtung **allein gegen** den **Dritten** als Empfänger, wenn es sich für diesen **erkennbar** um eine **Leistung des Schuldners** handelte.[1927] **Begleicht** der **Schuldner auf Anweisung** eines **Dritten** dessen Verbindlichkeit ggü. einem Gläubiger und war die **getilgte Forderung nicht werthaltig**, so ist nach der Rechtsprechung des BGH ggü. dem Zuwendungsempfänger im Grundsatz die Anfechtung wegen unentgeltlicher Leistung gem. **§ 134 InsO** begründet.[1928]

590

1924 OLG Stuttgart, 15.12.2011 – 7 U 184/11, ZInsO 2012, 281 ff.; vgl. dazu jedoch BGH, 13.10.2011 – IX ZR 80/11, NZI 2011, 937.
1925 OLG Hamm, 2.12.2010 – 27 U 55/10, ZIP 2010, 2517 ff.; bestätigt durch BGH, 19.1.2010 – IX ZR 2/11, BGHZ 192, 221 ff.; vgl. zur umsatzsteuerlichen Organschaft MüKo/Lwowski/Bitter, § 43 Rn 11 – a.A. BFH, 23.9.2009 – VII R 43/08, ZIP 2009, 2455 ff.
1926 Vgl. BGH, 6.4.2006 – IX ZR 185/04, ZInsO 2006, 544 ff. Rn 13.
1927 BGH, 26.4.2012 – IX ZR 74/11, BGHZ 193, 129 ff. Rn 9; BGH, 5.2.2004 – IX ZR 473/00, ZInsO 2004, 499 ff. – „Pachtablösung", mit Besprechung von Henckel, ZIP 2004, 1671 ff.; BGH, 16.9.1999 – IX ZR 204/98, BGHZ 142, 284 ff. – „Computeranlage"; BGH, 19.2.2009 – IX ZR 16/08, ZIP 2009, 769 f. – „Avalprovision".
1928 BGH, 3.3.2005 – IX ZR 441/00, BGHZ 162, 276 ff. – „Cash-Pool (1)".

591 **Daneben** kann ggü. dem Zuwendungsempfänger die **Deckungsanfechtung** durch den Insolvenzverwalter des **befreiten Dritten** gegeben sein, wobei der BGH zur Vermeidung einer doppelten Inanspruchnahme des Zuwendungsempfängers davon ausgeht, dass die **Deckungsanfechtung** die **„Schenkungsanfechtung" verdrängt**.[1929] Dafür genügt jedoch nicht die bloße Anfechtbarkeit unter dem Gesichtspunkt der Deckungsanfechtung.[1930] Vielmehr hat der Anfechtungsgegner darzulegen und ggf. zu beweisen, dass der vorrangige Anspruch aus Deckungsanfechtung erhoben ist und dass dessen Voraussetzungen gegeben sind.[1931] Veranlasst ein Schuldner einen Mittler zur Erbringung von Leistungen, die aus seinem Vermögen stammen, an seinen Gläubiger, und fechten, nachdem sowohl der Schuldner als auch der Mittler in die Insolvenz geraten sind, beide Insolvenzverwalter die Leistungen an, schließt die auf die mittelbare Zuwendung gestützte Deckungsanfechtung durch den Insolvenzverwalter des Schuldners eine „Schenkungsanfechtung" durch den Insolvenzverwalter des Mittlers nur insoweit aus, als der Anfechtungsgegner das anfechtbar Erlangte tatsächlich an den Insolvenzverwalter, der die Deckungsanfechtung geltend macht, zurückgewährt.[1932]

592 Der Weg, auf dem der **BGH** das Konkurrenzproblem zu lösen sucht, **vermag nicht zu überzeugen**. Er berücksichtigt nicht, dass der nach seiner Ansicht prinzipiell zur **„Schenkungsanfechtung" befugte Insolvenzverwalter nicht verlässlich anfechten kann**, solange der zur Deckungsanfechtung befugte Insolvenzverwalter noch nicht angefochten hat. Ob etwa der Zuwendungsempfänger zum Zeitpunkt der Zuwendung die Zahlungsunfähigkeit seines Schuldners kannte, wird der zur „Schenkungsanfechtung" befugte Insolvenzverwalter in der Regel nicht beurteilen können. Einen **„Einwand der möglichen Anfechtung"** für den Fall, dass der zur Deckungsanfechtung befugte Insolvenzverwalter gegenüber dem Zuwendungsempfänger noch nicht angefochten hat, **gibt es nicht**. Der Zuwendungsempfänger muss zur Abwendung der „Schenkungsanfechtung" darlegen und gegebenenfalls beweisen, dass ein Dritter ihm gegenüber zur Deckungsanfechtung berechtigt ist. Dies ist eine seltsame Konsequenz der Rechtsprechung des BGH. Besteht zwischen dem zur „Schenkungsanfechtung" und dem zur Deckungsanfechtung berechtigten Insolvenzverwalter Personenidentität (bei verbundenen Unternehmen durchaus möglich), so kann dieser sich heraussuchen, welcher Anfechtungsanspruch leichter geltend zu machen ist. Die durch die Rechtsprechung des BGH aufgeworfenen Probleme sind somit ungelöst.

1929 BGH, 16.11.2007 – IX ZR 194/04, BGHZ 174, 228 ff. – „Cash-Pool (2)".
1930 BGH, 16.11.2007 – IX ZR 194/04, BGHZ 174, 228 ff. Rn 46.
1931 BGH, 16.11.2007 – IX ZR 194/04, BGHZ 174, 228 ff. Rn 49.
1932 BGH, 4.2.2016 – IX ZR 42/14, ZIP 2016, 478 ff.

d) Anfechtungsgegner bei Zahlungen im „Cash-Pool"

Im Fall der Umbuchung von Gutschriften vom Konto einer an einem „**Cash-Pool**" **593** teilnehmenden Gesellschaft auf das Zielkonto des „Cash-Pools" und der dortigen Verrechnung durch die Bank bestehen **keine Anfechtungsansprüche gegen die Bank, soweit** diese lediglich als **Leistungsmittlerin** tätig geworden ist.[1933] In solchen Fällen bedient sich die Schuldnerin nicht der Poolführerin, um eine Leistung an die Bank zu erbringen, sondern sie bedient sich der Bank als Leistungsmittlerin, um an die Poolführerin zu leisten. Es geht ihr allein darum, ihre Pflichten aus dem Poolvertrag gegenüber der Poolführerin zu erfüllen.[1934] Damit hat der BGH klargestellt, dass die Teilnahme der Bank an einem solchen „Cash-Pool" im Grundsatz nicht der Anfechtung unterliegt.

e) Mehrere Anfechtungsgegner; Mittelsperson als (zusätzlicher) Anfechtungsgegner

Gegen die **Mittelsperson** kann sich die Anfechtung bei einer mittelbaren Zuwen- **594** dung nach der Rechtsprechung des BGH ausnahmsweise ebenfalls richten, wenn diese einen **eigenen** – über eine bloße Leistungsbefreiung hinausgehenden – **Vorteil** erlangt hat.[1935] So soll sich der Anfechtungsanspruch bei der **Überweisung auf das debitorisch geführte Konto eines anderen** nicht nur gegen diesen, sondern auch gegen die Empfängerbank richten können.[1936] Dieser Entscheidung dürfte jedoch aufgrund eines neueren Urteils des BGH vom 13.6.2013[1937] zur Bankverrechnung im Rahmen eines Cash-Pools **keine Bedeutung mehr zukommen**. Danach haben Überweisungen auf ein im Soll geführtes Konto eines Gläubigers regelmäßig die Befriedigung der Forderung dieses Gläubigers zum Ziel und nicht den Zweck, den Kredit des Gläubigers bei der Bank zurückzuführen.[1938]

Sind in der Person des **Angewiesenen** die Voraussetzungen der **Vorsatzan- 595 fechtung** erfüllt, so kann auch ihm ggü. angefochten werden. In diesem Fall stehen die Anfechtungsansprüche gegen den **Angewiesenen** und den **Zuwendungsempfänger** nach der Rechtsprechung des BGH im Verhältnis der **Gesamtschuld** zuein-

---

[1933] BGH, 13.6.2013 – IX ZR 259/12, ZIP 2013, 1826 ff. Rn 18 – „Cash-Pool (3)".
[1934] BGH, 13.6.2013 – IX ZR 259/12, ZIP 2013, 1826 ff. Rn 30 f.
[1935] Gottwald/Huber, Insolvenzrechts-Handbuch, § 51 Rn 59; HK/Kreft, § 129 Rn 93; vgl. dazu ferner Kayser, FS für Ganter, 2010, S. 221, 230, wonach die übrigen Fälle, in denen die Mittelsperson in der Vergangenheit als passivlegitimiert angesehen wurde, einer Überprüfung bedürfen.
[1936] BGH, 9.10.2008 – IX ZR 59/07, ZIP 2008, 2183 ff. Rn 23; BGH, 19.3.1998 – IX ZR 22/97, WM 1998, 968, 975 – „Zinsersparnis"; insoweit in BGHZ 138, 291 ff. nicht abgedruckt- zu Recht krit. dazu Henckel, ZIP 2004, 1671, 1672.
[1937] Vgl. BGH, 13.6.2013 – IX ZR 259/12, ZIP 2013, 1826 ff.
[1938] BGH, 13.6.2013 – IX ZR 259/12, ZIP 2013, 1826 ff. Rn 31.

ander.¹⁹³⁹ Wird durch die Leistung des Schuldners der Anspruch seines Vertragspartners erfüllt und zugleich die an einen Zessionar abgetretene Forderung werthaltig gemacht, so kommt bei einer solchen **Doppelwirkung** der Leistung ein Anfechtungsanspruch sowohl gegenüber dem Vertragspartner des Schuldners als auch gegenüber dem Zessionar in Betracht; diese haften gegebenenfalls als Gesamtschuldner.¹⁹⁴⁰ Wird neben der Forderung des Empfängers **zugleich** der gegen den Schuldner gerichtete **Anspruch** eines **mithaftenden Dritten auf Befreiung** von dieser Verbindlichkeit **erfüllt**, kann die Leistung nach Wahl des Insolvenzverwalters sowohl gegenüber dem Leistungsempfänger als auch gegenüber dem Dritten als Gesamtschuldner angefochten werden.¹⁹⁴¹ Es ist jedoch zu beachten, dass die Vorsatzanfechtung gegenüber dem Leistungsmittler nicht die Anfechtbarkeit der Leistung auch gegenüber dem Leistungsempfänger voraussetzt.¹⁹⁴²

f) Rechtsnachfolger (§ 145 InsO)

596 § 145 Abs. 1 InsO dehnt die Anfechtbarkeit auf den Erben und andere **Gesamtrechtsnachfolger** aus.¹⁹⁴³ Der Begriff der Gesamtrechtsnachfolge ist nach der Rechtsprechung des BGH **weit auszulegen**. Es mag deshalb nach seiner Ansicht viel für eine mindestens entsprechende Anwendung der Bestimmung des § 145 Abs. 1 InsO auf den Insolvenzverwalter eines Anfechtungsgegners sprechen.¹⁹⁴⁴ Gesamtrechtsnachfolge liegt insbesondere in den Fällen der Verschmelzung und Spaltung von Unternehmen (§ 20 Abs. 1 Nr. 1, §§ 36, 131 Abs. 1 Nr. 1 UmwG), der Vermögensübertragung (§ 174 UmwG) und der Vereinbarung einer Gütergemeinschaft (§§ 1416 ff. BGB) vor.¹⁹⁴⁵ Ist der Schuldner selbst Erbe des Anfechtungsgegners geworden, gehört der anfechtbar weggegebene Gegenstand zur Insolvenzmasse (vgl. § 35 InsO).¹⁹⁴⁶

597 § 145 Abs. 2 InsO erstreckt die Anfechtbarkeit auf **sonstige bösgläubige, nahestehende** und **unentgeltlich erwerbende Rechtsnachfolger**, denen die anfechtungsbegründenden Umstände bekannt waren. In allen Fällen ist Voraussetzung,

---

1939 BGH, 29.11.2007 – IX ZR 121/06, BGHZ 174, 314 ff. – „Subunternehmer"; BGH, 26.4.2012 – IX ZR 74/11, BGHZ 193, 129 ff. Rn 15 – „uneigennütziger Treuhänder".
1940 BGH, 29.11.2007 – IX ZR 165/05, ZInsO 2008, 209 ff.; BGH, 26.6.2008 – IX ZR 144/05, ZIP 2008, 1435 ff. Rn 17, 33.
1941 BGH, 19.1.2012 – IX ZR 2/11, BGHZ 192, 221 ff. – „Organschaft".
1942 Vgl. BGH, 24.1.2013 – IX ZR 11/12, ZIP 2013, 371 ff. Rn 21.
1943 HK/Kreft, § 145 InsO Rn 1; Gehrlein, in: Ahrens/Gehrlein/Ringstmeier, § 145 InsO Rn 1.
1944 BGH, 24.6.2003 – IX ZR 228/02, BGHZ 155, 199 ff. Rn 28; BGH, 23.10.2003 – IX ZR 252/01, BGHZ 156, 350 ff. Rn 30.
1945 HK/Kreft, § 145 InsO Rn 4; K. Schmidt/Büteröwe, § 145 InsO Rn 4.
1946 Jaeger/Henckel, § 145 InsO Rn 18.

dass der Rechtsnachfolger den anfechtbar weggegebenen **Gegenstand selbst erlangt** hat. Eine Einzelrechtsnachfolge kommt auch im Fall der Bestellung eines dinglichen Rechts an dem anfechtbar erworbenen Gegenstand sowie dann in Betracht, wenn eine besondere Befugnis abgezweigt, z.B. ein Wohnungsrecht eingeräumt wird.[1947] Auch die schuldrechtliche Überlassung des anfechtbar erworbenen Gegenstandes kann eine Rechtsnachfolge begründen,[1948] Der Rechtsnachfolger haftet jedoch nach h.M. nur, wenn die Anfechtung gegenüber jedem Vorerwerber begründet ist und insgesamt noch keine **Verjährung** eingetreten war.[1949] Eine im Vordringen befindliche Auffassung geht dagegen davon aus, dass die Anfechtungsansprüche im Fall des § 145 Abs. 2 InsO unabhängig voneinander verjähren.[1950]

Die **Rückgewährpflicht** des **Rechtsnachfolgers** tritt nicht an die Stelle, sondern **neben** die des **Rechtsvorgängers**. Schuldet der Rechtsvorgänger – gerade wegen der anfechtbaren Weggabe – Wertersatz, schließt dies die Verpflichtung des Rechtsnachfolgers zur Rückgewähr in Natur nicht aus.[1951] Der Insolvenzverwalter muss sich freilich für einen dieser gangbaren Wege entscheiden.

598

Eine **Rechtsnachfolge** i.S.d. § 145 InsO **scheidet** hingegen **aus**, wenn schon dem Ersterwerber die **Rückgewähr** in Natur **vor** dem Eintritt der „**Rechtsnachfolge**" **unmöglich** geworden war und er nur noch Wertersatz schuldete.[1952] Geht es um die Zahlung einer **Geldsumme**, muss der Rechtsnachfolger die einzelnen Geldscheine oder Münzen erhalten haben, die aufgrund der Anfechtung herauszugeben sind. Es reicht hingegen nicht aus, dass der Gegenwert noch unterscheidbar vorhanden ist. So führt etwa die **Kontokorrentverrechnung** zum Erlöschen der verrechneten Forderungen; daran ändert sich auch durch das **Pfandrecht** der Bank nach den **AGB-Banken** nichts.[1953] Eine Einzelrechtsnachfolge liegt hingegen vor, wenn der Empfänger eines anfechtbar begebenen **Schecks** diesen über das Konto einer anderen Person zu deren Gunsten **einziehen lässt**. Die Bank erlangt zwar die Rechte aus dem Scheck, allerdings nur als Beauftragte des Dritten. Dieser hatte aus dem bankrechtlichen Geschäftsbesorgungsvertrag von Anfang an einen Anspruch gegen die Bank auf Herausgabe des Erlöses und somit nach der Rechtsprechung des BGH den Gegenwert des Schecks schon vor dessen Einlösung erlangt. Die Zuwen-

599

1947 BGH, 13.7.1995 – IX ZR 81/94, BGHZ 130, 314, 317.
1948 HK/Kreft, § 145 InsO Rn 5.
1949 Vgl. BGH, 24.10.1979 – VIII ZR 298/78, NJW 1980, 226; HK/Kreft, § 145 Rn 9; Kilger/ K. Schmidt, 17. Aufl., § 40 Rn 5.
1950 MüKo/Kirchhof, § 145 InsO Rn 37; Uhlenbruck/Hirte/Ede, § 145 InsO Rn 25; KPB/Brinkmann, § 145 InsO Rn 41.
1951 Gottwald/Huber, Insolvenzrechts-Handbuch, § 51 Rn 65.
1952 BGH, 28.6.2012 – IX ZR 98/11, ZIP 2012, 1617 Rn 2; BGH, 24.6.2003 – IX ZR 228/02, BGHZ 155, 199 ff.; Jaeger/Henckel, § 145 Rn 27.
1953 BGH, 9.10.2008 – IX ZR 59/07, ZInsO 2008, 1202 ff. Rn 11, 13.

dung eines solchen individuellen Forderungsrechts auf den Leistungsgegenstand des Schecks macht den Dritten zum Rechtsnachfolger an dem Scheck.[1954]

600 Nach **§ 143 Abs. 2 Nr. 3 InsO** besteht im Falle des unentgeltlichen Erwerbs durch den Rechtsnachfolger eine Rückgewährpflicht unabhängig davon, ob dieser zur Zeit des Erwerbs die Umstände kannte, welche die Anfechtbarkeit des Ersterwerbs und des Erwerbs von Zwischenerwerbern begründeten.[1955] § 145 Abs. 2 Nr. 3 InsO enthält eine **abschließende spezialgesetzliche Regelung**, neben der § 822 BGB nicht anwendbar ist.[1956] Als **unentgeltlicher Erwerb** i.S.d. **§ 145 Abs. 2 Nr. 3 InsO** ist **auch** der Erwerb durch **Zwangsvollstreckung** in den beim Rechtsvorgänger befindlichen, ursprünglich anfechtbar weggegebenen Gegenstand anzusehen. Nach einer im Schrifttum vertretenen Auffassung soll es darauf nicht mehr entscheidend ankommen, nachdem die Aussonderungskraft des Rückgewähranspruchs gemäß § 143 InsO anerkannt sei.[1957] Auf den guten Glauben des Pfändenden kommt es nur für den Umfang des Rückgewähranspruchs an (vgl. § 143 Abs. 2 InsO).[1958]

3. Ansprüche des Anfechtungsgegners (§ 144 InsO)

a) Wiederaufleben der Forderung (§ 144 Abs. 1 InsO)

601 Gewährt der Empfänger einer anfechtbaren Leistung das Erlangte zurück, so **lebt** seine **(erloschene) Forderung** gem. **§ 144 Abs. 1 InsO rückwirkend** in der Gestalt **wieder auf**, die sie vor der Erfüllung hatte.[1959] Mit der erloschenen Forderung leben im Grundsatz **auch** die für sie **bestellten Sicherheiten** wieder auf, sofern sie unanfechtbar begründet worden waren.[1960] Insoweit wird man jedoch zwischen **akzessorischen** und **nicht akzessorischen** Sicherheiten **differenzieren** müssen.[1961] Sicherungsrechte, zu deren Begründung es keines Realaktes bedarf, entstehen neu, sobald der Sicherungsnehmer den durch die Anfechtung der Tilgung der Hauptforderung ausgelösten Rückgewähranspruch erfüllt hat. Dies gilt für akzessorische Sicherheiten, deren Bestellung keinen zusätzlichen Realakt erfordert, insb. für

---

1954 Vgl. BGH, 10.1.2002 – IX ZR 61/99, NJW 2002, 1342 ff.
1955 MüKo/Kirchhof, § 145 InsO Rn 29; HK/Kreft, § 145 InsO Rn 12.
1956 BGH, 28.6.2012 – IX 98/11, ZIP 2012, 1617.
1957 Vgl. MüKo/Kirchhof, § 145 InsO Rn 30; HK/Kreft, § 145 InsO Rn 12.
1958 MüKo/Kirchhof, § 145 InsO Rn 30; HK/Kreft, § 129 InsO Rn 74; HambKomm/Rogge/Leptien, § 145 InsO Rn 13.
1959 HK/Kreft, § 144 InsE Rn 3.
1960 Vgl. Begr. zum RegE, BT-Drucks. 12/2443, S. 168; OLG Hamm, 4.3.2009 – 31 U 36/08, veröffentlicht bei juris, Rn 8.
1961 Vgl. Ganter, WM 2006, 1081, 1085; teilweise abweichend in WM 2011, 245 ff.; HK/Kreft, § 144 Rn 3.

Bürgschaften (§ 401 Abs. 1 BGB analog).[1962] Hat der Gläubiger allerdings mit dem Bürgen ausnahmsweise einen Erlassvertrag abgeschlossen, dürfte die Bürgschaft durch die Anfechtung nicht automatisch wieder aufleben.[1963]

Akzessorische Sachsicherheiten können letztlich nicht anders beurteilt werden als **akzessorische Personalsicherheiten** wie die Bürgschaft, da auch bei ihnen die Sicherheit an die gesicherte Forderung gebunden ist.[1964] **Streitig** ist dagegen die rechtliche Beurteilung bei **nicht akzessorischen Realsicherheiten**, wie etwa Grundschuld, Sicherungsübereignung und Sicherungsabtretung. Z.T. werden diese **wie akzessorische** Sicherheiten behandelt.[1965] Nach **anderer Auffassung** muss das Sicherungsrecht mit Wirkung **ex nunc neu** begründet werden.[1966] Wurde der zur Begründung des Sicherungsrechts erforderliche Realakt (bei Übereignung beweglicher Sachen: Übergabe; bei Immobiliarsicherheiten ohne Brief: Eintragung) bereits rückgängig gemacht, muss das Sicherungsrecht nach dieser Auffassung neu bestellt werden. Dies hat zur Folge, dass zwischenzeitliche Belastungen dem neu zu begründenden Sicherungsrecht vorgehen.[1967]

602

Ein Grundstücksverkäufer, dessen Kaufpreisforderung durch Zahlungen eines Dritten erfüllt worden ist, welche der Insolvenzverwalter über das Vermögen des Dritten nach der Verfahrenseröffnung angefochten hat, kann dem Grundstückskäufer **erst dann** eine **Frist zur Erfüllung** der gemäß § 144 Abs. 1 InsO **wieder aufgelebten Kaufpreisforderung** setzen und den Rücktritt vom Vertrag androhen, **wenn** der **insolvenzrechtliche Rückgewähranspruch erfüllt** ist.[1968]

603

b) Gegenleistung des Anfechtungsgegners (§ 144 Abs. 2 InsO)

Gem. § 144 Abs. 2 InsO ist eine **Gegenleistung** aus der Insolvenzmasse zu erstatten, soweit sie in dieser **noch unterscheidbar vorhanden** ist oder soweit die **Masse um ihren Wert bereichert** ist. Soweit dies nicht der Fall ist, kann der Empfänger der anfechtbaren Leistung die Forderung auf Rückgewähr der Gegenleistung nur als Insolvenzgläubiger geltend machen. Die Bestimmung ist nur im Fall der Anfechtung eines schuldrechtlichen gegenseitigen Rechtsgeschäfts anwendbar, durch das die Insolvenzgläubiger unmittelbar benachteiligt wurden (**vgl. §§ 132, 133 Abs. 2**

604

1962 OLG München, 19.6.2008 – 24 U 737/07, WM 2008, 2112 ff.
1963 Ganter, WM 2011, 245, 247.
1964 Vgl. Ganter, WM 2011, 249.
1965 Vgl. Jaeger/Henckel, § 144 InsO Rn 18 f.; Graf-Schlicker/Huber, § 144 InsO Rn 3; Häsemeyer, Insolvenzrecht, Rn 21.65; Braun/Riggert/Kind, § 144 InsO Rn 4.
1966 Vgl. OLG Frankfurt am Main, 25.11.2003 – 9 U 127/02, ZIP 2004, 271 f.; KPB/Jacoby, § 144 Rn 16; Ganter, WM 2011, 249.
1967 Ganter, WM 2011, 245, 250.
1968 BGH, 8.1.2015 – IX ZR 300/13, ZIP 2015, 485.

InsO).[1969] Der Anspruch des Anfechtungsgegners nach § 144 Abs. 2 InsO entsteht erst mit Vollzug des Rückgewähranspruchs aus § 143 InsO, weil erst dann die Insolvenzmasse durch die empfangene Gegenleistung bereichert ist.[1970]

605 Streitig war zunächst, ob auf den anfechtungsrechtlichen Rückgewähranspruch und den Anspruch des Anfechtungsgegners nach § 144 Abs. 2 InsO die **Saldotheorie** Anwendung findet. Davon ist das OLG München in einem Urt. v. 4.8.2009[1971] ausgegangen, das die Auszahlung von **Scheingewinnen** im Rahmen eines sog. „**Schneeballsystems**" betraf. Die Bereicherung des Anfechtungsgegners bestehe nach der Saldotheorie nur im Wert des Erlangten abzgl. der Aufwendungen im Zusammenhang mit dem Erwerb. Dem ist der BGH jedoch zu Recht nicht gefolgt.[1972] Im Insolvenzrecht sei die Saldotheorie nur eingeschränkt anwendbar. Sie biete keine Grundlage dafür, Forderungen, die ohne eine Saldierungsmöglichkeit Insolvenzforderungen wären, zu Masseforderungen zu erheben.[1973] Hat der Anfechtungsgegner allerdings aufgrund der Auszahlung von Scheingewinnen bleibende steuerliche Belastungen zu tragen, kann er sich insoweit auf Entreicherung berufen.[1974]

c) Geltung des § 144 InsO im Mehrpersonenverhältnis

606 § 144 InsO gilt **auch** im sog. „**Mehrpersonenverhältnis**", wie der BGH durch Urt. v. 22.11.2012[1975] bekräftigt hat. Diese Entscheidung unterliegt allerdings **Bedenken**. Denn die Anwendung des § 144 Abs. 1 InsO hat in der entschiedenen Fallkonstellation zur Folge, dass der Vertragspartner des Anfechtungsgegners von den Wirkungen der Anfechtung betroffen wird, obwohl in seiner Person kein Anfechtungstatbestand verwirklicht ist.[1976] Der Insolvenzverwalter über das Vermögen des Arbeitgebers hatte (mit Erfolg) die Zahlung der Beiträge der freiwillig krankenversicherten Arbeitnehmer an den Sozialversicherungsträger angefochten. Dabei ist zu beachten, dass der Arbeitgeber nicht Schuldner der Beiträge der freiwillig krankenversicherten Arbeitnehmer ist.[1977] Infolge der Anfechtung des Insolvenzverwalters über das Vermögen des Arbeitgebers gegenüber dem Zuwendungsempfänger lebt nach der Rechtsprechung des BGH gemäß § 144 Abs. 1 InsO dessen Forderung gegen

---

1969 Uhlenbruck/Hirte/Ede, § 144 InsO Rn 9; HK/Kreft, § 144 InsO Rn 4.
1970 BGH, 29.4.1986 – IX ZR 145/85, ZIP 1986, 787 f. Rn 33; K. Schmidt/Büteröwe, § 144 InsO Rn 12.
1971 OLG München, 4.8.2009 – 5 U 2971/09, ZIP 2009, 1918 f.
1972 BGH, 22.4.2010 – IX ZR 163/09, NJW 2010, 2125 ff.
1973 BGH, 22.4.2010 – IX ZR 163/09, NJW 2010, 2125 ff. Rn 8.
1974 Vgl. BGH, 22.4.2010 – IX ZR 163/09, NJW 2010, 2125 ff. Rn 14; vgl. dazu ferner Bitter/Heim ZIP 2010, 1569 ff.
1975 BGH, 22.11.2012 – IX ZR 22/12, ZIP 2013, 81 ff. – „Freiwillig Krankenversicherte"; vgl. zuvor schon BGH, 24.9.1962 – VIII ZR 18/62, BGHZ 38, 44, 48.
1976 Vgl. dazu B. Schäfer, ZInsO 2014, 1965, 1982/1983.
1977 BGH, 22.11.2012 – IX ZR 22/12, ZInsO 2013, 73 ff. Rn 9.

den Arbeitnehmer wieder auf.[1978] Nach Ansicht des BGH könnte es deshalb gerechtfertigt sein, auch die Forderung des Drittschuldners (Arbeitnehmers) gegen den Schuldner (Arbeitgeber) als Insolvenzforderung entsprechend § 144 Abs. 1 InsO wieder aufleben zu lassen.[1979] Damit **treffen** aber den **Drittschuldner letztlich** die **Folgen der Anfechtung** im Verhältnis zwischen Schuldner und Zuwendungsempfänger, **selbst wenn in seiner Person kein Anfechtungstatbestand erfüllt** ist.

4. Verjährung des Anfechtungsanspruchs (§ 146 InsO)

a) Verjährungsfrist und Verjährungshemmung (§ 146 Abs. 1 InsO)

Nach dem mit Wirkung ab dem 15.12.2004 geltenden **§ 146 Abs. 1 InsO**[1980] richtet sich die Verjährung des Anfechtungsanspruchs nach den Regelungen über die **regelmäßige Verjährung** nach dem Bürgerlichen Gesetzbuch. Es gilt somit die Regelverjährungsfrist von **3 Jahren** gem. **§ 195 BGB**, die nach **§ 199 Abs. 1 Nr. 1 BGB** mit dem Schluss des Jahres der Insolvenzeröffnung (sog. „objektive Anknüpfung") und der Kenntnis bzw. grob fahrlässigen Unkenntnis des Insolvenzverwalters von den den Anspruch begründenden Umständen und der Person des Schuldners (sog. „subjektive Anknüpfung") zu laufen beginnt.[1981] Die Unkenntnis eines Insolvenzverwalters in einem umfangreichen Verfahren von einem Anfechtungsanspruch ist nicht allein deswegen grob fahrlässig i.S.d. **§ 199 Abs. 1 Nr. 2 BGB**, weil der Verwalter Zugriff auf die Buchhaltung des Schuldners hatte.[1982] Gem. **§ 199 Abs. 4 BGB** verjährt der Anfechtungsanspruch unabhängig von der Kenntnis oder grob fahrlässigen Unkenntnis des Insolvenzverwalters in **10 Jahren** von seiner Entstehung an. Maßgebend für die Anspruchsentstehung ist der Tag, an dem der Eröffnungsbeschluss erlassen wird.[1983]

Die Verjährungsfrist des § 146 Abs. 1 InsO wird nicht durch **tarifvertragliche Ausschlussfristen** eingeschränkt.[1984] Für den Beginn der Frist kommt es stets auf das konkrete Insolvenzverfahren an. Die **Verjährung** in einem **ersten Insolvenzverfahren** hindert die Anfechtung in einem zweiten Verfahren über das Vermögen desselben Schuldners nicht. Etwas anderes gilt nur dann, wenn beiden Verfahren

---

1978 BGH, 22.11.2012 – IX ZR 22/12, ZInsO 2013, 73 ff. Rn 12.
1979 BGH, 22.11.2012 – IX ZR 22/12, ZInsO 2013, 73 ff. Rn 13; die vom BGH offen gelassene Frage bejahend Kayser, ZIP 2015, 449, 450.
1980 Vgl. zum Übergangsrecht Art. 229 § 12 EGBGB.
1981 Vgl. BGH, 17.7.2008 – IX ZR 148/07, ZIP 2008, 1593 ff. Rn 18; Gottwald/Huber, Insolvenzrechts-Handbuch, § 51 Rn 44.
1982 BGH, 15.12.2016 – IX ZR 224/15, ZIP 2017, 139 ff.
1983 BGH, 1.2.2007 – IX ZR 96/04, BGHZ 171, 38 ff. Rn 20; Gehrlein in Ahrens/Gehrlein/Ringstmeier, § 146 Rn 4.
1984 BAG, 24.10.2013 – 6 AZR 466/12, ZIP 2014, 91 ff.

dieselbe materielle Insolvenz zugrunde liegt.[1985] Hinsichtlich der **Verjährungshemmung** ist **§ 204 Abs. 1 Nr. 14 BGB** von praktischer Bedeutung, wonach die Hemmung bereits durch die Veranlassung der Bekanntgabe des erstmaligen Antrages auf Gewährung von Prozesskostenhilfe eintritt.[1986] Auch nach neuem Verjährungsrecht hemmt die Erhebung einer Klage, mit der mehrere Ansprüche geltend gemacht werden, deren Summe die Klageforderung übersteigt, die Verjährung aller ausreichend bestimmten Teilansprüche.[1987] Denn die materiell-rechtlichen Voraussetzungen für den Eintritt der Verjährungshemmung durch Maßnahmen der Rechtsverfolgung sind gegenüber den bisherigen Voraussetzungen für den Eintritt der Verjährungsunterbrechung gleich geblieben.[1988]

609 Der Sachvortrag des Insolvenzverwalters muss erkennen lassen, welche Rechtshandlung angefochten wird.[1989] Ist dies der Fall, so ist das Gericht **von Amts wegen** verpflichtet, den Sachverhalt unter jedem in Betracht kommenden Gesichtspunkt der Insolvenzanfechtung umfassend **zu prüfen** (Grundsatz „jura novit curia").[1990] Der Insolvenzverwalter ist unter verjährungsrechtlichen Gesichtspunkten **nicht gehindert**, sich im Verlauf des Prozesses auf einen **anderen** als den ursprünglich geltend gemachten **Anfechtungstatbestand zu berufen**, sofern der von ihm innerhalb der Verjährungsfrist vorgetragene Sachverhalt auch den anderen Anfechtungstatbestand erfüllt. Anders verhält es sich nur dann, wenn der konkrete Lebenssachverhalt, der den Klagegrund bildet, ausgewechselt wird.[1991] **Verjährungsrechtlich unbedenklich** ist der **Übergang** vom **Rückgewähranspruch** zum **Wertersatzanspruch** und umgekehrt.[1992] Die Geltendmachung eines Schadensersatzanspruchs unter dem Gesichtspunkt der Existenzvernichtung umfasst jedoch nicht einen Anspruch aus Insolvenzanfechtung. Die Verpflichtung zum Ersatz des mit der Existenzvernichtungshaftung geltend gemachten Insolvenzschadens kann nicht Rechtsfolge einer Insolvenzanfechtung sein.[1993]

610 Streitig ist, ob von einem einheitlichen Streitgegenstand auszugehen ist, wenn der Insolvenzverwalter die Klage zunächst darauf gestützt hat, der Beklagte habe den anfechtbar erlangten Vermögensgegenstand unmittelbar vom Schuldner erworben, später aber geltend macht, der Beklagte habe den **Gegenstand von** einem

---

1985 Vgl. BGH, 11.4.2013 – IX ZR 268/12, ZIP 2013, 1088 ff. Rn 6 ff.; Bork/Gehrlein, Aktuelle Probleme der Insolvenzanfechtung, 13. Aufl., Rn 951.
1986 HK/Kreft, § 146 InsO Rn 6.
1987 BGH, 7.5.2015 – IX ZR 95/14; BGH, 19.11.1987 – VII ZR 189/86, NJW-RR 1988, 692, 693; BGH, 17.10.2000 – XI ZR 312/99, NJW 2001, 305, 307; BGH, 18.7.2000 – X ZR 62/98, NJW 2000, 3492, 3494.
1988 BGH, 7.5.2015 – IX ZR 95/14 Rn 29; BGH, 6.5.2014 – II ZR 217/13, NJW 2014, 3298 Rn 19.
1989 BGH, 17.1.1985 – IX ZR 29/84, NJW 1985, 1560, 1561.
1990 BGH, 16.9.1999 – IX ZR 204/98, BGHZ 142, 284 ff. – „Computeranlage".
1991 Vgl. BGH, 17.1.1985 – IX ZR 29/84, NJW 1985, 1560, 1561.
1992 BGH, 17.7.2008 – IX ZR 245/06, ZInsO 2008, 910 ff.
1993 BGH, 21.2.2013 – IX ZR 52/10, ZIP 2013, 894 ff. Rn 18.

Zwischenerwerber als **Rechtsnachfolger** i.S.d. § 145 Abs. 2 InsO **erlangt**.[1994] Dies wird man nur dann bejahen können, wenn es um dieselbe Rechtshandlung geht oder aber sämtliche Rechtshandlungen innerhalb der Verjährungsfrist vorgetragen wurden.

Nur im Fall der **Erhebung** der **Verjährungseinrede** durch den Anfechtungsgegner entsteht zu dessen Gunsten ein Leistungsverweigerungsrecht; ansonsten bleibt der Anfechtungsanspruch erfüllbar und das Geleistete kann nicht zurückgefordert werden. Nach **§ 215 BGB** kann der Insolvenzverwalter mit einem verjährten Anfechtungsanspruch gegen eine insolvenzbeständige (Masse-)Forderung eines Gläubigers **aufrechnen, sofern** die **Aufrechnungslage** schon **während** des Laufs der **Verjährungsfrist bestand**.[1995]

§ 146 Abs. 1 InsO gilt **analog** für die Verjährung der Hauptforderung bei einer nach § 96 Abs. 1 Nr. 3 InsO **unzulässigen Aufrechnung** eines Insolvenzgläubigers. Wegen der rein insolvenzrechtlichen Wirkung des § 96 Abs. 1 Nr. 3 InsO **läuft die Verjährung** der Hauptforderung **nicht weiter**. Die Bestimmung ordnet den Fortbestand der Hauptforderung an, nicht denjenigen der Verjährung.[1996] Da es aber nicht hinnehmbar ist, dass die Rechtsfolgen des § 96 Abs. 1 Nr. 3 InsO unbeschränkt geltend gemacht werden können, gilt § 146 Abs. 1 InsO entsprechend.[1997] Der Insolvenzverwalter muss somit die Hauptforderung vor Ablauf der Verjährungsfrist des § 146 Abs. 1 InsO durch Klageerhebung geltend machen. Wird diese Frist versäumt und beruft sich der Anfechtungsgegner hierauf, entfaltet § 96 Abs. 1 Nr. 3 InsO insolvenzrechtlich keine Wirkung mehr.[1998]

§ 146 Abs. 1 InsO gilt jedoch **nicht für den Gegeneinwand der Anfechtbarkeit von Gegenrechten** des Insolvenzgläubigers;[1999] insoweit muss der Insolvenzverwalter die Anfechtbarkeit des Gegenrechts nicht innerhalb der Verjährungsfrist für den Hauptanspruch geltend machen, wie die Wertung des **§ 146 Abs. 2 InsO** zeigt.[2000] So kann der Insolvenzverwalter etwa dann, wenn er eine Darlehensforderung einklagt, zur Abwehr des vom Beklagten eingewandten **Erlasses** oder einer **Stundung** deren Anfechtbarkeit geltend machen.[2001] Hat er die Anfechtbarkeit der Kontokorrentverrechnung der Bank geltend gemacht und wendet diese während des Prozesses ein, es fehle wegen ihres Pfandrechts an einer Gläubigerbenachteiligung, so kann er

---

1994 Vgl. Jaeger/Henckel, § 146 InsO Rn 57; Gottwald/Huber, Insolvenzrechts-Handbuch, § 51 Rn 52.
1995 Gehrlein, in: Ahrens/Gehrlein/Ringstmeier, § 146 Rn 6.
1996 BGH, 28.9.2006 – IX ZR 136/05, BGHZ 169, 158 ff. Rn 23.
1997 BGH, 28.9.2006 – IX ZR 136/05, BGHZ 169, 158 ff. Rn 25.
1998 BGH, 12.7.2007 – IX ZR 120/04, ZIP 2007, 1467 ff. Rn 12; Gehrlein, in: Ahrens/Gehrlein/Ringstmeier, § 146 Rn 2.
1999 Vgl. Jaeger/Henckel, § 146 InsO Rn 73.
2000 BGH, 17.7.2008 – IX ZR 148/07, ZInsO 2008, 913 ff.
2001 Jaeger/Henckel, § 146 InsO Rn 73.

ungeachtet der Frage der Verjährung den Gegeneinwand der **Anfechtbarkeit** des **Pfandrechts** erheben.[2002] Der Insolvenzverwalter über das Vermögen eines Gesellschafters muss bei der Anmeldung von Forderungen in der Insolvenz der Gesellschaft die Anfechtbarkeit des der Forderung entgegengehaltenen **Eigenkapitalersatzeinwandes** nicht schon innerhalb der Anfechtungsfrist geltend machen.[2003]

b) Leistungsverweigerungsrecht (§ 146 Abs. 2 InsO)

614 Gem. **§ 146 Abs. 2 InsO** kann der Insolvenzverwalter auch dann, wenn der Anfechtungsanspruch verjährt ist, die **Erfüllung** einer **Leistungspflicht verweigern**, die auf einer anfechtbaren Rechtshandlung beruht. Entgegen einer verbreiteten Auffassung handelt es sich dabei nicht um eine „Einrede der Anfechtbarkeit", sondern um eine **materiell-rechtliche Einwendung**, die nicht im Prozess erhoben werden muss.[2004] Für die Anwendbarkeit des § 146 Abs. 2 InsO ist **nicht** die **Parteistellung im Prozess entscheidend**, vielmehr kommt es darauf an, ob der Insolvenzverwalter „angriffsweise" vorgeht, um eine aufgrund einer anfechtbaren Rechtshandlung erfolgte Leistung wieder der Insolvenzmasse zuzuführen, oder ob er „**verteidigungsweise**" die **Rechtsstellung** der **Insolvenzmasse wahrt**.[2005] Der Insolvenzverwalter kann bspw. die Anfechtbarkeit einer angemeldeten Forderung mit dem Widerspruch gemäß § 178 Abs. 1 Satz 1 InsO geltend machen.[2006] Anders als unter der Geltung der KO kann der Insolvenzverwalter mit einem Anfechtungsanspruch nach Ablauf der Anfechtungsfrist gegen eine Insolvenzforderung aufrechnen, sofern der Anfechtungsanspruch noch nicht verjährt war, als sich die Forderungen i.S.d. § 215 BGB erstmals aufrechenbar gegenüberstanden.[2007] Es ist jedoch zu beachten, dass die **Aufrechnung mit** einem **Anfechtungsanspruch** gegenüber einer Insolvenzforderung des Gläubigers über eine **bloße Verteidigung hinausgeht**. Der Insolvenzverwalter kann daher nach Ablauf der Anfechtungsfrist nicht gegen eine Forderung aufrechnen, die ihrerseits unanfechtbar begründet wurde. In einem solchen Fall verteidigt sich der Insolvenzverwalter nicht gegen einen anfechtbar begründeten Anspruch; er wendet sich vielmehr gegen einen unanfechtbaren Anspruch.[2008]

2002 Vgl. Gottwald/Huber, Insolvenzrechts-Handbuch, § 51 Rn 48; BGH, 17.7.2008 – IX ZR 148/07, ZInsO 2008, 913 ff.
2003 BGH, 2.4.2009 – IX ZR 236/07, ZInsO 2009, 1060 ff.
2004 Vgl. Jaeger/Henckel, § 143 InsO Rn 179.
2005 BGH, 7.6.2001 – IX ZR 134/00, ZIP 2001, 1250, 1252/1253; MüKo/Kirchhof, § 146 InsO Rn 52.
2006 BGH, 29.3.2012 – IX ZR 207/10, ZIP 2012, 931 ff. Rn 19; HK/Kreft, § 146 InsO Rn 13.
2007 HK/Kreft, § 146 InsO Rn 13.
2008 BGH, 7.6.2001 – IX ZR 134/00, ZIP 2001, 1250 ff.

5. Gerichtliche Durchsetzung des Anfechtungsanspruchs

a) Auskunftsanspruch

Dem Insolvenzverwalter steht **kein allgemeiner Auskunftsanspruch** gegen mögliche Anfechtungsgegner – etwa nach **§ 242 BGB** – zu.[2009] Aus Treu und Glauben kann sich allerdings nach allgemeinen Grundsätzen ein Auskunftsanspruch ergeben, wenn eine zwischen den Parteien bestehende Rechtsbeziehung es mit sich bringt, dass der eine Teil in entschuldbarer Weise über das Bestehen oder den Umfang seines Rechts im Ungewissen ist, und der andere Teil in der Lage ist, unschwer die zur Beseitigung dieser Ungewissheit erforderlichen Auskünfte zu erteilen.[2010] Ansonsten setzt ein Auskunftsanspruch des Insolvenzverwalters gegen den Anfechtungsgegner voraus, dass ein **Anfechtungsanspruch** dem **Grunde nach feststeht** und es nur noch um die **nähere Bestimmung** von **Art und Umfang** des Anspruchs geht.[2011] Hat ein Gesellschafter im laufenden Insolvenzverfahren aus von der Gesellschaft emittierten Schuldverschreibungen bestehende Forderungen, welche der Insolvenzverwalter in den Nachrang verweisen und deren Sicherheiten er anfechten kann, ist er diesem gegenüber zur Auskunft verpflichtet, ob und an wen er die Schuldverschreibungen nach Insolvenzeröffnung veräußert hat.[2012]

615

Selbst wenn anfechtbare Rechtshandlungen des Schuldners zugunsten einer **nahestehenden Person** im Sinne des **§ 138 InsO** festgestellt sind, begründet der Verdacht weiterer selbstständiger Vermögensverschiebungen keinen allgemeinen Auskunftsanspruch des Insolvenzverwalters gegen die nahestehende Person über einen etwaigen weiteren anfechtbaren Vermögenserwerb.[2013] Ggü. Personen, die lediglich im Verdacht stehen, sie könnten etwas vom Insolvenzschuldner in anfechtbarer Weise erworben haben, besteht daher kein Anspruch auf Auskunft.[2014] Will der Insolvenzverwalter zur Prüfung der Voraussetzungen der Insolvenzanfechtung **Einsicht** in die **Verwaltungsakten** nehmen, ist die **Zuständigkeit** der **Zivilgerichte** gegeben, weil es sich beim Anfechtungsanspruch um einen zivilrechtlichen Anspruch handelt.[2015]

616

Der **BGH** hat **noch nicht entschieden**, ob ein Auskunftsanspruch des Insolvenzverwalters ggü. Behörden bzw. Sozialversicherungsträgern auf das **Informa-

617

[2009] Vgl. BGH, 6.6.1979 – VIII ZR 255/78, BGHZ 74, 379 ff.
[2010] Vgl. BGH, 9.11.2011 – XII ZR 136/09, BGHZ 191, 259 ff. Rn 20; BGH, 6.2.2007 – X ZR 117/04, NJW 2007, 1806 ff. Rn 13.
[2011] BGH, 13.8.2009 – IX ZR 58/06, ZInsO 2009, 1810 f.; BGH, 18.1.1978 – VIII ZR 262/76, NJW 1978, 1002.
[2012] BGH, 14.2.2019 – IX ZR 149/16, NJW 2019, 1289 ff.
[2013] BGH, 15.1.1987 – IX ZR 4/86, NJW 1987, 1812 f.
[2014] BGH, 13.8.2009 – IX ZR 58/06, ZInsO 2009, 1810 f. Rn 7.
[2015] BFH, 10.2.2011 – VII B 183/10, ZIP 2011, 883 f.

tionsfreiheitsgesetz (IFG) des Bundes oder entsprechende Gesetze der Länder gestützt werden kann. Er hat in einem Urt. v. 13.8.2009[2016] lediglich darauf hingewiesen, dass das Auskunftsbegehren des Klägers schon deshalb nicht auf das Informationszugangsgesetz des Landes Sachsen-Anhalt gestützt werden könne, weil das vorgeschriebene Verwaltungsverfahren nicht durchgeführt worden sei. Nach einem Beschluss des **BVerwG** v. 9.11.2010[2017] stellen die Bestimmungen der InsO über die Erteilung von Auskünften (vgl. §§ 97, 101 InsO) – ebenso wie § 242 BGB – **keine „Regelungen in anderen Rechtsvorschriften"** i.S.d. § 1 Abs. 3 IFG dar, **die** dem Informationsfreiheitsgesetz **vorgehen.** Durch weiteren Beschl. v. 14.5.2012[2018] hat das Bundesverwaltungsgericht entschieden, dass ein gegenüber dem Finanzamt geltend gemachter Informationsanspruch des Insolvenzverwalters, der anschließend einen Anfechtungsanspruch durchsetzen will, vom Regelungsbereich der **Abgabenordnung (AO) nicht umfasst** wird. Ein Anspruch nach § 4 Abs. 1 IFG NRW ist demnach nicht durch § 4 Abs. 2 Satz 1 IFG NRW ausgeschlossen.

618 Auf **Anfrage** des **Gemeinsamen Senats** der **obersten Gerichtshöfe des Bundes** hat sich der **Bundesfinanzhof** inzwischen der Rechtsauffassung des **Bundesverwaltungsgerichts angeschlossen**, wonach für einen auf § 4 IFG Hmb. gestützten Anspruch des Insolvenzverwalters gegen das Finanzamt auf Einsicht in die den Schuldner betreffenden Vollstreckungsakten der Rechtsweg zu den Verwaltungsgerichten eröffnet ist.[2019] Ein auf ein solches **IFG** gestützter **Auskunftsanspruch** ist nach inzwischen einhelliger Rechtsprechung der obersten Gerichtshöfe des Bundes vor dem **Verwaltungsgericht einzuklagen**, auch wenn er sich gegen eine Finanz- oder Sozialbehörde richtet.[2020]

b) Rechtsweg und Zuständigkeit

aa) Rechtsweg

619 Der Streit über den insolvenzrechtlichen Anfechtungsanspruch stellt eine **bürgerlich-rechtliche Streitigkeit** i.S.d. **§ 13 GVG** dar. Der Anfechtungsanspruch findet seine Rechtsgrundlage allein in der InsO (sog. **Anfechtungsstatut**). Das Rechtsgebiet, dem die angefochtene Rechtshandlung angehört (sog. **Wirkungsstatut** oder lex causae), ist für die Insolvenzanfechtung und damit für die Bestimmung des

---

2016 BGH, 13.8.2009 – IX ZR 58/06, ZIP 2009, 1823f. Rn 8.
2017 BVerwG, 9.11.2010 – 7 B 43.10, ZIP 2011, 41ff.; zuvor OVG Rheinland-Pfalz, 23.4.2010 – 10 A 10091/10.OVG, ZIP 2010, 1091ff.
2018 BFH, 14.5.2012 – 7 B 53.11, ZIP 2012, 1258f.
2019 BFH, 8.1.2013 – VII ER-S 1/12, ZIP 2013, 1252.
2020 Vgl. BGH, 18.2.2016 – IX ZR 45/14, ZInsO 2016, 597f.; BSG, 4.4.2012 – B 12 SF 1/10 R, ZIP 2012, 2321 Rn 8ff.; Bork/Gehrlein, Aktuelle Probleme der Insolvenzanfechtung, Rn 995.

Rechtswegs ohne Bedeutung.[2021] Dies galt nach der ständigen Rechtsprechung des BGH auch dann, wenn der anfechtbar befriedigte Anspruch im Fall der gerichtlichen Geltendmachung einem anderen Rechtsweg zuzuordnen gewesen wäre. So ist der insolvenzrechtliche Rückgewähranspruch nicht etwa die Umkehrung des öffentlich-rechtlichen Anspruchs auf Abgaben.[2022] Der V. Senat des Bundesfinanzhofes hat dies in einem Urt. v. 24.11.2011[2023] unter Hinweis auf den Beschluss des Gemeinsamen Senats der obersten Gerichtshöfe des Bundes vom 27.9.2010[2024] in Zweifel gezogen. Der VII. Senat des Bundesfinanzhofes hat jedoch in einem Beschl. v. 5.9.2012[2025] zu erkennen gegeben, dass er weiterhin die Auffassung des BGH teilt, und hat dies später bestätigt.[2026]

Das **BAG** hat durch Beschluss v. 27.2.2008[2027] entschieden, dass für das Verlangen des Insolvenzverwalters auf **Rückzahlung** der vom insolventen Arbeitgeber geleisteten **Arbeitsvergütung** der **Rechtsweg** zu den Gerichten für **Arbeitssachen** eröffnet sei. Diese Entscheidung wurde im Schrifttum überwiegend kritisiert.[2028] Der **BGH** hat daraufhin dem **Gemeinsamen Senat der obersten Gerichtshöfe des Bundes** die Rechtsfrage zur Entscheidung **vorgelegt**, ob für die Klage des Insolvenzverwalters gegen einen Arbeitnehmer des Schuldners aus Insolvenzanfechtung der ordentliche Rechtsweg auch dann gegeben ist, wenn die Anfechtung eine vom Schuldner geleistete Vergütung betrifft.[2029] Der **Gemeinsame Senat** hat die Frage verneint und den **Rechtsweg** zu den Gerichten für **Arbeitssachen bejaht**.[2030] Damit ist die Frage für die Praxis bindend entschieden; zur Rechtsvereinheitlichung trägt dies freilich im Ergebnis nicht bei.[2031] Die Gerichte für Arbeitssachen sind auch dann zuständig, wenn zwischen den Parteien streitig ist, ob ein Arbeitsvertrag wirksam geschlossen und beiderseitig erfüllt wurde.[2032] Der BGH ist dem Bundesarbeitsgericht inzwischen bei insolvenzrechtlichen Anfechtungsklagen gegen Arbeitnehmer

620

[2021] BGH, 2.4.2009 – IX ZB 182/08, ZIP 2009, 825 ff. Rn 13; BGH, 24.3.2011 – IX ZB 36/09, ZIP 2011, 683 ff. Rn 6; HK/Kreft, § 129 Rn 98.
[2022] BGH, 7.5.1991 – IX ZR 30/90, NJW 1991, 2147, 2149 = BGHZ 114, 315, 320; BGH, 2.4.2009 – IX ZB 182/08, ZInsO 2009, 820 ff.
[2023] BFH, 24.11.2011 – V R 13/11, ZIP 2011, 2481 ff. Rn 32.
[2024] GemS-OGB 1/09, 27.9.2010 – BGHZ 187, 105 ff.
[2025] BFH, 5.9.2012 – VII B 95/12, ZIP 2012, 2073 Rn 11, 13.
[2026] BFH, 27.9.2012 – VII B 190/11, BFHE 238, 526 ff. Rn 11.
[2027] BAG, 27.2.2008 – 5 AZB 43/07, ZInsO 2008, 391 f.
[2028] Vgl. Kreft, ZInsO 2009, 578 ff.; Kirchhof, ZInsO 2008, 1293 ff.; Weitzmann, EWiR 2008, 259 f.; Humberg, ZInsO 2008, 487 ff.; Bork, EWiR 2010, 765 f. – **a.A.** Jacobs, NJW 2009, 1932 ff.
[2029] BGH, 2.4.2009 – IX ZB 182/08, ZInsO 2009, 820 ff.
[2030] GemS-OGB 1/09, Beschl. v. 27.9.2010, BGHZ 187, 105 ff.
[2031] Zu Recht krit. Bork, EWiR 2010, 765 f.; HK/Kreft, § 129 InsO Rn 98.
[2032] BAG, 25.11.2014 – 10 AZB 52/14, ZInsO 2015, 306.

auf Rückzahlung zwangsweise beigetriebener Leistungen auf Forderungen aus dem Arbeitsverhältnis gefolgt.[2033]

621   Der **BGH** hat durch Beschluss v. 24.3.2011[2034] **bekräftigt**, dass für insolvenzrechtliche Anfechtungsklagen gegen **Sozialversicherungsträger** der Rechtsweg zu den **ordentlichen Gerichten** eröffnet ist. Für eine Klage des Insolvenzverwalters auf Rückerstattung einer freiwillig erbrachten, rechtlich **nicht geschuldeten unentgeltlichen Leistung** nach § 134 InsO ist der Rechtsweg zu den ordentlichen Gerichten gegeben.[2035] Dies gilt auch dann, wenn ein **Dritter** anstelle des Arbeitgebers die dem Arbeitnehmer geschuldete **Arbeitsvergütung entrichtet**.[2036] Nach einem Beschluss des Landesarbeitsgerichts Hessen vom 11.8.2014[2037] ist für die Rückforderung seitens des Schuldners erbrachter unentgeltlicher Leistungen im Sinne des § 134 Abs. 1 InsO der Rechtsweg zu den ordentlichen Gerichten gegeben. Etwas anders ergebe sich nicht daraus, dass der Beklagte einwende, die erfolgten Zahlungen seien Gehaltszahlungen gewesen. Der **Bundesfinanzhof** hat durch Urt. v. 17.9.2014[2038] entschieden, dass der Rechtsweg zu den ordentlichen Gerichten gegeben ist, wenn der Insolvenzverwalter vom Finanzamt nach § 143 Abs. 1 InsO die **Rückgewähr** vom Schuldner entrichteter **Lohn- und Annexsteuern** verlangt. Für die **Rückforderung** einer auf einer (**vermeintlich**) **unberechtigten Insolvenzanfechtung** beruhenden Leistung kann sich das Finanzamt mangels Anwendbarkeit des § 218 Abs. 2 Satz 2 AO oder einer sonstigen Rechtsgrundlage nicht eines Rückforderungsbescheids bedienen, sondern muss den **Zivilrechtsweg** beschreiten.[2039]

622   Zu beachten ist ferner die Besonderheit bei der **Aufrechnung**. Da es bei ihr gem. § 96 Abs. 1 Nr. 3 InsO keiner besonderen Geltendmachung der Insolvenzanfechtung bedarf, die Aufrechnung vielmehr schon kraft Gesetzes unwirksam ist, kann die Frage der **Anfechtbarkeit** auch **nicht rechtswegbestimmend** sein.[2040] Bestreitet daher der Insolvenzgläubiger die Unzulässigkeit der Aufrechnung, so hat der Insolvenzverwalter unmittelbar auf Begleichung der Hauptforderung im entsprechenden Gerichtsstand zu klagen. Das mit der Anfechtungsklage angerufene Zivilgericht ist nach der Rechtsprechung des BGH an einen wirksamen Bescheid gebunden, mit dem das Finanzamt eine Insolvenzsteuerforderung mit einem Vorsteuervergütungs-

---

2033   BGH, 9.6.2011 – IX ZB 247/09, ZInsO 2011, 1368.
2034   BGH, 24.3.2011 – IX ZB 36/09, ZIP 2011, 683 ff.; ebenso für Beitragszahlungen eines Arbeitgebers an eine Sozialeinrichtung des privaten Rechts BGH, 6.12.2012 – IX ZB 84/12, ZIP 2012, 2524 ff.
2035   LAG Frankfurt a.M., 26.2.2014 – 16 Ta 497/13, ZIP 2014, 1147 f.
2036   BGH, 19.7.2012 – IX ZB 27/12, ZIP 2012, 1681 ff.
2037   LAG Hessen, 11.8.2014 – 16 Ta 455/14, ZInsO 2015, 1468.
2038   BFH, 17.9.2014 – 10 AZB 4/14, ZIP 2014, 2309 ff.
2039   BFH, 12.11.2013 – VII R 15/13, ZInsO 2014, 669 ff.
2040   Vgl. BGH, 2.6.2005 – IX ZB 235/04, ZInsO 2005, 707 f.; BGH, 28.9.2006 – IX ZR 136/05, BGHZ 169, 158 ff. Rn 26; kritisch Häsemeyer, Insolvenzrecht, Rn 21.106 i.V.m. Fn 505; vgl. dazu ferner BGH, 7.5.1991 – IX ZR 30/90, NJW 1991, 2147, 2148/2149.

anspruch der Masse verrechnet hat. Die Einwendungen des Insolvenzverwalters gegen die Zulässigkeit der Aufrechnung sind danach im Wege der Klage zu den Finanzgerichten zu erledigen.[2041]

bb) Örtliche Zuständigkeit

Die örtliche Zuständigkeit richtet sich im Grundsatz nach den allgemeinen Bestimmungen. Danach ist in der Regel das Gericht des allgemeinen Gerichtsstandes des Anfechtungsgegners zuständig.[2042] Einen **besonderen Gerichtsstand** der **Anfechtungsklage** gibt es **nicht**. Nach **§ 19a ZPO** ist nur ein Gerichtsstand für Klagen gegen den Insolvenzverwalter, die sich auf die Insolvenzmasse beziehen, am Sitz des Insolvenzgerichts begründet, nicht hingegen für Prozesse, in denen der Insolvenzverwalter Kläger ist.[2043] Der Gerichtsstand der unerlaubten Handlung gem. **§ 32 ZPO** ist in der Regel **nicht** begründet, da die **Anfechtungstatbestände** für sich genommen **keine Deliktstatbestände** darstellen.[2044] Da der Anfechtungsanspruch kein dinglicher, sondern ein schuldrechtlicher Anspruch ist, ist der **dingliche Gerichtsstand** gem. **§ 24 ZPO** nur begründet, wenn das Eigentum an einem Grundstück, dessen dingliche Belastung oder deren Nichtbestehen geltend gemacht wird.[2045] Von praktischer Bedeutung ist die mit Wirkung ab dem 1.11.2008 durch das „MoMiG" in Kraft getretene Regelung des **§ 22 ZPO**, wonach das Gericht, bei dem die Gesellschaft ihren allgemeinen Gerichtsstand hat, auch für die **Klagen** zuständig ist, die von einem Insolvenzverwalter **gegen** einen **Gesellschafter** erhoben werden (vgl. § 135 InsO).[2046]

623

cc) Sachliche Zuständigkeit

Die sachliche Zuständigkeit richtet sich nach dem Wert des Streitgegenstandes. Übersteigt dieser den Betrag von 5.000,– EUR, ist das Landgericht zuständig (vgl. §§ 23 Nr. 1, 71 Abs. 1 GVG). Streitigkeiten nach dem Insolvenzanfechtungsrecht sind **keine Handelssachen** im Sinne der **§§ 94, 95 GVG**, weil der Anfechtungsanspruch von der rechtlichen Einordnung der angefochtenen Rechtshandlung unabhängig ist.[2047] Aus dem gleichen Grund ist das Familiengericht auch dann nicht für Insol-

624

2041 BGH, 21.9.2006 – IX ZR 89/05, ZInsO 2006, 1219 f.
2042 HK/Kreft, § 129 InsO Rn 99.
2043 BGH, 27.5.2003 – IX ZR 203/02, ZIP 2003, 1419, 1420.
2044 Vgl. BGH, 4.7.2000 – VI ZR 192/99, ZInsO 2000, 497 f.; Gehrlein, in: Ahrens/Gehrlein/Ringstmeier, § 129 Rn 128.
2045 Vgl. MüKo/Kirchhof, § 146 InsO Rn 33; HambKomm/Rogge/Leptien, § 143 InsO Rn 112.
2046 Vgl. OLG Frankfurt a.M., 17.11.2014 – 11 SV 115/14, ZIP 2015, 841.
2047 OLG Hamburg, 12.7.2017 – 6 AR 14/17, juris; HK/Kreft, § 129 Rn 101; Gehrlein in Ahrens/Gehrlein/Ringstmeier, § 129 Rn 129; K. Schmidt/Büteröwe, § 143 Rn 40; vgl. dazu ferner BGH,

venzanfechtungsklagen zuständig, wenn mit der Klage die Rückgewähr von Leistungen aus familienrechtlichen Beziehungen im Sinne des § 266 FamFG verlangt wird.[2048]

dd) Internationale Zuständigkeit

625 Die **internationale Zuständigkeit** für **EU-Mitgliedstaaten** ist in **Art. 3 Abs. 1 EU-InsVO** geregelt. Im Verhältnis zu **Nichtmitgliedstaaten** gilt **§ 339 InsO**. Nach dem Urteil des Europäischen Gerichtshofes v. 12.2.2009[2049] ist **Art. 3 Abs. 1 der Verordnung (EG) Nr. 1346/2000** des Rates v. 29.5.2000 über Insolvenzverfahren dahin gehend auszulegen, dass die **Gerichte** des **Mitgliedstaates**, in dessen Gebiet das Insolvenzverfahren eröffnet worden ist, für eine Insolvenzanfechtungsklage gegen einen **Anfechtungsgegner**, der seinen satzungsmäßigen **Sitz** in einem **anderen Mitgliedstaat** hat, **(ausschließlich) zuständig** sind. Der Europäische Gerichtshof hat ferner durch Urt. v. 16.1.2014[2050] entschieden, dass die Gerichte des Mitgliedstaats, in dessen Gebiet das Insolvenzverfahren eröffnet wurde, auch für eine Insolvenzanfechtungsklage gegen einen Anfechtungsgegner zuständig sind, der seinen Wohnsitz **nicht** im **Gebiet** eines **Mitgliedstaats** hat. Sind die deutschen Gerichte für eine Insolvenzanfechtungsklage europarechtlich international zuständig, ohne dass nach den allgemeinen deutschen Gerichtsstandsbestimmungen eine örtliche Zuständigkeit begründet wäre, ist das sachlich zuständige Streitgericht für den Sitz des eröffnenden Insolvenzgerichts ausschließlich örtlich zuständig.[2051]

ee) Bindung an Schiedsabrede

626 Der **Insolvenzverwalter** ist im Fall der Erhebung einer Anfechtungsklage **nicht** an eine vom Schuldner getroffene **Schiedsabrede gebunden**.[2052] Denn die grundsätzliche Bindung des Insolvenzverwalters an eine vom Schuldner vor der Insolvenzeröffnung abgeschlossene Schiedsabrede gilt nicht, soweit es um Rechte des Insolvenzverwalters geht, die sich nicht unmittelbar aus dem vom Schuldner abgeschlossenen Vertrag ergeben, sondern auf der Insolvenzordnung beruhen.[2053]

9.7.1987 – IX ZR 167/86, ZIP 1987, 1132 ff. Rn 35 – **a.A.** LG Dortmund, 20.3.2015 – 4 O 374/14, NZI 2015, 894; LG Osnabrück, 24.7.2014 – 3 O 1497/14, ZInsO 2014, 1963 f.; vgl. dazu noch OLG Bremen, 5.10.2015 – 3 AR 8/15, ZInsO 2015, 2196.
2048 HK/Kreft, § 129 InsO Rn 101; HambKomm/Rogge/Leptien, § 143 InsO Rn 115.
2049 EuGH, 12.2.2009 – C-339/07, ZIP 2009, 427 f.
2050 EuGH, 16.1.2014 – C-328/12, ZIP 2014, 181 ff.
2051 BGH, 19.5.2009 – IX ZR 39/06, ZInsO 2009, 1270 ff.
2052 BGH, 25.4.2013 – IX ZR 49/12, ZIP 2013, 1539 ff. Rn 9; BGH, 28.2.1957 – VII ZR 204/56, BGHZ 24, 15 ff.
2053 BGH, 30.6.2011 – III ZB 59/10, ZIP 2011, 1477 ff.

c) Klageart und Klageantrag

Die Anfechtungsklage ist **Leistungs-** und **nicht** etwa **Gestaltungsklage**, sodass insb. die Berufung auf einen bestimmten Anfechtungstatbestand keinen eigenständigen Streitgegenstand begründet.[2054] Der Insolvenzverwalter kann mit der Leistungsklage die Rückgewähr des anfechtbar veräußerten Gegenstandes verlangen oder auf **Duldung** der **Zwangsvollstreckung** in den Gegenstand klagen. Auf die zuletzt genannte Möglichkeit ist er verwiesen, wenn ein nicht abtrennbarer Teil des Erworbenen zur Befriedigung der Gläubiger zurückzugewähren ist.[2055] Da der Rückgewähranspruch nach § 143 Abs. 1 Satz 1 InsO ein **schuldrechtlicher (Verschaffungs-)Anspruch** ist, wird durch die Klage auf Rückgewähr einer anfechtbar veräußerten Sache diese selbst nicht streitbefangen i.S.d. § 265 ZPO.[2056]

627

Nach allgemeinen Grundsätzen ist ferner bei bestehendem Feststellungsinteresse eine **Feststellungsklage** zulässig, wenn schon ein Feststellungsurteil zur endgültigen Streitbeilegung führt und erwartet werden kann, dass der Beklagte auf das Feststellungsurteil hin leisten wird.[2057] Die Erhebung einer Feststellungsklage ist etwa zum Zwecke der **Verjährungshemmung** in Betracht zu ziehen, wenn eine Leistungsklage noch nicht beziffert werden kann. Hat der Anfechtungsgegner zur Durchsetzung des anfechtbar erworbenen Rechts einen Titel erwirkt, so kann der Insolvenzverwalter **Vollstreckungsgegenklage** gem. **§ 767 ZPO** erheben.[2058] Bei der Anfechtung von Vollstreckungsmaßnahmen, die unmittelbar das Vermögen des Schuldners betreffen, hat der **BGH** aus der schuldrechtlichen Natur des Anfechtungsrechts gefolgert, der gegen eine Vollstreckungshandlung gerichtete anfechtungsrechtliche **Rückgewähranspruch** sei **kein** die **Veräußerung hinderndes Recht** im Sinne des **§ 771 ZPO**.[2059] Davon zu unterscheiden ist der Fall, dass ein Gläubiger des Anfechtungsgegners durch Einzelzwangsvollstreckung auf den anfechtbar erlangten Gegenstand zugreift.[2060]

628

Auf der Grundlage der **neueren Rechtsprechung** des BGH, wonach das Anfechtungsrecht in der Insolvenz des Anfechtungsgegners im Allgemeinen ein Aussonderungsrecht gewährt,[2061] dürfte von der Zulässigkeit einer **Drittwiderspruchsklage** nach **§ 771 ZPO** auszugehen sein, wenn etwa ein **Gläubiger** des **Anfechtungsgegners** den anfechtbar erlangten Gegenstand **gepfändet** hat.[2062] Konsequen-

629

2054 Vgl. Uhlenbruck/Ede/Hirte, § 143 InsO Rn 165; Zenker NJW 2008, 1038, 1040.
2055 Jaeger/Henckel, § 143 InsO Rn 175; OLG Hamm, 29.9.1992 – 27 U 235/91, ZIP 1992, 1755 ff.
2056 Jaeger/Henckel, § 143 InsO Rn 32, 178.
2057 BGH, 14.12.2006 – IX ZR 102/03, BGHZ 170, 196 ff.; HK/Kreft, § 129 Rn 106.
2058 Vgl. Jaeger/Henckel, § 143 InsO Rn 70; FK/Dauernheim, § 143 InsO Rn 52.
2059 BGH, 11.1.1990 – IX ZR 27/89, NJW 1990, 990 ff.; HK/Kreft, § 129 Rn 75.
2060 Vgl. K. Schmidt, § 129 InsO Rn 12.
2061 BGH, 23.10.2003 – IX ZR 252/01, BGHZ 156, 350 ff.
2062 Gottwald/Huber, Insolvenzrechts-Handbuch, § 51 Rn 29; Uhlenbruck/Ede/Hirte, § 143 InsO Rn 172; Eckardt, KTS 2005, 15, 47 f.; KPB/Brinkmann, § 145 InsO Rn 21.

terweise wird man dann aber auch die Möglichkeit der Drittwiderspruchsklage für den Fall bejahen müssen, dass ein Gläubiger des Schuldners in anfechtbarer Weise einen dem Schuldner gehörenden Gegenstand pfändet. Dies entspricht der Auffassung, welche von einer **haftungsrechtlichen Unwirksamkeit** des anfechtbaren Erwerbs ausgeht.[2063] Im Schrifttum wird z.T. die Auffassung vertreten, dass eine Anfechtung ggü. dem **Pfändungspfandgläubiger des Anfechtungsgegners** in entsprechender Anwendung des **§ 145 Abs. 2 Nr. 3 InsO** selbst dann möglich sei, wenn dieser keine Kenntnis von den die Anfechtbarkeit begründenden Umständen gehabt habe.[2064]

630   Der **Klageantrag** ist im Grundsatz auf **Rückgewähr zur Insolvenzmasse** zu richten. Es schadet allerdings nicht, wenn der erkennbar in dieser Eigenschaft handelnde Insolvenzverwalter auf Leistung an sich selbst klagt. Bei der Anfechtung einer **Grundstücksübertragung** ist jedoch die Auflassung an den Schuldner und dessen Eintragung im Grundbuch zu beantragen, da die Insolvenzmasse mangels Rechtspersönlichkeit nicht Eigentümerin werden und daher auch nicht im Grundbuch eingetragen werden kann.[2065]

d) Klageänderung

631   Der **Übergang** von einem **Anfechtungstatbestand** zu einem anderen stellt **keine Klageänderung** dar, sofern der zugrunde liegende **Sachverhalt derselbe** bleibt.[2066] Die Grenzen sind grundsätzlich erst dort überschritten, wo ein neuer oder in wesentlichen Teilen geänderter Lebenssachverhalt als Klagegrund nachgeschoben wird.[2067] Ansprüche aus (sonstigem) materiellem Recht und aus Insolvenzanfechtung können einen einheitlichen Streitgegenstand bilden, sofern der Lebenssachverhalt, aus dem der Kläger die begehrte Rechtsfolge herleitet, beide Ansprüche umfasst. Jedoch liegen bei gleichem Antrag unterschiedliche Streitgegenstände vor, wenn die materiell-rechtliche Regelung die zusammentreffenden Ansprüche durch eine Verselbständigung der einzelnen Lebensvorgänge erkennbar unterschiedlich ausgestaltet.[2068] Der Erstattungsanspruch aus § 143 InsO und der Anspruch auf Schadensersatz aus unerlaubter Handlung (§§ 823 Abs. 2 BGB, 283c Abs. 1 StGB) bilden auch prozessual zwei verschiedene Streitgegenstände.[2069] Keine Klageänderung stellt der

---

2063   Vgl. Jaeger/Henckel, § 143 InsO Rn 75; K. Schmidt, § 129 Rn 12.
2064   Vgl. HK/Kreft, § 129 InsO Rn 75.
2065   Vgl. Gottwald/Huber, Insolvenzrechts-Handbuch, § 51 Rn 32.
2066   BGH, 21.2.2008 – IX ZR 209/06, ZInsO 2008, 508 f.; BGH, 16.9.1999 – IX ZR 204/98, BGHZ 142, 284 ff. – „Computeranlage".
2067   BGH, 19.3.1992 – IX ZR 166/91, BGHZ 117, 374, 380 f.
2068   BGH, 12.12.2019 – IX ZR 328/18, ZIP 2020, 280 ff. Rn 34; BGH, 16.9.2008, IX ZR 172/07, NJW 2008, 3570 ff. Rn 9.
2069   BGH, 12.12.2019 – IX ZR 328/18, ZIP 2020, 280 ff. Rn 37.

Übergang vom **Rückgewähranspruch** zum **Wertersatzanspruch** und umgekehrt dar.[2070] Wird hingegen eine Leistungsannahme erst im Revisionsrechtszug genehmigt (Lastschrifteinzug) und ein Anspruch nach § 816 Abs. 2 BGB geltend gemacht, nachdem zunächst ein auf Insolvenzanfechtung gestützter Zahlungsanspruch erhoben worden war, liegt eine Klageänderung vor.[2071]

e) Prozesskostenhilfe

Bei unzureichender Insolvenzmasse kann der Insolvenzverwalter unter den Voraussetzungen des **§ 116 Satz 1 Nr. 1 ZPO** PKH beantragen. Entscheidendes Kriterium ist die **Zumutbarkeit** der **Kostenaufbringung** durch die am Gegenstand des Rechtsstreits **wirtschaftlich Beteiligten**.[2072] Wirtschaftlich beteiligt i.S.d. § 116 Satz 1 Nr. 1 ZPO sind nur diejenigen Gläubiger, die bei einem erfolgreichen Abschluss des Rechtsstreits **wenigstens** mit einer **teilweisen Befriedigung** ihrer Ansprüche aus der Masse **rechnen können**.[2073] Eine Mehrheit von Gläubigern wird im Verhältnis der zu erwartenden Quotenverbesserung zur Kostentragung herangezogen. Gläubigern, die nur eine geringe Quote zu erwarten haben, wird allerdings i.d.R. der riskante Einsatz eigener Mittel nicht zuzumuten sein; dasselbe gilt für Insolvenzgläubiger, deren angemeldete Forderungen der Insolvenzverwalter bestritten hat.[2074]

Vorschüsse auf die Prozesskosten sind nach der Rechtsprechung des **BGH** solchen Beteiligten zuzumuten, welche die erforderlichen **Mittel unschwer aufbringen können** und für die der zu erwartende Nutzen bei vernünftiger, auch das Eigeninteresse sowie das Verfahrenskostenrisiko angemessen berücksichtigender Betrachtungsweise bei einem Erfolg der Rechtsverfolgung deutlich größer sein wird als die von ihnen als Vorschuss aufzubringenden Kosten. Bei dieser wertenden Abwägung sind insbesondere eine zu erwartende Quotenverbesserung im Falle des Obsiegens, das Verfahrens- und Vollstreckungsrisiko und die Gläubigerstruktur zu berücksichtigen.[2075] Maßgeblich für die Bewertung, ob es Insolvenzgläubigern zuzumuten ist, die Kosten eines vom Insolvenzverwalter geführten Rechtsstreits aufzubringen, ist nicht die voraussichtliche Höhe ihrer Befriedigungsquote, sondern das **Verhältnis** des zu erwartenden **Ertrags** zu den aufzubringenden **Kosten**.[2076] Die

---

2070 BGH, 17.7.2008 – IX ZR 245/06, ZInsO 2008, 910 ff. Rn 13 f., 17; BGH, 12.11.1998 – IX ZR 199/97, ZIP 1998, 2165 ff. Rn 11; HK/Kreft, § 146 Rn 8.
2071 BGH, 16.9.2008 – IX ZR 172/07, NJW 2008, 3570 f.
2072 BGH, 16.7.2009 – IX ZB 221/08, ZInsO 2009, 1556 f.
2073 BGH, 8.10.1992 – VII ZB 3/92, BGHZ 119, 372, 377; HambKomm/Rogge/Leptien, § 143 InsO Rn 126.
2074 Vgl. Bork/Jacoby, Handbuch des Insolvenzanfechtungsrechts, Kap. 14 Rn 16.
2075 Vgl. BGH, 20.11.2014 – IX ZR 52/14, juris Rn 2; BGH, 4.12.2012 – II ZA 3/12, NZI 2013, 82 ff. Rn 2; BGH, 13.9.2012 – IX ZA 1/12, ZInsO 2012, 2198 f. Rn 2.
2076 BGH, 19.7.2018 – IX ZB 24/16, NJW 2018, 3188 Rn 8.

Kostenaufbringung ist auch nach der Rechtsprechung des **BVerwG** zumutbar, wenn der Insolvenzgläubiger die benötigten Mittel unschwer aufbringen kann und der zu erwartende Nutzen bei vernünftiger Betrachtung unter Beachtung des Prozessrisikos voraussichtlich deutlich größer sein wird als die aufzubringenden Kosten.[2077] Der **Bundesagentur für Arbeit**, **Sozialversicherungsträgern** und **i.d.R.** auch **Arbeitnehmern** ist es **nicht zumutbar**, einen Kostenvorschuss zu leisten.[2078] Dies gilt jedoch nicht für Finanzbehörden.[2079] Gläubiger bestrittener und ungeklärter Forderungen kommen als „wirtschaftlich Beteiligte" im Sinne des § 116 Abs. 1 Satz 1 Nr. 1 ZPO nicht in Betracht.[2080]

634   Einen **festen Maßstab**, wonach eine bestimmte Mindestquote bzw. eine bestimmte Quotenverbesserung erforderlich ist, um eine Vorleistungspflicht des Insolvenzgläubigers als zumutbar anzusehen, **gibt es nicht**. Ist allerdings mehr als das Doppelte des aufzubringenden Vorschusses zu erwarten, dürfte eine Vorschusspflicht in Betracht kommen.[2081] Insolvenzgläubigern ist es regelmäßig nicht zuzumuten, die Kosten eines vom Insolvenzverwalter geführten Rechtsstreits aufzubringen, wenn sich ihre Befriedigung unter Berücksichtigung des Prozess- und Beibringungsrisikos voraussichtlich nur **weniger als** das **Doppelte** der aufzubringenden **Kosten verbessert**.[2082]

635   Die beabsichtigte Erhebung einer **Teilklage** durch den **Insolvenzverwalter** ist nicht bereits als solche, sondern nur dann mutwillig im Sinne der §§ 116 Satz 2, 114 Satz 1, letzter Halbs. ZPO, wenn der Insolvenzverwalter keine nachvollziehbaren Sachgründe dafür vorbringt, warum er auf die Geltendmachung der Gesamtforderung verzichtet.[2083] Die Anzeige der **Masseunzulänglichkeit** steht der Gewährung von PKH **nicht entgegen**.[2084] **Massekostenarmut** steht der Gewährung von PKH dann nicht entgegen, wenn sie im Falle der Beitreibung des Klagebetrages abgewendet würde.[2085] Die Durchsetzung eines Anfechtungsanspruchs, die nicht geeignet ist, eine bereits eingetretene Massekostenarmut zu beheben, gehört jedoch nicht zu den gesetzlichen Aufgaben des Insolvenzverwalters.[2086] Prozesskostenhilfe ist

---

2077 BVerwG, 8.2.2006 – 8 PKH 4.05, ZIP 2006, 1542, 1544.
2078 BGH, 8.10.1992 – VII ZB 3/92, BGHZ 119, 372, 378; OLG München, 16.5.2013 – 5 W 835/13, ZIP 2013, 1299 f.
2079 BVerwG, 8.2.2006 – 8 PKH 4.05, ZIP 2006, 1542, 1544.
2080 Vgl. OLG München, 28.6.2010 – 5 W 1581/10, ZIP 2011, 398 ff.
2081 Vgl. BGH, 7.2.2010 – II ZR 13/10, juris Rn 5; OLG München, 5.4.2013 – 5 U 1051/13, ZInsO 2013, 1091 f.
2082 BGH, 19.7.2018 – IX ZB 24/16, NJW 2018, 3188 Rn 9.
2083 BGH, 6.12.2010 – II ZB 13/09, ZInsO 2011, 282 f.
2084 BGH, 16.7.2009 – IX ZB 221/08, ZInsO 2009, 1556 f. Rn 5; BGH, 28.2.2008 – IX ZB 147/07, ZInsO 2008, 378; vgl. dazu ferner N. Schmidt, ZInsO 2013, 766 ff.
2085 BGH, 22.12.2012 – IX ZB 62/12, ZIP 2012, 2526 ff.
2086 BGH, 16.7.2009 – IX ZB 221/08, ZInsO 2009, 1556 f. Rn 4.

dem Insolvenzverwalter ferner zu versagen, wenn das anzufechtende Urteil zwar formell keinen Bestand haben kann (etwa wegen Unterbrechung des Prozesses gemäß § 249 ZPO), das materielle Ergebnis sich nach einer Zurückverweisung jedoch voraussichtlich nicht ändern wird.[2087]

f) Gerichtliche Sicherung des Anfechtungsanspruchs

Zur Sicherung des Primäranspruchs gemäß § 143 Abs. 1 Satz 1 InsO kommt nach herrschender Meinung eine **einstweilige Verfügung (§§ 935 ff. ZPO)** in Betracht,[2088] wobei die Sicherung des Anspruchs auf Rückübertragung eines Grundstücks durch **Vormerkung** erfolgt, ohne dass ein Verfügungsgrund glaubhaft gemacht werden müsste.[2089] Ein Wertersatzanspruch oder ein sonstiger auf Zahlung gerichteter Rückgewähranspruch wird durch **Arrest (§§ 916 ff. ZPO)** gesichert.[2090] Wählt der Insolvenzverwalter statt des Anspruchs auf Rückgewähr die Klage auf Duldung der Zwangsvollstreckung, kann die Sicherung nur durch Arrest bewirkt werden.[2091]

636

[2087] BGH, 15.11.2011 – II ZR 6/11, ZInsO 2012, 141 ff.
[2088] Vgl. BGH, 14.6.2007 – IX ZR 219/05, BGHZ 172, 360 ff. Rn 10; Jaeger/Henckel, § 143 Rn 181; Gottwald/Huber, Insolvenzrechts-Handbuch, § 52 Rn 18.
[2089] Gottwald/Huber, Insolvenzrechts-Handbuch, § 52 Rn 18.
[2090] Jaeger/Henckel, § 143 InsO Rn 181; HK/Kreft, § 129 InsO Rn 108; Gottwald/Huber, Insolvenzrechts-Handbuch, § 52 Rn 18.
[2091] Jaeger/Henckel, § 143 InsO Rn 181.

§ 8 Insolvenzplanverfahren

Übersicht

- A. Einleitung —— 1
  - I. Gesetzeszweck und praktische Bedeutung —— 1
  - II. Sanierungsziel und ESUG —— 7
    1. Sanierung als Ziel der InsO —— 7
    2. ESUG – Gesetz zur weiteren Erleichterung der Sanierung von Unternehmen —— 13
    3. SanInsFoG – Sanierungs- und Insolvenzrechtsfortentwicklungsgesetz —— 23a
  - III. Planziele und Anwendungsbereiche —— 24
    1. Planziele im Überblick —— 24
    2. Anwendungsbereiche —— 32
       - a) Natürliche Personen —— 32
       - b) Juristische Personen —— 35
- B. Ablauf des Insolvenzplanverfahrens —— 38
  - I. Vorprüfung —— 39
  - II. Aufstellung des Plans —— 45
    1. Planvorlagerecht —— 45
       - a) Verwalterplan —— 49
       - b) Schuldnerplan —— 55
       - c) Planvorlage bei Eigenverwaltung —— 59
       - d) Plankonkurrenz —— 62
    2. Inhalte des Insolvenzplans —— 64
       - a) Zur Disposition stehende Regelungsbereiche und Planbeteiligte —— 65
       - b) Darstellender Teil —— 73
         - aa) Lage und Entwicklung des schuldnerischen Unternehmens —— 75
         - bb) Ziele des Insolvenzplans —— 77
         - cc) Planmaßnahmen —— 78
         - dd) Gruppenbildung —— 79
         - ee) Vergleichsrechnung —— 101
       - c) Gestaltender Teil —— 106
         - aa) Änderung der Rechtsstellung des Schuldners —— 109
         - bb) Änderung der Rechtsstellung der Gläubiger —— 112
         - cc) Änderung der Rechtsstellung der Anteilsinhaber —— 117
         - dd) Debt-Equity-Swap —— 124
         - ee) Weitere Gestaltungsmöglichkeiten —— 130
       - d) Plananlagen —— 142
         - aa) Anlagen gem. § 229 InsO —— 143
         - bb) Anlagen gem. § 230 InsO —— 148
    3. Vorprüfung durch das Insolvenzgericht —— 153
       - a) Zurückweisung von Amts wegen (§ 231 Abs. 1 InsO) —— 157
         - aa) Verstoß gegen Vorschriften zu Planvorlage und Inhalt (§ 231 Abs. 1 Nr. 1) —— 158
         - bb) Keine Aussicht auf Annahme/Bestätigung (§ 231 Abs. 1 Nr. 2 InsO) —— 162
         - cc) Keine Erfüllbarkeit (§ 231 Abs. 1 Nr. 3 InsO) —— 164
       - b) Zurückweisung auf Antrag (§ 231 Abs. 2 InsO) —— 166
       - c) Beschwerderecht (§ 231 Abs. 3 InsO) —— 168

4. Stellungnahmen, Verwertungsaussetzung und Planniederlegung —— 170
   a) Stellungnahmen zum Plan (§ 232 InsO) —— 170
   b) Aussetzung von Verwertung und Verteilung (§ 233 InsO) —— 174
   c) Niederlegung des Plans (§ 234 InsO) —— 179
III. Annahme und Bestätigung des Insolvenzplans —— 182
   1. Erörterungs- und Abstimmungstermin —— 183
      a) Terminierung und Verbindung mit weiteren Terminen —— 184
      b) Ladung der Beteiligten —— 188
      c) Erörterung —— 192
         aa) Grundsätzliches —— 192
         bb) Planänderungen —— 193
         cc) Stimmrechtsfestsetzung —— 195
      d) Abstimmung —— 203
         aa) Abstimmung in Gruppen —— 205
         bb) Gesonderter Abstimmungstermin —— 206
         cc) Erforderliche Mehrheiten —— 211
         dd) Abstimmungsergebnis —— 219
      e) Zustimmungsersetzung —— 224
         aa) Zustimmungsfiktion für nicht nachrangige Gläubiger (§ 245 InsO) —— 228
         bb) Zustimmungsfiktion für Gläubiger mit Rechten aus gruppeninternen Drittsicherheiten —— 235a
         cc) Zustimmungsfiktion für nachrangige Gläubiger —— 236
         dd) Zustimmungsfiktion für Anteilsinhaber —— 238
         ee) Zustimmungsfiktion für den Schuldner —— 240
   2. Bestätigung des Insolvenzplans —— 244
      a) Planbedingungen gem. § 249 InsO —— 247
      b) Versagungsgründe nach § 250 InsO —— 248
         aa) Verstoß gegen Vorschriften (§ 250 Nr. 1 InsO) —— 249
         bb) Unlautere Herbeiführung der Planannahme (§ 250 Nr. 2 InsO) —— 254
      c) Minderheitenschutz (§ 251 InsO) —— 257
         aa) Widerspruch im Abstimmungstermin (§ 251 Abs. 1 Nr. 1 InsO) —— 260
         bb) Glaubhaft gemachte Schlechterstellung (§ 251 Abs. 1 Nr. 2 und Abs. 2 InsO) —— 261
         cc) Salvatorische Entschädigungsklausel (§ 251 Abs. 3 InsO) —— 263
      d) Entscheidung des Insolvenzgerichts und Rechtsmittel —— 264
         aa) Entscheidung gem. § 252 InsO —— 264
         bb) Sofortige Beschwerde gem. § 253 InsO —— 268
         cc) Entscheidung über die Beschwerde —— 277
   3. Planberichtigungsverfahren —— 280
IV. Wirkungen des bestätigten Insolvenzplans —— 286

1. Allgemeine Wirkungen —— 286
   a) Wirkungen für die Insolvenzgläubiger —— 290
   b) Wirkungen für Mithaftende —— 294
   c) Gesellschaftsrechtliche Regelungen —— 296
   d) Wirkungen für Dritte —— 300
2. Wirkungen für Insolvenzgläubiger mit nicht (rechtzeitig) angemeldeten Forderungen —— 302
   a) Allgemeines —— 302
   b) Vollstreckungsschutz —— 306
   c) Besondere Verjährungsfrist —— 312
3. Wiederaufleben erlassener Forderungen —— 315
   a) Wiederaufleben einzelner Forderungen wegen Rückstand —— 315
   b) Wiederaufleben aller Forderungen wegen neuem Insolvenzverfahren —— 324
4. Titelwirkung des Insolvenzplans —— 326
5. Aufhebung des Verfahrens —— 330
   a) Berichtigung der Masseansprüche —— 333
   b) Schlussrechnungslegung und Festsetzung der Vergütung —— 337
   c) Wirkungen der Aufhebung —— 340
V. Planüberwachung —— 345
1. Allgemeines —— 347
2. Befugnisse und Pflichten der Planüberwachungsorgane —— 352
3. Kreditrahmenregelungen —— 360

A. Einleitung

I. Gesetzeszweck und praktische Bedeutung

Das Insolvenzplanverfahren, geregelt in den §§ 217 bis 269 InsO, wurde mit der zum 1.1.1999 in Kraft getretenen InsO als neuartiges Instrument zur Bewältigung einer Insolvenz eingeführt. Die Neuartigkeit bestand im Wesentlichen in der weitreichenden **privatautonomen Gestaltungsmöglichkeit** für die Beteiligten innerhalb eines gerichtlichen Insolvenzverfahrens. Das Planverfahren ist nicht als Regelinstrument zur Bewältigung einer Insolvenz konzipiert, sondern ermöglicht nur im Einzelfall unabhängig von den nicht immer interessengerechten Vorschriften des im Übrigen geltenden Regelverfahrens privatautonom die für die Beteiligten beste Lösung zu finden und verbindlich festzulegen. 1

Vorbild des Insolvenzplanverfahrens ist das **Chapter 11-Verfahren** nach dem Bankruptcy Code des U.S.-amerikanischen Insolvenzrechts.[1] Während jenes jedoch als reines Reorganisationsverfahren mit dem primären Ziel der Sanierung des Schuldners ausgestaltet ist, der daher grds. auch „Herr des Verfahrens" bleibt (sog. 2

---

[1] So ausdrücklich z.B. für die Gruppenbildung RegE InsO, BT-Drucks. 12/2443, S. 195.

„debtor-in-possession"),[2] sind nach der InsO verschiedene Planziele möglich.[3] Zudem bleibt der Schuldner nur ausnahmsweise, nämlich im Fall der Anordnung der Eigenverwaltung gem. §§ 270 ff. InsO, verwaltungs- und verfügungsbefugt (§ 270 Abs. 1 S. 1 InsO).[4] Durch das ESUG[5] haben die Vorschriften über den Insolvenzplan und die Eigenverwaltung eine weitere Annäherung an das U.S.-amerikanische Recht und die dort bereits etablierte Sanierungskultur[6] erfahren. Dies etwa durch die Einführung des Schutzschirmverfahrens gemäß § 270b InsO, das die frühzeitige Ausarbeitung eines Insolvenzplans (sog. prepackaged plan) im Rahmen eines vorläufigen Eigenverwaltungsverfahrens unterstützt.[7]

3   Die **Rechtsnatur** des Insolvenzplans ist nicht abschließend geklärt.[8] Nach der Gesetzesbegründung handelt es sich bei dem Plan in erster Linie um einen materiell-rechtlichen Vertrag.[9] Nach Auffassung des BGH hingegen ist der Insolvenzplan „[...] ein **spezifisch insolvenzrechtliches Instrument**, mit dem die Gläubigergesamtheit ihre Befriedigung aus dem Schuldnervermögen organisiert".[10] Gegen die Einordnung als privatrechtlicher Vertrag spricht nach der Argumentation des BGH vor allem, dass sich die Gläubigergemeinschaft nicht freiwillig zusammengefunden hat, sondern vielmehr eine „Schicksalsgemeinschaft"[11] kraft Verfahrenseröffnung darstellt. Die unterschiedliche Qualifizierung hat indes primär eine akademische Bedeutung und in der Praxis nur untergeordnete Auswirkungen.

4   Auch wenn dem Planverfahren nach der Gesetzessystematik nur die Funktion einer Gestaltungsvariante neben dem Regelverfahren und somit von Vornherein nur ein **Ausnahmecharakter** zukommt,[12] blieb und bleibt die Nutzbarmachung dieses Instruments in der Praxis hinter den Erwartungen zurück. Nach Erhebungen aus der Zeit vor dem ESUG wurden seinerzeit unter drei Prozent aller Insolvenzverfahren im Bundesgebiet als Insolvenzplanverfahren durchgeführt.[13] Entsprechende Auswer-

---

2 Vgl. MüKo/Eidenmüller, Vor §§ 217 bis 269 InsO Rn 20 m.w.N.
3 Siehe unten Rdn 23 ff.
4 Vgl. MüKo/Eidenmüller, Vor §§ 217 bis 269 InsO Rn 19 f. m.w.N.; siehe hierzu auch ausführlich Smid/Rattunde/Martini, Der Insolvenzplan, Rn 2.35 ff.; vgl. hierzu die Ausführungen zu § 9 Eigenverwaltung.
5 Siehe hierzu sogleich Rdn 13 ff.
6 Zu dem Begriff siehe Vallender, NZI 2010, 838.
7 Siehe hierzu ausführlich § 9 Rdn 46 ff.
8 Zum Streitstand siehe bereits Braun/Uhlenbruck, Unternehmensinsolvenz, S. 463 ff.; siehe auch ausführlich KPB/Spahlinger, § 217 InsO Rn 59 ff.; FK/Jaffé, § 217 InsO Rn 39 bis 53.
9 Vgl. die Gesetzesbegründung RegE InsO, BT-Drucks. 12/2443, S. 91.
10 BGH, 6.10.2005 – IX ZR 36/02, ZInsO 2006, 38, 39 (Hervorhebungen im Originaltext nicht enthalten).
11 BGH, 6.10.2005 – IX ZR 36/02, ZInsO 2006, 38, 39.
12 Vgl. Frind, ZInsO 2010, 1161, 1161.
13 Auswertung der Jahre 2002–2007, vgl. Institut für Mittelstandsforschung Bonn, IfM-Materialien 186, S. 35 m.w.N.; s.a. die Auswertung der Jahre 1999–2005 bei Kranzusch, ZInsO 2007, 804, 805.

tungen liegen für den Zeitraum seit Inkrafttreten des ESUG im Jahre 2012 nicht vor. Ein signifikanter Anstieg dürfte jedoch gemessen an der Gesamtzahl der Verfahren nicht zu verzeichnen sein.[14] Vergleicht man die durchschnittliche Befriedigungsquote bei Regelinsolvenzverfahren i.H.v. 3,6% mit der durchschnittlichen Planquote von rund 13% bei Einzelunternehmen und bis über 60% bei juristischen Personen und Personengesellschaften,[15] mag der verhaltene Umgang mit dem Instrument verwundern. Hier dürfen jedoch Ursache und Wirkung nicht verwechselt werden. Die Durchführung eines Planverfahrens führt nicht automatisch zu einer höheren Quote. Vielmehr ist die Anzahl der für einen Insolvenzplan geeigneten Verfahren[16] – insbesondere der sanierungsfähigen Unternehmen – weiterhin gering.[17] Und selbst in diesen Fällen ist die sanierende Übertragung[18] meist klarer, einfacher und somit vorzugswürdig.

Auch in geeigneten Fällen steht aber die **Verwalter- und Gerichtspraxis** dem Instrument teilweise nach wie vor zurückhaltend gegenüber und macht daher davon nur selten Gebrauch. Ausschlaggebend hierfür ist der in diesen Verfahren notwendige Zeit-, Arbeits- und Kommunikationsaufwand auf beiden Seiten. Die Frage für den Schuldner oder Verwalter ist insofern nicht, ob sich das Verfahren für einen Plan eignet, sondern ob ein solcher zur Erreichung der Verfahrensziele erforderlich ist. Ursächlich für die geringe Akzeptanz auf Seiten der Gläubiger hingegen sind eine mit der Abweichung vom gesetzlich festgelegten Regelverfahren verbundene Unsicherheit und die Überforderung mit der im Planverfahren eingeräumten eigenen Entscheidungskompetenz. 5

Mehr oder weniger positive Berichterstattungen über geglückte Planverfahren größerer Unternehmen, wie bspw. Arcandor AG, Prokon GmbH oder Suhrkamp Verlag GmbH & Co KG und die Stärkung des Planverfahrens durch das ESUG vor allem in Verbindung mit der Eigenverwaltung[19] führen jedoch allmählich zu einer höheren Akzeptanz und einer häufigeren Anwendung dieses Instruments. 6

II. Sanierungsziel, ESUG und SanInsFoG

1. Sanierung als Ziel der InsO

Die Sanierung des schuldnerischen Unternehmens ist nicht ausdrücklich als Ziel des Insolvenzverfahrens in der InsO normiert. Gleichwohl ist ein solches Ziel dem Regelwerk immanent. Bereits in der Begründung zu § 1 InsO wird die Fortführung 7

---

14 Siehe hierzu sogleich Rdn 13 ff.
15 Institut für Mittelstandsforschung Bonn, IfM-Materialien 186, S. 34, 36.
16 Vgl. zu den Anwendungsbereichen des Planverfahrens unten Rdn 23.
17 Nach der Vorstellung des Gesetzgebers sind dies mindestens 5% der insolventen Unternehmen, vgl. Kranzusch, ZInsO 2007, 804, 805.
18 Vgl. zu der sanierenden Übertragung § 10 Rdn 50 ff.
19 Siehe auch § 9: Eigenverwaltung.

Thies/Lieder

der unternehmerischen Tätigkeit noch vor der Liquidation des Vermögens des Schuldners als mögliches Ergebnis des Insolvenzverfahrens genannt.[20] Zudem enthalten insb. die in diesem Kapitel behandelten Regelungen über den Insolvenzplan, aber auch die Vorschriften über die Eigenverwaltung mit einem Schutzschirmverfahren,[21] erkennbar einen **Sanierungsauftrag**.

8   Die Sanierung im Insolvenzverfahren ist jedoch kein Selbstzweck. Sie kann nur erfolgen, wenn sie mit dem erklärten Ziel der InsO, dem in § 1 S. 1 InsO geregelten Grundsatz der gleichmäßigen und v.a. bestmöglichen Gläubigerbefriedigung, vereinbar ist. Demgemäß wird der Insolvenzplan in § 1 S. 1 Alt. 2 InsO auch nicht als Grundfall, sondern als eine besondere Variante der Verwertung und Erlösverteilung genannt, die insb. den Erhalt des Unternehmens zum Gegenstand haben kann.

9   In einem Insolvenzverfahren kann das schuldnerische Unternehmen entweder durch Übertragung des Betriebes auf einen anderen Rechtsträger mittels eines sog. Asset-Deals („übertragende Sanierung"[22]) oder durch Entschuldung und Erhalt des schuldnerischen Rechtsträgers auf Basis eines Insolvenzplans saniert werden. Während die übertragende Sanierung in der Regel ohne Insolvenzplan durchgeführt werden kann, ist eine Überwindung der Insolvenz unter Erhalt des Rechtsträgers außerhalb des Planverfahrens nur bei einem äußerst seltenen nachträglichen Wegfall des Eröffnungsgrundes (§ 212 InsO) oder bei Zustimmung aller Gläubiger (§ 213 InsO) möglich. Die Eigenverwaltung und das Schutzschirmverfahren stellen hingegen keine eigenständigen Instrumente zur dauerhaften Überwindung einer Insolvenz dar, sondern können eine Sanierung lediglich fördern.

10 Für die **übertragende Sanierung** finden sich anders als für das Insolvenzplanverfahren in den §§ 217 bis 269 InsO keine dezidierten Regelungen in der InsO. Die Zulässigkeit einer übertragenden Sanierung ergibt sich jedoch aus § 158 Abs. 1 InsO, der die Veräußerung des Unternehmens als Alternative zur Stilllegung benennt und aus § 160 Abs. 2 Nr. 1 Alt. 1 InsO, der die Unternehmensveräußerung als „besonders bedeutsame Rechtshandlung" qualifiziert. Die §§ 162, 163 InsO ergänzen die Regelungen für den Fall der Unternehmensveräußerung an Dritte. Weitergehende inhaltliche Regelungen sind indes nicht notwendig, da es sich insoweit um keinen spezifisch (insolvenz-)verfahrensrechtlichen Vorgang handelt, sondern die Übertragung eines Unternehmens bzw. dessen Betriebsvermögens auf einen anderen Unternehmensträger durch Asset-Deal nach den allgemeinen Vorschriften erfolgt.

11 Die Sanierungsinstrumente stehen gleichrangig nebeneinander.[23] **Die Entscheidung** darüber, ob das Unternehmen fortgeführt oder stillgelegt werden soll und

---

20 Begr. RegE zu § 1 RegE InsO, BT-Drucks. 12/2443, S. 108.
21 Vgl. nachfolgend § 9: Eigenverwaltung.
22 Zu dem Begriff grundlegend K. Schmidt, ZIP 1980, 328, 336; vgl. hierzu ausführlich auch § 10 Rdn 50 ff.
23 Vgl. Begr. RegE zu § 1 RegE InsO, BT-Drucks. 12/2443, S. 77.

durch welches Instrument eine Sanierung am besten erreicht werden kann, **trifft gem. § 157 InsO die Gläubigerversammlung** im Berichtstermin. Die Umsetzung hingegen obliegt entsprechend dem in § 159 InsO normierten Verwertungsauftrag dem Insolvenzverwalter,[24] der dabei die Beschlüsse der Gläubigerversammlung zu beachten hat.

Ob und durch welches Instrument eine Sanierung im konkreten Fall in Betracht kommt, zeigt sich i.d.R. bereits im vorläufigen Insolvenzverfahren, sobald sich der vorläufige Insolvenzverwalter einen Überblick, unter anderem auch über die Gläubigerstruktur, verschafft hat. Demgemäß umfasst die in § 22 Abs. 1 S. 2 Nr. 1 InsO beschriebene Aufgabe des vorläufigen Insolvenzverwalters, das Vermögen des Schuldners zu sichern und zu erhalten, auch die Eruierung des „Sanierungsklimas"[25] durch erste – offene – Gespräche mit dem Schuldner und den (Haupt-)Gläubigern. 12

Praxistipp
Unabhängig davon, welches Sanierungsinstrument gewählt wird, ist es ratsam, sich bereits zu einem möglichst frühen Zeitpunkt der **Unterstützung durch die Gläubiger** zu versichern. Denn das beste Konzept ist wertlos, wenn es – mangels Bereitschaft der Gläubiger, hieran mitzuwirken – nicht umgesetzt werden kann. Sowohl im Fall der übertragenden Sanierung als auch im Fall der Durchführung eines Insolvenzplanverfahrens bedarf es der Zustimmung durch die Gläubiger.[26] Erweist sich eine Sanierung mittels Insolvenzplan als geeignetes Instrument, ist es zudem ratsam, sich zu einem möglichst frühen Zeitpunkt über die Gruppenbildung i.S.d. § 222 InsO klar zu werden und sich der **Zustimmungsbereitschaft** der benötigten Gläubiger zu versichern.
    Im Ergebnis gilt: Eine gründliche und möglichst frühzeitige Vorbereitung der Sanierung verspricht einen möglichst zügigen und reibungslosen Ablauf des Verfahrens und verhindert i.d.R. eine böse Überraschung im Abstimmungstermin.

2. ESUG – Gesetz zur weiteren Erleichterung der Sanierung von Unternehmen

Mit dem am 1.3.2012[27] in Kraft getretenen Gesetz zur weiteren Erleichterung der Sanierung von Unternehmen (ESUG)[28] hat der Gesetzgeber die Sanierung als Ziel des Insolvenzverfahrens weiter in den Vordergrund gestellt. Ausweislich der Gesetzesbegründung soll durch die Reform die **Sanierung fortführungsfähiger Unternehmen erleichtert** und damit der Erhalt von Arbeitsplätzen ermöglicht werden.[29] Der 13

---

24 Zur Eigenverwaltung siehe § 284 InsO.
25 Zu dem Begriff vgl. Kranzusch, ZInsO 2007, 804, 807; siehe auch Smid/Rattunde/Martini, Der Insolvenzplan, Rn 4.2.
26 Vgl. §§ 158 Abs. 1 Alt. 2, 160 Abs. 2 Nr. 1 Alt. 1 InsO für den Fall der übertragenden Sanierung bzw. §§ 235 ff. InsO für den Fall eines Insolvenzplanverfahrens.
27 Auf Insolvenzverfahren, die vor dem 1.3.2012 beantragt worden sind, finden gemäß Artikel 103g EGInsO die bis dahin geltenden Vorschriften Anwendung, vgl. Artikel 3 ESUG, BT-Drucks. 679/11.
28 BGBl I 2011, S. 2582 ff.
29 So die Gesetzesbegründung RegE ESUG, BT-Drucks. 17/5712, S. 17.

Ausbau und die Straffung des Insolvenzplanverfahrens bilden dabei einen Schwerpunkt des Gesetzes.[30]

14 Das Insolvenzplanverfahren hat damit erhebliche Änderungen und Neuerungen erfahren. Namentlich betrifft dies zunächst die **Aufgabe der strikten Trennung von Gesellschafts- und Insolvenzrecht.**

15 Die wesentliche Neuerung durch das ESUG stellt die Möglichkeit der **Einbeziehung der Rechte von am Schuldner beteiligten Personen** auch ohne oder sogar gegen deren Willen dar. Über derartige Rechte konnte vor dem ESUG im Plan nur unter Mitwirkung der Betroffenen durch Abgabe entsprechender Willenserklärungen (§ 230 InsO) verfügt werden. Es kam also ausschließlich eine freiwillige Planunterwerfung in Betracht, die zu einem erheblichen Blockadepotenzial der Gesellschafter führte. Beispielsweise war eine Fortführung des Schuldners als Rechtsträger ohne entsprechenden Fortsetzungsbeschluss der am Schuldner beteiligten Personen nicht möglich. Die Einbeziehung gesellschaftsrechtlicher Änderungen oder Beschlüsse erfolgt nach dem ESUG durch Integration der am Schuldner beteiligten Personen in das Gruppenabstimmungsverfahren.[31] Nach § 222 Abs. 1 Nr. 4 InsO ist für die am Schuldner beteiligten Personen eine Gruppe zu bilden, wenn deren Anteils- oder Mitgliedschaftsrechte in den Plan einbezogen werden sollen.[32]

16 Zudem wurde im Zusammenhang mit der Beteiligung am Schuldner in § 225a Abs. 2 InsO ausdrücklich die Möglichkeit der Umwandlung von Forderungen in Eigenkapital (sog. **Debt-Equity-Swap**) normiert,[33] durch die ein Wechsel der Gläubiger in Anteilsinhaber stattfinden kann.[34] Dabei ist allerdings gemäß § 230 Abs. 2 InsO dem Plan eine entsprechende Erklärung der Personen beizufügen, die nach dem Plan Anteils- oder Mitgliedschaftsrechte an der Schuldnerin übernehmen sollen. Eine Forderungsumwandlung ohne oder sogar gegen deren Willen des betroffenen Gläubigers kommt somit nicht in Betracht.

17 Durch das ESUG hat als Regelung zur inhaltlichen Gestaltung bzw. Zielsetzung des Plans die ausdrückliche Zulassung sog. **„verfahrensleitender" Insolvenzpläne eine Normierung erfahren.** Diese findet sich in der Aufnahme der „Verfahrensabwicklung" in den Regelungsbereich nach § 217 S. 1 InsO. Nach vorangegangenen Diskussionen in Rechtsprechung und Literatur[35] hat der Gesetzgeber damit klarge-

---

30 Gesetzesbegründung RegE ESUG, BT-Drucks. 17/5712, S. 17.
31 Zur Kritik an dieser Lösung vgl. HambKomm/Thies, Vorbemerkung zu §§ 217 ff. InsO Rn 4 f. m.w.N.
32 Zu den Gestaltungsmöglichkeiten im Einzelnen siehe unten Rdn 116 ff.
33 Siehe hierzu unten Rdn 123 ff.
34 Vgl. Gesetzesbegründung RegE ESUG, BT-Drucks. 17/5712, S. 32.
35 Siehe hierzu HambKomm/Thies, Vorbemerkung zu §§ 217 ff. InsO Rn 11; gegen die Zulässigkeit LG Frankfurt/Main, 29.10.2007 – 2/9 T 198/07, NZI 2008, 110 ff. = ZIP 2007, 2229 ff.; ausdrücklich offen gelassen BGH, 5.2.2009 – IX ZB 230/07, ZInsO 2009, 478, 481 = ZIP 2009, 480, 483.

stellt, dass auch Teilpläne, die das Insolvenzverfahren lediglich in Verfahrensfragen ergänzen, zulässig sind.[36]

Eher der Klarstellung der bereits zuvor ganz h.M. diente die Einfügung des § 210a InsO, wonach die Vorschriften über den Insolvenzplan auch bei angezeigter **Masseunzulänglichkeit** gelten.[37] Dies mit der Maßgabe, dass an die Stelle der nicht nachrangigen Insolvenzgläubiger die Massegläubiger mit dem Rang des § 209 Abs. 1 Nr. 3 InsO treten (§ 210a Nr. 1 InsO) und für die nicht nachrangigen Insolvenzgläubiger § 246 Nr. 2 InsO (§ 246 Nr. 3 InsO a.F.) entsprechend gilt.[38]

Darüber hinaus wurden durch das ESUG umfangreiche **planverfahrensrechtliche Neuerungen** eingeführt, die eine zügigere und rechtssicherere Plandurchführung gewährleisten sollen. Dies sind insbesondere die aus Sicht des Planerstellers überaus förderliche Einschränkungen des Minderheitenschutzes nach § 251 InsO[39] und der sofortigen Beschwerde nach § 253 InsO.[40] Zu dieser Art von Änderungen gehört zudem die mit § 221 S. 2 InsO eingeführte Nachbesserungsermächtigung,[41] aufgrund derer der Insolvenzverwalter in dem Plan bevollmächtigt werden kann, die zur Umsetzung des Plans notwendigen Maßnahmen zu ergreifen und offensichtliche Fehler des Plans zu berichtigen, ohne zuvor eine Gläubigerversammlung einberufen zu müssen. Damit soll verhindert werden, dass die Umsetzung des von den Gläubigern beschlossenen Planinhalts an Formfehlern scheitert. Schließlich erleichtert auch die Neuregelung zur Befriedigung der bei laufenden Betrieben täglich neu entstehenden Masseverbindlichkeiten vor der Aufhebung des Insolvenzverfahrens in § 258 InsO[42] die Planabwicklung.[43]

Durch das ESUG wurde zudem die zentrale Vorschrift über die Planwirkungen, § 254 InsO, neu gefasst und durch die §§ 254a, 254b InsO ergänzt.[44] Hiernach gelten die Beschlüsse der Anteilsinhaber oder sonstigen Willenserklärungen der Beteiligten als in der vorgeschriebenen Form abgegeben, wenn die Rechte der Anteilsinhaber in den Plan einbezogen sind (§ 254a Abs. 2 S. 1 InsO).

Schließlich wurden mit dem ESUG **Regelung bezüglich nicht (rechtzeitig) angemeldeter Forderungen** (§§ 259a und 259b InsO) getroffen.[45] Betreiben einzelne Insolvenzgläubiger, die ihre Forderungen bis zum Abstimmungstermin nicht angemeldet haben, die Zwangsvollstreckung gegen den Schuldner und gefährden damit

---

36 Siehe auch die Beschlussempfehlung des Rechtsausschusses, BT-Drucks. 17/7511, S. 3.
37 Gesetzesbegründung RegE ESUG, BT-Drucks. 17/5712, S. 19.
38 Siehe hierzu noch unten Rdn 99.
39 Hierzu ausführlich unten Rdn 256.
40 Gesetzesbegründung RegE ESUG, BT-Drucks. 17/5712, S. 19.
41 Hierzu ausführlich unten Rdn 138.
42 Gesetzesbegründung RegE ESUG, BT-Drucks. 17/5712, S. 19.
43 Siehe hierzu unten Rdn 331.
44 Siehe hierzu unten Rdn 237 und Rdn 301f.
45 Siehe hierzu unten Rdn 305ff. und Rdn 311ff.

die Durchführung des Insolvenzplans, kann das Insolvenzgericht auf Antrag des Schuldners eine Maßnahme der Zwangsvollstreckung ganz oder teilweise aufheben oder längstens für drei Jahre unterbrechen (§ 259a Abs. 1 S. 1 InsO). Der Antrag ist indes nur zulässig, wenn der Schuldner die Behauptungen, die die Gefährdung begründen, glaubhaft macht (§ 259a Abs. 1 S. 2 InsO). Und vor allem verjähren Forderungen, die nicht bis zum Abstimmungstermin angemeldet worden sind, ein Jahr nach Eintritt der Rechtskraft der Planbestätigung (§ 259b Abs. 1 InsO).

22 Angesichts der wirtschaftlichen Bedeutung und der rechtlichen Implikationen des neu gestalteten Insolvenzplanverfahrens, insb. der neuen gesellschaftsrechtlichen Gestaltungsmöglichkeiten, hat der Gesetzgeber mit dem ESUG auch die **Zuständigkeit** für das Planverfahren von dem bisher gem. § 3 Nr. 2e RPflG zuständigen Rechtspfleger auf den Richter übertragen.[46] Während sich der Richter das Planverfahren gem. § 18 Abs. 2 RPflG a.F. lediglich vorbehalten konnte, wurde mit dem ESUG durch Neufassung des § 18 Abs. 1 Nr. 2 RPflG ein gesetzlicher Richtervorbehalt für das Planverfahren angeordnet.

Hinweis
Die Neuregelung hat im Reformprozess heftige Kritik erfahren.[47] In der Praxis macht sich bemerkbar, dass mit dem Zuständigkeitswechsel in der gerichtlichen Begleitung des Planverfahrens und vor allem der gerichtlichen Prüfungspflicht der Pragmatismus der Rechtspfleger teilweise einem starken Dogmatismus der Richter gewichen ist. Dies ist zwar juristisch überaus interessant, erschwert teilweise aber die Planerstellung, da der Planersteller sich im Vorfeld ggf. mit der Rechtsauffassung des zuständigen Richters zu teilweise diffizilen insolvenzrechtlichen Detailfragen auseinanderzusetzen hat, sofern er nicht eine Zurückweisung seines Plans riskieren will. Dem planerstellenden Schuldner ist dies ohne insolvenzrechtliche Beratung in der Regel unmöglich. Der planerstellende Verwalter sieht sich mit dem Problem konfrontiert, den Richter als seinen wesentlichen Auftraggeber nicht belästigten zu wollen. In jedem Fall empfiehlt sich eine enge Abstimmung mit dem Richter.[48]

23 Die Änderungen des Planverfahrens durch das ESUG haben – soweit ersichtlich[49] – für sich genommen nicht zu einem signifikanten Anstieg der Planverfahrenszahlen geführt. Erkennbar spielt der Insolvenzplan jedoch bei der Eigenverwaltung, die durch das ESUG eine erhebliche Aufwertung und Präsenz erlangt hat, eine deutlich stärkere Rolle als im Regelverfahren. So wurden in den ersten fünf Jahren ab dem

---

46 Vgl. die Gesetzesbegründung RegE ESUG, BT-Drucks. 17/5712, S. 44 und 71.
47 Siehe die Stellungnahme des Bundesrates zu RegE ESUG, BT-Drucks. 17/5712, S. 62; und auch Frind, ZInsO 2010, 1524,1526 und ZInsO 2011, 656, 659; Pape, ZInsO 2010, 2155, 2162; HambKomm/Thies, Vorbemerkung zu §§ 217 ff. InsO Rn 19.
48 Vgl. hierzu auch den Erfahrungsbericht von Buchalik/Stahlschmidt, ZInsO 2014, 1144.
49 Belastbare Statistiken liegen dazu bisher nicht vor.

Inkrafttreten des ESUG über 40% der in Eigenverwaltung eröffneten Verfahren nach Bestätigung eines Insolvenzplans aufgehoben[50].

3. SanInsFoG – Sanierungs- und Insolvenzrechtsfortentwicklungsgesetz

Im Zuge der Umsetzung der EU-Richtlinie über Restrukturierung und Insolvenz (RL EU 2019/1083), auf deren Basis vor allen Dingen ein außergerichtliches Restrukturierungsverfahren in das deutsche Recht zu implementieren war, hat der Gesetzgeber im Rahmen des Sanierungs- und Insolvenzrechtsfortentwicklungsgesetzes (SanInsFoG) unter anderem auch Aktualisierungen und Anpassungen der Regelungen zum Insolvenzplanverfahren gemäß §§ 217 ff. InsO vorgenommen. Die Änderungen sind am 1. Januar 2021 in Kraft getreten und finden gemäß Art. 103m EGInsO auf alle Insolvenzverfahren Anwendung, die ab dem 1. Januar 2021 beantragt worden sind. 23a

Die wesentlichste mit dem SanInsFoG eingeführte Neuerung zur inhaltlichen Plangestaltung besteht in der Möglichkeit, nunmehr in dem gestaltenden Teil des Plans Regelungen über **gruppeninterne Drittsicherheiten** einzubeziehen, also Sicherheiten, die ein mit dem schuldnerischen Unternehmen verbundenes Unternehmen einem Insolvenzgläubiger der Schuldnerin gewährt haben. Bisher waren Eingriffe in die Rechte von Gläubigern an solchen Drittsicherheiten der Regelung in einem Insolvenzplan entzogen, da der Sicherungsgegenstand kein Bestandteil der Insolvenzmasse ist.[51] Auch Konzerninsolvenzpläne zur rechtsgestaltenden Gesamtregelung der Vermögensverhältnisse mehrerer Gesellschaften einer Unternehmensgruppe sind nach der InsO nicht möglich.[52] Nicht selten hängt die Sanierungsfähigkeit eines Gruppenunternehmens bzw. einer Unternehmensgruppe maßgeblich davon ab, dass der Sicherungsgegenstand und damit das sicherungsgebende Gruppenunternehmen von den Rechten des Insolvenzgläubigers entlastet wird. Hauptanwendungsfall dürfte hier die Konstellation einer insolventen Betriebsgesellschaft sein, deren wesentliche Betriebsausstattung oder die Betriebsimmobilie einer separaten Besitzgesellschaft der Gruppe gehören. Auch bei Eingriffen in die Rechte von Insolvenzgläubigern nach den Neuregelungen gilt jedoch, dass der Gläubiger durch den Plan nicht gegen seinen Willen i.S.v. §§ 245 Abs. 1 Nr. 1, 251 Abs. 1 Nr. 2 InsO schlechter gestellt werden darf. Nach Maßgabe des neu eingefügten § 223a InsO ist der Gläubiger daher in Höhe des durch den Eingriff entgangenen Wertes der Drittsicherheit zu entschädigen.[53] 23b

---

[50] Jacoby/Madaus/Sack/Schmidt/Thole, Evaluierung: Gesetz zur weiteren Erleichterung der Sanierung von Unternehmen v. 7.12.2011, 2018, S. 6.
[51] Vgl. RegE SanInsFoG, BT-Drucks. 19/24181, S. 199.
[52] Siehe hierzu unten Rdn 37.
[53] Siehe hierzu unten Rdn 113a.

23c Darüber hinaus wurden in Anpassung an die Bedürfnisse und Entwicklungen aus der Praxis einige Konkretisierungen der Regelungen zum Planinhalt vorgenommen, etwa zu der in den darstellenden Teil des Insolvenzplans gemäß § 220 Abs. 2 InsO nunmehr ausdrücklich einzubeziehenden **Vergleichsrechnung**[54], die Auswirkungen einer **Wertzuweisung an den Schuldner** oder Anteilsinhaber im Rahmen des § 245 Abs. 2 Nr. 2 InsO[55], sowie die maßgeblichen Verhältnisse zur Beurteilung einer Schlechterstellung der Gläubiger bei einem Insolvenzplan für eine **natürliche Person** (§ 245a InsO neu)[56].

23d Darüber hinaus wurden Anpassungen bei den Regelungen zu dem **formellen Verfahrensablauf** vorgenommen. Diese sind ebenfalls auf die Bedürfnisse und Entwicklungen in der Praxis zurückzuführen und dienen vor allem der Verfahrensbeschleunigung. Zu nennen sind hier die Ermöglichung der Einholung von Stellungnahmen zum Insolvenzplan gemäß § 232 InsO schon vor der Entscheidung nach § 231 InsO, die Möglichkeit, die im Planverfahren erforderlichen Zustellungen in entsprechender Anwendung des § 8 Abs. 3 InsO an den Insolvenzverwalter zu delegieren sowie die Entbehrlichkeit der erneuten Übersendung des unveränderten Insolvenzplans nach Eintritt der Rechtskraft der Planbestätigung.

III. Planziele und Anwendungsbereiche

1. Planziele im Überblick

24 Mit einem Insolvenzplan können verschiedene Zielsetzungen verfolgt und erreicht werden. Er stellt ein geeignetes Mittel zur Sanierung insolventer Unternehmen dar, muss indes nicht zwingend die Sanierung des Unternehmens vorsehen. Gemäß § 217 InsO können die Gläubigerbefriedigung, die Verwertung und Verteilung der Insolvenzmasse sowie die Haftung des Schuldners nach der Beendigung des Insolvenzverfahrens in einem Insolvenzplan abweichend von den Vorschriften des Gesetzes geregelt werden.

In der Praxis spielen im Wesentlichen die folgenden Ziele und Planarten[57] eine Rolle:

25 Den zentralen Anwendungsbereich des Insolvenzplanverfahrens sieht der Gesetzgeber nach der in § 1 S. 1 InsO enthaltenen Zweckerklärung in einem sog. **Sanierungsplan**, der auf den Erhalt des schuldnerischen Unternehmens und des

---

54 Siehe hierzu unten Rdn 103.
55 Siehe hierzu unten Rdn 234.
56 Siehe hierzu unten Rdn 229.
57 Vgl. hierzu auch die ausführliche Darstellung mit weitergehenden Differenzierungen bei Braun/Uhlenbruck, Unternehmensinsolvenz, S. 563 ff.; siehe auch Maus, in: K. Schmidt/Uhlenbruck, Die GmbH in Krise, Sanierung und Insolvenz, Rn 8.9.

Unternehmensträgers gerichtet ist, einhergehend mit einer Reorganisation des Unternehmens, bestenfalls nicht nur in finanz-, sondern auch in leistungswirtschaftlicher Hinsicht.

Soweit im Plan die Übertragung eines Geschäftsbetriebes auf einen anderen Rechtsträger im Rahmen einer übertragenden Sanierung[58] vorgesehen ist, spricht man von einem **Übertragungsplan**.[59] Hierbei werden zumindest die betriebs- oder betriebsteilnotwendigen Vermögensgegenstände auf einen Dritten übertragen. Eine Sanierung im eigentlichen Sinne, mithin eine finanz- und leistungswirtschaftliche Reorganisation des Unternehmensträgers findet nicht statt. Handelt es sich bei dem Unternehmensträger um eine juristische Person, bleibt diese nach der Übertragung nicht erhalten, sondern wird i.R.d. Abwicklung aus dem Handelsregister gelöscht. Hieran wird deutlich, dass es sich ausschließlich um eine alternative Form der Verwertung handelt, die nicht den Erhalt des insolventen Unternehmensträgers zum Ziel hat. Im Gegensatz zu einer übertragenden Sanierung im Regelverfahren kann der Plan Modifikationen der Art und Dauer der Verwertung und Verteilung vorsehen. Durch die Übertragung im Rahmen eines Insolvenzplans kann vor allem die Verfahrensdauer verkürzt werden. Trotz dieser Möglichkeiten wird in der Praxis für die übertragende Sanierung jedoch der Asset-Deal innerhalb des Regelverfahrens dem Planverfahren vorgezogen.[60]

26

Der **Liquidationsplan**[61] regelt lediglich die Verwertung und Verteilung der Insolvenzmasse an die Beteiligten abweichend von den gesetzlichen Vorschriften (§ 217 InsO), ohne das Unternehmen zu erhalten bzw. zu sanieren. Aufgrund des zumeist unverhältnismäßigen Zeit- und Kostenaufwandes bilden auch die Liquidationspläne in der Praxis die Ausnahme.[62]

27

Mit dem ESUG wurde zudem die Möglichkeit eines lediglich verfahrensbegleitenden[63] bzw. **verfahrensleitenden**[64] **Plans** eingeführt. Ein solcher ist nicht auf eine von dem Regelverfahren abweichende Gesamtregelung zur Überwindung der Insolvenz gerichtet, sondern hat lediglich abweichende Regelungen für einzelne Verfahrensabschnitte, etwa die Verwertung des schuldnerischen Vermögens, zum Gegenstand.[65] Auch diese Planart findet in der Praxis wenig Anwendung.

28

Möglich und zulässig ist bei angezeigter Masseunzulänglichkeit nach Maßgabe von § 210a InsO ein **Insolvenzplan zur Regelung der Masseverbindlichkeiten**.

29

---

58 Zum Begriff Schmidt, ZIP 1980, 329.
59 Vgl. statt aller: HambKomm/Thies, Vorbemerkung zu §§ 217 ff. InsO Rn 8.
60 FK/Jaffé, § 217 InsO Rn 77.
61 Statt aller: HambKomm/Thies, Vorbemerkung zu §§ 217 ff. InsO Rn 9.
62 Vgl. FK/Jaffé, § 217 InsO Rn 72 und die Auswertung bei Kranzusch, ZInsO 2007, 804, 805.
63 Zu dieser Bezeichnung vgl. Frank, FS Braun, S. 219 ff.; LG Frankfurt, ZIP 2007, 2229.
64 Zu dieser Bezeichnung vgl. Heinrich, NZI 2008, 74 ff.
65 BT-Drucks. 17/5712, S. 54.

Auch diese Planvariante hat bisher jedoch kaum praktische Relevanz.[66] Undurchführbar ist ein Planverfahren hingegen bei vorliegender oder durch dessen Kosten eintretender **Massearmut**, da in diesem Fall von den Handlungspflichten im Regelverfahren abweichende weitergehende Handlungen weder dem Gericht, noch dem Insolvenzverwalter oder den Gläubigerausschussmitgliedern zumutbar sind.[67] In diesen Fällen ist ein Insolvenzplan gem. § 231 Abs. 1 Nr. 2 InsO zurückzuweisen[68] und das Insolvenzverfahren gem. § 207 InsO aufzuheben. Dies gilt auch, wenn die Massearmut zwar noch vor Aufhebung des Verfahrens aber erst nach Eintritt der Rechtskraft eintritt.[69]

30 In Insolvenzverfahren über das Vermögen natürlicher Personen ist zentrales Ziel neben der schnellen Beendigung des Insolvenzverfahrens die vorzeitige Erteilung der Restschuldbefreiung gem. § 227 Abs. 1 InsO. Man könnte solche Pläne daher auch als **Restschuldbefreiungsplan**[70] bezeichnen.

31 Ähnliches gilt bei Gesellschaften ohne Rechtspersönlichkeit, insb. Kommanditgesellschaften oder offenen Handelsgesellschaften, hinsichtlich der **Restschuldbefreiung der persönlich haftenden Gesellschafter**.[71] Denn reichen die Insolvenzmasse und die durch den Insolvenzverwalter bei den pers. haftenden Gesellschaftern gem. § 93 InsO i.V.m. § 128 InsO realisierten Ansprüche nicht zur Befriedigung sämtlicher Gläubiger aus, sind die persönlich haftenden Gesellschafter nach der Aufhebung eines Regelinsolvenzverfahrens wieder der direkten Inanspruchnahme durch die Gläubiger ausgesetzt. Im Falle eines Insolvenzplans wird dies durch § 227 Abs. 2 InsO verhindert, der die Haftungsbefreiung nach Planerfüllung auf die persönlich haftenden Gesellschafter erstreckt.

2. Anwendungsbereiche

a) Natürliche Personen

32 Lange Zeit fanden Insolvenzpläne vorrangig Anwendung in Verfahren über das Vermögen natürlicher Personen zur Verkürzung der Restschuldbefreiung und zur zügigen und rechtssicheren Regelung der Vermögensverhältnisse eines selbststän-

---

66 Vgl. daher auch die Kritik an der vergleichsweise komplizierten Regelung durch abweichende Gruppenbildung – hierzu noch unten Rdn 99 – in § 210a InsO bei Frind, ZInsO 2010, 1524, 1525 sowie ZInsO 2011, 656, 657.
67 Vgl. HambKomm/Thies, Vorbemerkung zu § 217 InsO Rn 17.
68 LG Neubrandenburg, 21.2.2002 – 4 T 361/01 = ZInsO 2002, 296.
69 Vgl. HambKomm/Thies, Vorbemerkung zu § 217 InsO Rn 17 und § 258 InsO Rn 18.
70 Zu diesem Begriff in einer allerdings sehr engen Auslegung bereits Jäger/Henkel, § 1 InsO Rn 18 f.
71 Vgl. BGH, 17.12.2015 – IX ZR 143/13, ZInsO 2016, 330 (Rn 26).

dig tätigen Schuldners. Bei Selbstständigen wurde das Planverfahren allerdings inzwischen durch die Möglichkeit der Freigabe der Geschäftstätigkeit gemäß des mit dem Insolvenzverfahrensvereinfachungsgesetz im Jahre 2007 eingeführten § 35 Abs. 2 InsO zum Teil verdrängt. Hiernach kann der Insolvenzverwalter Vermögensgegenstände und Neuverbindlichkeiten, die der selbstständigen Tätigkeit des Schuldners zuzuordnen sind, aus der Insolvenzmasse freigeben. Vor der Einführung dieser Möglichkeit war für eine langfristige Fortführung des Betriebes ein Planverfahren erforderlich, um pfändbares Betriebsvermögen und Überschüsse aus der selbstständigen Tätigkeit von der Verwertung ausnehmen zu können. § 35 Abs. 2 InsO bietet insofern zumindest bei einem überschaubaren Betriebsvermögen und geringen Überschüssen eine häufig angewendete Alternative.

Auch zur zügigen Überwindung der Insolvenz eines **kammergebundenen Berufsträgers** (Rechtsanwalt, Steuerberater, Wirtschaftsprüfer oder Notar) kann ein Insolvenzplan sinnvoll sein. Diesen Personen droht im Falle der Insolvenz der Widerruf der Berufszulassung bzw. die Amtsenthebung wegen Vermögensverfalls.[72] Der Vermögensverfall wird vermutet, wenn über das Vermögen des Berufsträgers ein Insolvenzverfahren eröffnet wurde.[73] Nach dem BVerfG kann diese Vermutung unter Umständen durch die Erstellung eines Insolvenzplans widerlegt werden.[74] Das BVerfG argumentiert zutreffend insolvenzrechtlich, eine Amtsenthebung stehe einer bestmöglichen Gläubigerbefriedigung entgegen.[75] Die Beweislast zur Widerlegung der Vermutung für den Vermögensverfall liegt bei dem betroffenen Berufsträger. Der BGH setzt insofern einen strengen Maßstab an. Danach wird durch die Vorlage eines Insolvenzplans die Vermutung des Vermögensverfalls nur widerlegt, wenn der eingereichte Plan zu einer kurzfristigen Beendigung des Insolvenzverfahrens führt und der Plan zum Zeitpunkt des Abschlusses des behördlichen Zulassungsverfahrens bereits gerichtlich bestätigt wurde.[76] Um den Widerruf der Zulassung bzw. die Amtsenthebung zu vermeiden, sollte der betroffene Berufsträger daher im Rahmen des Eigenantrages auf Insolvenzeröffnung bereits einen Plan, den sog. „prepackaged plan", beifügen.[77]

---

[72] Vgl. § 14 Abs. 2 Nr. 7 BRAO, § 46 Abs. 2 Nr. 4 StBerG, § 20 Abs. 2 Nr. 5 WPO bzw. § 50 Abs. 1 Nr. 6 BNotO.
[73] Zu § 14 Abs. 2 Nr. 7 BRAO vgl. statt vieler BGH, 18.7.2011 – AnwZ (B) 28/10 = ZInsO 2011, 2234 und zu § 50 Abs. 1 Nr. 6 BNotO vgl. BGH, 20.11.2006 – NotZ 26/06 = ZInsO 2007, 104.
[74] BVerfG, 31.8.2005 – 1 BvR 912/04 =NJW 2005, 3057.
[75] BVerfG, 31.8.2005 – 1 BvR 912/04 =NJW 2005, 3057.
[76] St. Rspr., vgl. BGH, 31.5.2010 – AnwZ (B) 27/09 = ZInsO 2010, 1380 und BGH, 28.10.2011 – AnwZ (Brfg) 20/11 = NZI 2012, 106 und BGH, 27.8.2019 – AnwZ (Brfg) 35/19 = ZInsO 2019, 2209.
[77] Vgl. hierzu noch unten Rdn 56; aber auch Schmittmann, ZInsO 2006, 419 sowie Ehlers/Schmid-Sperber, ZInsO 2008, 879 – jeweils mit Musterplänen für Freiberufler.

34 Nach der Streichung des § 312 InsO durch das RestSchBefrVerfG findet das Planverfahren ab dem 1.7.2014 auch bei Verbraucherinsolvenzverfahren Anwendung.[78] In der Praxis spielen solche **Verbraucherinsolvenzpläne** bisher jedoch wider Erwarten keine große Rolle.[79] Für Schuldner ohne pfändbares Einkommen kommt der mit dem Verbraucherinsolvenzplan in erster Linie erstrebten vorzeitigen Restschuldbefreiung keine den Aufwand eines Planverfahrens rechtfertigende Bedeutung zu. Zudem kann gemäß dem ebenfalls durch das RestSchBefrVerfG geänderten § 300 Abs. 1 InsO unter bestimmten Voraussetzungen auch ohne Insolvenzplan die Restschuldbefreiung vorzeitig (nach drei bzw. fünf Jahren) erlangt werden.

Hinweis
Bei dem sog. **Nullplan** Planmodell handelt es sich nicht um einen Insolvenzplan im Sinne der §§ 217 ff. InsO, sondern um eine Form des von einem Schuldner vor Eröffnung eines Verbraucherinsolvenzverfahrens den Gläubigern bzw. dem Gericht vorzulegenden Schuldenbereinigungsplans.[80] Von einem Nullplan spricht man dabei, wenn der Schuldner über keinerlei Vermögen verfügt und den Insolvenzgläubigern somit keine Quote anbieten kann, entsprechend seiner Verpflichtung gem. § 305 Abs. 1 Nr. 1 und 4 InsO aber dennoch einen außergerichtlichen Einigungsversuch unternimmt.

b) Juristische Personen

35 Bei juristischen Personen kam das Planverfahren jedenfalls vor dem ESUG in der Praxis meist nur dann zur Anwendung, wenn zur Fortführung des Betriebes der **Erhalt des Unternehmensträgers erforderlich** war. Letzteres kommt vor allem bei für die Fortführung notwendigen Dienstleistungsverträgen, Mietverträgen oder personenbezogenen Lizenzen in Betracht. Zudem ist ein Planverfahren denkbar, wenn für ein zumindest kostendeckend arbeitendes Unternehmen **kein Übernehmer gefunden** werden kann, der über ausreichende Liquidität für die Betriebsfortführung nach einem Asset-Deal verfügt. In diesem Fall kann ein Plan die Übernahme der Anteile durch den Interessenten und die Fortführung des Betriebes vorsehen, wobei ausreichend Liquidität im Unternehmen belassen und nur der restliche Teil der liquiden Masse an die Gläubiger verteilt wird, die damit aufgrund der ansonsten anfallenden Auslaufverbindlichkeiten meist immer noch besser dastehen als im Falle einer Betriebsstillegung.

---

78 Dies gilt gem. § 103h EGInsO auch für bereits zuvor beantragte und eröffnete, mithin alle bis zum 1.7.2014 noch nicht abgeschlossene Verfahren.
79 Zu den Vor- und Nachteilen von Insolvenzplänen im Verbraucherinsolvenzverfahren vgl. die Beiträge von Blankenburg, ZInsO 2015, 1293; Frind, ZInsO 2014, 280 und Lissner, ZInsO 2014, 1835 und 2480.
80 Siehe zum „Nullplan" der Beitrag in Insbüro 2007, 239, 239.

Durch die Einführung des sog. **Schutzschirmverfahrens**[81] im Zuge des ESUG werden insbesondere die sog. „prepackaged plans" gefördert, die bereits während des Insolvenzantragsverfahrens ausgearbeitet und dann zur Insolvenzeröffnung vorgelegt werden. Dies dient einer zügigen Umsetzung des Planverfahrens, so dass das Insolvenzverfahren binnen weniger Monate nach der Eröffnung bereits wieder aufgehoben werden kann.

Rechtsgestaltende Konzerninsolvenzpläne zur abgestimmten Gesamtregelung der Vermögensverhältnisse mehrerer insolventer Gesellschaften einer Unternehmensgruppe sind in Insolvenzverfahren nach der InsO nicht möglich, da diese unabhängig von einer etwaigen Konzernverbundenheit die Eröffnung und Durchführung jeweils eines separaten Verfahrens für jeden einzelnen Rechtsträger vorsieht.[82] Mit dem am 21.4.2018 in Kraft getretenen Gesetz zur Erleichterung der Bewältigung von Konzerninsolvenzen[83] wurde aber ein gesetzlicher Rahmen für die – auch davor schon mögliche – Koordination von Insolvenzplänen innerhalb eines Konzerns geschaffen. Durch die eingefügten §§ 269a bis 269i wird die Zusammenarbeit zwischen den Verwaltern, Gerichten und Gläubigerausschüssen mehrerer Gesellschaften einer Unternehmensgruppe geregelt[84]. Zentrales Instrument zur abgestimmten Verfahrensabwicklung ist dabei der Koordinationsplan nach § 269h. Hierbei handelt es sich nach der Gesetzesbegründung um einen Referenzplan (BT-Drucks. 18/407, S. 23) in Form eines um den gestaltenden Teil kupierten Insolvenzplans, in welchem die Situation der Unternehmensgruppe und die Hintergründe der Konzernkrise dargestellt und als »vornehmste Aufgabe« die Neuausrichtung des Konzerns mittels eines übergeordneten Sanierungsziels koordiniert und Maßnahmen zur Umsetzung dieses Ziels vorgeschlagen werden[85] Ein solcher Plan kann mit Zustimmung eines Gruppen-Gläubigerausschusses durch einen vom Gericht bestellten Verfahrenskoordinator oder andernfalls von den Verwaltern der Konzernunternehmen gemeinschaftlich eingereicht werden[86]. Eine unmittelbare Bindungswirkung entfaltet der Koordinationsplan für die einzelnen Insolvenzverwalter nicht, diese kann sich jedoch über § 269i mittelbar durch einen Auftrag des jeweiligen Einzelgläubigerausschusses, einen Insolvenzplan nach den Vorgaben des Koordinationsplans auszuarbeiten, ergeben[87]. Wenngleich eine Koordination mehrerer Insolvenzverfahren innerhalb eines Konzerns aufgrund der regelmäßig bestehenden

---

81 Hierzu ausführl. § 9.
82 Vgl. hierzu MüKo/Eidenmüller, Vor §§ 217 bis 269 InsO Rn 36 ff.; FK/Jaffé, § 217 InsO Rn 99 ff.; Smid/Rattunde/Martini, Der Insolvenzplan, Rn 11.1 ff.
83 BT-Drucks. 18/407.
84 Vgl. hierzu ausführlich § 20 Konzerninsolvenzrecht.
85 BT-Drucks. 18/407, S. 38 f.
86 Zu dem Koordinationsplanverfahren ausführlich HambKomm/Thies, § 269h.
87 Vgl. hierzu ausführlich HambKomm/Thies, § 269i.

wirtschaftlichen und vertraglichen Verflechtungen äußerst wünschenswert ist, hat das gesamte Koordinationsverfahren nach den §§ 269a ff. seit seinem Inkrafttreten in der Praxis kaum Anwendung gefunden. Es wird weiterhin vorzugsweise auf die auch außerhalb eines derartigen Koordinationsplans bestehende Möglichkeit zurückgegriffen, aufeinander abgestimmte und einander über § 249 InsO bedingende Insolvenzpläne vorzulegen, in deren jeweiligem darstellenden Teil der Konzernzusammenhang und die hierauf aufbauende Insolvenzbewältigungsstrategie für alle Beteiligten transparent und nachvollziehbar erläutert und im gestaltenden Teil die den jeweiligen Konzernteil betreffenden Rechtsänderungen geregelt werden.[88]

B. Ablauf des Insolvenzplanverfahrens

38 Der Ablauf des Insolvenzplanverfahrens ergibt sich chronologisch aus den Regelungen in den §§ 217 ff. InsO und ist in die folgenden Abschnitte aufgeteilt:
1. Erster Abschnitt (§§ 217 bis 234 InsO): Aufstellung des Plans,
2. Zweiter Abschnitt (§§ 235 bis 253 InsO): Annahme und Bestätigung des Plans und
3. Dritter Abschnitt (§§ 254 bis 269 InsO): Wirkungen des bestätigten Plans und Überwachung der Planerfüllung.

I. Vorprüfung

39 Vor der Aufstellung des Plans hat der Planersteller zu prüfen, ob und mit welchen Zielen und Maßnahmen sich in dem jeweiligen Verfahren ein Insolvenzplan sinnvoll realisieren ließe und ob dieser sodann Aussicht auf die erforderliche Zustimmung durch die Beteiligten hat.[89]

40 Seit dem Inkrafttreten des ESUG ist eine positive Entwicklung dahingehend zu beobachten, dass sich Schuldner zunehmend bereits im **Vorfeld der Insolvenzantragstellung** mit den Möglichkeiten und der Vorbereitung eines Insolvenzplans auch unter Einbeziehung der wesentlichen Gläubiger und einschlägig erfahrener Berater beschäftigen. Motivation und Zielsetzung ist hierbei in der Regel der Erhalt des schuldnerischen Geschäftsbetriebes bei dem bisherigen Rechtsträger bzw. Inhaber, mithin ein klassischer Sanierungsplan.[90] Das setzt jedoch voraus, dass sich die verantwortlich Handelnden und deren Berater über die Situation im Klaren sind und das Insolvenzplanverfahren ausdrücklich als Alternative zur außergerichtli-

---

88 MüKo/Eidenmüller, Vor §§ 217 bis 269 InsO Rn 38.
89 Vgl. Gerster, ZInsO 2008, 437, 440.
90 Zu den verschiedenen Planarten bzw. Planzielen vgl. oben Rdn 23 ff.

chen Sanierung begreifen. Der hierfür erforderliche Mentalitätswandel hat durch die Neupositionierung der Sanierung im Insolvenzverfahren durch das ESUG und erfolgreiche Sanierungspläne professionell beratener Großunternehmen[91] in den vergangenen Jahren Fahrt aufgenommen.

Wurden keine entsprechenden Vorbereitungen durch den Schuldner getroffen, liegen die Vorprüfung und die **Erarbeitung** eines **Sanierungskonzepts** grds. bei dem **vorläufigen Insolvenzverwalter**. Dieser muss sich jedoch zunächst mit dem ihm unbekannten Unternehmen sowie den relevanten Zahlen und Fakten vertraut machen und vorrangig die Aufrechterhaltung des Geschäftsbetriebes unter den neu eingetretenen Insolvenzbedingungen sichern, bevor er die Möglichkeiten einer langfristigen Sanierung eruieren kann. Zudem ist in diesem Stadium sowohl bei den Gläubigern als auch bei den Auftraggebern und Arbeitnehmern das Vertrauen in das Unternehmen und seinen Fortbestand häufig bereits stark erschüttert. Der vorläufige Insolvenzverwalter muss somit binnen kürzester Zeit sich zunächst einen Überblick über die Unternehmenssituation verschaffen, das für eine Sanierung unerlässliche Vertrauen der Gläubiger und sonstigen Beteiligten gewinnen und auf dieser Basis ein fundiertes Konzept erarbeiten.[92] Der Schuldner, der sich im Vorfeld hierum nicht gekümmert hat, muss insofern das Glück haben, einen mit entsprechenden Fähigkeiten und Erfahrungen ausgestatteten Verwalter zugewiesen zu bekommen.

41

Zunächst hat der vorläufige Insolvenzverwalter zu prüfen, ob das schuldnerische Unternehmen **sanierungsfähig** ist. Grundvoraussetzung hierfür ist, dass überhaupt ein Markt für die angebotenen Leistungen oder Produkte des Unternehmens vorhanden ist, zu dem der Schuldner grundsätzlich Zugang hat. Weiter muss das Unternehmen bei der Insolvenzantragstellung wenigstens über eine Mindestausstattung an branchenspezifisch qualifiziertem Personal, die notwendigen Betriebsmittel und ggf. erforderliche Genehmigungen oder Lizenzen verfügen. Sind diese Parameter gegeben, ist zu eruieren, ob der Schuldner bzw. die an ihm beteiligten Personen an einer Fortführung interessiert sind. Nur dann kann ein klassischer Sanierungsplan unter Erhaltung des Unternehmens bei dem bisherigen Inhaber bzw. Rechtsträger sinnvoll sein. Schließlich wird in der Praxis regelmäßig ausgelotet, ob eine die Befriedigungsaussichten der Gläubiger optimierende Sanierung nicht auch ohne den Aufwand eines Planverfahrens möglich ist, etwa durch einen Asset-Deal, mit dem die betriebsnotwendigen Gegenstände auf einen neuen Rechtsträger übertragen werden. Dasselbe gilt für Planüberlegungen im eröffneten Verfahren. Ein Insolvenzplanverfahren kommt – in der Regel nur als **ultima ratio** – in Betracht, wenn die Verfahrensziele, wie die optimale Gläubigerbefriedigung, eine

42

---

[91] Zu nennen sind u.a. etwa der Schreibwarenhersteller Herlitz oder die Modekette SinnLeffers.
[92] Eine ähnliche Situationsbeschreibung geben Smid/Rattunde/Martini, Der Insolvenzplan, Rn 4.1 ff.

etwaige Sanierung und eine möglichst zügige Beendigung des Insolvenzverfahrens, im Einzelfall durch einen Insolvenzplan im Vergleich zum Regelverfahren verbessert werden können.

43 Kommt nach dieser Vorprüfung ein Insolvenzplan grundsätzlich in Betracht, ist die **Einbeziehung aller Gläubiger** in die weiteren Vorüberlegungen und die Konzepterstellung durch eine **offene Kommunikation** ratsam.[93]

Hinweis
Für die Entscheidung der Gläubiger über die Unterstützung eines Planvorhabens spielen oftmals **nicht allein wirtschaftliche Erwägungen** eine Rolle. So wird etwa der bereits nachhaltig verunsicherte Warenlieferant, der im Vertrauen auf den Fortbestand des Unternehmens zwischenzeitlich Außenstände in erheblicher Größenordnung zu beklagen hat, u.U. auch bei verbesserter Quotenaussicht im Rahmen eines Planverfahrens bereits „aus Prinzip" seine Zustimmung zu einem Insolvenzplan zunächst verweigern. Eine intensive frühzeitige Einbindung der Beteiligten ist daher unabdingbar.

44 Gelingt es dem Verwalter oder auch dem Schuldner, die Beteiligten für das in Aussicht genommene Konzept zu gewinnen, kann er mit der **Ausarbeitung des Insolvenzplans** beginnen.

II. Aufstellung des Plans

1. Planvorlagerecht

45 Das Recht zur Vorlage eines Insolvenzplans an das Insolvenzgericht steht dem **Insolvenzverwalter** und dem **Schuldner** zu (§ 218 Abs. 1 S. 1 InsO). Das Planvorlagerecht des Schuldners besteht unabhängig davon, ob er einen Eigenantrag auf Insolvenzeröffnung oder – im Falle einer natürlichen Person – einen Antrag auf Erteilung der Restschuldbefreiung gestellt hat[94]. Ein Gläubiger hat keine Möglichkeit, einen Plan einzureichen, allerdings kann die **Gläubigerversammlung** den Verwalter **beauftragen**, einen Insolvenzplan auszuarbeiten (§ 218 Abs. 2 InsO). Der **vorläufige Insolvenzverwalter** ist **nicht** zur Vorlage berechtigt.[95]

46 Soweit die **Eigenverwaltung** angeordnet wurde, kann die Gläubigerversammlung gem. § 284 Abs. 1 S. 1 InsO den **Sachwalter oder** den **Schuldner** mit der Ausarbeitung des Insolvenzplans beauftragen. Das originäre Planvorlagerecht des Schuldners nach § 218 Abs. 1 S. 1 InsO (Initiativrecht) bleibt davon unberührt. Weit-

---

93 So auch Gerster, ZInsO 2008, 437, 441f.
94 LG Hamburg, 15.1.2018 – 326 T 40/17, ZInsO 2018, 331.
95 H.M., vgl. z.B. Uhlenbruck/Lüer/Streit, § 218 InsO Rn 2, 6; MüKo/Eidenmüller, § 218 InsO Rn 32; **a.A.** Koch/de Bra, in: Gottwald, Insolvenzrechtshandbuch, § 67 Rn 13 (zumindest für den Fall des vorläufigen Insolvenzverwalters mit gleichzeitigem Verfügungsverbot gem. § 22 Abs. 2 Nr. 2 InsO).

gehend Einigkeit besteht aber dahin gehend, dass im Fall der angeordneten Eigenverwaltung der Sachwalter selbst **kein** eigenes **Initiativrecht** hat.[96]

Der Schuldner kann den Plan gem. § 218 Abs. 1 S. 2 InsO bereits gemeinsam mit dem Antrag auf Eröffnung des Insolvenzverfahrens vorlegen, der Insolvenzverwalter erst ab dem **Zeitpunkt** seiner Bestellung, mithin ab der Insolvenzeröffnung.

Bei einem vorläufigen Verfahren mit Eigenverwaltung kann der vorläufige Sachwalter in analoger Anwendung von § 284 Abs. 1 InsO mit Zustimmung des Schuldners durch den vorläufigen Gläubigerausschuss mit der Erstellung eines Insolvenzplans beauftragt werden[97], der ggf. bereits vor der Insolvenzeröffnung bei Gericht eingereicht werden kann. Wird in einem vorläufigen Verfahren mit Eigenverwaltung auf Antrag des Schuldners das mit dem ESUG eingeführte Schutzschirmverfahren nach § 270b InsO angeordnet, obliegt es dem Schuldner, innerhalb der von dem Gericht nach § 270b Abs. 1 S. 1 und 2 InsO gesetzten Frist einen Insolvenzplan auszuarbeiten und vorzulegen. Hält der Schuldner diese Frist nicht ein, bleibt es ihm unbelassen, den Plan später, ggf. also auch erst nach der Insolvenzeröffnung, einzureichen.

Die Vorlage eines Insolvenzplans im eröffneten Verfahren ist **bis zum Schlusstermin** möglich (§ 218 Abs. 1 S. 3 InsO) und bedarf zum Zwecke der Niederlegung (§ 234 InsO) der **Schriftform**.

Die **Rücknahme** eines eingereichten Insolvenzplans ist bis zum Eintritt der **Rechtskraft der Planbestätigung** zulässig.[98] Rücknahmeberechtigt ist grds. die Person, die den Plan vorgelegt hat. Bei einem im Auftrag der Gläubigerversammlung erstellten Plan bedarf es jedoch eines entsprechenden Beschlusses der Gläubigerversammlung.[99]

a) Verwalterplan

In der Praxis am verbreitetsten sind trotz der Zunahme von Planvorlagen durch eigenverwaltende Schuldner nach wie vor die vom Insolvenzverwalter vorgelegten Insolvenzpläne (sog. Verwalterplan). Dieser hat das Recht zur Planinitiative bzw. kann durch die Gläubigerversammlung mit der Ausarbeitung eines Insolvenzplans beauftragt werden.

In der Praxis wird ein Insolvenzplan mitunter bereits i.R.d. Eröffnungsverfahrens **durch den vorläufigen Insolvenzverwalter vorbereitet** und bestenfalls zeit-

---

[96] Siehe hierzu nachfolgend Rdn 48 ff.
[97] BGH, 22.9.2016 – IX ZB 71/14 = ZInsO 2016, 2077, Rn 75 ff.
[98] Uhlenbruck/Lüer/Streit, § 218 InsO Rn 43; BGH, 15.9.2009 – IX ZB 36/08 = ZInsO 2009, 2113, dort war die Zurücknahme allerdings mit der Zustimmung der Gläubigerversammlung erfolgt; **a.A.** MüKo/Eidenmüller, § 218 InsO Rn 150 ff.
[99] KPB/Otte, § 218 InsO Rn 48; **a.A.** MüKo/Eidenmüller, § 218 InsO Rn 148.

gleich mit dem Sachverständigengutachten oder unmittelbar nach der Eröffnung und Bestellung zum Insolvenzverwalter vorgelegt. Dies ist dem Umstand geschuldet, dass oftmals nur durch eine zügige Durchführung des Planverfahrens unmittelbar nach der Insolvenzeröffnung das angestrebte Sanierungsziel zu erreichen ist. Das Abwarten einer etwaigen Beauftragung durch die Gläubigerversammlung in dem ersten Berichtstermin, der bis zu drei Monate nach Eröffnung des Insolvenzverfahrens liegen kann (§ 29 Abs. 1 Nr. 1 InsO), wäre insofern nicht opportun. Ob eine **Pflicht** des Insolvenzverwalters **zur Vorlage** eines Insolvenzplans **ohne entsprechenden Auftrag der Gläubigerversammlung besteht, ist umstritten**.[100] Zumindest hat der Verwalter die Gläubiger in deren ersten Versammlung nach § 156 InsO über die Möglichkeiten zu informieren, so dass die Gläubigerversammlung einen Auftrag erteilen kann.

51   Die **Gläubigerversammlung** kann den Verwalter gem. § 157 S. 2 InsO mit der Ausarbeitung eines Insolvenzplans beauftragen. Im Sinne des das Insolvenzplanverfahren bestimmenden Prinzips der Gläubigerautonomie kann die Gläubigerversammlung hierbei dem Verwalter auch über das Planziel (Sanierung oder Liquidation) hinaus **inhaltliche Vorgaben**[101] bis hin zu einer **konkreten Planvorlage** machen.[102] Von dieser positiven Beauftragung ist die Frage zu unterscheiden, ob das initiative Vorlagerecht des Verwalters erlischt, wenn die Gläubigerversammlung dem Insolvenzverwalter im Berichtstermin einen sog. **Negativauftrag**[103] erteilt und gegen die Ausarbeitung eines Insolvenzplans stimmt.[104] Dies ist mangels entsprechender gesetzlicher Grundlage jedoch abzulehnen.[105] **Hinsichtlich des Planziels** ist der Verwalter jedoch auch bei einem eigenen Plan an die gemäß § 157 InsO den Gläubigern obliegende Entscheidung über den Fortgang des Verfahrens **gebunden**. Entscheiden sich die Gläubiger für eine Stilllegung des Unternehmens, so hat ein Sanierungsplan des Insolvenzverwalters, der eine Fortführung des Betriebes vorsieht, keine Aussicht auf Erfolg. Der Verwalter hat unverzüglich gem. § 159 InsO die Verwertung entsprechend den Beschlüssen der Gläubigerversammlung einzuleiten. In Betracht kommt dann ggf. ein Liquidationsplan. Insoweit ist das Initiativrecht des Insolvenzverwalters faktisch eingeschränkt.

---

100 Für eine Verpflichtung FK/Jaffé § 218 Rn 34ff., gegen eine Verpflichtung HambKomm/Thies, § 218 InsO Rn 3.
101 H.M., vgl. z.B. Hess/Hess, § 218 InsO Rn 42ff.; KPB/Otte, § 245 InsO Rn 24; K. Schmidt/Spliedt, § 218 InsO Rn 10; **a.A.** MüKo/Eidenmüller, § 218 InsO Rn 15ff.
102 Vgl. KPB/Otte, § 245 InsO Rn 24; **a.A.** MüKo/Eidenmüller, § 218 InsO Rn 15ff.
103 MüKo/Eidenmüller, § 218 InsO Rn 31.
104 Für den Fortbestand des Initiativrechts trotz entgegenstehendem Beschluss der Gläubigerversammlung Uhlenbruck/Lüer/Streit, § 218 InsO Rn 5 m.w.N.; K. Schmidt/Spliedt, § 218 InsO Rn 8; BK/Wehner, § 218 InsO Rn 14; **a.A.** MüKo/Eidenmüller, § 218 InsO Rn 31 m.w.N. in Fn 38; wohl auch Smid/Rattunde/Martini, Der Insolvenzplan, Rn 3.6.
105 So auch Uhlenbruck/Lüer/Streit, § 218 InsO Rn 5.

Beauftragt die Gläubigerversammlung den Insolvenzverwalter mit der Ausarbeitung eines Insolvenzplans (§ 157 S. 2 InsO), so hat dieser den Plan **binnen angemessener Frist** vorzulegen (§ 218 Abs. 2 InsO). Welche Frist (noch) angemessen ist, kann nur im Einzelfall beurteilt werden.[106] Wird man in einfach gelagerten Fällen eine Vorlage binnen weniger Wochen erwarten können, so kann die Ausarbeitung eines Insolvenzplans in Großverfahren, die komplexe rechtliche Strukturen aufweisen, auch mehrere Monate in Anspruch nehmen.[107] Hält der Insolvenzverwalter die Frist nicht ein, kann das Gericht Aufsichtsmaßnahmen verhängen (§§ 58, 59 InsO) bzw. haftet ggf. der Verwalter persönlich für einen durch die schuldhafte Nichteinhaltung der Frist entstandenen Schaden (§ 60 InsO). Bei unverschuldeter Verzögerung kann die Frist jedoch im Einzelfall auch verlängert werden.[108]

52

Der von der Gläubigerversammlung mit der Ausarbeitung eines Insolvenzplans beauftragte Verwalter ist nicht daran gehindert, daneben einen weiteren – eigenen – Insolvenzplan vorzulegen.[109] Der sich dadurch ergebende **Wettbewerb der Insolvenzpläne** liegt durchaus im Interesse der Gläubigergesamtheit an der Möglichkeit einer autonomen Entscheidung über verschiedene Lösungsansätze. Im Umkehrschluss bleibt eine Beauftragung des Verwalters auch möglich, wenn dieser bereits einen eigenen Plan vorgelegt hat, ohne dass der bisherige Plan zurückgenommen oder abgewiesen werden muss.[110] Derartige Konstellationen haben allerdings bisher keine praktische Bedeutung, da sich schon aufgrund des regelmäßig bestehenden Zeitdrucks in der Regel das Zusammenwirken an einem Konzept besser auszahlt. Nicht selten wirkt in der Praxis der Verwalter im Berichtstermin unter kurzer Vorstellung eines Konzepts ausdrücklich auf die Erteilung eines entsprechenden Auftrages durch die Gläubigerversammlung hin, um sich der Akzeptanz und Unterstützung der Gläubiger für die Umsetzung seines Planvorhabens zu versichern.

53

Bei der Aufstellung des Plans durch den Verwalter sieht § 218 Abs. 3 InsO die beratende **Mitwirkung** (soweit vorhanden) des Gläubigerausschusses, des Betriebsrats, des Sprecherausschusses der leitenden Angestellten und des Schuldners vor. Damit soll sichergestellt werden, dass der Plan im Zeitpunkt seiner Vorlage kon-

54

---

[106] Uhlenbruck/Lüer/Streit, § 218 InsO Rn 22; ebenso FK/Jaffé, § 218 InsO Rn 53.
[107] Die im Schrifttum vertretenen Ansichten zur Angemessenheit im Einzelfall reichen von wenigen Tagen (Maus, in: K. Schmidt/Uhlenbruck, Die GmbH in Krise, Sanierung und Insolvenz, Rn 8.30) bis zu 6 Monaten (Hess/Hess, § 218 InsO Rn 11); Nach Jaffé beträgt die Frist im Regelfall 4–8 Wochen, vgl. FK/Jaffé, § 218 InsO Rn 53.
[108] Ebenso FK/Jaffé, § 218 InsO Rn 53.
[109] Str., ebenso Uhlenbruck/Lüer/Streit, § 218 InsO Rn 5; Bähr in: Mohrbutter/Ringstmeier, Handbuch der Insolvenzverwaltung, § 14 Rn 144; Koch/de Bra in: Gottwald, Insolvenzrechtshandbuch, § 67 Rn 7; **a.A.** MüKo/Eidenmüller, § 218 InsO Rn 29 m.w.N.; ausführlich hierzu auch FK/Jaffé, § 218 InsO Rn 38 ff.
[110] So auch Uhlenbruck/Lüer/Streit, § 218 InsO Rn 5; K. Schmidt/Spliedt, § 218 InsO Rn 8; **a.A.** KPB/Otte, § 218 InsO Rn 16.

sensfähig ist und etwaige Zustimmungshindernisse frühzeitig erkannt und ggf. beseitigt werden können.[111] Hierfür hat der Verwalter die genannten Personenkreise über die Plangrundlagen und das Konzept zu informieren und sich mit etwaigen Stellungnahmen der Mitwirkenden – ggf. im darstellenden Teil – auseinanderzusetzen. Im Gegenzug haben die genannten Beteiligten durch Stellungnahmen mitzuwirken.[112] Die Anforderungen an das Ausmaß der Mitwirkung sind in der Praxis jedoch regelmäßig gering. Ausnahmsweise kann eine schuldhafte Nichteinbeziehung der Mitwirkungsberechtigten durch den Insolvenzverwalter zu einer Zurückweisung des Plans gem. § 231 Abs. 1 Nr. 1 InsO führen.[113] Wird der Insolvenzplan zwecks Einreichung bei Insolvenzeröffnung bereits von dem nicht planvorlageberechtigten vorläufigen Insolvenzverwalter ausgearbeitet, sollte aus Gründen der Verfahrensökonomie eine hierbei erfolgte Einbeziehung der Mitwirkungsberechtigten nach der Insolvenzeröffnung die gleiche Wirkung entfalten wie bei einer Einbeziehung durch den Insolvenzverwalter im eröffneten Verfahren.[114] Ggf. kann der vorläufige Insolvenzverwalter nach dem durch das ESUG eingefügten § 225a Abs. 2 sogar die Bestellung eines vorläufigen Gläubigerausschusses beantragen, wenn er die Mitwirkung eines Gläubigergremiums für hilfreich hält.[115]

b) Schuldnerplan

55 Der Schuldner ist gemäß § 218 Abs. 1 S. 1 InsO ebenfalls zur Vorlage eines Insolvenzplans berechtigt. Dies gilt unabhängig davon, ob dem Verfahren ein **Eigenantrag oder ein Fremdantrag** auf Eröffnung des Insolvenzverfahrens zugrunde liegt.[116]

56 Handelt es sich bei dem Schuldner um eine **juristische Person**, wird diese bei der Planvorlage durch ihre Vertretungsorgane vertreten.[117] Mehrere alleinvertretungsberechtigte Organe müssen hierbei gemeinschaftlich handeln.[118] Demzufolge ist auch die Vorlage mehrerer konkurrierender Schuldnerpläne durch mehrere Vertreter ausgeschlossen.[119] Im Innenverhältnis bedarf es für die Vorlage durch die

---

111 Ähnlich FK/Jaffé, § 218 InsO Rn 50; MüKo/Eidenmüller, § 218 InsO Rn 37.
112 Vgl. MüKo/Eidenmüller, § 218 InsO Rn 45 ff.; **a.A.** HK/Haas § 218 InsO Rn 18.
113 So auch MüKo/Eidenmüller, § 218 InsO Rn 55 ff.; KPB/Otte, § 231 InsO Rn 7; **a.A.** Uhlenbruck/Lüer/Streit, § 218 InsO Rn 37.
114 So zumindest bei Identität von vorläufigem und endgültigem Verwalter, MüKo/Eidenmüller, § 218 InsO Rn 38 ff.
115 Siehe hierzu auch HambKomm/Thies, § 218 InsO Rn 15.
116 **A.A.** Smid, WM 1996, 1249, 1252.
117 Uhlenbruck/Lüer/Streit, § 218 InsO Rn 10 ff.
118 So auch MüKo/Eidenmüller, § 218 InsO Rn 77 f.; Uhlenbruck/Lüer/Streit, § 218 InsO Rn 11; **a.A.** K. Schmidt/Spliedt, § 218 InsO Rn 5.
119 **A.A.** K. Schmidt/Spliedt, § 218 Rn 5.

Vertretungsorgane der Zustimmung der Gesellschafter.[120] Die Gesellschafter selbst hingegen, auch persönlich haftende Gesellschafter, haben kein eigenes Planvorlagerecht.

Der Schuldner kann die Vorlage des Insolvenzplans mit dem Eigenantrag auf Eröffnung des Insolvenzverfahrens verbinden (§ 218 Abs. 1 S. 2 InsO). Macht der Schuldner von dieser Möglichkeit Gebrauch, spricht man – der U.S.-amerikanischen Terminologie folgend – von einem sog. **prepackaged plan**. Die Vorteile dieses Vorgehens ggü. einem Verwalterplan, der erst nach Eröffnung des Verfahrens vorgelegt bzw. gar erst ausgearbeitet wird, liegen auf der Hand: Es ist der verantwortlich handelnde Schuldner selbst, der zwar eine Insolvenzsituation einräumt, sich aber gleichzeitig um eine einvernehmliche Regelung mit seinen Gläubigern bemüht, indem er aus eigener Initiative ein Sanierungskonzept erarbeitet. Der in Insolvenzsituationen stets zu besorgende Vertrauensverlust der Geschäftspartner kann hierdurch mitunter in Grenzen gehalten werden.[121] Zudem verspricht der prepackaged plan einen erheblichen zeitlichen Vorsprung. Während der sanierungsbereite Insolvenzverwalter frühestens im vorläufigen Insolvenzverfahren mit der Ausarbeitung eines Insolvenzplans beginnen und ihn erst nach Eröffnung des Verfahrens vorlegen kann, findet der Abstimmungs- und Erörterungstermin gem. § 236 InsO bei einem prepackaged plan im besten Fall zusammen mit dem allgemeinen Prüfungstermin bereits wenige Wochen nach Verfahrenseröffnung statt.[122] Gleichwohl ist die Einreichung eines ausgearbeiteten Insolvenzplans bereits mit dem Insolvenzantrag in der Praxis eher die Ausnahme. Gründe sind u.a. der hohe Zeitdruck im Hinblick auf die Insolvenzantragspflicht für juristische Personen nach § 15a InsO und die Tatsache, dass die Planabstimmung und Umsetzung ohnehin erst nach der Insolvenzeröffnung erfolgen können, wobei die Entwicklungen im vorläufigen Insolvenzverfahren noch erheblichen Einfluss auf die Plangestaltung haben. Wird zudem nicht gleichzeitig die Eigenverwaltung beantragt, liegt die weitere Entwicklung in der Hand des (vorläufigen) Insolvenzverwalters, der mit der vorherigen Planung des Schuldners möglicherweise nicht konformgeht. Eine gute Alternative bildet das mit dem ESUG eingeführte **Schutzschirmverfahren** (§ 270b InsO), im Rahmen dessen parallel zur Eigenverwaltung im vorläufigen Insolvenzverfahren durch den Schuldner ein Insolvenzplan ausgearbeitet werden und zudem der Sachwalter selbst bestimmt werden kann.[123] Hierdurch erhält der Schuldner für sein Sanierungsvorhaben erheblich mehr Planungssicherheit.[124]

---

120 H.M., vgl. MüKo/Eidenmüller, § 218 InsO Rn 81; K. Schmidt/Spliedt, § 218 InsO Rn 6; Uhlenbruck/Lüer/Streit, § 218 InsO Rn 11 f.
121 Siehe hierzu auch Begr. zu § 255 RegE InsO, BT-Drucks. 12/2443, S. 196.
122 Gem. §§ 28 Abs. 1 S. 2, 29 Abs. 1 Nr. 2 InsO frühestens nach 3 Wochen.
123 Siehe hierzu ausführlich § 9 Rdn 118 ff.
124 Vgl. Gesetzesbegründung RegE ESUG, BT-Drucks. 17/5712, S. 40.

58 Die **Kosten der Planerstellung** kann der Schuldner grds. nicht aus der Masse erstattet verlangen.[125] Im Einzelfall darf der vorläufige Insolvenzverwalter der Veranlassung angemessener Kosten für die Erarbeitung eines Schuldnerplans und damit der Begründung entsprechender Masseverbindlichkeiten zustimmen, wenn dadurch realistische Aussichten auf eine bessere Befriedigung der Gläubiger im Planverfahren als im Wege der Regelinsolvenz gewährt werden.[126] Dies kann jedoch nur in Extremfällen gelten, in denen eine Planeinreichung spätestens bis zur Insolvenzeröffnung unerlässlich ist, um bessere Befriedigungsaussichten für die Gläubiger zu sichern. Der Schuldner kann im gestaltenden Teil des Insolvenzplans eine Regelung zur Kostenerstattung aus der Insolvenzmasse vorsehen, die jedoch nur und erst bei rechtskräftiger Bestätigung des Plans wirksam wird.[127]

c) Planvorlage bei Eigenverwaltung

59 I.R.d. angeordneten Eigenverwaltung kann die Gläubigerversammlung den Sachwalter oder den Schuldner mit der Ausarbeitung eines Insolvenzplans **beauftragen** (§ 284 Abs. 1 S. 1 InsO). Wird der Auftrag an den Schuldner gerichtet, so wirkt der Sachwalter beratend mit (§ 284 Abs. 1 S. 2 InsO).[128]

60 Der eigenverwaltende Schuldner behält daneben sein eigenes **Initiativrecht** zur Vorlage eines Insolvenzplans nach § 218 Abs. 1 S. 1 InsO.[129] Der Sachwalter hingegen hat kein Initiativrecht zur Planvorlage, § 284 Abs. 1 InsO ist insoweit abschließend.[130]

61 Ob und unter welchen Voraussetzungen im Falle der Eigenverwaltung die Insolvenzmasse mit den **Kosten der Planerstellung** belastet werden darf, wird in der Literatur unterschiedlich beurteilt. Teilweise wird eine Planerstellung durch den Schuldner auf Kosten der Insolvenzmasse selbst im Rahmen eines Schutzschirm-

---

[125] BGH, 6.12.2007 – IX ZR 113/06 = ZInsO 2008, 101, Rn 21; FK/Jaffé, § 218 InsO Rn 22f.; MüKo/Eidenmüller, § 218 InsO Rn 94ff.; K. Schmidt/Spliedt, § 218 Rn 4; Uhlenbruck/Lüer/Streit, § 218 InsO Rn 48. Dies entspricht auch der in dem letztlich gestrichenen § 256 Abs. 1 S. 1 RegE InsO vorgesehenen Regelung (BT-Drucks. 12/2443, S. 50). Vgl. aber zu der Kostentragung bei Eigenverwaltung unten Rdn 60.
[126] BGH, 6.12.2007 – IX ZR 113/06 = ZInsO 2008, 101, Rn 21; FK/Jaffé, § 218 InsO, Rn 22f.
[127] Vgl. MüKo/Eidenmüller, § 218 InsO Rn 97 und Uhlenbruck/Lüer/Streit, § 218 InsO Rn 48.
[128] Zu der Verbindung von Insolvenzplanverfahren und Eigenverwaltung siehe auch nachfolgend Rdn 76ff.
[129] Vgl. statt aller MüKo/Kern, § 284 InsO Rn 13f. Dies ergibt sich auch bereits aus § 270 Abs. 1 S. 2 InsO, der auf die allgemeinen Vorschriften, mithin auch auf § 218 Abs. 1 InsO, verweist.
[130] H.M., vgl. HambKomm/Fiebig, § 284 InsO Rn 1; MüKo/Kern, § 284 InsO Rn 16; Nerlich/Römermann/Riggert, § 284 InsO Rn 2; HK/Brünkmanns, § 284 InsO Rn 3; K. Schmidt/Undritz, § 284 InsO Rn 2; FK/Foltis, § 284 InsO Rn 6; **a.A.** und für ein Initiativrecht des Sachwalters aber Uhlenbruck/Lüer/Streit, § 218 InsO Rn 15; KPB/Otte, § 218 InsO Rn 28.

verfahrens als nicht dem gewöhnlichen Geschäftsbetrieb zugehörige strategische Handlungsoption kategorisch abgelehnt.[131] Auch die gegenteilige Auffassung wird vertreten, wonach der eigenverwaltende Schuldner, der selbst regelmäßig nicht in der Lage sein wird, einen Insolvenzplan zu erstellen, mit Wirkung für und gegen die Insolvenzmasse einen Dritten mit der Planausarbeitung beauftragen darf, ohne sich pflicht- oder insolvenzzweckwidrig zu verhalten.[132] Nach richtiger Auffassung kann in der Eigenverwaltung und auch im Schutzschirmverfahren die Masse mit den Kosten der Planerstellung belastet werden, wenn die Kosten in einem angemessenen Verhältnis zu der durch den Plan zu erwartenden Verbesserung der Befriedigungsaussichten der Gläubiger stehen und von der Liquiditätsplanung gedeckt sind.[133] Seit der Stärkung der Eigenverwaltung durch das ESUG werden insbesondere bei größeren Unternehmen zunehmend Insolvenzpläne von dem eigenverwaltenden Schuldner erstellt. Dieser bedient sich dabei regelmäßig eines die Eigenverwaltung begleitenden insolvenzerfahrenen Sanierungsberaters.

d) Plankonkurrenz

Ausgehend von den verschiedenen Planberechtigten (Insolvenzverwalter, Schuldner und ggf. Sachwalter), stellt sich die Frage der Plankonkurrenz auf zwei Ebenen: Konkurrenz mehrerer Pläne **desselben** Planberechtigten und Konkurrenz mehrerer Pläne **verschiedener Planberechtigter**.

Der Insolvenzverwalter kann parallel zu einem von der Gläubigerversammlung beauftragten Plan einen weiteren eigenen Plan vorlegen.[134] Dasselbe gilt bei der Eigenverwaltung für den nach § 284 Abs. 1 S. 1 InsO von der Gläubigerversammlung beauftragten Schuldner.[135] Unstreitig kann ein Planverfasser, d.h. Schuldner[136] oder Insolvenzverwalter bzw. Sachwalter, auch mehrere Pläne nacheinander vorlegen, wenn der zeitlich vorgehende Plan sich jeweils erledigt hat.[137] Zulässig ist auch die Vorlage konkurrierender Pläne durch verschiedene Planberechtigte, z.B. Insolvenz-

---

131 So MüKo/Eidenmüller, § 218 InsO Rn 103 und explizit zum Schutzschirmverfahren Rn 111.
132 So ausdrücklich zumindest für die Eigenverwaltung im eröffneten Verfahren Uhlenbruck/Lüer/Streit, § 218 InsO Rn 49.
133 K. Schmidt/Spliedt, § 218 InsO Rn 4; Hölzle, ZIP 2012, 855, der die Planerstellung im Schutzschirmverfahren sogar dem gewöhnlichen Geschäftsbetrieb i.S.v. § 275 InsO zuordnet, so dass eine Zustimmung des vorläufigen Sachwalters nicht erforderlich sei.
134 Ebenso K. Schmidt/Spliedt, § 218 InsO Rn 8; Uhlenbruck/Lüer/Streit, § 218 InsO Rn 5 MüKo/Eidenmüller, § 218 InsO Rn 130; Letzterer insoweit aber einschränkend MüKo/Eidenmüller, § 218 Rn 29 f. Zu der Problematik des konkurrierenden initiativen Verwalterplans mit dem im Auftrag der Gläubigerversammlung erstellten Plan, siehe vorstehend Rdn 52 ff.
135 So auch MüKo/Kern, § 284 InsO Rn 15.
136 Beachte hier jedoch die Einschränkung nach § 231 Abs. 2 InsO, vgl. hierzu Rdn 167.
137 Vgl. hierzu auch MüKo/Eidenmüller, § 218 InsO Rn 120 f.

verwalter und Schuldner.[138] Die gleichzeitige Vorlage alternativer Pläne desselben Planvorlageberechtigten ist umstritten.[139] Auf Grund des vom Gesetzgeber beabsichtigten Wettbewerbs um die beste Art der Masseverwertung[140] dürfte dies jedoch zulässig sein. Dies gilt jedenfalls dann, wenn ein weiterer Plan eines Planvorlageberechtigten lediglich als Eventualplan eingereicht wird für den Fall, dass der von ihm präferierte Plan sich in der Erörterung oder bei der Abstimmung nicht als konsensfähig erweisen sollte. Hier ist es sinnvoll, dass beide oder mehrere alternative Planvarianten in einem gemeinsamen Erörterungs- und Abstimmungstermin mit ihren jeweiligen Vor- und Nachteilen erörtert werden können. Die Vorlage eines solchen Eventualplans ist nach der Rechtsprechung auch dann möglich, wenn ein Beschwerdeverfahren gegen die Zurückweisung eines ersten Plans desselben Planvorlegenden rechtshängig ist[141].

2. Inhalte des Insolvenzplans

64 Bei der Ausarbeitung des Insolvenzplans sind die gesetzlichen Vorgaben zu berücksichtigen. Welche Regelungsbereiche plandisponibel sind, ergibt sich aus § 217 InsO. Gemäß § 219 InsO besteht der Insolvenzplan aus einem darstellenden und einem gestaltenden Teil. Außerdem sind dem Plan die in den §§ 229 und 230 InsO genannten Anlagen beizufügen. Die inhaltlichen Anforderungen an den darstellenden Teil werden in § 220 InsO näher beschrieben, diejenigen des gestaltenden Teils in § 221 InsO. Weitere grundsätzliche Vorgaben hinsichtlich Aufbau und Inhalt des Plans nennt das Gesetz nicht.

a) Zur Disposition stehende Regelungsbereiche und Planbeteiligte

65 Zur Disposition einer von dem Regelverfahren abweichenden Regelung stehen gem. **§ 217 InsO** die Befriedigung der Absonderungsberechtigten und der Insolvenzgläubiger, die Verwertung und Verteilung der Insolvenzmasse, die Verfahrensabwicklung, die Haftung des Schuldners nach Verfahrensaufhebung und ggf. die Anteils- und Mitgliedschaftsrechte. Diese **Aufzählung ist abschließend.**[142] Auch bei den hiernach grds. plandisponiblen Regelungen kann deren Normzweck ggf. den Gestaltungsspielraum für etwaige Abweichungen beschränken.[143]

---

138 Statt aller MüKo/Eidenmüller, § 218 InsO Rn 126.
139 Für die Zulässigkeit: K. Schmidt/Spliedt, § 218 InsO Rn 12; **a.A.** MüKo/Eidenmüller, § 218 InsO Rn 126 f.
140 RegE InsO, BT-Drucks. 12/2443, S. 92.
141 Vgl. BGH, 7.5.2015 – IX ZB 75/14 = ZInsO 2015, 1398, Rn 42.
142 MüKo/Eidenmüller, § 217 InsO Rn 96.
143 HK/Haas, § 217 InsO Rn 2.

Die Benennung der **Befriedigung** der absonderungsberechtigten Gläubiger und 66
der Insolvenzgläubiger als möglichen Gegenstand einer abweichenden Regelung
stellt in erster Linie eine Eingrenzung des etwaigen Dispositionen unterliegenden
Personenkreises dar. Die Beteiligten, deren Rechtsstellung durch den gestaltenden
Teil – ggf. auch gegen deren Willen und auch bei fehlender Teilnahme – geändert
werden kann („zwangsweise Planunterworfene"),[144] sind aufgrund ihrer ausdrücklichen Nennung in § 217 InsO die Insolvenzgläubiger, die Absonderungsberechtigten
und der Schuldner selbst. Nach der entsprechenden Ergänzung des § 217 InsO durch
das ESUG können die an dem Schuldner beteiligten Personen mit ihren Anteils- und
Mitgliedschaftsrechte ebenfalls zwangsweise dem Plan unterworfen werden, ebenso
wie im Falle des § 210a InsO (Insolvenzplan bei Masseunzulänglichkeit) die Massegläubiger.[145]

Am Planverfahren beteiligt werden können jedoch auch andere Personen, so 67
z.B. Aussonderungsberechtigte, Auffang- und Übernahmegesellschaften, Neumassegläubiger und sogar der Insolvenzverwalter selbst.[146] Bei diesen Beteiligten kommt
jedoch nur eine **freiwillige Planunterwerfung** in Betracht („nicht zwangsweise
Planunterworfene").[147] Wird in deren Rechte eingegriffen, bedarf es einer ausdrücklichen Zustimmungserklärung, die gem. § 230 Abs. 3 InsO dem Plan beizufügen
ist.[148] Eine freiwillige Planunterwerfung kommt zudem auch für Insolvenzgläubiger,
Absonderungsberechtigte, am schuldnerischen Unternehmen beteiligte Personen
sowie Altmassegläubiger in Betracht, soweit die Änderungen nicht die Rechtsstellung aufgrund der Insolvenzforderung, des Absonderungsrechts, der Anteils- oder
Mitgliedschaftsrechte bzw. der Masseforderung betreffen.

Die gem. § 217 InsO im Planverfahren ebenfalls zur Disposition stehenden Rege- 68
lungen zur **Verwertung** der Insolvenzmasse finden sich in den §§ 156 bis 173 InsO.
Von den Vorschriften zum Berichtstermin (§§ 156 bis 158 InsO) darf gleichwohl nicht
abgewichen werden, da dieser zur Sicherstellung der Information der Gläubiger
zwingend erforderlich ist.[149] Zulässig ist aber beispielsweise in Abweichung von
§ 159 InsO eine Planregelung, wonach der Geschäftsbetrieb zeitweilig fortgeführt

---

144 Vgl. MüKo/Eidenmüller, § 221 InsO Rn 20.
145 Vgl. MüKo/Eidenmüller, § 221 InsO Rn 20.
146 Hierzu BGH, 22.2.2007 – IX ZB 106/06, ZInsO 2007, 436; so auch HambKomm/Thies, § 221 InsO
Rn 3 ff.; MüKo/Eidenmüller, § 221 InsO Rn 20; **a.A.** KPB/Otte, § 221 InsO Rn 4.
147 Vgl. MüKo/Eidenmüller, § 221 InsO Rn 20.
148 HambKomm/Thies, § 221 InsO Rn 6; anders jedoch offenbar OLG Düsseldorf, 24.9.2008, II-8 UF
212/07 = ZVI 2009, 23 für den Fall eines unterhaltsberechtigten Gläubigers, zu dessen Lasten ein
Verzicht auf Unterhaltsforderungen für den Zeitraum nach Eröffnung des Insolvenzverfahrens im
gestaltenden Teil vorgesehen ist, gem. §§ 221, 254 i.V.m. 245 InsO Wirkung entfaltet, obwohl der
Gläubiger im Abstimmungstermin gegen den Plan gestimmt hat.
149 HK/Haas, § 217 InsO Rn 2; ähnlich MüKo/Eidenmüller, § 217 InsO Rn 116.

und ein günstigerer Zeitpunkt für die Verwertung abgewartet wird.[150] Ist der Schuldner eine natürliche Person, kann in einem Insolvenzplan die Verwertung eines gewinnbringenden Geschäftsbetriebes durch Freigabe gegen eine Einmalzahlung eines Plangaranten vorsehen werden, so dass der Schuldner seinen Betrieb außerhalb des und unbelastet von dem Insolvenzverfahren fortführen kann, während der Insolvenzverwalter sich auf die Verwertung der verbliebenen Vermögensgegenstände und die Abwicklung des Insolvenzverfahrens konzentriert.[151]

69 Die Vorschriften über die **Verteilung** finden sich in den §§ 187 bis 201 und 203 bis 206 InsO. Auch in diesem Bereich unterliegt die Dispositionsfreiheit Einschränkungen. So kommt nach Aufhebung des Insolvenzverfahrens auf Grundlage eines verfahrensbeendenden Plans weder eine gesetzliche Nachtragsverteilung i.S.d. § 203 InsO in Betracht,[152] noch kann der Plan eine Nachtragsverteilung vorsehen.[153] Eine derart weite Gestaltungsfreiheit gewähren die §§ 217 ff. InsO nicht. Weitere Einschränkungen zur Regelung der Verteilung bestehen nicht.[154] Die Gläubiger werden vor nachteiligen Abweichungen durch den Minderheitenschutz nach § 251 InsO und die Möglichkeit der sofortigen Beschwerde nach § 253 InsO ausreichend geschützt. Daher wurden auch abweichende Regelungen zur Berücksichtigung bestrittener Forderungen in § 189 InsO höchstrichterlich ausdrücklich bestätigt.[155] Eine Abweichung von den Vorschriften zur Verteilung kann insb. erforderlich sein, wenn eine „Ausgliederung" des Geschäftsbetriebes aus dem laufenden Insolvenzverfahren vorgesehen ist, im Rahmen dessen noch weitere Verwertungsmaßnahmen vorzunehmen sind.[156] So ist etwa eine Plangestaltung denkbar, bei der der Übernehmer des Geschäftsbetriebes (Asset Deal) sich verpflichtet, statt einer Kaufpreiszahlung an die Insolvenzmasse aus den Erlösen des weitergeführten Geschäftsbetriebes im Plan festgelegte Quotenzahlungen direkt an die Gläubiger zu leisten.[157]

---

150 Frank, FS Braun, S. 219, 224.
151 Derartige Gestaltungen lassen sich in verfahrensleitenden Plänen realisieren, die nicht unmittelbar auf eine Beendigung des Verfahrens gerichtet sind. Vgl. hierzu noch sogleich Rdn 68.
152 Vgl. BGH, 10.12.2009 – IX ZR 206/08, ZInsO 2010, 83, 83; BGH, 7.7.2008 – II ZR 26/07, ZInsO 2008, 1017, 1018; OLG Celle, 20.11.2006 – 4U 166/06, ZInsO 2006, 1327, 1327 f.; **a.A.** OLG Düsseldorf, 22.12.2005 – 7 U 148/05, NZI 2006, 240, 240 f. und Hingerl, ZInsO 2007, 870.
153 Schmidt/Spliedt, § 259 Rn 7; Stapper, ZInsO 2009, 2361, 2365 f., der diese Möglichkeit jedoch fordert.
154 **A.A.** MüKo/Eidenmüller, § 217 InsO Rn 122, der auch die Behandlungen der Einwendungen gegen das Verteilungsverzeichnis (§ 194 InsO) sowie den Schlusstermin (§ 197 InsO) für indisponibel hält.
155 BGH, 15.7.2010 – IX ZB 65/10, ZInsO 2010, 1448, 1449. Vgl. aber auch BAG, 19.11.2015 – 6 AZR 559/14 – juris Rn 22 ff., ZInsO 2016, 220, das darauf hinweist, nur ein Ausschluss von der plangemäßen Verteilung, nicht aber ein gänzlicher Ausschluss des Quotenanspruchs sei zulässig.
156 Jacobi, ZInsO 2010, 2316; Frank, FS Braun, S. 219, 223 f.
157 Ähnlich Frank, FS Braun, S. 219, 223 f.

Praxistipp
Bei den vorgeschlagenen Gestaltungen ist im Einzelfall zu prüfen, ob die damit verbundenen Abweichungen vom Regelverfahren wirklich erforderlich sind, oder ob die hiermit verfolgten Ziele nicht ggf. durch Herbeiführung einer entsprechenden Beschlussfassung der Gläubigerversammlung gem. §§ 157, 159 InsO oder eine Ratenzahlungsvereinbarung mit dem Übernehmer ebenso gut zu erreichen sind. Denn das Planverfahren ist nicht nur für alle Beteiligten regelmäßig sehr aufwendig, sondern es ist auch oftmals mit Rechtsunsicherheiten im Hinblick auf die Haftung für den Fall eines Scheiterns verbunden.

Erst mit der entsprechenden Ergänzung des Gesetzestextes durch das ESUG sind auch abweichende Regelungen der **Verfahrensabwicklung** ausdrücklich zulässig. Die Ergänzung diente der Klarstellung, dass auch in Literatur und Rechtsprechung bereits zuvor diskutierte sog. verfahrensleitende[158] bzw. verfahrensbegleitende[159] Insolvenzpläne zulässig sind, die nicht zu einer Aufhebung des Insolvenzverfahrens führen, sondern das Regelverfahren lediglich ergänzen.[160]

Regelungen zur **Haftung des Schuldners** nach der Aufhebung des Insolvenzverfahrens enthalten die §§ 201, 202, 286 bis 303 InsO. Mit Ausnahme der prozessualen Verfahrensnorm § 202 InsO sind diese Regelungen durch den Plan abänderbar. Dies wird durch die insolvenzplanspezifische Regelung zur Haftung des Schuldners in § 227 InsO bestätigt. Die gesetzliche Weiterhaftung und die Voraussetzungen der Erlangung der Restschuldbefreiung können durch den Plan nicht nur vollkommen abbedungen, sondern auch lediglich modifiziert werden.[161] Eine Haftungsbefreiung des Schuldners durch den Insolvenzplan ist unabhängig davon möglich und zulässig, ob dieser einen Restschuldbefreiungsantrag nach § 287 InsO gestellt hat.[162] Auch hier werden die Beteiligten durch die Planvorschriften (§§ 231, 247 und 251 InsO) ausreichend geschützt.

Die in § 217 InsO unerwähnten Bereiche unterliegen (neben den bereits erwähnten indisponiblen Einzelvorschriften zur Verwertung, Verteilung und Haftung[163]) **nicht der Disposition** im Insolvenzplan. Unzulässig sind demzufolge Abweichungen insb. von den Vorschriften über die allgemeinen Voraussetzungen des Insolvenzverfahrens und die Beteiligten (§§ 1 bis 147 InsO) und von den Regelungen über die Feststellung der Forderungen (§§ 174 bis 186 InsO).[164] Von den Regelungen zum

---

158 Frank, FS Braun, S. 219 ff.; grds. ablehnend LG Frankfurt am Main, 29.10.2007 – 2/09 T 198/07 = ZIP 2007, 2229.
159 Heinrich, NZI 2008, 74.
160 Vgl. die Begründung im RegE ESUG, BT-Drucks. 17/5712, S. 54. Der Gesetzgeber verwendet hierbei beide Bezeichnungen gleichrangig.
161 So ab der 5. Aufl. auch HK/Flessner § 217 Rn 6.
162 LG Hamburg, 15.1.2018 – 326 T 40/17 = ZInsO 2018, 331, 335.
163 Siehe oben Rdn 67 ff.
164 Vgl. BGH, 5.2.2009 – IX ZB 230/07, ZInsO 2009, 478, 481.

Insolvenzplanverfahren (§§ 217 bis 269 InsO) darf ebenfalls nicht abgewichen werden. Nach entsprechender Ergänzung des § 66 Abs. 1 InsO durch das ESUG steht allerdings die Verpflichtung des Insolvenzverwalters zur **Schlussrechnungslegung** im Insolvenzplan ausdrücklich zur Disposition.

> **Hinweis**
> Die gem. § 64 Abs. 1 InsO erforderliche Festsetzung der **Verwaltervergütung** durch das Insolvenzgericht ist im Plan nicht abdingbar oder modifizierbar.[165] Zulässig und sinnvoll ist aber eine gem. § 230 Abs. 3 InsO dem Plan beizufügende Erklärung des Insolvenzverwalters, mit der dieser sich verpflichtet, seinen Vergütungsantrag auf einen bestimmten Maximalbetrag zu begrenzen, da dadurch lediglich der Insolvenzverwalter, nicht jedoch das Insolvenzgericht gebunden wird.[166]

b) Darstellender Teil

73 Die **inhaltlichen Anforderungen** an den darstellenden Teil des Insolvenzplans werden durch § 220 InsO vorgegeben. § 220 Abs. 1 InsO setzt dabei den Fokus auf die Beschreibung der bereits eingeleiteten und der mit dem Plan beabsichtigten Maßnahmen zur Gestaltung der Rechte der Planbeteiligung. Hier geht es also in erster Linie um die Erläuterung der im gestaltenden Teil vorgesehenen Maßnahmen und Änderungen der Rechtsstellungen der Insolvenzgläubiger und ggf. der am Schuldner beteiligten Personen. Dies reicht jedoch regelmäßig als Entscheidungsgrundlage für die Gläubiger und sonstigen Planbeteiligten nicht aus. Diese müssen sich ein umfassendes Bild von der Person des Schuldners und seinem Betrieb, besonderen Rollen bestimmter Beteiligter, den Ursachen der Insolvenz, den mit dem Insolvenzplan verfolgten Zielen und auch den Alternativen machen können, um zu entscheiden, ob sie das Planvorhaben durch ihre Zustimmung unterstützen. Daher sind gem. § 220 Abs. 2 InsO auch alle sonstigen Angaben zu den Grundlagen und den Auswirkungen des Plans zwingend aufzunehmen, die für die Entscheidung der Beteiligten erheblich sind.[167] Die in der Praxis und der Rechtsprechung bereits seit langem als zentraler Bestandteil des darstellenden Teils geforderte und etablierte **Vergleichsrechnung** wurde mit dem SanInsFoG in § 220 Abs. 2 S. 2 ausdrücklich als Pflichtbestandteil aufgenommen und in ihren Anforderungen näher konkretisiert.[168]

---

165 vgl. BGH, 16.2.2017 – IX ZB 103/15 = ZInsO 2017, 538, Rn 20 ff.
166 BGH, 16.2.2017 – IX ZB 103/15 = ZInsO 2017, 538, Rn 41.
167 BGH, 7.5.2015 – IX ZB 75/14 = ZInsO 2015, 1398, Rn 29. Mit dem SanInsFoG wurde § 220 Abs. 2 S. 1 zur Klarstellung von einer „Soll-Vorschrift" in eine „Muss-Vorschrift" umformuliert.
168 Hierzu noch unten Rdn 103.

Die entscheidungserheblichen Angaben sind jeweils am konkreten Fall und dem **Planziel** auszurichten.[169] Ausgehend von dem Informationsbedürfnis der Beteiligten, in deren Rechte eingegriffen werden soll, und dem Willen des Gesetzgebers, dass der darstellende Teil das Plankonzept darlegen und im Einzelnen erläutern soll,[170] haben sich in der Praxis die nachfolgend behandelten Punkte als zweckmäßige Bestandteile des darstellenden Teils erwiesen. Ggf. können zuvor in einer kurzen Präambel die primären Planziele, wie eine zeitnahe Beendigung des Insolvenzverfahrens, vorzeitige Erlangung der Restschuldbefreiung, Erhaltung des Geschäftsbetriebes und/oder Verbesserung der Befriedigungsquote für die Insolvenzgläubiger, einleitend vorgestellt werden.

74

Hinweis
Bei der Planerstellung ist im Hinblick auf die sprachliche Ausgestaltung stets der jeweilige **Adressatenkreis** im Blick zu behalten. Dieser besteht i.d.R. aus dem Gericht, den Gläubigern, dem Schuldner und ggf. den am Schuldner beteiligten Personen, sofern vorhanden kommen gem. § 235 Abs. 3 InsO der Betriebsrat, der Sprecherausschuss der leitenden Angestellten und die amtliche Berufsvertretung hinzu. Hinsichtlich der bei einem derart breit gefächerten Adressatenkreis zu erwartenden tatsächlichen und rechtlichen Kenntnisse ist der kleinste gemeinsame Nenner zugrunde zu legen. Es gilt daher, sich einer möglichst kurzen und prägnanten und nicht zu betriebswirtschaftlichen oder juristischen Sprache zu bedienen.
Das Institut der Wirtschaftsprüfer (**IDW**) hat einen **Standard** zu den Anforderungen an Insolvenzpläne formuliert.[171] Dieser Standard ist allgemein anerkannt und hat sich in der Praxis als Maßstab für die inhaltlichen Anforderungen an den darstellenden Teil durchgesetzt.

aa) Lage und Entwicklung des schuldnerischen Unternehmens

Die Ausführungen zur Entwicklung des Unternehmens und seiner aktuellen Lage sollten seine **rechtlichen, finanz-** und **leistungswirtschaftlichen Verhältnisse** sowie organisatorischen Grundlagen ebenso erfassen, wie die bisherige wirtschaftliche Entwicklung und die **Ursachen der Insolvenz**.[172] Die Angaben zur Situation des Unternehmens sollten dabei zumindest die Informationen enthalten, die allgemein im Insolvenzverfahren erforderlich sind.[173] In der Praxis decken sich die Angaben daher häufig mit den Angaben aus Insolvenzeröffnungsgutachten bzw. dem Bericht zur ersten Gläubigerversammlung zu den persönlichen, betrieblichen und wirt-

75

---

169 Ähnlich Koch/de Bra, in: Gottwald, Insolvenzrechtshandbuch, § 67 Rn 27.
170 Begr. RegE InsO zu § 258, BT-Drucks. 12/2443, S. 197.
171 IDW S 2, WPg 2000, S. 285 ff.
172 Bei der Darstellung der Insolvenzursachen ist für die Gläubiger insb. von Bedeutung, ob die Insolvenz überwiegend auf externe Faktoren oder auf interne Fehler zurückzuführen ist, siehe hierzu MüKo/Eilenberger, § 220 InsO Rn 8; Bähr in: Mohrbutter/Ringstmeier, Handbuch der Insolvenzverwaltung, § 14 Rn 34 ff.
173 Smid/Rattunde/Martini, Der Insolvenzplan, Rn 5.18.

schaftlichen Verhältnissen des Schuldners und den **Entwicklungen seit der Insolvenzantragstellung**. Darüber hinaus sollen der **aktuelle Vermögensstatus** des Schuldners sowie seine Verbindlichkeiten nachvollziehbar und strukturiert dargestellt werden.[174] Ist der Plan auf die Sanierung des schuldnerischen Unternehmens gerichtet, sind zudem Ausführungen zur Sanierungsbedürftigkeit, der **Sanierungsfähigkeit** und schließlich auch der Eignung und Erforderlichkeit konkreter Sanierungsmaßnahmen zu machen. Sieht der Insolvenzplan gemäß der mit dem SanInsFoG eingeführten Möglichkeit (§ 217 Abs. 2 InsO) Eingriffe in die Rechte von Insolvenzgläubigern aus gruppeninternen Drittsicherheiten vor, sind gem. § 220 Abs. 3 InsO auch die Verhältnisse des die Sicherheit gewährenden verbundenen Unternehmens und die Auswirkungen des Plans auf dieses Unternehmen einzubeziehen.

> **Hinweis**
> Angabe von **Versagungsgründen,** wenn der Schuldner eine natürliche Person ist:
> Außer einer rechtskräftigen Verurteilung gem. §§ 283 Abs. 6, 283b Abs. 1 StGB im Falle der beabsichtigten Unternehmensfortführung (Versagungsgrund gem. § 290 Abs. 1 Nr. 1 InsO) muss der Schuldner Versagungsgründe im Insolvenzplan nicht erwähnen, da die Darlegungs- und Beweislast gem. § 290 Abs. 2 InsO (Glaubhaftmachung) hierfür bei den Gläubigern liegt.[175] Im Fall der Planvorlage durch den Insolvenzverwalter trifft diesen – entsprechend der gesetzlichen Aufgabenverteilung und Darlegungslast – auch keine Pflicht, Versagungsgründe zu ermitteln.[176] Der planerstellende Insolvenzverwalter muss Tatsachen, die nach seiner Auffassung einen Versagungsgrund darstellen können, zwar in die Sachverhaltsdarstellungen im darstellenden Teil aufnehmen, jedoch nicht darauf hinweisen, dass es sich um einen potentiellen Versagungsgrund handelt.

76 Von Interesse für die Gläubiger können ferner folgende Angaben sein (nicht abschließend):[177]
 – Benennung der für eine etwaige Fortführung des schuldnerischen Unternehmens wesentlichen Vertragsverhältnisse und Vertragspartner;
 – Darstellungen zum Sachstand anhängiger Rechtsstreitigkeiten;
 – Erläuterung der steuerlichen Verhältnisse (Stand der Veranlagung, Besonderheiten wie Organschaft o. Ä.);
 – Informationen zu arbeitsrechtlichen Fragen (z.B. Anzahl der Mitarbeiter, betriebliche Altersvorsorge, Betriebsrat, geltende Tarifverträge);

---

174 PK-HWF/Wutzke/Wenzel, § 220 InsO Rn 10.
175 Vgl. BGH, 19.5.2009 – IX ZB 236/07, ZInsO 2009, 1252, 1254 und BGH, 13.10.2011 – IX ZB 37/08, ZInsO 2012, 173.
176 BGH, 19.5.2009 – IX ZB 236/07, ZInsO 2009, 1252, 1254.
177 Vgl. hierzu die ausführliche Übersicht bei Koch/de Bra, in: Gottwald, Insolvenzrechtshandbuch, § 67 Rn 66 ff.; hierzu ausführlich auch FK/Jaffé, § 220 InsO Rn 37 ff.; s.a. Bähr in: Mohrbutter/Ringstmeier, Handbuch der Insolvenzverwaltung, § 14 Rn 26 ff.; KPB/Otte, § 220 InsO Rn 8 ff.

- Erläuterung bereits ergriffener Maßnahmen nach Eröffnung des Insolvenzverfahrens und deren Auswirkungen auf die Entwicklung;
- Angaben zu ermittelten und möglichen Anfechtungsansprüchen gem. §§ 129 ff. InsO;
- Darstellung etwaiger mittelbare oder unmittelbare Beteiligungen einzelner Gläubiger am schuldnerischen Unternehmen, da sich aufgrund ihrer Doppelrolle eine besondere Interessenlage ergibt;[178]
- Information über durch den Schuldner bzw. dessen organschaftliche Vertreter begangene Insolvenzstraftaten (§§ 283 bis 283c StGB), wenn der Plan die Unternehmensfortführung durch den Schuldner vorsieht.[179]
- Gesellschaftsrechtliche Beteiligungen des Schuldners sind im Interesse einer umfassenden und vollständigen Entscheidungsgrundlage für die Gläubiger in dem Vermögensstatus stets anzugeben, selbst wenn der Schuldner diese für wertlos hält.[180]

bb) Ziele des Insolvenzplans

Bevor die im Plan vorgesehenen Maßnahmen und Änderungen der Rechtsstellungen dargestellt werden, ist die damit verfolgte Zielsetzung für die Gläubiger klar und verständlich zu erläutern. Hierzu gehört ggf. auch die Begründung der Erforderlichkeit bzw. der Vorteile der Abweichung von den Vorschriften des Regelverfahrens. Zum Beispiel ist darzulegen, dass die Bereitschaft eines Dritten, als Plangarant einen Betrag zur Befriedigung der Gläubiger zur Verfügung zu stellen, der mindestens dem entspricht, was bei der Durchführung des Regelverfahrens (ggf. mit anschließendem RSB-Verfahren) zu erwarten wäre, nicht nur dem Schuldner eine vorzeitige Erlangung der **Restschuldbefreiung**, sondern den Gläubigern auch eine wesentlich frühere Befriedigung und Rechtssicherheit bringt. Ebenfalls wäre ggf. darzulegen, dass eine **übertragende Sanierung** des grds. gewinnbringenden Geschäftsbetriebes nicht in Betracht kommt, wenn für die Fortführung wesentliche Verträge oder Rechte nicht auf einen Dritten übertragbar sind. Auch und gerade eine durch den Plan zu erreichende **Quotenverbesserung** sollte ggf. bereits bei den Planzielen erwähnt werden. Sieht der Plan eine sog. Flexible Quote vor, deren endgültige Höhe ggf. von etwaig noch nachträglich angemeldeten und festzustellenden Forderungen abhängt, sollten zudem die gesetzlichen Regelungen für Gläubiger mit nicht angemeldeten Forderungen gemäß der §§ 254b, 259a und b InsO skizziert werden, um den

77

---

[178] MüKo/Eilenberger, § 220 InsO Rn 11; KPB/Otte, § 220 InsO Rn 12.
[179] Vgl. BGH, 13.10.2011 – IX ZB 37/08, ZInsO 2012, 173.
[180] Vgl. AG Köln, 15.5.2019 – 72 IN 269/17 = NZI 2019, 711.

Gläubigern eine Einschätzung der Realisierbarkeit der prognostizierten Quote zu ermöglichen.[181]

> **Hinweis**
> Für die meisten Gläubiger ist die eigene **Besserstellung** durch den Plan im Vergleich zum Regelinsolvenzverfahren der maßgebliche Antrieb für die Zustimmung zu dem Insolvenzplan und die hierfür erforderliche Teilnahme an dem Abstimmungstermin. Daher ist es durchaus sinnvoll und legitim, bei den Planzielen die zu erwartende Quotenverbesserung und sonstige Vorteile gegenüber dem Regelinsolvenzverfahren unmissverständlich herauszustellen.

cc) Planmaßnahmen

78 Auf der Grundlage der geschilderten Unternehmensanalyse ist darzustellen und zu erläutern, welche konkreten Maßnahmen im Einzelfall erforderlich und beabsichtigt sind, um die Krise zu beseitigen bzw. die Planziele zu erreichen.[182]

> **Beispiele**
> – Übertragung des Geschäftsbetriebes oder von Betriebsteilen auf einen neuen Rechtsträger;[183]
> – (Teil-)Stilllegung von Betriebsteilen;
> – Aufnahme von Fremdmitteln zur Finanzierung einer Sanierung/Restrukturierung;
> – Restrukturierungsmaßnahmen (z.B. Personal, Organisation, Angebot, Vertragspartner)
> – Einholung erforderlicher (behördlicher) Genehmigungen;
> – Leistungen und Erklärungen Dritter (z.B. Zahlungszusage eines Plangaranten);
> – Gesellschaftsrechtliche Maßnahmen;
> – Debt-Equity-Swap;
> – Überobligatorische Forderungsverzichte bestimmter Gläubiger.

dd) Gruppenbildung

79 Gem. § 222 InsO sind bei der Festlegung der Rechte der Beteiligten im Insolvenzplan Gruppen zu bilden, soweit **Gläubiger unterschiedlicher Rechtsstellung und Anteilsinhaber** betroffen sind. Innerhalb jeder Gruppe sind wiederum allen Beteiligten gleiche Rechte anzubieten (§ 226 Abs. 1 InsO), Ungleichbehandlungen erfordern die Zustimmung der betroffenen Beteiligten (§ 226 Abs. 2 InsO).

---

181 Nach LG Hamburg, 15.1.2018 – 326 T 40/17 = ZInsO 2018, 331, 335 handelt es sich dabei in der genannten Konstellation um eine zwingende Angabe.
182 Zu mit einzelnen Maßnahmen verbundenen Änderungen der Rechtsstellung der Beteiligten und Umfang und Grenzen des diesbezüglichen Gestaltungsspielraums vgl. die Ausführungen zu den Inhalten des Gestaltenden Teils unten Rdn 108 ff.
183 Zu den Beispielen und Ausführungen hierzu vgl. MüKo/Eilenberger, § 220 InsO Rn 12 ff.; siehe auch ausführlich FK/Jaffé, § 220 InsO Rn 77 f.

Beschreibungen und Erläuterungen der gesetzlichen Vorgaben für die Gruppenbildung, der Gründe für die gewählte Gruppenbildung im konkreten Plan und der Kriterien für die Abgrenzung verschiedener Gruppen mit Beteiligten gleicher Rechtsstellung sind in dem darstellenden Teil aufzunehmen,[184] während die Regelungen zur Änderung der Rechtsstellung, denen die Gruppen jeweils unterworfen werden, als zentrale Gestaltungsmaßnahmen des Plans im gestaltenden Teil anzugeben sind.[185]

Die Gruppenbildung bestimmt das Abstimmungsverfahren und kann daher planentscheidend sein.[186] Mittels einer **geschickten Gruppenbildung** kann unter Umständen ein zu erwartender Widerspruch einzelner Gläubiger gegen den Plan über die Zustimmungsfiktion gem. § 245 InsO überwunden werden.[187] Die Grenze einer insoweit „strategischen" Gruppenbildung stellt dabei allein die „sachgerechte Abgrenzung" i.S.d. § 222 Abs. 2 InsO dar, ein darüber hinausgehendes allgemeines Missbrauchsverbot besteht nicht.[188] Wenn allerdings der Plan die Rechte einzelner Gläubiger unberührt lässt, sind diese nicht „betroffen" i.S.d. § 222 Abs. 1 S. 1 InsO. Diese Gläubiger können daher auch nicht zum Gegenstand der Gruppenbildung gemacht werden.[189]

Hinweis
Die Gruppenbildung kann in der Praxis in gewissem Umfang manipulativ erfolgen. Schließlich ist es ein legitimes Ansinnen des Planverfassers, dass sein vorgelegter Plan angenommen wird, sodass er – freilich im gesetzlich zulässigen Rahmen – die ihm vom Gesetzgeber eingeräumten **Gestaltungsmöglichkeiten** nutzen darf. Hierauf ist ein Hauptaugenmerk bei der Planerstellung zu legen. Dabei hat der Planersteller auf eine nachvollziehbare Begründung zu achten.[190]

Zulässig ist sowohl die Bildung einer **Gruppe mit nur einem Gläubiger**,[191] als auch die Bildung **nur einer Gruppe**,[192] sofern die Bildung mehrerer Gruppen nicht aufgrund der Gläubigerstruktur bzw. der geplanten Eingriffe in die Rechtsstellungen gem. § 222 Abs. 1 InsO zwingend ist.

---

184 Vgl. BGH, 7.5.2015 – IX ZB 75/14, ZInsO 2015, 1398, Rn 9f.
185 Siehe MüKo/Eidenmüller, § 222 InsO Rn 22.
186 So bereits in HambKomm/Thies, § 222 InsO Rn 3.
187 MüKo/Eidenmüller, § 222 InsO Rn 6; ähnlich KPB/Otte, § 222 InsO Rn 23; Smid, InVo 1997, 169, 171.
188 Im Einzelnen MüKo/Eidenmüller, § 222 InsO Rn 110ff.
189 PK-HWF/Wutzke/Wenzel, § 222 InsO Rn 16.
190 Vgl. BGH, 7.5.2015 – IX ZB 75/14, ZInsO 2015, 1398.
191 Vgl. MüKo/Eidenmüller, § 222 InsO Rn 31.
192 Vgl. MüKo/Eidenmüller, § 222 InsO Rn 37; Bähr in: Mohrbutter/Ringstmeier, Handbuch der Insolvenzverwaltung, § 14 Rn 69.

83 Für **Gläubiger mit unterschiedlichen Rechtsstellungen** sind nach § 222 Abs. 1 InsO zwingend unterschiedliche Gruppen zu bilden. Für die Rechtsstellung entscheidend ist dabei die Art bzw. Rangordnung ihrer Befriedigungsrechte.[193] **Obligatorische Gruppen** sind demnach zu bilden für:[194]
- absonderungsberechtigte Gläubiger, soweit durch den Plan in deren Rechte eingegriffen wird (§ 222 Abs. 1 Nr. 1 InsO),
- nicht nachrangige Insolvenzgläubiger (§ 222 Abs. 1 Nr. 2 InsO),
- nachrangige Insolvenzgläubiger, soweit deren Rechte entgegen § 225 InsO nicht als erlassen gelten (§ 222 Abs. 1 Nr. 3 InsO),
- an dem Schuldner beteiligte Personen, wenn deren Anteils- oder Mitgliedschaftsrechte in den Plan einbezogen werden (§ 222 Abs. 1 Nr. 4 InsO),
- den Inhabern von Rechten aus gruppeninternen Drittsicherheiten (§ 222 Abs. 1 Nr. 5 InsO).

84 Ein Eingriff in **Absonderungsrechte** i.S.d. § 222 Abs. 1 Nr. 1 InsO liegt vor, wenn der Plan für Rechte eines Gläubigers an Massegegenständen Regelungen trifft, die von den im Regelinsolvenzverfahren maßgeblichen Vorschriften zulasten des absonderungsberechtigten Gläubigers abweichen.[195] Der Gläubiger ist daher auch nur insoweit der Gruppe der Absonderungsberechtigten zuzuordnen, wie sein Absonderungsrecht reicht.[196] Geht seine persönliche Forderung über den Wert des Absonderungsrechts hinaus, ist er mit diesem mutmaßlichen Ausfall zudem Gläubiger der Gruppe der nicht nachrangigen Insolvenzgläubiger.[197] Die Bildung von **Mischgruppen**, denen Gläubiger mit dem vollen Betrag ihrer nur teilweise gesicherten Forderungen zugeordnet werden, ist unzulässig.[198] Bestehen Absonderungsrechte, in die durch den Plan nicht eingegriffen wird, sollte dies klarstellt werden, um dem Eindruck einer fehlerhaften Gruppenbildung vorzubeugen, die eine Zurückweisung des Plans nach § 231 Abs. 1 Nr. 1 InsO begründen würde.[199]

85 In der Praxis stellt sich oft die Frage, mit welchem Wert das **Absonderungsrecht** bei der Gruppenzuordnung der zugrundeliegenden Forderung anzusetzen ist. Entscheidend ist hierbei das Planziel.[200] Ist der Plan auf eine Fortführung des Unter-

---

193 MüKo/Eidenmüller, § 222 InsO Rn 47; PK-HWF/Wutzke/Wenzel, § 222 InsO Rn 9.
194 Zu der abweichenden Gruppenbildung gem. § 210a InsO bei Masseunzulänglichkeit siehe noch unten Rdn 99.
195 Ähnlich Uhlenbruck/Lüer/Streit, § 222 InsO Rn 13; MüKo/Eidenmüller, § 222 InsO Rn 53 mit Beispielen für Eingriffe.
196 BGH, 7.7.2005 – IX ZB 266/04, ZInsO 2005, 927, 928.
197 Ähnlich auch BGH, 7.7.2005 – IX ZB 266/04, ZInsO 2005, 927, 928; ebenso Uhlenbruck/Lüer/Streit, § 222 InsO Rn 16; **a.A.** MüKo/Eidenmüller, § 222 InsO Rn 56 ff.
198 BGH, 7.7.2005 – IX ZB 266/04, ZInsO 2005, 927.
199 Vgl. Smid, ZInsO 2016, 61, 72.
200 Siehe BGH, 7.7.2005 – IX ZB 266/04, ZInsO 2005, 927, 929.

nehmens unter Verwendung des von dem Absonderungsrecht erfassten Massegegenstandes gerichtet, ist der Fortführungswert und im Falle der geplanten Liquidation der Zerschlagungswert anzusetzen.

Praxistipp
Um Unstimmigkeiten über den i.R.d. Gruppenbildung angesetzten Wert des Absonderungsrechts und des mutmaßlichen Ausfalls von vornherein zu verhindern, sollte der betroffene absonderungsberechtigte Gläubiger frühzeitig in die Wertermittlung einbezogen werden.

Für die **nicht nachrangigen Gläubiger** ist gem. § 222 Abs. 1 Nr. 2 InsO stets eine Gruppe zu bilden.[201] Bei Insolvenzverfahren natürlicher Personen, insb. in Verbraucherinsolvenzverfahren, bei denen der Plan im Wesentlichen auf eine vorzeitige Beendigung des Verfahrens und Erlangung der Restschuldbefreiung abzielt und Absonderungsrechte nicht berührt sind, ist in der Regel ein „schlanker" Plan mit nur einer Gruppe der nicht nachrangigen Gläubiger ausreichend. 86

Die Bildung einer Gruppe für **nachrangige Gläubiger** ist gem. § 222 Abs. 1 Nr. 3 InsO nur erforderlich, soweit deren Forderungen nach dem Plan in Abweichung von § 225 InsO nicht als erlassen gelten sollen. Erforderlich kann eine Abweichung von § 225 InsO – bspw. durch Regelung einer (teilweisen) Befriedigung auch der nachrangigen Gläubiger – sein, wenn diese auch ohne Plan Aussichten auf eine (teilweise) Befriedigung hätten. Einer Gruppenbildung bedarf es aber auch, wenn der Plan eine über den vollständigen Erlass hinaus eine weitere Beeinträchtigung durch Streichung der Wiederauflebensklausel nach § 255 Abs. 2 InsO vorsieht. 87

Gemäß § 222 Abs. 1 Nr. 4 InsO ist für die **am Schuldner beteiligten Personen** eine Gruppe zu bilden, wenn deren Anteils- oder Mitgliedschaftsrechte in den Plan einbezogen werden sollen. Dies ist stets der Fall, wenn der Insolvenzplan den Erhalt des Rechtsträgers vorsieht und der hierfür benötigte Fortsetzungsbeschluss oder sonstige Entscheidungen über das künftige Schicksal, die Ausrichtung oder die Zusammensetzung des Rechtsträgers (bspw. Ausschlüsse von Altgesellschaftern) in den Plan aufgenommen werden sollen, da all diese Maßnahmen die Anteils- oder Mitgliedschaftsrechte der im Zeitpunkt der Planabstimmung am Schuldner beteiligten Personen berühren.[202] Auch im Rahmen des § 222 Abs. 1 Nr. 4 InsO sind **Mischgruppen unzulässig**. Am Schuldner beteiligte Personen dürfen folglich mit ihren Anteils- oder Mitgliedschaftsrechten nicht mit Gläubigern in einer Gruppe zusammengefasst werden. Ist eine am Schuldner beteiligte Person, deren Anteils- oder 88

---

[201] So auch Uhlenbruck/Lüer/Streit, InsO, § 222 Rn 16.
[202] So im Anschluss an HambKomm/Thies, § 222 InsO Rn 13 auch HK/Haas, § 222 InsO Rn 10; MüKo/Eidenmüller, § 222 InsO Rn 69; K. Schmidt/Spliedt, § 222 InsO Rn 10; Uhlenbruck/Lüer/Streit. § 222 InsO Rn 19.

Mitgliedschaftsrechte vom Plan berührt werden, gleichzeitig Insolvenzgläubiger, ist sie vielmehr mit diesen verschiedenen Rechtsstellungen jeweils unterschiedlichen Gruppen zuzuordnen.

88a Nach dem Wortlaut des mit dem SanInsFoG neu eingefügten § 222 Abs. 1 Nr. 5 InsO ist für die Inhaber von Rechten aus gruppeninternen Drittsicherheiten eine Gruppe unabhängig davon zu bilden, ob in diese Rechte durch den Plan eingegriffen wird. Ein sachlicher Grund für diese Abweichung von den korrespondierenden Regelungen für absonderungsberechtigte Gläubiger und an dem Schuldner beteiligte Personen, für die gem. § 222 Abs. 1 Nr. 1 und Nr. 4 InsO jeweils nur eine Gruppe zu bilden ist, wenn in ihre spezifische Rechtsstellung eingegriffen wird, ist nicht erkennbar. Hier ist daher von einem redaktionellen Versehen auszugehen. Ein Eingriff in Rechte aus gruppeninternen Drittsicherheiten liegt bei jeglicher in dem Plan über diese Rechte vorgesehenen Regelung vor, da diese als nicht der Insolvenzmasse zugehörig grundsätzlich der Disposition in dem Insolvenzverfahren des Schuldners entzogen sind.

89 Neben den obligatorischen Gruppen nach § 222 Abs. 1 InsO können gem. § 222 Abs. 2 und 3 InsO weitere **fakultative Gruppen** für Beteiligte mit gleichartigen wirtschaftlichen Interessen[203] differenziert werden, sofern die entstehenden Gruppen sachgerecht voneinander abgegrenzt[204] werden können.[205]

90 Die **wirtschaftlichen Interessen** sind dabei im Hinblick auf das Planziel festzustellen[206] und können z.B. aus einer gesellschaftsrechtlichen Beteiligung eines Insolvenzgläubigers am Schuldner oder einer sonstigen familiären oder persönlichen Verbundenheit zu ihm, der Art der Beteiligung eines Anteilsinhabers, einem besonderen Interesse an einer erfolgreichen Sanierung (z.B. für Vertragspartner des Schuldners im Rahmen von Dauerschuldverhältnissen), aus dem Forderungsgrund oder der Art der gewährten Sicherheit resultieren.[207] Bei den an dem Schuldner beteiligten Personen sind unterschiedliche wirtschaftliche Interessen im Hinblick auf das Planziel insbesondere die vorhandene bzw. fehlende Bereitschaft, eine Fortführung der Gesellschaft ggf. auch unter Erbringung eigener Sanierungsbeiträge mitzutragen.

91 Eine **sachgerechte Abgrenzung** liegt vor, wenn die wirtschaftlichen Interessen nicht bereits durch eine andere Gruppe abgedeckt werden, den Gläubigern in der

---

203 Zu dem Begriff siehe MüKo/Eidenmüller, § 222 InsO Rn 80 ff.
204 Zu dem Begriff siehe HambKomm/Thies, § 222 InsO Rn 18.
205 Vgl. BGH, 10.1.2008 – IX ZB 97/07.
206 Vgl. BGH, 7.5.2015 – IX ZB 75/14, ZInsO 2015, 1398, der hier von insolvenzspezifischen Interessen spricht.
207 Vgl. bereits Begr. RegE InsO zu § 265, BT-Drucks. 12/2443, S. 199; ausführlich hierzu auch MüKo/Eidenmüller, § 222 InsO Rn 80 ff.

fakultativen Gruppe andere Rechte zugewiesen werden und die Interessen die vorgesehene unterschiedliche Behandlung sinnvoll erscheinen lassen.[208]

Trotz der notwendigen **Missbrauchsbremse** durch die Kriterien der gleichgelagerten wirtschaftlichen Interessen und der sachgerechten Abgrenzung kann die fakultative Gruppenbildung insb. nach § 222 Abs. 2 InsO ein brauchbares Instrument sein, um Abstimmungsergebnis zu beeinflussen. Ist zu befürchten, dass durch die Ablehnung einzelner Beteiligter mit Summenmehrheit in einer obligatorischen Gruppe die Zustimmung dieser Gruppe nicht zu erreichen ist, kann durch die strategische Bildung zusätzlicher Gruppen mit voraussichtlich überwiegend zustimmenden Gläubigern die erforderliche Mehrheit der abstimmenden Gruppen gesichert werden.

Praxistipp
Es empfiehlt sich insofern die Bildung einer ungeraden Anzahl von Abstimmungsgruppen.[209] Ferner empfiehlt sich auch an dieser Stelle eine frühzeitige Kontaktaufnahme und Abstimmung mit den Gläubigern, damit abgeschätzt werden kann, von welcher Seite u.U. eine Ablehnung droht.

Fakultative Gruppen können bspw. gebildet werden für:[210]
- Arbeitnehmer (§ 222 Abs. 3 S. 1 InsO, ggf. sogar Pflichtgruppe);
- Kleingläubiger und geringfügig beteiligte Anteilsinhaber (§ 222 Abs. 3 S. 2 InsO);
- Gläubiger mit Forderungen aus unerlaubter Handlung, sofern der Schuldner Restschuldbefreiung beantragt hat;[211]
- Gläubiger mit unterschiedlichen Absonderungsrechten;
- Pensionssicherungsverein, Finanzamt und Bundesagentur für Arbeit;
- Anleihegläubiger;

---

208 So HambKomm/Thies, § 222 InsO Rn 18, aufgrund der andernfalls bestehenden Missbrauchsgefahr und des Wortlauts sowie der Beispiele in der Gesetzesbegründung, die es nahelegen, dass mit der fakultativen Gruppenbildung unterschiedliche Regelungen für grds. gleichgestellte Gläubiger und keine Gruppenvervielfältigung zur Mehrheitsgewinnung ermöglicht werden sollte vgl. z.B. Begr. RegE InsO zu § 265, BT-Drucks. 12/2443, S. 200.: „(...) einige Beteiligte anderen Gruppen zuzuordnen und ihnen damit andere Ansprüche zuzuweisen (...)"; dem folgend AG Köln, 6.4.2016 – 74 IN 45/15 = ZInsO 2016, 1218, Rn 13 und 17, sowie 14.11.2017 – 73 IN 173/15 = ZInsO 2018, 195, 197 f.; a.A. wohl K. Schmidt/Spliedt, § 222 InsO Rn 15, der statt einer unterschiedlichen Planregelung die je nach Interessenlage unterschiedliche „Planwirkung" für ausreichend hält.
209 Ebenso MüKo/Eidenmüller, § 222 InsO Rn 6.
210 Siehe hierzu die ausführlichen Beispiele bei MüKo/Eidenmüller, § 222 InsO Rn 102 ff.; zu den möglichen Abgrenzungskriterien s.a. FK/Jaffé, § 222 InsO Rn 23 ff.
211 So zutreffend LG Hamburg, 15.1.2018 – 326 T 40/17 = ZInsO 2018, 331, da ohne Restschuldbefreiung Gläubiger mit Forderungen aus unerlaubter Handlung auch im Regelverfahren nicht gegenüber den übrigen Gläubigern privilegiert wären. Zu den allgemein mit der Abgrenzung und Rechtezuweisung verbundenen Schwierigkeiten vgl. auch AG Köln, 14.11.2017 – 73 IN 173/15 = ZInsO 2018, 195, 196 f.

– Gläubiger, die zu einem Debt-Equity-Swap gem. § 225a Abs. 2 InsO bereit sind;
– am Schuldner beteiligte Personen, wenn der Plan unterschiedliche Eingriffe in die Anteils- und Mitgliedschaftsrechte für die verschiedenen Anteilsinhaber vorsieht.

94 Unzulässig ist die Bildung einer gesonderten Gruppe für **Gläubiger mit nicht angemeldeten Forderungen**.[212]

95 Die Voraussetzungen für die Bildung gesonderter Gruppen für **Arbeitnehmer, Kleingläubiger und geringfügig Beteiligte** hat der Gesetzgeber in § 222 Abs. 3 InsO konkret geregelt.

96 Sind die Forderungen der **Arbeitnehmer** im Verhältnis zu dem jeweiligen Einkommen und dem Anteil der Betroffenen an der Gesamtheit der Arbeitnehmer[213] „erheblich", besteht nach § 222 Abs. 3 S. 1 InsO nach allgemeiner Auffassung sogar die Verpflichtung zur Bildung einer eigenen Gruppe.[214] Als erheblich gelten die Forderungen bei mind. 10 % des jeweiligen Jahreseinkommens[215] mind. 25 % der Arbeitnehmer. Das Verhältnis der Arbeitnehmerforderungen zu den Gesamtforderungen der Insolvenzgläubiger ist irrelevant.[216] Auch ohne die besonderen Voraussetzungen des § 222 Abs. 3 InsO ist die Bildung einer Gruppe der Gläubiger mit Forderungen aus Arbeitsverhältnissen (einschließlich der Bundesagentur für Arbeit) aber regelmäßig sachgerecht i.S.v. § 22 Abs. 2 InsO, da die Entscheidung über den Erhalt der Arbeitsplätze regelmäßig eine besondere planspezifische Interessenlage begründet.[217]

97 Gemäß § 222 Abs. 3 S. 2 InsO kann eine separate Gruppe für **Kleingläubiger** gebildet werden. Eine Verpflichtung hierzu begründet die Vorschrift nicht. Maßgeblich für die Einstufung als Kleingläubiger sind die Gläubigerstruktur im Einzelfall und das mit der Bildung der Gruppe verfolgte Ziel. Letzteres kann sowohl in der Verfahrensvereinfachung durch vollständige Befriedigung der Kleingläubiger und damit deren Ausschluss vom Abstimmungsverfahren[218] als auch in der Sicherung der

---

212 Vgl. BGH, 7.5.2015 – IX ZB 75/14, ZInsO 2015, 1398, 1403 und BGH, 3.12.2015 – IX ZA 32/14, ZIP 2016, 85. Siehe hierzu auch noch unten Rdn 114.
213 Das LG Mühlhausen, 17.9.2007 – 2 T 190/06, NZI 2007, 724, 725, stellt hingegen allein auf das Ausmaß der Belastung für die betroffenen Arbeitnehmer ab.
214 Vgl. LG Mühlhausen, 17.9.2007 – 2 T 190/06, NZI 2007, 724, 725; HK/Haas, § 222 InsO Rn 17; Uhlenbruck/Lüer/Streit, § 222 InsO Rn 20; MüKo/Eidenmüller, § 222 InsO Rn 132.
215 MüKo/Eidenmüller, § 222 InsO Rn 129.
216 LG Mühlhausen, 17.9.2007 – 2 T 190/06, NZI 2007, 724, 725; MüKo/Eidenmüller, § 222 InsO Rn 129.
217 Vgl. BGH, 7.5.2015 – IX ZB 75/14 = ZInsO 2015, 1398, Rn 20.
218 Bei vollständiger Befriedigung erhalten diese Gläubiger gemäß § 237 Abs. 2 InsO kein Stimmrecht, da ihre Forderungen durch den Plan nicht beeinträchtigt werden.

Zustimmung der Kleingläubiger durch Gewährung einer höheren Quote liegen.[219] Die Forderung der ggf. als Kleingläubiger einzustufenden Personen sind demzufolge ins Verhältnis zur Gesamtzahl und Höhe der Forderungen als auch zur Höhe der Einzelforderungen der übrigen Gläubiger zu setzen.[220]

Da der **Kleingläubigergruppe** im Plan **regelmäßig eine höhere Quote** als den anderen Gruppen nicht nachrangiger Gläubiger zugestanden wird, eignet sich eine entsprechende Gruppenbildung und Regelung nicht zur Überwindung einer erwarteten Ablehnung durch eine andere Gruppe nicht nachrangiger Gläubiger. Vielmehr wäre die Besserstellung der Kleingläubiger das Einfallstor für die obstruierenden Gläubiger, durch das die Zustimmungsersetzung nach § 245 InsO ausgeschlossen wird, weil die nach § 245 Abs. 2 Nr. 3 InsO erforderliche Gleichbehandlung fehlt.[221]

Hinweis
Bei einer Gläubigerstruktur mit relativ gleichmäßig verteilten Forderungshöhen „von-bis", ist die Abgrenzung und Festlegung eines Schwellenwertes für eine Kleingläubigergruppe schwierig und kann den fatalen Effekt haben, dass Gläubiger ggf. durch Minderung ihrer Forderungen in die Kleingläubigergruppe mit höherer Quotenerwartung wechseln, wodurch die gesamte Planberechnung gefährdet ist.

Korrespondierend zu der durch das ESUG eingeführten Möglichkeit der Einbeziehung der an dem Schuldner beteiligten Personen mit ihren Anteils- und Mitgliedschaftsrechten in die Gruppenbildung können nunmehr nach § 222 Abs. 3 S. 2 InsO auch Gruppen für **Kleinbeteiligte**, d.h. geringfügig am Schuldner beteiligte Anteilsinhaber gebildet werden. Eine geringfügige Beteiligung i.S.d. Vorschrift liegt vor, wenn diese weniger als 1 Prozent oder weniger als 1.000,00 EUR beträgt. Dem Gesetzgeber schwebten bei der Regelung der Fall einer börsennotierten AG mit einem oder wenigen Hauptanteilsinhabern und einem Kreis weiterer Inhaber mit Streubesitz vor.[222] Die praktische Relevanz der Gruppenbildung für Kleinbeteiligte ist bisher gering.[223]

Bei eingetretener **Masseunzulänglichkeit** ergibt sich eine nach § 210a InsO von den Regeln des § 222 InsO **abweichende Gruppenbildung**. Hier treten die Alt-Massegläubiger an die Stelle der nicht nachrangigen Insolvenzgläubiger (§ 210a

---

[219] Vgl. Uhlenbruck/Lüer/Streit, § 222 InsO Rn 30; **a.A.** MüKo/Eidenmüller, § 222 InsO Rn 140, wonach jedenfalls im Rahmen des § 222 Abs. 3 Satz 2 InsO nur eine 100% Befriedigung für die Gruppe der Kleingläubiger in Betracht kommt.
[220] Ähnlich Uhlenbruck/Lüer/Streit, § 222 InsO Rn 37.
[221] Wie hier: K. Schmidt/Spliedt, § 222 Rn 22; **a.A.** trotz des eindeutigen Wortlautes von § 245 Abs. 2 Nr. 3 InsO: Uhlenbruck-Lüer/Streit, § 222 InsO Rn 37; siehe hierzu auch Rdn 232f.
[222] Vgl. RegE ESUG, BT-Drucks. 17/5712, S. 31.
[223] Grund hierfür dürfte sein, dass sich der Sinn einer solchen Gruppenbildung nicht erschließt. Siehe hierzu HambKomm/Thies, § 222 InsO Rn 28.

Nr. 1 InsO), während für die nicht nachrangigen Gläubiger die Zustimmungsfiktion nach § 246 Nr. 2 entsprechend gilt (§ 210a Nr. 2 InsO). Mangels entsprechender Anwendbarkeit von § 225 Abs. 1 bedarf es für die nicht nachrangigen Gläubiger bei § 210a InsO jedoch stets einer ausdrücklichen Planregelung, wonach ihre Forderungen vollständig erlassen werden. Für Gruppen von Anteilsinhabern ergeben sich im Rahmen von § 210a InsO keine Besonderheiten, da diese mit den Gläubigern in keinem unmittelbaren Rangverhältnis stehen.

ee) Vergleichsrechnung

101 Einen wesentlichen Bestandteil des darstellenden Teils bildet die sog. **Vergleichsrechnung**[224], in der die bei Umsetzung des Plans zu erwartende Gläubigerbefriedigung mit derjenigen im Fall einer Regelabwicklung zu vergleichen ist. Im Kern handelt es sich somit um einen „Quotenvergleich",[225] wobei aber auch Art, Umfang und Zeitrahmen der Gläubigerbefriedigung miteinander zu vergleichen sind.

102 Die Vergleichsrechnung erfordert bereits deshalb besondere Sorgfalt, weil sie nicht nur eine wesentliche **Grundlage für die Entscheidung der Gläubiger** über den Plan, sondern auch für Entscheidungen des Gerichts und des Schuldners darstellt.[226] Denn auf die Frage, ob die Beteiligten durch den Insolvenzplan nicht schlechter stehen als sie ohne einen Plan stünden, kommt es sowohl i.R. einer Zustimmungsersetzung gem. § 245 Abs. 1 Nr. 1 InsO als auch i.R.d. Minderheitenschutzes gem. § 251 Abs. 1 Nr. 2 InsO und für die Zulässigkeit einer sofortigen Beschwerde nach § 253 Abs. 2 Nr. 3 InsO an.[227] Zudem ist der Widerspruch des Schuldners gegen den Plan nach § 247 Abs. 2 Nr. 1 InsO als unbeachtlich anzusehen, wenn der Schuldner durch den Plan nicht schlechter steht, als er ohne Plan stünde.

103 Sieht der Insolvenzplan die Fortführung des Unternehmens vor, ist gem. § 220 Abs. 2 S. 3 InsO für das **Vergleichsszenario im Regelverfahren** grds. ebenfalls von einer Betriebsfortführung auszugehen. Dies gilt gemäß § 220 Abs. 2 S. 4 InsO nur dann nicht, wenn ein Verkauf des Unternehmens oder eine anderweitige Fortführung aussichtslos sind. Dieser Grundsatz wurde erst mit dem SanInsFoG eingefügt. Zuvor wurde weitgehend davon ausgegangen, dass regelmäßig der Liquidationswert als Basis zugrunde zu legen ist.[228] Der im Rahmen eines Asset Deals zu erzielende Erlös sollte danach lediglich bei Vorliegen eines konkreten ernstzunehmenden Angebotes als Vergleichsgrundlage herangezogen werden.[229] Mit der Umkehr

---

224 Vgl. RegE SanInsFoG, BT-Drucks. 19/24181, S. 116 und 200.
225 Uhlenbruck/Lüer/Streit, § 220 InsO Rn 4.
226 Vgl. RegE SanInsFoG, BT-Drucks. 19/24181, S. 116.
227 Vgl. RegE SanInsFoG, BT-Drucks. 19/24181, S. 116.
228 So auch hier noch in der Vorauflage Rn 104 m.w.N.
229 Vgl. AG Cuxhaven, 14.9.2017 – 12 IN 168/16 = ZInsO 2017, 2128, 2129.

des Regel-Ausnahme-Verhältnisses zulasten des Schuldners soll vermieden werden, dass dieser sich durch Unterstellung einer alternativlosen Liquidation im Regelverfahren größere Spielräume für Eingriffe in die Rechte der Planbetroffenen verschafft.[230] Der Liquidationswert darf daher nur dann angesetzt werden, wenn eine anderweitige Fortführung oder ein Verkauf des Unternehmens nicht möglich ist, was einer fundierten Begründung bedarf.[231]

Die Anforderungen an den Umfang der Vergleichsrechnung sind einzelfallabhängig, insb. kommt es auf den Umfang des Plans und die wirtschaftliche Bedeutung des jeweiligen Unternehmens an.[232] Grds. gilt jedoch, dass nur **überwiegend wahrscheinliche Tatsachen** zu berücksichtigen sind[233] und bei der Bewertung auf den Zeitpunkt des Wirksamwerdens des Plans abzustellen ist. Ggf. bedarf es hierfür einer Abzinsung. Für das Ergebnis des Planverfahrens sind bisher nicht realisierte Ansprüche der Masse nur anzusetzen, wenn dargelegt und im gestaltenden Teil entsprechend geregelt wird, wie eine Realisierung dieser Ansprüche nach Aufhebung des Insolvenzverfahrens zugunsten der Insolvenzgläubiger sichergestellt wird. Offene Anfechtungsansprüche können nur berücksichtigt werden, wenn der Plan eine Ermächtigung nach § 259 Abs. 3 InsO und eine Rechtshängigmachung notwendiger Anfechtungsklagen vor der Aufhebung des Insolvenzverfahrens vorsieht.[234] Für sonstige Ansprüche der Insolvenzmasse muss der Plan eine Abtretung an den Insolvenzverwalter oder einen Dritten zur treuhänderischen Einziehung für die Gläubiger nach Aufhebung des Insolvenzverfahrens vorsehen.[235] Unabhängig von einer erfolgten oder im Plan vorgesehenen Verwertung sind bei der in die Vergleichsberechnung einzubeziehenden Vergütung des Verwalters jedoch jegliche werthaltigen Ansprüche als Massebestandteile stets mit zu berücksichtigen.[236] An die Form von Übersichten und Prognoserechnungen gibt es keine bindenden Anforderungen.[237]

Ist der Schuldner eine natürliche Person, sind in die Prognose für den Fall der Regelabwicklung auch etwaige im Fall der **Wohlverhaltensphase** bis zur Erteilung der RSB **zu erwartende Einnahmen** einzustellen.[238] Für die Nachvollziehbarkeit der Vergleichsrechnung bzw. der Plausibilität des zugrunde gelegten Alternativszenarios sind in diesem Fall im darstellenden Teil auch Angaben über das Alter, den

---

230 RegE SanInsFoG BT-Drucks. 19/24181, S. 116.
231 RegE SanInsFoG BT-Drucks. 19/24181, S. 116.
232 BGH, 3.12.2009 – IX ZB 30/09, ZInsO 2010, 85, 86.
233 LG Traunstein, 27.8.1999 – 4 T 2966/99, ZInsO 1999, 577, 580.
234 Vgl. BGH, 26.4.2018 – IX ZB 49/17 = ZInsO 2018, 1404, Rn 35.
235 Vgl. BGH, 26.4.2018 – IX ZB 49/17 = ZInsO 2018, 1404, Rn 35.
236 BGH, 26.4.2018 – IX ZB 49/17 = ZInsO 2018, 1404, Rn 36.
237 BGH, 3.12.2009 – IX ZB 30/09, ZInsO 2010, 85, 86; vgl. auch von Websky, in: Borchardt/Frind, Die Betriebsfortführung im Insolvenzverfahren, Rn 2379.
238 Siehe hierzu auch LG Hamburg, 18.11.2015 – 326 T 109/15, ZInsO 2016, 47.

Ausbildungstand und die bisherige Erwerbstätigkeit des Schuldners zu machen.[239] Sofern Forderungen aus unerlaubter Handlung festgestellt sind, ist sogar auf den Zeitraum bis zur Verjährung der Forderungen abzustellen.

Praxistipp
Für die Vergleichsrechnung empfiehlt es sich, die i.R.d. jeweiligen Prognose ausschlaggebenden Zahlen zur besseren Übersicht in einer Tabelle zusammenzufassen, die dem Plan ggf. als Anlage beigefügt werden kann, und die einzelnen Werte sowie deren Ermittlung im darstellenden Teil näher zu erläutern.

---

c) Gestaltender Teil

106 Im gestaltenden Teil des Insolvenzplanes wird festgelegt, wie die **Rechtsstellung der Beteiligten** durch den Insolvenzplan geändert werden soll (§ 221 InsO). Eine Änderung der Rechtsstellung ist jede Abweichung von dem im materiellen Recht und den in der InsO geregelten rechtlichen Positionen eines Beteiligten und jede Abweichung von etwaigen verfahrensrechtlichen Positionen.[240] Der gestaltende Teil setzt damit die Maßnahmen, welche bereits im darstellenden Teil beschrieben wurden, rechtlich um. Ihm kommt Außenwirkung zu, denn er verändert in absoluter Weise die Rechtsstellung der beteiligten Gläubiger und ggf. der am Schuldner beteiligten Personen. Er ist daher auch auf die tatsächlichen Rechtsänderungen zu beschränken, bloße Erläuterungen sind in den darstellenden Teil aufzunehmen.

107 Im Hinblick auf die Art der zulässigen Rechtsänderungen unterliegt der Planverfasser **keinen Einschränkungen**, sodass im Grunde jede Regelung denkbar ist, die auch außerhalb der InsO materiell-rechtlich möglich wäre. Dabei hat die Rechtsgestaltung grds. gruppenbezogen zu erfolgen.[241] Für die nicht nachrangigen Insolvenzgläubiger können insb. Regelungen über die Höhe der Quote, Stundung, Teil- oder Vollverzicht getroffen werden (§ 224 InsO). Es sind jedoch auch allgemeine gruppenübergreifende Regelungen denkbar.

108 Bei Differenzen zwischen dem darstellenden und dem gestaltenden Teil, ist stets der gestaltende Teil ausschlaggebend. Da dessen Regelungen **rechtsgestaltende Wirkung** haben, muss der gestaltende Teil hinreichend bestimmt und vollstreckbar formuliert sein.[242] Gleichwohl unterliegen – selbst generelle und abstrakte – Regelungen im gestaltenden Teil der Auslegung nach den allg. Vorschriften (§§ 133, 157 BGB),[243] wobei aufgrund der besonderen Rechtsnatur des Insolvenzpla-

---

[239] LG Hamburg, 15.1.2018 – 326 T 40/17 = ZInsO 2018, 331, 335.
[240] Vgl. MüKo/Eidenmüller, § 221 InsO Rn 22f.
[241] MüKo/Eidenmüller, § 221 InsO Rn 24.
[242] PK-HWF/Wutzke/Wenzel, § 222 InsO Rn 6.
[243] BGH, 26.4.2018 – IX ZB 49/17, ZInsO 2018, 1404, Rn 40.

nes nicht der objektive Erklärungsbefund, sondern allein das individuelle Verständnis derjenigen, die ihn beschlossen haben, maßgeblich ist.[244]

Hinweis
Die Voraussetzung der hinreichenden Bestimmtheit stellt die Praxis vor erhebliche Probleme, da die mögliche Quote zum Zeitpunkt der Einreichung des Plans meist nicht konkret bestimmt werden kann. Einer konkreten Quote bedarf es aber sowohl für Gläubiger, die nach § 257 InsO aus dem Plan vollstrecken müssen, als auch für Gläubiger, die erst nach dem Abstimmungstermin ihre Forderung geltend machen. In der Praxis werden üblicherweise nur die voraussichtliche Quote angegeben und bei Rückstellungen im Rahmen der §§ 251 Abs. 3 und 253 Abs. 2 Nr. 3 InsO Drittzahlungen oder Treuhandlösungen vorgesehen. Vor Einreichung des Plans empfiehlt sich auch in diesem Bereich die Abstimmung mit dem Gericht, um dessen Anforderungen zu berücksichtigen.

aa) Änderung der Rechtsstellung des Schuldners

Der Schuldner wird, soweit aus dem gestaltenden Teil des Planes keine abweichenden Regelungen hervorgehen, mit der im gestaltenden Teil vorgesehenen Befriedigung der Insolvenzgläubiger von seinen **restlichen Verbindlichkeiten** ggü. diesen Gläubigern befreit (§ 227 InsO). Hierdurch werden eine von dem Schuldner (wenn es sich um eine natürliche Person handelt) ggf. zuvor in einem Restschuldbefreiungsantrag abgegebene Abtretungserklärung gem. § 287 Abs. 2 InsO und die damit verbundenen Einschränkungen in der sich sonst an das Insolvenzverfahren anschließenden „Wohlverhaltensperiode" obsolet.[245] Die Haftungsbefreiung des Schuldners durch den Insolvenzplan ist im Übrigen aber unabhängig davon, ob dieser einen Restschuldbefreiungsantrag nach § 287 InsO gestellt hat.[246] Zum Nachteil des Schuldners von § 227 InsO abweichende Regelungen können – allerdings unter Berücksichtigung der sich aus § 247 InsO ergebenden Widerspruchsmöglichkeit bei Schlechterstellung – vorgesehen werden. Gem. § 227 Abs. 2 InsO gilt die Haftungsbefreiung auch für die persönlich haftenden Gesellschafter bei einer Gesellschaft ohne Rechtspersönlichkeit. 109

Änderungen der Rechtsstellung des Schuldners ergeben sich zumeist auch aus den konkreten **Regelungen zur Planumsetzung** nach der Verfahrensaufhebung, insb. zu der Verteilung. Während im Regelverfahren die Verteilung der hierfür zur Verfügung stehenden Masse gem. § 187 Abs. 3 S. 1 InsO ausschließlich durch den Insolvenzverwalter vorzunehmen ist, ging der Gesetzgeber bei der Konzeption der §§ 217 ff. von dem Regelfall einer Befriedigung der Gläubiger (Planerfüllung) durch 110

---

244 BGH, 7.5.2015 – IX ZB 75/14, ZInsO 2015, 1398 und BGH, 6.10.2005 – IX ZR 36/02, ZInsO 2006, 38, 39 f.
245 Vgl. Uhlenbruck/Lüer/Streit, § 221 InsO Rn 7.
246 LG Hamburg, 15.1.2018 – 326 T 40/17 = ZInsO 2018, 331, 335.

den Schuldner nach der Aufhebung des Insolvenzverfahrens aus.[247] Die korrekte quotale Befriedigung der Gläubiger stellt den Schuldner jedoch regelm. vor enorme praktische Herausforderungen, da er nicht über die insolvenzspezifische Tabellenbearbeitungs- und Verteilungssoftware eines Insolvenzverwalters verfügt. Bei kleineren Verfahren mit im Plan vorgesehener Einmalzahlung wird diese daher i.d.R. noch vor der Verfahrensaufhebung durch den Insolvenzverwalter vorgenommen. Auch bei größeren Verfahren mit einer Vielzahl von Gläubigern wird im gestaltenden Teil des Plans oftmals vorgesehen, dass die **Verteilung** der hierfür vorgesehenen oder durch den Schuldner noch zu erwirtschaftenden Mittel im Auftrag des Schuldners durch den ehemaligen Insolvenzverwalter über ein Treuhandkonto vorgenommen wird. Der gestaltende Teil sollte daher unmissverständlich regeln, wann und durch wen die im Plan hierfür vorgesehenen Mittel an die Gläubiger verteilt werden.

111 Des Weiteren kann dem Schuldner im Plan auferlegt werden, **Vermögensgegenstände**, die vor der Aufhebung des Insolvenzverfahren nicht mehr verwertet werden können und gem. § 259 Abs. 1 S. 2 InsO mit der Aufhebung wieder der alleinigen Verfügungsbefugnis des Schuldners unterliegen, **nach Verfahrensaufhebung zum Zwecke der Befriedigung der Gläubiger zu verwerten**.

bb) Änderung der Rechtsstellung der Gläubiger

112 Von den Änderungen der Rechtsstellungen können nach § 223 InsO absonderungsberechtigte, nach § 224 InsO nicht nachrangige und nach § 225 InsO nachrangige Gläubiger betroffen sein.

113 Soweit der gestaltende Teil keine Regelungen enthält, werden die **Absonderungsrechte** nicht berührt (§ 223 Abs. 1 InsO). Die Bildung einer gesonderten Gruppe mit entsprechender Regelung nach § 223 Abs. 2 InsO ist jedoch bereits dann erforderlich, wenn ein Absonderungsrecht durch eine Teilverzichtsregelung für die gesicherte persönliche Forderung mittelbar beeinträchtigt wird.[248] Spezifische, das Absonderungsrecht betreffende Änderungen können die Regelung eines vollständigen oder teilweise Verzichts auf Absonderungsrechte oder Regelungen über die Art und Weise der Verwertung von mit Absonderungsrechten belasteten Gegenständen (§ 223 Abs. 2 InsO) sein. Möglich sind bspw. die folgenden Regelungen:
– Stundung der gesicherten Forderung zwecks Aufschub der Durchsetzbarkeit des Absonderungsrechts;[249]

---

[247] Dies ergibt sich insb. aus der in § 258 Abs. 1 InsO vorgesehenen alsbaldigen Aufhebung des Insolvenzverfahrens nach rechtskräftiger Bestätigung des Plans und den ausführlichen Regelungen der Überwachung der Planerfüllung in den §§ 260 ff. InsO.
[248] So auch MüKo/Breuer, § 223 InsO Rn 12.
[249] So auch MüKo/Breuer, § 223 InsO Rn 13.

- (teilweiser) Verzicht auf die Sicherheit bzw. die Freigabe des Sicherungsgegenstandes, ggf. gegen eine quotale Befriedigung der gesicherten Forderung;[250]
- Austausch des Absonderungsgegenstandes oder der Art des Sicherungsrechts;[251]
- Erlass, Herabsetzung oder Stundung der nach Aufhebung anfallenden Entschädigungszahlungen für die Nutzung des Absonderungsgegenstandes im Rahmen einer Betriebsfortführung;[252]
- Umwandlung der gesicherten Forderung in Eigenkapital.[253]

Praxistipp
Erhöhte Aufmerksamkeit verdienen Absonderungsrechte an Vermögensgegenständen, die **zur geplanten Betriebsfortführung benötigt** werden. Dies gilt zum einen für sicherungsübereignetes betriebliches Anlagevermögen, zum anderen für globalzedierte künftige Forderungen aus Lieferung und Leistung. Denn z.T. wird im Falle der Beendigung des Insolvenzbeschlages durch Freigabe vertreten, dass sodann der Abtretungsgläubiger wieder Zugriff auf die abgetretenen Forderungen habe, da § 91 InsO nur die „Gegenstände der Insolvenzmasse" schütze.[254] Hier muss durch entsprechende Regelungen im gestaltenden Teil sichergestellt werden, dass die Absonderungsberechtigten nach Aufhebung des Insolvenzverfahrens und damit auch des Schutzes des § 91 InsO die Fortführung nicht durch einen sodann möglichen Zugriff auf diese Sicherheiten torpedieren. Denkbar wären hier z.B. ein zeitweiliger Verwertungsverzicht oder ein an die vollständige Erfüllung des Insolvenzplanes als aufschiebende Bedingung geknüpfter Verzicht auf die Rechte an den gewährten Sicherheiten.

Die Rechte eines Insolvenzgläubigers aus **gruppeninternen Drittsicherheiten** 113a bleiben ebenfalls unberührt, soweit der Plan keine abweichende Regelung enthält (§ 223a S. 1 InsO). Entgegen dem Wortlaut von § 222 Abs. 1 Nr. 5 InsO ist daher davon auszugehen, dass für diese Gläubiger auch nur dann eine gesonderte Gruppe zu bilden ist, wenn durch den Plan in ihre Rechte aus der gruppeninternen Drittsicherheit eingegriffen wird.[255] Hinsichtlich der möglichen Regelungen wird über § 223a S. 3 InsO auf die Regelungen für absonderungsberechtigte Gläubiger nach § 223 Abs. 1 S. 2 und Abs. 2 InsO verwiesen. Gem. § 223a S. 2 InsO ist ein Eingriff in die Rechte aus Drittsicherheiten angemessen zu entschädigen.[256] Für eine **angemessene Entschädigung** muss der Inhaber der Drittsicherheit grds. wirtschaftlich mindestens so gestellt werden, wie er stünde, wenn er die Drittsicherheit ohne die Plan-

---

250 Vgl. auch MüKo/Breuer, § 223 InsO Rn 12.
251 MüKo/Breuer, § 223 InsO Rn 14 f.
252 MüKo/Breuer, § 223 InsO Rn 22.
253 MüKo/Breuer, § 223 InsO Rn 19 f.; vgl. zu einem derartigen Debt-Equity-Swap auch unten Rdn 123 ff.
254 S. hierzu z.B. BGH, 18.4.2013 – IX ZR 165/12, ZInsO 2013, 1146; Ries, InsBüro 2006, 370, 373 f.; SG Stuttgart, 12.12.2008 – S 10 KA 7601/08 ER, ZVI 2009, 219, Münzel, ZInsO 2014, 761.
255 Vgl. hierzu oben Rdn 88a.
256 Vgl. hierzu vorstehend Rdn. 113.

einschränkungen verwerten könnte. Dafür ist zu ermitteln, welchen realisierbaren Wert die Sicherheit ohne den Plan für den Rechteinhaber hätte. Dabei ist wiederum zu berücksichtigen, dass der Plan in seiner Gesamtwirkung maßgeblich für den Werterhalt der Sicherheit sein kann, wenn etwa ohne den Plan eine Folgeinsolvenz des sicherungsgebenden Gruppenunternehmens drohen würde. Die diesbezüglichen Prognosen sind unter Umständen schwer zu treffen und daher in Erweiterung der Vergleichsrechnung gem. § 220 Abs. 2 S. 2 InsO einzubeziehen.[257]

114 Die klassische Planregelung für die Gruppen der **nicht nachrangigen Insolvenzgläubiger** stellt der teilweise Forderungsverzicht dar (§ 224 InsO 1. Alt.). Geknüpft wird dieser Verzicht regelmäßig an die plangemäße Erfüllung des nicht von dem Verzicht erfassten Teils der Forderung, die sogenannte Planquote, die zwecks Vollstreckbarkeit im Plan möglichst konkret beziffert werden sollte.[258] Als weitere mögl. Regelungen benennt § 224 InsO die Stundung und Besicherung nicht nachrangiger Forderungen. Die Aufzählung ist jedoch nicht abschließend. In Betracht kommen auch ein vollständiger Forderungserlass, ein Forderungsverzicht mit Besserungsschein, ein Rangrücktritt oder die Umwandlung von Forderungen in Eigenkapital (Debt-Equity-Swap). Als gesellschaftsrechtliche Maßnahme ist der Debt-Equity-Swap[259] in § 225a InsO geregelt, da die Insolvenzforderung als Sacheinlage in das schuldnerische Unternehmen eingebracht wird. Die erforderliche Gruppenregelung für umwandelnde Gläubiger besteht in dem Forderungserlass bzw. der Forderungsübertragung mit anschließendem Erlöschen durch Konfusion. Über die Gruppenregelung hinaus bedarf es für eine Forderungsumwandlung gem. § 230 Abs. 2 InsO einer Zustimmungserklärung jedes betroffenen Gläubigers.

115 Umstritten ist die Zulässigkeit sogenannter **Präklusionsklauseln**, aufgrund derer Gläubiger mit nicht angemeldeten oder bestrittenen Forderungen unberücksichtigt bleiben. Klauseln, die den Verlust des Anspruchs gegen den Schuldner bewirken, hat der BGH für unzulässig erachtet, soweit sie über die Wirkung der Verjährungsvorschrift nach § 259b InsO hinausgehen.[260] Klauseln hingegen, die derartige Forderungen nur von der Verteilung ausgenommen sehen, den Anspruch selbst aber unangetastet lassen, sollen hingegen zulässig sein.[261] Das Recht dieser Gläubiger, die ihnen nach den Planregelungen über die allgemeine Wirkungsentfaltung

---

257 Zu den Folgen dieser Unwägbarkeiten für das Durchgreifen des Obstruktionsverbots nach § 245 InsO siehe unten Rdn 235a.
258 Zur Problematik in der Praxis häufig verwendeter flexibler Planquoten vgl. ausführlich HambKomm/Thies, § 224 InsO Rn 4.
259 Ausführlich zur Regelung eines Debt-Equity-Swaps im Planverfahren unten Rdn 123 ff.
260 BGH, 7.5.2015 – IX ZB 75/14, ZInsO 2015, 1398, zu den Regelungen und Wirkungen der §§ 259a und b InsO noch ausführlich in Rdn 305.
261 Soweit es Gläubiger mit bestrittenen Forderungen, die nicht innerhalb einer Ausschlussfrist analog § 189 InsO Feststellungsklage erhoben haben, betrifft BAG, 19.11.2015 – 6 AZR 559/14, ZInsO 2016, 220; allgemein Schmidt/Spliedt, § 254b InsO, Rn 7.

nach § 254 Abs. 1 InsO **zustehende Quote** nach Aufhebung des Insolvenzverfahrens gegenüber dem Schuldner durchzusetzen, bleibt von derartigen Regelungen jedoch unberührt und **kann nicht ausgeschlossen werden**.[262]

Die Forderungen der **nachrangigen Insolvenzgläubiger** gelten, wenn im Plan nichts anderes bestimmt ist, als erlassen (§ 225 Abs. 1 S. 1 InsO), sodass es keiner Regelung bedarf. Werden gleichwohl Regelungen getroffen (§ 225 Abs. 2 InsO), ist § 225 Abs. 3 InsO zu beachten, wonach die Haftung für Geldstrafen oder gleichgestellte Verbindlichkeiten (§ 39 Abs. 1 Nr. 3 InsO) nicht ausgeschlossen werden darf. Eine Regelung für die nachrangigen Insolvenzgläubiger ist grds. nur sinnvoll, wenn nach vollständiger Befriedigung der nicht nachrangigen Insolvenzgläubiger ein Überschuss verbleibt.[263] Denkbar sind abweichende bzw. differenzierende Regelungen für einzelne Rangklassen der nachrangigen Gläubiger, etwa der mit einem Besserungsschein verknüpfte Erlass nachrangiger Darlehensforderungen der Gesellschafter i.S.d. § 39 Abs. 1 Nr. 5 InsO aus steuerrechtlichen Gründen.

cc) Änderung der Rechtsstellung der Anteilsinhaber

Gemäß § 225a InsO bleiben die **Anteils- und Mitgliedschaftsrechte** der an dem Schuldner beteiligten Personen von dem Plan grds. unberührt, wenn in dem Plan nichts anderes bestimmt wird (§ 225a Abs. 1 InsO). § 225a Abs. 2 InsO nennt aber als Beispiel für eine mögliche Planmaßnahme ausdrücklich die Möglichkeit, Forderungen gegen den Schuldner in Anteils- oder Mitgliedschaftsrechte umzuwandeln (sog. „Debt-Equity-Swap").[264] Daneben – und somit umfassend – sind jegliche Maßnahmen möglich, die gesellschaftsrechtlich zulässig sind (§ 225a Abs. 3 InsO).

Als **Anteilsrecht** i.S.d. § 225a InsO versteht sich eine Beteiligung am wirtschaftlichen Wert des Schuldners, unabhängig von einer mitgliedschaftlichen Beteiligung, weshalb auch stimmrechtslose Vorzugsaktionäre[265] erfasst werden. **Mitgliedschaftsrechte** sind neben den mit dem Anteilsrecht verknüpften Beteiligungsrechten (z.B. Stimmrechte und Bezugsrechte) alle weiteren Rechte aus einer mitgliedschaftlichen Beteiligung am Schuldner, unabhängig von einer wirtschaftlichen Beteiligung (z.B. Rechte von Vereinsmitgliedern[266]). Die möglichen gesellschaftsrechtlichen Maßnahmen und Änderungen der Rechtsstellungen der Beteiligten hängen stark von der Rechtsform des Schuldners und der Art der Beteiligung ab. Bei einer Treuhandbeteiligung ist nur der Treuhänder Anteilsinhaber und damit ggf.

---

262 Vgl. BAG, 19.11.2015 – 6 AZR 559/14, Rn 22 ff., ZInsO 2016, 220.
263 Vgl. bereits die Gesetzesbegründung RegE InsO, BT-Drucks. 12/2443, S. 201.
264 Ausführlich zur Regelung eines Debt-Equity-Swaps im Planverfahren unten Rdn 123 ff.
265 RegE ESUG BT-Drucks. 17/5712, S. 33.
266 Vgl. HambKomm/Thies, § 225a Rn 7; zustimmend wohl auch Uhlenbruck/Hirte, § 225a InsO Rn 9 und K. Schmidt/Spliedt, § 238a Rn 11 f.

Planbeteiligter nach Maßgabe von § 225a InsO, da der Treugeber im Außenverhältnis zum Schuldner weder Anteilsinhaber noch Gläubiger ist.[267]

119 Gesellschaftsrechtliche Maßnahmen i.S.d. § 225a InsO berühren regelm. Anteils- oder Mitgliedschaftsrechte der am Schuldner beteiligten Personen, da sie – außerhalb des Planverfahrens – der Beschlussfassung durch die Gesellschafter bzw. Mitglieder bedürfen. Planregelungen, durch die derartige **Beschlussfassungen** nach Maßgabe der § 225a i.V.m. § 254a InsO fingiert werden, verändern demzufolge die Rechtsstellung der Beteiligten i.S.d. §§ 221 und 222 Abs. 1 InsO.[268]

120 Größte praktische Relevanz hat vor diesem Hintergrund die daher in § 225a Abs. 3 InsO ausdrücklich genannte Möglichkeit der Regelung der Fortsetzung der insolventen Gesellschaft. Hierdurch wird der ansonsten erforderliche **Fortsetzungsbeschluss**, der nach den jeweils einschlägigen Vorschriften[269] regelm. erst nach der Aufhebung des Insolvenzverfahrens gefasst werden kann, ersetzt. Ist in dem Plan die Fortsetzung des schuldnerischen Geschäftsbetriebes unter Erhalt des bisherigen Rechtsträgers vorgesehen, ist gem. § 222 Abs. 1 Nr. 4 InsO stets eine Gruppe für die am Schuldner beteiligten Personen zu bilden.[270]

121 § 225a Abs. 3 InsO benennt als mögliche gesellschaftsrechtliche Regelung zudem ausdrücklich die **Übertragung von Anteils- oder Mitgliedschaftsrechten**. Jedenfalls soweit es um die Übertragung von Beteiligungen des Schuldners an Drittgesellschaften[271] geht, ist die praktische Relevanz gering, da eine derartige Verwertungsmaßnahme, die nicht unmittelbar in die Anteils- oder Mitgliedschaftsrechte der am Schuldner beteiligten Personen eingreift, auch unabhängig von einem Insolvenzplan umgesetzt werden oder dank der Formfiktion des § 254a Abs. 1 InsO unkomplizierter durch Abgabe entsprechender Erklärungen nach § 230 Abs. 2 InsO in einen Plan aufgenommen werden kann.[272] Interessanter aber kann eine Gruppenbildung mit entspr. Planregelung zur Übertragung der Anteils- oder Mitgliedschaftsrechte an dem Schuldner sein, insb. der sog. unechte Debt-Equity-Swap. Hierbei erwirbt ein Gläubiger durch Anteilskauf gegen (ggfs. teilweisen) Verzicht auf seine

---

267 Vgl. HambKomm/Thies, § 225a InsO Rn 5 m.w.N.
268 Die Ermöglichung gesellschaftsrechtlicher Änderungen im Plan allein über das Gruppenabstimmungsverfahren auch ohne ausdrückl. Zustimmung bzw. Beschlussfassung der Gesellschafter, war und ist Sinn und Ziel der entspr. Neuregelungen durch das ESUG, da hierdurch das Blockadepotential der Gesellschafter gebrochen wird, vgl. RegE ESUG, BT-Drucks. 17/5712, S. 30.
269 Vgl. für die GmbH: § 60 Abs. 1 Nr. 4 GmbHG, für die AG: § 274 Abs. 2 Nr. 1 i.V.m. Abs. 1 AktG, für die KG: § 144 Abs. 1 HGB, für den Verein: § 42 Abs. 1 S. 2 BGB, für die GbR: § 728 Abs. 1 S. 2 BGB, und für die Genossenschaft: § 117 GenG.
270 So im Anschluss an HambKomm/Thies, § 222 InsO Rn 13 auch HK/Haas, § 222 InsO Rn 10; MüKo/Eidenmüller, § 222 InsO Rn 72; K. Schmidt/Spliedt, § 222 Rn 10; Uhlenbruck/Lüer/Streit, InsO, § 222 Rn 1.
271 So die Begründung zur Vorschrift RegE ESUG, BT-Drucks. 17/5712, S. 32.
272 Vgl. MüKo/Eidenmüller, § 225a InsO Rn 85 ff.; § 230 InsO Rn 51.

Forderung einen vorhandenen Geschäftsanteil von dem bisherigen Anteilsinhaber. Dies kann sinnvoll sein, wenn ein echter Debt-Equity-Swap an den fehlenden Voraussetzungen für einen Kapitalschnitt scheitert.[273]

Weitere im Plan regelbare gesellschaftsrechtliche **Maßnahmen** i.S.d. § 225a 122 InsO sind Satzungsänderungen, die Abberufung oder Bestellung von Organen, Mezzanine-Finanzierungen sowie Umwandlungen[274] (Formwechsel,[275] Verschmelzungen und Spaltungen nach dem UmwG). Wegen § 3 Abs. 3 UmwG ist jedoch eine Verschmelzung auf die insolvente (schuldnerische) Gesellschaft als übernehmender Rechtsträger auch im Planverfahren unzulässig.[276]

Bei allen Änderungen ist zu berücksichtigen, dass diese nach § 225a Abs. 3 InsO 123 „**gesellschaftsrechtlich zulässig**" sein müssen. Der Umfang der danach möglichen Maßnahmen[277] ist strittig. Nach enger Auslegung sollen nur derartige Maßnahmen zulässig sein, die auch die Gesellschafterversammlung hätte ergreifen können.[278] Da das Gesetz jedoch auch darüberhinausgehende Maßnahmen erlaubt, in dem es nach § 225a Abs. 3 InsO ausdrücklich Übertragungen von Anteilen an der Schuldnerin als mögliche Planmaßnahme nennt, greift diese Ansicht zu kurz. Vielmehr ist dem Planverfasser ein weiter Gestaltungsspielraum zu gewähren, begrenzt nur durch das unabdingbare und unverzichtbare Gesellschaftsrecht. Danach können Vorschriften unberücksichtigt bleiben, die zur Disposition der Satzung stehen und auf deren Schutz betroffene Gesellschafter verzichten können.[279]

dd) Debt-Equity-Swap

Handelt es sich bei dem Schuldner um eine **Kapitalgesellschaft**, ermöglicht § 225a 124 Abs. 2 InsO Planregelungen zur Umwandlung von Fremdkapital (insb. Insolvenzforderungen der Gläubiger) in Eigenkapital, dem sog. Debt-Equity-Swap. Der Plan hat im Einzelnen zu regeln, wie ein vorgesehener Debt-Equity-Swap technisch umgesetzt wird.[280] Dies geschieht nach den allgemeinen Regeln und erfolgt in der Regel durch Kapitalherabsetzung und anschließende Kapitalerhöhung bei gleichzeitiger

---

273 Ähnl. MüKo/Eidenmüller, § 225a InsO Rn 87 f.; Heybrock-Huntemann, Praxiskommentar, InsR Rn 20 ff.
274 Zu Möglichkeiten und Grenzen der Umwandlung durch Insolvenzplan vgl. Brünkmans, ZInsO 2014, 2533.
275 Vgl. zu Zulässigkeit LG Berlin, 20.10.2014 – 51 T 696/14, ZInsO 2014, 2232 (Suhrkamp).
276 Vgl. OLG Brandenburg, 27.1.2015 – 7 W 118/14, ZInsO 2015, 2194; Brünkmans, ZInsO 2014, 2533; Becker, ZInsO 2013, 1885; **a.A.** K. Schmidt/Spliedt, § 225a Rn 48.
277 Zur strittigen Frage der Prüfungskompetenz siehe Rnd. 298.
278 AG Charlottenburg, 9.2.2015 – HRB 153203 B, ZInsO 2015, 413.
279 Klausmann, NZG 2015, 1300 ff.
280 Zur Vorgehensweise bei einem Debt-Equity-Swap im Insolvenzplan vgl. auch Geißler, ZInsO 2015, 787.

Einbringung der Forderung als Sacheinlage durch Erlassvertrag gemäß § 397 BGB oder Abtretung gemäß §§ 398 ff. BGB und Untergang der Forderung durch Konfusion.[281]

> **Hinweis**
> Der **Debt-Equity-Swap als Sanierungsinstrument** auch und insb. im Insolvenzplanverfahren kann sowohl für den umwandelnden Gläubiger als auch für den Schuldner wirtschaftlich attraktiv sein. Der Gläubiger erhält die Möglichkeit, an künftigen Gewinnen zu partizipieren und darüber hinaus gesellschaftsrechtlich Einfluss zu nehmen,[282] während auf Seiten des Schuldners die Eigenkapitalzufuhr bei gleichzeitiger Reduzierung der Passiva nicht nur die bilanzielle Situation (evtl. sogar Überwindung bilanzieller Überschuldung), sondern aufgrund des endgültigen Wegfalls der Tilgungs- und Zinszahlungspflicht i.d.R. auch die Liquiditätslage verbessert.[283]

125 Eine **Kapitalherabsetzung** ist für die Durchführung eines Debt-Equity-Swaps nicht erforderlich, ermöglicht aber ggf. die Beseitigung einer Unterbilanz sowie eine interessengerechte Verteilung der Beteiligungsverhältnisse zwischen den Alt- und Neugesellschaftern.[284] Im Insolvenzplan ist konkret anzugeben, welcher Anteil um und auf welchen Wert reduziert wird. Zu berücksichtigen sind aber die Kapitalaufbringungs- und Erhaltungsvorschriften,[285] weshalb auch bei einer vereinfachten Kapitalherabsetzung eine Unterschreitung des gesetzlich vorgegebene Mindestkapital nur zulässig ist, sofern dieses anschließend durch Bareinlagen und nicht – wie regelmäßig im Rahmen eines Debt-Equity-Swaps üblich – lediglich durch Sacheinlagen (einzubringende Forderungen) aufgefüllt wird (vgl. § 58a Abs. 4 GmbHG und § 229 i.V.m. § 228 Abs. 1 AktG).[286] Damit kommt ein Debt-Equity-Swap auch im Insolvenzplanverfahren in erster Linie bei Kapitalgesellschaften in Betracht, bei denen das gezeichnete Stammkapital den gesetzlichen Mindestbetrag übersteigt, da i.d.R. die Gläubiger und Altgesellschafter nicht bereit sein werden, die insolvente Gesellschaft – sei es auch zur Überwindung der Insolvenz – mit Bareinlagen auszustatten.[287]

126 Im Kern ist der Debt-Equity-Swap darauf gerichtet, die Forderung des Gläubigers im Wege der **Sachkapitalerhöhung** in das haftende Kapital der schuldneri-

---

281 Allg. M.; so auch die Gesetzesbegründung, BT-Drucks. 17/5712, S. 31.
282 Ähnlich Bay/Seeburg/Böhmer, ZInsO 2011, 1927, 1930; Geißler, ZInsO 2015, 787,789.
283 Vgl. auch Braun/Heinrich, NZI 2011, 505, 508; Uhlenbruck/Hirte, § 225a InsO Rn 18.
284 Vgl. zu den abzuwägenden Interessen HambKomm/Thies, § 225a InsO Rn 17 f. sowie Heybrock/Huntemann, Praxiskommentar zum GmbHR, InsR Rn 17.
285 Ebenso Bay/Seeburg/Böhmer, ZInsO 2011, 1927, 1934; wohl auch MüKo/Eidenmüller, § 225a InsO Rn 42.
286 Vgl. zu den Gründen auch Hölzle, NZI 2011, 124, 128 f.
287 Dies dürfte auch ein Grund dafür sein, dass der Debt-Equity-Swap in Insolvenzplanverfahren nach dem ESUG nicht den Stellenwert einnimmt, der ihm von dem Gesetzgeber zugemessen wurde.

schen Gesellschaft einzubringen. Schwierigkeiten kann der **Wertansatz** der einzubringenden Forderung bereiten. In der Regel wird der Wert wesentlich unter dem Nennwert der Forderung liegen, sodass der Plan eine entsprechende Wertberichtigung vorzusehen hat.[288] Nach der Vorstellung des Gesetzgebers ist – korrespondierend zu der Rechtslage außerhalb des Insolvenzverfahrens – auf den Verkehrswert unter Berücksichtigung der Quotenerwartung und etwaiger Besicherungen abzustellen und durch den Planersteller ggf. ein Wertgutachten einzuholen.[289] Der anzusetzende Wert entspricht hiernach im Ergebnis der nach dem Plan zu erwartenden Quote für die nicht umwandelnden Gläubiger.[290] Da dies den Debt-Equity-Swap in den meisten Insolvenzplanverfahren aufgrund der geringen Quotenerwartungen unattraktiv machen kann, wird in der Literatur mit guten Gründen für eine Einbringung zum buchmäßigen Nennwert plädiert,[291] die nach dem derzeitigen Stand jedoch mit dem Willen des Gesetzgebers nicht vereinbar ist. Die vorgenommene Bewertung ist im allgemeinen Teil des Plans zu erläutern, während im gestaltenden Teil anzugeben ist, um welchen Wert die Forderung des Gläubigers gekürzt und mit welchem Wert sie als Sacheinlage eingebracht wird. Zudem ist dem Plan gem. § 230 Abs. 2 InsO eine entspr. Zustimmungserklärung des die Forderung einbringenden Gläubigers beizufügen.[292] Die Bewertung der einzubringenden Forderung kann gem. § 254 Abs. 4 InsO nur im Planverfahren angegriffen werden, wodurch eine Differenzhaftung des einbringenden Gläubigers nach § 9 Abs. 1 GmbHG im Planverfahren ausgeschlossen ist. Angesichts der geschilderten Bewertungsunsicherheit wäre ohne dieses Zugeständnis wohl kaum ein Gläubiger bereit, seine Forderungen als Sacheinlage einzubringen.

Hinweis
Die **Haftung des planerstellenden Insolvenzverwalters** nach § 60 InsO wegen Falschbewertung der einzubringenden Forderungen wird durch § 254 Abs. 4 InsO nicht ausgeschlossen. Daher empfiehlt sich für diesen ggfs. die Einholung eines Sachverständigengutachtens, mit dem er sich exkulpieren kann.[293] Da der Insolvenzverwalter mit der Planerstellung und einer darin ggfs. zu regelnden Forderungsumwandlung keine Eigeninteressen verfolgt, insb. von der Realisierung des im Plan prognostizierten Sanierungserfolges nicht (wirtschaftlich) profitiert, sind die Kosten eines einzuholenden Sachverständigengutachtens als Masseverbindlichkeiten einzuordnen.[294]

---

288 Gesetzesbegründung, BT-Drucks. 17/5712, S. 32.
289 Gesetzesbegründung, BT-Drucks. 17/5712, S. 31/32.
290 Ähnlich Hölzle, NZI 2011, 124, 129; K. Schmidt/Spliedt, § 225a InsO Rn 24.
291 Vgl. ausf. MüKo/Eidenmüller, § 225a InsO Rn 51 ff.; K. Schmidt/Spliedt, § 225a InsO Rn 22 ff.; Uhlenbruck/Hirte, § 225a InsO Rn 33 ff.
292 Zur Reformdiskussion und Kritik an diesem Erfordernis vgl. ausf. HambKomm/Thies, § 225a InsO Rn 35 ff., auch Frind, ZInsO 2011, 656, 657.
293 Ähnlich auch die Gesetzesbegründung RegE ESUG, BT-Drucks. 17/5712, S. 70.
294 A.A. Frind, ZInsO 2010, 1524, 1525, der das Eigeninteresse des Verwalters in der Begrenzung der eigenen Haftung sieht.

127 Gem. § 186 AktG, der im GmbH-Recht mangels entsprechender Regelung analog Anwendung findet,[295] hat jeder Altgesellschafter im Falle einer Kapitalerhöhung Anspruch auf Teilhabe an den Aktien bzw. Anteilen im Verhältnis zu seiner bisherigen Beteiligung an dem Grundkapital. Dieses sog. Bezugsrecht der Altanteilsinhaber kann gem. § 225a Abs. 2 S. 3 InsO bei der Sachkapitalerhöhung im Rahmen eines Debt-Equity-Swaps (zumindest teilweise) durch den Plan ausgeschlossen werden, um den Neuanteilsinhabern einen ihren Sanierungsbeiträgen angemessenen Anteil und Einfluss zu sichern. Die außerhalb der Insolvenz für einen **Bezugsrechtsausschluss** erforderlichen Beschlüsse und Formalien werden im Insolvenzplanfahren über § 254a Abs. 3 InsO fingiert, sofern der gestaltende Teil konkrete Angaben dazu enthält, welchen Personen hinsichtlich welcher Beträge bzw. Anteile das Bezugsrecht entzogen wird und wem es ggfs. für die Zukunft eingeräumt werden soll.

128 Gem. § 225a Abs. 2 InsO kann im Rahmen der Gruppenregelung für die Altanteilsinhaber diesen eine **Abfindung** für den – teilweisen – Verlust ihrer Anteile zugestanden werden. Da den Altanteilen in der Insolvenz jedoch regelm. kein Wert mehr beizumessen ist,[296] dürfte eine Abfindung in der Praxis nur dann in Betracht kommen, wenn nicht alle Altanteilsinhaber ihre Anteile und Bezugsrechte oder zumindest nicht im selben Ausmaß verlieren. Denn in diesem Fall würden die verbleibenden Altanteilsinhaber an einem Sanierungserfolg partizipieren und somit i.S.d. § 245 Abs. 3 Nr. 2 InsO ohne Kompensationsregelung für die ausscheidenden Gesellschafter bessergestellt werden. Alternativ können im Rahmen einer gruppenunabhängigen Regelung nach Maßgabe des § 251 Abs. 3 InsO[297] Mittel für die Kompensation einer Schlechterstellung durch den Plan vorgesehen werden, wenn seitens der Altanteilsinhaber mit Anträgen nach den §§ 251, 253 InsO (Minderheitenschutz und sofortige Beschwerde) zu rechnen ist.

129 Ebenso wie ein nach § 224 InsO vorgesehener Forderungserlass führt auch der Erlass des nicht werthaltigen und damit nicht umzuwandelnden Forderungsteils im Rahmen des Debt-Equity-Swap zu einem entsprechenden außerordentlichen Ertrag bei dem Schuldner, der als **Sanierungsgewinn** unter den Voraussetzungen des § 3a EStG, der über § 1 KStG auch auf die Körpersteuer anzuwenden ist, und § 7b GewStG jedoch von der Körperschaft- und der Gewerbesteuer befreit ist.[298] Problematischer

---

295 Baumbach/Hueck/Servatius, § 55 GmbHG Rn 20.
296 So ausdrücklich die Gesetzesbegründung, BT-Drucks. 17/5712, S. 32; zur Diskussion, den verfassungsrechtlichen Hintergründen und dem (fehlenden) Anspruch der Altanteilsinhaber bzgl. eines sich erst aus dem Insolvenzplan ergebenden Reorganisationswertes siehe K. Schmidt/Spliedt, § 225a InsO Rn 7; etwas anders MüKo/Eidenmüller, § 225a InsO Rn 47 f. Vgl. aber auch BGH, 17.7.2014 – IX ZB 13/14 (Suhrkamp), ZInsO 2014, 1552 (Rn 41).
297 Zur Mittelbereitstellung nach § 251 Abs. 3 InsO noch unten unter Rdn 256 ff.
298 Eingeführt mit dem Gesetz gegen schädliche Steuerpraktiken im Zusammenhang mit Rechteüberlassungen vom 27.6.2017 (BGBl 2017 I S. 2074), rückwirkend zum 5.7.2017 in Kraft gesetzt durch

stellt sich die körperschaftssteuerliche Behandlung der Änderung der Anteilsverhältnisse dar. Gemäß § 8c Abs. 1 S. 1 KStG können Verlustvorträge bei einer Anteilsübernahme durch Neugesellschafter von mehr als 50% nicht nutzbar gemacht werden, wobei im Falle von Übernahmen durch mehrere Erwerber mit gleichgerichteten Interessen diese gemäß § 8 Abs. 1 S. 2 KStG als ein Erwerber gelten.[299]

Praxistipp
Die **steuerlichen Auswirkungen** sowohl der im Plan vorgesehenen Forderungserlasse als auch einer geplanten Forderungsumwandlung sind von dem Planersteller, ggfs. durch Hinzuziehung eines Steuerberaters, zu prüfen. Bei der Forderungsumwandlung sollten verschiedene Gestaltungsvarianten (z.B. lediglich Umwandlung einer Teilforderung) durchgerechnet werden. Anschließend sollte eine verbindliche Auskunft der zuständigen Finanzbehörde zu dem Vorliegen der Voraussetzungen der §§ 3a EStG und 7b GewStG bzw. des § 8c Abs. 1a KStG eingeholt werden. Der Erhalt einer solchen Auskunft sollte zur Planbedingung nach § 249 InsO gemacht werden.[300]

---

ee) Weitere Gestaltungsmöglichkeiten

130 Neben den gruppenspezifischen Regelungen für die Gläubiger und die Anteilsinhaber können bzw. sollten in dem gestaltenden Teil des Insolvenzplans weitere Regelungen insb. zur Umsetzung des Plans durch den Schuldner, Anfechtungsansprüchen, freiwilligen Planbeiträgen Dritter, salvatorischen Entschädigungsklauseln (§ 251 Abs. 3 InsO), Bedingungen (§ 249 InsO), Korrektur- und Umsetzungsbevollmächtigungen für den Insolvenzverwalter (§ 221 S. 2 InsO) sowie einer Überwachung der Planerfüllung (§ 260 InsO) aufgenommen werden.[301]

131 Die **Modalitäten der Planerfüllung** sollten im gestaltenden Teil genau festgelegt werden. Hierzu gehört die Regelung, welche Mittel bzw. Beträge, ggf. in welchen Tranchen, wann und durch wen an welche Gruppen ausgekehrt werden. Zu regeln sind hierbei auch etwaig aus der vorhandenen Insolvenzmasse zu bildende Rückstellungen für nicht abschließend geklärte bestrittene, für den Ausfall festgestellte und ggfs. auch noch nicht angemeldete Forderungen, und deren Verwendung bei Freiwerden.

---

das Steuergesetz 2018 (BGBl I S. 2338). Zu der Historie der Regelungen vgl. HambKomm/Thies, § 227 InsO Rn 6.
299 Ausf. zu dieser Problematik HambKomm/Thies, § 225a InsO Rn 43. Hinsichtlich der Vereinbarkeit von § 8 Abs. 1 S. 2 KStG mit Art. 3 Abs. 1 GG ist auf Veranlassung des FG Hamburg, 29.8.2017 – 2 K 245/17, BB 2017, 2654, ein Normenkontrollverfahren bei dem BVerfG unter dem Aktenzeichen 2 BvL 19/17 anhängig.
300 Siehe auch Rdn 289.
301 Zu weiteren Gestaltungsmöglichkeiten auch ausführlich MüKo/Eidenmüller, § 221 InsO Rn 24 ff.

132 In der Regel wird mit dem Planverfahren eine zeitnahe Aufhebung des Insolvenzverfahrens angestrebt. Insb. die Verwertung von Immobilien als auch die Durchsetzung bestimmter Forderungen, die ggfs. einer gerichtlichen Geltendmachung bedürfen, kann jedoch erhebliche Zeit in Anspruch nehmen. Damit ausstehende Verwertungsmaßnahmen der Verfahrensaufhebung nicht entgegenstehen, kann dem Schuldner im Plan auferlegt werden, **Vermögensgegenstände**, die vor der Aufhebung des Insolvenzverfahren nicht mehr verwertet werden können, **nach Verfahrensaufhebung zum Zwecke der Befriedigung der Gläubiger zu verwerten**.[302] Alternativ können die nicht verwerteten Forderungen und Gegenstände zum Zwecke des Forderungseinzuges bzw. der Verwertung nach Aufhebung des Insolvenzverfahrens und Erlösauskehr an die Insolvenzgläubiger treuhänderisch auf den Insolvenzverwalter übertragen werden.[303] In beiden Fällen sollte geregelt werden, auf welches Treuhandkonto etwaige Erlöse einzuziehen sind und wie und wann der Nachweis der Verwertungsbemühungen oder eines etwaigen Scheiterns selbiger zu erfolgen hat.

133 Das Recht zur Geltendmachung von **Insolvenzanfechtungsansprüchen** steht ausschließlich dem Insolvenzverwalter zu und erlischt mit der Aufhebung des Insolvenzverfahrens.[304] Gemäß § 259 Abs. 3 InsO kann der Insolvenzverwalter jedoch im Plan ermächtigt werden, bereits anhängige[305] Anfechtungsrechtsstreite nach Verfahrensaufhebung in gewillkürter Prozessstandschaft fortzuführen. I.d.R. wird abweichend von § 259 Abs. 3 S. 2 InsO geregelt, dass der Rechtsstreit nicht für Rechnung des Schuldners fortgeführt wird, sondern zum Zwecke der Verteilung an die Insolvenzgläubiger realisiert werden soll.[306] In diesem Fall ist auch das Kostenrisiko den Gläubigern zuzuweisen, weshalb entsprechende Rückstellungen aus der vorhandenen Masse gebildet werden sollten.

> **Praxistipp**
> Für eine wirksame Ermächtigung des Verwalters, den Anfechtungsrechtsstreit fortzuführen, genügt bereits die Erklärung der Anwendbarkeit des § 259 Abs. 3 InsO im gestaltenden Teil des Insolvenzplans.[307] Ausreichend ist grds. die Formulierung: „*§ 259 Abs. 3 InsO findet Anwendung.*"[308] Vorsicht ist allerdings geboten, wenn die nach dem Plan fortzuführenden Prozesse bei der Abstimmung über

---

[302] Vgl. hierzu bereits die Ausführungen zu Änderungen der Rechtsstellung des Schuldners Rdn 108.
[303] Siehe zur Frage der Vollstreckbarkeit Rdn 113.
[304] Vgl. BGH, 17.2.2011 – IX ZR 91/10, ZInsO 2011, 1154, 1155 m.w.N.
[305] Siehe hierzu BGH, 21.3.2013 – IX ZB 209/10, ZInsO 2013, 894.
[306] Zur Frage der Vollstreckbarkeit Rdn 113.
[307] BGH, 6.10.2005 – IX ZR 36/02, ZInsO 2006, 38, 39, und BGH, 7.5.2015 – IX ZB 75/14, Rn 32.f., ZInsO 2015, 1398.
[308] BGH, 6.10.2005 – IX ZR 36/02, ZInsO 2006, 38, 38.

den Plan noch nicht anhängig gemacht wurden.³⁰⁹ Es empfiehlt sich insofern eine Klarstellung, dass die Ermächtigung alle bereits anhängigen und bis zur Verfahrensaufhebung anhängig gemachten Anfechtungsprozesse erfasst.³¹⁰

Wenngleich an dieser Stelle ohne rechtliche Gestaltungswirkung, sollten zur Vervollständigung der mit dem Plan verfolgten bzw. zu dessen Umsetzung erforderlichen Rechtsänderungen die dem Plan gem. § 230 Abs. 3 InsO als Anlage beizufügenden **Erklärungen Dritter** dem Inhalt nach in den gestaltenden Teil aufgenommen werden.³¹¹ 134

Gemäß § 251 Abs. 3 InsO können zur Kompensation etwaiger Schlechterstellungen dem Plan widersprechender Gläubiger oder Anteilsinhaber Ausgleichsleistungen im Plan vorgesehen werden.³¹² Die praktische Gestaltung derartiger **salvatorischer Entschädigungsklauseln** kann Schwierigkeiten bereiten.³¹³ Dies betrifft zum einen die Bestimmung der Höhe der vorzusehenden Beträge. Nach den Ausführungen im darstellenden Teil und der Vergleichsrechnung sieht der Plan regelm. eine Besser- und keine Schlechterstellung für die Beteiligten vor, was dem Planersteller die plausible Begründung eines konkreten Rückstellungsbetrages für etwaige Schlechterstellungen unmöglich macht. Zum anderen kann die Mittelbereitstellung kompliziert werden, wenn diese nicht durch Bürgschaften oder Garantien Dritter erfolgen kann³¹⁴. Denn aus der verfügbaren Insolvenzmasse können i.d.R. keine entspr. Rückstellungen gebildet werden, da diese benötigt wird, um die Gläubigergesamtheit im Plan besser bzw. zumindest nicht schlechter zu stellen, als im Regelverfahren. Im Hinblick auf ein etwaiges Freiwerden der Mittel mangels erfolgreicher Inanspruchnahme sollte die treuhänderische Verwaltung und ggfs. spätere Verteilung durch den Insolvenzverwalter geregelt werden,³¹⁵ da eine Nachtragsverteilung 135

---

309 BGH, 26.4.2018 – IX ZB 49/17, ZInsO 2018, 1404, 1405.
310 Zur Frage der richtigen und wirksamen Formulierung der Ermächtigung und etwaigen Fallstricken siehe auch die in den vergangenen Jahren nicht immer kohärente Rechtsprechung des BGH, insb. 21.3.2013 – IX ZB 209/10, ZInsO 2013, 894; BGH, 9.1.2014 – IX ZR 209/11; ZInsO 2014, 295 und BGH, 26.4.2018 – IX ZB 49/17, ZInsO 2018, 1404 sowie die Ausführungen bei HambKomm/Thies, § 259 InsO Rn 14.
311 Siehe zu dem Inhalt einer Plangarantenerklärung auch LG Hamburg, 18.11.2015 – 326 T 109/15, ZInsO 2016, 47.
312 Zu Hintergrund und Intention dieser mit dem ESUG eingeführten Möglichkeit vgl. die Gesetzesbegründung RegE ESUG, BT-Drucks. 17/5712, S. 35 und zum Minderheitenschutz nach § 251 unten Rdn 256.
313 Vgl. zum Ganzen auch HambKomm/Thies, § 251 InsO Rn 12 ff.
314 Zu dieser unkomplizierteren Lösung allerdings kritisch BGH, 20.7.2017 – IX ZB 13/16, ZInsO 2017, 1779, Rn 16.
315 Vgl. BGH, 26.4.2018 – IX ZB 49/17, ZInsO 2018, 1404, Rn 28; BGH, 7.1.2008 – II ZR 283/06, ZInsO 2009, 963 und zu den Herausforderungen einer vollstreckungsfähigen Formulierung LG Hamburg, 18.8.2017 – 326 T 10/17, ZInsO 2017, 2125, 2127.

Thies/Lieder

nach einem Planverfahren ausgeschlossen ist[316] und im Interesse der Gläubiger Massemittel nach der Verfahrensaufhebung nicht dem Zugriff des Schuldners und seiner Neugläubiger überlassen werden sollten.

Hinweis
Entschädigungsklauseln sind zum einen nur angezeigt, wenn die **Finanzierbarkeit** gesichert ist.[317] Zum anderen muss bedacht werden, dass hierdurch ggf. erst ein Anreiz für Gläubiger geschaffen wird, den Antrag nach § 251 InsO zu stellen. Ferner darf die salvatorische Klausel nicht dem Gleichbehandlungsgrundsatz des § 226 InsO zuwiderlaufen.[318]

136 Eine in den Plan aufgenommene gesellschaftsrechtliche Regelung kann unter Umständen gesellschaftsvertragliche oder satzungsmäßige **Sonderkündigungsrechte und Abfindungsansprüche für die Altgesellschafter** begründen. Typischerweise in Betracht kommende Austrittsgründe sind starke Änderungen der Gesellschafterstruktur hinsichtlich der personellen Zusammensetzung und/oder der Beteiligungs- und damit Mitbestimmungsverhältnisse. Gemäß § 225a Abs. 5 InsO können im Plan Regelungen zu der Höhe der Abfindung und den Auszahlungsmodalitäten getroffen werden. Die Höhe der Abfindung bestimmt sich dabei gemäß § 225a Abs. 5 S. 1 InsO nach der Vermögenslage, die sich bei einer Abwicklung des Schuldners dargestellt hätte. In der Regel dürfte damit ein Abfindungsanspruch faktisch ausscheiden. Sollte sich ausnahmsweise doch einmal ein Abfindungsanspruch ergeben, kann der Plan gemäß § 225a Abs. 5 S. 2 InsO eine Stundung der Auszahlung für bis zu drei Jahre – wohl ab Rechtskraft der Planbestätigung – vorsehen, wobei das nicht ausgezahlte Abfindungsguthaben gemäß § 225a Abs. 5 .3 InsO zu verzinsen ist.

137 Gemäß § 249 InsO kann die gerichtliche Bestätigung des Plans von Bedingungen abhängig gemacht werden. Hierbei kann es sich sowohl um aufschiebende als auch um auflösende Bedingungen handeln.[319] Praktisch besonders relevante **Planbedingungen** sind der Erhalt einer verbindlichen Erklärung des Finanzamtes gem. § 89 Abs. 2 AO hinsichtlich des Vorliegens der Voraussetzungen für eine Steuerbefreiung der sich aus dem Plan ergebenden Sanierungsgewinne i.S.v. § 3a EStG und § 7b GewStG und die Bereitstellung für die Planerfüllung vorgesehener Mittel durch einen Kreditgeber oder Plangaranten.[320] Mit der Planbedingung wird sichergestellt, dass nur ein plangemäß durchführbarer Plan bestätigt wird.

---

316 Vgl. BGH, 10.12.2009 – IX ZR 206/08, ZInsO 2010, 83, 83; BGH, 7.7.2008 – II ZR 26/07, ZInsO 2008, 1017, 1018 und näher zu den Gründen unten Rdn 340.
317 Vgl. BGH, 20.7.2017 – IX ZB 13/16, ZInsO 2017, 1779 und AG Köln, 6.4.2016 – 74 IN 45/15, ZInsO 2016, 1218.
318 S.a. Smid, ZInsO 1998, 347.
319 vgl. BGH, 26.4.2018 – IX ZB 49/17, ZInsO 2018, 1404, Rn 42.
320 Siehe zu der Formulierung einer derartigen Plangarantenerklärung LG Hamburg vom 18.11. 2015 – 326 T 109/15, ZInsO 2016, 47.

Praxistipp 138
Der Plan sollte bereits zeitliche Vorgaben für den Eintritt der Planbedingungen enthalten. Das notwendige Zeitfenster sollte mit dem Gericht abgestimmt werden.[321] Dies erleichtert dem Gericht die Beurteilung der Angemessenheit einer Fristsetzung nach § 249 S. 2 InsO und beugt unterschiedlichen Vorstellungen von dem anzusetzenden Zeitrahmen vor.[322]

Nach § 221 S. 2, 1. Alt. InsO kann in den in den gestaltenden Teil des Plans eine **Bevollmächtigung des Insolvenzverwalters** aufgenommen werden, die zur **Planumsetzung** notwendigen Maßnahmen zu ergreifen. Eine typische zur Planumsetzung notwendige Maßnahme des Insolvenzverwalters ist die treuhänderische Verwahrung und plangemäße Ausschüttung von Zahlungen eines Plangaranten.[323] Unabhängig von § 221 S. 2 InsO ist es unstreitig zulässig, den Insolvenzverwalter auch über die Beendigung seines Amtes nach der Verfahrensaufhebung hinaus mit Umsetzungsmaßnahmen zu beauftragen.[324] Hierzu gehören insb. die Beauftragung des Insolvenzverwalters mit erst nach Aufhebung des Verfahrens fälligen Quotenauszahlungen an die Gläubiger, aber auch die Beauftragung mit der treuhänderischen Verwertung hierzu auf den Insolvenzverwalter übertragener Gegenstände.[325] Da hier die Ausführung jedoch nicht mehr in Ausübung seines Amtes als Insolvenzverwalter erfolgt, sind eine Zustimmungserklärung des Insolvenzverwalters nach § 230 Abs. 3 InsO und die Regelung einer **Vergütung** erforderlich. 139

Größere eigenständige Bedeutung hat § 221 S. 2, 2. Alt. InsO, wonach der **Insolvenzverwalter** in dem gestaltenden Teil des Plans zudem **bevollmächtigt** werden kann, **offensichtliche Fehler** des Plans **zu berichtigen**.[326] Offensichtlich sind hierbei Fehler, die für die am Planverfahren Beteiligten erkennbar den gewollten Wirkungen des Plans entgegenstehen. Der Gesetzgeber hatte bei der Regelung in erster Linie Formfehler im Blick, die die notwendige registerrechtliche Eintragung geplanter Rechtsänderungen hindern und damit unter Umständen die Umsetzung des Plans verzögern oder gar vereiteln könnten. In Betracht kommen hier die offenkundig falsche Benennung einer Person, deren Rechtsstellung geändert werden soll, oder die fehlende Aufnahme eines für eine geplante gesellschaftsrechtliche Änderung erforderlichen Beschlusses.[327] Anders als Planumsetzungsmaßnahmen bedürfen aufgrund einer entsprechenden Bevollmächtigung im Plan vorzunehmende 140

---

321 Ebenso PK-HWF/Wutzke, § 249 InsO Rn 10; HambKomm/Thies, § 249 InsO Rn 6.
322 Ähnlich PK-HWF/Wutzke, § 249 InsO Rn 10.
323 Uhlenbruck/Lüer/Streit, § 221 InsO, Rn 14.
324 Ähnlich MüKo/Eidenmüller, § 221 InsO Rn 70.
325 Vgl. hierzu bereits oben Rdn 134.
326 Zum Hintergrund dieser mit dem ESUG eingefügten Möglichkeit und die Anlehnung an die Durchführungs- und Vollzugsvollmachten in Notarverträgen ausf. HambKomm/Thies, § 221 InsO Rn 11 und 13 ff.
327 Zu weiteren Beispielen siehe MüKo/Eidenmüller, § 221 InsO Rn 63.

Planberichtigungen gemäß § 248a InsO der Bestätigung durch das Insolvenzgericht.[328] Eine solche Bevollmächtigung ist daher durchweg zu empfehlen, da der BGH die in zivilrechtlichen Verträgen häufig vorzufindende salvatorische Klausel für unzulässig erachtet hat.[329]

141 Soll die Planerfüllung durch den Schuldner nach Aufhebung des Insolvenzverfahrens durch den (dann ehemaligen) Insolvenzverwalter oder eine andere Person überwacht werden, ist dies ebenfalls im gestaltenden Teil des Plans vorzusehen. Die konkreten Rechte und Pflichten ergeben sich bei einer vorgesehenen **Überwachung der Planerfüllung** durch den (ehemaligen) Insolvenzverwalter sodann unmittelbar aus den §§ 260 ff. InsO.[330] Wird im Plan mit der Planüberwachung eine andere Person als Sachwalter beauftragt, ist ggf. deren Zustimmungserklärung nach § 230 Abs. 3 InsO dem Plan beizufügen. In diesem Fall gelten die §§ 260 ff. InsO nicht kraft Gesetzes, weshalb diese entweder im Plan für anwendbar erklärt werden müssen oder ausdrückliche Regelungen zu Rechten, Pflichten, Haftung und Vergütung des Planüberwacher zu treffen sind.[331]

Praxistipp
Die **Kosten der Planüberwachung** sollten als künftige Ansprüche in den Insolvenzplan aufgenommen und hierfür eine entsprechende Rückstellung gebildet werden. Hierdurch wird sichergestellt, dass erst mit Begleichung dieser Ansprüche die Überwachung gem. § 268 Abs. 1 Nr. 1 InsO aufgehoben werden kann.[332]

---

d) Plananlagen

142 Welche Pflichtanlagen dem Insolvenzplan beizufügen sind, ergibt sich aus den §§ 229, 230 InsO. Ferner können dem Plan weitere Anlagen beigefügt werden, soweit dies zweckmäßig scheint. Diese allgemeinen Anlagen können z.B. Gesellschaftsunterlagen oder handelsrechtliche Unterlagen, z.B. Jahresabschlüsse, oder weitere für den Plan relevante Unterlagen sein, wie etwa ein Sozialplan.

aa) Anlagen gem. § 229 InsO

143 § 229 InsO betrifft ausschließlich Insolvenzpläne, die eine (teilweise) **Befriedigung** der Gläubiger **aus künftigen Erträgen** einer geplanten Fortführung des schuldnerischen Unternehmens vorsehen. In diesen Fällen sind die dem Plan zugrunde geleg-

---

328 Zu dem Bestätigungsverfahren nach § 248a InsO siehe Rdn 139.
329 BGH, 7.5.2015 – IX ZB 75/14, Rn 32. f., ZInsO 2015, 1398.
330 Siehe nachfolgend Rdn 351 ff.
331 Vgl. auch MüKo/Stephan, § 261 InsO Rn 10 ff.
332 So auch Mai, Insolvenzplanverfahren, Rn 367.

ten Prognoserechnungen³³³ und die sich daraus ergebenden Befriedigungsaussichten durch Beifügung geeigneter Unterlagen für die Gläubiger nachvollziehbar zu machen. Abweichend vom Wortlaut der Vorschrift werden die beizufügenden Anlagen auch als Plan-Bilanz (Vermögensübersicht), Plan-Gewinn- und Verlustrechnung (Ergebnisplan) und Plan-Liquiditätsrechnung (Finanzplan) bezeichnet.³³⁴

In der **Plan-Bilanz** werden – anders als in der Vermögensübersicht gem. § 153 InsO – die Aktiva und Passiva dargestellt, wie sie sich unter Berücksichtigung der Änderungen aufgrund der Regelungen im Plan im Zeitpunkt des Wirksamwerdens des Plans gegenüberstehen werden.³³⁵ Insoweit ist eine Prognose anzustellen, die im Einzelfall zu Bewertungsproblemen führen kann.³³⁶ Aufgrund der planimmanenten Fortführung des schuldnerischen Unternehmens werden dabei i.d.R. Fortführungswerte anzusetzen sein.³³⁷ Ferner sind die Masseverbindlichkeiten zu erfassen die vor Aufhebung des Insolvenzverfahrens gem. § 258 Abs. 2 InsO zu tilgen bzw. sicherzustellen sind.³³⁸ Zu empfehlen ist ferner, zur Dokumentation der im darstellenden Teil des Plans vorzunehmenden Vergleichsrechnung³³⁹ zusätzlich eine Planbilanz beizufügen, die alternativ die Zerschlagungswerte zum Zeitpunkt des Wirksamwerdens des Plans ausweist.³⁴⁰

144

Die **Plan-Gewinn- und Verlustrechnung**, stellt die erwartete Ertragsentwicklung in dem Sanierungszeitraum ab Wirksamwerden des Plans bis zur voraussichtlichen Erfüllung des Insolvenzplanes aus den künftigen Einnahmen dar.³⁴¹ Zweckmäßigerweise wird diese nach Jahresabschnitten unterteilt.³⁴²

145

Die **Plan-Liquiditätsrechnung** sollte ebenfalls den gesamten Sanierungszeitraum erfassen und die prognostizierte Liquiditätsentwicklung unter Angabe der Fälligkeiten der Verbindlichkeiten und der jeweils verfügbaren liquiden Mittel und Berücksichtigung der planmäßen Zahlungen an die Insolvenzgläubiger darstellen. Wünschenswert ist eine Darstellung in Wochenabschnitten, wobei eine über ein Jahr hinausgehende Betrachtung i.d.R. nur durch stete Fortschreibung erstellt werden kann.³⁴³ Sinnvoll kann die Integration einer ggfs. erforderlichen Finanzplanung

146

---

333 PK-HWF/Wutzke/Wenzel, § 229 InsO Rn 11.
334 Vgl. MüKo/Eilenberger, § 229 InsO Rn 6 und 11 sowie Uhlenbruck/Sinz, § 229 InsO Rn 2ff.
335 Vgl. auch Nerlich/Römermann/Ober, § 229 InsO Rn 9; Bähr in: Mohrbutter/Ringstmeier, Handbuch der Insolvenzverwaltung, § 14 Rn 116.
336 Vgl. MüKo/Eilenberger, § 229 InsO Rn 8f.
337 Vgl. MüKo/Eilenberger, § 229 InsO Rn 9.
338 PK-HWF/Wutzke/Wenzel, § 229 InsO Rn 15.
339 Zu der Vergleichsrechnung siehe oben Rdn 101ff.
340 Ebenso MüKo/Eilenberger, § 229 InsO Rn 9.
341 PK-HWF/Wutzke/Wenzel, § 229 InsO Rn 9.
342 Vgl. MüKo/Eilenberger, § 229 InsO Rn 11.
343 Ähnlich MüKo/Eilenberger, § 229 InsO Rn 16.

gemäß § 258 Abs. 2 S. 2 InsO für vor Verfahrensaufhebung voraussichtlich noch aus der Betriebsfortführung entstehende Masseverbindlichkeiten sein.

147 Gemäß § 229 S. 3 InsO sind in den vorzulegenden Berechnungen auch die Gläubiger zu berücksichtigen, die zwar ihre **Forderungen nicht angemeldet** haben, jedoch bei der Ausarbeitung des Plans bekannt sind. Hierdurch soll das Risiko gemindert werden, dass ein Insolvenzplan nach rechtskräftiger Bestätigung durch nachträglich angemeldete Forderungen zu Fall gebracht wird.[344] Relevant wird die Berücksichtigung damit insb. bei der Plan-Liquiditätsrechnung. Zu berücksichtigen sind sämtliche Gläubiger, die bei der Ausarbeitung des Plans dem Planersteller bekannt sind. Allein auf seine Kenntnis ist abzustellen.[345] Beauftragt der Schuldner einen Dritten mit der Erstellung des von ihm vorzulegenden Plans, ist auf die Kenntnis des Schuldners abzustellen.[346]

Hinweis
Eine **realistische Bewertung** und Berücksichtigung nicht angemeldeter Forderungen ist in der Praxis oft **schwierig**, da zwar weitere potenzielle Gläubiger, nicht aber die konkrete Höhe und Berechtigung ihrer Forderungen bekannt sind. Diese Gläubiger sind von dem Verwalter ebenfalls zur Anmeldung ihrer Forderungen aufzufordern. Da die Geltendmachung und Darlegung der Forderung sodann aber dem Gläubiger obliegt, dürfen an den von dem Planersteller zu betreibenden Ermittlungs- und Prüfungsaufwand, keine zu hohen Anforderungen gestellt werden.[347]

---

bb) Anlagen gem. § 230 InsO

148 Gem. § 230 InsO sind dem Insolvenzplan auch die dort genannten **Willenserklärungen** beizufügen. Dies stellt sicher, dass wesentliche Plangrundlagen tatsächlich vorliegen und gewährleistet eine effiziente Bearbeitung des Planverfahrens.[348]

149 Sofern der Plan die Fortführung des schuldnerischen Unternehmens vorsieht, ist bei natürlichen Personen gem. 230 Abs. 1 S. 1 InsO eine **Erklärung des Schuldners** beizufügen**, zur Fortführung** auf der Grundlage des Planes bereit zu sein. Bei Gesellschaften ohne Rechtspersönlichkeit ist gemäß § 230 Abs. 1 S. 2 InsO nur eine Erklärung all der Personen erforderlich, die nach dem Plan persönlich haftende Gesellschafter sein sollen, mithin nur die Personen, die infolge etwaiger nach Maßgabe von § 225a InsO[349] im Plan vorgesehener Änderungen in der strukturellen und

---

344 BT-Drucks. 17/5712, S. 32.
345 BT-Drucks. 17/5712, S. 32.
346 Ebenso Uhlenbruck/Sinz, § 229 InsO, Rn 8.
347 Zur Problematik ausf. HambKomm/Thies, § 229 InsO Rn 9.
348 Siehe PK-HWF/Wutzke/Wenzel, § 230 InsO Rn 5.
349 Vgl. zu den möglichen gesellschaftsrechtlichen Maßnahmen oben in diesem Kapital unter Rdn 116.

persönlichen Zusammensetzung der Gesellschafter von der Fortführung betroffen sind. Dies gilt nicht, wenn der Schuldner einen eigenen Plan vorgelegt hat (§ 230 Abs. 1 S. 3 InsO). Bei Kapitalgesellschaften bedarf es aufgrund der fehlenden persönlichen Haftung keiner solchen Erklärung.

Hinweis
Zu unterscheiden von der Erklärung der persönlich haftenden Gesellschafter nach § 230 Abs. 1 S. 2 InsO ist der **gesellschaftsrechtliche Fortsetzungsbeschluss**. Nur dieser erlangt Wirkungsentfaltung über § 254a Abs. 2 InsO allein durch die Aufnahme in den gestaltenden Teil des Plans gem. § 225a Abs. 3 InsO.

Nach § 230 Abs. 2 InsO sind zustimmende **Erklärungen von Gläubigern** beizufügen, wenn diese Anteils- oder Mitgliedschaftsrechte oder Beteiligungen an bestimmten juristischen Personen übernehmen sollen. Hierdurch soll verhindert werden, dass Gläubigern solche Beteiligungen gegen ihren Willen aufgedrängt werden.[350] Dies gilt auch für Umwandlungen von Forderungen in Eigenkapital im Rahmen eines **Debt-Equity-Swap** gem. § 225a Abs. 2 S. 2 InsO.[351] Die (Nicht-)Zustimmung stellt ein Individualrecht jedes einzelnen Gläubigers dar. Die Vorschrift erfasst auch mittelbare Beteiligungen wie Nießbrauch, Treuhand oder Innengesellschaft.[352]

§ 230 Abs. 3 InsO sieht die Beifügung von **Erklärungen Dritter** vor, wenn diese für den Fall der Bestätigung des Planes Verpflichtungen ggü. den Gläubigern übernommen haben. Hintergrund ist, dass Verpflichtungen Dritter nicht über § 254 Abs. 1 S. 2 InsO fingiert werden können. Dabei sind die Begriffe „Dritter" und „Verpflichtungserklärung" weit auszulegen.[353] Insb. fallen hierunter auch solche Erklärung Dritter, die die Bereitstellung von Barmitteln zur Tilgung der Insolvenzplanquote erfassen.[354] Dritte sind in der Praxis häufig z.B. Verwandte des Schuldners oder die Muttergesellschaft,[355] das Finanzamt,[356] aber auch Insolvenzgläubiger, sofern sie über die Gruppenregelung hinaus Verpflichtungen übernehmen,[357] oder der

---

350 BT-Drucks. 12/2443, S. 203.
351 So die Gesetzesbegründung, BT-Drucks. 17/5712, S. 32. Zur Kritik wegen der damit verbundenen Einschränkung des Anwendungsbereichs des Debt-Equity-Swaps vgl. Frind, ZInsO 2011, 656, 657; Pape, ZInsO 2011, 1033, 1040; ausf. m.w.N. auch HambKomm/Thies, § 230 InsO Rn 6 und § 225a InsO Rn 18.
352 Im Einzelnen vgl. MüKo/Eidenmüller, § 230 InsO Rn 55.
353 Siehe MüKo/Eidenmüller, § 230 InsO Rn 75, 76.
354 MüKo/Eidenmüller, § 230 InsO Rn 72, siehe zu der Plangarantenerklärung auch LG Hamburg vom 18.11.2015 – 326 T 109/15, ZInsO 2016, 47.
355 Vgl. FK/Jaffé, § 230 InsO Rn 12; KPB/Otte, § 230 InsO Rn 2 a.E.
356 Wg. einer verbindlichen Auskunft etwa zu der Besteuerung aus dem Plan zu erwartender Sanierungsgewinne, vgl. hierzu die Ausführungen unter Rdn 289.
357 MüKo/Eidenmüller, § 230 InsO Rn 75.

Verwalter.[358] Denn auch solche Erklärungen werden nicht über § 254 Abs. 1 S. 2 InsO fingiert.[359] Pflichtanlage sind die Erklärungen jedoch nur, wenn die sich hieraus ergebenden Verpflichtungen für den Fall der Planbestätigung übernommen werden, weshalb die Erklärungen i.S.d. § 230 InsO i.d.R. auch unter der aufschiebenden Bedingung der Planbestätigung abgegeben werden.[360]

Hinweis
Typische ggf. von dem **Insolvenzverwalter** im Rahmen eines Planverfahrens abzugebende Erklärungen betreffen bspw. die treuhänderische Durchführung von Verwaltungs-, Verwertungs- und Verteilungsmaßnahmen nach Verfahrensaufhebung[361] oder die Beschränkung des Vergütungsantrages auf einen Maximalbetrag zur Sicherstellung der Umsetzung des Insolvenzplans[362].

151 Gem. § 230 Abs. 4 InsO ist dem Plan die **Zustimmung des sicherungsgebenden verbundenen Unternehmens** beizufügen, wenn der Plan nach Maßgabe von § 217 Abs. 2 InsO Eingriffe in die Rechte eines Gläubigers aus dieser Sicherheit vorsieht. Diese Regelung dient der Wahrung der unternehmerischen Freiheit des rechtlich von dem Schuldner unabhängigen verbundenen Unternehmens.[363]

152 Die Erklärungen i.S.d. § 230 InsO sind, da sie zu den Grundlagen der Plangestaltung gehören, **zusammen mit dem Plan** vorzulegen. Geschieht dies nicht, liegt ein behebbarer Mangel gem. § 231 Abs. 1 Nr. 1 InsO vor, den der Planverfasser jedoch innerhalb einer vom Gericht gesetzten Frist entsprechend einer vorherigen Absprache mit diesem bis zum Beginn des Abstimmungstermins beheben kann.[364]

3. Vorprüfung durch das Insolvenzgericht

153 Der eigentliche Ablauf des Planverfahrens beginnt mit der Einreichung des Insolvenzplans bei dem zuständigen Insolvenzgericht und dem sodann **von Amts wegen** eingeleiteten Vorprüfungsverfahren gem. § 231 InsO. Sein Zweck besteht v.a.

---

358 Etwa Erklärungen zur treuhänderischen Durchführung von Verwaltungs-, Verwertungs- und Verteilungsmaßnahmen nach Verfahrensaufhebung – vgl. die Ausführungen unter Rdn 131 oder die Begrenzung des Vergütungsantrages auf einen Maximalbetrag.
359 **A.A.** OLG Düsseldorf, 24.9.2008 – 8 UF 212/07, ZInsO 2008, 1142, zu Verzicht eines Insolvenzgläubigers auf künftige Unterhaltsansprüche.
360 MüKo/Eidenmüller, § 230 InsO Rn 79.
361 Vgl. zur Übertragung von Massegegenständen auf den Verwalter zum Zwecke der Verwertung und Verteilung nach der Verfahrensaufhebung Hinweis bei Rdn 340.
362 bestätigt durch BGH, 16.2.2017 – IX ZB 103/15, ZInsO 2017, 538, Rn 40ff.
363 Vgl. RegE SanInsFoG, BT-Drucks. 19/24181, S. 200.
364 **A.A.** LG Düsseldorf, 21.9.2015 – 25 T 404/15, ZInsO 2015, 2186 (Rn 19), wonach die Anlagen bei der Planeinreichung noch nicht vorliegen müssen und daher kein Zurückweisungsgrund nach § 231 Abs. 1 Nr. 1 InsO vorliege. Siehe zu behebbaren Mängeln nachfolgend Rdn 160.

darin, offensichtlich aussichtslose Pläne frühzeitig nachbessern oder zurückweisen zu können und so das Verfahren zu beschleunigen sowie eine verzögerte Masseverwertung zu verhindern.[365]

Prüfungsgegenstand ist daher das Vorliegen von Zurückweisungsgründen.[366] 154 Dabei differenziert das Gesetz zwischen von dem Insolvenzverwalter (§ 231 Abs. 1 Nr. 1 InsO) und von dem Schuldner vorgelegten Plänen (§ 231 Abs. 1 Nr. 2 und 3 InsO) und stellt an den Schuldnerplan erhöhte Anforderungen. Die Prüfung beschränkt sich bei § 231 Abs. 1 Nr. 2 und 3 InsO auf die evidente[367] Nichteinhaltung der gesetzlichen Mindestanforderungen an einen Insolvenzplan.[368] Das Gericht hat insofern lediglich eine summarische Prüfung vorzunehmen und keine eigenen Nachforschungen anzustellen oder Sachverständigengutachten einzuholen.[369] Die Anforderungen an die Prüfung nach § 231 Abs. 1 Nr. 1 InsO zumindest unter Berücksichtigung der Rechtsprechung des BGH trotz des geringen Zeitraums deutlich höher.[370]

Zuständig für das Insolvenzplanverfahren und damit insb. auch für die Vorprü- 155 fung nach § 231 InsO ist gemäß § 18 Abs. 1 Nr. 2 RPflG **der Richter**.

Praxistipp
Ebenso wie eine möglichst frühzeitige Abstimmung mit den Gläubigern sollte auch bereits während der Phase der Planerstellung eine **enge Abstimmung mit dem Insolvenzgericht** stattfinden, damit der Insolvenzplan nicht bereits im Vorprüfungsverfahren scheitert.[371]

Gem. § 231 Abs. 1 S. 2 InsO soll die Entscheidung des Gerichts innerhalb zweier Wo- 156 chen nach Vorlage des Plans erfolgen. In der Praxis nimmt die Prüfung allerdings oftmals mehrere Wochen oder gar Monate in Anspruch. Die **Dauer des Vorprüfungsverfahrens** ist von verschiedenen Faktoren, insb. der Komplexität des Plans und nicht zuletzt auch von dem zuständigen Richter und dessen Arbeitsbelastung, abhängig. Da die zeitnahe Durchführung des Planverfahrens oftmals wesentlich für den Sanierungserfolg des schuldnerischen Unternehmens ist und demzufolge vom

---

365 Vgl. MüKo/Breuer, § 231 InsO Rn 1.
366 Zu den Genständen der gerichtlichen Prüfung im Planverfahren mit Checkliste s.a. Stapper/Jacobi, ZInsO 2014, 1821.
367 Sog. „Evidenzkontrolle", vgl. BSG, 21.11.2002 – B 11 AL 35/02 R, ZInsO 2003, 386, 388.
368 Vgl. Uhlenbruck/Lüer/Streit, § 231 InsO Rn 1; für eine detaillierte Prüfung ohne Beschränkung in Fällen des § 231 Abs. 1 Nr. 1 InsO vgl. BGH, 7.5.2015 – IX ZB 75/14, Rn 8, ZInsO 2015, 1398; FK/Jaffé, § 231 InsO Rn 4.
369 MüKo/Breuer, § 231 InsO Rn 6.
370 Vgl. insb. zur Prüfung der Gruppenbildung BGH, 7.5.2015 – IX ZB 75/14, Rn 32.f., ZInsO 2015, 1398.
371 Zu den denkbaren Gefahren der Einreichung eines Planentwurfes siehe BGH, 7.5.2015 – IX ZB 75/14, Rn 32.f., ZInsO 2015, 1398.

Insolvenzgericht zu vertretende Verzögerungen Amtshaftungsansprüche nach sich ziehen können,[372] sollte der Richter bei Eingang des Plans auf die kurzfristige Prüfung höchste Priorität legen.

a) Zurückweisung von Amts wegen (§ 231 Abs. 1 InsO)

157 Sowohl einen Schuldnerplan als auch einen Verwalterplan hat das Gericht gem. § 231 Abs. 1 Nr. 1 InsO von Amts wegen zurückzuweisen, wenn es einen Verstoß gegen die Vorschriften über das Recht zur Planvorlage oder den Inhalt des Plans, insb. zur Gruppenbildung, feststellt, sofern der Mangel nicht behebbar ist oder innerhalb einer vom Gericht zu setzenden Frist nicht behoben wird.

aa) Verstoß gegen Vorschriften zu Planvorlage und Inhalt (§ 231 Abs. 1 Nr. 1)

158 Das **Recht zur Planvorlage** regelt § 218 Abs. 1 InsO.[373] Das Gericht hat somit zu prüfen, ob der Plan von einer der dort genannten vorlageberechtigten Person (Schuldner, Insolvenzverwalter bzw. gem. § 284 InsO auch Sachwalter) vorgelegt wurde. Ist dies nicht der Fall, handelt es sich um einen nicht behebbaren Mangel und das Gericht hat den Plan von Amts wegen zurückzuweisen. Dasselbe gilt wegen § 218 Abs. 1 S. 3 InsO, wenn der Plan erst nach dem Schlusstermin vorgelegt wird.

159 Die **Vorschriften über den Inhalt des Plans** finden sich in den §§ 217, 219 bis 230 InsO. Das Gericht hat hiernach zunächst zu prüfen, ob der Plan Abweichungen von Vorschriften vorsieht, die nach § 217 InsO nicht zur Disposition stehen, ob der Insolvenzplan aus einem darstellenden und einem gestaltenden Teil besteht (§ 219 S. 1 InsO), ob die Teile jeweils den inhaltlichen Anforderungen entsprechen (§§ 220, 221 InsO), ob die Kriterien zur Gruppenbildung und -abgrenzung (§ 222 InsO) sowie die Rahmenbedingungen für die Gruppenregelungen (§§ 223 bis 226 InsO) beachtet wurden und ob dem Plan die in den §§ 229, 230 InsO genannten Anlagen vollständig[374] beigefügt sind (§ 219 S. 2 InsO). Eine unzulässige Abweichung von § 217 InsO ist beispielsweise gegeben, wenn der Plan Regelung zur Festsetzung der Verwaltervergütung vorsieht, da die Festsetzung dem Grunde und der Höhe nach nicht zur Disposition der Beteiligten steht.[375] Ein Verstoß gegen § 217 InsO liegt – außerhalb des Anwendungsbereichs des § 210a – auch in der Missachtung des Gebots der

---

372 Ebenso PK-HWF/Wutzke/Wenzel, § 231 InsO Rn 18.
373 Siehe hierzu bereits ausführlich vorstehend Rdn 44 ff.
374 LG Hamburg, 18.11.2015 – 326 T 109/15, ZInsO 2016, 47 (Rn 11), **a.A.** LG Düsseldorf, 21.9.2015 – 25 T 404/15, ZInsO 2015, 2186 (Rn 19), wonach die Anlagen bei der Planeinreichung noch nicht vorliegen müssen und daher kein Zurückweisungsgrund nach § 231 Abs. 1 Nr. 1 InsO vorliege.
375 Vgl. BGH, 16.2.2017 – IX ZB 103/15, ZInsO 2017, 538, Rn 20 ff. sowie für die Vergütung des Planüberwachers LG Hamburg, 7.2.2018 – 326 T 120/16, NZI 2017, 261.

Vorabbefriedigung der Massegläubiger gem. § 53 InsO.[376] Einen Verstoß gegen § 220 InsO stellt insbesondere das Fehlen einer Vergleichsrechnung oder das Fehlen für die Nachvollziehbarkeit der Vergleichsrechnung wesentlicher Angaben, vor, wie etwa das Alter, der Ausbildungstand und die bisherige Erwerbstätigkeit des Schuldners[377] oder die Inhaberschaft gesellschaftsrechtlicher Beteiligungen.[378]

Besondere Bedeutung i.R.d. Vorprüfungsverfahrens kommt der Prüfung der **Gruppenbildung** gem. § 222 InsO zu, weshalb diese in § 231 Abs. 1 Nr. 1 InsO ausdrücklich erwähnt wird.[379] Das Gericht hat bei der Prüfung darauf zu achten, dass der Planersteller bei aller Gestaltungsfreiheit[380] nicht missbräuchlich durch gezielte Gruppenbildung das Abstimmungsergebnis beeinflusst. In erster Linie ist auf die Einhaltung der obligatorischen Gruppenbildung nach § 222 Abs. 1 InsO zu achten.[381] Wurden weitere Gruppen i.S.d. § 222 Abs. 2 und 3 InsO gebildet muss für das Gericht nachvollziehbar im Plan dargelegt und erläutert sein,

- welche Gruppenbildungsvorschriften auf welche Gruppe angewendet wurden,
- dass und welche insolvenzbezogenen gleichartigen wirtschaftlichen Interessen in welcher Gruppe zusammengefasst wurden,
- inwieweit die Gruppen durch sachgerechte Kriterien voneinander abgegrenzt wurden und
- dass die Zuordnung in die einzelnen Gruppen aufgrund der jeweiligen Hauptinteressen der Gläubiger erfolgte.[382]

160

Sind diese Anforderungen erfüllt, kann eine Zurückweisung des Plans nicht erfolgen, selbst wenn durch geschickte Gruppenbildung das Abstimmungsergebnis beeinflusst wird.[383] Unzulässig ist allerdings die Bildung von Mischgruppen, mithin die Zusammenfassung von Gläubigern mit unterschiedlicher Rechtsstellung, insb. absonderungsberechtigte Gläubiger und einfache Insolvenzgläubiger, in einer Gruppe.[384] Stets zu prüfen hat das Gericht, ob den Gläubigern nach Maßgabe des § 226

---

376 Vgl. LG Düsseldorf, 28.11.2018 – 25 T 556/18, ZInsO 2019, 913.
377 LG Hamburg, 15.1.2018 – 326 T 40/17, ZInsO 2018, 331, 335.
378 Vgl. AG Köln, 15.5.2019 – 72 IN 269/17, NZI 2019, 711.
379 Siehe die Gesetzesbegründung zu der Einfügung mit dem ESUG RegE ESUG, BT-Drucks. 17 /5712, S. 32, die insb. auf die Bedeutung für die Mehrheitsverhältnisse bei der Abstimmung abstellt.
380 Siehe zu dem schmalen Grat zwischen geschickter und missbräuchlicher Gruppenbildung bereits ausführlich Rdn 80 ff.
381 BGH, 7.5.2015 – IX ZB 75/14, ZInsO 2015, 1398 (Rn 10).
382 BGH, 7.5.2015 – IX ZB 75/14, ZInsO 2015, 1398 (Rn 10). Ähnlich MüKo/Eidenmüller, § 222 InsO Rn 107.
383 Ähnlich PK-HWF/Wutzke/Wenzel, § 231 InsO Rn 8; MüKo/Breuer, § 231 InsO Rn 12; Uhlenbruck/Lüer/Streit, § 231 InsO Rn 24; **a.A.** und für ein Zurückweisungsrecht bei manipulativer Gruppenbildung siehe FK/Jaffé, § 231 InsO Rn 11.
384 Zu dem Verbot der Bildung von Mischgruppen siehe bereits Rdn 83 und Rdn 87.

Abs. 1 InsO innerhalb der Gruppen die gleichen Rechte zugewiesen sind bzw. ob anderenfalls die nach § 226 Abs. 2 InsO erforderlichen Zustimmungserklärungen vorliegen.[385]

Praxistipp
Erfolgt die Gruppenbildung zwar nach sachgerechten Kriterien, werden diese im Plan jedoch nicht hinreichend erläutert, kann das Gericht den Plan wegen eines Verstoßes gegen § 222 Abs. 2 S. 3 InsO zurückweisen.[386] Bei einer Bildung fakultativer Gruppen ist daher äußerste Sorgfalt auf deren Begründung zu verwenden.

161 Ist der **Mangel behebbar**, hat das Gericht dem Vorlegenden eine angemessene Frist zur Beseitigung zu setzen. Die Angemessenheit richtet sich nach dem jeweiligen Einzelfall und insb. der Art des zu behebenden Mangels.[387] Ist der Mangel nicht behebbar, z.B. weil der Planvorlegende zur Vorlage des Plans nicht berechtigt ist, kann das Gericht den Insolvenzplan zurückzuweisen, ohne den Vorlegenden zuvor darauf hinzuweisen oder ihm Gelegenheit zur Stellungnahme zu geben.[388]

Hinweis
Außer in dem genannten Fall des fehlenden Vorlagerechts dürfte ein Mangel des Plans nur **selten nicht behebbar** sein. Das Gericht sollte daher dem Planersteller vor einer Zurückweisung stets Gelegenheit zur Stellungnahme geben. Denn durch eine entsprechende Fristsetzung und deren ggfs. fruchtlosen Ablauf dürfte das Insolvenzverfahren im Übrigen nicht verzögert werden, während eine Neuvorlage nach Zurückweisung eines vermeintlich nicht nachbesserbaren Plans zu einer erheblichen Verzögerung des Planverfahrens führt.

bb) Keine Aussicht auf Annahme/Bestätigung (§ 231 Abs. 1 Nr. 2 InsO)

162 Eine Prüfung der Aussicht des Plans auf Annahme durch die Gläubiger und auf Bestätigung durch das Gericht hat gem. § 231 Abs. 1 Nr. 2 InsO **nur bei Schuldnerplänen** zu erfolgen.

163 Der vom Schuldner vorgelegte Plan ist dahingehend zu prüfen, ob er offensichtlich **nicht annahme- bzw. bestätigungsfähig** ist. Bereits nach dem eindeutigen Wortlaut wird deutlich, dass eine Zurückweisung nur in eindeutigen Fällen in Be-

---

385 Uhlenbruck/Lüer/Streit, § 231 InsO Rn 25.
386 BGH, 7.5.2015 – IX ZB 75/14, ZInsO 2015, 1398 (Rn 10). Keiner Erläuterung bedarf hiernach allerdings die Bildung von Gruppen für Arbeitnehmer nach § 222 Abs. 3 S. 1 InsO und für öffentlich-rechtliche Gläubiger (vgl. Rn 20 und 21 der Entscheidung).
387 Ähnlich Uhlenbruck/Lüer/Streit, § 231 InsO Rn 37; vgl. auch MüKo/Breuer, § 231 InsO Rn 20, wonach die Frist einen Monat nicht überschreiten sollte.
388 Uhlenbruck/Lüer/Streit, § 231 InsO Rn 38.

tracht kommt,³⁸⁹ wenn an einer fehlenden Aussicht auf Annahme/Bestätigung keine vernünftigen Zweifel bestehen können. Dies wird indes nur sehr selten der Fall sein, zumal das Gericht von sich aus keinerlei Nachforschungen hierzu anstellen darf.³⁹⁰ Im Zweifel hat eine Zurückweisung zu unterbleiben.³⁹¹ Erfasst sind letztlich nur extreme Fälle.³⁹² So liegt beispielsweise eine offensichtliche Aussichtslosigkeit nach der Gesetzesbegründung etwa vor, wenn sich die Gläubigerversammlung mit großer Mehrheit gegen die Fortführung des Unternehmens durch den Schuldner ausgesprochen hat, der Schuldnerplan eine solche vorsieht³⁹³ Nach Auffassung des BGH ist ein Plan zudem offensichtlich aussichtlos, wenn aufgrund entsprechender Stellungnahmen eines Gläubigers gegenüber dem Gericht bereits bei der Vorprüfung feststeht, dass mit an Sicherheit grenzender Wahrscheinlichkeit ein erfolgreich zur Versagung der Planbestätigung führender Minderheitenschutzantrag nach § 251 gestellt werden wird.³⁹⁴

cc) Keine Erfüllbarkeit (§ 231 Abs. 1 Nr. 3 InsO)

Ebenfalls nur bei Schuldnerplänen ist die Erfüllbarkeit des Plans einer summarischen Prüfung zu unterziehen. Zurückzuweisen ist der Plan gem. § 231 Abs. 1 Nr. 3 InsO allerdings nur, wenn die Ansprüche, die den Beteiligten nach dem gestaltenden Teil eines vom Schuldner vorgelegten Plans zustehen, **offensichtlich nicht erfüllt** werden können. 164

Wie bei § 231 Abs. 1 Nr. 2 InsO dürfen auch hier nur offensichtliche, mithin evidente, Mängel zu einer Zurückweisung führen. Damit ist die Vorschrift gleichfalls auf extreme Ausnahmefälle beschränkt,³⁹⁵ etwa wenn dem vom Schuldner vorgelegten Zahlenwerk offensichtlich der Wirklichkeitsbezug fehlt³⁹⁶ und sich die fehlende Erfüllbarkeit unter Zugrundelegung der Umstände geradezu aufdrängt.³⁹⁷ Da es sich insoweit jedoch um wirtschaftliche Prognosen handelt, hat das Gericht bei seiner Entscheidung äußerst zurückhaltend zu sein³⁹⁸ und darf nur maßvolle Prognosen 165

---

389 Vgl. Begr. RegE zu § 275 InsO, BR-Drucks. 1/92, S. 204.
390 Ähnlich KPB/Otte, § 231 InsO Rn 13; Uhlenbruck/Lüer/Streit, § 231 InsO Rn 29.
391 MüKo/Breuer, § 231 InsO Rn 22.
392 Zu denkbaren Fällen siehe FK/Jaffé, § 231 InsO Rn 20 bis 22; s.a. PK-HWF/Wutzke, § 231 InsO Rn 11.
393 Vgl. Begr. RegE InsO zu § 275, BT-Drucks. 12/2443, S. 204.
394 Vgl. BGH, 20.7.2017 – IX ZB 13/16, ZInsO 2017, 1779, Rn 8 ff.
395 OLG Dresden, 21.6.2000 – 7 W 951/00, ZIP 2000, 1303; zur Zurückweisung des Schuldnerplans durch das Gericht wegen fehlender Berücksichtigung der Massekostendeckung s. LG Neubrandenburg, 21.2.2002 – 4 T 361/01, ZInsO 2002, 296.
396 Vgl. BGH, 6.4.2006 – IX ZB 289/04, LNR.
397 Vgl. LG Bielefeld, 30.11.2001 – 23 T 365/01, ZInsO 2002, 198, 199.
398 LG Bielefeld, 30.11.2001 – 23 T 365/01, ZInsO 2002, 198, 199.

anstellen.³⁹⁹ Insbesondere hat es die von dem Schuldner vorgenommenen Bewertungen der Vermögensgegenstände nicht zu prüfen.⁴⁰⁰ Andernfalls würde im Ergebnis der Entscheidung der Gläubiger in ungerechtfertigter Weise vorgegriffen.⁴⁰¹

b) Zurückweisung auf Antrag (§ 231 Abs. 2 InsO)

166 Wurde bereits ein Schuldnerplan von den Gläubigern abgelehnt, vom Gericht nicht bestätigt oder vom Schuldner nach der öffentlichen Bekanntmachung des Erörterungstermins zurückgezogen, hat das Gericht einen **neuen Schuldnerplan zurückzuweisen**, wenn der Insolvenzverwalter – ggf. mit Zustimmung des Gläubigerausschusses – dies beantragt (§ 231 Abs. 2 InsO).

167 Ausweislich der Gesetzesbegründung dient die Vorschrift der **Vermeidung einer Verfahrensverschleppung** durch den Schuldner.⁴⁰² Das Scheitern eines ersten Planes vor der Bekanntmachung des Erörterungstermins ist daher unschädlich und begründet keine Zurückweisung nach § 231 Abs. 2 InsO, auch wenn der erste Plan nach § 231 Abs. 1 InsO zurückgewiesen wurde.⁴⁰³ Welche Gründe den Schuldner dazu bewogen haben, einen weiteren Plan vorzulegen, ist dabei unerheblich. Insb. spielt es keine Rolle, ob die Gründe inner- oder außerhalb seiner Verantwortungs- und Einflusssphäre liegen.⁴⁰⁴

c) Beschwerderecht (§ 231 Abs. 3 InsO)

168 Gem. § 231 Abs. 3 InsO steht dem Vorlegenden gegen den zurückweisenden Beschluss die **sofortige Beschwerde** zu (§§ 6, 4 InsO i.V.m. §§ 567 ff. ZPO). Diese ist binnen einer Notfrist von zwei Wochen ab der Zustellung des Beschlusses einzulegen (§ 569 Abs. 1 S. 1 ZPO).

169 Nach der Rechtslage vor dem SanInsFoG hat das Gericht den Plan grds. erst zur **Stellungnahme** gem. § 232 InsO weitergeleitet, wenn er die Vorprüfung erfolgreich, das heißt ohne Zurückweisung passiert. Dies entspricht nach wie vor der Gesetzessystematik, nach der die in § 232 InsO geregelte Einholung der Stellungnahmen der Vorprüfung gemäß § 231 InsO nachfolgt. Gemäß dem durch das SanInsFoG neu eingefügten § 232 Abs. 4 InsO kann das Gericht den Plan bereits vor der Entscheidung nach § 231 InsO den in § 232 Abs. 1 und 2 InsO genannten Personen zur Stellung-

---

399 BGH, 3.2.2011 – IX ZB 243/08, LNR; s.a. KPB/Otte, § 231 InsO Rn 17.
400 BGH, 7.5.2015 – IX ZB 75/14, ZInsO 2015, 1398 (Rn 38).
401 Begr. RegE InsO zu § 275, BT-Drucks. 12/2443, S. 204.
402 Begr. RegE InsO zu § 275, BT-Drucks. 12/2443, S. 204; s.a. Uhlenbruck/Lüer/Streit, § 231 Rn 2.
403 BGH, 7.5.2015 – IX ZB 75/14, ZInsO 2015, 1398 (Rn 42).
404 **A.A.** und für eine einschränkende Auslegung des § 231 Abs. 2 InsO Nerlich/Römermann/Ober, InsO, § 231 Rn 20; wohl auch PK-HWF/Wutzke, § 231 InsO Rn 16.

nahme zuleiten. Dies ermöglicht es dem Gericht, die Stellungnahmen bei seiner Entscheidung nach § 231 InsO zu berücksichtigen. Möchte das Gericht im Rahmen des § 231 InsO eine Zurückweisungsentscheidung auf den sich aus eine eingeholten Stellungnahme ergebenden neuen Sachvortrag stützen, hat es die Stellungnahme dem Planvorleger und den anderen nach § 232 Abs. 1 InsO zur Stellungnahme berechtigten ihrerseits zur Stellungnahme binnen einer Frist von höchstens einer Woche zuzuleiten (§ 232 Abs. 4 S. 2 InsO neu). Die Weiterleitung stellt keinen rechtsmittelfähigen „Zulassungsbeschluss" dar, noch ist ein solcher erforderlich.[405]

4. Stellungnahmen, Verwertungsaussetzung und Planniederlegung

a) Stellungnahmen zum Plan (§ 232 InsO)

Hat das Insolvenzgericht den Plan i.R.d. Vorprüfungsverfahrens nicht zurückgewiesen, leitet es diesen den in § 232 InsO genannten Personen zur Stellungnahme zu, sofern es die Stellungnahmen nicht bereits gemäß § 232 Abs. 4 InsO im Rahmen des Vorprüfungsverfahrens eingeholt hat[406]. Die Vorschrift dient in erster Linie der Vorbereitung der Entscheidung über den Plan,[407] mithin des Erörterungs- und Abstimmungstermins (§ 235 InsO).[408] Über § 232 Abs. 4 InsO kann sie nach dem freien Ermessen des Gerichts jedoch bereits zu einem Bestandteil der Vorprüfung gemacht werden. Mit dem SanInsFoG wurde § 232 Abs. 1 InsO dahingehend konkretisiert, dass die Weiterleitung auf Stellungnahmen „insbesondere zur Vergleichsrechnung" abzielt. Diese Anpassung korrespondiert mit der ausdrücklichen Aufnahme der Vergleichsrechnung als Pflichtbestandteil des Darstellenden Teils des Plans in § 220 Abs. 2 InsO. Diese ist wiederum auf die große Bedeutung der Vergleichsrechnung als Entscheidungsgrundlage für die Insolvenzgläubiger zurückzuführen.[409] Im Rahmen der Vorprüfung nach § 231 InsO ist es im Hinblick auf die Einschätzung der Annahmefähigkeit des Plans im Sinne vom § 231 Abs. 1 Nr. 2 InsO insofern hilfreich für das Gericht, auf Grundlage der eingeholten Stellungnahmen die Akzeptanz der Vergleichsberechnung auf Seiten der Gläubiger eruieren zu können. 170

Nach dem Wortlaut des Gesetzes ist der Plan gem. § 232 Abs. 1 Nr. 1 bis 3 InsO (soweit vorhanden) dem Gläubigerausschuss, dem Betriebsrat, dem Sprecherausschuss der leitenden Angestellten und dem nicht planvorlegenden Schuldner bzw. 171

---

405 Für die h.M. Uhlenbruck/Lüer/Streit, § 231 InsO Rn 41; HK/Haas, § 231 InsO Rn 15.
406 Vgl. zu dieser mit dem SanInsFoG eingeführten Möglichkeit vorstehend Rdn 169.
407 Begr. RegE InsO zu § 276, BT-Drucks. 12/2443, S. 204.
408 PK-HWF/Wutzke, § 232 InsO Rn 6.
409 Vgl. RegE SanInsFoG, BT-Drucks. 19/24181, S. 200, der die Vergleichsrechnung deshalb als „zentrales Element des Insolvenzplans" bezeichnet.

Verwalter **zwingend** zuzuleiten. Eine Zuleitung an die zuständige amtliche Berufsvertretung gem. § 232 Abs. 2 InsO ist hingegen **fakultativ**.

Praxistipp
Im Interesse der **Verfahrensbeschleunigung** und zur Einschätzung der Haltung der betroffenen Kreise zu dem Plan sollte der Planvorlegende die Stellungnahmen bereits im Vorfeld einholen und dem Plan bei der Einreichung als Anlage beifügen. Ausgehend von dem Zweck der Vorschrift, die Betroffenen umfassend zu informieren, kann eine erneute Zuleitung zur Stellungnahme gemäß § 232 InsO unterbleiben, wenn sich seitens des Gerichts kein Zweifel an der Richtigkeit der Stellungnahme ergibt.[410]

---

172 Ein etwaiger **Verstoß** gegen § 232 Abs. 1 InsO führt, jedenfalls in dem vorgenannten Fall, nicht zur Versagung der Planbestätigung gem. § 250 Nr. 1 InsO.[411] Andernfalls würde das Gericht die Bestätigung des Plans aufgrund eigenen Fehlverhaltens versagen müssen, obwohl die Gläubiger dem Plan bereits zugestimmt haben.[412]

173 Gem. § 232 Abs. 3 InsO bestimmt das Gericht eine **Frist zur Abgabe der Stellungnahme**, die zwei Wochen nicht überschreiten soll (§ 232 Abs. 3 S. 2 InsO). Ebenso wie bei der Vorprüfung durch das Gericht[413] ist die Dauer in der Praxis von der Komplexität des Plans abhängig zu machen und hier zudem auf den Erörterungstermin abzustimmen.[414]

b) Aussetzung von Verwertung und Verteilung (§ 233 InsO)

174 Gem. § 233 S. 1 InsO ordnet das Insolvenzgericht **auf Antrag** des Schuldners oder des Insolvenzverwalters die Aussetzung der Verwertung und Verteilung an, soweit die Durchführung des Insolvenzplans hierdurch gefährdet würde. Von der Vorschrift erfasst sind alle zur Insolvenzmasse gehörigen, beweglichen[415] Gegenstände, die dem Verwertungsauftrag des Insolvenzverwalters unterliegen. Mit Drittrechten belastete Gegenstände sind erfasst, soweit das Verwertungsrecht beim Insolvenzverwalter liegt (§ 166 InsO).[416] Der Antrag kann bereits zusammen mit der Planein-

---

410 FK/Jaffé, § 232 InsO Rn 8; MüKo/Breuer, § 232 InsO Rn 7.
411 Braun/Braun/Frank, § 232 InsO Rn 2; MüKo/Breuer, § 232 InsO Rn 7; MüKo/Sinz, § 250 InsO Rn 21; Uhlenbruck/LüerStreit, § 232 InsO Rn 8; PK-HWF/Wutzke, § 232 InsO Rn 9; **a.A.** HK/Haas, § 232 InsO Rn 4; FK/Jaffé, § 232 InsO Rn 4 (jedenfalls für den Fall, dass der Verfahrensmangel nicht geheilt wird).
412 MüKo/Breuer, § 232 InsO Rn 7.
413 Vgl. zu der Zeitvorgabe in § 231 Abs. 1 S. 2 InsO bereits oben Rdn 155.
414 HK/Haas, § 232 InsO Rn 4; Uhlenbruck/Lüer/Streit, § 232 InsO Rn 7.
415 Bei angeordneter Zwangsversteigerung von unbeweglichen Gegenständen ergibt sich die Möglichkeit der Einstellung der Zwangsversteigerung bei Gefährdung der Durchführung des Insolvenzplans aus §§ 30d, 30e ZVG. Siehe hierzu ausführlich FK/Jaffé, § 233 InsO Rn 20ff.
416 Ebenso MüKo/Breuer, § 233 InsO Rn 9; Uhlenbruck/Lüer/Streit, § 233 InsO Rn 10.

reichung gestellt werden, die Anordnung der Aussetzung setzt indes eine bestandene Vorprüfung i.S.d. § 231 InsO voraus.[417]

Die Pflicht zur Verwertung ergibt sich für den Verwalter aus § 159 InsO, wonach er unverzüglich nach dem Berichtstermin das zur Insolvenzmasse gehörende Vermögen zu verwerten hat, soweit nicht Beschlüsse der Gläubigerversammlung entgegenstehen. Hieraus ergibt sich aber auch gleichzeitig, dass in Fällen, in denen die Gläubigerversammlung den Verwalter mit der Ausarbeitung eines Insolvenzplans beauftragt hat (§ 218 Abs. 2 InsO), dieser **keine Verwertungsmaßnahmen** ergreifen darf, die eine **Durchführung des Plans gefährden** würden.[418] Ein Aussetzungsantrag gem. § 233 S. 1 InsO ist insofern nicht erforderlich.[419] 175

Aber auch in Fällen **originärer Verwalterpläne** ist im Allgemeinen **kein Aussetzungsantrag** erforderlich, zumal der vom Insolvenzverwalter erstellte Plan regelmäßig die bestmögliche Vermögensverwertung vorsieht und der Insolvenzverwalter von sich aus keine Verwertungshandlungen vornehmen wird, die die Durchführung des Plans gefährden.[420] Faktisch kommt den Aussetzungsanträgen daher **nur bei originären Schuldnerplänen Bedeutung** zu:[421] Hier ist es durchaus denkbar, dass die Verwertung nach dem Insolvenzplan von der bereits begonnenen – oder bevorstehenden[422] – Verwertung durch den Insolvenzverwalter abweicht. Ein Aussetzungsantrag kann in diesem Fall sinnvoll sein, da durch die Verwertung und Verteilung unumkehrbare Fakten geschaffen werden. 176

Um die **Handlungsfähigkeit des Verwalters** bei einem Aussetzungsantrag des planvorlegenden Schuldners zu erhalten, sieht § 233 S. 2 InsO vor, dass von der Aussetzung auf Antrag des Verwalters abgesehen bzw. diese aufgehoben wird, wenn hiermit erhebliche Nachteile für die Masse verbunden sind und die Gläubiger der Fortsetzung der Verwertung und Verteilung zustimmen, beispielsweise Fälle der übertragenden Sanierung, in denen ein für die Masse vorteilhaftes – i.d.R. zeitlich begrenztes – Angebot nicht angenommen werden könnte.[423] 177

Gemäß § 233 S. 2 InsO **prüft das Gericht von Amts wegen,** ob durch eine Anordnung nach § 233 S. 1 InsO Nachteile für die Masse entstehen,[424] wobei nach dem Wortlaut der Vorschrift nur **erhebliche Nachteile** ein Absehen von der Aussetzung bzw. deren Aufhebung rechtfertigen können. Da die Entscheidung ggfs. über § 233 S. 2, 178

---

417 HK/Haas, § 233 InsO Rn 7.
418 H.M., vgl. nur MüKo/Breuer, § 233 InsO Rn 4; Uhlenbruck/Lüer/Streit, § 233 InsO Rn 5.
419 So bereits die Gesetzesbegründung, vgl. Begr. RegE InsO zu § 277, BT-Drucks. 12/2443, S. 205.
420 Ähnlich FK/Jaffé, § 233 InsO Rn 14; Uhlenbruck/Lüer/Streit, § 233 InsO Rn 6.
421 Ebenso Graf-Schlicker/Kebekus/Wehler, § 233 InsO Rn 1.
422 Entgegen dem insoweit missverständlichen Wortlaut kann der Antrag auch gestellt werden, wenn mit der Verwertung noch nicht begonnen wurde (h.M.); für die h.M. siehe MüKo/Breuer, § 233 InsO Rn 8.
423 FK/Jaffé, § 233 InsO Rn 17; siehe auch Begr. RegE InsO zu § 277, BT-Drucks. 12/2443, S. 205.
424 Nerlich/Römermann/Ober, § 233 InsO Rn 10.

2. Alt. InsO revidierbar ist, sollte im Zweifel die Aussetzung angeordnet werden. Gegen die Entscheidungen des Gerichts nach § 233 InsO ist **kein Rechtsmittel** zulässig (§ 6 InsO).

Hinweis

Von der Möglichkeit des Aussetzungsantrags wird in der Praxis nur selten Gebrauch gemacht. Bei Verwalterplänen ergibt sich das bereits aus den genannten Überlegungen sowie dem Umstand, dass die Weichenstellung für den Insolvenzplan sowie dessen Ausarbeitung oftmals bereits im Eröffnungsverfahren erfolgt. Aber auch bei Schuldnerplänen hat der Aussetzungsantrag nur eingeschränkte Bedeutung: Ein Schuldnerplan, der Aussicht auf Erfolg haben soll, ist im Idealfall zuvor mit dem Insolvenzverwalter abzustimmen. Abweichende Vorstellungen von der Verwertung werden daher sinnvollerweise bereits vor Einreichung des Plans geklärt. Deckt sich die im Schuldnerplan vorgesehene Verwertung nicht mit dem beabsichtigten Vorgehen des Verwalters, mindert dies die Erfolgsaussichten des Insolvenzplans. Ein etwaiger auf Antrag des Schuldners herbeigeführter Aussetzungsbeschluss wird in diesen Fällen keinen Bestand haben, da der Verwalter im Interesse der Gläubiger die bestmögliche Verwertung wählen und einen Antrag auf Fortsetzung der Verwertung und Verteilung stellen wird (§ 233 S. 2 InsO).

---

c) Niederlegung des Plans (§ 234 InsO)

179 Gem. § 234 InsO ist der Insolvenzplan mit seinen Anlagen und den eingegangenen Stellungnahmen in der Geschäftsstelle **zur Einsicht der Beteiligten** niederzulegen. Zweck der Niederlegung ist die Möglichkeit der Beteiligten, sich über den Inhalt des Plans genau zu informieren.[425]

180 Zu welchem **Zeitpunkt** der Insolvenzplan niederzulegen ist, bestimmt das Gesetz nicht. Der Wortlaut der Vorschrift, wonach der Plan mit den „eingegangenen Stellungnahmen" niederzulegen ist, legt nahe, dass frühestmöglicher Zeitpunkt der Ablauf der Stellungnahmefrist des § 232 Abs. 3 InsO ist.[426] Es ist jedoch kein Grund ersichtlich, weshalb der Plan nicht schon zuvor, am besten unmittelbar nach Abschluss des Vorprüfungsverfahrens und gleichzeitig mit der Weiterleitung zur Stellungnahme, niedergelegt werden sollte.[427] Im Gegenteil: Um das Verfahren zu beschleunigen und Verzögerungen zu vermeiden, sollte der Plan so früh wie möglich niedergelegt werden.[428] Spätester Zeitpunkt für die Niederlegung ist die Bekanntmachung des Erörterungs- und Abstimmungstermins (§ 235 Abs. 2 S. 2 InsO).[429]

---

425 Vgl. Begr. RegE InsO zu § 278, BT-Drucks. 12/2443, S. 205.
426 So Uhlenbruck/Lüer/Streit, § 234 InsO Rn 3.
427 Vgl. MüKo/Breuer, § 234 InsO Rn 8; BK/Breutigam, § 234 InsO Rn 1; **a.A.** HK/Haas, § 234 InsO Rn 4 (nach Ablauf der Stellungnahmefrist).
428 Ähnlich PK-HWF/Wutzke, § 234 InsO Rn 10; Graf-Schlicker/Kebekus, § 234 InsO Rn 1; ebenso Breutigam/Kahlert ZInsO 2002, 469, 470; im Ergebnis wohl auch Uhlenbruck/Lüer/Streit, § 234 InsO Rn 3.
429 FK/Jaffé, § 234 InsO Rn 3.

Wer die **Beteiligten** i.S.d. § 234 InsO sind, wird nicht ausdrücklich genannt. Nach der Systematik des Gesetzes dient die Niederlegung der Vorbereitung des Erörterungs- und Abstimmungstermins, sodass jedenfalls die in § 235 Abs. 3 InsO genannten Personen(gruppen) Beteiligte i.S.d. Vorschrift sind.[430] Dies sind die Insolvenzgläubiger mit angemeldeten Forderungen, die absonderungsberechtigten Gläubiger, der Insolvenzverwalter, der Schuldner, der Betriebsrat und der Sprecherausschuss der leitenden Angestellten sowie die am Schuldner beteiligten Personen, sofern ihre Anteils- oder Mitgliedschaftsrechte in den Plan einbezogen werden. Weitere Personen können Beteiligte sein, wenn sie ein entsprechendes Interesse glaubhaft machen (§ 4 InsO i.V.m. § 299 Abs. 2 ZPO).[431]

III. Annahme und Bestätigung des Insolvenzplans

Die nachfolgenden Ausführungen behandeln das in den **§§ 235 bis 253 InsO** geregelte Verfahren der Annahme und Bestätigung des niedergelegten Insolvenzplans. Das Verfahren beginnt mit dem Erörterungs- und Abstimmungstermin gem. § 235 InsO und endet mit der gerichtlichen Bestätigung gem. § 248 InsO bzw. der Bekanntgabe der Entscheidung gem. § 252 InsO.

1. Erörterungs- und Abstimmungstermin

Dreh- und Angelpunkt des Insolvenzplanverfahrens ist der Erörterungs- und Abstimmungstermin, in dem nach der Legaldefinition des § 235 Abs. 1 S. 1 InsO der Insolvenzplan und das Stimmrecht der Gläubiger erörtert werden und anschließend über den Plan abgestimmt wird.

a) Terminierung und Verbindung mit weiteren Terminen

Den Termin bestimmt das Insolvenzgericht, das zur Vermeidung von zeitlichen Verzögerungen den **frühestmöglichen Zeitpunkt** – gem. § 235 Abs. 1 S. 2 InsO möglichst binnen Monatsfrist – wählen sollte. Die Monatsfrist beginnt frühestens mit der Niederlegung und damit unmittelbar nach Abschluss des Vorprüfungsverfahrens i.S.d. § 231 InsO. Gem. § 235 Abs. 1 S. 3 InsO kann der Erörterungs- und Abstimmungstermin bereits zeitgleich mit der Zuleitung zur Stellungnahme nach § 232 InsO anberaumt werden.

---

430 Allg. Meinung, vgl. statt aller: MüKo/Breuer, § 234 InsO Rn 6.
431 Allg. Meinung, vgl. statt aller: MüKo/Breuer, § 234 InsO Rn 10 m.w.N. in Fn 19. Zu weiteren möglichen Beteiligten, insb. dem Personenkreis der Aussonderungsberechtigten, vgl. Uhlenbruck/Lüer, § 234 InsO Rn 4 ff.

185 Ein **gemeinsamer Erörterungs- und Abstimmungstermin** ist der **Regelfall**. Wird hiervon ausnahmsweise abgewichen, ist der Abstimmungstermin gem. § 241 InsO gesondert zu bestimmen.[432]

186 Der Erörterungs- und Abstimmungstermin kann gem. § 236 InsO **nicht vor dem Prüfungstermin** stattfinden, mit diesem aber verbunden werden. Auch eine Verbindung mit dem Berichtstermin oder sonstigen Gläubigerversammlungen ist möglich. Ersteres kann sich insb. anbieten, wenn der Insolvenzplan bereits zusammen mit dem Antrag auf Eröffnung des Insolvenzverfahrens vorgelegt wurde.[433] Letzteres kann in Betracht kommen, wenn ein nur verfahrensleitender Plan vorgelegt wird und noch Beschlussfassungen außerhalb des Planverfahrens erforderlich sind.

Hinweis
Bei der Terminsverbindung sind sowohl die unterschiedlichen zugelassenen Teilnehmerkreise als auch die Aufteilung der Zuständigkeiten zwischen Richter und Rechtspfleger zu beachten. Es besteht ggfs. hoher Abstimmungs- und Koordinierungsbedarf. Somit bietet sich eine Verbindung i.d.R. nur in einfach gelagerten Fällen an. Handelt es sich um eine große Anzahl an Gläubigern und/oder ist bereits absehbar, dass der Erörterungs- und Abstimmungstermin wegen der Komplexität des Plans nicht an einem Tag durchgeführt werden kann, so sollte eine Verbindung insb. mit dem Berichtstermin aufgrund der anderenfalls unvermeidbaren Vertagung unterbleiben.

---

187 Der Erörterungs- und Abstimmungstermin ist **öffentlich bekanntzumachen** und dabei darauf hinzuweisen, dass der Plan und die eingegangenen Stellungnahmen in der Geschäftsstelle eingesehen werden können (§§ 235 Abs. 2 S. 1, 2, 74 Abs. 2 S. 2 InsO). Dabei ist auf die Voraussetzungen der sofortigen Beschwerde hinzuweisen (§ 253 Abs. 2 Nr. 3 InsO).

b) Ladung der Beteiligten

188 Gem. § 235 Abs. 3 S. 1 InsO sind die Insolvenzgläubiger, die Forderungen angemeldet haben, die absonderungsberechtigten Gläubiger, der Insolvenzverwalter, der Schuldner, der Betriebsrat und der Sprecherausschuss der leitenden Angestellten sowie die am Schuldner beteiligten Personen, sofern ihre Anteils- oder Mitgliedschaftsrechte in den Plan einbezogen werden, besonders zu laden. Auch in der Ladung ist auf die Voraussetzungen der sofortigen Beschwerde hinzuweisen (§ 253 Abs. 2 Nr. 3 InsO). Mit der Ladung ist ferner gem. § 235 Abs. 3 S. 2 InsO ein **Abdruck des Plans** oder eine **Zusammenfassung** seines wesentlichen Inhalts, die der Vorlegende auf Aufforderung einzureichen hat, zu übersenden. Ob eine Zusammenfassung oder der vollständige Plan zu übersenden ist, steht im Ermessen des Ge-

---

432 Zu dem gesonderten Abstimmungstermin siehe auch noch Rdn 205 ff.
433 Siehe Begr. RegE InsO zu § 280, BT-Drucks. 12/2443, S. 206.

richts.[434] Ausgehend von dem Normzweck der Vorschrift, die Beteiligten umfassend über den Inhalt des Plans zu informieren,[435] sollte die Übersendung einer Zusammenfassung jedoch die Ausnahme bilden und der vollständige Plan ggf. auf der Homepage des Verwalters und/oder des Schuldners für die zu ladenden Personen abrufbar sein.[436] Der hiermit – unbestrittenermaßen – verbundene logistische Mehraufwand ist hinzunehmen.[437] Bei den anfallenden Kosten der Vervielfältigung und Versendung handelt es sich um Verfahrenskosten.[438] Das Gericht kann den planvorlegenden Insolvenzverwalter **mit der Zustellung** der Ladung gem. § 8 Abs. 3 InsO beauftragen (§ 235 Abs. 3 S. 4 InsO). Soweit lediglich eine Zusammenfassung zu übersenden ist, sollte die Terminsladung den Hinweis enthalten, dass der vollständige Plan auf der Geschäftsstelle des Insolvenzgerichts eingesehen werden kann.

Gem. § 235 Abs. 3 S. 3 InsO sind grds. auch **Personen zu laden, deren Anteils- und Mitgliedschaftsrechte in den Plan einbezogen sind**. Ausdrücklich ausgenommen sind jedoch die Aktionäre und Kommanditaktionäre, da die Anteile bei diesen Gesellschaftsformen in der Regel breit gestreut sein werden.[439] Diese werden durch die öffentliche Bekanntmachung gemäß § 235 Abs. 2 InsO informiert.[440]

189

§ 235 Abs. 3 S. 4 1. HS InsO erklärt für **börsennotierte Gesellschaften** im Sinne des § 3 Abs. 2 AktG die Vorschrift des § 121 Abs. 4a AktG für entsprechend anwendbar. Hiernach hat die Bekanntmachung über solche Medien zu erfolgen, bei denen davon ausgegangen werden kann, dass sie die Information in der gesamten Europäischen Union verbreiten, wenn es sich nicht um Gesellschaften handelt, die ausschließlich Namensaktien ausgegeben haben und die Aktionäre nicht unmittelbar mit eingeschriebenem Brief geladen werden (§ 121 Abs. 4 S. 2, 3 AktG). Gem. § 235 Abs. 4 2. HS InsO. ist eine Zusammenfassung des wesentlichen Inhalts des Plans über die Internetseite des Schuldners zugänglich zu machen.

190

Unterbleibt die Ladung oder fehlt die öffentliche Bekanntmachung, stellt dies einen **Verfahrensmangel** gem. § 250 Nr. 1 InsO dar.[441]

191

---

434 Uhlenbruck/Lüer/Streit, § 235 InsO Rn 16; MüKo/Hintzen, § 235 InsO Rn 17.
435 Uhlenbruck/Lüer/Streit, § 235 InsO Rn 16.
436 Vgl. Buchalik/Stahlschmidt, ZInsO 2014, 1144, 1148.
437 Ebenso FK/Jaffé, § 235 InsO Rn 39.
438 Allg. Meinung, vgl. statt aller: HK/Haas, § 235 InsO Rn 7 m.w.N.
439 So die Gesetzesbegründung, BT-Drucks. 17/5712, S. 33.
440 Gesetzesbegründung, BT-Drucks. 17/5712, S. 33.
441 Uhlenbruck/Lüer/Streit, § 235 InsO Rn 21; keinen Verfahrensmangel im Sinne vorgenannter Vorschrift stellt es nach der obergerichtlichen Rechtsprechung hingegen dar, wenn bei einer übersandten Zusammenfassung lediglich eine Seite fehlt (OLG Dresden, 21.6.2000 – 7 W 951/00, ZIP 2000, 1303, 1303 f.).

c) Erörterung

aa) Grundsätzliches

192 Der **Erörterungstermin schafft die Grundlagen** für die Entscheidung über den Plan.[442] Der Termin beginnt mit dem Aufruf zur Sache (§ 220 Abs. 1 ZPO) und protokollarischer Feststellung der Erschienenen.[443] Sodann stellt der Planersteller einleitend die im Plan beabsichtigten Regelungen zusammenfassend dar.[444] Daran schließt sich eine allgemeine Aussprache an, in der sämtliche Planinhalte diskutiert und erörtert werden.

Praxistipp

Der Erörterungstermin droht auszuufern, wenn wesentliche Planinhalte den Beteiligten erstmals in dem Termin vorgestellt bzw. erläutert werden müssen. Es liegt in der Geschicklichkeit des Planerstellers, dies durch einen klaren Aufbau und Stil des Plans und eine vorherige Abstimmung komplexerer Regelungen mit den Betroffenen zu vermeiden.[445] Eine sorgfältige Vorbereitung des Termins und dessen reibungsloser Ablauf zeichnen den Planersteller aus, schaffen Vertrauen und sorgen daher auch für erhöhte Akzeptanz bei den Gerichten.

---

bb) Planänderungen

193 Soweit sich zwischen dem Zeitpunkt der Niederlegung des Plans und dem Erörterungstermin Änderungen ergeben haben, hat der Planersteller hierauf besonders hinzuweisen und die Änderungen im Einzelnen zu erläutern.[446] Zu beachten ist jedoch, dass gem. § 240 S. 1 InsO nur **„einzelne Regelungen"** aufgrund der Erörterung im Termin inhaltlich geändert werden dürfen.[447] Wann diese Grenze überschritten ist, wird im Gesetz nicht definiert und ist daher im Einzelfall nach der Gesamtkonzeption des Plans zu entscheiden.[448] Beispielsweise verändert der Übergang vom Sanierungs- zum Liquidationsplan das Planziel grundlegend und stellt damit keine einzelne Regelung mehr dar.[449]

---

442 Begr. RegE InsO zu § 279, BT-Drucks. 12/2443, S. 206.
443 MüKo/Hintzen, § 235 InsO Rn 24.
444 Ebenso HK/Haas, § 235 InsO Rn 3; MüKo/Hintzen, § 235 InsO Rn 26.
445 Ähnlich FK/Jaffé, § 235 InsO Rn 15, § 240 InsO Rn 6.
446 MüKo/Hintzen, § 235 InsO Rn 26.
447 Vgl. zum Prozedere bei Planänderungen nach § 240 InsO auch Hiebert, ZInsO 2015, 113.
448 MüKo/Hintzen, § 240 InsO Rn 8 m.w.N.; zustimmend FK/Jaffé, § 240 InsO Rn 8; ebenso PK-HWF/Wutzke, § 240 Rn 9; s.a. LG Berlin, 8.2.2005 – 86 T 5/05, ZInsO 2005, 609, 612 wonach „die Änderungen den Kern des Insolvenzplans unverändert" lassen müssen.
449 Allg. Meinung, vgl. Uhlenbruck/Lüer/Streit, § 240 InsO Rn 5; FK/Jaffé, § 240 InsO Rn 8 und mit weiteren Beispielen MüKo/Hintzen, § 240 InsO Rn 9.

Im Übrigen ist § 240 großzügig auszulegen,[450] damit der Planersteller flexibel **194** reagieren kann und in die Lage versetzt wird, ein Scheitern des Plans im Termin zu verhindern.[451] Die Flexibilität muss jedoch dort ihre **Grenze** haben, wo die Änderungen so umfangreich sind, dass sie von den Beteiligten nicht mehr ohne Weiteres nachvollzogen werden können[452] bzw. der Einzelne nicht mehr in der Lage ist, die Auswirkungen der Änderung auf seine Stellung zu erkennen.[453] Ist dies der Fall, kann verlangt werden, dass der Planverfasser den Plan mit den beabsichtigten Änderungen neu schriftlich abfasst und vorlegt.[454]

cc) Stimmrechtsfestsetzung

Die Stimmrechtsfestsetzung ist **Bestandteil des Erörterungstermins**[455] und Voraussetzung für die nachfolgende Abstimmung. Stimmberechtigt sind grds. die Insolvenzgläubiger (§ 237 InsO), die absonderungsberechtigten Gläubiger (§ 238 InsO) und die Anteilsinhaber des Schuldners, jeweils allerdings nur soweit ihre Forderungen oder Rechte durch den Plan beeinträchtigt werden (§ 237 Abs. 2 InsO). Eine Beeinträchtigung ist stets gegeben, wenn in den Bestand oder den Gehalt der Forderung, des Absonderungsrechts oder der Anteils- oder Mitgliedschaftsrechte durch den Plan ausdrücklich oder kraft Gesetzes eingegriffen wird. **195**

Für die **Stimmrechtsfestsetzung bei den Insolvenzgläubigern** verweist § 237 **196** Abs. 1 S. 1 InsO auf § 77 InsO. Somit sind die Insolvenzgläubiger stimmberechtigt, wenn sie Forderungen angemeldet haben und diese weder vom Verwalter noch einem stimmberechtigten Gläubiger bestritten worden sind (§ 77 Abs. 1 S. 1 InsO). Bestrittene Forderungen gewähren ein Stimmrecht, wenn sich im Termin eine Einigung über das Stimmrecht herbeiführen lässt (§ 77 Abs. 2 S. 1 InsO). Kommt eine Einigung nicht zustande, entscheidet das Insolvenzgericht über die Höhe des Stimmrechts (§ 77 Abs. 2 S. 2 InsO).

Absonderungsrechte gewähren ein Stimmrecht, wenn diese nicht vom Verwalter, von einem absonderungsberechtigten Gläubiger oder von einem Insolvenzgläubiger bestritten werden. Sind die Rechte streitig, aufschiebend bedingt oder nicht fällig, gelten gem. § 238 Abs. 1 S. 3 InsO die §§ 41, 77 Abs. 2, 3 Nr. 1 InsO entsprechend. **197**

---

450 Uhlenbruck/Lüer/Streit, § 240 InsO Rn 5.
451 FK/Jaffé, § 240 InsO Rn 1.
452 Ähnlich MüKo/Hintzen, § 240 InsO Rn 10.
453 FK/Jaffé, § 240 InsO Rn 12 m.w.N.
454 MüKo/Hintzen, § 240 InsO Rn 10.
455 BGH, 17.12.2020 – IX ZE 38/18, ZIP 2021, 203, 204, vgl. MüKo/Hintzen, §§ 237, 238 InsO Rn 5; HK/Haas, § 237 InsO Rn 2.

198 **Absonderungsberechtigte Gläubiger**, denen der Schuldner auch **persönlich haftet**, sind als Insolvenzgläubiger abstimmungsberechtigt, wenn sie auf ihr Absonderungsrecht verzichten oder ausfallen (§ 237 Abs. 1 S. 2 1. HS InsO). Steht der Ausfall noch nicht fest, sind sie mit dem mutmaßlichen Ausfall zu berücksichtigen (§ 237 Abs. 1 S. 2 2. HS InsO). Damit nehmen absonderungsberechtigte Gläubiger an der Abstimmung einerseits mit ihrer Ausfallforderung als Insolvenzgläubiger und andererseits mit ihrem Absonderungsrecht teil.

199 **Nachrangige Insolvenzgläubiger** erhalten gem. § 237 InsO nur dann ein Stimmrecht, wenn für sie eine eigene Gruppe gem. § 222 Abs. 1 S. 2 Nr. 3 InsO gebildet wurde und ihre Forderungen nicht als erlassen gelten sollen (§ 225 InsO).[456] Dies wird jedoch in den seltensten Fällen der Fall sein.[457]

200 Das **Stimmrecht der am Schuldner beteiligten Personen** ist in § 238a InsO geregelt. Auch ihnen wird ein Stimmrecht nur gewährt, soweit ihre Rechte durch den Plan beeinträchtigt werden (§ 238a Abs. 2 i.V.m. § 237 Abs. 2 InsO). Das Stimmrecht der Anteilsinhaber bestimmt sich allein nach der Beteiligung am gezeichneten Kapital oder Vermögen des Schuldners (§ 238a Abs. 1 S. 1 InsO). Bei den Kapitalgesellschaften bereitet dies i.d.R. keine Schwierigkeiten.[458] Anders sieht dies bei Personengesellschaften, Vereinen und Genossenschaften aus, bei denen gerade kein eingetragenes oder gezeichnetes Eigenkapital besteht. Maßgeblich ist hier in erster Linie der Gesellschaftsvertrag.[459] Im Zweifel ist von einer gleichmäßigen Verteilung auszugehen.[460] Bei Genossenschaftsmitgliedern ist grds. der Nennbetrag des Genossenschaftsanteils maßgeblich.[461] Bei Vereinsmitgliedern ist mangels Beteiligung am Vermögen gem. § 32 BGB jedem Mitglied eine Stimme zu gewähren.[462]

201 Da § 238a Abs. 1 S. 1 InsO für das Stimmrecht ausschließlich auf die Kapitalbeteiligung abstellt, können sich **Abweichungen** von den außerhalb des Insolvenzverfahrens den Gesellschaftern zustehenden Stimmrechten nach den jeweiligen **gesellschaftsrechtlichen Regelungen** ergeben.[463] Satzungsgemäße oder gesellschaftsvertragliche Stimmrechtsbeschränkungen, Sonder- oder Mehrstimmrechte haben gem. § 238a Abs. 1 S. 2 InsO im Planverfahren von Vornherein außer Betracht zu bleiben. Auch gesetzliche Stimmrechtsausschlüsse[464] für Anteilsinhaber können keine Berücksichtigung finden, soweit durch den Plan in deren Rechte eingegriffen

---

[456] Vgl. Uhlenbruck/Lüer/Streit, § 237 InsO Rn 4.
[457] Hierzu erläuternd PK-HWF/Wutzke, § 237 InsO Rn 26.
[458] Zu den gleichwohl ggf. zu beachtenden Besonderheiten ausf. HambKomm/Thies, § 238a InsO Rn 6 ff.; sowie Uhlenbruck/Hirte, § 238a InsO Rn 5 ff. und K. Schmidt/Spliedt, § 238a InsO Rn 5 ff.
[459] Vgl. MüKo/Madaus, §§ 238a InsO Rn 8.
[460] MüKo/Madaus, §§ 238a InsO Rn 8.
[461] Ebenso MüKo/Madaus, §§ 238a InsO Rn 12; K. Schmidt/Spliedt, § 238a InsO Rn 10.
[462] Ebenso MüKo/Madaus, §§ 238a InsO Rn 13; K. Schmidt/Spliedt, § 238a InsO Rn 11 f.
[463] So ausdrücklich die Gesetzesbegründung, BT-Drucks. 17/5712, S. 33.
[464] Z.B. § 47 Abs. 4 GmbHG, § 136 Abs. 1 AktG und § 43 Abs. 6 GenG.

wird.⁴⁶⁵ Stimmbindungsverträge und Stimmvollmachten haben unabhängig von ihrer Wirksamkeit keinen Einfluss auf die Stimmrechtsfestsetzung.⁴⁶⁶

Auch den **Inhabern von gruppeninternen Drittsicherheiten** ist ein Stimmrecht zu gewähren, wenn der Plan Eingriffe in diese Rechte vorsieht. Das Stimmrecht dieser Gläubiger richtet sich gem. § 238b InsO nach dem Befriedigungsbeitrag, der aus der Geltendmachung der Drittsicherheit mutmaßlich zu erwarten ist. Gemeint sein dürfte hier der mutmaßlich für den Gläubiger ohne den Plan aus der Sicherheit auf seine Forderung gegen den Schuldner realisierbare Betrag. 201a

Das Ergebnis der Erörterung über die Stimmrechte hält der Urkundsbeamter der Geschäftsstelle in einem Verzeichnis fest, der sog. „**Stimmliste**" (vgl. § 239 InsO). Ein **Rechtsmittel** gegen die Entscheidung ist nicht vorgesehen (§ 6 Abs. 1 InsO).⁴⁶⁷ Gem. § 77 Abs. 2 S. 3 besteht jedoch die Möglichkeit der nachträglichen Änderung der Entscheidung auf Antrag des Insolvenzverwalters oder eines Gläubigers. 202

Praxistipp
Weiterhin haben wenige Gerichte Erfahrungen mit Erörterungs- und Abstimmungsterminen. Dies betrifft nicht nur die Insolvenzrichter, sondern auch die Mitarbeiter der Geschäftsstellen. Im Vorfeld sollte daher der Planersteller mit beiden den Termin abstimmen. Als hilfreich erweisen sich selbst bei kleineren Verfahren vom Planersteller für den Abstimmungstermin vorbereitete Stimmlisten.

---

d) Abstimmung

An die Erörterung des Plans mit der Stimmrechtsfestsetzung schließt sich **unmittelbar die Abstimmung** an, sofern das Gericht nicht ausnahmsweise einen gesonderten Abstimmungstermin gem. § 241 InsO bestimmt hat. Der einheitliche Termin kann sofern erforderlich unterbrochen werden. Je nach Größe des Verfahrens und Zahl der Anwesenden ist eine **Unterbrechung** auch für mehrere Tage möglich, etwa wenn sich die Erörterung wider Erwarten bis in die Abendstunden hinzieht.⁴⁶⁸ 203

Eine einmal erfolgte **Stimmabgabe ist unwiderruflich** und kann im Nachhinein nicht mehr geändert werden.⁴⁶⁹ Im Fall der schriftlichen Abstimmung ist die 204

---

465 Zu den Gründen ausf. siehe auch HambKomm/Thies, § 238a InsO Rn 29; K. Schmidt/Spliedt, § 238a InsO Rn 15.
466 Vgl. K. Schmidt/Spliedt, § 238a InsO Rn 15 f.
467 Vgl. aber BGH, 17.12.2020 – IX ZB 38/18, ZIP 2021, 203, 204, wonach eine erst nach der Abstimmung vorgenommene bzw. protokollierte Stimmrechtsfestsetzung über die sofortige Beschwerde nach § 253 Abs. 1 InsO angreifbar ist.
468 Hierzu ausf. MüKo/Hintzen, § 241 InsO Rn 4.
469 H.M., vgl. MüKo/Hintzen, § 243 InsO Rn 6; HK/Haas, § 243 InsO Rn 5; FK/Jaffé, § 243 InsO Rn 5.

Stimmabgabe jedenfalls dann endgültig, wenn sie im Termin protokolliert worden ist.[470]

aa) Abstimmung in Gruppen

205 Die Abstimmung erfolgt **für jede Gruppe gesondert** (§ 243 InsO). Die Reihenfolge der Abstimmung legt das Gericht fest (§ 76 Abs. 1 InsO), sofern nicht die Gläubiger von der Möglichkeit einer entsprechenden Beschlussfassung Gebrauch machen (§ 76 Abs. 2 InsO) und die Reihenfolge selbst festlegen.[471] Der jeweilige Stimmberechtigte gibt nach Aufruf seine Stimme **mündlich** ab. Enthält sich ein Stimmberechtigter seiner Stimme, ist dies zwar grds. zulässig, allerdings zählt diese dann nicht bei der Feststellung der Mehrheiten.[472]

> **Praxistipp**
> In der Praxis wird – insb. bei Verfahren mit einer Vielzahl von Stimmberechtigten – vielfach mit **Abstimmungsvollmachten** gearbeitet. Vor allem für Gläubiger, mit deren Erscheinen von vornherein nicht zu rechnen ist, etwa weil eine weite Anreise erforderlich wäre. Der Planvorlegende kann ggf. anregen, dass sich ein Gläubigervertreter, der an dem Termin teilnehmen wird, als Vollmachtnehmer anbietet. Zu achten ist darauf, dass die Vollmacht auch die Befugnis enthält, Planänderungen gem. § 240 InsO zuzustimmen.[473] Zudem ist bei einer Bevollmächtigung darauf zu achten, dass wegen widerstreitender Interessen weder der Verwalter, noch seine Sozietät oder der anwaltliche Schuldnervertreter Gläubiger vertreten darf (§ 43a Abs. 4 BRAO).[474]

bb) Gesonderter Abstimmungstermin

206 **Ausnahmsweise** kann ein gesonderter Abstimmungstermin terminiert werden (§ 241 InsO), bspw. wenn die Planregelungen sehr komplex sind oder durch Planänderungen vorher unbelastete Gläubiger beeinträchtigt werden. Zwischen Erörterungs- und Abstimmungstermin soll nicht mehr als ein Monat liegen (§ 241 Abs. 1 S. 2 InsO).

207 Bei einer separaten Terminierung kann das Stimmrecht gem. § 242 InsO auch **schriftlich** ausgeübt werden. Das Gericht hat den Gläubigern die Möglichkeit der

---

470 Vgl. zu den leicht variierenden Anknüpfungspunkten auch HK/Haas, § 243 InsO Rn 5; FK/Jaffé, § 243 InsO Rn 5; MüKo/Hintzen, § 243 InsO Rn 4 sowie Uhlenbruck/Lüer/Streit, § 243 InsO Rn 5.
471 K. Schmidt/Spliedt, § 243 InsO Rn 3; HK/Haas, § 243 InsO Rn 3; nach teilweise vertretener Ansicht legt ausschließlich das Gericht die Abstimmungsreihenfolge fest, vgl. Uhlenbruck/Lüer/Streit, § 243 InsO Rn 4; ebenso MüKo/Hintzen, § 243 InsO Rn 4.
472 Allg. Meinung, vgl. statt aller: HK/Haas, § 243 InsO Rn 2. Zur Feststellung der Mehrheiten siehe auch noch unter Rdn 210 ff.
473 Buchalik/Stahlschmidt, ZInsO 2014, 1144, 1148.
474 LG Hamburg, 1.12.2006 – 326 T 93/06, ZInsO 2007, 277.

schriftlichen Stimmabgabe einzuräumen und diesen den Stimmzettel und die Mitteilung über das Stimmrecht zusammen mit der Ladung zu übersenden.[475] Dem Gericht steht hierbei kein Ermessen zu.[476] Zudem hat das Gericht den Stimmberechtigten gem. § 242 Abs. 2 2. HS InsO zwingend darauf hinzuweisen, dass die schriftliche Stimmenabgabe spätestens am Tag vor dem Abstimmungstermin zugegangen sein muss. Unterbleibt der Hinweis, muss das Gericht nachträglich eingegangene Stimmen noch im Abstimmungstermin berücksichtigen.[477] Die Gläubiger müssen von der Möglichkeit der schriftlichen Stimmenabgabe indes keinen Gebrauch machen und können auch erst im Termin selbst mündlich abstimmen.

Erörterungen des Plans sind in dem gesonderten Abstimmungstermin zu beschränken. Hingewiesen werden soll lediglich auf etwaige im Erörterungstermin vorgenommene Planänderungen i.S.d. § 240 InsO. Diesbezügliche Fragen sind sodann erlaubt.[478] Das Gericht sollte bei der Ladung zu einem gesonderten Abstimmungstermin auf etwaige bereits bekannte Planänderungen hinweisen. Haben sich die Änderungen erst nach der Versendung der Ladungen ergeben, sollten die Abstimmungsberechtigten hierauf zu Beginn des Abstimmungstermins hingewiesen werden. 208

Hinweis 209
Als flexiblere Alternative zu einer separaten Terminierung gem. § 241 InsO ist in der Praxis die **Unterbrechung oder Vertagung** eines einheitlichen Erörterungs- und Abstimmungstermins in Betracht zu ziehen, da hierbei nicht nur die Abstimmungsentscheidung aufgeschoben, sondern auch eine Fortsetzung der Erörterung besonders komplexer Planregelungen oder Planänderungen vorgesehen werden kann.[479]

Gegen die separate Terminierung, die Vertagung und die Unterbrechung als rein verfahrensleitende Maßnahmen besteht **kein Rechtsbehelf**. 210

cc) Erforderliche Mehrheiten
Grundvoraussetzung für die Annahme des Plans ist die **Stimmenabgabe** durch wenigstens einen stimmberechtigten Beteiligten. Denn anders als bei Entscheidungen 211

---

475 Die Übersendung erfolgt mittels einfachen Briefs, eine Zustellung sieht das Gesetz nicht vor.
476 Allg. Meinung, vgl. statt aller: Uhlenbruck/Lüer/Streit, § 242 InsO Rn 2.
477 Ebenso HK/Haas, § 242 InsO Rn 3; Braun/Braun/Frank, § 242 InsO Rn 2. Die Nichtberücksichtigung kann einen Verfahrensverstoß nach § 250 Abs. 1 InsO darstellen, der jedoch durch Wiederholung der Abstimmung geheilt werden kann, vgl. MüKo/Hintzen, § 242 InsO Rn 8.
478 Ähnlich Uhlenbruck/Lüer/Streit, § 241 InsO Rn 14; a.A. MüKo/Hintzen, § 241 InsO Rn 14 und FK/Jaffé, § 241 InsO Rn 14, wonach keinerlei Erörterung mehr stattzufinden hat.
479 Vgl. hierzu auch ausf. MüKo/Hintzen, § 241 InsO Rn 3 ff.

der Gläubigerversammlung i.S.d. § 160 InsO findet keine Zustimmungsfiktion für abwesende oder nicht abstimmende Beteiligte nach § 160 Abs. 1 S. 3 InsO statt. Jedoch muss nicht innerhalb jeder gebildeten Gruppe eine Stimme abgegeben werden. Bei der Ermittlung der erforderlichen Mehrheiten nach § 244 InsO werden ausschließlich die abstimmenden Gruppen und Beteiligten berücksichtigt.

> **212 Praxistipp**
> Um zu vermeiden, dass die Planannahme an der fehlenden Beteiligung der Stimmberechtigten am Abstimmungstermin scheitert, ist es insb. in Kleinverfahren ratsam, durch entsprechende Anfragen im Vorfeld sicherzustellen, dass zumindest ein Stimmberechtigter teilnimmt bzw. einen Vertreter entsendet. Der Stimmberechtigte muss kein Gläubiger, sondern kann auch eine am Schuldner beteiligte Person sein, wenn für diese eine Gruppe gebildet wurde.

213 Die für die Annahme des Plans erforderlichen Mehrheiten ergeben sich aus § 244 InsO. Für die **Zustimmung der Gläubiger** ist erforderlich, dass in jeder Gruppe
1. die Mehrheit der abstimmenden Gläubiger dem Plan zustimmt, sog. „Kopfmehrheit" (§ 244 Abs. 1 Nr. 1 InsO) und
2. die Summe der zustimmenden Gläubiger mehr als die Hälfte der Summe der Ansprüche[480] der abstimmenden Gläubiger beträgt, sog. „Summenmehrheit" (§ 244 Abs. 1 Nr. 2 InsO).

214 Die **Kopfmehrheit** ergibt sich aus der Anzahl der ab- bzw. zustimmenden Personen innerhalb der Gruppe, wobei auch mehrere Forderungen aus verschiedenen Rechtsgründen einem Gläubiger innerhalb einer Gruppe nur eine Stimme gewähren.[481] Ist ein Gläubiger mehreren Gruppen zugeordnet, etwa weil seine Forderung nur bis zu einer bestimmten Höhe gesichert ist und er mit der Ausfallforderung einer anderen Gruppe angehört,[482] zählt er in jeder Gruppe als ein Kopf.[483]

215 Die **Summenmehrheit** ergibt sich aus der Höhe der Forderungen, mit denen die ab- bzw. zustimmenden Gläubiger der jeweiligen Gruppe zugeordnet sind.

216 Erforderlich aber auch ausreichend ist jeweils die **einfache Mehrheit**. Berücksichtigt werden nur die anwesenden Gläubiger, die an der Abstimmung aktiv teilnehmen bzw. – im schriftlichen Verfahren – die rechtzeitig eingegangenen Stimmen. Passivität durch Abwesenheit soll die Ergebnisfindung ebenso wenig beeinflussen wie eine ausdrückliche Stimmenthaltung.[484]

---

480 Hierunter sind die in der Stimmliste ausgewiesenen Beträge zu verstehen.
481 H.M., vgl. Uhlenbruck/Lüer/Streit, § 244 InsO Rn 4; s.a. OLG Köln, 1.12.2000 – 2 W 202/00, ZInsO 2001, 85, 86.
482 Siehe hierzu Rdn 38.
483 H.M, vgl. MüKo/Hintzen, § 244 InsO Rn 10 m.w.N.
484 Allg. Meinung, vgl. nur FK/Jaffé, § 244 InsO Rn 5; MüKo/Hintzen, § 244 InsO Rn 9.

Gem. § 244 Abs. 3 InsO gilt für die **Gruppe der Anteilsinhaber** § 244 Abs. 1 Nr. 2 217
InsO mit der Maßgabe, dass an die Stelle der Summe der Ansprüche die Summe der
Beteiligungen tritt. Auf die Kopfmehrheit kommt es indes **nicht** an.[485]

Steht **mehreren Gläubigern ein Recht** gemeinschaftlich zu oder haben deren 218
Rechte bis zum Eintritt des Eröffnungsgrundes ein einheitliches Recht gebildet,
werden diese Gläubiger bei der Abstimmung nur als **ein Gläubiger** gerechnet (§ 244
Abs. 2 S. 1 InsO). Entsprechendes gilt bei Pfandrechten oder Nießbrauch (§ 244
Abs. 2 S. 2 InsO). Dies betrifft z.B. die Gesellschafter einer GbR gem. §§ 705 ff. BGB,
die Mitglieder einer Erbengemeinschaft i.S.d. § 2032 BGB und Gesamtgläubiger bzw.
-schuldner gem. § 428 bzw. § 432 BGB.

dd) Abstimmungsergebnis

Das Gericht hat das Abstimmungsergebnis zu protokollieren und am Ende des Ab- 219
stimmungstermins bekannt zu geben.[486]

Hat kein Abstimmungsberechtigter eine Stimme abgegeben, hat das Gericht 220
ggfs. einen **neuen Abstimmungstermin** anzuberaumen.

Wurden in allen abstimmenden Gruppen die erforderlichen Mehrheiten erreicht 221
und hat der Schuldner – im Fall eines von dem Verwalter/Sachwalter vorgelegten
Plans – dem Plan nicht wirksam widersprochen (§ 247),[487] beginnt das gerichtliche
Bestätigungsverfahren gem. §§ 248 ff. InsO.[488]

Hat die Mehrheit der abstimmenden Gruppen dem Plan nicht mit den erforderli- 222
chen Mehrheiten zugestimmt, hat das Gericht die **Bestätigung** des Plans zu **versagen**.[489] Anschließend ist das Regelverfahren durchzuführen.

Hat zwar die Mehrheit der abstimmenden Gruppen, jedoch nicht jede abstim- 223
mende Gruppe dem Plan mit den erforderlichen Mehrheiten zugestimmt, hat das
Gericht zu prüfen, ob die **Zustimmungsersetzung** nach den §§ 245 ff. InsO greift.

e) Zustimmungsersetzung

Wie im vorangegangenen Abschnitt aufgezeigt, ist es für die Annahme des Insol- 224
venzplans gemäß § 244 InsO grds. erforderlich, dass alle abstimmenden Gruppen
mit den erforderlichen Mehrheiten zustimmen. Nicht immer sind die Interessen der
Beteiligten und deren Zustimmungsbereitschaft jedoch ausschließlich wirtschaftlich
geprägt. Vielmehr sind auch Fälle denkbar, in denen eine Zustimmungsverweige-

---

485 Gesetzesbegründung, BT-Drucks. 17/5712, S. 34.
486 **A.A.** K. Schmidt/Spliedt, § 244 InsO Rn 12.
487 Siehe hierzu noch unten Rdn 239 ff.
488 Zum Ablauf des Bestätigungsverfahrens siehe noch unten Rdn 243 ff.
489 Zu der Erforderlichkeit eines entspr. Negativbeschlusses siehe unten Rdn 263.

rung aus persönlichen Gründen und Interessen erfolgt, obwohl der Beteiligte objektiv wirtschaftlich durch den Plan nicht schlechter gestellt wird als in einem Regelverfahren. Eine derartige **missbräuchliche Obstruktion**[490] wird durch § 245 InsO[491] überwunden, indem die fehlende Zustimmung ersetzt bzw. fingiert wird. Wurden Gruppen nachrangiger Gläubiger oder Anteilsinhaber gebildet, wird deren Zustimmung über die §§ 246 und 246a InsO auch dann ersetzt, wenn in diesen Gruppen keine Stimme abgegeben wird.

225 Eine Zustimmungsersetzung nach § 245 InsO kommt nur in Betracht, wenn die **Mehrheit der abstimmenden Gruppen** dem Plan **zugestimmt** hat (§ 245 Abs. 1 Nr. 3 InsO). Demzufolge greift die Regelung bei Plänen mit lediglich einer oder zwei Gruppen nicht.[492] Nimmt bei drei Gruppen eine Gruppe an der Abstimmung nicht teil, ist dies zwar für das Einstimmigkeitserfordernis des § 244 InsO unbeachtlich. Wegen des ausdrücklich geregelten Mehrheitserfordernisses in § 245 Abs. 1 Nr. 3 InsO wäre der Plan aber bei einer zustimmenden, einer ablehnenden und einer sich enthaltenden Gruppe für eine Zustimmungsersetzung kein Raum und der Plan gescheitert.

226 Bei der Prüfung der weiteren noch darzulegenden Voraussetzungen nach § 245 Abs. 1 Nr. 1 und 2 InsO hat das Insolvenzgericht **ausschließlich wirtschaftliche Erwägungen** anzustellen[493] und zu ermitteln, ob die Beteiligten der Gruppe, deren Zustimmung fehlt, durch den Insolvenzplan voraussichtlich nicht schlechter gestellt werden, als sie ohne einen Plan stünden (§ 245 Abs. 1 Nr. 1 InsO) und ob sie angemessen an dem wirtschaftlichen Wert beteiligt werden, der auf der Grundlage des Plans den Beteiligten zufließen soll (§ 245 Abs. 1 Nr. 2 InsO). Bei dieser Prüfung gilt der Amtsermittlungsgrundsatz gem. § 5 Abs. 1 InsO. Dem Gericht kommt damit keine einfache Aufgabe zu, da es im Rahmen der Prüfung der Tatbestandsmerkmale der Schlechterstellung, der angemessenen Beteiligung und des wirtschaftlichen Werts auch **Prognosen** zu stellen hat.[494]

227 Das Ergebnis der Prüfung nach § 245 InsO hat das Gericht in das Protokoll aufzunehmen und am Ende des Abstimmungstermins bekannt zu geben bzw. ggf. gem. § 252 Abs. 1 S. 1, 2. Alt. InsO einen gesonderten Verkündungstermin anzuberaumen.[495] Die Feststellung des Gerichts zu der Ersetzung einer fehlenden Zustimmung

---

490 Der Vorschrift liegt insgesamt der Missbrauchsgedanke zugrunde, vgl. Begr. RegE InsO zu § 290, BT-Drucks. 12/2443, S. 208.
491 Die Vorschrift ist dem U.S.-amerikanischen Recht, der sog. „cram-down-rule", nachempfunden; vgl. den ausdrücklichen Hinweis in Begr. RegE zu § 290, BT-Drucks. 12/2443, S. 208. Zu dem cram-down-Verfahren s. ausführlich Smid/Rattunde/Martini, Der Insolvenzplan, Rn 18.20 ff.
492 Allg. Meinung, vgl. statt aller K. Schmidt/Spliedt, § 245 InsO Rn 18.
493 Vgl. LG Traunstein, 27.8.1999 – 4 T 2966/99, ZInsO 1999, 577, 580 f.
494 Ähnlich FK/Jaffé, § 245 InsO Rn 15.
495 Nerlich/Römermann/Rühle, § 252 InsO Rn 4.

ist nicht unmittelbar angreifbar,[496] sondern kann nur im Rahmen einer sofortigen Beschwerde gegen die Planbestätigung oder Versagung nach § 253 InsO zu überprüfen sein.

Bei der Zustimmungsersetzung ist zwischen nicht nachrangigen und nachrangigen Gläubigern, Anteilsinhabern und dem Schuldner zu differenzieren:

aa) Zustimmungsfiktion für nicht nachrangige Gläubiger (§ 245 InsO)

228 Nach der Feststellung der Zustimmungsmehrheit der abstimmenden Gruppen i.S.d. § 245 Abs. 1 Nr. 3 InsO ist nach § 245 Abs. 1 Nr. 1 InsO weitere Voraussetzung für die Zustimmungsfiktion nicht nachrangiger Gläubiger, dass die Gläubiger der betroffenen Gruppe durch den Plan **voraussichtlich nicht schlechter gestellt** werden als im Fall der Regelabwicklung ohne Plan. Das Insolvenzgericht hat anhand der im gestaltenden Teil des Plans enthaltenen Vergleichsrechnung (§ 220 Abs. 2 S. 2 InsO) festzustellen, ob eine Gleich- oder Besserstellung der Betroffenen im Fall der Durchführung des Planverfahrens ggü. der Regelabwicklung wahrscheinlicher ist als eine Schlechterstellung.[497] Bei dem Vergleich haben ausschließlich wirtschaftliche Erwägungen Berücksichtigung zu finden.[498] Dabei darf das Gericht grds. die im Plan getroffenen Regelungen und vorgesehenen Leistungen/Erlöse als realistisch zugrunde legen.[499]

229 Die vom Gericht bei der Prüfung einer Schlechterstellung zu treffende **Prognoseentscheidung** bereitet in einfach gelagerten Fällen bzw. deutlich unterschiedlichen Varianten beispielsweise Fortführung im Vergleich zur Betriebsstilllegung[500] regelmäßig keine größeren Schwierigkeiten. Erleichtert wird die Prognose bei Insolvenzplänen für natürliche Personen zudem durch die mit dem SanInsFoG eingefügte Vermutungsregel des § 245a InsO. Danach ist bei einer natürlichen Person für die Prüfung einer voraussichtlichen Schlechterstellung nach § 245 Abs. 1 Nr. 1 InsO im Zweifel davon auszugehen, dass die Einkommens-, Vermögens- und Familienverhältnisse des Schuldners zum Zeitpunkt der Abstimmung über den Insolvenzplan für die Verfahrensdauer und dem Zeitraum, in dem die Insolvenzgläubiger ihre restlichen Forderungen gegen den Schuldner unbeschränkt geltend machen können, maßgeblich bleiben. Hat der Schuldner einen zulässigen Antrag auf Restschuldbe-

---

496 LG Göttingen, 7.9.2004 – 10 T 78/04, ZInsO 2004, 1318,1320.
497 So auch LG Mühlhausen, 17.9.2007 – 2 T 190/06, NZI 2007, 724, 727.
498 LG Traunstein, 27.8.1999 – 4 T 2966/99, ZInsO 1999, 577, 580 f.
499 Vgl. Uhlenbruck/Lüer/Streit, § 245 InsO Rn 9 ff., anders nur, wenn sich konkrete Anhaltspunkte für eine fehlende Machbarkeit ergeben. So wohl auch LG Traunstein, 27.8.1999 – 4T 2966/99, ZInsO 1999, 577, 580.
500 Vgl. insofern aber den durch das SanInsFoG eingefügten Grundsatz des § 245 Abs. 2 S. 2 InsO, wonach bei einer im Plan vorgesehenen Betriebsfortführung auch im Vergleichsszenario ohne Plan von einer Betriebsfortführung auszugehen ist.

freiung gestellt, ist gem. § 245a S. 2 InsO im Zweifel zudem anzunehmen, dass die Restschuldbefreiung zum Ablauf der Abtretungsfrist des § 287 Abs. 2 InsO erteilt wird.[501]

230 In komplexeren Verfahren kann die Prognose das Gericht jedoch mitunter vor erhebliche Herausforderungen stellen. Dies betrifft insb. die Frage, welche **Werte** das Gericht bei der Vergleichsbetrachtung zugrunde zu legen hat. Gemäß § 220 Abs. 2 S. 3 InsO sind für das Vergleichsszenario ohne Plan grds. Fortführungswerte anzusetzen, wenn der Plan die Fortführung des Unternehmens vorsieht, es sei denn ein Verkauf des Unternehmens oder eine anderweitige Fortführung sind aussichtslos.[502]

231 Schließlich ist auch zu berücksichtigen, dass das Gericht lediglich eine **Wahrscheinlichkeitsbetrachtung** anzustellen hat. **Dabei** kann und sollte in erster Linie auf die bereits vorliegenden Unterlagen und Dokumente zurückgegriffen werden, insb. auch die im **darstellenden Teil** enthaltene **Vergleichsrechnung**, die ggf. stichtagsbezogen zu aktualisieren ist.[503] Das Gericht kann außerdem **eigene Ermittlungen** anstellen und einen Sachverständigen beauftragen.[504] Verbleiben hiernach noch Zweifel, gehen diese zulasten des nicht einstimmig angenommenen Plans.

232 Ist das Gericht zu der Überzeugung gelangt, dass keine Schlechterstellung der betroffenen Gläubiger vorliegt, hat es nach **§ 245 Abs. 1 Nr. 2 InsO** zusätzlich zu prüfen, ob die Gläubiger der Gruppe, deren Zustimmung zu ersetzen ist, **angemessen an dem wirtschaftlichen Wert beteiligt** werden, der auf der Grundlage des Plans den Beteiligten zufließen soll. Unter dem wirtschaftlichen Wert ist dabei der **Mehrwert** zu verstehen, der durch den Plan **im Verhältnis zur Regelabwicklung** entsteht.[505] Eine angemessene Beteiligung liegt vor, wenn die folgenden drei Voraussetzungen des § 245 Abs. 2 Nr. 1 bis 3 InsO **kumulativ** erfüllt sind:[506]

1. Kein Gläubiger darf nach dem Plan **wirtschaftliche Werte** erhalten, **die den vollen Betrag seines Anspruchs übersteigen** (§ 245 Abs. 2 Nr. 1 InsO),

---

501 Die Einführung dieser dem § 309 Abs. S. 2 Nr. 2 InsO nachgebildeten Regelung fördert die Rechtssicherheit der Plangestaltung bei natürlichen Personen. Zuvor war diese mit erheblichen Unwägbarkeiten verbunden. Vgl. etwa LG Hamburg vom 18.11.2015 – 326 T 109/15, ZInsO 2016, 47, das die Nichtberücksichtigung von Gehaltssteigerungen im Rahmen der Vergleichsrechnung im Verfahren über das Vermögen einer natürlichen Person als Zurückweisungsgrund ansah.
502 Dieser Grundsatz wurde erst mit dem SanInsFoG eingeführt. Zuvor bildete nach weiter verbreiteter und auch hier in der Vorauflage vertretener Ansicht grds. der Zerschlagungswert des Unternehmens die Vergleichsgröße, es sei denn, es lägen hinreichend konkrete Anhaltspunkte – etwa ein konkretes Kaufangebot – vor, die es sachgerecht erscheinen ließen, Fortführungswerte anzusetzen. Vgl. auch AG Cuxhaven, 14.9.2017 – 12 IN 168/16, ZInsO 2017, 2128, 2129.
503 HK/Haas, § 245 InsO Rn 13.
504 HK/Haas, § 245 InsO Rn 14.
505 HK/Haas, § 245 InsO Rn 17.
506 Allg. Meinung, vgl. statt aller FK/Jaffé, § 245 InsO Rn 26 ff.; so auch Begr. RegE InsO zu § 290, BT-Drucks. 12/2443, S. 208 f.

2. **Gläubiger**, die ohne einen Plan ggü. den Gläubigern der Gruppe **nachrangig** zu befriedigen wären, der **Schuldner** oder an ihm **beteiligte Personen** dürfen nach dem Plan **keinen wirtschaftlichen Wert** erhalten, der nicht durch eine Leistung in das Vermögen des Schuldners vollständig ausgeglichen wird, (§ 245 Abs. 2 Nr. 2 InsO) und
3. **Gläubiger**, die **ohne einen Plan gleichrangig** mit den Gläubigern der Gruppe zu befriedigen gewesen wären, dürfen durch den Plan nicht **bessergestellt** werden als diese Gläubiger (§ 245 Abs. 2 Nr. 3 InsO).

Gem. § 245 Abs. 2 Nr. 1 InsO ist eine angemessene Beteiligung ausgeschlossen, wenn andere Gläubiger durch den Plan wirtschaftlich mehr erhalten, als sie zu beanspruchen haben. Diese **Beschränkung auf eine Vollbefriedigung** der Gläubiger mit ihren Forderungen einschließlich Zinsen und Kosten steht dem Wortlaut nach einer Zustimmungsersetzung selbst dann entgegen, wenn auch für die obstruierenden Gläubiger eine überschießende Befriedigung im Plan vorgesehen ist.[507]

233

Weitaus komplexer ist die weitere Voraussetzung der angemessenen Beteiligung nach § 245 Abs. 2 Nr. 2 InsO. Diese Vorschrift dient der **Wahrung der im Regelverfahren geltenden Rangverhältnisse,** wonach Gläubiger mit nachrangigen Forderungen i.S.v. § 39 InsO nur und erst dann eine Befriedigung erhalten, wenn die nicht nachrangigen Gläubiger i.S.v. § 38 InsO zu 100 % befriedigt wurden und der Schuldner oder an diesem beteiligte Personen am Verwertungserlös nur partizipieren, wenn sämtliche Insolvenzgläubiger vollständig befriedigt werden konnten. Für die Frage, ob ein Wertzufluss an den **Schuldner** vorliegt, ist auf einen etwaigen wirtschaftlichen **Mehrwert durch den Plan** abzustellen. Allein die Fortführungsmöglichkeit des Unternehmens durch den Schuldner stellt nicht zwangsläufig die Zuwendung eines wirtschaftlichen Werts an den Schuldner dar.[508] Dies ist vielmehr einzelfallabhängig zu beurteilen.[509] Dabei ist eine bilanzielle Betrachtung vorzunehmen. Zum vermutlichen Zeitpunkt der Aufhebung des Insolvenzverfahrens sind die bei dem Schuldner verbleibenden Vermögensgegenstände im Verhältnis zu den zu übernehmenden Verbindlichkeiten zu stellen. Sodann ist der Saldo festzuhalten. Auf Grund des erheblichen Schutzes über das Schlechterstellungsverbotes nach § 245 Abs. 1 Nr. 1 InsO ist der Anwendungsbereich eng zu fassen.[510] Da oftmals ohne den persönlichen Einsatz des Schuldners bzw. der an ihm beteiligten Personen

234

---

[507] Der Gesetzgeber dürfte insofern davon ausgegangen sein, dass in einer solchen Konstellation kein Gläubiger gegen den Plan stimmt.
[508] So ausdrücklich Begr. RegE InsO zu § 290, BT-Drucks. 12/2443, S. 209.
[509] Begr. RegE InsO zu § 290, BT-Drucks. 12/2443, S. 209; siehe hierzu auch ausführlich Nerlich/Römermann/Rühle, § 245 InsO Rn 17 ff.; Uhlenbruck/Lüer/Streit, § 245 InsO Rn 27.
[510] Zur Ermittlung des Mehrwertes insb. bei geplanter Betriebsfortführung und Kapitalerhöhung vgl. ausf. HambKomm/Thies, § 245 InsO Rn 14 f.

eine Betriebsfortführung und damit der Planmehrwert nicht zu realisieren wäre[511], wurde der Ausschluss des Obstruktionsverbots wegen Wertzuweisungen i.S.v. § 245 Abs. 2 Nr. 2 InsO a.F. in zweierlei Hinsicht im Zuge des SanInsFoG angepasst. Zunächst wurde durch eine entsprechende Ergänzung des Wortlautes des § 245 Abs. 2 S. 1 Nr. 2 InsO klargestellt, dass eine Wertzuweisung, die wirtschaftlich voll ausgeglichen wird und damit eine angemessene wirtschaftliche Beteiligung der (vorrangigen) Gläubiger nicht tangiert, das Obstruktionsverbot nicht entfallen lässt.[512] Noch weitergehend wurde durch Einfügung der Sätze 2 und 3 in § 245 Abs. 2 InsO geregelt, dass eine nicht vollständig ausgeglichene Wertzuweisung an den Schuldner bzw. einen Gesellschafter-Geschäftsführer einer angemessenen Beteiligung der Gläubiger und damit der Anwendung des Obstruktionsverbots nicht entgegensteht, wenn dessen Mitwirkung bei der Fortführung des Unternehmens infolge besonderer, in der Person liegender Umstände unerlässlich ist, um den Planmehrwert zu verwirklichen. Voraussetzung ist für diese das Prioritätsprinzip durchbrechende Ausnahme nach dem Wortlaut des neuen § 245 Abs. 2 S. 2 InsO, dass sich der Schuldner bzw. der an der Geschäftsführung beteiligte Anteilsinhaber im Plan zur Fortführung des Unternehmens sowie dazu verpflichtet, die wirtschaftlichen Werte, die er erhält oder behält, zu übertragen, wenn seine Mitwirkung aus von ihm zu vertretenden Gründen vor Ablauf von fünf Jahren oder einer kürzeren, für den Planvollzug vorgesehenen Frist endet.

235 **§ 245 Abs. 2 Nr. 3 InsO** dient schließlich der Wahrung der **gruppenübergreifenden Gleichbehandlung** der Gläubiger innerhalb einer Rangstufe i.S.v. §§ 38, 39 InsO. Demnach wird eine fehlende Zustimmung nicht ersetzt, wenn ein Gläubiger, der ohne einen Plan gleichrangig mit den Gläubigern der Gruppe zu befriedigen gewesen wäre, bessergestellt wird als diese Gläubiger. Diese Voraussetzung des Obstruktionsverbots schränkt die grds. gegebene freie Gestaltungsmöglichkeit des Planverfassers bei der Gruppenbildung ein bzw. erhöht etwa bei Plangestaltungen, die **unterschiedliche Quoten** für Gläubiger gleichen Ranges vorsehen, das **Risiko des Scheiterns des Plans.**[513]

---

511 Vgl. RegE SanInsFoG, BT-Drucks. 19/24181, S. 201.
512 Vgl. RegE SanInsFoG, BT-Drucks. 19/24181, S. 201.
513 So insb. für Kleingläubigergruppen nach § 222 Abs. 3 S. 2 InsO auch FK/Jaffé, § 245 InsO Rn 30. Gleichzeitig kollidiert dies mit dem Erfordernis bei fakultativer Gruppenbildung unterschiedliche Rechte zu gewähren, vgl. AG Köln, 6.4.2016 – 74 IN 45/15, ZInsO 2016, 1218, 1220 und AG Köln, 14.11.2017 – 73 IN 173/15, ZInsO 2018, 195, 197 f., dazu auch HambKomm/Thies, § 222 Rn 18 a.E. Zu möglichen Schwierigkeiten bei der Kompensationsregelung für Inhaber von gruppeninternen Drittsicherheiten nach § 223a S. 2 InsO siehe nachfolgend Rdn 235a.

bb) Zustimmungsfiktion für Gläubiger mit Rechten aus gruppeninternen Drittsicherheiten

Für die Gruppe der Gläubiger mit Rechten aus gruppeninternen Drittsicherheiten gelten das Obstruktionsverbot gem. § 245 Abs. 1 und 2 InsO und damit die Ausführungen in dem vorangegangenen Abschnitt nur dann, wenn die für den Eingriff vorgesehene Entschädigung die Inhaber der Rechte aus der gruppeninternen Drittsicherheit für den zu erleidenden Rechtsverlust angemessen entschädigt (§ 245 Abs. 2a InsO). Durch diese Einschränkung soll im Kontext der Gesamtregelungen zur Einbeziehung von gruppeninternen Drittsicherheiten in einen Plan sichergestellt werden, dass einerseits ein Gläubiger nicht gegen seinen Willen über eine Planregelung dazu gezwungen werden kann, eine werthaltige Drittsicherheit aufzugeben, andererseits aber dann, wenn er bei einer Inanspruchnahme der Sicherheit ohne den Insolvenzplan keine bessere Gesamtbefriedigung seiner gesicherten Forderung erhalten würde, den Plan auch nicht zum Scheitern bringen können soll.[514] In der Praxis hat § 245 Abs. 2a InsO zur Folge, dass das Gericht bereits im Rahmen der Prüfung der Zustimmungsfiktion nach § 245 InsO für die Gruppe der Gläubiger mit Rechten aus Gruppen internen Drittsicherheiten inzident auch die Angemessenheit der im Plan vorgesehenen Kompensation zu prüfen hat.[515] Die Prognose, welchen Wert die Sicherheit ohne den Plan für den gesicherten Gläubiger hätte, dürfte insbesondere bei komplexen Wechselwirkungen und gegenseitigen Abhängigkeiten zwischen dem Schuldner und dem verbundenen Unternehmen schwer zu treffen und in vielen Fällen höchst streitbar sein. Zudem wird sich oft die Frage stellen, aus welchen Mitteln die Kompensation erfolgen kann, ohne die übrigen Insolvenzgläubiger im Hinblick auf § 245 Abs. 1 Nr. 2 i.V.m. Abs. 2 Nr. 3 InsO zu benachteiligen. Die Beurteilung der Angemessenheit einer Entschädigung könnte in der Praxis somit zu erheblichen Unsicherheiten und Obstruktionspotential sowohl bei den Inhabern gruppeninterner Drittsicherheiten im Rahmen von § 245 Abs. 1 Nr. 1 i.V.m. § 245 Abs. 2a InsO als auch bei den übrigen Gläubigergruppen im Rahmen von § 245 Abs. 1 Nr. 2 i.V.m. Abs. 2 Nr. 3 InsO führen. Inwieweit sich die mit dem SanInsFoG geschaffene Möglichkeit, Rechte von Gläubigern aus gruppeninternen Sicherheiten in die Plangestaltung einzubeziehen, in der Praxis bewähren wird, bleibt daher abzuwarten.

235a

---

514 Vgl. RegE SanInsFoG, BT-Drucks. 19/24181, S. 199 f.
515 Insofern unterscheidet sich die Entschädigungsregelung für Inhaber gruppeninterner Drittsicherheiten von der sogenannten salvatorischen Entschädigungsklausel nach § 251 Abs. 3 InsO, deren Angemessenheit erst aufgrund und im Rahmen eines Minderheitenschutzantrages nach § 251 InsO zu prüfen ist, siehe hierzu unten Rdn 263.

cc) Zustimmungsfiktion für nachrangige Gläubiger

236 **Nur wenn** die Forderungen der nachrangigen Insolvenzgläubiger abweichend von § 225 Abs. 1 InsO nicht als erlassen gelten, sondern ihre **Rechte von den Planregelungen betroffen** sind, steht diesen Gläubigern überhaupt ein Stimmrecht zu.[516] Dementsprechend kann auch nur in diesen Ausnahmefällen eine Zustimmungsersetzung nach § 245 InsO erforderlich werden. In diesem Fall gelten die vorangegangenen Ausführungen zu der Zustimmungsersetzung bei nicht nachrangigen Gläubigern entsprechend. § 245 Abs. 2 Nr. 2 InsO gilt für die Zustimmungsersetzung für eine Gruppe von nachrangigen Gläubigern i.S.v. § 39 Abs. 1 Nr. 1 bis 4 InsO mit der Maßgabe, dass Gläubiger der jeweils untergeordneten Rangstufen keinen wirtschaftlichen Wert erhalten dürfen. Bei einer Gruppe von nachrangigen Gläubigern i.S.v. § 39 Abs. 1 Nr. 5 InsO greift § 245 Abs. 2 Nr. 2 InsO nicht, da diesen als **letztrangigen Gläubigern** keine anderen Gläubiger im Rang nachstehen.

237 § 246 InsO enthält **ergänzende Regelungen** zur Zustimmungsfiktion bei nachrangigen Insolvenzgläubigern gem. § 39 InsO, die jedoch kaum praktische (§ 246 Nr. 1 InsO) bzw. allenfalls deklaratorische Bedeutung (§ 246 Nr. 2 InsO) haben. **§ 246 Nr. 1 InsO** erleichtert die Ersetzung der Zustimmung für Gruppen der Gläubiger mit Forderungen auf unentgeltliche Leistungen (§ 39 Abs. 1 Nr. 4 InsO) und Forderungen aus Gesellschafterdarlehen (§ 39 Abs. 1 Nr. 5 InsO), wenn kein Insolvenzgläubiger bessergestellt wird als die Gläubiger dieser Gruppe, für diese also mindestens dieselbe Quote vorgesehen ist, wie für die nicht nachrangigen Gläubiger.[517] Diese Konstellation ist in der Praxis kaum denkbar.[518] **§ 246 Nr. 2 InsO** regelt, dass bei Gruppen nachrangiger Insolvenzgläubiger i.S.v. § 39 InsO dann, wenn trotz Stimmrecht niemand abstimmt, die Zustimmung dieser Gruppe als erteilt gilt. Dies entspricht der allgemeinen Wertung, wonach eine fehlende Beteiligung an der Abstimmung keinen Einfluss auf das Abstimmungsergebnis haben soll.[519]

dd) Zustimmungsfiktion für Anteilsinhaber

238 Auch die Zustimmung einer abstimmenden Gruppe von am Schuldner beteiligten Personen wird bei kumulativem Vorliegen der Voraussetzungen des § 245 Abs. 1 Nr. 1 bis 3 InsO fingiert.[520] Der Begriff der angemessenen Beteiligung i.S.v. § 245 Abs. 1 Nr. 2 InsO wird für die Anteilsinhaber in **§ 245 Abs. 3 InsO** näher definiert.

---

516 Siehe hierzu bereits oben Rdn 198.
517 RegE InsO zu § 291, BT-Drucks. 12/2443, S. 209.
518 Vgl. K. Schmidt/Spliedt, § 246 InsO Rn 3.
519 Siehe zu diesem Grundsatz bereits oben Rdn 215.
520 Insofern wird auf die Ausführungen zur Zustimmungsfiktion für nicht nachrangige Insolvenzgläubiger Rdn 235 ff. verwiesen.

Wie bei den Gläubigern (vgl. § 245 Abs. 2 InsO[521]) scheidet eine angemessene Beteiligung aus, wenn ein Gläubiger wirtschaftliche Werte erhält, die den vollen Betrag seines Anspruchs übersteigen (§ 245 Abs. 3 Nr. 1 InsO). Zudem ist auch bei den Anteilsinhabern die **gruppenübergreifende Gleichbehandlung** einander **gleichgestellter Anteilsinhaber** zu wahren (§ 245 Abs. 3 Nr. 2 InsO). Da die Insolvenzordnung hier keine den §§ 38, 39 InsO vergleichbare Befriedigungsrangfolge vorsieht, ist die sich aus dem einschlägigen **Gesellschaftsrecht** bzw. der **Satzung** oder dem **Gesellschaftsvertrag** ergebende **Rangfolge** maßgeblich. Abzustellen ist insofern auf das Verhältnis der Rechte der Gesellschafter bei der **Gewinn- und Überschussverteilung**. Ähnlich wie bei den Kleingläubigergruppen unterliegen großzügige Gruppenregelungen für **Kleinbeteiligtengruppen** i.S.v. § 222 Abs. 2 Nr. 3 InsO dem **Risiko**, an der fehlenden Zustimmung rechtlich gleichgestellter Anteilsinhaber mit höheren Beteiligungen zu scheitern.[522] **Unterschiedliche Rechtsstellungen**, die auch im Falle der unterschiedlichen Behandlung einer angemessenen Beteiligung i.S.v. § 245 Abs. 3 Nr. 2 InsO nicht entgegenstehen, sind etwa die der **Stammaktionäre gegenüber den Vorzugsaktionären**.

Beteiligt sich keines der Mitglieder der Gruppe der Anteilsinhaber an der Abstimmung, bestimmt **§ 246a InsO** ferner, dass in diesem Fall die **Zustimmung der Gruppe als erteilt gilt**. Ebenso wie § 246 Nr. 2 InsO kommt der Vorschrift jedoch **lediglich deklaratorische Bedeutung** zu, da nicht abstimmende Gruppen bei der Ermittlung der Mehrheiten i.S.v. §§ 244, 245 Abs. 1 Nr. 3 InsO keine Berücksichtigung finden. 239

ee) Zustimmungsfiktion für den Schuldner

Gem. § 247 Abs. 1 InsO gilt die Zustimmung des Insolvenzschuldners zum Plan als erteilt, wenn dieser nicht spätestens im Abstimmungstermin schriftlich widerspricht. Die Vorschrift bezweckt den Schutz des Schuldners vor unangemessener Beeinträchtigung durch einen Verwalterplan.[523] Der **Widerspruch** ist allerdings **unbeachtlich**, wenn der Schuldner durch den Plan **voraussichtlich nicht schlechter gestellt** wird, als er ohne den Plan stünde (§ 247 Abs. 2 Nr. 1 InsO) und kein Gläubiger einen wirtschaftlichen Wert erhält, der den vollen Betrag seines Anspruchs übersteigt (§ 247 Abs. 2 Nr. 2 InsO). 240

Bei der Prüfung der **Nichtschlechterstellung** nach § 247 Abs. 2 Nr. 1 InsO hat das Gericht ebenso wie bei § 245 Abs. 1 Nr. 1 InsO[524] eine **Prognose allein nach** 241

---

521 Siehe auch oben Rdn 231 ff.
522 Siehe hierzu auch RegE ESUG, BT-Drucks. 17/5712, S. 34.
523 Vgl. Begr. RegE InsO zu § 293, BT-Drucks. 12/2443, S. 209.
524 Siehe hierzu oben Rdn 227 ff.

wirtschaftlichen Gesichtspunkten vorzunehmen.[525] Eine Schlechterstellung in diesem Sinne liegt etwa vor, wenn durch den Plan in das pfändungsfreie Vermögen des Schuldners eingegriffen wird.

242 Die **Beschränkung auf eine Vollbefriedigung** der Gläubiger mit ihren Forderungen einschließlich Zinsen und Kosten gem. § 247 Abs. 2 Nr. 1 InsO entspricht der Regelung für die Zustimmungsersetzung bei obstruierenden Gläubigern in § 245 Abs. 2 Nr. 1 InsO.

243 Da die Voraussetzungen bei einem vom Insolvenzverwalter vorgelegten Plan **regelmäßig erfüllt** sind, ist die praktische Relevanz der Widerspruchsmöglichkeit des Schuldners gering.[526] Gegen die Feststellung des Gerichts über eine Zustimmungsersetzung nach § 247 InsO besteht unmittelbar **kein Rechtsmittel**, so dass eine Überprüfung allenfalls im Rahmen einer sofortigen Beschwerde nach § 253 InsO in Betracht kommt.

2. Bestätigung des Insolvenzplans

244 Nach der Annahme des Insolvenzplans durch die Gläubiger und der Zustimmung des Schuldners bedarf der Plan zu seinem **Wirksamwerden** noch der **Bestätigung durch das Insolvenzgericht** (§ 248 Abs. 1 InsO). Vor der Entscheidung über die Bestätigung soll das Gericht noch den **Insolvenzverwalter**, den **Gläubigerausschuss**, wenn ein solcher bestellt ist, und den **Schuldner hören** (§ 248 Abs. 2 InsO). Dabei sind **schriftliche Stellungnahmen** grds. ausreichend.[527] Es ist jedoch zu berücksichtigen, dass die Anhörung als letzte Handlungen vor der Entscheidung über die Planbestätigung erst nach der Prüfung etwaiger Zustimmungsersetzungen nach §§ 245 bis 247 InsO erfolgen kann.[528]

Hinweis
Das **Anhörungserfordernis** des § 248 Abs. 1 InsO ist als „Soll-Vorschrift" ausgestaltet und damit **grds. fakultativ**. Mit Blick auf den grundgesetzlich verankerten **Grundsatz rechtlichen Gehörs** gem. Art. 103 Abs. 1 GG sollte das Gericht dem genannten Personenkreis in der Praxis jedoch vor der Bestätigung **stets** die Möglichkeit zur Stellungnahme geben.[529]

---

245 Die Entscheidung ergeht durch **Beschluss**, der durch die Gläubiger und – im Falle eines von dem Verwalter/Sachwalter vorgelegten Plans – durch den Schuldner mit

---

525 FK/Jaffé, § 247 InsO Rn 5; **a.A.** MüKo/Sinz, § 247 InsO Rn 30 ff.
526 Ebenso Nerlich/Römermann/Braun, § 247 InsO Rn 9 m.w.N.
527 Vgl. LG Traunstein, 27.8.1999 – 4 T 2966/99, ZInsO 1999, 577, 582.
528 S.a. MüKo/Sinz, § 248 InsO Rn 12.
529 S.a. FK/Jaffé, § 248 InsO Rn 10.

der **sofortige Beschwerde** angreifbar ist (§ 253 InsO).[530] Der **Insolvenzverwalter hat** hingegen **kein Beschwerderecht**.[531] Nach Möglichkeit sollten die **Anhörung und die Entscheidung des Gerichts** über die Bestätigung des Plans **am Ende des Abstimmungstermins** erfolgen. Ist dies wegen Abwesenheit einer anzuhörenden Person oder einem ausstehenden Bedingungseintritt nicht möglich, hat das Gericht für die Planbestätigung einen gesonderten Termin anzuberaumen (§ 252 Abs. 1 InsO).

Die Bestätigung kann ausschließlich aus den in den §§ 249 bis 251 InsO genannten Gründen versagt werden.[532] 246

a) Planbedingungen gem. § 249 InsO

Gem. § 249 S. 1 InsO darf der Plan, wenn darin vorgesehen ist, dass vor der Bestätigung bestimmte **Leistungen** erbracht oder andere **Maßnahmen** verwirklich werden sollen, nur bestätigt werden, wenn diese Voraussetzungen erfüllt sind.[533] Sind die Voraussetzungen auch nach angemessener Fristsetzung durch das Insolvenzgericht nicht erfüllt, ist die Bestätigung von Amts wegen zu versagen (§ 249 S. 2 InsO). Die Angemessenheit der **Fristsetzung** und ggfs. auch einer **Fristverlängerung** richtet sich nach den Planregelungen[534] und ist daher einzelfallabhängig. Gegen die Entscheidung über die Fristgewährung besteht **kein Rechtsmittel**. 247

Hinweis
Bei der Angemessenheit der Fristsetzung hat das Gericht stets auch § 252 Abs. 1 S. 1 InsO zu berücksichtigen, wonach ein gesonderter Verkündungstermin „alsbald" zu bestimmen ist. Beide Zeitspannen sind daher aufeinander abzustimmen, was im Ergebnis bedeutet, dass **keine Angemessenheit** mehr vorliegt, wenn hierdurch gleichzeitig nicht mehr gewährleistet ist, dass die Terminierung alsbald erfolgen kann. Umgekehrt ist eine Terminierung **stets alsbald** erfolgt, wenn der Verkündungstermin mit dem Ablauf der angemessenen Frist zusammenfällt bzw. unmittelbar danach stattfindet.

---

b) Versagungsgründe nach § 250 InsO

Die Bestätigung des Insolvenzplans ist trotz der Erreichung der erforderlichen Abstimmungsmehrheiten **von Amts wegen zu versagen**, wenn bestimmte Inhalts- und **Verfahrensvorschriften nicht eingehalten** worden sind (§ 250 Nr. 1 InsO) 248

---

530 Siehe zu den Voraussetzungen und dem Verfahren der sofortigen Beschwerde gem. § 253 InsO noch ausf. Rdn 267 ff.
531 BGH, 5.2.2009 – IX ZB 230/07, ZInsO 2009, 478, 479.
532 Allg. M., vgl. nur Uhlenbruck/Lüer/Streit, § 248 InsO Rn 2.
533 Zu Beispielen für Planbedingungen siehe oben Rdn 136.
534 Zu einer Fristvorgabe im Plan siehe oben Rdn 137.

oder die **Planannahme unlauter** zustande gekommen ist (§ 250 Nr. 2 InsO). Da die Versagung nach § 250 InsO von Amts wegen zu erfolgen hat, ist die **Prüfung** etwaiger – auch eigener – Verstöße durch das Gericht **zwingend**. Die Wirtschaftlichkeit oder Durchführbarkeit des Plans ist hingegen nicht Prüfungsgegenstand i.R.d. § 250 InsO.[535]

aa) Verstoß gegen Vorschriften (§ 250 Nr. 1 InsO)

249 Gem. § 250 Abs. 1 Nr. 1 InsO prüft das Gericht, ob die **Vorschriften über den Inhalt** (§ 217 und §§ 219 bis 230 InsO sowie bei erfolgten Planänderungen ggf. § 240 InsO) und die **verfahrensmäßige Behandlung** (§§ 218, 231 bis 243 InsO) des Insolvenzplans sowie über die **Annahme** durch die Gläubiger und Anteilsinhaber (§§ 244 bis 246a InsO) und die **Zustimmung** des Schuldners (§ 247 InsO) in einem wesentlichen Punkt nicht beachtet worden sind und der Mangel nicht behoben werden kann. Wesentlich ist ein Verstoß gegen die genannten Vorschriften, wenn er **Auswirkungen auf das Zustandekommen** der Annahme des Insolvenzplans gehabt haben könnte.[536] Dass der Verstoß tatsächlich ursächlich für das Zustandekommen war, ist hingegen nicht erforderlich.[537] **Behebbar** ist ein Mangel, wenn er beseitigt werden kann, ohne dass ein vorangegangener Verfahrensschritt wiederholt werden muss.[538]

250 **Wesentliche** und **praxisrelevante Verstöße** gegen Inhalts- und Verfahrensvorschriften sind beispielsweise:[539]

- **Nichtangabe** einer Verurteilung des Schuldners wegen einer **Insolvenzstraftat** bei vorgesehener Unternehmensfortführung durch den Schuldner (§ 220 InsO),[540]
- **Nichtangabe** dem planerstellenden Insolvenzverwalter bekannter Tatsachen, die einen potenziellen **Versagungsgrund** darstellen (§ 220 InsO),[541]

---

535 Diese Beurteilung haben die Gläubiger als Ausdruck der Gläubigerautonomie bereits bei ihrer Abstimmungsentscheidung vorgenommen, vgl. hierzu BGH, 7.7.2005 – IX ZB 266/04, ZInsO 2005, 927, 929 und BGH, 26.4.2018 – IX ZB 49/17, ZInsO 2018, 1404, Rn 14.
536 BGH, 3.12.2009 – IX ZB 30/09, ZInsO 2010, 85, 86; BGH 13.10.2011 – IX ZB 37/08, ZInsO 2012, 173 und BGH, 26.4.2018 – IX ZB 49/17, InsO 2018, 1404, Rn 54; LG Berlin, 8.2.2005 – 86 T 5/05, ZInsO 2005, 609, 611; zuvor bereits LG Berlin, 29.10.2002 – 86 T 534/02, ZInsO 2002, 1191, 1192; LG Mainz, 2.11.2015 – 8 T 182/15, NZI, 2016, 255 Rn 58; für die h.M. vgl. Uhlenbruck/Lüer/Streit, § 250 InsO Rn 5; ebenso MüKo/Sinz, § 250 InsO Rn 11.
537 Wie vor.
538 A.M., vgl. MüKo/Sinz, § 250 InsO Rn 39; Nerlich/Römermann/Rühle, § 250 InsO Rn 6.
539 Zu diversen Beispielen insb. aus der Rechtsprechung siehe HambKomm/Thies, § 250 InsO Rn 8.
540 Vgl. BGH, 13.10.2011 – IX ZB 37/08, ZInsO 2012, 173.
541 Vgl. zu der Pflicht zur Angabe solcher Tatsachen, nicht aber des sich daraus etwaig ergebenden Versagungsgrundes bereits oben Hinweis bei Rdn 74.

- Verfälschung der Vergleichsberechnung durch **Nichtangabe verwertbarer Massegegenstände** (§ 220 InsO),[542]
- **fehlerhafte Gruppenbildung** bzw. -abgrenzung (§ 222 InsO) und **Missachtung des Gleichbehandlungsgebotes** nach § 226 InsO,[543]
- **unklare Angaben** über den Zeitpunkt und die Höhe der nach dem Plan zu erwartenden **Quotenzahlungen**,[544]
- **Ermächtigung** des Insolvenzverwalters, **nach Verfahrensaufhebung Anfechtungsansprüche** gerichtlich **anhängig zu machen**,[545]
- **Ermächtigung** eines **Treuhänders** zur **Verwertung von Massegegenständen** nach Verfahrensaufhebung **ohne Übertragung** der Gegenstände an den Treuhänder,[546]
- **unterbliebene oder fehlerhafte Ladung** (§ 235 InsO),[547]
- **fehlerhafte Stimmrechtsfestsetzung** (§§ 237 bis 238a InsO), sofern diese das Abstimmungsergebnis beeinflusst hat, **Stimmrechtsfestsetzung erst nach der Abstimmung**[548] und die **fehlerhafte Ermittlung bzw. Feststellung des Abstimmungsergebnisses** (§§ 242 ff. InsO).

Keinen Grund zur Versagung der Planbestätigung i.S.v. § 250 InsO stellen die folgenden Verstöße dar: 251
- **Nichtangabe** von Tatsachen, die einen potenziellen **Versagungsgrund** darstellen, beim **Schuldnerplan**,[549]
- fehlende tabellarische **Form** der **Liquiditätsrechnung** gem. § 229 InsO, wenn entspr. Angaben im Fließtext des darstellenden Teils ausgeführt werden,[550]
- **Verstoß** gegen die Pflicht der **Zuleitung des Plans** zur Stellungnahme,[551]
- **kurzfristige örtliche Verlegung des Erörterungs- und Abstimmungstermins**, wenn der neue Sitzungssaal durch Aushang bekannt gemacht und ohne wesentliche Zeitverzögerung leicht zu erreichen ist.[552]

---

542 Vgl. BGH, 15.7.2010 – IX ZB 65/10, ZInsO 2010, 1448, 1450 f.
543 MüKo/Sinz, § 250 InsO Rn 23; Nerlich/Römermann/Rühle, § 250 InsO Rn 11.
544 Vgl. BGH, 26.4.2018 – IX Z3 49/17, ZInsO 2018, 1404, Rn 37 ff.
545 Vgl. BGH, 26.4.2018 – IX ZB 49/17, ZInsO 2018, 1404, Rn 15 ff., wonach es sogar ausreichen soll, wenn eine Ermächtigung nach § 259 Abs. 3 InsO dahingehend ausgelegt werden kann.
546 BGH, 26.4.2018 – IX ZB 49/17, ZInsO 2018, 1404, Rn 26 ff.
547 BGH, 13.1.2011 – IX ZB 29/10, ZInsO 2011, 280, 281. Es besteht allerdings die Möglichkeit der Heilung durch Erscheinen der betroffenen Person im Termin, vgl. BGH, 26.4.2007 – IX ZB 5/06, ZInsO 2007, 713.
548 BGH, 17.12.2020 – IX ZB 38/18, ZIP 2021, 203.
549 Vgl. BGH, 19.5.2009 – IX ZB 236/07, ZInsO 2009, 1252, 1254, und BGH, 13.10.2011 – IX ZB 37/08, ZInsO 2012, 173.
550 BGH, 3.12.2009 – IX ZB 30/09, ZInsO 2010, 85, 86.
551 Braun/Braun/Frank § 232 InsO Rn 2; siehe auch bereits oben unter Rdn 170.
552 BGH, 15.7.2010 – IX ZB 65/10, ZInsO 2010, 1448, 1450.

252 **Verstöße gegen die §§ 245 bis 246a InsO** als Vorschriften über die Annahme des Plans ergeben sich, ebenso wie ein **Verstoß gegen § 247 InsO**, erst durch die Bestätigung durch das Gericht selbst und können daher i.R.d. § 250 Abs. 1 Nr. 1 Alt. 2 und 3 InsO **nicht zu einer Versagung der Bestätigung** führen.[553] Bedeutung kommt einem etwaigen Verstoß hiergegen vielmehr i.R.d. der sofortigen Beschwerde gem. § 253 InsO zu.[554]

253 Die **Vorschriften über den Inhalt des Plans** sind vom Gericht bereits i.R.d. **Vorprüfungsverfahrens** gem. § 231 Abs. 1 Nr. 1 InsO zu prüfen. Eine Bindung an die Ergebnisse der Vorprüfung besteht jedoch nicht.[555] Eine erneute Prüfung im Rahmen des § 250 InsO ist daher grds. entbehrlich, sofern sich keine **Planänderungen** gem. § 240 InsO oder neue Erkenntnisse ergeben haben, die eine **abweichende Beurteilung** rechtfertigen.[556]

bb) Unlautere Herbeiführung der Planannahme (§ 250 Nr. 2 InsO)

254 Die Planbestätigung ist ferner von Amts wegen zu versagen, wenn die Annahme unlauter, insb. durch **Begünstigung eines Beteiligten**, herbeigeführt worden ist. Die Handlung muss somit gegen den Grundsatz von **Treu und Glauben** (§ 242 BGB) verstoßen.[557] Gleichzeitig muss zumindest eine **mögliche Kausalität** zwischen dem Verstoß und der Annahme des Plans vorliegen.[558]

255 **Hauptanwendungsfall**[559] des § 250 Nr. 2 InsO sind **Forderungskäufe** bei den Insolvenzgläubigern und **Stimmenkäufe** bei den am Schuldner beteiligten Personen. Ein Forderungskauf stellt nach der Rechtsprechung des BGH, auch wenn er offen stattgefunden hat, ein unlauteres Verhalten gem. § 250 Nr. 1 InsO dar, wenn

---

553 Vgl. Uhlenbruck/Lüer/Streit, § 250 InsO Rn 27.
554 Uhlenbruck/Lüer/Streit, § 250 InsO Rn 27; ebenso für § 247 InsO MüKo/Sinz, § 250 InsO Rn 38; Nerlich/Römermann/Rühle, § 250 InsO Rn 10.
555 LG Mainz, 2.11.2015 – 8 T 182/15, NZI 2016, 255 Rn 46ff.; MüKo/Sinz, § 250 InsO Rn 14ff.; K. Schmidt/Spliedt, § 250 InsO Rn 2.
556 Ebenso Uhlenbruck/Lüer/Streit, § 250 InsO Rn 9; HK/Haas, § 250 InsO Rn 2, **a.A.** MüKo/Sinz, § 250 InsO Rn 16 m.w.N., wonach zwingend eine Prüfung nach § 250 Abs. 1 Nr. 1 Alt. 1 InsO zu erfolgen habe, da aufgrund fehlenden Rechtsmittels im Vorprüfungsverfahren stets ein Bedürfnis bestehe, etwaige Fehler im Vorprüfungsverfahren zu korrigieren.
557 H.M., vgl. z.B. Uhlenbruck/Lüer/Streit, § 250 InsO Rn 30; Braun/Braun/Frank, § 250 InsO Rn 8; MüKo/Sinz, § 250 InsO Rn 44.
558 BGH, 3.3.2005 – IX ZB 153/04, ZInsO 2005, 487; LG Berlin, 8.2.2005 – 86 T 5/05, ZInsO 2005, 609, 613f.; **a.A.** MüKo/Sinz, § 250 InsO Rn 60, wonach zur Überzeugung des Gerichts feststehen muss, dass die unlautere Handlung kausal für die Annahme des Plans war.
559 Zu weiteren Anwendungsfällen und Beispielen vgl. MüKo/Sinz, § 250 InsO Rn 47ff.

der Kaufpreis über der im Plan vorgesehenen Quote auf die Forderungen liegt und der Forderungskauf nicht im Plan geregelt ist.⁵⁶⁰

Weitere Anwendungsfälle sind die Herbeiführung erforderlicher Zustimmungen durch Täuschung oder Drohung, Anerkennung tatsächlich nicht bestehender Forderungen und Verheimlichung von Vermögenswerten und Einkommensaussichten.⁵⁶¹

c) Minderheitenschutz (§ 251 InsO)

Gem. § 251 InsO ist die **Bestätigung** des Insolvenzplans ferner **auf Antrag** eines Gläubigers oder eines Anteilsinhabers **zu versagen,** wenn der Antragsteller dem Plan spätestens im Abstimmungstermin schriftlich oder zum Terminsprotokoll **widersprochen** hat (§ 251 Abs. 1 Nr. 1 InsO) und durch den Plan **voraussichtlich schlechter gestellt** wird, als er ohne Plan stünde (§ 251 Abs. 1 Nr. 2 InsO) und dies spätestens im Abstimmungstermin glaubhaft macht (§ 251 Abs. 2 InsO). Dieser sog. Minderheitenschutz für einzelne überstimmte Beteiligte innerhalb einer Gruppe stellt ein Gegengewicht zu dem das Planverfahren beherrschenden Mehrheitsprinzip dar. Eine **Versagung** nach § 251 InsO kann der Planersteller **abwenden,** indem er in dem gestaltenden Teil Mittel für den Fall vorsieht, dass ein Beteiligter eine Schlechterstellung nachweist (§ 251 Abs. 3 InsO).

Anders als für den Widerspruch nach § 251 Abs. 1 Nr. 1 InsO gibt der Gesetzestext für den Antrag an sich keine bestimmte **Form und Frist** vor. Der Antrag kann jedoch **frühestens am Ende des Erörterungstermins** gestellt werden, da erst zu diesem Zeitpunkt feststeht, über welche Fassung des Plans nach etwaigen Änderungen gem. § 240 InsO abgestimmt wird. I.d.R. wird der Antrag gleichzeitig mit der erforderlichen Glaubhaftmachung der Schlechterstellung im Abstimmungstermin gestellt, kann aber auch noch **bis zur Verkündung der Bestätigungsentscheidung** schriftlich oder – anders als der Widerspruch⁵⁶² – zu Protokoll der Geschäftsstelle nachgereicht werden.⁵⁶³

Sofern der Antragsteller nach den Feststellungen des Gerichts eine überwiegend wahrscheinliche Schlechterstellung spätestens im Abstimmungstermin glaubhaft gemacht hat und nach dem Plan keine ausreichenden Ausgleichsmittel bereitge-

---

560 Vgl. BGH, 3.3.2005 – IX ZB 153/04, ZInsO 2005, 487, 488 f., wonach der Forderungskauf in diesem Fall gem. § 226 Abs. 3 InsO zudem nichtig ist.
561 Begr. RegE InsO zu § 297, BT-Drucks. 12/2443, S. 211. Nach dem LG Wuppertal, 15.9.2016 – 16 T 324/14, ZInsO 2016, 1324 Rn 20 ff., gehört hierzu auch die Verheimlichung von Einkommensaussichten.
562 Siehe hierzu sogleich Rdn 259.
563 HambKomm/Thies, § 251 InsO, Rn 5; **a.A.** u.a. MüKo/Sinz, § 251 InsO, Rn 11, der mit nachvollziehbaren Gründen fordert, dass der Versagungsantrag spätestens im Abstimmungstermin gestellt werden muss.

stellt werden, hat das Gericht die Bestätigung des Insolvenzplans durch **Beschluss** zu versagen. Andernfalls hat es den Minderheitenschutzantrag – ebenfalls durch Beschluss – zurückzuweisen.[564]

aa) Widerspruch im Abstimmungstermin (§ 251 Abs. 1 Nr. 1 InsO)

260 Der Widerspruch gegen den Plan ist nach dem eindeutigen Wortlaut des §§ 251 Abs. 1 Nr. 1 InsO **zwingende Voraussetzung** für die Zulässigkeit des Antrags und spätestens im Abstimmungstermin zu erklären.[565] Das Votum gegen den Plan allein ersetzt den Widerspruch nicht.[566] Die Widerspruchserklärung muss **schriftlich oder zum Terminsprotokoll** erfolgen. Eine Abgabe zu Protokoll der Geschäftsstelle reicht nicht.[567] Der Widerspruch kann wie bereits ausgeführt[568] **frühestens am Ende des Erörterungstermins** gestellt werden, da erst zu diesem Zeitpunkt feststeht, über welche Fassung des Plans nach etwaigen Änderungen gem. § 240 InsO abgestimmt wird.

> **Hinweis**
> Der **Widerspruch** gegen den Plan ist grds. **nicht mit** dem **Versagungsantrag** nach § 251 InsO (Minderheitenschutzantrag) **identisch**, sondern eine Zulässigkeitsvoraussetzung dieses Antrags. Bei Antragstellung im Abstimmungstermin wäre die vorherige separate Erklärung des Widerspruches jedoch reiner Formalismus, weshalb in diesem Fall der Versagungsantrag die Widerspruchserklärung inzident enthält.[569]

bb) Glaubhaft gemachte Schlechterstellung (§ 251 Abs. 1 Nr. 2 und Abs. 2 InsO)

261 Die wesentliche Voraussetzung für die Gewährung des Minderheitenschutzes ist eine voraussichtliche Schlechterstellung des Antragstellers durch den Plan (§ 251 Abs. 1 Nr. 2 InsO), die dieser glaubhaft zu machen hat (§ 251 Abs. 2 InsO). Bei der Prüfung der voraussichtlichen Schlechterstellung hat das Gericht eine **Prognose** dahingehend zu treffen, ob eine **Schlechterstellung** durch den Plan **wahrscheinlicher** ist als die Nichtschlechterstellung.[570] Entscheidend ist insoweit, ob der An-

---

564 Der Zurückweisungsbeschluss ist nicht mit dem Planbestätigungsbeschluss identisch, kann aber in diesen integriert werden, vgl. auch Schmidt/Spliedt, § 251 InsO Rn 29.
565 AG Berlin-Lichtenberg, 1.9.2015 – 39 IK 19/15, ZInsO 2016, 2359; LG Neubrandenburg, 31.7.2000 – 4 T 260/00, ZInsO 2000, 628; BGH, 17.12.2009 – IX ZB 124/09, ZInsO 2010, 131, 132.
566 LG Neubrandenburg, 31.7.2000 – 4 T 260/00, ZInsO 2000, 628.
567 Diese Möglichkeit wurde zur Vereinfachung der Verfahrensabläufe mit dem ESUG gestrichen, RegE ESUG, BT-Drucks. 17/5712, S. 35.
568 Vgl. Rdn 257.
569 Ähnlich BGH, 22.3.2007 – IX ZB 10/06, ZInsO 2007, 442, 443 = NZI 2007, 522, 523.
570 BGH, 22.3.2007 – IX ZB 10/06, ZInsO 2007, 442, 443 = NZI 2007, 522, 523.

tragsteller auf Basis des Insolvenzplans im Vergleich zu dem Ergebnis der Regelverwertung überwiegend wahrscheinlich weniger erhielte.[571] Dabei ist das Gericht auf die Prüfung der von dem Antragsteller vorgebrachten Tatsachen und Schlussfolgerungen beschränkt.[572] Der Antragsteller hingegen muss nicht die Vergleichsrechnung des Planerstellers zugrunde legen, sondern kann **abweichende Bewertung** vornehmen, muss diese jedoch **konkret beziffern** und nachvollziehbar **begründen**.[573] Ist der Schuldner eine natürliche Person, ist über § 251 Abs. 1 Nr. 2 InsO jedoch die Vermutung des § 245a InsO beachten.[574] Die Darlegung der abstrakten Möglichkeit einer Schlechterstellung – etwa durch den Verlust potenzieller künftiger **Aufrechnungsmöglichkeiten** infolge eines Forderungsverzichts[575] – reicht nicht. Entsprechend dürfte auch die bloße Darlegung eines **Restschuldbefreiungsversagungsgrundes** i.S.v. § 290 InsO zur Begründung einer überwiegend wahrscheinlichen Schlechterstellung nicht ausreichen.[576]

Der Antrag ist ferner nur zulässig, wenn der Antragsteller die voraussichtliche Schlechterstellung **spätestens im Abstimmungstermin** glaubhaft macht (§ 251 Abs. 2 InsO). Das Erfordernis der **Glaubhaftmachung** dient der **Abwehr von Verzögerungstaktiken** und der Vermeidung auf bloße Vermutungen gestützter aufwendiger Ermittlungen durch das Gericht.[577] Zwar gilt der Grundsatz der freien Beweiswürdigung,[578] eine Beweisaufnahme zur Glaubhaftmachung, die mangels **Präsens des Beweismittels** im Abstimmungstermin nicht erfolgen kann, ist gem. § 294 Abs. 2 ZPO jedoch unstatthaft.[579] Auch kann für die Glaubhaftmachung **keine Nachfrist** gewährt, noch das Planbestätigungsverfahren ausgesetzt werden.[580] Gelingt dem Antragsteller die Glaubhaftmachung im Abstimmungstermin nicht, ist der Minderheitenschutzantrag zurückzuweisen.[581] Ist die Forderung eines antragstel-

262

---

571 LG Berlin, 29.10.2002 – 86 T 534/02, ZInsO 2002, 1191, 1192; s.a. BGH, 29.3.2007 – IX ZB 204/05, ZInsO 2007, 491, 492 = NZI 2007, 409, 410.
572 BGH, 29.3.2007 – IX ZB 204/05, ZInsO 2007, 491, 492 = NZI 2007, 409, 410.
573 BGH, 29.3.2007 – IX ZB 204/05, ZInsO 2007, 491, 492 = NZI 2007, 409, 410; ebenso BGH, 19.5.2009 – IX ZB 236/07, ZInsO 2009, 1252, 1253, und BGH, 17.12.2009 – IX ZB 124/09, ZInsO 2010, 131, 132.
574 Vgl. zu dem durch das SanInsFoG neu eingefügten § 245a InsO oben Rdn 229.
575 So zu einem auf lediglich potentielle Aufrechnungsmöglichkeiten abstellenden Minderheitenschutzantrag eines Finanzamtes BGH, 29.3.2007 – IX ZB 204/05, ZInsO 2007, 491, 492 = NZI 2007, 409, 410.
576 **A.A.** AG Düsseldorf, 7.1.2008 – 503 IN 221/02, ZInsO 2008, 463.
577 BGH, 17.12.2009 – IX ZB 124/09, ZInsO 2010, 131, 132; ebenso bereits BGH, 19.5.2009 – IX ZB 236/07, ZInsO 2009, 1252, 1253; s.a. Begr. RegE InsO zu § 298, BT-Drucks. 12/2443, S. 212.
578 OLG Dresden, 21.6.2000 – 7 W 0951/00, NZI 2000, 436 Rn 39.
579 Vgl. BGH, 17.12.2009 – IX ZB 124/09, ZInsO 2010, 131, 132; BGH, 19.5.2009 – IX ZB 236/07, ZInsO 2009, 1252, 1253.
580 BGH, 17.12.2009 – IX ZB 124/09, ZInsO 2010, 131, 132.
581 Wie vor: BGH, 17.12.2009 – IX ZB 124/09, ZInsO 2010, 131, 132.

lenden Gläubigers bestritten, bedarf es vor der Glaubhaftmachung einer Schlechterstellung der Glaubhaftmachung des Bestehens der geltend gemachten Forderung.[582]

cc) Salvatorische Entschädigungsklausel (§ 251 Abs. 3 InsO)

263 Gem. § 251 Abs. 3 S. 1 InsO ist der **Versagungsantrag abzuweisen,** wenn im gestaltenden Teil des Plans **Mittel** für den Fall **bereitgestellt** werden, dass ein Beteiligter eine Schlechterstellung nachweist. Es handelt sich bei derartigen Regelungen um sog. „salvatorische Entschädigungsklauseln".[583] Das Gericht hat vor der Bestätigung des Plans zu prüfen, ob die bereitgestellten Mittel ausreichend sind[584] und kann hierzu einen Sachverständigen hinzuziehen.[585] Ein etwaiger **Rechtsstreit über den Anspruch** auf finanziellen Ausgleich ist gemäß § 251 Abs. 3 S. 2 InsO vor den **ordentlichen Gerichten** auszutragen.[586]

d) Entscheidung des Insolvenzgerichts und Rechtsmittel

aa) Entscheidung gem. § 252 InsO

264 Über die Bestätigung des Insolvenzplans oder seine Versagung entscheidet das Insolvenzgericht durch **Beschluss.** Dieser ist gem. § 252 Abs. 1 S. 1 InsO im Abstimmungstermin oder in einem alsbald zu bestimmenden besonderen Termin[587] **zu verkünden**. Erfolgt die Bestimmung des Verkündungstermins erst nach dem Abstimmungstermin bedarf es entsprechend § 241 InsO einer **besonderen Ladung** der stimmberechtigten Beteiligten und des Schuldners,[588] damit die Beteiligten wissen, wann die Rechtsmittelfrist zu laufen beginnt.[589]

---

582 BGH, 15.7.2010 – IX ZB 65/10, ZInsO 2010, 1448, 1450.
583 Zu den Anforderungen an die Entschädigungsklauseln und die bereit zu stellenden Mittel siehe bereits vorstehend unter Rdn 134.
584 So RegE ESUG, BT-Drucks. 17/5712, S. 35. Es müssen konkret zu benennende Mittel tatsächlich – nicht zwingend liquide – zur Verfügung stehen, vgl. auch AG Köln, 6.4.2016 – 74 IN 45/15, ZInsO 2016, 1218 Rn 23 und zur Kompensation der Schlechterstellung ausreichen, vgl. BGH, 20.7.2017 – IX ZB 13/16, ZInsO 2017, 1779 Rn 14.
585 MüKo/Sinz, § 251 InsO Rn 50.
586 Zu dem Prozessrisiko, dem richtigen Klagegegner und der Klagefrist siehe auch HambKomm/Thies, § 251 InsO Rn 20 ff.
587 Zur Verfahrensbeschleunigung kann statt der Anberaumung eines separaten Verkündungstermins der Abstimmungstermin auch unterbrochen oder vertagt werden, vgl. zu dieser Alternative auch bei § 241 InsO oben in diesem Rdn 208.
588 Begr. RegE InsO zu § 299, BT-Drucks. 12/2443, S. 212.
589 **A.A.** Uhlenbruck/Lüer/Streit, § 252 InsO Rn 4; MüKo/Sinz, § 252 InsO Rn 12.

> **Hinweis**
> Was eine Terminierung „**alsbald**" bedeutet, wird gesetzlich nicht näher bestimmt. Ausweislich der Gesetzesmaterialien ist Vorbild der Regelung § 78 VerglO, der gem. § 78 Abs. 3 VerglO eine Woche zwischen Abstimmungs- und Verkündungstermin vorsah.[590] Da die Frist in die gesetzliche Regelung indes nicht übernommen wurde, dürfte auch eine über eine Woche hinausgehende Zeitspanne noch das Erfordernis einer alsbaldigen Terminierung erfüllen.[591] Zudem muss bei einem bedingten Plan mit Fristsetzung gem. § 249 S. 2 InsO stets auch diese Frist bei der alsbaldigen Terminierung berücksichtigt werden.[592] Um (unnötige) zeitliche Verzögerungen zu vermeiden, sollte der Termin jedoch so zeitnah wie möglich angesetzt werden.[593] Sofern keine Bedingungen i.S.d. § 249 InsO mehr herbeizuführen sind, sollte die Terminierung **nicht über 2 Wochen hinaus** angesetzt werden.

265 Der Beschluss muss **schriftlich** gefasst **oder protokolliert**[594] und **begründet** werden.[595] Die **Verkündung** kann jedoch **mündlich** erfolgen (§ 4 InsO, § 329 ZPO) und bedarf keiner Zustellung.[596]

266 Mit der Verkündung wird die **Rechtsmittelfrist** gem. § 569 ZPO i.V.m. § 6 Abs. 2 InsO in Gang gesetzt.[597] Gleichwohl muss der Beschluss **keine Rechtsmittelbelehrung** enthalten.[598]

267 Wird der Plan bestätigt, so ist den Insolvenzgläubigern, die Forderungen angemeldet haben, den absonderungsberechtigten Gläubigern und den Anteilsinhabern[599] unter Hinweis auf die Bestätigung ein **Abdruck des Plans** oder eine – von dem Planverfasser zu erstellende – **Zusammenfassung** seines wesentlichen Inhalts zu **übersenden** (§ 252 Abs. 2 InsO). Gemäß § 252 Abs. 2 S. 3 InsO kann die erneute Übersendung **unterbleiben**, wenn der Plan in der mit der Ladung nach § 235 Abs. 2 S. 2 InsO übersandten Fassung unverändert angenommen wurde. Einer förmlichen Zustellung des Planbestätigungsbeschlusses und des Insolvenzplans i.S.d. § 8 InsO bedarf es nach dem Wortlaut von § 252 InsO nicht. Mit dem durch das SanInsFoG in § 252 Abs. 2 S. 4 InsO aufgenommenen Verweis auf eine entsprechende Anwendbar-

---

590 Begr. RegE InsO zu § 274, BT-Drucks. 12/2443, S. 203.
591 So auch MüKo/Sinz, § 252 InsO Rn 10.
592 Ähnlich HK/Haas, § 249 InsO Rn 6.
593 Ebenso FK/Jaffé, § 252 InsO Rn 6.
594 HK/Haas, § 252 InsO Rn 3. Eine zunächst versehentlich unterbliebene Protokollierung kann durch Berichtigung des Protokolls nachgeholt werden, vgl. LG Köln, 18.9.2017 – 1 T 349/17, ZInsO 2017, 2563, 2564.
595 MüKo/Sinz, § 252 InsO Rn 7.
596 Uhlenbruck/Lüer/Streit, § 252 InsO Rn 3.
597 BGH, 16.10.2003 – IX ZB 36/03, ZInsO 2003, 1100, 1101 = NZI 2004, 85, 86.
598 Vgl. BGH, 16.10.2003 – IX ZB 36/03, ZInsO 2003, 1100, 1101 = NZI 2004, 85, 86, wonach sogar eine fehlerhafte Rechtsmittelbelehrung unschädlich ist.
599 Dies gilt gem. § 252 Abs. 2 S. 2 2. HS InsO nicht für Aktionäre und Kommanditaktionäre.

keit des § 8 Abs. 3 InsO soll dem Gericht gemäß der bereits vorher gängigen Praxis gleichwohl ermöglicht werden, den Insolvenzverwalter mit der Übersendung zu beauftragen. Börsennotierte Gesellschaften haben eine Zusammenfassung des wesentlichen Inhalts des Plans über ihre Internetseite zugänglich zu machen (§ 252 Abs. 2 S. 3 InsO).

bb) Sofortige Beschwerde gem. § 253 InsO

268 Gegen den Beschluss, durch den der Insolvenzplan bestätigt oder die Bestätigung versagt wird, steht den Gläubigern und dem Schuldner und den am Schuldner beteiligten Personen[600] die sofortige **Beschwerde** zu (§ 253 InsO). Das Beschwerderecht besteht grds. **unabhängig von dem Stimmrecht**.[601] Der Insolvenzverwalter ist nicht beschwerdeberechtigt.[602]

269 Die **Beschwerdefrist beginnt** mit der mündlichen **Verkündung** der Entscheidung (§ 6 Abs. 2 InsO) und beträgt als **Notfrist 2 Wochen** (§ 569 Abs. 1 ZPO). Eine Rechtsmittelbelehrung muss das Insolvenzgericht nicht erteilen. Erfolgt sie gleichwohl und ist sie fehlerhaft, gelten dennoch die gesetzlichen Regelungen (§§ 567 ff. ZPO).[603] Nach Maßgabe des § 569 Abs. 3 ZPO kann die Beschwerde **schriftlich oder zu Protokoll der Geschäftsstelle** eingelegt werden. Gem. dem durch das ESUG eingefügten § 6 Abs. 1 S. 2 InsO kann die sofortige Beschwerde nur noch **bei dem Insolvenzgericht** eingelegt werden.

270 **Zuständig** für die sofortige Beschwerde ist nach § 72 GVG zwar das **Landgericht, d**as **Insolvenzgericht kann** der bei ihm einzulegenden Beschwerde jedoch **nach § 572 Abs. 1 ZPO abhelfen**. Entsprechend kann nach § 6 Abs. 1 S. 2 die sofortige Beschwerde nur bei dem Insolvenzgericht eingereicht werden.

271 Die Beschwerde ist zulässig, wenn ein **Rechtsschutzinteresse** besteht und der Beschwerdeführer durch die Entscheidung beschwert ist. Das Rechtsschutzinteresse ergibt sich aus der **erstrebten Besserstellung**.[604] Hinsichtlich der Beschwer ist nach der **formellen Beschwer** (§ 253 Abs. 2 Nr. 1 und 2 InsO) und der **materiellen Beschwer** (§ 253 Abs. 2 Nr. 3 InsO) zu differenzieren. Zudem gelten für die Beschwer

---

600 Bei einer Treuhandbeteiligung ist nur der Treuhänder beschwerdebefugt, da der Treugeber im Außenverhältnis zum Schuldner weder Anteilsinhaber noch Gläubiger ist, vgl. LG Wuppertal, 18.5. 2016 – 16 T 116/16, ZInsO 2016, 1164 Rn 4.
601 Vgl. Begr. RegE InsO zu § 300, BT-Drucks. 12/2443, S. 212, allerdings zu der Problematik im Hinblick auf § 253 Abs. 2 Nr. 2 InsO auch unten Rdn 273.
602 Zu den Gründen vgl. RegE ESUG BT-Drucks. 17/5712, S. 69; s.a. BGH, 5.2.2009 – IX ZB 230/07, ZInsO 2009, 478, 479 = ZIP 2009, 480, 481.
603 BGH, 16.10.2003 – IX ZB 36/03, ZInsO 2003, 1100, 1101 = NZI 2004, 85, 86.
604 Vgl. BGH, 7.7.2005 – IX ZB 266/04, ZInsO 2005, 927.

des Schuldners andere Kriterien als für die Beschwer eines nach § 222 InsO am Plan beteiligten.[605]

Hat der **Schuldner** den Plan vorgelegt, ist er **formell beschwert, wenn seinem Plan die Bestätigung versagt** wird.[606] Eine zusätzliche materielle Beschwer ist in diesem Fall nicht erforderlich. Bei Bestätigung des Schuldnerplans scheidet eine Beschwerde des Schuldners aus. Richtet sich die Beschwerde des Schuldners gegen die **Bestätigung eines Verwalterplans,** muss er gem. § 253 Abs. 2 Nr. 1 InsO im Abstimmungstermin schriftlich oder zu Protokoll widersprochen haben, um formell beschwert zu sein.[607] Eine Abstimmung des Schuldners gegen den Plan i.S.v. § 253 Abs. 2 Nr. 2 scheidet mangels Einbindung in das Abstimmungsverfahren nach § 243 InsO hingegen aus. Richtet sich die Beschwerde des Schuldners gegen die **Versagung eines Verwalterplans,** darf er dem Plan zuvor nicht nach § 247 Abs. 1 InsO widersprochen haben.

272

Die notwendige **materielle Beschwer beim Schuldner** liegt bereits dann vor, wenn ein **bestätigter Plan in seine Rechte eingreift** bzw. ein **nicht bestätigter Plan ihm Rechte gewährt hätte**. Das Kriterium der wirtschaftlichen Schlechterstellung i.S.v. **§ 253 Abs. 2 Nr. 3 InsO** ist bei einer Beschwerde des Schuldners **nicht anwendbar,** da eine solche i.d.R. ausgeschlossen ist.[608]

273

Bei Beschwerden eines **Gläubigers oder Anteilsinhabers** gegen die Versagung einer Planbestätigung bedarf es keiner **formellen Beschwer**. Im Rahmen einer Beschwerde gegen eine Planbestätigung ist der Beschwerdeführer nur dann formell beschwert, wenn er dem Plan im Abstimmungstermin schriftlich oder zum Terminsprotokoll widersprochen (§ 253 Abs. 2 Nr. 1 InsO) und gegen den Plan gestimmt hat (§ 253 Abs. 2 Nr. 2 InsO). Dies gilt gem. § 253 Abs. 3 InsO im Interesse eines effektiven Rechtsschutzes jedoch nur, wenn die Beteiligten i.R.d. öffentlichen Bekanntmachung und der Ladung zu dem Abstimmungstermin auf dieses Erfordernis hingewiesen wurden. Andernfalls ist die sofortige Beschwerde auch ohne formelle Beschwer zulässig. Ein vorheriger **Minderheitenschutzantrag** nach § 251 InsO ist **nicht Voraussetzung** der sofortigen Beschwerde.[609]

274

---

605 Vgl. zu den sich im Wortlaut der Vorschrift nicht widerspiegelnden Unterschieden ausf. HambKomm/Thies, § 253 InsO Rn 9 ff.
606 Bestätigt durch BGH, 26.4.2018 – IX ZB 49/17, ZInsO 2018, 1404, Rn 13.
607 Vgl. auch RegE ESUG BT-Drucks. 17/5712, S. 35.
608 Zu den Gründen dieser Annahme entgegen dem Wortlaut der Vorschrift näher HambKomm/Thies, § 253 InsO Rn 13.
609 BGH, 17.7.14 – IX ZB 13/14 (Suhrkamp), ZInsO 2014, 1552 (Rn 11 ff.); **a.A.** zumindest vor dieser Entscheidung: Braun/Braun/Frank, § 253 InsO Rn 11 f.; HK/Haas, § 253 InsO Rn 6; Fischer, NZI 2013, 513, 515; Fölsing, EWiR 2014, 293 f.

> **Hinweis**
> Bei **nicht stimmberechtigten** Beteiligten ist **§ 253 Abs. 2 Nr. 2 InsO** ebenso wie bei dem Schuldner **unanwendbar**, da es diesen nicht möglich ist, für den Plan zu stimmen.[610] Gerade wenn dem Beteiligten das Stimmrecht zu Unrecht aberkannt wurde, muss es ihm möglich sein, die Aberkennung seines Stimmrechts i.R.d. sofortigen Beschwerde erfolgreich rügen.[611]

275 Die **materielle Beschwer** eines **Gläubigers** oder Anteilsinhabers liegt bei einer Beschwerde gegen die Versagung der Planbestätigung vor, wenn der Plan Rechte gewährt hätte.[612] Bei Beschwerden der Gläubiger oder Anteilsinhaber gegen einen **Bestätigungsbeschluss** wurden die **Anforderungen** an die materielle Beschwer mit dem ESUG **verschärft**. Gem. § 253 Abs. 2 Nr. 3 1. HS InsO hat der Beschwerdeführer als weitere Zulässigkeitsvoraussetzung[613] glaubhaft zu machen, dass er durch den Plan **wesentlich schlechter gestellt** wird, als er ohne einen Plan stünde. Dies soll nach der Vorstellung des Gesetzgebers jedenfalls nicht anzunehmen sein, wenn die Abweichung von der Quotenaussicht ohne Planverfahren unter **10%** liegt.[614] Diese **Erheblichkeitsschwelle** soll zum Zwecke der Beschwerde missbräuchlich erfolgende Forderungskäufe ausschließen.[615] Gleichzeitig wird deutlich, dass für die Beurteilung der Schlechterstellung i.S.v. § 253 Abs. 2 Nr. 3 1. HS InsO allein auf einen **Vergleich** der wirtschaftlichen Ergebnisse des Insolvenzplans für den Beschwerdeführer mit den wirtschaftlichen Ergebnissen einer **Abwicklung im Regelverfahren** – und nicht auf einen etwaigen Alternativplan[616] – abzustellen ist. Ist der Schuldner eine natürliche Person, ist gem. § 251 Abs. 1 Nr. 2 InsO die Vermutungsregel des § 245a InsO zu beachten.[617] Bei Ansatz von Liquidationswerten im Vergleichsszenario kommt eine Schlechterstellung und damit eine **materielle Beschwer eines Anteilsinhabers**, dessen Anteile im Regelverfahren regelmäßig wertlos sind, **i.d.R. nicht in Betracht**.[618] Gelingt dem Beschwerdeführer die Glaubhaftmachung einer

---

610 So wohl auch K. Schmidt/Spliedt, § 253 InsO Rn 7.
611 Vgl. allerdings zur Rechtslage vor dem ESUG BGH, 23.10.2008 – IX ZB 235/06, ZInsO 2009, 34.
612 Vgl. BGH, 7.7.2005 – IX ZB 266/04, ZInsO 2005, 927, bestätigt durch BGH, 15.7.2010 – IX ZB 65/10, ZInsO 2010, 1448, 1450 und BGH, 13.1.2011 – IX ZB 29/10, ZInsO 2011, 280, 281; HK/Haas, § 253 InsO Rn 11; K. Schmidt/Spliedt, § 253 InsO Rn 26.
613 Dies gilt auch, wenn die Beschwerde nur auf einen Verstoß gegen Verfahrensvorschriften stützt, vgl. BGH, 17.7.2014 – IX ZB 13/14 (Suhrkamp), ZInsO 2014, 1552 (Rn 27); LG Düsseldorf, 10.9.2014 – 25 T 450/14, ZInsO 2014, 1963; LG Bonn, 10.7.2014 – 6 T 178/14, ZInsO 2015, 43.
614 Vgl. RegE ESUG, BT-Drucks. 17/5712, S. 35.
615 Vgl. RegE ESUG, BT-Drucks. 17/5712, S. 35/36.
616 LG Hamburg, 10.12.2014 – 326 T 163/14, ZInsO 2015, 159, 161; LG Wuppertal, 15.9.2016 – 16 T 324/14, ZInsO 2016, 1164; LG Stade, 20.12.2017 – 7 T 151/17, ZInsO 2018, 614, 615.
617 Vgl. zu dem durch das SanInsFoG neu eingefügten § 245a InsO oben Rdn 229.
618 In diese Richtung auch Schmidt/Spliedt, § 253 InsO Rn 7. Beispielhaft auch LG Bonn, 10.7.2014 – 6 T 178/14, ZInsO 2015, 43. Vgl. aber zur Glaubhaftmachung des hypothetischen Schicksals einer Kommanditbeteiligung im Regelverfahren: BGH, 17.7.2014 – IX ZB 13/14, ZInsO 2014, 1552 (Rn 40 ff.)

wesentlichen Schlechterstellung, liegt eine materielle Beschwer gleichwohl nicht vor, wenn der Plan eine **salvatorische Entschädigungsklausel** im Sinne des § 251 Abs. 3 InsO enthält und der Beschwerdeführer nicht glaubhaft macht, dass der finanzielle Nachteil nicht durch die bereitgestellten Mittel ausgeglichen werden kann (§ 253 Abs. 2 Nr. 3 2. HS InsO).

Die sofortige **Beschwerde** nach § 253 InsO ist **begründet**, wenn ein **Verstoß gegen** die Vorschriften über die Bestätigung des Plans nach den **§§ 248 bis 252 InsO** vorliegt.[619] Hierbei kann sich die Beschwerde indirekt auch auf eine Verletzung der Vorschriften über den Inhalt, das Verfahren, die Annahme des Plans oder die Zustimmung zum Plan stützen. Der Nachweis der für die Zulässigkeit nach § 253 Abs. 2 Nr. 3 InsO glaubhaft gemachten **Schlechterstellung** ist hingegen **keine Voraussetzung** für die Begründetheit der Beschwerde.[620]

cc) Entscheidung über die Beschwerde

Sofern das **Insolvenzgericht** die Beschwerde für begründet hält, leistet es **Abhilfe**, indem es die angegriffene Entscheidung über die Planbestätigung aufhebt bzw. abändert (§ 572 Abs. 1 S. 1 ZPO). Anderenfalls legt es die Beschwerde dem **Landgericht** als zuständigem Beschwerdegericht vor. Dieses kann die Sache **zurückverweisen**, den angegriffenen Beschluss **aufheben** und übertragen oder aufheben und sodann **selbst entscheiden**.[621] Sofern ein zur Aufhebung führender Mangel in einem Verfahrensstadium bis zur Abstimmung stattgefunden hat, ist die **Abstimmung ggf. zu wiederholen**.[622]

Der mit dem ESUG eingeführte **§ 253 Abs. 4 S. 1 1. HS InsO** gibt dem Insolvenzverwalter die Möglichkeit, **einen Antrag auf Zurückweisung der sofortigen Beschwerde** zu stellen, wenn das alsbaldige Vollzugsinteresse des Insolvenzplans vorrangig erscheint. Die Vorschrift stellt damit sicher, dass in Fällen, in denen die Nachteile einer Verzögerung der Plandurchführung die Nachteile des Beschwerdeführers aus einem alsbaldigen Vollzug überwiegen, der Planvollzug nicht blockiert werden kann. Liegt ein schwerer Rechtsverstoß vor, darf keine Zurückweisung erfolgen (§ 253 Abs. 4 S. 2 InsO). Davon ist auszugehen, wenn der geltend gemachte Verstoß bei korrekter Würdigung zu einer Versagung der Planbestätigung nach

---

und BVerfG ZInsO 2015, 84 (Rn 17 und Rn 27) – beide Suhrkamp. Gem. dem mit dem SanInsFoG eingefügten § 220 Abs. 2 S. 2 InsO ist für das Vergleichsszenario allerdings grundsätzlich ebenfalls von einer Fortführung auszugehen, wenn der Plan eine solche vorsieht.
619 BGH, 17.7.2014 – IX ZB 13/14 (Suhrkamp), ZInsO 2014, 1552 (Rn 35); BGH, 24.3.2011 – IX ZB 80/11, ZInsO 2011, 932 (Rn 11).
620 BGH, 17.7.2014 – IX ZB 13/14 (Suhrkamp), ZInsO 2014, 1552 (Rn 38 f.).
621 S. allgemein hierzu Zöller/Gummer, § 572 ZPO Rn 21 ff.
622 Ebenso HK/Haas, § 253 InsO Rn 15; MüKo/Sinz, § 253 InsO Rn 94; **a.A.** KPB/Otte, § 253 InsO Rn 11.

§ 250 InsO hätte führen müssen. **Zuständig** für die Entscheidung über den Zurückweisungsantrag ist das **Landgericht**. Ein Abhilfeverfahren gemäß § 572 Abs. 1 S. 1 ZPO findet in diesem Fall nicht statt (§ 253 Abs. 4 S. 1 2. HS InsO). Im Fall der Zurückweisung ist dem Beschwerdeführer der **Schaden zu ersetzen**, der ihm **durch den Planvollzug entsteht**, wenn die Beschwerde Aussicht auf Erfolg gehabt hätte. Die Rückgängigmachung der Planwirkungen kann nicht verlangt werden (§ 253 Abs. 4 S. 3 InsO). Für die Schadensersatzklage ist das Landgericht zuständig, das die Beschwerde zurückgewiesen hat (§ 253 Abs. 4 S. 4 InsO).

Hinweis
Bei der durch das Beschwerdegericht im Rahmen des § 254 Abs. 4 InsO zu treffenden **Abwägung** zwischen dem **Vollzugsinteresse** der Planbeteiligten gegen das **Aufschubinteresse** des Beschwerdeführers handelt es sich um eine Einzelfallbetrachtung. Ein Vorrang des Aufschubinteresses ist jedoch nur dann anzunehmen, wenn seine Beschwerde Aussicht auf Erfolg hat. Ein **überwiegendes Vollzugsinteresse** liegt aber auch bei Erfolgsaussicht der Beschwerde i.d.R. vor, wenn durch eine Verzögerung des Wirksamwerdens des Insolvenzplans die geplante Befriedigung der Insolvenzgläubiger und eine beabsichtigte **Unternehmenssanierung** erheblich **gefährdet** oder gar vereitelt würde.[623] Der Insolvenzverwalter trägt als Antragsteller die **Darlegungslast** für das überwiegende Vollzugsinteresse.

---

279 Die **Entscheidung** über die sofortige Beschwerde ist grds. **unanfechtbar**, weshalb auch eine Zulassung der **Rechtsbeschwerde** zum BGH durch das Landgericht gem. § 574 Abs. 1 Nr. 2 ZPO ausscheidet.[624] Allenfalls in Betracht kommt der einstweilige Rechtsschutz nach § 32 Abs. 1 BVerfGG, für dessen Eingreifen aufgrund der Subsidiarität des verfassungsgerichtlichen Eilrechtsschutzes jedoch regelmäßig besonders hohe Hürden gelten.[625]

3. Planberichtigungsverfahren

280 Nimmt der Insolvenzverwalter auf Grundlage einer entsprechenden Ermächtigung im Plan gem. § 221 S. 2, 2. Alt. InsO[626] **nachträgliche Berichtigungen** des Insolvenzplans vor, bedürfen diese einer gesonderten **Bestätigung durch das Insolvenzge-**

---

623 Vgl. in dem Suhrkamp-Verfahren: LG Berlin, 20.10.2014 – 51 T 696/14, ZInsO 2014, 2232 (Rn 11) und BVerfG, 18.12.2014 – 2 BvR 1978/13, ZInsO 2015, 84 (Rn 25f.); BVerfG, 12.12.2018 – 2 BvR 2588/18, ZInsO 2019, 187 (Rn 20), vorgehend LG München I, 28.11.2018 – 14 T 12593/18, NZI 2019, 78.
624 BGH, 17.9.2014 – IX ZB 26/14 (Suhrkamp), ZInsO 2014, 2109.
625 Vgl. die Begründungen des Scheiterns der Anträge auf einstweilige Aussetzung des Planvollzuges bei BVerfG, 17.10.2013 – 2 BvR 1978/13, ZInsO 2013, 2261ff. und BVerfG 12.12.2018 – 2 BvR 2588/18, ZInsO 2019, 187 (Rn 14ff.); erfolgreich aber bei BVerfG, 15.5.2020 – 2 BvQ 24/20, ZInsO 2020, 1365.
626 Zur Inhalt und Anforderungen an eine Ermächtigung i.S.v. § 221 S. 2, 2. Alt. InsO vgl. oben in diesem Rdn 139.

richt (§ 248a Abs. 1 InsO). Das Bestätigungsverfahren dient der Sicherstellung, dass der Insolvenzverwalter die mit der Ermächtigung eingeräumten Befugnisse nicht zu Lasten der Planbeteiligten überschreitet. Erfasst werden ausschließlich **für die Plandurchführung** – insb. die Vollstreckbarkeit – **erforderliche schriftliche Korrekturen** im gestaltenden Teil des Plans.[627]

Planberichtigungen gem. § 221 S. 2, 2. Alt. InsO und deren Bestätigung nach § 248a InsO können in dem **Zeitraum** zwischen dem Eintritt der Rechtskraft der Planbestätigung[628] und der Aufhebung des Insolvenzverfahrens[629] vorgenommen werden. 281

Vor der Entscheidung soll das Gericht den Insolvenzverwalter, einen etwaig vorhandenen Gläubigerausschuss und den Schuldner **anhören** (§ 248a Abs. 2 InsO). Die Gläubiger und die Anteilsinhaber sind nur anzuhören, wenn deren Rechte durch die Berichtigung betroffen sind. 282

Praxistipp
Der den Plan berichtigende Insolvenzverwalter wird das Gericht regelmäßig auf die erforderliche Berichtigung hinweisen und diese begründen, womit sich dessen Anhörung i.d.R. erübrigen dürfte.

Die Bestätigung der Planberichtigung ist durch das Gericht **auf Antrag zu versagen**, wenn durch die Planänderung ein Beteiligter voraussichtlich schlechter gestellt wird, als er nach den mit dem Plan beabsichtigten Wirkungen stünde (§ 248a Abs. 3 InsO). Da durch die Ermächtigung nach § 221 S. 2, 2. Alt. InsO gerade die Umsetzung des im Plan zum Ausdruck kommenden Willens der Beteiligten ermöglicht werden soll, ist die **Schlechterstellung** eines Planbeteiligten durch die Berichtigung eines offensichtlichen Fehlers faktisch ausgeschlossen. Entsprechende Anträge dürften daher regelm. ins Leere gehen. 283

Die **Bestätigung oder Versagung** der Berichtigung erfolgt **durch Beschluss**. Gegen diesen steht den in von der Berichtigung betroffenen Gläubigern und Anteilsinhabern sowie dem Verwalter die **sofortige Beschwerde** (§ 248a Abs. 4 InsO) zu. Da nach den Ausführungen in der vorangegangenen Rdn allenfalls unbeabsichtigte oder indirekte Beeinträchtigungen einzelner Beteiligter durch eine Planberichtigung in Betracht kommen, dürfte es an einer (materiellen) Beschwer der Gläubiger oder 284

---

[627] Nicht dem Bestätigungsverfahren unterliegen daher Maßnahmen, zu denen der Verwalter gem. § 221 S. 2, 1. Alt InsO ermächtigt wird, s. zu der Differenzierung oben in diesem Rdn 138 f.
[628] Da erst dann gem. § 254 InsO die Ermächtigung nach § 221 S. 2 InsO wirksam wird. **A.A.** K. Schmidt/Spliedt, § 248a InsO Rn 2, der von einer Berichtigungsbefugnis ab Annahme des Plans im Abstimmungstermin ausgeht.
[629] Da das Amt des Insolvenzverwalters gem. § 259 Abs. 1 InsO mit der Verfahrensaufhebung endet. H.M., vgl. z.B. K. Schmidt/Spliedt, § 248a InsO Rn 2.

Anteilsinhaber i.d.R. fehlen. Der Insolvenzverwalter kann in entsprechender Anwendbarkeit des § 253 Abs. 4 InsO gegen die Beschwerde eines Beteiligten einen Zurückweisungsantrag bei dem Landgericht stellen.[630]

285 **Hinweis**
Das Bestätigungsverfahren nach § 248a InsO kommt nur bei einer entsprechenden Berichtigungsermächtigung im Insolvenzplan zur Anwendung. Wurde der **Verwalter** in dem Plan **nicht** gem. § 221 S. 2 InsO **ermächtigt**, ist eine für die Durchführung des Plans notwendige Berichtigung offensichtlicher Fehler auch nach der rechtskräftigen Bestätigung grds. möglich, allerdings bedarf es hierfür der **erneuten Durchführung des Abstimmungsverfahrens**.[631]

IV. Wirkungen des bestätigten Insolvenzplans

1. Allgemeine Wirkungen

286 Gem. § 254 Abs. 1 InsO treten **mit der Rechtskraft der Bestätigung des Insolvenzplans** die im gestaltenden Teil festgelegten **Wirkungen für und gegen alle Beteiligten** ein. Beteiligte i.S.d. Vorschrift sind in erster Linie der **Schuldner** und die nicht nachrangigen **Insolvenzgläubiger**. Bei entsprechender Gruppenbildung bzw. Planunterwerfung[632] können auch **absonderungsberechtigte** Gläubiger, **nachrangige Gläubiger** sowie **an dem Schuldner beteiligten Personen** Beteiligte sein.[633] Gem. § 254b InsO treten die Wirkungen auch für und gegen Insolvenzgläubiger ein, die ihre Forderungen nicht angemeldet haben, und auch für Beteiligte, die dem Plan widersprochen haben.[634] Dies gilt auch ggü. dem Schuldner unbekannten Gläubigern.[635] Beteiligte sind mithin alle Personen, in deren Rechtsstellung durch den Insolvenzplan eingegriffen wird. Der Insolvenzverwalter gehört nicht zu den Beteiligten i.S.v. § 254 Abs. 1 InsO.[636]

287 **Wirkung für Dritte** kann der Plan nur soweit entfalten, als sich diese durch Abgabe von (Willens-)Erklärungen entsprechend verpflichtet haben.[637] Die Wir-

---

630 Siehe hierzu vorhergehend Rdn 277.
631 Vgl. AG Frankfurt an der Oder, 8.11.2005 – 31 IN 35/03, DZWIR 2006, 87; ebenso MüKo/Sinz, § 248 InsO Rn 6.
632 Zu diesem Begriff siehe oben in diesem Rdn 65 f.
633 Statt aller: MüKo/Huber/Madaus, § 254 InsO Rn 16.
634 Zu der Frage der Zulässigkeit von Ausschlussklauseln für „Nachzügler" im gestaltenden Teil des Plans siehe ausführlich Rdn 302 ff.
635 Vgl. MüKo/Madaus, § 254b InsO Rn 5 m.w.N.
636 BGH, 22.2.2007 – IX ZB 106/06, ZInsO 2007, 436, 436 (Rn 7).
637 Ebenso Uhlenbruck/Lüer/Streit, § 254 InsO Rn 16; Nerlich/Römermann/Braun, § 254 InsO Rn 6; MüKo/Huber/Madaus, § 254 InsO Rn 17.

kungsentfaltung richtet sich in diesen Fällen nach allgemeinen zivilrechtlichen Grundsätzen.⁶³⁸

Besondere Formerfordernisse (z.B. notarielle Beurkundung) für in den Plan aufgenommene Willenserklärungen und Rechtsänderungen werden bei Eintritt der Rechtskraft der Planbestätigung nach Maßgabe des § 254a InsO fingiert.⁶³⁹ Insoweit wird zwar die Abgabe der **Willenserklärung in der notwendigen Form fingiert, nicht aber der Vollzugsakt** selbst, der noch tatsächlich vorzunehmen ist.⁶⁴⁰ 288

Die **Wirkungsentfaltung** gem. §§ 254 ff. InsO tritt **mit Rechtskraft des Planbestätigungsbeschlusses** und damit nicht vor Ablauf der zweiwöchigen Beschwerdefrist bzw. der unanfechtbaren Abweisung einer sofortigen Beschwerde ein. Auch unzulässige Planklauseln können mit Rechtskraft der Planbestätigung kraft Heilung dennoch Wirkung entfalten.⁶⁴¹ Ihre Grenze findet die Heilungswirkung jedoch bei schwerwiegenden Verstößen,⁶⁴² die insofern aber regelmäßig nur die Nichtigkeit der betreffenden Planklausel, nicht aber des gesamten Plans zur Folge haben.⁶⁴³ 289

a) Wirkungen für die Insolvenzgläubiger

Die **Wirkungen** für die Insolvenzgläubiger bestehen in erster Linie in den im Plan vorgesehenen **Forderungserlassen bzw. -verzichten**. Mit der Wirkungsentfaltung gilt der plangemäß erlassene Forderungsanteil als erloschen. 290

Hinweis
I.d.R. sieht der gestaltende Teil Forderungsverzichte der Gläubiger vor, die grds. in gleicher Höhe zu einem sog. **Sanierungsgewinn**⁶⁴⁴ führen. Dieser ist nach Einführung⁶⁴⁵ von § 3a EStG, der über § 1 KStG auch auf die Körperschaftssteuer und über § 7b GewStG auch auf die Gewerbesteuer Anwendung findet, **grds. von der Steuer befreit**. Voraussetzungen sind gemäß § 3a Abs. 2 EStG die Sanierungsbedürftigkeit, die Sanierungsfähigkeit, die Sanierungseignung des schuldnerischen Unternehmens und die Sanierungsabsicht der Gläubiger.

---

638 Uhlenbruck/Lüer/Streit, § 254 InsO Rn 14; Nerlich/Römermann/Braun, § 254 InsO Rn 6.
639 Zu den einzelnen Voraussetzungen der Fiktion verschiedener Formerfordernisse vgl. die jeweiligen Ausführungen in den folgenden Unterabschnitten.
640 Allg. M., vgl. statt aller: K. Schmidt/Spliedt, § 254a InsO Rn 1.
641 Vgl. hierzu Sonnleitner/Strotekemper/Krüsmann ZInsO 2016, 1545, 1548, der diese Heilungswirkung uneingeschränkt bejaht, sowie LG Düsseldorf, 27.4.2017 – 14d O 10/14, ZInsO 2017, 1324, 1327; wohl auch FG Köln, 25.6.2019 – 1 K 2623/15, ZInsO 2020, 1258, 1260.
642 Vgl. Takjas/Kunkel, ZInsO 2017, 1196f.; Tresselt/Kamp, DZWiR 2017, 501, 505.
643 Vgl. BGH, 10.12.2009 – IX ZR 206/08, ZIP 2010, 102ff., Rn 13 und 16.
644 Zu dem Begriff vgl. BMF-Schreiben v. 27.3.2003, BStBl I 2003, S. 240 = ZInsO 2003, 363.
645 Eingeführt mit dem Gesetz gegen schädliche Steuerpraktiken im Zusammenhang mit Rechteüberlassungen vom 27.6.2017 (BGBl. 2017 I S. 2074), rückwirkend zum 5.7.2017 in Kraft gesetzt durch das Steuergesetz 2018 (BGBl. I S. 2338). Zu der Historie der Regelungen vgl. HambKomm/Thies, § 227 InsO Rn 6.

> Um sicherzustellen, dass die Umsetzung der Sanierung durch den Insolvenzplan nicht an der Besteuerung scheitert, wird in der Praxis regelmäßig der Antrag auf Erteilung einer verbindlichen Auskunft über das Vorliegen der Voraussetzungen für die steuerliche Privilegierung gestellt und die Erteilung derselben als Bedingung nach § 249 InsO in den Plan aufgenommen.

291 Die **Aufrechnung** mit dem infolge eines Erlasses erloschenen Teil einer Forderung ist grds. **ausgeschlossen**.[646] Anderes gilt **ausnahmsweise** in dem – seltenen – Fall, dass der Insolvenzverwalter eine bereits vor der Insolvenzeröffnung entstandene Forderung des Schuldners gegen einen Insolvenzgläubiger im Insolvenzverfahren nicht geltend gemacht hat, gegen die der Gläubiger gem. § 94 InsO hätte aufrechnen können. Die **Aufrechnungsmöglichkeit nach § 94 InsO** soll insofern fortbestehen,[647] selbst wenn der Gläubiger im Abstimmungstermin dem Plan und damit auch dem seine Forderung betreffenden Forderungserlass zugestimmt hat.[648]

292 Sofern ein Gläubiger jedoch mehr als nach dem Plan vorgesehen – mithin eine **Überzahlung** – erhalten hat, muss er das Erlangte **nicht zurückgewähren** (§ 254 Abs. 3 InsO). Eine **Grenze** findet § 254 Abs. 3 InsO jedoch bei der **Vollbefriedigung** des Gläubigers. Die ursprüngliche Forderung des Gläubigers übersteigende Überzahlungen sind nach den allgemeinen (bereicherungsrechtlichen) Vorschriften zurück zu gewähren.[649]

293 Erreichen durch den Insolvenzplan nach Maßgabe des § 225a Abs. 2 InsO im Wege eines **Debt-Equity-Swap** in Anteils- oder Mitgliedschaftsrechte umgewandelte Insolvenzforderungen[650] nicht den im Plan zugrunde gelegten Wert, ist eine **Nachschusspflicht** des umwandelnden Gläubigers wegen Überbewertung (im Gesellschaftsrecht **sog. Differenzhaftung**) **ausgeschlossen** (§ 254 Abs. 4 InsO). Dies dient der Planungssicherheit für den umwandelnden Gläubiger.[651]

---

646 Entschieden anhand des besonders praxisrelevanten Falls der Aufrechnung durch das Finanzamt, BGH, 29.3.2007 – IX ZB 204/05, ZInsO 2007, 491, 492 und BGH, 19.5.2011 – IX ZR 222/08, ZInsO 2011, 1214, 1215.
647 BGH, 19.5.2011 – IX ZR 222/08, ZInsO 2011, 1214; OLG Celle (16. Zivilsenat), 13.11.2008 – 16 U 63/08, ZInsO 2008, 1327; **a.A.** OLG Celle (14. Zivilsenat), 23.12.2008 – 14 U 108/08, ZInsO 2009, 832.
648 Zu Wertungskollisionen im Hinblick auf § 226 und § 237 Abs. 2 InsO vgl. HK/Haas, § 254 InsO Rn 5. Zu der parallelen Problematik der Konvaleszenz siehe Münzel, ZInsO 2014, 761.
649 Allg. M., siehe etwa Nerlich/Römermann/Braun, § 254 InsO Rn 8; MüKo/Huber/Madaus, § 254 InsO Rn 37; Uhlenbruck/Lüer/Streit, § 254 InsO Rn 24.
650 Zu dieser Möglichkeit ausführlich oben in diesem Rdn 123 ff.
651 RegE ESUG, BT-Drucks. 17/5712, S. 36 und 70. Zu dem Haftungsrisiko des planerstellenden Insolvenzverwalters nach § 60 InsO und dessen Vermeidung durch Einholung eines Sachverständigengutachtens siehe bereits den Hinweis unter Rdn 125.

b) Wirkungen für Mithaftende

Für **Bürgen und Mitschuldner** des Schuldners sowie deren Rechte an Gegenständen, die nicht dem Insolvenzbeschlag unterliegen, regelt § 254 Abs. 2 S. 1 InsO, dass diese mit Ausnahme der nach § 217 Abs. 2 i.V.m. § 223a InsO gestalteten Rechte aus gruppeninternen Drittsicherheiten durch den Plan **nicht berührt** werden. **Akzessorische Sicherungsrechte** Dritter bestehen demzufolge grds. auf Grundlage der verbleibenden **Naturalobligation** aus einer erlassenen Forderung gegen die Mithaftenden fort.[652] Gleichzeitig wird der Schuldner jedoch ggü. dem Bürgen oder Mitschuldner in gleicher Weise wie ggü. dem Gläubiger befreit (§ 254 Abs. 2 S. 2 InsO). Dies bedeutet, dass der Mithaftende dem Gläubiger weiterhin voll haftet, in seinem Regressanspruch gegenüber dem Schuldner jedoch eingeschränkt wird.[653] 294

Die Wirkungen nach § 254 Abs. 2 InsO gelten jedoch nicht für die Mithaftung der **persönlich haftenden Gesellschafter** bei Gesellschaften ohne Rechtspersönlichkeit. Diese erlangen ebenso wie der Schuldner gem. § 227 Abs. 2 InsO Haftungsbefreiung – allerdings nicht bereits mit Eintritt der Rechtskraft des Plans, sondern erst und nur mit der plangemäßen Befriedigung der Insolvenzgläubiger. 295

c) Gesellschaftsrechtliche Regelungen

Die **Wirkungsentfaltung** des rechtskräftig bestätigten Plans **für an dem Schuldner beteiligte Personen**, deren Rechte in den Plan einbezogen wurden, ergibt sich aus § 254a Abs. 2 S. 1 InsO. Mit Eingriffen in die Anteils- oder Mitgliedschaftsrechte der an dem Schuldner beteiligten Personen sind regelmäßig **Änderungen** in der Struktur, Zusammensetzung, Kapitalausstattung oder Ausrichtung einer Gesellschaft verbunden, die nach den gesellschaftsrechtlichen Regelungen einer **Beschlussfassung** bedürfen. Diese Beschlussfassungen können ebenso wie die Willenserklärungen der betroffenen Anteilsinhaber **durch entsprechende Planregelungen ersetzt** werden.[654] 296

Die zur Vorbereitung derartiger Beschlüsse gesellschaftsrechtlich erforderlichen **Ladungen, Bekanntmachungen und sonstigen Maßnahmen** der Anteilsinhaber werden gem. § 254a Abs. 2 S. 2 InsO ebenso als **in der erforderlichen Form bewirkt** fingiert wie eine etwaig erforderliche notarielle Beurkundung des Beschlusses. 297

---

652 Vgl. FK/Jaffé, § 254 InsO Rn 11.
653 Zu dieser Problematik vgl. ausführlicher HambKomm/Thies, § 254 InsO Rn 9.
654 Vgl. RegE ESUG, BT-Drucks. 17/5712, S. 36.

> **Praxistipp**
> Zur Erreichung der Wirkungsentfaltung nach § 254a InsO – mithin die Herbeiführung gesellschaftsrechtlicher Änderungen ohne die Durchführung von Gesellschafter- oder Mitgliederversammlungen und ggf. gegen den Willen einzelner Gesellschafter – ist es erforderlich, aber auch ausreichend, die **gewünschten Beschlüsse in den gestaltenden Teil des Plans** aufzunehmen.
> Der regelmäßig notwendige **Fortsetzungsbeschluss** und die ihn vorbereitenden Maßnahmen können bspw. durch die folgende Formulierung im gestaltenden Teil ersetzt werden: „Die Gesellschaft wird nach Aufhebung des Insolvenzverfahrens fortgesetzt".[655]

298 **Nicht ersetzt** werden konstituierende **Publizitätsakte**, wie etwa die **Registereintragung**, die nach den einschlägigen Bestimmungen zu erfolgen hat.[656] Zur Vereinfachung des Verfahrens und um Verzögerungen zu vermeiden,[657] ist jedoch der **Insolvenzverwalter** – anstelle der nach dem Gesellschaftsrecht zuständigen Organe – berechtigt, die erforderlichen **Anmeldungen beim jeweiligen Registergericht** vorzunehmen (§ 254a Abs. 2 S. 3 InsO).

> **Hinweis**
> Aufgrund der **Verpflichtung des Insolvenzverwalters** zur ordnungsgemäßen Verfahrensführung begründet die gesetzliche Ermächtigung zur Vornahme der Registeranmeldung für diesen – anders als für den Sachwalter – die Pflicht, die unverzügliche **Anmeldung ggf. durch eigene Vornahme sicherzustellen**, wenn diese nicht durch die Organe erfolgt.[658]

299 Den **Registergerichten** soll aufgrund ihrer **bloßen Beurkundungsfunktion** nur eine **eingeschränkte Prüfungskompetenz** zukommen.[659] Das Registergericht hat nicht die grundsätzliche **gesellschaftsrechtliche Zulässigkeit** der nach dem Plan einzutragenden Änderung bzw. Maßnahme zu prüfen.[660] Dies erfolgt bereits durch die Prüfung des Insolvenzgerichts im Rahmen der Bestätigung des Insolvenzplans. Es hat sich vielmehr darauf zu beschränken, auf die Einhaltung unabdingbaren und

---

655 Wird der Fortsetzungsbeschluss nicht explizit in den gestaltenden Teil des Insolvenzplans aufgenommen, reicht es für eine entsprechende Beschlussfassung der Gesellschafter nach Aufhebung des Verfahrens nach Maßgabe von § 60 Abs. 1 Nr. 4 GmbHG, § 274 Abs. 1 und 2 Nr. 1 AktG, § 144 Abs. 1 HGB, § 728 Abs. 1 S. 2 BGB bzw. § 117 GenG aber aus, dass der Insolvenzplan die Möglichkeit des Fortbestandes der Gesellschaft zumindest abstrakt vorsieht, vgl. BGH, 8.4.2020 – II ZB 3/19, ZInsO 2020, 1244.
656 Begr. RegE ESUG, BT-Drucks. 17/5712, S. 36.
657 Begr. RegE ESUG, BT-Drucks. 17/5712, S. 37.
658 Vgl. RegE ESUG, BT-Drucks. 17/5712, S. 37.
659 Vgl. RegE ESUG, BT-Drucks. 17/5712, S. 37; Klausmann, NZG 2015, 1300; weitergehend AG Charlottenburg, 9.2.2015 – HRB 153203 B, ZInsO 2015, 413.
660 So aber AG Charlottenburg, 9.2.2015 – HRB 153203 B, ZInsO 2015, 413.

unverzichtbaren Gesellschaftsrechts zu achten, um offensichtlich rechtswidrige Eintragung zu verhindern.[661]

Praxistipp
Die Auslegung und Anerkennung von Planregelungen als rechtswirksame Fiktion gesellschaftsrechtlich erforderlicher Maßnahmen kann in der Praxis bei den insofern **nicht geschulten Registergerichten** zu Schwierigkeiten führen. Der gestaltende Teil sollte daher eine **zusammenfassende Aufstellung** der geregelten **eintragungsbedürftigen gesellschaftsrechtlichen Maßnahmen und Beschlüsse** enthalten. Bei gesellschaftsrechtlichen Änderungen empfiehlt sich durchweg eine vorherige Abstimmung mit dem zuständigen Registergericht.

---

d) Wirkungen für Dritte

Für die Plandurchführung erforderliche **Verfügungen und Verpflichtungen Dritter,** aber auch nicht der Gruppenbildung nach § 222 InsO unterworfene Regelungen[662] für Insolvenzgläubiger, Absonderungsberechtigte und Anteilsinhaber bedürfen für ihre Wirksamkeit einer expliziten **Erklärung des Betroffenen nach Maßgabe des § 230 InsO.**[663] Über § 254a Abs. 3 InsO gelten die im Plan aufgenommenen Willenserklärungen Dritter als in der ggf. hierfür **vorgeschriebenen Form** abgegeben.[664]

300

Eine **unmittelbare Wirkungsentfaltung** für nicht an dem Planverfahren beteiligte Dritte ohne Erfordernis der Zustimmung kann sich aus § 225a Abs. 4 InsO ergeben. Hiernach können zwischen dem Schuldner und Dritten **bestehende Verträge** nicht im Hinblick auf in den Plan aufgenommene gesellschaftsrechtliche Maßnahmen i.S.v. § 225a Abs. 2 und 3 InsO – durch Rücktritt, Kündigung oder Gesetz – beendet werden. Durch diese Regelung sollen sog. **Change-of-Control-Klauseln**, mit denen sich Vertragspartner ein **Sonderkündigungsrecht** für den Fall erheblicher Änderungen in der Gesellschafter- und Kontrollstruktur des Unternehmens vorbehalten, im Insolvenzplanverfahren ausgehebelt werden.[665]

301

---

[661] Klausmann, NZG 2015, 1300.
[662] Siehe zu dieser Differenzierung bereits Rdn 129 ff.
[663] A.A. OLG Düsseldorf, 24.9.2008 – 8 UF 212/07, ZInsO 2008, 1142 zu Verzicht eines Insolvenzgläubigers auf künftige Unterhaltsansprüche.
[664] MüKo/Eidenmüller, § 230 InsO Rn 91.
[665] Zu Hintergrund und Kritik dieser „Aufoktroyierung von Vertragspartnern" vgl. Brinkmann, WM 2011, 97, 102 m.w.N., aber auch HambKomm/Thies, § 225a InsO Rn 60 f.

2. Wirkungen für Insolvenzgläubiger mit nicht (rechtzeitig) angemeldeten Forderungen

a) Allgemeines

302 Gem. § 254b InsO erstrecken sich die Wirkungen des Plans auch auf Insolvenzgläubiger, die ihre **Forderungen nicht angemeldet** haben und auf Beteiligte, die **dem Plan widersprochen** haben. Beides ist die logische Folge des Gebots der Gläubigergleichbehandlung aus § 1 InsO und der Gestaltung des Planverfahrens als auf eine Mehrheitsentscheidung abstellendes Abstimmungsverfahren.

303 Unklar ist die tatsächliche Wirkung für „**Nachzügler**", die ihre Forderungen nicht (rechtzeitig) angemeldet haben, sofern deren Forderungen nicht bereits nach Maßgabe von § 229 S. 3 InsO[666] bei der Plangestaltung und insb. der **Quotenberechnung** berücksichtigt wurden.[667] Im Zuge des ESUG hat der Gesetzgeber ausgeführt, nicht (rechtzeitig) angemeldete Forderungen seien den Beschränkungen zu unterwerfen, die der Plan für vergleichbare Ansprüche vorsieht.[668] Demzufolge hat ein Nachzügler Anspruch auf **dieselbe Quote**, die der **Gläubigergruppe** zukommt, der er bei Teilnahme am Planverfahren am ehesten zuzuordnen gewesen wäre.[669]

304 Das Risiko bzw. das Erfordernis, ggf. auf nachträglich geltend gemachte Forderungen Auszahlungen vornehmen zu müssen, die von den im Plan zur Befriedigung der Gläubiger vorgesehenen Mitteln nicht gedeckt sind, führt zu einer erheblichen **Planungsunsicherheit** bei der Planerstellung und ggf. zu einer Gefährdung der Planerfüllung. Teilweise wurde daher auf Anregungen aus der Literatur[670] in der Praxis versucht, dieses Risiko durch eine **Präklusion nicht angemeldeter Forderungen** durch entsprechende Planregelungen auszuschließen. Aufgrund der aus den Regelungen in §§ 254b sowie 259a und 259b InsO[671] ableitbaren Intention des Gesetzgebers, die gerade nicht auf den Ausschluss nachträglich geltend gemachter Forderungen gerichtet ist, und wegen erheblicher **verfassungsrechtlicher Bedenken** sind nach der jüngsten höchstrichterlichen Rechtsprechung Plangestaltungen, die „Nachzügler" – sei es durch eine besondere Gruppenregelung oder durch Aus-

---

666 Zu den Voraussetzungen der Einbeziehung bei § 229 S. 3 InsO und den Schwierigkeiten der Bewertung nicht angemeldeter Forderungen siehe in diesem Rdn 146.
667 Zu den denkbaren Varianten der Einbeziehung im Einzelnen vgl. HambKomm/Thies, § 254b InsO Rn 2f.
668 RegE ESUG, BT-Drucks. 17/5712, S. 37.
669 H.M.: BGH, 7.5.2015 – IX ZB 75/14, ZInsO 2015, 1398, 1398 Rn 12; BGH, 10.5.2012 – IX ZR 206/11, NZI 2013, 84 Rn 10f.; OLG Celle, 14.7.2011 – 13 U 26/11, ZInsO 2011, 1505, 1507f.; MüKo/Madaus, § 254b InsO Rn 6; Braun/Braun/Frank § 254b InsO Rn 1.
670 Siehe Rose/Tetzlaff/Wollstadt, ZInsO 2005, 673; Otte/Wiester, NZI 2005, 70.
671 Zu §§ 259a und 259b InsO siehe nachfolgend Rdn 305ff.

schlussfristen – von der Befriedigung gänzlich ausschließen, **unzulässig** und damit unwirksam.[672]

Praxistipp
Zur Minimierung der Planungsunsicherheit empfiehlt sich eine **intensive Prüfung** auch potentieller Forderungen und ggf. die Bildung entsprechender **Rückstellungen oder Zahlungsgarantien Dritter**.[673]

Zulässig sind hingegen Planregelungen, die Nachzügler nicht gänzlich von der Befriedigung ausschließen, sondern lediglich **von einer Ausschüttung aus den im Plan vorgesehenen Mitteln** und zu dem im Plan vorgesehenen Zeitpunkt ausschließen.[674] Die Gläubiger, die ihre Forderungen bis zu einer bestimmten **Ausschlussfrist** nicht angemeldet haben, hätten insofern nur Anspruch auf eine **zeitlich nachgelagerte Befriedigung** aus von dem Schuldner noch zu erwirtschaftenden oder verbliebenen Mitteln. Dies entspricht den Wirkungen der mit dem ESUG eingefügten Regelungen zum Vollstreckungsschutz gegen und der Verjährung von Nachzüglerforderungen gem. der §§ 259a und b InsO.[675]

305

b) Vollstreckungsschutz

Wird die **Plandurchführung** durch Zwangsvollstreckungen einzelner Insolvenzgläubiger, die ihre Forderungen nicht bis zum Abstimmungstermin angemeldet haben, **gefährdet**, so kann das Insolvenzgericht auf Antrag des Schuldners die **Vollstreckungsmaßnahmen** ganz oder teilweise **aufheben oder** für bis zu drei Jahre **untersagen** (§ 259a Abs. 1 S. 1 InsO), wenn der Schuldner die Gefährdung glaubhaft macht (§ 259a Abs. 1 S. 2 InsO). Die Vorschrift greift erst **nach der Aufhebung des Insolvenzverfahrens**, da vorher die Vollstreckung aus Insolvenzforderungen gem. § 89 Abs. 1 InsO unzulässig ist.

306

Der **Vollstreckungsschutz** erfasst neben dem **Schuldner mit seinem Geschäftsbetrieb** auch die im Plan berücksichtigten **Insolvenzgläubiger** im Hinblick

307

---

[672] Vgl. BGH, 7.5.2015 – IX ZB 75/14, ZInsO 2015, 1398, 1403, und BGH, 3.12.2015 – IX ZA 32/14, ZIP 2016, 85, wonach dies auch dann gilt, wenn die Forderungen im Regelverfahren voraussichtlich aufgrund einer Restschuldbefreiungserteilung nach § 286 InsO untergegangen wären.
[673] Zur Problematik der Nachtragsverteilung bei freiwerdenden Rückstellungen vgl. aber HambKomm/Thies, § 259 InsO Rn 7 f.
[674] So ausdrücklich allerdings nur zu bestrittenen Forderungen, wenn nicht innerhalb einer Ausschlussfrist analog § 189 InsO Feststellungsklage erhoben wurde: BAG 19.11.2015 – 6 AZR 559/14, ZInsO 2016, 220; allgemein Schmidt/Spliedt, § 254b InsO, Rn 7 sowie HambKomm/Thies, § 254b InsO Rn 5 ff.
[675] Zu §§ 259a und 259b InsO siehe nachfolgend Rdn 305 ff.

auf die **plangemäße Erfüllung** ihrer Ansprüche. Gleichwohl obliegen die Antragstellung und die Glaubhaftmachung der Gefährdung der Planerfüllung allein dem Schuldner als Vollstreckungsgegner.

308 § 259a InsO ermöglicht **ausschließlich** die Abwehr von Vollstreckungen aus **Insolvenzforderungen** i.S.v. §§ 38, 39 InsO. Auf Vollstreckungen aus Absonderungsrechten, Masseverbindlichkeiten[676] oder Neuverbindlichkeiten ist die Vorschrift nicht anwendbar. Erfasst werden nach dem Wortlaut zudem nur Forderungen, die **nicht bis zum Abstimmungstermin angemeldet** worden sind. Abzustellen wäre richtigerweise bereits auf das **Ende des Erörterungstermins** als letztem Zeitpunkt, zu dem noch durch eine **Planänderung** nach § 240 InsO auf weitere Forderungsanmeldungen reagiert werden kann.[677]

309 Wesentliche Voraussetzung für den Vollstreckungsschutz nach § 259a InsO ist die **Gefährdung der Durchführung des Insolvenzplans**, die der Schuldner glaubhaft machen muss. Die Plandurchführung umfasst neben der planmäßigen **Befriedigung der Insolvenzgläubiger** auch die Erreichung des Planziels etwa einer nachhaltigen **Sanierung**.[678] Für die Gefährdung stellt der Gesetzgeber **maßgeblich** auf die **Höhe** der vollstreckungsgegenständlichen **Forderung** ab.[679] Bei Vollstreckungen in **Gegenstände**, die zur Fortführung des Geschäftsbetriebes b**enötigt** werden, liegt zudem unabhängig von der Forderungshöhe regelmäßig eine Gefährdung der Sanierung vor.[680] Allerdings soll der Vollstreckungsschutz nur gewährt werden, wenn die geltend gemachte Forderung anschließend voraussichtlich aus den Erträgen des Schuldners zurückgeführt werden kann.[681]

310 Ist die Gefährdung glaubhaft gemacht, kann das Gericht die Zwangsvollstreckung auch **einstweilen einstellen** (§ 259a Abs. 2 InsO).

311 **Ändert sich die Sachlage**, kann das Gericht **auf Antrag** des Schuldners oder des die Zwangsvollstreckung betreibenden Gläubigers den **Beschluss aufheben oder abändern**, wenn dies mit Blick auf die veränderten Umstände geboten erscheint (§ 259a Abs. 3 InsO).

---

676 Im Falle eines Insolvenzplans bei Masseunzulänglichkeit, bezieht sich § 259a InsO allerdings auf die nach Maßgabe des § 210a InsO an die Stelle der Insolvenzgläubiger tretenden Altmassegläubiger.
677 Ebenso K. Schmidt/Spliedt, § 259a InsO Rn 2.
678 So benennt die Gesetzesbegründung als beispielhafte Anwendungsfälle eine Gefährdung der Sanierung und den Entzug für die Fortführung notwendiger Gegenstände: RegE ESUG, BT-Drucks. 17/5712, S. 37.
RegE ESUG, BT-Drucks. 17/5712, S. 38.
679 RegE ESUG, BT-Drucks. 17/5712, S. 37. Siehe zur Kritik an diesem Ansatz aber HambKomm/Thies, § 259a InsO Rn 5.
680 RegE ESUG, BT-Drucks. 17/5712, S. 37.
681 RegE ESUG, BT-Drucks. 17/5712, S. 37. Zur Kritik vgl. HambKomm/Thies, § 259a InsO Rn 7.

Hinweis
Eine die Aufhebung des Vollstreckungsschutzes rechtfertigende Änderung könnte z.B. durch **weitere Vollstreckungsmaßnahmen** im Plan nicht berücksichtigter Gläubiger eintreten, wenn hierdurch die spätere Erfüllbarkeit der Forderung aus dem Vermögen des Schuldners unwahrscheinlich wird. Auch beim **Wegfall der Gefährdung** der Plandurchführung durch eine unerwartete Verbesserung der wirtschaftlichen Verhältnisse wäre der Vollstreckungsschutz ggf. auf Antrag aufzuheben.

c) Besondere Verjährungsfrist

312 Eine zeitliche Einschränkung des Risikos der nachträglichen Inanspruchnahme des Schuldners auf Quotenzahlung für nicht rechtzeitig angemeldete **Insolvenzforderungen** gewährt der mit dem ESUG eingeführte § 259b InsO. Hiernach gilt eine **einjährige Verjährungsfrist** für Insolvenzforderungen, die nicht bis zum Abstimmungstermin (Wortlaut § 259b Abs. 1 InsO) bzw. bis zum Ende des Erörterungstermins angemeldet worden sind.

313 Die **Frist beginnt** mit der **rechtskräftigen Planbestätigung**, nicht jedoch vor Eintritt der **Fälligkeit** (§ 259b Abs. 2 InsO). Die Fälligkeitsfiktion gem. § 41 Abs. 1 InsO greift für nicht zur Tabelle festgestellte Forderungen nicht.[682] Verjährt die Forderung nach den allgemeinen Regeln früher, gilt die kürzere Frist (§ 259b Abs. 3 InsO).

314 Eine **Vollstreckungsschutzmaßnahme** gemäß § 259a InsO **hemmt** die **Verjährung** bis zum Ablauf von drei Monaten nach Beendigung des Vollstreckungsschutzes (§ 259b Abs. 4 InsO).

3. Wiederaufleben erlassener Forderungen

315 Die Regelungen in einem Insolvenzplan laufen üblicherweise darauf hinaus, dass die Gläubiger eine **höhere und/oder frühere Befriedigung** ihrer Insolvenzforderungen erhalten als bei der Durchführung des Regelverfahrens und im Gegenzug an den Schuldner Zugeständnisse durch **teilweisen Erlass oder Stundung** ihrer Forderungen machen. Mit der Wirkungsentfaltung des rechtskräftig bestätigten Insolvenzplans sind die Gläubiger grds. an diese Zugeständnisse gebunden. Diese Bindung ist jedoch nicht mehr gerechtfertigt, wenn der Schuldner seinen Teil des „Deals" nicht einhält bzw. das Planziel, zu dessen Förderung die Zugeständnisse gemacht wurden, nicht mehr erreicht werden kann.[683] Für diese Fälle enthalten § 255 Abs. 1 und 2 InsO gesetzliche **Wiederauflebensklauseln**.[684]

---

682 HambKomm/Lüdtke, § 41 InsO Rn 14.
683 Angesichts der vertraglichen Komponente des Insolvenzplans gilt insofern der Gedanke des Wegfalls der Geschäftsgrundlage. Zur Rechtsnatur des Insolvenzplans siehe Rdn 3.
684 Dieser irreführende Begriff, der fälschlich an eine in den Plan aufzunehmende Klausel denken lässt, entspricht der insofern missglückten amtlichen Überschrift der Vorschrift.

a) Wiederaufleben einzelner Forderungen wegen Rückstand

316 Gerät der Schuldner **ggü. einem Gläubiger**, der seine Forderung gestundet oder teilweise erlassen hat, erheblich in **Rückstand**, wird die **Stundung oder der Erlass dieser Forderung hinfällig** (§ 255 Abs. 1 S. 1 InsO). Trotz des insofern nicht ganz eindeutigen Wortlautes der Vorschrift, leben von mehreren Forderungen eines Gläubigers nur die teilweise erlassenen Forderungen wieder auf, mit deren Befriedigung sich der Schuldner im Rückstand befindet.[685] Der Plan an sich und die Forderungen der **anderen Gläubiger sowie andere Forderungen** desselben Gläubigers bzw. diese betreffende Stundungen und Erlasse bleiben **unberührt**.

317 Voraussetzung für ein Wiederaufleben nach § 255 Abs. 1InsO ist die **Erheblichkeit** des Rückstandes. Diese liegt vor, wenn der Schuldner auf eine **schriftliche Mahnung** unter Setzung einer mindestens **zweiwöchigen Nachfrist** nicht gezahlt hat (§ 255 Abs. 1 S. 2 InsO). Auf die Höhe der Forderung oder des Rückstandes und auf ein Verschulden durch den Schuldner kommt es nicht an.[686]

318 § 255 Abs. 1 InsO findet auf **alle zur Tabelle festgestellten, gestundeten oder teilweise erlassenen Insolvenzforderungen** Anwendung, zu deren teilweiser Erfüllung der Schuldner sich nach dem Plan verpflichtet hat, mithin ggf. auch Ausfallforderungen[687] absonderungsberechtigter Insolvenzgläubiger. **Für vollständig erlassene Forderungen**[688] oder solche, zu deren **Erfüllung** sich nach dem Plan ein **Dritter** (z.B. Übernahmegesellschaft) verpflichtet hat, ist der Anwendungsbereich der Vorschrift mithin **nicht** eröffnet. **Nicht angemeldete** und damit nicht zur Tabelle festgestellte Forderungen können erst gem. § 255 Abs. 1 InsO wieder aufleben, wenn sie im Rahmen einer Leistungsklage des Gläubigers **von den ordentlichen Gerichten bestätigt** worden sind.[689]

319 Ergänzend zu § 255 Abs. 1 InsO enthält § 256 InsO eine **Sonderregelung für streitige Forderungen und für den Ausfall festgestellte Forderungen**. Bei diesen steht der Höhe und ggf. auch dem Grunde nach noch nicht fest, inwieweit sie nach den Planregelungen zu befriedigen sind. Gleichwohl kann der Schuldner mit der Befriedigung solcher Forderungen gem. § 255 Abs. 1 InsO in **Rückstand** geraten, **wenn** er sie **nicht** bis zur endgültigen Feststellung **in der Höhe berücksichtigt**, in der das Gericht dem Gläubiger gem. §§ 237 ff. InsO ein **Stimmrecht** eingeräumt hat (§ 256 Abs. 1 S. 1 InsO). Wurde hierüber keine Entscheidung getroffen, hat das Ge-

---

[685] Ebenso K. Schmidt/Spliedt, § 255 InsO Rn 8.
[686] RegE InsO, BT-Drucks. 12/2443, S. 213.
[687] Zu den lediglich für den Ausfall festgestellten Forderungen, deren Ausfall noch nicht feststeht, vgl. aber die nachfolgenden Rdn.
[688] Bei einem vollständigen Erlass kann der Schuldner nicht mit der Befriedigung säumig werden, vgl. Uhlenbruck/Lüer/Streit, § 255 InsO Rn 4.
[689] BGH, 10.5.2012 – IX ZR 206/11, ZInsO 2012, 1321 Rn 23; zur Unanwendbarkeit des § 256 InsO auf nicht angemeldete Forderungen siehe auch noch den Hinweis unter Rdn 320.

richt auf Antrag des Schuldners oder des Gläubigers nachträglich festzustellen, in welchem Ausmaß der Schuldner vorläufig die Forderungen zur berücksichtigen hat (§ 256 Abs. 1 S. 2 InsO).

Bestrittene Forderungen i.S.v. § 256 InsO sind angemeldete, aber nicht nach § 178 Abs. 1 InsO festgestellte Forderungen,[690] deren Feststellung der Gläubiger nach §§ 179 ff. InsO betreibt oder nach §§ 189 ff. InsO nachweist.[691] Lediglich **für den Ausfall festgestellt** werden Forderungen, solange mangels erfolgter Verwertung des Sicherungsgegenstandes die Höhe, mit der der Gläubiger bei der abgesonderten Befriedigung ausfällt, noch nicht feststeht.

320

Die Berücksichtigung i.S.v. § 255 Abs. 1 InsO hat durch **Erfüllung unter Vorbehalt** nach § 362 BGB zu erfolgen.[692] Eine Rückstellung reicht demzufolge nicht. Die Berücksichtigungsfähigkeit setzt in jedem Fall eine **Stimmrechtsentscheidung des Insolvenzgerichts** entweder nach §§ 237 ff. InsO oder auf Antrag des Gläubigers oder des Schuldners voraus. Diese kann – im Interesse des Schuldners – nicht durch eine Einigung zwischen dem Gläubiger und dem Verwalter i.S.v. § 77 Abs. 2 InsO ersetzt werden.[693] Solange keine Entscheidung des Gerichts vorliegt, kann daher der Schuldner nicht nach § 255 Abs. 1 InsO in Rückstand geraten und damit die Forderung auch nicht wiederaufleben.

321

Hinweis

In der Literatur ist **umstritten**, ob und inwieweit die §§ 255, 256 InsO ggf. analog auf **nicht zur Tabelle angemeldet Insolvenzforderungen** anwendbar sind.[694] Nach hiesiger Auffassung haben Gläubiger, die am Insolvenzverfahren nicht teilgenommen haben, keinen Anspruch auf eine vorläufige Berücksichtigung, weshalb auch kein Raum für eine Entscheidung des Insolvenzgerichts besteht.[695]

Ergibt die endgültige Feststellung der Forderung, dass der Schuldner **zu wenig gezahlt** hat, muss er den **Restbetrag ausgleichen** (§ 256 Abs. 2 S. 1 InsO). Korrespondierend zu § 255 Abs. 1 S. 2 InsO liegt auch hier ein **erheblicher Rückstand** erst vor, wenn der Schuldner das Fehlende trotz schriftlicher Mahnung und mindestens zweiwöchiger Fristsetzung nicht nachzahlt (§ 256 Abs. 2 S. 2 InsO).

322

---

690 Ebenso MüKo/Huber/Madaus, § 256 InsO Rn 6; K. Schmidt/Spliedt, § 256 InsO Rn 2.
691 MüKo/Huber/Madaus, § 256 InsO Rn 6; Uhlenbruck/Lüer/Streit, § 256 InsO Rn 2; **a.A.** K. Schmidt/Spliedt, § 256 InsO Rn 3.
692 HK/Haas, § 256 InsO Rn 3.
693 MüKo/Huber/Madaus, § 256 InsO Rn 10; K. Schmidt/Spliedt, § 256 InsO Rn 4; **a.A.** Uhlenbruck/Lüer/Streit, § 256 InsO Rn 7.
694 Vgl. ausführlich zum Streitstand HambKomm/Thies, § 256 InsO Rn 4.
695 Zu den Gründen siehe HambKomm/Thies, § 256 Rn 4. Zur Gegenauffassung vgl. insb. Freudenberg, EWiR 2011, 717 f.; BGH, 10.5.2012 – IX ZR 206/11, ZInsO 2012, 1321; OLG Celle, 14.7.2011 – 13 U 26/11, ZInsO 2011, 1505, 1508.

323   Ergibt die endgültige Feststellung, dass der Schuldner **zu viel gezahlt** hat, kann er den **Mehrbetrag zurückfordern**, jedoch nur soweit er die dem Gläubiger nach dem Insolvenzplan insgesamt zustehende Forderung übersteigt (§ 256 Abs. 3 InsO).

b) Wiederaufleben aller Forderungen wegen neuem Insolvenzverfahren

324   Wird **vor vollständiger Planerfüllung** ein **neues Insolvenzverfahren** über das Vermögen des Schuldners eröffnet, werden die **Stundungen** und **Erlasse** aller Gläubiger **hinfällig** (§ 255 Abs. 2 InsO). Aufgrund des Plans eingetretene oder vorgenommene **sachenrechtliche oder gesellschaftsrechtliche Änderungen** werden **nicht** nach § 255 InsO hinfällig. Abweichende Regelungen sind möglich, im Hinblick auf § 255 Abs. 1 InsO jedoch nicht zum Nachteil des Schuldners (§ 255 Abs. 3 InsO).

325   Nach dem eindeutigen Wortlaut gilt § 255 Abs. 2 InsO auch für Insolvenzgläubiger, die bereits gem. dem Plan **vollständig befriedigt** wurden oder einen **vollständigen Forderungsverzicht** erklärt haben, denn auch diese müssen unter dem Aspekt des Wegfalls der Geschäftsgrundlage[696] ihre ursprünglichen Forderungen wieder geltend machen dürfen.[697] Folgerichtig muss § 255 Abs. 2 InsO auch dann gelten, wenn der Antrag auf Eröffnung eines neuen Insolvenzverfahrens **mangels Masse abgewiesen** wird,[698] da vollständig erlassene oder befriedigte Forderungen anders als teilweise erlassene oder befriedigte Forderungen, für die ggf. § 255 Abs. 1 InsO eröffnet ist, sonst nicht mehr durchsetzbar wären.

4. Titelwirkung des Insolvenzplans

326   Gem. § 257 InsO können die Insolvenzgläubiger wegen der ihnen nach den Regelungen im gestaltenden Teil zustehenden Ansprüche aus dem rechtskräftig bestätigten **Insolvenzplan** wie aus einem vollstreckbaren Urteil die **Zwangsvollstreckung** gegen den Schuldner oder einen sonst nach dem Plan Verpflichteten betreiben. Hierfür muss die ursprüngliche Forderung des Gläubigers zur Tabelle **festgestellt** und darf nicht vom Schuldner im Prüfungstermin bestritten worden sein (§ 257 Abs. 1 S. 1 InsO). Einer nicht bestrittenen Forderung steht eine Forderung gleich, bei der ein erhobener Widerspruch beseitigt ist (§ 257 Abs. 1 S. 2 InsO).

327   Der **Titel** setzt sich aus dem Tabellenauszug mit angesiegeltem gestaltenden Teil des Plans und dem Bestätigungsbeschluss mit Rechtskraftvermerk zusam-

---

[696] Siehe hierzu bereits Rdn 314.
[697] Str., wie hier Uhlenbruck/Lüer/Streit, § 255 InsO Rn 19; seit der 4. Aufl. auch MüKo/Huber/Madaus, § 255 InsO Rn 36; K. **a.A.** Schmidt/Spliedt, § 255 InsO Rn 14. Zu den Gründen für ein Wiederaufleben vgl. HambKomm/Thies, § 255 InsO Rn 12.
[698] Insoweit folgerichtig ebenfalls a.A.: K. Schmidt/Spliedt, § 255 InsO Rn 15; Uhlenbruck/Lüer/Streit, § 255 InsO Rn 19.

men.⁶⁹⁹ Die **Vollstreckungsklausel** gem. § 725 ZPO ist auf den **Tabellenauszug** zu setzen⁷⁰⁰ und muss auf die sich aus dem zusammengesetzten Titel ergebenden Beschränkungen der Vollstreckbarkeit der festgestellten Forderung aufgrund der Planregelungen im gestaltenden Teil hinweisen.⁷⁰¹ **Zuständig für die Klauselerteilung** ist gem. dem Verweis auf § 202 InsO in § 257 Abs. 1 S. 3 InsO das **Insolvenzgericht** und dort der Rechtspfleger.⁷⁰² Eine Vollstreckung aus dem Plan darf erst **nach der Aufhebung** des Insolvenzverfahrens erfolgen, da vorher die Vollstreckung aus Insolvenzforderungen gem. § 89 Abs. 1 InsO unzulässig ist. Die Durchführung der Zwangsvollstreckung einschließlich der zur Verfügung stehenden Rechtsbehelfe richtet sich sodann nach den Vorschriften der **ZPO**.

Ferner eröffnet § 257 Abs. 2 InsO die Möglichkeit der **Zwangsvollstreckung gegen Dritte**, die für die Erfüllung des Plans durch schriftliche Erklärung ggü. dem Insolvenzgericht Verpflichtungen ohne Einrede der Vorausklage übernommen haben (sog. **Plangaranten**).⁷⁰³ In diesem Fall ist der Titel erst unter Anheftung einer Ausfertigung der entsprechenden Verpflichtungserklärung vollständig.⁷⁰⁴ 328

Schließlich trifft § 257 Abs. 3 InsO ergänzende Regelungen für die die **Vollstreckung wegen gem. § 255 Abs. 1 InsO wieder aufgelebter Forderungen**. Bei diesen entspricht die vollstreckbare Höhe dem zur Tabelle festgestellten Betrag abzüglich etwaig hierauf bereits erhaltener Zahlungen, was sich in der **Vollstreckungsklausel** wiederspiegeln muss. Hierfür muss der Gläubiger die **aktuelle Höhe** der für ihn festgestellten Forderung und die **fruchtlose Mahnung mit Nachfristsetzung** i.S.v. § 255 Abs. 1 S. 2 InsO glaubhaft machen. 329

5. Aufhebung des Verfahrens

Da das Insolvenzplanverfahren i.d.R. auf die – möglichst zügige – Beendigung des Insolvenzverfahrens abzielt, hat das Gericht das Verfahren gem. § 258 Abs. 1 InsO aufzuheben, **sobald die Planbestätigung rechtskräftig ist**, sofern der Plan nicht etwas anderes vorsieht. Letzteres kann insb. der Fall sein, wenn es sich lediglich um einen **verfahrensleitenden Plan**⁷⁰⁵ handelt, der nur die abweichende Regelung 330

---

699 Str., wie hier HK/Haas, § 257 InsO Rn 4; MüKo/Huber/Madaus, § 257 InsO Rn 22; **a.A.** Uhlenbruck/Lüer/Streit, § 257 InsO Rn 5; PK-HWF/Wutzke/Wenzel, § 257 InsO Rn 10.
700 HK/Haas, § 257 InsO Rn 7; MüKo/Huber/Madaus, § 257 InsO Rn 27; Uhlenbruck/Lüer/Streit, § 257 InsO Rn 5.
701 Ausführlich zum notwendigen Klauselinhalt MüKo/Huber/Madaus, § 257 InsO Rn 29 ff.
702 Die Zuständigkeit des Rechtspflegers gilt ungeachtet der generellen Zuweisung des Insolvenzplanverfahrens an den Richter nach § 18 Abs. 1 Nr. 2 RPflG, da dort die Klauselerteilung nach § 257 InsO ausdrücklich von der Zuständigkeitsübertragung ausgenommen wird.
703 Vgl. MüKo/Huber/Madaus, § 257 InsO Rn 52.
704 Vgl. MüKo/Huber/Madaus, § 257 InsO Rn 54.
705 Zu dem Begriff und der Zulässigkeit derartiger Pläne siehe oben in diesem Rdn 27.

einzelner Verfahrensabschnitte, aber gerade nicht die Beendigung des Insolvenzverfahrens zum Ziel hat. Der Plan kann aber auch vorsehen, dass das Insolvenzverfahren erst aufgehoben werden soll, wenn der **Insolvenzverwalter** eine vorgesehene **Verteilung an die Gläubiger** durchgeführt hat,[706] wenn nach den Planregelungen von dem Verwalter noch geltend zu machende **Anfechtungsansprüche rechtshängig** sind oder andere Bedingungen eingetreten sind.[707]

331   Die Aufhebung des Insolvenzverfahrens erfolgt ebenso wie die Verfahrenseröffnung durch **öffentlich bekannt zu machenden Beschluss**, der den **Aufhebungsgrund** der rechtskräftigen Bestätigung eines Insolvenzplans – ggf. unter Hinweis auf § 258 Abs. 1 InsO – angeben muss (§ 258 Abs. 3 InsO). Nach der Neufassung des § 258 Abs. 3 InsO durch das SanInsFoG soll der Aufhebungsbeschluss den Zeitpunkt der Aufhebung angeben, wobei dieser frühestens zwei Tage nach der Beschlussfassung liegen soll. Enthält der Beschluss entgegen § 258 Abs. 3 S. 1 InsO keine Angabe zu dem Aufhebungszeitpunkt, wird die Aufhebung nach Maßgabe von § 258 Abs. 3 S. 5 InsO erst am zweiten Tag nach der Veröffentlichung wirksam. Die Neuregelung dient der Rechtsklarheit und klaren Identifikation des Wirksamkeitszeitpunktes der Aufhebung. Da mit der Aufhebung des Insolvenzverfahrens ein neues Geschäftsjahr beginnt, wird durch die vorweggenommene Festlegung des Aufhebungszeitpunktes in dem Aufhebungsbeschluss zudem ermöglicht, den Aufhebungszeitpunkt beispielsweise auf den Monatswechsel zu terminieren.[708]

332   Voraussetzungen für eine Verfahrensaufhebung nach § 258 InsO sind neben der **rechtskräftigen Bestätigung** des Insolvenzplans die vorherige **Begleichung oder Sicherstellung** der unstreitigen und fälligen **Masseansprüche** (§ 258 Abs. 2 InsO) sowie ggf. die **Schlussrechnungslegung**[709] und die **Festsetzung der Vergütung**[710] des Verwalters/Sachwalters und ggf. der Gläubigerausschussmitglieder. Sind diese Voraussetzungen erfüllt, soll das Gericht das Verfahren **unverzüglich** (Wortlaut: „Sobald...") aufheben.

Praxistipp
In der Praxis verzögert sich die Aufhebung des Insolvenzverfahrens nach rechtskräftiger Bestätigung eines Insolvenzplans oft unverhältnismäßig. Grund sind vielfach eine **Unsicherheit** seitens des Gerichts hinsichtlich des Vorliegens der Aufhebungsvoraussetzungen und eine sehr **späte Festsetzung** der Gerichtskosten und der Vergütungen. Diese Hindernisse können nur durch enge **Ab-**

---

706 K. Schmidt/Spliedt, § 258 InsO Rn 7.
707 Zur Notwendigkeit der Rechtshängigmachung solcher Ansprüche durch den Insolvenzverwalter vor der Verfahrensaufhebung für die weitere Durchsetzbarkeit siehe noch den Hinweis bei Rdn 343.
708 Vgl. RegE SanInsFoG, BT-Drucks. 19/24181, S. 202.
709 Siehe zur Abdingbarkeit der Schlussrechnungslegung in dem Insolvenzplan gem. § 66 Abs. 1 S. 2 InsO noch unten Rdn 336 f.
710 Zu der fehlenden Notwendigkeit der vorherigen Festsetzung siehe unten Rdn 338.

stimmung zwischen dem Insolvenzverwalter und dem Gericht und ggf. weiteren Beteiligten (Massegläubiger, Gläubigerausschussmitglieder, Schuldner) hinsichtlich der jeweils noch zu treffenden Maßnahmen beseitigt werden.

a) Berichtigung der Masseansprüche

Gem. § 258 Abs. 2 InsO hat der Insolvenzverwalter vor der Verfahrensaufhebung die **unstreitigen fälligen Masseansprüche** zu berichtigen und für die **streitigen oder nicht fälligen** Sicherheit zu leisten. 333

Der **Nachweis der Befriedigung** der fälligen Masseansprüche wirft bei der **Betriebsfortführung** des schuldnerischen Unternehmens in der Praxis Probleme auf, da hierbei i.d.R. täglich Masseverbindlichkeiten fällig werden.[711] 334

Praxistipp

In der Praxis kann die (Haftungs-)Problematik für den Insolvenzverwalter durch folgende Vorgehensweisen entschärft werden:
- Der Insolvenzverwalter trifft mit den (potenziellen) Massegläubigern **Vereinbarungen**, wonach für etwaige nach rechtskräftiger Planbestätigung i.R.d. regulären Geschäftsbetriebes fällig werdende Forderungen nicht mehr durch den Insolvenzverwalter zu berichtigen sind, sondern für diese ausschließlich der Schuldner haftet.[712]
- Bei Insolvenzplanverfahren für selbstständig tätige Schuldner kann im gestaltenden Teil die **Freigabe des schuldnerischen Geschäftsbetriebes** durch den Insolvenzverwalter i.S.d. § 35 Abs. 2 InsO zum Stichtag der rechtskräftigen Bestätigung des Insolvenzplanes vorgesehen werden.

Für **streitige und nicht fällige Massenansprüche**, soweit diese vor Aufhebung des Verfahrens bekannt sind,[713] hat der Insolvenzverwalter **Sicherheit zu leisten**. Es gelten die §§ 232 ff. BGB analog.[714] Die **Kosten eines Anfechtungsprozesses**, der nach Verfahrensaufhebung fortgeführt wird, sind **grds. keine Masseverbindlichkeiten** i.S.d. § 258 Abs. 2 InsO.[715] Etwas anderes gilt nur dann, wenn dies im Plan ausdrücklich geregelt ist.[716] 335

---

711 Der Gesetzgeber hatte im Rahmen des ESUG diese Problematik zwar dahingehend entschärft, dass zumindest die nicht fälligen Masseverbindlichkeiten von der Vorabbefriedigungspflicht ausgenommen wurden, mit Blick auf die geschilderte Problematik jedoch leider nicht beseitigt, vgl. hierzu HambKomm/Thies, § 258 InsO Rn 14.
712 Ähnlich FK/Jaffé, § 258 InsO Rn 23 f.; so (wohl) auch MüKo/Huber/Madaus, § 258 InsO Rn 11.
713 Vgl. MüKo/Huber/Madaus, § 258 InsO Rn 14.
714 Allg. M., vgl. statt aller: Uhlenbruck/Lüer/Streit, § 258 InsO Rn 7, mit dem Hinweis, dass aber auch andere Formen der Sicherstellung zulässig sind, z.B. Einbehalt bei der Verteilung oder Bildung einer Sondermasse.
715 Ebenso Uhlenbruck/Lüer/Streit, § 259 InsO Rn 18; MüKo/Huber/Madaus, § 258 InsO Rn 12.
716 Uhlenbruck/Lüer/Streit, § 259 InsO Rn 18.

336 Anstelle der Sicherheitsleistung für die nicht fälligen Masseansprüche kann der Insolvenzverwalter auch eine belastbare **Liquiditätsrechnung** (Finanzplan) vorlegen, aus der sich ergibt, dass die Erfüllung der Ansprüche gesichert ist (§ 258 Abs. 2 S. 2 InsO). Da die Vorschrift hierbei nicht nach streitigen und unstreitigen Forderungen differenziert und kein Grund für eine Besserstellung von Gläubigern mit nicht fälligen Forderungen besteht, die zudem streitig sind, wird allgemein davon ausgegangen, dass **auch für streitige nicht fällige Masseansprüche** ein Finanzplan vorgelegt werden kann.[717]

Hinweis
Der **Finanzplan** i.S.v. § 258 Abs. 2 S. 2 InsO muss darstellen, welche nicht fälligen Masseansprüche bestehen bzw. bis zur Aufhebung des Verfahrens voraussichtlich noch entstehen werden und wie deren **Befriedigung** bei Fälligkeit nach Aufhebung des Insolvenzverfahrens **gewährleistet** ist. Hierbei sind die üblichen oder ggf. mit den Massegläubigern vereinbarten Zahlungsziele zu berücksichtigen. Der Finanzplan nach § 258 Abs. 2 S. 2 InsO kann ggf. in einen nach § 229 InsO aufzustellenden Finanzplan[718] integriert werden. Ansprüche aus Dauerschuldverhältnissen sind nur zu berücksichtigen, soweit sie voraussichtlich noch vor der Verfahrensaufhebung fällig werden.[719]

---

b) Schlussrechnungslegung und Festsetzung der Vergütung

337 Zum Zwecke der Kontrolle des Verwalterhandelns durch das Gericht hat der Insolvenzverwalter bei der Beendigung seines Amtes **gem. § 66 InsO Schlussrechnung** zu legen.[720] Da die Erstellung der Schlussrechnung durch den Verwalter und die anschließende Prüfung durch das Gericht und ggf. die Gläubigerversammlung die Aufhebung des Insolvenzverfahrens verzögern und damit auch die Sanierung gefährden kann,[721] kann gem. § 66 Abs. 1 ein S. 2 InsO **im Insolvenzplan eine abweichende Regelung** getroffen werden.

338 Das Erfordernis einer Schlussrechnungslegung wird damit zur Disposition der Planbeteiligten gestellt.[722] Neben einem **Verzicht** der Gläubiger und des Schuldners

---

717 Vgl. hierzu auch Braun/Heinrich, NZI 2011, 505, 514, und Pape, ZInsO 2010, 2155, 2162.
718 Zu dem Erfordernis der Aufstellung eines Finanzplans nach § 229 InsO, wenn die Gläubiger zumindest teilweise aus den Erträgen aus der Betriebsfortführung nach der Aufhebung des Insolvenzverfahrens befriedigt werden sollen, siehe oben Rdn 142 ff.
719 Vgl. hierzu Stapper, ZInsO 2009, 2361, 2366.
720 Bei dem Insolvenzplanverfahren waren das Erfordernis einer Schlussrechnung und deren Abdingbarkeit bis der Klarstellung in § 66 Abs. 1 S. 2 InsO mit dem ESUG str., siehe zu den Argumenten und Hintergründen HambKomm/Thies, § 258 InsO Rn 7 m.w.N.
721 Zu dieser Begründung des Gesetzgebers s. RegE ESUG, BT-Drucks. 17/5712, S. 27.
722 AG Ludwigshafen, 10.4.2015 – 3f IN 27/14 Lu, ZInsO 2015, 859, 861; vgl. zur Sachgerechtheit dieser Lösung auch Braun/Heinrich, NZI 2011, 505, 513.

auf eine Schlussrechnungslegung ist auch regelbar, dass diese noch **nach der Verfahrensaufhebung** erfolgen kann.[723] Denkbar sind auch Regelungen, wonach nur hinsichtlich **bestimmter Geschäftsbereiche bzw. Betriebsteile** oder über einen **bestimmten Zeitraum** abschließend Rechnung zu legen ist.[724]

Praxistipp
I.d.R. lassen sich die **Gläubiger**, die dem Planvorhaben positiv gegenüberstehen und sich hinreichend informiert fühlen, unproblematisch auf einen Verzicht auf die Schlussrechnungslegung ein. Bei komplexen Verfahren und Schuldnerbetrieben sollte der Insolvenzverwalter regelm. **Zwischenrechnungslegungen** vorlegen, um die Gläubiger adäquat informiert und den Prüfungsaufwand für eine ggf. gleichwohl geforderte Schlussrechnung gering zu halten.
Teilweise wird vertreten, dass ungeachtet eines Verzichts der Gläubiger durch eine entsprechende Planregelung das **Insolvenzgericht** auf die Einreichung einer Schlussrechnungslegung bestehen kann.[725] Dies widerspricht jedoch der Intention des Gesetzgebers,[726] durch eine abweichende Planregelung die mit der Legung und Prüfung der Schlussrechnung verbundene Verzögerung der Verfahrensaufhebung zu vermeiden.

Ferner sollten idealer Weise vor der Aufhebung des Verfahrens auch die **Vergütungen** des Insolvenzverwalters und – soweit ein solcher vorhanden ist – der Mitglieder des Gläubigerausschusses **festgesetzt** werden, wofür die Vergütungsanträge möglichst frühzeitig einzureichen sind. Die Vergütungsfestsetzung durch das Insolvenzgericht ist zwar nicht abdingbar.[727] Aus den Vorschriften zur Vergütungs- und Kostenfestsetzung ergibt sich aber keine Notwendigkeit zur Festsetzung vor der Verfahrensaufhebung.[728] Teilweise heben daher die Gerichte bei einer entsprechenden Abstimmung problemlos das Insolvenzverfahren unabhängig von der vorherigen Festsetzung der Gerichtskosten und der Vergütungen auf, sofern deren Begleichung nach der Verfahrensaufhebung sichergestellt ist. Im Hinblick auf einen zeitnahen vollständigen Abschluss des Verfahrens sind jedoch die Festsetzung und der Ausgleich der Massekosten vor der Verfahrensaufhebung erstrebenswert, wenn nicht ohnehin noch im Rahmen einer Insolvenzplanüberwachung weitere abzurechnende Tätigkeiten des Insolvenzverwalters, der Gläubigerausschussmitglieder und des Gerichts anfallen.

339

---

723 RegE ESUG, BT-Drucks. 17/5712, S. 27.
724 Braun/Heinrich, NZI 2011, 505, 513.
725 Harbeck, ZInsO 2014, 388, 391.
726 RegE ESUG, BT-Drucks. 17/5712, S. 27. So auch AG Ludwigshafen, 10.4.2015 – 3f IN 27/14 Lu, ZInsO 2015, 859, 861.
727 BGH, 16.2.2017 – IX ZB 103/15 = ZInsO 2017, 538, Rn 41. S. hierzu bereits oben bei Rdn 71.
728 Vgl. hierzu auch HambKomm/Thies, § 258 Rn 10; Schließlich erlöschen die erworbenen Vergütungsansprüche nicht mit der Beendigung der Ämter (ähnlich K.Schmidt/Spliedt, § 258 InsO Rn 8).

Ggf. hat der **Insolvenzverwalter** hinsichtlich der Vergütungshöhe eine **Bindung durch** eine von ihm gem. § 230 Abs. 3 InsO abgegebene und dem Plan beigefügte Erklärung, mit der er sich zur Beschränkung seines Vergütungsantrages auf einen bestimmten Maximalbetrag verpflichtet hat, zu beachten, die jedoch nicht das Insolvenzgericht bindet.[729]

c) Wirkungen der Aufhebung

340 Gem. § 259 Abs. 1 S. 1 InsO **erlöschen** mit der Aufhebung des Insolvenzverfahrens die **Ämter des Insolvenzverwalters** und der **Mitglieder des Gläubigerausschusses**. Ferner erhält der **Schuldner** gem. § 259 Abs. 1 S. 2 InsO das Recht zurück, über die Insolvenzmasse **frei zu verfügen**. Die Wirkungen der Verfahrensaufhebung sind insofern dieselben wie beim Regelverfahren. Die Vorschrift gilt uneingeschränkt **mit Wirksamwerden**[730] der Aufhebung, wenn der Plan keine Überwachung der Planerfüllung gem. §§ 259 Abs. 2, 260 ff. InsO vorsieht.[731] Es handelt sich bei der Regelung um **zwingendes Recht**, von dem nicht abgewichen werden darf.[732]

341 Eine Planregelung, nach der der Schuldner die Verfügungsbefugnis nach Verfahrensaufhebung entgegen § 259 Abs. 1 S. 2 InsO nur teilweise zurückerhält, ist unzulässig.[733] Mit der Aufhebung des Verfahrens gem. § 258 Abs. 1 InsO sind die insolvenzverfahrensrechtliche Verwertung und Verteilung nach Maßgabe des Insolvenzplans abgeschlossen, sodass insb. auch eine **Nachtragsverteilung** nicht in Betracht kommt.[734] Hierfür fehlt es an einer entsprechenden gesetzlichen Grundlage.[735]

---

[729] BGH, 16.2.2017 – IX ZB 103/15 = ZInsO 2017, 538, Rn 41.
[730] Nicht mit Erlass des Aufhebungsbeschlusses, vgl. MüKo/Huber/Madaus, § 259 InsO Rn 9.
[731] Ebenso Uhlenbruck/Lüer/Streit, § 259 InsO Rn 1. Siehe zu den Amtspflichten während der Planüberwachung auch noch im nächsten Abschnitt Rdn 351 ff.
[732] Allg. M., vgl. statt aller: Uhlenbruck/Lüer/Streit, § 259 InsO Rn 4; so ausdrücklich auch OLG Celle, 20.11.2006 – 4 U 166/06, ZInsO 2006, 1327, 1327.
[733] BGH, 26.4.2018 – IX ZB 49/17, ZInsO 2018, 1404, Rn 24 ff.; BGH, 7.1.2008 – II ZR 283/06, ZInsO 2009, 963, 964; OLG Celle, 20.11.2006 – 4 U 166/06, ZInsO 2006, 1327, 1327 f.; MüKo/Huber/Madaus, § 259 InsO Rn 12; Nerlich/Römermann/Rühle, § 259 InsO Rn 4; **a.A.** OLG Düsseldorf, 22.12.2005 – 7 U 148/05, NZI 2006, 240; Hess/Weis/Wienberg, InsO, § 259 Rn 4.
[734] So auch BGH, 26.4.2018 – IX ZB 49/17, ZInsO 2018, 1404, Rn 30; BGH, 10.12.2009 – IX ZR 206/08, ZInsO 2010, 83, 83; BGH, 7.7.2008 – II ZR 26/07, ZInsO 2008, 1017, 1018; OLG Celle, 20.11.2006 – 4 U 166/06, ZInsO 2006, 1327, 1328; h.L., vgl. etwa Uhlenbruck/Lüer/Streit, § 259 InsO Rn 10; K. Schmidt/Spliedt, § 259 InsO Rn 7; MüKo/Huber/Madaus, § 259 InsO Rn 13; **a.A.** Schulte-Kaubrügger, ZInsO 2009, 1321; Hingerl, ZInsO 2007, 870.
[735] Vgl. Uhlenbruck/Lüer/Streit, § 259 InsO Rn 10; MüKo/Huber/Madaus, § 259 InsO Rn 13.

Hinweis
Der uneingeschränkte Vermögensrückfall auf den Schuldner kann verhindert werden, indem in dem gestaltenden Teil des Insolvenzplans Forderungen oder andere **Vermögensgegenstände** aus der Insolvenzmasse treuhänderisch **auf den Insolvenzverwalter** – bzw. auf diesen nach Aufhebung des Insolvenzverfahrens persönlich als Treuhänder – **übertragen** werden.[736] Die Übertragung kann sowohl zum Zwecke der **Verwertung** als auch nur zum Zwecke der **Verteilung** an die Gläubiger nach der Verfahrensaufhebung erfolgen. Letzteres bietet sich insb. hinsichtlich etwaig frei werdender Rücklagen i.S.v. § 251 Abs. 3 InsO an.[737] Infolge der Abtretung kann der Insolvenzverwalter als Vollrechtsinhaber den abgetretenen Anspruch auch noch nach Verfahrensaufhebung gerichtlich anhängig machen.[738]

Als Bestandteil der Vermögensverfügungsbefugnis erhält der Schuldner mit der Aufhebung des Verfahrens auch seine allgemeine **Prozessführungsbefugnis** zurück. Er kann durch die Insolvenzeröffnung gem. § 240 ZPO unterbrochene und vom Verwalter nicht aufgenommene Prozesse ohne weiteres fortsetzen und während des Insolvenzverfahrens von dem Verwalter aufgenommene oder anhängig gemachte Prozesse aufnehmen.[739] 342

Eine Besonderheit stellen anhängige[740] Rechtsstreite dar, die eine **Insolvenzanfechtung** gem. §§ 129 ff. InsO zum Gegenstand haben: Diese können gem. § 259 Abs. 3 S. 1 InsO auch nach Aufhebung des Insolvenzverfahrens nicht durch den Schuldner, sondern nur von dem Insolvenzverwalter in gewillkürter Prozessstandschaft fortgeführt werden. Dies muss zudem im gestaltenden Teil des Plans vorgesehen werden. Ausreichend ist grds. eine Planklausel, mit der **§ 259 Abs. 3 InsO** für anwendbar erklärt wird.[741] Die **Fortführungsermächtigung** kann aber auch auf bestimmte Anfechtungsansprüche beschränkt werden.[742] Die fortzuführenden Anfechtungsrechtsstreitigkeiten müssen im Zeitpunkt der Planerstellung und der Abstimmung noch nicht anhängig sein.[743] 343

---

[736] BGH, 26.4.2018 – IX ZB 49/17, ZInsO 2018, 1404, Rn 28; BGH, 7.1.2008 – II ZR 283/06, ZInsO 2009, 963, 964.
[737] Braun/Heinrich, NZI 2011, 505, 509. Siehe zur Mittelrückstellung zum Ausgleich etwaiger Schlechterstellungen gem. § 251 Abs. 3 InsO auch Rdn 134.
[738] BGH, 26.4.2018 – IX ZB 49/17, ZInsO 2018, 1404, Rn 28.
[739] Hierzu ausführlicher MüKo/Huber/Madaus, § 259 InsO Rn 14; Uhlenbruck/Lüer/Streit, § 259 InsO Rn 11 ff.
[740] Zu dem Begriff der Anhängigkeit beachte noch den Hinweis unter Rdn 343.
[741] BGH, 6.10.2005 – IX ZR 36/02, ZInsO 2006, 38, 39; BGH, 7.7.2008 – II ZR 26/07, ZInsO 2008, 1017, 1019. Beachte zu der Formulierung aber auch den nachfolgenden Hinweis bei Rdn 343.
[742] BGH, 7.3.2013 – IX ZR 222/12, ZInsO 2013, 721.
[743] BGH, 10.12.2009 – IX ZR 206/08, ZInsO 2010, 82 (Rn 10); BGH, 6.10.2005 – IX ZR 36/02, ZInsO 2006, 38, 39. Vgl. aber auch BGH, 26.4.2018 – IX ZB 49/17, ZInsO 2018, 1404, 1405, wonach auf Grundlage einer Planermächtigung fortzuführende Anfechtungsprozesse nach dem Abstimmungstermin nur aufgrund erst später bekannt gewordener Tatsachen erhoben werden dürfen.

344 Die Fortführung von Anfechtungsprozessen erfolgt gem. § 259 Abs. 3 S. 2 InsO grds. **für den Schuldner** – d.h. auf dessen Kosten aber auch für dessen Rechnung, wenn im Plan keine abweichende Regelung getroffen wird. Insolvenzanfechtungsansprüche als sogenannte insolvenzspezifische Sonderaktiva gehören nicht zu dem originären Vermögen des Schuldners, zudem zielt die Anfechtung nach §§ 129 ff. InsO in erster Linie auf eine gleichmäßige Befriedigung der Insolvenzgläubiger ab. Daher ist eine Prozessfortführung für den Schuldner nur interessengerecht, wenn er dafür im Rahmen des Plans eine **Kompensationsleistung** an die Gläubiger erbringt, etwa indem er Kreditmittel für eine Einmalzahlung an die Gläubiger beschafft. I.d.R. wird aber **abweichend** von § 259 Abs. 3 S. 2 InsO vereinbart, dass im Falle des Obsiegens der **Gewinn an die Gläubiger** verteilt wird. In diesem Fall sollte auch die **Kostentragung** für Vorschüsse und den Fall des Unterliegens im Plan geregelt und ggf. eine Rückstellung gebildet werden.

Bei erfolgreicher Anfechtung lebt die Forderung des Anfechtungsgegners nach § 144 InsO wieder auf und unterfällt als Insolvenzforderung gem. § 254b InsO den entsprechenden Planregelungen.[744] Der Anfechtungsgegner kann demzufolge den ihm nach dem Plan zustehenden Quotenanspruch gegenüber dem Schuldner geltend machen bzw. in entsprechender Höhe dem Erstattungsanspruch ein Zurückbehaltungsrecht entgegenhalten, soweit der Quotenanspruch fällig ist. Nicht entgegengehalten oder aufgerechnet werden kann aufgrund der Wirkung des § 254b InsO hingegen die wiederauflebende Gesamtforderung.[745]

Hinweis

Nach der Rechtsprechung des BGH zu § 259 Abs. 3 InsO ist ein Anfechtungsrechtsstreit erst anhängig, wenn die Anfechtungsklage **rechtshängig** i.S.v. § 261 Abs. 1 i.V.m. § 253 Abs. 1 ZPO geworden, d.h. dem Anfechtungsgegner zugestellt worden ist.[746]

Werden Anfechtungsansprüche vor der Verfahrensaufhebung **nicht rechtshängig** oder enthält der gestaltende Teil des Plans **keine wirksame Fortführungsermächtigung** i.S.v. § 259 Abs. 3 InsO, **erlischt das Anfechtungsrecht** nach den §§ 129 ff. InsO mit der Aufhebung des Insolvenzverfahrens.[747] Eine **nachträgliche Ermächtigung** des Verwalters zur Fortführung oder Aufnahme von An-

---

[744] Vgl. K. Schmidt/Spliedt, § 259 Rn 13.
[745] Vgl. BGH, 24.3.2016 – IX ZR 157/14, ZInsO 2016, 903, Rn 7. Bei der Berechnung der voraussichtlichen Quotenerhöhung für die Insolvenzgläubiger aus einer Realisierung des Anfechtungsanspruchs ist die mögliche Geltendmachung des Anspruchs nach § 144 InsO ggf. zu berücksichtigen (so zu verstehen BGH, 26.4.2018 – IX ZB 49/17, ZInsO 2018, 1404, Rn 35).
[746] BGH, 21.3.2013 – IX ZB 209/10, ZInsO 2013, 894; BGH, 10.12.2009 – IX ZR 206/08, ZInsO 2010, 82 (Rn 10).
[747] Zur Frage der richtigen und wirksamen Formulierung der Ermächtigung und etwaigen Fallstricken siehe auch die teilweise sehr einzelfallbezogene Rechtsprechung des BGH, insb. BGH, 26.4.2018 – IX ZB 49/17, ZInsO 2018, 1404; BGH, 9.1.2014 – IX ZR 209/11; ZInsO 2014, 295; BGH, 21.3.2013 – IX ZB 209/10, ZInsO 2013, 894; BGH, 10.12.2009 – IX ZR 206/08, ZInsO 2010, 82; BGH,

fechtungsprozessen durch das Insolvenzgericht ist **nicht möglich**.[748] Unberührt hiervon bleibt die Möglichkeit der **Einzelgläubigeranfechtung** gem. § 18 Abs. 1 AnfG.[749]

V. Planüberwachung

Soll nach den Regelungen des Plans die **Planerfüllung** ganz oder teilweise erst **nach der Aufhebung des Insolvenzverfahrens** durch den Schuldner oder eine Übernahmegesellschaft erfolgen, kann diesbezüglich im gestaltenden Teil des Insolvenzplans eine so genannte Planüberwachung vorgesehen werden (§ 260 InsO). Die Überwachung richtet sich grds. nach den **gesetzlichen Vorschriften**, mithin den §§ 261 bis 266 InsO.[750] Von diesen Bestimmungen kann **im Plan abgewichen** werden, jedoch grds. nicht zulasten des Schuldners,[751] es sei denn, dieser hat den Plan selbst vorgelegt oder den verschärften Regelungen der Planüberwachung ausdrücklich zugestimmt.[752]

345

Die Planüberwachung hat demnach drei **Voraussetzungen**:

346

1. Gemäß dem gestaltenden Teil des Plans sind **Planerfüllungsmaßnahmen** durch den Schuldner oder die Übernahmegesellschaft **nach Aufhebung des Insolvenzverfahrens** vorgesehen.
2. Eine **Planüberwachung** ist im gestaltenden Teil des Plans **vorgesehen**.
3. Das **Insolvenzverfahren** wurde infolge der rechtskräftigen Planbestätigung **aufgehoben**.

Hinweis

Ein erhebliches **Risiko** birgt die Planüberwachung **für die Arbeitnehmer** des Schuldners für den Fall, dass **während der Planüberwachungszeitraums erneut** ein zur Eröffnung führender **Insolvenzantrag** über das Vermögen des Schuldners gestellt wird. Denn nach der Rechtsprechung des Bundessozialgerichts dauert das dem Insolvenzplan zugrunde liegende Insolvenzereignis während der Planüberwachung an und entfaltet damit i.S.v. §§ 165 ff. SGB III eine sog. **Sperrwirkung für neue Insolvenzgeldansprüche** der Arbeitnehmer in einer Folgeinsolvenz.[753]

7.1.2008 – II ZR 283/06, ZInsO 2009, 963, 964; BGH, 7.7.2008 – II ZR 26/07, ZInsO 2008, 1017, 1019 sowie die Ausführungen bei HambKomm/Thies, § 259 InsO Rn 14.
748 Vgl. BGH, 26.4.2018 – IX ZB 49/17, ZInsO 2018, 1404, 1406; BGH, 10.12.2009 – IX ZR 206/08, ZInsO 2010, 82.
749 BGH, 7.7.2008 – II ZR 26/07, ZInsO 2008, 1017, 1019.
750 Vgl. Uhlenbruck/Lüer/Streit, § 260 InsO Rn 1; MüKo/Stephan, § 260 InsO Rn 14.
751 H.M., vgl. z.B. MüKo/Stephan, § 260 InsO Rn 18; Uhlenbruck/Lüer/Streit, § 260 InsO Rn 8.
752 In diesem Sinne AG Duisburg, 1.4.2003 – 62 IN 187/02, NZI 2003, 447, 448, wonach die Verlängerung der Überwachungsdauer des § 268 Abs. 1 Nr. 2 InsO zulässig sein soll, wenn der Schuldner den Plan selbst vorgelegt oder diesem zugestimmt hat.
753 BSG, 17.3.2015 – B 11 AL 9/14 R, ZInsO 2015, 1677 (Rn 17); BSG, 29.5.2008 – B 11a AL 57/06 R, ZInsO 2008, 1325. Zur Kritik hieran vgl. HambKomm/Thies, § 260 InsO Rn 7.

1. Allgemeines

347 **Gegenstand** der Überwachung ist die nach der Aufhebung des Insolvenzverfahrens erfolgende **Erfüllung der Ansprüche**, die den Gläubigern nach dem gestaltenden Teil des Plans **gegen den Schuldner** (§ 260 Abs. 2 und 3 InsO) oder **gegen eine Übernahmegesellschaft** (§ 260 Abs. 3 InsO) zustehen. **Ansprüche gegen Dritte** unterliegen **nicht** der Planüberwachung.[754] Im Übrigen werden **jegliche Arten von Erfüllungsansprüchen** gegen den Schuldner oder die Übernahmegesellschaft erfasst, die sich aus den **verschiedenen Planarten** und Planregelungen ergeben können.[755] I.d.R. handelt es sich in erster Linie um die Befriedigung der Forderungen der Insolvenzgläubiger.[756] Aber auch die Ansprüche, die den absonderungsberechtigten Gläubigern nach dem Plan zustehen, können überwacht werden, soweit dies erforderlich scheint.[757]

> **Hinweis**
> Bestehen die Sicherheiten der absonderungsberechtigten Gläubiger nach (rechtskräftiger) Planbestätigung und Aufhebung des Verfahrens fort oder werden diese durch andere Sicherheiten ersetzt, besteht kein Bedürfnis für eine Überwachung dieser Ansprüche.[758]

348 Die Überwachung ist gem. § 267 Abs. 1 InsO gemeinsam mit der Aufhebung des Insolvenzverfahrens **öffentlich bekannt zu machen**. Ebenso sind die Erstreckung der Überwachung auf eine **Übernahmegesellschaft** (§ 260 Abs. 3 InsO), die Vereinbarung von **Zustimmungsvorbehalten** des Insolvenzverwalters für bestimmte **Rechtsgeschäfte** (§ 263 InsO) und die **Höhe des Kreditrahmens** im Falle des § 264 InsO öffentlich bekannt zu machen (§ 267 Abs. 2 InsO). Die Bekanntmachung erfolgt sinnvollerweise mit dem Beschluss über die Aufhebung des Insolvenzverfahrens nach § 258 InsO. Ferner sind die entsprechenden **Registereintragungen** vorzunehmen, wenn es sich bei einem Rechtsgeschäft gem. § 263 InsO um ein solches handelt, zu dessen Wirksamkeit es einer Eintragung in dem jeweiligen Register bedarf (§ 267 Abs. 3 S. 2 InsO i.V.m. §§ 31 ff. InsO).

349 Die **Kosten der Überwachung** trägt gem. § 269 S. 1 InsO der Schuldner. Findet die Überwachung einer Übernahmegesellschaft gem. § 260 Abs. 3 InsO statt, hat diese die Kosten ihrer Überwachung zu tragen (§ 269 S. 2 InsO). Oftmals werden in dem gestaltenden Teil des Plans jedoch **Rückstellungen aus der Insolvenzmasse**

---

754 HK/Haas, § 260 InsO Rn 3.
755 Uhlenbruck/Lüer/Streit, § 260 InsO Rn 7.
756 Siehe Begr. RegE InsO zu § 307, BT-Drucks. 12/2443, S. 215.
757 Siehe Begr. RegE InsO zu § 307, BT-Drucks. 12/2443, S. 215.
758 Hierauf weist bereits die Gesetzesbegründung hin, vgl. Begr. RegE InsO zu § 307, BT-Drucks. 12/2443, S. 215; s.a. MüKo/Stephan, § 260 InsO Rn 22.

für die voraussichtlichen Kosten vorgesehen.[759] Die Kosten umfassen die Vergütung und Auslagen des Insolvenzverwalters bzw. des Sachwalters und der Gläubigerausschussmitglieder sowie die Kosten für die Veröffentlichung und etwaige Registereintragungen. Wurde im Plan keine abweichende Vereinbarung getroffen, richtet sich die **Höhe der Vergütung** des überwachenden Insolvenzverwalters nach § 6 Abs. 2 InsVV und wird gem. §§ 64, 73 InsO analog durch Beschluss des Insolvenzgerichts festgesetzt. Eine Regelung im Plan über die Höhe der Vergütung ist daher – ebenso wie hinsichtlich der Vergütung des Insolvenzverwalters – unzulässig.[760] Auch hier kann aber mit einer Erklärung des Planüberwachers nach § 230 Abs. 3 InsO gearbeitet werden, mit der er sich zur Begrenzung seines Vergütungsantrages auf einen Maximalbetrag verpflichtet.[761]

Die **Dauer der Überwachung** kann im Plan auf höchstens **3 Jahre** ab Aufhebung des Verfahrens festgelegt werden (§ 268 Abs. 1 Nr. 2 InsO), wenn nicht der Schuldner einer längeren Überwachungsdauer ausdrücklich zustimmt oder den Plan selbst vorgelegt hat.[762] Sind die zu überwachenden Ansprüche **vollständig erfüllt** oder deren **Erfüllung gewährleistet**, beschließt das Insolvenzgericht jedoch vorzeitig die Aufhebung der Überwachung (§ 268 Abs. 1 Nr. 1 InsO). Gewährleistet ist die Erfüllung, wenn diese feststeht, etwa weil hierfür Sicherheit geleistet wurde.[763] 350

Mit der **Aufhebung** der Überwachung enden endgültig alle Ämter der Planüberwachungsorgane und etwaige Verfügungsbeschränkungen des überwachten Schuldners bzw. der Übernahmegesellschaft.[764] Der Beschluss, durch den die Überwachung aufgehoben wird, ist gem. § 268 Abs. 2, 267 Abs. 2 InsO **öffentlich bekannt zu machen** und **unanfechtbar** (§ 6 Abs. 1 InsO). 351

2. Befugnisse und Pflichten der Planüberwachungsorgane

Ausgeübt wird die Überwachung grds. durch den **Insolvenzverwalter** (§ 261 Abs. 1 S. 1 InsO), der dem ggf. bestellten **Gläubigerausschuss** und dem **Insolvenzgericht** über den jeweiligen Stand der Planerfüllung **Bericht zu erstatten** hat (§ 261 Abs. 2 InsO). Die **Ämter** des Insolvenzverwalters, des Gläubigerausschusses und die Überwachungspflicht des Insolvenzgerichts **bleiben** während der Dauer der Überwachung **insoweit bestehen**, § 22 Abs. 2 InsO gilt entsprechend (§ 261 Abs. 1 S. 2, 3 InsO). 352

---

759 Zur Angemessenheit dieser Vorgehensweise Haarmeyer/Mock, § 6 InsVV Rn 13 ff.
760 Vgl. LG Hamburg, 7.2.2018 – 326 T 120/16, NZI 2017, 261, 263.
761 Vgl. BGH, 16.2.2017 – IX ZB 103/15, ZInsO 2017, 538, Rn 40 f. zur Insolvenzverwaltervergütung.
762 AG Duisburg, 1.4.2003 – 62 IN 187/02, NZI 2003, 447, 448.
763 Vgl. MüKo/Stephan, § 268 InsO Rn 6.
764 Uhlenbruck/Lüer/Streit, § 268 InsO Rn 5.

> **Hinweis**
> Die **Übertragung der Überwachung** auf eine **andere Person** als den Insolvenzverwalter, einen sog. **Sachwalter**, ist aufgrund des dispositiven Charakters der Vorschriften über die Planüberwachung[765] **grds. möglich**.[766] Wird von dieser Möglichkeit Gebrauch gemacht, richten sich dessen Befugnisse jedoch nicht nach den gesetzlichen Vorschriften, sondern sind im Einzelnen im gestaltenden Teil des Insolvenzplans festzulegen.[767]

353 Um die Überwachung zu gewährleisten, wird der Insolvenzverwalter kraft Verweisung in § 261 Abs. 1 S. 3 InsO auf § 22 Abs. 3 InsO mit den sich hieraus ergebenden Befugnissen eines **vorläufigen Insolvenzverwalters** ausgestattet: Er kann daher
- die **Geschäftsräume** des Schuldners **betreten** und dort Nachforschungen anstellen,
- **Einsicht in die Bücher und Geschäftspapiere** nehmen und
- von dem Schuldner **umfassend Auskunft** und Unterstützung verlangen.

354 Die Befugnisse sind damit rein **informeller Natur**. Eine **Eingriffsmöglichkeit** in das Handeln des Schuldners bzw. die Geschäftsführung hat der Insolvenzverwalter dagegen **grds. nicht**.[768] Daher steht ihm i.R.d. Planüberwachung auch **kein Recht zur Prozessführung** anhängiger Rechtsstreitigkeiten zu.[769]

355 **Eine Ausnahme** hiervon bildet **§ 263 InsO**. Hiernach kann gem. § 263 S. 1 InsO die Wirksamkeit bestimmter[770] Rechtsgeschäfte **von der Zustimmung des Insolvenzverwalters abhängig** gemacht werden. Die Verfügungs- und Erfüllungsbeschränkungen nach §§ 81, 82 InsO gelten entsprechend (§ 263 S. 2 InsO). Diese über eine bloße Überwachung hinausgehende Sicherung des Vermögens des Schuldners oder der Übernahmegesellschaft erfolgt i.d.R. nur bei besonders **risikoreichen Geschäften** oder solchen mit **erheblicher wirtschaftlicher Bedeutung** für das schuldnerische Unternehmen.[771] Im Plan ist konkret zu benennen, welche einzelnen[772] Rechtsgeschäfte dem Zustimmungsvorbehalt unterliegen sollen.[773]

---

765 Vgl. Uhlenbruck/Lüer/Streit, § 260 InsO Rn 18.
766 H.M., vgl. Uhlenbruck/Lüer/Streit, § 260 InsO Rn 19; Nerlich/Römermann/Braun, § 261 InsO Rn 3; MüKo/Stephan, § 261 InsO Rn 10; Koch/de Bra, in: Gottwald, Insolvenzrechtshandbuch, § 70 Rn 10; FK/Jaffé, § 261 InsO Rn 1.
767 Vgl. Uhlenbruck/Lüer/Streit, § 260 InsO Rn 19; FK/Jaffé, § 261 InsO Rn 2.
768 Siehe bereits Begr. InsO RegE zu § 308, BT-Drucks. 12/2443, S. 215.
769 Vgl. BGH, 7.7.2008 – II ZR 26/07, ZInsO 2008, 1017, 1018 und Leitsatz.
770 Eine Ausdehnung auf sämtliche Rechtsgeschäfte wäre nach h.M. unzulässig, vgl. MüKo/Stephan, § 263 InsO Rn 5; Uhlenbruck/Lüer/Streit, § 263 InsO Rn 2.
771 Ähnlich Uhlenbruck/Lüer/Streit, § 263 InsO Rn 2; siehe auch Begr. RegE InsO zu § 310, BT-Drucks. 12/2443, S. 216.
772 Zur Unzulässigkeit eines umfassenden Zustimmungsvorbehalts für sämtliche Rechtsgeschäfte siehe MüKo/Stephan, § 263 InsO Rn 5.
773 Uhlenbruck/Lüer/Streit, § 263 InsO Rn 2.

Der planüberwachende Insolvenzverwalter hat dem Gläubigerausschuss bzw. 356
den Gläubigern und dem Gericht während der Überwachungszeit **jährlich** (§ 261
Abs. 2 S. 1 InsO) **oder auf** unterjährige **Anfrage** (§ 261 Abs. 2 S. 2 InsO) **Bericht** über
den Stand und die Aussichten der Planerfüllung zu erstatten.

Stellt der Insolvenzverwalter fest, dass Ansprüche, deren Erfüllung er zu über- 357
wachen hat, **nicht erfüllt werden** (§ 262 S. 1, 1. Alt. InsO) **oder nicht erfüllt werden können** (§ 262 S. 1, 2. Alt. InsO), hat er dies **unverzüglich** dem **Gläubigerausschuss** und dem **Insolvenzgericht anzuzeigen**. Ist ein Gläubigerausschuss nicht
bestellt, sind die **Gläubiger** zu unterrichten, denen nach dem gestaltenden Teil des
Insolvenzplans Ansprüche gegen den Schuldner oder die Übernahmegesellschaft
zustehen (§ 262 S. 2 InsO).

Den Berichts- und Anzeigepflichten des Verwalters nach § 262 InsO ist eine ent- 358
sprechende **Ermittlungspflicht** immanent. Die **plangemäße Erfüllung** der Gläubigeransprüche hat er sich von dem Schuldner (bzw. der Übernahmegesellschaft) **beleghaft** nachweisen zu lassen bzw. durch Einsichtnahme in die Geschäftsunterlagen selbst **nachzuvollziehen**. Die weiteren Aussichten der Planerfüllung, d.h. die
Planerfüllbarkeit, hat er stichprobenartig durch **Abgleich** der **Entwicklung** der
Vermögens-, Finanz-, Ertrags- und Auftragslage mit den entsprechenden **Planprognosen** (gem. § 229 InsO[774]) zu prüfen.[775]

Praxistipp
Die Vorgehensweise der **Informationsbeschaffung** des Verwalters, die Ausstattung mit entsprechenden konkreten Auskunftsvollmachten und vom Schuldner etwaig vorzuhaltende Kontrollinstrumente sollten bereits **im Plan detailliert geregelt** werden, um diesbezügliche Streitigkeiten und eine Haftung des Verwalters nach § 60 InsO analog zu vermeiden.[776]

Hinweis
Gem. § 262 S. 1, 2. Alt. InsO hat der Insolvenzverwalter bereits die **drohende Nichterfüllung** fällig werdender Ansprüche anzuzeigen.[777] Da eine solche zu einer erheblichen **Verunsicherung** der Gläubiger und vor allem auch zu einer **Rufschädigung** beim Schuldner führen kann, sollte eine sorgfältige Prüfung der **ernsthaften Gefährdung der Planerfüllung** vorausgehen. Der Verwalter hat bei der Abwägung einer solchen Anzeige jedoch auch seine eigene **Haftung gem. § 60 InsO analog** im Blick zu behalten.[778]

---

[774] Siehe zu Erfordernis und Inhalt der Vermögens-, Ertrags- und Finanzplanung nach § 229 InsO ausführlich In diesem Rdn 142 ff.
[775] Zum Prüfungsumfang siehe auch Uhlenbruck/Lüer/Streit, § 261 InsO Rn 4 ff.
[776] Siehe auch FK/Jaffé, § 262 InsO Rn 11 f. mit Beispielen.
[777] Vgl. HK/Haas, § 262 InsO Rn 1.
[778] Zu der Haftung des Insolvenzverwalters bei der Planüberwachung siehe aber auch MüKo/Stephan, § 262 InsO Rn 16.

Thies/Lieder

359 Der **Umgang mit einer Anzeige** des Verwalters i.S.v. § 262 InsO bleibt den **Gläubigern überlassen**. In Betracht kommen insb. eine Geltendmachung ihrer Rechte nach §§ 255 bis 257 InsO[779] oder die Stellung eines neuen Insolvenzantrages gem. § 13 InsO.[780]

3. Kreditrahmenregelungen

360 Die §§ 264 ff. InsO ermöglichen eine besondere den Zeitraum der Planüberwachung betreffende Planregelung zur **Privilegierung neuer Kreditgeber** in einem Folgeinsolvenzverfahren, wodurch deren Ausfallrisiko gemindert wird. Vorrangiger Anwendungsbereich ist der **Fortführung- und Sanierungsplan**, bei dem die schwierige Anlaufzeit nach Aufhebung des Insolvenzverfahrens durch die Gewährung von Sanierungskrediten überbrückt werden soll.[781]

361 Ein potenzieller Investor macht seine Entscheidung über eine Kreditvergabe – insb. bei einem gerade erst aus der Insolvenz entlassenes Unternehmen – i.d.R. von der Gewährung **hinreichender Sicherheiten** abhängig. Die **Gegenstände der Insolvenzmasse** sind hierfür jedoch im Regelfall **untauglich**, da sie üblicherweise bereits vollständig mit Sicherungsrechten (Globalzessionen, [Grund-]Pfandrechten, etc.) belastet sind.[782]

362 Um die Stellung der Kreditgeber zu verbessern, schafft § 264 Abs. 1 S. 1 InsO daher zunächst die Möglichkeit, im gestaltenden Teil des Insolvenzplans vorzusehen, dass die Insolvenzgläubiger diesen ggü. nachrangig sind. Die **Privilegierung** kommt ausschließlich in einem **Nachfolgeinsolvenzverfahren** zum Tragen (§ 266 Abs. 1 InsO) und bevorrechtigt den Kreditgeber hinsichtlich seiner Befriedigung ggü. den Insolvenzgläubigern des vorangegangenen (Plan-)Insolvenzverfahrens.[783] Gem. § 265 InsO gilt die Privilegierung auch gegenüber **Neugläubigern**, die in der Überwachungsphase Forderungen auf **vertraglicher Grundlage**[784] ggü. dem Schuldner erworben haben, sei es auch aus bereits vor der Überwachung begründeten **Dauerschuldverhältnissen**, sofern die Forderungen nach dem Zeitpunkt der ersten möglichen Kündigung in der Überwachungsphase entstanden sind (§ 265 S. 2 InsO).

---

779 Vgl. hierzu Rdn 315 ff. und Rdn 325 ff.
780 Uhlenbruck/Lüer/Streit, § 262 InsO Rn 5.
781 Siehe Begr. RegE InsO zu § 311, BT-Drucks. 12/2443, S. 216.
782 Ähnlich FK/Jaffé, § 264 InsO Rn 1; Blersch/Goetsch/Hasse/Blersch, § 264 InsO Rn 2; Koch/de Bra, in: Gottwald, Insolvenzrechtshandbuch, § 71 Rn 5.
783 Vgl. Uhlenbruck/Lüer/Streit, § 264 InsO Rn 1.
784 Zur Kritik am Vorrang der Neugläubiger aus gesetzlichen Schuldverhältnissen ausführlich MüKo/Tetzlaff/Kern, § 266 InsO Rn 11 ff.

Durch diese Regelungen wird die ansonsten im Regelverfahren **übliche Rangfolge nach §§ 38, 39 InsO** um zwei Rangstufen **erweitert**. Es ergibt sich damit in einem Folgeinsolvenzverfahren die folgende vierstufige Rangordnung:[785]

1. Rang: privilegierte Kreditforderungen nach § 264 InsO.
2. Rang: Neuforderungen aus gesetzlichen Schuldverhältnissen oder aus alten Dauerschuldverhältnissen vor der ersten Kündigungsmöglichkeit i.S.v. § 265 InsO sowie nicht privilegierte Masseforderungen aus dem ersten Verfahren.
3. Rang: ggfs. nach § 255 Abs. 2 InsO wieder aufgelebte Insolvenzforderungen aus dem ersten Verfahren und vertragliche Neuforderungen.
4. Rang: nachrangige Neuforderungen i.S.d. § 39 InsO.

§ 264 InsO erfasst mit „Darlehen und sonstige Kredite" **jede erdenkliche Art von Kredit**, so z.B. auch Lieferantenkredite.[786] Neben neu aufgenommenen Krediten können gem. § 264 Abs. 1 InsO auch **stehengelassene Masseforderungen** privilegiert werden. Ausdrücklich **ausgenommen** sind jedoch **Gesellschafterdarlehen gem.** § 39 Abs. 1 Nr. 5 InsO (§ 264 Abs. 3 InsO). 363

Um die Privilegierung herzustellen, ist zunächst im gestaltenden Teil der entsprechende **Kreditrahmen** festzulegen (§ 264 Abs. 1 S. 2 InsO), der das vorhandene Aktivvermögen des Schuldners, wie es sich nach der Vermögensübersicht gem. § 229 InsO darstellt, nicht übersteigen darf.[787] Gleichzeitig muss der Plan eine **Planüberwachung** vorsehen. Zudem bedarf es einer **Vereinbarung** zwischen dem Schuldner und dem Kreditgeber/Massegläubiger über die Privilegierung seiner Forderung, die von dem **Verwalter schriftlich bestätigt** werden muss (§ 264 Abs. 2 InsO). Das Bestätigungserfordernis soll eine **Deckungskontrolle** durch den Verwalter gewährleisten. 364

Schließlich legt § 266 InsO den **zeitlichen Rahmen** für die Privilegierung fest und verdeutlich hierbei die enge **Verknüpfung mit der Planüberwachung**. Demzufolge gilt der Vorrang nur in einem Folgeinsolvenzverfahren, das vor der Aufhebung der Planüberwachung eröffnet wird. Zudem gilt für eine Privilegierung nach den §§ 264 ff. InsO die **zeitliche Höchstgrenze** des § 268 Abs. 1 Nr. 2 InsO von **drei Jahren** ab der Aufhebung des ersten Insolvenzverfahrens auch dann, wenn ausnahmsweise eine längere Überwachungsphase im Plan geregelt sein sollte.[788] 365

---

[785] Ausführlich zu der Rangfolge in einer Folgeinsolvenz vgl. HambKomm/Thies, § 266 Rn 3 ff.
[786] Vgl. KPB/Pleister, § 264 InsO Rn 10.
[787] Besonders krit. zu dieser Begrenzung Koch/de Bra, in: Gottwald, Insolvenzrechtshandbuch, § 71 Rn 6 ff.; s.a. Braun/Uhlenbruck, Unternehmensinsolvenz, S. 535 sowie die Ausführungen dort in Fn 331.
[788] Ebenso MüKo/Kern, § 266 InsO Rn 7; in diesem Sinne auch AG Duisburg, 1.4.2003 – 62 IN 187/02, NZI 2003, 447, 448.

Hinweis
Die zeitliche Begrenzung der Privilegierung auf max. drei Jahre ist mit den üblicherweise deutlich längeren Kreditlaufzeiten nicht zu vereinbaren,[789] weshalb von **Kreditrahmenvereinbarungen** nach § 264 InsO **in der Praxis nur selten** Gebrauch gemacht.

---

[789] Vgl. MüKo/Drukarczyk/Fridgen § 264 Rn 9.

§ 9 Eigenverwaltung

Übersicht

A. Einleitung —— 11
B. Anordnung, Aufhebung und rechtliche Konsequenzen der Eigenverwaltung —— 8
  I. Voraussetzungen der Anordnung der Eigenverwaltung —— 9
    1. Anwendungsbereich —— 9
    2. Antrag des Schuldners/Eigenverwaltungsplanung —— 12
      a) Antrag —— 12
      b) Eigenverwaltungsplanung —— 14
        aa) Unterlagen —— 15
          (1) Finanzplan —— 15
          (2) Konzept für die Durchführung des Insolvenzverfahrens —— 16
          (3) Darstellung des Verhandlungsstandes —— 17
          (4) Vorkehrungen zur Erfüllung insolvenzrechtlicher Pflichten —— 18
          (5) Darstellung der Mehr- oder Minderkosten —— 19
        bb) Erklärungen —— 20
    3. (Weiterhin) Vorliegen der Voraussetzungen für die vorläufige Eigenverwaltung —— 24
      a) Vorliegen der Anordnungsvoraussetzungen gem. § 270b InsO n.F. —— 25
      b) Kein Vorliegen von Aufhebungsgründen —— 27
    4. Einfluss der Gläubiger auf die Anordnung der Eigenverwaltung —— 28
      a) Gläubigerausschuss —— 28
      b) Einzelne Gläubiger —— 32
  II. Ablehnung der Anordnung —— 34
  III. Nachträgliche Anordnung aufgrund Beschlusses der Gläubigerversammlung (§ 271 InsO) —— 36
  IV. Die Eigenverwaltung im Insolvenzeröffnungsverfahren —— 42
    1. Die vorläufige Eigenverwaltung (§ 270b InsO n.F.) —— 46
      a) Anordnungsvoraussetzungen —— 46
        aa) Grundsätze —— 46
        bb) Mängel der Eigenverwaltungsplanung —— 47
        cc) Kontraindikationen —— 48
        ee) Sonstiges —— 53
      b) Rechtsstellung, Befugnisse und Aufgaben des Schuldners in der vorläufigen Eigenverwaltung —— 54
        aa) Befugnisse —— 54
        bb) Pflichtenprogramm —— 55
        cc) Einfluss der Organe (§ 276a Abs. 3 InsO n.F.) —— 58
        dd) Haftung der Organe —— 59
      c) Der vorläufige Sachwalter —— 60
        aa) Zustimmungsvorbehalte —— 62
        bb) Aufgaben und Befugnisse des vorläufigen Sachwalters —— 63
        cc) Vergütung des vorläufigen Sachwalters —— 73
      d) Begründung von Masseverbindlichkeiten —— 74
      e) Gewährung der Möglichkeit zur Antragsrücknahme —— 75
      f) Aufhebung der vorläufigen Eigenverwaltung —— 76

Fiebig
https://doi.org/10.1515/9783110582598-009

		aa)	Aufhebung von Amts wegen —— 78	V.	Aufgabenverteilung zwischen Schuldner und Sachwalter —— 118

- aa) Aufhebung von Amts wegen —— 78
- bb) Aufhebung auf Gläubigerantrag —— 82
- cc) Sonstiges —— 83
2. Das Schutzschirmverfahren —— 84
    a) Voraussetzungen für die Anordnung des „Schutzschirms" —— 85
        aa) Anträge —— 85
        bb) Zulässige Insolvenzgründe —— 87
        cc) Keine offensichtliche Aussichtslosigkeit der angestrebten Sanierung —— 89
        dd) Eigenverwaltungsplanung —— 93
    b) Nachweis der Anordnungsvoraussetzungen —— 94
        aa) Bestätigung, dass keine Zahlungsunfähigkeit vorliegt —— 97
        bb) Bestätigung, dass eine Sanierung nicht offensichtlich aussichtslos ist —— 99
        cc) Personelle Anforderung an den Aussteller —— 101
    c) Dauer und Umfang des „Schutzschirms" —— 104
    d) Aufsicht durch vorläufigen Sachwalter —— 107
    e) Begründung von Masseverbindlichkeiten —— 111
    f) Eintritt der Zahlungsunfähigkeit —— 112
    g) Aufhebung der Anordnung/ Entscheidung über den Fortgang des Verfahrens —— 113
    h) Entscheidung über den Fortgang des Verfahrens —— 114
    i) Verfahrensfragen —— 116

V. Aufgabenverteilung zwischen Schuldner und Sachwalter —— 118
1. Rechtsstellung, Aufgaben und Befugnisse des Schuldners —— 119
    a) Rechtsstellung des Schuldners —— 119
    b) Aufgaben und Befugnisse des Schuldners —— 122
        aa) Allgemeines —— 122
        bb) Gegenseitige Verträge (§ 279 InsO) —— 125
        cc) Berichterstattung, Erstellung von Verzeichnissen (§ 281 InsO) —— 128
        dd) Verwertung von Sicherungsgut (§ 282 InsO) —— 131
        ee) Bestreiten von Forderungen (§ 283 InsO) —— 134
        ff) Verteilung der Masse —— 136
        gg) Einberufung einer Gläubigerversammlung —— 137
        hh) Vorlage eines Insolvenzplanes (§§ 218, 284 InsO) —— 138
        ii) Entnahme von Unterhalt (§ 278 InsO) —— 141
            (1) Abgrenzung zu den Pfändungsschutzvorschriften der ZPO/ zusätzlicher Unterhalt —— 143
            (2) Anwendbarkeit des § 278 auf Gesellschaftergeschäftsführer bzw. -vorstände —— 146
    c) Beschränkungen des Schuldners —— 147

Fiebig

- aa) Eingehen von Verbindlichkeiten (§ 275 Abs. 1 InsO) —— 147
  - (1) Zustimmungserfordernis —— 149
  - (2) Widerspruchsrecht —— 152
- bb) Anordnung eines Zustimmungsvorbehaltes (§ 277 InsO) —— 154
- cc) Mitwirkung des Gläubigerausschusses (§ 276 InsO) —— 160
- d) Haftung des Schuldners bzw. seiner Organe —— 163
2. Rechtsstellung, Aufgaben und Befugnisse des Sachwalters —— 166
  - a) Bestellung des Sachwalters —— 166
  - b) Aufgaben und Befugnisse des Sachwalters —— 172
    - aa) Prüf- und Kontrollpflichten des Sachwalters —— 173
    - bb) Anzeigepflicht bei drohenden Nachteilen (§ 274 Abs. 3 InsO) —— 185
    - cc) Kassenführung (§ 275 Abs. 2 InsO) —— 189
    - dd) Führung der Insolvenztabelle (§ 270c Satz 2 InsO) —— 193
    - ee) Anzeige der Masseunzulänglichkeit (§ 285 InsO) —— 194
    - ff) Geltendmachung von Haftungs- und Anfechtungsansprüchen (§ 280 InsO) —— 197
    - gg) Vorlage eines Insolvenzplanes —— 200
    - hh) Unterstützung des Schuldners —— 203
  - c) Haftung des Sachwalters —— 204
  - d) Vergütung —— 207
VI. Aufhebung der Eigenverwaltung (§ 272 InsO) —— 209
  1. Antrag der Gläubigerversammlung —— 213
  2. Antrag eines Einzelgläubigers —— 214
  3. Antrag des Schuldners —— 219
  4. Keine Antragsbefugnis des Sachwalters —— 221
  5. Rechtsfolgen —— 222
VII. Eigenverwaltung bei gruppenangehörigen Schuldnern (§ 270d InsO) —— 226
  1. Rechte und Pflichten des Schuldners —— 227
  2. Stellung des Sachwalters —— 230

A. Einleitung

Das Institut der Eigenverwaltung wurde erstmalig im Zuge der Neuregelung des Insolvenzrechts 1999 geschaffen und in den §§ 270–285 InsO gesetzlich normiert. Ziel der Einführung war die Schaffung einer schnelleren und kostengünstigeren Variante des klassischen Insolvenzverfahrens nach dem Leitbild des US-amerikanischen „**Chapter-11**"-Verfahrens, bei dem der Schuldner die Kontrolle über sein Unternehmen behält, um dieses mithilfe eines Planverfahrens zu sanieren. Dementsprechend sollte auch die deutsche Eigenverwaltung dem Schuldner **einen Anreiz zu einer frühzeitigen Antragstellung** bieten, da er nicht befürchten muss, aus seinem Unternehmen verdrängt zu werden, wodurch bessere Sanierungschancen eröffnet und damit höhere Quoten erzielt werden sollten.[1]

2 Auf die zuvor geringe praktische Bedeutung der Eigenverwaltung hat der Gesetzgeber im Jahr 2012 mit dem **Gesetz zur weiteren Erleichterung der Sanierung von Unternehmen (ESUG)** reagiert[2] und in diesem Rahmen erleichterte Zugangsvoraussetzungen zur Eigenverwaltung geschaffen. Die Anordnung der Eigenverwaltung – auf entsprechenden Antrag des Schuldners hin – sollte fortan der Regelfall sein, anstatt wie zuvor eher der Ausnahmefall. Eine klare Zielsetzung des neuen Gesetzes sollte es mithin sein, den Anteil der Eigenverwaltungsverfahren zu erhöhen. Mit dem ESUG wurde zudem das neue Instrument des sog **Schutzschirmverfahrens** (§ 270b InsO a.F., § 270d InsO n.F., siehe dazu Rdn 46 ff.) eingeführt, bei dem es sich allerdings technisch lediglich um einige Sonderregelungen für die Gestaltung des Insolvenzeröffnungsverfahrens handelt. Auch wenn seinerzeit – abweichend von den ursprünglichen Planungen hierzu – der **„Schutzschirm"** letztlich nicht als außer- bzw. **vorinsolvenzliches Sanierungsverfahren** ausgestaltet wurde, fand diese spezielle Verfahrensform gerade auf Schuldnerseite zunächst zunehmend Beachtung, da unter gewissen Voraussetzungen der Sachwalter durch den Schuldner selbst „mitgebracht" werden kann und eine Veröffentlichung des „Schutzschirmes" seitens der meisten Gerichte nicht erfolgt. Nachdem sich jedoch die Gerichte generell dem Eigenverwaltungsverfahren sowie geeigneten Vorschlägen in Bezug auf die Person des Sachwalters gegenüber zunehmend aufgeschlossen zeigten, verlor der „Schutzschirm" insb. in den letzten Jahren wieder an Bedeutung. Da die Vorteile des Schutzschirmverfahrens (Planbarkeit in bezug auf die Sachwaltung, geringe Publizität sowie eine positivere Konnotation als ein Regelinsolvenzverfahren in der Außenwahrnehmung) sich nun ebenso über die klassische Eigenverwaltung herbeiführen ließen, diese jedoch niedrigere Zugangsvoraussetzungen (insb. kein Erfordernis einer Bescheinigung gem. § 270b InsO a.F./§ 270d InsO n.F. sowie kein Ausschluss bereits zahlungsunfähiger Unternehmen) hatte, sank die Zahl der Schutzschirmanträge ganz erheblich.

3 Wenn somit auch die Anzahl der Eigenverwaltungsverfahren seit Einführung des ESUG und insbesondere nochmals in den letzten zwei bis drei Jahren spunghaft gestiegen ist, bleibt dennoch abzuwarten, wie sich diese Tendenz langfristig entwickeln wird. Denn am 26.6.2019 ist die Richtlinie (EU) 2019/1023 des Europäischen Parlaments und des Rates vom 20. Juni 2019 über präventive Restrukturierungsrahmen, über Entschuldung und über Tätigkeitsverbote sowie über Maßnahmen zur Steigerung der Effizienz von Restrukturierungs-, Insolvenz- und Entschuldungsverfahren und zur Änderung der Richtlinie (EU) 2017/1132 (**Richtlinie über Restruktu-**

---

[1] Begr. RegE-InsO, BT-Drucks. 12/2443, S. 223.
[2] BGBl. I 2011, S. 2582 ff.

rierung und Insolvenz)³ in Kraft getreten, die sämtliche Mitgliedsstaaten dazu verpflichtet ein an das Englische **„Scheme of Arrangement"** angelehntes Verfahren zur Vermeidung einer Insolvenz einzuführen, das bereits vor Eintritt der eigentlichen Insolvenzreife durchführbar und nicht zwingend unter der Kontrolle eines Sachwalters zu absolvieren ist.

Die Umsetzung der der Vorgaben der Richtlinie erfolgte in Deutschland mit dem **Unternehmensstabilisierungs- und -restrukturierungsgesetz (StaRUG),** das am 1.1.2021 als Bestandteil des Gesetzes zur Fortentwicklung des Sanierungs- und Insolvenzrechts (**SanInsFoG**) in Kraft getreten ist. Seitdem ist es auch in Deutschland möglich, unter bestimmten Voraussetzungen außerhalb eines Insolvenzverfahrens einen (dem Insolvenzplan ähnlichen) Restrukturierungsplan vorzulegen, an dessen Regelungen auch opponierende Gläubiger gebunden sind, sofern der Plan mit den erforderlichen Mehrheiten ordnungsgemäß angenommen wurde. Das Verfahren ist zudem (im Gegensatz zum Insolvenzverfahren) nicht als Kollektivverfahren ausgelegt, d.h. es ist möglich, gezielt nur einzelne Gläubiger in das Verfahren (und dessen Rechtswirkungen) einzubeziehen. Auch wenn der durch die Richtlinie vorgebene Spielraum für die möglichen Inhalte und Wirkungen eines solchen Restrukturierungsverfahrens in Deutschland nicht voll ausgeschöpft wurde, ist dennoch damit zu rechnen, dass insb. größeren Unternehmen künftig quasi regelhaft versuchen werden zunächst ein solches außergerichtliches Verfahren zu durchlaufen, so dass im Falle des Scheiterns im Anschluss schon rein faktisch häufig nur noch eine „normale" Liquidation im Rahmen des Regel(insolvenz)verfahrens möglich sein wird. Es erscheint somit nicht unwahrscheinlich, dass eine Sanierung mit Hilfe des neuen Instruments des präventiven Restrukturierungsrahmens die Eigenverwaltung wieder stärker zurückdrängen wird. Eine Ausnahme dürften allerdings nach wie vor Unternehmen bilden, bei denen die Reduktion von Pensionslasten das Hauptziel der Restrukturierung ist, oder bei denen die erleichterten Möglichkeiten des Insolvenzrechtes im Hinblick auf Personalabbau und die Beendigung sonstiger Verträge zur operativen Restrukturierung genutzt werden sollen, da das StaRUG (anders als die Insolvenzordnung) keine Zuweisung entsprechender Sonderrechte vorsieht.

Das SanInsFoG beinhaltet neben dem StaRUG und anderen Regelungsinhalten auch erhebliche Änderungen der Vorschriften zur Eigenverwaltung und gilt für alle ab dem Inkrafttreten beantragten Eigenverwaltungsverfahren. Ziel des Gesetzgebers war es insoweit, den Anspruch des (redlichen) Schuldners auf Anordnung der Eigenverwaltung zu stärken, allerdings sollte dieser „Vertrauensvorschuss" primär nur demjenigen Schuldner zu Gute kommen, der „das Eigenverwaltungsverfahren rechtzeitig und gewissenhaft vorbereitet, bevor er unter den von einer akuten Zahlungsunfähigkeit ausgehenden Handlungsdruck gerät"⁴. Der in der Vergangenheit

---
3 https://eur-lex.europa.eu/legal-content/de/TXT/?uri=CELEX:32019L1023.
4 BT-Drs. 19/24181 S. 2.

zu beobachtenden „Flucht in die Eigenverwaltung", bei der die Analyse der Situation und die Ausarbeitung des Sanierungsplans häufig erst nach der Stellung des Insolvenantrages erfolgte, sollte eine Absage erteilt werden.

6 Gem. § 5 Abs. 5 COVInsAG können für Eigenverwaltungsverfahren, die zwischen dem 1.1.2021 und dem 31.12.2021 beantragt werden, die §§ 270–285 in der bis zum 31.12.2020 geltenden Fassung allerdings weiterhin anwendbar sein, wenn die Zahlungsunfähigkeit oder Überschuldung des Schuldners auf die COVID-19-Pandemie zurückzuführen ist. Ebenfalls gelten die Vorschriften der §§ 270–285 a.F. weiterhin für alle vor dem 1.1.2021 beantragten Verfahren. Darüber hinaus enthält § 6 COVInsAG eine Regelung, die für Eröffnungsanträge, die zwischen dem 1.1.2021 und dem 31.12.2021 gestellt werden, einen erleichterten Zugang zum Schutzschirmverfahren ermöglicht.

7 Vorliegend erfolgt die Darstellung der Eigenverwaltung lediglich auf Basis der neuen Fassung der InsO, für Altverfahren sowie die Anwendungsfälle des CovInsAG wird insoweit auf die Vorauflage verwiesen.

B. Anordnung, Aufhebung und rechtliche Konsequenzen der Eigenverwaltung

8 Abweichend vom Regelinsolvenzverfahren **verbleibt** bei der Eigenverwaltung die **Verwaltungs- und Verfügungsbefugnis über die Insolvenzmasse beim Schuldner** (§ 270 InsO). Obwohl sich im umgangssprachlichen Gebrauch der Begriff **„Eigenverwalter"** durchgesetzt hat, kennt das Gesetz diesen Begriff nicht. Der Schuldner unterliegt während der Dauer des Insolvenzverfahrens der Aufsicht durch einen **Sachwalter** (§ 274 Abs. 2 InsO), mit dem er die Verfahrensabwicklung abzustimmen bzw. dessen Zustimmung er vor bestimmten Rechtshandlungen einzuholen hat (§ 275 InsO). Auch die Ausführung des Zahlungsverkehrs wird durch den Schuldner vorgenommen, sofern der Sachwalter diese sog. Kassenführung nicht an sich zieht (§ 275 Abs. 2 InsO). Lediglich die Tabellenführung (§ 270f Abs. 2 InsO) sowie die Geltendmachung bestimmter Anfechtungs- und Haftungsansprüche (§ 280 InsO) sind als originäre Aufgaben zur Ausführung nicht dem Schuldner, sondern dem Sachwalter zugewiesen.

I. Voraussetzungen der Anordnung der Eigenverwaltung

1. Anwendungsbereich

9 Eine Beschränkung der Eigenverwaltung auf bestimmte Unternehmenstypen oder -größen bzw. bestimmte Rechtsformen besteht nach dem Gesetzeswortlaut nicht. Nur für den Bereich der **Verbraucherinsolvenz** ist gem. § 270 Abs. 2 die Anordnung

gesetzlich ausgeschlossen. Bei Unternehmensinsolvenzen über das Vermögen natürlicher Personen kann bei Vorliegen der diesbezüglichen Voraussetzungen auch eine Stundung der Verfahrenskosten gem. § 4a InsO erfolgen[5]

Gerade bei freiberuflichen Tätigkeiten kann die Anordnung der Eigenverwaltung sinnvoll sein, um **berufs- und standesrechtliche Probleme** zu vermeiden. Zwar kann eine freiberufliche Praxis grds. von einem Insolvenzverwalter fortgeführt werden, sofern er die hierfür erforderliche Qualifikation besitzt,[6] dies wird jedoch insb. im Hinblick auf **Arzt- und Steuerberatungspraxen** selten der Fall sein. In der Insolvenz eines selbstständig tätigen Rechtsanwalts stellt die Eigenverwaltung eine der wenigen Möglichkeiten dar, auch für den Zeitraum des Insolvenzverfahrens die Zulassung zu erhalten, da nach der durch den BGH entwickelten Rechtsprechung, die Zulassung eines in Insolvenz befindlichen **Rechtsanwalts** nur dann aufrecht erhalten werden kann, wenn sichergestellt ist, dass Mandanten das Honorar weiterhin mit schuldbefreiender Wirkung an den Rechtsanwalt zahlen können ohne Gefahr zu laufen, nochmals durch den Insolvenzverwalter in Anspruch genommen zu werden.[7] Dies ist innerhalb eines Eigenverwaltungsverfahrens der Fall – selbst dann, wenn sich der Sachwalter die Kassenführung vorbehalten hat, vgl. dazu Rdn 153 ff. Auch die Fortführung einer **Apotheke** im eröffneten Insolvenzverfahren lässt sich ausschließlich im Rahmen einer Eigenverwaltung oder der Verpachtung gem. § 9 ApoG realisieren.[8]

10

Obwohl sich der Gesetzgeber zu der Frage, ob die Anordnung einer Eigenverwaltung einen fortführungsfähigen, laufenden Geschäftsbetrieb voraussetzt, nicht ausdrücklich äußert, scheint auch er den Fall der Betriebsfortführung als Leitbild der Eigenverwaltung vor Augen gehabt zu haben.[9] Einige Gerichte halten dementsprechend die Eigenverwaltung bei **reinen Liquidationsverfahren** für unzulässig.[10] Ein Anhaltspunkt für diese Auffassung lässt sich jedoch weder dem Gesetz noch der Regierungsbegründung zur InsO entnehmen. In der Regierungsbegründung zum SanInsFoG findet sich nunmehr vielmehr der ausdrückliche Hinweis, dass eine Eigenverwaltung auch das Ziel einer Liquidiation des Schuldners haben kann, auch wenn der Gesetzgeber dies insoweit selbst als Ausnahmefall bezeichnet.[11] Auch systematisch spricht nichts gegen eine Eigenverwaltung bei reinen Liquidationssachverhalten, da sich auch hier – das Vorliegen der sonstigen Voraussetzungen unter-

11

---

5 LG Bochum, ZInsO 2003, 89, 91; so wohl auch BGH, NZI 2007, 238, 239.
6 BFH, ZIP 1994, 1283; dazu umfassend Hess/Röpke, NZI 2003, 233, 234 m.w.N.; **a.A.** FG Düsseldorf, ZIP 1992, 635, 636; zur speziellen Problematik der Fortführung einer Arztpraxis in der Insolvenz vgl. Graf/Wunsch, ZIP 2001, 1029, 1033.
7 BGH, ZInsO 2005, 213.
8 OVG Berlin-Brandenburg, ZVI 2004, 620; dazu Uhlenbruck/Hirte, § 35 InsO Rn 297.
9 Vgl. Ringstmeier/Homann, NZI 2002, 406, 408.
10 AG Hamburg, NZI 2014, 269; AG Erfurt, ZInsO 2012, 944; AG Lübeck, DZWIR 2000.
11 BT Drs. 19/24181 S.204.

stellt – die Vorteile der Zeit- und Kostenersparnis in gleicher Weise positiv auswirken wie bei laufenden Geschäftsbetrieben.[12] Da die Eigenverwaltung somit auch bei reinen Liquidationsverfahren möglich ist, kann sie auch für **Sekundärinsolvenzverfahren** gem. Art. 3 Abs. 3, 34 EuInsVO[13] sowie innerhalb eines **Nachlassinsolvenzverfahrens** (§§ 315 ff. InsO) angeordnet werden. Im Nachlassinsolvenzverfahren ist dann insoweit der Erbe Verwaltungs- und verfügungsbefugt. Eine Eigenverwaltung kann jedoch für einen Nachlass ausgeschlossen sein, wenn wechselseitige Ansprüche zwischen Nachlass und Erben gem. §§ 1978, 1979 BGB bestehen oder Haftungsansprüche gem. § 1980 BGB gegen den Erben geltend zu machen sind.[14]

2. Antrag des Schuldners/Eigenverwaltungsplanung

a) Antrag

12 Voraussetzung für die Anordnung der Eigenverwaltung ist ein entsprechender **Antrag des Schuldners**. Dieser wird i.d.R. gemeinsam mit dem Antrag auf Eröffnung eines Insolvenzverfahrens gestellt, eine separate Beantragung der Eigenverwaltung ist aber auch **nachträglich bis zur Eröffnung des Insolvenzverfahrens** möglich. Da die Eigenverwaltung eine spezielle Variante des Insolvenzverfahrens darstellt, setzt die Anordnung demgegenüber aber stets voraus, dass vor oder zeitgleich mit dem Antrag auf Anordnung der Eigenverwaltung auch die Eröffnung eines Insolvenzverfahrens beantragt wird bzw. wurde. Wird nur ein isolierter Antrag auf Eigenverwaltung gestellt, wird dieser allerdings i.d.R. dahingehend auszulegen sein, dass hiermit ebenfalls die Eröffnung eines Insolvenzverfahrens beantragt werden sollte. Der Antrag auf Eröffnung eines Insolvenzverfahrens darf jedoch nicht unter die **Bedingung der Anordnung** der Eigenverwaltung gestellt werden.[15] **Nach Eröffnung des Insolvenzverfahrens** ist keine unmittelbare Beantragung der Eigenverwaltung durch den Schuldner mehr möglich. Er kann allerdings versuchen, auf die Gläubigerversammlung dahingehend einzuwirken, dass diese eine **nachträgliche Anordnung der Eigenverwaltung gem. § 271 InsO** beantragt (vgl. Rdn 36 ff.)

---

12 So zuletzt ausdrücklich FG Köln, NZI 2020, 83, 84; i.E. ebenso: AG Bremen, ZInsO 2018, 193, 194; AG Köln, BeckRS 2013, 08856.
13 AG Köln, ZInsO 2004, 216; zust. Meyer-Löwy/Poertzgen, ZInsO 2004, 195, 197; Blenske, EWiR 6/04, 601; vgl. auch HambKomm/Undritz, Art. 34 EuInsVO Rn 24.
14 A.A. (zum alten Recht) AG Köln, ZInsO 1999, 601: Ausschluss der Eigenverwaltung nur, wenn das Bestehen der Ansprüche im Insolvenzantrag bzw. Anhörungsfragebogen verschwiegen wird.
15 A.A. aber offenbar AG Mannheim, das den Antrag als „nicht gestellt" ansehen will, wenn deutlich zum Ausdruck komme, dass die Einleitung eines Insolvenzverfahrens nur unter Eigenverwaltung angestrebt werde (ZIP 2014, 484).

Handelt es sich bei dem Schuldner um eine **juristische Person**, sind ausschließlich deren **vertretungsbefugte gesellschaftsrechtliche Organe** zur Antragstellung berechtigt. Insoweit sind jedoch die Befugnisse der Organe im Innen- und Außenverhältnis streng zu unterscheiden: Der Antrag ist zulässig, wenn er von einem im Außenverhältnis vertretungsberechtigten Organ gestellt wurde.[16] Auf die Frage, ob entsprechend der Absprachen unter den Gesellschaftern oder den durch die Rechtsprechung entwickelten Regeln das antragstellende Organ im Innenverhältnis zu einem solchen Schritt befugt war, kommt es insoweit für die Frage der insolvenzrechtlichen Zulässigkeit nicht an.[17] Gleiches gilt bei unterschiedlichen Auffassungen mehrerer, jedoch jeweils einzelvertretungsberechtigter Organe über die Frage, ob ein Insolvenzverfahren in Regel- oder Eigenverwaltung durchgeführt werden soll. Auch hier ist es für die Zulässigkeit ausreichend, dass ein einzelvertretungsberechtigtes Organ einen entsprechenden Antrag gestellt hat.[18]

13

Hinweis
Insbesondere die Antragstellung bei lediglich drohender Zahlungsunfähigkeit (also ohne Vorliegen einer Insolvenzantragspflicht) erfordert nach Auffassung einiger Gerichte im Innenverhältnis einen entsprechenden positiven Gesellschafterbeschluss und kann daher in Ermangelung eines solchen ggf. geeignet sein, Schadensersatzansprüche der Gesellschafter gegen die Geschäftsführer auslösen[19], die Zulässigkeit des gestellten Antrags entfällt damit jedoch nicht.

Praxistipp
Um etwaige Zweifel des Gerichtes an der Zulässigkeit und damit ggf. verbundene Verzögerungen bei der Bearbeitung des Antrages zu vermeiden, sollten sämtliche vertretungsberechtigten Organe des betroffenen Unternehmens die Anträge auf Eröffnung eines Insolvenzverfahrens sowie auf Anordnung der Eigenverwaltung unterzeichnen.

b) Eigenverwaltungsplanung

Gem. § 270a n.F. sind dem Antrag auf Anordung der Eigenverwaltung umfangreiche Unterlagen und Erklärungen beizufügen (gemeinsam verwendet das Gesetz hierfür den Begriff **Eigenverwaltungsplanung**), ohne die der Antrag nicht den formellen Voraussetzungen entspricht und daher durch das Gericht zurückzuweisen ist. Für unvollständige oder unzureichende Unterlagen gilt allerdings die Sonderregelung des § 270b Abs. 1 S. 2 InsO.

14

---

16 So im Ergebnis aus Mohrbutter/Ringstmeier/Bähr/Landry, § 15 Rn 11; Gottwald-Haas/Kahlert, § 87 Rn 9; **a.A.** K. Schmidt/Undritz, § 270 a.F. Rn 6.
17 AG Mannheim, ZIP 2014, 484.
18 AG Mannheim, ZIP 2014, 484.
19 So z.B. LG Frankfurt, BeckRS 2013, 16029.

Ein Erfordernis, dass die Unterlagen durch externe Berater (Unternehmensberater, Wirtschaftsprüfer, Rechtsanwälte etc.) zu erstellen sind, sieht das Gesetz nicht vor, allerdings dürfte es dem Schuldner insb. im Hinblick auf den Finanzplan, das Konzept zur Durchführung des Insolvenzverfahrens sowie die Berechnung der Mehr- oder Minderkosten häufig schwerfallen, diese ohne externe Hilfe zu erstellen und durch externe Kräfte erstellten Planungen wird seitens der Gerichte häufig eine höhere Glaubwürdigkeit beigemessen.

aa) Unterlagen

(1) Finanzplan

15 Der Schuldner hat einen **Finanzplan** vorzulegen, der den Zeitraum von sechs Monaten abdeckt und eine **fundierte Darstellung der Finanzierungsquellen** enthält, durch welche die Fortführung des gweöhnlichen Geschäftsbetriebes und die Deckung der Kosten des Verfahrens in diesem Zeitraum sichergestellt werden soll. Bei diesem Finanzplan handelt es sich im Kern um eine **Liquiditätsplanung**, die die in diesem Zeitraum zu erwartenden Ein- und Ausgaben darstellt. Im Hinblick auf die zu erwartenden Einnahmen (die insb. auch echte und unechte Massekredite umfassen können) ist erforderlich, dass deren Zufluss bei objektiver Betrachtung überwiegend wahrscheinlich ist. Im Ergebnis ist nach der Gesetzesbegründung durch die Planung zu belegen, „dass die Unternehmensfortführung in den nächsten sechs Monaten durchfinanziert ist."[20]

(2) Konzept für die Durchführung des Insolvenzverfahrens

16 Ebenso ist ein **Konzept** beizufügen, in dem Art, Ausmaß und Ursache der Krise, das Ziel der Eigenverwaltung und die Maßnahmen beschrieben werden, mit denen dieses Ziel erreicht werden soll. Die Anforderungen an das Konzept hängen vom Einzelfall ab, insbesondere von der Größe des Unternehmens und dessen konkreten Verhältnissen.[21] Die Anforderung an die Vorlage eines solchen Konzeptes ist allerdings nicht so zu verstehen, dass damit – quasi „durch die Hintertür" – doch nunmehr eine Beschränkung der Eigenverwaltung auf Unternehmen mit fortführungsfähigem Geschäftsbetrieb einhergeht. Wie bereits ausgeführt, sind auch die Veräußerung des Geschäftsbetriebes im Rahmen einer übetragenden Sanierung oder die geordnete Liquidation zulässige Verfahrensziele für ein Eigenverwaltungsverfahren[22] (vgl. Rdn 11). Ist somit keine Eigensanierung das Ziel des angestrebten Eigenverwal-

---

20 BT-Drs. 19/24181 S. 204.
21 BT-Drs. 19/24181 S. 204.
22 BT-Drs. 19/24181 S. 204.

(3) Darstellung des Verhandlungsstandes

Beizufügen ist auch eine **Darstellung des Stands bisheriger Verhandlungen mit Gläubigern, Gesellschaftern und Dritten**, wobei hieraus kein Erfordernis folgt, dass entsprechende Verhandlungen bereits aufgenommen worden sein oder gar einen bestimmten Mindeststand erreicht haben müssen. Sind im Vorfeld noch keine Verhandlungen mit den genannten Personengruppen aufgenommen worden, so ist dies entsprechend auszuführen.[23]

17

(4) Vorkehrungen zur Erfüllung insolvenzrechtlicher Pflichten

Der Schuldner hat überdies zu erläutern, welche Vorkehrungen er getroffen hat, um seine Fähigkeit sicherzustellen, insolvenzrechtliche Pflichten zu erfüllen, d.h. im Kern hat er zu Erläutern, auf welche Weise er das erforderliche Insolvenzrechtliche Know-How bereithält. Dies kann entweder durch mandatierte entsprechend qualifizierte Berater erfolgen, oder auch durch eigene Kenntnisse bei Mitarbeitern und Organen.[24]

18

(5) Darstellung der Mehr- oder Minderkosten

Darüber hinaus ist eine begründete Darstellung der Mehr- oder Minderkosten, die im Eigenverwaltungsverfahren im Vergleich zu einem Regelverfahren und im Verhältnis zur Insolvenzmasse voraussichtlich anfallen werden vorzulegen. Diese hat insbesondere sämtliche Beraterkosten darzustellen, auch soweit diese ggf. noch nicht innerhalb des Sechsmonatszeitraumes fällig werden.[25] Eine solche Vergleichrechnung war bislang gesetzlich nicht vorgesehen, wurde in der Vergangenheit aber von vielen Gerichten bereits im Rahmen der und altem Recht vorzunehmenden Nachteilsprognose vom Schuldner und/oder dem vorläufigen Sachwalter angefordert.

19

bb) Erklärungen

Zusätzlich zu den vorstehend dargestellten Unterlagen hat der Schuldner auch folgende **Erklärungen** vorzulegen:

20

---

23 BT-Drs. 19/24181 S. 205.
24 BT-Drs. 19/24181 S. 205.
25 BT-Drs. 19/24181 S. 205.

Fiebig

21 (1) ob, in welchem Umfang und gegenüber welchen Gläubigern er sich mit der **Erfüllung von Verbindlichkeiten aus Arbeitverhältnissen, Pensionszusagen oder dem Steuerschuldverhältnis, gegenüber Sozialversicherungsträgern oder Lieferanten** in Verzug befindet,

22 (2) ob und in welchen Verfahren zu seinen Gunsten innerhalb der letzten drei Jahre vor dem Antrag **Vollstreckungs- oder Verwertungssperren** nach der InsO oder nach dem StaRUG angeordnet wurden und

23 (3) ob er für die letzten drei Geschäftsjahre seinen **Offenlegungspflichten**, insbesondere nach den §§ 325 bis 328 oder 339 HGB nachgekommen ist.

Praxistipp
Da auch die Stellung des Antrages auf Eröffnung des Insolvenzverfahrens bereits gem. § 13 Abs. 1 S. 3 die Vorlage einer vollständigen Gläubigerliste voraussetzt, dürfte die Erklärung zu etwaigen Zahlungsrückständen für den Schuldner keine größere Hürde darstellen. Zu empfehlen ist allerdings, die Gläubigerliste für die entsprechende Erklärung gem. § 270a nach den im Gesetz genannten Gruppen zu clustern und zu ordnen. Für die Erklärung zur Offenlegung der Jahresabschlüsse ist auf die entsprechenden gesetzlichen Offenlegungsfristen abzustellen – je nach Zeitpunkt der Antragstellung müssen also nicht zwingend bereits die Jahresabschlüsse für die letzten drei Geschäftsjahre veröffentlicht sein, sondern lediglich diejenigen, bei denen die Offenlegungsfristen bereits verstrichen sind. Um etwaige Irritationen bei Gericht zu vermeiden, sollte die Erklärung allerdings sicherheitshalber dennoch beinhalten, dass die letzten drei bereits veröffentlichungspflichtigen Jahresabschlüsse ordnungsgemäß offengelegt wurden sowie dass und weshalb eine Offenlegungspflicht für das letzte Geschäftsjahr noch nicht besteht.

---

3. (Weiterhin) Vorliegen der Voraussetzungen für die vorläufige Eigenverwaltung

24 Nach der alten Rechtslage hatte der Gesetzgeber die Feststellung, dass zum Zeitpunkt der Anordnung keine Umstände bekannt waren, nach denen im Falle der Eigenverwaltung Nachteile für die Gläubiger zu besorgen waren (sog. **Nachteilsprognose**) zum zentralen Element der Anordnungsentscheidung gemacht. Nunmehr hat der Gesetzgeber eine auf den ersten Blick etwas verwirrende Regelungstechnik gewählt: in § 270b InsO n.F. werden die Voraussetzungen für die Anordnung der vorläufigen Eigenverwaltung im Eröffnungsverfahren (s. Rdn 46 ff.) normiert, in § 270e InsO n.F. die Voraussetzungen für eine Aufhebung der vorläufigen Eigenverwaltung (s. Rdn 77 ff.). Die Anordnung der Eigenverwaltung für das eröffnete Insolvenzverfahren setzt nunmehr voraus, dass (unabhängig davon, ob eine vorläufige Eigenverwaltung tatsächlich zuvor bereits angeordnet wurde oder nicht) zum Zeitpunkt der Entscheidung über den Antrag die Voraussetzungen für die Anordnung einer vorläufigen Eigenverwaltung (weiterhin) vorliegen, bzw. dass keine der Voraussetzungen vorliegen, die die Aufhebung einer vorläufigen Eigenverwaltung rechtfertigen würden.

a) Vorliegen der Anordnungsvoraussetzungen gem. § 270b InsO n.F.

Erfüllt der Schuldner die in § 270b Abs. 1 InsO n.F. normierten Voraussetzungen hat er einen Anspruch auf Anordnung der vorläufigen Eigenverwaltung[26], liegen die in Abs. 2 genannten Konstellationen (sog. **Kontraindikationen**) vor, so kann die (vorläufige) Eigenverwaltung dennoch angeordnet werden, wenn trotz dieser Umstände zu erwarten ist, dass der Schuldner bereit und in der Lage ist, seine Geschäftsführung an den Gläubigerinteressen auszurichten (s. dazu ausführlich unter Rdn 48 ff.) Die Neuregelung hat daher den Entscheidungsspielraum des Gerichtes stark eingeschränkt, da sie gegenüber den zahlreichen durch die Rechtsprechung entwickelten Negativmerkmalen im Rahmen der Nachteilsprognose nur noch eine kleine Anzahl von Kontraindikationen nennt, bei deren Vorliegen eine Abwägung des Interesses des Schuldners an der Anordnung der Eigenverwaltung mit den Interessen der Gläubiger überhaupt zum Tragen kommt. Im Hinblick auf die Positivmerkmale des Abs. 1 hat das Gericht insoweit lediglich auf bekannten Umstände abzustellen, im Rahmen des Absatz 2 hat es jedoch alle relevanten Umstände zu ermitteln und in seine im Rahmen der Entscheidung vorzunehmenden Gesamtwürdigung mit einzubeziehen[27].

25

Im Rahmen der Abwägung der Gläubigerinteressen sind eventuelle Vorteile der Anordnung der Eigenverwaltung (wie bspw. eine bessere Veräußerungsfähigkeit des Geschäftsbetriebes) in die Abwägung mit einzubeziehen und können u.U. nachteilige Aspekte ausgleichen.[28]

26

b) Kein Vorliegen von Aufhebungsgründen

Ebenfalls dürfen zum Zeitpunkt der Entscheidung keine der in § 270e InsO n.F. genannten **Voraussetzungen für die Aufhebung der vorläufigen Eigenverwaltung** vorliegen (s. dazu auch Rdn 77 ff.). In den § 270f InsO n.F. wurden einige der zum alten Recht durch die Rechtsprechung entwickelten Kriterien für die Nachteilsprognose aufgenommen. Auch insoweit ist nunmehr der Kreis der eine Aufhebung rechtfertigenden Voraussetzungen gegenüber der alten Rechtslage stark eingeschränkt, allerdings lässt die weiche Formulierung von § 270e Abs. 1 Nr. 1 InsO n.F. einen deutlich weiteren Spielraum als im Rahmen der Anordnung der vorläufigen Eigenverwaltung gem. § 270b InsO n.F.. Zum Zeitpunkt der Entscheidung des Gerichtes über die Anordnung der Eigenverwaltung im eröffneten Insolvenzverfahren werden insoweit insbesondere die durch den gerichtlich bestellten Sachverständigen bzw. den vorläufigen Sachwalter (soweit nicht personenidentisch) während des Eröff-

27

---

[26] BT-Drs. 19/24181 S. 202/203.
[27] BT-Drs. 19/24181 S. 205.
[28] AG Hamburg NZI 2019 683, 684; BT-Drs. 19/24181 S. 206.

nungsverfahrens gesammelten Erkenntnisse eine wesentliche Rolle für die Entscheidungsfindung des Gerichtes spielen.

Praxistipp
Um die Chancen einer angestrebten Eigenverwaltung zu erhöhen, sollte **mit einer Vorbereitung der Antragstellung frühzeitig begonnen** werden, um beispielsweise sicherzustellen, dass ausstehende Jahresabschlüsse zuvor noch erstellt und offengelegt werden können und die Richtigkeit der im Antrag gemachten Angaben durch Wirtschaftsprüfer bestätigt werden.

Auch eine Dokumentation, dass und aufgrund welcher Expertise das schuldnerische Unternehmen in der Lage sein wird, die besonderen Anforderungen des Insolvenzrechts im Tagesgeschäft einzuhalten, sollte vorbereitet werden. Die für Berater insoweit **anfallenden Kosten** sollten konkret dokumentiert und transparent offengelegt werden. Idealerweise sollte sich der Berater bzw. CRO auch schon geraume Zeit vor der Stellung des Insolvenzantrages mit dem Unternehmen vertraut gemacht haben, so dass er die Kostenschätzung sowie den konkreten Sanierungsplan aufgrund von Erfahrungswerten anhand der tatsächlichen Verhältnisse im Unternehmen ableiten kann.

Elementar ist auch eine **vorherige Abstimmung mit den maßgeblichen Gläubigern**, damit diese die Eigenverwaltung positiv begleiten, anstatt sie zu verhindern.

4. Einfluss der Gläubiger auf die Anordnung der Eigenverwaltung

a) Gläubigerausschuss

28 Gem. § 270f Abs. 3 n.F. i.V.m. § 270b Abs. 3 InsO n.F. ist vor der Entscheidung über den Antrag auf Anordnung der Eigenverwaltung dem **vorläufigen Gläubigerausschuss Gelegenheit zur Äußerung** zu geben. Unklar bleibt nach der Neuregelung jedoch, ob sich dies nur auf die Fälle bezieht, in denen Kontraindikationen gem. § 270b Abs. 2 InsO n.F. vorliegen und das Gericht somit eine Abwägungsentscheidung zu treffen hat, oder ob dies für die Frage der Anordnung der Eigenverwaltung ganz allgemein gilt. Da § 270b Abs. 3 InsO n.F. sprachlich nur auf § 270b Abs. 2 InsO n.F. abstellt, legt der Gesetzeswortlaut ersteres nahe, die Gesetzesbegründung spricht hingegen davon, dass der (vorläufige) Gläubigerausschuss „grundsätzlich" zu konsultieren sei.[29] Aufgrund der klar zum Ausdruck gebrachten Intention des Gesetzgebers, durch die Neuregelung den Anspruch des Schuldners auf Anordung der Eigenverwaltung zu stärken[30], ist jedoch mit dem Wortlaut der Normen der Verweisungkette davon auszugehen, dass ohne das Vorliegen von Kontraindikationen die Eigenverwaltung in jedem Fall anzuordnen ist.

29 In entsprechender Anwendung des § 270b Abs. 3 InsO n.F., darf somit im Falle des Vorliegens von Kontraindikationen gem. § 270b Abs. 2 InsO n.F. ohne Äußerung

---

29 BT-Drs. 19/24181 S. 208.
30 BT-Drs. 19/24181 S. 202/203.

des Gläubigerausschusses eine Entscheidung nur dann ergehen, wenn seit der Aufforderung zur Stellungnahme **zwei Werktage** vergangen sind, oder wenn offensichtlich mit nachteiligen Veränderungen der Vermögenslage des Schuldners zu rechnen ist, die sich nicht anders als durch die Bestellung eines Insolvenzverwalters abwenden lassen. An ein einstimmiges Votum des vorläufigen Gläubigerausschusses zu Gunsten der Anordnung der Eigenverwaltung ist das Gericht – wie bereits nach der alten Rechtslage – gebunden. Neuerdings ist das Gericht nun aber auch an ein einstimmiges Votum des vorläufigen Gläubigerausschusses gegen die Anordnung der Eigenverwaltung gebunden. Der entsprechende Beschluss oder die entsprechenden Stellungnahmen der einzelnen Mitglieder des vorläufigen Gläubigerausschusses müssen dem Gericht allerdings rechtzeitig vor seiner Entscheidung schriftlich vorgelegt werden, die bloße Mitteilung per Telefon oder E-Mail ist nicht ausreichend.[31]

Gem. § 270e Abs. 1 Nr. 5 InsO n.F. kann der vorläufige Gläubigerausschuss allerdings die Aufhebung der vorläufigen Eigenverwaltung beantragen, weshalb das Vorliegen eines solchen (rechtzeitig gestellten) Antrages auch die Anordnung der Eigenverwaltung im eröffneten Insolvenzverfahren ausschließt. Ein solcher Antrag erfordert aber naturgemäß ein aktives Tätigwerden des vorläufigen Gläubigerausschusses.

Nicht ausdrücklich geregelt ist die Frage, wie das Gericht vorzugehen hat, wenn ein Gläubigerausschuss noch nicht bestellt ist. Insoweit ist entsprechend der alten Rechtslage weiterhin davon auszugehen, dass die Anhörung grundsätzlich nur dann unterbleiben kann, wenn weder ein Antrag auf Einsetzung eines Gläubigerausschusses noch ein Fall des Pflichtgläubigerausschusses gem. § 22a InsO vorliegt. In diesen Fällen wäre vor der Entscheidung der entsprechende Gläubigerausschuss zunächst einzusetzen und dieser dann anzuhören. Eine Nichtanhörung des vorläufigen Gläubigerausschusses aufgrund einer ansonsten zu befürchtenden **nachteiligen Veränderung der Vermögenslage** des Schuldners kann daher nur dann in Betracht kommen, wenn eine Einsetzung eines solchen Ausschusses und eine Anhörung der Mitglieder – beispielsweise mangels Bereitschaft potentieller Mitglieder zur Übernahme eines solchen Amtes – nicht innerhalb von zwei Werktagen durchführbar ist.

b) Einzelne Gläubiger

Da die Anordnung der Eigenverwaltung nach der Neuregelung u.a. darauf abstellt, dass keine Voraussetzungen für eine Aufhebung der vorläufigen Eigenverwaltung vorliegen, haben auch einzelne Gläubiger unmittelbare Einflussmöglichkeiten auf die Anordnung bzw. Ablehnung der Eigenverwaltung:

---

[31] AG Freiburg, NZI 2015, 605.

33 Gem. § 270e Abs. 2 InsO n.F. ist ein entsprechender Antrag eines absonderungsberechtigten Gläubigers oder eines Insolvenzgläubigers ein Aufhebungsgrund, wenn dieser Glaubhaft macht, dass die Anordnungsvoraussetzungen nicht vorliegen und ihm durch die Eigenverwaltung erhebliche Nachteile drohen. Ein berechtigt gestellter entsprechender Antrag eines Gläubigers schließt somit die Anordnung der Eigenverwaltung aus, und zwar auch im Falle eines einstimmigen Votums des Gläubigerausschusses.

Praxistipp
Auch wenn die Entscheidung des Gerichtes im Falle von Kontraindikationen gem. § 270b Abs. 2 InsO n.F. durch ein einstimmiges Votum des Gläubigerausschusses gebunden wird, können **keine Rechtsmittel** eingelegt werden, wenn das Gericht trotz der eindeutigen Gesetzeslage abweichend entscheidet. Es empfiehlt sich daher, frühzeitig und mit ausreichend zeitlichem Abstand zur Antragstellung das **Gespräch mit dem Gericht** zu suchen und dieses argumentativ von der Sinnhaftigkeit der Eigenverwaltung zu überzeugen.
  Ebenso sollten frühzeitig potentielle **Mitglieder für den späteren (vorläufigen) Gläubigerausschuss** gewonnen werden, die die Gewähr für eine fachkundige und seriöse Amtsführung bieten, um bereits den Anschein zu vermeiden, dass ein sog. „Family & Friends"-Ausschuss eingesetzt wurde, der seine gesetzliche Kontrollfunktion de facto nicht ausüben wird.
  Die **Beschlussfassung des vorläufigen Gläubigerausschusses** über die Frage, ob die Anordnung der Eigenverwaltung befürwortet wird, sollte schriftlich dokumentiert und aus Beweisgründen von allen Mitgliedern unterzeichnet werden.

II. Ablehnung der Anordnung

34 Die **Ablehnung der Anordnung der Eigenverwaltung** war nach altem Recht (d.h. vor dem 1.1.2021) ausdrücklich in § 270 Abs. 4 InsO a.F. geregelt. Eine entsprechende Formulierung fehlt in dem neuen § 270f InsO, allerdings lässt sich aus der Gesetzesbegründung entnehmen, dass es sich insoweit um ein redaktionelles Versehen handelt. § 270f InsO verweist lediglich auf § 270b Abs. 1–3 InsO n.F., die Verweisung sollte offenbar auch den Absatz 4 beinhalten. Demnach gelten die bisherigen Grundsätze inhaltlich weiterhin:
  Die Ablehnung des Antrags auf Anordnung der Eigenverwaltung muss nicht im Beschluss über die Eröffnung des Insolvenzverfahrens enthalten sein, sondern kann in einem zeitlich von der Verfahrenseröffnung vorgelagerten gesonderten Beschluss erfolgen.[32] In entsprechender Anwendung des § 270b Abs. 4 n.F. i.V.m. § 27 Abs. 4 Nr. 5 InsO hat das Gericht die **Ablehnung der Anordnung** der Eigenverwaltung aber (spätestens) in dem Eröffnungsbeschluss **zu begründen**. Zur Begründung der

---

[32] AG Darmstadt, ZInsO 1999, 176, 177.

Ablehnung darf auf die Ermittlungsergebnisse des vorläufigen Sachwalters und/oder gerichtlichen Sachverständigen (sofern nicht ohnehin personenidentisch) zurückgegriffen werden.[33] Gesetzlich nicht geregelt ist die Frage, ob auch die Anordnung der Eigenverwaltung zu begründen ist. Da es allerdings hierzu einer positiven Feststellung des Gerichtes bedarf, dass die Voraussetzungen für die Anordnung einer vorläufigen Eigenverwaltung weiterhin bzw. keine Gründe für eine Aufhebung vorliegen (vgl. Rdn 24 ff.), sind zumindest diese Feststellung in den Beschluss aufzunehmen.

Die Ablehnung kann nicht mit der sofortigen Beschwerde angegriffen werden, da eine Beschwerdemöglichkeit gegen die Nichtanordnung der Eigenverwaltung weder in §§ 6 Abs. 1, 34 Abs. 1 InsO, noch an anderer Stelle aufgeführt und der Gesetzeswortlaut insoweit eindeutig ist.[34] Auch sofern das Gericht einen anderen Sachwalter als die von Schuldner und/oder Gläubigern gewünschte Person eingesetzt hat, besteht insoweit kein Rechtsmittel.[35] Hat der Schuldner allerdings aus anderen Gründen gegen die Abweisung des Antrags mangels Masse erfolgreich sofortige Beschwerde eingelegt, kann die Eigenverwaltung im Beschwerdeverfahren nachträglich angeordnet werden.[36] Ein **erstmaliges „Nachschieben"** des Antrages auf Anordnung der Eigenverwaltung im Rahmen des Beschwerdeverfahrens ist jedoch nicht möglich.[37] Die Möglichkeit einer späteren Anordnung der Eigenverwaltung nach § 271 InsO (siehe dazu Rdn 34 ff.) bleibt hiervon unberührt. Auch wenn das Gericht somit zunächst den Antrag abgelehnt hat, kann die Gläubigerversammlung nachträglich den Übergang in die Eigenverwaltung beschließen. 35

III. Nachträgliche Anordnung aufgrund Beschlusses der Gläubigerversammlung (§ 271 InsO)

Auch wenn die Anordnung der Eigenverwaltung zunächst abgelehnt oder vom Schuldner nicht rechtzeitig beantragt wurde, kommt – eine entsprechende Mitwirkung der Gläubiger vorausgesetzt – dennoch auch zu einem späteren Zeitpunkt eine **nachträgliche Anordnung** in Betracht. Die Anordnung der Eigenverwaltung kann seit der Neufassung des § 271 InsO durch das ESUG nicht mehr nur auf einen Beschluss der **ersten Gläubigerversammlung** hin erfolgen. Auch späteren Gläubiger- 36

---

33 Ebenso Hofmann, NZI 2010, 798, 799.
34 BGH, NZI 2007, 238, 239; ZInsO 2007, 207; AG Köln, ZInsO 2005, 1006; LG Mönchengladbach, ZInsO 2003, 95; OLG Naumburg, ZInsO 2001, 810; **a.A.** AG Freiburg, NZI 2015, 605, das offenbar – wenn auch ohne Begründung – die sofortige Beschwerde zugelassen hat.
35 LG Stendal, BeckRS 2013, 12233.
36 LG Cottbus, ZInsO 2002, 296; so offenbar grds. auch BGH, NZI 2006, 34.
37 K. Schmidt/Undritz, § 270g InsO n.F. Rn 2.

versammlungen steht eine entsprechende Beschlusskompetenz zu. Der **Schuldner** selbst kann nach Eröffnung des Insolvenzverfahrens allerdings **keinen eigenen Antrag** mehr stellen, sondern lediglich in der Gläubigerversammlung auf eine entsprechende Beschlussfassung und nachfolgende Beantragung bei Gericht hinwirken, da sich die nachträgliche Anordnung nicht auf einen entsprechenden Antrag des Schuldners stützt, sondern gem. § 271 S. 1 InsO auf einen solchen der Gläubigerversammlung. Hinderlich ist insoweit für den Schuldner, dass ihm selbst durch § 75 InsO gerade kein Einberufungsrecht für eine solche Versammlung eingeräumt wird.

37 Für den **Beschluss der Gläubigerversammlung** ist nach den allgemeinen Grundsätzen des § 76 Abs. 2 InsO die (einfache) **Summenmehrheit** der abstimmenden Gläubiger erforderlich sowie gem. § 271 InsO zusätzlich auch die **Kopfmehrheit** der abstimmenden Gläubiger. Absonderungsberechtigte Gläubiger haben bei der Abstimmung ein Stimmrecht.[38] Nicht stimmberechtigt ist ein Gläubiger, sofern er selbst oder sein Leitungsorgan identisch mit dem Leitungsorgan des Schuldners ist.[39] Gleiches gilt bei Gesellschafteridentität von Schuldnerin und Gläubigerin, zumindest soweit eine Weisungskompetenz ggü. den Leitungsorganen der Gläubigerin besteht.

38 Da die Gläubigerversammlung die Anordnung der Eigenverwaltung ohne einen entsprechenden Antrag des Schuldners beschließen kann, ist in diesem Fall noch die gegenüber dem Gericht erklärte **Zustimmung des Schuldners** für eine Anordnung der Eigenverwaltung erforderlich, da diese **nicht gegen dessen Willen** angeordnet werden kann.[40]

39 Im Falle einer positiven Beschlussfassung mit den erforderlichen Mehrheiten und vorliegender Zustimmung des Schuldners ist das Gericht hieran **gebunden**, d.h. es kann die Anordnung nicht ablehnen, selbst wenn es davon überzeugt ist, dass Nachteile (selbst gravierender Art) durch die Eigenverwaltung drohen.[41] Zwar wäre theoretisch eine sofortige (Wieder-)Aufhebung des Beschlusses gem. § 78 InsO möglich, dies setzt jedoch den entsprechenden Antrag eines Gläubigers voraus. Liegt ein entsprechender Antrag vor, gilt für die Abwägungsentscheidung des Gerichts wieder der Prüfungsmaßstab des § 272 InsO n.F. Da dem Gericht mit § 272 InsO allerdings nunmehr auch die Möglichkeit Aufhebung von Amts wegen eingeräumt wird, könnte das Gericht bei Vorliegen der entsprechenden Voraussetzungen nunmehr auch aus eigenem Antrieb tätig werden.

40 Entsprechend der Rechtslage bei der Abwahl des Verwalters gem. § 57 InsO bleiben durch den bisherigen Insolvenzverwalter vorgenommene Rechtshandlun-

---

38 Vgl. §§ 52 S. 1, 76 Abs. 2 i.V.m. § 77 InsO.
39 AG Dresden, ZInsO 2006, 888.
40 K. Schmidt/Undritz, § 271 InsO n.F. Rn 4.
41 Uhlenbruck/Uhlenbruck, § 271 InsO Rn 6.

gen **in vollem Umfang wirksam**.⁴² Hat der Verwalter z.B. von seinem Wahlrecht in Bezug auf ein bestimmtes Vertragsverhältnis gem. § 103 InsO Gebrauch gemacht, kann der Schuldner nach Anordnung der Eigenverwaltung dieses nicht noch einmal abweichend ausüben. Dementsprechend behalten auch durch den Insolvenzverwalter **begründete Masseverbindlichkeiten** ihre rechtliche Wirkung. Sie sind also zwingend (durch den dann wieder handlungsberechtigten Schuldner) zum Fälligkeitszeitpunkt zu bedienen, sofern die Masseunzulänglichkeit gem. §§ 208, 285 InsO nicht angezeigt wurde.

Auch im Falle der nachträglichen Anordnung der Eigenverwaltung ist ein Sachwalter zu bestellen. Aufgrund der Klarstellung in § 271 S. 2 InsO scheidet eine Bestellung des bisherigen Insolvenzverwalters als neuer Sachwalter nicht mangels Vorbefassung aus. Die Tätigkeit und die Befugnisse des bisherigen Insolvenzverwalters enden aber automatisch mit Anordnung der Eigenverwaltung.

IV. Die Eigenverwaltung im Insolvenzeröffnungsverfahren

Mit Einführung des ESUG wurde mit § 270a und § 270b InsO a.F. seinerzeit erstmalig die Ausgestaltung des **Insolvenzeröffnungsverfahrens** bei Vorliegen eines Antrages auf Anordnung der Eigenverwaltung geregelt. Diese gesetzliche Neuregelung erfolgte vor dem Hintergrund, dass eine formale Anordnung der Eigenverwaltung frühestens mit Eröffnung des Insolvenzverfahrens erfolgen kann. In der Zeit vor Einführung des ESUG wurde die spätere Anordnung aber häufig faktisch bereits dadurch verhindert, dass die Gerichte zunächst für das Insolvenzeröffnungsverfahren trotz des Vorliegens eines Antrages auf Eigenverwaltung einen vorläufigen Insolvenzverwalter einsetzten und die „standardmäßigen" Sicherungsmaßnahmen erließen. Auch wenn dies theoretisch die spätere Anordnung der Eigenverwaltung nicht ausschloss, hatte sich in den Wochen bzw. Monaten des Eröffnungsverfahrens der Geschäftsverkehr daran gewöhnt, dass ein normales Insolvenzverfahren vorlag und der Schuldner faktisch die Kontrolle verloren hatte. In der Regel wurde somit in der Wahrnehmung der Beteiligten eine mehr oder minder unumkehrbare Weichenstellung in Richtung Regelinsolvenzverfahren getroffen.⁴³

Auch nach Einführung des ESUG war bei einigen Gerichten weiterhin die Tendenz zu beobachten, trotz der Vorgaben des § 270a InsO a.F. eine spätere Anordnung der Eigenverwaltung durch Sicherungsmaßnahmen im Eröffnungsverfahren zumindest zu erschweren. Vor diesen Hintergrund wurden mit dem SanInsFoG die Regelungen zur Eigenverwaltung im Insolvenzeröffnungsverfahren nochmals umfangreich ergänzt und auch sprachlich „nachgeschärft". Handelte es sich bei § 270a

---

42 Uhlenbruck/Uhlenbruck, § 271 InsO Rn 9.
43 BT-Drucks. 17/5712, S. 39.

InsO a.F. früher um eine sog. „Soll-Vorschrift", so beinhaltet § 270b InsO n.F. nunmehr einen Rechtsanspruch des Schuldners[44] (auch wenn dessen Durchsetzung aufgrund einer fehlenden Rechtsmittels weiterhin faktisch eingeschränkt ist).

44   Auch wenn sich der Begriff **„vorläufige Eigenverwaltung"** im Sprachgebrauch durchgesetzt und seinen Weg inzwischen sogar in die Überschrift des § 270b insO n.F. gefunden hat, ist die dogmatische Grundlage während dieser Phase des Verfahrens eine andere als im eröffneten Verfahren: In diesem frühen Stadium wird die (vorläufige) Eigenverwaltung nicht angeordnet, sondern das Gericht bestellt lediglich – bei Vorliegen gewisser Voraussetzungen – gem. § 270b n.F. einen vorläufigen Sachwalter anstatt eines vorläufigen Insolvenzverwalters. § 270c InsO n.F. definiert sodann die Sicherungsmaßnahmen die im Rahmen der vorläufigen Eigenverwaltung (nur) angeordnet werden dürfen. Will das Gericht weitergehende Sicherungsmaßnahmen erlassen, muss es zuvor die vorläufige Eigenverwaltung aufheben, was nur unter den Voraussetzungen des § 270e InsO n.F. möglich ist..

45   Auch der in den letzte Jahren viel diskutierte **„Schutzschirm"** (§ 270b InsO a.F., nunmehr § 270d InsO n.F.) stellt technisch keine eigenständige Verfahrensart dar, sondern es handelt sich lediglich um eine besondere Ausprägung der vorläufigen Eigenverwaltung. Auch hier wird – anders als durch den Sprachgebrauch suggeriert – technisch nicht der Schutzschirm angeordnet, sondern das Gericht setzt dem Schuldner – unter bestimmten Voraussetzungen – lediglich **eine Frist zur Vorlage eines Insolvenzplanes**. Nach der alten Rechtslage war während dieser Frist der Handlungsspielraum des Gerichtes gegenüber der „normalen" vorläufigen Eigenverwaltung" deutlich eingeschränkt, da es – anders als bei § 270a InsO a.F. – nicht nur davon absehen sollte, bestimmte Sicherungsmaßnahmen anzuordnen; vielmehr enthielt § 270b Abs. 2 Satz 3 InsO a.F. einen abschließenden Kanon von Sicherungsmaßnahmen, die das Gericht (nur) anzuordnen befugt war. Da die Einschränkung der möglichen Sicherungsmaßnahmen mit dem SanInsFoG nunmehr in § 270c InsO n.F. für die vorläufige Eigenverwaltung generell geregelt wurde und für den Schutzschirm insoweit keine Sonderregeln mehr gelten, hat sich der Unterschied zwischen beiden Ausprägungen des Eröffnungsverfahren inzwischen marginalisiert. Der verbliebene wesentliche Unterschied besteht seit der Neuregelung nur noch darin, dass für den Schutzschirm gem. § 270c InsO n.F. von einem Vorschlag des Schuldners in Bezug auf die Person des vorläufigen Sachwalters nur abgewichen werden kann, wenn die vorgeschlagene Person offensichtlich ungeeignet ist sowie dass ein Anspruch des Schuldners auf Anordnung eines Schutzes gegen Zwangsvollstreckungsmaßnahmen gem. § 21 Abs. 2 Satz 1 Nummer 3 InsO besteht; während dies außerhalb des Schutzschirmes im Ermessen des Gerichtes liegt.

---

[44] BT-Drs. 19/24181 S. 202/203.

1. Die vorläufige Eigenverwaltung (§ 270b InsO n.F.)

a) Anordnungsvoraussetzungen

aa) Grundsätze

Gem. § 270b Abs. 1 InsO n.F. bestellt das Gericht (anstelle eines vorläufigen Insolvenzverwalters) zwingend einen **vorläufigen Sachwalter**, wenn die durch den Schuldner gem. § 270a InsO n.F. vorgelegte **Eigenverwaltungsplanung** (dazu Rdn 14 ff.) vollständig und schlüssig ist und keine Umstände bekannt sind, aus denen sich ergibt, dass diese in wesentlichen Punkten auf unzutreffenden Tatsachen beruht. Ohne die positive Kenntnis solcher Umstände darf es die Bestellung eines vorläufigen Sachwalters nicht verweigern, beispielsweise, weil es zunächst ermitteln möchte, ob solche Umstände bekannt sind.[45] Das Gericht kann lediglich den vorläufigen Sachwalter mit der Plausibilisierung der Angaben und deren nähere Prüfung beauftragen (§ 270c InsO n.F.).

bb) Mängel der Eigenverwaltungsplanung

Weist die Eigenverwaltungsplanung **behebbare Mängel** auf, kann das Gericht zunächst dennoch einstweilen einen vorläufigen Sachwalter bestellen, dem Schuldner aber eine Frist zur Nachbesserung setzen, die 20 Tage nicht übersteigen darf (§ 270b Abs. 1 Satz 2 InsO). Nach fruchtlosem Ablauf der Frist, kann die vorläufige Eigenverwaltung gem. § 270e Abs. 1 Nr. 2 InsO n.F. wieder aufgehoben werden. Für diesen vorläufigen Zeitraum kann das Gericht gem. § 270c Abs. 3 InsO n.F. dem Schuldner für Verfügungen auch einen Zustimmungsvorbehalt des Sachwalters auferlegen. Eine mangelhafte Eigenverwaltungplanung im Sinne dieser Norm setzt allerdings voraus, dass überhaupt eine Eigenverwaltungsplanung eingreicht wurde. Fehlen diese Dokumente vollständig, so liegt kein Fall der mangelhaften Planung vor, vielmehr ist der Antrag in diesem Fall zurückzuweisen.

cc) Kontraindikationen

Geht hingegen aus dem gem. § 270a Abs. 1 Nr. 1 InsO n.F. einzureichenden Finanzplan (vgl. Rdn 15) hervor, dass **die Kosten der Eigenverwaltung sowie die Kosten der Fortführung des gewöhnlichen Geschäftsbetriebes nicht gedeckt** sind oder übersteigen die voraussichtlichen Kosten des Eigenverwaltungsverfahrens die des Regelverfahrens, erfolgt gem. § 270b Abs. 2 InsO n.F. die Bestellung eines vorläufigen Sachwalters nur, wenn trotz dieser Umstände zu erwarten ist, dass der Schuld-

---

[45] BT-Drs. 19/24181 S. 205.

49 Gleiches gilt, wenn **Zahlungsrückstände gegenüber Arbeitnehmern oder erhebliche Zahlungsrückstände aus Pensionszusagen oder dem Steuerschuldverhältnis, gegenüber Sozialversicherungsträgern oder Lieferanten** bestehen (§ 270b Abs. 2 Nr. 1 InsO n.F.), zugunsten des Schuldners in den letzten drei Jahren vor Antragstellung Vollstreckungs- oder Verwertungssperren nach der InsO oder dem StaRUG angeordnet wurden (§ 270b Abs. 2 Nr. 2 InsO n.F.) oder der Schuldner in den letzten drei Jahren vor der Antragstellung gegen die **Offenlegungspflichten**, insb. nach den §§ 325 bis 328 oder 339 HGB verstoßen hat (§ 270b Abs. 2 nr. 3 InsO n.F.).

50 Nach Einschätzung des Gesetzgebers handelt es sich bei den vorstehend beschriebenen Umständen um sog. **Kontraindikationen**, die *prima facie* den Schluss nahelegen, dass die Durchführung der Eigenverwaltung nicht im Gläubigerinteresse liegen würde. Dennoch ist in diesen Fällen die Bestellung eines vorläufigen Sachwalters nicht per se ausgeschlossen, vielmehr hat das Gericht (wie auch schon nach dem alten Recht im Rahmen der Nachteilsprognose) eine Gesamtabwägung aller Umstände vorzunehmen. Insoweit hat es ebenfalls zu berücksichtigen, wenn zwar in der Vergangenheit Kontraindikationen aufgetreten sind, der Schuldner bzw. seine Organe diese aber geheilt (also beispielsweise alle Jahresabschlüsse nachträglich offengelegt) und personelle und organisatorische Vorkehrungen getroffen haben, um sicherzustellen dass die seinerzeitigen Ursachen für die Pflichtverletzung beseitigt sind.[46] Solche Umstände können die negative Wirkung der jeweiligen Kontraindikation in der Gesamtwürdigung ausgleichen. Gleiches gilt (wie schon nach der alten Rechtslage), wenn beispielsweise aus faktischen oder rechtlichen Gründen eine Fortführung des Geschäftsbetriebes nur im Rahmen eines Eigenverwaltungsverfahrens möglich ist.[47] Auch das Bestehen von Zahlungsrückständen gegenüber den genannten Personengruppen führt nach der Gesetzesbegründung dann nicht zwingend zu einem Ausschluss der (vorläufigen) Eigenverwaltung, wenn trotz der Rückstände (beispielsweise aufgrund mit den Betroffenen bereits geführter Verhandlungen) eine Fortführung des Geschäftsbetriebes dennoch überwiegend wahrscheinlich ist.[48] Die für die Gesamtabwägung zu berücksichtigenden relevanten Umstände hat das Gericht zu ermitteln und seiner Abwägung zu Grunde zu legen.[49]

51 Liegen Kontraindikationen gem. § 270b Abs. 2 InsO n.F. vor, ist gem. Abs. 3 vor der Entscheidung der vorläufige Gläubigerausschuss anzuhören – und zwar unab-

---

[46] BT-Drs. 19/24181 S. 206.
[47] Zur alten Rechtslage: AG Essen, NZI 2015, 931, 932; AG Essen, ZInsO 2015,700; Madaus NZI 2014, 269.
[48] BT-Drs. 19/24181 S. 206.
[49] BT-Drs. 19/24181 S. 205.

hängig davon, ob das Gericht einen vorläufigen Sachwalter oder einen vorläufigen Insolvenzverwalter bestellen will. Ohne eine solche Äußerung darf eine Entscheidung nur ergehen, wenn seit der Antragstellung zwei Werktage vergangen sind oder wenn offensichtlich mit nachteiligen Veränderungen der Vermögenslage des Schuldners zu rechnen ist, die sich nicht anders als durch die Bestellung eines vorläufigen Insolvenzverwalters abwenden lassen. Die Bezugnahme auf die zwei Werktage ab Antragstellung ist allerdings nicht so zu verstehen, dass eine Anhörung des vorläufigen Gläuigerausschusses durch schlichtes „Liegenlassen" des Antrags vermieden werden könnte. Da § 270b Abs. 3 InsO n.F. insoweit auf die „Äußerung" des Gläubigerausschusses als Voraussetzung abstellt, ist der Gläubigerausschuss umgehend anzuhören und die Frist von zwei Werktagen nur dann einschlägig, wenn dem Gläubigerauschuss dennoch eine angemessene (wenn auch kurze) Frist zur Äußerung verbleibt.

An einen einstimmigen Beschluss des vorläufigen Gläubigerauschusses ist das Gericht gebunden – unabhängig davon, ob sich der Ausschuss für oder gegen die vorläufige Eigenverwaltung ausspricht. 52

ee) Sonstiges

Bestellt das Gericht einen vorläufigen Insolvenzverwalter, so ist die Entscheidung gem. § 270b Abs. 4 insO n.F. zu **begründen**, damit die spätere Gläubigerversammlung bei Ihrer Entscheidung, ob die nachträgliche Anordnung der Eigenverwaltung gem. § 271 InsO beantragt werden soll, die Beweggründe des Gerichtes mit einbeziehen kann.[50] Gem. § 270c InsO n.F. kann das Gericht den vorläufigen Sachwalter mit der **Überprüfung der Eigenverwaltungsplanung** und der ihr zugrundeliegenden Buchführung des Schuldners sowie der Frage, ob **Haftungsansprüche** des Schuldners gegen amtierende oder ehemalige Mitglieder der Organe bestehen, beauftragen. Zudem kann es **Sicherungsmaßnahmen** gem. § 21 Abs. 1 und 2 Satz1 Nummer 1a, 3 bis 5 InsO anordnen sowie auf Antrag des Schuldners eine Ermächtigung zur Begründung von Masseverbindlichkeiten erteilen (§ 270c Abs. 4 InsO n.F.; s. dazu ausführlich Rdn 74 f.). 53

b) Rechtsstellung, Befugnisse und Aufgaben des Schuldners in der vorläufigen Eigenverwaltung

aa) Befugnisse

Auch im Rahmen der vorläufigen Eigenverwaltung verbleibt dem Insolvenzschuldner die Verfügungsbefugnis, ansonsten bestehen dieselben Befugnisse wie im Rah- 54

---

[50] BT-Drs. 19/24181 S. 206.

men der Eigenverwaltung (s. dazu unter Rdn 119ff.), soweit diese nicht ein eröffnetes Insolvenzverfahren voraussetzen, wie beispielsweise die Erfüllungswahl im Hinblick auf gegenseitige Verträge gem. § 103 InsO oder die Verwertung und Verteilung der Insolvenzmasse.

bb) Pflichtenprogramm

55 Der Schuldner hat innerhalb der vorläufigen Eigenverwaltung bei seiner Geschäftsführung die **insolvenzrechtlichen Regelungen** zu beachten. Dies war schon nach der alten Rechtslage die überwiegend vertretene Meinung, hat nunmehr aber auch seinen Niederschlag im Gesetz gefunden, da die schwerwiegende Nichteinhaltung insolvenzrechtlicher Pflichten gem. § 270e InsO n.F. ausdrücklich ein Grund für die Aufhebung der vorläufigen Eigenverwaltung ist. Den Schuldner trifft daher eine **Massesicherungspflicht** und er hat insb. **die insolvenzrechtlichen Zahlungsverbote** zu beachten[51]. Einen schwerwiegenden Verstoß gegen die insolvenzrechtlichen Pflichten kann es zudem darstellen, wenn ersichtlich Verbindlichkeiten aktiv begründet werden (z.B. durch Auslösung von Bestellungen), die mit überwiegender Wahrscheinlichkeit mangels ausreichender Liquidität generell nicht oder erst nach Verfahrenseröffnung bezahlt werden können, ohne dass hierfür rechtzeitig die rechtlichen Voraussetzungen geschaffen werden (z.B. Beantragung einer Einzelermächtigung).[52]

56 Für die **Bestimmung des sonstigen Pflichtenprogramms** kann insoweit auf die im Rahmen der vorläufigen Insolvenzverwaltung geltenden Regelungen bzw. die Rechtsprechung hierzu Bezug genommen werden, soweit nicht der besondere Charakter der Eigenverwaltung bzw. die gesetzlichen Regelungen etwas anderes nahelegen.

57 Gem. § 270c Abs. 2 InsO n.F. hat der Schuldner während der vorläufigen Eigenverwaltung dem Gericht und dem vorläufigen Sachwalter jeweils unverzüglich wesentliche Änderungen mitzuteilen, die die Eigenverwaltungsplanung betreffen.

cc) Einfluss der Organe (§ 276a Abs. 3 InsO n.F.)

58 Aufgrund des neueingeführten § 276a Abs. 3 InsO sind die Organe einer juristischen Person als Insolvenzschuldner auch im Rahmen der vorläufigen Eigenverwaltung keinen Weisungen von Ausichtsrat oder Gesellschafterversammlung im Hinblick auf ihre Geschäftsführung unterworfen und die Bestellung und Abberufung von Vorstandsmitgliedern bzw. Geschäftsführern bedarf der Zustimmung des vorläufigen Sachwalters.

---

51 **A.A.** offenbar – wenn auch mit nicht plausibler Begründung – BFH, DStR 2020, 494, 499.
52 AG Hamburg, ZIP 2014, 237, 239.

dd) Haftung der Organe

Bereits während der vorläufigen Eigenverwaltung haften die Organe des Schuldners gem. der Neuregelung des § 276a Abs. 2 InsO n.F nach Maßgabe der §§ 60–62 InsO. Dies entspricht auch der Rechtsprechung des BGH nach alter Rechtslage (s. dazu ausführlich Rdn 163f.). 59

c) Der vorläufige Sachwalter

Liegen die Voraussetzungen des § 270d InsO n.F. vor (dazu oben unter Rdn 44ff.) wird durch das Gericht ein **vorläufiger Sachwalter** bestellt. Ob die Bestellung eines vorläufigen Sachwalters möglich war, war vor Einführung des ESUG umstritten, wurde allerdings von einzelnen Gerichten im Wege der Rechtsfortbildung bereits praktiziert.[53] Der Gesetzgeber hat diese Praxis dann aber im ESUG und nun erneut im SanInsFoG ausdrücklich bestätigt und als Regelfall festgeschrieben. 60

Aufgrund der Regelung des § 274 Abs. 1 i.V.m. § 56 InsO können die **Gläubiger** ihren **Einfluss** auch im Zusammenhang mit der **Auswahl des vorläufigen Sachwalters** geltend machen.[54] Die Regelungen des § 56 InsO zur Unabhängigkeit des vorläufigen Verwalters gelten jedoch auch hier.[55] D.h. eine Vorbefassung des vorläufigen Sachwalters ist nur in den engen Grenzen des § 56 Abs. 1 Nr. 2 InsO (in Form einer allgemeinen Beratung über den Ablauf eines Insolvenzverfahrens und dessen Folgen) zulässig. Durch diese Regelung ist insbesondere ein durch den Schuldner beauftragter Sanierungsberater, der das Unternehmen analysiert und ggf. einen Sanierungsplan erstellt hat, als künftiger (vorläufiger) Sachwalter ausgeschlossen. Dies entspricht der gesetzlichen Kompetenzverteilung der Eigenverwaltung, in der der Schuldner zwar weiterhin die Entscheidungsgewalt behält, aber nur unter Kontrolle eines unabhängigen und neutralen vorläufigen Sachwalters.[56] 61

aa) Zustimmungsvorbehalte

Bereits unter der alten Rechtslage kam angesichts der in § 270a InsO a.F. deutlich zum Ausdruck kommenden Intention des Gesetzgebers, wonach ein rechtlicher oder faktischer Kontrollwechsel vermieden werden soll, die Anordnung eines **allgemeinen Zustimmungsvorbehaltes des vorläufigen Sachwalters** als Sicherungsmaßnahme nach § 21 Abs. 2 Nr. 2, 2. Alt. InsO nicht in Betracht, wohl aber die Anordnung eines solchen Vorbehaltes für einzelne, besonders bedeutsame Geschäfte außerhalb des Tagesgeschäftes. Bedeutung hat diese Frage insbesondere im Hinblick auf die 62

---

53 Z.B. AG Hamburg, Beschl. v. 11.2.2003 – 67c IN 42/03.
54 BT-Drucks. 17/5712, S. 39.
55 AG Stendal, BeckRS 2012, 19830.
56 So auch BT-Drucks. 17/7511, S. 37.

Anordnung eines Zustimmungsvorbehaltes für Umsatz- und Lohnsteuerzahlungen sowie Arbeitnehmerbeiträge zur Sozialversicherung erlangt, da insoweit die Anordnung eines auf solche Zahlungen beschränkten Zustimmungsvorbehaltes als probates Mittel gesehen wurde, das Dilemma des eigenverwaltenden Schuldners zu lösen, einerseits dem insolvenzrechtliche Gebot zu folgen, keine Insolvenzforderungen zu bezahlen, sich aber andererseits auch keiner steuer- und strafrechtlichen persönlichen Haftung bei Nichtabführung auszusetzen.[57] Der neueingeführte § 270c Abs. 3 InsO definiert nunmehr die im Rahmen der vorläufigen Eigenverwaltung zulässigen Sicherungsmaßnahmen und lässt einen generellen Zustimmungsvorbehalt nur im Rahmen einer vorläufigen Anordnung während der Frist zur Behebung von Mängeln der Eigenverwaltungsplanung gem. § 270b Abs. 1 Satz 2 InsO n.F. zu. Zur zulässigkeit isolierter Zustimmungsvorbehalte zu bestimmten Einzelmaßnahmen äußert sich das Gesetz nicht, da mit § 15b Abs. 8 InsO n.F. allerdings eine klarstellende Vorschrift zur (nicht-)Zahlung von Steuern während der vorläufigen Eigenverwaltung eingeführt wurde, ist nicht auszuschließen, dass der Gesetzgeber vor diesem Hintergrund einen **isolierten Zustimmungsvorbehalt** für nicht erforderlich erachtet hat. Im Hinblick auf die Haftung für Arbeitnehmerbeiträge zur Sozialversicherung wurde allerdings keine Regelung getroffen, so dass zu erwarten ist, dass die Gerichte für diesen Sonderbereich Zustimmungsvorbehalte auf Antrag weiterhin anordnen werden.

bb) Aufgaben und Befugnisse des vorläufigen Sachwalters

63 Die **Aufgaben und Befugnisse des vorläufigen Sachwalters** entsprechen kraft Verweises in § 270b Abs. 1 Satz 1 InsO n.F. denen des Sachwalters im eröffneten Insolvenzverfahren nach §§ 274, 275 InsO (dazu siehe Rdn 166 ff.). Die §§ 274 und 275 InsO gelten aber nur „entsprechend", so dass der Rechte- und Pflichtenkreis des vorläufigen Sachwalters insoweit der frühen Verfahrensphase anzupassen ist:

64 Das Gesetz weist dem vorläufigen Sachwalter diverse **Prüfungs- und Kontrollpflichten** zu. Zusätzlich kann das Gericht gem. § 270c Abs. 1 InsO n.F. den vorläufigen Sachwalter mit weiteren Prüfaufträgen im Hinblick auf die vorgelegte Eigenverwaltungsplanung sowie deren Grundlagen beauftragen. Im Hinblick auf Prüfungsintensität, -intervall und -umfang trifft das Gesetz keine Regelung. Diese sind jeweils im Einzelfall auf die faktischen Erfordernisse sowie insb. Art und Umfang des schuldnerischen Geschäftsbetriebes anzupassen. Eine Vollprüfung aller Geschäftsvorfälle dürfte nur bei überschaubaren Verfahren mit wenigen einzelnen Vorgängen angemessen und umsetzbar sein. Bei größeren und komplexeren Ver-

---

[57] AG Heilbronn, BeckRS 1026, 07508; gem. AG Erfurt, NZI 2016, 32, 33 soll allerdings zumindest die Abführung von Steuern ausdrücklich zum Pflichtenprogramm des Schuldners in der vorläufigen Eigenverwaltung gehören.

fahren mit viel Zahlungsverkehr ist eine Prüfung durch Stichproben und in angemessenen zeitlichen Intervallen grundsätzlich zulässig und geboten. In der Anfangsphase des Verfahrens wird in der Regel eine höhere **Prüfungsdichte und Prüfungsintensität** erforderlich sein. Stellt sich die Geschäftsführung und das Informationsverhalten des Schuldners dabei als generell ordnungsgemäß, kooperativ und zuverlässig dar, können Prüfintervalle verlängert und die Anzahl der Stichproben verringert werden. Bieten die Geschäftsführung des Schuldners oder ihre Dokumentation hingegen wiederholt Anlass zu Beanstandungen, werden erbetene Auskünfte nicht, nur zögerlich oder nur unvollständig erteilt, sind im Umkehrschluss die Prüfungsintensität zu erhöhen und die -intervalle zu verkürzen.

Zur Ausübung seiner Kontroll- und Überwachungsfunktion ist der vorläufige Sachwalter gem. §§ 274 Abs. 3, 22 Abs. 3 InsO berechtigt, die **Geschäftsräume des Schuldners zu betreten** und dort Nachforschungen anzustellen. Der Schuldner hat dem vorläufigen Sachwalter **Einsicht in seine Bücher und Geschäftspapiere** zu gestatten, ihm alle erforderlichen **Auskünfte zu erteilen** und ihn bei seiner Aufgabe zu unterstützen. 65

Der vorläufige Sachwalter hat in entsprechender Anwendung des § 274 InsO insb. die sowohl für die Eigenverwaltungsplanung als auch im Rahmen der Betriebsfortführung aufzustellende und laufend zu aktualisierende **Liquiditätsplanung** zu prüfen.[58] Die Prüfung umfasst dabei die Frage, ob die Planung nach sachgerechten Kriterien erfolgte und die zugrunde gelegten **Planungsprämissen und -prognosen** zutreffend und angemessen sind. Ebenfalls ist zu prüfen, ob die Planung regelmäßig aktualisiert und den tatsächlichen Umständen angepasst wird. Der vorläufige Sachwalter hat den **Zahlungsverkehr** des Schuldners zu überwachen und hierbei insb. zu überprüfen, ob durch den Schuldner Altverbindlichkeiten beglichen werden bzw. wurden.[59] 66

Ist die Vorlage eines Insolvenzplanes mit oder zeitnah nach der Insolvenzeröffnung vorgesehen, ist nach Auffassung des AG Hamburg auch die Aufstellung einer **Vergleichsrechnung** gem. § 245 Abs. 1 Nr. 1 InsO durch den vorläufigen Sachwalter bereits im Rahmen des Eröffnungsverfahrens erforderlich. Hierfür ist schon in diesem frühen Stadium das Bestehen etwaiger **Anfechtungs- und Haftungsansprüche** zu ermitteln.[60] Dies ist häufig problematisch, da im Eröffnungsverfahren (insb. wenn dies ggf. nur von kurzer Dauer ist) wichtige Informationsquellen wie z.B. die Forderungsanmeldungen nicht zur Verfügung stehen und zeitintensive Ermittlungstätigkeiten aufgrund der Kürze der Zeit häufig nicht möglich sein werden. Das Ergebnis wird daher im Regelfall tendenziell überblicksartig sein müssen und nur Prognosecharakter haben können. 67

---

58 AG Hamburg, ZIP 2014, 237, 239.
59 AG Hamburg, ZIP 2014, 237, 239.
60 AG Hamburg, ZIP 2014, 237, 239.

68 Stellt der vorläufige Sachwalter Umstände fest, die erwarten lassen, dass die Fortsetzung der vorläufigen Eigenverwaltung bzw. die spätere Anordnung der Eigenverwaltung zu **Nachteilen für die Gläubiger** führen wird, so hat er dies unverzüglich dem vorläufigen Gläubigerausschuss (soweit vorhanden) und dem Insolvenzgericht **anzuzeigen**. Gleiches gilt, sofern er feststellt, dass die vorgelegte Eigenverwaltungsplanung auf unzutreffenden Tatsachen beruht, nicht schlüssig ist und/oder nicht durchführbar erscheint. Da solche Mängel der Planung idR generell Nachteile für die Gläubiger erwarten lassen, muss der vorläufige Sachwalter insoweit bereits aufgrund seiner allgemeinen Anzeigepflicht gem. § 270b Abs. 1 InsO n.F. i.V.m. § 274 Abs. 3 InsO eine Information veranlassen, wenn er Kenntnis über solche Tatsachen erlangt. Aktiv überprüfen muss er die Eigenverwaltungsplanung (mit Ausnahme der Liquiditätsplanung) aber nur, sofern durch das Gericht auch gem. § 270c Abs. 1 InsO n.F. hierzu beauftragt wurde. Die Prognose über zu erwartende Nachteile kann sich dabei insbesondere aus eigenen, im Rahmen der Ausübung der Kontrollpflichten gewonnenen Erkenntnissen ergeben, aber auch aus sonstigen Quellen (Informationen Dritter, Presseberichte, „Zufallsfunde" etc.). Stützt sich der vorläufige Sachwalter insoweit auf nicht durch ihn selbst ermittelte Tatsachen, hat er jedoch i.d.R. zunächst eine Überprüfung der insoweit gewonnenen Informationen durchzuführen, insb. ist dem Schuldner zunächst **Gelegenheit zur Stellungnahme** zu geben. Soweit eine vorherige Überprüfung nicht möglich ist, der vorläufige Sachwalter sich aufgrund der Tragweite der erhobenen Vorwürfe jedoch ggf. dennoch vorsorglich zu einer unverzüglichen Anzeige entschließt, ist dieser Umstand der fehlenden Verifizierung sowie die Quelle der Information in der Anzeige näher zu erläutern.

69 Anders als gem. § 274 Abs. 3 InsO sind im Rahmen des Eröffnungsverfahrens jedoch bei **Fehlen eines vorläufigen Gläubigerausschusses** zusätzlich zum Insolvenzgericht nicht auch alle bis zu dem Zeitpunkt der Anzeige bekannten Gläubiger zu informieren. Zum einen sind die tatsächlichen Gläubiger im Rahmen dieses frühen Verfahrensstadiums häufig noch gar nicht vollständig bekannt, zum anderen kann das Gericht durch Aufhebung der vorläufigen Eigenverwaltung gem. § 270e InsO n.F. unmittelbar und ohne Zeitverzögerung reagieren und eingreifen, ohne dass hierfür zunächst ein Gläubigerantrag erforderlich wäre.

70 Aufgrund der Verweisung in § 270b Abs. 1 S. 1 InsO kann auch der vorläufige Sachwalter die **Kassenführung** an sich ziehen (Zu Voraussetzungen und den Rechtsfolgen vgl. Rdn 189 ff.).

71 Der Gesetzgeber hat nunmehr in § 274 Ans. 2 InsO n.F. klargestellt, dass der (vorläufige) Sachwalter den Schuldner im Rahmen der **Insolvenzgeldvorfinanzierung, der insolvenzrechtlichen Buchführung sowie den Verhandlungen mit Kunden und Lieferanten** unterstützen kann, insoweit ist allerdings eine spezifische Anordnung des Gerichtes erforderlich. Eine Unterstüzung des Schuldners in den angesprochenen Gebieten war auch schon vor der Neufassung gängige Praxis, der BGH hatte allerdings in Zweifel gezogen, dass es sich bei diesen Komplexen um

Fiebig

rechtmäßige Tätigkeitsfelder des (vorläufigen) Sachwalters gehandelt hat und dementsprechend eine Vergütungsfähigkeit dieser Tätigkeiten verneint. Der Gesetzgeber hat nun mit dieser Klarstellung entsprechend reagiert.

Gem. § 284 Abs. 1 InsO n.F. kann ein Auftrag zur Ausarbeitung eines Insolvenzplanes nunmehr schon während der vorläufigen Eigenverwaltung durch den vorläufigen Gläubigerausschuss an den vorläufigen Sachwalter oder den Schuldner erteilt werden. Wird der Auftrag an den Schuldner gerichtet, so wirkt der vorläufige Sachwalter beratend mit (§ 284 Abs. 1 Satz 2 InsO n.F.). 72

cc) Vergütung des vorläufigen Sachwalters

Die Vergütung des vorläufigen Sachwalters wurde mit § 12 InsVV n.F. nunmehr erstmalig gesetzlich geregelt und beträgt 25% der Vergütung des Sachwalters (siehe dazu ausführlich unter Rdn 207 ff.). 73

Hinweis
Da die Bestellung eines vorläufigen Sachwalters i.d.R. nicht öffentlich bekannt gemacht wird, kommt der Frage, ob er aktiv mit Verfahrensbeteiligten Kontakt aufnehmen bzw. auf deren an ihn gerichtete Nachfragen antworten darf, eine besondere Bedeutung zu, da hierdurch der durch den Schuldner häufig gewünschte „Geheimhaltungseffekt" naturgemäß gefährdet werden kann. Insoweit ist zwischen den verschiedenen Funktionen des vorläufigen Sachwalters zu unterscheiden: Ist der vorläufige Sachwalter gleichzeitig als Sachverständiger zur Begutachtung spezifischer Fragen (wie z.B. dem Vorliegen von Insolvenzgründen, ob eine die Kosten des Verfahrens deckende Insolvenzmasse vorhanden ist, Zuständigkeitsfragen etc.) beauftragt worden, ist er in dieser Funktion berechtigt, alle Verfahrensbeteiligten, Behörden und sonstige Dritte zu kontaktieren, sofern dies für seine Ermittlungen sinnvoll bzw. erforderlich ist. Ist er hingegen nicht auch als Sachverständiger beauftragt, so hat er eine aktive Kontaktaufnahme zu Verfahrensbeteiligten i.d.R. zu unterlassen, es sei denn, eine solche ist zur eigenständigen Beurteilung bestimmter Geschäftsvorfälle oder zur Einschätzung etwaiger zu erwartender Nachteile erforderlich (wenn z.B. konkrete Anhaltspunkte dafür vorliegen, dass die Auskünfte des Schuldners zu dem fraglichen Komplex unzutreffend oder irreführend sind). Eine Antwort auf an ihn gerichtete Anfragen von Verfahrensbeteiligten ist jedoch stets zulässig, wobei die Antworten ggf. im Interesse einer sachgerechten Verfahrensbearbeitung mit dem Schuldner abzustimmen sind bzw. dieser zumindest hierüber in Kenntnis zu setzen ist (siehe dazu auch zum Sachwalter im eröffneten Verfahren Rdn 146).

d) Begründung von Masseverbindlichkeiten

Gem. § 270c Abs. 4 InsO n.F. hat das Gericht auf Antrag des Schuldners anzuordnen, dass der Schuldner Masseverbindlichkeiten begründet. Dies bezieht sich allerdings primär lediglich auf die Verbindlichkeiten, die im Finanzplan aufgenommen worden sind. Eine darüber hinausgehende Pauschalermächtigung i.S.d des § 270b Abs. 3 InsO a.F. kommt nach der Gesetzesbegründung ausdrücklich nicht mehr in Betracht.[61] 74

---

[61] BT Drucksache 19/2418, S. 207.

Soll sich die Ermächtigung auch auf Verbindlichkeiten erstrecken, die nicht im Finanzplan aufgenommen wurden, so ist dies zwar nicht per se ausgeschlossen, bedarf aber einer besonderen Begründung zunächst im Antrag durch den Schuldner sowie sodann in der Anordnung des Gerichtes. Da das Schutzschirmverfahren (s. Rdn 84 ff.) lediglich eine Variante dess Eigenverwaltungsverfahrens darstellt, gilt § 270c Abs. 4 InsO auch insoweit, eine abweichende Sonderregelung für den Schutzschirm sieht das Gesetz nunmehr nicht mehr vor. Erteilt das Insolvenzgericht dem Schuldner die Einzelermächtigung nicht bzw. nicht in dem begehrten Umfang, ist hiergegen keine sofortige Beschwerde möglich. Folglich ist auch die Rechtsbeschwerde unstatthaft.[62]

75 Auch **§ 55 Abs. 4 InsO** wurde durch das SanInsFoG erweitert und ist nun auch in der vorläufigen Eigenverwaltung **anwendbar.** Anders als die Anordnung im eröffneten Verfahren beendet nach bisheriger Rechtsprechung die vorläufige Eigenverwaltung eine bestehende umsatzssteuerliche Organschaft nicht.[63] Da nunmehr allerdings aufgrund § 276a Abs. 3 InsO n.F. eine Einflussnahme der Gesellschafterversammlung oder entsprechender Organe bereits im Rahmen der vorläufigen Eigenverwaltung ausgeschlossen ist, erscheint es fraglich, ob die bisherige Rechtsauffassung weiterhin Gültigkeit haben wird.

e) Gewährung der Möglichkeit zur Antragsrücknahme

76 Nach § 270c Abs. 5 InsO n.F. (§ 270a Abs. 2 InsO a.F.) hat das Gericht dem Schuldner etwaige **Bedenken gegen die Anordnung** der Eigenverwaltung rechtzeitig mitzuteilen, damit dieser den Antrag dann ggf. **zurücknehmen** kann. Diese Regelung wurde im Rahmen des ESUG eingefügt, um ihm eine Wahlmöglichkeit einzuräumen, ob er statt der Sanierung in Eigenverwaltung eine außergerichtliche Sanierung versucht oder nicht. Angesichts der i.d.R. spätestens zu diesem Zeitpunkt bereits vorliegenden obligatorischen Insolvenzgründe läuft diese Möglichkeit in der Praxis – zumindest bei juristischen Personen – jedoch regelmäßig leer. Die Antragsrücknahme ist meist lediglich für natürliche Personen (Einzelkaufleute und Freiberufler) eine Option, für die keine Insolvenzantragspflicht besteht.[64] Abzulehnen ist die noch weitergehende Auffassung des AG Mannheim, das einen Insolvenzantrag von sich aus als „nicht gestellt" angesehen hat, weil es die Anordnungsvoraussetzungen für die beantragte Eigenverwaltung nicht als erfüllt ansah und gleichzeitig davon ausging, dass lediglich ein Insolvenzverfahren in Form der Eigenverwaltung ange-

---

62 BGH, NZI 2013, 342.
63 BFH, DStR 2020, 494, 499.
64 BT-Drucks. 17/5712, S. 40; s.a. Hofmann, NZI 2010, 798, 800.

strebt würde.⁶⁵ Eine aktive (und ausdrückliche) **Antragsrücknahme** durch den Schuldner bzw. ein vertretungsberechtigtes Organ ist daher stets erforderlich.

f) Aufhebung der vorläufigen Eigenverwaltung

Nach alter Rechtslage war die **Beendigung der vorläufigen Eigenverwaltung** nicht formal geregelt – *de facto* wurde sie schlicht dadurch beendet, dass das Gericht weitere Sicherungsmaßnahmen verhängte, insb. einen vorläufigen Insolvenzverwalter bestellte. Durch das SanInsFoG wurde nun die Norm des § 270e InsO neu eingeführt, mit der die Voraussetzungen einer Aufhebung noch im vorläufigen Verfahren geregelt werden.

aa) Aufhebung von Amts wegen

Danach wird die vorläufige Eigenverwaltung durch **Bestellung eines vorläufigen Insolvenzverwalters** aufgehoben, wenn der Schuldner in schwerwiegender Weise gegen seine insolvenzrechtlichen Pflichten verstößt oder sich auf sonstige Weise zeigt, dass er nicht bereit oder in der Lage ist, seine Geschäftsführung am Interesse der der Gläubiger auszurichten (§ 270e Abs. 1 Nr. 1 InsO), wenn Mängel der Eigenverwaltungsplanung nicht innerhalb der gem. § 270b Abs. 1 Satz 2 InsO n.F. gesetzten Frist behoben werden (§ 270e Abs. 1 Nr. 2 InsO) wenn die Erreichung des Eigenverwaltungsziels, insbesondere eine angestrebte Sanierung, sich als aussichtslos erweist (§ 270e Abs. 1 Nr. 3 insO), der vorläufige Sachwalter dies mit Zustimmung des vorläufigen Gläubigerausschusses oder der vorläufige Gläubigerausschuss dies beantragt (§ 270e Abs. 1 Nr. 4 InsO) oder der Schuldner dies beantragt (§ 270e Abs. 1 Nr. 5 InsO).

§ 270e Abs. 1 Nr. 1 InsO listet insoweit einen nicht abschließenden Indizienkatalog auf, die die Annahme rechtfertigen, der Schuldner richte die Geschäftsführung nicht an den Interessen der Gläubiger aus (insbesondere schwerwiegende Mängel der Eigenverwaltungsplanung und/oder Buchhaltung sowie das Bestehen von Haftungsansprüchen gegen Organe). Ob die Gerichte anfangen werden, diesen Katalog durch die zur alten Rechtslage im Rahmen der Nachteilsprognose⁶⁶ gem. § 270 Abs. 2 InsO a.F. durch die Rechtsprechung entwickelten Fallgestaltungen wieder auszuweiten, bleibt abzuwarten.

Insoweit ist zu berücksichtigen, dass das Vorliegen dieser Umstände häufig bereits eine Anordnung der Eigenverwaltung erschweren bzw. ausschließen würde, es unmittelbar nach Antragstellung (also zum Zeitpunkt der erstmaligen Entscheidung

---

65 AG Mannheim, ZIP 2014, 484.
66 S. dazu HambKomm/Fiebig, 7. Auflage, § 270 InsO a.F. Rn 19 ff.

Fiebig

über den Antrag) i.d.R. aber keine ausreichenden Erkenntnisse hierüber vorliegen. Diese dürften sich meist erst im Laufe des Eröffnungsverfahrens, insb. auch durch die Prüfungen des gerichtlich bestellten Sachverständigen oder vorläufigen Sachwalters ergeben, so dass sie erst im Laufe des Verfahrens durch eine Aufhebung der vorläufigen Eigenverwaltung adäquat berücksichtigt werden können.

81 Nur im Falle einer beabsichtigten Aufhebung gem. § 270e Abs. 1 Nr. 1 oder 3 InsO hat das Gericht dem vorläufigen Gläubigerausschuss die Gelegenheit zur Äußerung zu geben und ist an ein Einstimmiges Votum insoweit gebunden (§ 270e Abs. 4 InsO). § 270b Abs. 3 S. 2 InsO n.F. gilt insoweit entsprechend, auch hier ist also eine Frist von zwei Werktagen ab Anhörung abzuwarten.

bb) Aufhebung auf Gläubigerantrag

82 Auch einzelne absonderungsberechtigte Gläubiger und Insolvenzgläubiger können die Aufhebung beantragen, wenn sie insoweit glaubhaft machen, dass die Voraussetzungen für die Anordnung der vorläufigen Eigenverwaltung nicht vorliegen und ihnen durch die Eigenverwaltung erhebliche Nachteile drohen (§ 270e Abs. 2 InsO n.F.). Zu einem solchen Antrag ist der Schuldner anzuhören. Das Erfordernis der Glaubhaftmachung sowie der Anhörung des Schuldners soll nach der Gesetzesbegründung sicherstellen, dass einzelne Gläubiger die aufhebung nicht aus sachfremden Motiven erwirken können.[67] Anders als im Falle einer Entscheidung gem. § 270e Abs. 1 Nr. 1 und 3 InsO n.F. ist insoweit vorher nicht der vorläufige Gläubigerausschuss anzuhören und das Gericht ist in seiner Entscheidung nicht an ein einstimmiges Votum des Aussschusses gebunden. Gegen die ergangene Entscheidung stehen (anders als bei einer Entscheidung gem. Abs. 1) sowohl dem Schuldner als auch dem Gläubiger, der den Aufhebungsantrag gestellt hatte, die sofortige Beschwerde zu. Die Beschwerdebefugnis setzt allerdings ein Rechtschutzbedürfnis voraus, das beim Gläubiger nur dann vorliegen kann, wenn das Gericht die vorläufige Eigenverwaltung nicht beendet.[68] Spiegelbildlich liegt beim Schuldner nur dann ein Rechtschutzbedürnis vor, wenn die vorläufige Eigenverwaltung gegen seinen Willen aufgehoben wurde. Zum vorläufigen Insolvenzverwalter kann der bisherige Sachwalter bestellt werden (§ 270e Abs. 4 InsO n.F.).

cc) Sonstiges

83 Der Beschluss über die Bestellung eines vorläufigen Insolvenzverwalters ist zu begründen, damit der späteren Gläubigerversammlung ermöglich wird, die Erwägun-

---

[67] BT-Drucks. 19/24181, S. 207.
[68] BT-Drucks. 19/24181, S. 207.

gen des Gerichtes bei einer etwaigen späteren Entscheidung über eine nachträgliche Anordnung der Eigenverwaltung zu berücksichtigen.[69]

2. Das Schutzschirmverfahren

Das nunmehr in § 270d InsO (§ 270b InsO a.F.) beschriebene sog. **„Schutzschirm- 84 verfahren"** wurde durch das Gesetz zur weiteren Erleichterung der Sanierung von Unternehmen (ESUG) neu in die InsO eingefügt. Ziel der Einführung war es, einen weiteren **Anreiz zur frühzeitigen Sanierung** mit den Mitteln des Insolvenzrechts zu bieten,[70] indem dem Schuldner im Zeitraum zwischen Eröffnungsantrag und Verfahrenseröffnung ein „eigenständiges Sanierungsverfahren" zur Verfügung gestellt wird.[71] Das Wort „Schutzschirm" hatte sich insoweit bereits im allgemeinen Sprachgebrauch durchgesetzt, wurde nunmehr aber in der Überschrift zu § 270d InsO n.F. erstmalig auch vom Gesetzgeber aufgenommen. Wie bereits ausgeführt, (s. Rdn 43) war das Schutzschirmverfahren bereits nach alter Rechtslage eine besondere Ausprägung der vorläufigen Eigenverwaltung, für die lediglich einige Sonderregelungen galten. Seit der Neuregelung des SanInsFoG wurde dieser Charakter nochmals deutlicher hervorgehoben, da die Regelungen zur vorläufigen Eigenverwaltung umfangreich erweitert und präzisiert wurden und viele der Spezialregelungen für den Schutzschirm in der Folge entfallen sind. Auch für den Schutzschirm gelten somit alle Regelungen der vorläufigen Eigenverwaltung, soweit sich nicht aus § 270d InsO n.F. etwas anderes ergibt.

a) Voraussetzungen für die Anordnung des „Schutzschirms"

aa) Anträge

Wie vorstehend bereits ausgeführt (vgl. Rdn 26), stellt der Schutzschirm **keine eigene 85 Verfahrensart** oder gar ein außerinsolvenzliches Sanierungsverfahren dar. Auch der Schutzschirm setzt somit zunächst einen (den allgemeinen Anforderungen entsprechenden) **Antrag des Schuldners auf Eröffnung eines Insolvenzverfahrens** voraus. Ergänzt wird der Eröffnungsantrag um mindestens zwei weitere Anträge: erstens um den **Antrag auf Anordnung der Eigenverwaltung** (§ 270f i.V.m. § 270a InsO n.F.) sowie zweitens um den **Antrag auf Bestimmung einer Frist zur Vorlage eines Insolvenzplans** (§ 270d Abs. 1 Satz 1 InsO n.F.). Hinzu kommen ggf. die fakultativen ergänzenden Anträge, wie beispielsweise auf Anordnung von Maßnahmen nach § 21 Abs. 2 Satz 1 Nr. 3 InsO, also auf Untersagung oder einstweilige Einstellung von Maß-

---

69 BT-Drucks. 19/24181, S. 208.
70 BT-Drucks. 17/5712, S. 40.
71 Begr. RegE-ESUG zu § 270b InsO, S. 61.

Fiebig

nahmen der Zwangsvollstreckung gegen den Schuldner (§ 270d Abs. 3 InsO n.F.) sowie darauf, Masseverbindlichkeiten begründen zu können (§ 270c Abs. 4 InsO n.F.).

86 Zur Antragstellung ist jedes im Außenverhältnis vertretungsberechtigte Organ befugt. Die Antragstellung ohne entsprechenden Gesellschafterbeschluss kann aber im Innenverhältnis gegenüber den Gesellschaftern unrechtmäßig sein und ggf. Schadensersatzansprüche gegen das antragstellende Organ auslösen.[72]

bb) Zulässige Insolvenzgründe

87 Der Antrag gem. § 270d InsO n.F. ist generell erst dann zulässig, wenn **drohende Zahlungsunfähigkeit nach § 18 oder Überschuldung nach § 19 InsO** eingetreten sind und nur solange, bis Zahlungsunfähigkeit nach § 17 InsO eingetreten ist. § 6 COVInsAG enthält allerdings eine Sonderregelung, die für Eröffnungsanträge, die zwischen dem 1.1.2021 und dem 31.12.2021 gestellt werden, einen erleichterten Zugang zum Schutzschirmverfahren ermöglicht.

88 Für die Beurteilung des Vorliegens von drohender Zahlungsunfähigkeit und/oder Überschuldung sind die allgemeinen Kriterien heranzuziehen. Auch das (wirksame) Beseitigen einer bereits eingetretenen Zahlungsunfähigkeit bzw. das Hinausschieben deren Eintrittes durch Abschluss entsprechender Stundungsvereinbarungen mit den Gläubigern hindert grds. die Anordnung des Schutzschirmes nicht.[73] Gleiches gilt für die Fälle, in denen zum Zeitpunkt der Antragstellung noch keine Zahlungsunfähigkeit eingetreten ist, diese aber innerhalb von sehr kurzer Zeit (d.h. weniger Tage oder Wochen) mehr oder minder unabwendbar eintreten wird.[74] Dies entspricht der Intention des Gesetzgebers, der die Fälle, in denen eine Zahlungsunfähigkeit innerhalb des Eröffnungsverfahrens eintritt, vorhergesehen und dennoch – bei Vorliegen der sonstigen Voraussetzungen – für schutzwürdig erachtet hat. Offensichtlichen Missbrauchsfällen kann im Rahmen der Prognoseentscheidung zum Vorliegen einer offensichtlichen Aussichtslosigkeit der Sanierung (vgl. dazu Rdn 50) bzw. zu der Frage, ob zu erwarten ist, dass der Schuldner seine Geschäftsführung an den Gläubigerinteressen ausrichten wird Rechnung getragen werden. In die Bestimmung der Zahlungsunfähigkeit sind auch Gesellschafterforderungen einzubeziehen, die wirksam fällig gestellt wurden. Auch wenn die Fälligstellung ggf. rechtmissbräuchlich war und gegen den Gesellschafter ein Anspruch auf

---

[72] So z.B. LG Frankfurt, BeckRS 2013, 16029; vgl. dazu auch Saenger/Al-Wraikat, NZG 2013, 1201 ff., die Zulässigkeit des gestellten Antrags entfällt damit jedoch nicht: AG Mannheim, ZIP 2014, 484.
[73] So aber AG Erfurt, ZInsO 2012, 944, das trotz Vorliegens einer Stundungsvereinbarung im Rahmen der Anordnungsvoraussetzungen des § 270b InsO a.F. eine Zahlungsunfähigkeit mit der Begründung angenommen hat, dass die Zahlungsunfähigkeit grundsätzlich eingetreten sei und durch Auslaufen der Vereinbarung auch kurzfristig wieder vorliegen werde.
[74] Ganter, NZI 2012, 985, 988.

Stundung seiner Forderungen besteht,[75] hindert dies die Fälligkeit jedoch nicht, sofern die Stundung nicht auch ausgesprochen wurde bzw. sofern der Gesellschafter anderweitig deutlich macht, dass er die Forderung ernsthaft einfordert.

cc) Keine offensichtliche Aussichtslosigkeit der angestrebten Sanierung

Gemäß § 270d Abs. 1 Satz 1 InsO darf die angestrebte Sanierung zudem nicht offensichtlich aussichtslos sein. Das Gesetz sieht damit lediglich eine Evidenzkontrolle der Aussichten der geplanten Sanierung durch das Gericht vor. Eine **Zurückweisung des Antrags wegen offensichtlicher Aussichtslosigkeit der angestrebten Sanierung** wird nur in solchen Ausnahmefällen in Betracht kommen, bei denen das geschilderte Sanierungskonzept offensichtlich unsinnig oder aber die Erfolgswahrscheinlichkeit als fernliegend zu beurteilen ist. Dies wäre beispielsweise bei Sanierungskonzepten der Fall, die alleine auf der noch bevorstehenden Suche nach einem Investor beruhen oder einen kompletten Schuldenschnitt voraussetzen, ohne dass hierzu bereits vorbereitende Gespräche geführt wurden und positive Absichtsbekundungen der Beteiligten vorliegen. Gleiches gilt, wenn die „Schutzschirmphase" dazu dienen soll, die **Sanierungsfähigkeit** des Schuldners **erstmalig prüfen** zu lassen. Zu weitgehend ist allerdings die Forderung des AG Erfurt, dass bereits im Vorfeld mit den Auftraggebern abgeklärt sein müsse, ob und in welcher Höhe diese unter Insolvenzbedingungen noch Aufträge erteilen werden,[76] da häufig bereits die Führung solcher Gespräche zum Entzug von Aufträgen führt und die Sanierungschancen stark einschränkt. Anders können die Fälle zu beurteilen sein, in denen branchentypisch eine Auftragserteilung an insolvente Unternehmen ausgeschlossen ist oder zur Aufrechterhaltung des Betriebes erforderliche Lizenzen oder Konzessionen automatisch mit Eröffnung des Insolvenzverfahrens erlöschen bzw. bereits erloschen sind. Gleiches gilt, sofern im Vorfeld der Antragstellung bereits eine Gewerbeuntersagung ausgesprochen wurde.

Da die „Schutzschirmphase" gerade der Erstellung eines Insolvenzplanes dienen soll, ist allerdings nicht zu verlangen, dass ein **Insolvenzplan** zum Zeitpunkt der Antragstellung bereits weitgehend ausgearbeitet ist. Die Erstellung eines Insolvenzplanes innerhalb der Höchstfrist des § 270d Abs. 1 Satz 2 InsO n.F. muss aber realistisch erscheinen.[77]

Kein Indiz für eine Aussichtslosigkeit der Sanierung ist es, wenn bereits vorhersehbar ist, dass das Insolvenzverfahren z.B. aufgrund **aufoktroyierter Masseverbindlichkeiten** masseunzulänglich gem. § 208 InsO werden wird. Vielmehr können gerade die durch die Regelungen der InsO erleichterten Kündigungsvoraussetzungen für Arbeits- und Mietverhältnisse ein wirksames Sanierungswerkzeug darstel-

---

75 So z.B. LG Frankfurt, NZI 2013, 749.
76 AG Erfurt, ZInsO 2012, 944.
77 In diesem Sinne AG Erfurt, ZInsO 2012, 944.

len. Der Eintritt einer – zumindest temporären – Masseunzulänglichkeit wird dann i.d.R. allerdings nicht zu verhindern sein und stellt gerade kein Indiz für das Scheitern der angestrebten Sanierung oder gar deren Rechtsmissbräuchlichkeit dar.

92 Auch wenn der Gesetzgeber offenbar bei der Konzeption des Schutzschirmes primär **laufende Geschäftsbetriebe** ins Auge gefasst hatte, ist das Vorhandensein eines solchen keine zwingende Voraussetzung.[78] Insbesondere bei **„statischen" Betrieben**, wie beispielsweise einer reinen Holdingfunktion der Schuldnerin, hat das Fehlen eines aktiven Geschäftsbetriebes keinerlei negative Indizwirkungen für eine fehlende Sanierungsfähigkeit. Auch ein sonstiger Grund, solchen Unternehmen die Sanierung mittels Schutzschirm und Insolvenzplan per se zu verweigern, ist nicht erkennbar.

dd) Eigenverwaltungsplanung

93 Nach alter Rechtslage war umstritten, ob das Schutzschirmverfahren dem Schuldner insoweit Verfahrenserleichterungen gewährte, als nach § 270b InsO a.F. das Fehlen zu erwartender Nachteile für die Gläubiger – **keine ausdrückliche Anordnungsvoraussetzung** für den Schutzschirm war.[79] Durch die Neukonzeption, wurde nun aber deutlich gemacht, dass alle Voraussetzungen für die Anordnung der vorläufigen Eigenverwaltung auch für den „Schutzschirm" gelten. D.h. der Schuldner kann das Erfordernis, eine den formalen und inhaltlichen Anforderungen des § 270a InsO n.F. entsprechende Eigenverwaltungsplanung vorzulegen nicht durch eine „Flucht in den Schutzschirm" umgehen.

b) Nachweis der Anordnungsvoraussetzungen

94 Den **Nachweis des Vorliegens der Anordnungsvoraussetzungen** erbringt der Schuldner gem. § 270d Abs. 1 Satz 1 InsO n.F., indem er mit dem Antrag eine mit Gründen versehene **Bescheinigung** eines in Insolvenzsachen erfahrenen Steuerberaters, Wirtschaftsprüfers oder Rechtsanwalts oder einer Person mit vergleichbarer Qualifikation vorlegt, aus der sich ergibt, dass drohende Zahlungsunfähigkeit oder Überschuldung, aber keine Zahlungsunfähigkeit vorliegt und die angestrebte Sanierung nicht offensichtlich aussichtslos ist. In **formaler Hinsicht** genügt es, wenn die Bescheinigung „mit Gründen" versehen ist, insb. verlangt die Bescheinigung i.S.v. Abs. 1 Satz 3 kein Sanierungsgutachten entsprechend bestimmter formalisierter Standards wie z.B. dem Standard IDW S. 6.[80] Im Umkehrschluss ist allerdings aus dem Erfordernis einer Begründung zu folgern, dass eine Bescheinigung, die ohne

---

[78] Bremen, NZI 2014, 137, 138; **a.A.** Frind/Köchling, ZInsO 2013, 1666, 1667.
[79] Vgl. Zipperer/Vallender, NZI 2012, 729, 734; K.Schmidt/Undritz, § 270b InsO a.F. Rn 7.
[80] So auch der Hinweis in BT-Drucks. 17/5712, S. 40.

eine – zumindest rudimentäre – inhaltliche Begründung lediglich die Feststellung beinhaltet, dass keine Zahlungsunfähigkeit vorliegt und eine Sanierung nicht offensichtlich aussichtslos ist, den formalen Anforderungen nicht genügt.

Die **inhaltlichen Anforderungen** an die Bescheinigung i.S.v. § 270d Abs. 1 Satz 1 InsO n.F. lässt das Gesetz offen. Hieran sind keine überzogenen Anforderungen zu stellen. Sie soll dem Gericht – insbesondere im Hinblick auf die Begründung des Sanierungskonzeptes – im Regelfall lediglich eine **Evidenzkontrolle** ermöglichen.[81] Aus der Bescheinigung muss sich jedoch ergeben, dass die bescheinigten Tatsachen am Tag der Vorlage der Bescheinigung bei Gericht Gültigkeit haben. Dies kann zwar für den Ersteller mit erheblichen praktischen Schwierigkeiten und ggf. auch besonderen Haftungsrisiken verbunden sein, jedoch würde ansonsten der Zweck des Gesetzes unterlaufen, wenn eine Bescheinigung, die das Nichtvorliegen einer Zahlungsunfähigkeit oder das Bestehen einer Sanierungsfähigkeit lediglich für einen bereits in der Vergangenheit liegenden Zeitraum bestätigt, den Zugang zum „Schutzschirm" ermöglichen würde. 95

Im Detail ist im Hinblick auf die Anforderungen nach den verschiedenen Elementen der Bescheinigung zu unterscheiden: 96

aa) Bestätigung, dass keine Zahlungsunfähigkeit vorliegt

Insoweit sind die Anforderungen an eine Begründung eher niedrig zu halten, zumindest eine kurze (ggf. zusammengefasste) **Gegenüberstellung der fälligen Verbindlichkeiten und liquiden Mittel** ist jedoch erforderlich, um das Begründungserfordernis zu erfüllen. Da – wie oben bereits ausgeführt (vgl. Rdn 49) – der kurzfristig bevorstehend Eintritt einer (zuvor noch nicht vorliegenden) Zahlungsunfähigkeit i.d.R. kein Grund ist, die Anordnung des Schutzschirmes (bei Vorliegen der sonstigen Voraussetzungen) zu verweigern, ist die Vorlage einer detaillierten und **einen längeren Zeitraum umfassenden Liquiditätsplanung** zwar allein für den Schutzschirm nicht erforderlich[82], dennoch muss ein solche nunmehr als Bestandteil der Eigenverwaltungsplanung mit dem Antrag auf Anordnung der Eigenverwaltung gem. § 270a Abs. 1 Nr. 1 InsO n.F. eingereicht werden. 97

Nicht ausreichend sind „Bestätigungen", deren Formulierung auf eine inhaltliche Distanzierung des Ausstellers vom Inhalt seiner Bescheinigung schließen lässt, bzw. die Kernaussage unter Prämissen stellt.[83] Aussagen wie beispielsweise, dass 98

---

[81] Weitergehend Frind, ZInsO 2011, 2249, 2261, der sogar die Überprüfung der Bescheinigung durch einen gerichtlich bestellten Sachverständigen befürwortet.
[82] A.A. z.B. Zipperer/Vallender, NZI 2012, 729, die eine Liquiditätsplanung für den gesamten Planerstellungszeitraum fordern.
[83] So auch K. Schmidt/Undritz, § 270a InsO n.F. Rn 5; Krauss/Lenger/Radner, ZInsO 2012, 587, 589.

Fiebig

"nach den Angaben der Geschäftsführung..." eine Zahlungsunfähigkeit nicht vorliegt, sind daher nicht ausreichend, um die Anforderungen gem. § 270b InsO zu erfüllen. Gleiches gilt für etwaige Vorbehalte, dass die der Einschätzung zugrunde liegenden Daten im Hinblick auf ihre Richtigkeit nicht verifiziert wurden o.ä.

bb) Bestätigung, dass eine Sanierung nicht offensichtlich aussichtslos ist

99 Bei dieser Bestätigung geht es letztlich um **eine transparente und schlüssige Darstellung der Sanierungswürdigkeit und -fähigkeit** des Unternehmens.[84] Ein Sanierungskonzept, das den Anforderungen nach dem Standard des IDW S6 genügt, ist auch zum Nachweis der Sanierungsfähigkeit im Rahmen des Schutzschirmes geeignet, notwendig ist die Umsetzung der Vorgaben des umfangreichen Standards für die Erstellung von Sanierungskonzepten aber nicht. Eine sich an die Rechtsprechung des BGH zu den inhaltlichen Anforderungen an ein Sanierungskonzept im Zusammenhang mit der Anfechtung von Sicherheitenbestellungen wegen Gläubigerbenachteiligung[85] anlehnende Darstellung ist ausreichend. Hiernach sind folgende Elemente erforderlich:

– Beschreibung eines in sich schlüssigen Konzeptes das von den erkannten und erkennbaren tatsächlichen Gegebenheiten ausgeht und nicht offensichtlich undurchführbar ist;
– Analyse der wirtschaftlichen Lage des Schuldners im Kontext seiner Wirtschaftsbranche;
– Darstellung der Krisenursachen;
– Darstellung der Vermögens-, Ertrags- und Finanzlage.

Dies entspricht den Anforderungen, die nunmehr auch durch das Erfordernis des im Rahmen der Eigenverwaltungsplanung vorzulegenden Konzeptes für die Durchführung des Insolvenzverfahrens gem. § 270a Abs. 1 Nr. 2 InsO n.F. aufgestellt werden. Im Unterschied zu der Eigenverwaltungsplanung ist es im Rahmen des Schutzschirmes allerdings nicht ausreichend, dass der Schuldner das Sanierungskonzept erstellt bzw. dem Gericht erläutert, vielmehr muss die Durchführbarkeit des Konzeptes im Rahmen des § 270d InsO n.F. durch einen dem in § 270d Abs. 1 InsO genannten Personenkreis angehörigen externen Dritten bestätigt werden.

100 **Art und Tiefe der Auswertung** können dem Umfang des Unternehmens sowie dem verfügbaren Zeitrahmen angepasst werden.[86] Allerdings ist grds. auch für den Ver-

---

84 Ausf. dazu Undritz, in: Kölner Schrift zur InsO, Kap. 29 Rn 28ff.
85 Grdl. BGH, ZIP 1998, 248; BGH, Beschl.v. 12.5.2016 – IX ZR 65/14.
86 So auch Zipperer/Vallender, NZI 2012, 729.

such der Sanierung eines kleineren Unternehmens ein schlüssiges Konzept vorzulegen. Für die Vorlage bei Gericht sind jeweils Kurzzusammenfassungen der wesentlichen Krisenursachen sowie der geplanten Elemente des Sanierungskonzeptes ausreichend.[87]

cc) Personelle Anforderung an den Aussteller

Die Bescheinigung muss von einem **in Insolvenzsachen erfahrenen Steuerberater, Wirtschaftsprüfer oder Rechtsanwalt** oder einer Person mit vergleichbarer Qualifikation vorlegt werden. Zur Konkretisierung der Anforderungen an die Bescheinigung in personeller Hinsicht kann auf die bisher schon in anderem Kontext hierfür vom BGH verlangten Eignungsmerkmale zurückgegriffen werden.[88] Die **Qualifikation des Bescheinigers** muss – zumindest in ihren Eckpunkten – durch den Schuldner mit dem Antrag glaubhaft gemacht werden. Hierzu werden i.d.R. eigene Angaben des Ausstellers im Rahmen der Bescheinigung oder aber eine mit dem Antrag eingereichte Anlage, auf der der Erfahrungshorizont erläutert wird, genügen.

Da das Gericht jedoch im Regelfall nicht in der Lage ist, im Rahmen des realistisch zur Verfügung stehenden Zeithorizontes den Grad der Erfahrenheit des Ausstellers in Insolvenzsachen zu überprüfen, sind insofern **keine umfangreichen Anforderungen** zu stellen, vielmehr kommt es primär auf die Tatsache an, dass die Bescheinigung durch einen Steuerberater, Wirtschaftsprüfer oder Rechtsanwalt ausgestellt wurde. Abzulehnen ist daher die Zurückweisung einer Bescheinigung lediglich aufgrund der Tatsache, dass der Aussteller bereits geraume Zeit bei dem in Rede stehenden Gericht nicht mehr als Insolvenzverwalter bestellt werde oder dass der Fachanwaltstitel bereits vor etlichen Jahren erworben wurde.[89] Auch ein Abstellen auf Fallzahlen oder Zeitrahmen der gesammelten Erfahrung[90] ist – mangels echter Prüffähigkeit – nicht sachgerecht.

Vom Gesetz nicht ausdrücklich gefordert ist eine **Unabhängigkeit des Bescheinigers.** Grundsätzlich ist daher auch die Erstellung durch den bereits in der Vergangenheit für den Schuldner tätigen Steuerberater möglich. Der Bescheinigung eines exklusiv zu diesem Zweck beauftragten Experten wird allerdings i.d.R. durch das Gericht eine höhere Glaubwürdigkeit und Neutralität beigemessen werden. Dies gilt auch für Bescheinigungen eines bereits im Vorfeld speziell für die Erstellung eines IDW S 6 Gutachtens beauftragten Sanierungsberaters, da dieser im Rahmen seiner Tätigkeit ohnehin Zahlungsunfähigkeit und Überschuldung zu prüfen sowie

---

87 Schmidt/Linker, ZIP 2012, 963, 964.
88 Grdl. BGHZ 165, 106; BGH, ZIP 1998, 248; ebenso Hirte, ZInsO 2011, 401, 403.
89 So aber AG München, NZI 2011, 566.
90 So z.B. Zipperer/Vallender, NZI 2012, 729, die – zumindest in komplexeren Unternehmen – eine vierjährige Mindestbefassung fordern.

ein Sanierungskonzept zu erstellen hat. Hier wäre es unsinnig, wenn dessen Ausarbeitung durch einen weiteren Dritten überprüft bzw. erneut beurteilt werden müsste.[91]

c) Dauer und Umfang des „Schutzschirms"

104 Der Zeitraum, in dem die Sanierungsbemühungen des Schuldners „abgeschirmt" werden, ist gesetzlich auf eine **Maximalfrist von 3 Monaten** beschränkt. Die Anordnung einer kürzeren Frist ist hingegen möglich, sie darf den Schuldner aber nicht unangemessen in seinen Sanierungsbemühungen (bzw. konkret der Ausarbeitung eines Insolvenzplanes) einschränken. I.d.R. dürfte die Anordnung einer solchen verkürzten Frist daher nur in Betracht kommen, wenn der Schuldner selbst die Vorlage eines Planes bereits in kürzerer Frist ankündigt oder gar eine kürzere Frist beantragt hat. Wird zunächst nur eine kürzere Frist gesetzt, ist eine nachträgliche Verlängerung bis zur Maximalfrist möglich.

105 Aufgrund des Gesetzeswortlautes des § 270c Abs. 3 InsO („kann anordnen") liegt die **Anordnung von Sicherungsmaßnahmen nach § 21 Abs. 1 und Abs. 2 Nr. 1a, 3 bis 5 InsO** (also u.a. die Einsetzung eines vorläufigen Gläubigerausschusses, die Anordnung einer Postsperre oder der Erlass einer sog. Stopp-Anordnung in Bezug auf mit Aus- und Absonderungsrechten belastete Gegenstände) im Ermessen des Gerichts. Auf entsprechenden Schuldnerantrag hin zwingend anzuordnen sind allerdings gem. § 270d Abs. 3 InsO n.F. die **Untersagung bzw. Einstellung von Zwangsvollstreckungsmaßnahmen** nach § 21 Abs. 2 Nr. 3 InsO. Damit kann sich der Schuldner vor einer **laufenden oder drohenden Zwangsvollstreckung** in sein (bewegliches) Vermögen zunächst schützen und kann sein Vermögen als Einheit erhalten, was in aller Regel Voraussetzung für eine erfolgreiche Sanierung ist. Dagegen liegt die Entscheidung über die nach § 30d ZVG beantragte (einstweilige) Einstellung der Zwangsversteigerung in das unbewegliche Vermögen des Schuldners (unverändert) im Ermessen des Gerichts.[92]

106 § 270d InsO n.F. gewährt im Hinblick auf fällige Zahlungen oder andere Leistungsverpflichtungen **keine gesetzliche Stundungswirkung**. Gläubiger und Kunden sind daher an der Ausübung ihrer Rechte außerhalb von Zwangsvollstreckungsmaßnahmen nicht gehindert und können beispielsweise Verträge bei Vorliegen von Zahlungs- oder Lieferverzug nach den allgemeinen vertraglichen und/oder gesetzlichen Regelungen kündigen. Dies kann im Ergebnis zu einer akuten Zahlungsunfähigkeit des Schuldners nach § 17 und damit letztlich auch zur Aufhebung des Verfahrens nach Abs. 3 Nr. 1 durch das Gericht führen (dazu unten Rdn 78).

---

91 So auch Zipperer/Vallender, NZI 2012, 729, 731.
92 So auch der Hinweis in BT-Drucks. 17/5712, S. 41.

d) Aufsicht durch vorläufigen Sachwalter

Auch im Rahmen des „Schutzschirmverfahrens" gem. § 270d InsO n.F. ist durch das Gericht **zwingend** ein **vorläufiger Sachwalter** (§ 270b InsO n.F.) zu bestellen. Dessen Rechtsstellung unterscheidet sich nicht von der des vorläufigen Sachwalters außerhalb des „Schutzschirmes" (vgl. dazu Rdn 33 ff.). 107

Im „Schutzschirmverfahren" nach § 270d InsO n.F. hat der Schuldner gem. Abs. 2 Satz 2 ein **Vorschlagsrecht im Hinblick auf die Person des vorläufigen Sachwalters**. Das Gericht kann von einem entsprechenden Vorschlag nur abweichen, wenn die vorgeschlagene Person **offensichtlich für die Übernahme des Amtes ungeeignet** ist. Das Vorschlagsrecht nach Abs. 2 Satz 2 geht als speziellere Regelung der regelmäßig im Eröffnungsverfahren gegebenen Einflussnahmemöglichkeit der Gläubiger im Zusammenhang mit der Auswahl des vorläufigen Sachwalters nach § 270b Abs. 1 Satz 2 n.F. i.V.m. §§ 274, 56 InsO vor. Insbesondere § 56a Abs. 3 InsO wird durch die Bindungswirkung des § 270d Abs. 2 InsO n.F. überlagert. Eine „Abwahl" durch die Gläubiger ist in diesen Fällen daher erst nach Verfahrenseröffnung im Rahmen der ersten Gläubigerversammlung gem. § 57 InsO möglich. 108

Aufgrund der Verweisungen auf §§ 274 und 56 InsO sind aber solche Personen als vorläufige Sachwalter generell ausgeschlossen, die gem. § 56 InsO nicht als Insolvenzverwalter eingesetzt werden könnten.[93] D.h. eine **Vorbefassung des vorläufigen Sachwalters** ist nur in den engen Grenzen des § 56 Abs. 1 Nr. 2 InsO (in Form einer allgemeinen Beratung über den Ablauf eines Insolvenzverfahrens und dessen Folgen) zulässig. Dies schließt insbesondere einen durch den Schuldner beauftragten Sanierungsberater, der das Unternehmen analysiert und ggf. einen Sanierungsplan erstellt hat oder beauftragt ist, diesen zu erstellen, als künftigen (vorläufigen) Sachwalter aus. 109

Gem. § 270d Abs. 2 Satz 1 InsO n.F. muss die Person des vorläufigen Sachwalters jedoch **personenverschieden von dem Aussteller der Bescheinigung** nach Abs. 1 sein. Auch wenn das Gesetz ausdrücklich nur die Personenidentität von (vorläufigem) Sachwalter und dem Aussteller der Bescheinigung selbst ausschließt, muss dies ebenfalls für mit dem Aussteller verbundene Sozien gelten, da das gesetzgeberische Konzept darauf beruht, dass der Schutz, den die insolvenzrechtlichen Regelungen bieten, nur um den Preis der Überwachung durch eine neutrale Person zu erhalten ist. 110

e) Begründung von Masseverbindlichkeiten

Nach der alten Rechtslage sah § 270b Abs. 3 InsO a.F. eine Sondernorm zur Begründung von Masseverbindlichkeiten im Rahmen des Schutzschirmverfahrens vor. Dies 111

---

[93] So auch AG Stendal, BeckRS 2012, 19830.

Fiebig

ist nach der Neufassung der Vorschriften durch das SanInsFoG nicht mehr der Fall. Die Voraussetzungen zur Begründung von Masseverbindlichkeiten richtet sich nunmehr auch im Schutzschirmverfahren allein nach der allgemeinen Regel des § 270c Abs. 4 InsO n.F. **Ohne einen entsprechenden Antrag und nachfolgende Anordnung** durch das Gericht begründet der Schuldner **keine** Masseverbindlichkeiten.[94]

f) Eintritt der Zahlungsunfähigkeit

112 Tritt während der Schutzschirmphase die **Zahlungsunfähigkeit** ein, haben der Schuldner und der vorläufige Sachwalter dem Gericht diese Tatsache gem. § 270d Abs. 4 Satz 1 InsO n.F. unverzüglich, d.h. ohne schuldhaftes Zögern (vgl. § 121 Abs. 1 BGB), **anzuzeigen**. Nach dem Wortlaut der Norm besteht allerdings lediglich eine Anzeigepflicht, soweit die Zahlungsunfähigkeit nachträglich eintritt. Im Gesetz nicht ausdrücklich geregelt ist die Frage, ob ebenfalls eine Anzeigepflicht (insb. des vorläufigen Sachwalters) besteht, wenn sich im Laufe der gem. § 270d Abs. 1 Satz 2 InsO n.F. gesetzten Frist herausstellt, dass – entgegen der Feststellung in der Bescheinigung gem. § 270d Abs. 1 Satz 1 InsO n.F. – eine Zahlungsunfähigkeit bereits bei Antragstellung vorlag. Dies ist jedoch unter Berücksichtigung des Ziels, den Gläubigern eine angemessene Wahrnehmung ihrer Rechte nach § 270e Abs. 1 Nr. 4 und Abs. 2 InsO n.F. zu ermöglichen, zu bejahen.

g) Aufhebung der Anordnung/Entscheidung über den Fortgang des Verfahrens

113 Sonderregelungen zur Aufhebung der Anordnung gem. § 270d Abs. 1 InsO n.F. gibt es seit Inkrafttreten des SanInsFoG nicht mehr. Die Aufhebung richtet sich nunmehr einheitlich nach § 270e InsO n.F.. Die Aufhebung der Eigenverwaltung ist im Zweifel gleichzeitig auch die Aufhebung der im Rahmen des Schutzschirms angeordneten Vorlagefrist für den Insolvenzplan.

h) Entscheidung über den Fortgang des Verfahrens

114 Gem. § 270d Abs. 4 S. 2 InsO n.F. entscheidet das Gericht **nach Aufhebung der Anordnung** oder **nach Ablauf der eingeräumten Frist zur Planerstellung** über die Eröffnung des Insolvenzverfahrens. Dies bedeutet jedoch nicht, dass zu diesem Zeitpunkt zwingend auch eine Eröffnung des Verfahrens oder Abweisung des Antrages mangels Masse zu erfolgen hat. Sind vielmehr die Eröffnungsvoraussetzungen zu

---

[94] BGH, Beschl. v. 24.3.2016 – IX ZR 157/14, IBRRS 2016, 1066.

diesem Zeitpunkt noch nicht hinreichend geklärt, kann das Gericht im Rahmen seiner normalen Möglichkeiten wie im regulären Eröffnungsverfahren vorgehen.

Liegen alle Voraussetzungen vor, entscheidet das Gericht nach den allgemeinen Vorschriften über die **Eröffnung des Insolvenzverfahrens und die Bestellung des Insolvenzverwalters bzw. – im Fall der Anordnung der Eigenverwaltung – des Sachwalters**. Der vom Schuldner für das Verfahren nach § 270d InsO n.F. vorgeschlagene vorläufige Sachwalter muss nicht zwangsläufig auch zum Insolvenzverwalter oder Sachwalter bestellt werden, insb. können die Gläubiger in diesem Verfahrensstadium ihren Einfluss über den (vorläufigen) Gläubigerausschuss ausüben. Im eröffneten Verfahren kann sodann über den unter dem „Schutzschirm" vorbereiteten Insolvenzplan nach den allgemeinen Vorschriften abgestimmt werden.[95]

115

i) Verfahrensfragen

Eine Pflicht zur **Veröffentlichung der Anordnung** des „Schutzschirmes" besteht nicht. Nach pflichtgemäßem Ermessen ist eine Veröffentlichung jedoch gleichwohl möglich.[96] Im Rahmen der Abwägung ist insbesondere zu berücksichtigen, ob dem Unternehmen durch das Bekanntwerden der Anordnung Nachteile drohen, sowie ob bereits eine Antragspflicht wegen Überschuldung bestanden hat. Ist die Anordnung des „Schutzschirmes" veröffentlicht worden, ist auch dessen Aufhebung zu veröffentlichen. Erfolgte keine Veröffentlichung der Anordnung, ist auch eine Veröffentlichung der Aufhebung nicht erforderlich.[97]

116

Lehnt das Gericht den vom Schuldner vorgeschlagenen vorläufigen Sachwalter wegen **offensichtlicher Ungeeignetheit ab**, hat es seine Entscheidung zu begründen (§ 270d Abs. 2 Satz 2 Halbs. 2 InsO n.F.). Ein Rechtsmittel ist gegen die Entscheidung jedoch nicht gegeben.[98]

117

V. Aufgabenverteilung zwischen Schuldner und Sachwalter

Das Konzept der Eigenverwaltung sieht vor, dass der Schuldner im Gegensatz zum Regelinsolvenzverfahren nach Anordnung der Eigenverwaltung verfügungsbefugt bleibt (zur Ausgestaltung der Verfügungsbefugnis siehe Rdn 117 ff.), seine Geschäftsführung jedoch durch einen neutralen Sachwalter überwacht wird. Im Falle festgestellter Pflichtenverstöße obliegt dem Sachwalter eine Anzeigepflicht; die Entschei-

118

---

95 Vgl. BT-Drucks. 17/5712, S. 41: „pre-packaged plans".
96 AG Göttingen, BeckRS 2012.
97 AG Göttingen, BeckRS 2012, 23480.
98 AG Hamburg, BeckRS 2013, 13615.

dung darüber, ob die Eigenverwaltung in Kenntnis der neuen Umstände fortgesetzt werden soll, obliegt aber allein den Gläubigern, die deren Aufhebung beantragen müssen, sowie seit den Neuregelungen des SanInsFoG auch dem Gericht, das in bestimmten Konstellationen nunmehr eine Aufhebung von Amts wegen veranlassen kann (s. Rdn 209 ff.). Zusätzlich zur Überwachung des Schuldners sind dem Sachwalter bestimmte Aufgaben, wie die Geltendmachung von Anfechtungs- und Haftungsansprüchen oder die Tabellenführung zugewiesen. Er ist zudem berechtigt, die Kassenführung zu übernehmen. Die **Abgrenzung der Aufgaben zwischen Schuldner und Sachwalter** ist im Einzelnen den §§ 274 bis 285 InsO zu entnehmen.

1. Rechtsstellung, Aufgaben und Befugnisse des Schuldners

a) Rechtsstellung des Schuldners

119 Nach der Regelungssystematik der InsO obliegt nach Anordnung der Eigenverwaltung die **Verwaltungs- und Verfügungsbefugnis** weiterhin dem Schuldner, d.h. ihn treffen sämtliche Aufgaben und Pflichten, die im Regelinsolvenzverfahren durch den Insolvenzverwalter wahrzunehmen sind, es sei denn, die Aufgabe ist durch das Gesetz dem Sachwalter zugewiesen.

120 Vor der Neuregelung durch das SanInsFoG, war umstritten, ab wann der Schuldner durch die insolvenzrechtlichen Regelungen in seiner Geschäftsführung gebunden war. Wie der BGH seinerzeit klargestellt hatte, definierte sich aber spätestens ab der Eröffnung des Insolvenzverfahrens der Pflichtenkreis des Schuldners neu und seine Verfügungsbefugnis ist **fortan durch den Insolvenzzweck gebunden**. Er hat während der Dauer des Insolvenzverfahrens seine Eigeninteressen hinter diejenigen der Gläubiger zu stellen und das insolvenzrechtliche Regelungswerk zu beachten.[99] Nunmehr gilt dieser Maßstab einheitlich sowohl für die vorläufige Eigenverwaltung als auch für die Eigenverwaltung im eröffneten Verfahren.

121 Handelt es sich bei dem Schuldner um eine juristische Person, wird diese auch im Rahmen der Eigenverwaltung **weiterhin durch ihre gesellschaftsrechtlichen Organe vertreten**. Etwaige gesellschaftsrechtliche Vertretungsbeschränkungen (z.B. fehlende Alleinvertretungsberechtigung) bleiben bestehen. Auch während der Eigenverwaltung behalten (soweit vorhanden) der Aufsichtsrat bzw. die Gesellschafterversammlung ihre Zuständigkeit zur Bestellung und Abberufung von Vorstandsmitgliedern bzw. Geschäftsführern, allerdings kommt dem Sachwalter gem. § 276a Abs. 1 Satz 2 InsO insoweit ein Zustimmungsvorbehalt zu, so dass die Organe nur noch mit seiner Zustimmung abberufen und bestellt werden können. Eine darüber hinaus gehende Einflussnahme der Gesellschafterversammlung, des Aufsichts-

---

[99] BGH, NZI 2007, 188, 189; Noack, ZIP 2002, 1873.

rates oder vergleichbarer Organe ist aber ausdrücklich ausgeschlossen. Der eigenverwaltende Schuldner – bzw. im Falle einer juristischen Person das entsprechende Vertretungsorgan – unterliegt insoweit keinerlei Weisungen der Überwachungsorgane mehr, sofern nicht ausschließlich der insolvenzfreie Bereich betroffen ist.[100] Gem. der Neuregelung des § 276a Abs. 3 InsO gilt dies nunmehr auch für die vorläufige Eigenverwaltung.

b) Aufgaben und Befugnisse des Schuldners

aa) Allgemeines

Dem Schuldner obliegt im Rahmen der Eigenverwaltung die Aufgabe, die Insolvenzmasse zu **verwalten** und – soweit keine Sanierung mittels Insolvenzplan angestrebt wird – diese zu **verwerten**. Nimmt er im Rahmen seiner Verwaltungs- und Verfügungsbefugnis nach Anordnung der Eigenverwaltung Verwaltungs- oder Verwertungshandlungen vor, stellen die daraus resultierenden Verbindlichkeiten Masseverbindlichkeiten i.S.d. § 55 Abs. 1 Nr. 1 InsO dar.[101] 122

Der Schuldner hat dem Sachwalter **Zutritt zu den Geschäftsräumen** zu gewähren, **Einsicht in seine Bücher und Geschäftspapiere zu gestatten,** ihm alle erforderlichen **Auskünfte zu erteilen** und ihn bei seiner Aufgabe zu unterstützen. Der Schuldner hat insoweit von sich aus alle (voraussichtlich) relevanten Informationen und Sachverhalte dem Sachwalter mitzuteilen bzw. zur Bewertung vorzulegen. Es ist nicht ausreichend, lediglich auf Fragen zu antworten und es somit dem Zufall bzw. dem Geschick des Sachwalters zu überlassen, ob und wann er die „richtigen" Fragen stellt. Offensichtliche Fehlvorstellungen und Irrtümer des Sachwalters sind durch den Schuldner **unaufgefordert und unverzüglich richtig zu stellen**. 123

Der Schuldner hat – ggf. unter Hinzuziehung entsprechender Fachleute – die **Betriebsfortführung zu organisieren und hierfür Liquiditätsplanungen zu erstellen**. Er muss zudem regelmäßig eigenständig kontrollieren, ob eine **Masseunzulänglichkeit** eingetreten ist oder einzutreten droht und in diesem Fall den Sachwalter unverzüglich informieren, der dann gem. § 285 InsO die Anzeige vorzunehmen hat. Eine Berechtigung des Schuldners zur Anzeige der Masseunzulänglichkeit besteht nicht (vgl. dazu Rdn 194). Die letztendliche Prüfung, ob der Tatbestand des § 208 InsO tatsächlich vorliegt, obliegt ebenfalls allein dem Sachwalter, ein diesbezügliches Weisungsrecht des Schuldners besteht nicht. Der Schuldner ist verpflichtet, dem Sachwalter – auch unaufgefordert – alle für die Prüfung erforderlichen Informationen und Unterlagen zur Verfügung zu stellen. Nach Anzeige der 124

---

100 Vgl. hierzu HambKomm/Fiebig, § 276a InsO n.F. Rn 3 ff.
101 Uhlenbruck/Zipperer, § 270 InsO a.F. Rn 33.

(drohenden) Masseunzulänglichkeit gelten die Rechtsfolgen der §§ 209 ff. InsO Auch der eigenverwaltende Schuldner ist daher fortan an die Verteilungsreihenfolge des § 209 InsO gebunden.

bb) Gegenseitige Verträge (§ 279 InsO)

125 Gem. § 279 InsO obliegt das **Wahlrecht gem. § 103 InsO** sowie die **Ausübung der besonderen Kündigungsrechte** für Arbeits- und Mietverhältnisse (einschließlich der Beachtung der arbeitsrechtlichen Vorschriften über Sozialplan und Kündigungsschutz) dem Schuldner. Darüber hinaus konstituieren die Sätze 2 u. 3 ein gestuftes Gläubigerschutzsystem, indem sie Mitwirkungsbefugnisse des Sachwalters begründen, welche neben diejenigen aus §§ 275 bis 277 InsO treten.

126 Rechtshandlungen des Schuldners gem. §§ 103 bis 128 InsO binden die Masse und begründen ggf. Masseverbindlichkeiten. Gem. § 279 Satz 2 InsO ist in jedem Fall der Ausübung von Rechten nach §§ 103 bis 128 InsO das Einvernehmen mit dem Sachwalter herzustellen. Die Ausübung ohne ein solches Einvernehmen ist im Außenverhältnis allerdings dennoch grundsätzlich wirksam.

127 Eine Einschränkung des vorstehend genannten Grundsatzes, wonach Handlungen ohne Zustimmung des mit Abstimmung mit dem Sachwalter im Außenverhältnis wirksam sind, bildet allerdings § 279 Satz 3 InsO, wonach die Wirksamkeit einer **vorzeitigen Kündigung von Betriebsvereinbarungen** (§ 120 InsO), ein **Antrag auf gerichtliche Zustimmung zur Durchführung einer Betriebsänderung** (§ 122 InsO) sowie ein **Antrag auf gerichtliche Feststellung der sozialen Rechtfertigung einer Kündigung** (§ 126 InsO) zum Schutz der Arbeitnehmer von der (vorherigen) Zustimmung des Sachwalters abhängen. Die Ausübung ohne eine solche Zustimmung hat allerdings dennoch eine gewisse Außenwirkung, da die (nachträgliche) Genehmigung bis zur gerichtlichen Entscheidung in den Fällen der §§ 122, 126 InsO möglich ist.[102] Der Schuldner bleibt ungeachtet des Zustimmungserfordernisses für das Kündigungsschutzverfahren passivlegitimiert.[103]

cc) Berichterstattung, Erstellung von Verzeichnissen (§ 281 InsO)

128 Der Schuldner hat die zur Information der Gläubiger **erforderlichen Verzeichnisse** zu erstellen sowie **über seine Tätigkeit Bericht zu erstatten und Rechnung zu legen**. Dem Sachwalter obliegt es, die vom Schuldner vorgelegten Unterlagen zu prüfen und dazu sowie zum Bericht des Schuldners Stellung zu nehmen.

129 **Auskunftsrechte von Gericht und Gläubigern** richten sich gem. § 281 InsO ebenfalls primär gegen den Schuldner. Vom Sachwalter können gem. §§ 274 Abs. 1,

---

102 Uhlenbruck/Uhlenbruck, § 279 InsO Rn 4.
103 LAG Sachsen-Anhalt, Urt. v. 9.3.2010 – 2 Sa 369/09, n.v.

58 Abs. 1 Satz 2 InsO Auskünfte oder ein Bericht lediglich über die Überwachung der Geschäftsführung des Schuldners verlangt werden.[104]

Der Schuldner muss gem. § 281 Abs. 3 InsO eine **Schlussrechnung** vorlegen, die das gesamte Rechenwerk umfasst, das außerhalb der Eigenverwaltung der Insolvenzverwalter bei Abschluss des Verfahrens vorzulegen hätte. Insb. hat er eine **Einnahmen-/Ausgabenrechnung**, einen **Schlussbericht** sowie das **Schlussverzeichnis** vorzulegen. Die Verpflichtung des Schuldners zur Schlussrechnungslegung gilt nicht nur für den Fall der regulären Beendigung des Insolvenzverfahrens, sondern auch bei vorzeitiger Aufhebung der Eigenverwaltung. Bei einer juristischen Person trifft diese Pflicht die Mitglieder ihres geschäftsführenden Organs.[105]

dd) Verwertung von Sicherungsgut (§ 282 InsO)

Das Recht zur **Verwertung von Sicherungsgut** steht gem. § 282 InsO dem Schuldner zu. § 282 Abs. 1 InsO begründet dabei kein eigenständiges Verwertungsrecht für die Eigenverwaltung, vielmehr wird lediglich angeordnet, dass die im Regelverfahren dem Insolvenzverwalter zustehenden Verwertungsrechte durch den Schuldner ausgeübt werden. Die Frage, ob ein Verwertungsrecht dem Schuldner oder dem Gläubiger zusteht, richtet sich daher auch in der Eigenverwaltung allein nach den §§ 165 ff. InsO. Der Schuldner kann für die Verwertung allerdings anstatt der sonst geltenden gesetzlichen Feststellungs- und Verwertungspauschalen **lediglich die tatsächlichen Kosten der Verwertung und die anfallende Umsatzsteuer** vom Gläubiger verlangen.

Das **Fehlen der pauschalierten Feststellungs- und Verwertungsbeiträge** kann dazu führen, dass insb. bei Massen, die ausschließlich aus (hochwertigem) Sicherungsgut bestehen, zwar eine Verfahrenseröffnung im regulären Insolvenzverfahren möglich ist, im Falle der Eigenverwaltung das Verfahren aber mangels Masse abzuweisen wäre. Aufgrund der Ordnungsfunktion des Insolvenzverfahrens wäre in diesem Fall somit der Antrag auf Anordnung der Eigenverwaltung zwingend abzuweisen, um die Durchführung des Insolvenzverfahrens zu gewährleisten.

Der Schuldner soll gem. § 282 Abs. 2 InsO sein Verwertungsrecht **in Abstimmung mit dem Sachwalter** ausüben, es handelt sich dabei aber um eine reine **Sollvorschrift**. Soweit der Schuldner einen Gegenstand ohne Abstimmung oder gar gegen den Willen des Sachwalters verwertet, ist die Verwertung im Außenverhältnis rechtswirksam.[106] Ein solcher Verstoß wird aber i.d.R die Anzeigepflicht des Sachwalters gem. § 274 Abs. 3 InsO auslösen und kann damit zur Aufhebung der Eigenverwaltung führen.

---

104 Pape/Uhlenbruck/Voigt-Salus, InsR, Kap. 39 Rn 21.
105 AG Duisburg, NZI 2006, 112, 113.
106 Uhlenbruck/Uhlenbruck, § 282 InsO Rn 7.

ee) Bestreiten von Forderungen (§ 283 InsO)

134 Ebenso wie im Regelverfahren steht dem Schuldner gem. § 283 Abs. 1 InsO in der Eigenverwaltung das Recht zu, Forderungen zu bestreiten. Macht er von diesem Rechte Gebrauch, **hindert dies** – im Gegensatz zum regulären Insolvenzverfahren – allerdings die **Feststellung der Forderung zur Tabelle**, anstatt lediglich die Vollstreckung in das Schuldnervermögen nach Aufhebung des Insolvenzverfahrens. In diesem Fall ist auch die gegen sein Bestreiten gerichtete **Feststellungsklage des Gläubigers** gegen den Schuldner zu richten.

135 In der Vergangenheit war umstritten, ob der Schuldner eine Forderung nur einheitlich entweder anerkennen oder bestreiten konnte.[107] Der BGH hat allerdings klargestellt, dass der Schuldner die Forderung dem Grunde nach anerkennen, die persönliche Nachhaftung aber von einer gerichtlichen Prüfung der Forderung abhängig machen (d.h. lediglich den **Deliktscharakter bestreiten**) kann. Dies gilt selbst dann, wenn das Vorsatzdelikt notwendige Voraussetzung des geltend gemachten Zahlungsanspruches ist.[108]

ff) Verteilung der Masse

136 Der Schuldner hat gem. § 283 Abs. 2 InsO ebenfalls die **Verteilung der Masse** vorzunehmen. Eine Ausnahme gilt lediglich, soweit sich der Sachwalter gem. § 275 InsO die Kassenführung vorbehalten hat. Für die Ausführung der Schlussverteilung gilt auch in der Eigenverwaltung § 196 Abs. 2 InsO, d.h. die Schlussverteilung darf nur mit Zustimmung des Insolvenzgerichtes erfolgen.

gg) Einberufung einer Gläubigerversammlung

137 Das in § 75 Abs. 1 Nr. 1 dem Insolvenzverwalter eingeräumte Recht zur **Einberufung einer Gläubigerversammlung** steht sowohl dem Schuldner als auch dem Sachwalter unabhängig voneinander zu, da sich für beide aus ihrem Tätigkeitsbereich heraus eine Notwendigkeit zur Einberufung ergeben kann, wie sie typischerweise der Situation des Insolvenzverwalters im Regelverfahren entspricht.

hh) Vorlage eines Insolvenzplanes (§§ 218, 284 InsO)

138 Wie bereits im Regelinsolvenzverfahren steht dem Schuldner auch in der Eigenverwaltung gem. § 218 Abs. 1 InsO das Recht zu, einen Insolvenzplan vorzulegen. Die-

---

107 Pape, Kölner Schrift zur InsO, Kap. 24 Rn 66; MüKo/Witting/Tetzlaff, § 283 InsO Rn 11; so aber Häsemeyer, InsR, Rn 8.16; BK-Blersch, § 283 InsO Rn 3).
108 BGH, NZI 2013, 1025, 1028.

ses **allgemeine Vorlagerecht** gilt unabhängig von einer entsprechenden Initiative bzw. Beauftragung durch die Gläubigerversammlung.

Gem. § 284 InsO, der eine Modifikation des allgemeinen Vorlagerechtes gem. § 218 InsO vorsieht und der gegenüber dem Regelverfahren spezielleren Position des Schuldners als „Eigenverwalter" Rechnung trägt, kann die Gläubigerversammlung darüber hinaus aber auch einen **Auftrag zur Erstellung eines Insolvenzplanes** entweder an Schuldner oder Sachwalter erteilen und in diesem Rahmen auch ein **konkretes Planziel** vorgeben.[109] Nunmehr kann ein solcher Auftrag Gem. § 284 Abs. 1 InsO n.F. auch bereits im Rahmen der vorläufigen Eigenverwaltung an den Schuldner oder vorläufigen Sachwalter erteilt werden. 139

Der insoweit beauftragte Schuldner ist dann an diesen Auftrag sowie ein etwaig vorgegebenes Planziel **gebunden**, auch wenn er selbst ggf. andere Ziele oder Vorstellungen hat. Das Auftragsrecht gem. § 284 InsO besteht **unabhängig vom Initiativrecht des Schuldners**, d.h. die Gläubigerversammlung kann – trotz eines ggf. bereits durch den Schuldner aus eigenem Antrieb vorgelegten Insolvenzplanes – Schuldner oder (vorläufigen) Sachwalter mit der Erstellung eines (anderen) Insolvenzplanes beauftragen. Die Beauftragung erfolgt nunmehr bereits während des Eröffnungsverfahrens oder nach Verfahrenseröffnung im Rahmen der ersten Gläubigerversammlung. Gem. §§ 270 Abs. 1 S. 2 i.V.m. 157 InsO ist aber auch die Beauftragung zu einem späteren Zeitpunkt noch möglich. Gem. § 284 Abs. 1 InsO n.F. hat der (vorläufige) Sachwalter an der Planerstellung durch den Schuldner beratend mitzuwirken. Eine Überwachung des Plans durch den Sachwalter nach § 284 Abs. 2 InsO erfolgt jedoch nur dann, wenn im gestaltenden Teil gem. §§ 260 ff. InsO eine Überwachung ausdrücklich vorgesehen ist. 140

ii) Entnahme von Unterhalt (§ 278 InsO)

Handelt es sich bei dem Schuldner um eine natürliche Person bzw. steht ein persönlich haftender Gesellschafter hinter der Schuldnerin, sind diese gem. § 278 InsO berechtigt, der Insolvenzmasse die **Mittel zu ihrer privaten Lebensführung** zu entnehmen. Die Regelungen über die Vergütung des Sachwalters gelten nicht analog für die Frage der Vergütung des eigenverwaltenden Schuldners oder seiner geschäftsführenden Organmitglieder.[110] Die Kompensation des Schuldners für seine Tätigkeit ist abschließend durch § 278 sowie die Pfändungsschutzvorschriften der ZPO geregelt. 141

§ 278 Abs. 1 weist dem Schuldner eine **direkte Entnahmeberechtigung** für die Unterhaltsbeträge zu. Einen der Regelung des § 100 InsO entsprechenden Beschluss 142

---

109 Uhlenbruck/Zipperer, § 284 InsO Rn 3.
110 AG Duisburg, NZI 2006, 112, 113.

der Gläubigerversammlung oder eine entsprechende Bewilligung durch den Sachwalter macht § 278 InsO nicht zur Voraussetzung einer Entnahme. Ebenso wenig besteht eine Berechtigung oder Verpflichtung zur Festsetzung und/oder Überwachung der Entnahmebeträge durch das Insolvenzgericht von Amts wegen. Weder Sachwalter noch Gericht können somit die Entnahme von Beträgen – gleich welcher Höhe – durch den Schuldner verhindern. Der Sachwalter hat jedoch die Berechtigung und die Angemessenheit der entnommenen Beträge zu überwachen und im Fall überhöhter Entnahmen den Gläubigern diesen Umstand gem. § 274 Abs. 3 InsoO anzuzeigen.

(1) Abgrenzung zu den Pfändungsschutzvorschriften der ZPO/ zusätzlicher Unterhalt

143 Handelt es sich bei dem Schuldner um eine natürliche Person und geht er einer abhängigen Beschäftigung nach, stehen ihm zunächst die **unpfändbaren Beträge** gem. §§ 850ff. ZPO zu, da diese gem. § 36 InsO ohnehin nicht in die Insolvenzmasse fallen. Selbstständig tätige Schuldner müssen die ihnen zustehenden pfändungsfreien Beträge gem. § 850i ZPO durch das Gericht festsetzen lassen. Hinsichtlich der Berücksichtigung von Familienangehörigen muss auch i.R.d. § 278 InsO der Gedanke des § 850c Abs. 4 ZPO gelten, nach dem Familienangehörige, die über ein ausreichendes eigenes Einkommen verfügen, bei der Unterhaltsgewährung nicht zu berücksichtigen sind.

144 Zusätzlich zum pfändungsfreien Einkommen kann dem Schuldner gem. § 278 InsO ein **erhöhter Unterhaltsbetrag** gewährt werden, wenn dies unter Berücksichtigung der bisherigen Lebensverhältnisse angemessen erscheint, soweit hierdurch die **Grenzen einer bescheidenen Lebensführung nicht überschritten** werden. Sollen dem Schuldner zusätzliche Unterhaltsbeträge gewährt werden, die die Grenze der bescheidenen Lebensführung überschreiten, so ist dies grundsätzlich möglich, da § 278 InsO keine abschließende Regelung trifft. In diesem Fall kann dieses Ergebnis allerdings nur über eine Beschlussfassung der Gläubigerversammlung gem. § 100 InsO im Hinblick auf die Zusatzbeträge herbeigeführt werden.[111] Ein selbstständiges Entnahmerecht für den Schuldner besteht insoweit nicht.

145 Da dem persönlich haftenden Gesellschafter in der Insolvenz der Gesellschaft kein pfändungsfreies Einkommen zusteht, richtet sich der ihm zu gewährende Unterhalt direkt nach § 278 InsO. Bezieht er aus einer Nebentätigkeit weitere Einkünfte, sind diese in die Unterhaltsbemessung einzubeziehen.

---

111 K. Schmidt/Undritz, § 278 InsO n.F. Rn 6.

(2) Anwendbarkeit des § 278 auf Gesellschaftergeschäftsführer bzw. -vorstände

Bei juristischen Personen besteht ein Unterhaltsanspruch bereits per Definition 146 nicht. Hier bleibt es im Fall der Eröffnung eines Insolvenzverfahrens (zunächst) bei den vertraglich festgesetzten Gehältern der Organe, die eine Masseverbindlichkeit gem. § 55 Abs. 1 Nr. 1 InsO darstellen.[112] Eine auf § 278 InsO basierende **Entnahmeberechtigung für geschäftsführende Gesellschafter,** die erheblich an der schuldnerischen Gesellschaft beteiligt sind, besteht ebenfalls nicht. Grundlage für die Entlohnung der Arbeitstätigkeit sind auch für sie dem Grunde nach die weiterbestehenden Arbeitsverträge. Die sich daraus ergebenden Gehalts- bzw. Vergütungsansprüche haben den Charakter von Masseverbindlichkeiten gem. § 55 InsO.[113] Es erscheint jedoch systemgerecht, wenn § 278 InsO insoweit als Obergrenze herangezogen wird und so ggf. zu einer Kappung der vertraglich vorgesehenen Gehälter führt. Denn es ist nicht einzusehen, weshalb der i.R.d. Eigenverwaltung tätige Schuldner oder persönlich haftende Gesellschafter auf einen bescheidenen Lebensstandard verwiesen werden, ein Alleingesellschafter einer juristischen Person, der gleichzeitig Geschäftsführer ist, aber einen fortwährenden Anspruch auf ein demgegenüber deutlich höheres Gehalt haben soll. Dem Insolvenzgericht steht allerdings mangels gesetzlicher Normierung insoweit keine Entscheidungskompetenz zu.[114] Besteht ein Gesellschaftergeschäftsführer unter Verweis auf die vertragliche Grundlage auf die Auszahlung einer Vergütung, die weit über den Grenzen des § 278 liegt, kann hierin aber ein Anzeichen, dass keine Bereitschaft besteht, die Geschäftsführung an den Interessen der Gläubiger auszurichten i.S.d. § 270e Abs. 1 Nr. 1 InsO n.F. zu sehen und die Anordnung einer Eigenverwaltung ausgeschlossen sein. Ebenfalls kann ein solches Verhalten die Anzeigepflicht des Sachwalters gem. § 274 Abs. 3 InsO auslösen und so zu einer nachträglichen Aufhebung des Verfahrens führen.

c) Beschränkungen des Schuldners

aa) Eingehen von Verbindlichkeiten (§ 275 Abs. 1 InsO)

Gem. § 275 Abs. 1 InsO soll der Schuldner **Verbindlichkeiten, die nicht zum ge-** 147 **wöhnlichen Geschäftsbetrieb gehören,** nur mit **Zustimmung des Sachwalters** eingehen. Auch Verbindlichkeiten, die zum gewöhnlichen Geschäftsbetrieb gehören, soll der Schuldner nicht eingehen, soweit der Sachwalter diesen **widerspricht.** Die Vorschrift erfasst lediglich Verbindlichkeiten, die im Zusammenhang mit der Geschäftstätigkeit des Schuldners stehen. Für Verbindlichkeiten, die im Zusammenhang mit der privaten Lebensführung des Schuldners stehen, ist hingegen al-

---

112 AG Duisburg, ZIP 2005, 2335, 2336.
113 AG Duisburg, ZIP 2005, 2335, 2336.
114 Vgl. AG Duisburg, ZIP 2005, 2335, 2336.

lein § 278 InsO maßgeblich. Unter den „gewöhnlichen Geschäftsbetrieb" fallen lediglich die Vorgänge des Tagesgeschäfts.

148 Aufgrund des gläubigerschützenden Normzweckes darf der **Begriff der Eingehung einer Verbindlichkeit** nicht zu eng ausgelegt werden. Es kommt somit nicht darauf an, ob die eingegangene Verbindlichkeit über einen längeren Zeitraum unerfüllt fortbestehen wird, sondern lediglich, ob eine solche im Rahmen des beabsichtigen Rechtsgeschäftes begründet wird. Unerheblich ist, ob der eingegangenen Verbindlichkeit eine Gegenleistung gegenübersteht oder ob sie unmittelbar nach Vertragsschluss erfüllt werden soll. Auch die Gewährung eines Darlehens durch den Schuldner unterfällt daher § 275 Abs. 1 InsO, da im Moment des Abschlusses des Darlehensvertrages eine entsprechende Verpflichtung begründet wird.[115] Haben sich Sachwalter und Schuldner vorab darüber verständigt, welche Art von Geschäftsvorfällen abzustimmen sind, ist diese Vereinbarung maßgeblich.

(1) Zustimmungserfordernis

149 Die Zustimmung gem. § 275 Abs. 1 Satz 1 InsO ist stets **vor Eingehung der Verbindlichkeit** einzuholen. Dem Sachwalter sind insoweit alle relevanten Informationen durch den Schuldner mit einer dem Einzelfall angemessenen Vorlaufzeit mitzuteilen sowie die erforderlichen Dokumente (z.B. Vertragsentwürfe) vorzulegen. Die Zustimmung kann formlos und sogar durch konkludentes Handeln erteilt werden,[116] das bloße Schweigen auf einen Vorschlag des Schuldners ist allerdings nicht als Zustimmung zu werten.

150 In unvorhergesehenen, eilbedürftigen Notfällen (z.B. Veranlassung von Sicherungsmaßnahmen nach einem Brandfall, Veräußerung verderblicher Lebensmittel nach Ausfall der Kühlmöglichkeiten, Veranlassung der Bergung von Unfallfahrzeugen etc.) darf der Schuldner die zur Sicherung der Insolvenzmasse bzw. zur Abwehr von Schaden erforderlichen Verbindlichkeiten auch ohne vorherige Zustimmung des Sachwalters eingehen, sofern dieser nicht in einem der Sachlage angemessenen Zeitraum erreichbar ist. Der Sachwalter ist in diesen Fällen aber unverzüglich im Nachhinein über die Situation und die eingegangenen Verpflichtungen vollumfänglich zu informieren.

151 Im Unterschied zur Situation des § 277 InsO (dazu Rdn 178 ff.) ist die Eingehung einer Verbindlichkeit durch den Schuldner ohne die nach § 275 Abs. 1 InsO erforderliche Zustimmung des Sachwalters im Außenverhältnis wirksam.[117] Ein Verstoß kann aber die Anzeigepflicht des Sachwalters gem. § 274 Abs. 3 InsO auslösen.

---

115 **A.A.** Uhlenbruck/Zipperer, § 275 InsO Rn 2; FK/Foltis, § 275 InsO Rn 6.
116 Uhlenbruck/Zipperer, § 275 InsO Rn 4.
117 AG Duisburg, ZInsO 2002, 1046.

(2) Widerspruchsrecht

Der **Anwendungsbereich des Widerspruchsrechtes** ist vergleichsweise **eingeschränkt**. Er beschränkt sich auf diejenigen Fälle, in denen der Sachwalter entweder durch den Schuldner – auf freiwilliger Basis oder auf entsprechende eigene Nachfrage – im Vorwege informiert wurde oder der Sachwalter von dritter Seite von dem bevorstehenden Geschäft erfahren hat. Zudem kann der Sachwalter auf Basis der Überprüfung bereits getätigter Geschäfte der **Eingehung gleichartiger Verbindlichkeiten für die Zukunft** im Voraus widersprechen. 152

Auch ein im Verstoß gegen den erklärten Widerspruch getätigtes Geschäft ist im **Außenverhältnis wirksam**. Auch hier kann aber ein Verstoß die Anzeigepflicht gem. § 274 Abs. 3 InsO auslösen und damit Grundlage für die Aufhebung der Eigenverwaltung sein. 153

bb) Anordnung eines Zustimmungsvorbehaltes (§ 277 InsO)

Auf Antrag der Gläubigerversammlung oder eines Gläubigers kann das Gericht gem. § 277 InsO einen **Zustimmungsvorbehalt für bestimmte Geschäfte** zugunsten des Sachwalters anordnen. Für den Antrag der Gläubigerversammlung gem. § 277 Abs. 1 InsO ist eine Entscheidung gem. § 76 Abs. 2 InsO mit einfacher Mehrheit ausreichend. Beantragt lediglich ein einzelner Gläubiger gem. Abs. 2 die Anordnung des Zustimmungsvorbehaltes, so hat er glaubhaft zu machen, dass die Anordnung unaufschiebbar erforderlich ist, um Nachteile für die Gläubiger zu vermeiden. Dies ist i.d.R. dann der Fall, wenn die Rechtshandlung unmittelbar bevorsteht, sodass die Einberufung einer Gläubigerversammlung zur Abstimmung über die Frage des Zustimmungsvorbehaltes **zeitlich nicht mehr möglich** ist.[118] 154

Umstritten ist, ob trotz der Formulierung des Gesetzestextes auch die Anordnung eines Zustimmungsvorbehalts – ohne das Vorliegen entsprechender Anträge – **bereits im Eröffnungsbeschluss** erfolgen kann.[119] 155

Die Anordnung eines **generellen Zustimmungsvorbehalts** für alle Verfügungen des Schuldners ist nach überwiegenden Auffassung im Schrifttum unzulässig, da ein solch umfassender Vorbehalt dem Charakter der Eigenverwaltung widerspricht.[120] 156

---

118 K. Schmidt/Undritz, § 277 InsO n.F. Rn 3.
119 So AG Duisburg, ZInsO 2002, 1046 – Babcock Borsig AG –; im Ergebnis zust. Gundlach/Schmidt, DStR 2002, 2092; AG Duisburg, ZInsO 2003, 940, die die Anordnung eines Zustimmungsvorbehaltes zumindest gem. § 21 Abs. 2 Nr. 2 InsO analog für zulässig erachten, da insoweit eine Regelungslücke gegeben sei; **a.A.** Kluth, ZInsO 2002, 1001, 1003, der die Anordnung in diesem Verfahrensstadium für rechtswidrig und – soweit erfolgt – sogar für nichtig hält; ausf. zum Streitstand Gundlach/Müller, ZInsO 2010, 2181, die in ihrer eigenen Stellungnahme den Charakter der Anordnung der Zustimmungsbedürftigkeit als „Minus" zur Ablehnung der Anordnung der Eigenverwaltung betonen.
120 Uhlenbruck/Uhlenbruck, § 277 InsO Rn 2 m.w.N.

Fiebig

Dennoch kann ein genereller Zustimmungsvorbehalt – der im Übrigen auch für größtmögliche Rechtsklarheit sorgt[121] – im Extremfall möglich sein, z.B. wenn in Ermangelung eines laufenden Geschäftsbetriebes nur einzelne Rechtsgeschäfte von besonderer Bedeutung vorzunehmen sind.

157 Beantragt die Gläubigerversammlung gem. § 277 Abs. 1 InsO die Anordnung des Zustimmungsvorbehalts, steht dem Gericht **kein Prüfungs- oder Ermessensspielraum** zu. Es hat vielmehr den Zustimmungsvorbehalt anzuordnen. Liegt lediglich ein Antrag eines Gläubigers gem. Abs. 2 vor, hat das Gericht hingegen die Begründetheit zu prüfen und **Feststellungen über die Eilbedürftigkeit sowie die für die Gläubiger drohenden Nachteile** zu treffen.

158 Bis zu ihrer Genehmigung (§§ 184, 185 BGB) oder endgültigen Ablehnung durch den Sachwalter sind dem Zustimmungsvorbehalt gem. § 277 InsO unterliegende und durch den Schuldner ohne entsprechende Zustimmung geschlossene Rechtsgeschäfte schwebend unwirksam.

159 Auch wenn das Gesetz keine unmittelbare Aufhebungsbefugnis für den angeordneten Zustimmungsvorbehalt enthält, kann daraus keineswegs gefolgert werden, dass diese Entscheidung unwiderruflich ist. Vielmehr sind die Absätze 1 und 2 des § 277 InsO auch im Hinblick auf die Aufhebung des Zustimmungsvorbehaltes heranzuziehen, sodass das Gericht auf entsprechenden Antrag der Gläubigerversammlung jedweden einmal angeordneten Zustimmungsvorbehalt wieder aufheben kann. Auf Antrag eines einzelnen Gläubigers kann hingegen nur ein ursprünglich durch ihn selbst beantragter Zustimmungsvorbehalt aufgehoben werden.

cc) Mitwirkung des Gläubigerausschusses (§ 276 InsO)

160 Der Schuldner hat die Zustimmung des Gläubigerausschusses einzuholen, wenn er Rechtshandlungen vornehmen will, die für das Insolvenzverfahren von besonderer Bedeutung sind; die §§ 160 Abs. 1 Satz 2, Abs. 2 sowie § 161 Satz 2 und § 164 InsO gelten insoweit entsprechend. § 276 InsO stellt somit klar, dass der eigenverwaltende Schuldner über keine weiter gehenden Befugnisse verfügt als der Insolvenzverwalter, da auch für ihn die **allgemeinen Zustimmungserfordernisse** der §§ 160 ff. InsO gelten. Die §§ 162, 163 InsO gelten bereits über die allgemeine Verweisungsvorschrift des § 270 Abs. 1 Satz 2 InsO. Aus der Tatsache, dass beide Normen in § 276 nicht genannt werden, kann nicht gefolgert werden, dass insoweit eine abweichende Regelung i.S.d. § 270 Abs. 1 Satz 2 gelten soll, da § 276 InsO ausschließlich die Mitwirkung des Gläubigerausschusses regelt, die §§ 162 und 163 InsO hingegen die der Gläubigerversammlung. Die Zustimmung des Gläubigerausschusses ersetzt nicht die des Sachwalters und umgekehrt. Bei zustimmungspflichtigen Rechtshandlungen gem. §§ 160 ff. InsO ist daher vom Schuldner die Zustimmung **sowohl des**

---

[121] AG Hamburg, Beschl. v. 5.8.2003 – 67c IN 42/03, n.v.

Sachwalters als auch des einstweiligen bzw. endgültigen Gläubigerausschusses einzuholen. Statt des Insolvenzverwalters hat das Insolvenzgericht im Falle der Eigenverwaltung den Sachwalter anzuhören.[122]

Wie die Verweisung in § 276 Satz 2 InsO auf § 164 InsO ausdrücklich klarstellt, sind entgegen §§ 160 ff. InsO durch den Schuldner vorgenommene Verwertungshandlungen im Außenverhältnis wirksam.

Übersicht: Rechte und Pflichten des Schuldners

Rechte
- Ausübung der Verwaltungs- und Verfügungsbefugnis (§ 270 Abs. 1 S. 1 InsO)
- Bei juristischen Personen: Abberufung oder Neubestellung von Vorständen oder Geschäftsführern unter Zustimmungsvorbehalt des Sachwalters (§ 276a Abs. 1 InsO)
- Entnahme von Mitteln zur privaten Lebensführung oder Unterhaltsbeträgen aus der Masse (§ 278 InsO)
- Ausübung des Wahlrechtes bei gegenseitigen Verträgen nach den §§ 103 ff. InsO (§ 279 S. 1 InsO)
- Verwertung von Sicherungsgut (§ 282 InsO)
- Bestreiten von Forderungen (§ 283 Abs. 1 InsO)
- Vorlage eines Insolvenzplanes (§ 218 Abs. 1 InsO)

Pflichten
- Unterstützung des Sachwalters bei seiner Aufgabe. Insb. Gewährung von Zutritt zu Geschäftsräumen und Einsicht in Bücher/Geschäftspapiere, Erteilung von Auskünften, eigenständiges zur Verfügung Stellen aller relevanten Informationen (§ 270 Abs. 1 S. 1 InsO)
- Bindung der Verfügungsbefugnis an den Insolvenzzweck, Unterordnen der Interessen zugunsten der Gläubiger, Beachtung der insolvenzrechtlichen Vorschriften (§§ 270, 270a, 270d, 270e InsO)
- Organisation der Betriebsfortführung und Erstellung der Liquiditätsplanungen (§§ 270, 270a, 270b InsO)
- Eingehung von Verbindlichkeiten, die nicht zum gewöhnlichen Geschäftsbetrieb gehören, nur mit Zustimmung des Sachwalters (§ 275 Abs. 1 S. 1 InsO)
- Einholung der Zustimmung des Gläubigerausschusse bei Vornahme von Rechtshandlungen mit besonderer Bedeutung für das Insolvenzverfahren (§ 276 Abs. 1 S. 1 InsO
- Ausarbeitung eines Insolvenzplanes bei entsprechender Beauftragung durch die Gläubigerversammlung – ggf. mit konkret durch die Gläubigerversammlung vorgegebenem Planziel (§ 284 Abs. 1 InsO)
- Erstellung der zur Information der Gläubiger erforderlichen Verzeichnisse sowie Berichterstattung und Rechnungslegung (§ 281 InsO)
- Verwaltung und Verwertung der Insolvenzmasse (§ 282 Abs. 1 S. 1 InsO)
- Erstellung und Vorlage einer Schlussrechnung (281 Abs. 3 InsO InsO)
- Verteilungen der Insolvenzmasse (§ 283 Abs. 2 S. 1 InsO)
- Eigenständige Kontrolle, ob Masseunzulänglichkeit eintritt oder einzutreten droht und Meldung an den Sachwalter zwecks Anzeige (§ 285 InsO)

---

122 BT-Drucks. 12/2443, S. 224.

d) Haftung des Schuldners bzw. seiner Organe

163 Nach alter Rechtslage war die die Haftung des Schuldners bzw. seiner Organe für **Verletzungen der ihnen obliegenden insolvenzrechtlichen Pflichten** nicht ausdrücklich gesetzlich geregelt. Der BGH hatte allerdings mit einer grundlegenden Entscheidung[123] bereits im Jahr 2018 klargestellt, dass die Geschäftsführungsorgane des eigenverwaltenden Schuldners in (doppelt) analoger Anwendung der §§ 60, 61 InsO einer insolvenzspezifischen Haftung unterlagen.[124] Nunmehr ist eine Haftung der Organe nach Maßgabe der §§ 60–62 InsO in § 276a Abs. 2 InsO n.F. auch normiert worden. Die Vorschrift gilt gem. § 276a Abs. 3 InsO n.F. ebenfalls für die vorläufige Eigenverwaltung.

164 Daneben finden aber auch im eröffneten Insolvenzverfahren weiterhin – angepasst an den insolvenzrechtlichen Pflichtenkanon – die gesellschaftsrechtlichen Anspruchsnormen wie z.B. § 3 GmbHG, § 72 GmbHG oder § 71 Abs. 4 GmbHG Anwendung. Ebenso unterliegen der Schuldner bzw. seine Organe der steuerrechtlichen Haftung gem. §§ 69 und 35 AO, die jetzt allerdings durch die Neuregelung des § 15b Abs. 8 InsO eingeschränkt wurde. Die Geltendmachung erfolgt gem. § 280 i.V.m. § 92 S. 2 InsO durch den Sachwalter.

165 Liegt Zahlungsunfähigkeit und/oder die Überschuldung vor, so ist bis zur Eröffnung des Insolvenzverfahrens der Anwendungsbereich von § 15b InsO zwar grundsätzlich eröffnet. Die schuldnerischen Organe sind daher einem latenten Haftungsrisiko für die von ihnen während der vorläufigen Eigenverwaltung vorgenommenen Zahlungen ausgesetzt. Allerdings wird dieser durch die Grundsätze der §§ 276a, 60, 61 InsO überlagert, do dass die Definition des eine **Haftung ausschließenden Sorgfaltsmaßstabes** den besonderen Bedingungen der (redlichen) Geschäftsführung während der vorläufigen Eigenverwaltung und an die Wertungen der §§ 60, 61 InsO anzupassen ist. Zahlungen für nach Antragstellung in Anspruch genommene Leistungen, die der Betriebsfortführung oder der Massesicherung dienen, müssen insoweit als sachgerecht und damit nicht haftungsbegründend eingeordnet werden.[125]

2. Rechtsstellung, Aufgaben und Befugnisse des Sachwalters

a) Bestellung des Sachwalters

166 Gemäß § 270 Abs. 1 S. 2 i.V.m. § 56 InsO ist eine **für den jeweiligen Einzelfall geeignete, geschäftskundige und von den Gläubigern und dem Schuldnerunab-

---

123 BGH, ZIP 2018, 977, 984.
124 BGH, ZIP 2018, 977, 979 ff.
125 So auch Schmidt/Poertzgen, NZI 2013, 369, 375.

hängige Person zum Sachwalter zu bestellen. Der Neutralität kommt insoweit eine wesentliche Bedeutung zu, als zur Wahrung der Gläubigerrechte die Kontrolle des Schuldners durch eine **unabhängige Instanz** sichergestellt werden muss. Aufgrund der Bezugnahme auf § 56 InsO ist klargestellt, dass eine **Vorbefassung des (vorläufigen) Sachwalters** nur in Form einer allgemeinen Beratung über den Ablauf eines Insolvenzverfahrens und dessen Folgen zulässig ist. Eine vertiefte vorherige Befassung legt hingegen eine fehlende Unabhängigkeit nahe, so dass eine nachfolgende Bestellung ausscheidet.

Auch die durch den Schuldner oder einzelne Gläubiger im Vorfeld erfolgte **Beauftragung mit der Erstellung eines Insolvenzplanes** schließt eine Bestellung zum Sachwalter aus, da der Planersteller ansonsten die Umsetzung und die Neutralität des von ihm selbst als Dienstleister entworfenen Plans zu kontrollieren hätte.[126] Da der Planersteller i.d.R. den Schuldner als Berater bei der Umsetzung weiter begleiten wird, ist auch kein Verlust von Know-how zu befürchten. **167**

Einem bestehenden **vorläufigen Gläubigerausschuss** ist gem. § 56a Abs. 1 InsO die Gelegenheit zu geben, sich vor der Bestellung zu der Person des künftigen Sachwalters zu äußern. **Ein einstimmiges Votum** bindet zwar gem. § 56a Abs. 2 Satz 1 InsO das Gericht, allerdings nur soweit der vorgeschlagene Kandidat zur Übernahme des Amtes nicht objektiv ungeeignet ist. Der Gläubigerausschuss kann somit zwar nicht jeden beliebigen Kandidaten gegen den Willen des Gerichtes „durchdrücken", dessen abweichende Entscheidung kommt aber nur dann in Betracht, wenn konkrete Anhaltspunkte für eine fehlende Kompetenz oder fehlende Unabhängigkeit des gewünschten Sachwalters vorliegen. Gleiches gilt gem. § 57 InsO für die Bestellung eines neuen Sachwalters nach Abwahl des ursprünglich durch das Gericht eingesetzten Sachwalters durch die Gläubigerversammlung. Weicht das Gericht von einem Vorschlag des vorläufigen Gläubigerausschusses ab, hat es seine Entscheidung gem. § 27 Abs. 2 Nr. 4 InsO im Eröffnungsbeschluss zu begründen. **168**

Ist der Anordnung der Eigenverwaltung eine **„Schutzschirmphase"** gem. § 270b InsO vorausgegangen, ist grundsätzlich der **bisherige vorläufige Sachwalter** oder eine durch den Schuldner vorgeschlagene andere Person zu bestellen, soweit diese nach den vorstehenden Kriterien geeignet ist. Zwar nimmt § 270b Abs. 2 InsO für das „Schutzschirmverfahren" ausdrücklich nur auf den vorläufigen Sachwalter Bezug, jedoch erscheint es mit der Intention des Gesetzgebers nicht vereinbar, dass für die Bestellung des Sachwalters im eröffneten Verfahren die Bindungswirkung des **§ 270b Abs. 2 Satz 2 InsO** nicht gelten soll. Auch der Gläubigerausschuss kann somit – die Geeignetheit des Kandidaten vorausgesetzt – den Schuldner nicht überstimmen. **169**

---

126 So auch AG Stendal, BeckRS 2012, 19830 zum vorl. Sachwalter.

Fiebig

170 Etwas Anderes gilt lediglich dann, wenn aufgrund **konkreter Vorkommnisse** aus der Zeit der Amtsführung als vorläufiger Sachwalter **Hinweise auf eine Ungeeignetheit der Person** bestehen, oder aber der „Schutzschirm" als gescheitert anzusehen ist, z.B. da der Plan nicht innerhalb der Frist des § 270b Abs. 1 Satz 1 InsO vorgelegt oder der „Schutzschirm" bereits gem. § 270b Abs. 4 InsO vorzeitig aufgehoben wurde. In diesen Fällen kann § 270b Abs. 2 InsO Satz **keine weitere Wirkung** für das weitere Verfahren zukommen – wobei auch in diesen Fällen eine Bestellung des bisherigen vorläufigen Sachwalters auch im eröffneten Verfahren nicht per se ausgeschlossen ist, wenn seine Amtsführung während des vorläufigen Verfahrens nicht zu beanstanden war.

171 Da die **Gläubigerversammlung** gem. § 272 Abs. 1 InsO – das Erreichen der dort genannten Mehrheiten vorausgesetzt – sogar die **Aufhebung der Eigenverwaltung** ohne weitere Voraussetzungen oder Begründung verlangen kann, kann sie auch im Falle eines vorangegangenen „Schutzschirmverfahrens" gem. § 57 InsO (als „Minus" zur Aufhebung der Eigenverwaltung) eine **andere Person als die vom Schuldner vorgeschlagene** zum neuen Sachwalter wählen. Ihre Rechte gem. § 57 InsO werden somit durch § 270b InsO nicht überlagert.

b) Aufgaben und Befugnisse des Sachwalters

172 § 274 InsO enthält die grundlegenden Regelungen zur **Rechtsstellung** und dem **Pflichtenkreis** des Sachwalters. Ergänzt wird § 274 InsO durch zahlreiche weiterführenden Spezialnormen wie z.B. §§ 270c Satz 2, 275, 277, 280, 281, 283 Abs. 2, 284 und 285 InsO sowie § 4 Abs. 2 InsStatG.

aa) Prüf- und Kontrollpflichten des Sachwalters

173 Dem Sachwalter obliegt gem. § 274 Abs. 2 InsO die **Prüfung der wirtschaftlichen Lage des Schuldners, die Überwachung der Geschäftsführung sowie der Ausgaben für die Lebensführung**. Die Prüfung der wirtschaftlichen Lage umfasst dabei die Überprüfung der Angaben des Schuldners zu **Vermögenswerten und Verbindlichkeiten** sowie zur **Fortführungsfähigkeit des schuldnerischen Unternehmens**. Ebenfalls zu prüfen ist die durch den Schuldner aufzustellende Liquiditätsplanung.[127] Der Sachwalter hat insoweit insbesondere zu prüfen, ob die Planung anhand sachgerechter Kriterien – insbesondere im Hinblick auf die zugrunde gelegten Planungsprämissen und -prognosen – erstellt wurde und ob die ursprünglich aufgestellte Planung regelmäßig aktualisiert und den tatsächlichen Umständen angepasst wird. Eine Verpflichtung, eine eigene Planung zu erstellen, besteht nicht.

---

[127] AG Hamburg, Beschl. v. 20.12.2013 – 67g IN 419/12.

174 Die Überwachung der Geschäftsführung erstreckt sich auf das gesamte wirtschaftliche Handeln des Schuldners. Der Sachwalter hat gem. § 274 Abs. 2 InsO insb. den **Zahlungsverkehr des Schuldners** zu überwachen und hierbei u.a. zu überprüfen, ob die Zahlungsreihenfolge der InsO eingehalten, also keine Altverbindlichkeiten beglichen werden bzw. wurden. Wurden Zahlungen für vor Eröffnung begründete Verbindlichkeiten geleistet, ist zu prüfen, ob diese Zahlungen aufgrund einer Einzelermächtigung, einer Pauschalermächtigung oder durch Einrichtung eine insolvenzfesten Treuhandkontos insolvenzrechtlich zulässig waren. Insgesamt ist durch die durchgeführten Kontrollen sicherzustellen, dass der Schuldner seine Geschäftsführungsbefugnis nicht zur Gläubigerschädigung missbraucht.[128]

Praxistipp

Auch wenn das Gesetz offenbar von dem Leitbild einer **nachlaufenden Prüfung** durch den Schuldner bereits ausgeführter Handlungen ausgeht, wird es im Sinne eines störungsfreien Ablaufes des Verfahrens i.d.R. sachdienlich sein, dass Sachwalter und Schuldner ein System etablieren, mit dem beabsichtigte Zahlungen mit dem Sachwalter bereits im Vorhinein abgestimmt werden (beispielsweise durch **Zahlungsvorschlagslisten**).

Auf diese Weise kann vermieden werden, dass beispielsweise durch Unerfahrenheit des eigenverwaltenden Schuldners unabsichtlich Zahlungen geleistet werden, die eine Anzeigepflicht des Sachwalters gem. § 274 Abs. 3 InsO auslösen. Auch im Falle der vorherigen Abstimmung ist durch den vorläufigen Sachwalter naturgemäß zu prüfen, ob die tatsächlich ausgelösten Zahlungen mit den vorgeschlagenen übereinstimmen.

---

175 Der Sachwalter hat die **Ausgaben des Schuldners für die Lebensführung** zu überwachen. Die inhaltlichen Maßstäbe für die Überwachung ergeben sich insoweit aus § 278 InsO. Da die Regelung zum Unterhalt nur für natürliche Personen bzw. für die vertretungsberechtigten persönlich haftenden Gesellschafter des Schuldners gilt, fällt die Überwachung von Ausgaben für andere Organe (d.h. deren Gehälter bzw. Vergütungen) nicht unter „Mittel der Lebensführung", sondern „Überwachung der Geschäftsführung".

176 Zur Ausübung seiner Kontrollpflichten ist der Sachwalter berechtigt, **die Geschäftsräume zu betreten und dort Nachforschungen anzustellen,** also z.B. auch nach eigenem Ermessen mit Mitarbeitern zu sprechen und diesen auch ohne Beisein des Schuldners (bzw. seiner Organe) Fragen zu stellen (§ 274 i.V.m. § 22 Abs. 3). Er ist befugt, **Einsicht in alle Bücher und Geschäftspapiere sowie EDV-Daten** des Schuldners zu nehmen.

177 Im Hinblick auf **Prüfungsintensität, -intervall und -umfang** gelten keine starren Vorgaben, diese richten sich vielmehr nach den praktischen Erfordernissen so-

---

[128] BGH NZI 2020, 285, 286.

wie insb. nach Art und Umfang des schuldnerischen Geschäftsbetriebes. Eine **Vollprüfung des Belegwesens** ist nur bei kleineren Unternehmen mit wenigen und übersichtlichen Geschäftsvorfälle und Zahlungen erforderlich. Bei größeren Geschäftsbetrieben ist regelmäßig eine Kontrolle auf Basis von **Stichproben** zulässig und ausreichend. Umfang der Stichproben und Zeitintervalle der Prüfung können und müssen den **jeweiligen Erfordernissen** angepasst werden. Am Anfang der Zusammenarbeit von Sachwalter und Schuldner ist grundsätzlich eine höhere Prüfintensität erforderlich, die jedoch abgesenkt werden kann, wenn sich die Geschäftsführung des Schuldners als grundsätzlich ordnungsgemäß und verlässlich erweist. Finden sich allerdings im Laufe des Verfahrens Hinweise auf unzulässige Zahlungen bzw. erklärungsbedürftige Vorgänge, ist die Intensität auch nachlaufend wieder zu erhöhen.

178   Ohne das Vorliegen gegenteiliger Hinweise darf der Sachwalter davon ausgehen, dass die vom Schuldner erteilten Auskünfte bzw. vorgelegten Unterlagen und Rechenwerke **wahrheitsgemäß und inhaltlich richtig** sind, sodass sich seine Überwachungspflicht insoweit zunächst auf eine **Plausibilitätskontrolle** beschränkt. So darf er insbesondere auch zunächst davon ausgehen, dass Geschäftsvorfälle in der schuldnerischen Buchführung korrekt erfasst und **Rechenwerke rechnerisch richtig** und unter Zugrundelegung der korrekten Daten erstellt wurden und werden. Lediglich soweit sich im Rahmen der Plausibilitätskontrolle Unstimmigkeiten ergeben oder sich anderweitig konkrete Hinweise auf Defizite ergeben, muss er diesen nachgehen und die Prüfungsmethode und Intensität entsprechend anpassen.

179   Die bereits **aus dem Insolvenzeröffnungsverfahren gewonnenen Erkenntnisse** über die Zuverlässigkeit, fachliche Kompetenz und Kooperationsbereitschaft des Schuldners können zur Bestimmung des angemessenen Prüfungsaufwandes nach Verfahrenseröffnung herangezogen werden. Ändern sich die Rahmenbedingungen aber erheblich, z.B. durch das Ausscheiden maßgeblicher Know-how-Träger oder sonstiger Personen, die für die Organisation des Geschäftsbetriebes des Schuldners relevant waren, sind auch Prüfungsart und -umfang des Sachwalters der neuen Situation anzupassen.

180   Unklar ist seit der Neuregelung durch das SanInsFoG, ob die Vorschriften über die **Postsperre** (§§ 99, 102 InsO) in der Eigenverwaltung Anwendung finden können. Nach altem Recht war dies nicht möglich, § 270c Abs. 3 InsO n.F. nennt die Postsperre allerdings zumindest für die vorläufige Eigenverwaltung als mögliche Sicherungsmaßnahme. Auch der Gesetzgeber nennt insoweit die vorläufige Postsperre in der Gesetzesbegründung, weshalb es sich nicht um ein redaktionelles Versehen handeln kann.[129] Dennoch ist zumindest im Hinblick auf die Eigenverwaltung

---

129 BT-Drs. 19/24181 S. 206.

im eröffneten Insolvenzverfahren weiterhin von einer fehlenden Anwendbarkeit auszugehen, da ein Fall, der die Anordnung einer Postsperre erforderlich macht, generell nicht für die Eigenverwaltung geeignet sein dürfte. Dieses Instrument steht dem Sachwalter somit nicht zur Ausführung seines Überwachungsauftrages zur Verfügung. Das bedeutet aber auch, dass der Sachwalter i.d.R. keinen Anspruch darauf hat, sich vom Schuldner regelmäßig die gesamte Tagespost vorlegen zu lassen. Er kann sich allerdings – soweit dies für die Beurteilung bestimmter Geschäftsvorfälle erforderlich ist – gezielt die Korrespondenz zu bestimmten Themengebieten vorlegen lassen.

Eine **Pflicht zur Auskunftserteilung gegenüber einzelnen Gläubigern** trifft den Sachwalter grundsätzlich nicht. Aufgrund seiner Funktion als neutrales Überwachungsorgan, das durch sein Amt für das notwendige Vertrauen der Gläubiger sorgt, erscheint es allerdings nicht sachgerecht, ihm auch ein Recht zur Auskunftserteilung abzusprechen. Unproblematisch ist dies in Bezug auf **öffentlich bekannte Tatsachen** und rechtliche Erläuterungen hierzu (z.B. die Bestätigung über Anordnung der Eigenverwaltung, Auskünfte über das Bestehen eines Zustimmungsvorbehaltes, Erläuterung der bestehenden Zuständigkeitskompetenzen und Vertretungsbefugnisse, Mitteilung über anberaumte Termine, Übersendung der gerichtlichen Beschlüsse etc.). **Darüber hinausgehende Auskünfte** oder gar **eigene Einschätzungen** sollten grundsätzlich nur in Abstimmung mit dem Schuldner abgegeben werden; zumindest ist er aber über die erteilten Auskünfte zu informieren, und der Schuldner hat auf Nachfrage einen Anspruch darauf, **Kopien der Mitteilungen** zu erhalten, so dass er ggf. eine eigene Stellungnahme abgegeben kann 181

Eine Pflicht des Sachwalters, ihm bekannt gewordene **Stellungnahmen bzw. Äußerungen des Schuldners** eigenständig (d.h. ohne entsprechende Anfrage) zu **korrigieren** bzw. **Gegendarstellungen** abzugeben, besteht außerhalb des § 281 Abs. 2 Satz 2 InsO nicht, sofern nicht durch die ggf. unzutreffende Information des Schuldners die Anzeigepflicht nach Abs. 3 ausgelöst wird. 182

Die **durch den Schuldner vorgelegten Verzeichnisse und Vermögensübersichten** sind durch den Sachwalter gem. § 281 InsO zu **prüfen.** Er hat jeweils schriftlich zu erklären, ob Einwendungen zu erheben sind. Zu durch den Schuldner vorgelegten Berichten hat er Stellung zu nehmen. 183

Im Rahmen der durch den Schuldner durchzuführenden **Verteilungen** hat der Sachwalter gem. § 283 Abs. 2 Satz 2 InsO die Verteilungsverzeichnisse zu prüfen und jeweils schriftlich zu erklären, ob nach dem Ergebnis seiner Prüfungen Einwände zu erheben sind. 184

bb) Anzeigepflicht bei drohenden Nachteilen (§ 274 Abs. 3 InsO)

Stellt der Sachwalter bei der Überwachung der Geschäftsführung des Schuldners Hinweise darauf fest, dass **Schäden für die Gläubiger** drohen, hat er dies dem Gläubigerausschuss und dem Insolvenzgericht **anzuzeigen**. Wurde ein Gläubiger- 185 ausschuss nicht eingesetzt, hat die Anzeige gegenüber jedem Gläubiger, der bereits eine Forderung angemeldet hat, sowie gegenüber den absonderungsberechtigten Gläubigern zu erfolgen. Eine Pflicht des Sachwalters, ihm **bislang noch unbekannte Gläubiger** zu ermitteln, um diese dann informieren zu können, trifft ihn aber nicht. Liegen ihm noch keine Forderungsanmeldungen vor, kann sich der Sachwalter – obwohl gesetzlich nicht vorgesehen – auch des Mittels der **öffentlichen Bekanntmachung** bedienen. Eine solche ist gegenüber dem Insolvenzgericht anzuregen.[130]

186 Eine Anzeigepflicht wird insb. durch die Nichteinhaltung der Mitwirkungspflichten durch den Schuldner begründet:[131]
– Verweigerung der Einsichtnahme des Sachwalters in die vollständigen Geschäftsunterlagen;
– keine regelmäßige Vorlage laufender Buchführungsunterlagen;
– Nichterstellung einer geordneten und aktuellen Buchführung;
– Nichterteilung von Auskünften bzw. Erteilung falscher Informationen;
– Verstöße gegen die Verpflichtungen des Schuldners aus §§ 274, 275 und 282 InsO;
– keine vorherige Abstimmung gem. § 277 InsO von zustimmungspflichtigen Rechtshandlungen mit dem Sachwalter;
– Entnahme überhöhter Mittel zur privaten Lebensführung aus der Insolvenzmasse;
– Bevorzugung einzelner Gläubiger zulasten der Gesamtgläubigerschaft;
– Aktive Begründung von Verbindlichkeiten (z.B. durch Auslösung von Bestellungen), die mit überwiegender Wahrscheinlichkeit mangels ausreichender Liquidität nicht mehr bezahlt werden können;
– Vornahme von Unterschlagungs- und Untreuehandlungen.

187 Darüber hinaus besteht eine Anzeigepflicht, sofern sich herausstellt, dass die Eigenverwaltungsplanung tatsächlich mangelhaft ist bzw. auf unzutreffenden Tatsachen beruht.

188 Gesetzlich nicht ausdrücklich geregelt ist der Fall, dass durch die Fortsetzung der Eigenverwaltung lediglich **einem Gläubiger Nachteile drohen**. Diese Situation wird von dem Wortlaut des § 274 Abs. 3 InsO nicht erfasst. Da allerdings § 272 Abs. 1 Nr. 2 InsO auch Einzelgläubigern unter gewissen Voraussetzungen ein Recht zur Beantragung der Aufhebung der Eigenverwaltung zugesteht, besteht die Anzeigepflicht des Abs. 3 zumindest in gravierenden Fällen (wie z.B. dem bewussten Vernichten von Sicherungsgut, Fälschung von Unterlagen, Unterschlagung von Fremd-

---

130 Braun/Riggert, § 274 InsO Rn 12.
131 Pape, Kölner Schrift zur InsO, Kap. 24 Rn 38.

eigentum etc.) auch in diesen Fällen – hier ist allerdings ggf. eine Anzeige diesem Gläubiger gegenüber (neben Gericht und Gläubigerausschuss) ausreichend.

cc) Kassenführung (§ 275 Abs. 2 InsO)

Zur **Erleichterung seiner Überwachungspflichten** kann der Sachwalter vom Schuldner verlangen, dass alle **eingehenden Gelder nur noch vom Sachwalter entgegengenommen und Zahlungen nur vom Sachwalter geleistet werden dürfen**. Bei § 275 Abs. 2 InsO handelt es sich nicht um eine gerichtliche Anordnung oder eine gesetzliche Verfügungsbeschränkung, sondern um einen rein internen Vorgang zwischen Schuldner und Sachwalter. Der Schuldner verliert daher nicht seine Verfügungsbefugnis; nach Übernahme der Kassenführung hat er lediglich die **Verpflichtung, sich eigener Verfügungen über seine Geldbestände zu enthalten**. An ihn von Drittschuldnern geleistete Zahlungen haben daher dennoch Erfüllungswirkung und getätigte Überweisungen sind wirksam.[132] Eine gerichtliche Anordnung der Kassenführung durch den Sachwalter kann mangels entsprechender Kompetenz des Insolvenzgerichtes nicht erfolgen.[133]

189

Macht der Sachwalter von seinem Recht zur Übernahme der Kassenführung Gebrauch, handelt er insoweit als **gesetzlicher Vertreter des Schuldners,**[134] und die Zugriffsrechte auf die Konten des Schuldners sind ihm durch die betreffenden Kreditinstitute bei Nachweis seiner Bestellung **ohne Mitwirkung des Schuldners** einzuräumen.[135] Seine Vertretungsmacht ist insoweit allerdings auf den in § 275 Abs. 2 InsO beschriebenen Umfang, d.h. Entgegennahme und Ausführung von Zahlungen, beschränkt. Es besteht demgegenüber keine Befugnis, Vergleiche mit Drittschuldnern abzuschließen oder Inkassoprozesse zu führen. Der Sachwalter ist berechtigt, für die Kassenführung ein eigenes Konto einzurichten.[136]

190

Die Übernahme der Kassenführung durch den Sachwalter ändert nichts daran, dass der Schuldner aufgrund seiner Verfügungsberechtigung weiterhin **Masseverbindlichkeiten** begründet, auf die dann **Zahlungen durch den Sachwalter geleistet werden müssen**. Die Kassenführung ist daher kein Instrument, um aktiv in die Geschäftsführung des Schuldners einzugreifen.

191

---

132 MüKo/Wittig/Tetzlaff, § 275 InsO Rn 17; zum alten § 57 VglO Böhle-Stamschräder/Kilger, 11. Aufl., § 57 S. 137; **a.A.** Ahrens/Gerlein/Ringstmeier/Ringstmeier, § 275 InsO Rn 8, die von einer alleinigen Verfügungsberechtigung des Sachwalters ausgehen.
133 AG Hannover, ZIP 2015, 1893.
134 So zum Vergleichsverwalter BGH, WM 1988, 1222, 1223; bejahend Uhlenbruck/Zipperer, § 275 InsO Rn 7.
135 MüKo/Wittig/Tetzlaff, § 275 InsO Rn 16.
136 Uhlenbruck/Zipperer, § 275 InsO Rn 8 m.w.N.

Fiebig

192 Da der Sachwalter im Rahmen der Kassenführung lediglich als gesetzlicher Vertreter und nicht als Partei kraft Amtes tätig wird, trifft ihn **keine eigenständige Rechnungslegungspflicht** gegenüber dem Insolvenzgericht. Er hat allerdings dem Schuldner alle Informationen und Unterlagen, die dieser für die Erfüllung seiner insolvenzrechtlichen, handelsrechtlichen und steuerlichen Rechnungslegungspflichten benötigt, unverzüglich und unaufgefordert zur Verfügung zu stellen.

dd) Führung der Insolvenztabelle (§ 270c Satz 2 InsO)

193 Gem. § 270c Satz 2 InsO gehört zu den Aufgabe des Sachwalters auch die **Entgegennahme der Forderungsanmeldungen**, für die die §§ 174 ff. InsO entsprechend gelten. Zu den Aufgaben des Sachwalters gehört damit auch die Führung der Insolvenztabelle. Gem. § 283 InsO steht ihm – neben den Insolvenzgläubigern und dem Schuldner – zudem das Recht zu, angemeldete Forderungen zu bestreiten. Machte er von diesem Recht Gebrauch, gilt die Forderung nicht als festgestellt.

ee) Anzeige der Masseunzulänglichkeit (§ 285 InsO)

194 Die **Anzeige einer eingetretenen oder drohenden Masseunzulänglichkeit** gem. § 208 InsO ist gem. § 285 InsO allein durch den Sachwalter vorzunehmen. Hintergrund dieser alleinigen Kompetenzzuweisung ist die Tatsache, dass allein die Anzeige der Masseunzulänglichkeit – ohne nähere Überprüfung des Vorliegens der Voraussetzungen – die **gravierenden Rechtsfolgen** der §§ 209 ff. InsO auslöst und damit einen **schwerwiegenden Eingriff in die Rechte der Altgläubiger** darstellt.[137] Der Sachwalter muss daher, um seiner entsprechenden Verpflichtung nachkommen zu können, die Überwachung der Geschäftsführung des Schuldners so organisieren, dass er **jederzeit in der Lage ist, die (drohende) Masseunzulänglichkeit zu erkennen und anzuzeigen**. Der Schuldner seinerseits ist allerdings verpflichtet, ihm alle insoweit erforderlichen Informationen und Unterlagen unverzüglich zur Verfügung zu stellen und ihn explizit darauf hinzuweisen, dass nach seiner Auffassung die Masseunzulänglichkeit eingetreten ist bzw. einzutreten droht. Die **Bewertung der Informationen und die Entscheidung**, ob und wann eine entsprechende Anzeige vorzunehmen ist, obliegt aber allein dem Sachwalter (ebenso wie die Prüfung und Entscheidung, ob die Masseunzulänglichkeit noch andauert).

195 Nach Anzeige der (drohenden) Masseunzulänglichkeit gelten die Rechtsfolgen der §§ 209 ff. InsO. Auch der eigenverwaltende Schuldner ist daher fortan an die **Verteilungsreihenfolge des § 209 InsO gebunden.**

---

137 BAGE 114, 13 = NZI 2005, 408.

Der Sachwalter hat darüber hinaus die **Hintergründe des Eintrittes der Masseunzulänglichkeit** zu prüfen und zu beurteilen, ob diese ggf. eine Anzeige gem. § 274 Abs. 3 InsO erforderlich machen.

ff) Geltendmachung von Haftungs- und Anfechtungsansprüchen (§ 280 InsO)
Das **Recht zur Geltendmachung von Gesamtschäden** sowie der **persönlichen Haftung eines Gesellschafters** steht gem. § 280 InsO allein dem Sachwalter zu. Auch Anfechtungen gem. §§ 129 ff. InsO sind nur durch ihn geltend zu machen.

Durch die Zuweisung des Rechts zur Geltendmachung des Gesamtschadens bzw. der persönlichen Haftung von Gesellschaftern an den Sachwalter sieht sich der Schuldner nicht der Problematik ausgesetzt, **Ansprüche gegen sich selbst** geltend machen zu müssen. Die praktische Relevanz der Norm liegt allerdings eher im Bereich der **Geltendmachung von Anfechtungsansprüchen und verschuldensunabhängigen Haftungsansprüchen** wie z.B. der Haftung des Komplementärs. Das Bestehen von Haftungsansprüchen gegen den Schuldner selbst bzw. seine Gesellschafter und/oder Organe sind seit der Neuregelung des SanInsFoG Aufhebungsgründe für die (vorläufige) Eigenverwaltung (§§ 270e und 272 InsO n.F.) – zumindest soweit deren Durchsetzung in der Eigenverwaltung erschwert werden könnte. Daher wird die Anordnung der Eigenverwaltung in einem solchen Fall idR gar nicht erst erfolgen. Rechtlich ausgeschlossen ist die Anordnung bei Bestehen solcher Ansprüche allerdings nicht.[138]

Bei § 280 InsO handelt es sich um eine **eigenständige Kompetenzzuweisung**, d.h. im Rahmen seiner diesbezüglichen Tätigkeit handelt der Sachwalter **kraft Amtes** (und nicht etwa bloß als Vertreter des Schuldners). Bei den **aus dieser Tätigkeit resultierende Kosten** handelt es sich um **Masseverbindlichkeiten**, die erzielten Erlöse fallen in die Insolvenzmasse.[139] Da somit der Sachwalter die mit der Prozessführung entstehenden Masseverbindlichkeiten (z.B. für die Beauftragung eines Rechtsanwaltes) begründet, trifft ihn insoweit auch ein Haftungsrisiko nach § 61 InsO. Um sicherzustellen, dass von ihm begründete Masseverbindlichkeiten auch bezahlt werden können, hat er daher **Anspruch auf Bildung einer Sondermasse** auf einem eigens hierfür von ihm eingerichteten Konto. Dem Sachwalter steht gegen den Schuldner ein Anspruch auf Überführung der für die Amtsführung gem. § 280 InsO erforderlichen Gelder in die Sondermasse zu. Über diese Sondermasse ist der Sachwalter insoweit alleine verfügungsberechtigt, hieraus hat er dann aber auch die aus der Tätigkeit gem. § 280 InsO resultierenden Masseverbindlichkeiten zu bezahlen. Reicht die Insolvenzmasse nicht aus, um die Prozesskosten zu bestreiten, ist der Antrag auf Prozesskostenhilfe ebenfalls durch den Sachwalter zu stellen.

---

138 Vgl. AG Köln, ZIP 1999, 1646.
139 K. Schmidt/Undritz, § 280 InsO n.F. Rn 3 m.w.N.

Fiebig

gg) Vorlage eines Insolvenzplanes

200 Dem Sachwalter steht innerhalb der Eigenverwaltung **kein eigenständiges Planinitiativrecht** zu, d.h. er ist nicht aus eigenem Antrieb zur Vorlage eines Insolvenzplanes berechtigt. Gem. § 284 InsO kann ihn die Gläubigerversammlung aber mit der **Ausarbeitung eines Insolvenzplanes beauftragen**.

201 Die Gläubigerversammlung kann dabei – ebenso wie gegenüber dem Schuldner – nicht nur die reine Planerstellung in Auftrag geben, sondern auch ein **konkretes Planziel vorgeben**.[140] Der Sachwalter ist dann an dieses Planziel gebunden. Die Beauftragung erfolgt i.d.R. im Rahmen der ersten Gläubigerversammlung, gem. §§ 270 Abs. 1 S. 2 i.V.m. 157 InsO ist aber auch die Beauftragung zu einem späteren Zeitpunkt noch möglich.

202 Hat die Gläubigerversammlung einen entsprechenden Auftrag an den Schuldner gerichtet, hat der Sachwalter gem. § 284 Abs. 2 InsO **an der Planerstellung durch den Schuldner beratend mitzuwirken**. Aufgrund des in dieser Konstellation erhöhten Aufwandes begründet die Mitwirkung an der Planerstellung i.d.R. einen Erhöhungsfaktor für die Vergütung des Sachwalters gem. §§ 12 Abs. 2, 3 Abs. 1 InsVV.[141] Zur Vergütung des Sachwalters allgemein vgl. Rdn 229ff.). Eine Überwachung des Plans durch den Sachwalter gem. § 284 Abs. 2 InsO erfolgt nur dann, wenn im gestaltenden Teil des Insolvenzplanes gem. §§ 260ff. InsO eine Überwachung ausdrücklich vorgesehen ist. Eine entsprechende Überwachungstätigkeit ist gesondert zu vergüten.[142] Die Aufhebung der Überwachung darf erst nach Befriedigung der die Überwachungsphase betreffenden Vergütungsansprüche des Sachwalters erfolgen.[143]

Übersicht: Rechte und Pflichten des Sachwalters

Rechte
- Umfassende Einsichts- Auskunfts- und Informationsrechte (§§ 274 Abs. 1, 22 InsO)
- Übernahme der Kassenführung (§ 275 Abs. 2 InsO)
- Freie jederzeitige Berichterstattung gegenüber dem Gericht?

Pflichten
- Prüfung der wirtschaftlichen Lage (§ 274 Abs. 2 InsO)
- Überwachung der Geschäftsführung (§ 274 Abs. 2 InsO)
- Überwachung der Ausgaben für die Lebensführung (§ 274 Abs. 2 InsO)
- Anzeige zu erwartender Nachteile bei Fortsetzung der Eigenverwaltung (§ 274 Abs. 3 InsO)
- Entgegennahme und Prüfung der Forderungsanmeldungen (§§ 270c Satz 2, 283 Abs. 1 Satz 2 InsO)

---

140 Uhlenbruck/Zipperer, § 284 InsO Rn 3.
141 K. Schmidt/Undritz, § 284 InsO n.F. Rn 2; Uhlenbruck/Zipperer, § 284 InsO Rn 4.
142 K. Schmidt/Undritz, § 284 InsO n.F. Rn 2.
143 Uhlenbruck/Zipperer, § 285 InsO Rn 4.

- Entscheidung nach pflichtgemäßen Ermessen über Zustimmung zu bzw. Widerspruch gegen die Eingehung von Verbindlichkeiten (§§ 275 Abs. 1, 277 InsO)
- Abstimmung mit dem Schuldner über Ausübung der Wahlrechte gem. § 103 InsO (§ 279 InsO)
- Erteilung der Zustimmung nach pflichtgemäßem Ermessen über Personalmaßnahmen gem. §§ 120, 122 und 126 InsO (§ 279 Satz 3 InsO)
- Prüfung und Geltendmachung von Anfechtungs- und Haftungsansprüchen (§ 280 InsO)
- Stellungnahme zu dem Bericht des Schuldners im Berichtstermin (§ 281 Abs. 2 InsO)
- Abstimmung mit dem Schuldner über Verwertung von Sicherungsgut (§ 282 Abs. 2 InsO)
- Prüfung der Verteilungsverzeichnisse und schriftliche Erklärung, ob Einwendungen hiergegen zu erheben sind (§ 283 Abs. 2 InsO)
- Im Falle der entsprechenden Beauftragung: Erstellung eines Insolvenzplanes. Sonst: Mitwirkung an der Planerstellung durch den Schuldner (§ 284 InsO)
- Prüfung der Zahlungsfähigkeit und Anzeige der (drohenden) Masseunzulänglichkeit (§ 285 InsO)
- Erstellung der Meldung im Rahmen der Insolvenzstatistik (§ 4 InsStatG)

hh) Unterstützung des Schuldners

Der Gesetzgeber hat nunmehr in § 274 Ans. 2 InsO n.F. klargestellt, dass das Gericht anordnen kann, dass der Sachwalter den Schuldner im Rahmen der Insolvenzgeldvorfinanzierung, der insolvenzrechtlichen Buchführung sowie den Verhandlungen mit Kunden und Lieferanten unterstützt. Der Gesetzgeber hat mit dieser Klarstellung auf Rechtsprechung reagiert, die diese Tätigkeiten als nicht zum Aufgabenkreis des Sachwalters gehörig und damit nicht vergütungsfähig angesehen hatte. Allerdings setzt ein entsprechendes Tätigwerden eine ausdrückliche entsprechende Anordnung durch das Gericht voraus. 203

c) Haftung des Sachwalters

Wie § 274 Abs. 1 InsO ausdrücklich klarstellt, kommt im Fall von Pflichtverletzungen eine Haftung des Sachwalters gem. § 60 InsO in Betracht. Der **Tatbestand der Pflichtverletzung** ist insoweit allerdings dem (gegenüber dem regulären Insolvenzverwalter) deutlich **eingeschränkten Pflichtenkreis** des Sachwalters anzupassen.[144] Eine Haftung kommt daher im Wesentlichen nur bei der **schuldhaften Verletzung von Überwachungs- und Informationspflichten** in Betracht, die der Schuldner zulasten der Gläubiger ausnutzt. Eine Pflichtverletzung liegt allerdings dann nicht vor, wenn der Sachwalter durch obstruktives Verhalten des Schuldners (z.B. durch Nichtvorlage oder gar Fälschung der prüfungsrelevanten Unterlagen, Erteilung von Falschauskünften, Verschweigen relevanter Informationen oder unvollständige oder verzögerte Erstellung der Buchführung) an der Erfüllung seiner Pflichten gehindert wird. 204

---

144 Pape, Kölner Schrift zur InsO, Kap. 24 Rn 32.

Fiebig

205 Bei der Pflichtwidrigkeitsprüfung ist zudem zu beachten, dass der Sachwalter wesentlich **geringere Einblicks- und Reaktionsmöglichkeiten** besitzt als der Insolvenzverwalter und er masseschädigendes Verhalten des Schuldners nicht selbst unterbinden, sondern lediglich die Gläubiger gem. § 274 Abs. 3 InsO hierüber informieren kann.

206 Eine Haftung gem. § 61 InsO kommt dann in Betracht, wenn das Gericht auf Antrag die **Zustimmungsbedürftigkeit** bestimmter Rechtsgeschäfte des Schuldners angeordnet (§ 277 Abs. 1 Satz 3 InsO) und der Sachwalter seine Zustimmung zu dem fraglichen Rechtsgeschäft erteilt hat. Auch insoweit sind allerdings die reduzierten Informationsmöglichkeiten des Sachwalters bei der Bestimmung des Pflichtenprofils zu beachten.

d) Vergütung

207 Die **Vergütung des Sachwalters** richtet sich nach § 274 Abs. 1, §§ 54 Nr. 2, 63 bis 65 InsO sowie § 12 InsVV. Danach stehen dem Sachwalter **60% der Regelvergütung** des Insolvenzverwalters zu. Zuschläge sind dann in Betracht zu ziehen, wenn sich die Stellung des Sachwalters der eines Insolvenzverwalters tatsächlich annähert (z.B. durch Anordnung eines Zustimmungsvorbehaltes gem. § 277).

208 Der **Vergütungsanspruch des vorläufigen Sachwalters** war vor Einführung des SanInsFoG gesetzlich nicht geregelt. Der Gesetzgeber hat in § 12a InsVV nunmehr einen eigenständigen Vergütungsanspruch für den vorläufigen Sachwalter in der InsVV geschaffen. Sie enthält gegenüber dem zuvor durch die Rechtsprechung entwickelten Konstrukt, wonach es sich um einen Zuschlagstatbestand für die Vergütung des Sachwalters handeln sollte[145], erhebliche Änderungen da sie sich nunmehr an den für den vorläufigen Insolvenzverwalter gem. § 11 InsVV geltenden Grundsätzen orientiert. Die Regelvergütung beträgt 25% von der Vergütung des Sachwalters, so dass der vorläufige Sachwalter i.E. 15% der Regelvergütung des Insolvenzverwalters erhält. Die Berechnungsgrundlage ergibt sich aus dem Vermögen, auf das sich die Tätigkeit des vorläufigen Sachwalters im Eröffnungsverfahren erstreckte und in das bei erheblicher Befassung auch Aus- oder Absonderungsrechte einzubeziehen sein können. Da bei der Vergütung Art, Dauer und Umfang der Tätigkeit zu berücksichtigen sind, gilt über § 10 InsVV auch die Regelung des § 3 InsVV zu Zu- und Abschlägen. Die Auslagenpauschale liegt gem. § 12a Abs. 5 InsVV in entsprechender Anwendung von § 12 Abs. 3 InsVV bei auf EUR 175 je angefangenen Monat. Gem. § 270c Abs. 1 InsO n.F. kann das Gericht den vorläufigen Sachwalter zusätzlich beauftragen, über bestimmte Gesichtspunkte Bericht zu erstatten. Insoweit wird der Aufgabenkreis des vorläufigen Sachwalters um besondere Sachver-

---

145 BGH, Beschl. v. 21.7.2016 – IX ZB 70/14, ZIP 2016 1592, 1596.

ständigentätigkeit erweitert, was einen Zuschlagstatbestand gem. § 3 InsVV darstellt.

VI. Aufhebung der Eigenverwaltung (§ 272 InsO)

Auch die **Aufhebung der Eigenverwaltung** wurde durch das SanInsFoG umfangreich neu gefasst. Nach der alten Rechtslage, konnten lediglich – unter bestimmten Voraussetzungen – die Gläubiger eine Aufhebung beantragen, eine Aufhebung von Amts wegen war bislang gesetzlich nicht vorgehsehen.

Spiegelbildlich zu § 270e Abs. 1 Inso n.F. kann das Gericht nunmehr von sich aus (also ohne entsprechenden Gläubigerantrag) die Anordnung der Eigenverwaltung aufheben, wenn der Schuldner in schwerwiegender Weise gegen insolvenzrechtliche Pflichten verstößt oder sich auf sonstige Weise zeigt, dass er nicht bereit oder in der Lage ist, seine Geschäftsführung am Interesse der Gläubiger auszurichten (§ 272 Abs. 1 Nr. 1 InsO n.F.); ebenso, wenn sich erweist, dass der Schuldner die Eigenverwaltungsplanung in wesentlichen Punkten auf unzutreffende Tatsachen gestützt hat (§ 272 Abs. 1 Nr. 1 a) InsO n.F.), die Rechnungslegung und Buchführung so unvollständig oder mangelhaft sind, dass sie keine Beurteilung der Eigenverwaltungsplanung, insbesondere des Finanzplans, ermöglichen (§ 272 Abs. 1 Nr. 1 b) InsO n.F.) oder Haftungsansprüche des Schuldners gegen amtierende oder ehemalige Mitglieder des vertretungsberechtigten Organs bestehen, deren Durchsetzung in der Eigenverwaltung erschwert werden könnte (§ 272 Abs. 1 Nr. 1 c) InsO n.F.)

Auch wenn, die Erreichung des Eigenverwaltungsziels, insbesondere eine angestrebte Sanierung sich als aussichtslos erweist, ist eine Aufhebung von Amts wegen möglich (§ 272 Abs. 1 Nr. 1 InsO n.F.).

Wie bisher hebt das Gericht gem. § 272 Abs. 1 Nr. 3–5 InsO n.F. die Anordnung der Eigenverwaltung auf, wenn (unter Hinzutreten weiterer Voraussetzungen – dazu sogleich) dies von der Gläubigerversammlung, einem Absonderungsberechtigten, einem Insolvenzgläubiger oder dem Schuldner beantragt wird. § 272 InsO ist ebenso wie § 271 InsO ein **Ausfluss der Gläubigerautonomie** und bietet den Gläubigern die Möglichkeit, die Anordnung der Eigenverwaltung wieder aufheben zu lassen. Aber auch für den Schuldner soll die Möglichkeit bestehen, auf eigenen Wunsch in das reguläre Insolvenzverfahren zu wechseln.

1. Antrag der Gläubigerversammlung

Der Aufhebungsantrag der Gläubigerversammlung, ist an **keinerlei Voraussetzungen** gebunden. Für eine wirksame Beschlussfassung ist aber die **Kopf- und Summenmehrheit** gem. § 76 Abs. 2 InsO erforderlich. Der Bestand der Eigenverwaltung soll im **Ermessen der Gesamtgläubigerschaft** stehen, weshalb das Gericht – eine wirksame Beschlussfassung vorausgesetzt – diesem Antrag ohne Sachprüfung oder Ermessensspielraum zu entsprechen hat.[146]

2. Antrag eines Einzelgläubigers

214 Auch ein **einzelner Gläubiger** kann nach § 272 Abs. 1 Nr. 4 InsO n.F. einen Antrag auf Aufhebung der Eigenverwaltung stellen, wobei dieses Recht allerdings nur **Absonderungsberechtigten oder Insolvenzgläubigern gem. § 38 InsO** zusteht. Nachrangige Gläubiger gem. § 39 InsO sind nicht antragsberechtigt.[147]

215 Ein solcher Antrag setzt allerdings voraus, dass die Anordnungsvoraussetzungen des § 270f Abs. 1 i.V.m. § 270b Abs. 1 S. 1 InsO n.F. weggefallen sind und konkret dem Antragsteller durch die Eigenverwaltung erhebliche Nachteile drohen. Im Gegensatz zu § 270e Abs. 2 S. 1 InsO n.F. kann sich der Gläubiger im Rahmen des § 272 InsO für seinen Antrag somit nur darauf stützen, dass die Eigenverwaltungsplanung unzutreffend geworden ist. Die Schwelle für eine nachträgliche Aufhebung der Eigenverwaltung ist also sowohl höher als für die Ablehnung der Anordnung, als auch für die Aufhebung der vorläufigen Eigenverwaltung. Dies ist vom Gesetzgeber bewusst so ausgestaltet worden, da diese höheren Anforderungen eine entsprechend höhere Planungssicherheit bei der Sanierung in Eigenverwaltung bieten sollen.[148]

216 Die Umstände, auf die sich der antragstellende Gläubiger beruft, muss er gem. § 294 ZPO **glaubhaft machen** (§ 272 Abs. 2 Satz 1). Hierfür reichen das einfache Aufstellen von Behauptungen oder der bloße Hinweis auf eine mögliche Verfahrensverzögerung[149] nicht aus. Liegen lediglich Indizien für solche Umstände vor, können diese aber nicht konkret ermittelt werden, wirkt sich die Unklarheit über mögliche Nachteile zugunsten des Schuldners aus, da die Eigenverwaltung dann fortzuführen ist.[150]

217 Erforderlich ist stets der Vortrag **neuer Tatsachen**. So begründet z.B. die Bezugnahme auf den Vortrag des Sachwalters in dem Berichtstermin, in dem die Gläubigerversammlung die Fortführung beschlossen hat, keine spätere Aufhebung.[151]

218 Das Antragsrecht einzelner Gläubiger besteht **neben dem Antragsrecht der Gläubigerversammlung**.[152] Ein einzelner Gläubiger muss daher weder die Entscheidung einer ggf. bereits anberaumten Gläubigerversammlung abwarten, noch

---

146 BGH, NZI 2007, 240, 241.
147 Uhlenbruck/Zipperer, § 272 InsO a.F. Rn 4 m.w.N.
148 BT-Drucks. 17/5712, S. 42.
149 LG Potsdam, ZIP 2001, 1689, 1690.
150 BT-Drucks. 17/5712, S. 42.
151 LG Potsdam, ZIP 2001, 1689, 1690.
152 BR-Drucksache 127/11 S. 64.

ist er durch einen die Eigenverwaltung aufrechterhaltenden Beschluss der Gläubigerversammlung an einer Antragstellung gehindert.[153] Vor Aufhebung der Eigenverwaltung auf Antrag eines einzelnen Gläubigers ist der Schuldner anzuhören und ihm die Möglichkeit zur Stellungnahme zu geben. Für die Anhörung gilt § 10 InsO.

Praxistipp
Auch wenn die Voraussetzungen für den Antrag eines Gläubigers gem. § 272 Abs. 1 nr. 4 InsO n.F. nicht vorliegen, kann der Gläubiger versuchen, das Gericht über Umstände zu informieren, die eine Aufhebung von Amts wegen gem. § 272 Abs. 1 Nr. 1 InsO rechtfertigen würden. Zwar hat der Gläubiger in diesem Fall keinen Anspruch auf ein Tätigwerden des Gerichtes, wenn die Vorwürfe gegen den Schuldner gravierend genug sind, wird das Gericht ab i.d.R. von sich aus diese prüfen und je nach Ergebnis ggf. die Aufhebung anordnen.

3. Antrag des Schuldners

Der Schuldner kann jederzeit, ohne weitere Voraussetzungen, einen Antrag auf Aufhebung der Eigenverwaltung stellen (§ 272 Abs. 1 Nr. 5 InsO n.F.). Diesem Antrag hat das Gericht **ohne Prüfung stattzugeben.**[154] Ein Ermessensspielraum besteht nicht.[155] 219

Handelt es sich bei dem Schuldner um eine juristische Person, sind nur die vertretungsbefugten Organe entsprechend ihrer **gesellschaftsrechtlichen Vertretungsmacht** zur Antragstellung befugt. Der Vorstand einer AG benötigt zur Stellung eines entsprechenden Antrages nicht die Zustimmung der Hauptversammlung, da der BGH in seiner „Gelatine"-Entscheidung[156] das Zustimmungserfordernis der Hauptversammlung ausdrücklich auf Umstrukturierungsmaßnahmen beschränkt hat. 220

Praxistipp
Wollen die **Gesellschafter** die **Aufhebung der Eigenverwaltung** erreichen, weigert sich das vertretungsbefugte Organ jedoch, einen entsprechenden Antrag zu stellen, kann die Aufhebung nur mittelbar durch Abberufung des bisherigen und Bestellung eines neuen – entsprechend instruierten – Organs erreicht werden. Diese Auswechslung des Organs bedarf allerdings gem. § 276a Satz 2 InsO der **Zustimmung des Sachwalters**, die dieser allerdings zu erteilen hat, wenn die Maßnahme nicht zu Nachteilen für die Gläubiger führen wird.

---

153 K. Schmidt/Undritz, § 272 InsO n.F. Rn 4.
154 BGH, NZI 2007, 240, 241.
155 AG Hamburg, Beschl. v. 14.4.2005 – 67c IN 42/03, n.v.
156 BGHZ 159, 30 = ZIP 2004, 993.

4. Keine Antragsbefugnis des Sachwalters

221 Das Gesetz sieht eine Antragsbefugnis des Sachwalters nicht vor. Stellt der Sachwalter Umstände fest, die eine Aufhebung rechtfertigen oder erforderlich machen, so hat er diese gem. § 274 Abs. 3 InsO den Gläubigern (bzw. soweit vorhanden: dem Gläubigerausschuss) sowie dem Gericht mitzuteilen. Sofern daraufhin nicht schon ein Gläubiger einen entsprechenden Antrag stellt, kann nunmehr das Gericht die Anordnung von Amts wegen aufheben.

5. Rechtsfolgen

222 Mit Aufhebung der Eigenverwaltung hat das Gericht **einen Insolvenzverwalter zu bestellen**, wobei hierfür gem. § 272 Abs. 3 InsO insb. die Person des bisherigen Sachwalters in Betracht zu ziehen ist. Der Schuldner, bzw. bei einer juristischen Person ihr geschäftsführendes Organ,[157] hat der Gläubigerversammlung über seine Geschäftsführung in der Zeit der Eigenverwaltung **Rechnung zu legen**.

223 Ein durch den Schuldner bereits gem. §§ 103, 279 InsO ausgeübtes **Wahlrecht lebt** infolge der Aufhebung der Eigenverwaltung **nicht wieder auf**, d.h. es kann nachfolgend durch den nachträglich eingesetzten Insolvenzverwalter nicht nochmals ausgeübt werden. Durch den Schuldner begründete Masseverbindlichkeiten gem. § 55 InsO sind durch den Insolvenzverwalter zu erfüllen, soweit nicht die Masseunzulänglichkeit gem. § 208 InsO angezeigt wurde bzw. wird.

224 Die Aufhebung der Eigenverwaltung unter Einsetzung eines Insolvenzverwalters führt **nicht zu einer Unterbrechung** eines erst nach Eröffnung des Insolvenzverfahrens rechtshängig gewordenen Rechtsstreits gem. **§ 240 ZPO**.[158]

225 Hat ein Gläubiger die Aufhebung der Eigenverwaltung beantragt, stehen sowohl dem Schuldner als auch dem Gläubiger gem. § 272 Abs. 2 Satz 3 InsO die **sofortige Beschwerde** gegen die Entscheidung des Gerichts zu. Gegen die Aufhebung der Eigenverwaltung auf Antrag des Schuldners kann demgegenüber kein Rechtsmittel eingelegt werden.[159] Dasselbe gilt für die Aufhebung der Eigenverwaltung auf Antrag der Gläubigerversammlung.[160] Ein Antragsrecht einzelner Gläubiger zur Aufhebung des Beschlusses der Gläubigerversammlung gem. § 78 Abs. 1 InsO besteht nicht.[161]

---

157 AG Duisburg, NZI 2006, 112, 113.
158 LAG Rheinland-Pfalz, Beschl. v. 6.1.2006 – 9 Ta 274/05, n.v.
159 BGH, NZI 2007, 240, 241.
160 BGH, ZInsO 2011, 1548.
161 BGH, ZIP 2011, 1622.

VII. Eigenverwaltung bei gruppenangehörigen Schuldnern (§ 270d InsO)

Durch das Gesetz zur Erleichterung der Bewältigung von Konzerninsolvenzen[162] wurde seinerzeit die Norm des § 270d InsO a.F. neu eingeführt, die nunmehr durch das SanInsFoG inhaltlich unverändert in § 270g InsO n.F. aufgenommen wurde. Die Vorschrift definiert die Grundstrukturen des Eigenverwaltungsverfahrens im Falle einer Konzerninsolvenz.

1. Rechte und Pflichten des Schuldners

Gem. § 270g Satz 1 InsO n.F. unterliegt der Schuldner (ebenso wie seine Organe[163]) denselben Kooperationspflichten nach § 269a wie ein bestellter Insolvenzverwalter. Diese Pflichten bestehen sowohl gegenüber anderen gruppenangehörigen eigenverwaltetenden Schuldnern als auch gegenüber den im Konzern bestellten (vorläufigen) Insolvenzverwaltern. Auch wenn sich dies aus dem Wortlaut des § 270g InsO n.F. nicht unmittelbar ergibt, ist der eigenverwaltende Schuldner ebenso zur Zusammenarbeit mit dem Verfahrenskoordinator verpflichtet, da auch in der Eigenverwaltung gem. § 270 Abs. 1 Satz 2 die allgemeinen Vorschriften fortgelten.[164]

Der Schuldner ist (auch bereits während der vorläufigen Eigenverwaltung) berechtigt, Anträge auf Begründung eines Gruppen-Gerichtsstands (§ 3a Abs. 1 InsO), Verweisung an den Gruppengerichtsstand (§ 3d Abs. 2 InsO) sowie Einleitung eines Koordinationsverfahrens (§ 296d Abs. 2 Satz 2 InsO) zu stellen.[165] Die Ausübung dieser Rechte steht weder unter einem Zustimmungsvorbehalt des Sachwalters, noch kann dieser insoweit gem § 275 Abs. 1 Satz 2 InsO widersprechen.

Dem Schuldner steht ebenfalls das Initiativrecht zur Erstellung eines Kooperationsplanes zu (§ 296h InsO) und er muss den Koordinationsplan ggf. im Berichtstermin erläutern (§ 269i InsO).

2. Stellung des Sachwalters

Auch wenn dies im Gesetz nicht ausdrücklich erwähnt wird, gelten die Kooperationspflichten auch für den (vorläufigen) Sachwalter, sofern die ihm durch das Gesetz zugewiesenen Tätigkeiten eine Abstimmung mit den anderen Gruppenverfahren erfordern.[166]

---

[162] BGBl. 2017 I S. 866.
[163] Specovius-Braun § 270d a.F. Rn 8; HK-Kayser/Thole § 270d a.F. Rn 3; Pleister/Sturm, ZIP 2017, 2329, 2335.
[164] FK-Wimmer-Amend § 270d a.F. Rn 4).
[165] MüKoInsO/Brünkmanns, 4. Aufl. 2020, § 270d a.F. Rn 13,14.
[166] Pleister/Sturm, ZIP 2017, 2329, 2335; FK-Wimmer-Amend § 270d a.F. Rn 5 m.w.N.; **a.A.** offenbar HK-Kayser/Thole § 270d a.F. Rn 5, 7.

§ 10 Sanierung

Übersicht

A. Möglichkeiten der außergerichtlichen Sanierung —— 1
   I. Rahmenbedingungen der „freien" Sanierung —— 1
   II. Grenzen der „freien" Unternehmenssanierung —— 6
      1. Grenzen der Privatautonomie —— 7
      2. Normbefehle des Gesellschaft- und Insolvenzrechts —— 13
   III. Außergerichtliche Sanierung im „Wettbewerb der Insolvenzrechte" —— 15
   IV. Paradigmenwechsel: Präventiver Restrukturierungsrahmen —— 18
      1. Hintergrund —— 18
      2. Der präventive Restrukturierungsrahmen —— 19
        a) Zielsetzung —— 19
        b) Ausgangslage und Grundlinien des StaRUG —— 20
        c) Zugangsvoraussetzungen und Anzeige der Restrukturierungssache —— 21
        d) Restrukturierungsplan als „Herzstück" der Sanierung nach dem StaRUG —— 22
          aa) Inhalte des Restrukturierungsplans —— 22
          bb) Planabstimmung —— 23
        e) Vollstreckungs- und Verwertungsstopp (Stabilisierungsanordnung) —— 24
      3. Restrukturierungsverwalter —— 25
        a) Die unterschiedlichen Rollen —— 25
        b) Auswahl und Bestellung —— 26
        c) Aufgaben —— 27
        d) Vergütung —— 29
      4. Restrukturierungsgericht —— 30

B. Sonderfall „Betriebsveräußerung" —— 31
   I. Risiken einer übertragenden Sanierung —— 31
   II. Grundkonzept des Schutzes nach §§ 162 bis 164 InsO —— 33
   III. Veräußerung eines Betriebes —— 36
      1. Begriff des Betriebes —— 36
      2. Begriff der Veräußerung —— 39
   IV. Veräußerung an „besonders Interessierte" (Insider) —— 41
      1. Näheverhältnis oder finanzielle Verbundenheit des Erwerbers selbst (§ 162 Abs. 1 Halbs. 1 1. Fall InsO) —— 42
      2. Beteiligung am Erwerber (§ 162 Abs. 1 Halbs. 1 2. Fall InsO) —— 45
      3. Ausdehnung auf Umgehungstatbestände (§ 162 Abs. 2 InsO) —— 46
   V. Veräußerung unter Wert —— 48
   VI. Rechtsfolge —— 51
C. Die übertragende Sanierung —— 53
   I. Überblick —— 53
      1. Wesensmerkmale und Ablauf der übertragenden Sanierung —— 53
      2. Vorteile der übertragenden Sanierung gegenüber anderen Sanierungsinstrumenten —— 60
      3. Grundformen der übertragenden Sanierung —— 62
      4. Besonderheiten der übertragenden Sanierung im Vergleich zum „normalen" Unternehmenskauf —— 68
        a) Asset Deal und Share Deal —— 70
        b) Besonderheiten im Rahmen der Vertragsgestaltung —— 76
        c) Sonderformen der übertragenden Sanierung —— 84

II. Die einzelnen Schritte der übertragenden Sanierung —— 87
   1. Die Vertragsanbahnungsphase —— 88
      a) Suche nach Käufern bzw. Zielobjekten —— 90
      b) Due Diligence und Unternehmensbewertung —— 96
      c) Kaufpreisfindung —— 103
   2. Signing/Closing —— 105
   3. Die Phase nach Veräußerung des Geschäftsbetriebs —— 107
III. Der optimale Zeitpunkt der übertragenden Sanierung —— 110
   1. Veräußerung vor Stellung eines Insolvenzantrags —— 113
      a) Vorteile —— 114
      b) Nachteile —— 117
         aa) Strafrechtliche Haftung —— 118
         bb) Anfechtbarkeit —— 119
         cc) Weitere Haftung des Veräußerers —— 125
   2. Veräußerung im Rahmen des Eröffnungsverfahrens —— 127
      a) Befugnis des vorläufigen Insolvenzverwalters zur Veräußerung —— 128
      b) Risiken für den Erwerber und den vorläufigen Insolvenzverwalter —— 134
   3. Veräußerung im eröffneten Verfahren —— 140
      a) Veräußerung vor dem Berichtstermin —— 141
      b) Veräußerung nach dem Berichtstermin —— 148
      c) Haftungsprivilegien des Käufers bei Veräußerung im eröffneten Verfahren —— 150
         aa) Haftung aus Firmenfortführung gem. § 25 HGB —— 152
         bb) Haftung für Betriebssteuern gem. § 75 AO —— 153
         cc) Haftung für Altlasten gem. § 4 Abs. 3 BBodSchG —— 154
         dd) Übergang der Arbeitsverhältnisse gem. § 613a BGB —— 156
         ee) Die beihilferechtliche Haftung —— 161
      d) Sonderfrage: Übertragung im Regelverfahren oder im Rahmen eines Insolvenzplans? —— 167
IV. Abschließende Betrachtung —— 169

A. Möglichkeiten der vorinsolvenzlichen Sanierung

I. Rahmenbedingungen der „freien" Sanierung

1 Der **Unterscheidung zwischen einer gerichtlichen Sanierung und einer außergerichtlichen Sanierung** entsprach nach deutschem Recht zumindest mit Blick auf die juristischen Personen und Gesellschaften ohne Rechtspersönlichkeit (vgl. § 11 Abs. 2 Nr. 1 InsO) bis zum Inkrafttreten des StaRUG[1] weitgehend die Unterscheidung

---

1 Gesetzes über den Stabilisierungs- und Restrukturierungsrahmen für Unternehmen (Unternehmensstabilisierungs- und -restrukturierungsgesetz – StaRUG) v. 22.12.2020, BGBl. I S. 3256; das

zwischen einer vorinsolvenzlichen Sanierung und der Sanierung innerhalb eines Insolvenzverfahrens, weil – wie noch zu zeigen sein wird (unten Rdn 13) – der Eintritt der Insolvenz zur Einleitung des Insolvenzverfahrens zwingt, das wiederum nach deutschem Recht stets ein gerichtliches Verfahren ist. Seit dem 1.1.2021 stehen zur Unterstützung der vorinsolvenzlichen Sanierungsbemühungen die Instrumente des Stabilisierungs- und Restrukturierungsrahmens des StaRUG zur Verfügung, die in den allermeisten Fällen eine Involvierung des Restrukturierungsgerichts erfordern (dazu unten Rdn 30). Im Hinblick auf vorinsolvenzliche Sanierungsbemühungen kann mithin in bestimmten Konstellationen nunmehr auch von gerichtlich unterstützten Sanierungsbemühungen im Vorfeld der Insolvenz gesprochen werden. Da unter bestimmten Voraussetzungen nach dem StaRUG sogar der Eintritt der materiellen Insolvenz nicht mehr zur Stellung eines Insolvenzantrags zwingt und die Sanierung im Interesse der Gesamtheit der Gläubiger auch außerhalb eines Insolvenzverfahrens weiterverfolgt werden darf (vgl. § 32 Abs. 3, 33 Abs. 2 Nr. 1 StaRUG), ist es auch nicht (mehr) ausnahmslos richtig, von einer allein zulässigen Sanierung insolventer Schuldner im Insolvenzverfahren zu sprechen.

In der Sanierungspraxis wird die außergerichtliche Sanierung auch als **„freie" Sanierung** bezeichnet, wobei hier bislang in erster Linie die Freiheit eben von einem rechtsförmigen gerichtlichen Insolvenzverfahren gemeint war.[2] Die außergerichtliche Sanierung wurde darüber hinaus aber auch deshalb als „frei" bezeichnet, weil es außerhalb des gerichtlichen Insolvenzverfahrens zwar einzelne spezialgesetzliche Normen,[3] aber bis zum Inkrafttreten des StaRUG keinen gesetzlichen Rahmen für außergerichtliche Sanierungen gegeben hat, und zwar weder einen verfahrensrechtlichen noch einen materiell-rechtlichen Rahmen.[4] Für die „freie" Sanie-

2

StaUG dient der Umsetzung der Richtlinie (EU) 2019/1023 des Europäischen Parlaments und des Rates vom 20.6.2019 über präventive Restrukturierungsrahmen, die zweite Chance und Maßnahmen zur Steigerung der Effizienz von Restrukturierungs-, Insolvenz- und Entschuldungsverfahren und zur Änderung der Richtlinie 2012/30/EU (COM(2016)0723) in das nationale Recht, dazu unten Rdn 19 ff.*

2 Ausführlich dazu und zum Folgenden Undritz, in: Kölner Schrift zur InsO, Kap. 29 Rn 1 ff.; Kübler/Zabel, HRI, § 3 Rn 3 ff.

3 Dieser Befund gilt für das gesamte Recht der Unternehmenssanierung, das keinen bestimmten Ort im System des Insolvenzrechts, auch nicht im System des Gesellschafts- oder Steuerrechts hat, insb. ist sie (bislang) nicht in Gesetzesform gegossen worden, etwa in ein eigenständiges „Sanierungsgesetzbuch" (zu entsprechenden rechtspolitischen Überlegungen s. etwa Uhlenbruck, NZI 2008, 201 ff.). Die Unternehmenssanierung ist vielmehr „Querschnittsmaterie" und berührt viele, ganz unterschiedliche Materien, die wiederum auch an vielen, ganz unterschiedlichen Stellen gesetzlich geregelt sind.

4 Entsprechend fügte Karl Künne seiner berühmten Monografie „Außergerichtlichen Vergleichsordnung (AVerglO)" den Untertitel „Richtlinien zur Durchführung außergerichtlicher Sanierungen" hinzu, um – wie er selbst betont hatte – „nochmals deutlich zum Ausdruck zu bringen, dass es sich um kein Gesetz handelt.", vgl. dort den Hinweis im Vorwort zur 7. Aufl. 1968; weiter heißt es dort:

Undritz

rung galten allein die allgemeinen Grundsätze.[5] Der Verweis auf die „allgemeinen Grundsätze" führt zur **Privatautonomie als Rechtsgestaltung in beiderseitiger Selbstbestimmung** (oder sogar *mehrseitiger* Selbstbestimmung). Privatautonomie meint nichts anderes als Ordnung privater Verhältnisse nach dem übereinstimmenden freien Willen der betroffenen Personen.[6] Diese „allgemeinen Grundsätze" gelten im Ausgangspunkt auch in den Fällen, in denen auf die Instrumente des Stabilisierungs- und Restrukturierungsrahmens des StaRUG zurückgegriffen wird.

3   Vor diesem Hintergrund wird die **besondere Stellung des Insolvenzplanverfahrens nach den §§ 217 ff. InsO** deutlich, das den Versuch unternimmt, so viele Elemente der „freien" Sanierung wie möglich in das gerichtliche Insolvenzverfahren zu integrieren. Hinsichtlich des Insolvenzplanverfahrens nach §§ 217 ff. InsO bildet die InsO „nur" einen gesetzlichen Rahmen und überantwortet die Sanierung i.Ü. der Privatautonomie („Privatisierung der Insolvenzabwicklung").[7] Ausdrücklich heißt es in der Gesetzesbegründung, das Insolvenzplanverfahren verfolge das Ziel, „den Beteiligten einen Rechtsrahmen für die einvernehmliche Bewältigung der Insolvenz im Wege von Verhandlungen und privatautonomen Austauschprozessen zu ermöglichen."[8] Es nimmt daher auch nicht wunder, dass die Regelungen des StaRUG betreffend den Restrukturierungsplan umgekehrt wiederum zahlreiche Anlehnungen an die Regelungen der §§ 217 ff. InsO genommen haben (dazu unten Rdn 22 ff.).

4   Die „freie" Sanierung außerhalb eines Insolvenzverfahrens wird in der Sanierungspraxis dem Insolvenz(plan)verfahren nach der InsO immer noch regelmäßig vorgezogen.[9] Der Gang zum Insolvenzgericht wird vermieden, solange es außerhalb

---

„Aus dem gleichen Grunde ist auch die Paragraphierung weggefallen und stattdessen der Begriff „Richtlinie" (R) verwendet."; s. zur Person Karl Künne etwa Uhlenbruck, KTS 1985, 39 ff.
5 Siehe auch die ausführliche Analyse der Ausgangssituation einer „freien" Sanierung von Undritz, in: Kölner Schrift zur InsO, Kap. 29 Rn 4 ff.
6 Der außergerichtliche Vergleich ist bereits vor Erlass des Gesetzes über den Vergleich zur Abwendung des Konkurses (Vergleichsordnung) v. 5.7.1927 (RGBl. I, S. 139), an dessen Stelle später die Vergleichordnung v. 26.2.1935 (RGBl. I, S. 321, ber. S. 356) trat, in Rspr. und Lehre anerkannt worden; dazu etwa H. Emmerich, Die Sanierung, 1. Teil, 1930, S. 44.
7 MüKo/Eidenmüller, vor §§ 217 bis 269 InsO Rn 1; Uhlenbruck-Lüer/Streit, § 217 Rn 1.
8 Begründung zum RegE-InsO, Allgemeiner Teil, BT-Drucks. 12/2443, S. 90.
9 Ausf. zu den Vor- und Nachteilen der außergerichtlichen, vorinsolvenzlichen Sanierung s. Undritz, in: Kölner Schrift zur InsO, 3. Aufl. 2009, Kap. 29 Rn 26 f. Eine genaue Aussage über die zahlenmäßige Häufigkeit der außergerichtlichen Sanierung ist nicht möglich, da ihr Sinn und Zweck in aller Regel gerade die „interne" Überwindung der Krise unter Ausschluss der Öffentlichkeit ist, zur praktischen Bedeutung der außergerichtlichen Sanierung siehe auch K. Schmidt/Uhlenbruck, Die GmbH in Krise, Sanierung und Insolvenz, Rn 2.2; s.a. die „kritische Zwischenbilanz" von Uhlenbruck, NZI 2009, 1, 4 f.; zu den Vor- u. Nachteilen einer gerichtlichen, bzw. außergerichtlichen übertragenden Sanierung s. Nerlich/Kreplin/Tautorus/Janner, Münchener Anwaltshdb. Insolvenz und Sanierung, § 20 Rn 143 ff.

des gerichtlichen Insolvenzverfahrens (in nicht wenigen Fällen unbegründete) Hoffnung auf eine Lösung auf dem Verhandlungswege gibt. Die Instrumente des ESUG, insbesondere die Möglichkeiten des Schutzschirmverfahrens nach § 270d InsO (vormals: § 270b InsO a.F.) oder der vorläufigen Eigenverwaltung nach § 270b InsO (vormals: § 270a InsO a.F.), haben die Schwelle hinsichtlich eines Eigenantrags des Schuldners zwar herabgesetzt. Es bleibt aber regelmäßig dabei, dass erst einmal außergerichtlich alle Register gezogen werden, weil auch Schutzschirmverfahren und vorläufige Eigenverwaltung letztlich in einem Insolvenzverfahren münden.[10] Zukünftig wird dann flankierend mitunter auch auf die Instrumente des Stabilisierungs- und Restrukturierungsrahmens nach dem StaRUG zurückgegriffen werden, wenn die vorinsolvenzliche „freie" Sanierung an ihre Grenzen stößt, insbesondere an die Grenze der Einstimmigkeit bei Vertragsanpassungen. Für die **Überlegenheit der privatautonomen Gestaltung der vorinsolvenzlichen Sanierung** werden v.a. das hohe Maß an Flexibilität[11] und Effizienz[12] der privatautonom entwickelten Sanierungskonzepte als Gründe ins Feld geführt:

- Höherer Grad der Identifikation der Beteiligten mit dem einvernehmlich entwickelten Konzept zur Krisenbewältigung als Ergebnis und Ausdruck *mehrseitiger Selbstbestimmung*[13]
- Erhalt der Organisationsstrukturen und Entscheidungskompetenzen[14] (auch der Verfügungsmacht)
- Freie Auswahl des Sanierungsmanagements (interne Lösung oder auch externe Dienstleister, z.B. Interim Management oder Sanierungsberater in der Rolle eines Generalbevollmächtigten oder *Chief Restructuring Officers*, kurz: CRO)[15]
- Freie Wahl der eingesetzten Sanierungsinstrumente
- Schnellere Abwicklung der außergerichtlichen Unternehmenssanierung[16]

---

[10] Kritisch zur Nützlichkeit eines Schutzschirmverfahrens s. Siemon, NZI 2016, 57, 59.
[11] Eidenmüller, Unternehmenssanierung zwischen Markt und Gesetz, 1999, S. 337, 339; Nerlich/Kreplin/Bornheimer/Westkamp, Münchener Anwaltshdb. Insolvenz und Sanierung, § 7 Rn 26; MüKo/Eidenmüller, vor §§ 217 bis 269 InsO Rn 63.
[12] Eidenmüller, ZHR 160 (1996), 343, 349f.; Häuser, in: Schimansky/Bunte/Lwowski, Bankrechts-Handbuch, 5. Aufl. 2017, § 85 Rn 4a.
[13] Eidenmüller, Unternehmenssanierung zwischen Markt und Gesetz, 1999, S. 341; siehe auch ders., ZHR 160 (1996), 343, 350; Medla, Präventive Unternehmenssanierung im deutschen und französischen Recht, 2008, S. 305.
[14] Maus, DStR 2002, 1059; Paulus, BB 2001, 425, 426.
[15] Eidenmüller, Unternehmenssanierung zwischen Markt und Gesetz, 1999, S. 338; zur empirischen Bedeutung von Interim Managern als Sanierer oder Chief Restructuring Officer siehe Kaufmann, in: Buth/Hermanns, Restrukturierung, Sanierung, Insolvenz, § 23 Rn 11.
[16] K. Schmidt/Uhlenbruck, Die GmbH in Krise, Sanierung und Insolvenz, Rn 429.

- Kostenvorteil,[17] zum einen hinsichtlich der *direkten* Kosten der Insolvenz (Gerichtskosten, Vergütung des Insolvenzverwalters, Vergütung der Mitglieder des Gläubigerausschusses), zum anderen hinsichtlich der *indirekten* Kosten der Insolvenz (Verlust von Reputation und Vertrauen am Markt, der die Fortführung des Unternehmens erschwert)[18]
- Vertraulichkeit der außergerichtlichen Unternehmenssanierung (insb. keine Insolvenzbekanntmachung);[19] durch die Stigmatisierung insolventer Unternehmen droht v.a. ein erheblicher Imageschaden.[20]

5 Die außergerichtliche Sanierung kennt freilich auch **Nachteile**. Diese ergeben sich überwiegend aus den Grenzen der Privatautonomie und sind gewissermaßen die Kehrseite der als besonders vorteilhaft apostrophierten Flexibilität der außergerichtlichen Sanierung. Insb. die sich auf der Basis der „allgemeinen Grundsätze" des Vertragsrechts ergebende Notwendigkeit der Zustimmung aller Vertragsparteien bei Vertragsänderungen oder auch -beendigungen stellt wegen der damit einhergehende Akkordstörerproblematik die Verteilungsgerechtigkeit infrage, wenn einzelne Gläubiger das „Erpressungspotential" ihres Vetorechts bei der Sanierung zum Nachteil der übrigen Gläubiger ausnutzen (dazu sogleich Rdn 7ff.).[21] Hier setzt das StaRUG mit seinen Instrumenten des Stabilisierungs- und Restrukturierungsrahmens und der Möglichkeit der gerichtlichen Bestätigung eines Restrukturierungsplans nach Zustimmung von „nur" 75% der in den zu bildenden Gruppen abstimmenden Gläubigern (sog. *Cram-down*) und der noch darüber hinausgehenden Möglichkeit der gruppenübergreifenden Mehrheitsentscheidung (sog. *Cross-class Cram-down*) an (dazu unten Rdn 23).

---

17 K. Schmidt/Uhlenbruck, Die GmbH in Krise, Sanierung und Insolvenz, Rn 444; ausf. dazu Eidenmüller, Unternehmenssanierung zwischen Markt und Gesetz, 1999, S. 331ff.; Medla, Präventive Unternehmenssanierung im deutschen und französischen Recht, S. 305f.; Nerlich/Kreplin/Bornheimer/Westkamp, Münchener Anwaltshdb. Insolvenz und Sanierung, 3. Aufl. 2019, § 7 Rn 27.
18 Zum regelmäßig höheren wirtschaftlichen Wert eines werbenden Unternehmens siehe Wellensiek, NZI 2002, 233, 237.
19 Medla, Präventive Unternehmenssanierung im deutschen und französischen Recht, S. 308f.; Nerlich/Kreplin/Bornheimer/Westkamp, Münchener Anwaltshdb. Insolvenz und Sanierung, § 7 Rn 25.
20 Dies betonen etwa Uhlenbruck, BB 1983, 1485, 1488; ders., BB 2001, 1641, 1646; Wellensiek NZI 2002, 233, 237; MüKo/Eidenmüller, vor §§ 217 bis 269 InsO Rn 63; Nerlich/Kreplin/Bornheimer/Westkamp, Münchener Anwaltshdb. Insolvenz und Sanierung, 3. Aufl. 2019, § 7 Rn 25; Schimansky/Bunte/Lwowski-Häuser, Bankrechts-Handbuch, § 85 Rn 4.
21 Zu diesen Zusammenhängen siehe etwa Undritz, in: Kölner Schrift zur InsO, Kap. 29 Rn 17.

II. Grenzen der „freien" Unternehmenssanierung

Die Frage nach den Grenzen der „freien" Unternehmenssanierung ist zum einen die Frage nach den allgemeinen Grenzen der Privatautonomie (unten Rdn 7 ff.), zum anderen aber auch die Frage nach den spezifischen Grenzen der von der Sanierung berührten gesetzlichen Vorgaben (unten Rdn 13 ff.).[22] **6**

1. Grenzen der Privatautonomie

Der **außergerichtlichen Sanierung** und den Sanierungsbeiträgen der Beteiligten liegen regelmäßig Rechtsgeschäfte zugrunde. Das gilt für eine eventuell zwischen allen Beteiligten abzuschließende Sanierungsvereinbarung und auch für die einzelnen Umsetzungsschritte, z.B. für die Anpassung von bestehenden Finanzierungsverträgen oder den Abschluss neuer Finanzierungsverträge, Verzichtsvereinbarungen oder die Übernahme von Einlageverpflichtungen. Die einzelnen Beiträge können dadurch miteinander verbunden werden, dass im Zweifel das Beitragsversprechen jedes einzelnen Gläubigers unter der aufschiebenden Bedingung (§ 158 BGB) steht, dass bestimmte andere Gläubiger ebenfalls einen Beitrag in bestimmter Form und Höhe leisten. **7**

Die Beteiligung sämtlicher Gläubiger ist nicht erforderlich. Sie lässt sich häufig ohnehin nicht oder nur schwer erzielen und soll ggf. aus Gründen der Vertraulichkeit auch nicht erzielt werden. Es können auch mit verschiedenen Gläubigergruppen (Banken, Arbeitnehmer, Lieferanten, Finanzamt) jeweils separate Sanierungsvereinbarungen geschlossen werden. Dies gewährt auch eine gewisse zeitliche Unabhängigkeit der einzelnen Verhandlungen und v.a. eine **Abkopplung „schwieriger" Gläubigergruppen**. **8**

Allerdings entfaltet die außergerichtliche Sanierungs- oder Liquidationsvereinbarung ihre **Bindungswirkung** auch nur für diejenigen Gläubiger, die sie geschlossen haben. Die bloße Zugehörigkeit zur Gläubigergemeinschaft reicht nicht aus, um die Wirkung des Vergleichs auf jeden einzelnen Gläubiger zu erstrecken. Das ist der wesentliche Unterschied des außergerichtlichen Sanierungs- oder Liquidationsvergleichs zum gerichtlich bestätigten Insolvenzplan (vgl. § 254 Abs. 1 InsO) und auch zum neuen gerichtlich bestätigten Restrukturierungsplan nach dem StaRUG. Die Gläubiger, die dem Vergleich ihre Zustimmung verweigern oder aus anderen Gründen „außen vor" gelassen werden, sind nicht gehindert, ihre Ansprüche gegen den Schuldner uneingeschränkt durchzusetzen, indem sie etwa Maßnahmen der Zwangsvollstreckung ergreifen. **9**

---

[22] Ausf. dazu Undritz, in: Kölner Schrift zur InsO, Kap. 29 Rn 19 ff. m.w.N.

10 Vor diesem Hintergrund erwächst die **sog. Akkordstörer-Problematik**. Denn selbst wenn einem Gläubiger der Abschluss des Vergleichs angetragen wurde und eine ganz überwiegende Mehrheit der Gläubiger einen derartigen Vergleich bereits geschlossen hat, ist der Gläubiger in der Frage des Vergleichsschlusses frei und kann ihn ohne Begründung ablehnen.[23]

11 Nach zutreffender Auffassung des BGH würde die Annahme einer **Gefahrengemeinschaft aller Gläubiger** des in eine Krise geratenen Unternehmens mit der Folge, dass Mehrheitsentscheidungen zum Zweck seiner außergerichtlichen Sanierung zulässig sind, die auch für nicht zustimmende Gläubiger verbindlich sind,[24] die Grenzen richterlicher Rechtsfortbildung überschreiten.[25]

12 Bei der außergerichtlichen Sanierungsvereinbarung ist i.d.R. die **gleichmäßige Befriedigung aller Gläubiger bzw. ihre Gleichbehandlung „Vergleichsgrundlage"**.[26] Privilegien bestimmter Gläubiger sind zwar nicht generell unstatthaft, ihre Zulässigkeit ist jedoch an Transparenz geknüpft. Ein „heimliches Privileg" kann sittenwidrig und daher nach § 138 BGB nichtig sein, wenn es einen bewussten Bruch der Sanierungsvereinbarung und eine bewusste Täuschung der Gläubigergemeinschaft darstellt.[27] Die außergerichtliche Sanierungsvereinbarung kann auch infolge einer Anfechtung nach § 142 Abs. 1 BGB nichtig sein, wenn etwa wegen einer Täuschung des Gläubigers der Anfechtungsgrund nach § 123 Abs. 1 BGB vorliegt.[28]

2. Normbefehle des Gesellschaft- und Insolvenzrechts

13 Bei der privatautonomen Gestaltung der außergerichtlichen vorinsolvenzlichen Unternehmenssanierung herrscht zwar nach dem zuvor Gesagten insoweit eine weitgehende Freiheit, als sie lediglich die allgemeinen Grenzen der Privatautonomie einzuhalten hat. Nicht übersehen werden darf aber, dass die Freiheit auch innerhalb der Grenzen der Privatautonomie durch die **allgemeinen Regeln und Grund-**

---

23 BGH, 12.12.1991 – IX ZR 178/91, BGHZ 116, 319, LS 3 und Rn 12 ff. = ZIP 1992, 191; dazu EWiR 1992, 255 (Tiedtke); ebenso MüKo/Habersack, § 779 BGB Rn 54; Schimansky/Bunte/Lwowski-Häuser, Bankrechts-Handbuch, 5. Aufl. 2017, § 85 Rn 20.
24 Entgegen der h.M. nimmt v.a. Habscheid, Zur rechtlichen Problematik des außergerichtlichen Sanierungsvergleichs, Gedächtnisschrift für Rudolf Bruns, 1980, S. 262, an, dass die Gläubiger in ihrer Gesamtheit eine Rechtsgemeinschaft oder -gesellschaft bilden, mit der Folge, dass auch der Akkordstörer an den von der Mehrheit der Gläubiger abgeschlossenen Sanierungsvergleich gebunden ist.
25 Ebenfalls zust. Ebenroth/Grashoff, BB 1992, 865.
26 KG, 28.4.1980 – 20 U 310/80, ZIP 1980, 963; Ebenroth/Grashoff, BB 1992, 865, 866 f.; MüKo/Habersack, § 779 BGB Rn 54; ausf. zur Berücksichtigung des Gleichbehandlungsgrundsatzes s. Medla, Präventive Unternehmenssanierung im deutschen und französischen Recht, 2008, S. 327 ff.
27 Staudinger/Marburger, § 779 BGB Rn 61; Schimansky/Bunte/Lwowski-Häuser, Bankrechts-Handbuch, § 85 Rn 19d.
28 Ebenso Ebenroth/Grashoff, BB 1992, 865, 867.

sätze des **Gesellschafts- und Insolvenzrechts** weiter eingeschränkt wird. Hierzu zählen v.a. die folgenden gesellschafts- und insolvenzrechtlichen Pflichten:
- gesellschaftsrechtliche Anzeige- und Einberufungspflichten, z.B. bei einem Verlust i.H.d. Hälfte des Stammkapitals (§ 49 Abs. 3 GmbHG) bzw. Grundkapitals (§ 92 Abs. 1 AktG, § 33 Abs. 3 GenG),
- insolvenzrechtliche Antragspflichten (§ 15a InsO),[29] einschließlich der gesetzlichen Drei-Wochen-Frist bei Zahlungsunfähigkeit (§ 17 InsO) bzw. Sechs-Wochen-Frist bei Überschuldung (§ 19 InsO),
- wertpapierrechtliche Anzeigepflichten (§ 15 WpHG, „*Ad-hoc*-Publizität"),[30]
- Verbot einer Rückgewähr der Einlagen nach § 57 Abs. 1 Nr. 1 AktG und § 30 GmbHG,
- Einhaltung der Maßgaben des Zahlungsverbots nach § 15b InsO, der die bisherigen Zahlungsverbote nach Eintritt der Insolvenzreife in § 64 Satz 1 GmbHG und § 92 Abs. 2 Satz 1 AktG sowie für Zahlungen an Gesellschafter, soweit diese zur Zahlungsunfähigkeit der Gesellschaft führen würden, in § 64 Satz 3 GmbHG[31] und § 92 Abs. 2 Satz 3 AktG[32], rechtsformneutral zusammenfasst und ersetzt,
- Beachtung der als „Existenzvernichtungshaftung" bezeichneten Haftung des Gesellschafters für missbräuchliche, zur Insolvenz der GmbH führende oder diese vertiefende kompensationslose Eingriffe in das der Zweckbindung zur vorrangigen Befriedigung der Gesellschaftsgläubiger dienende Gesellschaftsvermögen. Die Existenzvernichtungshaftung des Gesellschafters knüpft an die missbräuchliche Schädigung des im Gläubigerinteresse zweckgebundenen Gesellschaftsvermögens an und ordnet sie – in Gestalt einer schadensersatzrechtlichen Innenhaftung ggü. der Gesellschaft – allein in § 826 BGB als eine besondere Fallgruppe der sittenwidrigen vorsätzlichen Schädigung ein.[33]

---

[29] Die bisherigen Regelungen der Insolvenzantragspflicht in § 64 Abs. 1 GmbHG, § 92 Abs. 2 AktG, §§ 130a Abs. 1 Satz 1, 177a Satz 1 HGB wurden durch das Gesetz zur Modernisierung des GmbH-Rechts und zur Bekämpfung von Missbräuchen (MoMiG) v. 23.10.2008, BGBl. I, S. 2026, in die rechtsformneutrale Regelung des § 15a InsO überführt.
[30] Ausf. dazu Wiesbrock, NZG 2005, 294; zur Haftung wegen unterlassener, im Zusammenhang mit Sanierungsbemühungen stehender Ad hoc-Meldungen s. OLG Schleswig, 16.12.2004 – 5 U 50/04, WM 2005, 696; dazu Forst, DB 2009, 607; Seibt/Voigt, AG 2009, 133; MüKo/Spindler, § 93 AktG Rn 159.
[31] Ausf. dazu Knof, DStR 2007, 1536 (Teil I), 1580 ff. (Teil II); MüKo/Müller, § 64 GmbHG Rn 137; Nerlich/Kreplin/Kreplin, Münchener Anwaltshdb. Insolvenz und Sanierung, § 26 Rn 219 ff.
[32] Zu einem späteren Zeitpunkt gilt es dann, zusätzlich die Maßgaben des Zahlungsverbots nach § 64 Satz 1 GmbHG und § 92 Abs. 2 Satz 1 AktG hinsichtlich Zahlungen, die nach Eintritt der Zahlungsunfähigkeit der Gesellschaft oder nach Feststellung ihrer Überschuldung geleistet werden, einzuhalten.
[33] BGH, 16.7.2007 – II ZR 3/04 – „Trihotel", BGHZ 173, 246 = ZInsO 2007, 881 = ZIP 2007, 1552; dazu EWiR 2008, 681 (Blasche); EWiR 2007, 557 (J. Wilhelm); BGH, 10.10.2018 – VII ZB 12/15; dazu NZI 2019, 266 (Primozic/Handrup); ferner Altmeppen, NJW 2007, 2657; ders., ZIP 2008, 1201; Burg/Müller-Seils,

14 Schließlich dürfen im Fall der „freien" Sanierung die **Grenzen des Strafrechts** nicht überschritten werden. Nicht übersehen werden darf z.B. die Strafbewehrung nach § 84 GmbHG, § 401 AktG bzw. § 148 GenG bei einer Verletzung der Anzeige- und Einberufungspflicht nach § 49 Abs. 3 GmbHG, § 92 Abs. 1 AktG bzw. § 33 Abs. 3 GenG oder die Strafbewehrung nach § 15a Abs. 4 und Abs. 5 InsO bei einer Verletzung der Insolvenzantragspflicht. Ferner droht eine Bestrafung der organschaftlichen Vertreter wegen Bankrotts nach §§ 283, 283a StGB, wegen einer Verletzung der Buchführungs- und Bilanzierungspflichten nach § 283b StGB, wegen einer Gläubigerbegünstigung nach § 283c StGB oder wegen einer Schuldnerbegünstigung nach § 283d StGB. Gelingt die Sanierung, ist auch die drohende Gefahr einer strafrechtlichen Verfolgung gebannt, weil die Tat gem. § 283 Abs. 6 StGB[34] nur dann strafbar ist, wenn der Täter seine Zahlungen eingestellt hat oder über sein Vermögen das Insolvenzverfahren eröffnet oder der Eröffnungsantrag mangels Masse abgewiesen worden ist (objektive Bedingung der Strafbarkeit).[35] Im Blick haben müssen die Geschäftsleiter die Strafbarkeitsrisiken aber auf jeden Fall.

III. Vorinsolvenzliche Sanierung im „Wettbewerb der Sanierungsrechte"

15 Die **vorinsolvenzliche Restrukturierung „im Stillen"** sah sich **in Deutschland** wie zuvor beschrieben bislang häufig vor unüberwindbare Hindernisse gestellt. Die Einstimmigkeit belastet dabei nicht nur die Flexibilität der vorinsolvenzlichen Sanierung, sondern kann im Fall des Auftretens von sog. Akkordstörern auch die Verteilungsgerechtigkeit insoweit infrage stellen, als einzelne Gläubiger das Erpressungspotenzial ihres Vetorechts zu ihrem Vorteil ausnutzen (dazu oben Rdn 10).

16 Vor diesem Hintergrund haben einige Unternehmen im Fall einer geplanten finanziellen Restrukturierung die vom deutschen Recht aufgestellten Hürden durch ein Ausweichen auf andere Rechtsordnungen umgangen. So kann man (auch) für die vorinsolvenzliche Sanierung das Phänomen des **„Wettbewerbs der Rechtsordnungen"**[36] beobachten:[37] Die Fälle Apcoa, La Seda de Barcelona, WIND, Tele

---

ZInsO 2007, 929; Dauner-Lieb, ZGR 2008, 34; Habersack, ZGR 2008, 533; Heitsch, ZInsO 2007, 961; Hölzle, DZWIR 2007, 397; Paefgen, DB 2007, 1907; Schanze, NZG 2007, 681; Smid, DZWIR 2008, 265.
34 Vgl. auch § 283d Abs. 4 StGB; i.Ü. wird auf § 283 Abs. 6 StGB verwiesen, vgl. §§ 283b Abs. 3, 283c Abs. 3 StGB.
35 Allgemein zum Charakter der Zahlungseinstellung oder Verfahrenseröffnung bzw. Abweisung mangels Masse als objektive Bedingung der Strafbarkeit, s. MüKo/Petermann, § 283 StGB Rn 84.
36 Mit Blick auf die vorinsolvenzliche Sanierung der „Passivseite" mittels Solvent Schemes of Arrangement ist dies ein „Wettbewerb der Vertragsrechte", nicht etwa ein „Wettbewerb der Insolvenzrechte".
37 Allgemein zu diesem Phänomen im Insolvenzrecht bzw. Recht der Sanierung siehe etwa Bork, Sanierungsrecht in Deutschland und England, Rn 1.19 ff.

Columbus, Rodenstock, Primacom und Schefenacker haben hier beispielsweise Schlagzeilen gemacht.[38] Die Möglichkeit ist sogar eröffnet, wenn Unternehmen ihren satzungsmäßigen Sitz in Deutschland haben.

Der Weg führte die Unternehmen mit dem Ziel der finanziellen Restrukturierung außerhalb des Insolvenzverfahrens bislang regelmäßig nach England, um eine finanzielle Restrukturierung nach englischem Recht mittels eines **sog. Scheme of Arrangement (ss. 895 ff. Companies Act 2006)** zu erreichen.[39] Hier gab auch schon vor der Umsetzung der Restrukturierungsrichtlinie[40] in Deutschland durch das StaRUG oder die Einfügung des neuen UK Restructuring Plan, dem „Super Scheme", in England die einfache Mehrheit der Gläubiger nach Köpfen, die nominell mindestens 75% der Forderungen repräsentiert, den Takt für die Sanierung vor. Die finanzielle Restrukturierung nach englischem Recht mittels sog. Scheme of Arrangement kommt zwar nur für Unternehmen mit einem **hinreichenden Bezug zu England („sufficient connection")** in Betracht, der jedoch allein schon über eine englischrechtliche Finanzierung hergestellt wird, wie sie bei größeren Unternehmen und in Fällen fremdfinanzierter Übernahmen die Regel ist. Nicht notwendig ist, dass das Unternehmen eine Niederlassung in England unterhält oder der Mittelpunkt der hauptsächlichen Interessen des Unternehmens i.S.v. Art. 3 Abs. 1 EuInsVO in England zu verorten ist.[41] Eine strategische Verlagerung des COMI wie z.B. im Fall des Automobilzulieferers Schefenacker, der die Vorteile des englischen Sanierungsinstruments „Scheme of Arrangement" nutzen wollte, ist mithin aus der Perspektive des englischen Rechts nicht erforderlich.

Ob sich das englische Sanierungsrecht als „Marktführer" in dem sich stark wandelenden Rechtsumfeld wird behaupten können, wird die Zukunft zeigen. Die offenen Fragen rund um die Anerkennung englischer Sanierungsinstrumente in den Mitgliedstaaten der EU nach dem Austritt Großbritanniens aus der EU („Brexit") und die Etablierung mitunter vergleichbar attraktiver vorinsolvenzlicher Sanierungsverfahren in den Mitgliedstaaten der EU in Umsetzung der Restrukturierungsrichtlinie[42],

---

38 Zu diesen Fällen auch Westpfahl/Knapp, ZIP 2011, 2033 ff. m.w.N.
39 Siehe zu diesem Sanierungsinstrument englischen Rechts etwa Bork, Sanierungsrecht in Deutschland und England, Rn 6.2 ff., insb. zu den Voraussetzungen eines Eingriffs in Gläubigerrechte Rn 14.15 (ungesicherte Gläubiger) sowie Rn 14.22 (gesicherte Gläubiger).
40 Richtlinie (EU) 2019/1023 des Europäischen Parlaments und des Rates vom 20.6.2019 über präventive Restrukturierungsrahmen, über Entschuldung und über Tätigkeitsverbote sowie über Maßnahmen zur Steigerung der Effizienz von Restrukturierungs-, Insolvenz- und Entschuldungsverfahren und zur Änderung der Richtlinie (EU) 2017/1132 (Richtlinie über Restrukturierung und Insolvenz), ABl. L 172 v. 26.6.2019, S. 18.
41 Eidenmüller/Frobenius, WM 2011, 1210, 1213 f.; Sax/Swierczok, ZIP 2016, 1945, 1946 ff.; zur Anerkennung post Brexit Sax/Swierczok, ZIP 2017, 601.
42 Richtlinie (EU) 2019/1023 des Europäischen Parlaments und des Rates vom 20.6.2019 über präventive Restrukturierungsrahmen, über Entschuldung und über Tätigkeitsverbote sowie über Maßnah-

setzen den Rechtsstandort Großbritannien unter Druck. Es fragt sich auch, ob nicht das „Angebot" anderer Mitgliedstaaten attaktiver erscheint. So werden etwa dem neuen niederländischen vorinsolvenzlichen Restrukturierungsverfahren (*Wetsvoorstel Homologatie Onderhands Akkoord* – kurz: WOHA) gute Chancen auf eine führende Rolle in der europäischen Sanierungslandschaft eingeräumt. Die Problematik der grenzüberschreitenden Anerkennung der Restrukturierungspläne wird sich allerdings erst dann zufriedenstellend lösen lassen, wenn die nationalen vorinsolvenzlichen Sanierungsverfahren nach der EuInsVO anzuerkennen sein werden, was ihre Aufnahme in dessen Anhang A voraussetzt.

IV. Paradigmenwechsel: Präventiver Restrukturierungsrahmen und StaRUG

1. Hintergrund

18 Die vorgenannten Fälle einer „Sanierungs-Migration" hatten das Bedürfnis nach einer Restrukturierungsoption außerhalb eines Insolvenzverfahrens deutlich gemacht, das insoweit auch durch das ESUG nicht voll befriedigt wurde. Der deutsche Gesetzgeber war vor diesem Hintergrund dazu übergegangen, die Frage der Notwendigkeit vorinsolvenzlicher Sanierungsverfahren erneut zu diskutieren. Angemahnt hatte das nicht zuletzt auch die Europäische Kommission, die am 30.9.2015 einen „Aktionsplan zur Schaffung einer Kapitalmarktunion" veröffentlicht hatte,[43] in dem sie ankündigte, dem europäischen Parlament einen Legislativentwurf über Unternehmensinsolvenzen vorzuschlagen, der Bestimmungen zu frühen Umstrukturierungen und zur „zweiten Chance" enthält. Bereits im Jahr 2014 veröffentlichte die Kommission eine Empfehlung für einen neuen Ansatz im Umgang mit unternehmerischem Scheitern und Unternehmensinsolvenzen, in der die Mitgliedstaaten aufgefordert wurden, frühe Restrukturierungsverfahren einzurichten und Unternehmern eine „zweite Chance" zu geben. Nach Ansicht der Kommission wurden diese Empfehlungen in den allermeisten Mitgliedstaaten nicht zufriedenstellend umgesetzt. Als Reaktion wurde auf Vorschlag der Kommission die Richtlinie (EU) 2019/1023 des Europäischen Parlaments und des Rates vom 20.6.2019 über präventive Restrukturierungsrahmen, die zweite Chance und Maßnahmen zur Steigerung der Effizienz von Restrukturierungs-, Insolvenz- und Entschuldungsverfahren und zur Änderung der Richtlinie 2012/30/EU (COM(2016)0723) erlassen („**Restrukturierungs-RL**"), um die Harmonisierung des vorinsolvenzlichen Restrukturierungsrechts in allen Mitgliedstaaten der EU verbindlich weiter voranzutreiben.

---

men zur Steigerung der Effizienz von Restrukturierungs-, Insolvenz- und Entschuldungsverfahren und zur Änderung der Richtlinie (EU) 2017/1132 (Richtlinie über Restrukturierung und Insolvenz), ABl. L 172 v. 26.6.2019, S. 18.
43 Vgl. COM(2015) 468, S. 28.

In Deutschland dient das **Gesetz über den Stabilisierungs- und Restrukturierungsrahmen für Unternehmen (Unternehmensstabilisierungs- und -restrukturierungsgesetz – StaRUG)** vom 22.12.2020[44] der Umsetzung der Restrukturierungsrichtlinie. Mit der Umsetzung der Restrukturierungs-RL in das deutsche Recht und dem Inkrafttreten des StaRUG zum 1.1.2021 wird nicht weniger als ein Paradigmenwechsel im Recht der vorinsolvenzlichen Sanierung eingeläutet:

2. Der präventive Restrukturierungsrahmen

a) Zielsetzung

Das StaRUG ist wesentlicher Teil des Sanierungs- und Insolvenzrechtsfortentwicklungsgesetz („**SanInsFoG**"), das am 1.1.2021 in Kraft getreten ist. Mit dem StaRUG wird erstmals im deutschen Recht ein **Rechtsrahmen für die vorinsolvenzliche Restrukturierung** zur Verfügung gestellt.[45] Der in dem StaRUG enthaltene Restrukturierungs- und Stabilisierungsrahmen reagiert dabei insbesondere auf die rechtstatsächliche Ausgangslage, wie sie hier zuvor dargestellt wurde (dazu oben Rn 1 ff.). In Sanierungssituationen können wirtschaftlich sinnvolle Lösungen von einzelnen Gläubigern oder Gesellschaftern blockiert werden. Rationale Entscheidungen der Mehrheit der von der Krise des schuldnerischen Unternehmens betroffenen Gläubiger oder Gesellschafter können sich nicht durchsetzen, sodass sich die Sanierungsaussichten durch das mitunter opportunistische Verhalten einzelner Beteiligter („Akkordstörer") deutlich verschlechtern können. Der Überwindung (auch) dieser Hindernisse der vorinsolvenzlichen Sanierung dient das StaRUG. Auch die Gesetzesbegründung nimmt im Kern darauf Bezug, dass das StaRUG der Schaffung eines Rechtsrahmens zur Ermöglichung insolvenzabwendender Sanierungen dient, sodass Unternehmen in der Krise die Möglichkeit eröffnet wird, sich auf der Grundlage eines von den Gläubigern mehrheitlich angenommenen Restrukturierungsplans zu sanieren (dazu unten Rn 22).[46]

19

b) Ausgangslage und Grundlinien des StaRUG

Im Ausgangspunkt setzt das StaRUG einen vorinsolvenzlichen Sanierungsprozess voraus, der wie herkömmlich auf den **konsensualen Ausgleich der unterschiedlichen Interessen der Beteiligten** gerichtet ist. Der Schuldner entwickelt ein schlüssiges und plausibles Sanierungskonzept und versucht seine Gläubiger und die Gesellschafter davon zu überzeugen, den darin vorgezeichneten Sanierungsweg mit-

20

---

44 BGBl. I S. 3256 ff.
45 Gehrlein, BB 2021, 66 (66).
46 Vgl. RegE StaRUG, Begr. Allgemeiner Teil.

zugehen und die eingeplanten Maßnahmen (leistungswirtschaftliche Maßnahmen und/oder Maßnahmen der Reorganisation z.B. im Personalbereich oder der Kapitalstruktur) zu ergreifen bzw. die notwenigen Beiträge (z.B. Sanierungskredite, Forderungskürzungen, Stundungen, Anpassungen von Zinssätzen und Tilgungsplänen) zu leisten. Das Ziel der Verhandlungen ist hier regelmäßig die verbindliche Vereinbarung der unterschiedlichen Maßnahmen und Beiträge in einer Restrukturierungsvereinbarung und die Umsetzung dieser Zusagen in Änderungsverträgen zu Kreditverträgen, Miet- oder Lieferverträgen etc.

Sollte indes das **Konsensprinzip** an seine **Grenzen** stoßen und die an sich für alle Beteiligten beste Sanierungsoption zu scheitern drohen, kann der Schuldner die Instrumente des Stabilisierungs- und Restrukturierungsrahmens ergreifen und ein „Abrutschen" der Sanierung in eine nur zweitbeste oder sogar noch schlechtere Alternative verhindern. Insofern wird sich die Wirkung des StaRUG auch nicht nur in seinen „echten" Anwendungsfällen zeigen. Der stets denkbare Zugriff des Schuldners auf die Instrumente des Stabilisierungs- und Restrukturierungsrahmens nach dem StaRUG kann vielmehr in manchen Konstellationen auch einen **disziplinierenden Effekt** haben und letztlich die beste Sanierungsoption auch ohne Zugriff auf die Instrumente des StaRUG zum Durchbruch verhelfen.

Da die Sanierungsbemühungen mitunter nur durch einzelne Gläubigergruppen oder sogar nur einzelne Gläubiger behindert werden können, ist ein Wesensmerkmal des neuen Stabilisierungs- und Restrukturierungsrahmens im Vergleich zur Sanierung im Insolvenzverfahren die **Teilkollektivität** seiner Wirkungen, weil er anders als das Insolvenzverfahren nicht sämtliche Gläubiger umfassen muss, sondern selektiv auch nur einen Teil der Gläubigerschaft (dazu unten Rdn 22).[47] Ebenso selektiv kann der Schuldner auch beim Einsatz der Instrumente des Stabilisierungs- und Restrukturierungsrahmens nach dem StaRUG vorgehen. Die Instrumente des StaRUG stehen als „modularer Baukasten" zur Überwindung von Sanierungshindernissen in der vorinsolvenzlichen Sanierung zur Verfügung.[48] Von den unterschiedlichen Instrumenten des modularen Baukastens des StaRUG sind hier insbesondere die Bestätigung des Restrukturierungsplans bei fehlender 100% Zustimmung zu den im Restrukturierungsplan festgelegten Beiträgen und Maßnahmen (vgl. §§ 60 ff. StaRUG) sowie die Anordnung einer sog. Stabilisierung (Vollstreckungs- und Verwertungssperre) zugunsten des Schuldners (vgl. §§ 49 ff. StaRUG) zu nennen.

Die Gläubiger und Anteilseigner vergleichen in der Phase der vorinsolvenzlichen Sanierung die ihnen nach dem Sanierungskonzept zugewiesenen „Sanierungserträge" stets mit den Befriedigungsquoten, die sie in einem alternativen Insolvenzszenario zu erwarten hatten. Um noch schlechtere Ergebnisse im Insolvenzfall zu vermeiden, waren sie mitunter (zwangsläufig) kompromissbereit und haben einzel-

---

47 Gehrlein, BB 2021, 66 (71).
48 Taras/Suchan, NJW-Spezial 2021, 21 (21).

nen Beteiligten Sondervorteile zugebilligt. Ab dem Eintritt der drohenden Zahlungsunfähigkeit steht dem Schuldner zukünftig ein **zusätzliches Vergleichsszenario** zur Verfügung. So kann er das Ziel der Sanierung des Unternehmens auch durch den Einsatz von Instrumenten des StaRUG näherkommen. Insofern sind die Verhandlungen über ein Sanierungskonzept zukünftig auch eingebettet in die Bedingungen des Stabilisierungs- und Restrukturierungsrahmens nach dem StaRUG. Das hat auch für die Mehrheit der Gläubiger, die das Sanierungskonzept mittragen, Vorteile, weil einer opportunistischen Minderheit oder auch nachrangigen Gläubigern und den Gesellschaftern das „Erpressungspotential" genommen wird.

c) Zugangsvoraussetzungen und Anzeige der Restrukturierungssache

Jeder Schuldner, der insolvenzfähig i.S.v. § 11 InsO ist, ist auch **restrukturierungsfähig** i.S.v. § 30 Abs. 1 StaRUG und kann damit die Instrumente des neuen Stabilisierungs- und Restrukturierungsrahmens nach dem StaRUG ergreifen.[49] Allerdings fallen natürliche Personen nur insoweit in den personalen Anwendungsbereich des StaRUG, als sie unternehmerisch tätig sind (vgl. § 30 Abs. 1 Satz 2 StaRUG).

Die Instrumente des StaRUG stehen den restrukturierungsfähigen Schuldnern jedoch erst ab dem **Eintritt der drohenden Zahlungsunfähigkeit** im Sinne des § 18 InsO zur Verfügung (vgl. für die Stabilisierungsanordnung etwa § 51 Abs. 1 Nr. 3 StaRUG oder für die Planbestätigung etwa § 63 Abs. 1 Nr. 1 StaRUG).[50] Im Zuge der Anpassung der Insolvenzordnung durch das SanInsFoG ist im Hinblick die drohende Zahlungsunfähigkeit im Sinne des § 18 InsO der Prognosezeitraum nunmehr auf „in aller Regel 24 Monate" festgelegt worden.[51] Des Weiteren darf der restrukturierungsfähige Schuldner indes noch **nicht insolvenzreif** sein, d.h. nicht zahlungsunfähig im Sinne von § 17 InsO oder überschuldet im Sinne von § 19 InsO. Im Hinblick auf die Überschuldung nach § 19 InsO ist durch das SanInsFoG ebenfalls eine Konkretisierung des Prognosezeitraums erfolgt. So muss die Fortbestehensprognose nach § 19 InsO zwölf Monate (im Fall der Anwendung des COVInsAG ggf. verkürzt auf vier Monate) abdecken.[52] Allerdings kann hinsichtlich der Fortbestehensprognose im Rahmen der Überschuldungsprüfung der erfolgreiche Abschluss einer Restrukturierung unter Einsatz von Instrumenten des Stabilisierungs- und Restrukturierungsrahmens nach dem StaRUG dann in die Planung und die Prognoseannahmen aufgenommen werden, wenn eine solche erfolgreiche Restrukturierung mit überwiegender Wahrscheinlichkeit angenommen werden darf.[53]

---

49 Gehrlein, BB 2021, 66 (72).
50 Gehrlein, BB 2021, 66 (71).
51 Balthasar, NZI Beilage 1/2021, 18 (18).
52 Gehrlein, BB 2021, 66 (81).
53 Gehrlein, BB 2021, 66 (72).

Eingeleitet wird die Restrukturierung nach dem StaRUG durch die **Anzeige des Restrukturierungsvorhabens durch den Schuldner**. Mit dieser Anzeige des Restrukturierungsvorhabens wird die Restrukturierungssache rechtshängig im Sinne von § 31 Abs. 1 StaRUG.[54] Der Anzeige des Restrukturierungsvorhabens sind nach § 31 Abs. 2 StaRUG insbesondere beizufügen: (i) der Entwurf eines Restrukturierungsplans oder Sanierungskonzepts, (ii) eine Darstellung zum Stand der Verhandlungen mit den Gläubigern, Gesellschaftern und sonstigen Dritten, sowie (iii) eine Darstellung von Vorkehrungen, die der Schuldner getroffen hat, um die ihm nach dem StaRUG obliegenden Pflichten erfüllen zu können. Eine in der Praxis für die Geschäftsleiter bedeutsame Folge der Rechtshängigkeit der Restrukturierungssache ist die für die Dauer der Rechtshängigkeit gemäß § 42 Abs. 1 StaRUG geltende Suspendierung der Insolvenzantragspflicht nach § 15a InsO. Die strenge haftungs- und strafbewährte Insolvenzantragspflicht nach § 15a InsO wird während der Rechtshängigkeit der Restrukturierungssache durch eine Anzeigepflicht gegenüber dem Restrukturierungsgericht nach § 32 Abs. 3 StaRUG ersetzt.[55] Der Schuldner hat dem Restrukturierungsgericht den Eintritt von Zahlungsunfähigkeit im Sinne von § 17 InsO und/oder Überschuldung im Sinne von § 19 InsO anzuzeigen, das sodann über die Aufhebung der Restrukturierungssache bzw. die Fortführung im Interesse der Gesamtheit der Gläubiger zu entscheiden hat (vgl. § 33 Abs. 2 Nr. 1 StaRUG).[56] Wird die Restrukturierungssache nach § 33 StaRUG wieder aufgehoben, lebt nach § 42 Abs. 4 StaRUG die Insolvenzantragspflicht gemäß § 15a InsO wieder auf.

d) Restrukturierungsplan als „Herzstück" der Sanierung nach dem StaRUG

aa) Inhalte des Restrukturierungsplans

22   Der **Restrukturierungsplan** kann auch als „Herzstück" des **Stabilisierungs- und Restrukturierungsrahmens** nach dem StaRUG bezeichnet werden. In dem Restrukturierungsplan werden die für eine erfolgreiche Sanierung erforderlichen Maßnahmen und Beiträge gebündelt dargestellt bzw. sogar mit rechtlich gestaltender Wirkung vereinbart. Der Restrukturierungsplan gliedert sich daher auch in zwei Teile, einen **darstellenden Teil (vgl. § 6 StaRUG)** und einen **gestaltenden Teil (vgl. § 7 StaRUG)**. Schon diese Zweiteilung erinnert stark an die Zweiteilung des Insolvenzplans nach §§ 220, 221 InsO.

Der **darstellende Teil des Restrukturierungsplans** beschreibt nach § 6 StaRUG die Grundlagen und die Auswirkungen des Restrukturierungsplans. Er enthält alle Angaben, die für die Entscheidung der Planbetroffenen über die Zustimmung zum

---

54 Vallender; NZI Beilage 1/2021, 30 (30).
55 Gehrlein, BB 2021, 66 (75).
56 Gehrlein, BB 2021, 66 (75); Skauradszun, KTS 2021, 1 (21).

Plan und für dessen gerichtliche Bestätigung erheblich sind, einschließlich der Krisenursachen und der zur Krisenbewältigung vorzunehmenden Maßnahmen.[57] Der darstellende Teil enthält nach § 6 Abs. 2 Satz 1 StaRUG auch eine **Vergleichsrechnung**, in der die Auswirkungen des Restrukturierungsplans auf die Befriedigungsaussichten der Planbetroffenen dargestellt werden.[58] Der Vergleich hat neben dem Szenario bei Umsetzung des Restrukturierungsplans das zweitbeste Sanierungsszenario (ohne Plan) in den Blick zu nehmen. Sieht der Plan eine Fortführung des Unternehmens vor, ist gemäß § 6 Abs. 2 Satz 2 StaRUG für die Ermittlung der Befriedigungsaussichten ohne Plan zu unterstellen, dass das Unternehmen fortgeführt wird. Dies soll nach Satz 3 des § 6 Abs. 2 StaRUG nur dann nicht gelten, wenn ein Verkauf des Unternehmens oder eine anderweitige Fortführung aussichtslos ist.

Im **gestaltenden Teil des Restrukturierungsplans** wird gemäß § 7 Abs. 1 StaRUG festgelegt, wie die Rechtsstellung der Inhaber der sog. Restrukturierungsforderungen (vgl. § 2 Abs. 1 Nr. 1 StaRUG), der Inhaber der sog. Absonderungsanwartschaften (vgl. § 2 Abs. 1 Nr. 1 StaRUG), die Anteils- oder Mitgliedschaftsrechte (§ 2 Abs. 3 StaRUG) und die Rechte aus gruppeninternen Drittsicherheiten (vgl. § 2 Abs. 4 StaRUG) durch den Plan geändert werden sollen.[59]

Damit ist auch der Kreis der nach § 2 StaRUG **gestaltbaren Rechtsverhältnisse** nachgezeichnet. Als sogenannte Restrukturierungsforderungen werden gemäß § 2 Abs. 1 Nr. 1 StaRUG Forderungen bezeichnet, die gegen eine restrukturierungsfähige Person begründet sind. Als sogenannte Absonderungsanwartschaften bezeichnet man gemäß § 2 Abs. 1 Nr. 2 StaRUG die an Gegenständen des schuldnerischen Vermögens bestehenden Sicherungsrechte, die im Fall der Eröffnung eines Insolvenzverfahrens zur abgesonderten Befriedigung im Sinne von §§ 49 ff. InsO berechtigen würden. Nach § 2 Abs. 2 StaRUG kann bei bestimmten Finanzierungsverträgen durch den Restrukturierungsplan auch in **Einzelbestimmungen** eingegriffen werden, insbesondere kann bei Schuldverschreibungen oder Konsortialkreditverträgen in Covenants- und Kündigungsrechte eingegriffen werden[60]. Ferner können nach § 2 Abs. 2 Satz 3 auch **Gläubigervereinbarungen (sog. Intercreditor Agreements)** gestaltet werden. Die Gestaltbarkeit gruppeninterner Drittsicherheiten ist nach § 2 Abs. 4 StaRUG im Restrukturierungsplan möglich.[61] Nach § 2 Abs. 3 StaRUG sind durch den Restrukturierungsplan ferner die **Anteils- und Mitgliedschaftsrechte** der an dem Schuldner beteiligten Personen gestaltbar. In Hinblick auf die Anteils- und Mitgliedschaftsrechte können alle zulässigen gesellschaftsrechtlichen Regelun-

---

57 Ibershoff, ZInsO 2021, 299 (300).
58 Skauradszun, KTS 2021, 1 (23).
59 Gehrlein, BB 2021, 66 (68); Wilhelm/Hoffmann; Richter, DB 2021, 381 (382).
60 Gehrlein, BB 2021, 66 (69).
61 Taras/Suchan, NJW Spezial 2021, 21 (22).

gen getroffen werden, einschließlich der Übertragung der Anteils- und Mitgliedschaftsrechte, z.B. an einen neuen Investor im Rahmen eines M&A-Prozesses und/oder ggf. vorher noch als Zwischenschritt an einen Treuhänder mit dem Auftrag, nach Bestätigung des Restrukturierungsplans einen M&A-Prozess durchzuführen.

Dagegen sind nach § 4 StaRUG **ausdrücklich von einer Gestaltung durch den Restrukturierungsplan ausgenommen**: (i) Forderungen von Arbeitnehmern aus oder im Zusammenhang mit dem Arbeitsverhältnis, einschließlich der Rechte aus Zusagen auf betriebliche Altersversorgung (vgl. § 4 Nr. 1 StaRUG); (ii) Forderungen aus vorsätzlich begangener unerlaubter Handlung (vgl. § 4 Nr. 2 StaRUG); und (iii) Forderungen nach § 39 Abs. 1 Nr. 3 InsO, also Geldstrafen, Geldbußen, Ordnungsgelder und Zwangsgelder sowie solcher Nebenfolgen einer Straftat oder Ordnungswidrigkeit, die zu einer Geldzahlung verpflichten (vgl. § 4 Nr. 3 StaRUG).[62]

bb) Planabstimmung

23 Hat der Schuldner den Planbetroffenen den Restrukturierungsplan vorgestellt und mit ihnen verhandelt, folgt die **Abstimmung über den Restrukturierungsplan**. Die Abstimmung über den Restrukturierungsplan erfolgt nach **Einteilung der Planbetroffenen in Gruppen** nach Maßgabe des § 9 StaRUG. Die Gruppenbildung nach dem StaRUG ist ebenfalls der Gruppenbildung nach der Insolvenzordnung nachgebildet (vgl. § 222 InsO).[63] Sie folgt der Unterteilung in Pflichtgruppen und fakultative Gruppen. In einer Gruppe sind gemäß § 9 StaRUG zusammenzufassen: (i) die Inhaber von Absonderungsanwartschaften; (ii) die nicht nachrangigen sog. einfachen Restrukturierungsgläubiger; (iii) die Inhaber von Restrukturierungsforderungen, die im Fall der Öffnung eines Insolvenzverfahrens nachrangige im Sinne von § 39 Abs. 1 Nr. 4 (Forderung auf eine unentgeltliche Leistung) oder Nr. 5 (Gesellschafterdarlehen) und Abs. 2 (vereinbarter Nachrang) wären; und (iv) die Inhaber von Anteils- und Mitgliedschaftsrechten. Für Kleingläubiger sind im Rahmen der vorgenannten Gruppenbildung gemäß § 9 Abs. 2 Satz 4 StaRUG gesonderte Gruppen zu bilden. Im Übrigen sind die Gläubiger gemäß § 9 Abs. 2 Satz 2 StaRUG nach sachgerechten Kriterien in unterschiedliche Gruppen einzuteilen.[64]

Bei der **Abstimmung in jeder Gruppe** gilt gemäß §§ 24, 25 StaRUG das **Prinzip der Summenmehrheit**.[65] Damit die Gruppe dem Restrukturierungsplan die Zustimmung erteilt hat, sind gemäß § 25 Abs. 1 StaRUG 75% der Stimmen erforderlich. Dabei kommt es alleine auf die Summenmehrheit, d.h. die **Zustimmung von 75% des Nominalbetrages der planbetroffenen Forderungen oder sonstigen Rechte** und

---

62 Gehrlein, BB 2021, 66 (69).
63 Gehrlein, BB 2021, 66 (68).
64 Wilhelm/Hoffmann/Richter, DB 2021, 381 (384).
65 Gehrlein, BB 2021, 66 (70).

nicht etwa zusätzlich auch auf eine Kopfmehrheit an. Dadurch, dass die planbetroffenen Forderungen und Rechte im Restrukturierungsplan genau zu bezeichnen sind, wird eine Nichtteilnahme an der Abstimmung der planbetroffenen Gläubiger wie eine Ablehnung des Restrukturierungsplans gewertet.[66] Die 75% Zustimmung muss im Hinblick auf die insgesamt einbezogenen Forderungen und Rechte erzielt werden, nicht etwa – wie bei der Abstimmung über einen Insolvenzplan – nur in Bezug auf die an der Abstimmung teilnehmenden Gläubiger.

Hierdurch ergibt sich insbesondere bei **Restrukturierungen von Anleihen**, die sich im Streubesitz befinden, regelmäßig das Problem der Passivität der Gläubigerschaft. Um die Hürde der Zustimmung von 75% des Nominalbetrags der Anleihe zu überspringen, müssten wenigstens so viele Gläubiger überhaupt an der Abstimmung teilnehmen, dass 75% des Nominalbetrags der Anleihe bei der Abstimmung vertreten sind. Ein Quorum, das in den allermeisten Fällen in der Praxis nicht zu erreichen sein wird. Es liegt demnach nahe, dass Anleihen im Streubesitz weiterhin nach dem Schuldverschreibungsgesetz (SchVG) restrukturiert werden müssen, nach dessen Maßgaben auch niedrigere Quoren hinreichend sein können.

Die Möglichkeit der mehrheitlichen Beschlussfassung innerhalb der gebildeten Gläubigergruppe wird auch als **„Cram-down"** bezeichnet. Daneben besteht allerdings auch die Möglichkeit, eine Ablehnung des Restrukturierungsplans durch eine Gruppe im Wege des sogenannten **„Cross-class Cram-down"** überstimmen zu können. Hierfür ist erforderlich, dass (i) die Mitglieder der ablehnenden Gruppe durch den Restrukturierungsplan voraussichtlich nicht schlechter gestellt werden als sie ohne einen Plan stünden (Schlechterstellungsverbot); (ii) die Mitglieder der ablehnenden Gruppe angemessen an dem wirtschaftlichen Wert beteiligt werden, der auf der Grundlage des Plans den Planbetroffenen zufließen soll; und (iii) die Mehrheit der abstimmenden Gruppen dem Plan mit den erforderlichen Mehrheiten zugestimmt hat.[67] Wurden lediglich zwei Gruppen gebildet, genügt die Zustimmung der anderen Gruppe, sofern diese nicht ausschließlich durch Anteilsinhaber oder nachrangige Restrukturierungsgläubiger gebildet wird.

Wann eine **angemessene Beteiligung am Planwert** vorliegt, beantwortet § 27 StaRUG. Der hiernach geltende Grundsatz der **sog. absoluten Priorität**, d.h. der Vorrang der Befriedigung der „einfachen" Gläubiger vor einer Wertzuweisung an die Gesellschafter oder sonstige nachrangige Gläubiger ohne Ausgleich, kennt jedoch auch Ausnahmen, die in § 28 StaRUG zu finden sind.

---

66 Wilhelm/Hoffmann/Richter, DB 2021, 381 (384).
67 Wilhelm/Hoffmann/Richter, DB 2021, 381 (385).

e) Vollstreckungs- und Verwertungsstopp (Stabilisierungsanordnung)

24 Droht die Betriebsfortführung nach Rechtshängigkeit der Restrukturierungssache durch Vollstreckungs- und Verwertungsmaßnahmen einzelner Gläubiger gestört oder sogar unmöglich gemacht zu werden, kann der Schuldner eine **Stabilisierungsanordnung** gemäß § 49 StaRUG beim Restrukturierungsgericht beantragen, wenn dies zur Wahrung der Erfolgsaussichten der Restrukturierungssache erforderlich ist.[68]

Dem **Antrag** des Schuldners sind nach § 50 Abs. 2 StaRUG insbesondere der Entwurf eines Restrukturierungsplans oder das Konzept für die Restrukturierung und eine Finanzplanung für die nächsten sechs Monate beizufügen.[69]

In der **Folge** sind Vollstreckungen oder die Durchsetzung von Sicherungsrechten, die in einem hypothetischen Insolvenzverfahren zur abgesonderten Befriedigung oder Aussonderung berechtigen würden, gesperrt, wenn Gegenstand der Vollstreckung und Verwertung Gegenstände sind, die für die Fortführung des Geschäftsbetriebs von erheblicher Bedeutung sind.[70] Die Stabilisierungsanordnung bewirkt aber **kein Moratorium im Sinne einer zwangsweisen Stundung von Forderungen**. Fällige Forderungen sind damit weiterhin zu befriedigen. Der Eintritt einer Zahlungsunfähigkeit kann gemäß §§ 32 Abs. 3, 42 StaRUG zur Anzeige wegen Eintritts der Zahlungsunfähigkeit im Sinne von § 17 InsO beim Restrukturierungsgericht zwingen. Der Schuldner muss mit seinen Gläubigern fälliger Forderungen in dieser Phase Stundungsvereinbarungen treffen, wenn die vorhandene Liquidität zur Deckung der fällig werdenden Verbindlichkeiten nicht ausreichen würde.

Die Stabilisierungsanordnung hat auch **vertragsrechtliche Wirkungen** gemäß § 55 StaRUG. Hiernach kann ein Gläubiger nicht allein wegen einer rückständigen Leistung des Schuldners die ihm im Anordnungszeitraum obliegende Leistung verweigern oder Vertragsbeendigungs- oder Abänderungsrechte geltend machen.[71] Der Ausschluss des Zurückbehaltungsrechtes geht indes nicht soweit, dass ein Gläubiger zwangsweise trotz vereinbarter Leistung Zug um Zug in eine Vorleistungspflicht gedrängt wird. Der § 55 Abs. 1 Satz 2 2. Hs. StaRUG legt nämlich fest, dass das Recht des Gläubigers die Erbringung des Teils der ihm obliegenden Gegenleistung zu verweigern, unberührt bleibt, d.h. das Leistungsverweigerungsrecht nach § 321 BGB ist nicht suspendiert.[72] Und selbst der vorleistungspflichtige Gläubiger hat das Recht, die ihm obliegende Leistung trotz vereinbarter Vorleistungspflicht nur gegen Sicherheitsleistung oder Zug um Zug gegen die dem Schuldner obliegende Leistung zu erbringen. Schließlich stellt § 55 Abs. 3 Satz 2 StaRUG noch klar, dass der Darle-

---

68 Gehrlein, BB 2021, 66 (73).
69 Wilhelm/Hoffmann/Richter, DB 2021, 381 (385).
70 Gehrlein, BB 2021, 66 (73).
71 Gehrlein, BB 2021, 66 (74).
72 Gehrlein, BB 2021, 66 (74).

hensgeber vor der Auszahlung des Darlehens wegen einer Verschlechterung der Vermögensverhältnisse des Schuldners oder der Werthaltigkeit der für das Darlehen gestellten Sicherheiten nach § 490 Abs. 1 BGB kündigen darf.

Die Stabilisierungsanordnung wird gemäß § 53 Abs. 1 StaRUG initial für eine **Dauer** von maximal drei Monate gewährt und kann nur unter den bestimmten Voraussetzungen nach § 53 Abs. 2 StaRUG verlängert werden auf bis zu insgesamt acht Monate. Innerhalb der Anordnungshöchstdauer gelten für **Folge- oder Neuanordnungen** im Sinne von § 52 StaRUG die Anordnungsvoraussetzung nach § 51 StaRUG.

3. Restrukturierungsbeauftragter

a) Die unterschiedlichen Rollen

Der Schuldner betreibt die vorinsolvenzliche Sanierung nach dem StaRUG in Eigenregie. Er ist die Zentralgestalt der Sanierungsbemühungen, er stellt das Sanierungskonzept und entwickelt hieraus den Restrukturierungsplan und versucht seine Gläubiger und die Gesellschafter von dem Konzept zu überzeugen und die erforderlichen Mehrheiten zu organisieren. In bestimmten Konstellationen wird dem Schuldner jedoch ein Restrukturierungsbeauftragter zur Seite gestellt.[73] So bestellt das Restrukturierungsgericht nach § 73 StaRUG einen Restrukturierungsbeauftragten von Amts wegen zum **Zwecke des Gläubigerschutzes**, insbesondere wenn die Rechte von Verbrauchern oder mittleren, kleinen oder Kleinstunternehmen berührt werden sollen, der Schuldner eine Stabilisierungsanordnung beantragt, welche sich mit Ausnahme der nach § 4 StaRUG ausgenommenen Forderungen gegen alle oder im Wesentlichen alle Gläubiger richten soll oder der Restrukturierungsplan eine Überwachung der Erfüllung der den Gläubigern zustehenden Ansprüche vorsieht.[74] Ferner erfolgt auch dann eine Bestellung von Amts wegen, wenn absehbar ist, dass die Bestätigung des Restrukturierungsplans nur im Wege eines Cross-Class Cram-Down nach § 26 StaRUG möglich sein wird. In all diesen Fällen dient die Bestellung des Restrukturierungsbeauftragten dem Schutz der Gläubiger.[75]

Das Restrukturierungsgericht kann einen Restrukturierungsbeauftragten jedoch auch zu dem Zweck bestellen, um **Prüfungen als Sachverständiger** vorzunehmen. Der Restrukturierungsbeauftragte ist hier mithin im Dienste des Restrukturierungsgerichts unterwegs.[76] Er wird dann etwa nach § 73 Abs. 3 Nr. 1 StaRUG die Voraussetzungen für die Bestätigung des vorgelegten Restrukturierungsplans nach § 63 Abs. 1 Nr. 1 Abs. 2 und § 64 Abs. 1 StaRUG begutachten. Er hat also sachverständig

---

73 Gehrlein, BB 2021, 66 (76)
74 Gehrlein, BB 2021, 66 (76).
75 Flöther, NZI Beilage 1/2020, 48 (49).
76 Flöther, NZI Beilage 1/ 2021, 48 (49).

zu überprüfen, ob der Schuldner tatsächlich drohend zahlungsunfähig war, die Vorschriften über den Inhalt und die verfahrensmäßige Behandlung des Restrukturierungsplans sowie über die Annahme des Plans durch die Planbetroffenen in den wesentlichen Punkten beachtet wurden und die Ansprüche der Gläubiger nach dem bestätigten Restrukturierungsplan offensichtlich nicht erfüllt werden können. Ferner ist im Zusammenhang mit dem Minderheitenschutz nach § 64 StaRUG die von dem Planbetroffenen behauptete Schlechterstellung durch den Restrukturierungsplan im Vergleich zu einer Sanierung ohne Plan zu überprüfen bzw. festzustellen, dass die im gestaltenden Teil des Restrukturierungsplans für den Fall der Schlechterstellung bereit gestellten Mittel hinreichend sind. Ferner kann der Restrukturierungsbeauftragte von dem Restrukturierungsgericht zu dem Zweck bestellt werden, die Angemessenheit der Entschädigung bei einem Eingriff in gruppeninterne Drittsicherheiten oder einer Beschränkung der Haftung von unbeschränkt haftenden Gesellschaftern zu überprüfen. Darüber hinaus kann das Restrukturierungsgericht auch ganz allgemein und jederzeit einzelne Auskünfte oder einen Bericht über den Sachstand der Restrukturierungssache von dem Restrukturierungsbeauftragten verlangen. Stellt der Restrukturierungsbeauftragte seinerseits Umstände fest, die eine Aufhebung der Restrukturierungssache nach § 33 StaRUG rechtfertigen, hat er diese Umstände nach § 76 Abs. 1 StaRUG dem Restrukturierungsgericht unverzüglich mitzuteilen. Damit der Restrukturierungsbeauftragte seinen Auftrag erfüllen kann, ist der Schuldner nach § 76 Abs. 5 verpflichtet, dem Restrukturierungsbeauftragten die erforderlichen Auskünfte zu erteilen, ihm Einsicht in die Bücher und Geschäftspapiere zu gewähren und ihn bei der Erfüllung seiner Aufgaben insgesamt zu überstützen.

b) Auswahl und Bestellung

26 Der Restrukturierungsbeauftragte muss zwingend eine natürliche Person sein, d.h. juristischen Personen kann das Amt nicht übertragen werden. Es ist ein für den jeweiligen Einzelfall geeigneter, in Restrukturierungs- und Insolvenzsachen erfahrener Steuerberater, Wirtschaftsprüfer oder Rechtsanwalt oder eine sonstige natürliche Person mit vergleichbarer Qualifikation zu bestellen. Der Restrukturierungsbeauftragte muss von den Gläubigern und von dem Schuldner unabhängig sein.[77] Er ist „aus dem Kreis aller zur Übernahme des Amtes bereiten Personen auszuwählen", was eine Vorauswahlliste bei dem Restrukturierungsgericht nahelegt.[78] Das Restrukturierungsgericht ist im Grundsatz bei der Auswahl des Restrukturierungsbeauftragten unter Berücksichtigung der zuvor genannten Kriterien frei. Allerdings hat es bei der Auswahl eines Restrukturierungsbeauftragten, der nach § 73 Abs. 1 und Abs. 2

---

[77] Gehrlein, BB 2021, 66 (76).
[78] Flöther, NZI Beilage 1/2021, 48 (49).

bestellt wird, nicht also bei der Bestellung eines Restrukturierungsbeauftragten zum Zwecke der Prüfung bestimmter Sachverhalte als Sachverständiger, die Vorschläge des Schuldners, der Gläubiger und der an dem Schuldner beteiligten Personen zu berücksichtigen. Ein Vorschlag des Schuldners ist sogar bindend, wenn der Schuldner die Bescheinigung eines in Restrukturierungs- und Insolvenzsachen erfahrenen Beraters vorlegt, aus der sich ergibt, dass der Schuldner die Voraussetzung des § 51 Abs. 1 und Abs. 2 StaRUG erfüllt. Von einem solchen Vorschlag kann nur abgewichen werden, wenn die vorgeschlagene Person offensichtlich ungeeignet ist. Auch eine qualifizierte Mehrheit der planbetroffenen Gläubiger kann einen bindenden Vorschlag über die Auswahl der Person des Restrukturierungsbeauftragten unterbreiten, wenn auf die Gläubiger in jeder der nach § 9 StaRUG gebildeten oder zu bildenden Gruppen von Gläubigern mehr als 25% des Stimmrechts entfallen bzw. voraussichtlich entfallen werden. Der Vorschlag einer qualifizierten Mehrheit der Gläubiger geht dem bindenden Vorschlag des Schuldners allerdings nicht vor.

c) Aufgaben

Zu den Aufgaben des Restrukturierungsbeauftragten gehört die kritische Begleitung der Restrukturierungssache. Dies umfasst insbesondere die Beobachtung und ggf. auch die unverzügliche Meldung aller Umstände an das Restrukturierungsgericht, die eine Aufhebung der Restrukturierungssache nach § 33 StaRUG rechtfertigen würden. Es geht hier insbesondere um den Eintritt der Insolvenzreife, die fehlende Aussicht auf eine Umsetzung des Restrukturierungsvorhabens und die Verletzung der dem Schuldner obliegenden Pflichten nach § 32 StaRUG, insbesondere die Pflicht zur ordentlichen und gewissenhaften Sanierung und Wahrung der Interessen der Gesamtheit der Gläubiger. Ferner hat er den Restrukturierungsprozess zu begleiten und auch mit zu gestalten. So steht dem Restrukturierungsbeauftragten nach § 76 Abs. 2 Nr. 1 StaRUG die Entscheidung darüber zu, wie der Restrukturierungsplan zur Abstimmung gebracht wird. Entscheidet sich der Restrukturierungsbeauftragte gegen die Abstimmung im gerichtlichen Verfahren, leitet er die Versammlung der Planbetroffenen und dokumentiert die Abstimmung. Ferner prüft der Beauftragte die Forderungen und wirkt ggf. auf eine Klärung des Stimmrechts im Wege einer Vorprüfung nach den §§ 76 und 78 StaRUG hin. Das Restrukturierungsgericht kann ferner den Restrukturierungsbeauftragten damit beauftragen, die wirtschaftliche Lage des Schuldners zu prüfen und dessen Geschäftsführung zu überwachen und kann ihm darüber hinaus die Befugnis einräumen, die Kassenführung zu übernehmen. Das Gericht kann ferner dem Schuldner aufgeben, dem Restrukturierungsbeauftragten Zahlungen anzuzeigen und Zahlungen außerhalb des gewöhnlichen Geschäftsbetriebes nur zu tätigen, wenn der Beauftragte zustimmt. In der Konstellation, dass eine Stabilisierungsanordnung zu Gunsten des Schuldners erlassen wird prüft der Restrukturierungsbeauftragte fortlaufend, ob die Anordnungsvoraussetzungen fortbestehen und ob ein Aufhebungsgrund vorliegt. Legt der Schuldner schließlich einen

Restrukturierungsplan zur Bestätigung beim Restrukturierungsgericht vor, hat der Restrukturierungsbeauftragte zu der Erklärung des Schuldners nach § 14 StaRUG Stellung zu nehmen, das heißt insbesondere zu der Aussicht, dass die drohende Zahlungsunfähigkeit des Schuldners durch den Restrukturierungsplan beseitigt wird und dass die Bestandsfähigkeit des Schuldners sichergestellt ist.

28 Liegen die Voraussetzungen für die Bestellung eines Restrukturierungsbeauftragten durch das Restrukturierungsgericht von Amts wegen nicht vor, besteht weiterhin die Möglichkeit, dass auf Antrag des Schuldners das Restrukturierungsgericht einen Restrukturierungsbeauftragten nach § 77 StaRUG zur Förderung der Verhandlung zwischen den Beteiligten bestellt.[79] Der in diesem Fall sogenannte **fakultative Restrukturierungsbeauftragte** ähnelt einem Mediator. Für die Anforderungen an die Geeignetheit einer Person, das Amt des fakultativen Restrukturierungsbeauftragten zu übernehmen, gelten dieselben Voraussetzungen wie für den von Amts wegen bestellten Restrukturierungsbeauftragten nach § 74 Abs. 1 StaRUG.[80] Auch Gläubigern steht das Vorschlagsrecht gemeinschaftlich zu, wenn auf sie mehr als 25 % der Stimmrechte in einer Gruppe entfallen oder voraussichtlich entfallen werden und wenn sie sich zur gesamtschuldnerischen Übernahme der Kosten des Beauftragten verpflichten. Ein bindender Vorschlag zur Person des fakultativen Restrukturierungsbeauftragten können Gläubiger unterbreiten, die zusammen alle voraussichtlich in den Restrukturierungsplan einbezogenen Gruppen repräsentieren. In diesem Fall kann das Gericht von dem Vorschlag nur dann abweichen, wenn die Person offensichtlich ungeeignet ist. Ferner kann der Schuldner dem Vorschlag widersprechen, wenn der Restrukturierungsbeauftragte lediglich zum Zweck der Förderung der Verhandlungen zwischen den Beteiligten bestellt werden soll und der vorgeschlagene Restrukturierungsbeauftragte aus seiner Sicht für diese Zwecke nicht geeignet ist. Der fakultative Restrukturierungsbeauftragte unterstützt den Schuldner und die Gläubiger nach § 79 StaRUG bei der Ausarbeitung und Aushandlung des Restrukturierungskonzepts und des auf ihm basierenden Plans.

d) Vergütung

29 Das StaRUG enthält auch spezielle Normen zur Vergütung des Restrukturierungsbeauftragten in den §§ 80–83 StaRUG. Im Regelfall soll eine Vergütung nach zeitlichem Aufwand mit Stundensätzen von bis zu EUR 350,00 für die persönliche Tätigkeit des Restrukturierungsbeauftragten und EUR 200,00 für die Tätigkeit qualifizierter Mitarbeiter des Restrukturierungsbeauftragten anfallen. In besonderen Fällen kann nach § 83 StaRUG eine Vergütung auch in Anlehnung an die Vergütung des Sachwalters in einem Eigenverwaltungsverfahren anfallen. Ferner kann auch eine Ver-

---

79 Gehrlein, BB 2021, 66 (77).
80 Flöther, NZI Beilage 1/2021, 50 (50).

gütungsvereinbarung unter den Voraussetzungen des § 83 Abs. 2 geschlossen werden.[81]

4. Restrukturierungsgericht

Auch wenn die vorinsolvenzliche Sanierung unter Nutzung der Instrumente des Stabilisierungs- und Restrukturierungsrahmens nach dem **StaRUG im Ausgangspunkt als „gerichtsferne Sanierung" angelegt** ist, sind Restrukturierungssachen ohne die Einbeziehung des Restrukturierungsgerichts in der Praxis kaum vorstellbar. Das liegt vor allem daran, dass immer dann, wenn ein Restrukturierungsplan nicht von allen Planbetroffenen einstimmig angenommen wurde, der Eintritt der Wirkungen des Restrukturierungsplans von der **gerichtlichen Planbestätigung** nach §§ 60 ff. StaRUG abhängt.[82] Ferner setzt die **Inanspruchnahme der Instrumente des Stabilisierungs- und Restrukturierungsrahmens** nach § 31 Abs. 1 StaRUG die Anzeige der Restrukturierungssache bei dem zuständigen Restrukturierungsgericht voraus.[83]

Die **Zuständigkeit** der Restrukturierungsgerichte ergibt sich aus § 34 StaRUG. Hiernach ist für Entscheidungen in Restrukturierungssachen das Amtsgericht zuständig, in dessen Bezirk ein Oberlandesgericht seinen Sitz hat. Ist dieses Amtsgericht nicht für Regelinsolvenzsachen zuständig, so ist das Amtsgericht zuständig, das für die Regelinsolvenzsachen am Sitz des Oberlandesgerichts zuständig ist. Von dieser Regelzuständigkeit kann die Landesregierung durch Rechtsverordnung abweichen.[84] Dies ist im Zuständigkeitsbereich des Oberlandesgerichts Celle etwa im Hinblick auf das Restrukturierungsgericht Hannover der Fall gewesen. Im Überblick sind folgende Amtsgerichte als Restrukturierungsgerichte für Restrukturierungssachen nach dem StaRUG zuständig (Stand: Januar 2021):

Bundesland	Gericht
Baden-Württemberg:	Karlsruhe
	Stuttgart
Bayern:	München
	Nürnberg
	Bamberg
Berlin:	Charlottenburg
Brandenburg:	Potsdam

---

[81] Flöther, NZI Beilage 1/2021, (48) 51.
[82] Gehrlein, BB 2021, 66 (70).
[83] Balthasar, NZI Beilage 1/2020, 18 (19).
[84] Vallender, NZI Beilage 1/2021, 30 (30).

Bundesland	Gericht
Bremen:	Bremen
Hamburg:	Hamburg-Mitte
Hessen:	Frankfurt
Mecklenburg-Vorpommern:	Rostock
Niedersachsen:	Oldenburg Hannover Braunschweig
Nordrhein-Westfalen:	Essen Düsseldorf Köln
Rheinland-Pfalz:	Koblenz Zweibrücken
Saarland:	Saarbrücken
Sachsen:	Dresden
Sachsen-Anhalt:	Halle (Saale)
Schleswig-Holstein:	Flensburg
Thüringen:	Gera

Das Restrukturierungsgericht überwacht die **Voraussetzungen der Aufrechterhaltung einer Restrukturierungssache** nach ihrer Anzeige gemäß § 31 StaRUG. Die Voraussetzungen der Aufrechterhaltung der Restrukturierungssache ergeben sich im Umkehrschluss aus den Aufhebungsgründen nach § 33 StaRUG. Zur Unterstützung kann nach § 76 Abs. 1 StaRUG auch ein Restrukturierungsbeauftragter Umstände, die eine Aufhebung der Restrukturierungssache nach § 33 StaRUG rechtfertigen, dem Restrukturierungsgericht unverzüglich mitteilen. Auf Antrag des Schuldners kann die Abstimmung über den Restrukturierungsplan in einem gerichtlichen Planabstimmungsverfahren nach den §§ 45 ff. StaRUG durchgeführt werden.[85] Soweit dies zur Wahrung der Aussichten auf die Verwirklichung des Restrukturierungsziels erforderlich ist, kann das Restrukturierungsgericht nach § 49 StaRUG auf Antrag des Schuldners ferner eine Stabilisierungsanordnung erlassen, und somit einen Vollstreckungs- und Verwertungsstopp herbeiführen[86]. Schließlich und ganz zentrale Aufgabe des Restrukturierungsgerichts ist die Bestätigung eines im Rahmen der Planabstimmung angenommenen Restrukturierungsplans nach den §§ 60 ff. StaRUG. Das Restrukturierungsgericht hat insoweit die Bestätigung des Restrukturierungsplans von Amts wegen zu versagen, wenn die Versagungsgründe

---

[85] Vallender, NZI Beilage 1/2021, 30 (31).
[86] Vallender, NZI Beilage 1/2021, 30 (31); Riggert, NZI Beilage 1/2021, 40 (40).

des § 63 StaRUG vorliegen. Auch in diesem Zusammenhang kann das Restrukturierungsgericht einen Restrukturierungsbeauftragten bestellen, um Prüfungen als Sachverständiger vornehmen zu lassen. Schließlich hat das Restrukturierungsgericht nach Beendigung des Amtes des Restrukturierungsbeauftragten dessen Vergütung nach § 82 Abs. 1 StaRUG auf Antrag des Restrukturierungsbeauftragten durch Beschluss festzusetzen.

B. Sonderfall „Betriebsveräußerung" im Insolvenzverfahren

I. Risiken einer übertragenden Sanierung

Der Vorteil der sog. übertragenden Sanierung, nämlich die weitestgehende Freiheit hinsichtlich Ob und Wie der **Veräußerung eines Betriebes oder Betriebsteils im Wege der Veräußerung einzelner Vermögensgegenstände im Verbund** (ausf. zu dieser „Liquidation im Verbund" siehe Rdn 53 ff.), kann aus Sicht der Gläubiger und des Schuldners im Einzelfall zugleich eine erhebliche Gefahr bedeuten, nämlich die Gefahr einer Veräußerung unter Wert. Auf diese Gefahr hat bereits der Reformgesetzgeber der InsO 1994/1999 hingewiesen:[87]

31

„Die in der heutigen Praxis zu beobachtenden Missbräuche der übertragenden Sanierung hängen damit zusammen, dass für lebensfähige Unternehmen und Betriebe oft nicht der volle Marktwert (Fortführungswert) als Erlös erzielt wird. Die Verfahrensbeteiligten, insbesondere die Gläubiger des Schuldners, werden bei einer Veräußerung unter Wert vom Erfolg der Sanierung ausgeschlossen, also unzulänglich befriedigt."

Eine solche **Veräußerung unter Wert** droht nach der Vorstellung des Gesetzgebers vor allem im Fall der Veräußerung an „Insider" (unten Rdn 38 ff.). Eine Veräußerung unter Wert droht aber wegen der bisweilen schwierigen Rahmenbedingungen des Marktes für insolvente Unternehmen und der fehlenden Unternehmensdaten oder auch wegen fehlender Branchenkenntnisse des Insolvenzverwalters unabhängig von einer Insiderstellung des potenziellen Erwerbers. Deshalb können der Schuldner oder die Gläubiger bei einer geplanten Veräußerung intervenieren, indem sie eine günstigere Veräußerungsgelegenheit glaubhaft machen (unten Rdn 45).

32

---

[87] Begründung RegE-InsO, Allgemeiner Teil, BT-Drucks. 12/2443, S. 94.

II. Grundkonzept des Schutzes nach §§ 162 bis 164 InsO

33 In den Fällen drohender Betriebsveräußerung unter Wert nach §§ 162, 163 InsO wird der Schutz von Schuldner und Gläubigern dadurch gewährt, dass die **Veräußerung nur mit Zustimmung der Gläubigerversammlung** zulässig ist. Damit gehen §§ 162, 163 InsO in der speziellen Konstellation der drohenden Betriebsveräußerung unter Wert noch über das Erfordernis der Zustimmung (nur) des Gläubigerausschusses hinaus, das im Fall der Vornahme besonders bedeutender Rechtshandlungen durch den Insolvenzverwalter nach § 160 InsO gilt. Ob diese Verbreiterung der Legitimationsbasis der Entscheidung den Schutz vor Fehlentscheidungen rein faktisch erhöht, darf jedoch bezweifelt werden.[88]

34 Die noch im RegE zur InsO 1994/1999 für die hier in den Blick genommene Konstellationen geplante **zwingende Legitimation der übertragenden Sanierung durch einen Insolvenzplan** ist – zutreffend – als zu weitgehend erachtet und im weiteren Verlauf des Prozesses der Gesetzgebung gestrichen worden.[89] Gleichwohl ist das, was den Gesetzgeber seinerzeit für die übertragende Sanierung auf der Grundlage eines Insolvenzplans hat streiten lassen, im Kern richtig. Deshalb sollte eine Kombination von übertragender Sanierung und Insolvenzplan auf *freiwilliger* Basis nicht völlig außer Acht gelassen werden. So heißt es zu den Beweggründen des Reformgesetzgebers in der Begründung:[90]

> „Erfolgt eine übertragende Sanierung auf der Grundlage eines Plans, so sind Missbräuche weitgehend ausgeschlossen. Die allgemeinen Vorschriften über das Zustandekommen eines Insolvenzplans bieten eine vollwertige Legitimation übertragender Sanierungen. Durch die Zustimmung der Mehrheit, die interessengerechte Gruppenbildung, das Anrecht aller Gruppen auf angemessene Beteiligung an dem planmäßig erzielten Fortführungswert und den Schutz jedes einzelnen Beteiligten in Höhe des Liquidationswertes seiner Rechtsstellung ist sichergestellt, dass marktwidrige und dem Verfahrenszweck widersprechende Sondervorteile für einzelne Verfahrensbeteiligte vermieden werden."

35 Ergänzend wird die **Bildung einer gesonderten Abstimmungsgruppe** für „Insider" nahegelegt, also für solche Gläubiger, die maßgeblich an dem neuen Unternehmensträger beteiligt sind. In der Praxis lässt sich beobachten, dass die in Eigenverwaltung und im Anschluss an ein Schutzschirmverfahren nach § 270b InsO aufgestellten Insolvenzpläne durchaus auch dazu dienen können, den Weg für die Kombination von übertragender Sanierung und Insolvenzplanverfahren zu bereiten.

---

88 Ebenso MüKo/Janssen, § 162 InsO Rn 3; Uhlenbruck/Zipperer, § 162 Rn 1.
89 Dazu noch in der Begründung des RegE-InsO, Allgemeiner Teil, BT-Drucks. 12/2443, S. 95.
90 Begründung des RegE-InsO, Allgemeiner Teil, BT-Drucks. 12/2443, S. 95.

III. Veräußerung eines Betriebes

1. Begriff des Betriebes

An ganz unterschiedlichen Stellen wird in verschiedenen Gesetzen auf den „Betrieb" oder das „Unternehmen" Bezug genommen. Eine einheitliche Definition dieser Begriffe existiert gleichwohl nicht, vielmehr muss ihre Bedeutung stets im Lichte des Sinns und Zwecks der konkret einschlägigen Norm ermittelt werden. Im Zusammenhang mit §§ 162, 163 InsO, der die übertragende Sanierung innerhalb des Insolvenzverfahrens im Blick hat, liegt es nahe, das Begriffsverständnis zugrunde zu legen, das die **Besonderheit der übertragende Sanierung ggü. der Zerschlagung des schuldnerischen Vermögens** aufnimmt, weil es sich um eine „Zerschlagung im Verbund" handelt. Im Mittelpunkt steht also die Verbindung einzelner Vermögensgegenstände, die einen – schwer kalkulierbaren – Mehrwert ausmacht.

Ein **Unternehmen** in diesem Sinne ist eine Gesamtheit von Sachen und Rechten, aber auch tatsächlichen Beziehungen und Erfahrungen.[91] Ähnlich ist auch der **Begriff des Betriebes oder Betriebsteils** zu konkretisieren. Hier kann sich die Konkretisierung zudem an dem arbeitsrechtlichen Begriffsverständnis anlehnen, so wie es zu § 613a BGB gebildet wurde. Hiernach ist eine organisatorische Einheit aus materiellen und immateriellen Betriebsmitteln, mit deren Hilfe der Arbeitgeber eine oder mehrere arbeitstechnische Betriebszwecke fortgesetzt verfolgt, als Betrieb zu qualifizieren.[92]

Die genaue Abgrenzung zwischen Unternehmen und Betrieb ist aufgrund der einheitlichen Rechtsfolge i.R.d. §§ 162, 163 InsO entbehrlich. Denn sowohl die Veräußerung des Unternehmens als auch die eines Betriebes sind gem. §§ 162, 163 InsO nur mit Zustimmung der Gläubigerversammlung zulässig. Beide Begriffe sind im Interesse des Gläubigerschutzes weit auszulegen, was in der Praxis auch selten Schwierigkeiten bereiten dürfte.[93]

2. Begriff der Veräußerung

Auch der Begriff der Veräußerung ist vor dem Hintergrund des Sinns und Zwecks der §§ 162, 163 InsO auszulegen. Hiernach ist jedenfalls die **dingliche Übertragung** des gesamten lebenden Geschäfts in der Weise, dass die hierdurch repräsentierte organische Zusammenfassung von Einrichtungen und Maßnahmen, die dem Ge-

---

91 Siehe zum Begriff des Unternehmens auch Uhlenbruck/Zipperer, § 162 InsO Rn 3; MüKo/Janssen, § 162 Rn 5.
92 Siehe zum Begriff des Betriebes auch Uhlenbruck/Zipperer, § 162 InsO Rn 4; MüKo/Janssen, § 162 Rn 5.
93 MüKo/Janssen, § 162 InsO Rn 5.

schäft dienen oder zumindest seine wesentlichen Grundlagen ausmachen, aus der Masse ausscheiden, zu verstehen.[94]

40 Fraglich ist, ob auch die bloße schuldrechtliche **Betriebsverpachtung als „Veräußerung"** i.S.d. §§ 162, 163 InsO zu verstehen ist. Das ist zumindest bei einer sehr langfristigen Verpachtung, die sich über mehrere Jahre erstreckt zu bejahen.[95] Denn auch in diesen Fällen geht der Ertrag des Unternehmens oder Betriebes, der ganz wesentlich für den Fortführungswert des Unternehmens oder Betriebes ist, der Insolvenzmasse und damit der Gläubigergesamtheit verloren.

IV. Veräußerung an „besonders Interessierte" (Insider)

41 § 162 InsO soll die Gläubiger nach dem eingangs Gesagten vor einer Veräußerung des Unternehmens oder Betriebes unter Wert schützen. Die Veräußerung unter Wert meint ein „schlechtes Geschäft" für die Insolvenzmasse bzw. aus der Perspektive des Erwerbers ein „gutes Geschäft". Dabei geht das Gesetz davon aus, dass der Erwerber aufgrund überlegenen Wissens den wahren Wert des von ihm erworbenen Unternehmens oder Betriebes besser einschätzen kann als der Insolvenzverwalter oder Teile der Gläubiger. Der Erwerber ist mithin ein **„Insider"**. Insofern formuliert § 162 Abs. 1 InsO zwei **„Insidertatbestände"** (unten Rdn 42 ff.), bei dessen vorliegen eine übertragende Sanierung nur mit Zustimmung der Gläubigerversammlung zulässig sein soll (zu der Rechtsfolge s. Rdn 51 f.). Der Begriff des „besonders Interessierten" in § 162 InsO hat insoweit kaum eine eigenständige Bedeutung.

1. Näheverhältnis oder finanzielle Verbundenheit des Erwerbers selbst (§ 162 Abs. 1 Halbs. 1 1. Fall InsO)

42 Eine Insiderstellung wird zunächst nach § 162 Abs. 1 Nr. 1 InsO pauschal durch ein Näheverhältnis begründet, wenn eine dem Schuldner im Sinne von § 138 InsO **nahe stehende natürliche oder juristische Person** das Unternehmen oder einen Betrieb erwirbt (sog. Informationsinsider).[96]

43 Daneben kann auch eine hinreichend große **Beteiligung an den gegen den Schuldner bestehenden Forderungen** ein solch enges Näheverhältnis begründen, dass ein Erwerb durch diesen Gläubiger pauschal „verdächtig" ist und das Zustim-

---

94 Uhlenbruck/Zipperer, § 162 InsO Rn 5; BK/Undritz/Knof, § 162 Rn 3.
95 BK/Undritz/Knof, § 162 InsO Rn 3; siehe auch Uhlenbruck/Zipperer, § 162 InsO Rn 5; gegen eine Anwendung des § 162 InsO auf sonstige Formen der Verwertung wie etwa Verpachtung MüKo/Janssen, § 162 InsO Rn 4.
96 MüKo/Janssen, § 162 InsO Rn 7; Uhlenbruck/Zipperer, § 162 InsO Rn 6.

mungserfordernis auslöst (sog. Verfahrensinsider).[97] Daher unterfallen nach § 162 Abs. 1 Nr. 2 InsO sowohl Absonderungsberechtigte (§§ 49 bis 51 InsO) als auch nicht nachrangige „einfache" Insolvenzgläubiger (§ 38 InsO) dem Zustimmungserfordernis, wenn sie mehr als 20% der geltend gemachten Forderungen des Verfahrens auf sich vereinigen.[98] Dabei hat das Insolvenzgericht eine Schätzung der insgesamt jeweils bestehenden Absonderungsrechte und Forderungen vorzunehmen.

Nach herrschender Meinung[99] gilt die Grenze von 20% auch für einen **Zusammenschluss mehrerer Gläubiger** zum Zwecke des Erwerbs eines Unternehmens oder Betriebes. Zu fragen ist dann, ob die geltend gemachten Forderungen in der Summe die 20%-Grenze übersteigen. Dem ist zuzustimmen, weil auf den einheitlichen Erwerbsvorgang abzustellen ist und die Missbrauchsgefahr im Fall des Erwerbs eines Unternehmens oder Betriebes durch mehrere Insider dieselbe ist.[100] 44

2. Beteiligung am Erwerber (§ 162 Abs. 1 Halbs. 1 2. Fall InsO)

Eine Insiderstellung wird auch dann angenommen, wenn statt der nahe stehenden Person selbst eine Person als Erwerber auftritt, die an deren Kapital zu mindestens einem Fünftel beteiligt ist. Eine Beteiligung von „mindestens einem Fünftel" in diesem Sinne ist dann gegeben, wenn dem Beteiligten im Fall der Liquidation der Gesellschaft, an der er beteiligt ist, mindestens ein Fünftel des Gesellschaftsvermögens zusteht,[101] er also ein Fünftel des Liquidationserlöses zu beanspruchen hat. 45

3. Ausdehnung auf Umgehungstatbestände (§ 162 Abs. 2 InsO)

Die Regelung nach § 162 Abs. 1 InsO öffnet **Umgehungskonstruktionen** Tür und Tor, weshalb § 162 Abs. 2 InsO das Zustimmungserfordernis auf Strohmanngeschäfte und Umgehungen ausdehnt. Die mit Blick auf Abs. 1 des § 162 InsO nahe liegende Umgehung der Beteiligungsgrenze durch einfache Zwischenschaltung eines weiteren Unternehmens wird durch Abs. 2, 1. Alt. des § 162 InsO verhindert. Hiernach ist unerheblich, ob eine Person direkt oder über ein von ihr i.S.d. §§ 16 bis 18 AktG abhängiges Unternehmen an dem Erwerber beteiligt ist. Der Verweis umfasst auch die Tatbestände der Vermutung einer Abhängigkeit. Ebenso wird eine Umgehung durch alle offenen und verdeckten Treuhandtatkonstruktionen, in denen die Beteiligung an dem Erwerber durch einen Dritten für den eigentlichen Insider gehalten wird, durch 46

---

97 MüKo/Janssen, § 162 InsO Rn 8; Uhlenbruck/Zipperer, § 162 InsO Rn 6.
98 Ausf. dazu MüKo/Janssen, § 162 InsO Rn 8 ff.; Uhlenbruck/Zipperer, § 162 InsO Rn 6.
99 MüKo/Janssen, § 162 InsO Rn 10; Uhlenbruck/Zipperer, § 162 InsO Rn 6.
100 BK/Undritz/Knof, § 162 InsO Rn 6 a.E.
101 BK/Undritz/Knof, § 162 InsO Rn 7 f.; Andres/Leithaus-Andres, § 162 InsO Rn 3.

Abs. 2, 2. Alt. des § 162 InsO verhindert.¹⁰² Schließlich werden von Abs. 2, 3. Alt. des § 162 InsO auch Kombinationen beider Umgehungskonstruktionen erfasst.¹⁰³

47 Zusätzlich zu den in Abs. 2 aufgezählten Modalitäten sind zahlreiche ähnliche Gestaltungsmöglichkeiten denkbar, die einer Umgehung des Adressatenkreises des § 162 InsO dienen sollen. Mit Blick auf die vor diesem Hintergrund **notwendigen Sachverhaltsermittlungen durch den Insolvenzverwalter** sollten die Anforderungen jedoch nicht überspannt und die Vorschrift des § 162 InsO eng ausgelegt werden. Zur eigenen Absicherung bietet es sich für den Verwalter an, von dem Erwerber die Vorlage entsprechender Negativerklärungen zu verlangen.¹⁰⁴

V. Veräußerung unter Wert

48 Liegt kein Insidertatbestand vor, kann die Veräußerung eines Unternehmens oder Betriebes gleichwohl von der Zustimmung der Gläubigerversammlung abhängig sein, wenn nämlich nach § 163 InsO auf Antrag des Schuldners oder einer in § 75 Abs. 1 Nr. 3 InsO bezeichneten Mehrzahl von Gläubigern und nach Anhörung des Insolvenzverwalters das Insolvenzgericht dies anordnet. Voraussetzung ist, dass der Antragsteller glaubhaft macht, dass eine Veräußerung an einen anderen Erwerber für die Insolvenzmasse günstiger wäre. Diese Gelegenheit muss der Antragsteller im Sinne von § 294 ZPO glaubhaft machen. Die Gesetzesbegründung stellt zu den **materiellen Voraussetzungen des § 163 InsO** klar, dass:

> „[b]ei der Beurteilung der Frage, ob eine Veräußerungsmöglichkeit günstiger ist als eine andere, [...] alle Umstände des Falls zu berücksichtigen [sind]. Nicht der Preis allein ist entscheidend, sondern z.B. auch der Zahlungstermin und das mit einer Stundung verbundene Risiko."

49 Die Glaubhaftmachung kann angesichts dieser Anforderungen auf Gutachten oder Sachverständige zurückgreifen, wenngleich ein umfassender gutachtlicher Vergleich zweier Veräußerungsmöglichkeiten i.d.R. schwer zu erstellen sein wird. Die **Kosten** sind dem Antragsteller aber nach Abs. 2 des § 163 InsO aus der Insolvenzmasse zu erstatten, sobald die Anordnung des Gerichts ergangen ist.

50 Ebenso wird das Gericht den Insolvenzverwalter anhören müssen, um einen Vergleich der vorliegenden Veräußerungsmöglichkeiten vornehmen zu können.¹⁰⁵

---

102 Uhlenbruck/Zipperer, § 162 InsO Rn 7; BK/Undritz/Knof, § 162 InsO Rn 11; MüKo/Janssen, § 162 InsO Rn 13.
103 Uhlenbruck/Zipperer, § 162 InsO Rn 7; MüKo/Janssen, § 162 InsO Rn 14.
104 BK/Undritz/Knof, § 162 InsO Rn 12.
105 Uhlenbruck/Zipperer, § 163 InsO Rn 6; BK/Undritz/Knof, § 163 InsO Rn 9, MüKo/Janssen, § 163 InsO Rn 13.

Seine Entscheidung wird das Gericht letztlich nur auf Grundlage einer summarischen Prüfung fällen können,[106] um nicht allzu viel Zeit verstreichen zu lassen, in der womöglich noch alle Interessenten abspringen. Es muss von einer Veräußerung unter Wert nicht voll überzeugt sein, es genügt vielmehr eine **überwiegende Wahrscheinlichkeit**, dass ein „schlechtes Geschäft" abgeschlossen zu werden droht.[107]

VI. Rechtsfolge

Droht eine Veräußerung unter Wert, weil sie entweder wegen einer Insiderstellung des Erwerbers nach § 162 InsO pauschal vermutet oder von dem Schuldner oder einer Gläubigermehrheit nach § 163 InsO glaubhaft gemacht wird, dann entscheidet allein die Gläubigerversammlung über die geplante Veräußerung des Unternehmens oder Betriebes. Auf diese Weise erhalten alle Beteiligten die Gelegenheit, die Vor- und Nachteile der geplanten Veräußerung vorzutragen und sich eine Meinung hierüber zu bilden. Insofern gehen §§ 162, 163 InsO über die Anforderungen nach § 160 InsO hinaus, der eine Zustimmung lediglich des Gläubigerausschusses genügen lässt. Ob hierdurch tatsächlich ein höheres Schutzniveau erreicht wird, darf bezweifelt werden (oben Rdn 33). Jedenfalls werden Transparenz und Akzeptanz der Veräußerung erhöht.

51

Ein Verstoß gegen das Zustimmungserfordernis nach §§ 162, 163 InsO lässt die **Wirksamkeit der Handlung des Insolvenzverwalters** nach § 164 InsO indes unberührt. Unerheblich ist dabei auch, ob der Erwerber die Unzulässigkeit der Veräußerung nach den §§ 162, 163 InsO kannte, weil er etwa rechtliche beraten war.[108]

52

C. Die übertragende Sanierung

I. Überblick

1. Wesensmerkmale und Ablauf der übertragenden Sanierung

In der Sanierungspraxis ist nach wie vor die „übertragende Sanierung"[109] das Restrukturierungsinstrument mit der höchsten Relevanz. Das Gesetz zur weiteren Erleichterung der Sanierung von Unternehmen (ESUG) vom 7.12.2011, in seinen wesent-

53

---

106 BK/Unditz/Knof, § 163 InsO Rn 10; ausf. zur materiellen Prüfung durch das Insolvenzgericht Uhlenbruck/Zipperer, § 163 InsO Rn 7.
107 Zu diesem Entscheidungsmaßstab statt vieler MüKo/Janssen, § 163 InsO Rn 12f. m.w.N.
108 Uhlenbruck/Zipperer, § 164 InsO Rn 2; MüKo/Janssen, § 164 InsO Rn 3.
109 Angepasster Abdruck aus Thierhoff/Müller, Unternehmenssanierung.

lichen Teilen in Kraft getreten am 1.3.2012, hat an der Dominanz der „übertragenden Sanierung" nichts geändert. Die Zahl der Insolvenzverfahren, in denen die Eigenverwaltung angeordnet wird, ist zwar deutlich gestiegen, insbesondere betreffend größere Unternehmen, und das gesetzliche Paradigma der Eigenverwaltung ist der Erhalt des Unternehmens und seines Rechtsträgers. Die Sanierung fortführungsfähiger Unternehmen vollzieht sich aber immer noch überwiegend nach seiner Übertragung auf einen neuen Rechtsträger. Im Übrigen kann eine „übertragende Sanierung" auch Bestandteil eines sogenannten Dual-Track-Prozesses sein, bei dem ein Verkauf und die Übertragung des Unternehmens in einem M&A-Prozess sowie die Sanierung über einen Insolvenzplan mit dem Ziel des Erhalts des Rechtsträgers parallel verfolgt werden.[110]

54 Der Gesetzgeber hat sich mit dem ESUG nicht weniger auf die Fahnen geschrieben als eine neue Insolvenzkultur in Deutschland zu etablieren. Mehrere Jahre nach dem Inkrafttreten des ESUG zeigt die Praxis, dass das Potential der insolvenzrechtlichen Sanierungsinstrumente zunehmend erkannt wird. Die öffentliche Meinung in Deutschland trat dem Einsatz des Insolvenzverfahrens als Instrument der Krisenbewältigung lange Zeit eher skeptisch, wenn nicht gar ablehnend gegenüber. Bereits der Insolvenzantrag gilt gemeinhin als wirtschaftliches Scheitern und führt im Regelfall zu einem enormen Imageverlust bei dem betroffenen Unternehmen. Insbesondere der angesichts einer Unternehmenssanierung im Insolvenzverfahren stets befürchtete Personalabbau ist Aufhänger für negative Schlagzeilen. Diese allgemeine Bewusstseinslage stand jedoch auch schon vor dem Inkrafttreten des ESUG im Gegensatz zu den seinerzeit bereits **beachtlichen Sanierungserfolgen** durch Unternehmensübertragungen aus der Insolvenz. In vielen öffentlichkeitswirksamen und teilweise auch politisch unterstützten Verfahren wurden Geschäftsbetriebe oder Betriebsteile an Finanzinvestoren oder Konkurrenten verkauft und infolgedessen vor der Einstellung bewahrt. Mit dem Sanierungs- und Insolvenzrechtsfortentwicklungsgesetz („SanInsFOG"), das am 1.1.2021 in Kraft getreten ist, macht der Gesetzgeber nun den nächsten Schritt und stärkt den Sanierungsgedanken weiter (dazu oben Rn 19).

55 Gerät ein Unternehmen in die Insolvenz, gibt es für den Insolvenzverwalter mehrere Sanierungsalternativen, die unter Umständen wirtschaftlich sinnvoller als eine sofortige Zerschlagung des Unternehmens und damit eine Verwertung der einzelnen Vermögensgegenstände sein können.[111] Die InsO nennt ausdrücklich das In-

---

110 Buth/Hermanns/Fröhlich/Bächstädt, § 22 Rn 135; Kübler/Rendels, ZIP 2018, 1369.
111 „Wirtschaftlich sinnvoller" ist die Sanierung dabei in erster Linie, wenn sie eine bessere Gläubigerbefriedigung ermöglicht. Zum möglichen Zielkonflikt zwischen finanziellen, volkswirtschaftlichen und sozialpolitischen Interessen s. Undritz, in: Thierhoff/Müller, Unternehmenssanierung, 2. Aufl. 2016, Kap. 9.I.1 Rn 7.

solvenzplanverfahren und die Eigenverwaltung (zwei Instrumente, die nicht selten auch in Kombination zum Einsatz kommen[112]). Im Gegensatz zu dem Insolvenzplanverfahren, das umfangreich und durchaus komplex in 61 Paragraphen der InsO geregelt ist, ist der Begriff der übertragenden Sanierung (immer noch) nicht in der InsO zu finden.[113] Dennoch ist er seit seiner Konzeption und Bezeichnung durch Karsten Schmidt[114] zu Beginn der 1980er-Jahre längst allgemein anerkannt. Wie im Folgenden näher ausgeführt, hat der Gesetzgeber inzwischen Instrumentarien geschaffen, die indirekt die Durchführung der übertragenden Sanierung erleichtern sollen.

56 Unter dem Begriff „übertragender Sanierung" wird die Unternehmensübertragung in Form des Verkaufs von Vermögensgegenständen (Asset Deal) aus der Insolvenzmasse heraus verstanden. Der Begriff wird teilweise deswegen kritisiert, weil es sich bei dieser Form der Unternehmensrettung rein technisch betrachtet gar nicht um eine (Eigen-)Sanierung handle, sondern um eine Verwertung durch den Insolvenzverwalter, wobei der ursprüngliche Unternehmensträger als leere Hülle zurückbleibt und letztlich liquidiert wird.[115] Diese aus dogmatischer Sicht durchaus nachvollziehbare Kritik vermag jedoch nichts daran zu ändern, dass sich diese „besondere Form der Unternehmenssanierung"[116] in der insolvenzrechtlichen Praxis als vielversprechendes Rettungsinstrument etabliert hat.

57 Ziel der übertragenden Sanierung ist es, nicht nur eine **Trennung** von **Aktiva** (Vermögensgegenständen) und **Passiva** (Schulden), sondern auch eine Trennung der rentablen von unwirtschaftlichen Unternehmensteilen herbeizuführen und dadurch das Unternehmen bzw. Teile davon zu erhalten (= zu sanieren).

58 Dabei wird zur Sicherung des Weiterbestehens des Unternehmens der Unternehmensträger mitsamt den Unternehmensschulden zurückgelassen, und es werden lediglich die zur Fortführung des Unternehmens notwendigen Vermögensgegenstände auf einen neuen Unternehmensträger übertragen. Ist der bisherige Unternehmensträger eine juristische Person, wird er bis zur Löschungsreife geführt und anschließend gelöscht. Das Unternehmen kann anschließend nach der Trennung „in neuem Gewand" entschuldet weiterarbeiten und sich auf leistungswirtschaftliche Sanierungsmaßnahmen konzentrieren. Damit findet die eigentliche Sanierung erst nach der Übertragung statt.[117]

---

112 Zu Eigenverwaltung und Insolvenzplan im Verbund s. Kübler/Undritz, HRI, § 2 Rn 21 ff.; Uhlenbruck/Lüer/Streit, § 217 Rn 17; Reus/Höfer/Harig, NZI 2019, 57.
113 Der Begriff der „Sanierung" findet sich seit der Einführung des MoMiG am 1.11.2008 in § 39 Abs. 4 Satz 2 InsO.
114 K. Schmidt, ZIP 1980, 329.
115 Kluth, NZI, 2002, 1 ff.
116 Wellensiek, NZI 2002, 234.
117 Wellensiek, NZI 2002, 235; Oberle, MHdB GesR III (GmbH), § 66 Rn 34.

59 Die Möglichkeit zur übertragenden Sanierung ist bereits in **§ 1 InsO** angelegt, wo von Gläubigerbefriedigung durch Verwertung des Schuldnervermögens und anschließender Erlösverteilung die Rede ist. Nichts anderes erfolgt durch die übertragende Sanierung: Die für die Fortführung des sanierungsbedürftigen Unternehmens notwendigen Unternehmensteile werden entgeltlich auf einen neuen Rechtsträger übertragen und der daraus resultierende Erlös durch den Insolvenzverwalter unter den Gläubigern verteilt.

2. Vorteile der übertragenden Sanierung gegenüber anderen Sanierungsinstrumenten

60 Geeignet ist diese Art der Sanierung insbesondere dann, wenn das Unternehmen (wenigstens in Teilen) leistungswirtschaftlich betrachtet überlebensfähig scheint. Um eine dauerhafte Wettbewerbsfähigkeit und Rentabilität des Unternehmens zu erreichen, wird im Zuge der „übertragenden Sanierung" der sanierungsfähige Unternehmensteil herausgelöst und meist auch Einsparpotenziale gehoben, z.B. durch Neuverhandlung von Liefer- und Leistungsbeziehungen oder auch durch den Abbau von Personal, der im Rahmen des Insolvenzverfahrens nach den §§ 120 ff. InsO in einem schlankeren Verfahren unter vereinfachten Voraussetzungen als außerhalb des Insolvenzverfahrens möglich ist.[118]

61 Ein **wesentlicher Vorteil** der übertragenden Sanierung gegenüber dem Insolvenzplanverfahren ist der **Zeitfaktor**: Selbst sehr komplexe Unternehmensverkäufe können innerhalb kürzester Zeit abgeschlossen und abgewickelt werden. In der Praxis wird der wesentliche Teil der Arbeit häufig bereits vor Eröffnung des Insolvenzverfahrens im Stadium des vorläufigen Insolvenzverfahrens getätigt. Auf diese Weise wird im Eröffnungsverfahren ein Vertrag verhandelt, der dem zukünftigen Insolvenzverwalter als Angebot unter der aufschiebenden Bedingung der Verfahrenseröffnung vorgelegt wird. Die relative Schnelligkeit ist für den Erfolg der Sanierung unter mehreren Gesichtspunkten wichtig: Es kann ein höherer Verkaufspreis erzielt werden, wenn das Unternehmen noch am Markt aktiv ist; je früher Aussicht auf Sanierung besteht, desto mehr Vertragspartner und Mitarbeiter behalten das Vertrauen in die Zukunft des Unternehmens; der Goodwill des Unternehmens nimmt mit jedem Tag in der Krise ab; Investoren und Gläubiger sind eher bereit, bei „noch laufenden Maschinen" dringend benötigte frische Liquidität zur Verfügung zu stellen. All diese Punkte führen dazu, dass mit der **Insolvenz** des Unternehmens

---

[118] Hützen, in: Röger, Insolvenzarbeitsrecht, 2018, § 5 Rn 31 ff. (Arbeitsrechtliche Sonderregelungen in der InsO) m.w.N. So kann bei der Durchführung von Betriebsänderungen die Einigung mit dem Betriebsrat über einen Interessenausgleich gegebenenfalls durch das Arbeitsgericht ersetzt werden, §§ 122, 125 InsO bestimmt, dass die Rechtmäßigkeit von Kündigungen nach § 1 KSchG in bestimmten Fällen nur noch eingeschränkt überprüft werden bzw. in einem Sammelverfahren vereinfacht festgestellt werden kann. Vgl. dazu auch Rieble, NZA 2007, 1393.

eine **Entwertungsspirale in Gang gesetzt** wird, die durch die übertragende Sanierung bestenfalls relativ schnell wieder verlassen werden kann, was schließlich den Gläubigern in Form des ihnen zufließenden Verkaufserlöses zugutekommt.

3. Grundformen der übertragenden Sanierung

Mit Blick auf den (neuen) Unternehmensträger, auf den das insolvente Unternehmen übertragen werden soll, ist zwischen zwei Grundformen der übertragenden Sanierung zu unterscheiden:[119]

62

Zum einen können die Vermögensgegenstände des Unternehmens auf einen bisher verfahrensfremden Dritterwerber übertragen werden, der die Sanierung anschließend selbst vorantreibt. Voraussetzung dafür ist allerdings, dass ein solcher Käufer überhaupt bereit steht bzw. gefunden werden kann. Zum anderen können ausgewählte Unternehmensaktiva zunächst auf eine eigens zum Zweck der Sanierung neu zu gründende Auffanggesellschaft übertragen werden.[120] Dabei können auch Maßnahmen nach dem UmwG zum Einsatz kommen, z.B. die Ausgliederung. Dieses Verfahren bietet sich oft als Übergangslösung an, wenn es dem Insolvenzverwalter nicht gelingt, das Unternehmen ohne weiteres im unsanierten Zustand zu verkaufen. Nachdem der Insolvenzverwalter und andere Verfahrensbeteiligte[121] einen Teil oder auch die gesamten Sanierungsmaßnahmen abgeschlossen haben, kann entweder die Krisenunternehmung den Betrieb wieder selbst übernehmen (Sanierungs-Auffanggesellschaft) oder die Auffanggesellschaft den Betrieb erwerben (Übernahme-Auffanggesellschaft) oder der Betrieb wird zu einem höheren Kaufpreis wiederum an einen Dritten veräußert und übertragen.[122] Ein in der Praxis seltener anzutreffendes Modell ist die Eingehung einer schuldrechtlichen Verpflichtung zur (zeitlich begrenzten) Fortführung des Geschäfts in Form eines **Unternehmenspachtvertrags mit der anschließenden Option zum Kauf** des Unternehmens.[123] Der Tatbestand einer übertragenden Sanierung im engeren Sinne ist mit dieser vorläufigen Verpachtung jedoch (noch) nicht erfüllt. Als Pächter kommen potenzielle Käufer in Betracht, die die Sanierungschancen für eine gewisse Zeit „aus nächster Nähe" ausloten wollen, um anschließend eine endgültige Kaufentscheidung treffen zu können.

63

---

119 Wellensiek, NZI 2002, 234.
120 Dazu umfassend Brete/Thomsen, NJOZ 2008, 4159 ff.; Nerlich/Kreplin/Nerlich/Rhode, Münchener Anwaltshdb. Insolvenz und Sanierung, § 4 Rn 211 ff.
121 Als Gesellschafter der Auffanggesellschaft kommen die Altgesellschafter des Krisenunternehmens, die Gläubiger der Altverbindlichkeiten oder externe Finanzinvestoren in Betracht.
122 Diese Veräußerung kann im Rahmen eines *Asset* oder *Share Deals* erfolgen, da der entscheidende Schritt der übertragenden Sanierung bereits in der Übertragung der Aktiva auf die vom Insolvenzverwalter neu gegründete Auffanggesellschaft liegt (Asset Deal).
123 Dazu Brete/Thomsen, NJOZ 2008, 4159.

64   Die nachfolgenden Ausführungen konzentrieren sich auf Sanierungsbemühungen in der Insolvenz. Grundsätzlich kann die übertragende Sanierung innerhalb oder außerhalb eines Insolvenzverfahrens erfolgen. Im eröffneten Insolvenzverfahren ist eine übertragende Sanierung sowohl im Regelverfahren als auch im Rahmen eines Insolvenzplans möglich (der dann ein Liquidationsplan ist).

65   An dieser Stelle sei kurz auf die Besonderheit der Konzerninsolvenz hingewiesen (ausf. zur Konzerninsolvenz siehe § 20). Nach deutschem Recht führt die Insolvenz der Muttergesellschaft nicht auch automatisch zur Insolvenz ihrer Tochtergesellschaften. Die Prüfung der Insolvenzeröffnungsgründe und die Abwicklung des Insolvenzverfahrens sind für jede Konzerngesellschaft getrennt durchzuführen.[124] Insbesondere bei Konzernen, deren Gesellschaften hauptsächlich auf den Leistungsaustausch untereinander angewiesen sind oder die in einem vertraglich vereinbarten gesellschaftsübergreifenden Haftungsverband stehen, besteht die große Gefahr, dass die Insolvenz der Muttergesellschaft die einzelnen Gesellschaften mit in die Insolvenz reißt. Im umgekehrten Falle kann aber auch die Insolvenz einer einzigen Tochtergesellschaft die Insolvenz des gesamten Konzerns auslösen. Ein solcher „Dominoeffekt" ist in der Praxis eher die Regel als die Ausnahme.

66   Sowohl auf nationaler als auch auf europäischer Ebene wurde das Recht reformiert, um den Besonderheiten der Insolvenz konzernangehöriger Gesellschaften besser gerecht zu werden. Das „Gesetz zur Erleichterung der Bewältigung von Konzerninsolvenzen", das am 24.4.2018 in Kraft trat, schafft erstmalig einen Rechtsrahmen für Konzerninsolvenzen in Deutschland.[125] Die Bewältigung von Konzerninsolvenzen soll danach allein durch verfahrensrechtliche Regelungen erleichtert werden. Die materiell-rechtlichen Fragen der Konzerninsolvenz werden von dem Entwurf nicht aufgegriffen. Auch eine Regelung über die materielle Konsolidierung der einzelnen Insolvenzmassen der Konzerngesellschaften findet sich im deutschen Recht nicht. Die Schwerpunkte des neuen Konzerninsolvenzrechts der InsO bilden folgende Bereiche:
– Mehrere Insolvenzverfahren über das Vermögen gruppenangehöriger Gesellschaften können an einem Gerichtsstand konzentriert werden (Gruppen-Gerichtsstand, §§ 3a bis e InsO).

---

124 Die substantive consolidation des US-amerikanischen Insolvenzrechts ermöglicht die Veränderung der Zuordnung des Konzernvermögens zwischen den Massen der Konzerngesellschaften. Wenn die betreffenden Gesellschaften faktisch eine Einheit bilden und die Vorteile einer Konsolidation ihre Nachteile überwiegen, kann eine substantive consolidation angeordnet werden, wodurch die selbstständige Existenz der Konzerngesellschaften durchbrochen und eine einheitliche Konkursmasse gebildet wird. Dazu Paulus, NZI 2008, 1ff.; Paulus, ZIP 2005, 1948ff.; MüKo/Grauke/Fail/Hwangpo, USA Rn 69.
125 Gesetz zur Erleichterung der Bewältigung von Konzerninsolvenzen v. 13.4.2017, BGBl. I S. 866. Ausführlich zu allen Aspekten des Konzerninsolvenzrechts s. Flöther, Handbuch zum Konzerninsolvenzrecht, 2018.

- In mehreren Insolvenzverfahren über das Vermögen gruppenangehöriger Gesellschaften kann dieselbe natürliche Person zum Insolvenzverwalter bestellt werden (Einheitsverwalter, § 56b InsO).
- Mehrere Insolvenzverfahren über das Vermögen gruppenangehöriger Gesellschaften können im Wege eines speziellen Koordinierungsverfahrens koordiniert werden (Koordinationsverfahren, §§ 269d bis i InsO).
- Pflichten zur Zusammenarbeit der Gerichte (§ 269a InsO), der Insolvenzverwalter (§ 269b InsO) und der Gläubigerausschüsse (§ 269c InsO).

Den verfahrensrechtlichen Ansatz zur Bewältigung von Konzerninsolvenzen verfolgt auch der europäische Normgeber, der im Zuge der Reform der **EuInsVO** ebenfalls erstmals verfahrensrechtliche Regelungen für den Fall der Insolvenz gruppenangehöriger Gesellschaften in die Verordnung aufgenommen hat.[126] Das europäische Insolvenzrecht hat bis zur Novellierung der EuInsVO 2000 durch die EuInsVO 2015 vom 20.5.2015 (in ihren wesentlichen Teilen anwendbar auf Verfahren an dem 26.6.2017) lang darauf verzichtet, sich der Vielzahl konzernrechtlicher Fragen anzunehmen.[127] Den Konzern und folgerichtig ein Insolvenzverfahren über mehrere rechtlich eigenständige, aber konzernangehörige Gesellschaften kannte auch die EuInsVO 2000 bis dahin also nicht,[128] obwohl die Insolvenz gruppengebundener Unternehmen nachgerade der Prototyp der grenzüberschreitenden Insolvenz ist.[129] Die Neufassung der EuInsVO 2000 reagiert auf das zutreffend erkannte dringende praktische Bedürfnis nach einer gesetzlichen Regelung der Koordination der grenzüberschreitenden Insolvenzverfahren konzernangehöriger Gesellschaften.[130] Der Schwerpunkt der Reform liegt auf einem speziellen Koordinierungsverfahren, welches die effiziente Bewältigung von Insolvenzen gruppenangehöriger Gesellschaften ermöglichen soll.

---

126 Siehe den Überblick bei Prager/Keller, WM 2015, 805, 809 ff.; s. ferner Flöther/Undritz, Handbuch zum Konzerninsolvenzrecht, 2. Aufl. 2018, § 8 Rn 81 ff.
127 Schließlich lag seit dem 12.12.2012 der Vorschlag der Kommission zur Reform der EuInsVO auf dem Tisch, siehe Vorschlag der Europäischen Kommission für eine Verordnung des Europäischen Parlaments und des Rates zur Änderung der Verordnung (EG) Nr 1346/2000 des Rates über Insolvenzverfahren vom 12.12.2012, COM(2012) 744.
128 Zu frühen Überlegungen zum Europäischen Konzerninsolvenzrecht siehe Adam/Poertzgen, ZInsO 2008, 281 (Teil 1), 347 (Teil 2); siehe für konkret formulierte Änderungsvorschläge zur EuInsVO Hirte, ZInsO 2011, 1788; ders ECFR 2008, 213 ff.; zur parallelen Reformdiskussion in Deutschland ebenfalls Hirte, ZIP 2008, 444.
129 Mankowski, NZI 2004, 450, 452; Eidenmüller, ZHR 2005, 528.
130 Die Vorschläge für eine Neufassung der EuInsVO 2000 unter Berücksichtigung des Konzerns hatten im Wesentlichen Vorüberlegungen von INSOL Europe aufgegriffen, siehe *Revision of the European Insolvency Regulation – Proposals by INSOL Europe*, abrufbar unter www.insol-europe.org; dazu untern ausführl. Rn 81 ff.

4. Besonderheiten der übertragenden Sanierung im Vergleich zum „normalen" Unternehmenskauf

68 Der wichtigste Unterschied zwischen den „normalen" Unternehmenskauf und der übertragenden Sanierung liegt auf der Hand: die Motivation der Beteiligten zur Vornahme der Transaktion. Während bei klassischen M&A-Geschäften regelmäßig strategische Gründe (z.B. Notwendigkeit zur Transformation) und/oder persönliche Gründe (z.B. Nachfolgelösung) im Vordergrund stehen, liegt der Zweck der übertragenden Sanierung im Insolvenzverfahren gem. § 1 Satz 1 InsO in der bestmöglichen und gemeinschaftlichen Befriedigung der Gläubiger. Die Sanierung eines Unternehmens ist kein Selbstzweck. Mit der übertragenden Sanierung wird mithin das Überleben des Unternehmens nur gesichert, wenn es die bestmögliche Gläubigerbefriedigung verspricht. Dennoch wird der Insolvenzverwalter neben dem primären Ziel der Kaufpreisoptimierung insbesondere die Erhaltung möglichst vieler Arbeitsplätze anstreben und in gewissem Maße eine Optimierung der einzelnen Verfahrensziele und der Sanierung vornehmen.

69 Diese besonderen Motive haben entscheidende Auswirkungen auf die Verhandlungsführung und -macht der einzelnen Akteure. So finden die Verhandlungen bei der übertragenden Sanierung oft vor dem Hintergrund statt, dass sich die Gläubiger und der Insolvenzschuldner bewusst sind, dass sie bei einem Scheitern der Verhandlungen sehr viel verlieren können. Ausgewogene Zugeständnisse von mehreren Seiten sind deshalb in vielen Fällen durchaus verhandelbar.[131]

a) Asset Deal und Share Deal

70 Die übertragende Sanierung ist ein normaler Unternehmenskauf in Form eines Asset Deals, der lediglich einige Besonderheiten aufweist.[132] Wirtschaftlich wird zwar „das Unternehmen" bzw. werden doch wenigstens Teileinheiten des Unternehmens verkauft, rechtlich sind jedoch die Einzelteile des Unternehmens Gegenstand des Erwerbs. Dabei wird die Gesamtheit der Vermögensgegenstände oder Teile davon, die zusammen das Unternehmen bilden, einzeln übertragen.

71 Dazu gehören vor allem Gegenstände des Anlage- und Umlaufvermögens, wie etwa Grundstücke, Beteiligungen, Betriebs- und Geschäftsausstattung, Maschinen, Forderungen aus Lieferung und Leistung, Roh-, Hilfs- und Betriebsstoffe, Waren oder halbfertige Erzeugnisse. Schwierigkeiten bestehen bei den sog. rechtsträgerspezifischen Berechtigungen, die nicht losgelöst vom Rechtsträger übertragen werden können, zu denen etwa auch Lizenzverträge gehören.

---

131 Faulhaber/Grabow, Turnaround-Management in der Praxis, 4. Aufl. 2009, S. 274.
132 Umfassend zum Unternehmenskauf Picot, Unternehmenskauf und Restrukturierung, 4. Aufl. 2013; Runkel/Undritz, § 15; Heckschen, in: Reul/Heckschen/Wienberg, Insolvenzrecht in der Gestaltungspraxis, 2. Auflage 2018, § 4 Rn 1421.

Daneben haben auch nicht bilanzierte und als Einzelposten auch nicht bilanzierungsfähige Vermögensgegenstände wie Kundenbeziehungen oder der Auftragsbestand des Unternehmens einen wirtschaftlichen Wert, der im Rahmen der Vertragsverhandlungen und -gestaltung Beachtung finden sollte. 72

Aus schuldrechtlicher Sicht ist ein **Asset Deal weder ein reiner Sach- noch ein reiner Rechtskauf**, wobei diese Unterscheidung durch die Einführung des § 453 Abs. 1 BGB nicht mehr von Bedeutung ist. Wichtig bleibt, dass es sich um den Kauf eines Gegenstandes handelt.[133] 73

Dagegen ist eine übertragende Sanierung im Wege eines *Share Deal* eher unüblich. Streng genommen ist der Erwerb der Geschäftsanteile des insolventen Unternehmens (*share deal*) gar keine übertragende Sanierung, weil das wesentliche Element dieser Sanierungsvariante, die Trennung des Unternehmens vom Unternehmensträger, hier nicht gegeben ist.[134] Ein etwaiger Erwerber im Wege des *Share Deals* würde zudem auch die Schulden des Unternehmens, die mit dem Rechtsträger als Schuldner verbunden sind, übernehmen und befriedigen müssen, wenn er die Insolvenz beseitigen will. Ein etwaiger Investor müsste so neben dem Erwerb der Anteile dem Unternehmen zusätzlich neues Kapital zur Verfügung stellen, so dass entweder der Eigenantrag zurückgenommen werden kann oder die Gläubiger befriedigt und zur Antragsrücknahme bewegt werden können. Denkbar ist allerdings auch, dass mit Hilfe eines Insolvenzplans auch die Entschuldung des Rechtsträgers herbeigeführt wird. Bei der Insolvenz einer Gesellschaft besteht seit dem ESUG auch die Möglichkeit, mit Hilfe eines Insolvenzplans auch die Anteile der Gesellschafter in das Insolvenzverfahren einzubeziehen, obwohl sie nicht in die Insolvenzmasse fallen. Die Übertragung der Anteile an der insolventen Gesellschaft an einen Dritten/Investor kann Gegenstand eines Insolvenzplans sein und erfordert auch nicht die Zustimmung des Gesellschafters (§ 225a Abs. 3 InsO). 74

[*einstweilen frei*] 75

b) Besonderheiten im Rahmen der Vertragsgestaltung

Wie bereits ausgeführt, werden bei einer übertragenden Sanierung lediglich die Aktiva veräußert, die Passiva verbleiben als „Passivmasse" beim Rechtsträger. Auch Altverbindlichkeiten aus Vertragsverhältnissen, die für die Fortführung des Unternehmens zwingend erforderlich sind, können vom Insolvenzverwalter im Zuge der übertragenden Sanierung nicht befriedigt werden. Der Insolvenzverwalter kann 76

---

133 Dies wird insbesondere dann beachtlich, wenn der Insolvenzverwalter einen „schwebenden Unternehmenskauf" vorfindet. Im Rahmen des § 103 InsO kann er dann nur die Vertragserfüllung im Ganzen wählen. Vgl. dazu Hölzle, DStR 2004, 1433 (s. dort Fn 46).
134 Wimmer/Dauernheim/Wagner/Gietl/Thiel, Kap. 13 Rn 13; Arends/Hofert-von Weiss, BB 2009, 1538.

nicht einmal der Übernahme von Lieferantenverbindlichkeiten durch den Erwerber im Rahmen der übertragenden Sanierung ohne Weiteres zustimmen, selbst wenn die Lieferanten die weitere Belieferung von der Begleichung offener Rechnungen abhängig machen.[135] Denn der Grundsatz der Gläubigergleichbehandlung zwingt ihn dazu, der durch die Übernahme einzelner Verbindlichkeiten eintretenden Kaufpreisreduzierung und damit einhergehenden Verringerung der Verteilungsmasse entgegenzuwirken, da anderenfalls die Gläubiger der übrigen (nicht übertragenen) Forderungen durch die Übernahme benachteiligt würden.

77 Der Insolvenzverwalter, der nicht nur Aktiva, sondern auch Passiva eines insolventen Unternehmens überträgt (bei gleichzeitiger Reduzierung des Kaufpreises), sieht sich insoweit der Gefahr der persönlichen Haftung gem. § 60 InsO ausgesetzt.[136]

78 Aus Sicht des Käufers ist besondere Sorgfalt bei der Erfassung sämtlicher zu übertragender Vermögensgegenstände im Kaufvertrag oder in Anlagen zum Kaufvertrag (Inventarlisten) geboten, da anderenfalls die Übertragung leicht am **sachenrechtlichen Bestimmtheitsgrundsatz** scheitern kann.[137] Unproblematisch ist dagegen der Fall, dass sämtliche Aktiva auf den Käufer übertragen werden sollen, was jedoch in der Praxis eher die Ausnahme darstellt.[138]

79 Eine weitere Schwierigkeit besteht darin, dass sich der Insolvenzverwalter oft erst seit kurzer Zeit mit der Unternehmenssituation befassen konnte und es ihm in manchen Fällen nicht möglich sein kann, die Eigentumsverhältnisse sämtlicher Veräußerungsgegenstände abschließend geprüft zu haben. Dies kann insbesondere bei der Übereignung von Waren in Warenlagern, die zum Teil im Sicherungseigentum und zum Teil im Vorbehaltseigentum von Lieferanten stehen, oder bei der Abtretung von Kundenforderungen problematisch sein. Vor diesem Hintergrund empfiehlt sich die Aufnahme entsprechender Vorbehalte in die Verträge, die vorsehen, dass nur diejenigen Gegenstände veräußert werden sollen, über die der Insolvenzverwalter auch verfügen kann. Der Erwerber muss einer solchen Regelung freilich zustimmen.

---

[135] Zudem bedarf sowohl die Vertrags- als auch die Schuldübernahme (§§ 414 ff. BGB) der Zustimmung der jeweiligen Gläubiger.
[136] Etwas anderes gilt dann, wenn der Erwerber lediglich Verbindlichkeiten übernimmt, die auf einzelnen Aktiva des erworbenen Unternehmens lasten und wenn der anteilige Kaufpreis für die in Rede stehenden Aktiva über die darauf lastenden Verbindlichkeiten hinausgeht. Dazu Arends/Hofert-von Weiss, BB 2009, 1538, 1543.
[137] Das Inventar wird in aller Regel im Auftrag des Insolvenzverwalters durch ein Verwertungsunternehmen erstellt. Vgl. dazu Feuerborn, ZIP 2001, 608; Heckschen, in: Reul/Heckschen/Wienberg, Insolvenzrecht in der Gestaltungspraxis, § 4 Rn 1420.
[138] In diesem Fall wird im Kaufvertrag eine sog. Catch-All-Klausel aufgenommen. Zu dem damit verbundenen Problem des Erfordernisses der notariellen Beurkundung gem. § 311b Abs. 3 BGB vgl. Rdn 105.

Regelmäßig wird der Insolvenzverwalter bei einer übertragenden Sanierung im 80
Rahmen des Möglichen die **Gewährleistung ausschließen**, um sowohl die Haftung der Masse als auch die eigene Haftung zu vermeiden.[139] Grund für den Haftungsausschluss ist vor allem der enorme Zeitdruck, der eine Identifizierung etwaiger Haftungsrisiken durch den Insolvenzverwalter vor Durchführung der Transaktion unmöglich macht. Das Haftungsrisiko für die Masse ergibt sich daraus, dass Ansprüche aus dem Unternehmenskaufvertrag, den der Insolvenzverwalter nach Eröffnung des Insolvenzverfahrens abschließt, Masseverbindlichkeiten gem. § 55 Abs. 1 Nr. 1 InsO darstellen. Daneben tritt das persönliche Haftungsrisiko des Verwalters gem. § 61 InsO, wenn die von ihm begründete Masseverbindlichkeit aus der Masse nicht voll erfüllt werden kann.[140] In diesem Punkt ergibt sich ein weiterer Unterschied zum „normalen" Unternehmenskauf, bei dem Eigenschaftszusicherungen und Verkäufergarantien häufig Punkte langwieriger Verhandlungen sind, denen eine umfangreiche Due Diligence vorausgegangen ist.[141]

Dem Käufer bleibt oft nichts anderes übrig, als sich auf den Haftungsausschluss 81
einzulassen, da die Insolvenzmasse in der Regel ohnehin nicht in der Lage sein wird, etwaig auftretende Gewährleistungsansprüche zu erfüllen. Dieses Prozedere liegt letztlich auch im Gläubigerinteresse, da auf diese Weise relativ zeitnah feststeht, welche Erlöse in die Masse fließen und folglich auch, in welcher Höhe die (gesicherten und ungesicherten) Gläubiger befriedigt werden. Zudem wird gewährleistet, dass weder Teile des Kaufpreises zunächst zurückgehalten oder im Haftungsfall an den Erwerber zurückgezahlt werden müssen. Als Kompensation für die ausgeschlossene Haftung des Verkäufers wird der Käufer einen niedrigeren Kaufpreis aushandeln. Kann der Käufer für die Mängelrisiken keinen aus seiner Sicht hinreichenden Abschlag vom Kaufpreis oder für den Fall der Fälle einen Kaufpreisanpassungsmechanismus verhandeln, ziehen Käufer in der Praxis zuletzt immer häufiger den Abschluss von Gewährleistungsversicherungen (Representation & Warranty- oder Warranty & Indemnity Insurances, kurz „W&I Insurance") in Betracht, um die fehlenden (oder nicht durchsetzbaren) Garantieansprüche zu kompensieren und ihr Investment abzusichern.[142]

---

[139] Vgl. Runkel/Undritz, § 15 Rn 31 ff. sowie Rn 349 f. zu einer Musterklausel; Heckschen, in: Reul/Heckschen/Wienberg, Insolvenzrecht in der Gestaltungspraxis, § 4 Rn 1429 f.; ausf. zur Möglichkeit des Gewährleistungsausschlusses Gehlich, in: Reul/Heckschen/Wienberg, Insolvenzrecht in der Gestaltungspraxis, § 108 Rn 104 ff.
[140] S. auch Arends/Hofert-von Weiss, BB 2009, 1538, 1543.
[141] Vgl. dazu ausführlich Triebel/Hölzle, BB 2002, 521.
[142] Freitag/Kiesewetter/Narr, BB 2015, 1484, 1488; allgemein zur W&I Insurance beim Unternehmenskauf Hoenig/Klingen NZG 2016, 1244; Metz, NJW 2010, 813; ausf. Wiegand, in: Meyer-Sparenberg/Jäckle, Beck'sches M&A-Handbuch, 1. Aufl. 2017, § 84 Gewährleistungsversicherungen (W&I Insurance).

82 Auch die bei Unternehmenskäufen außerhalb der Insolvenz standardmäßig aufgenommenen **Wettbewerbsverbote** spielen nur in Ausnahmefällen eine Rolle, da die Insolvenzschuldnerin in der Regel nicht in der Lage sein wird, nach der Veräußerung ihrer Vermögensgegenstände in der gleichen Branche sofort wieder Fuß zu fassen.[143] Ist die Insolvenzschuldnerin eine juristische Person, wird sie als Rechtsträger in den allermeisten Fällen sogar liquidiert.

83 Zwischen dem Insolvenzverwalter und dem Insolvenzschuldner kann es im Zusammenhang mit der **Übertragung der handelsrechtlichen Firma** des insolventen Unternehmens zu Differenzen kommen, wenn der Insolvenzschuldner sie behalten und der Erwerber sie erwerben will.[144] Die Firma bleibt auch nach Eröffnung des Insolvenzverfahrens bestehen und fällt als immaterielles Vermögensrecht grundsätzlich in die Masse.[145] Inzwischen ist wohl anerkannt, dass der Verwalter zur Übertragung der Firma im Rahmen der übertragenden Sanierung – gleich, ob es sich um eine Personal-, Sach- oder Phantasiefirma handelt – nicht der Zustimmung des Insolvenzschuldners bedarf.[146]

c) Sonderformen der übertragenden Sanierung

84 Vor allem bei kleineren und mittleren Unternehmen wird die Unternehmensübernahme in der Insolvenz oft als sogenannter **Management Buy Out (MBO)** ausgestaltet. An sich handelt es sich hierbei um einen gewöhnlichen Unternehmenskauf mit dem bloßen Unterschied, dass nicht ein außenstehender Dritter, sondern das Management als Käufer auftritt.[147] In der Insolvenz sind in leitender Position Beschäftigte häufig die einzigen Interessenten, da für sie das Risiko, ein Unternehmen zu erwerben, das nicht den beim Abschluss des Kaufvertrags bestehenden Erwartungen entspricht, deutlich geringer ist.

85 Die Kaufpreisfinanzierung erfolgt bei dieser Erwerbsform vorwiegend durch Aufnahme von Fremdkapital, da die finanziellen Mittel des Managements regelmäßig limitiert sind. Der fremdkapitalfinanzierte MBO wird auch als Leveraged Buy-Out (LBO) bezeichnet. Insolvenzrechtliche Probleme ergeben sich insbesondere

---

143 Hölzle, DStR 2004, 1433, 1436.
144 Nach § 23 HGB kann die Firma i.Ü. nur gemeinsam mit dem Unternehmen und nicht isoliert an einen Dritten übertragen werden. Die Firma hat für die Masse daher nur bei einer gemeinsamen Übertragung mit dem Unternehmen einen Wert.
145 BGH, ZIP 1989, 937.
146 Vor der Handelsreform aus 1998 wurde nach der Art der Firma differenziert. Vgl. dazu MüKo/Vuia, § 80 InsO Rn 57; ausf. auch Butzer/Knof, in: Münchener Handbuch des Gesellschaftsrechts, Bd. 1, 5. Aufl. 2019, § 85 Rn 46 ff.; Uhlenbruck/Zipperer, § 159 InsO Rn 23 ff.; OLG Hamm, 21.12.2017 – I-27 W 144/17.
147 Vgl. Nerlich/Kreplin/Lachmann, Münchener Anwaltshdb. Insolvenz und Sanierung, § 8 Rn 125 m.w.N.

daraus, dass die Erwerber sog. **nahestehende Personen i.S.d.** § 138 Abs. 2 InsO sein können, was wiederum Auswirkungen auf die Anfechtbarkeit und eventuelle Zustimmungserfordernisse haben kann.[148]

[einstweilen frei] 86

II. Die einzelnen Schritte der übertragenden Sanierung

Nach dem in § 1 Satz 1 InsO verankerten Grundsatz der bestmöglichen Gläubigerbefriedigung kommt eine übertragende Sanierung nur dann in Betracht, wenn sie zumindest ebenso günstig ist, wie die Zerschlagung des Unternehmens. Dies ist der Fall, wenn der **Veräußerungserlös** für die einzelnen Aktiva in einem „unternehmerischen Verbund" **über** dem **Zerschlagungswert** im Liquidationsfall liegt. Eine jede übertragende Sanierung beginnt folglich mit der Prüfung dieser Frage. Bei einem „normalen" Unternehmenskauf steht am Anfang des Verkaufsprozesses stets die Frage nach den zugrundeliegenden Motiven der Parteien für die Transaktion.[149] Warum ein Unternehmen verkauft beziehungsweise gekauft werden soll, entscheidet maßgeblich über die Strategieentwicklung für den gesamten Unternehmenskauf. Bei einer übertragenden Sanierung ist das Motiv für den Verkauf zumindest auf der Verkäuferseite klar: die (drohende) Insolvenz. Die Beweggründe des Käufers können zwar variieren, haben aber keine entscheidenden Auswirkungen auf den weiteren Ablauf des Transaktionsprozesses, weil der Käufer auf diesen, wie bereits ausgeführt, ohnehin nur begrenzten Einfluss hat. Anstelle der Motive der Parteien entscheidet bei der übertragenden Sanierung die Wahl des Veräußerungszeitpunktes über die optimale Strategie des Unternehmenskaufs. Auf die verschiedenen Zeitpunkte, die dabei in Frage kommen, wird unten unter Rdn 110 ff. (Überblick bei Rdn 112) näher eingegangen. 87

1. Die Vertragsanbahnungsphase

Erfolg oder Misserfolg einer übertragenden Sanierung hängt nicht selten von einer gründlichen und effizienten Vorbereitung zum frühestmöglichen Zeitpunkt ab. Ein einmal stillgelegtes Unternehmen ist faktisch kaum noch übertragbar. 88

In diesem Zusammenhang kann die Regelung des § 21 Abs. 2 Nr. 5 InsO eine wichtige Rolle spielen. Danach kann das Insolvenzgericht anordnen, dass Gegen- 89

---

148 Dazu Wellensiek, NZI 2002, 233, 234.
149 Diese sind vielfältig, unter anderem kommen als Gründe die Verbesserung der Wettbewerbsfähigkeit, die Kapazitätsausweitung, die Eingliederung von qualifizierten Mitarbeitern oder herausragendem Management, Diversifikationen im Produktionsbereich und steuerliche oder persönliche Gründe in Betracht. Vgl. Beisel/Klumpp, Der Unternehmenskauf, 7. Aufl. 2016, Kap. 1 Rn 8 ff.

stände, die im Falle der Eröffnung des Verfahrens gem. § 166 InsO verwertet werden müssten oder deren Aussonderung verlangt werden könnte, zur Fortführung des Unternehmens eingesetzt werden können. Diese Anordnung kann jedoch nicht durch formularmäßige Pauschalanordnungen getroffen werden, die die erforderliche Prüfung der gesetzlichen Voraussetzungen dem vorläufigen Insolvenzverwalter aufbürdet.[150] Diese Regelung soll dem vorläufigen Insolvenzverwalter die Weiternutzung von Sicherungsgut im laufenden Geschäftsbetrieb erleichtern, wobei der durch die Nutzung eintretende Wertverlust durch laufende Zahlungen an den Sicherungsgläubiger ausgeglichen werden soll.[151]

a) Suche nach Käufern bzw. Zielobjekten

90 Wie vorstehend beschrieben, birgt der Verkauf eines Unternehmens in der Insolvenz zahlreiche Besonderheiten. Auf Seiten des Verkäufers bzw. (vorläufigen) Insolvenzverwalters ist eine große Expertise im Bereich der übertragenden Sanierung daher unerlässlich.

91 Auf Seiten des Käufers führt regelmäßig ebenfalls nur die Beteiligung von krisenerfahrenen Investoren zu einer erfolgversprechenden Sanierung. Anstelle umfangreicher Verkaufsprospekte werden oft nur aussagekräftige Kurzprofile erstellt, die einem erfahrenen Investor zur grundsätzlichen Beurteilung der Unternehmenssituation ausreichen.[152] Entscheidend ist es daher, die richtigen Kaufinteressenten auszuwählen. Ein unerfahrener Käufer ist in der Regel nicht in der Lage, in der Kürze der Zeit die komplexe Situation mit ausreichender Sicherheit zu beurteilen und das verbleibende Risiko der Investition zu prognostizieren.

92 Auf der anderen Seite dürfen Veräußerer bzw. Insolvenzverwalter bei der Suche nicht allzu wählerisch sein, wenn der Verkauf von maroden Unternehmen wenig Interessenten anlockt. Auf Ressentiments des insolventen Unternehmens kann dann keine Rücksicht genommen werden. Die Suche nach einem Kaufinteressenten hängt u.a. davon ab, wie groß und medienpräsent das zu verkaufende Unternehmen ist. Wird in den Medien über die Insolvenz berichtet, können sich potenzielle Erwerber in Eigeninitiative bei dem Unternehmen oder dem (vorläufigen) Verwalter melden. Bei kleineren Unternehmen lohnt es sich, einen **Unternehmensmakler** einzuschalten, der einen strukturierten Verkaufsprozess aufsetzt und zwischen Ver-

---

[150] S. dazu BGH, DB 2010, 103; MüKo/Haarmeyer/Schildt, § 21 InsO Rn 99; Uhlenbruck/Vallender, § 21 InsO Rn 38.
[151] S. zu den Ausgleichsansprüchen des Aussonderungsberechtigten bei Anordnung von Sicherungsmaßnahmen nach § 21 Abs. 2 Satz 1 Nr. 5 InsO etwa Heublein, ZIP 2009, 11 ff.; kritisch zur Einbeziehung von Aussonderungsrechten Kirchhof, ZInsO 2007, 227 ff.
[152] Faulhaber/Grabow, Turnaround-Management in der Praxis, S. 273.

käufer und potentiellen Käufern vermittelt. Ferner kommen auch Handwerkskammern als Ansprechpartner bei der Suche nach potenziellen Käufern und Investoren in Betracht. Eventuell sind auch (leitende) Mitarbeiter bereit, das Unternehmen im Rahmen eines MBO/MBI zu übernehmen.[153]

Inzwischen ist unstreitig, dass der vorläufige starke Insolvenzverwalter auch ohne Zustimmung der Geschäftsführung des insolventen Unternehmens – ggf. über die Einschaltung von Unternehmensberatern[154] – Kontakt zu potenziellen Interessenten aufnehmen kann. Mit Zustimmung kann dies auch der schwache vorläufige Insolvenzverwalter. In dieser Phase ist die Mitwirkung der Geschäftsführung allerdings in vielen Fällen ohnehin unverzichtbar, weil sie den Markt und damit potenzielle Kaufinteressenten besser kennt als der (vorläufige) Insolvenzverwalter. 93

Es kann durchaus vorkommen, dass **konkurrierende Unternehmen** des insolventen Unternehmens versuchen, sich **als Kaufinteressenten zu „tarnen"**, um dadurch an Informationen zu sonst unzugänglichen Betriebsinterna zu gelangen. Meist haben sie es auf Liefer- und Leistungsbeziehungen, Kundendaten, Vertriebswege, strategische Ziele des Unternehmens und andere betriebliche Kennzahlen abgesehen. Daher ist es wichtig, dass sich der Insolvenzverwalter vor der Einsichtsgewährung in geheime Dokumente eine Vertraulichkeitserklärung des vermeintlichen Kaufinteressenten abgeben lässt, wie es im Rahmen eines „normalen" Unternehmenskaufs ebenfalls Standard ist.[155] 94

Neben dem herkömmlichen Veräußerungsverfahren kann die übertragende Sanierung auch im Rahmen eines **Bieterverfahrens (Auction oder Bidding Process)** durchgeführt werden.[156] Voraussetzung für einen erfolgreichen Verlauf ist das Vorhandensein eines Veräußerungsobjektes, für das sich mehrere potenzielle Erwerber (Bieter) interessieren. Diese Veräußerungsmethode bietet sich an, um Kaufinteressenten aufzufinden, auf schnellem Wege zeitgleich mit mehreren Interessenten in Verhandlungen einzusteigen und bestenfalls den Kaufpreis durch gegenseitiges Überbieten der Bieter nach oben zu treiben. Die Gebote der Bieter sind für den Insolvenzverwalter zudem ein gutes Indiz dafür, wie viel das Unternehmen auf dem Markt tatsächlich noch an Wert hat. Die größte Besonderheit im Vergleich zum Auktionsverfahren außerhalb der Insolvenz ist der hohe Zeitdruck, unter dem der Ablauf des gesamten Veräußerungsprozesses steht. Sollte das zu veräußernde Unternehmen in der Vergangenheit rechtswidrige Beihilfen erhalten haben und eine entsprechende Rückforderungsschuld im Raume stehen, kann die Durchführung 95

---

153 S. dazu Rdn 84.
154 Vgl. hierzu Fröhlich/Sittel, ForderungsPraktiker 2010, 32 ff.
155 Hölzle, DStR 2004, 1433; Krüger/Kaufmann, ZIP 2009, 1095 ff.; Nerlich/Kreplin/Tautorus/Janner, Münchener Anwaltshdb. Insolvenz und Sanierung, § 20 Rn 15 f.
156 S. auch Rempp, in: Hölters, Handbuch Unternehmenskauf, 9. Aufl. 2019, Rn 1.117.

eines Bieterverfahrens notwendig werden, um eine beihilfenrechtliche Haftung des Erwerbers zu verhindern (siehe hierzu unten Rdn 161 ff.).

Die wichtigsten Schritte eines solchen Verfahrens sind:
- die erste Kontaktaufnahme mit potenziellen Bietern, eventuell unter Einschaltung von M&A-Beratern/Investmentbanken,
- die bieterseitige Abgabe eines vorläufigen Angebots (Indicating Offer),
- die Vorauswahl einzelner Bieter und Gewährung der Durchführung einer Due Diligence,
- die Abgabe von endgültigen Geboten (Binding Offer),
- der Abschluss von Absichtserklärungen, Optionen oder Vorverträgen nach weiteren Vertragsverhandlungen mit einer Endauswahl von Kaufinteressenten,
- der Abschluss eines Unternehmenskaufvertrages mit einem der Bieter.

b) Due Diligence und Unternehmensbewertung

96 Wichtig ist, dass die übertragende Sanierung nur dann erfolgreich sein kann, wenn das Unternehmen aus Sicht eines Käufers, nicht des Insolvenzverwalters oder gar des insolventen Unternehmens selbst, sanierungsfähig ist. Der Insolvenzverwalter muss sich daher bei der grundsätzlichen Frage, ob eine übertragende Sanierung überhaupt in Betracht kommt, in die Position eines vernünftigen Kaufinteressenten versetzen und aus seiner Sicht die Sanierungsfähigkeit des Unternehmens oder von Teilen dessen bewerten.

97 Dabei muss stets im Hinterkopf behalten werden, dass Unternehmen in der Insolvenz auf dem M&A-Markt mitunter eine schwer verkäufliche „Ware" darstellen.[157] Fast immer wird sich das Interesse von Investoren auf lukrative Einheiten des Unternehmens beschränken, möglichst mit eingearbeitetem, hoch motiviertem Personal. Existiert ein solcher profitabler Unternehmenskern, ist es dem Insolvenzverwalter möglich, mit einer übertragenden Sanierung die Befriedigungschancen der Gläubiger zu verbessern und Arbeitsplätze zu erhalten.

98 Die Unternehmensbewertung durch Kaufinteressenten unterscheidet sich dabei nicht fundamental von der Bewertung gesunder Unternehmen. Daher wird hier auf eine umfassende Darstellung der Einzelheiten dieses seit Jahrzehnten in Theorie und Praxis besonders intensiv diskutierten Gebietes verzichtet.[158] Grundsätzlich erfolgt die Bewertung – je nachdem ob der Investor nach der Akquisition eine Fortfüh-

---

157 Zipperer, NZI 2008, 206.
158 Ausf. dazu etwa in Buth/Hermanns/Fröhlich/Bächstädt, § 22 Rn 73 ff. (zu den Besonderheiten der Bewertung von Unternehmen in der Krise) sowie Rn 78 ff. (allg. zu Methoden der Unternehmensbewertung).

rung oder eine Liquidation des Unternehmens bezweckt – entweder nach dem **Zukunftserfolgswert**, dem **Substanzwert** oder dem **Liquidationswert**.[159]

Der Liquidationswertmethode, bei der alle Wirtschaftsgüter des Unternehmens mit ihrem Wiederverkaufswert angesetzt werden, kommt bei der Bewertung in der Insolvenz besondere Bedeutung zu. Zum einen kann ein Investor mit ihrer Hilfe sein finanzielles Risiko („Down-Side") abschätzen, zum anderen kann der Insolvenzverwalter anhand des Liquidationswerts klären, ob eine Veräußerung des gesamten Unternehmens tatsächlich eine höhere Gläubigerbefriedigung verspricht als bei der Veräußerung der einzelnen Wirtschaftsgüter. Bei der Zukunftserfolgswertmethode wird das Unternehmen aufgrund einer Prognose über die zukünftig durch das Unternehmen zu erzielenden Erträge bewertet.[160] Letztere Methode zur Unternehmensbewertung hat sich weitgehend durchgesetzt und wird von Kaufinteressenten in den meisten Fällen herangezogen. 99

Um die notwendigen Informationen für die Unternehmensbewertung zusammenzustellen, ist eine **(financial) Due Diligence** beim Zielunternehmen durchzuführen, um dann auf Basis der erhobenen Daten und Informationen einen realistischen Unternehmenswert für das Target zu ermitteln. Eine sorgfältige Due Diligence ist bei Krisenunternehmen besonders herausfordernd, da klassische Bewertungsinstrumente wie die Cashflowprognose und die Herleitung eines Kapitalisierungszinsfußes nur begrenzt nutzbar sind.[161] Das liegt zum einen daran, dass für die Analyse durch potentielle Käufer oft nur spärliche und unzureichende Informationen über die finanzielle Lage des Unternehmens vorliegen. Eine mangelhafte unternehmerische Finanzplanung und ungeeignete Steuerungs- und Controlling-Instrumente können unter Umständen auch auslösende Faktoren für die Krisenentstehung gewesen sein. Zum anderen lässt sich über die Geschäftsaussichten infolge des extrem hohen insolvenzbedingten Zeitdrucks oft nur eine grobe Schätzung abgeben. Stark vereinfacht ist entscheidend für die Kaufentscheidung, ob ein gesunder Unternehmenskern vorhanden ist, dem ein Fortführungswert zukommt, der abzüglich der Sanierungsaufwendungen über dem Liquidationswert liegt.[162] 100

Die Darstellung der Einzelheiten einer Due Diligence in der Insolvenz würde den Rahmen dieses Kapitels sprengen.[163] Es gibt zahlreiche Varianten für die Prüfung von Unternehmensinformationen, die sich u.a. nach Art und Struktur des Unternehmens, nach dem Umfang der einzusehenden Dokumente, der zur Verfügung 101

---

159 Vgl. dazu näher Buth/Hermanns/Fröhlich/Bächstädt, § 22 Rn 78 ff.
160 Neben dem Ertragswertverfahren wird in der Bewertungspraxis auch auf die Discounted-cashflow-Methode (DCF-Methode) zurückgegriffen, nach welcher der Unternehmenswert aus dem abgezinsten künftigen Cash-flow ermittelt wird, vgl. Kruschwitz/Löffler, DB 2003, 1401 ff.
161 Fastrich/Treptow, Restrukturierung, Jahrbuch 2010, S. 74.
162 Zipperer, NZI 2008, 206, 209.
163 Vgl. dazu Runkel/Undritz, § 15 Rn 259 ff.

stehenden Zeit[164] und insbesondere dem Zeitpunkt der Prüfung[165] unterscheiden. Diese Variablen entscheiden, welche Punkte in die zu prüfende Checkliste aufgenommen werden sollten.[166] Bei der übertragenden Sanierung fehlen oft sowohl die Zeit als auch die finanziellen Ressourcen, um eine so umfassende Due Diligence wie bei einem „normalen" Unternehmensverkauf durchzuführen. Das hiermit für den Erwerber einhergehende Risiko kann er im Rahmen der Kaufpreisverhandlungen als Argument für einen günstigeren Kaufpreis nutzen. Wichtig sind in diesem Zusammenhang sind auch die vorhergehende Vereinbarung einer Verschwiegenheitsvereinbarung und die Beachtung von Offenlegungsverboten über Geschäftsinterna.[167]

102 Neben der Bewertung des Unternehmens dient die Prüfung von Unternehmensdaten vor allem der Kaufpreisfindung sowie dazu, die Risiken aufzuspüren, die mit dem regelmäßigen Ausschluss der Mängelgewährleistung durch den Verkäufer verbunden sind.[168]

c) Kaufpreisfindung

103 Nachdem das Unternehmen bewertet wurde, kann auf dieser Grundlage in die Kaufpreisverhandlungen übergegangen werden. Vor der Bewertung sollte sich ein potenzieller Käufer allenfalls auf eine Preisspanne festlegen, nicht jedoch auf einen konkreten Kaufpreis, auch wenn dies aus Verkäufersicht wünschenswert wäre. Der Verkäufer hat nämlich ein berechtigtes Interesse daran, sich möglichst früh auf einen ungefähren Kaufpreis zu einigen, um keine Betriebsinterna an Dritte preiszugeben, mit denen später eine Einigung – bereits erkennbar – ohnehin an inkompatiblen Kaufpreisvorstellungen scheitern wird. Wie bereits ausgeführt, ist ein Vorteil der übertragenden Sanierung im Bieterverfahren, dass durch die Abgabe der Kaufangebote der Marktpreis des Unternehmens ermittelt wird, an dem sich der Verkäufer orientieren kann.

104 Die Praxis zeigt, dass der Kaufpreis eines insolventen Unternehmens meist näher am Liquidations- als am Fortführungswert liegt. Er kann teilweise sogar darunter liegen, sodass das Gebot der bestmöglichen Gläubigerbefriedigung nach § 1 InsO einem Verkauf entgegenstehen kann, wenn die Zerschlagung auch unter Berücksichtigung der Liquidationskosten und der längeren Dauer der Liquidation in Ein-

---

164 Im strengsten Fall wird eine Anzahl von Mann-Stunden festgelegt.
165 Die Interessen des Verkäufers und Käufers stehen sich hier meist diametral entgegen. Der Käufer ist an einer möglichst frühen, der Verkäufer an einer möglichst späten Due Diligence interessiert; vgl. dazu etwa Runkel/Undritz, § 15 Rn 273a.
166 Vgl. für einen Überblick über die im Rahmen einer Due Diligence zu prüfenden Punkte Fiebig/Undritz, MDR 2003, 254 ff.; eine Checkliste findet sich auch bei Runkel/Undritz, § 15 Rn 286.
167 Vgl. dazu ausführlich Rittmeister, NZG 2004, 1032.
168 Runkel/Undritz, § 15 Rn 260 ff.

zelteilen.[169] Der Gläubigerausschuss wird seine für die übertragende Sanierung gem. § 160 InsO erforderliche Zustimmung jedoch in der Regel verweigern, wenn ihm der Kaufpreis zu niedrig erscheint. Auch **§ 163 InsO** soll die Gläubiger vor einem **zu niedrigen Kaufpreis schützen**. Danach ist die Veräußerung nach Antrag der dort aufgeführten Berechtigten nur mit Zustimmung der Gläubigerversammlung zulässig, wenn glaubhaft gemacht wird, dass eine Veräußerung an einen anderen Erwerber für die Insolvenzmasse günstiger wäre.[170]

2. Signing/Closing

Der eigentliche Abschluss des Unternehmenskaufvertrags, d.h. die schuldrechtliche Vereinbarung über Kauf und Abwicklung der Transaktion, wird in der M&A-Praxis auch Signing genannt. Diesbezüglich ergeben sich bei der übertragenden Sanierung keine Besonderheiten gegenüber dem Unternehmenskauf außerhalb der Insolvenz. Stets zu beachten ist allerdings, ob und, wenn ja, welcher Teil des Kaufvertrages **notariell beurkundet** werden muss. Nach **§ 311b Abs. 1 Satz 1 BGB** ist ein Vertrag über die Veräußerung eines Grundstücks beurkundungspflichtig. Soweit bei der übertragenden Sanierung in Form des *Asset Deals* also ein Grundstück mitveräußert wird, ist grundsätzlich der gesamte Unternehmenskaufvertrag notariell zu beurkunden.[171] Ob, und wenn ja, in welchen Fällen **§ 311b Abs. 3 BGB** (= Beurkundungspflicht hinsichtlich eines Vertrags, durch den sich der eine Teil verpflichtet, sein gegenwärtiges Vermögen oder einen Bruchteil seines gegenwärtigen Vermögens zu übertragen) auf den klassischen *Asset Deal* anwendbar ist, wird unterschiedlich beantwortet. Im Einzelfall sollte genau geprüft werden, ob sich der Veräußerer zur Übertragung seines gesamten gegenwärtigen Vermögens oder eines Bruchteils davon verpflichtet und es folglich einer notariellen Beurkundung des Unternehmenskaufvertrags bedarf.[172]

105

Der dingliche Vollzug des Unternehmenskaufvertrags, d.h. die Übertragung der Assets, erfolgt am Übergangsstichtag. Die Zug-um-Zug-Erfüllung sämtlicher Vertragspflichten (z.B. Kaufpreiszahlung, Freigabe der auf Treuhandkonten hinterlegten Beträge, Feststellung von Bilanzen u.Ä.) zu diesem Stichtag wird auch Closing genannt. Bis zur Erfüllung zum Übergangsstichtag stehen dem Veräußerer Besitz und Nutzungen zu, er trägt jedoch auch die Gefahr für Untergang und nachteilige Veränderungen, die auf dem Kaufgegenstand ruhenden Lasten sowie grundsätzlich

106

---

169 Eidenmüller, S. 37; nach **a.A.** darf der Kaufpreis nicht unter dem Liquidationswert liegen Nerlich/Kreplin/Nerlich, Münchener Anwaltshdb. Insolvenz und Sanierung, § 24 Rn 106.
170 Zu den einzelnen Voraussetzungen der gerichtlichen Untersagung der Maßnahme nach § 163 Abs. 1 InsO vgl. MüKo/Janssen, § 163 InsO Rn 4 ff.; Uhlenbruck/Zipperer, § 163 InsO Rn 3 ff.
171 MüKo/Ruhwinkel, § 311b BGB Rn 55 m.w.N.
172 Vgl. dazu u.a. Müller, NZG 2007, 201 ff. und Kiem, NJW 2006, 2363; MüKo/Thiessen, § 25 HGB Anhang Rn 9.

die Haftung.[173] In der Praxis wird oft eine Closing-Agenda aufgestellt, in der unter anderem die Vertragspflichten der Parteien und die jeweiligen Stichtage für ihre Erfüllung eingetragen werden. Das Problem der Veränderung des Kaufgegenstandes zwischen Signing und Closing stellt sich bei der übertragenden Sanierung in der Regel nicht. Zum einen, weil die Gewährleistung meistens ohnehin ausgeschlossen wird, zum anderen, weil die Vertragsabwicklung besonders zügig vonstattengeht.[174]

3. Die Phase nach Veräußerung des Geschäftsbetriebs

107 Die Veräußerung des Geschäftsbetriebs oder wesentlicher Teile davon beendet jedoch nicht automatisch auch die Arbeit des Insolvenzverwalters. Er hat im weiteren Verlauf des Insolvenzverfahrens unter anderem für die Bearbeitung von Aus- und Absonderungsrechten, den Forderungseinzug und die Klärung von bilanzierungs- und steuerrechtlichen Fragen zu sorgen. Dabei ist er regelmäßig auf die Unterstützung durch die ehemaligen Mitarbeiter des schuldnerischen Unternehmens angewiesen, die im Zuge der übertragenden Sanierung nunmehr Arbeitnehmer des Erwerbers geworden sind. Eine solche ggf. erforderliche nachgelagerte Unterstützung der weiteren Abwicklung des Insolvenzverfahrens sollte daher bereits im Kaufvertrag festgehalten werden, insbesondere die Kostentragungslast sollte bereits im Kaufvertrag verteilt werden. Wichtig ist in diesem Zusammenhang auch, dass alle Verträge des Unternehmens, zu denken ist vornehmlich an Verträge auf Lieferung oder Leistung an Kunden, mit dem alten Unternehmensträger abgeschlossen worden sind. Es bedarf für die Fortführung der Vertragsverhältnisse nach der Übertragung folglich des **Einverständnisses eines jeden Vertragspartners,** da bei Veräußerung des Unternehmens an die Stelle des insolventen Rechtsträgers der neue Rechtsträger als Vertragspartner tritt. Die Vertragspartner können darin eine Chance sehen, die Verträge anzupassen und die krisenbedingt schlechte Verhandlungsposition des Unternehmens auszunutzen, um bessere Konditionen auszuhandeln.

108 Ferner wird der Kaufpreis vom Insolvenzverwalter zur Masse vereinnahmt und nach den allgemeinen insolvenzrechtlichen Bestimmungen an die verschiedenen Gläubiger verteilt (Aus- und Absonderungsberechtigte, Masse- und Insolvenzgläubiger, ggf. nachrangige Insolvenzgläubiger). Bereits während der Verhandlungen über den Kaufpreis sollte der Insolvenzverwalter mit den verschiedenen Gläubigern auch über die spätere Allokation der einzelnen Teile des Kaufpreises sprechen.[175]

---

173 Beisel/Klumpp, Der Unternehmenskauf, § 9 Rn 127; MüKo/Thiessen, § 25 HGB Anhang Rn 33.
174 Vgl. zum Umgang mit Veränderungen zwischen Vertragsschluss und Übergangsstichtag etwa Beisel/Klumpp, Der Unternehmenskauf, Kap. § 9 Rn 141 ff. (mit Formulierungsbeispiel Rn 145).
175 Insbesondere wenn der Kaufpreis nicht zur vollständigen Befriedigung ausreicht und mehreren Gläubigern Sicherungsrechte zustehen, bedarf es großen Geschickes des Insolvenzverwalters, zwischen den Gläubigern eine Einigung zu vermitteln.

Im Zuge des Closings übernimmt der Käufer häufig die Geschäftsunterlagen des Unternehmens (vgl. § 36 Abs. 2 InsO) und verpflichtet sich für die Zukunft, sämtliche Unterlagen aufzubewahren und dem Insolvenzverwalter gegebenenfalls Einsicht zu gewähren. 109

III. Der optimale Zeitpunkt der übertragenden Sanierung

Anders als bei einem „normalen" Unternehmenskauf ist bei einer übertragenden Sanierung zumindest auf Seiten des Veräußerers nicht das **Warum,** sondern das **Wann** der Transaktion der Hauptfaktor für die gesamte Strategieentwicklung. Es stellt sich stets die Frage, ob es vorteilhaft ist, die Übertragung des Unternehmens nach den allgemeinen Regeln zu vollziehen oder ob die InsO für derartige Sanierungsvorhaben im Einzelfall nicht bessere Rahmenbedingungen bietet (zu den grundsätzlich denkbaren vier verschiedenen Zeitpunkten für die übertragende Sanierung sogleich unter Rdn 112). So kommen dem Unternehmen in der Insolvenz insbesondere insolvenzrechtliche Haftungserleichterungen und die Einschaltung eines objektiven Sanierungsexperten in Form des Insolvenzverwalters zu gute. Bereits vor der näheren Betrachtung sei gesagt, dass sich pauschal kein optimaler Zeitpunkt für eine übertragende Sanierung im Allgemeinen festlegen lässt. Vielmehr sind die mit dem jeweiligen Veräußerungszeitpunkt einhergehenden und im Folgenden näher dargelegten Vor- und Nachteile im Einzelfall sorgfältig gegeneinander abzuwägen, bevor der für den konkreten Fall „optimale" Zeitpunkt gewählt werden kann. 110

In diesem Zusammenhang ist auf die aktuelle Entwicklung im Bereich der institutionalisierten außergerichtlichen (und vorinsolvenzlichen) Sanierung hinzuweisen (ausf. dazu oben Rdn 18 ff.).[176] Die hier im Folgenden behandelten Sanierungsbarrieren sind durch das StaRUG in Umsetzung der Richtlinie über präventive Restrukturierungsrahmen, die zweite Chance und Maßnahmen zur Steigerung der Effizienz von Restrukturierungs-, Insolvenz- und Entschuldungsverfahren und zur Änderung der Richtlinie 2012/30/EU (COM(2016)0723) zum Teil abgebaut worden (dazu oben Rn 18 ff.).

Im Hinblick auf den Insolvenzgrund der **drohenden Zahlungsunfähigkeit** in § 18 InsO steht es den Beteiligten **in gewissem Rahmen frei,** ob sie die Unterneh- 111

---

[176] Zu dieser Entwicklung auf europäischer Ebene Lürken, NZI 2015, 3 ff.; ferner Jacoby, ZIP 2016, 1210 ff.; zur Frage, ob wir ein vorinsolvenzliches Sanierungsverfahren brauchen, s. etwa Westpfahl, ZGR 2010, 385 ff.; Beissenhirtz, ZInsO 2011, 57; zu der am 20.6.2019 verabschiedeten Richtlinie (EU) 2019/1023 des Europäischen Parlaments und des Rates s. Dahl/Linnenbrink, NJW-Special 2020, 21; Lau/Schwartz, NZG 2020, 450.

mensübernahme **innerhalb** oder **außerhalb** des **Insolvenzverfahrens** durchführen wollen.[177] Zur Beurteilung der drohenden Zahlungsunfähigkeit dient der Finanzplan, der die Bestände an liquiden Mitteln sowie für die nächsten 24 Monate alle Planeinzahlungen und Planauszahlungen enthält. Kalkuliert man etwa bei den Planeinzahlungen entsprechend vorsichtig, lässt sich dieser Insolvenzgrund frühzeitig darstellen. Interessant ist, dass von der Möglichkeit, bereits bei drohender Zahlungsunfähigkeit einen Insolvenzantrag zu stellen, sehr selten Gebrauch gemacht wird.[178] Die Bedeutung des Insolvenzgrundes der drohenden Zahlungsunfähigkeit nach § 18 InsO hat im Zusammenhang mit der Reform des Insolvenzrechts durch das ESUG zugenommen, weil ein Schutzschirmverfahren nach § 270b InsO im Stadium der drohenden Zahlungsunfähigkeit, aber praktisch nicht mehr im Fall bereits eingetretener Zahlungsunfähigkeit in Betracht kommt. Damit sollte ein Anreiz zur frühzeitigen Stellung eines Insolvenzantrags gesetzt werden.

112 Grundsätzlich kommen **vier verschiedene Zeitpunkte** für die übertragende Sanierung in Betracht:
- vor Stellung eines Insolvenzantrags (und mithin vor Eintritt einer materiellen Insolvenz),
- nach Antragsstellung, aber vor Eröffnung des Insolvenzverfahrens (Eröffnungsverfahren),
- nach Eröffnungsbeschluss, aber vor dem Berichtstermin,
- nach dem Berichtstermin.

1. Veräußerung vor Stellung eines Insolvenzantrags

113 Da das vorliegende Kapitel die übertragende Sanierung in der Insolvenz zum Thema hat, soll auf die Vor- und Nachteile der Veräußerung aus der Krise vor Antragsstellung nur kurz eingegangen werden.

a) Vorteile

114 Wichtigster Unterschied zur Veräußerung aus der Insolvenz ist, dass bei der außergerichtlichen Sanierung die **Autonomie der Transaktionsbeteiligten** weitestgehend gewahrt bleibt. Die Banken des Veräußerers, die regelmäßig Sicherheiten an wesentlichen Unternehmensteilen halten, haben in dieser Phase oft eine erhebliche Verhandlungsmacht.

---

[177] Drohende Zahlungsfähigkeit liegt vor, wenn der Schuldner innerhalb der nächsten 24 Monate voraussichtlich nicht in der Lage sein wird, die bestehenden Zahlungspflichten im Zeitpunkt der Fälligkeit zu erfüllen. Für zukünftige Verbindlichkeiten und Einnahmen gilt der Grundsatz der Wahrscheinlichkeit von über 50%.
[178] Zur rechtspolitischen Einordnung s. Uhlenbruck/Mock, § 18 Rn 5 ff.

Für den Veräußerer ist vorteilhaft, dass der erzielte Kaufpreis unmittelbar an 115
ihn gezahlt wird. Außerdem muss kein Insolvenzverwalter bestellt werden, der sich unter Zeitverlust in das Unternehmen und die Branche meist erst einarbeiten muss. Dem Veräußerer bleibt die Verfügungsbefugnis über sein Unternehmen vollständig erhalten. Die Sanierung verläuft zu diesem Zeitpunkt noch weitgehend inkognito. Zudem kann eine unvorbereitete Antragsstellung die Krise eines Unternehmens noch erheblich verschärfen: Das Image und der Goodwill des Unternehmens sind gefährdet, Kunden und Lieferanten zögern mit Vorauszahlungen und Lieferungen, Fachkräfte drohen abzuwandern usw. Insgesamt kann der Verkauf geräuschloser, selbstbestimmter, schneller und billiger vollzogen werden.[179]

Auch für den Erwerber kann es vorteilhaft sein, wenn er das Unternehmen noch 116
ohne „Insolvenzmakel" übernehmen kann.

b) Nachteile

Ein großer Nachteil der Veräußerung vor Insolvenzantragsstellung liegt darin, dass 117
der Erwerber der Gefahr einer Inanspruchnahme aus § 25 HGB[180] und § 75 AO[181] ausgesetzt ist. Zudem haftet der Betriebserwerber vollumfänglich nach § 613a BGB. Auf die diesbezüglichen Haftungserleichterungen bei übertragender Sanierung in der Insolvenz wird unten unter Rdn 150 ff. eingegangen. Hinzu kommt das Risiko der Insolvenzanfechtung, sollte sich doch noch ein Folgeinsolvenzverfahren anschließen (dazu sogleich unten Rdn 119 ff.).

aa) Strafrechtliche Haftung

Zunächst ist unbedingt zu beachten, dass die Durchführung einer übertragenden 118
Sanierung vor Eröffnung des Insolvenzverfahrens mit einem **erhöhten Risiko** eines **strafbaren Handelns** verbunden ist und in einem Spannungsfeld von besonderen Insolvenz- und allgemeinen Vermögensdelikten steht. Wenn die Übertragung der *Assets* eines Unternehmens oder Teile hiervon zu einem Zeitpunkt erfolgt, zu dem das Unternehmen bereits überschuldet ist, die Zahlungsunfähigkeit droht oder sogar eingetreten ist, können insbesondere der Tatbestand des Bankrotts gem. § 283 Abs. 1 Nr. 1, 3 oder 8 StGB verwirklicht sein. Daneben sind die Straftatbestände der InsO

---

179 Vgl. Ehlers, ZInsO 2010, 262; ausführl. zu den Vor- u. Nachteilen einer außergerichtlichen übertragenden Sanierung Nerlich/Kreplin/Tautorus/Janner, Münchener Anwaltshdb. Insolvenz und Sanierung, § 20 Rn 142 ff.; Becker/Leigers/Martin, KSI 2019, 61.
180 Zur Diskussion bzgl. der Erwerberhaftung bei Unternehmensfortführung vgl. BGH, DB 2010, 50 ff.; Müller/Kluge, NZG 2010, 256 ff.; allg. zur Haftung gem. § 25 HGB, Bruschke, BB 2019, 2271; zur Haftung nach § 25 HBG in der Insolvenz des Veräußerers, Neuberger, ZIP 2020, 606.
181 Zu der steuerrechtlichen Problematik des § 75 AO in der Insolvenz s. etwa Arends/Hofert-von Weiss, BB 2009, 1538, 1542; ausführl. Bruschke, BB 2019, 2074 (Teil I), 2139 (Teil II).

(u.a. § 15a Abs. 4 und 5 InsO) und bei einer Vermögensübertragung durch organschaftliches Handeln der Untreuetatbestand des § 266 StGB im Blick zu behalten.[182]

bb) Anfechtbarkeit

119 Letztlich ist es trotz Einholung von Sachverständigengutachten, Wirtschaftsprüfertestaten etc. nicht auszuschließen, dass in einem Folgeinsolvenzverfahren ein späterer Insolvenzverwalter versuchen wird, den vor der Insolvenzantragsstellung geschlossenen Unternehmenskaufvertrag „zu knacken".[183] Die Literatur geht heute einhellig von der grundsätzlichen Anfechtbarkeit der Veräußerung eines Unternehmens als Ganzes, nicht allein der übertragenen einzelnen Bestandteile, aus.[184] Die §§ 129 ff. InsO haben gemein, dass aus der Übertragung stets eine **Gläubigerbenachteiligung** resultieren muss. Dies ist z.B. der Fall, wenn das Unternehmen zu einem zu geringen Kaufpreis veräußert wird. Gläubigerbenachteiligend ist die Veräußerung auch dann, wenn der Käufer eines Unternehmens außer den Aktiva auch Verbindlichkeiten übernimmt und in laufende Verträge eintritt. Denn damit verbunden ist, dass die Gläubiger der vom Erwerber übernommenen Verbindlichkeiten voll befriedigt werden, wodurch die übrigen Gläubiger benachteiligt werden, weil die übergehenden Aktiva der Masse ohne entsprechenden Gegenwert entzogen werden.[185] Allerdings werden die Risiken einer Insolvenzanfechtung minimiert, wenn der Schuldner die **Instrumente des Stabilisierungs- und Restrukturierungsrahmens nach dem StaRUG** nutzt und eine Übertragung des Unternehmens auf einen Erwerber im Wege des *Share Deal* oder *Asset Deal* durch einen **Restrukturierungsplan** implementiert (zu diesen neuen Möglichkeiten siehe oben Rdn 18 ff.). Denn die Regelungen eines rechtskräftig bestätigten Restrukturierungsplans und Rechtshandlungen, die im Vollzug eines solchen Plans erfolgen, sind gemäß § 90 StaRUG bis zur nachhaltigen Restrukturierung einer Anfechtung nur zugänglich, wenn die Bestätigung auf der Grundlage unrichtiger oder unvollständiger Angaben des Schuldners erfolgte und dem anderen Teil dies bekannt war. Sieht der gestal-

---

182 Zu alldem Niesert/Hohler, NZI 2010, 127.
183 Zur Problematik der Anfechtbarkeit von Unternehmensverkäufen vgl. Beisel/Klumpp, Der Unternehmenskauf, § 5 Rn 60 ff.; noch generell die Anfechtbarkeit verneinend BGH, Urt. v. 27.11.1963 – VIII ZR 278/62, WM 1964, 114, zu den Anfechtungsrisiken nach der Reform des Insolvenzanfechtungsrechts Bressler, NZG 2018, 321.
184 HK/Thole, § 129 InsO Rn 21 m.w.N.; zum Ausschluss der Anfechtung wegen Treuwidrigkeit s. OLG Celle, NZI 2003, 95; OLG Stuttgart, ZIP 2002, 1900.
185 Verstoß gegen den Grundsatz der gleichmäßigen Befriedigung der Insolvenzgläubiger. Vgl. dazu BGH, Urt. v. 13.3.2003 – IX ZR 64/02, ZIP 2003, 810; Wessels, ZIP 2004, 1237; Vallender, GmbHR 2004, 546 ff.; zur Benachteiligungsabsicht in diesen Fällen BGH, Urt. v. 12.11.1992 – IX ZR 236/91, ZIP 1993, 276. Siehe auch Beisel/Klumpp, Der Unternehmenskauf, Kap. 5 Rn 61; Uhlenbruck/Borries/Hirte, § 129 InsO Rn 226.

tende Teil des Restrukturierungsplans die Übertragung des gesamten schuldnerischen Vermögens oder wesentlicher Teile davon vor, muss nach Abs. 2 von § 90 StaRUG jedoch sichergestellt sein, dass die Gläubiger, die nicht planbetroffen sind, sich gegenüber den Planbetroffenen vorrangig aus der dem Wert des Gegenstands der Übertragung angemessenen Gegenleistung befriedigen können.

Als Anfechtungsgrund kommt insbesondere die **Anfechtung gem. §§ 130–132 InsO** in Betracht, wenn innerhalb von **drei Monaten** nach der Veräußerung ein Insolvenzantrag über das Vermögen des Veräußerers gestellt wird, der Schuldner zum Zeitpunkt der Übertragung zahlungsunfähig war und der Erwerber die Zahlungsunfähigkeit kannte. Zu beachten ist, dass es nach § 130 Abs. 2 InsO bereits ausreicht, wenn der Erwerber von tatsächlichen Umständen positive Kenntnis hatte, aus denen auf das Vorliegen einer Zahlungsunfähigkeit geschlossen werden muss.[186] Die Anfechtung des Kaufs als „Bargeschäft" ist jedoch gem. § 142 InsO ausgeschlossen, wenn der Veräußerer in unmittelbarem zeitlichen Zusammenhang eine der durch die Veräußerung entzogenen Haftungsmasse entsprechende Gegenleistung erhält.[187]

120

Bei **vorsätzlicher Gläubigerbenachteiligung** ist die Veräußerung gem. **§ 133 InsO** sogar noch anfechtbar, wenn ein Insolvenzantrag innerhalb von vier Jahren (Befriedigungen oder Sicherungen) oder sogar **zehn Jahren** (sonstige Rechtshandlungen) nach der Übertragung des Unternehmens gestellt wird und der Erwerber den Vorsatz des Schuldners, die Gläubiger zu benachteiligen, kannte.[188] Die Kenntnis wird bei kongruenten Handlungen (d.h. Vornahme der Handlung wie vertraglich geschuldet) vermutet, wenn der Erwerber Kenntnis von der Zahlungsunfähigkeit des Schuldners und der Gläubigerbenachteiligung hatte (steht eine inkongruente Deckung in Rede genügt sogar die Kenntnis von der drohenden Zahlungsunfähigkeit). Dem Insolvenzverwalter helfen bei der Nachweisführung bestimmte Indizien, die nach der Rechtsprechung eine Zahlungseinstellung bzw. Zahlungsunfähigkeit vermuten lassen. Ein unlauteres Zusammenwirken von Schuldner und Gläubiger ist nicht Voraussetzung.[189]

121

---

186 Vgl. BGH, Urt. v. 20.11.2001 – IX ZR 48/01, NJW 2002, 515; OLG Frankfurt, ZIP 2003, 1055; vgl. zu den Anforderungen betreffend die Kenntnis von Umständen, die den Schluss auf die Kenntnis von der Zahlungsunfähigkeit erzwingen HK/Thole, § 130 InsO Rn 33; Uhlenbruck/Borries/Hirte, § 130 InsO Rn 65; MüKo/Kayser/Freudenberg, § 130 InsO Rn 56.
187 BGH, Urt. v. 15.12.1994 – IX ZR 18/94, NJW 1995, 1093; ausfuhrl. zum Zweck des § 142 Ganter, ZIP 2019, 1141.
188 Vgl. zu den einzelnen Voraussetzungen s. die Kommentierung von HK/Thole, § 133 InsO. Zu beachten ist auch § 138 InsO, wonach für die Anfechtbarkeit bei Veräußerung an eine dem Schuldner nahestehende Person innerhalb einer Frist von zwei Jahren eine objektive Gläubigerbenachteiligung ausreicht.
189 BGH, Urt. v. 15.5.2003 – IX ZR 194/02, ZIP 2003, 1304 und BGH, Urt. v. 17.7.2003 – IX ZR 272/02, ZIP 2003, 1799; Uhlenbruck/Borries/Hirte, § 133 InsO Rn 52; MüKo/Kayser/Freudenberg, § 133 InsO Rn 19.

122 Abschließend sei auf das große Anfechtungsrisiko bei einer unentgeltlichen Unternehmensübertragung etwa auf ein Tochterunternehmen gem. § 134 InsO hingewiesen. Dazu bedarf es lediglich einer objektiv unentgeltlichen Übertragung innerhalb der letzten vier Jahre vor Antragsstellung, subjektive Elemente sind nicht erforderlich.[190]

123 Im worst case ist die Rechtsfolge der Anfechtung des Unternehmenskaufs durch den Insolvenzverwalter, dass das gesamte Unternehmen als Einheit in die Masse zurückzuführen ist. Der Erwerber erhält einen Anspruch auf Rückzahlung des Kaufpreises, der jedoch gem. § 144 Abs. 2 Satz 2 InsO als Insolvenzforderung zur Tabelle angemeldet werden muss und in der Regel wenig Aussicht auf Befriedigung bietet.

124 Für die Praxis bedeutet dies: Das **Risiko einer Anfechtung** der Unternehmensveräußerung spielt in der Beratungspraxis gerade in der kritischen Zeit vor der Initiierung von Insolvenzverfahren eine große Rolle. Es kann minimiert werden, wenn der Erwerber für die übernommenen Aktiva eine angemessene Gegenleistung zur Masse erbringt. Vollständig ausgeschlossen werden kann es indes nicht. Das Risiko einer Insolvenzanfechtung wird regelmäßig dadurch erhöht sein, dass der Erwerber im Rahmen der Due Diligence tiefe Einblicke in die Vermögens- und Finanzlage des sich in der Krise befindenden Unternehmens erhält. Ist hiernach die wenigstens drohende Zahlungsunfähigkeit des Veräußerers für den Erwerber erkennbar (nicht zuletzt unter Berücksichtigung der Auswirkungen der übertragenden Sanierung auf die Finanz- und Ertragslage des zurückgelassenen Rechtsträgers), muss auf eine Transaktionsstruktur geachtet werden, welche die Gläubiger nicht benachteiligt. Eine genaue insolvenzanfechtungsrechtliche Analyse der Transaktionsstruktur ist daher unerlässlich. Die Implementierung einer übertragenden Sanierung im Wege eines Restrukturierungsplans nach dem StaRUG sollte ebenfalls stets geprüft werden (siehe oben Rdn 119 a.E.).

cc) Weitere Haftung des Veräußerers

125 Nach den gesetzlichen Regelungen der **§§ 433 ff. BGB** haftet der Veräußerer grundsätzlich für die Mangelfreiheit des Unternehmens. Angesichts der Ungewissheit über die Reichweite der gesetzlichen Gewährleistungsrechte und den Schwierigkeiten, die sich bei der Anwendung der auf den Sachkauf zugeschnittenen Mängelrechte auf den Unternehmenskauf ergeben, werden in der Vertragspraxis standardmäßig Beschaffenheitsangaben, Gewährleistungen und Garantien sowie individualrechtlich ausgestaltete Haftungsfolgen vereinbart. Beim Unternehmensverkauf in der Krise wird der Veräußerer allerdings versuchen, die Gewährleistung so weit wie möglich auszuschließen und Garantiezusagen nur in sehr begrenztem Umfang abzugeben. Als

---

190 Dazu Meyer, ZIP 2002, 250 ff.; Bork, NZI 2018, 1; Kayser, ZIP 2019, 293; zur Anfechtbarkeit nach § 135 InsO vgl. Runkel/Undritz, § 15 Rn 135.

Kompromiss kann er entweder einen Abschlag beim Kaufpreis oder eine auf einen bestimmten Kaufpreiseinbehalt beschränkte Gewährleistungsregelung anbieten.[191]

Daneben trägt der Veräußerer weitere **Aufklärungs-, Wahrheits- und Berichtigungspflichten**, die bei Nichtbeachtung zu weitreichenden Haftungsfolgen führen können. Eine Pflicht zur Aufklärung besteht grundsätzlich immer dann, wenn der Erwerber nach der Verkehrsauffassung eine Aufklärung über bestimmte Tatsachen erwarten durfte und das Verschweigen der Information gegen Treu und Glauben verstoßen würde.[192] In der Praxis bietet sich die **Vereinbarung eines Garantiekatalogs** mit den offen zu legenden Informationen, dem zu beachtenden Sorgfaltsmaßstab sowie abschließend vereinbarten Rechtsfolgen an, der weitere Ansprüche aus Aufklärungspflichtverletzungen ausschließt (sogenannte *disclosures*).[193]

2. Veräußerung im Rahmen des Eröffnungsverfahrens

Häufig werden dem vom Gericht bestellten vorläufigen Insolvenzverwalter bereits unmittelbar nach Stellung des Insolvenzantrags Angebote für die Gesamtveräußerung des Unternehmens unterbreitet. Je mehr sich die Krise im weiteren Verlauf verschärft, desto höher ist die Wahrscheinlichkeit, dass die ursprünglichen Interessenten allerdings wieder abspringen. Solange das Unternehmen noch am Markt tätig ist, das Image keinen größeren Schaden genommen und sowohl Vertragspartner als auch Arbeitnehmer noch Vertrauen in das Unternehmen haben, ist eine Sanierung besonders vielversprechend. Daher ist die Phase zwischen Antragsstellung und Verfahrenseröffnung für die Zukunft des insolventen Unternehmens häufig von entscheidender Bedeutung. Im Folgenden wird auf die Möglichkeiten einer Veräußerung zu diesem Zeitpunkt und die damit verbundenen Risiken eingegangen.

a) Befugnis des vorläufigen Insolvenzverwalters zur Veräußerung

Nach altem Recht war es dem Sequester untersagt, im Rahmen des § 106 Abs. 1 KO das Unternehmen des Schuldners als Ganzes zu veräußern, da diese Maßnahme weit über den bloßen Sicherungscharakter hinausgeht.[194]

Nach überwiegender Ansicht in Rechtsprechung und Literatur ist der **starke vorläufige Insolvenzverwalter** nach Maßgabe der InsO **nicht** zur Veräußerung des

---

191 Engelhardt, in: Holzapfel/Pöllath, Unternehmenskauf in Recht und Praxis, 15. Aufl. 2016, Rn 976; Arends/Hofert-von Weiss, BB 2009, 1543.
192 BGH, Urt. v. 6.12.1995 – VIII ZR 192/94, NJW-RR 1996, 429; s. auch Picot, Unternehmenskauf und Restrukturierung, § 2 Rn 40ff.
193 Vgl. Louven, BB 2001, 2390; zu den von der Rspr. geforderten gesteigerten Aufklärungspflichten BGH, Urt. v. 4.4.2001 – VIII ZR 32/00, BB 2001, 1167ff. Für einen Rechtsprechungsüberblick vgl. Runkel/Undritz, § 15 Rn 53f.
194 Gerhardt, JZ 1968, 977.

gesamten Unternehmens **befugt**.[195] Während der Diskussionsentwurf eines Gesetzes zur Änderung der InsO des BMJ von 2003 die Aufnahme der Unternehmensveräußerung im Eröffnungsverfahren als vorläufige Verwertungsmaßnahme im Rahmen des § 22 Abs. 1 Nr. 2 InsO vorsah, hat der Gesetzgeber diese Regelung im Gesetz zur Vereinfachung des Insolvenzverfahrens vom April 2007 nicht umgesetzt.

130 Ausnahmsweise kann die Veräußerung aber zulässig sein, wenn die Fortführung des Unternehmens durch den vorläufigen Insolvenzverwalter zu einer erheblichen Verminderung des Vermögens führen würde und das Insolvenzgericht seine Zustimmung zur Stilllegung des schuldnerischen Unternehmens gem. § 22 Abs. 1 Satz 2 Nr. 2 InsO erteilt hat. Voraussetzung dafür ist, dass man die Unternehmensveräußerung im Eröffnungsverfahren „wirtschaftlich als Minusmaßnahme zur Betriebsstilllegung" versteht, was zumindest zweifelhaft erscheint.[196]

131 Bei Bestellung eines **schwachen vorläufigen Insolvenzverwalters** ist die Befugnis des Schuldners zum Abschluss des schuldrechtlichen Unternehmenskaufvertrags durch § 21 Abs. 2 Nr. 2 Alt. 2 InsO nicht beschränkt; lediglich die anschließende Verfügung bedarf der Zustimmung des vorläufigen Insolvenzverwalters. Da die sich aus dem Vertrag ergebenen Ansprüche des Erwerbers bei Eröffnung lediglich Insolvenzforderungen sind, ist von einem Erwerb eines Unternehmens in dieser Konstellation abzuraten.

132 In der Praxis ist in der Phase der Insolvenzeröffnung der vorläufige Gläubigerausschuss (§ 22a InsO) in die Transaktion mit einzubeziehen.[197]

133 Festzuhalten bleibt, dass der vorläufige Insolvenzverwalter **nur dann befugt** ist, das Unternehmen bereits im Eröffnungsverfahren zu veräußern, wenn eine **extrem günstige Verwertungsmöglichkeit** vorliegt, der Insolvenzschuldner seine Zustimmung erteilt hat, die Veräußerung sich als für die Gläubiger günstigste Verwertungsart darstellt und gleichzeitig zur Erhaltung des Goodwill erforderlich ist.[198]

---

195 BGH, Urt. v. 22.2.2007 – IX ZR 2/06, NZI 2007, 339; BGH, Urt. v. 20.2.2003 – IX ZR 81/02, NZI 2003, 259; BGH, Urt. v. 14.12.2000 – IX ZR 105/00, NZI 2001, 191; ausfuhrl. Arends/Hofert-von Weiss, BB 2009, 1538; Vallender, GmbHR 2004, 544; Foltis, ZInsO 1999, 386; Becker/Leigers/Martin, KSI 2019, 61, 64; Uhlenbruck/Vallender, § 22 InsO Rn 39 ff.; MüKo/Haarmeyer/Schildt, § 22 InsO Rn 81.
196 Uhlenbruck/Vallender, § 22 InsO Rn 39. Zur Stilllegung bei gleichzeitiger Überleitung der Geschäftstätigkeit auf eine Auffanggesellschaft durch übertragende Sanierung s. Vallender, DZWIR 1999, 265 ff.
197 Der vorläufige Gläubigerausschuss im Eröffnungsverfahren ist ein Institut, das erst mit dem ESUG in die InsO aufgenommen wurde. Vorher war unklar, ob und inwieweit ein „doppelt" vorläufiger Gläubigerausschuss (noch vor der Bestellung des vorläufigen Gläubigerausschusses durch das Insolvenzgericht im eröffneten Verfahren, § 67 InsO) im Eröffnungsverfahren bestellt werden kann. Eine Bestellung erfolgte etwa durch AG Köln, ZIP 2000, 1350; ähnlich AG Duisburg, ZIP 2003, 1460; LG Duisburg, ZIP 2004, 729. Vgl. Uhlenbruck, ZIP 2002, 1373; Undritz, EWiR 2000, 1115; s. zum Ganzen auch Uhlenbruck/Knof, § 67 InsO Rn 4 ff.; MüKo/Schmid-Burgk, § 67 InsO Rn 1 ff.
198 Uhlenbruck/Vallender, § 22 InsO Rn 41.

b) Risiken für den Erwerber und den vorläufigen Insolvenzverwalter

Unabhängig davon, ob der vorläufige Insolvenzverwalter bei „Gefahr im Verzug" zu einer übertragenden Sanierung überhaupt befugt ist, ist sie mit **erheblichen Haftungsrisiken** für den **Erwerber** und den **vorläufigen Insolvenzverwalter** selbst verbunden und damit nur in Ausnahmefällen sinnvoll. 134

Wie bei einer Unternehmensübertragung vor Stellung des Insolvenzantrags trägt der Erwerber neben der Haftung gem. § 25 Abs. 1 HGB sowie den Rechtsfolgen des § 613a BGB das Risiko, dass der Insolvenzverwalter nach Verfahrenseröffnung den Unternehmenskaufvertrag nach §§ 129 ff. InsO anficht bzw. anfechten muss. Das gilt insbesondere, wenn keine Personenidentität zwischen vorläufigem und endgültigem Insolvenzverwalter gegeben ist oder Gläubigerorgane nach Verfahrenseröffnung die Rückgängigmachung eines vermeintlich masseverkürzenden Unternehmenskaufs verlangen.[199] Die Haftung aus § 75 Abs. 1 AO ist dagegen bereits beim Erwerb nach Stellung des Insolvenzantrags ausgeschlossen.[200] 135

Handlungen des Schuldners, die mit Zustimmung des „schwachen" vorläufigen Insolvenzverwalters erfolgt sind, unterliegen der Insolvenzanfechtung. Sie sind nach der Rechtsprechung nach den Grundsätzen der unzulässigen Rechtsausübung gem. § 242 BGB allerdings nicht anfechtbar, wenn beim Käufer das Vertrauen begründet wird, er habe eine nicht mehr entziehbare Rechtsposition erlangt.[201] Auf diese unsichere Rechtsposition nach Maßgabe von Treu und Glauben sollte sich der Erwerber jedoch im Zweifelsfall nicht verlassen. 136

Noch nicht höchstrichterlich entschieden ist die Frage, ob der Insolvenzverwalter auch eine Unternehmensveräußerung durch den „starken" vorläufigen Insolvenzverwalter anfechten kann. Im Ergebnis dürfte dies wohl abzulehnen sein, da mit § 55 Abs. 2 InsO das Vertrauen des Rechtsverkehrs in die Handlungen des mit Verwaltungs- und Verfügungsbefugnis ausgestatteten vorläufigen Insolvenzverwalters gestärkt werden soll.[202] 137

Den **vorläufigen Insolvenzverwalter** trifft für die Richtigkeit der Verkaufsentscheidung das **volle Haftungsrisiko** aus **§ 60 InsO i.V.m. § 21 Abs. 2 Nr. 1 InsO**. 138

In der Regel ist eine Veräußerung im Eröffnungsverfahren daher nur möglich, wenn der Erwerber und der vorläufige Insolvenzverwalter sich auf die Haftungsrisiken einlassen, der Schuldner seine Zustimmung erteilt hat und ein etwaiger vorläufiger Gläubigerausschuss an der Transaktion beteiligt worden ist. Die Nachteile einer übertragenden Sanierung im Eröffnungsverfahren können umgangen werden, 139

---

[199] Kammel, NZI 2000, 103.
[200] BFH, Urt. v. 23.7.1998 – VII R 143/97, NZI 1998, 95 ff.
[201] BGH, Urt. v. 11.6.1992 – IX ZR 147/91, NJW 1992, 2485; s. auch BGH, Urt. v. 10.7.1997 – IX ZR 234/96, NJW 1997, 3028; Uhlenbruck/Vallender, § 22 InsO Rn 356.
[202] Vallender, GmbHR 2004, 547 m.w.N; MüKo/Haarmeyer/Schildt, § 22 InsO Rn 191; Uhlenbruck/Vallender, § 22 InsO Rn 354.

wenn der vorläufige Insolvenzverwalter auf eine zügige Verfahrenseröffnung hinwirkt, sobald die Beteiligten Einigkeit über die Unternehmensveräußerung erzielt haben (zu den Rahmenbedingungen der Veräußerung im eröffneten Verfahren sogleich im Folgenden Rdn 140 ff.).

3. Veräußerung im eröffneten Verfahren

140 Es gibt zahlreiche Gründe, warum es ratsam ist, dass der Insolvenzverwalter den Unternehmenskaufvertrag erst nach Eröffnung des Insolvenzverfahrens schließt. Insbesondere profitiert der Erwerber von erheblichen Haftungserleichterungen. So greifen die § 25 HGB und § 75 Abs. 2 AO im eröffneten Verfahren nicht und auch hinsichtlich des Übergangs von Arbeitsverhältnissen gem. § 613a BGB bestehen – wenn auch nur geringfügige – Haftungserleichterungen. Das Risiko einer Insolvenzanfechtung nach den §§ 129 ff. InsO entfällt für den Erwerber. Für Letzteren ist daneben auch vorteilhaft, dass er beim Verkauf aus der Insolvenz oft einen günstigeren Kaufpreis verhandeln kann.

a) Veräußerung vor dem Berichtstermin

141 Grundsätzlich ist das insolvente Unternehmen bis zur Entscheidung der Gläubigerversammlung gem. § 157 InsO vom Insolvenzverwalter fortzuführen. Stellt sich zwischen Eröffnung und Berichtstermin heraus, dass die Fortführung zu einer nicht unerheblichen Verminderung des Haftungsvermögens führt oder eine frühzeitige Veräußerung des Geschäftsbetriebes aus vergleichbaren Gründen geboten ist, hat der Insolvenzverwalter bereits zu diesem Zeitpunkt an eine Unternehmensveräußerung zu denken.

142 Nach dem **§ 158 InsO** kann der Insolvenzverwalter das Unternehmen im Ganzen im eröffneten Verfahren mit Zustimmung des Gläubigerausschusses auch **schon vor dem Berichtstermin** veräußern, wenn hierin die optimale Möglichkeit der Masseverwertung liegt.[203] Wie bisher bereits für die Stilllegung geregelt war, ist nach § 158 Abs. 2 Satz 2 InsO entscheidend, ob die Veräußerung ohne eine erhebliche Verminderung der Insolvenzmasse bis zum Berichtstermin aufgeschoben werden kann. Allein der Umstand, dass das Unternehmen nicht kostendeckend weiterzuführen ist, reicht hierfür jedoch nicht aus.[204]

143 Die für den Zeitraum vor der Verfahrenseröffnung geäußerten Bedenken, dass es keine Berechtigung gebe, derart schwerwiegend in das Eigentum des Schuldners einzugreifen, entfallen. Denn dem Schuldner wird sein Unternehmen erst zu einem

---

[203] Vgl. Pape, NZI 2007, 481 ff.; Vallender/Fuchs, NZI 2003, 292 ff.; MüKo/Janssen, § 158 InsO Rn 12; Uhlenbruck/Zipperer, § 158 InsO Rn 1, 8.
[204] Braun/Haffa/Leichtle, § 158 InsO Rn 7 ff.; MüKo/Janssen, § 158 InsO Rn 16.

Zeitpunkt entzogen, zu dem das Vorliegen eines Insolvenzgrundes bereits positiv festgestellt worden ist. Die Einbeziehung der übertragenden Sanierung in die Vorschrift des § 158 InsO ist zu begrüßen, da es einen **zeitlichen Vorteil von bis zu drei Monaten** gegenüber dem vorherigen Recht mit sich bringt, und ein Warten bis zur Entscheidung der Gläubigerversammlung im Berichtstermin oft mit erheblichen Verlusten verbunden wäre.[205]

Ist bereits vor der ersten Gläubigerversammlung ein **vorläufiger Gläubigerausschuss** für das eröffnete Verfahren eingesetzt, so hat der Insolvenzverwalter dessen **Zustimmung** einzuholen. Da die Kaufangebote in der Regel gegenüber dem Insolvenzverwalter abgegeben werden, wird dieser das Angebot vorab prüfen und dem Gläubigerausschuss anschließend alle Informationen zukommen lassen, die erforderlich sind, um eine sachgerechte Entscheidung treffen zu können.[206]

Ist ein Gläubigerausschuss dagegen noch nicht bestellt, kann der Insolvenzverwalter nach pflichtgemäßem Ermessen über eine Unternehmensveräußerung entscheiden.[207] Jedoch ergibt sich aus § 160 Abs. 1 InsO, dass die Veräußerung des Unternehmens im Ganzen der Zustimmung des Gläubigerausschusses, und ist ein solcher nicht bestellt, der Gläubigerversammlung bedarf.[208] Daher ist es nicht ratsam, dass der Insolvenzverwalter das Unternehmen „im Alleingang" veräußert, sondern vielmehr beim Insolvenzgericht auf eine möglichst schnelle Bestellung eines vorläufigen Gläubigerausschusses hinwirkt, der im Anschluss seine Zustimmung erteilen kann. Als Alternative kann der Unternehmenskaufvertrag auch unter der aufschiebenden Bedingung der Zustimmung des (vorläufigen) Gläubigerausschusses oder der Gläubigerversammlung geschlossen werden, wenn sich der Erwerber auf diese Konstellation einlässt. In Fällen, in denen der Erwerber sofort nach Übertragung Umstrukturierungsmaßnahmen vornehmen will, die nicht oder nur schwer rückabzuwickeln sind, wird er dies jedoch nicht tun. Dann führt kein Weg an einer kurzfristig einzuberufenden Gläubigerversammlung vorbei.

Wichtig ist, dass die Veräußerungshandlung des Insolvenzverwalters im Außenverhältnis auch dann wirksam ist, wenn keine Zustimmung des Gläubigerausschusses erteilt wurde, obwohl ein solcher bestellt wurde (**§ 164 InsO**).[209] Der Schutz des Vertragspartners bedeutet für den Insolvenzverwalter allerdings ein erhebliches persönliches Haftungsrisiko aus § 60 InsO.

---

[205] Ebenso Pannen/Riedemann, NZI 2006, 195; Sternal, NZI 2006, 192; MüKo/Janssen, § 158 InsO Rn 12; Uhlenbruck/Zipperer, § 158 InsO Rn 8.
[206] Zum weiterhin bestehenden Haftungsrisiko des Verwalters trotz Zustimmung des Gläubigerausschusses s. BGH, Urt. v. 22.1.1985 – VI ZR 131/83, ZIP 1985, 423 ff.
[207] Uhlenbruck/Zipperer, § 158 InsO Rn 9; MüKo/Janssen, § 158 InsO Rn 13.
[208] Zwar kann der Insolvenzverwalter hierüber gem. § 164 InsO hinweggehen; dies wird er aber aus Gründen der persönlichen Haftungsvermeidung regelmäßig nicht tun.
[209] BGH, Urt. v. 5.1.1995 – IX ZR 241/93, ZIP 1995, 290; MüKo/Janssen, § 158 InsO Rn 22; Uhlenbruck/Zipperer, § 158 InsO Rn 10.

147   In der Praxis wird meist bereits im Insolvenzeröffnungsverfahren ein Unternehmenskaufvertrag ausgehandelt, der dem zukünftigen Insolvenzverwalter als Angebot unter der aufschiebenden Bedingung der Verfahrenseröffnung vorgelegt wird.

b) Veräußerung nach dem Berichtstermin

148   Gem. § 159 InsO hat der Insolvenzverwalter nach dem Berichtstermin unverzüglich das zur Insolvenzmasse gehörende Vermögen zu verwerten, soweit die Beschlüsse der Gläubigerversammlung nicht entgegenstehen. Er ist alleiniger Verhandlungs- und Vertragspartner (§ 80 InsO). Es reicht aus, den **Insolvenzschuldner** von der Veräußerung zu unterrichten. Im Innenverhältnis ist für die Unternehmensveräußerung die **Zustimmung** der **Gläubigerversammlung** bzw. des **Gläubigerausschusses** nötig (§§ 160–163 InsO).[210] Wenn der Insolvenzverwalter bereits zum Berichtstermin einen Kaufinteressenten gefunden hat, bietet es sich unter verfahrensökonomischen Gesichtspunkten an, bereits in der ersten Gläubigerversammlung die Zustimmung der Gläubiger einzuholen.

149   Die Chance zur Veräußerung nach dem Berichtstermin bietet sich in der Regel nur dann, wenn das Unternehmen nach der Verfahrenseröffnung vom Verwalter fortgeführt wird. Die Haftungsrisiken des Insolvenzverwalters sind bei Veräußerung in diesem relativ späten Verfahrensstadium gering, solange er die Gläubiger über den Unternehmenskauf ausreichend informiert hat und die Veräußerung nicht offensichtlich masseschädigend ist.[211]

c) Haftungsprivilegien des Käufers bei Veräußerung im eröffneten Verfahren

150   Zunächst sei nur kurz angemerkt, dass sich an der **Haftung des Veräußerers** durch die Eröffnung des Insolvenzverfahrens grundsätzlich **nichts ändert**. Allerdings wird die Haftung aus Gewährleistungs- und allgemeinem Leistungsstörungsrecht bei der übertragenden Sanierung im eröffneten Insolvenzverfahren in der Regel soweit wie möglich ausgeschlossen, um sowohl die Haftung der Masse als auch die persönliche Haftung des Insolvenzverwalters zu vermeiden.

151   Würde der Erwerber eines Unternehmens aus der Insolvenz für die Altverbindlichkeiten genau wie bei einem Erwerb vor der Insolvenz haften, fände sich wohl in den seltensten Fällen ein Kaufinteressent. Deshalb werden dem **Erwerber verschiedene Haftungsprivilegien** gewährt. Gleichzeitig können sich diese aber auch als Hindernis einer außergerichtlichen übertragenden Sanierung vor der Verfahrenseröffnung erweisen.

---

210 Zum Zustimmungserfordernis bei einem Verkauf an einen „Insider" vgl. Runkel/Undritz, § 15 Rn 175 ff.; MüKo/Janssen, § 162 InsO Rn 16 ff.; Uhlenbruck/Zipperer, § 162 InsO Rn 8 ff.
211 Vallender, GmbHR 2004, 644.

aa) Haftung aus Firmenfortführung gem. § 25 HGB

Führt der Erwerber den Betrieb des übertragenen Unternehmens unter der alten **152** Firma fort und handelt es sich dabei um ein Handelsgewerbe i.S.d. HGB, haftet der Erwerber gem. **§ 25 HGB** grundsätzlich mit seinem ganzen Vermögen für alle betrieblichen Verbindlichkeiten des Altinhabers.[212] Im **eröffneten Insolvenzverfahren** findet diese Vorschrift jedoch **keine Anwendung**.[213] In der rechtspolitischen Diskussion im Zuge der Insolvenzrechtsreform von 1999 wurde teilweise angedacht, § 25 HGB auch beim Unternehmenserwerb im Rahmen eines Insolvenzverfahrens zur Anwendung kommen zu lassen, was die Haftung des Erwerbers für Altverbindlichkeiten zur Folge gehabt hätte. Der Regierungsentwurf hat diesen Vorschlag jedoch nicht aufgegriffen, so dass sämtliche Altverbindlichkeiten beim insolventen Unternehmen verbleiben. Eine noch weitergehende Erleichterung, nämlich die Wirkungen des § 25 HGB bereits für die übertragende Sanierung in der Krise (vor der Insolvenz) auszuschließen, wurde von der Rechtsprechung abgelehnt.[214]

bb) Haftung für Betriebssteuern gem. § 75 AO

Bei Erwerb im eröffneten Insolvenzverfahren ist die Haftung des Unternehmenser- **153** werbers für Steuerverbindlichkeiten des Altinhabers gem. § 75 Abs. 1 AO nach der in Abs. 2 geregelten Haftungsfreistellung ebenfalls ausgeschlossen.[215] Damit haftet der Erwerber nicht für Betriebssteuern (u.a. Gewerbe-, und Verbrauchssteuern) und Steuerabzugsbeträge (u.a. Lohn-, Kapitalertrags- und Einkommenssteuern) des letzten Kalenderjahres vor der Übernahme. Eine Haftung für rückständige Sozialversicherungsbeiträge besteht generell nicht.[216] In diesem Zusammenhang sei zudem auf die Frage nach der Umsatzsteuerbarkeit der Unternehmensveräußerung hingewiesen. Es ist zu empfehlen, den Kaufgegenstand vertraglich derart „zuzuschneiden", dass die Voraussetzungen des Unternehmensverkaufs im Ganzen gem. § 1 Abs. 1a

---

[212] Zur Frage der Haftung des Erwerbers bei Fortführung nur eines Teilbereichs des Unternehmens: BGH, Urt. v. 16.9.2009 – VIII ZR 321/08, NJW 2010, 236; BGH, Beschl. v. 7.12.209 – II ZR 229/08, ZInsO 2010, 84; zur Fortführung bei einer sukzessiv erfolgenden Übernahme BGH, NJW-RR 2009, 820.
[213] Vgl. BGH, Urt. v. 11.4.1988 – II ZR 313/87, BGHZ 104, 153f. = NJW 1988, 1912ff. m.w.N.; BAG, Urt. v. 20.9.2006 – 6 AZR 215/06, NZA 2007, 335ff.; Nerlich/Kreplin/Tautorus/Janner, Münchener Anwaltshdb. Insolvenz und Sanierung, § 20 Rn 144; § 25 HGB ist auch dann nicht anwendbar, wenn die Veräußerung durch den Schuldner in Eigenverwaltung erfolgt, vgl. BGH, Urt. v. 3.12.2019 – II ZR 457/18, NZI 2020, 285; dazu Neuberger, ZIP 2020, 606.
[214] BGH, Urt. v. 3.4.1990 – XI ZR 206/88, NJW 1990, 1907.
[215] Zu steuerrechtlichen Fragen im Zusammenhang mit der Sanierung in der Insolvenz s. ausfuhrl. Kahlert, Steuerliche Aspekte der GmbH-Sanierung, 2015; vgl. zur Haftung nach § 75 AO und § 25 HGB auch Leibner/Pump, DStR 2002, 1689ff.
[216] Bayer. LSG, ZIP 2011, 1380; aA Froehner, GWR 2015, 202.

UStG erfüllt sind und der Unternehmenskauf somit nicht der Umsatzsteuer unterliegt.[217]

cc) Haftung für Altlasten gem. § 4 Abs. 3 BBodSchG

154 Die Insolvenzeröffnung berührt nicht die Verantwortlichkeit des Übernehmers neben dem ursprünglichen Eigentümer für die Beseitigung von Altlasten gem. § 4 Abs. 3 BBodSchG für Grundstücke. Auch der Ausgleichsanspruch der öffentlichen Hand bei einer Altlastensanierung aus öffentlichen Mitteln gilt weiter. Bei Inanspruchnahme wird der Käufer in der Regel keine Ausgleichsmöglichkeit gegenüber der unzulänglichen Insolvenzmasse haben.[218]

155 Nach Verfahrenseröffnung, aber noch vor einer etwaigen Veräußerung, stellt sich die höchstrichterlich noch nicht entschiedene Frage, ob und inwieweit der Insolvenzverwalter ordnungsrechtlich für kontaminierte Grundstücke haftet. Von enormer praktischer Relevanz ist vor allem, ob die im Zusammenhang mit der Beseitigung von Altlasten entstehenden Verbindlichkeiten Insolvenzforderungen oder aufgrund eigener ordnungsrechtlicher Haftung des Insolvenzverwalters Masseverbindlichkeiten darstellen.[219] Die Einordnung als Masseverbindlichkeit kann dazu führen, dass der Insolvenzverwalter Masseunzulänglichkeit anzeigen muss.

dd) Übergang der Arbeitsverhältnisse gem. § 613a BGB

156 Nicht selten entscheidet die Vorschrift des § 613a BGB über Erfolg und Misserfolg einer übertragenden Sanierung.[220] Nach § 613a BGB tritt, wenn ein Betrieb oder Betriebsteil veräußert wird, der Erwerber in die Rechte und Pflichten aus bestehenden Arbeitsverhältnissen ein. Die übertragende Sanierung im Wege eines Asset Deal führt damit regelmäßig zu einem Betriebsübergang i.S.d. § 613a BGB und in der Folge zu einem gleichsam „automatischen" Übergang der Arbeitsverhältnisse auf den Erwerber.[221]

---

217 Zu Gestaltungsmöglichkeiten s. Kammel, NZI 2000, 102 ff.
218 Zum behördlichen Ermessen bei der Auswahl eines Sanierungsverantwortlichen vgl. Landmann/Rohmer/Dombert, Umweltrecht, Loseblatt (Stand 91. EL 2019), § 4 BBodSchG Rn 14 ff.
219 Dazu umfassend Runkel/Undritz, § 15 Rn 89. Für die Einordnung als Insolvenzforderung u.a. BGH, Urt. v. 18.4.2002 – IX ZR 161/01, NZI 2002, 425; für Masseverbindlichkeiten u.a. BVerwG, Urt. v. 23.9.2004 – 7 C 22/03, NZI 2005, 51; zum Ganzen Uhlenbruck/Sinz, § 55 InsO Rn 29 ff.; MüKo/Hefermehl, § 55 InsO Rn 88 ff.
220 Ausfuhrl. zu arbeitsrechtlichen Fragen im Zusammenhang mit dem Unternehmenskauf aus der Insolvenz s. Stenslik DStR 2016, 874; Granetzny/Esser, BB 2019, 1524; Löw/Schulz, BB 2020, 244; Göpfert/Undritz/Röger, Handbuch Arbeitsrecht in Restrukturierung und Insolvenz, § 13; Röger/Meyer, Insolvenzarbeitsrecht, 2018, § 8 Rn 29 ff.
221 Zu den arbeitgeberseitigen Informationspflichten s. Runkel/Undritz, § 15 Rn 76 ff.; ausfuhrl. zu der Unterrichtung der Arbeitnehmer über den Betriebsübergang s. Göpfert/Undritz/Röger, Handbuch Arbeitsrecht in Restrukturierung und Insolvenz, 2013, § 13 Rn 66 ff.; Röger/Meyer, Insolvenz-

Daran ändert sich auch durch eine Übertragung aus der Insolvenz nichts. Dies hat zur Folge, dass ein Investor stets das Risiko, dass er die mit der Personalübernahme verbundenen Kosten zu tragen hat, in das Gesamtverhandlungspaket mit einzupreisen hat.

Im Zuge der Reformdiskussion und später erneut anlässlich der Finanz- und Wirtschaftskrise wurde vielfach gefordert, diese Vorschrift für Betriebsübernahmen im Insolvenzverfahren auszuschließen oder zumindest für einen Zeitraum von mindestens drei Jahren während der aktuellen Krise auszusetzen.[222] In fast allen Restrukturierungsfällen stellt die Arbeitnehmerfrage ein ganz zentrales Problem dar. Der deutsche Gesetzgeber hat bislang nicht reagiert, obgleich es Art. 5 Nr. 1 der RL 2001/23/EG den Mitgliedsstaaten ausdrücklich freistellt, Betriebsübergänge aus der Insolvenz des Veräußerers vom Anwendungsbereich der Art. 3 und 4 der RL auszunehmen.[223] 157

Die Rechtsprechung hat jedoch das **Haftungsregime des § 613a BGB teleologisch reduziert**. Unter Berufung auf den Grundsatz der Gläubigergleichbehandlung hat das BAG entschieden, dass der Erwerber nicht für die arbeitsrechtlichen Verbindlichkeiten haftet, die vor der Eröffnung des Insolvenzverfahrens entstanden sind.[224] Er muss auch nicht für das Insolvenzgeld eintreten, das von der Bundesanstalt für Arbeit in den letzten drei Monaten vor Insolvenzeröffnung gezahlt worden ist. Hingegen soll der Erwerber nach der Rechtsprechung für diejenigen Verbindlichkeiten haften, die nach der Eröffnung des Insolvenzverfahrens, jedoch vor dem Zeitpunkt des Betriebsübergangs entstanden sind, insbesondere also für Annahmeverzugslöhne und auch für nach Eröffnung des Insolvenzverfahrens erdiente Anwartschaften auf eine betriebliche Altersversorgung.[225] Ebenfalls haftet der Betriebserwerber uneingeschränkt für Urlaubsansprüche übergehender Arbeitnehmer, denn deren Urlaubsansprüche lassen sich nicht einem Zeitraum vor bzw. nach Eröffnung des Insolvenzverfahrens zuordnen, weshalb ein Betriebserwerber für die Erfüllung 158

---

arbeitsrecht, § 8 Rn 183 ff. (mit Muster-Unterrichtungsschreiben für einen Betriebsübergang in der Insolvenz); Röger/Röger, Insolvenzarbeitsrecht, § 9 III. 3.
222 U.a. Gravenbrucher/Kreis, ZIP 1994, 585; vgl. zur Meinung unter den Insolvenzverwaltern die Studie der Euler Hermes Kreditversicherung „Insolvenzen in Zeiten der Finanzkrise", Wirtschaft Konkret Nr. 107, Juni 2009.
223 Einschränkend Bothe, ZIP 2017, 2441 (2449 f.), der die Bereichsausnahme auf die – praktisch immer bedeutsamer werdenden – Eigenverwaltungs- und Insolvenzplanverfahren wegen des dort im Vordergrund stehenden Sanierungsgedankens nicht für anwendbar hält.
224 BAG, Urt. v. 20.6.2002 – 8 AZR 459/01, ZIP 2003, 222, dies betrifft insbesondere Gehalts- und Sozialversicherungsrückstände und Ansprüche aus Altersteilzeitverträgen, nicht jedoch bestehende Urlaubsansprüche vgl. BAG, Urt. v. 18.11.2003 – 9 AZR 347/03, NJW 2004, 1972; BAG, Urt. v. 19.10.2004 – 9 AZR 647/03, BB 2005, 1339; vgl. auch Müller, NZI 2009, 153; BAG, Urt. v. 22.10.2019 – 3 AZR 429/18, WM 2020, 427.
225 Vgl. BAG, Urt. v. 19.5.2005 – 3 AZR 649/03, ZIP 2005, 1706; siehe auch EuGH, Urt. v. 9.9.2020 – C-674/18, ZIP 2020, 1930; BAG, Urt. v. 26.1.2021 – 3 AZR 139/17 u. 3 AZR 878/16.

offener Urlaubsansprüche voll einstehen muss.[226] Ein Ausgleich hierfür ist im Innenverhältnis zwischen Erwerber und Veräußerer zu regeln. Der im Schrifttum geforderten Ausweitung der insolvenzrechtlichen Privilegierung auf die Haftung für Masseverbindlichkeiten im Fall der Masseunzulänglichkeit[227] ist die Rechtsprechung bislang nicht gefolgt.[228]

159 Vor dem Hintergrund der weitreichenden Haftungsfolgen des § 613a BGB auch in der Insolvenz hat es sich mitunter bewährt, eine **Transfergesellschaft** zu gründen, in die sämtliche oder ein großer Teil der Arbeitnehmer des insolventen Unternehmens eintreten.[229] Häufig bot sodann der Erwerber oder eine Auffanggesellschaft des Erwerbers einem Teil der Arbeitnehmer neue Arbeitsverträge an, oftmals zu schlechteren Arbeitsbedingungen. Dieses Vorgehen wurde von der Rechtsprechung in einigem Umfang gebilligt.[230] Auch in seiner neueren Rechtsprechung vertritt das BAG weiterhin die Auffassung, dass der Abschluss eines Aufhebungsvertrages mit einem Betriebsveräußerer und damit zusammenhängend der Abschluss eines Arbeitsvertrages mit einer Transfergesellschaft trotz eines anschließenden Betriebsübergangs grundsätzlich wirksam ist. Das BAG betont mittlerweile aber stärker, dass die Vereinbarung auch tatsächlich auf das endgültige Ausscheiden des Arbeitnehmers aus dem Betrieb gerichtet sein muss. § 613a BGB werde deshalb umgangen, wenn der Aufhebungsvertrag die Beseitigung der Kontinuität des Arbeitsverhältnisses bei gleichzeitigem Erhalt des Arbeitsplatzes bezweckt, weil zugleich ein neues Arbeitsverhältnis vereinbart oder zumindest verbindlich in Aussicht gestellt wird.[231] Die stärkere Betonung des Umgehungsverbotes in der neueren Rechtsprechung erhöht die Risiken bei einer sanierenden Übertragung durch Einschaltung einer Transfergesellschaft nicht unerheblich.[232]

160 Gem. § 613a Abs. 4 Satz 1 BGB ist eine Kündigung wegen eines Betriebsübergangs grundsätzlich unwirksam. Allerdings wird die Veräußererkündigung wegen Rationalisierungen aufgrund eines verbindlichen Sanierungskonzepts des Erwer-

---

226 BAG, Urt. v. 18.11.2003 – 9 AZR 347/03, ZIP 2004, 1011; BAG, Urt. v. 25.3.2003 – 9 AZR 174/02, ZIP 2003, 1802.
227 Grundlegend noch zur KO Willemsen, Anm. zu BAG, Urteil vom 4.12.1986 – 2 AZR 246/86 AP Nr. 56 zu § 613a BGB.
228 Offen gelassen durch BAG, Urt. v. 19.5.2005 – 3 AZR 649/03, ZIP 2005, 1706.
229 Auch: BQG = Beschäftigungs- und Qualifizierungsgesellschaft; vgl. zur aktuellen Einsatzmöglichkeit dieses Instruments Bissels/Jordan/Wisskirchen, NZI 2009, 865 ff.; Staufenbiel, ZInsO 2010, 497; Willemsen, NZA 2013, 242; Löw/Schulz, BB 2020, 244; Göpfert/Undritz/Röger, Handbuch Arbeitsrecht in Restrukturierung und Insolvenz, § 13 Rn 55 ff.; eingehend mit Gestaltungshinweisen Röger/Meyer, Insolvenzarbeitsrecht, § 8 Rn 271 ff.
230 Vgl. BAG, Urt. v. 23.11.2006 – 8 AZR 349/06, NJW 2007, 2351; Urt. v. 18.8.2005 – 8 AZR 523/04, NJW 2006, 938; LAG Baden-Württemberg, Urt. v. 18.12.2008 – 11 Sa 59/08 (m. Anm. Witthöft, GWR 2009, 158).
231 BAG, Urt. v. 25.10.2012 – 8 AZR 572/11, ZInsO 2013, 946.
232 Vgl. näher Röger/Meyer, Insolvenzarbeitsrecht, § 8 Rn 309 ff.

bers (**Erwerberkonzept**), dessen Durchführung bereits im Zeitpunkt des Zugangs der Kündigung greifbare Formen angenommen hat, vom BAG anerkannt.[233] Der Insolvenzverwalter kann auch uneingeschränkt von der Möglichkeit zur Verkürzung der Kündigungsfrist nach § 113 InsO Gebrauch machen. Im Übrigen gelten die §§ 125–127 InsO kraft gesetzlicher Anordnung in § 128 Abs. 1 InsO auch im Fall einer Betriebsveräußerung durch den Insolvenzverwalter. Die bei Abschluss eines Interessenausgleichs mit Namensliste durch den Insolvenzverwalter nach § 125 InsO geltenden Erleichterungen der Darlegungs- und Beweislast in einem Kündigungsschutzprozess können dabei für den Erfolg der Sanierung ganz entscheidend sein: So wird zum einen vermutet, dass die Kündigung der Arbeitsverhältnisse der in der Namensliste bezeichneten Arbeitnehmer durch dringende betriebliche Erfordernisse, die einer Weiterbeschäftigung in dem Betrieb oder einer Weiterbeschäftigung zu unveränderten Arbeitsbedingungen entgegenstehen, bedingt ist. Zum anderen kann die soziale Auswahl der Arbeitnehmer nur noch hinsichtlich der Dauer der Betriebszugehörigkeit, des Lebensalters und der Unterhaltspflichten (nicht: Schwerbehinderung oder Gleichstellung) geprüft werden und auch dies auch nur noch auf grobe Fehlerhaftigkeit. Sofern der Interessenausgleich vom Insolvenzverwalter vereinbart worden ist, gelten diese Erleichterungen nach § 128 Abs. 1 InsO unabhängig davon, ob die Betriebsänderung bzw. die diese umsetzenden Maßnahmen noch vom Insolvenzverwalter selbst oder aber vom Erwerber nach dem Betriebsübergang tatsächlich durchgeführt wird.

ee) Die beihilferechtliche Haftung

Beim Unternehmenskauf ist auch auf das Bestehen einer möglichen **Haftung** zur Rückzahlung von rechtswidrigen Beihilfen i.S.v. Art. 107 Vertrag über die Arbeitsweise der Europäischen Union („AEUV") zu achten.[234] Staatliche Beihilfen sind gem. Art. 107 Abs. 1 AEUV grundsätzlich verboten und können nur gewährt werden, nachdem sie zuvor der Europäischen Kommission notifiziert und von dieser unter einem der Ausnahmetatbestände (insbesondere gem. Art. 107 Abs. 3 AEUV) genehmigt worden sind (Notifizierungspflicht und Durchführungsverbot gem. Art. 108 Abs. 3 Satz 3 AEUV[235]). 161

Ist eine Beihilfe vor ihrer Genehmigung durch die Kommission gewährt worden, spricht man von einer **rechtswidrigen Beihilfe**, deren Rückforderung die Kommis- 162

---

233 BAG, Urt. v. 20.3.2003 – 8 AZR 97/02, NJW 2003, 3506; BAG, Urt. v. 26.5.1983 – 2 AZR 477/81, NJW 1984, 627; BAG, Urt. v. 18.7.1996 – 8 AZR 127/94, NZA 1997, 148.
234 Dazu und zum Folgenden Runkel/Undritz, § 15 Rn 67 ff.
235 Zum EU-Beihilfenrecht vgl. die umfassende Aufarbeitung im Münchener Kommentar, Europäisches und deutsches Wettbewerbsrecht, Band 5, Beihilfenrecht, 2. Aufl.; zur Rechtsprechung der europäischen Gerichte zum Beihilfenrecht aus 2018, siehe Bärenbrinker/Butler, EWS 2020, 11.

sion dem betroffenen Mitgliedstaat auferlegt, soweit sie nicht mit dem Binnenmarkt vereinbar ist, d.h. soweit nach materieller Prüfung eine nachträgliche Genehmigung nicht in Betracht kommt. Rückforderungsschuldner ist grundsätzlich das Unternehmen, das die Beihilfen empfangen hat („Beihilfeempfänger"). Im Fall einer Veräußerung des Unternehmens stellt sich die Frage, wer Rückforderungsschuldner sein soll: der Veräußerer, das veräußerte Unternehmen oder gar der Erwerber?

163 Unproblematisch ist der Fall, dass lediglich einzelne Vermögensgegenstände des beihilfenbegünstigten Unternehmens separat veräußert werden. Hier soll nach allgemeiner Auffassung der Veräußerer, also das beihilfenbegünstigte Unternehmen, einziger Rückforderungsschuldner bleiben, da es anstelle der veräußerten Gegenstände den Veräußerungserlös erhält.[236] Entsprechend wurde von der Rechtsprechung anfänglich auch beim im Wege des Asset Deals durchgeführten Unternehmenskauf davon ausgegangen, dass nur der Unternehmensveräußerer Rückforderungsschuldner bleibt.[237] Seit 1999/2000 ist die Kommission in Fällen der en-bloc-Übernahme im Rahmen eines going concern asset deal jedoch von diesem Prinzip abgewichen, um dem Beihilfeempfänger die Möglichkeit zu nehmen, die effektive Rückforderung zu umgehen.[238]

164 Wird das gesamte Unternehmen gebündelt veräußert, so dass der Erwerber die ursprüngliche Tätigkeit nahezu unverändert fortführen kann, sieht die Kommission die Gefahr, dass die Rückforderungsentscheidung umgangen wird. Die **Haftung des Erwerbers** soll in solchen Umgehungsfällen neben die Haftung des Veräußerers treten. Eine „Umgehungsabsicht" ist hierzu nicht notwendig, vielmehr reicht das Feststellen einer „wirtschaftlichen Kontinuität" zwischen dem geförderten und dem durch den Erwerber fortgeführten Unternehmen. In zwei Urteilen, in welchen es um die übertragende Sanierung der staatlichen griechischen und italienischen Luftfahrtunternehmen ging, hat das Gericht der EU („EuG") diesen Ansatz der Kommission bestätigt und ausgeführt, „dass für die Beurteilung, ob die Verpflichtung zur Rückzahlung der Beihilfe, die einer sich in Schwierigkeiten befindenden Gesellschaft gewährt worden ist, auf eine neue Gesellschaft, auf die die frühere Gesellschaft gewisse Vermögenswerte übertragen hat, ausgedehnt werden kann, wenn diese Übertragung die Feststellung einer wirtschaftlichen Kontinuität zwischen beiden Gesellschaften erlaubt, die folgenden Punkte berücksichtigt werden können:
- der Gegenstand der Übertragung (Aktiva und Passiva, Fortbestand der Belegschaft, gebündelte Aktiva),
- der Übertragungspreis,

---

[236] EuG, Urt. v. 28.3.2012, Rs. T-123/09 – Ryanair Ltd/Kommission ECLI:EU:T:2012:164, Rn 156.
[237] EuGH, Urt. v. 21.3.1991, Rs. C-305/89 – Alfa Romeo, Slg. 1991 I-1603, Rn 40.
[238] Entscheidung der Kommission v. 2.6.1999, AB1EG 2000 Nr. L 227/24 – Seleco; v. 8.7.1999, AB1EG 1999 Nr. L 292/27 – Gröditzer Stahlwerke; v. 11.4.2000, AB1EG 2000 Nr. L 238/50 – SMI; v. 21.6.2000, AB1EG 2000 Nr. L 318/62 – CDA.

- die Identität der Aktionäre oder Eigentümer des erwerbenden und des ursprünglichen Unternehmens,
- der Zeitpunkt der Übertragung (nach Beginn der Untersuchung, der Verfahrenseinleitung oder der abschließenden Entscheidung) oder
- schließlich die ökonomische Folgerichtigkeit der Transaktion."[239]

Die Einzelheiten über Inhalt und Gewichtung der einzelnen Kriterien für das Vorliegen wirtschaftlicher Kontinuität sind weitestgehend ungelöst und umstritten. Die Kommission nimmt für sich in Anspruch, einen weite Beurteilungsspielraum bei der Anwendung der Kriterien zu haben und insbesondere nicht das Vorliegen aller Kriterien nachweisen zu müssen.[240] Geklärt ist zumindest, dass die Kommission nicht das Vorliegen aller Kriterien verneinen können muss, um das Vorliegen wirtschaftlicher Kontinuität zu verneinen.[241] Speziell für das Insolvenzverfahren folgt zwar aus einer früheren Rechtsprechung des Europäischen Gerichtshofs („EuGH"), dass der Kaufpreis das bei weitem wichtigste Kriterium bildet. Bei Vorliegen der folgenden drei Voraussetzungen hatte der EuGH nämlich eine **Haftungserstreckung auf den Erwerber** auch in den Fällen von Auffanggesellschaften **ausgeschlossen**:

1. Der Staat hat die Beihilfenrückforderung zur Insolvenztabelle angemeldet;[242]
2. Der Verkauf des Unternehmens erfolgt auf Initiative eines unter gerichtlicher Aufsicht stehenden Insolvenzverwalters, der die Aufgabe hat, auf die möglichst umfassende und gleichmäßige[243] Befriedigung aller Gläubiger hinzuwirken;[244]
3. Die Vermögensgegenstände werden zum Marktpreis in einem offenen und transparenten Bieterverfahren veräußert.[245]

165

---

239 EuG, Urt. v. 28.3.2012, Rs. T-123/09 – *Ryanair/Kommission*, ECLI:EU:T:2012:164, Rn 155; EuG, Urt. v. 13.9.2010, T-415/05 et al. – *Griechenland/Kommission* ECLI:EU:T:2010:386, Rn 135.
240 Siehe z.B. Beschluss der Kommission vom 15. Oktober 2014 in der Beihilfensache SA.33797 – (2013/C) (ex 2013/NN) (ex 2011/CP), Slowakei zugunsten von NCHZ, ABl. 2015, L 269/71, Rn 130–170; der Beschluss wurde angefochten. Die Nichtigkeitsklage unter Rs. T. 121/15 – Fortischem/Kommission wurde abgewiesen, siehe EuG, Urt. v. 24.9.2019.
241 EuG Rs. T-123/09 – *Ryanair/Kommission*, ECLI:EU:T:2012:164, Rn 155; EuG T-415/05 et al. – Griechenland/Kommission ECLI:EU:T:2010:386, Rn 156.
242 EuGH, Urt. v. 29.4.2004, Rs. C-277/00 – *Bundesrepublik Deutschland/Kommission (SMI)*, Slg. 2004, I-3925, Rn 85/94.
243 Es muss ausgeschlossen sein, dass Betrugshandlungen zum Nachteil der Gläubiger begangen werden und dass der Grundsatz der Gleichbehandlung aller Gläubiger zum Nachteil der öffentlichen Gläubiger missachtet wird.
244 EuGH, Urt. v. 29.4.2004, Rs. C-277/00 – *Bundesrepublik Deutschland/Kommission (SMI)*, Slg. 2004, I-3925, Rn 93.
245 EuGH, Urt. v. 29.4.2004, Rs. C-277/00 – *Bundesrepublik Deutschland/Kommission (SMI)*, Slg. 2004, I-3925, Rn 95.

166 Die Kommissionspraxis ist diesen Grundsätzen allerdings nicht gefolgt und prüft auch und insbesondere im Rahmen von Insolvenzverfahren alle oben genannten Gesichtspunkte durch, aktuell noch ohne weitere Beanstandung durch die Unionsgerichte.[246] Bzgl. des Marktpreises ist zu beachten, dass die Kommission die Durchführung eines offenen und transparenten Bieterverfahrens[247] nur dann als ausreichend zur Bestimmung desselben akzeptiert, wenn nicht die Assets einzeln (zumindest als unterschiedliche Aseset-Bündel) angeboten werden,[248] auch wenn die Bieter nicht davon abgehalten werden müssen, auf alle Asset(Bündel) zu bieten. Dadurch soll eine potentielle Maximierung des Gesamtkaufpreises gesichert werden. Durch die Unbestimmtheit der Kriterien und ihrem Verhältnis zueinander und dem großen Beurteilungsspielraum, den die Kommission bei ihrer Anwendung für sich in Anspruch nimmt, besteht aktuell eine erhebliche Rechtsunsicherheit bzgl. der beihilfenrechtlichen Nachhaftung des Erwerbers von Aktiva von insolventen Unternehmen, insbesondere bei der en bloc Übertragung fast aller Vermögenswerte. Soweit ein förmliches Beihilfenprüfverfahren bereits anhängig oder gar bereits Beihilfenrückforderungen im Raume stehen, sollte der Kontakt mit der Europäischen Kommission gesucht werden. Angesichts der Rechtsunsicherheit hat sich mittlerweile eine Praxis etabliert, nach der die EU-Kommission dem Veräußerer Hilfestellung bei der konkreten Durchführung des Verkaufsverfahrens gibt, um eine spätere wirtschaftliche Kontinuität ausschließen zu können. Außerdem ist die Generaldirektion Wettbewerb gewillt, das Nichtvorliegen einer wirtschaftlichen Kontinuität im Rahmen des Unternehmenskaufs auf Anfrage zu bestätigen (sog. *comfort letter*), auch wenn das Beihilfenprüfverfahren noch läuft.

d) Sonderfrage: Übertragung im Regelverfahren oder im Rahmen eines Insolvenzplans?

167 Wie bereits erläutert, hat der Insolvenzverwalter im eröffneten Verfahren die Wahl, die übertragende Sanierung im Regelverfahren oder im Rahmen eines Insolvenzplans durchzuführen. Die **Veräußerung im Insolvenzplanverfahren** bringt aller-

---

246 Jüngst EuG, Urt. v. 24.9.2019, Rs. T. 121/15 – Fortischem/Kommission; wegen dieser Entscheidung wurde Rechtsmittel eingelegt, EuGH, Rs. C-890/19 (anhängig).
247 Zu den allgemeinen beihilfenrechtlichen Anforderungen an ein solches Bieterverfahren siehe *Arhold*, Münchener Kommentar, Europäisches und deutsches Wettbewerbsrecht, Band 5 Beihilfenrecht, 2. Auflage, Teil 6.C. (Privatisierung).
248 Vgl. hierzu beispielsweise Beschluss der Kommission vom 17. Dezember 2018 in der Beihilfensache SA.36086 – (2016/C) (ex 2016/NN) – Rumänien zugunsten von Oltchim SA ABl. 2019 L 181/13 sowie Beschluss der Kommission vom 15. Oktober 2014 in der Beihilfensache SA.33797 – (2013/C) (ex 2013/NN) (ex 2011/CP) zugunsten von NCHZ, EUABl. 2015, L 269/71, Rn 145; die Rechtfertigung dieser Vorgabe wurden angefochten in Rs. T. 121/15 – Fortischem/Kommission, inzwischen entschieden durch Urteil vom 24.9.2019, EuG, Rs. T-121/15, gegen das am 4.12.2019 Rechtsmittel eingelegt wurden, EuGH, Rs. C-890/19 (anhängig).

dings **einige Nachteile** mit sich, wodurch in den meisten Fällen meist eine **Veräußerung im Regelverfahren vorzugswürdig** ist.

Die differenzierten Zustimmungspflichten des Gläubigerausschusses bzw. der Gläubigerversammlung und die Informationspflichten des Verwalters gegenüber dem Schuldner im Regelverfahren sorgen dafür, dass die Interessen der Beteiligten ausreichend gewahrt werden und dennoch der Verhandlungsspielraum des Verwalters im Rahmen der Verkaufsverhandlungen nicht unnötig eingeschränkt wird. Im Insolvenzplanverfahren haben die Gläubiger demgegenüber zahlreiche Möglichkeiten zur Erhebung von Einwendungen, der Verweigerung der Zustimmung sowie der Erhebung von Beschwerden gegen den Plan (u.a. §§ 251, 253 InsO). Damit wird das Verfahren unnötig kompliziert und aufwändig. Es bietet störungswilligen Gläubigern reichlich Chancen, die übertragende Sanierung zu „torpedieren". Die Variante der übertragenden Sanierung im Insolvenzplanverfahren ist zudem meist kostspieliger und langwieriger, da das Gericht den Plan einer ggf. schwierigen betriebswirtschaftlichen Vorprüfung unterziehen muss, in der es bereits die Erfolgsaussichten mit zu beurteilen hat.[249] Im Allgemeinen wird deshalb, falls eine übertragende Sanierung durch Unternehmensveräußerung in das Blickfeld gerät, kein Insolvenzplan vorgelegt. An dieser grundsätzlichen Tendenz, die übertragende Sanierung im Regelverfahren und nicht im Wege eines Insolvenzplans umzusetzen, hat auch die Reform des Insolvenzrechts durch das ESUG nichts geändert. Es ist jedoch das Rechtsmittelrecht gegen einen Insolvenzplan effizienter gestaltet worden, wodurch Verzögerungen hinsichtlich der Planbestätigung ausgeschlossen werden sollen.[250]

168

IV. Abschließende Betrachtung

Die übertragende Sanierung ist und bleibt bislang das Restrukturierungsmittel erster Wahl in Deutschland. Beobachtet man die Entwicklung der letzten Jahre, so lässt sich zwar feststellen, dass das Insolvenzplanverfahren mit dem Ziel der Sanierung des Rechtsträgers an Bedeutung gewinnt. Dieser Trend wurde durch das ESUG noch einmal verstärkt. Jedoch bestehen, wie bereits ausführlich dargelegt, die Gründe für die fortdauernde Beliebtheit der übertragenden Sanierung, vor allem ihre Klarheit, die rasche Abwicklungsgeschwindigkeit sowie die vielfach erprobte Flexibilität, weiterhin fort. Die Zahl der Sanierungen durch Insolvenzplan bleibt daher im Vergleich zu den Zahlen der Insolvenzverfahren insgesamt und der Zahl der übertragenden Sanierung im Regelinsolvenzverfahren ohne Insolvenzplan eher gering (zumal übertragende Sanierungen auch Gegenstand des gestaltenden Teils eines Insolvenzplans sein können).

169

---

[249] Vgl. Wellensiek, NZI 2002, 238; MüKo/Ganter/Bruns, § 1 InsO Rn 91.
[250] Siehe dazu Hirte/Knof/Mock, Das neue Insolvenzrecht nach dem ESUG, 2012, S. 43 ff.

170 Die aufgezeigten Risiken zeigen, dass der Erwerb im Vorfeld der Insolvenz, auch der Erwerb vom vorläufigen Insolvenzverwalter, nur begrenzt und wenn überhaupt, dann nur nach sorgfältiger Due Diligence empfohlen werden kann. Eine Vielzahl der hier angedeuteten Risiken können vermieden werden, wenn die Vorbereitungen der Unternehmensübertragung vor, der Erwerb vom Verwalter jedoch erst unmittelbar nach Eröffnung des Insolvenzverfahrens durchgeführt wird.

§ 11 Verbraucherinsolvenz- und Restschuldbefreiungsverfahren sowie Verfahrenskostenstundung

Übersicht

A. Verbraucherinsolvenzverfahren —— 1
   I. Vorbemerkungen – maßgebliche Änderungen der Insolvenzordnung im Hinblick auf das Verbraucherinsolvenz- und Restschuldbefreiungsverfahren —— 1
      1. Insolvenzrechtsänderungsgesetz 2001 – Herstellung der Funktionsfähigkeit des Restschuldbefreiungsverfahrens —— 2
      2. Erster Versuch der Verkürzung des Restschuldbefreiungsverfahrens – Gesetz zur Verkürzung des Restschuldbefreiungsverfahrens und zur Stärkung der Gläubigerrechte —— 3
      3. Zweiter Anlauf zur Verkürzung des Restschuldbefreiungsverfahrens – Gesetz zur weiteren Verkürzung des Restschuldbefreiungsverfahrens —— 4a
   II. Verbraucher und Kleingewerbetreibende i.S.d. § 304 InsO – weitere Antragsvoraussetzungen —— 5
      1. Anwendbare Rechtsvorschriften bei Antragstellung vor und ab dem 1.7.2014 —— 6
      2. Abgrenzung zum Regelinsolvenzverfahren —— 8
      3. Außergerichtlicher Einigungsversuch —— 15a
      4. Antragsvoraussetzungen im Verfahren nach den §§ 304 ff. InsO —— 16
         a) Von einer geeigneten Person oder Stelle auszustellende Bescheinigung über das Scheitern einer außergerichtliche Einigung —— 17
         b) Beizufügende Listen und Aufstellungen —— 21
         c) Vorlage eines Schuldenbereinigungsplans —— 23
      5. Einleitung des Insolvenzverfahrens über das Vermögen natürlicher Personen —— 25
         a) Besondere Zulässigkeitsvoraussetzungen für Schuldneranträge mit dem Ziel der RSB —— 26
            aa) Unzulässigkeit des Antrags auf Erteilung der RSB —— 29
               (1) Versicherung der Vollständigkeit und Richtigkeit der Erklärung des Schuldners zu früheren Verfahren —— 31
               (2) Anhörung der Gläubiger —— 33
            bb) Gesetzlich geregelte Unzulässigkeitsgründe —— 34
               (1) § 287a Abs. 2 Satz 1 Nr. 1 InsO —— 35
               (2) § 287a Abs. 2 Nr. 2 InsO n.F. —— 37
               (3) Nicht erfasste Antragswiederholungen —— 38
               (4) Antragswiederholung nach Rücknahme des Antrags im vorausgehenden Verfahren —— 41

cc) Hinweis auf die Unzulässigkeit des Antrags und die Möglichkeit der Rücknahme —— 42
dd) Öffentliche Bekanntmachung und Beschwerderechte —— 43
b) Erlass von Sicherungsmaßnahmen – Ruhen des Verfahrens —— 44
c) Eintritt in das gerichtliche Schuldenbereinigungsverfahren —— 46
d) Hinweis des Insolvenzgerichts auf die Möglichkeit der RSB bei Schuldner- und Gläubigerantrag – Anschließung an einen Gläubigerantrag —— 47
e) Verpflichtung zur Einleitung eines Restschuldbefreiungsverfahrens im Unterhaltsrecht —— 52

III. Ablauf des gerichtlichen Schuldenbereinigungsverfahrens —— 53
1. Änderungen und Ergänzungen im Schuldenbereinigungsplanverfahren —— 56
2. Zustimmung der Gläubiger zum Schuldenbereinigungsplan/Zustimmungsersetzungsverfahren —— 57
   a) Unangemessene Beteiligung des widersprechenden Gläubigers —— 58
   b) Gleichstellung der Gläubiger mit dem Ergebnis eines durchgeführten Verfahrens —— 59
   c) Pflicht zum Erhalt von Sicherungsrechten —— 60
   d) Zustimmungsersetzung bei „Null-Plänen" —— 61
   e) Zweifel an den vom Schuldner angegebenen Forderungen —— 64

3. Wirkungen des gerichtlichen Schuldenbereinigungsplans —— 66
   a) Auswirkungen auf die Forderungen der Gläubiger —— 68
   b) Folgen des Scheiterns der gerichtlichen Schuldenbereinigung —— 70
   c) Auswirkungen auf die Verfahrensanträge —— 71

IV. Durchführung des vereinfachten Insolvenzverfahrens —— 73
1. Feststellung der Eröffnungsvoraussetzungen —— 75
   a) Bestimmung der Kosten des Verfahrens in der Verbraucherinsolvenz —— 76
   b) Feststellung der Kostendeckung —— 81
2. Durchführung des vereinfachten Insolvenzverfahrens in Alt- und Neufällen —— 83
   a) Anzuwendendes Recht in ab dem 1.7.2014 beantragten Verfahren —— 84
   b) Anwendbare Vorschriften in vor dem 1.7.2014 beantragten Verfahren —— 86
   c) Bestellung eines „Treuhänders" anstelle des Insolvenzverwalters in Altfällen —— 89
   d) Entsprechende Anwendung der §§ 850 ff. InsO im vereinfachten Insolvenzverfahren nach altem und neuem Recht —— 92
   e) Ausübung des Anfechtungsrechts durch die Gläubiger in Altverfahren —— 100
   f) Verwertungsrecht bzgl. abzusondernder Gegenstände in Altverfahren —— 102
   g) Verzicht auf die Verwertung der Insolvenzmasse in Altverfahren —— 103

Pape

3. Tod des Schuldners während des eröffneten Verfahrens —— 104
B. Restschuldbefreiungsverfahren §§ 286–303 InsO —— 105
   I. Vorbemerkung —— 105
   II. Reform des Restschuldbefreiungsverfahrens durch das Gesetz zur Verkürzung des Insolvenzverfahrens und das Gesetz zur weiteren Verkürzung des Restschuldbefreiungsverfahrens und zur Anpassung pandemiebedingter Vorschriften im Gesellschafts-, Genossenschafts-, Vereins- und Stiftungsrecht sowie im Miet- und Pachtrecht —— 106
   III. Erfasster Personenkreis —— 115
   IV. Antragsvoraussetzungen für die Durchführung eines Restschuldbefreiungsverfahrens —— 118
      1. Entscheidung über die Zulässigkeit des Antrags —— 119
      2. Abgabe einer Erklärung zur RSB —— 120
      3. Anschließung an einen Gläubigerantrag —— 121
      4. Abtretungserklärung des Schuldners —— 124
         a) Form und Inhalt der Abtretungserklärung —— 125
         b) Gegenstände der Abtretungserklärung —— 128
         c) Pflicht zum Hinweis auf bestehende Abtretungen —— 133
   V. Restschuldbefreiungsverfahren ohne Wohlverhaltensphase —— 136
      1. Vorzeitige Erteilung bei fehlenden Forderungsanmeldungen in Alt- und Neuverfahren —— 137
      2. Vergleich des Schuldners mit den Gläubigern angemeldeter Forderungen —— 141
      3. Ende der Laufzeit der Abtretungserklärung vor Aufhebung des Insolvenzverfahrens – Erteilung der RSB in sog. „asymmetrischen Verfahren" nach altem und neuem Recht —— 142
   VI. Bedeutung des Antrags auf RSB im eröffneten Verfahren —— 151
   VII. Anwendungsbereich der Versagungsgründe des § 290 Abs. 1 InsO —— 153
      1. Bedeutung im Rahmen der Verfahrenskostenstundung —— 154
      2. Bedeutung im Schuldenbereinigungsverfahren —— 156
      3. Keine Berücksichtigung in der Wohlverhaltensphase nach altem Recht —— 157
      4. Unzulässigkeit der Ausweitung auf entsprechende Sachverhalte —— 158
   VIII. Allgemeine Verfahrensregeln für die Geltendmachung von Versagungsgründen —— 160
      1. Geltendmachung von Versagungsgründen in Altverfahren —— 161
      2. Beschränkung des Antrags auf die gesetzlich normierten Versagungsgründe —— 162
         a) Beschränkung der Antragsbefugnis auf am Verfahren teilnehmende Insolvenzgläubiger —— 163
         b) Keine Versagung der RSB von Amts wegen —— 164
         c) Glaubhaftmachung des Versagungsgrundes/Pflicht des Schuldners zur Stellungnahme —— 165
      3. Pflichten des Insolvenzgerichts nach erfolgreicher Glaubhaftmachung —— 167
         a) Keine Verschlechterung der Befriedigungsaussichten der Gläubiger —— 170
         b) Berücksichtigung des Verhältnismäßigkeitsgrundsatzes —— 171
         c) Rechtsmittel der Beteiligten —— 172
      4. Anträge auf Versagung der RSB in Neuverfahren —— 173

Pape

IX. Voraussetzungen der einzelnen Versagungsgründe —— 179
 1. Versagungsgrund des § 290 Abs. 1 Nr. 1 InsO – rechtskräftige Verurteilung wegen einer Insolvenzstraftat —— 180
 2. Versagungsgrund des § 290 Abs. 1 Nr. 2 InsO – Falschangaben bei der Kreditaufnahme und im Zusammenhang mit öffentlichen Leistungen —— 182
 3. Versagungsgrund des § 290 Abs. 1 Nr. 3 InsO „a.F." – früher erteilte/versagte RSB —— 191
 4. Versagungsgrund des § 290 Abs. 1 Nr. 4 InsO – Vermögensverschwendung —— 198
 5. Versagungsgrund des § 290 Abs. 1 Nr. 5 InsO – Verletzung von Auskunfts- und Mitwirkungspflichten —— 201a
 6. Versagungsgrund des § 290 Abs. 1 Nr. 6 InsO – Falschangaben in den Verzeichnissen nach § 305 Abs. 1 InsO und in der Erklärung nach § 287 Abs. 1 Satz 3 InsO n.F. —— 206
 7. Verletzung der Erwerbsobliegenheit des Schuldners im eröffneten Verfahren – § 290 Abs. 1 Nr. 7 InsO —— 212
 8. Kosten- und Gebühren im Versagungsverfahren —— 215
X. Gerichtliche Entscheidung über den Antrag auf RSB nach altem und neuem Recht —— 216
 1. Ankündigung der RSB in Altverfahren —— 217
   a) Anfechtung des Ankündigungsbeschlusses —— 219
   b) Bestellung des Treuhänders für die Wohlverhaltensphase —— 220
   c) Kriterien für die Bestimmung des Treuhänders —— 221
   d) Anfechtung der Treuhänderbestellung —— 222
 2. Übergang in die Abtretungszeit in Neuverfahren —— 223
XI. Stellung des Treuhänders im Restschuldbefreiungsverfahren —— 226
 1. Keine Pflichten gegenüber Neugläubigern des Schuldners —— 227
 2. Offenlegung der Abtretungserklärung —— 228
 3. Ausgleich der Stundungskosten und Befriedigung der Massegläubiger —— 230
 4. Motivationsrabatt des Schuldners in der Wohlverhaltensphase/Aufschiebung der Verteilung —— 231
 5. Antragsbefugnis des Treuhänders nach §§ 850ff. ZPO —— 233
 6. Überwachung des Schuldners in der Wohlverhaltensphase —— 234
 7. Rechnungslegung, Aufsicht, Haftung, Vergütung des Treuhänders in der Wohlverhaltensphase —— 235
   a) Entlassung des Treuhänders —— 236
   b) Haftung des Treuhänders in der Wohlverhaltensphase —— 237
 8. Vergütung des Treuhänders im Restschuldbefreiungsverfahren —— 238
XII. Stellung des Schuldners in der Wohlverhaltensphase —— 239
 1. Obliegenheiten des Schuldners während der Wohlverhaltensphase —— 240
 2. Fallgruppen des § 295 Abs. 1 Nr. 1–Nr. 4 InsO —— 241
   a) Pflicht des Schuldners zur Ausübung einer angemessenen Erwerbstätigkeit —— 242
   b) Verpflichtung selbstständig tätiger Schuldner zur Abführung adäquater Beträge —— 250

Pape

- aa) Neuregelung der Abführungspflicht in § 295a InsO —— 250a
- bb) Bestimmung des abzuführer den Betrages/gerichtliche Feststellung —— 251
- cc) Pflichten des Schuldners in Mangelfällen —— 251a
- dd) Maßstäbe für die Festsetzung der abzuführenden Beträge —— 252
- ee) Zeitpunkt der Abführung —— 253
- ff) Bereicherungsanspruch bei Übererfüllung —— 253a
- c) Beschränkte Verpflichtung zur Herausgabe ererbten Vermögens —— 254
- d) Abführungspflicht für Schenkungen und Gewinne —— 255a
  - aa) Hälftige Abführungspflicht bei Schenkungen in der Abtretungszeit —— 255b
  - bb) Herbeiführung eines Klärungsbeschlusses des Insolvenzgerichts —— 255c
  - cc) Abführungspflicht bei Gewinnen in der Wohlverhaltensphase —— 255d
- e) Anzeigepflichten des Schuldners in der Wohlverhaltensphase —— 256
- f) Verbot der Einräumung von Sondervorteilen —— 259
- g) Begründung unangemessener Verbindlichkeiten als neuer Versagungsgrund in der Treuhandperiode —— 260a
- h) Versagung der RSB wegen des Verstoßes gegen Obliegenheitspflichten während der Wohlverhaltensphase —— 261
- i) Versagung der RSB wegen einer rechtskräftigen Verurteilung des Schuldners aufgrund einer Insolvenzstraftat —— 267
- j) Versagung der RSB wegen fehlender Deckung der Mindestvergütung des Treuhänders —— 271

XIII. Folgen der Einleitung des Restschuldbefreiungsverfahrens für die Gläubiger —— 274
1. Auswirkungen des Vollstreckungsverbots in der Wohlverhaltensphase —— 276
2. Unzulässigkeit von Sonderabkommen mit dem Schuldner —— 277
3. Im Insolvenzverfahren verheimlichtes Vermögen —— 279

XIV. Erteilung und Wirkungen der RSB —— 280
1. Voraussetzungen der Erteilung der endgültigen RSB in vor dem 1. Juli 2014 beantragten Altverfahren —— 281
2. Voraussetzungen der Erteilung der endgültigen RSB in zwischen dem 1.Juli 2014 und dem 16. Dezember 2019 beantragten Verfahren —— 283
3. Erteilung der RSB in ab dem 17. Dezember 2019 beantragten Neuverfahren —— 286a
   - a) Wirksamwerden der Abtretungserklärung nach Ablauf von 3 Jahren ohne Mindestquote und alternative Fristen —— 286b
     - aa) Verfahren zur Erlangung der RSB nach 3 Jahren —— 286c

bb) Automatisches Wirksamwerden der RSB mit Ablauf der Abtretungsfrist —— 286d
cc) Verlängerte Abtretungsfrist in Zweitverfahren nach Erteilung der RSB nach Ablauf von 3 Jahren —— 286e
b) Rückwirkende Verkürzung der Laufzeit der Abtretungserklärung in Altfällen —— 286f
c) Evaluierung der Laufzeitverkürzung zur Jahresmitte 2024 —— 286g
4. Nachträglicher Widerruf der RSB —— 287
5. Wirkungen der RSB —— 291
a) Entstehung unvollkommener Verbindlichkeiten —— 293
b) Faktische Verlängerung der Nachhaftung durch Schufa-Eintrag pp. —— 294
c) Aufhebung berufsrechtlicher Einschränkungen —— 295
d) Von der RSB ausgenommene Forderungen —— 296
aa) Deliktische Forderungen i.S.d. § 302 Nr. 1 InsO —— 297
(1) Geltendmachung des Privilegs der vorsätzlich begangenen unerlaubten Handlung —— 298
(2) Besonders herausgehobene Verbindlichkeiten —— 299
(3) Berücksichtigung von Nebenforderungen usw. —— 302
bb) Geldstrafen und Geldbußen i.S.d. § 302 Nr. 2 InsO —— 303
cc) Verbindlichkeiten aus bestimmten zinslosen Darlehen gemäß § 302 Nr. 3 InsO —— 304
dd) Ausweitung der ausgenommenen Forderungen durch das Verkürzungsgesetz 2014 —— 305
C. Stundung der Kosten des Insolvenzverfahrens (§§ 4a–4d InsO) —— 307
I. Voraussetzungen der Verfahrenskostenstundung —— 308
1. Form und Inhalt von Stundungsanträgen —— 309
2. Feststellung der Leistungsfähigkeit des Schuldners —— 311
a) Vorrangigkeit von Vorschussleistungen —— 312
b) Unzulässigkeit von Ratenzahlungsanordnungen/Fehlende Pflicht zur Rücklagenbildung —— 313
c) Beschränkung der Auskunftspflicht auf für die Eröffnung und Durchführung des Verfahrens relevante Fragen —— 316
3. Gründe für die Stundungsversagung —— 318
a) Stundungsversagung wegen eines sehr hohen Anteils ausgenommener Forderungen —— 319
b) Versagung der Stundung wegen zweifelsfrei vorliegender Versagungsgründe —— 322
aa) Rechtslage bei Antragstellung bis zum 1.7.2014 —— 323
bb) Rechtslage bei Antragstellung ab dem 1.7.2014 —— 325

Pape

4. Entscheidung über die Kostenstundung —— 327
II. Wirkungen der Verfahrenskostenstundung —— 329
   1. Subsidiarität der Stundung/des Anspruchs des Verwalters bzw. Treuhänders gegen die Staatskasse —— 330
   2. Zurückhaltung vor Beträgen bei der Schlussverteilung im Hinblick auf die Kosten der Wohlverhaltensphase —— 333
   3. Umfang der gestundeten Kosten/Ablehnung der Anwendung auf andere Mangelfälle —— 334
III. Rechtsanwaltsbeiordnung i.R.d. Verfahrenskostenstundung —— 335
IV. Aufhebung der Verfahrenskostenstundung —— 337
   1. Erschleichung der Stundung durch unrichtige Angaben —— 338
   2. Täuschung über die persönlichen und wirtschaftlichen Voraussetzungen für die Verfahrenskostenstundung —— 341
   3. Rückstand mit gerichtlich angeordneten Zahlungen —— 342
   4. Nichtausübung einer angemessenen Erwerbstätigkeit/nicht ausreichendes Bemühen um eine solche Tätigkeit —— 343
   5. Versagung oder Widerruf der RSB —— 347
V. Rückzahlung der gestundeten Beträge —— 349
VI. Rechtsmittel im Stundungsverfahren —— 350
D. Schuldnerberatung —— 352
   I. Geeignete Personen und Stellen zur Ausstellung der Bescheinigung nach § 305 Abs. 1 Nr. 1 InsO —— 355
   II. Ablauf des außergerichtlichen Schuldenbereinigungsverfahrens —— 357
   III. Wirkungen des außergerichtlichen Schuldenbereinigungsplans —— 358
   IV. Beratungshilfe im außergerichtlichen Verfahren —— 359
E. Schutz eines Kontoguthabens des Schuldners – Einrichtung und Funktionsweise eines P-Kontos —— 364
   I. Entwicklung des Pfändungsschutzes für Kontoguthaben und Grundzüge der Regelung —— 365
      1. Wirkungen im Insolvenzverfahren —— 367
      2. Einrichtung des P-Kontos/Auswirkungen der Verfahrenseröffnung —— 368
      3. Erteilung von Auskünften —— 370
      4. Verfahren bei Unterhalten mehrerer P-Konten —— 371
      5. Behandlung von Gemeinschaftskonten —— 372
      6. Gebühren für die Führung von P-Konten —— 373
   II. Bestimmung des geschützten Betrags —— 374
      1. Grundfreibetrag —— 375
      2. Mehr- oder Aufstockungsbetrag —— 376
      3. Bestimmung des pfändungsfreien Betrages bei Unterhaltsansprüchen —— 377
      4. Abweichende Festsetzung des pfändungsfreien Betrages durch das Vollstreckungsgericht —— 378
   III. Schutzzeitraum und Übertragung unverbrauchter Beträge —— 379

Pape

A. Verbraucherinsolvenzverfahren

I. Vorbemerkungen – maßgebliche Änderungen der Insolvenzordnung im Hinblick auf das Verbraucherinsolvenz- und Restschuldbefreiungsverfahren

1 Der Gesetzgeber der InsO hatte die Vorstellung, ein dem Restschuldbefreiungsverfahren bei **privaten Verbrauchern** und **Kleingewerbetreibenden** vorgeschaltetes Schuldenbereinigungsverfahren sollte verhindern, dass die Zahl der durchgeführten Insolvenzverfahren mit anschließendem förmlichen Restschuldbefreiungsverfahren die Gerichte zu stark belastet. Für diesen Personenkreis wurde deshalb in den §§ 304 ff. InsO ein vereinfachtes Insolvenzverfahren geschaffen, mittels dessen die Durchführung des vollständigen Insolvenzverfahrens mit anschließender RSB nach Möglichkeit vermieden werden sollte.[1] Ermöglichen sollte dies das zwingend vorgesehene **außergerichtliche Schuldenbereinigungsverfahren**, bei dessen Erfolg ein Insolvenzantrag mit anschließender Durchführung eines Insolvenzverfahrens entbehrlich sein sollte. Scheiterte eine außergerichtliche Verständigung, so sollte das nach Antragstellung durchzuführende **gerichtliche Schuldenbereinigungsverfahren** wenigstens eine Verfahrenseröffnung entbehrlich machen. Als besonderes Verfahren zur Entschuldung natürlicher Personen wurde deshalb ein vierstufiges Verfahren im Gesetz verankert, dessen Ablauf wie folgt gegliedert war:

1. außergerichtliches Schuldenbereinigungsverfahren (§ 305 Abs. 1 Nr. 1 InsO);[2]
2. gerichtliches Schuldenbereinigungsverfahren (§§ 305 bis 310 InsO);[3]
3. vereinfachtes Insolvenzverfahren (§§ 304, 311 bis 314 InsO);[4]
4. Restschuldbefreiungsverfahren (§§ 286 bis 303 InsO).[5]

1. Insolvenzrechtsänderungsgesetz 2001 – Herstellung der Funktionsfähigkeit des Restschuldbefreiungsverfahrens

2 Die erste für das Restschuldbefreiungsverfahren entscheidende Weichenstellung nach Inkrafttreten der Insolvenzordnung war das **Insolvenzrechtsänderungsgesetz 2001**, mit dem insbesondere die **Verfahrenskostenstundung** eingeführt worden ist, welche die Durchführung von Insolvenzverfahren über das Vermögen na-

---

[1] S. die Begründung des Rechtsausschusses zum 9. Teil der InsO, vor §§ 304 ff. InsO, abgedr. bei Uhlenbruck, Das neue Insolvenzrecht, S. 706.
[2] Vgl. hierzu Rdn 222 ff.
[3] Zu diesem Verfahren Rdn 17 ff.
[4] Nachfolgend Rdn 34 ff.
[5] Hierzu Rdn 50 ff.

türlicher Personen erst möglich gemacht hat.⁶ Während zuvor die Anträge privater Verbraucher in der Regel an der Kostenhürde des § 26 Abs. 1 InsO scheiterten, konnte sich das Verbraucherinsolvenz- und Restschuldbefreiungsverfahren nach Inkrafttreten des Gesetzes am 1.12.2001 zu einem Masseverfahren entwickeln, das inzwischen jährlich etwa 100.000 Mal praktiziert wird. Insoweit sind zwar in den ausgehenden 2010er Jahren die Verfahrenszahlen aufgrund der guten wirtschaftlichen Entwicklung etwas zurückgegangen. An der grundlegenden Situation in der Bundesrepublik Deutschland, dass es **konstant etwa 8 Mio. überschuldete Personen** gibt, hat sich aber nichts Wesentliches geändert. Aufgrund der **Corona-Pandemie** und der zu erwartenden einschneidenden wirtschaftlichen Folgen mit Kurzarbeit und Entlassungen ist für die Zukunft mit einer steigenden Zahl von Verbrauchinsolvenzverfahren zu rechnen, die mit dem Ziel der Restschuldbefreiung geführt werden.

2. Erster Versuch der Verkürzung des Restschuldbefreiungsverfahrens – Gesetz zur Verkürzung des Restschuldbefreiungsverfahrens und zur Stärkung der Gläubigerrechte

Nächste wichtige Zäsur für die Entschuldung von Privatpersonen auf der „**Dauerbaustelle Insolvenzordnung**", die zu einer weiteren einschneidenden Reform – d.h. im Klartext Erschwerung – des Restschuldbefreiungsverfahrens geführt hat, ist das am 1.7.2014 in Kraft getretene **Gesetz zur Verkürzung des Restschuldbefreiungsverfahrens und zur Stärkung der Gläubigerrechte** vom 15.7.2013⁷ (nachfolgend auch „Verkürzungsgesetz").⁸ Die Vorschriften dieses Gesetzes sind auf alle ab dem 1.7.2014 beantragten Insolvenzverfahren anzuwenden. Diese Gesetzesänderung hatte zur Folge, dass sich die Praxis auf Jahre hinaus darauf einrichten musste, zweispurig zu fahren. Je nach Datum der Antragstellung vor oder ab dem 1.7.2014 ist entweder das bis zu diesem Datum geltende Recht der früheren Fassung der Insolvenzordnung weiter anzuwenden oder es sind die neuen Vorschriften des Verkürzungsgesetzes maßgeblich. Diese **Zweispurigkeit** bringt es immer noch mit sich, dass an einigen Stellen sowohl die **früheren Vorschriften** der Insolvenzordnung als auch die **geänderten Vorschriften** des neu gestalteten Rechts dargestellt werden müssen. In der Sache hat dieses Gesetz allerdings – erwartungsgemäß – wenig zur Bereinigung oder Verbesserung des Verfahrens beigetragen. Die vom Gesetzge-

3

---

6 Zu dem Gesetz und dessen Inhalt Uhlenbruck/Voigt-Salus, Insolvenzrecht 2. Aufl., Kap. 8 Rn 15 ff.
7 BGBl. I 2013, S. 2379.
8 Zu dem Gesetz Grote/Pape, ZInsO 2013, 1433 ff.; Henning, ZVI 2014, 7 ff.; Hergenröder, KTS 2013, 385 ff.; Frind, ZInsO 2013, 1448 ff.; Graf-Schlicker, ZVI 2014, 202 ff.; Ahrens, Das neue Privatinsolvenzrecht, 2. Aufl., 2016, Rn 46 ff.; Mohrbutter/Ringstmeier/Pape, Handbuch Insolvenzverwaltung, Kap. 17 Rn 14 ff.

ber – angeblich – gewollte **Verkürzung des Verfahrens** auf drei Jahre bei Befriedigung einer 35%-Quote ist krachend gescheitert. Nach den Ergebnissen der Evaluation der Vorschriften[9] liegt die Zahl der Verfahren, in denen es zu einer vorzeitigen Erteilung der Restschuldbefreiung nach drei Jahren gekommen ist, **weit unter 2% aller Verfahren**. Dieses Ergebnis entspricht der mit dem Inkrafttreten des § 300 InsO verbundenen Befürchtung, dass die Quote von 35% zu hoch ist, um von einer nennenswerten Zahl von Schuldnern erfüllt zu werden. Die seitens des Rechtsausschusses des Bundestages erwartete Quote von 15% aller Verfahren, in denen es zu einer vorzeitigen Restschuldbefreiung kommt, ist bei weitem nicht erreicht worde. Im Übrigen hat das Gesetz eher zu Erschwernisse als zu Erleichterungen des Verfahrens geführt. Dies hat sich insbesondere im Zusammenhang mit der Anwendung des § 305 InsO gezeigt.

4 Soweit es den Ablauf des zur RSB führenden Verfahrens betrifft, ist es zwar auch nach Inkrafttreten des Verkürzungsgesetzes im Grundsatz bei den vorstehend aufgelisteten Verfahrensabschnitten geblieben. Zu beachten ist aber, dass es in den dem geänderten Recht unterliegenden Fällen das **vereinfachte Insolvenzverfahren** der §§ 311 bis 314 InsO nicht mehr gibt. Auch **Kleinverfahren** unterliegen uneingeschränkt den Vorschriften des Regelinsolvenzverfahrens, wenn der Antrag auf Eröffnung ab dem 1.7.2014 gestellt worden ist. Die Abgrenzung zwischen Verfahren über das Vermögen von Verbrauchern und unternehmerisch tätigen Personen nach § 304 InsO, die unverändert erhalten geblieben ist, hat mithin nur noch Bedeutung für die Frage, ob der Schuldner ein außergerichtliches und – sofern das Insolvenzgericht dies anordnet, wobei diese Anordnung gem. § 306 Abs. 1 Satz 3 InsO fakultativ ist und im Regelfall nicht der sofortigen Beschwerde unterliegt[10] – gerichtliches **Schuldenbereinigungsverfahren** durchlaufen müssen.[11] Die Abwicklung des eigentlichen Insolvenzverfahrens weist dagegen keine gravierenden Unterschiede zwischen Regelinsolvenzverfahren über das Vermögen von wirtschaftlich tätigen Schuldnern und Verbraucherinsolvenzverfahren mehr auf. Die frühere Differenzierung zwischen dem **Treuhänder im vereinfachten Verfahren** und dem Insolvenzverwalter im Regelinsolvenzverfahren gibt es nicht mehr. In beiden Verfahrensarten werden **Insolvenzverwalter** bestellt, deren Amt mit der Aufhebung des Insolvenzverfahrens endet. Anders als in den vor dem 1.7.2014 beantragten Altverfahren, in denen der Treuhänder im vereinfachten Insolvenzverfahren zugleich der geborene **Treuhänder in der Wohlverhaltensphase** war und in der Bestellung eines ande-

---

9 Vgl. den Bericht der Bundesregierung über die Wirkungen des Gesetzes zur Verkürzung des Restschuldbefreiungsverfahrens und zur Stärkung der Gläubigerrechte vom Juni 2018.
10 AG Göttingen, ZInsO 2018, 277; für ein Beschwerderecht in Ausnahmefällen LG Bonn, ZInsO 2017, 447.
11 Zur Beibehaltung des Schuldenbereinigungsverfahrens nach geändertem Recht Grote/Pape, ZInsO 2013, 1433 ff.

ren Treuhänders zugleich eine Entlassung des bisherigen lag,[12] gegen die das Rechtsmittel der sofortigen Beschwerde gegeben war, muss gem. § 288 InsO mit der Aufhebung des Insolvenzverfahrens stets ein Treuhänder für die Abtretungszeit bestellt werden.

3. Zweiter Anlauf zur Verkürzung des Restschuldbefreiungsverfahrens – Gesetz zur weiteren Verkürzung des Restschuldbefreiungsverfahrens

Erneut Bewegung in die Vorschriften über das Restschuldbefreiungsverfahren hat die Umsetzung der **Restrukturierungsrichtlinie**[13] in nationales Recht gebracht. Hierzu hatte das BMJV am 13.2.2020 zunächst den „Entwurf eines Gesetzes zur weiteren Verkürzung des Restschuldbefreiungsverfahrens"[14] vorgelegt, nach dem auf der ersten Stufe der Umsetzung der Richtlinie in nationales Recht, die Vorgaben für ein effektives Restschuldbefreiungsverfahren für Unternehmer gemäß Titel III Art. 20 ff. der Richtlinie erfüllt werden sollten. Nach den Vorstellungen des Entwurfs, der nur eine „kleine Lösung" darstellte und sich im Wesentlichen damit begnügt, die Vorgabe umzusetzen, nach der für natürliche Personen ein Verfahren zur Verfügung stehen muss, das **innerhalb von drei Jahren zur Restschuldbefreiung** führt,[15] findet im Blick auf den persönlichen Anwendungsbereich eine Unterscheidung zwischen Verbrauchern und unternehmerisch tätigen natürlichen Personen nicht statt. Der Entwurf geht zutreffend davon aus, dass eine **Unterscheidung zwischen Unternehmern und Privatleuten**, schon aus **Gründen der Gleichbehandlung**, nicht möglich ist. Eine längere Frist für Verbraucher verbietet schon der Umstand, dass bei Unternehmern eine Differenzierung zwischen privaten und geschäftlichen Schulden so gut wie unmöglich ist und im Übrigen auch nicht richtlinienkonform wäre, weil Art. 24 der Richtlinie eine **Konsolidierung** von Verfahren in Bezug auf berufliche und private Schulden vorschreibt, die in einem einzigen Verfahren zu gewährleisten ist. Uneingeschränkt zu begrüßen ist auch, dass der Entwurf darauf verzichtet, die Erteilung der Restschuldbefreiung nach Ablauf von drei Jahren an die Deckung der Verfahrenskosten zu knüpfen[16] und eine längere Frist – etwa von fünf Jahren – anzuordnen, wenn die Kosten nicht gedeckt sind. Insoweit

4a

---

12 Vgl. BGH, 5.3.2011 – IX ZB 27/14, ZInsO 2015, 949; BGH, 26.1.2012 – IX ZB 15/11, ZInsO 2012, 455.
13 Richtlinie (EU) 2019/1023 des europäischen Parlaments und des Rates vom 20.6.2019 über präventive Restrukturierungsmaßnahmen, über Entschuldung und über Tätigkeitsverbote sowie über Maßnahmen zur Steigerung der Effizienz von Restrukturierungs-, Insolvenz- und Entschuldungsverfahren und zur Änderung der Richtlinie (EU) 2017/1132 Richtlinie über Restrukturierung und Insolvenz (ABl. L 172 v. 26.6.2019).
14 Abgedruckt in NZI 2020, 159; zu dem Entwurf Ahrens, NZI 2020, 137; Pape, ZInsO 2020, 1347; A. Schmidt, ZVI 2020, 79; Blankenburg, ZVI 2020, 82.
15 Siehe auch Ahrens, NZI 2020, 137; A. Schmidt, ZVI 2020, 79; Blankenburg, ZVI 2020, 82.
16 Vgl. Referentenentwurf S. 11.

wird in der Begründung des Entwurfs ausgeführt, die bisherigen Erfahrungen mit der durch § 300 Abs. 1 Satz 2 Nr. 3 InsO eröffneten Möglichkeit einer vorzeitigen Restschuldbefreiung im Fall der Kostendeckung legten die Erkenntnis nahe, dass die Verfahrenskosten selbst nach fünf Jahren im Regelfall nicht gedeckt seien. Die Erwartung sei unrealistisch, dass es den Schuldnerinnen und Schuldnern in der Regel möglich sein würde, die Verfahrenskosten bereits nach drei Jahren zu decken. Diese Ausführungen zeigen, dass eine Verknüpfung von dreijähriger Laufzeit und Deckung der Kosten durch den Schuldner nicht richtlinienkonform wäre, weil dies die Erteilung der Restschuldbefreiung nach fünf Jahren zum Regelfall und nicht zur Ausnahme machen würde.[17] Problematisch erschien dagegen die in dem Entwurf vorgeschlagene Übergangsregelung des Art. 103k EGInsO RefE. Danach sollte es eine Staffelung geben, die so aussieht, dass die Dauer des regulären Restschuldbefreiungsverfahrens beginnend ab dem 17.12.2019 – mit einer anfänglichen Frist fünf Jahren und sieben Monaten – sich um jeweils einen Monat verkürzt, bis am 16.7.2022 eine allgemeine Verfahrensdauer von drei Jahren für alle Schuldner erreicht ist. Damit sollte vermieden werden, dass es zu einem jahrelangen Stillstand kommt, wenn Schuldner im Hinblick auf einen festen Stichtag für die Anwendung des neuen Rechts zunächst mehrere Jahre auf Anträge verzichten, um dann sofort nach Inkrafttreten den entstandenen Verfahrensstau aufzulösen und mit einer dreijährigen Frist zu starten. Dies hätte einerseits zu erheblichen Problemen bei den Schuldnerberatungen und Verwaltern geführt, die zunächst mit einem jahrelangen Stillstand und dann mit einer **Explosion der Antragszahlen** zu rechnen hatten.[18] Andererseits sollten die Gerichte davor bewahrt werden, gleichzeitig eine Vielzahl von Verfahren bearbeiten zu müssen. Insoweit lag es – auch im Hinblick auf die gravierenden Folgen der Corona-Pandemie für die Verschuldung weiter Bevölkerungskreise – nahe, die Übergangsvorschrift noch einmal zu überdenken und die verkürzte Dauer sofort in Kraft treten zu lassen.[19]

Dem Referentenentwurf ist innerhalb sehr kurzer Zeit der Regierungsentwurf eines Gesetzes zur weiteren Verkürzung des Restschuldbefreiungsverfahrens vom 31.8.2020 gefolgt,[20] mit dem die Umsetzung der Richtlinie im Hinblick auf die seit März 2021 grassierende Corona-Pandemie sehr stark beschleunigt werden sollte. Dieser Entwurf wies zwar gravierende Unterschiede zu dem Referentenentwurf auf, die teilweise auf erhebliche Kritik gestoßen sind.[21] Dies gilt insbesondere für den Vorschlag, zur Jahresmitte 2025 zu der Regelung zurückzukehren, nach der für Verbraucherschuldner bei einer regulären Verfahrensdauer von 6 Jahren eine Rest-

---

17 Siehe auch Blankenburg, ZVI 2020, 82, 83.
18 Vgl. Referentenentwurf S. 10 f.
19 Hier näher Pape, ZInsO 2020, 1347.
20 Vgl. BT-Drucks. 19/21981.
21 Siehe Pape/Laroche/Grote, ZInsO 2020, 1805.

schuldbefreiung nach 3 Jahren nur bei Erfüllung einer 35%-Quote in Betracht kommt und für eine neu geschaffene Obliegenheit, in der Abtretungszeit keine unangemessenen Verbindlichkeiten zu begründen, nicht der Antragsgrundsatz, sondern das Amtsermittlungsprinzip gelten sollte. Aufgrund der massiven Kritik, die an dem Regierungsentwurf geübt worden ist, hat der Rechtsausschuss des Deutschen Bundestages noch einmal erhebliche Änderung an dem Entwurf vorgenommen,[22] die zum Jahresende 2020 verabschiedet[23] und – mit Ausnahmen, auf die an den jeweiligen Stellen hinzuweisen ist – am 1.1.2021 in Kraft getreten sind.[24] Wichtigste Änderung des Gesetzes ist die für alle Schuldner auf 3 Jahre verkürzte Laufzeit des Restschuldbefreiungsverfahrens, die rückwirkend für alle ab dem 1.10.2020 beantragten Verfahren in Kraft getreten ist. Rückwirkende Verfahrenserleichterungen ergeben sich auch in Verfahren, die zwischen dem 17.12.2019 und dem 30.9.2020 beantragt worden sind. Gem. Art. 103k Abs. 2 EGInsO hat der Gesetzgeber für diese Verfahren eine sukzessive Verkürzung der Verfahrensdauer beschlossen, sodass in sämtlichen Verfahren, die ab dem 17.12.2019 beantragt worden sind, die Abtretungsfrist zwischen dem 17.7. und 16.8.2025 endet. Bis auf die Verkürzung der Abtretungsfrist bleibt es in den letztgenannten Verfahren bei der Anwendung der Vorschriften der Insolvenzordnung in der bis zum 30.9.2020 geltenden Fassung. Dies ergibt sich aus der Übergangsvorschrift des Art. 103k Abs. 1 EGInsO. Im Detail sieht die Staffelung der Verfahrensdauer folgendermaßen aus:

Datum der Antragstellung	Reguläre Laufzeit ab Eröffnung
vor dem 17.12.2019	**6 Jahre**
Antrag ab 17.12.2019	5 Jahre 7 Monate
Antrag ab 17.1.2020	5 Jahre 6 Monate
Antrag ab 17.2.2020	5 Jahre 5 Monate
Antrag ab 17.3.2020	5 Jahre 4 Monate
Antrag ab 17.4.2020	5 Jahre 3 Monate
Antrag ab 17.5.2020	5 Jahre 2 Monate
Antrag ab 17.6.2020	5 Jahre 1 Monate

---

22 Vgl. die Beschlussempfehlung des Ausschusses für Recht und Verbraucherschutz (6. Ausschuss) vom 15.12.2020 BT-Drucks. 19/25251 sowie die Begründung des Rechtsausschusses BT-Drucks. 19/25322 vom 16.12.2020.
23 Siehe das Gesetz zur weiteren Verkürzung des Restschuldbefreiungsverfahrens und zur Anpassung pandemiebedingter Vorschriften im Gesellschafts-, Genossenschafts-, Vereins- und Stiftungsrecht sowie im Miet- und Pachtrecht vom 22.12.2020, BGBl. I S. 3328.
24 Zu dem Gesetz ausführlich Pape/Laroche/Grote, ZInsO 2021, 57; siehe auch Ahrens, NZI 2021, 57; A. Schmidt ZVI 2021, 41.

Datum der Antragstellung	Reguläre Laufzeit ab Eröffnung
Antrag ab 17.7.2020	5 Jahre 0 Monate
Antrag ab 17.8.2020	4 Jahre 11 Monate
Antrag ab 17.9.2020 bis 30.9.2020	4 Jahre 10 Monate
Ab dem 1.10.2020	3 Jahre

Neben der Verkürzung der Verfahrensdauer für alle Schuldner, die entgegen dem Regierungsentwurf nicht reversibel ist, hat der Gesetzgeber neue Obliegenheiten in der Abtretungszeit geschaffen, zu denen die Anwendung des Halbteilungsgrundsatzes des § 295 Satz 2 InsO auf sämtliche Schenkungen, nicht nur solche von Todes wegen, und die Abführungspflicht für Gewinne gehört. Auf Initiative des Rechtsausschusses sind noch Änderungen der Vorschrift über die Freigabe einer selbständigen Tätigkeit des Schuldners (§ 35 Abs. 3 InsO) und der Abführungspflicht selbständiger, die nicht mehr in § 295 Abs. 2, sondern in § 295a InsO zu finden ist[25], hinzugekommen, um nur die wichtigsten Neuerungen zu nennen.

II. Verbraucher und Kleingewerbetreibende i.S.d. § 304 InsO – weitere Antragsvoraussetzungen

5   Die §§ 304 ff. InsO sind zwingend anzuwenden, wenn es um einen Schuldner geht, der unter die im neunten Teil der Insolvenzordnung geregelten Vorschriften über das **Verbraucherinsolvenzverfahren** fällt. Erfüllt der Schuldner die Voraussetzungen, unter denen er nach dem im Reformgesetz von 2013 unverändert gebliebenen § 304 InsO dem Verbraucherinsolvenzverfahren zuzuordnen ist, muss er bei Stellung eines Eigenantrags die besonderen Voraussetzungen des § 305 InsO beachten. Er kann sich der Durchführung eines außergerichtlichen Schuldenbereinigungsverfahrens nicht durch Verzicht auf den Versuch der Schuldenbereinigung entziehen. Sein Antrag gilt vielmehr gem. § 305 Abs. 3 Satz 2 InsO als zurückgenommen, wenn er keine vollständigen Unterlagen einreicht, die dem Katalog des § 305 Abs. 1 Nr. 1 bis 4 InsO genügen, und es unterlässt, nach einer entsprechenden Aufforderung des Gerichts gem. § 305 Abs. 3 Satz 1 InsO die Antragsunterlagen entsprechend zu ergänzen.[26] Änderungen sind insoweit durch das Gesetz zur weiteren Verkürzung des Restschuldbefreiungsverfahrens vom 22.12.2020 nicht eingetreten. Verbrauchen haben weiterhin zwingend ein außergerichtliches und bei Vorliegen der entsprechenden Voraussetzungen ein gerichtliches Schuldenbereinigungsverfahren zu durchlaufen.

---

25 Hierzu insbesondere Pape/Laroche/Grote, ZInsO 2021, 57; Ahrens, NZI 2021, 57.
26 Vgl. BGH, 16.4.2015 – IX ZB 93/12, ZInsO 2015, 1103.

1. Anwendbare Rechtsvorschriften bei Antragstellung vor und ab dem 1.7.2014

§ 304 Abs. 1 Satz 1 InsO bestimmt, dass für Schuldner, die natürliche Personen sind, die keine selbständige wirtschaftliche Tätigkeit ausüben oder ausgeübt haben, die allgemeinen Verfahrensvorschriften gelten, soweit in diesem Teil **nichts anderes bestimmt** ist. Dies gilt gem. Satz 2 auch für Schuldner, die eine selbständige wirtschaftliche Tätigkeit ausgeübt haben, wenn ihre Vermögensverhältnisse überschaubar sind und gegen sind keine Forderungen aus Arbeitsverhältnissen bestehen. Unter welchen Voraussetzungen die Vermögensverhältnisse des Schuldners überschaubar sind, wird in § 304 Abs. 2 InsO näher bestimmt. Anzuwenden auf Schuldner, die unter § 304 Abs. 1 InsO fallen, sind die Vorschriften über das außergerichtliche und gerichtliche Schuldenbereinigungsverfahren. Insoweit müssen alle erfassten Schuldner das außergerichtliche Verfahren nach § 305 InsO **zwingend durchlaufen**. Über die Durchführung eines gerichtlichen Schuldenbereinigungsverfahrens nach den §§ 307 ff. InsO entscheidet das Insolvenzgericht nach Anhörung des Schuldners. Es ordnet gem. § 306 Abs. 1 Satz 2 InsO nach freiem Ermessen die Fortsetzung des Verfahrens über den Eröffnungsantrag an, wenn nach seiner freien Überzeugung der Schuldenbereinigungsplan voraussichtlich nicht angenommen wird, andernfalls führt es das gerichtliche Schuldenbereinigungsverfahren durch.[27] In den ab dem 1.7.2014 beantragten Verfahren (nachfolgend auch Neuverfahren), gibt es die Ausnahmeregeln der §§ 312–314 InsO nicht mehr. Hier ergeben sich **bestimmte Sondervorschriften** für Schuldner, die dem Verbraucherinsolvenzverfahren zuzurechnen sind, nur noch aus § 270 Abs. 1 Satz 3 (Ausschluss der Eigenverwaltung), § 88 Abs. 2 (Verlängerung der Rückschlagsperre auf drei Monate statt einem Monat im Regelinsolvenzverfahren) und § 29 Abs. 2 Satz 2 InsO n.F. (Verzicht auf einen Berichtstermin in Verfahren, in denen die Vermögensverhältnisse des Schuldners überschaubar sind und die Zahl der Gläubiger oder die Höhe der Verbindlichkeiten gering ist). Besonderheiten für die Anfechtung und die Verwertung von Gegenständen, auf denen Absonderungsrechte lasten, gibt es dagegen – anders als in Altverfahren, in denen die ansonsten außer Kraft getretenen §§ 312–314 InsO noch anzuwenden sind – ebenfalls nicht mehr.

Eine Sonderstellung nimmt das **Insolvenzplanverfahren** nach den §§ 217 ff. InsO ein. Hier schließt – anders als die bis zum 30.6.2014 geltende Vorschrift des § 312 Abs. 3 InsO a.F. – das Gesetz Planverfahren in Insolvenzverfahren über das Vermögen privater Verbraucher und Kleingewerbebetreibender nicht mehr aus. Planverfahren nehmen vielmehr insoweit eine Sonderstellung ein, als die Möglichkeit, Insolvenzpläne vorzulegen nach den Übergangsvorschriften zum Verkürzungsge-

---

27 LG Bonn, ZInsO 2017, 447; LG Gera, NZI 2016, 318; AG Göttingen, ZInsO 2018, 277.

setz 2013 auch schon in Altverfahren besteht, in welchen der Antrag vor dem 1.7. 2014 gestellt worden ist.[28]

2. Abgrenzung zum Regelinsolvenzverfahren

8 Um in den Anwendungsbereich der §§ 304 ff. InsO zu gelangen, muss es sich bei dem Schuldner um eine **natürliche Person** handeln; juristischen Personen, Handelsgesellschaften und anderen insolvenzfähigen Vermögensmassen ist der Zugang zu diesem Verfahren von vornherein verwehrt. Sie sind dem Regelinsolvenzverfahren zuzuordnen, eine RSB kommt bei ihnen allenfalls im Rahmen eines Insolvenzplanverfahrens in Betracht, in welchem § 227 InsO eine Entschuldung vorsieht, wobei dies seit Inkrafttreten des Verkürzungsgesetzes umfassend für alle Schuldner gilt, egal welchem Verfahren sie zuzurechnen sind. Die Vorschriften des **Verbraucherinsolvenzverfahrens** sind dann maßgeblich, wenn es sich um eine natürliche Person handelt, die keiner oder nur einer **geringfügigen selbstständigen wirtschaftlichen Tätigkeit** nachgeht. Für den Begriff des Verbrauchers wird – anders als bei den §§ 13, 14 BGB – nicht an den Abschluss eines bestimmten Rechtsgeschäfts angeknüpft, sondern es ist eine **wirtschaftliche Gesamtbetrachtung** geboten. Kennzeichnend für eine selbstständige Tätigkeit i.S.d. § 304 InsO ist, dass der Schuldner in Eigenverantwortung, also im Wesentlichen frei von Weisungen (vgl. § 84 Abs. 1 Satz 2 HGB) und auf eigenes Risiko, zu Erwerbszwecken am Markt Leistungen anbietet und damit nicht lediglich seinen eigenen Bedarf befriedigt.[29] Folgt man dieser Abgrenzung, steht das Verbraucherinsolvenzverfahren neben den Personen, die in keinem Beschäftigungsverhältnis stehen und ihren Lebensunterhalt z.B. von Sozialleistungen bestreiten, vor allem den **abhängig Beschäftigten** offen. Nach der Neufassung des § 304 InsO[30] im Jahr 2001 sind bei ehemals selbstständig wirtschaftlich tätigen Schuldnern die Vorschriften des Regelinsolvenzverfahrens dann anwendbar, wenn noch **Forderungen aus Arbeitsverhältnissen** einschließlich Ansprüchen von Sozialversicherungsträgern und Steuerforderungen abzuwickeln sind oder die Zahl von 19 Gläubigern überschritten wird. Maßgeblicher Zeitpunkt für die Bestimmung der richtigen Verfahrensart ist der **Zeitpunkt der Antragstellung**. Dies folgt aus dem Wortlaut des § 304 Abs. 2 InsO. Als Auslegungsregel gilt, dass der Schuldner im Zweifel dem Regelinsolvenzverfahren zuzurechnen ist.

---

[28] Unzutreffend AG Hamburg, ZInsO 2017, 1376, wonach eine Umgehung der Anforderungen an einen rechtzeitigen Restschuldbefreiungsantrag mittels eines Insolvenzplanverfahrens unzulässig sein soll; aufgehoben durch LG Hamburg, ZIP 2018, 389.
[29] Mohrbutter/Ringstmeier/Pape/Sietz, Handbuch Insolvenzverwaltung, 9. Aufl., Kap. 16 Rn 13, dort auch zu weiteren Einzelheiten der Abgrenzung.
[30] I.d.F. InsOÄndG 2001 BGBl. I, S. 2170.

Der Begriff der **„Ansprüche auf Arbeitsentgelt"** ist weit zu verstehen; hierunter fallen etwa Forderungen, die wegen eines Antrags auf Insolvenzgeld auf die BfA übergegangen sind.[31] Auch Forderungen auf Zahlung von Sozialversicherungsbeiträgen und Lohnsteuer, die gegen den Schuldner als ehemaligen geschäftsführenden Alleingesellschafter einer GmbH nach den Grundsätzen der Durchgriffshaftung geltend gemacht werden, gelten in diesem Sinne als Forderungen aus Arbeitsverhältnissen.[32] Beiträge, die ein als selbstständiger Maler und Lackierer tätiger Insolvenzschuldner an seine Berufsgenossenschaft für sich selbst zu entrichten hat, sind dagegen nicht als Forderungen aus Arbeitsverhältnissen einzustufen.[33]

Nur Schuldner, die niemals einer selbstständigen wirtschaftlichen Tätigkeit nachgegangen sind, können bei 20 Gläubigern und mehr noch in das Verbraucherinsolvenzverfahren kommen. Nach der Rechtsprechung des BGH zur Abgrenzung von Verbraucher- und Regelinsolvenzverfahren nach der Neufassung des § 304 InsO[34] sind im Zweifel die Vorschriften des Regelinsolvenzverfahrens anzuwenden.[35] Ob die Vermögensverhältnisse des Schuldners überschaubar sind, ist objektiv nach deren Umfang und Struktur zu beurteilen.[36] Maßgeblich ist, ob sich im Einzelfall die **Verschuldungsstruktur** des Schuldners nach ihrem Gesamterscheinungsbild so darstellt, dass sie den Verhältnissen eines Schuldners in abhängiger Beschäftigung entspricht. Dem Regelinsolvenzverfahren können deshalb auch Schuldner zuzurechnen sein, die einer **bloß vermögensverwaltenden Tätigkeit** nachgehen. Dies kann etwa der Fall sein, wenn der Schuldner umfangreiche Einnahmen aus der Vermietung von Grundstücken erzielt.[37] Auch ein **Gesellschafter-Geschäftsführer** mit einem geringeren Anteil als 100% kann danach dem Regelinsolvenzverfahren zugeordnet werden. Der geschäftsführende Mehrheitsgesellschafter einer GmbH übt auch dann eine selbstständige wirtschaftliche Tätigkeit i.S.d. Vorschriften über das Verbraucherinsolvenzverfahren aus, wenn die GmbH persönlich haftende Gesellschafterin einer GmbH & Co. KG ist.[38] Dagegen soll das Verbraucherinsolvenzverfahren nicht die passende Verfahrensart sein, wenn der Schuldner zwar „nur" **Geschäftsführer** der Komplementär-GmbH einer GmbH & Co. KG mit einem Kommanditanteil an der KG von 10% ist, diese Tätigkeit jedoch einen Umfang hat, welcher der wirtschaftlichen Selbstständigkeit i.S.v. **§ 304 Abs. 1 InsO** entspricht.

---

31 BGH, 20.1.2011 – IX ZR 238/08, ZInsO 2011, 425.
32 BGH, 22.9.2005 – IX ZB 55/04, ZInsO 2005, 1163.
33 BGH, 24.9.2009 – IX ZA 49/08, ZInsO 2009, 2216.
34 BGH, 22.9.2005 – IX ZB 55/04, ZInsO 2005, 1163.
35 BGH, 25.9.2008 – IX ZB 233/07, ZInsO 2008, 1324; LG Hamburg, ZInsO 2013, 302.
36 BGH, 24.7.2003 – IX ZA 12/03, NZI 2003, 647; BGH, 22.9.2005 – IX ZB 55/04, ZInsO 2005, 1163; BGH, 25.9.2008 – IX ZB 233/07, ZInsO 2008, 1324.
37 Vgl. LG Göttingen, ZInsO 2002, 244; LG Göttingen, ZInsO 2007, 166; s. auch KPB/Wenzel, InsO, § 304 Rn 18.
38 BGH, 12.2.2009 – IX ZB 215/08, ZInsO 2009, 626.

Dies soll gelten, wenn die wirtschaftliche Existenz des Schuldners auch wegen Bürgschaften, die er für die KG übernommen hat, von den wirtschaftlichen Verhältnissen der KG abhängt und er trotz seiner Minderheitsbeteiligung ersichtlich nicht nur eingeschränkten Einfluss auf die Geschicke der KG und ihrer Komplementär-GmbH hat.[39] Insoweit gilt für das Privatinsolvenzverfahren eines Mehrheitsgesellschafters und Geschäftsführers einer GmbH, dass gem. § 3 Abs. 1 Satz 2 InsO das Insolvenzgericht örtlich zuständig ist, in dessen Bezirk sich der Mittelpunkt der selbstständigen wirtschaftlichen Tätigkeit der GmbH befindet.[40] Dagegen bewirkt die strikte Trennung zwischen Gesellschaftsvermögen und Privatvermögen bei **Gesellschaftern von Kapitalgesellschaften**, dass Gesellschaftsverbindlichkeiten das Privatvermögen unberührt lassen, so dass diese im Normalfall den §§ 305 ff. InsO zuzurechnen sind. Übt der Schuldner als **Strohmann** des tatsächlichen Gewerbetreibenden eine selbstständige wirtschaftliche Tätigkeit i.S.d. § 304 Abs. 1 InsO aus, so genügt es, dass er nach außen als selbstständig wirtschaftlich Tätiger aufgetreten ist; das Insolvenzgericht hat in einem solchen Fall nicht von Amts wegen zu ermitteln, ob der gesetzte Rechtsschein zugetroffen hat oder nicht.[41]

11 Nicht zulässig ist es, ein auf Antrag des Schuldners eröffnetes Verbraucherinsolvenzverfahren **in ein Regelinsolvenzverfahren „überzuleiten"**, geschieht dies dennoch, steht dem Schuldner gegen eine solche gesetzwidrige Entscheidung das Rechtsmittel der sofortigen Beschwerde zu.[42] In einem derartigen Fall hat ein Gläubiger, der selbst nicht Antragsteller ist, kein Beschwerderecht mit dem Ziel, das Verfahren als Regelinsolvenzverfahren fortzuführen. Gerade in Bezug auf diese Entscheidung ist nachdrücklich vor einer willkürlichen Verfahrenszuordnung zu warnen, die nachträglich nicht mehr geändert werden kann. Die Verfahrenseröffnung heilt grundsätzlich alle Verfahrensfehler, es sei denn, diese sind so gravierend, dass sie zur **Nichtigkeit des Eröffnungsbeschlusses** führen.[43] Liegt nur ein einfacher Rechtsfehler vor, muss es bei der vom Insolvenzgericht beschlossenen Verfahrensart bleiben. Geht mit der Überleitung des Verbraucherinsolvenzverfahrens in ein Regelinsolvenzverfahren die **Entlassung des Treuhänders** und die Bestellung eines Insolvenzverwalters einher,[44] so führt die Aufhebung des Verweisungsbeschlusses nach einer Beschwerde nicht automatisch zur Unwirksamkeit der Entlassungsentscheidung des im Verbraucherinsolvenzverfahren bestellten Treu-

---

39 LG Verden, ZInsO 2017, 395.
40 AG Hamburg, ZInsO 2015, 923.
41 AG Ludwigshafen, ZInsO 2016, 761.
42 BGH, 25.4.2013 – IX ZB 179/10, ZInsO 2013, 1100.
43 Vgl. KPB/Pape, § 26 InsO Rn 60 m.w.N.
44 Dies gilt allerdings nicht mehr für ab dem 1.7.2014 beantragte Verfahren, in denen es den Treuhänder im Verbraucherinsolvenzverfahren nicht mehr gibt, sondern von vornherein ein Insolvenzverwalter bestellt wird, dessen Amt mit der Aufhebung des Insolvenzverfahrens endet.

händers. Der eingesetzte Insolvenzverwalter bleibt im vielmehr Amt, weil von dem Grundsatz auszugehen ist, dass aus Gründen der Rechtssicherheit ein Hoheitsakt wirksam ist, bis er in dem dafür vorgesehenen Verfahren beseitigt ist.[45]

Geht der Schuldner neben einer abhängigen Beschäftigung einer wirtschaftlich **selbstständigen Nebentätigkeit** nach, fällt er nur dann unter die Vorschriften des Regelinsolvenzverfahrens, wenn seine Nebentätigkeit einen nennenswerten Umfang erreicht und sich organisatorisch verfestigt hat; eine nur gelegentlich ausgeübte Tätigkeit ist noch keine selbstständige Erwerbstätigkeit i.S.d. § 304 InsO.[46] Anhaltspunkte für die Bestimmung der Grenze, unterhalb derer vieles für das Fehlen einer verfestigten organisatorischen Einheit spricht, ist nach der Rechtsprechung des BGH die Bagatellgrenze des **§ 3 Nr. 26 EStG** (derzeit 3.000 €). Erreichen die Einkünfte aus der Tätigkeit nicht einmal diese Grenze spricht vieles für eine nicht nennenswerte selbstständige Beschäftigung. Insoweit gilt allerdings auch hier, dass an der Eröffnung eines Regelinsolvenzverfahrens nichts mehr zu ändern ist, wenn der Schuldner zwar nur eine selbstständige Nebentätigkeit in nicht nennenswertem Umfang ausübt, der Eröffnungsbeschluss aber gleichwohl rechtskräftig geworden ist. 12

Hat der Schuldner den Antrag in der für ihn **unzutreffenden Verfahrensart** gestellt, ist dieser als unzulässig abzuweisen, wenn er auf einen Hinweis des Insolvenzgerichts nicht reagiert und seinen Antrag nicht auf die aus der Sicht des Insolvenzgerichts zutreffende Verfahrensart umstellt. Derartige Fälle können etwa dann eintreten, wenn ein **ehemals selbstständig tätiger Schuldner**, gegen den noch Ansprüche aus Arbeitsverhältnissen bestehen, ausschließlich einen Antrag auf Eröffnung eines Verbraucherinsolvenzverfahren stellt. Der Schuldner ist dann durch die Zurückweisung seines Eröffnungsantrags als unzulässig nicht beschwert.[47] Eine Eröffnung in der vom Gericht für zutreffend gehaltenen Verfahrensart von Amts wegen ohne einen entsprechenden Antrag des Schuldners kommt demgegenüber nicht in Betracht. 13

Dem Gläubiger sind regelmäßig Einzelheiten über die finanziellen und wirtschaftlichen Umstände des Schuldners nicht bekannt. Nach einem Beschluss des LG Hamburg[48] soll es deshalb zunächst im Fall eines Gläubigerantrages für die Zulässigkeit des Antrages nicht erforderlich sein, dass der Antragsteller die **Art des Verfahrens** angibt, das seiner Auffassung nach durchgeführt werden soll. Das Gericht habe einen derartigen Antrag entsprechend den allgemeinen Verfahrensgrundsätzen sachdienlich auszulegen und im Rahmen seiner **Amtsermittlungspflicht** die Richtigkeit der Verfahrenswahl zu überprüfen. Komme es zu dem Ergebnis, der im 14

---

45 BGH, 5.3.2015 – IX ZR 27/14, ZInsO 2015, 949.
46 BGH, 24.3.2011 – IX ZB 80/11, ZInsO 2011, 932.
47 BGH, 25.9.2008 – IX ZB 233/07, ZInsO 2008, 1324.
48 LG Hamburg, ZInsO 2016, 1018.

Pape

Regelinsolvenzverfahren gestellte Antrag gehöre in das Verbraucherinsolvenzverfahren, sei allen Beteiligten vor einer Entscheidung des Insolvenzgerichts rechtliches Gehör zu gewähren. Fordere der Insolvenzrichter den Gläubiger ausdrücklich auf, binnen einer bestimmten Frist mitzuteilen, ob der Antrag im Verbraucherinsolvenzverfahren fortgesetzt werden solle, müsse dieser reagieren. Gebe der Gläubiger keine Erklärung ab, sei der Antrag als unzulässig zurückzuweisen.

15 Eine RSB kann es auch geben, wenn der Schuldner nur einen **einzigen Gläubiger** hat. Die Auffassung, ein Insolvenzverfahren über das Vermögen eines Schuldners mit nur einem Gläubiger sei unzulässig, weil in der InsO bezüglich der Gläubiger stets der Plural benutzt werde,[49] geht fehl. Allen Schuldnern muss die Möglichkeit der RSB eröffnet werden, dies gilt auch wenn es um die Entschuldung einer natürlichen Person mit nur einem Gläubiger geht.[50] Der Schuldner ist nicht gehalten, sich auf mehr oder weniger fragwürdige Art und Weise einen zweiten Gläubiger zu „beschaffen", indem er bei einer ihm nahestehenden Person eine geringfügige Verbindlichkeit begründet, um dem formalen Erfordernis, mehrere Gläubiger zu haben, zu genügen. Derart unredliche Umgehungspraktiken, die dem Schuldner bei seinem Antrag auf RSB schaden könnten, sind abzulehnen. Sie sind auch nicht erforderlich.

3. Außergerichtlicher Einigungsversuch

15a Komm es zu einer außergerichtlichen Einigung, deren Inhalt vielfältig sein kann und die i.d.R. den **Charakter eines zivilrechtlichen Vergleichs** haben dürfte,[51] erübrigt sich das weitere Verfahren. Eines Insolvenzantrags bedarf es nicht. Dieser Fall tritt allerdings eher selten ein, weil die von **§ 305 Abs. 1 Nr. 1 InsO** geforderte außergerichtliche Schuldenbereinig nur mit Einverständnis sämtlicher Gläubiger zustande kommt. Bereits mit der **Ablehnung eines Gläubigers** liegt ein Scheitern vor.[52] Im Blick auf dieses Erfordernis erscheint es nicht sinnvoll, dass das LG Hamburg von der Schuldnerberatungsstelle die Einhaltung einer zweiwöchigen Frist zur Annahme des Plans vor Ausstellung der Bescheinigung über das Scheitern auch dann verlangt, wenn zwei Hauptgläubiger unmittelbar nach Zugang den Plan abgelehnt haben.[53] Auch wenn es Sinn und Zweck des außergerichtlichen Schuldenbereinigungsplanverfahrens ist, Klarheit über den tatsächlichen aktuellen Gesamtfor-

---

49 Vgl. LG Koblenz, ZInsO 2003, 909 m. Anm. Späth.
50 Zutreffend OLG Koblenz, ZInsO 2003, 909; AG Köln, ZInsO 2003, 912 = ZVI 2003, 524; Pape/Uhländer/Pape, § 286 InsO Rn 19.
51 Vgl. Ahrens, Aktuelles Privatinsolvenzrecht, 3. Aufl., Rn 158, wonach sich auch der außergerichtliche Schuldenbereinigungsplan am Inhalt des gerichtlichen Plans orientieren sollte, damit er eine Chance auf Zustimmung hat.
52 Zutreffend AG Hannover, ZInsO 2017, 2652.
53 LG Hamburg, ZInsO 2017, 239.

derungsbestand zu gewinnen, ergibt sich dieser nicht aus den Reaktionen der Gläubiger auf die Übersendung des Plans, sofern sie sich überhaupt dazu äußern. Die Bescheinigung soll dem Gericht die Abwägung ermöglichen, ob ein gerichtliches Schuldenbereinigungsplanverfahren sinnvollerweise durchgeführt werden kann. Hieraus folgt, dass die Schuldnerberatungsstelle das Scheitern der außergerichtlichen Schuldenbereinigung bescheinigen kann, sobald für sie erkennbar ist, dass für ein solches **Verfahren keine Mehrheit** nach den Gläubigerrückmeldungen vorliegen wird.[54] Der Schuldner bzw. die Schuldnerberatungsstelle ist nicht verpflichtet, zunächst die Rückmeldung sämtlicher Gläubiger abzuwarten. Dass die zunächst widersprechenden Gläubiger ihre Auffassung aufgrund der späteren Reaktionen der weiteren Gläubiger ändern könnten und doch zustimmen, ist ohnehin eher unwahrscheinlich.[55]

4. Antragsvoraussetzungen im Verfahren nach den §§ 304 ff. InsO

Fällt der Schuldner unter die §§ 304 ff. InsO, gliedert sich das Verfahren in drei Abschnitte, die jeweils miteinander verzahnt sind. Es beginnt im außergerichtlichen Bereich mit dem Versuch einer **außergerichtlichen Schuldenbereinigung**. Diese ist im Gesetz nur insoweit geregelt, als § 305 Abs. 1 InsO vorschreibt, dass der Schuldner seinem Antrag eine Bescheinigung über das Scheitern des Versuches der außergerichtlichen Schuldenbereinigung beifügen muss. Nach Scheitern des außergerichtlichen Verfahrens – kommt es zu einem Vergleich, ist das weitere Verfahren entbehrlich – muss der Schuldner unter **Gebrauch des amtlichen Vordrucks**[56] einen Insolvenzantrag stellen, der den Voraussetzungen des § 305 Abs. 1 InsO genügt. Dieser Antrag stellt zugleich die Grundlage für das gerichtliche Schuldenbereinigungsverfahren dar. Mit dem Eröffnungsantrag muss der Schuldner gem. § 305 Abs. 1 Nr. 1 InsO eine **Bescheinigung** vorlegen, in der ihm das Scheitern eines außergerichtlichen Schuldenbereinigungsverfahrens attestiert wird. Die Bescheinigung muss nach dem Wortlaut des § 305 Abs. 1 Nr. 1 InsO ausweisen, dass die Einigung innerhalb der letzten sechs Monate vor dem Eröffnungsantrag erfolglos versucht worden ist.[57] Zu dem Antrag gehört weiter die Erklärung des Schuldners, ob

16

---

54 AG Hannover, ZInsO 2017, 2652; AG Köln, ZVI 2002, 68.
55 So aber AG Nürnberg, ZVI 2004, 185.
56 Schuldner, die nicht unter § 304 InsO fallen, können den Antrag nach wie vor schriftlich stellen; ein amtliches Formular für die Antragstellung unternehmerisch tätiger Personen gibt es auch mehr als acht Jahre nach Inkrafttreten der Verordnungsermächtigung in § 13 Abs. 3 Satz 1 InsO immer noch nicht, mit einem entsprechenden Formular ist wohl auch nicht mehr zu rechnen, vgl. KPB/Pape, § 13 InsO Rn 19 ff.
57 Für eine Übergangszeit gilt gemäß Art. 103k Abs. 4 EGInsO, dass im Fall der Stellung des Antrags auf Eröffnung des Verbraucherinsolvenzverfahrens zwischen dem 31.12.2020 und dem 30.6.2021 die vom Schuldner vorzulegende Bescheinigung auch dann den in § 305 Abs. 1 Nr. 1 der

er einen **Antrag auf RSB** stellt (§ 305 Abs. 1 Nr. 2 InsO). Gibt der Schuldner versehentlich nicht an, dass er einen Antrag auf RSB stellt und wird dieser Mangel entgegen der Hinweispflicht aus § 305 Abs. 3 Satz 1 InsO vom Insolvenzgericht nicht beanstandet, so kann der Schuldner den Antrag noch bis zur Verfahrenseröffnung nachholen.[58] Nach zweifelhafter Auffassung des LG Gera soll die Zulässigkeit eines Antrags auf Durchführung des gerichtlichen Schuldenbereinigungsverfahrens nicht mangels Rechtsschutzbedürfnisses zu verneinen sein, wenn der Schuldner lediglich einen eigenen Insolvenzantrag, aber keinen Restschuldbefreiungsantrag gestellt hat.[59] Will der Schuldner mit dem Antrag die RSB erlangen, muss er – dies gilt auch für selbstständig tätige Schuldner – schon im Eröffnungsantrag die gem. § 287 Abs. 2 InsO erforderliche **Abtretungserklärung** abgeben. Bei einem unter Betreuung stehenden Schuldner soll die im Rahmen des Insolvenzantrags mit dem Restschuldbefreiungsantrag abzugebende Abtretungserklärung gem. **§ 287 Abs. 2 InsO** der Genehmigung durch das Betreuungsgericht bedürfen, sofern der Schuldner physisch oder psychisch selbst nicht in der Lage ist, den Eröffnungsantrag nebst Abtretungserklärung zu unterschreiben.[60] Insofern stelle die betreuungsgerichtliche Genehmigung der Abtretungserklärung, die der Betreuer beim Betreuungsgericht zu beantragen habe, auch keine unerfüllbare Auflage des Insolvenzgerichts dar. Die Auflage führe deshalb nicht zur Unanwendbarkeit der Rücknahmefiktion des § 305 Abs. 3 Satz 2 InsO.[61] Weiter ist dem Antrag der **außergerichtliche Schuldenbereinigungsplan** beizufügen und der Schuldner muss darlegen, aus welchen Gründen die außergerichtliche Schuldenbereinigung gescheitert ist. Hierdurch soll dem Gericht die Entscheidung erleichtert werden, ob es ein gerichtliches Schuldenbereinigungsverfahren durchführt (§ 306 Abs. 1 Satz 3 InsO).

a) Von einer geeigneten Person oder Stelle auszustellende Bescheinigung über das Scheitern einer außergerichtliche Einigung

17 Im Rahmen des Gesetzgebungsverfahrens, das zu dem Mitte des Jahres 2014 in Kraft getretenen Verkürzungsgesetz geführt hat, war ursprünglich vorgeschlagen, dass von einem außergerichtlichen Schuldenbereinigungsversuch abgesehen werden

---

InsO genannten Anforderungen genügt, wenn sich aus ihr ergibt, dass eine außergerichtliche Einigung mit den Gläubigern über die Schuldenbereinigung auf der Grundlage eines Plans innerhalb der letzten zwölf Monate vor dem Eröffnungsantrag erfolglos versucht worden ist.

58 Zu einem nach Ablauf einer Frist des § 20 Abs. 2 InsO gestellten Antrag vgl. BGH, 25.9.2008 – IX ZB 1/08, ZInsO 2008, 1138.
59 LG Gera, ZVI 2018, 271, wobei eine Stundungsbewilligung bei einem solchen Antrag aufgrund des Fehlens eines Antrags auf RSB jedenfalls nicht in Betracht kommt.
60 LG Hamburg, ZInsO 2019, 745.
61 LG Hamburg, ZInsO 2019, 745.

konnte, wenn dessen Aussichtslosigkeit bescheinigt wird.[62] Diese radikale Einschränkung des Verfahrens ist jedoch nicht Gesetz geworden. Letztendlich hat der Gesetzgeber den Zwang zu einem außergerichtlichen Einigungsversuch aufrechterhalten. Eine Verschärfung der Anforderungen an diesen Versuch ist allerdings insofern eingetreten, als die Bescheinigung über dessen Scheitern ausweisen muss, dass der außergerichtliche Einigungsversuch gem. § 305 Abs. 1 Nr. 1 InsO n.F. „auf der Grundlage **persönlicher Beratung und eingehender Prüfung der Einkommens- und Vermögensverhältnisse** des Schuldners" unternommen worden ist. Diese Ergänzung des Wortlauts des § 305 Abs. 1 Nr. 1 InsO, die im Jahre 2014 in Kraft getreten ist, hat zu erhöhten Anforderungen an die von einer geeigneten Person oder Stelle auszustellende Bescheinigung geführt. Aus der Bescheinigung muss sich ergeben, dass der Schuldner eine außergerichtliche Einigung mit den Gläubigern über die Schuldenbereinigung auf der Grundlage eines Plans innerhalb der letzten sechs Monate vor dem Eröffnungsantrag[63] erfolglos versucht hat. Die Anforderungen an die Bescheinigung sind danach zunächst wie folgt definiert worden, wobei einzelne Gerichte weit über das Ziel der Neuregelung hinausgeschossen sind und kaum erfüllbare Bedingungen gestellt haben:

Zwar solle die dem Schuldner erteilte Bescheinigung inhaltlich durch das Insolvenzgericht grundsätzlich nicht überprüft werden. Dränge sich aber der Verdacht einer Bescheinigung auf, die nicht der Intention des § 305 Abs. 1 Nr. 1 InsO entspreche, solle dies vom Insolvenzgericht aber beanstandet werden können.[64] Nicht ausreichend für eine persönliche Beratung und eine eingehende Prüfung der Einkommens- und Vermögensverhältnisse des Insolvenzschuldners i.S.d § 305 Abs. 1 Nr. 1 InsO sei eine **Übersendung von Unterlagen** durch eine geeignete Stelle sowie ein anschließendes Ausfüllen von Unterlagen bzw. Formularen durch den Insolvenzschuldner selbst. Von einer persönlichen Beratung im Sinne der Vorschrift sei nur dann auszugehen, wenn der Schuldner mit dem Aussteller der Bescheinigung ein eingehendes und **ausführliches Gespräch** geführt habe, für das in der Regel ein persönliches Zusammentreffen erforderlich sei. Eine sachgerechte gerichtliche Überprüfung der Aussichtslosigkeit eines außergerichtlichen Einigungsversuchs sei nur dann möglich, wenn das Gericht Kenntnis von Art und Umfang der außergerichtlichen Tätigkeit besitze, weswegen das Gericht zu einer materiellen Prüfung hinsichtlich des Vorliegens einer persönlichen Beratung und eingehenden Prüfung

18

---

62 Vgl. Grote/Pape, ZInsO 2012, 1913, 1920.
63 Für den Zeitpunkt des Scheiterns des außergerichtlichen Verfahrens soll nach AG Hannover, ZInsO 2018, 345 nicht schematisch auf die erste oder die letzte Gläubigerrückmeldung abzustellen sein; maßgeblich sei vielmehr allein der Zeitpunkt, den die ausstellende Stelle für das Scheitern angebe.
64 LG Potsdam, 23.6.2015 – 2 T 24/15; AG Potsdam, ZInsO 2015, 599; AG Kaiserslautern, ZInsO 2016, 244.

der Einkommens- und Vermögensverhältnisse befugt sein müsse.[65] Ein **Telefonat** zwischen den Beteiligten könne diese Voraussetzungen nur ausnahmsweise erfüllen, sofern das Telefongespräch einen erheblichen zeitlichen und inhaltlichen Umfang gehabt habe und der bescheinigenden Person gleichzeitig die **vollständigen Unterlagen** des Insolvenzschuldners vorgelegen hätten.[66] Eine persönliche Beratung im Sinne von § 305 Abs. 1 Nr. 1 InsO solle – gleichgültig ob diese telefonisch oder persönlich durchgeführt worden sei – nur dann vorliegen, wenn eine verbale Vermittlung und Erläuterung der für das jeweilige Anliegen wesentlichen Sachverhalte und gegebenenfalls Rechtsfragen erfolgt sei und der Beratende die Möglichkeit gehabt habe, Fragen zu stellen und/oder Bedenken zu äußern.[67] Die bloße Abzeichnung der Beratung durch einen Mitarbeiter eines Schuldnerberatungsvereins seitens des Verfahrensbevollmächtigten des Schuldners/Rechtsanwalts solle nicht den Anforderungen an die persönliche Beratung genügen.[68]

Diese teilweise sehr **kleinlichen Anforderungen** haben zunehmend Widerspruch herausgefordert.[69] Insbesondere das Verlangen einer sog. **„Face-to-Face"-Beratung** ist immer stärker in die Kritik geraten, nachdem es zunehmend zur Zurückweisung von Anträgen geführt hat.[70] Teilweise haben Gerichte allein aus der räumlichen Entfernung zwischen dem Wohnsitz des Schuldners und dem Kanzleisitz des Ausstellers der Bescheinigung die Vermutung abgeleitet, eine persönliche Beratung sei nicht erfolgt. Es sei Aufgabe des Bescheinigers, diese Vermutung zu widerlegen; andernfalls müsse der Antrag ohne weitere Nachfragen abgewiesen werden.[71] Beruhigt hat sich der Streit erst, nachdem mehrere Beschwerdegerichte klargestellt haben, dass auch eine Beratung mittels moderner Kommunikationsmittel wie Videokonferenz, Bildtelefonie, Skype und dergleichen erfolgen kann. So hat etwa das LG Göttingen entschieden, weder im Gesetz noch in den Gesetzesmaterialien fänden sich Hinweise darauf, dass sich der Berater und der Schuldner persönlich in einem Raum gegenüber gesessen haben müssten, während die Beratung stattfand. Eine zulässige Beratung im Sinne des **§ 305 Abs. 1 Nr. 1 InsO** liege auch dann vor, wenn der Berater und der Schuldner mittels Bildtelefon miteinander kommuniziert hätten.[72] Entsprechend führt das LG Bonn aus, zur Wirksamkeit der

---

65 AG Düsseldorf, ZInsO 2015, 1753.
66 LG Düsseldorf, ZVI 2016, 335; AG Potsdam, ZInsO 2015, 599, noch enger AG Göttingen, ZInsO 2016, 1169; ZInsO 2016, 1387, wonach ein telefonischer Kontakt niemals ausreichen soll.
67 LG Potsdam, ZInsO 2015, 1868.
68 LG Aachen, ZInsO 2017, 786; LG Köln, ZInsO 2016, 2003.
69 Vgl. I.Pape/G.Pape ZInsO 2017, 794 ff.
70 Siehe etwa AG Göttingen, ZInsO 2016, 1169; ZInsO 2016, 1387; AG Oldenburg ZVI 2016, 318; LG Düsseldorf, ZVI 2017, 145.
71 AG Göttingen, ZVI 2017, 149; ZVI 2017, 148; ZVI 2017, 336; AG Oldenburg, ZVI 2017, 268.
72 LG Göttingen, ZInsO 2017, 1620; siehe auch LG Landshut ZInsO 2017, 2405; LG Düsseldorf, ZInsO 2017, 615.

Bescheinigung sei nicht die gleichzeitige körperliche Anwesenheit von Schuldner und Berater erforderlich, sondern es genüge eine Beratung per Telefon bzw. Videotelefonie.[73] Der Wortlaut des Gesetzes schließe den Einsatz von Fernkommunikationsmitteln nicht aus. Nach Sinn und Zweck des **§ 305 Abs. 1 Nr. 1 InsO** sei eine Kommunikation zwischen Berater und Schuldner über Skype nicht generell unzulässig, entscheidend zur Erreichung einer möglichen Schuldenbereinigung sei die individualisierte Beratung durch einen qualifizierten Berater. Ob diese Beratung letztlich dadurch erfüllt wird, dass sich beide gegenübersitzen, skypen oder telefonieren, sei dabei im Ausgangspunkt ohne Belang. Entscheidend sei vielmehr, dass beide wechselseitig kommunizieren könnten, weil anderenfalls nicht mehr von einer Beratung gesprochen werden könne.[74] Entsprechend den in diesem Absatz zuletzt wiedergegebenen Grundsätzen sollten an die Bescheinigung nicht weiter überzogene Anforderungen gestellt werden. Soweit ein Beschwerdegericht auch in Ansehung der vorstehenden Rechtsprechung noch von dem Erfordernis einer Beratung von Angesicht zu Angesicht ausgegangen ist und selbst auf Antrag des Schuldners eine Rechtsbeschwerde gegen seine abweisende Entscheidung nicht zugelassen hat, ist dieser Beschluss auf Verfassungsbeschwerde des Schuldners durch das **Bundesverfassungsgericht** als objektiv willkürlich und dadurch den Zugang zur nächsten Instanz unzumutbar einschränkend aufgehoben und an das betreffende Landgericht zurückverwiesen worden.[75] Wie realitätsfremd und überzogen das Verlangen einer Beratung von Angesichts zu Angesicht ist, zeigt im Übrigen auch die gegenwärtige **Pandemie-Situation**, in der es nicht zumutbar ist, eine Beratung mittels zeitgemäßer Kommunikationsmittel kategorisch abzulehnen und stattdessen stur die gleichzeitige beiderseitige Anwesenheit zu fordern. Wenn zunehmen Gerichtsverhandlungen im Wege der **Bild- und Tonübertragung nach § 128a ZPO** stattfinden, kann es nicht sein, dass entsprechende Medien für die Ausstellung der Bescheinigung nach § 305 Abs. 1 Nr. 1 InsO nicht einsetzbar sein sollen. Nicht erfüllt sind die Voraussetzungen einer persönlichen Beratung allerdings dann, wenn ein Gespräch per Videokonferenz über Skype nicht mit dem Schuldner selbst, sondern mit einem Dritten während einer Fahrt in einem Lkw, den der Schuldner steuert, geführt wird.[76]

Ebenfalls nicht ausreichend soll es sein, wenn die Beratung von einer nicht als geeignet anerkannten Stelle durchgeführt wird und sodann von einer anerkannten Person oder Stelle die Durchführung der Beratung bescheinigt wird. Eine derartige Vorgehensweise würde das vom Gesetz zwingend vorgeschriebene Anerkennungsverfahren und die damit einhergehende behördliche Prüfung der Eignung umgehen

---

73 LG Bonn, 10.1.2017 – 6 T 314/16, juris.
74 LG Münster, ZVI 2017, 190.
75 Siehe BVerfG, ZInsO 2020, 2310.
76 LG Düsseldorf, ZInsO 2017, 615.

und aushebeln. Nicht zwingend erforderlich soll es dagegen sein, dass die außergerichtliche Beratung höchstpersönlich erfolgt; Voraussetzung soll dann aber sein, dass die bescheinigende Person dem konkret tätigen Schuldnerberater gegenüber weisungsbefugt ist, denn nur bei einer organisatorischen und weisungsgebundenen Einbindung der beratenden Person ist es nach Auffassung des AG und des LG Köln gewährleistet, dass die gesetzgeberischen Ziele der vorgerichtlichen Beratung auch erreicht wird.[77]

20 Das Insolvenzgericht hat den Eröffnungsantrag als unzulässig zurückzuweisen, wenn ersichtlich ist, dass die Bescheinigung nach § 305 Abs. 1 Nr. 1 InsO n.F. nicht auf Grundlage einer persönlichen Beratung und einer eingehenden Prüfung der Einkommens- und Vermögensverhältnisse des Schuldners ausgestellt worden ist. Die **Rücknahmefiktion** des § 305 Abs. 3 Satz 2 InsO soll insoweit nach zutreffender Auffassung des AG Köln und des AG Potsdam nicht eingreifen, wenn überhaupt eine Bescheinigung nach § 305 Abs. 1 Nr. 1 InsO vorgelegt worden ist, möge diese auch inhaltlich fehlerhaft oder falsch gewesen sein.[78] Weist das Insolvenzgericht den Eröffnungsantrag des Schuldners aufgrund einer inhaltlichen Überprüfung der Bescheinigung zurück, muss diesem die Möglichkeit gegeben werden, diese Zurückweisung **im Beschwerdeverfahren überprüfen** zu lassen. Andernfalls gäbe man dem Gericht die Möglichkeit, den Antrag mit ständig wiederkehrender Begründung zurückzuweisen, ohne dass der Schuldner jemals die Gelegenheit hat, die Anforderungen an die Bescheinigung überprüfen zu lassen. Ob es sinnvoll ist, durch die überwiegend sehr kleinlichen Entscheidungen des Zugang zum Verfahren weiter zu erschweren,[79] muss ohnehin in Frage gestellt werden, denn der Schuldner kann den Antrag beliebig oft wiederholen, so dass es sich allenfalls um Vorgeplänkel handelt, welche das Verfahren nicht weiterbringen, aber doch unnötige Kosten verursachen.

b) Beizufügende Listen und Aufstellungen

21 Dem Antrag sind nach § 305 Abs. 1 Nr. 3 InsO verschiedene Aufstellungen beizufügen, die Auskunft über seine persönliche und wirtschaftliche Situation geben. Erforderlich ist ein vollständiges **Verzeichnis des vorhandenen Vermögens und Einkommens**[80] des Schuldners, das zugleich die Verteilungsmasse festlegt. Nach dem Wortlaut des Gesetzes ist die Vermögensübersicht eine Zusammenfassung des wesentlichen Inhalts des Vermögensverzeichnisses. Sie soll den Beteiligten – vor

---

77 Zutreffend LG Köln, ZInsO 2016, 288; LG Köln, ZInsO 2016, 289; AG Köln, ZInsO 2015, 1932; aA wohl LG Aachen, ZInsO 2017, 786; LG Köln, ZInsO 2016, 2003.
78 AG Köln, ZInsO 2015, 1932; AG Potsdam, ZInsO 2015, 599; siehe auch LG Gera, ZInsO 2019, 863.
79 Zur verfassungsrechtlichen Relevanz vgl. BVerfG, ZInsO 2020, 2310.
80 Vgl. AG Göttingen, ZInsO 2018, 277.

allem natürlich den Gläubigern – einen Überblick darüber verschaffen, ob Vermögensgegenstände vorhanden sind oder der Schuldner über Einkünfte verfügt, die zugunsten der Gläubigergemeinschaft verwertet werden können. Sofern nach den konkreten Vermögens- und Einkommensverhältnissen erforderlich, hat der Schuldner die Vermögensübersicht durch Angaben auf den vorgesehenen Ergänzungsblättern näher darzulegen. Ferner muss ein **Verzeichnis der Gläubiger des Schuldners** und der gegen ihn gerichteten **Forderungen** beigefügt werden, aus dem sich der Umfang seiner Verbindlichkeiten ergibt. Die Angaben in diesen Verzeichnissen sind bei der Feststellung der erforderlichen **Kopf- und Summenmehrheit** zugrunde zu legen. Dies schließt allerdings nicht aus, dass ein späterer auf die Unvollständigkeit oder Unrichtigkeit der Verzeichnisse zielender Vortrag eines Gläubigers zu berücksichtigen ist.[81] In das Gläubiger- bzw. Forderungsverzeichnis sind daher solche Forderungen aufzunehmen, die gegenwärtig noch nicht fällig sind oder die zivilrechtlich erst nach Verfahrenseröffnung entstehen, insolvenzrechtlich nach § 38 InsO aber schon vor Verfahrenseröffnung begründet worden sind.[82] Gem. § 305 Abs. 1 Nr. 3 letzter Halbs. InsO ist der Schuldner verpflichtet, die Vollständigkeit und Richtigkeit seiner Angaben zu versichern. Die Erklärung der Richtigkeit und Vollständigkeit des Gläubiger- und Forderungsverzeichnis nach **§ 305 Abs. 1 Nr. 3 InsO** soll höchstpersönlicher Natur und deshalb der Stellvertretung nicht zugänglich sein. Handele es sich um einen **unter Betreuung stehenden Schuldner**, sei neben dem Betreuer auch der Betreute verpflichtet, eine Wissenserklärung mit abzugeben, sofern keine Hinweise bestünden, dass der Betreute tatsächlich nicht in der Lage sei, eine entsprechende Erklärung abzugeben.[83] Vorsätzlich oder grob fahrlässig unrichtige oder unvollständige Angaben können nach § 290 Abs. 1 Nr. 6 InsO zur Versagung der RSB führen. Weiterhin muss der Schuldner im Eröffnungsantrag Angaben zu seinen **persönlichen Verhältnissen** einschließlich **bestehender Unterhaltspflichten** machen. Dies ergibt sich aus der Berücksichtigung seiner Familienverhältnisse in dem nach § 305 Abs. 1 Nr. 4 InsO vorzulegenden Schuldenbereinigungsplan. Schließlich hat er im Hinblick auf den Plan anzugeben, inwieweit die Forderungen durch Bürgschaften, Pfandrechte oder andere Sicherheiten abgesichert sind.

Zur Vorbereitung der Verzeichnisse gibt das Gesetz dem Schuldner in § 305 Abs. 2 Satz 2 InsO einen **besonderen Auskunftsanspruch** gegen die Gläubiger. Diese Gläubiger sind verpflichtet, auf Aufforderung des Schuldners, die den Hinweis enthalten muss, dass er beabsichtigt, einen Eröffnungsantrag im Verbraucherinsolvenzverfahren zu stellen, schriftlich Auskunft über die Höhe ihrer Forderung aufge-

22

---

81 BGH, 21.10.2004 – IX ZB 427/02, ZInsO 2004, 1311.
82 BGH, 7.4.2005 – IX ZB 195/03, NJW-RR 2005, 990 = ZInsO 2005, 484.
83 AG Hannover, ZVI 2019, 95.

c) Vorlage eines Schuldenbereinigungsplans

23 Für den vom Schuldner nach § 305 Abs. 1 Nr. 4 InsO vorzulegenden Schuldenbereinigungsplan, in dem er unter Berücksichtigung der Gläubigerinteressen sowie seiner Vermögens-, Einkommens- und Familienverhältnisse einen Vorschlag zur geordneten Gläubigerbefriedigung machen soll, sieht das Gesetz bestimmte **Mindestvoraussetzungen** nicht vor. Der Plan unterliegt der **Vertragsfreiheit** und kann alle denkbaren Regelungen enthalten, die unter Berücksichtigung der Leistungsfähigkeit des Schuldners geeignet sind, zu einer Schuldenbereinigung zu führen. Eine **inhaltliche Überprüfung auf Angemessenheit** durch das Insolvenzgericht erfolgt nicht.[84] Denkbar sind etwa Stundungs- und Ratenzahlungsvereinbarungen, Teilerlasse und -verzichte sowie Zinsverzichte, Zinssenkungen und Stundungen. Vorgeschlagen werden können die Verwertung von Sicherheiten sowie die Auflösung von belastenden Vertragsverhältnissen. Weiter kann der Plan **Verfalls- und Wiederauflebensklauseln** enthalten, mit denen sichergestellt wird, dass im Fall des Scheiterns die ursprünglichen Forderungen der Gläubiger weiter bestehen. Einen Zwang zur Aufnahme bestimmter Klauseln in den Schuldenbereinigungsplan gibt es allerdings nicht. Eine Zustimmungsersetzung kommt grundsätzlich auch dann in Betracht, wenn der Plan keine Verfalls- oder Wiederauflebensklausel enthält.[85] Zu beachten ist, dass die Gläubiger im Plan nicht schlechter gestellt werden dürfen als sie bei Durchführung des vereinfachten Insolvenzverfahrens mit anschließendem Restschuldbefreiungsverfahren stünden. Die gerichtliche Zustimmungsersetzung hängt gem. § 309 Abs. 1 Satz 2 Nr. 2 InsO davon ab, dass ein Gläubiger, dessen Zustimmung ersetzt werden soll, durch den Schuldenbereinigungsplan keine Schlechterstellung im Vergleich zur Durchführung eines vereinfachten Insolvenzverfahrens mit anschließendem Restschuldbefreiungsverfahren erfährt. Auch sog. **„Null-Pläne"**, in denen der Schuldner den Gläubigern nur einen Totalverzicht anbietet, sind zulässig.[86]

24 Formal gilt, dass für die Antragstellung seit dem 1.3.2002 zwingend das bundeseinheitlich geltende Formular nach der der **Verbraucherinsolvenzvordruckverordnung**[87] zu benutzen ist. Für Eröffnungsanträge, die ab dem 1.7.2014 gestellt wer-

---

84 Uhlenbruck/Sternal, § 305 InsO Rn 107 ff.; HK-PrivatinsolvenzR/Homann, 2020, § 305 Rn 60 ff.
85 LG Hamburg, ZInsO 2019, 1800.
86 BGH, 10.10.2013 – IX ZB 97/12, ZInsO 2013, 2333; AG Düsseldorf, ZInsO 2019, 2077.
87 Verordnung zur Einführung von Vordrucken für das Verbraucherinsolvenzverfahren und das RSB-Verfahren (Verbraucherinsolvenzvordruckverordnung – VbrInsVV) vom 17.2.2002, BGBl. I, S. 703; zur aktuellen Fassung der Verordnung (BGBl. I 2014, S. 825) vgl. Heyer, ZVI 2014, 256.

den, müssen die vom Bundesministerium der Justiz und für Verbraucherschutz neu erstellten Formulare in der Fassung 7/2014[88] verwendet werden.[89] Diese enthält allerdings lediglich die notwendigen Anpassungen an das Gesetz zur Verkürzung des Restschuldbefreiungsverfahrens. Dagegen ist die Kritik an den seit 2002 vorgeschriebenen Formularen nicht aufgegriffen worden.[90] Neu seit dem 1.7.2014 sind die in den Formularen geforderten Angaben zur Erteilung oder Versagung der RSB in einem früheren Verfahren, die der Schuldner im Hinblick auf § 287 Abs. 1 Satz 3, § 287a InsO n.F. zu machen hat. Für den **zeitlichen Ablauf** gilt, dass zwischen dem Ende des Einigungsversuchs und der Antragstellung nicht mehr als sechs Monate vergangen sein dürfen.[91] Die insoweit einzuhaltende Frist beginnt grundsätzlich mit dem Eingang der letzten Stellungnahme eines Gläubigers bzw. dem Ablauf der den Gläubigern zur Stellungnahme gesetzten Frist.[92] Nach einem Beschluss des AG Hannover[93] soll allerdings hinsichtlich des Zeitpunkts des Scheiterns des außergerichtlichen Verfahrens nicht schematisch auf die erste oder die letzte Gläubigerrückmeldung abzustellen sein; maßgeblich sei vielmehr allein der Zeitpunkt, den die ausstellende Stelle für das Scheitern angebe. Dieser Zeitpunkt müsse allerdings nachvollziehbar begründet werden, wenn er sich nicht ohne weiteres aus den allgemeinen Daten ergebe.[94] Das Ermessen der bescheinigenden Beratungsstelle sei dahin begrenzt, dass ein Scheitern festgestellt werden müsse, wenn nicht mehr damit gerechnet werden könne, dass es zu einer Einigung mit den Gläubigern komme.[95]

5. Einleitung des Insolvenzverfahrens über das Vermögen natürlicher Personen

Ist das außergerichtliche Schuldenbereinigungsverfahren erfolglos geblieben, muss der Schuldner einen Insolvenzantrag stellen, der den vorstehend bereits dargestellten Voraussetzungen des § 305 Abs. 1 Nr. 1 bis 4 InsO zu genügen hat. Generell gilt der Grundsatz, dass der Schuldner, egal ob er dem Verbraucher- oder dem Regelin-

---

88 Vgl. BR-Drucks. 179/14 v. 30.4.2014, auszugsweise abgedr. in ZVI 2014, 282 ff.
89 Zu den Änderungen der VbrInsVV, die ab dem 31.12.2020 zu beachten sind, vgl. Art. 5 des Gesetzes zur weiteren Verkürzung des Restschuldbefreiungsverfahrens und zur Anpassung pandemiebedingter Vorschriften im Gesellschafts-, Genossenschafts-, Vereins- und Stiftungsrecht sowie im Miet- und Pachtrecht vom 22.12.2020; Die neu gefasste Anlage 3 ist im Internet unter https://www.gesetze-im-internet.de/normengrafiken/bgbl1_2020/j0832_0010.pdf abzurufen.
90 Siehe Heyer, ZVI 2014, 256.
91 Zur Ausnahmeregelung des Art. 103k Abs. 4 EGInsO vorstehend Fußn. 57.
92 KPB/Wenzel, § 305 InsO Rn 9.
93 ZInsO 2018, 345.
94 AA dagegen AG Göttingen, NZI 2005, 510; AG Köln, NZI 2007, 57, wonach der Zeitpunkt des endgültigen Scheiterns des Einigungsversuches maßgeblich sein soll.
95 AG Hannover, ZInsO 2018, 345.

solvenzverfahren zuzuordnen ist, nur dann einen Antrag auf RSB stellen kann, wenn er einen **eigenen Insolvenzantrag** stellt.[96] Einem Fremdantrag kann er sich im Regelfall nicht mit einem bloßen Antrag auf RSB anschließen. Dies wird von der Rechtsprechung aus § 287 Abs. 1 Satz 1 InsO abgeleitet. Danach setzt die RSB einen Antrag des Schuldners voraus, der mit seinem Antrag auf Eröffnung des Insolvenzverfahrens verbunden werden soll. Ein isolierter Antrag auf RSB kommt nur in Ausnahmefällen in Betracht, in denen das Insolvenzverfahren eröffnet worden ist, ohne dass der Schuldner zuvor auf die Möglichkeit eines Antrags auf RSB hingewiesen worden ist.[97] Dies gilt insbesondere auch, wenn Ausgangspunkt des Verfahrens ein Fremdantrag eines Gläubigers ist, dem sich der Schuldner grundsätzlich nur dann mit einem Antrag auf RSB anschließen kann, wenn er zugleich auch einen eigenen Antrag auf Eröffnung eines Insolvenzverfahrens über sein Vermögen stellt.[98]

a) Besondere Zulässigkeitsvoraussetzungen für Schuldneranträge mit dem Ziel der RSB

26 Der Gesetzgeber hat – wie oben bereits ausgeführt[99] – mit dem am 1.7.2014 in Kraft getretenen Gesetz zur Verkürzung des Restschuldbefreiungsverfahrens ein in seinen Grundzügen erheblich geändertes Restschuldbefreiungsverfahren geschaffen, welches in allen ab diesem Zeitpunkt beantragten Verfahren gilt. Insbesondere die Einführung des § 287a InsO,[100] hat eine tiefgreifende **strukturelle Änderung des Verfahrens** mit sich gebracht, die sowohl in Verfahren über das Vermögen von Verbraucherschuldnern als auch in Verfahren über das Vermögen natürlicher Personen, welche dem Regelinsolvenzverfahren zuzurechnen sind, zu beachten ist:

27 An die Stelle der Einleitungsentscheidung zur RSB im Schlusstermin nach ursprünglich geltendem Recht (§§ 289, 290, 291 InsO a.F.) ist eine öffentlich bekannt zu machende, beschwerdefähige **Einleitungsentscheidung** des Insolvenzgerichts getreten. Mit dieser Entscheidung wird schon zu Beginn des Insolvenzverfahrens – und nicht erst nach dem Schlusstermin im eröffneten Verfahren – angekündigt, dass der Schuldner RSB erlangt, wenn er seinen Obliegenheiten nach § 295 InsO nachkommt und die Voraussetzungen für eine Versagung nach den §§ 290, 297–298 InsO nicht vorliegen. Hält das Gericht den Restschuldbefreiungsantrag des Schuldners für zulässig, ist der Beschluss nach § 287a Abs. 1 InsO, der darauf abzielt, früh-

---

96 BGH, 25.9.2003 – IX ZB 24/03, NZI 2004, 511; Ahrens, Das neue Privatinsolvenzrecht, 3. Aufl., Rn 619.
97 Hierzu näher Rdn 122.
98 Zu den Besonderheiten des Verfahrens in diesen Fällen siehe unten, Rdn 121 ff.
99 Vgl. Rdn 3.
100 Zu dieser Vorschrift Blankenburg, ZInsO 2014, 801 ff.; Ahrens, Das neue Privatinsolvenzrecht, 3. Aufl., Rn 591 ff.; HK-PrivatinsolvenzR/Pape, § 287a Rn 3 ff.; KPB/Wenzel, § 287a InsO Rn 2 ff.

zeitig Klarheit darüber zu schaffen, ob der Schuldner am Ende des Verfahrens überhaupt die RSB erlangen kann,[101] zweckmäßigerweise in Verbindung mit dem Eröffnungsbeschluss zu erlassen. Zu beachten ist allerdings auch hier – ebenso wie bei der Ankündigung der RSB im Anschluss an den Schlusstermin nach altem Recht –, dass es sich noch nicht um die Entscheidung über die RSB handelt, sondern ebenfalls nur ein Ankündigungsbeschluss.

Mit der neuen Zulässigkeitsentscheidung, die allerdings nur an die in § 287a **28** Abs. 2 InsO geregelten **Unzulässigkeitsgründe** anknüpft und keinesfalls den Einstieg in eine allgemeine Redlichkeitsprüfung des Insolvenzgerichts eröffnet,[102] soll verhindert werden, dass bei Vorliegen offensichtlicher Gründe, aufgrund derer die Erteilung der RSB von vornherein ausgeschlossen werden kann, der Aufwand und die Kosten eines für den Schuldner dann häufig überflüssigen Insolvenzverfahrens überhaupt anfallen. Dem Schuldner ist deshalb nach § 287a Abs. 2 Satz 2 InsO vor der Zurückweisung seines Antrags die **Möglichkeit zur Antragsrücknahme** zu geben, wenn das Gericht diesen für unzulässig hält. Im Hinblick auf diese im Gesetz vorgesehene Rücknahmemöglichkeit wäre es unangebracht, den Antrag im Fall der **Feststellung von Zurückweisungsgründen** schon vor der Anhörung des Schuldners zurückzuweisen. Der Antrag darf erst zurückgewiesen werden, wenn der Schuldner auf entsprechende Hinweise nicht mit der Rücknahme des Antrags reagiert.[103]

aa) Unzulässigkeit des Antrags auf Erteilung der RSB

Mit der Verlagerung des **Ankündigungsbeschlusses** in die Zeit vor Eröffnung des **29** Insolvenzverfahrens ist keine umfassende materielle Prüfung der Voraussetzungen für die Erteilung der RSB verbunden. Im Rahmen der Prüfung eines zulässigen Antrags auf Restschuldbefreiung findet eine Prüfung, ob bereits Versagungsgründe

---

101 Vgl. die Begründung zu § 287a, RegE, BT-Drucks. 17/13535 S. 39.
102 Zum abschließenden Charakter der Vorschrift, die nicht im Wege einer Auslegung auf weitere Fälle erstreckt werden kann, LG Nürnberg-Fürth, ZInsO 2017, 666; AG Hannover, ZInsO 2015, 368; unzutreffend dagegen LG Dessau-Roßlau, ZInsO 2015, 2233; AG Fürth, ZInsO 2016, 716; AG Hamburg, ZInsO 2015, 821, wonach bei der gerichtlichen Feststellung in der Eingangsentscheidung nach § 287a Abs. 1 InsO das Insolvenzgericht bereits ersichtliche, zweifelsfrei vorliegende RSB-Versagungsgründe – nach vorheriger Anhörung des Schuldners – zu berücksichtigen haben soll und bei zweifelsfreiem Vorliegen derartiger Gründe eine Feststellung der Erreichbarkeit der RSB durch Beschluss abzulehnen sein soll.
103 S. auch Blankenburg, ZInsO 2014, 801, 803ff.; KPB/Wenzel, § 287a InsO Rn 5; unklar AG Göttingen, ZInsO 2015, 1451, wonach das Verfahren erledigt sein soll und es einer Zurückweisung des Antrages auf RSB und des Eröffnungsantrages mangels Masse gemäß § 26 Abs. 1 InsO nicht bedürfen soll, wenn nach dem Hinweis, der Stundungsantrag sei unzulässig, keine Antragsrücknahme erfolgt.

Pape

vorliegen könnten, nicht statt; der feststellende Beschluss nach **§ 287a Abs. 1 Satz 1 InsO** enthält dementsprechend auch keine gerichtliche Prognose.[104] Auch ein **Vorprüfungsrecht** hinsichtlich anderer Versagungsgründe als der **Unzulässigkeitsgründe** des Abs. 2 besteht nicht.[105] Anders lautende Entscheidungen, in denen die Auffassung vertreten wird, das Gericht müsse schon in diesem Stadium eine Begründetheitsprüfung vornehmen,[106] sind aufzuheben.[107] Die Entscheidung über die Zulässigkeit des Antrags ist vielmehr auf bestimmte Gründe beschränkt, welche in § 287a Abs. 2 Satz 1 InsO abschließend geregelt sind.[108] Diese Gründe entsprechen weitgehend den in der Altfassung der InsO geregelten **Versagungsgründen des § 290 Abs. 1 Nr. 3 InsO**, der zum 1.7.2014 aufgehoben worden ist. Zum Teil gehen sie aber auch auf die Rechtsprechung des BGH zurück, der über die Gründe des § 290 Abs. 1 Nr. 3 InsO hinaus weitere Sperrfristen entwickelt hat, die der Gesetzgeber zum Teil übernommen, zum Teil aber auch abgelehnt oder in der Begründung der Neuregelung nicht erwähnt hat.[109] **Weitere Unzulässigkeitsgründe** über die Regelung von Sperrfristen für die Erteilung der RSB hinaus, ergeben sich aus § 287a Abs. 2 Satz 1 InsO nicht. Versuche einer ausdehnenden Anwendung der Vorschrift sind nach deren Entstehungsgeschichte abzulehnen.

30 Von der Frage einer Ausweitung der Anwendung des § 287a InsO, die unzulässig ist, zu unterscheiden ist das Problem der Versagung der Stundung im Hinblick auf bei **Entscheidung über die Verfahrenskostenstundung** bereits zweifelsfrei vorliegenden Versagungsgründen.[110] Insoweit spricht einiges dafür, die bisherige Rechtsprechung des BGH,[111] nach der solche Versagungsgründe schon im Eröffnungsverfahren zu berücksichtigen sind, auch in den ab dem 1.7.2014 eröffneten Verfahren zu berücksichtigen.[112] Die Auffassung, diese Rechtsprechung greife in unzulässiger Weise in die Gläubigerautonomie ein und lasse unberücksichtigt, dass es nicht zwingend dem Interesse der Gläubiger entspreche, wenn die Stundung versagt werde und der Schuldner so keine Möglichkeit erhalte, RSB zu erlangen,[113] berück-

---

104 LG Nürnberg-Fürth, ZInsO 2018, 546.
105 Anders zwar noch der Referentenentwurf, der eine Entscheidung durch den Rechtspfleger vorsah – vgl. Pape/Grote, ZInsO 2012, 409, 413 f, den der Gesetzgeber aber nicht umgesetzt hat; unzutreffend LG Dessau-Roßlau, ZInsO 2015, 2233; AG Hamburg, ZInsO 2015, 821.
106 So AG Fürth, ZInsO 2016, 766.
107 Zutreffend LG Nürnberg-Fürth, 20.4.2016 –11 T 2794/16, ZInsO 2017, 666.
108 Vgl. Blankenburg, ZInsO 2014, 801, 802f.; Grote/Pape, ZInsO 2014, 1433, 1439; Waltenberger, ZInsO 2013, 1458 1462; KPB/Wenzel, § 287a InsO Rn 3; wohl auch Streck, ZVI 2014, 205, 208ff.; a.A. Frind, ZInsO 2013, 1448, 1451ff.; ders., Praxishandbuch Privatinsolvenz, Rn 301f.
109 Vgl. schon Pape/Grote, ZInsO 2012, 409, 411f.
110 Siehe auch HK-PrivatinsolvenzR/Pape, § 287a Rn 9ff.
111 Siehe Rdn 320ff. m.w.N.
112 Wie hier LG Mainz, NZI 2017, 900; AG Göttingen, ZInsO 2015, 2341; AG Marburg, ZInsO 2018, 679; a.A. AG Hamburg, NZI 2016, 226.
113 AG Hamburg, NZI 2016, 226.

sichtigt nicht, dass es sich bei der Stundung um eine Sozialleistung handelt, die nicht von den Gläubigern getragen wird, sondern von der Allgemeinheit, die nicht mit den Kosten eines Verfahrens belastet werden sollte, das mutmaßlich ohne Aussicht auf Erfolg ist. Nach der hier vertretenen Auffassung sind die Insolvenzgerichte auch nach Inkrafttreten des Verkürzungsgesetzes befugt, entsprechend der bisherigen Rechtslage im Rahmen der Prüfung der Stundungsvoraussetzungen das **zweifelsfreie Vorliegen der Versagungsgründe** des § 290 Abs. 1 InsO zu berücksichtigen.[114] Zwar ist weder im Gesetz aus dem Jahre 2013 noch in dessen Begründung eine Aussage zu dieser Problematik zu finden. Hieraus kann aber nicht entnommen werden, dass der Gesetzgeber die Fortführung dieser Rechtsprechung ablehnen wollte.

(1) Versicherung der Vollständigkeit und Richtigkeit der Erklärung des Schuldners zu früheren Verfahren

Das Insolvenzgericht hat die Voraussetzungen des § 287a InsO **von Amts wegen** zu prüfen. Grundlage für seine Entscheidung ist die Erklärung des Schuldners nach § 287 Abs. 1 Satz 3 InsO und die dieser Erklärung nach Satz 4 beizufügende **Versicherung der Vollständigkeit und Richtigkeit der Erklärung**, welche der Schuldner zu der Frage abzugeben hat, ob ein Fall des § 287a Abs. 2 Satz 1 Nr. 1 oder 2 vorliegt.[115] Soweit der Schuldner verpflichtet ist, die Richtigkeit und Vollständigkeit seiner Erklärung nach § 287 Abs. 1 Satz 4 InsO n.F. zu versichern, ist damit nach der Gesetzesbegründung keine **eidesstattliche Versicherung** gemeint. Kommt der Schuldner diesen Pflichten – ggf. nach Erteilung eines Hinweises und Einräumung einer Nachfrist – nicht nach, ist sein Antrag unzulässig.[116] 31

Die Verletzung der **Erklärungspflicht nach § 287 Abs. 1 Satz 3 InsO** stellt nach der Neufassung des Gesetzes einen neuen eigenständigen **Versagungsgrund gem. § 290 Abs. 1 Nr. 6 Alt. 1 InsO** dar, den es in der Ursprungsfassung der InsO nicht gab. Gibt der Schuldner vorsätzlich oder grob fahrlässig frühere Erteilungen oder Versagungen der RSB bei Antragstellung nicht an, droht ihm die Versagung der RSB auf Antrag eines Gläubigers im laufenden Verfahren. Die Änderung der Antragsvoraussetzungen nach § 287 Abs. 1 Satz 3 und 4 InsO hat auch Auswirkungen auf die Stundungsvorschriften. Im Hinblick auf die Einführung des § 287 Abs. 1 Satz 3 und 4 InsO hat der Gesetzgeber die frühere Regelung in § 4a Abs. 1 Satz 3 InsO a.F., wonach der Schuldner seinem Stundungsantrag eine Erklärung beizufügen hatte, ob 32

---

114 Vgl. Pape/Uhländer/Ellrich/Hage, § 4a InsO Rn 24 ff.; KPB/Wenzel, § 4a InsO Rn 18a, jeweils m.w.N.; a.A. wohl Graf-Schlicker/Kexel, InsO, 5. Aufl., § 4a Rn 17 ff.
115 HK-PrivatinsolvenzR/Pape, § 287 Rn 21; KPB/Wenzel, InsO, § 287 Rn 9 f.
116 Vgl. Blankenburg, ZInsO 2014, 801, 802; KPB/Wenzel, § 287 InsO Rn 9; zur Änderung des amtlichen Formulars im Verbraucherinsolvenzverfahren, die unter anderen im Hinblick auf § 287a InsO erfolgen musste, siehe Heyer, ZVI 2014, 256 ff.; Schöttler/Siebert, NZI 2014, 681 ff.

ein **Versagungsgrund nach § 290 Abs. 1 Nr. 3 InsO a.F.** vorliegt, gestrichen. Im Stundungsantrag hat sich der Schuldner nunmehr nur noch zu der Frage zu erklären, ob der Versagungsgrund des § 290 Abs. 1 Nr. 1 InsO gegeben ist.

(2) Anhörung der Gläubiger

33 Eine **Anhörung der Gläubiger** vor der Entscheidung des Gerichts über die Zulässigkeit des Antrags muss nach dem Gesetz nicht zwingend erfolgen. § 287 Abs. 4 InsO n.F. sieht nur vor, dass die Insolvenzgläubiger, die Forderungen im Insolvenzverfahren angemeldet haben, bis zum Schlusstermin zu dem Antrag des Schuldners zu hören sind.[117] Über den Zeitpunkt dieser Anhörung ist dem Gesetz nichts zu entnehmen.[118] Somit ist eine Anhörung vor der Entscheidung über die Zulässigkeit des Antrags nicht vorgesehen, so dass sich die Anhörungspflicht auch in den ab dem 1.7.2014 beantragten Verfahren auf den Schlusstermin konzentrieren wird, in dem über Versagungsanträge zu entscheiden ist.[119] Die Gläubiger nach Bejahung der Zulässigkeit des Antrags anzuhören dürfte wenig sinnvoll sein.[120]

bb) Gesetzlich geregelte Unzulässigkeitsgründe

34 Die in § 287a Abs. 2 Satz 1 InsO n.F. geregelten Gründe für die **Unzulässigkeit des Antrags** knüpfen an die früheren Versagungsgründe des § 290 Abs. 1 Nr. 3 InsO[121] an, der seit Mitte des Jahres 2014 in den seither beantragten Verfahren nicht mehr gilt. Die Zurückweisung des Antrags auf RSB in den ab dem 1.7.2014 beantragten Verfahren ist auf die in § 287a Abs. 2 Satz 1 InsO aufgeführten Gründe beschränkt. Andere Versagungsgründe als die geregelten **Sperrfristen** können – wie schon ausgeführt – nicht herangezogen werden. Die Frage einer entsprechenden oder erweiternden Anwendung stellt sich allenfalls im Hinblick auf solche, im Gesetzgebungsverfahren zwar diskutierte, vom Gesetzgeber aber nicht erfasste Fälle, in denen der Schuldner der Versagung der RSB durch eine Rücknahme seines Antrags zuvorkommt.

---

117 Vgl. Waltenberger, ZInsO 2013, 1458, 1460; KPB/Wenzel, § 287a InsO Rn 7.
118 Hierzu näher HK-PrivatinsolvenzR/Pape, § 287 Rn 41 ff.
119 Unklar zur Anhörung KPB/Wenzel, § 287 InsO Rn 13 ff.; Graf-Schlicker/Kexel, 5. Aufl., § 287 InsO Rn 34 f.
120 Zu der mehr als fragwürdigen Neuregelung des Rechtes der Gläubiger in Verfahren, in denen der Antrag nach dem 1.7.2014 gestellt worden ist, jederzeit Versagungsanträge zu stellen, vgl. Pape, ZVI 2014, 234, 236.
121 Zu dieser Vorschrift Pape/Uhländer/Pape, § 290 InsO Rn 46 ff.; zur Neufassung des § 287a Abs. 2 InsO KPB/Wenzel, § 287a InsO Rn 6 ff.

(1) § 287a Abs. 2 Satz 1 Nr. 1 InsO[122]

Ein Grund für die Unzulässigkeit des Antrags ist es zunächst, wenn dem Schuldner 35 in den **letzten zehn Jahren**[123] vor dem Antrag auf Eröffnung des Insolvenzverfahrens oder nach diesem Antrag RSB erteilt[124] oder in den letzten fünf Jahren vor dem Antrag auf Eröffnung des Insolvenzverfahrens oder nach diesem Antrag nach § 297 InsO versagt worden ist. Diese Regelung implementiert den **früheren § 290 Abs. 1 Nr. 3 InsO** in den Ankündigungsbeschluss zu Beginn des Verfahrens. Dabei beträgt die Sperrfrist im Fall des Scheiterns des früher gestellten Antrags auf RSB allerdings nur noch fünf Jahre. Diese Verkürzung soll dem Umstand Rechnung tragen, dass der Schuldner – anders als im Fall der erteilten RSB – **noch keine Chance auf einen wirtschaftlichen Neuanfang** hatte. Handelt es sich um einen Schuldner, dem die RSB aufgrund der rückwirkend am 1.10.2020 in Kraft getretenen **dreijährigen Entschuldungsfrist** erteilt worden ist, beträgt die Sperrfrist nach der Neufassung des § 287a Abs. 2 Nr. 1 InsO durch das Gesetz zur weiteren Verkürzung des Restschuldbefreiungsverfahrens nicht mehr 10, **sondern 11 Jahre**.[125]

Ist dem Schuldner in den letzten zehn Jahren vor dem Antrag RSB erteilt, fehlt 36 ihm in einem Altfall das für die Eröffnung des Insolvenzverfahrens erforderliche Rechtsschutzinteresse auch dann, wenn er den erneuten Eigenantrag mit dem Ziel der Erteilung der RSB stellt, obwohl in dem vorausgehenden Verfahren Forderungen einzelner Gläubiger möglicherweise zu Unrecht mit dem Zusatz der vorsätzlich begangenen unerlaubten Handlung festgestellt worden sind.[126] Nach neuem Recht wäre in einem derartigen Fall der Antrag als unzulässig zurückzuweisen.

(2) § 287a Abs. 2 Nr. 2 InsO n.F.

Der Antrag ist weiterhin unzulässig, wenn dem Schuldner in den letzten drei Jahren 37 vor dem Antrag auf Eröffnung des Insolvenzverfahrens oder nach diesem Antrag die RSB aufgrund der Versagungsgründe des **§ 290 Abs. 1 Nr. 5, 6 oder 7 InsO n.F. oder nach § 296 InsO** versagt worden ist; gleiches gilt im Fall des neu eingeführten

---

[122] Zu den Unzulässigkeitsgründen vgl. HK-PrivatinsolvenzR/Pape, § 287a Rn 27 ff.
[123] Soweit in dem Referentenentwurf eines Gesetzes zur weiteren Verkürzung des Restschuldbefreiungsverfahrens für die Zeit nach Einführung einer dreijährigen Abtretungszeit eine Verlängerung dieser Frist auf 13 Jahre vorgeschlagen wird, ist nur schwer nachvollziehbar, was mit dieser Verlängerung bezweckt werden sollte – vgl. Pape, ZInsO 2020, 1347.
[124] Dies gilt auch im den Fall der vorzeitigen Erteilung in einem vorangehenden Verfahren mangels angemeldeter Forderungen – vgl. BGH, 11.5.2010 – IX ZB 67/09, ZInsO 2010, 1151.
[125] In den übrigen nach altem Recht entschiedenen Fällen beträgt die Sperrfrist gemäß der Überleitungsvorschrift des Art. 103k EGInsO weiterhin 10 Jahre.
[126] BGH, 4.2.2016 – IX ZB 71/15, ZInsO 2016, 596.

§ 297a InsO,[127] wenn die nachträgliche Versagung auf einen der Gründe des § 290 Abs. 1 Nr. 5, 6 oder 7 InsO gestützt worden ist. Mit dieser Bestimmung hat sich die Erkenntnis, § 290 Abs. 1 Nr. 3 InsO a.F. enthalte eine **Regelungslücke**, soweit in der Vorschrift keine Sperre für den Fall der Versagung der RSB in einem vorangehenden Verfahren aufgrund eines der Tatbestände des § 290 Abs. 1 InsO a.F. InsO vorsehe, grundsätzlich auch im Gesetzgebungsverfahren zum Erlass des Verkürzungsgesetzes durchgesetzt.[128] Die Fälle sind nunmehr enumerativ im Gesetz aufgeführt. Ebenso wie schon der BGH hat damit auch der Gesetzgeber der Auffassung eine Absage erteilt, nach welcher neue Verfahren auf Erteilung einer RSB auf neu begründete Verbindlichkeiten zu beschränken seien. Eine Anknüpfung an die zwischenzeitliche Begründung neuer Verbindlichkeiten, wie sie vor der Entwicklung der sog. Sperrfristrechtsprechung des BGH vertreten wurde, kommt nach der Neufassung des § 287a InsO nicht mehr in Frage.[129] Auf die **Rechtskraftwirkung** früherer Versagungsentscheidungen kommt es ebenfalls nicht an. Anders als der BGH beschränkt der Gesetzgeber die Einführung einer zeitlich befristeten Antragssperre dagegen ausdrücklich auf die Versagungsfälle des § 290 Abs. 1 Nr. 5, 6 oder 7 InsO.

(3) Nicht erfasste Antragswiederholungen

38   Dabei hat der Gesetzgeber allerdings nicht alle Fallgruppen übernommen, in welchen der BGH von einer dreijährigen Sperrfrist ausgegangen ist, um den **Missbrauch des Verfahrens** zu verhindern.[130] Nicht in das Gesetz aufgenommen worden sind etwa die Fälle, in denen der Schuldner es lediglich unterlassen hat, einen Restschuldbefreiungsantrag zu stellen, ohne einen Versagungsgrund verwirklicht zu haben. Insoweit geht der Gesetzgeber davon aus, es bestehe kein Grund, den Schuldner aus rein formalen Gründen mit einer Sperrfrist für einen erneuten Antrag auf RSB zu belegen, wenn er in einem früheren Verfahren gescheitert sei oder es versäumt habe, einen Antrag zu stellen. Keine Sperrfrist soll es deshalb in solchen Fälle geben, in denen der BGH dem Schuldner die sofortige Wiederholung seines Antrags auf RSB aus **verfahrensrechtlichen Gründen** versagt hatte.[131] In der Be-

---

127   Zu dieser Vorschrift, zu der es bislang nur wenige praktischen Anwendungsfälle gibt, BGH, 13.2.2020 – IX ZB 55/18, ZInsO 2020, 521; Pape, ZVI 2014, 234 ff.
128   Ausführlich Grote/Pape, ZInsO 2012, 409, 410 ff.
129   Siehe auch BGH, 16.7.2009 – IX ZB 219/08, ZInsO 2009, 1777 Rn 9 ff.
130   Vgl. BGH, 12.5.2011 – IX ZB 221/09, ZInsO 2011, 1127; BGH, 18.1.2010 – IX ZA 39/09, ZInsO 2010, 587; BGH, 4.2.2010 – IX ZB 40/09, ZInsO 2010, 491; BGH, 21.1.2010 – IX ZB 174/09, ZInsO 2010, 344; BGH, 14.1.2010 – IX ZB 257/09, ZInsO 2010, 347; BGH, 3.12.2009 – IX ZB 89/09, ZInsO 2010, 140; BGH, 16.7.2009 – IX ZB 219/08, ZInsO 2009, 1777; ablehnend nur BGH, 22.11.2012 – IX ZB 194/11, ZInsO 2013, 262.
131   Vgl. BGH, 20.3.2014 – IX ZB 17/13, ZInsO 2014, 795; BGH, 12.5.2011 – IX ZB 221/09, ZInsO 2011, 1127 Rn 7; BGH, 6.10.2011 – IX ZB 114/11, ZInsO 2011, 2198 Rn 2 f.; s. auch A. Schmidt, ZVI 2014, 211 ff.

gründung zum Regierungsentwurf[132] wird hierzu ausgeführt, „Sperrfristen für anderweitige Fälle vorhergehenden Fehlverhaltens des Schuldners (seien) nicht vorzusehen". Die Nichtbeachtung des Hinweises des Gerichts nach § 20 Abs. 2 InsO auf die Möglichkeit, RSB zu beantragen und der **Ausschlussfrist des § 287 Abs. 1 Satz 2 InsO** bei einem Eigenantrag des Schuldners, wird danach folgenlos, soweit es um die Zulässigkeit eines erneuten Antrags mit einem Antrag auf RSB geht. Der Schuldner kann jederzeit nach Abschluss des laufenden Antragsverfahrens einen neuen Antrag stellen. Dies gilt auch, wenn dem Schuldner im **Anschluss an einen Gläubigerantrag** der gerichtliche Hinweis erteilt wird, er könne sich dem Antrag mit einem eigenen Insolvenzantrag und einem Antrag auf RSB anschließen.[133] Die im Gesetz geregelte Ausschlussfrist sowie der befristete Hinweis auf einen Gläubigerantrag werden damit zwar ausgehöhlt, weil die Versäumung der Fristen folgenlos bleibt. Dies entspricht aber dem ausdrücklichen Willen des Gesetzgebers. Wenn es nicht zur **Verfahrenseröffnung** kommt, hat der Schuldner damit seit Inkrafttreten des Verkürzungsgesetzes die Möglichkeit, sofort wieder einen Eigenantrag mit

---

132 S. BT-Drucks. 17/11268, S. 31f. – dort wird ausgeführt, Sperrfristen für anderweitige Fälle vorhergehenden Fehlverhaltens des Schuldners seien nicht vorzusehen. Für eine Sperrfrist aufgrund einer Versagung der RSB in den Fällen des § 298 Absatz 1 InsO fehle es bereits an einem im ersten Verfahren gestellten Versagungsantrag eines Gläubigers und an der Feststellung, dass die Befriedigung der Insolvenzgläubiger beeinträchtige (LG Kiel, Beschl. v. 26.8.2010 – 13 T 109/10). Auch eine weitere Sperrfrist für die Fälle des 290 Absatz 1 Nummer 4 InsO-E sei nicht vorzusehen. Würden entsprechend der bisherigen Rechtsprechung des Bundesgerichtshofs (BGH, Beschl. v. 14.1.2010 – IX ZB 257/09) in den Katalog des § 287a Absatz 2 InsO-E auch die Fälle des § 290 Absatz 1 Nummer 4 InsO-E aufgenommen, so ergäbe sich angesichts der in § 290 Absatz 1 Nummer 4 InsO-E vorgenommenen Anhebung des relevanten Zeitraums eine unverhältnismäßig lange Sperrfrist, weil die jeweils dem Tatbestand eigene Frist noch hinzugerechnet werden müsse. Eine Einbeziehung dieses Tatbestandes wie auch der Tatbestände des § 290 Absatz 1 Nummer 1 InsO-E und des § 290 Absatz 1 Nummer 2 InsO – auch über § 297a InsO-E – verbiete sich deshalb. Eine Sperrfrist für die von der Rechtsprechung entwickelten Fälle eines vorhergehend als unzulässig abgelehnten RSB-Antrags (BGH, Beschl. v. 3.12.2009 – IX ZB 89/09) oder eines unterlassenen RSB-Antrags im Vorverfahren (BGH, Beschl. v. 21.1.2010 – IX ZB 174/09) sei ebenfalls nicht vorzusehen. Ziel des Insolvenzverfahrens und des in ihm eingebetteten RSB-Verfahrens sei es, dem redlichen Insolvenzschuldner Gelegenheit zu geben, sich von seinen Verbindlichkeiten zu befreien (§ 1 Satz 2 InsO). Vor diesem Hintergrund solle dem zwar nachlässigen, aber gegenüber seinen Gläubigern redlichen Schuldner eine alsbaldige RSB nicht verwehrt werden. Allein aus der Tatsache, dass der Schuldner es unterlassen habe, einen zulässigen Antrag auf RSB zu stellen, könne nicht auf seine Unredlichkeit geschlossen werden. Von dem Zweck der Versagungsgründe, nur einen redlichen Schuldner in den Genuss einer RSB kommen zu lassen, sei eine Versagung in diesen Fällen nicht mehr gedeckt. Dies habe auch in den Fällen zu gelten, in denen eine Verfahrenskostenstundung im Vorverfahren versagt werde, weil nach Feststellung des Gerichts ein Versagungsgrund nach § 290 Absatz 1 Nummer 5 InsO zweifelsfrei gegeben sei. Wollte man auch hier eine Sperre für den Schuldner vorsehen, so bleibe unberücksichtigt, dass allein ein durch das Gericht festgestelltes Fehlverhalten im Vorverfahren und ein darauf beruhender Versagungsantrag eines Gläubigers eine solche Sperre legitimieren könne.
133 Vgl. Pape/Uhländer/Pape, § 287 InsO Rn 14ff.

Antrag auf RSB zu stellen. Kommt es auf den Fremdantrag oder den Eigenantrag ohne Antrag auf RSB hin zur Eröffnung, muss der Schuldner allerdings zunächst das **Ende des laufenden Verfahrens abwarten**, bevor er einen erneuten Antrag stellen kann. Eine Antragstellung während des noch laufenden Altverfahrens ist – sieht man von dem nur ausnahmsweise zulässigen isolierten Antrag auf RSB ab – auch nach neuem Recht unzulässig.[134]

39 Keine Lösung enthält das Gesetz für die Fälle, in denen der Schuldner dem Eingreifen einer Sperrfrist durch **Rücknahme seines Restschuldbefreiungsantrags** zuvorgekommen ist. Ob hier die Rechtsprechung des BGH zum Eingreifen einer dreijährigen Antragssperre weiter gilt, oder ob es dem Schuldner versagt ist, seinen Antrag auf RSB zurückzunehmen, nachdem ein Gläubiger im vorausgehenden Verfahren einen Versagungsantrag gestellt hat, wird auch in der Gesetzesbegründung nicht beantwortet.

40 Anders als bisher kann der Schuldner nach Versagung der RSB gem. § 298 InsO wegen fehlender **Deckung der Mindestvergütung** des Treuhänders jederzeit wieder in ein neues Verfahren gehen.[135] Die frühere Versagung, die darauf beruhen kann, dass der Schuldner sich nicht um eine Stundung der Verfahrenskosten gekümmert hat oder ihm diese versagt worden ist, steht der Stundung in dem neuen Verfahren nicht entgegen. Entsprechendes muss – entgegen der bisherigen Rechtsprechung des BGH zu Altverfahren, die vor dem 1.7.2014 beantragt worden sind[136] – auch gelten, wenn der Fall der Rücknahmefiktion des § 305 Abs. 3 Satz 2 InsO vorliegt.[137] Aus § 287a InsO n.F. ergibt sich damit eine deutliche Lockerung der Voraussetzungen für einen Folgeantrag im Vergleich zur bisherigen Rechtslage.[138] Auch insoweit, als der BGH in der Vergangenheit von der Zulässigkeit einer Stundungsversagung ausgegangen ist, wenn der Schuldner in einem vorausgehenden Verfahren Versagungsgründe verwirkt hatte – zum Beispiel im Fall des § 290 Abs. 1 Nr. 4

---

134 Ungeklärt ist auch die Frage, was geschieht, wenn der Insolvenzverwalter das Vermögen des Schuldners aus seiner selbstständigen Tätigkeit freigegeben hat und über dieses Vermögen ein gesondertes Insolvenzverfahren eröffnet worden ist. Zum Altrecht hat der BGH (18.12.2014 – IX ZB 22/13, ZInsO 2015, 499) für diesen Fall entschieden, dass ein in diesem Verfahren gestellter Antrag des Schuldners auf RSB jedenfalls so lange unzulässig ist, als über seinen im Ausgangsverfahren gestellten RSB-Antrag nicht entschieden ist. Ob dies auch nach neuem Recht so gesehen werden kann, ist dem Gesetz nicht zu entnehmen. Gleichwohl dürfte vieles für eine Fortschreibung dieser Rechtsprechung sprechen, weil es zwei parallel laufende Wohlverhaltensphasen nicht geben kann. Zum Ausschluss der Restschuldbefreiung in einem Zweitverfahren über das freigegebene Vermögen des Schuldners auch AG Mannheim, ZInsO 2019, 2325.
135 Zur Annahme einer Sperrfrist in diesen Fällen BGH, 7.5.2013 – IX ZB 51/12, ZInsO 2013, 1949.
136 BGH, 18.9.2014 – IX ZB 73/13, ZInsO 2014, 2177.
137 Siehe auch Waltenberger, ZInsO 2013, 1458, 1460 m.w.N.; KPB/Wenzel, § 287a InsO Rn 17.
138 Zur Ablehnung einer Sperrfrist für einen zweiten Antrag auf Erteilung der RSB im Fall der Ablehnung seines ersten Antrags in einem vorausgegangenen Verfahren nach § 290 Abs. 1 Nr. 2 InsO schon nach bisherigem Recht vgl. BGH, 22.11.2012 – IX ZB 194/11, ZInsO 2013, 262.

InsO -, die zu einer Sperrfrist geführt hätten, wird diese Rechtsprechung außerhalb der enumerativ aufgeführten Fälle, in denen nach neuem Recht der Antrag unzulässig ist, nicht aufrechtzuerhalten sein. Nachlässiges Verhalten des Schuldners soll kein Grund mehr sein, diesem die Chance auf RSB für einen begrenzten Zeitraum vorzuenthalten und kann damit auch kein Anlass mehr sein, die Stundung abzulehnen. Nur eine Versagung wegen Unredlichkeit des Schuldners in einem früheren Verfahren soll Anlass geben, den Schuldner mit einer zeitlich beschränkten Sperre zu belegen.

(4) Antragswiederholung nach Rücknahme des Antrags im vorausgehenden Verfahren

Die vorstehend erörterten Fälle und Wirkungen erscheinen im Hinblick auf den Gesetzeswortlaut und seine Begründung, der nachlässiges Schuldnerverhalten ausdrücklich nicht ahnden will, eindeutig.[139] Grenzwertig bleiben dagegen die Verfahren, in denen der Schuldner im Schlusstermin oder in der Wohlverhaltensphase als Reaktion auf einen mutmaßlich aussichtsreichen Versagungsantrag eines Gläubigers seinen Antrag auf RSB zurückgenommen hat, um sofort wieder auch auf der Basis der Stundung der Kosten – die Möglichkeit eines neuen Verfahrens zu haben.[140] Ließe es der Schuldner in derartigen Verfahren zu einer Versagung kommen, müsste er mit einer Sperrfrist rechnen, ohne dass ein Unterschied zwischen den beiden Fällen erkennbar wäre.[141] An der Unredlichkeit des Schuldners würde sich – abgesehen von dem Umstand, dass er es nicht zu einer Entscheidung des Insolvenzgerichts über seinen RSB-Antrag kommen ließe – nichts ändern. Für diese Fälle wird deshalb auch für das neue Recht vertreten, eine Antragssperre müsse auch **entsprechend der gesetzlichen Neuregelung** gelten.[142] Bedenklich ist dabei aber, dass der Gesetzgeber in der Begründung der Vorschrift weitere Fälle über die im Gesetz geregelten hinaus ausdrücklich abgelehnt hat. Bei dieser Ablehnung ist es auch geblieben, nachdem im Gesetzgebungsverfahren auf die **Problematik der Antragsrücknahme** ausdrücklich hingewiesen worden ist.[143] Dies könnte gegen die Zulässigkeit einer entsprechenden Anwendung sprechen. Missbräuchlichem

41

---

139 Vgl. zur Ablehnung einer Antragssperre für einen Folgeantrag im Fall des zuvor mangels Masse abgewiesenen Eröffnungsantrags eines Gläubigers auch schon BGH, 17.7.2014 – IX ZB 86/13, ZInsO 2014, 1758.
140 Zur Annahme einer Sperre in diesen Fällen BGH, 20.3.2014 – IX ZB 17/13, ZInsO 2014, 795; BGH, 12.5.2011 – IX ZB 221/09, ZInsO 2011, 1127; BGH, 6.10.2011 – IX ZB 114/11, ZInsO 2011, 2198; BGH, 20.3.2014 – IX ZB 17/13, ZInsO 2014, 795; BGH, 12.5.2011 – IX ZB 221/09, ZInsO 2011, 1127 Rn 7; BGH, 6.10.2011 – IX ZB 114/11, ZInsO 2011, 2198.
141 Zu den in Betracht kommenden Fallkonstellationen s. Pape/Grote, ZInsO 2012, 409, 411f.
142 Streck, ZVI 2014, 205, 208; KPB/Wenzel, § 287a InsO Rn 14; offen A. Schmidt, ZVI 2014, 211ff.
143 Grote/Pape, ZInsO 2012, 409, 412.

Schuldnerverhalten wird damit ein Schlupfloch für die Umgehung der Antragssperre eröffnet.[144] Dies wollte der Gesetzgeber aber augenscheinlich hinnehmen, wie der Verzicht auf eine Regelung für den Fall der Rücknahme des Antrags auf RSB zeigt. Die Annahme eines generellen Ausschlusses der Antragsrücknahme,[145] die teilweise als Ausweg gesehen wird, dürfte jedenfalls weit über das Ziel hinausschießen.

Hier hat sich eine Klärung insofern ergeben, als nach der Rechtsprechung des BGH[146] zwar kein Verbot besteht, den Antrag auf RSB zurückzunehmen. Der Schuldner darf den Antrag auf RSB aber nicht mehr zurücknehmen, wenn ein Gläubiger bereits einen zulässigen Antrag auf Versagung der RSB gestellt hat.[147] In diesem Fall überwiegen die Interessen des Gläubigers an einer Entscheidung über seinen Versagungsantrag gegenüber denen des Schuldners an der RSB. Liegt noch kein zulässiger Antrag auf Versagung vor, kann der Schuldner frei über seinen Antrag auf RSB verfügen.[148] Damit hat sich das Problem der nicht geregelten Sperrfrist insofern gelöst, als den Schuldner dann eine Antragssperre trifft, wenn ihm auf den anhängigen Gläubigerantrag die RSB versagt wird.

cc) Hinweis auf die Unzulässigkeit des Antrags und die Möglichkeit der Rücknahme

42 Um den Schuldner vor einer Verwerfung des Antrags zu bewahren, sieht § 287a Abs. 2 Satz 2 InsO die Möglichkeit vor, den Eröffnungsantrag zurückzunehmen, wenn die in § 287a Abs. 2 Satz 1 InsO genannten Unzulässigkeitsgründe vorliegen und das Gericht einen entsprechenden **Hinweis** erteilt hat. In Betracht kommt dieser Weg allerdings nur, wenn lediglich eine Entscheidung über den Insolvenzantrag des Schuldners zu treffen ist. Bei einem vorausgehenden **Gläubigerantrag** geht der Hinweis ins Leere, weil das Insolvenzverfahren auf Antrag des Gläubigers eröffnet werden kann.[149] Nimmt der Schuldner den Antrag auf RSB nicht zurück, kann er die Frage der Zulässigkeit seines Antrags im Beschwerdeverfahren klären lassen.

---

144 Zur Zulässigkeit der Rücknahme des Antrags auch nach Anhängigkeit eines Versagungsantrags BGH, 17.3.2005 – IX ZB 14/04, ZInsO 2005, 597; BGH, 15.7.2010 – IX ZB 299/07, BGHZ 186, 223 = ZInsO 2010, 1496; Pape/Uhländer/Pape, § 287 InsO Rn 19; KPB/Wenzel, § 287 InsO Rn 3.
145 Vgl. Laroche/Siebert, NZI 2014, 541.
146 BGH, 22.9.2016 – IX ZB 50/15, ZInsO 2016, 2343; BGH, 14.6.2018 – IX ZB 43/17, ZInsO 2018, 1636.
147 Siehe auch LG Landshut, ZInsO 2018, 2271.
148 HK-PrivatinsolvenzR/Pape, § 287 Rn 38 ff., § 287a Rn 32, dort auch zur Vermeidung von Antragssperren durch taktisches Verhalten des Schuldners.
149 S. auch Graf-Schlicker/Kexel, 5. Aufl., § 287a InsO Rn 6; KPB/Wenzel, § 287a InsO Rn 6.

Pape

dd) Öffentliche Bekanntmachung und Beschwerderechte

Der Beschluss, mit dem die Zulässigkeit des Antrags festgestellt wird, ist nach § 287a **43** Abs. 1 Satz 3 InsO öffentlich bekannt zu machen. Dies dient der Information der Gläubiger über den Antrag des Schuldners auf RSB.[150] § 287a Abs. 1 Satz 3 InsO berechtigt den Schuldner, sofortige Beschwerde gegen den Beschluss einzulegen, mit dem sein Antrag als unzulässig verworfen wird. Die Auffassung von *Wenzel*,[151] auch den Gläubigern müsse im Fall der Zulässigkeit des Antrags ein Beschwerderecht eingeräumt werden, weil sie dies auch im Hinblick auf die Altregelung des § 290 Abs. 1 Nr. 3 InsO gehabt hätten, findet im Gesetz keine Stütze. Ein **Beschwerderecht der Gläubiger** ist nicht vorgesehen. Diesen steht ab Verfahrenseröffnung die Möglichkeit, **Versagungsanträge** zu stellen, mit denen sie etwa auch falsche Angaben des Schuldners in seiner Erklärung nach § 287 Abs. 1 Satz 3 InsO geltend machen können, zu. Damit ist ihren Interessen vollauf Genüge getan.[152]

b) Erlass von Sicherungsmaßnahmen – Ruhen des Verfahrens

Entsprechend der Antragstellung im Regelverfahren hat sich das Gericht nach Ein- **44** gang des Antrags und Feststellung, dass dieser zulässig ist,[153] mit der Frage zu befassen, ob es **Sicherungsmaßnahmen** anordnet. Selbst wenn gem. § 306 Abs. 1 Satz 1 InsO im Hinblick auf das gerichtliche Schuldenbereinigungsverfahren zunächst das Ruhen des Insolvenzverfahrens eintritt, hindert dies die Anordnung von Sicherungsmaßnahmen nicht. Die in Betracht kommenden Maßnahmen ergeben sich aus den allgemeinen Vorschriften der §§ 21 ff. InsO, die über § 304 Abs. 1 InsO grundsätzlich auch im Verbraucherinsolvenzverfahren anwendbar sind. Eine **vorläufige Insolvenzverwaltung** mit oder ohne Erlass eines Verfügungsverbots oder Zustimmungsvorbehalts wird dabei im Verbraucherinsolvenzverfahren wegen der damit verbundenen Kosten eher die Ausnahme sein. Auch die Bestellung eines **vorläufigen Gläubigerausschusses** im Eröffnungsverfahren dürfte kaum in Betracht kommen. Die Sicherung der Masse kann eher durch Verfügungsverbote erreicht werden. Naheliegend wird es dagegen sein, Maßnahmen der **Individualzwangsvollstreckung** gem. § 21 Abs. 2 Nr. 3 InsO zu untersagen. Auch die Anordnung vorläufiger Postsperren nach § 21 Abs. 2 Nr. 4 InsO in Insolvenzverfahren über das Vermögen natürlicher Personen kann angebracht sein. Anordnungen, wonach Gegenstände, die im Falle der Eröffnung des Verfahrens von § 166 InsO erfasst würden oder deren Aussonde-

---

150 Graf-Schlicker/Kexel, 5. Aufl., § 287a InsO Rn 7.
151 KPB/Wenzel, § 287a InsO Rn 4a.
152 Gegen ein Beschwerderecht der Gläubiger auch Graf-Schlicker/Kexel, 5. Aufl,, § 287a InsO Rn 8; HK-PrivatinsolvenzR/Pape, § 287 Rn 21 f.
153 Vgl. BGH, 22.3.2007 – IX ZB 164/06, ZInsO 2007, 440; BGH, 13.12.2007 – IX ZB 238/06, IPRspr 2007, Nr. 254; AG Montabaur, ZInsO 2014, 505.

rung verlangt werden könnte, **vom Gläubiger nicht verwertet oder eingezogen** werden dürfen und dass solche Gegenstände zur Fortführung des Unternehmens des Schuldners eingesetzt werden können (§ 21 Abs. 2 Nr. 5 InsO), dürften in Verfahren über das Vermögen natürlicher Personen dagegen nur ganz ausnahmsweise in Betracht kommen, denn sie setzen eine Fortsetzung des Betriebs des Schuldners voraus.

45 Mit Eingang des Eröffnungsantrags – gegebenenfalls auch erst, nachdem der Schuldner fehlende Unterlagen gem. § 305 Abs. 3 InsO ergänzt hat – tritt nach § 306 Abs. 1 InsO das **Ruhen des Verfahrens** bis zur Entscheidung über den Schuldenbereinigungsplan ein. Nach dem Gesetz soll der Zeitraum, der für die Durchführung des gerichtlichen Schuldenbereinigungsverfahrens gebraucht wird, nicht mehr als **drei Monate** betragen (§ 306 Abs. 1 Satz 2 InsO). Insoweit handelt es sich allerdings um eine bloße **Ordnungsvorschrift**, deren Nichteinhaltung folgenlos bleibt. Eingehalten werden kann die Frist ohnehin nur, wenn es keine Rückfragen des Insolvenzgerichts zu dem Antrag gibt. Kommt es zu einem **Änderungsverfahren** nach § 307 Abs. 3 InsO, bei dem der geänderte oder ergänzte Plan den von den Änderungen betroffenen Gläubigern erneut zuzustellen ist und in dem die Monatsfrist des § 307 Abs. 1 Satz 1 InsO nochmals läuft, ist die Frist nicht einzuhalten. Gleiches gilt von vornherein bei einem Gläubigerantrag. Hier muss dem Schuldner, der zwingend ein Schuldenbereinigungsverfahren durchzuführen hat,[154] ausreichend Gelegenheit gegeben werden, einen **eigenen Insolvenzantrag** vorzulegen (§ 306 Abs. 3 Satz 1 InsO). Es können mehrere Wochen vergehen, bevor der Schuldnerantrag überhaupt vorliegt.

c) Eintritt in das gerichtliche Schuldenbereinigungsverfahren

46 Mit Inkrafttreten des InsOÄndG 2001 am 1.12.2001 ist aus dem vormals obligatorischen gerichtlichen Schuldenbereinigungsverfahren ein **fakultatives Verfahren** geworden.[155] Das Insolvenzgericht hat gem. § 306 Abs. 1 Satz 3 InsO nach seiner freien Überzeugung darüber zu entscheiden, ob es ein Schuldenbereinigungsverfahren durchführt[156] oder ob es auf ein solches Verfahren verzichtet.[157] Hält es den vom

---

154 Vgl. BGH, 16.4.2015 – IX ZB 93/12, ZInsO 2015, 1103.
155 Zur Zulässigkeit eines Antrags auf Durchführung des gerichtlichen Schuldenbereinigungsverfahrens, das nicht mangels Rechtsschutzbedürfnisses zu verneinen ist, wenn der Schuldner lediglich einen eigenen Insolvenzantrag, aber keinen Restschuldbefreiungsantrag gestellt hat, vgl. LG Gera, ZVI 208, 271.
156 Nach Auffassung des LG Bonn (ZInsO 2017, 447) soll die Einlegung einer Beschwerde ausnahmsweise zulässig sein, wenn das Insolvenzgericht bei seiner Entscheidung entscheidungserhebliche Angaben des Schuldners (hier: zur Kopf- und Kapitalquote sowie der Möglichkeit einer 100%igen Vergleichsquote) nicht zur Kenntnis nimmt und das Insolvenzverfahren eröffnet, obwohl vorher ein (erfolgversprechendes) gerichtliches Schuldenbereinigungsplanverfahren durchzuführen gewesen wäre.
157 Zur Anhörungsrüge als einzigem Rechtsbehelf AG Duisburg, NZI 2011, 863.

Schuldner vorgelegten Schuldenbereinigungsplan für aussichtslos, kann es unmittelbar nach dessen Anhörung die Fortsetzung des Verfahrens anordnen.[158] Damit wird erreicht, dass keine überflüssigen gerichtlichen Schuldenbereinigungsverfahren mehr durchgeführt werden müssen, wenn die Mehrzahl der Gläubiger schon im außergerichtlichen Verfahren ihren Widerstand gegen die Schuldenbereinigung zum Ausdruck gebracht hat. Zu beurteilen ist diese Frage anhand des Ergebnisses des außergerichtlichen Verfahrens, das detailliert dargestellt werden muss, damit das Gericht anhand der Dokumentation abwägen kann, welche **Erfolgsaussichten** die Schuldenbereinigung hat.[159] Ordnet das Insolvenzgericht – ausnahmsweise – die Durchführung eines gerichtlichen Schuldenbereinigungsverfahrens an, so muss der Schuldner gem. § 306 Abs. 2 Satz 2 InsO binnen zwei Wochen die erforderlichen Abschriften des Schuldenbereinigungsplans und der Vermögensübersicht für die Zustellung an die Gläubiger einreichen, andernfalls droht ihm die Rücknahmefiktion des § 305 Abs. 3 Satz 2 InsO. Reicht der Schuldner die Unterlagen ein, ruht des Verfahrens weiter für die Dauer der Schuldenbereinigung (§ 306 Abs. 1 Satz 1 InsO).

d) Hinweis des Insolvenzgerichts auf die Möglichkeit der RSB bei Schuldner- und Gläubigerantrag – Anschließung an einen Gläubigerantrag

§ 20 Abs. 2 InsO und § 287 Abs. 1 Satz 2 InsO geben dem Insolvenzgericht im Regelinsolvenzverfahren auf, den Schuldner auf die Möglichkeit eines Antrags auf RSB hinzuweisen, wenn er eine natürliche Person ist und lediglich einen Insolvenzantrag ohne Antrag auf RSB gestellt hat. Um die **Zwei-Wochen-Frist** des § 287 Abs. 1 Satz 2 InsO, bei der es sich um einen **Ausschlussfrist** handelt, auszulösen, muss das Gericht den Schuldner nachweisbar über die Möglichkeit der Antragstellung belehrt haben.[160] Reagiert der Schuldner trotz ordnungsgemäßer **Belehrung** nicht mit einem Antrag auf RSB, so ist ein später im eröffneten Verfahren gestellter Antrag unzulässig. Stellt der Schuldner dagegen ohne eigenes Verschulden den Antrag auf RSB erst nach Verfahrenseröffnung, so kommt ausnahmsweise ein **isolierter Antrag auf RSB** in Betracht.

Zum Inhalt des Hinweises hat das LG Frankenthal in einem Beschluss vom 19.3.2019[161] festgestellt: „Die Formulierung in einem gerichtlichen Hinweis auf die

---

[158] Nach Auffassung des AG Göttingen (ZInsO 2018, 277) soll das Insolvenzgericht anstelle Fortsetzung des Verfahrens über den Eröffnungsantrag gemäß § 306 Abs. 1 Satz 3 InsO den Antrag auf Zustimmungsersetzung zurückzuweisen können – was für den Schuldner gemäß § 309 Abs. 2 InsO beschwerdefähig wäre –, wenn außergerichtlich eine Kopf- und Summenmehrheit erzielt worden ist, der Schuldner jedoch die Vorlage einer vollständig ausgefüllten Anlage 4 (Vermögensübersicht) unterlassen hat.
[159] Zur Prüfung des Antrags durch das Gericht BGH, 22.4.2004 – IX ZB 64/03, ZVI 2004, 281.
[160] BGH, 8.7.2004 – IX ZB 209/03, ZInsO 2004, 974.
[161] ZInsO 2019, 858.

Möglichkeit, Restschuldbefreiung zu erlangen „Der Schuldner wird darauf hingewiesen, dass er einen Restschuldbefreiungsantrag (**§§ 286 ff. InsO**) stellen kann. Dieser setzt einen eigenen Antrag auf Eröffnung des Insolvenzverfahrens voraus, der spätestens bis zum Zeitpunkt der Eröffnung zu stellen ist. Das Gericht setzt dem Schuldner eine Frist zur Stellung des Eigenantrags binnen 3 Wochen. Der Restschuldbefreiungsantrag ist spätestens 2 Wochen nach Stellung des Eigenantrags bei Gericht einzureichen (**§§ 20 Abs. 2**, **287 Abs. 1 S. 2 InsO**)" belehrt nicht hinreichend über die Folgen einer Fristversäumnis." Der Hinweis müsse hinreichend klar, vollständig und für einen juristischen Laien verständlich sein, diese Voraussetzungen würden nach Sinn und Zweck der **Belehrungspflicht**, auf die konkreten Folgen der Fristversäumung, nämlich den Ausschluss von der Möglichkeit des Restschuldbefreiungsverfahrens hinzuweisen, nicht erfüllt. **§ 20 Abs. 2 InsO** solle verhindern, dass eine natürliche Person aus Rechtsunkenntnis die Chance einer Restschuldbefreiung verliere.

48 Handelt es sich um einen Schuldner, der dem **Verbraucherinsolvenzverfahren** zuzurechnen ist, so ergibt sich die Hinweispflicht des Insolvenzgerichts auch aus § 306 Abs. 3 Satz 1 InsO. Die Antragstellung des Schuldners führt auch hier zum **Ruhen des Eröffnungsverfahrens**. Nach § 306 Abs. 3 Satz 3 InsO muss der Schuldner den Versuch einer misslungenen außergerichtlichen Einigung nachweisen. Dies gilt auch im Fall des Übergangs von einem Regel- in ein Verbraucherinsolvenzverfahren.[162] Unterlässt es der Schuldner, auf den Hinweis des Insolvenzgerichts einen Eigenantrag verbunden mit einem Antrag auf RSB zu stellen – dies gilt auch für das Regelinsolvenzverfahren –, kommt nach den vorstehenden Ausführungen zur Antragswiederholung eine Sperrfrist für einen Folgeantrag nicht mehr in Betracht. Der Schuldner kann also sofort wieder einen Eröffnungsantrag mit Antrag auf RSB und Stundung der Verfahrenskosten stellen, wenn sein vorhergehender Antrag – etwa mangels Kostendeckung – nicht zur Eröffnung geführt hat.

49 Für einen **Gläubigerantrag**, der eine natürliche Person betrifft, gilt nach der Rechtsprechung des BGH, dass das Gericht nach Eingang des Gläubigerantrags den Schuldner darauf hinzuweisen hat, dass er zur Erreichung der RSB einen entsprechenden Restschuldbefreiungsantrag sowie einen Eigenantrag auf Insolvenzeröffnung stellen muss. Ihm ist eine **richterliche Frist** zu setzen, deren Dauer im Ermessen des Gerichts liegt. Diese Frist sollte in der Regel zwei bis drei Wochen betragen, kann aber auch bei vier Wochen liegen. Bei dieser Frist handelt es sich nicht um die gesetzliche Frist des § 287 Abs. 1 Satz 2 InsO.[163] Sie stellt auch **keine Ausschlussfrist** dar. Vielmehr handelt es sich um eine **Mindestfrist**, nach deren Ablauf der Schuldner mit der Eröffnung des Insolvenzverfahrens auf Antrag des Gläubigers und einer

---

162 BGH, 16.4.2015 – IX ZB 93/12, ZInsO 2015, 1103.
163 BGH, 17.2.2005 – IX ZB 176/03, BGHZ 162, 181 = ZInsO 2005, 310; BGH, 7.5.2009 – IX ZB 202/07, ZInsO 2009, 1171.

damit verbundenen Sperre für die isolierte Stellung eines Antrags auf RSB rechnen muss. Stellt der Schuldner einen Eigenantrag nach Ablauf der Frist, aber noch vor Eröffnung des Verfahrens auf Antrag des Gläubigers, so darf sein Eigenantrag mit dem Antrag auf RSB nicht als unzulässig behandelt werden.[164] Erst wenn der Gläubigerantrag zur Eröffnung des Insolvenzverfahrens geführt hat, kann der Schuldner keinen Eigenantrag mehr stellen. Im Verbraucherinsolvenzverfahren können in diesem Fall weder das außergerichtliche noch das gerichtliche Schuldenbereinigungsverfahren nachgeholt werden. Der Schuldner muss abwarten, bis das auf Antrag des Gläubigers eröffnete Verfahren aufgehoben ist. **Entbehrlich** ist der Hinweis auf die Möglichkeit der Erlangung einer RSB nach einem Gläubigerantrag, wenn der Schuldner bereits anlässlich eines noch anhängigen Insolvenzeröffnungsantrages eines anderen Gläubigers ordnungsgemäß belehrt worden ist, sofern dem Schuldner im weiteren Antragsverfahren eine ausreichende Frist verbleibt, die zur Erreichung der Restschuldbefreiung erforderlichen Anträge zu stellen.[165] Nicht gefolgt werden kann einem Beschluss des AG Hamburg vom 24.5.2017[166]. Danach soll ein Schuldner, der im Eröffnungsverfahren trotz ausdrücklicher gerichtlicher Belehrung keinen Restschuldbefreiungsantrag nebst Eigenantrag gestellt und in diesem Verfahrensstadium sowie auch später im eröffneten Verfahren nicht ausreichend mitgewirkt hat, nicht auf dem Umweg über einen **„Drittmittel-Insolvenzplan"** mit überschaubarer Quotenerhöhung eine Restschuldbefreiung erreichen können. Eine derartige Sperre für die Vorlage eines Insolvenzplans sieht die InsO nicht vor. Ein Antrag auf RSB vor Eröffnung des Insolvenzverfahrens ist keine Voraussetzung für die Erlangung der Schuldenbefreiung nach § 227 InsO.

Hat das Insolvenzgericht die erforderlichen Hinweise zur Erlangung der RSB fehlerhaft, unvollständig oder verspätet erteilt und ist das Insolvenzverfahren auf den Gläubigerantrag hin eröffnet worden, bevor der Schuldner den Eigenantrag stellen konnte, genügt ausnahmsweise ein **isolierter Antrag** auf RSB, um ihm die Aussicht auf RSB zu erhalten. Einen (weiteren) Antrag auf Eröffnung des Insolvenzverfahrens über sein bereits insolvenzbefangenes Vermögen kann der Schuldner nicht mehr stellen, weil es grundsätzlich nur ein Insolvenzverfahren über sein Vermögen geben kann.[167] Der Schuldner kann auch dann keinen Eigenantrag auf Insolvenzeröffnung verbunden mit dem Antrag auf RSB mehr stellen, wenn der auf Antrag eines Gläubigers ergangene Eröffnungsbeschluss noch nicht rechtskräftig ist; mit Erlass des Eröffnungsbeschlusses ist ein **Eigenantrag ausgeschlossen**.[168] Bei Anschlie-

50

---

164 BGH, 3.7.2008 – IX ZB 182/07, ZInsO 2008, 924; BGH, 25.9.2008 – IX ZB 1/08, ZInsO 2008, 1138.
165 BGH, 15.9.2016 – IX ZB 67/15, ZInsO 2016, 2086.
166 ZInsO 2017, 1376, geändert durch LG Hamburg, 22.1.2018 – 326 T 40/17.
167 BGH, 3.7.2008 – IX ZB 182/07, ZInsO 2008, 924; BGH, 18.5.2004 – IX ZB 189/03, ZInsO 2004, 739.
168 BGH, 4.12.2014 – IX ZB 189/03, ZInsO 2004, 739.

ßung des Schuldners an den Gläubigerantrag mit einem Eigenantrag und einem Antrag auf RSB kann der Schuldner nach Verfahrenseröffnung nicht damit gehört werden, seine Anträge nur aufgrund unzulässiger **Druckausübung** gestellt zu haben.[169] Unzulässig ist es auch, sich dem Insolvenzantrags des Gläubigers nur hilfsweise anzuschließen und in erster Linie dessen Zurückweisung zu beantragen.[170] Der Antrag des Schuldners auf RSB setzt voraus, dass er sich klar und eindeutig zum Vorliegen eines Insolvenzgrundes bekennt.

51 Mit Beschl. v. 22.10.2015[171] hat der BGH noch einmal bestätigt, dass im Fall der Eröffnung des Insolvenzverfahrens auf einen Gläubigerantrag ein während des laufenden Insolvenzverfahrens gestellter Antrag des Schuldners auf RSB nicht wegen **verspäteter Antragstellung** als unzulässig verworfen werden kann, wenn das Insolvenzgericht den Schuldner nicht rechtzeitig über die Notwendigkeit eines Eigenantrags verbunden mit einem Antrag auf RSB belehrt und ihm hierfür eine bestimmte richterliche Frist gesetzt hat. Dies gilt auch dann, wenn der Schuldner den Antrag in einem bis dahin noch nicht abgeschlossenen Insolvenzverfahren erst nach Ablauf der sechsjährigen[172] Abtretungszeit stellt. Um die damit verbundene Verzögerung der Schaffung von Klarheit über einen möglichen Restschuldbefreiungsantrag des Schuldners zu verhindern, hat der BGH weiter entschieden, dass dem Schuldner, dem vor Eröffnung des Insolvenzverfahrens auf Antrag eines Gläubigers keine ausreichende Belehrung erteilt worden ist, nach Eröffnung des Insolvenzverfahrens eine **mindestens zweiwöchige Frist** zur Stellung eines isolierten Restschuldbefreiungsantrags gesetzt werden muss, bei der es sich dann auch um eine **Ausschlussfrist** handelt. Andernfalls sei ein solcher Antrag, sofern keine entsprechende Belehrung erfolgt, unabhängig von der Dauer bis zur Aufhebung des laufenden Insolvenzverfahrens zulässig.

e) Verpflichtung zur Einleitung eines Restschuldbefreiungsverfahrens im Unterhaltsrecht

52 Im Hinblick auf die Unterhaltspflicht des Schuldners ggü. seinen Kindern kann ihm dann eine Obliegenheit zur Einleitung eines Verbraucherinsolvenzverfahrens zwecks Wiederherstellung seiner Leistungsfähigkeit treffen, wenn unter Abwägung der unmittelbaren Vor- und Nachteile eines solchen Verfahrens eine Verbesserung der Unterhaltsansprüche **minderjähriger oder ihnen gleichgestellter Kinder** anzunehmen ist, es sei denn im Einzelfall werden Umstände vorgetragen, die eine An-

---

169 LG Hamburg, 21.12.2006 – 326 T 106/06, ZInsO 2007, 335.
170 BGH, 11.3.2010 – IX ZB 110/09, ZInsO 2010, 28.
171 IX ZB 3/15, ZInsO 2015, 2579.
172 In Verfahren, die ab dem 1.10.2020 beantragt sind, dreijährigen Abtretungsfrist.

tragspflicht als unzumutbar erscheinen lassen.[173] Will der Unterhaltsschuldner Umstände geltend machen, die eine solche Obliegenheit im Einzelfall als unzumutbar darstellen, muss er diese im Bestreitensfall beweisen. Eine solche Pflicht zur Insolvenzantragstellung besteht allerdings nur im Verhältnis zu unterhaltsberechtigten Kindern; i.R.d. **Trennungsunterhalts** ggü. dem Ehegatten ist sie grundsätzlich nicht gegeben.[174] Die Obliegenheit besteht nach der Rechtsprechung nur, wenn es besonders gewichtige Gründe gibt, hinter denen die wirtschaftliche Selbstbestimmung des Unterhaltsschuldners zurücktritt. Solche Umstände werden regelmäßig in der gesteigerten Unterhaltspflicht ggü. minderjährigen und privilegierten volljährigen Kindern nach § 1603 Abs. 2 BGB gesehen. Dagegen können getrennt lebende oder geschiedene Ehegatten ihren Unterhalt selbst sicherstellen, sodass die **Beschränkung des Selbstbestimmungsrechts** des Schuldners ihnen ggü. nicht gerechtfertigt ist.

III. Ablauf des gerichtlichen Schuldenbereinigungsverfahrens

Das **gerichtliche Schuldenbereinigungsverfahren** ist seit Inkrafttreten des § 306 Abs. 1 Satz 3 InsO am 1.12.2001 kaum noch praxisrelevant. Die bereits angesprochene Ermessensentscheidung des Insolvenzgerichts über die Durchführung eines gerichtlichen Schuldenbereinigungsverfahrens[175] hat dazu geführt, dass entsprechende **Anordnungen nur noch in Ausnahmefällen** ergehen. Gleichwohl hat sich der Gesetzgeber trotz des ursprünglichen Vorschlags im Referentenentwurf eines Gesetzes zur Verkürzung des Restschuldbefreiungsverfahrens, die gerichtliche Schuldenbereinigung abzuschaffen, dazu entschieden, das Verfahren beizubehalten. Hieraus folgt jedoch nicht, dass eine gesteigerte Bedeutung des Verfahrens zu erwarten ist. Für die Verbesserung der Erfolgschancen derartiger Verfahren hat der Gesetzgeber nichts getan, so dass es weiter bei dem Mauerblümchendasein des Verfahrens bleiben wird. Nachdem sich die Rahmenbedingungen gerichtlicher Schuldbereinigungen nicht verbessert haben, der Gesetzgeber das Insolvenzplanverfahren aber für alle Schuldner ermöglicht hat, wird es eher im eröffneten Insolvenzverfahren zu Insolvenzplanverfahren kommen. 53

Den Beginn des gerichtlichen Schuldenbereinigungsverfahrens stellt gem. § 307 Abs. 1 InsO die Zustellung des Insolvenzantrags an die im Gläubigerverzeichnis angegebenen Gläubiger dar. Damit verbunden ist die Aufforderung, binnen einer **Notfrist von einem Monat** zu den Verzeichnissen Stellung zu nehmen, insb. zu erklären, ob sie mit dem vom Schuldner vorgelegten Schuldenbereinigungsplan einver- 54

---

173 BGH, 23.2.2005 – XII ZR 114/03, BGHZ 162, 234 = ZInsO 2005, 433.
174 BGH, 12.12.2007 – XII ZR 23/06, BGHZ 175, 67 = NZI 2008, 193.
175 Siehe vorstehend Rdn 46.

standen sind.[176] Dabei werden nach der geltenden Fassung des § 307 Abs. 1 InsO[177] nur noch der Schuldenbereinigungsplan und die – in § 305 Abs. 1 Nr. 3 InsO geregelte – **Vermögensübersicht** zugestellt.[178] Hinsichtlich der detaillierten Verzeichnisse werden die Gläubiger nur noch darauf hingewiesen, dass diese beim Insolvenzgericht zur Einsicht niedergelegt sind. Aus der Bezeichnung der Frist zur Stellungnahme als „Notfrist" ergibt sich, dass es um eine Frist i.S.d. § 233 ZPO geht. Eine **Verlängerung** durch richterliche Verfügung scheidet damit – anders als bei den Fristen des § 224 ZPO – aus. Die Frist ist den Rechtsmittelfristen gleichgestellt; bei einer Fristversäumung, die der Gläubiger nicht zu vertreten hat, kommt nur eine Wiedereinsetzung in den vorigen Stand nach den §§ 233 ff. ZPO in Betracht.

55 Auf die Zustellung des Schuldenbereinigungsplans sind die **Zustellungserleichterungen** des § 8 InsO nach § 307 Abs. 1 Satz 3 InsO nicht anzuwenden; sie muss von Amts wegen erfolgen, eine Zustellung durch Aufgabe zur Post ist ausgeschlossen. Der Gläubiger ist auf den Lauf und die Bedeutung der Notfrist zur Stellungnahme zum vorgelegten Schuldenbereinigungsplan und auf die Möglichkeit, Einsicht in die Verzeichnisse des Schuldners zu nehmen, hinzuweisen. Gem. § 307 Abs. 2 Satz 2 InsO ist er weiter darauf hinzuweisen, dass entgegen den üblichen zivilrechtlichen Grundsätzen sein **Schweigen zu dem Plan** oder auch seine verspätet eingegangene Stellungnahme nicht als Ablehnung, sondern als Zustimmung zu dem Vergleichsvorschlag des Schuldners zu werten ist (§ 307 Abs. 2 Satz 1 InsO). Hierdurch wird vermieden, dass Gläubiger allein durch ihre verweigerte Mitwirkung oder durch bloßes Schweigen das Zustandekommen des gerichtlichen Schuldenbereinigungsplans verhindern. Wenn sie mit dem vom Schuldner vorgelegten Plan nicht einverstanden sind, müssen sie ihre Rechte im Verfahren wahrnehmen. Darüber hinaus sind die Gläubiger gem. § 307 Abs. 1 Satz 2 InsO auf den möglichen **Verlust weitergehender Ansprüche** gegen den Schuldner hinzuweisen, wenn sie dessen Angaben zu ihrer Forderung nicht genau überprüfen und ggf. korrigieren. Nach § 308 Abs. 3 Satz 2 InsO[179] verlieren Gläubiger, die im Schuldenbereinigungsverfahren benannt worden sind, auch solche Ansprüche, die in dem beim Insolvenzgericht niedergelegten Forderungsverzeichnis nicht angegeben sind. Die Gläubiger haben insoweit eine **Überprüfungs- und Berichtigungslast**, deren Nichtbeachtung den Schuldner beim Zustandekommen des Schuldenbereinigungsplans so stellt, als hätte er ihre Forderungen vollständig angegeben.

---

176 Zur Maßgeblichkeit der Monatsfrist LG Aachen, Beschl. v. 20.2.2009 – 6 T 13/09, juris; AG Saarbrücken, 4.2.2004 – 61 IK 15/03, juris.
177 I.d.F. InsOÄndG 2001, BGBl. I, S. 2170.
178 Zum Fehlen der Vermögensübersicht vgl. AG Göttingen, ZInsO 2018, 277.
179 I.d.F. InsOÄndG 2001, BGBl. I, S. 2170.

1. Änderungen und Ergänzungen im Schuldenbereinigungsplanverfahren

Ergibt sich aus den Stellungnahmen der Gläubiger ein Änderungs- oder Ergänzungsbedarf für den Schuldenbereinigungsplan, so ist dem Schuldner Gelegenheit zu geben, den Schuldenbereinigungsplan zu ändern oder zu ergänzen (§ 307 Abs. 3 InsO).[180] Dies soll dazu beitragen, bei anfänglicher Ablehnung der Gläubiger doch noch eine sinnvolle Schuldenbereinigung zu erreichen. § 307 Abs. 3 InsO gibt dem Insolvenzgericht die Möglichkeit, auf die Ausgestaltung des Plans und das Zustimmungsverhalten der Gläubiger Einfluss zu nehmen. Nutzt der Schuldner die Möglichkeit der Planergänzung, ist ein **neues Zustimmungsverfahren** einzuleiten, in dem § 307 Abs. 1 und 2 InsO, mit Ausnahme der Belehrung nach § 307 Abs. 1 Satz 2 InsO, entsprechend gelten. Gläubigern, die bereits ihr Einverständnis mit dem geänderten Plan erklärt haben, ist der geänderte Plan erneut zuzustellen.[181]

2. Zustimmung der Gläubiger zum Schuldenbereinigungsplan/ Zustimmungsersetzungsverfahren

In Verfahren, in denen die Gläubiger den Plan nicht einvernehmlich akzeptieren und wenigstens einzelne Gläubiger nicht zustimmen, sieht § 309 InsO unter bestimmten Voraussetzungen ein **gerichtliches Zustimmungsersetzungsverfahren** vor, das zu einem Zwangsvergleich für die widersprechenden Gläubiger führen kann. Grundvoraussetzung ist die Zustimmung von mehr als der Hälfte der benannten Gläubiger, deren Forderungen mehr als die Hälfte aller Forderungen ausmachen müssen (§ 309 Abs. 1 Satz 1 InsO).[182] Für die Berechnung der Mehrheiten gilt: Ist das **Absonderungsrecht** eines widersprechenden Gläubigers als berechtigt anerkannt und wird es in seiner Durchsetzung nicht angetastet, so wird der Gläubiger nur mit seinem voraussichtlichen Forderungsausfall an der Abstimmung über den Plan beteiligt. **Nachrangige Gläubiger** sind bei der Abstimmung nur mit einem Erinnerungswert zu beteiligen, solange nicht glaubhaft gemacht ist, dass die gewöhnlichen Insolvenzgläubiger voll befriedigt werden.[183] Werden **mehrere Gläubiger** von

---

180 Hierzu und zur nachträglichen Zustimmung des widersprechenden Gläubigers BGH, 12.1.2006 – IX ZB 140/04, ZInsO 2006, 206.
181 HK-PrivatinsolvenzR/Heyer, § 307 Rn 29; KPB/Wenzel, § 307 Rn 14; Uhlenbruck/Sternal, § 307 InsO Rn 77.
182 Zum Zustimmungsersetzungsverfahren BGH, 10.10.2013 – IX ZB 97/12, ZInsO 2013, 2333; HK-PrivatinsolvenzR/Heyer, § 309 Rn 6 ff.; wird bei der Verfahrenseröffnung übersehen, dass die erforderliche Kopf- und Summenmehrheit erreicht ist und der Schuldner einen Antrag auf Zustimmungsersetzung gestellt hat, soll nach AG Göttingen ZInsO 2019, 2073 auch nach Ablauf der Beschwerdefrist eine Aufhebung des Eröffnungsbeschlusses möglich sein, wenn der Schuldner vor Ablauf der Beschwerdefrist einen Rechtsbehelf eingelegt hat.
183 BGH, 17.1.2008 – IX ZB 142/07, ZInsO 2008, 327.

einer Person vertreten, hat diese so viele Stimmen, wie sie Gläubiger vertritt;[184] mehrere FA sind wie mehrere Gläubiger zu behandeln. Gläubiger, die auf ihre Forderung verzichtet haben, bleiben außer Betracht. Macht der widersprechende Gläubiger Tatsachen glaubhaft, aus denen ernsthafte Zweifel an einer vom Schuldner angegebenen Forderung folgen oder besteht Streit, ob sie sich auf einen höheren oder niedrigeren Betrag lautet als angegeben und hängt vom Ausgang des Streites ab, ob die Kopf- und Summenmehrheit der zustimmenden Gläubiger erreicht wird, darf die Zustimmung eines Gläubigers zu dem vom Schuldner vorgelegten Fast-Nullplan[185] durch das Insolvenzgericht nicht ersetzt werden.[186] Ergibt sich unter Berücksichtigung dieser Grundsätze eine **Kopf- und Summenmehrheit** der zustimmenden Gläubiger, hat das Gericht die Möglichkeit, auf Antrag des Schuldners oder auch eines Gläubigers die Zustimmung des oder der Widersprechenden zu ersetzen. Ausgeschlossen sein kann die Zustimmungsersetzung allerdings auch dann, wenn die Grundvoraussetzung der Zustimmung (oder des Schweigens) von mehr als der Hälfte der Gläubiger und der Forderungsbeträge zu dem Schuldenbereinigungsplan nicht gegeben ist. Nach einem Beschluss des LG Mainz[187] entspricht es Sinn und Zweck der gesetzlichen Regelung der **§§ 307 ff. InsO**, dass der Einwendungsgläubiger nach Ablauf der Notfrist des **§ 307 Abs. 1 InsO** mit allen Einwendungen ausgeschlossen ist, die er nicht im Zustimmungsersetzungsverfahren binnen der Einwendungsfrist geltend gemacht hat. Gründe, die einer Ersetzung der Einwendungen durch eine Zustimmung entgegenstehen, könnten daher, soweit sie bereits zuvor bestanden hätten und dem Gläubiger bekannt waren, nicht erst im Beschwerdeverfahren geltend gemacht werden. Das Gesetz regelt insoweit drei Fälle, in denen das Gericht die Zustimmung ungeachtet der mehrheitlichen Zustimmung nicht erteilen darf:

a) Unangemessene Beteiligung des widersprechenden Gläubigers

58 Der Schuldner darf nach § 309 Abs. 1 Satz 2 Nr. 1 InsO einzelne Gläubiger nicht bevorzugen. Dieser Grundsatz findet sich auch im Restschuldbefreiungsverfahren in § 294 Abs. 2 InsO wieder. Er gebietet dem Schuldner, die Gläubiger annähernd gleich zu behandeln, eine mathematisch exakte **Gleichbehandlung** ist aber nicht erforderlich. Vielmehr hat das Gericht einen beschränkten Ermessensspielraum bei der Zustimmungsersetzung. Da in die Rechtsstellung gesicherter Gläubiger im Schuldenbereinigungsverfahren nicht eingegriffen werden darf, muss der Schuldner in der Lage sein, diesen Gläubigern erheblich mehr anzubieten als den ungesi-

---

184 OLG Köln, 1.12.2000 – 2 W 202/00, ZInsO 2001, 86.
185 Zur Zulässigkeit der Vorlage eines Nullplans BGH, 10.10.2013 – IX ZB 97/12, ZInsO 2013, 2333.
186 BGH, 21.10.2004 – IX ZB 427/02, ZInsO 2004, 1311.
187 LG Mainz, 17.5.2016 – 8 T 74/16, juris.

cherten Gläubigern. Eine Ungleichbehandlung i.S.d. § 309 Abs. 1 Satz 2 Nr. 1 InsO liegt nicht vor, wenn der Schuldner dinglich gesicherten Gläubigern den vollen **Gegenwert ihres Sicherungsrechtes** verspricht, während er ungesicherten Gläubigern nur geringe Quoten anbietet. Der Grundsatz der angemessenen Beteiligung ist so zu verstehen, dass die verschiedenen Gläubigergruppen nahezu gleich zu behandeln sind; Unterschiede zwischen ungesicherten und gesicherten Gläubigern sind zulässig. Eine **Gruppenbildung** ähnlich dem Insolvenzplanverfahren kommt allerdings nicht infrage; eine Differenzierung zwischen titulierten und nicht titulierten Forderungen ist regelmäßig auch nicht gerechtfertigt.

b) Gleichstellung der Gläubiger mit dem Ergebnis eines durchgeführten Verfahrens

Nach § 309 Abs. 1 Satz 2 Nr. 2 InsO ist der Schuldner verpflichtet, die Gläubiger im Schuldenbereinigungsplan so zu stellen, wie sie nach Durchführung des Verbraucherinsolvenzverfahrens und eines anschließenden Restschuldbefreiungsverfahrens stehen würden. Hierdurch wird ausgeschlossen, dass sich der Schuldner über das Schuldenbereinigungsverfahren Vorteile ggü. dem Insolvenzverfahren verschafft. Auch dies entspricht dem Insolvenzplanverfahren, in dem ein widersprechender Gläubiger eine Schlechterstellung ggü. dem durchgeführten Verfahren glaubhaft machen muss, wenn er den Plan zu Fall bringen will.[188] Verlangt wird eine **hypothetische Vergleichsberechnung**, bei der das fiktive Ergebnis des vereinfachten Insolvenzverfahrens mit anschließendem Restschuldbefreiungsverfahren mit dem Angebot des Schuldners im Schuldenbereinigungsplan verglichen wird.[189] Erleichtert wird die Hochrechnung des Ergebnisses des durchgeführten Verfahrens durch die **Fiktion** in § 309 Abs. 1 Satz 2 Nr. 2 letzter Halbs. InsO. Danach sind im Zweifel unveränderte Einkommens-, Vermögens- und Familienverhältnisse des Schuldners während des gesamten Verfahrens zugrunde zu legen.

59

c) Pflicht zum Erhalt von Sicherungsrechten

Aus der Vorschrift folgt zugleich, dass ein gesicherter Gläubiger auch im Schuldenbereinigungsverfahren keine Eingriffe dulden muss, die zu einer Beeinträchtigung seines Sicherungsrechts führen. Dem Gläubiger bleiben im eröffneten Verfahren – auch bei anschließender Durchführung eines Restschuldbefreiungsverfahrens – seine Sicherungsrechte voll erhalten. Der Schuldner darf deshalb in diese Rechte allenfalls so weit eingreifen, wie sich der Gläubiger an den Kosten des Verfahrens zu

60

---

[188] Vgl. BGH, 30.9.2010 – IX ZB 145/08, NZI 2010, 948.
[189] Vgl. AG Düsseldorf, ZInsO 2019, 2077; LG Düsseldorf, ZInsO 2020, 197.

beteiligen hat. Tiefergehende Eingriffe würden zu einer Verschlechterung der Stellung des Gläubigers führen, als er sie bei Durchführung von Insolvenz- und Restschuldbefreiungsverfahren hinzunehmen hätte. Konsequenz wäre, dass eine Zustimmungsersetzung bei Widerstand des Gläubigers nicht zulässig ist. Im Schuldenbereinigungsverfahren waren deshalb – allerdings nur, soweit die Antragstellung vor dem 1.7.2014 erfolgt ist – auch **Gehaltsabtretungen und -verpfändungen** zu beachten,[190] die gemäß des zum 1.7.2014 aufgehobenen § 114 Abs. 1 InsO a.F.[191] für die Dauer von 2 Jahren ab dem zur Zeit der Eröffnung des Insolvenzverfahrens laufenden Kalendermonat wirksam blieben.[192] Entsprechend gesicherte Gläubiger waren so zu stellen, dass ihnen die entsprechenden Vorteile erhalten blieben. Andernfalls hätten sie glaubhaft machen können, durch den Schuldenbereinigungsplan schlechter gestellt zu sein, als sie bei Durchführung des Insolvenzverfahrens stünden. Das Schuldenbereinigungsverfahren ist deshalb auch kaum geeignet, privaten Schuldnern ihre **Wohnimmobilie** zu erhalten, weil die **Rechte der Grundpfandgläubiger** erhalten bleiben. Wollten sie eine Verwertung vermeiden, müssten sie diese Gläubiger finanziell so stellen, als hätten diese ihr Grundpfandrecht verwertet. Dies dürfte für Schuldner, die wegen ihrer **Zins- und Tilgungslasten** ins Schuldenbereinigungsverfahren geraten sind, i.d.R. unmöglich sein. Insoweit dürfte es eher angeraten sein, Gegenstände, auf denen Sicherungsrechte lasten, vor Beginn des Schuldenbereinigungsverfahrens zu verwerten, um nicht an der Klippe des § 309 Abs. 1 Satz 2 Nr. 2 InsO zu scheitern.

d) Zustimmungsersetzung bei „Null-Plänen"

61 Im Regelfall sind allerdings weniger Ansprüche gesicherter Gläubiger das Problem des Schuldenbereinigungsplanverfahrens. Normalfall ist vielmehr, dass der Schuldner nichts hat und einen **sog. „Null-Plan"** vorlegt, mit welchem er den Gläubigern letztlich einen **Forderungsverzicht** abverlangt. Die Einleitung gerichtlicher Schuldenbereinigungsverfahren kommt in diesen Fällen nur selten in Betracht, weil es hier ungewöhnlich ist, dass mehr als die Hälfte der Gläubiger dem Plan zustimmt oder auf die Übersendung des Plans nicht reagiert. Kommt es ausnahmsweise doch zu entsprechen Mehrheiten, stellt sich auch hier die Frage, ob das Gericht i.R.d. § 309 Abs. 1 Satz 2 Nr. 2 InsO befugt ist, die Zustimmung widersprechender Gläubiger zu ersetzen. Eine solche Ersetzung, die dazu führt, dass der Schuldner ohne jede

---

190 Vgl. BGH, 22.10.2009 – IX ZB 148/05, ZInsO 2009, 2406; LG Osnabrück, GRUR Int 2010, 158.
191 I.d.F. InsOÄndG 2001, BGBl. I, S. 2170.
192 Dies gilt allerdings nur für Insolvenzverfahren, die vor dem 1.7.2014 beantragt worden sind, nur auf diese findet die ab dem 1.7.2014 außer Kraft getretene Vorschrift des § 114 InsO noch uneingeschränkt Anwendung – vgl. AG Köln, ZInsO 2015, 1063. In den danach beantragten Verfahren gibt es die Privilegierung von Gehaltsabtretungen nicht mehr.

Gegenleistung eine RSB erhält, muss aber letztlich für zulässig gehalten werden.[193] Dies gilt auch im Hinblick auf die teilweise vertretene Auffassung, dass einerseits die Zustimmungsersetzung bei statischen Null-Plänen **ohne Besserungsklausel**[194] unzulässig sei, bei Null-Plänen **mit Anpassungsklausel** jedoch erfolgen könne.[195] Für die Auffassung, dass eine Zustimmungsersetzung auch bei reinen Null-Plänen zulässig ist, spricht entscheidend die Fiktion des § 309 Abs. 1 Satz 2 Nr. 2 Halbs. 2 InsO. Danach muss von **gleichbleibenden Verhältnissen** des Schuldners für das gesamte Verfahren ausgegangen werden. Folge ist, dass bei völliger Leistungsunfähigkeit des Schuldners für die Dauer des gesamten Insolvenzverfahrens und der Wohlverhaltensphase ein entsprechendes Unvermögen zu unterstellen ist. Einschränkungen, wonach bei Null-Plänen die Zustimmung der Gläubiger nicht ersetzt werden darf, sind nicht zu machen. Erhebt die Mehrheit der Gläubiger gegen einen solchen Plan keine Einwendungen, ist auch eine Zustimmungsersetzung möglich. Soweit von Teilen der Rechtsprechung und der Literatur eine **Wiederauflebensklausel** für erforderlich gehalten wird,[196] ist eine derartige Klausel in einem Schuldenbereinigungsplan, der die Wirkung eines Vergleichs i.S.d. **§ 794 Abs. 1 Nr. 1 ZPO** hat und bei dem es sich materiell-rechtlich um einen Vergleich nach **§ 779 BGB** handelt, nicht erforderlich. Auch wenn die Willenserklärung eines Gläubigers im Fall des **§ 309 InsO** gerichtlich ersetzt wird, bleiben die Regelungen des BGB über Nicht- und Schlechterfüllung von Schuldverhältnissen anwendbar, so dass dem Gläubiger bei Pflichtverletzungen des Schuldners insbesondere ein Rücktrittsrecht zusteht.[197]

Nach der Rechtsprechung des BGH[198] steht die Vorlage eines Schuldenbereinigungsplans mit dem Angebot keiner oder einer nur geringfügigen Befriedigungsquote der Ersetzung der Zustimmung nicht entgegen. Die Entscheidung, ob eine Annahme des Schuldenbereinigungsplans möglich ist oder dieser von vornherein abgelehnt wird, ist von den Gläubigern und nicht dem Insolvenzgericht zu treffen. Sie ist Ausfluss der **Gläubigerautonomie** im Insolvenzverfahren. Lehnen die Gläu- 62

---

193 Vgl. BGH, 10.10.2013 – IX ZB 97/12, ZInsO 2013, 2333; OLG Frankfurt am Main, ZInsO 2000, 288; OLG Stuttgart, ZInsO 2002, 836; LG Düsseldorf, ZInsO 2020, 197-20; AG Düsseldorf, ZInsO 2019, 2077; HK-PrivatinsolvenzR/Heyer, § 309 Rn 51; Pape/Uhländer/Brenner, § 305 InsO Rn 17 ff.; FK/Grote, 9. Aufl., § 309 InsO Rn 45 ff.; dagegen etwa MüKo/Ott/Vuia, 3. Aufl., § 309 InsO Rn 22; HK-Waltenberger, InsO, 9. Aufl., § 309 Rn 25; wohl auch KPB/Wenzel, § 309 InsO Rn 24 ff. m.w.N.; offengelassen in BGH, 21.10.2004 – IX ZB 427/02, ZInsO 2004, 1312.
194 Zur Entbehrlichkeit einer Erbfallklausel im Insolvenzplan vgl. HK-PrivatinsolvenzR/Heyer, § 309 Rn 53 f.
195 Vgl. LG Mönchengladbach, ZInsO 2001, 1116 m. Anm. Grote.
196 Vgl. HK-PrivatinsolvenzR/Heyer, § 309 Rn 49 m.w.N.
197 So zutreffend LG Hamburg, ZInsO 2019, 1800; offengeblieben ist die Frage in BGH, 17.12.2009 – IX ZB 69/08, juris.
198 BGH, 10.10.2013 – IX ZB 97/12, ZInsO 2013, 2333; siehe auch AG Düsseldorf, ZInsO 2019, 2077.

biger mehrheitlich den Plan ab, ist eine gerichtliche Zustimmungsersetzung ausgeschlossen. Stimmen sie mehrheitlich dem Plan zu, besteht keine Veranlassung, über das Gesetz hinaus weitere Voraussetzungen zu schaffen, denen der vom Schuldner vorgelegte Schuldenbereinigungsplan genügen muss. Soweit sich die wirtschaftlichen Verhältnisse des Schuldners im Verlauf eines Insolvenz- und Restschuldbefreiungsverfahrens verbessern könnten und der Schuldner schließlich doch eine Befriedigungsquote leisten könnte, sind hieraus keine Beschränkungen für die Zulässigkeit von Null-Plänen herzuleiten. Das Erfordernis von **Besserungs- oder Anpassungsklauseln**, die Zahlungen des Schuldners für den Fall vorsehen, dass es während eines bestimmten Zeitraums, der etwa dem eines durchzuführenden Insolvenzverfahrens entspricht, zu einer Verbesserung seiner wirtschaftlichen Verhältnisse kommt, kann dem Gesetz nicht entnommen werden. Vielmehr ist es ausschließlich Sache der Gläubiger, solche Gesichtspunkte vorzutragen und glaubhaft zu machen, welche der Zustimmungsersetzung entgegenstehen könnten. Mit dem Verlangen, über die Regelung des § 309 InsO hinaus Bedingungen und Klauseln in den Plan zu schreiben, mittels derer der Schuldner sicherstellt, dass zukünftige Entwicklungen berücksichtigt werden, unterliefe man die gesetzliche Fiktion des § 309 Abs. 1 Satz 2 Nr. 2 Halbs. 2 InsO, nach welcher im Zweifel von gleichbleibenden wirtschaftlichen Verhältnissen auszugehen ist. Besteht eine nur theoretisch mögliche Aussicht, dass zukünftig Aufrechnungsmöglichkeiten – etwa des Finanzamtes – entstehen könnten, die durch den Schuldenbereinigungsplan abgeschnitten werden könnten, genügt dies nicht, um die Zustimmungsersetzung zu verhindern. Zu berücksichtigen sind allenfalls konkret absehbare Veränderungen, die zum Zeitpunkt der Verabschiedung des Plans bereits angelegt sind und die der Gläubiger glaubhaft macht.[199]

63 Umstritten ist ferner, ob der Plan zur Vermeidung der Schlechterstellung der Gläubiger eine **Wiederauflebens- oder Verfallsklausel** enthalten muss.[200] Insoweit kann aber nichts anderes gelten als für die Zustimmungsersetzung bei Null-Plänen. Aufgrund der bereits erörterten Gleichstellungsfiktion sind entsprechende Klauseln nicht unbedingt erforderlich,[201] denn es ist von unveränderten Verhältnissen auszugehen. Dies gilt etwa auch hinsichtlich der Frage, ob der Plan für die Finanzverwaltung einen **Aufrechnungsvorbehalt** enthalten muss. Fehlt ein entsprechender

---

199 Siehe auch HK-PrivatinsolvenzR/Heyer, § 309 Rn 52 m.w.N.
200 Vgl. HambKomm/Ritter, § 309 InsO Rn 19 m.w.N.; HK/Waltenberger, § 309 InsO Rn 26.
201 So auch LG Hamburg, ZInsO 2019, 1800, das darauf hinweist, der bestätigte Schuldenbereinigungsplan habe die Wirkung eines Vergleichs i.S.d. § 794 Abs. 1 Nr. 1 ZPO, bei dem es sich materiellrechtlich um einen Vergleich nach § 779 BGB handele, so dass auch bei Ersetzung der Willenserklärung eines Gläubigers die Regelungen des BGB über Nicht- und Schlechterfüllung von Schuldverhältnissen anwendbar seien. Folge sei, dass dem Gläubiger bei Pflichtverletzungen des Schuldners insbesondere ein Rücktrittsrecht zustehe.

Vorbehalt, hindert dies die Zustimmungsersetzung nicht, wenn es nur eine **theoretische Möglichkeit der späteren Aufrechnung** durch das FA gibt.[202]

e) Zweifel an den vom Schuldner angegebenen Forderungen

Eine Zustimmungsersetzung kommt ferner dann nicht in Betracht, wenn der Gläubiger Tatsachen glaubhaft macht, aus denen sich **ernsthafte Zweifel** an dem Bestand oder der Höhe einer vom Schuldner angegebenen Forderung ergeben.[203] Eine Zustimmungsersetzung ist in diesen Fällen nach § 309 Abs. 3 InsO ausgeschlossen, weil das Schuldenbereinigungsverfahren nicht dem Zweck dient, den **Bestand streitiger Forderungen** zu klären. Dem Gericht steht allenfalls ein enger Spielraum bei der Bewertung des Schuldenbereinigungsplans zu, wenn es bei dem Streit nur um einen geringen Betrag geht, streitige Forderungen kann und soll es nicht klären. Ein Fall des § 309 Abs. 3 InsO liegt etwa dann vor, wenn ein Gläubiger Bedenken bzgl. des Bestehens bestimmter vom Schuldner angegebener Forderungen hat. Derartige Bedenken kann es dann geben, wenn Anhaltspunkte bestehen, dass der Schuldner Forderungen von Verwandten und Freunden aus **Privatdarlehen** angibt, um auf diese Art und Weise die Mehrheit für die Zustimmungsersetzung zustande zu bringen. Indiz dafür kann etwa bei Vorlage eines Null-Plans, in dem in erheblichem Umfang Forderungen von Privatgläubigern angegeben sind, die alsbaldige Zustimmung dieser Gläubiger zu dem Null-Plan sein. Problematisch bleibt dann aber immer noch die Verpflichtung der Gläubiger, den Missbrauch der Regelungen des Schuldenbereinigungsverfahrens glaubhaft zu machen. Hier dürfte es ausreichen, wenn der Gläubiger darlegt, dass der angegebene Gläubiger gar nicht in der Lage war, dem Schuldner entsprechende Mittel zur Verfügung zu stellen. Außerdem sollte dem Schuldner aufgegeben werden, die Forderung näher zu substantiieren und Belege für ihre Entstehung vorzulegen.[204]

64

Ungewissheit über Bestand und/oder Höhe der Forderung kann ferner dann zum **Ausschluss der gerichtlichen Zustimmungsersetzung** führen, wenn es um streitige Forderungen des widersprechenden Gläubigers geht. Auch hier hat das Insolvenzgericht nicht die Aufgabe, den Bestand der Forderung zu klären.[205] Aus der

65

---

[202] Anders LG Kiel, ZInsO 2004, 558; LG Koblenz, ZInsO 2000, 507; wie hier LG Kaiserslautern, NZI 2008, 694; AG Göttingen, ZInsO 2001, 329; HambKomm/Ritter, § 309 InsO Rn 21; Grote, ZInsO 2001, 452, 454.
[203] Vgl. OLG Celle, ZInsO 2000, 456; LG Bielefeld, ZIP 1999, 1275; MüKo/Ott/Vuia, § 309 InsO Rn 31; Uhlenbruck/Sternal, § 309 InsO Rn 81 ff.
[204] Hierzu AG Bremen, NZI 2011, 950.
[205] Siehe hierzu auch OLG Celle, 7.6.2000 – 2 W 42/00, ZInsO 2000, 456; OLG Köln, 2.12.2000 – 2 W 165/00, ZInsO 2001, 857; LG Berlin, 27.1.2004 – 86 T 1061/03, ZInsO 2004, 214; HK-PrivatinsolvenzR/Heyer, § 309 Rn 59 ff.; Uhlenbruck/Sternal, § 309 InsO Rn 77 ff.

Verpflichtung des Schuldners, alle Forderungen im Schuldenbereinigungsplan vollständig anzugeben, folgt, dass er auch solche Forderungen anzugeben hat, bei denen fraglich ist, ob sie tatsächlich bestehen. Aufgrund dieser Verpflichtung befindet sich der Schuldner in einer schwierigen Situation. Er ist vor die Wahl gestellt, die Zustimmungsersetzung zu gefährden, wenn er die Forderungen zwar angibt, sie jedoch im Schuldenbereinigungsplan nicht berücksichtigt, oder aber die Forderungen trotz der bestehenden Zweifel voll zu berücksichtigen, um Schwierigkeiten bei der Zustimmungsersetzung aus dem Weg zu gehen. Aufgrund dieser Schwierigkeiten, die im Schuldenbereinigungsverfahren nicht gelöst werden können, bietet es sich in erster Linie an, die Forderungen zunächst im streitigen Verfahren zu klären, bevor das Schuldenbereinigungsverfahren begonnen wird. Eine weitere Möglichkeit besteht darin, die Forderungen im Schuldenbereinigungsplan vorbehaltlich der gerichtlichen Klärung zu berücksichtigen und die auf die Forderung entfallende Quote zunächst bis zur **rechtskräftigen Klärung** des Streits zu hinterlegen. Dies würde dem Schuldner die Möglichkeit geben, trotz streitiger Forderung das Schuldenbereinigungsverfahren unmittelbar in Angriff zu nehmen. Ob ein derartiger Fall schon vorliegt und eine Zustimmungsersetzung nicht möglich sein soll, wenn sich die Forderung des Gläubigers aufgrund von Zinsansprüchen zwischen Antragstellung und Entscheidung des Gerichts erhöht, weil andernfalls die neue Teilforderung gegen den Willen der Gläubiger kompensationslos entfallen würde,[206] erscheint fraglich. Hier müsste zum einen hinterfragt werden, ob der Zeitablauf dem Schuldner oder dem Gericht anzulasten ist. Zum anderen würde die Auffassung dazu führen, dass bei verzinslichen Forderungen eine Zustimmungsersetzung regelmäßig ausgeschlossen ist.[207] Sie ist deshalb abzulehnen.

3. Wirkungen des gerichtlichen Schuldenbereinigungsplans

66   Bei Annahme des vom Schuldner vorgelegten Schuldenbereinigungsplans durch die Gläubiger oder durch Zustimmung des überwiegenden Teils der Gläubiger und rechtskräftiger gerichtlicher Zustimmungsersetzung[208] sind die im Gesetz – allerdings nur unvollkommen – geregelten Folgen der Annahme des Plans **§ 308 InsO** zu entnehmen. Während der außergerichtliche Schuldenbereinigungsplan lediglich materiell-rechtlich einen **Vergleich i.S.d. § 779 BGB** darstellt, gibt der gerichtlich bestätigte Schuldenbereinigungsplan den Gläubigern **unmittelbare Vollstreckungsmöglichkeiten** gegen den Schuldner. Er hat gem. § 308 Abs. 1 Satz 2 InsO

---

206 AG Hamburg, ZVI 2017, 270.
207 HK-PrivatinsolvenzR/Heyer, § 309 Rn 61.
208 Zur Anfechtung der Zustimmungsersetzungsentscheidung mit der sofortigen Beschwerde gemäß § 309 Abs. 2 Satz 3 InsO vgl. BGH, 3.12.2009 – IX ZB 85/09, VuR 2010, 186.

die Wirkungen eines gerichtlichen **Vergleichs i.S.d. § 794 Abs. 1 Nr. 1 ZPO**[209] und ist damit Vollstreckungstitel.[210] Geschaffen wird dieser Titel durch das Insolvenzgericht.[211] Dieses erlässt nach erfolgreichem Abschluss des Schuldenbereinigungsverfahrens einen Beschluss, in dem es den Plan feststellt (§ 308 Abs. 1 Satz 1 InsO). Eine Anfechtung des Beschlusses, der lediglich einen feststellenden Inhalt hat, findet nicht statt; ein Gläubiger, der seine Stellungnahme für unrichtig bewertet oder festgestellt sieht, kann allenfalls **Gegenvorstellung** erheben.[212] Eine Ausfertigung dieses Beschlusses, aus dem Gläubiger vollstrecken können, sofern der Plan einen vollstreckungsfähigen Inhalt hat, ist den Gläubigern und dem Schuldner gem. § 308 Abs. 1 Satz 3 InsO zuzustellen. Nach der Rechtsprechung des BGH darf der **Gerichtsvollzieher** die Zwangsvollstreckung aus einem bereits vorhandenen Titel allerdings nicht allein deshalb nach § 775 Nr. 1 ZPO einstellen, weil ein festgestellter Schuldenbereinigungsplan vorliegt. Der Plan stellt demnach keine vollstreckbare Entscheidung dar, aus der sich ergibt, dass das zu vollstreckende Urteil aufgehoben oder die Zwangsvollstreckung für unzulässig erklärt oder ihre Einstellung angeordnet ist. **Materiell-rechtliche Einwendungen** aus dem Plan sind deshalb – wie bei einem Vergleich oder im Fall erteilter RSB – mittels Vollstreckungsgegenklage vor dem **Prozessgericht** nach § 767 ZPO zu verfolgen.[213] Auch entfällt das Rechtsschutzinteresse für eine Leistungsklage nicht allein durch Vorlage eines Schuldenbereinigungsplans, vielmehr tritt eine entsprechende Wirkung erst ein, wenn der Plan angenommen ist.[214]

Erklärt ein Gläubiger die **Kündigung des Schuldenbereinigungsplans**, kann der Schuldner dessen Fortbestand im Wege der Feststellungsklage gemäß **§ 256 Abs. 1 ZPO** vor dem Prozessgericht klären.[215] Falls erforderlich, muss der Inhalt eines Schuldenbereinigungsplans durch Auslegung nach **§§ 133, 157 BGB** anhand des Wortlauts und der Begleitumstände, die zum Vertragsschluss geführt haben sowie unter besonderer Berücksichtigung des Vergleichszwecks ermittelt werden. Diese Auslegung kann im Einzelfall ergeben, dass ein im Plan enthaltenes Kündigungsrecht nur von allen Gläubigern – wenn auch nicht notwendig durch gleichzeitige Erklärung – auszuüben ist.[216]

Trotz der Qualifizierung des Planes als gerichtlicher Vergleich muss dieser nicht unbedingt einen vollstreckungsfähigen Inhalt haben; die bloße Angabe von **Befrie-**

---

209 BGH, 9.7.2009 – IX ZB 29/09, ZInsO 2009, 1505; Pape/Uhländer/Brenner, § 308 InsO Rn 6; HambKomm/Streck, § 308 InsO Rn 5; KPB/Wenzel, § 308 InsO Rn 5.
210 Dazu auch KPB/Wenzel, § 308 InsO Rn 5 ff.
211 Zuständig ist gemäß § 18 Abs. 1 Nr. 1 RPflG i.d.F. Art. 14 Nr. 5 EGInsO der Insolvenzrichter.
212 BayObLG, ZInsO 2001, 170; HK-PrivatinsolvenzR/Heyer, § 308 Rn 34 f.
213 BGH, 14.7.2011 – VII ZB 118/09, ZInsO 2011, 1711.
214 BGH, 9.7.2009 – IX ZB 29/09, ZInsO 2009, 1505.
215 Vgl. Saarländisches Oberlandesgericht Saarbrücken, ZInsO 2020, 923.
216 Saarländisches Oberlandesgericht Saarbrücken, ZInsO 2020, 923.

digungsquoten kann ausreichen, weil es keine gesetzlichen Mindestvorgaben für den Planinhalt gibt. Dies kann etwa Bedeutung für die Zulässigkeit sog. **„flexibler" Pläne** haben, in denen auf mögliche Änderungen der wirtschaftlichen Verhältnisse des Schuldners Rücksicht genommen wird, indem der Schuldner sich etwa verpflichtet, im Fall der Besserung seiner Einkommensverhältnisse Zahlungen an die Gläubiger zu leisten. Der Plan kann weitere Klauseln enthalten, die keinen vollstreckungsfähigen Inhalt haben, sondern die Rechtsverhältnisse des Schuldners umgestalten und für die Zeit der Planerfüllung bestimmte Verhaltenspflichten festschreiben sollen. Eine vollständige Reduzierung des Planinhalts auf derartige Regelungen ist möglich, wenn der Schuldner i.Ü. kein Befriedigungsangebot (Null-Plan) machen kann. Anders als beim Insolvenzplan ist eine **Überwachung des Schuldners** bei der Planerfüllung im Gesetz nicht vorgesehen. Bei Nichterfüllung der Zahlungspflichten des Schuldners sind die Gläubiger auf die Vollstreckung aus dem Schuldenbereinigungsplan angewiesen. Der Schuldner muss – vorbehaltlich der Vereinbarung von **Wiederauflebens- und Verfallsklauseln**, welche nach den vorstehenden Ausführungen aber nicht zwingend in den Plan aufzunehmen sind – seine Verbindlichkeiten nur noch in der im Plan geregelten Form erfüllen. Auf die ursprünglichen Forderungen kann nicht zurückgegriffen werden.

a) Auswirkungen auf die Forderungen der Gläubiger

68 Gläubiger, die der Schuldner **im Insolvenzplanverfahren benannt** hat und die vom Gericht im Anhörungsverfahren beteiligt worden sind, verlieren gem. § 308 Abs. 3 Satz 2 InsO[217] solche Forderungen, die sie dem Gericht ggü. nicht innerhalb der Frist des § 307 Abs. 1 InsO geltend gemacht haben. Dies gilt auch, soweit der Schuldner ihre Forderungen nicht vollständig angegeben hat.[218] Ob die Angabe durch den Schuldner vorsätzlich oder fahrlässig unterblieben ist, spielt dabei keine Rolle. Bestehen bleiben im Plan nicht angegebene Forderungen nur dann, wenn einzelne Gläubiger überhaupt nicht benannt worden sind. Diese Gläubiger haben das Recht, ihre Forderung uneingeschränkt weiter durchzusetzen. Ihre Forderungen bleiben durch den Plan unberührt. Im Übrigen werden die Forderungen der vom Schuldner angegebenen Gläubiger durch den Plan umgestaltet.[219] Für die ursprünglichen Verbindlichkeiten gilt, dass auf sie – vorbehaltlich individueller Regelungen im Schuldenbereinigungsplan oder einer Kündigung des Plans bzw. eine Rücktritts[220] – auch dann nicht zurückgegriffen werden kann, wenn die Planerfüllung scheitert. Eine **§ 255 InsO** entsprechende Regelung, die beim Scheitern eines Schul-

---

217 I.d.F. InsOÄndG 2001, BGBl. I, S. 2170.
218 Vgl. HK-PrivatinsolvenzR/Heyer, § 308 Rn 21; KPB/Wenzel, § 308 InsO Rn 7 f.
219 Vgl. BGH, 21.2.2008 – IX ZB 62/05, BGHZ 175, 307 = ZInsO 2008, 453.
220 Siehe Saarländisches Oberlandesgericht Saarbrücken, ZInsO 2020, 923.

denbereinigungsplans zum **Wiederaufleben** der Ursprungsforderungen führen würde, gibt es im Schuldenbereinigungsverfahren nicht. Aufgrund der kompletten Umgestaltung der Verbindlichkeiten verliert der Gläubiger auch **akzessorische Sicherheiten** wie Bürgschaften und Hypotheken, es sei denn der Plan enthält Regelungen, nach denen diese erhalten bleiben. Wie nicht akzessorische Sicherungen, z.B. Mitschuldnererklärungen und Grundschulden, zu behandeln sind, ist im Gesetz nicht geregelt. Eine entsprechende Vorschrift zu § 301 Abs. 2 InsO, der insoweit die Rechtsfolgen der Erteilung der RSB zum Inhalt hat, gibt es für das Schuldenbereinigungsverfahrens nicht. **Nicht akzessorische Sicherheiten** dürften deshalb nach zivilrechtlichen Grundsätzen erhalten bleiben; es kommt also darauf an, ob die Forderung so umgestaltet wird, dass die Berechtigung des Gläubigers erlischt, sich aus der Sicherheit zu befriedigen, oder ob die Sicherungsabrede weiter Bestand hat. Ungeregelt ist auch, wie sich die Schuldenbereinigung auf **Regressforderungen** gegen den Schuldner – etwa im Fall der Erfüllung gesamtschuldnerischer Verpflichtungen – auswirkt. Mangels anderslautender gesetzlicher Regelungen dürfte hier von dem Erhalt der Regressforderung auszugehen sein. Zweckmäßigerweise sollte deshalb – dies gilt im Hinblick auf nicht akzessorische Sicherungen und gesamtschuldnerische Verpflichtungen gleichermaßen – versucht werden, durch eine **dreiseitige Vereinbarung** unter Einbeziehung des Sicherungsgebers bzw. Mitschuldners eine nachhaltige Schuldenbereinigung zu erreichen.

Die Durchführung eines gerichtlichen Schuldenbereinigungsverfahrens wird nicht **publik gemacht**. Anders als bei der RSB, bei der in Altverfahren – in denen der Antrag vor dem 1.7.2014 gestellt worden ist – schon der Antrag nach § 27 Abs. 2 Nr. 4, § 30 Abs. 1 InsO a.F. öffentlich bekannt zu machen war und bei denen der Eintritt in die Wohlverhaltensphase gem. § 289 Abs. 2 Satz 3 InsO a.F. mit der Aufhebung des Insolvenzverfahrens ebenfalls veröffentlicht werden musste, und in Neuverfahren, in denen die Entscheidung über die Zulässigkeit des Restschuldbefreiungsantrags nach § 287a Abs. 1 Satz 2 zu veröffentlichen ist, gibt es bei der Schuldenbereinigung entsprechende Bestimmungen nicht. Der Schuldner kann aufgrund der Schuldenbereinigung zwar erheblichen Beschränkungen unterliegen, wenn er sich verpflichtet hat, an seine Gläubiger über einen längeren Zeitraum bestimmte, periodische wiederkehrende Zahlungen zu leisten. Für den Rechtsverkehr ist dies jedoch nicht ohne weiteres erkennbar. 69

b) Folgen des Scheiterns der gerichtlichen Schuldenbereinigung
Nicht im Gesetz geregelt ist, ob und inwieweit eine **zeitliche Sperre** für die Durchführung von Schuldenbereinigungsverfahren besteht. Anders als das Restschuldbefreiungsverfahren, dessen erneuter Versuch gem. § 290 Abs. 1 Nr. 3 InsO erst nach Ablauf von 10 bzw. 11 Jahren zulässig ist, wenn dem Schuldner die RSB erteilt oder im Hinblick auf die Verletzung einer Obliegenheitspflicht (§ 295 InsO) in der Wohlverhaltensphase versagt worden ist, kann das Schuldenbereinigungsverfahren zu- 70

mindest theoretisch in **kurzen Zeitintervallen** beliebig oft hintereinander beantragt werden. Damit kann eine Situation eintreten, nach der im Schuldenbereinigungsverfahren bereits einmal reduzierte Forderungen in einem erneuten Schuldenbereinigungsverfahren weiter reduziert oder sogar vollständig zum Erlöschen gebracht werden. Der Vorstellung eines beliebig oft wiederholten Versuchs der Schuldenbereinigung wirkt jedoch zumindest dann, wenn die Schuldenbereinigung und die RSB im vorangehenden Verfahren gescheitert sind, die frühere Rechtsprechung des BGH zu einer 3-jährigen Sperrfrist für einen erneuten Antrag auf RSB[221] sowie die Antragssperre des § 287a InsO entgegen. Kann ein zulässiger Insolvenzantrag verbunden mit einen Antrag auf RSB vor Ablauf dieser Frist nicht mehr gestellt werden, kommt auch kein gerichtliches Schuldenbereinigungsverfahren in Betracht.

c) Auswirkungen auf die Verfahrensanträge

71 Folge des mit einer erfolgreichen Schuldenbereinigung abgeschlossenen gerichtlichen Verfahrens ist gem. § 308 Abs. 2 InsO die gesetzlich fingierte **Rücknahme des Insolvenzantrags** und des Antrags auf Erteilung der RSB.[222] Nach § 21 InsO angeordnete Sicherungsmaßnahmen sind aufzuheben.[223] Nachträgliche Veränderungen kommen allenfalls noch in Betracht, wenn sich herausstellt, dass der Schuldenbereinigungsplan anfechtbar ist, weil er aufgrund Irrtums, arglistiger Täuschung oder Drohung zustande gekommen ist; es gelten die allgemeinen zivilrechtlichen Vorschriften für die **Anfechtung von Prozessvergleichen**, die zugleich auch Vergleiche i.S.d. § 779 BGB sind.

72 Kommt es dagegen nicht zu einer gerichtlichen Feststellung des Schuldenbereinigungsplans, weil die erforderliche Zustimmungsquote nicht erreicht worden oder das Gericht gehindert gewesen ist, die Zustimmung einzelner Gläubiger zu ersetzen, so endet damit das außergerichtliche Schuldenbereinigungsverfahren und das gem. § 306 Abs. 1 Satz 1 InsO eingetretene **Ruhen des Verbraucherinsolvenzverfahrens**. Die Ermittlungen des Gerichts zur Entscheidung über den Eröffnungsantrag des Schuldners müssen wieder aufgenommen werden. Das Gericht kann nunmehr auch einen Sachverständigen beauftragen, um das Vorliegen eines Eröffnungsgrundes und/oder das Vorhandensein einer die Verfahrenskosten deckenden Masse zu klären. Dies wird sich aber in der Regel erübrigen, wenn keine Zweifel an der Richtigkeit der vom Schuldner vorgelegten Verzeichnisse nach § 305 Abs. 1 Nr. 3 InsO bestehen und Eröffnungsgrund und fehlende Kostendeckung schon aus diesen Verzeichnissen folgen. In diesem Fall bietet es sich an, sofort über den Antrag auf

---

221 Vgl. BGH, 16.7.2009 – IX ZB 219/08, BGHZ 183, 13 = ZInsO 2009, 1777.
222 Vgl. HK-PrivatinsolvenzR/Heyer, § 308 Rn 15;; Uhlenbruck/Sternal, § 308 InsO Rn 30 f.
223 Pape/Uhländer/Brenner, § 308 InsO Rn 14.

Kostenstundung zu entscheiden[224] und die zusätzlichen Kosten eines Gutachtens zu vermeiden.

IV. Durchführung des vereinfachten Insolvenzverfahrens

Die **Wiederaufnahme** des Verfahrens nach Scheitern der gerichtlichen Schuldenbereinigung – oder das Absehen von der Durchführung eines solchen Verfahrens von vornherein gem. § 306 Abs. 1 Satz 3 InsO – erfolgt gem. § 311 InsO von Amts wegen.[225] Häufig wird es zwar im Verfahren keine zu verteilende Masse geben, und das Verfahren ist nur auf Basis der Stundung der Verfahrenskosten zu eröffnen. Die Durchführung des (vereinfachten) Insolvenzverfahrens ist aber ungeachtet des Vorhandenseins eines zu verteilenden Vermögens zwingende Voraussetzung für die Erteilung der RSB.[226] Gesetzgeberische Initiativen, die RSB in Fällen fehlender Kostendeckung auch ohne die Eröffnung des Insolvenzverfahrens erreichbar zu machen, haben sich nicht durchgesetzt. Dies gilt auch für diejenigen Schuldner, die unter §§ 304 ff. InsO fallen und deshalb erst ein Schuldenbereinigungsverfahren zu absolvieren haben, bevor das Insolvenzverfahren über ihr Vermögen eröffnet werden darf. 73

Ein weiter vereinfachtes Verfahren, in dem bei **Masselosigkeit** keine Eröffnung erfolgt, sondern unmittelbar aus dem Eröffnungsverfahren in die Wohlverhaltensphase übergegangen wird, wie es in früheren Entwürfen zur Reform des Entschuldungsverfahrens vorgeschlagen worden ist, gibt es nicht. Der Schuldner muss in jedem Fall ein eröffnetes Insolvenzverfahren durchlaufen, wenn er von seinen restlichen Verbindlichkeiten befreit werden will. Dagegen ist es mit Inkrafttreten des Verkürzungsgesetzes 2013 zur **Abschaffung** der Vorschriften über das vereinfachte Insolvenzverfahren (§§ 312 ff. InsO) gekommen, die schon seit Längerem in der Diskussion war, um die Schwächen dieses Verfahrens – wie etwa das unzureichend geregelte Anfechtungsrecht oder das Verbot von Insolvenzplänen in Verbraucherverfahren – zu beseitigen.[227] In allen ab dem 1.7.2014 beantragten Insolvenzverfahren gelten die Vorschriften des Regelinsolvenzverfahrens mit den eingangs bereits dargestellten Modifikationen.[228] In Altverfahren, in denen der Antrag vor dem 1.7.2014 gestellt worden ist, sind die §§ 312 ff. InsO a.F. weiter anzuwenden. Dies gilt auch für § 114 InsO, der in Neuverfahren ebenfalls nicht mehr anzuwenden ist.[229] 74

---

224 Pape/Uhländer/Brenner, § 311 InsO Rn 6 ff.
225 Vgl. Pape/Uhländer/Brenner, § 311 InsO Rn 6.
226 BGH, ZInsO 2015, 1103 Rn 8.
227 Hierzu Pape/Uhlenbruck/Voigt-Salus, Insolvenzrecht, Kap. 8 Rn 22 ff.
228 Vgl. Rdn 4.
229 Siehe AG Köln, ZInsO 2015, 1063.

1. Feststellung der Eröffnungsvoraussetzungen

75 Um das Verfahren eröffnen zu können, muss das Gericht nunmehr das Vorliegen eines **Insolvenzgrundes** prüfen und feststellen. Zulässige Insolvenzgründe sind die Zahlungsunfähigkeit nach § 17 InsO und die drohende Zahlungsunfähigkeit nach § 18 InsO; auch im vereinfachten Insolvenzverfahren gelten insoweit die allgemeinen Vorschriften.[230] Theoretisch soll es die Antragstellung bei **drohender Zahlungsunfähigkeit** dem Schuldner zwar erleichtern, seinen Antrag so rechtzeitig anzubringen, dass keine Kostenarmut droht.[231] Praktisch wird aber auch im Verbraucherinsolvenzverfahren von dieser Möglichkeit so gut wie kein Gebrauch gemacht. Die **Überschuldung** (§ 19 InsO) kommt als Insolvenzgrund nicht in Betracht, sie ist ausschließlich auf juristische Personen anwendbar. Insolvenzgrund ist regelmäßig die **Zahlungsunfähigkeit**, deren Feststellung hier allerdings kaum Probleme bereitet. Zur Feststellung reicht es aus, die fälligen und ernsthaft eingeforderten Verbindlichkeiten den vorhandenen Mitteln gegenüberzustellen, schwierige Bewertungsfragen und Probleme der Aufdeckung stiller Reserven etc. stellen sich nicht. Der Eigenantrag des Schuldners, der Voraussetzung für die RSB ist, setzt ohnehin voraus, dass der Schuldner sich dazu bekennt, zahlungsunfähig zu sein.[232] Dies entbindet das Gericht zwar nicht von der Pflicht, einen Insolvenzgrund festzustellen, schließt aber eine fehlende Mitwirkung des Schuldners bei dieser Feststellung, die zur Zurückweisung des Antrags führen könnte, weitgehend aus.

a) Bestimmung der Kosten des Verfahrens in der Verbraucherinsolvenz

76 Zentraler Punkt des Eröffnungsverfahrens ist deshalb die Prüfung der Frage, ob die **Kosten des vereinfachten Insolvenzverfahrens** gedeckt sind.[233] Da die Verfahrenseröffnung und die Durchführung des Verfahrens – zumindest bis zu einer eventuellen Einstellung mangels Masse nach §§ 209, 211 InsO gem. § 289 InsO (= § 289 Abs. 3 InsO a.F.) – unabdingbare Voraussetzungen für die Einleitung eines Restschuldbefreiungsverfahrens sind, müssen die finanziellen Mittel für die Gebühren des Gerichts und die Vergütung des Treuhänders aufgebracht werden. Das Gericht hat folglich zu prüfen, ob das Vermögen des Schuldners wenigstens ausreicht, um die Gerichtsgebühren und die Auslagen des Gerichts[234] sowie die Vergütung des Treuhänders zu decken.

---

230 Pape/Uhländer/Brenner, InsO, § 311 Rn 8 ff.
231 Zu beachten ist bei der Prüfung der drohenden Zahlungsunfähigkeit die Änderung des § 18 InsO durch das SanInsFoG, nach der für die Prüfung der Frage, ob der Schuldner voraussichtlich nicht in der Lage sein wird, die bestehenden Zahlungspflichten im Zeitpunkt der Fälligkeit zu erfüllen, in aller Regel ein Prognosezeitraum von 24 Monaten zugrunde zu legen ist.
232 Vgl. BGH, 11.3.2010 – IX ZB 110/09, ZInsO 2010, 28.
233 Zur Prüfung der Massekostendeckung allgemein KPB/Pape, InsO, § 26 Rn 3 ff.
234 Soweit in der Vergangenheit die Veröffentlichungskosten einen erheblichen Kostenfaktor ausgemacht haben, der bei etwa 500,00 EUR pro Verfahren gelegen hat, sind diese inzwischen zu

Berechnungsgrundlage für die Höhe der Gebühren ist auch im vereinfachten Insolvenzverfahren der Wert der zu verteilenden Masse zur Zeit der Beendigung des Verfahrens (§ 58 Abs. 1 GKG). Die Gebühren und Auslagen sind nach § 23 Abs. 1 GKG vom Schuldner aufzubringen. Zu entrichten sind nach Nr. 2310/2320 der Anlage 1 zu § 3 Abs. 2 GKG insgesamt drei Gebühren, davon fällt eine halbe Gebühr schon bei Stellung des Insolvenzantrags an, die restlichen 2 ½ Gebühren sind nach dem – geschätzten – Wert der Masse nach Verfahrenseröffnung aufzubringen. 77

Als weitere Kosten des Insolvenzverfahrens i.S.d. 54 InsO mussten die **Vergütung und Auslagen** des im vereinfachten Insolvenzverfahren zu bestellenden Treuhänders gedeckt sein,[235] der in Altverfahren, die **vor dem 1.7.2014 beantragt** worden sind, nach der Überleitungsvorschrift des § 19 Abs. 4 InsVV gem. § 13 Abs. 1 Satz 1 InsVV eine reguläre Vergütung in Höhe von 15% der Insolvenzmasse oder eine Mindestvergütung von 600,00 EUR (§ 13 Abs. 1 Satz 2 InsVV a.F.), die abhängig von der Zahl der anmeldenden Gläubiger[236] anstieg, erhielt. Hinzu kamen die **anfallende USt** (§§ 10, 7 InsVV) von 19% und die gesondert festzusetzenden Auslagen (§§ 10, 8 InsVV).[237] Wenige, im Verhältnis zur Größe des Verfahrens einfach zu erstellende **Steuererklärungen** sind im Verbraucherverfahren mit der Regelvergütung abgegolten.[238] Wird ein Insolvenzverwalter oder Treuhänder vorzeitig aus seinem Amt entlassen, berechnet sich seine Vergütung nach dem Schätzwert der Insolvenzmasse zum Zeitpunkt seines Ausscheidens; dabei erhöht ein Pflichtteilsanspruch, zu dessen Verfolgung der Schuldner den Treuhänder oder Insolvenzverwalter ermächtigt hat, die Berechnungsgrundlage für dessen Vergütung, auch wenn der Anspruch noch nicht durch Vertrag anerkannt oder rechtshängig geworden ist.[239] 78

Dagegen gelten in **ab dem 1.7.2014 beantragten Verfahren** die Regelsätze des § 2 InsVV auch für den Insolvenzverwalter im Verbraucherinsolvenzverfahren. Dieser erhält im Fall einer werthaltigen Masse entsprechend der **Vergütungsstaffel** des 79

---

vernachlässigen, denn seit Inkrafttreten des § 9 Abs. 1 Satz 1 InsO n.F. am 1.7.2007 erfolgen Veröffentlichungen nur noch im Internet auf der Plattform www.insolvenzbekanntmachungen. de, sodass besondere Kosten insoweit nicht mehr anfallen; vgl. KPB/Prütting, InsO, § 9 Rn 7 ff.

235 Vgl. zum Vergütungsabschlag in Verbraucherinsolvenzverfahren bei geringer Gläubigeranzahl und zur Ermäßigung der Mindestvergütung BGH, 6.4.2017 – IX ZB 48/16, ZInsO 2017, 901; BGH, 14.12.2017 – IX ZB 101/15 –, ZInsO 2018, 350; BGH, 12.3.2020 – IX ZB 33/18, ZInsO 2020, 1156.

236 Die Mindestvergütung beträgt 600,00 EUR bei bis zu fünf Gläubigern, steigt um 150,00 EUR je angefangene fünf Gläubiger bei Beteiligung von 6 bis 15 Gläubigern und erhöht sich danach um je 100,00 EUR je angefangene fünf Gläubiger.

237 Zur Möglichkeit, Zuschläge- und Abschläge auf die Vergütung des Treuhänders festzusetzen, vgl. BGH, 24.5.2005 – IX ZB 6/03, ZInsO 2005, 760; BGH, 12.10.2006 – IX ZB 191/05, ZInsO 2006, 1159; BGH, 22.9.2011 – IX ZB 193/10, ZInsO 2011, 2052.

238 BGH, 14.11.2013 – IX ZB 161/11, ZInsO 2013, 2413.

239 BGH, 11.6.2015 – IX ZB 18/13, ZInsO 2015, 1636.

§ 2 Abs. 1 Nr. 1–7 InsVV von den ersten 25.000 EUR der Insolvenzmasse 40%, von dem Mehrbetrag bis zu 50.000 EUR 25%, von dem Mehrbetrag bis zu 250.000 EUR 7%, von dem Mehrbetrag bis zu 500.000 EUR 3%, usw., wobei die Staffelsätze im höheren Bereich im Verbraucherverfahren eher unrealistisch sein dürften. Als **Mindestvergütung** steht ihm grundsätzlich nach § 2 Abs. 2 Satz 1 InsVV ein Betrag von 1.000 EUR zu, sofern nicht mehr als 10 Gläubiger in dem Verfahren ihre Forderungen angemeldet haben. Nach § 2 Abs. 2 Satz 2 und 3 InsVV erhöht sich die Vergütung auch in diesen Verfahren von 11 bis zu 30 Gläubigern je angefangene 5 Gläubiger um 150 EUR; ab 31 Gläubigern erhöht sich die Vergütung je angefangene 5 Gläubiger um 100 EUR. Gem. § 13 InsVV ermäßigt sich die **Mindestvergütung**[240] nach § 2 Abs. 2 Satz 1 InsVV auf 800 EUR, wenn in einem Verfahren nach dem Neunten Teil der Insolvenzordnung die Unterlagen nach § 305 Abs. 1 Nr. 3 der Insolvenzordnung von einer geeigneten Person oder Stelle erstellt werden. Von einem Erstellen von Unterlagen durch eine geeignete Person i.S.d. § 13 InsVV ist dann auszugehen, wenn die Person die Unterlagen des § 305 Abs. 1 Nr. 3 InsO aufgrund der Angaben des Schuldners entweder selbst ausfüllt oder zumindest eine Mitverantwortung übernimmt, indem sie den Fragenkatalog der Formulare zusammen mit dem Schuldner durchgeht; füllt der Schuldner die Unterlagen zumindest teilweise selbst und ohne Hilfe einer geeigneten Person aus, so ist die erhöhte **Richtigkeits- und Vollständigkeitsgewähr** nicht gegeben, die es rechtfertigen würde, von einem „Erstellen" durch eine geeignete Person auszugehen.[241] Für die Festsetzung der **anfallenden USt** (§§ 10, 7 InsVV) von derzeit 19% und der gesondert festzusetzenden **Auslagen** (§§ 10, 8 InsVV), gelten im Übrigen keine Besonderheiten.

Neuerliche Änderungen, die auch Auswirkungen auf das Verbraucherinsolvenzverfahren haben, sind durch das Gesetz zur Fortentwicklung des Sanierungs- und Insolvenzrechts (Sanierungs- und Insolvenzrechtsfortentwicklungsgesetz – SanInsFoG) vom 22.12.2022[242] eingetreten. Nach der Übergangsregelung des § 19 Abs. 5 InsVV gelten in den **ab dem 1.1.2021 beantragten Verfahren** neue Regelsätze und Mindestvergütungssätze. Nach § 2 Abs. 1 Nr. 1–9 InsVV n.F. erhält der Insolvenzverwalter – auch im Verbraucherinsolvenzverfahren – im Fall einer werthalti-

---

240 Dabei soll nach BGH, Beschluss vom 12. März 2020 – IX ZB 33/18, ZInsO 2020, 1156 im Verbraucherinsolvenzverfahren die Mindestvergütung des § 13 InsVV ausnahmsweise um einen Abschlag nach § 3 Abs. 2 Buchst. e InsVV gekürzt werden können, wenn wegen der Überschaubarkeit der Vermögensverhältnisse und der geringen Anzahl der Gläubiger oder der geringen Höhe der Verbindlichkeiten der durchschnittliche Aufwand eines masseärmen Verfahrens beträchtlich unterschritten wird, die Arbeitserleichterung nicht bereits darauf zurückzuführen ist, dass die Unterlagen nach § 305 Abs. 1 Nr. 3 InsO von einer geeigneten Person oder Stelle erstellt worden sind, und sich ohne die zusätzliche Kürzung eine unangemessene hohe Vergütung ergäbe (siehe auch BGH, 14.12.2017 – IX ZB 101/15 –, ZInsO 2018, 350; LG Münster, ZInsO 2020, 322).
241 Vgl. LG Stuttgart, ZInsO 2016, 470.
242 BGBl. I S. 3256.

gen Masse entsprechend der neuen **Vergütungsstaffel** nunmehr 40% von den ersten 35.000 EUR der Insolvenzmasse, 26%, von dem Mehrbetrag bis zu 70.000 EUR, 7,5%, von dem Mehrbetrag bis zu 330.000 EUR, 3,3%, von dem Mehrbetrag bis zu 700.000 EUR usw., wobei die Staffelsätze im höheren Bereich im Verbraucherverfahren auch weiterhin eher unrealistisch sein dürften. Als **Mindestvergütung** steht ihm in den Verfahren, die unter die Neuregelung des § 2 Abs. 2 Satz 1 InsVV n.F. fallen, jetzt ein Betrag von 1.400 EUR zu, sofern nicht mehr als 10 Gläubiger in dem Verfahren ihre Forderungen angemeldet haben. Nach § 2 Abs. 2 Satz 2 und 3 InsVV erhöht sich die Vergütung auch in diesen Verfahren von 11 bis zu 30 Gläubigern je angefangene 5 Gläubiger um 210 EUR; ab 31 Gläubigern erhöht sich die Vergütung je angefangene 5 Gläubiger um 140 EUR. Gem. § 13 InsVV n.F. ermäßigt sich die **Mindestvergütung** nach § 2 Abs. 2 S. 1 InsO n.F. auf 1.120 EUR, wenn die Unterlagen nach § 305 Abs. 1 Nr. 3 InsO von einer geeigneten Person oder Stelle erstellt sind.

Einen **Zuschlag** auf seine Vergütung erhält der Treuhänder im vereinfachten Insolvenzverfahren, der im Auftrag der Gläubigerversammlung Anfechtungsansprüche prüft und durchsetzt, wenn sein Arbeitsaufwand erheblich war.[243] Ist dem Insolvenzverwalter oder Treuhänder das Zustellungswesen übertragen, muss diesem für jede Zustellung der Sach- und Personalaufwand ersetzt werden; dabei soll sich die Höhe der Vergütung außerhalb der sonstigen Zuschlagstatbestände durch einen angemessenen Betrag pro Zustellung, der nach dem tatsächlichen Aufwand geschätzt werden kann, bemessen.[244] Insoweit können die dem Insolvenzverwalter oder Treuhänder durch die **Übertragung des Zustellungswesens** entstehenden personellen Mehrkosten durch die Erstattung eines Betrags von 1,80 EUR pro Zustellung gedeckt sein.[245] In Neuverfahren ab 1.1.2021 beträgt die Vergütung pro Zustellung 3,50 EUR (§ 4 Abs. 2 Satz 2 InsVV i.V.m. Nr. 9002 KV. 80

b) Feststellung der Kostendeckung

Schon kurze Zeit nach dem Inkrafttreten der InsO hat es Streit um die Frage gegeben, ob der Schuldner für die Aufbringung der Verfahrenskosten staatliche Hilfe in Anspruch nehmen kann. Viele Verfahren sind gescheitert, weil Schuldner wegen ihres Unvermögens, die Kosten des Verfahrens aufzubringen (§ 26 Abs. 1 InsO), erst gar nicht in das Verfahren hineingekommen sind. Eine Lösung der Kostenfrage haben die am 1.12.2001 in Kraft getretenen **Stundungsvorschriften** der §§ 4a–d InsO gebracht, mit denen der Gesetzgeber einen Anspruch des Schuldners auf staatliche Unterstützung bei der Aufbringung der Verfahrenskosten eingeführt hat. Diese Vor- 81

---

243 BGH, 26.4.2012 – IX ZB 176/11, ZInsO 2012, 1138.
244 BGH, 21.3.2013 – IX ZB 209/10, ZInsO 2013, 894.
245 BGH, 11.6.2015 – IX ZB 50/14, ZInsO 2015, 1519.

schriften[246] sind zwischenzeitlich – neben den Regelungen zur Versagung der RSB – zu den **wichtigsten Bestimmungen** des Verbraucherinsolvenz- und Restschuldbefreiungsverfahrens geworden und haben in ihrer Bedeutung etwa die Vorschriften über das Schuldenbereinigungsplanverfahren nahezu vollständig verdrängt. Die Zahl der Insolvenzverfahren über das Vermögen natürlicher Personen liegt seit Inkrafttreten der Stundungsvorschriften bei nahezu konstant mehr als 100.000 Verfahren pro Jahr. Soweit es in den Jahren 2019/2020 einen **Einbruch der Verfahrenszahlen** gegeben hat, dürfte dies darauf zurückzuführen sein, dass vielfach Anträge in Erwartung der Verkürzung der Abtretungszeit auf 3 Jahre zurückgehalten worden sind. Insofern ist deshalb – auch bedingt durch die wirtschaftlichen Folgen der der Corona-Pandemie – nach dem rückwirkenden Inkrafttreten des Gesetzes zur weiteren Verkürzung des Restschuldbefreiungsverfahrens mit einem raschen Wiederanstieg der Verfahrenszahlen im Jahr 2021 zu rechnen, in dem auch noch der bestehende Antragsstau abgebaut werden muss.

82   Die für des Insolvenzverfahren geltenden Stundungsvorschriften entsprechen nicht in allen Einzelheiten den Vorschriften der ZPO für die **Bewilligung von PKH**, sind aber diesen Regelungen sehr stark angenähert und weisen zahlreiche Parallelen auf. Im Vergleich zum Prozesskostenhilfeverfahren, in dem die staatlichen Leistungen im Fall der ratenlosen Bewilligung von PKH grundsätzlich nicht rückzahlbar sind, besteht der wesentliche Unterschied der Stundungsvorschriften darin, dass die Kosten und Auslagen des Verfahrens zumindest im Grundsatz vom Schuldner zurückgeführt werden müssen, nachdem der Schuldner die RSB erlangt hat. Eine **Entschuldung zum Nulltarif** gibt es damit nicht. Folge ist im Fall der Kostenstundung, dass der Schuldner nach Beendigung des Verfahrens zwar nicht mehr mit seinen Altschulden belastet ist, als finanzielle Belastung aus dem Verfahren jedoch die gestundeten Kosten übrig bleiben. Dies kann eine Belastung bedeuten, die je nach Verfahrensart zwischen 2.500 und 3.500 EUR liegt. Für die Gesamtheit der Verfahren bedeutet die Kostenstundung, dass es im Bereich der Verfahren über das Vermögen natürlicher Personen kaum Abweisungen mangels Kostendeckung oder **Einstellungen nach § 207 InsO** gibt, weil die Kosten schon aufgrund der Stundung gedeckt sind.

2. Durchführung des vereinfachten Insolvenzverfahrens in Alt- und Neufällen

83   Das am 1.7.2014 in Kraft getretene Gesetz über die Verkürzung des Restschuldbefreiungsverfahrens und zur Stärkung der Gläubigerrechte hat neben der radikalen Umgestaltung des Restschuldbefreiungsverfahrens für die Durchführung von Verbraucherinsolvenz- und Kleinverfahren erhebliche Veränderungen mit sich ge-

---

246   Zu den Einzelheiten vgl. Rdn 305 ff.

bracht. Durch die **Abschaffung des § 114 InsO a.F.** und die **Streichung der §§ 312–314 InsO a.F.** ist das Verfahren vereinheitlicht worden. Die Bestimmungen des Regelinsolvenzverfahrens sind umfassend bis auf ein paar marginale Unterschiede auch auf Kleinverfahren anzuwenden. Wermutstropfen in dieser an sich zu begrüßenden Entwicklung ist allerdings, dass in schon vor dem 1.7.2014 beantragten Altverfahren die Regelungen der bis zu diesem Stichtag geltenden Fassung der InsO weiteranzuwenden sind.

a) Anzuwendendes Recht in ab dem 1.7.2014 beantragten Verfahren

In Neuverfahren richtet sich das Verfahren nach Inkrafttreten des Gesetzes über die Verkürzung des Restschuldbefreiungsverfahrens und zur Stärkung der Gläubigerrechte am 1.7.2014 grundsätzlich in vollem Umfang nach den Bestimmungen für das **Regelinsolvenzverfahren**. Es ist ein Insolvenzverwalter – in Kleinverfahren auch **Insolvenzverwalter im Verbraucherinsolvenzverfahren** genannt – zu bestellen, der im Gegensatz zu dem nach § 313 Abs. 1 InsO a.F. zu bestellenden Treuhänder grundsätzlich keinen besonderen Regelungen unterliegt. So endet sein Amt etwa mit der Aufhebung des Insolvenzverfahrens; eine Bestellung für die Wohlverhaltensphase – bzw. Abtretungszeit nach neuer Diktion – bedarf der Bestellung durch das Insolvenzgericht nach § 288 InsO n.F.[247] Gesetzlich geregelte Unterschiede zum Regelinsolvenzverfahren gibt es nur insofern noch, als die Durchführung von Verfahren unter der **Eigenverwaltung** des Schuldners, die für reine Verbraucher ohnehin nicht sinnvoll wären, nach § 270 Abs. 2 InsO n.F. von vornherein ausgeschlossen ist. Soweit mit den Sanierungs- und Insolvenzrechtsfortentwicklungsgesetz (SanInsFoG)[248] ein Unternehmensstabilisierungs- und -restrukturierungsgesetz (StaRUG) eingeführt worden ist, das auch von natürlichen Personen in Anspruch genommen werden kann, die sich unternehmerisch betätigen, schafft diese Verfahren noch nicht die Voraussetzungen für eine Restschuldbefreiung, die es nur im Anschluss an ein Insolvenzverfahren gibt. Weiterhin soll das Gericht in Kleinverfahren nach § 29 Abs. 2 Satz 2 InsO n.F. auf den **Berichtstermin** verzichten, wenn die Vermögensverhältnisse des Schuldners überschaubar sind und die Zahl der Gläubiger oder die Höhe der Verbindlichkeiten gering ist. Schließlich ist die **Rückschlagsperre** des § 88 Abs. 1 InsO in Verbraucherinsolvenzverfahren durch § 88 Abs. 2 InsO auf drei Monate statt einem Monat im Regelverfahren verlängert, was jedoch wegen der parallel anwendbaren Anfechtungsmöglichkeit in der Regel bedeutungslos ist. Allerdings gilt die damit vom Gesetzgeber hergestellte **Vereinheitlichung der Rege-**

84

---

[247] Zur Fortgeltung des Amtes des Treuhänders nach § 288 InsO a.F. vgl. BGH, 26.1.2012 – IX ZB 15/11, ZInsO 2012, 455; zur Neubestellung des Treuhänders nach § 288 InsO n.F. HK-PrivatinsolvenzR/Pape, § 288 Rn 12ff.
[248] BGBl. I vom 22.12.2020, S. 3256.

lungen für das eröffnete Verfahren aufgrund der Übergangsregelung des Art. 103h Satz 1 EGInsO nur für diejenigen Verfahren, die auf einen ab dem 1.7.2014 gestellten Insolvenzantrag eröffnet worden sind. Hieraus ergibt sich, dass etwa bis Mitte 2020 noch eine Vielzahl von **Altfällen** abzuarbeiten ist, auf welche die §§ 312ff. InsO weiterhin Anwendung finden. In diesen Altfällen bleiben die Unzulänglichkeiten der §§ 312–314 InsO – insbesondere die fehlende Funktionstauglichkeit des **Anfechtungsrecht** im vereinfachten Insolvenzverfahren – erhalten. Daneben gibt es eine erkleckliche Zahl von Altverfahren, in denen zum Zeitpunkt der Erteilung der RSB nach sechs Jahren das eröffnete Verfahren noch läuft – sog. asymmetrische Verfahren –, sodass die an sich überholten Vorschriften auch noch über das Jahr 2020 hinaus anzuwenden sein können.

85   Im Übrigen sind in allen ab dem 1.7.2014 beantragten Verfahren die Vorschriften des Regelinsolvenzverfahrens anzuwenden. Unterschiede ergeben sich in **Kleinverfahren**, die durch die Neufassung des § 5 Abs. 2 InsO definiert werden.[249] Kleinverfahren sind nach der Neufassung des § 5 Abs. 2 InsO gegeben, wenn die Vermögensverhältnisse des Schuldners überschaubar sind und die Zahl der Gläubiger oder die Höhe der Verbindlichkeiten gering ist. Unter diesen Voraussetzungen wird das Verfahren nunmehr von vornherein schriftlich durchgeführt; die Mündlichkeit des Verfahrens muss – anders als nach der Altfassung – ausdrücklich angeordnet werden. Ganz entfallen ist eine wesentliche **Beschneidung der Handlungsbefugnisse des Treuhänders** gegenüber der Stellung des Verwalters im Regelinsolvenzverfahren. Nach altem Recht fehlte gem. § 313 Abs. 3 Satz 1 InsO a.F. die **Verwertungskompetenz** für mit Absonderungsrechten belastete Mobilien im Besitz des Schuldners sowie sicherungszedierten Forderungen. Die Vorschrift verdrängte § 166 Abs. 1, Abs. 2 InsO und wies die Verwertungsbefugnis nach § 313 Abs. 3 Satz 2 InsO a.F. generell dem Absonderungsberechtigten zu. Diese Einschränkung ist durch die einheitliche Anwendung der §§ 166ff. InsO ersetzt, der jetzt auch in Kleinverfahren gilt. Gleiches gilt, soweit der Wirkungskreis des Treuhänders durch den Entzug der Prozessführungsbefugnis für **Anfechtungsansprüche** i.S.d. §§ 129ff. InsO gem. § 313 Abs. 2 InsO a.F. eingeschränkt war und das Anfechtungsrecht primär den **Insolvenzgläubigern** zugewiesen war (§ 313 Abs. 2 Satz 1 InsO a.F.). Das Anfechtungsrecht wird nunmehr nach Streichung des § 313 Abs. 2 InsO ausschließlich vom Insolvenzverwalter ausgeübt. Soweit im Altrecht die Zielsetzung der Verfahrensvereinfachung in einer Verwertung der Insolvenzmasse durch **Ablösung durch den Insolvenzschuldner** (§ 314 InsO a.F.) zum Ausdruck kam, ist dieser Weg für die neu beantragten Verfahren ersatzlos entfallen. Bemerkenswert ist schließlich, dass – wie bereits erwähnt – nach Inkrafttreten des Gesetzes über die Verkürzung des Restschuldbefreiungsverfahrens und zur Stärkung der Gläubiger-

---

249   Dazu Grote/Pape, ZInsO 2013, 1433, 1438f.

rechte die Regelungen des **Insolvenzplanverfahrens** entgegen der bisherigen Regelung in § 312 Abs. 2 InsO a.F. auch im Verbraucherinsolvenzverfahren anzuwenden sind.[250] Möglich sind Insolvenzpläne im Verbraucherinsolvenzverfahren seit dem 1.7.2014 abweichend von der allgemeinen Übergangsregelung auch in Verfahren, die schon vor dem Stichtag des Inkrafttretens beantragt und eröffnet worden sind.[251] Im Übrigen gelten für die Verfahrenseröffnung auch im vereinfachten Insolvenzverfahren die §§ 27 ff. InsO, die hier nicht gesondert behandelt werden sollen. Dies gilt für sowohl für die Verfahrenseröffnung nach neuen Recht als auch nach altem Recht, auf deren Besonderheiten nachfolgend eingegangen werden soll.

b) Anwendbare Vorschriften in vor dem 1.7.2014 beantragten Verfahren

86 Die §§ 312 bis 314 InsO a.F., die in den vor dem 1.7.2014 beantragte Verfahren weiter anwendbar sind, enthielten für das **vereinfachte Insolvenzverfahren** eine Reihe von Sondervorschriften, welche den allgemeinen Regeln vorgingen und das Verfahren vereinfachen sollten. So waren nach der Neufassung des § 312 Abs. 1 InsO durch das InsOÄndG 2001 wiederholte Veröffentlichungen und weitere Bekanntmachungen im Interesse der Minimierung der Kosten des Verfahrens nicht mehr tunlich. Gem. § 312 Abs. 1 Satz 1 Halbs. 1 InsO i.V.m. § 9 Abs. 1 InsO erfolgten Veröffentlichungen nur auszugsweise im Internet. Dem verbesserten Schutz des Schuldners diente die Verlängerung der im Regelverfahren geltenden einmonatigen „**Rückschlagsperre**" des § 88 InsO auf 3 Monate nach § 312 Abs. 1 Satz 3 InsO im Fall eines Schuldnerantrags im vereinfachten Insolvenzverfahren. Diese Sperre sicherte den Schuldner vor Vollstreckungen während des außergerichtlichen Schuldenbereinigungsverfahrens.[252]

87 Eine weitere Verfahrensvereinfachung enthielt § 312 Abs. 1 InsO a.F. Nach dieser Vorschrift entfiel der **Berichtstermin** (§ 156 InsO), der im Regelinsolvenzverfahren neben den Prüfungstermin trat. Diese Beschränkung war wegen der mutmaßlich einfachen und überschaubaren Vermögensverhältnisse des Schuldners, aufgrund derer eine Betriebsfortführung kaum einmal in Betracht kam, gerechtfertigt. Eine Entscheidung über die Betriebsstilllegung bzw. – fortführung war in aller Regel nicht erforderlich, sodass es auch keines Berichtstermins bedurfte. Ein **Insolvenzplanverfahren** war nach § 312 Abs. 3 InsO a.F. generell ausgeschlossen. Diese Vorschrift erklärte auch eine **Eigenverwaltung** im vereinfachten Insolvenzverfahren

---

250 Vgl. Grote/Pape, ZInsO 2013, 1433, 1437.
251 Zur Versagung der Bestätigung des Insolvenzplanes wegen fehlender Gruppenbildung in einem derartigen Plan AG Göttingen, ZInsO 2019, 1492.
252 Zur Auslösung der Rückschlagsperre durch einen zunächst aus verfahrensrechtlichen Gründen unzulässigen Eröffnungsantrag, der letztlich zur Verfahrenseröffnung führt vgl. BGH, 19.5.2011 – IX ZB 284/09, ZInsO 2011, 1413.

für unzulässig. Damit kam auch eine Anwendung der durch Bundestag und Bundesrat Ende im Oktober/November 2011 für das Regelinsolvenzverfahren beschlossenen Vorschriften der Verbesserung der Sanierung von Unternehmen im Insolvenzverfahren im vereinfachten Insolvenzverfahren nicht infrage.

88 Eine noch weitergehende Verfahrensvereinfachung war ursprünglich in § 312 Abs. 2 InsO a.F. geregelt. Danach konnte die vollständige **Anordnung des schriftlichen Verfahrens** erfolgen, bei der auch die gesamte Forderungsprüfung schriftlich durchgeführt wird. Durch das Vereinfachungsgesetz 2007 wurde diese Regelung in die allgemeinen Verfahrensvorschriften verlagert. Nach § 5 Abs. 2 InsO a.F., der in vor dem 1.7.2014 beantragten Altverfahren weiter gilt, war die Anordnung der schriftlichen Durchführung des Verfahrens insgesamt oder einzelner Teile generell zulässig, wenn die **Vermögensverhältnisse des Schuldners überschaubar** waren und die Zahl der Gläubiger oder die Höhe der Verbindlichkeiten gering.[253] Nach § 5 Abs. 2 Satz 2 InsO a.F. konnte die Anordnung des schriftlichen Verfahrens jederzeit aufgehoben oder abgeändert werden, wobei die Anordnung, Aufhebung oder Abänderung jeweils öffentlich bekannt zu machen war (§ 5 Abs. 2 Satz 1 InsO a.F.). Auch nach Verlagerung der Regelung in die allgemeinen Vorschriften war es in Verfahren, welche Schuldner ohne jede selbstständige wirtschaftliche Tätigkeit betrafen, regelmäßig üblich, das schriftliche Verfahren anzuordnen. War der Schuldner wirtschaftlich tätig, lag die Grenze zum Regelverfahren bei bis zu 20 Gläubigern und einem Forderungsbestand von nicht mehr als 25.000 EUR.[254] Durch die **Änderungskompetenz** des Insolvenzgerichts war gewährleistet, dass beim Auftreten besonderer Schwierigkeiten – etwa der vermehrten Erhebung von Widersprüchen gegen einzelne Forderungen – ins **mündliche Verfahren** übergegangen werden konnte.[255]

c) Bestellung eines „Treuhänders" anstelle des Insolvenzverwalters in Altfällen

89 Anstatt eines Insolvenzverwalters war gem. § 313 Abs. 1 InsO a.F., der in vor dem 1.7.2014 beantragten Verfahren weiter gilt, abweichend vom Regelinsolvenzverfahren im Verbraucherinsolvenzverfahren die Bestellung eines Treuhänders vorgesehen. Der Treuhänder, dessen Aufgaben über die Abwicklung des vereinfachten Insolvenzverfahrens[256] hinaus in das Restschuldbefreiungsverfahren hineinreichten, war gem. § 313 Abs. 3 InsO in seiner Rechtsstellung dem Insolvenzverwalter ver-

---

[253] Zur Stellung von Versagungsanträgen im schriftlichen Verfahrens vgl. BGH, 12.5.2011 – IX ZB 229/10, ZInsO 2011, 1126.
[254] Siehe auch Graf-Schlicker/Kexel, § 5 InsO Rn 16; HK-PrivatinsolvenzR/Rein, § 5 Rn 15 f.
[255] Zu den Voraussetzungen für die Anordnung des schriftlichen Verfahrens nach der früheren Fassung des § 312 Abs. 2 InsO und die Rückkehr ins mündliche Verfahren, die den Beteiligten bekanntgemacht werden muss, BGH, 20.3.2003 – IX ZB 388/02, ZInsO 2003, 413.
[256] Vgl. AG Duisburg, ZInsO 2010, 631.

gleichbar. Allerdings war sein **Aufgabenbereich erheblich eingeschränkt**, und er bekam i.d.R. eine geringere Vergütung als der Insolvenzverwalter.[257] Die Verlagerung großer Teile der Aufgaben des Verwalters auf die Gläubiger zeigte sich in § 313 Abs. 2 und 3 InsO. Danach wurde das **Anfechtungsrecht im vereinfachten Verfahren** grundsätzlich von den Gläubigern ausgeübt,[258] und der Treuhänder war nicht zur **Verwertung von Sicherungsgut**[259] berufen. Haftungsrechtlich war der Treuhänder dem Insolvenzverwalter gleichgestellt; er haftete – ebenso wie der Verwalter – für die Verletzung insolvenzspezifischer Pflichten.[260] Dies bedeutete etwa, dass den Treuhänder keine Haftung traf, wenn er gegen die Verrechnungspraxis der Sozialversicherung in Bezug auf das massefreie Vermögen des Schuldners nicht einschritt, weil die Abwehr solcher Verrechnungen Sache des Schuldners selbst war. Dagegen kam eine **Haftung des Treuhänders** in Betracht, wenn er nach Einziehung unpfändbarer Versorgungsbezüge des Schuldners nicht dafür sorgte, dass diese an den Schuldner ausgekehrt wurden, indem er sie etwa an die Gläubiger verteilte.[261]

Grundsätzlich wirkte die Bestellung des Treuhänders für das vereinfachte Insolvenzverfahren auch für die **Wohlverhaltensphase** fort; bestimmte das Insolvenzgericht bei Aufhebung des Insolvenzverfahrens einen anderen Treuhänder für die Wohlverhaltensphase, so lag darin eine **Entlassung**, die mit der sofortigen Beschwerde anfechtbar war.[262] Die Entlassung des Treuhänders im vereinfachten Insolvenzverfahren setzte nach § 313 Abs. 1 Satz 3, § 59 Abs. 1 Satz 1 InsO – ebenso wie die Entlassung eines Insolvenzverwalters[263] – einen wichtigen, die Entlassung recht-

90

---

257 Der Treuhänder bekam nach § 13 InsVV a.F. als Regelsatz nur einen Anteil von 15% der Insolvenzmasse statt der dem Verwalter zugestandenen Staffelvergütung des § 2 InsVV; zur Umkehr des Verhältnisses bei einer 160.000,00 EUR übersteigenden Berechnungsgrundlage vgl. BGH, 22.9.2011 – IX ZB 193/10, ZInsO 2011, 2052.
258 Zur Beauftragung des Treuhänders mit der Anfechtung vgl. BGH, 19.7.2007 – IX ZR 77/06, ZInsO 2007, 938; zur Fortsetzung eines durch die Verfahrenseröffnung unterbrochenen Anfechtungsprozesses BGH, 3.12.2009 – IX ZR 29/08, ZInsO 2010, 230; zur Anordnung einer Nachtragsverteilung im vereinfachten Insolvenzverfahren, wenn ein Gläubiger schlüssig darlegen kann, dass mithilfe einer Anfechtungsklage unbekannte Gegenstände zur Masse gezogen werden können BGH, 11.2.2010 – IX ZB 105/09, ZInsO 2010, 538.
259 Zur Berechtigung des Treuhänders, Sicherungsgut freiwillig zu veräußern OLG Hamm, 4.11.2011 – 15 W 698/10, juris; LG Braunschweig, RNotZ 2009, 402.
260 Zu den Einzelheiten Graeber, in: Pape/Graeber, Handbuch der Insolvenzverwalterhaftung, Teil 6 Rn 1ff.
261 BGH, 10.7.2008 – IX ZR 118/07, ZInsO 2008, 971; zur Haftung des Treuhänders auch OLG Celle, NZI 2008, 52; OLG Hamm, OLGR Hamm 2008, 364; Looff, ZInsO 2009, 9ff.
262 BGH, 26.1.2012 – IX ZB 15/11, ZInsO 2012, 455; BGH, 14.10.2010 – IX ZB 44/09, ZInsO 2010, 2147; BGH, 24.7.2003 – IX ZB 458/02, ZInsO 2003, 750; BGH, 17.6.2004 – IX ZB 92/03, ZVI 2004, 544.
263 Zur Entlassung des Insolvenzverwalters wegen einer Vielzahl von Pflichtverletzungen vgl. BGH, 25.9.2014 – IX ZB 11/14, ZInsO 2014, 2368.

fertigenden Grund voraus.[264] Wurde ein auf Eigenantrag eröffnetes Verbraucherinsolvenzverfahren unzulässigerweise **in ein Regelinsolvenzverfahren übergeleitet** und ging damit die Entlassung des Treuhänders und die Bestellung eines Insolvenzverwalters einher, so führte dies nicht automatisch zur Unwirksamkeit der Entlassungsentscheidung des im Verbraucherinsolvenzverfahren bestellten Treuhänders, wenn der Verweisungsbeschluss nach einer Beschwerde aufgehoben wurde; um gegen seine Entlassung vorzugehen, hätte der Treuhänder schon bei der Überleitung gegen seine Entlassung Beschwerde einlegen müssen.[265] Im Übrigen war und ist aus Gründen der Rechtssicherheit davon auszugehen, dass der im Überleitungsbeschluss eingesetzte Insolvenzverwalter im Amt bleibt, weil von dem Grundsatz auszugehen ist, dass ein Hoheitsakt wirksam ist, bis er in dem dafür vorgesehenen Verfahren beseitigt wird. Die Rechtshandlungen des im Überleitungsbeschluss bestellten Insolvenzverwalters sind demgemäß uneingeschränkt wirksam. Dagegen konnte und musste eine Entlassung des Treuhänders/Insolvenzverwalters erfolgen, wenn dieser gegen seine Verpflichtung verstieß, dem Insolvenzgericht einen Sachverhalt anzuzeigen, der bei unvoreingenommener und lebensnaher Betrachtung dazu geeignet war, die **unbefangene Amtsführung des Verwalters** in Frage zu stellen. Diese Voraussetzungen lagen und liegen nach der Rechtsprechung des BGH vor, wenn die Ehefrau und Mitgesellschafterin der Anwaltssozietät des Insolvenzverwalters gleichzeitig Vorstand des vom Insolvenzverwalter mit der Durchführung von Zustellungen beauftragten Unternehmens war.[266]

91 Auch im vereinfachten Insolvenzverfahren war die Bestellung des **Vertreters des Schuldners** im außergerichtlichen und gerichtlichen Schuldenbereinigungsplanverfahren und im Insolvenzeröffnungsverfahren zum Treuhänder nicht mit dem Gesetz zu vereinbaren; es lag ein Verstoß gegen die Verpflichtung des Gerichts vor, einen vom Schuldner unabhängigen Treuhänder zu bestimmen.[267] Der Treuhänder im eröffneten Verfahren war wie der Insolvenzverwalter zur **Rechnungslegung** verpflichtet. Diese Pflicht dauerte auch dann noch an, wenn das Insolvenzgericht die RSB angekündigt hatte, eine Aufhebung des Insolvenzverfahrens aber noch nicht erfolgt war.[268]

---

264 BGH, 26.1.2012 – IX ZB 15/11, ZInsO 2012, 455.
265 BGH, 5.3.2015 – IX ZB 27/14, ZInsO 2015, 949.
266 BGH, 19.1.2012 – IX ZB 25/11, ZInsO 2012, 269; BGH, 19.4.2012 – IX ZB 23/11, ZInsO 2012, 928; BGH, 26.4.2012 – IX ZB 31/11, ZInsO 2012, 1125.
267 OLG Celle, ZInsO 2001, 1106.
268 BGH, 30.9.2010 – IX ZB 85/10, NZI 2010, 997.

d) Entsprechende Anwendung der §§ 850 ff. InsO im vereinfachten Insolvenzverfahren nach altem und neuem Recht

Nach § 36 Abs. 1 Satz 2 InsO sind die §§ 850 ff. ZPO im Insolvenzverfahren – mit Ausnahmen – entsprechend anwendbar. § 36 Abs. 4 Satz 2 InsO bestimmt ausdrücklich, dass der Insolvenzverwalter bzw. Treuhänder im vereinfachten Insolvenzverfahren oder Restschuldbefreiungsverfahren für die **Stellung von Anträgen** zuständig ist, die i.R.d. unmittelbaren Anwendung der §§ 850 ff. ZPO im Zwangsvollstreckungsverfahren die Gläubiger zu stellen haben.[269] Entscheidungsbefugt ist nach der ausdrücklichen Regelung des § 36 Abs. 4 Satz 1 InsO nicht das Vollstreckungsgericht, sondern das Insolvenzgericht als **sachnäheres Gericht**. Aus diesen Vorschriften leitet der BGH inzwischen in ständiger Rechtsprechung ab, dass sämtliche Entscheidungen, die in der Insolvenz von der außergerichtlichen Schuldenbereinigung bis hinein in die Wohlverhaltensphase zu treffen sind, in die **Zuständigkeit der Insolvenzgerichte** und nicht der Vollstreckungsgerichte fallen. Unterschiede hinsichtlich der Rechtslage bei Antragstellung vor und ab dem 1.7.2014 bestehen insoweit nicht. Die Pfändungsfreigrenzen sind sowohl in Alt- als auch in Neuverfahren zu beachten. § 36 InsO ist unverändert geblieben. Die Vorschriften über den Vollstreckungsschutz von Arbeitseinkommen müssen auch im Insolvenzverfahren beachtet werden. 92

Dies gilt etwa für Berücksichtigung von **anderweitigen Unterhaltszahlungen** an den Unterhaltsberechtigten als „eigene Einkünfte" i.S.d. § 850c Abs. 4 ZPO.[270] Zu den eigenen Einkünften des Unterhaltsberechtigten, die dessen Berücksichtigung gem. § 850c Abs. 4 ZPO bei der Berechnung des unpfändbaren Teils des Arbeitseinkommens des Schuldners einschränken oder ausschließen können, gehört nach der Rechtsprechung des BGH auch der von anderen Unterhaltsverpflichteten **gewährte Naturalunterhalt**.[271] Nach einem Beschluss des BGH vom 19.12.2019[272] bilden **Betreuungsleistungen** eines nicht barunterhaltspflichtigen Elternteils und **Kindergeld** keine eigenen Einkünfte eines unterhaltsberechtigten Kindes und sind deshalb auf den Unterhaltsbedarf im Grundsatz auch nicht anzurechnen. Leben Unterhaltsberechtigter und Schuldner in einem Haushalt (zB Mutter und unterhaltsberechtigte Tochter), sind nach einem Beschluss des LG Köln für die Berechnung des Freibetrags des Unterhaltsberechtigten die sozialrechtlichen Regelungen zur Existenzsicherung zugrunde zu legen, wobei regelmäßig ein Zuschlag in einer Größenordnung von 30–50 % zu gewähren sei.[273] Der Pfändungsfreibetrag ist nicht deshalb zu erhö- 93

---

[269] Vgl. hierzu auch die Rechtsprechungsübersicht zu § 36 Abs. 1 Satz 2 InsO i.V.m. §§ 850 ff. ZPO von Pape, ZInsO 2009, 1609, 1616 ff.
[270] BGH, 7.5.2009 – IX ZB 211/08, ZInsO 2009, 1071.
[271] BGH, 16.4.2015 – IX ZB 41/14, ZInsO 2015, 1101.
[272] BGH, 19.12.2019 – IX ZB 83/18, ZInsO 2020, 435.
[273] LG Köln, JurBüro 2019, 436.

hen, weil der Schuldner mit einer nicht unterhaltsberechtigten Person in einer **sozialrechtlichen Bedarfsgemeinschaft** zusammenlebt und diese wegen Zurechnung seines Einkommens nicht hilfebedürftig ist.[274] Die Verletztenrente aus der gesetzlichen Unfallversicherung kann als laufende Geldleistung insgesamt wie Arbeitseinkommen gepfändet werden.[275] Das **Eigengeld von Strafgefangenen**, das durch Gutschriften von Arbeitsentgelt gebildet wird, welches der arbeitspflichtige Strafgefangene für die Ausübung der ihm zugewiesenen Arbeit erhält, ist pfändbar; die **Pfändungsgrenzen** der §§ 850c, 850f, 850k ZPO finden insoweit keine Anwendung.[276] Nach einem Beschluss des BGH vom 18.10.2012 sind bei der einem Restschuldbefreiungsantrag beizufügenden Abtretung der pfändbaren Forderungen auf Bezüge aus einem Dienstverhältnis auch unpfändbare Forderungen wie die Gewährung der unentgeltlichen **Nutzung eines Dienstwagens** anzugeben und gemäß § 850e Nr. 3 ZPO mit dem in Geld zahlbaren Einkommen zusammenzurechnen; eine Pfändbarkeit ist hier insoweit gegeben, als der dem Schuldner nach § 850c ZPO verbleibende Betrag durch den Wert der Naturalleistung gedeckt wird.[277] Insoweit erfasst die dem Restschuldbefreiungsantrag nach § 287 Abs. 2 InsO beizufügende Abtretung der pfändbaren Forderungen auf Bezüge aus einem Dienstverhältnis auch **Naturalleistungen** wie die Überlassung eines Dienstwagens.

94 Bezieht der Schuldner eine Altersrente und ist er daneben zur **Aufbesserung der Rente** selbstständig tätig, können auf seinen Antrag seine Einnahmen aus der selbstständigen Tätigkeit gem. § 850a Nr. 1, § 850i Abs. 1 ZPO als Mehrarbeitsvergütung bis zur Hälfte pfandfrei gestellt werden.[278] Erhält der Schuldner neben seinem Altersruhegeld eine **Aufwandsentschädigung** für eine **ehrenamtliche Tätigkeit**, ist diese nur dann unpfändbar, wenn nach der vertraglichen Vereinbarung oder der gesetzlichen Regelung der Zweck der Zahlung ist, tatsächlichen Aufwand des Schuldners auszugleichen, was der Schuldner darzulegen hat; keine Aufwandsentschädigung ist gegeben, wenn die Tätigkeit des Schuldners selbst vergütet werden soll.[279] Zuschläge für Sonntags- und Feiertagsarbeit unterliegen in den Grenzen des **§ 3b EStG** als **Erschwerniszulagen** nicht der Zwangsvollstreckung, keine Erschwerniszulagen sind dagegen Zuschläge für Samstagsarbeit.[280] Wird dem Schuldner **Urlaubsgeld** gezahlt, so fällt dies nach § 850a Nr. 2 ZPO, § 36 Abs. 2 Satz 1 InsO nicht in die Insolvenzmasse, soweit es den Rahmen des Üblichen in gleichartigen Unternehmen nicht übersteigt; dies gelte auch dann, wenn das Urlaubsgeld in den vorgegebenen Grenzen eine er-

---

[274] BGH, 19.10.2017 – IX ZB 100/16, ZInsO 2017, 2429.
[275] BGH, 20.10.2016 – IX ZB 66/15, ZInsO 2016, 2391.
[276] BGH, 20.6.2013 – IX ZB 50/12, ZInsO 2013, 1845.
[277] BGH, 18.10.2012 – IX ZB 61/10, ZInsO 2012, 2342.
[278] BGH, 26.6.2014 – IX ZB 87/13, ZInsO 2014, 1488.
[279] BGH, 6.4.2017 – IX ZB 40/16, ZInsO 2017, 1094.
[280] BGH, 20.9.2018 – IX ZB 41/16, ZInsO 2018, 2411.

hebliche Höhe erreiche. Zuständig sind die Insolvenzgerichte auch für eine Entscheidung über die **Erhöhung des unpfändbaren Teils** des Arbeitseinkommens nach § 850f Abs. 1 ZPO im Hinblick auf die Kosten medizinischer Behandlungsmethoden, die von der gesetzlichen Krankenkasse nicht übernommen werden und die deshalb i.d.R. auch keine Erhöhung des unpfändbaren Teils des Arbeitseinkommens rechtfertigen,[281] für Entscheidungen über Pfändungsschutzanträge hinsichtlich der an einen Gläubiger **abgetretenen Dienstbezüge** des Schuldners im gerichtlichen Schuldenbereinigungsverfahren,[282] hinsichtlich des Pfändungsschutzes für **private Versicherungsrenten** von Selbstständigen oder Freiberuflern,[283] und für Beschlüsse zur Massezugehörigkeit ausgezahlter Beihilfen des Dienstherrn für Aufwendungen im Krankheitsfall des Beamten.[284] In der Praxis bedeuten diese Ergänzungen des § 36 InsO, dass nunmehr Klarheit über die entsprechende Anwendung des §§ 850 ff. InsO bei der Bestimmung des vom Insolvenzbeschlag erfassten Arbeitseinkommens herrscht, die Unpfändbarkeitsvorschriften des § 850a InsO zu beachten sind und für die Berechnung des unpfändbaren Teils des Arbeitseinkommens § 850c ZPO mit der dort geregelten Berücksichtigung von **Unterhaltspflichten des Schuldners** entsprechend gilt.

Grundvoraussetzung für eine **Zusammenrechnung nach § 850e Nr. 2 ZPO** ist, dass die einzubeziehende Leistung Arbeitseinkommen darstellt, also von einem Arbeitgeber aufgrund eines Arbeitsvertrages als Entgelt für Arbeitsleistungen des Schuldners gezahlt wird; damit wird das mietfreie Wohnen des Schuldners im eigenen Haus von der Vorschrift nicht erfasst.[285] Sofern ein Drittschuldner bei der Berechnung des pfändbaren Teils des Arbeitseinkommens Geld- und Naturalleistungen zusammengerechnet hat, kann der Schuldner eine niedrigere **Bewertung der Naturalleistungen** nur im Wege der Klage vor dem Prozessgericht erreichen; ein beim Insolvenzgericht eingereichter Festsetzungsantrag gegen den Treuhänder ist nach der Rechtsprechung des BGH unzulässig.[286] Eine Vereinbarung zwischen Schuldner und Treuhänder kann zu keiner anderen Beurteilung der **Zuständigkeitsfrage** führen. Gem. **§ 850e Nr. 3 ZPO** hat der Drittschuldner das in Geld zahlbare Einkommen und erhaltene Naturalleistungen zusammenzurechnen, ohne dass es eines ausdrücklichen Beschlusses des Vollstreckungsgerichts bedarf. Dass der **Treuhänder** anstelle des Drittschuldners den Betrag des pfändbaren Einkommens bestimmt, kann nicht einer Maßnahme oder einer Entscheidung des Vollstreckungsgerichts gleichgestellt werden, die zur Zuständigkeit des Insolvenzgerichts

---

281 BGH, 23.4.2009 – IX ZB 35/08, ZInsO 2009, 1072.
282 BGH, 21.2.2008 – IX ZB 202/06, ZInsO 2008, 506.
283 BGH, 15.11.2007 – IX ZB 34/06, ZInsO 2008, 40.
284 BGH, 8.11.2007 – IX ZB 221/03, ZInsO 2007, 1348.
285 BGH, 7.2.2013 – IX ZB 85/12, ZInsO 2013, 549.
286 BGH, 13.12.2012 – IX ZB 7/12, ZInsO 2013, 98; BGH, 19.4.2018 – IX ZB 27/17 – NZI 2018, 528.

nach § 36 Abs. 4 InsO führen könnte.[287] Ebenfalls zur Zuständigkeit für einen **Zusammenrechnungsbeschluss** hat der BGH mit Beschluss vom 20.7.2017 entschieden, nach der Eröffnung des Insolvenzverfahrens über das Vermögen des Rentenberechtigten im Inland sei die Frage, ob eine ausländische Rente pfändbar sei und damit zur Masse gehöre, nach dem (deutschen) Insolvenzstatut zu beurteilen.[288] Auch über die Massezugehörigkeit von Lohnbestandteilen nach § 850f Abs. 1 ZPO hat das Prozessgericht und nicht das Insolvenzgericht zu entscheiden, wenn **deutsche Gerichte** für die Einzelzwangsvollstreckung nicht zuständig sind.[289] Für § 850f Abs. 2 ZPO gilt, dass während der Dauer der Wohlverhaltensphase ein Insolvenzgläubiger, der einen Anspruch aus vorsätzlich begangener unerlaubter Handlung hat, auch in den Vorrechtsbereich für solche Forderungen nicht vollstrecken kann.[290] **Arbeitslosengeld II** ist mit Arbeitseinkommen für die Berechnung des pfändbaren Arbeitseinkommens nicht zusammenzurechnen, wenn der Schuldner nur deshalb Arbeitslosengeld II erhält, weil sein Arbeitseinkommen bei anderen Personen berücksichtigt wird, die mit ihm in einer Bedarfsgemeinschaft leben.[291] Eine neben dem regulären Arbeitseinkommen des Schuldners (eines Facharztes) gezahlte **Regelaltersrente** aus einer Zusatzversorgung fällt nach einem Beschluss des BayVGH vom 8.10.2019[292] unter die Abtretungserklärung des § 287 II InsO; gibt es einen Zusammenrechnungsbeschluss nach § 850e ZPO, nach dem der aus dem festgestellten Gesamteinkommen gem. § 850c ZPO pfändbare Beträge in erster Linie dem Gehalt zu entnehmen ist, besteht kein Anspruch des Schuldners auf Auszahlung der zuvor angefallenen pfändbaren Anteile der Rente nach Erteilung der Restschuldbefreiung. Dies gelte auch wenn die Kasse den **pfändbaren Anteil des Ruhegeldes** erst nachträglich zur Verteilung an die Gläubiger an den Treuhänder ausgezahlt habe. Nach einem Urteil des VG Berlin[293] endet die Zusammenrechnung mit der Aufhebung des Insolvenzverfahrens, wenn der Schuldner mehrere Einkommen bezieht und das Insolvenzgericht für das Insolvenzverfahren die Zusammenrechnung dieser Einkünfte angeordnet hat; für die Wohlverhaltensperiode muss der Treuhänder einen neuen Zusammenrechnungsbeschluss beim Insolvenzgericht beantragen. In einem Streit über **Differenzvergütungsansprüche** ist nach einer Entscheidung des LAG Mecklenburg-Vorpommern[294], der Arbeitnehmer selbst nach Eröffnung des Verbraucherinsolvenzverfahrens, für Entgeltklagen gegen seinen

---

287 BGH, 19.4.2018 – IX ZB 27/17 – NZI 2018, 528.
288 BGH, 20.7.2017 – IX ZB 63/16, ZInsO 2017, 1781.
289 BGH, 5.6.2012 – IX ZB 31/10, ZInsO 2012, 1371.
290 BGH, 28.6.2012 – IX ZB 313/11, ZInsO 2012, 1437.
291 BGH, 25.10.2012 – IX ZB 263/11, ZInsO 2013, 1274.
292 BayVGH, ZInsO 2019, 2429.
293 VG Berlin, ZVI 2019, 356.
294 ZInsO 2019, 1445.

Arbeitgeber zumindest hinsichtlich der unpfändbaren Entgeltbestandteile aktivlegitimiert; insoweit seien Nachzahlungen bei der Berechnung des unpfändbaren Einkommens den Monaten zuzurechnen, für den das Entgelt zu zahlen war.

Grundsätzlich gilt, dass bei der Berechnung des pfändbaren Einkommens des Schuldners auf Antrag ausländische gesetzliche Renten mit inländischen gesetzlichen Renten zusammenzurechnen sind.[295] Für eine **Zusammenrechnung** zwischen einer deutschen und einer ausländischen Altersrente nach § 850e ZPO hat der BGH entschieden, dass die Deutsche Rentenversicherung durch die Zusammenrechnung einer deutschen und einer italienischen Altersrente des Insolvenzschuldners nicht beschwert wird, wenn die von ihr ausgezahlte Altersrente unter dem Pfändungsfreibetrag liegt, so dass die Prüfung, inwieweit die auszuzahlende Rente den Pfändungsfreibetrag übersteigt, unabhängig von dem Zusammenrechnungsbeschluss erfolgen muss. Ein mangelndes Interesse der italienischen Rentenversicherung an der Klärung der rechtsgrundsätzlichen Frage in Deutschland begründet keine Beschwer der Deutschen Rentenversicherung.[296]

Entschieden hat der BGH in diesem Zusammenhang etwa auch, dass eine nach den Vorschriften des Zwangsvollstreckungsrechts **bedingt pfändbare Berufsunfähigkeitsrente** in der Insolvenz in die Masse fällt, soweit sie im Rahmen einer Billigkeitsentscheidung für pfändbar nach den für Arbeitseinkommen geltenden Vorschriften erklärt werden kann.[297] Nach einer weiteren Entscheidung kann das Insolvenzgericht gemäß der im Insolvenzverfahren entsprechend anwendbaren Vorschrift des § 850c Abs. 4 ZPO nach billigem Ermessen anordnen, dass eine nach dem Gesetz **unterhaltsberechtigte Person** – etwa die Ehefrau des Schuldners[298] –, die eigene Einkünfte hat, bei der Berechnung des unpfändbaren Teils des Arbeitseinkommens ganz oder teilweise unberücksichtigt bleibt.[299] Während die Regelung der weiter gehenden Zugriffsmöglichkeiten für **Unterhaltsgläubiger** in § 850d ZPO für die Frage keine Rolle spielt, welche Bezüge des Schuldners Bestandteil der Insolvenzmasse werden, und deshalb § 850d InsO bei den entsprechend anzuwendenden Vorschriften auch nicht genannt ist, gelten die Zusammenrechnungsmöglichkeiten bei verschiedenen Einkünften des Schuldners, die § 850e ZPO ermöglicht, dann auch wieder entsprechend im Insolvenzverfahren. Die vollstreckungsrechtli-

---

[295] BGH, 18.9.2014 – IX ZB 68/13, ZInsO 2014, 2223.
[296] BGH, 21.11.2013 – IX ZB 22/12, ZInsO 2013, 2573.
[297] BGH, 3.12.2009 – IX ZB 189/08, ZInsO 2010, 188; BGH, 15.7.2010 – IX ZB 132/09, ZInsO 2010, 1485.
[298] Zur Zurechnung von Einkünften des Schuldners zu dessen Vermögen, die nur aufgrund eines Beschlusses nach § 850c Abs. 5 gepfändet werden können, BGH, 22.10.2009 – IX ZB 249/08, ZInsO 2009, 2212; zur Ablehnung eines (Bar-) Unterhaltsanspruch der Schuldnerin bei bestehender Ehe gegen den Ehemann, der den bei ihr pfändbaren Teil des Arbeitseinkommens erhöht vgl. LG Göttingen, ZInsO 2011, 885.
[299] BGH, 5.11.2009 – IX ZB 101/09, ZInsO 2009, 2351.

Pape

che **Zusammenrechnungsvorschrift**, nach der Arbeitseinkommen und Ansprüche auf Leistungen nach dem Sozialgesetzbuch zusammengerechnet werden können, ist etwa auch dann anwendbar, wenn es um die Bestimmung des pfändbaren Betrages i.R.d. Abtretung derartiger Forderungen im Rahmen eines Anfechtungsprozesses geht.[300] Der auf Antrag des Schuldners nach § 850f Abs. 1 InsO in besonderen **Fällen erhöhter Bedürfnisse** auszusprechende Pfändungsschutz kann vom Schuldner als Antragsteller auch im Insolvenzverfahren geltend gemacht werden, dies folgt aus der Einbeziehung des § 850f Abs. 1 ZPO. Hierzu hat der BGH etwa entschieden, dass kein Grund zur Erhöhung des pfändungsfreien Betrages des Einkommens im Hinblick auf Ansprüche aus einem **schuldrechtlichen Versorgungsausgleich** besteht, weil sie ab Eröffnung des Insolvenzverfahrens über das Vermögen des ausgleichspflichtigen Ehegatten nur Insolvenzforderungen darstellen.[301] Weiterhin gilt im Hinblick auf § 850f Abs. 1 InsO, dass der mit dem Gesetz zum **Pfändungsschutz der privaten Altersvorsorge** eingeführte Schutz bestimmter privater, zur Altersvorsorge abgeschlossener Versicherungen sich nur auf das vom Versicherungsnehmer aufgebaute Deckungskapital und die nach Eintritt des Versicherungsfalls zu erbringenden Leistungen erstreckt, nicht jedoch auf die für die Einzahlung erforderlichen Mittel des Schuldners.[302] Bei einem **beihilfeberechtigten Privatversicherten** sollen Kosten für die medizinische Behandlung, die von der gesetzlichen Krankenkasse für den gesetzlich Versicherten und der Sozialhilfe für den Sozialhilfeberechtigten nicht übernommen würden, in der Regel keine Erhöhung des unpfändbaren Teils des Arbeitseinkommens gem. § 850f Abs. 1 Buchst. b ZPO rechtfertigen.[303]

98 Für **sonstige Einkünfte** des Schuldners, die **kein Erwerbseinkommen** sind, aber unter § 850i Abs. 1 Satz 2 Alt. 2 ZPO fallen könnten, hat der BGH entschieden, diese könnten nur für unpfändbar erklärt werden, soweit dies erforderlich sei, damit dem Schuldner ein unpfändbares Einkommen in Höhe der von § 850c Abs. 1, 2a ZPO bestimmten Grundbeträge verbleibe.[304] Dabei fallen nach der Entscheidung nur **eigenständig erwirtschaftete Einkünfte** unter den Begriff der sonstigen Einkünfte, so dass Ansprüche aus einem Pflichtteilsanspruch nicht dazu zählen. Zuvor hatte der BGH zu § 850i Abs. 1 Satz 2 Alt. 2 ZPO bereits grundsätzlich erkannt, der Pfändungsschutz für sonstige Einkünfte erfasse alle eigenständig erwirtschafteten Einkünfte.[305] Geboten sei eine weite Auslegung, nach der Einkünfte, die kein Arbeitseinkommen seien, auf Antrag des Schuldners dem Pfändungsschutz unterfallen könnten. Voraussetzung für den Pfändungsschutz für diese Einkünfte in § 850i

---

300 BGH, 19.5.2009 – IX ZR 37/06, ZInsO 2009, 1395.
301 BGH, 13.10.2011 – IX ZB 80/10, ZInsO 2011, 2184.
302 BGH, 12.5.2011 – IX ZB 181/10, ZInsO 2011, 1153.
303 BGH, 21.12.2017 – IX ZB 18/17, ZInsO 2018, 377.
304 BGH, 7.4.2016 – IX ZB 69/15, ZInsO 2016, 961.
305 BGH, 26.6.2014 – IX ZB 88/13, ZInsO 2014, 1609.

Abs. 1 Satz 1 Fall 2 ZPO sei nicht mehr die Verknüpfung der Einkünfte mit der Arbeitskraft des Schuldners, wie es die erste Alternative voraussetzt. Um einen Pfändungsschutz zu erlangen, müsse nicht die **Arbeitskraft** des Schuldners verwertet sein. Bezugsgröße sei nunmehr ein auf breite Basis gestellter Schutz des selbst erwirtschafteten Lebensunterhalts, bei dem die frühere Differenzierung nach dem Grund der Forderung aufgegeben werde. Ob Arbeiten oder Dienste persönlich erbracht werden oder nicht, spiele keine Rolle mehr. Pfändungsschutz erhielten nunmehr sämtliche Arten von Einkünften unabhängig davon, ob überhaupt eine Erwerbstätigkeit vorliege und ob zur Entstehung einer Forderung verwertetes Kapital erarbeitet wurde, solange der Schuldner die Einkünfte nur selbst erzielt habe. Im Hinblick auf die weite Fassung des § 850i ZPO kann ein Schuldner, der seinen Lebensunterhalt aus erwirtschafteten **Mieteinkünften** bestreitet, im Insolvenzverfahren Pfändungsschutz für sonstige Einkünfte beantragen, auch wenn die Mieteinkünfte im Zuge einer vereinbarten stillen Zwangsverwaltung an einen Gläubiger abgeführt werden, dem der Schuldner die Mietforderungen als Sicherheit abgetreten und dem er Grundschulden an den Mietobjekten bestellt hat.[306] Dem Schuldner kann des Weiteren auf Antrag Pfändungsschutz für die von ihm selbst erwirtschafteten Einkünfte gewährt werden, wenn er Einkünfte aus **Erbbauzinsen** erzielt, aus denen er seinen Lebensunterhalt bestreitet, wie der BGH im Jahr 2018[307] entschieden hat. In Fortführung der Rechtsprechung zur weiten Fassung des § 850i ZPO sieht der BGH **Kaufpreisraten**, die aus der vorinsolvenzlichen Veräußerung eines Geschäftsanteils des Schuldner herrühren, den die Parteien nachträglich in eine **Teilzahlungsvereinbarung** umgewandelt haben, als schützenswert an und gibt dem Insolvenzgericht vor, den Betrag zu bestimmen, der dem Schuldner auf seinen Antrag monatlich pfändungsfrei zu überlassen sei.[308] Entsprechend hat der BGH im Hinblick auf eine Kaufpreisrente des Schuldners aus der **Veräußerung von Kommanditanteilen** an verschiedenen Gesellschaften entschieden, aus der Rente sei ihm ein unter Berücksichtigung seiner Bedürfnisse gem. §§ 850i, 850c Abs. 1, 2a ZPO zu bestimmender Betrag pfandfrei zu überlassen.[309]

Kein Pfändungsschutz für sonstige Einkünfte des Schuldners kommt in Betracht, wenn der Insolvenzverwalter die selbständige Tätigkeit des Schuldners freigegeben hat und es um Forderungen aus seiner **selbständigen Tätigkeit** geht, die von der Freigabe der selbständigen Tätigkeit umfasst sind. Entsprechendes gilt für Zahlungen auf Forderungen des Schuldners aus dessen selbständiger Tätigkeit, die zwar erst nach **Freigabe** der selbständigen Tätigkeit beglichen werden, die aber in

---

[306] BGH, 1.3.2018 – IX ZB 95/15, ZInsO 2018, 866.
[307] Vgl. BGH, 27.9.2018 – IX ZB 19/18, ZInsO 2018, 2517.
[308] BGH, 12.9.2019 – IX ZB 56/18, ZInsO 2019, 2460.
[309] BGH, 26.9.2019 – IX ZB 21/19, ZInsO 2019, 2409.

die Masse fallen.[310] Kann der Schuldner seinen Unterhalt und den seiner Familie nicht aus seiner freigegebenen selbständigen Tätigkeit erwirtschaften, kann er Unterhaltsansprüche weiterhin gegen die Insolvenzmasse geltend machen.[311]

99 Ebenfalls anwendbar im Insolvenzverfahren ist die **Änderungsvorschrift** des § 850g ZPO, die Zugriffsmöglichkeit auf **verschleiertes Arbeitseinkommen** nach § 850h ZPO und die Möglichkeit, dem Schuldner in Sonderfällen auf Antrag gem. § 850i InsO einen Teil einer einmaligen Arbeitsvergütung zu belassen, gibt. In all diesen Fällen muss sich der Treuhänder entweder als Antragsteller oder als Interessenvertreter der Gläubiger mit den wirtschaftlichen und persönlichen Verhältnissen des Schuldners befassen. So hat etwa das LG Dortmund[312] entschieden, dass bei Heirat des Schuldners während der Wohlverhaltensphase die aus diesem Anlass gewählte Steuerklasse bei der Berechnung des pfändbaren Lohnanteils dann nicht über § 850h Abs. 2 ZPO korrigiert wird, wenn ein sachlicher Grund für die Wahl der Steuerklasse vorliegt. Der BGH geht in ständiger Rechtsprechung im Hinblick auf § 850i ZPO davon aus, dass Einkünfte, die ein selbständig tätiger Schuldner nach der Eröffnung des Insolvenzverfahrens erzielt, in vollem Umfang – ohne einen Abzug für beruflich bedingte Ausgaben – zur Insolvenzmasse gehören und der Schuldner nur nach der genannten Vorschrift beantragen kann, dass ihm von seinen durch Vergütungsansprüche gegen Dritte erzielten Einkünften ein pfandfreier Betrag belassen wird.[313] § 850i ZPO bleibt deshalb in Fällen, in denen der Insolvenzverwalter die **wirtschaftlich selbstständige Tätigkeit** des Schuldners nicht nach § 35 Abs. 2 InsO freigibt, die maßgebliche Vorschrift für die Abwicklung einer solchen Tätigkeit, die es dem Treuhänder erlaubt, die Einnahmen des Schuldners vollständig zur Masse zu ziehen und diesem nur auf Anordnung des Gerichts, die auf einen entsprechenden Antrag des Schuldners ergehen kann, während des Verfahrens so viel zu belassen, als ihm nach freier Schätzung des Gerichts verbleiben würde, wenn sein Einkommen aus laufendem Arbeits- oder Dienstlohn bestünde.

Die **Entstehung einer Steuerschuld**, welche der Schuldner begleichen möchte, um nach Erteilung der Restschuldbefreiung nicht wegen einer nach Eröffnung des Insolvenzverfahrens festgesetzten Steuerforderung (Neuverbindlichkeit) in Anspruch genommen zu werden, ist in der Regel kein ausreichender Grund für die Erhöhung des unpfändbaren Betrages. Der BGH hat deshalb in einem Beschluss vom 19.9.2019[314] den Antrag eines Schuldners auf **Erhöhung seines pfändungsfreien Einkommens** zurückgewiesen, der damit während des laufenden Insolvenzverfah-

---

310 BGH, 25.1.2018 – IX ZA 19/17, ZInsO 2018, 671.
311 BGH, 25.1.2018 – IX ZA 19/17, ZInsO 2018, 671.
312 Beschl. v. 23.3.2010 – 9 T 106/10, ZInsO 2010, 879.
313 BGH, 20.3.2003 – IX ZB 388/02, ZInsO 2003, 413; BGH, 5.4.2006 – IX ZB 169/04, ZVI 2007, 78; BGH, 19.5.2011 – IX ZB 94/09, ZInsO 2011, 1412.
314 BGH, 19.9.2019 – IX ZB 2/18, ZInsO 2019, 2333.

rens aufgrund der Zurechnung von Gewinnanteilen aus Kommanditanteilen festgesetzte Einkommensteuerschulden tilgen wollte. Nachdem der BGH schon mehrfach entschieden hat, die vom Schuldner gestellte **Mietkaution** gehöre nicht zur Insolvenzmasse, wenn der Insolvenzverwalter das Mietverhältnis gem. § 109 Abs. 1 Satz 2 InsO freigegeben habe[315], ging es in einem im Jahr 2019 entschiedenen Fall[316], in dem die Schuldnerin beantragt hatte, ihr die zurückgezahlte Kaution pfändungsfrei zu überlassen, um die Frage, wem die Kaution zufällt, wenn zum Zeitpunkt der Beendigung des Mietverhältnisses noch keine Freigabe des Mietverhältnisses erfolgt ist. Der BGH hat hierzu entschieden, der **Kautionsrückzahlungsanspruch** des Mieters gehöre nicht zu den sonstigen, von ihm selbst erwirtschafteten Einkünften (§ 850i ZPO). Benötige der Mieter ein Mietkautionsguthaben zur Rückzahlung eines Darlehens, das ihm zur Finanzierung der Mietsicherheit für ein neues Mietverhältnis gewährt worden sei, begründe dies keine **sittenwidrige Härte** des Insolvenzbeschlags i.S.d. § 765a ZPO. Ein Anspruch des Mieters, der Sozialleistungen beziehe, auf Überlassung der Kaution bestehe allenfalls dann, wenn deren Rückgewähr aus diese Leistungen angerechnet werde.

e) Ausübung des Anfechtungsrechts durch die Gläubiger in Altverfahren

Auch im vereinfachten Insolvenzverfahren ging das Verwaltungs- und Verfügungsrecht bzgl. des Vermögens des Schuldners auf den Treuhänder über. Dieser übte jedoch gem. § 313 Abs. 2 a.F. InsO, der auf die bis zum 1.7.2014 beantragten Insolvenzverfahren weiter anzuwenden ist, regelmäßig nicht das Anfechtungsrecht aus. Zur Insolvenzanfechtung waren die Gläubiger berechtigt, wobei die Gläubigerversammlung einzelnen Gläubigern gem. § 313 Abs. 2 Satz 3 InsO a.F. einen entsprechenden Auftrag erteilen konnte. In diesem Fall hatte der anfechtende Gläubiger einen Kostenerstattungsanspruch gegen die Masse. Führte der Gläubiger einen Anfechtungsprozess auf **eigenes Risiko**, konnte er die ihm entstandenen Kosten nach § 313 Abs. 2 Satz 2 InsO a.F. nur aus dem durch die Anfechtung Erlangten vorweg entnehmen. Diese Regelung hatte zur Folge, dass die Anfechtungsvorschriften im Verbraucherinsolvenzverfahren **weitgehend wirkungslos** blieben und war deshalb einer der wesentlichen Gründe für die Aufhebung der §§ 312–314 InsO. Ein Gläubiger, der sich dem Risiko ausgesetzt sah, einen möglicherweise schwierigen und langwierigen Anfechtungsprozess zu führen, ohne die Kosten des Verfahrens ersetzt zu bekommen, es sei denn, er gewann denn Prozess, war hierzu kaum bereit. Selbst wenn er Aussicht auf Kostenerstattung hatte, weil die Gläubigerversammlung ihn beauftragt hatte, bestand immer noch die Gefahr, dass die Masse unzulänglich wurde, sodass der Erstattungsanspruch nicht zu realisieren war. Auch gab es letztlich

---

[315] Vgl. BGH, 16.3.2017 – IX ZB 45/15, ZInsO 2017, 875; BGH, ZInsO 2017, 1726.
[316] BGH, 21.2.2019 – IX ZB 7/17, ZInsO 2019, 895.

für ihn keinen Anreiz, einen Prozess zu führen, dessen Ergebnis er dann auch noch mit den übrigen Gläubigern „teilen" musste. Er würde nicht bereit sein, Zeit und Kosten in einen derartigen Prozess zu investieren. Die Vorschrift wurde deshalb schon unmittelbar nach Inkrafttreten der InsO mit Recht als praxisfremd angesehen.[317] Im Hinblick auf diese Kritik, hatte der Gesetzgeber § 313 Abs. 2 Satz 2 a.F. InsO[318] zwar so verändert, dass der Gläubigerversammlung das Recht eingeräumt worden ist, auch den Treuhänder **mit der Anfechtung zu beauftragen**, um sicherzustellen, dass die Insolvenzanfechtung im vereinfachten Insolvenzverfahren nicht weiter brachliegen musste.[319] Eine nennenswerte Verbesserung trat durch diese Ergänzung aber nicht ein. Das Anfechtungsrecht blieb die Achillesferse des vereinfachten Insolvenzverfahrens und war einer der wesentlichen Gründe dafür, dass die Abschaffung der §§ 312ff. InsO a.F. immer wieder erwogen wurde.

101 Wurde dem Insolvenzverwalter ein entsprechender Auftrag erteilt, durfte dies allerdings nur in einer **förmlich einberufenen Gläubigerversammlung** erfolgen; eine lockere Zusammenkunft einzelner Gläubiger mit dem Treuhänder und dem Rechtspfleger reichte dafür nicht aus, sodass ein vom Treuhänder ohne ausreichende Legitimation angestrengtes Anfechtungsverfahren erfolglos bleiben musste.[320] Selbst wenn es im Verfahren einen Gläubiger gab, der den Treuhänder mit der Anfechtung beauftragte, stellte dies ohne Gläubigerversammlung keine ausreichende Grundlage für die Prozessführung dar. I.Ü. gilt auch im Verbraucherinsolvenzverfahren, dass ein Gläubigeranfechtungsprozess nach dem Anfechtungsgesetz durch die Eröffnung des Verfahrens über das Vermögen des Schuldners unterbrochen wird. Erteilte die Gläubigerversammlung keinen Auftrag zur Fortführung, konnte nach Eröffnung des vereinfachten Insolvenzverfahrens über das Vermögen des Schuldners ein laufender Gläubigeranfechtungsprozess vom Gläubiger zugunsten der Insolvenzmasse aufgenommen werden.[321] Wurde ein Verbraucherinsolvenzverfahren in ein Regelinsolvenzverfahren übergeleitet und sodann durch eine rechtsbeständige Entscheidung ein Insolvenzverwalter eingesetzt, war dessen Bestellung allerdings nicht deshalb als wirkungslos zu erachten, weil sich die Überleitung nachfolgend als rechtswidrig erwies und nur ein Verbraucherinsolvenzverfahren gegeben war; auf den Insolvenzverwalter ging deshalb auch in diesen Verfahren die Prozessführungsbefugnis über.[322]

---

317 Vgl. Wittig, WM 1998, 169.
318 I.d.F. InsOÄndG 2001, BGBl. I, S. 2170.
319 Zu der Regelung Pape, ZInsO 2001, 592, Vallender, NZI 2001, 565f.
320 BGH, 19.7.2007 – IX ZR 77/06, ZInsO 2007, 938.
321 BGH, 3.12.2009 – IX ZR 29/08, ZInsO 2010, 230.
322 Vgl. BGH, 23.6.2016 – IX ZR 158/15, ZInsO 2016, 1752.

f) Verwertungsrecht bzgl. abzusondernder Gegenstände in Altverfahren

Nach dem Gesetz hatte auch der Treuhänder im vereinfachten Insolvenzverfahren 102
die Masse in Besitz zu nehmen und zu verwerten. Eine Teilung der Befugnisse, wie
es sie bei der Eigenverwaltung zwischen Schuldner und Sachwalter gab, fand im
vereinfachten Insolvenzverfahren nicht statt. Das Recht zur Verwertung von Gegenständen, an denen Dritte Pfand- oder sonstige Sicherungsrechte haben, stand hier –
anders als im Regelinsolvenzverfahren – nicht dem Treuhänder, sondern dem **Sicherungsgläubiger** selbst zu.[323] Dies ergab sich aus der Vorschrift des in vor dem
1.7.2014 beantragten Altverfahren weiter anwendbaren § 313 Abs. 3 InsO a.F., der
dazu beitragen sollte, die Kosten des Verfahrens zu reduzieren. Folge dieser Regelung war, dass bei der Verwertung von Gegenständen, die mit Sicherungsrechten
belastet waren, die Masse weder den **Feststellungs-** noch den **Verwertungsbeitrag**
der **§§ 170, 171 InsO** geltend machen konnte. Die Entnahme des Kostenbeitrags aus
dem Verwertungserlös ist gem. § 170 Abs. 1 InsO an die Verwertung durch den „Insolvenzverwalter" geknüpft, dem die Gläubiger das Verwertungsrecht nicht entziehen dürfen. Für den Treuhänder ergab sich damit eine unannehmbare Verschärfung
der Situation. Er hatte die bei der Verwertung **anfallende USt.** zu tragen, weil mit
dem Verwertungsbeitrag auch der Anspruch auf Entnahme des Umsatzsteuerbetrages aus dem Verwertungserlös (§ 171 Abs. 2 Satz 3 InsO) entfiel. Die Sicherheitenverwertung führte so zu erheblichen **Nachteilen für den Treuhänder**. Ging es um
die Verwertung von Immobilien, entfiel auch der auf das Zubehör zu erhebende
Feststellungsbeitrag des § 10 Abs. 1 Nr. 1a ZVG; auch insoweit war die Bestellung
eines Insolvenzverwalters Voraussetzung für die Entstehung dieses Beitrags. Weitere Nachteile konnten entstehen, wenn die Gläubiger – etwa im Fall einer Übersicherung – ihr Verwertungsrecht nicht ausübten und deshalb die Verfahrensabwicklung
stockte. Zwar hatte der Gesetzgeber auch bei § 313 Abs. 3 a.F. InsO Anlass für eine
Reform gesehen, die dem Treuhänder allerdings nicht das unmittelbare Verwertungsrecht gab, ihn aber in die Lage versetzte, den Gläubiger zur Verwertung zu
zwingen. Nach § 313 Abs. 3 Satz 3 a.F. InsO[324] galt § 173 Abs. 2 InsO entsprechend,
sodass der Verwalter beim Insolvenzgericht beantragen konnte, dem Gläubiger eine
Frist zur Verwertung zu setzen. Hielt sich der Gläubiger nicht an diese Fristsetzung,
so ging das Verwertungsrecht auf den Treuhänder über.[325] Auch diese Vorschrift
änderte aber nichts an der **systemwidrigen Fassung des § 313 Abs. 3 a.F. InsO**,
der ersatzlos entfallen sollte und seit Mitte 2014 in Neuverfahren nicht mehr anzuwenden ist.

---

[323] Hierzu auch Uhlenbruck/Vallender, InsO, 13. Aufl., § 313 InsO Rn 90 ff.; KPB/Wenzel, § 313 InsO Rn 3.
[324] I.d.F. InsOÄndG 2001, BGBl. I, S. 2710.
[325] Zu dieser Änderung Vallender, NZI 2001, 565 f.; MüKo/Ott/Vuia, § 313 InsO Rn 3; KPB/Wenzel, § 313 InsO Rn 3c.

Pape

g) Verzicht auf die Verwertung der Insolvenzmasse in Altverfahren

103 Eine besondere Erleichterung der Verfahrensabwicklung sollte der nur in vor dem 1.7.2014 beantragten Altverfahren weiter anwendbare § 314 InsO a.F. schaffen. Diese Vorschrift ermöglichte es dem Treuhänder, auf die Verwertung insgesamt oder im Hinblick auf einzelne Massegegenstände zu verzichten.[326] Das Gericht konnte auf Antrag des Treuhänders anordnen, dass dem Schuldner aufgegeben wurde, binnen einer vom Gericht bestimmten Frist einen Betrag an den Treuhänder zu zahlen, der dem Wert der Masse entsprach. Voraussetzung für einen solchen Antrag war, dass die Verwertung der Masse nicht im **Interesse der Gläubiger** geboten war. Als Rechtsfolge der Nichterfüllung der Auflage des Gerichts sah § 314 Abs. 3 InsO die Versagung der RSB auf Antrag eines Insolvenzgläubigers vor, wobei dem Schuldner innerhalb einer Nachfrist von 2 Wochen Gelegenheit zu geben war, den Betrag doch noch einzuzahlen. Weitgehend ungeklärt war bei dieser Regelung, die allerdings nach Inkrafttreten der InsO keine große Bedeutung erlangt hatte, woher der insolvente Schuldner die **Mittel zur Ablösung der Masse** erhalten sollte. Quelle konnte neben Zuwendungen Dritter wohl nur das pfändungsfreie Einkommen/Vermögen des Schuldners sein. Um dieser Tatsache Rechnung zu tragen, sollten Treuhänder entsprechende Anträge nur im **Einvernehmen mit dem Schuldner**[327] stellen. Ein Mittel, die RSB zu vereiteln, durfte § 314 InsO, der ebenfalls gestrichen werden sollte und nunmehr gestrichen worden ist, nicht sein.

3. Tod des Schuldners während des eröffneten Verfahrens

104 Bei Tod des Schuldners während des eröffneten vereinfachten Insolvenzverfahrens gilt für das Verbraucher- oder Kleininsolvenzverfahren nichts anderes als im Regelinsolvenzverfahren. Nach dem Tod des Schuldners ist das Verfahren ohne Unterbrechung in ein **allgemeines Nachlassinsolvenzverfahren** zu überführen.[328] Eine RSB kommt nicht mehr in Betracht. Der bisherige Treuhänder kann, sofern er nach dem Tod des Schuldners nicht zum Nachlassinsolvenzverwalter bestellt wird, lediglich die Vergütung eines Treuhänders beanspruchen. Eine den Regelsatz übersteigende Vergütung des Treuhänders kommt nur dann in Betracht, wenn er nach Fortführung des Verfahrens als Regelinsolvenzverfahren Tätigkeiten entfaltet, die typischerweise

---

326 Hierzu eingehend Fuchs, in: Kölner Schrift zur InsO, S. 1679, 1721 ff., Rn 129 ff.
327 Dessen Anhörung ist nach dem Wortlaut der Regelung zwar keine unbedingte Voraussetzung für die Anordnung, nach zutreffender der Ansicht von Graf-Schlicker/Kexel, § 314 InsO Rn 6 sollte gleichwohl der Schuldner gehört werden und der Treuhänder den Antrag nur stellen, wenn der Schuldner die Auflage auch erfüllen konnte.
328 BGH, 21.2.2008 – IX ZB 62/05, BGHZ 175, 307, ZInsO 2008, 453; hierzu auch Schmerbach, NZI 2008, 353 f.; Heyrath/Jahnke/Kühn, ZInsO 2007, 1202 ff.

in den Aufgabenbereich eines Nachlassinsolvenzverwalters fallen.[329] Ein Anspruch eines Neugläubigers – z.B. eine Mietforderung für die Zeit nach Verfahrenseröffnung – auf Ausgleich einer Nachlassverbindlichkeit richtet sich gegen den Erben und nicht gegen die Insolvenzmasse.[330]

B. Restschuldbefreiungsverfahren §§ 286–303 InsO

I. Vorbemerkung

Nach § 200 Abs. 1 InsO können die Gläubiger im Verfahren nicht befriedigter Verbindlichkeiten ihre nach Abwicklung des Insolvenzverfahrens offen gebliebenen Forderungen wieder unbeschränkt gegen den Schuldner geltend machen. Das Prinzip der **uneingeschränkten Nachhaftung** des Schuldners ergibt sich aus § 201 Abs. 1, Abs. 2 InsO. Gläubiger festgestellter Forderungen können sich gem. § 201 Abs. 2 Satz 3 InsO nach Aufhebung des Insolvenzverfahrens beim Insolvenzgericht eine **vollstreckbare Ausfertigung der Insolvenztabelle** erteilen lassen und nach § 201 Abs. 2 Satz 1 InsO aus dieser vollstrecken, es sei denn, der Schuldner hat die Forderung im Prüfungstermin bestritten und sein Widerspruch ist nicht im Verfahren nach § 184 InsO beseitigt worden. Die uneingeschränkte Nachhaftung des Schuldners wird jedoch seit Inkrafttreten der InsO durch das Restschuldbefreiungsverfahren eingeschränkt. Die **RSB des redlichen Schuldners** gehört seither zu den anerkannten Zielen des Insolvenzverfahrens (§ 1 Satz 2 InsO).[331] Unter den Voraussetzungen der §§ 286–303 InsO werden die Wirkungen des § 201 Abs. 1 und 2 InsO durch die Vorschriften des Restschuldbefreiungsverfahrens überlagert. Kommt es zu einer Erteilung der RSB nach § 301 InsO, entfällt die Nachhaftung des Schuldners. Soweit die Insolvenzgläubiger von der RSB erfasst werden – dies gilt nicht für Gläubiger ausgenommener Forderungen i.S.d. § 302 Nr. 1–Nr. 3 InsO[332] –, können ihre Forderungen gegen den Schuldner nicht mehr durchgesetzt werden. Ihre Ansprüche werden zu **unvollkommenen Verbindlichkeiten,**[333] die zwar weiterhin erfüllbar, aber nicht mehr erzwingbar sind. Will der Schuldner einwenden, aus einem gegen ihn ergangenen Urteil könne wegen der RSB nicht mehr vollstreckt werden, muss er diesen Einwand im Weg der **Vollstreckungsgegenklage nach § 767 ZPO** verfolgen,

105

---

329 BGH, 26.9.2013 – IX ZB 3/13, ZInsO 2014, 40.
330 Vgl. BGH, 21.2.2008 – IX ZB 62/05, BGHZ 175, 307, ZInsO 2008, 453.
331 Ausführlich Mohrbutter/Ringstmeier/Pape, Handbuch Insolvenzverwaltung, 9. Aufl., Kap. 17 Rn 1 ff.
332 Vgl. BGH, 25.6.2015 – IX ZR 199/14, ZInsO 2015, 1739.
333 BGH, 25.9.2008 – IX ZB 05/06, ZInsO 2008, 1279.

eine Vollstreckungserinnerung nach § 766 ZPO kommt nicht in Betracht.[334] Von der RSB erfasst werden auch solche Insolvenzgläubiger, die nicht am Insolvenzverfahren teilgenommen haben; dies ergibt sich aus § 301 Abs. 1 Satz 2 InsO. Haben einzelne Gläubiger nicht am Insolvenzverfahren teilgenommen, sind sie gehindert, im Verlauf der Wohlverhaltensphase Versagungsanträge nach §§ 296, 297 InsO zu stellen. Gläubiger, von deren Forderungen sich der Schuldner in unredlicher Weise durch bewusstes Verschweigen befreit hat, haben allenfalls noch die Möglichkeit, ihre Forderung wegen vorsätzlicher sittenwidriger Schädigung gem. § 826 BGB im streitigen Verfahren zu verfolgen.[335]

II. Reform des Restschuldbefreiungsverfahrens durch das Gesetz zur Verkürzung des Insolvenzverfahrens und das Gesetz zur weiteren Verkürzung des Restschuldbefreiungsverfahrens und zur Anpassung pandemiebedingter Vorschriften im Gesellschafts-, Genossenschafts-, Vereins- und Stiftungsrecht sowie im Miet- und Pachtrecht

106 Die für das gesamte Restschuldbefreiungsverfahren entscheidende Weichenstellung war das Inkrafttreten des **Insolvenzrechtsänderungsgesetzes 2001** am 1.12. 2001.[336] Erst die mit diesem Gesetz eingeführte Kostenstundung[337] hat für die Mehrzahl der Schuldner zu einer realistischen Chance auf einen Neuanfang geführt. Zuvor scheiterten sie in der Regel an der Kostenhürde des § 26 Abs. 1 InsO. Auch nach Inkrafttreten des Änderungsgesetzes aus dem Jahre 2001 gab es auf der **„Dauerbaustelle Insolvenzordnung"** zwar immer wieder Versuche, das Entschuldungsverfahren zu reformieren.[338] Diese wurden aber zunächst nicht umgesetzt. Erst 2013 verabschiedete der Gesetzgeber als weitere einschneidende Reform des Restschuldbefreiungsverfahrens das am 1.7.2014 in Kraft getretene **Gesetz zur Verkürzung des Restschuldbefreiungsverfahrens und zur Stärkung der Gläubigerrechte** vom 15.7.2013[339] (nachfolgend auch „Verkürzungsgesetz"), welches auf alle ab dem 1.7.2014 beantragten Insolvenzverfahren anzuwenden ist,[340] so dass sich die Praxis für lange Zeit auf eine gespaltene Rechtsanwendung einrichten musste. Abhängig vom Datum der Antragstellung vor oder ab dem 1.7.2014 ist entweder das bis dahin

---

334 BGH, 25.9.2008 – IX ZB 05/06, ZInsO 2008, 1279.
335 BGH, 6.11.2008 – IX ZB 34/08, NZI 2009, 66; BGH, 9.10.2008 – IX ZB 16/08, ZInsO 2009, 53.
336 Zu diesem Gesetz Pape/Uhlenbruck/Voigt-Salus, Insolvenzrecht, 2. Aufl., Kap. 8 Rn 15 ff.
337 Zu den Einzelheiten der Stundung unten Rdn 305 ff.
338 Vgl. zu dieser Entwicklung Pape/Uhlenbruck/Voigt-Salus, Insolvenzrecht, 2. Aufl., Kap. 8 Rn 13 ff.
339 BGBl. I 2013, S. 2379.
340 Zu dem Gesetz Grote/Pape, ZInsO 2013, 1433 ff.; Henning, ZVI 2014, 7 ff.; Hergenröder, KTS 2013, 385 ff.; Frind, ZInsO 2013, 1448 ff.; Graf-Schlicker, ZVI 2014, 202 ff.

geltende Altrecht weiter anzuwenden oder es sind die neuen Vorschriften des **Verkürzungsgesetzes** maßgeblich, die in vielen Verfahrensbereichen erhebliche Veränderungen mit sich bringen, welche nachfolgend kurz skizziert werden sollen, soweit sie das eigentliche Restschuldbefreiungsverfahren der §§ 286ff. InsO betreffen.[341]

Erklärtes Ziel des Gesetzgebers war es mit dem 2013 verabschiedeten Gesetz eine **Verkürzung der Dauer** des Verfahrens zur Erlangung der RSB zu erreichen. Schuldner sollten die Möglichkeit bekommen, durch Eigenbeiträge zum Verfahren die Zeit abzukürzen, innerhalb derer sie die RSB erlangen können. Für diese Verkürzung gab § 300 Abs. 1 Satz 1 Nr. 2 und 3 InsO zwei neu ins Gesetz eingefügte Möglichkeiten: Der Schuldner konnte die RSB innerhalb von drei Jahren herbeiführen, wenn er die Forderungen der Gläubiger, die ihre Ansprüche angemeldet hatten, **innerhalb von drei Jahren ab Eröffnung** des Verfahrens zu wenigstens 35% erfüllte. Zum anderen war die Entschuldung innerhalb von **fünf Jahren** möglich, wenn der Schuldner die Kosten des Verfahrens aus eigenen Mitteln aufbrachte und damit eine Verfahrenskostenstundung überflüssig machte oder dafür sorgte, dass die gestundeten Kosten bis zum Ablauf von fünf Jahren ab Verfahrenseröffnung beglichen waren. Problematisch im Blick auf die Befriedigung der Gläubigerforderungen zu 35% war allerdings, dass der Schuldner auch die **Kosten des Verfahrens** aufbringen musste. Die Quote, die er tatsächlich aufzubringen hatte, betrug deshalb auch nicht nur 35%, sondern lag wesentlich höher.[342] Setzte er **Drittmittel** für die Befriedigung der Gläubiger ein – dies sollte nach den Vorstellungen des Gesetzgebers die finanzielle Grundlage für die anteilige Befriedigung der Gläubiger sein –, waren diese bei der Berechnung der Vergütung des Insolvenzverwalters zu berücksichtigen.[343] Der Betrag, den der Schuldner für die Befriedigung der Gläubiger aufbringen musste, war dann sehr viel höher, als die den Gläubigern auszuzahlenden Beträge.[344] Speziell diese neu geschaffene Vorschrift zur Verkürzung des Insolvenzverfahrens war

---

341 Soweit es um die Abschaffung der Vorschriften des vereinfachten Insolvenzverfahrens und die Änderung der Regelungen der Verfahrenskostenstundung geht, wird auf die vorstehenden Ausführungen zum Verfahrensablauf (Rdn 73ff.) und die untenstehende Erläuterung der Stundung (Rdn 305ff.) verwiesen.
342 Im Fall der Entscheidung BGH, Beschluss vom 19.9.2019 – IX ZB 23/19, ZInsO 2019, 2382 beispielsweise knapp 87%.
343 Die Neufassung des § 1 Abs. 2 Nr. 5 InsVV durch das Gesetz zur weiteren Verkürzung des Restschuldbefreiungsverfahrens, nach der Zahlungen, die zum Zweck der Erteilung der Restschuldbefreiung geleistet worden sind, bei der Bestimmung der Berechnungsgrundlage nicht einzuberechnen sind, ist erst auf Insolvenzverfahren anzuwenden, die ab dem 1.10.2020 beantragt worden sind.
344 Siehe die Berechnungen von Grote, Insbüro 2014, 47ff.; exemplarisch für die Vorschrift BGH, Beschluss vom 19.9.2019 – IX ZB 23/19, ZInsO 2019, 2382, wonach selbst die nahezu vollständige Bezahlung sämtlicher angemeldeter Forderungen unter Berücksichtigung der Verfahrenskosten und der Verwaltervergütung nicht ausreichen, um die 35%-Quote zu erfüllen.

Pape

deshalb nur für wenige Schuldner eine realistische Möglichkeit, die RSB früher zu erreichen. Erreichbar aus Schuldnersicht erschien es dagegen für die **Kostendeckung während des Verfahrens** zu sorgen und schon nach fünf Jahren einen Antrag auf vorzeigte Erteilung der RSB stellen zu können.

Der Versuch, mittels der am 1.7.2014 in Kraft getretenen Vorschriften, Schuldnern die realistische Möglichkeit einer Restschuldbefreiung nach 3 Jahren zu eröffnen ist gescheitert. Dies belegt der **Evaluationsbericht der Bundesregierung**[345] zur Neufassung des § 300 InsO. Danach ist es nicht einmal 2% der Schuldner gelungen, die vorzeitige Restschuldbefreiung nach § 300 Abs. 1 Satz 2 Nr. 2 InsO zu erreichen. Die bei Verabschiedung des Gesetzes angestrebte **Quote von 15% aller beantragten Verfahren** über das Vermögen natürlicher Personen hat sich als reine Illusion erwiesen. Dies war allerdings in Anbetracht der nahezu unerreichbaren Befriedigungsquote von 35% bei Deckung der Kosten des Verfahrens und der sonstigen Masseverbindlichkeiten nicht anders zu erwarten.[346] Selbst die vorzeitige Erteilung nach 5 Jahren im Fall der Deckung der Kosten des Verfahrens (§ 300 Abs. 1 Satz 2 Nr. 2 InsO) ist ein krasser **Ausnahmefall** geblieben, der es verbietet, die Kostendeckung in Zukunft zur Voraussetzung für die regelmäßige Erteilung der Restschuldbefreiung zu machen. Auch aufgrund dieser Erkenntnisse ist eine schnelle Umsetzung der Richtlinie über Restrukturierung und Insolvenz[347] gemäß den Vorschlägen des vom BMJV vorgelegten Entwurfs eines Gesetzes zur weiteren Verkürzung des Restschuldbefreiungsverfahrens vom 13.2.2020[348] erfolgt.[349] Entgegen dem ursprünglichen Entwurf, der ein sehr langwieriges zeitlich gestaffeltes Inkrafttreten der Verkürzung des Restschuldbefreiungsverfahrens für alle Schuldner auf drei Jahre vorsah,[350] hat der Gesetzgeber in dem zum 31.10.2020 rückwirkend in Kraft getretenen Gesetz zur weiteren Verkürzung des Restschuldbefreiungsverfahrens vom

---

345 Bericht der Bundesregierung über die Erfahrungen mit der Anwendung des Gesetzes zur weiteren Erleichterung der Sanierung von Unternehmen (ESUG) vom August 2018, abzurufen auf der Internetseite des BMJV.
346 Vgl. auch die Entscheidung BGH, 19.9.2019 – IX ZB 23/19, ZInsO 2019, 2382, die ausweist, dass der Schuldner im Hinblick auf Kosten und sonstige Masseverbindlichkeiten einen Betrag einzahlen muss, der bei nahezu 100% der Forderung liegt, wenn er die vorzeitige Erteilung nach 3 Jahren erreichen will.
347 Richtlinie (EU) 2019/1023 des Europäischen Parlaments und des Rates vom 20. Juni 2019 über präventive Restrukturierungsrahmen, über Entschuldung und über Tätigkeitsverbote sowie über Maßnahmen zur Steigerung der Effizienz von Restrukturierungs-, Insolvenz- und Entschuldungsverfahren und zur Änderung der Richtlinie (EU) 2017/1132 (Richtlinie über Restrukturierung und Insolvenz), ABL 172/18 vom 26.6.2019.
348 Zu dem Entwurf Ahrens, NZI 2020, 137; A. Schmidt, ZVI 2020, 79; Blankenburg, ZVI 2020, 82; Grote, Insbüro 2020, 144; Frind, ZInsO 2020, 764; Lena-Maria Schmidt, ZVI 2020, 79.
349 Zur Forderung nach einem schnellen Inkrafttreten vgl. G. Pape, ZInsO 2020, 1347.
350 Hierzu näher G. Pape, ZInsO 2020, 1347.

22.12.2020[351] nur eine erheblich kürzere Übergangsfrist vorgesehen.[352] Für ein solches Vorgehen sprachen schon die Ergebnisse des Koalitions-Ausschusses vom 3.6.2020 zum Thema „Corona-Folgen bekämpfen, Wohlstand sichern, Zukunftsfähigkeit stärken", in denen es zu Nr. 9 heißt: Die Corona-Pandemie kann dazu führen, dass viele Unternehmen unverschuldet in finanzielle Schieflage geraten. Mit den zahlreichen Unterstützungsmaßnahmen helfen wir den Unternehmen, Insolvenzen zu vermeiden. Wo dies trotz aller Anstrengungen nicht möglich ist, soll ein **schneller Neustart nach einer Insolvenz** erleichtert werden. Deshalb soll das Entschuldungsverfahren für natürliche Personen auf drei Jahre verkürzt werden, flankiert durch ausreichende Maßnahmen zur Missbrauchsvermeidung. Die Verkürzung soll für Verbraucher befristet sein und das Antragsverhalten der Schuldner soll nach einem angemessenen Zeitraum evaluiert werden, dies auch im Hinblick auf etwaige negative Auswirkungen auf das Zahlungs- und Wirtschaftsverhalten. Im Bereich der Unternehmensinsolvenzen soll ein vorinsolvenzliches Restrukturierungsverfahren eingeführt werden." Entsprechend diesen Ankündigungen sind zum Jahresende 2020 das **Gesetz zur weiteren Verkürzung des Restschuldbefreiungsverfahrens**[353], das für alle Schuldner eine auf 3 Jahre verkürzte Abtretungszeit und das **Gesetz zur Fortentwicklung des Sanierungs- und Insolvenzrechts**[354] verabschiedet worden, das ein vorinsolvenzliches Restrukturierungsverfahren im Bereich der Unternehmensinsolvenzen vorsieht.

Folge dieser Gesetzesänderungen ist es unter anderem, dass nach einer **Übergangsphase**, in der der im Jahr 2014 in Kraft getretene § 300 InsO für die bis zum 30.9.2020 beantragte Altverfahren nach Maßgabe der zeitlichen Staffelung des Art. 103k Abs. 1, 2 EGInsO noch gilt, die Dauer des Restschuldbefreiungsverfahrens für sämtliche Schuldner **auf drei Jahre begrenzt** ist. Ein verkürztes Verfahren bei Erfüllung einer **Mindestquote** oder **Deckung der Verfahrenskosten** gibt es nicht mehr. Abgesehen von Fällen, in denen keine Forderungen angemeldet werden oder der Schuldner die angemeldeten Forderungen vor Ablauf der Dreijahresfrist begleicht, gilt die einheitliche Dauer von drei Jahren uneingeschränkt. Neben dieser Verkürzung der Laufzeit des Restschuldbefreiungsverfahrens hat das Gesetz weitere Änderungen bezüglich der vom Schuldner in der Wohlverhaltensphase zu erfüllenden **Obliegenheiten** sowie der **Freigabe der selbstständigen Tätigkeit** des Schuldners und seiner **Abführungspflicht** bei freigegebener selbstständiger Tätigkeit mit sich gebracht, die ab dem 31.12.2020[355] anzuwenden sind. Neu geregelt ist die Obliegenheit des Schuldners in der Wohlverhaltensphase, **Schenkungen zur**

---

351 Dazu bereits Rdn. 4.
352 Zu dem Gesetz Pape/Laroche/Grote, ZInsO 2021, 57.
353 BGBl. I S. 3328.
354 BGBl. I S. 3256.
355 Vgl. Art. 14 Abs. 2 des Gesetz zur weiteren Verkürzung des Restschuldbefreiungsverfahrens.

Hälfte und **Gewinne aus Glücksspielen und Lotterien** in voller Höhe an den Treuhänder abzuführen. Hinsichtlich der Freigabe der wirtschaftlich selbstständigen Tätigkeit hat der Schuldner nach der Einfügung des § 35 Abs. 3 InsO unverzüglich den Insolvenzverwalter über die **Aufnahme oder Fortführung** einer solchen Tätigkeit zu informieren. Der Treuhänder seinerseits ist verpflichtet, auf Antrag des Schuldners innerhalb eines Monats zu entscheiden, ob er die Freigabe erklärt. Diese Änderungen, auf die im Zusammenhang mit den jeweiligen Einzelfragen näher eingegangen werden soll, bedeuten allerdings nicht, dass sich die zur **Jahresmitte 2014** in Kraft getretenen Änderungen damit erledigt hätten. In den Verfahren, in denen die im Jahr 2014 geänderten Vorschriften weiter gelten, sind vielmehr ab dem Jahr 2021 die neu geschaffenen Vorschriften zusätzlich zu berücksichtigen.

108 Hinsichtlich des Verfahrensablaufs zur RSB ist – anders als nach dem bis zum 30.6.2014 geltendem Recht – nicht erst bei Aufhebung des Insolvenzverfahrens und Übergang in die Wohlverhaltensphase auszusprechen, dass der Schuldner die RSB erlangt, wenn er sich keine Obliegenheitspflichtverletzung in der Wohlverhaltensphase zuschulden kommen lässt. Die Entscheidung über die **Ankündigung der RSB** fällt jetzt schon im **Eröffnungsverfahren**. Gemäß § 287a Abs. 1 InsO n.F. ergeht der Ankündigungsbeschluss schon zu Beginn des Verfahrens zu.[356] Der Ankündigung der RSB können nur die in § 287a Abs. 2 InsO aufgeführten Sperrfristen entgegenstehen, bei denen es sich um die **modifizierten Versagungsgründe** des früheren § 290 Abs. 1 Nr. 3 InsO a.F. handelt, die zu **Zulässigkeitsvoraussetzungen** für den Antrag auf RSB geworden sind. Mit den gesetzlich normierten Sperrfristen ist eine neue Erklärungspflicht des Schuldners verbunden, der schon in seinem Antrag auf RSB gem. § 287 Abs. 1 Satz 3 InsO mitzuteilen hat, ob und ggf. aus welchen Gründen ihm in einem früheren Verfahren RSB erteilt oder versagt worden ist. Anders als früher wird der Treuhänder auch nicht mehr für das vereinfachte Verfahren und die Wohlverhaltensphase einheitlich bestellt. Vielmehr muss ein Treuhänder zu Beginn der Abtretungszeit neu ernannt werden, weil es den Treuhänder im vereinfachten Insolvenzverfahren nicht mehr gibt. An die Stelle des bisherigen sog. **„Motivationsrabatts"** in § 292 Abs. 1 Satz 4 InsO a.F. ist eine Regelung getreten, nach der die Verteilung längstens bis zum Ende der Abtretungsfrist ausgesetzt werden kann, wenn dies in Anbetracht der **Geringfügigkeit der zu verteilenden Beträge** angemessen erscheint. Nach § 303a InsO n.F. sind bestimmte insolvenzrechtliche Entscheidungen zur RSB in das **Schuldnerverzeichnis** einzutragen; dies hat es im bisherigen Recht ebenfalls nicht gegeben.[357]

---

356 Zu dem geänderten Antragsverfahren vgl. Blankenburg, ZInsO 2014, 801 ff.; Grote/Pape, ZInsO 2013, 1433, 1439 ff.
357 Vgl. näher HK-PrivatinsolvenzR/Pape, § 290 InsO Rn 17 ff.; Heyer, ZVI 2014, 244 ff.; Grote/Pape, ZInsO 2013, 1433, 1446.

Einen Schwerpunkt der Reformvorschriften bildet die **Neuregelung des Versagungsverfahrens**, das nach Änderung des § 290 InsO in den ab dem 1.7.2014 beantragten Verfahren zu einem **fortwährenden Antragsrecht** der Gläubiger auf Stellung von Versagungsanträgen geführt hat, welches jederzeit schriftlich ausgeübt werden kann.[358] Gemäß § 290 Abs. 2 und 3 InsO n.F. werden Versagungsanträge der Gläubiger zunächst während des gesamten eröffneten Verfahrens gesammelt. Entschieden wird über die Anträge erst nach dem Schlusstermin oder nach Ablauf einer an dessen Stelle tretenden Anhörungsfrist. Außerdem können die Versagungsgründe des § 290 Abs. 1 InsO unter bestimmten Voraussetzungen auch nach Ablauf der Anhörungsfrist und Aufhebung des Insolvenzverfahrens noch in der Abtretungszeit geltend gemacht werden. Dies folgt aus der neu eingeführten Regelung des § 297a InsO, die bislang allerdings kaum eine praktische Bedeutung erlangt hat.[359] Die bisherige **Zäsur** zwischen eröffnetem Verfahren und Wohlverhaltensphase ist damit aufgehoben.[360]

109

Inhaltlich hat der Gesetzgeber die Versagungsgründe des § 290 Abs. 1 InsO n.F. folgendermaßen geändert: In der Neufassung des § 290 Abs. 1 Nr. 1 InsO n.F. sind wegen ihres Bagatellcharakters **Verurteilungen wegen einer Insolvenzstraftat** aus den Versagungsgründen herausgefallen, welche nur zu einer **Geldstrafe von bis zu 90 Tagessätzen** oder einer **Freiheitsstrafe von bis zu 3 Monaten** geführt haben. In zeitlicher Hinsicht sind nach dem Gesetz nur noch solche Verurteilungen zu berücksichtigen, die innerhalb der letzten 5 Jahre vor dem Antrag auf Eröffnung des Insolvenzverfahrens rechtskräftig geworden sind. **§ 290 Abs. 1 Nr. 3 InsO a.F.** ist im Hinblick auf die in das Eröffnungsverfahren verlagerten Gründe für die Zulässigkeit des Antrags auf RSB aufgehoben. Kleinere Änderungen hat es bei den Nummern 4 bis 6 gegeben. In § 290 Abs. 1 Nr. 4 InsO n.F. ist die **Vorlauffrist** von zwei auf drei Jahre verlängert worden. Die Versagung wegen der Verletzung von **Auskunfts- oder Mitwirkungspflichten** kann nun auch nach dem Gesetz schon dann erfolgen, wenn der Schuldner seine Pflichten schon im Eröffnungsverfahren verletzt hatte. Nach § 290 Abs. 1 Nr. 6 InsO n.F. stellen jetzt auch Falschangaben des Schuldners in der nach § 287 Abs. 1 Satz 3 InsO n.F. vorzulegenden Erklärung einen Versagungsgrund dar. Einen gänzlich neuen Versagungsgrund hat der Gesetzgeber in § 290 Abs. 1 Nr. 7 InsO n.F. geschaffen. Danach trifft den Schuldner auch für die Dauer des eröffneten Verfahrens eine **Erwerbsobliegenheit** nach § 287b InsO.[361] Dies schließt die Lücke, welche bisher zwischen der Erwerbsobliegenheit im Fall der Stundung

110

---

358 Siehe auch Ahrens, ZVI 2014, 227 ff. Grote/Pape, ZInsO 2013, 1433, 1441 ff.
359 Zu den Antragsvoraussetzungen für eine nachträgliche Geltendmachung von Versagungsgründen HK-PrivatinsolvenzR/Pape, § 287b InsO Rn 3 ff.
360 Zu dieser Neuregelung eingehend Pape, ZVI 2014, 234 ff.
361 Zu der neu geschaffenen Erwerbspflicht während des Verfahrens siehe auch HK-PrivatinsolvenzR/Pape, § 290 InsO Rn 17 ff. Grote/Pape, ZInsO 2013, 1433, 1443; Stephan, ZVI 2014, 214 ff.

der Verfahrenskosten (§ 4c Nr. 4 InsO) und der Erwerbsobliegenheit in der Wohlverhaltensphase (§ 295 S. 1 Nr. 2 InsO) klaffte.

111 Die Obliegenheiten des Schuldners in der Abtretungszeit sind – sieht man einmal von der **Neuregelung des § 297a InsO** ab, welche den Gläubigern unter bestimmten Voraussetzungen die Möglichkeit gibt, Versagungsgründe des § 290 Abs. 1 InsO noch nach der Aufhebung des Insolvenzverfahrens geltend zu machen[362] – in der am 1.7.2014 in Kraft getretenen Fassung des Gesetzes unverändert geblieben. Dies gilt insbesondere auch für die problematische Vorschrift des § 295 Abs. 2 InsO[363], welche die Abführungspflicht selbstständig tätiger Schuldner regelt. Ausgeweitet hat der Gesetzgeber dagegen die Gründe für einen **nachträglichen Widerruf der RSB** nach deren Erteilung (§ 303 InsO), obwohl diese Vorschrift in ihrer Altfassung der InsO bislang kaum in Erscheinung getreten ist.

112 Ungeregelt war in der Vergangenheit das **sog. „asymmetrischen Verfahren"**, bei dem zum Zeitpunkt des Ablaufs der i.d.R. sechs Jahre betragenden Abtretungszeit das Insolvenzverfahren noch nicht aufgehoben ist. Nachdem sich gezeigt hat, dass es eine nicht geringe Zahl von Verfahren gibt, in denen zum Ende des Abtretungszeitraums das Insolvenzverfahren noch nicht aufgehoben ist, hat der Gesetzgeber in § 301a InsO eine **Neuregelung** geschaffen, bei der er sich im Wesentlichen an der bisherigen Rechtsprechung des BGH[364] orientiert hat. Danach muss zum Ende der 3-jährigen (vormals 6-jährigen) Abtretungszeit im eröffneten Verfahren ein **Termin** anberaumt oder im schriftlichen Verfahren eine Frist gesetzt werden, innerhalb derer Anträge auf Versagung der RSB gestellt werden können. Nach Fristablauf hat das Gericht ungeachtet des weiterlaufenden Insolvenzverfahrens darüber zu entscheiden, ob dem Schuldner die RSB zu erteilen ist. **Neuerwerb des Schuldners**, der nach § 35 InsO in die Insolvenzmasse fallen könnte, ist nach Ablauf von 3 Jahren (vormals 6 Jahren) als Sondermasse zu verwalten, die an den Schuldner ausgekehrt werden muss, wenn ihm die RSB erteilt wird. Dagegen müssen Gegenstände, welche zur Insolvenzmasse gehören, auch weiter an die Gläubiger verteilt werden.[365] Wird dem Schuldner die RSB versagt, fällt auch der Neuerwerb weiter in die Insolvenzmasse.

113 Erheblich ausgeweitet hat der Gesetzgeber auch die von der RSB **ausgenommenen Forderungen**, die unter § 302 Nr. 1 InsO fallen. Neben den bisher schon von der Erteilung der RSB ausgenommenen Forderungen aus vorsätzlich begangener unerlaubter Handlung sind Forderungen auf **rückständigen gesetzlichen Unterhalt**, den der Schuldner vorsätzlich pflichtwidrig nicht gewährt hat, und Forderun-

---

[362] Dazu BGH, 13.2.2020 – IX ZB 55/18, ZInsO 2020, 521.
[363] Eine Neuregelung dieser Vorschrift, die der Gesetzgeber in § 295a InsO verlagert hat, ist zum 31.12.2020 in Kraft getreten.
[364] Grundlegend BGH, 3.12.2009 – IX ZB 247/08, BGHZ 183, 258 = ZInsO 2010, 102.
[365] Eingehend Pape, Insbüro 2014, 299 ff.

gen aus einem **Steuerschuldverhältnis**, sofern der Schuldner im Zusammenhang damit wegen einer Steuerstraftat nach den §§ 370, 373 oder 374 der Abgabenordnung rechtskräftig verurteilt worden ist, hinzugekommen.[366] Mit dieser neu ins Gesetz aufgenommenen Ausnahmen haben die Bemühungen bestimmter öffentlich-rechtlicher Gläubiger (Unterhaltsvorschusskassen und Fiskus), den Wirkungen der RSB zu entgehen, Früchte getragen. Der erste Schritt zur **Aufweichung der RSB** ist getan, dem weitere folgen werden. Auch für die neu geschaffenen privilegierten Forderungen gilt, dass sie entsprechend der Neuregelung des § 174 Abs. 2 InsO n.F. bei ihrer Anmeldung kenntlich zu machen sind. Der Gläubiger kann das Privileg nur in Anspruch nehmen, wenn er sie als ausgenommene Forderungen geltend gemacht hat.

Die Vorschriften des am 1.7.2014 in Kraft getretenen Gesetzes sind mit Ausnahme des **Insolvenzplanverfahrens**, das jetzt auch in der Verbraucherinsolvenz einschließlich der schon bei Inkrafttreten des Gesetzes eröffneten Altverfahren uneingeschränkt zulässig ist, auf vor dem Tag des Inkrafttretens beantragte Verfahren nicht anzuwenden.[367] **Altverfahren** müssen weiter nach den Vorschriften abgewickelt werden, die zum Zeitpunkt der Antragstellung gegolten haben, so dass bis zum Ablauf der Abtretungszeit in diesen Verfahren weiter das frühere Recht anzuwenden ist.[368] Bis zum Ablauf der Übergangszeit muss damit vor der Entscheidung von Einzelfragen stets geprüft werden, welches Recht anzuwenden ist.[369] Hieraus folgt für die Vorschriften zur **Verfahrensverkürzung**, die **Versagungsvorschriften** und die **Regelung der ausgenommenen Forderung**, dass auf lange Sicht erhebliche Unterschiede in der Rechtsanwendung bestehen. Von einer entsprechenden – vorgreiflichen – Anwendung des neuen Rechts in Altverfahren ist nicht auszugehen, nachdem der Gesetzgeber in Art. 103h EGInsO **eindeutige Übergangsvorschriften** erlassen hat. Als weitere Übergangsvorschrift ist Art. 103k EGInsO zu beachten, nachdem der Gesetzgeber die Vorgaben für die Entschuldung durch Insolvenzverfahren umgesetzt hat, die sich aus der Restrukturierungsrichtlinie erben sind. Damit kommt es zu einer Überlagerung der früheren und der aktuellen Übergangsregeln durch die neuen Vorschriften.

114

---

366 Zu den neuen Ausnahmetatbeständen Dornblüth/Pape, ZInsO 2014, 1625 ff.
367 Vgl. Grote, Insbüro 2013, 295 f.
368 Die bis zum 30.6.2014 geltenden Vorschriften sind damit zumindest bis in die zweite Hälfte des Jahres Ende 2020 zu beachten, wenn unterstellt wird, dass die Verfahrenseröffnung zügig erfolgt; in Extremfällen, in denen es bis zur Verfahrenseröffnung länger dauert und/oder das Insolvenzverfahren nach sechs Jahren noch nicht aufgehoben ist, können die Regelungen auch noch weit über das Jahr 2020 hinaus anzuwenden sein.
369 Die Übergangsregelung des Art. 103h EGInsO ist nach einem Beschluss des AG Norderstedt vom 14.8.2019 (Insbüro 2019, 514) dahin auszulegen, dass die davor geltende Fassung der Insolvenzordnung anzuwenden ist, wenn die Eröffnung des Verfahrens gläubigerseits vor dem 1.7.2014, schuldnerseits jedoch erst danach beantragt worden ist.

III. Erfasster Personenkreis

115 Die RSB ist – hieran hat sich nach Inkrafttreten des Gesetzes zur Verkürzung des Restschuldbefreiungsverfahrens und des Gesetzes zur weiteren Verkürzung des Restschuldbefreiungsverfahrens nichts geändert – gem. § 286 InsO auf **natürliche Personen** beschränkt. Sie kann gem. § 301 InsO nur gewährt werden, wenn über das Vermögen des Schuldners ein Insolvenzverfahren eröffnet und bis zur Aufhebung des Verfahrens nach § 200 Abs. 1 InsO oder wenigstens zu einer Abwicklung nach den Vorschriften über das **masseunzulängliche Verfahren** nach den §§ 208–211 InsO durchgeführt worden ist. Letzteres folgt aus § 289 Abs. 3 InsO a.F./§ 289 InsO n.F., danach kann die RSB auch dann erteilt werden, wenn nach Anzeige der Masseunzulänglichkeit die Insolvenzmasse nach § 209 InsO verteilt worden und anschließend eine Einstellung nach § 211 InsO erfolgt ist. **Persönlich haftende Gesellschafter** einer Gesellschaft ohne Rechtspersönlichkeit können von ihren restlichen Verbindlichkeiten nur befreit werden, wenn sie ein Insolvenzverfahren über ihr Vermögen durchlaufen haben. Ist ein Verfahren über das Vermögen der Gesellschaft eröffnet, für deren Verbindlichkeiten sie haften, nützt ihnen dies im Hinblick auf ihre eigene RSB grundsätzlich nichts.

116 Eine Ausnahme von dem Grundsatz, dass die RSB nur natürlichen Personen erteilt werden kann, gibt es im **Insolvenzplanverfahren**, in dem nach § 227 Abs. 1 InsO der Grundsatz gilt, dass der Schuldner mit der im gestaltenden Teil vorgesehenen Befriedigung der Insolvenzgläubiger unabhängig von seiner Rechtsform regelmäßig von seinen restlichen Verbindlichkeiten befreit wird, es sei denn, der Plan regelt etwas anderes. Ferner besteht im Planverfahren nach § 227 Abs. 2 InsO die Möglichkeit – dies stellt nach dem Gesetz den Regelfall dar –, dass **persönlich haftende Gesellschafter von Gesellschaften ohne Rechtspersönlichkeit, etwa einer KG, OHG oder BGB-Gesellschaft**, ohne eigenes Verfahren von ihrer **Haftung für die Gesellschaftsschulden** befreit werden. Nach seit dem 1.7.2014 geltender Rechtslage besteht die Möglichkeit der Entschuldung durch ein **Insolvenzplanverfahren** für sämtliche Schuldner. Damit können auch Schuldner Insolvenzpläne vorlegen, die unter die Vorschriften der §§ 304 ff. InsO fallen.[370] Soweit § 312 Abs. 2 Alt. 1 InsO a.F. im früheren Recht Insolvenzplanverfahren im vereinfachten Verfahren ausgeschlossen hat, gibt es keine entsprechende Vorschrift im neuen Recht.

---

[370] Zum Insolvenzplanverfahren näher § 8; zur Verbraucherentschuldung durch Insolvenzplan Beyer, ZVI 2013, 334 ff.; dies., ZVI 2014, 289 ff.; Frind, ZInsO 2014, 280 ff.; Grote, Insbüro 2014, 203 ff., 251 ff.; Harder, NZI 2013, 70 ff.; Stephan, NZI 2014, 539 ff.; Rein, ZVI 2014, 239 ff.; Mohrbutter/Ringstmeier/Pape, Handbuch Insolvenzverwaltung, 9. Aufl., Kap. 17 Rn 29 ff.

Unerheblich für die Erteilung der RSB ist es, ob über das Vermögen des Schuldners ein **Regel- oder ein Verbraucherinsolvenzverfahren** stattgefunden hat. Ob ein Insolvenzverwalter bestellt worden ist, im vereinfachten Insolvenzverfahren ein Treuhänder, den es nach dem Inkrafttreten des Verkürzungsgesetzes nicht mehr gibt, agiert hat oder das Verfahren als Eigenverwaltung unter der Aufsicht eines Sachwalters geführt worden ist, kann dahinstehen. Ein Restschuldbefreiungsverfahren kann auch dann stattfinden, wenn der Schuldner nur **einen einzigen Gläubiger** hat, denn auf andere Weise, als über ein Insolvenzverfahren kann eine RSB nicht erreicht werden.[371] Insbesondere das **Zwangsvollstreckungsverfahren** bietet nicht die Möglichkeit eines RSB.

117

IV. Antragsvoraussetzungen für die Durchführung eines Restschuldbefreiungsverfahrens

Die RSB kann – dies gilt für Alt- und Neuverfahren gleichermaßen – nach § 287 Abs. 1 InsO nur auf **Antrag des Schuldners** erteilt werden. Dieser muss grundsätzlich schon **vor Eröffnung** des Insolvenzverfahrens gestellt werden. Nach der Rechtsprechung des BGH ist der Antrag zwingend mit einem **Eigenantrag des Schuldners auf Eröffnung des Insolvenzverfahrens** über sein Vermögen zu verbinden.[372] Unterlässt es der Schuldner, den Antrag zu stellen, obwohl er eine natürliche Person ist, hat ihn das Insolvenzgericht gem. § 20 Abs. 2 InsO darauf hinzuweisen, dass er innerhalb einer Frist von zwei Wochen ab Zugang des Hinweises den Antrag auf RSB stellen kann. Versäumt er diese in § 287 Abs. 1 Satz 2 InsO geregelte Frist, kann der Schuldner für die Dauer des laufenden Insolvenzverfahrens keinen Antrag mehr stellen. Er hat dann nur noch die Möglichkeit, **nach Aufhebung des Verfahrens** einen neuen Anlauf zu machen und einen neuen Insolvenzantrag verbunden mit einem Antrag auf RSB zu stellen. Eine Pflicht, auf den Hinweis des Gerichts zu reagieren, besteht nicht, sodass auch keine Sperrfrist ausgelöst wird, wenn der Schuldner die Antragstellung unterlässt. Nach der Rechtsprechung des BGH kann im Rahmen eines Insolvenzverfahrens nur **ein einziger Antrag auf RSB** in zulässiger Weise gestellt werden. Der Senat bezeichnet es als nicht zweifelhaft, dass ein weiterer Restschuldbefreiungsantrag im nämlichen Insolvenzverfahren nach rechtskräftiger Verwerfung des ersten Antrags unzulässig ist; dies soll auch dann gelten, wenn der erste Antrag zu Unrecht – ggf. auch durch den Rechtspfleger – als

118

---

[371] Mohrbutter/Ringstmeier/Pape, Handbuch Insolvenzverwaltung, 9. Aufl., Kap. 17 Rn 52 m.w.N.; anders dagegen LG Koblenz, 25.4.2003 –2 T 91/03, ZInsO 2003, 909.
[372] Sie schon Rdn 75 ff. m.w.N.

unzulässig verworfen worden ist, denn der Schuldner hätte seine Rechte durch **Einlegung eines Rechtsmittels** gegen die Verwerfung wahren müssen.[373]

1. Entscheidung über die Zulässigkeit des Antrags

119 Die Zulässigkeit des Antrags auf RSB ist in § 287a InsO, auf dessen Inhalt schon im Zusammenhang mit den Ausführungen zum **Antrag des Schuldners** (oben Rdn 25ff.) ausführlich eingegangen worden ist, neu geregelt. Danach darf keiner der in § 287a Abs. 2 Satz 1 InsO geregelten Gründe vorliegen, damit der Antrag zulässig ist. Anders als in vor dem 1.7.2014 beantragten Verfahren, in denen der BGH davon ausgegangen ist, dass den Schuldner eine **Sperre von drei Jahren**, beginnend ab Eröffnung des Erstverfahrens oder Abweisung des Erstantrags mangels Masse für eine erneute Antragstellung traf,[374] wenn er seinen Insolvenzantrag trotz Hinweises des Gerichts nicht mit einem Antrag auf RSB ergänzte, kommt eine solche Sperre in Neuverfahren nicht mehr in Betracht.[375] Die fehlende Wahrnehmung der Möglichkeit, einen RSB-Antrag zu stellen, ist aus der Sicht des Gesetzgebers kein **unredliches Verhalten** und damit auch kein Grund für eine Antragssperre.[376] Bloße **Nachlässigkeit** des Schuldners soll keine Antragssperre mehr auslösen. Ist das Insolvenzverfahren auf seinen Antrag eröffnet worden, muss der Schuldner allerdings zunächst abwarten, bis dieses Verfahren aufgehoben ist, bevor er einen weiteren Antrag auf Eröffnung eines Insolvenzverfahrens über sein Vermögen stellen kann, denn ein **zweites Insolvenzverfahren** über das Vermögen eines Schuldners, der sich schon im Insolvenzverfahren befindet, kann es grundsätzlich nicht geben.[377] Dies gilt auch für die ab 1.7.2014 beantragten Verfahren. Das zwischenzeitliche **Hinzukommen neuer Gläubiger** ist entgegen früherer Rechtsprechung unerheblich. Es handelt sich um ein **ungeeignetes Abgrenzungskriterium**, der

---

373 BGH, 1.10.2020 – IX ZA 3/20, ZInsO 2020, 2422.
374 Grundlegend BGH, 16.7.2009 – IX ZB 219/08, BGHZ 183,13 = ZInsO 2009, 1777; vgl. auch BGH, 3.12.2009 – IX ZB 89/09, ZInsO 2010, 140; BGH, 14.1.2010 – IX ZB 257/09, ZInsO 2010, 257/09; BGH, 4.2.2010 – IX ZA 40/09, ZInsO 2010, 491; BGH, 18.2.2010 – IX ZA 39/09, ZInsO 2010, 587; BGH, 12.5.2011 – IX ZB 221/09, ZInsO 2011, 1127.
375 Siehe bereits Rdn 48 ff.
376 So soll auch die Rücknahme eines Antrages auf kollektive Schuldenbereinigung nach Belgischem Recht, die dem deutschen Restschuldbefreiungsverfahren vergleichbar sei, keine Sperrfrist zur Stellung eines Restschuldbefreiungsantrages in Deutschland auslösen – vgl. AG Göttingen, NZI 2020, 334.
377 BGH, 18.4.2004 – IX ZB 189/03, ZInsO 2004, 739; BGH, 3.7.2008 – IX ZB 82/07, ZInsO 2008, 924; einziger Ausnahmefall, in dem ein weiteres Verfahrens zulässig ist, ist ein Partikularinsolvenzverfahren über den nach § 35 Abs. 2 InsO freigegebenen Neuerwerb des Schuldners – vgl. BGH, 9.6.2011 – IX ZB 175/10, ZInsO 2011, 1349, in dem jedoch ein weiterer Antrag auf RSB neben dem im Hauptverfahren gestellten Antrag regelmäßig unzulässig ist, vgl. BGH, 18.12.2014 – IX ZB 22/13, ZInsO 2015, 499; AG Mannheim, ZInsO 2019, 2325.

Gesetzgeber hat entsprechende Überlegungen, die es in der früheren Rechtsprechung des BGH einmal gegeben hat, nicht aufgegriffen. Unzulässigkeitsgründe, die über den Katalog des § 287a Abs. 2 Satz 2 InsO hinausgehen, sind dem Gesetz nicht zu entnehmen. Eine Möglichkeit für den Schuldner, den im Antragsverfahren unterlassenen Antrag auf RSB schon im laufenden Erstverfahren isoliert zu stellen, besteht nur dann, wenn ihm das Insolvenzgericht den **Hinweis nach § 20 Abs. 2, § 287 Abs. 1 InsO** nicht oder nur unvollständig oder unzutreffend erteilt hat. Auch bei einem auf Antrag eines Gläubigers eröffneten Erstverfahren ist im Regelfall Voraussetzung für die Zulässigkeit eines RSB-Antrags des Schuldners, dass dieses Verfahren inzwischen aufgehoben ist.[378] Isoliert kann der Schuldner den Antrag auf RSB auch hier nur stellen, wenn das Insolvenzgericht seine **Hinweispflichten** verletzt hat.

Zu beachten ist, dass nach den **Neuregelungen des § 287 Abs. 2 S. 2 und des § 287a Abs. 2 S. 1 Nr. 1 InsO** durch das Gesetz zur weiteren Verkürzung des Restschuldbefreiungsverfahrens die **Abtretungszeit auf 5 Jahre** und die **Sperrfrist** für einen erneuten Antrag auf RSB auf **11 Jahre** verlängert ist, wenn dem Schuldner bereits einmal auf der Grundlage eines nach dem 30.9.2020 gestellten Antrags die Restschuldbefreiung gemäß der Neufassung der §§ 287 Abs. 2 S. 1, 300 Abs. 1 InsO nach einer Abtretungszeit von 3 Jahren erteilt worden ist.[379] Wurde dem Schuldner zuletzt nach den bis einschließlich 30.9.2020 geltenden Vorschriften eine Restschuldbefreiung erteilt, ist § 287 Abs. 2 InsO in der bis einschließlich 30.9.2020 geltenden Fassung weiter anzuwenden. Gemäß Art. 103k Abs. 1 und 3 EGInsO bleibt es in diesen Fällen dabei, dass die Sperrfrist für einen erneuten Antrag 10 Jahre beträgt und der Schuldner seine pfändbaren Forderungen auf Bezüge aus einem Dienstverhältnis oder auf an deren Stelle tretende laufende Bezüge für den Zeitraum von drei Jahren nach der Eröffnung des Insolvenzverfahrens (Abtretungsfrist) an einen vom Gericht zu bestimmenden Treuhänder abtreten muss.

2. Abgabe einer Erklärung zur RSB

Ist der Schuldner dem **Verbraucherinsolvenzverfahren** zuzurechnen, hat er sich zu der Frage, ob er einen Antrag auf RSB stellt, schon im Insolvenzantrag zu äußern. Dies folgt aus § 305 Abs. 1 Nr. 2 InsO. Danach gehört eine Erklärung zu der Frage, ob ein Restschuldbefreiungsantrag gestellt wird, zwingend zum Inhalt des schriftlichen Antrags des Schuldners. Gibt der Schuldner hierzu keine Erklärung ab und reagiert

120

---

378 BGH, 21.1.2010 – IX ZB 174/09, ZInsO 2010, 344, wobei die in dem Beschluss für angemessen gehaltene Sperrfrist von drei Jahren nach Insolvenzeröffnung für einen erneuten Insolvenz-, Stundungs- und RSB-Antrag des Schuldners nicht mehr anzuwenden ist und der Schuldner sofort nach Aufhebung des Verfahrens wieder einen Antrag stellen kann.
379 Siehe auch Pape, Laroche/Grote, ZInsO 2021, 57, 60.

er auch auf eine Fristsetzung des Insolvenzgerichts nach § 305 Abs. 3 Satz 1 InsO nicht, so gilt sein Antrag gemäß § 305 Abs. 3 Satz 2 InsO als zurückgenommen.[380] Schuldner, die einen **Antrag auf Stundung der Verfahrenskosten** stellen, müssen zwingend einen Antrag auf RSB stellen, denn die Stundung setzt nach § 4a Abs. 1 Satz 1 InsO unter anderem schon nach dem Wortlaut des Gesetzes voraus, dass der Schuldner RSB beantragt hat. Nach der bisherigen Rechtsprechung des BGH konnte der Schuldner die Verfahrenskostenstundung nicht beliebig oft in Anspruch nehmen. Stand schon vor der Eröffnung fest, dass ihm die RSB wegen eines der in § 290 Abs. 1 Nr. 2, 4, 5 und 6 InsO genannten Gründe zu versagen war,[381] so hatte er bezüglich der Stundung eine **dreijährige Karenzzeit** einzuhalten.[382] Ob an dieser Rechtsprechung festzuhalten ist, oder die Stundung ungeachtet früherer Versagungen jederzeit wieder zu gewähren ist, muss derzeit als offene Rechtsfrage angesehen werden. Entschieden ist dagegen, dass eine Stundung der Verfahrenskosten nach § 4a InsO voraussetzt, dass die Möglichkeit eines wirtschaftlichen Neuanfangs gegeben sein muss und dem Schuldner die Stundung deshalb zu versagen ist, wenn für einen wesentlichen Teil der Gläubigerforderungen RSB nicht erlangt werden kann. Verbindlichkeiten des Schuldners aus einer **vorsätzlich begangenen unerlaubten Handlung** in Höhe von mehr als 1.800.000 EUR – so der BGH – schließen eine Stundung der Verfahrenskosten aus.[383] Insoweit soll es für die Frage, ob mit der Restschuldbefreiung das Ziel eines wirtschaftlichen Neustarts ermöglicht wird, nicht darauf ankommen, welchen **prozentualen Anteil** die von der Restschuldbefreiung ausgenommenen Forderungen an der Gesamtheit der Forderungen haben. Maßgeblich sei vielmehr, ob zu erwarten sei, dass der Schuldner die von der RSB nicht umfassten Forderungen noch zu Lebzeiten so abbezahlen könne, dass ihm dennoch ein wirtschaftlicher Spielraum verbleibe. Ungeklärt und aus dem Gesetz heraus nicht zu beantworten ist ferner die Frage, was geschieht, wenn der Insolvenzverwalter das Vermögen des Schuldners aus seiner **selbstständigen Tätigkeit** freigegeben hat und über dieses Vermögen ein gesondertes Insolvenzverfahren eröffnet worden ist. Der BGH hat für das frühere Recht entschieden, ein in diesem Verfahren gestellter Antrag des Schuldners auf RSB sei jedenfalls solange unzulässig, als über seinen im Ausgangsverfahren gestellten Restschuldbefreiungsantrag nicht

---

380 Soweit der BGH für den Fall, dass ein Antrag des Schuldners auf Eröffnung des Insolvenzverfahrens über sein Vermögen und auf RSB wegen Nichterfüllung einer zulässigen Auflage als zurückgenommen gilt, entschieden hat, ein neuer Antrag könne erst nach Ablauf von drei Jahren gestellt werden, vgl. BGH, 18.9.2014 – 72/13, ZInsO 2014, 2177; AG Hamburg, 9.9.2011 – 68g IK 683/11, ZInsO 2011, 2048 ist diese Rechtsprechung in Neuverfahren wohl nicht mehr anzuwenden, weil es sich nicht um einen Fall der Unredlichkeit des Schuldners handelt.
381 Hierzu näher Rdn 200.
382 BGH, 4.2.2010 – IX ZA 40/09, ZInsO 2010, 491.
383 BGH, 13.2.2020 – IX ZB 39/19, ZInsO 2020, 655; siehe auch LG Gera, ZInsO 2020, 1381.

entschieden sei.[384] Auch hier ist fraglich, ob diese Rechtsprechung trotz fehlender gesetzlicher Regelung in das ab der Jahresmitte 2014 geltende Recht übernommen werden kann.[385] Hierfür dürfte allerdings alles sprechen, weil der Schuldner nicht in der Lage ist seine Obliegenheiten – insbesondere die zur **Abführung seines pfändbaren Einkommens** – in zwei voneinander getrennten Verfahren zu erfüllen.

3. Anschließung an einen Gläubigerantrag

Ist dem Insolvenzantrag des Schuldners ein **Gläubigerantrag** vorausgegangen, sind nach der Rechtsprechung des BGH die §§ 20 Abs. 2, 287 Abs. 1 Satz 2 InsO dahin auszulegen, dass die gesetzliche **Ausschlussfrist** des § 287 Abs. 1 Satz 2 InsO, nach welcher der Schuldner innerhalb von zwei Wochen nach Zugang des Hinweises auf die Möglichkeit eines Restschuldbefreiungsantrags entscheiden muss, ob er einen solchen Antrag stellt, nicht ausgelöst wird. Vielmehr hat das Insolvenzgericht dem Schuldner eine eigene **(richterliche) Frist** zu setzen, innerhalb derer er entscheiden muss, ob er sich dem Insolvenzantrag des Gläubigers mit einem eigenen Insolvenzantrag und einem Antrag auf RSB anschließt.[386] Diese Frist, bei der es sich – anders als im Fall des § 287 Abs. 1 Satz 2 InsO – nicht um eine Ausschlussfrist handelt, soll im Regelfall **nicht mehr als vier Wochen** betragen.[387] Ist der Schuldner in einem anhängigen Antragsverfahren bereits ordnungsgemäß belehrt worden, bedarf es einer zweiten Belehrung mit Fristsetzung im Fall eines weiteren **Eröffnungsantrags eines anderen Gläubigers** nicht. Vielmehr reicht es aus, wenn der Schuldner nach Eingang des weiteren Gläubigerantrags noch ausreichend Zeit hatte, sich für oder gegen eine Eigenantragstellung zu entscheiden.[388] Konsequenz der Fristsetzung ist nicht zwangsläufig, dass der Schuldner nach Fristablauf mit einem eigenen Insolvenzantrag und dem Antrag auf RSB für die Dauer des Verfahrens, das auf den Antrag des Gläubigers geführt wird, ausgeschlossen ist. Es handelt sich vielmehr nur

121

---

384 BGH, 18.12.2014 – IX ZB 22/13, ZInsO 2015, 499.
385 Unproblematisch für die Fortschreibung der Rechtsprechung zur Altfassung AG Mannheim, ZInsO 2019, 2325.
386 Zum Inhalt des Hinweises LG Frankenthal, NZI 2019, 434, danach muss im Fall eines Gläubigerantrags zu erteilende Hinweis hinreichend klar, vollständig und für einen juristischen Laien verständlich sein. Um zu verhindern, dass eine natürliche Person aus Rechtsunkenntnis die Chance einer Restschuldbefreiung verliere, sei der Schuldner auf die konkreten Folgen der Fristversäumung, nämlich den Ausschluss von der Möglichkeit des Restschuldbefreiungsverfahrens hinzuweisen. Hierfür genüge es nicht, auf die Möglichkeit einen Restschuldbefreiungsantrag (§§ 286 ff. InsO) in Verbindung mit einen eigenen Antrag auf Eröffnung des Insolvenzverfahrens binnen einer bestimmten Frist hinzuweisen, wenn eine ausreiche Belehrung über die Folgen einer Fristversäumnis in dem Hinweis fehle.
387 BGH, 8.7.2004 – IX ZB 09/03, ZInsO 2004, 974; BGH, 7.2.2005 – IX ZB 176/03, ZInsO 2005, 310.
388 BGH, 15.9.2016 – IX ZB 67/15, ZInsO 2016, 2086.

um eine **Schutzfrist für den Schuldner**, mit der sichergestellt wird, dass während des Laufs der Frist das Verfahren nicht auf Antrag des Gläubigers eröffnet wird. Ist die Frist verstrichen, kann das Gericht – vorausgesetzt die entsprechenden Voraussetzungen sind gegeben – das Verfahren auf Antrag des Gläubigers eröffnen. Bis zur Verfahrenseröffnung hat der Schuldner die Möglichkeit, einen Eigenantrag mit einem Antrag auf RSB zu stellen. Hiermit ist er erst ausgeschlossen, sobald das **Verfahren eröffnet** ist.[389] Zu beachten ist in diesem Zusammenhang, dass der Schuldner auch dann keinen Eigenantrag verbunden mit dem Antrag auf RSB mehr stellen kann, wenn der auf Gläubigerantrag ergangene Eröffnungsbeschluss noch nicht rechtskräftig ist.[390] Der Schuldner muss seinen Eigenantrag in jedem Fall noch vor der Entscheidung über den Gläubigerantrag einreichen. Eine Antragstellung während des Laufs der Beschwerdefrist kommt nicht mehr in Betracht.

122   Einen isolierten Antrag auf RSB trotz Eröffnung des Insolvenzverfahrens über sein Vermögen kann der Schuldner ausnahmsweise dann stellen, wenn der gerichtliche Hinweis entweder **ganz unterblieben, unvollständig oder fehlerhaft** gewesen oder ihm **verspätet erteilt** worden ist. Für diese Fälle gibt der BGH dem Schuldner das Recht auf einen isolierten Antrag auf RSB, ohne dass dieser Antrag zwingend mit einem eigenen Insolvenzantrag, der unzulässig wäre, verbunden sein muss.[391] Ist der Schuldner dem Verbraucherinsolvenzverfahren zuzurechnen, muss ihn das Insolvenzgericht schon nach § 306 Abs. 3 InsO auf die Möglichkeit hinweisen, einen eigenen Insolvenzantrag zu stellen. Für diesen Eigenantrag gelten zwingend die **Antragsvoraussetzungen des § 305 Abs. 1 InsO**.[392] Ein Eigenantrag ohne außergerichtliches Schuldenbereinigungsverfahren ist unzulässig.[393]

123   Wird das Insolvenzverfahren auf einen Gläubigerantrag eröffnet, kann ein während des laufenden Insolvenzverfahrens gestellter Antrag des Schuldners auf RSB auch nach dem gescheiterten Versuch des Schuldners, ein Insolvenzplanverfahren durchzuführen, in dem er auf den fehlenden RSB-Antrag zu Beginn des Verfahrens hingewiesen worden ist, nicht wegen **verspäteter Antragstellung** als unzulässig verworfen werden, wenn das Insolvenzgericht den Schuldner nicht rechtzeitig über die Notwendigkeit eines Eigenantrags verbunden mit einem Antrag auf RSB belehrt und ihm hierfür eine bestimmte richterliche Frist gesetzt hat.[394] Der isolierte Antrag kann auch noch nach Ablauf der **dreijährigen** (vormals sechsjährigen) **Abtre-**

---

[389] BGH, 3.7.2008 – IX ZB 182/07, ZInsO 2008, 924; BGH, 25.9.2008 – IX ZB 1/08, ZInsO 2008, 1138; BGH, 7.5.2009 – IX ZB 202/07, ZInsO 2009, 1171.
[390] BGH, 4.12.2014 – IX ZB 4/14, ZInsO 2015, 90.
[391] BGH, 8.7.2004 – IX ZB 209/03, ZInsO 2004, 974; BGH, 3.7.2008 – IX ZB 182/07, ZInsO 2008, 924.
[392] Dazu Rdn 16 ff.
[393] Vgl. BGH, 16.4.2015 – IX ZB 93/12, ZInsO 2015, 1103.
[394] BGH, 22.10.2015 – IX ZB 3/15, ZInsO 2015, 2579.

tungszeit gestellt werden solange das Insolvenzverfahren nicht aufgehoben ist. Das Insolvenzgericht hat in einem derartigen Fall nach der Entscheidung die Möglichkeit dem Schuldner nach Eröffnung eine mindestens zweiwöchige Frist zur Stellung eines isolierten Restschuldbefreiungsantrags zu setzen, wenn dem Schuldner vor Eröffnung des Insolvenzverfahrens auf Antrag eines Gläubigers **keine ausreichende Belehrung** erteilt worden ist. Lässt er diese Frist ungenutzt verstreichen, ist ein späterer Antrag bis zur Aufhebung des laufenden Insolvenzverfahrens unzulässig.

4. Abtretungserklärung des Schuldners

Neben der Erklärung des Schuldners, von seinen restlichen Verbindlichkeiten befreit werden zu wollen, gehört – egal, ob das Verfahren vor oder ab dem 1.7.2014 beantragt worden ist – zu dem Antrag die nach § 287 Abs. 2 InsO **beizufügende Abtretungserklärung**. Diese muss schon zu Beginn des Verfahrens vorliegen, wird aber erst wirksam, wenn das Insolvenzgericht dem Schuldner die RSB nach Ablauf der Wohlverhaltensphase angekündigt[395] (§§ 289, 291 InsO a.F.) und das Insolvenzverfahren aufgehoben hat. Zwar gilt die Abtretungserklärung nach § 287 Abs. 2 Satz 1 InsO in den ab dem 1.10.2020 beantragten Verfahren fiktiv für die Dauer von drei Jahren[396], beginnend ab Eröffnung des Insolvenzverfahrens. Tatsächlich verkürzt sich die Abtretungsphase aber um die **Dauer des eröffneten Insolvenzverfahrens**, in dem der Schuldner seinen Neuerwerb – soweit dieser pfändbar ist – ohnehin nach § 35 Abs. 1 InsO an den Insolvenzverwalter abzuführen hat. Die Dauer von drei Jahren ab Verfahrenseröffnung ist daher nur eine **rechnerische Zeitbestimmung**. Mit ihr wird sichergestellt, dass nach Ablauf von drei Jahren ab Verfahrenseröffnung über die endgültige RSB des Schuldners entschieden werden muss.[397] Wird das Insolvenzverfahren während der dreijährigen Laufzeit der Erklärung nicht

124

---

[395] Seit dem 1.7.2014 erfolgt diese Ankündigung gemäß § 287a Abs. 1 InsO schon mit Erlass des Eröffnungsbeschlusses, dies ändert aber nichts an der Tatsache, dass der Treuhänder die Abtretung auch hier erst zu Beginn der Abtretungszeit offenlegt.

[396] Zu den vor diesem Datum beantragten Verfahren vgl. Pape/Laroche/Grote, ZInsO 2021, 57, 59 f.

[397] In vor dem 1.12.2001 eröffneten Altverfahren war die Verkürzung der Wohlverhaltensphase auf sechs Jahre allerdings nicht anzuwenden, hier beträgt – sollte es derartige Verfahren noch geben – die Frist weiterhin sieben Jahre beginnend mit Aufhebung des Verfahrens – vgl. BGH, 11.10.2007 – IX ZB 72/06, ZInsO 2007, 1224. Soweit in der bis 30.6.2007 geltenden Fassung des EGInsO noch die sog. „Altfallregelung" des Art. 107 EGInsO enthalten war, nach der sich die Wohlverhaltensphase auf fünf Jahre verkürzte, wenn der Schuldner schon vor dem 1.1.1997 zahlungsunfähig war, ist diese Regelung auf Insolvenzverfahren, die seit dem 1.12.2001 eröffnet worden sind, nicht mehr anzuwenden, denn es handelte sich um eine Übergangsregelung, die von Anfang an nur für einen begrenzten Zeitraum gelten sollte, vgl. BGH, 21.10.2004 – IX ZB 73/03, ZVI 2005, 47. Weiter ist zu beachten, dass in den vor dem 1.1.2001 eröffneten Verfahren nach der Rechtsprechung des BGH zwischenzeitlich über die RSB des Schuldners entschieden sein muss, vgl. BGH, 18.7.2013 – IX ZB 11/13, ZInsO 2013, 1657.

aufgehoben, kommt es nicht zur Einleitung einer Wohlverhaltensphase. Die Abtretungserklärung wird nicht wirksam. Die Angabe der Laufzeit der Abtretungserklärung im Ankündigungsbeschluss ist entbehrlich; erfolgt sie gleichwohl, kommt ihr im Fall einer fehlerhaften Angabe keine bindende Wirkung zu.[398] Bei der Abtretung handelt es sich vorrangig um eine **prozessuale Erklärung** des Schuldners, die eine besondere Voraussetzung für die Durchführung des Restschuldbefreiungsverfahrens darstellt. Der Rechtsübergang findet nach § 291 Abs. 2 InsO a.F. – in Neuverfahren nach § 288 Abs. 2 InsO n.F. – als gesetzlich angeordnete Folge der Treuhänderbestellung durch das Insolvenzgericht und die **Übernahme des Amtes durch den Treuhänder** statt.[399]

a) Form und Inhalt der Abtretungserklärung

125 Die Pflicht des Schuldners zur Abgabe der Erklärung folgt aus § 287 Abs. 2 InsO. Für ihre Form gibt es – soweit der Schuldner nicht dem Verbraucherinsolvenzverfahren zuzuordnen ist – keine besondere Vorschrift, sie muss allerdings **schriftlich abgegeben** werden. Ob der Schuldner abhängig beschäftigt oder selbstständig tätig ist hat für die Verpflichtung zur Abgabe der Erklärung keine Bedeutung. § 287 Abs. 2 InsO gilt für alle Schuldner. Sofern die Abtretungserklärung nicht bereits mit Stellung des Antrags auf RSB vorgelegt wird, muss dem Schuldner Gelegenheit gegeben werden, ihre Vorlage unverzüglich nachzuholen. Analog § 20 Abs. 2 InsO ist er durch das Insolvenzgericht auf seine **Vorlagepflicht** und die Rechtsfolgen bei Verletzung dieser Pflicht hinzuweisen.[400] Eine Ausschlusswirkung soll die Frist zur Ergänzung des Restschuldbefreiungsantrags um eine Abtretungserklärung im Regelinsolvenzverfahren, bei der es sich um eine freie richterliche Frist handelt, nach § 287 Abs. 1 Satz 2 InsO nicht haben.[401] Legt der Schuldner nach Erteilung eines entsprechenden Hinweises innerhalb der ihm gesetzten Frist keine Erklärung vor, so ist sein Antrag auf RSB als unzulässig zu verwerfen. Diese Verwerfung kann unmittelbar nach Fristablauf erfolgen, der Schlusstermin braucht hierfür nicht abgewartet zu werden. Unterbleibt der Hinweis auf die Erforderlichkeit der Vorlage der Abtretungserklärung, kommt auch eine spätere Vorlage noch in Betracht. Gleiches gilt, wenn dem Schuldner ein unvollständiger oder nicht zutreffender Hinweis erteilt worden ist. Zum Insolvenzantrag eines unter Betreuung stehenden Schuldners führt das LG Hamburg[402] aus, dieser bedürfe hinsichtlich der Antragsbefugnis einer be-

---

[398] BGH, 11.10.2007 – IX ZB 72/06, ZInsO 2007, 1224; BGH, 13.7.2006 – IX ZB 117/04, ZInsO 2006, 871.
[399] BGH, 13.7.2006 – IX ZB 117/04, ZInsO 2006, 871.
[400] Vgl. BGH, 8.7.2004 – IX ZB 209/03, ZInsO 2004, 974.
[401] LG Dresden, ZInsO 2013, 407.
[402] NZI 219, 384.

sonderen Prüfung; ein Rechtsbehelf gegen die Rücknahmefiktion des § 305 Abs. 3 InsO sei ausnahmsweise nur dann gegeben, wenn das Gericht dem Schuldner eine Ergänzung seiner Angaben über die formalen Antragsvoraussetzungen hinaus aufgegeben habe. Die Unterzeichnung der Abtretungserklärung des § 287 Abs. 2 InsO stelle eine Vorausverfügung i.S.d. § 1812 BGB dar, welche das Betreuungsgericht im Interesse des Betreuten zu genehmigen habe, soweit dieser aufgrund seiner Erkrankung selbst nicht mehr dazu in der Lage sei, die Erklärung zu unterschreiben oder deren materiell-rechtliche Reichweite zu erkennen.

Im Verbraucherinsolvenzverfahren ist die Abtretungserklärung Bestandteil des Vordrucks (Anlage 3 zum Eröffnungsantrag) nach der Verbraucherinsolvenzvordruckverordnung (VbrInsFV)[403], den der Schuldner gem. § 305 Abs. 5 Satz 2 InsO zwingend benutzen muss. Legt der Schuldner die Abtretungserklärung – auch auf einen Hinweis des Insolvenzgerichts – nicht vor, führt dies zwingend zur Auslösung der **Rücknahmefiktion** des § 305 Abs. 3 Satz 2 InsO. Die Hinweispflicht des Insolvenzgerichts folgt hier aus § 305 Abs. 3 Satz 1 InsO. Stellt sich erst während des eröffneten Verfahrens heraus, dass die dem Antrag beizufügende Abtretungserklärung fehlt, so darf das Insolvenzgericht dem Schuldner für die Nachreichung der Abtretungserklärung keine Frist setzen, die kürzer ist als die Monatsfrist des § 305 Abs. 3 InsO.[404] 126

Inhaltlich muss der Schuldner erklären, dass er seine **pfändbaren Forderungen aus einem Dienstverhältnis** oder an deren Stelle tretende laufende Bezüge für die Zeit von drei Jahren nach der Verfahrenseröffnung an einen vom Insolvenzgericht bestellten Treuhänder abtritt. Hat er die genannten Forderungen bereits vorher an einen Dritten abgetreten oder verpfändet, muss er nach § 287 Abs. 2 Satz 1 und Satz 2 InsO in der Abtretungserklärung auf diese bereits erfolgte Abtretung oder Verpfändung hinweisen. Wirksam wird die Abtretungserklärung des Schuldners erst mit der **Ankündigung der RSB** und der Bestellung eines Treuhänders gemäß den §§ 291, 292 InsO a.F.[405] Bis dahin ist sie als Angebot auf Abschluss eines Abtretungsvertrages mit dem Treuhänder zu verstehen. Mit der Annahme seines Amtes erklärt der Treuhänder konkludent die Annahme der Abtretung des Schuldners. Diese ist dann wie eine **zivilrechtliche Forderungsabtretung** zu behandeln. Eine vorzeitige Beendigung der Laufzeit der Abtretungserklärung tritt gem. § 299 InsO 127

---

403 VbrInsFV in der Fassung vom 22.12.2020, wobei Schuldner gemäß der Übergangsregelung § 2a S. 1 bei Antragstellung zwischen dem 1.10.2020 und dem 31.3.2021 die in der Anlage zur Verbraucherinsolvenzformularverordnung in der Fassung der Verordnung zur Änderung der Verbraucherinsolvenzvordruckverordnung vom 23.6.2014 (BGBl. I S. 825) vorgesehenen Formulare weiterhin verwenden kann und eine abweichende anderslautende Abtretungsfrist nach Maßgabe von § 2 Nr. 1 zu berichtigen ist.
404 BGH, 23.10.2008 – IX ZB 112/08, ZInsO 2009, 51.
405 Zur Rechtslage nach neuem Recht siehe vorstehend Rdn 119.

Pape

dann ein, wenn dem Schuldner die RSB nach den §§ 296, 297 oder 298 InsO versagt und das Amt des Treuhänders aufgehoben wird. Mit dieser Aufhebung enden auch die **Einschränkungen** der Rechte der Insolvenzgläubiger.

b) Gegenstände der Abtretungserklärung

128 Von der Abtretungserklärung erfasst sind zunächst die **pfändbaren Bezüge** des Schuldners aus einem Dienstverhältnis, für deren Bestimmung die §§ 850ff. ZPO maßgeblich sind.[406] Ferner werden pfändbare Ansprüche erfasst, die an die Stelle der laufenden Bezüge treten. Dies sind etwa Ruhestandsleistungen, Erwerbsunfähigkeitsrenten und Arbeitslosenversicherungsleistungen. Dagegen erstreckt sich die Abtretungserklärung – ungeachtet des Umstandes, dass sie ausnahmslos von allen Schuldnern abzugeben ist, die Antrag auf RSB stellen – in aller Regel **nicht auf Forderungen des Schuldners aus selbstständiger Tätigkeit**.[407] Nach § 295 Abs. 2 InsO muss ein Schuldner, der in der Wohlverhaltensphase einer selbstständigen Tätigkeit nachgeht, die Gläubiger durch Zahlungen so stellen, als sei er vergleichbar abhängig beschäftigt. Dies schließt es aus, dass er die pfändbaren Beträge aus einer selbstständigen Beschäftigung an den Treuhänder abzuführen hat.

129 Was pfändbar und deshalb auch **Gegenstand der Abtretungserklärung** ist, folgt auch im Insolvenzverfahren aus den §§ 850ff. ZPO, die gemäß § 36 Abs. 1 Satz 2 InsO entsprechend anzuwenden sind.[408] Der Abtretung unterliegen ohne weiteres Arbeits- und Dienstlöhne, Dienst- und Versorgungsbezüge, Ruhegelder und sonstige Einkommen aus unselbstständiger Tätigkeit. Die Grenzen, in denen diese Einkünfte pfändbar sind, richten sich auch hier nach § 850c ZPO. Unbeschränkt pfändbar ist zum Beispiel ein Krankenhaustagegeld des Schuldners (§ 850b Abs. 1 Nr. 4 ZPO), sofern das Tagegeld nicht zu Unterstützungszwecken oder zum Ausgleich von Mehrbelastungen gewährt wurde.[409] Erhält der Schuldner neben Geldleistungen weitere Naturalleistungen, so erfolgt eine Zusammenrechnung nach § 850e Nr. 3 ZPO.[410] In der dem Restschuldbefreiungsantrag beizufügenden Abtretung der pfändbaren Forderungen auf Bezüge aus einem Dienstverhältnis sind nach der Rechtsprechung des BGH auch **unpfändbare Forderungen** wie die Gewährung der unentgeltlichen Nutzung eines Dienstwagens anzugeben und gem. § 850e Nr. 3 ZPO mit dem in Geld zahlbaren Einkommen zusammenzurechnen. Pfändbarkeit ist nach

---

406 Zu den Einzelheiten der Anwendung der §§ 850ff. ZPO im Insolvenzverfahren vorstehend Rdn 92ff.
407 BGH, 15.10.2009 – IX ZB 34/08, ZInsO 2010, 59.
408 Zu den Gegenständen der Erklärung HK-VerbraucherinsolvenzR/Pape, § 287 InsO Rn 56ff.
409 LG Frankenthal, ZInsO 2016, 866.
410 BGH, 7.4.2011 – IX ZB 40/10, ZInsO 2011, 929.

der Zusammenrechnung insoweit gegeben, als der dem Schuldner nach § 850c ZPO verbleibende Betrag durch den Wert der Naturalleistung gedeckt wird.[411]

Überwiegend wird die Auffassung vertreten, der Begriff des „**Arbeitseinkommens**" des Schuldners sei weit zu fassen. Gleichwohl fallen **Steuererstattungsansprüche** nicht unter die Abtretungserklärung. Sie sind dem Arbeitseinkommen nicht zuzurechnen, weil Ansprüche auf Erstattung von Lohn- oder Einkommensteuer keine Lohnersatzleistungen darstellen und deshalb auch bei einer weiten Betrachtungsweise nicht unter den Begriff der Bezüge aus einem Dienstverhältnis gefasst werden können.[412] Für die Frage, ob der Anspruch auf Abfindungszahlung nach Aufhebung eines Arbeitsverhältnisses in den 3-Jahres-Zeitraum fällt, ist nach einem Urteil des LG Nürnberg-Fürth[413] auf den Abschluss des Aufhebungsvertrages abzustellen, nicht dagegen auf die von den Arbeitsvertragsparteien vereinbarte Fälligkeit. Wird dem Schuldner im Laufe eines Rechtsstreits die RSB rechtskräftig versagt, so hat das LG in diesem Urteil weiter entschieden, verliert der Treuhänder in Bezug auf die an ihn abgetretenen Forderungen seine **Aktivlegitimation** und der Rechtsstreit erledigt sich in der Hauptsache. Der Witwenrentenabfindungsanspruch, der keine schlicht zusammengefasste Zahlung mehrerer einzelner Monatsbeträge der Witwenrente, sondern sozialrechtlich differierend ausgestaltet ist, stellt nach § 107 Abs. 1 Satz 1 SGB VI eine Einmalzahlung dar, die nicht unter die Vorschrift des § 287 Abs. 2 InsO fällt.[414] **130**

An die Stelle des Arbeitseinkommens tretende **laufende Bezüge** des Schuldners können Geldleistungen der Träger der Sozialversicherung oder der Bundesagentur für Arbeit sein. Insoweit kommt es darauf an, ob es sich um Leistungen i.S.d. § 53 SGB I handelt, die nach den §§ 54 SGB I, 850ff. ZPO pfändbar sind. Die Abtretungserklärung gilt in beiden Alternativen des § 287 Abs. 2 Satz 1 InsO auch für **künftige Ansprüche**; Bedenken gegen die Vorausabtretung künftiger Sozialleistungsansprüche bestehen nicht. Der abtretungsrechtliche Bestimmtheitsgrundsatz ist ebenfalls nicht verletzt, wenn der Anspruch auf ein künftiges Arbeitseinkommen abgetreten wird, obwohl der Arbeitgeber zum Zeitpunkt der Abtretungserklärung noch nicht feststeht, denn die Bestimmbarkeit der abzutretenden Forderungen reicht für eine wirksame Abtretungserklärung aus. **131**

Der **Neuerwerb des Schuldners** ist ansonsten während der Wohlverhaltensphase frei. Die Erklärung nach § 287 Abs. 2 InsO erfasst den sonstigen Neuerwerb nicht. Andere Vermögensgegenstände hat der Schuldner dem Treuhänder nur insoweit zur Verfügung zu stellen, als dies in § 295 InsO ausdrücklich geregelt ist. Dies **132**

---

411   BGH, 18.12.2012 – IX ZB 61/10, ZInsO 2012, 2342.
412   BGH, 21.7.2005 – IX ZB 115/04, ZInsO 2005, 873; BGH, 12.1.2006 – IX ZB 239/04, ZInsO 2006, 139.
413   ZInsO 2013, 1097.
414   LG Lübeck, SchlHA2013, 723.

gilt etwa für ein Vermächtnis oder eine Erbschaft des Schuldners während der Wohlverhaltensphase, die er nach dem sog. „**Halbteilungsgrundsatz**" zur Hälfte an den Treuhänder abzuführen hat. Der Schuldner ist indessen nicht verpflichtet, eine Erbschaft in der Wohlverhaltensphase anzunehmen oder einen Pflichtteil geltend zu machen. Die **Verletzung einer Obliegenheit** darf in dem Verzicht des Schuldners auf die Geltendmachung eines Pflichtteilsanspruchs in der Wohlverhaltensphase nicht gesehen werden.[415]

c) Pflicht zum Hinweis auf bestehende Abtretungen

133 Nach der bis zum 30.4.2014 geltenden Fassung des § 287 Abs. 2 Satz 2 InsO a.F. war der Schuldner verpflichtet, auf **bestehende Abtretungen oder Verpfändungen** hinzuweisen. Dies diente der Information der Gläubiger.[416] Bestehende rechtsgeschäftliche Abtretungen oder Verpfändungen blieben in Altverfahren während der in § 114 InsO a.F. geregelten Frist von längstens zwei Jahren nach dem zur Zeit der Eröffnung des Insolvenzverfahrens laufenden Kalendermonat wirksam. In Neuverfahren gibt es vorrangige Abtretungen im Hinblick auf die Streichung des § 114 InsO nicht mehr. Dementsprechend gibt es auch keine Hinweispflicht auf bestehende Abtretungen oder Verpfändungen mehr.

134 **Pfändungspfandrechte**, die der Gläubiger in der Zwangsvollstreckung erworben hatte, waren nur für den zur Zeit der Verfahrenseröffnung laufenden Kalendermonat oder – sofern die Eröffnung des Insolvenzverfahrens nach dem 15. des Monats erfolgt war – auch noch für den Folgemonat zu beachten (§ 114 Abs. 3 InsO a.F., § 91 InsO). In der **Abtretungszeit** gilt, dass Zwangsvollstreckungen für einzelne Insolvenzgläubiger in das Vermögen des Schuldners im Zeitraum zwischen Beendigung des Insolvenzverfahrens und dem Ende der Abtretungsfrist nicht zulässig sind. Ihre Unwirksamkeit im eröffneten Verfahren wirkt zwar absolut,[417] zu beachten ist aber, dass auch eine durch Zwangsvollstreckung im letzten Monat vor dem Antrag auf Eröffnung des Insolvenzverfahrens oder nach diesem Antrag erlangte Sicherung zur **öffentlich-rechtlichen Verstrickung** des Vermögensgegenstandes führt, deren Wirkungen im Insolvenzverfahren fortdauern, bis sie auf einem dafür vorgesehenen Weg beseitigt worden sind.[418] Verstrickung tritt auch ein bei einer während der Dauer des Insolvenzverfahrens durchgeführten Zwangsvollstreckung; ein mit der Eröffnung des Insolvenzverfahrens über das Vermögen des Pfändungsschuldners **schwebend unwirksam gewordenes Pfändungspfandrecht** lebt dann, wenn der

---

415 BGH, 25.6.2009 – IX ZB 196/08, ZInsO 2009, 1461.
416 BGH, 7.4.2005 – IX ZB 129/03, ZInsO 2005, 537; BGH, 7.4.2005 – IX ZB 195/03, ZInsO 2005, 484.
417 Vgl. BGH, 19.1.2006 – IX ZR 232/04, BGHZ 166, 74 = ZInsO 2006, 261 Rn. 10 ff; BGH, 21.9.2017 – IX ZR 40/17, ZInsO 2017, 2267 Rn. 14.
418 BGH, 21.9.2017 – IX ZR 40/17, ZInsO 2017, 2267.

Pfändungs- und Überweisungsbeschluss nicht vom zuständigen Vollstreckungsorgan aufgehoben worden ist, mit der **Freigabe der gepfändeten Forderung** oder mit der **Aufhebung des Insolvenzverfahrens** wieder auf, ohne dass es einer erneuten Zustellung des Pfändungs- und Überweisungsbeschlusses an den Drittschuldner bedarf.[419]

Nach § 287 Abs. 3 InsO kann die Abtretung an den Treuhänder sowohl in Alt- als auch in Neuverfahren nicht durch **Abtretungsverbote** unterbunden werden. Vereinbarungen in Dienst- oder Arbeitsverträgen, welche die Abtretung ausschließen oder nur unter bestimmten Voraussetzungen zulassen, sind unwirksam, soweit sie den Zweck der RSB beeinträchtigen könnten. Entsprechende Verbote sind allerdings nur im Hinblick auf die Abtretung an den Treuhänder unbeachtlich, im Übrigen leben sie nach Abschluss der Treuhandphase wieder auf, wenn es nicht zu einer RSB kommt.

135

V. Restschuldbefreiungsverfahren ohne Wohlverhaltensphase

Der BGH ist schon vor Inkrafttreten des Gesetzes zur Verkürzung des Restschuldbefreiungsverfahrens davon ausgegangen, dass es in Ausnahmefällen auch schon vor Ablauf der sechsjährigen Abtretungszeit zu einer vorzeitigen Erteilung der RSB kommen kann. Allerdings rechtfertigt eine **verzögerte Eröffnung** des Insolvenzverfahrens noch keine vorzeitige Erteilung der RSB. Die RSB kann unabhängig von der Dauer des Eröffnungsverfahrens regelmäßig erst drei – in vor dem 30.9.2020 beantragten Verfahren sechs – Jahre nach der Eröffnung des Insolvenzverfahrens erteilt werden. Auch Zeiten einer vom Insolvenzgericht zu vertretenden Verzögerung des Eröffnungsverfahrens sind auf die Laufzeit der Abtretungserklärung nicht anzurechnen.[420] Mit dieser Entscheidung hat der BGH dem Versuch eines Schuldners, der mit dem Einwand, die deutsche Gerichtsbarkeit sei für ihn nicht zuständig, das Eröffnungsverfahren jahrelang verzögert hatte, die Laufzeit der Abtretungserklärung aus prozessualen Gründen abzukürzen, eine Absage erteilt. Muss das Gericht aufwändig ermitteln um seine **internationale und örtliche Zuständigkeit** festzustellen und Gutachten zum Vorliegen der Zahlungsunfähigkeit des Schuldners und zu einer die Verfahrenskosten deckenden Masse einholen, stellt dies keinen Grund für eine Abkürzung des nachfolgenden Verfahrens dar. Ohne Wenn und Aber über die RSB zu entscheiden ist dagegen in vor dem 1.12.2001 eröffneten Insolvenzverfahren; zwölf Jahre nach Insolvenzeröffnung gibt es – so hat der BGH im Jahre 2013 ent-

136

---

419 BGH, 19.11.2020 – IX ZR 210/19, ZIP 2021, 96.
420 BGH, 26.2.2015 – IX ZB 44/13, ZInsO 2015, 691.

schieden – keinen Grund mehr, die Entscheidung über den Antrag auf RSB weiter hinauszuschieben.[421]

1. Vorzeitige Erteilung bei fehlenden Forderungsanmeldungen in Alt- und Neuverfahren

137 Eine **vorzeitige endgültige RSB**, bei der es keine Wohlverhaltensphase gibt, kommt zunächst – dies galt nach der Rechtsprechung des BGH auch in Verfahren, die schon vor dem 1.7.2014 eröffnet worden waren – dann in Betracht, wenn kein Gläubiger Forderungen zur Tabelle angemeldet hat oder der Schuldner sämtliche Gläubiger angemeldeter Forderungen befriedigt hat. In diesen Fällen ist dem Schuldner die RSB schon **im Schlusstermin** zu erteilen, wenn er belegt, dass die Verfahrenskosten und die sonstigen Masseverbindlichkeiten getilgt sind.[422] Haben Insolvenzgläubiger ihre Forderung bis zum Schlusstermin nicht angemeldet, können sie auch keine Anträge auf Versagung der RSB mehr stellen. Hieraus ergibt sich, dass eine Wohlverhaltensphase entbehrlich wird, wenn das Schlussverzeichnis keine Einträge enthält. Eine Wohlverhaltensphase wäre sinnlos, wenn die während dieser Zeit angesammelten Abtretungsbeträge nach Abzug der Kosten des Treuhänders wieder an den Schuldner ausgekehrt werden müssten.

138 Entsprechend gilt für die **gesamte Wohlverhaltensphase**, dass dem Schuldner die RSB vorzeitig erteilt werden kann, wenn er alle Forderungen befriedigt und die Masseverbindlichkeiten erfüllt hat. Es wäre sinnlos, das Verfahren in diesen Fällen offen zu halten, um Versagungsanträge nach § 297 InsO zu ermöglichen, weil diese mangels antragsberechtigter Gläubiger ohnehin nicht gestellt werden können. In **Stundungsfällen** soll es nach einem Beschluss des AG Essen[423] der vorzeitigen Erteilung der RSB nicht im Wege stehen, dass die Kosten des Verfahrens nicht gedeckt sind, wenn kein Gläubiger Forderungen zur Tabelle angemeldet hat. Auf die Wohlverhaltensphase könne verzichtet werden; über eine Verlängerung der Stundung oder die Einziehung der Kosten sei im Anschluss an die Erteilung der RSB nach § 4b InsO zu entscheiden.

139 Für das **ab dem 1.7.2014 geltende Recht** hat der Gesetzgeber die von der Rechtsprechung entwickelte Möglichkeit der vorzeitigen Erteilung der RSB in § 300 Abs. 1 Satz 2 Nr. 1 InsO a.F. übernommen. Die Frage der Zulässigkeit einer solchen Entscheidung stellt sich hier nicht mehr. Streitig geworden ist insoweit schon kurze Zeit nach Inkrafttreten des Verkürzungsgesetzes, ob die RSB sofort erteilt werden kann, wenn keine Gläubiger Forderungen angemeldet haben, oder ob Voraussetzung ist, dass die Verfahrenskosten und die sonstigen Masseverbindlichkeiten be-

---

421 BGH, 18.7.2013 – IX ZB 11/13, ZInsO 2013, 1657.
422 Vgl. BGH, 17.3.2005 – IX ZB 214/04, BGH, ZInsO 2005, 597 m. Anm. Pape.
423 VuR 2015, 435.

richtigt sind.[424] Insoweit dürften aber nicht nur der eindeutige Wortlaut der Neuregelung, die Gesetzesbegründung[425] und die Entstehungsgeschichte der Vorschrift dafür sprechen, dass eine Berichtigung der Verfahrenskosten und der sonstigen Masseverbindlichkeiten zu erfolgen hat. Erklärtes Ziel des Gesetzgebers war es, die Gewährung der vorzeitigen RSB von der (uneingeschränkten) Tilgung der Verfahrenskosten abhängig zu machen, dies schließt die Tilgung der gestundeten Verfahrenskosten ein.[426] Die Vorschrift knüpft auch insoweit an die frühere Rechtsprechung des BGH an, der ebenfalls die Deckung der Verfahrenskosten zur Voraussetzung für die vorzeitige Erteilung der RSB gemacht hat. Endgültig geklärt hat der BGH die Frage in einem Beschluss vom 22.9.2016, in dem es heißt, sind **keine Insolvenzforderungen und Masseverbindlichkeiten offen**, kann dem Schuldner die **vorzeitige RSB** nur erteilt werden, wenn er tatsächlich die Verfahrenskosten berichtigt hat und ihm nicht nur Verfahrenskostenstundung erteilt wurde.[427] Insoweit meint zwar das AG Göttingen auch nach dieser Entscheidung an seiner früheren Rechtsprechung festhalten zu müssen und die vorzeitige RSB auch dann zu gewähren, wenn die Verfahrenskosten beglichen sind, diese Auffassung dürfte aber nicht mehr zu vertreten sein.[428]

An der Rechtslage, dass das Gericht auf Antrag des Schuldners schon vor Ablauf der Abtretungsfrist über die Erteilung der RSB entscheidet, wenn im Insolvenzverfahren **keine Forderungen angemeldet** oder die **Insolvenzforderungen befriedigt** worden sind und der Schuldner die Kosten des Verfahrens und die sonstigen Masseverbindlichkeiten berichtigt hat, hat sich auch nach Inkrafttreten des Gesetzes zur weiteren Verkürzung des Restschuldbefreiungsverfahrens nichts geändert.[429] Die entsprechende Regelung ist jetzt in **§ 300 Abs. 2 InsO** zu finden. Der Beschluss ergeht gemäß der Verweisung auf Abs. 1 S. 2 in Abs. 2 S. 2 nach Anhörung der Insolvenzgläubiger und des Insolvenzverwalters oder Treuhänders. Der Schuldner hat das Vorliegen der Voraussetzungen des Antrags glaubhaft zu machen. Sofern dem Schuldner die Restschuldbefreiung erteilt wird, gelten die §§ 299 und 300a InsO entsprechend.

Nach einem Urteil des AG Göttingen[430] soll sich ein rechtlicher Berater bei einer **140** nach Verkündung des Gesetzes zur Verkürzung des Restschuldbefreiungsverfahrens und zur Stärkung der Gläubigerrechte vom 15.7.2013 erfolgten Beratung schadensersatzpflichtig machen können, wenn er den Schuldner nicht auf die **Verkürzungs-**

---

424 Für eine sofortige Erteilung AG Aurich, ZInsO 2016, 124; AG Göttingen, ZInsO 2015, 1357; AG Göttingen, ZInsO 2016, 242; dagegen LG Essen, ZInsO 2016, 655; AG Norderstedt, ZInsO 2015, 2345.
425 Vgl. BR-Drucks. 467/12, S. 45 f.
426 LG Essen, ZInsO 2016, 655.
427 BGH, 22.9.2016 – IX ZB 29/16, ZInsO 2016, 2357; LG Frankfurt, ZInsO 2018, 2223.
428 AG Göttingen, ZInsO 2017, 1243; so auch AG Aurich, ZInsO 2017, 788.
429 Siehe auch Pape/Laroche/Grote, ZInsO 2021, 57, 58 f.
430 ZInsO 2016, 768.

möglichkeit auf 5 Jahre gem. § 300 Abs. 1 Satz 2 Nr. 3 InsO hinweist. In diesem Fall sollen bei einer schuldhaften Pflichtverletzung Schadensersatzansprüche wegen der Abführung pfändbarer Beträge im sechsten Jahr der Restschuldbefreiungsphase in Betracht kommen. Gegen diese Rechtsprechung spricht allerdings, dass nach der Rechtsprechung des BGH zur Verkürzungsmöglichkeit des § 300 Abs. 1 Satz 2 Nr. 2 InsO weder der Insolvenzverwalter noch das Insolvenzgericht den Schuldner von Amts wegen auf die Möglichkeit der Antragstellung und die Höhe des Fehlbetrages hinweisen müssen, dessen rechtzeitige Zahlung zu einer vorzeitigen RSB führen würde.[431]

2. Vergleich des Schuldners mit den Gläubigern angemeldeter Forderungen

141 Eine weitere Möglichkeit der vorzeitigen Erteilung der RSB ist gegeben, wenn der Schuldner mit allen Insolvenzgläubigern, die Forderungen zur Tabelle angemeldet haben, in der Wohlverhaltensperiode einen **Vergleich geschlossen** hat und die Ansprüche dieser Gläubiger danach durch Teilzahlung und Teilerlass erloschen sind. Auch hier ist auf seinen Antrag die Wohlverhaltensphase vorzeitig zu beenden und die RSB auszusprechen, sofern er belegt, dass die Verfahrenskosten und die sonstigen Masseverbindlichkeiten getilgt sind.[432] Dabei steht es der vorzeitigen RSB nicht entgegen, dass der Schuldner nur einen **Gläubigertausch** vorgenommen und die Teilbefriedigung seiner ursprünglichen Gläubiger durch eine Kreditaufnahme bei einem Neugläubiger finanziert hat.

3. Ende der Laufzeit der Abtretungserklärung vor Aufhebung des Insolvenzverfahrens – Erteilung der RSB in sog. „asymmetrischen Verfahren" nach altem und neuem Recht

142 Ein weiterer Fall, in dem eine RSB ohne Wohlverhaltensphase erteilt werden kann, hat sich in den letzten Jahren herauskristallisiert. Inzwischen gibt es vermehrt im Gesetz nicht geregelte Fälle, in denen das Insolvenzverfahren am **Ende der Laufzeit der Abtretungserklärung** noch nicht abgeschlossen ist.[433] Hierzu hat der BGH schon Ende 2009 entschieden, dass über den Antrag auf RSB nach Ende der sechsjährigen – jetzt dreijährigen – Laufzeit der Abtretungserklärung noch vor Abschluss des Insolvenzverfahrens **von Amts wegen** über die RSB zu entscheiden ist, wenn zu diesem Zeitpunkt das Insolvenzverfahren noch nicht aufgehoben ist. Den Insolvenzgläubigern muss **wie in einem Schlusstermin** Gelegenheit gegeben werden,

---

431 BGH, 19.9.2019 – IX ZB 23/19, ZInsO 2019, 2382 Rn 29 ff.
432 BGH, 29.9.2011 – IX ZB 219/10, ZInsO 2011, 2100; LG Berlin, ZInsO 2009, 443.
433 Hierzu eingehend Mohrbutter/Ringstmeier/Pape, Handbuch Insolvenzverwaltung, 9. Aufl., Kap. 17 Rn 174 ff.

Versagungsanträge nach § 290 InsO zu stellen.[434] Beraumt das Insolvenzgericht einen entsprechenden Termin nicht an oder bestimmt es keine Frist zur Entscheidung im schriftlichen Verfahren, verletzt es seine Amtspflichten gegenüber dem Schuldner. Die **Ankündigung der RSB**, die Wohlverhaltensphase und die dort sonst zu beachtenden Obliegenheiten des Schuldners entfallen. Ausgeschlossen war es nach bisherigem Recht, die **RSB rückwirkend** zu erteilen; dies sollte auch gelten, wenn es das Insolvenzgericht versäumt hatte, einen dem Schlusstermin entsprechenden Termin rechtzeitig zum Ablauf der Frist von 6 Jahren anzuberaumen.[435] Dies hat sich nach der Neufassung des § 300 Abs. 1 InsO insofern geändert, als die RSB nach Ablauf der 3-Jahres-Frist gem. S. 3 automatisch eintritt. Eine **Verzögerung des Eintritts der RSB** kann es deshalb auch bei einer verzögerten Beschlussfassung oder einer Entscheidung erst im Rechtsmittelverfahren nicht mehr geben. Auch im Fall der verzögerten Entscheidung des Insolvenzgerichts ist es Sache des Insolvenzverwalters, dafür zu sorgen, dass mit Ablauf der sechsjährigen (jetzt dreijährigen) Abtretungszeit der **Neuerwerb** des Schuldners, der nicht mehr vom Insolvenzbeschlag erfasst wird, separiert wird, damit er nach verspäteter Erteilung der RSB an den Schuldner ausgekehrt werden kann, will er nicht gegen seine ihm gegenüber dem Schuldner obliegenden Pflichten verstoßen.

143 Folge der Erteilung der RSB im laufenden Insolvenzverfahren nach Ablauf der Abtretungserklärung ist der **Wegfall des Insolvenzbeschlags für den Neuerwerb** ab dem Zeitpunkt des Ablaufs der Abtretungserklärung. Bis zur Rechtskraft der Entscheidung hat der Insolvenzverwalter den pfändbaren Neuerwerb einzuziehen und für die Masse zu sichern. Wird die RSB gewährt, hat er den eingezogenen Neuerwerb, der danach nicht in die Masse gefallen ist, an den Schuldner auszukehren. Hieran ändert auch die Untätigkeit des Insolvenzgerichts nichts. Auch wenn es das Verfahren ohne Entscheidung über die RSB weiterlaufen lässt, muss der Verwalter ab Ende der Sechs- bzw. Drei-Jahres-Frist dafür sorgen, dass der Neuerwerb von der Masse separiert wird. In Verfahren, die unter die zeitliche Staffelung des § 103k Abs. 2 EGInsO fallen, muss dies entsprechend für den jeweiligen Endzeitpunkt gelten.

144 Insbesondere in **Altverfahren** sollte allerdings in erster Linie darauf geachtet werden, dass es keine Verfahren gibt, die nach sechs Jahren immer noch nicht abgeschlossen sind. Geschieht dies doch, sollte der Verwalter darauf dringen, dass zeitnah zum Ablauf der Frist der Abtretungserklärung Termin zur Entscheidung über die RSB anberaumt wird. In diesem ist über die Versagungsgründe des § 290 Abs. 1 InsO zu entscheiden, wenn entsprechende Anträge gestellt werden. **Obliegenheiten im Sinne des § 295 InsO** treffen den Schuldner in solchen Verfahren mangels Wohlverhaltensphase nicht mehr. Der Schuldner ist allerdings weiter zur

---

434 BGH, 3.12.2009 – IX ZB 247/08, ZInsO 2010, 102.
435 BGH, 1.6.2017 – IX ZB 87/16, ZInsO 2017, 1692.

Mitwirkung in dem noch laufenden Insolvenzverfahren verpflichtet. Verletzt er seine insoweit noch bestehenden Pflichten, kann dies zu Problemen im Hinblick auf einen möglichen **Widerruf der RSB nach § 303 InsO** führen. In Neuverfahren mit einer dreijährigen Abtretungszeit dürfte die Situation noch erheblich häufiger eintreten, dass zum Ablauf der Abtretungsfrist noch keine Aufhebung des Insolvenzverfahrens erfolgt ist. Künftig ist deshalb auch verstärkt darauf zu achten, dass mit Ablauf der 3-Jahres-Frist der Neuerwerb separiert wird.

145   Die vorzeitige Erteilung der RSB vor Aufhebung des Insolvenzverfahrens gibt keinen Anlass, das Verfahren wegen **Wegfalls des Eröffnungsgrundes** einzustellen. Auch wenn nach dem Ende der Laufzeit der Abtretungserklärung bei noch laufendem Insolvenzverfahren die RSB erteilt wird und dadurch die Insolvenzforderungen, die zur Eröffnung des Verfahrens geführt haben, zu unvollkommenen Verbindlichkeiten geworden sind, bleibt es dabei, dass das Insolvenzverfahren weiter abzuwickeln ist.[436] Dies gilt für die vor und ab dem 1.7.2014 beantragten Insolvenzverfahren gleichermaßen und hat sich auch nach Inkrafttreten des Gesetzes zur weiteren Verkürzung des Restschuldbefreiungsverfahrens nicht geändert.

146   Der Gesetzgeber hat diese Rechtsprechung in ihren Grundzügen in dem am 1.7.2014 in Kraft getretene Gesetz zur Verkürzung des Restschuldbefreiungsverfahrens und zur Stärkung der Gläubigerrechte[437] übernommen. § 300a InsO enthält eine Regelung der sogenannten **„asymmetrischen" Insolvenzverfahren**, d.h. der Verfahren, in denen zum Zeitpunkt des Ablaufs der Abtretungsfrist das Insolvenzverfahren noch nicht aufgehoben ist. Diese Regelung ist zwar unmittelbar nur auf alle ab dem 1.7.2014 beantragten Verfahren anzuwenden, sie lehnt sich aber eng an die bisherigen Entscheidungen des BGH an und dürfte deshalb sinngemäß auch bei der **Abwicklung von Altverfahren** zu berücksichtigen sein.[438]

147   § 300 Abs. 1 InsO stellt eindeutig klar, dass die Entscheidung über die RSB des Schuldners spätestens nach Ablauf der 3-jährigen Abtretungszeit ergehen muss, wobei die Wirkungen mit Ablauf der Abtretungszeit automatisch eintreten.[439] § 300a InsO regelt die Rechtsfolgen, die eintreten, wenn eine Entscheidung über die RSB vor Aufhebung des Insolvenzverfahrens zu treffen ist. Es geht um die **Zugehörigkeit des Neuerwerbs** des Schuldners und des **bereits verwerteten Vermögens** zur Insolvenzmasse und die Frage, wie der Insolvenzverwalter mit dem Neuerwerb des Schuldners und der bereits angesammelten Insolvenzmasse umzugehen hat. Dass eine Einstellung des Insolvenzverfahrens wegen Wegfalls des Eröffnungsgrundes nach Erteilung der RSB während des noch laufenden Verfahrens nicht in Betracht

---

436 BGH, 23.1.2014 – IX ZB 33/13, ZInsO 2014, 396.
437 BGBl. I, S. 2379.
438 Vgl. BGH, 3.12.2009 – IX ZB 247/08, ZInsO 2010, 102; BGH, 22.4.2010 – IX ZB 196/09, ZInsO 2010, 1011; Büttner, ZInsO 2010, 1025 ff.; Pape, GS für Manfred Wolf, 2011, S. 487 ff.
439 Vgl. Pape/Laroche/Grote, ZInsO 2021, 57, 58.

kommt,⁴⁴⁰ ist dem Gesetz zwar auch in seiner Neufassung nicht unmittelbar zu entnehmen. Diese Folge ergibt sich aber mittelbar daraus, dass der Gesetzgeber weiter von einer **existierenden Insolvenzmasse** nach Erteilung der RSB ausgeht. Anträge auf Einstellung des Verfahrens wegen Wegfalls des Eröffnungsgrundes widersprechen deshalb auch nach neuem Recht dem Grundgedanken des § 300a InsO. Aus der Vorschrift ergibt sich, dass das Insolvenzverfahren fortzuführen und die Insolvenzmasse in den asymmetrischen Verfahren auch nach Erteilung der RSB weiter an die Gläubiger zu verteilen ist.

Entsprechend der bisherigen Rechtsprechung des BGH, gehört gem. § 300a Abs. 1 Satz 1 InsO Vermögen, welches der Schuldner nach Ende der Abtretungsfrist erwirbt, nicht mehr zur Insolvenzmasse, sondern ist vielmehr vom Treuhänder zu vereinnahmen und bis zur Entscheidung über die RSB **treuhänderisch zu verwahren** und von der Insolvenzmasse zu trennen (§ 300a Abs. 2 Satz 1 InsO). **Neuerwerb**, der bei Ablauf der Abtretungsfrist noch nicht angelegt ist, d.h. auf den der Schuldner noch keinen schuldrechtlichen Anspruch erworben hat,⁴⁴¹ gehört nicht zur Insolvenzmasse; **Vermögensbestandteile**, die nach Erteilung der RSB aufgrund einer Anfechtung des Insolvenzverwalters zurückgewährt werden müssen oder die aufgrund eines vom Verwalter geführten Rechtsstreits oder aufgrund von Verwertungshandlungen zur Insolvenzmasse gehören, bilden auch nach Erteilung der RSB weiter die Insolvenzmasse und müssen ohne Rücksicht auf eine vorzeitige RSB an die Insolvenzgläubiger verteilt werden. Gleiches gilt für Erträge, die in die Insolvenzmasse fallende Gegenstände abwerfen. Diese Gegenstände unterliegen folglich nicht der treuhänderischen Verwahrung, für die der Verwalter gemäß § 300a Abs. 2 InsO hinsichtlich des Neuerwerbs ab dem Ende der Abtretungsfrist zu sorgen hat, sondern sind weiter als Insolvenzmasse zu verwalten. 148

Über die **Herausgabepflicht des Treuhänders** und dessen Pflicht, nach § 300a Abs. 2 Satz 3 InsO **Rechnung** zu legen, entscheidet die Frage, ob dem Schuldner RSB erteilt wird. Ist dies der Fall, muss der Neuerwerb an den Schuldner herausgegeben werden.⁴⁴² Neugläubiger, welche ihren Anspruch gegen den Schuldner erst nach Eröffnung des Insolvenzverfahrens erworben haben, und Gläubiger, die über eine ausgenommene Forderung gemäß § 302 InsO verfügen, können im Hinblick auf den **Wegfall des Vollstreckungsverbots** des § 89 InsO in den jetzt insolvenzfreien Neuerwerb des Schuldners vollstrecken, während zuvor das Vollstreckungsverbot des § 89 InsO auch für den treuhänderisch verwalteten Neuerwerb galt.⁴⁴³ 149

Der Insolvenzverwalter hat nach § 300a Abs. 3 InsO Anspruch auf **Vergütung und Erstattung angemessener Auslagen gegen den Schuldner** für seine treu- 150

---

440 Vgl. BGH, 23.1.2014 – IX ZB 33/13, ZInsO 2014, 396.
441 Grote/Pape, ZInsO 2013, 1433, 1445; KPB/Wenzel, § 300 InsO Rn 3.
442 Zur Pfändbarkeit des Herausgabeanspruchs vgl. KPB/Wenzel, § 300a InsO Rn 7.
443 Vgl. KPB/Wenzel, § 300a InsO Rn 6.

Pape

händerische Tätigkeit nach Abs. 2. Auf diesen Anspruch ist § 293 InsO entsprechend anzuwenden. Die Festsetzung der Vergütung erfolgt gem. §§ 293 Abs. 2, 64 InsO durch das Insolvenzgericht. Zu berücksichtigen ist der Zeitaufwand und der Umfang der Tätigkeit des Insolvenzverwalters. Grundlage für die Festsetzung ist § 14 InsVV,[444] danach erhält der Insolvenzverwalter für die treuhänderische Verwahrung des Neuerwerbs 5% von den ersten 35.000 EUR, 3% von einem Mehrbetrag bis 70.000 EUR und 1% von einem darüber hinausgehend Mehrbetrag. Auslagen können nicht pauschaliert geltend gemacht werden,[445] vielmehr sind die entstandenen Kosten im Einzelnen abzurechnen und zu belegen. eine **Mindestvergütung** nach § 14 Abs. 3 InsVV soll der Insolvenzverwalter für seine treuhänderische Tätigkeit im Hinblick auf die geringen Pflichten, welche er bei der Verwahrung des Neuerwerbs zu erfüllen hat, nicht erhalten.[446] Für einen solchen Anspruch könnte aber sprechen, dass sich die Aufgaben hinsichtlich der Verwahrung des Neuerwerbs und der Verwaltung der vom Schuldner abgetretenen Beträge in der Abtretungszeit nur unwesentlich voneinander unterscheiden.

VI. Bedeutung des Antrags auf RSB im eröffneten Verfahren

151 Nach Eröffnung des Insolvenzverfahrens erschöpfen sich die Folgen des Antrags des Schuldners auf Erteilung der RSB zunächst auf die Prüfung der ordnungsgemäßen Antragstellung. Ist der Schuldner eine natürliche Person, muss der **Eröffnungsbeschluss in Altverfahren gem. § 27 Abs. 2 Nr. 4 InsO** a.F. einen Hinweis enthalten, ob er einen Antrag auf RSB gestellt hatte. Fehlt dieser Hinweis, war nach der **Regelung des § 30 Abs. 2 InsO a.F.** gesondert öffentlich bekannt zu machen, dass der Schuldner einen Antrag auf RSB gestellt hatte. Damit sollte es den Gläubigern erleichtert werden, sich möglichst früh auf den Restschuldbefreiungsantrag des Schuldners einzustellen. In **Neuverfahren** ist der Beschluss nach § 287a Abs. 1 Satz 1 InsO, mit dem der Antrag auf RSB für zulässig erklärt und dem Schuldner angekündigt wird, dass er die RSB erlangt, wenn er den Obliegenheiten nach § 295 nachkommt und die Voraussetzungen für eine Versagung nach den §§ 290, 297–298 nicht vorliegen, gem. § 287a Abs. 1 Satz 2 InsO öffentlich bekannt zu machen.

---

444 Die nachfolgenden Beträge gelten für die Altfassung des § 14 InsVV, die Grundlage für die Festsetzung in Verfahren ist, die bis zum 30.9.2020 beantragt worden sind (§ 19 Abs. 5 InsVV), in diesen Verfahren erhält der Insolvenzverwalter für die treuhänderische Verwahrung des Neuerwerbs 5% von den ersten 25.000 EUR, 3% von einem Mehrbetrag bis 50.000 EUR und 1% von einem darüber hinausgehend Mehrbetrag.
445 Vgl. KPB/Wenzel, § 293 InsO Rn 4.
446 Siehe die Begründung des Gesetzes BT-Drucks. 17/11268, 32; **a.A.** Ahrens/Gehrlein/Ringstmeier/Weinland, 2. Aufl., § 300a InsO Rn 5.

Eine **Verwerfung des Antrags auf RSB als unzulässig** von Amts wegen sollte 152 in Altverfahren ausnahmsweise schon vor Aufhebung des Insolvenzverfahrens möglich sein, wenn der Antrag des Schuldners formale Mängel aufwies, die nicht mehr behebbar waren.[447] Der Antrag konnte etwa dann vorzeitig verworfen werden, wenn der Schuldner ihn ohne Abtretungserklärung gestellt und diese auf eine entsprechende Aufforderung hin nicht innerhalb der ihm gesetzten Frist nachgereicht hatte. Da die Verwerfung auf formalen Gründen beruhte, konnte sie in diesem Fall ausnahmsweise durch den **Rechtspfleger** beschlossen werden, während sonst regelmäßig der Richter für die Entscheidung über den Antrag auf Versagung der RSB zuständig war. In **Neuverfahren** stellt sich diese Problematik nicht mehr, weil schon mit der Eröffnung über die Zulässigkeit des Antrags auf RSB entschieden wird.

VII. Anwendungsbereich der Versagungsgründe des § 290 Abs. 1 InsO

Die **Gründe für die Versagung der RSB** (§ 290 Abs. 1 Nr. 1–7 InsO) spielen in mehreren Verfahrensabschnitten eine Rolle. Sie sind nicht nur bei der Entscheidung über die Ankündigung der RSB im Schlusstermin zu beachten, sondern schon bei der Entscheidung über die **Verfahrenskostenstundung** und die **Zustimmungsersetzung im Schuldenbereinigungsplanverfahren** nach § 309 InsO. Nach dem zum 1.7.2014 geänderten Recht sind sie gem. 297a InsO unter bestimmten Voraussetzungen auch noch in der Abtretungszeit nach Aufhebung des Insolvenzverfahrens zu beachten. Eigentlicher Zweck der Versagungsgründe ist es vor Aufhebung des Insolvenzverfahrens im Schlusstermin zu entscheiden, ob dem Schuldner schon jetzt die RSB zu versagen ist, weil er eine der in § 290 Abs. 1 InsO normierten unredlichen Verhaltensweisen gezeigt hat. Soweit dem Schuldner in der Vergangenheit bis zur Jahresmitte 2014 gemäß § 291 Abs. 1 InsO a.F. anzukündigen war, dass er von seinen restlichen Verbindlichkeiten befreit wird, wenn er die ihm in der Wohlverhaltensphase obliegenden Pflichten aus den §§ 295, 297, 298 InsO erfüllt, gibt es diese Entscheidung seither nicht mehr. Gemäß § 287a Abs. 1 InsO ergeht dieser Beschluss jetzt schon zu Beginn des Verfahren. 153

1. Bedeutung im Rahmen der Verfahrenskostenstundung

Bedeutung haben die Versagungsgründe schon für die Entscheidung über die **Verfahrenskostenstundung**. Dies folgt zunächst aus § 4a Abs. 1 Satz 3 und 4 InsO. Danach muss sich der Schuldner im Stundungsantrag zum Vorliegen einer **rechtskräf-** 154

---

447 Vgl. BGH, 1.10.2020 – IX ZA 3/20, ZInsO 2020, 2422.

tigen Verurteilung wegen einer Insolvenzstraftat (Versagungsgrund nach § 290 Abs. 1 Nr. 1 InsO) und – dies gilt für die bis zum 1.7.2014 beantragten Verfahren – zu der Frage, ob ihm in den letzten zehn Jahren vor dem Antrag auf Eröffnung des Insolvenzverfahrens oder danach RSB erteilt oder nach den §§ 296, 297 InsO versagt worden ist (Versagungsgrund des § 290 Abs. 1 Nr. 3 InsO a.F.), erklären. Liegt einer dieser Gründe vor, ist die Stundung von vornherein ausgeschlossen. Nach ständiger Rechtsprechung des BGH sind aber auch die übrigen Versagungsgründe des § 290 Abs. 1 Nr. 1–6 InsO schon in der Entscheidung über die Verfahrenskostenstundung zu berücksichtigen.[448] Dies gilt jedenfalls dann, wenn die Voraussetzungen des Versagungsgrundes **„zweifelsfrei"** vorliegen.[449] Die Staatskasse ist nach dieser Rechtsprechung nicht verpflichtet, dem Schuldner die Kosten des Insolvenzverfahrens vorzufinanzieren, wenn schon vor der Verfahrenseröffnung festgestellt werden kann, dass es mutmaßlich zu einer Versagung der RSB kommen wird, weil etwa der Schuldner seinen Mitwirkungspflichten nicht genügt oder sein Vermögen vor Durchführung des Insolvenzverfahrens verschleudert hat usw. Entsprechendes gilt auch für die **Aufhebung der Kostenstundung im eröffneten Verfahren und in der Abtretungszeit**. Auch hier kommt die Aufhebung ohne vorhergehenden Antrag auf Versagung der RSB in Betracht, wenn ein Versagungsgrund „zweifelsfrei" vorliegt.[450] Grund für die nachträgliche Aufhebung der Stundung kann hier beispielsweise die fehlende Mitwirkung des Schuldners im eröffneten Verfahren sein. Ein Grund für die Versagung der Stundung ist mangels **rechtsmissbräuchlichen Handelns** des Schuldners, der ohne Einhaltung einer Sperrfrist einen neuen Antrag auf Restschuldbefreiung stellen kann, allerdings nicht gegeben, wenn in einem vorausgegangenen Insolvenzverfahren die Kostenstundung wegen **Verletzung von Mitwirkungspflichten** aufgehoben und das Insolvenzverfahren sodann mangels Masse eingestellt worden ist. Der Schuldner kann in einem solchen Fall sofort ohne Einhaltung einer Sperrfrist erneut einen Antrag auf Kostenstundung für ein neues Insolvenzverfahren stellen, auch wenn die Aufhebung der Kostenstundung darauf beruht hat, dass er seine Mitwirkungspflichten verletzt hat.[451]

155 Soweit nach Inkrafttreten des „Gesetzes zur Verkürzung des Restschuldbefreiungsverfahrens und zur Stärkung der Gläubigerrechte" zum 1.7.2014 in Zweifel gezogen wird, ob bei der Entscheidung über die Stundung der Verfahrenskosten die sog. **„Vorwirkungsrechtsprechung"** des BGH weiter anzuwenden ist, weil sie in unzulässiger Weise in die **Gläubigerautonomie** eingreife und unberücksichtigt lasse, dass es nicht zwingend dem Interesse der Gläubiger entspreche, wenn die Stundung versagt werde und der Schuldner so keine Möglichkeit erhalte, RSB zu erlan-

---

448 Vgl. zuletzt BGH, 25.6.2015 – IX ZB 60/14, ZInsO 2015, 1790.
449 Hierzu näher Rdn 320 ff.
450 BGH, 15.11.2007 – IX ZB 74/07, ZInsO 2008, 111.
451 BGH, 4.5.2017 – IX ZB 92/16, ZInsO 2017, 1444; aA AG Augsburg, ZInsO 2018, 344.

gen,⁴⁵² soll hierauf in Zusammenhang mit der Verfahrenskostenstundung näher eingegangen werden.⁴⁵³ Durch die Neuregelungen geboten ist diese Auffassung – hierauf sei schon an dieser Stelle hinzuweisen – allerdings nicht. Sie hätte auch schon zur Altfassung der InsO gebracht werden können und wurde dort letztlich nicht für maßgeblich gehalten. Entscheidend dürfte vielmehr sein, dass der Staat keine öffentlichen Mittel einsetzen muss, um dem Schuldner die Chance auf eine RSB zu erhalten, die tendenziell unerreichbar ist.

2. Bedeutung im Schuldenbereinigungsverfahren

Des Weiteren sind die Versagungsgründe des § 290 Abs. 1 InsO unter Umständen im Schuldenbereinigungsplanverfahren der §§ 306–310 InsO zu beachten. Nach § 309 Abs. 1 Satz 2 Nr. 2 InsO darf die Zustimmung eines Gläubigers, der dem Schuldenbereinigungsplan widersprochen hat, nicht ersetzt werden, wenn der Gläubiger durch den Schuldenbereinigungsplan voraussichtlich wirtschaftlich schlechter gestellt wird, als er bei Durchführung des Verfahrens über den Antrag auf Eröffnung des Insolvenzverfahrens und Erteilung der RSB stünde. Kann ein Gläubiger im Rahmen des **Zustimmungsersetzungsverfahrens** gemäß § 309 Abs. 2 Satz 2 InsO glaubhaft machen, dass er sich im Fall der Durchführung des Insolvenzverfahrens auf einen Versagungsgrund nach § 290 Abs. 1 InsO berufen kann, der zum Ausschluss der RSB führen würde, so kommt eine Ersetzung der Zustimmung des widersprechenden Gläubigers wegen einer **Schlechterstellung durch den Schuldenbereinigungsplan** möglicherweise nicht in Betracht.

156

3. Keine Berücksichtigung in der Wohlverhaltensphase nach altem Recht

Grundsätzlich nicht zu berücksichtigen waren die Versagungsgründe des § 290 Abs. 1 InsO dagegen in der **Wohlverhaltensphase** nach Ankündigung der RSB des Schuldners nach bis Mitte 2014 geltendem Recht. Die Aufhebung des Insolvenzverfahrens stellte eine Zäsur dar, die dazu führte, dass einerseits die Versagungsgründe des § 290 Abs. 1 InsO nicht mehr geltend gemacht werden konnten, wenn der Schlusstermin vorüber und die RSB angekündigt war.⁴⁵⁴ Umgekehrt konnten die in der Wohlverhaltensphase geltenden **Obliegenheitspflichten** des Schuldners aus § 295 InsO nicht in das noch laufende Insolvenzverfahren vorverlegt werden.⁴⁵⁵ In Neuverfahren kann dagegen unter bestimmten Voraussetzungen infolge der **Ein-**

157

---

452 AG Hamburg, NZI 2016, 226; aA AG Marburg, ZInsO 2018, 344.
453 Vgl. näher Rdn 323 f.
454 Vgl. BGH, 20.3.2003 – IX ZB 388/02, ZInsO 2003, 413; BGH, 18.12.2008 – IX ZB 249/07, ZInsO 2009, 299; LG Göttingen, NZI 2004, 596; AG Mönchengladbach, ZInsO 2005, 330.
455 BGH, 29.6.2004 – IX ZB 90/03, ZInsO 2004, 851.

Pape

führung des § 297a InsO eine Geltendmachung von Versagungsgründen in der Wohlverhaltensphase erfolgen. Die Obliegenheiten des § 295 Abs. 1 InsO gelten insofern schon im eröffneten Verfahren als die Erwerbspflicht des Schuldners gem. § 290 Abs. 1 Nr. 7 InsO n.F. auch schon in diesem Verfahrensabschnitt besteht.

4. Unzulässigkeit der Ausweitung auf entsprechende Sachverhalte

158   RSB ist nach § 1 Satz 2 InsO nur dem „redlichen" Schuldner zu gewähren. Hieraus folgt aber nicht, dass es eine **Redlichkeitsprüfung** gibt, bei der nach allgemein geltenden Kriterien geprüft wird, ob der Schuldner die Rechtswohltat der RSB „verdient" hat. Vielmehr sind die Versagungsgründe des § 290 Abs. 1 InsO abschließend geregelt und können nicht durch „ähnliche" Verhaltensweisen erfüllt werden.[456] Andere Verhaltensweisen führen selbst dann nicht zur Versagung der RSB, wenn sie einen ähnlichen Unrechtsgehalt aufweisen. Dieses **Analogieverbot** gilt auch für die in § 295 InsO geregelten Obliegenheiten in der Wohlverhaltensphase.[457] Damit wird verhindert, dass die Erteilung der RSB jeweils vom Rechtsempfinden desjenigen abhängig ist, der über die Versagung zu entscheiden hat. Durch das Verbot der Ausweitung der Versagungsgründe wird Schuldnern, die im Hinblick auf die RSB die Verwertung ihres Vermögens in Kauf nehmen, eine verlässliche Grundlage für die Beurteilung der Frage gegeben, ob sie das Ziel der RSB erreichen können. Diese Rechtssicherheit wäre unerreichbar, wenn Gerichte in jedem Einzelfall die Frage der Redlichkeit des Schuldners neu definieren müssten und es damit in der Hand hätten, ohne bindende gesetzliche Vorgaben zu beurteilen, ob ein bestimmtes Verhalten einen Versagungsgrund darstellt.

159   Einziger Ausnahmefall einer entsprechenden Anwendung des § 290 Abs. 1 Nr. 3 InsO a.F. war die Anwendung der Vorschrift auf einen **Folgeantrag** des Schuldners. War diesem in einem früheren Verfahren die RSB versagt worden, muss nach ständiger Rechtsprechung des BGH davon ausgegangen werden, dass der Restschuldbefreiungsantrag des Schuldners unzulässig ist, wenn er innerhalb von drei Jahren nach rechtskräftiger Versagung der RSB in einem früheren Verfahren wegen einer vorsätzlichen oder grob fahrlässigen Verletzung seiner Auskunfts- oder Mitwirkungspflichten einen erneuten Antrag stellte.[458] Dieser **Ausnahmefall** ist indessen in Neuverfahren durch die Aufhebung des § 290 Abs. 1 Nr. 3 InsO überholt. Die unzulässige Antragswiederholung stellt keinen Versagungsgrund mehr da, sondern ist bei der **Zulässigkeit des Antrags** nach § 287a InsO zu prüfen.

---

456   BGH, 22.5.2003 – IX ZB 456/02, ZInsO 2003, 610.
457   BGH, 8.2.2007 – IX ZB 88/06, ZInsO 2007, 322.
458   BGH, 16.7.2009 – IX ZB 219/08, BGHZ 183, 13 = ZInsO 2009, 1777; zu weiteren Fallgruppen vgl. Pape, FS Ganter, 2010, S. 315 ff.

VIII. Allgemeine Verfahrensregeln für die Geltendmachung von Versagungsgründen

Weitreichendste Folge des am 1.7.2014 in Kraft getretenen **Gesetzes zur Verkürzung des Restschuldbefreiungsverfahrens und zur Stärkung der Gläubigerrechte** sind zwei unterschiedliche Verfahren zur Geltendmachung von Versagungsgründen, die erheblich voneinander abweichen. Dies beginnt damit, dass es in Altverfahren, auf welche die bis zum 30.6.2014 geltenden Vorschriften der Insolvenzordnung noch anzuwenden sind, und in Neuverfahren, in denen § 287a InsO gilt, unterschiedliche Zeitpunkte gibt, zu denen das Restschuldbefreiungsverfahren formal mit der Ankündigung der RSB beginnt. In Altverfahren stellt die Ankündigung der RSB **im Schlusstermin** nach § 291 InsO a.F.[459] den entscheidenden Zeitpunkt dar. In Neuverfahren erfolgt die Ankündigung schon zu **Verfahrensbeginn** in dem nach § 287a Abs. 1 InsO zu fassenden Beschluss über die Zulässigkeit des Antrags.[460] Die Unterschiede setzen sich fort mit den unterschiedlichen Zeitpunkten, zu denen Versagungsanträge geltend gemacht werden können. Während das Antragsrecht in Altverfahren auf den **Schlusstermin oder eine an dessen Stelle tretende Frist** beschränkt ist und bei fehlender Anordnung des schriftlichen Verfahrens auch nur im Schlusstermin mündlich geltend gemacht werden kann, ist es in **Neuverfahren jederzeit** möglich, Anträge ab Verfahrenseröffnung schriftlich zu stellen. Einer Teilnahme am Schlusstermin bedarf es nicht mehr. Diese stark voneinander abweichenden Verfahrenswege, die noch eine geraume Zeit nebeneinander praktiziert werden müssen, lassen es sinnvoll erscheinen, die Verfahren getrennt voneinander darzustellen. Dies bedeutet allerdings nicht, dass in den ab dem 1.7.2014 beantragten Verfahren generell nicht auf die Grundsätze nach altem Recht zurückgegriffen werden kann. Soweit die geänderten Vorschriften keine abweichenden Regeln enthalten, sind die **hergebrachten Verfahrensregeln** vielmehr weiterhin anzuwenden.

160

1. Geltendmachung von Versagungsgründen in Altverfahren

Die Versagungsgründe des § 290 Abs. 1 InsO a.F. können nach der Altfassung des Gesetzes nur **im Schlusstermin** geltend gemacht werden; schriftlich vor diesem Termin zu den Akten gereichte Versagungsanträge sind wirkungslos, wenn sie nicht im Schlusstermin wiederholt werden.[461] Versagungsanträge können damit nur bei

161

---

459 Zu dem Beschluss Pape/Uhländer/Pape, § 291 InsO Rn 3 ff.
460 Vgl. KPB/Wenzel, § 287a InsO Rn 2 ff.
461 BGH, 20.3.2003 – IX ZB 388/02, ZInsO 2003, 413; BGH, 12.5.2011 – IX ZB 229/10, ZInsO 2011, 1126; BGH, 8.3.2018 – IX ZB 12/16, ZInsO 2018, 864 für den Fall der Anordnung des schriftlichen Verfahrens.

persönlicher Anwesenheit des Gläubigers oder eines Gläubigervertreters gestellt werden. Vereinzelte Beschlüsse, nach denen schriftlich vor dem Schlusstermin gestellte Anträge auf Versagung der RSB als ausreichend angesehen werden, sind gesetzwidrig. Ein Antrag auf Versagung der RSB **im schriftlichen Verfahren** kommt ausnahmsweise dann in Betracht, wenn das Insolvenzgericht – etwa im Verfahren nach Anzeige der Masseunzulänglichkeit, in dem regelmäßig das schriftliche Verfahren angeordnet wird, oder im Insolvenzverfahren mit überschaubaren wirtschaftlichen Verhältnissen des Schuldners, in dem das schriftliche Verfahren im Gesetz (§ 5 Abs. 2 InsO a.F.) vorgesehen ist[462] – das schriftliche Verfahren ganz ausdrücklich anordnet und den Gläubigern eine bestimmte Frist zur Stellung von Versagungsanträgen im schriftlichen Verfahren setzt. Auch hier ist jedoch zu beachten, dass Anträge auf Versagung der RSB nur dann zulässig sind, wenn sie **innerhalb der Frist eingehen**, die das Insolvenzgericht für die Stellung von Versagungsanträgen bestimmt hat.[463] Außerhalb dieser Frist schriftlich gestellte Anträge müssen innerhalb der Frist wiederholt werden, andernfalls sind sie unbeachtlich.[464] Die Gläubiger haben jedenfalls dann ein **rechtlich geschütztes Interesse** daran, Anträge auf Versagung der RSB zu stellen, wenn der Schuldner dem angemeldeten Grund der Forderung als solcher aus einer vorsätzlich begangenen unerlaubten Handlung widersprochen hat und der Widerspruch nicht beseitigt worden ist.[465]

2. Beschränkung des Antrags auf die gesetzlich normierten Versagungsgründe

162 Die Versagung der RSB erfolgt nur auf Antrag eines Gläubigers; eine **Versagung der RSB von Amts wegen** aufgrund eines der Tatbestände des § 290 Abs. 1 InsO ist im Gesetz nicht vorgesehen und findet nicht statt. Auf andere als die vom Antragsteller geltend gemachten Gründe darf das Insolvenzgericht die Versagung nicht stützen.[466] Ein **Nachschieben von Gründen im Beschwerdeverfahren** ist ausgeschlossen, der Versagungsgrund muss im Schlusstermin glaubhaft gemacht werden, andernfalls ist der Versagungsantrag als unzulässig zu verwerfen. Hieran ändert sich auch nichts, wenn der Gläubiger erst nach dem Schlusstermin etwas von dem Versa-

---

[462] Zu den seit dem 1.7.2007 erweiterten Möglichkeiten, das schriftliche Verfahren anzuordnen, vgl. § 5 Abs. 2 InsO a.F. – danach kann unabhängig von der Art des Verfahrens das schriftliche Verfahren angeordnet werden, wenn die Vermögensverhältnisse des Schuldners überschaubar und die Zahl der Gläubiger oder die Höhe der Verbindlichkeiten gering sind; nach der Neufassung des § 5 Abs. 2 InsO, die am 1.7.2014 in Kraft getreten ist, sind Kleinverfahren von vornherein schriftlich zu führen; die Mündlichkeit des Verfahrens muss ausdrücklich angeordnet werden.
[463] BGH, 8.3.2018 – IX ZB 12/16, ZInsO 2018, 864; LG Wuppertal, ZInsO 2018, 2381.
[464] BGH, 12.5.2011 – IX ZB 229/10, ZInsO 2011, 1126.
[465] BGH, 20.6.2013 – IX ZB 108/11, ZInsO 2013, 1380.
[466] BGH, 25.10.2007 – IX ZB 187/03, ZInsO 2007, 1221.

gungsgrund erfahren hat.⁴⁶⁷ Die Stellung von Versagungsanträgen im Schlusstermin setzt voraus, dass der Antrag stellende Gläubiger seine Forderung bis zum Schlusstermin angemeldet hat. Gläubiger, die nicht am Verfahren teilgenommen haben, können auch keine Versagungsanträge stellen.⁴⁶⁸ Auch den Antrag nach § 297a InsO, die Restschuldbefreiung zu versagen, wenn sich nach dem Schlusstermin herausstellt, dass ein Versagungsgrund nach **§ 290 Abs. 1 InsO** vorgelegen hat, können nur Insolvenzgläubiger stellen, die sich durch Anmeldung ihrer Forderung am Insolvenzverfahren beteiligt haben.⁴⁶⁹ Ausreichend ist, dass die Forderung angemeldet ist; eine Aufnahme des Gläubigers ins Schlussverzeichnis ist keine unbedingte Voraussetzung.⁴⁷⁰

a) Beschränkung der Antragsbefugnis auf am Verfahren teilnehmende Insolvenzgläubiger

Ein Gläubiger, der es versäumt hat, seine Forderung im Insolvenzverfahren zur Insolvenztabelle anzumelden, ist nicht befugt, einen Antrag auf Versagung der RSB zu stellen, da er sich nicht am Insolvenzverfahren beteiligt hat, wobei es nicht darauf ankommt, wer das **Unterbleiben der Forderungsanmeldung** zu vertreten hat. Die Anmeldung einer Forderung kann noch im Schlusstermin erfolgen, ein bisher nicht am Verfahren beteiligter Gläubiger kann deshalb noch rechtzeitig durch Anmeldung seiner Forderung im Schlusstermin die Stellung eines Verfahrensbeteiligten erlangen, um sodann einen Versagungsantrag zu stellen.⁴⁷¹ In neueren Entscheidungen hat der BGH die **Antragsbefugnis** der Insolvenzgläubiger dahingehend präzisiert, dass Versagungsanträge von allen Gläubigern gestellt werden können, die Forderungen im Insolvenzverfahren angemeldet haben; dass die **angemeldete Forderung bestritten** worden ist oder der Schuldner ihr widersprochen hat, hindert die Antragsbefugnis nicht. Um antragsberechtigt zu sein, muss ein Gläubiger einer bestrittenen Forderung keine Feststellungsklage erhoben haben.⁴⁷² Die Prüfung der Antragsbefugnis durch das Insolvenzgericht erstreckt sich nach der Rechtsprechung zur Antragsbefugnis nur auf die **formale Gläubigerstellung** und nicht auf die ma-

163

---

467 BGH, 11.9.2003 – IX ZB 37/03, BGHZ 156, 139, 142f. = ZInsO 2003, 941; BGH, 5.4.2006 – IX ZB 227/04, ZVI 2006, 596; BGH, 18.5.2006 – IX ZB 103/05, ZInsO 2006, 647; BGH, 8.2.2007 – IX ZB 88/06, ZInsO 2007, 322; BGH, 23.10.2008 – IX ZB 53/08, ZInsO 2008, 1272; BGH, 12.2.2009 – IX ZB 158/08, ZInsO 2009, 684.
468 BGH, 8.10.2009 – IX ZB 257/08, ZInsO 2009, 2215; BGH, 13.2.2020 – IX ZB 55/18, ZInsO 2020, 521; AG Hamburg, ZVI 2004, 260.
469 BGH, 13.2.2020 – IX ZB 55/18, ZInsO 2020, 521.
470 BGH, 8.10.2009 – IX ZB 257/08, ZInsO 2009, 2215.
471 BGH, 20.11.2014 – IX ZB 56/13, ZInsO 2015, 108.
472 BGH, 12.3.2015 – IX ZB 85/13, ZInsO 2015, 947.

terielle Berechtigung.[473] Im Fall der **Anordnung einer Nachtragsverteilung** im Insolvenzverfahren über das Vermögen einer GmbH, die das Insolvenzgericht bei Aufhebung des Insolvenzverfahrens im Hinblick auf Schadensersatzansprüche gegen den Geschäftsführer aus Insolvenzverschleppung und Ansprüche wegen verbotener Auszahlung angeordnet hat, kann der bisherige Insolvenzverwalter auch nach Aufhebung des Verfahrens für die Schuldnerin als Gläubigerin in einem Restschuldbefreiungsverfahren über das Vermögen des Geschäftsführers einen Versagungsantrag stellen.[474] Ist über die RSB im Hinblick auf das Ende der Laufzeit der Abtretungserklärung bereits vor Aufhebung des Insolvenzverfahrens zu entscheiden, reicht es für die Antragsberechtigung eines absonderungsberechtigten Gläubigers, dessen Forderung für den Ausfall zur Tabelle festgestellt ist, aus, wenn er seinen Ausfall glaubhaft macht. Einer exakten Bezifferung seines Ausfalls bedarf es nicht.[475]

b) Keine Versagung der RSB von Amts wegen

164 In einem Gesetzentwurf aus dem Jahr 2004 wurde vorgeschlagen, eine Versagung von Amts wegen oder auf **Antrag des Insolvenzverwalters bzw. Treuhänders** zuzulassen, der derzeit nicht antragsbefugt ist. Diese Vorschläge, die das Insolvenzgericht zu einer permanenten Überwachung des Schuldners gezwungen und zu ständigem Misstrauen zwischen Schuldner und Verwalter/Treuhänder geführt hätten, sind auf erhebliche Kritik[476] gestoßen. Sie hätten zur Folge gehabt, dass das Insolvenzgericht von Amts wegen ermitteln müsste, ob dem Schuldner Versagungsgründe anzulasten sind. Würde es diese Pflicht vernachlässigen, könnte es sich **schadensersatzpflichtig** machen. Der Gesetzgeber hat diese Vorschläge zwar im Entwurf eines Gesetzes zur Änderung der Insolvenzordnung vom 2.3.2006[477] noch einmal aufgegriffen und die Versagung von Amts wegen erneut vorgeschlagen. Im – allerdings auch nicht umgesetzten – Regierungsentwurf eines Gesetzes zur Entschuldung mitteloser Personen, zur Stärkung der Gläubigerrechte sowie zur Regelung der Insolvenzfestigkeit von Lizenzen vom 22.8.2007[478] wurde aber nur noch der Vorschlag aufrecht erhalten, die Versagungsgründe des § 290 Abs. 1 Nr. 1 und 3 InsO von Amts wegen zu berücksichtigen. Damit sollte zumindest die Berücksichtigung der übrigen Versagungsgründe von Amts wegen vom Tisch sein. Letztlich sollte der Gedanke einer Versagung von Amts wegen insgesamt nicht wieder aufgegriffen wer-

---

473 BGH, 10.9.2015 – IX ZB 9/15, ZInsO 2015, 2233.
474 BGH, 18.6.2015 – IX ZB 86/12, ZInsO 2015, 1396.
475 BGH, 11.10.2012 – IX ZB 230/09, ZInsO 2012, 2164.
476 Siehe etwa Grote/Pape, ZInsO 2004, 993.
477 Abgedruckt als Beilage zu ZVI Heft 3/2006.
478 Abgedruckt als Beilage zu ZVI Heft 8/2007.

den, weil es Sache der Gläubiger ist, zu entscheiden, ob ein Versagungsverfahren eingeleitet wird. Im neuerlichen Reformprozess, der mit durch den im Januar 2012 vorgelegten Referentenentwurf des Bundesministeriums der Justiz[479] bestimmt worden ist, wurde wenigstens dieser, für die Abwicklung von Insolvenzverfahren verheerende Vorschlag nicht erneut aufgegriffen.

c) Glaubhaftmachung des Versagungsgrundes/Pflicht des Schuldners zur Stellungnahme

Nach § 290 Abs. 2 InsO a.F. sind Anträge auf Versagung der RSB nur zulässig, wenn 165 der Versagungsgrund glaubhaft gemacht wird. Auf die **Glaubhaftmachung** sind die **Grundsätze des § 294 ZPO** entsprechend anzuwenden. Der Gläubiger muss einen Sachverhalt vortragen und mit den nach § 294 ZPO zulässigen Beweismitteln – insbesondere Urkunden und eidesstattlichen Versicherungen – belegen, nach welchem eine überwiegende Wahrscheinlichkeit dafür spricht, dass der Schuldner einen Versagungsgrund verwirklicht hat.[480] Hierzu kann auch die **Bezugnahme auf eine rechtskräftige gerichtliche Entscheidung** (beispielsweise auch einen Strafbefehl), die aufgrund einer Sachprüfung ergangen ist, ausreichen.[481] Ebenso kann der Antrag auch auf eigene Angaben des Schuldners gestützt werden, einer besonderen Glaubhaftmachung bedarf es dann nicht. Gleiches gilt für **unbestrittene Angaben**, die ebenfalls nicht glaubhaft gemacht werden müssen.[482] Ein zunächst zulässiger Versagungsantrag kann im Laufe des Verfahrens unzulässig werden, wenn etwa aufgrund von Vortrag des Schuldners und einer zulässigen Gegenglaubhaftmachung der Versagungsgrund nicht mehr glaubhaft erscheint; dann entfällt nachträglich auch die Grundlage für die Pflicht des Insolvenzgerichts, die Voraussetzungen des glaubhaft gemachten Versagungsgrundes **von Amts wegen zu ermitteln**, die nach § 5 Abs. 1 Satz 1 InsO grundsätzlich erst aufgrund eines zulässigen Gläubigerantrages eintritt.[483]

Zulässiges Mittel zur Glaubhaftmachung kann insbesondere auch die **Bezug-** 166 **nahme auf Berichte des Insolvenzverwalters/Treuhänders** – etwa den Schlussbericht – sein.[484] Erscheint der Schuldner im Schlusstermin nicht, oder gibt er zu der Darstellung des Gläubigers keine Erklärung ab, kann dessen Vorbringen als richtig

---

479 Entwurf eines Gesetzes zur Verkürzung des Restschuldbefreiungsverfahrens, zur Stärkung der Gläubigerrechte und zur Insolvenzfestigkeit von Lizenzen, Stand 18.1.2012.
480 BGH, 22.9.2011 – IX ZB 133/08, ZInsO 2011, 2101.
481 BGH, 11.9.2003 – IX ZB 37/03, BGHZ 156, 139 = ZInsO 2003, 941.
482 BGH, 8.1.2009 – IX ZB 80/08, ZInsO 2009, 298; BGH, 30.6.2011 – IX ZB 169/10, ZInsO 2011, 1471.
483 BGH, 19.5.2011 – IX ZB 274/10, ZInsO 2011, 1319.
484 BGH, 5.6.2008 – IX ZB 119/06, NJW-Spezial 2008, 566.

unterstellt werden, ohne dass der Schuldner dies später noch bestreiten kann.[485] Diese Wirkungen treten allerdings nur ein, wenn das Insolvenzgericht den Schuldner vor dem Termin nachweisbar auf die Möglichkeit der Gläubiger, im Termin Versagungsanträge zu stellen, und auf die Gefahr des **Rechtsverlustes bei Nichterscheinen und -bestreiten** hingewiesen hat.[486] Außerdem muss es ihm unter Umständen auf Antrag eine Erklärungsfrist einräumen, wenn der Vortrag des Gläubigers so umfangreich ist, dass es nicht möglich ist, im Termin dazu Stellung zu nehmen.[487]

3. Pflichten des Insolvenzgerichts nach erfolgreicher Glaubhaftmachung

167 Mit der Glaubhaftmachung des Versagungsgrundes, setzt die Pflicht des Insolvenzgerichts (§ 5 InsO) ein, **von Amts wegen** aufzuklären, ob die Voraussetzungen für eine Versagung der RSB gegeben sind.[488] Für das weitere Verfahren gilt die Amtsermittlungspflicht des Insolvenzgerichts, dieses darf von der Erhebung von angebotenem Zeugenbeweis zu dem Vortrag des Schuldners zum Versagungsgrund nicht deshalb absehen, weil das Vorbringen zu seinen Ausführungen in zu den Insolvenzakten gelangten Schreiben in Widerspruch steht.[489] **Art und Umfang der Ermittlungen** richten sich nach seinem pflichtgemäßen Ermessen und nach den jeweiligen Behauptungen und Beweisanregungen der Verfahrensbeteiligten. Allerdings kann nicht ausgeschlossen werden, dass das Beschwerdegericht nach Anhörung der Zeugen zu einer anderen Würdigung des Sachverhalts gelangt.

168 Keine Amtsermittlungspflicht besteht, wenn ein Versagungsgrund lediglich **ins Blaue hinein** behauptet worden ist. Weitere Voraussetzung ist, dass die Glaubhaftmachung des Versagungsgrundes im **Schlusstermin** erfolgt ist. Eine spätere Glaubhaftmachung – etwa in der Beschwerde gegen die Zurückweisung des Versagungsantrags – ist entsprechend dem Wortlaut des § 290 Abs. 1 InsO unzulässig. Hat das Gericht das **schriftliche Verfahren** angeordnet und eine Frist bestimmt, innerhalb derer Versagungsanträge zu stellen sind, müssen die Anträge innerhalb dieser Frist angebracht werden.[490] Außerhalb der Frist eingegangene Anträge sind unzulässig.[491]

169 Die Versagungsgründe dürfen auch **nicht willkürlich ausgewechselt** werden, sie müssen vielmehr schon im Schlusstermin geltend gemacht werden. Dies schließt

---

485 BGH, 5.2.2009 – IX ZB 185/08, ZInsO 2009, 481.
486 BGH, 10.2.2011 – IX ZB 237/09, ZInsO 2011, 837; BGH, 30.6.2011 – IX ZB 169/10, ZInsO 2011, 1471.
487 Hierzu Pape/Schaltke, NZI 2011, 238 ff.
488 BGH, 11.9.2003 – IX ZB 37/03, BGHZ 156, 139 = ZInsO 2003, 941; BGH, 19.5.2011 – IX ZB 274/10, ZInsO 2011, 1319.
489 BGH, 11.4.2013 – IX ZB 170/11, ZInsO 2013, 1095.
490 BGH, 12.5.2011 – IX ZB 229/10, ZInsO 2011, 1126.
491 Vgl. BGH, 8.3.2018 – IX ZB 12/16, ZInsO 2018, 864.

allerdings nicht aus, dass das Insolvenzgericht den Sachverhalt aus rechtlichen Gründen unter einen anderen Versagungstatbestand subsumiert als vom Gläubiger angegeben. Stützt der Gläubiger seinen Antrag auf **mehrere Gründe**, die jeweils für sich gesehen die Versagung rechtfertigen würden, müssen sämtliche Gründe ausgeräumt sein, damit dem Schuldner die RSB erteilt werden kann. Gibt es **mehrere Antragsteller**, wird jeder Versagungsgrund nur bei demjenigen berücksichtigt, der ihn – sei es auch durch eine zulässige Bezugnahme auf den Antrag eines anderen Gläubigers – geltend gemacht hat. Geht es um § 290 Abs. 1 Nr. 2 InsO, können Falschangaben des Schuldners, die dieser macht, um einen Kredit zu erlangen oder öffentliche Leistungen zu beziehen oder zu vermeiden, auch über die Eröffnung des Insolvenzverfahrens hinaus bis zum Schlusstermin erheblich sein. Der antragstellende Gläubiger muss auch nicht selbst Opfer des unredlichen Verhaltens des Schuldners gewesen sein, die RSB wird im Hinblick auf die Unredlichkeit des Schuldners im Allgemeinen versagt und sanktioniert nicht ein Fehlverhalten ggü. einem einzelnen Gläubiger.[492]

a) Keine Verschlechterung der Befriedigungsaussichten der Gläubiger

Eine konkret messbare **Verschlechterung der Befriedigungsaussichten** ist anders als bei den §§ 295, 296 InsO ebenfalls nicht Voraussetzung für die Geltendmachung eines Versagungsgrundes. § 290 Abs. 1 Nr. 5 und 6 InsO setzen keine Verschlechterung der Befriedigungsaussichten voraus, erforderlich ist nur, dass der Verstoß des Schuldners seiner Art nach geeignet ist, die Befriedigungsaussichten zu beeinträchtigen.[493] Damit wird zum Ausdruck gebracht, dass der Verstoß des Schuldners „eine gewisse Erheblichkeit" haben muss.[494]

170

b) Berücksichtigung des Verhältnismäßigkeitsgrundsatzes

Bei der Anwendung aller Versagungsgründe ist der **Verhältnismäßigkeitsgrundsatz** zu beachten. Ganz geringfügige Pflichtverstöße des Schuldners, die zwar einen Versagungsgrund ausfüllen mögen, aber noch kein gravierendes Fehlverhalten erkennen lassen, sollen regelmäßig nicht zur Versagung führen.[495] Im Fall des § 290 Abs. 1 Nr. 2 InsO wird dem Verhältnismäßigkeitsgrundsatz durch die zeitlich befris-

171

---

492 BGH, 1.12.2011 – IX ZB 260/10, ZInsO 2012, 192.
493 BGH, 23.7.2004 – IX ZB 174/03, ZInsO 2004, 920.
494 OLG Celle, 4.2.2002 – 2 W 5/02, ZInsO 2002, 230; LG Saarbrücken, NZI 2000, 380; AG Münster, ZInsO 2000, 235.
495 BGH, 20.3.2003 – IX ZB 388/02, ZInsO 2003, 413; BGH, 17.9.2009 – IX ZB 284/08, ZInsO 2009, 1954; BGH, 18.2.2010 – IX ZB 211/09, ZInsO 2010, 684; BGH, 16.12.2010 – IX ZB 63/09, ZInsO 2011, 197; BGH, 19.5.2011 – IX ZB 142/11, ZInsO 2011, 1123.

tete Anwendbarkeit des Versagungsgrundes Rechnung getragen.[496] Aus der Anwendung des Verhältnismäßigkeitsgrundsatzes folgt auch, dass nur ganz **unwesentliche Verstöße** gegen einen Versagungsgrund nicht zur Versagung führen sollen.

c) Rechtsmittel der Beteiligten

172 Nach § 289 Abs. 2 Satz 1 InsO a.F. steht dem Schuldner und jedem Insolvenzgläubiger, der im Schlusstermin die Versagung der RSB beantragt hat, die sofortige Beschwerde gegen den Beschluss zu, sofern er durch die Entscheidung beschwert ist. Wird die Versagung der RSB auf **mehrere selbstständig tragende Gründe gestützt**, müssen sämtliche Versagungsgründe beseitigt werden, damit das Rechtsmittel Erfolg haben kann.[497]

4. Anträge auf Versagung der RSB in Neuverfahren

173 Eine Entscheidung über die Frage, ob dem Schuldner die RSB zu versagen ist, weil Gründe des § 290 Abs. 1 Nr. 1–7 InsO n.F. vorliegen, ist zwar auch nach neuem Recht erst **im Schlusstermin** zu treffen. Dies ergibt sich aus § 290 Abs. 2 InsO n.F.[498] Dort ist geregelt, dass die Insolvenzgläubiger das Recht haben, ohne Beschränkung auf bestimmte Termine oder Fristen bis zum Schlusstermin oder in masseunzulänglichen Verfahren i.S.d. § 289 InsO n.F. zum Einstellungsbeschluss nach § 211 Abs. 1 InsO **Anträge auf Versagung der RSB** zu stellen. Spätestens bis zu diesem Termin muss die neuerdings in § 287 Abs. 4 InsO angeordnete **Anhörung** der antragsberechtigten Insolvenzgläubiger,[499] die im Verfahren Forderungen angemeldet haben (§ 290 Abs. 1 Satz 1 InsO n.F.), erfolgt sein.[500] Ob eine Anhörung schon bei Eingang von Versagungsanträgen während des Verfahrens stattfinden muss, lässt das Gesetz nicht erkennen.

174 Versagungsanträge werden vom Gericht zunächst nur **bis zum Schlusstermin gesammelt und verwahrt**. Erst danach ergeht eine Entscheidung. Dies ergibt sich aus § 290 Abs. 2 Satz 2 InsO n.F. Gemäß § 290 Abs. 3 InsO n.F. kann der Beschluss je nach seinem Inhalt durch den Schuldner oder den Antragsteller angefochten werden. Der weitere Verlauf sieht dann so aus, dass – wenn es nicht zu einer Versagung

---

496 BGH, 1.12.2011 – IX ZB 260/10, ZInsO 2012, 192.
497 Vgl. BGH, 9.9.2005 – IX ZB 430/02, ZInsO 2005, 1162, wobei es auf die Frage der Darlegung der Zulässigkeitsvoraussetzungen für jeden der Versagungsgründe nicht mehr ankommt, nachdem die Rechtsbeschwerde nicht mehr kraft Gesetzes statthaft, sondern von der Zulassung durch das Beschwerdegericht abhängig ist.
498 Grote/Pape, ZInsO 2013, 1433, 1441ff.; Frind, NZI 2013, 729ff.; KPB/Wenzel, § 290 InsO Rn 24.
499 Bezüglich der Antragsberechtigung kann auch nach neuem Recht auf die vorstehend wiedergegebenen Grundsätze zurückgegriffen werden.
500 Näher zur Anhörung nach neuem Recht Pape, ZVI 2014, 234, 236.

der RSB wegen eines der in § 290 Abs. 1 Nr. 1–7 InsO aufgeführten Versagungsgründe kommt – gem. § 288 InsO n.F. ein **Treuhänder bestellt wird**, auf den die pfändbaren Bezüge des Schuldners nach Maßgabe der Abtretungserklärung übergehen.[501]

Konsequenz dieser Verfahrensgestaltung, bei der die Entscheidung über während des eröffneten Verfahrens jederzeit zulässige Anträge der Gläubiger auf Versagung der RSB bis zum Schlusstermin aufgeschoben wird, ist eine **permanente Verunsicherung der Beteiligten**.[502] Diese wissen bis zum Schlusstermin oder zur Schlussanhörung im schriftlichen Verfahren nicht, ob die bereits gestellten Anträge Erfolg haben. Das Gesetz stellt nicht einmal klar, ob und ggf. zu welchem Zeitpunkt eine Anhörung der Gläubiger und des Schuldners zu den eingehenden Versagungsanträgen erfolgen muss. Beschlussfassungen über Versagungsanträge im Restschuldbefreiungsverfahren können damit zu einem monate- oder sogar **jahrelangen Vakuum** führen. Damit können der Zeitpunkt der Antragstellung und der Entscheidung möglicherweise sehr weit auseinanderfallen. Eine zeitnahe Entscheidung über die Anträge vor Abschluss des Insolvenzverfahrens erscheint nach dem Wortlaut des § 290 Abs. 2 Satz 2 InsO n.F. nicht möglich. Selbst die Frage, ob über die **Zulässigkeit der Anträge** während des Verfahrens – etwa bei fehlender Glaubhaftmachung – entschieden werden kann, beantwortet das Gesetz nicht.

175

Der generelle Verweis auf § 290 Abs. 2 Satz 1 in § 290 Abs. 2 Satz 2 InsO spricht eher dagegen, vorab über die **Zulässigkeit von Versagungsanträgen** zu entscheiden. Dies würde auch die gewünschten Entlastungseffekte nicht zur Entfaltung kommen lassen. Käme man zur Zulässigkeit entsprechender Entscheidungen schon vor dem Schlusstermin, die allerdings der Richter zu treffen hätte, stellte sich die Frage der **Zulässigkeit von Wiederholungen des Antrags** – möglicherweise auch durch andere Gläubiger, die den gescheiterten Antrag nachbessern –, die dann wohl nicht verneint werden könnte. Zum neuen Recht wird zwar vereinzelt die Ansicht vertreten, über einen unbegründeten Versagungsantrag könne auch entschieden werden, wenn **noch kein Schlusstermin** bzw. eine Schlussanhörung im schriftlichen Verfahren oder die Einstellung des Insolvenzverfahrens nach Anzeige der Masseunzulänglichkeit erfolgt sei.[503] Auch für den Fall eines begründeten Versagungsantrages habe das Insolvenzgericht entgegen dem möglicherweise abweichenden Wortlaut des § 290 Abs. 2 Satz 2 InsO eine sofortige Entscheidung zu treffen. Dies sei im Hinblick auf den Gesetzeszweck und eine Entlastung der Insolvenzgerichte geboten.[504]

176

---

501 Grote/Pape, ZInsO 2013, 1433, 1441; HK-PrivatinsolvenzR/Pape, § 288 InsO Rn 12 ff.; KPB/Wenzel, § 288 InsO Rn 3 ff.
502 Kritisch auch Frind, Praxishandbuch Privatinsolvenz, Rn 899.
503 AG Göttingen, ZInsO 2016, 178; AG Göttingen, ZInsO 2016, 539.
504 Vgl. AG Göttingen, ZInsO 2014, 2455; Frind, Praxishandbuch Privatinsolvenz, Rn 898; ablehnend dagegen Ahrens NJW-Spezial 2014, 725, 726 f., Waltenberger ZInsO 2015,72; Semmelbeck VIA 2015, 13; HK-PrivatinsolvenzR/Pape, § 290 InsO Rn 43 f. m.w.N.

Pape

Ob dem wirklich gefolgt werden kann, erscheint jedoch im Hinblick auf die **Entstehungsgeschichte der Vorschrift** sehr fraglich. Die Entstehungsgeschichte spricht für das Gegenteil. Nach ihr hat der Gesetzgeber bewusst entschieden, dass Versagungsanträge erst im Schlusstermin beschieden werden sollen. Eine Vorabentscheidung wollte der Gesetzgeber gerade nicht. Dies soll der Entlastung der Insolvenzgerichte dienen. Eine Auslegung contra legem dürfte deshalb nicht möglich sein. Dies wird auch auf der Ebene der Beschwerdegerichte so gesehen. Sowohl LG Göttingen[505] als auch das LG Bad Kreuznach[506] führen aus, das Gericht dürfe erst nach dem Schlusstermin über den vom Gläubiger gestellten Antrag auf Versagung der Restschuldbefreiung entscheiden. Dies folge aus der eindeutigen Fassung und Begründung des **§ 290 Abs. 2 InsO**. Ganz offensichtlich sei es **Wille des Gesetzgebers**, dass vor einer Entscheidung über die Versagung der Restschuldbefreiung sämtliche möglichen Anträge von Gläubigern vorlägen und dass der Schlusstermin der für die Entscheidung maßgebliche Zeitpunkt sei. Eine vorherige Entscheidung des Insolvenzgerichts über einen (unzulässigen oder unbegründeten) Versagungsantrag sei damit verfahrensfehlerhaft. Eine **höchstrichterliche Entscheidung** der Frage steht auch zu Beginn des Jahres 2021 noch aus.

177 Ob die Neuregelung des § 290 InsO ein **Nachschieben von Versagungsgründen oder deren Begründung** auch nach dem Schlusstermin zulässt, kann dem Gesetz ebenfalls nicht entnommen werden. Hier sollte aber, um wenigstens einen Rest von Rechtssicherheit zu wahren, an der bisherigen Rechtsprechung[507] festgehalten werden. Nach dem Schlusstermin bzw. nach Ablauf der entsprechenden Frist gestellte Anträge sollten als unzulässig angesehen werden. Die Gläubiger können nach § 297a InsO Versagungsgründe des § 290 Abs. 1 InsO unter bestimmten Voraussetzungen auch noch **in der Abtretungszeit** geltend machen. Ihre Rechte können deshalb auch ohne das fragwürdige Nachschieben von Gründen gewahrt werden.

178 Im Übrigen sind die bisherigen Grundsätze auch weiter anzuwenden. An der Aufrechterhaltung des **Numerus clausus der Versagungsgründe** hat sich nichts geändert.[508] Eine Entscheidung **von Amts wegen** hat der Gesetzgeber nicht eingeführt. Die Beschränkung der Antragsbefugnis auf Gläubiger, die ihre Forderung angemeldet haben, ist nunmehr in § 290 Abs. 1 Satz 1 InsO n.F. ausdrücklich geregelt und stellt ein allgemeines Prinzip dar.[509] Das Erfordernis der **Glaubhaftmachung** des Antrags folgt aus § 290 Abs. 2 Satz 1 InsO n.F. und der Schuldner muss auch nach der geänderten Fassung des § 290 InsO die Möglichkeit haben, zu dem Antrag Stel-

---

505 ZInsO 2017, 2576.
506 ZInsO 2018, 478.
507 BGH, 23.10.2008 – IX ZB 53/08, ZInsO 2008, 1272.
508 Vgl. AG Köln, NZI 2018, 166.
509 Vgl. BGH, Beschluss vom 13. Februar 2020 – IX ZB 55/18, ZInsO 2020, 521.

lung zu nehmen. Ist der Antrag zulässig und hat der Gläubiger den Versagungsgrund glaubhaft gemacht, setzt auch nach der Neufassung die **Amtsermittlungspflicht** des Insolvenzgerichts ein. Der Antragsteller muss von dem Fehlverhalten des Schuldners nicht selbst betroffen sein, der **Verhältnismäßigkeitsgrundsatz** ist auch nach neuem Recht zu berücksichtigen. Eine Beeinträchtigung der Befriedigung der Insolvenzgläubiger ist nur im Fall des neu geschaffenen Versagungsgrundes des § 290 Abs. 1 Nr. 7 InsO n.F. erforderlich. Ein **Beschwerderecht** steht nach § 290 Abs. 3 Satz 1 InsO n.F. dem Schuldner und jedem Insolvenzgläubiger, der die Versagung der RSB beantragt hat, zu. Die Rechtsbeschwerde bedarf – wie im alten Recht auch – der Zulassung durch das Beschwerdegericht.

IX. Voraussetzungen der einzelnen Versagungsgründe

Zu den in § 290 Abs. 1 Nr. 1–6 InsO a.F. geregelten Versagungsgründen gibt es eine **179** **Vielzahl von Entscheidungen**, in denen die Voraussetzungen, unter denen dem Schuldner die RSB schon vor Eintritt in die Wohlverhaltensphase versagt werden kann, weiter präzisiert worden sind. Die Grundsätze, die sich aus diesen Entscheidungen – soweit sie nicht nur Einzelfälle betreffen und deshalb zur Auslegung der Vorschrift nicht allzuviel beitragen – werden nachfolgend im Einzelnen dargestellt. Die zum alten Recht entwickelten Regeln sind im Wesentlichen auch auf die ab dem 1.7.2014 geänderten Vorschriften der § 290 Abs. 1 Nr. 1–7 InsO n.F. anzuwenden. Die Versagungsgründe haben – anders als das bereits beschriebene Versagungsverfahren – nur kleinere Änderungen erfahren. Auf diese wird hier jeweils am Schluss der Darstellung kurz eingegangen.

1. Versagungsgrund des § 290 Abs. 1 Nr. 1 InsO – rechtskräftige Verurteilung wegen einer Insolvenzstraftat

Nach § 290 Abs. 1 Nr. 1 InsO kann dem Schuldner die RSB versagt werden, wenn er **180** wegen einer **Insolvenzstraftat nach den §§ 283–283c StGB** rechtskräftig verurteilt worden ist. Nicht unter § 290 Abs. 1 Nr. 1 InsO fallen nach allgemeiner Auffassung **Steuerhinterziehungen**, so dass diese deshalb auch nicht von vornherein vom Anwendungsbereich des § 290 Abs. 1 Nr. 2 InsO ausgeschlossen sind.[510] Eine **Ausdehnung** des § 290 Abs. 1 Nr. 1 InsO auf **andere Straftatbestände** kommt nicht in Betracht; insoweit kann auch für § 297 InsO nach der Rechtsprechung des BGH nichts anderes gelten, denn die Aufzählung der angeführten Versagungstatbestän-

---

510 BGH, 11.9.2003 – IX ZB 37/03, BGHZ 156, 139 = ZInsO 2003, 941; BGH, 12.1.2006 – IX ZB 29/04, ZInsO 2006, 265; 13.1.2011 – IX ZB 199/09, ZInsO 2011, 301.

de ist abschließend.[511] Die Vorschrift des § 290 Abs. 1 Nr. 1 InsO weist zwar einige Probleme auf, weil in der Insolvenzordnung nicht geregelt ist, ob jegliche Verurteilung des Schuldners, unabhängig von der Frage, wie lange sie bereits zurückliegt, ausreicht, und ob zwischen dem Insolvenzdelikt und dem anhängigen Insolvenzverfahren ein innerer Zusammenhang bestehen muss. Die Rechtsprechung hat jedoch die meisten Fragen, die dieser Versagungstatbestand aufwirft, zwischenzeitlich weitgehend geklärt:

– Für die Praxis dürfte inzwischen nicht mehr zweifelhaft sein, dass – ungeachtet der fehlenden zeitlichen Grenze in § 290 Abs. 1 Nr. 1 InsO – Verurteilungen des Schuldners nur insoweit zu berücksichtigen sind, als sie noch innerhalb der **Tilgungsfristen der §§ 45 ff. BZRG** liegen.[512] Mit dieser Rechtsprechung wird gewährleistet, dass trotz der fehlenden zeitlichen Beschränkung des § 290 Abs. 1 Nr. 1 InsO a.F. solche Verurteilungen außer Betracht bleiben, die dem Schuldner in strafrechtlicher Hinsicht nicht mehr angelastet werden dürfen. Die gilt allerdings nur für die bis zum 30.6.2014 beantragten Verfahren, in den danach beantragten Verfahren beträgt die Frist, innerhalb derer eine Verurteilung zu berücksichtigen ist, einheitlich fünf Jahre.[513]

– Nicht einheitlich wurde zwar zunächst die Frage beantwortet, ob im Fall einer Gesamtstrafenbildung, die sowohl auf Insolvenzstraftatbestände als auch auf andere Tatbestände gestützt ist, unter nachträglicher **Aufbrechung der Gesamtstrafe** nur die Bestrafung wegen der Insolvenzdelikte zu berücksichtigen ist. Nach dem Wortlaut des § 290 Abs. 1 Nr. 1 InsO können dem Schuldner aber nur rechtskräftige Verurteilungen wegen einer Insolvenzstraftat zur Last gelegt werden. Es spricht deshalb alles dafür, bei einer Gesamtstrafenbildung nur die Verurteilung wegen der Insolvenzstraftat zu berücksichtigen und die Gesamtstrafe entsprechend aufzubrechen.[514] Hieraus folgt auch, dass wegen einer Insolvenzstraftat, für die bei isolierter Betrachtungsweise die **Löschungsvoraussetzungen** vorliegen, die RSB nicht versagt werden kann. Eine Verlängerung der Löschungsfrist durch das Hinzutreten anderer Verurteilungen, die keine Insolvenzstraftaten betreffen, ist nach der Rechtsprechung des BGH für § 290 Abs. 1 Nr. 1 InsO unbeachtlich.[515]

– Weitgehend Einigkeit besteht hinsichtlich der Frage, ob zwischen der Verurteilung und dem anhängigen Insolvenzverfahren ein – wie auch immer gearteter –

---

511 BGH, 26.6.2014 – IX ZB 80/13, ZInsO 2014, 1675.
512 Vgl. BGH, 18.12.2002 – IX ZB 121/02, ZInsO 2003, 125; BGH, 18.12.2002 – IX ZB 121/02, ZInsO 2003, 125; BGH, 24.3.2011 – IX ZB 180/10, ZInsO 2011, 834.
513 Siehe nachfolgend Rn 181.
514 BGH, 18.2.2010 – IX ZB 180/09, ZInsO 2010, 629; OLG Celle, ZInsO 2001, 414; LG Düsseldorf, ZInsO 2002, 1194; AG Stuttgart, NZI 2005, 641; AG Dresden, ZVI 2009, 330.
515 BGH, 18.2.2010 – IX ZB 180/09, ZInsO 2010, 629.

innerer Zusammenhang bestehen muss. Dies wird von der Rechtsprechung ganz überwiegend abgelehnt.[516] Die Forderung nach der Feststellung eines **Ursachenzusammenhangs** zwischen der strafrechtlichen Verurteilung und dem Insolvenzverfahren scheitert bereits an der Frage, worin ein solcher Zusammenhang eigentlich konkret bestehen soll. Sinn und Zweck der Versagungstatbestände ist es, die RSB nur redlichen Schuldnern angedeihen zu lassen. Insoweit ist es deshalb auch gerechtfertigt, einen Schuldner – der ausgerechnet wegen einer Insolvenzstraftat verurteilt worden ist – für die Dauer der Löschungsfrist im Bundeszentralregister von der RSB auszuschließen.
- Bei rechtskräftiger Verurteilung des Schuldners im **Strafbefehlsverfahren** wegen Verletzung der Bilanzierungspflicht (§ 283 Abs. 1 Nr. 7 Buchst. a und Buchst. b StGB) zu einer Gesamtfreiheitsstrafe ist die Versagung der RSB nach § 290 Abs. 1 Nr. 1 InsO rechtsfehlerfrei, wenn der Strafbefehl nach den **Tilgungsvorschriften des Bundeszentralregistergesetzes** (BZRG) noch nicht getilgt ist. Bei Verurteilung zu einer Gesamtstrafe kommt es bezüglich der Tilgungsvorschriften nur auf die Einzelstrafe an, die aufgrund der Insolvenzstraftat verhängt worden ist. Eine eventuelle überlange Verfahrensdauer des vorangehenden Strafverfahrens kann nicht in der Form berücksichtigt werden, dass die Tilgungsfristen ab dem vermeintlich um die Verfahrensverzögerung bereinigten – fiktiven – Zeitpunkt der strafrichterlichen Entscheidung zu laufen begännen. Mögliche **Nachteile des Schuldners infolge der Verfahrensdauer** werden durch die Berücksichtigung der Verurteilung im Rahmen der Tilgungsfristen des BZRG ausgeglichen.[517]
- Besondere Probleme wirft es auf, wenn die Tilgungsfristen des BZRG länger sind, als die Sperrfrist des § 290 Abs. 1 Nr. 3 InsO a.F., die **zehn Jahre beträgt**. Hier wird man im Hinblick auf die gebotene Gleichbehandlung der Schuldner davon ausgehen müssen, dass nach Ablauf einer Frist von zehn Jahren zum Zeitpunkt der Antragstellung rechtskräftige Verurteilungen nicht mehr zu berücksichtigen sind, weil der Schuldner andernfalls schlechter gestellt wäre, als ein Schuldner, dem bereits einmal eine RSB erteilt oder nach den §§ 295, 296 InsO in der Wohlverhaltensphase versagt worden ist.
- Maßgebend für die Frage, ob die Verurteilung berücksichtigt werden kann, ist der **Zeitpunkt des Eröffnungsantrags**. Die RSB ist dem Schuldner deshalb auch dann zu versagen, wenn die Verurteilung wegen einer Insolvenzstraftat nach dem Eröffnungsantrag, aber vor Stellung des Versagungsantrags im Schlusstermin getilgt worden ist. Ist bei Verfahrenseröffnung noch keine „Tilgungsreife" eingetreten, muss die Verurteilung im Schlusstermin einer entspre-

---

516 BGH, 18.12.2002 – IX ZB 121/02, ZInsO 2003, 125.
517 BGH, 24.3.2011 – IX ZB 180/10, ZInsO 2011, 834.

chenden Antragstellung berücksichtigt werden. Eine rechtskräftige Verurteilung wegen einer Insolvenzstraftat ist auch dann gegeben, wenn neben dem Schuldspruch eine Strafe bestimmt und die **Verurteilung zu dieser Strafe vorbehalten** worden ist (Verwarnung mit Strafvorbehalt gem. § 59 StGB).[518] Im Verfahren der sofortigen Beschwerde und der Rechtsbeschwerde gegen den Beschluss, mit dem das Insolvenzgericht über den Antrag des Schuldners auf RSB entscheidet, hat der Insolvenzverwalter nach der Rechtsprechung des BGH keinen Anspruch auf Prozesskostenhilfe.

– Hinsichtlich der Frage, zu welchem Zeitpunkt die Verurteilung rechtskräftig geworden sein muss, hat der BGH[519] folgendes entschieden: Dem Schuldner kann die RSB **nach Durchführung des Schlusstermins** nur dann versagt werden, wenn seine Verurteilung wegen einer Insolvenzstraftat spätestens zum Schlusstermin in Rechtskraft erwachsen ist. In der **Wohlverhaltensperiode** kann dem Schuldner die RSB nur dann versagt werden, wenn seine Verurteilung wegen einer Insolvenzstraftat spätestens zum Ende der Laufzeit der Abtretungserklärung in Rechtskraft erwachsen ist. Ist in einem **asymmetrischen Verfahren** über den Antrag eines Schuldners auf RSB vor Abschluss des Insolvenzverfahrens zu entscheiden, kann ihm diese wegen einer Insolvenzstraftat nur versagt werden, wenn die strafrechtliche Verurteilung bis zum Ende der Laufzeit der Abtretungserklärung in Rechtskraft erwachsen ist.

181 In den **ab 1.7.2014 beantragten Verfahren** wird die Versagung der RSB nach § 290 Abs. 1 Nr. 1 InsO n.F. dahin modifiziert, dass eine rechtskräftige Verurteilung des Schuldners wegen einer Straftat nach den §§ 283–283c StGB nur noch im Fall einer Verurteilung zu einer **Geldstrafe von mehr als 90 Tagessätzen** oder einer **Freiheitsstrafe von mehr als 3 Monaten** ausreicht, um die RSB scheitern zu lassen. Damit soll verhindert werden, dass **Bagatellstrafen** zur Versagung der RSB führen. Weiterhin sind rechtskräftige Verurteilungen nur noch dann zu berücksichtigen, wenn sie in den **letzten 5 Jahren vor dem Antrag auf Eröffnung des Insolvenzverfahrens** oder nach diesem Antrag erfolgt sind. Mit dieser Änderung trägt der Gesetzgeber der nahezu allgemein vertretenen Auffassung Rechnung, dass – ungeachtet des bisher uneingeschränkten Wortlauts der in Altverfahren geltenden Vorschrift – Verurteilungen nur innerhalb eines eingeschränkten zeitlichen Rahmens berücksichtigt werden dürfen. Anders als die bislang herrschende Meinung, welche die zeitliche Grenze für die Berücksichtigung einer Insolvenzstraftat anhand der Löschungsfristen im Bundeszentralregister bestimmt hat,[520] orientiert sich die Neu-

---

518 BGH, 16.2.2012 – IX ZB 13/11, ZInsO 2012, 543.
519 BGH, 11.4.2013 – IX ZB 94/12, ZInsO 2013, 1093.
520 Vgl. 24.3.2011 – IX ZB 180/10, ZInsO 2011, 834; Beschl. v. 18.2.2010 – IX ZB 180/09, ZInsO 2010, 629; 18.12.2002 – IX ZB 121/02, ZInsO 2003, 125; Pape/Uhländer/Pape, § 290 InsO Rn 31 ff.

fassung an den **Fristen des § 34 BZRG**, die für die Aufnahme einer Verurteilung in das Führungszeugnis gelten.[521] Dies löst das Problem unterschiedlich langer Tilgungsfristen. Das weitere Problem, dass eine Tilgungsfrist den 10-Jahres-Zeitraum überschreitet, kann nicht mehr auftreten. Mit dieser Regelung wird damit endgültige Klarheit geschaffen. Verurteilungen wegen Insolvenzstraftaten dürfen nicht unbegrenzt berücksichtigt werden, sondern nur innerhalb eines festgefügten zeitlichen Rahmens.

2. Versagungsgrund des § 290 Abs. 1 Nr. 2 InsO – Falschangaben bei der Kreditaufnahme und im Zusammenhang mit öffentlichen Leistungen

Gemäß § 290 Abs. 1 Nr. 1 InsO kann dem Schuldner die RSB versagt werden, wenn er in den letzten drei Jahren vor dem Antrag auf Eröffnung des Insolvenzverfahrens oder nach diesem Antrag vorsätzlich oder grob fahrlässig **schriftlich unrichtige oder unvollständige Angaben** über seine wirtschaftlichen Verhältnisse gemacht hat, um einen Kredit zu erhalten, Leistungen aus öffentlichen Mitteln zu beziehen oder Leistungen an öffentliche Kassen zu vermeiden. Auch zu diesem Versagungstatbestand gibt es eine Reihe von Entscheidungen, welche die Voraussetzungen näher umschreiben, unter denen der Versagungsgrund eingreift.[522] **Subjektiv** rechtfertigen vorsätzliche oder grob fahrlässige Falschangaben des Schuldners zu seinen wirtschaftlichen Verhältnissen die Versagung der RSB nach § 290 Abs. 1 Nr. 2 InsO nur dann, wenn sie dem Zweck dienen, Leistungen zu erhalten oder zu vermeiden.[523]

182

Der Versagungsgrund ist gegeben, wenn der Schuldner bei der Aufnahme von Krediten oder in Bezug auf die **Erlangung oder Vermeidung öffentlich-rechtlicher Leistungen** falsche oder unvollständige Angaben macht. Als Kreditleistungen kommen in diesem Zusammenhang etwa **Darlehensverträge** oder auch **Anschaffungsdarlehen** zur Finanzierung des Erwerbs bestimmter Sachen in Betracht. Öffentlich-rechtliche Leistungen in diesem Sinne können beispielsweise der Erhalt von Subventionen, aber auch die Vermeidung von Steuer- und Abgabenzahlungen sein. Klassische Fälle für die Anwendung der Vorschrift sind regelmäßig das **Verschweigen von bereits bestehenden Schulden** im Rahmen einer Kreditaufnahme oder das Erschwindeln von Subventionen mittels falscher Angaben.

183

---

521 Vgl. die Begründung des Regierungsentwurfs BT-Drucks. 17/11268, S. 33.
522 Vgl. BGH, 22.5.2003 – IX ZB 456/02, ZInsO 2003, 610; BGH, 21.7.2005 – IX ZB 80/04, ZInsO 2005, 926; BGH, 20.12.2007, ZInsO 2008, 157; BGH, 8.1.2009 – IX ZB 80/08, ZInsO 2009, 298; BGH, 6.5.2010 – IX ZB 216/07, NZI 2010, 576; BGH, 13.1.2011 – IX ZB 199/09, ZInsO 2011, 301; LG Potsdam, ZInsO 2005, 664.
523 BGH, 20.12.2007, ZInsO 2008, 157.

184 § 290 Abs. 1 Nr. 2 InsO erfasst nach inzwischen gefestigter herrschender Meinung nicht nur **eigenhändige schriftliche Angaben des Schuldners**,[524] vielmehr reicht es auch aus, wenn ein Dritter Angaben des Schuldners aufgenommen und der Schuldner selbst diese Angaben sodann durch seine Unterschrift autorisiert hat. Um Manipulationen von Kreditvermittlern, Kreditsachbearbeitern und Verkäufern bei Teilzahlungsgeschäften, die häufig ein erhebliches Eigeninteresse am Abschluss des Vertrages haben (Provisionsinteresse, Erfolgsprämie usw.) und deshalb nicht selten die Bedeutung der Eigenangaben des Kreditnehmers verniedlichen oder „schönen", vorzubeugen, hat man zwar anfänglich nur eigenhändige Angaben des Schuldners – etwa in Selbstauskünften, Kreditanträgen oder Steuererklärungen – für relevant gehalten.

185 Der BGH hat die Anforderungen an dieses Merkmal jedoch erheblich aufgelockert und auch **fremde Angaben, die der Schuldner durch seine Unterschrift billigt**, grds. für ausreichend erklärt.[525] Es genügt, dass der Schuldner mit seiner Unterschrift die Verantwortung für Angaben übernimmt, die ein Dritter nach seinen Angaben gemacht hat. So reicht es etwa aus, dass der Insolvenzschuldner gegenüber einem **Vollstreckungsbeamten des Finanzamts** verschwiegen hat, über offene Forderungen in erheblicher Höhe zu verfügen und das entsprechend seinen Angaben unrichtig ausgefüllte Vollstreckungsprotokoll unterzeichnet.[526] Es kommt nicht darauf an, ob der Schuldner seine von einem Dritten niedergelegten Angaben nochmals durchgelesen hat, bevor dieser sie an den Gläubiger weitergeleitet hat.[527] Der Schuldner soll in diesem Zusammenhang auch verpflichtet sein, fehlerhafte Angaben unverzüglich von sich aus zu korrigieren.[528]

186 Dem Schuldner kann die RSB nach § 290 Abs. 1 Nr. 2 InsO auch versagt werden, wenn er die relevanten Falschangaben für einen Dritten macht, für dessen Erklärungen er verantwortlich ist. Ist er etwa **persönlich haftender Gesellschafter einer Handelsgesellschaft**, können ihm auch Angaben angelastet werden, die er namens der Gesellschaft gemacht hat, um dieser Kredite oder Subventionen zu verschaffen. Einstehen muss er auch für die Angaben von Mitgesellschaftern, die diese auch für ihn, beispielsweise im Rahmen der Abgabe einer Steuererklärung, machen.

187 Die Glaubhaftmachung des Versagungsgrundes des § 290 Abs. 1 Nr. 2 InsO setzt nicht unbedingt die eigene **Darstellung eines Sachverhalts** voraus, aus dem sich der Versagungsgrund ergibt. Der Gläubiger kann den Versagungsgrund vielmehr

---

[524] Vgl. LG Göttingen, ZInsO 2010, 812; AG Köln, NZI 2018, 166.
[525] BGH, 11.9.2003 – IX ZB 37/03, ZInsO 2003, 941; BGH, 9.3.2006 – IX ZB 19/05, ZInsO 2006, 601.
[526] BGH, 23.10.2008 – IX ZB 17/08, JurBüro 2009, 103.
[527] BGH, 21.7.2005 – IX ZB 80/04, ZInsO 2005, 926; BGH, 9.3.2006 – IX ZB 19/05, ZInsO 2006, 601.
[528] LG Mönchengladbach, ZInsO 2004, 515.

auch durch eine Bezugnahme auf andere Unterlagen – insbesondere auch auf rechtskräftige gerichtliche Entscheidungen – glaubhaft machen, vorausgesetzt diese sind aufgrund einer gerichtlichen Sachprüfung ergangen.[529] Hat ein Gläubiger durch Vorlage einer derartigen Entscheidung den **Versagungsgrund** glaubhaft gemacht, muss das Gericht auch ohne eine nähere Sachverhaltsdarstellung **von Amts wegen** ermitteln, ob ein Versagungsgrund gegeben ist. Zur Glaubhaftmachung kann beispielsweise genügen, dass auf eine zur Hauptverhandlung **zugelassene Anklageschrift** gegen den Schuldner oder Kopien aus einer Leistungsakte Bezug genommen wird.[530] Nicht ausreichend ist die Vorlage eines etwa hundertseitigen Strafurteils, aus dem sich an einer von dem Antragsteller nicht näher bezeichneten Stelle der Versagungsgrund des § 290 Abs. 1 Nr. 2 InsO ergeben soll; der Gläubiger muss in einem solchen Fall den Sachverhalt, aus dem der Versagungsgrund zu entnehmen sein soll, vortragen, dabei kann er auf das Strafurteil ergänzend Bezug nehmen.[531] Nicht erforderlich für die in § 290 Abs. 1 Nr. 2 InsO vorausgesetzte **Unredlichkeit des Schuldners** ist es, dass er mit Hilfe der Falschangaben sein Ziel tatsächlich erreicht hat.[532]

- Der Versagungsgrund des § 290 Abs. 1 Nr. 2 InsO liegt nicht vor, wenn der Schuldner es innerhalb des kritischen Zeitraums von drei Jahren vor Eröffnung des Insolvenzverfahrens lediglich unterlässt, frühere **falsche Angaben zu korrigieren** oder zu vervollständigen, denn die Erstreckung des Versagungstatbestandes auf diesen Fall würde gegen die abschließende Fassung der Versagungsgründe verstoßen.[533]
- Auch die bloße **Nichtabgabe gebotener Erklärungen**, wie etwa einer Steuererklärung, genügt nicht, um von einem Versagungsgrund gemäß § 290 Abs. 1 Nr. 2 InsO auszugehen. Die vollständige Unterlassung einer Erklärung kann nicht mit der Abgabe falscher oder unvollständiger Erklärungen gleichgesetzt werden.[534]
- Wird von einem Gläubiger ausdrücklich damit geworben, bei der Vergabe von Krediten **keine Schufa-Auskünfte** einzuholen und Darlehen auch ohne Rücksicht auf die bestehende Leistungsfähigkeit des Schuldners herauszugeben, ist ein Versagungsgrund nach § 290 Abs. 1 Nr. 2 InsO ebenfalls nicht gegeben, wenn dieser keine Auskünfte über bestehende Schulden gegeben hat.[535]

---

[529] BGH, 11.9.2003 – IX ZB 37/03, ZInsO 2003, 941; BGH, 8.1.2009 – IX ZB 80/08, ZInsO 2009, 298; BGH, 6.5.2010 – IX ZB 216/07, ZInsO 2010, 1058.
[530] BGH, 6.5.2010 – IX ZB 216/07, ZInsO 2010, 1058; LG Stuttgart, ZInsO 2001, 134.
[531] BGH, 16.2.2012 – IX ZB 209/11, ZInsO 2012, 597.
[532] BGH, 12.11.2009 – IX ZB 98/09, Verbraucherinsolvenz aktuell 2010, 12.
[533] BGH, 22.5.2003 – IX ZB 456/02, ZInsO 2003, 610.
[534] OLG Köln, ZInsO 2001, 229.
[535] AG Berlin-Lichtenberg, ZInsO 2004, 629.

— Der Schuldner kann durch die **Korrektur falscher Angaben** eine Versagung der RSB vermeiden, wenn er diese berichtigt, bevor der betroffene Gläubiger die Falschangaben beanstandet.[536] Erfolgt die Berichtigung vor dem Schlusstermin, schließt dies die Anwendung des § 290 Abs. 1 Nr. 2 InsO auch nicht aus, wenn die Falschangaben anderweitig – etwa durch einen Gutachter – schon aufgedeckt sind.[537]

188 Im Hinblick auf die Geltendmachung von Versagungsgründen ist umstritten, ob der Antrag stellende **Gläubiger selbst** aufgrund des unredlichen Verhaltens des Schuldners **geschädigt** worden sein muss oder ob es ausreicht, dass der Schuldner sich gegenüber irgendeinem Gläubiger unredlich verhalten hat. Hier spricht der Zweck des § 290 Abs. 1 InsO, unredlich handelnden Schuldnern die RSB vorzuenthalten, dafür, eine Betroffenheit des Gläubigers im Hinblick auf die Befriedigung eigener Ansprüche nicht zu verlangen. Vielmehr reicht es aus, dass der Schuldner gegenüber irgendeinem anderen Gläubiger unredlich gehandelt hat. Erfährt ein Gläubiger von einem Verhalten des Schuldners, das den Tatbestand des § 290 Abs. 1 Nr. 2 InsO erfüllt, und kann er diesen Sachverhalt, der sich etwa auch aus den Insolvenzakten ergeben und vom Gläubiger durch Akteneinsicht ermittelt werden kann, glaubhaft machen, so hat er auch das Rechtsschutzbedürfnis für einen Versagungsantrag, auch wenn er durch das dem Schuldner vorgeworfene Handeln selbst gar nicht beeinträchtigt ist.[538]

189 Hinsichtlich des im Gesetz nicht eindeutig bestimmten zeitlichen Anwendungsbereichs der Vorschrift gilt, dass der Versagungsgrund auch nach Verfahrenseröffnung noch greifen kann. Als **letztmöglicher Zeitpunkt** käme zwar auch der der Verfahrenseröffnung in Betracht. Von einem Schuldner, der die RSB anstrebt, kann aber erwartet werden, dass er sich auch während des eröffneten Verfahrens redlich verhält.[539]

190 § 290 Abs. 1 Nr. 2 InsO ist im Gesetzgebungsverfahren zum Gesetz zur Verkürzung des RSB-Verfahrens unverändert geblieben. Der Gesetzgeber hat allerdings klargestellt, dass eine Versagung der RSB wegen dieses Tatbestandes **keine Sperrfrist**[540] auslöst.

---

536 BGH, 17.9.2009 – IX ZB 284/08, ZInsO 2009, 1954.
537 BGH, 24.4.2008 – IX ZB 115/06, ZInsO 2008, 753.
538 BGH, 1.12.2011 – IX ZB 260/10, ZInsO 2012, 192.
539 BGH, 1.12.2011 – IX ZB 260/10, ZInsO 2012, 192.
540 Siehe auch schon BGH, 22.11.2012 – IX ZB 194/11, ZInsO 2012, 262.

3. Versagungsgrund des § 290 Abs. 1 Nr. 3 InsO „a.F." – früher erteilte/versagte RSB

Nach neuem Recht, welches allerdings erst in den ab 1.7.2014 beantragten Verfahren anzuwenden ist, so dass in Altverfahren die aufgehobenen Vorschrift § 290 Abs. 1 Nr. 3 InsO a.F. weiter gilt,[541] war dem Schuldner die RSB zu versagen, wenn er in den letzten zehn Jahren vor dem Antrag auf Eröffnung des Insolvenzverfahrens oder danach entweder schon einmal **die RSB erlangt** oder ihm aufgrund eines Verfahrens nach § 296 oder § 297 InsO **die RSB** versagt worden war. In Ansehung dieser Vorschrift war unverständlich, aus welchen Gründen nur die Versagung der RSB nach § 296 InsO oder § 297 InsO die Sperrfrist von zehn Jahren nach sich ziehen soll. Wurde dem Schuldner schon im Schlusstermin die **RSB versagt**, weil er einen der Versagungsgründe des § 290 Abs. 1 Nr. 1–6 InsO verwirklicht hatte, so war dies ein genauso triftiger Grund, eine Sperrfrist für die Durchführung eines erneuten Restschuldbefreiungsverfahrens auszulösen, wie die Versagung der RSB während der Wohlverhaltensphase wegen eines Verstoßes gegen die Obliegenheitspflichten des § 295 InsO oder einer rechtskräftigen Verurteilung wegen einer Insolvenzstraftat während der Wohlverhaltensphase.

191

Um diesen Widerspruch zu lösen und die in § 290 Abs. 1 Nr. 3 InsO a.F. offensichtlich bestehende **Regelungslücke** zu schließen, hat der BGH 2009 im Jahre entschieden, dass auch die **rechtskräftige Versagung der RSB** nach den §§ 289, 290 InsO a.F. eine wenigstens dreijährige Sperre für einen erneuten Antrag auf RSB auslöst.[542] Damit sollte verhindert werden, dass der Schuldner sofort wieder einen Anlauf zur Erlangung der RSB machen kann, obwohl diese ihm etwa gerade versagt worden ist, weil er in dem laufenden Insolvenzverfahren nicht weiter mitgewirkt hat. Eine entsprechende Gesetzesauslegung, die noch weitere Sachverhalte erfasst,[543] erschien insbesondere auch im Hinblick auf die Vorfinanzierung der Kosten des Verfahrens durch öffentliche Mittel im Rahmen der Stundung erforderlich. Nach der Rechtsprechung des BGH schied auch eine Stundung der Verfahrenskosten für einen Insolvenzantrag mit einem Antrag auf RSB aus, wenn dieser **innerhalb von drei Jahren nach rechtskräftiger Versagung der RSB** in einem früheren Verfahren gestellt wurde.

192

Während es zum unmittelbaren Anwendungsbereich des § 290 Abs. 1 Nr. 3 InsO a.F. aufgrund der klaren Fristenlösung so gut wie keine klärungsbedürftigen Rechtsfragen gibt, hat der BGH zur Anwendung auf entsprechende Fälle entschieden, dass die Sperrfrist von zehn Jahren für einen erneuten Antrag auf Erteilung der RSB auch dann gilt, wenn die RSB nach Befriedigung aller Insolvenzgläubiger, die

193

---

541 Zu der an die Stelle des § 290 Abs. 1 Nr. 3 InsO getretenen Vorschrift des § 287a Abs. 2 InsO vgl. Rdn 119.
542 BGH, 16.7.2009 – IX ZB 219/08, BGHZ 183, 13 = ZInsO 2009, 1777.
543 Zu weiteren Einzelheiten und Einzelfällen s. bereits oben Rdn 119.

ihre Forderungen angemeldet hatten und deren Forderungen festgestellt worden waren, in einem früheren Verfahren **vorzeitig erteilt** worden ist, weil dieser RSB einer nach Abschluss des Verfahrens gem. § 300 InsO erteilten RSB gleichkommt.[544]

194 Das für den Antrag auf Eröffnung des Insolvenzverfahrens erforderliche Rechtsschutzinteresse fehlt dem Schuldner, wenn er den erneuten Eigenantrag mit dem Ziel der Erteilung der RSB stellt, obwohl ihm innerhalb der letzten zehn Jahre vor dem Eröffnungsantrag schon einmal die RSB in einem Insolvenzverfahren erteilt worden ist. Hieran ändert es nichts, wenn des Schuldner es in dem vorausgehenden Verfahren verpasst Forderungen einzelner Gläubiger zu bestreiten, die mit dem Attribut der **vorsätzlich begangenen unerlaubten Handlung** angemeldet worden sind. Sind deshalb Forderungen möglicherweise zu Unrecht mit dem Zusatz der vorsätzlich begangenen unerlaubten Handlung festgestellt worden, greift gleichwohl die gesetzliche Zehn-Jahres-Frist.[545]

195 Nicht anwendbar soll § 290 Abs. 1 Nr. 3 a.F. InsO sein, wenn in einem früheren Verfahren ein vom Schuldner vorgelegter **Schuldenbereinigungsplan** gem. § 308 Abs. 1 InsO durch Beschluss bestätigt worden ist und der Schuldner sodann erneut zahlungsunfähig wird.[546]

196 Aus einer entsprechenden Anwendung des § 290 Abs. 1 Nr. 3 InsO a.F. leitet der BGH die Unzulässigkeit eines RSB-Antrags ab, den der Schuldner im Insolvenzverfahren über das vom Insolvenzverwalter freigegebene Vermögen aus seiner **selbstständigen Tätigkeit** stellt. Dieser Antrag muss jedenfalls solange als unzulässig angesehen werden, als über seinen im Ausgangsverfahren gestellten Restschuldbefreiungsantrag noch nicht entschieden ist.[547] Ein weiterer Fall der entsprechenden Anwendung ist die Annahme einer dreijährigen Sperrfrist im Hinblick darauf, dass ein früherer Antrag des Schuldners auf Eröffnung des Insolvenzverfahrens über sein Vermögen und auf RSB wegen **Nichterfüllung einer zulässigen Auflage** gem. § 305 Abs. 3 Satz 2 InsO als zurückgenommen galt.[548] Ferner kann ein neuer Antrag erst wieder nach Ablauf von drei Jahren gestellt werden, wenn der Schuldner in der Wohlverhaltensperiode den **Antrag auf RSB zurückgenommen** hat, nachdem er in erheblichem Umfang neue Schulden (konkret: in Höhe von etwa 1.000.000 EUR) begründet hat.[549]

197 Nach neuem Recht, welches allerdings erst in den ab 1.7.2014 beantragten Verfahren anzuwenden ist, so dass in Altverfahren § 290 Abs. 1 Nr. 3 InsO a.F. weiter gilt, gibt es ein gänzlich anderes System von Sperrfristen. Diese stellen nunmehr

---

544 BGH, 11.5.2010 – IX ZB 167/09, ZInsO 2010, 1151.
545 BGH, 4.2.2016 – IX ZB 71/15, ZInsO 2016, 596.
546 AG Göttingen, ZInsO 2005, 1226.
547 BGH, 18.12.2014 – IX ZB 22/13, ZInsO 2015, 499.
548 BGH, 18.9.2014 – IX ZB 72/13, ZInsO 2014, 2177.
549 BGH, 20.3.2014 – IX ZB 17/13, ZInsO 2014, 795.

Zulässigkeitsgründe i.S.d. § 287a Abs. 2 InsO dar.[550] Eine zehn- bzw. elfjährige Antragssperre trifft nur noch Schuldner, denen die RSB bereits einmal erteilt worden ist. Im Übrigen betrüge die Frist in den Versagungsfällen der §§ 296, 297 InsO nur fünf Jahre. Eine dreijährige Sperrfrist gilt, wenn dem Schuldner in dem vorausgehenden Verfahren die RSB nach § 290 Abs. 1 Nr. 5, 6 oder 7 InsO versagt worden ist. In allen anderen Fällen des Scheiterns vorausgehender Anträge könnten Schuldner ihren Antrag auf RSB beliebig oft wiederholen.[551]

4. Versagungsgrund des § 290 Abs. 1 Nr. 4 InsO – Vermögensverschwendung

§ 290 Abs. 1 Nr. 4 InsO sieht vor, dass die RSB versagt werden kann, wenn der Schuldner im letzten Jahr vor dem Antrag auf Eröffnung des Insolvenzverfahrens oder nach diesem Antrag vorsätzlich oder grob fahrlässig die Befriedigung der Insolvenzgläubiger dadurch beeinträchtigt hat, dass er unangemessene Verbindlichkeiten begründet oder Vermögen verschwendet oder ohne Aussicht auf eine Besserung seiner wirtschaftlichen Lage die Eröffnung des Insolvenzverfahrens verzögert hat. Danach stellt ein **verschwenderischer Lebensstil des Schuldners**, der zu einer vorsätzlichen oder grob fahrlässigen Beeinträchtigung der Befriedigungsaussichten der Insolvenzgläubiger führt, ein unredliches Verhalten dar. Sanktioniert wird auch eine Verschwendung nach Verfahrenseröffnung. In der Vorschrift ist kein Termin genannt, bis zu dem ein entsprechendes Verhalten des Schuldners geahndet werden kann, es erscheint deshalb angemessen, seine Pflicht zu einem wirtschaftlich angemessenen Lebensstil auch auf die **Zeit nach Verfahrenseröffnung** zu erstrecken,[552] die Rechtslage dürfte ebenso zu beurteilen sein, wie im Fall der Anwendung des § 290 Abs. 1 Nr. 2 InsO auf die Kredittäuschung oder Erschleichung von Leistungen nach Verfahrenseröffnung.[553]

198

Eine Verschwendung liegt vor, wenn der Schuldner einen **unangemessen luxuriösen Lebensstil führt**. Ebenso verhält es sich, wenn Werte außerhalb einer sinnvollen und nachvollziehbaren Verhaltensweise verbraucht werden oder Ausgaben im Verhältnis zum Gesamtvermögen und dem Einkommen des Schuldners als grob unangemessen und wirtschaftlich nicht nachvollziehbar erscheinen. Verschwenderisch können ferner **Ausgaben von Summen im Rahmen von Glücksspiel, Wetten oder Differenzgeschäften** anzusehen sein. Die schenkweise Hergabe von Vermögensgegenständen ohne nachvollziehbaren Anlass kommt als Verschwendung in Betracht, wobei allerdings eine nach § 134 InsO anfechtbare Schenkung für sich genommen nicht ohne weiteres den Versagungsgrund ausfüllen

199

---

550 Hierzu ausführlich oben Rdn 25 ff.
551 Zur Kritik siehe Grote/Pape, ZInsO 2012, Heft 10.
552 AA AG Göttingen, ZInsO 2015, 1026 m.w.N.
553 Vorstehend Rdn 182.

soll. Der Tatbestand kann gegeben sein, wenn der Schuldner ohne zwingenden wirtschaftlichen Grund **Waren erheblich unter dem Einkaufs-, Gestehungs- oder Marktpreis veräußert** oder Leistungen weit unter Wert erbringt. Grds. soll er dann erfüllt sein, wenn der Schuldner durch nicht nachvollziehbare Verhaltensweisen oder Luxusaufwendungen sein Vermögen verzehrt und damit die Befriedigung der Gläubiger beeinträchtigt.[554] Im Einzelfall sind diese Voraussetzungen etwa dann erfüllt, wenn:
- der Schuldner den **Erlös aus der Veräußerung seines Geschäftsbetriebes** zunächst für die Finanzierung **aufwändiger Urlaubsreisen** verwendet, um anschließend als Vermögensloser einen Insolvenzantrag zu stellen;[555]
- der Schuldner aus einer zur Masse gehörenden Wohnung, die er bis zur Übergabe an den Käufer genutzt hat, gegen den erklärten Willen des Insolvenzverwalters die **Einbauküche entfernt** und vernichtet, die der Insolvenzverwalter für einen Mehrpreis von 1.500 EUR mit der Eigentumswohnung des Schuldners hätte verkaufen können;[556]
- ein Schuldner im Bewusstsein seiner Zahlungsunfähigkeit einen Betrag von 2.000,00 EUR beim **Glücksspiel** einsetzt und verliert.[557]
- Der die RSB ausschließende Versagungsgrund der Verschwendung liegt ohne Hinzutreten besonderer Unwertmerkmale nicht vor, wenn der Schuldner nach Eintritt der Zahlungsunfähigkeit **einzelne Gläubiger befriedigt**, mag diese Befriedigung auch anfechtbar sein.[558] Die Begründung von unangemessenen Verbindlichkeiten im Zusammenhang mit einer selbstständigen Tätigkeit des Schuldners, die ebenfalls von § 290 Abs. 1 Nr. 4 InsO erfasst wird, kann dann gegeben sein, wenn der Schuldner durch sein Handeln gegen die Maßstäbe eines verantwortungsbewusst und wirtschaftlich vernünftig denkenden Kaufmanns verstößt, indem er z.B. **kurzfristige Kredite** aufnimmt, um langfristige Verbindlichkeiten zu decken, obwohl von vornherein kein Gewinn mehr zu erwarten ist.[559] Vereinbart die Schuldnerin in einem Mietvertrag mit ihrem Ehemann, dass ihr Anspruch auf Mietzinszahlung gegen ihren Ehemann mit dessen **Rückzahlungsanspruch aus einer Darlehensforderung** verrechnet wird, fällt diese Form der Mietverrechnung nicht unter die in § 290 Abs. 1 Nr. 4 InsO aufgeführten Tatbestände für die Versagung der RSB, wenn der Insolvenzverwalter

---

554 BGH, 1.9.2006 – IX ZB 24/06, ZInsO 2006, 1103; BGH, 5.3.2009 – IX ZB 141/08, ZInsO 2009, 732; BGH, 10.12.2009 – IX ZB 20/08, juris; BGH, 30.6.2011 – IX ZB 169/10, ZInsO 2011, 1471; BGH, 20.6.2013 – IX ZB 11/12, ZInsO 2013, 1484.
555 Vgl. LG Düsseldorf, NZI 2004, 390.
556 BGH, 9.7.2009 – IX ZB 199/08, ZInsO 2009, 1506.
557 AG Duisburg, JurBüro 2007, 329.
558 BGH, 5.3.2009 – IX ZB 141/08, ZInsO 2009, 732.
559 AG Oldenburg, ZVI 2003, 367.

das Grundstück aus der Insolvenzmasse freigegeben hat und somit das Grundstück nicht dem Insolvenzbeschlag unterfällt, mithin die Schuldnerin über die Einnahmen aus dem Grundstück frei verfügen kann.[560]
– Ebenfalls keine Vermögensverschwendung liegt vor, wenn der Schuldner vor Stellung des Insolvenzantrages mit standardisiertem Schreiben gegenüber seiner Bank **Genehmigungen für den Einzug von Lastschriften** erteilt hat, die für sein tägliches Leben notwendigerweise erfüllt werden mussten, er etwa Stromkostenvorauszahlungen und Krankenkassenbeitragszahlungen genehmigt hat.[561] Der Schuldner verschwendet auch kein Vermögen, wenn er das **Mobiliar einer gepachteten Gaststätte** unentgeltlich auf einen Erwerber in der Erwartung überträgt, der Verpächter werde diesem die Gaststätte nur verpachten, wenn er die in Höhe des Verkehrswerts des Mobiliars offen stehenden Ansprüche auf Zahlung der Pacht begleicht.[562]
– Bemüht sich ein im geschäftlichen Verkehr unerfahrener und erstmals mit einem wettbewerbsrechtlichen Unterlassungsbegehren konfrontierter Schuldner, den wettbewerbsrechtlichen Abmahnungen nachzukommen, um Verstöße und Sanktionen zu vermeiden, erfüllt dies in subjektiver Hinsicht nicht den Tatbestand eines schuldhaften, mindestens grob fahrlässigen Verstoßes gegen § 290 Abs. 1 Nr. 4 InsO und rechtfertigt nicht die Versagung der RSB, auch wenn er es nicht vollständig geschafft hat, der Abmahnung zu entsprechen.[563] Die Belastung eines Grundstücks mit einer **Fremdgrundschuld**, die keine Forderung sichert, stellt eine Vermögensverschwendung dar.[564] Dagegen begründet die Aufgabe des Eigentums an einem **wertausschöpfend belasteten Grundstück** keine Versagung, wenn der Schuldner die laufenden Ausgaben nicht mehr decken kann.[565]

Zwar können nach § 290 Abs. 1 Nr. 4 InsO auch **Verzögerungen bei der Insolvenzantragstellung** einen Versagungsgrund darstellen; gleichwohl besteht grds. Einigkeit darüber, dass hieraus keine Insolvenzantragspflicht für natürliche Personen abzuleiten ist. So stellt es keinen Versagungsgrund dar, wenn der Schuldner in Kenntnis seiner Zahlungsunfähigkeit nicht bereits ein Jahr vor der Stellung des Eröffnungsantrags einen Insolvenzantrag gestellt hat.[566] Eine Versagung der RSB wegen der Verschleppung des Insolvenzantrags kommt für natürliche Personen des-

200

---

[560] LG Göttingen, NZI 2009, 122.
[561] LG Hamburg, ZInsO 2008, 1034.
[562] BGH, 20.6.2013 – IX ZB 11/12, ZInsO 2013, 1484.
[563] AG Hildesheim, ZInsO 2014, 1403.
[564] BGH, 30.6.2011 – IX ZB 169/10, ZInsO 2011, 1471.
[565] AG Göttingen, ZInsO 2015, 708.
[566] BGH, 16.2.2012 – IX ZB 209/11, ZInsO 2012, 597.

halb auch noch nicht in Betracht, wenn lediglich fällige Verbindlichkeiten über einen längeren Zeitraum nicht bezahlt werden.[567] Erforderlich ist vielmehr, dass der Schuldner durch aktives Tun Gläubiger von der Stellung eines Insolvenzantrages abhält.[568]

Nicht ausreichend ist das schlichte **Verbergen eines Vermögensgegenstandes**, weil es nicht den Begriff der „Verschwendung" im Sinne der Vorschrift erfüllt. Durch das bloße Verstecken wird der Zugriff von Gläubigern auf den Gegenstand erschwert oder sogar vereitelt. Bei einem Gegenstand, über den der Schuldner noch verfügen kann, scheidet schon begrifflich eine Verschwendung aus. Eine solche liegt aber vor, wenn der Schuldner ein **Grundstück** zugunsten seiner Ehefrau **belastet**, um es dem Zugriff anderer Gläubiger zu entziehen. Hat nur diese die Verfügungsgewalt über die Grundschulden – etwa um sie als Sicherheit für ein neu aufzunehmendes Darlehen oder als Gegenleistung für die Stundung einer Forderung einzusetzen – verliert der Schuldners seine Verfügungsbefugnis, so dass sich die **unentgeltliche Einräumung der Grundschulden** als Verschwendung darstellen kann.[569]

201 In den ab dem 1.7.2014 beantragten Verfahren ist eine Änderung nur insofern eingetreten, als die Wartefrist des § 290 Abs. 1 Nr. 4 InsO n.F. von bisher einem Jahr auf **drei Jahre vor Antragstellung** verlängert worden ist. Mit dieser Änderung der bislang ohnehin eher bedeutungsarmen Vorschrift soll dem Wegfall einer Sperrfrist für einen erneuten Antrag auf RSB nach Versagung in einem vorausgehenden Verfahren[570] Rechnung getragen werden. Bei einer **Vorlauffrist von drei Jahren** soll es überflüssig sein, dass der Schuldner weitere drei Jahre warten muss, bevor er einen erneuten Antrag auf RSB stellen könne.

5. Versagungsgrund des § 290 Abs. 1 Nr. 5 InsO – Verletzung von Auskunfts- und Mitwirkungspflichten

201a Nach § 290 Abs. 1 Nr. 5 InsO kann das Insolvenzgericht dem Schuldner die RSB dann versagen, wenn glaubhaft gemacht und festgestellt wird, dass der Schuldner während des Insolvenzverfahrens **Auskunfts- oder Mitwirkungspflichten** nach der Insolvenzordnung **vorsätzlich oder grob fahrlässig verletzt hat**. Dabei versteht die Rechtsprechung im Anwendungsbereich des § 290 Abs. 1 Nr. 5 InsO – wie auch sonst – unter grober Fahrlässigkeit ein Handeln, bei dem die im Verkehr erforderliche Sorgfalt in ungewöhnlich hohem Maße verletzt wurde, wenn ganz nahe liegen-

---

567 AG Oldenburg, ZVI 2003, 483.
568 AG Göttingen, ZInsO 2014, 2340 m.w.N.
569 BGH, 30.6.2011 – IX ZB 169/10, ZInsO 2011, 1471.
570 Vgl. zum Altrecht BGH, 14.1.2010 – IX ZB 257/09, ZInsO 2010, 347; ZInsO 2013, 892.

de Überlegungen nicht angestellt oder beiseite geschoben wurden und dasjenige unbeachtet geblieben ist, was im gegebenen Fall sich jedem aufgedrängt hätte; d.h., es muss sich um eine auch subjektiv schlechthin unentschuldbare Pflichtverletzung handeln.[571] Die Erteilung einer **unvollständigen Auskunft** durch den Schuldner kann etwa dann als grob fahrlässig zu bewerten sein, wenn bei allgemeiner Fragestellung, wesentliche Vermögensveränderungen nicht mitgeteilt, Angaben zu erheblichen Veränderungen nicht gemacht werden, oder wenn das Auskunftsverlangen durch eine gezielte Fragestellung in einer Weise konkretisiert ist, die bei dem Schuldner keine Unklarheit über die von ihm zu machenden Angaben aufkommen lassen kann.[572] Gem. § 97 Abs. 1 InsO ist der Schuldner verpflichtet, alle rechtlichen und wirtschaftlichen Umstände, die für die Abwicklung des Insolvenzverfahrens in irgendeiner Weise von Bedeutung sein können, zu offenbaren. Die Mitteilungspflicht ist nicht davon abhängig, dass an den Schuldner entsprechende Fragen gerichtet werden.[573] Er muss vielmehr die betreffenden Umstände **von sich aus offenlegen**, soweit sie offensichtlich für das Insolvenzverfahren von Bedeutung sein können und nicht klar zu Tage liegen.[574] Da der Schuldner schon ohne Nachfrage zu einer erschöpfenden Auskunft verpflichtet ist, stellt es eine Selbstverständlichkeit dar, dass er konkrete Fragen des Gerichts nach seinen Vermögensverhältnissen stets zutreffend beantworten muss.[575] Zu beachten ist, dass die Amtsermittlungspflicht des Insolvenzgerichts bei einer fehlenden schlüssigen Darlegung und Glaubhaftmachung eines Versagungsgrundes nicht einsetzt, weil es der Gläubigerautonomie widerspricht, wenn das Insolvenzgericht seine Versagungsentscheidung von Amts wegen auf Gründe stützt, die der Gläubiger im Rahmen seines Versagungsantrags nicht vorgetragen hat.[576] Vortrag des Schuldners zu einem Versagungsantrag, den dieser nach dem Schlusstermin innerhalb eines ihm gewährten Schriftsatznachlasses gehalten hat, darf das Insolvenzgericht nicht präkludieren.[577]

Eine **konkrete Beeinträchtigung der Befriedigungsaussichten der Gläubiger** ist nicht erforderlich, damit dem Schuldner die RSB wegen Verletzung seiner Auskunfts- und Mitwirkungspflichten versagt werden kann; die Pflichtverletzung des Schuldners muss nur ihrer **Art nach geeignet** sein, zu einer Benachteiligung der Gläubiger zu führen.[578] Welche Auskunfts- und Mitwirkungspflichten den

202

---

571 BGH, 9.2.2006 – IX ZB 218/04, ZInsO 2006, 370; BGH, 7.12.2006 – IX ZB 11/06, ZInsO 2007, 96; BGH, 27.9.2007 – IX ZB 243/06, ZInsO 2007, 1150; BGH, 19.3.2009 – IX ZB 212/08, ZInsO 2009, 786.
572 BGH, 19.3.2009 – IX ZB 212/08, ZInsO 2009, 786.
573 BGH, 8.3.2012 – IX ZB 70/10, ZInsO 2012, 751.
574 BGH, 8.1.2009 – IX ZB 73/08, ZInsO 2009, 395; BGH, 7.10.2010 – IX ZA 29/10, ZInsO 2010, 2148; BGH, 17.3.2011 – IX ZB 174/08, ZInsO 2011, 836; BGH, 8.3.2012 – IX ZB 70/10, ZInsO 2012, 751.
575 BGH, 3.2.2011 – IX ZB 3/10, WuM 2011, 321; BGH, 17.3.2011 – IX ZB 174/08, ZInsO 2011, 836.
576 LG Wuppertal, ZInsO 2018, 2381.
577 BGH, 27.4.2017 – IX ZB 80/16, ZInsO 2017, 1270.
578 BGH, 8.1.2009 – IX ZB 73/08, ZInsO 2009, 395.

Schuldner treffen, ergibt sich aus den §§ 97 ff. InsO, im Eröffnungsverfahren gelten diese gem. §§ 20 Abs. 1, 22 Abs. 3 InsO entsprechend.

203 Zwar sind nach dem Wortlaut des § 290 Abs. 1 Nr. 5 InsO a.F. nur Verletzungen der Auskunfts- und Mitwirkungspflichten während des Insolvenzverfahrens für die Erteilung der RSB schädlich. Gleichwohl treffen den Schuldner entsprechende Pflichten auch schon **im Eröffnungsverfahren**. Auch dort bestehen bereits umfassende Auskunfts- und Mitwirkungspflichten, deren Verletzung zur Versagung der RSB führen kann. Erklärt sich beispielsweise der Schuldner im Eröffnungsverfahren in seinem Stundungsantrag nicht hinreichend zu seinen wirtschaftlichen Verhältnissen, obwohl ihm das Insolvenzgericht nach Hinweis aufgegeben hat, seine Angaben binnen angemessener Frist zu ergänzen, so ist ihm die Stundung zu versagen, weil sein Antrag wegen Verletzung der Auskunfts- und Mitwirkungspflicht unzulässig oder unbegründet ist.[579] Allerdings gilt auch für § 290 Abs. 1 Nr. 5 InsO, dass das Insolvenzgericht seine Entscheidung über die Versagung der RSB nicht von Amts wegen auf andere als die vom Antragsteller geltend gemachten Versagungsgründe stützen darf, selbst wenn dem Antragsteller diese Gründe erst nach dem Schlusstermin bekannt geworden sind.[580]

Nicht zu den Pflichten des Schuldners gehören aus einer mit dem Insolvenzverwalter getroffenen, nicht auf die **gesetzlichen Pflichten** beschränkten Vereinbarung über die nach der **Freigabe der selbständigen Tätigkeit des Schuldners** an die Insolvenzmasse abzuführenden Zahlungen; es handelt sich nicht um Auskunfts- oder Mitwirkungspflichten „nach diesem Gesetz" gemäß **§ 290 Abs. 1 Nr. 5 InsO**.[581] Der BGH hat deshalb den Beschluss eines Beschwerdegerichts aufgehoben, das dem Schuldner, einem Zahnarzt mit freigegebener Selbständigkeit, wegen Nichterfüllung einer mit dem Insolvenzverwalter getroffenen Abführungsvereinbarung die RSB versagt hatte. Allerdings heißt es in dem Beschluss weiter, beantragt ein Insolvenzgläubiger, dem Schuldner nach der Freigabe seiner selbständigen Tätigkeit die Restschuldbefreiung wegen der Verletzung einer gesetzlichen Mitwirkungspflicht zu versagen, ist der Versagungsgrund glaubhaft gemacht, wenn der Schuldner vertraglich übernommene Zahlungspflichten an die Insolvenzmasse nicht erfüllt; der Schuldner hat in diesem Fall darzulegen, dass er nach dem Gesetz zu keinen höheren als zu den von ihm geleisteten Zahlungen verpflichtet war. Soweit der Schuldner bereits das Rentenalter erreicht hatte, führt der BGH in dem Beschluss ferner aus, übt der Schuldner während des Insolvenzverfahrens eine vom Insolvenzverwalter freigegebene selbständige Tätigkeit aus, kann er zu Zahlungen an die Insolvenz-

---

579 BGH, 16.12.2004 – IX ZB 72/03, ZInsO 2005, 207.
580 BGH, 25.10.2007 – IX ZB 187/03, ZInsO 2007, 1221.
581 BGH, 12.4.2018 – IX ZB 60/16, ZInsO 2018, 1508; siehe bereits BGH, 20.3.2003 – IX ZB 388/02, ZInsO 2003, 413, 416.

masse nach **Maßgabe eines angemessenen abhängigen Dienstverhältnisses** verpflichtet sein, auch wenn er das Renteneintrittsalter erreicht hat.

Im Einzelnen gilt für die Anwendung der Vorschrift Folgendes:

- Erklärt der Schuldner in seinem Insolvenz- und Stundungsantrag, über keine ausreichenden Mittel zu verfügen, um die Verfahrenskosten zu begleichen, ist diese Angabe objektiv unzutreffend, wenn er tatsächlich noch über Bargeld in Höhe von 2.000 EUR verfügt hat, das er kurz zuvor von seinem Girokonto abgehoben hatte. Das **Verschweigen dieses Bargeldbetrages** war seiner Art nach geeignet, die Befriedigung der Gläubiger zu beeinträchtigen und die Versagung der RSB wegen der fehlerhaften Angabe auch nicht unverhältnismäßig.[582]
- Ausreichend ist, dass der Schuldner **während des Verfahrens erworbenes Vermögen** oder Einkünfte, die er im Laufe des Verfahrens erzielt, verschweigt oder seinen **Wohnsitz verlegt**, ohne dem Gericht und dem Insolvenzverwalter/Treuhänder mitzuteilen, wo er sich aufhält.[583] Die Auskunftspflicht des Schuldners bezieht sich auf alle das Verfahren betreffenden Verhältnisse, insbesondere alle rechtlichen, wirtschaftlichen und tatsächlichen Umstände, die für das Verfahren in irgendeiner Weise von Bedeutung sein können.[584]
- Die Nichtangabe einer in dem Zeitraum zwischen der Stellung eines ersten Insolvenzantrags und der Stellung eines weiteren, mit einem Restschuldbefreiungsgesuch verbundenen Insolvenzantrags vorgenommenen **Grundstücksschenkung** stellt einen zumindest grob fahrlässigen Verstoß gegen die Auskunfts- und Mitwirkungspflichten des Schuldners dar.[585] Auch die fehlende Aufklärung über die Eigentümerstellung an einem Grundstück in der Türkei kann zur Versagung der RSB führen.[586]
- Der Schuldner verletzt seine Auskunfts- und Mitwirkungspflicht bereits dann, wenn er in den vorbereitenden Gesprächen zur Erstellung des Sachverständigengutachtens ein **Treuhandkonto verschweigt**.[587] Entsprechendes gilt im Fall des Verschweigens eines Bankguthabens, wenn dieses Verhalten geeignet ist, die Befriedigung der Gläubiger zu beeinträchtigen.[588]
- Zu den Auskunftspflichten des Schuldners gehört es etwa auch, eine während des Verfahrens angefallene **Erbschaft dem Treuhänder zu offenbaren** und das Ererbte an diesen abzuführen.[589] Voraussetzung hierfür ist allerdings, dass der

204

---

582 BGH, 25.6.2015 – IX ZB 60/14, ZInsO 2015, 1790.
583 LG Mönchengladbach, ZInsO 2003, 955.
584 BGH, 11.2.2010 – IX ZB 126/08, ZInsO 2010, 477; BGH, 15.4.2010 – IX ZB 175/09, ZInsO 2010, 926; BGH, 3.2.2011 – IX ZB 3/10, WuM 2011, 321.
585 BGH, 17.3.2011 – IX ZB 174/08, ZInsO 2011, 836.
586 AG Karlsruhe, ZVI 2016, 41.
587 BGH, 21.7.2005 – IX ZB 179/04, ZVI 2005, 551.
588 BGH, 19.5.2011 – IX ZB 142/11, ZInsO 2011, 1223.
589 LG Göttingen, ZInsO 2004, 1212.

Pape

Schuldner über die Wirkungen des Anfalls einer Erbschaft im Verfahren zutreffend belehrt worden ist und das Gericht ihm nicht fälschlich den Eindruck vermittelt hat, der Halbteilungsgrundsatz gelte schon im eröffneten Verfahren.[590]
- Das **Verschweigen von Forderungen** durch den Schuldner stellt ebenfalls einen Verstoß gegen seine Auskunfts- und Mitwirkungspflichten dar, der die Versagung der RSB rechtfertigt. Ob es sich nach Auffassung des Schuldners um schwierig beizutreibende Forderungen handelt, steht ihrer Berücksichtigung bei der Versagungsentscheidung nicht entgegen; es ist nicht Sache des Schuldners, seine Aktiva zu bewerten und nach seiner Auffassung „für die Gläubiger uninteressante" Positionen zu verschweigen.[591]
- Einkünfte, die ein **selbstständig tätiger Schuldner** nach der Eröffnung des Insolvenzverfahrens erzielt, sind in vollem Umfang – ohne einen Abzug für beruflich bedingte Ausgaben – zur Insolvenzmasse abzuführen. Für seinen Lebensunterhalt oder die Fortführung der Praxis benötigte Beträge darf der Schuldner nur entnehmen, wenn er gemäß § 850i ZPO beantragt hat, dass ihm von seinen durch Vergütungsansprüche gegen Dritte erzielten Einkünften ein pfandfreier Betrag belassen wird.[592]
- Zu den vom Schuldner unverzüglich zu offenbarenden Umständen gehört der **Erwerb von Geschäftsanteilen** an einer GmbH und die Übernahme des Geschäftsführeramts; unterlässt er dies, kann ihm die RSB versagt werden. Für die Annahme eines Verstoßes gegen seine Auskunftspflicht ist es in diesem Zusammenhang ohne Bedeutung, dass der Schuldner aus seiner Tätigkeit im Ergebnis keinen wirtschaftlichen Erfolg erzielt hat.[593]
- Die Verpflichtung, dem Insolvenzverwalter die für die **Durchsetzung privatärztlicher Honorarforderungen** erforderlichen Daten über die Person des Drittschuldners und die Forderungshöhe mitzuteilen, besteht – ebenso wie in Verfahren über das Vermögen anderer Ärzte – auch im Insolvenzverfahren über das Vermögen eines Facharztes für Psychiatrie, Psychotherapie und Psychoanalyse; ihre Nichterfüllung kann deshalb zur Versagung der RSB führen.[594]
- Werden die **pfändbaren Beträge des Arbeitseinkommens** des Schuldners während des Insolvenzverfahrens nicht an den Insolvenzverwalter abgeführt, sondern an den Schuldner ausgezahlt, kann der Versagungsgrund der Verletzung von Auskunfts- und Mitwirkungspflichten vorliegen, wenn der Schuldner die pfändbaren Beträge nicht weiterleitet.[595]

---

590 BGH, 9.2.2006 – IX ZB 218/04, ZInsO 2006, 370.
591 BGH, 7.12.2006 – IX ZB 11/06, ZInsO 2007, 96; BGH, 3.2.2011 – IX ZB 3/10, WuM 2011, 321.
592 BGH, 19.5.2011 – IX ZB 94/09, ZInsO 2011, 1412.
593 BGH, 15.4.2010 – IX ZB 175/09, ZInsO 2010, 1042.
594 BGH, 5.2.2009 – IX ZB 85/08, ZInsO 2009, 734.
595 BGH, 31.7.2013 – IX ZA 37/12, ZInsO 2014, 712.

- Das Verschweigen der gerichtlichen **Verfolgung einer Schadensersatzforderung** und die verzögerte Information des Treuhänders auch nach zufälligem Bekanntwerden des Rechtsstreits über dessen Verlauf rechtfertigt die Versagung der RSB.[596]
- Zu den für das Insolvenzverfahren bedeutsamen Umständen, die vom Schuldner offen gelegt werden müssen, zählen auch solche, die eine **Insolvenzanfechtung** begründen können, da eine erfolgreiche Anfechtung zu einer Mehrung der Insolvenzmasse führen kann.[597]
- Keine Pflichtverletzung liegt vor, wenn der Verwalter, der verpflichtet ist, die **Steuererklärungen** für den Schuldner abzugeben, versucht, sich seiner originären Verpflichtung zur Abfassung der das Schuldnervermögen betreffenden Erklärung zu entledigen, indem er den Schuldner auffordert, die Erklärung selbst zu fertigen. Der Verwalter darf in einem solchen Fall nicht auf Zusagen des Schuldners vertrauen, die Steuererklärung selbst bei dem Finanzamt einzureichen. Auch die Nichtvorlage der zur Fertigung der Steuererklärung benötigten Unterlagen rechtfertigt keine Versagung der RSB.[598] Nach einem Beschluss des LG Duisburg verletzt der Schuldner seine Mitwirkungspflicht, indem er die durch den Insolvenzverwalter anzufertigende Steuererklärung nicht entsprechend vorbereitet und insbesondere die hierzu erforderlichen Unterlagen und Informationen dem Insolvenzverwalter nicht zur Verfügung stellt, obwohl er hierzu schon im Rahmen der Erstbesprechung von dem Insolvenzverwalter aufgefordert wurde; insoweit bestehe zweifelsfrei ein Grund zur Versagung der Restschuldbefreiung nach **§ 290 Abs. 1 Nr. 5 InsO**.[599]
- Nach einem Beschluss des AG Köln[600] zu einem Atfall soll die Ausschlussfrist des **§ 290 Abs. 1 InsO** a.F. für die Stellung eines Antrags auf Versagung der Restschuldbefreiung nicht solche Umstände erfassen, die **Gegenstand der Nachtragsverteilung** sind. Die Auskunfts- und Mitwirkungspflichten des Schuldners bestünden fort, soweit sie der Durchsetzung der Nachtragsverteilung dienten; Verstöße hiergegen könnten eine Versagung der Restschuldbefreiung auch noch nach Aufhebung des Insolvenzverfahrens begründen. Insoweit könne ein Versagungsantrag gestellt werden, bis entweder ein (ggf. schriftlicher) Schlusstermin betreffend die Nachtragsverteilung stattfinde, oder aber, in Ermangelung eines solchen Stichtags, bis zur Aufhebung der Nachtragsverteilung. Das AG hat deshalb auf einen mehrere Jahre nach Aufhebung

---

[596] BGH, 7.10.2010 – IX ZA 29/10, ZInsO 2011, 2148.
[597] BGH, 23.9.2010 – IX ZB 16/10, ZInsO 2009, 2101; BGH, 11.2.2010 – IX ZB 126/08, ZInsO 2010, 477; BGH, 8.3.2012 – IX ZB 70/10, ZInsO 2012, 751.
[598] BGH, 18.12.2008 – IX ZB 197/07, ZInsO 2009, 300.
[599] LG Duisburg, ZInsO 2017, 882.
[600] ZInsO 2017, 2134.

Pape

des Insolvenzverfahrens gestellten Versagungsantrag dem Schuldner die RSB nach § 290 Abs. 1 Nr. 5 InsO versagt, weil dieser die Steuererklärungen nicht abgegeben bzw. bei der **Erstellung der Steuererklärungen** nicht mitgewirkt hatte, deren **Erstattungsbeträge** Gegenstand der Nachtragsverteilung sein sollten.

– Eine Verletzung von Mitwirkungspflichten des Insolvenzschuldners ist weiterhin nicht anzunehmen, wenn der Schuldner zu einem ganz bestimmten Zeitpunkt infolge **Wohnsitzwechsels** nach Arbeitsplatzverlust für den Treuhänder nicht ununterbrochen erreichbar ist und zur Auskunftserteilung einschränkungslos zur Verfügung steht. Eine Pflichtverletzung kann allenfalls dann angenommen werden, wenn sich die fehlende Mitwirkung über einen längeren Zeitraum erstreckt und nennenswerte Auswirkungen auf das Verfahren hat.[601] Nach einem Beschluss des LG Mainz soll die unterlassene Mitteilung des Schuldners hinsichtlich seines jeweiligen Aufenthaltsorts die Versagung der Restschuldbefreiung nicht rechtfertigen. Mit der Mitteilungspflicht solle sichergestellt werden, dass der Schuldner für das Gericht und den Treuhänder jederzeit postalisch oder telefonisch erreichbar ist. Diesem Erfordernis werde der Schuldner, der über keine ständige Wohnanschrift verfüge, gerecht, wenn er einen Zustellungsbevollmächtigten bestellt und benannt habe, über welchen er jederzeit postalisch zu erreichen sei.[602]

– Eine Verletzung der Mitwirkungspflichten des Schuldners, bei der die RSB zu versagen wäre, liegt nicht vor, wenn der Schuldner im Insolvenzverfahren für die **Nutzung seiner Eigentumswohnung** keine Entschädigung an die Masse zahlt.[603] Der Verwalter kann in einem derartigen Fall gegen den Schuldner auf Zahlung klagen. Er kann ihn auch auf Räumung der Immobilie in Anspruch nehmen.

– Auch im Hinblick auf § 290 Abs. 1 Nr. 5 InsO gilt, dass die Versagung der RSB wegen der Verletzung einer Auskunftspflicht unverhältnismäßig sein kann, wenn der Schuldner die gebotene Auskunft **von sich aus nachgeholt** hat, bevor der Sachverhalt aufgedeckt und ein hierauf gestützter Versagungsantrag gestellt worden ist.[604] Auch wenn der Schuldner erst im Beschwerdeverfahren die geforderte Erklärung über seine Verhältnisse vorlegt, ist die Aufhebung der Stundung der Verfahrenskosten nach **§ 4c Nr. 1 InsO** nicht mehr möglich; eine zuvor noch zu Recht erfolgte Aufhebung durch das Insolvenzgericht ist im Beschwerdeverfahren aufzuheben.[605] Jedoch soll in einem derartigen Fall die

---

601 BGH, 3.7.2008 – IX ZB 181/07, ZInsO 2008, 975.
602 LG Mainz, NZI 2017, 900.
603 BGH, 19.11.2015 – IX ZB 59/14, ZInsO 2016, 34.
604 BGH, 16.12.2010 – IX ZB 63/09, ZInsO 2011, 133.
605 LG Karlsruhe, 8.3.2018 – 11 T 30/18, juris.

Nichtvorlage von Belegen nach **§ 4c Nr. 5 InsO** zur Aufhebung der Stundung führen können.
- Die Verwirklichung des objektiven Tatbestands des § 290 Abs. 1 Nr. 5 InsO schließt es nicht aus, Vorsatz und grobe Fahrlässigkeit des Schuldners zu verneinen, weil dieser irrtümlich angenommen hat, eine Forderung habe rechtlich oder wirtschaftlich überhaupt **nicht zu seinem Vermögen gehört**.[606]

Eine Versagung der RSB gemäß § 290 Abs. 1 Nr. 5 InsO kommt nach den bis Mitte des Jahres 2014 geltenden Vorschriften der InsO[607] nicht in Betracht, wenn der Schuldner während des Insolvenzverfahrens keiner **angemessenen Erwerbstätigkeit** nachgeht. Anders als im Rahmen der Verfahrenskostenstundung oder – nach Aufhebung des Insolvenzverfahrens – in der Wohlverhaltensphase stellte die Nichtaufnahme einer Tätigkeit während des laufenden Verfahrens entgegen vereinzelt vertretener Auffassung keinen Versagungsgrund i.S.d. § 290 Abs. 1 Nr. 5 InsO dar.[608] Deshalb ist es auch zweifelhaft, ob dem Schuldner die RSB allein deshalb versagt werden kann, weil er entgegen einem **Verbot des Treuhänders** seine selbstständige Tätigkeit fortsetzt. Der Treuhänder ist insoweit nicht befugt, dem Schuldner verbindliche **Anweisungen** für den Einsatz seiner Arbeitskraft während des Verfahrens zu geben; er kann nur eine wirtschaftlich selbstständige Tätigkeit des Schuldners nach § 35 Abs. 2 InsO freigeben. Einen Versagungsgrund würde es insoweit aber darstellen, wenn der Schuldner es unterlässt, den Treuhänder über Art und Umfang seiner selbstständigen Tätigkeit sowie die erzielten Einnahmen zu informieren[609] und diese – jedenfalls solange der Verwalter/Treuhänder die Tätigkeit nicht freigegeben hat – in vollem Umfang an die Masse abzuführen.[610]

Mit Inkrafttreten des Verkürzungsgesetzes ist es im Grundsatz dabei geblieben, dass den Schuldner nach § 290 Abs. 1 Nr. 5 InsO keine Verpflichtung trifft, für die Masse zu arbeiten. Eine **Erwerbsobliegenheit**, die sich auch auf das eröffnete Verfahren erstreckt, ergibt sich jetzt aber allgemein aus § 287b InsO n.F. Bei Verletzung diese Obliegenheit im Laufe des eröffneten Verfahrens greift der neu geschaffene Versagungsgrund des § 290 Abs. 1 Nr. 7 InsO n.F. ein, so dass die Problematik des Fehlens einer Erwerbspflicht in dieser Phase des Insolvenzverfahrens an anderer Stelle geklärt ist. Im Übrigen ist durch die Neufassung des § 290 Abs. 1 InsO jetzt

205

---

606 BGH, 16.9.2010 – IX ZB 128/09, NZI 2010, 911.
607 Vgl. dazu die nachfolgenden Ausführungen.
608 Dies gilt für Altverfahren auch unter Berücksichtigung des ab 1.7.2014 geltenden neuen Versagungstatbestandes des § 290 Abs. 1 Nr. 7 InsO, der eine Erwerbsobliegenheit des Schuldners schon im eröffneten Verfahren statuiert – dazu Grote/Pape, ZInsO 2012, 409, 412f.
609 Zu der in § 35 Abs. 3 S. 1 InsO neu eingeführten Informationspflicht des Schuldners vgl. Pape/Laroche/Grote, ZInsO 2021, 57, 65.
610 Vgl. BGH, 20.3.2003 – IX ZB 388/02, ZInsO 2003, 413; BGH, 19.5.2011 – IX ZB 94/09, ZInsO 2011, 1412.

auch im Gesetz klargestellt, dass schon die Verletzung von Auskunfts- und Mitwirkungspflichten im **Eröffnungsverfahren** einen Versagungsgrund darstellen kann.

6. Versagungsgrund des § 290 Abs. 1 Nr. 6 InsO – Falschangaben in den Verzeichnissen nach § 305 Abs. 1 InsO und in der Erklärung nach § 287 Abs. 1 Satz 3 InsO n.F.

206 Ein besonderer Fall der Mitwirkungs- und Auskunftspflichten des Schuldners ist in § 290 Abs. 1 Nr. 6 InsO geregelt. Danach kann die Versagung der RSB erfolgen, wenn der Schuldner, bei dem es sich um einen Verbraucherschuldner handeln muss, in den nach § 305 Abs. 1 Nr. 3 InsO vorzulegenden Verzeichnissen vorsätzlich oder grob fahrlässig fehlerhafte Angaben gemacht hat. Ebenso wie § 290 Abs. 1 Nr. 5 InsO setzt auch diese Regelung nicht als „ungeschriebenes" Tatbestandsmerkmal voraus, dass der Schuldner durch seine falschen oder unvollständigen Angaben die **Befriedigung der Insolvenzgläubiger** beeinträchtigt hat; es genügt, dass der Verstoß gegen die in Nr. 6 genannten Mitwirkungspflichten seiner Art nach hierzu geeignet ist.[611] Die Vorschrift greift folglich auch dann ein, wenn es im konkreten Fall nicht zu einer Gläubigerbenachteiligung gekommen ist, weil der Gläubiger anderweitig vom Insolvenzverfahren erfahren und seine Forderung noch rechtzeitig angemeldet hat. Eine entsprechende Benachteiligung ist immer dann gegeben, wenn der Gläubiger einer Insolvenzforderung nicht im Verzeichnis aufgeführt ist, weil dadurch seine Teilnahme am Verfahren in Frage gestellt wird. Ob es dem Gläubiger gelungen ist, seine Forderung später doch noch rechtzeitig anzumelden, ist unerheblich.[612] Dies entspricht dem Sinn der Versagungsgründe des § 290 Abs. 1 InsO, die **„Redlichkeit"** des Schuldners zu sichern. Die Verletzung der Pflicht des Schuldners kann deshalb auch von jedem Insolvenzgläubiger unabhängig von der Frage, ob er von den fehlerhaften Angaben betroffen ist, geltend gemacht werden.[613]

207 Kein Grund für eine Versagung der RSB ist es bei § 290 Abs. 1 Nr. 6 InsO dagegen, wenn ein ganz unwesentlicher Verstoß gegen die Wahrheitspflicht vorliegt.[614] Falschangaben, die sich im Bereich von wenigen EUR bewegen, führen damit nicht zur Versagung, wenn sie eine **„Wesentlichkeitsgrenze"** nicht überschreiten.[615] Von „ganz unwesentlichen Verstößen" ist allerdings nur auszugehen, wenn es um geringfügige Verstöße geht. Schuldner mit einer besonders großen Schuldenmasse können nicht davon ausgehen, dass es eine Prozentrechnung gibt, nach der sich

---

611 BGH, 2.7.2009 – IX ZB 63/08, NZI 2009, 562; BGH, 24.3.2011 – IX ZB 80/09, ZInsO 2011, 835.
612 BGH, 28.6.2012 – IX ZB 259/11, ZInsO 2013, 99.
613 BGH, 21.1.2010 – IX ZB 164/09, ZInsO 2010, 631.
614 BGH, 9.12.2004 – IX ZB 32/04, ZInsO 2005, 146.
615 Vgl. AG Göttingen, ZInsO 2016, 178.

Falschangaben etwa nur dann auswirken, wenn sie in einem bestimmten Prozentbereich liegen.

Im Übrigen ist bei der Versagung ein strenger Maßstab anzulegen, wenn es darum geht, dass der Schuldner **Vermögenswerte** oder **Einkünfte** in den Verzeichnissen nicht angegeben hat. Der allgemeine Einwand des Schuldners, den **Überblick über sein Vermögen** verloren zu haben, ist nach zutreffender Auffassung kein Grund, um weniger strenge Anforderungen an die Vollständigkeit und Richtigkeit seiner Angaben zu stellen.[616] Dem Schuldner ist es z.B. auch hier nicht erlaubt, bestimmte Vermögenswerte zu verschweigen, weil er meint, diese seien unpfändbar oder hätten für die Gläubiger ohnehin keinen Wert. Gibt ein Schuldner im **Gläubigerverzeichnis** im Wesentlichen sämtliche später zur Tabelle angemeldeten Forderungen an, spricht dies bei Nichtangabe weiterer Gläubiger möglicherweise gegen eine zumindest grob fahrlässige Falschangabe im Sinne der Vorschrift.[617] Ob die vom Schuldner angegebenen Vermögensgegenstände tatsächlich verwertbar sind, muss dem nachfolgenden Verfahren überlassen bleiben. Ausreichen für eine Versagung können beispielsweise:

208

- die Nichtangabe von gegebenen Schenkungen im Vorfeld der Insolvenz, die über übliche Gelegenheitsgeschenke hinausgehen,
- das Verschweigen der unentgeltlichen Übertragung eines Grundstücks an eine nahestehende Person,[618]
- die fehlende Offenbarung der Veräußerung von Vermögensgegenständen unter Wert,
- das Verschweigen von Forderungen gegen Dritte, wobei dies auch für von diesen bestrittene Forderungen gilt,[619]
- das Verschweigen einer vereinnahmten Mietkaution,[620]
- die Nichtangabe von Fahrzeugen, auch wenn diese geleast sind,
- **die fehlende Angabe von gegen den Schuldner gerichteten Forderungen aus einer Straftat**,[621]
- das Verschweigen von Darlehensrückzahlungsansprüchen,
- die Nichtangabe eines Gläubigers, der zuvor einen Fremdantrag gestellt hatte,[622]
- die Nichtangabe von Geschäftsführertätigkeiten usw.

---

616 AG Heidelberg, ZVI 2004, 630.
617 AG Göttingen, ZInsO 2016, 178.
618 LG Stralsund, 5.6.2013 – 2 T 119/13, juris.
619 BGH, 2.7.2009 – IX ZB 63/08, NZI 2009, 562.
620 BGH, 12.7.2007 – IX ZB 129/04, WuM 2007, 469.
621 LG Lübeck, NZI 2015, 861.
622 AG Oldenburg, ZVI 2016, 42.

Pape

209 Zwar wird im Vermögensverzeichnis des Schuldners nach § 305 Abs. 1 InsO auch die Offenlegung des **unbeweglichen Vermögens** verlangt. Gleichwohl können dem Schuldner keine bindenden Angaben zum Wert der Grundstücke abverlangt werden. Soweit in vorgedruckten Antragsformularen entsprechende Angaben gefordert werden, können aus der Nichtbeantwortung keine dem Schuldner nachteiligen Schlussfolgerungen hergeleitet werden.[623] Die Vorlage der Vermögens- und Gläubigerverzeichnisse dient der Entlastung des Insolvenzgerichts und der Information der Gläubiger über die Grundlagen der geplanten Schuldenbereinigung. Ebenso wie bei § 290 Abs. 1 Nr. 5 InsO scheidet deshalb eine Versagung der RSB wegen nicht vorsätzlich falscher Angaben in den mit dem Antrag auf Eröffnung des Verbraucherinsolvenzverfahrens und auf RSB eingereichten Unterlagen aus, wenn der Schuldner diese Angaben noch im **Eröffnungsverfahren ergänzt oder berichtigt** hat.[624] Für die Versagung kommt es nur darauf an, ob der Schuldner in dem von ihm vorzulegenden Vermögensverzeichnis nach § 305 Abs. 1 Nr. 3 InsO falsche Angaben gemacht hat. **Spätere unzutreffende Angaben** des Schuldners – etwa im Rahmen seiner Stellungnahme zum Versagungsantrag eines Gläubigers – sind für die Anwendung der Vorschrift unerheblich.[625] Nicht anzugeben hat der Schuldner allerdings Forderungen, die er aufgrund der Besonderheiten des Insolvenzverfahrens ohnehin nicht zum Nachteil der Gläubiger geltend machen kann, wie etwa **Ausgleichsansprüche gegen Mitschuldner**.[626] Nicht unter § 290 Abs. 1 Nr. 6 InsO a.F. fallen Falschangaben des Schuldners in **anderen Verzeichnissen**, etwa einer nach § 153 InsO aufzustellenden Vermögensübersicht.[627]

210 Der Schuldner muss zwar auch solche Forderungen angeben, deren **Bestehen er bestreitet**. Verschweigt er diese vorsätzlich oder grob fahrlässig, ist ihm die RSB regelmäßig zu versagen. Hat er aber im Gläubiger- und Forderungsverzeichnis Forderungen mehrerer Gläubiger mit „0 EUR" angegeben und auf Nachfrage des Insolvenzgerichts hierzu erläutert, dass er nicht mehr genau wisse, in welcher Höhe die Forderungen noch offen seien und er diese deshalb zunächst mit 0 EUR bewertet habe, begründet die solcherart fehlende exakte Bestimmung der Forderungshöhe weder eine Versagung der Verfahrenskostenstundung noch eine Versagung der RSB. Entscheidend ist hier, dass der Schuldner den Gläubigern die Teilnahme am Verfahren ermöglicht hat.[628]

Die Versagung der RSB wegen des Verschweigens einer Forderung kann nur im Schlusstermin beantragt werden. Danach ist ein Antrag ausgeschlossen. Der Gläu-

---

[623] BGH, 8.5.2008 – IX ZB 54/07, WuM 2008, 416.
[624] BGH, 17.3.2005 – IX ZB 260/03, NZI 2005, 461.
[625] BGH, 9.12.2004 – IX ZB 132/04, ZInsO 2005, 146.
[626] BGH, 8.7.2004 – IX ZB 463/02, ZVI 2004, 696.
[627] LG Memmingen, ZVI 2004, 627.
[628] BGH, 12.6.2008 – IX ZB 205/07, ZInsO 2008, 860.

biger kann aber einen Anspruch gegen den Schuldner aus § 826 BGB haben, wenn dieser seinen Anspruch bewusst zur Erreichung der RSB verschwiegen hat und deshalb darin eine **unerlaubte Handlung im Sinne des § 826 BGB** zu sehen ist. Insoweit kann eine eigenständige neue Schadensersatzforderung des Gläubigers begründet sein. Die im laufenden Insolvenzverfahren nicht erfasste Forderung kann im Rahmen eines streitigen Erkenntnisverfahrens verfolgt werden.[629] Auch für § 290 Abs. 1 Nr. 6 InsO gilt, dass ein Versagungsgrund, den der Gläubiger im Schlusstermin oder binnen einer an dessen Stelle tretenden Frist nicht vorgebracht hat, im Beschwerdeverfahren – auch wenn der Gläubiger erst nach dem Schlusstermin von dem Versagungsgrund erfahren hat – gegen die Zurückweisung des Antrags auf Versagung der RSB **nicht nachgeschoben** werden kann.[630] Unabhängig von der Frage, ob der Antragsteller von den Falschangaben des Schuldners persönlich betroffen ist, kann jeder Gläubiger, der eine Forderung angemeldet hat, einen auf § 290 Abs. 1 Nr. 6 InsO gestützten Versagungsantrag stellen.[631]

Soweit es bei der Anwendung des § 290 Abs. 1 Nr. 6 InsO darum geht, ob der Schuldner vorsätzlich oder grob fahrlässig gehandelt hat, gelten auch hier die allgemeinen, schon bei § 290 Abs. 1 Nr. 5 InsO behandelten Grundsätze. Das Verschulden ist im Rahmen einer Gesamtwürdigung sämtlicher glaubhaft gemachter Umstände festzustellen.[632] Ist der Schuldner zeitnah zur Aufstellung des Vermögensverzeichnisses mit der Forderung konfrontiert worden – etwa durch **Pfändungsmaßnahmen** des Gläubigers, die Zustellung von **Mahn- und Vollstreckungsbescheiden** oder im Rahmen eines Rechtsstreits – so sprechen erhebliche Gründe dafür, dass der Schuldner auch zumindest grob fahrlässig gehandelt hat.[633] Liegen dagegen zwischen der letztmaligen Geltendmachung der Forderung und dem Insolvenzantrag viele Jahre und macht die Forderung auch nur einen geringen Bruchteil der Verbindlichkeiten des Schuldners aus, so dürfte eher von einem leicht oder einfach fahrlässigen Verhalten auszugehen sein, das eine Versagung nicht rechtfertigt.[634] Nach einem Beschluss des LG Hamburg handelt der Schuldner im Sinne des Versagungsgrundes des **§ 290 Abs. 1 Nr. 6 InsO grob fahrlässig**, wenn er das von seinem im Verbraucherinsolvenzverfahren tätigen **anwaltlichen Verfahrensbevollmächtigten** erstellte Gläubigerverzeichnis nicht vor Einreichung des Insolvenzeigenantrags dahingehend überprüft, ob Gläubiger dort fehlen. Insoweit sei der Versagungstatbestand des **§ 290 Abs. 1 Nr. 6 InsO** ist auch bei der unterlassenen Angabe einer mit Nachdruck verfolgten **titulierten Forderung** erfüllt, die

---

629 BGH, 6.11.2008 – IX ZB 34/08, NZI 2009, 66.
630 BGH, 23.10.2008 – IX ZB 3/08, ZInsO 2008, 1272.
631 BGH, 22.2.2007 – IX ZB 20/05, ZInsO 2007, 446.
632 OLG Celle, ZInsO 2001, 757.
633 LG Göttingen, ZInsO 2002, 733.
634 LG Berlin, ZVI 2005, 96.

Pape

ca. 5% aller Verbindlichkeiten des Schuldners ausmacht und in eine Gläubigerliste mit insgesamt 79 Gläubigern hätte aufgenommen werden müssen.[635]

211 In **Neuverfahren** hat der Gesetzgeber die Verletzung der Erklärungspflicht nach § 287 Abs. 1 Satz 3 InsO n.F. als weiteren Versagungsgrund i.S.d. § 290 Abs. 1 Nr. 6 InsO hinzugefügt. Dem Schuldner droht die Versagung der RSB auf Antrag eines Gläubigers im aktuellen Verfahren, wenn er vorsätzlich oder grob fahrlässig eine **frühere Erteilung der RSB oder deren Versagung** in einem vorausgehenden Verfahren nicht angibt. Dies gilt allerdings erst für einen ab dem 1.7.2014 gestellten Insolvenzantrag, die Erklärungspflicht aus § 287a Abs. 1 Satz 3 InsO gilt erst in diesen Verfahren. Ein Gläubigerantrag auf Versagung der RSB kann nach neuem Recht ohne Einhaltung einer bestimmten Frist bis zum Schlusstermin nach Verfahrenseröffnung jederzeit schriftlich gestellt werden. Die **Entscheidung über den Versagungsantrag** erfolgt jedoch erst nach dem Schlusstermin; eine vorherige Entscheidung des Insolvenzgerichts über einen unzulässigen oder unbegründeten Versagungsantrag ist verfahrensfehlerhaft, weil sie im Gesetz nicht vorgesehen ist.[636]

7. Verletzung der Erwerbsobliegenheit des Schuldners im eröffneten Verfahren – § 290 Abs. 1 Nr. 7 InsO

212 Gem. § 287b InsO besteht in allen ab dem 1.7.2014 beantragten Verfahren eine **generelle Erwerbsobliegenheit** des Schuldners ab Beginn der Abtretungsfrist bis zur Beendigung des Insolvenzverfahrens.[637] Über die frühere Regelung für die Wohlverhaltensphase hinaus obliegt es dem Schuldner schon im eröffneten Verfahren eine **angemessene Erwerbstätigkeit auszuüben,** wenn er ohne Beschäftigung ist, sich um eine solche zu bemühen und keine zumutbare Tätigkeit abzulehnen. Damit ist die Lücke zwischen der entsprechenden Pflicht des Schuldners bei **Stundung der Verfahrenskosten** nach § 4c Nr. 4 InsO[638] und in der Erwerbsobliegenheit in der **Wohlverhaltensphase geschlossen**. Die Erwerbspflicht besteht nunmehr lückenlos während des gesamten Verfahrens.[639] Für die Wohlverhaltensphase bzw. Abtre-

---

635 LG Hamburg, ZInsO 2017, 1853.
636 Vgl. LG Göttingen, ZInsO 2017, 2576.
637 Vgl. auch HK-PrivatinsolvenzR/Pape, § 287b InsO Rn 5 ff.; KPB/Wenzel, InsO, § 287b Rn 2 ff.; Schmerbach, NZI 2013, 566, 570.
638 Mit der Neufassung des § 4c Nr. 4 InsO hat der Gesetzgeber die Vorschrift an die Rechtsprechung des BGH (vgl. BGH, 22.10.2009 – IX ZB 160/09, ZInsO 2009, 2210 Rn 14; BGH, 22.4.2010 – IX ZB 253/07, ZInsO 2010, 1153 Rn 8; BGH, 2.12.2010 – IX ZB 160/10, ZInsO 2011, 147 Rn 7; BGH, 13.9.2012 – IX ZB 191/11, ZInsO 2012, 1958 Rn 9) angepasst und dahingehend präzisiert, dass auch insoweit eine Verletzung dieser Pflicht nur vorliegt, wenn durch deren Verletzung die Befriedigung der Insolvenzgläubiger beeinträchtigt wird.
639 Vgl. die Begründung BT-Drucks. 17/13535, S. 39.

tungszeit ändert sich durch die Vorschrift nichts, weil den Schuldner dort gem. § 295 Abs. 1 Nr. 1 InsO schon immer eine Erwerbsobliegenheit traf. Inhaltlich ist die Erwerbsobliegenheit im eröffneten Verfahren mit der entsprechenden Obliegenheit in der Wohlverhaltensphase und bei Stundung der Verfahrenskosten deckungsgleich.[640] Die Folgen einer Verletzung der **Obliegenheit im eröffneten Verfahren** sind in § 290 Abs. 1 Nr. 7 InsO n.F. geregelt. Dieser stellt in Neuverfahren einen zu beachtenden Versagungsgrund dar. Auch insoweit gilt nach einem Beschluss des LG Hamburg im Anschluss an die Rechtsprechung des BGH[641], dass eine Erwerbsobliegenheit des Schuldners entfällt, wenn ihm aufgrund der Umstände des Einzelfalls (dreijähriges Kleinkind, das unter massiven Angstzuständen und Verlustängsten leidet) die Aufnahme einer beruflichen Tätigkeit nicht zugemutet werden kann. Ob und in welchem Umfang ein Schuldner neben einer von ihm übernommenen **Kinderbetreuung** erwerbstätig sein muss, richtet sich in erster Linie nach den spezielleren **familienrechtlichen Verpflichtungen**, wobei als Grundlage der Beurteilung die zu § 1570 BGB entwickelten familienrechtlichen Maßstäbe heranzuziehen sind.[642]

Die Ausweitung der Erwerbspflicht sorgt dafür, dass sich der Schuldner während des gesamten Verfahrens um die **Befriedigung seiner Gläubiger** zu bemühen hat, insoweit ist aus § 4c Nr. 4 InsO allerdings auch weiterhin zu entnehmen, dass dem Schuldner die Stundung entzogen werden kann, wenn er keiner Tätigkeit nachgeht oder sich nicht um eine solche bemüht.[643] Zusätzlich ist der Schuldner ab **Inkrafttreten des § 287b InsO n.F.** unabhängig von der Stundung verpflichtet, seine Arbeitskraft schon im eröffneten Verfahren für die Befriedigung der Gläubiger einzusetzen. Eine Verletzung dieser Pflicht kann nach § 290 Abs. 1 Nr. 7 InsO n.F. auf Antrag eines Gläubigers dann zu einer Versagung der RSB führen, wenn der Schuldner seine Pflichten aus § 287b InsO n.F. verletzt und dadurch die Befriedigung der Insolvenzgläubiger beeinträchtigt, es sei denn den Schuldner trifft kein Verschulden. Inhaltlich ist die Ausgestaltung der Erwerbsobliegenheit im eröffneten Verfahren und in der Abtretungszeit damit gleichläufig. Dies folgt aus dem Erfordernis der Beeinträchtigung der Befriedigung der Insolvenzgläubiger in beiden Fällen sowie den Anforderungen an den Entlastungsbeweis des Schuldners und dem Verweis auf § 296 Abs. 2 und 3 InsO. Damit kann zur Anwendung des § 290 Abs. 1 Nr. 7 InsO n.F. auf die Rechtsprechung zu §§ 295 Abs. 1 Nr. 1, § 296 InsO zurückge-

213

---

640 Hinsichtlich der Anforderungen, die der Schuldner ab dem 1.7.2014 zu beachten hat, wird auf die Ausführungen zu § 295 Abs. 1 Nr. 1 InsO (Rdn 240 ff.) verwiesen.
641 BGH, 3.12.2009 – IX ZB 139/07, ZInsO 2010, 105.
642 LG Hamburg, ZInsO 2019, 1336.
643 Die Ergänzung des § 4c Nr. 4 InsO, wonach eine Verletzung der Erwerbsobliegenheit nur vorliegt, wenn die Befriedigung der Gläubiger beeinträchtigt wird, ist keine echte Neuerung; der Gesetzgeber hat die Regelung nur an die Rechtsprechung des BGH angeglichen.

Pape

griffen werden.⁶⁴⁴ Dies gilt insbesondere auch im Blick auf die **Ausgestaltung der Bewerbungsbemühungen**, denen ein beschäftigungsloser Schuldner genügen muss.

214 Übertragbar sind auch die zu § 295 Abs. 2 InsO entwickelten Grundsätze, für die Abführungspflicht im Eröffnungsverfahren **selbstständig tätiger Schuldner**.⁶⁴⁵ Hier ergibt sich aus der Regelung eine Antwort auf die Frage, was zu geschehen hat, wenn der wirtschaftlich selbstständig tätige Schuldner, dessen Tätigkeit der Insolvenzverwalter nach § 35 Abs. 2 InsO freigegeben hat, nicht genug einnimmt, um seine Gläubiger durch Zahlungen an den Insolvenzverwalter so zu stellen, wie wenn er einer vergleichbaren abhängigen Beschäftigung nachgegangen wäre.⁶⁴⁶ Bisher konnte dies nur zur Folge haben, dass der Schuldner weniger abzuführen hatte, wenn er die Mindereinnahmen nachweisen konnte. In Neuverfahren muss sich der Schuldner ab 1.7.2014 – wie bisher schon in der Wohlverhaltensphase – nachweisbar wie ein beschäftigungsloser Schuldner um eine abhängige Beschäftigung bemühen. Verpflichtet, seine selbstständige Tätigkeit sofort zu beenden, dürfte er allerdings auch hier nicht sein.⁶⁴⁷

8. Kosten- und Gebühren im Versagungsverfahren

215 Der für das Versagungsverfahren anzusetzende Wert ist vom Interesse des Schuldners an der Erteilung der RSB abhängig. Soweit vereinzelt der Wert des Verfahrens nach der Summe aller gegen den Schuldner gerichteten Forderungen, oder dem Betrag der noch offenen Forderung des Versagungsantragstellers bestimmt worden ist, hat der BGH diese Überlegungen verworfen. Nach seiner Rechtsprechung ist für die **Wertfestsetzung** allein die **Höhe der Quote**, die der Gläubiger im Erfolgsfall auf seine Forderung voraussichtlich erhalten würde, maßgeblich.⁶⁴⁸ Nach Auffassung des AG Köln, das dem BGH folgt, ist der **Gegenstandswert** für das einen Antrag auf Versagung der Restschuldbefreiung betreffende Verfahren nach dem objektiven wirtschaftlichen Interesse desjenigen zu bemessen, der den jeweiligen Antrag stellt oder das entsprechende Rechtsmittel verfolgt; maßgeblich sei dabei nicht der **Nennbetrag** der dem verfahrensbeteiligten Gläubiger verbleibenden Forderung, sondern deren wirtschaftlicher Wert, bei dem auch die **Erfolgsaussichten** einer

---

644 Zu den Einzelheiten Pape/Uhländer/Pape, InsO, § 295 Rn 7 ff., § 296 Rn 10 ff. jeweils m.w.N.
645 Vgl. KPB/Wenzel, InsO, § 295 Rn 19 ff.; FK/Ahrens, § 295 InsO Rn 72 ff.; Pape/Uhländer/Pape, InsO, § 295 Rn 30 ff.
646 Siehe Pape, WM 2013, 1145, 1152 f.
647 Vgl. Gote/Pape, InsO 2014, 1433, 1443.
648 BGH, 23.1.2003 – IX ZB 227/02, ZInsO 2003, 217; BGH, 8.2.2007 – IX ZB 266/05, JurBüro 2007, 315; BGH, 26.4.2011 – IX ZB 101/10, juris.

künftigen Beitreibung zu berücksichtigen seien.⁶⁴⁹ Besteht keine konkrete Aussicht auf Zahlung einer Quote, so nimmt der BGH in ständiger Rechtsprechung einen **Wert von 5.000 EUR** für das Versagungsverfahren an, es sei denn, der Gläubiger ist Antragsteller/Beschwerdeführer und seine Forderung unterschreitet diesen Betrag. Dann ist maximal die **Höhe der Gläubigerforderung** maßgeblich. Hat der Schuldner einen Rechtsanwalt mit der Wahrnehmung seiner Interessen im Restschuldbefreiungsverfahren beauftragt, so ist mit der dadurch ausgelösten Gebühr auch die Tätigkeit des Anwalts im Rahmen eines Versagungsverfahrens abgegolten.⁶⁵⁰

X. Gerichtliche Entscheidung über den Antrag auf RSB nach altem und neuem Recht

Die Entscheidung über den Antrag des Schuldners auf RSB erfolgt sowohl in Altverfahren gem. § 289 Abs. 1 Satz 2 InsO a.F. als auch in Neuverfahren nach § 290 Abs. 2 Satz 2 InsO n.F. durch Beschluss, der nach **Anhörung der Gläubiger und des Insolvenzverwalters im Schlusstermin** ergeht. In beiden Fällen handelt es sich in der Regel noch nicht um die endgültige Erteilung der RSB. Diese wird dem Schuldner vielmehr zunächst nur a**ngekündigt**. Dies ergibt sich in Altverfahren aus § 291 InsO a.F.⁶⁵¹ In Neuverfahren ist die Ankündigung schon im Zusammenhang mit der Verfahrenseröffnung nach § 287a Abs. 1 InsO erfolgt; das Verfahren wird dort nach § 288 InsO n.F. mit der **Bestellung des Treuhänders** fortgesetzt, wenn keine Entscheidung über die RSB erfolgt, d.h. der RSB-Antrag des Schuldners auf den Versagungsantrag eines Gläubigers nicht zurückgewiesen oder – ganz ausnahmsweise – die RSB vorzeitig nach § 300 Abs. 1 Satz 2 Nr. 1 InsO n.F. erteilt wird.⁶⁵² Eine weitere Ausnahme bilden die sog. **asymmetrischen Verfahren**, in den die Entscheidung über die RSB nach Ablauf der Abtretungszeit während des noch laufenden Insolvenzverfahrens erfolgt.⁶⁵³ In diesen Verfahren bleibt der Insolvenzverwalter weiter im Amt und setzt die Verwertung nach Maßgabe des § 300a InsO fort.

216

1. Ankündigung der RSB in Altverfahren

Über den Antrag des Schuldners auf RSB ist bei regulärem Verlauf des Verfahrens in Altsachen gem. § 289 Abs. 1 Satz 2 InsO a.F. durch Beschluss zu entscheiden; in die-

217

---

649 AG Köln, ZInsO 2018, 1824.
650 LG Göttingen, ZInsO 2003, 526.
651 Gestrichen seit 1.7.2014.
652 Siehe Grote/Pape, InsO 2014, 1433, 1453f.; KPB/Wenzel, InsO, § 300 Rn 12f.; Graf-Schlicker/ Kexel, 5. Aufl., § 300 InsO Rn 9ff.
653 Vgl. Rdn 142ff.

Pape

sem Beschluss, den das Insolvenzgericht im Anschluss an die **Anhörung der Beteiligten** im Schlusstermin trifft, erfolgt gem. § 291 InsO a.F. die **Ankündigung der RSB**, sofern die Voraussetzungen des § 290 InsO nicht gegeben sind und der Schuldner sich während des Laufs der Wohlverhaltensphase keine Obliegenheitspflichtverletzungen zuschulden kommen lässt, die zur Versagung der RSB nach **§ 295 InsO i.V.m. § 296 InsO** führen können, bzw. eine **Versagung nach § 297 oder § 298 InsO** erfolgt. Der Erlass des Ankündigungsbeschlusses obliegt dem **Rechtspfleger**, sofern keine Anträge auf Versagung der RSB gestellt sind. Haben Gläubiger in der Schlussanhörung **Versagungsanträge** gestellt, muss nach § 18 Abs. 1 Nr. 2 RPflG der Richter über den Antrag auf RSB befinden.[654]

218 Diskutiert wird schon seit langem und regelmäßig wiederkehrend, das Verfahren insgesamt dem **Rechtspfleger** zu übertragen. Ein entsprechender Vorschlag ist in dem im Januar 2012 vorgelegten Referentenentwurf des BMJ enthalten gewesen. Eine solche Änderung ist jedoch der Bedeutung der Entscheidung über die RSB nicht angemessen. Bei der Versagung handelt es sich um streitentscheidende abwägende richterliche Tätigkeit, die nicht durch stereotype Formularbeschlüsse ersetzt werden darf.[655] Würde eine entsprechende Abwägung nur noch in der Beschwerdeinstanz stattfinden, hätte die Beteiligten aufgrund der nachfolgend angesprochenen Einschränkung des Rechtsbeschwerdeverfahrens im praktischen Ergebnis nur noch eine Instanz, in der es zu einer fundierten Sachprüfung kommt. Der Gesetzgeber hat deshalb mit Recht darauf verzichtet, das Verfahren in größerem Umfang auf den Rechtspfleger zu übertragen.

a) Anfechtung des Ankündigungsbeschlusses

219 Nach § 289 Abs. 2 InsO a.F. ist der Beschluss im Fall der Versagung der RSB durch den Schuldner und im Fall der Zurückweisung des Versagungsantrags durch alle Gläubiger anfechtbar, die einen **Versagungsantrag gestellt** haben. Hat das Gericht dem Schuldner die RSB versagt, kann dieser gegen die Entscheidung sofortige Beschwerde einlegen. Soweit in der Vergangenheit nach § 7 InsO die **Rechtsbeschwerde** zum BGH gegen die Entscheidung über die sofortige Beschwerde statthaft war, gilt seit Streichung der Vorschrift im Oktober 2011, dass die Rechtsbeschwerde vom Landgericht zugelassen sein muss, damit sie statthaft ist. Dies führt zu einer erheblichen Einschränkung der Rechtsmittel, bei der sich gezeigt hat, dass eine – verfassungsrechtlich bedenkliche – **sehr restriktive Zulassungspraxis** Standard geworden ist, bei der zweifelhaft ist, ob die Rechtsbeschwerde tatsächlich in allen

---

654 Zur Aufgabenverteilung zwischen Richter und Rechtspfleger AG Kaiserslautern, ZInsO 2015, 1116.
655 Vgl. zur Kritik Grote/Pape, ZInsO 2012, 409, 418.

Fällen zugelassen wird, in denen die Sache grundsätzliche Bedeutung hat, Rechtsfortbildungsbedarf besteht oder eine Zulassung zur Sicherung der Einheitlichkeit der Rechtsprechung erforderlich ist.

b) Bestellung des Treuhänders für die Wohlverhaltensphase

Im Ankündigungsbeschluss zur RSB, der nach § 289 Abs. 2 Satz 3 InsO zusammen mit dem Beschluss über die Aufhebung des Insolvenzverfahrens öffentlich bekannt gemacht werden muss, bestellt das Insolvenzgericht den **Treuhänder für die Wohlverhaltensphase**, bei dem es sich in dem zur Jahresmitte 2014 außer Kraft getretenen vereinfachten Insolvenzverfahren regelmäßig um den bereits nach § 313 InsO bestellten Treuhänder handelte.[656] Bestimmte das Gericht für die Wohlverhaltensphase einen neuen Treuhänder, lag darin zugleich die **schlüssige Entlassung** des zuvor für das vereinfachte Insolvenzverfahren bestellten Treuhänders, der gegen diesen Beschluss sofortige Beschwerde einlegen konnte.[657] Dies galt auch dann, wenn ein auf Eigenantrag eröffnetes Verbraucherinsolvenzverfahren unzulässigerweise in ein Regelinsolvenzverfahren übergeleitet wurde; auch in diesem Fall ging mit der Überleitung die Entlassung des Treuhänders und die Bestellung eines Insolvenzverwalters einher. Wurde der Verweisungsbeschluss nach einer Beschwerde aufgehoben, so führte dies nicht automatisch zur Unwirksamkeit der Entlassungsentscheidung des im Verbraucherinsolvenzverfahren bestellten Treuhänders, dieser blieb vielmehr ist Amt, es sei denn, der entlassene Treuhänder hatte sich fristgerecht dagegen beschwert, dass mit dem Überleitungsbeschluss konkludent seine Entlassung erfolgt war.[658] Hatte das Insolvenzgericht die RSB angekündigt, war eine Aufhebung des Insolvenzverfahrens aber noch nicht erfolgt, so war der im eröffneten Verfahren bestellte Treuhänder weiterhin zur **Rechnungslegung** verpflichtet.[659] Auf den Treuhänder, der nach neuem Recht zu Beginn der Abtretungszeit stets neu bestellt werden muss, gehen für die Dauer der sich an die Aufhebung des Insolvenzverfahrens anschließenden Wohlverhaltensphase die **pfändbaren Bezüge des Schuldners** nach Maßgabe der gemäß § 287 Abs. 2 InsO abgegebenen **Abtretungserklärung** über.

220

---

656 BGH, 24.7.2003 – IX ZB 458/02, ZInsO 2003, 750; BGH, 17.6.2004 – IX ZB 92/03, ZVI 2004, 544; BGH, 15.11.2007 – IX ZB 237/06, ZInsO 2007, 1348.
657 BGH, 15.11.2007 – IX ZB 237/06, ZInsO 2007, 1348; BGH, 26.1.2012 – IX ZB 15/11, ZInsO 2012, 455.
658 BGH, 5.3.2015 – IX ZB 27/14, ZInsO 2015, 949.
659 BGH, 30.9.2010 – IX ZB 85/10, NZI 2010, 997.

Pape

c) Kriterien für die Bestimmung des Treuhänders

221 Für die **Bestellung des Treuhänders** nach § 291 Abs. 2 InsO a.F./§ 288 InsO n.F. gelten ähnliche Kriterien wie für die Bestellung des Insolvenzverwalters. Der Schuldner und die Gläubiger haben gemäß § 288 InsO ein **Vorschlagsrecht**. Soweit der Schuldner oder die Gläubiger tatsächlich Vorschläge für die Person des Treuhänders machen, ist das Insolvenzgericht an diese aber nicht gebunden. Sie haben nur Empfehlungscharakter. **Geeignete Personen** für die Bestellung als Treuhänder sind i.d.R. Schuldnerberater, Rechtsanwälte, Steuerberater, Gerichtsvollzieher, Berufsbetreuer usw. Besondere Anforderungen an die berufliche Qualifikation sind nicht zu stellen. Auch wenn weniger strenge Anforderungen an die Eignung und **Unabhängigkeit** des Treuhänders vom Schuldner und von den Gläubigern gestellt werden als beim Insolvenzverwalter, sollten **Interessenkonflikte** auch bei der Bestellung des Treuhänder in der Wohlverhaltensphase vermieden werden. Ein **Vertreter des Schuldners** ist deshalb für das Amt ungeeignet; damit dürfte sich die Bestellung von Familienangehörigen oder Freunden des Schuldners ebenso verbieten wie die Bestellung von Gläubigervertretern.

d) Anfechtung der Treuhänderbestellung

222 Die Bestellung des Treuhänders im Beschluss nach § 291 InsO a.F. kann nicht isoliert angefochten werden. Eine sofortige Beschwerde gegen den Ankündigungsbeschluss kommt nur unter den Voraussetzungen des § 289 Abs. 2 InsO a.F. in Betracht. Gegen den Treuhänder können die Gläubiger allenfalls **Anträge auf Entlassung** aus wichtigem Grund nach den §§ 292 Abs. 3 Satz 2, 59 InsO stellen. Will der Treuhänder selbst sein Amt nicht weiter bekleiden, muss er seine Entlassung nach § 313 Abs. 1 Satz 3 i.V.m. § 59 InsO betreiben; auch die Entlassung des Treuhänders auf seinen eigenen Antrag setzt einen wichtigen Grund voraus.[660] Isoliert anfechtbar wäre der Beschluss nur für den Treuhänder des vereinfachten Insolvenzverfahrens, wenn eine andere Person für die Wohlverhaltensphase bestimmt wird, weil in dessen Bestellung konkludent die Entlassung des bisherigen Treuhänders liegt.[661]

2. Übergang in die Abtretungszeit in ab dem 1.7.2014 beantragten Neuverfahren

223 Nach Wegfall des **Ankündigungsbeschlusses** zu Beginn der Wohlverhaltensphase (§ 291 Abs. 1 InsO a.F.) muss der Treuhänder in den ab 1.7.2014 beantragten Verfahren jeweils neu in der Entscheidung des Gerichts über die **Aufhebung oder die Einstellung des Insolvenzverfahrens** wegen Masseunzulänglichkeit bestimmt werden, wenn noch keine abschließende Entscheidung über die RSB ergehen kann. Ist

---

660 BGH, 17.6.2004 – IX ZB 92/03, ZVI 2004, 544.
661 BGH, 15.11.2007 – IX ZB 237/06, ZInsO 2007, 1348.

die Laufzeit der Abtretungserklärung zum Zeitpunkt der Entscheidung über Anträge nach § 290 InsO bereits abgelaufen, erfolgt keine Treuhänderbestellung mehr. Einen **„geborenen Treuhänder"**, der auch für die Abtretungszeit bestimmt ist, gibt es nach Wegfall des vereinfachten Insolvenzverfahrens der §§ 312ff. InsO a.F. nicht mehr. Das Amt des Insolvenzverwalters im Verbraucherinsolvenzverfahren endet mit der Aufhebung des Verfahrens. Unterschiede zum Insolvenzverwalter im Regelinsolvenzverfahren gibt es nicht mehr. Dies schließt allerdings nicht aus, dass auch der **bisherige Verwalter** zum Treuhänder bestellt werden kann.[662] Bei dem Treuhänder muss es sich auch nach neuem Recht um eine für den jeweiligen Einzelfall geeignete natürliche Person handeln. Soweit in § 288 InsO n.F. nunmehr das Vorschlagsrecht für die Person des Treuhänders geregelt ist stellt die Regelung eine Kombination des Vorschlagsrechts aus § 288 InsO a.F. mit der Ersetzung des aufgehobenen § 291 Abs. 2 InsO dar.[663] **Juristische Personen** können nicht zum Treuhänder bestimmt werden, dies folgt bereits aus dem Wortlaut der Vorschrift.[664] § 288 InsO n.F. legt ferner fest, dass auf den Treuhänder die pfändbaren Bezüge des Schuldners **nach Maßgabe der Abtretungserklärung** des § 287 Abs. 2 InsO übergehen.

Für den nach § 288 Satz 1 InsO n.F. zu bestellenden Treuhänder gilt auch nach neuem Recht, dass der Schuldner und die Gläubiger gem. § 288 InsO ein **Vorschlagsrecht** für die Person des Treuhänders haben. Nichts geändert hat sich auch an den Auswahlkriterien.[655] Die Aufgabenverteilung zwischen **Richter und Rechtspfleger** für die Entscheidung ist ebenfalls gleich geblieben. **Funktional zuständig** ist der Richter, sofern Versagungsanträge gem. § 290 Abs. 1 InsO gestellt worden sind. Die Beschwerderechte sind redaktionell in § 290 Abs. 3 Satz 1 InsO n.F. verlagert worden, inhaltlich aber unverändert geblieben. Ist im Schlusstermin kein Antrag auf Versagung der RSB gestellt worden, so bleibt der **Insolvenzrechtspfleger** auch für die Entscheidung über die Ankündigung der RSB bzw. die Bestellung des Treuhänders für die Abtretungszeit zuständig. **Beide Entscheidungen** – der rechtskräftige Ankündigungs- bzw. Versagungsbeschluss und der Beschluss über die Aufhebung des Insolvenzverfahrens – sind gem. § 289 Abs. 2 Satz 3 InsO a.F./§ 290 Abs. 3 Satz 2 InsO n.F. **öffentlich bekannt zu machen**. Hinsichtlich der Rechtskraft des **Beschlusses über die Aufhebung des Insolvenzverfahrens** ist die Frist zur **Einlegung der sofortigen Erinnerung** nach § 11 Abs. 2 Satz 1 RPflG abzuwarten, wenn der Rechtspfleger die Entscheidung getroffen hat.

Kommt es zur Versagung der RSB nach § 290 InsO n.F. und wird diese Entscheidung rechtskräftig, ist dies in den ab dem 1.7.2014 beantragten Verfahren gem.

224

225

---

662 Graf-Schlicker/Kexel, 5. Aufl., InsO, § 288 Rn 3.
663 Vgl. HK-VerbraucherinsolvenzR/Pape, § 288 Rn 1f.
664 **A.A.** KPB/Wenzel, § 288 InsO Rn 4 gegen die ganze h.M. zum bisherigen Recht.
665 Hierzu näher HK-VerbraucherinsolvenzR/Pape, § 288 Rn 9ff.

§ 303a InsO im **Schuldnerverzeichnis** einzutragen.[666] Diese Eintragung ist zwingend, sie steht nicht im Ermessen des Insolvenzgerichts.[667]

XI. Stellung des Treuhänders im Restschuldbefreiungsverfahren

226 Die **öffentliche Bekanntmachung des rechtskräftigen Beschlusses über die Ankündigung der RSB** erfolgt in Altverfahren gem. § 289 Abs. 2 Satz 3 InsO a.F. bzw. in Neuverfahren nach § 290 Abs. 3 Satz 2 InsO n.F. mit dem Beschluss über die Aufhebung des Insolvenzverfahrens. Der Beschluss enthält in Altverfahren die Ankündigung dass dem Schuldner die RSB erteilt wird, wenn er seine Obliegenheitspflichten aus § 295 InsO erfüllt und es nicht zu einer Versagung der RSB in der Wohlverhaltensphase kommt. Mit der **Bestimmung des Treuhänders nach § 291 Abs. 2 InsO** a.F. wird angezeigt, dass die pfändbaren Bezüge des Schuldners nach Maßgabe der Abtretungserklärung für die Dauer von sechs Jahren – gerechnet ab der Eröffnung des Insolvenzverfahrens – auf den Treuhänder übergehen. In Neuverfahren erfolgt nach § 288 Satz 2 InsO n.F. die Bestimmung des Treuhänders, auf den die pfändbaren Bezüge des Schuldners nach Maßgabe der Abtretungserklärung (§ 287 Absatz 2) übergehen, zusammen mit der Entscheidung über die Aufhebung oder die Einstellung des Insolvenzverfahrens wegen Masseunzulänglichkeit. Die **öffentliche Bekanntmachung** erfolgt zusammen mit der Bekanntmachung dieser Entscheidung nach § 200 Abs. 2 Satz 1 InsO bzw. § 215 Abs. 1 Satz 1 InsO. Sieht man einmal von dieser unterschiedlichen Verfahrenseinleitung ab, unterscheiden sich die Treuhänder nach altem und neuem Recht kaum voneinander. Deren Pflichten sollen deshalb nachfolgend auch einheitlich dargestellt werden.

1. Keine Pflichten gegenüber Neugläubigern des Schuldners

227 Während des Abtretungszeitraums sind Einzelzwangsvollstreckungen gegen den Schuldner, die zu einer Befriedigung von **Neugläubigern** des Schuldners führen, faktisch ausgeschlossen. Der Schuldner ist während des Restschuldbefreiungsverfahrens zwar nicht in seinem Verwaltungs- und Verfügungsrecht beschränkt, er muss sich nur an die Abtretungserklärung des § 287 Abs. 2 InsO halten, eine **Verwaltung seines Vermögens durch den Treuhänder** findet nicht mehr statt. Auch kann der Schuldner uneingeschränkt neue Verbindlichkeiten begründen. Weisungen des Treuhänders ist er nicht unterworfen. Die neu vom Schuldner begründeten

---

666 Siehe Heyer, ZVI 2014, 244 ff.; Graf-Schlicker/Kexel, 5. Aufl., § 303a InsO Rn 2 ff.
667 KPB/Wenzel, § 303a InsO Rn 2.

Ansprüche sind für das Restschuldbefreiungsverfahren aber unbeachtlich. Sie spielen bei den **Verteilungen** keine Rolle und können nicht gegen den Treuhänder geltend gemacht werden. Damit können sie auch nicht zur Begründung einer Versagung der RSB in der Wohlverhaltensphase führen. Dies würde schon an der **fehlenden Antragsbefugnis** der Neugläubiger scheitern. Der Treuhänder hat kein Mandat, Interessen der Neugläubiger wahrzunehmen.

2. Offenlegung der Abtretungserklärung

Der Treuhänder hat – vorausgesetzt der Schuldner geht einer abhängigen Beschäftigung nach und erzielt dabei pfändbare Einnahmen – nach § 292 Abs. 1 Satz 1 InsO die Aufgabe, dem Arbeitgeber des Schuldners oder den sonst durch die Abtretungserklärung verpflichteten **Drittschuldnern** die Abtretung der Bezüge für den Zeitraum der Wohlverhaltensphase anzuzeigen und die Abtretungsbeträge und sonstigen Leistungen des Schuldners zu sammeln. Hierzu hat er ein **Sonderkonto** einzurichten, auf dem er die eingehenden Beträge von seinem eigenen Vermögen getrennt verwaltet. Einmal jährlich muss er die gesammelten Beträge gemäß § 292 Abs. 1 Satz 2 InsO auf der Grundlage des **Schlussverzeichnisses** an die Insolvenzgläubiger verteilen. Kommt er diesen Pflichten nicht nach, verletzt er seine ihm gegenüber den Insolvenzgläubigern obliegenden insolvenzspezifische Pflichten und muss ggf. entsprechend § 60 Abs. 1 InsO Schadensersatz leisten. Durch die Abtretung entsteht ein **doppelseitiges uneigennütziges Treuhandverhältnis**, das den Treuhänder verpflichtet, sowohl die Interessen des Schuldners als auch der Gläubiger zu vertreten. Ungeachtet der Pflicht zur einmaligen jährlichen Verteilung der gesammelten Beträge kann der Treuhänder bei größeren Geldeingängen **Ausschüttungen in kürzeren Abständen** vornehmen. Ausbleibende Zahlungen kann der Treuhänder dann gerichtlich einfordern, wenn ihm die für eine Prozessführung erforderlichen Mittel zur Verfügung stehen. Anderenfalls hat er das Recht, die **Mittel für die Prozessführung** von den Gläubigern anzufordern. Der Treuhänder ist verpflichtet ist, **ausbleibende Zahlungen gerichtlich beizutreiben.**[668] Stehen ihm die für eine Prozessführung erforderlichen Mittel nicht zur Verfügung, kann er diese von den Gläubigern anzufordern; er hat auch die Möglichkeit **Prozesskostenhilfe** zu beantragen.[669]

Sofern sich der Treuhänder ausnahmsweise darauf einlässt, im Einvernehmen mit dem Schuldner von der Vorlage der Abtretungserklärung bei dessen Arbeitgeber

228

229

---

668 Vgl. Häsemeyer, InsR, Rn 26.33; HK/Waltenberger, InsO, § 292 Rn 10; KPB/Wenzel, InsO, § 292 Rn 11.
669 FK/Grote, InsO, § 292 Rn 7 ff.; a.A. MüKo/Stephan, 4. Aufl., § 292 InsO Rn 45 ff., der den Treuhänder auf die Beantragung von PKH verweisen will.

abzusehen,[670] haftet er den Gläubigern persönlich dafür, dass der Schuldner seiner **Abführungspflicht vollständig nachkommt**. Der abhängig beschäftigte Schuldner muss dann monatlich selbst die Beträge an den Treuhänder abführen, die im Fall der Unterrichtung des Arbeitgebers von der Abtretungserklärung vom diesem abzuführen gewesen wären. Die Höhe hat in einem solchen Fall der Treuhänder monatlich anhand der jeweils zu aktualisierenden Angaben des Schuldners nach **Maßgabe der §§ 850 ff. ZPO** zu ermitteln und vom Schuldner einzufordern.[671] Zahlungen zu beliebigen Zeitpunkten oder in Teilbeträgen darf der Treuhänder dem Schuldner nicht erlauben.[672] Den abhängig beschäftigten Schuldner, der mit dem Treuhänder vereinbart hat, den Arbeitgeber des Schuldners entgegen gesetzlicher Vorschrift nicht über die Abtretung des pfändbaren Teils seiner Bezüge an den Treuhänder zu unterrichten, trifft die Verpflichtung, den Treuhänder jeweils zeitnah, zutreffend und vollständig über die Höhe seiner Bezüge ins Bild zu setzen; unterlässt er dies, kann ihm wegen Verheimlichens von der Abtretung erfasster Bezüge die RSB versagt werden.[673]

3. Ausgleich der Stundungskosten und Befriedigung der Massegläubiger

230 Im Fall der Stundung der **Verfahrenskosten** ist § 292 Abs. 1 Satz 2 InsO zu entnehmen, dass der Treuhänder die gestundeten Kosten an die Staatskasse abzuführen hat, bevor er Verteilungen an die Insolvenzgläubiger vornimmt.[674] Ist vor Aufhebung des Insolvenzverfahrens absehbar, dass die Mindestvergütung des Treuhänders in der Abtretungszeit nicht gedeckt ist, darf der Insolvenzverwalter die Insolvenzmasse nicht an die Insolvenzgläubiger verteilen, sondern hat **Rückstellungen** für die Abtretungszeit zu bilden.[675] Der Gesetzgeber hat im Übrigen das Vorwegbefriedigungsrecht der Massegläubiger in der Wohlverhaltensphase nicht ausdrücklich geregelt. Gleichwohl entspricht es der ganz herrschenden Meinung, dass auch die sonstigen im Verfahren nicht befriedigten Masseforderungen aus den abgetretenen Beträgen vorrangig auszugleichen sind, bevor es zu **Ausschüttungen** an die Insolvenzgläu-

---

670 Die Zulässigkeit eines solchen Verfahrens hat der BGH in der nachfolgend zitierten Entscheidung offengelassen, Treuhänder sollten sich wegen der Haftungsrisiken aber nur in Ausnahmefällen darauf einlassen, die Abtretungserklärung nicht aufzudecken.
671 BGH, 7.4.2011 – IX ZB 40/10, ZInsO 2011, 929.
672 BGH, 7.4.2011 – IX ZB 40/10, ZInsO 2011, 929.
673 BGH, 20.2.2014 – IX ZA 32/12, ZInsO 2014, 687.
674 Zum absoluten Vorrang der Berichtigung der Kosten des Insolvenzverfahrens bei eingetretener Masseunzulänglichkeit und bei Einstellungsreife mangels Masse, wenn eine Einstellung wegen der Stundung der Verfahrenskosten unterbleibt, vgl. BGH, 19.11.2009 – IX ZB 261/08, ZInsO 2010, 63. Ein entsprechender Vorrang besteht auch in der Wohlverhaltensphase hinsichtlich der bis zur Einstellung nicht beglichenen Masseverbindlichkeiten.
675 Siehe dazu Rdn 331.

biger kommt.[676] Dies kann etwa dann praktische Bedeutung erlangen, wenn das Insolvenzverfahren nach den §§ 208 ff. InsO abgewickelt worden ist und folglich nicht alle Masseverbindlichkeiten befriedigt worden sind. Für alle Fälle der vorzeitigen Erteilung der RSB gilt, dass der Treuhänder stets die **offenen Masseverbindlichkeiten** zu tilgen hat, bevor die RSB gewährt wird.[677] Beachtet der Treuhänder den Vorrang der Deckung der Verfahrenskosten nicht ausreichend, kann dies auch dann zu Lasten seines Vergütungsanspruchs gehen, wenn dem Schuldner die Verfahrenskosten gestundet sind. Der **subsidiäre Ersatzanspruch** gegen die Staatskasse greift dann nicht durch.

4. Motivationsrabatt des Schuldners in der Wohlverhaltensphase/Aufschiebung der Verteilung

Um zu verhindern, dass der Schuldner Gefahr läuft, die RSB doch noch zu verfehlen, obwohl er schon seit mehreren Jahren seine Verpflichtungen erfüllt hat, ist im Gesetz ein sog. **„Motivationsrabatt"** eingeführt, der dem Schuldner einen Anreiz geben soll, die Treuhandphase bis zum Schluss durchzuhalten. Diesen Rabatt gibt es allerdings nur noch in den vor dem 1.7.2014 eröffneten Altverfahren. Nach § 292 Abs. 1 Satz 4 InsO a.F. hat der Treuhänder dem Schuldner von den Beträgen, die nach Ablauf von vier Jahren seit der Aufhebung des Insolvenzverfahrens auf dem **Sonderkonto** eingehen, 10% zurückzuerstatten. Im sechsten Jahr erhöht sich der zurück zu erstattende Anteil auf 15% der Abtretungsbeträge. Praktische Bedeutung hat diese Vorschrift in den ersten elf Jahren der Geltung der Insolvenzordnung nicht erlangt. Sie konnte deshalb auch entfallen und durch eine Regelung abgelöst werden, nach der dem Schuldner die RSB früher gewährt wird, wenn er die Forderungen der Gläubiger zu einem bestimmten Prozentsatz befriedigt.[678] 231

Den „Motivationsrabatt" gibt es in **Neuverfahren** nach § 292 Abs. 1 Satz 4 und 5 InsO n.F. nicht mehr. Die Regelung ist durch eine Bestimmung ersetzt, wonach der Treuhänder die Verteilung längstens bis zum Ende der Abtretungsfrist aussetzen kann, wenn dies angesichts der **Geringfügigkeit der zu verteilenden Beträge** angemessen erscheint. Der Treuhänder ist in Neuverfahren auch nicht mehr gezwungen, jedes Jahr abzurechnen, wenn nur **geringfügige Beträge** zu verteilen sind. Er kann die **Verteilung vielmehr aufschieben** bis zu einer Verteilung zum Ende der Wohlverhaltensperiode. Von geringfügigen Beträgen im Sinne der Vorschrift ist dann auszugehen, wenn entweder nur ein **Gesamtbetrag von 50–100 EUR** zur Ver- 232

---

[676] BGH, 17.3.2005 – IX ZB 214/04, ZInsO 2005, 597.
[677] S. oben Rdn 69 ff.
[678] Vgl. den Entwurf eines Gesetzes zur Verkürzung des Restschuldbefreiungsverfahrens, zur Stärkung der Gläubigerrechte und zur Insolvenzfestigkeit von Lizenzen, § 300 Abns. 1 Nr. 1 RefE-InsO, dazu Grote/Pape, ZInsO 2012, 409, 419.

teilung an die Gläubiger zur Verfügung steht oder die Gläubiger nicht mehr als einen Betrag in dieser Größenordnung zu erwarten haben.[679] Ist Geringfügigkeit nur bezüglich einzelner Gläubiger gegeben, muss an alle verteilt werden; eine Differenzierung unter den Gläubigern kommt nicht in Betracht.[680] Der Treuhänder hat dem Gericht jährlich die für eine spätere Verteilung **zurückbehaltenen Beträge** mitteilen.

5. Antragsbefugnis des Treuhänders nach §§ 850 ff. ZPO

233 Nach Ergänzung der Insolvenzordnung durch das Änderungsgesetz 2001 ist es dem Schuldner im Restschuldbefreiungsverfahren ausdrücklich gestattet, **Vollstreckungsschutzanträge** zu stellen. Die §§ 850 ff. ZPO sind entsprechend anzuwenden.[681] Diese Vorschriften gelten aufgrund der Verweisungsvorschrift des § 292 Abs. 1 Satz 3 InsO auch in der Wohlverhaltensphase. Nach den §§ 850 ff. ZPO kann auf Antrag eine Anpassung der dem Schuldner **zustehenden unpfändbaren Bezüge** an seine besonderen Verhältnisse erfolgen. Welche Regelungen im Einzelnen anwendbar sind, folgt aus § 36 Abs. 1 Satz 2 InsO. In der Wohlverhaltensphase kann der Schuldner z.B. **Anträge auf Heraufsetzung des unpfändbaren Betrages** nach § 850f Abs. 1 ZPO stellen.[682] So kann der Treuhänder etwa beantragen, ein unterhaltsberechtigtes Kind bei der Berechnung des pfändbaren Einkommens des Schuldners gemäß **§ 850c Abs. 4 ZPO** nicht zu berücksichtigen, weil dies über Einkünfte verfüge, die es in die Lage versetze, sich selbst zu unterhalten.[683] Aufgabe des Treuhänders ist es, gemäß § 292 Abs. 1 Satz 3 InsO i.V.m. § 36 Abs. 4 InsO die **Antragsrechte der Gläubiger** wahrzunehmen. Diese selbst haben während des Laufs der Wohlverhaltensphase kein Antragsrecht. Der Treuhänder kann nicht wählen, ob er die Frage der Pfändbarkeit bestimmter Beträge im Rahmen eines streitigen Verfahrens gegen den Schuldner klären lässt, oder von seinem Antragsrecht Gebrauch macht.[684] Sind die Voraussetzungen der §§ 850 ff. ZPO gegeben, muss er den Antrag in dem entsprechenden Verfahren stellen. Zuständig für die Entscheidungen ist das Insolvenzgericht – bei dem der Rechtspfleger entscheidet – und nicht das Vollstreckungsgericht. Entscheidungen nach § 36 Abs. 4 InsO können trotz fehlender ge-

---

679 HK-VerbraucherinsolvenzR/Pape, § 292 Rn 23; KPB/Wenzel, § 292 InsO Rn 19.
680 KPB/Wenzel, § 292 InsO Rn 20.
681 HK-VerbraucherinsolvenzR/Pape, § 292 Rn 13 f.
682 Zu möglichen Antragsgegenständen ausführlich Pape, ZInsO 2009, 1609 ff.
683 Vgl. AG Köln, JurBüro 2019, 436, wonach für die Berechnung des Freibetrags des Unterhaltsberechtigten die sozialrechtlichen Regelungen zur Existenzsicherung zugrunde zu legen, zu denen regelmäßig ein Zuschlag in einer Größenordnung von 30–50 % zu gewähren sei, wenn der Unterhaltsberechtigte mit dem Schuldner in einem Haushalt (Mutter und unterhaltsberechtigte Tochter) lebe.
684 BGH, 3.11.2011 – IX ZR 45/11, ZInsO 2012, 30.

setzlicher Regelung mit der sofortigen Beschwerde angefochten werden. Dabei sind auf das Beschwerde- und Rechtsbeschwerdeverfahren die **zivilprozessualen Verfahrensgrundsätze** und nicht die der InsO anzuwenden.[685] Die Unterschiede sind insoweit nach Einführung der **zulassungsgebunden Rechtsbeschwerde** in Insolvenzsachen seit Oktober 2011 nicht mehr von so großer Bedeutung wie bis zu diesem Zeitpunkt.

6. Überwachung des Schuldners in der Wohlverhaltensphase

Die Gläubigerversammlung kann dem **Treuhänder** im Schlusstermin nach § 292 Abs. 2 InsO den Auftrag erteilen, die Überwachung des Schuldners in der Wohlverhaltensphase zu übernehmen. Der Treuhänder hat dann darauf zu achten, dass der Schuldner seine **Obliegenheitspflichten** erfüllt, insbesondere eine **Erwerbstätigkeit** ausübt, sich ausreichend um eine solche bemüht und seine Meldepflichten erfüllt. Über Pflichtverstöße hat er die Gläubiger unverzüglich zu informieren. In der Praxis wird von dieser Möglichkeit allerdings **kaum Gebrauch gemacht**. Fälle, in denen der Treuhänder tatsächlich mit der Überwachung des Schuldners, die gesondert zu vergüten ist, beauftragt wird, sind eine seltene Ausnahme. Das Honorar für diese Tätigkeit beträgt nach § 15 Abs. 1 Satz 2 InsVV in der Regel 50 EUR pro Stunde. Dieser Satz scheint kaum geeignet, die Überwachungsaufgabe als attraktiv anzusehen. Der Treuhänder kann die **Überwachungsaufgabe ablehnen**, wenn ihm keine zusätzliche Vergütung gezahlt wird. Die Aufgabe, den Schuldner zu überwachen, entfällt, wenn der Treuhänder den Gläubigern mitteilt, dass die Vergütung nicht mehr gesichert ist.

234

7. Rechnungslegung, Aufsicht, Haftung, Vergütung des Treuhänders in der Wohlverhaltensphase

Die **Rechtsstellung des Treuhänders** in der **Wohlverhaltensphase** ist in den §§ 292, 293 InsO geregelt, dabei wird in § 292 Abs. 3 InsO weitgehend auf die Vorschriften zur Stellung des Insolvenzverwalters verwiesen. Genauso wie der Verwalter nach § 66 InsO hat auch der Treuhänder nach § 292 Abs. 3 Satz 1 InsO bei Beendigung seiner Tätigkeit **Rechnung** zu legen. Aus seiner Schlussrechnung, die nur durch das Insolvenzgericht geprüft wird, müssen sich die Einnahmen aus der Abtretungserklärung des Schuldners, die Entnahmen für die Vergütung und Auslagen des Treuhänders sowie die Entnahmen für die Ausschüttungen an die Gläubiger ergeben. Für die **Aufsicht des Insolvenzgerichts** gelten nach § 292 Abs. 3 Satz 2

235

---

[685] BGH, 5.2.2004 – IX ZB 97/03, ZInsO 2004, 391; BGH, 6.5.2004 – IX ZB 104/04, NZI 2004, 447; BGH, 12.1.2006 – IX ZB 114/04, ZInsO 2006, 139; BGH, 5.4.2006 – IX ZB 169/04, ZVI 2007, 78.

InsO die §§ 58, 59 InsO entsprechend. Das Insolvenzgericht kann nach diesen Vorschriften etwa ein **Zwangsgeld** gegen den Treuhänder festsetzen,[686] wenn Anlass besteht – z.B. weil er seiner Pflicht zur Vornahme der jährlichen Verteilung an die Insolvenzgläubiger nicht nachkommt –, ihn zu ordnungsgemäßem Handeln anzuhalten.

a) Entlassung des Treuhänders

236 Die **Entlassung des Treuhänders** in der Wohlverhaltensphase kann abweichend von § 59 Abs. 1 Satz 2 InsO nach § 292 Abs. 3 Satz 2 InsO von jedem einzelnen Insolvenzgläubiger beantragt werden. Der Schuldner selbst hat kein Recht, einen Entlassungsantrag zu stellen; er kann allenfalls **Aufsichtsmaßnahmen** gegen den Treuhänder, die von Amts wegen ergriffen werden müssen, anregen. Das Recht des Insolvenzgerichts, den Treuhänder von Amts wegen zu entlassen (§ 292 Abs. 3 Satz 2 InsO i.V.m. § 59 Abs. 1 Satz 2 Alt. 1 InsO), bleibt auch in der Wohlverhaltensphase bestehen. Ein **Entlassungsgrund** kann etwa dann vorliegen, wenn der Treuhänder Anträge einzelner Gläubiger auf Versagung der RSB provoziert.[687] Ein weiterer Entlassungsgrund kann es sein, dass der Treuhänder sich weigert, seine **gesetzlichen Aufgaben** zu erfüllen. So kann das Insolvenzgericht den Treuhänder im laufenden Insolvenzverfahren etwa dann entlassen, wenn dieser sich weigert, die ihm übertragenen Zustellungen auszuführen, wenn ihm nicht eine höhere als die übliche Vergütung bewilligt wird. Nach der Rechtsprechung des BGH setzt die Entlassung des (vorläufigen) Insolvenzverwalters oder (vorläufigen) Treuhänders eine Pflichtverletzung voraus, die tatsächlich feststeht; gegeben sein muss eine **erhebliche Pflichtverletzung**, die es wegen ihrer Auswirkungen auf den Verfahrensablauf und die berechtigten Belange der Beteiligten sachlich nicht mehr vertretbar erscheinen lässt, den Verwalter oder Treuhänder im Amt zu lassen.[688]

b) Haftung des Treuhänders in der Wohlverhaltensphase

237 Für die **Haftung des Treuhänders** enthalten die §§ 292, 293 InsO keine Regelung.[689] Die fehlende Erwähnung von § 60 InsO in § 292 Abs. 3 InsO bedeutet aber nicht, dass der Treuhänder nur nach den allgemeinen Vorschriften haftet, die jeden Verwalter

---

686 Vgl. BGH, 1.12.2011 – IX ZB 190/11, juris.
687 AG Hamburg, 23.11.2004 – 67c IN 1/02, ZInsO 2004, 1324.
688 BGH, 8.12.2005 – IX ZB 308/04, ZInsO 2006, 147; BGH, 9.7.2009 – IX ZB 35/09, ZInsO 2009, 1491; BGH, 14.10.2010 – IX ZB 44/09, ZInsO 2010, 2147; BGH, 21.3.2019 – IX ZB 47/17, ZInsO 2019, 1161 Rn 17 m.w.N. für die Entlassung des Gesamtvollstreckungsverwalters; HK-VerbraucherinsolvenzR/Pape, § 292 InsO Rn 30 ff.
689 Siehe auch HK-VerbraucherinsolvenzR/Pape, § 292 InsO Rn 33 f.

fremden Vermögens treffen.[690] Nach Auffassung des BGH ist vielmehr von einer **insolvenzspezifischen Haftung** auszugehen.[691] Ebenso wie der Insolvenzverwalter haftet der Treuhänder für vorsätzliche und fahrlässige Pflichtverletzungen seiner insolvenzspezifischen Pflichten. Er hat vor allem dafür einzustehen, dass die eingehenden Abtretungsbeträge auf einem Sonderkonto gesammelt werden und einmal jährlich an die Gläubiger nach **Maßgabe des Schlussverzeichnisses** verteilt werden. Zieht der Treuhänder im Restschuldbefreiungsverfahren unpfändbare Versorgungsbezüge des Schuldners ein, die dieser teilweise für sich beansprucht, weil das an ihn ausgezahlte Einkommen aus anderen Einkommensquellen unterhalb der Pfändungsgrenze liegt, muss er dafür sorgen, dass dem Schuldner jedenfalls ein Beitrag in Höhe der Pfändungsgrenze verbleibt. Eine Pflicht, gegen eine insolvenzrechtlich unzulässige Verrechnung eines Sozialversicherungsträgers nach § 52 Abs. 1 SGB vorzugehen, die sich auf das massefreie Vermögen des Schuldners bezieht, trifft ihn nicht.[692] Eine **Haftung im Zusammenhang mit der Eingehung neuer Verbindlichkeiten** durch den Schuldner scheidet aus, weil der Treuhänder den Schuldner insoweit nicht vertreten kann. Den Treuhänder trifft in der Wohlverhaltensphase auch keine steuerliche Haftung für den Schuldner. Er ist nicht dessen Vermögensverwalter i.S.d. § 34 Abs. 3 AO oder Verfügungsberechtigter i.S.d. § 35 AO.

8. Vergütung des Treuhänders im Restschuldbefreiungsverfahren

Der Anspruch des Treuhänders auf Vergütung seiner Tätigkeit und Erstattung angemessener Auslagen folgt aus § 293 Abs. 1 Satz 1 InsO. Er entsteht dem Grunde nach schon mit seiner Bestellung gemäß § 291 Abs. 2 InsO.[693] Für die Vergütung des Treuhänders im Restschuldbefreiungsverfahren gelten nach § 293 Abs. 2 InsO die §§ 63 Abs. 2, 64, 65 InsO entsprechend. Die Vergütung ist durch das Insolvenzgericht aufgrund der Vorschriften der InsVV festzusetzen. Im Fall der **Verfahrenskostenstundung** hat der Treuhänder einen Anspruch gegen die Staatskasse, soweit die vom Schuldner abgetretenen Beträge nicht ausreichen, um seinen Vergütungs- und Auslagenersatzanspruch zu befriedigen.

Für die Festsetzung der Vergütung des Treuhänders in der Wohlverhaltensphase gelten folgende Grundsätze:
– Die **Bemessung und Festsetzung** der Vergütung des Treuhänders ist in den §§ 14–16 InsVV geregelt. Nach § 14 Abs. 1 und Abs. 2 InsVV erhält der Treuhän-

---

690 So aber OLG Celle, NZI 2008, 52.
691 BGH, 10.7.2008 – IX ZR 118/07, ZInsO 2008, 971.
692 BGH, 10.7.2008 – IX ZR 118/07, ZInsO 2008, 971.
693 Vgl. BGH, 18.12.2003 – IX ZB 60/03, ZInsO 2004, 142.

der eine **Staffelvergütung**, deren Höhe von dem Umfang der während der maximal dreijährigen (zuvor sechsjährigen) Treuhandphase eingehenden Beträge bestimmt wird.[694] Von diesen Beträgen bekommt der Treuhänder von den ersten 35.000 EUR 5%, von dem Mehrbetrag bis 70.000 EUR 3% und von dem darüber hinausgehenden Betrag 1% als Vergütung.

– Die **jährliche Mindestvergütung** des Treuhänders ist in § 14 Abs. 3 InsVV geregelt. Sie beträgt nach der Neufassung der InsVV im Jahre 2020 mindestens 140 EUR, sofern der Treuhänder die jährlich eingehenden Beträge an nicht mehr als fünf Gläubiger zu verteilen hat. Sind **mehr als fünf Gläubiger** zu berücksichtigen, erhöht sich die Vergütung für je fünf weitere Gläubiger um 70 EUR. Die Neuregelung der Mindestvergütung des Treuhänders in der Wohlverhaltensperiode durch die Erste Änderungsverordnung zur Insolvenzrechtlichen Vergütungsverordnung findet für die Tätigkeit des Treuhänders ab 7.10.2004 Anwendung; für seine Tätigkeit davor gilt die frühere Fassung. Soweit Insolvenzverfahren vor dem 1.10.2020 beantragt worden sind, sind nach § 19 Abs. 5 InsVV die Vorschriften der Verordnung in ihrer bis zu diesem Datum geltenden Fassung weiter anzuwenden.[695] Der Zuschlag nach § 14 Abs. 3 Satz 2 InsVV kann nicht zur Regelvergütung verlangt werden. Er setzt voraus, dass der Treuhänder die Mindestvergütung geltend macht. Der Zuschlag von 70 (50 in Altverfahren) EUR wird für jeweils fünf Gläubiger gewährt, auch für die ersten fünf Gläubiger, wenn insgesamt an mehr als fünf Gläubiger verteilt wurde.[696]

– Die Mindestvergütung kann der Treuhänder auch dann jährlich abrechnen und einen Anspruch auf **Zahlung eines Vorschusses** geltend machen, wenn es aufgrund der Abtretungserklärung keine Einnahmen gibt.[697] Ein Vorschussanspruch, der sich gegen die Staatskasse richtet, besteht auch dann, wenn dem Schuldner die Verfahrenskosten gestundet sind.[698] Zu beachten ist, dass nach der Rechtsprechung des BGH die **Subsidiärhaftung der Staatskasse** nur so lange fortbesteht bis die bewilligte Verfahrenskostenstundung während des Verfahrensabschnitts aufgehoben wird und der Insolvenzverwalter oder Treuhänder von der Aufhebung Kenntnis erlangt. Danach setzt der Treuhänder seine Tätigkeit auf eigenes (Kosten-)Risiko fort, wenn er seine Tätigkeit nicht beendet.[699]

---

694 LG Mönchengladbach, ZInsO 2007, 1044.
695 Danach betrugen die Staffelsätze des § 14 Abs. 2 InsVV 5% von 25.000 EUR, 3% von darüber hinausgehenden Beträgen bis 50.000 EUR und 1% von einem darüber hinausgehenden Betrag; die jährliche Mindestvergütung lag bei 100 EUR und der Zuschlag je 5 weitere Gläubiger bei 50 EUR.
696 BGH, 16.12.2010 – IX ZB 261/09, ZInsO 2011, 247.
697 LG Essen, ZInsO 2003, 989.
698 LG Chemnitz, ZVI 2004, 558; LG Köln, NZI 2004, 597.
699 BGH, 8.5.2014 – IX ZB 31/13, ZInsO 2014, 1179.

- Endgültig festgesetzt wird die Vergütung des Treuhänders nach § 16 Abs. 1 Satz 2 InsO erst bei **Beendigung seines Amtes**. Festzusetzen sind auch die dem Treuhänder zu erstattenden Auslagen, die er im Einzelnen aufführen und belegen muss, eine **Pauschalierung der Auslagen** ist nicht zulässig (§ 16 Abs. 1 Satz 3 InsVV). Fällt **Umsatzsteuer** an, so ist diese gemäß § 16 Abs. 1 Satz 4, § 7 InsVV zu erstatten. Zu Beginn der Tätigkeit des Treuhänders wird nach § 16 Abs. 1 Satz 1 InsVV nur der Stundensatz für die Erfüllung der Überwachungsaufgabe festgesetzt, der i.d.R. 50 EUR je angefangene Stunde betragen soll.
- Zuständig für die Festsetzung der Vergütung ist der **Rechtspfleger**. Eine Beschwerde gegen die Vergütungsfestsetzung ist für jeden Insolvenzgläubiger oder den Schuldner nach den §§ 293 Abs. 2, 64 Abs. 3 InsO zulässig, sofern der **Gegenstandswert 100 EUR** überschreitet.
- Eine **Verwirkung des Vergütungsanspruchs** des Insolvenzverwalters bzw. Treuhänders kommt nur bei Pflichtverletzungen in Ausübung des konkreten Amtes in Betracht. Pflichtverletzungen in anderen Verfahren führen nur unter besonderen Umständen zum Verlust des Anspruchs auf Vergütung, wobei die unterlassene Mitteilung des Treuhänders gegenüber dem Insolvenzgericht, dass es in einem anderen Insolvenzverfahren durch ihn als Insolvenzverwalter zu einer doppelten Entnahme der Vergütung gekommen ist, nicht ausreicht.[700]
- Im Verbraucherinsolvenzverfahren kann die **Mindestvergütung** des § 13 InsVV ausnahmsweise um einen Abschlag nach **§ 3 Abs. 2 Buchst. e InsVV** gekürzt werden, wenn wegen der **Überschaubarkeit der Vermögensverhältnisse** und der **geringen Anzahl der Gläubiger oder der geringen Höhe der Verbindlichkeiten** der durchschnittliche Aufwand eines massearmen Verfahrens beträchtlich unterschritten wird, die Arbeitserleichterung nicht bereits darauf zurückzuführen ist, dass die Unterlagen nach **§ 305 Abs. 1 Nr. 3 InsO** von einer geeigneten Person oder Stelle erstellt worden sind, und sich ohne die zusätzliche Kürzung eine unangemessene hohe Vergütung ergäbe.[701]
- Geht die Tätigkeit des **Insolvenzverwalters in einem Verbraucherinsolvenzverfahren** tatsächlich nicht über die Tätigkeit eines Treuhänders nach §§ 313 f. InsO a.F. hinaus, konnte dies nach den Umständen des Einzelfalls einen Abschlag rechtfertigen, der dazu führte, dass sich der Vergütungssatz des Insolvenzverwalters im Ergebnis am bisherigen Vergütungssatz für einen Treuhänder orientierte. Für die Frage, ob die Zahl der Gläubiger gering ist, kommt es auf

---

[700] BGH, 12.9.2019 – IX ZB 75/18, ZInsO 2019, 2339; zur Verwirkung des Anspruchs auf Vergütung auch BGH, 12.9.2019 – IX ZB 76/18, ZInsO 2019, 2290; BGH, 4.5.2017 – IX ZB 102/15, ZInsO 2017, 1312; BGH, 14.7.2016 – IX ZB 52/15, ZInsO 2016, 1656.
[701] BGH, 12.3.2020 – IX ZB 33/18, ZInsO 2020, 1156; siehe auch LG Münster, ZInsO 2020, 322; zur Kürzung der Mindestvergütung des Insolvenzverwalters auch schon BGH, 14.12.2017 – IX ZB 101/15, ZInsO 2018, 350; BGH, 6.4.2017 – IX ZB 48/16.

die Zahl der Gläubiger an, die sich am Insolvenzverfahren beteiligen. Allerdings war die **Ermäßigung der Mindestvergütung** des Insolvenzverwalters in Verbraucherinsolvenzverfahren auf Fälle, in denen die Regelvergütung nach **§ 2 Abs. 1 InsVV** zum Tragen kam, weder direkt noch analog anzuwenden.[702] Nach der Neufassung der InsVV im Jahr 2020 kann in einem Verfahren nach dem Neunten Teil der Insolvenzordnung, in dem die Unterlagen nach § 305 Abs. 1 Nr. 3 InsO von einer geeigneten Person oder Stelle erstellt sind, sich die Vergütung nach § 2 Abs. 2 S. 1 InsVV von 1.400 EUR auf 1.120 EUR ermäßigen.

XII. Stellung des Schuldners in der Wohlverhaltensphase

239 Der Schuldner hat während der **Abtretungsphase** zahlreichen besonderen Pflichten zu genügen, die aus dem Umstand folgen, dass er die Insolvenzgläubiger auch weiterhin gleich behandeln und für die Dauer von bis zu sechs Jahren seine Arbeitskraft für deren Befriedigung einsetzen muss. Zu seinen Pflichten gehört es, keinem Insolvenzgläubiger **Sondervorteile** einzuräumen und mit keinem Sonderabkommen zu treffen. In erster Linie werden seine Bindungen während der Treuhandphase aber von der Obliegenheit bestimmt, seine **Altschulden weiter abzutragen**. Hieraus ergibt sich die Verpflichtung, sich darum zu bemühen, ein pfändbares Einkommen zu erzielen. Erzielt er ein Einkommen, das oberhalb der Pfändungsfreigrenzen liegt, so muss er dies für die Befriedigung der Insolvenzgläubiger zur Verfügung stellen, soweit es die Freigrenzen übersteigt.

1. Obliegenheiten des Schuldners während der Wohlverhaltensphase

240 Die Obliegenheiten, die der Schuldner während der Abtretungszeit zu erfüllen hat, sind in § 295 InsO geregelt. Die **Erwerbsobliegenheit** ist für die ab 1.7.2014 beantragten Verfahren in § 287b InsO n.F. für alle Verfahrensabschnitte übergreifend geregelt.[703] Sanktionen im Fall ihrer Verletzung ergeben sich aber nicht aus dieser Regelung. Bei einer schuldhaften Verletzung von Obliegenheiten, kann dem Schuldner gemäß den §§ 295, 296 InsO auf Antrag eines Insolvenzgläubigers die RSB versagt werden. Für **Altverfahren** gilt, dass die Pflicht zur Ausübung einer angemessenen Erwerbstätigkeit gem. §§ 295 Abs. 1 Nr. 1 InsO nur die Wohlverhaltensperiode betrifft, die erst mit der Ankündigung der RSB und der Aufhebung des Insolvenzverfahrens beginnt, nicht aber das Insolvenzverfahren selbst, denn die Arbeitskraft des Schuldners gehörte nach bisherigem Verständnis nicht zur Insol-

---

702 BGH, 6.4.2017 – IX ZB 48/16, ZInsO 2017, 901.
703 Zum Ausschluss der Versagung der RSB wegen einer Verletzung von Erwerbspflichten im eröffnungsverfahren vgl. LG Düsseldorf, ZInsO 2015, 2503.

venzmasse.[704] Kommt es zur Versagung, lebt anschließend die Befugnis der Gläubiger wieder auf, wegen ihrer im Insolvenzverfahren nicht befriedigten Ansprüche die **Nachhaftung** des Schuldners gem. **§ 201 InsO** geltend zu machen. Hat der Schuldner ihre Forderungen im Feststellungsverfahren nicht bestritten oder ist der Widerspruch des Schuldners beseitigt, können sie nunmehr wieder aus dem Tabellenauszug die **Individualzwangsvollstreckung** betreiben. Mit der Rechtskraft der Entscheidung über die Versagung der RSB enden nach § 299 InsO die **Laufzeit der Abtretungserklärung**, das **Amt des Treuhänders** und die **Beschränkung der Rechte der Gläubiger** vorzeitig.

2. Fallgruppen des § 295 Abs. 1 Nr. 1–Nr. 4 InsO

Den Schuldner treffen in der Wohlverhaltensphase folgende **Obliegenheiten**[705], bei deren Missachtung ihm die RSB versagt werden kann:
- die Pflicht zur Ausübung einer **angemessenen Erwerbstätigkeit** bzw. zur Suche nach einer solchen Tätigkeit, falls er erwerbslos ist,
- die durch den sog. „**Halbteilungsgrundsatz**" eingeschränkte Verpflichtung zur Herausgabe einer Erbschaft, eines Pflichtteils, eines Vermächtnisses usw.,
- die ebenfalls durch den Halbteilungsgrundsatz eingeschränkte, im Jahr 2020 neu eingefügte Verpflichtung zur **Herausgabe anderer Schenkungen** mit Ausnahme gebräuchlicher Gelegenheitsgeschenke nach § 295 S. 1 Nr. 2 letzter Halbsatz InsO und der Möglichkeit eines **Klärungsbeschlusses** nach § 295 S. 2 InsO,
- die im Jahr 2020 neu eingefügte Verpflichtung zur im Grundsatz **uneingeschränkten Herausgabe von Gewinnen aus** Glücksspielen und Lotterien mit der Ausnahme von Gewinnen von geringem Wert nach § 295 S. 1 Nr. 2 letzter Halbsatz InsO, die der Schuldner in der Abtretungszeit erzielt,
- die Pflicht, in der Wohlverhaltensphase jeden **Wechsel des Wohnsitzes** oder der Beschäftigungsstelle dem Insolvenzgericht und dem Treuhänder anzuzeigen.
- das **Verbot der Verheimlichung von Bezügen**, die von der Abtretungserklärung erfasst werden, und in der Wohlverhaltensphase ererbten Vermögens,
- die seit dem Inkrafttreten der im Jahr 2020 beschlossenen Änderungen bestehende Pflicht, in der Abtretungszeit keine **unangemessenen Verbindlichkeiten** im Sinne des § 290 Abs. 1 Nr. 4 zu begründen,

---

704 LG Bielefeld, 14.8.2014 – 23 T 548/14, juris.
705 Zur Erweiterung und Änderung des Obliegenheiten des Schuldners durch das Gesetz zur weiteren Verkürzung des Restschuldbefreiungsverfahrens, die am 1.1.2021 in Kraft getreten sind und nach der Übergangsvorschrift des Art. 103l EGInsO auf Insolvenzverfahren nicht anzuwenden sind, die vor dem 31.12.2020 beantragt worden sind, sondern für die die bis dahin geltenden Vorschriften weiter gelten, vgl. Pape/Laroche/Grote, ZInsO 2021, 57, 61 ff.

- die Pflicht, auf Verlangen dem Insolvenzgericht und dem Treuhänder **Auskunft** über seine Erwerbstätigkeit, seinen Bemühungen um eine solche Tätigkeit sowie über seine Bezüge und sein Vermögen zu erteilen,
- das Verbot von Zahlungen an einzelne Insolvenzgläubiger und der **Einräumung von Sondervorteilen** für einzelne Insolvenzgläubiger.

a) Pflicht des Schuldners zur Ausübung einer angemessenen Erwerbstätigkeit

242 Die **wichtigste Obliegenheit des Schuldners** ist es, seiner Verpflichtung aus § 295 Abs. 1 Nr. 1 InsO nachzukommen, d.h. eine angemessene **Erwerbstätigkeit** auszuüben oder sich zumindest um eine solche Tätigkeit zu bemühen und keine zumutbare Tätigkeit abzulehnen.[706] Aus § 295 Abs. 1 Nr. 1 InsO ergeben sich insoweit nur sehr dürftige Hinweise auf die Kriterien, nach denen diese Frage zu beurteilen ist, wann der Schuldner diese Pflicht erfüllt. Nach der Gesetzesbegründung sind an die „**Zumutbarkeit**" i.S.d. Vorschrift strenge Anforderungen zu stellen. So soll der Schuldner z.B. verpflichtet sein, eine berufsfremde Arbeit, eine auswärtige Tätigkeit und notfalls auch eine Aushilfs- oder Gelegenheitsarbeit auszuüben. Längere Fahrzeiten zur Arbeitsstelle sind kein Grund, um eine Arbeit abzulehnen. Nicht unter § 295 Abs. 1 Nr. 1 InsO fallen **selbstständig tätige Schuldner**, deren Einnahmen grundsätzlich nicht von der Abtretungserklärung des § 287 Abs. 2 Satz 1 InsO erfasst werden.[707] Zu einer besonders **kritischen Situation für den Treuhänder** im Fall eines abhängig beschäftigten Schuldners kommt es, wenn er von der gesetzlich gebotenen Offenlegung der Abtretungsanzeige gegenüber dessen Arbeitgeber absieht. In diesem Fall hat der Treuhänder die vom Schuldner abzuführenden Beträge eigenverantwortlich zu berechnen und monatlich einzuziehen; dies gilt auch hinsichtlich geldwerter Leistungen – etwa einer kostenlosen Wohnung, eines Dienstfahrzeugs usw. –, die der Schuldner neben seinen sonstigen Einkünften erhält.[708]

Erwerbslose Schuldner müssen sich selbst um eine Arbeitsstelle bemühen. Nicht ausreichend ist es, wenn der Schuldner seine Arbeitskraft nur vorhält und auf Vermittlungsangebote der **Bundesagentur für Arbeit** wartet. Um seiner Pflicht zu genügen, muss der Schuldner sich aktiv um eine Beschäftigung bemühen und seine

---

[706] Hierzu BGH, 3.12.2009 – IX ZB 139/07; BGH, ZInsO 2009, 2069; BGH, ZInsO 2009, 1217; BGH, ZInsO 2009, 734; BGH, 7.5.2009 – IX ZB 133/07, ZInsO 2009, 1217; BGH, 14.1.2010 – IX ZB 78/09, ZInsO 2010, 345; BGH, 14.1.2010 – IX ZB 242/06, ZInsO 2010, 393; BGH, 27.4.2010 – IX ZB 267/08, NZI 2010, 693; BGH, 19.5.2011 – IX ZB 224/09, ZInsO 2011, 1301; BGH, 18.10.2012 – IX ZB 61/10, ZInsO 2012, 2342; BGH, 13.6.2013 – IX ZB 38/10, ZInsO 2013, 1586; BGH, 4.2.2016 – IX ZB 13/15, ZInsO 2016, 593.
[707] BGH, 22.9.2011 – IX ZB 133/08, ZInsO 2011, 2101.
[708] BGH, 7.4.2011 – IX ZB 40/10, ZInsO 2011, 929.

Bewerbungen im Streitfall auch nachweisen können.[709] Hierzu gehört es, sich im Regelfall bei der Bundesagentur für Arbeit arbeitssuchend zu melden und laufend Kontakt zu den dort für ihn zuständigen Mitarbeitern zu halten. Darüber hinaus muss er sich selbst aktiv und ernsthaft um eine Arbeitsstelle bemühen, etwa durch stetige Lektüre **einschlägiger Stellenanzeigen** und durch entsprechende Bewerbungen. Als ungefähre Richtgröße können **zwei bis drei Bewerbungen in der Woche** gelten, sofern entsprechende Stellen angeboten werden. Der Schuldner wird dem Bemühen um eine Arbeitsstelle nicht gerecht, wenn er durchschnittlich alle drei Monate eine Bewerbung abgibt, sonst aber keine Aktivitäten entfaltet.[710] Anhaltspunkte, um den **Begriff einer „angemessenen Tätigkeit"** zu bestimmen, können das Unterhaltsrecht und das Arbeits- und Sozialrecht geben. Eigenständige Kriterien gibt es in der InsO nicht. Die Rechtsprechung zur InsO muss sich deshalb an den Vorschriften des Unterhalts- und Sozialrechts – etwa zu § 1574 Abs. 2 BGB – und den dazu ergangenen Entscheidungen orientieren. Dies gilt auch für die Frage, wann von **ausreichenden Bewerbungsbemühungen** ausgegangen werden kann.[711] Für die Auskunftspflicht des Schuldners gilt, je detaillierter die Anfrage des Insolvenzgerichts ist, desto dezidierter hat er Schuldner seine Erwerbsbemühungen nachzuweisen; die pauschale Angabe von behaupteten Bewerbungen ohne jeglichen Beleg genügt nicht.[712]

Ein Schuldner, der einen Arbeitsplatz hat, der unter seiner Qualifikation liegt, ist verpflichtet, sich um einen besser bezahlten, seiner Qualifikation entsprechenden Arbeitsplatz zu bemühen. Er darf eine besser dotierte Tätigkeit nicht ablehnen. Ist der **Schuldner erwerbslos**, hat er auch eine unterqualifizierte Tätigkeit anzunehmen; eine schlechter bezahlte Stelle muss in diesem Zusammenhang ebenfalls als zumutbar angesehen werden. **Befristete Arbeitsverhältnisse** darf er ebenso wenig ablehnen wie Tätigkeiten, bei denen er eine getrennte Haushaltsführung in Kauf nehmen muss. Entsprechendes gilt für **Schichtarbeit**, soweit nicht persönliche Umstände des Schuldners einer solchen Arbeitsaufnahme entgegenstehen. Geht der Schuldner lediglich eine **Teilzeitbeschäftigung** nach, hat er sich im Rahmen der Erwerbsobliegenheit regelmäßig um eine angemessene Vollzeittätigkeit zu bemühen.[713] Der teilzeitbeschäftigte Schuldner muss sich grundsätzlich in gleicher Weise wie der erfolglos selbständig tätige und der erwerbslose Schuldner um eine angemessene Vollzeitbeschäftigung bemühen.[714] Eine Verletzung seiner Erwerbsoblie-

---

[709] BGH, 7.5.2009 – IX ZB 133/07, ZInsO 2009, 1217; BGH, 14.1.2010 – IX ZB 242/06, ZInsO 2010, 393; BGH. 27.4.2010 – IX ZB 267/08, NZI 2010, 693; vgl. auch LG Hamburg, ZInsO 2016, 1123.
[710] BGH, 19.5.2011 – IX ZB 224/09, ZInsO 2011, 1301.
[711] BGH, 3.12.2009 – IX ZB 139/07.
[712] LG Dessau-Roßlau, ZInsO 2014, 1722.
[713] BGH, 14.1.2010 – IX ZB 242/06, ZInsO 2010, 393; LG Verden, NZI 2019, 943.
[714] BGH, 1.3.2018 – IX ZB 32/17, ZInsO 2018, 787.

genheiten nach § 295 Abs. 1 Nr. 1 InsO liegt vor, wenn der Schuldner ohne nachvollziehbar rechtfertigende Gründe zu einem schlechter bezahlten Arbeitsplatz wechselt.[715]

Allerdings ist bei der Beurteilung der Frage der Zumutbarkeit einer Tätigkeit – dazu kann auch auf § 121 SGB III zurückgegriffen werden – auf die **Familienangehörigen des Schuldners** Rücksicht zu nehmen. So kann es etwa für eine **Mutter mit Kleinkindern** unzumutbar sein, eine Erwerbstätigkeit auszuüben.[716] Ob und in welchem Umfang ein Schuldner neben einer Kinderbetreuung erwerbstätig sein muss, ist an Hand der zu § 1570 BGB entwickelten Maßstäbe zu beurteilen. Ist jemand aufgrund einer **Behinderung** oder **Erkrankung** nicht mehr vermittelbar, braucht er keine ständigen – ohnehin nicht erfolgversprechenden – Bemühungen um Arbeitsaufnahme nachzuweisen.[717] Die Verpflichtung zur Aufnahme einer Vollzeittätigkeit kann über einen Zeitraum entfallen, in dem drei Jahre altes Kind der Schuldnerin über mehrere Monate unter massiven Angstzuständen und Verlustängsten gelitten hat.[718]

243 Ein Verstoß gegen die Erwerbsobliegenheit kann beispielsweise dann vorliegen, wenn der verheiratete Schuldner ohne einen sachlichen Grund die **Steuerklasse V wählt**, obwohl der Verdienst seines Ehegatten ähnlich hoch ist.[719] Die RSB ist ferner zu versagen, wenn der Schuldner keine angemessene Erwerbstätigkeit ausübt, weil er trotz **gleich lautender Anstellungsverträge und Beschäftigungsbedingungen** eine geringere Vergütung (exakt in Höhe des Pfändungsfreibetrages) erhält als ein befreundeter Kollege, der sich nicht im Restschuldbefreiungsverfahren befindet.[720] Die Begehung einer **Straftat** nach Eintritt in die Wohlverhaltensphase und deswegen erfolgte Verurteilung zu einer Freiheitsstrafe schließt die Erteilung der RSB nicht von vornherein aus; auch wenn sich der Schuldner während der Wohlverhaltensphase für längere Zeit in Haft befindet, entbindet dies einen Insolvenzgläubiger, der die Versagung der RSB beantragt, nicht von der Verpflichtung, den Verstoß des Schuldners gegen die Erwerbsobliegenheit und die daraus folgende konkrete Beeinträchtigung der Befriedigungsaussichten der Gläubiger glaubhaft zu machen.[721] Hieran hat sich auch nach Inkrafttreten des Gesetzes zur Verkürzung des Restschuldbefreiungsverfahrens nichts geändert. Für eine Verschärfung der Anforderungen an die Erwerbsbemühungen von Strafgefangenen gibt das neue Recht keine Veranlassung.[722]

---

715 LG Hamburg, ZInsO 2015, 1804.
716 BGH, 3.12.2009 – IX ZB 139/07, ZInsO 1010, 105.
717 BGH, 22.4.2010 – IX ZB 253/07, ZInsO 2010, 1153.
718 LG Hamburg, ZInsO 2019, 1336; anders die Vorinstanz AG Hamburg, ZVI 2018, 214.
719 BGH, 5.3.2009 – IX ZB 2/07, ZInsO 2009, 734; BGH, 3.7.2008 – IX ZB 65/07, ZInsO 2008, 976.
720 BGH, 24.9.2009 – IX ZB 288/08, ZInsO 2009, 2069.
721 BGH, 1.7.2010 – IX ZB 148/09, ZInsO 2010, 1558.
722 Siehe unten Rdn 324.

Soweit es um den **Grenzbereich zwischen § 295 Abs. 1 Nr. 1 und Abs. 2 InsO**[723] 244
geht, hat der BGH entschieden, dass der Schuldner in der Wohlverhaltensphase eine
von ihm ausgeübte **selbstständige Tätigkeit** nicht sofort aufgeben muss, wenn er
erkennt, dass er nicht genug erwirtschaftet, um seine Gläubiger so zu stellen, als
gehe er einer vergleichbaren abhängigen Tätigkeit nach. Um den Vorwurf zu entkräften, schuldhaft die Befriedigung seiner Gläubiger beeinträchtigt zu haben, muss
er sich dann aber nachweisbar um eine angemessene abhängige Beschäftigung bemühen und – sobald sich ihm eine entsprechende Gelegenheit bietet – diese wahrnehmen. Insofern ist er wie ein Schuldner zu behandeln, der gar keiner Tätigkeit
nachgeht und sich um eine Beschäftigung bemühen muss.[724]

Die Obliegenheiten des Schuldners gemäß § 295 InsO gelten ab Aufhebung des 245
Insolvenzverfahrens und – in Altverfahren – **Ankündigung der RSB**. Dies setzt jedenfalls die Kenntnis des Schuldners von diesen Umständen und damit die Kenntnis von dem Ankündigungsbeschluss und dem Aufhebungsbeschluss voraus.[725] Für
alle auf die Verletzung einer Obliegenheit aus § 295 InsO gestützten Versagungsanträge gilt, dass Anträge der Gläubiger gemäß § 296 Abs. 1 Satz 3 InsO nur zulässig
sind, wenn die Voraussetzungen des § 296 Abs. 1 Satz 1 und 2 InsO **glaubhaft gemacht** worden sind. Der Gläubiger muss in seinem Antrag sowohl die Obliegenheitsverletzung als auch die darauf beruhende Beeinträchtigung der Insolvenzgläubiger glaubhaft machen, wobei letztere nur vorliegt, wenn bei **wirtschaftlicher
Betrachtung** eine **konkret messbare Schlechterstellung** der Gläubiger wahrscheinlich ist.[726] Im Fall der neu eingeführten Obliegenheit des § 295 S. 1 Nr. 5 InsO,
keine unangemessenen Verbindlichkeiten im Sinne des § 290 Abs. 1 Nr. 4 InsO zu
begründen, muss gem. § 296 Abs. 1 S. 1 letzter Halbsatz hinzukommen, dass zumindest grobe Fahrlässigkeit gegeben ist. Einfache Fahrlässigkeit bleibt im Fall des
§ 295 S. 1 Nr. 5 InsO außer Betracht.

Dabei liegt eine Beeinträchtigung der Gläubigerbefriedigung schon dann vor, 246
wenn die vom Schuldner nicht abgeführten Beträge lediglich zur (teilweisen) **Deckung der Verfahrenskosten** ausgereicht hätten; dass nach der Deckung der Verfahrenskosten noch etwas für die Befriedigung der Gläubiger übrig bleibt, ist nicht
zwingend erforderlich.[727] Insbesondere gegen dieses Erfordernis wird häufig versto-

---

723 Nach neuer Fassung § 295a anstatt § 295 Abs. 2 InsO.
724 BGH, 18.12.2008 – IX ZB 249/07, ZInsO 2009, 299; BGH, 7.5.2009 – IX ZB 133/07, ZInsO 2009, 1217.
725 BGH, 14.1.2010 – IX ZB 78/09, ZInsO 2010, 345.
726 BGH, 5.4.2006 – IX ZB 50/05, ZInsO 2006, 547; BGH, 8.2.2007 – IX ZB 88/06, ZInsO 2007, 207; BGH, 12.6.2008 – IX ZB 91/06, VuR 2008, 434; BGH, 21.1.2010 – IX ZB 67/09, ZInsO 2010, 391; BGH, 24.6.2010 – IX ZB 283/09, ZInsO 2010, 1456; BGH, 14.1.2010 – IX ZB 78/09, ZInsO 2010, 345; BGH, 20.1.2011 – IX ZB 8/10, VuR 2011, 309; BGH, 18.11.2010 – IX ZB 137/08, VuR 2011, 352; BGH, 22.9.2011 – IX ZB 133/08, ZInsO 2011, 2101.
727 BGH, 14.4.2011 – IX ZA 51/10, ZInsO 2011, 978.

ßen, wenn Versagungsanträge als unzulässig verworfen werden, weil die **Glaubhaftmachung einer wirtschaftlichen Benachteiligung** der Gläubiger fehlt.

247 Keine Glaubhaftmachung einer Schlechterstellung ist erforderlich, wenn der Schuldner entgegen § 296 Abs. 2 Satz 2 InsO über die Erfüllung seiner Obliegenheiten **keine Auskunft erteilt** und dann, wenn ein Gläubiger dies beantragt, die Richtigkeit dieser Auskunft nicht an Eides Statt versichert. Nach § 296 Abs. 2 Satz 3 InsO ist die RSB schon dann zu versagen, wenn der Schuldner schuldhaft gegen diese Verfahrensobliegenheit verstößt. Auf eine Beeinträchtigung der Befriedigungsaussichten der Gläubiger kommt es hier nicht an, da es Sinn und Zweck des § 296 Abs. 2 InsO ist, dem Gericht die **Sachaufklärung** zu erleichtern. Dieser Zweck würde verfehlt, wenn die Versagung der RSB von der weiteren, im Gesetz gerade nicht vorgesehenen Voraussetzung einer konkreten Beeinträchtigung der Befriedigungsaussichten abhängig wäre. Hinreichendes Korrektiv ist, dass die Versagung an ein festzustellendes Verschulden des Schuldners geknüpft ist.[728] Nicht ausreichend ist es, wenn das Insolvenzgericht dem Schuldner gemäß § 296 Abs. 2 Satz 1 InsO nur Gelegenheit gibt, sich zum Versagungsantrag des Gläubigers zu äußern, es muss sich vielmehr um ein Auskunftsverlangen des Gerichts auf Antrag eines Gläubigeres nach § 296 Abs. 2 Satz 2 InsO handeln. Im Fall einer bloßen Möglichkeit zur Stellungnahme des Schuldners geht es noch nicht um eine Auskunft i.S.d. § 296 Abs. 2 Satz 2 InsO. Eine Versagung der RSB wegen einer nicht fristgerecht abgegebenen **eidesstattlichen Versicherung** setzt voraus, dass der Schuldner zuvor eine Auskunft über die Erfüllung seiner Obliegenheiten gemäß § 296 Abs. 2 Satz 2 InsO erteilt hat und der Schuldner vom Gericht aufgefordert wird, die Richtigkeit bestimmter Auskünfte an Eides statt zu versichern.[729]

248 Nicht zu den Pflichten des Gläubigers gehört die Glaubhaftmachung einer **schuldhaften Obliegenheitsverletzung**. Entsprechend der Verpflichtung des Schuldners, sich nach § 296 Abs. 1 Satz 1 InsO von einem vermuteten Verschulden zu entlasten, hat der Schuldner den **Entlastungsbeweis** ohne eine vorhergehende Glaubhaftmachung des Verschuldens seitens des Gläubigers zu führen.[730]

249 Im Übrigen gilt auch hier, dass dem Schuldner die RSB nicht versagt werden darf, wenn er die Aufnahme einer Tätigkeit **nachträglich offenlegt** und den dem Treuhänder vorenthaltenen Betrag bezahlt, bevor sein Verhalten aufgedeckt und ein Versagungsantrag gestellt worden ist. Erbringt der Schuldner nach freiwilliger Offenbarung eines Obliegenheitsverstoßes aufgrund einer **Vereinbarung mit dem Treuhänder** Teilzahlungen, die zu einem vollständigen Ausgleich des vorenthaltenen Betrages führen können, so kann während der Laufzeit der Teilzahlungsverein-

---

[728] BGH, 8.10.2009 – IX ZB 69/08, ZInsO 2009, 2162.
[729] BGH, 4.2.2016 – IX ZB 13/15, ZInsO 2016, 593.
[730] BGH, 24.9.2009 – IX ZB 288/08, ZInsO 2009, 2069.

barung **kein wirksamer Versagungsantrag** gestellt werden.[731] Zeigt allerdings der Schuldner sein pfändbares Einkommen trotz einer Aufforderung dem Treuhänder nicht an, kann diese Obliegenheitsverletzung nicht mehr durch Zahlung des pfändbaren Einkommens geheilt werden, wenn ein Gläubiger bereits beantragt hat, dem Schuldner die RSB zu versagen.[732]

b) Verpflichtung selbstständig tätiger Schuldner zur Abführung adäquater Beträge
Bei einem Schuldner, der einer selbstständigen Tätigkeit nachgeht, ist eine **Abtretung von Bezügen** grds. nicht möglich. Gleichwohl kann der Schuldner in der Wohlverhaltensphase auch einer selbstständigen Tätigkeit nachgehen. Das Gesetz gibt ihm in § 295 Abs. 2 InsO a.F. auf, Beträge an den Treuhänder abzuführen, mit denen er seine Gläubiger so stellt, als übe er eine angemessene Erwerbstätigkeit aus. Hieraus folgt aber nicht, dass es ausschließlich auf die Höhe der Vergütung einer vergleichbaren abhängigen Beschäftigung ankommt. Übt der Schuldner neben seiner abhängigen Beschäftigung eine selbstständige Tätigkeit aus, aus der er lediglich Verluste erwirtschaftet, sind die Insolvenzgläubiger nicht beeinträchtigt, wenn der Schuldner keine Möglichkeit hat, anstelle der selbstständigen Tätigkeit ein weiteres Arbeitsverhältnis einzugehen.[733] Entsprechend kann auch einem Schuldner, der ausschließlich selbstständig tätig ist, die RSB nicht automatisch versagt werden, wenn er **keine ausreichenden Beträge** erwirtschaftet. Dieser hat sich dann nur neben seiner selbstständigen Tätigkeit um eine anhängige Beschäftigung zu kümmern.[734]

250

aa) Neuregelung der Abführungspflicht in § 295a InsO
Erhebliche Änderungen der Regeln – die im Folgenden in die Darstellung eingearbeitet sind – für die Abführungspflicht Selbständiger sind überraschend durch die Ergänzung der Insolvenzordnung eingetreten, die der **Rechtsausschuss des Bundestages** den Vorschlägen des Regierungsentwurfs für ein Gesetz zur weiteren Verkürzung des Restschuldbefreiungsverfahrens hinzugefügt hat. Diese Änderungen gelten in Verfahren, die ab dem 1.1.2021 beantragt sind.[735] Sie enthalten nähere Vorschriften für die **selbständige Tätigkeit** des Schuldners im eröffneten Verfahren

250a

---

731 BGH, 18.2.2010 – IX ZB 211/09, ZInsO 2010, 684.
732 BGH, 17.7.2008 – IX ZB 183/07, ZInsO 2008, 920.
733 BGH, 5.4.2006 – IX ZB 50/05, ZInsO 2006, 547.
734 BGH, 7.5.2009 – IX ZB 133/07, ZInsO 2009, 1217.
735 Vgl. BT-Drucks. 19/25322 vom 16.12.2020 Bericht des Ausschusses für Recht und Verbraucherschutz (6. Ausschuss) zu dem Gesetzentwurf der Bundesregierung (Drucksachen 19/21981, 19/22773, 19/23054 Nr. 4) eines Gesetzes zur weiteren Verkürzung des Restschuldbefreiungsverfahrens.

Pape

und in der Wohlverhaltensphase. Zu diesen Änderungen gehört neben der oben bereits erwähnten **Ausweitung der Abführungspflichten** des Schuldner in Bezug auf **Geschenke und Gewinne** und dem **Verbot** der Eingehung **unangemessener Verbindlichkeiten** im Sinne des § 290 Abs. 1 Nr. 4 InsO in der Abtretungszeit die Präzisierung der Abführungspflicht selbständiger Schuldner, die nicht mehr in § 295 Abs. 2 InsO, sondern nunmehr in § 295a InsO geregelt ist. Unverändert geblieben ist dabei der Grundsatz, dass es dem Schuldner obliegt, die Insolvenzgläubiger durch Zahlungen an den Treuhänder so zu stellen, als wenn er ein **angemessenes Dienstverhältnis** eingegangen wäre, sofern er eine selbständige Tätigkeit ausübt (§ 295a Abs. 1 S. 1 InsO). Neu ist dagegen, dass die Zahlungen **kalenderjährlich bis zum 31. Januar des Folgejahres** zu leisten sind (§ 295a Abs. 1 S. 2 InsO). Neu ist ferner, dass das Insolvenzgericht auf Antrag des Schuldners den Betrag feststellt (§ 295a Abs. 2 S. 1 InsO), der den Bezügen aus dem nach Absatz 1 zugrunde zu legenden Dienstverhältnis entspricht, wobei der Schuldner die Höhe der Bezüge, die er aus einem angemessenen Dienstverhältnis erzielen könnte, nach § 295a Abs. 2 S. 2 InsO glaubhaft zu machen hat. Vor Erlass der Entscheidung sind nach § 295a Abs. 1 S. 3 InsO der Treuhänder und die Insolvenzgläubiger anzuhören; gegen die Entscheidung steht dem Schuldner und jedem Insolvenzgläubiger nach Satz 4 die sofortige Beschwerde zu.

bb) Bestimmung des abzuführenden Betrages/gerichtliche Feststellung

251 Unklar war seit jeher, wie die Beträge zu bestimmen sind, die der Schuldner in diesem Fall an den Treuhänder abzuführen hat und welche Höhe sie haben müssen. In Betracht kam die Bestimmung durch den Treuhänder, die Festsetzung durch den Schuldner selbst oder es konnte Aufgabe der Insolvenzgerichte sein, den Betrag festzulegen, den der Schuldner abzuführen hat. Durchgesetzt hat sich Auffassung, nach der es allein Sache des Schuldners sein sollte, den Betrag festzulegen, den er an den Treuhänder abführt.[736] Eine – mittelbare – **Überprüfung** gab es erst im **Versagungsverfahren**, im dem die Gläubiger glaubhaft machen konnten, der Schuldner habe nicht genug abgeführt, um sein Abführungspflicht zu erfüllen. Nach der Rechtsprechung des BGH bestand **weder eine Pflicht des Treuhänders noch des Gerichts**, die Beträge zu bestimmen, die der Schuldner abzuführen hat.[737] Der Treuhänder musste gem. § 292 InsO in der Wohlverhaltensphase lediglich die vom Schuldner abzuführenden Beträge entgegen nehmen und an die Gläubiger verteilen. Eine Kontrolle des Schuldners und seiner selbstständigen Tätigkeit oblag ihm

---

736 Vgl. Grote, ZInsO 2004, 1105 ff.
737 BGH, 17.1.2013 – IX ZB 98/11, ZInsO 2013, 405; LG Leipzig, ZInsO 2020, 1090; Pape/Uhländer/Pape, § 295 InsO Rn 32 m.w.N.

nicht.[738] Ihn konnte deshalb auch nicht die Pflicht treffen die Höhe der abzuführenden Beträge zu bestimmen. Der Gesetzgeber hatte den Streit über die Höhe der abzuführenden Beträge dem Schuldner und den Gläubigern überlassen. Infolge der Verlagerung der Problematik in das Versagungsverfahren nach den §§ 295 Abs. 2, 296 Abs. 1 InsO war es allein **Sache des Schuldners**, die Beträge zu bestimmen, die er abführte, um die Gläubiger so zu stellen, wie wenn er ein angemessenes Dienstverhältnis eingegangen wäre. War der abgeführte Betrag zu niedrig, riskierte der Schuldner die Versagung der RSB, weil er gegen seine Pflicht aus § 295 Abs. 2 InsO verstoßen hatte. **Rechtssicherheit** für die Beteiligten war damit nur schwer zu erreichen.

Diese Unsicherheiten hat der Gesetzgeber nunmehr zum Anlass genommen, mit § 295a Abs. 2 eine Vorschrift zu schaffen, die dem Schuldner die Möglichkeit gibt, den abzuführenden Betrag gerichtlich festsetzen zu lassen.[739] Der Schuldner hat nunmehr das Recht, die **Berechnungsgrundlage** für seine Zahlungen – die weiterhin dem Betrag entsprechen müssen, der den Bezügen aus dem zugrunde zu legenden fiktiven Dienstverhältnis entspricht – **gerichtlich feststellen** zu lassen. Auf der Grundlage dieser Feststellung, mit der nur der **zu erzielende Bruttolohn**, nicht aber der tatsächlich abzuführende Betrag, festgesetzt wird, kann er alsdann den pfändbaren Anteil und damit die Höhe der ihn treffenden Abführungsobliegenheit selbst errechnen. Um diese gerichtliche Festsetzung – zuständig ist das **Insolvenzgericht (Rechtspfleger – § 3 Nr. 2 e) RPflG)** – zu ermöglichen, muss der Schuldner seine berufliche Qualifikation aufgrund seiner Ausbildung, seiner Erfahrungen und seines beruflichen Werdegangs sowie mögliche Einschränkungen der Arbeitsfähigkeit – etwa gesundheitliche Probleme – und die Höhe der Bezüge, die er aus einem angemessenen Dienstverhältnis erzielen könnte, zunächst glaubhaft machen. Das Insolvenzgericht legt sodann nach **Anhörung des Treuhänders und der Insolvenzgläubiger** den Betrag fest, den der Schuldner abzuführen hat. Aus Gläubigersicht ist zu beachten, dass die Regelung durchaus **Missbrauchspotential** zugunsten des Schuldners aufweist. Der Schuldner kann ein Interesse daran haben, möglichst niedrige oder keine pfändbaren Bezüge glaubhaft zu machen oder die eigene berufliche Qualifikation möglichst niedrig anzusetzen, während Einschrän-

---

[738] Anders als im eröffneten Verfahren, in dem der BGH von der Pflicht des Verwalters ausgeht, aufgrund der Freigabe der selbständigen Tätigkeit des Schuldners von diesem an die Masse abzuführende Beträge auf dem Prozessweg geltend zu machen (vgl. BGH, 13.3.2014 – IX ZR 43/12, ZInsO 2014, 824) und deshalb auch ein Konflikt zwischen dieser Verpflichtung des Verwalters und der Möglichkeit des Schuldners, einen Feststellungsantrag zu stellen, entsteht – hierzu Pape/Laroche/Grote, ZInsO 2021, 57, 68.
[739] Dazu näher Pape/Laroche/Grote, ZInsO 2021, 57, 66 ff.

kungen der Arbeitsfähigkeit unter Umständen überzeichnet werden. Dieser Beschluss ist durch den Schuldner und jeden Insolvenzgläubiger, der seine Forderung angemeldet hat, mit der **sofortigen Beschwerde** anfechtbar (§ 295a Abs. 2 Satz 4 InsO). Ein **Beschwerderecht des Treuhänders** besteht nicht.

Das Recht, eine gerichtliche Feststellung des abzuführenden Betrages herbeizuführen ändert nichts am **System der Obliegenheiten**, zu denen auch die Abführungspflicht des selbständigen Schuldners in der Abtretungszeit gehört. Der Schuldner ist nicht gezwungen, einen derartigen Antrag zu stellen, Es handelt sich um ein Angebot, mit dem er sich **mehr Rechtsicherheit** verschaffen kann. Verzichtet der Schuldner auf die gerichtliche Festsetzung geht er das Risiko ein, dass ihm durch die Abführung zu geringer Beträge die RSB versagt wird. Die **Glaubhaftmachungslast** des § 296 Abs. 1 S. 3 InsO liegt dann weiter beim Gläubiger, der einen Versagungsantrag stellt. Ab Januar 2021 sind Fälle ohne und mit Feststellung der Bemessungsgrundlage gem. § 295a Abs. 2 InsO denkbar.

Macht ein Gläubiger in einem **Versagungsverfahren** glaubhaft (§ 296 Abs. 1 Satz 1 InsO), dass der Schuldner zu geringe Beträge abgeführt und dadurch die Befriedigung der Gläubiger beeinträchtigt hat und kann sich der Schuldner nicht von dem Vorwurf eines Verschuldens entlasten, ohne dass es zu einer **Feststellung der Bemessungsgrundlage** gekommen ist, muss dem Schuldner die RSB versagt werden. Eine Korrekturmöglichkeit hat der Schuldner nicht.[740] Macht ein Gläubiger nach einer gerichtlichen Feststellung in einem Versagungsverfahren geltend, eine höhere Bemessungsgrundlage sei angemessen, kann dagegen i.d.R. keine Versagung mehr erfolgen, weil regelmäßig das für die Versagung erforderliche **Verschulden des Schuldners**, von dem er sich zu entlasten hat, fehlt. Ferner dürfte sich die Frage stellen, ob der Gläubiger überhaupt noch ein **Rechtsschutzbedürfnis** für einen Versagungsantrag hat, wenn er im Festsetzungsverfahren keine Einwendungen gegen den Antrag des Schuldners auf Feststellung der Bemessungsgrundlage erhoben und keine Beschwerde eingelegt hat.

Im Rahmen der **entsprechenden Anwendung des § 295a InsO** im eröffneten Verfahren aufgrund des **Verweises in § 35 Abs. 2 Satz 2 InsO n.F.** ist zudem problematisch, dass es zu einem Konflikt zwischen der Verpflichtung des Verwalters vom Schuldner an die Masse abzuführende Beträge auf dem Prozessweg einzuklagen[741] und der Möglichkeit des Schuldners, einen Feststellungsantrag zu stellen, kommen kann. Es stehen zwei Verfahren mit unterschiedlichen Zuständigkeiten und einer unterschiedlichen Verteilung der Darlegungs-, Glaubhaftmachungs- und Beweislast zur Verfügung, in denen es zu divergierenden Entscheidungen von **Pro-**

---

740 Vgl. Grote, ZInsO 2004, 1105 ff.
741 BGH, 13.3.2014 – IX ZR 43/12, ZInsO 2014, 824.

zess- und Insolvenzgericht kommen kann.[742] Dies lässt die Feststellung – ungeachtet der Erleichterungen, die das neue Verfahren bietet, nicht einfacher erscheinen. Ein Ausweg könnte sich hier in der Form anbieten, dass der BGH von seiner Rechtsprechung zur Pflicht des Verwalters, die vom Schuldner abzuführenden Beträge einzuklagen, Abstand nimmt. Nachdem der Schuldner die gesetzliche Möglichkeit hat, die abzuführenden Beträge gerichtlich festsetzen zu lassen – ein entsprechendes Antragsrecht steht dem Verwalter/Treuhänder nicht zu – reicht es aus, dass die Gläubiger mit **Versagungsanträgen** auf Verstöße des Schuldners gegen seine Abführungspflicht reagieren.

cc) Pflichten des Schuldners in Mangelfällen

Kann der Schuldner **angemessene Beträge**, die den Einkünften aus einer abhängigen Beschäftigung entsprechen, aus seiner selbstständigen Erwerbstätigkeit **nicht erwirtschaften**, muss er diese notfalls aufgeben und sich darum bemühen, ein abhängiges Arbeitsverhältnis einzugehen.[743] Der Schuldner kann nach der Begründung zu § 295 InsO zeitweilig auch geringere oder gar keine Zahlungen leisten, wenn die Existenz seines Betriebes sonst gefährdet ist. Dieser Zustand ist jedoch als Dauerzustand nicht hinnehmbar. Gelingt es dem Schuldner über eine längere Zeit nicht, die von ihm geschuldeten Zahlungen aufzubringen, so muss er sich **nachweisbar** um eine abhängige Beschäftigung bemühen und seine selbstständige Tätigkeit aufgeben, wenn er eine solche findet, mit der er pfändbare Beträge erzielt. Ob hieran nach Inkrafttreten des § 295a InsO festgehalten werden kann, dürfte insbesondere dann Probleme bereiten, wenn der Schuldner den abzuführenden Betrag gerichtlich hat feststellen lassen und später geltend macht, ihn aber doch nicht aufbringen zu können.[744] Jedenfalls sollte auch hier an der Pflicht des Schuldners festgehalten werden, sich nach einer **Erprobungszeit** um eine abhängige Tätigkeit zu bemühen, wenn er feststellt, dass die Erträge aus seiner Selbständigkeit nicht ausreichen, um seiner Abführungspflicht zu genügen.

251a

dd) Maßstäbe für die Festsetzung der abzuführenden Beträge

Grundsätzlicher Anknüpfungspunkt für die Beträge, welche der Schuldner abzuführen hat – hierbei bleibt es auch nach der Neufassung des § 295a Abs. 1 S. 1 InsO –, ist der Verdienst, den er im Rahmen einer abhängigen Beschäftigung aufgrund seiner

252

---

742 Zur Lösung vgl. Pape/Laroche/Grote, ZInsO 2021, 57, 66 ff.
743 BGH, 7.5.2009 – IX ZB 133/07, ZInsO 2009, 1217; BGH, 10.5.2012 – IX ZB 203/10, juris; BGH, 13.6.2013 – IX ZB 38/10, ZInsO 2013, 1586.
744 Pape/Laroche/Grote, ZInsO 2021, 57, 68 f.

Ausbildung und Qualifikation erzielen kann.[745] So ist beispielsweise bei einem selbstständig tätigen Handwerkmeisters auf der Basis des Tariflohns eines abhängig beschäftigten Meisters unter Berücksichtigung der §§ 850 ff. ZPO der abzuführende Betrag zu bestimmen.[746] Im Regelfall ist es im Blick auf diese Berechnungsmethode nicht gerechtfertigt, selbstständig tätigen Schuldnern die RSB zu versagen ist, weil sie sich geweigert haben, **Auskünfte** über die von ihnen mit ihrer selbstständigen Tätigkeit erzielten Einnahmen zu geben, oder auf entsprechende **Auskunftsverlangen** nicht reagiert haben. Die Auskunftspflicht des Schuldners erstreckt sich grundsätzlich nicht auf seine tatsächlichen Einnahmen aus der von ihm ausgeübten wirtschaftlich selbstständigen Tätigkeit. Er hat dem Treuhänder **keine Rechenschaft** über diese Tätigkeit zu legen. Die Auskunftspflicht erstreckt sich in einem solchen Fall vielmehr auf die Umstände, die den Gläubiger in die Lage versetzen, zu bestimmen, welche **vergleichbare Tätigkeit** der Schuldner als abhängig Beschäftigter ausüben könnte und wie hoch das fiktive Nettoeinkommen wäre, welches er danach abzuführen hat.[747] Der Gläubiger genügt im Fall des § 295 Abs. 2 InsO seiner Pflicht zur **Glaubhaftmachung der Beeinträchtigung** der Befriedigung der Insolvenzgläubiger bereits dann, wenn er darlegt, dass der Schuldner an den Treuhänder nicht den Betrag abgeführt hat, den er bei Ausübung einer vergleichbaren abhängigen Tätigkeit hätte abführen müssen.[748] Nach einem Beschluss des AG Göttingen kann der Insolvenzgläubiger durch Vorlage eines Gehaltsvergleiches (Gehaltsvergleich.com) glaubhaft machen, dass der Schuldner entgegen **§ 295 Abs. 2 InsO** die Insolvenzgläubiger nicht so stellt, wie wenn er ein angemessenes Dienstverhältnis eingegangen wäre.[749] Beantragt ein Insolvenzgläubiger, dem Schuldner nach der Freigabe seiner selbständigen Tätigkeit die Restschuldbefreiung wegen der Verletzung einer gesetzlichen Mitwirkungspflicht zu versagen, ist der Versagungsgrund glaubhaft gemacht, wenn der Schuldner vertraglich übernommene Zahlungspflichten an die Insolvenzmasse nicht erfüllt; der Schuldner hat in diesem Fall darzulegen, dass er nach dem Gesetz zu keinen höheren als zu den von ihm geleisteten Zah-

---

745 Vgl. für die Abführungspflicht nach § 35 Abs. 2 InsO BGH, 13.3.2014 – IX ZB 43/12, ZInsO 2014, 824, dort auch zur Pflicht des Insolvenzverwalters, den wegen der Freigabe der selbstständigen Tätigkeit des Schuldners von diesem an die Masse abzuführende Betrag auf dem Prozessweg geltend zu machen.
746 BGH, 5.4.2006 – IX ZB 50/05, ZInsO 2006, 547; BGH, 5.2009 – IX ZB 133/07, ZInsO 2009, 1217; BGH, 19.5.2011 – IX ZB 224/09, ZInsO 2011, 1301; BGH, 12.7.2012 – IX ZB 270/11, NZI 2012, 721; Pape/Uhländer/Pape, § 295 InsO Rn 30 ff.; Grote, ZInsO 2004, 1105 ff., 1106 f.; Schmerbach, ZVI 2003, 256 ff., 261 ff.
747 BGH, 26.2.2013 – IX ZB 165/11; ZInsO 2013, 625; FK/Ahrens, 8. Aufl., § 295 InsO Rn 59; KPB/Wenzel, § 295 InsO Rn 25.
748 BGH, 4.2.2016 – IX ZB 13/15, ZInsO 2016, 593.
749 AG Göttingen, ZInsO 2018, 276.

lungen verpflichtet war.[750] Der Schuldner muss danach dem Treuhänder und dem Gericht auf Verlangen Mitteilung machen,
- ob er überhaupt einer selbstständigen Tätigkeit nachgeht,[751]
- welcher Art diese ist und welche Ausbildung er genossen hat,
- über welche Erfahrungen er verfügt und
- wie sein beruflicher Werdegang aussieht.

Der Schuldner ist nur verpflichtet, die Angaben zu machen, die zur **Bestimmung der vergleichbaren abhängigen Tätigkeit** erforderlich sind.[752] Auf seine tatsächlich erzielten Gewinne kommt es nicht an, denn diese bilden nicht den Maßstab für die von ihm abzuführenden Beträge. Verlangen Treuhänder oder Gericht eine über den Rahmen der Auskunftsobliegenheiten gem. § 295 Abs. 1 Nr. 3 InsO oder § 296 Abs. 2 Satz 2 InsO hinausgehende – nicht durch § 295 Abs. 1 Nr. 3 InsO oder § 296 Abs. 2 S. 2 InsO gedeckte – Auskunft, so verletzt der Insolvenzschuldner bei Nichtbeantwortung dieser Fragen seine Auskunftsobliegenheiten nicht, eine gleichwohl erfolgte Versagung der RSB ist wegen Verstoßes gegen das Willkürverbot aufzuheben.[753] Das gilt auch, wenn der Schuldner mit seiner Erwerbstätigkeit **übermäßigen Erfolg** hat. Ihn trifft nach ganz h.M. keine Verpflichtung, höhere Zahlungen zu leisten, als sie bei der Erzielung eines angemessenen Verdienstes zu erbringen wären. Eine Beteiligung der Gläubiger am geschäftlichen Erfolg des Schuldners ist im Gesetzgebungsverfahren ausdrücklich abgelehnt worden. § 295 Abs. 2 InsO a.F. ist nicht einschlägig, wenn der Schuldner neben einer abhängigen Beschäftigung einer **wirtschaftlich selbstständigen Nebentätigkeit** nachgeht, die keinen nennenswerten Umfang erreicht und sich organisatorisch nicht verfestigt hat; eine nur gelegentlich ausgeübte Tätigkeit, die sich nicht zu einer **einheitlichen Organisation** verdichtet hat, ist keine selbstständige Erwerbstätigkeit.[754]

ee) Zeitpunkt der Abführung

In Rechtsprechung und Schrifttum war lange Zeit umstritten, ob den Schuldner eine **periodische Abführungspflicht** trifft, oder ob es ihm im Hinblick auf das Schweigen des Gesetzes zu der Frage, wann er etwas an die Gläubiger abzuführen hat, gestattet ist, seiner Abführungspflicht erst zum **Ende der Wohlverhaltensphase**

253

---

750 BGH, 12.4.2018 – IX ZB 60/16, ZInsO 2018, 1508.
751 Zur Anzeigepflicht des Schuldners nach Einführung des § 35 Abs. 3 InsO vgl. Pape/Laroche/Grote, ZInsO 2021, 57, 65.
752 LG Hamburg, 2.6.2017 – 330 O 259/16, juris.
753 BVerfG, ZInsO 2017, 158.
754 BGH, 24.3.2011 – IX ZB 80/11, ZInsO 2011, 932.

nachzukommen. Zwar gab es für eine derart späte Abführungspflicht keine überzeugenden Gründe. Sie hätte nur zur Folge gehabt, dass die Gläubiger während des gesamten Laufs der Wohlverhaltensphase keine Möglichkeit zur Ahndung der ausbleibenden Abführung gehabt hätten.[755] Gleichwohl wurde im Schrifttum wohl mehrheitlich vertreten, die Zahlung müsse erst zum Ende der Abtretungszeit geleistet werden. Inzwischen ist jedoch geklärt, dass eine **kontinuierliche periodische Abführungspflicht** besteht, welche den Schuldner auch bei Ausübung einer wirtschaftlich selbstständigen Tätigkeit trifft.[756] Abhängig beschäftigte Schuldner haben nicht die Möglichkeit, Beträge, die unter die Abtretungserklärung fallen, zu sammeln und erst zum Ende der Wohlverhaltensphase an den Treuhänder auszukehren. Diese Möglichkeit darf auch einem selbstständig tätigen Schuldner nicht eingeräumt werden. Auch dieser muss **spätestens nach Ablauf von einem Jahr** etwas abführen, so dass Versagungsanträge gestellt werden können, wenn der Schuldner, der eine selbstständige Tätigkeit ausübt, nach Ablauf der Jahresfrist keine Zahlungen an den Treuhänder leistet. Nach der Rechtsprechung des BGH muss allerdings ist im Hinblick auf § 296 Abs. 1 Satz 2 InsO beachtet werden, dass die Jahresfrist, innerhalb derer Anträge auf Versagung gestellt werden können, bei einem selbstständig tätigen Schuldner erst mit **Ende der Abtretungszeit** zu laufen beginnt. Vor diesem Zeitpunkt soll eine Präklusion – auch nach Erlass der Entscheidung zur periodischen Abführungspflicht – nicht in Frage kommen.[757] Für Neuverfahren, die dem zum Jahresbeginn 2021 eingeführten § 295a InsO unterfallen, gilt gem. § 295a Abs. 1 S. 2 InsO, dass die Zahlungen kalenderjährlich bis zum 31. Januar des Folgejahres zu leisten sind. Ob sich unter diese Prämisse die Auffassung des BGH aufrechterhalten lässt, Versagungsanträge könnten generell erst zum Ende der Abtretungsfrist geltend gemacht werden, muss als fraglich angesehen werden. Ein Grund für eine **Abweichung von § 296 Abs. 1 S. 2 InsO**, wonach der Versagungsantrag nur binnen eines Jahres nach dem Zeitpunkt gestellt werden kann, in dem die Obliegenheitsverletzung dem Gläubiger bekanntgeworden ist, besteht jedenfalls nicht.[758] Mit seiner Rechtsprechung versagt der BGH dem Schuldner den Schutz, den er davor haben soll, nach Jahr und Tag noch mit Versagungsanträgen überzogen zu werden, obwohl die entsprechenden Sachverhalte schon seit mehreren Jahren bekannt sind und die Gläubiger ihre Anträge längst hätten stellen können.

---

755 Vgl. Pape/Uhländer/Pape, § 295 InsO Rn 31 m.w.N.
756 BGH, 19.7.2012 – IX ZB 188/09, ZInsO 2012, 1488; BGH, 17.1.2013 – IX ZB 98/11, ZInsO 2013, 405.
757 BGH, Beschl. v. 19.5.2011 – IX ZB 224/09, ZInsO 2011, 1301 Rn 12f.; BGH, Beschl. v. 17.1.2013 – IX ZB 98/11, ZInsO 2013, 405 Rn 20; BGH, Beschl. v. 10.10.2013 – IX ZB 119/12, ZInsO 2014, 47.
758 Siehe auch Pape/Laroche/Grote, ZInsO 2021, 57, 67.

ff) Bereicherungsanspruch bei Übererfüllung

Bei **Übererfüllung der Abführungspflicht** für erzieltes Einkommen nach Freigabe der selbständigen Tätigkeit des Schuldners (als Handelsvertreter) durch den Insolvenzverwalter kann dem Schuldner einen **Bereicherungsanspruch** gegen die Insolvenzmasse aus **§ 812 Abs. 1 S. 1 Alt. 1 BGB** haben.[759] Insoweit trage der Insolvenzschuldner – so führt das LG Leipzig aus – die Darlegungs- und Beweislast für das Fehlen eines Rechtsgrundes. Komme er dieser Darlegungs- und Beweislast nach, obliege es dem Insolvenzverwalter als Bereicherungsschuldner im Rahmen einer abgestuften bzw. sekundären Darlegungs- und Beweislast substantiiert vorzutragen, dass der Rechtsgrund dennoch bestanden habe. Komme der Verwalter insoweit seinen Darlegungspflichten nach, haftet er nicht nach **§ 60 Abs. 1 InsO**, weil er das empfangene Vermögen nicht auf einem Sonderkonto separiert und damit einen Bereicherungsanspruch nach **§ 812 Abs. 1 S. 1 Alt. 1 BGB** vereitelt habe. Der Schuldner habe keinen Anspruch auf **Schadensersatz** wegen der **fehlenden Separierung** der gezahlten Gelder, soweit hierfür die Insolvenzmasse nicht ausreiche. Mangels einer Pflicht zur Prüfung des fiktiven Einkommens habe der Insolvenzverwalter nicht durch eine Rechtshandlung eine Masseverbindlichkeit i.S.d. **§ 55 InsO** begründet. Damit könne er auch keine ihn treffende Pflicht verletzt haben.

253a

c) Beschränkte Verpflichtung zur Herausgabe ererbten Vermögens

Weitere Obliegenheit des Schuldners ist es gemäß § 295 Abs. 1 Nr. 2 InsO, die Hälfte des Wertes des Vermögens, das der Schuldner aufgrund einer Erbschaft oder im Hinblick auf sein **künftiges Erbrecht** während der Wohlverhaltensphase erwirbt, an den Treuhänder abzuführen. Herauszugeben ist die **Hälfte des Nettovermögens**, also die Erbschaft nach Abzug der Nachlassverbindlichkeiten. Aus dieser Verpflichtung wurde zugleich abgeleitet, dass der Schuldner sonstiges neues Vermögen, das er während der Wohlverhaltensphase erlangt, nicht für die Befriedigung der Gläubiger zur Verfügung stellen muss. Sinn dieser für den Schuldner sehr schonenden Form des Einsatzes neu erlangten Vermögens ist es, zu vermeiden, dass der Schuldner durch **Ausschlagung der Erbschaft** oder ähnliche Maßnahmen verhindert, dass erbtes Vermögen in dieser Phase des Verfahrens überhaupt anfällt. Zu beachten ist, dass eine Erbschaft, die der Schuldner nach Ankündigung der RSB, jedoch vor Aufhebung des Insolvenzverfahrens macht, in vollem Umfang in die Masse fällt. Da die gesetzlichen Obliegenheiten des Schuldners während der Laufzeit der Abtretungserklärung erst mit Wirksamkeit der Verfahrensaufhebung einsetzen, gilt insoweit der **Halbteilungsgrundsatz** noch nicht.[760]

254

---

759 LG Leipzig, ZInsO 2020, 1090.
760 BGH, 15.7.2010 – IX ZB 229/07, ZInsO 2010, 1496.

Pape

255 Schließt der Schuldner mit einem Miterben **einen Aufteilungsvertrag** ab, so kann darin eine schlüssige Annahme der Erbschaft liegen. Eine anschließende Erbausschlagung ist dann nur noch unter den Voraussetzungen des § 1954 BGB möglich. Hat der Schuldner in einem laufenden Restschuldbefreiungsverfahren dem Treuhänder die Vereinbarung mit dem Miterben nicht offen gelegt und ist er damit seiner Obliegenheit zur Abführung der Hälfte des Erbes nicht nachgekommen, rechtfertigt die gleichwohl keine andere Beurteilung der Frage, ob der Schuldner die Erbschaft angenommen hat.[761] Besteht die Erbschaft nicht aus Barvermögen, muss sich der Schuldner um die Verwertung kümmern, um die Hälfte des Wertes an den Treuhänder herauszugeben zu können.[762] Diese Pflicht trifft ihn grundsätzlich auch dann, wenn er **Mitglied einer Erbengemeinschaft** ist.[763] In diesem Fall muss er sich um die Auseinandersetzung der Gemeinschaft bemühen. Bei einem Grundstück hat er ggf. die Teilungsversteigerung zu betreiben. Ist eine Verwertung unmöglich, darf dies allerdings nicht zur Versagung der RSB führen.

Nicht erfüllt wird der Versagungsgrund durch einen Verzicht auf die Geltendmachung **eines Pflichtteilsanspruchs** in der Wohlverhaltensphase. Dies stellt keine Obliegenheitsverletzung des Schuldners dar. Gleiches gilt für die **Erbausschlagung** oder den **Verzicht auf ein Vermächtnis**.[764] Tritt der Erbfall in der Wohlverhaltensphase ein, entsteht die Obliegenheit des Schuldners, die Hälfte des Wertes des Vermächtnisses an den Treuhänder abzuführen, erst mit der Annahme des Vermächtnisses.[765]

d) Abführungspflicht für Schenkungen und Gewinne

255a Zwar hat das Fehlen einer Herausgabeobliegenheit für Schenkungen und Gewinne in der Abtretungszeit in der Vergangenheit nie ein Problem dargestellt; im Zuge der durch die EU erzwungenen Verkürzung des Verfahrens zur Erlangung der RSB auf drei Jahre hat die **Bundesregierung** dem Schuldner dieses Ziel aber zumindest insofern weiter erschwert, als sie unter anderem die Herausgabeobliegenheit der Schuldnerin oder des Schuldners erweitert hat. Diese erstreckt sich in den ab dem 1.10.2020 beantragten Verfahren[766] nicht nur auf Vermögen, das er von Todes wegen erworben hat, sondern auf jegliches Vermögen, das der Schuldner durch Schenkung erlangt. Dieser Vermögenserwerb soll – wie bei Erbschaften – zur Hälfte herausge-

---

761 OLG Köln, 19.8.2014 – 2 Wx 213/14, ZInsO 2014, 2602.
762 BGH, 10.1.2013 – IX ZB 163/11, ZInsO 2013, 306; AG Göttingen, ZInsO 2015, 357; AG Hamburg, ZVI 2017, 126.
763 BGH, 10.1.2013 – IX ZB 163/11, ZInsO 2013, 306.
764 BGH, 25.6.2009 – IX ZB 196/08, ZInsO 2009, 1461.
765 BGH, 10.3.2011 – IX ZB 168/09, VuR 2011, 308.
766 Zur Übergangsregelung vgl. Art. 103k Abs. 1 EGInsO.

geben werden.⁷⁶⁷ In vollem Umfang herauszugeben sind nach der Neufassung des § 295 S. 1 Nr. 2 InsO Gewinne, die der Schuldner während des Insolvenzverfahrens erzielt. Um die Vorschläge des Regierungsentwurfs nicht vollkommen ausufern zu lassen und auch kleinste Geschenke in die Abführungspflicht einzubeziehen, hat der Rechtsausschuss des Bundestages dafür gesorgt, dass **geringwertige Geschenke und Gewinne** von der neu eingeführten Wertherausgabeobliegenheit bei Schenkungen und Gewinnen ausgenommen werden. Beim Erwerb geringwertigen Vermögens stehe der **Aufwand für die Erfüllung der Herausgabeobliegenheit** in einem Missverhältnis zu dem daraus für die Gläubigerseite resultierenden Ertrag. Zudem solle der Schuldner – so führt der Rechtsausschuss aus – bedenkenlos Zuwendungen annehmen dürfen, die im Rahmen des Gebräuchlichen liegen. Insbesondere solle der Schuldner nicht von der sozialen Praxis der **gelegentlichen Zuwendung von Geschenken** abgeschnitten werden.⁷⁶⁸

aa) Hälftige Abführungspflicht bei Schenkungen in der Abtretungszeit
Im bisherigen Recht waren – wie vorstehend schon ausgeführt – Schenkungen nur in Hinblick auf ein zukünftiges Erbrecht von der **Herausgabeobliegenheit des § 295 Abs. 1 Nr. 2 a.F.** erfasst. Nach der geänderten Fassung des § 295 Abs. 1 Nr. 2 InsO (= § 295 Satz 1 Nr. 2 InsO n.F.) gilt dies nunmehr auch für alle anderen Schenkungen. Ausgenommen sind nur **gebräuchliche Gelegenheitsgeschenke von geringem Wert**. Von einem geringen Wert des Geschenks ist nach der Begründung des Rechtsausschusses⁷⁶⁹ auszugehen, wenn der Wert bei einem Einzelgeschenk unter 200 EUR und der Wert der Geschenke von einem Schenker insgesamt unter einer jährlichen Gesamtsumme von 500 EUR liegt. Der Ausschuss orientiert sich bei dieser Konkretisierung an der Rechtsprechung des BGH zu § 134 Abs. 2 InsO, der in einem Urteil vom 4.2.2016⁷⁷⁰ von entsprechenden Beträgen ausgegangen ist. Diese **Höchstgrenzen** sollen nach dem Urteil des BGH unabhängig von den individuellen Vermögensverhältnissen des Schuldners gelten. Im Falle einer **Überschreitung der Höchstgrenzen** sollen die Grenzen nach der Begründung des Rechtsausschusses wie ein **Freibetrag** wirken; d.h. liegt der Wert der Geschenke oberhalb dieser Grenzen, soll eine Herausgabepflicht nur zur Hälfte des die Grenze übersteigenden Wertes bestehen. Einen Anspruch des Treuhänders, der insofern auch **keinen Verwertungsauftrag** hätte, auf die Einziehung des Geschenkes selbst soll es nicht geben. Die Anwendung dieser Grundsätze würde bei einer Schuldnerin, die von ihrem Ehemann zum Hochzeitstag ein Schmuckstück im Wert von 500 EUR bekommt, be-

---

767 Vgl. die Begründung des Regierungsentwurfs BT-Drucks. 19/21981 vom 31.8.2020 S. 20.
768 Siehe die Begründung des Rechtsausschusses BT-Drucks. 19/25322 S. 15.
769 BT-Drucks. 19/25322 S. 16.
770 IX ZR 77/15, ZInsO 2016, 632 Rn. 35.

Pape

deuten, dass der Freibetrag von 200 EUR für ein Einzelgeschenk überschritten ist und die Schuldnerin die Hälfte des überschießenden Wertes, also 150 Euro an den Treuhänder herausgeben muss. Bekäme der Schuldner im Lauf eines Jahres von einer bestimmten Person viermal 200 EUR geschenkt, läge dies um 300 EUR über dem Höchstbetrag von 500 EUR; der Schuldner müsste 150 EUR an den Treuhänder herausgeben.[771] Im Fall von **Sachzuwendungen oder -gewinnen** soll als Wert nach der Begründung des Rechtsausschusses[772] der vom Schuldner durch einen Verkauf – etwa um seiner Obliegenheit zur Herausgabe nachzukommen – erzielte Wert zugrunde zu legen sein, dadurch sollen Schwierigkeiten bei Verkäufen durch Privatpersonen berücksichtigt werden. Nur wenn der Schuldner den Gegenstand **unter Wert verkauft**, obwohl er die Gelegenheit zu einer Veräußerung zu einem höheren Preis gehabt hätte, soll der höhere Preis maßgeblich sein.

bb) Herbeiführung eines Klärungsbeschlusses des Insolvenzgerichts

255c Bei **Sachgeschenken oder -gewinnen** kann die Wertbestimmung im Einzelfall auf Schwierigkeiten stoßen. Der Gesetzgeber hat deshalb an § 295 InsO einen neuen Satz 2 angefügt. Im Blick auf die für den Schuldner nicht ganz einfache Einschätzung, ob und inwieweit der Wert eines Geschenkes oder ein Gewinnes an den Treuhänder herauszugeben ist, gibt es nunmehr die Möglichkeit einer **Klärungsentscheidung des Insolvenzgerichts**. Der Schuldner kann nach § 295 S. 2 InsO n.F. eine Feststellungentscheidung des Insolvenzgerichts darüber beantragen, ob sein Vermögenserwerb der **Herausgabeobliegenheit unterliegt**. Mit der Entscheidung, ob der Gegenstand der Abführungspflicht unterliegt – eine exakte Wertfestsetzung erfolgt nicht – soll dem Schuldner die notwendige **Rechtssicherheit** gegeben werden. Da es sich um eine neue **Obliegenheit des Schuldners** handelt, können Gläubiger, die ihre Forderung im Verfahren angemeldet haben, nach § 296 Abs. 1 InsO Anträge auf Versagung der Restschuldbefreiung stellen, soweit sie den Verstoß des Schuldners und die **Beeinträchtigung der Befriedigung der Gläubiger** glaubhaft machen können. Der Schuldner hat die Möglichkeit, sich von einem vermuteten Verschulden zu entlassen; hat er einen Klärungsbeschluss des Insolvenzgerichts herbeigeführt und der Schuldner einen entsprechenden Betrag abgeführt, hat dies den Vorteil, dass dem Schuldner kein Verschuldensvorwurf zu machen ist. Eine **Beteiligung der Insolvenzgläubiger und/oder des Treuhänders** im Rahmen der Entscheidung nach § 295 Satz 2 InsO ist nicht vorgesehen.

---

[771] Zu diesen Beispielen auch Pape/Laroche/Grote, ZInsO 2021, 57, 64 f.
[772] BT-Drucks. 19/25322 S. 16.

cc) Abführungspflicht bei Gewinnen in der Wohlverhaltensphase

Anders als bisher ist **jeder Gewinn** – das Gesetz führt einen Lotteriegewinn, den Gewinn in einer Ausspielung oder in einem anderen Spiel mit Gewinnmöglichkeit auf –, der während des eröffneten Verfahrens als **Neuerwerb** in die Insolvenzmasse fällt, vom Schuldner nunmehr auch in der Abtretungszeit in vollem Umfang an den Treuhänder herauszugeben. Dies regelt der neu gefasste § 295 Satz 1 Nr. 2 InsO für die **Dauer der Treuhandperiode** als weitere neue Obliegenheit.[773] Dies sollte nach dem Regierungsentwurf für **alle Arten von Gewinnspielen** gelten, d.h. auch für den Gewinn bei „Wer wird Millionär", der Tombola der Freiwilligen Feuerwehr, dem Wichteln in der Weihnachtszeit oder ähnlichem. Erfasst sein sollen nach der Begründung in jedem Fall solche Spiele und Wetten im Sinne des § 762 BGB, die nur **unvollkommene Verbindlichkeiten** begründen, wenn und soweit die Schuldnerin oder Schuldner aus diesen etwas erlangt hat, was sie oder er behalten darf. Den Begriff des „anderen Spiels mit Gewinnmöglichkeit" hat der Gesetzgeber § 33d der Gewerbeordnung entlehnt, der als Auffangtatbestand dienen soll. Keine Abführungspflicht besteht für Gewinne aus verbotenen Glücksspielen. Eingeschränkt wird die **Abführungspflicht** auch hier nach Ergänzung der Vorschrift durch den Rechtsausschuss durch die oben bereits beschriebene **Bagatellgrenze**. Einzelgewinne unter 200 Euro sind demnach ebenso ausgenommen, wie Gewinne, die im Lauf des Jahres kumuliert 500 Euro nicht überschreiten. Handelt es sich um einen **Sachgewinn**, besteht auch hier die Möglichkeit, einen klärenden Beschluss des Insolvenzgerichts nach § 295 Satz 2 InsO n.F. herbeizuführen. Das **Versagungsverfahren** richtet sich – wie vorstehend skizziert – nach § 296 Abs. 1 InsO.

e) Anzeigepflichten des Schuldners in der Wohlverhaltensphase

Die **Auskunfts- und Mitwirkungspflichten des Schuldners** während des Insolvenzverfahrens, deren Verletzung nach § 290 Abs. 1 Nr. 5 InsO schon im Ankündigungsbeschluss zur Versagung der RSB führen kann, gehören während des gesamten Insolvenzverfahrens zu den Kardinalpflichten des Schuldners. Sie setzen sich auch in der Wohlverhaltensphase fort. Auch in dieser Zeit hat der Schuldner nach § 295 Abs. 1 Nr. 3 InsO (jetzt § 295 S. 1 Nr. 3 InsO) die Pflicht, sämtliche für die Gläubiger wesentlichen Daten dem Gericht und dem Treuhänder mitzuteilen und kein Einkommen oder Vermögen, das unter seine Abführungspflicht fällt, zu verheimlichen. Dazu muss er jeden **Wechsel seines Wohnsitzes** und seiner **Beschäftigungsstelle** dem Insolvenzgericht und dem Treuhänder unverzüglich anzeigen. Teilt der Schuldner entgegen seiner Auskunftsobliegenheit einen Wohnsitzwechsel

---

[773] Vgl. zur Kritik Pape/Laroche/Grote, ZInsO 2020, 1805, 1808 f.

nicht mit, ist sein Aufenthalt unbekannt; das Insolvenzgericht kann ihm dann Beschlüsse ohne weitere Ermittlungen öffentlich bekannt machen.[774] Die unterlassene Mitteilung der Aufnahme einer Beschäftigung stellt deshalb eine Obliegenheitsverletzung gem. § 295 S. 1 Nr. 3 InsO dar.[775] Er darf weder von der Abtretungserklärung erfasste Bezüge noch von § 295 S. 1 Nr. 2 InsO erfasstes Vermögen verheimlichen.[776] Der Schuldner „verheimlicht" allerdings noch keine von der Abtretungserklärung erfassten Bezüge, wenn er dem Treuhänder seine Eheschließung ohne weitere Angaben zu den Einkünften des Ehepartners mitteilt.[777] Der Begriff des **Verheimlichens** geht über denjenigen des schlichten Verschweigens hinaus. Da eine Pflicht, den Treuhänder unaufgefordert über einen höheren ausgezahlten Lohn oder über die Einkünfte eines Unterhaltsberechtigten zu unterrichten, nicht normiert ist, hat der Tatrichter zu entscheiden, ob der Sachverhalt die Anforderungen an ein Verheimlichen auch der Einkünfte in der Treuhandperiode erfüllt.[778]

257   Falls das Insolvenzgericht oder der Treuhänder den Schuldner auffordert, **Auskunft über seine Erwerbstätigkeit**, seine Bemühungen um eine solche Tätigkeit, seine Bezüge oder sein Vermögen zu erteilen, muss er diesen Aufforderungen vorbehaltlos nachkommen. Werden ihm selbst Beträge ausgezahlt, die unter die Abtretungserklärung fallen, muss er diese unverzüglich selbst an den Treuhänder abzuführen. Durch die Benutzung des Begriffes „**unverzüglich**" in § 295 S. 1 Nr. 3 InsO wird bezweckt, dass der Schuldner seine Auskunfts- und Mitwirkungspflichten in einem engen zeitlichen Zusammenhang erfüllt. Insbesondere Wechsel von Wohnort und Arbeitsstelle muss er innerhalb einer Frist von maximal zwei Wochen dem Gericht und dem Treuhänder mitteilen. Mit den strengen Mitteilungs- und Auskunftspflichten soll erreicht werden, dass der Überwachungsaufwand gering gehalten werden kann. In der Wohlverhaltensperiode ist der Schuldner verpflichtet, jeden Wechsel der Anschrift, unter der er persönlich und per Post zu erreichen ist, dem Insolvenzgericht und dem Treuhänder unverzüglich mitzuteilen, auch wenn die Wohnsitzgemeinde dieselbe bleibt. Auf den Wohnsitzbegriff des § 7 BGB kommt es nicht an.[779] Es ist in erster Linie Sache des Schuldners, eigenverantwortlich dafür zu sorgen, dass Treuhänder und Gericht der Erfüllung seiner Verpflichtungen nicht hinterherlaufen müssen. Vereitelt der Schuldner in der Wohlverhaltensperiode den Zugang von Auskunftsersuchen des Treuhänders, hat er die von ihm verlangten Auskünfte nicht erteilt.[780] Dieses Verhalten kann unter Umständen die Glaubhaft-

---

774 BGH, 16.5.2013 – IX ZB 272/11, ZInsO 2013, 1310.
775 AG Göttingen, ZInsO 2013, 1650.
776 BGH, 18.6.2009 – IX ZA 11/09, WuM 2009, 534.
777 BGH, 22.10.2009 – IX ZB 249/08, ZInsO 2009, 2212.
778 BGH, 12.7.2018 – IX ZB 78/17, ZInsO 2018, 2049.
779 BGH, 8.6.2010 – IX ZB 153/09, ZInsO 2010, 1291.
780 BGH, 8.6.2010 – IX ZB 153/09, ZInsO 2010, 1291.

machung einer **Benachteiligung der Insolvenzgläubiger**, die sonst auch bei § 295 S. 1 Nr. 3 InsO erforderlich ist, entbehrlich machen, wenn es um die Frage der Versagung der RSB geht.

Der **Schuldner** ist zur Benachrichtigung des Treuhänders und zur Auskunftserteilung gegenüber dem Treuhänder auch dann verpflichtet, wenn dem Treuhänder die Überwachung des Schuldners nicht als Sonderaufgabe übertragen worden ist. Der **Treuhänder** ist auch dann zur Information des Insolvenzgerichts über Obliegenheitspflichtverletzungen des Schuldners verpflichtet, wenn ihm die Überwachungsaufgabe nicht übertragen ist. Die **Einziehung der Abtretungsbeträge** ist Kardinalpflicht des Treuhänders. Umstände, die diese Einziehung behindern oder unmöglich machen, muss er dem Gericht in jedem Fall mitteilen.[781]

258

f) Verbot der Einräumung von Sondervorteilen

Für die Wohlverhaltensphase gilt nach § 294 Abs. 2 InsO, dass Vereinbarungen mit dem Schuldner unwirksam sind, durch die einzelnen Insolvenzgläubigern – entgegen dem Grundsatz der gleichmäßigen Befriedigung der Gläubiger – Sondervorteile eingeräumt werden. Spiegelbildlich dazu verbietet es § 295 S. 1 Nr. 4 InsO dem Schuldner, einzelnen Insolvenzgläubigern einseitig Sondervorteile zukommen zu lassen. Der Schuldner riskiert die Versagung der RSB, wenn er die **Pflicht zur Gleichbehandlung der Gläubiger** verletzt und diesen in der Wohlverhaltensphase Sonderzahlungen leistet, die nicht über den Treuhänder laufen. Problematisch sind in diesem Zusammenhang auch Abkommen, nach denen Dritte, bei denen es sich z.B. um **Angehörige des Schuldners** handeln kann, anstelle des Schuldners Insolvenzforderungen erfüllen. Ob diese mittelbare Befriedigung ausreicht, um einen Verstoß gegen § 295 S. 1 Nr. 4 InsO anzunehmen, ist bislang offen.

259

Im Hinblick auf § 295 S. 1 Nr. 4 InsO ist fraglich, ob eine Gewährung von Sondervorteilen auch dann gegeben ist, wenn der Schuldner aus seinem pfändungsfreien Vermögen Zahlungen auf solche Verbindlichkeiten leistet, die nach § 302 InsO nicht von der RSB erfasst werden, obwohl sie Insolvenzforderungen sind. In diesem Fall dürften Zahlungen, die die Befriedigung der übrigen Gläubiger nicht beeinträchtigen, aber nicht als Gewährung von Sondervorteilen anzusehen sein. Würde man diese anders sehen, könnte der Schuldner etwa gehindert sein, **Geldstrafen** zu bezahlen, so dass er sich der Gefahr aussetzen würde, dass gegen ihn eine **Ersatzfreiheitsstrafe** vollstreckt wird.

260

---

781 Vgl. BGH, 1.7.2010 – IX ZB 84/09, ZInsO 2010, 1498.

g) Begründung unangemessener Verbindlichkeiten als neuer Versagungsgrund in der Treuhandperiode

260a Der **Versagungsgrund des § 290 Abs. 1 Nr. 4 InsO** hat bisher kaum praktische Bedeutung erlangt. Gleichwohl ist der Rechtsausschuss bei dem Vorschlag des Regierungsentwurfs geblieben und hat den Versagungsgrund als **neue Obliegenheit gem. § 295 S. 1 Nr. 5 InsO**, keine unangemessenen Verbindlichkeiten zu begründen, auf die Treuhandperiode übertragen. Ob diese Erweiterung überhaupt eine nennenswerte Bedeutung zukommen wird, erscheint fraglich, weil eine Versagung aufgrund einer Ergänzung des Wortlauts des § 296 Abs. 1 Satz 1 InsO nur dann zur Versagung der Restschuldbefreiung führen soll, wenn dem Schuldner bei der Obliegenheitsverletzung mindestens **grobe Fahrlässigkeit** zur Last gelegt werden kann. Schon diese Einschränkung lässt den Anwendungsbereich der Vorschrift auf ein Minimum schrumpfen. Es kommt hinzu, dass die zur Verwirklichung des Versagungsgrundes erforderliche **Beeinträchtigung der Befriedigung der Insolvenzgläubiger** in der Treuhandperiode nur selten möglich sein wird.[782] Auch wenn die Tragweite der neu geschaffenen Obliegenheit[783] noch nicht abschließend beurteilt werden kann, muss der Verzicht auf die im Regierungsentwurf vorgeschlagene Versagung der Restschuldbefreiung von Amts wegen, die einen **kompletten Systembruch** bedeutet hätte, mit Befriedigung zur Kenntnis genommen werden. In der Begründung des Rechtsausschusses[784] wird ausgeführt, die amtswegige Versagung sei in der **Sachverständigenanhörung** unter Hinweis auf einen Verstoß gegen den **Grundsatz der Gläubigerautonomie** auf einhellige Ablehnung gestoßen, es bleibe deshalb bei dem Grundsatz des geltenden Rechts, dass eine Restschuldbefreiung nur auf Antrag versagt werden könne. Nach dieser Begründung ist zunächst ein weiterer Versuch, die Überwachung der Erfüllung der Obliegenheiten des Schuldners und die Feststellung von Versagungsgründen zu einer **Amtspflicht des Insolvenzgerichts** zu machen, abgewehrt. Es bleibt dabei, dass es Sache der Gläubiger ist, über das Stellen von Versagungsanträgen zu entscheiden und deren Vorliegen glaubhaft zu machen. Sollte sich dies in Zukunft doch einmal ändern, dürften die Insolvenzgerichte, die dann die Aktivitäten des Schuldners in jährlich mehr als 100.000 Verfahren kontrollieren hätten, sehr schnell an die **Grenzen ihrer Leistungsfähigkeit** stoßen.

h) Versagung der RSB wegen des Verstoßes gegen Obliegenheitspflichten während der Wohlverhaltensphase

261 Das Verfahren zur **Ahndung von Obliegenheitspflichtverletzungen** des Schuldners während der Wohlverhaltensphase ist in § 296 InsO geregelt. Danach kann es

---

782 Vgl. Pape/Laroche/Grote, ZInsO 2020, 1805, 1809f.
783 Siehe auch Pape/Laroche/Grote, ZInsO 2021, 57, 62f.
784 BT-Drucks. 19/25322 S. 16.

zur Versagung der RSB kommen, wenn der Schuldner seine Pflichten aus § 295 InsO verletzt. **Erforderlich für eine Versagung der RSB** ist gemäß § 296 Abs. 1 InsO der **Antrag eines Insolvenzgläubigers**, in dem glaubhaft gemacht wird, dass der Schuldner innerhalb des letzten Jahres vor der Antragstellung eine ihm in der Wohlverhaltensphase obliegende Pflicht verletzt hat. Antragsberechtigt ist dabei nur ein **Insolvenzgläubiger, der am Verfahren teilgenommen hat** und dessen Forderung sich aus dem Schlussverzeichnis ergibt. Andere Gläubiger – auch wenn sie Insolvenzgläubiger gewesen wären – können mangels Legitimation durch das Anmeldungs- und Prüfungsverfahren keine Anträge auf RSB stellen. Dies gilt auch für den Antrag nach § 297a InsO, die Restschuldbefreiung zu versagen, wenn sich nach dem Schlusstermin herausstellt, dass ein Versagungsgrund nach **§ 290 Abs. 1 InsO** vorgelegen hat;[785] auch diesen Antrag können nur Insolvenzgläubiger stellen, die sich durch Anmeldung ihrer Forderung am Insolvenzverfahren beteiligt haben.[786]

Liegt ein **Versagungsantrag eines berechtigten Gläubigers** vor, ist dieser nur zulässig, wenn der Insolvenzgläubiger genügend Tatsachen vortragen kann, nach denen es überwiegend wahrscheinlich ist, dass der Schuldner seine Obliegenheitspflichten verletzt hat und durch diese Pflichtverletzung die Befriedigung der Gläubiger beeinträchtigt worden ist. Glaubhaft zu machen ist insbesondere eine **wirtschaftliche Schlechterstellung** der Gläubiger durch die Verletzung einer Obliegenheit. Eine wirtschaftliche Schlechterstellung liegt vor, wenn bei **wirtschaftlicher Betrachtung** eine konkret messbare Schlechterstellung der Gläubiger wahrscheinlich ist.[787] Ausreichend für eine Beeinträchtigung der Gläubigerbefriedigung ist es, dass die vom Schuldner nicht abgeführten Beträge zur **Deckung der Verfahrenskosten** genügt hätten.[788] Nicht zu den Pflichten des Gläubigers gehört dagegen die Glaubhaftmachung eines **schuldhaften Handelns** bei Verletzung der Obliegenheit. Nach § 296 Abs. 1 Satz 1 InsO ist der Schuldner verpflichtet, sich von einem **vermuteten Verschulden** zu entlasten; diesen **Entlastungsbeweis** hat er ohne eine vorhergehende Glaubhaftmachung des Gläubigers zu führen.[789] Sind diese Voraussetzungen erfüllt, muss das Insolvenzgericht das **Anhörungsverfahren nach § 296 Abs. 2 InsO** einleiten. In diesem Verfahren hat das Insolvenzgericht den

262

---

785 Zu den Voraussetzungen HK-PrivatinsolvenzR/Pape, § 297a InsO Rn 4 ff.
786 BGH, 13.2.2020 – IX ZB 55/18, ZInsO 2020, 521.
787 BGH, 5.4.2006 – IX ZB 50/05, ZInsO 2006, 547; BGH, 8.2.2007 – IX ZB 88/06, ZInsO 2007, 207; BGH, 12.6.2008 – IX ZB 91/06, VuR 2008, 434; BGH, 21.1.2010 – IX ZB 67/09, ZInsO 2010, 391; BGH, 24.6.2010 – IX ZB 283/09, ZInsO 2010, 1456; BGH, 14.1.2010 – IX ZB 78/09, ZInsO 2010, 345; BGH, 20.1.2011 – IX ZB 8/10, VuR 2011, 309; BGH, 18.11.2010 – IX ZB 137/08, VuR 2011, 352; BGH, 22.9.2011 – IX ZB 133/08, ZInsO 2011, 2101; Pape/Uhländer/Pape, § 296 InsO Rn 11.
788 BGH, 14.4.2011 – IX ZA 51/10, ZInsO 2011, 978.
789 BGH, 24.9.2009 – IX ZB 238/08, ZInsO 2009, 2069.

Treuhänder, den Schuldner und die Insolvenzgläubiger zu hören. Auf Antrag hat das Insolvenzgericht den Schuldner, der auch hier zur Auskunftserteilung über die Erfüllung seiner Obliegenheiten verpflichtet ist, aufzufordern, eine eidesstattliche Versicherung bzgl. der Richtigkeit seiner Angaben abzugeben. Auch hier gilt, dass der Schuldner seine Auskunfts- und Mitwirkungspflichten ohne Wenn und Aber zu erfüllen hat.

263 Hält der Schuldner unentschuldigt eine ihm gesetzte **Frist zur Auskunftserteilung** nicht ein oder versäumt er einen ordnungsgemäß anberaumten Termin zur Auskunftserteilung und **eidesstattlichen Versicherung** ohne ausreichende Entschuldigung, so ist ihm nach § 296 Abs. 2 Satz 3 InsO die RSB schon ohne die Feststellung einer Obliegenheitspflichtverletzung zu versagen. Voraussetzung ist, dass dem Schuldner bei seiner mündlichen oder schriftlichen Anhörung durch eine ausdrückliche Belehrung oder in einer anderen geeigneten Weise verdeutlicht worden ist, dass er mit der Versagung der RSB rechnen muss, falls er auch gegenüber dem Gericht untätig bleibt. Eine **Schlechterstellung der Insolvenzgläubiger** setzt die Versagung der RSB nach § 296 Abs. 2 Satz 3 InsO nicht voraus.[790] Wenn das Insolvenzgericht dem Schuldner nur gem. § 296 Abs. 2 Satz 1 InsO Gelegenheit gibt, sich zum Versagungsantrag des Gläubigers zu äußern, handelt es sich bei dieser Stellungnahme allerdings noch nicht um eine Auskunft nach § 296 Abs. 2 Satz 2 InsO. Eine Versagung der RSB wegen einer nicht fristgerecht abgegebenen eidesstattlichen Versicherung darf nicht erfolgen, denn diese Versagung setzt voraus, dass der Schuldner zuvor eine Auskunft über die Erfüllung seiner Obliegenheiten gem. § 296 Abs. 2 Satz 2 InsO erteilt hat und der Schuldner vom Gericht aufgefordert worden ist, die Richtigkeit bestimmter Auskünfte an Eides statt zu versichern.[791] Das Verfahren nach § 296 Abs. 2 InsO darf im Übrigen nicht von Amts wegen betrieben und dazu ausgenutzt werden, missliebige Schuldner aus dem Verfahren zu entfernen. Verweigert der Schuldner seine Mitwirkung, kann ihm die RSB nur versagt werden, wenn dem Verfahren ein **statthafter Versagungsantrag** nach § 296 Abs. 1 InsO zugrunde liegt, ohne dass der Antrag unbedingt zulässig sein muss.[792]

264 Bei Erfüllung der **Mitwirkungspflichten des Schuldners im Versagungsverfahren** muss das Insolvenzgericht aufgrund des wechselseitigen Vorbringens und der ergänzenden Anhörung des Treuhänders und der Insolvenzgläubiger entscheiden, ob die RSB zu versagen ist, weil dem Schuldner eine schuldhafte Verletzung einer seiner Obliegenheitspflichten anzulasten ist, die zu einer Beeinträchtigung der Befriedigung der Insolvenzgläubiger geführt hat. Zuständig für diese Entscheidung ist nach § 18 Abs. 1 Nr. 2 RpflG der **Richter** und nicht der Rechtspfleger.

---

[790] BGH, 14.5.2009 – IX ZB 116/08, ZInsO 2009, 1268; BGH, 5.3.2009 – IX ZB 162/08, ZVI 2009, 389.
[791] BGH, 4.2.2016 – IX ZB 13/15, ZInsO 2016, 593.
[792] BGH, 19.5.2011 – IX ZB 274/10, ZInsO 2011, 1319.

Diese **Entscheidung des Insolvenzgerichts** zur RSB ist entweder vom Schuldner, sofern ihm die RSB versagt worden ist, oder von dem Antrag stellenden Insolvenzgläubiger, sofern der Antrag auf Versagung der RSB zurückgewiesen worden ist, gemäß § 296 Abs. 3 Satz 1 InsO mit der sofortigen Beschwerde anfechtbar.

Wird die **RSB rechtskräftig versagt**, muss dieser Beschluss nach § 296 Abs. 3 Satz 2 InsO öffentlich bekannt gemacht werden. Nach § 299 InsO enden dann die Laufzeit der Abtretungserklärung, das Amt des Treuhänders und die Beschränkung der Rechte der Gläubiger. Die fünfjährige Sperrfrist für einen erneuten Antrag auf Restschuldbefreiung (§ 287a Abs. 2 S. 1 Nr. 1 InsO) wird ausgelöst.

i) Versagung der RSB wegen einer rechtskräftigen Verurteilung des Schuldners aufgrund einer Insolvenzstraftat

Nach § 297 Abs. 1 InsO kann eine Versagung der RSB auf Antrag eines Insolvenzgläubigers weiter dann erfolgen, wenn der Schuldner während der Laufzeit der Abtretungserklärung wegen einer **Insolvenzstraftat nach den §§ 283–283c StGB** rechtskräftig verurteilt worden ist. Mit dieser Vorschrift wird die schon bei Einleitung des Restschuldbefreiungsverfahrens gemäß § 290 Abs. 1 Nr. 1 InsO relevante Frage der Strafbarkeit des Schuldners auf die gesamte Wohlverhaltensphase ausgedehnt. Durch das Erfordernis der „**rechtskräftigen**" **Verurteilung** wegen einer Insolvenzstraftat soll dem Insolvenzgericht auch hier die Überprüfung der Frage erspart werden, ob dem Schuldner tatsächlich eine Insolvenzstraftat anzulasten ist. Versagungsanträge können auch hier nur solche Gläubiger stellen, die am Verfahren teilgenommen haben.[793] Ist das Insolvenzverfahren erst ab dem **1.7.2014** beantragt worden, handelt es sich um ein Neuverfahren bei dem § 297 InsO n.F. mit der Maßgabe anzuwenden ist, dass nur noch Verurteilungen zu einer **Geldstrafe von mehr als 90 Tagessätzen** oder zu einer **Freiheitsstrafe zu mehr als drei Monaten** zur Versagung der RSB führen können. Entsprechend § 290 Abs. 1 Nr. 1 InsO hat der Gesetzgeber auch hier Verurteilungen wegen **Bagatelldelikten** aus dem Anwendungsbereich der Vorschrift entfernt.

Dem Schuldner kann die RSB in der Wohlverhaltensperiode allerdings nur dann versagt werden, wenn seine Verurteilung wegen einer Insolvenzstraftat spätestens zum **Ende der Laufzeit der Abtretungserklärung in Rechtskraft** erwachsen ist.[794] Muss über den Antrag eines Schuldners auf RSB in einem sog. **asymmetrischen Verfahren** vor Abschluss des Insolvenzverfahrens zu entscheiden, kann ihm diese wegen einer Insolvenzstraftat nur nach § 290 Abs. 1 Nr. 1 InsO versagt werden; dies setzt nach der vorzitierten Entscheidung des BGH voraus, dass die strafrechtliche Verurteilung bis zum Ende der Laufzeit der Abtretungserklärung in Rechtskraft er-

---

[793] BGH, 17.3.2005 – IX ZB 14/04, ZInsO 2005, 597.
[794] BGH, 11.4.2013 – IX ZB 94/12, ZInsO 2013, 1093.

wachsen ist. Die Vorschrift des § 290 Abs. 1 Nr. 1 InsO kann nicht auf andere Straftatbestände ausgedehnt werden, die gilt für § 297 gleichermaßen. Die Aufzählung der angeführten Versagungstatbestände ist in beiden Vorschriften abschließend, eine rechtskräftige Verurteilung wegen Insolvenzverschleppung kann deshalb nicht zur Versagung führen.[795] Die **Dauer des Strafverfahrens** spielt keine Rolle.[796] Ausreichend ist auch eine Entscheidung, durch welche der Schuldner wegen einer Insolvenzstraftat rechtskräftig verurteilt worden ist, wenn neben dem Schuldspruch eine Strafe bestimmt und die **Verurteilung zu dieser Strafe vorbehalten** ist.[797]

269 Für das Verfahren zur Versagung der RSB wegen einer rechtskräftigen Verurteilung des Schuldners wird in § 297 Abs. 2 InsO auf das Verfahren zur Versagung der RSB wegen der **Verletzung einer Obliegenheitspflicht** des Schuldners nach den § 296 Abs. 1 Satz 2 und 3, Abs. 3 InsO verwiesen. Die Versagung der RSB obliegt auch im Fall des § 297 InsO dem Richter. Kommt es zur Versagung, so entsprechen die Rechtsfolgen der Versagung wiederum denen der Versagung der RSB aufgrund einer Obliegenheitspflichtverletzung.

270 Bei seiner Anhörung zu dem Versagungsantrag kann der Schuldner nicht mit der Begründung gehört werden, dass die Verurteilung wegen einer Insolvenzstraftat zu Unrecht erfolgt sei. Das Erfordernis einer rechtskräftigen Verurteilung schließt dies aus. Gehört werden kann der Schuldner praktisch nur mit dem Vortrag, dass es die von dem antragstellenden Gläubiger glaubhaft gemachte Verurteilung wegen einer Insolvenzstraftat tatsächlich nicht gegeben hat.

j) Versagung der RSB wegen fehlender Deckung der Mindestvergütung des Treuhänders

271 Ein besonderer Fall der Versagung der RSB während der Wohlverhaltensphase ist in § 298 InsO geregelt. Nach dieser Vorschrift kann die RSB auf Antrag des Treuhänders versagt werden, wenn die Abtretungsbeträge für das vorangegangene Jahr die **Mindestvergütung des Treuhänders** nicht abdecken und der Schuldner auch nach einer Fristsetzung des Treuhänders und einer Nachfristsetzung des Insolvenzgerichts den zur Deckung der Mindestvergütung fehlenden Betrag nicht einzahlt. Insoweit ist für die Berechnung der Jahresfrist nicht auf das Kalenderjahr, sondern auf die Jahresfristen gerechnet von Beginn des Amtes des Treuhänders an abzustellen.[798] Eine Versagung der RSB nach der Vorschrift kommt nur dann in Betracht, wenn der Treuhänder den Schuldner zur Zahlung des ausstehenden Vergütungsbe-

---

[795] BGH, 26.6.2014 – IX ZB 80/13, ZInsO 2014, 1675.
[796] BGH, 24.3.2011 – IX ZB 180/10, ZInsO 2011, 834.
[797] BGH, 16.2.2012 – IX ZB 113/11, ZInsO 2012, 543.
[798] LG Göttingen, ZInsO 2010, 1200.

trages schriftlich aufgefordert und hierzu eine Frist bestimmt hat.[799] In der Aufforderung des Treuhänders ist außerdem auf die Möglichkeit der Versagung der RSB als **Rechtsfolge bei Ausbleiben der Zahlung** bis zum Fristende hinzuweisen; spätere gerichtliche Hinweise im Versagungsverfahren ersetzen den im Aufforderungsschreiben aufzunehmenden Hinweis des Treuhänders auf die Sanktion der Versagung der RSB nicht. Es handelt sich um ein **zwingendes Formerfordernis**.[800] Zahlt der Schuldner trotz ordnungsgemäßer Aufforderung die Vergütung des Treuhänders nicht, kann er die Versagung der RSB[801] durch eine **nachträgliche Zahlung** nicht mehr abwenden, wenn diese erst nach Ablauf der in § 298 Abs. 2 InsO genannten Frist von zwei Wochen seit der Aufforderung durch das Gericht erfolgt.[802] **Zuständig** für die Versagungsentscheidung ist ausnahmsweise der Rechtspfleger und nicht der Richter, dies folgt aus § 18 Abs. 1 Nr. 2 RpflG.

Dass es tatsächlich zu einer Versagung der RSB nach § 298 InsO kommt, ist aber eher selten der Fall. Ist der Schuldner nicht in der Lage, die **Mindestvergütung des Treuhänders** aufzubringen, kann er immer noch einen Antrag auf **Stundung der Verfahrenskosten** stellen. Der Treuhänder hat dann bei Bewilligung der Stundung einen Anspruch auf Begleichung seiner Mindestvergütung aus der Staatskasse. Dies folgt aus § 293 Abs. 2 InsO, der auch für die Vergütung des Treuhänders auf § 63 Abs. 2 InsO verweist. Eine Stundung der Kosten des Treuhänders in der Wohlverhaltensphase kommt allerdings nicht in vor dem 1.12.2001 eröffneten Altverfahren in Frage.[803]

Anfechtbar ist die Entscheidung über die Versagung der RSB auch im Fall des § 298 Abs. 3 InsO entsprechend § 296 Abs. 3 InsO durch den Schuldner, sofern es zur Versagung gekommen ist. Wird der Antrag des Treuhänders auf Versagung der RSB zurückgewiesen, so ist dieser **entsprechend § 296 Abs. 3 InsO berechtigt, sofortige Beschwerde zu erheben**.[804] Die **Rechtsfolgen der Versagung der RSB** unterscheiden sich wiederum nicht von den Rechtsfolgen, die bei der Versagung wegen einer Obliegenheitspflichtverletzung des Schuldners eintreten. 272

In vor dem 1.7.2014 beantragten **Altverfahren** soll die Versagung der RSB wegen fehlender Deckung der Mindestvergütung des Treuhänders eine **dreijährige** 273

---

799 Vgl. BGH, 21.1.2010 – IX ZB 155/09, ZInsO 2010, 492.
800 BGH, 22.10.2009 – IX ZB 43/07, ZInsO 2009, 2310.
801 Nach Auffassung des LG Lübeck, ZInsO 2010, 1757, ist ein Versagungsantrag des Treuhänders persönlich erforderlich, eine Delegation auf Mitarbeiter – etwa angestellte Rechtsanwälte – sei nicht statthaft; für ausreichend hält es das LG allerdings, dass der Antrag an das Insolvenzgericht die Unterschrift des Treuhänders trägt, auch wenn der Schriftsatz ansonsten intern von Mitarbeitern vorbereitet worden ist.
802 LG Göttingen, NZI 2011, 292.
803 BGH, 21.1.2010 – IX ZB 155/09, ZInsO 2010, 492.
804 Vgl. AG Göttingen, 6.1.2009 – 74 IN 270/02, ZInsO 2009, 736.

Sperrfrist auslösen.[805] Der Schuldner habe ohne weiteres die Möglichkeit, einen Antrag auf Stundung zu stellen, wenn er die Mindestvergütung nicht aufbringen könne, so dass es nachlässig und verschwenderisch sei, es zur Versagung kommen zu lassen. In **Neuverfahren** ist eine entsprechende Frist in § 287a InsO nicht vorgesehen. Der Schuldner kann ohne Einhaltung einer Sperrfrist einen neuen Antrag auf Restschuldbefreiung stellen, wenn in einem vorausgegangenen Insolvenzverfahren die Kostenstundung wegen Verletzung von Mitwirkungspflichten aufgehoben und das Insolvenzverfahren sodann mangels Masse eingestellt worden ist,[806] die gilt auch, wenn er in der Wohlverhaltensphase die Mindestvergütung des Treuhänders nicht aufgebracht hat. Eine Eintragung der Versagung nach § 298 InsO in das **Schuldnerverzeichnis**, erfolgt nicht, denn die Vorschrift ist in § 303a InsO nicht aufgeführt.

XIII. Folgen der Einleitung des Restschuldbefreiungsverfahrens für die Gläubiger

274 Die Rechtsstellung der **Neugläubiger** des Schuldners, d.h. der Gläubiger, denen der Schuldners erst nach Eröffnung des Insolvenzverfahrens etwas schuldig wird, bleibt durch das Restschuldbefreiungsverfahren zwar grds. unberührt.[807] Sie führt aber faktisch zur weitgehenden Entrechtung dieser Gläubiger für die Dauer des Restschuldbefreiungsverfahrens, weil der Schuldner für sie praktisch unpfändbar ist. Auch wenn die Gläubiger einen Titel gegen den Schuldner erstreiten, gibt es kein Vermögen und keine Einkünfte, in die sie vollstrecken können. Das Vermögen wird im Insolvenzverfahren verwertet und die pfändbaren Bezüge müssen aufgrund der **Abtretungserklärung** an den Treuhänder abgeführt werden. Zwar ist Neugläubigern eine Zwangsvollstreckung gegen den Schuldner nicht untersagt. Sieht man einmal von dem eher unwahrscheinlichen Fall ab, dass der Schuldner freies Vermögen erwirbt, gibt es regelmäßig nichts, wohinein vollstreckt werden kann. Anträge auf Versagung der RSB können Neugläubiger nicht stellen.

275 Interessen der Neugläubiger spielen im Verfahren keine Rolle. Die **Eingehung neuer Verbindlichkeiten** ist deshalb auch kein Grund, um dem Schuldner die RSB zu versagen. Soweit es dem Schuldner nunmehr obliegt, in der Abtretungszeit keine unangemessenen Verbindlichkeiten im Sinne des § 290 Abs. 1 Nr. 4 InsO zu begründen (§ 295 S. 1 Nr. 5 InsO) kann dies nicht dem Schutz der Neugläubiger dienen, denn diesen steht **kein Recht** zu, **Versagungsanträge** zu stellen. Schutzzweck kann allenfalls sein, dass die Insolvenzgläubiger nicht in **Konkurrenz zu den Neugläubigern** treten sollen. Ein Versagungsgrund ist auch dann nicht gegeben, wenn

---

805 BGH, 7.5.2013 – IX ZB 51/12, ZInsO 2013, 1949.
806 BGH, 4.5.2017 – IX ZB 92/16, ZInsO 2017, 1444.
807 Vgl. AG Dortmund, ZInsO 2017, 723.; AG Crailsheim, DGVZ 2017, 77.

der Schuldner eine neue selbstständige Tätigkeit aufnimmt, bei der er neue Ansprüche der Sozialversicherungsträger begründet, die nicht befriedigt werden können. **Sozialversicherungsträger**, die Altforderungen gegen den Schuldner haben, mit denen sie bereits am Insolvenzverfahren teilgenommen haben, können also keine Versagungsanträge mit der Begründung stellen, der Schuldner habe bereits wieder neue offene Forderungen begründet. Sie können wegen vor Verfahrenseröffnung begründeter Altforderungen auch keine weiteren Insolvenzanträge während des Laufs der Wohlverhaltensphase stellen.[808]

Inhaber einer so genannten **oktroyierten Masseverbindlichkeit** sind in der Wohlverhaltensphase an keine Beschränkungen gebunden. Sie haben auch während dieser Zeit ein Rechtsschutzinteresse an einer Zahlungsklage gegen den Schuldner.[809]

Insolvenzgläubigern ist gemäß § 294 Abs. 1 InsO die Individualzwangsvollstreckung in das Vermögen des Schuldners während der Laufzeit der Abtretungserklärung generell verboten. Dies gilt unabhängig von der Frage, ob sie am Insolvenzverfahren teilgenommen oder ob sie ihre Forderung nicht angemeldet haben.[810] Das Verbot der Zwangsvollstreckung erstreckt sich sowohl auf vom Schuldner **verheimlichtes Altvermögen** – das allerdings auch während der Wohlverhaltensphase noch Gegenstand einer **Nachtragsverteilung** sein kann – als auch auf vom Schuldner erworbenes Neuvermögen. Führt das Verfahren zur endgültigen Erteilung der RSB, haben Titel der Insolvenzgläubiger grds. keine Bedeutung mehr, egal ob sie schon vor Beginn des Insolvenzverfahrens oder erst während des Verfahrens durch Eintragung in die Insolvenztabelle erlangt worden sind. Eine **Individualzwangsvollstreckung** kommt nach Erteilung der RSB auf Dauer nicht mehr in Betracht.

1. Auswirkungen des Vollstreckungsverbots in der Wohlverhaltensphase

Das **Pfändungsverbot** des § 294 Abs. 1 InsO führt nach h.M. nicht zu einem allgemeinen **Aufrechnungsverbot für die Insolvenzgläubiger**. Zwar wird teilweise die Auffassung vertreten, den Insolvenzgläubigern sei in dieser Zeit auch die Aufrechnung untersagt. Der BGH hat jedoch in Bezug auf die Aufrechnung des Finanzamts gegen Steuerrückerstattungsansprüche des Schuldners mit Steuerforderungen, die Insolvenzforderungen sind, entschieden, dass in diesem Fall eine Aufrechnung zu-

276

---

808 Ein Rechtsschutzbedürfnis für die Durchführung eines zweiten Insolvenzverfahrens in der Wohlverhaltensperiode, dürfte der Schuldner regelmäßig nicht haben, weil kein pfändbares Einkommen und kein zu verteilendes Vermögen vorhanden ist und ein weiterer Antrag auf RSB nicht in Betracht kommt. Denkbar ist allenfalls ein weiteres Verfahren über eine freigegebene wirtschaftlich selbständige Tätigkeit des Schuldners.
809 BGH, 28.6.2007 – IX ZB 73/06, ZInsO 2007, 994.
810 BGH, 13.7.2006 – IX ZB 288/03, ZInsO 2006, 872.

Pape

lässig ist.[811] Dabei hat der BGH in diesem Urteil auch festgestellt, dass Steuererstattungsansprüche keine Forderungen aus dem Arbeitsverhältnis sind, die unter die Abtretungserklärung fallen. Ein Aufrechnungsverbot besteht in der Wohlverhaltensphase nur im Rahmen der Beschränkungen des § 294 Abs. 3 InsO a.F., die nicht erweiternd anzuwenden sind.[812] Die Einschränkung, dass der Verpflichtete eine Forderung gegen den Schuldner aufrechnen kann, soweit er bei einer Fortdauer des Insolvenzverfahrens nach § 114 Abs. 2 InsO a.F. zur Aufrechnung berechtigt wäre, gilt in Neuverfahren, in denen § 114 InsO gestrichen ist, nicht mehr.

In einem umstrittenen Urteil aus dem Jahr 2017 hat der BGH entschieden, dass eine durch Zwangsvollstreckung im letzten Monat vor dem Antrag auf Eröffnung des Insolvenzverfahrens oder nach diesem Antrag erlangte Sicherung zur öffentlich-rechtlichen **Verstrickung** des Vermögensgegenstandes führt, welche auch bei einer während der Dauer des Insolvenzverfahrens durchgeführten Zwangsvollstreckung eintritt, und dass die durch eine Pfändung bewirkte öffentlich-rechtliche Verstrickung von Forderungen des Schuldners gegenüber seinen Drittschuldnern durch die **Eröffnung des Insolvenzverwalters** nicht aufgehoben ist. Vielmehr dauerten die Wirkungen der Verstrickung im Insolvenzverfahren fort, bis sie auf einem dafür vorgesehenen Weg beseitigt worden sind.[813] Im Anschluss an diese Entscheidung gehen immer mehr Gerichte dazu über – ohne eine entsprechende Regelung im Gesetz, die solches vorsieht – **Pfändungs- und Überweisungsbeschlüsse** nur noch für ausgesetzt zu erklären, statt sie auf Rechtsmittel aufzuheben. So hat etwa das LG Flensburg[814] dem Antrag eines Insolvenzverwalters, den Pfändungs- und Überweisungsbeschluss einer Gläubigerin, für unzulässig zu erklären und aufzuheben der Erinnerung nur insofern stattgegeben, als es die Vollziehung des Pfändungs- und Überweisungsbeschlusses bis zur Aufhebung des Insolvenzverfahrens einschließlich der **„Verstrickung" ausgesetzt** hat. Entsprechend nimmt das AG Hamburg-Altona an, habe der Insolvenzgläubiger vor der in § 88 InsO genannten Frist einen Pfändungs- und Überweisungsbeschluss gegen den Schuldner erwirkt, so sei in der Wohlverhaltensphase auf die Erinnerung des Schuldners nur dessen Vollziehung auszusetzen, aufzuheben sei er jedoch nicht.[815] Dagegen führt das AG Zeitz[816] zu dem in der Wohlverhaltensphase geltenden Vollstreckungsverbot des § 294 Abs. 1 InsO

---

811 BGH, 1.7.2005 – IX ZR 115/04, ZInsO 2005, 873.
812 BGH, 1.7.2005 – IX ZR 115/04, ZInsO 2005, 873.
813 BGH, 21.9.2017 – IX ZR 40/17, ZInsO 2017, 2267; BGH, 19.11.2020 – IX ZR 210/19, ZIP 2021, 96.
814 ZInsO 2020, 786; so auch AG Lüneburg, 27.11.2019 – 24 M 3669/16, juris.
815 AG Hamburg-Altona, NZI 2019, 673; siehe auch AG Dresden, ZInsO 2018, 1581; für ein Aufhebung dagegen AG Essen, ZInsO 2018, 1877; AG Göttingen, ZInsO 2019, 158 Rn.11.
816 ZInsO 2019, 41; siehe auch AG Zeitz, 22.1.2019 – 5 M 926/17, juris, wonach ein nach Eröffnung des Insolvenzverfahrens erwirkter Pfändungs- und Überweisungsbeschluss gemäß § 89 InsO für die Zeit des Insolvenzverfahrens und gemäß § 294 InsO für die Zeit zwischen Beendigung des Insolvenzverfahrens und dem Ende der Abtretungsfrist unzulässig ist.

aus, habe der Gläubiger vor der Insolvenzeröffnung ein Pfandrecht an dem Kontoguthaben des Schuldners erworben, erfasse der Pfändungs- und Überweisungsbeschluss jedoch Beträge, die nach der Insolvenzeröffnung auf dem Konto eingegangen seien, sei die **Zwangsvollstreckung unzulässig**; ein materiell-rechtliches Verwertungsrecht des Gläubigers entstehe nicht. Das LG Frankfurt/Main[817] geht bezüglich der Streitfrage, ob im Hinblick auf die weiterhin bestehende Verstrickung in der Wohlverhaltensphase eine Aussetzung der Vollziehung oder eine Aufhebung des vor Eröffnung erlassenen Pfändungs- und Überweisungsbeschlusses in Betracht komme, davon aus, dass dieser auf Antrag aufgehoben werden müsse, da eine **Aussetzung** nicht vorgesehen sei. Schuldnern und Insolvenzverwaltern wird damit von der Mehrzahl der Gerichte ein **wirksamer Schutz vor Vollstreckungen versagt**, die Vollstreckungsverbote werden auf die geringstmögliche Wirkung zurückgestutzt, ohne dass dies im Gesetz vorgesehen ist. Die Gerichte werden – dies war aber als Ergebnis der Entscheidung zur Verstrickung schon abzusehen, mit zahllosen unergiebigen Verfahren belastet, in denen es nur darum geht, die **Vollstreckungsverbote** umzusetzen, die eigentlich nach dem Gesetz eintreten sollten.

Eine Recht zur Befriedigung aus einer eingetragenen **Zwangssicherungshypothek** nach § 301 Abs. 2 Satz 1 InsO, wonach ein Recht, das zur **abgesonderten Befriedigung** berechtigt, durch die Restschuldbefreiung nicht berührt wird, besteht nicht, wenn die Eintragung der Zwangssicherungshypothek in der Wohlverhaltensperiode erfolgt ist und damit gegen das **insolvenzrechtliche Vollstreckungsverbot** verstößt.[818] Ist die Zwangshypothek dagegen schon vor der Eröffnung des Insolvenzverfahrens eingetragen und während des Insolvenzverfahrens keine Verwertung des Grundstücks erfolgt, begründet die Restschuldbefreiung keinen Anspruch auf Erteilung einer Löschungsbewilligung, der gesicherte Gläubiger kann sich trotz der fehlenden Durchsetzbarkeit der gesicherten Forderung aus der Hypothek befriedigen.[819] Im Übrigen gilt auch für **künftige, aufschiebend bedingte und noch nicht fällige Forderungen**, die bereits Insolvenzforderungen sind (§ 38 Ins), dass ein Vollstreckungsverbot besteht.[820] Die Anordnung von **Erzwingungshaft** während der Dauer eines laufenden Insolvenzverfahrens ist als Zwangsvollstreckung für einzelne Insolvenzgläubiger unzulässig.[821]

---

817 NZI 2020, 390 m. Anm. Böhme.
818 LG Frankfurt/Oder, ZInsO 2017, 2319.
819 BGH, 10.12.2020 – IX ZR 24/20, ZInsO 2021, 85.
820 LG München II, NZI 2018, 809.
821 LG Duisburg, InsbürO 2017, 429; AG Dortmund, InsbürO 2017, 513.

2. Unzulässigkeit von Sonderabkommen mit dem Schuldner

277 Eine **Umgehung des Grundsatzes der Gläubigergleichbehandlung** der – abgesehen von der Zulassung der Aufrechnung – auch in der Wohlverhaltensphase zu beachten ist, ist den Insolvenzgläubigern gemäß § 294 Abs. 2 InsO auch insoweit versagt, als **Individualvereinbarungen** mit dem Schuldner, die zu einem Sondervorteil eines Insolvenzgläubigers führen würden, nichtig sind. Dabei ist es egal, ob sie mit dem Schuldner selbst oder mit einer dritten Person abgeschlossen werden.

278 Gläubiger, die sich mit der RSB nicht abfinden wollen, haben deshalb nur die Möglichkeit, bei Obliegenheitspflichtverstößen eine Versagung der RSB zu beantragen. Im Übrigen sind sie nahezu umfassend gehindert, sich noch eine Befriedigung außerhalb dieses Verfahrens zu verschaffen, es sei denn, es handelt sich um einen **Dienstherrn des Schuldners**, der in Altverfahren unter den eingeschränkten Voraussetzungen der §§ 294 Abs. 3, 114 Abs. 2, 95 und 96 Nr. 2–4 InsO eine Forderung gegen den Schuldner aufrechnen konnte. Eine Sonderstellung nehmen ferner die **Finanzbehörden** ein, die nach Auffassung des BGH das Recht zur Aufrechnung gegen Rückerstattungsansprüche des Schuldners haben.[822] Für andere Insolvenzgläubiger dürften Aufrechnungsmöglichkeiten eher die Ausnahme sein.

3. Im Insolvenzverfahren verheimlichtes Vermögen

279 Soweit nach Einleitung des Restschuldbefreiungsverfahrens Vermögenswerte entdeckt wurden, die der Schuldner während des Insolvenzverfahrens verheimlicht hatte,[823] die aber eigentlich in die Insolvenzmasse gefallen wären, konnte ihm die RSB zwar nicht mehr wegen eines der Gründe des § 290 Abs. 1 InsO versagt werden, weil diese nach rechtskräftiger Ankündigung der RSB nicht mehr anzuwenden waren.[824] Dies änderte jedoch nichts an der Tatsache, dass der Vermögensgegenstand für die gemeinsame Befriedigung der Gläubiger zur Verfügung gestellt werden musste. Durchzuführen war und ist die Verwertung und Verteilung von nachträglich ermittelten Gegenständen der Insolvenzmasse durch eine **Nachtragsverteilung gemäß § 203 Abs. 1 Nr. 3 InsO**.[825] Die Verteilung wird durch § 294 InsO nicht ausge-

---

822 BGH, 1.7.2005 – IX ZR 115/04, ZInsO 2005, 873.
823 Zum Verheimlichen mehrerer Lebensversicherungen durch den Schuldner vgl. BGH, 16.7.2020 – IX ZB 77/18, ZInsO 2020, 1840.
824 Aufgrund der zum 1.7.2014 geänderten Vorschriften könnte dem Gläubiger insofern ein Versagungsantrag nach § 297a InsO möglich sein, aufgrund dessen bestimmte im eröffneten Verfahren unentdeckte Versagungsgründe noch in der Wohlverhaltensphase geltend gemacht werden können.
825 Zur Zulässigkeit der Nachtragsverteilung im Verbraucherinsolvenzverfahren BGH, 1.12.2005 – IX ZR 17/04, ZInsO 2006, 33; vgl. auch BGH, 6.12.2007 – IX ZR 229/06, ZInsO 2008, 99; BGH, 20.12.2018 – IX ZB 8/17, ZInsO 2018, 381.

schlossen, ihre Vornahme wird regelmäßig dem früheren Insolvenzverwalter/Treuhänder übertragen. Die häufig geäußerte Ansicht, es gebe keinen Zugriff mehr auf vom Schuldner verheimlichtes Vermögen, wenn dieser sich bereits in der Wohlverhaltensphase befindet, ist damit unzutreffend. In Betracht kommt in der Regel eine Nachtragsverteilung gem. **§ 203 Abs. 1 Nr. 3 InsO.** Dies gilt auch dann, wenn das Verfahren nach **Anzeige der Masseunzulänglichkeit** nach den §§ 208 ff. InsO abgewickelt worden ist. So ist eine Nachtragsverteilung etwa auch dann anzuordnen, wenn der Schuldner nach Aufhebung des Insolvenzverfahrens eine Forderung einzieht, die zur Masse gehörte.[826] Die Anordnung einer Nachtragsverteilung kann selbst im Anschluss an eine Einstellung des Insolvenzverfahrens mangels einer die **Verfahrenskosten deckenden Masse** noch erfolgen.[827]

XIV. Erteilung und Wirkungen der RSB

Am Ende der drei- bzw. sechsjährigen Wohlverhaltensphase steht die endgültige Entscheidung über die RSB nach § 300 InsO. Eine bestimmte **Mindestbefriedigung** der Gläubiger während der Wohlverhaltensphase ist keine Voraussetzung für die Erteilung der RSB. Nicht entscheidend ist auch, ob der Schuldner Beträge an den Treuhänder zur Befriedigung der Gläubiger abgeführt hat. Sofern der Schuldner sich keinen Versagungsgrund hat zuschulden kommen lassen, erlangt er die RSB auch dann, wenn er überhaupt keine Beträge an den Treuhänder abgeführt hat. Er muss sich nur gehörig um eine Erwerbstätigkeit bemüht haben, die zu pfändbaren Einkünften hätte führen können; ob diese Bemühungen erfolgreich gewesen sind, ist nicht maßgebend. Seit Inkrafttreten des Gesetzes zur Verkürzung des RSB-Verfahrens gibt es zwischen der Erteilung der RSB in vor dem 1.7.2014 und ab diesem Zeitpunkt beantragten Verfahren erhebliche Unterschiede. Neue **wesentliche Änderungen** des RSB-Verfahrens, die im Anschluss an die Wiedergabe der bis zum 30.9.2020 geltenden Rechtslage dargestellt werden sollen, sind – soweit es die RSB betrifft – rückwirkend am 1. Oktober 2020 in Kraft getreten. Diese Änderungen sind durch das **Gesetz zur weiteren Verkürzung des Restschuldbefreiungsverfahrens** und zur Anpassung pandemiebedingter Vorschriften im Gesellschafts-, Genossenschafts-, Vereins- und Stiftungsrecht sowie im Miet- und Pachtrecht vom 22. Dezember 2020[828] hinzugekommen. Mit diesen Vorschriften hat der Gesetzgeber die Vorgabe der RICHTLINIE (EU) 2019/1023 DES EUROPÄISCHEN PARLAMENTS UND DES RATES vom 20. Juni 2019 über präventive Restrukturierungsrahmen, über Ent-

280

---

826 BGH, 26.1.2012 – IX ZB 111/10, ZIP 2012, 437.
827 BGH, 10.10.2013 – IX ZB 40/13, ZInsO 2013, 2320; BGH, 10.1.2014 – IX ZB 122/12, ZInsO 2014, 328.
828 BGBl. I S. 3328.

schuldung und über Tätigkeitsverbote sowie über Maßnahmen zur Steigerung der Effizienz von Restrukturierungs-, Insolvenz- und Entschuldungsverfahren und zur Änderung der Richtlinie (EU) 2017/1132 (Richtlinie über Restrukturierung und Insolvenz)[829] umgesetzt hat, soweit es um die **Entschuldung von Unternehmern** binnen drei Jahren geht. Um die nötige Übersicht zu gewährleisten, werden die Unterschiede zwischen den einzelnen Verfahren nachfolgend jeweils gesondert dargestellt:

1. Voraussetzungen der Erteilung der endgültigen RSB in vor dem 1. Juli 2014 beantragten Altverfahren[830]

281 Vor der Entscheidung über den Antrag auf Erteilung der RSB hört das Gericht nach Ablauf der Abtretungsfrist gemäß § 300 Abs. 1 InsO die Insolvenzgläubiger, den Treuhänder und den Schuldner schriftlich an und entscheidet sodann aufgrund des Ergebnisses der Anhörung über die RSB. Die Insolvenzgläubiger haben im Rahmen dieser Anhörung wiederum Gelegenheit, Anträge auf Versagung der RSB zu stellen, sofern der Schuldner seine **Obliegenheiten aus § 295 InsO** verletzt hat oder es zu einer rechtskräftigen Verurteilung wegen einer **Insolvenzstraftat** gekommen ist. Dies ergibt sich aus der Verweisung auf § 296 Abs. 1 und § 297 InsO in § 300 Abs. 2 InsO a.F. Der antragstellende Gläubiger muss die **Versagungsvoraussetzungen des § 296 Abs. 1 InsO** glaubhaft machen. Der Zeitpunkt, zu dem einem Gläubiger die Verletzung der Obliegenheitspflichten bekannt geworden ist, darf nicht länger als ein Jahr zurückliegen, es sei denn, es geht um die Verletzung der Abführungspflicht gemäß § 295 Abs. 2 InsO a.F. Der Treuhänder kann die Versagung der RSB beantragen, wenn der Versagungsgrund des § 298 InsO gegeben ist.

Stellt ein Gläubiger in der Schlussanhörung einen Versagungsantrag und wird der Schuldner gemäß § 296 Abs. 2 Satz 3 InsO zur **Auskunftserteilung** oder zur **eidesstattlichen Versicherung** aufgefordert, so verletzt der Schuldner seine auch im Hinblick auf die Schlussentscheidung bestehende **Mitwirkungspflicht**, wenn er keine Auskunft erteilt oder sich weigert, die eidesstattliche Versicherung abzugeben. Allein diese Pflichtverletzung rechtfertigt dann die Versagung der RSB. Die Versagung erfolgt nach § 300 Abs. 2 a.F. i.V.m. § 296 Abs. 2 Satz 3 InsO.[831]

---

829 ABL172/18 vom 26.6.2019.
830 Vgl. die Übergangsvorschrift des Art. 103h EGInsO.
831 Nach AG Duisburg, NZI 2011, 817 ist eine Versagung der RSB nicht verhältnismäßig, wenn der Schuldner die vom Insolvenzgericht nach § 296 Abs. 2 Satz 2, § 300 Abs. 2 InsO angeforderte schriftliche Auskunft über die Erfüllung seiner Obliegenheiten innerhalb der gesetzten Frist nicht dem Gericht, sondern dem Treuhänder erteilt, sofern die Auskunftserteilung dem Zweck der gerichtlichen Auskunftsanforderung sachlich vollständig gerecht wird und die Arbeit des Gerichts nicht behindert.

Der Beschluss über die Erteilung der RSB ist **öffentlich bekannt zu machen**. Anfechtbar ist die Entscheidung durch den Schuldner, sofern ihm die RSB versagt worden ist. **Insolvenzgläubiger** können gegen die Erteilung der RSB nur dann sofortige Beschwerde einlegen, wenn sie bei der Schlussanhörung die Versagung der RSB beantragt haben. Dem **Treuhänder** steht – trotz der Befugnis, im Hinblick auf § 298 InsO einen Versagungsantrag zu stellen –, kein Beschwerderecht zu.

2. Voraussetzungen der Erteilung der endgültigen RSB in zwischen dem 1. Juli 2014 und dem 16. Dezember 2019 beantragten Verfahren

Die Neuerungen in § 300 InsO n.F. bestehen vor allem in den neu geschaffenen Möglichkeiten das Verfahren abzukürzen. Anzuwenden sind diese Regelungen in den ab dem 1.7.2014 beantragten Verfahren. Mit der Neufassung hat der Gesetzgeber sein Vorhaben umgesetzt, den Weg zu einer **schnelleren RSB** zu eröffnen. Im Grundsatz gilt allerdings auch weiterhin, dass das Insolvenzgericht nach Anhörung der Insolvenzgläubiger, des Insolvenzverwalters oder Treuhänders und des Schuldners durch Beschluss über die Erteilung der RSB entscheidet, wenn die **sechsjährige Abtretungsfrist** verstrichen ist. Vorzeitig vor Ablauf der Abtretungsfrist kann gem. § 300 Abs. 1 Satz 2 InsO in der seit dem 1.7.2014 geltenden Fassung in den nachfolgend aufgeführten drei Fällen entschieden werden, vorausgesetzt der Schuldner hat die **Kosten des Verfahrens** beglichen:

1. Nach § 300 Abs. 1 Satz 2 Nr. 1 InsO ist über die RSB zu entscheiden, wenn kein **Insolvenzgläubiger eine Forderung angemeldet** oder die **Forderungen der Insolvenzgläubiger befriedigt** sind und der Schuldner die sonstigen Masseverbindlichkeiten berichtigt hat. Die Vorschrift entspricht der Rechtsprechung des BGH, der unter den genannten Voraussetzungen schon seit langem von einem Anspruch des Schuldners auf vorzeitige Entscheidung über seinen Antrag auf RSB ausgegangen ist.[832]
2. Die RSB ist dem Schuldner weiterhin nach § 300 Abs. 1 Satz 2 Nr. 2 InsO vorzeitig in Verfahren zu erteilen, in denen er innerhalb von drei Jahren seit Eröffnung des Verfahrens **35% der angemeldeten Forderungen erfüllt** hat und die sonstigen Masseverbindlichkeiten berichtigt sind.
3. Ferner kann das Verfahren gem. § 300 Abs. 1 Satz 2 Nr. 3 InsO auf fünf Jahre der Laufzeit der Abtretungserklärung verkürzt werden, wenn der Schuldner **die Verfahrenskosten aus eigenen Mitteln begleicht**; der vorherige Ausgleich der sonstigen Masseverbindlichkeiten ist hier keine Entscheidungsvoraussetzung ist.

---

832 BGH, 17.3.2005 – IX ZB 214/04, ZInsO 2005, 597.

284 In der Diskussion um die **Reform des Restschuldbefreiungsverfahren** vor den seit 1.7.2014 geltenden Vorschriften ging es lange Zeit um eine **25%ige Mindestquote**, die innerhalb von drei Jahren durch den Schuldner erbracht werden sollte, damit diesem die RSB vorzeitig erteilt werden kann. Ungeachtet des Umstands, dass diese Quote vielfach als unrealistisch angesehen wurde, hat der Gesetzgeber zum Schluss des Gesetzgebungsverfahrens, eine noch höhere Quote von 35% festgesetzt. Nach der Erhöhung der Quote um weitere 10% musste von der **Bedeutungslosigkeit der Reform** ausgegangen werden.[833] Diese Erwartungen hat die **Evaluierung** der Vorschrift bestätigt, die gem. Artikel 107 EGInsO zum 30.6.2018 erfolgt ist. Nach den Ergebnissen der Evaluation des § 300 InsO[834], liegt der Anteil der Schuldner, die in den seit Mitte des Jahres 2014 beantragten Verfahren eine vorzeitige Restschuldbefreiung nach drei Jahren erlangen konnten, weit unter 2%, womit die vom Rechtsausschuss des Deutschen Bundestags vorgegebene Zielmarke von 15 Prozent deutlich verfehlt wurde. Ähnlich bescheiden ist die Zahl der Verfahren, in denen es zu einer vorzeitigen Erteilung nach § 300 Abs. 1 Satz 2 Nr. 3 InsO gekommen ist. Die Reform aus dem Jahre 2014 hat sich als **vollkommener Flop** erwiesen, wobei ihr dieses Ergebnis allerdings auch von Beginn an auf der Stirn geschrieben stand. Im Blick auf dieses Ergebnis kann nur mit Unverständnis zur Kenntnis genommen werden, dass die Bundesregierung in dem Entwurf eines Gesetzes zur weiteren Verkürzung des Restschuldbefreiungsverfahrens[835] die Rückkehr zu dem seit dem 1.7.2014 geltenden Verfahren für reine Verbraucher zum 1. Juli 2025 vorgeschlagen hat (§ 312 InsO RegE), die es jedoch aufgrund der einhelligen Ablehnung der Experten in der Anhörung des Rechtsausschusses des Deutschen Bundestages nicht gibt.

285 Realistischer erschien es bei Inkrafttreten der Vorschrift zum 1.7.2014 zwar dass der Schuldner sich **ein Jahr** der **Laufzeit** der Abtretungszeit gem. § 300 Abs. 1 Satz 2 Nr. 3 InsO erspart, indem er die bis dahin aufgelaufenen Kosten des Verfahrens begleicht, wobei ein vorheriger Ausgleich der **sonstigen Masseverbindlichkeiten** hier keine Voraussetzung sein sollte. Der Gesetzgeber versprach sich dadurch höhere **Rückflüsse** im Bereich der Kostenstundung. Aber auch diese Erwartung hat sich aber nicht erfüllt. Die Regelung hat nicht zu der erwarteten **einfachen Abkürzung der Abtretungszeit** geführt. Verfahren in denen die vom Insolvenzbeschlag und der Abtretung erfassten Beträge zur Rückführung der Kosten ausgereicht haben, hat es kaum gegeben. Diese Erkenntnis hat das BMJV dazu veranlasst, in dem Referentenentwurf für eine Neuregelung des § 300 InsO auf eine Regelung zu verzichten, nach der sich die Abtretungszeit verlängert, wenn nach Ablauf von drei Jahren die

---

833 Zu den Problemen der Neuregelung vgl. i.Ü. Mohrbutter/Ringstmeier/Pape, Handbuch Insolvenzverwaltung, Kap. 17 Rn 318 ff.
834 Vgl. den „Bericht der Bundesregierung über die Wirkungen des Gesetzes zur Verkürzung des Restschuldbefreiungsverfahrens und zur Stärkung der Gläubigerrechte" vom Juni 2018.
835 BT-Drucks. 19/21981 vom 31.8.2020, S. 11.

Kosten des Verfahrens noch nicht gedeckt sind. Eine solche Regelung wäre auch kaum mit der Richtlinie zu vereinbaren gewesen, denn sie hätte zur Folge gehabt, dass eine RSB binnen drei Jahren nicht der Regel- sondern der Ausnahmefall geworden wäre.

Der Gang des Verfahrens zur endgültigen RSB gem. § 300 InsO in der ab dem 1.7.2014 geltenden Fassung entspricht ansonsten in weiten Zügen dem schon beschriebenen **Verfahren in Altverfahren**. Modifikationen ergeben sich nur in den Fällen, in denen der Schuldner von einer der Möglichkeiten der **Abkürzung der Laufzeit** der Abtretungserklärung Gebrauch macht. In diesen Fällen wird das Verfahren durch einen **Antrag des Schuldners** eingeleitet, in dem er die Voraussetzungen des jeweiligen **Verkürzungstatbestandes** glaubhaft macht. Insoweit kann der Gläubiger im Rahmen der Anhörung neben den **Versagungsgründen des § 300 Abs. 3 InsO** auch geltend machen, die Voraussetzungen für eine Verkürzung hätten nicht vorgelegen. Hat er dies bei der Anhörung geltend gemacht, kann er es **auch im Beschwerdeverfahren** nach Abs. 4 Satz 2 einwenden, sonst ist er damit ebenso ausgeschlossen, wie mit im Rahmen der Anhörung nicht geltend gemachten Versagungsgründen. Die **Beschwerderechte des § 300 Abs. 4 Satz 2 InsO** entsprechen im Übrigen denen des früheren Rechts. Der Beschluss über die RSB ist gem. § 300 Abs. 4 Satz 1 InsO auch weiterhin **öffentlich bekannt** zu machen. Soweit die RSB versagt wird, erfolgt nach § 303a Abs. 1 Satz 2 Nr. 1 InsO n.F. die Eintragung in das Schuldnerverzeichnis.

286

Eine vorzeitige Erteilung der RSB für den Fall, dass keine Insolvenzforderungen und Masseverbindlichkeiten offen sind (§ 300 Abs. 1 Satz 2 Nr. 2 InsO), kann dem Schuldner nur erteilt werden, wenn er tatsächlich die **Verfahrenskosten berichtigt** hat und ihm nicht nur Verfahrenskostenstundung erteilt wurde.[836] Nach der Rechtsprechung des BGH kann der Schuldner den Antrag auf vorzeitige RSB wirksam außerhalb der Dreijahresfrist stellen, wobei zur Glaubhaftmachung der **Verkürzungstatbestände** die Bezugnahme auf Berichte des Insolvenzverwalters ausreichen kann. In dem Verfahren hatte die Schuldnerin zum Ablauf der Frist einen Betrag in die Masse gezahlt, der einschließlich der zwingend zu begleichenden Verfahrenskosten – die nicht durch eine Verfahrenskostenstundung ersetzt werden können[837] – und der sonstigen Masseverbindlichkeiten etwa 1.300 € unter dem für das Erreichen der 35%-Grenze erforderlichen Betrag lag. Zwar hatte der Schuldner den Antrag auf vorzeitige Restschuldbefreiung außerhalb der Dreijahresfrist erst nach deren Ablauf gestellt, hierin sah der BGH aber keinen Grund, ihn für unzulässig zu halten. Erfolgreich war die gegen die Versagung der vorzeitigen Restschuldbefreiung eingelegte

---

836 BGH, 22.9.2016 – IX ZB 29/16, ZInsO 2016, 2357; LG Frankfurt/Main, ZInsO 2018, 2223; a.M. für eine vorzeitige Erteilung trotz fehlender Kostendeckung AG Aurich, ZInsO 2017, 788; AG Göttingen, ZInsO 2017, 1243.
837 Siehe bereits BGH, NZI 2016, 1006 Rn 11; siehe auch LG Frankfurt, ZInsO 2018, 2223.

Rechtsbeschwerde gleichwohl nicht, weil die **Mindestbefriedigungsquote** von 35% ohne Wenn und Aber innerhalb der Frist von drei Jahren nach Insolvenzeröffnung eingezahlt sein müsse. Der BGH stellt weiter klar, dass weder der Insolvenzverwalter noch das Insolvenzgericht den Schuldner von Amts wegen auf die Möglichkeit der Antragstellung und die Höhe des für eine vorzeitige Restschuldbefreiung erforderlichen Betrages hinweisen müssten. Ob dies anders sei, wenn der Schuldner ausdrücklich nach dem einzuzahlenden Betrag fragte, lässt der Senat offen.[838]

Den in dem vorstehend wiedergegebenen Beschluss aufgestellten Grundsatz die vorzeitige Restschuldbefreiung nach drei Jahren könne nicht mehr erteilt werden, wenn die **Mindestbefriedigungsquote** erst nach Ablauf von drei Jahren erreicht wird, bestätigt der BGH in einem weiteren Beschluss vom 28.5.2020[839], in dem es heißt, der in § 300 Abs. 1 S. 2 Nr. 2 InsO geregelte Zeitraum stelle insoweit eine **Ausschlussfrist** dar. Bezüglich der in diesem Verfahren aufgeworfenen Frage nach einer **Wiedereinsetzung in den vorigen Stand** ist die Frist der Einzahlung der fehlenden Mittel führt der Senat aus, es bestünde kein Anlass, eine Wiedereinsetzung in die Frist zur Erreichung der Mindestbefriedigungsquote von Voraussetzungen abhängig zu machen, die hinter den **Anforderungen der §§ 233 ff. ZPO** zurückblieben. Eine Wiedereinsetzung in die Frist des § 300 Abs. 1 S. 2 Nr. 2 InsO setze eine unverschuldete Fristversäumung voraus (§ 233 S. 1 ZPO). Die § 234 ZPO zu entnehmende **Antragsfrist** müsste gewahrt sein und innerhalb dieser Frist der zur Erreichung der Mindestbefriedigungsquote **erforderliche Betrag nachgeschossen** werden (vgl. § 236 Abs. 2 S. 2 Halbs. 1 ZPO), was im Streitfall nicht gegeben gewesen sei, weil der vom weiteren Beteiligten aufgezeigte Fehlbetrag nicht innerhalb der Antragsfrist beglichen worden sei. Zu der dritten Alternative des § 300 Abs. 1 Satz 2 InsO hat das LG Stuttgart entschieden, von einem unzulässigen „**Vorratsantrag**" sei auszugehen, wenn der Schuldner einen auf **§ 300 Abs. 1 S. 2 Nr. 3 InsO** gestützten Antrag ca. vier Jahre vor Ablauf dieser Frist bei Gericht gestellt hat, habe. Dem Schuldner sei zumutbar, den Antrag erst zu stellen, wenn jedenfalls im Zeitpunkt der zu erwartenden Bescheidung des Antrags durch das Insolvenzgericht fünf Jahre der Abtretungsfrist verstrichen seien.[840]

Keine Anwendung soll § 300 InsO n.F. nach Auffassung des AG Norderstedt finden, wenn die Eröffnung des Insolvenzverfahrens gläubigerseits vor dem 1.7.2014, schuldnerseits jedoch erst nach diesem Datum beantragt worden ist **Art. 103h EGInsO** sei grundsätzlich dahin auszulegen, dass die bis zum 30.6.2014 geltende Fassung der Insolvenzordnung Anwendung findet, mithin insbesondere eine vorzei-

---

838 BGH, 19.9.2019 – IX ZB 23/19, ZInsO 2019, 2382 = NZI 2019, 934 m. Anm. Schädlich; zur Vorinstanz vgl. LG Neuruppin, BeckRS 2019, 25517.
839 BGH, 28.5.2020 – IX ZB 50/18, ZInsO 2020, 1797.
840 LG Stuttgart, 10.5.2017 – 10 T 429/16, juris.

tige Erteilung der Restschuldbefreiung nach **§ 300 Abs. 1 InsO** n.F. ausscheide.[841] **Verstirbt der Schuldner** in der Wohlverhaltensphase nach Ablauf der 6-Jahres-Frist scheidet nach einem Beschluss des AG Dresden eine Erteilung der Restschuldbefreiung aus; das Verfahren müsse vielmehr analog § 299 InsO eingestellt werden.[842] Für eine analoge Anwendung der Vorschriften über die Restschuldbefreiung bestehe – so das AG Dresden – kein Anlass, weil das Gesetz für derartige Fälle die Einleitung des Nachlassinsolvenzverfahrens sowie weitere Möglichkeiten der Haftungsbeschränkung vorsehe.

3. Erteilung der RSB in ab dem 17. Dezember 2019 beantragten Neuverfahren

Hoffnung im Hinblick auf eine echte **Verkürzung des Verfahrens** zur Erlangung der RSB ist erst wieder mit der **Restrukturierungsrichtlinie** vom 20.6.2019[843] aufgekommen, die gem. Art. 34 Abs. 1 RL bis zum 17.7.2021 in nationales Recht umgesetzt werden musste,[844] Aufgrund der Vorgaben dieses Richtlinie ist der Gesetzgeber unausweichlich gezwungen, ein Verfahren zu schaffen, in dem die RSB – wenigstens für unternehmerisch tätig Personen – binnen 3 Jahren ohne unerfüllbare Mindestvorgaben zu erreichen ist. Unter dem Eindruck der **Corona-Pandemie** hat sich der Gesetzgeber – entgegen den Vorschlägen des Referentenentwurfs des BMJV, der noch eine um ein Jahr **verzögerte Umsetzung** unter Ausschöpfung des Verlängerungszeitraums (Art. 34 Abs. 2 RL) vorsah[845] – entschlossen, die Richtlinie schnell umzusetzen. Bezüglich der Art. 20 ff. RL ist der Gesetzgeber – schon im **Gesetzentwurf der Bundesregierung** eines Gesetzes zur weiteren Verkürzung des Restschuldbefreiungsverfahrens vom 31.8.2020[846] – dem Vorschlag des BMJV in dem Entwurf eines **Gesetzes zur weiteren Verkürzung des Restschuldbefreiungsverfahrens** vom 13.2.2020[847] gefolgt, der nicht nur für insolvente (ehemalige) Unternehmer, sondern für alle Schuldner, die **natürliche Personen** sind, eine einheitli-

286a

---

841 AG Norderstedt, ZInsO 2020, 1211.
842 AG Dresden, Beschl. v. 17.4.2019 – 544 IN 2661/11, juris; aA AG Duisburg, NZI 2009, 659, wonach der Tod des Schuldners nach Ablauf der Wohlverhaltenszeit kein Verfahrenshindernis für die noch nicht beschlossene Erteilung der Restschuldbefreiung begründet.
843 RICHTLINIE (EU) 2019/1023 DES EUROPÄISCHEN PARLAMENTS UND DES RATES über präventive Restrukturierungsrahmen, über Entschuldung und über Tätigkeitsverbote sowie über Maßnahmen zur Steigerung der Effizienz von Restrukturierungs-, Insolvenz- und Entschuldungsverfahren und zur Änderung der Richtlinie (EU) 2017/1132 (Richtlinie über Restrukturierung und Insolvenz), ABL 172/18 vom 26.6.2019.
844 Soweit Art. 34 Abs. 2 RL eine einjährige Verlängerungsmöglichkeit enthält, hat sich diese Option durch die zwischenzeitlich erfolgte Umsetzung der Richtlinie erledigt.
845 Zu dem Entwurf Pape, ZInsO 2020, 1347 ff.
846 Vgl. BT-Drucks. 19/21981, zu dem Entwurf Pape/Laroche/Grote, ZInsO 2020, 1805 ff.
847 Zu dem Entwurf Ahrens, NZI 2020, 137; Pape, ZInsO 2020, 1347 ff.

che **Entschuldungsfrist** von drei Jahren vorgesehen hat. Diesen Verschlag hat der Gesetzgeber im Grundsatz beibehalten, so dass nunmehr die Restschuldbefreiung nach drei Jahren **ohne eine Mindestbefriedigungsquote von 35%** für sämtliche natürlichen Personen auf Dauer möglich ist.

Der Dt. Bundestag hat das Gesetz zur weiteren Verkürzung des Restschuldbefreiungsverfahrens und zur Anpassung pandemiebedingter Vorschriften im Gesellschafts-, Genossenschafts-, Vereins- und Stiftungsrecht sowie im Miet- und Pachtrecht[848] am 22.12.2020 beschlossen, wobei das Gesetz durch etliche Eingriffe des **Ausschusses für Recht und Verbraucherschutz** des Dt. Bundestages noch zahlreiche Änderungen erfahren hat.[849] Im Bundesgesetzblatt verkündet ist das Gesetz sodann am 30.12.2020.[850] Dabei ist ein **gespaltenes Recht** für (ehemals) unternehmerisch tätige Schuldner und Verbraucher nicht Realität geworden, nachdem die Wiedereinführung einer sechsjährige Entschuldungsfrist mit einer Verkürzungsmöglichkeit auf drei Jahre bei Erfüllung einer **Quote von 35%** die in dem Regierungsentwurf in einem **§ 312 RegEInsO** ohne eine nachvollziehbare Begründung[851] ab dem 1.7.2025 vorgesehen war,[852] auf Initiative des **Rechtsausschusses des Dt. Bundestages** nicht Bestandteil des Gesetzes geworden ist.[853] Bezüglich der Anwendbarkeit der **einheitlichen RSB** nach drei Jahren ohne Erfüllung einer Mindestquote ist in Art. 103k Abs. 1 EGInsO geregelt, dass die Vorschrift **rückwirkend ab 1.10.2020** gilt. Hat der Schuldner in seinem früher gestellten Antrag bereits eine andere Frist für die **Laufzeit der Abtretungserklärung** angegeben, ist diese gem. § 2 Nr. 1 VbrInsFV[854] zu korrigieren. Dies folgt aus **§ 2a VbrInsFV**, der bestimmt dass bei Antragstellung zwischen dem 1.10.2020 und dem 31.3.2021 die in der Anlage zur Verbraucherinsolvenzformularverordnung in der Fassung der Verordnung zur Änderung der Verbraucherinsolvenzvordruckverordnung vom 23.6.2014[855] **vorgesehenen Formulare** weiterhin verwendet werden können und eine nach der Neufassung des § 297 Abs. 2 InsO abweichende anderslautende Abtretungsfrist nach Maßgabe von § 2 Nr. 1 zu berichtigen ist.

---

848 BGBl. I S. 3328.
849 Zu diesen Änderungen vgl. BT-Drucks. 19/ 25322 (Begründung des Ausschusses) und BT-Drucks. 19/25251 Beschlussempfehlung/Synopse RegE/Fassung des Ausschusses.
850 Zu dem Gesetz siehe Pape/Laroche/Grote, ZInsO 2021, 57 ff.; Ahrens, NZI 2021, 57 ff.
851 Vgl. BT-Drucks. 19/21981 vom 31.8.2020 S. 25.
852 Zur Kritik Pape/Laroche/Grote, ZInsO 2020, 1805, 1813 f.
853 Vgl. den Bericht des Ausschusses für Recht und Verbraucherschutz (6. Ausschuss) zu dem Gesetzentwurf der Bundesregierung – Drucksachen 19/21981, 19/22773, 19/23054 Nr. 4 – Entwurf eines Gesetzes zur weiteren Verkürzung des Restschuldbefreiungsverfahrens vom 16.12.2020, BT-Drucks. 19/25322, S. 17 f.
854 Verbraucherinsolvenzformularverordnung vom 16. August 2002 (BGBl. I S. 3165).
855 BGBl. I S. 825.

a) Wirksamwerden der Abtretungserklärung nach Ablauf von 3 Jahren ohne Mindestquote und alternative Fristen

Gemäß der Neufassung des § 300 Abs. 1 InsO entscheidet das Insolvenzgericht nunmehr einheitlich nach dem **regulären Ablauf der in § 287 Abs. 2 S. 1 InsO n.F.** auf einen Zeitraum von drei Jahren nach der Eröffnung des Insolvenzverfahrens verkürzten Abtretungsfrist im Anschluss an die **Anhörung** der Insolvenzgläubiger, des Insolvenzverwalters oder Treuhänders und des Schuldners über die Erteilung der Restschuldbefreiung. Die Alternativen einer vorzeitigen Erteilung der Restschuldbefreiung nach drei Jahren bei Erfüllung eine 35%-Quote oder nach fünf Jahren im Fall der Deckung der Verfahrenskosten gibt es nur noch in der **Übergangsphase für Altverfahren**, die bis zum 30.6.2025 dauert. Die bisher in § 300 Abs. 1 Satz 2 Nr. 1 InsO a.F. geregelte Sonderfall einer vorzeitigen Erteilung der RSB, falls im Verfahren kein Insolvenzgläubiger eine Forderung angemeldet hat oder die Forderungen der Insolvenzgläubiger befriedigt sind und der Schuldner die Kosten des Verfahrens und die sonstigen Masseverbindlichkeiten berichtigt hat, ist nunmehr in der Neufassung in § 300 Abs. 2 InsO n.F. geregelt.[856]

286b

aa) Verfahren zur Erlangung der RSB nach 3 Jahren

Die den vorgenannten Fallgruppen zugehörigen Regelungen in § 300 Abs. 1 Satz 4 und 5 sowie Abs. 2 Satz 1 und 2 InsO a.F. sind ersatzlos weggefallen.[857] Eine Vorschrift zur **Bestimmung der Forderungen**, die bei der 35%-Quote zu berücksichtigen sind, und der Erklärung zu der Frage, woher **Mittel zur Erfüllung der Quote** stammen sowie der **Versicherung der Vollständigkeit und Richtigkeit** der Angaben des Schuldners, bedarf es in Neuverfahren nicht mehr. Unverändert geblieben ist dagegen § 300 Abs. 3 InsO, wonach das Insolvenzgericht die Restschuldbefreiung auf Antrag eines Insolvenzgläubigers versagt, wenn die Voraussetzungen des **§ 290 Abs. 1, des § 296 Abs. 1 oder Abs. 2 Satz 3, des § 297 oder des § 297a** vorliegen, oder auf Antrag des Treuhänders, wenn die Voraussetzungen des **§ 298 InsO** gegeben sind. Insbesondere der Feststellung, ob entsprechende Anträge auf Versagung gestellt werden, dient die Anhörung der Beteiligten zu dem Antrag auf RSB. Die **öffentliche Bekanntmachung** des Beschlusses, das **Beschwerderecht** des Schuldners im Fall der Versagung und jedes Insolvenzgläubigers, der bei der Anhörung nach Abs. 1 oder Abs. 2 die Versagung der Restschuldbefreiung beantragt oder der das Nichtvorliegen der Voraussetzungen einer vorzeitigen Restschuldbefreiung

286c

---

[856] Zum Erfordernis der Kostendeckung und des Ausgleichs der sonstigen Masseverbindlichkeiten vgl. BGH, 22.9.2016 – IX ZB 29/16, ZInsO 2016, 2357.
[857] Vgl. die Begründung des Regierungsentwurf BT-Drucks. 19/21981 S. 21.

nach Abs. 2 geltend gemacht hat, sind weiterhin in § 300 Abs. 4 InsO n.F. geregelt.

bb) Automatisches Wirksamwerden der RSB mit Ablauf der Abtretungsfrist

286d Zu beachten ist, dass die RSB mit dem Ablauf der Abtretungsfrist als erteilt gilt. Dies folgt aus **§ 300 Abs. 1 S. 3 InsO nF** wonach die RSB mit dem **Ablauf der Abtretungsfrist** als erteilt gilt. Mit dieser Konstruktion wird richtlinienkonform sichergestellt, dass über die RSB unter Berücksichtigung der vorzunehmenden Prüfungen und Anhörungen in der Regel erst nach Ablauf der Abtretungsfrist entschieden werden kann. Ungeachtet des Zeitpunkts der Entscheidung wirkt die erteilte RSB kraft Gesetzes auf den Zeitpunkt des Ablaufs der Abtretungsfrist zurück.[858] Dies kann auch in den sogenannten **asymmetrischen Verfahren**, in denen zum Zeitpunkt des Ablaufs der Abtretungsfrist das eröffnete Insolvenzverfahren noch nicht aufgehoben ist, nicht anders sein. Der Zeitpunkt der Entscheidung des Insolvenzgerichts spielt danach für den **Eintritt der Wirkungen** der RSB keine Rolle mehr. Die **Verbote des § 294 InsO** sind mit dem Ablauf der 3-Jahres-Frist aufgehoben und die Obliegenheiten der §§ 295, 295a InsO enden. Die Umwandlung der nicht mehr durchsetzbaren Insolvenzforderungen in **unvollkommene Verbindlichkeiten**[859] erfolgt ebenfalls zu diesem Zeitpunkt. Zu welchem Zeitpunkt der Antrag auf Erteilung der Restschuldbefreiung gestellt wird, über die am Ende der 3-Jahres-Frist von Amts wegen zu entscheiden ist, hat keine Bedeutung mehr. Spielraum und Bedarf für eine analoge Anwendung der **Wiedereinsetzungsvorschriften** gibt es nicht mehr.[860] Zu welchem Zeitpunkt das Insolvenzgericht die **Anhörung** nach § 300 Abs. 1 InsO tatsächlich durchführt, ist unerheblich. Verzögerungen können nur eintreten, wenn sich das **Eröffnungsverfahren** in die Länge zieht. Insoweit sind Gründe, die zu einer verspäteten Verfahrenseröffnung führen, auch nach neuem Recht auf die Laufzeit der Abtretungserklärung nicht anzurechnen. Die RSB kann unabhängig von der Dauer des Eröffnungsverfahrens erst 3 Jahre nach der Eröffnung des Insolvenzverfahrens erteilt werden.[861]

---

858 Vgl. die Begründung des Regierungsentwurf BT-Drucks. 19/21981 S. 21.
859 BGH, 25.9.2008 – IX ZB 205/06, ZInsO 2008, 1279 Rn. 11 mwN; BGH, 23.1.2014 – IX ZB 33/13, ZInsO 2014, 396.
860 BGH, Beschl. v. 19.9.2019 – IX ZB 23/19, ZInsO 2019, 2382; BGH, Beschl. v. 28.5.2020 – IX ZB 50/18, ZInsO 2020, 1797.
861 Vgl. BGH, Beschl. v. 26.2.2015 – IX ZB 44/13, ZInsO 2015, 691.

cc) Verlängerte Abtretungsfrist in Zweitverfahren nach Erteilung der RSB nach Ablauf von 3 Jahren

Unterschiedliche Fristen gelten, soweit es um **Zweitverfahren** für Schuldner geht, welche die RSB nach altem oder nach neuem Recht erlangt haben. Hat der Schuldner die RSB bereits einmal nach der bis zum **30.9.2020 geltenden Fassung** des § 287 Abs. 2 InsO erlangt, so gilt für ihn weiter die Fassung des § 287a Abs. 2 Satz 1 Nr. 1 InsO, nach der die **Sperrfrist 10 Jahre** beträgt, wenn er die RSB zum zweiten Mal anstrebt. Dies folgt aus der Übergangsvorschrift des **Art. 103k Abs. 3 EGInsO** der bestimmt, dass § 287a Abs. 2 S. 1 Nr. 1 InsO in der bis einschließlich 30.9.2020 geltenden Fassung weiter anzuwenden ist, wenn dem Schuldner letztmalig nach den bis einschließlich 30.9.2020 geltenden Vorschriften eine RSB erteilt ist. Dagegen richtet sich Abtretungsfrist in diesen Verfahren nach der gem. Art. 14 S. 1 des Gesetzes zur weiteren Verkürzung des Restschuldbefreiungsverfahrens rückwirkend zum 1.10.2020 in Kraft getretenen Fassung des § 287 Abs. 2 S. 1 InsO und beträgt 3 Jahre.

286e

Hat der Schuldner nach der **Neufassung des § 287 Abs. 2 S. 1 InsO** die RSB innerhalb von 3 Jahren erlangt, gelten für ihn für den Zugang zu einem zweiten Insolvenzverfahren mit RSB, das er einleiten will, weil er sich erneut verschuldet hat, andere Regeln. Die **Sperrfrist** für einen neuen Antrag beträgt in diesem Fall nach der aktuellen Fassung des § 287a Abs. 2 Satz 1 Nr. 1 InsO nicht 10, sondern 11 Jahre. Ein schneller Zugang zu einer erneuten Restschuldbefreiung wird ergänzend dadurch verhindert, dass die die **Abtretungsfrist** nach der jetzt geltenden Fassung des § 287 Abs. 2 Satz 2 InsO in einem erneuten Verfahren nicht 3 Jahre, sondern 5 Jahre beträgt. Eine **entsprechende Abtretungserklärung** hat der Schuldner seinem Antrag beizufügen.[862] Folge dieser Regelungen ist es, dass der Schuldner im Fall eines zweiten Scheiterns mehr als **16 Jahre** auf eine neue Erteilung der RSB warten muss. Der Gesetzgeber hat hierzu ausgeführt, die Verkürzung des Restschuldbefreiungsverfahrens solle nicht dazu führen, dass sich Schuldner schneller wieder in ein erneutes Restschuldbefreiungsverfahren begeben können. Es solle verhindert werden, dass die Verkürzung des regulären Restschuldbefreiungsverfahrens auf drei Jahre **Fehlanreize** für eine leichtfertige Verschuldung setze.[863]

b) Rückwirkende Verkürzung der Laufzeit der Abtretungserklärung in Altfällen

Entsprechend dem Referentenentwurf ist es auch im Regierungsentwurf dabei geblieben, dass neben der allgemeinen Verkürzung auf 3 Jahre, die rückwirkend für sämtliche seit dem 1.10.2020 beantragten Verfahren gilt, auch in schon seit **Dezember 2019 laufenden Verfahren** eine **rückwirkende Laufzeitverkürzung** eintritt.

286f

---

862 Zur Kritik siehe Pape/Laroche/Grote, ZInsO 2020, 1805, 1807 f.
863 So die Begründung des Regierungsentwurfs, BT-Drucks. 19/21981 S. 19 f.

In der Begründung des Regierungsentwurfs[864] wird dazu ausgeführt schon im Referentenentwurf eines Gesetzes zur weiteren Verkürzung des Restschuldbefreiungsverfahrens vom 13.2.2020 sei zur Vermeidung eines Verfahrensstaus ein stufenweiser Übergang von der derzeit sechsjährigen zur künftig dreijährigen Verfahrensdauer vorgesehen. Die damit verbundene **Rückwirkung der Übergangsregelung** müsse als gerechtfertigt angesehen werden, weil der Eingriff in Eigentumsrechte der Gläubiger erforderlich sei, um einen geordneten Übergang zum künftigen Recht sicherzustellen und dabei die **Auslastung** von Schuldnerberatungsstellen, Gerichten und Verwalterbüros nach Möglichkeit vor Schwankungen zu bewahren, welche deren Arbeitsfähigkeit und ggf. Existenz gefährden würden. Aufgrund der **Ankündigung des BMJV vom 7.11.2019**, den Übergang zum künftigen Recht nach Maßgabe einer dem Entwurf entsprechenden Übergangsregelung ausgestalten zu wollen und der dazu ergangenen **Presseberichterstattung** hätten betroffene Gläubiger seither damit rechnen müssen, dass die Verfahrensdauer nach Maßgabe der Ankündigung gekürzt werden würde. Um in den Anwendungsbereich des geltenden Rechts zu kommen, hätten Gläubiger die Möglichkeit gehabt rechtzeitige **Fremdanträge** zu stellen. Vor diesem Hintergrund sei eine **erforderliche und verhältnismäßige Beeinträchtigung** der Befriedigungsaussichten gegeben, die angesichts der stufenweisen Verkürzung der Abtretungsfristen so schonend wie möglich ausgefallen sei. Von einer weiteren rückwirkenden Verkürzung der Verfahrensdauer auf 3 Jahre hat der Gesetzgeber im Hinblick auf die **verfassungsrechtlichen Schranken**, denen rückwirkende Eingriffe in das Eigentumsrecht der Gläubiger unterliegen, abgesehen. Soweit im Referentenentwurf zur Vermeidung eines Verfahrensstaus ein **weiter gehender stufenweiser Übergang** von der sechsjährigen zur dreijährigen Verfahrensdauer vorgesehen war, bedurfte es dieses Übergangs nicht mehr, weil die Verkürzung der Verfahrensdauer auf drei Jahre mit Blick auf die Folgen der **Covid-19-Pandemie** vorgezogen worden ist.

Geregelt hat der Gesetzgeber die rückwirkende Verkürzung der Abtretungszeit in Art. 103k Abs. 2 EGInsO, der eine **sukzessive Verkürzung der Laufzeit** der Abtretungserklärung, die Monat für Monat eintritt, in ab dem 17.12.2019 bis zum 30.9.2020 beantragten Verfahren vorsieht. Dies hat zur Folge, dass sämtliche Verfahren einheitlich im Juli 2025 enden, sodass der zunächst **vermiedene Verfahrensstau** zu diesem Zeitpunkt als gehäufter Anfall von **abschlussreifen Verfahren** eintritt, in den für die abschließende Entscheidung des Gerichts noch die Altfassung des § 300 InsO gilt. Bis auf die Verkürzung der Abtretungsfrist bleibt es in diesen Verfahren bei der Anwendung der Vorschriften der Insolvenzordnung in der bis zum 30.9.2020 geltenden Fassung; dies ergibt sich aus Art. 103k Abs. 1 EGInsO.

---

[864] BT-Drucks. 19/21981, S. 23.

Aus Art. 103k Abs. 2 EGInsO ergibt sich für die Laufzeiten von Restschuldbefreiungsverfahren nach altem und neuem Recht und die Anwendung der Altfassung des § 300 Abs. 1 InsO folgende Übersicht:

Datum der Antragstellung	Reguläre Laufzeit	Verkürzungsmöglichkeit	
vor dem 17.12.2019	6 Jahre ab Eröffnung	Ausnahmsweise Verkürzungsmöglichkeit auf fünf Jahre bei Kostendeckung (§ 300 Abs. 1 S. 2 Nr. 3 InsO a.F.)	ausnahmsweise Verkürzungsmöglichkeit auf drei Jahre bei Kostendeckung und 35% Mindestquote (§ 300 Abs. 1 S. 2 Nr. 2 InsO a.F.)
Antrag ab 17.12.2019	5 Jahre 7 Monate		
Antrag ab 17.1.2020	5 Jahre 6 Monate		
Antrag ab 17.2.2020	5 Jahre 5 Monate		
Antrag ab 17.3.2020	5 Jahre 4 Monate		
Antrag ab 17.4.2020	5 Jahre 3 Monate		
Antrag ab 17.5.2020	5 Jahre 2 Monate		
Antrag ab 17.6.2020	5 Jahre 1 Monate		
Antrag ab 17.7.2020	5 Jahre 0 Monate		
Antrag ab 17.8.2020	4 Jahre 11 Monate		
Antrag ab 17.9.2020 bis 30.9.2020	4 Jahre 10 Monate		
Ab dem 1.10.2020	3 Jahre		

Aus der Anwendbarkeit der Vorschriften der Insolvenzordnung in der bis zum 30.9.2020 geltenden Fassung folgt, dass in Verfahren, die bis zum 16.7.2020 beantragt wurden die Bestimmung des § 300 Abs. 1 S. 2 Nr. 3 InsO weiter anzuwenden ist, nach der die RSB auf Antrag erteilt werden kann, wenn die **Kosten des Verfahrens** berichtigt und **fünf Jahre** der Abtretungsfrist verstrichen sind. Anträge auf vorzeitige Erteilung der RSB, wenn die Verfahrenskosten gedeckt, drei Jahre der Abtretungsfrist verstrichen und dem Insolvenzverwalter oder Treuhänder innerhalb dieses Zeitraums ein Betrag zugeflossen ist, der eine Befriedigung der Forderungen der Insolvenzgläubiger in Höhe von **mindestens 35 Prozent** ermöglicht, können auch weiterhin in allen Verfahren gestellt werden, die unter die Übergangsregelung fallen. Insoweit bleiben die zur Jahresmitte 2014 in Kraft getretenen wirkungslosen Vorschriften zur Verkürzung des Verfahrens noch für einen längeren Zeitraum anwendbar. Hinsichtlich der Laufzeit der Abtretungserklärung, die nicht mehr mit der in der früheren Abtretungserklärung angegebenen Laufzeit von 6 Jahren übereinstimmt, muss auch hier auf die Berichtigungsmöglichkeit des § 2 Nr. 1 VbrInsFV zurückgegriffen werden, da eine Änderung aufgrund von Rechtsvorschriften vorliegt. Problematisch werden auch hier Fragen des anzuwendenden Rechts, wenn es zum Zusammentreffen von Gläubigeranträgen, die vor den jeweiligen Stichtag und Schuldnerträgen, die erst danach gestellt werden, kommt. Zwar könnte man auch in diesen Fällen auf den Beschluss des AG Norderstedt zurückgreifen, nach dem der zuerst gestellte Antrag maßgeblich ist und damit der jeweils ältere Zeitraum maßgeblich ist.[865] Andererseits hat aber der BGH entschieden – dies gilt zumindest für die Anwendung der InsVV – der Begriff des Insolvenzverfahrens in § 19 Abs. 1 InsVV sei nicht in einem umfassenden, auch das Restschuldbefreiungsverfahren meinenden Sinne zu verstehen, der zeitliche Abstand zwischen Eröffnung des Insolvenzverfahrens und Beginn der Wohlverhaltensperiode könne viele Jahre betragen.[866] Wird diese Entscheidung zugrunde gelegt, ließe sich auch vertreten, dass es maßgeblich auf den **Antrag auf RSB** ankommt, zumal Gläubiger diesen Antrag gar nicht stellen können.

c) Evaluierung der Laufzeitverkürzung zur Jahresmitte 2024

286g Gem. Art. 107a EGInsO soll das Gesetz bis zum 30.6.2024 evaluiert werden, um festzustellen, wie sich die Verkürzung auf das Antrags,- Zahlungs- und Wirtschaftsverhalten von Verbrauchern ausgewirkt hat und gegebenenfalls neue gesetzliche Maßnahmen zu beschließen. Diese Evaluierung sollte nach dem Regierungsentwurf in erster Linie dazu dienen, die Wirkungen der 3-Jahres-Frist im Blick auf die Begrenzung der Anwendung der **Neuregelung für Verbraucher** bis zu Jahresmitte 2025 zu überprüfen. Tatsächlich ist dieser Vorschlag aber nicht umgesetzt ist, Eine automatische Rückkehr zur Rechtslage vor dem 1.10.2020 für Verbraucher findet aber nicht statt. Die Evaluierung muss sich als mit anderen Fragen – etwa dem **Verzicht auf eine Verkürzung der Löschungsfristen** für Auskunfteien, der zu einer faktischen Verlängerung der Frist bis zur tatsächlichen Wiederherstellung der Kreditwürdigkeit des Schuldners um drei Jahre führt, befassen.[867]

4. Nachträglicher Widerruf der RSB

287 Nach Erteilung der RSB ist immer noch der nachträgliche Widerruf der RSB möglich. Dieser Fall ist in § 303 InsO a.F./n.F. geregelt. In Altverfahren kann der nachträgliche Widerruf der RSB gemäß § 303 Abs. 2 InsO nur innerhalb eines Jahres nach Rechtskraft der Entscheidung über die RSB von einem Insolvenzgläubiger beantragt werden. Dazu muss glaubhaft gemacht werden, dass dem Schuldner **eine vorsätzliche Obliegenheitspflichtverletzung**[868] vorzuwerfen ist und der Gläubiger hiervon bis zur Rechtskraft der Entscheidung über die RSB keine Kenntnis hatte. Antragsteller kann auch hier nur ein Insolvenzgläubiger sein, der sich am Insol-

---

865 AG Norderstedt, ZInsO 2020, 1211.
866 BGH, 16.12.2010 – IX ZB 261/09, ZInsO 2011, 247.
867 Zur Kritik Pape/Laroche/Grote, ZInsO 2021, 57, 61.
868 Nach AG Göttingen, ZInsO 2010, 396 kommt bei einer Verurteilung wegen einer Insolvenzstraftat nach den §§ 283 ff. StGB ein Widerruf der RSB gemäß § 303 InsO nicht in Betracht.

venzverfahren beteiligt hat.⁸⁶⁹ Auf **Pflichtwidrigkeiten** aus der Zeit vor der Restschuldbefreiung kann ein Widerruf der RSB auch dann nicht gestützt werden, wenn das Insolvenzverfahren in einem **asymmetrischen Verfahren** noch andauert. Die im laufenden Insolvenzverfahren erteilte RSB kann jedoch widerrufen werden, wenn der Schuldner nach Erteilung der Restschuldbefreiung seine Auskunfts- und Mitwirkungspflichten vorsätzlich oder grob fahrlässig verletzt; dies gilt auch dann, wenn er eine vor Erteilung der RSB begonnene Pflichtverletzung danach fortsetzt.⁸⁷⁰ **Ein fahrlässiger Pflichtverstoß** genügt für den nachträglichen Widerruf der RSB nicht. Weiterhin muss im Fall des § 303 Abs. 1 Satz 1 InsO durch die Obliegenheitspflichtverletzung eine **erhebliche Beeinträchtigung der Befriedigung der Gläubiger** eingetreten sein. Auch insoweit liegt eine Verschärfung der Voraussetzungen gegenüber der Versagung nach § 296 Abs. 1 Satz 1 InsO vor. Dort reicht die bloße Beeinträchtigung der Gläubigerinteressen aus. Ob eine „**erhebliche Beeinträchtigung der Gläubigerinteressen**" vorliegt, unterliegt einer **wirtschaftlichen Betrachtungsweise**. Die Pflichtverletzung des Schuldners muss dazu geführt haben, dass den Gläubigern Beträge vorenthalten worden sind, die zu ihrer Befriedigung hätten zur Verfügung gestellt werden müssen. Von einer erheblichen Beeinträchtigung ist nur auszugehen, wenn Beträge, die der Schuldner vorsätzlich verheimlicht hat, zumindest teilweise pfändbar gewesen wären.

Ist in dem Antrag des Gläubigers keine **vorsätzliche Obliegenheitspflichtverletzung**, die zu einer erheblichen Beeinträchtigung die Befriedigung der Gläubiger geführt hat, glaubhaft gemacht, oder fehlt die Glaubhaftmachung, dass der Gläubiger von der Pflichtverletzung bis zur Rechtskraft der Entscheidung über die RSB keine Kenntnis hatte, so erfolgt **Verwerfung des Antrags** durch Beschluss, gegen den gemäß § 303 Abs. 2 InsO die sofortige Beschwerde zulässig ist. Entscheiden über den Antrag muss der Richter, der gemäß § 18 Abs. 1 Satz 2 RPflG für das Versagungsverfahren zuständig ist. **288**

Bei einem zulässigen Antrag hört das Gericht gemäß § 303 Abs. 3 Satz 1 InsO vor seiner Entscheidung den Schuldner und den Treuhänder an. Sodann entscheidet es wiederum durch anfechtbaren Beschluss über die Begründetheit des Antrags. Je nach Ausgang des Verfahrens können der Schuldner oder der Antrag stellende Gläubiger gemäß § 303 Abs. 3 Satz 2 InsO gegen die Entscheidung sofortige Beschwerde einlegen. Kommt es zum Widerruf der RSB, ist dieser gemäß § 303 Abs. 3 Satz 3 InsO **öffentlich bekannt zu machen**. **289**

In der **Neuregelung des § 303 InsO**, die in den ab 1.7.2014 beantragten Verfahren anzuwenden ist, hat der Gesetzgeber dem bisherigen Widerrufsgrund zwei weitere Gründe hinzugefügt, die auf Antrag eines Insolvenzgläubigers zum Widerruf binnen eines Jahres führen können: **290**

---

869 BGH, 13.2.2020 – IX ZB 55/18, ZInsO 2020, 521.
870 BGH, 8.9.2016 – IX ZB 72/15, ZInsO 2016, 2097.

– Der bisherige Fall des § 303 Abs. 1 InsO, nach welchem es möglich ist, die erteilte RSB zu widerrufen, wenn sich nachträglich herausstellt, dass der Schuldner eine seiner **Obliegenheiten aus § 295 InsO vorsätzlich** verletzt und die Befriedigung der Gläubiger dadurch erheblich beeinträchtigt hat, ist nunmehr in § 303 Abs. 1 Nr. 1 InsO n.F. geregelt.[871]
– Als neuer Widerrufsgrund kommt gem. **§ 303 Abs. 1 Nr. 2 InsO n.F.** hinzu, dass der Schuldner während der Abtretungszeit oder erst nach Erteilung der RSB wegen einer bis zum **Ende der Abtretungsfrist** begangenen **Straftat nach Maßgabe von § 297 Abs. 1 InsO n.F.**, d.h. wegen einer Insolvenzstraftat nach dem §§ 283–283c StGB, die zu einer Geldstrafe von mehr als 90 Tagessätzen oder zu einer Freiheitsstrafe von mehr als drei Monaten geführt hat, rechtskräftig verurteilt wird und ein Gläubiger nachträglich den Widerruf der RSB beantragt.[872]
– Dritter Fall des Widerrufs der RSB (§ 303 Abs. 1 Nr. 3 InsO n.F.) ist es, dass der Schuldner nach Erteilung der RSB **Auskunfts- und Mitwirkungspflichten** vorsätzlich oder grob fahrlässig verletzt, die sich aus der Insolvenzordnung ergeben, wobei dieser Fall auf die vorzeitige Erteilung der RSB vor Aufhebung des Insolvenzverfahrens (Fall des § 300a InsO) zugeschnitten ist.

5. Wirkungen der RSB

291 Die RSB erfasst gemäß § 301 Abs. 1 InsO die Forderungen sämtlicher – auch nachrangiger – Insolvenzgläubiger, ohne dass es auf die Anmeldung der Forderungen im Insolvenzverfahren und die Teilnahme am Restschuldbefreiungsverfahren ankommt. Allein entscheidend ist, dass die Verbindlichkeit im Insolvenzverfahren als **Insolvenzforderung** i.S.d. § 38 InsO zu befriedigen gewesen wäre. Die RSB erstreckt sich damit auch auf Forderungen von Gläubigern, die von dem Verfahren keine Kenntnis hatten. Auf **Masseverbindlichkeiten** erstreckt sich die RSB nicht.[873] Eine teleologische Erstreckung des **§ 301 InsO** auf Masseverbindlichkeiten soll nach Auffassung des BFH nicht in Betracht kommen.[874] **Steuerschulden**, die als Masseverbindlichkeiten entstanden sind, können nach Abschluss des Insolvenzverfahrens mit Erstattungsansprüchen des ehemaligen Insolvenzschuldners verrechnet werden. Nach dieser Rechtsprechung erzielt der Insolvenzschuldner Einkünfte aus Vermietung und Verpachtung, wenn der Insolvenzverwalter die vom Schuldner als Vermieter begründeten Mietverträge erfüllt. Wird die Einkommensteuer auf diese Erträge erstmals nach Aufhebung des Insolvenzverfahrens festgesetzt, ist der Steu-

---

871 Zu diesem Grund nach altem und neuen Recht Pape/Uhländer/Pape, InsO, § 303 Rn 5 ff.; Graf-Schlicker/Kexel, 5. Aufl., § 303 InsO Rn 3 ff.
872 Vgl. KPB/Wenzel, § 303 InsO Rn 7 f.
873 FG Düsseldorf, ZInsO 2020, 1134.
874 BFH, BFHE 260, 26 = ZInsO 2019, 106.

erbescheid dem **vormaligen Insolvenzschuldner** als Inhaltsadressat bekannt zu geben; eine Bekanntgabe an den vormaligen Insolvenzverwalter kommt nicht mehr in Betracht. Folge soll eine Nachhaftung des Schuldners für vom Insolvenzverwalter nicht erfüllte Masseverbindlichkeiten sein.[875] Nach einem weiteren Urteil des BFH sollen Einkommensteuerschulden als (ehemalige) Masseverbindlichkeiten grundsätzlich auch nicht von den Wirkungen eines Insolvenzplanverfahrens erfasst werden.[876] Ob diese Rechtsprechung nach Umsetzung der Restrukturierungsrichtlinie weiter zu halten ist, dürfte fraglich sein. Zumindest die Nachhaftung des Schuldners für oktroyierte Masseverbindlichkeiten steht der von der Richtlinie geforderten vollständigen Entschuldung des Schuldners entgegen. Dies könnte zumindest auf längere Sicht dazu führen, dass die schuldnerfeindliche Rechtsprechung des BFH für **europarechtswidrig** erklärt wird.

Befreit wird der Schuldner gemäß § 301 Abs. 2 Satz 2 InsO auch von **Regressansprüchen**, die Mitschuldner, Bürgen und andere Rückgriffsberechtigte gegen ihn haben. Erhalten bleibt nach § 301 Abs. 2 Satz 1 InsO jedoch die Haftung der genannten Sicherungsgeber gegenüber den Gläubigern im **Außenverhältnis**. Auf sie kann von den Insolvenzgläubigern trotz RSB weiter zugegriffen werden. Dies gilt nach einem Urteil des OLG Koblenz, das der BGH durch Urteil vom 10.12.2020[877] bestätigt hat, auch für eine auf einem Grundstück des Schuldners eingetragene **Zwangssicherungshypothek**, wenn dem Schuldner die RSB hinsichtlich der gesicherten Forderung erteilt ist.[878] Auch wenn die gesicherte Forderung nicht mehr durchsetzbar ist, soll sich der Schuldner weiter aus dem Grundpfandrecht befriedigen können. Eine Verpflichtung des Gläubigers zur Erteilung der Löschungsbewilligung für eine Zwangssicherungshypothek bestehe gleichwohl nicht. Demgegenüber soll ein Recht zur Befriedigung aus einer eingetragenen Zwangssicherungshypothek nach **§ 301 Abs. 2 Satz 1 InsO** nicht bestehen, wenn die Eintragung der Zwangssicherungshypothek in der **Wohlverhaltensperiode** erfolgt ist und damit gegen das insolvenzrechtliche **Vollstreckungsverbot** verstößt.[879]

Ein **privater Krankenversicherungsvertrag** endet weder automatisch mit der Eröffnung des Insolvenzverfahrens über das Vermögen des Versicherungsnehmers noch mit dem Wegfall dessen Gewerbes, weil dem Vertrag sowie den daraus folgenden Rechten und Pflichten die Massezugehörigkeit fehlt. Dem privaten Krankenversicherer steht deshalb gegen den insolventen Versicherungsnehmer ein Anspruch auf Begleichung der nach Eröffnung des Insolvenzverfahrens fällig gewordenen und rückständigen Versicherungsprämien zu. Ist der **Prämienanspruch** des privaten

---

[875] BFH, ZInsO 2019, 1667.
[876] BFH, ZInsO 2019, 145; FG Niedersachsen, ZInsO 2017, 2631.
[877] BGH, 10.12.2020 – IX ZR 24/20, ZInsO 2021, 85.
[878] OLG Koblenz, MDR 2020, 631.
[879] LG Frankfurt/Oder, ZInsO 2017, 2319.

Krankenversicherers erst nach Insolvenzeröffnung fällig geworden, steht dem auch eine RSB über das Vermögen des Versicherungsnehmers nicht entgegen, weil es sich bei dieser Forderung weder um eine Insolvenzforderung i.S.d. **§ 38 InsO** noch um eine – von der Restschuldbefreiung im Übrigen auch nicht erfasste – Masseverbindlichkeit handelt.[880] Soweit einem Verfahrensbeteiligten Verfahrenskostenhilfe – etwa in einem vorinsolvenzlich von der früheren Ehefrau eingeleiteten Scheidungsverfahren – bewilligt worden ist, hindert eine ihm danach erteilte Restschuldbefreiung die Einziehung von auf die Staatskasse **übergegangenen Vergütungsansprüchen des beigeordneten Rechtsanwalts** nur, soweit dessen Gebühren schon vor Eröffnung des Insolvenzverfahrens angefallen sind.[881] Ebenso stellt die Vorenthaltung der **Kraftfahrzeugzulassung** bis zur vorherigen Begleichung rückständiger Gebühren aus Zulassungsvorgängen und die dadurch herbeigeführte Gebührenzahlung nach erteilter RSB einen Verstoß gegen die sich aus § 301 InsO ergebenden Wirkungen der Restschuldbefreiung dar mit der Folge, dass ein **Bereicherungsanspruch auf Rückzahlung** gegeben ist, wenn der auf die Zulassung des Kraftfahrzeugs angewiesene Antragsteller unter dem **Druck der Verweigerung** der begehrten Zulassung seine Rechte aus der RSB preisgibt und Zahlung leiste.[882]

a) Entstehung unvollkommener Verbindlichkeiten

293 Die RSB führt nicht zum Erlöschen der Forderungen der Insolvenzgläubiger, sondern hindert nur deren **Durchsetzbarkeit**. Dies folgt zunächst aus der Regelung des § 301 Abs. 2 Satz 1 InsO, nach der Ansprüche gegen Mitschuldner und Bürgen des Schuldners sowie durch Vormerkung gesicherte Rechte und Rechte, die im Insolvenzverfahren dem Gläubiger zur abgesonderten Befriedigung berechtigt hätten, weiter geltend gemacht werden können. Ein **Erlöschen der Verbindlichkeiten** würde dazu führen, dass auch diese Ansprüche nicht erhalten bleiben. Diese Wirkung wird umgangen, wenn man von der Entstehung unvollkommener, gegen den Schuldner **nicht mehr erzwingbarer Verbindlichkeiten** ausgeht. Dies folgt auch aus der Regelung des § 301 Abs. 3 InsO, nach der eine Befriedigung, die ein Gläubiger erlangt, obwohl er aufgrund der RSB keine Befriedigung mehr zu beanspruchen hat, nicht zurückzugewähren ist. Auch mit dieser Vorschrift wäre das vollständige Erlöschen der Verbindlichkeiten durch die RSB nicht zu vereinbaren. Die RSB führt damit zur Entstehung einer unvollkommenen Verbindlichkeit, die weiterhin erfüllbar, aber nicht erzwingbar ist. Der Einwand des Schuldners, aus einem gegen ihn ergangenen Urteil könne wegen Erteilung der RSB nicht mehr vollstreckt werden,

---

880 OLG Köln, NZI 2020, 439.
881 OLG Frankfurt/Main, ZInsO 2018, 2222.
882 Oberverwaltungsgericht des Saarlandes, ZInsO 2016, 2039.

kann daher auch nur im Wege der **Vollstreckungsgegenklage nach § 767 ZPO** und nicht mit der Erinnerung nach § 766 ZPO verfolgt werden.[883]

b) Faktische Verlängerung der Nachhaftung durch Schufa-Eintrag pp.
Die Zeit bis zur **Wirksamwerden der RSB** beträgt nach aktueller Rechtslage tatsächlich weder drei, noch fünf oder sechs Jahre, sondern ist jeweils um **weitere drei Jahre** verlängert. Hierbei ist es ungeachtet des Inkrafttretens des Gesetz zur weiteren Verkürzung des Restschuldbefreiungsverfahrens und zur Anpassung pandemiebedingter Vorschriften im Gesellschafts-, Genossenschafts-, Vereins- und Stiftungsrecht sowie im Miet- und Pachtrecht zum Jahresende 2020 geblieben, nachdem im **Regierungsentwurf** ein Vorschlag des Referentenentwurfs des BMJV, der die Löschungsfrist auf ein Jahr verkürzt hätte, ohne Begründung nicht aufgenommen worden ist und auch der **Rechtsausschuss** nicht auf die massive Kritik gegen die Streichung durch die Bundesregierung reagiert hat. Der Vorschlag des Referentenentwurfs eines Gesetzes zur **weiteren Verkürzung des Restschuldbefreiungsverfahrens** sah vor, § 300 InsO um einen Absatz 5 zu erweitern, der folgendermaßen lauten sollte:

> „Von Auskunfteien zum Zweck der geschäftsmäßigen Auskunftserteilung gespeicherte Informationen über Insolvenzverfahren und Restschuldbefreiungsverfahren sind binnen eines Jahres zu löschen. Die Frist beginnt mit dem Eintritt der Rechtskraft der Erteilung der Restschuldbefreiung. Ist zu diesem Zeitpunkt das Insolvenzverfahren noch nicht beendet, so beginnt die Frist mit der Rechtskraft der das Insolvenzverfahren beendenden Entscheidung."

Mit der Ablehnung dieses Vorschlags bleibt es bei der Versagung eines Anspruchs auf Löschung der Information über die Erteilung der RSB in den Datenbanken der Wirtschaftsauskunfteien, die faktisch zu einer dreijährigen Nachhaftung führt.[884] In dem vom LG Heilbronn entschiedenen Fall hatte der Kläger – nachdem ihm regulär die RSB erteilt worden war – die beklagte Schufa auf **Löschung gespeicherter Daten** und auf Wiederherstellung seines **Score-Werts** ohne Berücksichtigung der zu löschenden Informationen in Anspruch genommen hat. Das LG führt in dem abweisenden Urteil aus, die Auskunftei sei berechtigt, die Information über die Erteilung der Restschuldbefreiung drei Jahre zu speichern und Auskunft darüber zu erteilen. Dies diene gem. Art. 6 I Buchst. e DS-GVO dem öffentlichen Interesse und sei aufgrund einer **Interessenabwägungsklausel** nach Art. 6 I Buchst. f DS-GVO wegen eines überwiegenden berechtigten Interesses der Schufa und ihrer Vertragspartner

---

883 BGH, 25.9.2008 – IX ZB 205/06, ZInsO 2008, 1279.
884 Siehe etwa LG Heilbronn, ZInsO 2019, 1077; Heyer, NZI 2019, 344f. m.w.N.

zulässig. Eine besondere persönliche, atypische Situation des Betroffenen, die Voraussetzung für einen Widerspruch nach Art. 21 Abs. 1 DS-GVO sei, bestehe nicht. Diese Rechtsprechung ist abzulehnen, sie führt jede gewollte Verkürzung – dies würde auch für eine zukünftige generelle Verkürzung auf drei Jahre gelten – des Restschuldbefreiungsverfahrens ad absurdum.[885] Anders als das LG Heilbronn gesteht das LG Frankfurt/Main[886] dem Schuldner in einem gleichgelagerten Fall wenigstens zu, dass die Schufa im Einzelfall verpflichtet sein kann, die Eintragung der Restschuldbefreiung bereits nach 6 Monaten aufgrund eines Widerspruchs des Schuldners zu löschen. Es müssten allerdings besondere Gründe für eine atypische Konstellation vorliegen, die den Interessen des Schuldners ein besonderes Gewicht verliehen. Dies könnten etwa Beeinträchtigungen im Rahmen der **beruflichen Weiterentwicklung** durch beabsichtigte Selbständigkeit und bei der **Wohnungssuche** sein. Zwar gibt es nach dem Urteil des LG Frankfurt einen Lichtblick, dass ein Löschungsanspruch aufgrund besonderer Umstände durchsetzbar sein kann. Solange die Löschung nicht generell innerhalb kurzer Fristen erfolgt, ist aber die RSB für viele Schuldner kaum etwas Wert.[887]

c) Aufhebung berufsrechtlicher Einschränkungen

295 Ähnliche Probleme ergeben sich bezüglich der **gewerbe- und gaststättenrechtlichen Folgen** der Insolvenzverfahrenseröffnung und der Erteilung der Restschuldbefreiung. Hier hat etwa das VG Würzburg in einem Urteil von 19.1.2019 entschieden, als unzuverlässig sei auch ein **Gewerbetreibender** anzusehen, der trotz mangelnder **wirtschaftlicher Leistungsfähigkeit** seinen Gewerbebetrieb weiterführe. Die RSB sei während des laufenden Insolvenzverfahrens nur eine abstrakte Möglichkeit der Schuldenbefreiung, die sich erst durch Beendigung des Insolvenzverfahrens und der erfolgten Restschuldbefreiung oder zumindest deren Ankündigung durch entsprechenden Beschluss des Insolvenzgerichts zu einer konkreten Aussicht verdichte.[888] Im Blick auf die Frage, wie sich die RSB auswirkt, muss künftig eine Grauzone vermieden werden, die sich an die Erteilung der RSB anschließt, in der unklar ist, ob der Schuldner nach Erteilung der RSB wieder als zuverlässig gilt, wurde in dem Entwurf eines Gesetzes zur weiteren Verkürzung des Restschuldbefreiungsverfahrens eine Erweiterung des § 300 InsO um einen **vierten Absatz** vorgeschlagen, der folgendermaßen lautet:

---

[885] Siehe auch Heyer, NZI 2019, 344 f.
[886] ZInsO 2019, 263 = NZI 2019, 342 m. Anm. Heyer.
[887] Kritisch auch Pape/Laroche/Grote ZInsO 57, 61.
[888] VG Würzburg, ZInsO 2019, 969; zur Gewerbeuntersagung nach Einstellung eines Insolvenzverfahrens wegen Masseunzulänglichkeit vgl. Verwaltungsgericht des Saarlandes, ZVI 2019, 56.

„Ein allein aufgrund der Insolvenz des Schuldners erlassenes Verbot, eine gewerbliche, geschäftliche, handwerkliche oder freiberufliche Tätigkeit aufzunehmen oder auszuüben, tritt mit Rechtskraft der Erteilung der Restschuldbefreiung außer Kraft. Satz 1 gilt nicht für die Versagung und die Aufhebung einer Zulassung zu einer erlaubnispflichtigen Tätigkeit."

Mit dieser Ergänzung, die im Gesetz zur weiteren Verkürzung des Restschuldbefreiungsverfahrens umgesetzt ist,[889] wird den **Vorgaben der Restrukturierungsrichtlinie** Rechnung getragen werden, nach denen mit der Erteilung der RSB eine unternehmerische Tätigkeit sofort wieder aufgenommen werden kann, ohne dass es weiterer behördlicher Gestattungen bedarf. Dies gilt allerdings nicht – ebenfalls richtlinienkonform – für **erlaubnispflichtige Tätigkeiten**, die einer besonderen Zulassung bedürfen, wie etwa der anwaltlichen, steuerberatenden Berufsausübung oder der Tätigkeit als Wirtschaftsprüfer usw.[890]

d) Von der RSB ausgenommene Forderungen

Nicht von der RSB erfasst werden gemäß § 302 Nr. 1–3 InsO Verbindlichkeiten aus **vorsätzlich begangenen unerlaubten Handlungen** des Schuldners, **Geldstrafen** und diesen in § 39 Abs. 1 Nr. 3 InsO gleichgestellten Verbindlichkeiten und Verbindlichkeiten aus einem **zinslosen Darlehen**, das dem Schuldner zur Begleichung der Kosten des Insolvenzverfahrens gewährt worden ist. Diese Forderungen müssen aufgrund ihres besonderen Entstehungstatbestandes unbeschadet der RSB weiter befriedigt werden. Ihre besondere Stellung tritt allerdings erst nach Erteilung der RSB hervor. Während der Wohlverhaltensphase nehmen auch Gläubiger dieser Forderungen entsprechend den allgemeinen Grundsätzen am Verfahren teil. Sie unterliegen auch dem **Vollstreckungsverbot des § 294 Abs. 1 InsO**. Nach Erteilung der RSB haben diese Gläubiger dagegen weiter das Recht, aus einer Eintragung in die Insolvenztabelle zu vollstrecken.

296

aa) Deliktische Forderungen i.S.d. § 302 Nr. 1 InsO

Materiell sind von der Erteilung der RSB ausgenommene „Forderungen aus unerlaubter Handlung" anhand der §§ 823 ff. BGB zu bestimmen. Nach der InsO werden jedoch nicht alle deliktischen Forderungen von der RSB ausgenommen. Erfasst werden vielmehr nur **vorsätzlich begangene unerlaubte Handlungen**. Ansprüche aus der fahrlässigen Begehung – dies gilt auch für grobe Fahrlässigkeit – fallen nicht unter § 302 Nr. 1 InsO. Anknüpfungspunkt für diesen Versagungstatbestand ist regelmäßig die vorsätzliche Verletzung eines **Schutzgesetzes i.S.d. § 823 Abs. 2**

297

---

[889] Zu der Neuregelung Pape/Laroche/Grote ZInsO 57, 60 f.
[890] Hierzu näher die Begründung des Regierungsentwurfs BT-Drucks. 19/21981, S. 21 f.

BGB, d.h. einer Vorschrift, die auch den Schutz eines Einzelnen bezweckt. Vorsatz bedeutet auch im Fall des § 302 Nr. 1 InsO Wissen und Wollen der Tat, wobei im Regelfall schon der sog. „bedingte Vorsatz" ausreicht; Absicht ist nicht erforderlich. Nach der Rechtsprechung des BGH gilt für Delikte mit **Vorsatz-Fahrlässigkeits-Kombinationen**, dass die Schadensersatzverbindlichkeiten desjenigen, der vorsätzlich im Straßenverkehr ein Fahrzeug geführt hat, obwohl er infolge des Genusses alkoholischer Getränke nicht in der Lage war, das Fahrzeug sicher zu führen, und dadurch **fahrlässig Leib oder Leben eines anderen Menschen gefährdet** hat, nicht von der RSB ausgenommen sind, weil die Verletzungshandlung nur fahrlässig erfolgt ist.[891]

(1) Geltendmachung des Privilegs der vorsätzlich begangenen unerlaubten Handlung

298 Die Geltendmachung einer ausgenommenen Forderung nach § 302 Nr. 1 InsO nach Aufhebung des Insolvenzverfahrens setzt voraus, dass der Gläubiger die Forderung schon im **Anmeldungs- und Prüfungsverfahren** gemäß § 174 Abs. 2 InsO entsprechend angemeldet hat. Dazu muss er bei der Anmeldung einen Sachverhalt vortragen, aus dem sich ergibt, warum es sich um eine deliktische Forderung handelt. Liegt eine entsprechende Anmeldung vor, ist das Gericht nach § 175 Abs. 2 InsO verpflichtet, den Schuldner auf die Bedeutung dieser Anmeldung hinzuweisen und auf die Möglichkeit aufmerksam zu machen, **Widerspruch einzulegen**. Die notwendige **Belehrung** des Schuldners über sein Widerspruchsrecht bezüglich der Deliktseigenschaft soll zumindest dann per **Internetveröffentlichung** erfolgen können, wenn der Aufenthalt des Schuldners trotz Ermittlungen nicht ausfindig zu machen ist und dem Veröffentlichungstext eine rudimentäre anonymisierte Zusammenfassung des der **Deliktsbehauptung** zugrunde liegenden Sachverhaltes angefügt wird.[892] Hat der Schuldner im Prüfungsverfahren Widerspruch gegen die Geltendmachung des Privilegs der unerlaubten Handlung eingelegt – dieser Widerspruch kann sich auch nur isoliert gegen die Geltendmachung des Anspruchs als Forderung aus vorsätzlich begangener unerlaubter Handlung richten – ist es Sache des Gläubigers, den Widerspruch durch eine Feststellungsklage analog § 184 InsO zu beseitigen. An eine **bestimmte Frist** ist die Feststellungsklage des Gläubigers zur Beseitigung eines Widerspruchs des Schuldners gegen die Anmeldung einer Forderung als solcher aus einer vorsätzlich begangenen unerlaubten Handlung grundsätzlich nicht gebunden.[893] Allerdings ist eine nach dem **Schlusstermin** eingegangene Anmeldung einer von der RSB ausgenommenen Forderung im Sinne des § 302 Nr. 1 InsO nicht

---

891 BGH, 21.6.2007 – IX ZR 29/06, ZInsO 2007, 814.
892 AG Norderstedt, NZI 2019, 715.
893 BGH, 18.12.2008 – IX ZR 124/08, ZInsO 2009, 278.

mehr zu berücksichtigen.⁸⁹⁴ Der BGH hat insoweit der Feststellungsklage eines Schuldners stattgegeben, der geltend gemacht hat, die Forderung des Klägers sei für den Fall der Erteilung der RSB von dieser umfasst, weil der Gläubiger sie nicht unter Angabe des Rechtsgrundes bis spätestens zum Schlusstermin zur Tabelle angemeldet habe. Diese Grenze gilt nach dem Urteil auch für den Fall, dass der **Schlusstermin im schriftlichen Verfahren** durchgeführt wird. Kein Hindernis besteht für Insolvenzgläubiger, die es zunächst versäumt haben, ihre Forderung (ganz oder teilweise) als aus vorsätzlich begangener unerlaubter Handlung stammend anzumelden, diese Anmeldung auch noch bis zum Schlusstermin **nachzuholen**, wenn die Forderung aus einem anderen Rechtsgrund bereits zur Tabelle festgestellt worden ist.⁸⁹⁵ Im Rahmen der Feststellung der Deliktseigenschaft einer durch **Schuldanerkenntnis** festgestellten Forderung hat das Insolvenzgericht zu prüfen, ob sich das Anerkenntnis gerade auf die deliktische Forderung oder lediglich auf einen konkurrierenden Anspruch ohne Deliktseigenschaft bezogen hat.⁸⁹⁶

Zuständig für den im Verfahren nach §§ 179 ff. InsO isoliert auszutragenden Streit um die rechtliche Einordnung der angemeldeten Forderung als solche aus vorsätzlich begangener unerlaubter Handlung sind die Zivilgerichte; ob der geltend gemachte Schutzgesetzverstoß den Normen des öffentlichen Rechts – etwa dem Unterhaltsvorschussgesetz – oder des Zivilrechts zuzuordnen ist, ändert daran nichts.⁸⁹⁷ Die gilt auch für den Fall des § 302 Nr. 1 Alt. 3 InsO.⁸⁹⁸ Zu beachten ist, dass nur der Schuldner zum Widerspruch gegen das Privileg der vorsätzlich begangenen unerlaubten Handlung berechtigt ist, ein **Widerspruchsrecht des Insolvenzverwalters/Treuhänders** besteht insoweit nicht. Wird der Widerspruch nicht beseitigt, ist die Forderung wie eine nicht ausgenommene Forderung zu behandeln.⁸⁹⁹ Dabei wird eine nicht oder ohne den Hinweis auf den Rechtsgrund der vorsätzlich begangenen unerlaubten Handlung angemeldete Forderung auch dann von der RSB erfasst, wenn die unterbliebene oder unvollständige Anmeldung nicht auf einem **Verschulden des Gläubigers** beruht.⁹⁰⁰ Der **Streitwert** der Klage auf Feststellung, die angemeldete Forderung beruhe auf einer vorsätzlich begangenen unerlaubten Handlung, ist nach einem Beschluss des BGH vom 7.5.2019⁹⁰¹ mit einem **Bruchteil des Nennwertes** der Forderung anzusetzen, der regelmäßig mit einem Abschlag von 75% angemessen

---

894 BGH, 19.12.2019 – IX ZR 53/18, ZInsO 2020, 293.
895 OLG Köln, ZInsO 2019, 961.
896 OLG Köln, ZInsO 2019, 1006.
897 BGH, 2.12.2010 – IX ZB 271/09, ZInsO 2011, 44.
898 OLG Hamm, ZInsO 2019, 797; entgegen BFH, ZInsO 2018, 2674 Rn 27.
899 BGH, 21.6.2007 – IX ZR 29/06, ZInsO 2007, 814; BGH, 18.1.2007 – IX ZR 176//05, ZInsO 2007, 265; BGH, 2.12.2010 – IX ZR 41/10, ZInsO 2011, 39; BGH, 16.12.2010 – IX ZR 24/10, ZInsO 2011, 244; zu den Einzelheiten vgl. KPB/Pape/Schaltke, § 184 InsO Rn 1 ff.
900 BGH, 16.12.2010 – IX ZR 24/10, ZInsO 2011, 244.
901 BGH, FamRz 2019, 1349.

erscheint. Maßgeblich für die Streitwertbestimmung soll die Verbesserung der späteren **Vollstreckungsaussichten** des Insolvenzgläubigers nach Beendigung des Insolvenzverfahrens und Erteilung der RSB sein.[902] Im **umgekehrten Fall**, dass der Schuldner die Feststellung begehrt, eine zur Tabelle festgestellte Forderung sei von der Restschuldbefreiung erfasst, bemisst sich der Streitwert der Feststellungsklage ebenfalls nach einem **Bruchteil des Nennwerts der Forderung**; der Wert der künftigen Vollstreckungsmöglichkeit ist im Rahmen des § 3 ZPO zu schätzen. Sind die Vollstreckungsaussichten gering, muss ein entsprechend **hoher Abschlag** gemacht werden, um das Klagerisiko sowohl für den Gläubiger als auch für den Schuldner nicht so groß werden zu lassen, dass schon aus Kostengründen von einer gerichtlichen Feststellung abgesehen wird. Dies ergibt sich aus dem § 182 InsO zugrundeliegenden Gedanken der **Verhältnismäßigkeit der Streitwertfestsetzung**.[903]

(2) Besonders herausgehobene Verbindlichkeiten

299 **Steuerforderungen** waren nach ganz überwiegend vertretener Ansicht in **Altverfahren,** die vor dem 1.7.2014 beantragt wurden, nicht von der RSB ausgenommen. Dies galt auch für Ansprüche aus einer Steuerhinterziehung, denn auch dort entstanden die Steuerforderungen nicht erst durch den Hinterziehungsversuch, sondern vielmehr durch den Steuertatbestand. Außerdem ist **§ 370 AO kein Schutzgesetz** i.S.d. § 823 Abs. 2 BGB, Schutzgut dieser Vorschrift ist die Allgemeinheit und nicht der Einzelne.[904] Von der Vorschrift wird nicht ein Individualinteresse, das dem eines geschädigten und auf einen zivilrechtlichen Ausgleich bedachten Bürgers vergleichbar wäre, geschützt, sondern das **öffentliche Interesse des Fiskus** und damit des Staates am rechtzeitigen und vollständigen Aufkommen bestimmter einzelner Steuern. Steueransprüche und Haftungsansprüche sind nach Auffassung des BFH deshalb eigenständige, dem öffentlichen Recht zugehörige Ansprüche aus dem Steuerschuldverhältnis im Sinne des § 37 Abs. 1 AO, die sowohl nach ihrer Entstehung als auch nach ihrem Inhalt und ihrer Durchsetzung eigenen, von den zivilrechtlichen Deliktsansprüchen unterschiedlichen Regeln unterliegen und deshalb keine Schadensersatzansprüche aus unerlaubter Handlung darstellen.[905] Ebenso gehörten **Säumniszuschläge des Finanzamtes** nicht zu den ausgenommenen Forderungen. Dies ändert allerdings nicht an der Tatsache, dass die Länder ständig bestrebt waren, Steuerforderungen bzw. zumindest Ansprüche aus Steuerhinterziehung durch eine Regelung im Gesetz in den Rang von ausgenommenen Forderungen zu erheben.

---

902 BGH, 1.10.2020 – IX ZR 199/19, NZI 2021, 99; OLG Hamm, ZInsO 2019, 797; siehe auch BGH, 22.1.2009 – IX ZR 235/08, ZInsO 2009, 398 Rn.2.
903 BGH, 1.10.2020 – IX ZR 199/19, NZI 2021, 99; KPB/Pape/Schaltke, § 184 InsO Rn 197 ff.
904 BFH, 19.8.2008 – VII R 6/07, ZInsO 2008, 1208.
905 BFH, 19.8.2008 – VII R 6/07, ZInsO 2008, 1208.

Diese Bemühungen haben mit Inkrafttreten des Gesetzes zur Verkürzung des Insolvenzverfahrens und zur Stärkung der Rechte der Gläubiger einen ersten Erfolg gezeitigt. Danach sind Verbindlichkeiten aus einem Steuerschuldverhältnis von der RSB ausgenommen, sofern der Schuldner im Zusammenhang damit wegen einer **Steuerstraftat nach den §§ 370, 373 oder § 374 AO** rechtskräftig verurteilt worden ist.[906] Der erste größere Schritt zur **Aushöhlung der RSB** ist damit getan. Diese verliert einiges an Gewicht und die **Privilegierung des Fiskus** schreitet fort. Soweit in der Vorauflage an dieser Stelle ausgeführt wurde, die lebenslängliche Verschuldung rücke für Schuldner mit hohen offenen Steuerverbindlichkeiten wieder etwas näher, ist dieser Zustand jetzt eingetreten. Eine Verurteilung wegen einer der genannten Steuerstraftaten hat – es sei denn es handelt sich um einen Bagatellbetrag – den endgültigen **wirtschaftlichen Tod** des Schuldners zur Folge, ein Neuanfang kommt für ihn nicht in Betracht. Die wird schon im Vorfeld des Verfahrens deutlich. Verbindlichkeiten des Schuldners aus einer Steuerforderung, die in Zusammenhang mit einer Steuerstraftat stehen, ab einem gewissen Umfang eine Stundung ausschließen. Dies hat der BGH etwa in diesem Fall entschieden, in dem die Förderung aus einer Steuerstraftat mehr als 1.800.000 € ausgemacht hat.[907]

Nach einem Urteil des BGH vom 1.10.2020 ist eine Verbindlichkeit aus einem Steuerschuldverhältnis auch dann von der RSB ausgenommen, wenn die Eintragung über die Verurteilung wegen einer Steuerstraftat nach §§ 370, 373 oder § 374 AO, welche im Zusammenhang mit dem Steuerschuldverhältnis steht, **im Bundeszentralregister getilgt** worden oder zu tilgen ist.[908] D.h. die Verurteilung kann Jahre und Jahrzehnte zurückliegen und kann zu einem Zeitpunkt erfolgt sein, zu dem es das besondere Privileg noch gar nicht gab. Der Ablauf der Tilgungsfrist, der eigentlich Schutz vor jeder Art von Verfolgung und Benachteiligung – etwa auch als **Insolvenzdelikt**, die unter § 290 Abs. 1 Nr. 1 InsO fällt und zur Versagung der RSB führen kann – wegen der strafrechtlichen Verurteilung bieten soll, gilt hier nicht. Der Eintritt der **Verjährung** kann von der Finanzbehörde auf vielfältige Art und Weise unterbrochen werden, so dass eine **lebenslange Haftung** gesichert ist. Selbst das Erfordernis der rechtskräftigen Verurteilung als Anmeldungsvoraussetzung wird von der Rechtsprechung missachtet, in dem auch eine **künftig mögliche Verurteilung** für ausreichend gehalten wird[909] oder sogar schon die Anmeldung auf bloßen Verdacht, ohne dass überhaupt schon ein Steuerstrafverfahren eingeleitet

---

[906] Zu dieser Vorschrift Dornblüth/Pape, ZInsO 2014, 1625 ff., dort auch zu den ebenfalls neu privilegierten Verbindlichkeiten aus rückständigem gesetzlichen Unterhalt, den der Schuldner vorsätzlich pflichtwidrig nicht gewährt hat (siehe auch nachfolgend Rn 296).
[907] BGH, 13.2.2020 – IX ZB 39/19, ZInsO 2020, 655.
[908] BGH, 1.10.2020 – IX ZR 199/19, ZInsO 2020, 2711; zu der Entscheidung vgl. Pape, ZInsO 2021, 221.
[909] OLG Hamm, ZInsO 2019, 797.

ist[910], ausreichen soll. Umstritten ist nur, ob die Feststellung der ausgenommenen Forderung in die **Zuständigkeit der Finanz- oder Zivilgerichte** fällt[911], obwohl es sich bei der Frage der Privilegierung eindeutig um eine zivilrechtliche und keine steuerrechtliche Frage handelt. Die festgesetzte Steuer und die Steuerstraftat selbst sind überhaupt nicht Gegenstand des Verfahrens, denn zu prüfen ist nur, ob eine rechtskräftige strafrechtliche Verurteilung wegen eines der aufgeführten Straftatbestände gegeben ist. Dass **Säumniszuschläge und Zinsforderungen** als steuerliche Nebenleistungen an der Privilegierung der Hauptforderung teilnehmen, dürfte auf diesem Hintergrund nicht weiter überraschen.[912]

300   Der klassische Fall, in dem eine ausgenommene Forderung i.S.d. § 302 Nr. 1 InsO gegeben ist und der in der gerichtlichen Praxis die größte Bedeutung hat, sind Forderungen wegen des **Nichtabführens von Beiträgen der Arbeitnehmer zur Sozialversicherung**, die zu einer Strafbarkeit nach § 266a StGB führt. § 266a StGB stellt ein Schutzgesetz i.S.d. § 823 Abs. 2 BGB dar, so dass die Forderung grds. unter § 302 InsO fällt. Vergleichsweise oft geht es im Hinblick auf § 302 Nr. 1 InsO ferner um die **Verletzung der Unterhaltspflichten** gegenüber Ehegatten und Kindern, die zu einer Strafbarkeit nach § 170b StGB führen kann. Auch insoweit ist ein Schutzgesetz gegeben, dessen Verletzung zu einer ausgenommenen Forderung führt. Die Vorschrift stellt auch ein Schutzgesetz zugunsten des Trägers der Unterhaltsvorschusskasse dar, die anstelle des Unterhaltsverpflichteten den Unterhalt geleistet hat.[913] Für die Annahme einer ausgenommenen Forderung i.S.d. § 302 Nr. 1 Alt. 2 InsO reicht es aus, dass den Schuldner eine **gesetzliche Unterhaltspflicht** trifft, die Bedürftigkeit des Unterhaltsberechtigten und Leistungsfähigkeit des Unterhaltsschuldners gegeben sind, der Schuldner bei der Nichtgewährung vorsätzlich gehandelt hat und der Gläubiger die Forderung unter Angabe des Rechtsgrundes im Insolvenzverfahren angemeldet hat.[914]

301   Mit der unanfechtbaren Verurteilung des Geschäftsführers einer GmbH zum Schadensersatz durch **rechtskräftiges Versäumnisurteil** für nicht abgeführte Arbeitnehmeranteile von Sozialversicherungsbeiträgen steht gegenüber der Klägerin allerdings noch nicht bindend fest, dass der zuerkannte Anspruch auf einer vorsätzlich begangenen unerlaubten Handlung beruht und deshalb von einer etwaigen

---

910 Vgl. FG Düsseldorf, 4.5.2020 – 8 K 2462/19 F, juris; FG Düsseldorf, 6.5.2020 – 5 V 2487/19 A(U,KV,AO), ZInsO 2020, 1498.
911 Vgl. für die Zuständigkeit der Zivilgerichte OLG Hamm, ZInsO 2019, 797, entgegen BFH, ZInsO 2018, 2674.
912 Vgl. BGH, 1.10.2020 – IX ZR 199/19, ZInsO 2020, 2711.
913 BGH, 11.5.2010 – IX ZB 163/09, ZInsO 2010, 1246; zum Verhältnis von gesetzlichen Unterhaltsansprüchen und Forderungen aus strafbarer vorsätzlicher Verletzung der Unterhaltspflicht BGH, 3.3.2016 – IX ZB 33/14, ZInsO 2016, 918; BGH, 3.3.2016 – IX ZB 65/14, ZInsO 2016, 848.
914 KG, ZInsO 2019, 2466; OLG Hamm, FamRZ 2020, 1824..

RSB des Beklagten nicht ergriffen wird,[915] entsprechendes gilt für einen **Vollstreckungsbescheid**.[916] Der Ausnahmecharakter der Forderung kann dann aber noch aufgrund der Titulierung nachträglich zeitlich unbegrenzt geltend gemacht werden, denn der Anspruch des Gläubigers auf Feststellung des Rechtsgrundes einer vollstreckbaren Forderung als solcher aus einer vorsätzlich begangenen unerlaubten Handlung soll nach Auffassung des BGH nicht nach den Vorschriften, welche für die Verjährung des Leistungsanspruchs gelten, verjähren.[917] Hat der Schuldner mit einem **gerichtlichen Vergleich** auch den Rechtsgrund der dadurch titulierten Forderung als vorsätzlich begangene unerlaubte Handlung außer Streit gestellt, so steht auch für den Feststellungsprozess bindend fest, dass die Forderung auf einer entsprechenden Handlung beruht.[918] Im Fall eines Vergleichs über eine Forderung, die auf mehreren Rechtsgründen beruhen kann, muss der Gläubiger, der sich vor deren Verlust im Insolvenzverfahren schützen will, dafür sorgen, dass die Forderung als eine solche aus unerlaubter Handlung bezeichnet wird; dagegen ist es nicht Sache des Schuldners, klarzustellen, dass seine Forderung nicht aus unerlaubter Handlung stammt.[919] Zu beachten ist in jedem Fall, dass der zuständige Versicherungsträger trotz Strafbarkeit der unterbliebenen Abführung von Arbeitnehmerbeiträgen zur Sozialversicherung keinen Schaden erleidet, wenn die Beitragszahlung im Insolvenzverfahren erfolgreich angefochten worden wäre.[920]

(3) Berücksichtigung von Nebenforderungen usw.

Hat der Schuldner eine vorsätzliche unerlaubte Handlung begangen, bestimmt sich der Kreis der von der RSB ausgenommenen Forderungen auch im Rahmen des § 302 Nr. 1 InsO danach, welche Rechtsfolgen das **materielle Schadensrecht** an die unerlaubte Handlung knüpft. So erfasst der Anspruch des Geschädigten einer vorsätzlichen unerlaubten Handlung, der im Strafverfahren gegen den Schädiger als Nebenkläger aufgetreten ist, nicht die Erstattung der **Kosten der Nebenklage**, weil dieser allein prozessualer Natur und daher nicht aus vorsätzlicher unerlaubter Handlung begründet ist.[921] Auch die dem Schuldner in einem Strafverfahren auferlegten Ge-

---

915 BGH, 5.11.2009 – IX ZR 239/07, BGHZ 183, 77 = ZInsO 2010, 38.
916 BGH, 18.5.2006 – IX ZR 187/04, ZInsO 2006, 704.
917 BGH, 2.12.2010 – IX ZR 247/09, BGHZ 187, 337 =ZInsO 2011, 41.
918 BGH, 25.6.2009 – IX ZR 154/08, ZInsO 2009, 1494.
919 OLG Hamm, Beschl. v. 23.7.2019 – I-9 U 20/19, IBR 2020, 277; zur Anwendung des § 302 Nr. 1 InsO im Anschluss an einen Vergleichsschluss siehe schon BGH, 25.6.2009 – IX ZR 154/08, ZInsO 2009, 1494.
920 BGH, 2.12.2010 – IX ZR 247/09, BGHZ 187, 337 =ZInsO 2011, 41.
921 BGH, 21.7.2011 – IX ZR 151/10, ZInsO 2011, 608.

richtskosten sind keine Verbindlichkeiten aus unerlaubter Handlung im Sinne von § 302 Nr. 1 InsO.[922]

Zinsforderungen auf Ansprüche aus vorsätzlich begangener unerlaubter Handlung werden dagegen auch dann nicht von der RSB erfasst, wenn sie mangels **Aufforderung zur Anmeldung nachrangiger Forderungen** nicht mit dem Rechtsgrund der vorsätzlich begangenen unerlaubten Handlung zur Insolvenztabelle angemeldet worden sind. Insoweit ist die Klage eines Gläubigers auf Zinszahlung seit Eröffnung des Insolvenzverfahrens nach dessen Aufhebung während der Treuhandphase ungeachtet einer möglichen späteren RSB des Schuldners zulässig.[923]

bb) Geldstrafen und Geldbußen i.S.d. § 302 Nr. 2 InsO

303 Aus der Bezugnahme auf § 39 Abs. 1 Nr. 3 InsO in § 302 Nr. 2 InsO ergibt sich, dass nicht nur Geldstrafen, sondern auch Geldbußen, Ordnungsgelder, Zwangsgelder und andere Nebenfolgen einer Straftat oder Ordnungswidrigkeit von der RSB ausgenommen sind. Die Regelung gilt für alle Forderungen, die auch einen Sanktionscharakter haben. Diese Sanktion soll nicht durch eine RSB unterlaufen werden können. Die Vorschrift ist deshalb auch auf Zahlungen anzuwenden, die als **Bewährungsauflage** oder Auflage im Rahmen der Verfahrenseinstellung nach § 153a ZPO zu leisten sind. Entsprechende Nebenfolgen einer Straftat sind aber nicht die Gerichts- oder Anwaltskosten, die durch ein Strafverfahren entstehen. Als Nebenfolgen kommen vielmehr **Maßnahmen der Schadenswiedergutmachung**, wie etwa die Einziehung des Wertersatzes nach § 74c StGB oder die Abführung des Mehrerlöses beim Mietwucher im Fall des § 8 WiStG in Frage. Säumniszuschläge – z.B. nach § 240 AO, § 14 Abs. 3 1. Alt. UstG, § 24 SGB IV – gehören nicht zu den privilegierten Verbindlichkeiten, da sie keinen **Zwangsgeldcharakter** haben.

cc) Verbindlichkeiten aus bestimmten zinslosen Darlehen gemäß § 302 Nr. 3 InsO

304 Mit dem Insolvenzrechtsänderungsgesetz 2001 hat der Gesetzgeber gemäß § 302 Nr. 3 InsO auch **zinslose Darlehen** privilegiert, die der Schuldner erhalten hat, um die Kosten des Insolvenzverfahrens zu begleichen. Die Zahlungen müssen zweckgebunden sein und dem Schuldner ohne eine Gegenleistung zur Verfügung gestellt worden sein. Die Gegenleistung darf auch nicht in einer Bearbeitungs- oder Vermittlungsgebühr bestehen, die der Schuldner vor der Eröffnung des Insolvenzverfahrens gezahlt hat.

---

922 BGH, 16.11.2010 – VI ZR 17/10, ZInsO 2011, 430.
923 BGH, 18.11.2010 – IX ZR 67/10, ZInsO 2011, 102.

dd) Ausweitung der ausgenommenen Forderungen durch das Verkürzungsgesetz 2014

Auch § 302 Nr. 1 InsO gehört in die Reihe der Vorschriften, die durch das Verkürzungsgesetz 2014 erheblich verändert worden sind, so dass zwischen Verfahren mit Eröffnungsanträgen bis zum 1.7.2014 und ab diesem Datum gestellten Anträgen zu differenzieren ist. In Neuverfahren hat der Gesetzgeber die von der RSB ausgenommenen Verbindlichkeiten des § 302 Nr. 1 InsO n.F. auf weitere **Forderungen ausgeweitet**.[924] Diese Ausweitung dient der Privilegierung bestimmter Gläubiger. Nicht von der RSB erfasst werden Verbindlichkeiten des Schuldners aus **Unterhaltsrückständen**, die der Schuldner vorsätzlich pflichtwidrig hat auflaufen lassen, oder aus einem **Steuerschuldverhältnis**, sofern der Schuldner im Zusammenhang damit wegen einer Steuerstraftat nach den §§ 370, 373 oder § 374 AO rechtskräftig verurteilt worden ist. Sinn der Ausweitung ist es, **Fiskus** und die **Unterhaltsvorschusskassen** zu privilegieren.

305

Voraussetzung für die Geltendmachung ausgenommener Forderungen ist auch in den neu geregelten Ausnahmefällen, dass der Gläubiger die entsprechende Forderung unter **Angabe dieses Rechtsgrundes** nach § 174 Abs. 2 InsO zur Insolvenztabelle angemeldet. Die §§ 174 Abs. 2 und 175 Abs. 2 InsO wurden entsprechend geändert. Rechtskräftige Verurteilungen wegen Steuerhinterziehung bekommen damit einen anderen Stellenwert, weil sie den Fiskus in den Genuss von privilegierten Forderungen bringen, die im Insolvenzverfahren nicht von der RSB erfasst werden.[925] Keinen Erfolg gehabt haben dagegen **Versuche der Bundesländer**, die Ausnahmeregelung noch drastischer zu gestalten. Nach deren Vorstellungen sollte es für die Privilegierung von Steuerforderungen ausreichen, dass die Forderung nur **Gegenstand einer Steuerstraftat** nach den §§ 370, 373 oder § 374 der Abgabenordnung gewesen ist, ohne dass es zu einer Verurteilung gekommen ist.[926] Die Frage der Geltendmachung ausgenommener Forderungen aus einem **Steuerschuldverhältnis** gehört nach hier vertretener Auffassung in die Zuständigkeit der Zivilgerichte.[927] Die von der Vorschrift geforderte rechtskräftige strafrechtliche Verurteilung muss nach Ansicht des OLG Hamm bis zur Entscheidung über die RSB vorliegen und nicht schon im Schlusstermin. Der Umfang, in dem eine Verbindlichkeit gem. § 302 Nr. 1, 3. Alt. InsO von der Erteilung der RSB ausgenommen sei, richte sich danach, inwieweit sich die zur Tabelle angemeldete Steuerforderung und die in der strafgerichtlichen Verurteilung gem. § 267 StPO niederzulegende Berechnung der Steuerverkürzung deckten. Nach der AO geschuldete Zinsen unterfielen der Ausnahme nach

306

---

924 Siehe Dornblüth/Pape, ZInsO 2014, 1625 ff.
925 Siehe schon vorstehend Rdn. 299.
926 Siehe auch die Stellungnahme des Bundesrates BT-Drucks. 17/11268, S. 56.
927 OLG Hamm, ZInsO 2019, 797; entgegen BFH, ZInsO 2018, 2674 Rn 27.

§ 302 Nr. 1, 3. Alt InsO nur, wenn sie **Gegenstand der strafrechtlichen Verurteilung** seien.[928]

C. Stundung der Kosten des Insolvenzverfahrens (§§ 4a–4d InsO)

307 Ein Restschuldbefreiungsverfahren ist auch möglich, wenn die Verfahrenskosten von Anfang an nicht gedeckt sind oder das Verfahren nach Anzeige des Insolvenzverwalters als masseunzulängliches Verfahren nach den §§ 208 ff. InsO abgewickelt und anschließend gem. § 211 InsO eingestellt worden ist (§ 289 InsO). Um Schuldnern, welche die Verfahrenskosten nicht aufbringen können, die Chance auf RSB zu geben, können diese seit Dezember 2001 unter bestimmten Voraussetzungen **Kostenhilfe** in Form der Stundung der Verfahrenskosten in Anspruch nehmen.[929] Eine Kostendeckung durch die **Bewilligung von PKH**, wie sie nach Erlass der InsO zunächst erwogen und teilweise auch praktiziert wurde, kommt nicht (mehr) in Betracht. Die entsprechende Anwendung der §§ 114 ff. ZPO in diesem Bereich des Insolvenzverfahrens ist ausgeschlossen.[930] Nach der Überleitungsvorschrift des Art. 103a EGInsO sind die Stundungsvorschriften in Verfahren anzuwenden, die ab 1.12.2001 eröffnet worden sind. In davor eröffneten **Altverfahren** – die es inzwischen allerdings kaum noch geben dürfte – kommt eine Stundung nicht in Betracht. Diese Verfahren müssen nach Maßgabe der Ursprungsfassung der InsO abgewickelt werden.[931] Der persönliche Anwendungsbereich der Stundungsvorschriften ist gem. § 4a Abs. 1 Satz 1 InsO auf Insolvenzanträge **natürlicher Personen** beschränkt, der Anwendungsbereich deckt sich mit dem der §§ 286 ff. InsO. Die §§ 4a–4d InsO gelten für das Regel-, das Verbraucher- oder auch das Eigenverwaltungsverfahren gleichermaßen, der Schuldner muss nur das Ziel der RSB anstreben. Eine Stundung der Kosten im **Planverfahren** kommt dagegen – jedenfalls nach der bis zum 1.7.2014 geltenden Rechtslage, nach der Planverfahren in der Verbraucherinsolvenz ausgeschlossen waren – nicht in Betracht.[932] Die Stundung der Verfahrenskosten gem. **§ 4a InsO** soll auch nach Inkrafttreten der geänderten Vorschriften nur für die reguläre Abwicklung eines Insolvenzverfahrens, nicht aber für die Besonderheit des

---

928 Siehe bereits vorstehend Rdn. 299.
929 Eingeführt durch das Insolvenzrechtsänderungsgesetz 2001 v. 26.10.2001 (BGBl. I, S. 2710).
930 BGH, 16.3.2000 – IX ZB 2/00, BGHZ 144, 78 = ZInsO 2000, 280; zur Problematik umfassend KPB/Pape, InsO, § 13 Rn 190 ff.
931 Ständige Rechtsprechung vgl. z.B. BGH, 30.9.2010 – IX ZA 35/10, NZI 2011, 25; 23.7.2004 – IX ZA 9/04, NZI 2004, 635.
932 BGH, 5.5.2011 – IX ZB 136/09, ZInsO 2011, 1064.

Planverfahrens in Betracht kommen. Reicht der Schuldner einen Insolvenzplan ohne Berücksichtigung der Deckung der Massekosten ein, soll der Plan von Amts wegen zurückzuweisen sein, weil die Massekostendeckung eine ungeschriebene Voraussetzung der Zulässigkeit für die gerichtliche Bestätigung des Insolvenzplans darstelle.[933]

I. Voraussetzungen der Verfahrenskostenstundung

Voraussetzung der Stundung ist ein Insolvenzantrag des Schuldners verbunden mit einem **Antrag auf RSB**. Sein Vermögen darf voraussichtlich nicht ausreichen, um die **Kosten des Insolvenzverfahrens zu decken**.[934] Gründe, die eine Stundung ausschließen, darf es nicht geben. So fehlt dem Schuldner etwa das für den Antrag auf Eröffnung des Insolvenzverfahrens erforderliche Rechtsschutzinteresse, wenn er den erneuten Eigenantrag mit dem Ziel der Erteilung der Restschuldbefreiung stellt, obwohl ihm innerhalb der letzten zehn Jahre vor dem Eröffnungsantrag bereits einmal die Restschuldbefreiung in einem Insolvenzverfahren erteilt worden ist.[935] Dagegen kann der Schuldner ohne Einhaltung einer Sperrfrist einen neuen Antrag auf Restschuldbefreiung stellen, wenn in einem vorausgegangenen Insolvenzverfahren die Kostenstundung wegen Verletzung von Mitwirkungspflichten aufgehoben und das Insolvenzverfahren sodann mangels Masse eingestellt worden ist.[936]

308

1. Form und Inhalt von Stundungsanträgen

Stundungsanträge können **formlos** gestellt werden, bestimmte zwingend zu benutzende Formulare gibt es nicht. Der Schuldner muss allerdings zeitgleich mit dem Antrag auf Verfahrenskostenstundung einen Insolvenzantrag und einen Antrag auf **RSB stellen**, wenn ein entsprechendes Verfahren nicht bereits läuft. Hier hat er zwingend das amtliche Formular nach der **Verbraucherinsolvenzvordruckverordnung** zu benutzen, wenn die Voraussetzungen für die Anwendung der §§ 305 ff.

309

---

[933] So das LG Düsseldorf, ZInsO 2019, 913 in der Beschwerdeentscheidung zu dem vorzitierten Beschluss des AG Düsseldorf.
[934] BGH, 24.7.2003 – IX ZB 539/02, BGHZ 156, 92, 93 f. = ZInsO 2003, 800; 22.4.2004 – IX ZB 64/03, ZVI 2004, 281; 4.11.2004 – IX ZB 70/03, ZInsO 2004, 1307, 1308; 3.2.2005 – IX ZB 37/04, ZInsO 2005, 264.
[935] Vgl. BGH, 4.2.2016 – IX ZB 71/15, ZInsO 2016, 596, wonach dem Schuldner das für den Antrag auf Eröffnung des Insolvenzverfahrens erforderliche Rechtsschutzinteresse fehlt, wenn er den erneuten Eigenantrag mit dem Ziel der Erteilung der Restschuldbefreiung stellt, obwohl ihm innerhalb der letzten zehn Jahre vor dem Eröffnungsantrag bereits einmal die Restschuldbefreiung in einem Insolvenzverfahren erteilt worden ist.
[936] Siehe BGH, 4.5.2017 – IX ZB 92/16, ZInsO 2017, 1444.

InsO vorliegen. Für Schuldner, welche dem Regelinsolvenzverfahren zuzurechnen sind, gibt es ungeachtet der Verordnungsermächtigung in § 13 Abs. 3 InsO noch kein einheitliches Formular, welches zwingend zu benutzen wäre. Weiter muss der Schuldner eine Erklärung zu § 4a Abs. 1 Satz 3 InsO abgeben und darlegen, dass sein Vermögen voraussichtlich nicht ausreichen wird, um die Verfahrenskosten zu decken. Kommt ein Vorschussanspruch gegen den Ehegatten in Betracht, muss der Antrag darüber hinaus Ausführungen zur **Leistungsfähigkeit des Ehegatten**, zur Entstehung der Verbindlichkeiten und den Ursachen der Verschuldung enthalten, damit das Gericht die Frage der Vorschusspflicht beurteilen kann. Erreichbar ist die RSB für den Schuldner nur dann, wenn keine **Versagungsgründe** i.S.d. § 290 Abs. 1 Nr. 1 InsO vorliegen. Er hat deshalb schon in seinem Antrag zu erklären, ob er rechtskräftig wegen einer Insolvenzstraftat nach den §§ 283–283c StGB verurteilt worden ist.

310 Soweit der Schuldner in Altverfahren aus der Zeit vor dem 1.7.2014 gem. § 4a Abs. 1 Satz 3 InsO a.F. auch eine Erklärung zu der Frage abzugeben hatte, ob ihm in den letzten 10 Jahren vor dem Antrag auf Eröffnung des Insolvenzverfahrens oder nach diesem Antrag RSB erteilt oder gem. § 296, 297 InsO versagt worden ist, muss eine entsprechende Erklärung nach der Neufassung des § 287 Abs. 1 Satz 3 InsO n.F. in Bezug auf die **Zulässigkeitsgründe** des § 287a Abs. 2 Satz 1 Nr. 1 und 2 InsO seither von jedem Schuldner in seinem Antrag auf RSB abgegeben werden, damit das Insolvenzgericht überprüfen kann, ob einer der Unzulässigkeitsgründe des § 287a Abs. 2 InsO eingreift. Insoweit hat sich die Auskunftspflicht des Schuldners nur verlagert, wobei Falschangaben in der Erklärung zu § 287 Abs. 1 Satz 3 InsO n.F. nun auch zur **Versagung der RSB nach § 290 Abs. 1 Nr. 6 InsO** führen können.

2. Feststellung der Leistungsfähigkeit des Schuldners

311 Ob das Vermögen des Schuldners zur **Kostendeckung** ausreicht, ist wie bei § 26 InsO zu ermitteln.[937] Zunächst ist zu schätzen, welche Kosten im Verfahren voraussichtlich anfallen. Alsdann sind die Mittel zu bestimmen, die dem Schuldner zur Verfügung stehen, um die Verfahrenskosten aufzubringen. Dazu sind das Vermögen und das **pfändbare Einkommen** des Schuldners zu ermitteln. **Künftiger Erwerb** des Schuldners ist zu berücksichtigen, soweit er im Lauf des Insolvenzverfahrens mit einiger Wahrscheinlichkeit anfällt. Berücksichtigungsfähig ist ein Zeitraum von etwa einem Jahr ab Eröffnung. Können die Verfahrenskosten aufgrund des **Neuerwerbs** des Schuldners gedeckt werden, bedarf er der Stundung nicht. Künftige Erlöse aus der **Verwertung von Sicherungsgut**, die zum Anfall von Verwertungskostenbeiträgen für die Masse führen, sind ebenfalls in Rechnung zu stellen.[938]

---

[937] Vgl. BGH, 4.11.2004 – IX ZB 70/03, ZInsO 2004, 1307, 1308; KPB/Pape, § 26 InsO Rn 54 ff.
[938] BGH, 10.2.2011 – IX ZB 35/10, WM 2011, 505.

Unterlässt es der Schuldner, **Steuererstattungsansprüche** zu realisieren oder verweigert er im Eröffnungsverfahren Angaben zu möglichen Erstattungsansprüchen, rechtfertigt dies eine Versagung der Stundung, weil der Schuldner die Unzulänglichkeit seines Vermögens nicht hinlänglich dargetan hat.[939] Der Schuldner soll etwa auch verpflichtet sein, über die **private Nutzbarkeit** eines eventuell dienstlich zur Verfügung gestellten Fahrzeugs auf Anforderung Auskunft zu erteilen, weil es sich um eine Sachleistung handelt, die im Rahmen der Angaben zu den Vermögenswerten mitzuteilen ist.[940] Einer allzu **strengen Prüfung der Kostendeckung** bedarf es allerdings nicht. Neuerwerb des Schuldners fällt ohnehin in die Masse und ist in erster Linie – auch im Fall der Stundung der Verfahrenskosten – auf die Deckung der Kosten zu verwenden. Selbst wenn bei der Prüfung der Kostendeckung Beträge unberücksichtigt bleiben, ist dies im Ergebnis unschädlich, weil sie letztlich doch zur Begleichung der Verfahrenskosten eingesetzt werden müssen.

a) Vorrangigkeit von Vorschussleistungen

Ein Vorschuss, den Dritte dem Schuldner zur Kostendeckung zur Verfügung stellen, ist vorrangig. Verheiratete Schuldner haben entsprechend § 1360a Abs. 4 BGB unter bestimmten Umständen einen Vorschussanspruch gegen den **Ehegatten**.[941] Die Ehegatten müssen noch zusammenleben, und der andere Ehegatte muss selbst leistungsfähig sein. Ferner muss die Verschuldung auf ehebedingten Verbindlichkeiten beruhen, von denen beide i.R.d. **gemeinsamen Lebensführung** profitiert haben. Bei vorehelichen Verbindlichkeiten, die nicht im Zusammenhang mit dem Aufbau oder der Sicherung der wirtschaftlichen Existenz der Eheleute stehen, kommt ein Vorschussanspruch nicht infrage. Im Fall bestehender Vorschusspflicht ist der Schuldner zunächst verpflichtet, den Anspruch gegen seinen Ehegatten – etwa durch Antrag auf Erlass einer einstweiligen Anordnung – durchzusetzen. Unterlässt er dies, ist sein Stundungsantrag unbegründet.[942] Weitere Angehörige des Schuldners sind – etwa i.R.d. § 1610 BGB – dagegen nicht vorschusspflichtig. Keine Vorschusspflicht besteht, wenn die Durchführung eines Insolvenzverfahrens auf Verbindlichkeiten beruht, die vor einer bestehenden Ehe zum Aufbau einer eigenen wirtschaftlichen Existenz eines Ehegatten begründet wurden; insoweit handelt es sich um eine persönliche Angelegenheit des Ehegatten im Sinne des **§ 1360a Abs. 4 BGB**.[943]

312

---

939 BGH, 8.6.2010 – IX ZB 156/08, ZInsO 2010, 1224.
940 AG Oldenburg, ZVI 2016, 254.
941 BGH, 24.7.2003 – IX ZB 539/02, BGHZ 156, 92, 93 f. = ZInsO 2003, 800.
942 BGH, 25.1.2007 – IX ZB 6/06, ZInsO 2007, 324; LG Köln, NZI 2017, 37.
943 LG Köln, NZI 2017, 37.

b) Unzulässigkeit von Ratenzahlungsanordnungen/Fehlende Pflicht zur Rücklagenbildung

313 Die Verfahrenskosten sind dem Schuldner immer dann zu stunden, wenn er die in dem jeweiligen Verfahrensabschnitt anfallenden Kosten nicht in einer **Einmalzahlung** aus seinem Einkommen oder Vermögen aufbringen kann. Ihm trifft – vorbehaltlich der Versagung der Stundung wegen einer Vermögensverschwendung i.S.d. § 290 Abs. 1 Nr. 4 InsO[944] – nicht die Pflicht, **Rücklagen** für das Bestreiten der Verfahrenskosten zu bilden;[945] eine nur auf einen Teil der Verfahrenskosten für einen bestimmten Verfahrensabschnitt beschränkte Stundung scheidet aus.[946] Anders als im Prozesskostenhilferecht hat der Schuldner auch keine Verpflichtung, vorhandenes Geld nicht mehr auszugeben, wenn ein Insolvenzantrag kurz bevorsteht.[947] Die Vorschriften über die Verfahrenskostenstundung sind zwar in Teilen den **Prozesskostenhilferegeln** nachgebildet. Sie dürfen aber nicht mit diesen gleichgesetzt werden. So scheiden etwa **Ratenzahlungsanordnungen** aus

314 Die Anordnung von **Ratenzahlungen** aus dem pfändbaren Einkommen des Schuldners wäre i.Ü. auch sinnlos, weil der pfändbare Neuerwerb des Schuldners ohnehin in die Masse fällt, sodass ihm für Raten- oder Teilzahlungen nach Verfahrenseröffnung keine Mittel verbleiben. Der Neuerwerb dient primär dazu, die **Massekosten** zu befriedigen. Das Verbot der Anordnung von Ratenzahlungen gilt auch dann, wenn der im Grundsatz **prozesskostenvorschusspflichtige Ehegatte** des Schuldners die Kosten des Insolvenzverfahrens nicht in einer Einmalzahlung, sondern nur in Raten aufbringen kann. Auch in diesem Fall sind dem Schuldner die gesamten Verfahrenskosten zu stunden; eine „stundungsbegleitende Auflage", mit der dem Schuldner oder seinem prozesskostenvorschusspflichtigen Ehegatten Kompensationszahlungen in Form von Raten aufgegeben wird, ist unzulässig.[948] Zulässig sind derartige Auflagen, mit denen versucht wird, die Verfahrenseröffnung davon abhängig zu machen, dass der Schuldner zumindest Teilbeträge auf die Verfahrenskosten leistet, ganz generell nicht. Eine Pflicht des Schuldners, aus seinen unpfändbaren Bezügen **Rücklagen** zu bilden ist auch in der Wohlverhaltensperiode nicht anzunehmen.[949]

315 Die Stundung kann ferner nicht versagt werden, wenn der Schuldner in seinen Verzeichnissen Forderungen mit **„null Euro"** angibt. Ist dem Schuldner die genaue

---

[944] Vgl. BGH, 30.6.2011 – IX ZB 169/10, ZInsO 2011, 1471.
[945] BGH, 5.3.2009 – IX ZB 141/08, ZInsO 2009, 732; 18.5.2006 – IX ZB 205/05, ZInsO 2006, 773; BGH, 25.9.2003 – IX ZB 459/02, ZInsO 2003, 990.
[946] BGH, 18.5.2006 – IX ZB 205/05, ZInsO 2006, 773.
[947] Unzutreffend insoweit LG Stendal, ZInsO 2015, 818.
[948] So mit Recht LG Duisburg, 29.7.2011 – 7T97/11, NZI 2011, 949.
[949] BGH, 8.6.2010 – IX ZB 156/08, ZInsO 2010, 1224LG Koblenz, ZVI 2014, 115.

Höhe der Gläubigeransprüche unbekannt, reicht die Angabe mit einem Erinnerungswert aus, um den Gläubiger bei Durchführung des Verfahrens zu beteiligen.[950]

c) Beschränkung der Auskunftspflicht auf für die Eröffnung und Durchführung des Verfahrens relevante Fragen

Der Schuldner darf im **Stundungsverfahren** nicht willkürlich mit Fragen konfrontiert werden, welche für die Stundungsentscheidung bedeutungslos sind. Das Offenlassen entsprechender Fragen rechtfertigt die Ablehnung der Stundung nicht. Grundsätzlich nicht zu beantworten sind Fragen – sieht man einmal von dem schon erörterten Fall ab, dass der Schuldner zu der Frage Stellung zu nehmen hat, ob die Schulden „ehebedingt" sind, wenn eine Vorschusspflicht des Ehegatten in Betracht kommt – nach dem **Grund der Verschuldung**, dem Geschehen, dass einer bestimmten Forderung zugrunde liegt, der Verwendung der Mittel aus bestimmten Krediten. Der Gesetzgeber hat diesen Umständen im Gesetz zur Verkürzung des Insolvenzverfahrens durch eine Modifikation des § 305 Abs. 3 Satz 1 InsO Rechnung getragen, der die Auslösung der **Rücknahmefiktion** davon abhängig macht, dass der Schuldner „die amtlichen Formulare nach Absatz 5 nicht vollständig ausgefüllt abgegeben hat". Damit sind Fragen, die über den Inhalt der **amtlichen Formulare** hinausgehen, ausgeschlossen. Überschreiten die Fragen des Gerichts gleichwohl diese Grenze und bewertet das Gericht den Antrag als zurückgenommen, muss auch im Fall des § 305 Abs. 3 Satz 2 InsO ein **Beschwerderecht des Schuldners** angenommen werden. 316

Im **Regelinsolvenzverfahren** gilt, dass Beschlüsse, mit denen Eröffnungsanträge nach § 26 Abs. 1 InsO abgewiesen werden, weil der Schuldner einen Vorschuss nicht eingezahlt hat, nachdem eine Stundung zu Unrecht – etwa wegen unzulässiger Fragen – abgelehnt worden ist, auf dessen Beschwerde hin aufzuheben sind.[951] 317

3. Gründe für die Stundungsversagung

In der Rechtsprechung zur den bis zum 1.7.2014 beantragten Verfahren war/ist anerkannt, dass § 4a Abs. 1 Satz 4 InsO **keine abschließende Regelung** trifft; eine Stundung brauchte dem Schuldners deshalb dann nicht gewährt zu werden, wenn die RSB aus anderen Gründen,[952] die nicht unter § 290 InsO fallen, offensichtlich nicht erreicht werden kann (sog. Vorwirkung der Versagungsgründe).[953] Dies kam in 318

---

950 BGH, 12.6.2008 – IX ZB 205/07, ZInsO 2008, 860.
951 BGH, 7.4.2011 – IX ZB 254/09, ZInsO 2011, 931.
952 Zur Stundung des Antrags auf Verfahrenskostenstundung bei Unzulässigkeit des RSB-Antrags nach § 287a Abs. 2 InsO vgl. AG Göttingen, ZInsO 2015, 1451.
953 BGH, 21.9.2006 – IX ZB 24/06, ZInsO 2006, 1103 Rn 10; KPB/Wenzel, § 4a InsO Rn 38a.

Einzelfällen etwa dann in Betracht, wenn ein sehr hoher Prozentsatz der Verbindlichkeiten des Schuldners Forderungen auf vorsätzlich begangener unerlaubter Handlung beruhen, sodass ein schuldenfreier Neuanfang von vornherein unerreichbar war.[954] Dem dürfte – auch für Neuverfahren, in denen der Antrag ab dem 1.7.2014 gestellt ist – zu folgen sein, wenn der Prozentsatz der ausgenommenen Forderungen sehr hoch ist und/oder mindestens 90% übersteigt.[955] Grundsätzlich darf allein das Bestehen ausgenommener Forderung allerdings nicht zum Anlass für eine Stundungsversagung genommen werden. Ein weiterer Fall, der nach Inkrafttreten der Vorschriften des Gesetzes zur Verkürzung des Restschuldbefreiungsverfahrens allerdings zunehmend kontroverser gesehen wird, ist die sogenannte **„Vorwirkung" der Versagungsgründe** des § 290 Abs. 1 InsO, welche die Versagung der Stundung dann rechtfertigen soll, wenn diese schon im Eröffnungsverfahren zweifelsfrei vorliegen und es keiner weiteren Ermittlungen des Insolvenzgerichts bedarf, um den Versagungsgrund festzustellen. Die Stundung der Verfahrenskosten soll nach einem Beschluss des AG München dem Schuldner auch zu versagen, wenn die wesentlichen am Verfahren teilnehmenden Forderungen nicht von der Restschuldbefreiung erfasst sind, weil sie dinglich gesichert sind und den Gläubigern deshalb die abgesonderte Befriedigung aus unbeweglichen Gegenständen nach **§§ 49, 52 InsO** zusteht.[956]

a) Stundungsversagung wegen eines sehr hohen Anteils ausgenommener Forderungen

319 Nach der Rechtsprechung des BGH braucht eine Stundung dann nicht gewährt zu werden, wenn die RSB **aus anderen Gründen offensichtlich nicht erreicht** werden kann, etwa weil der Schuldnerantrag unzulässig ist oder die wesentlichen am Verfahren teilnehmenden Forderungen gemäß § 302 InsO von der RSB ausgeschlossen sind.[957] Entsprechend diesen Entscheidungen soll die Kostenstundung nach § 4a InsO dem Schuldner dann versagt werden können, wenn **erhebliche Verbindlichkeiten als ausgenommene Forderungen** nach § 302 InsO nicht von der RSB erfasst werden und die Einkommens- und Vermögensverhältnisse des Antragstellers nicht erwarten lassen, dass ihm bei Erteilung der RSB ein wirtschaftlicher Neustart er-

---

954 Vgl. z.B. LG Düsseldorf, NZI 2008, 253.
955 Siehe BGH, 13.2.2020 – IX ZB 39/19, ZInsO 2020, 655, danach ist der Prozentsatz der ausgenommenen Forderungen bei dem Betrag nach sehr hohen ausgenommen Forderungen nicht entscheidend.
956 AG München, ZInsO 2017, 1693 bestätigt durch LG München I, ZInsO 2019, 2171.
957 BGH, 16.12.2004 – IX ZB 72/03, ZInsO 2005, 207; BGH, 21.9.2006 – IX ZB 24/06, ZInsO 2006, 1103 Rn 10; BGH, 16.1.2014 – IX ZB 64/12, ZInsO 2014, 450.

möglicht wird. Dies soll nach einer Entscheidung des AG Ludwigshafen[958] etwa dann in Betracht kommen, wenn Forderungen in Höhe von ca. 150.000 EUR gegen den Schuldner erhoben werden, von denen mindestens 129.500 EUR auf einer von ihm vorsätzlich begangenen unerlaubten Handlung, nämlich einer gefährlichen Körperverletzung i.S.d. §§ 223, 224 StGB beruhen und ca. 15.000 EUR Anwalts- und Gerichtskosten hinzukommen. Dagegen sollen nach einem Beschluss des AG Göttingen[959] deliktische Forderungen der Stundung der Verfahrenskosten grundsätzlich nicht entgegenstehen, auch wenn sie über 75% der Gesamtverschuldung ausmachen. Ein weiterer Beschluss dieses Gerichts[960] könnte dahin verstanden werden, dass dem Schuldner die Kosten selbst dann zu stunden sind, wenn sämtliche Verbindlichkeiten auf einer vorsätzlich begangenen unerlaubten Handlung beruhen.

Nach einem Beschluss des AG Hannover[961] ist eine seitens des Schuldners beantragte Kostenstundung nach § 4a Abs. 1 Satz 1 InsO zu versagen, wenn es sich bei den gegen den Schuldner bestehenden Forderungen allein um Forderungen aus **Unterhaltsvorschüssen** handelt, die gem. § 302 Nr. 1 InsO von der RSB ausgenommen sind, weil sie auf rückständigem gesetzlichen Unterhalt beruhen. Nach einem weiteren Beschluss des AG Hannover soll eine Stundung ausscheiden, wenn eine von der RSB ausgenommene Forderung wegen **Hinterziehung von Tabaksteuer**, welcher eine strafrechtliche Verurteilung des Schuldners zugrunde liegt, einen Anteil von mehr als 50% an der Gesamtverschuldung ausmacht, weil eine RSB im Sinne eines schuldenfreien Neustarts nicht erreichbar sei, womit auch die Gewährung der Stundung der Verfahrenskosten des Insolvenzverfahrens nicht in Betracht komme.[962] Eine Versagung der Stundung wegen von der RSB ausgenommener Forderungen ist nach der Rechtsprechung des BGH allerdings dann nicht gerechtfertigt, wenn die deliktischen Forderungen schon aus anderen Gründen – im konkreten Fall wegen möglicher Verjährung der Ansprüche, die auf vorsätzlich begangener unerlaubter Handlung beruhen – nicht durchsetzbar sind.[963]

An der zuvor dargestellten Rechtsprechung dürfte auch in den ab dem 1.7.2014 beantragten Verfahren im Grundsatz festzuhalten sein. Eine entgegenstehende Stellungnahme ist weder dem Gesetz aus dem Jahre 2013 noch dessen Begründung zu entnehmen. Beruhen die wesentlichen am Verfahren teilnehmenden Forderungen auf Sachverhalten, die unter § 302 InsO fallen, ist das Verfahren jedenfalls dann

---

958 AG Ludwigshafen, 11.1.2016 – 3c IK 486/15, juris m.w.N.
959 ZInsO 2016, 1174.
960 AG Göttingen, ZInsO 2015, 2341.
961 NZI 2016, 271.
962 AG Hannover, ZInsO 2015, 2235, bestätigt durch LG Hannover, ZInsO 2015, 1171; vgl. auch Blankenburg, ZVI 2015, 239.
963 BGH, 16.1.2014 – IX ZB 64/12, ZInsO 2014, 231.

sinnlos, wenn der Anteil an deliktischen Forderungen im Bereich zwischen 90%[964] und 100%[965] liegt. Eine Versagung bei einem Anteil von nur 50% erscheint allerdings ebenso unangemessen, wie das gänzliche ignorieren des Bestehens ausgenommener Forderungen. Vergleichsweise geringe **Geldstrafen**, denen die Verfahrenskosten nicht hinzuzurechnen sind, sollen der Stundung der Verfahrenskosten gem. **§ 4a InsO** nicht entgegenstehen, wenn der Schuldner bei wertender Betrachtung eine Chance für einen wirtschaftlichen Neustart erhält.[966] Inzwischen hat der BGH auch für das Mitte 2014 in Kraft getretene neue Recht entschieden, dass die Bewilligung der Verfahrenskostenstundung trotz einer Vielzahl von der Restschuldbefreiung ausgenommener Forderungen gegen den Schuldner bei sehr hohen Verbindlichkeiten des Schuldners aus vorsätzlich begangener unerlaubter Handlung von vornherein nicht in Betracht kommt.[967] Im Streitfall betrugen die Verbindlichkeiten des wegen Steuerhinterziehung inhaftierten Schuldners insgesamt 4,5 Mio. €, von denen 1,8 Mio. € auf Forderungen des Finanzamts wegen Steuerhinterziehung beruhten. Der BGH führt aus, bei einer derart hohen Verschuldung bestünden keine Anhaltspunkte dafür, dass der Schuldner jemals die verbleibenden Verbindlichkeiten aus unerlaubter Handlung befriedigen könne. Ihm sei deshalb auch keine Stundung zu bewilligen. Die Restschuldbefreiung sei für ihn unerreichbar. Nicht zu entscheiden sei, wo die Schwelle für einen **„wesentlichen" Anteil** ausgenommener Forderungen an der Gesamtverschuldung liege, die zum Ausschluss der Kostenstundung führe. Schon der absolute Betrag von 1,8 Mio. Euro weise aus, dass der Schuldner eine Restschuldbefreiung niemals erreichen könne. Hierfür reiche schon der absolute auf vorsätzlich begangener unerlaubter Handlung beruhende Betrag, den der Schuldner niemals werde begleichen können, aus.

b) Versagung der Stundung wegen zweifelsfrei vorliegender Versagungsgründe

322 Nach § 4a Abs. 1 Satz 3 InsO a.F. war die Stundung ausgeschlossen, wenn die dort ausdrücklich genannten Versagungsgründe des § 290 Abs. 1 Nr. 1 und 3 InsO a.F. vorliegen. Insoweit ist ein Fall des § 290 Abs. 1 Nr. 3 InsO, der zu einer zehnjährigen Verfahrenssperre für die Erteilung der RSB und damit auch zur Stundungsversagung führt, auch dann gegeben, wenn dem Schuldner in einem früheren Verfahren **vorzeitig RSB** erteilt worden ist, weil kein Gläubiger eine Forderung angemeldet hat.[968] Die vorzeitig erteilte RSB steht insoweit der „regulär" erteilten RSB gleich. Dies gilt auch dann, wenn in einem vorausgehenden Verfahren Forderungen ein-

---

964 FK/Kothe, § 4a InsO Rn 52.
965 Mohrbutter/Ringstmeier/Pape, Handbuch Insolvenzverwaltung, 9. Aufl., Kap. 18 Rn 22.
966 AG Göttingen, ZInsO 2017, 99.
967 BGH, 13.2.2020 – IX ZB 39/19, ZInsO 2020, 655.
968 BGH, 11.5.2010 – IX ZB 167/09, ZInsO 2010, 1151.

zelner Gläubiger möglicherweise zu Unrecht mit dem **Zusatz der vorsätzlich begangenen unerlaubten Handlung** festgestellt worden sind.[969] Auch in derartigen Fällen scheidet eine Stundung aus, wenn es darum geht, in ein erneutes Verfahren zu gehen, um die Forderungen nunmehr bestreiten zu können. Hiervon ist auch für das neue Recht auszugehen, in dem die Erteilung der RSB innerhalb der letzten zehn Jahre zur Unzulässigkeit des Antrags nach § 287a Abs. 2 Satz 1 Nr. 1 InsO – und damit auch zwangsläufig zur Versagung der Stundung führt. Soweit es um die Berücksichtigung von Verurteilungen des Schuldners im Rahmen der Entscheidung über die Verfahrenskostenstundung geht, hat das neue Recht – sieht man von den inhaltlichen Änderungen des § 290 Abs. 1 Nr. 1 InsO n.F. ab – keine Veränderungen mit sich gebracht. Dem Schuldner ist die Stundung zu versagen, wenn er in seinem Antrag angibt, wegen einer entsprechenden Straftat innerhalb der letzten fünf Jahre zu eine Strafe verurteilt worden zu sein, welche die in § 290 Abs. 1 Nr. 1 InsO n.F. geregelten Mindeststrafen übersteigt.

aa) Rechtslage bei Antragstellung bis zum 1.7.2014

Erweiternd zur Anwendung des § 290 Abs. 1 Nr. 1 und 3 InsO a.F. im Rahmen der Entscheidung über die Kostenstundung hat der BGH in ständiger Rechtsprechung zum alten Recht entschieden, dass auch die **übrigen Versagungsgründe des § 290 Abs. 1 InsO** berücksichtigt werden können, sofern sie zum Zeitpunkt der Entscheidung des Insolvenzgerichts schon „zweifelsfrei" vorliegen.[970] Als Versagungsgrund kommt etwa das Verschweigen eines Bankkontos des Schuldners oder das Beiseiteschaffen von Barmitteln kurz vor Antragstellung in Betracht.[971] Versagt werden kann die Stundung im Fall von Angaben des Schuldners in dem Insolvenz- und Stundungsantrag, über keine ausreichenden Mittel zu verfügen, um die Verfahrenskosten zu begleichen, die objektiv unzutreffend sind, wenn er tatsächlich noch über Bargeld in Höhe von 2.000 EUR verfügt hat, das er kurz zuvor von seinem Girokonto abgehoben hatte.[972] Das Gericht soll allerdings keine Ermittlungen zum Vorliegen von Versagungsgründen anstellen. Nur wenn diese erkennbar vorliegen, braucht es nicht abzuwarten, ob im späteren Verfahren tatsächlich Versagungsanträge gestellt werden. Dies gilt auch für das eröffnete Verfahren und die Wohlverhaltensphase. Auch dort kann die Stundung von Amts wegen ohne vorherige Versagung der RSB aufgehoben werden, wenn Versagungsgründe „zweifelsfrei" vorliegen.[973]

323

---

969 BGH, 4.2.2016 – IX ZB 71/15, ZInsO 2016, 596.
970 BGH, 16.12.2004 – IX ZB 72/03, ZInsO 2005, 207; 27.1.2005 – IX ZB 270/03, ZInsO 2005, 265; BGH, 15.11.2007 – IX ZB 74/07, ZInsO 2008, 111; BGH, 7.10.2010 – IX ZB 259/09, ZInsO 2010, 2099.
971 BGH, 19.5.2011 – IX ZB 142/11, ZInsO 2011, 1223.
972 BGH, 25.6.2015 – IX ZB 60/14, ZInsO 2015, 1790.
973 Vgl. LG Göttingen, ZInsO 2007, 1159: AG Göttingen, ZInsO 2015, 367.

324 Nach einer sehr weit gehenden Entscheidung des LG Memmingen[974] soll eine Versagung wegen der Verletzung von Mitwirkungspflichten und der Nichtangabe von Forderungen gem. § 290 Abs. 1 Nr. 6 InsO schon in Betracht kommen, wenn ein wegen einer Straftat verurteilter Schuldner in seinem Gläubigerverzeichnis die möglichen Forderungen seiner Opfer nicht angegeben hat, auch wenn diese ihre Forderungen noch nicht konkret eingefordert haben. Vom Schuldner werde insoweit nichts Unzumutbares verlangt, weil er auch ohne dass von Seiten des Gläubigers bereits konkrete Forderungen angemeldet worden sind, anhand des Strafurteils bzw. der Anklageschrift den Gläubiger ermitteln und zur ungefähren Höhe der Ansprüche Stellung nehmen könne. Ob es eine derart weitreichende Ausdehnung der Vorwirkungen geben kann, muss auch in Altverfahren bezweifelt werden. Von einer offensichtlichen Unmöglichkeit die RSB zu erreichen, kann hier jedenfalls noch keine Rede sein.

bb) Rechtslage bei Antragstellung ab dem 1.7.2014

325 Mit Inkrafttreten des neuen Rechts ist eine Diskussion über die Frage aufgekommen, ob diese Rechtsprechung auch für Stundungsanträge übernommen werden kann, die ab dem 1.7.2014 gestellt worden sind. Zum Teil wird die Auffassung vertreten, an dieser sog. **„Vorwirkungsrechtsprechung"** könne nicht festgehalten werden, weil es – auch wenn Versagungsgründe zweifelsfrei vorlägen – Sache der Gläubiger sei, zu entscheiden, ob Anträge auf Versagung der RSB gestellt werden sollten.[975] Zuzustimmen sein dürfte aber den anders lautenden Stimmen, die an der bisherigen Rechtsprechung festhalten wollen.[976] Zutreffend ist zwar, dass die Versagungsgründe des § 290 Abs. 1 InsO bei der Entscheidung über die **Zulässigkeit des Antrags** nicht zu berücksichtigen sind. Hiervon zu trennen ist aber die Frage, inwieweit zweifelsfrei vorliegende Versagungsgründe bei der Entscheidung über die Stundung in Rechnung zu stellen sind.[977] Konkreter Anlass, die Frage nach Inkrafttreten der geänderten Vorschriften der anders zu sehen, besteht nicht. Der Gesetzgeber hat die Frage nicht aufgegriffen, obwohl sie ihm im Gesetzgebungsverfahren mehrfach unterbreitet worden ist.[978] Nun kann man das **Schweigen des Gesetzes** und seiner Begründung zwar sowohl für als auch gegen das Festhalten an der früheren Rechtsprechung ins Feld führen. An den Gründen, welche den BGH bewogen haben, zweifelsfrei vorliegende Versagungsgründe bei der Stundung auch ohne ausdrücklichen Antrag eines Gläubigers – der frühestens im eröffneten Verfahren gestellt

---

974 ZInsO 2013, 614.
975 AG Hamburg, NZI 2016, 226.
976 Kritisch zu dieser Rechtsprechung HK-PrivatinsolvenzR/Homann, § 4a Rn 36.
977 Insoweit zutreffend AG Göttingen, ZInsO 2015, 2341.
978 Vgl. etwa Grote/Pape, ZInsO 2013, 1433 ff.

C. Stundung der Kosten des Insolvenzverfahrens (§§ 4a–4d InsO)

und auch nach neuem Recht erst im Schlusstermin beschieden werden kann, hat sich aber nichts geändert.[979] Das Gericht müsste sehenden Auges die Kosten für ein Verfahren stunden und damit öffentliche Mittel bewilligen, das jederzeit scheitern kann. Ob es sich bei dieser Bewilligung um eine Wohltat für den Schuldner handelt, wie die Rechtsprung zur Ablehnung der Vorwirkung wohl glauben machen will, wäre zu bezweifeln, weil der Schuldner nichts gewonnen hätte, wenn er in ein Verfahren kommt, in dem die Gläubiger jederzeit mit Aussicht auf Erfolg die Versagung beantragen könnten. Gleiches gilt im Übrigen auch für die Fälle, in denen im eröffneten Verfahren oder in der Wohlverhaltensphase erstmals Versagungsgründe offenkundig werden. Dem Schuldner kann deshalb die Stundung versagt werden, wenn der Schuldner schon im Eröffnungsverfahren nicht mitwirkt[980] oder unvollständige Angaben in seinem Gläubigerverzeichnis macht, indem er einen Gläubiger, der zuvor einen Fremdantrag gestellt hatte, nicht erfasst, so dass ein Grund für die Versagung der RSB nach § 290 Abs. 1 Nr. 6 InsO vorliegt.[981] Dagegen soll die unterlassene Mitteilung des Schuldners hinsichtlich seines jeweiligen **Aufenthaltsorts** die Versagung der Restschuldbefreiung nicht rechtfertigen, weil mit der Mitteilungspflicht nur sichergestellt werden solle, dass der Schuldner für das Gericht und den Treuhänder jederzeit postalisch oder telefonisch erreichbar ist; diesem Erfordernis werde der Schuldner, der über keine **ständige Wohnanschrift** verfüge, gerecht, wenn er einen **Zustellungsbevollmächtigten** bestellt und benannt hat, über welchen er jederzeit postalisch zu erreichen sei.[982]

Nicht geteilt werden können Entscheidungen, in denen die Zulässigkeit von **RSB-Anträgen von Strafgefangenen**[983] generell in Frage gestellt werden.[984] Eine Versagung gem. § 290 Abs. 1 Nr. 7 InsO n.F., die eine konkret messbare Beeinträchtigung der Gläubigerbefriedigung erfordert, kommt auch bei Strafgefangenen nicht pauschal in Betracht. Der in Strafhaft einsitzende Schuldner muss seine Erwerbspflicht innerhalb der Haftanstalt erfüllen und jede zumutbare Tätigkeit zur Erlangung von Eigengeld, welches nach Maßgabe des StVollzG pfändbar ist, nutzen.[985]

326

---

979 S. auch AG Oldenburg, ZVI 2016, 254 m.w.N.; Pape/Pape ZInsO 2015, 1869, 1883; Uhlenbruck/Sternal, § 287a InsO Rn 6; Streck ZVI 2014, 205; Frind, Privatinsolvenzrecht, Rn 250 ff.; ders., ZInsO 2015, 1667.
980 LG Düsseldorf, ZVI 2017, 145.
981 AG Oldenburg, ZVI 2016, 42; ZVI 2016, 254.
982 LG Mainz, NZI 2017, 900.
983 Siehe auch nachfolgen Rdn 346.
984 Verfehlt AG Fürth, ZInsO 2015, 1518.
985 Zutreffend AG Hamburg, ZInsO 2015, 2045, wobei das AG mit recht annimmt, dass eine Aufhebung der Verfahrenskostenstundung im Wege der fortgeltenden „Vorwirkungsrechtsprechung" oder eine RSB-Versagung gemäß § 290 Abs. 1 Nr. 7 InsO i.V.m. § 287b InsO nur bei Straftaten nach Verfahrenseröffnung befürchtet werden muss und eine Stundungsablehnung bei Eröffnung gegen-

Dabei muss er in Kauf nehmen, dass Pfändungsfreigrenzen des § 850c ZPO nicht gelten, so dass häufig der das Überbrückungsgeld übersteigende Anteil des Eigengeldes pfändbar ist.[986] Ausgeschlossen ist auch eine Versagung wegen Verletzung der Erwerbsobliegenheitspflicht des § 287b ZPO vor Eröffnung des Insolvenzverfahrens, denn diese Obliegenheit des § 4c Nr. 4 InsO kann den Schuldner frühestens ab Stundung der Kosten des Verfahrens und nicht vor dessen Eröffnung treffen.[987]

Einige Gerichte sind nach Inkrafttreten der Neuregelungen zur Jahresmitte 2014 dazu übergegangen, dem Schuldner die Stundung wegen **Rechtsmissbräuchlichkeit** des Antrags zu versagen. Ein neuer Antrag auf Stundung der Verfahrenskosten sei etwa dann unzulässig, wenn ihm in einem vorhergehenden Verfahren die Restschuldbefreiung wegen fehlender **Deckung der Mindestvergütung** des Treuhänders versagt worden (**§ 298 InsO**) sei und der Schuldner im vorhergehenden Verfahren aufgrund einer Verletzung seiner Auskunfts- und Mitwirkungspflicht die Aufhebung der Verfahrenskostenstundung schuldhaft selbst herbeigeführt habe.[988] Werde im Erstverfahren die Verfahrenskostenstundung wegen **unzureichender Mitwirkung** des Schuldners im Insolvenzverfahren aufgehoben, sei der Schuldner mit einem weiteren Antrag auf Verfahrenskostenstundung bis zum Ablauf einer angemessenen Sperrfrist ab Rechtskraft des Aufhebungsbeschlusses gesperrt, auch wenn **§ 4a Abs. 1 InsO** seinem Wortlaut nach keinen dahingehenden Ausschlusstatbestand enthalte.[989] Entgegen diesen Entscheidungen kann dem Schuldner aber nach der Rechtsprechung des BGH ohne Einhaltung einer Sperrfrist einen neuen Antrag auf Restschuldbefreiung stellen, wenn in einem vorausgegangenen Insolvenzverfahren die Kostenstundung wegen Verletzung von Mitwirkungspflichten aufgehoben und das Insolvenzverfahren sodann mangels Masse eingestellt worden ist.[990] Der Schuldner handele nicht rechtsmissbräuchlich, wenn er nach Aufhebung der Kostenstundung und Einstellung des Insolvenzverfahrens mangels Masse ohne Einhaltung einer Sperrfrist erneut einen Antrag auf Kostenstundung für ein neues Insolvenzverfahren stellt, auch wenn die Aufhebung der Kostenstundung darauf beruhe, dass er seine Mitwirkungspflichten verletzt habe, denn der Gesetzgeber habe für diese Fälle keinen Ausschlusstatbestand in § 287a Abs. 2 InsO vorgesehen und damit eine Antragssperre offensichtlich auch nicht gewollt.

über dem in Strafhaft befindlichen Schuldner wegen Vorwirkung des § 290 Abs. 1 Nr. 7 InsO ausgeschlossen ist.
986 AG Göttingen, ZInsO 2015, 2341; zur Pfändbarkeit von Arbeitsentgelt für Strafgefangene Deppe, InsbürO 2013, 277; BGH, 1.7.2015 – XII ZB 240/14, ZInsO 2015, 1671.
987 Zutreffend LG Düsseldorf, ZInsO 2015, 2503.
988 AG Ludwigshafen, ZInsO 2016, 1335; aA AG Göttingen, ZInsO 2016, 2268.
989 LG Aachen, ZInsO 2017, 401.
990 BGH, 4.5.2017 – IX ZB 92/16, ZInsO 2017, 1444.

4. Entscheidung über die Kostenstundung

Maßgeblicher Zeitpunkt für die Beurteilung der wirtschaftlichen Voraussetzungen ist der der **letzten Tatsachenentscheidung** über die Stundung.[991] Nach dem Wortlaut des § 4a Abs. 3 Satz 2 InsO ist über die Stundung der Verfahrenskosten nach **Verfahrensabschnitten** zu entscheiden. Besondere Abschnitte sind entsprechend der gebührenrechtlichen Einteilung des Verfahrens das Eröffnungsverfahren, das gerichtliche Schuldenbereinigungsverfahren, das eröffnete Insolvenzverfahren und das Restschuldbefreiungsverfahren.[992] Eine einheitliche Entscheidung für das gesamte Insolvenzverfahren kommt nach dem Gesetz nicht in Betracht. Dementsprechend sind Stundungsanträge vor jedem Abschnitt zu wiederholen. Anträge können auch erstmalig für spätere Abschnitte gestellt werden, etwa wenn die Voraussetzungen früher noch nicht vorlagen. Die Entscheidung erfolgt durch anfechtbaren Beschluss, eine Entscheidung durch **schlüssiges Handeln** genügt nicht.[993] Mit der Antragstellung treten nach § 4a Abs. 3 Satz 3 InsO die Wirkungen der Verfahrenskostenstundung einstweilen bis zur Entscheidung über den Stundungsantrag ein. Diese Regelung soll den Insolvenzverwalter/Treuhänder hinsichtlich seines Vergütungs- und Auslagenersatzanspruchs absichern. Wird die Entscheidung über die Verfahrenskostenstundung verzögert, bleibt es dabei, dass maßgeblicher Zeitpunkt für die Stundungsentscheidung der der **letzten Tatsachenentscheidung** ist. Das Gericht darf den gesamten Tatsachenstoff bis zu diesem Zeitpunkt berücksichtigen.[994]

Ein Ausnahmefall, in dem der Schuldner **rückwirkend** die Stundung der im Eröffnungsverfahren angefallenen Verfahrenskosten beantragen kann, liegt vor, wenn ein Insolvenzverfahren auf einen Gläubigerantrag eröffnet und der Schuldner nicht rechtzeitig durch das Insolvenzgericht über die Notwendigkeit eines Eigenantrags verbunden mit einem Antrag auf RSB belehrt worden ist.[995] Um dem Schuldner hier nicht zu benachteiligen, kann er die Stundung auch rückwirkend im Rahmen eines isolierten Antrags auf RSB ohne eigenen Insolvenzantrag bewilligt bekommen, um eine Einstellung des Verfahrens nach § 207 InsO zu verhindern.

II. Wirkungen der Verfahrenskostenstundung

Die Stundung bewirkt für den jeweiligen Verfahrensabschnitt, dass dessen Durchführung nicht an einer fehlenden Kostendeckung scheitert. Eine Abweisung man-

---

991 BGH, 25.10.2007 – IX ZB 14/07, ZInsO 2007, 1279.
992 BGH, 24.7.2003 – IX ZB 539/02, BGHZ 156, 92 = ZInsO 2003, 800.
993 BGH, 25.10.2007 – IX ZB 149/05, ZInsO 2007, 1277.
994 BGH, 7.10.2010 – IX ZB 259/09, ZInsO 2010, 2099.
995 BGH, 9.7.2015 – IX ZB 68/14, ZInsO 2015, 1734.

gels Masse nach § 26 Abs. 1 InsO ist ausgeschlossen, ebenso wie die Einstellung des eröffneten Verfahrens nach § 207 Abs. 1 InsO. In der **Wohlverhaltensphase** kommt eine Abweisung der RSB wegen fehlender Deckung der Mindestvergütung des Treuhänders nach § 298 Abs. 1 InsO nicht in Betracht. Diese Wirkungen treten gem. § 4a Abs. 3 InsO nur im Verhältnis zum Schuldner selbst ein, Dritte können sich nicht darauf berufen. Das Recht, das Verfahren nach § 298 InsO einzuleiten, ist deshalb auf den Treuhänder selbst beschränkt.

1. Subsidiarität der Stundung/des Anspruchs des Verwalters bzw. Treuhänders gegen die Staatskasse

330 Die Verfahrenskostenstundung erfolgt subsidiär. Vorhandene Insolvenzmasse ist primär für die Deckung der Verfahrenskosten einzusetzen, unterbleibt dies, geht es zulasten des Treuhänders/Verwalters. Dieser verliert seinen Auslagen- und Vergütungsersatzanspruch gegen die Staatskasse, wenn er Masse verteilt, die zur Befriedigung von Massekostenansprüchen im Sinne des § 54 InsO benötigt wird. Masse darf an die Insolvenzgläubiger erst verteilt werden, wenn die **Verfahrenskosten gedeckt** sind und die Verteilung nicht zulasten der Kostengläubiger geht. Im eröffneten Verfahren hat der Insolvenzverwalter/Treuhänder die Rangordnung des § 209 Abs. 1 InsO auch dann zu beachten, wenn (noch) keine Masseunzulänglichkeit angezeigt ist; hat er ausreichend Masse, um die Kosten zu decken, darf er diese nicht an die **sonstigen Massegläubiger** verteilen, wenn anschließend die Gefahr besteht, dass er die Kostenforderungen nicht mehr befriedigen kann. Eine solche Verteilung würde zur Kürzung oder zum Verlust seines Anspruchs auf Befriedigung aus der Staatskasse führen.[996] Auch in der Wohlverhaltensphase ist nach § 292 Abs. 1 Satz 2 InsO eine Auskehrung der vom Schuldner abgetretenen Beträge erst gestattet, wenn die nach § 4a InsO gestundeten Verfahrenskosten berichtigt sind. **Gerichtskosten** können gegen den Schuldner gem. § 4a Abs. 1 Nr. 1 InsO bis zur Aufhebung des Insolvenzverfahrens nicht geltend gemacht werden. Entsprechendes gilt für die **Vergütungsansprüche** beigeordneter RA nach § 4a Abs. 3 Satz 1 Nr. 2 InsO. Eine Rechtsanwaltsbeiordnung zur Vorbereitung des Insolvenz- und Stundungsantrags kommt nicht in Betracht,[997] dort gibt es allenfalls die – allerdings wenig erfolgversprechende – Möglichkeit, Beratungshilfe in Anspruch zu nehmen.[998]

331 § 63 Abs. 2 InsO gewährt dem Insolvenzverwalter oder Treuhänder einen Anspruch gegen die Staatskasse nur, wenn die Kosten des Verfahrens (-abschnitts) nach § 4a InsO tatsächlich gestundet wurden. **Außerhalb der Stundungsfälle**

---

[996] BGH, 19.11.2009 – IX ZB 261/08, ZInsO 2010, 63; BGH, 14.10.2010 – IX ZB 224/08, ZInsO 2010, 2188.
[997] Vgl. nachfolgend Rdn 333.
[998] BGH, 22.3.2007 – IX ZB 94/06, ZInsO 2007, 492; BGH, 17.1.2008 – IX ZB 184/06, VuR 2008, 154.

kommt eine subsidiäre Haftung der Staatskasse grundsätzlich nicht in Betracht, denn § 63 Abs. 2 InsO ist als **Ausnahmevorschrift** eng auszulegen. Im Falle der Verfahrenskostenstundung sind bei unzureichender Masse die Vergütung und die Auslagen des (vorläufigen) Insolvenzverwalters gegen die Staatskasse in Höhe der **Mindestvergütung** festzusetzen, soweit diese der Masse nicht entnommen werden kann; eine Festsetzung auf höhere Beträge, die das Vorhandensein verteilungsfähigen Vermögens voraussetzen würde, ist ausgeschlossen.[999] Der sekundäre Vergütungsanspruch des Verwalters oder Treuhänders gegen die Staatskasse setzt ferner voraus, dass die Verfahrenskostenstundung für den jeweiligen Verfahrensabschnitt tatsächlich gewährt worden ist, ist dies nicht der Fall – weshalb der Insolvenzverwalter und Treuhänder tunlichst darauf achten sollten, dass über die Bewilligung der Stundung zeitnah entschieden wird – geht die Verwaltung auf sein (Kosten-)Risiko.[1000] Ein Vertrauensschutz für den Verwalter/Treuhänder im Hinblick auf den Stundungsantrag des Schuldners kommt im Regelfall nicht in Frage.[1001]

Sofern der Schuldner keine Kostenstundung erhält, sieht der BGH das **Kostenerstattungsrisiko** beim Insolvenzverwalter oder Treuhänder. Zur Begründung wird ausgeführt, hätte der Gesetzgeber dies anders gewollt hätte, hätte er § 63 Abs. 2 InsO nicht auf den Fall der tatsächlich erteilten Kostenstundung beschränkt.[1002] Wird die bewilligte Verfahrenskostenstundung während des **Verfahrensabschnitts aufgehoben**, besteht die Subsidiärhaftung der Staatskasse nur so lange fort, bis der Insolvenzverwalter oder Treuhänder von der Aufhebung Kenntnis erlangt, eine weiter gehende Haftung lehnt der BGH ab.[1003] Der Senat hält diese Analogie für geboten, wenn dem Schuldner die Verfahrenskostenstundung tatsächlich gewährt wurde, ihm jedoch später wieder entzogen wurde. Der Senat nimmt in diesem Fall ausnahmsweise an, der Verwalter könne sich auf einen – sonst im Rahmen der Kostenstundung regelmäßig abgelehnten – **Vertrauensschutz** berufen, soweit er eine Vergütung für Tätigkeiten einfordere, die er vor der Aufhebung der Stundung erbracht habe. Der Gesetzgeber habe diesen Fall nicht bedacht, so dass eine planwidrige Regelungslücke bestehe. Der Insolvenzverwalter oder Treuhänder solle sich auf die gewährte Stundung verlassen können, weil der Gesetzgeber seine **Mitwirkung auch in massearmen oder masselosen Verfahren** habe sicherstellen wollen.[1004]

---

999 BGH, 7.2.2013 – IX ZB 245/11, ZInsO 2013, 566.
1000 BGH, 7.2.2013 – IX ZB 75/12, ZInsO 2013, 564.
1001 Vgl. auch LG Darmstadt, ZInsO 2014, 307.
1002 BGH, 22.1.2004 – IX ZB 123/03, BGHZ 157, 370, 372ff.; BGH, 7.2.2013 – IX ZB 245/11, ZInsO 2013, 566 Rn 14; BGH 7.2.2013 – IX ZB 75/12, ZInsO 2013, 564 Rn 14.
1003 BGH, 8.5.2014 – IX ZB 31/13, ZInsO 2014, 1179.
1004 BGH, 15.11.2007 – IX ZB 74/07, ZInsO 2008, 111; BGH, 3.12.2009 – IX ZA 36/09, juris; BGH, 7.2.2013 – IX ZB 75/12, a.a.O. Rn 15; BGH, 8.5.2014 – IX ZB 31/13, ZInsO 2014, 1179 Rn 10.

Pape

2. Zurückhaltung von Beträgen bei der Schlussverteilung im Hinblick auf die Kosten der Wohlverhaltensphase

333 Nach der Rechtsprechung des BGH hat der Insolvenzverwalter eine **Rückstellung** für nach Aufhebung des Insolvenzverfahrens in der Wohlverhaltensperiode entstehende Verfahrenskosten zu bilden, wenn nach den persönlichen und wirtschaftlichen Verhältnissen des Schuldners die in diesem Verfahrensabschnitt voraussichtlich entstehenden Verfahrenskosten durch die in diesem Verfahrensabschnitt mutmaßlich zu erwartenden Einkünfte nicht gedeckt sind.[1005] Der BGH hat mit dieser Entscheidung einen Beschluss des LG Duisburg[1006] korrigiert, nach dessen Auffassung der Treuhänder grundsätzlich außer in den gesetzlich normierten Fällen keine Rücklagen für die Bestreitung der Kosten des Restschuldbefreiungsverfahrens zu bilden haben sollte, auf die in der Wohlverhaltensphase hätte zurückgegriffen werden können.

3. Umfang der gestundeten Kosten/Ablehnung der Anwendung auf andere Mangelfälle

334 Gestundet werden sämtliche im GKG geregelten Kosten, die in dem jeweiligen Verfahrensabschnitt anfallen. Der Insolvenzverwalter erhält im Fall der Verfahrenskostenstundung gem. § 63 Abs. 2 InsO hinsichtlich seiner Vergütung und Auslagen einen **Sekundäranspruch** gegen die Staatskasse, sofern eine Befriedigung aus der Masse oder dem schuldnerischen Vermögen nicht möglich ist.[1007] Aus § 63 Abs. 2 InsO folgt, dass es einen Sekundäranspruch des Verwalters bzw. Treuhänders gegen die Staatskasse nur in Stundungsfällen gibt. In anderen Mangelfällen, in denen Verwalter drohen, mit ihrem Vergütungs- und Auslagenersatzanspruch leer auszugehen, kommt eine entsprechende Anwendung der Vorschrift nicht in Betracht. Dies gilt auch für den Vergütungs- und Auslagenersatzanspruch des vorläufigen Insolvenzverwalters bei unzureichender Masse.[1008] Der Umfang, in dem die Verfahrenskosten dem Schuldner gestundet werden, ergibt sich grundsätzlich aus § 54 InsO, in dem die Kosten des Insolvenzverfahrens geregelt sind, sowie der Insolvenzrechtlichen Vergütungsverordnung (InsVV).

1005 BGH, 20.11.2014 – IX ZB 16/14, ZInsO 2015, 28.
1006 25.2.2014 – 7 T 191/13, juris.
1007 Dies gilt aufgrund der Verweisungen der §§ 21 Abs. 2 Nr. 1, § 274 Abs. 1, § 313 Abs. 1 Satz 3 a.F. und § 293 Abs. 2 InsO auch für den vorläufigen Insolvenzverwalter im Eröffnungsverfahren, den Sachwalter bei Eigenverwaltung des Schuldners, den Treuhänder im vereinfachten Insolvenzverfahren, den es allerdings nur noch in den bis zum 1.7.2014 beantragten Verfahren gibt, und den Treuhänder in der Wohlverhaltensphase – zu den Einzelheiten des Anspruchs vorstehend s. Rdn 328 ff.
1008 Vgl. BGH, 22.1.2004 – IX ZB 123/03, BGHZ 157, 370 = ZInsO 2004, 336.

III. Rechtsanwaltsbeiordnung i.R.d. Verfahrenskostenstundung

§ 4a Abs. 2 InsO sieht vor, dass dem Schuldner ein zu seiner Vertretung bereiter RA seiner Wahl beigeordnet werden kann, wenn dies trotz der dem Gericht obliegenden **Fürsorgepflicht** erforderlich erscheint. Aus dieser Formulierung wird entnommen, dass eine Beiordnung nur in Ausnahmefällen erfolgen soll. Allein die anwaltliche Vertretung einer der am Verfahren beteiligten Personen, begründet noch keinen Anspruch auf Beiordnung, denn das Prinzip der **prozessualen Waffengleichheit** gilt nur eingeschränkt.[1009] Nicht ausreichend sind etwa Sprachschwierigkeiten, ein unter Betreuung stehender Schuldner, eine hohe Gläubigerzahl oder die Absicht des Schuldners, ein Insolvenzplan- oder ein Eigenverwaltungsverfahren durchzuführen. Der Widerspruch des Schuldners gegen die Anmeldung von Forderungen aus vorsätzlich begangenen unerlaubter Handlungen (§ 175 Abs. 2 InsO) rechtfertigt die Beiordnung nur, sofern ganz besondere Schwierigkeiten im Hinblick auf das Bestreiten einer derartigen Forderung bestehen.[1010] Für die **Vorbereitung eines Insolvenzantrags** nebst Antrag auf Kostenstundung und RSB kann kein RA beigeordnet werden.[1011] In Betracht kommt die Gewährung von Beratungshilfe nach dem Beratungshilfegesetz,[1012] die allerdings auch sehr restriktiv gehandhabt wird.[1013]

335

In weiterem Umfang kommt eine Anwaltsbeiordnung nur dann in Betracht, wenn es um echte **Streitverfahren** innerhalb der Abwicklung des Insolvenzverfahrens geht, so etwa, wenn im Restschuldbefreiungsverfahren Anträge auf Versagung nach §§ 289, 290 InsO oder § 296 InsO gestellt werden.[1014] Geht es um die Beiordnung eines Rechtsanwaltes im Rechtsmittelverfahren – etwa einer sofortigen Beschwerde gegen eine Entscheidung des Insolvenzgerichts – sind nicht die Stundungsvorschriften, sondern die Regelungen des Prozesskostenhilfeverfahrens maßgeblich.[1015] Eine **Rechtsbeschwerde** gegen einen die Beiordnung eines Rechtsanwalts ablehnenden Beschluss ist im Gesetz nicht vorgesehen; sie ist deshalb unzulässig, sofern auch das Beschwerdegericht diese in seinem Beschluss nicht zugelassen hat.[1016]

336

1009 Vgl. BGH, 18.12.2003 – IX ZA 22/02, ZInsO 2003, 124; BGH, 15.12.2004 – IX ZA 20/02, NZI 2003, 270.
1010 Vgl. BGH, 18.9.2003 – IX ZB 44/03, ZInsO 2003, 1044.
1011 BGH, 22.3.2007 – IX ZB 94/06, ZInsO 2007, 492.
1012 Vgl. BGH, 17.1.2008 – IX ZB 184/06, VuR 2008, 154.
1013 Siehe nachfolgend Rdn 357 ff.
1014 LG Leipzig, 28.5.2003 – 12 T 2601/03, ZVI 2003, 474.
1015 BGH, 9.10.2014 – IX ZA 20/14, ZInsO 2014, 2320; AG Göttingen, ZInsO 2018, 1991.
1016 BGH, 20.8.2019 – IX ZB 37/19, ZInsO 2019, 2127; Vorinstanz LG Memmingen, NZI 2019, 932 zur Auslegung eines nochmaligen Antrags auf Beiordnung eines Anwalts als sofortige Beschwerde gegen den ablehnenden Beschluss.

IV. Aufhebung der Verfahrenskostenstundung

337 Gem. § 4c Nr. 1–5 InsO kann die Stundung aufgehoben werden, wenn der Schuldner sich diese erschlichen hat, bestimmten Pflichten nicht nachkommt oder Umstände vorliegen, die zur **Versagung der RSB** führen. Diese Vorschrift hat inzwischen eine erhebliche Bedeutung innerhalb der Regelungen über die Stundung bekommen.

1. Erschleichung der Stundung durch unrichtige Angaben

338 Nach § 4c Nr. 1 InsO ist die Stundung aufzuheben, wenn der Schuldner sie durch vorsätzliche oder grob fahrlässige Falschangaben, die für die Verfahrenseröffnung oder die Stundung relevant sein können, oder die Nichtabgabe vom Gericht verlangter Erklärungen über seine Verhältnisse erlangt hat.[1017] Unvollständige Angaben des Schuldners, die ein **falsches Gesamtbild** vermitteln, liegen etwa dann vor, wenn der Schuldner eine Tätigkeit als Geschäftsführer einer GmbH, aus der er Einnahmen erzielen könnte, in seinem Antrag nicht angibt. Diese Angaben müssen für die Stundungsbewilligung ursächlich worden sein, allein, dass es sich um falsche Angaben gehandelt, genügt nicht. Voraussetzung ist, dass dem Schuldner bei vollständigen und wahren Angaben die Stundung hätte versagt werden müssen.[1018] Dabei sind unvollständige und unrichtige Angaben gleichzusetzen. Liegen entsprechende Angaben vor, ist aufzuklären, ob der Schuldner aus der nicht angegebenen Tätigkeit Einkünfte erzielt, die zur Deckung der Kosten hätte eingesetzt werden müssen. Die Auffassung, die Maßgeblichkeit der Angaben für die Stundungsbewilligung sei unerheblich,[1019] steht mit dem Gesetz nicht in Einklang.

339 Zulässig ist die nachträgliche Entziehung der Stundung wegen grob fahrlässiger falscher Angaben i.S.d. § 4c Nr. 1 InsO bspw. dann, wenn der Schuldner im Stundungsantrag erklärt hat, in der Vergangenheit noch keine RSB erhalten zu haben, obwohl ihm in einem früheren Verfahren schon einmal (vorzeitig) RSB – etwa weil kein Gläubiger Forderungen in diesem Verfahren angemeldet hat –[1020] erteilt worden ist. Danach steht eine vorzeitige RSB, die ergangen ist, ohne dass eine Wohlverhaltensphase stattgefunden hat, der nach § 300 InsO im regulären Verfahren erteilten RSB gleich. Sie löste deshalb auch die **10-jährige Sperrfrist** des § 290 Abs. 1 Nr. 3 InsO a.F. für einen neuerlichen Antrag auf RSB aus und wäre nach neuem Recht ein ausreichender Grund, um den Antrag gem. § 287a Abs. 2 Satz 1 Nr. 1 InsO für unzulässig zu erklären. Gibt der Schuldner die frühere RSB in seinem Eröff-

---

1017 Zur Versagung bei vorsätzlicher Nichtangabe eines Gläubigers vgl. AG Kaiserslautern, ZInsO 2016, 2100.
1018 BGH, 8.1.2009 – IX ZB 167/08, ZInsO 2009, 297.
1019 So AG Göttingen, 21.8.2009 – 74 IN 153/08, ZInsO 2009, 2070.
1020 BGH, 17.3.2005 – IX ZB 214/04, ZInsO 2005, 597; AG Göttingen, ZInsO 2016, 1074.

nungsantrag nicht an, macht er Angaben, die für die erneute Stundung unzweifelhaft ursächlich sind.[1021] Grob fahrlässig ist es, wenn der Schuldner ein von seinem Verfahrensbevollmächtigten unrichtig ausgefülltes Formular ungeprüft unterschreibt. Dies entspricht der Rechtsprechung zur **ungelesenen Unterzeichnung** eines von einem Dritten erstellten Schriftstückes, das regelmäßig ein unentschuldbares Verhalten darstellt, welches schlechthin unverständlich ist. Stellt sich noch während des Eröffnungsverfahrens heraus, dass der Schuldner über eine frühere Erteilung der RSB, die innerhalb des 10-Jahres-Zeitraums liegt, getäuscht hat, soll bei einem noch nicht rechtskräftigen Eröffnungsbeschluss dieser aufzuheben und ein Fremdantrag auf Eröffnung des Insolvenzverfahrens mangels Masse gem. § 26 InsO abzuweisen sein.[1022]

Nicht abgegeben ist eine vom Gericht verlangte Erklärung über die Verhältnisse des Schuldners erst dann, wenn sie im Ausgangsverfahren nicht mehr berücksichtigt werden kann. Allein, dass die Erklärung schuldhaft verspätet abgegeben wird, rechtfertigt noch nicht die Aufhebung der Stundung. Die angeforderte Erklärung kann vielmehr auch noch mit dem **Beschwerdeschriftsatz** nachgereicht werden, denn die Beschwerdeinstanz ist eine volle Tatsacheninstanz.[1023] Um die Angaben des Schuldners zu überprüfen, kann das Insolvenzgericht vom Schuldner eine Erklärung über seine Verhältnisse verlangen, ohne dass es dazu eines besonderen Anlasses bedarf. Entsprechendes gilt, wenn das Gericht prüfen will, ob sich die wirtschaftlichen Verhältnisse des Schuldners verbessert haben und die Entscheidung über die Stundung deshalb gem. § 4b Abs. 2 InsO zu ändern ist.[1024] Hat das Gericht die Stundung der Verfahrenskosten wegen unrichtiger Angaben aufgehoben, kommt eine **erneute Stundung** im selben Verfahren nicht mehr in Betracht.[1025] 340

2. Täuschung über die persönlichen und wirtschaftlichen Voraussetzungen für die Verfahrenskostenstundung

Für die Entscheidung, ob die Stundung der Kosten des Insolvenzverfahrens widerrufen werden kann, weil die persönlichen oder wirtschaftlichen Voraussetzungen nicht vorgelegen haben (§ 4c Nr. 2 InsO), ist auf den **Zeitpunkt der letzten Tatsachenentscheidung** über die Stundung abzustellen. Ein Rückgriff auf die von der 341

1021 BGH, 11.5.2010 – IX ZB 167/09, ZInsO 2010, 1151; AG Göttingen, ZInsO 2016, 1074.
1022 So AG Göttingen, ZInsO 2016, 1074 unter Verweis auf BGH, 13.7.2006 – IX ZB 117/04, ZInsO 2006, 871; AG Göttingen, ZInsO 2015, 323 und ZInsO 2016, 287.
1023 Zutreffend LG Göttingen, ZInsO 2005, 1340, 1341.
1024 BGH, 5.11.2009 – IX ZB 91/09, ZInsO 2009, 2409.
1025 BGH, 25.6.2009 – IX ZA 10/09, NZI 2009, 615; AG Augsburg, ZInsO 2018, 344; aA wohl LG Darmstadt, ZInsO 2019, 2542 für den Fall, dass sich die Verletzung der Mitwirkungspflicht des Schuldners (Vorlage der Erklärung über persönliche und wirtschaftliche Verhältnisse) nicht als Grund für die Versagung der Restschuldbefreiung auswirkt.

Rechtsprechung zur PKH entwickelten Grundsätze zur **herbeigeführten Vermögenslosigkeit**, wegen derer PKH versagt werden kann, ist unzulässig. Der Schuldner ist grundsätzlich nicht verpflichtet, Rücklagen für die zu erwartenden Kosten eines Insolvenzverfahrens über sein Vermögen zu bilden.[1026] Hat er zum Zeitpunkt der Antragstellung zwar schon einem Antrag auf Steuererstattung gestellt, diese aber noch nicht erhalten, ist der Betrag, den der Schuldner später bekommt, seinem Vermögen nicht nachträglich hinzuzurechnen. Entsprechendes gilt für ein tatsächlich nicht mehr vorhandenes Versicherungsguthaben.[1027]

3. Rückstand mit gerichtlich angeordneten Zahlungen

342 Nach § 4c Nr. 3 InsO kann die Stundung der Verfahrenskosten aufgehoben werden, wenn der Schuldner länger als **3 Monate mit Zahlungen einer Monatsrate an die Masse in Verzug** gerät oder mit der Zahlung eines sonstigen Betrages (Abführung des pfändbaren Betrages aus abhängiger Tätigkeit) schuldhaft in Rückstand ist.[1028] Begleicht der Schuldner den Rückstand vor der Entscheidung über sein Rechtsmittel, so ist auch dies in der Beschwerdeentscheidung zu berücksichtigen. Kein Fall des § 4c Nr. 3 InsO liegt vor, wenn der Schuldner von der Abtretungserklärung erfasste Bezüge nicht vollständig an den Treuhänder abführt, seinen Pflichten aus § 295 Abs. 1 Nr. 3 InsO zur Auskunftserteilung über sein Einkommen jedoch vollständig nachgekommen ist. Allein die **fehlende Abführung** wird durch § 295 Abs. 1 Nr. 3 InsO nicht sanktioniert. Eine entsprechende Anwendung der Vorschrift kommt aufgrund des Verbotes der Erweiterung der Versagungs- und Widerrufsgründe im Wege der Analogie nicht in Betracht.[1029]

4. Nichtausübung einer angemessenen Erwerbstätigkeit/nicht ausreichendes Bemühen um eine solche Tätigkeit

343 Bevor auf die Einzelheiten der Vorschrift des § 4c Nr. 4 InsO eingegangen wird, ist den Ausführungen vorauszuschicken, dass dies Vorschrift im Gesetz zur Verkürzung des Restschuldbefreiungsverfahrens zwar neu gefasst worden ist, in welchem der Gesetzgeber eingefügt hat, dass auch im Rahmen des § 4c Nr. 4 InsO entsprechend § 296 Absatz 1 Satz 1 InsO die Aufhebung der Stundung eine **Gläubigerbeeinträchtigung und ein Verschulden des Schuldners** voraussetzt. Diese Änderung

---

1026 Siehe vorstehend Rdn 311 f.
1027 Vgl. BGH, 25.10.2007 – IX ZB 14/07, ZInsO 2007, 1278.
1028 LG Berlin, 10.7.2007 – 86 T 296/07, ZInsO 2007, 824.
1029 LG Göttingen, 27.5.2010 – 10 T 48/10, ZInsO 2010, 1247 gegen LG Berlin, 10.7.2007 – 86 T 296/07, ZInsO 2007, 824.

entspricht aber der schon vorher praktizierten Rechtsanwendung des BGH,[1030] so dass sich keine substantiellen Unterschiede ergeben.

Nach § 4c Nr. 4 Halbs. 1 InsO kommt eine Aufhebung der Stundung in Betracht, wenn der Schuldner keine angemessene Erwerbstätigkeit ausübt. Damit das Gericht feststellen kann, ob der Schuldner einer angemessenen Erwerbstätigkeit nachgeht, muss dieser darlegen, wie viele Stunden er tatsächlich arbeitet und welchen Verdienst er damit erzielt.[1031] Kommt er dieser Pflicht trotz entsprechender Aufforderungen nicht nach, so kann die Stundung aufgehoben werden. Ferner statuiert § 4c Nr. 4 Halbs. 2 InsO durch den Verweis auf § 296 Abs. 2 Satz InsO einen weiteren selbstständigen Aufhebungsgrund, der unabhängig von dem Aufhebungsgrund des § 4c Nr. 1 InsO in der zweiten Alternative besteht.[1032] Dieser ist dann gegeben, wenn der Schuldner trotz mehrfacher Aufforderungen des Gerichts und Hinweisen auf eine entsprechende Verpflichtung zu Beginn des Verfahrens schuldhaft über seine **Bemühungen, eine angemessene Erwerbstätigkeit** zu finden, keine Auskunft erteilt.

Entsprechend dem in § 296 Abs. 2 Satz 3 InsO geregelten Fall der Versagung der RSB von Amts wegen in der Wohlverhaltensphase, bei fehlender Mitwirkung des Schuldners und unterlassener Auskunftserteilung nach § 296 Abs. 2 Satz 2 InsO,[1033] kann die Stundung auch dann aufgehoben werden, wenn der Schuldner seine Mitwirkungsobliegenheiten bei der Auskunftserteilung nicht erfüllt. Das Insolvenzgericht ist nicht gehindert, den Schuldner **von Amts wegen** zur Auskunftserteilung aufzufordern, wenn ein ausreichender **Anfangsverdacht** für eine Überprüfung besteht. Ob das Insolvenzgericht verpflichtet ist, sich in regelmäßigen Abständen von der Erfüllung der Erwerbsobliegenheit durch den Schuldner zu überzeugen und ob Überprüfungen auch ohne einen konkreten Verdacht, dass der Schuldner sein Erwerbspflicht nicht nachkommt, erfolgen dürfen, hat der BGH zunächst offen gelassen. Anders als bei § 296 Abs. 2 InsO, bei dem das Gericht einen vorausgehenden Antrag eines Gläubigers braucht, um das Verfahren einzuleiten,[1034] unterliegt es aber nur wenigen Zweifeln, dass das Gericht befugt ist, die Erfüllung der Erwerbspflicht im Hinblick auf einen möglichen Stundungswiderruf zu überprüfen. 344

Insoweit gilt auch für die Aufhebung der Stundung wegen schuldhaft nicht ausreichender Bemühungen um eine angemessene Erwerbstätigkeit, dass der Schuld- 345

1030 Vgl. die Begründung BT-Drucks. 17/11268, S. 25.
1031 BGH, 8.1.2009 – IX ZB 95/08, ZInsO 2009, 298; zu den geschuldeten Bemühungen vgl. LG Hamburg, ZInsO 2016, 1123.
1032 BGH, 5.6.2008 – IX ZA 7/08, ZInsO 2008, 736.
1033 Vgl. BGH, 25.1.2007 – IX ZB 156/04, NZI 2007, 534; BGH, 19.5.2011 – IX ZB 274/10, ZInsO 2011, 1319.
1034 BGH, 19.5.2011 – IX ZB 274/10, ZInsO 2011, 1319.

ner **erhebliche Anstrengungen** zu leisten und nachzuweisen hat.[1035] Er muss sich aktiv um eine für ihn angemessene Tätigkeit bemühen. Von ihm kann im Regelfall verlangt werden, dass er nicht nur bei der BfA arbeitssuchend gemeldet ist und laufend Kontakt zu den dort für ihn zuständigen Mitarbeitern hält, sondern sich zusätzlich selbst aktiv und ernsthaft um eine Arbeitsstelle bewirbt. Insoweit hat er die Pflicht, sich Notizen über telefonische Bewerbungen zu machen. Unterlässt er dies, ist ihm eine schuldhafte Verletzung seiner Erwerbsbemühungspflichten vorzuwerfen. Dabei nützt es ihm nichts, wenn er lediglich behauptet, sich telefonisch um Arbeit bemüht zu haben, es aber ohne nachvollziehbaren Grund und damit offenbar grob fahrlässig unterlassen hat, entsprechende Belege und Daten zu sichern, um seine Bemühungen nachweisen zu können. Verfügt er über eine abgeschlossen Ausbildung, ist er ausreichend qualifiziert und kann sich nicht darauf berufen, dass er auf Grund seines Alters nicht mehr vermittelbar sei und deswegen seine Erwerbsbemühungen nicht darlegen zu müssen.

346   Generell gilt auch im Hinblick auf alle Varianten des § 4c Nr. 4 InsO, dass dem Schuldner die Stundung nur entzogen werden darf, wenn er in der Lage ist, eine Tätigkeit zu finden, mit der er **pfändbare Bezüge** erzielt, die er für die Befriedigung der Gläubiger einsetzen kann. Scheidet dies wegen der beschränkten Möglichkeiten des Schuldners aus, darf auch die Stundung nicht widerrufen werden.[1036] Für § 4c Nr. 4 InsO gilt genauso wie für eine Versagung der RSB wegen Verletzung einer Obliegenheit aus § 295 InsO, dass eine **Beeinträchtigung** der Befriedigung der Insolvenzgläubiger gegeben sein muss. Eine solche Beeinträchtigung liegt schon dann vor, wenn die vom Schuldner nicht abgeführten Beträge lediglich zur (teilweisen) **Deckung der Verfahrenskosten** ausreichen.[1037] Auf die Frage, ob die Gläubiger ohne die Obliegenheitsverletzung des Schuldners tatsächlich etwas erhalten hätten, kommt es deshalb nicht unbedingt an, wenn die vom Schuldner zurückgehaltenen Beträge wenigstens ausgereicht hätten, um einen Teil der Verfahrenskosten zu begleichen.

5. Versagung oder Widerruf der RSB

347 Den wichtigsten Grund für die Versagung der Kostenstundung gibt § 4c Nr. 5 InsO. Danach kann die Stundung aufgehoben werden, wenn die RSB versagt oder widerrufen wird. Hier besteht weitgehende Einigkeit, dass die Aufhebung der Stundung zeitlich auch vor dem Widerruf oder der Versagung der RSB erfolgen kann.[1038] Über

---

1035   Vgl. LG Hamburg, ZInsO 2016, 1123.
1036   BGH, 22.10.2009 – IX ZB 160/09, ZInsO 2009, 2210; BGH, 22.4.2010 – IX ZB 253/07, ZInsO 2010, 1153; BGH, 2.12.2010 – IX ZB 160/10, ZInsO 2011, 147.
1037   BGH, 14.4.2011 – IX ZA 51/10, ZInsO 2011, 978.
1038   Zur Problematik schon vorstehend Rdn 320 ff.

§ 4c Nr. 5 InsO finden sowohl die **Versagungsgründe** des § 290 Abs. 1 Nr. 1–7 InsO als auch die **Obliegenheiten** des § 295 Abs. 1 Nr. 1–4, Abs. 2 InsO Eingang ins Stundungsverfahren.

Ein Widerruf der Kostenstundung im eröffneten Verfahren gem. § 4c Nr. 5 InsO i.V.m. § 290 Abs. 1 Nr. 5 InsO ist möglich, wenn der Schuldner während des eröffneten Verfahrens untertaucht und für das Insolvenzgericht und den Treuhänder nicht mehr erreichbar ist; es kommt nicht darauf an, ob tatsächlich ein Antrag auf Versagung der RSB, die erst im Schlusstermin zulässig wäre, gestellt wird.[1039] Legt der Schuldner erst im Beschwerdeverfahren die geforderte Erklärung über seine Verhältnisse vor, ist die Aufhebung der Stundung der Verfahrenskosten nach **§ 4c Nr. 1 InsO** zwar nicht mehr möglich und eine zuvor noch zu Recht erfolgte Aufhebung durch das Insolvenzgericht ist im Beschwerdeverfahren aufzuheben, die Nichtvorlage von Belegen soll dann aber nach **§ 4c Nr. 5 InsO** zur Aufhebung der Stundung führen.[1040] Dem Insolvenzverwalter/Treuhänder ist in einem solchen Fall der Anspruch auf Vergütung und Auslagenersatz gegen die Staatskasse nicht abgeschnitten. Vielmehr bleibt es bei der subsidiären Haftung der Staatskasse für den Ausfall, den er erleidet, weil die Masse zur Befriedigung seines Anspruchs nicht ausreicht.[1041]

Sind dem Schuldner die Verfahrenskosten gestundet, so ist er im Hinblick auf die **Subsidiarität der Kostenstundung** gehalten, seine Steuerklasse so zu wählen, dass sein pfändbares Einkommen nicht zum Nachteil der Staatskasse auf null reduziert wird. Wählt er ohne sachlichen Grund die Steuerklasse V, um dem nicht insolventen Ehegatten, dessen Einkommen sich in der Höhe nicht wesentlich von seinem unterscheidet, die Wahl der günstigeren Steuerklasse III zu ermöglichen, so kann die Verfahrenskostenstundung nach § 4c Nr. 5 InsO widerrufen werden.[1042] Gleiches gilt, wenn der Schuldner in einem Hauptinsolvenzverfahren bei der **Ermittlung von Auslandsvermögen** nicht mitwirkt und für den Insolvenzverwalter postalisch nicht erreichbar ist.[1043] Die Stundung der Verfahrenskosten kann auch im eröffneten Verfahren aufgehoben werden, wenn eine Versagung der RSB nach § 290 Abs. 1 Nr. 6 InsO zu erwarten ist.[1044] Dem Schuldner ist die Stundung der Verfahrenskosten auch in der Wohlverhaltensphase gem. § 4c Nr. 5 InsO zu entziehen, wenn er zweifelsfrei gegen seine aus § 295 Abs. 1 InsO folgenden Obliegenheiten – etwa von der Abtretungserklärung erfasste Bezüge nicht zu verheimlichen – verstößt und da-

---

1039 BGH, 15.11.2007 – IX ZB 74/07, ZInsO 2008, 111.
1040 LG Karlsruhe, Beschluss vom 8. März 2018 – 11 T 30/18 –, juris.
1041 Hierzu Rdn 330.
1042 BGH, 3.7.2008 – IX ZB 65/07, ZInsO 2008, 976; BGH, 5.3.2009 – IX ZB 2/07, ZInsO 2009, 734; zur Verletzung von Mitwirkungspflichten des Schuldners bei der Erstellung einer Steuererklärung auch LG Duisburg, ZInsO 2017, 882.
1043 AG Duisburg, 24.6.2003 – 62 IN 496/06, juris.
1044 LG Göttingen, ZInsO 2007, 276.

durch die Befriedigung der Insolvenzgläubiger beeinträchtigt.[1045] Auch hier gilt, dass ihm die RSB nicht schon tatsächlich versagt worden oder ein entsprechender Versagungsantrag nach § 296 Abs. 1 i.V.m. § 295 Abs. 1 Nr. 3 InsO gestellt worden sein muss.[1046] Zweifelsfrei gegeben ist ein Verstoß des Schuldners gegen seine Erwerbsobliegenheit aus § 295 Abs. 1 Nr. 3 InsO etwa dann, wenn er dem Insolvenzgericht die Aufnahme einer Beschäftigung nicht unverzüglich angezeigt hat.

348 Kein Versagungsgrund im Hinblick auf die Verletzung einer Obliegenheit aus § 4c Nr. 5 InsO liegt in der Begehung einer **schweren Straftat** innerhalb der Wohlverhaltensphase, die zu einer Inhaftierung des Schuldners führt. Allein die Inhaftierung rechtfertigt nicht die Annahme, dass er sich damit grob fahrlässig oder vorsätzlich der Möglichkeit begeben hat, ein angemessenes Einkommen zu erzielen, das er zur Befriedigung seiner Gläubiger einsetzen kann. Voraussetzung für die Entziehung der Stundung ist vielmehr auch in einem solchen Fall die **konkrete Feststellung** eines Verstoßes gegen die Erwerbsobliegenheit, die zu einer ebenfalls konkret festzustellenden Beeinträchtigung der Befriedigungsaussichten der Gläubiger führt.[1047] Zulässig kann der Widerruf der Stundung in einem solchen Fall etwa dann sein, wenn der Schuldner durch die Straftat eine Beschäftigung verliert, mit der er Einkünfte erzielt, die er zur Befriedigung der Gläubiger einsetzen konnte. War er dagegen beschäftigungslos, hat sich durch die bloße Inhaftierung nichts geändert. Allein der Verlust der Möglichkeit, sich am Arbeitsplatz um eine Beschäftigung zu bemühen, reicht nicht aus, um dem Schuldner die Möglichkeit der RSB zu nehmen.

V. Rückzahlung der gestundeten Beträge

349 Der Schuldner kann nach § 4b Abs. 1 InsO regelmäßig erst nach Erteilung der RSB auf Rückzahlung in Anspruch genommen werden, außer die Verfahrenskostenstundung wird vorzeitig widerrufen. **Anfangszeitpunkt** für den Beginn der Rückzahlungen ist die Erteilung der RSB. Früher fällig werden kann die Rückzahlungsforderung bei vorzeitiger Aufhebung der Stundung. Ist der Schuldner nach Erteilung der RSB nicht ohne weiteres in der Lage, die gestundeten Verfahrenskosten sofort in einem Betrag zurückzuzahlen, kann die Stundung verlängert werden.[1048] Eine solche **Verlängerung** kann auch nach Erteilung der RSB noch beantragt werden und ist nicht ristgebunden.[1049] Das Insolvenzgericht hat in dieser Phase die Möglichkeit,

---

[1045] LG Göttingen, ZInsO 2008, 1032.
[1046] So LG Göttingen, ZInsO 2007, 1159.
[1047] BGH, 1.7.2010 – IX ZB 148/09, ZInsO 2010, 1558.
[1048] Zur Verlängerung der Zahlungen und zur Nichtanrechnung von Leistungen aus dem Fonds „Heimziehung in der DDR in den Jahren 1949 bis 1990" vgl. AG Leipzig, ZOV 2015, 233.
[1049] LG Trier, ZVI 2010, 381; LG München I, ZVI 2016, 496.

Ratenzahlungen des Schuldners festzusetzen. Grundlage für die zu zahlenden Monatsraten sind die Einkommens- und Vermögensverhältnisse des Schuldners entsprechend den PKH-Vorschriften. Es kann max. über einen Zeitraum von **48 Monaten** nach Erteilung der RSB Rückgriff genommen werden. Diese Beschränkung ergibt sich aus § 4b Abs. 2 Satz 4 InsO, der eine Änderung der gerichtlichen Festsetzungen zum Nachteil des Schuldners ausschließt, wenn seit der Verfahrensbeendigung 4 Jahre vergangen sind. Eine Änderung der Festsetzungen des Insolvenzgerichts ist gem. § 4b Abs. 2 InsO möglich, wenn sich die für die Stundungsentscheidung und die Festsetzung der Monatsraten maßgebenden persönlichen oder wirtschaftlichen Verhältnisse des Schuldners wesentlich geändert haben. Der Schuldner ist insoweit verpflichtet, **wesentliche Änderungen** dem Gericht unverzüglich anzuzeigen. Im Hinblick auf § 4b Abs. 2 InsO kann das Insolvenzgericht vom Schuldner eine Erklärung über seine persönlichen und wirtschaftlichen Verhältnisse verlangen, um zu prüfen, ob die Entscheidung über die Stundung zu ändern ist; greifbare Anhaltspunkte für eine **wesentliche Änderung** braucht das Insolvenzgericht dabei nicht unbedingt zu haben.[1050] Will das Gericht die **Stundung aufheben**, weil dieser der Aufforderung, Auskünfte und Belege über seine persönlichen und wirtschaftlichen Verhältnisse vorzulegen, trotz Nachfrist nicht nachgekommen ist, gebietet es die **strukturelle Ähnlichkeit** von Prozesskostenhilfe und Verfahrenskostenstundung **§ 172 Abs. 1 ZPO** auch auf die Verfahrenskostenstundung gemäß **§ 4a InsO** anzuwenden, wenn der Verfahrensbevollmächtigte des Schuldners die Verfahrenskostenstundung beantragt hat.[1051] D.h., das Gericht hat seine Verfügungen pp. an den Rechtsanwalt zuzustellen, der den Schuldner bei dem Antrag auf Stundung vertreten hat, geschieht dies nicht, ist der Aufhebungsbeschluss seinerseits auf Beschwerde des Schuldners aufzuheben. Zwar ist nach § 4b Abs. 2 Satz 4 InsO eine Änderung zum Nachteil des Schuldners ausgeschlossen, wenn seit der Beendigung des Verfahrens **vier Jahre vergangen** sind. Dies gilt aber nicht, wenn das Gericht des Schuldner vor Fristablauf zur Darlegung seiner Verhältnisse aufgefordert hat und die nachfolgende Verzögerung der Entscheidung des Gerichts, ausschließlich auf dem **Verhalten des Schuldners** beruht: Der Schuldner kann er sich dann nicht auf den Fristablauf berufen, weil er rechtsmissbräuchlich handelt. Dabei ist auch zu berücksichtigen ist, dass der Schuldner die gebotene Anzeige seiner geänderten wirtschaftlichen Verhältnisse gemäß § 4b Abs. 2 InsO unterlassen hat.[1052]

1050 BGH, 5.11.2009 – IX ZB 91/09, ZInsO 2009, 2405.
1051 LG Koblenz, NZI 2019, 999.
1052 LG Göttingen, Beschl. v. 3.6.2020 – 10 T 28/20, ZInsO 2020, 1953; HK/Sternal, 10. Aufl., § 4b InsO Rn 19; siehe auch OLG Koblenz, MDR 2013, 488 zum PKH-Verfahren.

VI. Rechtsmittel im Stundungsverfahren

350 Die Rechtsmittel im Stundungsverfahren sind in § 4d InsO geregelt. Allgemein anwendbar sind die Vorschriften über das **insolvenzrechtliche Beschwerdeverfahren**, §§ 6, 7 a.F. InsO. Dabei ist zwischen der Zeit vor und nach dem 27.10.2011 zu differenzieren: Gegen die Entscheidung des Beschwerdegerichts über eine zulässige sofortige Beschwerde war die Rechtsbeschwerde zum BGH statthaft, ohne dass es der Zulassung der Rechtsbeschwerde durch das Beschwerdegericht bedurfte, soweit sie bis zu diesem Datum ergangen ist. Ab dem 27.10.2011 ist § 7 InsO durch das „Gesetz zur Änderung des § 522 der Zivilprozessordnung"[1053] **abgeschafft**. Rechtsbeschwerden zum BGH sind nunmehr nur noch bei **Zulassung durch das Beschwerdegericht** statthaft. Es gelten die §§ 577ff. ZPO entsprechend (§ 4 InsO). Bei der Zulassung der Rechtsbeschwerde, die erfolgen muss, wenn die Sache rechtsgrundsätzliche Bedeutung hat, zur Fortbildung des Rechts geeignet ist oder die Entscheidung des Beschwerdegerichts von der Entscheidung eines gleich- oder höherrangigen Gerichts abweicht, ist zu berücksichtigen, dass diese nicht durch den **Einzelrichter** erfolgen darf, sondern zwingend vom Beschwerdegericht in seiner vollen Besetzung beschlossen werden muss. Eine Zulassung durch den Einzelrichter ist objektiv willkürlich und verstößt gegen das Verfassungsgebot des **gesetzlichen Richters** nach Art. 101 Abs. 1 Satz 2 GG; sie muss deshalb zwingend zur Aufhebung und Zurückverweisung der Sache führen.[1054]

Ist der Schuldner nicht in der Lage, die Kosten eines Beschwerdeverfahrens aufzubringen, kann er **PKH** beantragen; die Stundungsvorschriften sind auf Rechtsmittelkosten nicht anzuwenden.[1055] § 4d Abs. 1 InsO gibt dem Schuldner gegen die Ablehnung der Stundung, deren Aufhebung und die Ablehnung der Beiordnung eines RA das Rechtsmittel der sofortigen Beschwerde. Ein Beschwerderecht besteht in jedem **Verfahrensabschnitt**, für den der Schuldner die Stundung beantragt hat. Ob dies auch für eine Ablehnung der Verlängerung der Verfahrenskostenstundung gilt, ist streitig. Nach Auffassung des AG Köln[1056] unterliegt die Aufhebung der Verlängerung der Stundung der Verfahrenskosten nicht dem Rechtsmittel der sofortigen Beschwerde gemäß § 4d Abs. 1 InsO, sondern nur der **sofortigen Erinnerung** gemäß § 11 Abs. 2 RPflG. Andere meinen zwar, die Aufhebung der Verlängerung der Stundung der Verfahrenskosten unterliege der sofortigen Beschwerde gemäß § 4d Abs. 1

[1053] BGBl. I, S. 2082.
[1054] Vgl. BGH, 13.3.2003 – IX ZB 134/02, BGHZ 154, 200, 201ff.; BGH, 28.6.2012 – IX ZB 298/11, ZInsO 2012, 1439 Rn 3; BGH, 20.11.2014 – IX ZB 56/13, ZInsO 2015, 108 Rn 4; BGH, 16.4.2015 – IX ZB 93/12, ZInsO 2015, 1103.
[1055] BGH, 24.7.2003 – IX ZB 539/02, ZInsO 2003, 800.
[1056] ZInsO 2014, 1178.

InsO.[1057] Dem kann aber nicht gefolgt werden, § 4d Abs. 1 InsO regelt das Rechtsmittel der sofortigen Beschwerde gegen die Ablehnung der Stundung oder deren Aufhebung und betrifft damit die in § 4a InsO und § 4c InsO normierten Entscheidungen nicht aber Beschlüsse nach § 4b Abs. 2 InsO. Nicht beschwerdefähig sind Anordnungen des Gerichts, die die Wirkungen der Stundung im Einzelnen – etwa die Art der Rückzahlung oder die Anpassung der gestundeten Beträge[1058] – gestalten. Das Beschwerderecht der **Staatskasse** ist gem. § 4d Abs. 2 InsO darauf beschränkt, geltend zu machen, dem Schuldner sei nach seinen persönlichen und wirtschaftlichen Verhältnissen eine Verfahrenskostenstundung nicht zu bewilligen gewesen. Gegen die Stundung selbst kann sich die Staatskasse nicht beschweren.[1059]

Legt der Schuldner gegen die Versagung der Stundung der Verfahrenskosten für die Wohlverhaltensperiode Beschwerde ein, so darf die RSB bis zum Ende des Beschwerdeverfahrens nicht wegen Nichtzahlung der Treuhänder-Mindestvergütung versagt und auch die Kostenstundung für das eröffnete Insolvenzverfahren nach § 4c Nr. 5 InsO nicht aufgehoben werden.[1060] Auch nach einem Beschluss des LG Koblenz[1061] ist über den Antrag auf Versagung der RSB nach § 298 InsO wegen Nichtzahlung der Treuhändervergütung erst zu entscheiden, wenn der Antrag auf Verfahrenskostenstundung rechtskräftig abgelehnt worden ist.

351

D. Schuldnerberatung

Am Beginn des Insolvenzverfahrens über das Vermögen natürlicher Personen steht die außergerichtliche Schuldenbereinigung. Der Versuch einer **außergerichtlichen Schuldenbereinigung** ist zwingend. Dies ergibt sich aus § 305 Abs. 1 Nr. 1 InsO. Nach dieser Vorschrift muss der Schuldner eine **Bescheinigung** über das Scheitern eines außergerichtlichen Einigungsversuchs vorlegen, die nur von bestimmten Personen (Schuldnerberatern) ausgestellt werden darf.[1062] Durch die Einschaltung qualifizierter Personen als Berater des Schuldners oder von kommunalen oder karitativen Beratungsstellen soll dafür gesorgt werde, dass eine systematische Erfassung der **Einkommens- und Vermögensverhältnisse** des Schuldners stattfindet, bevor er in das Verfahren geht. Außerdem soll sichergestellt werden, dass Schuldenberei-

352

1057 N/R/Becker, § 4d InsO Rn 9; Graf-Schlicker/Kexel, 5. Aufl., § 4d InsO Rn 2; Andres/Leithaus, § 4d InsO Rn 5.
1058 Nach einem Beschluss des LG Hannover, ZVI 2012, 279 ist der Schuldner befugt, im Zusammenhang mit der Anordnung von Ratenzahlungen Erinnerung nach § 11 Abs. 2 RPflG einzulegen.
1059 Vgl. BGH, 7.2.2008 – IX ZB 177/07, juris.
1060 AG Köln, ZVI 2014, 115.
1061 VuR 2014, 270.
1062 Zu den Antragsvoraussetzungen im Verbraucherinsolvenzverfahren und zu der Bescheinigung bereits oben Rdn 16 ff.

nigungspläne erstellt werden, die den gesetzlichen Anforderungen des § 305 Abs. 1 InsO genügen. Ausgestellt werden darf die Bescheinigung über das Scheitern der außergerichtlichen Einigung nur dann, wenn der **ernsthafte Versuch** einer solchen Einigung stattgefunden hat, bei dem mit den Gläubigern korrespondiert worden ist, um eine außergerichtliche Einigung herbeizuführen. Rein formale Einigungsversuche, die sich auf wenige Telefongespräche oder sonstige Kontakte beschränken, genügen nicht.[1063] Allerdings ist der seit Inkrafttreten des Gesetzes zur Verkürzung des Restschuldbefreiungsverfahrens und zur Stärkung der Gläubigerrechte[1064] zu beobachtende Trend, die Anforderungen an die Beratung des Schuldners möglichst hoch anzusetzen,[1065] den die Beschwerdegerichte inzwischen aber weitgehend gestoppt haben,[1066] wenig zielführend. Letztlich muss der Antrag des Schuldners doch irgendwann als zulässig angesehen werden. Zurückweisungen wegen nicht ausreichender Beratungen machen das Verfahren nur komplizierter, ohne dass es effektiver wird. Dass Insolvenzgerichte zunehmend meinen, dem Schuldner das Leben schwer machen zu müssen, erscheint wenig überzeugend. Hier ist der Fall eines Beschwerdegerichts symptomatisch, das es aufgrund seiner **Weigerung, die Rechtsbeschwerde** zuzulassen, obwohl sich in seinem Verfahren zwei entscheidungserhebliche Rechtsfragen von grundsätzlicher Bedeutung stellten, die im Zeitpunkt der angefochtenen Entscheidung des Landgerichts höchstrichterlich nicht geklärt waren, zu einer Aufhebung und Zurückverweisung durch das **Bundesverfassungsgericht** kommen ließ.[1067] Das Landgericht wollte objektiv willkürlich ohne eine Überprüfungsmöglichkeit durch den BGH und entgegen den vorgenannten Beschwerdegerichten an seiner Linie festhalten, dass nur eine persönliche Beratung von Angesicht zu Angesicht ausreicht, um die Bescheinigung auszustellen. Dies, obwohl zum einen streitig war, ob eine Berechtigung der Insolvenzgerichte zur **Prüfung der Antragsunterlagen** dahingehend besteht, ob die geeignete Person i.S.d. § 305 Abs. 1 Nr. 1 InsO n.F. den Schuldner persönlich beraten hat und zum anderen umstritten war, welche **Anforderungen an die persönliche Beratung** des Schuldners nach § 305 Abs. 1 Nr. 1 InsO n.F. zu stellen sind und ob insbesondere eine telefonische Beratung zulässig ist. Dass dieser Versuch, dem Schuldner seine Rechte abzuschneiden, keinen Erfolg gebracht hat, ist ebenso zu begrüßen, wie die Entscheidung, in derartigen Fällen der Verwerfung als unzulässig nicht die **Rücknah-**

1063 Ausführlich oben Rdn 17 ff.
1064 BGBl. I 2013, S. 2379.
1065 Vgl. z.B. LG Köln ZInsO 2016, 288; ZInsO 2016, 289; LG Potsdam, ZInsO 2015, 1868; AG Göttingen, ZInsO 2016, 1387; AG Hamburg, ZInsO 2016, 1026; AG Potsdam, ZInsO 2015, 599; NZI 2015, 863; AG Kaiserslautern, ZInsO 2016, 244; AG Oldenburg, ZVI 2016, 318.
1066 Vgl. LG Göttingen, ZInsO 2017, 1620; LG Landshut, ZInsO 2016, 2405; **a.A.** jetzt LG Oldenburg, ZVI 2021, 68.
1067 Vgl. BVerfG, 4.9.2020 – 2 BvR 1206/19, ZInsO 2020, 2310.

mefiktion eingreifen zu lassen, sondern von einem **vollwertigen Beschwerderecht** auszugehen. Insoweit ist bei vielen Entscheidungen auch nicht festzustellen, dass dem Schuldner ausreichend rechtliches Gehör und Gelegenheit zur Nachbesserung gegeben ist. Die **Rücknahmefiktion** wird vorschnell missbräuchlich ausgelöst. Ein weiterer Beleg dafür, dass § 305 Abs. 3 Satz 2 InsO auch – auch nach den Mitte des Jahres 2014 in Kraft getretenen Einschränkungen – weiterhin verfehlt ist und einen Fremdkörper im Rechtsschutzsystem der Insolvenzordnung darstellt.

Rechtsanwälte und andere Berater, die Schuldnern unter Verstoß gegen die Grundsätze für eine ordnungsgemäße persönliche Beratung und eingehende Prüfung der Einkommens- und Vermögensverhältnisse des Schuldners die Bescheinigung ausstellen, sollten sich vor Augen führen, dass eine derartige Nachlässigkeit einen Verstoß gegen die (anwaltlichen) Berufspflichten darstellt, der zumindest zu einem **Schadensersatzanspruch** gegen den Berater wegen der vergeblich aufgewendeten Kosten des gescheiterten Antragsverfahrens führen kann. Auch wenn sie die Erfordernisse einer ordentlichen Beratung des Schuldners nicht überblicken, ist dies keine Entschuldigung für ein **nachlässiges Verhalten** bei der Ausstellung der Bescheinigung. So haben etwa in einem **Schadensersatzprozess** eines Schuldners gegen die nach Landesrecht anerkannte Schuldnerberatung und den Berater persönlich nach Durchführung des Insolvenzverfahrens sowohl das Land-[1068] als auch Berufungsgericht[1069] die Beratungsstelle zum Ersatz der durch das Verfahren verursachten Kosten verurteilt, weil der Berater es versäumt hatte, den Schuldner darauf hinzuweisen und davor zu warnen, dass allein die Kosten des Verfahrens die Hälfte seines Vermögens verschlingen würden. Der Schuldner hatte bei einer mit knapp 5.000 € vergleichsweise geringen Höhe seiner Verbindlichkeiten im Verfahren sein Eigentum an einem Hausgrundstück verloren. Das Berufungsgericht führt aus, mit der Anerkennung als geeignete Stelle i.S.d. § 305 I Nr. 1 InsO sei **keine Übertragung hoheitlicher Befugnisse** im Wege der Beleihung verbunden. Der privatrechtlich handelnden Schuldnerberatung werde eine Erlaubnis zur Schuldnerberatung und zur Erteilung einer Bescheinigung über die Erfolglosigkeit eines außergerichtlichen Einigungsversuchs erteilt, ohne dass sie deshalb ein öffentliches Amtes ausübe. Sie könne deshalb auch nicht das Haftungsprivileg nach Art. 34 GG i. V. m. § 839 BGB für sich in Anspruch nehmen. Auf das Rechtsverhältnis zwischen Schuldnerberatung und Schuldner seien die für den **Anwaltsvertrag** geltenden Grundsätze anzuwenden. Auch Schuldnerberater seien verpflichtet, den Sachverhalt umfassend zu prüfen und alle geeigneten Schritte zu ergreifen, um den Auftraggeber vor Schaden zu bewahren. Die **Vermutung beratungsgerechten Verhaltens,** nach welcher der Kläger keinen Insolvenzantrag gestellt hätte und die Insolvenzverfahrenskosten

---

[1068] LG Potsdam, BeckRS 2019, 29165.
[1069] OLG Brandenburg, ZInsO 2019, 2656 = NZI 2020, 71 m. Anm. Schmerbach, BeckRS 2019, 29164.

Pape

nicht entstanden wären, wenn er über die Schädlichkeit eines Insolvenzantrags aufgeklärt worden wäre, sei anzuwenden.

354 Ungeachtet des Aufwands, der neuerdings bei der Überprüfung der Bescheinigung des Scheiterns des außergerichtlichen Einigungsversuchs getrieben wird, lehrt die Erfahrung aus der jetzt schon mehr als 20-jährigen Anwendungszeit der InsO, dass beim **Angebot von Null-Plänen** oder nur **geringen Befriedigungsquoten** der Erfolg außergerichtlicher Verfahren, bei denen die Teilnahme der Gläubiger am Verfahren freiwillig ist, entsprechend gering ist. Das Verfahren dient weniger der tatsächlichen Bereinigung der Schulden, als vielmehr der **Aufbereitung der Antragsunterlagen**. Im Hinblick auf diesen unausgesprochenen Zweck, der die ganze Fragwürdigkeit des außergerichtlichen Verfahrens belegt, ist es umso unverständlicher, mit welcher Akribie die Art und das Zustandekommen der Beratung des Schuldners verfolgt wird. Erfolg hätte das außergerichtliche Verfahren in den nunmehr problematisierten Fällen in aller Regel auch bei einer sorgsameren Beratung nicht gehabt. Schon die fehlende Zustimmung eines Gläubigers bringt das Verfahren zum Scheitern. Gleichwohl muss der Versuch einer außergerichtlichen Einigung in jedem Fall durchgeführt werden, weil er die **Zugangsberechtigung** zum gerichtlichen Verfahren darstellt.

Reagieren einzelne Gläubiger auf die Aufnahme der Verhandlungen über die Schuldenbereinigung durch den Schuldner mit der Einleitung von Zwangsvollstreckungsmaßnahmen, tritt gem. § 305a InsO[1070] eine **Fiktion des Scheiterns der Schuldenbereinigung** ein. Der Berater kann dem Schuldner dann ohne weitere Verhandlungen die Bescheinigung über das Scheitern der außergerichtlichen Schuldenbereinigung (§ 305 Abs. 1 Nr. 1 InsO) ausstellen. Damit soll sichergestellt werden, dass die außergerichtliche Schuldenbereinigung nicht zum Anlass für **Vollstreckungsversuche** gegen den Schuldner genommen wird. Der Schuldner kann in diesem Fall sofort den Insolvenzantrag nach § 305 Abs. 1 InsO stellen. Nach § 305 Abs. 1 Nr. 1 InsO muss der Einigungsversuch im Antrag dokumentiert werden. Dies soll es dem Gericht erleichtern, die Frage zu beurteilen, ob es sinnvoll ist, ein gerichtliches Schuldbereinigungsverfahren durchzuführen oder ob nach § 306 Abs. 1 Satz 3 InsO darauf verzichtet und sofort in das Eröffnungsverfahren übergegangen wird.

I. Geeignete Personen und Stellen zur Ausstellung der Bescheinigung nach § 305 Abs. 1 Nr. 1 InsO

355 Zur Sicherung der Qualität des außergerichtlichen Einigungsverfahrens und zur Vermeidung von **Gefälligkeitsbescheinigungen** bestimmt § 305 Abs. 1 Satz 1 InsO,

---

[1070] I.d.F. InsOÄndG 2001, BGBl. I, S. 2170.

dass die Bescheinigung über das Scheitern der Verhandlungen nur von einer „geeigneten" Person oder Stelle ausgestellt werden darf und dass die Bescheinigung bei Antragstellung nicht älter als **6 Monate** sein darf.[1071] Eine Ausnahme bilden hier nur Verfahren, in denen der Antrag auf Eröffnung eines Verbraucherinsolvenzverfahrens zwischen dem 31. Dezember 2020 und dem 30. Juni 2021 gestellt worden ist. In diesen Verfahren genügt die vom Schuldner vorzulegende Bescheinigung nach Art. 102k Abs. 4 EGInsO auch dann den in § 305 Abs. 1 Nr. 1 InsO genannten Anforderungen, wenn sich aus ihr ergibt, dass eine außergerichtliche Einigung mit den Gläubigern über die Schuldenbereinigung auf der Grundlage eines Plans innerhalb der **letzten zwölf Monate** vor dem Eröffnungsantrag erfolglos versucht worden ist. Mit der Beschränkung auf einen bestimmten Personenkreis soll verhindert werden, dass die Bescheinigung auch von **gewerblichen Schuldenberatern** ausgestellt wird, die ihr Geld mit Provisionen verdienen und dem Schuldner möglicherweise durch nachteilige Umschuldung pp. eher schaden als nützen. Geeignete Personen im Sinne dieser Vorschrift können nach der Begründung zu § 305 InsO **Angehörige der rechtsberatenden Berufe** wie RA und Notare oder Steuerberater sein,[1072] die aufgrund ihres Berufs- und Standesrechts zu einer verantwortungsvollen Tätigkeit verpflichtet sind. Als weitere Personen kommen Rechtsbeistände, Steuerbevollmächtigte, Wirtschaftsprüfer oder Buchprüfer in Betracht. Neben den geeigneten Personen sind auch bestimmte Stellen zur Ausstellung der Bescheinigung berechtigt.[1073] § 305 Abs. 1 Nr. 1 InsO enthält dazu eine Gesetzesermächtigung, nach der die Bundesländer Regelungen zur Anerkennung der Stellen, die die Bescheinigung nach § 305 Abs. 1 Nr. 1 InsO ausstellen dürfen, erlassen können. Von dieser Ermächtigung haben sämtliche Länder Gebrauch gemacht.[1074] Das Verfahren zur Anerkennung der Personen und Stellen, die Bescheinigungen nach § 305 Abs. 1 Nr. 1 InsO ausstellen dürfen, sieht nach **landesrechtlichen Vorschriften** i.d.R. folgendermaßen aus:

In **§ 1 der Ausführungsgesetze** werden zumeist die Personen enumerativ aufgeführt, die zur Ausstellung der Bescheinigung berechtigt ist. Daneben wird die Befugnis zur Erteilung der Bescheinigung auf förmlich anerkannte Stellen beschränkt, die sich einem **besonderen Anerkennungsverfahren** unterziehen müssen und deren Erlaubnis widerruflich ist. Durch die Anerkennungskriterien soll ein bestimmter **Mindeststandard** bei der Schuldnerberatung sichergestellt werden. Aufgaben der anerkannten Personen und Stellen sind die Beratung in der außergerichtlichen

356

1071 Zu dieser Frist AG Hannover, ZInsO 2018, 345; ZInsO 2017, 2652.
1072 Zum Widerruf der Anerkennung als geeignete Stelle vgl. VG München, 14.10.2014 – M 16 K 14. 979, juris.
1073 Zu den Schuldnerberatungen als „geeignete Stellen" Grote, ZInsO 1998, 108.
1074 Vgl. zu den landesrechtlichen Vorschriften HK-PrivatinsolvenzR/Homann, § 305 Rn 36 ff.; Uhlenbruck/Sternal, § 305 InsO Rn 45 ff.

Pape

Schuldenbereinigung, die Vertretung ggü. den Gläubigern im außergerichtlichen Verfahren, die grundsätzliche Information über das Verbraucherinsolvenz- und Restschuldbefreiungsverfahren, die Unterstützung bei der Ausfüllung des Vordrucks für den Verfahrensantrag sowie i.R.d. § 305 Abs. 4 InsO die Beratung und Vertretung im gerichtlichen Verfahren und schließlich die Ausstellung der Bescheinigung des Scheiterns bei erfolglosem Einigungsversuch.[1075]

Voraussetzung für die Anerkennung einer geeigneten Stelle ist regelmäßig die Leitung durch eine **zuverlässige Person**, die eine bestimmte Qualifikation haben muss,[1076] und das Vorhandensein einer auf Dauer angelegten Einrichtung, die mit mindestens einer Person besetzt sein muss, welche über **ausreichende Erfahrungen in der Schuldnerberatung** verfügt. Weiter muss die Einrichtung über die Möglichkeit einer Rechtsberatung durch einen Justitiar oder einen niedergelassenen RA verfügen und die nötige technische, organisatorische und räumliche Ausstattung aufweisen. Ferner setzen die Ausführungsgesetze i.d.R. eine **bestimmte Trägerschaft** voraus, damit die Einrichtung anerkannt werden kann. Verlangt wird etwa die Angehörigkeit zu einem Verband der freien Wohlfahrtspflege, die Einrichtung einer Verbraucherzentrale oder einer juristischen Personen des öffentlichen Rechts, insb. einer kommunalen Gebietskörperschaft. Um einen Missbrauch zu verhindern, werden generell Einrichtungen verlangt, die ausschließlich und unmittelbar gemeinnützige oder mildtätige Zwecke verfolgen.

Das **Zulassungsverfahren** sieht vor, dass der Antrag auf Zulassung der Einrichtung schriftlich bei einer bestimmten Landesbehörde gestellt wird. Diese erteilt auf Nachweis der Zulassungsvoraussetzungen die Anerkennung als geeignete Stelle. Ein **Widerruf der Zulassung** kann erfolgen, sofern die Anerkennungsvoraussetzungen nachträglich entfallen und die Stelle die Behörde davon unterrichtet oder der Nachweis des Fortbestehens der Voraussetzungen auf Verlangen der Behörde nicht geführt wird. Soweit es um die Anerkennung geht, darf eine Schuldnerberatungsstelle, die auf Grund einer Anerkennung ihres Rechtsträgers in einem anderen Bundesland als Zweigstelle in Nordrhein-Westfalen tätig wird, aber nicht selbst als geeignete Stelle anerkannt ist, in Nordrhein-Westfalen erst tätig werden, sobald sie hier als geeignete Stelle anerkannt wird.[1077] Der Widerruf der Anerkennung als geeignete Stelle für Insolvenzberatung ist grundsätzlich möglich, wenn der Betroffene die mit der Anerkennung verbundenen Auflagen, etwa die Mitteilung eines Umzugs

---

1075 Dazu KPB/Wenzel, § 305 InsO Rn 9 ff.
1076 Zu nennen sind hier etwa Dipl.-Sozialarbeiterin/-arbeiter; Dipl.-Sozialpädagogin/-pädagoge; Bankkauffrau/-mann; Betriebswirtin/-wirt; Ökonomin/Ökonom; Ausbildung für den gehobenen Verwaltungs- oder Justizdienst sowie eine Ausbildung mit der Befähigung zum Anwaltsberuf oder vergleichbare Qualifikationen.
1077 OVG Münster, ZInsO 2019, 2491.

sowie der Erweiterung um neue Betriebsstätten und die Einstellung weiterer Mitarbeiter, nicht erfüllt hat.[1078]

II. Ablauf des außergerichtlichen Schuldenbereinigungsverfahrens

Bestimmte Vorgaben hinsichtlich der Durchführung der außergerichtlichen Schuldenbereinigung enthält das Gesetz nicht. Neben der Herbeiführung einer außergerichtlichen Einigung dient das Verfahren der Vorbereitung des gerichtlichen Schuldenbereinigungsverfahrens, sofern die außergerichtliche Einigung scheitert. Die erforderlichen Schritte und Maßnahmen sind deshalb auch an § 305 Abs. 1 Nr. 3 und 4 InsO zu messen. Damit wird auch die allgemein für zulässig gehaltene **Bezugnahme auf einen außergerichtlichen Schuldenbereinigungsplan** im späteren gerichtlichen Schuldenbereinigungsplanverfahren erleichtert. Um den Plan vorzubereiten, muss die mit der Schuldnerberatung beauftragte Person oder Stelle zunächst aufklären, welches einsetzbare Vermögen der Schuldner hat, welche Verbindlichkeiten bestehen, wie diese ggf. gesichert sind und welche Unterhaltspflichten den Schuldner treffen. Alsdann ist ein Schuldenbereinigungsplan – es sei denn, es kommt wie in den meisten Fällen ohnehin nur ein sog. „Null-Plan" in Betracht[1079] – auszuarbeiten, dessen inhaltliche Anforderungen dem Plan entsprechen, den der Schuldner i.R.d. Insolvenzantrags im Verbraucherverfahren dem Gericht vorlegt.[1080] Auf der Grundlage der Erkenntnisse über die wirtschaftliche Situation des Schuldners und nach Maßgabe des Schuldenbereinigungsplans sind sodann **mündliche und schriftliche Verhandlungen** mit den Gläubigern zu führen, bei denen der Plan ggf. auch geändert und ergänzt werden kann. Zustande kommt eine Einigung mit den Gläubigern nur, wenn alle dem Plan ausdrücklich zustimmen. Verweigert nur ein Gläubiger seine Zustimmung oder beteiligt sich nicht an dem Verfahren, muss das Scheitern des außergerichtlichen Schuldenbereinigungsverfahrens festgestellt werden. Der Schuldnerberater hat dann die **Bescheinigung nach § 305 Abs. 1 Nr. 1 InsO** auszustellen.[1081]

357

III. Wirkungen des außergerichtlichen Schuldenbereinigungsplans

Stimmen dagegen alle Gläubiger dem außergerichtlichen Schuldenbereinigungsplan zu, so stellt der Plan einen **Vergleich i.S.d. § 779 BGB** dar. Dieser bildet die

358

1078 VG München, ZInsO 2019, 2022.
1079 Zur Zulässigkeit von Null-Plänen BGH, 10.10.2013 – IX ZB 97/12, ZInsO 2013, 2333.
1080 Dazu bereits oben Rdn 23 ff.
1081 Vgl. zur Berechnung 6-Monats-Frist des § 305 Abs. 1 Nr. 1 InsO AG Göttingen, NZI 2005, 510; AG Hannover, ZInsO 2018, 345; ZInsO 2017, 2652; AG Köln, NZI 2007, 57.

künftige Grundlage für die Inanspruchnahme des Schuldners durch die Gläubiger. Auf die ursprünglichen Forderungen kann nur noch zurückgegriffen werden, wenn dies im Plan durch **Wiederauflebens- oder Verfallklauseln** so vorgesehen ist. Eine Einigung mit den Gläubigern in diesem frühen Verfahrensstadium hat für den Schuldner den Vorteil, dass im Hinblick auf die regelmäßig unentgeltliche Tätigkeit der Schuldnerberatungsstellen noch keine Kosten entstehen. Gerichtskosten fallen nicht an und die Gläubiger müssen die Kosten und Auslagen, die ihnen durch die Erteilung eines Forderungsverzeichnisses und die Teilnahme am Schuldenbereinigungsverfahren entstehen, nach §§ 305 Abs. 2 Satz 2, 310 InsO selbst tragen. Nach § 310 InsO sind auch die Kosten der Teilnahme am **gerichtlichen Schuldenbereinigungsverfahren** nicht erstattungsfähig, sodass es für die Gläubiger nicht sinnvoll ist, allein wegen der fehlenden Kostenerstattung im außergerichtlichen Schuldenbereinigungsverfahren nicht mitzuwirken. Im gerichtlichen Verfahren können die Gläubiger nicht untätig bleiben, wenn sie verhindern wollen, dass ihre fehlende Mitwirkung als Zustimmung gewertet wird.

IV. Beratungshilfe im außergerichtlichen Verfahren

359 Nimmt der regelmäßig nicht leistungsfähige Schuldner für den außergerichtlichen Einigungsversuch die Hilfe eines RA in Anspruch, so stellt sich oftmals die Frage, ob die Bewilligung von **Beratungshilfe** in Betracht kommt.[1082] Die Vorschriften über die Stundung der Verfahrenskosten greifen in dieser Phase noch nicht ein, sodass Beratungshilfe möglicherweise der einzige Weg ist, außerhalb der Inanspruchnahme einer Schuldnerberatungsstelle zu einer kostenfreien Beratung zu kommen. Besondere Probleme kann dies v.a. dann bereiten, wenn aufgrund der **eingeschränkten Kapazitäten** der Schuldnerberatungen zeitnahe Termine nicht zu bekommen sind und es lange Wartezeiten gibt, oder wenn es sich um vormals selbstständige Schuldner handelt, die von manchen Schuldnerberatungen aufgrund des Beschränkung des von ihnen betreuten Personenkreises nicht angenommen werden. Im Hinblick auf diese Schwierigkeiten wurde zwar zunächst von einigen Gerichten die Auffassung vertreten, es sei in diesen Verfahren uneingeschränkt Beratungshilfe zu bewilligen.[1083]

360 In der Folgezeit ist die Justiz aber zunehmend restriktiver geworden und hat Beratungshilfe für das außergerichtliche Verfahren i.d.R. versagt. Zur Begründung wird auf die **Subsidiarität der Beratungshilfe** ggü. der karitativen Schuldnerbera-

---

[1082] Hierzu HK-PrivatinsolvenzR/Homann, Anhang II zu § 305: BerHG mit Kommentierung; Winter, ZVI 2011, 397 ff.
[1083] Vgl. AG Bochum, Rpfleger 2000, 461; AG Köln, Rpfleger 1999, 497.

tung hingewiesen[1084] und es wird ausgeführt, in diesem Verfahren gehe es nicht um die Wahrnehmung von Rechten, sondern vielmehr nur um Fragen des Lebens allgemein.[1085] Andere Gerichte haben zunehmend die Ansicht vertreten, Beratungshilfe könne jedenfalls dann nicht bewilligt werden, wenn der Schuldner für das außergerichtliche Schuldenbereinigungsverfahren die Hilfe einer Schuldnerberatungsstelle in Anspruch nehmen könne und dort keine besonders langen Wartezeiten bestünden.[1086] Nach einer grundlegenden Entscheidung des BVerfG[1087] zu der früher insgesamt sehr umstrittenen Frage der Anwendbarkeit der Beratungshilfevorschriften i.R.d. außergerichtlichen Schuldenbereinigungsverfahrens ist es nicht willkürlich, wenn Schuldner auf die Hilfe einer Schuldnerberatungsstelle verwiesen werden. Diese Stelle sei grundsätzlich eine **andere Hilfsmöglichkeit** i.S.d. Beratungshilfegesetzes. Beratungshilfe i.R.d. außergerichtlichen Schuldenbereinigungsversuchs ist dem Schuldner danach erst zu gewähren, wenn die in Betracht kommenden Beratungsstellen wegen ihrer Überlastung nicht in der Lage sind, wirksam Hilfe zu leisten, wobei der Schuldner konkret darzulegen hat, dass eine entsprechende Belastungssituation bei der Schuldnerberatung gegeben ist, will er trotz der Subsidiarität Beratungshilfe in Anspruch nehmen.

Aufgrund dieser Entscheidung ist zwar die generelle Versagung von Beratungshilfe – die schon deshalb unverständlich wäre, weil der Gesetzgeber in den Nr. 2502ff. VV RVG die Höhe der Beratungshilfegebühren für den außergerichtlichen Einigungsversuch ausdrücklich geregelt hat[1088] – für den außergerichtlichen Einigungsversuch unzulässig. Gleichwohl haben die Gerichte mit der Verweisung auf die Hilfe von Schuldnerberatungsstellen ein wirksames Instrument, um die **Ausstellung von Beratungsscheinen** zu verweigern. Nur wenn der Schuldner darlegen kann, dass die Schuldnerberatungen unzumutbar lange Wartezeiten haben, muss Beratungshilfe für den außergerichtlichen Einigungsversuch bewilligt werden. Faktisch kommt dies inzwischen der kompletten Versagung von Beratungshilfe gleich. 361

Das BVerfG hat in seiner Entscheidung offen gelassen, wie lang die **Wartezeit** bei der Schuldnerberatungsstelle sein muss, damit eine Verweisung des Schuldners auf eine andere Hilfsmöglichkeit i.S.d. § 1 Abs. 1 Nr. 2 BerHG ausscheidet. Insoweit dürfte eine Wartezeit von mehr als 6 Monaten aber deutlich zu lang sein, um von einer zumutbaren anderweitigen Beratungsmöglichkeit auszugehen. Erwartungs- 362

1084 S. etwa AG Mannheim, ZInsO 2011, 348.
1085 So etwa AG Duisburg-Ruhrort, ZVI 2005, 629; AG Lüdenscheid, ZVI 2006, 296.
1086 Vgl. etwa AG Rostock, 22.9.2006 bis 60 II 484/06, juris; AG Torgau, 13.2.2006 – 52 UR II 572/05, juris.
1087 BVerfG, 4.9.2006 – 1 BvR 1911/06, ZInsO 2006, 1207.
1088 Zu den Gebührensätzen für die Vertretungstätigkeit des RA vgl. HK-PrivatinsolvenzR/Homann, Anhang II zu § 305: BerHG Rn 30ff.; Winter, ZVI 2011, 397, 399.

Pape

gemäß ist nach Erlass der Entscheidung des BVerfG die Versagung von Beratungshilfe für den außergerichtlichen Einigungsversuch **die Regel** geworden.[1089] Bewilligt wird nur noch in besonders gelagerten Ausnahmefällen, wenn etwa eine zusätzliche rechtliche Beratung erforderlich ist.[1090] Beratungshilfe für außergerichtliche Einigungsversuche hat sich damit nach der Entscheidung des BVerfG erledigt.

363 Rechtsbehelf gegen die Ablehnung von Beratungshilfe ist die **Erinnerung nach § 6 Abs. 2 BerHG**,[1091] über welche der Richter entscheidet. Die Befassung einer zweiten Instanz mit der Ablehnung ist damit ausgeschlossen. Anerkannten Stellen i.S.v. § 305 Abs. 1 Nr. 1 InsO soll von vornherein keine Beratungshilfe bewilligt werden können.[1092] Eine Erstreckung von § 3 Abs. 1 BerHG auf anerkannte Stellen für Verbraucherinsolvenzberatung kommt nicht in Betracht. Eine Vergütung kann i.R.d. Beratungshilfe nach § 6 Abs. 1 BerHG nur an Personen gezahlt werden, die zur Beratung i.S.d. BerHG befugt sind, dazu gehören anerkannte Stellen nicht.[1093] Dies soll auch keinen verfassungsrechtlichen Bedenken begegnen, ein Verstoß gegen Art. 12 Abs. 1 GG liege nicht vor.[1094]

E. Schutz eines Kontoguthabens des Schuldners – Einrichtung und Funktionsweise eines P-Kontos

364 Zu den gem. § 36 Abs. 1 Satz 2 InsO in Insolvenzverfahren entsprechend anwendbaren Vorschriften der ZPO gehört auch die Regelung über das Pfändungsschutzkonto (P-Konto) des Schuldners in § 850k ZPO. Nach dieser Bestimmung[1095] genießt der Schuldner auch im Insolvenzverfahren Pfändungsschutz hinsichtlich eines Guthabens, das auf einem Pfändungsschutzkonto geführt wird. Nach § 850k Abs. 1 Satz 1

1089 AG Darmstadt, ZVI 2013, 100; AG Bochum, 15.10.2007 – 52 II 1673/07; AG Konstanz, 16.7.2008 – UR II 89/08, jeweils juris; AG Rheinberg, ZVI 2008, 172; AG Weißenfels, 24.1.2012 – 13 II 509/11, juris; anders AG Stendal, ZInsO 2007, 1283; vgl. auch Winter, ZVI 2011, 397, 401f.
1090 Vgl. AG Kaiserslautern, ZInsO 2007, 840; KG, ZInsO 2011, 2151 zum Aufwendungsersatzanspruch des anwaltlichen Berufsbetreuers nach den Gebührensätzen des BerHG für die Vorbereitung eines Regelinsolvenzverfahrens für den bedürftigen Betroffenen.
1091 LG Kleve, ZVI 2006, 291.
1092 OLG Düsseldorf, ZInsO 2006, 775; LG Landau, NZI 2005, 639; AG Landau, NZI 2005, 407.
1093 OLG Düsseldorf, ZInsO 2006, 775.
1094 BVerfG, 4.9.2006 – 1 BvR 1911/06, ZInsO 2006, 1207; zu weiteren Einzelheiten bei Bewilligung von Beratungshilfe Pape, ZInsO 2007, 1183, 1191ff.; HK-PrivatinsolvenzR/Homann, Anhang II zu § 305: BerHG; Winter, ZVI 2011, 397ff.
1095 Zu der Vorschrift HK-PrivatinsolvenzR/Richter, § 850k Rn 6ff.; Zöller/Herget, ZPO, 33. Aufl., § 850k Rn 2ff.; Bitter, ZIP 2011, 149ff.; Büchel, ZInsO 2010, 28ff.; Giers, FamRB 2012, 25ff.; Homann, ZVI 2010, 365ff., 405ff.; Jaquemoth/Zimmermann, ZVI 2010, 113ff.; Langenbahn/Zimmermann/Zipf, ZVI 2011, 440ff.; Rein, ZVI 2016, 50; ders., 2018, 129; Nolte/Schumacher, ZVI 2011, 45ff.; Saager, ZVI 2015, 317.

ZPO kann der Schuldner jeweils bis zum **Ende des Kalendermonats** über Guthaben i.H.d. monatlichen Freibetrages nach § 850c Abs. 1 Satz 1 i.V.m. § 850c Abs. 2a verfügen, falls das Guthaben auf dem Pfändungsschutzkonto des Schuldners bei einem Kreditinstitut gepfändet wird; das Guthaben wird insoweit schon nach dem Gesetz nicht von der Pfändung erfasst.[1096] Keine Verfügung ist gegeben, wenn die Schuldner vergeblich versucht, vom Konto Geld abzuheben.[1097] Diese Regelung ist gem. § 835 Abs. 4 Satz 1 ZPO[1098] auch bei der **Pfändung eines künftigen Guthabens** auf einem Pfändungsschutzkonto im Sinne von § 850k Abs. 7 ZPO zu beachten. Die kontoführende Bank darf als Drittschuldnerin erst nach Ablauf des nächsten auf die jeweilige Gutschrift von eingehenden Zahlungen folgenden Kalendermonats an den Gläubiger leisten oder der Betrag hinterlegen. Hat der Schuldner in dem jeweiligen Kalendermonat nicht über Guthaben i.H.d. nach § 850k Abs. 1 Satz 1 ZPO pfändungsfreien Betrages verfügt, wird dieses Guthaben in dem **folgenden Kalendermonat** zusätzlich zu dem nach Satz 1 **geschützten Guthaben** nicht von der Pfändung erfasst. Gepfändetes Guthaben auf einem Pfändungsschutzkonto, das erst nach Ablauf des auf den Zahlungseingang folgenden Kalendermonats an den Gläubiger geleistet werden darf, kann, soweit der Schuldner hierüber in diesem Kalendermonat nicht verfügt und dabei seinen Pfändungsfreibetrag nicht ausschöpft, in den **übernächsten Monat** nach dem Zahlungseingang übertragen werden und erhöht dort den Pfändungsfreibetrag.[1099] Nach einer Entscheidung des BGH vom 19.10.2017[1100] verfügt ein Vollstreckungsschuldner nur dann über das Pfändungsschutzkonto, wenn er die kontoführende Bank anweist, einen **Zahlungsvorgang auszulösen**, und diese den beauftragten Zahlungsvorgang ausführt. Der vergebliche Versuch einer Barabhebung stellt keine Verfügung über den Freibetrag dar. Der BGH führt weiter aus, Verfügungen, die der Schuldner über sein pfandfreies Guthaben treffe, sind zunächst auf das übertragene Restguthaben aus dem Vormonat anzurechnen und erst nach dessen Erschöpfung auf den neuen **Sockelfreibetrag** des aktuellen Monats (First-in-first-out-Prinzip). Nach einer weiteren Entscheidung kann in einem Beschluss gemäß **§ 850k Abs. 3 ZPO** eine Bezifferung des pfändungsfreien Betrags unterbleiben, wenn dies erforderlich ist, um eine gleichmäßige Befriedigung des Gläubigers und gleichrangiger weiterer Unterhaltsberechtigter zu erreichen.[1101]

1096 Zöller/Stöber, § 850k ZPO Rn 2.
1097 BGH, 19.10.2017 – IX ZR 3/17, ZInsO 2017, 2647.
1098 Zu dieser Regelung BGH, 10.11.2011 – VII ZB 32/11, WuM 2012, 113; BGH, 28.7.2011 – VII ZB 92/10, NZI 2011, 717; BGH, 28.7.2011 – VII ZB 94/10, juris; BGH, 14.7.2011 – VII ZB 85/10, ZInsO 2011, 2145.
1099 BGH, 4.12.2014 – IX ZR 115/14, ZInsO 2015, 144.
1100 BGH, 19.10.2017 – IX ZR 3/17, ZInsO 2017, 2647.
1101 BGH, 11.10.2017 – VII ZB 53/14, ZInsO 2017, 2617.

Diese Regelungen gelten entsprechend, wenn das Guthaben auf einem Girokonto des Schuldners gepfändet ist, das vor Ablauf von 4 Wochen seit der Zustellung des Überweisungsbeschlusses an den Drittschuldner **in ein Pfändungsschutzkonto umgewandelt** wird. Eine entsprechende Umwandlung kann der Schuldner nach § 850k Abs. 7 Satz 2 ZPO jederzeit verlangen, wenn nicht das Bestandskonto schon nach § 850k Abs. 7 Satz 1 ZPO als P-Konto geführt wird. Dies gilt auch bei einer schon eingegangenen Pfändung. Ist das Guthaben des Girokontos bereits gepfändet worden, so kann der Schuldner nach § 850k Abs. 7 Satz 3 ZPO die Führung als Pfändungsschutzkonto zum Beginn des vierten auf seine Erklärung folgenden Geschäftstages verlangen.

I. Entwicklung des Pfändungsschutzes für Kontoguthaben und Grundzüge der Regelung

365 Galten seit dem 1.7.2010 die Regeln zum P-Konto und der frühere Pfändungsschutz von Kontoguthaben des Schuldners zunächst nebeneinander weiter, so ist der **frühere Pfändungsschutz** von Kontoguthaben aus Arbeitseinkommen ab dem 1.1.2012 weggefallen. Es besteht nur noch und ausschließlich eine Schutzmöglichkeit über das P-Konto, das nach § 850k Abs. 7 Satz 1 ZPO für natürliche Personen durch **Vereinbarung** zwischen dem Kunden oder dessen gesetzlichem Vertreter und dem Kreditinstitut eingerichtet werden kann, wobei jede natürliche Person nur ein P-Konto haben darf.[1102] Die Einrichtung mehrerer P-Konten durch eine Person soll deren Versicherung gegenüber dem Kreditinstitut, dass sie kein weiteres P-Schutzkonto unterhält, verhindern. Auf frühere Schutzmöglichkeiten (§ 850k ZPO a.F. – Pfändungsschutz für Kontoguthaben aus Arbeitseinkommen) kann nicht mehr zurückgegriffen werden.

Der Pfändungsschutz auf dem P-Konto ist nicht mehr davon abhängig, woher das Guthaben stammt.[1103] Es muss sich nicht mehr zwingend um Arbeitseinkommen handeln. Unerheblich ist somit, ob es sich um **Einkünfte aus abhängiger oder selbständiger Erwerbstätigkeit** oder um sonstige Einkünfte wie Renten, Versorgungsbezüge, Einnahmen aus Vermietung und Verpachtung, Unterhaltsansprüche, freiwillige Zuwendungen Dritter usw. handelt. Ein Nachweis über die Art der Einkünfte hat der Schuldner dem Kreditinstitut gegenüber nicht zu erbringen. Der Pfändungsschutz erstreckt sich auch auf künftige Guthaben, die in den auf den Pfändungsmonat folgenden Kalendermonaten entstehen. Ein **Grundfreibetrag** i.H.v. derzeit 1.178,59 EUR ist ohne Antrag und ohne zeitliche Aufteilung in jedem einzelnen Kalendermonat pfändungsfrei. Max. verdoppelt werden kann dieser Be-

---

1102 Vgl. Zöller/Stöber, § 850k ZPO Rn 17.
1103 Zöller/Stöber, § 850k ZPO Rn 3.

trag, wenn über den Grundfreibetrag im laufenden Monat nicht verfügt wird, weil er dann nach § 850k Abs. 1 Satz 3 ZPO auf den Folgemonat übertragen wird.[1104] Eine **Aufstockung** des pfändungsfreien Betrags ist i.R.d. § 850k Abs. 2 ZPO möglich. Individuell bestimmt und heraufgesetzt werden kann der pfändungsfreie Betrag durch das Vollstreckungsgericht nach § 850k Abs. 3 und 4 ZPO. Entscheidungen über entsprechende Anträge obliegen dem **Insolvenzgericht** anstelle des Vollstreckungsgerichts, wenn sie während des laufenden Insolvenzverfahrens vom Schuldner gestellt werden. Das entspricht dem Grundsatz, dass während des Insolvenzverfahrens das Insolvenzgericht die vollstreckungsrechtlichen Entscheidungen zu treffen hat. Anders als früher, als der geschützte Zeitraum vom Datum des Geldeingangs abhängig war, ist **Schutzzeitraum** jetzt grds. der Kalendermonat. Eine Übertragung in den nächsten Monat ist in den Grenzen des § 850k Abs. 1 Satz 3 ZPO möglich.[1105]

Weitergehender Pfändungsschutz von Kontoguthaben ist nach § 850l ZPO möglich. Danach kann das Vollstreckungsgericht auf Antrag des Schuldners anordnen, dass das Guthaben auf dem Pfändungsschutzkonto für die Dauer von bis zu **12 Monaten** der Pfändung nicht unterworfen ist, wenn der Schuldner nachweist, dass dem Konto in den letzten 6 Monaten vor Antragstellung ganz überwiegend nur **unpfändbare Beträge gutgeschrieben** worden sind, und er glaubhaft macht, dass auch innerhalb der nächsten 12 Monate nur ganz überwiegend nicht pfändbare Beträge zu erwarten sind. Versagt werden kann eine entsprechende Anordnung, wenn **überwiegende Belange des Gläubigers** entgegenstehen. Aufzuheben ist die Anordnung auf Antrag eines Gläubigers, wenn ihre Voraussetzungen nicht mehr vorliegen oder die Anordnung den überwiegenden Belangen dieses Gläubigers entgegensteht. Diese Regelung ist allerdings im Insolvenzverfahren nicht entsprechend anwendbar. Insoweit fehlt eine Verweisung auf die Regelung der Vorschriften der ZPO in § 36 Abs. 1 Satz 2 InsO.

366

1. Wirkungen im Insolvenzverfahren

Zu beachten sind die Grundsätze über die Behandlung von geschützten Kontoguthaben auch im Insolvenzverfahren über das Vermögen **natürlicher Personen**, in denen Insolvenzverwalter/Treuhänder auf einem Girokonto des Schuldners gutgeschriebene Beträge nicht zur Masse ziehen dürfen, für die nach § 850k ZPO Pfändungsschutz besteht.[1106] Der **Antrag auf Verfahrenseröffnung** hat auf bestehende Konten noch keinen Einfluss. Der Schuldner kann diese weiter mit den Erleichterungen des § 850k ZPO benutzen oder auch – sofern er noch nicht über ein P-Konto

367

1104 Vgl. Zöller/Stöber, § 850k ZPO Rn 4 ff.
1105 Zu den zeitlichen Grenzen BGH, 4.12.2014 – IX ZR 115/14, ZInsO 2015, 144.
1106 Vgl. BGH, 19.10.2019 – IX ZR 246/17, ZInsO 2019, 678; HK-PrivatinsolvenzR/Richter, § 850k ZPO Rn 99 ff.; du Carrois, ZInsO 2010, 2276, 2280 f.; Knees, ZInsO 2010, 20, 24 ff.

verfügt – erstmalig einen **Umwandlungsantrag** stellen. Soweit allgemeine Geschäftsbedingungen eines Kreditinstituts Bestimmungen über ein Pfändungsschutzkonto enthalten, nach denen die Kontoführung grundsätzlich auf Guthabenbasis erfolgt und die Ausgabe einer Bank- oder Kreditkarte sowie die Nutzung des Karten- und Dokumentenservices nicht möglich sein sollen, sind diese sind im Verkehr mit Verbrauchern gem. § 307 Abs. 1 Satz 1, Abs. 2 Nr. 1 BGB jedenfalls dann unwirksam, wenn sie auch für Bestandskunden gelten sollen.[1107] Werden **verfügungsbeschränkende Maßnahmen** – etwa die Bestellung eines vorläufigen Insolvenzverwalters mit Zustimmungsvorbehalt – erlassen, ändert dies nichts am Recht des Schuldners, i.R.d. § 850k ZPO weiter über das Kontoguthaben allein zu verfügen. Insoweit würde auch eine rückwirkende Umwandlung zugunsten des Schuldners greifen. Weiter als die Verfügungsbeschränkungen im eröffneten Verfahren können die Beschränkungen im Eröffnungsverfahren nicht gehen. Auch im **eröffneten Verfahren** behält der Schuldner nach § 36 Abs. 1 Satz 2 InsO i.V.m. § 850k ZPO das Recht, über sein Kontoguthaben innerhalb des geschützten Rahmens zu verfügen. Der Insolvenzverwalter erlangt insoweit keine Verfügungsbefugnis. Er hat auch nicht das Recht, für den Schuldner die Umwandlung eines Bestandskontos in ein P-Konto zu verlangen.[1108]

Führt die Bank das **Pfändungsschutzkonto** des Schuldners nach Eröffnung des Insolvenzverfahrens weiter und verbleiben Zahlungseingänge auf dem Pfändungsschutzkonto nach der Eröffnung des Insolvenzverfahrens, welche die **Pfändungsfreigrenze** übersteigen, so kann dem Auszahlungsverlangen des Insolvenzverwalters bezüglich der auf dem Konto angesammelten Beträge von der Bank entgegengehalten werden, dass aufgrund vorliegender **Pfändungs- und Überweisungsbeschlüsse** über dieses Kontoguthaben nicht verfügt werden könne und sie das Guthaben deshalb nicht auszahlen könne.[1109] Dem Auszahlungsverlangen des Insolvenzverwalters steht entgegen, dass eine durch Zwangsvollstreckung im letzten Monat vor dem Antrag auf Eröffnung des Insolvenzverfahrens oder nach diesem Antrag erlangte Sicherung zur **öffentlich-rechtlichen Verstrickung** des Vermögensgegenstandes führe. Eine Verstrickung trete auch bei einer während der Dauer des Insolvenzverfahrens durchgeführten Zwangsvollstreckung ein; die Wirkungen der Verstrickung dauerten im **Insolvenzverfahren** fort, bis sie auf einem dafür vorgesehenen Weg beseitigt worden seien. Eine Auszahlung des Guthabens an den – im Insolvenzverfahren ohne Zweifel forderungsberechtigten – Insolvenzverwalter kann deshalb nur erfolgen, wenn dieser auf dem dafür vorgesehenen Weg die Verstrickung beseitigt hat.

1107 BGH, 16.7.2013 – XI ZR 260/12, NZI 2013, 973.
1108 Zöller/Stöber, § 850k ZPO Rn 16.
1109 BGH, 21.9.2017 – IX ZR 40/17, ZInsO 2017, 2267.

Wenn Zahlungen von einem Pfändungsschutzkonto des Schuldners erfolgt sind, kann dies nach der Rechtsprechung des BGH auch anfechtungsrechtlich von Bedeutung sein. Der BGH hat hierzu in einem Urteil vom 12.9.2019, in dem es um eine **Vorsatzanfechtung** nach § 133 Abs. 1 InsO ging, entschieden, dass ein unterhaltspflichtiger Schuldner trotz erkannter Zahlungsunfähigkeit bei **Vornahme von Unterhaltszahlungen** ohne Gläubigerbenachteiligungsvorsatz handeln kann, wenn sich die einzelnen Unterhaltszahlungen in einer Größenordnung bewegen, die es nahelegt, dass es sich wirtschaftlich um Zahlungen aus dem zugunsten der Unterhaltsgläubiger pfändungsgeschützten Teil des Einkommens oder von einem jederzeit schützbaren Konto handelt. In diesem Fall müsse der Insolvenzverwalter für die Anfechtung von Unterhaltszahlungen weitere Umstände darlegen und beweisen, die für einen **Benachteiligungsvorsatz** sprechen, etwa eine erheblich die Pfändungsfreigrenzen übersteigende Höhe der monatlichen Einnahmen des Schuldners.[1110]

2. Einrichtung des P-Kontos/Auswirkungen der Verfahrenseröffnung

Jede Person darf gem. § 850k Abs. 8 Satz 1 ZPO **nur ein P-Konto** führen. Bei der Einrichtung des Kontos hat der Kunde ggü. dem Kreditinstitut zu versichern, dass er kein weiteres P-Konto unterhält (§ 850k Abs. 8 Satz 2 ZPO). Führt der Schuldner gleichwohl mehrere P-Konten, so hat der Gläubiger hat nach § 850k Abs. 9 ZPO ein Bestimmungsrecht, welches gegenüber dem Vollstreckungsgericht auszuüben ist.[1111] Der bislang fehlende Anspruch auf Einrichtung eines Girokontos für Jedermann ist nunmehr gesetzlich geregelt. Jeder EU-Bürgers hat nach der Richtlinie über die Vergleichbarkeit von Zahlungskontoentgelten, den Wechsel von Zahlungskonten sowie den Zugang zu Zahlungskonten mit grundlegenden Funktionen einen **Anspruch auf Einrichtung eines Girokontos**.[1112] Die Umsetzung dieses gesetzlichen Anspruchs in bundesdeutsches Recht ist durch das „Gesetz zur Umsetzung der Richtlinie über die Vergleichbarkeit von Zahlungskontoentgelten, den Wechsel von Zahlungskonten sowie den Zugang zu Zahlungskonten mit grundlegenden Funktionen" vom 11.4.2016[1113] erfolgt, so dass es wenigstens ab 2016 auch in der BRD niemand mehr ohne eine Kontoverbindung auskommen muss.

Spiegelbildlich zur Einrichtung eines P-Kontos hat der Inhaber eines Pfändungsschutzkontos einen Anspruch auf **Rückumwandlung des Kontos** in ein herkömmliches Girokonto. Nach Kündigung der Zusatzvereinbarung über das Pfän-

---

1110 Vgl. BGH, 12.9.2019 – IX ZR 264/18, ZInsO 2019, 2159.
1111 Hierzu näher Zöller/Stöber, § 850k ZPO Rn 18.
1112 Vgl. die Zahlungskonten-Richtlinie (RL 2014/92/EU), welche von allen EU-Mitgliedstaaten bis zum 18. September 2016 in nationales Recht umgesetzt sein muss.
1113 BGBl. I 2016, S. 720.

dungsschutzkonto sind die bisherigen Vereinbarungen über das dem Pfändungsschutzkonto zugrunde liegende herkömmliche Girokonto wieder maßgeblich. Dabei ist eine formularmäßige Vereinbarung, nach der die Führung des Girokontos nach Aufhebung des Pfändungsschutzkontos nur noch auf **Guthabenbasis** erfolgt, unwirksam.[1114]

369 Die Frage, ob das P-Konto des Schuldners gem. §§ 115, 116 InsO mit Eröffnung des Insolvenzverfahrens über das Vermögen des Schuldner erlischt und nur im Fall der **einvernehmlichen Neueinrichtung** durch das Kreditinstitut wieder auflebt, ist streitig. Teilweise wird die Ansicht vertreten, der Schuldner könne ungeachtet der Verfahrenseröffnung die Umwandlung eines bestehenden Girokontos in ein P-Konto verlangen bzw. ein bereits eingerichtetes P-Konto fortführen.[1115] Nach anderer Auffassung sind die Vorschriften der InsO einschränkungslos anzuwenden, sodass das Konto in jedem Fall mit der Eröffnung erlischt.[1116] Ein solches Erlöschen würde aber – jedenfalls bei einem schon eingerichteten Konto oder einem Konto, bei dem der Antrag auf Umwandlung gestellt ist – dem **Schutzgedanken des § 850k ZPO** widersprechen und dem Schuldner den gesetzlichen Pfändungsschutz nehmen. Es spricht deshalb alles dafür, dass ein entsprechendes Konto fortbesteht.[1117] Soweit in der Vergangenheit die Gefahr bestand, dass der Schuldner aufgrund des fehlenden Anspruchs auf Einrichtung eines entsprechenden Kontos – Ausnahmen hierzu waren nur in verschiedenen Sparkassengesetzen der Länder zu finden – kaum eine Chance hatte, nach Eröffnung eines Insolvenzverfahrens wieder ein Girokonto zu eröffnen, mag diese Gefahr durch den Anspruch auf Einrichtung zwar gebannt sein. Die Rechte aus § 850k ZPO würden gleichwohl unnötig beschnitten, wenn der Schuldner im Insolvenzfall gezwungen wäre, ein neues Konto einzurichten. Der Anspruch auf jederzeitige **Umwandlung** eines bestehenden Kontos in ein Pfändungsschutzkonto liefe teilweise leer.

3. Erteilung von Auskünften

370 Das Kreditinstitut darf **Auskunfteien** zwar mitteilen, dass es für den Kunden ein Pfändungsschutzkonto führt (§ 850k Abs. 8 Satz 3 ZPO). Diese Angabe darf von den Auskunfteien aber nur verwendet werden, um anderen Kreditinstituten auf Anfrage zum Zwecke der Überprüfung der Richtigkeit der Versicherung nach Satz 2 Auskunft darüber zu erteilen, ob die betroffene Person ein Pfändungsschutzkonto unterhält. Die Erhebung, Verarbeitung und Nutzung zu anderen Zwecken ist – auch mit Ein-

---

1114 BGH, 10.2.2015 – XI ZR 187/13, ZIP 2015, 624.
1115 Büchel, ZInsO 2010, 20, 26 f.; du Carrois, ZInsO 2010, 2276, 2279 f.
1116 Vgl. Knees, ZInsO 2011, 511.
1117 Zur Zuordnung eines im Insolvenzverfahren fortgeführten Girokontos bei freigegebener selbständiger Tätigkeit auch BGH, 21.2.2019 – IX ZR 246/17 –, BGHZ 221, 212 = ZInsO 2019, 678.

willigung der betroffenen Person – unzulässig (§ 850k Abs. 8 Satz 4 und 5 ZPO). Ausgeschlossen ist damit die Information etwaiger Gläubiger oder die Verwendung der Mitteilung für Fragen nach der **Kreditwürdigkeit des Schuldners**. Das eigene Auskunftsrecht des Kunden aus § 34 BDSG bleibt dagegen unberührt.[1118]

4. Verfahren bei Unterhalten mehrerer P-Konten

Unterhält ein Schuldner trotz des Verbots in § 850k Abs. 8 Satz 1 ZPO mehrere Girokonten als Pfändungsschutzkonten, so hat der Gläubiger das **Bestimmungsrecht** nach Maßgabe des § 850k Abs. 9 ZPO. Das Vollstreckungsgericht ordnet auf Antrag eines Gläubigers an, dass nur das von dem Gläubiger in dem Antrag bezeichnete Girokonto dem Schuldner als Pfändungsschutzkonto verbleibt.[1119] Voraussetzung ist, dass der Gläubiger durch Vorlage entsprechender **Erklärungen der Drittschuldner** glaubhaft macht, dass der Schuldner, dessen Anhörung unterbleibt, mehrere P-Konten unterhält. Mit der Zustellung der Entscheidung, die allen Drittschuldnern zuzustellen ist, an diejenigen Kreditinstitute, deren Girokonten nicht zum Pfändungsschutzkonto bestimmt sind, entfallen die **Wirkungen des § 850k Abs. 1 bis 6 ZPO**. Als weitere Voraussetzung muss der Gläubiger das Konto gepfändet haben, das auf seinen Antrag nicht zum P-Konto bestimmt werden soll; ansonsten entfällt das **Rechtsschutzbedürfnis** für den Antrag auf Bestimmung des P-Kontos.[1120] Bei Pfändung mehrerer P-Konten durch mehrere Gläubiger ist maßgeblich, welches Konto auf Antrag zuerst als P-Konto bestimmt wird. Ein anderes Konto kann auch auf den späteren Antrag eines Gläubigers, der früher gepfändet hat, nicht mehr bestimmt werden. Werden die Anträge mehrerer Gläubiger auf Bestimmung des P-Kontos zur gleichzeitigen Entscheidung zusammengefasst, kommt es auf den Antrag des **erstvollstreckenden Gläubigers**, nicht aber des ersten Antragstellers an.[1121]

371

5. Behandlung von Gemeinschaftskonten

Eine gemeinsame Kontoinhaberschaft – „und-" oder „oder"-Konto – ist nicht erlaubt. Dies schließt es allerdings nicht aus, dass dem Ehe- oder Lebenspartner oder einer anderen Person **Verfügungsbefugnis** über das Konto eingeräumt wird.[1122] Bei einem bestehenden Gemeinschaftskonto kann jeder Kontoinhaber verlangen, dass

372

1118 BT-Drucks. 17/3356, S. 18 f.
1119 Siehe bereits vorstehend Rdn 366.
1120 Zöller/Stöber, § 850k ZPO Rn 18.
1121 So Zöller/Stöber, § 850k ZPO Rn 18; anders dagegen Bitter, ZIP 2011, 149, 157, der auf die zeitliche Reihenfolge der Anträge abstellt.
1122 Zöller/Stöber, § 850k ZPO Rn 17.

für ihn ein P-Konto eingerichtet wird.[1123] Es entsteht dann jeweils ein P-Konto des Antragstellers.

6. Gebühren für die Führung von P-Konten

373 Es gibt keine gesetzliche Begrenzung oder Festlegung der **Gebühren** für ein P-Konto.[1124] Das Gesetz enthält keinerlei Regelung hinsichtlich der Höhe der Gebühren. Zwar wurde seitens des BMJV mehrfach die Erwartung geäußert, Banken würden das P-Konto nicht dadurch scheitern lassen, dass sie hierfür zu hohe Gebühren nehmen. Einen Niederschlag im Gesetz hat diese Erwartung aber nicht gefunden. Auch wenn der zu erwartende Aufwand für die Führung eines P-Kontos eigentlich sogar geringer sein sollte als bei einem „normalen" Konto, wird versucht, durch überhöhte Gebühren Abschreckungseffekte zu erzielen. Dieses Verhalten belegt ein Urteil des BGH vom 13.11.2013, wonach die im **Preis- und Leistungsverzeichnis eines Kreditinstituts** enthaltene Bestimmung über die Kontoführungsgebühr für ein Pfändungsschutzkonto im Verkehr mit Verbrauchern gemäß § 307 Abs. 1 Satz 1, Abs. 2 Nr. 1 BGB unwirksam ist, wenn hiernach der Kunde bei Umwandlung seines schon bestehenden Girokontos in ein Pfändungsschutzkonto ein über der für das Girokonto zuvor vereinbarten **Kontoführungsgebühr** liegendes Entgelt zu zahlen hat oder das Kreditinstitut bei der Neueinrichtung eines Pfändungsschutzkontos ein Entgelt verlangt, das über der Kontoführungsgebühr für ein Neukunden üblicherweise als Gehaltskonto angebotenes Standardkonto mit vergleichbarem Leistungsinhalt liegt.[1125] Ob für die **Kontoumwandlung** eine Gebühr verlangt werden kann, ist streitig.[1126] Die Rechtsnatur des Kontos, das besonders bedürftige Personen schützen soll, dürfte aber eher für **Unentgeltlichkeit** sprechen.

II. Bestimmung des geschützten Betrags

374 Kernstück des Gesetzes zur Reform des Kontopfändungsrechts vom 7.7.2009[1127] war die Einführung eines Pfändungsschutzkontos (P-Konto) mit einem pfändungsfreien

---

1123 Bitter, ZIP 2011, 149, 153.
1124 Vgl. Ahrens, NJW-Spezial 2011, 85 f.; Zimmermann/Zipf ZVI 2011, 37; zur Unwirksamkeit einer Klausel in Allgemeinen Geschäftsbedingungen wegen unangemessener Benachteiligung des Kunden, nach der sich die Kosten für ein Girokonto, das auf Antrag als Pfändungsschutzkonto geführt wird, erhöhen, wenn die mit der Erfüllung der gesetzlichen Pflicht verbundenen (höheren) Kosten für Aufgaben anfallen, die die Verwenderin im eigenen Interesse erbringt, vgl. KG, 29.9.2011 – 23 W 35/11, ZIP 2011, 112.
1125 BGH, 13.11.2012 – XI ZR 500/11, ZVI 2013, 14 = BGHZ 195, 298.
1126 Für Unentgeltlichkeit Homann ZVI 2010, 410; aA Ahrens NJW-Spezial 2011, 85.
1127 BGBl. I, S. 1707.

Betrag von derzeit 1.178,59 EUR für jeden Kalendermonat. Weitergehende Beträge können unter bestimmten Voraussetzungen aufgrund einer **Bescheinigung bestimmter Stellen** oder aufgrund einer **Entscheidung des Vollstreckungsgerichts** zusätzlich pfändungsfrei gestellt werden. Das Gesetz sollte dazu führen, dass bei Personen mit geringem Einkommen der Umgang mit Kontopfändungen erleichtert wird.

1. Grundfreibetrag

Der Pfändungsschutz auf dem P-Konto differenziert nicht mehr nach der **Herkunft des Guthabens** (früher Arbeitseinkommen, Sozialleistung oder sonstige Einkünfte). Jedes Guthaben genießt denselben Pfändungsschutz unabhängig davon, ob es aus Arbeitseinkommen, Kapitaleinkünften, Sozialleistungen, Betriebskosten- oder Steuererstattungen, Mieteinnahmen, Unterhaltsleistungen, freiwilligen Zuwendungen Dritter oder sonstigen Einkünften stammt. Pfändungsschutz kann deshalb auch ein selbstständig tätiger Schuldner in Anspruch nehmen. In Anlehnung an die Pfändungsfreigrenzen wird zunächst der Betrag von 1.178,59 EUR für einen Kalendermonat pfändungsfrei gestellt. Dieser Betrag ist nach dem Gesetzeswortlaut (§ 850c ZPO) der niedrigste monatlich unpfändbare Betrag bei **Einkommen aus Erwerbsarbeit ohne Unterhaltsberechtigte**. Über den Betrag kann der Kontoinhaber i.R.d. Girovertrages verfügen. Möglich sind nicht nur Barabhebungen; i.R.d. geschützten Guthabens können auch Daueraufträge, Überweisungen und Einziehungsermächtigungen getätigt werden. Versuche von Kreditinstituten, über die Vertragsbedingungen die Nutzung des P-Kontos, bspw. hinsichtlich des Lastschriftverfahrens, einzuschränken, widersprechen dem Willen des Gesetzgebers.

375

2. Mehr- oder Aufstockungsbetrag

Über den Grundfreibetrag hinausgehende Beträge können auf dem Konto pfändungsfrei sein, wenn bestimmte Stellen die Unpfändbarkeit bescheinigen. Beträge, die über den Grundfreibetrag hinaus als pfändungsfrei zu behandeln sind, ergeben sich, wenn der Kontoinhaber **Unterhaltsverpflichtungen** erfüllt, in einer **Bedarfsgemeinschaft** i.S.d. SGB II lebt oder bestimmte andere **Sozialleistungen, Kindergeld oder Unterhalt** bezieht. Erforderlich ist, dass der weiter gehende Betrag durch den Arbeitgeber, die Familienkasse, den Sozialleistungsträger und eine **geeignete oder anerkannte Person oder Stelle** im Sinne von § 305 Abs. 1 Nr. 1 InsO bescheinigt wird.[1128] Im Zweifelsfall oder wenn die Bescheinigung nicht hinreichend ist, kann der Kontoinhaber das **Vollstreckungsgericht** anrufen.

376

1128 Hierzu Köppen ZVI 2011, 339 ff.

§ 850k Abs. 2 ZPO bestimmt, dass die Pfändung des Guthabens als mit der **Maßgabe** ausgesprochen wird, bestimmte, den Freibetrages nach Abs. 1 erhöhende Beträge seien nicht von der Pfändung erfasst.[1129] Hierzu gehören zunächst die nach § 850c Abs. 1 Satz 2 i.V.m. § 850c Abs. 2a Satz 1 pfändungsfreien Beträge, wenn entweder der Schuldner einer oder mehreren Personen aufgrund gesetzlicher Verpflichtung **Unterhalt** gewährt oder Geldleistungen nach dem Zweiten oder Zwölften Buch Sozialgesetzbuch für mit ihm in einer Gemeinschaft i.S.d. § 7 Abs. 3 des Zweiten Buches Sozialgesetzbuch oder der §§ 19, 20, 36 Satz 1 oder 43 des Zwölften Buches Sozialgesetzbuch lebende Personen entgegennimmt, denen er nicht aufgrund gesetzlicher Vorschriften zum Unterhalt verpflichtet ist. Nicht erfasst werden ferner einmalige **Geldleistungen i.S.d. § 54 Abs. 2** des Ersten Buches Sozialgesetzbuch und Geldleistungen zum Ausgleich des durch einen Körper- oder Gesundheitsschaden bedingten Mehraufwandes i.S.d. § 54 Abs. 3 Nr. 3 des Ersten Buches Sozialgesetzbuch. Pfändungsfrei sind schließlich das Kindergeld oder andere Geldleistungen für Kinder, es sei denn, es wird wegen einer Unterhaltsforderung eines Kindes, für das die Leistungen gewährt oder bei dem es berücksichtigt wird, gepfändet.

Durch § 850k Abs. 2 Satz 2 ZPO (Verweisung auf § 850k Abs. 1 Satz 3 ZPO) wird sichergestellt, dass auch insoweit unverbrauchte Beträge auf den **Folgemonat übertragen** werden.

Gem. § 850k Abs. 5 Satz 1 ZPO ist das Kreditinstitut dem Schuldner zur **Leistung** aus dem nach Abs. 1 und 3 nicht von der Pfändung erfassten Guthaben i.R.d. vertraglich Vereinbarten verpflichtet. Dies gilt für Aufstockungsbeträge nach Abs. 2, die nicht von der Pfändung erfasst werden, nur insoweit, als der Schuldner durch eine **Bescheinigung des Arbeitgebers, der Familienkasse, des Sozialleistungsträgers** oder einer **geeigneten Person oder Stelle im Sinne von § 305 Abs. 1 Nr. 1 der InsO** nachweist, dass das Guthaben nicht von der Pfändung erfasst ist. Nähere Festlegungen hinsichtlich der Form einer solchen Bescheinigung enthält das Gesetz nicht. Ausreichen sollen etwa Gehalts- und Lohnabrechnungen, andere Bescheide oder Bescheinigungen öffentlicher oder privater Arbeitgeber oder von SGB-Leistungsträgern.[1130] Damit soll vermieden werden, dass Kreditinstitute mit **aufwendigen Prüfungen** belastet werden. Eine Festsetzung durch das Vollstreckungsgericht auf Antrag des Schuldners (§ 850k Abs. 5 Satz 5 ZPO) soll nur erfolgen, wenn die Unterhaltsgewährung, der Bezug von Kindergeld oder unpfändbarer SGB-Leistungen nicht offensichtlich ist. Ist dem Kreditinstituts die **Unrichtigkeit** einer Bescheinigung nach § 850k Abs. 5 Satz 2 ZPO weder bekannt noch infolge grober Fahrlässigkeit unbekannt, hat eine Leistung an den Schuldner befreiende Wirkung.

Um den Umfang der unpfändbaren Beträge bestimmen zu können, hat der Gläubiger, zu dessen Gunsten Ansprüche des Schuldners auf Auszahlung von Gut-

---

[1129] Hierzu BGH, 10.11.2011 – VII ZB 74/10, juris.
[1130] Zöller/Stöber, § 850k ZPO Rn 14.

haben auf einem Pfändungsschutzkonto gepfändet und überwiesen werden, das Recht, zu verlangen, dass die gemäß § 836 Abs. 3 Satz 1 ZPO bestehende Verpflichtung des Schuldners zur Herausgabe der bei ihm vorhandenen Nachweise, welche gemäß § 850k Abs. 2, Abs. 5 Satz 2 ZPO zur Erhöhung der Pfändungsfreibeträge führen können, in den Pfändungs- und Überweisungsbeschluss aufgenommen wird, wobei dem Schuldner nachgelassen werden muss, die Übergabe durch Herausgabe von Kopien zu erfüllen.[1131]

3. Bestimmung des pfändungsfreien Betrages bei Unterhaltsansprüchen

Ein Sonderfall liegt vor, wenn das Guthaben wegen der in § 850d ZPO bezeichneten **Unterhaltsforderungen** gepfändet wird. Hier tritt an die Stelle der nach § 850k Abs. 1 und Abs. 2 Satz 1 Nr. 1 ZPO pfändungsfreien Beträge der vom Vollstreckungsgericht im Pfändungsbeschluss bestimmte Betrag. Dessen Bestimmung würde im Insolvenzfall wiederum dem Insolvenzgericht obliegen.[1132]

377

4. Abweichende Festsetzung des pfändungsfreien Betrages durch das Vollstreckungsgericht

Ein abweichende Festsetzung des pfändungsfreien Betrages durch das **Vollstreckungsgericht** – d.h. im Insolvenzverfahren durch das Insolvenzgericht – kann nach § 850k Abs. 4 ZPO auf Antrag erfolgen. Zur Bestimmung des von § 850k Abs. 1, Abs. 2 Satz 1 Nr. 1 und Abs. 3 abweichenden pfändungsfreien Betrags sind die §§ 850a, 850b, 850c, 850d Abs. 1 und 2, die §§ 850e, 850f, 850g und 850i sowie die §§ 851c und 851d ZPO sowie § 54 Abs. 2, Abs. 3 Nr. 1, 2 und 3, Abs. 4 und 5 SGB I, § 17 Abs. 1 Satz 2 SGB XII und § 76 EStG entsprechend anzuwenden.[1133] Auf das Eigengeld, das aus dem Arbeitsentgelt des im Vollzug arbeitenden Strafgefangenen gebildet wird, finden die Pfändungsschutzvorschrift des § 850k ZPO – ebenso wie die Regelung des § 850c ZPO – keine Anwendung.[1134]

378

1131 BGH, 21.2.2013 – VII ZB 59/10, ZIP 2013, 902.
1132 Zur Bestimmung durch das Vollstreckungsgericht im Regelfall vgl. Zöller/Stöber, § 850k ZPO Rn 11.
1133 Vgl. Zöller/Stöber, § 850k ZPO Rn 12; zur Festsetzung des Freibetrags gemäß § 850k Abs. 4 ZPO durch Bezugnahme auf das vom Arbeitgeber monatlich überwiesene pfändungsfreie Arbeitseinkommen, wenn das Arbeitseinkommen des Schuldners gepfändet ist und daher auf ein Pfändungsschutzkonto des Schuldners vom Arbeitgeber monatlich nur der unpfändbare Betrag überwiesen wird und dieser ständig in unterschiedlichem Maße von den Sockelbeträgen des § 850k Abs. 1, Abs. 2 Satz 1 Nr. 1 und Abs. 3 ZPO abweicht, vgl. BGH, 10.11.2011 – VII ZB 64/10, ZInsO 2012, 145.
1134 BGH, 20.6.2013 – IX ZB 50/12, ZInsO 2013, 1845; 1.7.2015 – XII ZB 240/14, ZInsO 2015, 1671.

III. Schutzzeitraum und Übertragung unverbrauchter Beträge

379 Der nach den vorstehenden Regelungen bestimmte Betrag ist immer für einen **kompletten Kalendermonat** pfändungsfrei und somit auch einen Tag vor Monatswechsel in voller Höhe verfügbar. Anders als früher erfolgt innerhalb des Schutzzeitraums auf dem P-Konto kein prozentualer Abbau des Freibetrages. Ferner ermöglichen die Regeln des P-Kontos, dass ein **nicht verbrauchter Teil** des unpfändbaren geschützten Guthabens auf den nächsten Monat übertragen werden kann. Verfügt der Schuldner im laufenden Monat nicht über einen geschützten Guthabenbetrag, steht dieser auch noch im **Folgemonat** zur Verfügung und kann auf den übernächsten Monat übertragen werden.[1135] Kommt es auch in diesem Monat nicht zu einer Verfügung über den Betrag, erfolgt keine weitere zeitliche Streckung. Der (Rest-) Betrag steht dann den Gläubigern zur Verfügung.[1136]

1135 Zur Übertragung auf den übernächsten Monat näher BGH, 4.12.2014 – IX ZR 115/14, ZInsO 2015, 144.
1136 Zöller/Stöber, § 850k ZPO Rn 4 f.

§ 12 Arbeits- und Sozialrecht in der Insolvenz

Übersicht

- A. Insolvenzarbeitsrecht —— 1
  - I. Kündigung eines Dienstverhältnisses —— 4
    1. Grundsätze —— 4
    2. Kündigung —— 6
       - a) Ordentliche Kündigung —— 8
         - aa) Vorläufiger Insolvenzverwalter —— 9
         - bb) Insolvenzverwalter/Eigenverwaltung —— 11
         - cc) Arbeitnehmer —— 14
         - dd) Kündigung – Formelle Voraussetzungen —— 15
           - (1) Formvoraussetzungen des § 623 BGB —— 15
           - (2) Vollmacht gem. § 174 BGB —— 16
           - (3) Kündigungsfrist des § 113 Satz 2 InsO —— 21
           - (4) Schadensersatz gem. § 113 Satz 3 InsO —— 24
           - (5) Zugang i.S.d. §§ 130 ff. BGB —— 25
           - (6) Anhörung des Betriebsrates gem. § 102 BetrVG —— 27
         - ee) Kündigung – materielle Voraussetzungen —— 31
           - (1) Abgrenzung von betriebs- und personen/verhaltensbedingten Kündigungsgründen —— 32
           - (2) Betriebsbedingte Kündigung unter Berücksichtigung insolvenzspezifischer Besonderheiten —— 35
             - (a) Wegfall des Arbeitsplatzes —— 38
             - (b) Dringende betriebliche Erfordernisse —— 40
               - (aa) Unternehmerische Entscheidung —— 41
               - (bb) Ursächlichkeit/Dringlichkeit („Ultima ratio") und fehlende Weiterbeschäftigungsmöglichkeit —— 42
             - (c) Sozialauswahl —— 56
               - (aa) Betriebsschließung/Gemeinschaftsbetrieb —— 65
               - (bb) Wiedereinstellungsanspruch —— 114
               - (cc) Nachkündigungen —— 119
           - (3) Massenentlassung i.S.v. §§ 17 ff. KSchG —— 121
           - (4) Änderungskündigung nach § 2 KSchG —— 126
       - b) Außerordentliche Kündigung (§ 626 BGB) —— 132
    3. Kündigungsschutz —— 138
       - a) Allgemeiner Kündigungsschutz —— 139
         - aa) Klagefrist (§ 4 KSchG) —— 140

bb) Richtiger Klagegegner —— 145	6. Sozialplan vor Eröffnung des Insolvenzverfahrens (§ 124 InsO) —— 238
b) Sonderkündigungsschutz —— 150	VI. Beschlussverfahren zum Kündigungsschutz (§§ 126, 127 InsO) —— 241
II. Abtretung und Verpfändung von Bezügen i.S.d. § 114 InsO a.F. —— 171	1. Beschlussverfahren nach § 126 InsO —— 241
III. Kündigung von Betriebsvereinbarungen (§ 120 InsO) —— 180	2. Klage des Arbeitnehmers gem. § 127 InsO —— 248
1. Belastende Betriebsvereinbarungen —— 181	VII. § 613a BGB – Betriebsübergang in der Insolvenz —— 256
2. Einvernehmliche Änderungen —— 184	B. Insolvenzgeld —— 283
3. Ordentliche Kündigung (§ 120 Abs. 1 Satz 2 InsO) —— 186	I. Berechtigter Personenkreis —— 284
4. Außerordentliche Kündigung (§ 120 Abs. 2 InsO) —— 189	II. Voraussetzungen und Umfang der Ansprüche auf Insolvenzgeld —— 287
IV. Betriebsänderung und Interessenausgleich i.S.v. §§ 121 ff. InsO —— 192	III. Höhe des Insolvenzgeldes —— 299
1. Betriebsänderung (§§ 121, 122 Abs. 1, 2 InsO) —— 195	IV. Sog. Insolvenzgeldvorfinanzierung —— 305
2. Interessenausgleich (§ 125 InsO) —— 205	V. Übertragung des Insolvenzgeldanspruches —— 308
V. Sozialplan gem. §§ 123, 124 InsO —— 223	C. Sonstige Ansprüche der Arbeitnehmer —— 310
1. Einführung —— 223	I. Freistellung und Arbeitnehmeransprüche —— 311
2. Verfahren —— 228	II. Urlaubs- und Urlaubsabgeltungsansprüche —— 316
3. Inhalt und Wirkung eines Sozialplanes —— 229	III. Urlaubsentgelte und Urlaubsgeld —— 319
4. Sozialplan nach Eröffnung des Insolvenzverfahrens (§ 123 Abs. 1, 2 InsO) —— 231	IV. Ansprüche aus einer Direktversicherung —— 322
5. Abschlagszahlungen (§ 123 Abs. 3 InsO) —— 237	

A. Insolvenzarbeitsrecht

1 Gleich zu Beginn ist klarzustellen, dass weder durch den Antrag auf Eröffnung eines Insolvenzverfahrens, noch durch dessen Eröffnung die individual- oder kollektivrechtlich geltenden arbeitsrechtlichen Grundsätze aufgehoben werden. Sowohl die individualvertraglichen als auch die betriebsverfassungs- und tarifrechtlichen Vorschriften gelten dem Grunde nach weiter, wobei die Arbeitnehmerrechte jedoch so in das Insolvenzverfahren zu integrieren sind, dass dieses seinem Sinn und Zweck einer für die Gläubigergemeinschaft bestmöglichen Verwertung des Schuldnervermögens gerecht werden kann.[1] Dementsprechend modifizieren die insolvenzrechtlichen Regelungen, insb. die §§ 113 ff. InsO, die von dem Insolvenzeröffnungs- oder Insolvenzverfahren betroffenen Arbeitsverhältnisse zum einen individualrechtlich, d.h. das Verhältnis von Arbeitgeber und Arbeitnehmer betreffend, und zum anderen kollektivrechtlich, d.h. in Bezug auf das Verhältnis zwischen den Betriebsparteien.

Arbeitsrechtlich gilt es somit die Besonderheiten im Insolvenzeröffnungs- und im eröffneten Insolvenzverfahren zu berücksichtigen. Diese betreffen etwa Befugnisse eines (vorläufigen) Insolvenzverwalters, Sonderregelungen im Kündigungs(schutz)recht, hierbei insb. die durch die InsO modifizierten Kündigungsfristen oder auch dem Verfahren geschuldete besondere Rechte des Arbeitnehmers. Auf kollektivrechtlicher Ebene sind vor allem die §§ 123 ff. InsO zu beachten. 2

Ein besonderes Augenmerk ist auf Entgeltansprüche der Arbeitnehmer zu legen, dabei insb. auf deren Qualifizierung als sog. Insolvenzforderungen i.S.v. § 38 InsO oder Masseforderung gem. § 55 InsO. Überdies ist auf Besonderheiten im Rahmen eines Betriebsüberganges nach § 613a BGB bei einem vorliegenden Insolvenzverfahren hinzuweisen. 3

Schließlich ist auf einen etwaigen Anspruch der Arbeitnehmer auf Insolvenzgeld gem. §§ 165 ff. SGB III einzugehen.

I. Kündigung eines Dienstverhältnisses

1. Grundsätze

Entsprechend den einleitenden Ausführungen sind auch im Rahmen eines Insolvenzeröffnungs- sowie eines Insolvenzverfahrens die allgemein geltenden arbeitsrechtlichen Grundsätze (weiter) anzuwenden. Der dem Arbeitsverhältnis zugrunde liegende Arbeitsvertrag kann auch nach Eintritt eines Insolvenzereignisses aufgrund der zivilrechtlich anzuwendenden Tatbestände beendet werden. Dies kann entweder durch eine einseitige Willenserklärung in Form einer Kündigung oder eine Anfechtung des Arbeitsvertrages oder durch eine gegenseitige (vertragliche) Vereinbarung in Form einer auflösenden Bedingung sowie einer Befristung des Arbeitsvertrages respektive durch Abschluss eines gesonderten Aufhebungsvertrages geschehen. 4

Bei der Beendigung eines Arbeitsvertrages aufgrund einer einseitigen Willenserklärung ist dessen häufigster Anwendungsfall die ordentliche Kündigung durch den Arbeitgeber im Sinne von § 622 BGB, welche, sofern die Regelungen des Kündigungsschutzgesetzes (KSchG) anwendbar sind, gem. § 1 Abs. 2 KSchG sozial gerechtfertigt sein muss, um wirksam zu sein. Selbstredend steht das Recht zu einer vorge- 5

---

[1] Siehe Begründung des RegE, BT-Drucks. 12/2443.

nannten ordentlichen Beendigungskündigung auch dem Arbeitnehmer zu. Überdies sind auch die Grundsätze der ordentlichen Änderungskündigung i.S.d. § 2 KSchG im Rahmen eines Insolvenzeröffnungs- oder Insolvenzverfahrens zu beachten. Daneben kann bei Vorliegen eines wichtigen Grundes ebenfalls eine außerordentliche Kündigung gem. § 626 Abs. 1 BGB ausgesprochen werden. Überdies besteht das Recht zur Anfechtung eines Arbeitsvertrages aufgrund Irrtums im Sinne von §§ 119, 120 BGB sowie wegen arglistiger Täuschung oder widerrechtlicher Drohung (§§ 123, 124 BGB) in jedem Stadium des Insolvenzverfahrens. Eine Beendigung des Arbeitsverhältnisses kommt ferner bei einer gegenseitigen (vertraglichen) Vereinbarung, etwa mit Ablauf eines kalendermäßig bestimmten Datums (Zeitbefristung) oder auch durch Erreichen einer vereinbarten Arbeitsaufgabe, etwa einer vereinbarten Zweckbefristung, sowie einer auflösenden Bedingung in Betracht. Letztlich besteht für die Arbeitsvertragsparteien sowohl im Rahmen eines vorläufigen, als auch im eröffneten Insolvenzverfahren die Möglichkeit, einen Aufhebungsvertrag zur Beendigung eines Arbeitsvertrages zu schließen, wobei auch insofern die allgemein geltenden zivil- und arbeitsrechtlichen Grundlagen zu beachten sind.

2. Kündigung

6   Sowohl im Insolvenzeröffnungs- als auch im eröffneten Insolvenzverfahren wird die ordentliche – und sofern das KSchG anwendbar ist, die ordentliche betriebsbedingte – Kündigung gem. § 622 BGB i.V.m. § 1 Abs. 2 KSchG den Regelfall der einseitigen Beendigung eines Arbeitsverhältnisses darstellen.

7   Die Kündigung erfolgt – wie auch außerhalb eines Insolvenz(antrags)verfahrens – mittels Kündigungsschreiben (§ 623 BGB) als einseitig empfangsbedürftiger Willenserklärung. In der Praxis empfiehlt es sich im Rahmen eines Insolvenzantragsverfahrens nach §§ 22 Abs. 2, 21 Abs. 2 Nr. 2, 2. Alt. InsO, d.h. bei gerichtlicher Einsetzung eines Insolvenzverwalters mit Zustimmungsvorbehalt, die durch den bisherigen Arbeitgeber auszusprechende Kündigung direkt auf dem Kündigungsschreiben mit der erforderlichen Zustimmung des vorläufigen Insolvenzverwalters mit Zustimmungsvorbehalt zu versehen, also das Kündigungsschreiben sowohl von dem Schuldner (Arbeitgeber) als auch von dem vorläufigen Insolvenzverwalter unterschreiben zu lassen. Sofern dies nicht erfolgt, hat der Arbeitnehmer die Möglichkeit, die Kündigung gem. §§ 182 Abs. 3 i.V.m. 111 Satz 2 und 3 BGB zurückzuweisen.[2] Sollte der Arbeitnehmer die Kündigung unverzüglich (§ 174 Satz 1 BGB) zurückweisen und sich darauf berufen, dass die Einwilligung des vorläufigen Insolvenzverwalters der Kündigung nicht in schriftlicher Form beigefügt gewesen ist, wäre die Kündigung unwirksam. Das Arbeitsverhältnis zwischen dem Schuldner und dem Arbeit-

---

2   HambKomm/J.-S. Schröder, § 22 InsO Rn 118.

nehmer bestünde fort. Sämtliche vertraglichen Pflichten zwischen den Parteien, insb. der Entgeltanspruch des Arbeitnehmers, wären weiterhin zu erfüllen.[3]

a) Ordentliche Kündigung

Bei einer ordentlichen Kündigung gilt es aus Sicht des Arbeitgebers zunächst die Berechtigung zur Kündigung im Sinne von § 622 BGB aufgrund der gerichtlichen Anordnungen i.V.m. dem jeweils vorliegenden Insolvenzverfahrensstadium zu bestimmen.

aa) Vorläufiger Insolvenzverwalter

Ist einem vorläufigen Insolvenzverwalter in dem Verfahren nicht die allgemeine Verwaltungs- und Verfügungsbefugnis i.S.v. § 21, 22 InsO übertragen, sondern dem Schuldner/der Schuldnerin i.S.d. §§ 11 ff. InsO lediglich ein Zustimmungsvorbehalt nach §§ 22 Abs. 2, 21 Abs. 2 Nr. 2, 2. Alt. InsO auferlegt worden, so verbleibt die Arbeitgeberstellung und damit auch die Kündigungsbefugnis regelmäßig bei dem Schuldner selbst.[4] Der Schuldner oder die Schuldnerin selbst hat somit, ggf. wirksam gesetzlich oder rechtsgeschäftlich vertreten, eine Kündigung auszusprechen. Diese steht jedoch unter der Zustimmung des vorläufigen Insolvenzverwalters, sofern Verfügungen des Schuldners/der Schuldnerin ausschließlich mit Zustimmung des vorläufigen Insolvenzverwalters i.S.v. §§ 21, 22 InsO zulässig sind.[5] Die Zustimmung dieses sog. „schwachen Insolvenzverwalters" ist bei Ausspruch der Kündigung ggü. dem Arbeitnehmer schriftlich vorzulegen.[6] Sollte das Gericht dem Schuldner zum einen weder ein allgemeines Verfügungsverbot, noch einen allgemeinen Zustimmungsvorbehalt auferlegen – was in der Praxis kaum anzutreffen sein dürfte – und zum anderen den vorläufigen Insolvenzverwalter auch nicht zu bestimmten einzelnen Handlungen ausdrücklich ermächtigen, so verbleibt die Verwaltungs- und Verfügungsbefugnis über sein Vermögen einzig bei dem Schuldner.[7]

Andererseits kann das Insolvenzgericht gegenüber dem Schuldner auch bereits vor Eröffnung eines Insolvenzverfahrens gem. § 22 Abs. 1 Satz 1 InsO ein allgemeines Verfügungsverbot anordnen. Dadurch geht die Verwaltungs- und Verfügungsbe-

---

[3] BAG, Urt. v. 10.10.2002 – 2 AZR 532/01, ZIP 2003, 1161.
[4] LAG Hamm, Urt. v. 10.12.2003 – 2 Sa 1472/03, ZInsO 2004, 403; vgl. grds. K. Schmidt/Hölzle § 22, InsO Rn 1 ff.; § 21 InsO Rn 33 ff.
[5] HambKomm/J.-S-Schröder, § 22 InsO Rn 84 i.V.m. § 24 InsO Rn 3.
[6] BAG, Urt. v. 10.10.2002 – 2 AZR 532/01, ZIP 2003, 1161; BGH, Urt. v. 18.7.2002 – IX ZR 195/01, ZIP 2002, 1625.
[7] MüKo/Haarmeyer/Schildt, § 21 InsO Rn 54 ff.

fugnis auf den vorläufigen sog. „starken Insolvenzverwalter" über. Die Befugnisse des vorläufigen Insolvenzverwalters ergeben sich sodann aus § 22 Abs. 1 Satz 2 Nr. 1–3 InsO. Mit der Bestellung eines vorläufigen Insolvenzverwalters und der Übertragung der Verwaltungs- und Verfügungsbefugnis im Sinne von § 22 Abs. 1 InsO auf den vorläufigen Verwalter übt dieser die Arbeitgeberfunktion aus. Der Insolvenzverwalter ist danach ausschließlich zur Kündigung eines Arbeitsvertrages befugt.[8] Darüber hinaus bewirkt die Bestellung eines vorläufigen Insolvenzverwalters mit allgemeinem Verfügungsverbot, dass etwaig anhängige Rechtsstreite gem. § 240 Satz 2 ZPO unterbrochen werden und gem. § 240 Satz 1 ZPO i.V.m. § 86 Abs. 1 Nr. 1 InsO ausschließlich nach insolvenzrechtlichen Vorschriften aufgenommen werden können. Ferner ist in bereits laufenden Rechtsstreitigkeiten das Rubrum auf den vorläufigen Insolvenzverwalter umzustellen und bestehende Titel sind auf diesen umzuschreiben. Ab dem Zeitpunkt der Bestellung des vorläufigen Insolvenzverwalters i.S.d. § 22 Abs. 1 Satz 1 InsO sind gerichtlich anhängig gemachte Verfahren gegen den vorläufigen Insolvenzverwalter und nicht mehr gegen den Schuldner/die Schuldnerin zu richten.[9]

bb) Insolvenzverwalter/Eigenverwaltung

11 Mit der Eröffnung des Insolvenzverfahrens und der Bestellung eines Insolvenzverwalters gehen sämtliche arbeitsrechtlichen Befugnisse des Schuldners als Arbeitgeber gem. § 80 Abs. 1 InsO auf den Insolvenzverwalter als „Partei kraft Amtes" (sog. Amtstheorie) über.[10]

12 Durch die Eröffnung des Insolvenzverfahrens werden jedoch die bestehenden Arbeitsverhältnisse nicht beendet. Diese bestehen über den Zeitpunkt der Insolvenzeröffnung hinaus fort (§ 108 Abs. 1 Satz 1 InsO). Durch den Fortbestand der Dienstverhältnisse, zu welchen auch Arbeitsverhältnisse zählen, bestehen auch sämtliche Hauptleistungs- und Nebenpflichten fort.[11] Der Arbeitnehmer ist mithin nach wie vor verpflichtet, seine vertraglich geschuldete Arbeitsleistung zu erbringen. Demgegenüber hat der Arbeitnehmer einen Anspruch auf die vertraglich vereinbarte Vergütung als sog. Masseschuld i.S.v. § 55 Abs. 1 Nr. 2 InsO. Andererseits ist der Insolvenzverwalter verpflichtet, den Arbeitnehmer zu den vertraglichen Vereinbarungen weiter zu beschäftigen und dem vorgenannten Anspruch des einzelnen

---

8 Uhlenbruck/Ries, § 22 InsO Rn 62; LAG Baden-Württemberg, Urt. v. 18.6.1996 – 10 Sa 98/94, ZIP 1996, 1387.
9 HambKomm/J.-S. Schröder, § 22 InsO Rn 167 ff.
10 BAG, Urt. v. 18.10.2012 – 6 AZR 41/11, NZA 2013, 1007. Die Arbeitskraft fällt jedoch als höchstpersönliches Rechtsgut nicht in die Insolvenzmasse respektive den Insolvenzbeschlag gemäß § 80 InsO, BAG, Urt. v. 20.6.2013 – 6 AZR 789/11, NZA 2013, 1147.
11 Uhlenbruck/Wegener, § 108 InsO Rn 46.

Arbeitnehmers entsprechend das vertraglich vereinbarte Arbeitsentgelt zu entrichten.

Der Schuldner kann jedoch ausnahmsweise die Arbeitgeberstellung – wenn auch unter Aufsicht eines Sachwalters – im Fall der Anordnung der Eigenverwaltung durch das Insolvenzgericht weitgehend behalten.[12] Der Schuldner bleibt verwaltungs- und verfügungsbefugt und damit Arbeitgeber mit sämtlichen Rechten und Pflichten sowie Partei gerichtlicher Verfahren.[13] Der Schuldner ist dann berechtigt, unter der Aufsicht dieses Sachwalters die Insolvenzmasse zu verwalten und über sie zu verfügen (§ 270 Abs. 1 InsO i.V.m. § 270a InsO n.F.).

Die Anordnung der Eigenverwaltung setzt nach dem Recht bis zum 1.1.2021 voraus (§ 270 Abs. 2 InsO a.F.),
- dass sie vom Schuldner beantragt worden ist
und
- dass nach den Umständen zu erwarten ist, dass die Anordnung nicht zu einer Verzögerung des Verfahrens oder zu sonstigen Nachteilen für die Gläubiger führen wird.

Nach § 270 Abs. 3 InsO a.F. ist vor der Entscheidung über den Antrag dem vorläufigen Gläubigerausschuss Gelegenheit zu einer Äußerung zu geben, wenn dies nicht offensichtlich zu einer nachteiligen Veränderung in der Vermögenslage des Schuldners führt. Das Gesetz sagt weiter, dass sofern der Antrag von einem einstimmigen Beschluss des vorläufigen Gläubigerausschusses unterstützt wird, so gilt die Anordnung nicht als nachteilig für die Gläubiger.[14] Hatte das Insolvenzgericht den Antrag des Schuldners auf Eigenverwaltung abgelehnt, beantragt aber die erste Gläubigerversammlung die Eigenverwaltung, so ordnet das Gericht diese an. Zum Sachwalter kann dann der bisherige Insolvenzverwalter bestellt werden. Gegen die Anordnung der Eigenverwaltung haben die Gläubiger, insbesondere die Arbeitnehmer, kein Rechtsmittel. Es bleibt nur der Antrag auf Aufhebung der Eigenverwaltung durch das Insolvenzgericht (§ 272 InsO). Dazu müssen die gesetzlichen Gründe für die Aufhebung der Eigenverwaltung glaubhaft gemacht werden.

Die Vorschriften über die Erfüllung der Rechtsgeschäfte und die Mitwirkung des Betriebsrats (§§ 103 bis 128 InsO) gelten mit der Maßgabe, dass an die Stelle des Insolvenzverwalters der Schuldner tritt, § 279 Abs. 1 Satz 1 InsO. Der Schuldner soll

---

[12] Dazu Düwell, in Kölner Schrift zur InsO, S. 20 f.; Berscheid, ZInsO 1999, 9; Berscheid, BuW 1998, 913 und 1999, 75; Lakies, BB 1999, 1759; Lakies, Das Arbeitsverhältnis in der Insolvenz, 2010, S. 29 f.; zur Abmahnungs- und Kündigungsbefugnis des Sequesters nach der KO bzw. der GesO siehe LAG Hamm v. 26.11.1998 – 4 (19) Sa 1360/98, ZInsO 1999, 363 = InVo 1999, 234 und BAG v. 22.10.1998 – 8 AZR 618/97, ZInsO 1999, 361.
[13] Uhlenbruck/Mock, § 80 InsO, Rn 2.
[14] Dazu HambKomm/Fiebig, § 270 InsO Rn 29 f.

seine Rechte nach diesen Vorschriften nur im Einvernehmen mit dem Sachwalter ausüben. Gemäß § 279 Abs. 1 Satz 2 InsO bedürfen aber die Kündigung von Betriebsvereinbarungen, die Einholung einer gerichtlichen Zustimmung zur Durchführung von Betriebsänderungen und die Einleitung des Beschlussverfahrens für Sammelkündigungen i.S.d. §§ 120, 122 und 126 InsO der Zustimmung des Sachwalters.

13 Sofern der Insolvenzverwalter den Arbeitnehmer von seiner Arbeitsleistung freistellt, behält dieser grds. den Anspruch auf das vertraglich vereinbarte Arbeitsentgelt gemäß der Regelungen zum sog. Annahmeverzug i.S.v. § 615 BGB i.V.m. §§ 293 ff. BGB.[15] Insofern wird jedoch ein sog. insolvenzspezifisches Freistellungsrecht des Insolvenzverwalters diskutiert, nach dem der Entgeltanspruch des Arbeitnehmers bei Freistellung von dessen Arbeitsleistung im eröffneten Insolvenzverfahren entfallen soll. Das BAG unterscheidet grds. zwischen einseitiger Freistellungen durch den Insolvenzverwalter und einer von Insolvenzverwalter und Arbeitnehmer getroffenen Freistellungsvereinbarung. I.R.d. einseitigen Freistellung hat der Arbeitnehmer grds. weiterhin seinen bisher bestehenden Vergütungsanspruch, und zwar gemäß der Regelungen des Annahmeverzuges, § 615 BGB i.V.m. §§ 293 ff. BGB. Als Ausnahme von der Vergütungspflicht wird jedoch teilweise das (einseitige) sog. „insolvenzspezifische Freistellungsrecht des Insolvenzverwalters" bereits vor Ausspruch der Kündigung angeführt.[16] Die Befürworter eines solchen Rechtes lassen eine Ausnahme von der Vergütungspflicht gem. § 55 Abs. 1 Nr. 2 InsO zu, indem sie deren Durchsetzbarkeit nach Anzeige der Masseunzulänglichkeit bereits vor Ausspruch einer Kündigung aufgrund der Vorschriften §§ 55 Abs. 2, 209 Abs. 2 und 3 InsO verneinen. Gem. § 55 Abs. 2 Satz 2 InsO sind Verbindlichkeiten aus einem Dauerschuldverhältnis nach dieser Auffassung nur dann privilegierte Ansprüche gegen die Masse, sofern der Insolvenzverwalter auch die Gegenleistung, d.h. die Arbeitskraft des Arbeitnehmers, in Anspruch genommen hat. Daraus folgt, dass sowohl der Insolvenzverwalter i.R.d. eröffneten Insolvenzverfahrens als auch bereits der vorläufige Insolvenzverwalter die Möglichkeit haben muss, von der Inanspruchnahme einer Gegenleistung des Arbeitnehmers nach billigem Ermessen i.S.v. § 315 Abs. 1 und 3 BGB abzusehen, um die Masse von Arbeitsvertragsvergütungen für Arbeitnehmer freizuhalten. Dem folgend haben freigestellte Arbeitnehmer nach Anzeige der Masseunzulänglichkeit gem. § 209 Abs. 1 Nr. 3 InsO aus ihrem Anspruch auf Vergütung lediglich eine sog. nachrangige Masseforderung, sofern der Arbeitgeber – dies gilt es überdies zu beachten – zum nächstmöglichen Zeitpunkt nach der Anzeige der Masseunzulänglichkeit mit der kürzt möglichen Kündigungsfrist (beachte insofern § 113 InsO) die in Rede stehenden Arbeitsverhältnisse beendet. I.R.d. ein-

---

15 BAG, Urt. v. 6.9.2006 – 5 AZR 703/05, NZA 2007, 36: zum Ganzen ErfKomm/Preis, § 615 BGB Rn 9 ff.
16 Vgl. etwa LAG Hamm, Urt. v. 27.9.2000 – 2 Sa 1178/00, ZInsO 2001, 333; **a.A.** Moll, EWiR 2001, 487 (488).

vernehmlich zwischen den Parteien vereinbarten Freistellung sind die Vertragsparteien grds. von ihren Haupt- sowie Nebenleistungspflichten befreit.[17]

cc) Arbeitnehmer

Auf der anderen Seite hat auch der Arbeitnehmer das Recht, den bestehenden Arbeitsvertrag sowohl im Insolvenzeröffnungsverfahren als auch i.R.d. eröffneten Insolvenzverfahrens ggü. dem Berechtigten, d.h. im Insolvenzeröffnungsverfahren ggü. dem Schuldner oder dem vorläufigen Insolvenzverwalter mit allgemeiner Verwaltungs- und Verfügungsbefugnis sowie im eröffneten Insolvenzverfahren ggü. dem Insolvenzverwalter nach den zwischen den Parteien getroffenen Vereinbarungen und (ergänzend) unter Berücksichtigung der geltenden zivil- und arbeitsrechtlichen Grundlagen zu kündigen.

dd) Kündigung – Formelle Voraussetzungen

(1) Formvoraussetzungen des § 623 BGB

Gem. § 623 BGB sind Kündigungen, also auch die Kündigung eines Arbeitsvertrages durch einen Insolvenzverwalter, ausschließlich unter Beachtung der Schriftform oder im Einzelfall unter Berücksichtigung gesonderter tarifvertraglicher Vorschriften/Betriebsvereinbarungen, welche indes zumindest der Form des § 623 BGB entsprechen müssen, formell wirksam. Das Schriftformerfordernis des § 623 BGB gilt für sämtliche ordentlichen und außerordentlichen Kündigungen und ebenso für einen zwischen dem Schuldner oder dem vorläufigen Insolvenzverwalter mit allgemeiner Verwaltungs- und Verfügungsbefugnis/Insolvenzverwalter und dem Arbeitnehmer geschlossenen Aufhebungsvertrag.[18]

(2) Vollmacht gem. § 174 BGB

Überdies ist bei Ausspruch einer Kündigung eines Arbeitsvertrages für dessen formelle Wirksamkeit zu beachten, dass die Kündigung von der zuständigen Person oder ansonsten einer mit einer wirksamen Vollmacht versehenen Person als Vertreter ausgesprochen wird.

Sofern der Schuldner selbst im Vorfeld der Antragstellung auf Eröffnung eines Insolvenzverfahrens über sein Vermögen die Kündigung ausspricht, ist dies im Hinblick auf das Kriterium der zuständigen Person unproblematisch möglich. Sofern der Schuldner eine juristische Person ist, gelten die allgemeinen Vertretungsrege-

---

[17] HambKomm/Jarchow, § 55 InsO Rn 41 m.w.N.
[18] ErfKomm/Müller-Glöge, § 623 BGB Rn 4.

lungen, etwa die Vertretung der GmbH durch deren Geschäftsführer oder den dortigen Personalleiter, welchem nach allgemeiner Meinung auch ohne eine ausdrückliche Bevollmächtigung die Befugnis zur Kündigung eingeräumt wird. Ebenso wird dem Insolvenzverwalter i.R.d. eröffneten Insolvenzverfahrens ohne Weiteres gem. § 80 InsO die Befugnis eingeräumt, die Kündigung von Arbeitsverhältnissen auszusprechen. Sofern im Rahmen eines Insolvenzeröffnungsverfahrens der vorläufige Insolvenzverwalter mit allgemeiner Verwaltungs- und Verfügungsbefugnis oder der Insolvenzverwalter im eröffneten Insolvenzverfahren etwa den bisherigen Personalleiter in selbiger Funktion weiterbeschäftigt, so ist dieser nach wie vor auch ohne Vorlage einer Vollmacht ggü. dem Arbeitnehmer berechtigt, Arbeitsverträge für den (vorläufigen) Insolvenzverwalter zu kündigen.[19]

18 Sofern von dem jeweiligen Amtsgericht als Insolvenzgericht lediglich ein Insolvenzverwalter mit Zustimmungsvorbehalt eingesetzt wurde, ist darauf zu achten, dass der Schuldner die Kündigung unter Zustimmung des vorläufigen Insolvenzverwalters – möglichst durch gemeinsame Unterschrift auf der Kündigungserklärung – ausspricht. S. dazu auch Rdn 9.

19 Es gilt auch im Rahmen eines Insolvenzeröffnungs- oder eröffneten Insolvenzverfahrens der allgemeine Grundsatz, dass dem Arbeitnehmer das Original der Kündigung auszuhändigen ist. Aus Beweiszwecken bietet es sich an, die Übergabe auf einer Fotokopie der Kündigung zu vermerken und, sofern möglich, auf der Fotokopie von dem Arbeitnehmer eine schriftliche Bestätigung der Übergabe der Kündigung durch Unterschrift einzuholen.

20 Sollte ein grds. nicht zum Ausspruch einer Kündigung berechtigter Vertreter für den Insolvenzverwalter eine Kündigung des Arbeitsvertrages ausbringen, ohne hierfür eine gesondert erteilte Vollmacht des Insolvenzverwalters vorzulegen, ist der Arbeitnehmer als Kündigungsempfänger gem. § 174 BGB berechtigt, die Kündigung unverzüglich zurückzuweisen. Dies hat mit dem Hinweis darauf zu erfolgen, dass der anstelle des Insolvenzverwalters Kündigende dem Kündigungsschreiben eine Vollmacht nicht beigefügt hat.[20] Das Tatbestandsmerkmal des § 174 Satz 1 BGB „unverzüglich" wird im Gesetz nicht definiert. Die Rechtsprechung sowie die Stimmen in der Literatur dazu, was „unverzüglich" ist, sind nicht in Gänze einheitlich. Es ist jedoch davon auszugehen, dass eine Zurückweisung der Kündigung innerhalb von 6 Werktagen ausreichend ist, wobei aber ggf. besondere Umstände des jeweiligen Einzelfalls zu berücksichtigen sind. Es kann dem Kündigungsempfänger mithin nur angeraten werden, dem Kündigenden die Zurückweisung ohne schuldhaftes Zögern i.S.d. § 121 BGB zukommen zu lassen. Da die Vollmacht selbst nicht formbedürftig ist, kann die Kündigung dann nicht zurückgewiesen werden, wenn der Insolvenzverwalter vor Ausspruch der Kündigung dem Arbeitnehmer mitgeteilt hat, dass der

---

19 BAG, Urt. v. 22.1.1998–2 AZR 267/97, ZIP 1998, 748.
20 BAG, Urt. v. 18.4.2002 – 8 AZR 346/01, ZIP 2002, 2003.

Kündigende hierzu von ihm bevollmächtigt wurde oder der Arbeitnehmer von einer solchen Mitteilung hätte Kenntnis nehmen können i.S.v. § 174 Satz 2 BGB. Um den vorstehenden formellen Anforderungen gerecht zu werden, aber auch aus Beweiszwecken ist daher anzuraten, dass der Insolvenzverwalter selbst die Kündigungen unterzeichnet oder einer solchen eine Originalvollmacht beilegt.

(3) Kündigungsfrist des § 113 Satz 2 InsO

I.R.d. ordentlichen Kündigung eines Arbeitsvertrages sind auch bei einem vorliegenden Insolvenz(eröffnungs)verfahren grds. die arbeitsrechtlich geltenden Fristen zu beachten. Diese ergeben sich entweder aus dem Gesetz (insb. aus §§ 621, 622 BGB), aus einem anzuwendenden Tarifvertrag oder einer einzelvertraglichen Vereinbarung zwischen den Arbeitsvertragsparteien. 21

Sofern die darin vorgegebenen Fristen kürzer sind als die drei-Monats-Frist des § 113 InsO, kann ohne Weiteres im Rahmen dieser Kündigungsfristen gekündigt werden. Dies gilt sowohl für den Schuldner mit Zustimmung eines Insolvenzverwalters mit Zustimmungsvorbehalt (§ 182 BGB) als auch für den vorläufigen Insolvenzverwalter mit Verwaltungs- und Verfügungsbefugnis sowie schließlich für den Insolvenzverwalter. 22

Wenn Gesetz, Tarifvertrag oder einzelvertragliche Vereinbarung für den Arbeitsvertrag eine Kündigungsfrist von mehr als 3 Monaten vorsehen, ist im Rahmen eines eröffneten Insolvenzverfahrens – und nur hier[21] – die Regelung des § 113 InsO zu beachten. Danach kann das Arbeitsverhältnis von beiden Vertragsparteien mit einer Frist von 3 Monaten gekündigt werden. Diese Frist stellt eine sog. Höchstfrist dar.[22] Auf diese Frist sind die außerhalb eines Insolvenzverfahrens geltenden gesetzlichen, tariflichen oder einzelvertraglichen Fristen zu begrenzen.[23] § 113 InsO ist sowohl für bereits bestehende als auch für erst vom Insolvenzverwalter begründete Arbeitsverhältnisse anzuwenden.[24] 23

---

[21] Uhlenbruck/Zobel, § 113 InsO Rn 1 ff.
[22] Interessant insofern BAG, Urt. v. 24.1.2013 – 2 AZR 453/11, DB 2013, 1366 zu einer auf betriebliche Gründe gestützte außerordentliche Kündigung mit einer der ordentlichen Kündigungsfrist entsprechenden Auslauffrist und der Anforderungen sowie Risikoverteilung zwischen den Parteien des Arbeitsvertrages mit Blick auf einen wichtigen Grund unter Beachtung der 3 Monats Frist.
[23] HambKomm/Ahrendt, § 113 InsO Rn 30 ff.
[24] LAG Berlin, Urt. v. 11.7.2007 – 23 Sa 450/07, ZIP 2008, 1265. Die Vorschrift ist auch auf ansonsten ordentlich nicht kündbare Arbeitsverträge, etwa befristete Arbeitsverhältnisse oder tariflich unkündbare Arbeitsverträge anzuwenden. BAG, Urt. v. 22.9.2005, 6 AZR 527/04; HambKomm/Ahrendt, § 113 InsO Rn 34.

(4) Schadensersatz gem. § 113 Satz 3 InsO

24 Gem. § 113 Satz 3 InsO hat der Arbeitnehmer bei Kündigung des Arbeitsvertrages durch den Insolvenzverwalter einen Anspruch auf Ersatz des Schadens, der ihm aufgrund der vorzeitigen Beendigung des Vertrages entstanden ist, sog. Verfrühungsschaden. Der Höhe nach ist ein solcher Anspruch auf den Zeitraum begrenzt, der sich unter Beachtung der für den Arbeitsvertrag geltenden ordentlichen Kündigungsfrist ergibt. Die bemisst sich an einem Tarifvertrag, dem Individualarbeitsvertrag oder dem Gesetz. Sofern der Arbeitnehmer unkündbar war, ist die Frist maßgeblich, welche bei Außerachtlassung der Unkündbarkeit anzuwenden wäre. Bei befristeten Arbeitsverhältnissen ist das Beendigungsereignis maßgeblich. Den aufgrund der verfrühten Beendigung des Arbeitsverhältnisses entgangenen Lohn oder Provisionen und Naturalbezüge etc. kann der Arbeitnehmer, unter Anrechnung ersparter Aufwendungen oder eines Erwerbs aufgrund seiner freigewordenen Arbeitskraft, als sog. Insolvenzgläubiger i.S.d. § 38 InsO im Insolvenzverfahren geltend machen.[25]

(5) Zugang i.S.d. §§ 130 ff. BGB

25 Die Kündigung muss, um als einseitige empfangsbedürftige Willenserklärung wirksam zu werden, dem Empfänger zugehen. Der Zugang muss von dem Kündigenden bewirkt und im Bestreitensfall auch bewiesen werden. Daraus ergeben sich im Zivil- und Arbeitsrecht Anforderungen, welche auch im Rahmen eines Insolvenzeröffnungs- sowie Insolvenzverfahrens zu beachten sind.

26 Sofern möglich, sollte die Kündigung dem Arbeitnehmer gegen Empfangsbestätigung persönlich übergeben werden. Sofern dies, etwa aufgrund einer Freistellung oder Krankheit des Arbeitnehmers, nicht möglich ist, sollte die Kündigung – dies erscheint unter Beachtung der Darlegungs- und Beweislast des Kündigenden (§ 1 Abs. 2 Satz 4 KSchG) die zuverlässigste Form – durch einen zuverlässigen Boten persönlich zugestellt werden. Hierbei ist es ausreichend, dass der Bote das Kündigungsschreiben in einem mit dem Namen des Empfängers versehenen Briefkasten einlegt und dieser zu den üblichen Postzugangszeiten an dem Tag des Einlegens von dem Schreiben Kenntnis nehmen kann. Dies hat den Vorteil, dass der Bote, welcher auch bei Einlegen der Kündigung in das Kuvert zugegen sein sollte, als Zeuge die Zustellung bestätigen kann. Auch die Zustellung durch einen Gerichtsvollzieher ist möglich und sachgerecht, da sodann die Beweisregeln für öffentliche Urkunden Anwendung finden. Erst sofern diese Zustellungsformen nicht möglich sind, sollte auf die von der Deutschen Post AG angebotenen Möglichkeiten einer Kündigung per Übergabeeinschreiben oder Einschreiben mit Rückschein zurückge-

---

[25] Uhlenbruck/Zobel, § 113 InsO Rn 150 ff.

griffen werden. Diese haben den Nachteil, dass der Zugang von dem kündigenden Schuldner oder (vorläufigen) Insolvenzverwalter schwerlich nachzuweisen sein wird, sofern der Adressat den Rückschein nicht unterzeichnet und/oder bestreitet, dass das Schreiben eine Kündigung enthielt. Es ist jedoch insofern darauf hinzuweisen, dass die Grundsätze einer Zugangsvereitelung vollumfänglich auch im Rahmen eines Insolvenz(eröffnungs)verfahrens gelten.[26]

(6) Anhörung des Betriebsrates gem. § 102 BetrVG
Die Anhörung eines eingerichteten Betriebsrates gem. § 102 BetrVG ist bei Kündigungen auch im Rahmen eines Insolvenzeröffnungs- oder Insolvenzverfahrens eine zwingende Voraussetzung für deren Wirksamkeit. I.R.d. Anhörung sind auch bei Vorliegen einer Insolvenz die Kündigungsgründe im Einzelnen darzustellen. Überdies sind die notwendigen Angaben zu den Sozialdaten des Arbeitnehmers mitzuteilen. 27

Voraussetzung dafür ist zunächst, dass ein Betriebsrat im Betrieb des Schuldners (noch) besteht. Sofern vorinsolvenzlich oder auch i.R.d. Insolvenz(eröffnungs) verfahrens ein Betriebsrat bestand, jedoch die Zahl der ständig wahlberechtigten Arbeitnehmerinnen und Arbeitnehmer unter die Mindestzahl von fünf gesunken ist, sodass der Betriebsrat nicht mehr betriebsratsfähig i.S.d. § 1 BetrVG ist, ist zu beachten, dass der Betriebsrat dennoch ein Restmandat behält, welches ihn selbstredend ermächtigt, die betriebsverfassungsrechtlichen Rechte wahrzunehmen, insb. die Rechte im Zusammenhang mit individualrechtlichen Kündigungen, etwa bei Stilllegung oder Zusammenlegung von Betrieben.[27] 28

Zwar ist für die Anhörung des Betriebsrats i.S.d. § 102 Abs. 1 BetrVG eine Form nicht vorgeschrieben, jedoch bietet es sich aus Beweisgründen an, das Anhörungsverfahren schriftlich durchzuführen. Das Anhörungsbegehren ist an die/den Betriebsratsvorsitzende/n und nicht an den Gesamtbetriebsrat zu richten. Es erscheint auch hier sinnvoll, sich die Aushändigung der Anhörungsunterlagen von dem Betriebsrat schriftlich bestätigen zu lassen. Dazu ist der Betriebsrat im Rahmen einer vertrauensvollen Zusammenarbeit gem. § 2 BetrVG auch verpflichtet. 29

Da die Anhörung des Betriebsrates im Rahmen eines Insolvenz(eröffnungs)verfahrens i.d.R. eine betriebsbedingte Kündigung zum Gegenstand haben wird, umfasst die Anhörung inhaltlich die Angabe der sog. Sozialdaten (insb. Geburtsdatum, Eintrittsdatum, Familienstand, tarifliche Eingruppierung/Höhe des Gehalts, Tätigkeit im Betrieb, Zahl der Unterhaltsberechtigten). Die Angabe der Sozialdaten ist entbehrlich, sofern der Betrieb stillgelegt wird und sämtlichen Mitarbeitern daher 30

---

[26] Dazu etwa BAG, Urt. v. 22.9 2005 – 2 AZR 366/04, NZA 2006, 204.
[27] Ein Betriebsrat besteht erst dann nicht mehr, wenn das letzte verbliebene Betriebsratsmitglied sein Amt niedergelegt hat und dadurch auch das Restmandat des Betriebsrats erloschen ist.

Pelke

gekündigt werden muss.[28] Die Kündigungsgründe sind so darzulegen, dass es den Betriebsratsmitgliedern ermöglicht wird, ohne weitergehende eigene Nachforschungen die Stichhaltigkeit dieser Gründe überprüfen und anhand der Darlegungen i.R.d. Kündigungsgründe auf die Kündigungsabsicht des Arbeitgebers reagieren zu können.[29] Es ist mithin anzuraten, dem Betriebsrat die Gründe für die Kündigung so ausführlich wie möglich darzulegen und auch die subjektive Sichtweise darzustellen, welche den Arbeitgeber ([vorläufigen] Insolvenzverwalter) zu der Kündigung bewogen hat, sog. subjektive Determination.[30] Dem Betriebsrat ist nach Anhörung gem. § 102 Abs. 2 Satz 1 BetrVG eine Frist von einer Woche zur Stellungnahme zu gewähren. Erst danach ist die Kündigung auszusprechen, da sie ansonsten unwirksam ist. Reagiert der Betriebsrat nicht binnen der Wochenfrist, so wird gem. § 102 Abs. 2 Satz 2 BetrVG die Zustimmung zur Kündigung unterstellt. Das Widerspruchsrecht des Betriebsrats ist in § 102 Abs. 3 BetrVG, dort Nrn. 1 bis 5 normiert. In diesem Zusammenhang ist auf die Folge des Widerspruchs gem. § 102 Abs. 5 Satz 1 BetrVG hinzuweisen, d.h. die Weiterbeschäftigungspflicht des Arbeitgebers auf Verlangen des Arbeitnehmers bis zum rechtskräftigen Abschluss des Rechtsstreites zu unveränderten Arbeitsbedingungen. Der Arbeitgeber hat überdies i.R.d. Kündigung einen Widerspruch des Betriebsrats an den Arbeitnehmer weiterzugeben und ihm ggf. eine Abschrift der Stellungnahme des Betriebsrats zuzuleiten, § 102 Abs. 4 BetrVG. Davon bleibt jedoch die Wirksamkeit der Kündigung unberührt.

ee) Kündigung – materielle Voraussetzungen

31 Neben den zuvor dargestellten formellen Voraussetzungen für eine wirksame Kündigung stellt auch im Rahmen eines Insolvenz(eröffnungs)verfahrens die Beachtung der materiell-rechtlichen Voraussetzungen, insb. der gesetzlichen Kündigungsschutzbestimmungen, wenn auch mit insolvenzrechtlichen Besonderheiten, einen Schwerpunkt dar.

---

28 BAG, Urt. v. 13.5.2004 – 2 AZR 329/03, DB 2004, 2327.
29 Ständige Rechtsprechung des BAG, zuletzt etwa Urt. v. 23.6.2009 – 2 AZR 474/07, BB 2010, 1856.
30 BAG, Urt. v. 17.3.2005 – 2 AZR 5/04, dem folgend ist bei der betriebsbedingten Kündigung der Entschluss des Insolvenzverwalters möglichst umfassend darzustellen und hierbei insb. der Zeitpunkt sowie die weiteren Umstände darzustellen, welche zu einem Wegfall des Arbeitsplatzes führen/geführt haben. Es ist insofern nachvollziehbar darzulegen, welche Wirkungen die arbeitgeberseitige/unternehmerische Entscheidung auf den Bestand und die Erfüllung der bislang auf dem wegfallenden Arbeitsplatz zu erbringenden Leistung hat und wie die Arbeitsleistung künftig bewerkstelligt werden soll, sprich, dass die anfallende Arbeit nicht mehr den bisherigen Umfang erreichen wird, mithin die verbleibende Arbeit auf die übrigen Arbeitnehmer verteilt werden soll und kann.

(1) Abgrenzung von betriebs- und personen/verhaltensbedingten Kündigungsgründen

Auch im Rahmen eines Insolvenz(eröffnungs)verfahren ist für die Kündigung eines Arbeitsvertrages, bei welchem auf das davon betroffene Arbeitsverhältnis das KSchG anzuwenden ist, die soziale Rechtfertigung der Kündigung gem. § 1 Abs. 2 KSchG für deren Rechtswirksamkeit erforderlich. 32

Für das Kriterium der sozialen Rechtfertigung einer Kündigung bleibt zunächst zu bestimmen, auf welchem der Gründe i.S.d. § 1 Abs. 2 KSchG die Kündigung beruht und ob insofern, neben den arbeitsrechtlichen Anforderungen, insolvenzspezifische Besonderheiten zu berücksichtigen sind. I.R.d. sog. personen- oder verhaltensbedingte Kündigungsgründe gelten auch nach Eintritt eines Insolvenzereignisses keine besonderen Anforderungen. 33

Auch nach Vorliegen eines Insolvenzereignisses stützt sich eine Kündigung auf personenbedingte Gründe, sofern eine negative Abweichung von den zwischen Arbeitgeber und Arbeitnehmer vereinbarten Inhalten des Arbeitsvertrages aufseiten des Arbeitnehmers vorliegt, welche von diesem nicht steuerbar ist.[31] Dagegen ist eine Kündigung auf verhaltensbedingte Gründe bei dem Arbeitnehmer zu stützen, wenn eine Nichteinhaltung der zwischen den Vertragsparteien vereinbarten Pflichten des Arbeitnehmers vorliegt, welche von dem Arbeitnehmer steuerbar ist, mithin ein Fehlverhalten des Arbeitnehmers vorliegt. Eine solche verhaltensbedingte Kündigung bedarf grds. einer vorherigen Abmahnung.[32] Eine Abmahnung ist jedoch in der Regel entbehrlich, wenn das Fehlverhalten des Arbeitnehmers, insb. im sog. Vertrauensbereich, so schwer wiegt und/oder der Arbeitnehmer sein Verhalten trotz Aufforderung des Arbeitgebers nicht den vereinbarten Vorgaben angepasst hat, dass eine Abmahnung sinnlos erscheint.[33] 34

(2) Betriebsbedingte Kündigung unter Berücksichtigung insolvenzspezifischer Besonderheiten

Auch nach Eintritt eines Insolvenzereignisses sind die nach der Rechtsprechung des BAG für eine betriebsbedingte Kündigung i.S.d. § 1 Abs. 2 KSchG entwickelten Grundsätze anzuwenden. Dementsprechend setzt die betriebsbedingte Kündigung auch im Rahmen eines Insolvenz(eröffnungs)verfahrens voraus, dass dringende betriebliche Erfordernisse i.S.d. § 1 Abs. 1 Satz 1 KSchG einer Weiterbeschäftigung des Arbeitnehmers in dem Betrieb des Arbeitgebers entgegenstehen. 35

Die der betriebsbedingten Kündigung zugrunde liegenden, dringenden betrieblichen Erfordernisse können sich aus innerbetrieblichen Umständen oder auch auf- 36

---

31 ErfKomm/Oetker, § 1 KSchG Rn 99.
32 Palandt/Weidenkaff, Vorb v § 620 BGB, Rn 41.
33 ErfKomm/Niemann, § 626 BGB Rn 29.

grund außerbetrieblicher Gründe ergeben. Innerbetriebliche Gründe können insb. Umstrukturierungsmaßnahmen zur betrieblichen Kostenanpassung oder sonstige Rationalisierungsmaßnahmen, wie etwa eine Einschränkung der Produktion, eine Betriebsverlagerung (ins Ausland) oder eine Betriebsschließung, sein. Von außerbetrieblichen Gründen wird bei Auftragsmangel, Umsatzrückgang oder Absatzschwierigkeiten gesprochen. Die bestehenden betrieblichen Erfordernisse müssen „dringend" sein und eine Kündigung im Interesse des Betriebes erfordern.[34]

37 Zu den vorgenannten inner- und außerbetrieblichen Gründen für eine betriebsbedingte Kündigung i.S.d. § 1 Abs. 2 KSchG lässt sich veranschaulichend gemäß der Rechtsprechung des BAG ausführen, dass dieses eine betriebsbedingte Kündigung zugelassen hat, wenn bei Ausspruch der Kündigung aufgrund einer vernünftigen betriebswirtschaftlichen Prognose zu erwarten ist, zum Zeitpunkt des Kündigungstermins werde mit einiger Sicherheit der Eintritt des die Entlassung erforderlich machenden betrieblichen Grundes gegeben sein und keine Beschäftigungsmöglichkeit mehr bestehen. Dieser Maßstab gilt grds. auch dann, wenn die Kündigung auf außerbetriebliche Gründe gestützt wird.[35] Die insofern anzustellende Prognose muss dabei unberücksichtigt lassen, dass dem gekündigten Arbeitnehmer ein Anspruch auf Wiedereinstellung zustehen kann, wenn sich die Prognose als nicht zutreffend erweist, da der Wiedereinstellungsanspruch einen wesentlich geringeren Schutz begründet, als ihn das KSchG für die soziale Rechtfertigung einer Kündigung gem. § 1 Abs. 2, 3 KSchG vorsieht. Dementsprechend ist das Beschäftigungsbedürfnis für einen Arbeitnehmer im Sinne eines die Kündigung rechtfertigenden dringenden betrieblichen Erfordernisses grds. entfallen, wenn keine Möglichkeit der vertragsgemäßen Weiterbeschäftigung besteht.

(a) Wegfall des Arbeitsplatzes

38 Damit eine betriebsbedingte Kündigung sozial gerechtfertigt ist, muss auch bei Vorliegen eines Insolvenz(eröffnungs)verfahrens zunächst aufgrund des dringenden betrieblichen Erfordernisses der Arbeitsplatz respektive das Bedürfnis für eine weitere Beschäftigung des Arbeitnehmers dauerhaft wegfallen.[36]

39 Dementsprechend darf zugunsten des Arbeitnehmers in dem Unternehmen des Arbeitgebers[37] keine konkrete anderweitige Beschäftigungsmöglichkeit bestehen,

---

34 BAG, Urt. v. 12.8.2010 – 2 AZR 558/09, BB 2010, 3147.
35 BAG, Urt. v. 12.4.2002 – 2 AZR 255/01, ZInsO 2003, 51.
36 BAG, Urt. v. 17.6.1999 – 2 AZR 456/98, ZIP 1999, 1724.
37 Das KSchG geht bei dem Umstand der Weiterbeschäftigung – anders die grds. betriebsbedingte Betrachtungsweise des KSchG – dem Grunde nach von einem Unternehmensbegriff aus, erstreckt etwaige Weiterbeschäftigungsmöglichkeiten jedoch grds. nicht auf eine Konzernebene, ErfKomm/Oetker, § 1 KSchG Rn 246.

sodass eine Kündigung, die der Arbeitgeber wegen Wegfalls der bisherigen Beschäftigungsmöglichkeit erklärt, durch ein dringendes betriebliches Erfordernis bedingt ist. I.R.d. Prüfung einer anderweitigen Beschäftigungsmöglichkeit sind auch die Arbeitsplätze einzubeziehen, auf denen der Arbeitgeber im Zeitpunkt des Auslaufens der Kündigungsfrist dem betrieblichen Weisungsrecht unterstehende Leiharbeitnehmer einsetzt. Sofern ein Arbeitnehmer sich darauf beruft, dass er im Vergleich zu den Leiharbeitnehmern schutzwürdiger i.S.d. KSchG sei, so ist es an dem Arbeitgeber darzulegen, dass der Einsatz von Leiharbeitnehmern stets nur kurzfristig und nicht vorhersehbar ist, da dieser lediglich bei einem Ausfall von Stammarbeitnehmern erfolgt. Der Arbeitgeber hat ferner zu beweisen, dass im Zeitpunkt des Zugangs der Kündigung ein Einsatz von Leiharbeitnehmern über den Kündigungstermin hinaus nicht absehbar war.[38]

(b) Dringende betriebliche Erfordernisse

Wie bereits zuvor kursorisch dargestellt, ist eine betriebsbedingte Kündigung sozial gerechtfertigt i.S.d. § 1 Abs. 2 KSchG, wenn dringende betriebliche Erfordernisse einer Weiterbeschäftigung des Arbeitnehmers entgegenstehen. Die dringenden betrieblichen Erfordernisse, welche zum Wegfall des Arbeitsplatzes führen, können sich aufgrund äußerer Umstände ergeben, wenn diese einen konkreten Bezug zum Betrieb haben. Solche ergeben sich insb. bei einem Auftragsminus oder aus Umsatzrückgang.[39] Demgegenüber können sich innerbetriebliche Ursachen als Grund für eine betriebsbedingte Kündigung – wie bereits ausgeführt – aufgrund von technischen, organisatorischen oder wirtschaftlichen Maßnahmen ergeben, welche sich aber auf jeden Fall auf den Beschäftigungsbedarf im Betrieb konkret auswirken müssen.[40]

40

(aa) Unternehmerische Entscheidung

Der Arbeitgeber muss sich aufgrund solch inner- oder außerbetrieblicher Gründe zu einer unternehmerischen Entscheidung entschließen. Bei einer solchen Entscheidung handelt es sich um eine oder mehrere organisatorische Maßnahmen, aufgrund deren Umsetzung das Bedürfnis für die weitere Beschäftigung eines oder mehrerer Arbeitnehmer entfällt.[41] Ob eine solche unternehmerische Entscheidung überhaupt

41

---

38 LAG Hamm, Urt. v. 5.3.2007 – 11 Sa 1338/06, DB 2007, 1701.
39 Vgl. bereits BAG v. 18.9.1997 – 2 AZR 657/96, EzA § 1 KSchG Betriebsbedingte Kündigung Nr. 97.
40 BAG, Urt. v. 13.2.2008 – 2 AZR 1041/06, DB 2008, 1689.
41 BAG, Urt. v. 27.11.2003 – 2 AZR 48/03, ZIP 2004, 966; Urt. v. 10.10.1996 – 2 AZR 477/95, ZIP 1997, 122.

tatsächlich vorliegt, können die ArbG voll nachprüfen. Dementgegen kann die Unternehmerentscheidung selbst arbeitsgerichtlich nicht auf ihre sachliche Rechtfertigung oder ihre Zweckmäßigkeit, sondern lediglich daraufhin überprüft werden, ob sie offenbar unvernünftig oder willkürlich ist (sog. Willkürkontrolle). Um sich arbeitgeberseitig einem solchen Vorwurf nicht auszusetzen, muss die für Maßnahme sowie deren Umsetzung ein nachvollziehbares Konzept bestehen, welches ggf. dargestellt werden muss.[42]

(bb) Ursächlichkeit/Dringlichkeit („Ultima ratio") und fehlende Weiterbeschäftigungsmöglichkeit

42 Wie auch außerhalb eines Insolvenz(eröffnungs)verfahrens muss sich eine betriebsbedingte Beendigungskündigung, um sozial gerechtfertigt zu sein, als einzig mögliches Mittel (sog. Ultima-ratio-Prinzip) darstellen. Es darf – wie bereits zuvor angesprochen – für den betroffenen Arbeitnehmer insb. keine Weiterbeschäftigungsmöglichkeit auf einem anderen Arbeitsplatz gegeben sein (sog. fehlende Weiterbeschäftigungsmöglichkeit).

43 Neben der fehlenden Weiterbeschäftigungsmöglichkeit ist eine weitere Voraussetzung für die Rechtswirksamkeit einer Beendigungskündigung nach dem geltenden Grundsatz der Verhältnismäßigkeit, dass es zu dem Ausspruch einer Beendigungskündigung kein anderes milderes Mittel gibt oder Möglichkeiten bestehen, aufgrund derer eine Beendigungskündigung vermieden werden könnte.[43]

44 Nach der Rechtsprechung des BAG ist der Arbeitgeber jedoch grds. nicht verpflichtet, vor Ausspruch einer Beendigungskündigung etwa mittels Arbeitszeitverkürzung oder gar Kurzarbeit auf den Arbeitsmangel zu reagieren es sei denn, der Arbeitgeber kann einen lediglich vorübergehenden Arbeitsmangel durch solche Maßnahmen beseitigen.

45 Auch liegt es grds. im Ermessen des Arbeitgebers, ob er auf einen Wegfall der Beschäftigungsmöglichkeit mit einer Beendigungskündigung oder mit einer größeren Anzahl von Änderungskündigungen i.S.d. § 2 KSchG zur Arbeitszeitreduzierung reagiert.[44]

46 Nach dem Grundsatz der Verhältnismäßigkeit hat der Arbeitgeber vor einer Beendigungskündigung nach zumutbarem Anlernen, Umschulungs- oder Fortbildungsmaßnahmen dem Arbeitnehmer einen vorhandenen freien oder bis zum Ausscheiden des Arbeitnehmers frei werdenden[45] und vergleichbaren Arbeitsplatz

---

42 BAG, Urt. v. 6.7.2006 – 2 AZR 443/05, NZA 2007, 197.
43 ErfKomm/Oetker, § 1 KSchG Rn 74 ff.
44 BAG, Urt. v. 3.12.1998 – 2 AZR 341/98, DB 1999, 487.
45 BAG, Urt. v.12.8.2010 – 2 AZR 558/09, BB 2010, 3147.

anzubieten,⁴⁶ auf dem der Arbeitnehmer ohne Änderung des Arbeitsvertrages Kraft Weisungsrecht weiterbeschäftigt werden könnte.⁴⁷

Zumutbar sind solche Umschulungs- oder Fortbildungsmaßnahmen dann, wenn ein sinnvoller Einsatz auf einem freien oder frei werdenden Arbeitsplatz nach der Umschulung möglich ist und die Umschulung mit einem vertretbaren zeitlichen und kostenmäßigen Aufwand erfolgen kann. Ob als zumutbare Zeitspanne für Umschulungs- oder Fortbildungs- oder Anlernmaßnahmen immer die Dauer der jeweiligen Kündigungsfrist anzusehen ist, ist hingegen noch nicht abschließend geklärt. Es besteht zumindest keine Verpflichtung des Arbeitgebers zur Schaffung eines neuen Arbeitsplatzes.

Der Arbeitnehmer hat grds. keinen Anspruch auf einen freien höherwertigeren Arbeitsplatz (sog. Beförderungsstelle).

Kommen mehrere Arbeitnehmer, deren Kündigung ansteht, für einen freien Arbeitsplatz in Betracht, hat die Auswahl unter ihnen nach den Kriterien der sozialen Auswahl i.S.d. § 1 Abs. 3 KSchG zu erfolgen.

In Ausnahme zu den obigen Ausführungen ist von einem freien Arbeitsplatz dann auszugehen, wenn im Zeitpunkt der Kündigung bereits feststeht, dass der Arbeitsplatz in absehbarer Zeit nach dem Ausscheiden des Arbeitnehmers frei wird, sofern die Überbrückung dieses Zeitraums dem Arbeitgeber zumutbar ist.

Demgemäß ist ein Arbeitsplatz dann als frei anzusehen, wenn er zum Zeitpunkt des Zugangs der Kündigung unbesetzt ist, mit hinreichender Sicherheit bis zum Ende der Kündigungsfrist frei wird oder wenn zum Zeitpunkt der Kündigung bereits feststeht, dass der Arbeitsplatz in absehbarer Zeit nach Ablauf der Kündigungsfrist frei werden wird, falls die Überbrückung dieses Zeitraums dem Arbeitgeber zumutbar ist.

Nach der Rechtsprechung des BAG ist dem Arbeitgeber ein Überbrückungszeitraum zumutbar, den ein anderer Stellenbewerber zur Einarbeitung ebenfalls benötigen würde.⁴⁸ Nach dem BAG ist die Überbrückung von 6 Monaten bei einem noch keine 3 Jahre währenden Arbeitsverhältnis für den Arbeitgeber dementgegen unzumutbar, wenn die Einarbeitungszeit eines neu eingestellten Mitarbeiters erheblich kürzer wäre.⁴⁹

Ein dringendes betriebliches Erfordernis zur Beendigungskündigung liegt überdies nur dann vor, wenn es dem Arbeitgeber nicht möglich ist, einer betriebsbedingten Beendigungskündigung durch eine Änderung der betrieblichen Verhältnisse in

---

46 BAG, Urt. v. 12.7.2007 – 2 AZR 716/06, DB 2008, 189.
47 BAG, Urt. v. 31.5.2007 – 2 AZR 276/06, ZIP 2007, 2433.
48 BAG, Urt. v. 15.12.1994 – 2 AZR 327/94, DB 1995, 979.
49 BAG, Urt. v. 15.12.1994 – 2 AZR 327/94, DB 1995, 979; LAG Köln, Urt. v. 7.11.1997 – 11 Sa 1110/96, LAGE § 1 KSchG Betriebsbedingte Kündigung Nr. 50.

technischer, organisatorischer oder wirtschaftlicher Hinsicht zu entsprechen und dadurch eine im Zeitpunkt des Ausspruchs der Kündigung avisierte Beendigungskündigung zu vermeiden. Auch das Merkmal der Dringlichkeit der betrieblichen Erfordernisse konkretisiert den Grundsatz der Verhältnismäßigkeit (sog. Ultima-Ratio-Prinzip).[50]

53   Sofern für den Arbeitnehmer, dessen Arbeitsvertrag gekündigt werden soll, eine Beschäftigung auf einem anderen Arbeitsplatz als möglich erscheint, kann die betriebsbedingte Beendigungskündigung dann sozial ungerechtfertigt sein, wenn es den Arbeitsvertragsparteien zumutbar ist, es der Arbeitgeber vor Ausspruch der Beendigungskündigung jedoch unterlassen hat, dem Arbeitnehmer ein mögliches Änderungsangebot i.S.d. § 2 KSchG zu unterbreiten, sofern der Arbeitnehmer einem solchen Angebot zumindest unter Vorbehalt zugestimmt hätte.[51]

54   Sofern der Arbeitnehmer eine zumutbare Weiterbeschäftigung auf einem anderen Arbeitsplatz zu geänderten Bedingungen i.R.e. Änderungskündigung (§ 2 KSchG) abgelehnt hat, war nach bisheriger Rechtsprechung die Beendigungskündigung zulässig. Das BAG hat jedoch fortlaufend die Rechtsprechung zum Vorrang der Änderungskündigung vor der Beendigungskündigung unter Verweis auf den Grundsatz der Verhältnismäßigkeit fortentwickelt.[52] Danach hat der Arbeitgeber dem Arbeitnehmer vor Ausspruch einer Beendigungskündigung anzubieten, den Arbeitnehmer auf einem anderen freien Arbeitsplatz auch zu geänderten Arbeitsbedingungen weiter zu beschäftigen. Lehnt der Arbeitnehmer dieses Angebot ab, so ist der Arbeitgeber regelmäßig nach dem vorgenannten Grundsatz dennoch verpflichtet, eine Änderungskündigung i.S.d. § 2 KSchG auszusprechen. Eine Beendigungskündigung ist danach erst dann zulässig, wenn der Arbeitnehmer unmissverständlich zum Ausdruck gebracht hat, er werde die geänderten Arbeitsbedingungen im Fall des Ausspruchs einer Änderungskündigung nicht, auch nicht unter dem Vorbehalt ihrer sozialen Rechtfertigung, annehmen. Spricht der Arbeitgeber ohne vorheriges oder gleichzeitiges Angebot, den Arbeitnehmer zu geänderten Arbeitsbedingungen weiter zu beschäftigen und ohne die ausdrückliche Einlassung des Arbeitnehmers, er werde das Änderungsangebot nicht annehmen, eine Beendigungskündigung aus, so ist diese Kündigung regelmäßig sozialwidrig.

55   Das BAG hat noch nicht abschließend entschieden, wann eine Änderungskündigung deshalb unterbleiben darf, weil der Arbeitgeber bei vernünftiger Betrachtung nicht mit einer Annahme des neuen Vertragsangebotes durch den Arbeitnehmer rechnen konnte und ein derartiges Angebot im Gegenteil sogar für den

---

[50] BAG, Urt. v. 27.9.1984 – 2 AZR 62/83, DB 1985, 1186.
[51] BAG, Urt. v. 27.9.1984 -2 AZR 62/83, DB 1985, 1186.
[52] Etwa BAG, Urt. v. 3.4.2008 – 2 AZR 500/06, DB 2008, 1686; v. 21.4.2005 – 2 AZR 132/04, DB 2005, 2528, auch ArbG Berlin, Urt. v 16.10.2015 – 28 Ca 9065/15.

Arbeitnehmer herabwürdigend wäre, was sich jedoch auf wenige Ausnahmefälle begrenzen dürfte.[53]

(c) Sozialauswahl

Auch für die sich i.R.d. Rechtmäßigkeitsprüfung einer betriebsbedingten Kündigung gem. § 1 Abs. 3 KSchG anschließende Sozialauswahl gelten in der Insolvenz des Arbeitgebers grds. keine Besonderheiten.

I.R.d. Prüfung sind ebenfalls die Kriterien des § 1 Abs. 3 KSchG, mithin Dauer der Betriebszugehörigkeit, Lebensalter, Unterhaltspflichten und eine eventuelle Schwerbehinderung des Arbeitnehmers zu berücksichtigen.[54] Überdies ist für den Insolvenzverwalter die weitere Einschränkung der Sozialauswahl in Satz 2 von § 1 Abs. 3 KSchG beachtenswert.

Auch nach der Neuregelung durch das Gesetz zu Reformen am Arbeitsmarkt vom 24.12.2003[55] findet die Sozialauswahl weiterhin in drei Stufen statt.
1. Auf der ersten Stufe ist betriebsbezogen zu prüfen, welche Arbeitnehmer miteinander vergleichbar und somit in die Sozialauswahl einzubeziehen sind, wobei insb. Arbeitnehmer nicht zu berücksichtigen sind, die kraft Gesetztes ordentlich unkündbar sind, oder für welche Arbeitnehmer ein Sonderkündigungsschutz besteht.
2. Auf der zweiten Stufe umfasst die Prüfung die Feststellung der sozialen Schutzbedürftigkeit der Arbeitnehmer anhand der für diese jeweils geltenden sozialen Kriterien gem. § Abs. 3 Satz 1 KSchG.
3. Schließlich ist dem Arbeitgeber ein Beurteilungsmaßstab zuzugestehen, ob dieser die sozialen Gesichtspunkte der zweiten Stufe ausreichend („tragfähig") berücksichtigt hat und ggf. gem. § 1 Abs. 3 Satz 2 KSchG ein berechtigtes betriebliches Interesse an der Weiterbeschäftigung bestimmter Arbeitnehmer besteht und dieser oder diese Arbeitnehmer daher aus der Sozialauswahl herauszunehmen sind.[56]

I.R.d. Sozialauswahl ist bereits auf der ersten Prüfungsstufe die zutreffende Bildung der Gruppe der vergleichbaren Arbeitnehmer oftmals problematisch. Die Vergleichsgruppenbildung ist – anders als die Prüfung des zuvor dargestellten Weiterbeschäftigungsanspruches – betriebs- und nicht unternehmens- oder gar konzernbezogen.[57] Das BAG hat entschieden, dass die Sozialauswahl auch dann grds. be-

---

53 BAG, Urt. v. 26.3.2009 – 2 AZR 879/07, DB 2009, 2381.
54 ErfKomm/Oetker, § 1 KSchG Rn 329 ff.
55 BGBl. I 2003, S. 3002 ff.
56 BAG, Urt. v. 31.5.2007 – 2 AZR 306/06, DB 2007, 2210.
57 BAG, Urt. v. 15.12.2005 – 6 AZR 199/05, NZA 2006, 590; ErfKomm/Oetker, § 1 KSchG Rn 318.

triebsbezogen zu erfolgen hat, wenn sich der Arbeitgeber ein betriebsübergreifendes Versetzungsrecht vorbehalten hat.[58]

60 Zunächst müssen i.R.d. Sozialauswahl i.S.d. § 1 Abs. 3 KSchG somit Vergleichsgruppen von Arbeitnehmern gebildet werden. Vergleichbarkeit der Arbeitnehmer bedeutet deren Austauschbarkeit, ohne dass eine längere Einarbeitungszeit und ohne dass – wie ebenfalls bereits dargestellt – eine Änderungskündigung notwendig ist. Eine Vergleichbarkeit ist somit dann zu verneinen, wenn der Arbeitgeber die zu vergleichenden Arbeitnehmer nicht jeweils einseitig aufgrund seines arbeitgeberseitigen Direktionsrechts auf einen anderen Arbeitsplatz umsetzen oder versetzen kann.[59] Daraus folgt, dass je enger die Tätigkeit im Arbeitsvertrag definiert ist, desto kleiner ist die Gruppe der vergleichbaren Arbeitnehmer.[60]

Dem folgend richtet sich die Vergleichbarkeit in erster Linie nach arbeitsplatzbezogenen Merkmalen, sprich nach der ausgeübten Tätigkeit.[61]

61 Dies gilt nicht nur bei einer Übereinstimmung der Tätigkeitsbereiche der von den zu vergleichenden Arbeitnehmern besetzten Arbeitsplätze, sondern auch dann, wenn Arbeitnehmer aufgrund ihrer Tätigkeit und Ausbildung eine anderweitige aber gleichwertige Tätigkeit ausführen können. Die Notwendigkeit einer kurzen Einarbeitungszeit steht einer Vergleichbarkeit wiederum – s. die obigen Ausführungen – nicht entgegen (sog. „qualifikationmäßige Austauschbarkeit").[62] Hingegen mangelt es an einer Vergleichbarkeit, wenn der Arbeitgeber den Arbeitnehmer aufgrund des zugrunde liegenden Arbeitsvertrages nicht einseitig auf den anderen Arbeitsplatz umsetzen oder versetzen kann (sog. „arbeitsvertragliche Austauschbarkeit").[63]

62 Ferner kann eine Vergleichbarkeit der Arbeitnehmer grds. auch nicht dadurch herbeigeführt werden, dass der Arbeitsvertrag eines von einem betrieblichen Ereignis betroffenen Arbeitnehmers erst anlässlich dieses Ergebnisses einvernehmlich oder im Wege der Änderungskündigung abgeändert wird.[64]

63 Für eine Vergleichbarkeit ist die völlige Identität der Arbeitsplätze nicht erforderlich. Es ist insofern ausreichend, wenn der Beschäftigte aufgrund seiner bisherigen Aufgaben im Betrieb und aufgrund seiner beruflichen Qualifikation in der Lage ist, die andere Arbeit zu verrichten. Ein Maßstab hierfür ist regelmäßig die Einordnung in dieselbe Tarifgruppe.[65]

---

58 BAG, Urt. v. 15.12.2005 – 6 AZR 199/05, NZA 2006, 590.
59 BAG, Urt. v. 24.5.1995 – 8 AZR 333/04, ZIP 2006, 17.
60 BAG, Urt. v. 24.5.2005 – 8 AZR 398/04, ZIP 2005, 1978.
61 BAG, Urt. v. 5.6.2008 – 2 AZR 907/06, NZA 2008, 1120.
62 Vgl. auch BAG, Urt. v. 9.9.2010 – 2 AZR 1045/08, n.v.
63 BAG, Urt. v. 5.6.2008 – 2 AZR 907/06, BB 2009, 447.
64 BAG, Urt. v. 5.6.2008 – 2 AZR 907 06, BB 2009, 447.
65 LAG Hamm, Urt. v. 6.7.2000 – 4 Sa 233/00, ZInsO 2001, 736.

Auch sog. Auswahlrichtlinien nach § 95 BetrVG i.V.m. § 1 Abs. 4 KSchG können 64
die gesetzlichen Anforderungen an die Sozialauswahl nach § 1 Abs. 3 KSchG nicht
verdrängen. Im Rahmen eines Beurteilungsspielraums können somit nicht von
vornherein Arbeitnehmer bestimmter Abteilungen oder Arbeitsgruppen ohne ausreichende sachliche Kriterien nicht als vergleichbar eingestuft werden.[66]

(aa) Betriebsschließung/Gemeinschaftsbetrieb

Die Sozialauswahl gem. § 1 Abs. 3 KSchG erfährt dann eine erhebliche Einschränkung, wenn sich der Insolvenzverwalter dafür entscheidet, den Betrieb insgesamt 65
zu schließen und wenn dadurch sämtliche Arbeitsplätze wegfallen. Der Insolvenzverwalter hat dann nur die Kündigungsfristen gemäß der für die betroffenen Arbeitsverträge geltenden (tarif)vertraglichen oder gesetzlichen Regelungen einzuhalten. Sofern sämtliche Arbeitsplätze aufgrund der Schließung des Betriebes
wegfallen, findet eine Sozialauswahl in Gänze nicht statt, da kein Arbeitsplatz erhalten bleibt und somit auch keine Auswahl zu treffen ist. Dies gilt umso mehr, als
§ 1 Abs. 4 KSchG nur die Gewichtung der sozialen Auswahlkriterien und nicht die
Zusammensetzung des auswahlrelevanten Personenkreises oder die entgegenstehenden betrieblichen Bedürfnisse i.S.v. § 1 Abs. 3 Satz 2 KSchG betrifft.[67]

Mit der Stilllegung gibt der Insolvenzverwalter endgültig den Betriebszweck auf 66
und löst die Betriebsorganisation auf.[68] Nach der ständigen Rechtsprechung des
BAG ist der Entschluss des Arbeitgebers, ab sofort keine neuen Aufträge mehr anzunehmen, sämtlichen Arbeitnehmern zum nächstmöglichen Kündigungstermin zu
kündigen, zur Abarbeitung der vorhandenen Aufträge eigene Arbeitnehmer nur
noch während der jeweiligen Kündigungsfrist einzusetzen und so den Betrieb
schnellstmöglich stillzulegen, als unternehmerische Entscheidung grds. geeignet,
die entsprechenden Kündigungen sozial zu rechtfertigen.[69] Es ist insofern auch
nicht zu beanstanden, wenn die Arbeitnehmer bei der sukzessiv erfolgenden Betriebsstilllegung unter Berücksichtigung ihrer jeweiligen Kündigungsfristen ausscheiden und nicht zum selben Kündigungsendtermin.[70] Das gilt auch bei einer
Herauslösung des stillzulegenden Betriebes aus einem Gemeinschaftsbetrieb erst
nach der Kündigung des Arbeitsverhältnisses.[71]

Der Arbeitgeber kann dabei eine Kündigung bereits vor der Durchführung der 67
Stilllegung auszusprechen (sog. Kündigung wegen beabsichtigter Betriebsstilllle-

---

66 BAG, Urt. v. 5.6.2008 – 2 AZR 907/06, NZA 2008, 1120.
67 BAG, Urt. v. 28.5.2009 – 8 AZR 273/08, ZIP 2010, 1968.
68 BAG, Urt. v. 27.9.2007 – 8 AZR 941/06, ZIP 2008, 801.
69 BAG, Urt. v. 8.11.2007 – 2 AZR 554/05, DB 2009, 1078.
70 BAG, Urt. v. 7.7.2005 – 2 AZR 447/04, NZA 2005, 1351.
71 BAG, Urt. v. 22.9.2005 – 6 AZR 526/04, ZIP 2006, 631.

gung).⁷² Demgemäß ist es nicht erforderlich, dass betriebliche Gründe bereits tatsächlich eingetreten sind. Es ist ausreichend, dass die Gründe sich konkret und greifbar abzeichnen. Dies ist dann anzunehmen, wenn im Zeitpunkt des Ausspruchs der Kündigung aufgrund einer vernünftigen betriebswirtschaftlichen Betrachtung davon auszugehen ist, dass zum Zeitpunkt des Kündigungstermins mit einiger Sicherheit der Eintritt eines die Entlassung erforderlich machenden betrieblichen Grundes gegeben sein wird.⁷³ Es fehlt einer betriebsbedingten Kündigung wegen beabsichtigter Betriebsstilllegung an den greifbaren Formen eines endgültigen Stilllegungsbeschlusses, wenn der Insolvenzverwalter zum Zeitpunkt des Kündigungsausspruchs keine Maßnahmen veranlasst hat, die in Gegensatz zu seiner vorher beabsichtigten Auffanglösung stehen.⁷⁴

68 Die Betriebsstilllegung ist von einer Einstellung der Produktion abzugrenzen, welche noch keine Betriebsstilllegung darstellt.⁷⁵ Unter einer Einstellung der Produktion ist die Auflösung der zwischen Arbeitgeber und Arbeitnehmer bestehenden Betriebs- und Produktionsgemeinschaft zu verstehen, die ihre Veranlassung und zugleich ihren unmittelbaren Ausdruck darin findet, dass der Unternehmer die bisherige wirtschaftliche Betätigung in der ernstlichen Absicht einstellt, die Verfolgung des bisherigen Betriebszwecks dauernd oder für eine ihrer Dauer nach unbestimmte, wirtschaftlich nicht unerhebliche Zeitspanne nicht weiter zu verfolgen. Der Arbeitgeber muss endgültig entschlossen sein, den Betrieb stillzulegen.⁷⁶ Demgemäß ist von einer Stilllegung auszugehen, wenn der Arbeitgeber seine Stilllegungsabsicht unmissverständlich äußert, allen Arbeitnehmern kündigt, etwaige Mietverträge zum nächstmöglichen Zeitpunkt auflöst, die Betriebsmittel, über die er verfügen kann, veräußert oder zurückgibt und die Betriebstätigkeit vollständig einstellt.⁷⁷ Beruft sich der Arbeitnehmer im Rahmen eines Kündigungsschutzprozesses darauf, der Betrieb sei von dem bisherigen Arbeitgeber nicht stillgelegt, sondern an einen neuen Inhaber übertragen und ihm sei aus diesem Grund gekündigt worden, so hat der Arbeitgeber die Tatsachen zu beweisen, die die Kündigung bedingen. Es ist sodann an ihm, darzulegen, dass die Kündigung sozial gerechtfertigt ist. Fehlt es daran, ist der Kündigungsschutzklage stattzugeben, ohne dass es der Feststellung bedarf, dass der tragende Beweggrund für die Kündigung ein Betriebsübergang ist.⁷⁸

---

72 BAG, Urt. v. 26.4.2007 – 8 AZR 695/05, ZIP 2007, 2136.
73 BAG, Urt. v. 8.11.2007 – 2 AZR 554/05, DB 2009, 1078.
74 LAG Köln v. 22.3.2011 – 12 Sa 886/10, ZInsO 2011, 1808.
75 BAG, Urt. v. 8.11.2007 – 2 AZR 554/05, DB 2009, 1078.
76 BAG, Urt. v. 7.7.2005 – 2 AZR 447/04, NZA 2005, 1351.
77 BAG, Urt. v. 26.4.2007 – 8 AZR 695/05, ZIP 2007, 2136.
78 BAG, Urt. v. 8.11.2007 – 2 AZR 554/05, DB 2009, 1078. Es besteht insoweit auch nur eine eingeschränkte Unterrichtungspflicht ggü. dem Betriebsrat bei Wegfall des Erfordernisses einer Sozialauswahl wegen Betriebsstilllegung i.S.v. § 102 BetrVG, vgl. BAG, Urt. v. 13.5.2004 – 2 AZR 329/03, ZIP 2004, 1773.

Die mit einer Betriebsstilllegung einhergehende insolvenzrechtliche Verpflichtung zur Zustimmung des Gläubigerausschusses (§ 158 InsO) ist jedoch nicht nur bei der Stilllegung oder Veräußerung des gesamten Betriebes, sondern auch bei der Stilllegung von wesentlichen Betriebsteilen zu beachten. Die insofern zu den Beteiligungsrechten des Betriebsrats entwickelten Kriterien, insb. die des § 4 BetrVG, sind auch im Insolvenzverfahren zu beachten. Demzufolge muss in einem solchen Betriebsteil eine Teilfunktion des Betriebes erfüllt werden, die trotz Eingliederung des Betriebes in die Gesamtorganisation räumlich oder organisatorisch abgrenzbar ist (sog. qualifizierter Betriebsteil). Sofern danach bestimmte Betriebsteile oder Unternehmensbereiche nicht wesentlich sind, kann der Insolvenzverwalter eigenständig entscheiden, ob er sie weiterführt oder eben nicht. **69**

Dem folgend fehlt es in aller Regel an einer Absicht zur Stilllegung, wenn dem Insolvenzverwalter bei Ausspruch der Kündigung(en) ein Übernahmeangebot eines Interessenten vorliegt, welches zeitnah zu konkreten Übernahmeverhandlungen und einer zumindest teilweisen Betriebsübernahme führt. Eine Kündigung wäre dann unter Berücksichtigung des § 613a BGB unwirksam. Dem Insolvenzverwalter kann daher in solchen Konstellationen nur angeraten werden, sich mit sämtlichen vorliegenden Angeboten auseinanderzusetzen und entweder die Stilllegungsabsicht so lange aufzuschieben, bis mit einer nachvollziehbaren Begründung und dokumentierbar geklärt ist, dass die Übernahmeverhandlungen (zunächst) gescheitert sind. Sofern die Gespräche mit dem Interessenten gescheitert oder beendet sind, sollte der Insolvenzverwalter dies – zur Dokumentation seiner Stilllegungsabsicht auch dem Interessenten schriftlich mitteilen. **70**

Sofern mehrere Unternehmen einen gemeinschaftlichen Betrieb bilden, ist die Sozialauswahl auf den gesamten, von mehreren Unternehmen gemeinschaftlich geführten Betrieb zu erstrecken.[79] **71**

Ist eines von diesen an dem Gemeinschaftsbetrieb beteiligten Unternehmen insolvent geworden und entschließt sich der Insolvenzverwalter, den Teil des Betriebes stillzulegen, der von dem insolventen Unternehmen geführt wird, ist regelmäßig der Gemeinschaftsbetrieb aufgelöst. Dem folgend ist eine unternehmensübergreifende Sozialauswahl nicht mehr erforderlich.[80] Dies gilt dem BAG folgend auch dann, wenn der Gemeinschaftsbetrieb zwar im Kündigungszeitpunkt noch nicht stillgelegt ist, die Stilllegung jedoch bereits greifbare Formen angenommen hat und feststeht, dass bei Ablauf der Kündigungsfrist der Betrieb stillgelegt sein wird.[81] **72**

---

[79] BAG, Urt. v. 22.9.2005 – 6 AZR 526/04, ZIP 2006, 631.
[80] Vgl. zur Auflösung eines Gemeinschaftsbetriebes BAG, Urt. v. 29.11.2007 – 2 AZR 763/06, ZIP 2008, 1598.
[81] BAG, Urt. v. 24.2.2005 – 2 AZR 214/04, ZIP 2005, 1189, wonach aus aus Gründen der Überlebensfähigkeit eines Teilbetriebes und der entsprechenden Herausnahme der dort beschäftigten Arbeit-

73 Davon abzugrenzen ist jedoch die Sachlage, bei der nicht ein Gemeinschaftsbetrieb mehrerer Unternehmen betroffen ist, sondern zwei Betriebsteile eines einheitlichen Betriebes. Dann hat die Sozialauswahl den gesamten Betrieb einzubeziehen. Dies gilt auch dann, wenn ein Betriebsteil stillgelegt und lediglich der andere Betriebsteil auf einen Erwerber übertragen werden soll.[82]

74 Dem Grundsatz der betrieblichen Vergleichbarkeit entsprechend ist auch bei einer lediglich beabsichtigten Teilbetriebsstilllegung oder einem Teilbetriebsübergang eine sich auf den gesamten Betrieb, einschließlich des später übergehenden Betriebsteils, bezogene Sozialauswahl durchzuführen.[83]

75 Daneben ist i.R.d. Sozialauswahl zu beachten, dass Teilzeitarbeitnehmer und Vollzeitbeschäftigte grds. nicht vergleichbar sind. Als Ausnahme ist insofern etwa die Konstellation anzuführen, bei welcher ein Arbeitgeber in einem bestimmten Betriebsbereich lediglich die Anzahl der insgesamt geleisteten Arbeitsstunden abbauen möchte, ohne dass eine Organisationsentscheidung besteht. Folge ist, dass sodann sämtliche in diesem Bereich gleichartig beschäftigte Arbeitnehmer, ohne Rücksicht auf ihr jeweiliges Arbeitszeitvolumen, in die soziale Auswahl einzubeziehen sind.[84]

76 Teilzeitarbeitnehmer untereinander dürften zumindest dann miteinander vergleichbar sein i.S.d. § 1 Abs. 3 KSchG, wenn ihre jeweiligen Arbeitszeiten sich nur marginal unterscheiden und der kündigungsbedrohte Arbeitnehmer die fortbestehende Stelle unter Berücksichtigung der bestehenden Arbeitsverträge übernehmen kann, ohne dass diese anzupassen wären.[85] Sofern jedoch ein nachvollziehbares unternehmerisches Konzept zur Arbeitsgestaltung vorliegt, demzufolge bestimmte Tätigkeiten bestimmten Arbeitszeiten zugeordnet sind, ist – entsprechend der Grundsätze für die Sozialauswahl zwischen Teilzeit- und Vollzeitbeschäftigten – auch zwischen Teilzeitbeschäftigten mit unterschiedlichen Arbeitszeiten keine Sozialauswahl durchzuführen.[86]

77 Maßgeblich für die Sozialauswahl ist lediglich eine sog. horizontale Vergleichbarkeit der Arbeitnehmer. Danach sind in die Sozialauswahl lediglich die Arbeitnehmer einzubeziehen, die gemäß der Vereinbarungen in ihrem Arbeitsvertrag austauschbar sind.[87] Selbst ein Einverständnis des Arbeitnehmers zu einer Um- oder Versetzung in eine niedriger qualifizierte Position führt nicht zu einer Erweiterung

---

nehmer aus der Sozialauswahl der arbeitsrechtliche Grundsatz der Maßgeblichkeit der Verhältnisse im Zeitpunkt der Kündigung eingeschränkt werden kann.
82 ErfKomm/Oetker, § 1 KSchG Rn 319.
83 BAG, Urt. v. 28.10.2004 – 8 AZR 391/03, ZIP 2005, 412.
84 BAG, Urt. v. 12.8.1999 – 2 AZR 12/99, DB 2000, 228.
85 BAG, Urt. v. 5.12.2002 – 2 AZR 549/01, NZA 2003, 791; ErfKomm/Oetker, § 1 KSchG Rn 327.
86 BAG, Urt. v. 7.12.2006 – 2 AZR 376/03, ArRB 2007, 230.
87 ErfKomm/Oetker, § 1 KSchG Rn 323.

des auswahlrelevanten Personenkreises auf den Arbeitnehmer entsprechend einer sog. vertikalen Vergleichbarkeit.[88]

Die Sozialauswahl selbst kann zwar im Rahmen einer Vorauswahl aufgrund eines Auswahlschemas erfolgen. Die abschließende Prüfung der Sozialauswahl ist der Rechtsprechung folgend jedoch „handgesteuert" vorzunehmen.[89] 78

Bei der Sozialauswahl selbst ist aufgrund des Wortlautes des § 1 Abs. 3 Satz 1 KSchG klargestellt, dass die Sozialauswahl bereits dann ordnungsgemäß ist, wenn der Arbeitgeber die Wertungskriterien des Gesetzes ausreichend berücksichtigt hat. Danach steht dem Arbeitgeber i.R.d. Sozialauswahl ein Bewertungsspielraum zu, sodass sich der gekündigte Arbeitnehmer nur dann erfolgreich auf eine Fehlerhaftigkeit der Sozialauswahl berufen kann, wenn er deutlich schutzwürdiger ist als ein nicht gekündigter vergleichbarer Arbeitnehmer.[90] 79

Die bei betriebsbedingten Kündigungen auf der zweiten Stufe erforderliche Sozialauswahl wird nach dem Wortlaut des § 1 Abs. 3 Satz 1 KSchG beschränkt auf die vier Grundkriterien: Dauer der Betriebszugehörigkeit, Lebensalter, die Unterhaltspflichten des Arbeitnehmers und Schwerbehinderung 80

Die im Rahmen der Sozialauswahl vorstehenden Kriterien waren in der vormaligen gesetzlichen Regelung des § 1 Abs. 3 Satz 1 KSchG nicht genannt. Es war daher möglich, auch weitere Kriterien wie Doppelverdienerehe, Berufskrankheiten, unverschuldeter Arbeitsunfälle oder Chancen auf dem Arbeitsmarkt im Rahmen der Sozialauswahl gemäß § 1 Abs. 3 Satz 1 KSchG heranzuziehen. Der Wegfall aus dem heutigen gesetzlichen Tatbestand bedeutet jedoch nicht, dass der Arbeitgeber solche Kriterien nicht freiwillig in die Bewertung einbeziehen darf.[91] 81

Der Gesetzesbegründung für § 1 Abs. 3 Satz 1 KSchG folgend, wäre der Arbeitgeber nunmehr sogar angehalten, die Sozialdaten der vergleichbaren Arbeitnehmer zu erforschen (sog. Ermittlungspflicht). Vor diesem Hintergrund erschien es geboten, vorsorglich in den Arbeitsvertrag eine Mitteilungsverpflichtung des Arbeitnehmers aufzunehmen, d.h. den Arbeitnehmer zu verpflichten, dem Arbeitgeber stets und ohne gesonderte Aufforderung etwaige Änderungen der Personaldaten im Vergleich zum Zeitpunkt der Begründung des Arbeitsverhältnisses unverzüglich mitzuteilen, um ein späteres Berufen auf Nichtberücksichtigung von Sozialdaten bei der Auswahlentscheidung des Arbeitgebers i.S.d. § 242 BGB weit möglichst auszuschließen. 82

Die Ermittlungspflicht des Arbeitgebers hat das BAG jedoch später relativiert, indem es entschieden hat, dass der Arbeitgeber i.R.d. Betriebsratsanhörung nicht 83

---

88 ErfKomm/Oetker, § 1 KSchG Rn 328 m.w.N.
89 BAG, Urt. v. 5.11.2009 – 2 AZR 676/08, ZIP 2010, 1309; v. 5.12.2002 – 2 AZR 549/01, NZA 2003, 791.
90 BAG, Urt. v. 5.12.2002 – 2 AZR 549/01, NZA 2003, 791.
91 So etwa ErfKomm/Oetker, § 1 KSchG Rn 329 ff. m.w.N.

verpflichtet ist, die Richtigkeit dokumentierter Daten nachzuhalten.[92] Vielmehr ist dem Grunde nach der Arbeitnehmer selbst dafür verantwortlich, den Arbeitgeber (ordnungsgemäß) über den Istzustand sowie spätere Veränderungen seiner Personalien zu unterrichten.[93]

84 Dem folgend sind die Arbeitnehmer mit den Sozialdaten in die Sozialauswahl gem. § 1 Abs. 3 Satz 1 KSchG einzubeziehen, welche dem Arbeitgeber im Zeitpunkt der beabsichtigten Kündigung vorliegen. Es sind daher Arbeitnehmer, denen ggü. eine ordentliche Kündigung in diesem Zeitpunkt kraft Gesetzes unwirksam wäre oder für welche Sonderkündigungsschutz besteht, nicht in diesen Personenkreis einzubeziehen. Eine Einbeziehung erfolgt selbst dann nicht, wenn der Sonderkündigungsschutz des Arbeitnehmers zum Zeitpunkt der beabsichtigten Kündigung aller Voraussicht nach alsbald auslaufen wird und für den Arbeitsvertrag des Arbeitnehmers mit Sonderkündigungsschutz eine kürzere Kündigungsfrist gilt, als für den Arbeitsvertrag des konkurrierenden, sozial schwächeren Arbeitnehmers.

85 Nach der gesetzlichen Regelung des § 1 Abs. 3 Satz 2 KSchG sind Arbeitnehmer nicht in die Sozialauswahl einzubeziehen, deren Weiterbeschäftigung, insb. wegen ihrer Kenntnisse, Fähigkeiten und Leistungen oder zur Sicherung, aber nicht zur Schaffung[94] einer ausgewogenen Personalstruktur des Betriebes im berechtigten betrieblichen Interesse liegt. Darin liegt auch kein Verstoß gegen das unionsrechtliche Verbot der Altersdiskriminierung.[95]

86 Es ist derweil – im Gegensatz zu der vorhergehenden Rechtslage[96] – ausreichend, dass eines der drei genannten Kriterien (Kenntnisse, Fähigkeiten, Leistungen) vorliegt, um unter Nützlichkeitserwägungen den Leistungsträger aus der Sozialauswahl herausnehmen zu können.[97] Nach der Rechtsprechung des BAG kann eine Herausnahme einzelner Mitarbeiter aus der Gruppe der vergleichbaren Arbeitnehmer sogar aufgrund von Kriterien erfolgen, die zu dem Arbeitsverhältnis in keinem unmittelbaren Bezug stehen.[98]

87 Als ein pragmatisches Instrumentarium im Rahmen der Sozialauswahl bei einer betriebsbedingten Kündigung gem. § 1 Abs. 3 Satz 2 KSchG ist die Bildung von Altersgruppen bei Arbeitnehmern zu nennen, da deren Erhaltung von der Rechtsprechung nach wie vor als ein sonstiges berechtigtes betriebliches Bedürfnis i.S.v. § 1 Abs. 3 Satz 2 KSchG angesehen wird.[99] Das KSchG gibt dem Arbeitgeber weder in-

---

[92] BAG, Urt. v. 6.7.2006 – 2 AZR 520/05, ZIP 2006, 2329.
[93] BAG, Urt. v. 24.11.2005, NZA 2006, 665.
[94] ErfKomm/Oetker, § 1 KSchG Rn 347.
[95] BAG, Urt. v. 15.12.2011 – 2 AZR 42/10, ZIP 2012, 1623.
[96] Dazu etwa BAG, Urt. v. 12.4.2002 – 2 AZR 706/00, NZA 2003, 42.
[97] ErfKomm/Oetker, § 1 KSchG Rn 342ff.
[98] BAG, Urt. v. 7.12.2006 – 2 AZR 748/05, ArbRB 2007, 230.
[99] BAG, Urt. v. 28.8.2003, 2 AZR 368/02, ZIP 2004, 1271.

haltliche noch zeitliche Vorgaben für die Bildung der entsprechenden Altersgruppen. Ob ein berechtigtes betriebliches Bedürfnis am Erhalt einer ausgewogenen Altersstruktur besteht, ist stets unter Verweis auf die vorliegenden speziellen Betriebszwecke und ggf. deren Umsetzung zu entscheiden. Dem Arbeitgeber wird von Rechtsprechung bei der Bildung der Altersgruppen überdies ein gewisser Beurteilungsspielraum zugestanden.[100]

Bewährt hat sich insofern eine Staffelung innerhalb der auswahlrelevanten Arbeitnehmergruppen nicht über die gesamte Belegschaft, sondern eine nach Lebensjahren differenzierende Dreier-, Vierer- oder Fünfer-Staffelung. Nach dem BAG hat der Arbeitgeber dabei jedoch darzulegen, 88

– welche konkreten Nachteile sich ergeben, wenn der Arbeitgeber die zu kündigenden Arbeitnehmer allein nach dem Maßstab des § 1 Abs. 3 Satz 1 KSchG a.F. auswählen würde und 89
– wie viel Prozent der potenziell zu kündigenden Arbeitnehmer vor Ausspruch der Kündigung den jeweiligen Altersgruppen angehörten und wie die einzelnen Kündigungen auf die einzelnen Altersgruppen verteilt worden sind, damit die bislang bestehende Altersstruktur erhalten bleibt.[101]

Die Frage des Umfangs der gerichtlichen Überprüfbarkeit der sozialen Auswahl und der Bewertung der Sozialindikatoren ist in § 1 Abs. 3 und Abs. 4 KSchG geregelt 90

Insofern ist die Darlegungs- und Beweislast des § 1 Abs. 3 Satz 3 KSchG erwähnenswert. Danach ist es zunächst Sache des Arbeitnehmers, die Fehlerhaftigkeit der Sozialauswahl darzulegen. Jedoch ist der Arbeitgeber gemäß § 1 Abs. 3 Satz 2 KSchG verpflichtet, sofern dem Arbeitnehmer die erforderlichen Informationen nicht vorliegen, die maßgeblichen Gründe für seine Auswahl vorzutragen. 91

Nach § 1 Abs. 4 KSchG können die dort genannten Sozialpartner – also insb. nach § 95 BetrVG Arbeitgeber und Betriebsrat -im Rahmen einer Kollektivvereinbarung festlegen, wie die einzelnen Sozialdaten im Verhältnis zueinander zu bewerten sind. Darüber hinaus gewährt § 1 Abs. 4 KSchG den Beteiligten jedoch auch die Option, eine Vereinbarung darüber zu treffen, welche sozialen Gesichtspunkte gem. § 1 Abs. 3 Satz 1 KSchG zu berücksichtigen sind. 92

Dabei ist formal insb. zu berücksichtigen, dass – wenn die Vereinbarungen auf betrieblicher Ebene abgeschlossen werden sollen – die entsprechenden Festlegungen im Rahmen einer Betriebsvereinbarung vorgenommen werden und insofern ein Interessenausgleich nicht ausreicht. 93

Bei der inhaltlichen Ausgestaltung der Punkteschemata besteht ein Gestaltungsspielraum ohne dass eines der Kriterien Alter, Betriebszugehörigkeit, Unter- 94

---

[100] BAG, Urt. v. 20.4.2005–2 AZR 201/04, ZIP 2005, 1803.
[101] BAG, Urt. v. 20.4.2005 – 2 AZR 201/04, ZIP 2005, 1803; ErfKomm/Oetker, § 1 KSchG Rn 347 m.w.N.

haltspflichten oder einer etwaigen Schwerbehinderung vorrangig zu berücksichtigen wäre.

95 Da es jedoch auf die jeweiligen Umstände des Einzelfalles, d.h. die im Einzelfall vorliegenden betrieblichen Gegebenheiten ankommt, kann eine allgemeingültige Gewichtung der Sozialdaten nicht vorgegeben werden. Die Entwicklung eines Punkteschemas kann bspw. durch die bestehende Altersstruktur oder das im Betrieb vorhandene Erfordernis besonderer Kenntnisse und Fähigkeiten beeinflusst werden.

96 Sofern die Sozialauswahl vergleichbarer Arbeitnehmer sodann auf der Grundlage einer Vereinbarung gem. § 1 Abs. 4 KSchG vorgenommen wird, so kann sie gerichtlich lediglich noch auf grobe Fehlerhaftigkeit überprüft werden. Von grober Fehlerhaftigkeit i.S.d. § 1 Abs. 5 Satz 2 KSchG kann nur dann ausgegangen werden, wenn die Gewichtung der sozialen Kriterien Alter, Betriebszugehörigkeit und Unterhaltspflichten jede Ausgewogenheit vermissen lässt.[102] Eine am Einzelfall orientierte Interessenabwägung ist indes nach wie vor nicht erforderlich.

97 Allerdings wird sich eine Einschränkung der gerichtlichen Überprüfbarkeit nicht auf die Herausnahme von Arbeitnehmern aus der Sozialauswahl gem. § 1 Abs. 3 Satz 2 KSchG beziehen lassen, da bereits im Gesetzeswortlaut betreffend die soziale Auswahl auf § 1 Abs. 3 Satz 1 KSchG Bezug genommen wird.

98 Besteht kein Betriebsrat oder kommt eine entsprechende Vereinbarung über ein Punkteschema nicht zustande, so bleibt es dem Arbeitgeber dennoch unbenommen, bei seiner Sozialauswahl der von einer Kündigung betroffenen Arbeitnehmer ein eigenes Punkteschema zugrunde zu legen. Dies erleichtert die Darlegung bei Gericht, auch wenn dabei keine über den Einzelfall hinausgehende Bindung bewirkt wird. Das Schema und die daraus folgende Auswahlentscheidung sind allerdings dann gerichtlich voll und nicht lediglich auf das Bestehen grober Fehler hin überprüfbar.[103]

99 Entgegen seiner früheren Rechtsprechung zur Fehlerhaftigkeit bei der Ermittlung der Punktezahl, welche dazu führte, dass, sofern auch nur einem Arbeitnehmer, der bei richtiger Ermittlung der Punktezahl zur Kündigung angestanden hätte, nicht gekündigt wird, auch die Kündigungen aller gekündigten Arbeitnehmer unwirksam sind (sog. Dominotheorie), hat das BAG zwischenzeitlich entschieden, dass sich bei einer fehlerhaften Bewertung i.R.d. Sozialauswahl nunmehr nur noch die Arbeitnehmer darauf berufen können, deren Position sich auf einer Kündigungsliste auch tatsächlich konkret verbessert hätte.[104]

100 Sofern demnach der Arbeitgeber im Rahmen eines Kündigungsschutzprozesses aufzeigen kann, dass dem klagenden Arbeitnehmer auch bei korrekter Erstellung

---

[102] BAG, Urt. v. 6.9.2007 – 2 AZR 715/06, DB 2008, 640; v. 7.5.1998 – 2 AZR 536/97, ZIP 1998, 1809.
[103] BAG, Urt. v. 18.10.2006 – 2 AZR 473/05, DB 2007, 922.
[104] BAG, Urt. v. 9.11.2006 – 2 AZR 812/05, BB 2007, 1393 sowie fünf weitere Entscheidungen (2 AZR 813–817/05).

Pelke

der Rangliste anhand des Punkteschemas hätte gekündigt werden müssen, so ist die Kündigung nicht wegen einer fehlerhaften Sozialauswahl unwirksam, da eine Unzulänglichkeit bei der Auswahl des gekündigten Arbeitnehmers gerade nicht ursächlich geworden und die Sozialauswahl daher im Ergebnis für diesen Arbeitnehmer zutreffend ist. Auf eine nicht korrekte Sozialauswahl kann sich daher lediglich ein Arbeitnehmer berufen, dessen Arbeitsvertrag bei einer ordnungsgemäß durchgeführten Auswahl nicht gekündigt worden wäre.

Überdies besteht eine Kündigungserleichterung durch einen Interessenausgleich mit Namensliste gem. § 1 Abs. 5 KSchG. Die sog. „Namenslistenregelung" findet sich auch in § 125 InsO wieder, da diese Beschränkung der Überprüfbarkeit auch bei Änderungskündigungen gilt.[105]

101 Wird ein Interessenausgleich mit Namensliste gem. § 111 BetrVG vereinbart – eine freiwillige Betriebsvereinbarung ist nicht ausreichend –, so ist auch im Rahmen eines Insolvenzverfahrens die Herausnahme sog. Leistungsträger aus der Sozialauswahl gem. § 1 Abs. 3 Satz 2 KSchG nur auf grobe Fehlerhaftigkeit zu überprüfen (§ 1 Abs. 5 Satz 2 KSchG, § 125 Abs. 1 Satz 1 Nr. 2 InsO).

102 Die Sozialauswahl soll nach Auffassung des BAG nur dann als grob fehlerhaft i.S.v. § 1 Abs. 5 KSchG anzusehen sein, wenn sie jegliche Ausgewogenheit bei der Gewichtung der Kriterien vermissen lässt.[106] Sofern lediglich der Maßstab der groben Fehlerhaftigkeit für die Prüfung der sozialen Auswahl heranzuziehen ist, so ist der Arbeitgeber nur gehalten, die Gründe für die fehlende Vergleichbarkeit von Arbeitnehmern und die Ausklammerung von Leistungsträgern zunächst in „groben Zügen" darzulegen.[107]

103 Der daran anzulegende Prüfungsmaßstab der groben Fehlerhaftigkeit i.S.d. § 1 Abs. 5 Satz 2 KSchG gilt nicht nur für die sozialen Indikatoren und deren Gewichtung selbst. Der Maßstab ist vielmehr auch an die Bildung der auswahlrelevanten Gruppen anzulegen, wodurch den Betriebspartnern ein relativ weiter Beurteilungsspielraum eingeräumt wird. Auch dann, wenn ein Arbeitgeber die Kündigungstermine bewusst so gewählt hat, dass bei Zugrundelegung der früheren Rechtsprechung die Schwellenwerte des § 17 Abs. 1 Satz 1 KSchG nicht erreicht wurden, genießt er Vertrauensschutz, da er sich innerhalb des gesetzlichen Handlungsrahmens bewegt und somit i.d.R. nicht gegen das Gesetz handelt, sondern dieses gerade beachtet.[108]

104 Demgegenüber gelten die Vermutungswirkungen eines Interessenausgleichs mit namentlicher Benennung der zu kündigenden Arbeitnehmer dann nicht, wenn die Arbeitsverträge der Arbeitnehmer nicht aufgrund der dem Interessenausgleich

---

[105] BAG, Urt. v. 12.8.2010 – 2 AZR 945/08, DB 2011, 597.
[106] BAG, Urt. v. 28.8.2003 – 2 AZR 368/02, ZIP 2004, 1271.
[107] Zur Darlegungs- und Beweislast vgl. BAG, Urt. v. 13.7.2006 – 6 AZR 198/06, ZInsO 2007, 1060.
[108] BAG, Urt. v. 21.9.2006 – 2 AZR 760/05, BB 2007, 1172.

zugrunde liegenden Betriebsänderung, sondern aufgrund davon abweichender betrieblicher Gründe gekündigt werden sollen. Der Arbeitgeber hat dem entsprechend den Zusammenhang zwischen der Betriebsänderung und den Kündigungen darzulegen. Dies kann bereits im Interessenausgleich selbst geschehen, sofern in diesem sowohl das Sanierungskonzept, als auch seine Folgewirkungen auf die Arbeitsplätze (kurz) dargestellt werden.

105 Die Vermutung des dringenden betrieblichen Erfordernisses und die Beschränkung des Prüfungsmaßstabes auf grobe Fehlerhaftigkeit bei der Sozialauswahl ist gem. § 1 Abs. 5 Satz 3 KSchG nicht (mehr) einschlägig, sofern sich im Anschluss an die Vereinbarung eines Interessenausgleichs, jedoch noch vor dem Zugang der Kündigung,[109] die zugrunde liegende Sachlage wesentlich geändert hat. Eine wesentliche Änderung der Sachlage kann etwa dann angenommen werden, wenn die Betriebsänderung nicht oder in wesentlichen Teilen nicht durchgeführt wird oder sich die Anzahl der beabsichtigten Kündigungen wesentlich verringert. Es empfiehlt sich aus Sicht der Betriebspartner auch bei Eintritt einer solchen Konstellation, d.h. einer Reduzierung der Zahl der Kündigungen, vorsorglich eine entsprechende alternative Namensliste zu erstellen.

106 Prozessual ist zu beachten, dass sich bei Zustandekommen eines Interessenausgleichs mit Namensliste im Kündigungsschutzprozess die bestehende Darlegungs- und Beweislast (§ 1 Abs. 2 Satz 4 KSchG) umkehrt.[110] Die Darlegungs- und Beweislast des Arbeitgebers beschränkt sich dann auf die „Vermutung", dass die tatbestandlichen Voraussetzungen der Vorschrift des § 1 Abs. 5 Satz 1 KSchG bzw. § 125 InsO vorliegen.[111] Demnach muss der Arbeitgeber darlegen, dass eine Betriebsvereinbarung nach § 111 BetrVG vorliegt, der Interessenausgleich wegen einer bestimmten Betriebsänderung rechtswirksam zustande gekommen ist, der Arbeitnehmer wegen der diesem Interessenausgleich zugrunde liegenden Betriebsänderungen entlassen worden ist und der gekündigte Arbeitnehmer in diesem Interessenausgleich namentlich bezeichnet ist.

107 Trotz der Vermutungswirkung eines Interessenausgleichs mit namentlicher Benennung der zu kündigenden Arbeitnehmer hat der Arbeitgeber ggf., den Zusammenhang zwischen der Betriebsänderung und den Kündigungen darzulegen.

108 Demgegenüber hat der Arbeitnehmer den bei widerlichen Vermutungen i.S.v. § 46 Abs. 2 ArbGG i.V.m. § 292 Satz 1 ZPO erforderlichen Beweis des Gegenteils als Hauptbeweis zu führen. Der Arbeitnehmer hat bei Vorliegen einer Beendigungskündigung nachzuweisen, dass sein Arbeitsplatz trotz der durchgeführten Betriebsänderung noch vorhanden ist oder eine anderweitige Beschäftigungsmöglichkeit im selben Betrieb oder in einem anderen Betrieb desselben Unternehmens besteht. Die

---

109 ErfKomm/Gallner, §§ 120–122, 125 InsO Rn 7f.
110 BAG, Urt. v. 13.7.2006 – 6 AZR 198/06, ZInsO 2007, 1060.
111 BAG, Urt. v. 13.7.2006 – 6 AZR 198/06, ZInsO 2007, 1060.

Darlegungs- und Beweislast für die Fehlerhaftigkeit der Sozialauswahl liegt auch bei Massenentlassungen gem. § 1 Abs. 3 Satz 3 erster Halbs. KSchG beim Arbeitnehmer.

Verbleibende Zweifel in einem der vorgenannten Punkte gehen zulasten des Arbeitnehmers. Der Vortrag des Arbeitnehmers hat den Vorgaben an das Arbeitgebervorbringen zum Vorliegen eines dringenden betrieblichen Erfordernisses i.R.d. § 1 Abs. 2 Satz 1 und 4 KSchG zu genügen.

Hat jedoch der Arbeitgeber keine Sozialauswahl i.S.d. § 1 Abs. 3 KSchG vorgenommen, so ist die Vermutung dafür, dass die Auswahl auch im Ergebnis sozialwidrig ist, wiederum vom Arbeitgeber auszuräumen. Der Arbeitgeber muss sodann darlegen, aus welchem Grund er, trotz der § 1 Abs. 3 KSchG zuwiderlaufenden Überlegungen/Handlungen, letztlich die sozialen Gesichtspunkte ausreichend berücksichtigt hat.[112]

Auch bei Zustandekommen eines Interessenausgleichs mit Namensliste kann die soziale Auswahl gerichtlich nur auf grobe Fehlerhaftigkeit i.S.d. § 1 Abs. 5 Satz 2 KSchG überprüft werden. Die Überprüfung umfasst sämtliche Bestandteile der Sozialauswahl, sprich den zugrunde gelegten Personenkreis, die Nichteinbeziehung von Arbeitnehmern, die etwaige Bildung von Altersgruppen und die Gewichtung der sozialen Grund- oder Kerndaten.[113]

Eine grobe Fehlerhaftigkeit i.S.d. § 1 Abs. 5 Satz 2 KSchG wird bei einem Interessenausgleich mit Namensliste dann angenommen, wenn die Betriebspartner den auswahlrelevanten Personenkreis der austauschbaren und damit vergleichbaren Arbeitnehmern willkürlich bestimmt oder nach unsachlichen Gesichtspunkten eingegrenzt haben. Dies ist etwa dann anzunehmen, wenn die erforderlichen Kenntnisse, Fähigkeiten und Leistungen der herauszunehmenden Arbeitnehmer nicht nach sachlichen Gesichtspunkten konkretisiert werden, Altersgruppen, innerhalb derer die Sozialauswahl durchgeführt werden soll, in völlig wahllos aufeinanderfolgenden Zeitsprüngen bspw. in zwölfer, siebener und vierer Jahresschritten gebildet oder eines der drei sozialen Kriterien überhaupt nicht oder nicht hinreichend berücksichtigt respektive bewertet wurde.[114]

Die Betriebsratsanhörung gem. § 102 BetrVG – gleiches gilt für die Beteiligung nach § 17 KSchG – unterliegt auch bei einem solchen Interessenausgleich mit Namensliste keinen erleichterten Voraussetzungen; sie kann jedoch mit den Verhandlungen darüber verbunden werden.[115]

---

112 BAG, Urt. v. 3.4.2008 – 2 AZR 879/06, NZA 2008, 1060.
113 BAG, Urt. v. 12.3.2009 – 2 AZR 418/07, DB 2009, 1932.
114 BAG, Urt. v. 23.10.2008 – 2 AZR 163/07, DB 2009, 1248.
115 BAG, Urt. v. 20.5.1999 – 2 AZR 532/98, ZIP 1999, 1610.

(bb) Wiedereinstellungsanspruch

114 Sofern die zuvor aufgeführten, eine Kündigung des Arbeitsvertrages eines Arbeitnehmers rechtfertigenden Gründe i.S.d. § 1 Abs., 3 KSchG, während der laufenden Kündigungsfrist wegfallen, kann sich zugunsten des Arbeitnehmers grds. ein Wiedereinstellungsanspruch ergeben, welcher jedoch schon außerhalb eines Insolvenzverfahrens unter den Voraussetzungen steht, dass der Arbeitgeber noch keine Disposition getroffen hat und ihm die unveränderte Fortsetzung zumutbar ist.[116]

115 Im Rahmen eines Insolvenzverfahrens besteht ein Wiedereinstellungsanspruch des Arbeitnehmers nach Ablauf der Kündigungsfrist nach der Rechtsprechung jedoch grundsätzlich nicht.[117] Ein Wiedereinstellungsanspruch ist auch dann abgelehnt worden, wenn das in Rede stehende Arbeitsverhältnis wirksam befristet worden war.[118] Ob als Nebenpflicht des Arbeitgebers i.S.d. § 242 BGB eine entsprechende Unterrichtungspflicht hinsichtlich der Weiterbeschäftigungsmöglichkeit besteht, ist höchstrichterlich noch nicht abschließend entschieden, dürfte aber tendenziell zu bejahen sein.[119]

116 Sofern im Rahmen einer Kündigungsmaßnahme die Arbeitsverträge gleich mehrerer Beschäftigter durch eine betriebsbedingte Kündigung i.S.d. § 1 Abs. 2 KSchG beendet wurden und sich entgegen der Kündigungen für mehrere vergleichbare Arbeitnehmer ein Wiedereinstellungsanspruch ergibt, jedoch nicht sämtliche betroffenen Arbeitnehmer wieder eingestellt werden können, so hat die Wiedereinstellung nach den Anforderungen an eine rechtmäßige soziale Auswahl entsprechend § 1 Abs. 3 KSchG zu erfolgen.[120] Demnach hat der Arbeitgeber bei der Auswahl der wieder einzustellenden Arbeitnehmer die sozialen Gesichtspunkte Lebensalter, Betriebszugehörigkeit, Unterhaltsverpflichtungen und (seltener) eine Schwerbehinderung ebenfalls zu berücksichtigen.

117 Dabei kann der Schutz eines nicht wiedereingestellten Arbeitnehmers jedoch nicht weiter gehen, als wenn die wiederbesetzten Arbeitsplätze schon vor Ausspruch der Kündigung frei geworden wären, so dass – sofern der nicht wiedereingestellte Arbeitnehmer in diesem Fall etwa auf die Namensliste in einem Interessenausgleich gesetzt worden wäre – eine Sozialauswahl auch bei der Wiedereinstellung nur auf grobe Fehlerhaftigkeit hin überprüft werden kann.[121]

118 Im Rahmen eines Insolvenzereignisses sind jedoch Besonderheiten mit Blick auf Fortsetzungs- oder Wiedereinstellungsansprüche im Rahmen eines Betriebsüber-

---

[116] BAG, Urt. v. 21.2.2001 – 2 AZR 39/00, ZIP 2001, 1825.
[117] BAG, Urt. v. 25.10.2007 – 8 AZR 989/06, BB 2008, 731.
[118] BAG, Urt. v. 20.2.2002 – 7 AZR 600/00, ZIP 2002, 1162.
[119] BAG, Urt. v. 21.9.2000 – 2 AZR 385/99, ZIP 2001, 388; v. 15.12.1994 – 2 AZR 320/94, DB 1995, 878.
[120] BAG, Urt. v. 21.9.2000 – 2 AZR 385/99, ZIP 2001, 388.
[121] BAG, Urt. v. 21.1.1999 – 2 AZR 624/98, NZA 1999, 866.

ganges gem. § 613a BGB zu beachten. Auf diese wird i.R.d. Darstellung unter Rdn 254 ff. eingegangen.

(cc) Nachkündigungen

Auch wenn der Schuldner selbst bereits vor Insolvenzantragstellung oder der gerichtlichen Anordnung von Sicherungsmaßnahmen i.S.d. §§ 22 Abs. 2, 21 Abs. 2 Nr. 2, 2. Alt. InsO einen oder mehrere Arbeitsverträge mit Arbeitnehmern gekündigt hat, so ist es dem Insolvenzverwalter dennoch dringend anzuraten, nach Eröffnung des Verfahrens unverzüglich festzustellen, ob und zu welchem Zeitpunkt etwaige Arbeitsverhältnisse gekündigt worden sind und mit welchen Fristen. Stellt der Insolvenzverwalter dabei fest, dass eine fristgerechte Kündigung mit längerer Kündigungsfrist als in § 113 Satz 2 InsO (3-Monats-Frist) ausgesprochen wurde, so sollte der Insolvenzverwalter, im Wege der sog. Nachkündigung erneut kündigen.[122]

Der Insolvenzverwalter ist nach Eröffnung des Verfahrens selbst dann nicht gehindert, einen Arbeitsvertrag erneut mit der Begründung der Betriebsstilllegung zu kündigen, wenn der Kündigungsgrund der Betriebsstilllegung bereits bei einer darauf gestützten Kündigung vor Eröffnung des Insolvenzverfahrens erfolgte. Dies gilt selbst dann, wenn die frühere, d.h. vor Verfahrenseröffnung zugegangene Kündigung gem. § 7 KSchG wirksam geworden ist. Der Kündigungsgrund der Betriebsstilllegung ist somit für den Insolvenzverwalter im Rahmen einer auf § 113 InsO gestützten Kündigung nicht und auch nicht dadurch verbraucht, dass auf diesen Grund bereits eine frühere Kündigung vor Eröffnung des Insolvenzverfahrens gestützt wurde.[123]

Die Kündigung unterliegt jedoch – darauf sei hingewiesen – wiederum den allgemeinen Wirksamkeitsgründen, insb. einer ggf. erneut durchzuführenden Betriebsratsanhörung.[124]

(3) Massenentlassung i.S.v. §§ 17 ff. KSchG

Der Insolvenzverwalter in seiner Funktion als Arbeitgeber muss bei sog. Massenentlassungen i.S.d. §§ 17, 18 KSchG, d.h. bei der Kündigung einer den Schwellenwert des § 17 Abs. 1 KSchG übersteigenden Anzahl von Arbeitnehmer,[125] der Agentur für Arbeit eine sog. Massenentlassung anzuzeigen, § 17 Abs. 1 Satz 1 KSchG.

---

122 BAG, Urt. v. 20.1.2005 – 2 AZR 134/04, ZIP 2005, 1289.
123 BAG, Urt. v. 8.4.2003 – 2 AZR 15/02, ZIP 2003, 1260.
124 BAG, Urt. v 20.1.2005 – 2 AZR 134/04, ZIP 2005, 1289.
125 Vgl. zum Arbeitnehmerbegriff: EuGH, Urt. v. 11.11.2015 – C-422/14, NZA 2015, 1441; EuGH, Urt. v. 9.7.2015 – C-229/14, NZA 2015, 86, Franzen, NZA 2016, 26.

122 Im Rahmen von sog. Massenentlassungsverfahren ist gem. § 17 Abs. 1 Satz 2 KSchG weiter zu beachten, dass Arbeitgeber/Insolvenzverwalter und Betriebsrat vor Ausspruch der Kündigung beraten müssen, wie die Entlassungen vermieden oder eingeschränkt werden können und wie ihre Folgen zu mildern sind. Im Zuge der Erörterungen wird daher i.d.R. gleichzeitig über einen Interessenausgleich und Sozialplan zu verhandeln sein (s. – zwar mit abweichenden Schwellenwerten – § 112a BetrVG). Im Interessenausgleich kann das sog. Konsultationsverfahren mit erledigt werden. Der Arbeitgeber oder in dessen Funktion der Insolvenzverwalter sind bei sog. Massenentlassungen ebenfalls verpflichtet, der zuständigen Agentur für Arbeit eine sich über obige Umstände verhaltende Stellungnahme des – sofern vorhanden – Betriebsrates i.S.d. § 17 Abs. 2, 3 KSchG[126] zuzuleiten.

123 Im Hinblick auf die anzeigepflichtigen Entlassungen i.S.d. § 17 KSchG bestand lange Zeit Uneinigkeit über die Begrifflichkeiten und das Verhältnis von Entlassung und Kündigung. Dazu hat der EuGH am 27.1.2005[127] entschieden, dass sowohl die Konsultation des Betriebsrates, als auch die Anzeige an die Agentur für Arbeit bei einer Massenentlassung bereits vor Ausspruch der Kündigung zu erfolgen hat. Dieser Auffassung hat sich das BAG unter Aufgabe seiner bisherigen Rechtsprechung zwischenzeitlich angeschlossen, sodass im Sinne von § 17 KSchG und gemäß der Massenentlassungsrichtlinie der Europäischen Gemeinschaft[128] die Kündigung bereits als Entlassung im Sinne dieser Vorschrift angesehen wird. Im Wege richtlinienkonformer Auslegung kommt das BAG in ständiger Rechtsprechung, der auch die Praxis der Arbeitsagenturen folgt, zu dem Schluss, dass ohne vorherige Massenentlassungsanzeige ausgesprochene Kündigungen bereits formell unwirksam sind. Die Massenentlassungsanzeige ist daher – im Gegensatz zum früheren Recht – eine Voraussetzung für die Wirksamkeit der Kündigung und bereits vor deren Ausspruch auszubringen.[129]

124 Da sich aufgrund der Rechtsprechung von EuGH und nunmehr auch des BAG[130] sowie des Norminhaltes der §§ 17, 18 KSchG eine Rechtsunsicherheit mit Blick auf die Unterscheidung der Begriffe Kündigung und Entlassung ergab, hat das BAG wei-

---

126 Vgl. zur Nichtberücksichtigung etwa: LAG Düsseldorf, Urt. v. 10.11.2011 – 12 Sa 1321/10, EWiR 2011, 165 (Mückl); LAG Düsseldorf v. 26.9.2013 – 5 Sa 530/13, ZIP 2014, 47 (fehlende Angaben zu den Kriterien der Sozialauswahl) oder zu einem Konsultationsverfahren: BAG-v. 21.3.2013 – 2 AZR 60/12, ZIP 2013, 1589; dazu EWiR 2013, 693 (C. Schubert); LAG Rheinland-Pfalz v. 20.2.2014 – 2 Sa 119/13, NZI 2014, 662; LAG Hannover, Urt. v. 26.2.2015 – 5 Sa 1318/14, ZIP 2015, 1604.
127 EuGH Urt. v. 27.1.2005-C-188/03, NZA 2005, 213 („Junk").
128 RL 98/59/EG des Rates v. 20.7.1998, ABl EG Nr. L225 v. 12.8.1998, S. 16, zu dem Umstand eines etwaigen Vertrauensschutzes: BAG, Urt. v. 23.3.2006 – 2 AZR 343/05, DB 2006, 1902; BAG, Urt. v. 6.7.2006 – 2 AZR 520/05, ZIP 2006, 2329; BAG, Urt. v. 1.2.2007 – 2 AZR 15/06 sowie differenzierend; BVerfG, Urt. v. 10.12.2014 – 2 Bv 1549/07, ZIP 2015, 335.
129 Dazu BAG, Urt. v 13.6.2019 – 6 AZR 459/17, BB 2019, 2554.
130 Zur vormaligen Rechtsprechung etwa BAG, Urt. v. 18.9.2003 – 2 AZR 79/02, ZIP 2004, 677.

ter entschieden, dass die Entlassungssperre den Ausspruch einer Kündigung nach Anzeige der Massenentlassung bei der Agentur für Arbeit während des Laufs der Sperrfrist von einem Monat oder sogar nach Verlängerung gem. § 18 Abs. 2 KSchG nicht hindert. Schon unmittelbar nach Erstattung (Eingang) der Anzeige bei der Agentur für Arbeit kann die Kündigung ausgesprochen werden. Allerdings dürfen die betroffenen Arbeitnehmer nicht vor Ablauf der Monatsfrist des § 18 Abs. 1 KSchG oder im Fall des § 18 Abs. 2 KSchG der längstens zweimonatigen Frist aus dem Arbeitsverhältnis ausscheiden. Dieser Gesetzauslegung stehe auch die Regelung des § 18 Abs. 4 KSchG nicht entgegen.[131]

Zu beachten ist ferner, dass die Massenentlassungsanzeige dem Ausspruch einer jeden Kündigung, auch einer Wiederholungskündigung vorausgehen muss. So muss der Insolvenzverwalter, welcher im Anschluss an die Eröffnung eines Insolvenzverfahrens etwa i.R.d. sog. Nachkündigung mit der Frist des § 113 InsO erneut kündigen möchte, eine Massenentlassungsanzeige wiederholen, bevor er kündigen kann. Dem entgegen wirkt die zum früheren Zeitpunkt erklärte Massenentlassungsanzeige auch nach dem Zeitpunkt der Eröffnung des Insolvenzverfahrens fort, sofern eine bereits vor Eröffnung des Insolvenzverfahrens beabsichtigte Kündigung noch nicht ausgesprochen worden ist.[132] 125

(4) Änderungskündigung nach § 2 KSchG
Auch im Rahmen eines Insolvenz(eröffnungs)verfahrens kommt die Möglichkeit des Ausspruchs einer Änderungskündigung gem. § 2 KSchG in Betracht. 126

Dabei hat auch die Änderungskündigung zunächst den Inhalt, dass der Kündigende (Arbeitgeber/Insolvenzverwalter) den dem Beschäftigungsverhältnis zugrunde liegenden Arbeitsvertrag beendet. Gleichzeitig unterbreitet der Arbeitgeber oder in dieser Funktion der Insolvenzverwalter dem Gekündigten jedoch ein Angebot auf Beschäftigung zu geänderten, i.d.R. verschlechterten Arbeitsbedingungen. 127

Die Änderungskündigung ist unter Beachtung des Grundsatzes der Verhältnismäßigkeit dann unzulässig, wenn der Arbeitgeber/Insolvenzverwalter die Änderungen bereits im Wege des Direktionsrechtes gem. § 106 GewO erreichen kann. Sofern die Änderungskündigung gem. § 2 KSchG zulässig ist, hat der gekündigte Arbeitnehmer die Möglichkeit, das Änderungsangebot (unter Vorbehalt der sozialen Rechtfertigung i.S.d. § 2 Satz 1 KSchG) anzunehmen oder abzulehnen. 128

Wenn der Arbeitnehmer das Änderungsangebot ohne Vorbehalt annimmt, werden die Änderungen des Arbeitsvertrages zu dem Zeitpunkt wirksam, zu dem sie 129

---

131 BAG, Urt. v. 23.10.2010 – 2 AZR 268/08, ZIP 2010, 1461; Urt. v. 6.11.2008 – 2 AZR 935/07, EzA § 18 KSchG Nr. 1.
132 BAG, Urt. v. 22.4.2010 – 6 AZR 948/08, ZIP 2010, 1566; LAG Niedersachsen, Urt. v. 29.10.2010 – 16 Sa 312/10, n.v.

nach dem Änderungsangebot gelten sollen.[133] Sofern der Arbeitnehmer das Änderungsangebot unter Vorbehalt annimmt oder ablehnt, entsprechen die formellen und materiellen Voraussetzungen für die Rechtswirksamkeit einer Änderungskündigung i.S.d. § 2 KSchG im Rahmen einer arbeitsgerichtlichen Überprüfung grds. den bereits i.R.d. Beendigungskündigung dargestellten Anforderungen. Bei einer Überprüfung nach Annahme unter Vorbehalt beziehen sich diese indes auf die Rechtmäßigkeit der Änderungen der Arbeitsbedingungen.[134] Auf die obigen Ausführungen kann an dieser Stelle verwiesen werden.

130 Sofern der Arbeitnehmer das Angebot nicht annimmt, ist es ihm verwehrt, den Arbeitgeber bei einer ausgesprochenen Beendigungskündigung auf eine mögliche Änderungskündigung mit dem abgelehnten Inhalt zu verweisen, wenn er das Änderungsangebot zuvor vorbehaltlos und endgültig abgelehnt hat. Es ist insofern jedoch erforderlich, dass der Arbeitnehmer bei der Ablehnung des Änderungsangebots unmissverständlich zu verstehen gibt, dass er unter keinen Umständen bereit ist, zu den geänderten Arbeitsbedingungen zu arbeiten.[135]

131 Auch bei einer Änderungskündigung trifft den Arbeitgeber in einem etwaigen Kündigungsschutzverfahren die Darlegungs- und Beweislast dahin gehend, dass der Arbeitnehmer definitiv und endgültig das Änderungsangebot abgelehnt hat, sprich, dass der Arbeitnehmer weder einvernehmlich, noch unter dem Vorbehalt der Prüfung der sozialen Rechtfertigung i.S.d. § 2 KSchG bereit war, zu den geänderten Bedingungen (weiter) für den Arbeitgeber tätig zu sein.[136]

b) Außerordentliche Kündigung (§ 626 BGB)

132 Neben der zuvor thematisierten sog. ordentlichen Kündigung besteht selbstredend auch im Rahmen eines Insolvenz(eröffnungs)verfahrens die Möglichkeit für den Arbeitgeber oder statt seiner den Insolvenzverwalter über dessen Vermögen oder auch den Arbeitnehmer, eine außerordentliche Kündigung des Arbeitsvertrages i.S.d. § 626 BGB auszusprechen.

133 Die außerordentliche Kündigung kann entweder als fristlose Kündigung oder auch als außerordentliche Kündigung mit sozialer Auslauffrist erklärt werden, wobei in der letztgenannten Form der Kündigende auch darüber befindet, wie lange die Frist bemessen sein soll.

134 Auch bei einer außerordentlichen Kündigung im Rahmen eines Insolvenzverfahrens sind die gesetzlichen Voraussetzungen des § 626 BGB zu berücksichtigen. Es

---

[133] ErfKomm/Oetker, § 2 KSchG Rn 28.
[134] ErfKomm/Oetker, § 2 KSchG Rn 31 ff.
[135] BAG, Urt. v. 21.4.2005 – 2 AZR 244/04, DB 2005, 2250.
[136] Palandt/Weidenkaff, Vor v § 620 BGB, Rn 42 ff., 61 ff.

gelten insofern keine Besonderheiten zu einer außerordentlichen Kündigung außerhalb eines Insolvenzverfahrens.

Gem. § 626 Abs. 1 BGB bedarf die außerordentliche Kündigung eines Arbeitsvertrages eines wichtigen Grundes. Als ein solcher Grund kommt auf Seiten des Arbeitgebers vor allem in Betracht eine mangelhafte oder gar eine verweigerte Erfüllung der vertraglichen Hauptleistungspflichten, eine beharrliche Verletzungen von Neben- und Sorgfaltspflichten und ein Verstoß gegen die Anforderungen im sog. Vertrauensbereich des Arbeitsverhältnisses, etwa die Begehung von Straftaten gegenüber dem Arbeitgeber. Auf Seiten des Arbeitnehmers kommt als wichtiger Grund i.S.d. § 626 Abs. 1 BGB insbesondere die (abgemahnte) zeitlich oder betraglich erhebliche Nichtentrichtung von Arbeitslohn in Betracht.[137] **135**

Zudem ist auch im Rahmen einer außerordentlichen Kündigung das bereits dargestellte sog. Ultima-Ratio-Prinzip zu beachten; vgl. dazu auch Rdn 42ff. Daher ist auch bei einer außerordentlichen Kündigung zu untersuchen, ob der Sachverhalt nicht vor Ausspruch einer Kündigung ggü. dem Arbeitnehmer abgemahnt werden muss. Das mildere Mittel der Abmahnung ist allerdings bei einem Verstoß im sog. Vertrauensbereich nicht erforderlich und deren Ausspruch bei Pflichtverletzungen im sog. Leistungsbereich – wo sie grds. erforderlich ist – anhand der vorliegenden Umstände des Einzelfalls abzuwägen.[138] **136**

Bei jeder außerordentlichen Kündigung ist überdies die 2-Wochen-Frist des § 626 Abs. 2 BGB zu beachten und einzuhalten. Insofern wird sich für den Insolvenzverwalter oftmals schon ein faktisches Problem stellen, da er nicht ständig im schuldnerischen Unternehmen anwesend ist und die Ausschlussfrist zu laufen beginnt, sobald der Kündigungsberechtigte Kenntnis von den für die Kündigung maßgeblichen Tatsachen erlangt hat. Kündigungsberechtigt ist allein der Insolvenzverwalter. Mithin kommt es auf seine Kenntnis an. Allerdings muss er sich zurechnen lassen, wenn es bei der Übermittlung der Informationen zu Verzögerungen kommt. Deshalb muss auch insoweit eine Informationsstruktur geschaffen werden, die eine unverzügliche Weitergabe kündigungsrelevanter Informationen gewährleistet. **137**

3. Kündigungsschutz

Auch der Insolvenzverwalter in seiner Funktion als Arbeitgeber hat, nachdem er in die Rechte und Pflichten des Arbeitgebers eingetreten ist, sowohl den allgemeinen als auch den geltenden besonderen, mithin die bestehenden Sonderkündigungsschutzvorschriften zu beachten.[139] **138**

---

137 ErfKomm/Niemann, § 626 BGB Rn 60ff. sowie Rn 158ff.
138 Zu Einzelheiten sowie Beispielsfällen vgl. ErfKomm/Niemann, § 626 BGB Rn 25ff.
139 Statt vieler so bereits KPB/Moll, § 113 InsO Rn 21 m.w.N.

Pelke

a) Allgemeiner Kündigungsschutz

139 Zunächst gelten auch bei einem Insolvenzeröffnungs- oder eröffneten Insolvenzverfahren die allgemeinen Kündigungsschutzvorgaben des KSchG, sofern das Gesetz nach §§ 1, 23 KSchG Anwendung findet. Demgemäß besteht arbeitnehmerseits der allgemeine Kündigungsschutz, sofern einerseits das Arbeitsverhältnis des Arbeitnehmers zu dem Arbeitgeber länger als 6 Monate bestand (§ 1 Abs. 1 KSchG) und andererseits in dem Betrieb des Arbeitgebers die Schwellenwerte des § 23 Abs. 1 KSchG (je nach Beginn des jeweiligen Arbeitsverhältnisses mehr als fünf/zehn Arbeitnehmer) erreicht werden.

aa) Klagefrist (§ 4 KSchG)

140 Bei Anwendbarkeit des KSchG hat auch im Rahmen eines Insolvenzverfahrens der Arbeitnehmer gegen eine Kündigung innerhalb von 3 Wochen nach deren Zugang eine Kündigungsschutzklage zu erheben, § 4 Satz 1 KSchG. Die Frist gilt für Kündigungen seit dem 1.1.2004 nicht nur mit Blick auf deren soziale Rechtfertigung, sondern auch auf die Sozialwidrigkeit oder andere Unwirksamkeitsgründe der Kündigung.[140]

141 § 4 Satz 1 KSchG entsprechend müssen Arbeitnehmer seither innerhalb von 3 Wochen nach Zugang der schriftlichen Kündigung im Klagewege geltend machen, dass die Kündigung sozial ungerechtfertigt oder aus anderen Gründen nicht rechtswirksam ist. Für Änderungskündigungen ist § 4 Satz 2 KSchG zu beachten, nach dem ebenfalls binnen der 3-Wochen-Frist eine Klage mit dem Antrag zu erheben ist, dass die Änderung der Arbeitsbedingungen sozial ungerechtfertigt oder aus anderen Gründen rechtsunwirksam ist.

142 Mit der Neufassung des § 6 KSchG ist nunmehr gesetzlich geregelt und dadurch auch die Kontroverse beigelegt, ob die Unwirksamkeitsgründe innerhalb der 3-Wochen-Frist des § 4 KSchG geltend gemacht werden müssen oder lediglich die Klagefrist einzuhalten ist und die Unwirksamkeitsgründe noch nach deren Ablauf geltend gemacht werden können.

143 Gem. § 6 KSchG können Arbeitnehmer, auch im Rahmen eines Insolvenzverfahrens, bis zum Schluss der mündlichen Verhandlung der ersten Instanz (§ 136 Abs. 4 ZPO) i.R.d. 3-Wochen-Frist nicht geltend gemachte Gründe der Unwirksamkeit der Kündigung noch in das Verfahren einführen und sich darauf berufen.

144 Die Frist des § 4 KSchG ist aber auch dann zu beachten, wenn das Arbeitsverhältnis des klagenden Arbeitnehmers nicht unter das KSchG fällt, etwa weil die sechsmonatige Wartefrist des § 1 KSchG noch nicht verstrichen ist oder die Anwendbarkeit des Kündigungsschutzgesetzes daran scheitert, dass der Schwellenwert des § 23

---

[140] ErfKomm/Kiel, § 4 KSchG Rn 1.

KSchG (Betriebsgröße) nicht erreicht wird. Zudem hat der Arbeitnehmer auch bei Zugang einer außerordentlichen Kündigung innerhalb der sechsmonatigen Wartezeit des § 1 Abs. 1 KSchG die 3-Wochen-Frist gem. § 13 Abs. 1 Satz 2, Abs. 4 Satz 1 KSchG einzuhalten.[141] Sofern der Arbeitgeber die Schriftform des § 623 BGB nicht eingehalten hat, beginnt die 3-Wochen-Frist nach der ganz überwiegenden Auffassung nicht zu laufen.[142] Weiter ist die Klagefrist nicht einzuhalten, sofern der Kläger lediglich den Einwand vorbringt, dass die gesetzliche, tarifvertragliche oder vertragliche Kündigungsfrist bei Ausspruch der Kündigung nicht beachtet wurde.

bb) Richtiger Klagegegner

145 Die gegen eine Kündigung gerichtete Kündigungsschutzklage ist grds. gegen denjenigen zu richten, der sie ausgesprochen hat. Hat sie nach Insolvenzantragstellung der Schuldner selbst oder ein gesetzlicher Vertreter/Bevollmächtigter der Schuldnerin ausgesprochen, so ist die Klage gegen den Schuldner oder die Schuldnerin selbst zu richten. Dies gilt auch, wenn die Kündigung mit Zustimmung eines vorläufigen Insolvenzverwalters mit Zustimmungsvorbehalt gem. §§ 22 Abs. 2, 21 Abs. 2 Nr. 2, 2. Alt. InsO/Eigenverwaltung i.S.d. § 270 InsO erklärt wurde.

146 Ist dagegen das Insolvenzverfahren eröffnet und ein Insolvenzverwalter bestellt oder bereits vor Eröffnung des Insolvenzverfahrens ein vorläufiger Insolvenzverwalter ernannt, dem die allgemeine Verwaltungs- und Verfügungsbefugnis i.S.v. § 21, 22 InsO übertragen wurde, so kann auf der einen Seite nur dieser die Kündigung aussprechen und andererseits auch lediglich gegen ihn als Partei kraft Amtes/Prozessstandschafter des Schuldners/der Schuldnerin eine Kündigungsschutzklage gerichtet werden.[143] Wird nach entsprechender insolvenzgerichtlicher Beschlussfassung dennoch der Schuldner im Rubrum angegeben, obwohl der vorläufige Insolvenzverwalter oder Insolvenzverwalter die Kündigung ausgesprochen hat, wahrt das grds. nicht die Klagefrist des § 4 KSchG.[144]

147 In solchen Konstellationen prüft indes das ArbG, ob der Fehler nicht durch eine einfache Berichtigung des gerichtlichen Rubrums beseitigt werden kann. Das kommt dann in Betracht, wenn sich aus der Klageschrift selbst und durch Beifügung oder Bezugnahme auf das Kündigungsschreiben Anhaltspunkte dafür ergeben, dass sich die Kündigungsschutzklage gegen den Insolvenzverwalter richten sollte und die Partei (Schuldner/Schuldnerin) lediglich irrtümlich in der Klageschrift als Klagegegner genannt wurde.[145]

---

141 ErfKomm/Kiel, § 4 KSchG Rn 1ff.
142 BAG, Urt. v. 28.6.2007 – 6 AZR 873/06, DB 2007, 1986.
143 BAG, Urt. v. 18.4.2002 – 8 AZR 347/01, ZInsO 2002, 1198.
144 BAG, Urt. v. 17.1.2002 – 2 AZR 57/01, ZInsO 2002, 1202; HambKomm/Ahrendt, § 113 InsO Rn 61.
145 BAG, Urt. v. 21.9.2006 – 2 AZR 573/05, ZIP 2007, 1078.

148 Eine überdies für eine zulässige Klage erforderliche Klagezustellung „demnächst" i.S.d. § 167 ZPO liegt nicht vor, wenn eine schuldhaft falsche Adressierung an den Schuldner/Schuldnerin zu einer Verzögerung der Zustellung an den eigentlich richtigen Klagegegner in Person des vorläufigen Insolvenzverwalters mit allgemeiner Verwaltungs- und Verfügungsbefugnis oder den (späteren) Insolvenzverwalter geführt hat, sich mithin die Klagezustellung länger als 2 Wochen verzögert hat.[146]

149 Sollte zwischen dem Zugang der Kündigung und der Erhebung der Kündigungsschutzklage eine Änderung im Zusammenhang mit der Angabe des richtigen Klagegegners eintreten, so ist die Klage gegen den vorläufigen Insolvenzverwalter mit allgemeiner Verwaltungs- und Verfügungsbefugnis i.S.v. § 21, 22 InsO oder den Insolvenzverwalter als Klagegegner zu richten.[147]

b) Sonderkündigungsschutz

150 Neben dem allgemeinen ist von einem (vorläufigen) Insolvenzverwalter auch der Sonderkündigungsschutz für Arbeitnehmer zu beachten. Dieser stellt sich lediglich im Überblick und ohne Anspruch auf Vollständigkeit wie folgt dar:

151 I.R.d. Arbeitsschutzes für Arbeitnehmerinnen ist seitens des Arbeitgebers oder einem in dessen Funktion handelnden (vorläufigen) Insolvenzverwalter das Kündigungsverbot nach § 9 MuSchG zu berücksichtigen. Demzufolge ist eine Kündigung ggü. einer Frau während der Schwangerschaft und bis zum Ablauf von 4 Monaten nach der Entbindung des Kindes unzulässig, sofern dem Arbeitgeber zzt. der Kündigung die Schwangerschaft oder Entbindung bekannt war oder innerhalb 2 Wochen nach Zugang der Kündigung bekannt wurde. Gem. § 9 Abs. 3 MuSchG kann abweichend von diesem Grundsatz jedoch die oberste Landesbehörde oder die von ihr bestimmte Stelle in besonderen Fällen ausnahmsweise die Kündigung für zulässig erklären. Soweit ersichtlich, wurde bisher nicht ausdrücklich entschieden, ob die Insolvenz ein „besonderer Fall" i.S.v. § 9 Abs. 3 MuSchG ist, was aber zumindest für die insolvenzbedingte völlige Betriebsstilllegung angenommen wird.[148]

152 Weiter können nunmehr beide Elternteile, mithin auch die Kindsväter im Anschluss an den Mutterschutz eine sog. Elternzeit (Erziehungsurlaub) gem. § 16 BEEG unter den Voraussetzungen des § 15 BEEG in Anspruch nehmen und sich auf den besonderen Kündigungsschutz des § 18 BEEG berufen. Eine Kündigung ist sodann nur nach vorheriger Zustimmung der für Arbeitsschutz zuständigen obersten Landesbehörde oder der von ihr bestimmten Stelle zulässig (§ 18 Abs. 1 Satz 4 BEEG).

---

146 BAG, Urt. v. 17.1.2002 – 2 AZR 57/01, ZInsO 2002, 1202.
147 HambKomm/Ahrendt, § 113 InsO Rn 61.
148 BAG, Urt. v. 20.1.2005 – 2 AZR 500/03, ArbRB 2005, 196.

Die Zulässigkeitserklärung der zuständigen Behörde zur Kündigung eines in Elternzeit befindlichen Arbeitnehmers – welche nach Eintritt eines Insolvenzereignisses und der damit einhergehenden Betriebsstilllegung i.d.R. erteilt wird – muss zum Kündigungszeitpunkt vorliegen. Eine Bestandskraft der Erklärung ist indes nicht erforderlich, also wenigstens beantragt worden sein.[149] 153

Gem. § 168 SGB IX[150] ist für die Zulässigkeit der Kündigung des Arbeitsvertrages eines Menschen mit Behinderung i.S.d. § 2 SGB IX die vorherige Zustimmung des Integrationsamtes erforderlich 154

§ 2 SGB IX definiert die Begrifflichkeit des „behinderten Menschen" bzw. des „schwerbehinderten Menschen" so, dass es sich bei einem Menschen mit Schwerbehinderung um Personen mit einem Grad der Behinderung von mindestens 50 handelt. Die Behinderung wird durch die Versorgungsämter festgestellt und durch einen Ausweis nachgewiesen. 155

Der Schwerbehinderte oder der diesem gem. § 2 Abs. 3 SGB IX gleichgestellte behinderte Mensch kann sich dann auf den besonderen Kündigungsschutz i.S.d. § 168 SGB IX berufen, sofern dessen Arbeitsverhältnis bei dem Arbeitgeber länger als 6 Monate besteht. 156

Der Sonderkündigungsschutz beginnt faktisch nicht mehr schon mit der Antragstellung beim Versorgungsamt oder bei der Agentur für Arbeit (Gleichstellungsantrag), sondern erst dann, wenn dem Arbeitgeber im Zeitpunkt der Kündigung der Sonderkündigungsschutz nachgewiesen worden ist (§ 173 Abs. 3 SGB IX) die Schwerbehinderung offenkundig war oder der Antrag auf Anerkennung/Gleichstellung mindestens 3 Wochen vor Ausspruch der Kündigung beim Versorgungsamt oder der Agentur für Arbeit gestellt wurde.[151] 157

Sofern obige Voraussetzungen vorliegen, ist der dann bestehende Sonderkündigungsschutz für alle Schwerbehinderten und diesen gleichgestellte Arbeitnehmer auch vom Insolvenzverwalter zu beachten. Auch dieser hat in seiner Funktion als Arbeitgeber vor einer beabsichtigten Kündigung ggü. einem Menschen mit Schwerbehinderung oder einer diesem geleichgestellten Person die Zustimmung des Integrationsamtes einzuholen. Eine Kündigung ohne dessen Zustimmung wäre gem. § 134 BGB nichtig. 158

Sofern eine außerordentliche Kündigung ausgesprochen wird, kann die Zustimmung des Integrationsamtes zur Kündigung nur innerhalb von 2 Wochen ab dem Zeitpunkt beantragt werden, in dem der Arbeitgeber von den für die Kündigung maßgeblichen Umständen Kenntnis erlangt hat (§ 174 Abs. 1, 2 SGB IX; s. bereits entsprechend § 626 Abs. 2 BGB); maßgeblich für die Einhaltung der Frist ist der Eingang des Antrags beim Integrationsamt. 159

---

149 ErfKomm/Gallner, § 18 BEEG Rn 14.
150 BGBl. I 2001, S. 1046.
151 BAG, Urt. v. 1.3.2007 – 2 AZR 217/06, DB 2007, 1702.

Pelke

160 Das Integrationsamt hat bei einer außerordentlichen Kündigung innerhalb von 2 (weiteren) Wochen vom Tage des Eingangs des Antrags an die Entscheidung zu treffen. Ansonsten gilt die Zustimmung als erteilt (§ 174 Abs. 3 Satz 2 SGB IX).

161 Sofern das Integrationsamt die Zustimmung zur Kündigung erteilt, kann der Arbeitgeber die Kündigung nur innerhalb eines Monats nach Zustellung erklären, § 171 Abs. 3 SGB IX. Eine außerordentliche Kündigung kann auch erst nach Ablauf der 2-Wochen-Frist des § 626 Abs. 2 Satz 1 BGB erfolgen, wenn sie unverzüglich nach Erteilung der Zustimmung erklärt wird. Die auch insofern erforderliche Anhörung des Betriebsrats zur Kündigung des Arbeitsverhältnisses gem. § 102 BetrVG kann bereits während des Antragsverfahrens bei dem Integrationsamt auf Zustimmung zur Kündigung erfolgen. Insb. beim Ausspruch einer außerordentlichen Kündigung ist dieses wegen der kurzen Fristen sinnvoll.

162 Das Integrationsamt trifft seine Entscheidung gem. § 172 Abs. 1 SGB IX grds. nach freiem Ermessen. Im Rahmen eines Insolvenzverfahrens ist dabei die Sonderregelung des § 172 Abs. 3 SGB IX zu beachten. Danach soll das Integrationsamt, insb. bei einer wesentlichen Betriebseinschränkung (s. § 111 Abs. 2 Nr. 1 BetrVG), die Zustimmung erteilen. Die Zustimmung soll ferner erteilt werden, wenn der Schwerbehinderte im Insolvenzverfahren in einem Interessenausgleich namentlich als einer der zu entlassenden Arbeitnehmer bezeichnet ist, die Schwerbehindertenvertretung beteiligt wurde und sonst der Schwerbehindertenschutz anteilig berücksichtigt wird (sog. reduziertes Ermessen).[152] Für den Fall der völligen Betriebsstilllegung besteht für das Integrationsamt gar kein Ermessensspielraum mehr.

163 Bei der personenbedingten Kündigung von Behinderten wegen Krankheit oder wegen einer Minderung der Leistungsfähigkeit, hat sich der kündigende Arbeitgeber vor Einleitung des Zustimmungsverfahrens überdies zum einen zu fragen, ob er seinen Pflichten zur Integration und zur Kündigungsprävention, mithin seinen arbeitgeberseitigen Fürsorgepflichten, etwa gem. § 618 BGB, nachgekommen ist. Zum anderen bleibt dem Arbeitgeber anzuraten, für sich unter Zuhilfenahme der Arbeits- und Anforderungsanalyse des Integrationsamtes zu prüfen, ob der Arbeitnehmer überhaupt und ggf. mit welchen Hilfestellungen noch in der Lage ist, die arbeitsvertraglich geschuldete Tätigkeit auszuüben.

164 Entsprechend dem Schutzgedanken des Gesetzes zur Rehabilitation und Teilhabe behinderter Menschen (SGB IX) stellt das BAG an die Voraussetzungen für eine Verwirkung des Rechts des Arbeitnehmers, sich im Prozess auf eine Schwerbehinderung zu berufen und die Zustimmungsbedürftigkeit zu der Kündigung i.S.d. SGB IX geltend zu machen, strenge Anforderungen. Danach muss der Arbeitnehmer, wenn er sich den Sonderkündigungsschutz erhalten will, nach Zugang der (ordentlichen) Kündigung innerhalb einer angemessenen Frist, die regelmäßig 3 Wo-

---

[152] FK/Eisenbeis, § 113 InsO Rn 63.

chen beträgt, ggü. dem Arbeitgeber seine bereits festgestellte oder zur Feststellung beantragte Schwerbehinderteneigenschaft geltend machen. Unterlässt der Arbeitnehmer diese Mitteilung, ist die Kündigung jedenfalls nicht bereits wegen der fehlenden Zustimmung des Integrationsamtes unwirksam. Der Arbeitnehmer hat dann den besonderen Kündigungsschutz als Schwerbehinderter verwirkt.[153] Noch nicht abschließend geklärt ist, ob an der Monatsfrist nach dem BAG auch seit Neufassung des SGB IX und des § 4 KSchG festzuhalten ist oder ob, einer Auffassung der Literatur[154] folgend, dies zu einem Wertungswiderspruch führen würde, da der Arbeitnehmer gem. § 4 KSchG nunmehr innerhalb von 3 Wochen nach Zugang der Kündigung Klage erheben muss, wenn er die Unwirksamkeit der Kündigung wegen seiner Schwerbehinderung geltend machen will, da ansonsten die Kündigung gem. §§ 4, 7 KSchG wirksam ist, wofür indes viel spricht.[155] Ein Arbeitnehmer, der demgegenüber dem Arbeitgeber einen Monat nach Zugang der Kündigung seine Schwerbehinderung mitteilt und zugleich Klage erhebt, hätte zwar die Monatsfrist eingehalten; die Kündigung wäre aber trotzdem wegen Versäumung der Frist des § 4 KSchG wirksam. Aufgrund des vorstehenden Widerspruchs geht das BAG nunmehr von einer Regelfrist von 3 Wochen – nicht mehr einem Monat – aus, innerhalb derer der Arbeitnehmer nach Zugang der Kündigung dem Arbeitgeber seine Schwerbehinderung oder den entsprechenden Feststellungsantrag mitteilen muss.[156] Auch das Kündigungsschutzgesetz geht in einer vergleichbaren Konstellation der Vorbehaltsannahme einer Änderungskündigung nach § 2 Satz 2 KSchG davon aus, dass die Planungs- und Rechtssicherheit des Arbeitgebers eine entsprechende Erklärung des Arbeitnehmers spätestens innerhalb von 3 Wochen nach Zugang der Kündigung erfordert, sodass diese Änderung unter dem Gesichtspunkt der einer möglichst einheitlichen Fristenregelung, vor allem im Hinblick auf § 4 KSchG geboten erscheint.

Schließlich genießen betriebliche Funktionsträger (Betriebsratsmitglieder, Ersatzmitglieder, Wahlbewerber und Wahlvorstände oder Jugend- und Auszubildenden- sowie Schwerbehindertenvertretungen) gem. §§ 15 KSchG, 103 BetrVG einen Sonderkündigungsschutz. Die Kündigung dieser Funktionsträger ist dementsprechend gem. § 15 Abs. 4 KSchG lediglich in Ausnahmefällen zulässig. Ein solcher ist etwa gegeben, wenn der Betrieb ganz oder teilweise stillgelegt wird[157] oder wenn der Arbeitsplatz wegen fehlender anderweitiger Beschäftigungsmöglichkeit wegfällt (§ 15 Abs. 3, 4 KSchG). Der Sonderkündigungsschutz nach § 15 KSchG gilt auch bei Massenänderungskündigungen.[158]

165

---

153 BAG, Urt. v. 23.2.2010 – 2 AZR 659/08, DB 2011, 595.
154 Etwa Däubler, AiB 2005, 387.
155 BAG, Urt. v. 24.9.2015 – 2 AZR 347/14, BB 2016, 627.
156 BAG, Urt. v. 23.2.2010 – 2 AZR 659/08, DB 2011, 595.
157 HambKomm/Ahrendt, § 113 InsO Rn 80.
158 BAG, Urt. v. 7.10.2004 – 2 AZR 81/04, DB 2005, 894.

166 Die Kündigung ist dabei frühestens zum Zeitpunkt der Betriebsstilllegung zulässig (§ 15 Abs. 4 KSchG), wobei die tatsächliche Betriebsstilllegung maßgeblich für die Beendigung der Arbeitsverhältnisse ist.[159] Wenn das Arbeitsverhältnis aufgrund der laufenden Kündigungsfrist über den Termin der tatsächlichen Betriebsstilllegung hinaus besteht, endet das Arbeitsverhältnis erst mit dem Ablauf der ordentlichen Kündigungsfrist. Dies auch dann, wenn die tatsächliche Betriebsstilllegung bereits zuvor eintritt.

167 Ein Betriebsrat bleibt i.R.e. sog. Restmandats indes so lange im Amt, wie er noch betriebsverfassungsrechtliche Pflichten erfüllen und/oder Rechte wahrnehmen muss. Ein solches Restmandat besteht aber dann nicht, wenn lediglich die Beendigung eines bei Betriebsschließung noch anhängigen Beschlussverfahrens zwischen Arbeitgeber und Betriebsrat aussteht[160] oder sofern sämtliche Betriebsratsmitglieder vor der Betriebsschließung aus dem zugrunde liegenden Arbeitsverhältnis ausgeschieden sind.

Vor dem Ausspruch einer solchen Kündigung eines Betriebsratsmitglieds sind wiederum die Anhörungspflicht gem. § 102 BetrVG und das Erfordernis einer ordnungsgemäßen Sozialauswahl unter mehreren Betroffenen zu beachten.[161]

168 Wird nicht der gesamte Betrieb, sondern nur ein Betriebsteil stillgelegt, sind die Betriebsratsmitglieder gem. § 15 Abs. 5 Satz 1 KSchG zunächst in die nicht stillgelegten Betriebsabteilungen zu übernehmen und lediglich dann, wenn die Übernahme in die fortgeführten Betriebsteile aus betrieblichen Gründen ausgeschlossen ist, können die jeweiligen Arbeitsverträge gekündigt werden (§ 15 Abs. 5 Satz 2 KSchG).

169 Sollte im Rahmen eines Insolvenzverfahrens bei einer Betriebsänderung ein Interessenausgleich mit namentlicher Benennung der zu kündigenden Arbeitnehmer zustande kommen (sog. Namensliste), so ist die soziale Auswahl – wie bereits i.R.d. sozialen Rechtfertigung einer betriebsbedingten Kündigung dargestellt – nur auf grobe Fehlerhaftigkeit überprüfbar. Es ist nicht fehlerhaft, wenn in die Sozialauswahl Arbeitnehmer mit besonderem Kündigungsschutz nicht einbezogen werden, da gesetzliche Kündigungsverbote dem allgemeinen Kündigungsschutz als spezialgesetzliche Regelungen vorgehen. Auch in der Insolvenz genießen Betriebsratsmitglieder daher den besonderen Kündigungsschutz. Sie sind nicht in die Sozialauswahl einzubeziehen. § 125 InsO ist – dies deutet bereits der Gesetzeswortlaut an – nur im Verhältnis zu § 1 KSchG lex specialis, nicht aber ggü. § 15 KSchG.[162] Eine ordentliche Kündigung ist den geschützten Personen ggü. daher lediglich unter den Voraussetzungen des § 15 Abs. 4 und Abs. 5 KSchG möglich.[163]

---

159 MüKo/Caspers, § 113 InsO Rn 22.
160 BAG, Urt. v. 19.11.2003 – 7 AZR 11/03, ZIP 2004, 426.
161 FK/Eisenbeis, § 113 InsO Rn 51 f.
162 Vgl. auch ErfKomm/Gallner, §§ 120–122, 125 InsO Rn 1 ff.
163 MüKo/Caspers, § 113 InsO Rn 22.

Pelke

Der Insolvenzverwalter kann Ausbildungsverhältnisse nach § 15 Abs. 1 BBiG 170
während der ein- bis viermonatigen Probezeit ohne Einhaltung einer Kündigungsfrist ordentlich kündigen. Nachdem die Probezeit beendet ist, kann auch der Insolvenzverwalter das Ausbildungsverhältnis nur noch aus wichtigem Grund ohne Einhaltung einer Kündigungsfrist kündigen (§ 15 Abs. 2 BBiG). Nach der Rechtsprechung des BAG[164] kann wohl auch der Insolvenzverwalter bei einer Betriebsstilllegung eine außerordentliche Kündigung unter Einhaltung der gesetzlichen Kündigungsfristen analog § 622 BGB aussprechen.

II. Abtretung und Verpfändung von Bezügen i.S.d. § 114 InsO a.F.

§ 114 InsO a.F. für bis zum 30.6.2014 beantragte Verfahren sei der Vollständigkeit 171
halber und für davor liegende Sachverhalte noch angeführt. Die Vorschrift beinhaltete eine Reglung zum temporären Bestandsschutz von Abtretungen oder Verpfändungen von Ansprüchen des Arbeitnehmers ggü. zu sichernden Gläubigern, die vor Eröffnung des Insolvenzverfahrens erfolgten und trotz des Verfahrens auch für einen Zeitraum von 2 Jahren nach Eröffnung des Verfahrens ihre Wirksamkeit behalten. Nach dem Ablauf des 2 Jahre währenden Zeitraumes soll(te) auch der sog. Neuerwerb des Schuldners in die Insolvenzmasse fallen, um diese an die Gläubiger auskehren zu können, wie gem. §§ 35, 286 ff. InsO grds. von der InsO vorgesehen. Sofern die Verfügungen des Schuldners über laufende Einkommen nicht zeitlich begrenzbar wären, würde das System der Restschuldbefreiung beeinträchtigt, da sämtliche laufenden Bezüge in der Zeit der Wohlverhaltensperiode allein an die entsprechend gesicherten Gläubiger fließen würden.[165]

Gem. § 114 InsO blieben Vorausabtretungen von Forderungen aus Dienstver- 172
hältnissen, entgegen der Regelung des § 91 InsO, nach welcher Abtretungen künftiger Forderungen grds. unwirksam sind, für 2 Jahre ab Eröffnung eines Insolvenzverfahrens wirksam. § 114 InsO war insofern lex specialis zu § 91 InsO, da der Vergütungsanspruch für geleistete Dienste nicht vor der Erbringung der Dienstleistung entsteht.[166]

§ 114 InsO war in sämtlichen Verfahren, nicht nur bei Verfahren mit Restschuld- 173
befreiung anwendbar. Die Vorschrift gilt sowohl für Arbeitsverhältnisse i.S.d. § 622 BGB als auch für freie Dienstverhältnisse gem. § 621 BGB, sofern der Schuldner Ar-

---

164 BAG, Urt. v. 27.5.1993 – 2 AZR 601/92, DB 1993, 2028.
165 Uhlenbruck/Berscheid/Ries, 13. Aufl., § 114 InsO Rn 3.
166 BGH, Urt. v. 11.5.2006 – IX ZR 247/03, ZIP 2006, 1254.

beitnehmer[167] oder Dienstverpflichteter im Rahmen einer selbstständigen Tätigkeit ist.[168]

174 Die Abtretung war jedoch nur dann auch nach Eröffnung des Insolvenzverfahrens weiter wirksam, wenn die Insolvenzmasse für die Entstehung des abgetretenen Anspruchs keine Mittel aufbringen musste, sondern diese allein aus dem Einsatz der Arbeitskraft des Schuldners resultierten. Finanzierte die Masse die Entstehung eines abgetretenen Anspruchs, indem sie etwa Mitarbeiter eines selbstständig tätigen Schuldners vergütete, so soll(t)en ihr die Erlöse auch in voller Höhe zukommen.[169] Der vorstehenden Abgrenzung entsprechend war auch zu prüfen, ob Arbeitseinkünfte aus neuen, nach Insolvenzeröffnung abgeschlossenen Arbeits- oder Dienstverhältnissen erfasst wurden.

175 Umfänglich von einer Abtretung erfasst waren grds. sowohl fortlaufende als auch einmalige Bezüge, wie bspw. Gratifikationen, Schadensersatzleistungen wegen vorzeitiger Beendigung des Vertragsverhältnisses oder Abfindungen.[170] Unter den Bezugsbegriff fielen auch Aufwandsentschädigungen (etwa Reisekosten, Spesen, Fahrgelder) sowie Entgeltersatzleistungen des Arbeitgebers oder von öffentlichen Stellen (bspw. Ersatzzahlungen im Krankheitsfall) sowie Sozialversicherungsleistungen und Sozialleistungen, soweit sie Lohnersatz sind.[171]

176 Voraussetzung war weiter, dass die abgetretenen Bezüge aus einem Arbeits- oder Dienstverhältnis auch zivilrechtlich abtretbar, mithin insb. gem. § 400 BGB pfändbar i.S.d. §§ 850 ff. ZPO sind. Dabei kann die Abtretbarkeit insb. gem. § 399 BGB durch vertragliche oder tarifvertragliche Vereinbarung untersagt sein.[172]

177 Waren die abgetretenen Ansprüche auf Bezüge Forderungen aus einem Arbeits- oder Dienstverhältnis und ist die Abtretung zivil- und arbeitsrechtlich wirksam, so war/ist die Vorausabtretung gem. § 114 Abs. 1 InsO a.F. für einen Zeitraum von 2 Jahren ab Eröffnung des Insolvenzverfahrens weiter wirksam.

178 § 114 Abs. 2 InsO a.F. erweiterte den insolvenzrechtlichen Grundsatz, nach dem eine Aufrechnungsmöglichkeit insolvenzfest ist, wenn die Aufrechnungslage, sprich die Haupt- und die Gegenforderung nach § 94 InsO oder zumindest die Hauptforderung auf Entgelt für geleistete Arbeit oder Dienste gem. § 96 Abs. 1 Nr. 1 InsO bereits bei Eröffnung des Insolvenzverfahrens bestand. Die Hauptforderung musste § 114 Abs. 1 InsO a.F. entsprechend vor oder im Zeitraum von 2 Jahren nach

---

167 Uhlenbruck/Berscheid/Ries, 13. Aufl., § 114 InsO Rn 4 ff.
168 BGH, Urt. v. 11.5.2006 – IX ZR 247/03, ZIP 2006, 1254.; MüKo/Caspers, § 114 InsO Rn 5 ff.; **a.A.** Uhlenbruck/Berscheid/Ries, 13. Aufl., § 114 InsO Rn 6, 26 ff.
169 BGH, Urt. v. 11.5.2006 – IX ZR 247/03, ZIP 2006, 1254.
170 Uhlenbruck/Berscheid/Ries, 13. Aufl., § 114 InsO Rn 9; HambKomm/Ahrendt, 4. Aufl., § 114 InsO Rn 4.
171 HambKomm/Ahrendt, 4 Aufl., § 114 InsO Rn 4; Uhlenbruck/Berscheid/Ries, 13. Aufl., § 114 InsO Rn 7.
172 Uhlenbruck/Berscheid/Ries 13. Aufl., § 114 InsO Rn 14.

Insolvenzeröffnung entstanden sein. Die Gegenforderung, mit welcher aufgerechnet wird, muss bereits vor Eröffnung des Insolvenzverfahrens entstanden sein. Überdies müssen die weiteren zivilrechtlichen Voraussetzungen der §§ 387ff. BGB vorliegen.

§ 114 Abs. 3 InsO a.F. schließlich betraf einen allgemeinen Grundsatz. Danach blieben Zwangsvollstreckungsmaßnahmen, die vor der Rückschlagsperre des § 88 InsO wirksam geworden sind und die sich auf künftige Bezüge aus einem Dienstverhältnis beziehen, weiter rechtswirksam bestehen, wenn die Ansprüche auf die Bezüge spätestens ein bis eineinhalb Monate nach Verfahrenseröffnung entstanden waren oder sind.

III. Kündigung von Betriebsvereinbarungen (§ 120 InsO)

Gem. § 1 InsO ist es ein wesentliches Ziel des Insolvenzverfahrens und mithin eine vorrangige Aufgabe des Insolvenzverwalters, die Gläubiger eines Schuldners/einer Schuldnerin gemeinschaftlich bestmöglich zu befriedigen. Der Insolvenzverwalter hat demgemäß einerseits die Vermögenswerte des Schuldners oder der Schuldnerin zu sichern und solche zu realisieren oder wieder zu beschaffen und andererseits die Insolvenzmasse so weit wie möglich von Verbindlichkeiten freizuhalten.[173] Um diese gesetzlichen Vorgaben zu erfüllen, hat der Insolvenzverwalter die Insolvenzmasse auch – soweit möglich – von Verbindlichkeiten aus Betriebsvereinbarungen zu entlasten. Zu diesem Zweck ermöglicht § 120 InsO dem Insolvenzverwalter, sich von Belastungen aus Betriebsvereinbarungen zeitnah und unabhängig vom weiteren Schicksal der schuldnerischen Unternehmung (Stilllegung, Fortführung oder Veräußerung des Betriebes) zu lösen.[174] Dadurch wird es dem Insolvenzverwalter ermöglicht, die Sanierungsmöglichkeiten (insb. Fortführung oder sog. übertragende Sanierung) des Unternehmens zu verbessern, da bestehende belastende Betriebsvereinbarungen auch für einen Erwerber gem. § 613a Abs. 1 Satz 2 BGB grds. verbindlich sind.

1. Belastende Betriebsvereinbarungen

Der Geltungsbereich des § 120 InsO umfasst sämtliche Betriebsvereinbarungen i.S.d. § 77 BetrVG sowie über dessen Wortlaut hinaus auch freiwillige Regelungsabreden zwischen Arbeitgeber und Betriebsrat i.S.d. § 88 BetrVG, wobei insoweit eine Differenzierung zwischen freiwilligen und erzwingbaren Betriebsvereinbarungen mit Blick auf die Regelung zur Nachwirkung gem. § 77 Abs. 6 BetrVG bedeutsam sein kann. Grund für den weiten Geltungsbereich von § 120 InsO ist, dass Regelungsab-

---

[173] Uhlenbruck/Pape, § 1 InsO Rn 5ff.
[174] MüKo/Caspers, § 120 InsO Rn 1f.

reden, anders als unmittelbar anwendbare Betriebsvereinbarungen, lediglich dann Wirkung entfalten, wenn auf sie im Arbeitsvertrag ausdrücklich Bezug genommen wird.

182 Überdies setzt die Vorschrift des § 120 InsO – entsprechend ihrem Normzweck – eine Betriebsvereinbarung voraus, welche die Insolvenzmasse belastet. Dabei ist zwischen unmittelbaren und mittelbaren Belastungen zu unterscheiden. Belastend sind jedenfalls Regelungen, die seitens des Arbeitgebers/der Insolvenzmasse finanzielle oder Sachmittel erfordern. Mittelbare Belastungen, wie etwa Freistellungsansprüche oder Ansprüche auf Überstundenvergütung von Arbeitnehmern oder ein als zu teuer empfundenes, nach § 87 Abs. 1 Nr. 2 BetrVG vereinbartes Schichtmodell sind nur dann erfasst, wenn sie als Leistungsverpflichtungen des Insolvenzverwalters aus der Betriebsvereinbarung resultieren und eine erhöhte Kostenbelastung aufgrund einer unmittelbaren oder auch nur mittelbaren Folge der Betriebsvereinbarung nach sich ziehen.[175] Sofern eine Betriebsvereinbarung belastende und nicht belastende Regelungen enthält, ist sie auch nur teilweise kündbar, sofern sich die belastende Regelung als selbstständiger und von den nicht belastenden Regelungen unabhängiger Regelungsbereich erweist.[176]

183 Sozialpläne als Betriebsvereinbarung i.S.v. § 112 Abs. 1 Satz 3 BetrVG) werden von § 120 InsO lediglich dann erfasst, wenn sie nicht § 124 InsO als lex specialis unterfallen.[177]

2. Einvernehmliche Änderungen

184 Gem. § 120 Abs. 1 Satz 1 InsO sollen Insolvenzverwalter und Betriebsrat vor der Kündigung einer Betriebsvereinbarung über eine einvernehmliche Herabsetzung der Leistungen beraten, wobei nach dem Gesetzeswortlaut auch eine vollständige Aufhebung nicht ausgeschlossen ist. Eine Verhandlungspflicht ergibt sich aus der Sollvorschrift jedoch nicht.[178] Sofern es zum Abschluss einer abändernden oder aufhebenden Betriebsvereinbarung kommt, sind die allgemeinen Regelungen des § 77 BetrVG, insb. die Schriftform des § 77 Abs. 2 Satz 1 BetrVG zu beachten.

185 Kommt eine einvernehmliche Regelung zwischen dem Insolvenzverwalter und dem Betriebsrat nicht zustande, so bleibt dem Insolvenzverwalter – unabhängig von dem Beratungsgebot – stets die Möglichkeit, eine bestehende Vereinbarung zu kündigen.

---

175 Uhlenbruck/Zobel, § 120 InsO Rn 10; MüKo/Caspers, § 120 InsO Rn 8 ff.
176 HambKomm/Ahrendt, § 120 InsO Rn 6.
177 Zu den Einzelheiten Uhlenbruck/Zobel, § 120 InsO Rn 8.
178 MüKo/Caspers, § 120 InsO Rn 21.

3. Ordentliche Kündigung (§ 120 Abs. 1 Satz 2 InsO)

Gem. § 120 Abs. 1 Satz 2 InsO ist es dem Insolvenzverwalter möglich, eine Betriebsvereinbarung mit einer Höchstfrist von 3 Monaten – entsprechend der Regelkündigungsfrist für Betriebsvereinbarungen nach § 77 Abs. 5 BetrVG – ordentlich zu kündigen, auch wenn in der Betriebsvereinbarung eine längere Frist vereinbart worden oder eine ordentliche Kündigung ausgeschlossen worden ist. Das gilt auch bei zeitlich befristeten Betriebsvereinbarungen sowie unabhängig von dem Umstand, ob der Betrieb stillgelegt oder fortgeführt wird.[179]

Der Insolvenzverwalter wird sich – insb. um eine Fortführungs- oder Übertragungsoption für das schuldnerische Unternehmen so weit wie möglich zu erhalten – zu einer Kündigung bestehender Betriebsvereinbarungen entschließen, insb. sofern es sich bei deren Regelungen um freiwillige Leistungen handelt, die aufgrund einer Kündigung vollständig abgeschafft werden, da es eine neue Betriebsvereinbarung nicht geben wird und somit auch der Leistungsanspruch mit dem Ende der Kündigungsfrist erlischt.

I.Ü. bleibt seitens des Insolvenzverwalters zu beachten, dass auch im Rahmen eines Insolvenzverfahrens eine Betriebsvereinbarung über Leistungen, die der betrieblichen Mitbestimmung unterliegen, gem. § 77 Abs. 6 BetrVG eine sog. Nachwirkung entfalten. Dies hat zur Folge, dass die Wirkungen der Betriebsvereinbarung erst dann erlöschen, wenn sie durch eine neue Betriebsvereinbarung ersetzt werden. Der Insolvenzverwalter muss deshalb nach der Kündigung den Abschluss einer neuen Betriebsvereinbarung anstreben und hierzu ggf. auch die Einigungsstelle anrufen, da sich mit einer abweichenden Vereinbarung möglicherweise eine Entlastung der Insolvenzmasse erreichen lässt. Demgegenüber begründen die vorgenannten Maßnahmen, vor allem das Einigungsstellenverfahren, einen finanziellen Aufwand, welcher von dem Insolvenzverwalter gegen den zu erwartenden Nutzen für die Insolvenzmasse abzuwägen ist.

4. Außerordentliche Kündigung (§ 120 Abs. 2 InsO)

Der Insolvenzverwalter kann eine belastende Betriebsvereinbarung auch außerordentlich aus wichtigem Grund kündigen, § 120 Abs. 2 InsO. Voraussetzung dafür ist, dass das Festhalten an dem Inhalt der Betriebsvereinbarung bis zum Ablauf der ordentlichen Kündigungsfrist oder bis zum vereinbarten Ende nicht zumutbar ist. Allerdings sind die Eröffnung des Insolvenzverfahrens an sich oder fehlende Geldmittel zur Erfüllung der Regelungen der Betriebsvereinbarung jeweils kein wichtiger Grund i.S.d. § 120 Abs. 2 InsO. Dagegen ist die finanzielle Situation der Schuldnerin

---

179 Uhlenbruck/Zobel, § 120 InsO Rn 14.

dann als wichtiger Grund i.S.d. Vorschrift zu berücksichtigen, wenn durch die finanzielle Entlastung der Insolvenzmasse aufgrund einer Kündigung der Betriebsvereinbarung das Überleben des schuldnerischen Unternehmens gesichert werden kann.[180]

190   Zumindest bei freiwilligen Leistungen sollte zur Schonung der Insolvenzmasse vom Insolvenzverwalter eine eindeutige Erklärung abgegeben werden, dass zukünftig freiwillige zusätzliche Leistungen nicht mehr erbracht werden und deshalb auch eine Regelung nicht mehr getroffen werden kann.

191   Die vorstehenden Möglichkeiten des § 120 InsO bestehen auch im Hinblick auf die einvernehmliche Änderung oder Beendigung eines Tarifvertrages. Auch dieser kann etwa von dem Insolvenzverwalter bei Vorliegen eines wichtigen Grundes i.S.d. § 120 Abs. 2 InsO gekündigt werden, aber auch dann unter Beachtung des zuvor dargestellten sog. ultima-ratio-Grundsatzes gemäß Abs. 1 Satz 1 sowie der Nachwirkung (§ 4 Abs. 5 TVG).[181]

IV. Betriebsänderung und Interessenausgleich i.S.v. §§ 121ff. InsO

192   Die §§ 121, 122 InsO haben den Zweck, den zeitnahen Fortgang des Insolvenzverfahrens dadurch zu ermöglichen, dass über einen Interessenausgleich/Sozialplan bei Betriebsänderungen i.S.d. §§ 111 bis 113 BetrVG mit dem Betriebsrat verkürzt beraten werden kann.[182] Da jedoch Betriebsänderungen in Arbeitsverhältnisse eingreifen, sind Arbeitnehmer gemäß der Regelungen des BetrVG durch die Beteiligungsrechte des Betriebsrates zu schützen. Insofern steht dies der Notwendigkeit der zügigen Durchführung eines Insolvenzverfahrens entgeten; für Betriebsänderungen unter den Voraussetzungen der §§ 111 bis 113 BetrVG ist ein langwieriges dreistufiges Verfahren vorgesehen.

193   Dabei sollen gem. § 112 Abs. 1 Satz 1 BetrVG zunächst Unternehmer und Betriebsrat nach rechtzeitiger und umfassender Unterrichtung des Betriebsrates[183] über einen Interessenausgleich zur Regelung des „Ob" und „Wie" einer Betriebsänderung i.S.d. § 111 Satz 3 Nr. 1–5 BetrVG allein verhandeln und beraten. Kommt es i.R.d. Verhandlungen zu keiner Einigung, kann außerhalb eines Insolvenzverfahrens jeder der Beteiligten fakultativ den Vorstand der Bundesagentur für Arbeit um Vermittlung ersuchen und schließlich im Anschluss oder alternativ die Einigungsstelle (§ 76 BetrVG) anrufen, § 112 Abs. 2 BetrVG.

---

180 Uhlenbruck/Zobel, § 120 InsO Rn 20.
181 MüKo/Caspers, § 120 InsO Rn 47 ff., insb. Rn 54 f.
182 HambKomm/Ahrendt, Vorbem. zu §§ 121, 122 InsO Rn 1.
183 Siehe dazu im Einzelnen Uhlenbruck/Zobel, §§ 121, 122 InsO Rn 56.

Im Gegensatz zu diesem langwierigen Verfahren sind im Rahmen eines Insolvenzverfahrens jedoch häufig unverzüglich Betriebsänderungen, insb. die Einstellung der Unternehmenstätigkeit zur Vermeidung weiterer Verluste, notwendig, welche durch die Regelungen §§ 121, 122 InsO ermöglicht werden sollen. 194

1. Betriebsänderung (§§ 121, 122 Abs. 1, 2 InsO)

Eine Betriebsänderung liegt nach der (maßgeblichen) Legaldefinition des § 111 BetrVG dann vor, wenn Einschränkungen und Stilllegungen oder Verlegungen des ganzen Betriebes oder von wesentlichen Betriebsteilen, ein Zusammenschluss mit anderen Betrieben oder die Spaltung von Betrieben, grundlegende Änderungen der Betriebsorganisation, des Betriebszwecks oder der Betriebsanlagen oder die Einführung grundlegend neuer Arbeitsmethoden und Fertigungsverfahren geplant sind. Überdies müssen in dem Betrieb regelmäßig mehr als zwanzig Arbeitnehmer beschäftigt sein, ein Betriebsrat bestehen und nach den insolvenzrechtlichen Vorgaben des § 121 InsO das Insolvenzverfahren eröffnet sein.[184] 195

Entgegen der betriebsverfassungsrechtlichen Regelung des § 112 Abs., 2 Satz 1 BetrVG sieht § 121 InsO seinem Sinn und Zweck entsprechend vor, dass dem Verfahren vor der Einigungsstelle nur dann ein Vermittlungsversuch vorausgehen muss, wenn Insolvenzverwalter und Betriebsrat gemeinsam darum ersuchen. Dadurch kann der Insolvenzverwalter einen zeitaufwendigen Vermittlungsversuch verhindern und unmittelbar die Einigungsstelle anrufen.[185] 196

Der Insolvenzverwalter kann also nach § 122 Abs. 1 Satz 1 InsO direkt die Einleitung eines Verfahrens vor der Einigungsstelle (§ 76 BetrVG) beantragen, wenn binnen 3 Wochen keine Einigung mit dem Betriebsrat zustande gekommen ist. Zugleich schließt § 122 Abs. 1 Satz 2 InsO bei einer gerichtlichen Zustimmung i.S.d. § 122 InsO Ansprüche der Arbeitnehmer auf Nachteilsausgleich gemäß der betriebsverfassungsrechtlichen Regelung des § 113 Abs. 3 BetrVG i.V.m. Abs. 2, 3 BetrVG aus. § 122 InsO bewirkt neben der Verfahrensbeschleunigung somit auch eine Befreiung der Insolvenzmasse von Ansprüchen aus § 113 Abs. 3 BetrVG.[186] 197

Voraussetzung für einen rechtmäßigen Antrag gem. § 122 InsO ist die – wie einleitend bereits genannt – rechtzeitige und umfassende Unterrichtung des Betriebsrats über die geplante Betriebsänderung i.S.d. § 111 BetrVG durch den Insolvenzverwalter. Dem Wortlaut von § 122 Abs. 1 Satz 1 InsO und § 111 Satz 1 BetrVG entsprechend hat die Unterrichtung vor Durchführung der Betriebsänderung zu er- 198

---

184 Nerlich/Römermann/Hamacher, vor § 121 InsO Rn 6 ff.; HambKomm/Ahrendt, Vorbem. zu §§ 121, 122 InsO Rn 9 f.
185 Uhlenbruck/Zobel, §§ 121, 122 InsO Rn 56.
186 MüKo/Caspers, § 121, 122 InsO Rn 1.

folgen.[187] Rechtzeitigkeit setzt voraus, dass der Betriebsrat noch auf die Entscheidung sowie deren nähere Durchführung, also das „Ob" und das „Wie" der Betriebsänderung, einwirken kann.[188] Umfassend ist die Unterrichtung, wenn sie detailliert Inhalt und Umfang der geplanten Maßnahmen, die Gründe für deren Zweckmäßigkeit sowie die zu erwartenden Auswirkungen auf die Belegschaft enthält.[189] Eine aus seiner Sicht unvollständige Unterrichtung hat der Betriebsrat nach dem Grundsatz der vertrauensvollen Zusammenarbeit gem. § 2 BetrVG unverzüglich zu rügen, mit der Folge, dass eine spätere Berufung auf Unvollständigkeit ausscheidet. Eine bestimmte Form ist für die Unterrichtung nicht vorgeschrieben, wobei sich jedoch aus Sicht des Insolvenzverwalters aus Gründen der Beweisbarkeit die Schriftform empfiehlt.

199 Schließlich müssen seit dem Beginn der Verhandlungen oder der schriftlichen Aufforderung zur Aufnahme von Verhandlungen seitens des Insolvenzverwalters 3 Wochen vergangen sein, ohne dass ein Interessenausgleich zustande gekommen ist. Ein Fristbeginn durch Verhandlungen setzt neben der vollständigen Unterrichtung die Aufforderung oder bereits den Beginn von ernsthaften Verhandlungen voraus, bei welchen beiderseits der ernsthafte Wille zu einer Einigung erforderlich ist.[190] Sofern lediglich eine Verhandlungsaufforderung vorliegt, beginnt die Frist bereits mit dem Zugang der Aufforderung (§ 130 BGB) beim Betriebsratsvorsitzenden (§ 26 Abs. 2 Satz 2 BetrVG). In jedem Fall kann die 3-Wochen-Frist aber nur dann laufen, wenn der Betriebsrat rechtzeitig und objektiv umfassend unterrichtet wurde, weil eine abschließende Meinungsbildung sonst nicht möglich ist.[191]

200 Gem. § 122 Abs. 2 Satz 1 InsO stimmt das Gericht der Durchführung der Betriebsänderung ohne vorheriges Einigungsstellenverfahren zu, wenn dies die wirtschaftliche Lage des Unternehmens auch unter Berücksichtigung der sozialen Belange der Arbeitnehmer erfordert. Dabei ergibt sich bereits aus dem Gesetzeswortlaut „auch unter Berücksichtigung der sozialen Belange", dass das Kriterium der wirtschaftlichen Lage – entsprechend dem Gesetzeszweck der §§ 121, 122 InsO – vorrangig zu berücksichtigen ist und erst bei dessen Vorliegen eine anschließende Interessenabwägung mit den sozialen Belangen der Arbeitnehmer durchzuführen ist.[192] Die Prü-

---

[187] Nerlich/Römermann/Hamacher, vor § 121 InsO Rn 36; Das Arbeitsgericht Berlin hat den Antrag der Air Berlin PLC & Co. Luftverkehrs KG in Eigenverwaltung, ihr gemäß § 122 InsO die Stilllegung des Betriebs zu gestatten, ohne hierüber zuvor mit der Personalvertretung Kabine Verhandlungen in einer Einigungsstelle geführt zu haben, als unzulässig abgewiesen, ArbG Berlin, Beschl. v. 21.12.2017 – 41 BV 13752/17, NZI 2018, 222.
[188] Vgl. etwa ArbG Lingen, Urt. v. 9.7.1999 – 2 BV 4/99, ZInsO 1999, 1892.
[189] FK/Eisenbeis, § 122 InsO Rn 8.
[190] Braun/Wolf, § 122 InsO Rn 4.
[191] Nerlich/Römermann/Hamacher, § 122 InsO Rn 13 ff.
[192] HambKomm/Ahrendt, § 122 InsO Rn 9 f.

fung der wirtschaftlichen Lage hat sich dabei an dem Kriterium der Erhaltung der Insolvenzmasse, d.h. dem Interesse der Gläubiger an einer bestmöglichen Befriedigung aus der Masse zu orientieren (§ 1 InsO).[193] Das Gericht hat mithin festzustellen, ob sich Nachteile für die Insolvenzmasse infolge der Durchführung des Einigungsstellenverfahrens und der damit verbundenen Verzögerung der Betriebsänderung ergeben.[194] Bei der sich an die vorgenannte Prüfung anschließenden Abwägung mit den sozialen Belangen der Arbeitnehmer ist maßgeblich, ob noch die ernsthafte Aussicht besteht, dass durch die Vermittlung der Einigungsstelle sozialverträglichere Lösungen gefunden werden können, wobei etwaige Vorteile der Arbeitnehmer durch eine schlichte zeitliche Verzögerung der Betriebsänderung, bspw. das Hinausschieben von Kündigungen, nicht zu berücksichtigen sind.[195]

201 Das ArbG entscheidet gem. § 122 Abs. 2 Satz 2 InsO i.V.m. §§ 80 ff. ArbGG im Beschlussverfahren. Der Antrag ist unter Berücksichtigung von § 61a Abs. 3 bis 6 ArbGG vom Gericht vorrangig zu erledigen, § 2 Abs. 2 Satz 3 InsO. An dem Verfahren Beteiligte sind der Betriebsrat und der Insolvenzverwalter, nicht jedoch die Arbeitnehmer, da unmittelbar nur die Beteiligungsrechte des Betriebsrats betroffen sind.[196] Ein Rechtsmittel gegen den gerichtlichen Beschluss in Form der Rechtsbeschwerde zum BAG besteht nur bei Zulassung durch das Gericht, § 122 Abs. 3 InsO.

202 Dem Insolvenzverwalter kann daher unter der Prämisse der Verfahrensbeschleunigung nur angeraten werden, neben dem Antrag i.S.v. § 122 InsO parallel einen Interessenausgleich gem. §§ 111 ff. BetrVG anzustreben und dadurch einerseits die Vorgaben des BetrVG zu erfüllen sowie andererseits – sofern möglich – durch einen Abschluss der Verhandlungen im Vorfeld einer gerichtlichen Entscheidung ggf. Zeit einzusparen. Darüber hinaus bleibt gem. § 122 Abs. 1 Satz 3 InsO das Recht des Verwalters unberührt, einen Interessenausgleich i.S.v. § 125 Abs. 1 InsO zu vereinbaren oder einen Feststellungsantrag zu stellen.

203 Sofern der Insolvenzverwalter vor der Durchführung einer Betriebsänderung einen Interessenausgleich mit dem Betriebsrat erst gar nicht einleitet oder dessen Abschluss nicht hinreichend anstrebt, begründen etwaige, daraus resultierende Ansprüche der Arbeitnehmer (Nachteilsausgleich gem. § 113 Abs. 1, 3 BetrVG) sog. Masseverbindlichkeiten (§ 55 Abs. 1 Nr. 1 InsO).[197]

204 Sollte eine Betriebsänderung ohne die Zustimmung nach § 122 InsO oder unter gänzlicher Missachtung der Vorschrift zur betrieblichen Mitbestimmung angestrebt

---

193 Nehrlich/Römermann/Hamacher, § 122 InsO Rn 57.
194 Braun/Wolf, § 122 InsO Rn 7.
195 FK/Eisenbeis, § 122 InsO Rn 15b.
196 MüKo/Caspers, §§ 121, 122 InsO Rn 59 ff.
197 HambKomm/Ahrendt, § 122 InsO Rn 15 f., m.w.N.

werden, so kann der Betriebsrat – neben der Sanktion des § 113 Abs. 3 BetrVG[198] – im Wege der einstweiligen Verfügung einen Anspruch auf Unterlassung der Betriebsänderung geltend machen.[199]

2. Interessenausgleich (§ 125 InsO)

205 Durch § 125 InsO soll die Insolvenzmasse vor lang andauernden und die Masse schmälernden Kündigungsschutzverfahren geschont werden.[200]

206 Voraussetzungen für einen Interessenausgleich i.S.d. § 125 InsO ist das Vorliegen einer geplanten Betriebsänderung gem. § 111 BetrVG sowie – dieser immanent –, dass diese Grund für die Kündigungen der Verträge der Arbeitnehmer ist, die in den Interessenausgleich aufgenommen wurden. Ferner muss der Betrieb mehr als zwanzig Arbeitnehmer haben und das Insolvenzverfahren eröffnet sein, da ein Interessenausgleich nur vom Insolvenzverwalter abgeschlossen werden kann.[201] Trotzdem empfiehlt es sich, dass der vorläufige Insolvenzverwalter, welcher mit dem späteren Insolvenzverwalter i.d.R. personenidentisch ist, den Interessenausgleich mit dem Betriebsrat soweit als möglich schon vor Eröffnung des Insolvenzverfahrens vorbereitet.

207 Das Verfahren zum Abschluss eines Interessenausgleichs ergibt sich aus § 112 BetrVG unter Berücksichtigung der Besonderheiten gem. § 121 InsO. Insoweit wird auf die obigen Ausführungen verwiesen. Die Verhandlungen über einen Interessenausgleich nach § 125 InsO werden dabei in aller Regel mit den Verhandlungen über einen Interessenausgleich i.S.d. § 121 InsO verbunden. Der Abschluss eines Interessenausgleichs mit Namensliste gem. § 125 Abs. 1 InsO kann auch mit dem Anhörungsverfahren gem. § 102 Abs. 1 BetrVG verbunden werden.[202] Dafür muss sich aus dem Interessenausgleich ergeben, dass der Betriebsrat zur Kündigung des betroffenen Arbeitnehmers angehört worden ist und eine abschließende Stellungnahme dazu abgegeben hat.[203] Kommt ein Interessenausgleich nach § 125 Abs. 1 InsO zustande, so ersetzt dieser die Stellungnahme des Betriebsrats i.R.d. Massenentlassungsanzeige nach § 125 Abs. 2 InsO.

---

198 Zum Versuch eines Interessenausgleichs bei Unterzeichnung eines Interessenausgleiches durch bei Betriebsparteien, dem kein wirksamer Betriebsratsbeschluss zugrunde liegt: LAG Nürnberg, Urt. v. 10.12.2014 – 2 Sa 379/14, ZIP 2015, 702.
199 Uhlenbruck/Zobel, §§ 121, 122 InsO Rn 70 ff.
200 Zur grundsätzlichen Vereinbarkeit der Schaffung einer ausgewogenen Personalstruktur mit Anforderungen gegen eine Altersdiskriminierung, BAG, Urt. v. 19.12.2013 – 6 AZR 790/12, NZA 2014, 909.
201 HambKomm/Ahrendt, § 125 InsO Rn 4 f.
202 BAG, Urt. v. 21.7.2005 – 6 AZR 592/04, ZIP 2006, 199, MüKo/Caspers, § 125 InsO Rn 52.
203 BAG, Urt. v. 21.7.2005 – 6 AZR 592/04, ZIP 2006, 199.

Treffen Unterrichtungspflichten des Arbeitgebers ggü. dem Betriebsrat nach mehreren Vorschriften zusammen, ist es nicht zwingend erforderlich, dass der Arbeitgeber ggü. dem Betriebsrat jeweils getrennte Verfahren einleitet. Es ist zulässig und grds. auch zweckmäßig, wenn der Insolvenzverwalter in seiner Funktion als Arbeitgeber die einzelnen Verfahren verbindet, auch wenn sie unterschiedlichen inhaltlichen Anforderungen unterliegen.[204] Erst im Anschluss an einen vereinbarten Interessenausgleich ist der Insolvenzverwalter in seiner Funktion als Arbeitgeber befugt, Kündigungen auszusprechen.[205]

Der Interessenausgleich gem. § 125 InsO hat eine Liste mit den Namen der Arbeitnehmer zu enthalten, deren Arbeitsverhältnis aufgrund der Betriebsänderung beendet werden soll. Erforderlich ist, dass aufgrund dieser Namensliste eine eindeutige und unverwechselbare Identifizierung des jeweiligen Arbeitnehmers ermöglicht wird. Voraussetzung ist somit eine genaue namentliche Bezeichnung der betroffenen Arbeitnehmer nach Art, Inhalt und Frist der beabsichtigten Kündigung (Voll- oder Änderungskündigung, ggf. Inhalt der Änderungen) im Interessenausgleich.[206] Ferner muss letztlich aus dem Interessenausgleich hervorgehen, dass die Arbeitsverträge mit den in dem Interessenausgleich aufgenommenen Arbeitnehmern bestehenden Arbeitsverträge gekündigt werden sollen.[207]

Der Interessenausgleich bedarf zu seiner Wirksamkeit der Schriftform gem. § 112 Abs. 1 Satz 1 BetrVG. Er ist daher von beiden beteiligten Parteien auf einer Urkunde zu unterzeichnen. Das Schriftformerfordernis ist aber nicht bereits dann verletzt, wenn die Namensliste nicht im Interessenausgleich selbst, sondern in einer Anlage enthalten ist. § 1 Abs. 5 Satz 1 KSchG spricht zwar davon, die namentliche Bezeichnung müsse „in einem Interessenausgleich" erfolgen. Die tatbestandliche Voraussetzung ist jedoch dann erfüllt, wenn Interessenausgleich und Namensliste eine Urkunde bilden.[208]

Wird die Namensliste hingegen getrennt von dem Interessenausgleich erstellt, ist es ausreichend, wenn sie von den Betriebspartnern unterzeichnet ist und in ihr auf den Interessenausgleich sowie im Interessenausgleich auf die Namensliste Bezug genommen ist.[209]

Aber selbst dann, wenn die Namensliste selbst nicht unterschrieben ist, kann die Unterschrift unter dem Interessenausgleich die Namensliste noch als Teil des Interessenausgleichs umfassen. Ausreichend ist es jedenfalls, wenn die Haupturkunde unterschrieben, in ihr auf die nicht unterschriebene Anlage ausdrücklich

---

[204] LAG Hamm, Urt. v. 1.4.2004 – 4 Sa 1340/03, ArbRB 2005, 80.
[205] FK/Eisenbeis, § 125 InsO Rn 3.
[206] HambKomm/Ahrendt, § 125 InsO Rn 8.
[207] Braun/Wolf, § 125 InsO Rn 4.
[208] BAG, Urt. v. 12.5.2010 – 2 AZR 551/08, ZIP 2011, 539.
[209] BAG, Urt. v. 12.5.2010 – 2 AZR 551/08, ZIP 2011, 539.

Bezug genommen ist und Haupturkunde sowie die nachfolgende Anlage mittels Heftmaschine körperlich derart zu einer einheitlichen Urkunde verbunden sind, dass eine Trennung nur unsachgemäß, etwa durch Gewaltanwendung möglich gewesen wäre.[210] Mithin muss eine äußerlich in Erscheinung tretende Verbindung bestehen,[211] wonach die Schriftstücke im Augenblick der Unterzeichnung die Schriftstücke als einheitliche Urkunden äußerlich erkennbar werden.

213 Ist zwischen dem Insolvenzverwalter und dem Betriebsrat einvernehmlich ein Interessenausgleich mit einer sog. Namensliste zustande gekommen und ist darin im Einzelnen geregelt, welche Arbeitnehmer im Zusammenhang mit der geplanten Betriebsänderung entlassen werden müssen, wird gem. § 125 Abs. 1 InsO vermutet, dass die Kündigung durch dringende betriebliche Erfordernisse bedingt ist.[212] Es ist sodann aufgrund des einvernehmlichen Ausgleiches zwischen den Betriebsparteien gerechtfertigt, die soziale Rechtfertigung der Kündigung nur noch in Ausnahmefällen infrage stellen zu lassen. Entsprechendes soll über den Wortlaut des § 125 hinaus auch für die zutreffende Bildung der Vergleichsgruppen[213] und für die Ordnungsgemäßheit der Sozialauswahl gelten.[214]

214 Weiter wird nach § 125 Abs. 1 Nr. 1 InsO vermutet, dass auch einer Weiterbeschäftigung der namentlich benannten Arbeitnehmer dringende betriebliche Erfordernisse entgegenstehen.

215 Ein wirksamer Interessenausgleich mit Namensliste hat daher für die Darlegungs- und Beweislast im Kündigungsschutzprozess maßgebliche und weitreichende Bedeutung. Sofern ein solcher vorliegt, kann nicht nur die soziale Rechtfertigung der Kündigung lediglich in Ausnahmefällen noch infrage gestellt werden. Vielmehr kehrt sich bei Zustandekommen eines Interessenausgleichs mit Namensliste im Kündigungsschutzprozess, in dem der Arbeitgeber im Allgemeinen für das Vorliegen von dringenden betrieblichen Erfordernissen darlegungs- und beweispflichtig ist, die Darlegungs- und Beweislast zugunsten des Arbeitgebers/Insolvenzverwalters um.[215] Sofern die Arbeitnehmer das dringende betriebliche Erfordernis für ihre Kündigung bestreiten wollen, sind sie – entgegen § 1 Abs. 2 Satz 4 KSchG – beweispflichtig. Entsprechendes gilt für die Sozialauswahl.[216] Dies gilt sowohl für die Beendigungs- als auch für die Änderungskündigung.[217]

---

210 BAG, Urt. v. 12.5.2010 – 2 AZR 551/08, ZIP 2011, 539.
211 BAG, Urt. v. 6.7.2006 – 2 AZR 520/05, ZIP 2006, 2329.
212 Uhlenbruck/Zobel, § 125 InsO Rn 30.
213 MüKo/Caspers, § 125 InsO Rn 92 f.
214 Uhlenbruck/Zobel, § 125 InsO Rn 46 ff., 49.
215 BAG, Urt. v. 26.4.2007 – 8 AZR 695/05, ZIP 2007, 2136.
216 HambKomm/Ahrendt, § 125 InsO Rn 22.
217 Braun/Wolf, § 125 InsO Rn 11.

Kommt in der Insolvenz bei einer Betriebsänderung ein Interessenausgleich mit **216** Namensliste zustande, so gilt nicht nur gem. § 125 Abs. 1 Nr. 1 InsO die Vermutung der Betriebsbedingtheit mit der damit einhergehenden Beweislastumkehr. Nach § 125 Abs. 1 Nr. 2 InsO kann die soziale Auswahl sodann auch nur noch auf grobe Fehlerhaftigkeit hin überprüft werden. Nicht fehlerhaft ist die Sozialauswahl, wenn in diese Arbeitnehmer mit besonderem Kündigungsschutz nicht einbezogen werden, da gesetzliche Kündigungsverbote dem allgemeinen Kündigungsschutz als spezialgesetzliche Regelung vorgehen. Auch in der Insolvenz genießen daher etwa Betriebsratsmitglieder weiter den besonderen Kündigungsschutz und sind somit nicht in die Sozialauswahl einzubeziehen. Grund dafür ist, dass § 125 InsO lediglich im Verhältnis zu § 1 KSchG eine speziellere Regelung darstellt, hingegen nicht ggü. § 15 KSchG. Eine ordentliche Kündigung ist ihnen ggü. nur unter den Voraussetzungen des § 15 Abs. 4 und Abs. 5 KSchG möglich.[218]

Die Sozialauswahl kann nach § 125 Abs. 1 Nr. 2 InsO – entsprechend § 1 Abs. 2 **217** KSchG – nur im Hinblick auf die Dauer der Betriebszugehörigkeit, das Lebensalter und die Unterhaltspflichten[219] und nur dann mit Erfolg infrage gestellt werden, wenn sie grob fehlerhaft ist. Der Prüfungsmaßstab der groben Fehlerhaftigkeit bezieht sich dabei jedoch nicht nur auf die sozialen Kriterien sowie deren Gewichtung, sondern umfasst die gesamte Sozialauswahl, also insb. auch die Bildung der auswahlrelevanten Gruppen, welche dementsprechend nur noch auf eine etwaige grobe Fehlerhaftigkeit überprüft werden kann. Eine grobe Fehlerhaftigkeit liegt nicht vor, wenn eine ausgewogene Personalstruktur geschaffen oder erhalten wird. Grob fehlerhaft i.S.v. § 125 Abs. 1 Satz 1 Nr. 2 InsO ist eine soziale Auswahl vielmehr dann, wenn ein evidenter Fehler vorliegt und der Interessenausgleich, insb. bei der Gewichtung der Auswahlkriterien, jede Ausgewogenheit vermissen lässt.[220]

§ 125 Abs. 1 Satz 2 Nr. 2 InsO folgend ist es nicht als grob fehlerhaft anzusehen, **218** wenn eine ausgewogene Personalstruktur nicht nur „erhalten", sondern auch wenn sie erst geschaffen wird. Somit lässt § 125 Abs. 1 Nr. 2 InsO – entgegen § 1 Abs. 3 KSchG – auch die (erstmalige) Schaffung einer ausgewogenen Personalstruktur zu. In dieser Möglichkeit soll aber nach der Rechtsprechung keine Fiktion oder gar unwiderlegliche Vermutung für nicht grobe Fehlerhaftigkeit der Sozialauswahl liegen. Dadurch werden allein die Kriterien der berechtigten betrieblichen Belange i.S.d. § 1 Abs. 3 KSchG erweitert, wie insgesamt die namentliche Bezeichnung der zu kündigenden Arbeitnehmern in einer Liste zu einem Interessenausgleich lediglich eine widerlegbare Vermutung zugunsten des Arbeitgebers nach § 1 Abs. 3, Abs. 5 KSchG enthält oder begründet.[221]

---

218 HambKomm/Ahrendt, § 113 InsO Rn 80.
219 Uhlenbruck/Zobel, § 125 InsO Rn 49.
220 BAG, Urt. v. 20.9.2006 – 6 AZR 249/05, ZIP 2007, 595.
221 MüKo/Caspers, § 125 InsO Rn 85 ff.

Pelke

219 Bei der Bildung von Altersgruppen ist eine bestimmte Staffelung der Gruppen gesetzlich nicht vorgeschrieben. Unter Verweis auf die Ausführungen i.R.d. Sozialauswahl i.S.d. § 1 Abs. 2 KSchG ist jedoch die Bildung von Altersgruppen in Dreier-, Vierer- oder Fünferteilung grds. sachgerecht. Dabei können überdies für einzelne auswahlrelevante Personenkreise unterschiedliche Altersgruppeneinstellungen sachgerecht sein.

220 Die Vermutungswirkung des § 125 Abs. 1 Satz 1 Nr. 1 InsO erstreckt sich aber tatbestandlich ausschließlich auf eine im Interessenausgleich geregelte Betriebsänderung. Liegt keine Betriebsänderung vor, sondern handelt es sich tatsächlich um einen Betriebsteilübergang i.S.d. § 613a BGB, so greift die Vermutung des § 125 Abs. 1 InsO zumindest für die vom Betriebsteilübergang betroffenen Arbeitsverhältnisse nicht ein. Soweit die Voraussetzungen des § 125 Abs. 1 InsO vorliegen, tritt die Vermutungswirkung des § 128 Abs. 2 InsO ein, nach dem eine Kündigung nicht wegen des Betriebsüberganges erfolgte. Diese Vermutung kann jedoch selbstredend entsprechend § 46 Abs. 2 ArbGG i.V.m. § 292 ZPO widerlegt werden. Dafür ist wiederum der Arbeitnehmer darlegungs- und beweispflichtig.[222]

221 Eine nachträgliche Änderung der Sachlage, etwa aufgrund einer neuen betrieblichen Planung oder eines unvorhergesehenen Ausscheidens anderer Arbeitnehmer, ist i.R.d. Interessenausgleiches nach § 125 InsO zu berücksichtigen. Die Regelung des § 125 Abs. 1 Satz 2 InsO betreffend eine wesentliche Änderung der Sachlage nach Zustandekommen des Interessenausgleichs mit dem Betriebsrat, ist aber nur dann einschlägig, wenn die Änderung zwischen dem Abschluss des Interessenausgleichs und dem Zeitpunkt der Kündigung eintritt.[223]

222 Ist der Interessenausgleich mit Namensliste nicht formgültig zustande gekommen, dann greift weder die Vermutungswirkung, noch der schärfere Prüfungsmaßstab für die Sozialauswahl gem. § 125 Abs. 1 InsO und es verbleibt bei der „normalen" abgestuften Darlegungs- und Beweislast.[224]

V. Sozialplan gem. §§ 123, 124 InsO

1. Einführung

223 Der Sozialplan nach § 112 BetrVG ist eine Betriebsvereinbarung besonderer Art, in der Arbeitgeber/Insolvenzverwalter und Betriebsrat eine Abrede über den Ausgleich oder die Milderung der wirtschaftlichen Nachteile, die den Arbeitnehmern infolge der Betriebsänderung entstehen, treffen. Die Vereinbarung eines „Sozialplans" in

---

222 BAG, Urt. v. 28.8.2003 – 2 AZR 377/02, ZIP 2004, 525.
223 Uhlenbruck/Zobel, § 125 InsO Rn 36 ff.
224 BAG, Urt. v. 7.5.1998 – 2 AZR 536/97, DB 1998, 1768.

einem Betrieb ohne Betriebsrat zwischen dem Insolvenzverwalter und den Arbeitnehmern ist insb. nach der Rechtsprechung des BAG unwirksam.[225]

Ob und bejahendenfalls nach welchem Verfahren ein Sozialplan abzuschließen ist, richtet sich auch im Rahmen eines eröffneten Insolvenzverfahrens – und nur dann ist die Regelung des § 123 InsO anwendbar – nach den allgemeinen betriebsverfassungsrechtlichen Regelungen der §§ 111 ff. BetrVG. Danach besteht eine Sozialplanpflicht, wenn eine Betriebsänderung gem. § 111 Satz 1 BetrVG geplant wird, in dem Betrieb ein Betriebsrat eingerichtet ist und im Betrieb mehr als zwanzig wahlberechtigte Arbeitnehmer beschäftigt werden.[226]

Der Betriebsrat kann im Rahmen einer Betriebsänderung einen Sozialplan jedoch lediglich dann erzwingen, wenn der Personalabbau die Größenordnung des § 112a Abs. 1 BetrVG erreicht oder überschreitet. Erreicht der Personalabbau lediglich den Umfang laut § 112 Abs. 1 BetrVG, nicht aber den des § 112a Abs. 1 BetrVG, werden nur die Beteiligungsrechte des Betriebsrates im Zusammenhang mit dem Interessenausgleichsverfahren ausgelöst.[227]

Als weitere Ausnahmekonstellation ist zu beachten, dass selbst dann, wenn aufgrund der Betriebsänderung die Größenordnung von § 112a Abs. 1 BetrVG erreicht wird, die Aufstellung eines Sozialplans auch dann nicht erzwingbar ist, wenn das Unternehmen – nicht der Betrieb – nicht älter als 4 Jahre ist. Maßgeblich für die Bestimmung der Altersgrenze ist der Zeitpunkt der Aufnahme der Erwerbstätigkeit gem. § 138 Abs. 1 AO. Diese Privilegierung bezieht sich jedoch nur auf die Neugründung von Unternehmen, d.h. auf einen unternehmerischen Neuanfang, indes nicht auf die Errichtung oder Übernahme eines neuen Betriebes[228] und ebenso wenig auf Neugründungen im Zusammenhang mit der rechtlichen Umstrukturierung von Unternehmen und Konzernen (§ 112a Abs. 2 Satz 2 BetrVG). Dementsprechend besteht keine Privilegierung in Sachverhalten der Verschmelzung von Unternehmen auf ein neugegründetes Unternehmen, der Umwandlung auf ein neugegründetes Unternehmen, der Auflösung eines Unternehmens und Übertragung seines Vermögens auf ein neugegründetes Unternehmen, u.Ä.

Der Sozialplan bedarf zu seiner Wirksamkeit der Schriftform gem. § 125 BGB. Für den Betriebsrat muss der Betriebsratsvorsitzende unterschreiben, sofern dieser nicht anwesend ist, hat dessen Stellvertreter zu unterzeichnen, wobei die Wirksamkeit der Unterschrift von der Beschlussfassung des Betriebsrats gem. § 33 BetrVG abhängig ist.

---

[225] BAG, Urt. v. 21.9.1999 – 9 AZR 912/98, DB 2000, 1230.
[226] Uhlenbruck/Zobel, §§ 123, 124 InsO Rn 4 ff.
[227] ErfKomm/Kania, § 112a BetrVG Rn 4.
[228] BAG, Urt. v. 22.2.1995 – 10 ABR 21/94, ZIP 1995, 1031.

2. Verfahren

228 Die Betriebsparteien (Arbeitgeber/Insolvenzverwalter sowie Betriebsrat) müssen im Vorfeld jeder geplanten Betriebsänderung den Versuch unternehmen, einen Sozialplan im Verhandlungswege abzuschließen. Kommt ein Sozialplan nicht zustande, ggf. nach Scheitern eines Vermittlungsversuchs durch den Präsidenten des Landesarbeitsamtes (§ 112 Abs. 2 BetrVG), können der Insolvenzverwalter in seiner Funktion als Arbeitgeber oder der Betriebsrat die Aufstellung eines Sozialplans durch die Einigungsstelle erzwingen (§ 112 Abs. 4 BetrVG). Als Rechtsmittel gegen den Spruch der Einigungsstelle (§ 76 BetrVG) kann jede der Betriebsparteien diesen im arbeitsgerichtlichen Beschlussverfahren anfechten (§ 2a ArbGG). Sodann entscheidet das ArbG, ob die Einigungsstelle bei der Aufstellung des Sozialplans eine vertretbare Ermessensentscheidung getroffen hat. Ermessensfehler der Einigungsstelle sind dabei innerhalb der in § 76 Abs. 5 Satz 4 BetrVG normierten Frist beim ArbG geltend zu machen.

3. Inhalt und Wirkung eines Sozialplanes

229 Bei dem Sozialplan handelt es sich arbeitsrechtlich um eine Betriebsvereinbarung,[229] wobei nach § 112 Abs. 1 Satz 4 BetrVG für den Sozialplan aber nicht der Tarifvorbehalt des § 77 Abs. 3 BetrVG gilt. Gem. § 112 Abs. 1 Satz 2 BetrVG handelt es sich bei dem Sozialplan um eine Einigung zwischen Arbeitgeber (Insolvenzverwalter) und Betriebsrat über den Ausgleich oder die Milderung von wirtschaftlichen Nachteilen, die den Arbeitnehmern infolge einer Betriebsänderung (§ 111 BetrVG) entstehen. Durch einen Sozialplan sollen die möglichen negativen Folgen einer geplanten Betriebsänderung für die Arbeitnehmer pauschal und sozialverträglich gestaltet und abgegolten werden.[230]

230 Sozialplanabfindungen sind dabei nicht als Entschädigungen anzusehen, sondern haben Ausgleichs-, Vorsorge- und Überbrückungsfunktion.[231] Im Rahmen eines Sozialplans können somit Arbeitnehmer, die bereits einen neuen Arbeitsplatz gefunden haben, von Leistungen ausgeschlossen werden;[232] auch können verminderte Leistungen für Mitarbeiter vorgesehen werden, die bereits kurz vor Erreichen des Rentenalters stehen.[233]

---

229 ErfKomm/Kania, § 112a BetrVG Rn 13 m.w.N.
230 BAG, Urt. v. 11.8.1993 – 10 AZR 558/92, ZIP 1993, 1808.
231 ErfKomm/Kania, § 112a BetrVG Rn 12.
232 BAG, Urt. v. 20.4.1994 – 10 AZR 323/94, ZIP 1994, 1548.
233 ErfKomm/Kania, § 112a BetrVG Rn 12.

4. Sozialplan nach Eröffnung des Insolvenzverfahrens (§ 123 Abs. 1, 2 InsO)

Die Regelung des § 123 InsO gilt ausschließlich für einen Sozialplan, der nach Eröffnung des Insolvenzverfahrens vereinbart wird. **231**

Die inhaltliche Ausgestaltung bei der Aufstellung eines Sozialplans im Rahmen eines Insolvenzverfahrens ist aufgrund von § 123, 124 InsO – im Vergleich zu einem Sozialplan außerhalb eines Insolvenzverfahrens – eingeschränkt. Die Regelungen i.R.d. §§ 123, 124 InsO betreffen den Rang und das Volumen von Sozialplänen im Zusammenhang mit dem Insolvenzverfahren, welche wiederum insb. die Vorgaben des § 1 InsO berücksichtigen müssen, nach dem auch hier der vordringliche Zweck eines Insolvenzverfahrens, die Anreicherung und Sicherung der Insolvenzmasse zu beachten ist, welcher eine Beschränkung von Sozialplanforderungen erforderlich macht.[234] **232**

Aus diesem Grunde wird in § 123 Abs. 1 InsO die sog. absolute Obergrenze eines Sozialplanvolumens auf das Zweieinhalbfache der Bruttomonatsverdienste – ohne Abzug von Steuern und Sozialversicherungsbeiträgen – aller aus dem Betrieb ausscheidenden Arbeitnehmer begrenzt. Zu dem Bruttomonatsverdienst zählen neben der Grundvergütung auch Zulagen, Sonderzahlungen sowie Akkordzuschläge, die ggf. anteilig umzulegen sind.[235] **233**

Unter einer Entlassung i.S.d. § 123 InsO ist neben der betriebsbedingten Arbeitgeberkündigung auch ein Ausscheiden des Arbeitnehmers aufgrund eines vom Arbeitgeber veranlassten Aufhebungsvertrages oder auch ein Ausscheiden nach Eigenkündigung des Arbeitnehmers zu verstehen.[236] Bei der Ermittlung der von der Entlassung betroffenen Arbeitnehmerzahl i.S.d. § 5 BetrVG sind neben Vollzeit- auch Teilzeitbeschäftigte zu berücksichtigen, nicht jedoch leitende Angestellte i.S.v. § 5 Abs. 3 KSchG.[237] Befristet Beschäftigte sind bei der Bestimmung des Sozialplanvolumens dann zu berücksichtigen, wenn sie ursächlich wegen der Kündigung vor dem Ablauf der vereinbarten Frist aus ihrem Arbeitsverhältnis ausscheiden. Überschreitet der Sozialplan die absolute Obergrenze des § 123 Abs. 1 InsO, so ist er nichtig und muss neu aufgestellt werden.[238] **234**

Daneben ergibt sich aus § 123 Abs. 2 InsO eine sog. relative Obergrenze für Sozialpläne in Insolvenzverfahren. Danach darf zur Begleichung von Sozialplanforderungen nicht mehr als ein Drittel der Masse verwendet werden, die ohne Berücksichtigung des Sozialplans für die Verteilung an die Insolvenzgläubiger zur Verfügung gestanden hätte. Ist die Gesamtsumme aller Sozialplanforderungen höher als diese relevante Grenze, so sind die einzelnen Sozialplanansprüche anteilig zu kür- **235**

---

234 Siehe dazu, unter Verweis auf die Begründung RegE, BT-Drucks. 12/2443, S. 97 ff.
235 HambKomm/Ahrendt, § 123 InsO Rn 6.
236 Braun/Wolf, § 123 InsO Rn 4.
237 FK/Eisenbeis, § 123 InsO Rn 10.
238 Uhlenbruck/Zobel, §§ 123, 124 InsO Rn 18.

zen.²³⁹ Sozialplanforderungen werden gem. § 123 InsO als sonstige („nachrangige") Masseverbindlichkeiten nach § 55 Abs. 1 InsO definiert und müssen dementsprechend nicht wie Forderungen gem. § 38 InsO zur Insolvenztabelle angemeldet werden.²⁴⁰

236 Bei masseunzulänglichen Verfahren geht jedoch auch die Entgeltforderung der Arbeitnehmer ins Leere, sodass diese trotz der Masseschuldqualität ihrer Forderungen in Gänze nicht befriedigt werden. § 123 Abs. 3 Satz 2 InsO untersagt des Weiteren die Einleitung oder Durchführung von Zwangsvollstreckungsmaßnahmen wegen einer Sozialplanforderung.

5. Abschlagszahlungen (§ 123 Abs. 3 InsO)

237 Der Insolvenzverwalter darf und soll gem. § 123 Abs. 3 InsO sogar Abschlagszahlungen auf den Sozialplan leisten, soweit genügend Barmittel vorhanden sind und das Insolvenzgericht die Vorabzahlung an die Arbeitnehmer genehmigt hat.²⁴¹ Dadurch soll unter Berücksichtigung der wirtschaftlichen Leistungsfähigkeit der Schuldnerin oder des Schuldners eine beschleunigte Auszahlung von Sozialplanansprüchen an die Arbeitnehmer ermöglicht werden.

6. Sozialplan vor Eröffnung des Insolvenzverfahrens (§ 124 InsO)

238 Die Regelung des § 124 InsO bietet den Betriebsparteien, einerseits dem Insolvenzverwalter im Rahmen seiner Arbeitgeberstellung, andererseits dem Betriebsrat, die Möglichkeit, einen Sozialplan bereits vor Eröffnung des Insolvenzverfahrens (§ 27 InsO), aber nicht früher als 3 Monate vor dem Eröffnungsantrag (§ 13 Abs. 1 InsO) aufzustellen (sog. vorinsolvenzliche oder insolvenznahe Sozialpläne), durch die insb. bereits zu dem Zeitpunkt der Insolvenzantragstellung eingetretene Nachteile besser ausgeglichen werden sollen.²⁴²

239 Ein vor der Eröffnung eines Insolvenzverfahrens aufgestellter Sozialplan²⁴³ begründet für die Arbeitnehmer lediglich sog. Insolvenzforderungen i.S.d. § 38 InsO.²⁴⁴ Daher wird der Betriebsrat einen solchen Sozialplan nicht widerrufen, wenn die Sozialplanforderung noch nicht ausgezahlt wurde und die zu erwartende Insolvenz-

---

239 HK/Linck, § 123 InsO Rn 21.
240 HambKomm/Ahrendt, § 123 InsO Rn 8.
241 HK/Linck, § 123 InsO Rn 27.
242 Nerlich/Römermann/Hamacher, § 124 InsO Rn 2.
243 Ein Sozialplan gilt gem. § 126 BGB als an dem Tag aufgestellt, an dem er von beiden Parteien unterschrieben wurde; im Rahmen eines Einigungsstellenverfahrens in dem Zeitpunkt der Zustellung an beide Betriebspartner (§ 76 Abs. 3 Satz 2 BetrVG).
244 BAG, Urt. v. 31.7.2002 – 10 AZR 275/01, DB 2002, 2655.

quote unterhalb der Grenze des § 123 InsO liegt. Der Insolvenzverwalter wird einen Sozialplan hingegen widerrufen, wenn der vor Verfahrenseröffnung abgeschlossene Sozialplan in seinem Volumen über der sog. absoluten Obergrenze des § 123 Abs. 1 InsO liegt und keine Anpassungsklausel für den Fall einer Insolvenz vereinbart wurde. Die Einräumung des Widerrufsrechts gibt dem Insolvenzverwalter mithin die Möglichkeit, die Sozialplanleistungen neu festzusetzen und dabei die wirtschaftliche Lage des Unternehmens besser zu berücksichtigen. Der Widerruf des Sozialplans führt zu dessen Unwirksamkeit. Bereits empfangene Leistungen sind wegen des Widerrufs nicht rückforderbar, sind jedoch bei einem neu aufgestellten Sozialplan im Rahmen der Berechnung der Grenze gem. § 123 Abs. 1 InsO zu berücksichtigen (§ 124 Abs. 2, Abs. 3 Satz 2 InsO).

Sozialpläne, die früher als 3 Monate vor dem Eröffnungsantrag aufgestellt wurden, können nicht widerrufen werden. Die daraus resultierenden Forderungen begründen aufgrund ihres Entstehungszeitpunktes vor Eröffnung des Insolvenzverfahrens für die Arbeitnehmer lediglich Insolvenzforderungen nach § 38 InsO[245] und sind daher im Ergebnis oftmals praktisch wertlos. 240

VI. Beschlussverfahren zum Kündigungsschutz (§§ 126, 127 InsO)

1. Beschlussverfahren nach § 126 InsO

Durch § 126 InsO wird dem Insolvenzverwalter – in Ergänzung zu § 125 InsO – die Möglichkeit gewährt im Rahmen eines kollektiven Beschlussverfahrens vom ArbG feststellen zu lassen, dass die Kündigungen der in dem Antrag genannten Arbeitsverhältnisse durch dringende betriebliche Gründe bedingt und sozial gerechtfertigt sind.[246] Die Sozialauswahl kann vom ArbG gem. § 126 Abs. 1 Satz 2 InsO nur noch im Hinblick auf die Dauer der Betriebszugehörigkeit, das Lebensalter und die Unterhaltspflichten nachgeprüft werden.[247] Der Insolvenzverwalter hat demgemäß die Option, eine umfassende Klärung der Rechtmäßigkeit von Kündigungen zu erreichen, sofern die Vereinbarung eines Interessenausgleichs nicht möglich ist, sei es, weil keine Einigung zwischen Betriebsrat und Insolvenzverwalter erzielt wird oder weil kein Betriebsrat vorhanden ist, sei es, weil es sich um einen kleinen Betrieb i.S.v. § 23 KSchG handelt.[248] 241

Das Beschlussverfahren nach § 126 InsO ist auch dann (noch) zulässig, wenn die Kündigung der im Antrag bezeichneten Arbeitnehmer schon zuvor erfolgt ist[249] oder 242

---

245 HK/Linck, § 124 InsO Rn 10.
246 BAG, Urt. v. 31.7.2002 – 10 AZR 275/01, DB 2002, 2655.
247 MüKo/Caspers, § 126 InsO Rn 24.
248 Uhlenbruck/Zobel, §§ 126, 127 InsO Rn 3.
249 BAG, Urt. v. 26.9.2000 – 8 ABR 44/99, ZIP 2000, 1588; HambKomm/Ahrendt, § 126 InsO Rn 8.

auch, wenn im Anschluss an einen Interessenausgleich gem. § 125 InsO wegen einer weiteren Betriebsänderung ein Interessenausgleich nicht (mehr) zustande kommt.[250]

243 Ist für die gekündigten Arbeitnehmer die dreiwöchige Klagefrist verstrichen, so besteht für die Durch- oder Fortführung des Verfahrens nach § 126 InsO kein Rechtsschutzinteresse mehr.[251]

244 § 126 InsO stellt mithin eine Ergänzung zu der Regelung des § 125 InsO dar. Anders als im Verfahren nach § 125 InsO erfolgt hier jedoch keine Beweislastumkehr oder eine Einschränkung der Prüfungskompetenz des ArbG auf grobe Fehlerhaftigkeit gem. § 125 InsO. Das ArbG kann somit die Wirksamkeit der Kündigung uneingeschränkt überprüfen. Das ArbG ist jedoch – wie bei § 125 InsO – auf die Kriterien der Dauer der Betriebszugehörigkeit, das Lebensalter und die Unterhaltspflichten beschränkt.[252]

245 Auch i.R.d. § 126 InsO ist zu beachten, dass die Erstellung und Unterzeichnung einer Namensliste der zu kündigenden Arbeitnehmer i.R.d. Verhandlungen mit dem Betriebsrat die ordnungsgemäße Anhörung des Betriebsrats gem. § 102 BetrVG nicht ersetzt.[253]

246 Für das Verfahren gelten grundsätzlich die Regelungen des ArbGG über das Beschlussverfahren (§§ 80 ff. ArbGG). Danach entscheidet das ArbG durch Beschluss.

247 Einziges vorgesehenes Rechtsmittel gegen die Entscheidung des ArbG ist die Zulassungsrechtsbeschwerde zum BAG. Die Rechtsbeschwerde wird vom BAG jedoch nur bei grundsätzlicher Bedeutung der Rechtssache oder bei Abweichung von einer obergerichtlichen Entscheidung zugelassen. Das Rechtsmittel ist binnen eines Monats nicht nur einzulegen, sondern gem. § 126 Abs. 2 InsO i.V.m. § 122 Abs. 3 InsO auch zu begründen. Zum weiteren Verfahrensgang kann auf die Ausführungen zu § 122 InsO verwiesen werden.

2. Klage des Arbeitnehmers gem. § 127 InsO

248 § 127 InsO besagt, dass eine rechtskräftige Entscheidung im Beschlussverfahren nach § 126 InsO in einem von einem betroffenen Arbeitnehmer (parallel/anschließend) geführten Individual-, d.h. arbeitsgerichtlichen Kündigungsschutzverfahren für das letztgenannte Verfahren bindend ist.

249 Als Voraussetzung eines Verfahrens gem. § 127 InsO muss der Insolvenzverwalter den Arbeitsvertrag mit dem Arbeitnehmer aus betriebsbedingten Gründen in Form einer Beendigungs- oder Änderungskündigung beendet haben. Der betroffene Arbeitnehmer muss ferner im Antrag nach § 126 InsO bezeichnet sein. Überdies hat

---

250 Uhlenbruck/Zobel, §§ 126, 127 InsO Rn 10.
251 Vgl. Nerlich/Römermann/Hamacher, § 126 InsO Rn 11 ff.
252 So bereits KPB/Moll, § 126 InsO Rn 29.
253 ErfKomm/Gallner, §§ 120–122, 125 InsO Rn 19.

der Arbeitnehmer binnen 3 Wochen ab Zugang der Kündigung (§ 4 KSchG) eine Kündigungsschutzklage zum ArbG zu erheben. Schließlich muss in dem Beschlussverfahren gem. § 126 InsO eine rechtskräftige Entscheidung getroffen worden sein, welche auch den Arbeitnehmer betrifft, der die Kündigungsschutzklage erhoben hat.[254]

Hat der Insolvenzverwalter bereits vor Beendigung des Verfahrens nach § 126 InsO die Kündigung ausgesprochen und hat ein Arbeitnehmer bereits Kündigungsschutzklage eingereicht, ist dieses Klageverfahren gem. § 127 Abs. 2 InsO auf Antrag des Insolvenzverwalters bis zur Rechtskraft der Entscheidung nach § 126 InsO auszusetzen.[255]

Als Rechtsfolge ergibt sich, dass die Entscheidung im Beschlussverfahren auch für das Kündigungsschutzverfahren bindend ist. Die soziale Rechtfertigung der Kündigung ist somit in dem Individualprozess nicht noch einmal zu prüfen. Die Unwirksamkeit einer Kündigung ist nur noch auf Belange zu überprüfen, die i.R.d. Beschlussverfahrens nicht geprüft und festgestellt wurden.[256]

Sofern sich i.R.d. Beschlussverfahrens ergibt, dass die Kündigung des Insolvenzverwalters als Arbeitgeber sozial ungerechtfertigt ist, ist dies auch i.R.d. Kündigungsschutzverfahrens als gegeben anzusehen.[257]

Wurde das Kündigungsschutzverfahren bereits rechtskräftig vor einer Entscheidung i.R.d. Beschlussverfahrens nach § 126 InsO abgeschlossen, so bleibt das Ergebnis des Kündigungsschutzverfahrens von den Feststellungen und der Entscheidung des Beschlussverfahrens unberührt bestehen.[258]

Dementgegen ist eine Entscheidung im Verfahren nach § 126 InsO dann für den Kündigungsschutzprozess gem. § 127 Abs. 1 Satz 2 InsO nicht mehr bindend, wenn sich die Sachlage nach dem Schluss der mündlichen Verhandlung wesentlich geändert hat.[259]

Aus § 127 Abs. 2 InsO ergibt sich überdies, dass es dem Gesetzgeber folgend grundsätzlich zulässig ist, wenn der Insolvenzverwalter bereits vor Einleitung eines Beschlussverfahrens nach § 126 InsO eine Kündigung ausspricht.[260]

---

254 Braun/Wolf, § 127 InsO Rn. 2ff.
255 HambKomm/Ahrendt, § 127 InsO Rn 6.
256 HambKomm/Ahrendt, § 127 InsO Rn 2.
257 ErfKomm/Gallner, § 127 InsO Rn 2; Uhlenbruck/Zobel, §§ 126, 127 InsO Rn 42; **a.A.** KPB/Moll, § 127 InsO Rn 22.
258 Braun/Wolf, § 127 InsO Rn 7.
259 MüKo/Caspers, § 127 InsO Rn 13 m.w.N.
260 So im Ergebnis auch BAG, Urt. v. 29.6.2000 – 8 ABR 44/99, ZIP 2000, 1588.

VII. § 613a BGB – Betriebsübergang in der Insolvenz

256 Auch im Rahmen von Insolvenzverfahren ist, wiederum einhergehend mit den Vorgaben des § 1 InsO, eine Übertragung des schuldnerischen Betriebes ein geeignetes und soweit möglich angewandtes Instrument, um ein Unternehmen zu sanieren. Der Geschäftsbetrieb wird dabei i.d.R. im Rahmen eines sog. Asset Deals auf einen neuen Rechtsträger übertragen, sog. übertragende Sanierung.[261] Es ist jedoch zu beachten, dass § 613a BGB[262] nach ganz herrschender Meinung auch in der Insolvenz gilt.[263] Ebenso findet auch die Rechtsprechung des BAG und des EuGH zum Betriebsübergang im Rahmen von Insolvenzverfahren Anwendung.

257 Trotz einer umfangreichen und umfassenden Rechtsprechung von EuGH und BAG ist der Umstand, ob ein Betriebsübergang vorliegt, im jeweiligen Einzelfall immer wieder Grund für Streitigkeiten. Dies wird auch dadurch verstärkt, dass sich die Rechtsprechung in einem ständigen Wandel befindet und sich die Beurteilungskriterien für die Annahme eines Betriebsüberganges i.S.d. § 613a BGB wandeln oder zumindest fortentwickeln, was bei der Beurteilung, ob bei einer Übertragung eines Betriebes, Betriebsteils oder auch nur einzelner Vermögensgegenstände eines Betriebes bereits ein Betriebsübergang i.S.d. § 613a BGB vorliegt, oftmals zu erheblichen Schwierigkeiten führt.

258 Ein Betriebsübergang i.S.d. § 613a BGB ist unter Berücksichtigung der höchstrichterlichen Rechtsprechung als der rechtsgeschäftliche Übergang eines Betriebes oder Betriebsteils auf einen anderen Inhaber unter Wahrung der Identität der betroffenen wirtschaftlichen Einheit zu verstehen.[264] Dabei wird der Betriebsbegriff i.R.d. Anwendung des § 613a BGB als auf Dauer angelegte wirtschaftliche Einheit verstanden. Demgemäß ist ein Betriebsübergang anzunehmen, wenn diese wirtschaftliche Einheit unter Wahrung ihrer Identität auf den neuen Inhaber übergeht. Insofern prüft die Rechtsprechung im Wege einer wertenden Gesamtbetrachtung sämtliche Umstände. Maßgebliche Umstände im Rahmen einer Gesamtbewertung sind dabei etwa

259 – die Art des übergehenden Betriebes,
– der Übergang der materiellen und immateriellen Aktiva sowie deren Wert,
– die Übernahme der Hauptbelegschaft und/oder der Kundschaft,
– die Dauer einer eventuellen Unterbrechung der Tätigkeit sowie

---

261 Dazu Uhlenbruck/Zobel, § 128 InsO Rn 1 ff.
262 Vergleich zum zwingenden Rechtscharakter von § 613a BGB etwa BAG, Urt. v. 20.3.2014 – 8 AZR 1/13, ZIP 2014, 1992.
263 Hierzu instruktiv ErfKomm/Preis, § 613a BGB Rn 146; HambKomm/Ahrendt, Vorbem. zu §§ 113 ff. InsO Rn 1, m.w.N.
264 HambKomm/Ahrendt, Vorbem. zu §§ 113 ff. InsO Rn 2.

– die Ähnlichkeit zwischen der vor und der nach dem Übergang verrichteten Tätigkeiten.[265]

Die eingangs beschriebene Schwierigkeit besteht mithin vor allem darin, dass nicht schematisch, das heißt insb. nicht aufgrund feststehender Schwellenwerte oder einer bestimmten Rangfolge festgelegt werden kann, ob bei einer Übertragung von materiellen oder immateriellen Betriebsmitteln oder dem Übergang von Personal oder Kunden ein Betriebsübergang vorliegt. Maßgebend sind vielmehr sämtliche Umstände des jeweils vorliegenden Einzelfalles unter Berücksichtigung der jeweiligen Eigenart der betrieblichen Tätigkeit oder Organisation.[266]

Als ein Ausgangspunkt für die Beurteilung, ob ein Betriebsübergang i.S.d. § 613a BGB vorliegt, wird zur Beurteilung des Betriebsbegriffes regelmäßig dazwischen unterschieden, ob ein betriebsmittelintensiver oder ein betriebsmittelarmer Betrieb vorliegt.[267]

In betriebsmittelintensiven Betrieben, wie etwa Betrieben des produzierenden Gewerbes, ist Voraussetzung für die Übertragung einer wirtschaftlichen Einheit die Übertragung der wesentlichen materiellen Produktionsmittel auf einen neuen Inhaber. Zwar ist es dafür nicht erforderlich, dass sämtliche Produktionsmittel übertragen werden, jedoch ist eine solche Anzahl erforderlich, dass für den neuen Inhaber eine sinnvolle Weiterführung der Produktion möglich ist und diese auch tatsächlich von ihm weitergeführt oder wieder aufgenommen wird. Es ist daher zunächst für einen sog. Betriebsübergang maßgeblich, ob die materiellen Aktiva (insb. Gebäude, Maschinen, Produktionsanlagen, Betriebs- und Geschäftsausstattung oder Fahrzeuge) auf den neuen Inhaber übergehen.[268]

Insofern kommt dem Umstand besondere Bedeutung zu, ob der Erwerber die i.R.d. Erwerbs der Einheit (geschaffene) betriebliche Organisation übernimmt, was für einen Betriebsübergang spricht[269] oder ob er die Produktion lediglich mittels der bereits in seinem Betrieb bestehenden Organisation fortführt.[270]

Demgegenüber werden als betriebsmittelarme Betriebe regelmäßig Handels- und Dienstleistungsbetriebe verstanden, deren Betriebsvermögen ganz überwiegend aus Rechtsbeziehungen besteht.[271] Hier sind hauptsächlich die immateriellen Betriebsmittel von Bedeutung, also bspw. das „Know-How" oder der „Goodwill", mithin die Einführung des Unternehmens auf dem Markt. Weiter prägend für be-

---

265 BAG, Urt. v. 6.4.2006 – 8 AZR 222/04, ZInsO 2007, 1229; Nerlich/Römermann/Hamacher, § 128 InsO Rn 6 ff.
266 FK/Mues, vor §§ 113 ff. InsO Rn 69.
267 Palandt/Weidenkaff, § 613a BGB Rn 9.
268 Nerlich/Römermann/Hamacher, § 128 InsO Rn 10 m.w.N.
269 BAG, Urt. v. 14.8.2007 – 8 AZR 1043/06, ZIP 2007, 2233.
270 BAG, Urt. v. 14.8.2007 – 8 AZR 1043/06, ZIP 2007, 2233.
271 Palandt/Weidenkaff, BGB, § 613a Rn 9.

triebsmittelarme Betriebe sind Patente, Warenzeichen, Geschäftsräume und Geschäftslage, sofern es dem neuen Inhaber dadurch ermöglicht wird, am werbenden Markt neue Kunden zu akquirieren und den bestehenden Kundenkreis zu halten.[272]

265 Insofern stehen im reinen Dienstleistungssektor insb. die immateriellen Mittel im Vordergrund, mithin Dienstleistungsverträge, Konzessionen, Kundenlisten, Geschäftspapiere u.Ä., wohingegen im Einzelhandel auf die Erhaltung des Kundenkreises (regelmäßig durch Übernahme des Ladenlokals mit Beibehaltung der Verkaufsorganisation) und die Fortführung eines annähernd gleichen Warenangebotes abgestellt wird.[273]

266 Der Differenzierung zwischen betriebsmittelintensiven und betriebsmittelarmen Betrieben entsprechend ist für den Übergang einer die Identität wahrenden wirtschaftlichen Einheit nicht mehr nur der Übergang von prägenden materiellen Betriebsmitteln notwendig, sondern bei betriebsmittelarmen (Dienstleistungs-) Betrieben kann und wird im Zweifel ein Betriebsübergang i.S.d. § 613a BGB dann vorliegen, wenn auf den Übernehmer zwar keine wesentlichen materiellen Produktions- und/oder Arbeitsmittel übergehen, dafür jedoch die oben genannten sog. softskills.[274]

267 Ursprünglich waren für die Prüfung, ob ein Betriebsübergang vorliegt oder nicht, die insofern übergehenden Arbeitnehmer unbeachtlich, da der Übergang der Arbeitsverhältnisse lediglich die Rechtsfolge und nicht eine Tatbestandsvoraussetzung des § 613a BGB darstellt. Dem entgegen hat die höchstrichterliche Rechtsprechung insb. für den Dienstleistungsbereich zwischenzeitlich hervorgehoben, dass ein wesentliches Kriterium für den Betriebsübergang gerade die Übernahme oder Nichtübernahme der Hauptbelegschaft durch den Übernehmer ist.[275] Damit kommt der Weiterbeschäftigung der Belegschaft durch den Übernehmer bei Betrieben, in denen es im Wesentlichen auf die menschliche Arbeitskraft ankommt, ein gleichwertiger Rang neben den anderen Kriterien für einen Betriebsübergang zu.[276]

---

272 ErfKomm/Preis, § 613a BGB Rn 12 ff.
273 ErfKomm/Preis, § 613a BGB Rn 13.
274 FK/Mues, vor §§ 113 ff. InsO Rn 72 ff.
275 HambKomm/Ahrendt, Vorbemerkung zu §§ 113 ff. InsO Rn 4, unter Verweis auf EuGH v. 11.3.1997 – Rs. C – 13/95 („Ayse Süzen"), DB 1997, 628.
276 ErfKomm/Preis, § 613a BGB Rn 24 ff. Zu den Voraussetzungen der Übernahme der Gesamtheit von Arbeitnehmern bei Dienstleistungsbetrieben mit geringem Qualifikationsgrad der Arbeitnehmer vgl. BAG, Urt. v. 11.12.1997 – 8 AZR 729/96, NZA 1998, 534 wonach das Merkmal der Übernahme der Hauptbelegschaft im Rahmens eines Betriebsüberganges als erfüllt angesehen wird, wenn mehr als 85% der Beschäftigten des alten Inhabers durch den neuen Inhaber übernommen werden. Sofern ein Betrieb durch Spezialwissen und besondere Qualifikation der Arbeitnehmer geprägt ist, reicht es für die Annahme eines Betriebsübergangs aus, dass wesentliche Teile der sachkundigen Belegschaft übernommen werden, etwa die Übernahme von 50% der Arbeitnehmer einschließlich 50% der leitenden Mitarbeiter.

Pelke

Überdies ist i.R.d. Beurteilung, ob ein Betrieb und damit ggf. ein Betriebsüber- 268
gang i.S.d. § 613a BGB vorliegt oder nicht, die Abgrenzung des Betriebsübergangs
von der bloßen Auftrags-/Funktionsnachfolge von besonderer Unsicherheit geprägt.
Es besteht insoweit wohl Einigkeit, dass ein Betrieb oder Betriebsteil im Sinne einer
wirtschaftlichen Einheit nicht mit einer bloßen Tätigkeit gleichgesetzt werden
darf.[277] Ein Betriebsübergang liegt somit nicht schon dann vor, wenn etwa ein externer Unternehmer eine zuvor von einem anderen Arbeitgeber/Wettbewerber ausgeführte Aufgabe ohne dessen betriebliche Mittel übernimmt und die Aufgabe im
Wesentlichen mit eigenen Mitteln fortführt.[278] Diese reine Funktions-/Auftragsnachfolge ohne Übernahme materieller und/oder immaterieller Betriebsmittel oder eines
erheblichen Teils der Gesamtbelegschaft ist für die Annahme eines Betriebsübergangs nicht ausreichend.[279]

Von dem vorstehenden Sachverhalt sind jedoch Konstellationen zu unterschei- 269
den, bei denen der übernommene Betrieb oder Betriebsteil in den bestehenden Betrieb des Erwerbers eingegliedert wird, etwa im Dienstleistungsbereich die Übernahme wesentlichen Personals. Insofern ist auch bei vollständiger Änderung der
Organisationsstruktur i.R.d. Eingliederung ein Betriebsübergang anzunehmen,
wenn der Funktions- und Zweckzusammenhang zwischen den verschiedenen übertragenden Faktoren beibehalten wird, der es dem Erwerber erlaubt, diese Faktoren
zur Verfolgung einer bestimmten wirtschaftlichen Tätigkeit zu nutzen, auch wenn
sie in eine andere Organisationsstruktur eingegliedert worden sind.[280]

Die Annahme eines Betriebsübergangs setzt weiter voraus, dass der Überneh- 270
mer nicht nur in der Lage ist, die betriebliche Organisations- und Leitungsmacht zu
übernehmen, sondern die Geschäftstätigkeit auch faktisch aufnimmt und diese weiterführt.[281] Dem entsprechend muss der bisherige Betriebsinhaber seine (vormalige)
wirtschaftliche Betätigung in dem Betrieb einstellen, und der nunmehrige Inhaber
(neue Rechtspersönlichkeit) muss den Betrieb im Wesentlichen unverändert fortführen.[282] Den Zeitpunkt des Betriebsübergangs i.S.d. § 613a BGB können die an dem
Übergang beteiligten Parteien gestalten, in dem etwa der Betriebserwerber erst zu
einem späteren Zeitpunkt den Betrieb identitätswahrend tatsächlich fortführt und
damit erst zu diesem Zeitpunkt der Betrieb auf ihn übergeht.[283]

---

277 Dazu EuGH, Urt. v. 11.3.1997 – Rs. C – 13/95 („Ayse Süzen"), DB 1997, 628.
278 ErfKomm/Preis, § 613a BGB Rn 37.
279 EuGH, Urt. v. 11.3.1997 – Rs. C – 13/95 („Ayse Süzen"), DB 1997, 628.; BAG, Urt. v. 13.11.1997 –
8 AZR 295/95, NZA 1998, 251; wobei diese Abgrenzung nach der Entscheidung EuGH,
Urt. v. 12.2.2009 – C – 466/07 („Klarenberg"), NZA 2009, 251 wieder fraglich erscheint.
280 EuGH, Urt. v. 12.2.2009 – C- 466/07 „Klarenberg", NZA 2009, 251; BAG, Urt. v. 27.1.2011 – 8 AZR
326/09, DB 2011, 1452.
281 BAG, Urt. v. 6.4.2006 – 8 AZR 222/04, ZIP 2006, 1268.
282 Vgl. BAG, Urt. v. 22.5.2014 – 8 AZR 1069/12, ZIP 2014, 1750.
283 Nerlich/Römermann/Hamacher, § 128 InsO Rn 13 ff.

Pelke

271 Demgegenüber ist ein Betriebsübergang i.S.d. § 613a BGB von der Betriebsstilllegung abzugrenzen, da ein Betrieb, der ernsthaft und endgültig stillgelegt wurde, nicht mehr übertragen werden kann. Ein Betrieb ist stillgelegt, wenn die zwischen dem Arbeitgeber und den Arbeitnehmern bestehende Betriebs-, Produktions- oder Dienstleistungsgemeinschaft endgültig aufgehoben worden ist.[284]

272 Die endgültige Stilllegung ist ihrerseits abzugrenzen von einer lediglich temporären Betriebsunterbrechung. Die schlichte Einstellung der Produktion ohne die Auflösung der dem Betriebszweck dienenden Organisation ist für die Annahme einer endgültigen Stilllegung nicht ausreichend.[285] Ferner muss die Betriebsstilllegung, um einen Betriebsübergang i.S.d. § 613a BGB auszuschließen, im Vorfeld einer Übertragung des Betriebes auf einen neuen Inhaber erfolgen. Eine unerhebliche Unterbrechung von einigen Tagen oder wenigen Wochen lässt den Tatbestand des Betriebsübergangs somit nicht entfallen.[286] Maßgeblich für die Abgrenzung einer endgültigen Stilllegung des Betriebes von dessen Unterbrechung ist, ob die Unterbrechung der Tätigkeit zumindest mit dazu beiträgt, eine bestehende funktionsfähige wirtschaftliche Einheit zu zerschlagen. Dafür müssen sämtliche Einzelumstände des vorliegenden Sachverhalts im Wege einer Einzelfallbetrachtung berücksichtigt und gewürdigt werden.

273 Der Insolvenzverwalter wird daher im Rahmen eines Insolvenzverfahrens zur Sanierung eines schuldnerischen Unternehmens geneigt sein – sofern nicht das Instrumentarium eines Insolvenzplans (§§ 217 ff. InsO) sinnvoll angewandt werden kann –, sog. Rationalisierungs- und Sanierungskündigungen[287] auszusprechen.

274 Insofern ist zunächst anerkannt, dass der Insolvenzverwalter berechtigt ist, mithin nicht gegen § 613a Abs. 4 BGB verstößt, wenn er betriebsbedingte Kündigungen ausspricht, um die Übertragungsfähigkeit des schuldnerischen Unternehmens zu verbessern, da es sich bei dieser Vorgehensweise, sofern ein verbindliches Konzept des Erwerbers oder eine Sanierungsplan vorliegt, dessen Durchführung ersichtlich ist, um eine Organisations- und Unternehmerentscheidung des (späteren) Betriebsveräußerers handelt. Die Kündigungen müssen sich jedoch des Weiteren – soweit anwendbar – selbstredend an den Vorgaben des KSchG messen lassen.[288]

275 Von besonderer Bedeutung für eine seitens des Insolvenzverwalters angestrebte Sanierung des schuldnerischen Unternehmens ist somit die nunmehr von der Rechtsprechung anerkannte Vorgehensweise des Ausspruchs von Kündigungen des

---

[284] Uhlenbruck/Zobel, § 113 InsO Rn 68 f.
[285] Nerlich/Römermann/Hamacher, § 128 InsO Rn 17 f.
[286] EuGH v. 15.6.1988 – Rs 101/87 RL 77/187/EWG Art. 1 Nr. 5.
[287] ErfKomm/Gallner, § 128 InsO, Rn 1.
[288] Uhlenbruck/Zobel, § 128 InsO Rn 9 f.

Betriebsveräußerers aufgrund eines sog. Erwerberkonzepts.[289] Die Kündigung des Betriebsveräußerers aufgrund eines Erwerberkonzepts verstößt eben dann nicht gegen § 613a Abs. 4 BGB, wenn ein verbindliches Konzept oder ein Sanierungsplan des Erwerbers vorliegt, dessen Durchführung im Zeitpunkt des Zugangs der Kündigungserklärung bereits greifbare Formen angenommen hat. Einer solchen Vorgehensweise steht der Schutzgedanke des § 613a Abs. 4 BGB nicht entgegen, da aufgrund dieser Vorschrift keine Verlängerung des Arbeitsverhältnisses bei einer vorhersehbar fehlenden Beschäftigungsmöglichkeit des Arbeitnehmers bei dem Erwerber bezweckt wird. Für die Wirksamkeit einer betriebsbedingten Kündigung des Veräußerers nach dem Sanierungskonzept des Erwerbers kommt es im Rahmen eines Insolvenzverfahrens nicht darauf an, ob das Konzept auch bei dem Veräußerer hätte durchgeführt werden können.[290]

276 Kündigt der Insolvenzverwalter als Betriebsveräußerer auf der Grundlage eines von ihm erarbeiteten Sanierungskonzepts in zeitlichem Zusammenhang mit einem geplanten Betriebsübergang ein Arbeitsverhältnis, so steht § 613a BGB ebenfalls nicht entgegen.[291]

277 Das Widerspruchsrecht des Arbeitnehmers und die damit einhergehenden Arbeitgeberpflichten sind nunmehr in § 613a BGB gesetzlich normiert, wobei insofern wegen der Einzelheiten auf die einschlägige arbeitsrechtliche Literatur verwiesen wird.[292]

278 Kursorisch lässt sich anführen, dass der bisherige Arbeitgeber oder der Erwerber gem. § 613a Abs. 5 BGB verpflichtet sind, die von dem Betriebsübergang betroffenen Arbeitnehmer gemäß der Vorgaben der Nr. 1 bis 4 dieser Vorschrift zu informieren.

279 Demgemäß müssen die betroffenen Arbeitnehmer über die sich aus § 613a Abs. 5 Nr. 1 bis 4 BGB genannten Umstände informiert werden. Dies sind insb.
- (geplanter) Zeitpunkt des Betriebsübergangs,
- Grund für den Betriebsübergang,
- rechtliche, wirtschaftliche und soziale Folgen des Übergangs für die Arbeitnehmer,
- hinsichtlich der Arbeitnehmer in Aussicht genommenen Maßnahmen und
- die Identität des Erwerbers (Name/Firmierung, Vertretungsverhältnisse, Anschrift und weitere Kontaktdaten).[293]

---

289 BAG, Urt. v. 20.9.2006 – 6 AZR 249/05, ZIP 2007, 595; Urt. v. 20.3.2003 – 8 AZR 97/02, ZIP 2003, 1671.
290 ErfKomm/Gallner, § 128 InsO, Rn 1.
291 BAG, Urt. v. 20.9.2006 – 6 AZR 249/05, ZIP 2007, 595.
292 Siehe etwa ErfKomm/Preis, § 613a BGB Rn 84 ff.
293 Palandt/Weidenkaff, § 613a BGB Rn 38 ff.

Pelke

280 Die Arbeitnehmer sind ferner über den Gegenstand (betroffene Einheiten/Personen) sowie den Grund des Betriebsüberganges zu informieren. Mithin ist grds. der Rechtsgrund für den Betriebsübergang anzugeben, etwa Kaufvertrag, Umwandlung, etc. Zusätzlich ist zumindest in Schlagworten auch über die zum Übergang führenden unternehmerischen Erwägungen zu informieren, etwa die Aufgabe eines bestimmten Geschäftsbereiches.[294]

281 Ferner müssen die betroffenen Arbeitnehmer auch über die rechtlichen, wirtschaftlichen und sozialen Folgen des Betriebsübergangs sowie über die beim Betriebsübernehmer geltenden Rechte und Pflichten (etwa bei dem Betriebsübernehmer geltende Tarifverträge,[295] Betriebsvereinbarungen; insb. auch, ob durch die bei einem Erwerber geltenden Tarifverträge und Betriebsvereinbarungen zuvor beim Veräußerer geltende Rechtsgrundlagen oder Vereinbarungen abgelöst werden) informiert werden. Insoweit ist eine Unterrichtung in Form von Standardschreiben möglich, solange mit diesen etwaige Besonderheiten des Arbeitsverhältnisses berücksichtigt werden.

282 Gem. § 613a Abs. 6 BGB ist der Arbeitnehmer berechtigt, dem Betriebsübergang innerhalb eines Monats nach Zugang der Unterrichtung gem. § 613a Abs. 5 BGB schriftlich zu widersprechen. Der Arbeitnehmer kann sowohl ggü. dem neuen als auch ggü. dem alten Arbeitgeber widersprechen. Im Hinblick auf die Widerspruchsfrist kommt dem Inhalt der Unterrichtung eine besondere Bedeutung zu, da nicht nur eine unterbliebene, sondern auch eine nicht ordnungsgemäße Unterrichtung die Frist für die Erhebung des Widerspruchs gegen den Betriebsübergang nach § 613a Abs. 6 BGB nicht auslöst.[296]

B. Insolvenzgeld

283 Zu den Ansprüchen der Arbeitnehmer im Rahmen einer Insolvenz, an deren Erfüllung spätestens der Insolvenzverwalter, etwa bei der Erstellung erforderlicher Bescheinigungen, mitzuwirken hat, gehört auch und insb. der Anspruch auf das Insolvenzgeld gegen die Agentur für Arbeit. Grundlage sind die seit dem 1.4.2012 geltenden §§ 165 ff. SGB III, welche die zum 1.1.1999 in Kraft getretenen §§ 183 ff. SGB III a.F. abgelöst haben. Bis zum 31.12.1998 galten die §§ 141a ff. AFG über das Konkursausfallgeld.

---

294 BAG, Urt. v. 13.7.2006 – 8 AZR 305/05, ZIP 2006, 2050.
295 Zu einer Bindung des Betriebserwerbers an nachwirkende Tarifverträge des Veräußerers: EuGH, Urt. v. 11.9.2014 – C-32 (8/13), ZIP 2014, 1893.
296 ErfKomm/Preis, § 613 BGB Rn 93.

I. Berechtigter Personenkreis

Voraussetzung für den Anspruch ist zunächst, dass der Anspruchsteller Arbeitnehmer i.S.d. SGB III ist. Arbeitnehmer ist, wer im Rahmen eines Dienstverhältnisses für einen anderen zur Arbeit verpflichtet ist und diesen Dienst unter Einordnung in eine vom Arbeitgeber geschaffene Betriebsorganisation und nach Weisungen des Arbeitgebers betreffend Zeit, Ort, Dauer, Art und Inhalt der geschuldeten Arbeitsleistung zumindest überwiegend im Inland erbringt.[297] Hierunter fallen auch beitragsfreie Arbeitnehmer, etwa Studenten oder Rentner oder geringfügig beschäftigte Arbeitnehmer i.S.v. § 8 Abs. 4 SGB IV oder sog. Heimarbeiter.[298] 284

Hingegen sind nicht anspruchsberechtigt Vorstandsmitglieder einer AG. Bei Geschäftsführern einer GmbH ist maßgeblich, ob sie rechtlich oder tatsächlich die Möglichkeit haben, einen maßgeblichen Einfluss auf die Gesellschaft auszuüben. Eine Mehrheitsbeteiligung an dem Stammkapital der GmbH oder eine Sperrminorität sprechen dafür und lassen eine Arbeitnehmereigenschaft und eine Anspruchsberechtigung entfallen.[299] 285

Den Arbeitnehmern des schuldnerischen Unternehmens wird wegen ihrer Entgeltrückstände für die letzten 3 Monate des Arbeitsverhältnisses vor der Eröffnung des Insolvenzverfahrens oder eines entsprechenden in § 165 Abs. 1 SGB III genannten Ereignisses Insolvenzgeld gewährt. Ist das Arbeitsverhältnis bei Eintritt des Insolvenzereignisses bereits beendet, so kann ebenfalls Insolvenzgeld für den Zeitraum der letzten 3 Monate des Arbeitsverhältnisses beansprucht werden i.S.d. § 165 Abs. 1 SGB III.[300] 286

II. Voraussetzungen und Umfang der Ansprüche auf Insolvenzgeld

Der Anspruch entsteht in sachlicher Hinsicht, wenn Arbeitsentgelt an Arbeitnehmer nicht gezahlt worden ist und die Voraussetzungen gem. § 165 Abs. 1 SGB III vorliegen. 287

Anspruchsvoraussetzungen für das Insolvenzgeld sind auch nach der Neuregelung in § 165 ff. SBG III die Eröffnung des Insolvenzverfahrens über das Vermögen des Arbeitgebers, vgl. auch § 183 Abs. 1 Nr. 1 SGB III a.F., die Abweisung des Antrags auf Eröffnung des Insolvenzverfahrens mangels Masse, § 183 Abs. 1 Nr. 2 SGB III a.F. oder die vollständige Beendigung der Betriebstätigkeit im Geltungsbereich dieses 288

---

[297] Uhlenbruck/Zobel, § 22 InsO Rn 104.
[298] FK/Mues, Anhang zu § 113 InsO Rn 27 ff.
[299] Uhlenbruck/Zobel, § 22 InsO Rn 117.
[300] Vgl. bereits die vormalige gesetzliche Regelung § 141b AFG, § 183 SGB III sowie HambKomm/Ahrendt, Anhang zu § 113 InsO Rn 10; Uhlenbruck/Zobel, § 22 InsO Rn 109 f.

Gesetzes, wenn ein Antrag auf Eröffnung des Insolvenzverfahrens nicht gestellt worden ist und ein Insolvenzverfahren offensichtlich mangels Masse nicht in Betracht kommt, § 183 Abs. 1 Nr. 3 SGB III a.F. Der spätere Wegfall – etwa aufgrund erfolgreicher Beschwerde oder durch Antragsrücknahme – ist anspruchsunschädlich.

289 Sofern mehrere Insolvenzanträge vorliegen, ist für die Erfüllung der Anspruchsvoraussetzungen das zeitlich erste Insolvenzereignis maßgebend.[301] Bei mehreren zeitlich aufeinanderfolgenden Insolvenzereignissen besteht der Anspruch auf Insolvenzgeld grds. nur für die Zeit vor dem ersten Insolvenzereignis.

290 Unabhängig davon, ob eine Sanierung oder eine Liquidation angestrebt wird, ist die Eröffnung des Insolvenzverfahrens maßgeblicher Zeitpunkt für das Insolvenzgeld. Sofern nach Eintritt eines Insolvenzereignisses im Rahmen einer übertragenden Sanierung ein anderer Arbeitgeber den Betrieb übernimmt und fällt auch der Übernehmer später selbst in die Insolvenz, werden neue Insolvenzgeldtatbestände ausgelöst.[302]

291 Durch den Insolvenzgeldanspruch wird der Nettolohn für die der Eröffnung des Insolvenzverfahrens vorausgehenden letzten 3 Monate des Arbeitsverhältnisses gesichert, soweit die Arbeitsverhältnisse in den maßgeblichen 3-Monaten-Zeitraum fallen.[303]

292 Da nach § 165 Abs. 1 SGB III eines der darin genannten Insolvenzereignisse als sachliche Voraussetzung erforderlich ist, kommt es – entgegen der vergangenen Regelungen zum sog. Konkursausfallgeld – nicht mehr darauf an, ob die Liquidation des Schuldnerunternehmens oder dessen Sanierung beabsichtigt ist, ob also eine konkursmäßige Zwangsverwertung stattfindet oder aber ein Insolvenzplan ausgearbeitet wird.

293 Dem Arbeitnehmer ist daher stets anzuraten, für den Insolvenzgeldzeitraum kein Arbeitslosengeld zu beantragen, weil dieses auf das Insolvenzgeld angerechnet wird und Insolvenzgeld nur in der den Betrag des Arbeitslosengeldes übersteigenden Höhe ausgezahlt wird.

294 Gemäß § 165 Abs. 4 SGB III ist der Anspruch auf Insolvenzausfallgeld vererblich, sodass der Erbe eines etwa bereits vor Eröffnung des Insolvenzverfahrens verstorbenen Arbeitnehmers dessen Insolvenzgeldanspruch geltend machen kann.[304]

295 Voraussetzung für den Bezug von Insolvenzgeld ist des Weiteren ein Antrag des Berechtigten, da das Insolvenzgeld gem. §§ 324 Abs. 1, 324 Abs. 3 SGB III lediglich auf Antrag des Berechtigten gewährt wird. Der Antrag ist nicht formgebunden und kann daher auch mündlich gestellt werden. Abweichend von dem Antrag auf Ar-

---

301 Uhlenbruck/Zobel, § 22 InsO Rn 103, m.w.N.
302 BSG, Urt. v. 28.6.1983 – 10 RAr 26/81, ZIP 1983, 1124 f.
303 ErfKomm/Müller-Glöge, Einführung, InsO Rn 51 ff.
304 FK/Mues, Anhang zu § 113 InsO Rn 40.

beitslosengeld muss der Antrag auf Insolvenzausfallgeld auch nicht persönlich kann somit auch schriftlich oder telefonisch gestellt werden. Wird der Antrag von einem Bevollmächtigten gestellt, so ist die Vollmacht bis zum Ablauf der Ausschlussfrist des § 324 Abs. 3 Satz 1 SGB III nachzureichen.[305]

296 Der Antrag auf Insolvenzgeld ist gem. § 327 Abs. 3 SGB III bei der für den antragstellenden Arbeitnehmer zuständigen Entgeltabrechnungsstelle zu stellen. Dies ist die Agentur für Arbeit, in deren Bezirk die für den Arbeitgeber zuständige Lohnabrechnungsstelle liegt. Dies wirkt jedoch insofern nicht anspruchsausschließend, als dass der Antrag nach § 16 SGB I auch fristwahrend bei anderen Stellen gestellt werden kann, insb. bei sämtlichen Dienststellen der Bundesagentur für Arbeit. Für die Beantragung von Insolvenzgeld halten die Agenturen für Arbeit Antragsvordrucke bereit, die von dem Berechtigten auszufüllen sind (§ 60 SGB I). Die wirksame Antragstellung ist jedoch nicht gleichbedeutend mit der Rückgabe der ausgefüllten Antragsvordrucke. Diese Vordrucke sind lediglich ein Hilfsmittel für die Feststellung der Daten, die für den Leistungsanspruch bedeutsam sind.

297 Der Antrag ist innerhalb einer Ausschlussfrist von 2 Monaten nach dem Insolvenzereignis zu stellen (§ 324 Abs. 3 SGB III). Der Beginn der Frist liegt regelmäßig in dem Zeitpunkt, in welchem der (Insolvenz-) Richter den Insolvenzeröffnungsbeschluss unterzeichnet (vgl. § 27 InsO). Wird der Antrag auf Eröffnung des Insolvenzverfahrens mangels Masse abgelehnt, beginnt die Ausschlussfrist ebenfalls mit der Unterzeichnung des ablehnenden Beschlusses. Auf eine Kenntniserlangung des Berechtigten von der Abweisung des Insolvenzantrages kommt es dabei nicht an.

298 Sollte der Arbeitnehmer die Ausschlussfrist nicht eingehalten haben, jedoch aus Gründen, die er nicht zu vertreten hat, so wird ihm das Insolvenzgeld dennoch gewährt, wenn der Antrag innerhalb von 2 Monaten nach Wegfall des Hindernisses gestellt wird (§ 324 Abs. 3 Satz 2 SGB III). Der Arbeitnehmer hat die Versäumung der Ausschlussfrist zu vertreten, wenn er sich nicht mit der erforderlichen Sorgfalt um die Durchsetzung seiner Ansprüche bemüht hat.[306]

III. Höhe des Insolvenzgeldes

299 Das Insolvenzgeld wird gem. § 167 SGB III i.H.d. Nettoarbeitsentgeltes gewährt, jedoch als absolute Obergrenze i.H.e. (fiktiven) Nettoarbeitsentgeltes bezogen auf die monatliche Beitragsbemessungsgrenze der gesetzlichen Rentenversicherung nach § 341 Abs. 4 SGB III (§ 167 Abs. 1 SGB III).

300 Grds. sind bei der Berechnung zur Höhe des Insolvenzgeldes alle Lohnbestandteile, etwa Zuschläge für Mehrarbeit, Überstunden, Zulagen, Sachbezüge (insb.

---

305 BSG, Urt. v. 23.10.1984 – 10 RAr 12/83, ZIP 1985, 173.
306 BSG, Urt. v. 30.4.1996 – 10 Rar 8/94, ZIP 1996, 1632.

Pkw-Nutzung) vermögenswirksame Leistungen oder Urlaubsgeld[307] zu berücksichtigen, sogar dann, wenn darauf tariflich – wirksam – verzichtet worden ist. Entstehen sie kraft tariflicher Regelung im Insolvenzgeldzeitraum neu und werden dann fällig, müssen sie berücksichtigt werden, wenn sie im Insolvenzgeldzeitraum erarbeitet worden sind.[308]

301 Es werden durch das Insolvenzgeld nicht nur der Arbeitsentgeltanspruch, sondern darüber hinaus auch die Pflichtbeiträge zur gesetzlichen Kranken- und Rentenversicherung, zur Pflegeversicherung und zur Arbeitslosenversicherung umfasst.

302 Zu den gesetzlichen Abzügen zählen die Lohn- und Kirchensteuer, der Solidaritätszuschlag und die Beiträge zur Sozialversicherung.

303 Zum Arbeitsentgelt zählen demnach sämtliche Bezüge aus dem Arbeitsverhältnis, also alle Geld- und Naturalleistungen, die der Arbeitnehmer als Gegenwert für die von ihm geleistete Arbeit zu beanspruchen hat. Das Entgelt muss sich aus dem Arbeitsvertrag, den gesetzlichen Bestimmungen, Tarifverträgen oder Betriebsvereinbarungen ergeben. Neben dem Entgeltanspruch erfasst das Insolvenzgeld etwa auch die Entgeltfortzahlungen im Krankheitsfall, vermögenswirksame Leistungen, Gratifikationen, Zuschüsse zum Mutterschaftsgeld etc.[309] Ausreichend ist dabei nicht, dass der Anspruch aus dem Arbeitsverhältnis resultiert. Der Anspruch muss vielmehr durch den Arbeitnehmer erarbeitet, also Gegenleistung für die erbrachte Arbeitsleistung sein.

304 Für die Frage, ob Einmalzuwendungen zum Arbeitsentgelt zur Berechnung des Insolvenzgeldes heranzuziehen sind, wird differenziert. Maßgeblich ist, ob die Einmalzuwendung oder Sonderzahlung nach ihrem Zuwendungszweck (bspw. im Tarifvertrag) den einzelnen Monaten des Jahres zuzuordnen ist oder ob sie jahresbezogen ist. In der ersten Alternative ist sie anteilig, in der zweiten Alternative ist sie vollumfänglich geschützt, sofern ihr Fälligkeitstag in den 3-Monats-Zeitraum fällt.[310]

IV. Sog. Insolvenzgeldvorfinanzierung

305 Im Rahmen von Insolvenzverfahren sind regelmäßig bereits vor der Insolvenzantragstellung an Arbeitnehmer der Schuldnerin oder des Schuldners zu gewährende Entgeltzahlungen rückständig. Es ergibt sich daher im Rahmen einer Betriebsfortführung die Problematik, dass der vorläufige Insolvenzverwalter eine Weiterbeschäftigung der Arbeitnehmer – insb. vor dem Hintergrund eines Zurückbehal-

---

307 Ausführlich dazu Uhlenbruck/Zobel, § 22 InsO Rn 121 ff.
308 BSG, Urt. v. 23.3.2006 – B 11a AL 65/05 R, ZIP 2006, 1882.
309 BSG, Urt. v. 18.9.1991 – 10 RAr 12/90, ZIP 1992, 347.
310 Uhlenbruck/Zobel, § 22 InsO Rn 126 ff.

tungsrechtes der Arbeitnehmer an der Arbeitsleistung (§ 273 BGB) oder drohenden (fristlosen) Kündigungen der benötigten Arbeitnehmer – finanzieren muss, hierfür jedoch i.d.R. kein liquides Vermögen vorhanden ist.

In der Praxis wird daher sehr häufig das Insolvenzgeld zur Vorfinanzierung der Unternehmensfortführung in der Insolvenzeröffnungsphase eingesetzt. Dazu lässt sich der Insolvenzverwalter oder die das Insolvenzgeld (vor)finanzierende Bank den Insolvenzgeldanspruch der Arbeitnehmer gegen die Bundesagentur für Arbeit abtreten. Gemäß § 170 SGB III (§ 188 Abs. 4 SGB III a.F.) ist hierfür jedoch die Zustimmung der Agentur für Arbeit erforderlich. Dafür sind von der Bundesagentur für Arbeit unter dem 22.12.1998 auch Durchführungsvorschriften erlassen worden.[311] Die Agenturen für Arbeit machen dabei von einer vorläufigen Entscheidungsmöglichkeit i.S.d. § 328 SGB III regelmäßig Gebrauch.   306

Die von der Agentur für Arbeit erforderliche Zustimmung wird dann erteilt, wenn ein erheblicher Teil der Arbeitsplätze erhalten bleibt. Dabei wird auf die Mindestgrenze des § 112a Abs. 1 BetrVG Bezug genommen. Sobald der Umfang des Erhalts der Arbeitsplätze die Mindestgrenzen erreicht oder überschreitet, wird die Agentur für Arbeit die Zustimmung erteilen. Bei Betrieben mit weniger als zwanzig Arbeitnehmern wird die zu erhaltende Quote im Einzelfall festzulegen sein („...erheblicher Teil der Arbeitsplätze erhalten bleibt.").[312]   307

V. Übertragung des Insolvenzgeldanspruches

Der Insolvenzgeldanspruch ist gem. § 189 SGB III a.F./§ 171 SGB III im Vorfeld der Insolvenzantragstellung weder verpfänd- noch übertragbar. Erst ab Insolvenzantragstellung tritt das Insolvenzgeld an die Stelle des Entgeltanspruchs aus dem Arbeitsverhältnis. § 171 Satz 1 SGB III. Somit kann der Insolvenzgeldanspruch nach Antragstellung wie ein Anspruch auf Arbeitsentgelt verpfändet, gepfändet oder übertragen werden.   308

Dementsprechend gilt ein Insolvenzgeldanspruch, der vor Antragstellung verpfändet wird, nach § 171 Satz 2 SGB III mit der Maßgabe als verpfändet, dass die Pfändung den Anspruch auf Insolvenzgeld erst von dem Zeitpunkt der Insolvenzantragstellung an erfasst. Sofern der Insolvenzgeldanspruch vor Insolvenzantragstellung von mehreren Gläubiger zu verschiedenen Zeitpunkten gepfändet wurde, entstehen mit der Antragstellung gleichrangige Pfandrechte.   309

Dem hingegen gilt bei mehreren Pfändungen nach Antragstellung auf Insolvenzgeld der Prioritätsgrundsatz i.S.d. § 804 Abs. 3 ZPO.

---

311 Abgedruckt (Auszug) etwa in ZIP 1999, 205.
312 Uhlenbruck/Zobel, § 22 InsO Rn 180 ff.

Pelke

C. Sonstige Ansprüche der Arbeitnehmer

310 Von weiteren möglichen Ansprüchen der Arbeitnehmer in der Insolvenz sei – ohne Anspruch auf Vollständigkeit – abschließend auf die Ansprüche nach Freistellung, auf Urlaubs- und Urlaubsabgeltungs-/Entgelt- und Urlaubsgeldansprüche, Ansprüche aus Wertguthaben aus Altersteilzeit sowie Ansprüche aus einer Direktversicherung eingegangen.

I. Freistellung und Arbeitnehmeransprüche

311 Sofern bereits der vorläufige Insolvenzverwalter die Arbeitnehmer von der Arbeitsleistung freistellt und sich damit für die Zeit der Freistellung das Entfallen von Entgeltansprüchen der Arbeitnehmer erhofft, so trifft dies nicht zu.

312 Der Arbeitnehmer hat, unabhängig von einer Freistellung, für den Zeitraum von 3 Monaten vor Eintritt eines Insolvenzereignisses i.S.d. § 165 Abs. 1 SGB III einen Anspruch auf Insolvenzgeld. Dieser Anspruch besteht unabhängig davon, ob eine Arbeitsleistung erbracht wird. Auch die Freistellung nach Eröffnung des Verfahrens lässt den Anspruch auf Arbeitsentgelt unberührt. Ob der Insolvenzverwalter – der vorläufige oder der endgültige – das Recht hat, einen oder die Arbeitnehmer von der Arbeitsleistung freizustellen, ist anhand der allgemeinen zivil-/arbeitsrechtlichen Grundsätze, insbesondere §§ 293 ff., 615 Satz 1 BGB, zu beurteilen. Danach kann ein Arbeitgeber/(vorläufiger) Insolvenzverwalter einen Arbeitnehmer von der Arbeitspflicht unter Anrechnung auf Urlaubsansprüche freistellen oder auch zum Abbau aufgelaufener Überstunden, sofern der Arbeitgeber ein schützenswertes Interesse daran hat, welches ggü. dem grundsätzlichen Beschäftigungsanspruch des Arbeitnehmers überwiegt.[313]

313 Daneben wird ein sog. „insolvenzspezifisches" Freistellungsrecht des Insolvenzverwalters bereits vor Ausspruch der Kündigung diskutiert, welches sich aus §§ 55 Abs. 2, 209 Abs. 2 und Nr. 3 InsO ergeben soll.[314]

314 Da Verbindlichkeiten aus einem Dauerschuldverhältnis gem. § 55 Abs. 2 Satz 2 InsO sog. Masseverbindlichkeiten darstellen, soweit die Gegenleistung in Anspruch genommen wird, muss der der (vorläufige) Insolvenzverwalter die Möglichkeit haben, von einer Inanspruchnahme der Gegenleistung abzusehen, um die Insolvenzmasse zu schonen.

315 Sofern der (vorläufige) Insolvenzverwalter auf die Inanspruchnahme der Gegenleistung verzichtet, lässt dies den Vergütungsanspruch des freigestellten Arbeit-

---

[313] BAG, Urt. v. 14.8.2007 – 9 AZR 934/06, ArbRB 2008, 43.
[314] Uhlenbruck/Hefermehl, § 55 InsO Rn 117 ff.; zu einer einstweiligen Verfügung auf Weiterbeschäftigung BAG, Urt. v. 17.10.2012 – 10 AZR 809/11, NZA 2013, 207.

nehmers unberührt. Dieser ergibt sich als sog. Annahmeverzugslohn aus §§ 293 ff. BGB i.V.m. § 615 BGB. Der durch die Freistellung eintretende Annahmeverzug lässt somit den Vergütungsanspruch grds. unberührt.[315]

Indes kann der Arbeitnehmer diesen Anspruch in der Regel gegenüber dem Insolvenzverwalter nicht durchsetzen. Der Anspruch auf Arbeitsentgelt ist eine sog. Masseforderung i.S.d. § 55 InsO. Der Arbeitnehmer ist damit sog. Massegläubiger. Die Befriedigung der Massegläubiger ergibt sich anhand der Rangfolge in § 209 Abs. 1 InsO. Hat der Insolvenzverwalter jedoch die Masseunzulänglichkeit (§ 208 InsO) angezeigt, und dies wird regelmäßig gegeben sein, so sind Entgeltansprüche der Beschäftigten, deren Arbeitsleistung der Insolvenzverwalter in Anspruch genommen hat, zwar sog. privilegierte Masseverbindlichkeiten des zweiten Ranges des § 209 Abs. 1 InsO. Dementgegen stellt der Anspruch auf die Gewährung von Arbeitsentgelt für freigestellte Arbeitnehmer lediglich eine nachrangige Masseforderungen i.S.d. § 209 Abs. 1 Nr. 3 InsO dar, wobei eine weitere Voraussetzung für die Nachrangigkeit ist, dass der Insolvenzverwalter einhergehend mit der Anzeige der Masseunzulänglichkeit zum nächstmöglichen Zeitpunkt nach deren Anzeige mit der kürzest möglichen Frist, auf jeden Fall aber nach § 113 InsO den Arbeitsvertrag mit dem freigestellten Arbeitnehmer kündigt. Mithin muss nach Anzeige der Masseunzulänglichkeit spätestens sämtlichen Mitarbeitern, die nicht mehr gebraucht werden, vom Insolvenzverwalter gekündigt werden, da der Insolvenzverwalter ansonsten Neumasseverbindlichkeiten begründet, durch welche er sich möglichen Regressansprüchen aussetzt.

II. Urlaubs- und Urlaubsabgeltungsansprüche

Im Hinblick auf etwaige Urlaubs- und Urlaubsabgeltungsansprüche war fraglich, ob der Urlaubsabgeltungsanspruch eine Insolvenzforderung (§ 38 InsO) oder eine Masseverbindlichkeit (§ 55 InsO) darstellt. Maßgeblich dafür war dessen zeitliche Zuordnung. 316

Begründete sich der Urlaubsabgeltungsanspruch zeitlich vor der Insolvenzeröffnung, so war der Anspruch eine Insolvenzgeldforderung, für die Zeit nach der Insolvenzeröffnung stellte er eine Masseverbindlichkeit dar. Demgegenüber hat die Rechtsprechung klargestellt,[316] dass Urlaubsabgeltungsansprüche erst mit Beendigung des Arbeitsverhältnisses entstehen und einem früheren Zeitpunkt nicht zugeordnet werden können. Der Urlaubsabgeltungsanspruch ist mithin eine Masseverbindlichkeit i.S.d. § 55 InsO, sofern das Arbeitsverhältnis erst nach der Eröffnung des Insolvenzverfahrens beendet wird. 317

---

315 Fragwürdig: LAG Berlin-Brandenburg, Urt. v. 24.8.2012 – 13 Sa 499/12, ZIP 2013, 42.
316 BAG, Urt. v. 15.2.2005 – 9 AZR 78/04, ZInsO 2006, 670; HambKomm/Lüdtke, § 38 InsO Rn 41.

318   Dasselbe gilt für den Urlaubsanspruch in der Insolvenz. Hat ein Arbeitnehmer bei Eröffnung des Insolvenzverfahrens noch offene Urlaubsansprüche, so stellen diese Masseverbindlichkeiten dar. Die Folge ist, dass der Insolvenzverwalter auf Antrag des Arbeitnehmers den Urlaub zu erteilen und das Urlaubsentgelt aus der Insolvenzmasse (§ 55 InsO) zu zahlen hat.[317]

III. Urlaubsentgelte und Urlaubsgeld

319 Von den Urlaubs- und Urlaubsabgeltungsansprüchen zu unterscheiden sind die Ansprüche auf Zahlung des Entgeltes während des Urlaubs, also des Urlaubsentgelts. Bei diesem handelt es sich um einen normalen Lohnanspruch, der den Regeln folgt, die für die übrigen Vergütungsansprüche des Arbeitnehmers gelten.

320   Davon zu unterscheiden ist der Anspruch auf ein Urlaubsgeld. Das Gesetz sieht einen solchen Anspruch nicht vor. Der Anspruch des Arbeitnehmers muss sich daher entweder aus einer Vereinbarung i.R.d. Einzelarbeitsvertrages oder aus einer anwendbaren tarifvertraglichen Vorschrift ergeben. Urlaubsgeld ist, wie Weihnachtsgeld oder sonstige Gratifikationen oder Sonderleistungen, seiner Einordnung nach so zu behandeln wie ein „normaler" Vergütungsanspruch.

321   Maßgeblich für die insolvenzrechtliche Beurteilung ist somit wiederum der Zeitpunkt der Entstehung und der Fälligkeit des Anspruchs. Liegt dieser Zeitpunkt vor der Eröffnung des Insolvenzverfahrens, ist der Anspruch grds. als Insolvenzforderung (§ 38 InsO) zu behandeln. Liegt der Zeitpunkt danach, so stellt der Anspruch eine Masseverbindlichkeit i.S.d. § 55 InsO dar. Wenn der vorläufige „starke" Insolvenzverwalter die Arbeitsleistung in Anspruch nimmt, so ergibt sich auch für den Anspruch auf die Gewährung von Urlaub, den Anspruch auf Sonderleistungen wie Urlaubsgeld etc. die Einteilung des Vergütungsanspruchs. Wenn der Vergütungsanspruch gem. § 55 InsO eine Masseverbindlichkeit darstellt, so ergibt sich dies auch für die vorgenannten weiteren Ansprüche des Arbeitnehmers.

IV. Ansprüche aus einer Direktversicherung

322 Scheidet ein Arbeitnehmer während des Insolvenzverfahrens aus einem mit Wirkung für die Insolvenzmasse fortbestehenden Arbeitsverhältnis aus und hat der Insolvenzschuldner (Versicherungsnehmer) eine Versorgungszusage für den Arbeitnehmer (versicherte Person) im Wege der Direktversicherung i.S.d. § 1b Abs. 2 Satz 1 BetrAVG erteilt, so kann sich zugunsten des Arbeitnehmers ein Aussonderungsrecht

---

317 BAG, Urt. v. 21.11.2006 – 9 AZR 97/06, ArbR 2007, 167.

gem. § 47 InsO ergeben. Das setzt grds. voraus, dass die Versicherungsleistungen nach den in den Versicherungsvertrag aufgenommenen Bedingungen zugunsten des Arbeitnehmers als versicherte Person unwiderruflich wird, sobald die Voraussetzung der Unverfallbarkeit nach dem Gesetz zur Verbesserung der betrieblichen Altersvorsorge (Betriebsrentengesetz – BetrAVG) vorliegt. Ist hingegen in dem Versicherungsvertrag lediglich ein widerrufliches Bezugsrecht an den Leistungen aus dem Versicherungsvertrag zugunsten der versicherten Person (Arbeitnehmer) vereinbart, so fallen etwaige Leistungen aus dem Versicherungsvertrag in die Insolvenzmasse (§ 35 InsO).[318]

---

[318] Uhlenbruck/Peters, § 35 InsO Rn 490 ff., 507 ff.

§ 13 Gesellschaftsrecht in der Insolvenz

Übersicht

A. Organisationsrecht der Gesellschaft in der Insolvenz —— 1
   I. Kapitalgesellschaften —— 1
      1. AG —— 1
         a) Ablehnung mangels Masse —— 2
         b) Eröffnung des Insolvenzverfahrens —— 4
      2. GmbH —— 9
         a) Ablehnung mangels Masse —— 10
         b) Eröffnung des Insolvenzverfahrens —— 11
   II. Personengesellschaften —— 13
      1. OHG, KG —— 14
      2. GbR —— 16
   III. Besonderheiten im Insolvenzplanverfahren —— 18
      1. Debt-Equity-Swap —— 18
      2. Umwandlung —— 22
   IV. Exkurs: Insolvenz des Gesellschafters —— 23
      1. Kapitalgesellschaften —— 23
      2. Personengesellschaften —— 24
B. Haftung der Gesellschafter in der Insolvenz —— 27
   I. Kapitalgesellschaften —— 27
   II. Personengesellschaften —— 28
      1. Persönlich haftender Gesellschafter —— 28
      2. Kommanditist —— 32
         a) Haftung im Außenverhältnis —— 33
         b) Beitragspflicht ggü. der Gesellschaft —— 35
         c) Besonderheiten der gesplitteten Einlagen —— 37
         d) Existenzvernichtungshaftung des Kommanditisten? —— 40
         e) Verbotene Ausschüttungen bei der GmbH & Co. KG gem. §§ 31, 30 GmbHG (analog) —— 41
   III. Exkurs: Gesellschafterfremdfinanzierung —— 42
C. Verantwortlichkeit der Mitglieder des Vertretungsorgans in der Insolvenz —— 49

A. Organisationsrecht der Gesellschaft in der Insolvenz

I. Kapitalgesellschaften

1. AG

Die **Insolvenzfähigkeit** der AG als juristische Person folgt aus § 11 Abs. 1 Satz 1 InsO. I.Ü. kennt die InsO **kein zusammenhängendes Regelwerk zur Insolvenz** weder der AG noch der Kapitalgesellschaft oder der Gesellschaften im Allgemeinen. Als Ausgangspunkt für die Bestimmung der Folgen des Insolvenzverfahrens auf die Gesellschaftsstruktur der AG dienen vielmehr die **aktienrechtlichen Normen**. Zu unterscheiden ist letztlich danach, ob der Antrag auf Eröffnung des Insolvenzverfahrens mangels Masse abgelehnt (§ 26 Abs. 1 InsO) oder das Insolvenzverfahren über das Vermögen der AG eröffnet wird (§§ 27 ff. InsO).

1

a) Ablehnung mangels Masse

2   Sowohl die Ablehnung mangels Masse als auch die Eröffnung des Insolvenzverfahrens führen zur **Auflösung der Gesellschaft** gem. § 262 Abs. 1 Nr. 3, 4 AktG. Das bedeutet in keinem der beiden Fälle, dass die Gesellschaft mit ihrer Auflösung ihre Rechtsfähigkeit verlöre. Denn nach der herrschenden **Lehre vom sog. Doppeltatbestand** setzt das Erlöschen einer juristischen Person kumulativ die Vermögenslosigkeit und die Löschungseintragung im Handelsregister voraus.[1] Wenn der Insolvenzantrag mangels Masse abgelehnt wird, erfolgt die Abwicklung der Gesellschaft nach dem geordneten Verfahren der §§ 265ff. AktG.[2] **Ziel der Abwicklung** ist die **Beendigung der Gesellschaft**. Bis zu diesem Zeitpunkt bleiben die **Autonomie** und die **Verfassungsstruktur** der AG erhalten, wenn auch die Abwickler an die Stelle des Vorstands treten (§ 265 AktG).[3] D.h. nicht, dass sie in umfassender Weise in die Rechtsstellung des Vorstands einträten. Denn der BGH hat sich **gegen das Prinzip der Kompetenzkontinuität** ausgesprochen und zur Liquidation der GmbH entschieden, dass sich eine satzungsmäßige Alleinvertretungsberechtigung des Geschäftsführers nach der Auflösung der Gesellschaft nicht auf das Amt des Liquidators erstreckt.[4] Diese Entscheidung ist wegen der vergleichbaren Rechtslage im GmbH-Recht auch für die AG maßgebend.[5] I.Ü. empfiehlt es sich, durch eine Satzungsbestimmung Klarheit zu schaffen. § 269 Abs. 2 Satz 1 AktG lässt eine abweichende statutarische Regelung ausdrücklich zu.

3   Die **Organstellung des Aufsichtsrats** wird durch die Abwicklung nicht berührt,[6] und die **Hauptversammlung** bleibt bestehen.[7] Auswirkungen ergeben sich allerdings hinsichtlich der **Organkompetenzen**. Die Kompetenz des Aufsichtsrats zur Bestellung des Vorstands aus § 84 Abs. 1 AktG erlischt, weil die Mitglieder des Vorstands nach der gesetzlichen Regel des § 265 Abs. 1 AktG nunmehr Abwickler sind und über die Bestellung anderer Personen als Abwickler gem. § 265 Abs. 2 Satz 1 AktG eine Satzungsbestimmung oder ein Hauptversammlungsbeschluss erforderlich ist. Daraus folgt zugleich eine Stärkung der Hauptversammlung: Sie ist das Organ, das in der Abwicklung über die Personen der Abwickler entscheiden kann. Zudem beschließt sie im Abwicklungsverfahren gem. § 270 Abs. 2 AktG insb. über die Feststellung des Jahresabschlusses. Der Aufsichtsrat, dem gem. § 172 AktG ansonsten diese Kompetenz zukommt, ist auch insofern nicht mehr zuständig.

---

1   Statt aller K. Schmidt, Gesellschaftsrecht, S. 316f.; Scholz/K. Schmidt/Scheller, § 74 GmbHG Rn 13f. m.w.N.
2   Zur Verfahrenseröffnung sogleich unter Rdn 4ff.
3   Vgl. Hüffer/Koch, § 262 AktG Rn 3, § 264 AktG Rn 8; MüKo/Koch, § 264 AktG Rn 23; K. Schmidt/Lutter/Riesenhuber, § 264 AktG Rn 7.
4   BGH, 27.10.2008 – II ZR 255/07, GmbHR 2009, 212 m. zahlr. Nachw. auch zur Gegenauffassung.
5   Dazu sogleich unter Rdn 10.
6   Vgl. BGH, 10.3.1960 – II ZR 56/59, BGHZ 32, 114, 117 (zur Genossenschaft).
7   Vgl. nur § 265 Abs. 2 Satz 1 AktG.

b) Eröffnung des Insolvenzverfahrens
Nach der gesetzlichen Systematik sieht **§ 264 Abs. 1 Halbs. 2 AktG** als Ausnahme 4 von der Regel, dass die aufgelöste AG nach §§ 265 ff. AktG abzuwickeln ist, die **Eröffnung des Insolvenzverfahrens** über das Vermögen der Gesellschaft vor. Während des Verfahrens ist demnach eine **Abwicklung ausgeschlossen,**[8] und die insolvenzrechtlichen Vorschriften sind vorrangig anwendbar. Begründen lässt sich dies damit, dass das **Abwicklungsverfahren und das Insolvenzverfahren verschiedenen Zwecken** dienen. Während die Abwicklung auch die Verteilung des Vermögens unter den Aktionären gem. § 271 Abs. 1 AktG vorsieht, steht im Zentrum des Insolvenzverfahrens die Gläubigerbefriedigung.[9] Das trifft zwar im Kern zu. Die Schlussfolgerung, ein **Nebeneinander beider Systeme** sei **generell ausgeschlossen**, erscheint im Hinblick auf § 199 Satz 2 InsO aber nicht zwingend. Danach hat der Insolvenzverwalter bei der Schlussverteilung den Aktionären den Teil des Überschusses herauszugeben, der ihnen bei der Abwicklung nach Maßgabe des § 271 AktG zustünde. Jedenfalls hat die Frage nach dem Verhältnis des Abwicklungsverfahrens zum Insolvenzverfahren durch die Einbeziehung des Neuerwerbs in die Insolvenzmasse durch § 35 Abs. 1 InsO weitgehend an Bedeutung verloren, wenngleich sie für die Zulässigkeit der Freigabe noch immer eine Rolle spielt.[10]

Die **Eröffnung des Insolvenzverfahrens** berührt nicht die Rechtsfähigkeit der 5 AG, ebenso wenig wird dadurch ihre **Organstruktur** verändert;[11] Vorstand, Aufsichtsrat[12] und Hauptversammlung bleiben bestehen. § 265 Abs. 1 AktG findet keine Anwendung, die **Vorstandsmitglieder bleiben als solche im Amt.**[13] Indessen folgt aus der Bestellung des Insolvenzverwalters, dass die **Kompetenzen der Gesellschaftsorgane verkürzt** werden, weil die **Verfügungs- und Verwaltungsbefugnis** gem. § 80 Abs. 1 InsO **auf den Insolvenzverwalter übergeht.**[14]

Die Koexistenz von Organ und Insolvenzverwalter hat notwendigerweise **Kom-** 6 **petenzabgrenzungen** zur Folge.[15] Die einzelnen Maßnahmen sind demnach der **ausschließlichen Zuständigkeit des Insolvenzverwalters**, der **ausschließlichen Kompetenz des Organs** oder einem **gemeinsamen Zuständigkeitsbereich** zuzu-

---

8 Vgl. nur BVerwG, 13.4.2005 – 6 C 4/04, NJW-RR 2005, 1207, 1208; OLG München, 10.11.1994 – 24 U 1036/93, AG 1995, 232; KG, 4.8.2005 – 1 W 397/03, AG 2005, 736.
9 BGH, 13.7.1983 – VIII ZR 246/82, BGHZ 88, 147, 151; MüKo/Koch, § 264 AktG Rn 35.
10 Dazu sogleich Rdn 8.
11 BVerwG, 13.4.2005 – 6 C 4/04, NJW-RR 2005, 1207, 1208; OLG München, 10.11.1994 – 24 U 1036/93, AG 1995, 232; KG, 4.8.2005 – 1 W 397/03, AG 2005, 736; MüKo/Koch, § 264 AktG Rn 43; Hüffer/Koch, § 264 AktG Rn 8; ausführlich H.-F. Müller, Der Verband in der Insolvenz, 2002, S. 55 ff.
12 Dazu im Einzelnen: Oechsler, AG 2006, 606 ff.
13 BGH, 28.3.1996 – IX ZR 77/95, ZIP 1996, 842 (zur GmbH); näher dazu N. Kessler, Die Aktiengesellschaft in der Eigenverwaltung, 2006, S. 109 ff. m.w.N.
14 Dazu umfassend Gutsche, Die Organkompetenzen im Insolvenzverfahren, 2003, passim.
15 Vgl. namentlich F. Weber, KTS 1970, 73 ff.

Fischer

ordnen.[16] Grds. gilt: Soweit die Verwaltung und Verwertung der Insolvenzmasse in Rede steht, ist **allein** der **Insolvenzverwalter** zuständig (vgl. § 80 Abs. 1 InsO). Ist die Masse nicht betroffen (sog. insolvenzneutraler Bereich), bleibt es im Grundsatz bei der Zuständigkeit der Organe. Für **gesellschaftsinterne Angelegenheiten** ist damit die **Kompetenz der Organe** gewährleistet.[17] Gleiches gilt für die **Verwaltung insolvenzfreien Vermögens** und für die **Aufgaben, die das Insolvenzrecht dem Insolvenzschuldner unmittelbar** zuordnet (vgl. etwa §§ 34 Abs. 2, 97, 153 Abs. 2 InsO) sowie für spezielle **Beschwerderechte** (vgl. §§ 34 Abs. 2, 64 Abs. 3 Satz 1, 99 Abs. 3 Satz 1, 204 Abs. 1 Satz 2, 253 InsO) und **Antragsbefugnisse** (§§ 158 Abs. 2 Satz 2, 161 Satz 2, 163 Abs. 1 InsO). Im Zusammenhang mit den Antragsbefugnissen des Schuldners ist insb. auf den Antrag auf Einstellung des Insolvenzverfahrens gem. § 212 Satz 1 InsO hinzuweisen.

7 Für einige wenige Sonderfälle wird eine **gemeinschaftliche Zuständigkeit** von Organ und Insolvenzverwalter angenommen. Offen ist noch immer, wie sich die durch das am 1.3.2012 in Kraft getretene Gesetz zur weiteren Erleichterung der Sanierung von Unternehmen v. 7.12.2011[18] geschaffene **Vorschrift des § 276a InsO auf die Organkompetenzen auswirkt**. Nach dieser Norm haben die **Überwachungsorgane i.R.d. Eigenverwaltung „keinen Einfluss auf die Geschäftsführung des Schuldners"**, und die Abberufung und Neubestellung von Mitgliedern der Geschäftsleitung hängt von der Zustimmung des Sachwalters ab. Hier drängt sich die Frage auf, ob Entsprechendes nicht (erst recht) für die **Insolvenzverwaltung** gelten muss. Das würde letztlich bedeuten, dass in der Fremd- und in der Eigenverwaltung die Kompetenzen nach den gleichen Regeln abzugrenzen wären.[19] Dadurch käme es zu einem **Gleichlauf** der Einflussnahme durch die Überwachungsorgane der Gesellschaft in der Fremd- und in der Eigenverwaltung. Dagegen sprechen indessen der Wortlaut und der systematische Standort des § 276a InsO im Siebten Teil der InsO. Überdies erscheint es zweifelhaft, dass sich der Gesetzgeber durch die Schaffung des § 276a InsO, der eine Spezialvorschrift für die Eigenverwaltung darstellt, gegen die für die Fremdverwaltung geltenden Grundsätze[20] richten wollte.[21] Zu beachten ist

---

16 Dazu ausführlich MüKo/Koch, § 264 AktG Rn 46 ff.
17 Näher KG, 4.8.2005 – 1 W 397/03, AG 2005, 736.
18 ESUG, BGBl. I 2011, S. 2582.
19 In diesem Sinne Klöhn, NZG 2013, 81; MüKo/Klöhn, § 276a InsO Rn 3 f.
20 S. Rdn 6.
21 Ebenso Uhlenbruck/Zipperer, § 276a InsO Rn 3. Die Begründung des Regierungsentwurfs (BT-Drucks. 17/5712, S. 42) hilft zur Klärung der Frage nicht entscheidend weiter. Denn dort ist einerseits davon die Rede, dass die Überwachungsorgane bei der Eigenverwaltung keine weitergehenden Einflussmöglichkeiten haben sollen als in dem Fall, in dem ein Insolvenzverwalter bestellt ist. Andererseits heißt es ebenda, eine zusätzliche Überwachung neben derjenigen durch den Sachwalter, den Gläubigerausschuss und die Gläubigerversammlung sei nicht erforderlich. Stellt man allein auf Letzteres ab, spricht dies immerhin für die hier vertretene Auffassung.

auch, dass der Einfluss des Aufsichtsrats als Überwachungsorgan trotz § 276a InsO im insolvenzfreien Schuldnerbereich möglich bleibt. Diese auch im Fremdverwaltungsfall beim Aufsichtsrat verbleibenden Befugnisse umfassen Maßnahmen der direkten und der mittelbaren Einflussnahme, etwa durch Auskunfts-, Einsichts- oder Informationsrechte.[22]

Ungeachtet dessen gilt Folgendes: 8

- Die **Veräußerung des Unternehmens** fällt in die Zuständigkeit des Insolvenzverwalters, da es zur Masse gehört.[23] In der Konsequenz bedarf es keiner Zustimmung der Hauptversammlung nach den sog. „Holzmüller"-Grundsätzen, wenn wesentliche Unternehmensteile veräußert werden.[24] Dies ist von besonderer Bedeutung für die sog. **übertragende Sanierung** in Form des asset deal, die der Insolvenzverwalter folglich ohne Beteiligung der Organe durchführen kann.[25] Hier ist allerdings zu beachten, dass gem. § 160 Abs. 2 Nr. 1 InsO die Zustimmung des Gläubigerausschusses eingeholt werden muss. Die übertragende Sanierung stellt sich mit anderen Worten als Veräußerung des Betriebsvermögens, ggf. an einen neu gegründeten Unternehmensträger (Auffanggesellschaft), dar. Bei der Auffanggesellschaft ist die Frage einer Durchgriffshaftung wegen sog. materieller Unterkapitalisierung nach der Leitentscheidung des BGH v. 28.4.2008[26] für die Praxis entschärft.
- Die **Freigabe** von Massegegenständen erfolgt durch den Insolvenzverwalter. Deren Zulässigkeit, die auch für juristische Personen von der herrschenden Meinung bejaht wird,[27] hängt von dem Verhältnis zwischen Abwicklungsverfahren und Insolvenzverfahren ab. Nur unter der Prämisse, dass der Insolvenzverwalter zugleich als Abwickler im Sinne eines Gesellschaftsorgans tätig sei (sog. Organtheorie), bestünden Zweifel an der Berechtigung des Insolvenzverwalters zur Freigabe.[28]
- Mit der Eröffnung des Insolvenzverfahrens beginnt gemäß § 155 Abs. 2 Satz 1 InsO ein neues **Geschäftsjahr**. Das bisher laufende Geschäftsjahr wird dadurch zu einem Rumpfgeschäftsjahr. Da die Dauer eines Geschäftsjahrs nach § 240 Abs. 2 Satz 2 HGB zwölf Monate nicht überschreiten darf, entsteht ein neuer, von der Satzung der Insolvenzschuldnerin **abweichender Geschäftsjahresrhythmus**.[29] Der Insolvenzverwalter ist aber befugt, das Geschäftsjahr wieder so

---

22 OLG München, 9.8.2018 – 7 U 2697/18, ZIP 2018, 1796.
23 BGH, 27.9.1982 – II ZR 51/82, BGHZ 85, 221, 223 ff. (zur GmbH).
24 Spindler/Stilz/Bachmann, § 264 AktG Rn 18, 21.
25 Dazu Smid, Handbuch Insolvenzrecht, § 33 Rn 4 f.
26 II ZR 264/06, BGHZ 176, 204 „Gamma".
27 BGH, 21.4.2005 – IX ZR 281/03, BGHZ 163, 32, 34 ff. m.w.N.; **a.A.** K. Schmidt, KTS 1994, 309, 310.
28 Im Einzelnen etwa MüKo/Koch, § 264 AktG Rn 48; MüKo/Ott/Vuia, § 80 InsO Rn 114, 142 f.
29 BGH, 14.10.2014 – II ZB 20/13, NJW-RR 2015, 245; OLG Frankfurt a.M., 21.5.2012 – 20 W 65/12, ZIP 2012, 1617, 1618 f. m.w.N. Die Gegenmeinung, nach der eine automatische Anpassung an das sat-

festzulegen, wie es in der Satzung der Schuldnerin festgelegt ist.[30] Das kann sinnvoll sein, um unnötige, mit der dauerhaften Umstellung des Geschäftsjahrs zusammenhängende Kosten zu vermeiden. Diese Entscheidungsbefugnis des Insolvenzverwalters ergibt sich nach der Auffassung des BGH aus seinem Verwaltungsrecht nach § 80 InsO in Verbindung mit § 155 Abs. 1 InsO.[31] Danach muss der Insolvenzverwalter in Bezug auf die Insolvenzmasse die sich aus den handelsrechtlichen Buchführungs- und Rechnungslegungsvorschriften ergebenden Pflichten des Insolvenzschuldners erfüllen. In dem Zusammenhang kann er auch die **Entscheidung über eine Umstellung des Geschäftsjahrs** treffen. Klarstellend hat der BGH darauf hingewiesen, dass die Umstellung wegen § 155 Abs. 2 Satz 1 InsO nur einen **Zeitraum nach der Eröffnung des Insolvenzverfahrens** betreffen kann.[32]

- Die **Rechnungslegungspflichten** obliegen in Bezug auf die Masse gem. § 155 Abs. 1 Satz 2 InsO dem Insolvenzverwalter, zur Offenlegung bleibt der Vorstand verpflichtet, und die Kompetenz zur Wahl des Abschlussprüfers liegt bei der Hauptversammlung.[33]
- Der Antrag auf **Delisting** soll zum Kompetenzbereich des Insolvenzverwalters gehören,[34] wobei – worauf der VGH Hessen nicht eingeht – der BGH zusätzlich einen Beschluss der Hauptversammlung mit einfacher Mehrheit verlangt.[35]
- Der Insolvenzverwalter prüft, ob die Grundsätze der **Kapitalaufbringung** und **Kapitalerhaltung** verletzt worden sind. Er ist für die **Geltendmachung von Einlageansprüchen** der AG gegen die Aktionäre zuständig.[36] Das Gleiche gilt für Ansprüche auf **Rückgewähr verbotswidrig erbrachter Leistungen** aus § 62 AktG sowie für **Schadensersatzansprüche** gegen Organe aus §§ 93, 116

---

zungsmäßige Geschäftsjahr erfolgt (Gottwald/Frotscher, Insolvenzrechts-Handbuch, § 22 Rn 88; Nerlich/Römermann/Andres, § 155 InsO Rn 41), vermag schon angesichts des Wortlauts des § 155 Abs. 2 Satz 1 InsO nicht zu überzeugen. Im Übrigen ist kein Grund ersichtlich, warum der Insolvenzverwalter gezwungen sein soll, möglicherweise kurz nach der Eröffnung des Insolvenzverfahrens erneut einen Jahresabschluss für ein zweites Rumpfgeschäftsjahr aufzustellen.

30 BGH, 14.10.2014 – II ZB 20/13, NJW-RR 2015, 245 (zur GmbH).
31 BGH, a.a.O.
32 Ebenso Weisang, BB 1998, 1149.
33 Zum Ganzen näher § 14.
34 VGH Hessen, 3.9.2007 – 6 UZ 179/07, ZIP 2007, 1999 m.w.N.; Spindler/Stilz/Bachmann, § 264 AktG Rn 18.
35 BGH, 25.11.2002 – II ZR 133/01, BGHZ 153, 47.
36 RG, 9.12.1927 – II 200/27, RGZ 119, 220, 223. Streitig ist, ob die Einlageforderung Gegenstand eines Insolvenzplans sein kann mit der Folge, dass der Aktionär (teilweise) von seiner Einlageverpflichtung befreit wird. Die Frage ist nach hiesiger Auffassung zu verneinen, um eine effektive Kapitalaufbringung zwecks Gläubigerbefriedigung zu gewährleisten (ebenso Hüffer/Koch, § 66 AktG Rn 4; MüKo/Bayer, § 66 AktG Rn 34 ff.; **a.A.** etwa GroßKomm/Gehrlein, § 66 AktG Rn 23; Spindler/Stilz/Cahn, § 66 AktG Rn 17.

AktG.[37] Für einen Verzicht oder Vergleich im Sinne des § 93 Abs. 4 Satz 2 AktG ist gleichermaßen der Insolvenzverwalter zuständig, so dass es keines Beschlusses der Hauptversammlung bedarf, um über den Anspruch wirksam zu verfügen.[38] Auch die dreijährige Frist des § 93 Abs. 4 Satz 3 AktG muss nicht abgelaufen sein, weil ansonsten die Verwertung der Massebestandteile erschwert würde.[39] Forderungen gegen Dritte aus § 117 AktG sowie Ansprüche der abhängigen Gesellschaft im Konzern aus §§ 302, 309 ff. AktG werden gleichermaßen vom Insolvenzverwalter geltend gemacht.[40]

- Das Befreiungsverbot des § 66 Abs. 1 und Abs. 2 AktG gilt nach zutreffender herrschender Meinung gleichermaßen für den Insolvenzverwalter.[41] Die Behauptung, der Insolvenzverwalter könnte ansonsten mit dem säumigen Gläubiger keinen Vergleich über die ausstehende (bzw. rückgewährte) Einlage schließen, ist in dieser Allgemeinheit unzutreffend.[42] Nach der Rechtsprechung des BGH ist das seinem Wortlaut nach uneingeschränkte Befreiungsverbot des § 66 AktG teleologisch restriktiv auszulegen.[43] Die Reduzierung der Einlageforderung bzw. dieser gleichgestellter Forderungen (wie z.B. eines sog. Differenzhaftungsanspruchs) sei im Rahmen eines – gerichtlichen oder außergerichtlichen – Vergleichs ausnahmsweise zulässig und wirksam, wenn es sich um einen „wirklichen" Vergleich im Sinne des § 779 BGB handele, durch den ein ernsthafter, rechtlich oder tatsächlich begründeter Streit durch beiderseitiges Nachgeben beendet werde. Der BGH geht offensichtlich davon aus, dass ein „wirklicher" Vergleich im Sinne einer zumindest teilweisen Durchsetzung der Einlageforderung gleichermaßen im Interesse der Gläubiger liegt, weil ansonsten jeder Haftungsfall zwingend durch alle Instanzen ausgetragen werden müsste.

- Eine teleologische Reduktion jener Schutzvorschriften in Bezug auf Rechtshandlungen des Insolvenzverwalters ist nicht angebracht. Die teleologische Reduktion eines Tatbestandes ist der spiegelbildliche Fall zur Analogie. Während

---

37 Vgl. BGH, 11.9.2000 – II ZR 370/99, GmbHR 2000, 1149, 1150; BGH, 10.2.1992 – II ZR 23/91, GmbHR 1992, 303 (jeweils zur GmbH); MüKo/Habersack, § 112 AktG Rn 6; MüKo/Spindler, § 93 AktG Rn 289.
38 MüKo/Spindler, § 93 AktG Rn 289.
39 MüKo/Spindler, § 93 AktG Rn 289.
40 Vgl. MüKo/Altmeppen, § 302 AktG Rn 87.
41 RG, 14.6.1929 – II 653/28, RGZ 124, 380, 383 zu § 221 HGB 1900, dem Vorgänger von § 66 AktG; BayObLG, 30.10.1984 – 3 Z 204/84, ZIP 1985, 33 zu § 19 Abs. 2 Satz 1 GmbHG; OLG Hamm, 13.6.2001 – 8 U 130/00, NZG 2001, 1144 zu § 9b GmbHG; BGH, 14.6.2018 – IX ZR 232/17, ZIP 2018, 1451 einschränkend zur Anwendung von 9b GmbHG; zum aktienrechtlichen Schrifttum vgl. MüKo/Bayer, § 66 AktG Rn 99 m.w.N.; zum GmbH-rechtlichen Schrifttum MüKo/Schwandtner, § 19 GmbHG Rn 70; Scholz/Veil, § 19 GmbHG Rn 66.
42 Gottwald/Haas/Kolmann/Pauw, Insolvenzrechts-Handbuch, § 92 Rn 343.
43 BGH, 6.12.2001 – II ZR 149/10, BGHZ 191, 364 – Babcock Borsig (zum Differenzhaftungsanspruch in einer AG).

Fischer

bei der Analogie das Gesetz eine „planwidrige Regelungslücke" aufweist, schießt bei der teleologischen Reduktion der Wortlaut des Gesetzes „planwidrig" über den Zweck bzw. das Ziel des Gesetzes hinaus. Der Vorwurf geht also dahin, dass es der Gesetzgeber mit den gesellschaftsrechtlichen Sicherungsmechanismen des Gläubigerschutzes gegenüber Insolvenzverwaltern übertreibt. Die These eines differenzierenden Gläubigerschutzes in dem Sinne, dass der (strenge) gesellschaftsrechtliche durch einen (weniger strengen) insolvenzrechtlichen Gläubigerschutz zu ersetzen sei,[44] müsste sich klar aus dem Gesetz herleiten lassen. Ob es wegen des insolvenzrechtlichen Gläubigerschutzes erforderlich ist, den Handlungsspielraum des Insolvenzverwalters durch § 66 AktG einzuschränken, mag man de lege ferenda diskutieren können, der am Gläubigerschutz ausgerichtete Zweck des geltenden Rechts wird aber auch dann erreicht, wenn man Rechtshandlungen des Insolvenzverwalters gleichermaßen an § 66 AktG misst. Insofern fehlt bereits der Anknüpfungspunkt für eine „teleologische" Reduktion. Allein der Hinweis auf das (einseitige) Interesse des Insolvenzverwalters an einer zügigen Abwicklung des Insolvenzverfahrens genügt für eine teleologische Reduktion des Vollwertigkeitsgebots aber gerade nicht.[45]

– Daraus folgt, dass auch der Insolvenzverwalter entsprechende Forderungen grundsätzlich nur gegen ein vollwertiges Entgelt an Dritte abtreten darf. Eine teleologische Reduktion in dem Sinne, dass die Abtretung ohne Rücksicht auf die Vollwertigkeit der Gegenleistung als zulässig anzusehen ist, wird dadurch nicht ausgeschlossen. Sie kommt etwa in Betracht, wenn die Einlageforderung wegen der wirtschaftlichen Verhältnisse des Schuldners nicht vollwertig ist und auch die Kaduzierung keinen Erfolg verspricht.[46] Unzureichend wäre es demgegenüber, dass der Insolvenzverwalter den Erstattungsanspruch selbst (subjektiv) für wertlos hält, weil seines Erachtens keine begründeten Aussichten auf eine Haftung bestehen. Herrscht aus rechtlichen oder tatsächlichen Gründen Unklarheit über den Bestand bzw. die Höhe der Forderung, muss der Insolvenzverwalter dem bei der Abtretung dadurch Rechnung tragen, dass er auf einer angemessenen Besserungsabrede besteht.[47]

– Da die **Insolvenzanfechtung** der Vermehrung der Masse dient, ist gem. § 129 Abs. 1 InsO der Insolvenzverwalter zuständig. Dies gilt gem. §§ 85, 86 InsO auch für die **Führung von Prozessen**, sofern sie die Masse betreffen. Die Vertretung der Gesellschaft ggü. Anfechtungs- und Nichtigkeitsklagen obliegt hingegen

---

44 Uhlenbruck/Hirte/Praß, § 35 InsO Rn 338 f.
45 **A.A.** MüKo/H.-F. Müller, § 64 GmbHG Rn 103.
46 Lutter/Hommelhoff/Bayer, § 19 GmbHG Rn 43; MüKo/Schwandtner, § 19 GmbHG Rn 133, 138.
47 Vgl. OLG München, 22.2.2006 – 7 U 4657/05, OLGR München 2006, 585 ff. betreffend eine Unwirksamkeit der Besserungsabrede wegen evidenter Insolvenzzweckwidrigkeit.

auch in der Insolvenz regelmäßig dem Vorstand und dem Aufsichtsrat (§ 246 Abs. 2 Satz 2 AktG).
- Das Recht des Vorstands zur **Einberufung der Hauptversammlung** wird durch die Eröffnung des Insolvenzverfahrens nicht berührt. Wegen kostenverursachender **Folgemaßnahmen**, die in die Kompetenz des Insolvenzverwalters fallen, ist eine interne Abstimmung zwischen Vorstand und Insolvenzverwalter hingegen unentbehrlich.[48]
- **Bestellung** (§ 84 Abs. 1 Satz 1 AktG), **Anstellung** (§ 84 Abs. 1 Satz 5 AktG), **Abberufung** (§ 84 Abs. 3 Satz 1 AktG) und **Überwachung** des Vorstands (§ 111 Abs. 1 AktG) bleiben als gesellschaftsinterne Angelegenheiten Sache des **Aufsichtsrats**. Die Kündigung des Anstellungsvertrags eines Vorstandsmitglieds fällt hingegen in die Zuständigkeit des Insolvenzverwalters, vgl. § 87 Abs. 3 AktG. Für Fälle der Eigenverwaltung ist die (neue) Vorschrift des § 276a Satz 2 InsO zu beachten.[49]
- Die **Wahl und Abberufung von Aufsichtsratsmitgliedern** (§§ 101, 103, 119 Abs. 1 Nr. 1 AktG) verbleibt im Kompetenzbereich der Hauptversammlung.[50]
- Nach herrschender Meinung sind auch nach Eröffnung des Insolvenzverfahrens **Kapitalerhöhungen** durch die Hauptversammlung **möglich**.[51] Indessen ist der Anreiz für eine Kapitalerhöhung als Sanierungskonzept seit Inkrafttreten der InsO am 1.1.1999 deutlich gesunken. Das liegt daran, dass gem. **§ 35 Abs. 1 InsO** auch das während des Insolvenzverfahrens **neuerworbene Vermögen** des Schuldners in die Insolvenzmasse fällt. Stellten nach § 1 Abs. 1 KO die durch die Kapitalerhöhung erworbenen Mittel noch insolvenzfreies Vermögen dar, das zur Sanierung eingesetzt werden konnte, dient das so geschaffene Eigenkapital nach heutiger Rechtslage der Gläubigerbefriedigung. Damit der Kapitalerhöhung nicht gänzlich ihre Bedeutung für die Unternehmenssanierung genommen wird, werden andere Wege gesucht, um die eingeworbenen Mittel als liquides Vermögen zu erhalten.[52] So soll die Kapitalerhöhung für das Insolvenzplanverfahren als „andere" Maßnahme i.S.d. § 249 InsO mit der Maßgabe in Betracht kommen, dass das neuerworbene Vermögen nicht zur Befriedigung der Gläubiger dient.[53]
- Durchführbar ist vor Verfahrenseröffnung die **Verschmelzung** einer insolventen AG nach §§ 4 ff. UmwG auf einen anderen Rechtsträger, soweit bei Über-

---

48 Näher MüKo/Koch, § 264 AktG Rn 69 m.w.N.
49 Dazu näher oben unter Rdn 7.
50 MüKo/Koch, § 264 AktG Rn 77.
51 Im Einzelnen H.-F. Müller, ZGR 2004, 842 ff.; MüKo/Koch, § 264 AktG Rn 71 ff.; vgl. auch BayObLG, 17.3.2004 – 3Z BR 46/04, NZG 2004, 582 (zur GmbH).
52 Dazu H.-F. Müller, S. 35 f.
53 Hüffer, 10. Aufl. 2012, § 182 AktG Rn 32b; MüKo/Hüffer, 3. Aufl. 2011, § 264 AktG Rn 77 m.w.N.

schuldung keine Sachkapitalerhöhung notwendig ist. Nach dem Eröffnungsbeschluss ist § 3 Abs. 3 UmwG zu beachten, der bestimmt, dass zwar auch aufgelöste Gesellschaften verschmelzungsfähige Rechtsträger bleiben, aber nur, wenn die Fortsetzung der Gesellschaft beschlossen werden könnte. Letzteres ist während des Insolvenzverfahrens ausgeschlossen und kommt erst dann in Betracht, wenn das Verfahren auf Antrag des Schuldners eingestellt (§§ 212, 213 InsO) oder nach Bestätigung des Insolvenzplans aufgehoben (§ 258 InsO) worden ist (§ 274 Abs. 2 Nr. 1 AktG). Mit der Einstellung oder Aufhebung des Insolvenzverfahrens ist die Gesellschaft also wieder verschmelzungsfähig. In dem Zeitraum zwischen der Stellung des Antrags auf Eröffnung des Verfahrens und dem Eröffnungsbeschluss sind die **Gesellschaftsorgane** für die Umwandlungsverträge und Umwandlungsbeschlüsse zuständig, allerdings sollen diese, wenn ausnahmsweise ein sog. starker vorläufiger Insolvenzverwalter i.S.d. § 22 Abs. 1 InsO bestellt ist,[54] dessen Zustimmung bedürfen.[55]

– **Kapitalherabsetzungsbeschlüsse** nach Verfahrenseröffnung sind i.d.R. gläubigerschädigend und gem. § 241 Nr. 3 AktG nichtig. Ausnahmen für Kapitalherabsetzungen zu Sanierungszwecken sind denkbar.[56]

– Eine gemeinschaftliche Zuständigkeit von Organ und Insolvenzverwalter wird vertreten für die **Firmenänderung**, die nicht im Zusammenhang mit einer Veräußerung erfolgt.[57] Schließlich ist die Übertragung teileingezahlter vinkulierter Namensaktien als Beispiel für den gemeinschaftlichen Kompetenzbereich zu nennen.[58]

2. GmbH

9 Für die GmbH gilt im Wesentlichen das Gleiche wie für die AG. Die **Insolvenzfähigkeit** der GmbH folgt ebenfalls aus § 11 Abs. 1 Satz 1 InsO. Nach allgemeiner Auffassung ist auch die **Vor-GmbH** insolvenzfähig, weil sie Trägerin von Rechten und Pflichten sein kann.[59] Das Verhältnis des Insolvenzverfahrens zum Liquidationsverfahren ist wie bei der AG dadurch gekennzeichnet, dass das Liquidationsverfahren nach den Vorschriften der §§ 66 ff. GmbHG auf die Auflösung der Gesellschaft wegen Ablehnung des Insolvenzantrags mangels Masse gem. § 60 Abs. 1 Nr. 5 GmbHG

---

54 Dazu § 3 Rdn 69 ff.
55 Zum Ganzen Heckschen, DB 2005, 2675.
56 BGH, 9.2.1998 – II ZR 278/96, BGHZ 138, 71, 78 ff.
57 OLG Karlsruhe, 8.1.1993 – 4 W 28/92, NJW 1993, 1931 (zur GmbH); Bork/Koschmieder/Naraschewski, Rn 21.78.
58 Im Einzelnen MüKo/Hüffer, 3. Aufl. 2011, § 264 AktG Rn 80 m.w.N.; **a.A.** nunmehr MüKo/Koch, § 264 AktG Rn 78 m.w.N. (Alleinzuständigkeit des Insolvenzverwalters).
59 BGH, 9.10.2003 – IX ZB 34/03, BB 2003, 2477; K. Schmidt, S. 1018.

folgt, während die Auflösung der Gesellschaft durch den Eröffnungsbeschluss gem. § 66 Abs. 1 GmbHG einer Liquidation während der Durchführung des Insolvenzverfahrens entgegensteht. In beiden Fällen behält die GmbH ihre Identität bis zur Vollbeendigung.

a) Ablehnung mangels Masse

Entsprechend der aktienrechtlichen Rechtslage bleiben die Gesellschafterversammlung und ggf. der Aufsichtsrat der GmbH während des Liquidationsverfahrens bestehen.[60] Die **Geschäftsführer** werden gem. § 66 Abs. 1 GmbHG zu sog. **geborenen Liquidatoren**, d.h. die Stellung als Liquidator erfolgt kraft Gesetzes ohne weiteren Bestellungsakt. Die im Aktienrecht aus § 269 Abs. 2 Satz 1 AktG folgende Regel der Gesamtvertretung der Abwickler gilt auch für die GmbH. Als Rechtsgrundlage dient hier § 68 Abs. 1 Satz 2 GmbHG. Auf die Rechtsprechung des BGH, nach der eine statutarische Bestimmung über die Alleinvertretungsmacht der Geschäftsführer nicht auch für die Liquidatoren gilt,[61] ist bereits hingewiesen worden.[62]

10

b) Eröffnung des Insolvenzverfahrens

Die Eröffnung des Insolvenzverfahrens hat auf die Verfassung der GmbH ähnliche Auswirkungen wie bei der AG. Der Bestand der **Organe** bleibt **unberührt**, während die **Kompetenzen** teilweise auf den Insolvenzverwalter übergehen. Die oben für die AG ausgeführte Unterscheidung in die Zuständigkeitsbereiche der Organe und des Insolvenzverwalters[63] ist auch für die GmbH vorzunehmen. Die dort genannten Einzelheiten gelten hier entsprechend. Zu ergänzen ist, dass die Befugnis der Gesellschafter, den Geschäftsführern **Weisungen** zu erteilen, durch die Verfahrenseröffnung im Grundsatz nicht wegfällt. Allerdings dürfen die Weisungen nur noch Aufgaben zum Gegenstand haben, die nach wie vor in den Zuständigkeitsbereich der Geschäftsführer fallen.[64] Dazu zählen insb. die Wahrnehmung insolvenzverfahrensrechtsspezifischer Antrags-, Mitwirkungs- und Beschwerderechte.[65]

11

Im Hinblick auf die bereits erwähnte Zuständigkeit des Insolvenzverwalters für die **Einforderung rückständiger Einlagen**[66] ist auf die grundsätzliche Unerheb-

12

---

60 Vgl. statt aller Lutter/Hommelhoff/Kleindiek, § 69 GmbHG Rn 2.
61 BGH, 27.10.2008 – II ZR 255/07, GmbHR 2009, 212.
62 Siehe oben unter Rdn 2.
63 Näher unter Rdn 6.
64 Gutsche, S. 211 f.; Scholz/Bitter, Vor § 64 GmbHG Rn 192 m.w.N.
65 Auch dazu bereits oben unter Rdn 6.
66 Oben unter Rdn 8.

lichkeit von **Vorauszahlungen des Gesellschafters auf die Einlageschuld einer erst künftig zu beschließenden Kapitalerhöhung** hinzuweisen.[67] Diese haben i.d.R. keine schuldtilgende Wirkung. **Verdeckte Sacheinlagen** befreien den Gesellschafter gem. § 19 Abs. 4 Satz 1 GmbHG ebenso wenig von seiner Einlageverpflichtung. Allerdings wird der Wert des eingelegten Gegenstandes auf die Einlageverpflichtung angerechnet (§ 19 Abs. 4 Satz 3 GmbHG). Von besonderer Bedeutung ist hier die **Darlegungs- und Beweislast**. Denn den Gesellschafter (Beklagten) trifft schon nach allgemeinen Grundsätzen die Darlegungs- und Beweislast hinsichtlich des Einwands der Erfüllung von Einlageansprüchen;[68] das gilt i.R.d. Anrechnung gem. § 19 Abs. 4 Satz 5 GmbHG insb. für den Wert des Vermögensgegenstands zum maßgeblichen Bewertungszeitpunkt des § 19 Abs. 4 Satz 3 GmbHG. Je länger dieser Zeitpunkt zurück liegt, desto schwerer wird ihm die substantiierte Darlegung des Wertes fallen.[69] Der Schuldner ist damit im Prozess einigen Unwägbarkeiten ausgesetzt, wenn er sich auf die Anrechnung beruft. Ein entsprechendes Prozessrisiko ist auch für den Fall des **Hin- und Herzahlens** zu erkennen (§ 19 Abs. 5 GmbHG).[70] Hier ist es wiederum Sache des Gesellschafters, die Voraussetzungen der Erfüllungswirkung des Hin- und Herzahlens aufgrund der Werthaltigkeit und Fälligkeit des Rückzahlungsanspruchs darzulegen und ggf. zu beweisen.[71] Fehlt i.Ü. die Anmeldung zum Registergericht, so ist das Hin- und Herzahlen unzulässig und Erfüllung tritt nicht ein.[72] Allerdings kann die zunächst weiter bestehende Einlageverpflichtung später getilgt worden sein.[73] Die Befreiungsverbote der §§ 9b, 19 Abs. 2 Satz 1 GmbHG gelten auch für den Insolvenzverwalter.[74]

II. Personengesellschaften

13 Personengesellschaften sind nach Maßgabe der Aufzählung einzelner Gesellschaftsformen in § 11 Abs. 2 Nr. 1 InsO **insolvenzfähig**. Diese Norm erfasst insb. die OHG, die KG und die BGB-(Außen-)Gesellschaft.

---

67 Vgl. dazu BGH, 15.3.2004 – II ZR 210/01, BGHZ 158, 283.
68 Im Einzelnen Leitzen, RNotZ 2010, 254 ff.
69 Vgl. dazu auch MüKo/Schwandtner, § 19 GmbHG Rn 299.
70 Dazu etwa Henkel, NZI 2010, 84.
71 Gehrlein, Der Konzern 2007, 771, 781; MüKo/Schwandtner, § 19 GmbHG Rn 361 m.w.N.
72 Vgl. BGH, 16.2.2009 – II ZR 120/07, BGHZ 180, 38, 46 „Quivive".
73 Vgl. BGH, 21.11.2005 – II ZR 140/04, BGHZ 165, 113.
74 Zur Begründung oben bei Rdn 8 m.w.N.; zur Ausnahme im Rahmen von § 64 GmbHG unten Rdn 63.

1. OHG, KG

Die Entscheidung des Insolvenzgerichts über den Antrag auf Eröffnung des Insolvenzverfahrens über das Vermögen der OHG/KG ist i.d.R. zugleich eine Entscheidung darüber, ob die **Gesellschaft aufgelöst** wird. Gem. §§ 131 Abs. 1 Nr. 3, 161 Abs. 2 HGB führt nämlich die Eröffnung des Verfahrens die Auflösung der Gesellschaft herbei. Anders als im Kapitalgesellschaftsrecht hat die Ablehnung des Antrags mangels Masse (§ 26 Abs. 1 InsO) grds. nicht die Auflösung der Gesellschaft in Form der OHG/KG zur Folge. Dies hat seinen Grund in der legislativen Grundannahme, dass Gläubiger nur dann vor masse- und vermögenslosen Gesellschaften geschützt werden müssen, wenn keine natürliche Person für die Gesellschaftsverbindlichkeiten unbeschränkt haftet.[75] Vor diesem Hintergrund bestimmt § 131 Abs. 2 Satz 1 Nr. 1 HGB, dass die Ablehnung mangels Masse ausnahmsweise einen Auflösungsgrund darstellt, wenn keine natürliche Person unmittelbar (oder mittelbar, § 131 Abs. 2 Satz 2 HGB) persönlich haftet. Diese Vorschrift erfasst in aller Regel die **GmbH & Co. KG**; doch auch OHG, an denen nur Kapitalgesellschaften beteiligt sind, fallen unter den Ausnahmetatbestand. Nur dann richtet sich die Liquidation gem. § 145 Abs. 1 HGB nach den Vorschriften der §§ 146 ff. HGB.

14

Im Regelfall bewirkt also die Eröffnung des Insolvenzverfahrens die Auflösung der OHG/KG. Dann findet entsprechend den Regeln für die Insolvenz von Kapitalgesellschaften gem. § 145 Abs. 1 HGB nicht die Liquidation statt, sondern es gehen die **insolvenzrechtlichen Vorschriften** vor. Für die Organisation der Gesellschaft heißt das: Die **Struktur** der OHG/KG bleibt **unverändert**. Im Grundsatz verbleiben den Gesellschaftern damit das Recht zur Beschlussfassung nach § 119 HGB sowie die Geschäftsführungs- und Vertretungsbefugnis wie vor der Verfahrenseröffnung. Doch gilt auch hier, dass die Zuständigkeit des Insolvenzverwalters wegen des Übergangs der Verfügungs- und Verwaltungsbefugnis über die Insolvenzmasse gem. § 80 Abs. 1 InsO die Kompetenzen der Gesellschafter stark einschränkt. Denn die Masse besteht aus dem gesamten Gesellschaftsvermögen.[76] Nur soweit dieses nicht betroffen ist, berührt die Verfahrenseröffnung die Gesellschafterkompetenzen nicht.

15

2. GbR

Nach zutreffender, nahezu allgemeiner Auffassung ist nur die **Außen-GbR insolvenzfähig**, die Innen-GbR mangels eigenen Vermögens und mangels Rechtsfähigkeit hingegen nicht.[77] Das Wirksamwerden des Eröffnungsbeschlusses löst gem.

16

---

75 Vgl. MüKo/K. Schmidt, § 131 HGB Rn 30.
76 MüKo/K. Schmidt, § 158 HGB Anh. Rn 43 m.w.N.; Staub/Habersack, § 145 HGB Rn 56.
77 Siehe statt vieler AG Köln, 6.10.2003 – 71 IN 168/03, NZG 2003, 1112; Jaeger/Ehricke, § 11 InsO Rn 68; K. Schmidt, S. 1816; **a.A.** Wellkamp, KTS 2000, 331, 332, 342.

§ 728 BGB die **Auflösung** der Gesellschaft aus. An die Ablehnung des Antrags mangels Masse knüpft das BGB insoweit keine Rechtsfolgen. Daher geht die herrschende Meinung davon aus, dass die Ablehnung nicht zur Auflösung führt.[78] Unter der Voraussetzung, dass keine natürliche Person an der GbR beteiligt ist, befürwortet *K. Schmidt* hingegen die **analoge Anwendung des § 131 Abs. 2 Nr. 1 HGB**.[79] Die Interessenlagen mögen vergleichbar sein. Ob indessen eine Regelungslücke besteht, mag man bezweifeln, wenn man voraussetzt, dass § 131 Abs. 2 HGB im Hinblick auf die GmbH & Co. KG und auf OHG, deren Gesellschafter ausschließlich Kapitalgesellschaften sind, geschaffen wurde und nur diese speziellen Fälle regeln sollte. Aus der Begründung des RegE ergibt sich das indessen nicht,[80] so dass in dieser Angelegenheit noch Klärungsbedarf besteht.

17 Für das **Organisationsrecht** der GbR in der Insolvenz ergeben sich keine Besonderheiten. Die Stellung der Gesellschafter wird durch die Verfahrenseröffnung nicht angetastet. Die Kompetenzen gehen allerdings weitgehend mit dem Verwaltungs- und Verfügungsrecht über die Vermögensmasse gem. § 80 Abs. 1 InsO auf den Insolvenzverwalter über.

III. Besonderheiten im Insolvenzplanverfahren

1. Debt-Equity-Swap

18 Neuerungen im Sanierungsbereich, die unmittelbar die Gesellschafterrechte betreffen, hat das im Wesentlichen am 1.3.2012 in Kraft getretene **Gesetz zur weiteren Erleichterung der Sanierung von Unternehmen v. 7.12.2011**[81] gebracht. Bislang erforderte der sog. **Debt-Equity-Swap** – also die Umwandlung von Forderungen des Gläubigers in Aktien im Wege der Sachkapitalerhöhung – nach den gesellschaftsrechtlichen Vorschriften (§§ 182 Abs. 1, 229 ff. AktG) auch in der Insolvenz einen Zustimmungsbeschluss der Hauptversammlung. Nach dem neuen insolvenzrechtlichen System hingegen ist der Debt-Equity-Swap ausdrücklich als Gestaltungsmöglichkeit im Rahmen des Insolvenzplans vorgesehen (§ 225a Abs. 2 Satz 1 InsO). Es sind nunmehr die Anteilsrechte in den Insolvenzplan miteinbezogen (§ 217 Abs. 1 Satz 2 InsO) und die Altgesellschafter werden Verfahrensbeteiligte. Die **Gesellschafterrechte sind dadurch wesentlich verkürzt** worden. So bedarf es jetzt anstelle des bisher nötigen Hauptversammlungsbeschlusses nur noch der Annahme des Insolvenzplans (auch) durch die Anteilsinhaber. Selbst dann, wenn die erforderliche Mehrheit nicht erreicht wird, gilt die Zustimmung unter den Voraussetzungen

---

[78] MüKo/Schäfer, § 728 BGB Rn 9; Palandt/Sprau, § 728 BGB Rn 1.
[79] MüKo/K. Schmidt, § 131 HGB Rn 31.
[80] BT-Drucks. 12/3803, S. 82.
[81] ESUG, BGBl. I 2011, S. 2582.

des § 245 InsO als erteilt (sog. Obstruktionsverbot). Damit ist eine **Durchsetzung des Insolvenzplans sogar gegen den Willen der Altgesellschafter** möglich.[82]

Der **Debt-Equity-Swap** als Instrument der Sanierung ist aus Gläubigersicht im Vergleich zu einem Forderungsverzicht insofern interessant, als der Forderungsinhaber nach erfolgreicher Sanierung an dem Unternehmen beteiligt ist. Das zentrale Problem der Umwandlung von Fremd- in Eigenkapital besteht darin, dass die Umwandlung zwingend unter **Beachtung der Vorschriften über Sacheinlagen im Wege einer Kapitalerhöhung** erfolgen muss. Es entspricht der ständigen Rechtsprechung, dass die **Forderungsumwandlung keine Bareinlage** darstellt und deshalb im Rahmen einer Sacheinlage erfolgen muss.[83] Die Bewertung der Sacheinlage (= Gläubigerforderung) hat nicht zum Nennwert der Forderung, sondern zum (niedrigeren, der Quote entsprechenden) Verkehrswert zu erfolgen.[84] Den Kritikern dieser Auffassung[85] ist entgegenzuhalten, dass eine **Bewertung zum Nennwert mit dem Grundsatz der realen Kapitalaufbringung** in Konflikt stünde. Deshalb kommt es nicht auf die Perspektive der Gesellschaft bzw. auf den Wertzuwachs bei der Gesellschaft an, sondern auf den objektiven Wert des Vermögensgegenstandes, der vom Inferenten (= vormaligem Gläubiger) eingebracht wird (vgl. §§ 19 Abs. 4 GmbHG, 27 Abs. 3 AktG). 19

Seit Inkrafttreten des ESUG wird diskutiert, ob für eine Umwandlung von Fremdkapital in Eigenkapital **in der Insolvenz nicht aus anderen Gründen auf den Nennwert** abgestellt werden muss. Hintergrund ist die Neuregelung des **§ 254 Abs. 4 InsO**, der auf die Bewertungsproblematik Bezug nimmt. Erfolgt eine Umwandlung von Fremd- in Eigenkapital, kann die Gesellschaft nach gerichtlicher Bestätigung des Insolvenzplans **keine Ansprüche wegen Überbewertung der Forderungen gegen die Inferenten** geltend machen. Ein Differenzhaftungsanspruch wegen Überwertung der Sacheinlage besteht also nicht. Vereinzelt wird daraus abgeleitet, dass eine Differenzhaftung ausgeschlossen sei, weil die Bewertung zum Nennwert zu erfolgen habe.[86] Dies sei weder für die bisherigen Anteilseigner, deren Beteiligungen ohnehin wertlos seien, noch für die anderen bisherigen Gläubiger, deren Quote sich erhöhe, nachteilig. Überwiegend wird – auch unter Bezugnahme auf die Gesetzesbegründung zu § 225a InsO[87] – die Meinung vertreten, der **Kapitalschutz sei durch das Erfordernis der Vollwertigkeit der Forderung im Grundsatz beizubehalten** und werde lediglich auf die **präventive Kontrolle durch das** 20

---

82 Dazu im Einzelnen Bauer/Dimmling, NZI 2011, 517 ff.; Meyer/Degener, BB 2011, 846, 848 ff.
83 BGH, 15.1.1990 – II ZR 164/88, BGHZ 110, 47, 62; BGH, 18.2.1991 – II ZR 104/90, BGHZ 113, 335, 341 f.; **a.A.** Honsell, FS Frotz, 1993, S. 307, 316 f.; Karollus, ZIP 1994, 589 ff.
84 Zum ganzen etwa Priester, DB 2010, 1445 ff. m. zahlr. N.
85 Cahn/Simon/Theiselmann, DB 2010, 1629; Simon, CFL 2010, 448; Spliedt, GmbHR 2012, 462.
86 Mayer-Reimer, VGR 17 [2011], 107, 113 ff.
87 BT-Drucks. 17/5712, S. 32.

Gericht konzentriert.[88] Im Grundsatz gilt, dass auch im Insolvenzverfahren die gesellschaftsrechtlichen Vorgaben zu beachten sind, soweit sich nicht aus der InsO etwas Abweichendes ergibt.[89] Die InsO ordnet indes nicht an, dass die Umwandlung von Gläubigerforderungen in Eigenkapital zum Nennwert zulässig sein soll. Einer dahin gehenden teleologischen Auslegung des § 254 Abs. 4 InsO steht der erkennbare Wille des Gesetzgebers entgegen.

21 Geht man mit der herrschenden Meinung von der Notwendigkeit einer Bewertung zum Verkehrswert aus, stellt sich die Frage, welche Voraussetzungen gegeben sein müssen, um die **Vollwertigkeit** der Forderung zu bejahen. Üblicherweise orientiert man sich dabei an den Grundsätzen, die gelten, wenn eine **Forderung gegen Dritte als Sacheinlage** eingebracht werden soll. Deshalb müsse die Forderung gegen die Gesellschaft **vollwertig, fällig und liquide** sein.[90] Zum Teil wird auf eine liquiditätsmäßige Betrachtungsweise verzichtet und es als ausreichend angesehen, dass bisher **durch die Verbindlichkeiten gleichsam „neutralisiertes" Aktivvermögen freigesetzt** werde. Bei einer überschuldeten Gesellschaft richtet sich dies nach der Befriedigungsquote.[91] Beurteilungsmaßstab ist ein eigenständiger Vermögensstatus unter Berücksichtigung der stillen Reserven.[92]

2. Umwandlung

22 Die Umwandlung im Rahmen eines Insolvenzplans war Gegenstand des ausführlich diskutierten und von zahlreichen Gerichten entschiedenen Falls betreffend die Umwandlung des Suhrkamp-Verlages von einer GmbH & Co. KG in eine AG.[93] Das Umwandlungsrecht erfordert für einen Formwechsel von einer Personenhandelsgesellschaft in eine Kapitalgesellschaft gem. § 217 Abs. 1 Satz 1 UmwG grundsätzlich die Zustimmung aller Gesellschafter. Ist eine einverständliche Umwandlung nicht auf diesem Wege möglich, so ist seit Inkrafttreten der Änderungen durch das ESUG dem

---

88 Cahn/Simon/Theiselmann, DB 2012, 501, 503f.; Hirte/Mock/Knof, DB 2011, 632, 642; K. Schmidt, BB 2011, 1603, 1609; ders., ZGR 2012, 566, 573f.
89 S. aber auch sogleich unter Rdn 22.
90 Etwa MüKo/Penz, § 27 AktG Rn 29.
91 Henze, ZHR 154 [1990], 105, 121; **a.A.** Priester, DB 2010, 1445, 1448.
92 Priester, DB 2010, 1445, 1448; **a.A.** Ekkenga, DB 2012, 331, 336, der an die handelsbilanziellen Werte anknüpfen möchte.
93 BVerfG, 17.10.2013 – 2 BvR 1978/13, ZIP 2015, 80; BVerfG, 18.12.2014 – 2 BvR 1978/13, ZIP 2015, 80; BGH, 17.7.2014 – IX ZB 13/14, NJW 2014, 2436; OLG Frankfurt, 1.10.2013 – 5 U 145/13, ZIP 2013, 2018; OLG Frankfurt, 7.10.2013 – 5 U 135/13, ZIP 2013, 2022; LG Frankfurt a.M., 19.7.2013 – 3/09 O 78/13, ZInsO 2013, 1585; LG Frankfurt a.M., 13.8.2013 – 3/09 O 78/13, ZIP 2013, 1720; LG Frankfurt a.M., 10.9.2013 – 3/09 O 96/13, ZIP 2013, 1831; LG Berlin, 24.2.2014 – 51 T 107/14, ZIP 2014, 893; LG Berlin, 20.10.2014, 51 T 696/14, ZIP 2014, 2197; AG Berlin-Charlottenburg, 20.6.2013 – 36s IN 2196/13, ZInsO 2013, 2501; statt vieler Schluck-Amend, Gesellschaftsrecht in der Diskussion 2014, S. 151, 164 ff., sowie Diskussionsbericht ebd., S. 187 ff.

Mehrheitsgesellschafter eine insolvenzrechtliche Möglichkeit an die Hand gegeben, gleichwohl die **Umwandlung im Rahmen des Insolvenzplans** herbeizuführen. Nach hier vertretener Auffassung wird das **Gesellschaftsrecht nach geltendem Recht insoweit durch das Insolvenzrecht überlagert.**[94] Die Annahme des Plans erfolgt nicht nach qualifizierten gesellschaftsrechtlichen Mehrheitserfordernissen, sondern nach den speziellen Vorschriften der §§ 244 ff. InsO. Für entsprechende gesellschaftsrechtsrelevante Maßnahmen reicht danach gem. § 244 Abs. 3 InsO die einfache Mehrheit aus. Die Wirksamkeit des Insolvenzplans hängt gem. § 248 Abs. 1 InsO allein von der Bestätigung durch das Insolvenzgericht ab. Eine **materielle Kontrolle** dahingehend, ob gesellschaftsrechtliche Vorgaben eingehalten sind, ist nicht vorgesehen und findet deshalb nicht statt.[95] Dem **Schutz der Minderheit** wird in diesem Zusammenhang durch die Vorschrift des § 251 Abs. 1 InsO Rechnung getragen. Der Umstand, dass ein Gesellschafter seine unternehmerischen Einflussmöglichkeiten verliert, ist nach dem erklärten Willen des Gesetzgebers[96] nicht zu berücksichtigen. Im Übrigen eröffnet § 251 Abs. 3 InsO die Möglichkeit einer Bestätigung auch bei vermögensmäßiger Schlechterstellung im Insolvenzplan gegen Kompensation.

IV. Exkurs: Insolvenz des Gesellschafters

1. Kapitalgesellschaften

Das Gesellschaftsrecht der Kapitalgesellschaften ist durch die **Trennung** des Vermögens der Gesellschaft von dem Vermögen der Gesellschafter geprägt. Das Insolvenzrecht folgt dem insoweit, als die Insolvenz des Gesellschafters keine Auswirkungen auf die Gesellschaft hat. Die Gesellschafterinsolvenz führt daher nach allgemeiner Ansicht weder zur Insolvenz der Gesellschaft[97] noch wird die Kapitalgesellschaft durch die Insolvenz eines Gesellschafters aufgelöst.[98]

23

2. Personengesellschaften

Auch im Personengesellschaftsrecht löst die Gesellschafterinsolvenz nicht die Insolvenz der Gesellschaft aus. Die **Insolvenz des Gesellschafters** einer OHG/KG führt nach dem gesetzlichen Regelfall der §§ 131 Abs. 3 Satz 1 Nr. 2, 162 Abs. 2 HGB

24

---

94 **A.A.** etwa C. Schäfer, ZIP 2013, 2237.
95 Anders erneut C. Schäfer, ZIP 2013, 2237, 2242 f.
96 Begr. RegE, BT-Drucks. 17/5712, S. 18.
97 Vgl. nur Scholz/Cziupka, § 60 GmbHG Rn 32.
98 Zur KGaA s. allerdings § 289 Abs. 3 Satz 1 AktG (Insolvenz des Kommanditaktionärs) und § 289 Abs. 1 AktG (Insolvenz des Komplementärs).

zum **Ausscheiden des Gesellschafters**. Die Vorschrift greift ausweislich des Gesetzeswortlauts nur mangels abweichender vertraglicher Bestimmungen ein. Dennoch herrscht Uneinigkeit hinsichtlich der **Dispositivität** der Vorschrift. Zwar besteht Konsens darüber, dass die Auflösung der Gesellschaft vereinbart werden kann. Die Auseinandersetzung erfolgt alsdann gem. **§ 84 Abs. 1 Satz 1 InsO**[99] außerhalb des Insolvenzverfahrens nach den Vorschriften der §§ 145 ff. HGB. Fraglich ist allerdings die **Wirksamkeit einer Klausel**, nach der die Gesellschaft mit dem insolventen Gesellschafter **fortgesetzt** wird.[100] Gegen die Zulässigkeit der Fortsetzung sprechen vor allem Gründe des Gläubigerschutzes, da der Gesellschaftsanteil bei Fortsetzung der Gesellschaft nicht der Verwertung zugeführt werden könnte.

25 Die GbR wird gem. § 728 Abs. 2 BGB durch die Verfahrenseröffnung über das Vermögen des Gesellschafters aufgelöst und nach §§ 730 ff. BGB auseinandergesetzt (§ 84 Abs. 1 Satz 1 InsO). Auch hier ist eine vertragliche Regelung vorrangig, die besagt, dass die Gesellschaft unter den übrigen Gesellschaftern fortgeführt wird.[101] Eine solche **Fortführungsklausel** hat gem. § 736 Abs. 1 BGB zwingend das Ausscheiden des insolventen Gesellschafters zur Folge. Daher ist für eine Diskussion über die Fortführung der GbR mit einem insolventen Gesellschafter kein Raum.

26 Die Gesellschafterinsolvenz führt damit bei der OHG/KG nur über eine gesellschaftsvertragliche Vereinbarung zur Auflösung der Gesellschaft, während die GbR mangels vertraglicher Regelung kraft Gesetzes aufgelöst wird. Gem. §§ 728 Satz 2, 727 Abs. 2 Satz 2 BGB ist der geschäftsführende Gesellschafter verpflichtet, bei Gefahr im Verzug die Geschäfte einstweilen fortzuführen, bis der Insolvenzverwalter zusammen mit den übrigen Gesellschaftern anderweitig Fürsorge treffen kann. In diesen Fällen kann die Bestimmung des **§ 118 InsO** eingreifen. Die Vorschrift regelt die Folgen der sog. **Notgeschäftsführung** des geschäftsführenden Gesellschafters. Dieser ist nach der Auflösung der Gesellschaft durch die Gesellschafterinsolvenz gem. § 118 Satz 1 InsO mit den Ansprüchen, die ihm aus der einstweiligen Fortführung eilbedürftiger Geschäfte gegen den insolventen Gesellschafter zustehen, Massegläubiger (§ 53 InsO). Ansprüche i.S.d. § 118 Satz 1 InsO können vor allem solche auf Aufwendungsersatz (§ 110 HGB; §§ 713, 670 BGB) und auf Zahlung von Vergütung sein. Sie richten sich grds. nicht gegen den einzelnen Gesellschafter, sondern gegen die Gesellschaft. Nur ausnahmsweise, wenn Befriedigung aus dem Gesellschaftsvermögen nicht erlangt werden kann, kann der Geschäftsführer die einzelnen Gesellschafter – und damit auch den insolventen Gesellschafter – in Anspruch nehmen.[102] Diese Forderungen werden im Insolvenzverfahren gem. § 53 InsO vorweg

---

99 Dazu näher § 2 Rdn 81 ff.
100 Dafür Baumbach/Hopt, § 131 HGB Rn 83; Voigt, NZG 2007, 695; dagegen Göcke, NZG 2009, 211; Oetker/Kamanabrou, § 131 HGB Rn 29; Staub/Schäfer, § 131 HGB Rn 89 m.w.N.
101 Statt aller Soergel/Hadding/Kießling, § 728 BGB Rn 17.
102 Näher MüKo/Ott/Vuia, § 118 InsO Rn 13 ff.; Nerlich/Römermann/Kießner, § 118 InsO Rn 18.

erfüllt. Geschäfte, die nicht von der Notgeschäftsführungskompetenz erfasst sind, regelt dagegen § 118 Satz 2 InsO. Für Ansprüche aus der Führung dieser Geschäfte ist der Geschäftsführer Insolvenzgläubiger, wenn er von der Eröffnung ohne sein Verschulden keine Kenntnis hatte.

B. Haftung der Gesellschafter in der Insolvenz

I. Kapitalgesellschaften

Im Kapitalgesellschaftsrecht gilt das **Trennungsprinzip**. Aus ihm folgt, dass den Gläubigern für Verbindlichkeiten der Gesellschaft grds. nur das Gesellschaftsvermögen, nicht aber das Vermögen der Gesellschafter haftet (§ 1 Abs. 1 Satz 2 AktG; § 13 Abs. 2 GmbHG). In der Insolvenz der Gesellschaft können die Gläubiger ein besonderes Interesse daran haben, nicht die insolvente Gesellschaft, sondern den solventen Gesellschafter selbst in Anspruch zu nehmen. Doch verliert das Trennungsprinzip durch die Eröffnung des Insolvenzverfahrens nicht seine Gültigkeit. Indessen wird schon lange darüber diskutiert, ob und unter welchen Voraussetzungen ein **Haftungsdurchgriff** auf den Gesellschafter geboten ist. Ungeachtet der dogmatischen Herleitung haben sich verschiedene Fallgruppen gebildet, für die ein Durchgriff vertreten wird (Existenzvernichtung, Unterkapitalisierung, Vermögensvermischung, Institutsmissbrauch).[103] Die Einzelheiten sind streitig geblieben und für die (Gerichts-) Praxis wenig relevant. Spätestens seitdem der BGH mit seiner sog. **Trihotel**-Entscheidung[104] das System des Haftungsdurchgriffs wegen existenzvernichtenden Eingriffs zugunsten einer Innenhaftung aufgegeben hat, ist insoweit Klarheit geschaffen. Der Gesellschafter haftet der Gesellschaft gegenüber gemäß **§ 826 BGB**, für missbräuchliche Eingriffe in das Gesellschaftsvermögen, wenn der Gesellschaft in sittenwidriger Weise das zur Tilgung ihrer Schulden erforderliche Vermögen entzogen und damit eine Insolvenz verursacht oder vertieft wird.[105] In einer aktuellen Entscheidung hat der BGH[106] klargestellt, dass eine tatsächliche Entnahme von Vermögen hierzu nicht erforderlich ist.[107] Der Fall betraf die Übertragung einer GmbH im Wege der Verschmelzung zur Aufnahme auf ihre Schwestergesellschaft. Bei der aufnehmenden GmbH wurde hierzu das Stammkapital erhöht. Nach der erfolgreichen Durchführung der Verschmelzung wurde über das Vermögen der

---

103 Im Einzelnen K. Schmidt/Lutter, § 1 AktG Rn 14 ff.; Altmeppen, § 13 GmbHG Rn 73 ff., 131 ff.
104 BGH, 16.7.2007 – II ZR 3/04, BGHZ 173, 246; bestätigt und fortgeführt durch BGH, 28.4.2008 – II ZR 264/06, BGHZ 176, 204 „Gamma".
105 Dazu im Einzelnen C. Schreiber, Der Konzern 2014, 435, 437 ff.
106 v. 6.11.2018, II ZR 199/17, NZG 2019, 187.
107 Im Einzelnen Schluck-Amend, DStR 2019, 1312; Heckschen, NZG 2019, 561.

aufnehmenden GmbH das Insolvenzverfahren eröffnet. Der BGH stellt zunächst fest, dass eine Differenzhaftung auch bei der GmbH-Verschmelzung abzulehnen sei, weil es an der dazu erforderlichen Kapitaldeckungszusage fehle.[108] Anschließend konkretisiert der BGH den für die Haftung nach § 826 BGB maßgeblichen Begriff des Vermögensentzugs, der nicht nur durch den Abfluss von Vermögenswerten, sondern auch durch die Erhöhung von Verbindlichkeiten bewirkt werden kann.[109] Die Sittenwidrigkeit des Eingriffs folgt für den BGH aus dem Umstand, dass die Verlagerung der Verbindlichkeiten auf den übernehmenden Rechtsträger unter Missachtung des Prinzips der Vermögenstrennung außerhalb des hierfür gesetzlich vorgesehenen Liquidationsverfahrens erfolgte und hierdurch praktisch unausweichlich dessen Insolvenz herbeigeführt wurde.[110] In der Insolvenz macht der Insolvenzverwalter infolge des Übergangs der Verfügungs- und Verwaltungsbefugnis gem. § 80 Abs. 1 InsO den Anspruch der Gesellschaft geltend.[111] Ansprüche Dritter gegen den Gesellschafter kommen nicht in Betracht. Vielmehr ist der Gläubiger darauf verwiesen, außerhalb der Insolvenz im Wege der Zwangsvollstreckung auf die Ansprüche der Gesellschaft gegen den Gesellschafter zuzugreifen. Nach Eröffnung des Insolvenzverfahrens bleibt ihm nur die Stellung als Insolvenzgläubiger.

II. Personengesellschaften

1. Persönlich haftender Gesellschafter

28 Für die Personengesellschaft bleibt hingegen die persönliche Haftung der Gesellschafter für die Verbindlichkeiten der Gesellschaft aus § 128 HGB auch im Insolvenzverfahren bestehen. Dies gilt unstreitig für alle Verbindlichkeiten, die zum Zeitpunkt der Verfahrenseröffnung bereits bestanden. Die Ansprüche sind gem. § 93 InsO vom Insolvenzverwalter als gesetzlicher Prozessstandschafter der jeweiligen Gläubiger geltend zu machen.[112] Er ist nach der Auffassung des BGH in diesem Rahmen auch berechtigt, sich mit den Gesellschaftern über die Gläubigerforderungen zu vergleichen und die Forderung dadurch (teilweise) zu erlassen.[113] Dies folgt ebenfalls unmittelbar aus der Ermächtigungswirkung des § 93 InsO.[114] Der Entscheidung des Insolvenzverwalters sind indessen Grenzen gesetzt: Vergleiche, die dem Zweck des Insolvenzverfahrens i.S.e. gleichmäßigen Befriedigung aller Insolvenzgläubiger klar und eindeu-

---

108 BGH, 6.11.2018, II ZR 199/17, NZG 2019, 187, 188.
109 BGH, 6.11.2018, II ZR 199/17, NZG 2019, 187, 190.
110 Schluck-Amend, DStR 2019, 1312, 1315; BGH, 6.11.2018, II ZR 199/17, NZG 2019, 187, 192.
111 Siehe nur Smid, DZWIR 2008, 265, 267.
112 BGH, 17.12.2015 – IX ZR 143/13, DB 2016, 340, 341.
113 BGH, 17.12.2015 – IX ZR 143/13, DB 2016, 340, 343 im Anschluss an BAG, 28.11.2007 – 6 AZR 377/07, BAGE 125, 92.
114 BGH, a.a.O.; BAG, a.a.O.

tig zuwiderlaufen, sind nach höchstrichterlicher Rechtsprechung unwirksam; allein die Ungünstigkeit des Vergleichs für die Masse reicht aber nicht aus.[115]

Fraglich ist, ob auch solche Verbindlichkeiten, die erst **nach Eröffnung des Insolvenzverfahrens** entstehen, von § 128 HGB und § 93 InsO erfasst sind. Soweit es um sonstige Masseverbindlichkeiten nach § 55 Abs. 1 Nr. 1 InsO geht, haftet der Schuldner nach einhelliger Auffassung in Rechtsprechung und Literatur für die durch die Rechtshandlungen des Insolvenzverwalters nach Verfahrenseröffnung begründeten Masseverbindlichkeiten. Vor diesem Hintergrund haben vereinzelte Stimmen in der Literatur eine Haftung der Gesellschafter für durch den Insolvenzverwalter begründete Verbindlichkeiten bejaht.[116] Dieser Sichtweise hatte der BGH eine Absage erteilt.[117] Dass die Gesellschafter wenigstens für die sog. liquidationsbedingten Verbindlichkeiten (Kosten der Beauftragung eines Steuerberaters für die Erstellung der Buchhaltung und der Steuererklärung) mit ihrem Privatvermögen haften würden, lehnte das Gericht ebenfalls ab, weil dies zu einer nicht zu rechtfertigenden, jedenfalls unzweckmäßigen und kaum abgrenzbaren Unterscheidung zwischen den Kosten der Liquidation und denen der Unternehmensfortführung führen würde.

Im Grundsatz hatte sich die von *K. Schmidt*[118] begründete herrschende Lehre bisher auf eine teleologische Reduktion des § 128 HGB berufen. Danach soll diese Vorschrift solche „Neuverbindlichkeiten" nicht erfassen, die aus Rechtshandlungen des Insolvenzverwalters herrühren. Dogmatisch interessant war, dass der IX. Zivilsenat des BGH diesem Begründungskonzept nicht gefolgt ist. Vielmehr ging er davon aus, dass bereits **aus insolvenzrechtlichen Gründen** eine Haftung der Gesellschafter der OHG für vom Insolvenzverwalter begründete Masseverbindlichkeiten nicht eingreift. Denn die Haftung der OHG beschränkt sich nach Eröffnung des Insolvenzverfahrens auf das mit dem Eröffnungsbeschluss in Beschlag genommene Vermögen, also auf die Insolvenzmasse i.S.d. § 35 Abs. 1 InsO. In zwei neuen Entscheidungen[118a] hat der BGH nunmehr für den Fall der persönlichen Haftung eines Kommanditisten[118b] diesen insolvenzrechtlichen Begründungsansatz ausdrücklich aufgegeben. Die Haftung des Gesellschafters für Verbindlichkeiten der Gesellschaft beruhe vielmehr allein auf den gesellschaftsrechtlichen Bestimmungen. Es sei eine Frage der die Haftung der Gesellschafter anordnenden Norm, ob, unter welchen Voraussetzungen und in welchem Umfang die Haftung der Gesellschafter für Verbindlichkeiten der Gesellschaft in der Insolvenz ausnahmsweise eingeschränkt werden kann.

---

115 BGH, a.a.O.; BAG, a.a.O.
116 KPB/Lüke, § 93 InsO Rn 27 ff. m.w.N.
117 BGH, 24.9.2009 – IX ZR 234/07, DB 2009, 2482.
118 ZHR 152 (1988), 105, 115 f.
118a BGH, 15.12.2020 – II ZR 108/19, ZIP 2021, 255; BGH, 28.1.2021 – IX ZR 54/20, 2021, 528.
118b Hierzu Rdn 33.

Nach Ansicht des Senats haften die Gesellschafter deshalb unabhängig von ihrer insolvenzrechtlichen Einordnung jedenfalls für Verbindlichkeiten, die bis zur Eröffnung des Insolvenzverfahrens begründet worden sind. Da die Beschränkung der persönlichen Gesellschafterhaftung in der Regelinsolvenz der Gesellschaft auch auf der einem ausgeschiedenen Gesellschafter ähnlichen Interessenlage beruhe, müsse die persönliche Haftung auch in der Insolvenz jedenfalls die Verbindlichkeiten umfassen, für die auch ein ausgeschiedener Gesellschafter nach § 160 HGB noch haften müsste. Ein genereller Ausschluss der Haftung für Masseverbindlichkeiten aus insolvenzrechtlichen Gründen kommt somit nach Ansicht des BGH nicht mehr in Betracht.

31   Soweit die **Verfahrenskosten nach § 54 InsO** in Rede stehen, hat der BGH darauf hingewiesen, dass diese nicht erst durch Rechtshandlungen des Insolvenzverwalters begründet werden, sondern ihre Grundlage vielmehr bereits in der Eröffnung des Insolvenzverfahrens haben, wenn auch ihre endgültige Höhe erst bei Beendigung des Insolvenzverfahrens feststeht.[119] Nach dem dogmatischen Konzept von *K. Schmidt* seien sie deswegen nicht ohne Weiteres als Neuverbindlichkeiten einzuordnen. Andererseits handele es sich auch nicht um durch die Gesellschafter für die Gesellschaft begründete Altverbindlichkeiten. Nach Meinung des BGH ist jedoch nicht ihre begriffliche Einordnung entscheidend, sondern vielmehr der Gesichtspunkt, dass die Kosten des Insolvenzverfahrens darauf angelegt sind, **allein aus der Masse des insolventen Rechtsträgers beglichen** zu werden. Das Gericht kann sich auf die Konzeption der InsO stützen.[120] Nach § 26 Abs. 1 Satz 1 InsO hat das Insolvenzgericht den Antrag auf Eröffnung des Insolvenzverfahrens abzuweisen, wenn die zukünftige Masse voraussichtlich nicht ausreichen wird, um die Kosten des Verfahrens zu decken. Ergänzend ist nach § 207 Abs. 1 Satz 1 InsO das Verfahren einzustellen, wenn sich nach der Eröffnung des Insolvenzfahrens herausstellt, dass die Insolvenzmasse nicht ausreicht, um die Kosten des Verfahrens zu decken. Aus diesen Vorschriften ist nach Meinung des BGH also die Deckung der Verfahrenskosten aus der Masse – von den Ausnahmefällen der Stundung der Verfahrenskosten und des Gläubigervorschusses abgesehen – Voraussetzung eines Insolvenzverfahrens.

2. Kommanditist

32   Anders als die Haftung des persönlich haftenden Gesellschafters ist diejenige des Kommanditisten ausgestaltet. Zu unterscheiden ist die Verpflichtung des Kommanditisten zur Leistung der **Pflichteinlage** (Beitragspflicht) von seiner Haftung für die Verbindlichkeiten der KG im **Außenverhältnis**.

---

[119] BGH, 24.9.2009 – IX ZR 234/07, DB 2009, 2482, 2484.
[120] Kritisch aber z.B. Zimmer, ZInsO 2011, 1081.

a) Haftung im Außenverhältnis

Im Gegensatz zum Komplementär haftet der Kommanditist den Gläubigern der KG ggü. nicht unbeschränkt mit seinem Privatvermögen. Die Haftung ist vielmehr gem. § 171 Abs. 1 HGB der Höhe nach auf die **Hafteinlage** beschränkt. Soweit der Kommanditist die Hafteinlage geleistet hat, ist seine Haftung gem. § 171 Abs. 1 Halbs. 2 HGB **ausgeschlossen**. Die Rückzahlung der Hafteinlage an den Kommanditisten, insb. im Zusammenhang mit dessen Ausscheiden aus der KG, führt konsequent gem. § 172 Abs. 4 Satz 1 HGB zum **Wiederaufleben** der Haftung. 33

Da es bei der Kommanditistenhaftung im **Außenverhältnis** um Ansprüche Dritter geht und sich das gem. § 80 Abs. 1 InsO auf den Insolvenzverwalter übergehende Verfügungsrecht auf das zur Insolvenzmasse gehörende Schuldnervermögen bezieht, ist der Insolvenzverwalter nicht gem. § 80 Abs. 1 InsO zur Geltendmachung der Ansprüche berechtigt. Das birgt die Gefahr eines Gläubigerwettlaufs um nicht geleistete Hafteinlagen der Kommanditisten in sich. Vor diesem Hintergrund ordnet § 171 Abs. 2 HGB an, dass die Forderungen gegen den Kommanditisten, die auf § 171 Abs. 1 HGB beruhen, in der Insolvenz durch den Insolvenzverwalter (oder bei Eigenverwaltung durch den Sachwalter) erhoben werden. Auf das Recht des Insolvenzverwalters aus dem rechtsformneutral gefassten § 93 InsO[121] kommt es daher nicht an.[122] Mit Verfahrenseröffnung können die Gläubiger der KG sich jedenfalls nicht mehr erfolgreich an den Kommanditisten wenden. Zwecks Gewährleistung einer gleichmäßigen Gläubigerbefriedigung hat die Zahlung vielmehr an die Masse zu erfolgen. Damit ist eine **Befriedigung** der einzelnen Gläubiger nach der Verfahrenseröffnung **ausgeschlossen**.[123] Der BGH hat mit Urteil vom 15.12.2020[124] zudem entschieden, dass die persönliche Haftung des Kommanditisten bei Insolvenz der Gesellschaft auf den Zeitraum vor der Eröffnung des Insolvenzverfahrens beschränkt ist. In der Insolvenz der Gesellschaft sei der Umfang der infolge der Einlagerückgewähr wiederaufgelebten persönlichen und unbeschränkten **Außenhaftung des Kommanditisten** nach §§ 172 Abs. 4, 171, 162 Abs. 2, 128 HGB **aus gesellschaftsrechtlichen Erwägungen zu beschränken** und eine teleologische Einschränkung des § 128 HGB geboten. Der BGH stützt seine Entscheidung auf die von ihm angenommene Vergleichbarkeit des Kommanditisten einer Gesellschaft in der Insolvenz mit einem ausscheidenden Gesellschafter, dessen Haftung gemäß § 160 HGB auf die bis zu seinem Ausscheiden begründeten Verbindlichkeiten beschränkt ist. Durch den Übergang der Verwaltungs- und Verfügungsbefugnis auf den Insolvenzverwalter verliere der Kommanditist im Regelinsolvenzverfahren – wie der ausscheidende Gesellschafter – die Möglichkeit, Einfluss auf die weitere Entwicklung der Gesell- 34

---

[121] Dazu schon oben Rdn 28.
[122] Vgl. BGH, 4.7.2002 – IX ZR 265/01, BGHZ 151, 245, 248 ff.
[123] Baumbach/Hopt, § 171 HGB Rn 12; Oetker, § 171 HGB Rn 3, 61 m.w.N.
[124] II ZR 108/19, ZIP 2021, 255.

schaft zu nehmen. Die Haftung sei **deshalb entsprechend § 160 HGB** teleologisch auf Gesellschaftsverbindlichkeiten zu reduzieren, die vor Insolvenzeröffnung bereits begründet waren.[125] Die **insolvenzrechtliche Einordnung der Gesellschaftsverbindlichkeit** ist für den Umfang der Haftung des Kommanditisten hingegen **nicht maßgeblich**, weshalb die Haftung jedenfalls solche Forderungen – im Entscheidungsfall eine Steuerforderung als Masseverbindlichkeit – umfasse, für die auch ein ausgeschiedener Gesellschafter nach § 160 HGB noch haften müsste.

b) Beitragspflicht ggü. der Gesellschaft

35 Von der Hafteinlage, an deren Erbringung die Norm des § 171 Abs. 1 Halbs. 2 HGB die Befreiung von der Außenhaftung knüpft, ist die **Pflichteinlage** zu trennen. Diese ist Gegenstand der gesellschaftsvertraglich übernommenen Verpflichtung des Kommanditisten zur Leistung des Gesellschafterbeitrags im Verhältnis zur KG (§§ 161 Abs. 2, 105 Abs. 3 HGB; § 705 BGB). Soweit der Kommanditist die Pflichteinlage erbracht hat, ist seine gesellschaftsrechtliche Pflicht erfüllt. Eine Nachschusspflicht in der Insolvenz der Gesellschaft scheidet aus (vgl. § 167 Abs. 3 HGB).

36 Die Einlage in diesem Sinne gehört zur Insolvenzmasse, daher ist die Einlageforderung in der Insolvenz durch den Insolvenzverwalter geltend zu machen.[126] Dies führt dazu, dass der Insolvenzverwalter sowohl die Ansprüche Dritter, die aus der ausstehenden Hafteinlage resultieren, als auch die Forderung auf Erbringung der Pflichteinlage geltend macht. An der materiellrechtlichen Verschiedenheit der Forderungen ändert sich dadurch nichts. Nach herrschender Meinung stehen die Ansprüche gleichrangig nebeneinander und der Insolvenzverwalter hat die Wahl, welche Forderung er erhebt.[127]

c) Besonderheiten der gesplitteten Einlagen

37 Ein Sonderfall der Erbringung der Pflichteinlage betrifft sog. **gesplittete Einlagen**, die bei der KG häufig vorkommen. Darunter sind gesellschaftsvertragliche Vereinbarungen zu verstehen, die eine Kombination von eigentlichen Einlagen und daneben stehenden Leistungen des Kommanditisten, meist Darlehen, darstellen. Der Kommanditist verpflichtet sich also, der KG neben der Einlage einen weiteren Betrag darlehensweise zur Verfügung zu stellen. Nach herrschender Meinung führt dies zu einer Verknüpfung einer stillen Beteiligung mit einer Kommanditbeteiligung.[128]

---

125 Ulrich, GmbHR 2021, R85.
126 MüKo/K. Schmidt, §§ 171, 172 HGB Rn 100; MüKo/Peters, § 35 InsO Rn 217 f.
127 Dazu Westermann/Wertenbruch, Rn I 3154 m.w.N.
128 Im Einzelnen MüKo/K. Schmidt, § 230 HGB Rn 90 f.

Problematisch ist die Behandlung dieser **Darlehen** in der Insolvenz der Gesellschaft. Die Besonderheit liegt darin, dass die darlehensweise Finanzierung für die Gesellschaft bisweilen die gleiche Funktion hat wie die eigentliche Einlageleistung. Wenn die Auslegung der Vereinbarung es ergibt, erkennt die herrschende Meinung daher den **Eigenkapitalcharakter** dieser Leistungen an und versteht sie als eine echte, gesellschaftsvertraglich begründete und **falsch bezeichnete Einlageverpflichtung**. I.R.d. Auslegung ist zu berücksichtigen, ob die Verpflichtung zur Leistung alle Gesellschafter trifft, das Kapital zur Erreichung des Gesellschaftszwecks unerlässlich war und langfristig gewährt wurde.[129] Im Hinblick auf die Pflichteinlage führt die Qualifizierung des Darlehens als Einlageverpflichtung dazu, dass die Einlage erst erbracht ist, wenn der Kommanditist das Darlehen einbezahlt hat. Solange und soweit das nicht der Fall ist, kann es in der Insolvenz vom Insolvenzverwalter eingefordert werden.[130] Eine außerordentliche Kündigung gem. § 490 BGB kommt nicht in Betracht.[131] Zudem kann der Kommanditist den Rückforderungsanspruch in der Insolvenz nicht als Insolvenzgläubiger geltend machen;[132] vielmehr ist die als Darlehen bezeichnete Einlage auch insoweit wie eine solche zu behandeln (§ 199 Satz 2 InsO).

38

Davon zu unterscheiden ist die Frage, ob die gesplittete Einlage (auch) hinsichtlich des als Darlehen bezeichneten und erbrachten Gesellschafterbeitrags zugleich als Leistung auf die **Hafteinlage** angesehen werden und demnach haftungsbefreiende Wirkung entfalten kann. Nach der Rechtsprechung des BGH[133] und der herrschenden Meinung ist auch dies der Fall.[134] Ergibt die Auslegung, dass das „Darlehen" Eigenkapital darstellt und zudem auf die Hafteinlage einbezahlt wird, erlischt die Außenhaftung des Kommanditisten in der Höhe der erbrachten Leistung nach § 171 Abs. 1 Halbs. 2 HGB. Dies soll insb. dann der Fall sein, wenn die Summe aus der Einlage und dem „Darlehen" der Höhe der Hafteinlage entspricht.[135] Wird das Darlehen zurückgezahlt, führt alsdann § 172 Abs. 4 Satz 1 HGB zum Wiederaufleben der Haftung.

39

d) Existenzvernichtungshaftung des Kommanditisten?
Bisweilen wird vertreten, der Kommanditist hafte für **existenzvernichtende Eingriffe**[136] unbeschränkt.[137] Die Diskussion wird überwiegend i.R.d. Konzernrechts ge-

40

---

129 BGH, 28.11.1977 – II ZR 235/75, BGHZ 70, 61, 63; BGH, 9.2.1981 – II ZR 38/80, NJW 1981, 2251.
130 Vgl. § 236 Abs. 2 HGB; BGH, 3.7.1978 – II ZR 54/77, WM 1978, 898; BGH, 5.11.1979 – II ZR 145/78, ZIP 1980, 192.
131 BGH, 28.6.1999 – II ZR 272/98, BGHZ 142, 116, 121 (zu § 610 BGB a.F.).
132 BGH, 21.3.1988 – II ZR 238/87, BGHZ 104, 33, 39f.
133 BGH, 17.5.1982 – II ZR 16/81, BB 1982, 1138.
134 Vgl. nur MüKo/K. Schmidt, §§ 171, 172 HGB Rn 51; Westermann/Sassenrath, Rn I 2877.
135 BGH, 17.5.1982 – II ZR 16/81, BB 1982, 1138.
136 Dazu bereits oben unter Rdn 27.
137 Etwa Smid, § 8 Rn 57; Westermann/Tröger, Rn I 4077a.

Fischer

führt[138] und sie ist noch nicht abgeschlossen. Ganz überwiegend wird eine Existenzvernichtungshaftung jedenfalls für Eingriffe in das Vermögen einer KG, die in der Form einer GmbH & Co. KG organisiert ist, in Betracht gezogen.[139] Gegen die Übernahme der für die GmbH entwickelten Grundsätze auf die reine KG für den Fall Gläubiger gefährdender Beschlüsse der KG-Mitglieder mit der Folge unbeschränkter Kommanditistenhaftung spricht jedenfalls, dass bei der KG im Gegensatz zur GmbH ein persönlich haftender Gesellschafter vorhanden ist und kein Kapitalerhaltungssystem analog § 30 f. GmbHG besteht sowie die Haftungsabschirmung der Kommanditisten immerhin von der Erbringung der Hafteinlage abhängt.

e) Verbotene Ausschüttungen bei der GmbH & Co. KG gem. §§ 31, 30 GmbHG (analog)

41 Auch im **Haftungsrecht der GmbH & Co. KG** wendet der BGH schon seit Jahrzehnten § 30 Abs. 1 GmbHG auf Auszahlungen aus dem Vermögen der Kommanditgesellschaft an, wenn dadurch eine Unterbilanz der Komplementär-GmbH entsteht oder vertieft wird.[140] Dies ist der Fall, wenn die GmbH, die als Komplementärin für alle KG-Verbindlichkeiten unbeschränkt haftet (§§ 128, 161 Abs. 2 HGB), diesen Haftungsverbindlichkeiten keinen vollwertigen Freistellungsanspruch gegen die KG (§ 110 HGB) mehr entgegensetzen kann.[141] In der Bilanz der GmbH ist einerseits die Verbindlichkeit der KG zu passivieren, andererseits muss der Freistellungsanspruch aktiviert werden.[142] Ist letzterer wertlos, wird es regelmäßig zu einer **Unterbilanz** bei der GmbH kommen. In diesem Fall ist – so der BGH in ständiger Rechtsprechung[143] – die Ausschüttung aus dem KG-Vermögen verboten. Der Anspruch auf Rückzahlung steht der Kommanditgesellschaft und nicht etwa der GmbH zu.[144] Er richtet sich gleichermaßen gegen einen **„Nur-Kommanditisten"**, der keinen Geschäftsanteil an der GmbH hält.[145] Den „Nur-Kommanditisten" trifft die Haftung indessen nur, wenn **keine natürliche Person** für die Verbindlichkeiten der KG unbeschränkt haf-

---

138 Vgl. etwa MüKo-HGB/Mülbert, KonzernR Rn 179, 188 ff.
139 Im Einzelnen dazu Wenzel, in: Hesselmann/Tillmanns/Mueller-Thuns, § 5 Rn 86 ff.
140 BGH, 29.3.1973 – II ZR 25/70, BGHZ 60, 324; BGH, 27.9.1976 – II ZR 162/75, BGHZ 67, 171, 175; BGH, 8.7.1985 – II ZR 269/84, BGHZ 95, 188, 191; MüKo/K. Schmidt, §§ 171, 172 HGB Rn 130; vgl. auch Dubois/Schmiegel, NZI 2013, 913, 916.
141 BGH, 29.3.1973 – II ZR 25/70, BGHZ 60, 324, 329.
142 Pöschke/Steenbreker, NZG 2015, 614.
143 Vgl. die Nachweise in Fn 132.
144 BGH, 29.3.1973 – II ZR 25/70, BGHZ 60, 324, 329 f.; v. 27.9.1976 – II ZR 162/75, BGHZ 67, 171, 176; zum Literaturstand vgl. Scholz/Verse, § 31 GmbHG Rn 91.
145 BGH, 19.2.1990 – II ZR 268/88, BGHZ 110, 342, 355 ff.; Dubois/Schmiegel, NZI 2013, 913, 916, h.M.; krit. Windbichler, Gesellschaftsrecht, 24. Aufl. 2017, § 37 Rn 21.

tet.¹⁴⁶ Ist der Zahlungsempfänger auch an der GmbH beteiligt, spielt es indessen keine Rolle, ob an der KG eine natürliche Person als Komplementär beteiligt ist.¹⁴⁷

III. Exkurs: Gesellschafterfremdfinanzierung

Die insolvenzrechtliche Behandlung von Rückerstattungsansprüchen des Gesellschafters, die aus der Hingabe echter **Darlehen im Sinne von Fremdkapital** folgen, ist für Kapitalgesellschaften und Personengesellschaften, an denen keine natürliche Person als persönlich haftender Gesellschafter beteiligt ist, durch das **MoMiG**¹⁴⁸ zum 1.11.2008 grundlegend geändert worden. Das bisherige Recht zeichnete sich durch ein duales Schutzsystem aus. Es bestand zum einen aus dem Bereich der gesetzlichen Regelungen in §§ 32a, 32b GmbHG a.F. (sog. Novellenregeln) und zum anderen aus einer durch die BGH-Rechtsprechung entwickelten analogen Anwendung der in §§ 30, 31 GmbHG normierten Kapitalerhaltungsregeln (sog. Rechtsprechungsregeln). Die Bestimmungen über kapitalersetzende Darlehen (§§ 32a, 32b GmbHG a.F.) wurden durch das MoMiG aus dem GmbHG entfernt und in der InsO sowie im AnfG neu geordnet. Die Rechtsprechungsregeln wurden abgeschafft, weil nach § 30 Abs. 1 Satz 3 GmbHG das Auszahlungsverbot des § 30 Abs. 1 Satz 1 GmbHG ausdrücklich nicht mehr auf die Rückgewähr von Gesellschafterdarlehen anzuwenden ist. Indessen ist zu beachten, dass das alte Recht gemäß der Überleitungsnorm des Art. 103d EGInsO sowie nach allgemeinen Grundsätzen des intertemporalen Rechts auf **Altfälle**, in denen das Insolvenzverfahren vor Inkrafttreten des MoMiG eröffnet worden ist, weiterhin Anwendung findet.¹⁴⁹

Kern der insolvenzrechtlichen Neuregelung ist der **gesetzliche Rangrücktritt** 43 von Forderungen auf Rückgewähr eines Gesellschafterdarlehens oder von Forderungen aus Rechtshandlungen, die einem solchen Darlehen wirtschaftlich entsprechen (§ 39 Abs. 1 Nr. 5 InsO). Der Gesellschafter ist mit seiner Forderung nachrangiger Insolvenzgläubiger. Erfasst sind gem. § 39 Abs. 4 Satz 1 InsO Gesellschaften, die weder eine natürliche Person noch eine Gesellschaft als persönlich haftenden Gesellschafter haben, bei der eine natürliche Person persönlich haftender Gesellschafter ist. Damit gilt die Neuregelung neben den Kapitalgesellschaften insb. für die GmbH & Co. KG.

---

146 BGH, 19.2.1990 – II ZR 268/88, BGHZ 110, 342, 356; BGH, 9.12.2014 – II ZR 360/13, GmbHR 2015, 248.
147 BGH, 9.12.2014 – II ZR 360/13, GmbHR 2015, 248.
148 Gesetz zur Modernisierung des GmbH-Rechts und zur Bekämpfung von Missbräuchen v. 23.10.2008, BGBl. I 2008, S. 2026.
149 BGH, 26.1.2009 – II ZR 260/07, BGHZ 179, 249 „Gut Buschow".

44 Ist das Darlehen im Jahr vor der Stellung des Insolvenzantrags getilgt worden oder wurde es 10 Jahre vor dem Eröffnungsantrag besichert,[150] so ist gem. § 135 Abs. 1 Nr. 2 InsO die Insolvenzanfechtung eröffnet.[151] Die im letzten Jahr vor dem Insolvenzantrag von der Gesellschaft zurückgezahlten Gesellschafterleistungen sind demnach anfechtbar. Der aus § 135 Abs. 1 Nr. 1 InsO folgende Rückgewähranspruch (§ 143 Abs. 1 InsO) ist darauf gerichtet, die **anfechtbar gewährte Sicherung freizugeben**.[152] Das Bargeschäftsprivileg des § 142 InsO gilt bei der Anfechtung der Besicherung eines Gesellschafterdarlehens nicht.[153] Wurde eine anfechtbar abgetretene Forderung eingezogen, ist **im Wege des Wertersatzes der erlangte Betrag** zu **erstatten**. All dies gilt unabhängig von dem eigenkapitalersetzenden Charakter der Leistung. Das frühere Sanierungs- und das Kleinanlegerprivileg wurden sinngemäß in § 39 Abs. 4 Satz 2 und Abs. 5 InsO beibehalten, so dass die vorgenannten Einschränkungen hier nicht gelten.

45 **Überbrückungsdarlehen** waren nach der Rechtsprechung des BGH zum alten Eigenkapitalersatzrecht im Regelfall nicht eigenkapitalersetzender Natur, weil sie nicht zur Unternehmensfinanzierung, sondern nur zur Überwindung eines kurzfristigen Liquiditätsengpasses dienten.[154] Mit Urt. v. 7.3.2013[155] hat der IX. Zivilsenat des BGH diese Sichtweise erwartungsgemäß aufgegeben, weil es nach der neuen Rechtslage **auf die Funktion eines Eigenkapitalersatzes (Hingabe bzw. Stehenlassen des Darlehens in der Krise) nicht mehr ankommt**. Vielmehr entspricht es dem gesetzgeberischen Willen, jedes Gesellschafterdarlehen bei Eintritt der Gesellschaftsinsolvenz in den Nachrang zu verweisen[156] bzw. innerhalb der Jahresfrist als anfechtbar einzustufen.[157]

46 Der personelle Anwendungsbereich der §§ 39 Abs. 1 Nr. 5, 135 Abs. 1 InsO ist nicht auf den darlehensgebenden Gesellschafter beschränkt. Zwar sind Rechtshandlungen Dritter in diesen Vorschriften nicht explizit erwähnt. Dennoch ist durch die Einbeziehung gleichgestellter Forderungen der **Anwendungsbereich des § 32a Abs. 3 Satz 1 GmbHG a.F. auch in personeller Hinsicht übernommen** worden.[158] Eine im Vergleich zu dem früheren Recht **einschränkende Auslegung bei der Inanspruchnahme verbundener Unternehmen** nimmt der BGH nicht vor. Deswegen übernimmt

---

150 Nach der Rspr. des BGH ist die Anfechtung einer Sicherung gänzlich unabhängig von der Anfechtung einer Befriedigung zu gestatten (BGH, 18.7.2013 – IX ZR 219/11, DB 2013, 1894). Für die Verwertung der Sicherheit ist deshalb allein die Zehnjahresfrist des § 135 Abs. 1 Nr. 1 InsO maßgebend.
151 Dazu § 7 Rdn 137 ff.
152 BGH, 26.1.2009 – II ZR 213/07, BGHZ 179, 278.
153 BGH, 14.2.2019 – IX ZR 149/16, ZIP 2019, 666.
154 BGH, 26.3.1984 – II ZR 171/83, BGHZ 90, 381, 394.
155 IX ZR 7/12, DB 2013, 810.
156 BT-Drucks. 16/6140, S. 56.
157 BT-Drucks. 16/6140, S. 57.
158 BGH, 21.2.2013 – IX ZR 32/12, WM 2013, 568.

das Gericht die im Rahmen des Eigenkapitalersatzrechts entwickelten Grundsätze auch bei Anwendung des § 135 Abs. 1 InsO. Danach werden Finanzierungshilfen Dritter erfasst, wenn der **Dritte** bei wirtschaftlicher Betrachtung infolge einer horizontalen oder vertikalen Verbindung **einem Gesellschafter gleichsteht**.[159] Die Beteiligung kann in der Weise ausgestaltet sein, dass ein Gesellschafter an beiden Gesellschaften, der Darlehen nehmenden und der Darlehen gebenden Gesellschaft, und zwar an der letztgenannten maßgeblich beteiligt ist. Vorbehaltlich einer abweichenden Regelung der Stimmmacht in der Satzung genügt dazu bei einer GmbH eine **Beteiligung von mehr als 50 %**.[160] Eine maßgebliche Beteiligung ist aber auch dann anzunehmen, wenn der Gesellschafter einer hilfenehmenden GmbH zwar **nur zu genau 50 % an der hilfeleistenden GmbH** beteiligt, aber **zugleich deren alleinvertretungsberechtigter Geschäftsführer** ist.[161] Die mittelbare Beteiligung an der Darlehen nehmenden Gesellschaft ist ausreichend, soweit kein Fall des § 39 Abs. 5 InsO vorliegt.[162]

Geht es nicht um Darlehensrückzahlungsansprüche, sondern um ähnliche Leistungen des Gesellschafters an die Gesellschaft, so ist gem. § 39 Abs. 1 Nr. 5 InsO entscheidend, ob die jeweilige Rechtshandlung einem Darlehen wirtschaftlich entspricht. Streitig ist dies neben der Behandlung thesaurierter Gewinne[163] insb. für den Fall, dass der Gesellschafter der Gesellschaft Gegenstände zur Nutzung überlässt. Zum Teil wird § 39 Abs. 1 Nr. 5 InsO für anwendbar erklärt.[164] Dass die §§ 39 Abs. 1 Nr. 5, 135 Abs. 1 InsO auf die **Nutzungsüberlassung** keine Anwendung fänden, sei weder der neuen Gesetzesformulierung noch den zugehörigen Entwurfsbegründungen zu entnehmen. Die wohl überwiegende Gegenansicht, der sich mittlerweile auch der BGH angeschlossen hat,[165] geht indes davon aus, dass Nutzungsüberlassungen als solche keine der Darlehensgewährung wirtschaftlich entsprechenden Rechtshandlungen seien.[166] Für die letztgenannte Sichtweise spricht, dass der Gesetzgeber mit der Schaffung des § 135 Abs. 3 InsO, der unter bestimmten Voraussetzungen nach Verfahrenseröffnung eine Gebrauchsgewährung gegen Leistung eines Ausgleichs vorsieht, in das bisherige Rechtsfolgensystem des BGH eingegriffen hat.

47

---

159 BGH, 28.2.2012 – II ZR 115/11, DB 2012, 971, 972.
160 BGH, 28.2.2012 – II ZR 115/11, a.a.O.
161 BGH, 28.2.2012, a.a.O.
162 BGH, 15.11.2018 – IX ZR 39/18, ZIP 2019, 182.
163 Zur Qualifikation des Gewinnvortrags einer Einmann-GmbH als einem Darlehen wirtschaftlich entsprechend OLG Koblenz, 15.10.2013 – 3 U 635/13, NZI 2014, 27; ablehnend für die GmbH & Co. KG, soweit die Gewinne zur Verlustdeckung zur Verfügung stehen OLG Schleswig, 8.2.2017 – 9 U 84/16, ZIP 2017, 622 unter Verweis auf den (ausreichenden) Eigenkapitalschutz durch §§ 30 GmbHG, 172 HGB.
164 Hölzle, ZIP 2009, 1939; Marotzke, JZ 2010, 592.
165 BGH, 29.1.2015 – IX ZR 279/13, BGHZ 204, 83; ebenso OLG Schleswig, 13.1.2012 – IV U 57/11, NZG 2012, 751.
166 Altmeppen, NJW 2008, 3601, 3604; Bitter, ZIP 2010, 1, 10; Lutter/Hommelhoff/Kleindiek, Anh. zu § 64 GmbHG Rn 156.

Es verhält sich demnach nicht mehr so, dass der Insolvenzverwalter die der Nutzungsüberlassung zugrunde liegenden Wirtschaftsgüter für die vertraglich vorgesehene Restlaufzeit ohne Gegenleistung nutzen darf.[167]

48 Mit dieser Problematik nicht zu verwechseln sind die Fälle, in denen der Gesellschafter seine Mietzinsforderungen gegen die spätere Schuldnerin zunächst **stundet** und später die Zahlungen vor Eröffnung des Insolvenzverfahrens innerhalb der Frist des § 135 Abs. 1 Nr. 2 InsO vereinnahmt. Solche Zahlungen sind anfechtbar. Denn unabhängig von dem Entstehungsgrund des Anspruchs stehen einem Darlehen gestundete Forderungen aus Austauschgeschäften gleich. Nach einer aktuellen Entscheidung des BGH[168] ist für die Annahme einer darlehensgleichen Forderung darauf abzustellen, ob die rechtliche oder faktische Stundung den zeitlichen Bereich im Geschäftsleben gebräuchlicher Stundungsvereinbarungen eindeutig überschreitet. Dies sei wegen der Kündigungsfrist des § 488 Abs. 3 Satz 2 BGB für Darlehen mit unbestimmter Laufzeit im Allgemeinen anzunehmen, wenn eine fällige Forderung länger als drei Monate stehen gelassen wird. Für die Praxis ergibt sich danach für kürzere Zahlungsaufschübe ein erheblicher Dokumentationsaufwand der im jeweiligen Geschäftsverkehr üblichen Zahlungsfristen.[169]

> Anmerkung:
> Der Gesetzgeber hat infolge der sog. „Corona-Krise" das Gesetz zur Abmilderung der Folgen der COVID-19-Pandemie im Zivil-, Insolvenz- und Strafverfahrensrecht vom 27.3.2020[170] erlassen, welches in Art. 1 das Gesetz zur vorübergehenden Aussetzung der Insolvenzantragspflicht und zur Begrenzung der Organhaftung bei einer durch die COVID-19-Pandemie bedingten Insolvenz (COVInsAG)[171] enthält. Das Gesetz trat rückwirkend zum 1.3.2020 in Kraft.
> Durch § 2 Abs. 1 Nr. 2 Hs. 2 COVInsAG werden die Regelungen der §§ 39 Abs. 1 Nr. 5, 135 Abs. 1 Nr. 2 InsO temporär ausgesetzt. § 39 Abs. 1 Nr. 5 InsO findet in Insolvenzverfahren, die bis zum 30.9.2023 beantragt werden, keine Anwendung auf Darlehen oder wirtschaftlich entsprechende Rechtshandlungen, die der Gesellschafter in dem Zeitraum gewährt, in dem die Insolvenzantragspflicht nach Maßgabe des § 1 COVInsAG ausgesetzt[172] ist. Zugleich gilt die bis zum 30.9.2023 erfolgende Rückgewähr eines solchen Gesellschafterdarlehens nicht als gläubigerbenachteiligend,

---

[167] So noch BGH, 11.7.1994 – II ZR 146/92, BGHZ 127, 1 „Lagergrundstück III"; BGH, 11.7.1994 – II ZR 162/92, BGHZ 127, 17 „Lagergrundstück IV".
[168] 11.7.2019 – IX ZR 210/18, NZG 2019, 1192, 1193.
[169] Huber, NZI 2020, 149, 152.
[170] BGBl. I 2020, 569.
[171] Hierzu im Einzelnen z.B. Römermann, NJW 2020, 1108; Schluck-Amend, NZI 2020, 289; Gehrlein, DB 2020, 713; Bitter, ZIP 2020, 685; Lutter/Hommelhoff/Kleindiek, Einl. Rn 37c.1.
[172] Zur vorübergehenden Aussetzung der Insolvenzantragspflicht Rdn 49.

wodurch die Insolvenzanfechtung gemäß § 135 Abs. 1 Nr. 2 InsO keine Anwendung findet. § 135 Abs. 1 Nr. 1 InsO wird hiervon ausdrücklich ausgenommen.[173] Die Gesellschafter sollen durch die Regelungen einen Anreiz erhalten, dem Unternehmen frische Liquidität zur Verfügung zu stellen.[174] Der Gesetzgeber rückt damit zeitweilig vom bisherigen Ansatz des § 39 Abs. 1 Nr. 5 i.V.m. Abs. 4 Satz 2 InsO ab, nach dem nur „Sanierungsbeteiligungen", nicht aber Sanierungskredite privilegiert waren. Damit besteht das Risiko, dass Gesellschafter dafür sorgen, dass ihre Gesellschafterdarlehen vor Stellung eines etwaigen Insolvenzantrags zurückgezahlt werden, was die Gläubiger entsprechend benachteiligen dürfte.[175] Hierdurch ergeben sich eventuell Verstöße gegen des Zahlungsverbot des § 15b Abs. 1 InsO, soweit dessen Anwendbarkeit nicht ebenfalls durch § 2 Abs. 1 Nr.1 COVInsAG modifiziert ist.[176]

C. Verantwortlichkeit der Mitglieder des Vertretungsorgans in der Insolvenz

Die **Pflicht zur Stellung des Insolvenzantrags** ist in § 15a InsO geregelt. Die Vorschrift ist in weiten Teilen rechtsformneutral gestaltet. Das bedeutet aber nicht, dass für alle Gesellschaftsformen eine Insolvenzantragspflicht eingreift. Vielmehr ist zu unterscheiden: Bei juristischen Personen obliegt gem. § 15a Abs. 1 Satz 1 InsO die Stellung des Insolvenzantrags den Mitgliedern des Vertretungsorgans (**Vorstand/Geschäftsführer**). Ist die Gesellschaft führungslos, hat sie also keinen organschaftlichen Vertreter,[177] ist vorbehaltlich der Unkenntnis von dem Eröffnungsgrund oder der Führungslosigkeit gem. § 15a Abs. 3 InsO jedes Mitglied des Aufsichtsrats der AG bzw. jeder Gesellschafter der GmbH zur Antragstellung verpflichtet. Wegen der im Grundsatz persönlichen und unbeschränkten Haftung der Mitglieder einer Personengesellschaft für die Verbindlichkeiten der Gesellschaft auch in der Insolvenz[178] bedarf es für diese Gesellschaften hingegen keiner generellen Insolvenzantragspflicht. Etwas anderes gilt, wenn an der Personengesellschaft keine natürliche Person als persönlich haftender Gesellschafter beteiligt ist, da in diesem Fall die Gläubiger von der Haftungsabschirmung der Kapitalgesellschaft betroffen sind. Für diesen Fall schreibt § 15a Abs. 1 Satz 3 InsO deshalb die Antragspflicht des organschaftlichen Vertreters vor. Diese Norm erfasst insb. die GmbH & Co. KG.

49

---

173 Lutter/Hommelhoff/Kleindiek, Anh. § 64 GmbHG Rn 135.1.
174 Begr. Fraktionsentwurf, BT-Drs.19/18110, S. 23; Römermann, NJW 2020, 1108, 1109.
175 Thole ZIP 2020, 650 (656).
176 Uhlenbruck/Borries, § 2 COVInsAG Rdn 53.
177 Vgl. die Legaldefinitionen in § 10 Abs. 2 Satz 2 InsO und § 35 Abs. 1 Satz 2 GmbHG.
178 Näher oben unter Rdn 28 ff.

Fischer

Anmerkung:

Die Pflicht zur Stellung eines Insolvenzantrags nach § 15a InsO wurde durch § 1 COVInsAG bis zum 30.9.2020 ausgesetzt. Die Aussetzung galt nicht, wenn die Insolvenzreife nicht auf den Folgen der Ausbreitung des SARS-CoV-2-Virus (COVID-19-Pandemie) beruhte oder wenn keine Aussichten darauf bestanden, eine bestehende Zahlungsunfähigkeit zu beseitigen. War der Schuldner am 31.12.2019 nicht zahlungsunfähig, wurde vermutet, dass die Insolvenzreife auf den Auswirkungen der COVID-19-Pandemie beruht und Aussichten darauf bestanden, eine bestehende Zahlungsunfähigkeit zu beseitigen. Die Widerlegung dieser Vermutung sollte nach der Entwurfsbegründung[179] „nur in solchen Fällen in Betracht kommen, bei denen kein Zweifel daran bestehen kann, dass die COVID-19-Pandemie nicht ursächlich für die Insolvenzreife war und dass die Beseitigung einer eingetretenen Insolvenzreife nicht gelingen konnte. Es sind insoweit höchste Anforderungen zu stellen". Nach der Intention des Gesetzgebers erhielt die Regelung somit den Charakter einer praktisch unwiderleglichen Vermutung.[180] Der Zeitraum der Aussetzung konnte ursprünglich gemäß § 4 COVInsAG durch Verordnung des Bundesministerium der Justiz und für Verbraucherschutz bis zum 31.12.2021 verlängert werden. Letztlich beschloss der Gesetzgeber durch das Gesetz zur Änderung des COVID-19-Insolvenzaussetzungsgesetz vom 25.9.2020[181] eine weitere Aussetzung der Insolvenzantragspflicht bis zum 31.12.2020, die jedoch auf die Fälle der Überschuldung beschränkt war. Die Verordnungsermächtigung wurde im Zuge dessen gestrichen. Für das Jahr 2021 hat der Gesetzgeber die Insolvenzantragspflicht durch Artikel 10 des Sanierungs- und Insolvenzfortentwicklungsgesetzes (SanInsFoG) vom 22.12.2020[182] sowie das Gesetz zur Verlängerung der Aussetzung der Insolvenzantragspflicht vom 15.2.2021[183] für zahlungsunfähige und überschuldete Unternehmen nochmals bis zum 30.4.2021 ausgesetzt, soweit die durch die COVID-19-Pandemie bedingte Insolvenzreife durch die Auszahlung staatlicher Hilfeleistung abwendbar ist, ein entsprechender Antrag auf staatliche Hilfeleistungen bis zum 28.2.2021 gestellt wurde und die Erlangung der Hilfeleistung nicht offensichtlich aussichtslos ist, § 1 Abs. 3 COVInsAG.

Nach § 42 Abs. 1 des ebenfalls neu eingeführten Unternehmensstabilisierungs- und Restrukturierungsgesetzes vom 22.12.2020[184] (StaRUG) ruht die Antragspflicht nach § 15a InsO während der Rechtshängigkeit der sog. Restrukturierungssache im Sinne des StaRUG. Tritt die Zahlungsunfähigkeit oder Überschuldung während der

---

[179] BT-Drucks. 19/18119, S. 22.
[180] Römermann, NJW 2020, 1108, 1109; im Einzelnen Altmeppen, vor § 64 GmbHG Rn. 159 ff.
[181] BGBl. I 2020, 2016.
[182] BGBl. I 2020, 3256.
[183] BGBl. I 2021, 237.
[184] BGBl. I 2020, 3256.

Rechtshängigkeit ein, so sind die Antragspflichtigen zur Anzeige nach § 17 Abs. 2 bzw. 19 Abs. 2 InsO gegenüber dem Restrukturierungsgericht verpflichtet.

§ 15a InsO ist **Schutzgesetz im Sinne von § 823 Abs. 2 BGB**.[185] Aus der Verletzung der Insolvenzantragspflicht können daher Schadensersatzansprüche der Gesellschaftsgläubiger gegen die Mitglieder des Vertretungsorgans wegen verzögerter Antragstellung folgen.[186] Gläubiger, welche die Forderung schon zum Zeitpunkt des Eintritts des Eröffnungsgrundes innehatten, können (nur) Ersatz des Schadens verlangen, der durch die Verringerung der Insolvenzquote entstanden ist (sog. **Quotenschaden**).[187] Nach der Rechtsprechung des BGH ist hingegen **Neugläubigern** der gesamte Vertrauensschaden zu ersetzen, der durch den Vertragsschluss mit der insolventen Gesellschaft entstanden ist.[188] Für die Geltendmachung des Anspruchs der Altgläubiger auf Ersatz des Quotenschadens gilt § 92 Satz 1 InsO, wonach dafür der Insolvenzverwalter zuständig ist.[189] Für Schadensersatzansprüche der Neugläubiger ist dies nicht der Fall. Diese Ansprüche können die Gläubiger selbst erheben, da der Anspruch auf Ersatz des negativen Interesses als Individualschaden den Quotenschaden überlagert.[190]

Im **Innenverhältnis** lassen sich Ansprüche der Gesellschaft gegen die Mitglieder des Vorstands bzw. gegen die GmbH-Geschäftsführer, die durch die Verzögerung eingetreten sind, aus §§ 93 Abs. 2 AktG, § 43 Abs. 2 GmbHG herleiten. Dies galt bis zum 31.12.2020 gem. §§ 130a Abs. 2, 177a Satz 1 HGB auch für Personengesellschaften ohne natürliche Person als persönlich haftenden Gesellschafter. Sondervorschriften, die zwecks gleichmäßiger Gläubigerbefriedigung eine Innenhaftung für **Masseschmälerungen** nach Insolvenzreife begründeten, waren bis zum 31.12.2020 in den §§ 93 Abs. 3 Nr. 6, 92 Abs. 2 Satz 1 AktG; § 64 Satz 1 GmbHG; §§ 130a Abs. 1 Satz 1, 2, Abs. 2, 177a Satz 1 HGB enthalten. Für sorgfaltswidrige Zahlungen, die bereits **vor der Insolvenzreife** erfolgten, hafteten die Mitglieder des Vertretungsorgans, wenn diese **Zahlungen an die Gesellschafter** geleistet wurden und zur **Zahlungsunfähigkeit** führen mussten (§§ 93 Abs. 3 Nr. 6, 92 Abs. 2 Satz 3 AktG; § 64 Satz 3 GmbHG; §§ 130a Abs. 1 Satz 3, Abs. 2, 177a Satz 1 HGB). Im Gegensatz zu Masseschmälerungen nach Insolvenzreife verpflichteten die zitierten Vorschriften Geschäftsführer bzw. den Vorstand zum **Ersatz von Zahlungen an Gesellschafter, die die Zahlungsunfähigkeit erst ausgelöst** haben. Wie bereits ausgeführt, wur-

---

185 Nahezu allgemeine Auffassung; **a.A.** Altmeppen/Wilhelm, NJW 1999, 673, 679.
186 Dazu im Einzelnen Uhlenbruck/Hirte, § 15a InsO Rn 39ff.
187 St. Rspr., vgl. etwa BGH, 26.3.2007 – II ZR 310/05, ZIP 2007, 1006.
188 Grundlegend BGH, 6.6.1994 – II ZR 292/91, BGHZ 126, 181, 190ff.
189 BGH, 22.4.2004 – IX ZR 128/03, BGHZ 159, 25.
190 BGH, 30.3.1998 – II ZR 146/96, BGHZ 138, 211; zur Diskussion etwa Uhlenbruck/Hirte, § 92 InsO Rn 12 m.w.N.

den diese Ansprüche durch den Insolvenzverwalter geltend gemacht.[191] Außerhalb des Insolvenzverfahrens konnte auf sie im Wege der Zwangsvollstreckung zugegriffen werden.

52 Die entsprechenden **Haftungsvorschriften für die Vornahme verbotswidriger Zahlungen** wurden durch Artikel 5 des Sanierungs- und Insolvenzfortentwicklungsgesetzes (SanInsFoG) vom 22.12.2020[192] nunmehr rechtsformneutral in einem **neuen § 15b InsO zusammengefasst**. Die Neuregelung trat zum **1.1.2021 in Kraft**. Im Gegenzug wurden die spezialgesetzlichen Regelungen in **§§ 64 GmbHG, 92 Abs. 2 AktG und 130a, 177a HGB gestrichen**. Die Regelung des neuen § 15b InsO entspricht weitgehend der alten Rechtslage, teilweise erfolgte jedoch eine Korrektur der bisherigen höchstrichterlichen Rechtsprechung.[193] Da der Gesetzgeber zudem keine ausdrückliche Übergangsvorschrift getroffen hat, ist umstritten, ob die bisherigen Regelungen auf Altfälle vor dem 1.1.2021 weiterhin Anwendung finden, oder ob insoweit § 15b InsO analog heranzuziehen ist.[194] Da nach hier vertretener Auffassung die besseren Argumente für eine Anwendung der bisherigen Regelungen sprechen, sollen diese – auch zum besseren Verständnis der Neuregelung des § 15b InsO – im Folgenden dargestellt werden.

53 Im Mittelpunkt des praktischen Interesses dürfte der GmbH-Geschäftsführer stehen. Insoweit wurde vor allem die Vorschrift des **§ 64 Satz 1 GmbHG a.F.** verstärkt diskutiert. Sie bezweckt die **Sicherung des Vermögens der insolvenzreifen Gesellschaft** im Interesse der gleichmäßigen Befriedigung aller Gesellschaftsgläubiger und die Verhinderung der bevorzugten Befriedigung einzelner Gläubiger.[195] Es handelt sich um einen **Anspruch eigener Art** der Gesellschaft gegen den (auch faktischen) **Geschäftsführer**, der darauf gerichtet ist, das Gesellschaftsvermögen wieder aufzufüllen, ähnlich einem insolvenzrechtlichen Anfechtungsanspruch. § 64 Satz 1 GmbHG a.F. ist kein Schutzgesetz im Sinne von § 823 Abs. 2 BGB.[196] Eine Teilnahme im Sinne des § 830 BGB kommt nicht in Betracht.

54 Ersatzpflichtig sind nach der (wortlautgetreuen) Rechtsprechung des BGH[197] Zahlungen, **die nach Eintritt der Zahlungsunfähigkeit**[198] **oder Feststellung der Überschuldung** und nicht etwa erst nach Ablauf der Insolvenzantragsfrist vorge-

---

191 Siehe oben unter Rdn 8.
192 BGBl. I 2020, 3256.
193 Hodgson, NZI-Beilage 2021, 85. Näher zu den Neuerungen Rdn 68.
194 Hierzu Schmittmann, BB 2021, I; Hackenberg/Beck, ZInsO 2021, 413.
195 BGH, 29.11.1999 – II ZR 273/98, BGHZ 143, 184.
196 BGH, 21.5.2019 – II ZR 337/17, ZIP 2019, 1719; 19.11.2019 – II ZR 233/18, ZIP 2020, 318.
197 BGH, 16.3.2009 – II ZR 280/07, AG 2009, 404.
198 Zur Pflicht der Einbeziehung innerhalb von drei Wochen nach dem Stichtag fällig werdender und eingeforderter Verbindlichkeiten in die Liquiditätsbilanz BGH, 19.12.2017 – II ZR 88/16, ZIP 2018, 283.

nommen werden.[199] Die **Darlegungs- und Beweislast** für das Vorliegen der Zahlungsunfähigkeit oder der Überschuldung trägt der Insolvenzverwalter.[200] Der BGH hat für den Nachweis der Voraussetzungen Beweiserleichterungen anerkannt.[201]

In **subjektiver Hinsicht** lässt der BGH **Fahrlässigkeit** hinsichtlich sämtlicher anspruchsbegründender Merkmale genügen.[202] Damit wird die Haftung bereits bei **Erkennbarkeit des Eintritts der Insolvenzreife** ausgelöst, wobei es Sache des Geschäftsführers ist, das Fehlen der Erkennbarkeit darzulegen und gegebenenfalls zu beweisen. Einer positiven Kenntnis oder böswilligen Unkenntnis von der Insolvenzreife bedarf es nicht. Nach der Entscheidung des BGH v. 19.6.2012[203] muss der Geschäftsführer für eine entsprechende **Organisation** sorgen, die ihm die zur Wahrnehmung seiner Pflichten erforderliche Übersicht über die wirtschaftliche und finanzielle Situation der Gesellschaft jederzeit ermöglicht. Bei einer **Ressortaufteilung**, die nicht zwingend schriftlich erfolgen muss, obliegen dem nicht für die Finanzen der Gesellschaft zuständigen Geschäftsführer weitgehende Kontroll- und Überwachungspflichten gegenüber dem verantwortlichen Mitgeschäftsführer.[204]

Prinzipiell legt der BGH[205] einen **weiten Zahlungsbegriff** zu Grunde, von dem **sämtliche die Masse schmälernde Leistungen zugunsten einzelner Gläubiger** erfasst werden. Gleichwohl hat ergab sich aus der neueren Rechtsprechung der Anschein, als tendiere das Gericht zu einer Beschränkung seiner weiten Sichtweise.[206] Neben Geldzahlungen und (vom Geschäftsführer veranlassten) Bareinzahlungen auf ein debitorisches Konto wird auch die **Leistung sonstiger Vermögensgegenstände aus dem Gesellschaftsvermögen** erfasst.[207] Die **Begründung von Verbindlichkeiten** ist indes keine Zahlung.[208]

Die Höhe des Anspruchs richtet sich zunächst nach dem gezahlten Betrag. Dieser ist um **liquiditätsrelevante Gegenleistungen in die Masse** zu kürzen, wobei der Geschäftsführer das Vorliegen einer Gegenleistung und deren wertmäßigen Erhalt zum Zeitpunkt der Eröffnung des Insolvenzverfahrens darzulegen und zu beweisen hat. Unerheblich ist nach der Rechtsprechung des BGH, ob das **zugeflossene Vermögen (die Kompensation) zum Zeitpunkt der Insolvenzeröffnung noch vorhanden** ist. Sollte die vorherige höchstrichterliche Rechtsprechung[209] an-

---

199 So aber die Vorinstanz OLG Dresden, 11.12.2007 – 2 U 49/07, juris.
200 BGH, 19.11.2013 – II ZR 229/11, ZIP 2014, 168.
201 BGH, 31.5.2011 – II ZR 106/10, ZIP 2011, 1410; BGH, 19.12.2017, a.a.O.
202 BGH, 29.11.1999, a.a.O.; **a.A.** OLG Frankfurt, 18.8.2004 – 23 U 170/08, NZG 2004, 1157.
203 II ZR 243/11, DB 2012, 1797.
204 BGH, 6.11.2018 – II ZR 11/17, NZG 2019, 225, 226.
205 BGH, 29.11.1999 – II ZR 273/98, BGHZ 143, 184, 186 ff.; anders noch RGZ 159, 211, 234.
206 Habersack/Foerster, ZGR 2016, 153 ff. Näher sogleich unter Rdn 58 ff.
207 BGH, 29.11.1999 – II ZR 273/98, BGHZ 143, 184.
208 BGH, 30.3.1998 – II ZR 146/96, BGHZ 138, 211, 216 f.
209 BGH, 18.3.1974 – II ZR 3/74, NJW 1974, 1088.

ders verstanden worden sein, hat der BGH sie mit Urteil v. 18.11.2014[210] insoweit ausdrücklich aufgegeben. Zugleich führt er aus, dass eine einmal entstandene Haftung des Organs dann wieder entfallen kann, wenn eine **Insolvenzanfechtung** zum Ausgleich der Masseschmälerung führen konnte. Aus welchen Gründen die Anfechtung der Darlehensrückführung gegenüber der Darlehensnehmerin ausschied, lässt sich dem Urteil nicht entnehmen. Voraussetzung ist aber wohl weiterhin eine erfolgreich durchgeführte Anfechtung mit Rückgewähr zur Masse.

58 Eine Haftung kann aber nach der neueren Rechtsprechung des BGH[211] auch dann entfallen, wenn ein **Aktivtausch** vorliegt, weil für die Zahlung ein Gegenwert in das Gesellschaftsvermögen geflossen ist. Diese Erwägung lässt erkennen, dass die Wertungen des Schadensersatzrechts Anwendung finden. Für den Entfall einer Haftung ist keine synallagmatische Verknüpfung, sondern (nur) ein **unmittelbarer wirtschaftlicher, nicht notwendig zeitlicher Zusammenhang** zwischen der Zahlung des Organs und dem korrespondierenden Massezufluss notwendig.[212] Andernfalls kann der Massezufluss nicht der Masseschmälerung zugeordnet werden. Dies entspricht den Anforderungen für die Zurechnung des Vorteilsausgleichs im Rahmen von § 249 BGB.[213] Wird etwa ein Darlehen nach erfolgter Rückführung in gleichem Maße tatsächlich wieder in Anspruch genommen, wurde die Masseschmälerung zurechenbar ausgeglichen. Ohne die vorherige Rückführung des Darlehens wäre die erneute Inanspruchnahme nicht möglich gewesen. Der BGH hat in seiner Grundsatzentscheidung vom 27.10.2020[214] allerdings nochmals klargestellt, dass eine masseschmälernde Zahlung aus dem Vermögen einer insolvenzreifen Gesellschaft **nicht** durch eine **Vorleistung des Zahlungsempfängers** ausgeglichen werden kann. Auch die Wertungen des Bargeschäfts nach § 142 InsO sind für die Feststellung der Unmittelbarkeit nicht entsprechend anwendbar.[215]

59 Die **Entscheidung des II. Zivilsenats des BGH vom 18.11.2014**[216] wurde als „fundamentale Änderung der bisherigen Rechtsprechung",[217] als „Richtungswende"[218] mit „erheblicher praktischer Bedeutung"[219] wahrgenommen und die dadurch erfolgte Zähmung des „haftungsrechtlichen Kampfhundes"[220] **begrüßt**. In der Tat könnte durch das Urteil eine **Neuorientierung** der Rechtsprechung zu § 64 GmbHG

---

210 II ZR 231/13, BGHZ 203, 218.
211 BGH, 18.11.2014 – II ZR 231/13, BGHZ 203, 218.
212 BGH, 4.7.2017 – II ZR 319/15, NZG 2017, 1034.
213 Vgl. MüKo/Oetker, § 249 BGB Rn 233f.
214 II ZR 355/18, NZG 2021, 66.
215 BGH, 4.7.2017, a.a.O.
216 II ZR 231/13, BGHZ 203, 218.
217 Tischler/Luszynski, GWR 2015, 17.
218 Altmeppen, ZIP 2015, 949.
219 Strohn, DB 2015, 55, 57.
220 K. Schmidt, NZG 2015, 129, 133.

a.F. eingeleitet worden sein.[221] Aus Sicht des sanierenden Geschäftsführers wird dieses Judikat uneingeschränkt zu befürworten sein, ist doch sein Haftungsrisiko erkennbar entschärft worden.[222]

In eben diese Richtung zeigt auch das Urteil des BGH v. 23.6.2015, wonach der Einzug von zur Sicherheit abgetretenen Forderungen auf ein **debitorisches Konto vom Zahlungsbegriff auszunehmen** ist, wenn die **Sicherungsabtretung** vor dem Eintritt der Insolvenzreife vereinbart ist und die Forderung der Gesellschaft entstanden und werthaltig geworden ist.[223] In diesem Bereich dürfte das letzte Wort noch nicht gesprochen sein. Ungeachtet der entschiedenen Sonderkonstellation der Sicherungsabtretung gilt nach der bisherigen Rechtsprechung, dass Überweisungen **von einem solchen Konto** nicht als verbotene Zahlungen gelten, weil sie nur die Verbindlichkeit der Bank gegenüber vergrößern und einen Passivtausch bewirken. **Eingänge auf dem debitorischen Konto**, die der Geschäftsführer veranlasst oder nicht verhindert hat, werden dagegen als haftungsbegründende Zahlungen an die Bank als Gläubiger betrachtet.[224] Dabei kommt es nicht auf die Erwägung an, dass die Zahlungen auch bei pflichtgemäßem Verhalten nicht in die Masse gelangt wären.[225] Die Frage, ob nicht statt auf die einzelnen Buchungen nur auf die Bewegung des Saldos gesehen werden darf[226] oder ob wenigstens Gutschriften ausscheiden können, die den **Weg zur weiteren Verwendung einer Kreditlinie** öffnen[227] ist vom BGH bisher nicht entschieden worden. 60

§ 64 Satz 2 GmbHG a.F. enthält eine **objektive Verbotsausnahme** für Zahlungen, die mit der **Sorgfalt eines ordentlichen Geschäftsmannes** vereinbar sind. Die Darlegungs- und Beweislast trifft den Geschäftsführer.[228] Gerechtfertigt sind u.a. **masseneutrale Zahlungen** (z.B. eines Aussonderungsrechts oder bei einem Absonderungsrecht eines Dritten bis zur Höhe des Wertes des Sicherungsgutes) sowie Zahlungen, deren **Nichtleistung unter Strafe steht bzw. mit Bußgeld bewehrt** ist (z.B. Arbeitnehmeranteil zur Sozialversicherung wegen § 266a StGB; Lohnsteuer; Betriebssteuern). Schließlich sind auch Zahlungen, durch die **größere Nachteile** 61

---

221 So auch Spliedt, EWiR 2015, 69.
222 Theiselmann/Verhoeven, DB 2015, 671; Tischler/Luszynski, GWR 2015, 17. Zum Ganzen auch Habersack/Foerster, ZGR 2016, 153 ff.
223 II ZR 366/13, BGHZ 206, 56.
224 Vgl. etwa BGH, 29.11.1999 – II ZR 273/98, BGHZ 143, 184, 186.
225 BGH, 11.2.2020 – II ZR 427/18, ZIP 2020, 666; anders die Vorinstanz OLG Hamburg, 9.11.2018 – 11 U 136/17, GmbHR 2019, 411.
226 Vgl. BGH, 27.6.2019 – IX ZR 167/18, ZIP 2019, 1577 zum Umfang der Anfechtung einer Rückgewähr von Gesellschafterdarlehen in kontokorrentähnlichen Verhältnissen: Begrenzung auf den höchsten Sollsaldo.
227 K. Schmidt, NZG 2015, 129.
228 BGH, 5.2.2007 – II ZR 51/06, ZIP 2007, 1501.

Fischer

für die Insolvenzmasse abgewendet werden, unter § 64 Satz 2 GmbHG a.F. zu subsumieren, soweit sie den sofortigen Zusammenbruch eines auch in der Insolvenz sanierungsfähigen Unternehmens verhindern (z.B. Zahlungen für Strom, Wasser, Mieten, Leasingraten)[229]. Der BGH wendet § 64 Satz 2 GmbHG a.F. in einer neuen Entscheidung v. 4.7.2017[230] hingegen nicht mehr auf Lohn- und Gehaltszahlungen an, da Arbeits- oder Dienstleistungen regelmäßig bereits keinen für die Gläubiger verwertbaren Massezufluss darstellen. Der Anwendungsbereich der Norm wird dadurch im Vergleich zur bisherigen Rechtsprechung deutlich eingeschränkt.

Anmerkung:
Gemäß § 2 Abs. 1 Nr. 1 COVInsAG gelten Zahlungen, die im ordnungsgemäßen Geschäftsgang erfolgten, insbesondere solche Zahlungen, die der Aufrechterhaltung oder Wiederaufnahme des Geschäftsbetriebes oder der Umsetzung eines Sanierungskonzepts dienen, als mit der Sorgfalt eines ordentlichen und gewissenhaften Geschäftsleiters im Sinne des § 64 Satz 2 GmbHG a.F.[231] vereinbar, soweit die Pflicht zur Stellung eines Insolvenzantrags nach § 1 COVInsAG ausgesetzt ist. Dadurch wurde der restriktive Anwendungsbereich des § 64 Satz 2 GmbHG a.F. – zeitlich befristet – erheblich ausgeweitet. Die Vorschrift wurde parallel zur jeweiligen Verlängerung der Aussetzung der Insolvenzantragspflicht[232] zeitlich ausgeweitet und gilt nunmehr gemäß § 2 Abs. 5 COVInsAG auch für die unter § 15b InsO fallenden Zahlungen.

62 Der Anspruch aus § 64 Satz 1 GmbHG a.F. ist vom Geschäftsführer **ungekürzt** zu erstatten. Die Grundsätze des innerbetrieblichen Schadensausgleichs sind nicht anzuwenden.[233] Einer Aufrechnung des Geschäftsführers mit Insolvenzforderungen aus eigenen Vergütungsansprüchen steht die Eigenart des Ersatzanspruches entgegen.[234] Wird der Geschäftsführer zur Zahlung verurteilt, so ist in der Entscheidung jedoch von Amts wegen ein **Quotenvorbehalt** aufzunehmen, wonach dem Geschäftsführer vorbehalten bleibt, seinen Gegenanspruch gegen den Insolvenzverwalter zu verfolgen.[235] Dieser Gegenanspruch dient dazu, eine ungerechtfertigte Bereicherung der Masse auszuschließen und deckt sich nach Rang und Höhe mit dem Betrag, den der begünstigte Gesellschaftsgläubiger im Insolvenzverfahren erhalten hätte.[236] Der

---

229 BGH, 5.2.2007 – II ZR 51/06, ZIP 2007, 1501.
230 II ZR 319/15, NZG 2017, 1034, 1036.
231 Sowie den vergleichbaren §§ 92 AktG, 130a, 177a HGB a.F.
232 Hierzu Rdn 49.
233 BGH, 24.9.2019 – II ZR 248/17, NZI 2020, 180, 181.
234 BGH, 15.10.2019 – II ZR 425/18, NZI 2019, 932.
235 BGH, 8.1.2001 – II ZR 88/99, BGHZ 146, 264; BGH, 11.7.2005 – II ZR 235/03, DB 2005, 1897; BGH, 19.2.2013 – II ZR 296/12, NZI 2013, 395.
236 Siehe vorstehende Fn.

BGH[237] hat zudem entschieden, dass der in § 64 Satz 1 GmbHG a.F. geregelte Anspruch der Gesellschaft gegen die Geschäftsführer einen gesetzlichen Haftpflichtanspruch auf Schadensersatz darstellt und somit von einer D&O-Versicherung abgedeckt wird.[238]

Die Vorschrift des § 9b Abs. 1 GmbHG gilt nach Ansicht des BGH[239] trotz des Verweises in §§ 64 Satz 4 a.F., 43 Abs. 3 Satz 2 GmbHG für den Insolvenzverwalter im Rahmen der Geltendmachung von Ersatzansprüchen aus § 64 GmbHG a.F. nicht.[240] Der Insolvenzverwalter ist damit auch nicht gehindert, die Ansprüche im Rahmen eines Vergleichs an einen Dritten abzutreten. Der durch die Vorschrift allein bezweckte Gläubigerschutz wird nach Auffassung des BGH im eröffneten Insolvenzverfahren durch die InsO erfüllt. Aufgrund der umfassenden Verwaltungs- und Verfügungsbefugnis des Insolvenzverwalters sind der Verzicht, die Abtretung und der Vergleich über die Ansprüche nur unwirksam, wenn sie dem Insolvenzzweck offenbar zuwiderlaufen. Der BGH sah es außerdem als ausreichend an, dass die Abtretung Teil eines Gesamtvergleichs war, der ohne die Abtretung mit hoher Wahrscheinlichkeit nicht zustande gekommen wäre. Der Insolvenzverwalter soll nicht stets gehalten sein, sich eine Beteiligung an der abgetretenen Forderung für den Fall der Betreibung einräumen zu lassen.[241] Die vom BGH vorgenommene teleologische Reduktion der Schutzvorschrift ist im Hinblick auf einen Verzicht nach der hier vertretenen Auffassung zu weitgehend[242], da sich ein differenzierender Gläubigerschutz in dem Sinne, dass der (strenge) gesellschaftsrechtliche durch einen (weniger strengen) insolvenzrechtlichen Gläubigerschutz zu ersetzen sei, nicht aus dem Gesetz herleiten lässt. Es fehlt damit bereits an der Voraussetzung einer teleologischen Reduktion. Für eine Ausnahme vom Vergleichsverbot gilt dies nicht, da eine entsprechende Ausnahme bereits im Wortlaut des § 9b Abs. 1 Satz 1 GmbHG angelegt ist.[243] Zuzustimmen ist dem BGH darin, dass auch der Insolvenzverwalter entsprechende Forderungen grundsätzlich an Dritte abtreten darf. Eine teleologische Reduktion in dem Sinne, dass die Abtretung ohne Rücksicht auf die Vollwertigkeit der Gegenleistung als zulässig anzusehen ist, wird dadurch nicht ausgeschlossen. Die Angemessenheitsprüfung der Abtretungsvereinbarung hat jedoch aufgrund eines objektiven Vergleichs der ausgetauschten Werte zu erfolgen. Herrscht aus rechtlichen oder tatsächlichen Gründen Unklarheit über den Bestand bzw. die Höhe der

---

237 BGH, 18.11.2020 – IV ZR 217/19, NZG 2021, 291.
238 Anders noch OLG Düsseldorf, 26.6.2020 – 4 U 134/18 (rkr.).
239 14.6.2018 – IX ZR 232/17, ZIP 2018, 1451.
240 Zustimmend Baumbach/Hueck/Haas, § 64 GmbHG Rn 40a m.w.N;
241 BGH, 14.6.2018, a.a.O.
242 Vgl. die Begründung zu § 66 AktG oben bei Rdn 8.
243 Ein Vergleich ist unwirksam, „soweit" der Ersatz zur Befriedigung der Gläubiger „erforderlich" ist.

Forderung, muss der Insolvenzverwalter diesem Umstand bei der Abtretung nach hier vertretener Auffassung dadurch Rechnung tragen, dass er eine angemessene Besserungsklausel vereinbart. Die Kriterien des BGH, wonach der Gesamtvergleich für die Masse vorteilhaft gewesen sei und der Insolvenzverwalter die wirtschaftliche Werthaltigkeit der Forderungen unter Berücksichtigung von Kosten und Aussichten einer Verwirklichung zu prüfen hat, lassen demgegenüber zumindest auch eine subjektive Prüfungskompetenz des Insolvenzverwalters erkennen.

64 Eine neue Fragestellung ist im Hinblick auf das durch das ESUG eingeführte **Schutzschirmverfahren gem. § 270b InsO** aufgetaucht. So wird diskutiert, ob § 64 Satz 1 GmbHG a.F. hier überhaupt gilt und – wenn ja – inwieweit die Haftung vor dem Hintergrund der Zwecksetzung des Schutzschirmverfahrens zu beschränken ist.[244] Es wird vertreten, dass der **Geschäftsführer auch während des Schutzschirmverfahrens nach § 64 Satz 1 GmbHG a.F. haften** könne. Da aber die durch den Gesetzgeber intendierte Sanierungserleichterung nicht die unverhältnismäßige Steigerung des persönlichen Haftungsrisikos für den mit der Betriebsfortführung betrauten („Sanierungs-") Geschäftsführer zur Folge haben dürfe, müsse eine **spezifische und wertungsgerechte Interpretation des § 64 Satz 1 GmbHG a.F. im Rahmen des Schutzschirmverfahrens** erfolgen.[245] Dazu sei der Zahlungsbegriff ebenso wie die Rechtfertigungsklausel (§ 64 Satz 2 GmbHG a.F.) vor dem gesetzlichen Ziel einer Massesicherung durch Betriebsfortführung zu interpretieren. Insoweit seien im Einzelfall auch Vermögenstransfers zulässig, die isoliert betrachtet eine Verringerung des Aktivvermögens der Gesellschaft darstellen. Eine derart modifizierte Interpretation des Schutzzwecks sei gerechtfertigt, da eine Voraussetzung des Schutzschirmverfahrens das Vorliegen einer Bescheinigung nach § 270b Abs. 3 Satz 1 InsO ist, nach welcher der Schuldner nicht zahlungsunfähig i.S.d. § 17 InsO und die angestrebte Sanierung nicht offensichtlich aussichtslos sein darf. Schließlich spreche auch die Möglichkeit der Begründung von Masseverbindlichkeiten während des Schutzschirmverfahrens (§ 270b Abs. 3 InsO) dafür, dass dem Geschäftsführer im Einzelfall auch masseverringernde Transfers erlaubt sein müssen. Nach anderer Auffassung richtet sich die Haftung nach §§ 60, 61 InsO, wodurch § 64 Satz 1 GmbH a.F. verdrängt wird.[246] Für die Haftung des Sanierungsgeschäftsführers im eröffneten Eigenverwaltungsverfahren hat der BGH in seiner Entscheidung v. 26.4.2018[247] die §§ 60, 61 InsO analog angewendet.

---

244 Näher Brinckmann, DB 2012, 1369; Schmidt/Poertzgen, NZI 2013, 369 ff.; Siemon/Klein, ZInsO 2012, 2009; Thole/Brünckmans, ZIP 2013, 1097.
245 Schmidt/Poertzgen, NZI 2013, 369 ff.
246 Hölzle, ZIP 2018, 1669, 1670; Bitter, ZIP 2018, 986, 988.
247 IX ZR 238/17, NZI 2018, 519.

Anmerkung:

Der Gesetzgeber hat durch Artikel 5 des Sanierungs- und Insolvenzfortentwicklungsgesetzes (SanInsFoG) vom 22.12.2020[248] insoweit für Klarheit gesorgt und nunmehr für nach dem 1.1.2021 eingeleitete Insolvenzverfahren die Haftung des Geschäftsleiters im (vorläufigen) Eigenverwaltungsverfahren nach §§ 60, 61 InsO in **§§ 276a Abs. 2 und 3 InsO** festgeschrieben. Ausweislich der Gesetzesbegründung zum Regierungsentwurf[249] wird der **neue § 15b InsO** nach Anordnung der vorläufigen Eigenverwaltung durch die Haftung nach § 276a Abs. 3 InsO **verdrängt**.[250]

§ 64 Satz 3 GmbHG a.F.[251] soll nach der Intention des Gesetzgebers die bestehenden Regelungen ergänzen, die die **Gläubiger vor Vermögensverschiebungen zwischen Gesellschaftern und Gesellschaft schützen**. Insb. soll die bilanzielle Ausschüttungssperre nach § 30 GmbHG durch ein Verbot von Ausschüttungen, die zwar zum Erhalt des Stammkapitals erforderliches Vermögen unangetastet lassen, aber zur Zahlungsunfähigkeit führen müssen, flankiert werden.[252] Ferner geht die Vorschrift über die bisherigen Anfechtungstatbestände hinaus, wenn deren z.T. kurze Fristen abgelaufen sind, der Gläubigerbenachteiligungsvorsatz und die entsprechende Kenntnis des Empfängers nicht bewiesen werden können und die Vermutungsregel namentlich gegenüber nahe stehenden Personen nicht erfüllt ist.[253] Der **Normzweck** der Vorschrift besteht offensichtlich darin, nicht allgemein die Masse, sondern die **Liquidität der Gesellschaft** zu schützen. Dabei legt die Neuregelung dem Geschäftsführer **insolvenzbezogene Organpflichten bereits vor der materiellen Insolvenz** auf. Da sich die Regelung des Satz 3 an Satz 1 anlehnt, handelt es sich dogmatisch um einen Ersatzanspruch eigener Art.

Auch der Tatbestand des § 64 Satz 3 GmbHG a.F. wirft **grundsätzliche Zweifelsfragen** auf, namentlich bezogen auf den Zahlungsbegriff und die Kausalität. Als „Zahlung" könnte man nach einem weiten Verständnis **jeglichen Liquiditätsabfluss** der Gesellschaft an den Gesellschafter verstehen. Andererseits ist zu bedenken, dass bei einem Gesellschafter, soweit er einen fälligen und durchsetzbaren Anspruch gegen die Gesellschaft hat, durch die Leistung auf diesen Anspruch i.d.R. nicht die Zahlungsunfähigkeit ausgelöst werden kann, da der Anspruch bereits zuvor bei Beurteilung der Zahlungsfähigkeit zu berücksichtigen gewesen ist. Anderes kann nur ausnahmsweise gelten, wenn durch die vollständige Begleichung der Gesellschafterforderung aus einer unwesentlichen eine wesentliche Deckungslücke

---

248 BGBl. I 2020, 3256.
249 BT-Drucks. 19/2418, 195.
250 Arens, GWR 2021, 64, 68.
251 Eingefügt durch das MoMiG v. 23.10.2008, BGBl. I 2008, S. 2026.
252 BT-Drucks. 14/6140, S. 46.
253 BT-Drucks. 14/6140, S. 46.

wird. Hieraus wird teilweise der Schluss gezogen, dass **Satz 3 nur auf offene und verdeckte Ausschüttungen anwendbar sei, also nur für Leistungen aufgrund des Gesellschaftsverhältnisses** gelte.[254] Die Gegenmeinung will das **Bestehen einer fälligen Gesellschafterforderung unberücksichtigt** lassen.[255] Im Ergebnis würde dies ein **Verbot der Begleichung von Gesellschafterforderungen in Insolvenznähe** bedeuten. Ein derartiges Verständnis wird von der Gesetzesbegründung zwar im Hinblick auf Gesellschafterdarlehen selbst nahe gelegt.[256] I.Ü. hätte eine solche Auslegung aber nichts mehr mit den in der Gesetzesbegründung erwähnten Vermögensverschiebungen zulasten der Gläubiger zu tun, sondern es würde umgekehrt eine Pflicht der Gesellschafter begründet, in der Krise hinter den übrigen Gläubigern zurückzustehen. Der BGH hat sich mit Urteil v. 9.10.2012[257] im Grundsatz dafür ausgesprochen, dass **fällige Gesellschafterforderungen den Anwendungsbereich des § 64 Satz 3 GmbHG a.F. nicht eröffnen**. Etwas anderes soll nur gelten, wenn die Forderung zusätzlich noch mit einem **Rangrücktritt** versehen ist, sie **nicht ernsthaft eingefordert** worden ist oder **Kreditgeber** außerhalb des Gesellschafterkreises Verlängerung oder Gewährung ihrer Kredite **vom Belassen der Gesellschafterforderung abhängig** machen. Hier stellen sich weitere klärungsbedürftige Fragen, z.B. ob auch ein **einfacher Rangrücktritt ohne Rückzahlungssperre**, der nur für den Insolvenzfall gilt,[258] schädlich sein soll[259] oder ob es sich bei diesem Sonderfall um einen Anwendungsfall der Treuepflicht handelt.[260]

Gegen die Sichtweise des BGH spricht indessen, dass dann in letzter Konsequenz die Gesellschafterforderungen nicht mehr bei der Feststellung der Zahlungsunfähigkeit berücksichtigt werden dürften, was schwerlich zu der abweichenden Rechtslage zur Feststellung der Überschuldung passt. Zudem bezieht sich der Nachrang nach § 39 Abs. 1 Nr. 5 InsO allein auf Gesellschafterdarlehen und nicht auf Zahlungen aus echten Drittgeschäften zwischen Gesellschaft und Gesellschafter.

67 Sieht man die Rückzahlung von fälligen Gesellschafterdarlehen als „Zahlung" an, setzt § 64 Satz 3 GmbHG a.F. weiter voraus, dass die Zahlung an die Gesellschafter zur Zahlungsunfähigkeit der Gesellschaft „führen musste". Es genügt also **keine schlichte Kausalität**, vielmehr muss nach der Vorstellung des Gesetzgebers die

---

254 Henssler/Strohn/Arnold, § 64 GmbHG Rn 48ff.; Altmeppen, § 64 GmbHG Rn 89; vgl. auch Niesert/Hohler, NZI 2009, 345, 350.
255 Dahl/Schmitz, NZG 2009, 567, 569f.; Scholz/K. Schmidt, § 64 GmbHG Rn 91; Spliedt, ZIP 2009, 149, 159f.
256 BT-Drucks. 16/6140, S. 42.
257 II ZR 298/11, ZIP 2012, 2391.
258 Zur insolvenzrechtlichen Beachtlichkeit eine Rückzahlungssperre allerdings fordernd Frystazki, NZI 2013, 609ff. m.w.N. zum Meinungsstand.
259 Mit Recht verneinend Altmeppen, ZIP 2013, 801, 805; Haas, NZG 2013, 41, 43.
260 Altmeppen, ZIP 2013, 801, 806.

Zahlung ohne Hinzutreten weiterer Kausalbeiträge zur Zahlungsunfähigkeit der Gesellschaft führen.[261] Allerdings wird auch hier eine großzügigere Zurechnung zulasten des Geschäftsführers im Schrifttum vertreten.[262] Die Zahlungsunfähigkeit durch die Darlehensrückzahlung muss also unter normalem Verlauf der Dinge ausgelöst worden sein. Praktisch setzt die Beurteilung, ob eine Zahlung zur Zahlungsfähigkeit führen muss, eine **Solvenzprognose** voraus. Dies erfordert einen Liquiditätsplan, anhand dessen die Entwicklung der Liquidität der Gesellschaft beobachtet werden muss. Entscheidend dabei ist der **Prognosezeitraum**, den man im Normalfall seriöserweise verlangen darf. Hierbei gilt, dass, von besonderen Ausnahmesituationen abgesehen, es sich wohl kaum voraussagen lässt, dass eine Zahlung mit überwiegender Wahrscheinlichkeit in anderthalb bis zwei Jahren zur Zahlungsunfähigkeit führen wird. Man sollte von einer praktikablen Grenze von max. einem Jahr ausgehen. In diesem Zusammenhang ist schließlich auf die **Beweislast** hinzuweisen. Grds. ist für das Vorliegen einer Insolvenz auslösenden Zahlung die **Gesellschaft bzw. der Insolvenzverwalter darlegungs- und beweispflichtig**. Soweit eine ausreichend dokumentierte Solvenzplanung nicht vorhanden ist, wird der Gesellschaft bzw. dem Insolvenzverwalter aber eine Beweiserleichterung zugutekommen müssen. Jenseits der Jahresfrist scheint diese wiederum zweifelhaft zu sein.

Die Regelung des § 64 GmbHG a.F. ist nunmehr mit Wirkung **ab 1.1.2021**[263] weitgehend in den rechtsformneutralen **§ 15b InsO** übernommen worden, **teilweise korrigierte** der Gesetzgeber im Rahmen der Neuregelung aber die dargestellte **höchstrichterliche Rechtsprechung**: 68

Wie bisher dürfen Geschäftsleiter gemäß § 15b Abs. 1 InsO nach dem Eintritt der Zahlungsunfähigkeit oder der Überschuldung keine Zahlungen mehr für die Gesellschaft vornehmen. Dies gilt nach § 15b Abs. 1 Satz 2 InsO **nicht für Zahlungen, die mit der Sorgfalt eines ordentlichen und gewissenhaften Geschäftsleiters vereinbar sind**. Nach § 15b Abs. 2 InsO gelten nunmehr Zahlungen, die **im ordnungsgemäßen Geschäftsgang erfolgen**, also insbesondere solche Zahlungen, die der Aufrechterhaltung des Geschäftsbetriebs dienen, **als mit der Sorgfalt eines ordentlichen und gewissenhaften Geschäftsleiters vereinbar**. Zu den bestehenden Zahlungsverbotsregelungen wird hierdurch **in zweierlei Hinsicht abgewichen**: **zum einen** gilt für diejenigen Geschäftsleiter, die die Insolvenzantragspflicht nicht verletzen, ein gegenüber der bisherigen Rechtsprechung **großzügigerer Maßstab**. So sollen künftig ausdrücklich z.B. auch Zahlungen auf Dienstleistungen privilegiert sein, soweit diese der Aufrechterhaltung des Geschäftsbetriebs dienen. Hierdurch werden die engen **Schranken**, denen die **Notgeschäftsführung** durch die

---

261 BT-Drucks. 14/6140, S. 46 f.
262 Z.B. Baumbach/Hueck/Haas, § 64 GmbHG Rn 132.
263 Zur zeitlichen Anwendung Rdn 52.

Fischer

Rechtsprechung bisher unterlag,[264] **weitgehend aufgehoben**.[265] Durch **§ 15b Abs. 3 InsO** besteht **zum anderen** aber fortan eine gesetzliche Vermutung dahingehend, dass eine haftungsrechtliche **Privilegierung von Zahlungen**, die im Zuge einer Insolvenzverschleppung, also **nach Ablauf des für eine rechtzeitige Antragstellung maßgeblichen Zeitpunkts**, vorgenommen werden, **in der Regel nicht in Betracht** kommt. Ist der für eine rechtzeitige Antragstellung maßgebliche Zeitraum gemäß § 15a Abs. 1 Satz 2 und 3 InsO abgelaufen und wurde kein Antrag gestellt, lassen sich Zahlungen zukünftig nur unter Ausnahmebedingungen noch als mit der Sorgfalt eines ordentlichen und gewissenhaften Geschäftsleiters vereinbaren. Die primäre Pflicht, der sich eine ordnungsgemäße und gewissenhafte Geschäftsleitung in einem solchen Stadium zu verschreiben hat, ist auf die Stellung des überfälligen Antrags gerichtet.[266] Im **Zeitraum vom Eintritt der Insolvenzreife** bis zu dem für eine rechtzeitige Antragstellung maßgeblichen Zeitpunkt im Sinne des § 15a Abs. 1 InsO gilt das Privileg des § 15b Abs. 2 Satz 1 InsO gemäß Satz 2 nur dann und solange, wie die Antragspflichtigen **Maßnahmen zur nachhaltigen Beseitigung der Insolvenzreife** oder zur Vorbereitung eines Insolvenzantrags mit der Sorgfalt eines ordentlichen und gewissenhaften Geschäftsleiters betreiben.[267] Zahlungen, die im **Zeitraum zwischen der Stellung des Antrags und der Eröffnung des Verfahrens** geleistet werden, gelten dann als mit der Sorgfalt eines ordentlichen und gewissenhaften Geschäftsleiters vereinbar, wenn sie mit **Zustimmung** eines **vorläufigen Insolvenzverwalters** vorgenommen werden, § 15b Abs. 2 Satz 3 InsO.[268] Das Gesetz enthält somit nunmehr eine **Ausdifferenzierung**, wann entsprechende Zahlungen privilegiert sind.[269]

Hinsichtlich der **bestehenden Pflichtenkollision**[270] im Zusammenhang mit Steuerschulden, deren Nichterbringung nach §§ 34, 69 AO zur zivilrechtlichen Haftung des Geschäftsleiters führt, wird eine **Privilegierung** von Zahlungen entgegen der bisherigen Rechtsprechung des BGH nunmehr nach § 15b Abs. 8 InsO **ausgeschlossen**. Im Gegenzug **liegt** künftig eine **Verletzung steuerrechtlicher Zahlungspflichten nicht vor**, wenn zwischen dem **Eintritt der Zahlungsunfähigkeit oder der Überschuldung und der Entscheidung des Insolvenzgerichts über den Insolvenzantrag** Ansprüche aus dem Steuerverhältnis nicht oder nicht rechtzeitig erfüllt werden, soweit die Antragspflichtigen ihren Verpflichtungen aus § 15a Abs. 1 InsO nachkommen. Wird das Insolvenzverfahren nicht eröffnet und ist dies

---

264 Hierzu Rdn 61.
265 BT-Drucks. 19/24181, 194.
266 BT-Drucks. 19/24181, 194f.
267 BT-Drucks. 19/24181, 194.
268 BT-Drucks. 19/24181, 195.
269 Arens, GWR 2021, 64, 68.
270 Vgl. Rdn 61.

auf eine Pflichtverletzung des Antragspflichtigen zurückzuführen, greift die **steuerrechtliche Privilegierung** hingegen nicht.[271] Das vergleichbare Verhältnis von Massesicherungspflicht zur strafrechtlich gebotenen Abführung der Sozialversicherungsbeiträge (§ 266a StGB) wurde nicht gesetzlich kodifiziert. Insoweit waren Zahlungen bisher privilegiert, soweit andernfalls eine Strafbarkeit für den Geschäftsleiter drohte. Nach der strafrechtlichen Rechtsprechung des BGH[272] war dies im Dreiwochenzeitraum der Insolvenzantragsfrist schon bisher nicht der Fall, weshalb die Pflichtenkollision für diesen Zeitraum im Sinne eines Vorrangs der Massesicherungspflicht aufgelöst wurde.[273] Vor dem Hintergrund der Neuregelung des § 15 Abs. 8 Satz 1 InsO und dem darin zum Ausdruck kommenden Rechtsgedanken erscheint es deshalb konsequent, die Norm analog anzuwenden und dadurch der Massesicherung auch für den Zeitraum des Eröffnungsverfahrens den Vorrang zu gewähren.[274] Ist die **Insolvenzantragsfrist** hingegen **ohne Antragstellung** des Verpflichteten **abgelaufen**, wird die **Pflichtenkollision durch den Gesetzgeber** künftig wegen § 15b Abs. 3 InsO ausdrücklich **in Kauf genommen.**[275] Der Geschäftsleiter soll dieser nur durch die Stellung des überfälligen Antrags entgehen können. Nach der Gesetzesbegründung ist das Spannungsfeld des Zahlungsverbots nach § 15b Abs. 1 Satz 1 InsO zu den straf- und haftungsbewehrten Pflichten zur Abführung des Arbeitnehmerbeitrags zur Sozialversicherung (§ 266a StGB) und zur Steuerabführung **nach Antragstellung dahingehend auflösen**, dass das **Abführungsgebot hinter der Massesicherungspflicht zurücktritt.**[276]

Eine weitere **Neuerung** enthält **§ 15b Abs. 4 InsO.** Gemäß § 15b Abs. 4 Satz 1 InsO ist der Geschäftsleiter zwar auch künftig grundsätzlich zur Erstattung der verbotswidrig geleisteten Zahlungen verpflichtet. Nach § 15b Abs. 4 **Satz 2** InsO ist ihm zukünftig aber auch der **Nachweis eines für die Gläubigerschaft geringeren Schadens** möglich. Die einzelnen Zahlungen dienen somit nur als Vermutungstatbestand für die eigentlich relevante Masseschmälerung.[277] Hierdurch wird vermieden, dass die Inanspruchnahme des Ersatzpflichtigen über dasjenige hinausgeht, was zur Erreichung des Zwecks der Zahlungsverbote – die Erhaltung der Masse im Interesse der Gläubiger – erforderlich ist. Für den Fall, dass den Mitgliedern des Vertreterorgans der **Gegenbeweis eines die einzelnen Zahlungen unterschreitenden Gesamtschadens** gelingt, bedarf es daher künftig nicht mehr der Konstruktion eines im Urteil über die Ersatzpflicht dem Ersatzpflichtigen vorzubehaltenden

---

271 Hodgson, NZI-Beilage 2021, 85, 86; Arens, GWR 2021, 64, 68.
272 BGHSt, Beschluss v. 30.7.2003 – 5 StR 221/03, BGHSt 48, 307.
273 Arens, GWR 2021, 64, 68; Bitter, GmbHR 2021, R16, R18.
274 Bitter, GmbHR 2021, R16, R 18; Gehrlein, DB 2020, 2393, 2396.
275 Hodgson, NZI-Beilage 2021, 85, 86.
276 BT-Drucks. 19/24181, 195.
277 Arens, GWR 2021, 64, 68

Fischer

Verfolgungsrecht in Höhe des Betrags, den der Zahlungsempfänger im Insolvenzverfahren erlöst hat.[278]

Durch § 15b Abs. 4 **Satz 4** InsO wird in Übereinstimmung mit der Rechtsprechung des BGH[279] das Vergleichs- und Verzichtsverbot hinsichtlich der Ersatzpflicht für den Insolvenzverwalter eingeschränkt, der im Interesse der Gläubigergesamtheit den Anspruch aufgrund der auf ihn übergegangenen Verwaltungs- und Verfügungsbefugnis einzieht. Es sollen insoweit nur die allgemeinen Grenzen der evident insolvenzzweckwidrigen Handlungen gelten.[280]

---

278 BT-Drucks. 19/24181, 195.
279 14.6.2018 – IX ZR 232/17, ZIP 2018, 1451; hierzu Rn 63.
280 BT-Drucks. 19/24181, 195.

§ 14 Steuerrecht in der Insolvenz

Übersicht

- A. Überblick —— 1
- B. Steuerverfahrensrechtliche Fragen —— 3
  - I. Grundlagen —— 3
  - II. Einzelfragen —— 18
    1. Säumniszuschläge —— 18
    2. Rechtsbehelfsbefugnis des Insolvenzverwalters auch bei mangelnder Quote —— 20
    3. Aufrechnung —— 21
    4. Auskunftsanspruch des Finanzamtes gegenüber dem Insolvenzverwalter —— 26
- C. Ertragsteuerliche Fragen —— 28
  - I. Unternehmensinsolvenzverfahren —— 29
    1. Grundlagen —— 29
    2. Behandlung von Sanierungsgewinnen —— 36
    3. Steuerfreiheit eines Sanierungsgewinns gem. § 3a Abs. 1 EStG —— 38
      - a) Grundlagen —— 38
      - b) Gesetzliche Neuregelung —— 39
      - c) Voraussetzungen der Steuerbefreiung —— 40
        - aa) Sanierungsbedürftigkeit —— 41
        - bb) Sanierungsfähigkeit und Sanierungseignung —— 42
        - cc) Betriebliche Begründung —— 43
        - dd) Sanierungsabsicht —— 44
        - ee) Nachweis durch den Steuerpflichtigen —— 45
        - ff) Antrag —— 46
      - d) Rechtsfolgen —— 47
        - aa) Steuerfreiheit des Sanierungsertrages —— 48
        - bb) Pflicht zur Hebung stiller Lasten —— 49
        - cc) Untergang von Verlustverrechnungspotentialen beim Steuerpflichtigen —— 50
    3. Neuerwerb —— 56
    4. Kapitalertragsteuer und Steueranrechnung bei Personenhandelsgesellschaften —— 57
  - II. Verbraucherinsolvenzverfahren —— 58
    1. Grundlagen —— 58
    2. Besonderheiten in der Wohlverhaltensphase —— 64
- D. Umsatzsteuerliche Fragen —— 72
  - I. Grundlagen —— 72
  - II. Umsatzsteuer auf Neuerwerb —— 83
  - III. Umsatzsteuerliche Behandlung der Verwertung von beweglichen und unbeweglichen Gegenständen mit Absonderungsrecht durch den Insolvenzverwalter —— 88
    1. Grundlagen —— 88
    2. Doppel- und Dreifachumsatz bei Sicherungsübereignung —— 91
  - IV. Erteilung einer neuen Steuernummer —— 96
  - V. Organschaft —— 97
  - VI. Bauträger und Umkehr der Steuerschuldnerschaft —— 98
- E. Bauabzugsteuer —— 99

A. Überblick

1 Im Insolvenzverfahren treffen die allgemeinen steuerlichen Vorschriften auf die Regelungen der Insolvenzordnung,[1] was in vielen Konstellationen zu bislang ungeklärten Rechtsproblemen führt, da die Insolvenzordnung spezifisch steuerrechtliche Regelungen nicht enthält, sondern lediglich darauf verweist, dass die handels- und steuerrechtlichen **Pflichten des Schuldners** zur **Buchführung** und zur **Rechnungslegung** unberührt bleiben und in Bezug auf die Insolvenzmasse der Insolvenzverwalter diese Pflichten zu erfüllen hat (§ 155 Abs. 1 S. 1 InsO).[2] Die Vorschriften der Insolvenzordnung bleiben verfahrensrechtlich gem. § 251 Abs. 2 S. 1 AO unberührt. Daher gilt der Grundsatz: *„Insolvenzrecht geht vor Steuerrecht"*. Die wenigen gesetzlichen Vorschriften in der InsO (§ 55 Abs. 4 InsO und § 155 InsO) und in der AO (§ 34 AO, § 69 AO und § 251 AO) sind zudem stets im Lichte der Rechtsprechung, insbesondere des BFH, aber auch des EuGH und des BGH zu sehen. Zudem hat das BMF zahlreiche Verwaltungsanweisungen zu den Schnittstellen des Insolvenz- und Steuerrechts veröffentlicht, denen zwar keine Gesetzeskraft zukommt, die aber in der Regel von der Finanzverwaltung angewendet werden.

2 Da die Insolvenzordnung keine materiellen steuerrechtlichen Normen enthält, richten sich die **Entstehung** und die **Höhe der Steuerforderung nach Steuerrecht**, die **Durchsetzung von Steuerforderungen allerdings nach Insolvenzrecht**.[3] Sonstige **Masseverbindlichkeiten** i.S. des § 55 Abs. 1 Nr. 1 InsO sind von den **Insolvenzforderungen** (§§ 35 Abs. 1, 38, 87, 174 ff., 187 ff. InsO) abzugrenzen. Insolvenzforderungen sind nach § 38 InsO Forderungen, die bereits zur Zeit der Eröffnung des Insolvenzverfahrens begründet waren. Die Abgrenzung zwischen Insolvenzforderungen und (sonstigen) Masseverbindlichkeiten richtet sich ausschließlich nach dem Zeitpunkt der insolvenzrechtlichen Begründung. Entscheidend ist dabei, ob und wann ein Besteuerungstatbestand nach seiner Art und Höhe tatbestandlich verwirklicht und damit die Steuerforderung insolvenzrechtlich begründet worden ist.[4] Dies richtet sich ausschließlich nach steuerrechtlichen Grundsät-

---

[1] Vgl. Busch/Winkens/Büker, Insolvenzrecht und Steuern visuell, 3. Auflage, Stuttgart, 2020, Rn 1 ff.; Heyd/Kautenberger-Behr/Wind, Bilanzierung und Besteuerung in Krise und Insolvenz, München, 2019; Roth, Insolvenz Steuerrecht, 3. Auflage, Köln, 2021, Rn 1 ff.; Sonnleitner, Insolvenzsteuerrecht unter besonderer Berücksichtigung des Insolvenzplanverfahrens, München, 2017; Waza/Uhländer/Schmittmann, Insolvenzen und Steuern, 13. Auflage, 2021, Rn 1 ff.; Ziegenhagen/Thieme, Besteuerung in Krise und Insolvenz, S. 1 ff.; Schmidt/Schmittmann, InsO, § 155 Rn 1 ff.; Jaeger/Fehrenbacher, Steuerrecht in der Insolvenz, Rn 1 ff.
[2] Vgl. Schmidt/Schmittmann, § 155 InsO Rn 1 ff.; Schmittmann, StuB 2019, 360 ff.; Fischer-Böhnlein/Körner, BB 2001, 191 ff.; Heni, ZInsO 1999, 609 ff.; Weisang, BB 1998, 1149 ff.
[3] Vgl. grundlegend: RFH, 25.10.1926 – GrS 1/26 S, RStBl 1926, 337.
[4] So BFH, Urteil vom 3.8.2016 – X R 25/14, BFH/NV 2017, 317 ff. = NZI 2017, 218 ff. mit krit. Anm. *Schmidt* = StuB 2017, 206 f. mit Anm. *jh*.

zen.⁵ Für die insolvenzrechtliche **Begründung des Einkommensteueranspruchs** kommt es deshalb darauf an, ob der einzelne (unselbständige) Besteuerungstatbestand – insbesondere die Erzielung von Einkünften nach § 2 Abs. 1 EStG – vor oder nach Insolvenzeröffnung verwirklicht wurde. Es ist zu prüfen, wann der Tatbestand, an den die Besteuerung knüpft, vollständig verwirklicht ist Auf die steuerrechtliche Entstehung der Ansprüche aus dem Steuerschuldverhältnis (z.B. § 38 AO i.V.m. § 36 Abs. 1 EStG) und deren Fälligkeit kommt es dagegen nicht an.⁶

Früher hatte man vereinfacht angenommen, ein Steueranspruch sei immer dann **Insolvenzforderung** i.S.v. § 38 InsO, wenn er vor Eröffnung des Verfahrens in der Weise begründet worden ist, dass der zugrundeliegende zivilrechtliche Sachverhalt, der zur Entstehung der Steuerforderung führt, bereits vor Eröffnung des Insolvenzverfahrens verwirklicht worden ist.⁷ Es sei auf den „**Schuldrechtsorganismus**" abzustellen, also auf den Tatbestand, der Rechtsgrund für die Entstehung der Forderung ist.⁸ Diese – über Jahrzehnte entwickelten und bewährten – Grundsätze sind aber durch die jüngere Rechtsprechung des BFH im Umsatzsteuerrecht in ihr Gegenteil verkehrt worden. Durch die Eröffnung des Insolvenzverfahrens wird das Unternehmen in mehrere Teile aufgespalten, so dass zwischen der Insolvenzmasse, dem vorinsolvenzlichen Teil und dem vom Insolvenzverwalter freigegebenen Vermögen zu unterscheiden ist. Dies beeinträchtigt den **Grundsatz der Unternehmenseinheit** nicht, da es nach Auffassung des BFH ausreicht, dass die Summe der für alle Unternehmensteile insgesamt festgesetzten oder angemeldeten Umsatzsteuer der Umsatzsteuer für das gesamte Unternehmen entspricht. Die Rechtsprechung führt allerdings dazu aus, dass bei dem Unternehmer, über dessen Vermögen das Insolvenzverfahren eröffnet ist, mit Eröffnung des Insolvenzverfahrens **Uneinbringlichkeit** hinsichtlich der vor Insolvenzeröffnung erbrachten, aber noch nicht bezahlten Leistungen entsteht. Zieht der Insolvenzverwalter diese Forderungen ein, so ist eine erneute Berichtigung vorzunehmen.⁹ Im Ergebnis führt dies dazu, dass die erste Berichtigung auf der Ebene von Insolvenzforderungen i.S.v. § 38 InsO statt-

---

5 So BFH, Urteil vom 3.8.2016 – X R 25/14, BFH/NV 2017, 317 ff. = NZI 2017, 218 ff. mit krit. Anm. *Schmidt* = StuB 2017, 206 f. mit Anm. *jh*; BFH, Urteil vom 16.11.2004 – VII R 75/03, BFHE 208, 296 = BStBl II 2006, 193; BFH, Urteil vom 29.8.2007 – IX R 4/07, BFHE 218, 435 = BStBl II 2010, 145; BFH, Urteil vom 16.5.2013 – IV R 23/11, BFHE 241, 233 = BStBl II 2013, 759; vgl. auch zur Entstehung eines Umsatzsteueranspruchs: BFH, Urteil vom 29.1.2009 – V R 64/07, BFHE 224, 24 = BStBl II 2009, 682; BFH, Urteil vom 9.2.2011 – XI R 35/09, BFHE 233, 86 = BStBl II 2011, 1000.
6 So BFH, Urteil vom 3.8.2016 – X R 25/14, BFH/NV 2017, 317 ff. = NZI 2017, 218 ff. mit krit. Anm. *Schmidt* = StuB 2017, 206 f. mit Anm. *jh* = ZInsO 2017, 236 ff.; BFH, Urteil vom 9.12.2014 – X R 12/12, BFH/NV 2015, 988, unter II.2.a, m.w.N.
7 So BFH, 1.4.2008 – X B 201/07, BFH/NV 2008, 925 ff. = ZIP 2008, 1780 f.
8 So Schmidt/Schmittmann, InsO, Anhang Steuerrecht Rn 106.
9 So BFH, 9.12.2010 – V R 22/10, BFHE 232, 301 ff. = BStBl II 2011, S. 996 ff. = BFH/NV 2011, 952 ff. = ZIP 2011, 782 ff.

findet und die zweite Berichtigung – durch den Einzug der vorinsolvenzlichen Forderung durch den Insolvenzverwalter – zu einer Umsatzsteuer im Rang einer Masseverbindlichkeit gem. § 55 Abs. 1 Nr. 1 InsO führt. Darüber hinaus hat der BFH diese Rechtsprechung auch auf den Forderungseinzug durch den sog. „schwachen" vorläufigen Insolvenzverwalter[10], den sog. „starken" vorläufigen Insolvenzverwalter[11] sowie den Schuldner in der **Eigenverwaltung**[12] erstreckt. In der vorläufigen Eigenverwaltung ist § 55 Abs. 4 InsO in der Fassung des Haushaltsbegleitgesetzes 2011 nicht anwendbar[13]. Im Zuge das SanInsFoG[14] wurde die Regelung des § 55 Abs. 4 InsO für Insolvenzverfahren, die nach dem 31. Dezember 2020 beantragt worden sind, wie folgt gefasst:

> „Umsatzsteuerverbindlichkeiten des Insolvenzschuldners, die von einem vorläufigen Insolvenzverwalter oder vom Schuldner mit Zustimmung eines vorläufigen Insolvenzverwalters oder vom Schuldner nach Bestellung eines vorläufigen Sachwalters begründet worden sind, gelten nach Eröffnung des Insolvenzverfahrens als Masseverbindlichkeit. Den Umsatzsteuerverbindlichkeiten stehen die folgenden Verbindlichkeiten gleich:
> sonstige Ein- und Ausfuhrabgaben,
> bundesgesetzlich geregelte Verbrauchsteuer,
> die Luftverkehr- und die Kraftfahrzeugsteuer und
> die Lohnsteuer."

Im **Schutzschirmverfahren** gemäß § 270b InsO a.F. (§ 270d InsO n.F.) ist in Altverfahren darauf abzustellen, ob das Insolvenzgericht den Schuldner gemäß § 270b Abs. 3 Satz 1 InsO a.F. ermächtigt hat, Masseverbindlichkeiten einzugehen. Soweit eine solche Ermächtigung erfolgt ist, steht der Schuldner gemäß § 270b Abs. 3 Satz 2

---

[10] So BFH, 24.9.2014 – V R 48/13, BStBl II 2015, S. 506 ff. = ZIP 2014, 2451 ff. = EWiR 2015, 19 f. m. Anm. Schmittmann.
[11] So BFH, 1.3.2016 – XI R 21/14, BFHE 253, 445 ff. = BStBl II 2016, 756 ff. = ZIP 2016, 1355 ff. = EWiR 2016, 439 f. [Schmittmann] = NZI 2016, 706 ff. = DB 2016, 1548 ff. = DStR 2016, 1469 ff. = ZInsO 2016, 1487 ff. mit Anm. Rekers = StuB 2016, 561 mit Anm. jh.
[12] So BFH, Urteil vom 27.9.2018 – V R 45/16, ZIP 2018, 2232 ff. = EWiR 2018, 721 f. [Schmittmann] = NZI 2018, 988 ff. = ZInsO 2018, 2671 ff. = StuB 2019, 129 [Ls.] mit Anm. jh = BB 2018, 2854 ff. mit Anm. Wagner.
[13] So BGH, Urteil vom 22.11.2018 – IX ZR 167/16, BGHZ 220, 243 ff. = NZI 2019, 236 ff. = DStR 2019, 174 ff. = EWiR 2019, 49 f. [Thole] = NZI 2019, 236 ff.; Vorinstanz: Thüringer OLG, Urteil vom 22.6.2016 – 7 U 753/15, NZI 2016, 784 ff. = ZIP 2016, 1741 ff.; BFH, Beschluss vom 7.5.2020 – V R 14/19, NZI 2020, 850 ff. = BFH/NV 2020, 1178 ff. = ZRI 2020, 477 ff.; Vorinstanz: FG Münster, Urteil vom 12.3.2019 – 15 K 1535/18, EFG 2019, 996 ff. mit Anm. *Bohlmann* = NZI 2019, 547 ff.; BFH, Beschluss vom 7.5.2020 – V R 19/19, BFH/NV 2020, 1095 ff.; Vorinstanz: FG Köln, Urteil vom 11.4.2019 – 12 K 2583/17, EFG 2020, 58 ff. mit Anm. *Kessens* = NZI 2020, 82 ff. mit Anm. *Witfeld*.
[14] S. Gesetz zur Fortentwicklung des Sanierungs- und Insolvenzrechts (Sanierungs- und Insolvenzrechtsfortentwicklungsgesetz – SanInsFoG) vom 22.12.2020, BGBl. I 2020, 3256 ff.

InsO a.F. einem starken vorläufigen Insolvenzverwalter gleich und löst gemäß § 55 Abs. 2 InsO analog **Masseverbindlichkeiten** aus.[15] Demnach ist Umsatzsteuer, die bei der Vorbereitung einer Sanierung im Schutzschirmverfahren gemäß § 270b InsO a.F. entsteht, Masseverbindlichkeit.[16] Hat das Insolvenzgericht Zahlungen in der vorläufigen Eigenverwaltung unter Zustimmungsvorbehalt des vorläufigen Sachwalters gestellt, entfällt dadurch die **Haftung des Geschäftsführers** für Zahlungen, die der Geschäftsführer bewirken wollte, deren Begleichung der vorläufige Sachwalter allerdings nicht zugestimmt hat[17].

B. Steuerverfahrensrechtliche Fragen

I. Grundlagen

Nach Wegfall der noch in der Konkursordnung vorgesehenen **Vorrechte des Fiskus** durch die Einführung der Insolvenzordnung zum 1.1.1999 ist für die Finanzverwaltung weitaus mehr als früher von Bedeutung, bei welchen Steuerforderungen es sich um Insolvenzverbindlichkeiten i.S.v. § 38 InsO und bei welchen es sich um Masseverbindlichkeiten i.S.v. § 55 InsO handelt.

Durch eine ganze Reihe von Maßnahmen hat die Finanzverwaltung erfolgreich auf den Gesetzgeber eingewirkt, um Regelungen zu schaffen, die eine **Privilegierung von Steuerforderungen** gegenüber anderen Forderungen sicherstellen.[18] An dieser Stelle sei lediglich auf die Einführung der sog. „Bauabzugsteuer" (§§ 48 ff. EStG), die Umkehr der Steuerschuldnerschaft in der Umsatzsteuer (§ 13b Abs. 2 UStG) und die Haftung bei Abtretung, Verpfändung oder Pfändung von Forderungen (§ 13c UStG) verwiesen.[19] Der V. Senat des BFH profiliert sich zunehmend als „Schöpfer von Fiskusvorrechten".[20] Durch das **Haushaltsbegleitgesetz 2011** wurde § 55 Abs. 4 InsO eingeführt, wonach Verbindlichkeiten des Insolvenzschuldners aus dem Steuerschuldverhältnis, die von einem vorläufigen Insolvenzverwalter oder vom Schuldner mit Zustimmung eines vorläufigen Insolvenzverwalters begründet worden sind, nach Eröffnung des Insolvenzverfahrens als Masseverbindlichkeiten

---

15 Vgl. BGH, Urteil vom 22.11.2018 – IX ZR 167/16, ZIP 2018, 2488 ff.
16 So FG Nürnberg, Gerichtsbescheid vom 28. März 2018 – 2 K 1105/15, NZI 2018, 652 ff. mit Anm. Witfeld.
17 So FG Münster, Beschluss vom 3. April 2017 – 7 V 492/17, ZIP 2017, 1174 ff. = NZI 2017, 495 ff. mit Anm. Rieger/Verken.
18 Vgl. Kahlert, ZIP 2010, 1274 ff.
19 Vgl. Schmittmann, ZIP 2011, 1125 ff.
20 Vgl. Kahlert, DStR 2011, 921 ff.; Schmittmann, ZIP 2012, 249 ff.

gelten.[21] Dies sind weitere Schritte in der Reihe profiskalischer Entwicklungen im Insolvenzsteuerrecht.[22]

Insolvenzforderungen i.S.v. § 38 InsO können von der Finanzverwaltung ausschließlich durch Anmeldung oder ggf. Nachmeldung zu der beim Insolvenzverwalter geführten Insolvenztabelle (§ 174 InsO) geltend gemacht werden.[23] Hinsichtlich einer Insolvenzforderung ist ein Steuerbescheid mit Leistungsgebot unzulässig.[24] Bei der Anmeldung handelt es sich weder um einen Steuerbescheid noch um einen sonstigen Verwaltungsakt.[25]

Masseverbindlichkeiten (insb. nach § 55 InsO) sind einer Anmeldung zur Insolvenztabelle nicht zugänglich. Der Massegläubiger kann seinen Anspruch, jedenfalls sofern nicht **Masseunzulänglichkeit** i.S. des § 208 InsO angezeigt ist, uneingeschränkt gegenüber der Masse geltend machen, so dass z.B. auch ein Bescheid gegen den Insolvenzverwalter erlassen werden kann.[26] Die Erteilung der **Restschuldbefreiung** umfasst die Masseverbindlichkeiten nicht, so dass die Finanzverwaltung diese nach Aufhebung des Insolvenzverfahrens gegen den Schuldner geltend machen kann.[27] Auch ein **Insolvenzplan** erfasst (ehemalige) Masseverbindlichkeiten – abgesehen vom Sonderfall des § 210a InsO – nicht.[28]

4   Der sog. „starke" vorläufige Insolvenzverwalter und der Insolvenzverwalter[29] sind im Gegensatz zum sog. „schwachen" vorläufigen Insolvenzverwalter **gesetzliche Vertreter** bzw. **Vermögensverwalter** der Insolvenzmasse i.S.v. § 34 Abs. 1,

---

21 Vgl. *Onusseit*, Zur Neuregelung des § 55 Abs. 4 InsO, ZInsO 2011, 641 ff.; *Roth*, Anfechtbarkeit von Umsatzsteuerforderungen gem. § 55 Abs. 4 InsO, ZInsO 2011, 1779 ff.; *Schmittmann*, Das Haushaltsbegleitgesetz 2011 aus insolvenzsteuerlicher Sicht, StuB 2010, 877 ff.; *Schmittmann*, Steuerliche Privilegierung der steuerlichen Eigenverwaltung, Haftung der Geschäftsleiter für Steuerzahlungen und Haftung von Berufsträgern nach dem SanInsFoG-RegE, ZRI 2020, 649 ff.; *Sinz/Oppermann*, § 55 Abs. 4 InsO und seine Anwendungsprobleme in der Praxis, DB 2011, 2185 ff.; *Zimmer*, Haushaltsbegleitgesetz 2011 (§ 55 Abs. 4 InsO n.F.) – erste Anwendungsprobleme, ZInsO 2010, 2299 ff.; Schmittmann, ZIP 2011, 1125, 1126; Schmittmann, ZIP 2012, 249 ff.; Waza/Uhländer/Schmittmann, Insolvenzen und Steuern, Rn 712 ff.
22 Kritisch auch: Ries, FS für Godehard Kayser, S. 613 ff.
23 So BFH, 31.1.2012 – I S 15/11, n.v.; BFH, 13.12.2008 – I R 11/05, BFH/NV 2009, 719; BFH, 4.5.2004 – VII R 45/03, BStBl II 2004, S. 815.
24 So BFH, 29.6.1965 – VI 13/64 S, BStBl III 1965, S. 491; BFH, 18.12.2002 – I R 33/01, BStBl II 2003, S. 630; Braun/Bäuerle, § 38 InsO Rn 27.
25 Vgl. im Einzelnen Waza/Uhländer/Schmittmann, Insolvenzen und Steuern, Rn 721 ff.
26 So Waza/Uhländer/Schmittmann, Insolvenzen und Steuern, Rn 781 ff.
27 So BFH, Urteil vom 2. April 2019 – IX R 21/17, ZIP 2019, 1333 ff. = EWiR 2019, 471 f. [Schmittmann] = NZI 2019, 674 ff. mit Anm. Hoffmann = Verbraucherinsolvenz aktuell 2020, 15 f. mit Anm. Harder = BB 2019, 1767 f.
28 So BFH, Urteil vom 23. Oktober 2018 – VII R 13/17, BFH/NV 2019, 169 ff. = ZIP 2019, 85 ff. = EWiR 2019, 83 f. [de Weerth] = NZI 2019, 87 ff. mit Anm. Schmittmann = Verbraucherinsolvenz aktuell 2019, 22 f. mit Anm. Harder = StuB 2019, 96 mit Anm. jh.
29 Vgl. Roth, Insolvenz Steuerrecht, Rn. 2.121.

Abs. 3 AO, so dass sie insbesondere dafür zu sorgen haben, dass die Steuern aus den Mitteln entrichtet werden, die sie verwalten.[30] Der sog. „schwache" vorläufige Insolvenzverwalter und der (vorläufige) Sachwalter verwalten kein fremdes Vermögen, sondern nehmen lediglich eine **Aufsichts- und Kontrollfunktion** wahr, so dass sie nicht in den Regelungsbereich von § 34 Abs. 1, Abs. 3 AO fallen.[31] Auch die durch das SanInsFoG eingeführten Restrukturierungsbeauftragten (§§ 73 ff. StaRUG) und Sanierungsmoderatoren (§§ 94 ff. StaRUG) sind keine Personen i.S. des § 34 Abs. 3 i.V. mit Abs. 1 AO.[32]

Der Insolvenzverwalter hat nach Auffassung der Finanzverwaltung[33] folgende Pflichten:
- Alle notwendigen **Steuererklärungen**[34] abzugeben,
- bei der **Ermittlung des Sachverhalts** mitzuwirken,
- **Auskünfte** zu erteilen,
- **Urkunden** vorzulegen usw.

Die **Mitwirkungs- und Erklärungspflichten** gelten zumindest für **natürliche Personen** und **Kapitalgesellschaften**. Bei **Personengesellschaften** und **Personenhandelsgesellschaften** beschränkt sich die Pflicht des Verwalters auf die Steuererklärungen, die die Steuern des Unternehmens betreffen, also insbesondere Umsatz- und Gewerbesteuererklärungen.[35] Zur Abgabe von Erklärungen für die einheitliche und gesonderte Gewinnfeststellung ist der Insolvenzverwalter nicht verpflichtet.[36] Der Insolvenzverwalter ist aber verpflichtet, die handelsrechtlichen Jahresabschlüsse einer **Personenhandelsgesellschaft** erstellen zu lassen, wenn die Gesellschafter ihm die dafür erforderlichen Mittel zur Verfügung stellen, damit die Insolvenzmasse nicht belastet wird.[37]

Der BFH hat zur Zeit der Konkursordnung entschieden, dass die Verpflichtung des Konkursverwalters zur **Abgabe von Steuererklärungen** für den Schuldner

---

30 So BFH, 19.11.2007 – VII B 104/07, BFH/NV 2008, 334 f.; BFH, 28.11.2002 – VII R 41/01, BStBl II 2003, S. 337; Tipke/Kruse/Drüen, § 251 AO Rn 37; Busch/Winkens/Büker, S. 146; Schmittmann, StuB 2012, 237; Schmittmann in: Jesgarzewski/Schmittmann, Steuerrecht, Kap. 15 Abschn. 15.2.1.1.; Uhländer, AO-StB 2003, 279.
31 S. Schmidt/Schmittmann, InsO, Anhang Steuerrecht, Rn 12; Waza/Uhländer/Schmittmann, Insolvenzen und Steuern, Rn 484.
32 S. Schmidt/Schmittmann, InsO, Anhang Steuerrecht, Rn 5; Waza/Uhländer/Schmittmann, Insolvenzen und Steuern, Rn 484.
33 S. OFD Hannover, Verfügung v. 27.1.2003 – S 0550 – 2744 – StH 462/S 0151 – 2 – StO 321, StuB 2003, 431 f.
34 Vgl. ökonomisch zweifelnd: Schmittmann, StuB 2013, 67, 68; einschränkend: Beck, NZI 2012, 991 ff.
35 So BFH, 23.8.1994 – VII R 143/92, BStBl II 1995, S. 194 ff.
36 So schon FG Schleswig-Holstein, 24.4.1991 – III 57/91, ZIP 1991, 1609 ff.
37 So BGH, 16.9.2010 – IX ZR 121/09, ZIP 2010, 2164 ff. = DStR 2010, 2364 ff.

nicht davon abhängig ist, ob die dafür erforderlichen Kosten bei Beauftragung eines Steuerberaters durch die Masse gedeckt sind.[38]

8 Das Kostenargument entbindet – so der BFH schon im Jahre 1994 – den Verwalter ebenso wie den Steuerpflichtigen selbst nicht von der Erfüllung seiner öffentlich-rechtlichen Verpflichtungen. Der Verwalter hat die ihm auferlegten **Pflichten gegenüber der Finanzbehörde** im übergeordneten öffentlichen Interesse zu erfüllen. Die Steuererklärungspflicht dient der ordnungsgemäßen **Abwicklung des Besteuerungsverfahrens** und nicht nur dem fiskalischen Interesse der Finanzverwaltung als Gläubiger.

9 Zum Verwalter werden in der Regel Personen bestellt, die aufgrund ihrer Ausbildung oder beruflichen Erfahrung zu dieser Vermögensverwaltung, zu der auch die **Abgabe der Steuererklärung** für den (Gemein-)Schuldner gehört, besonders qualifiziert sind. Dies verpflichtet sie zur selbstständigen Erstellung von Jahresabschlüssen und Steuererklärungen.

10 Zu Insolvenzverwaltern werden weit überwiegend Rechtsanwälte ernannt. Da der **Rechtsanwalt** zur unbeschränkten **Hilfeleistung in Steuersachen** (§ 3 Abs. 1 Nr. 2 StBerG) befugt ist, kann er sich nicht damit entlasten, dass die Insolvenzmasse nicht ausreiche, einen externen Steuerberater zu beauftragen. Nach Auffassung des BFH soll es nur dann unzumutbar sein, die Steuererklärungen des Schuldners selbst zu erstellen, wenn dies mit umfangreichen Buchführungs- und Abschlussarbeiten verbunden ist[39] und die Kosten für die Beauftragung eines Steuerfachmannes aus der Konkursmasse nicht gedeckt werden können. Welche Maßstäbe für die Prüfung heranzuziehen sind, ob es sich um eine „umfangreiche" Buchführung handelt, hat der BFH leider nicht angegeben.[40]

11 Der Insolvenzverwalter haftet nach § 69 AO, soweit **Ansprüche aus dem Steuerschuldverhältnis** infolge vorsätzlicher oder grob fahrlässiger Verletzung der ihm obliegenden Pflichten nicht oder nicht rechtzeitig festgesetzt oder erfüllt oder soweit infolgedessen Steuervergütungen oder Steuererstattungen ohne rechtlichen Grund gezahlt werden.[41] Daneben ist eine **Haftung des Insolvenzverwalters** nach §§ 60, 61 InsO auch gegenüber der Finanzverwaltung denkbar.[42] Diese Fälle spielen aber in der Praxis kaum eine Rolle, da der Gläubiger (hier: Finanzverwaltung) sie gerichtlich geltend machen muss, während Haftungsschulden von der Finanzverwaltung durch Bescheid festgesetzt werden können. Im Übrigen verdrängt § 69 AO als lex specialis für den Fall der **Verletzung steuerlicher Pflichten** die insolvenz-

---

38 So BFH, 23.8.1994 – VII R 143/92, BStBl II 1995, S. 194 ff. = NJW 1995, 1697 ff. = DStR 1995, 18 f.
39 Vgl. BGH, 29.5.1979 – VI ZR 104/78, ZIP 1980, 25 ff. m. Anm. Kilger.
40 S. Schmittmann, InsbürO 2005, 288, 289.
41 S. Waza/Uhländer/Schmittmann, Insolvenzen und Steuern, Rn 1251 ff.
42 Vgl. im Einzelnen: Maus, Steuern im Insolvenzverfahren, Rn 241 ff.

rechtliche Haftung.⁴³ Zur Haftung des Insolvenzverwalters hat der BGH entschieden, dass § 69 AO nicht die Begründung von Steuerpflichten sanktioniert, so dass sowohl ein insolvenzrechtlicher **Schadensersatzanspruch** nach § 60 InsO als auch eine Ersatzpflicht des Verwalters nach § 61 InsO ausscheidet, wenn er zu Lasten der Insolvenzmasse eine Umsatzsteuerschuld als Masseverbindlichkeit i.S.v. § 55 Abs. 1 Nr. 1 InsO begründet, dann aber nicht bezahlen kann.⁴⁴ Die Bestimmung des § 61 InsO diene nur dem Schutz der Gläubiger, die für oder im Zusammenhang mit ihrem Anspruch gegen die Insolvenzmasse eine Gegenleistung erbringen.⁴⁵ Darüber hinaus scheide auch eine **Haftung des Insolvenzverwalters** gem. §§ 191, 69, 34 AO aus, weil der Insolvenzverwalter nicht pflichtwidrig handele.⁴⁶

Das Insolvenzrecht ist von dem **Grundsatz der Gläubigergleichbehandlung** 12 geprägt. Nach Eröffnung des Insolvenzverfahrens und vor Abschluss der Prüfungen gem. §§ 176, 177 InsO dürfen daher grundsätzlich keine Bescheide mehr erlassen werden,⁴⁷ in denen Besteuerungsgrundlagen, die die Höhe der zur **Insolvenztabelle** anzumeldenden Steuerforderungen beeinflussen können,⁴⁸ festgestellt oder festgesetzt werden. Zulässig ist indes der Erlass von Steuerbescheiden, die zu einer Erstattung führen.⁴⁹ Auch sog. „Null"-Bescheide sind zulässig.⁵⁰

Nach Eröffnung des Insolvenzverfahrens über das Vermögen des Steuerschuld- 13 ners ist die Feststellung einer vor Insolvenzeröffnung mit dem **Einspruch** angefochtenen und im Prüfungstermin vom Insolvenzverwalter bestrittenen Steuerforderung durch **Aufnahme des unterbrochenen Einspruchsverfahrens** zu betreiben. Aufgrund der bereits festgesetzten Steuer kommt der **Erlass eines Feststellungsbescheids** nach § 251 Abs. 3 AO in einem solchen Fall nicht mehr in Betracht.⁵¹

Nach Eröffnung des Insolvenzverfahrens darf das Finanzamt bis zum Prüfungs- 14 termin Steuern nicht mehr durch **Steuerbescheid** festsetzen, die zur Insolvenzta-

---

43 So Maus, Steuern im Insolvenzverfahren, Rn 243; vgl. zum Verhältnis der Haftung nach KO und AO: BGH, Urt. v. 1.12.1988 – IX ZR 61/88, NJW 1989, 303 ff.
44 So BGH, Beschl. v. 14.10.2010 – IX ZB 224/08, ZIP 2010, 2252, 2253 = NZI 2011, 60, 61.
45 So BGH, Urt. v. 2.12.2004 – IX ZR 142/03, BGHZ 161, 236, 240.
46 So BGH, Beschl. v. 14.1.2010 – IX ZB 224/08, ZIP 2010, 2252, 2253 = NZI 2011, 60, 61.
47 Vgl. grundlegend: RFH, Urt. v. 25.10.1926 – GrS 1/26 S, RStBl 1926, 337.
48 So BFH, Urt. v. 2.7.1997 – I R 11/97, BStBl II 1998, S. 428 = ZIP 1997, 2160; BFH, Urt. v. 18.12. 2002 – I R 33/01, NZI 2003, 456 = ZIP 2003, 1212.
49 S. BMF, Schreiben vom 17.12.1998 – IV A 4 – S 0550 – 28/98, BStBl I 1998, S. 1500 = ZInsO 1999, 91.
50 So FG Düsseldorf, Urteil vom 4. Oktober 2018 – 11 K 1921/16 E, ZIP 2019, 180 ff. = EWiR 2019, 151 f. [Debus/Hackl] = NZI 2019, 181 ff. mit Anm. Witfeld; was allerdings streitig ist, so dass der BFH (30.6.2020 – IX R 27/18, BFH/NV 2021, 251 = ZIP 2020, 2590 = BB 2020, 2901 [Ls.]) im Revisionsverfahren das BMF zu einem Beitritt in diesem Rechtsstreit aufgefordert hat.
51 So BFH, Urt. v. 23.2.2005 – VII R 63/03, BStBl II 2005, S. 591 ff. = DB 2005, 2283 ff. = ZInsO 2005, 810 ff. = HFR 2005, 818 ff. = BB 2005, 1435 = StuB 2005, 647 = DStRE 2005, 850 ff.

belle anzumelden sind, und **Feststellungsbescheide** nicht mehr erlassen, in denen Besteuerungsgrundlagen mit Auswirkung für das Vermögen des Schuldners festgestellt werden. Dies gilt auch für **Besteuerungsgrundlagen**, die einheitlich und gesondert festzustellen sind.[52]

15 Ist eine Steuerforderung gegenüber dem Insolvenzverwalter durch eine **Einspruchsentscheidung** bestandskräftig festgestellt worden, fehlt einer Klage auf Feststellung, dass die Finanzbehörde den Anspruch aus dem Steuerschuldverhältnis wirksam und bestandskräftig als Insolvenzforderung gegenüber dem Insolvenzverwalter festgestellt hat, das Feststellungsinteresse.[53]

---

16 **Beispiel**
Am 20.4.2021 wird über das Vermögen des S das Insolvenzverfahren eröffnet. Der Verwalter erstellt die Einkommensteuererklärung für den VZ 20, der zu einem Erstattungsanspruch in Höhe von 1.000 EUR führt. Steuerschulden hat S nicht. Der Erstattungsanspruch war schon mit Ende des VZ 20 begründet und damit am 1.1.2021 entstanden. Da es sich um einen Erstattungsanspruch handelt, kann ein Bescheid erlassen werden. Wäre eine Steuerverbindlichkeit auszuweisen, kann lediglich eine Berechnung ergehen, die dann Grundlage für die Anmeldung zur Tabelle ist.

---

17 Ergeht gleichwohl ein **Bescheid**, so ist dieser nicht „schlechthin als nicht vorhanden anzusehen",[54] sondern muss vom Verwalter im Wege des Einspruchs angegriffen werden.[55]

II. Einzelfragen

1. Säumniszuschläge

18 Wird eine Steuer nicht bis zum Ablauf des Fälligkeitstags entrichtet, so fallen gem. § 240 Abs. 1 AO **Säumniszuschläge** an. Vor Eröffnung eines Insolvenzverfahrens festgesetzte Säumnis- und Verspätungszuschläge sind keine Zwangsgelder i.S.d. § 39 Abs. 1 Nr. 3 InsO und damit keine nachrangigen Insolvenzforderungen.[56] Säumniszuschläge entstehen gemäß § 240 Abs. 1 Satz 1 AO auch **nach Anzeige der Masseunzulänglichkeit** kraft Gesetzes. Nach Rückkehr ins reguläre Insolvenzverfahren

---

[52] So BFH, Urt. v. 28.8.2004 – VIII R 14/02, BFH/NV 2004, 918 = DStRE 2005, 55 ff. = ZIP 2004, 2392 ff. = BStBl II 2005, S. 246 ff. = ZInsO 2005, 97 ff. zum Konkursrecht.
[53] So BFH, Urt. v. 23.2.2005 – VII R 63/03, BStBl II 2005, S. 591 ff. = DB 2005, 2283 ff. = ZInsO 2005, 810 ff. = HFR 2005, 818 ff. = BB 2005, 1435 = StuB 2005, 647 = DStRE 2005, 850 ff.
[54] S. RFH, 25.10.1926 – GrS 1/26 S, RStBl 1926, 337.
[55] S. FG Hamburg, 28.1.1982 – II 136/79, KTS 1983, 150.
[56] So BFH, 19.1.2005 – VII B 286/04, ZInsO 2005, 494 ff. = ZIP 2005, 1035 ff. = BFH/NV 2005, 1001 f.; Schmittmann, StuB 2006, 527 f.

sind die während der Masseunzulänglichkeit geltenden **Aufrechnungsverbote** nicht mehr anzuwenden.[57]

Im Falle der Zahlungsunfähigkeit und Überschuldung des Steuerpflichtigen ist regelmäßig nur der **Erlass der Säumniszuschläge** wegen rückständiger Steuerschulden **in hälftiger Höhe** geboten. Nach ständiger Rechtsprechung des BFH haben Säumniszuschläge einen doppelten Zweck.[58] Sie sind zum einen ein **Druckmittel eigener Art**, das den Steuerschuldner zur rechtzeitigen Zahlung anhalten soll. Darüber hinaus verfolgen sie den Zweck, vom Steuerpflichtigen eine **Gegenleistung für das Hinausschieben der Zahlung** fälliger Steuern zu erhalten und **Verwaltungsaufwendungen** abzugelten, die bei den steuerverwaltenden Körperschaften regelmäßig entstehen, wenn Steuerpflichtige eine fällige Steuer nicht oder nicht fristgemäß bezahlen.[59] Zu einem weitergehenden Erlass ist das Finanzamt aus Billigkeitsgründen auch dann nicht verpflichtet, wenn die Steuern rechtswidrig festgesetzt und später aufgehoben worden sind; es ist Sache des Steuerpflichtigen, sich gegen die Festsetzung zu wehren und einstweiligen Rechtsschutz durch die Aussetzung der Vollziehung des Bescheids zu erlangen.[60] Problematisch ist hier der entstehende Zinseffekt, da die Zinsen nach der AO und die Marktzinsen weit auseinander liegen.[61]

2. Rechtsbehelfsbefugnis des Insolvenzverwalters auch bei mangelnder Quote

Das **Rechtsschutzbedürfnis** des Insolvenzverwalters und damit die Zulässigkeit einer gegen den Feststellungsbescheid gerichteten Klage entfallen nicht dadurch, dass auf die im **Prüfungstermin** bestrittene Forderung voraussichtlich keine Quote entfällt.[62]

3. Aufrechnung

Die **Aufrechnung** ist in § 226 AO in der Weise geregelt, dass sinngemäß auf die **Vorschriften des bürgerlichen Rechts**, §§ 387 ff. BGB, verwiesen wird. Eine Aufrechnung ist darüber hinaus am Maßstab des § 96 InsO zu prüfen. Die Bestimmung des

---

57 So BFH, Urteil vom 17.9.2019 – VII R 31/18, ZInsO 2020, 365 ff.
58 So FG München, Beschluß vom 13.8.2018 – 14 V 736/18, ZInsO 2018, 2144 ff.
59 Vgl. u.a. BFH, 21.4.1999 – VII B 347/98, BFH/NV 1999, 1440 f.; BFH, 18.6.1998 – V R 13/98, BFH/NV 1999, 10 f.; BFH, 16.7.1997 – XI R 32/96, BFHE 184, 193 ff. = BStBl II 1998, S. 7 f.; BFH, 7.7.1999 – X R 87/96, BFH/NV 2000, 161 f.
60 So BFH, 30.3.2006 – V R 2/04, DStR 2006, 943 ff.; FG Düsseldorf, 10.10.2003 – 18 K 5352/01, DStRE 2004, 846 ff. = EFG 2004, 948 f. = ZIP 2004, 770.
61 Vgl. umfassend: Beck, ZInsO 2012, 2353 ff.
62 So BFH, 30.11.2004 – VII R 78/03, BFH/NV 2005, 1095 ff. = ZIP 2005, 954 f. = DStRE 2005, 603 ff.

Schmittmann

§ 96 InsO regelt zur **Sicherstellung der Gläubigerbefriedigung** die Unzulässigkeit der Aufrechnung in bestimmten Bereichen. Es handelt sich um drei unterschiedliche Regelungsbereiche, wobei es sich bei § 96 Abs. 1 Nr. 1, Nr. 2 und Nr. 4 InsO um „echte" Aufrechnungsverbote handelt. Demgegenüber handelt es sich bei § 96 Abs. 1 Nr. 3 InsO um einen Sondertatbestand der Insolvenzanfechtung.[63]

Gemäß § 96 Abs. 1 Nr. 1 InsO ist die Aufrechnung unzulässig, wenn ein **Insolvenzgläubiger** erst nach der Eröffnung des Insolvenzverfahrens etwas **zur Insolvenzmasse schuldig geworden** ist. Sie ist weiterhin gem. § 96 Abs. 1 Nr. 2 InsO unzulässig, wenn ein **Insolvenzgläubiger** seine **Forderung** erst nach der Eröffnung des Insolvenzverfahrens **von einem anderen Gläubiger erworben** hat. In diesen beiden Fällen handelt es sich um eine nach Eröffnung des Verfahrens „künstlich" hergestellten Aufrechnungsmöglichkeit, der die Anerkennung versagt werden soll. Insbesondere wird damit der Gefahr begegnet, dass die Insolvenzmasse durch **manipulatives Verhalten von Verfahrensbeteiligten** ausgehöhlt wird. Gemäß § 96 Abs. 1 Nr. 4 InsO ist die Aufrechnung unzulässig, wenn ein Gläubiger, dessen **Forderung aus dem freien Vermögen des Schuldners zu erfüllen ist**, zur Insolvenzmasse schuldet. Diese Regelung schützt ebenfalls die Insolvenzmasse und ist Folge der Abgrenzung zwischen insolvenzbefangenem und insolvenzfreiem Vermögen des Schuldners.

22 Der Anspruch auf **Erstattung der Grunderwerbsteuer** nach § 16 Abs. 1 Nr. 2 GrEStG für einen vor Insolvenzeröffnung geschlossenen Kaufvertrag entsteht im Fall der **Ablehnung der Erfüllung** gemäß § 103 Abs. 2 InsO erst nach Eröffnung des Insolvenzverfahrens i.S. des § 96 Abs. 1 Nr. 1 InsO.[64]

Nach Aufhebung des Insolvenzverfahrens entstandene, aber bereits während seiner Dauer begründete **Steuererstattungsansprüche** des Insolvenzschuldners unterliegen weiterhin dem Insolvenzbeschlag, falls mit der Aufhebung des Insolvenzverfahrens ihre **Nachtragsverteilung** vorbehalten worden ist. Für solche dem Insolvenzbeschlag weiterhin unterliegenden Ansprüche gelten die insolvenzrechtlichen Aufrechnungsverbote.[65] Die **Aufrechnungsverbote** des § 96 InsO gelten während der Dauer des Insolvenzverfahrens sowie für den Fall, dass das Insolvenzgericht eine Nachtragsverteilung anordnet. Sie gelten bei einer vorbehaltslosen Aufhebung des Insolvenzverfahrens nicht mehr.[66]

Steuererstattungsansprüche, für die nach insolvenzrechtlichen Grundsätzen der Rechtsgrund nach Eröffnung des Insolvenzverfahrens gelegt worden ist, werden

---

63 Vgl. Schmittmann, InsbürO 2016, 410 ff.
64 So BFH, 15.1.2019 – VII R 23/17, ZIP 2019, 627 ff. = EWiR 2019, 345 f. [*von Spiessen*] = BB 2019, 866 f. = NZI 2019, 390 f. = StuB 2019, 294 [Ls.] mit Anm. *jh*.
65 So BFH, 28.2.2012 – VII R 36/11, BFHE 236, 202 ff. = BStBl II 2012, S. 451 f. = ZIP 2012, 933 ff. = ZVI 2012, 276 ff.
66 Vgl. Schmittmann, InsbürO 2016, 410, 411.

allgemein als zur Insolvenzmasse gehörig angesehen. Der Erstattungsanspruch eines Arbeitnehmers wegen überzahlter Einkommensteuer (Lohnsteuer) ist nicht als Teil des Arbeitseinkommens zu werten mit der Folge, dass er nicht unter die **Pfändungsschutzbestimmungen** des § 319 AO in Verbindung mit §§ 850 ff. ZPO fällt und kein Pfändungs- und Aufrechnungsverbot nach § 850c ZPO, § 226 AO in Verbindung mit § 296 BGB besteht, auch wenn das Arbeitseinkommen unter den Pfändungsgrenzen gelegen haben sollte.[67]

Der BFH hat zur Aufrechnung der Finanzbehörde mit vorinsolvenzlichen Steuerschulden gegen einen Umsatzsteuervergütungsanspruch des Insolvenzschuldners, der im Rahmen einer aus dem Insolvenzbeschlag freigegebenen gewerblichen Tätigkeit erworben worden ist, Stellung genommen. Hat der Insolvenzverwalter dem Insolvenzschuldner eine gewerbliche Tätigkeit durch **Freigabe aus dem Insolvenzbeschlag** ermöglicht, fällt ein durch diese Tätigkeit erworbener **Umsatzsteuervergütungsanspruch** nicht in die Insolvenzmasse und kann vom Finanzamt mit vorinsolvenzlichen Steuerschulden verrechnet werden.[68]

Im massearmen Insolvenzverfahren können **Neuforderungen**, die erst nach Feststellung der Masseunzulänglichkeit begründet worden sind, nicht zur Aufrechnung gestellt werden.[69] Die Möglichkeit einer solchen Aufrechnung würde ebenso wie Einzelzwangsvollstreckungsmaßnahmen die von der Insolvenzordnung vorgegebene **Verteilung der verbleibenden Masse**, insbesondere den verfassungsrechtlich gebotenen Vorrang der Verwaltervergütung im massearmen Verfahren[70] unterlaufen. Das Schweigen des Gesetzes kann nach Auffassung des BFH, die zutreffend ist, nicht als Regelung dahin verstanden werden, dem Neumassegläubiger sei zwar eine Vollstreckung, nicht aber eine Aufrechnung verwehrt.

Will das Finanzamt nach der Eröffnung des Insolvenzverfahrens die **Aufrechnung gegen einen Vorsteuervergütungsanspruch** des Schuldners erklären und setzt sich dieser Anspruch sowohl aus vor als auch nach der Eröffnung des Insolvenzverfahrens begründeten Vorsteuerabzugsbeträgen zusammen, hat das Finanzamt sicherzustellen, dass die Aufrechnung den Vorsteuervergütungsanspruch nur insoweit erfasst, als sich dieser aus Vorsteuerbeträgen zusammensetzt, die vor der Eröffnung des Insolvenzverfahrens begründet sind. Dies geschieht, indem im Rahmen der Saldierung gem. § 16 Abs. 2 Nr. 1 UStG die für den Besteuerungszeitraum

---

67 So BFH, 29.1.2010 – VII B 188/09, BFH/NV 2010, 1243 f. = ZInsO 2010, 768 ff.; unter Hinweis auf BGH, 16.1.2006 – IX ZB 239/04, NZI 2006, 246 ff. = ZIP 2006, 342 ff. = ZVI 2006, 58 ff.
68 So BFH, 1.9.2010 – VII R 35/08, BFHE 230, 490 ff. = BStBl II 2011, S. 336 ff. = ZIP 2010, 2359 ff. = ZVI 2011, 59 ff.
69 So BFH, 4.3.2008 – VII R 10/06, BFHE 220, 295 ff. = BStBl II 2008, S. 506 ff. = ZIP 2008, 886 ff.
70 Vgl. BVerfG, 30.3.1993 – 1 BvR 1045/89, BVerfGE 88, 145 ff.; BVerfG, 24.6.1993 – 1 BvR 338/91, NJW 1993, 3129 ff.

berechnete Umsatzsteuer vorrangig mit vor Insolvenzeröffnung begründeten Vorsteuerabzugsbeträgen verrechnet wird.[71]

Das Finanzamt kann im Insolvenzverfahren mit Forderungen aufrechnen, die vor Verfahrenseröffnung entstanden sind, ohne dass es deren vorheriger Festsetzung, Feststellung oder Anmeldung zur Insolvenztabelle bedarf.[72] Dies ist insbesondere auch im Insolvenzverfahren über das **Vermögen eines Haftungsschuldners** von Bedeutung. Hinsichtlich der Begründetheit einer Haftungsschuld i.S.v. § 38 InsO ist zu berücksichtigen, dass die Haftungsschuld entsteht, sobald der haftungsbegründende Tatbestand verwirklicht ist.[73] Es ist nicht auf die Begründetheit der der Haftungsschuld zugrundeliegenden Steuerschuld abzustellen.[74]

23   Wird **nach dem Gesetz nicht geschuldete Umsatzsteuer** in einer Rechnung ausgewiesen, entsteht im Zeitpunkt der Rechnungsausgabe eine **Umsatzsteuerschuld**, § 14c UStG, die auch dann erst in dem Besteuerungszeitraum, in dem die Rechnung berichtigt wird, durch Vergütung des entsprechenden Betrags zu berichtigen ist, wenn die Umsatzsteuer noch nicht festgesetzt oder angemeldet worden war. Der Vergütungsanspruch entsteht insolvenzrechtlich im Zeitpunkt der Rechnungsausgabe; gegen ihn kann im Insolvenzverfahren mit der Umsatzsteuerforderung aufgerechnet werden.[75] Im Fall der **Berichtigung eines unrichtigen Steuerausweises** gemäß § 14c Abs. 1 Satz 2 UStG wird das Finanzamt erst dann "etwas schuldig", wenn die Berichtigung zugegangen ist.[76]

24   Die Aufrechnung muss nicht in der üblichen Form eines Bescheids erfolgen. Die **maschinelle Umbuchungsmitteilung** des Finanzamts stellt eine wirksame Aufrechnungserklärung dar.[77] Eine Umbuchungsmitteilung des Finanzamts kann auch dann eine wirksame Aufrechnungserklärung beinhalten, wenn sie den Hinweis enthält, dass der Steuerpflichtige bei mangelndem Einverständnis seine Buchungswünsche mitteilen soll.[78] In den Urteilsgründen führt der BFH im Einzelnen aus, dass Aufrechnungsverbote nach der InsO der Aufrechnung des Finanzamtes nicht entgegenstanden. Die **Aufrechnungslage** bestand bereits zum Zeitpunkt der Eröffnung des Insolvenzverfahrens. Demgemäß war das Finanzamt gem. § 94 InsO als

---

71   So BFH, 16.1.2007 – VII R 7/06, BFHE 216, 390 ff. = BStBl II 2007, S. 745 ff. = ZIP 2007, 490 ff. = ZVI 2007, 377 ff.; unter Hinweis auf BFH, Urt. v. 16.11.2004 – VII R 75/03, BFHE 208, 296 ff. = BStBl II 2006, S. 193 ff.
72   So BFH, 4.5.2004 – VII R 45/03, BStBl II 2004, S. 815 f. = DStR 2004, 1174 ff. = InsbürO 2004, 237 f.
73   So BFH, 14.3.1989 – VII R 152/85, BStBl II 1990, S. 363.
74   So Waza/Uhländer/Schmittmann, Insolvenzen und Steuern, Rn 706.
75   So BFH, 4.2.2005 – VII R 20/04, BFH/NV 2005, 942 ff. = DStR 2005, 865 ff.
76   BFH, Beschluß vom 25. April 2018 – VII R 18/16, NZI 2018, 902 ff. mit Anm. Roth = StuB 2018, 798 [Ls.] mit Anm. jh.
77   So BFH, 26.7.2005 – VII R 59/04, BFH/NV 2006, 5 ff. = HFR 2006, 232 ff. Vorinstanz: FG Brandenburg, 26.8.2004 – 5 K 785/03, EFG 2005, 89 f. = DStRE 2005, 1298 f.
78   So BFH, 26.7.2005 – VII R 70/04, DStRE 2006, 120 ff. = BFH/NV 2006, 7 ff.

Insolvenzgläubiger noch im Insolvenzverfahren berechtigt, die Aufrechnung gegenüber dem Insolvenzverwalter zu erklären. Die Vorschrift des § 96 Abs. 1 Nr. 1 InsO, wonach die Aufrechnung ausgeschlossen ist, wenn ein Insolvenzgläubiger erst nach Eröffnung des Insolvenzverfahrens etwas zur Insolvenzmasse schuldig geworden ist, ist nicht einschlägig.

Nach § 220 Abs. 1 AO richtet sich die **Fälligkeit von Ansprüchen aus einem** 25 **Steuerschuldverhältnis** – wie dem zwischen dem Finanzamt und der Schuldnerin bestehenden – nach den Vorschriften der Steuergesetze. Greifen spezielle steuergesetzliche Fälligkeitsbestimmungen i.S.d. § 220 Abs. 1 AO nicht ein, wird ein Anspruch aus dem Steuerschuldverhältnis nach § 220 Abs. 2 S. 1 AO grundsätzlich mit seiner Entstehung fällig. Da das Finanzamt nach Verfahrenseröffnung einstweilen nicht einmal einen **Feststellungsbescheid** nach § 251 Abs. 3 AO erlassen kann, weil es bis zum Bestreiten seiner Forderung durch einen dazu Berechtigten an der Erforderlichkeit eines solchen Bescheids fehlt, greift § 220 Abs. 2 S. 2 AO nicht ein. Die Fälligkeit der Forderung des Finanzamtes richtet sich dann folglich nach § 220 Abs. 2 S. 1 AO.[79]

4. Auskunftsanspruch des Finanzamtes gegenüber dem Insolvenzverwalter

Zur **Erteilung von Auskünften** jeder Art im Besteuerungs- und Haftungsverfahren 26 sind nach § 93 Abs. 1 S. 1 AO grundsätzlich und vorrangig die Beteiligten verpflichtet. Andere Personen i.S.d. § 92 S. 2 Nr. 1 AO, wie z.B. der Insolvenzverwalter, dürfen erst dann zu einer Auskunftserteilung herangezogen werden, wenn die Aufklärung durch die Beteiligten keinen Erfolg verspricht oder nicht zum Ziel führt.

Stellt der **Insolvenzverwalter** sowohl dem Finanzamt als auch dem Geschäfts- 27 führer der Schuldnerin die **Geschäftsunterlagen** zur Verfügung, so kann er als „andere Person" erst dann zu einer Auskunftserteilung herangezogen werden, wenn der vorrangig zur Auskunft verpflichtete Geschäftsführer trotz Einsichtnahme aus rechtlichen oder tatsächlichen Gründen zu einer Sachverhaltsaufklärung nicht in der Lage ist. Hierüber hat die Finanzbehörde ggf. vorab im Rahmen einer Prognoseentscheidung anhand vorweggenommener Beweiswürdigung zu entscheiden.[80]

C. Ertragsteuerliche Fragen

Die grundsätzliche Frage bei Ertragsteuern lautet, wie im Falle der unterjährigen 28 Verfahrenseröffnung, die die Regel ist, der **Aufteilungsmaßstab** für die Differenzie-

---

[79] So BFH, 31.5.2005 – VII R 74/04, BFH/NV 2005, 1745 ff.
[80] So FG Brandenburg, 12.5.2004 – 1 K 244/01, ZInsO 2005, 331 ff.

rung nach **Insolvenzforderungen** und **Masseforderungen** ist. Diese Frage ist seit *Enno Becker*[81] „im Dunklen" und gilt auch bis heute als ungeklärt. Faktisch erlässt das Finanzamt zur Abgrenzung der Steuerschuld einen Steuerbescheid gegen den Verwalter, der auf den Zeitraum ab Verfahrenseröffnung beschränkt ist.[82] Hinsichtlich des Zeitraums bis zur Eröffnung erfolgt eine informatorische **„Steuerberechnung"**, die Grundlage der Anmeldung zur Insolvenztabelle ist. Da die Ertragsteuern Jahressteuern sind und sich z.B. Freibeträge und Pauschalen, aber auch Steuertarife immer auf volle Jahre beziehen, muss jede Form der Abgrenzung zweifelhaft sein.[83] Der Anwendungserlass zur Abgabenordnung (AEAO) führt aus, dass die festgesetzte Jahressteuer grundsätzlich im Verhältnis der Einkünfte den verschiedenen insolvenzrechtlichen Vermögensbereichen zuzuordnen sei. Die **Verteilung der Einkünfte auf die einzelnen Vermögensbereiche** habe nach Maßgabe der in den einzelnen Abschnitten zu berücksichtigenden **Besteuerungsmerkmale** zu erfolgen (Abschn. 9.1 zu § 251 AEAO). Bei der **Einzelveranlagung** ist die festgesetzte Jahressteuer im Verhältnis der Einkünfte den verschiedenen insolvenzrechtlichen Vermögensbereichen zuzuordnen (Abschn. 9.1.1 zu § 251 AEAO). Im Fall einer **Zusammenveranlagung** von Ehegatten/Lebenspartnern zur Einkommensteuer wirken sich aufgrund der **Gesamtschuldnerschaft** (§ 44 Abs. 1 AO) die Einkünfte des nicht insolventen Ehegatten/Lebenspartners gemäß Abschn. 9.1.2 zu § 251 AEAO auch auf die gegenüber den jeweiligen insolvenzrechtlichen Vermögensbereichen festzusetzenden Steuern bzw. zur Tabelle anzumeldenden Steuerforderungen aus, so dass eine Verteilung der Einkünfte des nicht insolventen Ehegatten/Lebenspartners auf die unterschiedlichen insolvenzrechtlichen Vermögensbereiche zu erfolgen hat. Die **Verteilung der Einkünfte** des nicht insolventen Ehegatten/Lebenspartners aus dem Zeitraum vor und nach Insolvenzeröffnung erfolgt zeitanteilig, es sei denn, diese Verteilung ist offensichtlich unzutreffend. Die Verteilung der Einkünfte des nicht insolventen Ehegatten/Lebenspartners, die nach der Insolvenzeröffnung entstanden sind, auf die Insolvenzmasse sowie das insolvenzfreie Vermögen erfolgt im Verhältnis der Einkünfte des insolventen Ehegatten/Lebenspartners in diesen insolvenzrechtlichen Vermögenbereichen.

Einkommensteuererstattungen, die sich bei einer nach Insolvenzeröffnung vorgenommenen Veranlagung ergeben, stellen, soweit sie nicht ausnahmsweise dem insolvenzfreien Vermögen zuzurechnen sind, grundsätzlich **Vermögenswerte der Insolvenzmasse** im Sinne von § 35 Abs. 1 InsO dar. Sie sind daher gemäß Ziff. 9.1.4 zu § 251 AEAO grundsätzlich an die Insolvenzmasse auszukehren, sofern keine

---

[81] S. Becker, Erläuterungen zur Rechtsprechung, StuW 1939, 1051, 1052.
[82] S. BFH, 13.11.1986 – V R 59/79, ZIP 1994, 1286, 1287.
[83] Vgl. Maus, Steuern im Insolvenzverfahren, Rn 390; Classen, BB 1985, 50 ff.; Onusseit, ZIP 1986, 77 ff.; vgl. auch: BFH, 13.11.1986 – V R 59/79, BStBl II 1987, S. 226 = ZIP 1994, 1286, 1287 f.; BFH, 16.7.1987 – V R 2/81, BStBl II 1988, S. 190 = ZIP 1994, 1287 f.

Aufrechnungsmöglichkeit besteht. Ergibt sich bei Ehegatten/Lebenspartnern bei der Zusammenveranlagung eine **Steuererstattung**, liegt im Gegensatz zur Gesamtschuldnerschaft bei Steuerschulden **keine Gesamtgläubigerschaft** vor, so dass für die Aufteilung zwischen ihnen die sich aus § 37 Abs. 2 AO ergebenden Grundsätze anzuwenden sind.

I. Unternehmensinsolvenzverfahren

1. Grundlagen

Im Unternehmensinsolvenzverfahren ist zu beachten, dass mit der **Eröffnung des Insolvenzverfahrens** ein neues Geschäftsjahr beginnt, § 155 Abs. 2 S. 1 InsO. Dies bedeutet, dass für den Tag vor Eröffnung des Insolvenzverfahrens eine Schlussbilanz und für den Tag der Eröffnung eine Eröffnungsbilanz zu erstellen ist. Für die vom BGH für zulässig erklärte Entscheidung des Insolvenzverwalters zur **Rückkehr zu dem bisherigen satzungsgemäßen Geschäftsjahr** einer in Insolvenz befindlichen GmbH, die innerhalb des ersten laufenden Geschäftsjahres nach Eröffnung des Insolvenzverfahrens erfolgen muss,[84] genügt eine Mitteilung dieser Entscheidung des Insolvenzverwalters für die nach außen erforderliche Erkennbarkeit gegenüber dem Finanzamt oder einem Gläubiger nicht; vielmehr ist der richtige Empfänger für diese Entscheidung ausschließlich das Registergericht.[85] Die gesetzliche Anordnung in § 155 Abs. 3 Satz 2 InsO, dass die **Wirksamkeit der Bestellung eines Abschlussprüfers** für ein vor der Eröffnung des Insolvenzverfahrens endendes Geschäftsjahr durch die nach der Bestellung erfolgte Eröffnung nicht berührt wird, gilt nicht nur für das Geschäftsjahr vor der Eröffnung des Verfahrens, sondern auch für die davor liegenden Geschäftsjahre.[86] Wird auf Anmeldung oder Mitteilung des Insolvenzverwalters hin, eine **Änderung des Geschäftsjahres** in das Handelsregister eingetragen, handelt es sich nicht um eine Eintragung nach § 58 GNotKG. Es sind daher **Gebühren** zu erheben.[87]

Der Insolvenzverwalter hat die **steuerlichen Pflichten des Schuldners** zu erfüllen, wobei insbesondere auch die **Haftungstatbestände** aus §§ 34, 69 AO zu beachten sind.[88]

---

84 S. BGH, 14.10.2014 – II ZB 20/13, ZIP 2015, 88 ff.
85 S. BGH, 21.2.2017 – II ZB 16/15, ZIP 2017, 732 = EWiR 2017, 341 [*Nordholtz/Kubik*] = NZI 2017, 630 mit Anm. *von Wilcken*.
86 So BGH, Beschluß vom 8. Mai 2018 – II ZB 17/17, ZIP 2018, 1358 ff. = EWiR 2018, 533 f. [*Breitenbücher*] = NZI 2018, 647 ff. = BB 2018, 1904 mit Anm. *Eisolt*.
87 So KG, Beschluss vom 12. August 2019 – 22 W 91/17, ZInsO 2019, 2214 ff.
88 Vgl. Schmittmann in: Jesgarzewski/Schmittmann, Steuerrecht, Kap. 15 Abschn. 15.2.1.1.

30 Der Insolvenzverwalter ist zur **Mitwirkung und Auskunft** verpflichtet, §§ 90, 93 ff. InsO. Er hat die **Steuererklärungen** abzugeben (§§ 149 ff. AO) und die **Bücher und Aufzeichnungen** zu führen (§§ 140 ff. AO).

31 Die schuldnerische **Buchhaltung** ist oftmals über einen längeren Zeitraum nicht geführt worden, und die zur **Nacharbeitung** erforderlichen Kosten des Steuerberaters sind nicht aus der Masse gedeckt. Handelt es sich bei dem schuldnerischen Unternehmen um eine natürliche Person, ist das Verfahren oftmals unter Bewilligung von Stundung der Verfahrenskosten zur Eröffnung gelangt. Mit der Stundung der Verfahrenskosten ist zugleich ein Anspruch des Insolvenzverwalters auf Erstattung der den Umständen nach angemessenen Kosten für die Beauftragung eines Steuerberaters als Auslagen aus der Staatskasse verbunden, wenn der Insolvenzverwalter von der Finanzverwaltung die Aufforderung erhalten hat, umfangreiche steuerliche Tätigkeiten zu erbringen und der Fiskus trotz eines Hinweises des Verwalters auf die Masseunzulänglichkeit nicht bereit ist, die Verfügung zurückzunehmen.[89]

32 Der Entscheidung des BGH liegt die Überlegung zugrunde, dass die dem Insolvenzverwalter auf diese Weise zu erstattenden **Auslagen** ausschließlich durch **hoheitliche Anordnungen der Finanzverwaltung** unter Berufung auf § 34 Abs. 3 AO ausgelöst werden. Solange der Steuerfiskus sich nicht bereit erklärt, die Vorschrift in masselosen Verfahren nicht anzuwenden, bewirken Verfügungen, nach denen der Insolvenzverwalter Bilanzen und Steuererklärungen von erheblichem Aufwand zu erstellen hat, in der Regel Aufwendungen, die der Verwalter zur Wahrung seines Anspruchs auf eine angemessene Auslagenerstattung der Staatskasse unter den Voraussetzungen von § 63 Abs. 2 InsO in Rechnung stellen kann.[90]

---

33 Beispiel
Im Insolvenzverfahren über das Vermögen der G GmbH stellt sich bei einer Masse von 20.000 EUR und voraussichtlichen Verfahrenskosten von 12.500 EUR heraus, dass die Aufarbeitung der Buchhaltungs- und Steuerunterlagen etwa 10.000 EUR kosten wird.
Eine Begleichung im Wege der Stundung und Auslagenfestsetzung scheidet aus, da es sich um eine juristische Person handelt.
Die Buchhaltung kann somit nicht nachgearbeitet werden. Die Steuererklärungen können nicht abgegeben werden. Der Fall wäre nach der Rechtsprechung des BFH anders zu lösen, wenn der Schuldner eine natürliche Person ist und Stundung der Verfahrenskosten gewährt worden ist.[91]

---

[89] So BGH, 22.7.2004 – IX ZB 1961/03, ZInsO 2004, 970 ff.; LG Essen, 6.6.2003 – 5 T 115/03, ZInsO 2003, 625; AG Dresden, 17.7.2002 – 531 IN 981/02, ZVI 2002, 340 f.; LG Kassel, 25.9.2002 – 3 T 360/02, ZVI 2002, 387 ff.; Schmittmann, InsbürO 2005, 288, 289; **a.A.** AG Duisburg, 27.4.2003 – 62 IN 241/02, NZI 2003, 384 = ZInsO 2003, 863.
[90] So bereits LG Dresden, 27.5.2005 – 5 T 303/02, ZInsO 2003, 513 f.
[91] S. Schmittmann, InsbürO 2005, 288, 289.

Durch den **Beginn eines neuen Geschäftsjahres** aufgrund von § 155 Abs. 2 S. 1 InsO entsteht ein **Rumpfwirtschaftsjahr**, für das der Insolvenzverwalter die entsprechenden Steuererklärungen abzugeben hat.[92] Probleme ergeben sich regelmäßig dann, wenn der Schuldner nicht über ein geordnetes Rechnungswesen verfügt, keine Buchführung vorhanden ist und/oder Massearmut vorliegt. Nach Auffassung der Finanzverwaltung ist in solchen Fällen gleichwohl die Verpflichtung des Insolvenzverwalters gegeben, die steuerrechtlichen Verpflichtungen des Schuldners zu erfüllen. In der Praxis ist in solchen Fällen regelmäßig zu versuchen, bei der Finanzverwaltung einen **Verzicht auf die Abgabe der Steuererklärung** zu erhalten und eine Gewinnschätzung auf 0 EUR zu veranlassen.[93]

34

Es ist zwischen Schuldnern, die ihren Gewinn durch **Betriebsvermögensvergleich** (§ 4 Abs. 1 EStG) oder durch **Einnahmen-Überschuss-Rechnung** (§ 4 Abs. 3 EStG) ermitteln, zu differenzieren ist.

35

Der BFH hat zur Frage der **Einkommensteuer als Masseverbindlichkeit nach Eröffnung des Insolvenzverfahrens** auf Grund von Anfechtungen entschieden, dass sich die Abgrenzung zwischen Insolvenzforderungen und (sonstigen) **Masseverbindlichkeiten** ausschließlich nach dem Zeitpunkt der insolvenzrechtlichen Begründung richtet. Eine Steuerforderung sei insolvenzrechtlich in dem Zeitpunkt begründet, zu dem der Steuertatbestand vollständig verwirklicht sei. Wann eine Einkommensteuerforderung begründet ist, kann auch von der Art der Gewinnermittlung abhängen. Im Fall der Einnahmen-Überschuss-Rechnung ist dies nach dem Zuflussprinzip erst mit tatsächlicher Vereinnahmung der Fall.[94]

Ungeachtet dessen, welche **Gewinnermittlungsart** bei dem Schuldner vorliegt, ist in jedem Fall vorrangig danach zu differenzieren, worauf der Schuldner in anfechtbarer Weise geleistet hat. Sofern der Schuldner z.B. an einen **Lieferanten** gezahlt hat oder **Sozialversicherungsbeiträge** für seine Arbeitnehmer, so lag ursprünglich eine **Betriebsausgabe** vor, so dass im Fall der erfolgreichen Anfechtung eine Betriebseinnahme vorliegt. Sofern der Schuldner Umsatzsteuer bezahlt hat, handelt es sich ebenfalls um eine Betriebsausgabe. Demgegenüber stellt sich die **Zahlung der Einkommensteuer** bei einer natürlichen Person ungeachtet der Einkunftsart als nicht betrieblich veranlasst dar, so dass es sich nicht um eine Betriebsausgabe handelt. Vor diesem Hintergrund ist zunächst sorgfältig zu prüfen, welche einkommensteuerliche Qualifikation hinsichtlich des Zahlungsabflusses vorgelegen hat.

Gemäß § 129 Abs. 1 InsO stellt sich das Anfechtungsrecht **nicht** als **Gestaltungsrecht** dar. Die Insolvenzanfechtung bedarf keiner besonderen „Ausübung"

---

92 Vgl. Pink, ZIP 1997, 177, 182.
93 Vgl. Kilger, ZIP 1980, 26, 27.
94 So BFH, Beschluss vom 31.10.2018 – III B 77/18, ZIP 2019, 133 ff. = EWiR 2019, 113 f. [Schmittmann] = NZI 2019, 300 ff.

durch den Insolvenzverwalter, sondern stellt sich nur als **Geltendmachung der gesetzlichen Anfechtungsfolgen** dar.[95] Daraus ergibt sich, dass der insolvenzrechtliche Rückgewähranspruch gem. § 143 Abs. 1 InsO auch **ohne Erklärung des Anfechtungsberechtigten** mit Eröffnung des Insolvenzverfahrens entsteht.[96] Es ist daher auch konsequent, dass nach der Rechtsprechung des BGH eine **Verzinsung des Rückgewähranspruchs** sowohl für die Zeit ab der anfechtbaren Zahlung bis zur Verfahrenseröffnung[97] als auch für die Zeit ab Eröffnung des Insolvenzverfahrens erfolgt.[98] Dies wurde freilich durch das Gesetz zur Verbesserung der Rechtssicherheit bei Anfechtungen nach der Insolvenzordnung und nach dem Anfechtungsgesetz vom 29. März 2017[99] geändert. Nunmehr sieht § 143 Abs. 1 InsO vor, dass eine Geldschuld ist nur zu verzinsen ist, wenn die **Voraussetzungen des Schuldnerverzuges** oder des § 291 BGB vorliegen; ein darüber hinausgehender **Anspruch auf Herausgabe von Nutzungen** eines erlangten Geldbetrages ist ausgeschlossen. Mit dieser Neuregelung hat der Gesetzgeber auf die vom BGH (Urt. v. 1. Februar 2007 – IX ZR 96/04, BGHZ 171, 38 ff.) geregelte **Verzinsung des insolvenzrechtlichen Rückgewähranspruchs** nach Verfahrenseröffnung, ohne dass der Insolvenzverwalter den Anfechtungsgegner zuvor in Verzug gesetzt hat, reagiert. Dies resultierte daraus, dass der Anfechtungsgegner nicht gehindert ist, von sich aus – also ohne Aufforderung durch den Insolvenzverwalter – die Rückgewähr zu bewirken.

Aktivierung: Handels- und steuerbilanziell wird der insolvenzrechtliche Rückgewähranspruch allerdings erst dann aktiviert, wenn sich der Anspruch hinreichend konkretisiert hat, z. B. dadurch, dass der Anfechtungsgegner den Anspruch anerkannt hat oder eine rechtskräftige Verurteilung vorliegt. Gegebenenfalls hat selbst bei Vorliegen eines Anerkenntnisses oder eines Urteils noch eine Wertberichtigung zu erfolgen, wenn fraglich ist, ob der Anspruch in voller Höhe durchsetzbar ist.

Passivierung: Spiegelbildlich ist der Anspruch des Anfechtungsgegners zu berücksichtigen. Gemäß § 144 Abs. 1 InsO lebt die Forderung des Anfechtungsgegners wieder auf, sofern er aufgrund der Anfechtung das Erlangte zurückgewährt hat. Somit ist der Anspruch des Anfechtungsgegners zu passivieren.

Bei Schuldnern, die ihren Gewinn durch **Betriebsvermögensvergleich** ermitteln, ist somit die Insolvenzanfechtung **gewinnneutral**.

---

95 So BGH, Urt. v. 20.3.1997 – IX ZR 71/96, BGHZ 135, 140 ff. = ZIP 1997, 737 ff.; K. Schmidt, in: K. Schmidt, § 129 InsO Rn 5.
96 So ausdrücklich: Büteröwe in: K. Schmidt, § 143 InsO Rn 2.
97 So BGH, Urt. v. 24.5.2012 – IX ZR 125/11, ZIP 2012, 1299 ff. = EWiR 2012, 461 f. [Schmittmann].
98 So BGH, Urt. v. 1.2.2007 – IX ZR 96/04, ZIP 2007, 488 ff. = ZInsO 2007, 261 ff.
99 BGBl. I 2017, S. 654 ff.

Bei Schuldnern, die ihren Gewinn durch **Einnahme-Überschuss-Rechnung** ermitteln (§ 4 Abs. 3 EStG) ist eine **Zu- und Abflussrechnung** zu fertigen.[100] Anders als bei der Bilanzierung bleiben Forderungen und Verbindlichkeiten grundsätzlich bei der Gewinnermittlung unberücksichtigt.[101]

Bei Schuldnern, die der Gewinnermittlung gem. § 4 Abs. 3 EStG unterliegen, ist im Zeitpunkt der Zahlung des erfolgreich in Anspruch genommenen Anfechtungsgegners ein **gewinnwirksamer Zahlungseingang** zu berücksichtigen, ohne dass die gem. § 144 Abs. 1 InsO wieder aufgelebte Forderung des Anfechtungsgegners zu berücksichtigen ist.

Bei Schuldnern, die der Einnahme-Überschuss-Rechnung unterliegen, kann somit durch eine erfolgreiche **Insolvenzanfechtung** eine **Ertragssteuerbelastung** eintreten. In der Regel dürften allerdings Verlustvorträge vorhanden sein, die die ertragssteuerliche Wirkung der Insolvenzanfechtung neutralisieren. Ist dies nicht der Fall, wird der Insolvenzverwalter zu prüfen haben, ob er von dem Wahlrecht einer Option zu § 4 Abs. 1 EStG Gebrauch macht. Da der Wechsel von § 4 Abs. 3 EStG zu § 4 Abs. 1 EStG Maßnahmen zum Jahresbeginn voraussetzt, kann er ohne zeitnahe Erstellung einer Eröffnungsbilanz und Einrichtung einer kaufmännischen Buchführung nicht nachgeholt werden.[102] Der Insolvenzverwalter wird daher bereits mit Verfahrenseröffnung überprüfen, ob ein **Wechsel zur Gewinnermittlung gem. § 4 Abs. 1 EStG** zweckmäßig ist. Er kann dann bereits mit Eintritt in die Pflichten des Steuerpflichtigen (§ 155 Abs. 2 InsO) die erforderlichen Maßnahmen ergreifen.

2. Behandlung von Sanierungsgewinnen gem. § 3a EStG

Die Frage der **Steuerfreiheit von Sanierungsgewinnen**[103] ist beinahe so alt wie das Konkurs- und Insolvenzrecht. Schon der Reichsfinanzhof hatte erkannt, dass ein Sanierungserfolg ernsthaft in Frage gestellt ist, wenn der Forderungserlass der Gläubiger steuerlich zu einer **Gewinnerhöhung** beim Schuldner führt.[104] Er hat daher zunächst angenommen, der Gläubiger gewähre seinem Schuldner durch den Schuldenerlass einen Vorteil im Privatbereich, den dieser gewinnneutral in den Betrieb einlege.[105] Zur Frage des Erlasses hat der Reichsfinanzhof bereits herausgear-

36

---

100 Vgl. Loschelder in: Ludwig Schmidt, Einkommensteuergesetz – Kommentar, 39. Aufl., 2020, § 4 Rn 371.
101 So Loschelder in: Ludwig Schmidt, § 4 EStG Rn 400, 404.
102 So BFH, Urt. v. 19.10.2005 – VI R 4/04, BFHE 211, 262 ff. = BStBl. II 2006, 509 ff. = NJW 2006, 319 f.; BFH, Beschl. v. 8.9.2005 – IV B 107/04, BFH/NV 2006, 276 f.
103 Vgl. Busch/Winkens/Büker, S. 284 ff.; Jaeger/Fehrenbacher, Steuerrecht in der Insolvenz, Rn 273 ff.; Roth, Insolvenz Steuerrecht, Rn. 4.20 ff.
104 So RFH, 12.12.1928 – VI A 1499/28, RStBl 1929, 86.
105 So RFH, 30.6.1927 – VI A 297/27, RStBl 1927, 197.

beitet, dass die erlassene Forderung im Zeitpunkt des Erlasses ohnehin „verloren" sei.[106]

37 Später galt nach § 3 Nr. 66 EStG, § 8 Abs. 1 KStG und § 7 GewStG, dass ein **Sanierungsgewinn** steuerfrei ist.[107] Diese Regelung wurde zum 1.1.1998, also ein Jahr vor Einführung der Insolvenzordnung und der gesetzlichen **Regelung des Insolvenzplans**, ersatzlos abgeschafft.[108]

3. Steuerfreiheit eines Sanierungsgewinns gem. § 3a Abs. 1 EStG

a) Grundlagen

38 In der Erkenntnis, dass die **Besteuerung von Sanierungsgewinnen** nach Streichung des § 3 Nr. 66 EStG ab dem 1. Januar 1998 mit der Insolvenzordnung in einem Zielkonflikt steht, hat das BMF verfügt, dass zunächst die ertragsteuerlichen Verlustverrechnungsmöglichkeiten auszuschöpfen sind und sodann die Steuer auf Antrag des Steuerpflichtigen abweichend festzusetzen und mit dem Ziel des späteren Erlasses zu stunden ist.[109] Erste Zweifel an dieser Verwaltungsanweisung hat das FG München geäußert.[110]

Nach Auffassung des BFH verstößt der **Billigkeitserlass** von Steuern auf einen Sanierungsgewinn gemäß BMF-Schreiben vom 27. März 2003 IV A 6-S 2140-8/03[111] gegen den **Grundsatz der Gesetzmäßigkeit der Verwaltung**.[112] Das BMF verfügte kurzfristig, dass für Schuldenerlasse bis zum 8. Februar 2017 (Tag der Bekanntgabe der Entscheidung des GrS) das Schreiben aus 2003 weitergelten solle. Verbindliche Auskünfte sollten nicht aufgehoben werden, wenn der Forderungsverzicht im Wesentlichen vollzogen oder im Einzelfall Vertrauensschutz vorliegt. Die Erteilung

---

106 So RFH, 30.6.1927 – VI A 297/27, RStBl 1927, 197; RFH, 16.12.1936 – VI A 725/36, RStBl 1937, 436 = StuW 1937 Nr. 88; RFH, Urt. v. 12.10.1938 – VI 621/38, RStBl 1939, 86; RFH, 26.4.1939 – VI 58/39, StuW 1939 Nr. 320.
107 Vgl. Schmittmann, ZInsO 2003, 505 ff.
108 Vgl. Romswinkel/Wessling, ZInsO 2003, 886 ff.; Kanzler, NWB Fach 3, 12971 ff.
109 S. BMF, Schreiben vom 27. März 2003 – IV A 6-S 2140-8/03, BStBl. I 2003, S. 240; ergänzt durch das BMF-Schreiben vom 22. Dezember 2009 IV C 6-S 2140/07/10001-01, BStBl. I 2010, S. 18 [vgl. dazu: Schmittmann, InsbürO 2010, 94]; sog. „Sanierungserlass".
110 S. FG München, Urt. v. 12.12.2007 – 1 K 4487/06, EFG 2008, 615 = ZIP 2008, 1784 ff. = EWiR 2008, 231 f. [Jungbluth/Lohmann]). Das FG Sachsen (Urt. v. 14.3.2013 – 5 K 1113/12, DStR 2014, 190 f.; Urt. v. 24.4.2013 – 1 K 759/12, EFG 2013, 1898 f. = ZIP 2013, 2274 f.) hat sich dem angeschlossen.
111 BStBl I 2003, S. 240; ergänzt durch das BMF-Schreiben vom 22. Dezember 2009 IV C 6-S 2140/07/10001-01, BStBl. I 2010, S. 18; sog. „Sanierungserlass".
112 S. BFH, Beschl. v. 28.11.2016 – GrS 1/15, ZIP 2017, 338 ff. = EWiR 2017, 149 f. [*Möhlenbeck*] = NZI 2017, 163 ff. mit Anm. Willemsen; vgl. Hölzle/Kahlert, ZIP 2017, 510 ff.; Kahlert/Schmidt, ZIP 2017, 503 ff.; *Lenger*, NZI 2017, 290 ff.; Schmittmann, NZI 5/2017, S. V f.

verbindlicher Auskünfte solle weiterhin möglich sein. Billigkeitsmaßnahmen aus besonderen, außerhalb des sog. „Sanierungserlasses" liegenden, sachlichen oder persönlichen Gründen des Einzelfalls sollen unberührt bleiben[113].

Der BFH veröffentlichte am 25. Oktober 2017 zwei Urteile, die ein solches Vorgehen allerdings ausschließen: Billigkeitsmaßnahmen nach dem BMF-Schreiben vom 27. März 2003 oder vom 27. April 2017 scheiden aus, da sowohl der X. Senat des BFH[114] als auch der I. Senat des BFH[115] der Rechtsprechung des BFH vom 28. November 2016 folgen und auch das Schreiben vom 27. April 2017 als Verstoß gegen den Grundsatz der Gesetzmäßigkeit der Verwaltung ansehen.

Auch ein weiteres Schreiben des BFH führte nicht zu einer Rechtsklarheit. Das Ministerium sieht sich an die mit BMF-Schreiben vom 27. April 2017[116] veröffentlichte Vertrauensschutzregelung im Umgang mit Altfällen (Schuldenerlass bis einschließlich 8. Februar 2017) durch den Willen des Gesetzgebers weiterhin gebunden[117].

Der BFH (Beschl. v. 16. April 2018 – X B 13/18, NZI 2018, 570 ff. mit Anm. *Schmittmann*) bestätigt seine Rechtsprechung, wonach bei einem Sanierungsgewinn, der dadurch entstanden ist, dass die Schulden vor dem 9. Februar 2017 erlassen worden sind, weder eine Einkommensteuerbefreiung dieses Sanierungsgewinns nach § 3a EStG n.F. noch eine Billigkeitsmaßnahme nach den BMF-Schreiben vom 27. März 2003[118] oder vom 27. April 2017 (BStBl. I 2017, 741) in Betracht komme. Die Wiederholung der Verwaltungsauffassung durch das BMF-Schreiben vom 29. März 2018[119] ändere daran nichts. Die Zustimmung des VII. Senats folgte[120].

Es war somit nach der Rechtsprechung des BFH davon auszugehen, dass der Sanierungserlass von 2003 als Verstoß gegen den Grundsatz der Gesetzmäßigkeit der Verwaltung rechtswidrig und damit nicht anzuwenden ist.

b) Gesetzliche Neuregelung

Durch das **Gesetz gegen schädliche Steuerpraktiken im Zusammenhang mit Rechteüberlassungen** vom 27. Juni 2017[121] wurden EStG, KStG und GewStG geän- 39

---

113 So BMF, Schreiben vom 27. April 2017 – IV C 6 – S 2140/13/10003, StuB 2017, 360; vgl. dazu *Uhländer*, DB 2018, 1224 ff.
114 So BFH, Urt. v. 23.8.2017 – X R 38/15, BFHE 259, 28 ff. = BStBl. II 2018, 236 ff. = ZIP 2017, 2161 ff. = EWiR 2017, 763 f. [von Spiessen].
115 So BFH, (Urt. v. 23.8.2017 – I R 52/14, BFHE 259, 20 ff. = BStBl. II 2018, 232 ff. = ZIP 2017, 2158 ff. = EWiR 2017, 761 f. [Anzinger] = NZI 2017, 936 ff. mit Anm. Schmittmann.
116 BStBl. I S. 741.
117 S. BMF, Schreiben vom 29. März 2018 – IV C 6 – S-2140/13/10003, BStBl. I 2018, 588; vgl. *Uhländer*, DB 2018, 854 ff.
118 BStBl. I 2003, 240.
119 BStBl. I 2018, 588.
120 S. BFH, Beschl. v. 8.5.2018 – VIII B 124/17, BFN/V 2018, 822 ff.
121 BGBl. I 2017, 2074 ff.

dert, um die Steuerfreiheit der Sanierungsgewinne zu regeln. Nach § 3a Abs. 1 Satz 1 EStG n. F. sind **Sanierungserträge**, also Betriebsvermögensmehrungen oder Betriebseinnahmen aus einem Schuldenerlass zum Zwecke einer unternehmensbezogenen Sanierung, steuerfrei.

Zum Inkrafttreten war durch Art. 6 Abs. 2 des Gesetzes gegen schädliche Steuerpraktiken im Zusammenhang mit Rechteüberlassungen geregelt worden, dass die Bestimmungen an dem Tag in Kraft treten, an dem die **Europäische Kommission** durch Beschluss feststellt, dass die Regelungen der Art. 2, 3 Nr. 1 bis 4 und des Art. 4 Nr. 1 bis 3a entweder keine staatliche Beihilfe i.S. des Art. 107 Abs. 1 AEUV oder mit dem Binnenmarkt vereinbare Beihilfen darstellen.

Hintergrund dieser Regelung ist: Die EU-Kommission hat am 26. Januar 2011 die **Sanierungsklausel des § 8c Abs. 1a KStG** als nicht mit dem Gemeinschaftsrecht vereinbar angesehen. Das BMF hat dann am 7. April 2011 eine Nichtigkeitsklage gegen die Entscheidung der EU-Kommission vom 26. Januar 2011 eingereicht, die vom EuG[122] und EuGH[123] wegen nicht fristgerechter Einlegung als unzulässig abgewiesen worden ist.

Die **betroffenen Unternehmen** haben ebenfalls geklagt und sind zunächst erster Instanz unterlegen[124]. Generalanwalt Nils Wahl hat vorgeschlagen[125], die Entscheidung der Kommission sowie die erstinstanzliche Entscheidung des EuG aufzuheben[126].

Der EuGH hat die Nrn. 2 und 3 des Tenors des Urteils des Gerichts der Europäischen Union vom 4. Februar 2016, Heitkamp BauHolding/Kommission (T-287/11, EU:T:2016:60), aufgehoben. Der Beschluss 2011/527/EU der Kommission vom 26. Januar 2011 über die staatliche Beihilfe Deutschlands C 7/10 (ex CP 250/09 und NN 5/10) „KStG, Sanierungsklausel" wurde für nichtig erklärt[127]. Die Entscheidung des EuGH wird weitgehend dahin verstanden, dass das Gericht keine Bedenken gegen die Nichtbesteuerung von Sanierungsgewinnen hat.

Die **Europäische Kommission** hat nach Bekanntwerden der Entscheidung des EuGH nicht durch Beschluss über die deutsche Regelungen entschieden, sondern der Bundesrepublik Deutschland lediglich einen „comfort letter" zur Verfügung gestellt. Es war daher erforderlich, in Deutschland erneut ins Gesetzgebungsverfahren einzutreten. Durch das **Gesetz zur Vermeidung von Umsatzsteuerausfällen beim**

---

122 S. EuG, Beschl. v. 18.12.2012 – T-205/11, IStR 2013, 101 ff.
123 S. EuGH, Beschl. v. 3.7.2014 – Rs. C-102/13 P, BB 2014, 1878 [Ls.].
124 So EuG, 4.2.2016 – Rs. T-287/11 – „Heitkamp Bauholding GmbH"; Urt. v. 4.2.2016 – Rs. T-620/11 – „GFKL Financial Services AG"; vgl. Schmittmann, INDat Report 3/2016, 27.
125 S. GA Wahl, Schlussantrag vom 20.12.2017 – Rs. 203/16 P.
126 Vgl. Schmittmann, INDat Report 10/2017, S. 63.
127 S. EuGH, 28.6.2018 – Rs. C-203/16, ZIP 2018, 1345 ff. = EWiR 2018, 517 f. [Hentschel] = StuB 2018, 482 f. = BB 2018, 2079 ff. mit Anm. Korneev = ZInsO 2018, 1783 ff. mit Anm. de Weerth.

Handel mit Waren im Internet und zur Änderung weiterer steuerlicher Vorschriften vom 11. Dezember 2018[128] wurde in Art. 19 (Inkraftsetzung der Steuerbefreiung für Sanierungserträge) geregelt, dass die genannten Vorschriften am Tag nach der Verkündung des Gesetzes gegen schädliche Steuerpraktiken im Zusammenhang mit Rechteüberlassungen vom 27. Juni 2017[129] in Kraft treten und Art. 6 Abs. 2 des Gesetzes gegen schädliche Steuerpraktiken im Zusammenhang mit Rechteüberlassungen vom 17. Juni 2017 aufgehoben wird. Damit treten die Regelungen rückwirkend in Kraft.

c) Voraussetzungen der Steuerbefreiung

Betriebsvermögensmehrungen oder **Betriebseinnahmen** aus einem Schuldenerlass zum Zwecke einer unternehmensbezogenen Sanierung sind gemäß § 3a Abs. 1 Satz 1 EStG **steuerfrei**. Eine **unternehmensbezogene Sanierung** liegt gemäß § 3a Abs. 2 EStG vor, wenn der Steuerpflichtige für den Zeitpunkt des Schuldenerlasses die Sanierungsbedürftigkeit und die Sanierungsfähigkeit des Unternehmens, die Sanierungseignung des betrieblich begründeten Schuldenerlasses und die Sanierungsabsicht der Gläubiger nachweist. 40

Ungeachtet dessen, dass ein **Forderungsverzicht** in einem Insolvenzplan nicht den Untergang einer Forderung, sondern nur ihre Nichtdurchsetzbarkeit begründet, ist es unstreitig, dass ein Forderungsverzicht im Rahmen eines Insolvenzplans zu einer Betriebsvermögensmehrung führt[130].

Die Regelung in § 3a Abs. 2 EStG knüpft an die Rechtsauffassung des BMF[131] an. Das BMF geht davon aus, dass die Voraussetzungen Sanierungsbedürftigkeit des Unternehmens, Sanierungsfähigkeit des Unternehmens, Sanierungseignung des Schuldenerlasses und Sanierungsabsicht der Gläubiger ohne Weiteres erfüllt sind, wenn ein Sanierungsplan im Sinne der Insolvenzordnung vorliegt[132].

aa) Sanierungsbedürftigkeit

Die **Beurteilung der Sanierungsbedürftigkeit** erfordert eine **Prognoseentscheidung**, die sich nicht durch die Feststellung des Vorliegens von Insolvenzeröffnungsgründen erschöpft[133]. 41

---

128 BGBl. 2018 I, S. 2338.
129 BGBl. 2017 I, S. 2074.
130 So Krumm, in: Blümich, EStG – Kommentar, 145. EL, München, 2018, § 3a Rn 20; Seer, in: Kirchhof, EStG – Kommentar, 18. Aufl., Köln, 2019, § 3a Rn 29.
131 S. BMF, Schreiben v. 27. März 2003, BStBl. I 2003, S. 240.
132 So Seer, in: Kirchhof, § 3a EStG Rn 19 unter Hinweis auf BFH, Urt. v. 10.4.2003 – IV R 63/01, BStBl. II 2004, 9.
133 So Hallerbach in: Herrmann/Heuer/Raupach, EStG/KStG – Kommentar, 293. Lieferung, August 2019, § 3 a EStG Rn 27.

Nach der Rechtsprechung des BFH sind bei der Prüfung, ob ein Unternehmen sanierungsbedürftig ist[134], insbesondere die **Ertragslage**, die **Höhe des Betriebsvermögens** vor und nach der Sanierung, die **Kapitalverzinsung** durch die Erträge des Unternehmens, das Verhältnis der flüssigen Mittel zur **Höhe der Schuldenlast**, die **Gesamtleistungsfähigkeit** des Unternehmens und gegebenenfalls die **Höhe des Privatvermögens** zu untersuchen[135]. Maßgebend sind die **Verhältnisse im Zeitpunkt des Schuldenerlasses**. Es kommt entscheidend darauf an, wie sich das Unternehmen ohne den Schuldenerlass weiter entwickeln würde[136]. In der Regel wird bei einem allgemeinen Gläubigerverzicht auch die **Sanierungsbedürftigkeit** des Schuldners nicht zu bezweifeln sein[137].

Die **Sanierungsbedürftigkeit** ist jedenfalls spätestens dann anzunehmen, wenn ein **Insolvenzantragsgrund** vorliegt[138].

bb) Sanierungsfähigkeit und Sanierungseignung

42 **Sanierungseignung** und **Sanierungsfähigkeit** sind gemeinsam zu prüfen[139].

Eine unternehmensbezogene Sanierung soll nach der Rechtsprechung des BFH den **Fortbestand des Unternehmens** sichern[140]. Das Unternehmen soll vor dem Zusammenbruch bewahrt und wieder ertragsfähig gemacht werden[141]. Es fehlt an der Bewahrung vor dem Zusammenbruch und der Wiederherstellung der Ertragsfähigkeit, wenn das Unternehmen seine werbende Tätigkeit bereits vor dem Schuldenerlass eingestellt hat[142].

Nach der Rechtsprechung des BFH ist **Sanierungseignung** gegeben, wenn der Schuldenerlass allein oder zusammen mit anderen Maßnahmen dazu führen kann, das Überleben des Unternehmens zu sichern[143]. Nicht erforderlich ist, dass das Unternehmen eine aktive werbende Tätigkeit ausübt.

Ein durch Überschuldung oder Zahlungsschwierigkeiten notleidend gewordenes Unternehmen wird nach der Rechtsprechung des BFH finanziell im Allgemeinen

---

134 S. BFH, 22.11.1983 – VIII R 14/81, BFHE 140, 521 ff. = BStBl. II 1984, 472 ff. Rn 25.
135 So schon BFH, 3.12.1963 – I 375/60 U, BFHE 78, 327 ff. = BStBl. III 1964, 128 ff.
136 So bereits RFH, 14.7.1942 – I 240/41, RStBl. 1942, 956 ff.; BFH, 3.12.1963 – I 375/60 U, BFHE 78, 327 ff. = BStBl. III 1964, 128 ff.
137 So BFH, 3.12.1963 – I 375/60 U Rn 19.
138 So Hallerbach, in: Herrmann/Heuer/Raupach, EStG/KStG, § 3a EStG Rn 27; Förster/Hechtner, Steuerbefreiung von Sanierungsgewinnen gemäß §§ 3a, 3c Abs. 4 EStG, DB 2017, 1336 ff.
139 So Hallermann, in: Herrmann/Heuer/Raupach, EStG/KStG, § 3a EStG Rn 28.
140 S. BFH, 14.7.2010 – X R 34/08, BFHE 229, 502 ff. = BStBl. II 2010, 916 ff. Rn 31.
141 Vgl. BFH, 18.12.1990 – VIII R 39/87, BFHE 164, 404 ff. = BStBl. II 1991, 784 ff.
142 So BFH, 14.7.2010 – X R 34/08, Rn 31.
143 So BFH, 20.2.1986 – IV R 172/84, BFH/NV 1987, 493 f.

in der Weise saniert, dass der Gesellschaft **Altschulden erlassen** und **neue Eigenmittel zugeführt** werden[144].

cc) Betriebliche Begründung

Betrieblich begründet ist der Schuldenerlass, wenn ein **objektiver wirtschaftlicher Zusammenhang mit dem Betrieb** besteht[145]. Fehlt die betriebliche Veranlassung, weil es sich um eine **gesellschaftsrechtliche Veranlassung** handelt, wird ein eventuell nicht durch eine außerbilanzielle hinzugerechnete verdeckte Einlage neutralisierte Gewinnerhöhung nicht durch § 3a EStG steuerfrei gestellt[146].

43

„Betrieblich" veranlasst ist die **Hinzufügung von Vermögenswerten** dann, wenn ein objektiver wirtschaftlicher Zusammenhang mit dem Betrieb besteht[147].

Eine **gesellschaftsrechtliche Veranlassung** ist zu vermuten, wenn außer den Gesellschaftern kein fremder Dritter auf eine Forderung verzichtet hat[148].

dd) Sanierungsabsicht

Die Gläubiger müssen bei dem Erlass der Verbindlichkeiten des Schuldners mit **Sanierungsabsicht** handeln[149]. Eine Sanierungsabsicht liegt vor, wenn der **Schuldenerlass zum Zweck der Sanierung** erfolgt[150]. Die Sanierungsabsicht ist eine innere Tatsache, so dass sie über Indizien zu beweisen ist[151].

44

Zur ebenfalls als **innere Tatsache** anzusehenden Gewinnerzielungsabsicht hat der BGH festgestellt, dass einzelne Umstände einen **Anscheinsbeweis** dafür liefern können, ob der Betrieb nach seiner Wesensart und der Art seiner Bewirtschaftung innerhalb des der Prognose zugrundeliegenden Zeitraums geeignet ist, einen Gewinn zu erwirtschaften[152]. Im Hinblick auf die Sanierungsabsicht wird angenommen, dass ein gewichtiges Indiz darin liegt, dass eine **Vielzahl von Gläubigern auf Forderungen verzichtet**[153].

---

144 S. BFH, 24.4.1986 – IV R 282/84, BFHE 146, 549 ff. = BStBl. II 1986, 672 ff. Rn 15.
145 So Hallerbach, in: Herrmann/Heuer/Raupach, EStG/KStG, § 3a EStG Rn 29.
146 So Seer, in: Kirchhof/Seer, Einkommensteuergesetz – Kommentar, 18. Aufl., Köln, 2019, § 3a EStG Rn 25; Hallerbach, in: Herrmann/Heuer/Raupach, EStG/KStG, § 3a EStG Rn 29.
147 So BFH, 1.10.1993 – III R 32/92, BFHE 172, 445 ff. = BStBl. II 1994, 179 ff. Rn 24.
148 So Hallerbach, in: Herrmann/Heuer/Raupach, EStG/KStG, § 3a EStG Rn 29.
149 So Seer, in: Kirchhof/Seer, § 3a EStG Rn 27,
150 So Hallerbach, in: Herrmann/Heuer/Raupach, EStG/KStG, § 3a EStG Rn 30.
151 So Hallerbach, in: Herrmann/Heuer/Raupach, EStG/KStG, § 3a EStG Rn 30.
152 So BFH, 31.7.2002 – X R 48/99, BFHE 200, 504 ff. = BStBl. II 2003, 282 ff. Rn 31.
153 So Hallerbach, in: Herrmann/Heuer/Raupach, EStG/KStG, § 3a EStG Rn 30; Seer, in: Kirchhof/Seer, § 3a EStG Rn 27 unter Hinweis auf BFH, 14.3.1990 – I R 64/85, BFHE 161, 28 ff. = BStBl. II 1990, 810 ff., zu § 3 Nr. 66 EStG.

Auch das **Vorliegen eines Sanierungsplans** indiziert die **Sanierungsabsicht der Gläubiger**. Dies gilt zumindest dann, wenn Ausführungen zur Sanierungsbedürftigkeit und Sanierungsfähigkeit des Unternehmens, zur Sanierungseignung des Schuldenerlasses sowie zu den **Motiven der Gläubiger** enthalten sind[154].

ee) Nachweis durch den Steuerpflichtigen

45 Der Steuerpflichtige hat die **Voraussetzungen der unternehmensbezogenen Sanierung** für den Zeitpunkt des Schuldenerlasses nachzuweisen, wobei an den **Nachweis der Sanierungsabsicht** keine erhöhten Anforderungen zu stellen sind[155].

Wird der Sanierungsplan von den Gläubigern angenommen, ist davon auszugehen, dass die **Sanierungsabsicht der Gläubiger** gegeben ist[156].

ff) Antrag

46 Ein förmlicher **Antrag** zur Anwendung von § 3a EStG ist nicht erforderlich. Da der Steuerpflichtige allerdings die **Feststellungslast** für das Vorliegen aller Voraussetzungen des § 3a Abs. 2 EStG trägt, hat er ein faktisches Wahlrecht zur Befreiung des Sanierungsertrags von der Einkommensteuer[157].

d) Rechtsfolgen

47 Die Rechtsfolgen des § 3a EStG sind unter Einbeziehung des § 3c Abs. 4 EStG die (1) **Steuerfreiheit des Sanierungsertrages**, (2) die **Pflicht zur Hebung stiller Lasten** und (3) der **Untergang von Verlustverrechnungspotentialen** beim Steuerpflichtigen.

aa) Steuerfreiheit des Sanierungsertrages

48 Primäre Rechtsfolge der Regelung in § 3a EStG ist die bei Gewinnermittlung durch Betriebsvermögensvergleich außerbilanziell zu berücksichtigende **Steuerfreiheit** des sachlich umgrenzten und gesondert festzustellenden Sanierungsertrages. Es

---

154 So Seer, in: Kirchhof/Seer, § 3a EStG Rn 27 unter Hinweis auf BFH, Beschl. 24. März 2015 – X B 127/14, BFH/NV 2015, 809 ff. zu BMF, Schreiben v. 27. März 2003 – IV A 6 S 2140-8/03, BStBl. I 2003, 240.
155 So Seer, in: Kirchhof/Seer, § 3a EStG Rn 28.
156 So Seer, in: Kirchhof/Seer, § 3a EStG Rn 28; Hallerbach, in: Herrmann/Heuer/Raupach, EStG/KStG, § 3a EStG Rn 31.
157 So Hallerbach, in: Herrmann/Heuer/Raupach, EStG/KStG, § 3a EStG Rn 31; Seer, in: Kirchhof/Seer, § 3a EStG Rn 28.

werden weder unmittelbar mit dem Sanierungsertrag in Verbindung stehende Aufwendungen noch Verluste von dem Sanierungsertrag in Abzug gebracht.

Für die Aufwendungen gilt gemäß 3c Abs. 4 EStG das **Abzugsverbot** und die Verluste gehen (erst) in einem gesonderten Rechtsanwendungsschritt nach Maßgabe des § 3a Abs. 3 EStG unter[158].

bb) Pflicht zur Hebung stiller Lasten

Die Gewährung der Steuerfreiheit verlangt gemäß § 3a Abs. 1 Satz 2 EStG von dem Steuerpflichtigen, dass dieser das **steuerliche Wahlrecht** in dem Jahr, in dem der Sanierungsertrag erzielt wird, und im Folgejahr gewinnmindernd ausübt. Die Regelungswirkung des § 3c Abs. 1 Satz 2 EStG ist darauf gerichtet, dass die Bestimmung aus Wahlrechten eine verpflichtende Befolgungsanordnung macht, die der Höhe nach auf dem geminderten Sanierungsertrag begrenzt ist[159]. Kommt der Steuerpflichtige dieser Verpflichtung nicht nach, verliert er zwar nicht die Steuerfreiheit des Sanierungsgewinns, sondern der **Verlustuntergang** in Beziehung auf das Sanierungsjahr ist rechtwidrig zu niedrig erfolgt[160]. 49

cc) Untergang von Verlustverrechnungspotentialen beim Steuerpflichtigen

Weiterhin ordnet § 3a Abs. 3 Satz 2 EStG den **Untergang verschiedener Steuerminderungspotentiale**, insbesondere Verluste, beim Steuerpflichtigen an, indem dort formuliert ist, dass sie „außer Ansatz bleiben" und an den „entsprechenden Feststellungen nicht mehr teilnehmen"[161]. 50

Im Hinblick auf Unsicherheiten im Zusammenhang mit dem **Verlustabzug bei Körperschaften** gemäß § 8c KStG sah sich der Gesetzgeber zum Handeln verpflichtet. Nach § 8c Abs. 1 KStG gehen bei einem sog. „schädlichen Beteiligungserwerb" Verluste ganz oder teilweise unter. Bei einem **Beteiligungserwerb zum Zwecke der Sanierung** des Geschäftsbetriebs der Körperschaft gehen die Verluste allerdings gemäß § 8c Abs. 1a KStG nicht unter, sofern Maßnahmen ergriffen werden, Insolvenzgründe zu verhindern oder zu beseitigen sowie die wesentlichen Betriebsstrukturen erhalten werden. Diese Regelung, die nach der Rechtsprechung des EuGH europarechtskonform ist, steht neben der durch das **Gesetz zur Weiterentwicklung der steuerlichen Verlustverrechnung** bei Körperschaften vom 20.12.2016[162] einge- 51

---

158 So Krumm, in: Blümich, § 3a EStG Rn 32.
159 So Krumm, in: Blümich, § 3a EStG Rn 34 unter Hinweis auf Förster/Hechtner, DB 2017, 1536, 1542.
160 So Krumm, in: Blümich, § 3a EStG Rn 34.
161 So Krumm, in: Blümich, § 3a EStG Rn 35.
162 BGBl. I 2016, S. 2998 f.

führten Regelung des § 8d KStG, die einen **„fortführungsgebundenen Verlustvortrag"** vorsieht. Danach ist § 8c KStG nach einem **schädlichen Beteiligungserwerb** auf Antrag u.a. nicht anzuwenden, wenn die Körperschaft ausschließlich denselben Geschäftsbetrieb unterhält und keines der nachfolgenden Negativmerkmale gegeben ist:
- Einstellung des Geschäftsbetriebs,
- Ruhestellung des Geschäftsbetriebs,
- Zuführung des Geschäftsbetriebs zu einer andersartigen Zweckbestimmung,
- Aufnahme eines zusätzlichen Geschäftsbetriebs durch die Körperschaft,
- Beteiligung der Körperschaft an einer Mitunternehmerschaft,
- Einnahme der Stellung eines Organträgers i.S.d. § 14 Abs. 1 KStG,
- Übertragung von Wirtschaftsgütern auf die Körperschaft, die sie zu einem geringeren als dem gemeinen Wert ansetzt

Zudem gilt die Regelung nicht:
- für Verluste aus der Zeit vor einer Einstellung oder Ruhestellung des Geschäftsbetriebs oder
- wenn die Körperschaft Organträger oder an einer Mitunternehmerschaft beteiligt ist.

52 Ein **Geschäftsbetrieb** umfasst die von einer einheitlichen Gewinnerzielungsabsicht getragenen, nachhaltigen, sich gegenseitig ergänzenden und fördernden Betätigungen der Körperschaft und bestimmt sich nach qualitativen Merkmalen in einer Gesamtbetrachtung. Qualitative Merkmale sind insbesondere die angebotenen Dienstleistungen oder Produkte, der Kunden- und Lieferantenkreis, die bedienten Märkte und die Qualifikation der Arbeitnehmer.

Gemäß § 34 Abs. 6a KStG ist § 8d KStG erstmals auf schädliche Beteiligungserwerbe im Sinne des § 8c KStG anzuwenden, die nach dem 31.12.2015 erfolgen, wenn der Geschäftsbetrieb der Körperschaft vor dem 1.1.2016 weder eingestellt noch ruhend gestellt war.

Nachdem der EuG zunächst entschieden hatte, dass die sog. **Sanierungsklausel des § 8c Abs. 1a KStG** gegen Europarecht verstößt[163], hat der EuGH den Beschluss 2011/527/EU der Kommission vom 26. Januar 2011 über die staatliche Beihilfe Deutschlands C 7/10 (ex CP 250/09 und NN 5/10) „KStG, Sanierungsklausel" für nichtig erklärt.[164]

---

163 EuG, 4.2.2016 – Rs. T-620/11, EWiR 2016, 319f. [Roth] = IStR 2016, 390 – „GFKL Financial Services AG" EuG – 9. Kammer, 4.2.2016 – Rs. T-287/11, GmbHR 2016, 384ff. – „Heitkamp Bauholding GmbH".
164 EuGH, 28.6.2018 – Rs. C-203/16, ZIP 2018, 1345ff. = EWiR 2018, 517f. [Hentschel] = StuB 2018, 482f. = BB 2018, 2079ff. mit Anm. Korneev = ZInsO 2018, 1783ff. mit Anm. de Weerth.

Erfüllt ein nach dem 31. Dezember 2007 erfolgter **Beteiligungserwerb** die Voraussetzungen des § 8c Abs. 1a KStG, bleibt er gemäß § 34 Abs. 6 Satz 4 KStG bei der Anwendung des § 8c Abs. 1 Satz 1 KStG unberücksichtigt.

Bei **Kommanditgesellschaften** ist zu beachten, dass nach § 3a Abs. 4 Satz 1 EStG eine **gesonderte Feststellung des Sanierungsertrages** und der Steuerminderungspotenziale erfolgt. Die Feststellungspflicht besteht zum einen, wenn eine **Mitunternehmerschaft** einen Sanierungsertrag erzielt und zum anderen, wenn für die Feststellung des Gewinns eines Einzelunternehmens ein anderes Finanzamt als das Wohnsitz-Finanzamt des Einzelunternehmers zuständig ist.[165]

53

In der Literatur werden Zweifel erhoben, ob die völlige Steuerbefreiung des verbleibenden Sanierungsgewinns im Ergebnis haltbar ist. Da nach der Schmalenbach'schen Gleichung die Summe der Periodengewinne dem Totalgewinn entsprechen muss,[166] ist nicht einzusehen, dass in den Fällen der Sanierung die Summe der versteuerten Periodengewinne niedriger ist als der Totalgewinn. Dies könnte sich als ungerechtfertigte *Bevorzugung von Unternehmen* darstellen, die einmal sanierungsbedürftig waren, aber letztlich doch einen Totalgewinn erwirtschaftet haben. Unternehmen, die einen gleichen Totalgewinn erwirtschaftet haben, ohne sanierungsbedürftig gewesen zu sein, werden dadurch benachteiligt.[167]

54

[*einstweilen frei*]

55

4. Neuerwerb

Insolvenzverwalter und Finanzverwaltung müssen sorgfältig zwischen **Insolvenzforderungen, Masseverbindlichkeiten und insolvenzfreien Verbindlichkeiten** des Schuldners unterscheiden. Ein Steueranspruch ist **Insolvenzforderung** i.S.v. § 38 InsO, wenn er vor der Eröffnung des Insolvenzverfahrens in der Weise begründet worden ist, dass der zugrundeliegende zivilrechtliche Sachverhalt, der zur Entstehung der Steuerforderung führt, bereits vor Eröffnung des Insolvenzverfahrens verwirklicht worden ist.[168] Eine **Masseverbindlichkeit** ist hingegen gegeben, wenn die Einkommensteuerschuld aus der Verwertung der Insolvenzmasse resultiert.[169]

56

Eine Verwaltung der Insolvenzmasse in anderer Weise als i.S.v. § 55 Abs. 1 Nr. 1 InsO liegt nicht vor, wenn pfändbarer Arbeitslohn des Schuldners als **Neuerwerb** zur Insolvenzmasse gelangt.[170] Die auf Neuerwerb anfallende **Einkommensteuer**

---

165 So Seer, in: Kirchhof/Seer, § 3a EStG Rn 53.
166 So Schmalenbach, Dynamische Bilanz, 1988, 66.
167 So Bareis/Kaiser, DB 2004, 1841, 1847.
168 So BFH, 1.4.2008 – X B 201/07, BFH/NV 2008, 925 ff. = ZIP 2008, 1780 f.
169 Vgl. BFH, 8.3.2008 – X R 60/04, BStBl II 2008, S. 787 f. = ZIP 2008, 1643.
170 So BFH, 24.2.2011 – VI R 21/10, BStBl II 2011, S. 520 ff. = ZIP 2011, 873 ff. = EWIR 2011, 427 mit Anm. Onusseit.

führt ebenso wie Aufwendungen von Werbungskosten oder Betriebsausgaben zu einer mit einem Neuerwerb in Verbindung stehenden Verbindlichkeit und ist somit aus dem insolvenzfreien Vermögen des Schuldners zu begleichen, so dass es sich nicht um eine vorrangig zu befriedigende Masseverbindlichkeit handelt.[171] Nimmt der Schuldner während des Insolvenzverfahrens eine neue Erwerbstätigkeit auf, indem er durch seine Arbeit und mit Hilfe von nach § 811 Abs. 1 Nr. 11 ZPO unpfändbaren Gegenständen selbstständig Leistungen erbringt, fällt die daraus resultierende Einkommensteuer ebenfalls nicht in die Masseverbindlichkeiten.[172]

Der Insolvenzverwalter ist im Übrigen für die Zahlung der Einkommensteuer nicht verantwortlich, die sich aus einer **ohne sein Wissen und ohne seine Zustimmung aufgenommenen selbstständigen Tätigkeit** des Schuldners nach Verfahrenseröffnung ergibt.[173] Ist bei einer **Tätigkeit ohne Wissen und Billigung des Insolvenzverwalters** unklar, ob es sich um eine solche des Insolvenzschuldners handelt, entsteht keine Masseverbindlichkeit.[174]

5. Kapitalertragsteuer und Steueranrechnung bei Personenhandelsgesellschaften

57 Erzielt der Insolvenzverwalter **Zinseinkünfte**, etwa aus Festgeldkonten, so behält die Bank **Kapitalertragsteuer und Solidaritätszuschlag** ein.[175] Dieser wird den Gesellschaftern als Vorauszahlung auf die persönliche Einkommensteuer angerechnet und kommt somit nicht der Insolvenzmasse zugute. Vielmehr muss die Insolvenzmasse zunächst einen Abfluss hinnehmen. Der Gesellschafter einer in Insolvenz befindlichen Personenhandelsgesellschaft ist aus seiner gesellschaftsrechtlichen Treuepflicht heraus aber gehalten, die zu Lasten der Masse abgeführten Zahlungen auf die Kapitalertragsteuer und auf den Solidaritätszuschlag als anzurechnenden Zinsabschlag in die Einkommensteuererklärung einzustellen und die sich ergebende **Erstattung** der Masse zur Verfügung zu stellen. Unterlässt er dies, erwächst der Gesellschaft bzw. dem Insolvenzverwalter gegen ihn ein Schadensersatzanspruch in Höhe der abgeführten Beträge.[176]

---

171 So BFH, 24.2.2011 – VI R 21/10, BStBl II 2011, S. 520 ff. = ZIP 2011, 873 ff.
172 Vgl. dazu BFH, 7.4.2004 – V R 5/04, BStBl II 2005, S. 848 ff. = ZIP 2005, 1376 f. = ZInsO 2005, 774 ff. mit Anm. Schmittmann; Obermair, DStR 2005, 1561 ff.
173 So FG Nürnberg, 11.12.2008 – 4 K 1394/07, ZInsO 2009, 488 ff. mit Anm. Schmittmann; vgl. Heubrich, ZInsO 2004, 1292, 1295; Schmittmann, ZInsO 2005, 774 ff.
174 So BFH, 6.6.2019 – V R 51/17, BFHE 265, 294 ff. = ZIP 2019, 2420 ff. = ZRI 2020, 143 ff. mit Anm. Schmittmann = NZI 2020, 184 ff. mit Anm. Witfeld = BB 2020, 100 ff. mit Anm. Pelke = StuB 2020, 35 [Ls.] mit Anm. jh.
175 Vgl. Busch/Winkens/Büker, S. 296 ff.
176 So OLG Dresden, 29.11.2004 – 2 U 1507/04, StuB 2005, 513 = DStR 2005, 615 mit Anm. Wälzholz = GmbHR 2005, 238 ff.

Die nach § 43 Abs. 1 S. 1 EStG durch Abzug auf die Kapitalerträge der Insolvenzmasse erhobene Einkommen- oder Körperschaftsteuer (Kapitalertragsteuer) ist ebenso wie der darauf entfallende Solidaritätszuschlag auch im Insolvenzverfahren vermögensmäßig als **Abzug vom Gesellschaftskapital** anzusehen und wegen der steuerlichen **Anrechnung auf die Einkommen- oder Körperschaftsteuer** der Gesellschafter wie eine Entnahme zu behandeln. Die Gesellschafter sind deshalb – unabhängig vom Inhalt des Gesellschaftsvertrages – zur **Erstattung der Zinsabschläge in die Masse** verpflichtet.[177]

II. Verbraucherinsolvenzverfahren

1. Grundlagen

Im **Verbraucherinsolvenzverfahren** liegt regelmäßig keine Buchführungspflicht vor. Der Schuldner ermittelt sein zu versteuerndes Einkommen nach § 4 Abs. 3 EStG, also im Wege der **Einnahme-Überschuss-Rechnung**. 58

Diese Form der **Einkünfteermittlung** erfordert weder Vorjahreswerte noch ein besonderes Rechenwerk. Daher sind im Verhältnis zur Größe des Verfahrens wenige, einfach zu erstellende Steuererklärungen mit der Regelvergütung abgegolten.[178] Die der Steuererklärung zugrunde zu legenden Angaben befinden sich im Regelfall auf der Lohnsteuerkarte des Schuldners, sofern er einer Tätigkeit i.S.v. § 19 EStG nachgeht, oder aber in den entsprechenden Bescheinigungen über Transferleistungen wie Sozialhilfe bzw. Arbeitslosengeld. In diesem Fall ist zu berücksichtigen, dass das **Arbeitslosengeld** zwar steuerfrei ist, aber in den **Progressionsvorbehalt** fällt. Dies ist in den Fällen zu berücksichtigen, in denen der Schuldner unterjährig arbeitslos wird. Auch Insolvenzgeld ist einschließlich der enthaltenen Sonn-, Feiertags- und Nachtzuschläge beim Progressionsvorbehalt zu berücksichtigen.[179] 59

Bei verheirateten Schuldnern wird der Insolvenzverwalter auch zu überprüfen haben, ob es zweckmäßig ist, die **Einzelveranlagung (§ 26a EStG)** oder die **Zusammenveranlagung (§ 26b EStG)** zu wählen (§ 26 EStG). Nach der hier vertretenen Auffassung ist der Insolvenzverwalter insoweit in seiner Entscheidung frei, weil es sich bei dieser Entscheidung um ein **Verwaltungsrecht** handelt, das dem Insolvenzverwalter bzw. Treuhänder nach § 80 Abs. 1 InsO zusteht.[180] Demgegenüber vertritt das AG Essen die Auffassung, dass die Befugnis des Insolvenzverwalters bzw. 60

---

[177] So BGH, 5.4.2016 – II ZR 62/15, ZIP 2016, 1019 ff. = NZI 2016, 927 ff.
[178] So BGH, 14.11.2013 – IX ZB 161/11, NZI 2014, 21 f.
[179] So FG Hannover, 17.5.2005 – 16 K 20150/03, ZIP 2005, 1186 f. = DStRE 2005, 1007 f. = EFG 2005, 1670.
[180] So auch BGH, 24.5.2007 – IX ZR 8/06, NZI 2007, 455 = ZInsO 2007, 656, 657 = NJW 2007, 2556 ff. mit Anm. Englisch.

Treuhänders nicht weiterreichen darf als die Befugnis des Schuldners selbst. Ist er in der intakten Ehe zur gemeinsamen Veranlagung (heute: Zusammenveranlagung) verpflichtet, so kann sich auch der Treuhänder darüber nicht hinwegsetzen.[181]

61 **Wahlrechte des Steuerpflichtigen**, etwa die Wahl zwischen Einzelveranlagung (§ 26a EStG) und Zusammenveranlagung (§ 26b EStG) stehen dem Insolvenzverwalter bzw. dem Treuhänder zu.[182] Das Wahlrecht der Ehegatten gem. § 26 Abs. 2 EStG ist kein höchstpersönliches, sondern ein vermögensmäßiges Recht, dessen Verwaltung ausschließlich dem Insolvenzverwalter zusteht.[183] Widerspricht der Insolvenzverwalter der Zusammenveranlagung, so werden die Ehegatten getrennt veranlagt.[184] Der **Anspruch des Ehegatten auf Zustimmung zur Zusammenveranlagung** richtet sich nach der Verfahrenseröffnung über das Vermögen des anderen Ehegatten gegen den Insolvenzverwalter. Der Insolvenzverwalter kann die Zustimmung nicht davon abhängig machen, dass sich der Ehegatte zur Auszahlung des Wertes des durch die Zusammenveranlagung erzielten Steuervorteils verpflichtet.[185]

62 Auch die **Wahl der Steuerklasse** obliegt dem Insolvenzverwalter, um zu verhindern, dass der Schuldner im Zusammenwirken mit seinem Ehepartner durch die Wahl der Steuerklasse das pfändbare Einkommen vermindert.[186] Hat der Schuldner vor einer Pfändung eine **ungünstigere Lohnsteuerklasse in Gläubigerbenachteiligungsabsicht** gewählt, so kann er bei der Berechnung des pfändungsfreien Betrags schon im Jahre der Pfändung so behandelt werden, als sei sein Arbeitseinkommen gemäß der günstigeren Lohnsteuerklasse zu versteuern.[187] Wählt der Schuldner nach der Pfändung eine ungünstigere Lohnsteuerklasse oder behält er diese für das folgende Kalenderjahr bei, so gilt dies auch ohne Gläubigerbenachteiligungsabsicht schon dann, wenn für diese Wahl objektiv kein sachlich rechtfertigender Grund gegeben ist.[188] Diese vom BGH für Zwangsvollstreckungen entwickelte Rechtsprechung dürfte aufgrund der gleichen Interessenlage auch auf das Insolvenzverfahren anwendbar sein. Weiterhin ist ein Schuldner im Hinblick auf die Subsidiarität der Stundung der Verfahrenskosten verpflichtet, seine Steuerklasse so zu wählen, dass sein pfändbares Einkommen nicht zum Nachteil der Gläubiger und

---

181 So AG Essen, 10.2.2004 – 13 C 479/03, ZVI 2004, 196 f. = NZI 2004, 276 f.
182 So auch BGH, 24.5.2007 – IX ZR 8/06, NZI 2007, 455 = ZInsO 2007, 656, 657.
183 Vgl. BFH, 29.10.1963 – VI 266/61, BStBl III 1963, S. 597; BFH, 15.10.1964 – VI 175/63 U, BStBl III 1964, S. 86; FG Münster, 7.12.2006 – 2 K 5809/04 E, ZInsO 2007, 383 f.
184 So Waza/Uhländer/Schmittmann, Insolvenzen und Steuern, Rn 1401.
185 So BGH, 18.11.2010 – IX ZR 240/07, ZIP 2010, 2515 f. = DStR 2011, 277, 278 mit Anm. Goette.
186 Vgl. dazu AG Duisburg, 29.1.2002 – 62 IN 53/00, ZInsO 2002, 383 ff.
187 Die Steuerklassenwahl des Schuldners ist nach Auffassung des LG Dortmund (23.3.2010 – 9 T 106/10, NZI 2010, 581 f.) nur zu korrigieren, wenn für die Wahl der Steuerklasse kein sachlicher Grund besteht und sie daher missbräuchlich erscheint.
188 So BGH, 4.10.2005 – VII ZB 26/05, ZInsO 2005, 1212 f. = NZI 2006, 114 f.

der Staatskasse auf Null reduziert wird.[189] Beruht eine **Steuererstattung** allein darauf, dass die Insolvenzschuldnerin aus ihrem Vermögen Vorauszahlungen geleistet hat, so steht ihr bzw. dem Insolvenzverwalter auch materiell-rechtlich der Erstattungsanspruch allein zu.[190]

Eine **Einkommensteuererstattung** aufgrund beruflicher **Werbungskosten** ist kein (nur zum Teil pfändbares) Arbeitseinkommen i.S.d. §§ 850 ff. ZPO. Im eröffneten Insolvenzverfahren fällt eine solche Erstattung daher in vollem Umfang in die Insolvenzmasse,[191] ohne dass Pfändungsschutz beansprucht werden kann.[192] Die Entstehung einer Steuerschuld, welche der Schuldner begleichen möchte, ist in der Regel kein ausreichender Grund für die **Erhöhung des unpfändbaren Betrags**.[193]

63

2. Besonderheiten in der Wohlverhaltensphase

Befindet sich der Schuldner bereits in der **Wohlverhaltensphase**, ist der Treuhänder nicht Vermögensverwalter i.S.v. § 34 Abs. 1, Abs. 3 AO, da er keine allgemeine Verwaltungs- und Verfügungsbefugnis hat,[194] so dass die **steuerlichen Verpflichtungen** an den Schuldner zurückfallen.

64

In der **Wohlverhaltensphase** gelten die **Aufrechnungsverbote** aus §§ 94 bis 96 InsO nicht. Lediglich wenn mit der Aufhebung des Insolvenzverfahrens eine Nachtragsverteilung angeordnet worden ist, bleibt der Insolvenzbeschlag und damit die insolvenzrechtlichen Aufrechnungsverbote erhalten.[195] Das Aufrechnungshindernis entfällt erst mit der **Aufhebung des Insolvenzverfahrens** und nicht bereits mit dem Beschluss über die Ankündigung der Restschuldbefreiung.[196]

Nach Einstellung des Insolvenzverfahrens über das Vermögen des Steuerpflichtigen und Erteilung der Restschuldbefreiung kann das Finanzamt eine Einkommensteuerforderung, die während des Insolvenzverfahrens als Masseforderung entstanden war, nicht gegen einen Erstattungsanspruch aufrechnen.[197]

---

189 So BGH, 3.7.2008 – IX ZB 65/07, ZInsO 2008, 976 = NZI 2008, 624, 625.
190 So OLG Oldenburg, 27.11.2007 – 9 U 43/07, ZInsO 2008, 460 f.
191 So AG Dortmund, 21.3.2002 – 257 IK 17/00, ZInsO 2002, 685 ff. mit Anm. Henning = NZI 2004, 448 = ZVI 2002, 294 f.
192 So LG Krefeld, 8.8.2008 – 6 T 65/07, ZInsO 2008, 1280 [Ls.].
193 So BGH, 19.9.2019 – IX ZB 2/18, ZIP 2019, 2118 ff. = ZVI 2019, 431 ff. = StuB 2020, 207 [Ls.] mit Anm. jh = NZI 2019, 941 ff. = Verbraucherinsolvenz aktuell 2020, 3 ff. mit Anm. Böhme.
194 So Schmittmann, StuB 2012, 404 f.
195 So BFH, 28.2.2012 – VII R 36/11, BFHE 236, 202 ff. = BStBl II 2012, S. 451 f. = ZIP 2012, 933 ff. = ZVI 2012, 276 ff.
196 So BFH, 7.6.2006 – VII B 296/05, BFHE 212, 496 ff. = BStBl II 2006, S. 641 ff. = ZIP 2006, 1593 f.
197 So FG Leipzig, 9.12.2015 – 8 K 1112/15, ZIP 2016, 737 – Revision anhängig: BFH – VII R 1/16.

65 Der Anspruch auf **Erstattung von Einkommensteuerzahlungen** wird von der **Abtretungserklärung** gem. § 287 Abs. 2 S. 1 InsO nicht erfasst.[198] Er steht somit dem Schuldner zu,[199] sofern das Gericht nicht hinsichtlich des Steuererstattungsanspruchs, der während des eröffneten Verfahrens – zumindest zeitanteilig – entstanden ist, die Nachtragsverteilung angeordnet hat, so dass der Insolvenzbeschlag bestehen bleibt.[200] Darüber hinaus kann der Schuldner dem Treuhänder seinen Steuererstattungsanspruch abtreten, was z.B. sinnvoll ist, weil daraus die Verfahrenskosten gedeckt werden können. Dies ist entgegen der Auffassung der OFD Münster auch wirksam.[201]

66 Der Anspruch auf **Erstattung von Einkommensteuerzahlungen** gehört aber zur Insolvenzmasse, wenn der die Erstattungsforderung begründende Sachverhalt vor oder während des Insolvenzverfahrens verwirklicht worden ist.[202]

67 Beispiel
Das Insolvenzverfahren über das Vermögen des Verbrauchers V wird am 5.1.2020 aufgehoben. Ihm wird die Restschuldbefreiung angekündigt und T zum Treuhänder bestellt. V reicht am 21.5.2020 die Steuererklärung für den Veranlagungszeitraum 2019 ein. Es ergibt sich eine Erstattung in Höhe von 1.200 EUR. Der Betrag steht dem T zu, der ihn zur Masse zu nehmen und zu verteilen hat.
Abwandlung
Das Insolvenzverfahren wurde bereits am 30.6.2019 aufgehoben. In diesem Fall ist die Steuererstattung aufzuteilen, wobei bislang der Aufteilungsmaßstab zwar nicht abschließend geklärt ist,[203] sich aber aus AEAO zu § 251 Nr. 5.1 wertvolle Berechnungsbeispiele ergeben.

68 Der Schuldner ist verpflichtet, dem Treuhänder mitzuteilen, ob er eine **Steuererstattung** erhalten hat. Wenn er sich weigert, dem Treuhänder eine Fotokopie des Steuerbescheids zur Verfügung zu stellen, kann dieser nicht prüfen, ob eine Erstattung – ggf. zum Teil – zur Masse zu ziehen ist. Darin ist eine Obliegenheitsverletzung zu sehen. Außerdem kann der Schuldner ggf. vor das Insolvenzgericht geladen werden, um die entsprechenden Auskünfte zu erteilen. Auch im Verbraucherinsolvenzverfahren gelten die **Schuldnerpflichten des § 97 InsO** und die Zwangsmittel

---

198 So BGH, 21.7.2005 – IX ZR 115/04, NZI 2005, 565 ff. = ZInsO 2005, 873 ff. = ZVI 2005, 437; FG Münster, Urt. v. 11.11.2004 – 11 K 1959/04, DStRE 2005, 218 ff. = EFG 2005, 251 f.; FG Münster, Urt. v. 2.9.2005 – 11 K 3099/04, EFG 2005, 1826.
199 Ebenso Busch/Kranenberg, NWB 2010, 824 ff.; Zimmer, ZInsO 2009, 2372 ff.; Stahlschmidt, StuB 2006, 462, 464; **a.A.** vor der Entscheidung des BGH: AG Gifhorn, 12.6.2001 – 2 C 1055/00, ZInsO 2001, 630; Schmittmann, NWB, Fach 19, 2845 f.
200 Vgl. BFH, 28.2.2012 – VII R 36/11, DB 2012, 1018 ff. = StuB 2012, 415 f., mit Besprechungsaufsatz Schmittmann, StuB 2012, 404 f.
201 So Kupka/Schmittmann, NZI 2010, 696 ff.
202 So BGH, 12.1.2006 – IX ZB 239/04, ZInsO 2006, 139 f.
203 Vgl. Maus, Steuern im Insolvenzverfahren, Rn 391.

des § 98 InsO.[204] Der Treuhänder hat im Übrigen das Recht, vom Schuldner Auskunft zu verlangen.[205]

Da der **Steuererstattungsanspruch** somit vom Treuhänder nicht eingezogen werden kann, liegt es nahe, dass die Finanzverwaltung versuchen wird, mit eventuellen gegen den Schuldner bestehenden Tabellenforderungen i.S.v. § 38 InsO aufzurechnen. Nach der Rechtsprechung steht dem ein **Aufrechnungsverbot** nicht entgegen.[206] 69

Gemäß § 294 Abs. 1 InsO sind **Zwangsvollstreckungsmaßnahmen** für einzelne Insolvenzgläubiger in das Vermögen des Schuldners während der Laufzeit der Abtretungserklärung unzulässig. Daraus ergibt sich aber kein Aufrechnungsverbot, weil die Aufrechnung als Maßnahme der Erhebung keine Vollstreckungsmaßnahme im vorgenannten Sinne sein soll.[207] 70

Nach dieser Auffassung ist auch kein Verstoß gegen § 294 Abs. 2 InsO gegeben, wonach es unzulässig ist, einzelnen Gläubigern **Sondervorteile** zu verschaffen. Da § 294 Abs. 2 InsO auf ein „Abkommen" abstellt, unterfällt die Aufrechnung als einseitige Erklärung des Gläubigers nicht dieser Regelung.[208] Letztlich ergibt sich auch ein allgemeines **Aufrechnungsverbot** nicht aus § 394 BGB i.V.m. § 294 Abs. 1 InsO.[209] Das FG Münster sieht durchaus den Konflikt zwischen den durch die Regelungen der Insolvenzordnung angestrebten Zielen der Sicherung einer gleichmäßigen **Gläubigerbefriedigung** und des Entschuldungsprozesses sowie der hier eintretenden Bevorrechtigung der Finanzverwaltung. Die vom Gesetzgeber getroffene Entscheidung dürfe aber nicht durch eine entsprechende Anwendung des § 394 BGB i.V.m. § 294 InsO und einer damit einhergehenden Erweiterung des Aufrechnungsverbotes unterlaufen werden; vielmehr sei es Aufgabe des Gesetzgebers, die zur Verwirklichung des Grundsatzes der gleichmäßigen Gläubigerbefriedigung möglicherweise notwendigen Regelungen zu einem umfassenden Aufrechnungsverbot zu schaffen.[210] Nach alledem ist weder die Aufrechnung des Finanzamts gegen einen Steuererstattungsanspruch noch die Aufrechnung durch andere Insolvenzgläubiger 71

---

204 So Uhlenbruck, NZI 2000, 15, 17.
205 Vgl. MüKo/Passauer, § 98 InsO Rn 44.
206 So BFH, 21.11.2006 – VII R 1/06, BStBl II 2008, S. 272 f.
207 So FG Münster, 2.9.2005 – 11 K 3099/04, EFG 2005, 1826, unter Hinweis auf BFH, 3.11.1983 – VII R 38/83, BStBl II 1984, S. 185; FG Münster, 19.10.1999 – 13 V 4519/99, EFG 2000, 91; FG Düsseldorf, 10.11.2004 – 18 K 321/04, ZInsO 2004, 1368.
208 So FG Münster, 4.9.2005 – 11 K 3099/04, EFG 2005, 1826; FG Düsseldorf, 10.11.2004 – 18 K 321/04, ZInsO 2004, 1368.
209 So FG Münster, 4.9.2005 – 11 K 3099/04, EFG 2005, 1826 unter Hinweis auf BGH, 21.7.2005 – IX ZR 115/04, ZInsO 2005, 873 ff. = NJW 2005, 2988 ff. = NZI 2005, 565 ff. = DZWiR 2006, 39 f. mit Anm. Fritsche = StuB 2006, 40 = ZVI 2006, 49 ff. mit Anm. Hackenberg.
210 Vgl. FG Düsseldorf, 10.11.2004 – 18 K 321/04, ZInsO 2004, 1368.

in dieser Phase (abgesehen von der Regelung des § 294 Abs. 3 InsO) ausgeschlossen.[211]

D. Umsatzsteuerliche Fragen

I. Grundlagen

72 Vielfältige umsatzsteuerliche Fragen ergeben sich in der Insolvenz.[212] Der **Insolvenzverwalter** tritt auch umsatzsteuerlich in die **Pflichten des Schuldners**[213] ein, was insbesondere hinsichtlich der **Masseverbindlichkeiten** gem. § 55 Abs. 1 InsO aus haftungsrechtlichen Gründen[214] von erheblicher Bedeutung ist.

73 Zu den **Masseverbindlichkeiten** i.S.v. § 55 Abs. 1 InsO gehören insbesondere:
– Der **Vorsteuerberichtigungsanspruch nach § 15a UStG**, soweit er durch die Verwertung der Masse durch den Insolvenzverwalter entsteht;
– die Umsatzsteuer, die sich aus der **Verwertung von sicherungsübereigneten Gegenständen** nach Verfahrenseröffnung ergibt
– die Umsatzsteuer, die sich aus **Berichtigungen nach § 17 UStG** ergibt, und
– Umsatzsteuerzahllasten, die sich aus **Umsätzen nach Verfahrenseröffnung** ergeben und durch den Insolvenzverwalter anzumelden sind.

74 **Umsatzsteuerverbindlichkeiten** aus der Zeit des Insolvenzeröffnungsverfahrens sind differenziert zu betrachten. Gemäß Art. 103e EGInsO findet für alle nach dem 31.12.2010 und vor dem 1.1.2021 beantragten Insolvenzverfahren die **Neuregelung des § 55 Abs. 4 InsO** Anwendung. Danach gelten **Verbindlichkeiten des Insolvenzschuldners** aus dem Steuerschuldverhältnis, die von einem vorläufigen Insolvenzverwalter oder vom Schuldner mit Zustimmung eines vorläufigen Insolvenzverwalters begründet worden sind, nach Eröffnung des Insolvenzverfahrens als Masseverbindlichkeiten.[215]

---

211 So FG Schleswig-Holstein, 18.11.2004 – 3 K 50332/03, EFG 2005, 333. Vgl. auch LG Kiel, 6.4.2004 – 13 G 150/03, ZVI 2004, 401; LG Koblenz, 13.6.2000 – 2 T 162/00, ZInsO 2000, 507; a.A.: AG Göttingen, 27.2.2001 – 74 IK 136/00, NZI 2001, 270.
212 Vgl. umfassend: OFD Frankfurt am Main, Rundverfügung vom 3.5.2007 – S 7279 A – 5 – St 113; OFD Frankfurt am Main, Rundverfügung vom 25.5.2007 – S 7340 A 85 – St 11; OFD Frankfurt, Schreiben vom 1.10.1998 – S 7340 A – 85 – St IV 10; Busch/Winkens/Büker, S. 325 ff.; Roth, Insolvenz Steuerrecht, Rn. 4.313 ff.; Waza/Uhländer/Schmittmann, Insolvenzen und Steuern, Rn 1911 ff.
213 Es wird im Text davon ausgegangen, dass der Schuldner Unternehmer im umsatzsteuerlichen Sinne ist. Probleme der umsatzsteuerlichen Organschaft werden in Rdn 92 behandelt.
214 Vgl. Schmittmann in: Jesgarzewski/Schmittmann, Steuerrecht, Kap. 15 Abschn. 15.2.1.1.
215 Vgl. im Einzelnen Waza/Uhländer/Schmittmann, Insolvenzen und Steuern, Rn 711 ff.

Bei **Altverfahren**, also Verfahren, die vor dem 1.1.2011 beantragt worden sind, bleibt es bei der bisherigen Regelung. Danach können Umsatzsteuerverbindlichkeiten aus der Zeit des vorläufigen Insolvenzverfahrens, sofern kein Verfügungsverbot angeordnet worden ist, lediglich zur Insolvenztabelle angemeldet werden.[216] Bei **Bestellung eines starken vorläufigen Insolvenzverwalters** und Anordnung eines Verfügungsverbotes gilt sowohl nach altem als auch neuem Recht § 55 Abs. 2 InsO, dessen Anwendung in jedem Fall zum Entstehen von Masseverbindlichkeiten führt.

In Verfahren, die nach dem 31.12.2020 beantragt worden sind, gilt die Neuregelung durch das SanInsFoG (siehe oben Rn. 2), also die Erweiterung auf die vorläufige Eigenverwaltung und die Beschränkung auf die Umsatzsteuer sowie die sonst genannten Steuerarten.

Masseverbindlichkeiten entstehen im Übrigen auch dadurch, dass der Insolvenzverwalter nach Eröffnung des Insolvenzverfahrens **Forderungen** einzieht, die aus Lieferungen und Leistungen des Schuldners vor Insolvenzeröffnung resultieren. Nachdem der BFH zunächst für die Fälle der **Ist-Besteuerung** entschieden hat, dass bei Vereinnahmung des Entgelts für Leistungen, die bereits vor Verfahrenseröffnung erbracht wurden, eine Masseverbindlichkeit i.S.v. § 55 Abs. 1 Nr. 1 InsO entsteht,[217] hat der BFH diese Rechtsprechung auf Unternehmen erweitert, die der **Soll-Besteuerung** unterliegen. Vereinnahmt der Insolvenzverwalter eines Unternehmers das Entgelt für eine vor der Eröffnung des Insolvenzverfahrens ausgeführte Leistung, begründet die **Entgeltvereinnahmung** nicht nur bei der Ist-, sondern auch bei der Soll-Besteuerung eine Masseverbindlichkeit i.S.v. § 55 Abs. 1 Nr. 1 InsO.[218]

Mit Eröffnung des Insolvenzverfahrens gelte zwar der **Grundsatz der Unternehmereinheit** weiter, das Unternehmen jedoch nach Verfahrenseröffnung aus mehreren Unternehmensteilen bestehe, zwischen denen einzelne umsatzsteuerrechtliche Berechtigungen und Verpflichtungen nicht miteinander verrechnet werden können. Durch die Eröffnung des Insolvenzverfahrens über das Vermögen des leistenden Unternehmers komme es zu einer **Aufspaltung des Unternehmens in mehrere Unternehmensteile**. Neben der Insolvenzmasse und dem vom Insolvenzverwalter freigegebenen Vermögen bestehe auch ein vorinsolvenzlicher Unternehmensteil. Aufgrund dieser Aufspaltung sei mit Verfahrenseröffnung eine Umsatzsteuerberichtigung gem. § 17 Abs. 2 Nr. 1 S. 2 UStG erforderlich, weil der Schuldner nicht mehr berechtigt sei, die Forderungen einzuziehen. Ziehe der Insolvenzverwal-

---

216 So FG Saarland, 4.2.2003 – 2 V 256/02, ZInsO 2003, 333.
217 So BFH, 29.1.2009 – V R 64/07, BStBl II 2009, S. 682 ff. = ZIP 2009, 977 ff.
218 So BFH, 9.12.2010 – V R 22/10, BStBl II 2011, S. 996 ff. = ZIP 2011, 782 ff.; vgl. dazu kritisch Kahlert/Schmidt, DB 2012, 197 ff.; Schmittmann, ZIP 2011, 1125 ff.; Schwarz, NZI 2011, 613 ff.; Schmittmann, ZIP 2012, 249 ff.

ter die Forderungen nach Verfahrenseröffnung ein, so sei eine erneute Berichtigung erforderlich. Durch diese Regelung setzt der BFH durch, dass faktisch die gesamte Umsatzsteuer, die aus dem Forderungseinzug resultiert, **Masseverbindlichkeit** wird. Dies führt zu einer kaum zu rechtfertigenden **Privilegierung der Finanzverwaltung**. Der BFH hat diese Rechtsprechung aber bereits bestätigt,[219] so dass nicht damit zu rechnen ist, dass der BFH die eingeschlagene Linie, die inzwischen auch Einzug in den Umsatzsteuer-Anwendungserlass gefunden hat (Abschn. 17.1 Abs. 11 bis Abs. 15 USt-AE), wieder aufgibt.

In **Eigenverwaltung** wird durch Vereinnahmung des Entgelts für eine vor der Eröffnung des Insolvenzverfahrens ausgeführte Leistung eine Masseverbindlichkeit i.S. von § 55 Abs. 1 Nr. 1 InsO begründet.[220]

Bis zur Änderung des § 55 Abs. 5 InsO durch das SanInsFoG war die **Zeit des vorläufigen Insolvenzverfahrens in Eigenverwaltung** somit das letzte „Refugium", Altforderungen einzuziehen und Lieferungen und sonstige Leistungen auszuführen, ohne dass die spätere Insolvenzmasse mit *Umsatzsteuer als Masseverbindlichkeit* belastet wird. Diese Möglichkeit dürfte durch nun weggefallen sein, auch wenn es m.E. mit der Anordnung der vorläufigen Eigenverwaltung an einem Übergang der Verwaltungs- und Verfügungsbefugnis fehlt und daher noch kein Wechsel in der Befugnis, Forderungen einzuziehen, eingetreten ist. Ob die Finanzverwaltung diese Auffassung teilt und ob die Finanzgerichtsbarkeit dem folgt ist, ist fraglich.

Das BMF hat das Schreiben vom 17.1.2012 inzwischen durch Verwaltungsanweisungen vom 20.5.2015[221] und vom 18.5.2016[222] ersetzt. Dadurch entsteht eine komplexe Gemengelage von Anwendungsregelungen:

– Die Regelung des Art. 55 Abs. 4 InsO, die durch das **Haushaltsbegleitgesetz 2011** eingeführt worden ist, gilt gem. Art. 103e EGInsO für Insolvenzverfahren, die nach dem 31.12.2010 beantragt worden sind.[223]

Die Regelung des Art. 55 Abs. 4 InsO, die durch das **Sanierungs- und Insolvenzrechtsfortentwicklungsgesetz** eingeführt worden ist, gilt gem. Art. 103m EGInsO für Insolvenzverfahren, die nach dem 31.12.2020 beantragt worden sind.[224]

---

[219] So BFH, 8.3.2012 – V R 24/11, DB 2012, 724 ff. = ZIP 2012, 684 ff. = EWiR 2012, 289 f. mit Anm. Schmittmann.
[220] BFH, Urteil vom 27. September 2018 – V R 45/16, ZIP 2018, 2232 ff. = EWiR 2018, 721 f. [Schmittmann] = NZI 2018, 988 ff. = StuB 2019, 129 [Ls.] mit Anm. jh = BB 2018, 2854 ff. mit Anm. *Wagner*.
[221] So BMF, Schreiben v. 20.5.2015 – IV A 3 – S 0550/10/10020–05, BStBl I 2015, S. 476 ff. = ZIP 2015, 1093 ff.
[222] So BMF, Schreiben v. 18.5.2016 – III C 2 – S 7330/09/10001:002 DOK 2016/0284329.
[223] Vgl. dazu: BMF, Schreiben vom 20.5.2015 – IV A 3 – S 0550/10/10020–05 DOK 2015/0416027, BStBl I 2015, S. 476 ff. = ZIP 2015, 1093 ff.
[224] S. Art. 25 Abs. 1 SanInsFoG.

- Die Rechtsprechung des BFH zum **Forderungseinzug durch den Insolvenzverwalter** nach Eröffnung des Insolvenzverfahrens[225] ist auf Insolvenzverfahren anzuwenden, die nach dem 31.12.2011 eröffnet worden sind.[226]
- Die Rechtsprechung des BFH zum **Forderungseinzug durch einen vorläufigen Insolvenzverwalter** mit dem Recht zum Forderungseinzug[227] ist auf Insolvenzverfahren anwendbar, in denen die Sicherungsmaßnahmen nach dem 31.12.2014 angeordnet worden sind.[228]

Die **Vorsteuervergütung** für einen bestimmten Besteuerungszeitraum wird das Finanzamt gem. § 96 Abs. 1 Nr. 1 InsO in dem Zeitpunkt „zur Insolvenzmasse schuldig", in dem ein anderer Unternehmer eine Lieferung oder sonstige Leistung für das Unternehmen des zum Vorsteuerabzug berechtigten Schuldners erbringt.[229]

Will das Finanzamt nach der Eröffnung des Insolvenzverfahrens die Aufrechnung gegen einen sich für einen Besteuerungszeitraum ergebenden Vorsteuervergütungsanspruch des Schuldners erklären und setzt sich dieser Anspruch sowohl aus vor als auch aus nach der Eröffnung des Insolvenzverfahrens begründeten Vorsteuerbeträgen zusammen, so hat das Finanzamt sicherzustellen, dass die **Aufrechnung** den Vorsteuervergütungsanspruch nur insoweit erfasst, als sich diese aus Vorsteuerbeträgen zusammensetzt, die vor der Eröffnung des Insolvenzverfahrens begründet worden sind.[230]

Die Bestimmung des § 96 Abs. 1 Nr. 3 InsO hindert nicht die **Aufrechnung** des Finanzamts mit Steuerforderungen aus der Zeit vor Eröffnung des Insolvenzverfahrens gegen den aus dem **Vergütungsanspruch des vorläufigen Insolvenzverwalters** herrührenden Vorsteueranspruch des Insolvenzschuldners. Die für das Finanzamt durch den Vorsteueranspruch des Schuldners entstandene Aufrechnungslage beruht nicht auf einer nach der InsO anfechtbaren Rechtshandlung.[231]

Mit der Insolvenzeröffnung geht häufig auch eine **Umsatzsteuer-Sonderprüfung** einher, in der insbesondere der Vorsteuer-Vergütungsanspruch gem. § 17 UStG

---

225 S. BFH, 9.12.2010 – V R 22/10, BStBl II 2011, S. 996; BFH, 24.11.2011 – V R 13/11, BStBl II 2012, S. 298 ff.
226 So BMF, Schreiben vom 9.12.2011 – IV D 2 – S 7330/09/10000:001 DOK 2011/0992053, BStBl I 2011, S. 1273 ff.
227 So BFH, 24.9.2014 – V R 48/13, BStBl II 2015, S. 506 ff.
228 So BMF, Schreiben vom 18.11.2015 – IV A 3 – S 0550/10/10020–05, DOK 2015/10377464, BStBl II 2015, S. 886.
229 So BFH, 5.10.2004 – VII R 69/03, BStBl II 2005, S. 195 ff. = NZI 2005, 276 ff. mit Anm. App = ZInsO 2005, 542 ff. mit Anm. Onusseit, ZInsO 2005, 638 ff.
230 So BFH, 5.10.2004 – VII R 69/03, BStBl II 2005, S. 195 ff. = NZI 2005, 276 ff. mit Anm. App = ZInsO 2005, 542 ff. mit Anm. Onusseit, ZInsO 2005, 638 ff.
231 So BFH, 16.11.2004 – VII R 75/03, BStBl II 2006, S. 193 ff. = ZIP 2005, 628 ff. = ZSteu 2005, R-268 ff.

berichtigt werden soll. Da aufgrund der finanziellen Lage des Schuldners **Eingangsrechnungen** oft nicht mehr bezahlt werden, ist gem. § 17 Abs. 1 Nr. 2 i.V.m. Abs. 2 Nr. 1 UStG der geltend gemachte Vorsteueranspruch zu korrigieren. Eine Lieferung ist auch dann i.S.v. § 17 Abs. 2 Nr. 3 UStG rückgängig gemacht worden, wenn der Konkursverwalter (Insolvenzverwalter) die Erfüllung eines zurzeit der Eröffnung des Konkursverfahrens vom Gemeinschuldner und seinem Vertragspartner noch nicht oder noch nicht vollständig erfüllten Vertrags absehen (§ 17 KO; heute: § 103 InsO) und der Lieferer in Folge dessen die Verfügungsmacht an dem gelieferten Gegenstand zurückerhält.[232]

79   Meldet das Finanzamt nicht titulierte **Umsatzsteueransprüche** in einer Summe zur **Tabelle** an, so ist die Anmeldung wirksam erfolgt, wenn durch den Inhalt der Anmeldung sichergestellt ist, dass nur bestimmte Sachverhalte erfasst sind. Umsatzsteuern sind daher nach Betrag und Zeitraum differenziert anzumelden.[233]

80   Der Insolvenzverwalter hat in gleicher Weise wie der Schuldner **Umsatzsteuer-Voranmeldungen** abzugeben. Die Finanzverwaltung fordert bei Eröffnung des Insolvenzverfahrens noch ausstehende Umsatzsteuer-Voranmeldungen regelmäßig beim Insolvenzverwalter an. Nach der Rechtsprechung des BFH führt die **Vereinnahmung des Entgelts** durch den Insolvenzverwalter für eine vor Eröffnung des Insolvenzverfahrens ausgeführte Leistung nicht nur bei der Ist-,[234] sondern auch bei der Soll-Besteuerung[235] zu einer **Masseverbindlichkeit**.[236] Dies hat der Insolvenzverwalter bei der Erstellung seiner und der Berichtigung der Voranmeldung des Schuldners zu berücksichtigen.

Am **Ende des Insolvenzverfahrens** ist in den Fällen, in denen auf die Insolvenzforderungen gemäß § 38 InsO eine **Quote** entfällt, eine weitere Berichtigung sog. „zweite Berichtigung" erforderlich. Der Insolvenzverwalter kann somit hinsichtlich der quotal befriedigten Insolvenzforderungen, die Vorsteuer enthalten, in Höhe der Insolvenzquote die **Vorsteuer** geltend machen und damit die Insolvenzmasse anreichern.[237]

81   Bisweilen kommt es vor, dass der Insolvenzverwalter nach der Verwertung der Betriebs- und Geschäftsausstattung des Schuldners feststellt, dass **Masseunzulänglichkeit** eintritt, obgleich die Umsatzsteuerschuld aus der Verwertung noch nicht getilgt ist. Gleichwohl können in den darauf folgenden Monaten noch Geschäftsvor-

---

232   So BFH, 8.5.2003 – V R 20/02, NZI 2004, 108 f. = ZInsO 2003, 296 f. = DStR 2003, 1751 = NZI 2004, 108 f. = StuB 2003, 905.
233   S. BFH, 26.11.1987 – V R 130/82, UR 1988, 53.
234   S. BFH, 29.1.2009 – V R 64/07, BFHE 224, 24 = BStBl II 2009, S. 682 ff.
235   S. BFH, 9.12.2010 – V R 22/10, BFHE 232, 301 = BStBl II 2011, S. 996 = BFH/NV 2011, 952 = ZIP 2011, 782.
236   Vgl. dazu kritisch Schmittmann, ZIP 2011, 1125 ff.
237   S. FG Münster, 20.2.2018 – 15 K 1514/15, ZIP 2018, 845 ff. = EWiR 2018, 375 f. [*Witfeld*] = NZI 2018, 459 ff. mit Anm. Hoffmann.

fälle stattfinden, die zu einem Vorsteuererstattungsanspruch der Insolvenzmasse gegen die Finanzverwaltung führen. Bisweilen sperrt sich die Finanzverwaltung dagegen, die entsprechenden Beträge an den Insolvenzverwalter auszuzahlen. Es wird stattdessen die **Aufrechnung** erklärt.

Eine solche **Aufrechnung** ist allerdings unzulässig, weil sie gegen § 96 Abs. 1 Nr. 1 InsO verstößt. Ebenso wie bei der dem § 96 Abs. 1 Nr. 1 InsO vergleichbaren Vorschrift des § 55 Nr. 1 KO wird überwiegend eine sinngemäße Anwendung auf die Situation nach Anzeige der Masseunzulänglichkeit befürwortet.[238] Danach ist nach **Anzeige der Masseunzulänglichkeit** eine Aufrechnung unzulässig, wenn ein Massegläubiger erst nach Anzeige der Masseunzulänglichkeit etwas zur Neumasse schuldig geworden ist. Dies gilt, wenn selbst die Neumasse zur Befriedigung aller Neumassegläubiger nicht ausreicht (Unzulänglichkeit der Neumasse), auch dann, wenn gegen eine solche Forderung der (Neu-)Masse mit einem erst nach Anzeige der Masseunzulänglichkeit erworbenen Anspruch gegen die (Neu-)Masse aufgerechnet wird. Zwar wird im Normalfall des § 96 Abs. 1 Nr. 1 InsO eine Aufrechnung trotzdem für zulässig erachtet, wenn der Gläubiger mit einer Forderung, die er nach Eröffnung des Insolvenzverfahrens erlangt hat, aufrechnet. Diesem Massegläubiger ist nämlich durch § 53 InsO eine Vorwegbefriedigung garantiert. Diese **Privilegierung des Massegläubigers** ist jedoch mit der Folge eines Aufrechnungsverbotes dann wieder aufgehoben, wenn die Masse nicht zur Befriedigung aller Massegläubiger ausreicht. Daher ist die in diesen Fällen von der Finanzverwaltung präferierte Aufrechnung unzulässig. Vielmehr ist der Steuererstattungsanspruch, der nach **Anzeige der Neumasseunzulänglichkeit** entsteht, an die Insolvenzmasse auszuzahlen.[239]

II. Umsatzsteuer auf Neuerwerb

Schuldner werden oftmals nach Verfahrenseröffnung – zum Teil ohne Wissen des Verwalters – erneut **unternehmerisch tätig**. Häufig kommen sie ihren Erklärungspflichten nicht nach und führen keine Umsatzsteuer ab, so dass die Finanzverwaltung versucht, diese beim Verwalter als Masseverbindlichkeiten nach § 55 Abs. 1 Nr. 1 InsO zu realisieren. Nimmt der Schuldner während des Insolvenzverfahrens eine neue **Erwerbstätigkeit** auf, indem er durch seine Arbeit und mit Hilfe von nach § 811 Nr. 11 ZPO unpfändbaren Gegenständen steuerpflichtige Leistungen erbringt, zählt die hierfür geschuldete **Umsatzsteuer** nicht nach § 55 Abs. 1 Nr. 1 InsO

---

[238] Vgl. BFH, 1.8.2000 – VII R 31/99, BFHE 193, 1 ff. = BStBl II 2002, S. 323; BGH, 18.5.1995 – IX ZR 189/94, BGHZ 130, 38 ff. = NJW 1995, 2783 f.
[239] So BFH, 4.3.2008 – VII R 10/06, BStBl II 2008, S. 506 ff.

zu den Masseschulden.[240] Ist bei einer Tätigkeit ohne Wissen und Billigung des Insolvenzverwalters unklar, ob es sich um eine solche des Insolvenzschuldners handelt, entsteht **keine Masseverbindlichkeit**.[241] Ist der Insolvenzschuldner nach der Eröffnung des Insolvenzverfahrens weiterhin selbstständig tätig oder nimmt er eine neue selbstständige Tätigkeit auf und begründet er Forderungen gegen das insolvenzfreie Vermögen, ist eine **dritte Steuernummer** zu vergeben. Durch das Insolvenzrechtsvereinfachungsgesetz wurde ab dem 1.7.2007 die Möglichkeit der Freigabe einer neuen selbstständigen Tätigkeit des Schuldners gesetzlich kodifiziert,[242] was hinsichtlich der steuerlichen Behandlung zu einer erfreulichen Klarstellung geführt hat.[243]

84 Die OFD Chemnitz hat zur Behandlung von Steuerforderungen aus der **Tätigkeit des Schuldners während des eröffneten Insolvenzverfahrens** (Neuerwerb) Stellung genommen. Die OFD führt aus, dass es möglich sei, dass der Verwalter einzelne Vermögensgegenstände aus der Insolvenzmasse freigibt. Eine solche Freigabe sei grundsätzlich auf einzelne Vermögensgegenstände beschränkt. Für den gesamten Betrieb/das Unternehmen als Inbegriff der Gesamtheit von Vermögensgegenständen und Rechtspositionen des Schuldners oder dessen selbstständige Tätigkeit sei eine Freigabe durch Willenserklärung des Verwalters nicht möglich.[244] Umsatzsteuern auf den Neuerwerb seien demzufolge dann als **Masseverbindlichkeit** gegenüber dem Insolvenzverwalter geltend zu machen, wenn der Schuldner sowohl mit Gegenständen, die zur Masse gehören, als auch mit Gegenständen, die nicht zur Masse gehören („gemischte Nutzung"), wirtschaftet. Unbeachtlich sei dabei, ob der Anteil der Gegenstände, die zur Masse gehören, nur geringfügig sei.[245]

85 Der BFH hat zur **Aufrechnung der Finanzbehörde mit vorinsolvenzlichen Steuerschulden** gegen einen Umsatzsteuervergütungsanspruch des Insolvenzschuldners, der im Rahmen einer aus dem Insolvenzbeschlag freigegebenen gewerblichen Tätigkeit erworben worden ist, Stellung genommen. Hat der Insolvenzverwalter dem Insolvenzschuldner eine gewerbliche Tätigkeit durch Freigabe aus dem Insolvenzbeschlag ermöglicht, fällt ein durch diese Tätigkeit erworbener **Umsatzsteuervergütungsanspruch** nicht in die Insolvenzmasse und kann vom Finanzamt mit vorinsolvenzlichen Steuerschulden verrechnet werden.[246]

---

240 So BFH, 7.4.2004 – V R 5/04, BStBl II 2005, S. 848 ff., ZInsO 2005, 774 ff. mit Anm. Schmittmann; Obermair, DStR 2005, 1561 ff.
241 So BFH, 6.6.2019 – V R 51/17, BFHE 265, 294 ff. = ZIP 2019, 2420 ff. = ZRI 2020, 143 ff. mit Anm. *Schmittmann* = NZI 2020, 184 ff. mit Anm. *Witfeld* = BB 2020, 100 ff. mit Anm. *Pelke* = StuB 2020, 35 [Ls.] mit Anm. *jh*.
242 Vgl. Kupka/Schmittmann, InsbürO 2007, 386 ff.
243 Vgl. Schmittmann/Kaufmann, InsbürO 2007, 362 ff.
244 Vgl. dazu: Onusseit, ZIP 2002, 1344 ff.
245 S. OFD Chemnitz, Verfügung v. 14.11.2005 – S 733 – 8/2 – St 23.
246 So BFH, 1.9.2010 – VII R 35/08, BFHE 230, 490 ff. = BStBl. II 2011, S. 336 ff. = ZIP 2010, 2359 ff. = ZVI 2011, 59 ff.

Die insolvenzrechtliche strukturelle **Unterscheidung der Vermögensmassen** steht einer Aufrechnung des Finanzamts mit vorinsolvenzlichen Forderungen gegen Umsatzsteuererstattungsansprüche des insolvenzfreien Vermögens i.S.d. § 35 Abs. 2 InsO nicht entgegen.[247]

Ergeben sich durch die Tätigkeit des Schuldners während des Insolvenzverfahrens, sofern keine Freigabe vorliegt, **Steuererstattungsansprüche**, so scheitert die Aufrechnung mit Insolvenzforderungen an § 96 Abs. 1 Nr. 1 InsO. Denn das Finanzamt wird erst nach der Eröffnung des Insolvenzverfahrens etwas zur Masse schuldig. Eine Aufrechnung gegen Masseverbindlichkeiten ist dagegen möglich. 86

Eine **Aufrechnung** mit Masseforderungen gegen **massezugehörige Erstattungsansprüche** („Erstattungsansprüche unter der dritten Steuernummer") ist dagegen nach Auffassung der OFD Düsseldorf und Münster möglich. Die Finanzämter richten daher bei allen Steuerkonten – auch bei den anlässlich einer echten Freigabe bzw. einer nicht zu Masseforderungen führenden Tätigkeit des Schuldners eröffneten weiteren Steuerkonten – eine Erstattungssperre ein. 87

III. Umsatzsteuerliche Behandlung der Verwertung von beweglichen und unbeweglichen Gegenständen mit Absonderungsrecht durch den Insolvenzverwalter

1. Grundlagen

Probleme ergeben sich bei der **Verwertung von sicherungsübereigneten beweglichen Gegenständen**. Nach Auffassung des BFH liefert der Sicherungsgeber das Sicherungsgut an den Sicherungsnehmer nicht schon bei Sicherungsübereignung. Die Lieferung des Sicherungsgebers an den Sicherungsnehmer erfolgt erst, wenn der Sicherungsnehmer von seinem Verwertungsrecht Gebrauch macht. Verwertet der Gläubiger selbst und erteilt er dem Verwalter eine Gutschrift, so ist die Umsatzsteuer vom Verwalter als **Masseverbindlichkeit** gem. § 55 Abs. 1 Nr. 1 Alt. 2 InsO an das Finanzamt zu zahlen. Der Gläubiger (Sicherungsnehmer) ist nicht verpflichtet, diesen Betrag an die Masse zu erstatten.[248] 88

Verwertet ein Insolvenzverwalter freihändig eine bewegliche Sache, an der ein Absonderungsrecht eines Sicherungsgebers besteht, so erbringt er dadurch keine Leistung gegen Entgelt an den Sicherungsgeber. Die **Verwertungskosten**, die der Insolvenzverwalter in diesem Fall kraft Gesetzes vorweg für die Masse zu entneh- 89

---

247 So FG Stuttgart, 15.7.2015 – 1 K 732/14, ZIP 2015, 1894 f. = ZInsO 2015, 2135 ff. (rkr.).
248 So BFH, 21.7.1994 – V R 114/91, BFHE 175, 164 ff. = BStBl II 1994, S. 878 f. = DStR 1994, 1577.

men hat, sind kein Entgelt für eine Leistung. Demnach fällt hier keine Umsatzsteuer hinsichtlich des Verwertungskostenbeitrags an.[249]

Bei unbeweglichen Sachen (**Immobilien**) sieht das Gesetz **keinen Verwertungskostenbeitrag** vor.[250] Daher werden der absonderungsberechtigte Grundpfandgläubiger und der Insolvenzverwalter ggf. eine Vereinbarung treffen, so dass die Insolvenzmasse für die Verwertung einen Massekostenbeitrag erhält. Der für die Masse einbehaltene Betrag ist in diesem Fall Entgelt für eine Leistung und unterliegt daher der Umsatzsteuer.

90 Der BFH hält an seiner bisherigen Auffassung nicht mehr fest. Eine steuerbare Leistung liegt nach der Rechtsprechung auch bei der **freihändigen Verwertung von Sicherungsgut** durch den Insolvenzverwalter vor. Dies schließt der BFH daraus, dass der Insolvenzverwalter nicht zur freihändigen Verwertung verpflichtet ist, sondern gem. § 170 Abs. 2 InsO Gegenstände, die er nach § 166 InsO trotz des Absonderungsrechts verwerten darf, weil er sie in Besitz hat, dem gesicherten Gläubiger zur Verwertung überlassen kann.[251] Der BFH nimmt lediglich zur Verwertung beweglicher Gegenstände Stellung, nicht aber zur Frage des Einzugs von Forderungen.

Die Finanzverwaltung hat umfassend mit Schreiben vom 30.4.2014 Stellung genommen.[252]

2. Doppel- und Dreifachumsatz bei Sicherungsübereignung

91 Der **Sicherungsgeber** führt mit der Übereignung beweglicher Gegenstände zu Sicherungszwecken unter Begründung eines Besitzmittlungsverhältnisses (§ 930 BGB) noch keine Lieferung an den Sicherungsnehmer gem. §§ 1 Abs. 1 Nr. 1, 3 Abs. 1 UStG 1993 aus. Zur Lieferung wird der Übereignungsvorgang erst mit der **Verwertung des Sicherungsguts**, gleichgültig, ob der Sicherungsnehmer das Sicherungsgut dadurch verwertet, dass er es selbst veräußert, oder dadurch, dass der Sicherungsgeber es im Auftrag und für Rechnung des Sicherungsnehmers veräußert.

92 Falls der **Sicherungsgeber** es übernimmt, das **Sicherungsgut im eigenen Namen**, aber für **Rechnung des Sicherungsnehmers** zu verkaufen, führt er an den

---

249 So BFH, 18.8.2005 – V R 31/04, ZSteu 2005, R-871 f. = NZI 2006, 55 f. = ZInsO 2005, 813 ff. mit Anm. Onusseit = ZIP 2005, 1289 = DStRE 2005, 147 ff. mit Anm. FK; Schmittmann, InsbürO 2006, 224 ff.
250 So BFH, 18.8.2005 – V R 31/04, ZSteu 2005, R-871 f. = NZI 2006, 55 f. = ZInsO 2005, 813 ff. mit Anm. Onusseit = ZIP 2005, 1289 = DStRE 2005, 147 ff. mit Anm. FK; Vorinstanz: FG Brandenburg, 16.3.2004 – 1 K 2949/02, EFG 2004, 1003.
251 So BFH, 28.7.2011 – V R 28/09, BFH/NV 2011, 1985 ff. = ZIP 2011, 1923 ff. = ZInsO 2011, 1904 ff. mit Anm. Schmittmann.
252 So BMF, Schreiben v. 30.4.2014 – IV D 2 – S 7100/07/10037, BStBl I 2014, S. 816 ff. Vgl. dazu: Reichle, NZI 2016, 473 ff.

Käufer eine entgeltliche Lieferung i.S.d. § 1 Abs. 1 Nr. 1 UStG 1993 aus. Zudem greift § 3 Abs. 3 UStG 1993 ein; zwischen dem Sicherungsnehmer (Kommittent) und dem Sicherungsgeber (Kommissionär) liegt eine Lieferung vor, bei der der Sicherungsgeber (Verkäufer, Kommissionär) als Abnehmer gilt. Gleichzeitig erstarkt die Sicherungsübereignung zu einer Lieferung i.S.d. § 1 Abs. 1 Nr. 1 UStG 1993 des Sicherungsgebers an den Sicherungsnehmer. Es liegt ein **Dreifachumsatz** vor.[253]

In der Praxis ist immer wieder zu beobachten, dass Banken in der Krise bereits beginnen, Sicherungsgut herauszuverlangen und zu verwerten. Hat der wegen **sicherungsübereigneter Gegenstände zur abgesonderten Befriedigung berechtigte Gläubiger** das Sicherungsgut vor Eröffnung des Insolvenzverfahrens in Besitz genommen, aber erst nach Eröffnung verwertet, hat er nach der Rechtsprechung des BGH in Höhe der wegen der Lieferung des Sicherungsgutes an ihn angefallenen **Umsatzsteuerschuld aus dem Verwertungserlös** einen Betrag in dieser Höhe in analoger Anwendung von § 13b Abs. 1 Nr. 2 UStG, §§ 170 Abs. 2, 171 Abs. 2 S. 3 InsO an die Masse abzuführen.[254]

Durch die Verwertung erst nach Verfahrenseröffnung wird nach der Rechtsprechung des BFH[255] zu diesem Zeitpunkt eine steuerbare „**Doppellieferung**" bewirkt, die die Masse ohne kompensierbaren Gegenwert und „in anderer Weise" (§ 55 Abs. 1 Nr. 1 InsO) umsatzsteuerpflichtig macht.[256]

Beispiel
Der B Bank ist das Fahrzeug F sicherungsübereignet. Der Verwalter hat es bei Verfahrenseröffnung nicht in Besitz, sondern überlässt die Verwertung der B. B erteilt dem Verwalter eine Gutschrift über 10.000 EUR zzgl. 1.600 EUR Umsatzsteuer, also insgesamt 11.600 EUR. V muss 1.600 EUR an das Finanzamt abführen, obgleich nichts zur Masse geflossen ist.

IV. Erteilung einer neuen Steuernummer

Für die Zeit ab Eröffnung des Insolvenzverfahrens wird vom Finanzamt eine **neue Steuernummer** vergeben („Insolvenz-Steuernummer"; sog. „zweite Steuernummer"). Damit soll die Möglichkeit geschaffen werden, zwischen Steuerforderungen, für die der Insolvenzverwalter – ggf. auch persönlich – haftet, und einfachen Insolvenz-Steuerforderungen i.S.v. § 38 InsO zu unterscheiden. Darüber hinaus wird

---

253 So BFH, 6.10.2005 – V R 20/04, BStBl II 2006, S. 931 ff. = StuB 2006, 81 f.; Vorinstanz: Sächsisches FG, 27.3.2003 – 6 K 18/99.
254 So BGH, 29.3.2007 – IX ZR 27/06, ZIP 2007, 1126 ff. = NZI 2007, 394 ff.
255 S. BFH, 20.4.2004 – V B 107/03, BFH/NV 2004, 1302; BFH, 29.9.1998 – V B 38/98, BFH/NV 1999, 680.
256 So OLG Düsseldorf, 13.1.2006 – I – 16 U 49/05, ZInsO 2006, 154, 160 f. mit Anm. Ries.

durch diese Verfahrensweise sichergestellt, dass die Steuerforderungen, mit denen aufgerechnet werden kann, und die nicht der Aufrechnung unterliegenden, nach Verfahrenseröffnung entstehenden Vorsteueransprüche differenziert behandelt werden.[257]

V. Organschaft

97 Gemäß § 2 Abs. 2 Nr. 2 UStG wird die gewerbliche oder berufliche Tätigkeit nicht selbständig ausgeübt, wenn eine juristische Person nach dem Gesamtbild der tatsächlichen Verhältnisse **finanziell, wirtschaftlich und organisatorisch** in das Unternehmen des Organträgers **eingegliedert** ist (**Organschaft**).[258] Im Falle der **Insolvenz der Organgesellschaft** endet das Organschaftsverhältnis in dem Zeitpunkt, in dem die finanzielle, wirtschaftliche und organisatorische Eingliederung der Organgesellschaft in das Unternehmen des Organträgers nicht mehr erfüllt ist.

Während früher seitens des Rechtsprechung vertreten worden ist, dass die **Bestellung eines „schwachen" vorläufigen Insolvenzverwalters** der Annahme der organisatorischen Eingliederung regelmäßig nicht entgegenstehe, wenn der Organträger weiterhin als Geschäftsführer der von der Insolvenz bedrohten Organgesellschaft tätig und die Verwaltungs- und Verfügungsbefugnis noch nicht auf den vorläufigen Insolvenzverwalter übergegangen sei,[259] hat der BFH entschieden, dass die **organisatorische Eingliederung** bereits **endet**, wenn das Insolvenzgericht für die Organgesellschaft einen **vorläufigen Insolvenzverwalter bestellt** und einen **Zustimmungsvorbehalt** anordnet.[260]

Mit der **Insolvenzeröffnung** über das Vermögen des Organträgers endet die Organschaft ebenso wie mit Eröffnung des Insolvenzverfahrens bei der Organgesellschaft, unabhängig von den Verhältnissen beim Organträger. Auch die **Bestellung**

---

257 Vgl. umfassend: OFD Hannover, 28.5.2004, S 7340 – 152 – StH 442/S 7340 – 68 – StO 352.
258 Vgl. Onusseit, ZIP 2003, 743 ff.; Nickert/Nickert, ZInsO 2004, 479 ff.; Nickert/Nickert, ZInsO 2004, 596 ff.; Schmittmann, InsbürO 2007, 265 ff.; Eisolt, ZInsO 2015, 1429 ff.; Ebbinghaus/Neu, DB 2016, 1636 ff.; Waza/Uhländer/Schmittmann, Insolvenzen und Steuern, Rn 1931 ff.
259 So BFH, 22.10.2009 – V R 14/08, BFHE 227, 513 ff. = BStBl. II 2011, 988 ff. Rn 35; BFH, 10.3.2009 – VI B 66/08, BFH/NV 2009, 977 ff. = DZWIR 2009, 274 ff. mit Anm. Roth; BFH, 29.1.2009 – V R 67/07, BFHE 225, 172 ff. = BStBl. II 2009, 1029 ff.; vgl. de Weerth, Umsatzsteuerliche Organschaft und Insolvenz, DStR 2010, 590 f.
260 So BFH, 8.8.2013 – V R 18/13, BFHE 242, 433 ff. = BStBl. II 2017, 543 ff. = NZI 2013, 857 ff.; vgl. Klink/Wüllrich, Die umsatzsteuerliche Organschaft – Gesellschaftsrechtliche Fallstricke bei der organisatorischen Eingliederung, BB 2014, 1757 ff.; Lenger/Khanian, Beendigung der umsatzsteuerlichen Organschaft in der vorläufigen Eigenverwaltung, NZI 2014, 385 ff.; Götz/Dal Bosco, Die Beendigung der umsatzsteuerlichen Organschaft im vorläufigen Insolvenzverfahren wegen des Wegfalls der organisatorischen Eingliederung, DZWIR 2013, 503 ff.

eines Sachwalters im Rahmen der **Eigenverwaltung nach §§ 270 ff. InsO** ändert hieran nach der Rechtsprechung des BFH nichts.[261]

Nach Auffassung des BMF gelten diese Grundsätze in allen offenen Fällen und auch bei **Bestellung eines personenidentischen Sachwalters, vorläufigen Sachwalters oder Insolvenzverwalters**.[262]

Ein Organträger ist verpflichtet, einen **Erstattungsanspruch**, der aus der Organschaft resultiert, **an die Organgesellschaft** weiterzuleiten. Der Organträger ist danach nach Treu und Glauben (§ 242 BGB) gehindert, einen Erstattungsanspruch gegen die Finanzverwaltung geltend zu machen, wenn der Organträger eine Zahlung erbracht hat, die vom Insolvenzverwalter der Organgesellschaft bereits erfolgreich angefochten worden ist, da ohne diese Anfechtung der Organträger keinen Anspruch gegen die Finanzverwaltung hätte.[263]

Zwischen **Schwestergesellschaften** besteht auch unter Berücksichtigung des Unionsrechts keine Organschaft nach § 2 Abs. 2 Nr. 2 UStG. Die Organschaft entfällt spätestens mit der Bestellung eines vorläufigen Insolvenzverwalters mit allgemeinem Zustimmungsvorbehalt für die Organgesellschaft. Der Grundsatz von Treu und Glauben wie auch der Grundsatz des Vertrauensschutzes stehen einer Forderungsanmeldung von Umsatzsteuer im Insolvenzverfahren einer GmbH nicht entgegen, wenn die GmbH bei einer zunächst unzutreffend bejahten Organschaft, bei der sie rechtsfehlerhaft als Organgesellschaft angesehen wurde, die tatsächlich von ihr als Steuerschuldner geschuldete Umsatzsteuer von dem vermeintlichen Organträger vereinnahmt hat.[264]

Der Rechtsgrund für eine Erstattung von Umsatzsteuer wird auch dann im insolvenzrechtlichen Sinne bereits mit der Leistung der entsprechenden Vorauszahlungen gelegt, wenn diese im **Fall einer nicht erkannten Organschaft** zunächst gegen die Organgesellschaft festgesetzt und von dieser auch entrichtet worden sind.[265]

Weder die **Anordnung der vorläufigen Eigenverwaltung** beim Organträger noch die Anordnung der vorläufigen Eigenverwaltung bei der Organgesellschaft beenden eine Organschaft, wenn das Insolvenzgericht lediglich bestimmt, dass ein vorläufiger Sachwalter bestellt wird, sowie eine Anordnung gemäß § 21 Abs. 2 Satz 1 Nr. 3 InsO erlässt.[266]

---

261 So BFH, 15.12.2016 – V R 14/16, BFHE 256, 562 ff. = BStBl. II 2017, 600 ff. = EWiR 2017, 311 f. [Onusseit], vgl. dazu Wagner/Fuchs, Umsatzsteuerliche Organschaft: Zwingendes Ende der finanziellen Eingliederung durch Insolvenz einer Gesellschaft?, BB 2017, 2202 ff.
262 So BMF, Schreiben vom 25.5.2017 – III C 2 – S 7105/15/10002 (2017/0389528), BStBl. I 2017, 790.
263 So BFH, 26.8.2014 – VII R 16/13, ZIP 2014, 2404 ff. mit Anm. Kahlert.
264 So BFH, 24.8.2016 – V R 36/15, NZI 2017, 42 ff. m. Anm. Schmittmann.
265 So BFH, 15.10.2019 – VII R 31/17, DB 2020, 599 ff.
266 So BFH, 27.11.2019 – XI R 35/17, ZInsO 2020, 620 ff.

Gemäß § 73 Satz 1 AO haftet eine **Organgesellschaft** für solche Steuern des Organträgers, für welche die Organschaft zwischen ihnen steuerlich von Bedeutung ist. Der Gegenstand der Haftung ist für eine **körperschaftsteuerrechtliche Organschaft** (§ 14 Abs. 1 Satz 1 KStG) auf solche Steueransprüche beschränkt, die gegen den durch das konkrete Organschaftsverhältnis bestimmten Organträger gerichtet sind. Dies ist auch bei mehrstufigen Organschaften zu beachten.[267]

VI. Bauträger und Umkehr der Steuerschuldnerschaft

98 Gemäß § 13b Abs. 2 Nr. 4 UStG i.V. § 13b Abs. 5 Satz 2 UStG schuldet bei **Bauleistungen**, einschließlich Werklieferungen und sonstigen Leistungen im Zusammenhang mit Grundstücken, die der Herstellung, Instandsetzung, Instandhaltung, Änderung oder Beseitigung von Bauwerken dienen, der **Leistungsempfänger** die **Umsatzsteuer**, wenn er selbst Bauleistungen erbringt.

Bei den **Bauträgerfällen** ergibt sich die Besonderheit, dass nach der Rechtsprechung des BFH die Bestimmung des § 13b Abs. 2 Satz 2 UStG einschränkend dahingehend auszulegen ist, dass es für die **Entstehung der Steuerschuld** darauf ankommt, ob der Leistungsempfänger die an ihn erbrachte Werklieferung oder sonstige Leistung, die der Herstellung, Instandsetzung, Instandhaltung, Änderung oder Beseitigung von Bauwerken dienen, seinerseits zur **Erbringung einer derartigen Leistung** verwendet, was aber bei einem Bauträger nicht der Fall ist.[268] Eine Vielzahl von Bauträgern, die die Umsatzsteuer aufgrund der **Umkehr der Steuerschuldnerschaft** abgeführt haben, haben im Hinblick auf die neue Rechtsprechung **Erstattungsansprüche** geltend gemacht. In der Folge hatte der **Vertragspartner** des Bauträgers zum einen **zivilrechtlichen Zahlungsanspruch** in Höhe der Umsatzsteuer gegen den Bauträger und andererseits eine Zahllast gegenüber der Finanzverwaltung. Mit Gesetz vom 25. Juli 2014[269] wurde in § 27 Abs. 19 UStG geregelt, dass die **Steuerfestsetzung** ungeachtet von § 176 AO **geändert werden kann**, wenn Unternehmer und Leistungsempfänger davon ausgegangen sind, dass der Leistungsempfänger die Steuer nach § 13b UStG auf eine vor dem 15. Februar 2014 erbrachte steuerpflichtige Leistung schuldet. Gemäß § 27 Abs. 19 Satz 3 UStG kann das für den leistenden Unternehmer zuständige Finanzamt auf Antrag zulassen, dass der leistende Unternehmer dem Finanzamt den ihm gegen den Leistungsempfänger zustehenden **Anspruch auf Zahlung der gesetzlich entstandenen Umsatzsteuer** abtritt, wenn die **Annahme der Steuerschuld des Leistungsemp-**

---

267 So BFH, 31.5.2017 – I R 54/15, BFHE 259, 1 ff. = BStBl. II 2018, 54 ff. = BFH/NV 2017, 1647 ff.
268 So BFH, 22.8.2013 – V R 37/10, BFHE 243, 20 ff. = BStBl. II 2014, 128 ff. = ZfIR 2014, 148 ff.
269 So BGBl. I 2014, S. 1266 ff.

fängers im Vertrauen auf eine Verwaltungsanweisung beruhte und der leistende Unternehmer bei der **Durchsetzung des abgetretenen Anspruchs** mitwirkt.

Nach der Rechtsprechung des BFH kann eine Umsatzsteuerfestsetzung nach § 27 Abs. 19 Satz 1 UStG gegenüber dem leistenden Unternehmer nur dann geändert werden, wenn ihm ein abtretbarer **Anspruch auf Zahlung der gesetzlich entstandenen Umsatzsteuer** gegen den Leistungsempfänger zusteht. Das Finanzamt hat eine Abtretung nach § 27 Abs. 19 Satz 3 UStG auch dann anzunehmen, wenn der Leistungsanspruch bereits durch Zahlung getilgt war. Auf das Vorliegen einer **Rechnung mit gesondertem Steuerausweis** kommt es nicht an.[270] Sind ein Bauunternehmer und ein Bauträger bei einem zwischen ihnen vor der Rechtsprechungsänderung abgeschlossenen und durchgeführten Bauträgervertrag übereinstimmend von der **Steuerschuldnerschaft** des Bauträgers ausgegangen und hat der Bauträger die auf die erbrachten Leistungen des Bauunternehmers entfallende Umsatzsteuer an das Finanzamt abgeführt, steht dem Bauträger aufgrund einer **ergänzenden Vertragsauslegung ein Anspruch auf Zahlung des Umsatzsteuerbetrages** zu, wenn der Bauträger Erstattung der Steuer verlangt und deshalb für den Bauunternehmer die Gefahr entsteht, wegen der Heranziehung als Steuerschuldner gemäß § 27 Abs. 19 UStG die Umsatzsteuer abführen zu müssen. Die **Verjährung dieses Anspruchs** beginnt in einem solchen Fall gemäß § 199 Abs. 1 BGB mit dem Schluss des Jahres, in dem der Erstattungsantrag gestellt ist und der Bauunternehmer davon Kenntnis erlangt oder ohne grobe Fahrlässigkeit erlangen musste.[271]

Hat ein Bauträger aufgrund der **rechtsirrigen Annahme seiner Steuerschuld** als Leistungsempfänger von ihm bezogene Bauleistungen nach § 13b UStG versteuert, kann er das Entfallen dieser rechtswidrigen Besteuerung geltend machen, ohne dass es darauf ankommt, dass er einen gegen ihn gerichteten **Nachforderungsanspruch** des leistenden Unternehmers erfüllt oder die Möglichkeit für eine Aufrechnung durch das FA besteht (entgegen BMF-Schreiben vom 26. Juli 2017, BStBl I 2017, 1001, Rz 15a).[272]

Hat ein Bauträger aufgrund der rechtsirrigen Annahme seiner Steuerschuld als Leistungsempfänger von ihm bezogene Bauleistungen nach § 13b UStG versteuert, kann er das **Entfallen dieser rechtswidrigen Besteuerung** geltend machen, ohne dass es darauf ankommt, dass er einen gegen ihn gerichteten Nachforderungsanspruch des leistenden Unternehmers erfüllt oder die Möglichkeit für eine Aufrech-

---

270 So BFH, 23.2.2017 – V R 16, 24/16, BStBl. I 2017, 760 ff.; vgl. dazu BMF, Schreiben vom 26.7.2017 – III C 3 – S 7279/11/10002-09, BStBl. I 2017, 1001 ff.
271 So BGH, 17.5.2018 – VII ZR 157/17, NJW 2018, 2469 ff.
272 So BFH, 27.9.2018 – V R 49/17, ZfIR 2018, 836 ff. mit Anm. Diete = StuB 2018, 889 mit Anm. jh = NZI 2018, 947 ff. mit Anm. Schmittmann.

nung durch das FA besteht[273]. Sind Bauunternehmer und Leistungsempfänger bei einem vor Erlass des BFH-Urteils vom 22. August 2013 V R 37/10 (BFHE 243, 20, BStBl II 2014, 128) abgeschlossenen und durchgeführten Bauvertrag übereinstimmend von der **Steuerschuldnerschaft des Bauträgers** ausgegangen und hat der Bauträger die auf die erbrachten Leistungen des Bauunternehmers entfallende Umsatzsteuer an das FA abgeführt, steht dem Bauunternehmer aufgrund einer ergänzenden Vertragsauslegung ein Anspruch auf Zahlung des Umsatzsteuerbetrags zu, wenn der Bauträger Erstattung der Steuer verlangt und deshalb für den Bauunternehmer die Gefahr entsteht, wegen der **Heranziehung als Steuerschuldner** gemäß § 27 Abs. 19 UStG die Umsatzsteuer abführen zu müssen (Anschluss an das BGH-Urteil vom 17. Mai 2018 VII ZR 157/17, HFR 2018, 661).[274]

Die durch das Urteil des Bundesfinanzhofs vom 22. August 2013 (V R 37/10, BFHE 243, 20) veranlasste ergänzende Vertragsauslegung im Verhältnis des leistenden Werkunternehmers zum Leistungsempfänger (Bauträger) wird nach Auffassung des BGH durch die Insolvenz des leistenden Unternehmers nicht beeinflusst.[275]

Teilt das FA dem Drittschuldner (Bauträger) mit, dass es **im Wege der zivilrechtlichen Abtretung** eine Forderung gegen ihn erworben hat, liegt **kein vom Bauträger anfechtbarer Verwaltungsakt i.S. von § 118 AO** vor. Die Zulassung der Abtretung nach § 27 Abs. 19 Satz 3 UStG ist mangels eigener Beschwer (§ 40 Abs. 2 FGO) kein vom Drittschuldner (hier: Bauträger) anfechtbarer Verwaltungsakt.[276]

E. Bauabzugsteuer

99 Nach den Regelungen in §§ 48 ff. EStG ist unter den gesetzlichen Voraussetzungen im Übrigen der **Empfänger einer Bauleistung** verpflichtet, von der Gegenleistung (Werklohn etc.) einen Steuerabzug in Höhe von 15 v.H. vorzunehmen und an die Finanzverwaltung abzuführen („Bauabzugsteuer"). Nach der Rechtsprechung des EuGH hat das Königreich Belgien dadurch gegen seine Verpflichtungen aus Art. 49 EGV und Art. 50 EGV verstoßen, dass es Auftraggeber und Unternehmer, die nicht in Belgien registrierte Vertragspartner beauftragen, verpflichtet, von dem für die ge-

---

273 Anschluss an das BFH-Urteil vom 27. September 2018 V R 49/17, BStBl II 2019, 109; entgegen BMF-Schreiben vom 26. Juli 2017, BStBl I 2017, 1001, Rz 15a.
274 So BFH, 23.1.2019 – XI R 21/17, BFHE 264, 60 = BStBl. II 2019, 354 = BFH/NV 2019, 505 = StuB 2019, 295 [Ls.] mit Anm. jh.
275 So BGH, 16.7.2020 – VII ZR 204/18, NZI 2020, 909 ff. mit Anm. *Werres* = DStR 2020, 2031 ff.; Bestätigung von BGH, 17.5.2018 – VII ZR 157/17, BauR 2018, 1403 = NZBau 2018, 524.
276 So BFH, 22.8.2019 – V R 21/18, BFH/NV 2019, 1374 ff. = KÖSDI 2019, 21517 = StuB 2020, 84 mit Anm. jh.

leisteten Arbeiten zu zahlenden Betrag 15 v.H. abzuziehen und ihnen eine gesamtschuldnerische Haftung für Abgabenschulden dieser Vertragspartner auferlegt.[277]

Der EuGH führt insbesondere aus, dass die allgemeine und präventive Anwendung der Abzugspflicht und der gesamtschuldnerischen Haftung auf alle Dienstleister, die weder in Belgien ansässig noch dort registriert sind, obwohl ein Teil von ihnen grundsätzlich nicht steuer- oder anderweitig abgabenpflichtig ist, nicht allein damit gerechtfertigt werden kann, dass die **Bekämpfung der Steuerhinterziehung** erforderlich ist (Rn 37 des Urteils). Im Hinblick auf die unterschiedliche Ausgestaltung der deutschen und der belgischen Bauabzugsteuer dürfte die deutsche Form als hinnehmbar anzusehen sein.

Wird **Bauabzugsteuer** an das Finanzamt abgeführt, nachdem über das Vermögen des leistenden Bauunternehmers das Insolvenzverfahren eröffnet wurde, so kann das Finanzamt den abgeführten Betrag **nicht außerhalb des Insolvenzverfahrens** vereinnahmen. Vielmehr steht dem Steuergläubiger auch in diesem Fall für seinen Steueranspruch gegenüber dem Bauunternehmer nur die nach Insolvenzrecht zu ermittelnde Verteilungsquote zu. Ist über das Vermögen des Bauunternehmers das Insolvenzverfahren eröffnet worden, so darf dem Insolvenzverwalter eine **Freistellungsbescheinigung gem. § 48b EStG** regelmäßig nicht versagt werden.[278] 100

Im Zusammenhang mit der Bauabzugsteuer hat die OFD Hannover[279] zum **Widerruf einer Freistellungsbescheinigung** Stellung genommen. Eine Freistellungsbescheinigung ist danach zu widerrufen, wenn der Steueranspruch gefährdet erscheint. Eine Gefährdung des Steueranspruchs kann bereits vor Stellung eines Insolvenzantrags vorliegen. Ob und wann ein Widerruf vorgenommen wird, ist nach den Gegebenheiten im Einzelfall zu entscheiden. Eine Anfechtung des Widerrufs durch den Insolvenzverwalter ist nur möglich, wenn das Verfahren eröffnet wurde und die Voraussetzungen der §§ 130, 131 InsO vorliegen. 101

Beantragt der **Insolvenzverwalter**, bei dem davon auszugehen ist, dass er seine steuerlichen Pflichten erfüllt, eine **Freistellungsbescheinigung**, so ist ihm diese grundsätzlich auszustellen. Hierbei spielt es keine Rolle, ob die Bauleistungen vor oder nach Insolvenzeröffnung erbracht wurden. Die Bescheinigung braucht daher nicht auftragsbezogen erteilt zu werden. 102

Beantragt ein **vorläufiger Insolvenzverwalter mit Verfügungsbefugnis** (sog. „starker" vorläufiger Verwalter, § 22 Abs. 1 InsO) eine Freistellungsbescheinigung, so ist ihm diese auszustellen, sofern davon auszugehen ist, dass er seine steuerlichen Pflichten erfüllt und das Insolvenzverfahren auch tatsächlich eröffnet wird. In 103

---

277 S. EuGH, 9.11.2006 – Rs. C 433/04, DStRE 2007, 655 ff.
278 So BFH, 13.11.2002 – I B 147/02, NZI 2003, 169 ff.
279 S. OFD Hannover, Verfügung v. 22.4.2003, DB 2003, 1250.

diesen Fällen spielt es keine Rolle, ob die Bauleistungen vor oder nach Bestellung des vorläufig „starken" Insolvenzverwalters erbracht wurden. Die Bescheinigung braucht daher nicht auftragsbezogen erteilt zu werden.

104 Ist jedoch davon auszugehen, dass das Insolvenzverfahren nicht eröffnet wird, ist die Ausstellung einer Freistellungsbescheinigung wegen **Gefährdung des Steueranspruchs** in der Regel zu versagen. In diesen Fällen ist nach den **Gegebenheiten des Einzelfalls** zu entscheiden.

§ 15 Internationales Insolvenzrecht

Übersicht

A. Grundlagen des Internationalen Insolvenzrechts —— 1
   I. Regelungsgegenstand des Internationalen Insolvenzrechts —— 1
   II. Rechtsquellen des Internationalen Insolvenzrechts —— 5
      1. Anwendbarkeit der EuInsVO —— 7
      2. Anwendbarkeit des deutschen autonomen Internationalen Insolvenzrechts —— 10
      3. Sonderfall Dänemark —— 14
      4. Sonderfall Vereinigtes Königreich Großbritannien und Nordirland —— 17
      5. Sonderfall ausländischer staatsvertraglicher Regelungen —— 22
   III. Grundbegriffe des Internationalen Insolvenzrechts —— 23
      1. Territorialitätsprinzip und Universalitätsprinzip —— 23
      2. Einheitsprinzip und Pluralitätsprinzip —— 25

B. Die Insolvenzeröffnung —— 27
   I. Internationale Zuständigkeit für die Insolvenzeröffnung —— 27
      1. Internationale Zuständigkeit für die Insolvenzeröffnung nach der EuInsVO —— 28
         a) Hauptinsolvenzverfahren: Mittelpunkt der hauptsächlichen Interessen —— 29
            aa) Gesellschaften und juristische Personen: Satzungsmäßiger Sitz —— 31
            bb) Gewerbetreibende und Freiberufler: Hauptniederlassung —— 33
            cc) Verbraucher: Gewöhnlicher Aufenthaltsort —— 35
         b) Sekundärinsolvenzverfahren: Niederlassung —— 38
         c) Keine Nachprüfung der Insolvenzeröffnungsentscheidung —— 40
      2. Internationale Zuständigkeit für die Insolvenzeröffnung nach dem autonomen deutschen Internationalen Insolvenzrecht —— 41
         a) Wohnsitz anstelle von Aufenthaltsort —— 43
         b) Nachprüfung der internationalen Zuständigkeit —— 44

C. Grenzüberschreitende Forderungsanmeldung —— 46
   I. Forderungsanmeldungen nach der EuInsVO —— 47
      1. Recht auf individuelle Benachrichtigung über die Insolvenzeröffnung —— 48
      2. Kein Anwaltszwang —— 50
      3. Mindestinhalt der Forderungsanmeldung —— 52
      4. Sprache der Forderungsanmeldung —— 56
         a) Forderungsanmeldung in jeder Amtssprache der Europäischen Union —— 57
         b) Anforderung einer Übersetzung —— 59
            aa) Übersetzung in eine andere Sprache als die Amtssprache —— 62
            bb) Sprache des Übersetzungsverlangens —— 63
            cc) Form der Übersetzung —— 65
      5. Frist zur Forderungsanmeldung —— 67
         a) Fakultative und obligatorische Anmeldefristen —— 67
         b) Allgemeines zur europäischen Mindestfrist —— 69

Fuchs

c) Beginn der europäischen Mindestfrist —— 72
d) Beginn der europäischen Mindestfrist bei Verbraucherinsolvenzverfahren —— 73
e) Berechnung der europäischen Mindestfrist —— 76
f) Ende der europäischen Mindestfrist —— 77
g) Fristwahrung —— 79
  aa) Vollständigkeit der Forderungsanmeldung —— 79
  bb) Fristwahrung bei Anforderung einer Übersetzung —— 80
II. Forderungsanmeldungen nach dem autonomen deutschen Internationalen Insolvenzrecht —— 83

D. Internationales Insolvenzanfechtungsrecht —— 84
I. Anwendbares Anfechtungsrecht —— 84
II. Vertrauensschutz —— 86
  1. Art. 16 EuInsVO und § 339 InsO —— 87
  2. Anwendungsbereich und Charakter der Normen —— 88
  3. Maßgeblichkeit eines anderen Rechts —— 90
  4. Unangreifbarkeit der Rechtshandlung —— 92
III. Beweiserhebung —— 96
IV. Prozessuales, Vollstreckung —— 99

E. Grenzüberschreitende Restschuldbefreiung —— 102
I. Anerkennung einer ausländischen Restschuldbefreiung —— 102
  1. Erteilung der Restschuldbefreiung durch eine gerichtliche Entscheidung —— 103
  2. Erteilung der Restschuldbefreiung aufgrund einer gerichtlichen Entscheidung —— 106
  3. Anerkennung der ausländischen Restschuldbefreiung nach der EuInsVO —— 110
  4. Anerkennung der ausländischen Restschuldbefreiung nach dem autonomen deutschen Internationalen Insolvenzrecht —— 115
II. Rechtsfolge der ausländischen Restschuldbefreiung —— 118
  1. Fehlende Durchsetzbarkeit der Forderung als Rechtsfolge der Restschuldbefreiung —— 121
  2. Vorübergehende Durchsetzungssperre als Rechtsfolge der Restschuldbefreiung —— 124
    a) Automatisches Entfallen der Durchsetzungssperre —— 125
      aa) Erwerb neuen Vermögens —— 126
      bb) Arbeitseinkommen als neues Vermögen —— 130
      cc) Berücksichtigung im deutschen Erkenntnisverfahren —— 132
      dd) Berücksichtigung im deutschen Vollstreckungsverfahren —— 136
    b) Entfallen der Durchsetzungssperre aufgrund gerichtlicher Entscheidung —— 139
  3. Untergang der Forderung als Rechtsfolge der Restschuldbefreiung —— 145
III. Umfang der ausländischen Restschuldbefreiung —— 146
  1. Ausnahme einzelner Forderungen von der Restschuldbefreiung aufgrund einer gerichtlichen Ermessensentscheidung —— 147
  2. Ausnahme einzelner Forderungen von der Restschuldbefreiung kraft Gesetzes —— 149
    a) Unterhaltsansprüche —— 150
    b) Forderungen aus einer vorsätzlich begangenen unerlaubten Handlung —— 151

c) Geldstrafen —— 153
d) Beweislastverteilung —— 155
IV. Bedeutung der ausländischen Restschuldbefreiung für einen deutschen Antrag auf Erteilung der Restschuldbefreiung —— 157
  1. Vorherige Erteilung der Restschuldbefreiung im Ausland —— 159
  2. Keine partielle deutsche Restschuldbefreiung für von der ausländischen Restschuldbefreiung ausgenommene Forderungen —— 163
  3. Vorherige Versagung der Restschuldbefreiung im Ausland —— 165
V. Ordre-public-Verstoß der ausländischen Restschuldbefreiung —— 166

A. Grundlagen des Internationalen Insolvenzrechts

I. Regelungsgegenstand des Internationalen Insolvenzrechts

Das Internationale Insolvenzrecht regelt alle Fragen, die sich daraus ergeben, dass ein Insolvenzverfahren einen grenzüberschreitenden Charakter hat, was dann der Fall ist, wenn es Auswirkungen auf mehr als einen Staat hat, etwa weil der Schuldner in einem Staat seinen Sitz und in einem anderen Staat Vermögen hat.[1] Einige der Fragen, auf die das Internationale Insolvenzrecht eine Antwort geben muss, lassen sich dem Internationalen Zivilprozessrecht zuordnen, andere hingegen dem Internationalen Privatrecht.

Fragen des Internationalen Zivilprozessrechts stellen sich, soweit es um **verfahrensrechtliche Aspekte** vor, bei und nach der Eröffnung des Insolvenzverfahrens geht. Man verwendet daher für diesen Teilbereich des Internationalen Insolvenzrechts auch den Begriff **Internationales Insolvenzverfahrensrecht**[2]. Die wichtigsten verfahrensrechtlichen Fragen stellen sich ganz am Anfang des Insolvenzverfahrens. So sind die Gerichte zu bestimmen, die für die Insolvenzeröffnung international zuständig sind. Ferner ist zu klären, ob die Insolvenzeröffnung grenzüberschreitende Wirkungen hat und – falls ja – wie diese Wirkungen auf andere Staaten erstreckt werden.

Ist das Insolvenzverfahren eröffnet worden, stellen sich zahlreiche **materiellrechtliche Fragen**. Zu ihnen gehört etwa die Frage, welche Rechtsordnung über den Ablauf des Insolvenzverfahrens entscheidet. Eine weitere Frage ist, nach dem Recht welches Landes sich die Auswirkungen der Insolvenz, etwa auf Verträge und Einzelrechtsverfolgungsmaßnahmen von Gläubigern, beurteilen. Da es – wie auch sonst im Internationalen Privatrecht – um kollisionsrechtliche Fragestellungen geht, spricht man von dem **Internationalen Insolvenzkollisionsrecht**.[3]

---

1 KPB/Paulus, Vor §§ 335 ff. InsO Rn 1.
2 Kolmann/Keller, in: Gottwald, Insolvenzrechts-Handbuch, § 130 Rn 13.
3 Kolmann/Keller, in: Gottwald, Insolvenzrechts-Handbuch, § 130 Rn 14.

4 Ob eine bestimmte Rechtsfrage verfahrensrechtlicher oder materiellrechtlicher Natur ist, entscheidet die *lex fori*, als die Rechtsordnung des Landes, in dem sich diese Frage (etwa in einem anhängigen Rechtsstreit) stellt.[4]

II. Rechtsquellen des Internationalen Insolvenzrechts

5 Ursprünglich fanden sich viele Regelungen des Internationalen Insolvenzrechts in Staatsverträgen, etwa im Vertrag zwischen der Bundesrepublik Deutschland und der Republik Österreich auf dem Gebiet des Konkurs- und Vergleichs-(Ausgleichs-)rechts vom 25. Mai 1979[5]. Heutzutage gibt es keine völkerrechtlichen Vereinbarungen auf dem Gebiet des Internationalen Insolvenzrechts mehr, die für die Bundesrepublik Deutschland als Ganzes verbindlich wären.[6] Es gibt lediglich einige Staatsverträge, die Preußen, Sachsen, Württemberg und Bayern im 19. Jahrhundert mit Schweizer Kantonen abschlossen und von denen einige in Teilen Deutschlands fortgelten.[7]

6 In Ermangelung staatsvertraglicher Regelungen gibt es aus deutscher Sicht lediglich die folgenden beiden Rechtsquellen des Internationalen Insolvenzrechts:
– die Verordnung (EU) 2015/848 des Europäischen Parlaments und des Rates vom 20. Mai 2015 über Insolvenzverfahren (**EuInsVO**)[8], deren Regelungen durch Art. 102c §§ 1 bis 26 EGInsO ergänzt werden;
– das autonome deutsche Internationale Insolvenzrecht, das in den §§ 335 ff. InsO enthalten ist.

---

[4] MüKo/Reinhart, Vorbem. v. §§ 335 ff. InsO Rn 31.
[5] BGBl. 1985 II, S. 410; siehe hierzu auch das Ausführungsgesetz vom 8. März 1985, BGBl. 1985 I, S. 535. Näher zu diesem Vertrag Aderhold, Auslandskonkurs im Inland, 1992, S. 150 ff.; Arnold, Der deutsch-österreichische Konkursvertrag, 1987, S. 19 ff.; zur Anwendung des Vertrags in der Praxis siehe die Rechtsprechungsnachweise bei Fuchs, Nationale und internationale Aspekte des Restschuldbefreiungs-Tourismus, 2015, S. 307 f. (dort Fn. 1550), 385 (dort Fn. 1978); zu seiner Fortgeltung in der heutigen Zeit unten Rn 8.
[6] MüKo/Reinhart, Vorbem. v. §§ 335 InsO Rn 70 ff.
[7] Siehe BGH, Versäumnisurt. v. 20.12.2011 – VI ZR 14/11, NZI 2012, 572, 573. Im Einzelnen ist hinsichtlich der Fortgeltung dieser Staatsverträge vieles umstritten, hierzu ausführlich Kolmann/Keller, in: Gottwald, Insolvenzrecht, 5. Aufl., 2015, § 135 Rn 23 ff.; Spellenberg in: Kegel/Thieme, Vorschläge und Gutachten zum Entwurf eines EG-Konkursübereinkommens, 1988, S. 391, 398 f. mit Fn. 18 f.; Blaschczok, ZIP 1983, 141 ff.; Liersch/Walther, ZInsO 2007, 582 ff.; MüKo/Reinhart, Vorbem. v. §§ 335 ff. InsO Rn 73.
[8] ABl. EU 2015, L 141, S. 19. Für vor dem 26.6.2017 eröffnete Insolvenzverfahren gilt wegen Art. 84 Abs. 2 EuInsVO die Vorgängerverordnung, nämlich die Verordnung (EG) Nr. 1346/2000 des Rates vom 29.5.2000 über Insolvenzverfahren (ABl. EG 2000, L 160, S. 1). Zur Entstehung der EuInsVO siehe Fuchs, Nationale und internationale Aspekte des Restschuldbefreiungs-Tourismus, Köln 2015, S. 186 ff.

1. Anwendbarkeit der EuInsVO

Die EuInsVO gilt im Verhältnis zu folgenden Staaten (siehe Art. 288 Abs. 2 Satz 2 AEUV und Art. 52 EUV), **sofern** der Schuldner den Mittelpunkt seiner hauptsächlichen Interessen (zu diesem Begriff unten Rn 29) in der Europäischen Union hat (Erwägungsgrund 25 zur EuInsVO) **und** das in Rede stehende Insolvenzverfahren in Anhang A zur EuInsVO aufgeführt ist (Art. 1 Abs. 1 EuInsVO):

- Belgien,
- Bulgarien,
- Estland,
- Finnland (mit den Åland-Inseln, siehe Art. 355 Abs. 4 AEUV),
- Frankreich (mit Guadeloupe, Französisch-Guayana, Martinique, Mayotte, Réunion und dem französischen Teil von Saint Martin, jedoch **ohne** Saint Barthélemy, Saint-Pierre und Miquelon, Wallis und Futuna, Französisch-Polynesien und Neukaledonien, siehe Art. 355 Abs. 1 und Abs. 2 Unterabs. 1 AEUV),
- Griechenland,
- Irland,
- Italien,
- Kroatien,
- Lettland,
- Litauen,
- Luxemburg,
- Malta,
- Niederlande (**ohne** Aruba und die Niederländischen Antillen, siehe Art. 355 Abs. 2 Unterabs. 1 AEUV),
- Österreich,
- Polen,
- Portugal (mit den Azoren und Madeira, siehe Art. 355 Abs. 1 AEUV),
- Rumänien,
- Schweden,
- Slowakei,
- Slowenien,
- Spanien (mit den Kanarischen Inseln, Ceuta und Melilla, siehe Art. 355 Abs. 1 AEUV sowie Art. 25 Abs. 1 der Akte über die Bedingungen des Beitritts des Königreichs Spanien und der Portugiesischen Republik und die Anpassungen der Verträge vom 12.6.1985[9]),
- Tschechien,
- Ungarn und
- Zypern.

---

[9] ABl. EG 1985, L 302, S. 23.

8 Wichtig ist die Voraussetzung, dass der Schuldner den Mittelpunkt seiner hauptsächlichen Interessen in der Europäischen Union hat. Ist diese Voraussetzung nicht erfüllt, ist die EuInsVO nicht anwendbar. In solch einem Fall kann sogar der Deutsch-Österreichische Konkursvertrag[10] wieder Bedeutung erlangen. Er wurde niemals ausdrücklich aufgehoben, hat heutzutage jedoch keinen Anwendungsbereich mehr, weil er durch die EuInsVO ersetzt wurde (Art. 85 Abs. 1 lit. d) EuInsVO). Allerdings ersetzt die EuInsVO ihn nur, soweit der Anwendungsbereich der EuInsVO reicht (Art. 85 Abs. 1 EuInsVO). Hat beispielsweise ein Schuldner den Mittelpunkt seiner hauptsächlichen Interessen nicht im Geltungsbereich der EuInsVO, sondern in Australien, und verfügt er über eine Niederlassung in Deutschland sowie über Vermögen in Österreich, ist nicht die EuInsVO, sondern wegen Art. 2 Abs. 3 S. 1 des Deutsch-Österreichischen Konkursvertrags eben dieser Staatsvertrag anwendbar.[11]

9 Ebenfalls von großer Bedeutung ist die Voraussetzung, dass das Verfahren in Anhang A zur EuInsVO aufgeführt ist, damit es in den Anwendungsbereich der EuInsVO fällt. Mehrere Mitgliedstaaten haben einige Verfahren, die ihr nationales Recht vorsieht, nicht in diesen Anhang aufnehmen lassen. Dies betrifft beispielsweise das französische Schuldenbereinigungsverfahren für Verbraucher („procédure de rétablissement personnel" mit vorgeschalteter „procédure de traitement du surendettement" nach Art. L-711-1 et suiv. des Code de la consommation). Für dieses Verfahren gilt die EuInsVO nicht, weil es in Anhang A zur EuInsVO nicht aufgeführt ist.[12]

2. Anwendbarkeit des deutschen autonomen Internationalen Insolvenzrechts

10 In allen Fällen, in denen eine der in Rn 7 genannten Voraussetzungen nicht erfüllt ist – sei es, weil der Schuldner den Mittelpunkt seiner hauptsächlichen Interessen außerhalb der Europäischen Union hat, sei es, weil das in Rede stehende Insolvenzverfahren nicht in Anhang A zur EuInsVO aufgeführt ist –, gilt das deutsche autonome Internationale Insolvenzrecht, das in den §§ 335 ff. InsO enthalten ist.[13] Denn die §§ 335 ff. InsO sind immer anwendbar, soweit sie nicht von der EuInsVO verdrängt werden.[14] Allerdings ist das autonome deutsche Internationale Insolvenz-

---

[10] Oben Fn. 5.
[11] Fuchs, in: Ahrens/Gehrlein/Ringstmeier, Art. 85 EuInsVO Rn 8; Duursma, in: Duursma-Kepplinger/Duursma/Chalupsky, Art. 44 EuInsVO Rn 19f.; Virgós/Garcimartín, The European Insolvency Regulation, 2004, S. 32.
[12] OLG Hamburg, Beschl. v. 9.5.2019 – 13 U 101/17, BeckRS 2019, 12777; OLG Brandenburg, Beschl. v. 17.11.2010 – 6 W 116/10, ZInsO 2011, 398, 399.
[13] Zur Entstehung des autonomen deutschen Internationalen Insolvenzrechts siehe Fuchs, Nationale und internationale Aspekte des Restschuldbefreiungs-Tourismus, Köln 2015, S. 236 ff.
[14] BGH, Beschl. v. 3.2.2011 – V ZB 54/10, NZI 2011, 420, 421.

recht nicht automatisch anwendbar, sondern nur, wenn zwei Voraussetzungen erfüllt sind. Die erste Voraussetzung ist, dass das in Rede stehende Verfahren ein Insolvenzverfahren im Sinne des deutschen Rechts ist. Dies wiederum ist der Fall, wenn das ausländische Verfahren in etwa die gleichen Ziele verfolgt wie ein deutsches Insolvenzverfahren (vgl. § 1 InsO), wenn es also aufgrund der Zahlungsunfähigkeit entweder die alsbaldige Liquidation des Schuldnervermögens oder den Erhalt des Unternehmens bei gleichmäßiger Befriedigung der Forderungen der Gläubiger bezweckt.[15] Die zweite Voraussetzung für die Anwendbarkeit des autonomen deutschen Internationalen Insolvenzrechts ist, dass das ausländische Verfahren eine extraterritoriale Geltung beansprucht, also Wirkungen in anderen Ländern entfalten möchte.[16] Denn jedem ausländischen Gesetzgeber steht es frei anzuordnen, dass die Wirkungen eines Insolvenzverfahrens auf das Inland beschränkt sein sollen.

Die beiden in Rn 10 genannten Voraussetzungen für die Anwendbarkeit des deutschen autonomen Internationalen Insolvenzrechts erfüllen mehrere Verfahren aus Staaten, die nicht der Europäischen Union angehören, etwa 11

- das Konkursverfahren nach Art. 197 ff. des schweizerischen Bundesgesetzes über Schuldbetreibung und Konkurs[17] und das Nachlassverfahren nach Art. 293 ff. desselben schweizerischen Gesetzes[18],
- das Verfahren zum Abschluss eines Zwangsvergleichs („tvangsakkord") in Norwegen[19],
- das Verfahren nach Art. 75 ff. der brasilianischen Lei Nº 11.101 vom 9.2.2005[20] und
- das Verfahren nach Chapter 11 des US-amerikanischen Bankruptcy Code (Title 11 United States Code)[21].

All diese Verfahren sind also Insolvenzverfahren im Sinne der §§ 335 ff. InsO.

Daneben erfüllen die in Rn 10 genannten Voraussetzungen für eine Anwendbarkeit des deutschen autonomen Internationalen Insolvenzverfahrens auch mehrere Verfahren aus EU-Mitgliedstaaten, die vom Anwendungsbereich der EuInsVO ausgenommen sind, etwa 12

- das Sonderliquidationsverfahren für öffentliche Unternehmen nach dem griechischen Gesetz 3429/2005[22] und

---

[15] BGH, Urt. v. 13.10.2009 – X ZR 79/06, NZI 2009, 859, 860.
[16] BGH, Versäumnisurt. v. 20.12.2011 – VI ZR 14/11, NZI 2012, 572, 573 f.
[17] BGH, Beschl. v. 31.1.2019 – I ZB 114/17, ZIP 2019, 773, 774 f.
[18] BGH, Versäumnisurt. v. 20.12.2011 – VI ZR 14/11, NZI 2012, 572, 573 f.
[19] BGH, Urt. v. 14.11.1996 – IX ZR 339/95, NJW 1997, 524, 526 f.
[20] BAG, Zwischenurt. v. 18.7.2013 – 6 AZR 882/11, NZA-RR 2014, 32, 37.
[21] BAG, Urt. v. 24.9.2015 – 6 AZR 492/14, NJW 2016, 345, 348.
[22] BAG, Urt. v. 25.4.2013 – 6 AZR 49/12, NZI 2013, 758, 759.

– das Schuldenbereinigungsverfahren für Verbraucher nach französischem Recht („procédure de rétablissement personnel" mit vorgeschalteter „procédure de traitement du surendettement" nach Art. L-711-1 et suiv. des Code de la consommation)[23].

Auch diese Verfahren sind also Insolvenzverfahren im Sinne der §§ 335 ff. InsO.

13 Demgegenüber ist das englisches Vergleichsplanverfahren nach Sections 895 et seqq. Companies Act 2006 („Scheme of Arrangement") kein Insolvenzverfahren im Sinne der §§ 335 ff. InsO, weil es weder eine Zahlungsunfähigkeit voraussetzt noch eine gemeinschaftliche Befriedigung aller Gläubiger bezweckt.[24] Ebenfalls kein Insolvenzverfahren im Sinne der §§ 335 ff. InsO ist die Erklärung eines Staates, das er aufgrund eines wirtschaftlichen Notstands Forderungen privatrechtlicher Gläubiger nicht mehr bedienen könne.[25]

3. Sonderfall Dänemark

14 Dänemark beteiligt sich an der EuInsVO nicht (Erwägungsgrund 88 zur EuInsVO). Allerdings sind im Verhältnis zu Dänemark einige Regelungen der EuInsVO anwendbar. Dies folgt aus einem Vergleich mit mehreren anderen europäischen Rechtsakten und aus dem Wortlaut des Erwägungsgrunds 88 zur EuInsVO:
– Mehrere europäische Verordnungen, nämlich Art. 1 Abs. 3 der Europäischen Beweisaufnahme-Verordnung[26], Art. 1 Abs. 3 der Europäischen Zustellungsverordnung[27] und Art. 1 Abs. 3 der Europäischen Eheverordnung[28], enthalten eine ausdrückliche Definition des Inhalts, dass der Begriff „Mitgliedstaat" jeden Mitgliedstaat mit Ausnahme Dänemarks meine. Hieraus folgt im Umkehrschluss, dass die EuInsVO, die keine solche Legaldefinition enthält, mit dem Begriff „Mitgliedstaat" jeden Staat, der der Europäischen Union angehört, und damit auch Dänemark meint.
– Außerdem sieht Erwägungsgrund 88 zur EuInsVO nicht etwa vor, dass die EuInsVO im Verhältnis zu Dänemark überhaupt keine Anwendung fände. Vielmehr heißt es dort, dass Dänemark durch die EuInsVO weder gebunden noch zu ihrer Anwendung verpflichtet sei. Wäre der europäische Gesetzgeber davon aus-

---

23 Auch dieses Verfahren bezweckt eine gemeinschaftliche Gläubigerbefriedigung, siehe Fuchs, Nationale und internationale Aspekte des Restschuldbefreiungs-Tourismus, Köln 2015, S. 56 ff.
24 BGH, Urt. v. 15.2.2012 – IV ZR 194/09, NJW 2012, 2113, 2114 f.
25 Hierzu BGH, Urt. v. 24.2.2015 – XI ZR 193/14, NJW 2015, 2328, 2329 ff.; bestätigt von BVerfG, Beschl. v. 3.7.2019 – 2 BvR 824/15 u.a., NJW 2019, 2761 ff.
26 ABl. EG 2001, L 174, S. 1.
27 ABl. EG 2007, L 324, S. 79.
28 ABl. EG 2000, L 160, S. 19.

gegangen, dass darüber hinaus der Begriff „Mitgliedstaat", soweit er in der EuInsVO auftaucht, Dänemark nicht meint, hätte er dies in Erwägungsgrund 88 zum Ausdruck gebracht, gerade weil andere Verordnungen eine solch ausdrückliche Legaldefinition enthalten.

Hieraus folgt, dass der Begriff „Mitgliedstaat", soweit er in der EuInsVO auftaucht, auch Dänemark umfasst, soweit dies nicht zur Folge hat, dass Dänemark zur Anwendung der EuInsVO verpflichtet ist. Für Dänemark selbst ergeben sich hieraus keine Konsequenzen, allerdings für die anderen Mitgliedstaaten. So müssen beispielsweise alle übrigen Mitgliedstaaten einen Gläubiger, der seinen gewöhnlichen Aufenthalt, Wohnsitz oder Sitz in Dänemark hat, als ausländischen Gläubiger im Sinne von Art. 2 Nr. 12 EuInsVO ansehen, so dass die Art. 53 ff. EuInsVO für solch einen Gläubiger gelten. Ferner ist Art. 16 EuInsVO (näher zu dieser Vorschrift unten Rn 87 ff.) auch anwendbar, soweit für eine angefochtene Rechtshandlung dänisches Recht gilt. 15

Das Vorstehende gilt jedoch nicht, soweit der Sachverhalt einen Bezug zu den zu Dänemark gehörenden Inseln Grönland oder Färöer aufweist. Da auf diesen Inseln das Unionsrecht von vornherein nicht gilt[29], kann der Begriff „Mitgliedstaat", soweit er in der EuInsVO auftaucht, diese Gebiete nicht umfassen. Im Verhältnis zu ihnen gilt daher niemals die EuInsVO, sondern stets das autonome deutsche Internationale Insolvenzrecht, sofern die in Rn 10 genannten Voraussetzungen erfüllt sind. 16

4. Sonderfall Vereinigtes Königreich Großbritannien und Nordirland

Im Vereinigten Königreich Großbritannien und Nordirland hat am 23.6.2016 die Mehrheit der Bevölkerung für einen Austritt aus der Europäischen Union gestimmt. Nach langem Tauziehen haben die Union und das Königreich ein Austrittsabkommen[30] geschlossen. Nach Art. 67 Abs. 3 lit. c) i.V.m. Art. 2 lit. e) und Art. 126 des Austrittsabkommens findet die EuInsVO auch in Fällen mit Bezug zum Vereinigten Königreich weiterhin Anwendung, sofern das Hauptinsolvenzverfahren vor dem 1.1.2021 eingeleitet wurde. Der Übergangszeitraum endete somit am 31.12.2020 (Art. 126 des Abkommens). Nach Art. 132 Abs. 1 des Austrittsabkommens konnte der Übergangszeitraum einvernehmlich einmalig um höchstens zwei Jahre verlängert werden. Dass es zu keiner solchen Verlängerung kam, war nicht überraschend. Denn die britische Regierung hatte von Anfang an angekündigt, von dieser Mög- 17

---

29 Für die Färöer folgt dies aus Art. 355 Abs. 5 lit. a) AEUV, für Grönland aus dem Vertrag zur Änderung der Verträge der Europäischen Gemeinschaften bezüglich Grönlands, ABl. EG 1985, L 29, S. 1.
30 Abkommen über den Austritt des Vereinigten Königreichs Großbritannien und Nordirland aus der Europäischen Union und der Europäischen Atomgemeinschaft, ABl. EU 2020, L 29, S. 7.

Fuchs

lichkeit keinen Gebrauch machen zu wollen. Ob die EuInsVO auf ein grenzüberschreitendes Insolvenzverfahren, das einen Bezug zum Vereinigten Königreich hat, anwendbar ist, hängt also davon ab, ob das zugrunde liegende Hauptinsolvenzverfahren (Art. 3 Abs. 1 Unterabs. 1 S. 1 EuInsVO) vor dem 1.1.2021 „eingeleitet" wurde (so Art. 67 Abs. 3 lit. c) i.V.m. Art. 2 lit. e) und Art. 126 des Austrittsabkommens).

18 Dass das Hauptverfahren vor dem Stichtag eingeleitet worden sein muss, ist eine unglückliche Formulierung. Sie lässt offen, ob das Verfahren vor dem Stichtag eröffnet worden sein muss. Denn unter der Einleitung des Verfahrens kann man auch die Stellung des Insolvenzeröffnungsantrags und damit einen Zeitpunkt vor der Eröffnung verstehen. Bei der Frage, welcher Zeitpunkt gemeint ist, hilft die sprachvergleichende Auslegung. Sie ist bei unionsrechtlichen Rechtsakten immer vorzunehmen, weil jeder Rechtsakt in allen mittlerweile 24 Amtssprachen gleichermaßen verbindlich ist.[31]

19 Neben der deutschen Fassung verwendet auch die spanische[32] das Partizip „eingeleitet" („incoado"). Unklar ist die dänische Fassung[33], weil das Partizip „indledt" auf den Infinitiv „indlede" zurückgeht und dieses Verb sowohl „eröffnen" als auch „einleiten" bedeuten kann. Das Gleiche gilt für die schwedische Fassung[34], weil „inletts" vom Hauptverb „inleda" abstammt und auch dieses Verb ins Deutsche sowohl mit „eröffnen" als auch mit „einleiten" übersetzt werden kann. Allerdings verwenden mehrere andere Sprachfassungen das Partizip „eröffnet" (englisch: „opened"[35], französisch: „ouverte"[36], italienisch: „aperta"[37], portugiesisch: „aberto"[38]).

---

[31] EuGH, Urt. v. 24.10.1996 – C-72/95, NVwZ 1997, 473; dies gilt sogar dann, wenn in einer Sprachfassung Worte, die in anderen Sprachfassungen vorhanden sind, fehlen, siehe EuGH, Urt. v. 15.10. 2015 – C-310/14 (Nike), IPRax 2016, 263, 265.

[32] Acuerdo sobre la retirada del Reino Unido de Gran Bretaña e Irlanda del Norte de la Unión Europea y de la Comunidad Europea de la Energía Atómica, Diario Oficial de la Unión Europea 2020, L 29, p. 7.

[33] Aftale om Det Forenede Kongerige Storbritannien og Nordirlands udtræden af Den Europæiske Union og Det Europæiske Atomenergifællesskab, Den Europæiske Unions Tidende 2020, L 29, s. 7.

[34] Avtal om Förenade konungariket Storbritannien och Nordirlands utträde ur Europeiska unionen och Europeiska atomenergigemenskapen, Europeiska unionens officiella tidning 2020, L 29, s. 7.

[35] Agreement on the withdrawal of the United Kingdom of Great Britain and Northern Ireland from the European Union and the European Atomic Energy Community, Official Journal of the European Union 2020, L 29, p. 7.

[36] Accord sur le retrait du Royaume-Uni de Grande-Bretagne et d'Irlande du Nord de l'Union européenne et de la Communauté européenne de l'énergie atomique, Journal officiel de l'Union européenne 2020, L 29, p. 7.

[37] Accordo sul recesso del Regno Unito di Gran Bretagna e Irlanda del Nord dall'Unione europea e dalla Comunità europea dell'energia atomica, Gazzetta ufficiale dell'Unione europea 2020, L 29, pag. 7.

[38] Acordo sobre a saída do Reino Unido da Grã-Bretanha e da Irlanda do Norte da União Europeia e da Comunidade Europeia da Energia Atómica, Jornal Oficial da União Europeia 2020, L 29, p. 7.

Dies spricht dafür, dass es nicht auf die Stellung des Insolvenzeröffnungsantrags, sondern auf die Entscheidung des Gerichts, durch die das Insolvenzverfahren eröffnet wird, ankommt.[39] Die EuInsVO ist also auf ein grenzüberschreitendes Insolvenzverfahren, das einen Bezug zum Vereinigten Königreich hat, anwendbar, wenn das Hauptinsolvenzverfahren vor dem 1.1.2021 eröffnet wurde. Ist diese Voraussetzung erfüllt, ist die EuInsVO auch für alle Sekundärinsolvenzverfahren (Art. 34ff. EuInsVO, zum Begriff unten Rn 26) maßgeblich, die auf diesem Hauptinsolvenzverfahren beruhen. Wurde das Hauptinsolvenzverfahren nach dem 31.12.2020 eröffnet, ist die EuInsVO nicht mehr anwendbar; in diesem Fall gilt das autonome deutsche Internationale Insolvenzrecht, sofern die in Rn 10 genannten Voraussetzungen erfüllt sind.[40]

Das Vorstehende gilt jedoch nur, soweit der Sachverhalt einen Bezug zu England, Wales, Schottland oder Gibraltar aufweist, weil die EuInsVO bis zum Austritt des Vereinigten Königreichs aus der Europäischen Union nur in diesen Teilen des Königreichs galt (Art. 355 Abs. 3 AEUV). Für die Kanalinseln, die Insel Man und die außereuropäischen Teile des Königreichs, nämlich Anguilla, die Kaimaninseln, die Falklandinseln, Montserrat, Pitcairn, St. Helena und Nebengebiete, die Turks- und Caicosinseln, die Britischen Jungferninseln und Bermuda, galt die EuInsVO nie (siehe Art. 355 Abs. 2 Unterabs. 1, Abs. 5 lit. c) AEUV). Im Verhältnis zu diesen Inseln gilt daher stets nur das autonome deutsche Internationale Insolvenzrecht, sofern die in Rn 10 genannten Voraussetzungen erfüllt sind.

5. Sonderfall ausländischer staatsvertraglicher Regelungen

Bei der Abgrenzung zwischen dem Anwendungsbereich der EuInsVO und dem deutschen autonomen Internationalen Insolvenzrecht darf nicht vergessen werden, dass außerhalb Deutschlands auf dem Gebiet des Internationalen Insolvenzrechts auch heute noch staatsvertragliche Regelungen Gültigkeit haben. Zwei der bekanntesten Regelwerke über grenzüberschreitende Insolvenzen sind das Nordische Konkursabkommen zwischen Dänemark, Finnland, Island, Norwegen und Schweden[41]

---

[39] So offenbar auch KG, Beschl. v. 3.12.2020 – 2 W 1009/20, BeckRS 2020, 33470; unklar BGH, Beschl. v. 17.12.2020 – IX ZB 72/19, NJW 2021, 576 Rn 37.
[40] Fuchs, VIA 2020, 33f.
[41] Convention entre le Danemark, la Finlande, l'Islande, la Norvège et la Suède relative aux faillites. Signée à Copenhague, le 7 novembre 1933, abgedruckt in: Société des Nations, Recueil des Traités et des Engagements internationaux enregistrés par le Secrétariat de la Société des Nations/League of Nations, Treaty Series. Publication of Treaties and International Engagements registered with the Secretariat of the League of Nations, Band 155, Nr. 3574, S. 115ff., geändert durch den Accord entre le Danemark, la Finlande, l'Islande, la Norvège et la Suède modifiant la Convention Nordique du 7 novembre 1933 relative aux faillites telle que modifiée par l'accord du 11 octobre 1977. Signé à Copenhague le 11 octcbre 1982, abgedruckt in: United Nations, Treaty Series. Treaties and

sowie der Montevideo-Vertrag über internationales Prozessrecht[42], der zwischen mehreren Staaten Südamerikas in Kraft ist. Dies gilt es zu beachten, wenn Sachverhalte, über die in Deutschland zu entscheiden ist, einen Bezug zu solchen Staaten haben. Denn die aus deutscher Sicht wichtigste Rechtsquelle des Internationalen Insolvenzrechts, die EuInsVO (oben Rn 6 ff.) findet keine Anwendung, soweit ihre Geltung mit Verpflichtungen aus einer Übereinkunft unvereinbar ist, die ein EU-Mitgliedstaat mit Drittstaaten geschlossen hat (Art. 85 Abs. 3 lit. a) EuInsVO). Deshalb gilt das Nordische Konkursabkommen[43] weiterhin im Verhältnis zwischen Finnland und Schweden auf der einen Seite (= Staaten, für die die EuInsVO an sich maßgeblich wäre) sowie Dänemark, Island und Norwegen auf der anderen Seite (= Staaten, die sich an der EuInsVO nicht beteiligen beziehungsweise nicht Mitglied der Europäischen Union sind).[44]

III. Grundbegriffe des Internationalen Insolvenzrechts

1. Territorialitätsprinzip und Universalitätsprinzip

23 Unter der Territorialität eines Insolvenzverfahrens versteht man, dass sich die Wirkungen der Insolvenzeröffnung auf das Hoheitsgebiets (Territorium) des Staates beschränken, in dem das Insolvenzverfahren eröffnet wurde.[45] Die Konkursordnung, die in Deutschland vom 1.10.1879 (§ 1 EGKO[46], § 1 EGGVG[47]) bis zum 31.12.1998 (Art. 2 Nr. 4 EGInsO[48]) galt, folgte dem **Territorialitätsprinzip**: Die Eröffnung eines

---

international agreements registered or filed and recorded with the Secretariat of the United Nations/Nations Unies, Recueil des Traités. Traités et accords internationaux enregistrés ou classés et inscrits au répertoire au Secrétariat de l'Organisation des Nations Unies, Band 1419, New York 1996, Nr. 16915, S. 369 ff.; zur Entstehungsgeschichte des Nordischen Konkursabkommens siehe Stummel, Konkurs und Integration, Frankfurt am Main 1991, S. 156 ff.

42 Tratado de derecho procesal internacional de Montevideo de 1889 y 1939–1940, abgedruckt in: Goldschmidt, Derecho internacional privado, 4. Auflage, Buenos Aires 1982, S. 614 ff. Der für das Insolvenzrecht maßgebliche Vertrag von 1939–1940 wurde von Argentinien, Paraguay und Uruguay ratifiziert (Beckmann, Internationales Insolvenzrecht im MERCOSUR, Baden-Baden 2000, S. 53 f.; Trunk, Internationales Insolvenzrecht, Tübingen 1998, S. 76). Allgemein zu den insolvenzrechtlichen Bestimmungen der Montevideo-Verträge Fletcher, Insolvency in Private International Law, 2. Aufl., Oxford/New York 2005, S. 275 ff. Rn 5.04 ff.; Goldschmidt, Revista de derecho procesal 1957, 709, 725 ff.

43 Oben Fn. 41.

44 Hierzu Fuchs, in: Ahrens/Gehrlein/Ringstmeier, Art. 85 EuInsVO Rn 14.

45 Ausführlich hierzu Aderhold, Auslandskonkurs im Inland, Berlin 1992, S. 38 ff.; Graf, Die Anerkennung ausländischer Insolvenzentscheidungen, Tübingen 2003, S. 10 ff.

46 Gesetz, betreffend die Einführung der Konkursordnung, vom 10.2.1877, RGBl. 1877, S. 390.

47 Einführungsgesetz zum Gerichtsverfassungsgesetze vom 27.1.1877, RGBl. 1877, S. 77.

48 Einführungsgesetz zur Insolvenzordnung vom 5.10.1994, BGBl. 1994 I, S. 2911.

ausländischen Konkursverfahrens wurde im Inland nicht anerkannt, so dass alle Gläubiger weiterhin in das im Inland belegene Vermögen des Schuldners vollstrecken konnten (§ 237 Abs. 1 KO). Umgekehrt umfasste ein im Inland eröffnetes Konkursverfahren nur das inländische Vermögen, so dass Zwangsvollstreckungsmaßnahmen in im Ausland befindliche Vermögenswerte zulässig waren (§ 238 Abs. 1 KO).[49]

Hieran zeigt sich sehr gut die Unzulänglichkeit des Territorialitätsprinzips: Hat ein Schuldner in mehreren Ländern Vermögen, muss, wenn alle Aktiva gleichmäßig an die Gläubiger verteilt werden sollen, eine Vielzahl von Insolvenzerfahren eröffnet werden, was die Verfahrenskosten vervielfacht und somit die Befriedigungsquote für die Gläubiger verringert.[50] In der heutigen Zeit, für die ein Warenverkehr ohne Grenzen charakteristisch ist, wäre das Territorialitätsprinzip, bei dem die Wirkungen eines jeden Insolvenzverfahrens an den Landesgrenzen halt machen, ein Handelshemmnis, zumal es den Schuldner dazu einlüde, sich durch eine Verschiebung seines Vermögens und eine Verlagerung seiner Geschäftätigkeit in das Ausland einem inländischen Insolvenzverfahren zu entziehen.[51] Deshalb ist heutzutage das **Universalitätsprinzip** beinahe internationaler Standard. Nach ihm hat ein Insolvenzverfahren universelle, also grenzüberschreitende Wirkung, so dass es auch das im Ausland belegene Vermögen des Schuldners erfasst.[52]

2. Einheitsprinzip und Pluralitätsprinzip

Das Begriffspaar Einheits- und Pluralitätsprinzip meint nicht exakt das gleiche wie das Begriffspaar Territorialitäts- und Universalitätsprinzip. Das **Einheitsprinzip** beruht auf dem Gedanken, dass weltweit über das Vermögen eines jeden Schuldners nur ein einziges Insolvenzverfahren eröffnet wird, um dem Universalitätsprinzip uneingeschränkte Geltung zu verschaffen.[53] Da sich aber nicht alle Staaten in einem Maße vertrauen, das erforderlich wäre, um einem Insolvenzverfahren weltweite Wirkung zu verleihen, lässt sich das Einheitsprinzip nur in bi- oder multilateralen Beziehungen verwirklichen. Ein Beispiel hierfür war der Deutsch-Österreichi-

---

49 Zur Entwicklung der Rechtsprechung in Deutschland im 19. und 20. Jahrhundert siehe Fuchs, Nationale und internationale Aspekte des Restschuldbefreiungs-Tourismus, Köln 2015, S. 176 ff. Allgemein zur rechtshistorischen Entwicklung Meili, Die geschichtliche Entwicklung des internationalen Konkursrechtes, Zürich 1908, S. 8 ff.
50 Näher zu den Nachteilen des Territorialitätsprinzips Fuchs, Nationale und internationale Aspekte des Restschuldbefreiungs-Tourismus, Köln 2015, S. 176 f.
51 So bereits BGH, Urt. v. 11.7.1985 – IX ZR 178/84, NJW 1985, 2897, 2899.
52 Taupitz, ZZP 111 (1998), 315, 324.
53 Hanisch, Probleme des internationalen Insolvenzrechts, in: Frhr. Marschall von Bieberstein, Probleme des internationalen Insolvenzrechts, Frankfurt am Main 1982, S. 9, 11.

sche Konkursvertrag⁵⁴. Denn in Art. 1 dieses Vertrages hieß es, dass, wenn in einem der beiden Länder das Konkursverfahren eröffnet wurde, sich seine Wirkungen auf das Gebiet des anderen Staates erstreckten. Art. 3 des Vertrags sah überdies vor, dass, sobald das Gericht eines der beiden Staaten das Konkursverfahren eröffnet hatte, die Gerichte des anderen Staates kein Konkursverfahren mehr eröffnen durften, dass die Eröffnungsentscheidung in dem anderen Staat nicht in Frage gestellt werden durfte und dann, wenn die Gerichte eines Staates die Konkurseröffnung unter Hinweis darauf abgelehnt hatten, zuständig seien die Gerichte des anderen Staates, jene Gerichte die Konkurseröffnung nicht mit der Begründung, der erstgenannte Staat sei zuständig, ablehnen durften.

26   Das **Pluralitätsprinzip** meint zwar an sich eine Vielzahl (Pluralität) von Insolvenzverfahren und drückt damit eine Folge des Territorialitätsprinzips aus. Gleichwohl lässt sich das Pluralitätsprinzip mit dem Universalitätsprinzip in Einklang bringen, wenn man eine abgeschwächte⁵⁵ Form des Universalitätsprinzips akzeptiert: In einem Land wird ein Hauptinsolvenzverfahren eröffnet, das grenzüberschreitende Wirkung hat. Jeder Staat kann aber – parallel zur Eröffnung des Hauptverfahrens – mit Wirkung für sein Hoheitsgebiet ein Sekundärinsolvenzverfahren eröffnen, dessen Ablauf mit dem Hauptinsolvenzverfahren koordiniert wird.⁵⁶ Dieser Ansatz liegt Art. 3 Abs. 3, 34 ff. EuInsVO zugrunde (siehe Erwägungsgrund 22 und 23 zur EuInsVO). Durch die Eröffnung eines Sekundärinsolvenzverfahrens können insbesondere einheimische Gläubiger geschützt werden, weil für das Sekundärverfahren das Recht des Landes, in dem es eröffnet wurde, und damit nicht das Recht des Landes, in dem das Hauptverfahren stattfindet, maßgeblich ist (Erwägungsgrund 40 zur EuInsVO). Die einheimischen Gläubiger müssen sich also auf kein für sie fremdes Insolvenzrecht einstellen.

B. Die Insolvenzeröffnung

I. Internationale Zuständigkeit für die Insolvenzeröffnung

27   Eine Regelung der internationalen Zuständigkeit kann direkt oder indirekt sein. Eine **direkte Zuständigkeitsregelung** bestimmt das Land, dessen Gerichte für die

---

54 Oben Fn. 5.
55 Zum Begriff der abgeschwächten Universalität siehe Fuchs, Nationale und internationale Aspekte des Restschuldbefreiungs-Tourismus, Köln 2015, S. 209 f.
56 Vormstein, Zuständigkeit bei Konzerninsolvenzen, München 2005, S. 71 ff.; grundlegend Jitta, La codification du droit international de la faillite, La Haye 1895, S. 232: „une faillite secondaire, un satellite de la faillite générale, qui gravite autour de cette dernière, en s'associant à son but sans se confondre avec elle".

zu treffende Entscheidung zuständig sind.⁵⁷ Demgegenüber bestimmt eine **indirekte Zuständigkeitsregelung**, aus welchem ausländischen Staat eine gerichtliche Entscheidung herrühren muss, damit sie im Inland anerkannt wird.⁵⁸

1. Internationale Zuständigkeit für die Insolvenzeröffnung nach der EuInsVO

Die EuInsVO enthält eine direkte Regelung der internationalen Zuständigkeit. Dabei unterscheidet sie zwischen der internationalen Zuständigkeit für die Eröffnung des Hauptinsolvenzverfahrens und der internationalen Zuständigkeit für die Eröffnung eines Sekundärinsolvenzverfahrens. 28

a) Hauptinsolvenzverfahren: Mittelpunkt der hauptsächlichen Interessen

Nach der EuInsVO sind für die Eröffnung eines Hauptinsolvenzverfahrens die Gerichte des Mitgliedstaates zuständig, in dessen Hoheitsgebiet der Schuldner den Mittelpunkt seiner hauptsächlichen Interessen hat (Art. 3 Abs. 1 Unterabs. 1 Satz 1 EuInsVO). Der Mittelpunkt der hauptsächlichen Interessen ist der Ort, an dem der Schuldner gewöhnlich der Verwaltung seiner Interessen nachgeht und der für Dritte feststellbar ist (Art. 3 Abs. 1 Unterabs. 1 Satz 2 EuInsVO).⁵⁹ Da der Begriff des Mittelpunkts der hauptsächlichen Interessen der EuInsVO eigen ist, muss er einheitlich und unabhängig von nationalen Rechtsvorschriften ausgelegt werden.⁶⁰ 29

Maßgeblich ist der Mittelpunkt der hauptsächlichen Interessen des Schuldners im Zeitpunkt der Stellung des Insolvenzeröffnungsantrags, auch wenn der Schuldner seinen Interessenmittelpunkt nach Antragstellung in einen anderen Mitgliedstaat verlegt.⁶¹ Ist die Schuldnerin eine Gesellschaft, die ihre Geschäftstätigkeit eingestellt hat und aus dem Handelsregister gelöscht worden ist, ist der Ort maßgeblich, an dem sie im Zeitpunkt der Einstellung des Geschäftsbetriebs beziehungsweise im Zeitpunkt der Löschung aus dem Handelsregister den Mittelpunkt ihrer hauptsächlichen Interessen hatte.⁶² 30

---

57 Laut, Universalität und Sanierung im internationalen Insolvenzrecht, 1997, S. 82; Balz, Am. Bankr. L. J. 70 (1996), 485, 493 (dort Fn. 32).
58 Laut, Universalität und Sanierung im internationalen Insolvenzrecht, 1997, S. 82; Balz, Am. Bankr. L. J. 70 (1996), 485, 493 (dort Fn. 32).
59 Zur Entstehung des Begriffs des Mittelpunkts der hauptsächlichen Interessen siehe Fuchs, Nationale und internationale Aspekte des Restschuldbefreiungs-Tourismus, Köln 2015, S. 328 ff.
60 EuGH, Urt. v. 20.10.2011 – C-396/09 (Interedil), ZIP 2011, 2153, 2156.
61 So zur EuInsVO a.F. EuGH, Urt. v. 17.1.2006 – C-1/04 (Staubitz-Schreiber), ZIP 2006, 188 f.; die Frage, ob unter Geltung der EuInsVO n. F. hieran festzuhalten ist, hat BGH, Beschl. v. 17.12.2020 – IX ZB 72/19, NJW 2021, 576 dem EuGH zur Vorabentscheidung vorgelegt.
62 EuGH, Urt. v. 20.10.2011 – C-396/09 (Interedil), ZIP 2011, 2153, 2157.

aa) Gesellschaften und juristische Personen: Satzungsmäßiger Sitz

31 Bei Gesellschaften oder juristischen Personen wird bis zum Beweis des Gegenteils vermutet, dass der Mittelpunkt ihrer hauptsächlichen Interessen der Ort ihres Sitzes ist (Art. 3 Abs. 1 Unterabs. 2 Satz 1 EuInsVO). Gemeint ist hiermit der satzungsmäßige Sitz, also der Sitz, der in den Statuten der Gesellschaft oder juristischen Person festgelegt ist.[63] Wird ein Insolvenzeröffnungsantrag bei einem deutschen Gericht gestellt und ist das Gericht für den satzungsmäßigen Sitz örtlich zuständig, darf das Gericht von der internationalen Zuständigkeit der deutschen Gerichte ausgehen, solange sich aus dem Vortrag des Antragstellers nicht etwas anderes ergibt.[64] Demgegenüber hat ein Gläubiger, der einen Insolvenzantrag gegen eine Schuldnergesellschaft mit ausländischem Sitz bei einem deutschen Gericht stellt, substantiiert zur internationalen Zuständigkeit der deutschen Gerichte und zum Mittelpunkt der hauptsächlichen Interessen der Schuldnerin vorzutragen.[65]

32 Die Vermutung, nach der der satzungsmäßige Sitz dem Mittelpunkt der hauptsächlichen Interessen entspricht, gilt nicht, wenn der Sitz in den letzten drei Monaten vor dem Antrag auf Eröffnung des Insolvenzverfahrens in einen anderen Mitgliedstaat verlegt wurde (Art. 3 Abs. 1 Unterabs. 2 Satz 2 EuInsVO). Darüber hinaus ist die Vermutung, auch wenn keine Sitzverlegung erfolgt ist, widerleglich. Für ihre Widerlegung ist eine Gesamtbetrachtung aller objektiven und für Dritte feststellbaren Tatsachen unter Berücksichtigung der Umstände des Einzelfalls vorzunehmen. Berücksichtigung finden können etwa die Orte, an denen die Schuldnergesellschaft eine wirtschaftliche Tätigkeit ausübt (z.B. Abschluss von Verträgen mit Finanzinstituten in einem anderen Staat als demjenigen ihres satzungsmäßigen Sitzes) und die Orte, an denen sie Vermögenswerte besitzt (z.B. Immobilienvermögen in einem anderen Staat als demjenigen ihres satzungsmäßigen Sitzes[66]). Erforderlich für die Widerlegung der Vermutung ist, dass all diese Faktoren aus der Sicht eines Dritten den Schluss zulassen, dass sich der tatsächliche Mittelpunkt der Verwaltung und der Kontrolle der Gesellschaft sowie der Verwaltung ihrer Interessen an einem anderen als dem satzungsmäßigen Ort befindet.[67]

bb) Gewerbetreibende und Freiberufler: Hauptniederlassung

33 Bei einer natürlichen Person, die eine selbständige gewerbliche oder freiberufliche Tätigkeit ausübt, wird bis zum Beweis des Gegenteils vermutet, dass der Mittelpunkt

---

63 Uhlenbruck/Knof, 15. Aufl., 2020, Art. 3 EuInsVO, Rn 23.
64 BGH, Beschl. v. 1.12.2011 – IX ZB 232/10, NJW 2012, 936 f.
65 BGH, Beschl. v. 1.12.2011 – IX ZB 232/10, NJW 2012, 936, 937.
66 Siehe zum Stellenwert, der der Belegenheit von Immobilienvermögen bei der Widerlegung der Vermutung zukommt, EuGH, Urt. v. 16.7.2020 – C-253/19 (Novo Banco), ZIP 2020, 1673, 1674 f.
67 EuGH, Urt. v. 20.10.2011 – C-396/09 (Interedil), ZIP 2011, 2153, 2156 f.

ihrer hauptsächlichen Interessen ihre Hauptniederlassung ist (Art. 3 Abs. 1 Unterabs. 3 Satz 1 EuInsVO). Die Hauptniederlassung ist der tatsächliche Geschäftsschwerpunkt, bei einer Fabrik etwa die zentrale Produktionsstätte, ansonsten der Ort, an dem sich die wesentlichen personellen Mittel oder Sachmittel konzentrieren.[68]

Auch die Vermutung, wonach die Hauptniederlassung den Mittelpunkt der hauptsächlichen Interessen darstellt, gilt nicht, wenn die Hauptniederlassung in den letzten drei Monaten vor dem Antrag auf Eröffnung des Insolvenzverfahrens in einen anderen Mitgliedstaat verlegt wurde (Art. 3 Abs. 1 Unterabs. 3 Satz 2 EuInsVO). Ferner ist auch diese Vermutung widerleglich (näher zur Widerlegung oben Rn 32). **34**

cc) Verbraucher: Gewöhnlicher Aufenthaltsort

Bei natürlichen Personen, die weder eine selbständige gewerbliche noch eine freiberufliche Tätigkeit ausüben, wird bis zum Beweis des Gegenteils vermutet, dass der Mittelpunkt ihrer hauptsächlichen Interessen der Ort ihres gewöhnlichen Aufenthalts ist (Art. 3 Abs. 1 Unterabs. 4 Satz 1 EuInsVO). Der Ort des gewöhnlichen Aufenthalts ist der tatsächliche Lebensmittelpunkt, also der Ort, an dem der Schwerpunkt der wirtschaftlichen, sozialen und kulturellen Beziehungen des Schuldners liegt.[69] Bei der Bestimmung des gewöhnlichen Aufenthaltsorts steht die objektive Komponente, nämlich die tatsächliche Anwesenheit an dem jeweiligen Ort, im Vordergrund; nur ergänzend dürfen subjektive Elemente wie der Wille, dort auf Dauer zu bleiben oder alsbald an einen früheren Aufenthaltsort zurückzukehren, berücksichtigt werden.[70] **35**

So hat ein Schuldner, der in Frankreich seinen Wohnsitz angemeldet hat, dort aber nur zu Nachbarn Kontakt pflegt, und der in Deutschland abhängig beschäftigt ist und dort seine familiären Beziehungen pflegt, seinen gewöhnlichen Aufenthaltsort und damit den Mittelpunkt seiner hauptsächlichen Interessen in Deutschland.[71] Ebenso hat ein Schuldner, dessen Familienangehörigen in England leben, der jedoch in Deutschland eine Rente bezieht, Zuwendungen von seiner in Deutschland wohnhaften Mutter erhält und in Deutschland Mitglied einer berufsständischen Kammer ist, seinen gewöhnlichen Aufenthaltsort und damit den Mittelpunkt seiner hauptsächlichen Interessen in Deutschland.[72] **36**

---

[68] So zu dem identischen Begriff in Art. 54 Abs. 1 AEUV Tiedje, in: von der Groeben/Schwarze/Hatje, 7. Aufl., 2015, Art. 54 AEUV Rn 28.
[69] EuGH, Urt. v. 17.7.2008 – C-66/08 (Kozłowski), Slg. 2008, I-6041, 6089 ff.; BGH, Beschl. v. 2.3.2017 – IX ZB 70/16, NJW-RR 2017, 552 f.; BGH, Beschl. v. 18.9.2018 – IX ZB 77/17, NZI 2018, 997, 998.
[70] Hierzu ausführlich Heiderhoff, IPRax 2019, 506, 508 ff.
[71] BGH, Beschl. v. 2.3.2017 – IX ZB 70/16, NJW-RR 2017, 552 f.
[72] BGH, Beschl. v. 18.9.2018 – IX ZB 77/17, NZI 2018, 997, 998.

37 Die Vermutung, nach der der gewöhnliche Aufenthaltsort der Mittelpunkt der hauptsächlichen Interessen ist, gilt nicht, wenn der gewöhnliche Aufenthalt in den letzten sechs Monaten vor dem Antrag auf Eröffnung des Insolvenzverfahrens in einen anderen Mitgliedstaat verlegt wurde (Art. 3 Abs. 1 Unterabs. 4 Satz 2 EuInsVO). Im Übrigen kann die Vermutung, auch wenn kein Wechsel des gewöhnlichen Aufenthaltsorts stattgefunden hat, widerlegt werden (allgemein zur Widerlegung oben Rn 32). Bei der Prüfung, ob die Vermutung widerlegt ist, ob also nach den Umständen des Einzelfalls der Interessenmittelpunkt an einem anderen Ort als dem gewöhnlichen Aufenthaltsort liegt, muss die gesamte wirtschaftliche Situation des Schuldners berücksichtigt werden.[73] Entscheidend ist, wo der Schuldner den Großteil seiner Einkünfte erzielt und ausgibt und wo sich der Großteil seines Vermögens befindet.[74] Hat der Schuldner seinen gewöhnlichen Aufenthaltsort in einem Mitgliedstaat und geht er dort seiner Berufstätigkeit nach, kann die Vermutung, dass sich dort sein Interessenmittelpunkt befindet, nicht allein dadurch widerlegt werden, dass seine einzige Immobilie in einem anderen Staat belegen ist.[75]

b) Sekundärinsolvenzverfahren: Niederlassung

38 Zur Eröffnung eines Sekundärinsolvenzverfahrens sind die Gerichte des Mitgliedstaates international zuständig, in dessen Hoheitsgebiet der Schuldner eine Niederlassung hat (Art. 3 Abs. 2, Abs. 3 EuInsVO). Um Rechtssicherheit und Vorhersehbarkeit zu gewährleisten, muss das Vorhandensein einer Niederlassung auf der Grundlage objektiver und durch Dritte feststellbarer Umstände beurteilt werden.[76] Nach der Legaldefinition des Art. 2 Nr. 10 EuInsVO ist eine Niederlassung jeder Tätigkeitsort, an dem der Schuldner einer wirtschaftlichen Aktivität von nicht vorübergehender Art nachgeht oder in den drei Monaten vor dem Antrag auf Eröffnung des Hauptinsolvenzverfahrens nachgegangen ist, die den Einsatz von Personal und Vermögenswerten voraussetzt. Dass die Ausübung der wirtschaftlichen Tätigkeit mit dem Vorhandensein von Personal verknüpft wird, zeigt, dass ein Mindestmaß an Organisation und eine gewisse Stabilität erforderlich sind.[77] Hieraus folg im Umkehrschluss, dass das bloße Vorhandensein einzelner Vermögenswerte oder von Bankkonten nicht genügt, um eine Niederlassung zu begründen.[78]

---

73 EuGH, Urt. v. 16.7.2020 – C-253/19 (Novo Banco), ZIP 2020, 1673, 1674 f.
74 EuGH, Urt. v. 16.7.2020 – C-253/19 (Novo Banco), ZIP 2020, 1673, 1674 f.
75 EuGH, Urt. v. 16.7.2020 – C-253/19 (Novo Banco), ZIP 2020, 1673, 1674 f.
76 EuGH, Urt. v. 20.10.2011 – C-396/09 (Interedil), ZIP 2011, 2153, 2157.
77 EuGH, Urt. v. 20.10.2011 – C-396/09 (Interedil), ZIP 2011, 2153, 2157; EuGH, Urt. v. 4.9.2014 – C-327/13 (Burgo Group), NZI 2014, 964, 965.
78 EuGH, Urt. v. 20.10.2011 – C-396/09 (Interedil), ZIP 2011, 2153, 2157; EuGH, Urt. v. 4.9.2014 – C-327/13 (Burgo Group), NZI 2014, 964, 965.

Zahlreiche Einzelfragen sind noch ungeklärt: So wird die Ansicht vertreten, es genüge für eine Niederlassung der Einsatz fremden Personals, sofern dieses fremde Personal aus der Sicht eines außenstehenden Dritten für den Schuldner tätig ist.[79] Eine andere Auffassung verlangt jedoch, dass der Schuldner als Arbeitgeber oder Auftraggeber für das eingesetzte Personal verantwortlich ist.[80] Umstritten ist auch, welche Anforderungen bei einer natürlichen Person an den Begriff der Niederlassung zu stellen sind. So soll nach einer Ansicht das Vorhandensein einer Niederlassung in Deutschland daraus folgen, dass der Schuldner Gesellschafter und Geschäftsführer einer GmbH ist, die ihren Sitz hierzulande hat.[81] Demgegenüber geht eine andere Meinung davon aus, dass die organschaftliche Tätigkeit des Schuldners für eine inländische Gesellschaft nicht für das Vorliegen einer Niederlassung genügt.[82] 39

c) Keine Nachprüfung der Insolvenzeröffnungsentscheidung
Der Grundsatz des gegenseitigen Vertrauens, das die EU-Mitgliedstaaten einander entgegenbringen, verlangt einerseits, dass das Gericht, bei dem ein Insolvenzeröffnungsantrag gestellt wird, gründlich prüft, ob die Gerichte seines Landes wirklich international zuständig sind; andererseits verlangt dieser Grundsatz aber auch, dass dann, wenn ein Gericht die internationale Zuständigkeit bejaht hat, die Gerichte der übrigen Mitgliedstaaten diese Entscheidung anerkennen müssen, ohne die vom ersten Gericht hinsichtlich der Zuständigkeit angestellten Erwägungen überprüfen zu dürfen.[83] Deshalb darf ein deutsches Gericht, wenn sich die Anerkennung einer Insolvenzeröffnungsentscheidung nach der EuInsVO richtet, nicht nachprüfen, ob der Schuldner den Mittelpunkt seiner hauptsächlichen Interessen im Zeitpunkt der Insolvenzantragstellung (zur Maßgeblichkeit dieses Zeitpunkts oben Rn 30) tatsächlich im Land der Verfahrenseröffnung hatte.[84] 40

2. Internationale Zuständigkeit für die Insolvenzeröffnung nach dem autonomen deutschen Internationalen Insolvenzrecht
Das autonome deutsche Internationale Insolvenzrecht enthält keine direkte, sondern eine indirekte Regelung der internationalen Zuständigkeit. Denn nach § 343 41

---

79 LG Hannover, Beschl. v. 10.4.2008 – 20 T 5/08, NZI 2008, 631, 632; Bork, EWiR 2018, 247, 248.
80 LG Hildesheim, Beschl. v. 18.10.2012 – 5 T 294/12, NZI 2013, 110 f.; Vallender, NZI 2008, 632, 633 m.w.N; ähnlich BGH, Beschl. v. 8.3.2012 – IX ZB 178/11, NZI 2012, 377 f.
81 LG München I, Beschl. v. 5.3.2018 – 14 T 2769/18, NZI 2018, 665, 666.
82 OLG Wien, Beschl. v. 9.11.2004 – 28 R 225/04w, NZI 2005, 56, 60.
83 EuGH, Urt. v. 2.5.2006 – C-341/04 (Eurofood), NZI 2006, 360, 361 f.; EuGH, Urt. v. 21.1.2010 – C-444/07 (MG Probud Gdynia), NZI 2010, 156, 157.
84 BGH, Urt. v. 10.9.2015 – IX ZR 304/13, NZI 2016, 93, 94.

Fuchs

Abs. 1 Satz 2 Nr. 1 InsO wird die Eröffnung eines ausländischen Insolvenzverfahrens anerkannt, wenn die Gerichte des fremden Staates nach deutschem Recht für die Insolvenzeröffnung zuständig waren.

42 Um dies zu überprüfen, muss unterstellt werden, dass in dem fremden Land die deutschen Zuständigkeitsvorschriften gälten. Da sich in Deutschland die Zuständigkeit nach § 3 Abs. 1 Satz 1 InsO i.V.m. § 13 ZPO richtet, sind die ausländischen Gerichte zuständig, wenn der Schuldner im Hoheitsgebiet des fremden Staates seinen Wohnsitz hat.[85] Handelt es sich um eine Gesellschaft oder juristische Person, sind die Gerichte des Landes, in dem sich der Verwaltungssitz befindet, für die Insolvenzeröffnung international zuständig (vgl. § 17 Abs. 1 ZPO). Maßgeblich für das Vorhandensein des Wohn- beziehungsweise Verwaltungssitzes ist der Zeitpunkt der Stellung des Insolvenzeröffnungsantrags.[86] Damit bestehen bei Schuldnern, die natürliche Personen sind, zwischen der internationalen Zuständigkeit nach der EuInsVO und jener nach dem autonomen deutschen Internationalen Insolvenzrecht zwei Unterschiede:

a) Wohnsitz anstelle von Aufenthaltsort

43 Der erste Unterschied besteht darin, dass nach der EuInsVO über die internationale Zuständigkeit für die Insolvenzeröffnung in der Regel die Hauptniederlassung (oben Rn 33) oder der Ort des gewöhnlichen Aufenthalts (oben Rn 35) entscheidet. Nach § 343 Abs. 1 Satz 2 Nr. 1 InsO hingegen kommt es darauf an, dass der Schuldner im Land der Insolvenzeröffnung seinen Wohnsitz hat. Dass er dort im Zeitpunkt der Stellung des Insolvenzeröffnungsantrags seinen gewöhnlichen Aufenthaltsort hat, genügt nicht. Dies ist bedeutsam, weil zwischen dem Begriff des gewöhnlichen Aufenthaltsorts und dem Begriff des Wohnsitzes mannigfache Unterschiede bestehen.[87]

b) Nachprüfung der internationalen Zuständigkeit

44 Noch gewichtiger ist der zweite Punkt, in dem das autonome deutsche Internationale Insolvenzrecht von der EuInsVO abweicht: Nach der EuInsVO dürfen die Gerichte eines anderen EU-Mitgliedstaats nicht nachprüfen, ob das Gericht, das die Insolvenzeröffnungsentscheidung erlassen hat, seine Zuständigkeit zu Recht angenommen hat (oben Rn 40). Diese Einschränkung des Prüfungsumfangs gilt für § 343

---

85 BAG, Zwischenurt. v. 18.7.2013 – 6 AZR 882/11, NZA-RR 2014, 32, 37; vgl. auch OLG Köln, Beschl. v. 23.4.2001 – 2 W 82/01, NZI 2001, 380, 381.
86 OLG Hamm, Beschl. v. 14.1.2000 – 1 Sbd 100/99, NZI 2000, 220, 221; MüKo/Thole, § 343 InsO Rn 30.
87 Ausführlich hierzu MüKo/Hein, 7. Aufl., Art. 5 EGBGB Rn 116 ff.

Abs. 1 Satz 2 Nr. 1 InsO nicht. Sollen die Wirkungen einer ausländischen Insolvenzeröffnung nach dem autonomen deutschen Internationalen Insolvenzrecht anerkannt werden, müssen die deutschen Gerichte prüfen, ob die ausländischen Gerichte für die Insolvenzeröffnung international zuständig waren, ob also der Schuldner im Zeitpunkt der Stellung des Insolvenzeröffnungsantrags seinen Wohnsitz im Land der Verfahrenseröffnung hatte.[88]

Wegen der negativen Formulierung des § 343 Abs. 1 Satz 2 Nr. 1 InsO („Dies gilt nicht") trägt zwar derjenige, der sich gegen die Anerkennung der ausländischen Insolvenzeröffnung wendet, die Beweislast dafür, dass der Schuldner im Zeitpunkt der Stellung des Insolvenzeröffnungsantrags seinen Wohnsitz nicht in dem Land hatte, in dem das Insolvenzverfahren eröffnet wurde.[89] Der Schuldner muss jedoch im Rahmen seiner sekundären Darlegungslast substantiierte Angaben dazu machen, wann und unter welchen Umständen er seinen Wohnsitz in dem fremden Land begründet hat.[90]

C. Grenzüberschreitende Forderungsanmeldung

Die Teilnahme an einem ausländischen Insolvenzverfahren ist für Gläubiger typischerweise mit Schwierigkeiten verbunden, insbesondere weil sie oft weder mit der Sprache des Staates der Verfahrenseröffnung noch mit den dort geltenden Rechtsvorschriften vertraut sind.[91] Dementsprechend sahen bereits die vor der EuInsVO geschaffenen Regelwerke über die Abwicklung grenzüberschreitender Insolvenzverfahren Maßnahmen vor, um die Position ausländischer Gläubiger zu stärken.[92] Denn es ist allgemein anerkannt, dass ausländische Gläubiger eine faire Chance haben

---

88 Vgl. AG Leipzig, Beschl. v. 15.11.2019 – 431 M 17728/19, juris, Rn 50; OLG Frankfurt, Urt. v. 5.11.2015 – 15 U 46/12, BeckRS 2016, 12817 Rn 22 ff.
89 OLG Hamburg, Zwischenurt. v. 1.3.2018 – 6 U 242/15, BeckRS 2018, 8679, Rn 25; OLG Celle, Beschl. v. 27.11.2012 – 2 U 147/12, BeckRS 2012, 25573, unter II. 2. c) aa).
90 OLG Hamburg, Zwischenurt. v. 1.3.2018 – 6 U 242/15, BeckRS 2018, 8679, Rn 26; vgl. auch OLG Düsseldorf, Urt. v. 23.8.2013 – I-22 U 37/13, BeckRS 2013, 15627, unter. I.; LG Düsseldorf, Vfg. v. 4.2.2020 – 3 O 378/16, BeckRS 2020, 2276.
91 Hierzu bereits Roguin Annuaire de l'Institut de Droit International, XIX (1902), S. 115 (119 f.); in neuerer Zeit Vallens Rev. crit. DIP 1993, 136 (164); Bogdan ZEuP 1995, 617 (621); Konecny ZEuP 1995, 589 (599); Hess, in: FS für Erik Jayme, Band I, München 2004, S. 339, 346; Metzger Die Umsetzung des Istanbuler Konkursübereinkommens in das neue deutsche Internationale Insolvenzrecht, 1994, S. 74; Lüke ZZP 111 (1998), 275, 282 f.; Bericht des Ausschusses für Recht und Binnenmarkt vom 23.2.2000 über den Vorschlag für die EuInsVO a.F., Europäisches Parlament, Dok.-Nr.: A5-0039/2000, S. 16.
92 Siehe den Überblick bei Fuchs, Restschuldbefreiungs-Tourismus, S. 602 ff., 627 ff.

müssen, an dem Insolvenzverfahren teilzunehmen und ihre Ansprüche hierin anzumelden.[93]

I. Forderungsanmeldungen nach der EuInsVO

47 Um dem gerecht zu werden, erleichtert die EuInsVO in den Art. 53 ff. für grenzüberschreitende Insolvenzen das Verfahren der Forderungsanmeldung. Diese Erleichterungen gelten aber nur Gläubiger, die ihren gewöhnlichen Aufenthalt, Wohnsitz oder Sitz in einem Mitgliedstaat der Europäischen Union haben. Denn die Art. 53 ff. EuInsVO verwenden den Begriff „ausländischer Gläubiger", der in Art. 2 Nr. 12 EuInsVO legaldefiniert ist. Entscheidend ist allein, ob der Gläubiger in einem EU-Mitgliedstaat (zu Dänemark und dem Vereinigten Königreich oben Rn 14 ff.) seinen Aufenthaltsort (zu diesem Begriff oben Rn 35 f.), Wohnsitz oder Sitz (oben Rn 31) hat; seine Staatsangehörigkeit ist unerheblich.[94] Im Einzelnen sieht die EuInsVO für Gläubiger aus EU-Mitgliedstaaten Folgendes vor:

1. Recht auf individuelle Benachrichtigung über die Insolvenzeröffnung

48 Jeder Gläubiger aus einem EU-Mitgliedstaat (oben Rn 47) hat Anspruch darauf, dass er unverzüglich nach Eröffnung des Insolvenzverfahrens von dem Insolvenzgericht oder dem Insolvenzverwalter durch Übersendung des zu diesem Zwecke von der Europäischen Kommission entwickelten und im Europäischen Justizportal veröffentlichten Standardmitteilungsformulars[95] darüber unterrichtet wird, an welchem Tag und von welchem Gericht über das Vermögen welches Schuldners das Insolvenzverfahren eröffnet wurde, welche Fristen für die Forderungsanmeldung zu beachten sind, welche Folgen das Versäumen dieser Fristen hat, an wen die Forderungsanmeldung zu richten ist, ob die bevorrechtigten oder dinglich gesicherten Gläubiger ihre Forderungen anmelden müssen und welche weiteren Maßnahmen vorgeschrieben sind (Art. 54 Abs. 1 bis 3 EuInsVO).

49 Das Standardmitteilungsformular erhält der Gläubiger in der Amtssprache des Staates der Verfahrenseröffnung (Art. 54 Abs. 3 Satz 3 EuInsVO). Da im Europäischen Justizportal aber alle Sprachfassungen des Formulars veröffentlicht sind, muss der Gläubiger nur die Fassung in seiner Muttersprache neben das ihm über-

---

93 Nussbaum, Das schweizerische internationale Insolvenzrecht, 1989, S. 39.
94 Tashiro, in: Braun, InsO, Art. 2 EuInsVO Rn 78; Fuchs, in: Ahrens/Gehrlein/Ringstmeier, Art. 53 EuInsVO Rn 7.
95 Anhang I zur Durchführungsverordnung (EU) 2017/1105 der Kommission vom 12.6.2017 zur Festlegung der in der Verordnung (EU) 2015/848 des Europäischen Parlaments und des Rates über Insolvenzverfahren genannten Formulare, ABl. EU 2017, L 160, S. 1.

sandte Exemplar legen, um die Überschriften der einzelnen Rubriken (z.B. „Frist für die Anmeldung von Forderungen", „Andere Bedingungen, die bei der Anmeldung Ihrer Forderung zu erfüllen sind") zu verstehen. Lediglich für die dort in der Amtssprache des Staates der Verfahrenseröffnung eingetragenen Informationen (z.B. die Länge der Frist) benötigt er noch eine Übersetzung. Dass es sich um ein wichtiges amtliches Schriftstück handelt, erkennt der Gläubiger daran, dass das Standardmitteilungsformular die Überschrift „Mitteilung über ein Insolvenzverfahren" in allen 24 Amtssprachen der Organe der Europäischen Union trägt (Art. 54 Abs. 3 Satz 2 EuInsVO). Unterbleibt die individuelle Benachrichtigung des Gläubigers über die Insolvenzeröffnung, stellt dies keinen Verstoß gegen die deutsche öffentliche Ordnung dar (unten Rn 170). Der Gläubiger kann aber einen Schadensersatzanspruch gegen den Justizfiskus, den Insolvenzverwalter oder den Schuldner haben.[96]

2. Kein Anwaltszwang

Schreibt das nationale Recht für die Forderungsanmeldung eine Vertretung durch einen Rechtsanwalt vor, so gilt dies gegenüber Gläubigern aus einem EU-Mitgliedstaat (oben Rn 47) nicht (Art. 53 Satz 2 EuInsVO). Diese Regelung wurde geschaffen, weil in der Praxis viele Gläubiger beklagt hatten, dass die Rechtsordnungen mehrerer Mitgliedstaaten einen Anwaltszwang für die Forderungsanmeldung vorsähen und die hierdurch entstehenden Kosten oft ein Grund seien, von einer Anmeldung der eigenen Forderung abzusehen.[97] Daraus, dass eine anwaltliche Vertretung von dem Gläubiger nicht verlangt werden kann, folgt, dass er erst recht, selbst wenn das nationale Recht dies vorsieht, nicht verpflichtet ist, einen Zustellungsbevollmächtigten zu benennen, der seinen Sitz im Land der Verfahrenseröffnung hat.[98] 50

Allerdings gilt der Ausschluss des Anwaltszwangs nach dem klaren Wortlaut des Art. 53 Satz 2 EuInsVO nur für die Forderungsanmeldung, so dass Vorschriften des nationalen Rechts, nach denen sich der Gläubiger in einem späteren Verfahrensabschnitt, etwa bei der Teilnahme an der Gläubigerversammlung oder in einem Rechtsstreit über das Bestehen der angemeldeten Forderung, durch einen Rechts- 51

---

[96] Fuchs, in: Ahrens/Gehrlein/Ringstmeier, Art. 54 EuInsVO Rn 46 ff.
[97] Report from the Commission of 12.12.2012 to the European Parliament, the Council and the European Economic and Social Committee on the application of Council Regulation (EC) No 1346/2000 of 29.5.2000 on insolvency proceedings (European Commission, Dok.-Nr.: COM[2012] 743 final), S. 16; ebenso Proposal of 12.12.2012 for a Regulation of the European Parliament and of the Council amending Council Regulation (EC) No 1346/ 2000 on insolvency proceedings (European Commission, Dok.- Nr.: COM(2012) 744 final, 2012/0360 (COD)), S. 29.
[98] Fuchs, in: Ahrens/Gehrlein/Ringstmeier, Art. 53 EuInsVO Rn 26.

anwalt vertreten lassen muss, auch gegenüber Gläubigern aus EU-Mitgliedstaaten anwendbar sind.[99]

3. Mindestinhalt der Forderungsanmeldung

52 Die Angaben, die die Forderungsanmeldung eines Gläubigers aus einem anderen EU-Mitgliedstaat (oben Rn 47) enthalten muss, um wirksam zu sein, zählt Art. 55 Abs. 2 EuInsVO auf. Füllt der Gläubiger das von der Europäischen Kommission entwickelte Standardformular für die Forderungsanmeldung[100], das er im Regelfall zusammen mit der Benachrichtigung über die Insolvenzeröffnung (oben Rn 48) erhalten hat (Art. 54 Abs. 2 Satz 3 EuInsVO), vollständig aus, macht er automatisch alle verlangten Angaben. Zwar muss er dieses Formular nicht verwenden; allerdings muss er, auch wenn er von der Verwendung des Formulars absieht, alle in Art. 55 Abs. 2 EuInsVO aufgezählten Angaben machen (Art. 55 Abs. 4 EuInsVO). Weitergehende Angaben oder weitergehende Formerfordernisse darf das nationale Recht hingegen von einem Gläubiger aus einem EU-Mitgliedstaat nicht verlangen. Nicht anwendbar sind somit gegenüber Gläubigern aus EU-Mitgliedstaaten beispielsweise die österreichische Bestimmung, nach der die Forderungsanmeldung in zweifacher Ausfertigung zu erfolgen hat (§ 104 Abs. 3 Satz 1 der österreichischen Insolvenzordnung), die französische Vorschrift, der zufolge die Anmeldung einer nicht titulierten Forderung die Versicherung des Gläubigers enthalten muss, dass die Forderung tatsächlich besteht (Art. L-622-25 Abs. 3 Satz 1 Code de commerce), oder die in manchen Staaten existierende Bestimmung, dass die Unterschrift des Gläubigers auf der Forderungsanmeldung von einem Notar oder einer Behörde beglaubigt werden muss.[101]

53 Bei der Beantwortung der Frage, wie ausführlich der Gläubiger die von ihm in Art. 55 Abs. 2 EuInsVO verlangten Angaben machen muss, ist zu berücksichtigen, dass die Forderungsanmeldung im Wesentlichen zwei Zwecke verfolgt. Der Insolvenzverwalter soll die Möglichkeit erhalten, die Berechtigung der Forderung zu überprüfen, und die übrigen Gläubiger sollen in die Lage versetzt werden, die angemeldeten Ansprüche zu bestreiten.[102] Außerdem soll der Anspruch hinreichend

---

99 Wimmer/Bornemann/Lienau, Die Neufassung der EuInsVO, 2016, Rn 519; Kolmann/Keller, in: Gottwald, Insolvenzrechts-Handbuch, § 132, Rn 101; Fuchs, in: Ahrens/Gehrlein/Ringstmeier, Art. 53 EuInsVO Rn 27.
100 Anhang II zur Durchführungsverordnung (EU) 2017/1105 der Kommission vom 12.6.2017 zur Festlegung der in der Verordnung (EU) 2015/848 des Europäischen Parlaments und des Rates über Insolvenzverfahren genannten Formulare, ABl. EU 2017, L 160, S. 1.
101 Fuchs, in: Ahrens/Gehrlein/Ringstmeier, Art. 55 EuInsVO Rn 3 ff.
102 Note from the delegation of Finland of 29.5.2013, Council of the European Union, Dok.-Nr. 9080/13 ADD 7, S. 5 (dort zu Art. 41); ähnlich Moss/Fletcher/Isaacs, The EC Regulation on Insolvency Proceedings, 2009, Art. 41 Rn 8.410.

individualisiert werden, auch um zu erkennen, ob derselbe Anspruch – was Art. 45 Abs. 1 EuInsVO gestattet – in mehreren Insolvenzverfahren angemeldet wurde.[103] Legt man diese beiden Zwecke, die die Forderungsanmeldung verfolgt, zugrunde, so ist mit der **Art der Forderung**, die der Gläubiger in seiner Forderungsanmeldung angeben soll (Art. 55 Abs. 2 Satz 1 lit. e) EuInsVO), nicht etwa die Information gemeint, ob es sich um eine Insolvenzforderung oder Masseverbindlichkeit handelt. Vielmehr ist gemeint, dass der Gläubiger den Rechtsgrund seines Anspruchs angeben soll, also das Rechtsverhältnis, aus dem die Forderung herrührt, und dass er den zugrunde liegenden Lebenssachverhalt so substantiiert schildern muss, dass der Insolvenzverwalter und die übrigen Gläubiger die Berechtigung der Forderung überprüfen können.[104] Ebenso ergibt sich aus den mit der Forderungsanmeldung verfolgten Zwecken, dass die Angaben des Gläubigers zu einer **dinglichen Sicherheit** oder einem Eigentumsvorbehalt (Art. 55 Abs. 2 Satz 1 lit. g) EuInsVO) so ausführlich sein müssen, dass der Insolvenzverwalter erkennen kann, ob und gegebenenfalls wie er den belasteten Gegenstand verwerten kann.[105]

54 Allerdings darf die Stelle, die die Forderungsanmeldungen entgegennimmt, auch keinen übertriebenen Formalismus walten lassen. Darauf, dass die Forderungsanmeldung alle in Art. 55 Abs. 2 EuInsVO aufgezählten Angaben enthalten muss, folgt nicht, dass eine Forderungsanmeldung immer, wenn auch nur eine verlangte Information fehlt, unwirksam wäre. Macht der Gläubiger beispielsweise in seiner Forderungsanmeldung entgegen Art. 55 Abs. 2 Satz 1 lit. b) EuInsVO keine Angaben zum **Entstehungs- und Fälligkeitszeitpunkt** seines Anspruchs, lassen sich diese Informationen aber problemlos einer beigefügten Rechnungskopie entnehmen, darf die Forderungsanmeldung nicht als unwirksam angesehen werden.[106] Nur mit diesen Verständnis lässt sich auch das Erfordernis rechtfertigen, dass **Belege**, soweit sie vorhanden sind, der Forderungsanmeldung zwingend beigefügt werden müssen (Art. 55 Abs. 2 Satz 2 EuInsVO). Mit Belegen sind all die Schriftstücke gemeint, die geeignet sind, das Bestehen der Forderung und ihre Höhe zu beweisen, etwa ein Vertrag, ein Schuldanerkenntnis oder, sofern es sich um einen Schadensersatzanspruch handelt, Unterlagen über die Höhe des entstandenen Schadens.[107] Die Übersendung von Kopien genügt nach dem Wortlaut von Art. 55 Abs. 2 Satz 2 EuInsVO.

55 Ob die Person, die die Forderungsanmeldung einer Gesellschaft oder juristischen Person unterschreibt, zur **organschaftlichen Vertretung** dieses Gläubigers

---

103 Fuchs, in: Ahrens/Gehrlein/Ringstmeier, Art. 55 EuInsVO Rn 6.
104 FK/Wenner/Schuster, Art. 55 EuInsVO Rn 6; Fuchs, in: Ahrens/Gehrlein/Ringstmeier, Art. 55 EuInsVO Rn 10.
105 Fuchs, in: Ahrens/Gehrlein/Ringstmeier, Art. 55 EuInsVO Rn 17f.
106 EuGH, Urt. v. 18.9.2019 – C-47/18, ZIP 2019, 1872, 1874 – Autostrad.
107 Fuchs, in: Ahrens/Gehrlein/Ringstmeier, Art. 55 EuInsVO Rn 22.

Fuchs

befugt ist, richtet sich nicht nach dem Recht des Staates der Verfahrenseröffnung (*lex fori concursus*), sondern nach dem auf die Gesellschaft oder die juristische Person anwendbaren Recht (*lex societas*), weil es sich bei der Vertretungsmacht um eine Vorfrage handelt, die selbständig anzuknüpfen ist.[108] Die Wirksamkeit einer rechtsgeschäftlichen **Vollmacht** zur Forderungsanmeldung beurteilt sich hingegen nach dem Recht des Staates der Verfahrenseröffnung, weil Vollmachten zur Vertretung in Gerichtsverfahren der *lex fori processus* unterliegen.[109]

4. Sprache der Forderungsanmeldung

56 Eine der wichtigsten Fragen für ausländische Gläubiger ist, ob sie ihre Forderung in ihrer eigenen Sprache anmelden dürfen oder ob sie sich der Sprache des Staates der Verfahrenseröffnung bedienen müssen, was darauf hinauslaufen kann, dass sie die gesamte Forderungsanmeldung einschließlich aller Anlagen übersetzen lassen müssen.[110]

a) Forderungsanmeldung in jeder Amtssprache der Europäischen Union

57 Um Gläubigern die mitunter erheblichen Übersetzungskosten zu ersparen, stellt Art. 55 Abs. 5 Satz 1 EuInsVO den Grundsatz auf, dass ein Gläubiger aus einem anderen EU-Mitgliedstaat (oben Rn 47) seine Forderung in jeder Amtssprache der Organe der Europäischen Union anmelden darf. Dem Gläubiger stehen also insgesamt 24 Sprachen zur Auswahl, nämlich Bulgarisch, Dänisch, Deutsch, Englisch, Estnisch, Finnisch, Französisch, Griechisch, Irisch, Italienisch, Kroatisch, Lettisch, Litauisch, Maltesisch, Niederländisch, Polnisch, Portugiesisch, Rumänisch, Schwedisch, Slowakisch, Slowenisch, Spanisch, Tschechisch und Ungarisch, weil all diese Sprachen Amtssprachen der Organe der Europäischen Union sind (Art. 1 der Sprachenverordnung[111]). Amtssprachen eines EU-Mitgliedstaats, die nicht zugleich Amtssprachen der Organe der Europäischen Union sind, also Katalanisch, Baskisch,

---

108 Mankowski, NZI 2011, 887 f.; MüKo/Kindler, Art. 54 EuInsVO Rn 5; Fuchs, in: Ahrens/Gehrlein/Ringstmeier, Art. 55 EuInsVO Rn 23; **a.A.** Cour de Cassation, Chambre commerciale, 15.12.2009, n° 08–14.949, Recueil Dalloz 2010, 86; Cour de Cassation, Chambre commerciale, 22.6.2010, n° 09–65.481, Recueil Dalloz 2010, 1702.
109 Mankowski, NZI 2011, 887, 888; MüKo/Kindler, Art. 54 EuInsVO Rn 5; Fuchs, in: Ahrens/Gehrlein/Ringstmeier, Art. 55 EuInsVO Rn 23.
110 Allgemein hierzu Fuchs, in: Ahrens/Gehrlein/Ringstmeier, Art. 53 EuInsVO Rn 1 f. und Art. 55 EuInsVO Rn 24.
111 Verordnung Nr. 1 des Rates vom 15.4.1958 zur Regelung der Sprachenfrage für die Europäische Wirtschaftsgemeinschaft, ABl. EG 1958, S. 385, zuletzt geändert durch die Verordnung (EU) Nr. 517/2013 des Rates vom 13.5.2013, ABl. EU 2013, L 158, S. 1.

Galicisch (= regionale Amtssprachen in Spanien) und Türkisch (= zweite Amtssprache in Zypern), dürfen hingegen nicht verwandt werden.[112]

58 Verwendet der Gläubiger das Standardformular (oben Rn 52), enthält seine Anmeldung automatisch die Überschrift „Forderungsanmeldung" in sämtlichen Amtssprachen der Organe der Union (Art. 55 Abs. 1 Satz 2 EuInsVO). Die Stelle, an die die Forderungsanmeldung gerichtet ist, kann daher, auch wenn das Formular in einer Sprache ausgefüllt ist, die sie nicht versteht, aufgrund der Überschrift sofort erkennen, dass es sich um eine Forderungsanmeldung handelt. Bedient sich der Gläubiger dieses Formulars nicht, muss seine Anmeldung hingegen nicht die besagte Überschrift in allen Amtssprachen tragen.[113] Denn Art. 55 Abs. 4 verlangt lediglich, dass die Forderungsanmeldung die in Art. 55 Abs. 2 EuInsVO genannten Angaben enthält. Dass die Überschrift in alle Amtssprachen übersetzt sein muss, regelt indes Art. 55 Abs. 1 Satz 2 EuInsVO, auf den Art. 55 Abs. 4 EuInsVO nicht verweist.[114]

b) Anforderung einer Übersetzung

59 Die Stelle, die die Forderungsanmeldung entgegennimmt, kann von dem Gläubiger eine Übersetzung in die Amtssprache des Staates der Verfahrenseröffnung oder, wenn dieser Staat mehrere Amtssprachen hat, in eine der Amtssprachen des Ortes, an dem das Insolvenzverfahren eröffnet wurde, oder eine andere Sprache, die dieser Mitgliedstaat für Forderungsanmeldungen zugelassen hat, verlangen (Art. 55 Abs. 5 Satz 2 EuInsVO). Wichtig ist, dass – hier unterscheiden sich der Wortlaut von Art. 55 Abs. 5 Satz 1 EuInsVO und jener von Art. 55 Abs. 5 Satz 2 EuInsVO – eine Übersetzung nicht nur in eine Amtssprache der Organe der Europäischen Union, sondern in jede Amtssprache des Staates der Verfahrenseröffnung und damit auch in eine regionale Amtssprache wie etwa Katalanisch (oben Rn 56) verlangt werden kann.

60 Eine Übersetzung kann von dem Gläubiger auch verlangt werden, wenn er mit dem Schuldner die Verwendung einer bestimmten Korrespondenzsprache vereinbart hatte. Häufig finden sich in Verträgen Klauseln, nach denen der gesamte das Vertragsverhältnis betreffende Schriftwechsel in einer bestimmten Sprache geführt werden soll. Solch eine Klausel kann der Gläubiger dem Insolvenzverwalter jedoch nicht entgegenhalten, weil alle vertraglichen Vereinbarungen, die sich zum Nachteil der Gläubigergesamtheit auswirken, mit der Eröffnung des Insolvenzverfahrens ihre Wirkung verlieren.[115] Eine Vereinbarung, die die Verwendung einer bestimmten Sprache vorschreibt, stellt einen Nachteil für die Gläubigergesamtheit dar, weil dann, wenn der Insolvenzverwalter der Sprache nicht hinreichend mächtig ist, die

---

112 Fuchs, in: Ahrens/Gehrlein/Ringstmeier, Art. 55 EuInsVO Rn 25.
113 OLG Stuttgart, Urt. v. 31.7.2019 – 20 U 36/18, ZIP 2019, 2269, 2273 f.; Fuchs, NZI 2018, 9, 11.
114 Fuchs, in: Ahrens/Gehrlein/Ringstmeier, Art. 55 EuInsVO Rn 7.
115 BGH, Urt. v. 15.7.2004 – IX ZR 224/03, NJW 2004, 3185, 3186.

Insolvenzmasse die Übersetzungskosten tragen müsste und sich infolge dessen die Befriedigungsquote für alle Insolvenzgläubiger verringerte.

61 Allerdings hat die Stelle, an die die Forderungsanmeldung gerichtet wird (in Deutschland also der Insolvenzverwalter), hinsichtlich der Frage, ob der Gläubiger zur Vorlage einer Übersetzung seiner Anmeldung aufgefordert wird, Ermessen. Bei der Ermessensentscheidung ist der Wille des europäischen Gesetzgebers zu berücksichtigen, ausländischen Gläubigern die Anmeldung von Forderungen zu erleichtern und ihnen Übersetzungskosten zu ersparen. Eine Übersetzung kann daher nur verlangt werden, wenn der Verwalter der Sprache, in der die Anmeldung verfasst ist, überhaupt nicht mächtig ist oder sie schwierige Begriffe enthält und der Verwalter daher Zweifel hat, ob er sie verstanden hat. Ergeben sich Schwierigkeiten nicht beim Lesen der Anmeldung, sondern der ihr beigefügten Belege, ist das Übersetzungsverlangen auf die Anlagen zu beschränken.[116]

aa) Übersetzung in eine andere Sprache als die Amtssprache

62 Interessant ist die Möglichkeit, dass eine Übersetzung auch in eine Amtssprache der Organe der Union, die nicht zugleich Amtssprache des Staates der Verfahrenseröffnung ist, verlangt werden kann. Der Entwurf für die Neufassung der EuInsVO sah vor, dass jeder Mitgliedstaat verpflichtet sein sollte, zumindest eine andere Sprache als seine eigene Amtssprache für eine Forderungsanmeldung zuzulassen.[117] Gegen diese Regelung erhob sich jedoch im Gesetzgebungsverfahren Widerstand.[118] So wurde eingewandt, dass eine angemeldete Forderung nicht nur für das Gericht und den Insolvenzverwalter verständlich sein müsse, sondern auch für sonstige Personen, die die Gerichtsakten einsehen könnten, weshalb es problematisch sei, dass Teile der Gerichtsakte in einer anderen Sprache als der Amtssprache des jeweiligen Staates abgefasst seien.[119] Angesichts dieser kritischen Stimmen ist es nicht verwunderlich, dass bislang kein einziger Mitgliedstaat für Forderungsanmeldungen eine andere Sprache als seine Amtssprache zugelassen hat. Sollte ein Mitgliedstaat in Zukunft von dieser Möglichkeit Gebrauch machen, teilt er dies der Europäischen Kommission mit (Art. 55 Abs. 5 Satz 3, Art. 86 Abs. 1 EuInsVO), die diese Angabe im Europäischen Justizportal bekanntmacht (Art. 86 Abs. 3 EuInsVO).

---

116 Fuchs, NZI 2018, 9, 11.
117 Proposal of 12.12.2012 for a Regulation of the European Parliament and of the Council amending Council Regulation (EC) No 1346/2000 on insolvency proceedings, COM(2012) 744 final, S. 31.
118 Note from the delegation of the United Kingdom of 7.6.2013, Council of the European Union, Dok.-Nr. 9080/13 ADD 8, S. 6 (dort zu Art. 41 Abs. 3).
119 Note from the Austrian delegation of 30.4.2013, Council of the European Union, Dok.-Nr. 9080/13, S. 12.

bb) Sprache des Übersetzungsverlangens

Art. 55 Abs. 5 Satz 2 EuInsVO schweigt darüber, in welcher Sprache dem Gläubiger das Verlangen, eine Übersetzung seiner Forderungsanmeldung vorzulegen, zu übermitteln ist. Da der Zweck der Vorschrift darin besteht, der Stelle, die die Übersetzung anfordert, die mit der Verwendung einer Fremdsprache verbundenen Sprachschwierigkeiten abzunehmen, darf sie in dem Übersetzungsverlangen ihre „eigene" Sprache, also die Amtssprache des Staates der Verfahrenseröffnung und damit die Sprache verwenden, in die die Forderungsanmeldung übersetzt werden soll. Es obliegt dann dem Gläubiger, das Übersetzungsverlangen, sofern er die Sprache nicht versteht, auf seine eigenen Kosten übersetzen zu lassen, um zu erkennen, was von ihm gefordert wird.[120]

Dabei darf allerdings nicht vergessen werden, dass die Art. 53 ff. EuInsVO einem ausländischen Gläubiger die Teilnahme am Insolvenzverfahren erleichtern sollen. Es besteht die Gefahr, dass ein Gläubiger denkt, durch die Forderungsanmeldung alles Erforderliche getan zu haben, und daher das in einer ihm unbekannten Sprache verfasste Übersetzungsverlangen irrtümlich für eine Eingangsbestätigung hält. Um solch einem Missverständnis vorzubeugen, wäre es in Anlehnung an Art. 54 Abs. 3 Satz 2 EuInsVO wünschenswert, dass das Übersetzungsverlangen die Überschrift „Aufforderung zur Vorlage einer Übersetzung. Etwaige Frist beachten" in allen Amtssprachen der Organe der Union oder zumindest in einer Sprache, die der betroffene Gläubiger versteht, trüge.[121]

cc) Form der Übersetzung

Wird von dem Gläubiger eine Übersetzung seiner Forderungsanmeldung verlangt, braucht sie weder von einem vereidigten Übersetzer erstellt zu werden noch muss ihre Richtigkeit von einer bestimmten Stelle bestätigt werden, weil Art. 55 Abs. 5 Satz 2 EuInsVO keine besondere Form für die Übersetzung vorschreibt.[122] Dies folgt insbesondere aus einem Umkehrschluss aus Art. 57 Abs. 3 Brüssel Ia-VO, wo der europäische Gesetzgeber Anforderungen an eine Übersetzung formuliert hat. Es gilt auch nicht § 4 Abs. 3 AVAG, weil diese Vorschrift wegen des Anwendungsvorrangs des Unionsrechts von Art. 55 Abs. 5 EuInsVO verdrängt wird. Hätte der europäische Gesetzgeber vorschreiben wollen, dass eine Übersetzung bestimmte Anforderungen erfüllen muss, hätte er dies in Art. 55 Abs. 5 Satz 2 EuInsVO zum Ausdruck gebracht. Da er dies nicht getan hat, ist auch eine von dem Gläubiger selbst erstellte Übersetzung ausreichend. Diese muss allerdings, soweit das Recht des Staates der Verfahrenseröffnung (Art. 7 Abs. 2 S. 2 lit. h EuInsVO) eine Unterzeichnung der Forde-

---

[120] MüKo/Reinhart, Art. 42 EuInsVO 2000 Rn 6.
[121] Fuchs, in: Ahrens/Gehrlein/Ringstmeier, Art. 55 EuInsVO Rn 37 f.
[122] Hierzu und zum Folgenden Fuchs, in: Ahrens/Gehrlein/Ringstmeier, Art. 55 EuInsVO Rn 44 f.

rungsanmeldung verlangt, seine Unterschrift tragen, weil die Übersetzung an die Stelle der fremdsprachigen Forderungsanmeldung tritt.

66 Wird eine Übersetzung verlangt, ist für den Inhalt der Forderungsanmeldung nicht mehr die von dem Gläubiger ursprünglich eingereichte Anmeldung, sondern die Übersetzung maßgeblich.[123] Denn die für die Entgegennahme der Forderungsanmeldung zuständige Stelle verlangt die Übersetzung, weil sie die Sprache nicht versteht, in der die ursprüngliche Forderungsanmeldung abgefasst ist. Sie kann folglich nicht erkennen, ob die ursprüngliche Anmeldung und die Übersetzung voneinander abweichen. Der Gläubiger hingegen hat es in der Hand, für eine korrekte Übersetzung zu sorgen.

5. Frist zur Forderungsanmeldung

a) Fakultative und obligatorische Anmeldefristen

67 Während das Insolvenzrecht einiger Staaten nur **fakultative Fristen für die Forderungsanmeldung** vorsieht, kennen manche Rechtsordnungen **obligatorische Anmeldefristen**. Beispiele für fakultative Fristen finden sich im deutschen und österreichischen Recht. So fordert in Deutschland das Insolvenzgericht die Gläubiger im Eröffnungsbeschluss zwar auf, ihre Forderungen innerhalb einer bestimmten Frist, die mindestens zwei Wochen und höchstens drei Monate beträgt, anzumelden (§ 28 Abs. 1 Satz 1 InsO). Eine Versäumung dieser Anmeldefrist hat indes nicht zur Folge, dass die Forderung von der Teilnahme am Insolvenzverfahren ausgeschlossen wäre, sondern bedeutet lediglich, dass die Forderung in einem nachträglichen Prüfungstermin oder im schriftlichen Verfahren geprüft wird (§ 177 Abs. 1 InsO). In ähnlicher Weise sieht das österreichische Recht vor, dass die Gläubiger zur Forderungsanmeldung binnen einer bestimmten Frist aufzufordern sind (§ 74 Abs. 2 Nr. 5 der österreichischen Insolvenzordnung), dass bei der Verteilung der Insolvenzmasse aber auch verspätet angemeldete Forderungen zu berücksichtigen sind (§ 134 Abs. 1 der österreichischen Insolvenzordnung).

68 Anders ist dies etwa in Frankreich oder Spanien, wo die Anmeldefrist obligatorisch ist. Nach Art. L-332-7 Satz 1 Halbs. 2 Code de la consommation erlöschen Forderungen, die nicht innerhalb der hierfür vorgesehenen Frist angemeldet wurden.[124] In Spanien führt das Versäumen der Anmeldefrist zwar nicht zu einem Untergang des Anspruchs, aber zu einem Rangverlust. Denn Art. 92.1 Ley Concursal bestimmt, dass eine verspätet angemeldete Forderung im Insolvenzverfahren nachrangig ist, es sei denn, ihre Existenz ging aus der Buchhaltung des Schuldners hervor, ihr Be-

---

123 Hierzu und zum Folgenden Fuchs, in: Ahrens/Gehrlein/Ringstmeier, Art. 55 EuInsVO Rn 46.
124 Hierzu (allerdings noch zu Art. 41 Abs. 2 Loi n° 67-563 du 13/07/1967) OLG Saarbrücken, Urt. v. 31.1.1989 – 7 U 82/87, RIW 1990, 142, 143.

stehen wurde rechtskräftig festgestellt oder für sie besteht eine dingliche Sicherheit. Nachrangige Forderungen werden nur befriedigt, wenn sowohl die Masseverbindlichkeiten als auch die gewöhnlichen (also nicht-nachrangigen) Insolvenzforderungen vollständig erfüllt werden konnten.

b) Allgemeines zur europäischen Mindestfrist

Art. 55 Abs. 6 Satz 1 und 2 EuInsVO bestimmt, dass Forderungen innerhalb der im Recht des Staats der Verfahrenseröffnung festgelegten Frist anzumelden sind und diese Frist bei Gläubigern, die ihren Sitz, gewöhnlichen Aufenthaltsort oder Wohnsitz in einem anderen EU-Mitgliedstaat haben (oben Rn 47), mindestens 30 Tage, gerechnet von der Bekanntmachung der Eröffnung des Insolvenzverfahrens im Insolvenzregister des Staats der Verfahrenseröffnung an, beträgt. Die Bedeutung dieser Vorschrift besteht darin, dass sie obligatorische Anmeldefristen für Gläubiger aus anderen EU-Mitgliedstaaten verlängert. Für die nationalen Rechtsordnungen, die nur eine fakultative Anmeldefrist vorsehen, hat die Vorschrift hingegen keine Bedeutung. Insbesondere werden fakultative Anmeldefristen trotz des missverständlichen Wortlauts des Art. 55 Abs. 6 Satz 1 und 2 EuInsVO („sind innerhalb der ... Frist anzumelden") nicht zu obligatorischen Anmeldefristen aufgewertet. Zum einen hatte der europäische Gesetzgeber bei Erlass der EuInsVO weder die Absicht noch die Kompetenz, in das nationale Insolvenzrecht der Mitgliedstaaten so weitgehend einzugreifen. Zum anderen hat das Europäische Parlament gerade vorgeschlagen, obligatorische Anmeldefristen abzuschaffen, also die mitgliedstaatlichen Insolvenzrechte dahingehend zu vereinheitlichen, dass auch nach Fristablauf angemeldete Forderungen im Insolvenzverfahren geprüft werden.[125] **69**

Die Mindestfrist für Gläubiger aus anderen EU-Mitgliedstaaten geht auf Untersuchungen der Europäischen Kommission zurück, die nach dem Inkrafttreten der alten Fassung der EuInsVO durchgeführt wurden. Sie ergaben, dass im räumlichen Geltungsbereich der EuInsVO einige Insolvenzverwalter ausländische Gläubiger von der Insolvenzeröffnung erst so spät in Kenntnis setzten, dass ihnen die Einhaltung der vom nationalen Recht vorgesehenen Frist für die Anmeldung ihrer Forderung nicht mehr möglich war. Dies wurde zu Recht kritisiert. Denn es ist allgemein anerkannt, dass ausländische Gläubiger eine realistische Chance zur Forderungsanmeldung haben müssen[126] und ihnen daher für die Anmeldung ihrer Ansprüche ausreichend Zeit gewährt werden muss, wobei Sprachschwierigkeiten und große **70**

---

[125] Punkt 1.2. (dort 6. Spiegelstrich) der Anlage zu der Entschließung vom 15.11.2011 mit Empfehlungen an die Kommission zu Insolvenzverfahren im Rahmen des EU-Gesellschaftsrechts, Europäisches Parlament, Dok.-Nr.: P7_TA(2011)0484. Die Entschließung wurde vom Parlament angenommen, siehe das Protokoll der Sitzung vom 15.11.2011, ABl. EU 2012, C 59 E, S. 19, 30, dort Punkt 7.8.
[126] Laut, Universalität und Sanierung im internationalen Insolvenzrecht, 1997, S. 126.

Entfernungen bei der Bemessung der erforderlichen Zeitspanne zu berücksichtigen sind.[127]

71 Obwohl somit unbestreitbar Handlungsbedarf bestand, war die Einführung einer Mindestfrist für die Forderungsanmeldung im europäischen Gesetzgebungsverfahren sehr umstritten. Der Entwurf für die Neufassung der EuInsVO sah vor, dass die Anmeldefrist für ausländische Gläubiger mindestens 45 Tage betragen solle.[128] Dies wurde als zu weitgehend kritisiert, zumal nicht ersichtlich sei, weshalb ausländische Gläubiger eine Sonderbehandlung erfahren sollten, da sie sich doch durch die in der neuen Fassung der EuInsVO enthaltenen nationalen Insolvenzregister (Art. 24 EuInsVO) über in anderen Mitgliedstaaten eröffnete Insolvenzverfahren informieren könnten.[129] Außerdem funktioniere eine starre Fristenregelung nicht in allen Rechtsordnungen, weil in einigen Mitgliedstaaten die Frist für die Forderungsanmeldung nicht mit der Insolvenzeröffnung, sondern erst mit der Aufforderung zur Forderungsanmeldung zu laufen beginne.[130] Jedenfalls aber solle eine Mindestfrist allenfalls für solche Forderungsanmeldungen gelten, die zum Zwecke der Verteilung der Masse vorgenommen würden, weil die im Entwurf vorgesehene Frist von 45 Tagen zu lang sei, wenn es um eilbedürftige Entscheidungen wie die Annahme eines Sanierungsplans oder die Bestellung eines Insolvenzverwalters gehe.[131] Als Kompromiss verständigten sich die Organe der Union schließlich darauf, die Mindestfrist zwar einzuführen, sie aber auf 30 Tage zu reduzieren.

c) Beginn der europäischen Mindestfrist

72 Die Mindestfrist von 30 Tagen beginnt nach Art. 55 Abs. 6 Satz 2 EuInsVO mit der Bekanntmachung der Insolvenzeröffnung im Insolvenzregister des Staates der Verfahrenseröffnung. Da es sich bei dem Insolvenzregister um ein elektronisches Register handelt (Erwägungsgrund 76 zur EuInsVO, vgl. auch Art. 25 Abs. 2 EuInsVO), ist unter Bekanntmachung der Zeitpunkt zu verstehen, von dem an die in Art. 24 Abs. 2 EuInsVO genannten Pflichtinformationen über das Internet abrufbar sind. Da bei komplexen Datenbanken einige Zeit von dem Einspeisen der Daten bis zu ihrer Verfügbarkeit vergehen kann, bedeutet „abrufbar" nicht, dass die Informationen in die elektronische Datenbank eingestellt sind, sondern dass jeder Internet-Nutzer auf sie

---

[127] Fletcher, Insolvency in Private International Law, 2005, S. 109.
[128] Proposal of 12.12.2012 for a Regulation of the European Parliament and of the Council amending Council Regulation (EC) No 1346/2000 on insolvency proceedings, COM(2012) 744 final, S. 31.
[129] Note from the Swedish delegation of 16.5.2013, Council of the European Union, Dok.-Nr. 9080/13 ADD 1, S. 8.
[130] Note from the delegation of Finland of 29.5.2013, Council of the European Union, Dok.-Nr. 9080/13 ADD 7, S. 5 (dort zu Art. 41).
[131] Note from the delegation of the United Kingdom of 7.6.2013, Council of the European Union, Dok.-Nr. 9080/13 ADD 8, S. 6 (dort zu Art. 41).

zugreifen kann. Dies kann mit einer Parallele zum Amtsblatt der Europäischen Union begründet werden. Das auf einer Ausgabe des Amtsblattes angegebene Erscheinungsdatum ist nämlich für die Berechnung von (Klage-) Fristen nicht maßgeblich, wenn die Ausgabe tatsächlich erst zu einem späteren Zeitpunkt verfügbar war.[132] Denn es ist ein grundlegendes Prinzip des Unionsrechts, dass den Unionsbürgern keine rechtserhebliche Tatsache entgegengehalten werden darf, bevor sie die Möglichkeit hatten, von ihr Kenntnis zu nehmen.[133]

d) Beginn der europäischen Mindestfrist bei Verbraucherinsolvenzverfahren

Jeder Mitgliedstaat kann gemäß Art. 24 Abs. 4 Unterabs. 1 EuInsVO davon absehen, in seinem nationalen Insolvenzregister Insolvenzverfahren über das Vermögen natürlicher Personen bekanntzumachen, die weder eine selbstständige gewerbliche noch eine freiberufliche Tätigkeit ausüben. Gemeint sind hiermit Verbraucherinsolvenzverfahren.[134] Sieht ein Mitgliedstaat davon ab, Verbraucherinsolvenzen im nationalen Insolvenzregister zu veröffentlichen, gibt es keine öffentliche Bekanntmachung der Insolvenzeröffnung, sodass der Beginn der Anmeldefrist von ihr nicht abhängig gemacht werden kann. Deshalb sieht Art. 55 Abs. 6 Satz 3 EuInsVO – in Anlehnung an eine Stellungnahme Finnlands[135] – vor, dass die Mindestfrist für die Forderungsanmeldung in diesem Fall mit der Unterrichtung des Gläubigers über die Insolvenzeröffnung gemäß Art. 54 EuInsVO (oben Rn 48) beginnt.

73

Dies bedeutet, dass die 30tägige Mindestfrist für die Forderungsanmeldung für jeden Gläubiger separat zu berechnen ist. Sie beginnt für jeden Gläubiger in dem Augenblick, in dem ihm die in Art. 54 vorgesehene Unterrichtung zugegangen ist. Der Begriff des Zugangs ist autonom auszulegen. Hiernach ist eine Erklärung ihrem Empfänger zugegangen, wenn er in die Lage versetzt worden ist, von ihr Kenntnis zu nehmen.[136] Als Zugangsnachweis genügt ein Rückschein.[137] Die Europäische Zustellungsverordnung[138] ist nicht anwendbar, weil ein Insolvenzverfahren wegen der

74

---

132 EuGH, Urt. v. 9.1.1990 – C-337/88 (SAFA), Slg. 1990, I-1, Rn 12; EuG, Urt. v. 22.1.1997, T-115/94 (Opel Austria), Slg. 1997, II-39, Rn 127.
133 EuGH, Urt. v. 25.1.1979 – 98/78 (Racke), Slg. 1979, I-69, Rn 15.
134 Fuchs, in: Ahrens/Gehrlein/Ringstmeier, Art. 54 EuInsVO Rn 35 f.
135 Note from the delegation of Finland of 29.5.2013, Council of the European Union, Dok.-Nr. 9080/13 ADD 7, S. 5 (dort zu Art. 41).
136 Vgl. EuGH, Urt. v. 26.11.1985 – 42/85 (Cockerill-Sambre/Kommission), Slg. 1985, I-3749, Rn 10; EuG, Urt. v. 29.5.1991 – T-12/90 (Bayer/Kommission), Slg. 1991, II-219, Rn 18 f.
137 EuGH, Urt. v. 26.11.1985 – 42/85 (Cockerill-Sambre/Kommission), Slg. 1985, I-3749, Rn 8; EuG, Urt. v. 29.5.1991 – T-12/90, Slg. 1991, II-219 (Bayer/Kommission), Rn 18; EuG, Urt. v. 23.10.2015 – T-552/13 (Oil Turbo Compressor), Rn 49.
138 ABl. EU 2007, L 324, S. 79.

unionsrechtlichen Legaldefinition in Art. 1 Abs. 2 lit. b) Brüssel Ia-VO keine Zivilsache im Sinne von Art. 1 Abs. 1 Satz 1 der Zustellungsverordnung ist.[139]

75   Nur der Zugang einer ordnungsgemäß erfolgten Unterrichtung lässt die Frist beginnen.[140] Die Unterrichtung ist bereits dann nicht ordnungsgemäß, wenn sie nicht alle in Art. 54 Abs. 2 EuInsVO genannten Angaben enthält oder entgegen Art. 54 Abs. 3 Satz 2 EuInsVO nicht die Überschrift „Mitteilung über ein Insolvenzverfahren" in sämtlichen Amtssprachen der Organe der Union trägt.[141] Allerdings ist das Fehlen einer Amtssprache, die der Gläubiger ohnehin nicht versteht, unschädlich. Ebenfalls unschädlich ist es, wenn in der Unterrichtung über die Insolvenzeröffnung solche Informationen fehlen, die der konkrete Gläubiger für die Anmeldung seiner Forderung nicht benötigt. Beispielsweise muss ein Gläubiger, der weder bevorrechtigt noch dinglich gesichert ist, nicht den in Art. 54 Abs. 2 Satz 2 enthaltenen Hinweis erhalten.[142]

e) Berechnung der europäischen Mindestfrist

76   Aus Art. 55 Abs. 6 Satz 2 und 3 EuInsVO ergibt sich nicht, wie die Mindestfrist zu berechnen ist. Zu einer solchen Regelung hätte indes Anlass bestanden, weil es sich um keine Wochenfrist, sondern eine Frist von 30 Tagen handelt, die nicht selten dazu führen wird, dass das Fristende auf einen Samstag, Sonntag oder Feiertag fällt, wobei auch unklar ist, ob der Tag des Fristbeginns bei der Berechnung mitgezählt wird oder nicht. Wegen Art. 7 Abs. 2 S. 2 lit. h) EuInsVO könnte man davon ausgehen, dass diese Einzelheiten das Recht des Staates der Verfahrenseröffnung regelt. Wegen des Erfordernisses einer autonomen Auslegung der in der EuInsVO verwandten Begriffe und im Interesse einer Gleichbehandlung der Gläubiger bietet es sich aber an, die Fristberechnung in Anlehnung an andere Rechtsakte der Europäischen Union vorzunehmen.[143] Nach Art. 49 Abs. 1 lit. a) EuGH-Verfahrensordnung[144], Art. 58 Abs. 1 lit. a) EuG-Verfahrensordnung[145] und Art. 3 Abs. 1 Unterabs. 2 der Verordnung Nr. 1182/71 des Rates vom 3.6.1971 zur Festlegung der Regeln für die Fristen, Daten und Termin[146] (zu ihrer Anwendbarkeit siehe Erwägungsgrund 85 zur

---

139 Virgós/Garcimartín, The European Insolvency Regulation, 2004, S. 149; **a.A.** FK/Wenner/Schuster, Art. 54 EuInsVO Rn 4; HK/Schultz, Art. 54 EuInsVO Rn 8; MüKo/Kindler, Art. 54 EuInsVO Rn 8.
140 Vgl. Mankowski NZI 2011, 887, 891.
141 Cour d'appel Orléans [2006] BCC 678, zit. n. Moss/Fletcher/Isaacs, The EC Regulation on Insolvency Proceedings, 2009, Art. 42, Rn 8.419.
142 Fuchs, in: Ahrens/Gehrlein/Ringstmeier, Art. 55 EuInsVO Rn 58.
143 Fuchs, in: Ahrens/Gehrlein/Ringstmeier, Art. 55 EuInsVO Rn 60.
144 ABl. EU 2012, L 265, S. 1.
145 ABl. EU 2015, L 105, S. 1.
146 ABl. EG 1971, L 124, S. 1.

EuInsVO) wird, wenn eine nach Tagen bemessene Frist von dem Zeitpunkt an zu berechnen ist, zu dem ein Ereignis eintritt, der Tag, an dem das Ereignis eintritt, nicht mitgerechnet. Dies bedeutet, dass der Tag, an dem die Insolvenzeröffnung im nationalen Insolvenzregister bekanntgemacht worden (Art. 55 Abs. 6 Satz 2 EuInsVO) oder dem Gläubiger die Unterrichtung über die Insolvenzeröffnung zugegangen ist (Art. 55 Abs. 6 Satz 3 EuInsVO), bei der Berechnung der Frist nicht mitgezählt wird.

f) Ende der europäischen Mindestfrist

Fällt das Fristende auf einen Samstag, Sonntag oder gesetzlichen Feiertag, so endet die Frist nach dem Rechtsgedanken des Art. 49 Abs. 2 EuGH-Verfahrensordnung, des Art. 58 Abs. 2 EuG-Verfahrensordnung und des Art. 3 Abs. 4 Unterabs. 1 der Verordnung Nr. 1182/71 (oben Rn 76) mit dem Ablauf des nächstfolgenden Werktags.[147] Gesetzlich ist ein Feiertag, wenn ein Gesetz diesen Tag zum Feiertag erklärt. Die Überzeugung eines Großteils der Bevölkerung, es handle sich um einen Feiertag, genügt nicht.[148] Ferner ist es ein allgemeines, auch in § 193 BGB und Art. 2 Abs. 1 der Verordnung Nr. 1182/71 (oben Rn 76) zum Ausdruck kommendes Rechtsprinzip, dass das Feiertagsrecht des Ortes maßgeblich ist, an dem die Erklärung abzugeben ist.[149] Entscheidend ist also – abhängig davon, ob die Forderungsanmeldung nach dem Recht des Staates der Verfahrenseröffnung an das Insolvenzgericht, den Insolvenzverwalter oder den Schuldner in Eigenverwaltung zu richten ist (Art. 55 Abs. 5 Satz 2 EuInsVO) –, ob der letzte Tag der Frist an dem Ort ein gesetzlicher Feiertag ist, an dem das Gericht, der Verwalter oder der Schuldner seinen Sitz hat. Dies kann, wenn der Insolvenzverwalter oder der Schuldner in Eigenverwaltung mehrere Niederlassungen an unterschiedlichen Orten hat, bedeuten, dass der Gläubiger die Frist um einen Tag verlängern kann, wenn er die Forderungsanmeldung bei der Niederlassung vornimmt, an dessen Ort das Fristende auf einen Feiertag fällt.

77

Die Frist kann bis zum Ablauf des letzten Tages ausgenutzt werden. Entscheidend ist die Ortszeit des Ortes, an dem die Forderungsanmeldung eingehen muss.[150] Denn für den fristwahrenden Eingang einer Klage- oder Rechtsmittelschrift bei einem Unionsgericht ist auch die Ortszeit von Luxemburg maßgeblich.[151]

78

---

147 Fuchs, in: Ahrens/Gehrlein/Ringstmeier, Art. 55 EuInsVO Rn 61.
148 Vgl. FG Nürnberg, Urt. v. 9.12.2014 – 1 K 1017/13, JurionRS 2014, 31275.
149 BAG, Urt. v. 24.8.2011 – 8 AZN 808/11, NZA 2012, 111, 112; FG Nürnberg, Urt. v. 9.12.2014 – 1 K 1017/13, JurionRS 2014, 31275, unter 1.4.1.
150 Fuchs, in: Ahrens/Gehrlein/Ringstmeier, Art. 55 EuInsVO Rn 62.
151 EuG, Urt. v. 1.4.2011 – T-468/10 (Doherty), Rn 15 f.

g) Fristwahrung

aa) Vollständigkeit der Forderungsanmeldung

79 Art. 55 Abs. 6 EuInsVO regelt nicht, ob die 30tägige Mindestfrist nur dann gewahrt ist, wenn vor Fristablauf eine Forderungsanmeldung eingeht, die alle in Art. 55 Abs. 2 EuInsVO genannten Angaben enthält, oder ob der Gläubiger die Forderungsanmeldung noch nach Fristablauf ergänzen kann. Wegen Art. 7 Abs. 2 S. 2 lit. h) EuInsVO bestimmt das Recht des Staates der Verfahrenseröffnung, welche Konsequenzen es hat, dass ein Gläubiger bei der Forderungsanmeldung nicht alle verlangten Angaben macht.[152]

bb) Fristwahrung bei Anforderung einer Übersetzung

80 Aus Art. 55 Abs. 6 EuInsVO ergibt sich auch nicht, welche Folgen es für die Fristwahrung hat, dass der Gläubiger nach Art. 55 Abs. 5 Satz 2 EuInsVO aufgefordert wird, eine Übersetzung der Forderungsanmeldung vorzulegen. Fest steht aber, dass der Gläubiger die von dem nationalen Recht vorgesehene obligatorische Anmeldefrist (oben Rn 67f.) durch seine Forderungsanmeldung wahrt, auch wenn sie nicht in der Amtssprache des Staates des Verfahrenseröffnung, sondern in einer anderen Amtssprache der Organe der Europäischen Union (Art. 55 Abs. 5 Satz 1 EuInsVO) verfasst ist.[153] Denn der Gläubiger darf darauf vertrauen, dass er nach Art. 55 Abs. 5 Satz 1 EuInsVO das Recht hat, sich für die Forderungsanmeldung jeder beliebigen Amtssprache der Organe der Union zu bedienen, zumal diese Bestimmung gerade der Gleichbehandlung in- und ausländischer Gläubiger dient. Dadurch, dass der Gläubiger – womöglich erst nach Ablauf der Anmeldefrist – zur Vorlage einer Übersetzung aufgefordert wird, kann die Fristwahrung nicht rückwirkend infrage gestellt werden.

81 Allerdings würde die Möglichkeit der nationalen Stellen, eine Übersetzung zu verlangen (Art. 55 Abs. 5 Satz 2 EuInsVO), ad absurdum geführt, wenn der Umstand, dass der Gläubiger keine Übersetzung vorlegt, folgenlos bliebe beziehungsweise wenn der Gläubiger sich mit der Übersendung der Übersetzung beliebig viel Zeit lassen könnte.[154] Wenn ein nationaler Gesetzgeber obligatorische Anmeldefristen einführt, bezweckt er hiermit, das Insolvenzverfahren zu beschleunigen und seine

---

152 Note of 3.6.2014 from the Presidency to the Council of the European Union, Dok.-Nr. 10284/14 ADD 1, S. 40 (dort Fn. 58); MüKo/Kindler, Art. 55 EuInsVO Rn 19; so auch zu Art. 41 EuInsVO a.F. EuGH, Urt. v. 18.9.2019 – C-47/18 (Autostrad), ZIP 2019, 1872, 1874.
153 MüKo/Kindler, Art. 55 EuInsVO Rn 15; Mankowski NZI 2011, 887, 891.
154 **A.A.** Mankowski NZI 2011, 887, 891, der meint, dass dann, wenn der Gläubiger trotz Aufforderung keine Übersetzung vorlege, der Insolvenzverwalter eine Übersetzung auf Kosten des Gläubigers anfertigen lassen könne.

Effektivität zu erhöhen. Dass dies ein berechtigtes Anliegen ist, hat der europäische Gesetzgeber durch Art. 55 Abs. 6 EuInsVO anerkannt. Zugleich hat der europäische Gesetzgeber ausländischen Gläubigern durch Art. 55 Abs. 5 Satz 1 EuInsVO das Recht eingeräumt, Forderungen in ihrer „Heimatsprache" anzumelden. Dieses Recht wiederum hat er durch die Möglichkeit, eine Übersetzung zu verlangen (Art. 55 Abs. 5 Satz 2 EuInsVO), wieder eingeschränkt.

Um die gegenläufigen Interessen zu einem gerechten Ausgleich zu bringen, ist Art. 55 Abs. 6 EuInsVO im Lichte von Art. 55 Abs. 5 EuInsVO dahingehend auszulegen, dass der Gläubiger die Anmeldefrist dadurch wahrt, dass er die Forderung in einer beliebigen Amtssprache der Organe der Europäischen Union anmeldet, dass die Stelle, die eine Übersetzung der Forderungsanmeldung verlangt (Art. 55 Abs. 5 Satz 2 EuInsVO), dem Gläubiger für die Vorlage dieser Übersetzung jedoch eine Ausschlussfrist (Nachfrist) setzen kann[155], die mindestens so lang sein muss wie die ursprüngliche obligatorische Anmeldefrist. Geht die Übersetzung nicht innerhalb der Nachfrist ein, wird der Gläubiger so behandelt, als habe er von Anfang an die Anmeldefrist nicht gewahrt.[156] Auf diese Rechtsfolge muss der Gläubiger bei der Anforderung der Übersetzung nach dem Rechtsgedanken des Art. 54 Abs. 2 Satz 1 EuInsVO („welches die Versäumnisfolgen sind") hingewiesen werden. Die Nachfrist beginnt nach dem Rechtsgedanken des Art. 55 Abs. 6 Satz 3 EuInsVO erst in dem Zeitpunkt zu laufen, in dem dem Gläubiger die Aufforderung zur Vorlage einer Übersetzung mit dem vorgenannten Hinweis auf die Folgen einer Fristversäumnis zugeht (zum Begriff des Zugangs oben Rn 75, zur Sprache des Übersetzungsverlangens oben Rn 63).[157] 82

II. Forderungsanmeldungen nach dem autonomen deutschen Internationalen Insolvenzrecht

Sind die Art. 53 ff. EuInsVO nicht anwendbar, etwa weil der anmeldende Gläubiger seinen Aufenthalts, Wohnsitz oder Sitz außerhalb der Europäischen Union hat (oben Rn 47), so gelten für die Forderungsanmeldung die §§ 174 ff. InsO ohne Abweichungen. Da § 184 Satz 1 GVG auf die Forderungsanmeldung analog anzuwenden ist, muss die Anmeldung in deutscher Sprache abgefasst sein.[158] Dies bedeutet aber nicht, dass der Insolvenzverwalter fremdsprachige Forderungsanmeldungen ausländischer Gläubiger ignorieren könnte. Denn zu § 184 Satz 1 GVG ist anerkannt, dass Gerichte Ausländer, die der deutschen Sprache nicht hinreichend kundig sind, 83

---

155 So auch MüKo/Reinhart, Art. 42 EuInsVO 2000 Rn 5.
156 Ähnlich FK/Wenner/Schuster, Art. 55 EuInsVO Rn 12.
157 Fuchs, in: Ahrens/Gehrlein/Ringstmeier, Art. 55 EuInsVO Rn 67.
158 Näher hierzu Fuchs, NZI 2018, 9 f.

Fuchs

darauf hinweisen müssen, dass sie von ihren fremdsprachigen Eingaben eine Übersetzung vorlegen müssen.[159] Diese Verpflichtung trifft auch den Insolvenzverwalter.[160]

D. Internationales Insolvenzanfechtungsrecht

I. Anwendbares Anfechtungsrecht

84   Ob eine Rechtshandlung des Schuldners insolvenzrechtlich anfechtbar ist, richtet sich nach dem Recht des Staates der Verfahrenseröffnung (Art. 7 Abs. 2 Satz 2 lit. m) EuInsVO). Sind ein Haupt- und ein Sekundärinsolvenzverfahren (zum Begriff oben Rn 26) eröffnet worden, hängt das anwendbare Recht davon ab, ob die Masse des Haupt- oder die Masse des Sekundärverfahrens geschmälert wurde: Das Recht des Landes, in dem das Hauptinsolvenzverfahren eröffnet wurde, entscheidet über die Anfechtbarkeit der Rechtshandlung, wenn die Insolvenzmasse des Hauptverfahrens verkürzt wurde, also in dem Land, in dem das Hauptverfahren eröffnet wurde, Vermögen aus der Masse ausgeschieden ist. Hat die Rechtshandlung dazu geführt, dass in dem Land, in dem das Sekundärinsolvenzverfahren eröffnet wurde, das Vermögen des Schuldners geschmälert wurde, richtet sich die Anfechtbarkeit nach dem Recht dieses Landes.[161]

85   Allerdings folgt nach deutschem Recht eine Gläubigerbenachteiligung nicht nur aus einer Verkürzung der Aktivmasse, sondern auch aus einer Vermehrung der Schuldenmasse.[162] Hat der Schuldner beispielsweise neue Verbindlichkeiten begründet, ohne dass im Gegenzug ein Vermögenswert in die Masse gelangt ist, hat sich die Schuldenmasse vermehrt. In diesem Fall versagt die in Rn 84 genannte Abgrenzungsformel, weil sich die Begründung der neuen Schulden sowohl im Haupt- als auch im Sekundärinsolvenzverfahren gläubigerbenachteiligend auswirkt. In diesem Fall sind sowohl der Insolvenzverwalter des Hauptverfahrens als auch der Verwalter der Sekundärverfahrens zur Anfechtung berechtigt, soweit nach dem jeweils anwendbaren nationalen Recht die Voraussetzungen hierfür erfüllt sind.

---

[159] BVerfG, Beschl. v. 19.4.1995 – 2 BvR 2295/94, NVwZ-RR 1996, 120, 121; BGH, Beschl. v. 14.7.1981 – 1 StR 815/80, NJW 1982, 532.
[160] Uhlenbruck/Sinz, § 174 InsO Rn 27; Eickmann, in: Gottwald, Insolvenzrecht, § 63, Rn 12.
[161] Virgós/Schmit, Erläuternder Bericht vom 8.7.1996 zu dem EU-Übereinkommen über Insolvenzverfahren, abgedr. in: Stoll, Vorschläge und Gutachten zur Umsetzung des EU-Übereinkommens über Insolvenzverfahren im deutschen Recht, 1997, S. 32, Rn 91; allgemein zur Beachtlichkeit des Virgós/Schmit-Berichts bei der Auslegung der EuInsVO siehe Fuchs, Nationale und internationale Aspekte des Restschuldbefreiungs-Tourismus, Köln 2015, S. 373 f.
[162] BGH, Urt. v. 26.4.2012 – IX ZR 146/11, NZI 2012, 562, 563.

II. Vertrauensschutz

Der Grundsatz, dass über die Anfechtbarkeit einer Rechtshandlung das Recht des Staates der Verfahrenseröffnung entscheidet, kann in Konflikt zu dem Prinzip des Vertrauensschutzes geraten. Wer mit dem Schuldner einen Vertrag schließt, der spanischem Recht unterliegt, verlässt sich darauf, dass allein spanisches Recht über die Wirksamkeit und Unwirksamkeit dieses Vertrags entscheidet. Wird später über das Vermögen des Schuldners in Deutschland das Insolvenzverfahren eröffnet, ist plötzlich deutsches Recht für die Frage maßgeblich, ob der Vertragsschluss oder aufgrund des Vertrags von dem Schuldner vorgenommene Rechtshandlungen anfechtbar sind.

1. Art. 16 EuInsVO und § 339 InsO

Um Vertrauensschutz und Rechtssicherheit zu gewährleisten, also sicherzustellen, dass dem Vertragspartner für Rechtshandlungen, die der Schuldner vor Insolvenzeröffnung vorgenommen hat, kein fremdes Insolvenzrecht aufgezwungen wird, schuf der europäische Gesetzgeber Art. 16 EuInsVO.[163] Hiernach ist Art. 7 Abs. 2 Satz 2 lit. m) EuInsVO, also die Vorschrift, nach der sich die Insolvenzanfechtung nach dem Recht des Staates der Insolvenzeröffnung richtet, nicht anwendbar, wenn der Begünstigte der Rechtshandlung nachweist, dass für die Rechtshandlung das Recht eines anderen Mitgliedstaats als des Staates der Verfahrenseröffnung maßgeblich ist und die Rechtshandlung im vorliegenden Fall in keiner Weise nach dem Recht dieses Mitgliedstaats angreifbar ist. Das autonome deutsche Internationale Insolvenzrecht enthält in § 339 InsO eine gleichlautende Vorschrift. Beide Bestimmungen beruhen auf demselben Prinzip: Wenn eine Rechtshandlung nach einem Recht vorgenommen wurde, das die Insolvenzanfechtung an strengere Voraussetzungen knüpft als die *lex fori concursus*, soll abweichend von dem Grundsatz, dass die *lex fori concursus* über alle mit dem Insolvenzverfahren zusammenhängenden Fragen entscheidet, für die Insolvenzanfechtung die *lex causae* maßgeblich sein.[164]

2. Anwendungsbereich und Charakter der Normen

Art. 16 EuInsVO ist, wenn der Schuldner den Mittelpunkt seiner hauptsächlichen Interessen in einem Mitgliedstaat der Europäischen Union hat, immer anwendbar,

---

[163] Virgós/Schmit, Erläuternder Bericht vom 8.7.1996 zu dem EU-Übereinkommen über Insolvenzverfahren, abgedr. in: Stoll, Vorschläge und Gutachten zur Umsetzung des EU-Übereinkommens über Insolvenzverfahren im deutschen Recht, Tübingen 1997, S. 32, Rn 138; EuGH, Urt. v. 15.10.2015 – C-310/14 (Nike), IPRax 2016, 263, 265.
[164] Fuchs, GWR 2020, 180.

auch wenn der Sachverhalt keinen Bezug zu einem anderen EU-Mitgliedstaat, sondern zu einem Drittstaat aufweist.[165] Sieht man dies anders, so enthält § 339 InsO eine gleichlautende Vorschrift im Verhältnis zu Drittstaaten. Da dem deutschen Gesetzgeber bei der Schaffung des § 339 InsO der Art. 16 EuInsVO als Vorbild diente, kann die zu Art. 16 EuInsVO ergangene Rechtsprechung auch zur Auslegung von § 339 BGB herangezogen werden.[166]

89 Art. 16 EuInsVO und § 339 InsO sind eng auszulegen[167] und nur auf Rechtshandlungen, die vor Insolvenzeröffnung vorgenommen wurden, anwendbar[168]. Allerdings sind beide Vorschriften auch anwendbar, wenn Schuldner und Anfechtungsgegner ihren Sitz im selben Land haben. Zwei Vertragspartner, die im selben Land ansässig sind und auch sonst keinen Bezug zu einem fremden Staat haben, können also in der Absicht, in ihrem Vertragsverhältnis die Insolvenzanfechtung zu erschweren, ihren Vertrag einem fremden Recht unterstellen, solange eine solche Rechtswahl nicht in betrügerischer oder missbräuchlicher Weise erfolgt.[169] Die Rechtswahl als solche begründet keine Vermutung dafür, dass die Parteien die Absicht hatten, die insolvenzrechtlichen Vorschriften ihres Heimatlandes in betrügerischer oder missbräuchlicher Weise zu umgehen.[170]

3. Maßgeblichkeit eines anderen Rechts

90 Der Anfechtungsgegner muss beweisen, dass für die Rechtshandlung zum Zeitpunkt ihrer Vornahme das Recht eines anderen Landes als des Staates galt, in dem das Insolvenzverfahren eröffnet wurde. Er muss also beweisen, dass die *lex causae* eine andere ist als die *lex fori concursus*.[171] Dies ist beispielsweise der Fall, wenn das Insolvenzverfahren in Deutschland eröffnet wurde (denn dann ist die *lex fori concursus* das deutsche Recht), die angefochtene Rechtshandlung jedoch die Übergabe von Bargeld in Frankreich zur Erfüllung einer vertraglichen Verpflichtung, die französischem Recht unterliegt, ist (denn dann ist die *lex causae* das französische Recht). Das vorgenannte Beispiel wurde bewusst so gewählt, dass sowohl die beglichene Verbindlichkeit französischem Recht unterliegt als auch die Erfüllungshandlung, also die Geldzahlung, in Frankreich stattfindet. Allerdings ändert sich an der rechtlichen Würdigung nichts, wenn die Geldzahlung in Österreich erfolgt. Denn

---

165 In diesem Sinne BGH, Urt. v. 12.12.2019 – IX ZR 328/18, RIW 2020, 233 f.
166 BGH, Urt. v. 12.12.2019 – IX ZR 328/18, RIW 2020, 234.
167 EuGH, Urt. v. 8.6.2017 – C-54/16 (Vinyls), RIW 2017, 435, 438; EuGH, Urt. v. 15.10.2015 – C-310/14 (Nike), IPRax 2016, 263, 265.
168 EuGH, Urt. v. 16.4.2015 – C-557/13 (Lutz), ZIP 2015, 1030, 1032; EuGH, Urt. v. 15.10.2015 – C-310/14 (Nike), IPRax 2016, 263, 266.
169 EuGH, Urt. v. 8.6.2017 – C-54/16 (Vinyls), RIW 2017, 435, 438 f.
170 EuGH, Urt. v. 8.6.2017 – C-54/16 (Vinyls), RIW 2017, 435, 439.
171 EuGH, Urt. v. 15.10.2015 – C-310/14 (Nike), IPRax 2016, 263, 265.

das auf einen Vertrag anzuwendende Recht ist auch für die Erfüllung der durch ihn begründeten Verpflichtungen maßgeblich (Art. 12 lit. b) Rom I-VO), so dass die Erfüllungshandlung kollisionsrechtlich nicht gesondert anzuknüpfen ist.

Schwierig wird es allerdings, wenn nicht der Schuldner der Verbindlichkeit, sondern ein Dritter die Erfüllungshandlung vornimmt. Mit solchen Fällen sind deutsche Gerichte häufig konfrontiert, weil die Erfüllung einer Schuld durch eine andere Person als den Schuldner eine unentgeltliche Leistung im Sinne von § 134 Abs. 1 InsO ist. Der Insolvenzverwalter über das Vermögen desjenigen, der die Zahlung erbracht hat, kann die Zahlung daher anfechten, sofern der Zahlende zum Zeitpunkt der Zahlung zahlungsunfähig war.[172] Fraglich ist, ob Art. 12 lit. b) Rom I-VO auch im Falle einer solchen Drittzahlung gilt. Bejaht man diese Frage, unterliegt die Erfüllung der Verbindlichkeit im letzten in Rn 90 genannten Beispiel weiterhin der *lex causae* und damit französischem Recht. Verneint man sie hingegen, unterliegt die Erfüllung der Verbindlichkeit österreichischem Recht, so dass die *lex causae* und das Erfüllungsstatut auseinanderfallen. Von der Beantwortung der Frage hängt in dem Beispiel ab, ob der Anfechtungsgegner, also der Empfänger der Zahlung, bezogen auf das französische oder bezogen auf das österreichische Recht beweisen muss, dass die Rechtshandlung in keiner Weise angreifbar ist. Der BGH[173] hat die Frage, ob Art. 12 lit. b) Rom I-VO auch für den Fall einer Drittzahlung gilt, dem EuGH zur Vorabentscheidung vorgelegt. 91

4. Unangreifbarkeit der Rechtshandlung

Der Anfechtungsgegner muss ferner beweisen, dass die Rechtshandlung nach dem auf sie anwendbaren Recht im vorliegenden Fall in keiner Weise angreifbar ist. „Im vorliegenden Fall" bedeutet, dass es nicht ausreicht zu beweisen, dass die Rechtshandlung allgemein nicht angegriffen werden kann. Erforderlich ist vielmehr der Nachweis, dass unter Berücksichtigung aller Umstände des Einzelfalls die Rechtshandlung nicht angreifbar ist.[174] 92

Mit der Formulierung „in keiner Weise angreifbar" ist zunächst einmal gemeint, dass die Rechtshandlung nach dem auf sie anwendbaren Recht nicht insolvenzrechtlich anfechtbar sein darf.[175] Dies ist aus deutscher Sicht beachtlich, weil das 93

---

[172] BGH, Urt. v. 22.10.2009 – IX ZR 182/08, NJW-RR 2010, 477f.
[173] Beschl. v. 23.1.2020 – IX ZR 94/19, ZInsO 2020, 523, 524f.
[174] Virgós/Schmit, Erläuternder Bericht vom 8.7.1996 zu dem EU-Übereinkommen über Insolvenzverfahren, abgedr. in: Stoll, Vorschläge und Gutachten zur Umsetzung des EU-Übereinkommens über Insolvenzverfahren im deutschen Recht, Tübingen 1997, S. 32, Rn 137; EuGH, Urt. v. 8.6.2017 – C-54/16 (Vinyls), RIW 2017, 435, 438; EuGH, Urt. v. 15.10.2015 – C-310/14 (Nike), IPRax 2016, 263, 265.
[175] Virgós/Schmit, Erläuternder Bericht vom 8.7.1996 zu dem EU-Übereinkommen über Insolvenzverfahren, abgedr. in: Stoll, Vorschläge und Gutachten zur Umsetzung des EU-Übereinkommens über Insolvenzverfahren im deutschen Recht, Tübingen 1997, S. 32, Rn 137.

deutsche Insolvenzanfechtungsrecht erheblich strenger ist als viele andere Rechtsordnungen und damit der Nachweis, dass eine bestimmte Rechtshandlung nach einem ausländischen Recht nicht anfechtbar ist, oft nicht allzu schwer ist. So ist beispielsweise nach niederländischem Insolvenzrecht die Begleichung einer fälligen Schuld nur anfechtbar, wenn der Zahlungsempfänger bei Erhalt der Zahlung wusste, dass bereits ein Insolvenzantrag gestellt worden war, oder der Schuldner und der Zahlungsempfänger vereinbart hatten, den Zahlungsempfänger zum Nachteil der übrigen Gläubiger zu bevorzugen (Art. 47 Faillissementswet).

94   Allerdings meint die Formulierung „in keiner Weise angreifbar" darüber hinaus, dass die Rechtshandlung nach dem auf sie anwendbaren Recht auch nicht unter einem anderen, also einem insolvenzunabhängigen Gesichtspunkt angreifbar sein darf.[176] Die Unangreifbarkeit beschränkt sich somit nicht nur auf insolvenzanfechtungsrechtliche Gründe, sondern erstreckt sich auf sämtliche Unwirksamkeits- und Nichtigkeitsgründe.[177] Der Anfechtungsgegner muss deshalb darlegen und beweisen, dass die *lex causae* in ihrer Gesamtheit es nicht ermöglicht, die Rückgängigmachung der Rechtshandlung zu verlangen.[178] Berücksichtigt man dies, ist eine Rechtshandlung bereits dann angreifbar, wenn sie Rückgewähr- oder Schadensersatzansprüche auslöst.[179] Handelt es sich bei der angefochtenen Rechtshandlung beispielsweise um die Rückzahlung eines Gesellschafterdarlehens und sieht die *lex causae* vor, dass bei jedem Darlehen, das ein Gesellschafter der Gesellschaft in einer wirtschaftlichen Krise gewährt, von einer konkludent getroffenen Rangrücktrittsvereinbarung auszugehen ist, kann die Gesellschaft das zur Darlehensrückführung Geleistete aufgrund dieser Rangrücktrittsvereinbarung zurückfordern, so dass die Rechtshandlung angreifbar ist.[180]

95   Für die Unangreifbarkeit genügt es jedoch, wenn nach der *lex causae* alle denkbaren Rückgewähr- oder Schadensersatzansprüche infolge Zeitablaufs, etwa wegen einer Ausschluss- oder Verjährungsfrist, nicht mehr geltend gemacht werden können.[181] Relevant ist dies etwa im Verhältnis zu Österreich, weil nach österreichischem Insolvenzrecht die Anfechtungsklage binnen eines Jahres seit Eröffnung des Insolvenzverfahrens erhoben werden muss; wird diese Frist nicht gewahrt, erlischt der Rückgewähranspruch (§ 43 Abs. 2 Satz 1 der österreichischen Insolvenzord-

---

176 Virgós/Schmit, Erläuternder Bericht vom 8.7.1996 zu dem EU-Übereinkommen über Insolvenzverfahren, abgedr. in: Stoll, Vorschläge und Gutachten zur Umsetzung des EU-Übereinkommens über Insolvenzverfahren im deutschen Recht, Tübingen 1997, S. 32, Rn 137.
177 EuGH, Urt. v. 15.10.2015 – C-310/14 (Nike), IPRax 2016, 263, 266; BGH, Urt. v. 8.2.2018 – IX ZR 103/17, ZIP 2018, 1299, 1303; BGH, Urt. v. 12.12.2019 – IX ZR 328/18, RIW 2020, 233, 234.
178 EuGH, Urt. v. 15.10.2015 – C-310/14 (Nike), IPRax 2016, 263, 266.
179 BGH, Urt. v. 12.12.2019 – IX ZR 328/18, RIW 2020, 233, 234.
180 BGH, Urt. v. 12.12.2019 – IX ZR 328/18, RIW 2020, 233, 234.
181 EuGH, Urt. v. 16.4.2015 – C-557/13 (Lutz), ZIP 2015, 1030, 1033; BGH, Urt. v. 8.2.2018 – IX ZR 103/17, ZIP 2018, 1299, 1303.

nung). Nach schweizerischem Recht beträgt die Verjährungsfrist zwar – wie auch nach deutschem Recht (§ 146 Abs. 1 InsO i.V.m. § 195 BGB) – drei Jahre. Sie beginnt aber, anders als nach deutschem Recht (§ 199 Abs. 1 BGB), nicht mit dem Schluss des Jahres, in dem das Insolvenzverfahren eröffnet wurde und der Insolvenzverwalter von dem Anspruch Kenntnis erlangte, sondern bereits im Zeitpunkt der Insolvenzeröffnung (Art. 292 Abs. 1 des schweizerischen Bundesgesetzes über Schuldbetreibung und Konkurs), so dass die Verjährung nach schweizerischem Recht, wenn die Insolvenzeröffnung im Januar eines Jahres erfolgt ist, elf Monate früher als nach deutschem Recht eintreten kann.

III. Beweiserhebung

Art. 16 EuInsVO regelt nicht, in welcher Reihenfolge im Prozess Beweis zu erheben ist. Wegen des Wortlauts der Vorschrift trägt der Anfechtungsgegner die Beweislast dafür, dass die Rechtshandlung nach der *lex causae* im konkreten Fall unangreifbar ist.[182] Er muss also das Nichtvorliegen aller Umstände, die die Rechtshandlung nach der *lex causae* angreifbar machen könnten, beweisen.[183] Hierüber ist zuerst Beweis zu erheben. Erst wenn dem Anfechtungsgegner dieser Beweis nicht gelungen ist, muss der Anfechtende (im Regelfall der Insolvenzverwalter) darlegen und beweisen, dass die Anfechtungsvoraussetzungen der *lex fori concursus* erfüllt sind.[184] Dass auch die (meist strengeren) Anfechtungsvoraussetzungen der *lex causae* erfüllt sind, muss der Anfechtende hingegen nicht beweisen, weil dem Anfechtungsgegner insoweit der negative Beweis obliegt.[185]

96

Da der Anfechtungsgegner die Beweislast dafür trägt, dass die Rechtshandlung nach der *lex causae* unangreifbar ist, ist das Gericht – abweichend von § 293 ZPO – nicht gehalten, den Inhalt der *lex causae* von Amts wegen zu ermitteln. Vielmehr muss der Anfechtungsgegner den Inhalt des fremden Rechts darlegen und beweisen.[186] Welche Beweismittel zulässig sind und wann das Gericht die Tatsache für erwiesen hält, bestimmt das nationale Recht.[187] Anforderungen des nationalen Rechts dürfen aber eine Berufung auf Art. 16 EuInsVO nicht praktisch unmöglich machen, weil ansonsten der *effet utile* des Unionsrechts verletzt wäre.[188] Deshalb

97

---

[182] EuGH, Urt. v. 8.6.2017 – C-54/16 (Vinyls), RIW 2017, 435, 437.
[183] EuGH, Urt. v. 15.10.2015 – C-310/14 (Nike), IPRax 2016, 263, 265; EuGH, Urt. v. 8.6.2017 – C-54/16 (Vinyls), RIW 2017, 435, 438; BGH, Urt. v. 8.2.2018 – IX ZR 103/17, ZIP 2018, 1299, 1303.
[184] EuGH, Urt. v. 15.10.2015 – C-310/14 (Nike), IPRax 2016, 263, 267.
[185] EuGH, Urt. v. 15.10.2015 – C-310/14 (Nike), IPRax 2016, 263, 265.
[186] BGH, Beschl. v. 22.4.2010 – IX ZR 94/08, BeckRS 2010, 11721; BGH, Urt. v. 12.12.2019 – IX ZR 328/18, RIW 2020, 233, 234.
[187] EuGH, Urt. v. 15.10.2015 – C-310/14 (Nike), IPRax 2016, 263, 265.
[188] EuGH, Urt. v. 15.10.2015 – C-310/14 (Nike), IPRax 2016, 263, 265.

dürfen allzu strenge Beweisregeln, insbesondere hinsichtlich des Nichtvorliegens der Umstände, die die Rechtshandlung nach der *lex causae* angreifbar machen, nicht angewendet werden.[189] Ebenso wenig dürfen allzu lasche Beweisregeln angewendet werden, weil sie faktisch zu einer Umkehr der Beweislast führten.[190]

98 Nach deutschem Recht kommt als Beweisantritt insbesondere der Antrag auf Einholung eines Sachverständigengutachtens zum Inhalt des ausländischen Rechts in Betracht.[191] Ferner gilt nach deutschem Recht das Beweismaß des § 286 Abs. 1 Satz 1 ZPO. Ist in dem Land, dessen Recht anwendbar ist, die Rechtslage unklar, etwa weil der Oberste Gerichtshof dieses Landes eine Rechtsfrage ausdrücklich offengelassen hat und die Instanzgerichte unterschiedliche Ansichten vertreten, bleibt der Anfechtungsgegner nach Ansicht des BGH[192] beweisfällig mit der Folge, dass das Recht des Staates der Verfahrenseröffnung anwendbar und die Rechtshandlung somit anfechtbar ist, sofern die Anfechtungsvoraussetzungen erfüllt sind. Diese Auffassung ist allerdings mit der Rechtsprechung des EuGH, nach der dem beweispflichtigen Anfechtungsgegner der Beweis nicht unmöglich gemacht werden darf (oben Rn 97), nicht vereinbar. Denn es hängt vom Zufall ab, ob es im Land der *lex causae* zu einer bestimmten Rechtsfrage bereits eine höchstrichterliche Entscheidung gibt oder nicht. Deshalb obliegt es, wenn eine Frage des ausländischen Rechts noch ungeklärt ist, dem deutschen Gericht, das mit dieser Frage befasst ist, sie unter Berücksichtigung der in der ausländischen Rechtsprechung und Literatur vertretenen Ansichten zu entscheiden.[193] Dabei darf sich das deutsche Gericht der überwiegenden Meinung in der ausländischen Rechtsprechung oder der überwiegenden Meinung im ausländischen Schrifttum anschließen.[194]

IV. Prozessuales, Vollstreckung

99 Bereits der Wortlaut von Art. 16 EuInsVO und § 339 InsO zeigt, dass es sich bei dem Verteidigungsmittel um eine Einrede handelt, die der Anfechtungsgegner erheben, das Gericht also nicht von Amts wegen beachten muss.[195] In welcher Form und in-

---

189 EuGH, Urt. v. 15.10.2015 – C-310/14 (Nike), IPRax 2016, 263, 265.
190 EuGH, Urt. v. 15.10.2015 – C-310/14 (Nike), IPRax 2016, 263, 266 f.
191 BGH, Urt. v. 12.12.2019 – IX ZR 328/18, RIW 2020, 233, 234.
192 BGH, Urt. v. 12.12.2019 – IX ZR 328/18, RIW 2020, 233, 234.
193 MüKo/Prütting, 5. Aufl., § 293 ZPO Rn 58; Zöller/Geimer, § 293 ZPO Rn 26; Schulze, in: Heidel/Pauly/Wimmer-Amend, AnwaltFormulare, § 20, Rn 7, Fn. 35; Mörsdorf, in: Bergschneider, Familienvermögensrecht, Rn 12.73; ähnlich Geimer, in: Geimer, Internationales Zivilprozessrecht, Rn 2608.
194 Nagel/Gottwald, in: Nagel/Gottwald, Internationales Zivilprozessrecht, § 11 Rn 19.
195 Virgós/Schmit, Erläuternder Bericht vom 8.7.1996 zu dem EU-Übereinkommen über Insolvenzverfahren, abgedr. in: Stoll, Vorschläge und Gutachten zur Umsetzung des EU-Übereinkommens

nerhalb welcher Frist der Anfechtungsgegner die Einrede erheben muss, richtet sich nach dem Recht des Landes, in dem der insolvenzanfechtungsrechtliche Rückgewähranspruch (gerichtlich) geltend gemacht wird.[196]

100 Für die Geltendmachung des insolvenzanfechtungsrechtlichen Rückgewähranspruchs sind die Gerichte des Staates, in dem das Insolvenzverfahren eröffnet wurde, international zuständig, auch wenn der Anfechtungsgegner seinen Sitz in einem anderen EU-Mitgliedstaat[197] oder in einem Drittstaat wie der Schweiz hat[198]. Diese internationale Zuständigkeit ist eine ausschließliche.[199]

101 Das im Anfechtungsprozess erstrittene Urteils kann nach Art. 32 Abs. 1 Unterabs. 1 Satz 2, Unterabs. 2 EuInsVO i.V.m. Art. 39 ff. Brüssel Ia-VO in jedem anderen EU-Mitgliedstaat vollstreckt werden.[200] Eine vorherige Vollstreckbarerklärung im Land der Vollstreckung ist nicht erforderlich (Art. 32 Abs. 1 Unterabs. 1 Satz 2, Unterabs. 2 EuInsVO i.V.m. Art. 39 Brüssel Ia-VO). Der Vollstreckungsgläubiger muss der zuständigen Behörde im Vollstreckungsstaat eine Ausfertigung der Entscheidung, eine Bescheinigung des Ursprungsgerichts über ihre Vollstreckbarkeit (Art. 32 Abs. 1 Unterabs. 1 Satz 2, Unterabs. 2 EuInsVO i.V.m. Art. 53 Brüssel Ia-VO) und gegebenenfalls eine Übersetzung der Entscheidung vorlegen (Art. 32 Abs. 1 Unterabs. 1 Satz 2, Unterabs. 2 EuInsVO i.V.m. Art. 42 f. Brüssel Ia-VO).

E. Grenzüberschreitende Restschuldbefreiung

I. Anerkennung einer ausländischen Restschuldbefreiung

102 Eine im Ausland erteilte Restschuldbefreiung kann in Deutschland sowohl nach der EuInsVO als auch nach dem autonomen deutschen Internationalen Insolvenzrecht anerkannt werden. Dabei ist danach zu unterscheiden, ob dem Schuldner die Restschuldbefreiung **durch** eine gerichtliche Entscheidung oder **aufgrund** einer gerichtlichen Entscheidung erteilt wurde.

1. Erteilung der Restschuldbefreiung durch eine gerichtliche Entscheidung

103 Durch eine gerichtliche Entscheidung wird dem Schuldner die Restschuldbefreiung erteilt, wenn das Gericht die Erteilung der Restschuldbefreiung in seiner Entschei-

---

über Insolvenzverfahren im deutschen Recht, Tübingen 1997, S. 32, Rn 136; BGH, Urt. v. 8.2.2018 – IX ZR 103/17, ZIP 2018, 1299, 1303.
196 EuGH, Urt. v. 8.6.2017 – C-54/16 (Vinyls), RIW 2017, 435, 437 f.
197 EuGH, Urt. v. 12.2.2009 – C-339/07 (Seagon), NJW 2009, 2189 f.
198 EuGH, Urt. v. 16.1.2014 – C-328/12 (Schmid), NJW 2014, 610, 611 f.
199 EuGH, Urt. v. 14.11.2018 – C-296/17 (Wiemer), NZI 2018, 994, 995 f.
200 EuGH, Urt. v. 12.2.2009 – C-339/07 (Seagon), NJW 2009, 2190.

dung, in der Regel im Tenor der Entscheidung, ausdrücklich ausspricht.[201] Ein Beispiel hierfür ist das deutsche Recht. Nach ihm genießt der Schuldner die Restschuldbefreiung erst, wenn das Gericht einen Beschluss erlässt, in dessen Tenor es ausdrücklich heißt, dem Schuldner werde die Restschuldbefreiung erteilt (§ 300 Abs. 1 InsO).[1337] Neben dem deutschen Recht sehen beispielsweise auch das österreichische Recht (§ 213 Abs. 1 Satz 1 der österreichischen Insolvenzordnung)[202] und das US-amerikanische Recht (Section 727 (a) Title 11 United States Code und Section 1328 (a) Title 11 United States Code)[203] vor, dass dem Schuldner die Restschuldbefreiung durch eine gerichtliche Entscheidung erteilt wird.

104   Die gerichtliche Entscheidung, durch die die Erteilung der Restschuldbefreiung ausgesprochen wird, wirkt unmittelbar auf die Verbindlichkeiten des Schuldners ein und gestaltet das Verhältnis zwischen dem Schuldner und seinen Gläubigern neu (so auch § 301 Abs. 1 InsO). Diese Entscheidung hat, da sich aus ihr unmittelbar materiellrechtliche Wirkungen ergeben, Gestaltungswirkung. Um diese Gestaltungswirkung auf das Inland zu erstrecken, ist die formelle Anerkennung dieser ausländischen Entscheidung erforderlich.[204]

105   Die formelle Anerkennung einer ausländischen Entscheidung ist ihre verfahrensrechtliche Anerkennung und damit eine Frage des Internationalen Verfahrensrechts. Sie hat zur Folge, dass die Existenz des fremden Hoheitsakts anerkannt wird.[205] Infolge dessen werden die Wirkungen, die sich unmittelbar aus der ausländischen Entscheidung, insbesondere aus ihrem Tenor, ergeben, auf das Inland erstreckt. Diese Wirkungserstreckung wiederum hat zur Folge, dass die Entscheidung im Inland die gleiche rechtliche Bedeutung wie nach der Rechtsordnung des Entscheidungsstaates hat.[206] Da somit die Wirkungen der *lex fori concursus* auf den Anerkennungsstaat ausgedehnt werden[207], werden auch die Wirkungen, die das ausländische Recht „seiner" Restschuldbefreiung beilegt, auf das Inland ausgedehnt.[208]

---

201 Fuchs, Nationale und internationale Aspekte des Restschuldbefreiungs-Tourismus, 2015, S. 261.
202 Näher zum österreichischen Recht Fuchs, Nationale und internationale Aspekte des Restschuldbefreiungs-Tourismus, 2015, S. 66 ff.
203 Zum US-amerikanischen Recht Fuchs, Nationale und internationale Aspekte des Restschuldbefreiungs-Tourismus, 2015, S. 62 ff.
204 Fuchs, Nationale und internationale Aspekte des Restschuldbefreiungs-Tourismus, 2015, S. 262; Ehricke, RabelsZ 62 (1998), 712, 733 f.
205 Fuchs, Nationale und internationale Aspekte des Restschuldbefreiungs-Tourismus, 2015, S. 262; Laut, Universalität und Sanierung im internationalen Insolvenzrecht, 1997, S. 48.
206 Fuchs, Nationale und internationale Aspekte des Restschuldbefreiungs-Tourismus, 2015, S. 262; Ehricke, RabelsZ 62 (1998), 712, 723 f.
207 Laut, Universalität und Sanierung im internationalen Insolvenzrecht, 1997, S. 49.
208 Fuchs, Nationale und internationale Aspekte des Restschuldbefreiungs-Tourismus, 2015, S. 262.

Folglich kann sich der Schuldner im Inland auf die ihm im Ausland erteilte Restschuldbefreiung berufen.

2. Erteilung der Restschuldbefreiung aufgrund einer gerichtlichen Entscheidung

Aufgrund einer gerichtlichen Entscheidung wird die Restschuldbefreiung erteilt, wenn die Restschuldbefreiung kraft Gesetzes eintritt und das Gesetz die Erteilung der Restschuldbefreiung vom Vorliegen einer irgendwie gearteten gerichtlichen Entscheidung abhängig macht.[209] Beispiele hierfür sind das englische, französische und elsässisch-moselsche Recht. Das englische Recht sieht vor, dass die Restschuldbefreiung in der Regel eintritt, sobald nach der Entscheidung über die Eröffnung des Insolvenzverfahrens ein Jahr verstrichen ist (Sections 279(1), 278(a) Insolvency Act 1986).[210] Das französische Recht (Art. L-742-20, L-742-22 des Code de la consommation), das elsässisch-moselsche Partikularrecht (Art. L-643-11 Abs. 1 des Code de commerce) und das schweizerische Recht (Art. 265 des Bundesgesetzes über Schuldbetreibung und Konkurs) bestimmen, dass die Restschuldbefreiung dadurch eintritt, dass das Gericht das Insolvenzverfahren beendet.[211] In den genannten Ländern bedarf es für die Restschuldbefreiung also keiner eigenständigen gerichtlichen Entscheidung. Die Restschuldbefreiung tritt vielmehr automatisch ein, weil sie die gesetzlich angeordnete Folge der Eröffnung beziehungsweise Beendigung des Insolvenzverfahrens ist.[212] Folglich treffen die Gerichte keine Entscheidung über die Erteilung der Restschuldbefreiung, sondern lediglich über die Eröffnung oder Beendigung des Insolvenzverfahrens. 106

Auch diese Entscheidungen haben zwar Gestaltungswirkung, weil die Rechtsposition des Schuldners durch die Eröffnung und Beendigung des Insolvenzverfahrens unmittelbar verändert wird. So bewirkt die Insolvenzeröffnungsentscheidung, dass das Vermögen des Schuldners den insolvenzrechtlichen Vorschriften des Eröffnungsstaates unterworfen wird.[213] Die Entscheidung über die Beendigung des Insolvenzverfahrens hat zur Folge, dass der Schuldner die Verfügungsbefugnis über sein Vermögen zurückerhält und gewisse rechtliche Einschränkungen – im elsäs- 107

---

209 Fuchs, Nationale und internationale Aspekte des Restschuldbefreiungs-Tourismus, 2015, S. 262.
210 Näher zum englischen Recht Fuchs, Nationale und internationale Aspekte des Restschuldbefreiungs-Tourismus, 2015, S. 109.
211 Näher hierzu Fuchs, Nationale und internationale Aspekte des Restschuldbefreiungs-Tourismus, 2015, S. 106 ff. (französisches Recht, dort auch zu dem Sonderfall, dass die Restschuldbefreiung bezüglich nicht fristgerecht angemeldeter Forderungen bereits früher eintritt) S. 135 (elsässisches Partikularrecht), S. 136 (schweizerisches Recht).
212 Fuchs, Nationale und internationale Aspekte des Restschuldbefreiungs-Tourismus, 2015, S. 262 f.
213 Koch, FS für Jayme, Band I, S. 437, 442.

sisch-moselschen Partikularrecht etwa das Verbot, Schecks auszustellen (Art. L-643-12 Abs. 1 Code de commerce), in England das Verbot, für das Unterhaus zu kandidieren (Section 427 Insolvency Act 1986) – aufgehoben werden. Soweit es um die Restschuldbefreiung geht, haben diese Entscheidungen jedoch keine Gestaltungswirkung, weil sie auf das rechtliche Schicksal der Verbindlichkeiten des Schuldners nicht unmittelbar einwirken. Die Erteilung der Restschuldbefreiung wird nicht durch diese Entscheidungen, sondern kraft Gesetzes ausgesprochen. Dabei macht das Gesetz die Erteilung der Restschuldbefreiung aber von dem Vorliegen der jeweiligen Entscheidung abhängig, was sich daraus ergibt, dass das Gesetz die jeweilige Entscheidung als Tatbestandsvoraussetzung für die Erteilung der Restschuldbefreiung vorsieht. Damit haben die genannten Entscheidungen, was die Restschuldbefreiung anbelangt, keine Gestaltungs-, sondern Tatbestandswirkung.[214]

108 Die Anerkennung einer solchen Restschuldbefreiung, die aufgrund einer gerichtlichen Entscheidung erteilt wird, erfolgt in mehreren Schritten. Knüpft das ausländische Recht die Erteilung der Restschuldbefreiung an die Entscheidung über die Eröffnung des Insolvenzverfahrens, so ist zunächst die formelle Anerkennung dieser Eröffnungsentscheidung erforderlich. Knüpft das ausländische Recht die Erteilung der Restschuldbefreiung hingegen an die Entscheidung über die Beendigung des Insolvenzverfahrens, so sind die formelle Anerkennung der Eröffnungsentscheidung und die formelle Anerkennung der Beendigungsentscheidung erforderlich.[215] Dass neben der Beendigungs- auch die Eröffnungsentscheidung anerkannt werden muss, ergibt sich daraus, dass die Anerkennung insolvenzrechtlicher Folgeentscheidungen stets die Anerkennung der ihnen zugrunde liegenden Insolvenzeröffnungsentscheidung voraussetzt.[216]

109 Die formelle Anerkennung führt noch nicht dazu, dass sich die Wirkungen der Restschuldbefreiung auf das Inland erstrecken. Gegenstand der formellen Anerkennung ist nämlich lediglich die Eröffnungs- beziehungsweise Beendigungsentscheidung, und aus diesen Entscheidungen ergibt sich die Erteilung der Restschuldbefreiung gerade nicht. Es ist daher erforderlich, auch die materiellrechtlichen Wirkungen, die die ausländische Rechtsordnung mit der Eröffnungs- oder Beendigungsentscheidung verbindet, anzuerkennen.[217] Diese materielle Anerkennung ist – anders als die formelle Anerkennung – keine Frage des Internationalen Verfahrens-

---

214 Fuchs, Nationale und internationale Aspekte des Restschuldbefreiungs-Tourismus, 2015, S. 263; Ehricke, RabelsZ 62 (1998), 712, 732 ff.
215 Fuchs, Nationale und internationale Aspekte des Restschuldbefreiungs-Tourismus, 2015, S. 263 f.
216 Fuchs, Nationale und internationale Aspekte des Restschuldbefreiungs-Tourismus, 2015, S. 173 f.; Ehricke, RabelsZ 62 (1998), 712, 724 f.; Trunk, Internationales Insolvenzrecht, Tübingen 1998, S. 278 f.
217 Fuchs, Nationale und internationale Aspekte des Restschuldbefreiungs-Tourismus, 2015, S. 264; Ehricke, RabelsZ 62 (1998), 712, 725.

rechts, sondern des Internationalen Privatrechts. Sie erfolgt mit Hilfe der Kollisionsnormen des Internationalen Privatrechts. Da das EGBGB keine Kollisionsnorm für die Restschuldbefreiung enthält, war lange Zeit umstritten, welche Rechtsordnung über die materielle Anerkennung einer ausländischen Restschuldbefreiung zu entscheiden hat. In Betracht kamen sowohl das Schuldstatut (*lex causae*), also das der Forderung zugrunde liegende Recht, als auch das Insolvenzstatut (*lex fori concursus*), also das Recht, unter dessen Geltung das Insolvenzverfahren durchgeführt wurde.[218] Heutzutage ist anerkannt, dass die *lex fori concursus* über die materielle Anerkennung der Restschuldbefreiung entscheidet.[219]

3. Anerkennung der ausländischen Restschuldbefreiung nach der EuInsVO

Art. 32 Abs. 1 Unterabs. 1 Satz 1 EuInsVO sieht vor, dass die zur Durchführung und Beendigung eines Insolvenzverfahrens ergangenen Entscheidungen eines Gerichts, dessen Eröffnungsentscheidung nach Art. 19 EuInsVO anerkannt wird, ebenfalls ohne weitere Förmlichkeiten anerkannt werden. Art. 32 Abs. 1 Unterabs. 2 EuInsVO bestimmt, dass das Gleiche für Entscheidungen gilt, die unmittelbar aufgrund des Insolvenzverfahrens ergehen und in engem Zusammenhang damit stehen. Zwar sehen diese beiden Vorschriften – anders als Art. 20 Abs. 1 EuInsVO für die Insolvenzeröffnungsentscheidung – nicht vor, dass sich die Wirkungen der jeweiligen Entscheidungen auf die übrigen Mitgliedstaaten erstrecken.[220] Der Gedanke des Art. 20 Abs. 1 EuInsVO und damit die Theorie der unmittelbaren Wirkungserstreckung ist jedoch entsprechend anwendbar, weil eine unterschiedliche Behandlung der Eröffnungsentscheidung und der insolvenzrechtlichen Folgeentscheidungen nicht zu rechtfertigen wäre.[221] Darüber hinaus macht der in Art. 32 Abs. 1 Unterabs. 1 Satz 1 EuInsVO enthaltene Verweis auf Art. 19 EuInsVO deutlich, dass Art. 32 Abs. 1

110

---

218 Ausführlich hierzu Fuchs, Nationale und internationale Aspekte des Restschuldbefreiungs-Tourismus, 2015, S. 264 ff.; zur Entwicklung der Rechtsprechung in Deutschland im 19. und 20. Jahrhundert ebenda, S. 244 ff.; zu den Diskussionen im Zuge der Schaffung der EuInsVO ebenda, S. 268 ff.
219 Ehricke, RabelsZ 62 (1998), 712, 730 f.; Ackmann/Wenner, IPRax 1990, 209, 212; Taupitz, ZZP 111 (1998), 315, 347; Laut, Universalität und Sanierung im internationalen Insolvenzrecht, 1997, S. 121; von Oertzen, Inlandswirkungen eines Auslandskonkurses, 1990, S. 142 f.; wohl auch Hanisch, in: Société Suisse de Droit International, Le droit de la faillite internationale, Zürich 1986, S. 15, 36.
220 Ehricke, zit. n. Heiderhoff, ZZP 111 (1998), 351, 353; Blitz, Sonderinsolvenzverfahren im Internationalen Insolvenzrecht, Berlin 2002, S. 145.
221 So bereits zu der Vorgängerregelung des Art. 32 EuInsVO, nämlich Art. 25 EuInsVO a.F.: LG Stuttgart, Urt. v. 19.4.2012 – 25 O 470/11, unveröff., S. 7; Ambach, Reichweite und Bedeutung von Art. 25 EuInsVO, Berlin 2009, S. 246; Blitz, Sonderinsolvenzverfahren im Internationalen Insolvenzrecht, Berlin 2002, S. 145; Ehricke, RabelsZ 62 (1998), 712, 737; Ehricke/Ries, JuS 2003, 313, 315; vgl. auch Virgós/Schmit, Erläuternder Bericht zum EuInsÜ, abgedr. in: Stoll, Vorschläge und Gutachten, S. 32, 99 f. (dort Rn 191, 194).

EuInsVO den Anwendungsbereich des Art. 19 EuInsVO erweitern soll und somit Art. 20 Abs. 1 EuInsVO auch für die unter Art. 32 EuInsVO fallenden insolvenzrechtlichen Folgeentscheidungen gilt.[222] Die Wirkungen, die die insolvenzrechtlichen Folgeentscheidungen im Ursprungsstaat haben, werden also auf die anderen Mitgliedstaaten ausgedehnt.

111   Hieraus ergibt sich Folgendes: Wird dem Schuldner die Restschuldbefreiung im Ausland **durch** (siehe oben Rn 103 ff.) eine gerichtliche Entscheidung erteilt, erfolgt ihre Anerkennung – abhängig davon, ob die Entscheidung zur Beendigung des Insolvenzverfahrens oder unmittelbar aufgrund des Insolvenzverfahrens ergeht – nach Art. 32 Abs. 1 Unterabs. 1 Satz 1 oder Unterabs. 2 EuInsVO.[223] Diese Anerkennung erfolgt – ebenso wie die Anerkennung der Insolvenzeröffnungsentscheidung nach Art. 19 Abs. 1 Unterabs. 1 EuInsVO – **automatisch.**[224]

112   Erfolgt die Erteilung der Restschuldbefreiung hingegen **aufgrund** einer gerichtlichen Entscheidung, so hängt ihre Anerkennung zunächst einmal davon ab, dass die ausländische Insolvenzeröffnungsentscheidung, gegebenenfalls auch die Entscheidung über die Beendigung des Insolvenzverfahrens, nach Art. Art. 19 Abs. 1 Unterabs. 1 EuInsVO, gegebenenfalls auch Art. 32 Abs. 1 Unterabs. 1 Satz 1 EuInsVO, anerkannt wird (siehe oben Rn 106 ff.). Ist dies der Fall, richtet sich die Anerkennung der Restschuldbefreiung selbst nach Art. 7 Abs. 2 Satz 2 lit. k) EuInsVO. Hiernach regelt das Recht des Staates, in dem das Insolvenzverfahren eröffnet wurde, die Rechte der Gläubiger nach der Beendigung des Insolvenzverfahrens. Es ist allgemeine Meinung, dass die Formulierung „Rechte der Gläubiger nach der Beendigung des Insolvenzverfahrens" insbesondere die Frage umfasst, ob und unter welchen Voraussetzungen nach Beendigung des Insolvenzverfahrens noch Forderungen gegen den Schuldner geltend gemacht werden können.[225] Folglich richtet

---

222 Blitz, Sonderinsolvenzverfahren im Internationalen Insolvenzrecht, Berlin 2002, S. 145.
223 Fuchs, Nationale und internationale Aspekte des Restschuldbefreiungs-Tourismus, 2015, S. 270 f.; Hergenröder, DZWIR 2009, 309, 319; Lüke, zit. n. Heiderhoff, ZZP 111 (1998), 351, 354; Mehring, ZInsO 2012, 1247, 1248 f.; Balz, Am. Bankr. L. J. 70 (1996), 485, 518.
224 Fuchs, Nationale und internationale Aspekte des Restschuldbefreiungs-Tourismus, 2015, S. 271; Balz, Am. Bankr. L. J. 70 (1996), 485, 518.
225 Virgós/Schmit, Erläuternder Bericht zum EuInsÜ, abgedr. in: Stoll, Vorschläge und Gutachten, S. 32, 67 f. (dort Rn 91, lit. k); Balz, Am. Bankr. L. J. 70 (1996), 485, 507 f.; Vallender, ZInsO 2009, 616, 617; Wimmer, ZInsO 2001, 97, 100; Hergenröder, DZWIR 2009, 309, 316; Huber, ZZP 114 (2001), 133, 152; Taupitz, ZZP 111 (1998), 315, 347; Koch, in: FS für Erik Jayme, Band I, München 2004, S. 437, 441; Tkatchenko, Anerkennung der Restschuldbefreiung nach der EuInsVO, 2009, S. 64 f.; Mehring, ZInsO 2012, 1247, 1249. Zu der Frage, ob Art. 7 Abs. 2 Satz 2 lit. j) oder lit. k) EuInsVO einschlägig ist, siehe Prütting, Ehricke, Lüke und Taupitz, alle zit. n. Heiderhoff, ZZP 111 (1998), 351, 352 (Prütting), 353 (Ehricke), 354 (Lüke), 355 f. (Taupitz), und Dicey/Morris/Collins, The Conflict of Laws, 14. Aufl., Band 2, London 2006, Rule 170, S. 1450 f. (Rn 30–216 f.). OVG Sachsen, Beschl. v. 16.5.2014 – 5 A 754/11, juris, Rn 24, und Hergenröder, ZVI 2005, 233, 237 f., scheinen die Frage, ob lit. j) oder lit. k) einschlägig ist, offen zu lassen.

sich die Anerkennung einer Restschuldbefreiung, die aufgrund einer gerichtlichen Entscheidung erteilt wurde, nach Art. 7 Abs. 2 Satz 2 lit. k) EuInsVO.

Dabei darf allerdings nicht vergessen werden, dass mittelbar auch Art. 19 Abs. 1 Unterabs. 1 EuInsVO maßgeblich ist, weil Art. 7 EuInsVO auf das Recht des Staates der Verfahrenseröffnung verweist, die Restschuldbefreiung somit nur anerkannt werden kann, wenn auch die Verfahrenseröffnung anerkannt wird, und sich die Anerkennung der Insolvenzeröffnungsentscheidung nach Art. 19 Abs. 1 Unterabs. 1 EuInsVO richtet. Letztlich folgt die Anerkennung der **aufgrund** einer gerichtlichen Entscheidung erteilten Restschuldbefreiung somit aus dem Zusammenspiel von Art. 19 Abs. 1 Unterabs. 1 EuInsVO und Art. 7 Abs. 2 Satz 2 lit. k) EuInsVO, wobei Art. 19 nur mittelbare Bedeutung, Art. 7 hingegen unmittelbare Bedeutung hat.[226] Aufgrund der kollisionsrechtlichen Regelung des Art. 7 Abs. 2 Satz 2 lit. k) EuInsVO entfaltet eine Restschuldbefreiung, die nach dem Recht eines Mitgliedstaates erteilt wurde, auch in allen anderen Mitgliedstaaten Wirkung.

Unerheblich ist für die Anerkennung einer ausländischen Restschuldbefreiung nach der EuInsVO, welchem nationalen Recht die Forderungen unterliegen, in welchem Land die jeweiligen Verbindlichkeiten eingegangen wurden oder in welchem Land sie zu erfüllen sind.[227]

4. Anerkennung der ausländischen Restschuldbefreiung nach dem autonomen deutschen Internationalen Insolvenzrecht

Das autonome deutsche Internationale Insolvenzrecht entspricht der EuInsVO. Nach § 343 Abs. 1 Satz 1 und Abs. 2 InsO werden ausländische Entscheidungen zur Eröffnung, Durchführung und Beendigung des Insolvenzverfahrens anerkannt. Wird dem Schuldner die Restschuldbefreiung im Ausland **durch** (siehe oben Rn 103 ff.) eine gerichtliche Entscheidung erteilt, erfolgt ihre Anerkennung somit nach § 343 Abs. 2 InsO.

Erfolgt die Erteilung der Restschuldbefreiung hingegen **aufgrund** einer gerichtlichen Entscheidung, so hängt ihre Anerkennung zunächst einmal davon ab, dass die ausländische Insolvenzeröffnungsentscheidung und gegebenenfalls auch die Entscheidung über die Beendigung des Insolvenzverfahrens nach § 343 Abs. 1 Satz 1 und Abs. 2 InsO anerkannt werden (siehe oben Rn 106 ff.). Ist dies der Fall, richtet sich die Anerkennung der Restschuldbefreiung selbst nach § 335 InsO. Hiernach unterliegen das Insolvenzverfahren und seine Wirkungen dem Recht des Staates, in

---

226 So bereits zur EuInsVO a.F. BGH, Urt. v. 10.9.2015 – IX ZR 304/13, NZI 2016, 93, 94; Fuchs, Nationale und internationale Aspekte des Restschuldbefreiungs-Tourismus, 2015, S. 271 ff.; ders., NZI 2016, 932.
227 Fuchs, Nationale und internationale Aspekte des Restschuldbefreiungs-Tourismus, 2015, S. 273.

dem das Verfahren eröffnet wurde (*lex fori concursus*). Die Vorschrift, die eine allseitige Kollisionsnorm ist[228], entspricht Art. 7 Abs. 1 EuInsVO. Sie enthält jedoch nicht den Katalog des Art. 7 Abs. 2 Satz 2 EuInsVO, der beispielhaft die Fragen aufzählt, für die die *lex fori concursus* maßgeblich ist. Nach dem Willen des deutschen Gesetzgebers sollen die Beispiele des Art. 7 Abs. 2 Satz 2 EuInsVO jedoch zur Auslegung des § 335 InsO herangezogen werden.[229]

117   Heranzuziehen ist somit auch Art. 7 Abs. 2 Satz 2 lit. k) EuInsVO, wonach die *lex fori concursus* darüber entscheidet, welche Rechte die Gläubiger nach Beendigung des Insolvenzverfahrens haben. Deshalb ist nach § 335 InsO für die Frage, welche Auswirkungen das Insolvenzverfahren auf das Forderungsrecht der Gläubiger hat, die *lex fori concursus* und damit das Recht des Landes, in dem das Insolvenzverfahren eröffnet wurde, maßgeblich. Dies wiederum hat zur Folge, dass nach § 335 InsO die Wirkungen einer Restschuldbefreiung, die dem Schuldner in einem Insolvenzverfahren außerhalb des Geltungsbereichs der EuInsVO erteilt wurde, in Deutschland anerkannt werden.[230] Dieser Grundsatz galt bereits vor Inkrafttreten des § 335 InsO kraft Richterrechts.[231] Ebenso wie nach der EuInsVO werden auch nach § 335 InsO die Wirkungen einer ausländischen Restschuldbefreiung im Inland **automatisch** anerkannt.[232]

II. Rechtsfolge der ausländischen Restschuldbefreiung

118   Die *lex fori concursus* und damit die Rechtsordnung des Landes, in dem das Insolvenzverfahren eröffnet wurde, entscheidet darüber, welche Rechtsfolge, also welche konkreten Wirkungen, die Restschuldbefreiung hat.[233] Diese Wirkungen und nicht etwa andere entfaltet die ausländische Restschuldbefreiung, wenn sie hierzulande anerkannt wird, auch in Deutschland. Denn eine im Ausland erteilte Restschuldbefreiung kann im Inland keine anderen Auswirkungen haben als im Land ihrer Erteilung (vgl. Art. 7 Abs. 2 Satz 2 lit. k) EuInsVO), weil andernfalls gegen den Grundsatz verstießen würde, dass die Wirkungen einer ausländischen Entscheidung im Inland

---

228 MüKo/Reinhart, § 335 InsO Rn 1.
229 BGH, Beschl. v. 20.7.2017 – IX ZB 63/16, NZI 2017, 816, 817; BT-Drucks. 15/16, S. 18.
230 BGH, Urt. v. 24.6.2014 – VI ZR 347/12, BeckRS 2014, 16775, Rn 56 ff.; OLG Hamm, Urt. v. 18.7.2013 – 6 U 215/11, BeckRS 2013, 14286, unter II. 2. a); OLG München, Urt. v. 30.10.2013 – 20 U 603/12, BeckRS 2014, 1449, unter II. 2. a); VG Leipzig, Urt. v. 13.9.2011 – 6 K 86/08, unter 2.1.
231 BGH, Urt. v. 14.11.1996 – IX ZR 339/95, NJW 1997, 524 ff.; BGH, Urt. v. 27.5.1993 – IX ZR 254/92, NJW 1993, 2312, 2313.
232 Ahrens, in: Gottwald, Insolvenzrechts-Handbuch, § 80 Rn 36.
233 Hergenröder, DZWIR 2009, 309, 321; Fuchs, Nationale und internationale Aspekte des Restschuldbefreiungs-Tourismus, 2015, S. 695, 700.

nicht weiter reichen dürfen als im Ausland²³⁴. Die ausländische Entscheidung entstammt nämlich der ausländischen Rechtsordnung, steht ihr damit am nächsten und darf deshalb im Inland keine Wirkungen erzeugen, an die der ausländische Richter bei ihrem Erlass nicht dachte.²³⁵

Deshalb ist die Rechtsordnung des Staates der Insolvenzeröffnung für alle prozessualen und materiellen Aspekte der Restschuldbefreiung maßgeblich, soweit sie nicht durch zwingende Vorschriften des deutschen Rechts verdrängt wird.²³⁶ So sind etwa, wenn im Inland eine Klage erhoben wird oder Zwangsvollstreckungsmaßnahmen unternommen werden und sich in diesem Zusammenhang Fragen zur ausländischen Restschuldbefreiung stellen, verfahrensrechtliche Bestimmungen des deutschen Rechts stets gegenüber ausländischen Vorschriften vorrangig, weil deutsche Gerichte und deutsche Zwangsvollstreckungsorgane wegen des lex-fori-Prinzips immer das deutsche Verfahrensrecht anwenden.²³⁷ 119

Da die Anerkennung der Wirkungen der ausländischen Restschuldbefreiung sowohl nach der EuInsVO (oben Rn 111) als auch nach dem autonomen deutschen Internationalen Insolvenzrecht (oben Rn 117) automatisch erfolgt, wird die Frage, welche Folgen sie in Deutschland hat, inzidenter geprüft, nämlich entweder im Rahmen einer vom Gläubiger erhobenen Leistungsklage oder im Rahmen einer vom Schuldner erhobenen Vollstreckungsabwehrklage (§ 767 ZPO). Hierbei ist zwischen drei Rechtsfolgen zu unterscheiden, die die ausländische Restschuldbefreiung haben kann: 120

– Die Forderungen sind auf Dauer nicht mehr durchsetzbar (unten Rn 121 ff.).
– Die Forderungen sind zumindest vorübergehend nicht mehr durchsetzbar (unten Rn 124 ff.).
– Die Forderungen sind erloschen (unten Rn 145).

1. Fehlende Durchsetzbarkeit der Forderung als Rechtsfolge der Restschuldbefreiung

In Deutschland bewirkt die Erteilung der Restschuldbefreiung wegen § 301 Abs. 3 InsO kein Erlöschen der Forderungen, sondern ihre Umwandlung in unvollkommene Verbindlichkeiten (Naturalobligationen).²³⁸ Die Ansprüche bleiben zwar erfüll- 121

---

234 Graf, Die Anerkennung ausländischer Insolvenzentscheidungen, Tübingen 2003, S. 287.
235 So bereits von Savigny, System des heutigen Römischen Rechts, Berlin 1849, Bd. 8, S. 260.
236 Schulte, Die europäische Restschuldbefreiung, 2001, S. 128 ff., 169 ff., dort insbesondere 194 ff., 209; Vallender, ZInsO 2009, 616, 617; Fuchs, Nationale und internationale Aspekte des Restschuldbefreiungs-Tourismus, 2015, S. 695.
237 Fuchs, Nationale und internationale Aspekte des Restschuldbefreiungs-Tourismus, 2015, S. 695.
238 BT-Drucks. 17/11268, S. 31 (dort zu § 300a); BGH, Beschl. v. 25.9.2008 – IX ZB 205/06, NJW 2008, 3640, 3641; OLG Köln, Beschl. v. 9.3.2010 – 16 W 13/10, Rpfleger 2010, 529, 530; OLG Nürn-

bar, sind aber nicht mehr erzwingbar und können somit von den Gläubigern nicht mehr durchgesetzt werden.[239] Die fehlende Klagbarkeit bedeutet, dass es an einer allgemeinen Prozessvoraussetzung fehlt, so dass eine Leistungsklage nicht als unbegründet, sondern als unzulässig abzuweisen ist.[240] Da die fehlende Durchsetzbarkeit keine Einrede, sondern eine Einwendung ist, muss sich der Schuldner nicht ausdrücklich auf die ihm erteilte Restschuldbefreiung berufen; es genügt, dass das Gericht von der Restschuldbefreiung, etwa auch aufgrund des Vorbringens des Gläubigers, Kenntnis erlangt.[241] Hat der Gläubiger bereits einen Vollstreckungstitel und betreibt er aus ihm die Zwangsvollstreckung, muss der Schuldner, wenn die Forderung infolge der Restschuldbefreiung nicht mehr erzwingbar ist, im Wege der **Vollstreckungsabwehrklage** (§ 767 ZPO) beantragen, die Zwangsvollstreckung aus dem Titel für unzulässig zu erklären.[242]

122   Neben dem deutschen Recht sehen unter anderem auch das **österreichische**[243] (siehe § 214 Abs. 3 der österreichischen Insolvenzordnung), das **englische**[244] (siehe Sections 281(1), 382(1)(b) Insolvency Act 1986) und das **US-amerikanische** Recht[245] (siehe Section 524 (a) (1) Title 11 United States Code) als Rechtsfolge der Restschuldbefreiung vor, dass die Forderung zwar fortbesteht, aber nicht mehr durchsetzbar ist. Beruft sich der Schuldner auf eine ihm in diesen Ländern erteilte Restschuldbefreiung, gilt also das Gleiche wie bei einer deutschen Restschuldbefreiung: Eine Leistungsklage ist als unzulässig abzuweisen, ohne dass der Schuldner eine förmliche Einrede erheben müsste.[246] Liegt bereits ein Vollstreckungstitel vor, kann der Schuldner sich gegen die Zwangsvollstreckung mit der Vollstreckungsabwehrklage (§ 767 ZPO) zur Wehr setzen.[247]

---

berg, Beschl. v. 21.6.2012 – 12 W 1132/12, NJW-RR 2012, 1259, 1260; VG Berlin, Beschl. v. 2.5.2012 – VG 35 KE 9.12, BeckRS 2012, 51199.
239 BT-Drucks. 12/2443, S. 194 (dort zu § 250); OLG Köln, Beschl. v. 9.3.2010 – 16 W 13/10, Rpfleger 2010, 529, 530; OLG Nürnberg, Beschl. v. 21.6.2012 – 12 W 1132/12, NJW-RR 2012, 1259, 1260; VG Berlin, Beschl. v. 2.5.2012 – VG 35 KE 9.12, BeckRS 2012, 51199.
240 Fuchs, Nationale und internationale Aspekte des Restschuldbefreiungs-Tourismus, 2015, S. 122.
241 Fuchs, Nationale und internationale Aspekte des Restschuldbefreiungs-Tourismus, 2015, S. 122.
242 BGH, Beschl. v. 25.9.2008 – IX ZB 205/06, NJW 2008, 3640 f.
243 Konecny, ZEuP 1995, 589, 598.
244 Hierzu Fuchs, Nationale und internationale Aspekte des Restschuldbefreiungs-Tourismus, 2015, S. 133 ff.
245 Fuchs, Nationale und internationale Aspekte des Restschuldbefreiungs-Tourismus, 2015, S. 145.
246 OLG Celle, Urt. v. 7.1.2010 – 6 U 60/09, IPrax 2011, 186; Fuchs, Nationale und internationale Aspekte des Restschuldbefreiungs-Tourismus, 2015, S. 701.
247 So für eine Restschuldbefreiung nach englischem Recht BGH, Beschl. v. 25.9.2008 – IX ZB 205/06, NJW 2008, 3640 f.

Eine Besonderheit gilt für das **kanadische** Recht: Zwar befreit die Restschuldbefreiung nach dem Gesetzeswortlaut den Schuldner von seinen Verbindlichkeiten (Section 178(2) Bankruptcy and Insolvency Act of Canada). Dies wird in der Literatur aber so verstanden, dass die Forderungen nicht erlöschen, sondern lediglich nicht mehr durchsetzbar sind und diese fehlende Durchsetzbarkeit dem Schuldner eine prozessuale Einrede verleiht, die er ausdrücklich erheben muss.[248] Folglich darf auch ein deutsches Gericht, sowohl dann, wenn der Gläubiger eine Forderung, die der kanadischen Restschuldbefreiung unterliegt, gegen den Schuldner geltend macht, als auch dann, wenn der Schuldner die Vollstreckungsabwehrklage erhebt, die Restschuldbefreiung nur berücksichtigen, wenn der Schuldner sich ausdrücklich darauf beruft, dass er wegen der kanadischen Restschuldbefreiung zur Erfüllung des Anspruchs nicht mehr verpflichtet sei. Denn andernfalls würden der Restschuldbefreiung im Inland mehr Wirkungen beigelegt, als sie in ihrem Ursprungsstaat hat, was wegen Rn 118 nicht zulässig ist.[249] Im Falle der Vollstreckungsabwehrklage ergibt sich die Erhebung dieser Einrede durch den Schuldner in der Regel aus seiner Klagebegründung.

123

2. Vorübergehende Durchsetzungssperre als Rechtsfolge der Restschuldbefreiung

In mehreren Ländern nimmt die Erteilung der Restschuldbefreiung den Forderungen nicht auf Dauer ihre Durchsetzbarkeit, sondern lässt die Durchsetzbarkeit nur bis zum Eintritt eines bestimmten Ereignisses entfallen. Dabei gibt es Rechtsordnungen, in denen die Durchsetzbarkeit der Ansprüche automatisch, bei Eintritt einer bestimmten Bedingung, wieder eintritt (unten Rn 125 ff.), und andere, in denen sie erst nach Erlass einer gerichtlichen Entscheidung wieder eintritt (unten Rn 139 ff.).

124

a) Automatisches Entfallen der Durchsetzungssperre

Ein Beispiel für die erste Kategorie ist das schweizerische Recht. Dort (siehe Art. 265 Abs. 1 Satz 1 des Bundesgesetzes über Schuldbetreibung und Konkurs) erhält jeder Gläubiger bei Beendigung des Konkursverfahrens für den im Verfahren unbefriedigt gebliebenen Betrag seiner Forderung einen Verlustschein (französisch: „acte de défaut de biens", italienisch: „attestato di carenza di beni"). Die Ausstellung des Konkursverlustscheins bewirkt einerseits, dass die betreffende Forderung für die Zukunft unverzinslich ist (Art. 265 Abs. 2 Satz 1 i.V.m. Art. 149 Abs. 4 Satz 1 des vorgenannten Bundesgesetzes), andererseits aber auch, dass die Forderung erst

125

---

[248] Honsberger/Dare, Bankruptcy in Canada, S. 440 f.
[249] Fuchs, Nationale und internationale Aspekte des Restschuldbefreiungs-Tourismus, 2015, S. 701.

20 Jahre nach der Ausstellung des Verlustscheins verjährt (Art. 265 Abs. 2 Satz 1 i.V.m. Art. 149a Abs. 1 Halbs. 1 desselben Bundesgesetzes).

aa) Erwerb neuen Vermögens

126 Gestützt auf den Verlustschein können gemäß Art. 265 Abs. 2 Satz 2 des vorgenannten Bundesgesetzes neue Zwangsvollstreckungsmaßnahmen nur eingeleitet werden, wenn der Schuldner zu neuem Vermögen gekommen ist (französisch: „retour à meilleure fortune", italienisch: „ritorno a miglior fortuna"). Forderungen solcher Gläubiger, die am Konkursverfahren nicht teilgenommen haben, sind von der Unverzinslichkeit und der Verlängerung der Verjährungsfrist ausgenommen. Allerdings können auch wegen dieser Forderungen Zwangsvollstreckungsmaßnahmen erst unternommen werden, wenn der Schuldner zu neuem Vermögen gekommen ist (Art. 267 des genannten Bundesgesetzes).[250]

127 Bei der Beantwortung der Frage, wann der Schuldner zu neuem Vermögen im Sinne des Gesetzes gekommen ist, ist von dem Sinn und Zweck des Art. 265 Abs. 2 Satz 2 des Bundesgesetzes über Schuldbetreibung und Konkurs auszugehen, der darin besteht, dass der Schuldner die Möglichkeit haben soll, sich nach Durchführung des Konkursverfahrens eine neue Existenz aufzubauen, sich also finanziell zu erholen[251]. Daher genügt einerseits nicht bereits jedes geringste vom Schuldner neu erworbene Vermögensstück zur Wiederauflebung des Zwangsvollstreckungsrechts, andererseits ist die Durchführung von Zwangsvollstreckungsmaßnahmen aber auch nicht davon abhängig, dass der Schuldner zu einer besseren Vermögenslage als vor dem Konkurs gelangt ist.[252] Vielmehr ist der Schuldner dann zu neuem Vermögen gelangt, wenn er nach Beendigung des Konkursverfahrens neue Aktiva erworben hat, denen keine neuen Passiva gegenüberstehen.[253] Maßgeblich ist damit das Nettovermögen des Schuldners, also der Wert seines Vermögens abzüglich der erst nach Beendigung des Konkursverfahrens entstandenen Verbindlichkeiten.[254] Dieses Nettovermögen wird auch der Überschuss der vorhandenen Aktiva über die seit dem Konkurs entstandenen Passiva genannt.[255] Daneben gelten als neues Vermögen auch Vermögenswerte Dritter, über die der Schuldner wirtschaftlich verfügt, sofern

---

250 Hierzu BGH, Urt. v. 27.5.1993 – IX ZR 254/92, NJW 1993, 2312, 2313 ff.
251 Schweizerisches Bundesgericht, Entsch. v. 8.9.1983, BGE 109 III, 93, 94; Schweizerisches Bundesgericht, Urt. v. 21.1.1973, BGE 99 I, 19.
252 OLG Hamburg, Urt. v. 7.6.1906, NiemeyersZ 18 (1908), 144 f.
253 Schweizerisches Bundesgericht, Entsch. v. 8.9.1983, BGE 109 III, 93, 94; Schweizerisches Bundesgericht, Urt. v. 21.1.1973, BGE 99 I, 19; Schweizerisches Bundesgericht, Entsch. v. 24.2.1927, BGE 53 III, 24, 27.
254 Schweizerisches Bundesgericht, Entsch. v. 8.9.1983, BGE 109 III, 93, 94.
255 Obergericht Zürich, Entsch. v. 11.2.1975, Blätter für Zürcherische Rechtsprechung 74 (1975), 6, 7.

das Recht des Dritten auf einer Handlung beruht, die der Schuldner in der dem Dritten erkennbaren Absicht vorgenommen hat, die Bildung neuen Vermögens zu vereiteln (Art. 265a Abs. 3 Satz 2 des Bundesgesetzes über Schuldbetreibung und Konkurs). Für diese wirtschaftliche Betrachtungsweise, wonach als neues Vermögen auch Vermögenswerte Dritter gelten, auf die der Schuldner Zugriff hat, entschied sich der schweizerische Gesetzgeber bewusst, um Missbräuchen entgegenzuwirken.[256]

Neue Zwangsvollstreckungsmaßnahmen können die Gläubiger unternehmen, ohne nachweisen zu müssen, dass sich die finanziellen Verhältnisse des Schuldners verbessert haben. Es obliegt vielmehr dem Schuldner, gegen Zwangsvollstreckungsmaßnahmen den Einwand zu erheben, dass er nicht zu neuem Vermögen gekommen sei (Art. 265a Abs. 1 Satz 1 des Bundesgesetzes über Schuldbetreibung und Konkurs). In diesem Fall entscheidet der für den Vollstreckungsort zuständige Richter, ob der Schuldner über neues Vermögen verfügt (Art. 265a Abs. 1 desselben Bundesgesetzes). Der Richter untersagt Zwangsvollstreckungsmaßnahmen, wenn der Schuldner seine Einkommens- und Vermögensverhältnisse darlegt und glaubhaft macht, dass er nicht zu neuem Vermögen gekommen ist (Art. 265a Abs. 2 des genannten Bundesgesetzes). Andernfalls gestattet der Richter Zwangsvollstreckungsmaßnahmen und stellt den Umfang des neuen Vermögens fest (Art. 265a Abs. 3 Satz 1 des genannten Bundesgesetzes). Gegen die Entscheidung des Richters kann innerhalb von 20 Tagen nach Bekanntgabe vom Gläubiger Klage auf Feststellung des neuen Vermögens, vom Schuldner Klage auf Bestreitung des neuen Vermögens erhoben werden (Art. 265a Abs. 4 des genannten Bundesgesetzes). In diesem Rechtsstreit trägt der Gläubiger die Beweislast dafür, dass der Schuldner zu neuem Vermögen gekommen ist.[257]

128

Da das Zwangsvollstreckungsrecht der Gläubiger wiederauflebt, wenn der Schuldner zu neuem Vermögen gelangt ist, gewährt das schweizerische Recht dem Schuldner keine endgültige Restschuldbefreiung.[258] Die Restschuldbefreiung ist vielmehr auflösend bedingt, wobei die auflösende Bedingung der Erwerb neuen Vermögens ist.[259] Rechtstechnisch kann man in dem Erwerb neuen Vermögens auch einen Widerruf der Restschuldbefreiung sehen, weil die Restschuldbefreiung auto-

129

---

256 Ackmann/Wenner, IPRax 1990, 209, 210 f. (dort Fn. 24).
257 Obergericht Luzern, Entsch. v. 30.4.1962, Schweizerische Juristen-Zeitung 1962, 320; Obergericht Zürich, Entsch. v. 11.2.1975, Blätter für Zürcherische Rechtsprechung 74 (1975), 6, 8; BGH, Urt. v. 27.5.1993 – IX ZR 254/92, NJW 1993, 2312, 2315.
258 Fuchs, Nationale und internationale Aspekte des Restschuldbefreiungs-Tourismus, 2015, S. 143; Paulus, ZEuP 1994, 301, 315 (dort Fn. 35).
259 Fuchs, Nationale und internationale Aspekte des Restschuldbefreiungs-Tourismus, 2015, S. 143; Wittmer, in: International Bar Association, Proceedings of the seminar on extraterritorial problems in insolvency proceedings held on April 13–14, 1978 in Brussels, 1979, S. 19.1, 19.4.

matisch entfällt, sofern und soweit der Schuldner zu neuem Vermögen gekommen ist.[260]

bb) Arbeitseinkommen als neues Vermögen

130 Der Schuldner ist nach schweizerischem Recht auch dann zu neuem Vermögen gelangt, wenn er nach Beendigung des Konkursverfahrens aus seinem Einkommen Ersparnisse zurücklegen konnte, unabhängig davon, ob er diese Ersparnisse tatsächlich zurückgelegt hat. Das Arbeitseinkommen, das der Schuldner in der Zeit zwischen der Beendigung des Konkursverfahrens und dem Zeitpunkt bezogen hat, in dem wegen der Zwangsvollstreckungsmaßnahme eines Gläubigers zu prüfen ist, ob er zu neuem Vermögen gelangt ist, wird also insoweit zum neuen Vermögen gerechnet, als es das zur Führung eines standesgemäßen Lebens Notwendige überstieg und Ersparnisse zu machen erlaubte.[261] Maßgeblich ist, ob der Schuldner aus seinem Einkommen bei ordentlicher Wirtschafts- beziehungsweise Haushaltsführung Ersparnisse machen konnte.[262] Hierfür genügt es nicht, dass das Einkommen des Schuldners über dem Existenzminimum beziehungsweise über den Pfändungsfreibeträgen liegt. Erforderlich ist vielmehr, dass der Schuldner aufgrund seines Einkommens standesgemäß leben, sich eine neue Existenz aufbauen und zusätzlich noch Ersparnisse beiseitelegen konnte. Die Entscheidung darüber, ob dies der Fall ist, liegt weitgehend im Ermessen des Richters.[263] Bei der Berechnung des neuen Vermögens wird in der Praxis zuweilen von dem Einkommen ausgegangen, das der Schuldner in den letzten zwölf Monaten vor der richterlichen Entscheidung über die Frage, ob er zu neuem Vermögen gekommen ist, verdiente und das über den Betrag hinausgeht, den der Schuldner in diesen zwölf Monaten zum Führen eines standesgemäßen Lebens benötigte. Dieser für den Lebensunterhalt nicht benötigte Teil der Einkünfte muss nicht tatsächlich kapitalisiert worden sein, um als neues Vermögen

---

260 Fuchs, Nationale und internationale Aspekte des Restschuldbefreiungs-Tourismus, 2015, S. 144.
261 Schweizerisches Bundesgericht, Entsch. v. 8.9.1983, BGE 109 III, 93, 94; Schweizerisches Bundesgericht, Urt. v. 21.1.1973, BGE 99 I, 19.
262 Cour de Justice de Genève, arrêt du 24/09/1957, Schweizerische Juristen-Zeitung 1960, S. 209 (dort Nr. 94); Obergericht Schaffhausen, Entsch. v. 5.4.1957, Schweizerische Juristen-Zeitung 1959, 333. Deutlich Obergericht Zürich, Entsch. v. 11.2.1975, Blätter für Zürcherische Rechtsprechung 74 (1975), 6, 7: „Es gilt als Grundsatz, dass neues Vermögen angenommen wird, wenn ein ehemaliger Konkursit trotz grossem Einkommen nichts auf die Seite legt, sondern seinen ganzen Verdienst durchbringt und so seine Gläubiger leer ausgehen lässt." Siehe auch BGH, Urt. v. 27.5.1993 – IX ZR 254/92, NJW 1993, 2312, 2315.
263 Schweizerisches Bundesgericht, Entsch. v. 8.9.1983, BGE 109 III, 93, 95; Schweizerisches Bundesgericht, Urt. v. 21.1.1973, BGE 99 I, 19 f.

zu gelten.²⁶⁴ Dass der Schuldner aus seinen Einkünften neues Vermögen gebildet hat, wird vielmehr fingiert.

Kommt es zum Prozess über die Frage, ob der Schuldner zu neuem Einkommen gekommen ist (oben Rn 128) und soll das neue Vermögen aus Arbeitseinkommen bestehen, gilt für die Beweislastverteilung Folgendes: Dass der Schuldner Einkünfte hatte und auf welchen Betrag sie sich beliefen, muss der Gläubiger darlegen und beweisen; der Schuldner muss im Gegenzug seinen persönlichen Lebensbedarf, der von den Einkünften abzuziehen ist, darlegen und beweisen.²⁶⁵ Hat der Richter den Betrag der Einkünfte, der als neues Vermögen anzusehen ist, festgesetzt, so haben die Vollstreckungsbehörden gleichwohl die Pfändungsschutzvorschriften zu beachten. Insbesondere gilt Art. 93 Abs. 1 des Bundesgesetzes über Schuldbetreibung und Konkurs, wonach Erwerbseinkommen jeder Art nur insoweit gepfändet werden kann, als es nach dem Ermessen des Vollstreckungsbeamten für den Schuldner und seine Familie nicht unbedingt notwendig ist. Dies kann zur Folge haben, dass der Richter zwar einen Betrag festsetzt, der als neues Vermögen anzusehen ist, der Gläubiger aber dennoch nicht die Zwangsvollstreckung betreiben kann, weil der Vollstreckungsbeamte der Ansicht ist, dass der Betrag für den Schuldner und seine Familie unerlässlich ist.²⁶⁶

131

cc) Berücksichtigung im deutschen Erkenntnisverfahren

Dass eine in der Schweiz erteilte Restschuldbefreiung nicht endgültig, sondern auflösend bedingt ist (oben Rn 129), müssen auch deutsche Gerichte beachten, wenn sich der Schuldner hierzulande auf sie beruft. Dabei sind im Erkenntnisverfahren, also wenn der Gläubiger eine Leistungsklage erhebt, folgende Fälle zu unterscheiden:

132

– Ist der Schuldner nicht zu neuem Vermögen gekommen, so dass die schweizerische Restschuldbefreiung weiterhin Bestand hat, ist eine in Deutschland erhobene Leistungsklage nicht – wie sonst (oben Rn 122) – als unzulässig, sondern als **derzeit unzulässig** abzuweisen, weil unklar ist, ob der Schuldner in der Zukunft zu neuem Vermögen kommt und die Forderung hierdurch wieder durchsetzbar wird.²⁶⁷

---

264 Obergericht Zürich, Entsch. v. 11.2.1975, Blätter für Zürcherische Rechtsprechung 74 (1975), 6, 7.
265 Obergericht Zürich, Entsch. v. 11.2.1975, Blätter für Zürcherische Rechtsprechung 74 (1975), 6, 8; Obergericht Luzern, Entsch. v. 30.4.1962, Schweizerische Juristen-Zeitung 1962, 320; BGH, Urt. v. 27.5.1993 – IX ZR 254/92, NJW 1993, 2312, 2315.
266 Schweizerisches Bundesgericht, Urt. v. 21.1.1973, BGE 99 I, 19, 20 f.
267 Fuchs, Nationale und internationale Aspekte des Restschuldbefreiungs-Tourismus, 2015, S. 702; **a.A.** BGH, Urt. v. 27.5.1993 – IX ZR 254/92, NJW 1993, 2312, 2315: Die Klage sei als derzeit unbegründet abzuweisen (allerdings ohne nähere Begründung).

Fuchs

- Ist der Schuldner zu neuem Vermögen gekommen und reicht es aus, um die eingeklagte Forderung vollständig zu erfüllen, ist der Klage, soweit sie im Übrigen zulässig und begründet ist, stattzugeben.
- Ist der Schuldner zu neuem Vermögen gekommen, reicht es jedoch nicht aus, um die eingeklagte Forderung vollständig zu erfüllen, muss der Gläubiger in seinem Klageantrag angeben, in welche Vermögensgegenstände vollstreckt werden soll[268] (hierzu Rn 134).

133 Die Beweislast dafür, dass der Schuldner zu neuem Vermögen gekommen ist, trägt der Gläubiger, weil das schweizerische Recht dies so vorsieht (oben Rn 128) und die Rechtsordnung, nach der die Restschuldbefreiung erteilt wurde, für alle Aspekte (oben Rn 118) und damit auch für die Frage der Beweislastverteilung maßgeblich ist.[269] Den Gläubiger stellt dies vor das Problem, dass ihm in aller Regel nichts zu den persönlichen Verhältnissen des Schuldners bekannt ist. Um hierüber etwas in Erfahrung zu bringen, kann er auch nicht den Gerichtsvollzieher mit der Abnahme einer Vermögensauskunft (§§ 802c ff. ZPO) beauftragen. Denn ein zur Zwangsvollstreckung geeigneter Titel, der Voraussetzung für den Anspruch auf Abnahme einer Vermögensauskunft ist (§ 704 ZPO), soll im Erkenntnisverfahren gerade erst geschaffen werden. Daher billigt die Rechtsprechung dem Gläubiger jedenfalls hinsichtlich des Arbeitseinkommens des Schuldners eine gewisse Beweiserleichterung zu. Der Gläubiger kann einen bestimmten Betrag angeben, den der Schuldner nach seiner Vermutung monatlich verdient, und den Beweis für diese Behauptung dadurch antreten, dass er beantragt, den Schuldner als Partei zu vernehmen (§ 445 Abs. 1 ZPO).[270] Wenn sich das behauptete monatliche Entgelt – insbesondere unter Berücksichtigung eines von dem Schuldner früher ausgeübten Berufs – im üblichen Rahmen hält, muss das Gericht dem Antrag entsprechen, weil in diesem Fall die Beweisaufnahme nicht gegen das Ausforschungsverbot verstößt.[271]

134 Reicht das neue Vermögen des Schuldners nicht aus, um die eingeklagte Forderung vollständig zu erfüllen, und gibt der Gläubiger daher im Klageantrag an, in welche Vermögensgegenstände vollstreckt werden soll (oben Rn 132), muss das deutsche Gericht bereits im Erkenntnisverfahren prüfen, ob diese Gegenstände pfändbar sind. Da deutsche Zwangsvollstreckungsorgane wegen des lex-fori-Prinzips ausschließlich deutsches Zwangsvollstreckungsrecht anwenden (oben Rn 118), richtet sich die Frage, ob und in welchem Umfang in Vermögensgegenstände deshalb nicht vollstreckt werden kann, weil sie unpfändbar sind, nicht nach

---

268 BGH, Urt. v. 27.5.1993 – IX ZR 254/92, NJW 1993, 2312, 2315.
269 Fuchs, Nationale und internationale Aspekte des Restschuldbefreiungs-Tourismus, 2015, S. 703.
270 BGH, Urt. v. 27.5.1993 – IX ZR 254/92, NJW 1993, 2312, 2315.
271 BGH, Urt. v. 27.5.1993 – IX ZR 254/92, NJW 1993, 2312, 2315.

schweizerischem, sondern nach deutschem Recht.[272] Denn nur der deutsche Gesetzgeber kann darüber entscheiden, inwieweit Sachen und Forderungen angesichts der hierzulande herrschenden Lebensverhältnisse und der hiesigen Lebenshaltungskosten für ein menschenwürdiges Leben unerlässlich sind.[273] Soweit in Forderungen, insbesondere in Arbeitseinkommen, vollstreckt wird, kommt hinzu, dass das schweizerische Recht die Höhe des pfändungsfreien Betrages in das Ermessen des Vollstreckungsorgans stellt (oben Rn 131 a.E.), der deutsche Gesetzgeber sich hingegen bewusst für eine Pauschalierung der Pfändungsgrenzen entschieden hat, um die Zwangsvollstreckung praktikabel zu gestalten und eine unüberschaubare Anzahl von Einzelfallentscheidungen zu vermeiden[274]. Allerdings ist dem Schuldner nach schweizerischem Recht mehr als das Existenzminimum zu belassen, weil ihm eine standesgemäße Lebensführung ermöglicht werden soll (oben Rn 130). Infolge dessen steht dem Schuldner in Deutschland – je nach dem, welcher Betrag der höhere ist – entweder das Eineinhalbfache des sich nach § 850c ZPO ergebenden Pfändungsfreibetrages oder der angemessene Selbstbehalt eines Unterhaltspflichtigen i.S.d. § 1603 Abs. 1 BGB zu.[275]

Hat das Gericht im Erkenntnisverfahren festgestellt, dass der Schuldner zu neuem Vermögen gekommen ist, und ändern sich zwischen Erlass des Urteils und Beendigung der Zwangsvollstreckung die Vermögensverhältnisse, etwa weil Vermögensgegenstände durch einen Unglücksfall zerstört wurden oder der Schuldner sie zur Befriedigung eines dringenden Unterhaltsbedarfs veräußern musste, muss der Schuldner die Vollstreckungsabwehrklage (§ 767 ZPO) erheben, um die Vollstreckbarkeit des Urteils zu beseitigen.[276] Die Vollstreckungserinnerung (§ 766 Abs. 1 ZPO) ist nicht statthaft, weil sich das Erinnerungsverfahren nicht dazu eignet, den Inhalt ausländischer Rechtsnormen festzustellen und solche Normen anzuwenden.[277] 135

dd) Berücksichtigung im deutschen Vollstreckungsverfahren
Liegt schon ein Vollstreckungstitel vor und betreibt der Gläubiger aus ihm die Zwangsvollstreckung, muss der Schuldner, wenn er sich auf die ihm in der Schweiz erteilte Restschuldbefreiung berufen möchte, die Vollstreckungsabwehrklage (§ 767 ZPO) erheben. Der Gläubiger, also der Beklagte, trägt die Beweislast dafür, dass der 136

---

272 So im Ergebnis auch FG Münster, Beschl. v. 13.8.2009 – 7 V 2557/09 AO, BeckRS 2009, 26027844; LG Heilbronn, Beschl. v. 12.1.2006 – 1 T 9/06 Bm, BeckRS 2011, 10881.
273 Fuchs, Nationale und internationale Aspekte des Restschuldbefreiungs-Tourismus, 2015, S. 703.
274 FG Münster, Beschl. v. 13.8.2009 – 7 V 2557/09 AO, BeckRS 2009, 26027844.
275 BGH, Urt. v. 27.5.1993 – IX ZR 254/92, NJW 1993, 2312, 2315f.
276 BGH, Urt. v. 27.5.1993 – IX ZR 254/92, NJW 1993, 2312, 2315.
277 BGH, Urt. v. 27.5.1993 – IX ZR 254/92, NJW 1993, 2312, 2315.

Schuldner zu neuem Vermögen gekommen ist (oben Rn 133). Dabei sind folgende Fälle zu unterscheiden:
- Ist der Schuldner nicht zu neuem Vermögen gekommen, so dass die schweizerische Restschuldbefreiung weiterhin Bestand hat, ist der Vollstreckungsabwehrklage, soweit sie im Übrigen zulässig und begründet ist, stattzugeben.
- Ist der Schuldner zu neuem Vermögen gekommen und reicht es aus, um die eingeklagte Forderung vollständig zu erfüllen, ist die Vollstreckungsabwehrklage abzuweisen.
- Ist der Schuldner zu neuem Vermögen gekommen, reicht es jedoch nicht aus, um die eingeklagte Forderung vollständig zu erfüllen, muss der Gläubiger in seiner Klageerwiderung angeben, in welche Vermögensgegenstände vollstreckt werden soll.[278] Das Gericht muss dann prüfen, inwieweit diese Gegenstände nach deutschem Recht pfändbar sind (oben Rn 134). Der Tenor des der Klage teilweise stattgebenden Urteils lautet etwa wie folgt:

Die Zwangsvollstreckung aus dem Urteil der 1. Zivilkammer des Landgerichts ... vom ... (Aktenzeichen: ...) wird für unzulässig erklärt, soweit der Beklagte die Zwangsvollstreckung in andere als die folgenden Gegenstände betreibt:
- Wohnmobil mit dem amtlichen Kennzeichen ...
- Wertpapierdepot mit der Nr. bei der XY-Bank

Im Übrigen wird die Klage abgewiesen.

Die Kosten des Rechtsstreits werden gegeneinander aufgehoben.

Das Urteil ist gegen Sicherheitsleistung in Höhe von EUR ... vorläufig vollstreckbar.

---

137 Gibt das deutsche Gericht der Vollstreckungsabwehrklage statt, erklärt es gemäß § 767 ZPO die Zwangsvollstreckung aus dem Vollstreckungstitel für unzulässig. Gelangt der Schuldner später zu neuem Vermögen, muss der Gläubiger die umgekehrte Vollstreckungsklage analog § 767 ZPO erheben und beantragen, die Zwangsvollstreckung aus dem ursprünglichen Vollstreckungstitel wieder für zulässig zu erklären.[279] Ebenso wie im Erkenntnisverfahren muss er gegebenenfalls bereits im Klageantrag angeben, in welche Vermögensgegenstände vollstreckt werden soll (oben Rn 132). Darüber hinaus gilt auch hier die Beweiserleichterung, die die Rechtsprechung dem Gläubiger im Erkenntnisverfahren zubilligt (oben Rn 128). Der Tenor

---

[278] Vgl. zur Darlegungslast des Gläubigers im Erkenntnisverfahren BGH, Urt. v. 27.5.1993 – IX ZR 254/92, NJW 1993, 2312, 2315.
[279] Fuchs, Nationale und internationale Aspekte des Restschuldbefreiungs-Tourismus, 2015, S. 728.

lautet etwa wie folgt (unter Berücksichtigung der Tatsache, dass ein Teil der Zinsforderungen zwischenzeitlich verjährt ist):

Die Zwangsvollstreckung aus dem Urteil der 1. Zivilkammer des Landgerichts ... vom ... (Aktenzeichen: ...) wird hinsichtlich der Hauptforderung, der Zinsen für die Zeit vom ... bis zum ..., der Zinsen seit dem ... und der Kostengrundentscheidung wieder für zulässig erklärt.

Die Kosten des Rechtsstreits trägt der Beklagte.

Das Urteil ist gegen Sicherheitsleistung in Höhe von EUR ... vorläufig vollstreckbar.

Verschlechtern sich die Vermögensverhältnisse des Schuldners nach Zulässigerklärung der Zwangsvollstreckung erneut, kann der Schuldner seinerseits wieder die „normale" Vollstreckungsabwehrklage gemäß § 767 ZPO erheben und beantragen, die Zwangsvollstreckung aus dem ursprünglichen Vollstreckungstitel wieder für unzulässig zu erklären. Diese Kette von Klagen kann sich endlos fortsetzen. Gläubiger und Schuldner können sich also abwechselnd mit „normalen" Vollstreckungsabwehrklagen und umgekehrten Vollstreckungsabwehrklagen überziehen, wenn sich die Vermögensverhältnisse des Schuldners häufig dergestalt verändern, dass die Forderung vorübergehend wieder durchsetzbar wird, kurz darauf ihre Durchsetzbarkeit aber wieder verliert. Die ständige Erhebung von Klagen ist misslich, beruht aber darauf, dass das deutsche Zwangsvollstreckungsrecht kein Verfahren vorsieht, das eine umfassende Prüfung der Vermögensverhältnisse des Schuldners zuließe[280], und daher nur das Prozessgericht im Verfahren gemäß § 767 ZPO beziehungsweise analog § 767 ZPO darüber entscheiden kann, ob der Schuldner über neues Vermögen verfügt und der Gläubiger infolge dessen seine Forderung wieder durchsetzen kann.[281]

138

b) Entfallen der Durchsetzungssperre aufgrund gerichtlicher Entscheidung

Ein Beispiel für eine Rechtsordnung, in der die Restschuldbefreiung der Forderung zwar ihre Durchsetzbarkeit nimmt, diese Durchsetzungssperre aber durch den Erlass einer gerichtlichen Entscheidung wieder aufgehoben werden kann, ist das lokale **elsässisch-moselsche Recht**. Nach ihm erhalten die Gläubiger durch das Urteil, durch das das Insolvenzverfahren mangels Masse eingestellt wird (Art. L-643-9 Abs. 2 Code de commerce), ihr Recht zur Einzelrechtsverfolgung, das sie mit Verfahrenseröffnung verloren haben (Art. 641-3 Abs. 1 i.V.m. Art. 622-21 Abs. 1 Code de

139

---

[280] Vgl. BGH, Urt. v. 27.5.1993 – IX ZR 254/92, NJW 1993, 2312, 2315.
[281] Fuchs, Nationale und internationale Aspekte des Restschuldbefreiungs-Tourismus, 2015, S. 728.

commerce), nicht zurück (Art. L-643-11 Abs. 1 Code de commerce). Rechtstechnisch bedeutet dies, dass die Forderungen der Gläubiger nicht erlöschen[282], sondern dass sich das Verbot der Einzelrechtsverfolgung mit Beendigung des Insolvenzverfahrens in ein endgültiges Vollstreckungshindernis umwandelt[283]. Da es sich lediglich um ein Vollstreckungshindernis handelt, bestehen die Forderungen als Naturalobligationen („obligations naturelles") fort.[284] Sie bleiben somit zwar erfüllbar, sind aber nicht mehr durchsetzbar.[285]

140 Dauerhaft ausgeschlossen ist die Durchsetzung der Ansprüche allerdings nicht, weil die Gläubiger ihr Vollstreckungsrecht durch gerichtliche Entscheidungen zurückerhalten, nämlich wenn
– der Schuldner in einem Strafverfahren des Bankrotts für schuldig befunden wurde (Art. L-643-11 Abs. 3 Code de commerce) oder
– der Schuldner einen Betrug zum Nachteil eines Gläubigers oder mehrerer Gläubiger begangen hat und das Konkursgericht deshalb auf Antrag eines Gläubigers allen Gläubigern die Wiederaufnahme ihrer Einzelrechtsverfolgung (Art. L-643-11 Abs. 4 Code de commerce) gestattet hat. Dies kann auch noch viele Jahre nach Abschluss des Insolvenzverfahrens erfolgen.[286]

141 Da ein solches vom ausländischen Recht vorgesehenes Wiederaufleben des Zwangsvollstreckungsrechts einen Widerruf der Restschuldbefreiung bewirkt, darf eine in Deutschland gegen den Schuldner erhobene **Leistungsklage** nicht als unzulässig,

---

282 Chambre commerciale et financière de la Cour de cassation (Frankreich), arrêt du 08/06/1993, aff. n° 91-13.295 (Bonneau c. Banque nationale de Paris), Bulletin des arrêts de la Cour de Cassation 1993, 4e Partie, n° 230, pp. 163, 164 = Juris-Classeur périodique, la Semaine juridique, édition générale 1993 II, n° 22174, p. 492, note Ginestet; Cour de cassation (Frankreich), 2e civ., arrêt du 17/01/2007, aff. n° 04-30.797 (Rougier c. Caisse d'assurance vieillesse des artisans du Poitou et des Charentes), Recueil Dalloz 2007, 449; EuGH, Urt. v. 29.4.1999 – C-267/97 (Coursier), Slg. 1999, I-2543, 2569 (Rn 18); Schödermeier/Pérochon, in: McBryde/Flessner/Kortmann, Principles of European Insolvency Law, Deventer 2003, S. 237, 303; implizit auch Chambre commerciale et financière de la Cour de cassation (Frankreich), arrêt du 12/05/2009, aff. n° 08-13.430 (L. c. Interfimo), Recueil Dalloz 2009, 1472, note Lienhard; Chambre commerciale et financière de la Cour de cassation (Frankreich), arrêt du 24/03/2004, aff. n° 01-17.288 (Banque populaire de la région Nord de Paris c. X), Recueil Dalloz 2004, 1593.
283 Koch, in: FS für Erik Jayme, Band I, München 2004, S. 437, 442; ähnlich Mehring, ZInsO 2012, 1247, 1248.
284 EuGH, Urt. v. 29.4.1999 – C-267/97 (Coursier), Slg. 1999, I-2543, 2569 (Rn 18).
285 OLG Saarbrücken, Urt. v. 14.5.2008 – 5 U 5/08, BeckRS 2011, 08434; LG Stade, Urt. v. 16.4.2009 – 4 O 296/04, BeckRS 2011, 87285, bestätigt von OLG Celle, Urt. v. 7.1.2010 – 6 U 60/09, IPrax 2011, 186, und von BGH, Beschl. v. 9.6.2011 – IX ZR 21/10, BeckRS 2011, 18532.
286 Siehe Cour d'appel de Colmar, arrêt du 13/12/2011, aff. n° I A 11/01869, BeckRS 2012, 03424 = Berufungsgericht Colmar, Urt. v. 13.12.2011 – I A 11/01869, ZInsO 2012, 441, 442ff.; siehe zu diesem Fall auch die in Fn. 285 erwähnten Entscheidungen des LG Stade, OLG Celle und BGH.

sondern nur als **derzeit unzulässig** abgewiesen werden, weil die Möglichkeit besteht, dass die Forderung in der Zukunft wieder durchsetzbar wird.[287] Ist die Forderung wieder durchsetzbar geworden, weil das ausländische Gericht die Wiederaufnahme von Einzelrechtsverfolgungsmaßnahmen gestattet hat, kann der Gläubiger eine neue Leistungsklage erheben. Ihr steht die Rechtskraft des im ersten Prozess ergangenen Urteils nicht entgegen, weil seinerzeit die Abweisung als derzeit unzulässig erfolgte. Denn ein Prozessurteil, das die Klage als (derzeit) unzulässig abweist, entfaltet nur hinsichtlich des verfahrensrechtlichen Grundes, aus dem die Unzulässigkeit folgte, Rechtskraft, so dass die Klage nach Behebung des verfahrensrechtlichen Hindernisses erneut erhoben werden kann.[288]

In jedem Fall ist aber die Entscheidung des ausländischen Gerichts über die Wiederaufnahme von Zwangsvollstreckungsmaßnahmen abzuwarten. Die deutschen Gerichte dürfen nicht, auch nicht inzidenter, überprüfen, ob die Voraussetzungen des ausländischen Rechts für einen Widerruf der Restschuldbefreiung erfüllt sind, weil über die Aufhebung der Durchsetzungssperre allein das ausländische Insolvenzgericht zu entscheiden hat.[289] Ausnahmsweise ist eine solche Prüfung erlaubt, wenn bei dem ausländischen Insolvenzgericht ein Antrag auf Gestattung der Wiederaufnahme von Einzelrechtsverfolgungsmaßnahmen gestellt worden ist, das dortige Gericht diesen Antrag abgelehnt hat und diese ablehnende Entscheidung im Inland wegen eines ordre-public-Verstoßes nicht anerkannt werden kann. In diesem Fall darf und muss das deutsche Gericht prüfen, ob nach dem ausländischen Recht die Voraussetzungen für ein Entfallen der Durchsetzungssperre erfüllt sind.[290] Bejaht das deutsche Gericht dies, gibt es der Leistungsklage, soweit sie im Übrigen zulässig und begründet ist, statt. 142

Ist bei dem ausländischen Gericht bereits ein Antrag auf Gestattung der Wiederaufnahme von Einzelrechtsverfolgungsmaßnahmen gestellt worden, kann das deutsche Gericht den Rechtsstreit bis zur rechtskräftigen Entscheidung des ausländischen Gerichts aussetzen (§ 148 ZPO).[291] Wenn im Ausland noch kein Antrag gestellt worden, kann das deutsche Gericht den Rechtsstreit aussetzen (§ 148 ZPO) und den Parteien aufgeben, das Verfahren vor dem ausländischen Gericht binnen einer be- 143

---

[287] Fuchs, Nationale und internationale Aspekte des Restschuldbefreiungs-Tourismus, 2015, S. 705.
[288] BGH, Urt. v. 6.3.1985 – IVb ZR 76/83, MDR 1986, 39.
[289] OLG Saarbrücken, Urt. v. 14.5.2008 – 5 U 5/08, BeckRS 2011, 08434; Mehring, ZInsO 2012, 1247, 1252; in diesem Sinne auch LG Stade, Urt. v. 16.4.2009 – 4 O 296/04, BeckRS 2011, 87285, bestätigt von OLG Celle, Urt. v. 7.1.2010 – 6 U 60/09, IPrax 2011, 186, und von BGH, Beschl. v. 9.6.2011 – IX ZR 21/10, BeckRS 2011, 18532.
[290] Fuchs, Nationale und internationale Aspekte des Restschuldbefreiungs-Tourismus, 2015, S. 705 f.
[291] Näher hierzu Fuchs, Nationale und internationale Aspekte des Restschuldbefreiungs-Tourismus, 2015, S. 706 f.

stimmten Frist in Gang zu setzen. Machen die Parteien hiervon keinen Gebrauch, setzt das deutsche Gericht sein Verfahren fort.[292]

144 Verfügt der Gläubiger bereits über einen Vollstreckungstitel und betreibt er aus ihm die Zwangsvollstreckung, muss der Schuldner die Vollstreckungsabwehrklage (§ 767 ZPO) erheben. Solange das ausländische Gericht die Wiederaufnahme von Einzelrechtsverfolgungsmaßnahmen nicht gestattet hat, hat das deutsche Gericht der Vollstreckungsabwehrklage, soweit sie im Übrigen zulässig und begründet ist, stattzugeben, weil infolge der Restschuldbefreiung die Forderung nicht durchsetzbar ist. Erlaubt das ausländische Gericht später, nachdem das auf die Vollstreckungsabwehrklage hin ergangene Urteil in Rechtskraft erwachsen ist, Einzelrechtsverfolgungsmaßnahmen, muss der Gläubiger eine umgekehrte Vollstreckungsabwehrklage analog § 767 ZPO erheben und beantragen, die Zwangsvollstreckung aus dem ursprünglichen Vollstreckungstitel wieder für zulässig zu erklären.[293] Zum Tenor in diesem Fall siehe oben Rn 137.

3. Untergang der Forderung als Rechtsfolge der Restschuldbefreiung

145 Sieht das Recht des Staates der Insolvenzeröffnung vor, dass die Restschuldbefreiung zum Erlöschen von Forderungen führt (in Frankreich etwa Art. L-332-9 Abs. 2 Code de la consommation), so sind diese Forderungen auch aus deutscher Sicht erloschen. Eine gleichwohl in Deutschland erhobene Leistungsklage ist, sofern sie zulässig ist, als unbegründet abzuweisen.[294] Hat der Gläubiger bereits einen Vollstreckungstitel und betreibt er aus ihm die Zwangsvollstreckung, so muss der Schuldner die Vollstreckungsabwehrklage (§ 767 ZPO) erheben.[295]

III. Umfang der ausländischen Restschuldbefreiung

146 Die Rechtsordnung, nach der die Restschuldbefreiung erteilt wurde, also die *lex fori concursus*, ist auch für die Frage maßgeblich, welchen Umfang die Restschuldbefreiung hat.[296] Nehmen nach dem Recht des Staates der Insolvenzeröffnung gewisse Forderungen an der Restschuldbefreiung nicht teil, so entfaltet die Restschuldbe-

---

292 VGH München, Beschl. v. 9.4.2003 – 20 CS 03.525, NVwZ-RR 2003, 542 f.; Fuchs, Nationale und internationale Aspekte des Restschuldbefreiungs-Tourismus, 2015, S. 707.
293 Ausführlich Fuchs, Nationale und internationale Aspekte des Restschuldbefreiungs-Tourismus, 2015, S. 722 ff.
294 Fuchs, Nationale und internationale Aspekte des Restschuldbefreiungs-Tourismus, 2015, S. 700.
295 BGH, Beschl. v. 25.9.2008 – IX ZB 205/06, NJW 2008, 3640 f.
296 Vallender, ZInsO 2009, 616, 617.

freiung bezüglich dieser Forderungen auch in Deutschland keine Wirkung.[297] Zu unterscheiden ist danach, ob die Forderungen aufgrund einer gerichtlichen Ermessensentscheidung (unten Rn 147f.) oder kraft Gesetzes von der Restschuldbefreiung ausgenommen sind (unten Rn 149ff.).

1. Ausnahme einzelner Forderungen von der Restschuldbefreiung aufgrund einer gerichtlichen Ermessensentscheidung

Hat das ausländische Gericht Ermessen, ob es die Restschuldbefreiung auf bestimmte Forderungen erstreckt oder nicht (in England etwa Section 281(5) Insolvency Act 1986 hinsichtlich einiger deliktischer und familienrechtlicher Ansprüche, in Kanada Section 178(1.1) Bankruptcy and Insolvency Act of Canada hinsichtlich Verbindlichkeiten aus Darlehen zur Bestreitung von Studiengebühren, in den USA Section 523 (a) (2), (4), (6), (c) (1) Title 11 United States Code hinsichtlich deliktischer Ansprüche), so ist für den Umfang der Restschuldbefreiung die ausländische Entscheidung maßgeblich, aus der sich ergibt, welche Anordnungen das Gericht hinsichtlich gewisser Forderungen getroffen hat. Dies folgt daraus, dass es sich um eine Entscheidung handelt, die unmittelbar aufgrund des Insolvenzverfahrens ergeht und in engem Zusammenhang mit ihm steht, und daher in Deutschland anerkannt wird (Art. 32 Abs. 1 Unterabs. 2 EuInsVO beziehungsweise § 343 Abs. 1 Satz 1, Abs. 2 Alt. 2 InsO). Solche gerichtlichen Anordnungen gelten jedoch nur für die Forderungen, bezüglich derer das ausländische Gericht tatsächlich eine ausdrückliche Anordnung getroffen hat. Für alle sonstigen Verbindlichkeiten, auch wenn sie den in der Anordnung genannten sehr ähnlich sind oder gar entsprechen, gelten die allgemeinen Bestimmungen.[298]

147

Nach englischem Recht etwa nehmen Unterhaltsforderungen nur dann an der Restschuldbefreiung teil, wenn das Gericht dies ausdrücklich anordnet (oben Rn 147). Unterlässt das Gericht eine solche Anordnung, bleibt der Schuldner zur Erfüllung seiner Unterhaltsforderungen verpflichtet. Dies gilt allerdings nur, soweit die Unterhaltsverbindlichkeiten in England tituliert wurden. Dies ergibt sich daraus, dass das englische Gericht nur bezüglich dieser Ansprüche, nicht jedoch bezüglich der in einem anderen Staat titulierten Unterhaltsforderungen Ermessen hat, ob es die Restschuldbefreiung auf sie erstreckt. Section 281(5)(b), (8) Insolvency Act 1986 verweist nämlich ausdrücklich auf den Child Support Act 1991, den Magistrates' Court Act 1980 und den Matrimonial and Family Proceedings Act 1984. Die Vor-

148

---

[297] Fuchs, Nationale und internationale Aspekte des Restschuldbefreiungs-Tourismus, 2015, S. 729; implizit auch OLG Köln, Urt. v. 28.2.2013 – 18 U 298/11, ZIP 2013, 644, 646; in diesem Sinne bereits die Vorinstanz LG Köln, Urt. v. 14.10.2011 – 82 O 15/08, NZI 2011, 957, 958.
[298] Fuchs, Nationale und internationale Aspekte des Restschuldbefreiungs-Tourismus, 2015, S. 729.

schrift meint damit nur von englischen Gerichten erlassene Unterhaltstitel. Für in Deutschland oder in einem anderen Land titulierte Unterhaltsforderungen gilt damit die allgemeine Bestimmung von Section 281(1) Insolvency Act 1986, so dass sie von der Restschuldbefreiung erfasst werden. Dies kann zur Folge haben, dass, wenn gegen einen Schuldner, der ursprünglich in Deutschland wohnhaft war, später aber nach England verzogen ist, in beiden Ländern Unterhaltstitel ergangen sind, der Schuldner zwar von den in Deutschland, nicht aber von den in England titulierten Unterhaltsverbindlichkeiten befreit wird.[299]

2. Ausnahme einzelner Forderungen von der Restschuldbefreiung kraft Gesetzes

149 Beruht der Umstand, dass gewisse Forderungen von der ausländischen Restschuldbefreiung ausgenommen sind, nicht auf einer gerichtlichen Entscheidung, sondern auf einer gesetzlichen Anordnung, so wenden deutsche Gerichte, um den Umfang der Restschuldbefreiung zu ermitteln, das ausländische Recht an. Dies ergibt sich aus Art. 7 Abs. 2 Satz 2 lit. k) EuInsVO beziehungsweise § 335 InsO, weil die Formulierung, das Recht des Staates der Insolvenzeröffnung regle die Rechte der Gläubiger nach der Beendigung des Insolvenzverfahrens, so zu verstehen ist, dass die *lex fori concursus* auch für die Frage gilt, welcher konkrete Gläubiger an die Restschuldbefreiung gebunden ist beziehungsweise welche konkreten Forderungen an der Restschuldbefreiung teilnehmen.[300] Von der ausländischen Restschuldbefreiung sind nur die Forderungen ausgenommen, bezüglich derer das ausländische Recht dies ausdrücklich vorsieht.[301]

a) Unterhaltsansprüche

150 So werden nach dem US-amerikanischen Recht beispielsweise Verbindlichkeiten, die auf einer „domestic support obligation" beruhen, von der Restschuldbefreiung nicht erfasst (Section 523 (a) (5) Title 11 United States Code). Welche Unterhaltsverbindlichkeiten hiermit gemeint sind, richtet sich nach dem US-amerikanischen Recht, weil nur das US-amerikanische Recht darüber bestimmen kann, welche Bedeutung die von ihm verwandten Rechtsbegriffe haben. Sieht das US-amerikanische Recht beispielsweise nicht vor, dass der Vater eines unehelich geborenen Kindes der Mutter Unterhalt zu zahlen hat, so kann eine solche nach deutschem Recht begrün-

---

299 Fuchs, Nationale und internationale Aspekte des Restschuldbefreiungs-Tourismus, 2015, S. 729 f.
300 BGH, Urt. v. 14.1.2014 – II ZR 192/13, NJW 2014, 1244, 1245; Mehring, ZInsO 2012, 1247, 1253; Fuchs, Nationale und internationale Aspekte des Restschuldbefreiungs-Tourismus, 2015, S. 730.
301 Fuchs, Nationale und internationale Aspekte des Restschuldbefreiungs-Tourismus, 2015, S. 730.

dete Verbindlichkeit (§ 1615l Abs. 1 bis Abs. 3 BGB) keine „domestic support obligation" im Sinne von Section 523 (a) (5) Title 11 United States Code sein, weil der US-amerikanische Gesetzgeber bei der Formulierung dieser Section nicht an Ansprüche gedacht haben kann, die dem US-amerikanischen Recht unbekannt sind. Dies hat zur Folge, dass ein Unterhaltsanspruch der Mutter gegen den Vater ihres unehelich geborenen Kindes von einer US-amerikanischen Restschuldbefreiung erfasst wird und folglich in Deutschland nicht mehr geltend gemacht werden kann.[302]

b) Forderungen aus einer vorsätzlich begangenen unerlaubten Handlung

Nach dem französischen Recht (Art. L-711-4 Abs. 1 Nr. 2 Code de la consommation) sind von der Restschuldbefreiung solche Forderungen ausgenommen, die dem Opfer einer Straftat im Strafverfahren zuerkannt wurden. Dass die Forderung auf einer strafgerichtlichen Verurteilung beruht, ist Voraussetzung für die Ausnahme des Anspruchs von der Restschuldbefreiung.[303] Auch diese Anordnung des französischen Gesetzgebers ist wörtlich zu nehmen. Forderungen, die zwar auf einer vorsätzlich begangenen unerlaubten Handlung beruhen, bezüglich derer dem Schuldner jedoch nicht in einem Straf-, sondern in einem Zivilverfahren die Verpflichtung zur Leistung von Schadensersatz auferlegt wurde, nehmen demnach an der französischen Restschuldbefreiung teil.[304] Zwar beruht die französische Vorschrift ersichtlich darauf, dass in Frankreich der Täter üblicherweise bereits im Strafverfahren dazu verurteilt wird, an sein Opfer eine Entschädigung zu zahlen (Art. 2 Abs. 1, 3, 371f., 375 Code de procédure pénale). Ein Gläubiger, dessen Anspruch auf einer vom Schuldner vorsätzlich begangenen unerlaubten Handlung beruht, muss daher in Frankreich in aller Regel keine Schadensersatzklage vor den Zivilgerichten erheben, weil seine Schadensersatzforderung bereits im Strafurteil tituliert wird. Der Umstand, dass in Deutschland das Adhäsionsverfahren (§§ 403 ff. StPO) eine ungleich geringere Bedeutung hat[305], rechtfertigt es jedoch nicht, die französische Bestimmung dahingehend auszulegen, dass in Deutschland entstandene Deliktsforderun-

151

---

[302] Fuchs, Nationale und internationale Aspekte des Restschuldbefreiungs-Tourismus, 2015, S. 730 f.
[303] So zur einst ähnlich formulierten Bestimmung des Art. L-643-11 Abs. 1 Code de commerce: LG Stade, Urt. v. 16.4.2009 – 4 O 296/04, BeckRS 2011, 87285, bestätigt von OLG Celle, Urt. v. 7.1.2010 – 6 U 60/09, IPrax 2011, 186, und von BGH, Beschl. v. 9.6.2011 – IX ZR 21/10, BeckRS 2011, 18532; Mehring, ZInsO 2012, 1247, 1252.
[304] Fuchs, Nationale und internationale Aspekte des Restschuldbefreiungs-Tourismus, 2015, S. 731.
[305] Stoffers/Möckel, NJW 2013, 830, sprechen von einem „Schattendasein" des Adhäsionsverfahrens; ähnlich Weyand, ZInsO 2013, 865; siehe jedoch auch Schmid, NStZ 2011, 611, der darauf hinweist, dass heutzutage Opfer von Straftaten weit öfter als früher von der Möglichkeit eines Adhäsionsantrages Gebrauch machten.

Fuchs

gen auch dann von der Restschuldbefreiung ausgenommen sind, wenn sie dem Geschädigten nicht in einem Strafurteil zuerkannt wurden. Einer solchen Auslegung steht nämlich der eindeutige Wortlaut der französischen Bestimmung entgegen[306] (Art. L-711-4 Abs. 1 Nr. 2 Code de la consommation: „Les réparations pécuniaires allouées aux victimes dans le cadre d'une condamnation pénale").

152 Da die Schadensersatzforderung somit nur dann noch gegen den Schuldner geltend gemacht werden kann, wenn sie in einem Strafverfahren tituliert wurde, ist der Gläubiger gut beraten, seinen Anspruch im deutschen Strafverfahren geltend zu machen. Dabei sollte dem deutschen Strafgericht erläutert werden, dass dies deshalb geschieht, weil der Schuldner im Falle einer Zivilklage die Möglichkeit hätte, sich durch ein ausländisches Insolvenzverfahren der Schadensersatzverpflichtung zu entziehen. Das berechtigte Anliegen des Geschädigten, dies zu verhindern, hat das Strafgericht im Rahmen seiner Ermessensentscheidung darüber, ob sich der Adhäsionsantrag zur Erledigung im Strafverfahren eignet (§ 406 Abs. 1 Satz 4, Abs. 5 Satz 2 StPO), angemessen zu berücksichtigen.[307] Das Vorgehen des Geschädigten verspricht auch Erfolg, weil der französischen Bestimmung nicht zu entnehmen ist, dass der Schadensersatzanspruch in einem französischen Strafverfahren tituliert werden müsste. Die Vorschrift lässt vielmehr jede Verurteilung durch ein Strafgericht in Frankreich oder in einem anderen Land genügen.[308]

c) Geldstrafen

153 Sowohl das deutsche Recht (§ 302 Nr. 2 Alt. 1 InsO) als auch viele andere Rechtsordnungen (in Österreich § 193 Abs. 1 Satz 2 Insolvenzordnung i.V.m. §§ 156 Abs. 5 Satz 2, 58 Nr. 2 Insolvenzordnung; in England Section 281(4) Insolvency Act 1986; in Frankreich Art. L-711-4 Abs. 3 Code de la consommation; in Kanada Section 178(1)(a) Bankruptcy and Insolvency Act of Canada; in den USA Section 523 (a) (7) Title 11 United States Code) sehen vor, dass Verbindlichkeiten die auf Geldstrafen beruhen, von der Restschuldbefreiung nicht erfasst werden. Dem liegt ersichtlich der Gedanke zugrunde, dass die Geldstrafe ihre Funktion als Sanktion für begangenes Unrecht verlöre, wenn der Schuldner die Möglichkeit hätte, sich ihrer durch ein Insolvenzverfahren zu entledigen.[309] Es stellt sich aber die Frage, ob ein ausländischer Ge-

---

[306] Fuchs, Nationale und internationale Aspekte des Restschuldbefreiungs-Tourismus, 2015, S. 731f.

[307] Fuchs, Nationale und internationale Aspekte des Restschuldbefreiungs-Tourismus, 2015, S. 732.

[308] Fuchs, Nationale und internationale Aspekte des Restschuldbefreiungs-Tourismus, 2015, S. 732.

[309] In diesem Sinne die Stellungnahme des Bundesrates zum RegE-InsOÄndG 2013, abgedruckt in: Begründung zum RegE-InsOÄndG 2013, BT-Drucks. 17/11268, S. 43; Heilmaier, in: Beck/Depré,

setzgeber, wenn er Geldstrafen von der Restschuldbefreiung ausnimmt, hiermit auch solche Geldstrafen meint, die dem Schuldner in einem anderen Land auferlegt wurden. Wenn bereits das ausländische Gesetz, so wie etwa Section 523 (a) (7) Title 11 United States Code), bestimmt, dass an der Restschuldbefreiung Geldstrafen, die an eine Dienststelle der Regierung zu entrichten sind, nicht teilnehmen, ist die Frage leicht zu beantworten. Mit einer Regierungsdienststelle kann nur eine Dienststelle der eigenen Regierung gemeint sein, so dass Geldstrafen, die einem fremden Staat zustehen, von der Restschuldbefreiung nicht ausgenommen sind, sondern vielmehr von ihr erfasst werden.[310]

Aber auch wenn das nationale Insolvenzrecht, so wie das französische Recht, ganz allgemein von Geldstrafen spricht (Art. L-711-4 Abs. 3 Code de la consommation), so sind hiermit nur in dem jeweiligen Land verhängte Geldstrafen gemeint. Der ausländische Gesetzgeber hat nämlich – auch wenn Geldstrafen innerhalb der Europäischen Union heutzutage grenzüberschreitend vollstreckbar sind[311] – kein Interesse daran, Forderungen eines fremden Fiskus zu privilegieren. Hieraus folgt, dass eine in Deutschland gegen den Schuldner ausgesprochene Geldstrafe von einer ausländischen Restschuldbefreiung erfasst wird. Ordre-public-widrig ist dies nicht (unten Rn 171). Folge hiervon ist, dass die für den Fall der Uneinbringlichkeit der Geldstrafe vorgesehene Ersatzfreiheitsstrafe (§ 43 Satz 1 StGB) nicht mehr angeordnet werden kann (§ 459e Abs. 1 StPO).

154

d) Beweislastverteilung

Die Frage, ob der Schuldner beweisen muss, dass eine bestimmte Forderung von der ausländischen Restschuldbefreiung erfasst wird, oder ob der Gläubiger seinerseits beweisen muss, dass die Forderung von ihr ausgenommen ist, richtet sich nach dem Recht des Landes, in dem die Restschuldbefreiung erteilt wurde, weil dieses Recht für alle die Restschuldbefreiung betreffenden Aspekte maßgeblich ist (oben Rn 118). Da fast keine Rechtsordnung ausdrücklich regelt, wem die Beweislast obliegt, ist die

155

Praxis der Insolvenz, § 41 Rn 78; Römermann, in: Nerlich/Römermann, InsO, § 302 (Stand: 43. Erg.-Lfg., März 2020), Rn 6.

310 Fuchs, Nationale und internationale Aspekte des Restschuldbefreiungs-Tourismus, 2015, S. 733.

311 Siehe den Rahmenbeschluss 2005/214/JI des Rates vom 24.2.2005 über die Anwendung des Grundsatzes der gegenseitigen Anerkennung von Geldstrafen und Geldbußen, ABl. EU 2005, L 76, S. 16, zuletzt geändert durch den Rahmenbeschluss 2009/299/JI des Rates vom 26.2.2009 zur Änderung der Rahmenbeschlüsse 2002/584/JI, 2005/214/JI, 2006/783/JI, 2008/909/JI und 2008/947/JI, zur Stärkung der Verfahrensrechte von Personen und zur Förderung der Anwendung des Grundsatzes der gegenseitigen Anerkennung auf Entscheidungen, die im Anschluss an eine Verhandlung ergangen sind, zu der die betroffene Person nicht erschienen ist, ABl. EU 2009, L 81, S. 24.

Beweislastverteilung nach allgemeinen Grundsätzen zu ermitteln: Wenn ein Gesetz in einer Vorschrift bestimmt, dass der Schuldner von seinen Verbindlichkeiten befreit wird, und sodann in einem nachfolgenden Absatz derselben Vorschrift (so z.B. Section 281(1), (3), (4), (5) des englischen Insolvency Act 1986) oder in einer darauf folgenden Vorschrift (so z.B. §§ 214f. der österreichischen Insolvenzordnung) einzelne Forderungen von der Restschuldbefreiung ausnimmt, so ergibt sich aus dieser vom Gesetzgeber gewählten Reihenfolge der Anordnungen ein Regel-Ausnahme-Verhältnis: Dass der Schuldner von seinen Verbindlichkeiten befreit wird, ist die Regel. Dass dies für einige Forderungen nicht gilt, stellt die Ausnahme dar. Für das Vorliegen einer Ausnahme ist stets die Partei beweispflichtig, die sich auf sie beruft, weil sie hiermit eine Abweichung von dem Regelfall behauptet und der Regelfall der Fall ist, von dessen Vorliegen zunächst typischerweise ausgegangen wird.[312] Hieraus folgt, dass, wenn der Schuldner sich auf eine im Ausland erteilte Restschuldbefreiung beruft, der Gläubiger die Beweislast dafür trägt, dass diese Forderung nach dem maßgeblichen ausländischen Insolvenzrecht von der Restschuldbefreiung nicht erfasst wird.[313] Gelingt dem Gläubiger dieser Beweis nicht, geht das deutsche Gericht davon aus, dass die Forderung an der Restschuldbefreiung teilnimmt.

156 Dies gilt allerdings nur für den Vortrag von Tatsachen. Soweit es um den Inhalt des ausländischen Rechts geht, ist eine Beweislastentscheidung auch dann unzulässig, wenn sich der Inhalt dieses Rechts trotz Ausschöpfung aller Erkenntnisquellen nicht ermitteln lässt, weil das deutsche Recht keine subjektive Beweislast hinsichtlich ausländischer Rechtssätze kennt.[314] Bedeutung kann dies etwa hinsichtlich solcher Rechtsordnungen haben, die weniger auf kodifiziertem Recht, sondern überwiegend auf Richterrecht beruhen. Beispielsweise ist denkbar, dass sich nicht aufklären lässt, ob der Unterhaltsanspruch der Mutter gegen den Vater ihres unehelich geborenen Kindes (§ 1615l Abs. 1 bis Abs. 3 BGB) nach US-amerikanischem Recht eine „domestic support obligation" im Sinne von Section 523 (a) (5) Title 11

---

312 In diesem Sinne BVerwG, Beschl. v. 11.2.1994 – 2 B 173/93, NJW 1994, 2633f.; BGH, Urt. v. 24.9.1955 – IV ZR 162/54, NJW 1955, 1714.
313 Fuchs, Nationale und internationale Aspekte des Restschuldbefreiungs-Tourismus, 2015, S. 736f.; so im Ergebnis auch Mehring, ZInsO 2012, 1247, 1253; offen gelassen von OLG Köln, Urt. v. 28.2.2013 – 18 U 298/11, ZIP 2013, 644, 646f., das aufgrund einer Beweisaufnahme davon überzeugt war, dass die von dem englischen Recht für eine Ausnahme der Forderung von der Restschuldbefreiung vorgesehenen Voraussetzungen erfüllt waren, und dementsprechend nicht mehr entscheiden musste, welche Partei im Falle der Nichterweislichkeit der relevanten Tatsachen die Beweislast hätte tragen müssen.
314 BGH, Beschl. v. 26.10.1977 – IV ZB 7/77, NJW 1978, 496, 497f.; BGH, Urt. v. 23.12.1981 – IVb ZR 643/80, NJW 1982, 1215, 1216; BVerwG, Urt. v. 19.7.2012 – 10 C 2/12, NJW 2012, 3461, 3463; BFH, Urt. v. 13.6.2013 – III R 63/11, IStR 2014, 30, 32.

United States Code ist, weil sich keine veröffentlichte Gerichtsentscheidung zu dieser Frage finden lässt. In solch einem Fall ist in erster Linie das deutsche Recht als „Ersatzrecht" anzuwenden oder, sofern dies zu äußerst unbefriedigenden Ergebnissen führte, die Rechtsordnung, die mit dem Recht, über dessen Inhalt Zweifel bestehen, am nächsten verwandt ist.[315]

IV. Bedeutung der ausländischen Restschuldbefreiung für einen deutschen Antrag auf Erteilung der Restschuldbefreiung

Dass dem Schuldner bereits im Ausland die Restschuldbefreiung erteilt wurde, ist zu berücksichtigen, wenn er in Deutschland einen Antrag auf Erteilung der Restschuldbefreiung (§§ 286 ff. InsO) stellt. **157**

Ein in Deutschland gestellter Antrag auf Restschuldbefreiung ist nach § 287a Abs. 2 InsO unzulässig, wenn **158**
- dem Schuldner in den letzten zehn Jahren vor dem Antrag auf Eröffnung des Insolvenzverfahrens oder nach diesem Antrag Restschuldbefreiung erteilt oder wenn ihm die Restschuldbefreiung in den letzten fünf Jahren vor dem Antrag auf Eröffnung des Insolvenzverfahrens oder nach diesem Antrag nach § 297 versagt worden ist oder
- dem Schuldner in den letzten drei Jahren vor dem Antrag auf Eröffnung des Insolvenzverfahrens oder nach diesem Antrag Restschuldbefreiung nach § 290 Abs. 11 Nr. 5, 6 oder 7 oder nach § 296 versagt worden ist; dies gilt auch im Falle des § 297a, wenn die nachträgliche Versagung auf Gründe nach § 290 Abs. 1 Nr. 5, 6 oder 7 gestützt worden ist.

Soweit Voraussetzung dieser Vorschrift die frühere Erteilung oder Versagung der Restschuldbefreiung ist, so erfüllt zwar grundsätzlich auch eine im Ausland erfolgte Erteilung oder Versagung diese Voraussetzung.[316] Im Einzelnen ist aber zu unterscheiden:

1. Vorherige Erteilung der Restschuldbefreiung im Ausland

Ist dem Schuldner im Ausland die Restschuldbefreiung erteilt worden und stellt er weniger als zehn Jahre später in Deutschland einen Antrag auf Restschuldbefreiung, so ist dieser Antrag unzulässig (§ 287a Abs. 2 Satz 1 Nr. 1 Alt. 1 InsO). Durch diese zehnjährige Sperrfrist soll ein Missbrauch des Insolvenzverfahrens als Mittel zur **159**

---

[315] BGH, Beschl. v. 26.10.1977 – IV ZB 7/77, NJW 1978, 496, 497 f.; BGH, Urt. v. 23.12.1981 – IVb ZR 643/80, NJW 1982, 1215, 1216; BVerwG, Urt. v. 19.7.2012 – 10 C 2/12, NJW 2012, 3461, 3463.
[316] Vallender, ZInsO 2009, 616, 621; Oberer, ZVI 2009, 49, 59.

wiederholten Reduzierung der Schuldenlast verhindert werden.[317] Die Restschuldbefreiung soll als Hilfe für unverschuldet in Not geratene Personen dienen, nicht als Zuflucht für diejenigen, die bewusst finanzielle Risiken auf andere abwälzen wollen.[318] Das vom Gesetzgeber verfolgte Ziel, einen Schuldner wenigstens für die Dauer von zehn Jahren von einem erneuten Restschuldbefreiungsverfahren auszuschließen, kann nur erreicht werden, wenn unter einer früheren Restschuldbefreiung im Sinne des § 287a Abs. 2 Satz 1 Nr. 1 Alt. 1 InsO auch eine im Ausland erteilte Restschuldbefreiung verstanden wird.[319]

160   Dies gilt jedoch nur, wenn die ausländische Restschuldbefreiung im Inland anerkannt wird.[320] Kommt eine Anerkennung – etwa wegen eines ordre-public-Verstoßes (unten Rn 166 ff.) – nicht in Betracht, wird die ausländische Restschuldbefreiung in Deutschland so behandelt, als existierte sie nicht. Zu beachten ist außerdem, dass eine frühere Restschuldbefreiung im Sinne des § 287a Abs. 2 Satz 1 Nr. 1 Alt. 1 InsO nicht jede denkbare Art der Schuldbefreiung ist. Denn eine Restschuldbefreiung im Sinne des deutschen Rechts ist nur ein Schuldenerlass, der nach Durchführung eines Insolvenzverfahrens infolge einer gerichtlichen Entscheidung gegen den Willen der Gläubiger erfolgt.[321] Außergerichtliche oder gerichtliche Schuldenbereinigungspläne, auch wenn ihnen nur die Mehrheit der Gläubiger zustimmt, einige Gläubiger also überstimmt werden, sind keine Restschuldbefreiung im Sinne des deutschen Rechts. Deshalb lösen im Ausland zustande gekommene Schuldenbereinigungspläne die Sperrfrist nicht aus, so dass der Schuldner weniger als zehn Jahre nach dem Zustandekommen eines solchen Plans in Deutschland die Erteilung der Restschuldbefreiung beantragen kann.[322]

161   Keine Sperre besteht, wenn der Schuldner im Ausland die Restschuldbefreiung beantragt und diesen Antrag vor Erteilung der Restschuldbefreiung wieder zurückgenommen hat. In diesem Fall kann der Schuldner umgehend in Deutschland einen Restschuldbefreiungs-Antrag stellen.[323]

162   Soweit die Zehn-Jahres-Frist maßgeblich ist, beginnt sie in dem Zeitpunkt, in dem nach dem ausländischen Insolvenzrecht die Wirkungen der Restschuldbefreiung eintreten. Nach Ablauf der Zehn-Jahres-Frist ist ein Restschuldbefreiungs-Antrag in Deutschland möglich, selbst wenn nach dem Recht des Landes, in dem

---

317 Begründung zum RegE-InsO, BT-Drucks. 12/2443, S. 190 (dort zu § 239); Begründung zum RegE-InsOÄndG 2013, BT-Drucks. 17/11268, S. 24 (dort zu Nr. 20).
318 Begründung zum RegE-InsO, BT-Drucks. 12/2443, S. 190 (dort zu § 239).
319 Vallender, ZInsO 2009, 616, 621; Oberer, ZVI 2009, 49, 59; Fuchs, Nationale und internationale Aspekte des Restschuldbefreiungs-Tourismus, 2015, S. 745.
320 MüKo/Stephan, § 287a InsO Rn 57.
321 MüKo/Stephan, § 287a InsO Rn 54.
322 Fuchs, Nationale und internationale Aspekte des Restschuldbefreiungs-Tourismus, 2015, S. 745 f.
323 AG Göttingen, Beschl. v. 25.9.2019 – 74 IK 180/19, NZI 2020, 334.

die erste Restschuldbefreiung erteilt wurde, eine Restschuldbefreiung nur einmal im Leben beantragt werden kann.[324]

2. Keine partielle deutsche Restschuldbefreiung für von der ausländischen Restschuldbefreiung ausgenommene Forderungen

Die Sperrfrist des § 287a Abs. 2 Satz 1 Nr. 1 Alt. 1 InsO gilt auch dann, wenn von der ausländischen Restschuldbefreiung einige Forderungen ausgenommen sind (hierzu oben Rn 146). Insbesondere ist in den zehn Jahren nach Erteilung der ausländischen Restschuldbefreiung in Deutschland auch ein gegenständlich beschränkter Restschuldbefreiungs-Antrag unzulässig, der nur auf diese Forderungen bezogen ist. Eine partielle deutsche Restschuldbefreiung für die Forderungen, die an der ausländischen Restschuldbefreiung nicht teilnehmen, kann der Schuldner also nicht erlangen. Dies gilt auch, wenn die von der ausländischen Restschuldbefreiung ausgenommenen Forderungen an einer deutschen Restschuldbefreiung teilnehmen könnten. Denn ein Schuldner, der sich nach einer bestimmten Rechtsordnung von seinen Schulden befreien lässt, muss den mit dieser Restschuldbefreiung verbundenen Umfang akzeptieren. Wenn er für seine Entschuldung ein bestimmtes Recht in Anspruch nimmt, hat er keinen Anspruch darauf, von Verbindlichkeiten befreit zu werden, die nach diesem Recht von der Restschuldbefreiung ausgeschlossen sind.[325]

163

Darüber hinaus ist ein auf einzelne Forderungen beschränkter Restschuldbefreiungs-Antrag dem deutschen Recht unbekannt. Außerdem ist die Reichweite der Rechtskraft zu beachten, die der ausländischen Entscheidung über die Erteilung der Restschuldbefreiung zukommt. Diese Entscheidung enthält auch den negativen Ausspruch, dass der Schuldner von den Forderungen nicht befreit wird, die nach dem ausländischen Recht nicht Gegenstand der Restschuldbefreiung sein können. Die Anerkennung der ausländischen Restschuldbefreiung erfasst alle Wirkungen, die die Restschuldbefreiung nach dem Recht des Staates, in dem sie erteilt wurde, hat (oben Rn 118). Anerkannt wird somit nicht nur die Wirkung, dass Forderungen erloschen oder nicht mehr durchsetzbar sind, sondern auch die weitergehende Wirkung, dass bestimmte Forderungen von der Restschuldbefreiung ausgenommen sind. Dies gilt umso mehr, wenn das ausländische Insolvenzgericht Ermessen hat, ob und inwieweit gewisse Verbindlichkeiten an der Restschuldbefreiung teilnehmen, so wie dies in England bezüglich Unterhaltsverbindlichkeiten und in den USA hinsichtlich gewisser Verbindlichkeiten, denen eine Straftat zugrunde liegt, der Fall ist (oben Rn 147f.). Könnte in Deutschland hinsichtlich solcher Forderungen ein

164

---

[324] Fuchs, Nationale und internationale Aspekte des Restschuldbefreiungs-Tourismus, 2015, S. 748f.
[325] Fuchs, Nationale und internationale Aspekte des Restschuldbefreiungs-Tourismus, 2015, S. 747.

Fuchs

isoliertes Restschuldbefreiungsverfahren durchgeführt werden, würde die Ermessensentscheidung des ausländischen Gerichts unterlaufen.[326]

3. Vorherige Versagung der Restschuldbefreiung im Ausland

165 Ist dem Schuldner im Ausland die Restschuldbefreiung versagt worden, begründet dies keine Sperrfrist. Denn nach § 287a Abs. 2 Satz 1 Nr. 1 Alt. 2 und Nr. 2 InsO führt nicht jede Versagung zu einer Sperre, sondern nur eine Versagung, die aus bestimmten Gründen erfolgt ist. Diese Versagungsgründe können nur in einem deutschen Insolvenzverfahren verwirklicht werden, weil sie allesamt auf Vorschriften der InsO und des StGB verweisen, die in einem ausländischen Insolvenzverfahren nicht gelten (siehe §§ 297, 296 Abs. 1 Nr. 5, 6, 7 InsO). Angesichts dessen kann eine im Ausland erfolgte Versagung der Restschuldbefreiung keine Sperrfrist für einen Restschuldbefreiungs-Antrag in Deutschland auslösen.

V. Ordre-public-Verstoß der ausländischen Restschuldbefreiung

166 Die Entscheidung über die Eröffnung eines ausländischen Insolvenzverfahrens und die im Rahmen dieses Verfahrens ergangenen Entscheidungen werden in Deutschland nicht anerkannt, soweit die Anerkennung zu einem Ergebnis führt, das offensichtlich mit der öffentlichen Ordnung, insbesondere mit wesentlichen Grundsätzen des deutschen Rechts oder den Grundrechten, unvereinbar ist (Art. 33 EuInsVO, § 343 Abs. 1 Satz 2 Nr. 2 InsO). Gemeint sind hiermit sowohl der verfahrensrechtliche als auch der materiellrechtliche ordre public.[327] Die deutsche öffentliche Ordnung ist allerdings nur verletzt, wenn das konkrete Ergebnis der Anwendung des ausländischen Rechts zu den Grundgedanken der deutschen Regelungen und den in ihnen enthaltenen Gerechtigkeitsvorstellungen in einem so schwerwiegenden Widerspruch steht, dass es nach inländischen Vorstellungen unerträglich erscheint.[328] Deshalb kann ein ordre-public-Verstoß nur in Ausnahmefällen vorliegen.[329] Dass ein deutsches Gericht, hätte es über die Frage zu entscheiden gehabt, aufgrund zwin-

---

326 Fuchs, Nationale und internationale Aspekte des Restschuldbefreiungs-Tourismus, 2015, S. 747 f.
327 BGH, Beschl. v. 8.5.2014 – IX ZB 35/12, NZI 2014, 723 f.
328 BGH, Beschl. v. 17.9.1968 – IV ZB 501/68, NJW 1969, 369, 370 f.; BGH, Beschl. v. 18.6.1970 – IV ZB 6/70, NJW 1970, 2160, 2162; BGH, Urt. v. 14.11.1996 – IX ZR 339/95, IPrax 1998, 102, 106; BGH, Beschl. v. 18.9.2001 – IX ZB 51/00, NJW 2002, 960, 961.
329 EuGH, Urt. v. 2.5.2006 – C-341/04 (Eurofood), NZI 2006, 360, 363 (Rn 62); EuGH, Urt. v. 21.1.2010 – C-444/07 (MG Probud Gdynia), NZI 2010, 156, 157 (Rn 34); BGH, Urt. v. 10.9.2015 – IX ZR 304/13, NZI 2016, 93, 94.

genden deutschen Rechts zu einem anderen Ergebnis gelangt wäre, genügt nicht, um einen ordre-public-Verstoß zu begründen.[330]

Daneben ist zu beachten, dass das deutsche Recht all das, was es selbst vorsieht, nicht im Wege der ordre-public-Kontrolle unterbinden kann.[331] Deshalb dürfen im Rahmen der ordre-public-Kontrolle an ein ausländisches Insolvenzverfahren keine höheren Anforderungen gestellt werden als an ein vergleichbares inländisches Verfahren.[332] Insbesondere darf die ausländische Entscheidung in Deutschland nicht Gegenstand einer Nachprüfung in der Sache sein (Verbot der „révision au fond").[333] Deshalb begründet weder die falsche Anwendung nationalen Rechts noch die falsche Anwendung des Unionsrechts noch die fehlerhafte Würdigung des Sachverhalts in tatsächlicher Hinsicht für sich genommen einen ordre-public-Verstoß.[334] **167**

Daneben verstößt die Anerkennung einer ausländischen Restschuldbefreiung nicht schon deshalb gegen den ordre public, weil ein Gläubiger in dem Insolvenzverfahren, in dem die Restschuldbefreiung erteilt wurde, nur eine äußerst geringe oder gar keine Befriedigung erlangt hat[335], es sei denn, es wurde noch nicht einmal der Versuch einer Gläubigerbefriedigung unternommen[336] oder die ausländischen Gläubiger wurden in dem Verfahren aufgrund ihrer Staatsangehörigkeit schlechter behandelt als die einheimischen[337]. Insbesondere ist es unter ordre-public-Gesichtspunkten unbedenklich, dass das ausländische Insolvenzrecht keinen der Wohlverhaltensperiode entsprechenden Zeitabschnitt vorsieht und der Schuldner deshalb die Restschuldbefreiung erlangte, ohne für eine gewisse Zeit seine pfändbaren Ein- **168**

---

330 BAG, Urt. v. 25.4.2013 – 6 AZR 49/12, NZI 2013, 758, 760; BAG, Zwischenurt. v. 18.7.2013 – 6 AZR 882/11, NZA-RR 2014, 32, 38.
331 In diesem Sinne BGH, Beschl. v. 8.5.2014 – IX ZB 35/12, NZI 2014, 723, 724; so auch für das österreichische Recht OLG Innsbruck, Beschl. v. 8.7.2008 – 1 R 176/08d, NZI 2008, 700, 702 f.
332 von Oertzen, Inlandswirkungen eines Auslandskonkurses, 1990, S. 56.
333 Virgós/Schmit, Erläuternder Bericht vom 8.7.1996 zu dem EU-Übereinkommen über Insolvenzverfahren, abgedr. in: Stoll, Vorschläge und Gutachten zur Umsetzung des EU-Übereinkommens über Insolvenzverfahren im deutschen Recht, Tübingen 1997, S. 32, 103 (Rn 202, dort Nr. 1).
334 EuGH, Urt. v. 28.3.2000 – C-7/98 (Krombach), Slg. 2000, I-1935, 1968 (Rn 36); EuGH, Urt. v. 6.9.2012 – C-619/10 (Trade Agency), EuZW 2012, 912, 914 f. (Rn 50 f.).
335 BGH, Urt. v. 14.11.1996 – IX ZR 339/95, IPrax 1998, 102, 106 f.; BGH, Beschl. v. 18.9.2001 – IX ZB 51/00, NJW 2002, 960, 961; OLG Celle, Urt. v. 7.1.2010 – 6 U 60/09, IPrax 2011, 186 (bestätigt von BGH, Beschl. v. 9.6.2011 – IX ZR 21/10, BeckRS 2011, 18532).
336 Graf, Die Anerkennung ausländischer Insolvenzentscheidungen, Tübingen 2003, S. 308; Fuchs, Nationale und internationale Aspekte des Restschuldbefreiungs-Tourismus, 2015, S. 647 f.
337 BGH, Urt. v. 14.11.1996 – IX ZR 339/95, IPrax 1998, 102, 104; Graf, Die Anerkennung ausländischer Insolvenzentscheidungen, Tübingen 2003, S. 307; Hanisch, in: FS für Günther Jahr, Tübingen 1993, S. 455, 473; Laut, Universalität und Sanierung im internationalen Insolvenzrecht, 1997, S. 60; Fuchs, Nationale und internationale Aspekte des Restschuldbefreiungs-Tourismus, 2015, S. 648, 683 ff.

künfte an die Gläubiger abführen zu müssen.[338] Erst recht kann kein Verstoß gegen die öffentliche Ordnung daraus hergeleitet werden, dass dem Schuldner im Ausland die Restschuldbefreiung erheblich schneller als in Deutschland erteilt wurde.[339]

169   Selbst der Umstand, dass der Schuldner in seinem Insolvenzantrag gegenüber dem ausländischen Gericht fehlerhafte oder unvollständige Angaben zu seinen Vermögensverhältnissen machte und infolge dessen Teile seines Vermögens im Insolvenzverfahren nicht verwertet wurden, bedeutet keinen ordre-public-Verstoß.[340] Ferner liegt kein Verstoß gegen die deutsche öffentliche Ordnung vor, wenn die ausländischen Gerichte für die Erteilung der Restschuldbefreiung international unzuständig waren und der Schuldner ihnen die zuständigkeitsbegründenden Umstände nur vorgetäuscht hatte.[341] Anstatt in Deutschland den ordre-public-Einwand zu erheben, müssen die Gläubiger in diesem Fall bei dem ausländischen Gericht einen Rechtsbehelf gegen seine Eröffnungsentscheidung einlegen.[342]

170   Zwar liegt ein ordre-public-Verstoß vor, wenn das Grundrecht eines Betroffenen auf rechtliches Gehör offensichtlich verletzt wurde.[343] Dennoch ist die deutsche öffentliche Ordnung nicht verletzt, wenn ein deutscher Gläubiger keine individuelle Benachrichtigung über die im Ausland erfolgte Insolvenzeröffnung erhalten hat; dies gilt jedenfalls dann, wenn der Gläubiger bei dem ausländischen Gericht gegen die Insolvenzeröffnung einen Rechtsbehelf (in England etwa den Antrag auf Erlass einer „annulment order" nach Section 282 Insolvency Act 1986) einlegen kann.[344] Denn das deutsche Recht kann all das, was es selbst vorsieht, nicht im Wege der ordre-public-Kontrolle unterbinden (oben Rn 167), und nach deutschem Recht ob-

---

[338] BGH, Beschl. v. 18.9.2001 – IX ZB 51/00, NJW 2002, 960, 961; OLG Saarbrücken, Urt. v. 14.5.2008 – 5 U 5/08, BeckRS 2011, 08434; VG Leipzig, Urt. v. 13.9.2011 – 6 K 86/08, BeckRS 2013, 46072 (bestätigt von OVG Sachsen, Beschl. v. 16.5.2014 – 5 A 754/11, juris, Rn 18 ff.); LG Stade, Urt. v. 16.4.2009 – 4 O 296/04, BeckRS 2011, 87285 (bestätigt von OLG Celle, Urt. v. 7.1.2010 – 6 U 60/09, IPrax 2011, 186, und von BGH, Beschl. v. 9.6.2011 – IX ZR 21/10, BeckRS 2011, 18532); BFH, Beschl. v. 27.1.2016 – VII B 119/15, NZI 2016, 929, 931; AG Frankfurt am Main, Urt. v. 7.9.2012 – 32 C 918/12 (72), unveröff., S. 7.
[339] OLG Celle, Beschl. v. 27.11.2012 – 2 U 147/12, ZInsO 2013, 1002, 1004; AnwGH München, Beschl. v. 24.3.2011 – BayAGH I-35/08, BeckRS 2011, 22607; siehe auch BGH, Urt. v. 14.1.2014 – II ZR 192/13, NJW 2014, 1244, 1246.
[340] Brandenburgisches OLG, Zwischenurt. v. 25.5.2011 – 13 U 100/07, ZInsO 2011, 1563, 1565; VG Leipzig, Urt. v. 13.9.2011 – 6 K 86/08, BeckRS 2013, 46072 (bestätigt von OVG Sachsen, Beschl. v. 16.5.2014 – 5 A 754/11, juris, Rn 23); **a.A.** BFH, Beschl. v. 27.1.2016 – VII B 119/15, NZI 2016, 929, 931.
[341] BGH, Urt. v. 10.9.2015 – IX ZR 304/13, NZI 2016, 93, 94 f.; **a.A.** BFH, Beschl. v. 27.1.2016 – VII B 119/15, NZI 2016, 929, 931.
[342] OLG Nürnberg, Beschl. v. 15.12.2011 – 1 U 2/11, NJW 2012, 862, 863; OLG Celle, Beschl. v. 27.11.2012 – 2 U 147/12, ZInsO 2013, 1002, 1003.
[343] EuGH, Urt. v. 2.5.2006 – C-341/04 (Eurofood), NZI 2006, 360, 363 (Rn 65 ff.).
[344] BGH, Urt. v. 10.9.2015 – IX ZR 304/13, NZI 2016, 93, 95 f.; **a.A.** BFH, Beschl. v. 27.1.2016 – VII B 119/15, NZI 2016, 929, 931.

liegt es wegen der Zustellungsfiktion des § 9 Abs. 1, Abs. 3 InsO allen Gläubigern, auch den ausländischen, durch Recherchen im Internet selbst zu ermitteln, ob über das Vermögen „ihres" Schuldners ein Insolvenzverfahren eröffnet worden ist.[345] Hat der Schuldner gegenüber dem ausländischen Insolvenzgericht einen Gläubiger bewusst verschwiegen, hat der betroffene Gläubiger gegen den Schuldner ohnehin einen Schadensersatzanspruch gemäß § 826 BGB.[346]

Die Anerkennung einer ausländischen Restschuldbefreiung ist auch insoweit mit dem deutschen ordre public vereinbar, als sie Forderungen aus einer vorsätzlich begangenen unerlaubten Handlung erfasst, obwohl solche Forderungen nach deutschem Recht wegen § 302 Nr. 1 InsO an der Restschuldbefreiung nicht teilnehmen.[347] Auch dass die ausländische Restschuldbefreiung in Deutschland verhängte Geldstrafen umfasst, bedeutet keinen ordre-public-Verstoß, weil das deutsche Recht seinerseits in § 302 Nr. 2 InsO nur inländische, jedoch keine ausländischen Geldstrafen privilegiert.[348] Wird dem Schuldner hingegen die Restschuldbefreiung durch eine Stelle erteilt, die keine justizielle Unabhängigkeit genießt, sondern den Weisungen der Exekutive untersteht, verstößt die Anerkennung dieser Restschuldbefreiung gegen den ordre public, wenn infolge der fehlenden Unabhängigkeit der Anspruch der Gläubiger auf ein faires Verfahren (Art. 6 Abs. 1 Satz 1 EMRK; Art. 47 Abs. 2 Satz 1 EU-Grundrechte-Charta i.V.m. Art. 6 Abs. 1 Unterabs. 1 EUV) verletzt wurde oder eine solche Verletzung jedenfalls nicht auszuschließen ist.[349]

171

---

345 BGH, Beschl. v. 23.10.2008 – IX ZB 193/06, EuZW 2009, 231; LG Flensburg, Beschl. v. 29.9.2005 – 7 O 43/05, ZVI 2005, 635.
346 BGH, Beschl. v. 9.10.2008 – IX ZB 16/08, ZInsO 2009, 52; BGH, Beschl. v. 23.10.2008 – IX ZB 193/06, EuZW 2009, 231; LG Schwerin, Beschl. v. 15.6.2006 – 2 S 66/06, VersR 2007, 400, 401.
347 So BGH, Urt. v. 27.5.1993 – IX ZR 254/92, NJW 1993, 2312, 2314; offen lassend jedoch BGH, Urt. v. 14.1.2014 – II ZR 192/13, NZI 2014, 283, 285; näher hierzu Fuchs, Nationale und internationale Aspekte des Restschuldbefreiungs-Tourismus, 2015, S. 654 ff.; Vallender/Fuchs, FS für Bruno M. Kübler, S. 731 ff.
348 Fuchs, Nationale und internationale Aspekte des Restschuldbefreiungs-Tourismus, 2015, S. 733 ff.
349 Mankowski, KTS 2011, 185, 206; Fuchs, Nationale und internationale Aspekte des Restschuldbefreiungs-Tourismus, 2015, S. 578.

Fuchs

§ 16 Vergütung der Verfahrensbeteiligten

Übersicht

A. Grundzüge und Struktur des insolvenzrechtlichen Vergütungsverfahrens —— 1
   I. Einheitliche Regelung für alle Verfahrensarten —— 2
   II. Gesetzliche Regelungen —— 4
   III. Systematik des Festsetzungsverfahrens —— 9
   IV. Kritik und Reformvorschläge —— 10
B. Berechnungsgrundlagen für die verschiedenen Tatbestände der Vergütung im Insolvenzverfahren —— 11
   I. Endgültiges Insolvenzverfahren als Grundtatbestand —— 12
      1. Schlussrechnung als Grundlage der Berechnung —— 13
      2. Zeitpunkt der Festsetzung —— 14
      3. In der Schlussrechnung zu berücksichtigende Einnahmen —— 16
         a) Tatsächliche Zuflüsse —— 18
         b) Bei ordnungsgemäßem Abschluss des Verfahrens nicht verwertete Aktiva der Anfangsmasse —— 20
         c) Noch zu erwartende Zuflüsse aus während des Insolvenzverfahrens erwirtschafteten Vermögensgegenständen —— 24
            aa) Einbeziehung in die Schlussrechnung —— 25
            bb) Nichtberücksichtigung in der ursprünglichen Schlussrechnung —— 29
         d) Übernommene Verpflichtungen gegenüber Dritten —— 30
            aa) Zahlung des nach betriebswirtschaftlichen Kriterien ermittelten Unternehmenswertes —— 31
            bb) Übernahme ohne vorherige Verrechnung auf den Kaufpreis —— 32
      4. Berücksichtigung von Massekosten und sonstigen Masseverbindlichkeiten im Allgemeinen nach § 1 Abs. 2 Nr. 4 a) und b) InsVV —— 33
         a) Massekosten —— 34
         b) Sonstige Masseverbindlichkeiten —— 35
         c) Anrechnung der Vergütungen für den Einsatz/Ersatz besonderer Sachkunde —— 36
      5. Ausnahmen vom Zufluss-/Abflusssystem unter nicht Berücksichtigung von Massekosten und sonstigen Masseverbindlichkeiten —— 37
         a) Bereicherungsansprüche, massefremde Zuflüsse, durchlaufende Posten —— 38
            aa) Ungerechtfertigte Bereicherung —— 39
            bb) Nicht in die Berechnungsgrundlage einzubeziehende Zahlungen —— 41
            cc) Durchlaufende Posten —— 42
         b) Negative Einnahmen, positive Ausgaben —— 43
            aa) Stichtag Verfahrenseröffnung —— 44
            bb) Nach Insolvenzeröffnung rechtlich

oder wirtschaftlich begründete Abflüsse aus Rückzahlung erhaltener Einnahmen und Zuflüsse aus zuvor erbrachten Ausgaben —— 45
  c) Massekostenvorschüsse/sonstige Zuschüsse —— 50
  d) Massedarlehen —— 54
  e) Aufrechnungslagen allgemein —— 57
  f) Steuerzahlungen/Steuererstattungen —— 60
  g) Sondermassen/Sonderverwaltung —— 63
6. Behandlung von Aus- und Absonderungsrechten —— 66
  a) Aussonderungsrechte —— 67
  b) Absonderungsrechte —— 69
    aa) Verwertung durch die Insolvenzverwaltung —— 71
    bb) Keine Verwertung durch den Insolvenzverwalter aber Überschuss für die Insolvenzmasse, noch nicht geflossener Überschuss —— 80
    cc) Keine Verwertung und kein Überschuss —— 83
  c) Abfindungen für den Verzicht auf die Geltendmachung von Aus- und Absonderungsrechten gem. § 1 Abs. 2 Nr. 2 InsVV —— 84
7. Betriebsfortführung —— 86
  a) Allgemeines —— 87
  b) Betriebsvermögen, Teilbetriebe —— 91
  c) Fortführung des Unternehmens —— 96
  d) Ermittlung des Überschusses —— 97
    aa) Deckungskostenbeitragsrechnung —— 98
    bb) Im Rahmen der Betriebsfortführung erwirtschaftete Einnahmen —— 99
    cc) Im Rahmen der Betriebsfortführung begründete Ausgaben —— 102
  e) Abgrenzung im Rahmen der Betriebsfortführung zwischen dem vorläufigen und endgültigen Verfahren —— 103
  f) Vorzeitige Verfahrensbeendigung —— 106
8. Kausale und zeitliche Abgrenzung zwischen vorläufigem und endgültigem Insolvenzverfahren —— 109
  a) Einzubeziehende Einnahmen für das endgültige Insolvenzverfahren —— 110
  b) Im vorläufigen Verfahren begründete Ausgaben (nachlaufende Masseverbindlichkeiten) —— 112
9. Vorzeitige Beendigung des Insolvenzverfahrens oder des Amtes als Insolvenzverwalter —— 113
  a) Allgemeines —— 114
    aa) Schätzung —— 115
    bb) Einzelne Vermögensgegenstände —— 117
    cc) Beschränkung auf die potentielle Masse, welche zur Befriedigung aller Insolvenzgläubiger und Massegläubiger erforderlich gewesen wäre —— 120
  b) Einzelne Fälle der vorzeitigen Verfahrensbeendigung —— 121

Hermann/Bähr/Fritz

II. Vorläufiges Insolvenzverfahren —— 122
1. Gesetzeslage —— 123
2. Persönlicher Anwendungsbereich und Werte als Basis der Berechnung —— 125
3. In die Berechnungsgrundlage einzubeziehendes Vermögen —— 128
   a) Vermögen i.S.d. § 11 Abs. 1 InsVV i.V.m. § 63 InsO —— 129
   b) Ansatz —— 130
   c) Zeitpunkt und Zeitraum des Ansatzes —— 132
   d) Bewertung —— 133
   e) Einzelne Vermögensgegenstände —— 135
      aa) Forderungen, Bankguthaben, Auftragsbestand —— 136
      bb) Firmen- oder Unternehmenswert, sonstige immaterielle Vermögensgegenstände, Lebens- oder Direktversicherung, Umsatzsteuer aus der Vergütung des vorl. Insolvenzverwalters —— 139
      cc) Schadensersatzforderungen, Gesellschaftsrechtliche- und Organhaftungsansprüche —— 143
      dd) Anfechtungsansprüche —— 145
4. Hinzurechnung von Aus- oder Absonderungsrechten unterliegenden Vermögenswerten —— 146
   a) Gesetzgeberische Grundlagen der Neuregelung des § 11 Abs. 1 S. 2 InsVV —— 147
   b) Erhebliche Befassung —— 148
   c) Einzelne Vermögensgegenstände —— 151
   d) Besitzüberlassungsverträge/Leasingverträge —— 154
   e) Einbeziehung des Überschusses bei nicht erheblicher Befassung —— 157
5. Ergänzende Anwendung des § 1 Abs. 2 InsVV, Betriebsfortführung, vorzeitige Beendigung der vorläufigen Insolvenzverwaltung —— 159
6. Darlegender Vortrag zur Berechnungsgrundlage im Vergütungsantrag —— 160

III. Besondere Verfahrensarten —— 164
1. Partikular- und Sekundärinsolvenzverfahren —— 165
   a) Partikularinsolvenzverfahren —— 166
   b) Sekundärinsolvenzverfahren —— 167
   c) Abgrenzung zwischen Haupt- und Partikularinsolvenzverfahren —— 168
      aa) Partikularinsolvenzverfahren —— 169
      bb) Sekundärinsolvenzverfahren —— 170
2. Gruppeninsolvenz —— 171
   a) Berechnungsgrundlage für den Verfahrenskoordinator —— 172
   b) Berechnungsgrundlage für den Gruppenkoordinator —— 173
3. Vorläufige und endgültige Sachwaltung —— 175
   a) Einheitliche Berechnungsgrundlage für den vorläufigen und endgültigen Sachwalter —— 176
   b) Schlussrechnung des Schuldners —— 177
   c) Berechnungsgrundlage —— 178

d) Vorzeitige Beendigung —— 180
4. Berechnungsgrundlage der Vergütung des Insolvenzverwalters im Verbraucherinsol-venzverfahren nach § 13 InsVV —— 181
5. Berechnungsgrundlage der Vergütung des Treuhänders in der Wohlverhaltensphase nach § 14 InsVV —— 183
IV. Sonderinsolvenzverwaltung —— 185
1. Grundlage der Berechnung —— 186
2. Typische Verwaltertätigkeit —— 187
3. Anwaltliche Tätigkeit —— 189
C. Gebühren des Insolvenzverwalters —— 190
I. Regelvergütung —— 192
II. Mindestvergütung —— 196
III. Vergütung für Normalverfahren —— 199
IV. Zuschläge —— 206
1. Zuschläge wegen Bearbeitung von Aus- und Absonderungsrechten —— 209
2. Zuschlag für Unternehmensfortführung und Hausverwaltung, § 3 Abs. 1 b) InsVV —— 215
3. Zuschlag für Degressionsausgleich, § 3 Abs. 1 c) InsVV —— 222
   a) Einbeziehung in die InsVV, Ermittlung im Rahmen einer Gesamtschau, Berücksichtigung für den vorläufigen Insolvenzverwalter und Sachwalter, Ermessen des Gerichtes —— 223
   b) Große Masse —— 228
   c) Erheblicher Mehraufwand —— 231
   d) Berechnung des Degressionsausgleiches —— 233
4. Zuschlag für die Bearbeitung arbeitsrechtlicher Sachverhalte —— 238
5. Zuschlag für Ausarbeitung eines Insolvenzplanes —— 242
6. Zuschlag für Inflationsausgleich —— 246
7. Weitere Zuschlagsfaktoren —— 247
V. Abschläge —— 250
1. Vermeidung einer Doppelberücksichtigung durch gleichzeitige Erhöhung der Berechnungsgrundalge und Gewährung von Zuschüssen —— 251
2. Berücksichtigung mehrerer Zuschlagsfaktoren —— 255
3. Delegation verschiedener Aufgaben auf Hilfspersonen —— 257
4. Abschläge bei vorheriger Bestellung als vorläufiger Insolvenzverwalter/ Gutachter —— 269
5. Abschläge bei vorheriger Verwertung der Masse —— 273
6. Abschlag wegen vorzeitiger Verfahrens- oder Amtsbeendigung —— 275
7. Abschlag der Vergütung bei hoher Insolvenzmasse und geringer Arbeitsbelastung —— 279
8. Minderung wegen überschaubarer Vermögensverhältnisse —— 280
9. Abschlag im Koordinationsverfahren, mit Bestellung eines Verfahrenskoordinators —— 281
10. Weitere Kürzungstatbestände —— 282
VI. Arithmetische Berechnung von Zu- und Abschlägen —— 284
VII. Gesamtwürdigung —— 286
VIII. Darlegungs- und Beweislast des Insolvenzverwalters —— 289
IX. Zulässigkeit von Vergütungsvereinbarungen —— 290

- X. Auslagen, besondere Sachkunde und Umsatzsteuer — 291
  1. Allgemeine Auslagen — 293
  2. Besondere Auslagen — 295
  3. Besondere Haftpflichtversicherung — 297
  4. Besondere Sachkunde — 301
  5. Umsatzsteuer — 303
- XI. Sonderfälle — 305
  1. Nachtragsverteilungen — 306
  2. Insolvenzplanverfahren — 309
- D. Vergütung und Auslagen des vorläufigen Insolvenzverwalters — 316
  - I. Änderung der Rechtslage seit 2014 — 317
  - II. Allgemeines — 319
  - III. Gebühren des vorläufigen Insolvenzverwalters — 324
    1. Regelvergütung und Mindestvergütung — 325
    2. Zuschläge, § 3 InsVV — 328
       a) Allgemeines — 329
       b) Zuschläge im Einzelnen — 331
       c) Ausschluss von doppelter Berücksichtigung bei der Berechnungsgrundlage und gleichzeitig bei den einzelnen Zuschlagsfaktoren, Überschneidungen einzelner Faktoren — 338
    3. Abschläge — 339
  - IV. Auslagen des vorläufigen Insolvenzverwalters — 340
  - V. Kostenschuldner der vorläufigen Verwaltervergütung — 341
  - VI. Vorläufiger Verwalter zugleich als Sachverständiger — 344
- E. Besondere Verfahrensarten — 348
  - I. Vergütung des (vorläufigen) Sachwalters — 348
  - II. Vergütung des Insolvenzverwalters im Verbraucherinsolvenzverfahren und des Treuhänders im Restschuldbefreiungsverfahren — 352
    1. Verbraucherinsolvenzverfahren — 352
    2. Restschuldbefreiungsverfahren — 354
  - III. Sonderinsolvenzverwaltung — 359
  - IV. Partikular- und Sekundärinsolvenzverfahren — 361
  - V. Festsetzung der Vergütung der Koordinatoren von Gruppeninsolvenzen nach der InsO und der EuInsVO — 362
    1. Nach der InsO — 362
    2. Nach der EuInsVO — 363
- F. Geltendmachung der Vergütungsansprüche — 367
  - I. Fälligkeit des Vergütungsanspruches — 368
  - II. Festsetzung durch das Insolvenzgericht — 370
    1. Zuständigkeit des Richters oder Rechtspflegers für den Antrag — 371
    2. Mitwirkung der Beteiligten — 376
    3. Beschluss des Insolvenzgerichtes — 377
    4. Rechtsbehelfe — 378
    5. Rechtskraft — 383
    6. Nachträgliche Änderung der ursprünglichen Festsetzung für den vorläufigen Verwalter — 385
    7. Vorschüsse auf Vergütung und Auslagen — 390
    8. Entnahme und Vergütung des (vorläufigen) Insolvenzverwalters — 400
    9. Verjährung und Berücksichtigung des Vergütungsanspruches bei Masseunzulänglichkeit — 401
- G. Verwirkung der Vergütungsansprüche — 403
- H. Vergütung des Gläubigerausschusses — 406
  - I. Gebühren — 408
    1. Einmalige Vergütung nach § 17 Abs. 2 S. 1 InsVV — 409
    2. Regelmäßige Vergütung des vorläufigen Gläubigeraus-

schusses und endgültigen Gläubigerausschusses —— 412
a) Vergütung nach Stunden gem. § 17 Abs. 1 InsVV —— 412
b) Möglichkeit einer Pauschalierung in Anlehnung an die Vergütung des Insolvenzverwalters —— 416
c) Persönliche oder institutionelle Mitgliedschaft —— 419
d) Sonderfälle —— 420
II. Auslagen und Umsatzsteuer —— 421
III. Fälligkeit, Verjährung und Festsetzung —— 422

A. Grundzüge und Struktur des insolvenzrechtlichen Vergütungsverfahrens

1 Bei ihren Abwägungen über die Festsetzung einer angemessenen Vergütung der Beteiligten eines Insolvenzverfahrens haben die zuständigen Gerichte einerseits zwischen dem nach Art. 12 Abs. 1 i.V.m. Art. 3 Abs. 1 GG verfassungsrechtlich geschützten Gebot einer angemessenen Vergütung, insbesondere des Insolvenzverwalters oder Sachwalters[1], andererseits dem Interesse der Gläubiger an der Vermeidung übermäßiger die Insolvenzmasse schmälernder Vergütungsansprüche abzuwägen.[2] Um von Gläubigern und Öffentlichkeit akzeptierte Lösungen zu erreichen, kann nicht pauschal, sondern muss auf den Einzelfall bezogen unter Berücksichtigung des Umfanges und der Schwierigkeiten der Verwaltertätigkeit vorgegangen werden.[3]

I. Einheitliche Regelung für alle Verfahrensarten

2 Der Gesetz- und Verordnungsgeber hat den Weg gewählt, das Vergütungsrecht für alle Beteiligten und die mit den unterschiedlichen Verfahrensarten nach der Insolvenzordnung im weitesten Sinne verfolgten Ziele **einheitlich** zu regeln. Bestimmte Verfahrensergebnisse sollen nicht auch aus Gründen der Honorierung bevorzugt werden.[4]

3 Andererseits muss aber in dem Vergütungssystem den unterschiedlichen Verfahrensarten und deren Zielsetzung Rechnung getragen werden. Die angemessene Vergütung muss sich daher in jedem Einzelfall an dem in diesem konkreten Verfah-

---

1 BVerfG, 9.2.1989 – 1 BvR 1165/87, KTS 1989, 357; BGH, 5.12.1991 – IX ZR 275/90, ZIP 1992, 120, 122.
2 Haarmeyer/Mock, InsVV, Vorbem. Rn 46 u. 63; Uhlenbruck/Mock, § 63 InsO Rn 6.
3 Lorenz, in: Lorenz/Klanke, vor § 1 InsVV Rn 10.
4 Keller, § 1 Rn 1 u. 2; Gesetzesentwurf zum EGInsO 24.11.1992, BT-Drucks. 12/3803, S. 72 und zur InsO 15.4.1992 BT-Drucks. 12/2443, S. 130.

ren **verfolgten Ziel orientieren**. Das zuständige Gericht hat also **kein freies Ermessen**, sondern muss ggf. bei seiner Auslegung die Besonderheiten des einzelnen Insolvenzverfahrens berücksichtigen.[5]

II. Gesetzliche Regelungen

Die §§ 63–65 InsO und die insolvenzrechtliche Vergütungsordnung (InsVV) regeln damit umfassend sowohl im Regelverfahren also auch in den Verfahren der Eigenverwaltung, der Sanierung durch Insolvenzplan oder Übertragung des schuldnerischen Unternehmens, des Schutzschirmverfahrens sowie des Verbraucherinsolvenzverfahrens, die Vergütung aller Beteiligten, also des vorläufigen und endgültigen Insolvenzverwalters, des vorläufigen und endgültigen Sachwalters, der Treuhänder im Restschuldbefreiungsverfahren aber auch der Sonderinsolvenzverwalter und der Mitglieder des Gläubigerausschusses, nicht aber der vom Gericht eingesetzten Sachverständigen und der gemeinsamen Vertreter der Anleihegläubiger.[6] Die InsVV wurde in wesentlichen Teilen im Rahmen des Gesetzes zur weiteren Erleichterung der Sanierung von Unternehmen (ESUG) vom 7.12.2011 geändert.[7] Das Gesetz zur Verkürzung des Restschuldbefreiungsverfahrens und zur Stärkung der Gläubigerrechte vom 15.7.2013[8] passte nochmal einzelne Regelungen der InsVV (Anhang 2 VII) an.[9] Zuletzt wurde die InsVV durch Art. 6 des Gesetzes zur Fortentwicklung des Sanierungs- und Insolvenzrechtes (BGBl. 2020, I, 3256 ff.) geändert. Durch den neugeschaffenen § 12a InsVV wurde insbesondere ein eigenständiger Vergütungsanspruch für den vorläufigen Sachwalter eingefügt.

4

Der Vergütungsanspruch ist **öffentlich-rechtlicher** und nicht privat-rechtlicher Natur.[10] Zur Durchsetzung des Vergütungsanspruches bedarf es auch bei vorherigen Absprachen zwischen den Beteiligten (soweit zulässig) der Festsetzung des Gerichtes.[11] Die Richtigkeit und Angemessenheit einer Vergütung ist also durch Auslegung der gesetzlichen Vorschriften zu ermitteln. Als Folge sind Beschlüsse des Gerichtes anfechtbar (§ 64 Abs. 3 InsO).

5

---

5 BVerfG, 9.2.1989 – 1 BvR 1165/87, KTS 1989, 357; zur Kritik: Blersch, in: BK-InsR, Vorbem. vor § 1 InsVV Rn 13–15; Haarmeyer/Mock, Vorbem. Rn 47, 48, *dies*. Vorbem. Rn 56–65.
6 S. hierzu im Einzelnen: Keller, § 1 Rn 7–43.
7 BGBl. 2011, 1, 2582.
8 BGBl. 2013, 1, 2379.
9 Haarmeyer/Mock, Vorbem. Rn 21–23.
10 Zimmer, § 1 InsVV Rn 2 m.w.N.
11 Zur Zulässigkeit von Vergütungsvereinbarungen siehe: Blersch, in: BK-InsR, Vorbem. vor § 1 InsVV Rn 53, 54; Lorenz, in: Lorenz/Klanke, vor § 1 InsVV Rn 32 ff.; sowie unten unter Rz. 290.

6 Das insolvenzrechtliche Vergütungsverfahren ist wie folgt normiert:[12]
- **§ 63 Abs. 1 Satz 2 InsO** bestimmt die allgemeinen Grundsätze des Vergütungsrechtes, den Anspruch auf angemessene Vergütung und die Erstattung der Auslagen;
- **§ 63 Abs. 1 Satz 2 InsO** regelt die Berechnungsgrundlage;
- **§ 63 Abs. 1 Satz 3 InsO** umreißt den sogenannten Normalfall als Grundlage der Regelvergütung, von der jedoch entsprechend den Schwierigkeiten des Einzelfalles abgewichen werden kann (keine pauschale Ermittlung);
- **§ 63 Abs. 3 InsO** regelt den Vergütungsanspruch des vorläufigen Insolvenzverwalters;
- **§ 64 Abs. 1 InsO** sieht die Festsetzung der Vergütung durch gerichtlichen Beschluss nach entsprechendem Antrag vor;
- **§ 64 Abs. 2 InsO** erfordert die öffentliche Bekanntmachung des Festsetzungsbeschlusses;
- **§ 64 Abs. 3 InsO** legt die Rechtsmittelfähigkeit des Festsetzungsbeschlusses fest;
- **§ 65 InsO** stellt die Ermächtigungsgrundlage zum Erlass der InsVV dar.[13]

Die auf dieser gesetzlichen Grundlage erlassene InsVV gilt seit dem 1.1.1999. Die Übergangsregelungen für die verschiedenen Änderungen der InsVV finden sich in § 19 InsVV. Auch wenn in § 19 InsVV n.F. abweichend von dessen ursprünglicher Fassung nicht mehr die für Konkurs- und Vergleichsverwalter geltende Vergütungsverordnung vom 25.6.2016 erwähnt ist, folgt aus § 103 EGInsO, dass Konkurs- und Vergleichsverfahren weiterhin nach dieser Verordnung zu behandeln sind.[14]

7 Die Vorschriften der InsVV gliedern sich in folgende Bereiche:
- **§§ 1–9 InsVV**: Vergütung der Insolvenzverwalter im eröffneten Regelinsolvenzverfahren (auch als Basis der Berechnung der Vergütung für die weiteren Beteiligten);[15]
- **§§ 10–13 InsVV**: Vergütung des vorläufigen Insolvenzverwalters, des (vorläufigen) Sachwalters und des Insolvenzverwalters im Verbraucherinsolvenzverfahren (im Wesentlichen unter Verweis auf die **§§ 1–9 InsVV** gem. **§ 10 InsVV**);
- **§§ 14–16 InsVV**: Eigenständige Regelungen der Vergütungsansprüche des Treuhänders in Restschuldbefreiungsverfahren;[16]

---

[12] Im Einzelnen: Lorenz, in: Lorenz/Klanke, vor § 1 InsVV Rn 10–17; MüKo/Stephan, § 63 InsO Rn 2–5.
[13] Zur Verfassungsmäßigkeit, insbesondere durch § 11 InsVV für vorläufige Insolvenzverfahren Bork/Muthorst, ZIP 2010, 1627, 1629.
[14] Graeber/Graeber, § 19 InsVV Rn 2–4; Lorenz, in: Lorenz/Klanke, vor § 1 InsVV Rn 18.
[15] Lorenz, in: Lorenz/Klanke, vor § 1 InsVV Rn 19.
[16] Abweichend von §§ 1–9 InsVV: Haarmeyer/Mock, § 14 InsVV Rn 1.

– **§§ 17–18 InsVV**: Eigenständige Regelung für die Mitglieder des vorläufigen und endgültigen Gläubigerausschusses.[17]

Die InsVV verfolgt einen Mittelweg zwischen geschlossenem und offenem System. Zunächst sind objektive Kriterien gem. §§ 1 und 2 InsVV heranzuziehen. Die konkreten Umstände des Einzelfalles sind in der nächsten Stufe gem. §§ 3 Abs. 1 und 2 InsVV von wesentlicher Bedeutung, um Zu- und Abschläge in der Regelvergütung zu rechtfertigen.[18] In der Systematik der InsVV stellen die §§ 1–9 InsVV der Vergütung des endgültigen Insolvenzverwalters auch die Basis für die Vergütung der weiteren Berechtigten mit Ausnahme der Gläubigerausschüsse dar. Für den vorläufigen Insolvenzverwalter, (vorläufigen) Sachwalter und Treuhänder wurde weitestgehend auf eigene Vergütungsregelungen verzichtet, sondern auf die §§ 1–9 InsVV verwiesen.[19] Allgemein ist damit für alle im Feststellungsverfahren Beteiligten der sich aus dem §§ 1–9 InsVV ergebende Prüfungsaufbau einzuhalten.

III. Systematik des Festsetzungsverfahrens

Dem System der InsO und der InsVV hat die Vorgehensweise und Prüfung im Festsetzungsverfahren zu folgen. Im ersten Schritt hat das Gericht die Berechnungsgrundlage der Vergütung zu bestimmen. Im zweiten Schritt ist zu ermitteln, ob es sich um einen sog. **„Normalfall"** handelt, der die Anwendung des Regelsatzes rechtfertigt. Danach muss das Insolvenzgericht überprüfen, ob der **konkrete Insolvenzfall** besondere Umstände aufweist, die es rechtfertigen, vom Regelsatz nach oben oder unten abzuweichen. Steht danach ein Ergebnis fest, hat sich nach der Rechtsprechung zwingend eine **Gesamtwürdigung** aller Umstände anzuschließen, ob die Vergütung auch angemessen ist.[20] Im Rahmen der Festsetzung der Gebühren und Auslagen des endgültigen und des vorläufigen Insolvenzverwalters sowie im Wesentlichen auch der anderen Beteiligten ist also in folgender Reihenfolge vorzugehen:[21]
1. Ermittlung der zutreffenden Berechnungsgrundlage
2. Subsumtion als Normallfall
3. Einbeziehung besonderer Umstände durch Zu- und Abschläge
4. Gesamtwürdigung der Angemessenheit

---

17 Lorenz, in: Lorenz/Klanke, vor § 1 InsVV Rn 26.
18 Haarmeyer/Mock, Vorbem. Rn 57.
19 Lorenz, in: Lorenz/Klanke, vor § 1 InsVV Rn 19, 20.
20 BGH, 24.7.2003 – IX ZB 607/02, ZIP 2003, 2757, 2758; BGH, 12.5.2011 – IX ZB 125/08, Beck-RS 2011, 14444.
21 Differenzierter: Keller, § 2 Rn 195.

IV. Kritik und Reformvorschläge

10 Dieses System und dessen Anwendung durch die Gerichte, insbesondere die hohe Kasuistik, werden kritisch diskutiert. Anknüpfungspunkt dieser Kritik ist im Wesentlichen die Ausgestaltung als Tätigkeitsvergütung ohne Einbeziehung des tatsächlichen Erfolges für die Gläubiger. Das auf Liquidation angelegte Anknüpfungskriterium der Teilungsmasse führte zu einer interessengeleiteten „Erfindung" eines weder gesetzlich noch empirisch basierten abstrakten Normal- und Regelfalles. Die objektiv basierte Regelvergütung des § 2 InsVV werde als Grundvergütung „definiert". Das schließlich hätte zu einer massiven Ausweitung des Erhöhungskataloges in § 3 InsVV geführt.[22] Diese Kritik teilweise aufgreifend, lagen in den letzten Jahren insbesondere Diskussionsentwürfe für eine Reform des Vergütungsrechtes vor, namentlich des Gläubigerforums,[23] des VID[24] sowie des NIVD.[25] Dies führte letztlich dazu, dass der Gesetzgeber Ende 2020 die InsVV durch Art. 6 des Gesetzes zur Fortentwicklung des Sanierungs- und Insolvenzrechtes (BGBl. 2020, I, 3256 ff.) und zugleich auch durch Art. 4 des Gesetzes zur weiteren Verkürzung des Restschuldbefreiungsverfahrens und zur Anpassung pandemiebedingter Vorschriften im Gesellschafts-, Genossenschafts-, Vereins- und Stiftungsrecht sowie im Miet- und Pachtrecht (BGBl. 2020, I, 3328) geändert hat. So wurden insbesondere die Schwellenwerte der Regelsätze in § 2 erhöht und um zwei Stufen erweitert. Zugleich wurden auch die Prozentsätze für die jeweilige Vergütung erhöht.

B. Berechnungsgrundlagen für die verschiedenen Tatbestände der Vergütung im Insolvenzverfahren

11 Die §§ 1–9 InsVV regeln Vergütung und Auslagen des Insolvenzverwalters umfassend als Grundlage der Festsetzung in einem Regelinsolvenzverfahren. Alle Beteiligten, einschließlich Dritter, sollen sich permanent über die möglicherweise anfallende Vergütung ein Bild verschaffen können.[26] § 63 Abs. 1 InsO konkretisiert den

---

22 Siehe hierzu umfassend: Haarmeyer/Mock, Vorbem. vor § 1 InsVV Rn 24–38; Uhlenbruck/Mock, § 63 InsO Rn 4.
23 Diskussionsentwurf des Gläubigerforums zur Neuordnung des insolvenzrechtlichen Vergütungsrechts (Stand: 28.3.2014), veröffentlicht in ZInsO 2014, 650 ff.
24 Vorschlag des VID für ein neues Insolvenzvergütungs-Gesetz (Stand: 6.5.2014), veröffentlicht in ZInsO 2014, 1254 ff.
25 Zu den Vorschlägen des „Diskussionsentwurfes", einer Neufassung der InsVV, Smid, ZInsO 2014, 877 ff.; ders., ZInsO 2014, Anmerkungen zu vergütungsrechtlichen Gesetzgebungsvorschlägen von VID und NIVD, 1247 ff.; zur Kritik und den Reformbestrebungen umfassend: Keller, § 1 Rn 61–64 und Rn 9–108.
26 Lorenz, in: Lorenz/Klanke, 3. Aufl., vor § 1 InsVV Rn 19 und 2. Aufl. Rn 20.

verfassungsrechtlich geschützten Anspruch des Insolvenzverwalters auf eine angemessene Vergütung. Im Einzelnen gelten die Regelungen der InsVV.[27] Die §§ 1–9 InsVV für den endgültigen Insolvenzverwalter bilden auch die **Grundlage** für die Vergütung der anderen Vergütungsberechtigten,[28] sodass für die Berechnungsgrundlage aller Beteiligten zumindest entsprechend regelmäßig auf § 1 InsVV zurückzugreifen ist.

I. Endgültiges Insolvenzverfahren als Grundtatbestand

Gem. § 63 Abs. 1 S. 2 InsO wird der Regelsatz der Vergütung nach dem Wert der Insolvenzmasse zur Zeit der Beendigung des Insolvenzverfahrens berechnet. Nach § 1 Abs. 1 S. 1 InsVV ergibt sich dieser **Wert der Insolvenzmasse** aus der Schlussrechnung des Insolvenzverwalters. Auch wenn die letztendlich zur Verteilung an die Gläubiger zur Verfügung stehende Masse nicht mit dem sich aus der Schlussrechnung ergebenden Betrag als Berechnungsgrundlage für die Vergütung des Insolvenzverwalters übereinstimmen muss, soll auf diese Weise der Erfolg des Insolvenzverwalters Einfluss auf die Vergütungshöhe haben.[29] Über § 10 InsVV gilt § 1 InsVV auch für den vorläufigen Insolvenzverwalter, den (vorläufigen) Sachwalter und in Verbraucherinsolvenzverfahren entsprechend.[30] Berechnungsgrundlage für die Verwaltervergütung ist aber nicht das sich am Verfahrensende ergebende Kontoguthaben,[31] welches letztendlich zur Verteilung an die Insolvenz- oder bei Masseunzulänglichkeit an die Massegläubiger zur Verfügung steht. Relevant ist der Wert der Insolvenzmasse, welches der Verwaltungs- und Verfügungsbefugnis des Verwalters unterlag oder während des Verfahrens unterlegen hatte.[32] 12

1. Schlussrechnung als Grundlage der Berechnung

Für das Gericht **bindend** ist die von dem Insolvenzverwalter **eingereichte Schlussrechnung**. Das Insolvenzgericht kann auch bei begründeten Zweifeln nicht von sich aus von dieser Schlussrechnung abweichen. Die Darlegung der Schätzungsgrundlage ist Sache des Insolvenzverwalters.[33] Das Gericht hat vielmehr dem Insolvenzverwalter die Möglichkeit zu geben, seine Schlussrechnung anzupassen.[34] Allerdings 13

---

27 Uhlenbruck/Mock, § 63 InsO Rn 2.
28 Lorenz, in: Lorenz/Klanke, vor § 1 InsVV Rn 20.
29 BGH, 6.4.2017 – IX ZB 3/16, ZInsO 2017, 1118, 1119; Haarmeyer/Mock, § 1 InsVV Rn 1.
30 MüKo/Riedel, § 1 InsVV Rn 1–3.
31 MüKo/Riedel, § 1 InsVV Rn 5.
32 BGH, 6.4.2017 – IX ZB 3/16, ZInsO 2017, 1118, 1119.
33 BGH, 16.6.2005 – IX ZB 285/03, ZIP 2005, 1371, 1372.
34 Lorenz, in: Lorenz/Klanke, § 1 InsVV Rn 7,10; Graeber/Graeber, § 1 InsVV Rn 4, 7.

wird es für zulässig erachtet, dass das Gericht eigene Ermittlungen zur Überprüfung einleitet, indem es z.B. einen **Sachverständigen** beauftragt. Dann soll dieses von dem Sachverständigen festgestellte und damit nachgewiesene Ergebnis anstelle der Position des Insolvenzverwalters berücksichtigt werden.[35]

2. Zeitpunkt der Festsetzung

14 Da die **Schlussrechnung Grundlage der Berechnung** sein soll, wird hieraus teilweise abgeleitet, dass vor Festsetzung von Vergütung und Auslagen zunächst der Schlusstermin abgewartet werden müsse. Denn erst in diesem Schlusstermin seien den Gläubigern und dem Insolvenzschuldner Einwendungen gegen die Schlussrechnung eröffnet.[36] Gegen den Vergütungsantrag sowie die Grundlagen der Festsetzung steht den Beteiligten ein eigenständiges Beschwerderecht zu, wofür die Rechtsbehelfsfrist mit der öffentlichen Bekanntmachung zu laufen beginnt. Sollte sich im Nachhinein ergeben, dass die Schlussrechnung schuldhaft falsch aufgestellt ist, ergibt sich die Möglichkeit von Schadensersatzansprüchen. Daher sieht § 197 Abs. 1 Nr. 1 InsO im Gegensatz zu § 91 Satz 2 KO auch kein Anhörungsrecht der Gläubiger mehr vor.[37] Auch deswegen wird eine Festsetzung vor dem Schlusstermin für zulässig erachtet, da sonst das Beschwerderecht der Insolvenzgläubiger nach § 64 Abs. 3 Satz 1 InsO präkludiert sein müsste.[38]

15 Da außerdem zwischen Schlussrechnungslegung und Vergütungsantrag sowie dem Schlusstermin erhebliche Zeit verstreichen kann, das Gericht aber die Vergütung unverzüglich festzusetzen hat,[39] braucht auch aus diesem Grunde der Schlusstermin nicht abgewartet zu werden.

3. In der Schlussrechnung zu berücksichtigende Einnahmen

16 Nicht der sich aus der Schlussrechnung ergebende Überschuss stellt die maßgebliche Vermögensmasse dar. Wie vielmehr aus § 55 Abs. 1 Satz 1 InsO folgt, umfasst die Insolvenz das gesamte Vermögen des Schuldners, das ihm zur Zeit der Eröffnung des Verfahrens gehört und das er während des Verfahrens erlangt (Insolvenzmasse) hat. Dem folgt § 1 Abs. 1 S. 1 InsVV. Die Vergütung des Insolvenzverwalters wird nach dem Wert der Insolvenzmasse berechnet, auf die sich die Schlussrechnung bezieht.

---

35 Graeber/Graeber, § 1 InsVV Rn 7; Haarmeyer/Mock, § 1 InsVV Rn 46 m.w.N.
36 Lorenz, in: Lorenz/Klanke, § 1 InsVV Rn 11.
37 Kebekus/Schwarzer in MüKo-InsO, § 197 InsO Rn 5, 6.
38 Zimmer, § 1 InsVV Rn 29.
39 Haarmeyer/Mock, § 8 InsVV Rn 32, 33.

Grundsätzlich wird dabei von der ordnungsgemäßen Beendigung des Insolvenzverfahrens durch den Schlusstermin gem. § 197 InsO und die Schlussverteilung gem. §§ 1 S. 1, 187 ff. InsO ausgegangen. Scheidet der Insolvenzverwalter vorzeitig aus seinem Amt aus oder wird das Verfahren vorzeitig beendet, ergeben sich Besonderheiten.[40] Zu trennen ist zwischen der Rechnungslegung für das vorläufige und das endgültige Insolvenzverfahren.[41] Durch separate Schlussrechnungen ist also sowohl für das vorläufige als auch das endgültige Insolvenzverfahren die jeweilige Vergütung getrennt zu ermitteln. 17

a) Tatsächliche Zuflüsse

Bei der Schlussrechnung handelt es sich im Ergebnis um eine einfache **Einnahmen-Ausgaben Rechnung**. Diese Rechnung ist im Stile einer **Cash-Flow-Rechnung** aufgebaut.[42] Folge hieraus ist, dass alle tatsächlichen Zuflüsse in der Schlussrechnung zu erfassen und damit auch im Rahmen der Ermittlung und Prüfung der Berechnungsgrundlage einzubeziehen sind. 18

Dem **pagatorischen** Prinzip folgend, sind die Verwertungserlöse Brutto zu erfassen, also einschließlich der vereinnahmten Umsatzsteuer.[43]

Vorbehaltlich der noch darzustellenden Ausnahmen unter Rz. 24 ff. stellen diese Einnahmen regelmäßig den größten Teil der Berechnungsgrundlage dar.

Auch solche Zuflüsse, namentlich aus Ansprüchen aus Kapitalaufbringung und Kapitalerhalt, sonstigen Schadensersatzansprüchen oder auch einer Betriebsfortführung sind einzubeziehen, die der Insolvenzverwalter **gegen den Willen der Gläubigerversammlung** weiter verfolgt hat.[44] Anderes kann allenfalls bei Willkür des Insolvenzverwalters gelten,[45] da der Insolvenzverwalter keinen Weisungen der Gläubigerversammlung bei der Geltendmachung von Ansprüchen unterliegt. 19

b) Bei ordnungsgemäßem Abschluss des Verfahrens nicht verwertete Aktiva der Anfangsmasse

Nicht „cashwirksam" sind solche Vorgänge, die nicht zu einer Verwertung für die Insolvenzmasse und damit einen Zufluss im Rahmen der Schlussrechnung geführt haben. Selbst wenn der Insolvenzverwalter einzelne Vermögensgegenstände der **Anfangsmasse** nicht Zufluss wirksam veräußert hat, ist deren Wert der Berech- 20

---

40 Zimmer, § 1 InsVV Rn 27.
41 Zimmer, § 1 InsVV Rn 28.
42 Zimmer, § 1 InsVV Rn 28, 31.
43 Haarmeyer/Mock, § 1 InsVV Rn 59; Graeber/Graeber, § 1 InsVV Rn 35.
44 Graeber/Graeber, § 1 InsVV Rn 50.
45 BGH, 22.4.2010 – IX ZB 127/07, NZI 2010, 679, 680.

nungsgrundlage unter der Voraussetzung zuzusetzen, dass der Verwalter diese Gegenstände auch tatsächlich verwaltet hat. Auszugehen ist also von dem gesamten Vermögen, das dem Schuldner zum Zeitpunkt der Eröffnung des Verfahrens gehörte und später von dem Insolvenzverwalter **auch verwaltet** wurde.[46] In Betracht kommen solche Einbeziehungen insbesondere bei Freigabe aus der Insolvenzmasse.[47] Die Freigabeentscheidung des Insolvenzverwalters bewirkt nur eine Änderung zugunsten des Schuldners.[48] Anschließend von dem Schuldner aus der freigegebenen Masse erworbenes Vermögen, vor allem bei Unternehmen, wird nicht Bestandteil der Berechnungsgrundlage.[49]

21
1. Gibt der Insolvenzverwalter eine freiberufliche Praxis im Laufe des Verfahrens aus der Insolvenzmasse frei, unterlag sie seiner ursprünglichen Verwaltung. Deren Wert ist also zumindest in einem Annex in die Schlussrechnung als Berechnungsgrundlage einzubeziehen.[50]
2. Schadensersatzansprüche der Masse zählen auch dann zur Berechnungsgrundlage, wenn **nach Abschluss des Insolvenzverfahrens** solche Ansprüche später verjähren. Grundsätzlich ist der volle Verkehrswert einzubeziehen, ohne dass diese Forderung dem Verwalter unbedingt zugeflossen sein muss.[51] Allerdings dürfen die Vermögensgegenstände nicht abhandengekommen sein.[52]

22 Sonstige Forderungen erhöhen die Berechnungsgrundlage, deren Verwertung oder Einzug bei Fortführung des Verfahrens aussichtsreich gewesen sein muss.[53] Regelmäßig sind handelsrechtlich erforderliche Wertberichtigungen abzuziehen.[54] Wie im vorläufigen Insolvenzverfahren gilt das Bruttoprinzip, Umsatzsteuer ist also in die Verkehrswerte, insbesondere bei Forderungen, einzubeziehen (Rz. 133f.).[55]

23 Wie auch bei der vorzeitigen Beendigung des Amtes als Insolvenzverwalter sind Ansprüche aus Kapitalaufbringung und Kapitalerhaltung in die Anfangsmasse nur in dem Umfang zu berücksichtigen, als sie zur Befriedigung der Masse- und Insolvenzgläubiger nicht erforderlich sind. Können durch Forderungen gegen Dritte oder sonstige zur Insolvenzmasse gehörenden Vermögenswerte die Kosten des Verfahrens, die sonstigen Masseverbindlichkeiten und die Insolvenzgläubiger vollständig

---

46 Blersch, in: BK-InsR, § 1 InsVV Rn 6.
47 MüKo/Riedel, § 1 InsVV Rn 12, 16.
48 Graeber/Graeber, § 1 InsVV Rn 37.
49 Graeber/Graeber, § 1 InsVV Rn 58f.
50 BGH, 24.5.2005 – IX ZB 6/03, ZInsO 2005, 760f.; Lorenz in Lorenz/Klanke, § 1 InsVV Rn 8.
51 BGH, 17.3.2011 – IX ZB 145/10, NZI 2011, 445, 446.
52 Graeber/Graeber, § 1 InsVV Rn 38.
53 Lorenz, in: Lorenz/Klanke, § 1 InsVV Rn 8.
54 BGH, 29.3.2012 – IX ZB 134/09, ZInsO 2012, 1236.
55 Siehe insoweit zum vorläufigen Insolvenzverfahren: Haarmeyer/Mock, § 11 InsVV Rn 93; Zimmer, § 11 InsVV Rn 93; KPB/Prasser/Stoffler, § 11 InsVV Rn 24.

befriedigt werden, sind sie keine Bestandteile der Anfangsmasse.[56] Nur bei Fortführung gilt anderes, da dann die Mittel in der Gesellschaft verbleiben und nicht an die Gesellschaft rückausgeschüttet werden, folglich der *„dolo-agit"*-Grundsatz nicht greift.[57]

c) Noch zu erwartende Zuflüsse aus während des Insolvenzverfahrens erwirtschafteten Vermögensgegenständen

Für die Berechnungsgrundlage sind im Rahmen der Schlussrechnungslegung nicht nur die tatsächlichen Zuflüsse sowie die verwaltete Anfangsmasse wesentlich. 24

aa) Einbeziehung in die Schlussrechnung

Grundsätzlich soll die Vergütung des Insolvenzverwalters zwar erst dann festgesetzt werden, wenn sämtliche Massezuflüsse abgeschlossen sind.[58] Dennoch kann der Insolvenzverwalter im Rahmen seiner Schlussrechnungslegung als Berechnungsgrundlage seiner Vergütung auch solche Positionen als Massezuflüsse einbringen, deren Eingang feststeht.[59] Der Zufluss muss sowohl dem Grunde, als auch der Höhe nach, sicher sein.[60] Wie bei der vorzeitigen Verfahrensbeendigung und der Einbeziehung von Vermögensgegenständen der Anfangsmasse ist im Zweifelsfall sachgerecht zu schätzen (Rz. 20 ff.).[61] 25

Hervorgehoben werden während des Verfahrens erwirtschaftete Zinsgutschriften und Steuererstattungen.[62] Die Grundsätze gelten für Zuflüsse aller Art, also auch aus dem Forderungseinzug, Verkäufen, Schadensersatzansprüchen etc. Der **gesamte Neuerwerb** ist insbesondere bei natürlichen Personen bis zur Beendigung anzusetzen.[63] 26

Relevant wird diese Einbeziehung vor allem bei der zu erwartenden **Vorsteuererstattung** aus der Vergütung des Insolvenzverwalters, die massemehrend zu be- 27

---

56 BGH vom 9.2.2012 – IX ZB 230/10, NZI 2012, 315, 316 mit Anmerkung Keller; Graeber/Graeber, § 1 InsVV Rn 40 mit weiterem Rechtsprechungsnachweis.
57 Graeber/Graeber, § 1 InsVV Rn 40 m.w.N.
58 BGH, 20.7.2017 – IX ZB 75/16, ZInsO 2017, 1810, 1812.
59 BGH, 20.7.2017 – IX ZB 75/16, ZInsO 2017, 1810, 1812; BGH, 6.4.2017 – IX ZB 3/16, ZInsO 2017, 1118, 1119.
60 BGH, 20.7.2017 – IX ZB 75/16, ZInsO 2017, 1810, 1812; zwischenzeitlich wohl einteilige Meinung: Keller, § 3 Rn 55 ff.; Lorenz, in: Lorenz/Klanke, § 1 InsVV Rn 7; Graeber/Graeber, § 1 InsVV Rn 58h–58k, MüKo/Riedel, § 1 InsVV Rn 6.
61 Lorenz, in: Lorenz/Klanke, § 1 InsVV Rn 15 ff.
62 Keller, § 3 Rn 56; näher dazu: Zimmer, § 1 InsVV Rn 151 ff.
63 Graeber/Graeber, § 1 InsVV Rn 16; MüKo/Riedel, § 1 InsVV Rn 12.

rücksichtigen ist.⁶⁴ Auch sonstige Steuererstattungsansprüche, insbesondere Kapitalertragsteuer, Körperschaftsteuer, Gewerbesteuer etc. sind umfasst.⁶⁵ Der Zufluss besteht jedoch nur in Höhe des sich aus der Rechnung des Insolvenzverwalters voraussichtlich ergebenden Vorsteuer und ist nicht im Rahmen einer sogenannten Rekursionsberechnung mathematisch zu erhöhen. Auch im Rahmen mehrmaliger Festsetzungen dürfte mit einer solchen „Endlosschleife" eine weitere Anpassung nicht möglich sein.⁶⁶

28   Bei **natürlichen Personen** fällt sowohl die **private** als auch die **unternehmerische** Sphäre des Insolvenzschuldners in den Insolvenzbeschlag. Ausgehend von der Berechnungsgrundlage wird die Vergütung des Insolvenzverwalters aber in einem Betrag festgesetzt. Daraus folgt, dass die Vorsteuer aus der Vergütung des Insolvenzverwalters anteilig entsprechend den Verwertungserlösen in der privaten und unternehmerischen Sphäre aufzuteilen ist. Nur die anteilige Vorsteuer aus der unternehmerischen Sphäre erhöht die Berechnungsgrundlage.⁶⁷

bb) Nichtberücksichtigung in der ursprünglichen Schlussrechnung

29   Besteht in dem obigen Sinne keine Sicherheit eines späteren Zuflusses, so kann der Insolvenzverwalter bei tatsächlichem Eingang seinen ursprünglichen Vergütungsantrag um diese Beträge ergänzen, wenn das Gericht über die Vergütung **noch nicht beschlossen** hat.⁶⁸ Nach diesem Beschluss besteht noch die **Möglichkeit der Berichtigung**, indem der Insolvenzverwalter einen entsprechenden ergänzenden Antrag stellt, den er auf diese **neue Tatsache** stützt.⁶⁹ Massezuflüsse nach Einreichung der Schlussrechnung des Verwalters, die nicht sicher zu erwarten gewesen waren, sollen neue Tatsachen darstellen, die zu einer **ergänzenden Vergütungsfestsetzung** führen können. Zeitlich begrenzt ist diese Möglichkeit jedoch durch die Beendigung des Verfahrens, wobei allerdings streitig ist, ob auf den Schlusstermin oder auf den rechtskräftigen Beschluss zur Aufhebung des Verfahrens abzustellen ist.⁷⁰ Nach diesem Stichtag kommt nur eine gesonderte Festsetzung der Vergütung nach § 6 InsVV bei Anordnung einer Nachtragsverteilung in Betracht. Erst bei Mas-

---

64 Zwischenzeitlich wohl allgemein anerkannt: Zimmer, § 1 InsVV Rn 153; näher hierzu: Graeber/Graeber, § 1 InsVV Rn 58h–58k.
65 Keller, § 3 Rn 56; Zimmer, § 1 InsVV Rn 151; Lorenz, in: Lorenz/Klanke, § 1 InsVV Rn 59.
66 BGH, 26.2.2015 – IX ZB 9/13, ZIP 2015, 696, 697; umfassend kritisch hierzu: Lorenz, in: Lorenz/Klanke, § 1 InsVV Rn 61 ff.; ausführlich: Graeber/Graeber, § 1 InsVV Rn 21 ff.; Keller, § 3 Rn 59.
67 Lorenz, in: Lorenz/Klanke, § 1 InsVV Rn 7.
68 BGH, 19.12.2013 – IX ZB 9/12, ZIP 2014, 334, 335; BGH, 6.4.2017 – IX ZB 3/16, ZIP 2017, 932, 933 [Rn 12].
69 Lorenz, in: Lorenz/Klanke, § 1 InsVV Rn 12 m.w.N.; Haarmeyer/Mock, § 1 InsVV Rn 42
70 So Urteil des BGH vom 6.10.2011 – IX ZB 12/11, NZI 2011, 906, 907; BGH vom 19.12.2013 – IX ZB 9/12, ZIP 2014, 334, 335; BGH, 6.4.2017 – IX ZB 3/16, ZIP 2017 Rn 932, 933, 934

sezuflüssen nach der Aufhebung des Verfahrens scheidet eine Ergänzung der Festsetzung aus.[71] Entscheidend ist, dass die zu den Massezuflüssen führenden Umstände nicht bereits im Erstverfahren geltend gemacht worden sind oder zumindest hätten geltend gemacht werden können und die entsprechenden Einnahmen bis zur Aufhebung des Verfahrens tatsächlich geflossen sind.[72] Der antragstellende Insolvenzverwalter hat damit schon bei seinem Erstantrag im Rahmen der erforderlichen sachgerechten Schätzung auf Vollständigkeit seiner Darlegungen zu achten, um nicht später ausgeschlossen zu werden.

d) Übernommene Verpflichtungen gegenüber Dritten

Insbesondere ausgehend von dem Beschluss des LG München vom 19.6.2013 wird erörtert, inwieweit im Rahmen eines Kaufvertrages übernommene Verbindlichkeiten in die Berechnungsgrundlage einzustellen sind.[73] Diese Fragestellung ergibt sich regelmäßig nicht bei einem Share-Deal, sondern bei einem Asset-Deal, vor allem bei dem Verkauf einzelner Unternehmensteile. Bei einem Share-Deal haben alle Verbindlichkeiten i.d.R. bereits Einfluss in den Unternehmenswert gefunden. Anderenfalls ist nicht nur der in bar in die Kasse gezahlte Kaufpreis enthalten, sondern sämtliche vom Erwerber erbrachten Leistungen und aufgewendeten Verpflichtungen.[74] Davon ausgehend ist wie folgt zu differenzieren:

30

aa) Zahlung des nach betriebswirtschaftlichen Kriterien ermittelten Unternehmenswertes

Wird der nach betriebswirtschaftlichen Kriterien ermittelte Unternehmenswert ohne Abzug von Passivposten auch im Rahmen eines *asset deals* über das gesamte Unternehmen gezahlt, so haben alle Passivposten bei dessen Ermittlung Einfluss genommen. Soweit in diesem Zusammenhang Passiva auf den Erwerber übergehen, wurden folglich die zugrundeliegenden Verbindlichkeiten bereits bei der Ermittlung des Kaufpreises berücksichtigt. Eine Zurechnung ist damit ausgeschlossen, da andererseits sich auch der Kaufpreis in entsprechender Höhe vermindert hätte, wenn die Verbindlichkeiten separat ausgewiesen worden wären.

31

---

71 BGH, 6.10.2011 – IX ZB 12/11, juris Rn 11 m.w.N.; BGH, 6.4.2017 – IX ZB 3/16, ZIP 2017, 932.
72 BGH, 6.4.2017 – IX ZB 3/16, ZIP 2017 Rn 932, 933, 934.
73 LG München, 19.6.2013 – 14 T 12868/13, NZI 2013, 69; siehe hierzu im Einzelnen: Keller, § 1 Rn 50–54; Zimmer, § 1 InsVV Rn 62; Graeber/Graeber, § 1 InsVV Rn 58a–58d.
74 Keller, § 3 Rn 54.

bb) Übernahme ohne vorherige Verrechnung auf den Kaufpreis

32 Letztendlich stellt sich die Frage einer Berücksichtigung übernommener Verbindlichkeiten nur dann, wenn diese Verbindlichkeiten **nicht bereits bei der Ermittlung des Kaufpreises** Einfluss genommen haben, unabhängig davon, ob es sich um einen Unternehmenskauf oder den Kauf einzelner Aktiva der Insolvenzmasse handelt. Insoweit ist wie folgt zu unterscheiden:
- Werden Insolvenzforderungen abgegolten, so hat diese Übernahme erhebliche Vorteile für die einzelnen Gläubiger. Von einer Insolvenzzweckwidrigkeit ist daher nicht auszugehen. Einzubeziehen ist der Vorteil für die anderen Insolvenzgläubiger. Entscheidend ist damit also, inwieweit sich **deren Quote** durch die geschlossene Vereinbarung erhöht.
- Wird eine sonstige Masseverbindlichkeit durch den Dritten übernommen, so gilt **§ 55 InsO**. Denn ohne deren Übernahme hätte sich die den Gläubigern zur Befriedigung zur Verfügung stehende Masse in entsprechender Höhe zu 100 % gemindert.[75] Nicht der Nominalbetrag ist jedoch einzustellen, sondern ein Schätzwert.[76] Erforderliche Wertberichtigungen sind entsprechend den unter Rz. 20 ff. entwickelten Grundsätzen zu berücksichtigen.

4. Berücksichtigung von Massekosten und sonstigen Masseverbindlichkeiten im Allgemeinen nach § 1 Abs. 2 Nr. 4 a) und b) InsVV

33 Ausdrücklich erwähnt sind nur Massekosten und sonstige Masseverbindlichkeiten. Es versteht sich von selbst, dass Ausschüttungen an Insolvenzgläubiger, auch Vorabausschüttungen, die Berechnungsgrundlage nicht mindern können, da sie keine Mittelverwendung, sondern die Dividende für die Insolvenzgläubiger darstellen.

a) Massekosten

34 Die Vorschrift des § 1 Abs. 2 Nr. 4 InsVV hat vor allem im Hinblick auf § 63 Abs. 1 S. 2 InsO klarstellenden Charakter. Entsprechend allgemeinen Verfahrensgrundsätzen bildet nicht das am Verfahrensende zur Verfügung stehende Guthabensaldo die Berechnungsgrundlage, sondern die der **Verwaltungs- und Verfügungsbefugnis des Verwalters unterliegende Insolvenzmasse**.[77] Ein Ermessen steht dem Gericht nicht zu.[78] Als Massekosten mindern Gebühren und Auslagen des Insolvenzverwal-

---

[75] So wohl im Ergebnis auch: Graeber/Graeber, § 1 InsVV Rn 58c.
[76] Haarmeyer/Mock, § 1 InsVV Rn 50 ff.
[77] MüKo/Riedel, § 1 InsVV Rn 28; Haarmeyer/Mock, § 1 InsVV Rn 86; Graeber/Graeber, § 1 InsVV Rn 116, 117.
[78] Graeber/Graeber, § 1 InsVV Rn 117.

ters sowie des Gerichtes die Berechnungsgrundlage nicht.[79] Entscheidendes Abgrenzungskriterium ist, ob die Festsetzung der Vergütung gem. § 64 InsO dem Insolvenzgericht obliegt oder nicht.[80] Im Einzelnen fallen unter solche Massekosten:[81]
- Gerichtskosten und Auslagen des Insolvenzgerichtes;
- Gebühren und Auslagen des vorläufigen und endgültigen Insolvenzverwalters;
- Gebühren und Auslagen der Mitglieder des vorläufigen und endgültigen Gläubigerausschusses;
- Vergütung des vorläufigen und endgültigen Sachwalters sowohl im Verfahren nach § 270a InsO als auch nach § 270b InsO;
- Vergütung des Treuhänders im vereinfachten Insolvenzverfahrens alten Rechtes;
- Vergütung des Sonderinsolvenzverwalters;
- Verfahrenskosten eigener Art des Treuhänders in der Wohlverhaltensperiode;[82]
- Verfahrenskosten eigener Art auch für den Gruppenkoordinator gem. Art. 77 Abs. 1 EuInsVO;[83]
- Des Verfahrenskoordinators nebst Mitgliedern des Gruppen-Gläubigerausschusses;[84]
- Auch regelmäßig nicht die Aufwendungen für die Bestellung eines gemeinsamen Vertreters der Anleihegläubiger.[85]

b) Sonstige Masseverbindlichkeiten

Für die **sonstigen Masseverbindlichkeiten** i.S.d. § 1 Abs. 2 Nr. 4 S. 1 InsVV gilt § 55 InsO. Wesentliche Ausnahme ist lediglich die Einbeziehung dieser Verbindlichkeiten in **eine Betriebsfortführung** gem. § 1 Abs. 2 Nr. 4 b) InsVV.[86] Das gilt auch dann, wenn solche Masseverbindlichkeiten Dritten weiterbelastet oder von Dritten erstattet werden.[87] Der Grundsatz der Nichtabzugsfähigkeit ist auch bei Masseunzulänglichkeit anwendbar.[88]

35

---

79 Zimmer, § 1 InsVV Rn 93, 94.
80 BGH, 14.7.2016 – IX ZB 46/18, ZIP 2016, 1688, 1690; Zimmer, § 1 InsVV Rn 94.
81 Siehe insoweit ausführlich m.w.N.: Zimmer, § 1 InsVV Rn 94–101; siehe insoweit auch umfassend: BG, 20.11.2014 – IX ZB 16/14, ZIP 2015, 85, 86; BGH, 14.7.2016 – IX ZB 46/18, ZIP 2016, 1688, 1689, 1690.
82 Ausführlich: Zimmer, § 1 InsVV Rn 97 m.w.N.
83 Ausführlich: Zimmer, § 1 InsVV Rn 98.
84 Ausführlich: Zimmer, § 1 InsVV Rn 98.
85 Ausführlich: Zimmer, § 1 InsVV Rn 100; BGH, 14.7.2016 – IX ZB 46/18, ZIP 2016, 1688, 1689, 1690.
86 Zimmer, § 1 InsVV Rn 103, 104.
87 KPB/Prasser/Stoffler, § 1 InsVV Rn 59, 60; Haarmeyer/Mock, § 1 InsVV Rn 86.
88 Keller, § 3 Rn 111.

c) Anrechnung der Vergütungen für den Einsatz/Ersatz besonderer Sachkunde

36 Nach § 5 Abs. 1 u. 2 InsVV ist ein als Rechtsanwalt bzw. Wirtschaftsprüfer oder Steuerberater zugelassener Insolvenzverwalter berechtigt, für seine Tätigkeiten Gebühren aus der Insolvenzmasse zu entnehmen. Gem. § 1 Abs. 2 Nr. 4 a) InsVV mindern solche Zahlungen die Berechnungsgrundlage, da der Insolvenzverwalter sie als Vergütung für den **Einsatz/Ersatz besonderer Sachkunde** erhalten hat. Der jeweilige Insolvenzverwalter muss die zugrunde liegenden Leistungen aber **selbst in Person** erbracht und abgerechnet haben.[89] Auch wenn diese Regelung zu Nachteilen für kleinere Insolvenzverwalterkanzleien ohne Einbindung in eine Sozietät führen kann, wird diese Rückausnahme überwiegend für verfassungsgemäß und zulässig erachtet.[90] Die **Minderungspflicht** gilt nicht für **abzugsfähige Vorsteuern** bei Unternehmensinsolvenzen sowie für Auslagen aus den abgerechneten Honoraren.[91] Soweit solche Beratungsleistungen in einem Zusammenhang mit der Betriebsfortführung gehen, gilt die Einschränkung des § 1 Abs. 2 Nr. 4 b) InsVV.[92]

5. Ausnahmen vom Zufluss-/Abflusssystem unter nicht Berücksichtigung von Massekosten und sonstigen Masseverbindlichkeiten

37 Um das Ziel, eine angemessene Vergütung für die Beteiligten zu erreichen und den Erfolg bestimmter Tätigkeiten besonders zu honorieren, ergeben sich zahlreiche Ergänzungen:

a) Bereicherungsansprüche, massefremde Zuflüsse, durchlaufende Posten

38 Den Zahlungsmittelbestand können auch Zuflüsse erhöhen, die rechtlich oder wirtschaftlich der Masse nicht endgültig zustehen. In diesem Zusammenhang haben sich verschiedene Fallkonstellationen herausgebildet, auch wenn sie zivilrechtlich im Wesentlichen einheitlich zu behandeln sind.

aa) Ungerechtfertigte Bereicherung

39 Gehen auf dem Treuhandkonto des Verwalters Zahlungen ein, die ihm **rechtlich** nicht zustehen, mindert der sich aus **Bereicherungsrecht** ergebende Rückzahlungsanspruch die Berechnungsgrundlage nicht. Das gilt auch bei Eingang auf einem **massezugehörigen schuldnerischen Konto** oder einem **Sonderkonto** des

---

89 Lorenz, in: Lorenz/Klanke, § 1 InsVV Rn 42, 43; MüKo/Riedel, § 1 InsVV Rn 32.
90 Zimmer, § 1 InsVV Rn 111; Lorenz in Lorenz/Klanke, § 1 InsVV Rn 44; kritisch: Haarmeyer/Mock, § 1 InsVV Rn 87; anders: Keller, § 3 Rn 122.
91 Zimmer, § 1 InsVV Rn 106, 107.
92 Zimmer, § 1 InsVV Rn 108.

Insolvenzverwalters.[93] Unabhängig von der Rückzahlung ist der Wert der ungerechtfertigten Bereicherung in vollem Umfange in die Berechnungsgrundlage, sowohl für Gerichtskosten, als auch die Vergütung des Insolvenzverwalters, einzubeziehen,[94] auch wenn der Insolvenzverwalter die Rückzahlung um die **anteilig erhöhte Vergütung** zu mindern hat, die aus der erhöhten Berechnungsgrundlage folgt.[95]

Soweit teilweise wertende Elemente als Rückausnahme einbezogen werden (**Zahlung von Neukunden auf das Altkonto** des Insolvenzverwalters, Rückzahlung **falsch ausgewiesener** in Rechnung gestellter **Umsatzsteuer**)[96] wird verkannt, dass sich auch in solchen Fällen der Insolvenzverwalter regelmäßig mit den zugrunde liegenden Sachverhalten in besonderer Weise befasst hat. Ein Ausschluss ist nur in Fällen von Amtspflichtverletzungen angebracht. 40

bb) Nicht in die Berechnungsgrundlage einzubeziehende Zahlungen

Auch wenn der Rückzahlungsanspruch in gleicher Weise auf Bereicherungsrecht beruht, wird in gewissen Fällen eine Masseminderung anerkannt. Hervorzuheben sind die Vereinnahmung **unpfändbaren Einkommens**, **Schmerzensgeldansprüchen**, aus der Verwertung von Aussonderungsgut und der **Übersicherung** der Masse, wenn also mehr gezahlt wurde, als dem Sicherungsnehmer zustand.[97] Begründet wird diese Auffassung damit, dass es sich letztendlich um keinen Zahlungsanspruch im engeren Sinne als sonstige Masseverbindlichkeit, sondern um einen **Herausgabeanspruch** bzw. **fortgesetzten Aussonderungsanspruch** handelt.[98] Allgemein wird sich hieraus der Grundsatz ableiten lassen, dass letztendlich alle Bestandteile, die nicht zur **Soll-Masse i.S.d. § 35 InsO** gehören, auch nicht Bestandteil der vergütungsrechtlichen Berechnungsgrundlage sein können.[99] 41

cc) Durchlaufende Posten

Ebenfalls von der Berechnungsgrundlage abgesetzt werden sollen sogenannte durchlaufende Posten. Hierunter fallen im Wirtschaftsverkehr solche Zahlungen, die von **vorneherein zur Weiterleitung** an einen Dritten bestimmt sind.[100] Dem 42

---

[93] BGH, 5.3.2015 – IX ZR 164/14, ZIP 2015, 738, 739; Zimmer, § 1 InsVV Rn 41; Haarmeyer/Mock, § 1 InsVV Rn 86; Keller, § 3 Rn 116.
[94] Graeber/Graeber, § 1 InsVV Rn 14.
[95] BGH, 5.3.2015 – IX ZR 164/14, ZIP 2015, 738, 740, 741; Graeber/Graeber, § 1 InsVV Rn 15.
[96] Zimmer, § 1 InsVV Rn 41, 42.
[97] Siehe hierzu insgesamt näher: Zimmer, § 1 InsVV Rn 37, 38; für Aussonderungsgut: Graeber/Graeber, § 1 InsVV Rn 58e; Steh/Graf-Schlicker, § 1 InsVV Rn 30.
[98] Zimmer, § 1 InsVV Rn 37, 38; Graeber/Graeber, § 1 InsVV Rn 58e.
[99] Keller, § 3 Rn 27, 28; ders. aber § 3 Rn 108 bei Vereitelung einer Aussonderung.
[100] Reck, ZInsO 2011, 567.

folgt im Wesentlichen die insolvenzrechtliche Literatur.[101] Anders als bei ungerechtfertigter Bereicherung muss also schon bei Zahlungszufluss feststehen, dass die erlangten Gelder auftragsgemäß an einen Dritten weiterzuleiten sind, z.B. bei Zahlungen auf ein eigens eingerichtetes Treuhandkonto, Fremdgeldern oder Empfang als Vertreter einer anderen Person.[102] Ungeachtet der Frage, ob rückerstattete Prozesskosten die Berechnungsgrundlage mindern oder nicht, stellen jedenfalls auch solche Zahlungen durchlaufende Posten dar, die der Insolvenzverwalter zweckbestimmt z.B. für von der Masse verauslagte Kosten an Dritte weiterzuleiten hat.[103] Vom Prozessgegner erstattete außergerichtliche und nicht verbrauchte Gerichtskosten sind nach neuester Entscheidung des BGH nicht bei der Berechnungsgrundlage erhöhend zu berücksichtigen, da im Ergebnis nur der ursprüngliche Massebestand wiederhergestellt und nicht erhöht würde.[104] Zu Recht kommt damit nur eine Behandlung als durchlaufender Posten in Betracht.

b) Negative Einnahmen, positive Ausgaben

43 Werden in die Kassen- und Bankbestände zuvor erfasste Einnahmen zurückgezahlt oder sind umgekehrt zuvor erbrachte Ausgaben den Konten des Insolvenzverwalters zugeflossen, stellt sich die Frage, ob und inwieweit solche Vorgänge Einfluss auf die Berechnungsgrundlage haben.

aa) Stichtag Verfahrenseröffnung

44 Abzugrenzen ist zunächst nach dem **Stichtag der Verfahrenseröffnung**.[105] Alle Einnahmen bzw. Ausgaben vor Insolvenzeröffnung haben Einfluss in die bei Insolvenzeröffnung übernommenen Kontoguthaben gefunden, die Teil der Berechnungsgrundlage sind. Soweit nach Insolvenzeröffnung entweder aus rechtlichen Gründen oder Gründen der Kulanz Einnahmen zurückzuerstatten sind oder zuvor geflossene Ausgaben vereinnahmt werden, kann das daher keinen Einfluss auf die Berechnungsgrundlage haben. Aus diesem Zeitraum nach Insolvenzeröffnung zurückgeflossene Einnahmen mindern die Berechnungsgrundlage daher nicht, während zurückgeflossene Ausgaben sie erhöhen.

---

101 MüKo/Riedel, § 1 InsVV Rn 45; Graeber/Graeber, § 1 InsVV Rn 8–11; Lorenz, in: Lorenz/Klanke, § 1 InsVV Rn 19.
102 Siehe hierzu mehr: Graeber/Graeber, § 1 InsVV Rn 8, 9, 11.
103 Graeber/Graeber, § 1 InsVV Rn 12.
104 BGH, 19.11.2020 – IX ZB 21/20, ZIP 2021, 137, 138, 139.
105 Zimmer, § 1 InsVV Rn 52.

bb) Nach Insolvenzeröffnung rechtlich oder wirtschaftlich begründete Abflüsse aus Rückzahlung erhaltener Einnahmen und Zuflüsse aus zuvor erbrachten Ausgaben

Nur solche Zahlungszu- und -abflüsse sind daher zu würdigen, die nach Insolvenzeröffnung liquiditätswirksam in der Schlussrechnung erfasst wurden, also den Zahlungsmittelbestand zuvor verändert hatten.[106] Insoweit wird erwogen, die Einbeziehung in die Berechnungsgrundlage zu versagen, da es der Insolvenzverwalter so in der Hand hätte, durch willkürliche Handlungen seine Vergütung beliebig zu erhöhen.[107]

45

Nach Abschluss eines Kaufvertrages und Erhalt des Kaufpreises stellt sich heraus, dass der Kaufpreis überhöht ist. Darüber hinaus hat der Insolvenzverwalter auf den Kaufpreis offen ausgewiesene Umsatzsteuer erhalten. Sowohl der überhöhte Kaufpreis als auch die erhaltene Umsatzsteuer ist an den Erwerber zurück zu zahlen, da es sich nicht um einen umsatzsteuerbaren Vorgang handelt.

46

Im Wesentlichen herrscht in der Literatur und Rechtsprechung Einigkeit darin, dass Zahlungen auch aufgrund ungerechtfertigter Bereicherung auf das Treuhandkonto des Insolvenzverwalters eine vergütungsrelevante Erhöhung darstellen.[108] Soweit der Insolvenzverwalter zur Rückzahlung verpflichtet ist, handelt es sich demnach um eine Masseverbindlichkeit. Den Rückzahlungsanspruch hat der Insolvenzverwalter zur Vermeidung **eines Regresses** in dem Umfang zu mindern, in welchem sich seine **Vergütung erhöht** hat.[109] Wenn ein solcher Massezufluss sogar bei Fehlüberweisung ohne einen vorherigen Einfluss des Insolvenzverwalters bejaht wird, so muss das auch bei nachträglichen Berichtigungen aus rechtlichen oder Kulanzgründen gelten, da es sich um Vorgänge handelt, mit denen sich der Insolvenzverwalter zuvor befasst hatte. Insoweit wird z.B. bei versehentlichem Ansatz der Umsatzsteuer die Berechnungsgrundlage auf den Nettobetrag des Kaufpreises zu beschränken sein.[110] Eine solche wertende Betrachtung ist dem Vergütungsrecht jedoch fremd. Eine Ausnahme ist allenfalls möglich, wenn der Insolvenzverwalter seine Amtspflichten in schadensersatzbegründeter Weise verletzt hat.

47

---

106 Zimmer, § 1 InsVV Rn 47.
107 LG Münster, Beschluss v. 27.4.2012 – 5 T 159/11, BeckRS 2012, 1826 S. 5; Zimmer, § 1 InsVV Rn 45 ff.
108 Graeber/Graeber, § 1 InsVV Rn 14 ff.; Zimmer, § 1 InsVV Rn 40 ff.; Keller, § 3 Rn 116; BGH, 5.3.2015 – IX ZR 164/14, ZIP 2015, 739, 740.
109 BGH, 5.3.2015 – IX ZR 164/14, ZIP 2015, 738, 740, 741.
110 Zimmer, § 1 InsVV Rn 42, 43 im Anschluss an den nicht veröffentlichten Beschluss des LG Koblenz vom 18.11.2014 – 2 T 495/14 (auch für Fehlüberweisungen von Neu- oder Altkunden des Erwerbers).

48 Auf das Konto des Insolvenzverwalters werden überhöhte Vorauszahlungen z.B. für Energie gezahlt. Ebenfalls werden ihm zuvor verauslagte Rechtsverfolgungskosten nach gewonnenem Prozess zurück erstattet.

49 **Rückflüsse** können nur in gleicher Weise wie vorherige **Abflüsse** aus sonstigen Masseverbindlichkeiten zu behandeln sein. Daher wird überwiegend eine Einbeziehung solcher Rückzahlungen in die Berechnungsgrundlage abgelehnt, da sie im Ergebnis nur zuvor neutralen Aufwand gemindert haben.[111] Eine Rückausnahme wird für Rechtsverfolgungskosten erwogen, da deren Erstattung auf einem eigenständigen prozessualen oder schuldrechtlichen Anspruch aus erfolgreicher Tätigkeit des Insolvenzverwalters beruht.[112] Da es sich um eine Forderung eigener Art handelt, kann dem gefolgt werden.

c) Massekostenvorschüsse/sonstige Zuschüsse

50 Nach § 1 Abs. 2 Nr. 5 InsVV erhöhen **zweckgebundene Vor- und Zuschüsse** die Berechnungsgrundlage nicht.

51 Zuflüsse müssen der freien Verwaltung des Insolvenzverwalters unterliegen. Erhält er Zahlungen, um z.B. die Massekosten zu decken, können solche Zuflüsse schon deswegen die Berechnungsgrundlage nicht erhöhen, da **Massekosten** selbst die Masse nicht mindern. Daher werden gem. § 1 Abs. 2 Nr. 5 InsVV **Vor- und Zuschüsse eines Dritten** – konsequenterweise nicht des Schuldners selbst – zur Durchführung des Verfahrens nicht berücksichtigt. Anderes soll nur dann gelten, wenn diese Beteiligten auf die Rückzahlung verzichtet haben.[113]

52 Auch Zuschüsse eines Dritten zur **Erfüllung eines Insolvenzplanes** sind nach § 1 Abs. 2 Nr. 5 InsVV und konsequenterweise auch **Zuschüsse zur vorzeitigen Restschuldbefreiung** gem. § 300 Abs. 1 S. 2 Nr. 2 InsO nicht in die Berechnungsgrundlage einzubeziehen.[114]

53 Bei **sonstigen** Zuschüssen wird im Wesentlichen danach unterschieden, ob der Zahlende ausdrücklich oder konkludent auf die **Rückzahlung verzichtet** hat. Ist dies der Fall, so sollen solche Zuschüsse die Berechnungsgrundlage erhöhen.[115] Streitig wird in diesem Zusammenhang diskutiert, ob und inwieweit Zahlungen eines **Prozessfinanzierers** die Berechnungsgrundlage erhöhen oder nicht. Teilweise

---

111 Zimmer, § 1 InsVV Rn 46–49; Graeber/Graeber, § 1 InsVV Rn 17–19; anders: Lorenz, in: Lorenz/Klanke, § 1 InsVV Rn 78–82; Haarmeyer/Mock, § 1 InsVV Rn 98.
112 Zimmer, § 1 InsVV Rn 54 m.w.N.
113 Lorenz, in: Lorenz/Klanke, § 1 InsVV Rn 58; Haarmeyer/Mock, § 1 InsVV Rn 98; Zimmer, § 1 InsVV Rn 131, 132; Blersch in BK-InsR, § 1 InsVV Rn 23.
114 Zimmer, § 1 InsVV Rn 133, 134.
115 Näher: Haarmeyer/Mock, § 1 InsVV Rn 98.

wird eine solche Finanzierung einem verlorenen Zuschuss gleichgestellt.[116] Nach anderer Auffassung soll jedoch zumindest der dem Prozessfinanzierer abgetretene Erfolgsanteil nicht in die Berechnungsgrundlage einfließen, da der Massezufluss um den Anteil des Prozessfinanzierers gekürzt sei.[117] Zur Sicherheit dürfte einem Prozessfinanzierer daher von vornherein eine Abtretung in entsprechendem Umfange zu empfehlen sein.

d) Massedarlehen

Massedarlehen sind unterschiedlich zu behandeln. Der handelsrechtlichen Unbeachtlichkeit der Darlehensgewährung bzw. der Darlehensrückzahlung folgt die insolvenzrechtliche Handhabe im Wesentlichen nicht. Es ist zwar davon auszugehen, dass von dem (vorläufigen) Insolvenzverwalter aufgenommene Massekredite Bestandteil der Insolvenzmasse sind.[118] Damit liegt eine Einnahme im Sinne des Vergütungsrechtes vor. Entsprechend allgemeinen Grundsätzen mindert die als sonstige Masseverbindlichkeit zu wertende **Rückzahlung** die Berechnungsgrundlage **nicht**.[119]

Teilweise wird jedoch die Einbeziehung ganz oder teilweise davon abhängig gemacht, dass der Darlehensgeber mit der Darlehensgewährung das **Risiko des Ausfalles** hinnimmt[120] oder von vornherein auf die **Rückzahlung** verzichtet hat,[121] was letztendlich aber schon zur Ablehnung eines echten Kredites führen dürfte.

Steht die Gewährung oder Rückzahlung mit einer **Betriebsfortführung** oder der Ablösung von **Aus- oder Absonderungsrechten** in einem Zusammenhang, so hat die Behandlung von Massekrediten den hierzu in Gesetz, Rechtsprechung und Literatur entwickelten Grundsätzen zu folgen.[122] Jedenfalls hat aber zu gelten, dass nicht der Zufluss aus dem Massedarlehen und die daraus folgenden Ergebnisse (Einziehung freigewordener Forderungen, Verwertung von Anlage- oder Umlaufvermögen) kumulativ zu einer Erhöhung der Berechnungsgrundlage führen können.[123]

e) Aufrechnungslagen allgemein

Nach § 1 Abs. 2 Nr. 3 InsVV soll für den Fall, dass einer Forderung eine Gegenforderung gegenübersteht, somit nach §§ 94 ff. InsO eine Aufrechnung möglich ist, nur

---

116 Haarmeyer/Mock, § 1 InsVV Rn 98 m.w.N.
117 Näher: Graeber/Graeber, § 1 InsVV Rn 135 ff.
118 KPB/Prasser/Stoffler, § 1 InsVV Rn 79.
119 Zimmer, § 1 InsVV Rn 136.
120 Keller, § 3 Rn 137.
121 Graeber/Graeber, § 1 InsVV Rn 134a.
122 Ausführlich: Zimmer, § 1 InsVV Rn 136 ff.; Haarmeyer/Mock, § 1 InsVV Rn 98.
123 Im Anschluss an LG Münster, 27.4.2012 – 5 T 159/11, juris Rn 47 ff.

der Überschuss aus der Verrechnung in die Berechnungsgrundlage einfließen. Voraussetzung ist allerdings stets, dass es sich um eine **Aufrechnungslage nach §§ 94 ff. InsO** handelt, bei der das Recht zur Aufrechnung von der Eröffnung des Verfahrens unberührt bleibt.[124] Die Aufrechnung darf also **insbesondere** nicht nach **§ 96 InsO** unzulässig sein, also bereits bei Insolvenzeröffnung bestanden haben. Entsteht eine solche **Aufrechnungslage** erst während des Insolvenzverfahrens, so ist eine Saldierung nicht erforderlich.[125]

58 Die Berechnungsgrundlage für die Vergütung des Insolvenzverwalters umfasst den **vollen Wert des Forderungsbestandes**, wenn diesen Forderungen lediglich nicht **aufrechenbare Gegenforderungen** von Insolvenzgläubigern gegenüberstehen.[126] Insoweit ist die für Schuldverhältnisse geltende Verrechnungsregel des § 367 BGB nicht anwendbar.[127]

59 Gem. § 18 Abs. 2 und 3 UStG ist eine Aufrechnung mit Vorsteuererstattungsansprüchen über die jeweilige Periode der Voranmeldung hinaus unzulässig, sodass eine Aufrechnungslage nicht entsteht.[128] Somit sind diese Ansprüche daher auch nicht von seiner Berechnungsgrundlage abzusetzen, sondern stets in diese einzubeziehen.[129]

f) Steuerzahlungen/Steuererstattungen

60 Für die Insolvenzmasse werden monatliche Umsatzsteuervoranmeldungen eingereicht. Aus Vorsteuerüberschüssen erhält die Insolvenzmasse während eines Kalenderjahres EUR 1.000,00. Aus den anderen Umsatzsteuervoranmeldungen ergibt sich eine Umsatzsteuerzahllast von ebenfalls EUR 1.000,00. Im Rahmen der Umsatzsteuerjahreserklärung werden daher insgesamt EUR 0,00 Umsatzsteuer angemeldet.

61 Saldiert ergibt sich damit während des Kalenderjahres eine steuerliche Zahllast von EUR 0,00. Eine Saldierung im Rahmen der Berechnungsgrundlage ist jedoch nicht möglich. Auch stellt die **Umsatzsteuer keinen durchlaufenden Posten** dar. Vielmehr ist jeder Voranmeldungszeitraum sowie die Jahreserklärung separat zugrunde zu legen, sodass die sich daraus ergebenden Zahllasten als eigenständige Einnahme oder Ausgabe zu berücksichtigen sind.[130] Eine Verrechnung ist ausgeschlos-

---

124 Zimmer, § 1 InsVV Rn 90.
125 BGH, 21.1.2010 – IX ZB 197/06, NZI 2010, 400 ff.
126 BGH, 21.1.2010 – IX ZB 197/06, ZIP 2010, 436, 437; MüKo/Riedel, § 1 InsVV Rn 2.
127 Haarmeyer/Mock, § 1 InsVV Rn 82.
128 BFH, BFHE 238, 302, ZInsO 2012, 2162; BFHE 205, 409, ZInsO, 2004, 862; LG Frankfurt/O. ZInsO 1998, 236.
129 Haarmeyer/Mock, InsVV § 1 Rn 83.
130 Zimmer, § 1 InsVV Rn 56.

sen.[131] Nur die Verrechnung von Umsatzsteuer und Vorsteuer während **desselben Voranmeldungszeitraumes** führt damit zu einer Minderung der Berechnungsgrundlage.[132] Davon ausgehend erhöht sich im obigen Fall die Berechnungsgrundlage um EUR 1.000,00.

Dieselben Grundsätze haben auch für die **Kapitalertragsteuer** zu gelten. Auch insoweit liegt kein Ausnahmefall des § 1 Abs. 2 InsVV vor.[133] In der Konsequenz muss dieses Ergebnis auch für Einkommensteuer-, Körperschaftsteuer- und Gewerbesteuerrückerstattungen greifen,[134] auch wenn hierbei das Risiko besteht, dass der Insolvenzverwalter seine Berechnungsgrundlage willkürlich durch Antrag auf entsprechende Festsetzung von Vorauszahlungen erhöhen kann. Schon im Rahmen des Festsetzungsverfahrens können mögliche Haftungsansprüche bei eindeutig willkürlichen Verhalten gebührenmindernd berücksichtigt werden. 62

g) Sondermassen/Sonderverwaltung

Nach allgemeiner Definition stellen Sondermassen Vermögensgegenstände dar, die zwar der Verwaltung des Insolvenzverwalters unterliegen, die aber dennoch aufgrund **vertraglicher** oder **gesetzlicher** Bestimmung nicht zur Insolvenzmasse gehören.[135] Neben den bereits oben erwähnten durchlaufenden Posten fallen hierunter insbesondere Mietkautionen und sonstiges Fremdgeld, vor allem bei der Insolvenz eines Rechtsanwaltes,[136] wobei hierbei schon fraglich ist, ob überhaupt eine Verwaltungskompetenz des Insolvenzverwalters gegeben ist. 63

Im Wesentlichen relevant sind Ansprüche, die der Insolvenzverwalter in eigener Kompetenz nach §§ 92, 93 InsO geltend zu machen hat, also den Gesamtschaden für Insolvenzgläubiger sowie für die persönliche Haftung der Gesellschafter. Soweit hieraus Überschüsse erwirtschaftet werden, stehen sie regelmäßig nicht der Gemeinschaft der Gläubiger, sondern nur **bestimmten Gläubigern** zu.[137] In der Literatur besteht Einigkeit darin, dass solche „**Sondermassen**" nicht einfach in die allgemeine Berechnungsgrundlage des Insolvenzverwalters einbezogen werden können.[138] Teilweise wird vertreten, dass diese besondere Aufgabenstellung des In- 64

---

131 Haarmeyer/Mock, § 1 InsVV Rn 83; Keller, § 3 Rn 113, 114.
132 Haarmeyer/Mock, § 1 InsVV Rn 83 m.w.N.
133 Zimmer, § 1 InsVV Rn 58, 59; Keller, § 3 Rn 113; Graeber/Graeber, § 1 InsVV Rn 35a–35d; anders wohl: LG Aachen 18.12.2012 – 6 T 98/12, ZInsO 2013, 683.
134 Zimmer, § 1 InsVV Rn 60.
135 Zimmer, § 1 InsVV Rn 178.
136 Zimmer, § 1 InsVV Rn 180.
137 Keller, § 3 Rn 61 ff.; Zimmer, § 1 InsVV Rn 81 ff.; Graeber/Graeber, § 1 InsVV Rn 43 ff.; Haarmeyer/Mock, § 1 InsVV Rn 114a, jeweils mit umfangreichen weiteren Nachweisen.
138 Keller, § 3 Rn 61 ff.; Zimmer, § 1 InsVV Rn 81 ff.; Graeber/Graeber, § 1 InsVV Rn 43 ff.; Haarmeyer/Mock, § 1 InsVV Rn 114a, jeweils mit umfangreichen weiteren Nachweisen.

solvenzverwalters nur als besonderer Zuschlagsfaktor nach § 3 InsVV honoriert werden soll.[139] Da ein solcher Zuschlag jedoch die Gemeinschaft aller Gläubiger trifft, ist es angemessener, hierfür eine **separate Berechnungsgrundlage** zu bilden, die aus der allgemeinen Insolvenzmasse herausgerechnet und in Höhe des Differenzbetrages der Vergütung ausschließlich aus der erhöhten Berechnungsgrundlage aus der Sondermasse entnommen wird.[140] Im Ergebnis werden damit nur die Gläubiger belastet, die von der besonderen Tätigkeit des Insolvenzverwalters auch tatsächlich profitieren.[141]

65 Soweit Ansprüche gegen einen Insolvenzverwalter als Gesamtschaden der Gläubiger verfolgt werden, ist danach zu differenzieren, ob diese Ansprüche durch einen neuen Insolvenzverwalter nach Abberufung des alten Insolvenzverwalters oder durch einen Sonderinsolvenzverwalter verfolgt werden. Wird ein neuer Insolvenzverwalter tätig, so sind realisierte Schadensersatzansprüche Bestandteil seiner Insolvenzmasse. Für den Sonderinsolvenzverwalter ist nur der Wert des realisierten Schadensersatzanspruches als Berechnungswert anzusetzen.[142]

6. Behandlung von Aus- und Absonderungsrechten

66 Sicherungsrechte werden in vielfältiger Weise bei der Ermittlung der Berechnungsgrundlage für Gericht und Verwalter einbezogen. Allgemein fließen in die Berechnungsgrundlage nur bei **Verwertung erwirtschaftete Überschüsse** ein, die zu einer Erhöhung der Quote für die Insolvenzgläubiger geführt haben.[143] Die Behandlung von Absonderungsrechten regelt im Besonderen § 1 Abs. 2 Nr. 1 InsVV. Diese Vorschrift wird teilweise wegen Verfassungswidrigkeit als nichtig angesehen.[144]

a) Aussonderungsrechte

67 Auch wenn **Aussonderungsrechte** in § 1 Abs. 2 Nr. 1 InsVV nicht erwähnt werden, fließen mit Aussonderungsrechten belastete Vermögensgegenstände nicht uneingeschränkt in die Berechnungsgrundlage ein. Nach allgemeiner Auffassung werden im Gegensatz zu dem **vorläufigen Verfahren** (siehe nachstehend Rz. 146 ff.) mit Aussonderungsrechten gem. §§ 47 ff. InsO belastete Gegenstände nicht in die Be-

---

139 Graeber/Graeber, § 1 InsVV Rn 45, 46.
140 Siehe hierzu näher mit instruktiven Beispiel: Keller, § 3 Rn 63–65; ähnlich: Zimmer, § 1 InsVV Rn 184; Haarmeyer/Mock, § 1 InsVV Rn 114a.
141 Keller, § 3 Rn 66.
142 Graeber/Graeber, § 1 InsVV Rn 47, 48.
143 KPB/Prasser/Stoffler, § 1 InsVV Rn 29; Graeber/Graeber, § 1 InsVV Rn 92.
144 Graeber/Graeber, § 1 InsVV Rn 91d, 91b.

rechnungsgrundlage einbezogen, auch nicht mit einem Feststellungsbeitrag.[145] Nur der möglicherweise der Insolvenzmasse verbleibende Überschuss erhöht die Vergütung des Insolvenzverwalters.

Es fragt sich, ob sich an diesem Grundsatz etwas ändert, wenn das Aussonderungsgut vor oder nach Insolvenzeröffnung **unberechtigt verwertet** wird. Mit der wohl herrschenden Meinung wird man konsequenterweise annehmen müssen, dass sich das Absonderungsrecht an dem Verwertungserlös unabhängig davon fortsetzt, ob es sich um einen Ersatzaussonderungsanspruch oder bei fehlender Deckung einen Anspruch aus ungerechtfertigter Bereicherung umwandelt, da die Verwertung des Aussonderungsgutes jedenfalls auf einer Pflichtverletzung des Insolvenzverwalter beruht.[146] 68

b) Absonderungsrechte

Auch insoweit greift das **Überschussprinzip** gem. § 1 Abs. 2 Nr. 1 S. 3 InsVV, der als Obersatz auch § 1 Abs. 2 Nr. 1 InsVV zugrunde zu legen ist. Wird ein Überschuss erzielt, so ist er ohne weitere Besonderheiten der Berechnungsgrundlage zugrunde zu legen. Entscheidend ist nicht, wer das Absonderungsgut verwertet hat.[147] Auch bei der sogenannten **kalten Zwangsverwaltung** ist unabhängig von den weiteren in diesem Zusammenhang zu klärenden Fragen nur der Überschuss nach § 1 Abs. 1 InsVV einzubeziehen.[148] 69

Im System der insolvenzrechtlichen Vergütung wird damit die Verwertung von Absonderungsgut in vierfacher Weise berücksichtigt: 70
- Erhöhung des Wertes der Insolvenzmasse;
- Hinzurechnung des hälftigen Feststellungskostenbeitrages als Sondervergütung gem. § 1 Abs. 2 Nr. 1 InsVV zur Regelvergütung;
- Zuschläge gem. § 3 Abs. 1 InsVV;
- Zuschlag nach § 3 Abs. 1 a) InsVV.[149]

Unterschiede ergeben sich im Wesentlichen aus der Art der Verwertung während des Insolvenzverfahrens.

---

[145] BGH vom 5.3.2015 – IX ZR 164/14, ZIP 2015, 738, 740; Lorenz, in: Lorenz/Klanke, § 1 InsVV Rn 21; Graeber/Graeber, § 1 InsVV Rn 58e.
[146] Zimmer, § 1 InsVV Rn 38, 39 m.w.N.; MüKo/Riedel, § 1 InsVV Rn 11; anders wohl: Graeber/Graeber, § 1 InsVV Rn 58e; Keller, § 3 Rn 107, 108.
[147] Zimmer, § 1 InsVV Rn 66.
[148] Haarmeyer/Mock, § 1 InsVV Rn 72; näher: Zimmer, § 1 InsVV Rn 69–71.
[149] Siehe: Graeber/Graeber, § 1 InsVV Rn 93.

aa) Verwertung durch die Insolvenzverwaltung

71 Verwertet der Insolvenzverwalter selbst mit **Absonderungsrechten belastete Massegegenstände** (§§ 49–51 InsO), ist § 1 Abs. 2 Nr. 1 InsVV anzuwenden. Solche Massegegenstände sind bei der Ermittlung der Berechnungsgrundlage enthalten, wenn der Verwalter sie **selbst verwertet** hat und der Masse die **Kostenbeiträge nach den §§ 170, 171 InsO** zugeflossen sind.[150] Dasselbe gilt bei vorzeitiger Verfahrensbeendigung, wenn der Verwalter diese Gegenstände zur Verwertung gehabt hätte und auch **tatsächlich** ein Zufluss zu erwarten gewesen wäre.[151] Der belastete Gegenstand muss durch **freihändigen** Verkauf (§ 166 Abs. 1 InsO), **durch Einzug** (§ 166 Abs. 2 S. 1 InsO), durch **Übernahme der Gläubiger** (§ 168 Abs. 3 S. 1 InsO) oder durch **Zwangsversteigerung** (§§ 174 ff. ZVG) übertragen worden sein.[152] Erforderlich ist also ein **aktives Handeln** des Insolvenzverwalters.[153]

72 Bei der **Verwertung beweglicher Gegenstände** erhält der Insolvenzverwalter nach § 171 Abs. 1 S. 2 InsO pauschal 4% des Verwertungserlöses als Feststellungsbeitrag. Bei Verwertung eines Grundstückes durch den Insolvenzverwalter nach §§ 172 ff. ZVG ist § 1 Abs. 2 Nr. 1 InsVV nur für das mit **verwertete und mithaftende Zubehör** anwendbar, soweit ein Kostenbeitrag zur Masse fließt (§ 10 Abs. 1 Nr. 1a ZVG). Anderenfalls ist nach § 1 Abs. 2 Nr. 1 S. 3 InsVV nur der Überschuss zu berücksichtigen.[154] Daneben verbleibt der Insolvenzmasse nach § 171 Abs. 2 S. 1 InsO bei Verwertung durch den Insolvenzverwalter eine Verwertungspauschale von 5%. Liegen die tatsächlichen Aufwendungen wesentlich niedriger oder höher, so sind diese Aufwendungen gem. § 171 Abs. 2 S. 2 InsO maßgebend. Eine möglicherweise aufgrund der Verwertung abzuführende Umsatzsteuer verbleibt gem. § 171 Abs. 2 S. 3 InsO ebenfalls der Masse. Dieses Prinzip gilt nicht nur für die Verwertung **beweglicher Sachen**, sondern auch für den Einzug **zedierter Forderungen** sowie unter Anwendung des § 166 Abs. 2 InsO auch für **immaterielles Vermögen** des Schuldners, sofern hieran ein Absonderungsrecht begründet werden kann.[155]

73 Gem. § 1 Abs. 2 Nr. 1 Satz 2 InsVV erhöht sich die Vergütung für den Insolvenzverwalter um 50% des Betrages, der aus dem Feststellungsbeitrag nach § 1 Abs. 1 InsO entfällt. Es handelt sich um keinen Zuschlag, sondern um eine **Erhöhung der Regelgebühr**.[156] Die Begrenzung auf 50% des **Feststellungskostenbeitrages** führt zu einer **Kappungsgrenze**, die durch eine Differenzberechnung zu ermitteln ist.[157]

---

150 BGH, 2.2.2006 – IX ZB 167/04, ZInsO 2006, 24, 255.
151 BGH, 29.3.2007 – IX ZB 153/06, ZInsO 2007, 541; Prasser/Stoffler, in: Kübler/Prütting/Bork, § 1 InsVV Rn 30.
152 MüKo/Riedel, § 1 InsVV Rn 19.
153 Lorenz, in: Lorenz/Klanke, § 1 InsVV Rn 23.
154 Keller, § 3 Rn 78.
155 Zimmer, § 1 InsVV Rn 73.
156 Haarmeyer/Mock, § 1 InsVV Rn 63; Graeber/Graeber, § 1 InsVV Rn 95.
157 Haarmeyer/Mock, § 1 InsVV Rn 60; Graeber/Graeber, § 1 InsVV Rn 94.

In der ersten Stufe ist die Regelvergütung unter Einbeziehung des gesamten Verwertungserlöses der mit absonderungsrechten belasteten Vermögengegenstände festzustellen.[158] Das schließt auch die vereinnahmte Umsatzsteuer ein, da sie als Masseverbindlichkeit gem. § 55 Abs. 1 Nr. 1 InsO abzuführen ist.[159] Abzustellen ist daher auf den **Bruttoerlös inklusive Umsatzsteuer**.[160] Dem gegenüber zu stellen ist die sich aus der Berechnungsgrundlage ohne Verwertung der mit Absonderungsrechten belasteten Vermögensgegenstände ergebende Regelvergütung. Die danach insgesamt festzusetzende Regelvergütung erhöht sich lediglich um 50% des gewährten Feststellungskostenbeitrages, also um 2% aus den Verwertungserlösen. Liegt dieser Betrag höher als die Vergütung bei vollständiger Einbeziehung der Absonderungsrechte, so ist bei großen Berechnungsgrundlagen der sich ergebende Betrag wiederum auf die Regelvergütung aus der Berechnungsgrundlage inklusive aller Absonderungsrechte gedeckelt.[161]

Der Insolvenzverwalter verwertete i.R.d. Verfahrens einen sicherungsübereigneten beweglichen Gegenstand i.H.v. EUR 580.000,00 (brutto).[162] Die enthaltene USt beläuft sich auf EUR 92.605,00 (gerundet). Die Insolvenzmasse beträgt gem. Schlussrechnung ohne Berücksichtigung der Absonderungsrechte und ohne Feststellungskostenbeitrag aus der Verwertung EUR 150.000,00. Unter der Berücksichtigung des vereinnahmten Feststellungskostenbeitrags i.H.v. EUR 23.200,00 (4% aus EUR 580.000,00) ergibt sich folgende Berechnung der Vergütung:

74

1. Regelvergütungen gem. § 2 InsVV aus der gesamten Masse
   inklusive Absonderungsgut EUR 730.000,00
   (EUR 580.000,00 + EUR 150.000,00) beträgt   EUR 42.350,00

2. Insolvenzmasse ohne Absonderungsgut   EUR 150.000,00
   Umsatzsteuer auf Verwertungsgut   EUR 92.605,00
   Zuzüglich Feststellungskostenbeitrag
   (4% aus EUR 580.000,00)   EUR 23.200,00

   Insgesamt   EUR **265.805,00**

   Regelvergütung hieraus (gerundet)   EUR 30.724,00

   Der Vergütungsmehrbetrag errechnet sich wie folgt:

3. Vergütung inklusive Absonderungsrechte   EUR 42.350,00
   abzüglich Vergütung ohne Absonderungsrechte   EUR −30.724,00

   ergibt Vergütungsmehrbetrag   EUR **11.626,00**

---

158 Haarmeyer/Mock, § 1 InsVV Rn 60; Lorenz, in: Lorenz/Klanke, § 1 InsVV Rn 27.
159 Lorenz, in: Lorenz/Klanke, § 1 InsVV Rn 27; Haarmeyer/Mock, § 1 InsVV Rn 59.
160 Graeber/Graeber, § 1 InsVV Rn 94.
161 Näher hierzu: Lorenz, in: Lorenz/Klanke, § 1 InsVV Rn 27; Zimmer, § 1 InsVV Rn 73, 74, 75.
162 Beispiel nach Lorenz, in: Lorenz/Klanke, § 1 InsVV Rn 31; siehe auch Beispiel: Zimmer, § 1 InsVV Rn 76; Blersch, in: BK-InsR, § 1 InsVV Rn 12 m.w.N.

4. die Kappungsgrenze ergibt sich aus 50% von EUR 23.200,00	EUR 11.600,00
5. Vergütungsmehrbetrag beträgt Der allerdings begrenzt ist durch die Kappungsgrenze in Höhe von EUR 11.600,00	EUR 11.626,00
6. Die Gesamtvergütung errechnet sich: Vergütung ohne Absonderungsrechte Vergütungsmehrbetrag (begrenzt durch Kappungsgrenze s. Nr. 5)	EUR 30.724,00 EUR 11.600,00
7. **Gesamtvergütung (netto)**	**EUR 42.324,00**

75 Nach diesem Beispiel ergibt sich eine Gesamtvergütung von EUR 42.324,00. Diese Gesamtvergütung stellt die Regelvergütung dar, auf die sich Zu- und Abschläge gem. § 3 InsVV beziehen.[163] In dem obigen Beispielsfall errechnet sich die Gesamtvergütung einschließlich aller Zuschläge also aus dem Betrag von EUR 42.324,00 und nicht aus dem Betrag von EUR 30.724,00. Bei hohen Zuschlagsfaktoren kann sich hieraus eine **erhebliche Erhöhung der Vergütung** ergeben.

76 Erzielt der Insolvenzverwalter einen **Überschuss für die Insolvenzmasse**, ist zu klären, ob und inwieweit neben diesem Überschuss ein **Feststellungsbeitrag** in Betracht kommt. Nach einhelliger Auffassung ist nach § 1 Abs. 2 Nr. 1 S. 3 InsVV ein **erzielter Überschuss in jedem Falle** Bestandteil der Berechnungsgrundlage.[164] Zweifel für die zusätzliche Einbeziehung des Feststellungsbeitrages sind angebracht, weil der BGH entschied, dass der zur Masse vereinnahmte Feststellungskostenbeitrag nicht der Berechnungsgrundlage ohne Absonderungsgut hinzugesetzt werden dürfe, wenn der zur Masse vereinnahmte Kostenbeitrag schon bei der Regelvergütung erhöhend berücksichtigt worden sei. Der Insolvenzverwalter habe insoweit ein Wahlrecht, ob er die erhöhte Berechnungsgrundlage oder die Sondervergütung in Anspruch nimmt. Auf diese Weise soll eine Doppelberücksichtigung vermieden werden.[165] Dem wird in der Literatur überwiegend nicht zugestimmt.[166] Wegen der unterschiedlichen Interessenlagen für die Einbeziehung des Überschusses im Interesse der einfachen Insolvenzgläubiger sowie des **Feststellungskostenbeitrages** im Interesse der Absonderungsgläubiger dürfte der in der Literatur

---

[163] BGH, 11.5.2006 – IX ZB 249/04, ZInsO 2006, 642, 645; im Anschluss hieran: Keller, § 5 Rn 2; Haarmeyer/Mock, § 1 InsVV Rn 63.
[164] Lorenz, in: Lorenz/Klanke, § 1 InsVV Rn 24; Haarmeyer/Mock, § 1 InsVV Rn 67; Blersch, in: BK-InsR, § 1 InsVV Rn 13.
[165] BGH, 10.10.2013 – IX ZB 169/11, ZInsO 2013, 2288; sowohl auch: Blersch, in: BK-InsR, § 1 InsVV Rn 13.
[166] Ausführlich: Lorenz, in: Lorenz/Klanke, § 1 InsVV Rn 32–34; Zimmer, § 1 InsVV Rn 77; KPB/Prasser/Stoffler, § 1 InsVV Rn 33, 34.

herrschenden Auffassung entgegen dem Urteil des BGH vom 10.10.2013 zu folgen sein.[167]

Erforderlich ist indes, dass eine eindeutige **Vereinbarung mit dem absonderungsberechtigten Gläubiger** über den Feststellungskostenbeitrag getroffen worden ist. Unabhängig von einer späteren Verwertung und einem möglichen Überschuss hieraus muss also nach dem ersichtlichen Willen der Beteiligten ein entsprechender Beitrag für die **Masse gesondert** vereinbart worden sein, was durch **Auslegung** zu ermitteln ist.[168] Bei der Umsetzung muss der der Masse tatsächlich zufließenden Überschussbetrag dem fiktiven Vergleichswert ohne Einbeziehung der Absonderungsrechte hingerechnet werden.[169] Bei frei vereinbarten Kostenbeiträgen soll der in der Vereinbarung der vereinbarte Feststellungskostenbeitrag zugrunde gelegt werden. Bei fehlender Differenzierung soll der Wert von 4% gem. § 171 Abs. 1 InsO gelten.[170]

Obenstehende Regelungen gelten uneingeschränkt auch für die Verwertung anderer Absonderungsrechte z.B. aus **Zessionen**. Eine Vergleichsrechnung ist in gleicher Weise durchzuführen. Das gilt auch für die mögliche Einbeziehung eines Überschusses.[171]

Dieselbe Vorgehensweise soll auch bei der **Verwertung unbeweglicher Gegenstände** gelten. Dem Insolvenzverwalter steht mit Ausnahme des Beitrittes zur Zwangsversteigerung kein **originäres Verwertungsrecht** an Grundstücken zu. Übernimmt er die Verwertung und erlangt hieraus Beiträge für die Masse, so gilt erneut § 1 Abs. 2 Nr. 1 S. 3 InsVV, wonach der freie Überschuss in die Berechnungsgrundlage einzubeziehen ist.[172] Wird weder ein Übererlös erzielt noch eine sonstige Massebeteiligung gewährt, ist der Grundstückswert in der Berechnungsgrundlage nicht zu berücksichtigen.[173] Dabei wird teilweise vertreten, dass dieser Überschuss für den Fall einer fehlenden Aufteilung zwischen Feststellungs- und Verwertungsbeiträgen entsprechend der Wertung des § 171 InsO zu 4/9 als Feststellungskostenbeitrag angesehen werden müsse.[174] Dem wird jedoch teilweise nicht gefolgt, sodass es entscheidend darauf ankommt, ob in den zugrunde liegenden Vereinbarungen ein **Feststellungsbeitrag** festgelegt worden ist.[175]

---

167 So wohl auch: BGH, 2.2.2006 – IX ZB 167/04, ZInsO 2006, 254.
168 Haarmeyer/Mock, § 1 InsVV Rn 61f.
169 KPB/Prasser/Stoffler, § 1 InsVV Rn 33, 34.
170 Zimmer, § 1 InsVV Rn 80, 81.
171 Siehe hierzu die verschiedenen Beispiele bei: Blersch, in: BK-InsR, § 1 InsVV Rn 12.
172 Siehe hierzu ausführlich: Haarmeyer/Mock, § 1 InsVV Rn 62–65.
173 BGH, 9.6.2016 – IX ZB 17/15, ZInsO 2016, 1443, 1444.
174 Keller, § 3 Rn 82; Zimmer, § 1 InsVV Rn 81; KPB/Prasser/Stoffler, § 1 InsVV Rn 43.
175 Haarmeyer/Mock, § 1 InsVV Rn 62.

bb) Keine Verwertung durch den Insolvenzverwalter aber Überschuss für die Insolvenzmasse, noch nicht geflossener Überschuss

80 Ein **Überschuss** fließt **immer** in die Insolvenzmasse ein, auch wenn der Insolvenzverwalter selbst nicht aktiv mitgewirkt hat.[176] Das gilt auch bei Verwertung durch **Absonderungsgläubiger** gem. § 170 Abs. 2 InsO, § 173 InsO. Soweit eine Feststellungspauschale oder ein Übererlös an die Masse ausgekehrt werden, gilt allgemein § 1 Abs. 2 Nr. 1 S. 3 InsVV.[177]

81 Nach § 1 Abs. 2 Nr. 1 S. 3 InsVV ist ein Überschuss schon dann zu berücksichtigen ist, wenn der Masse hierauf ein Anspruch zusteht. Daraus schließt die überwiegende Meinung zu Recht, dieser Überschuss sei auch dann zugrunde zu legen, wenn der Insolvenzverwalter den Gegenstand tatsächlich nicht verwertet,[178] da die Insolvenz das gesamte Vermögen des Schuldners umfasst, das ihm zur Zeit der Eröffnung des Verfahrens gehörte und das er während des Verfahrens erlangte (Definition der Insolvenzmasse). Da aber der Vermögensgegenstand tatsächlich nicht veräußert worden ist, kann nur ein sog. **fiktiver Überschuss** eingestellt werden. Der Verkehrswert ist ggf. **sachverständig zu schätzen** und dem Wert des Absonderungsrechtes gegenüberzustellen,[179] insb. wenn das Verfahren vorzeitig z.B. durch Insolvenzplan oder durch andere Erledigung beendet worden ist.

---

82 **Beispiel**

Das Verfahren endet durch Insolvenzplan. Bei Bestätigung des Insolvenzplanes stehen noch sicherungsübereignete Maschinen im Vermögen der Insolvenzschuldner zu einem geschätzten Verkehrswert von EUR 1 Mio. Die damit gesicherten Kredite belaufen sich auf EUR 500.000,00. Fiktiv sind der Masse also EUR 500.000,00 zwecks Ermittlung der Berechnungsgrundlage hinzurechnen.

---

cc) Keine Verwertung und kein Überschuss

83 Entfaltet der Insolvenzverwalter **keine Verwertungsaktivitäten** und wird kein Feststellungsbeitrag vereinbart oder wird auch in sonstiger Weise keinen Überschuss für die Insolvenzmasse erlangt, so wird konsequenterweise die Berechnungsgrundlage nicht berührt. Allenfalls kommen Zuschläge nach § 3 Abs. 1 Nr. 1 a) InsVV für die entfalteten Tätigkeiten in Betracht.[180]

---

176 MüKo/Riedel, § 1 InsVV Rn 18.
177 Zimmer, § 1 InsVV Rn 82.
178 Haarmeyer/Mock, § 1 InsVV Rn 74; vgl. auch: BK/Blersch, § 1 InsVV Rn 12.
179 Haarmeyer/Mock, § 1 InsVV Rn 74.
180 Zimmer, § 1 InsVV Rn 84.

c) Abfindungen für den Verzicht auf die Geltendmachung von Aus- und Absonderungsrechten gem. § 1 Abs. 2 Nr. 2 InsVV

Dem allgemeinen Rechtsgedanken, nur Überschüsse aus der Verwertung von mit Aus- und Absonderungsrechten belasteten Gegenständen zu berücksichtigen, trägt auch § 1 Abs. 2 Nr. 2 InsVV Rechnung. **Abfindungen** für den Verzicht auf die Geltendmachung von Aus- und Absonderungsrechten mindern danach die Berechnungsgrundlage. Es muss sich um eine **echte Abstandszahlung** für den Verzicht handeln.[181] Die **reine Verwertung** eines mit Fremdrechten belasteten Gegenstandes unterliegt den allgemeinen Regelungen, insbesondere § 1 Abs. 2 InsVV,[182] sodass es sich im Wesentlichen um Fälle der **Weiternutzung** durch den Insolvenzverwalter handelt. Einbezogen in die Berechnungsgrundlage wird zunächst der Verkehrswert des abgelösten Vermögensgegenstandes, der im Zweifelsfalle durch sachgerechte Schätzung oder durch entsprechende Verkehrsgutachten zu ermitteln ist. Hiervon abgesetzt wird die gezahlte Abfindung. Um eine **Doppelberücksichtigung** zu vermeiden, bleibt ein späterer Verkaufserlös ohne Ansatz.[183] Anderes gilt aber dann, wenn der Schätzwert bei einem späteren Verkauf überschritten wird. Diese **Differenz** soll die Berechnungsgrundlage erhöhen.[184]

84

Der Insolvenzverwalter benötigt für die Aufrechterhaltung des Geschäftsbetriebes eine sicherungsübereignete Maschine. Der Wert dieser Maschine beträgt EUR 200.000,00. Um die Maschine uneingeschränkt weiter nutzen zu können, vereinbart er mit dem Sicherungsgläubiger eine Zahlung i.H.v. EUR 150.000,00. Nach einem Jahr veräußert er die Maschine für EUR 100.000,00. Die Berechnungsgrundlage ermittelt sich wie folgt:

85

1.	Verkehrswert der Maschine EUR 200.000,00	EUR 200.000,00
2.	abzgl. Abfindung gem. § 1 Abs. 2 Nr. 2 InsVV	EUR 150.000,00
3.	Erhöhung Berechnungsgrundlage	EUR 50.000,00
4.	Der später als Verkaufserlös erlangte Kaufpreis von EUR 100.000,00 ist aus der Schlussrechnung zu eliminieren, da er unter der Abfindung liegt.	

---

7. Betriebsfortführung

Nach § 1 Abs. 2 Nr. 4 S. 1 InsVV werden sonstige Masseverbindlichkeiten nicht von der Berechnungsgrundlage abgesetzt. Eine Ausnahme hiervon normiert § 1 Abs. 2 Nr. 4 b) InsVV. Wird danach das Unternehmen des Schuldners fortgeführt, so ist nur der **Überschuss** zu berücksichtigen, der sich **nach Abzug der Ausgaben von den**

86

---

181 Haarmeyer/Mock, § 1 InsVV Rn 79.
182 Haarmeyer/Mock, § 1 InsVV Rn 81.
183 Lorenz, in: Lorenz/Klanke, § 1 InsVV Rn 39; Zimmer, § 1 InsVV Rn 87; Leonhardt/Smid/Zeuner, § 1 InsVV Rn 74; Haarmeyer/Mock, § 1 InsVV Rn 79 f.
184 Zimmer, § 1 InsVV Rn 87.

Einnahmen ergibt. Unbeachtlich ist, ob der Insolvenzverwalter dabei Entscheidungen der Gläubigerversammlung berücksichtigt hat oder nicht.[185]

a) Allgemeines

87 § 1 Abs. 2 Nr. 4 b) InsVV führt eine erfolgsorientierte Komponente in das Insolvenzrecht ein. Mit dieser Vorschrift soll auch vermieden werden, dass der **formale Wert der Insolvenzmasse** ohne wirtschaftliche Rechtfertigung **unbegrenzt anwächst**.[186] Teilweise wird die Vorschrift als verfassungswidrig angesehen, in der Praxis aber dennoch uneingeschränkt angewendet.[187]

88 Nur der **Überschuss** vermehrt die Berechnungsgrundlage. Die **Einnahmen** sind also um die **Masseverbindlichkeiten** in entsprechender Höhe zu mindern.[188]

Stehen im Rahmen einer Betriebsfortführung erwirtschafteten Einnahmen von EUR 1,0 Mio. ansonsten als sonstige Masseverbindlichkeiten zu berücksichtigende liquiditätswirksame Ausgaben von EUR 800.000,00 entgegen, so sind also die in der Schlussrechnung enthaltenen Einnahmen um EUR 800.000,00 zu kürzen.

---

89 Es muss aber **tatsächlich ein Überschuss** erwirtschaftet worden sein. Ein **Verlust** wirkt sich nicht **negativ** aus. Bei **Verlust** sind als Fortführungsüberschuss nur 0,00 EUR anzusetzen. Einnahmen werden nur abzüglich der fortführungsbedingten Ausgaben berücksichtigt.[189]

Hat der Insolvenzverwalter also EUR 800.000,00 Einnahmen aus der Betriebsfortführung erzielt, denen 1,0 Mio. EUR Ausgaben gegenüberstehen, so mindert sich die Berechnungsgrundlage lediglich um die EUR 800.000,00 Einnahmen. Allenfalls kommt ein Zuschlag nach § 3 Abs. 1 b) InsVV in Betracht.

---

90 Die Ermittlung des Überschusses umfasst sowohl eine **zeitliche** als auch eine **kausale** Komponente. Es kann nicht alleine darauf abgestellt werden, dass während des Zeitraumes der Betriebsfortführung Einnahmen erwirtschaftet wurden. Entscheidend ist zumindest in gleicher Weise, dass **ausschließlich** die durch die Betriebs-

---

185 Graeber/Graeber, § 1 InsVV Rn 50, 51.
186 BK/Blersch, § 1 InsVV Rn 21; Graeber/Graeber, § 1 InsVV Rn 124; Lorenz, in: Lorenz/Klanke, § 1 InsVV Rn 47; Haarmeyer/Mock, § 1 InsVV Rn 92.
187 Zur Verfassungswidrigkeit: Graeber/Graeber, § 1 InsVV Rn 122a.
188 Zimmer, § 1 InsVV Rn 114; Lorenz, in: Lorenz/Klanke, § 1 InsVV Rn 4.7, Leonhardt/Smid/Zeuner, § 1 InsVV Rn 87.
189 BGH vom 1.7.2010 – IX ZB 208/08, NZI 2010, 942; BGH vom 16.10.2008 – IX ZB 179/07, NZI 2009, 49; Zimmer, § 1 InsVV Rn 114; Lorenz, in: Lorenz/Klanke, § 1 InsVV Rn 47; Graeber/Graeber, § 1 InsVV Rn 129; BGH, 18.12.2014 – IX ZB 5/13, ZIP 2015, 230, 231.

fortführung veranlassten **Ausgaben und Einnahmen** in die Ermittlung des Überschusses nach § 1 Abs. 2 Nr. 4 b) InsVV einfließen. Betriebsfortführung und Abwicklung sind keine „**Zeitbegriffe**", sondern „**Kausalbegriffe**".[190] Zum anderen sind aber auch Geschäftsvorfälle unabhängig davon einzubeziehen, ob sie vor oder nach Betriebsstillegung erwirtschaftet wurden. In beiden Fällen ist Voraussetzung, dass solche Geschäftsvorfälle einer Betriebsfortführung zuzuordnen sind.

b) Betriebsvermögen, Teilbetriebe

Der Tatbestand des § 1 Abs. 2 Nr. 4 b) InsVV ist auf solche Unternehmen beschränkt, die im Betriebsvermögen gehalten werden. Ausgeschlossen sind also Bewirtschaftungen von Vermögensgegenständen im **Privatvermögen**. Insbesondere **Hausverwaltungen** unterliegen damit nicht der Einbeziehung sonstiger Masseverbindlichkeiten (Bewirtschaftungskosten) nach § 1 Abs. 2 Nr. 4 b) InsVV. Bewirtschaftungskosten sind also dann abzugsfähig.[191] Auch eine analoge Anwendung wird abgelehnt.[192] 91

Anderes gilt jedoch dann, wenn Immobilien im Betriebsvermögen gehalten werden. Bei gewerblichen Unternehmen, insbesondere also bei Kapitalgesellschaften oder Handelsgesellschaften, ist darüber hinaus entsprechend steuerrechtlichen Vorgaben keine Unterscheidung zwischen Betriebs- und Privatvermögen möglich.[193] Nur im Rahmen des § 3 Abs. 1 b) InsVV ist damit ein möglicher Überschuss zu berücksichtigen. 92

In diesem Sinne können auch natürliche Personen über Betriebsvermögen verfügen, welches zum Privatvermögen abzugrenzen ist. Das gilt auch im vereinfachten Insolvenzverfahren.[194] 93

Der Betrieb muss nicht im Ganzen aufrechterhalten werden. Auch die Fortführung oder Stillegung von **Teilbetrieben** reicht aus. Wird also eine Abteilung stillgelegt, eine andere Abteilung aber fortgeführt, so ist der Überschuss für den **fortgeführten Betriebsteil** isoliert zu ermitteln. Für den **stillgelegten Betriebsteil** mindern die Ausgaben die Berechnungsgrundlage. 94

Davon zu unterscheiden ist, ob **Überschüsse** und **Verluste** aus verschiedenen Betriebsteilen miteinander zu **saldieren** sind, der Verlust eines Betriebsteiles, also den Überschuss eines anderen Betriebsteiles mindert. Handelt es sich um verschiedene Standorte desselben Unternehmensteils, so ist eine Saldierung geboten.[195] Soweit es sich allerdings um völlig unterschiedliche Tätigkeitsbereiche handelt, z.B. 95

---

[190] BK/Blersch, § 1 InsVV Rn 21; vor allem: Zimmer, § 1 InsVV Rn 114.
[191] Zimmer, § 1 InsVV Rn 126; KPB/Prasser/Stoffler, § 1 InsVV Rn 77.
[192] KPB/Prasser/Stoffler, § 1 InsVV Rn 71.
[193] KPB/Prasser/Stoffler, § 1 InsVV Rn 71; Graeber/Graeber, § 1 InsVV Rn 133.
[194] Zimmer, § 1 InsVV Rn 115; Leonhardt/Smid/Zeuner, § 1 InsVV Rn 89.
[195] Haarmeyer/Mock, § 1 InsVV Rn 93.

Hausverwaltungen und Fertigungsbetriebe, geht insolvenzrechtlich eine solche Verrechnung zu weit, auch wenn der Auffassung zugestimmt wird, dass eine gewerbliche Gesellschaft insgesamt einheitlich betrieblich tätig ist.[196] Jeder **abgrenzbare Teilbetrieb** erfordert eigene organisatorische und betriebswirtschaftliche Vorkehrungen, die im Rahmen einer **Kostenstellenrechnung separat** einzubeziehen sind. Diese besonderen Herausforderungen, auch für einen Insolvenzverwalter, können daher nicht einfach miteinander verrechnet werden. Anderes gilt nur dann, wenn ein betrieblicher Teilbereich ausschließlich im Interesse eines anderen Teilbereiches fortgeführt wird, z.B. also Produktion und Vertrieb desselben Produktes.

c) Fortführung des Unternehmens

96 Nach Abgrenzung der betrieblichen Sphären ist entscheidend, dass der betreffende Unternehmens-/Betriebsteil fortgeführt worden ist. Zwischen der **dauerhaften Betriebsfortführung** und der **sogenannten Ausproduktion** wird nicht mehr getrennt.[197] Die betriebliche Organisation muss wenigstens in gewissem Teil weiterhin fortbestehen und nicht zerschlagen werden. Neben dieser rein erhaltenden Funktion müssen die Planungen darauf ausgerichtet sein, z.B. die Weiterbelieferung durch Gas-, Strom- und Wasserversorger zu ermöglichen, um weiter produzieren zu können. Das gilt auch im Rahmen einer möglichen Ausproduktion.[198] Ein **reiner Insolvenzverkauf** fällt hierunter nicht.[199] Entscheidend ist, dass die bisherige unternehmerische Tätigkeit wenigstens in einem gewissen Umfang noch auf Zeit weiterhin aufrechterhalten wird.[200] Es muss zumindest im Rahmen der Betriebsfortführung und Betriebsorganisation der Versuch unternommen worden sein, neue Aufträge zu akquirieren. Auch eine Ausproduktion ist demnach nicht mehr anzunehmen, wenn lediglich **vorhandene Lagerbestände**, **Fertig-** oder **Halbfertigprodukte** oder **Rohstofflager** veräußert werden.

d) Ermittlung des Überschusses

97 Relevant ist nach § 1 Abs. 2 Nr. 4 b) InsVV nur der erwirtschaftete Überschuss. Der Insolvenzverwalter muss diesen Überschuss **nachvollziehbar darlegen**.[201] Er hat

---

196 So aber: Graeber/Graeber, § 1 InsVV Rn 132, 133.
197 BGH, 27.9.2012 – IX ZB 243/11, ZInsO 2013, 840, 841; BGH, 7.10.2010 – IX ZB 115/08, ZInsO 2010, 2409, 2410; *Lorenz*, in: Lorenz/Klanke, § 1 InsVV Rn 47; Haarmeyer/Mock, § 1 InsVV Rn 91, 92.
198 Graeber/Graeber, § 1 InsVV Rn 124.
199 Graeber/Graeber, § 1 InsVV Rn 124.
200 Graeber/Graeber, § 1 InsVV Rn 124.
201 Lorenz, in: Lorenz/Klanke, § 1 InsVV Rn 47.

insbesondere abzugrenzen, welche Kosten im Zusammenhang mit der Betriebsfortführung stehen und welche nicht.[202]

aa) Deckungskostenbeitragsrechnung

Grundlage für die Ermittlung des Überschusses aus der Unternehmensfortführung ist eine **Einnahme-/Ausgaberechnung**.[203] Auch insoweit also gilt also das **pagatorische** Prinzip, sodass die handelsrechtlichen Grundsätze keine Anwendung finden. Die Unternehmensfortführung ist von der allgemeinen Liquidation des Unternehmens abzugrenzen. Daher müssen Einnahmen und Ausgaben in der Buchhaltung **klar separiert** werden. Entscheidend ist der kausale Zusammenhang mit der **Fortführung** des Unternehmens. Das erfordert eine **entscheidungsorientierte „Deckungskostenbeitragsrechnung"**.[204] Selbst wenn im Einzelfall die Abgrenzung Schwierigkeiten bereitet, die Geschäftstätigkeit der Insolvenzschuldnerin sehr umfangreich gewesen ist, kann auf eine solche Einnahmen-/Ausgabenrechnung im Rahmen einer Deckungsbeitragsrechnung nicht verzichtet werden. Es kommt nicht darauf an, ob mit den Ausgaben ein **Gewinn erwirtschaftet** worden ist.[205] Die Kostenrechnung muss es also ermöglichen, Einnahmen und Ausgaben des Insolvenzverfahrens eindeutig von den Zu- und Abflüssen abzugrenzen, die nicht entstanden wären, wenn der Betrieb unverzüglich stillgelegt worden wäre.[206]

98

bb) Im Rahmen der Betriebsfortführung erwirtschaftete Einnahmen

Auf der **Einnahmenseite** ist eindeutig, dass alle Zuflüsse in die Überschussermittlung einzubeziehen sind, die **durch neu akquirierte Aufträge** des Insolvenzverwalters begründet worden sind. Allgemein sind **Brutto-Einnahmen** zu berücksichtigen, also Verkaufserlöse und die darin enthaltene Umsatzsteuer. Das gilt in gleicher Weise für durch die Betriebsfortführung **bedingte Vorsteuerüberhänge**, z.B. aus Warenlieferungen.

99

Nicht einzubeziehen sind wegen des engen Kausalzusammenhanges solche Zuflüsse, die daraus folgen, dass **bereits vorhandene Masse zu Beginn des Insolvenzverfahrens**, also z.B. ein bereits **bestehendes Warenlager** oder bereits vorhandene **Halbfertigprodukte** oder **Fertigprodukte** verkauft werden. Denn diese

100

---

202 Graeber/Graeber, § 1 InsVV Rn 127; BGH, 21.7.2011 – IX ZB 148/10, ZInsO 2011, 1605 (maßgeblich allein auf die Gegenleistung für die Unternehmensfortführung verwendet wurde).
203 BGH, 16.10.2008 – IX ZB 179/07, ZInsO 2008, 1262 [Rn 8 ff.].
204 Haarmeyer/Mock, § 1 InsVV Rn 94; Lorenz, in: Lorenz/Klanke, § 1 InsVV Rn 47.
205 BGH, 18.12.2014, IX ZB 5/13, ZIP 2015, 230, 232.
206 BGH, 9.6.2016 – IX ZB 17/15, ZInsO 2016, 1443; FD-InsR 2016, 380218 (*Kießner*).

Vermögensgegenstände waren schon zu Beginn des Insolvenzverfahrens aktiviert und damit selbständig verwertbar.[207] Dem steht auch nicht der Beschluss des **BGH vom 16.10.2008 – IX ZB 197/07** – entgegen. Denn auch danach muss es sich um von dem Insolvenzverwalter selbst begründete oder in Anspruch genommene echte Masseverbindlichkeiten handeln.[208] Auf Grundlage sachgerechter Schätzung sind also Einnahmen aus der Verwertung solcher Produkte der Berechnungsgrundlage zuzusetzen und nicht im Rahmen des Überschusses einzubeziehen.

101   Dieselben Grundsätze haben für Forderungen oder sonstige Vermögensgegenstände zu gelten, die bereits zu Beginn der Betriebsfortführung der Verwaltung des Insolvenzverwalters unterlegen hatten.

cc) Im Rahmen der Betriebsfortführung begründete Ausgaben

102   Vor allem auf der **Ausgabenseite** zeigen sich die Auswirkungen des **Verursachungsprinzips** in besonderer Weise. Allein entscheidend ist, dass die Ausgaben durch die Betriebsfortführung bedingt sind. Daher kommt es nicht darauf an, ob mit diesen Ausgaben der Überschuss erwirtschaftet wurde.[209] Handelsrechtlich wäre also nicht nur der **Rohgewinn,** sondern auch der **Reingewinn** einzubeziehen. Es kann damit nicht **alleiniges** Entscheidungskriterium sein, ob eine Leistung für die Betriebsfortführung in Anspruch genommen wurde.[210] Auch kausal bedingte Folgekosten sind zu berücksichtigen. Das führt zu folgenden Konsequenzen:

- „Einziges Entscheidungskriterium" ist damit immer, ob eine entsprechende Leistung für die Betriebsfortführung in Anspruch genommen wurde.[211]
- Soweit der Insolvenzverwalter seinerseits auf Ansprüche aus **vor Insolvenzeröffnung** begründeten **Dauerschuldverhältnissen** zurückgreift, sind nach der Rechtsprechung die dadurch bedingten Aufwendungen (unabhängig ob es sich um Mietverträge, Dienst- oder Arbeitsverträge handelt) als kausal durch die Fortführung bedingte Ausgaben einschließlich aller Nebenkosten einzubeziehen.[212] Insbesondere **für Arbeitnehmer gilt jedoch**, dass im Einzelnen abzugrenzen ist, in welchem Umfange sie im Rahmen der Fortführung oder der Ab-

---

207 Lorenz, in: Lorenz/Klanke, § 1 InsVV Rn 56; Haarmeyer/Mock, § 1 InsVV Rn 94; Graeber/Graeber, § 1 InsVV Rn 133 j.
208 BGH, 16.10.2008 – IX ZB 197/07, ZInsO 2008, 1262, 1263.
209 BGH, 18.12.214 – IX ZB 5/13, ZIP 2015, 230, 232 [Rn 20]; Graeber/Graeber, § 1 InsVV Rn 125; eingeschränkt Systemgerecht unter Berücksichtigung dieser Entscheidung des BGH: Zimmer, § 1 InsVV Rn 121.
210 So im Ergebnis auch: Zimmer, § 1 InsVV Rn 116.
211 Zimmer, § 1 InsVV Rn 116.
212 So z.B. m.w.N.: Zimmer, § 1 InsVV Rn 116–118; Graeber/Graeber, § 1 InsVV Rn 125; KPB/Prasser/Stoffler, § 1 InsVV Rn 71; Haarmeyer/Mock, § 1 InsVV Rn 94.

wicklung eingesetzt wurden.[213] Daher sind nicht alle Ausgaben vor allem aus Arbeits- oder Mietverhältnissen fortführungsbedingt. Es obliegt dem Insolvenzverwalter, im Rahmen seines Sachvortrages angemessen zwischen **Fortführung** und **Abwicklung abzugrenzen.**[214]
- Dementsprechend ist auch für Nutzungsentschädigungen des Ab- oder Aussonderungsguts abzugrenzen.[215]
- Ohne Bedeutung ist, ob bei **„oktroyierten Masseverbindlichkeiten"** der Insolvenzverwalter ein Wahlrecht hatte oder nicht.[216] Die zugrunde liegenden Leistungen müssen nur **tatsächlich** für die Betriebsfortführung in Anspruch genommen worden sein. Hat der Insolvenzverwalter also z.B. **Mitarbeiter freigestellt**, so sind deren Löhne und Gehälter nicht bei der Ermittlung des Überschusses einzubeziehen.[217] Dieselben Grundsätze gelten auch für den sogenannten **Unternehmerlohn**, unabhängig davon, ob es sich um das Insolvenzverfahren über das Vermögen einer **natürlichen Person**, einer **Personengesellschaft** oder auch einer **juristischen Person** handelt. Bei natürlichen Personen ist vor allem die Unterhaltsgewährung nach § 100 InsO auszuklammern.[218] Für mitarbeitende Gesellschafter oder Geschäftsführer wird der Insolvenzverwalter im Rahmen seines Sachvortrages nur zwischen abwicklungsbedingten und fortführungsbedingten Tätigkeiten auf Grundlage einer Zeiterfassung abgrenzen können.
- **Warenbezug** ist in gleicher Weise zu erfassen.[219] Da bereits vorhandene Lagerbestände nicht in die Betriebsfortführung einzubeziehen sind, gilt das nur für **eigene Bestellungen** des Insolvenzverwalters.
- Dieselben Grundsätze wie für den Warenbezug sollen auch für sonstige **Anschaffungen**, also vor allem im Bereich des **Anlagevermögens** anzuwenden sein. Es gilt insoweit das reine Abflussprinzip, sodass eine Beschränkung auf **Abschreibungen** wie im Steuerrecht ausgeschlossen ist.[220] Umgekehrt muss dann aber gelten, dass die spätere Veräußerung oder bei vorzeitiger Beendigung im Rahmen eines Insolvenzplanverfahrens etc. der **Vergütungserlös** bzw. der **verbleibende Restwert** uneingeschränkt in die Berechnungsgrundlage einzubeziehen ist. Auf diese Weise lässt sich eine Beschränkung auf den **tat-**

---

213 BGH, 16.10.2008 – IX ZB 179/07, NZI 2009, 49, 50, 51 [Rn 19, 20]; Zimmer, § 1 InsVV Rn 117.
214 Zimmer, § 1 InsVV Rn 120; Graeber/Graeber, § 1 InsVV Rn 125.
215 Zimmer, § 1 InsVV Rn 122.
216 Graeber/Graeber, § 1 InsVV Rn 125.
217 BGH. 16.10.2008 – IX ZB 179/07, NZI 2009, 49, 50, 51 [Rn 19, 20]; Haarmeyer/Mock, § 1 InsVV Rn 96.
218 BGH, 4.5.2006 – IX ZB 202/05, ZIP 2006, 1307, 208; Zimmer, § 1 InsVV Rn 119; KPB/Prasser/Stoffler, § 1 InsVV Rn 72.
219 Zimmer, § 1 InsVV Rn 120.
220 BGH, 18.12.2014 – IX ZB 5/13, ZIP 2015, 230, 232 [Rn 21]; Graeber/Graeber, § 1 InsVV Rn 125.

sächlichen **Wertverzehr** abweichend von den handels- und steuerrechtlichen Abschreibungssätzen erreichen.[221]
- Soweit **erfolgsorientierte** Ausgaben einzubeziehen sind, kann diese Eingrenzung nur konsequenterweise damit begründet werden, dass alle fortführungsbedingten Ausgaben unabhängig von einer Gewinnorientierung anzusetzen sind.[222] Daraus folgt, dass auch ertragsabhängige Steuern wie Einkommensteuer, Gewerbesteuer und Körperschaftsteuer den fortführungsbedingten Überschuss mindern.[223] Da es sich hierbei aber letztendlich nicht um durch die Fortführung bedingte Ausgaben, sondern um eigenständig zu beurteilende Lasten im persönlichen Bereich einer natürlichen Person oder des zu versteuernden Einkommens von Gesellschaften handelt, müssen hieran Zweifel angebracht sein. Anderes hat aber z.B. für Buchhaltung oder sonstige Gemeinkosten zu gelten, die letztendlich auch bei isolierter Betrachtungsweise auch bei einem lebenden Unternehmen immer gewinnmindernd zu berücksichtigen sind.

Aufgrund der Betriebsfortführung erhöhen sich die Aufwendungen für Buchführung und Steuererklärungen um EUR 10.000,00. Da dieser Mehraufwand durch die Betriebsfortführung bedingt ist, ist er im Bereich der Kostenrechnung von dem Überschuss aus Betriebsfortführung abzuziehen.

- Teilweise wird erwogen, diese Grundsätze auch auf die Erhöhung der Vergütung des Insolvenzverwalters anzuwenden.[224] Dabei werden jedoch Ursachen und Folgen aus einer Betriebsfortführung in unzulässiger Weise vermischt. Die Kosten eines Insolvenzverfahrens dürfen die Berechnungsgrundlage selbst nicht mindern.[225]

Auf der Ausgabenseite sind auch solche Aufwendungen in die Überschussermittlung einzubeziehen, die ohnehin angefallen wären, auch wenn das Unternehmen nicht aufrechterhalten worden wäre, sog „**Sowieso Kosten**"[226] Da nur die kausale Zuordnung durch die Betriebsfortführung entscheidend ist, sind nach der Rechtsprechung auch solche Ausgaben in die Überschussermittlung für die Betriebsfortführung einzustellen.[227] Die rein kausale Betrachtung wird zugunsten einer zeitbezogenen Betrachtung durchbrochen.

---

221 So im Ergebnis auch: Zimmer, § 1 InsVV Rn 120.
222 BGH, 18.12.2014 – IX ZB 5/13, ZIP 2015, 230, 232.
223 Zimmer, § 1 InsVV Rn 122.
224 BGH, 16.10.2008 – IX ZB 179/07, ZInsO 2008, 1262, 1263 [Rn 8].
225 Haarmeyer/Mock, § 1 InsVV 96 m.w.N.
226 Ausführlich: Haarmeyer/Mock, § 1 InsVV Rn 92ff.; Zimmer, § 1 InsVV Rn 116.
227 BGH, 16.10.2008 – IX ZB 179/078, ZInsO 2008, 1262 [Rn 18ff.]; BGH, 18.12.2014 – IX ZB 5/13, ZIP 2015, 230ff.

e) Abgrenzung im Rahmen der Betriebsfortführung zwischen dem vorläufigen und endgültigen Verfahren

Auch für die Betriebsfortführung gelten die allgemeinen Grundsätze zur Abgrenzung der Zu- und Abflüsse zwischen dem vorläufigen und dem endgültigen Insolvenzverfahren (siehe hierzu Rz. 109 ff.). Soweit also Einnahmen oder Ausgaben bereits im vorläufigen Insolvenzverfahren liquiditätswirksam waren, scheidet eine erneute Berücksichtigung im endgültigen Insolvenzverfahren aus.[228] Da bei Ende des vorläufigen Insolvenzverfahrens bestehende Forderungen aus der Betriebsfortführung noch nicht liquiditätswirksam geworden waren, wirken sie sich sowohl bei der Berechnungsgrundlage des **vorläufigen** als auch des **endgültigen** Insolvenzverwalters aus. Zum einen sind sie in die Berechnungsgrundlage des vorläufigen Insolvenzverwalters im Rahmen einer Ergänzungsrechnung einzubeziehen, wobei zu diesem Zeitpunkt bereits begründete Masseverbindlichkeiten abzusetzen sind. Zum anderen erhöhen sie als **effektiver** Zufluss die Berechnungsgrundlage für den endgültigen Insolvenzverwalter. Für die sogenannten **nachlaufenden Masseverbindlichkeiten** aus der Zeit des vorläufigen Insolvenzverfahrens, die bei dessen Berechnungsgrundlage bereits abgezogen wurden, muss umgekehrt jedoch gelten, dass sie auch im endgültigen Verfahren von den Zahlungszuflüssen aus dem vorläufigen Insolvenzverfahren abzusetzen sind. Auf diese Weise wird das gleiche Ergebnis herbeigeführt, das sich bei vollständigem Zufluss der Forderungen und vollständigem Abfluss der Masseverbindlichkeiten im vorläufigen Insolvenzverfahren ergeben hätte.[229]

Betriebsfortführung vorläufiges Verfahren		
Liquiditätswirksame Einnahmen	EUR 100.000,00	
Liquiditätswirksame Ausgaben	EUR −20.000,00	
Berechnungsgrundlage 1 vorläufiges Insolvenzverfahren		EUR **80.000,00**
Endbestand begründete Forderungen vorläufiges Insolvenzverfahren	EUR 100.000,00	
abgesetzte nachlaufende Masseverbindlichkeiten aufgrund Einzelermächtigung des Gerichtes	EUR −50.000,00	
Berechnungsgrundlage 2 vorläufiges Insolvenzverfahren		EUR **50.000,00**
Endgültige Berechnungsgrundlage vorläufiges Verfahren		EUR **130.000,00**

---

[228] Graeber/Graeber, § 1 InsVV Rn 125; Keller, § 3 Rn 132.
[229] Siehe insoweit instruktiv: BGH, 2.3.2017 – IX ZB 90/15, ZIP 2017, 979, 980; BGH, 22.2.2007 – IX ZB 106/06, ZIP 2007, 784, 785; Graeber/Graeber, § 1 InsVV Rn 125 mit instruktiven Beispielen.

Einbeziehung endgültiges Insolvenzverfahrens		
Übernommener Kassenbestand aus Betriebsfortführung	EUR 80.000,00	
Einzug Forderungen vorläufiges Verfahren	EUR 100.000,00	
Abzüglich Zahlung nachlaufende Masseverbindlichkeiten aus vorläufigen Insolvenzverfahren	–50.000 EUR	
Einbezogene Berechnungsgrundlage aus vorläufigem Insolvenzverfahren für den endgültigen Insolvenzverwalter insgesamt		**EUR 130.000,00**

105 Übersteigen die nachlaufenden Masseverbindlichkeiten die während des endgültigen Insolvenzverfahrens eingezogenen Forderungen aus der vorläufigen Verwaltung, so gelten die allgemeinen Regeln für den Verlust aus einer Betriebsfortführung. Ergibt sich ein negatives Ergebnis, so hat diese Minderung für den endgültigen Insolvenzverwalter keine Einbeziehung des Verlustes zu Folge. Übersteigen die nachlaufenden Masseverbindlichkeiten den später zahlungswirksam gewordenen Zufluss aus den zum Zeitpunkt der Verfahrenseröffnung begründeten Forderungen, werden im Ergebnis nicht die sonstigen Masseverbindlichkeiten, sondern lediglich der übernommene Forderungsbestand von der Berechnungsgrundlage abgezogen.

f) Vorzeitige Verfahrensbeendigung

106 Endet das Amt des (vorläufigen) Insolvenzverwalters, bevor die Unternehmensfortführung abgeschlossen ist, so ist eine **Ergänzungsrechnung** erforderlich. Das gilt sowohl bei Abschluss durch Insolvenzplan als auch bei sonstiger vorzeitiger Beendigung.[230] Die Vergütung des Insolvenzverwalters berechnet sich nach dem Schätzwert der Insolvenzmasse zum Zeitpunkt seines Ausscheidens.[231] Auch noch nicht fakturierte Geschäftsvorfälle müssen ggf. im Rahmen einer sachgerechten Schätzung erfasst werden.[232] Konsequenterweise gilt das nicht nur für die **Forderungen**, sondern auch für die **Verbindlichkeiten** bei Ende des Amtes als Insolvenzverwalter.

---

107 Das Insolvenzverfahren endet durch Insolvenzplan. Nach erzielten Einnahmen und Ausgaben wurde zum Stichtag ein Überschuss von 100.000,00 EUR erwirtschaftet. Es bestehen daneben nicht ausgeglichene Forderungen von 200.000,00 EUR und nicht beglichene Verbindlichkeiten von EUR 100.000,00 EUR

---

230 Leonhardt/Smid/Zeuner, § 1 InsVV Rn 22.
231 BGH, 11.6.2015 – IX ZB 18/13, WM 2015, 1481 ff.
232 BGH, 22.2.2007 – IX ZB 106/06, ZInsO 2007, 436 [Rn 15].

Vorhandener Überschuss	EUR 100.000,00
Zuzüglich Forderungen	EUR 200.000,00
Abzüglich Verbindlichkeiten	EUR 100.000,00
Zugrunde zu legender Überschuss	EUR 200.000,00

Bestandserhöhungen, **Veränderungen** oder **Rückstellungen** sind jedoch nicht anzusetzen. Eine solche bilanzielle Betrachtung ist der rein pagatorischen insolvenzrechtlichen Rechnungslegung des Insolvenzverwalters fremd. Maßgeblich ist, ob die Ausgaben tatsächlich während der Betriebsfortführung angefallen sind.[233]

8. Kausale und zeitliche Abgrenzung zwischen vorläufigem und endgültigem Insolvenzverfahren

Die Berechnungsgrundlagen für den endgültigen Insolvenzverwalter nach § 1 InsVV und den vorläufigen Insolvenzverwalter nach § 11 InsVV bauen aufgrund des Querverweises in § 11 InsVV auf § 1 InsVV aufeinander auf. Die Berechnungsgrundlagen sind dennoch separat zu ermitteln. Unabhängig hiervon sind jedoch Zu- und Abflüsse in beiden Verfahrensstufen voneinander abzugrenzen.

a) Einzubeziehende Einnahmen für das endgültige Insolvenzverfahren

Das gilt sowohl für die **reine Abwicklung** als auch für die **Unternehmensfortführung**. Auch wenn vorläufiger und endgültiger Insolvenzverwalter in der Regel persönlich identisch sind, ist für die Berechnungsgrundlage zu unterstellen, dass es sich um unterschiedliche Personen mit unterschiedlichen Aufgabenkreisen handelt.

Entsprechend den allgemeinen Grundsätzen fließt in die Berechnungsgrundlage für den endgültigen Insolvenzverwalter das gesamte Vermögen ein, welches er tatsächlich nach Eröffnung verwaltet hat (Rz. 20). Die Berechnungsgrundlage des endgültigen Insolvenzverwalters mehren vor allem damit:
– **übernommene Kontenbestände** (auch das Hinterlegungskonto);
– während des vorläufigen Insolvenzverfahrens **selbst geschaffene Vermögensgegenstände** (immaterielle oder materielle, Halbfertig- oder Fertigprodukte, Waren etc.);
– **begründete Forderungen**.

Bei der Legung der Schlussrechnung ist allerdings nur eine einmalige Berücksichtigung möglich, also entweder beim zahlungswirksamen Zufluss oder bei fehlendem

---

[233] Haarmeyer/Mock, § 1 InsVV Rn 93.

Zufluss durch Ansatz des entsprechenden Vermögensgegenstandes im Rahmen einer Schätzung. Wie auch im Rahmen der Betriebsfortführung sind alle Zuflüsse aus dieser bereits vorhandenen Masse immer die Berechnungsgrundlage erhöhend anzusetzen (Rz. 99f.). Solche Einnahmen sind stets abwicklungsbedingt. Zwar wird möglicherweise derselbe Vorgang zweifach berücksichtigt, einmal im Endvermögen des vorläufigen Insolvenzverwalters, einmal bei der Anfangsmasse des endgültigen Insolvenzverwalters. Da es sich aber rechtlich um verschiedene Amtsträger handelt, liegt kein Fall der unzulässigen **Doppelberücksichtigung** vor.[234]

b) Im vorläufigen Verfahren begründete Ausgaben (nachlaufende Masseverbindlichkeiten)

112 Alle während des vorläufigen Verfahrens begründeten schuldrechtlichen Verbindlichkeiten, die erst im endgültigen Verfahren liquiditätswirksam entrichtet werden, müssen die Berechnungsgrundlage mindern.[235] Wie auch bei der Betriebsfortführung müssen solche Auszahlungen abgezogen werden, da sie bei Zahlung im vorläufigen Verfahren die übernommenen Kontobestände gemindert hätten.[236]

9. Vorzeitige Beendigung des Insolvenzverfahrens oder des Amtes als Insolvenzverwalter

113 Wird das Insolvenzverfahren vorzeitig beendet oder scheidet ein Insolvenzverwalter vorzeitig aus seinem Amt aus, verbleiben regelmäßig **nicht verwertete Vermögensgegenstände**. Unabhängig von dem Beendigungsgrund ist damit zu klären, wie diese Vermögensgegenstände in der Berechnungsgrundlage, insbesondere für den ausgeschiedenen Insolvenzverwalter, enthalten sind. Besonderheiten können sich aus den einzelnen Tatbeständen ergeben, die zu Beendigung des Insolvenzverfahrens oder zum Ausscheiden des Insolvenzverwalters geführt haben. Grundfall ist hierbei die Beendigung bei Bestätigung eines Insolvenzplanes gemäß § 1 Abs. 1 S. 2 InsVV.

a) Allgemeines

114 Basis für die Ermittlung der Berechnungsgrundlage bildet zunächst die (Zwischen)Schlussrechnung des jeweiligen (vorläufigen) Insolvenzverwalters. Für diese Rech-

---

234 Zimmer, § 1 InsVV Rn 143.
235 Zu den verschiedenen in diesem Zusammenhang entwickelten Modellen siehe näher: Zimmer, § 1 InsVV Rn 144–147.
236 Lorenz, in: Lorenz/Klanke, § 1 InsVV Rn 77; Zimmer, § 1 InsVV Rn 144 ff.

nungslegung gelten die allgemeinen Grundsätze des § 1 Abs. 2 InsVV.[237] Die (Zwischen)Schlussrechnung ist jedoch zu ergänzen.

aa) Schätzung

Eine Schätzung der Berechnungsmasse ist zwar ausdrücklich nur für den Insolvenzplan nach § 1 Abs. 1 S. 2 InsVV vorgesehen. Allgemein gilt dieses Prinzip **jedoch für alle Fälle einer vorzeitigen Beendigung** des Verfahrens und/oder des Verwalteramtes.[238] Diese Schätzung hat der Insolvenzverwalter selbst vorzunehmen. Eine eigene Schätzung des Insolvenzgerichtes ist ausgeschlossen.[239] Der Insolvenzverwalter darf nicht frei schätzen. Vielmehr bedarf es einer von ihm vorgetragenen nachvollziehbaren objektiven Grundlage.[240] Wie allgemein kann das zuständige Insolvenzgericht die gewährten Ansätze auch durch geeignete Sachverständige überprüfen lassen und den Wert in diesem Rahmen eigenständig ermitteln.[241] Entscheidend für die Vergütung sind allein die von dem Verwalter entfalteten Tätigkeiten **während der Zeit seiner Bestellung**, sodass Umstände aus der vorläufigen Verwaltung oder nach seiner Entlassung gemäß § 59 InsO unerheblich sind.[242] Ergänzend gilt § 287 ZPO.[243] 115

Die Schätzung ist auch in Form einer fortgeführten Vermögensübersicht gem. §§ 151–153 InsO möglich.[244] Wie auch im vorläufigen Insolvenzverfahren gilt das Bruttoprinzip, also sind alle Vermögensgegenstände, insbesondere Forderungen zuzüglich der bei Verwertung anfallenden Umsatzsteuer zu berücksichtigen (Rz. 133).[245] Allerdings hat nur die Aktivseite Einfluss, da Massekosten und Masseverbindlichkeiten i.S. der §§ 54, 55 InsO die Teilungsmasse nicht mindern. Anderes gilt jedoch auch im Rahmen dieser Schätzung für die **Betriebsfortführung** sowie die Verwertung von Vermögensgegenständen mit **Aus-** oder **Absonderungsrechten**.[246] Im Übrigen gelten die gleichen Grundsätze, die schon für die vorläufige Verwaltung sowie die übernommene Anfangsmasse bei freihändiger Verwertung entwickelt wurden.[247] 116

---

237 Zimmer, § 1 InsVV Rn 164.
238 BGH, 29.3.2012 – IX ZB 134/09, ZInsO 2012, 1236; Graeber/Graeber, § 1 InsVV Rn 60; ders. § 1 InsVV Rn 71; Haarmeyer/Mock, § 1 InsVV Rn 50.
239 Lorenz, in: Lorenz/Klanke, § 1 InsVV Rn 18; Haarmeyer/Mock, § 1 InsVV Rn 50.
240 Graeber/Graeber, § 1 InsVV Rn 61; Haarmeyer/Mock, § 1 InsVV Rn 50; Zimmer, § 1 InsVV Rn 165.
241 Graeber/Graeber, § 1 InsVV Rn 61.
242 Graeber/Graeber, § 1 InsVV Rn 83.
243 Haarmeyer/Mock, § 1 InsVV Rn 52 m.w.N.; BGH, 20.7.2017 – IX ZB 69/16, ZIP 2017, 1628 [Rn 16].
244 Haarmeyer/Mock, § 1 InsVV Rn 51.
245 Haarmeyer/Mock, § 11 InsVV Rn 93; *Zimmer*, § 11 InsVV Rn 93; KPB/Prasser, § 11 InsVV Rn 24.
246 Leonhardt/Smid/Zeuner, § 1 InsVV Rn 25.
247 Graeber/Graeber, § 1 InsVV Rn 63.

Ob unter den Voraussetzungen der Nichtberücksichtigung in der ursprünglichen Schlussrechnung (Rz. 29) bei später gewonnen weiteren Erkenntnissen und hieraus resultierenden Massezuflüssen bis zur endgültigen Verfahrensaufhebung eine Änderung wegen neuer Tatsachen möglich sein wird, ist noch zu klären.

bb) Einzelne Vermögensgegenstände

117 Abzustellen ist auf die Zeit der Beendigung des Insolvenzverfahrens. Alle Vermögenswerte des Schuldners sind einzubeziehen und zu bewerten, die ihm zum Zeitpunkt der Beendigung des Verfahrens gehörten. Soweit diese Vermögensgegenstände noch nicht verwertet worden sind, gilt das **Realisationsprinzip**, also Ansatz des Verkehrswertes oder eines fiktiven Verwertungsbeitrages. Da es auf die Realisierbarkeit entscheidend ankommt, sind aussonderungsfähige Vermögensgegenstände allenfalls mit einem möglichen freien Erlös oder sonstigen Beiträgen nach der InsO einzubeziehen.[248] Eine **überwiegende Wahrscheinlichkeit** für die Verwertbarkeit genügt.[249] Dasselbe hat für Aufrechnungslagen zu gelten.[250]

118 Forderungen sind unabhängig von der Fakturierung einzustellen.[251] Auch Schadensersatzansprüche sind mit ihrem Verkehrswert zu erfassen. Mögliche **Wertberichtigungen** sind abzusetzen.[252] Entscheidend ist, dass die Einziehung wahrscheinlich ist, wobei dann für Zwecke der Berechnungsgrundlage ein Ansatz in Höhe von **50% des Nennbetrages** regelmäßig anerkannt wird,[253] unabhängig davon, ob sich der Verwalter mit diesen Forderungen befasst hat, oder ob die Forderungen später wegen Verjährung nicht eingezogen werden können.[254]

119 Das gilt in gleicher Weise für alle anderen Vermögensgegenstände, die bei vorzeitiger Beendigung des Insolvenzverfahrens noch der Verwaltung des Insolvenzverwalters unterlagen. Auf die Befassung kommt es nicht an. Für die mit Aus- und Absonderungsrechten belasteten Gegenstände sowie die Betriebsfortführung sind die allgemeinen Berechnungsweisen anzuwenden.[255] Das hat auch für Aufrech-

---

248 BGH, 20.7.2017 – IX ZB 69/16, ZIP 2017, 1627, 1628.
249 BGH, 20.7.2017 – IX ZB 69/16, ZIP 2017, 1627, 1628, Zimmer, § 1 InsVV Rn 165.
250 Zimmer, § 1 InsVV Rn 165, Lorenz, in: Lorenz/Klanke, § 1 InsVV Rn 18.
251 Leonhardt/Smid/Zeuner, § 1 InsVV Rn 28.
252 BGH, 20.7.2017 – IX ZB 69/16, ZIP 2017, 1627, 1628; BGH, 17.3.2011 – IX ZB 145/10, ZInsO 2011, 839; Graeber/Graeber, § 1 InsVV Rn 72, Haarmeyer/Mock, § 1 InsVV Rn 50; Leonhardt/Smid/Zeuner, § 1 InsVV Rn 28.
253 BGH, 29.3.2012 – IX ZB 134/09, ZInsO 2012, 1236; Graeber/Graeber, § 1 InsVV Rn 72.
254 BGH, 9.2.2012 – IX ZB 230/10, ZInsO 2012, 603; *Graeber/Graeber*, § 1 InsVV Rn 71; Haarmeyer/Mock, § 1 InsVV Rn 50; Lorenz, in: Lorenz/Klanke, § 1 InsVV Rn 15.
255 Haarmeyer/Mock, § 1 InsVV Rn 47.

nungslagen Gültigkeit.[256] Auch für mögliche Ansprüche aus Anfechtung, Kapitalaufbringung oder Geschäftsführerhaftung sind zunächst für die Wertschätzung dieselben Regeln verbindlich. Neben der rechtlichen Durchsetzbarkeit, wie allgemein bei Schadensersatzansprüchen, ist auch die Bonität der möglichen Anspruchsgegner von wesentlicher Bedeutung.[257] Insbesondere ist bei möglichen Ansprüchen gegen Gesellschafter die Einrede **„dolo agit"** zu beachten. Wie auch bei Ansprüchen gegen Gesellschafter oder Geschäftsführer sowie Anfechtungsansprüchen gilt allgemein, dass im Vergütungsfestsetzungsverfahren solche Ansprüche **inzident** geprüft werden müssen.[258]

cc) Beschränkung auf die potentielle Masse, welche zur Befriedigung aller Insolvenzgläubiger und Massegläubiger erforderlich gewesen wäre

Unter anderem aus dem Beschluss des **BGH vom 14.2.2019** wird geschlossen, dass in die Schätzung nur solche möglichen Ansprüche enthalten sein müssen, die zur Befriedigung aller Gläubiger, also sowohl der Insolvenz- als auch der Massegläubiger, erforderlich gewesen wären.[259] Vergütungsrechtlich sei der Wert jener Gegenstände nicht einzubeziehen, die zu einer **vollständigen Befriedigung** aller Gläubiger **nicht erforderlich** gewesen wären.[260] Dem ist zu folgen, soweit es sich um Anfechtungsansprüche, aus Kapitalerhalt- und -aufbringung oder sonstige insolvenzspezifische Ansprüche handelt. Denn insoweit ergibt sich eine Beschränkung schon aus der Anspruchsgrundlage selbst.[261] Zu Recht wird diese weitere Erstreckung jedoch für nicht insolvenzspezifische Ansprüche abgelehnt, da sie entgegen der Neufassung der InsVV letztendlich zu einer Beschränkung auf der Passivseite führt.[262] Sowohl die Entscheidung vom 14.2.2019 als auch die anderen in diesem Zusammenhang zitierten Entscheidungen betreffen im Übrigen nur insolvenzspezifische Ansprüche oder die Verfolgung von Absonderungsrechten.[263]

120

---

256 Graeber/Graeber, § 1 InsVV Rn 74.
257 Allgemein zur Anfechtungsansprüchen: Graeber/Graeber, § 1 InsVV Rn 77; Haarmeyer/Mock, § 1 InsVV Rn 50.
258 Zimmer, § 1 InsVV Rn 166 m.w.N.
259 BGH vom 14.2.2019 – IX ZB 25/17, ZInsO 2019, 691, 692.
260 Haarmeyer/Mock, § 1 InsVV Rn 51; KPB/Prasser/Stoffler, § 1 InsVV Rn 24, 25 m.w.N.
261 KPB/Prasser/Stoffler, § 1 InsVV Rn 24.
262 Blersch, EWiR 2019, 405, 406.
263 BGH, 14.2.2019 – IX ZB 25/17, ZInsO 2019, 691, 692; BGH, 29.3.2007 – IX ZB 153/06, ZIP 2007, 1070, 1072; BGH, 9.2.2012 – IX ZB 230/10, ZIP 2012, 532, 533; anders: Prasser, EWiR 2019, 245, 246.

b) Einzelne Fälle der vorzeitigen Verfahrensbeendigung

121 Je nach Grund der Verfahrensbeendigung können sich Unterschiede ergeben:[264]

– Ob die Einstellung des Verfahrens gem. **§§ 207, 211 InsO** eine vorzeige Verfahrensbeendigung gem. § 1 Abs. 1 S. 2 InsVV darstellt, ist streitig.[265] Da es dem Insolvenzverwalter aber zumindest freigestellt ist, alle Vermögensgegenstände weiter zu verwerten, dürfte regelmäßig eine vollständige Einbeziehung in die Schlussrechnung der verwerteten Aktivmasse möglich sein. Anderenfalls kommen nur Liquidationswerte in Betracht, da eine Fortführung ausgeschlossen ist.[266]

– Für die Einstellung nach **§ 213 InsO** sind die oben dargelegten allgemeinen Prinzipien einer Schätzung gültig. Auch **Fortführungswerte** kommen in Betracht.[267]

– Für die Einstellung nach **§ 212 InsO** gelten die gleichen Grundsätze wie für die Einstellung nach § 213 InsO. Soweit Ansprüche gegen Gesellschafter der Höhe nach begrenzt werden, soweit sie für die Befriedigung der Insolvenz- und Massegläubiger nicht erforderlich sind, soll für die Einstellung nach § 212 InsO diese Ausnahme bei Rücknahme von Insolvenzforderungen nicht gelten.[268]

– Für die Aufhebung des Verfahren gem. **§ 248 InsO** nach Bestätigung eines Insolvenzplanes sollen ebenfalls die Grundlagen zu § 213 InsO anwendbar sein, obwohl gerade der Abschluss durch **Insolvenzplan keine vorzeitige Verfahrensbeendigung** darstellt.[269] Daher ist ein Abschlag wegen vorzeitiger Verfahrensbeendigung gem. § 3 Abs. 2 c) InsVV nicht möglich, da das Insolvenzverfahren ordnungsgemäß beendet wird.[270] Ob Zerschlagungs- oder Fortführungswerte anzusetzen sind, bestimmt sich nach dem Inhalt des Insolvenzplanes.[271] Ansprüche auf Auszahlung eines im Rahmen des Insolvenzplanes vorgesehenen Massekredites erhöhen die Berechnungsgrundlage nicht.[272]

– Wird ein Verfahren wegen **Fehlerhaftigkeit des Eröffnungsbeschlusses** aufgehoben, geht die Rechtsprechung von einer entsprechenden Anwendung des § 1 Ab. 1 S. 2 InsVV aus.[273] Der Höhe nach soll dieser Anspruch aber auf den Betrag beschränkt sein, der ausgereicht hätte, die Gläubiger der Schuldnerin

---

[264] Siehe zusammenfassend und umfangreich: Zimmer, § 1 InsVV Rn 163–177.
[265] Zimmer, § 1 InsVV Rn 163; anders: KPB/Prasser/Stoffler, § 1 InsVV Rn 18; Leonhart/Smid/Zeuner, § 1 InsVV Rn 20.
[266] KPB/Prasser/Stoffler, § 1 InsVV Rn 18.
[267] KPB/Prasser/Stoffler, § 1 InsVV Rn 18; Zimmer, § 1 Ins VV Rn 164–168.
[268] Zimmer, § 1 InsVV Rn 169.
[269] Zimmer, § 1 InsVV Rn 170.
[270] Zimmer, § 1 InsVV Rn 173.
[271] Zimmer, § 1 InsVV Rn 171.
[272] BGH, 17.3.2011 – IX ZB 143/10, NZI 2011, 445, 446 [Rn 10, 11]; Zimmer, § 1 InsVV Rn 172.
[273] BGH, 29.3.2007 – IX ZB 153/06, ZIP 2007, 1070, 1072 [Rn 19, 20].

- vollständig zu befriedigen.[274] Obergrenze bildet daher die Summe aller Masseverbindlichkeiten sowie der Insolvenzforderungen.[275] Insoweit sind die Ausführungen unter der obigen Rz. 114 ff. entsprechend anzuwenden.
- Bei einem **Verwalterwechsel** sind ebenfalls zunächst die noch nicht verwerteten Vermögensgegenstände im Rahmen einer Schätzung einzubeziehen.[276] Bei Massezuflüssen nach Beendigung des Amtes des ausgeschiedenen Insolvenzverwalters, jedoch vor der gerichtlichen Festsetzung seiner Vergütung, wird danach unterschieden, ob solche Massezuflüsse für den endgültigen Insolvenzverwalter ausschließlich **Folge der Tätigkeit** des bisherigen Insolvenzverwalters sind. Erscheint es nur als möglich, dass der neue Insolvenzverwalter selbst zu dem Erfolg beigetragen hat, ist eine Einbeziehung in die Berechnungsgrundlage für den ersten Insolvenzverwalter im Rahmen einer Schätzung ausgeschlossen, da es zu einer **doppelten** Belastung der Masse mit Insolvenzverwaltervergütungen käme.[277] Die Mitwirkung kann jedoch dann einen Zuschlag gem. § 3 InsVV rechtfertigen.[278]

Für den neuen Insolvenzverwalter ist auf die allgemeinen Prinzipien zurückzugreifen, insbesondere zur Übernahme der Bar- und Geldbestände. Soweit Ansprüche gegen den Amtsvorgänger durchgesetzt werden, ist zu klären, ob es sich um **Masse gem. § 35 InsO** oder um **Sondermassen** handelt.[279]

II. Vorläufiges Insolvenzverfahren

Gesetzliche Grundlage für die Vergütung des vorläufigen Insolvenzverwalters sind § 65 InsO i.V.m. §§ 63, 64 InsO i.V.m. §§ 10, 11 InsVV. Soweit in § 11 InsVV nichts anderes bestimmt ist, gelten gem. § 10 InsVV die Vorschriften des ersten Abschnittes der InsVV somit die §§ 1–9 InsVV entsprechend. Nachstehend wird daher nur auf Besonderheiten eingegangen. Im Übrigen wird umfassend auf die vorherigen Ausführungen zur Berechnungsgrundlage im endgültigen Insolvenzverfahren verwiesen.

122

---

274 BGH, 29.3.2007 – IX ZB 153/06, ZIP 2007, 1070, 1072 [Rn 19, 20]; BGH, 2.4.2009 – IX ZB 250/07, ZInsO 2009, 888 [Rn 5].
275 Zimmer, § 1 InsVV Rn 174.
276 BGH, 10.11.2005 – IX ZB 168/04, ZIP 2006, 93 [Rn 8–10]; Zimmer, § 1 InsVV Rn 175; KPB/Prasser/Stoffler, vor § 1 InsVV Rn 83.
277 BGH, 10.11.2005 – IX ZB 168/04, ZIP 2006, 93 [Rn 12, 13b]; Zimmer, § 1 InsVV Rn 177; Lorenz, in: Lorenz/Klanke, § 1 InsVV Rn 18; Graeber/Graeber, § 1 InsVV Rn 81; KPB/Prasser/Stoffler, vor § 1 InsVV Rn 84, 50.
278 BGH, 10.11.2005 – IX ZB 168/04, ZIP 2006, 93 [Rn 14].
279 Zimmer, § 1 InsVV Rn 176.

1. Gesetzeslage

123 Die insolvenzrechtliche Vergütungsverordnung wurde gerade hinsichtlich der Vergütung des vorläufigen Insolvenzverwalters durch das **Gesetz zur Verkürzung des Restschuldbefreiungsverfahrens und zur Stärkung der Gläubigerrechte** vom 15.6.2013[280] umfassend geändert. Die Änderungen traten weitgehend und dann spätestens zum 1.7.2014 in Kraft. Insbesondere sind für die Berechnungsgrundlage des vorläufigen Insolvenzverwalters die Änderungen zu Vermögensgegenständen mit Aus- und Absonderungsrechten von erheblicher Bedeutung. Zurückblickend sind die Rechtsprechung des BGH und die darauf beruhenden Änderungen der §§ 63 InsO und 11 InsVV nicht nur rechtshistorisch von besonderem Interesse.[281] Wie im Beschluss und Bericht des Rechtsausschusses[282] nachzulesen ist, entsprach die Rechtsprechung des BGH[283] nicht der gesetzlichen Konzeption und den auf ihr beruhenden Verordnungsregelungen, soweit Aussonderungs- oder Absonderungsrechten unterliegende Gegenstände nicht in die Berechnungsgrundlage des vorläufigen Insolvenzverwalters einbezogen wurden. Vor dem Hintergrund der Sicherung einer angemessenen Vergütung kann die Tätigkeit des vorläufigen Insolvenzverwalters daher zumindest nicht nur durch Zuschläge nach § 3 InsVV auf der Grundlage einer „Soll-Masse" abgegolten werden, da der vorläufige Insolvenzverwalter sich mit der **„Ist-Masse"** befasst.[284] Hierbei kann die Vergütung des vorläufigen Insolvenzverwalters auch die **des Insolvenzverwalters übersteigen**.[285]

124 Nach nunmehr fast sieben Jahren der Geltung der geänderten Vorschriften ist aber nicht mehr von einer großen Praxisrelevanz dieser Rechtsentwicklung für die Festsetzung von Vergütungen für vorläufige Insolvenzverwalter auszugehen, sodass nur noch auf die aktuelle Gesetzeslage in der zweiten Stufe der Insolvenzrechtsreform vom 19.7.2013 und der Änderungsvorschrift des Art. 103h S. 3 EGInsO abgestellt wird.

2. Persönlicher Anwendungsbereich und Werte als Basis der Berechnung

125 Die Berechnungsgrundlage bestimmt sich einheitlich für den **starken** und den **schwachen** vorläufigen Insolvenzverwalter. Die zusätzliche Aufgabenstellung eines

---

280 BGBl. I, 2379.
281 Siehe hierzu ausführlich: Keller, § 7 Rn 10–63; Zimmer, § 11 InsVV Rn 67–79 jeweils insbesondere zu der Übergangsregelung; zur Verfassungsmäßigkeit: Graeber/Graeber, § 11 InsVV Rn 18a-t; Lorenz, in: Lorenz/Klanke, § 11 InsVV Rn 13–39.
282 BT-Drucks. 17/13535 vom 16.5.2013.
283 BGH, 15.11.2012 – IX ZB 88/09; BGH, 15.11.2012 – IX ZB 130/10; BGH, 7.2.2013 – IX ZB 286/11, ZInsO 2013, 515.
284 BGH, 14.12.2000 – IX ZB 105/00, NZI 2001, 191 [Rn 21].
285 vgl. amtliche Begründung des Entwurfes einer 2. Verordnung zur Änderung der InsVV abgedruckt in ZInsO 2007, 27,29; Graeber, NZI 2013, 836, 837, 838, Zimmer, § 11 InsVV Rn 109.

starken vorläufigen Insolvenzverwalters kann damit nur im Rahmen von Zuschlägen berücksichtigt werden.[286]

Maßstab sind nicht nur die **tatsächlich ausgeübten** Tätigkeiten. Der Aufgabenkreis wird durch den gesetzlichen Rahmen bzw. den in dem konkreten Beschluss über die Bestellung als vorläufiger Insolvenzverwalter von dem Richter festgelegten Aufgaben- und Pflichtenkreis beschränkt. Soweit der vorläufige Insolvenzverwalter **außerhalb** dieses **Aufgaben- und Pflichtenkreises** handelt, kann dieser Bereich nicht Gegenstand einer Vergütung sein.[287] Das setzt aber voraus, dass bestimmte Vermögensgegenstände entsprechend dem gerichtlichen Auftrag nicht der Sicherungsaufgabe des vorläufigen Insolvenzverwalters unterlagen, was in der Regel kaum der Fall sein dürfte.[288] 126

Zwar hat auch der vorläufige Insolvenzverwalter am Ende seiner Tätigkeit eine Schlussrechnung zu legen. Anders als bei dem endgültigen Insolvenzverwalter ist diese Schlussrechnung jedoch nicht Basis für die Ermittlung der Berechnungsgrundlage. Mit Ausnahme einer Unternehmensfortführung, auch im Rahmen der vorläufigen Insolvenzverwaltung, ist nicht auf Einnahmen und Ausgaben, sondern auf **Werte** abzustellen.[289] 127

3. In die Berechnungsgrundlage einzubeziehendes Vermögen

Ausgangspunkt ist das vom vorläufigen Insolvenzverwalter gesicherte und verwaltete Vermögen.[290] Auszuklammern ist also jedenfalls das Vermögen, welches nicht aufgrund Gesetzes oder richterlichen Beschlusses dessen Verwaltung unterlag. 128

a) Vermögen i.S.d. § 11 Abs. 1 InsVV i.V.m. § 63 InsO

Zugrunde gelegt wird der „**klassische Vermögensbegriff**". Einbezogen wird die sogenannte **Gesamtvermögensmasse**, also alle einer Person zustehenden Güter und Rechte, soweit sie einen wirtschaftlichen Wert haben.[291] Dabei ist aber nicht nur 129

---

286 Graf-Schlicker/Steh, § 11 InsVV Rn 4.
287 BGH, 16.6.2005 – IX ZB 264/03, ZInsO 2005, 804 ff.; BGH, 12.1.2006 – IX ZB 127/04, ZInsO 2006, 257 ff.; für den vorläufigen. Sachwalter auch: LG Dessau-Roßlau, 29.1.2015 – 8 T 94/14, ZInsO 2015, 1234; BGH vom 22.6.2017 – IX ZB 91/15, ZInsO 2017, 1813.
288 Graeber/Graeber, § 11 InsVV Rn 18g.
289 Zimmer, § 11 InsVV Rn 45, 97; Leonhardt/Smid/Zeuner, § 11 InsVV Rn 42; *Keller*, § 7 Rn 75–77; Lorenz, in: Lorenz/Klanke, § 11 InsVV Rn 40.
290 Lorenz, in: Lorenz/Klanke, § 11 InsVV Rn 40; Haarmeyer/Mock, § 11 InsVV Rn 67.
291 Haarmeyer/Mock, § 11 InsVV Rn 67; Lorenz, in: Lorenz/Klanke, § 11 InsVV Rn 40; Zimmer, § 11 InsVV Rn 47.

der Überschuss der Aktiva über die Passiva entsprechend handelsrechtlichem Eigenkapital zugrunde zu legen, sondern die **gesamte Aktivseite**.[292]

b) Ansatz

130 Anzusetzen sind grundsätzlich alle dem späteren Insolvenzschuldner zustehenden materiellen und immateriellen Güter und Rechte von wirtschaftlichem Wert, das sogenannte **Aktivvermögen**. Auszuklammern sind jedoch entsprechend der Berechnungsgrundlage für den endgültigen Verwalter alle **unpfändbaren** Teile des Einkommens des Schuldners und vor Antragsstellung **abhanden** gekommene Vermögensgegenstände. Dasselbe gilt für Sondervermögen.[293]

131 Teilweise wird vertreten, dass sich auch bei Vermögensgegenständen, die nicht Aus- und Absonderungsrechten unterliegen, eine **konkrete Befassung** mit den jeweiligen Vermögensgegenständen erforderlich sei.[294] Auch der Begründung zur Änderung des § 11 InsVV vom 21.12.2006[295] ist eine solche Weiterung jedoch nicht zu entnehmen.[296] Bezug kann nur in dem Sinne interpretiert werden, dass diese Vermögensgegenstände dem Aufgabenkreis des vorläufigen Insolvenzverwalters unterlagen (siehe Rz. 125 ff.). Da Berechnungsgrundlage weiterhin die **Ist-Masse** darstellt, sind alle während des vorläufigen Insolvenzverfahrens bestehenden Vermögensgegenstände zu berücksichtigen.[297] Auch wenn die bekannte Rechtsprechung noch auf der alten Gesetzesgrundlage basiert, die einen solchen Bezug nicht erforderte,[298] kommt es auf die Art und Weise der Befassung deshalb nicht an.[299] Daher sind auch im Eröffnungsverfahren **unbekannt gebliebene Vermögenswerte** bei späteren Erkenntnissen bei der Berechnungsgrundlage zuzusetzen, auch wenn sie erst im eröffneten Verfahren bekannt geworden sind.[300]

---

[292] Zimmer, § 11 InsVV Rn 46, 47.
[293] Haarmeyer/Mock, § 11 InsVV Rn 72, 73.
[294] So wohl: Zimmer, § 11 InsVV Rn 48.
[295] BGBl. I 2006, 3389.
[296] So: Zimmer, § 11 InsVV Rn 16 a.a.O, Anhang VIII.
[297] KPB/Prasser/Stoffler, § 11 InsVV Rn 32; *Keller*, § 7 Rn 77.
[298] BGH, 9.6.2005 – IX ZB 230/03, ZIP 2005, 1324, 1325; LG Traunstein, 13.4.2004 – 4 T 3690/03, EWiR 2005, 185, 186 m. Anm. von Höpfner.
[299] Haarmeyer/Mock, § 11 InsVV Rn 70; Lorenz, in: Lorenz/Klanke, § 11 InsVV Rn 40.
[300] Haarmeyer/Mock, § 11 InsVV Rn 73 unter Berücksichtigung des Urteiles des BGH, 9.6.2005; anders konsequenterweise: Zimmer, § 11 InsVV Rn 57.

c) Zeitpunkt und Zeitraum des Ansatzes

Abzustellen ist zwar grundsätzlich zunächst auf das bei Abschluss des vorläufigen Insolvenzverfahrens bestehende Aktivvermögen.[301] Diese stichtagsbezogene Betrachtungsweise ist aber nach dem Wortlaut des § 11 Abs. 1 S. 1 InsVV **„während des Eröffnungsverfahrens"** zeitraumbezogen zu ergänzen. Alle während des vorläufigen Insolvenzverfahrens verwalteten Gegenstände sind zu berücksichtigen, auch wenn sie während des vorläufigen Insolvenzverfahrens aus der Verwaltung ausgeschieden sind. Das gilt namentlich auch für Aussonderungsansprüche.[302] Eine **Rückausnahme** gilt aber dann, wenn aufgrund der Verwertung sich die Aktivmasse während des vorläufigen Insolvenzverfahrens **in gleichem Umfange** erhöht hat.[303] Wenn also z.B. eine Forderung eingezogen oder Teile des Anlagevermögens veräußert werden, so tritt anstelle dieses Vermögensgegenstandes der erhöhte Kontobestand oder die anzusetzende Forderung aus dem Kaufvertrag. Anderes gilt jedoch z.B. bei **Freigabe** an den aussonderungsberechtigten Gläubiger.

132

d) Bewertung

Anzusetzen ist der **Verkehrswert**, der Realisierungswert.[304] Es gilt das **Bruttoprinzip**. Umsatzsteuer ist also in den Verkehrswert einzubeziehen.[305] Anders als in der Handelsbilanz sind damit insbesondere Forderungen nicht mit dem Nettowert, sondern mit dem Bruttobetrag, also zuzüglich Umsatzsteuer, einzustellen.

133

Ob Fortführungs- oder Zerschlagungswerte in Betracht kommen, bestimmt sich nach den **voraussichtlichen Sanierungsmöglichkeiten**. Wesentlich hierfür sind nicht nur die Feststellungen in dem Gutachten des vorläufigen Insolvenzverwalters als Sachverständiger.[306] Der vorläufige Insolvenzverwalter muss danach **„zuversichtlich"** gewesen sein, dass im eröffneten Verfahren eine Veräußerung der Firma der Schuldnerin kurzfristig möglich sei.[307] Dem **Einzelbewertungsgrundsatz** folgend, sind alle sich abzeichnenden Chancen und Risiken einer möglichen Verwertung zu beachten, sodass zunächst in vollem Umfange auf die Ausführungen zum endgültigen Insolvenzverfahren verwiesen wird. Es gilt der Grundsatz der **Vorsicht** und der **isolierten Bewertung**. Dabei sind vor allem die Qualität und der Zustand

134

---

301 Leonhard/Smid/Zeuner, § 11 InsVV Rn 41; Haarmeyer/Mock, § 11 InsVV Rn 68.
302 Haarmeyer/Mock, § 11 InsVV Rn 69; Zimmer, § 11 InsVV Rn 60 ff.
303 Haarmeyer/Mock, § 11 InsVV Rn 69; Zimmer, § 11 InsVV Rn 63, 64.
304 Ausführlich: Leonhardt/Smid/Zeuner, § 11 InsVV Rn 42; Zimmer, § 11 InsVV Rn 46, 93; Graeber/Graeber, § 11 InsVV Rn 13; Keller, § 7 Rn 76; Haarmeyer/Mock, § 11 InsVV Rn 70; Lorenz, in: Lorenz/Klanke, § 11 InsVV Rn 40; BGH, 8.7.2004 – IX ZB 589/02, ZIP 2004, 1555.
305 Haarmeyer/Mock, § 11 InsVV Rn 93; Zimmer, § 11 InsVV Rn 93; KPB/Prasser, § 11 InsVV Rn 24.
306 Statt aller im Anschl. an BGH, 8.7.2004 – IX ZB 589/02, ZIP 2004, 1555, 1557; Zimmer, § 11 InsVV Rn 94.
307 BGH, 8.7.2004 – IX ZB 589/02, ZIP 2004, 1555, 1557.

des einzelnen Vermögensgegenstandes, die Marktlage sowie die Preis- und Lebensverhältnisse einzubeziehen.[308] Insbesondere erforderliche Wertberichtigungen können damit nicht außer Acht gelassen werden.

e) Einzelne Vermögensgegenstände

135   Alle im zivilrechtlichen Eigentum des späteren Schuldners stehende Vermögensgegenstände sind unabhängig von der konkreten Befassung für die Bemessungsgrundlage relevant.[309] Ergänzend ergeben sich für die einzelnen Vermögengegenstände folgende Besonderheiten:

aa) Forderungen, Bankguthaben, Auftragsbestand

136   Forderungen, denen noch nicht zur **Aufrechnung** gestellte Gegenforderungen gegenüberstehen, sind in voller Höhe zu berücksichtigen. Eine entsprechende Anwendung des § 1 Abs. 2 Nr. 3 InsVV scheidet regelmäßig aus, da sich der vorläufige Insolvenzverwalter (anders als der endgültige Insolvenzverwalter) lediglich mit der Ermittlung, Erfassung und Sicherung des Forderungsbestandes befasst. Damit ist der **gesamte Forderungsbestand** und nicht nur der **Überschuss** über die Gegenforderungen Bestandteil der Berechnungsgrundlage.[310]

137   Für die **Bewertung von Forderungen** ist der Realisationswert und nicht der Nominalbetrag entscheidend. Bei der sachgerechten Schätzung ist neben der rechtlichen Durchsetzbarkeit auch die Bonität des Drittschuldners wesentlich.[311] **Bankguthaben** sind immer einzubeziehen, soweit der vorläufige Insolvenzverwalter über sie verfügen konnte. Für **Treuhandkonten** und allgemein bei möglichen Drittrechten gelten die nachstehenden Ausführungen zur Aus- und Absonderungen. Anderes gilt jedoch in jedem Fall für Treuhandkonten, welche zur Sicherung von Ansprüchen der Vertragspartner im vorläufigen Insolvenzverfahren eingerichtet wurden.[312]

138   Überwiegend wird eine Einbeziehung des **Auftragsbestandes** abgelehnt, da es sich lediglich um ungewisse Gewinnchancen handele. Noch nicht begonnene Aufträge führten lediglich zum Ansatz von Fortführungswerten.[313] Da regelmäßig auch

---

308 Näher hierzu: Leonhardt/Smid/Zeuner, § 11 InsVV Rn 42, 43; Haarmeyer/Mock, § 11 InsVV Rn 93.
309 BGH, 9.6.2005 – IX ZB 230/03, ZInsO 2005, 759.
310 BGH, 14.12.2000 – IX ZB 105/00, BGHZ 146, 165, 174, ZInsO 2011, 165, 167; LG Cottbus, 2.9.2009 – 7 T 422/05, ZInsO 2009, 2114, 2117; LG Potsdam, 5.1.2006 – 5 T 65/05, ZIP 2006, 296, 297; allgemein: Haarmeyer/Mock, § 11 InsVV Rn 85; *Zimmer*, § 11 InsVV Rn 50; Graeber/Graeber, § 11 InsVV Rn 42.
311 BGH, 11.3.2010 – IX ZB 122/08, ZInsO 2010, 730, 731; Haarmeyer/Mock, § 11 InsVV Rn 85.
312 Keller, § 7 Rn 78.
313 Zimmer, § 11 InsVV Rn.106; anders wohl: KPB/Prasser/Stoffler, § 11 InsVV Rn 23.

der Auftragsbestand jedoch zumindest mit einem anteiligen **voraussichtlichen Gewinnanteil** selbständig verwertbar ist, dürfte im Einzelfall näher nach der **Gewissheit der Realisierung** abzuwägen sein.

bb) Firmen- oder Unternehmenswert, sonstige immaterielle Vermögensgegenstände, Lebens- oder Direktversicherung, Umsatzsteuer aus der Vergütung des vorl. Insolvenzverwalters

Es gilt nicht das handelsrechtliche Anschaffungsprinzip. Auch **selbstgeschaffene Vermögensgegenstände** wie z.B. der **Firmen- oder Unternehmenswert** können daher Bestandteil der Berechnungsgrundlage sein. In der Regel wird ein Ansatz und Ausweis jedoch nur dann möglich sein, wenn tatsächlich eine Fortführung und Übertragung entweder im Rahmen eines Insolvenzplanes oder einer sanierenden Veräußerung möglich sind. Es gelten insoweit die üblichen Grundsätze zur Unternehmensbewertung.[314]

139

Zunehmende Bedeutung haben **„digitale Assets"**, z.B. Kundendaten bei Online-Versandhändlern, Meilenprogramme der Fluglinien, selbstentwickelte Softwareprogramme, Warenzeichen etc., unabhängig davon, ob sie entgeltlich erworben oder selbst geschaffen wurden. Neben der Realisierungsmöglichkeit sind jedoch die **datenschutzrechtlichen Bestimmungen** zu beachten, die eine Veräußerung beeinträchtigen können.

140

Dieselben Grundsätze greifen für Ansprüche aus Lebens- oder Direktversicherungen, die unabhängig von der handelsrechtlichen Aktivierung zumindest mit ihrem Rückkaufswert anzusetzen sind.[315] Hinsichtlich der Umsatzsteuer aus der Vergütung des vorläufigen Insolvenzverwalters gelten die Ausführungen unter Rz. 25 ff. sowie Rz. 60 ff. in gleicher Weise.[316]

141

Anwartschaftsrechte sind ebenfalls mit ihrem wirtschaftlichen Wert auszuweisen.[317] Für die Übertragungsansprüche allgemein bedeutet das, ein Ansatz und eine Bewertung sind nur dann möglich, wenn der Übereignungsanspruch **wertvoller** ist als die Kaufpreisforderung.[318]

142

---

314 Zimmer, § 11 InsVV Rn 49; Haarmeyer/Mock, § 11 InsVV Rn 78, 87; Leonhardt/Smid/Zeuner, § 11 InsVV Rn 51.
315 Haarmeyer/Mock, § 11 InsVV Rn 86.
316 Haarmeyer/Mock, § 11 InsVV Rn 86.
317 Graeber/Graeber, § 11 InsVV Rn 41; BGH, 8.7.2004 – IX ZB 589/02, NZI 2004, 626.
318 Graeber/Graeber, § 11 InsVV Rn 47; BGH, 15.11.2012 – IX ZB 88/09, ZInsO 2013, 44 mit Anm. Graeber.

cc) Schadensersatzforderungen, Gesellschaftsrechtliche- und Organhaftungsansprüche

143 Für Ansatz und Bewertung von Schadensersatzansprüchen allgemein sind die obigen Ausführungen heranzuziehen. Entscheidend ist also, ob und inwieweit mit einer Realisierung zu rechnen ist.

144 Da **Organhaftungsansprüche** gegen die Geschäftsführer einer GmbH oder Vorstände einer Aktiengesellschaft oder der Gesellschaft selbst zustehen und nicht erst durch die Insolvenzeröffnung bedingt sind, ist genauso wie für Ansprüche nach § 43 GmbHG anerkannt, dass solche Ansprüche mit dem Realisierungswert einzustellen sind, da sie bereits mit Vornahme der verbotenen Zahlung entstehen.[319] Dasselbe hat für Ansprüche gegen die Gesellschafter aus ihrer Haftung zur Kapitalaufbringung nach §§ 19 ff. GmbH sowie 64 AktG zu gelten.[320] Kritisch wird nach wie vor gesehen, inwieweit weitere gesellschaftsrechtliche Ansprüche auf Erstattung **eigenkapitalersetzender** Gesellschafterdarlehen oder eigenkapitalersetzender Nutzungsüberlassung zu behandeln sind, auch wenn sich die Praxisrelevanz seit dem Inkrafttreten des MoMiG zum 1.11.2008 kaum noch ergeben dürfte.[321] Die insoweit im Wesentlichen einheitliche Rechtsprechung lehnt eine Berücksichtigung ab.[322] Diese Auffassung wird jedoch in der Literatur überwiegend abgelehnt, da die Insolvenzeröffnung zwar Bedingung für die Durchsetzbarkeit sei, der Anspruch als solcher aber bereits aktivierungsfähiger Vermögensbestandteil im Eröffnungsverfahren ist.[323] Der Tätigkeitsbereich eines vorläufigen Insolvenzverwalters soll danach auch **künftige Ansprüche** umfassen.[324] Mit der Rechtsprechung kommt daher aber nur ein Zuschlag für den vorläufigen Insolvenzverwalter in Betracht.[325]

dd) Anfechtungsansprüche

145 Wie auch bei Ansprüchen aus Kapitalersatz lehnt es die Rechtsprechung einheitlich ab, diese Forderungen für den vorläufigen Insolvenzverwalter zu aktivieren. Nur solche Vermögenswerte könnten Eingang in die Berechnungsgrundlage finden, auf die sich dessen Tätigkeit während des Insolvenzverfahren erstreckte. Zur **„Ist-Masse"** sollen nur solche Vermögensgegenstände gehören, die der vorläufige Verwalter in Besitz nehmen oder für die Masse reklamieren kann. Dazu sollen Anfech-

---

319 BGH, 23.9.2010 – IX ZB 204/09, NZI 2011, 73, 74; Haarmeyer/Mock, § 11 InsVV Rn 83.
320 Leonhardt/Smid/Zeuner, § 11 InsVV Rn 66, Zimmer, § 11 InsVV Rn 52.
321 Siehe insoweit: Zimmer, § 11 InsVV Rn 53.
322 Siehe insoweit insbesondere: BGH, 23.9.2010 – IX ZB 204/09, NZI 2011, 73, 74.
323 Näher: Haarmeyer/Mock, § 11 InsVV Rn 82; Leonhardt/Smid/Zeuner, § 11 InsVV Rn 62, 63.
324 Graeber/Graeber, § 11 InsVV Rn 52c.
325 Zimmer, § 11 InsVV Rn 53.

tungsansprüche nicht zählen, da sie erst mit Insolvenzeröffnung entstehen.[326] Auch diese Auffassung wird im Wesentlichen in der Literatur abgelehnt, da der Tätigkeitsbereich eines vorläufigen Insolvenzverwalters auch künftige Ansprüche umfasse.[327] Bis auf weiteres wird der Rechtsprechung folgend jedoch nur ein Zuschlag zur Vergütung in Betracht kommen.

Immer ist jedoch auch bei Anfechtungsansprüchen zu prüfen, ob nicht andere Anspruchsgrundlagen bestehen, für die die Eröffnung eines Insolvenzverfahrens keine Bedingung ist. In Betracht kommen **Geschäftsführerhaftung aber auch sonstige Schadensersatzansprüche**.

4. Hinzurechnung von Aus- oder Absonderungsrechten unterliegenden Vermögenswerten

Gem. § 11 Abs. 1 S. 2 InsVV werden Vermögensgegenstände, an denen bei Verfahrenseröffnung Aus- oder Absonderungsrechte bestehen, der Berechnungsgrundlage zugeordnet, sofern sich der vorläufige Insolvenzverwalter in **erheblichem Umfange** mit ihnen befasst hat. Ergänzend bleiben nach § 11 Abs. 1 S. 3 InsVV solche Vermögensgegenstände unberücksichtigt, wenn der Schuldner über die Gegenstände lediglich aufgrund eines **Besitzüberlassungsvertrages** verfügt. 146

a) Gesetzgeberische Grundlagen der Neuregelung des § 11 Abs. 1 S. 2 InsVV

Durch das Gesetz zur Verkürzung des Restschuldbefreiungsverfahrens und zur Stärkung der Gläubigerrechte vom 15.7.2013[328] wurden die Vorschriften des § 11 Abs. 1 S. 1–3 InsVV als § 63 Abs. 3 Satz 1–3 in die Insolvenzordnung übernommen. Die Vergütung des vorläufigen Insolvenzverwalters ist nach dem Rechtsausschuss des Bundestages isoliert zu betrachten und aus sich heraus zu bewerten.[329] Wie der Rechtsausschuss betont[330], unterscheidet sich die Tätigkeit des vorläufigen Insolvenzverwalters strukturell von derjenigen des endgültigen Verwalters. Der vorläufige Verwalter sichere die „**Ist-Masse**", der endgültige Insolvenzverwalter habe die „**Soll-Masse**" zu verwerten. Die gesetzliche Grundlage stelle § 63 Abs. 3 InsO dar. Ein strukturbildendes Überschussprinzip liege dem künftigen § 63 Abs. 3 InsO nicht zugrunde. Auch in der Rechtsprechung ist dem folgend zwischenzeitlich anerkannt, 147

---

326 BGH, 23.9.2010 – IX ZB 204/09, NZI 2011, 73; BGH, 29.4.2004 – IX ZB 225/03, NZI 2004, 444 ff.
327 Graeber/Graeber, § 11 InsVV Rn 83; Haarmeyer/Mock, § 11 InsVV Rn 84 m.w.N.; Leonhardt/Smid/Zeuner, § 11 InsVV Rn 59 ff.
328 BGBl. I 2013, 2379.
329 BGH, 12.1.2006 – IX ZB 127/04, ZInsO 2006, 257 [Rn 13 ff.]; AG Hamburg, 7.2.2007 – 67 g IN 158/05, ZInsO 2007, 260.
330 BT-Drucks. 17/13535, 31.

dass zu dem Vermögen im vorläufigen Insolvenzverfahren auch Gegenstände gehören können, an denen bei Verfahrenseröffnung Aus- oder Absonderungsrechte bestehen.[331] Der BGH stellt nunmehr ausdrücklich klar, dass nach § 11 Abs. 1 S. 2 InsVV auch Vermögensgegenstände der Berechnungsgrundlage hinzuzurechnen sind, an denen bei Verfahrenseröffnung Aus- oder Absonderungsrechte bestanden, sofern sich der vorläufige Insolvenzverwalter in **erheblichem** Umfange mit Ihnen befasste. Diese Regelung ist abweichend von der früheren Rechtsprechung des BGH nunmehr von der gesetzlichen Ermächtigung im § 63 Abs. 3 InsO und § 65 InsO gedeckt.[332]

b) Erhebliche Befassung

148 Entscheidendes Kriterium ist damit, ob sich der Insolvenzverwalter in **erheblichem Umfange** mit den Vermögensgegenständen befasst hat, an denen Aus- oder Absonderungsrechte geltend gemacht werden. Entscheidend ist die Würdigung im Einzelfall. Generell können damit solche Vermögensgegenstände ausgeklammert werden, die dem vorläufigen Insolvenzverwalter überhaupt nicht bekannt waren.

149 Abzugrenzen ist dieses Tatbestandsmerkmal von der **„nennenswerten"** Befassung. Nennenswert kann in diesem Umfange nur bedeuten, dass der vorläufige Insolvenzverwalter diesen Vermögensgegenstand in seine Ermittlungen und ggf. Wertschätzungen einbezogen hat. Für Erheblichkeit entscheidend ist, wenn diese Aufgabe den Insolvenzverwalter über das **„gewöhnliche Maß"** hinaus in Anspruch genommen hat.[333] Es reicht schon aus, dass sich der vorläufige Insolvenzverwalter mit dem Ziel gegenüber den Sicherungsnehmern abgestimmt hat, die Auszahlung eines Teils des Guthabens zu verhindern und den Stand sowie den Umfang der geltend gemachten Rechte zu ermitteln und zu überprüfen.[334] Ausdrücklich wird der Einwand abgelehnt, dass die Klärung der fremden Rechte grundsätzlich dem Insolvenzverwalter nach Verfahrenseröffnung vorbehalten sei. Das gilt auch bei der Prüfung der Frage, ob Ab- oder Aussonderungsgut ganz oder teilweise mit zugrundeliegenden Sicherungsrechten belastet ist. von Bedeutung ist nicht der **Gegenstand** der Tätigkeiten oder der Befassung, sondern vor allem der **Umfang** der **zusätzlichen Belastungen**.[335] Den vorläufigen Insolvenzverwalter trifft insoweit eine **besondere Darlegungslast**.[336]

---

331 BGH, 12.9.2019 – IX ZB 28/18, NZI 2019, 867.
332 BGH, 12.9.2019 – IX ZB 28/18, NZI 2019, 867, 868; **a.A.** Graeber, ZInsO 2018, 1292.
333 So zur alten Gesetzeslage: BGH, 14.12.2005 – IX ZB 256/04, NZI 2006, 284–286.
334 BGH, 12.9.2019 – IX ZB 28/18, NZI 2019, 867, 868.
335 Graeber/Graeber, § 11 InsVV Rn 22.
336 BGH, 28.9.2006 – IX ZB 230/05, NZI 2007, 40; Graeber/Graeber, § 11 InsVV Rn 22; vertiefend insoweit weiterhin: Haarmeyer/Mock, § 11 InsVV Rn 74 ff.; Zimmer, § 11 InsVV Rn 80 ff.; Lorenz, in: Lorenz/Klanke, § 11 InsVV Rn 41, Keller § 7 Rn 88 ff.

Für die Frage der Erheblichkeit kann ein umfangreicher entwickelter Katalog 150
herangezogen werden.[337] Zusammengefasst reicht die **reine Feststellung** und **Prüfung** von Sicherungsrechten für eine erhebliche Befassung nicht aus. Anderes gilt jedoch dann, wenn das geltend gemachte Recht **substantiiert** bestritten wird oder **Verhandlungen** über einen **Verzicht** oder eine **Abgeltung** des Drittrechtes geführt werden.[338] Andererseits ist aber nicht nur alleine auf eine rechtliche Würdigung abzustellen. Auch **tatsächliche Fragestellungen**, wie insbesondere eine Weiternutzung, die tatsächliche Verwaltung, Sicherung dieser Vermögensgegenstände etc. genügen.[339] Steht damit fest, dass sich insbesondere der **vorläufige (schwache) Insolvenzverwalter** im Rahmen seiner Aufgabenstellung mit diesem Sicherungsgut zu befassen hatte, kommt es wesentlich auf das zeitliche oder sachliche Maß an. Der vorläufige Insolvenzverwalter muss sich aber nicht „Tag und Nacht" um das Aus- oder Absonderungsgut gekümmert haben.[340] Eine **pragmatische Herangehensweise** ist geboten. Geht es um die Nutzung solcher Vermögensgegenstände im Rahmen einer Betriebsfortführung, dürfte regelmäßig Erheblichkeit anzunehmen sein.

c) Einzelne Vermögensgegenstände

Für **Immobilien** genügt es nicht, die Immobilie in ihrem Bestand oder der rechtli- 151
chen Zuordnung zu erfassen sowie bestehenden Versicherungsschutz zu prüfen. Auch die reine grundbuchrechtliche Ermittlung, die Eintragung eines Sperrvermerkes sowie die Prüfung der Fremdrechte reichen nicht aus.[341] Muss allerdings wie regelmäßig üblich der **Versicherungsschutz angepasst** oder **erstmals veranlasst** werden, liegt Erheblichkeit vor. Dasselbe gilt für eine aufwendige Ermittlung des Immobilienbestandes, insbesondere im Ausland. Auch extreme Anstrengungen bei der **Vermögenszuordnung**, insbesondere im Bereich **komplizierter gesellschaftsrechtlicher Fragen** sind zu berücksichtigen. Dasselbe gilt für die Sicherung und den Erhalt der Gegenstände, vor allem im Rahmen einer **Betriebsfortführung**.[342] Insbesondere sind auch tatsächliche **Sicherungsmaßnahmen** für den Gebäudebestand und zu dessen Sicherung z.B. durch Wachschutz einzubeziehen.[343] Rechtlich gilt das auch für die Einstellung oder Verzögerung von Zwangsmaßnahmen sowie die Bei-

---

337 Siehe insoweit äußerst informativ: Graeber/Graeber, § 11 InsVV Rn 22.
338 Mit weiteren Nachweisen zur Rechtsprechung: Zimmer, § 11 InsVV Rn 80.
339 Haarmeyer/Mock, § 11 InsVV Rn 81; *Zimmer*, § 11 InsVV Rn 83; Lorenz, in: Lorenz/Klanke, § 11 InsVV Rn 41, 43.
340 Insoweit: Keller, § 7 Rn 90.
341 MüKo/Stephan, § 11 InsVV Rn 57.
342 MüKo/Stephan, § 11 InsVV Rn 56; KPB/Prasser/Stoffler, § 11 InsVV Rn 44.
343 Keller, § 7 Rn 92; KPB/Prasser/Stoffler, § 11 InsVV Rn 44.

treibung rückständiger Mieten etc.³⁴⁴ Bei Forderungen reicht schon aus, wenn die Drittschuldner zur **Zahlung aufgefordert** werden. Dasselbe gilt, wenn die **Ermittlung des Bestandes** von Forderungen im vorläufigen Insolvenzverfahren besonders **nebulös** und schwierig ist.³⁴⁵

152 Bewegliche Vermögensgegenstände darf der betreffende Gläubiger zunächst nicht bereits endgültig in Besitz genommen haben. Konkret muss der vorläufige Insolvenzverwalter auch solche Vermögensgegenstände, insbesondere gegen den Zugriff Dritter gesichert haben, wobei auch das künftige Verwertungsrecht nach §§ 166 ff. InsO oder eine künftige **Erfüllungswahl nach § 107 Abs. 2 InsO** einzubeziehen sind.³⁴⁶

153 Um nicht **willkürlich** die Berechnungsgrundlage erhöhen zu können, sind solche Vorgänge auszuschließen, deren Vornahme auch noch unschädlich erst im eröffneten Verfahren möglich gewesen wäre. Eine solche Rückausnahme kommt bei allen Vermögensgegenständen, vor allem bei Forderungen in Betracht, wenn der vorläufige Verwalter ohne besondere Ermächtigungen oder Notmaßnahmen nur das Vermögen sichern soll. Willkür wird angenommen, wenn die Zession eindeutig insolvenzfest ist.³⁴⁷

d) Besitzüberlassungsverträge/Leasingverträge

154 Gem. § 11 Abs. 1 S. 3 InsVV bleiben alle Vermögensgegenstände unberücksichtigt, die der spätere Insolvenzschuldner lediglich aufgrund eines Überlassungsvertrages in Besitz hat. Dazu zählen reine **Gebrauchsüberlassungsverträge**, also Miete, Pacht und Leihe. Auch **Verwahrungsverträge** fallen hierunter. In Betracht kommt allenfalls die Gewährung eines Zuschlages, wenn sich der vorläufige Insolvenzverwalter insbesondere mit Sachmängeln, Mietminderung etc. auseinander zu setzen hatte.³⁴⁸

155 Für **Leasingverträge** ist wesentlich, ob und inwieweit dem Leasingnehmer eine **Kaufoption** zusteht oder die Leasingraten wirtschaftlich zu **Finanzierung** des Kaufpreises dienen.³⁴⁹ Ist die **Kaufoption** noch nicht ausgeübt, so handelt es sich um einen reinen Gebrauchsüberlassungsvertrag. Nach Ausübung sollen die Grenzen zur **Anwartschaft** überschritten sein, die grundsätzlich zur Aktivierungsfähigkeit führt.³⁵⁰

---

344 Keller, § 7 Rn 92.
345 MüKo/Stephan, § 11 InsVV Rn 58, Keller, § 7 Rn 94.
346 Keller, § 7 Rn 93 im Anschluss an BGH, 14.12.2000 – IX ZB 150/00, ZIP 2001, 1296.
347 Haarmeyer/Mock, § 11 InsVV Rn 100.
348 Keller, § 7 Rn 86; Zimmer, § 11 InsVV Rn 90, 91, Lorenz, in: Lorenz/Klanke, § 11 InsVV Rn 46.
349 Lorenz, in: Lorenz/Klanke, § 11 InsVV Rn 46.
350 Keller, § 7 Rn 87.

Diese Grundsätze sind für den Kauf unter Eigentumsvorbehalt nicht anwendbar, da dadurch ein aktivierungsfähiges Anwartschaftsrecht begründet ist.[351] **156**

e) Einbeziehung des Überschusses bei nicht erheblicher Befassung

Befasst sich der vorläufige Insolvenzverwalter nicht in erheblicher Weise mit dem Vermögensgegenstand, so wird regelmäßig auch kein Zuschlag gem. § 3 Abs. 1 InsVV in Betracht kommen, da es jedenfalls auch an einer **besonderen Belastung** fehlt.[352] **157**

Im Anschluss an die Entscheidung des **AG Hannover vom 18.4.2017**[353] ist streitig, ob im vorläufigen Insolvenzverfahren ein solcher Überschuss wenigstens in die Berechnungsgrundlage einzubeziehen ist. Gegen eine Berücksichtigung des Überschusses wird vor allem eingewandt, dass der Wortlaut des § 11 Abs. 1 S. 2 InsVV an dem gesamten Vermögensgegenstand und nicht an einem belastet und unbelastet aufteilbaren Vermögenswert anknüpfe. Auch systematisch sei eine Einbeziehung ausgeschlossen, da für das vorläufige Verfahren die „Ist-Masse" entscheidend sei.[354] Im Anschluss an die bisherige Rechtsprechung des BGH[355] wird dem jedoch zu Recht überwiegend nicht zugestimmt. Wie aus dem Verweis in § 10 InsVV auf die Vorschriften für den endgültigen Insolvenzverwalter ersichtlich ist, gilt § 1 InsVV auch für das vorläufige Insolvenzverfahren. Allein aus der Verwendung des Begriffes **„sofern"** kann kein genereller Ausschluss angenommen werden.[356] Den gesetzgeberischen Motiven ist weiterhin zu entnehmen, dass die Beschränkung nur auf wertausschöpfend mit Absonderungsrechten belastete Gegenstände zur Anwendung kommen soll.[357] Auch nach Sinn und Zweck des Gesetzes kann nichts anderes gelten, da anderenfalls schon geringste Belastungen dazu führen könnten, dass der gesamte Wert ohne Berücksichtigung bleibt.[358] **158**

---

351 Keller, § 7 Rn 87.
352 Graeber/Graeber, § 11 InsVV Rn 23; KPB/Prasser/Stoffler, § 11 InsVV Rn 63; anders z.B. Lorenz, in: Lorenz/Klanke, § 11 InsVV Rn 41.
353 AG Hannover v. 18.4.2017 – 903 IN 172/16, ZInsO 2017, 1286–1292.
354 AG Hannover v. 18.4.2017 – 903 IN 172/16, ZInsO 2017, 1289–1292; so jetzt im Gegensatz zur Vorauflage: Haarmayer/Mock, § 11 InsVV Rn 76.
355 BGH, 15.11.2012 – IX ZB 130/10, NZI 2013, 183, 184, 185 mit weiteren Rechtsprechungshinweisen.
356 So insbesondere: KPB/Prasser/Stoffler, § 11 InsVV Rn 29.
357 Zimmer, § 11 InsVV Rn 89.
358 Graeber/Graeber, § 11 InsVV Rn 25.

5. Ergänzende Anwendung des § 1 Abs. 2 InsVV, Betriebsfortführung, vorzeitige Beendigung der vorläufigen Insolvenzverwaltung

159 Über den Verweis in § 10 InsVV ergibt sich, dass auch **§ 1 Abs. 2 InsVV** zumindest **entsprechend** anzuwenden ist. Das gilt insbesondere für eine Betriebsfortführung während des vorläufigen Insolvenzverfahrens sowie die vorzeitige Beendigung des Amtes des vorläufigen Insolvenzverwalters.

- **§ 1 Abs. 1 S. 1 InsVV** findet nur für die Änderungsbefugnis nach § 63 Abs. 3 S. 4 InsO für die Berücksichtigung der Schlussrechnung des endgültigen Insolvenzverwalters Anwendung, um einen Vergleich mit der Berechnungsgrundlage in dem vorläufigen Verfahren zu ermöglichen.[359]
- Eine Schätzung gemäß **§ 1 Abs. 1 S. 2 InsVV** ist heranzuziehen, wenn das Amt des vorläufigen Insolvenzverwalters oder das vorläufige Insolvenzverfahren als solches vorzeitig endet. Die Ausführungen zur vorzeitigen Beendigung des Insolvenzverfahrens oder der Abberufung des Insolvenzverwalters gelten in entsprechender Weise (Rz. 115 ff.)[360]
- Zu der Berücksichtigung von Absonderungsrechten gem. **§ 1 Abs. 2 Nr. 1 InsVV** greift § 11 Abs. 1 S. 2 InsVV.
- Die Vorschrift des **§ 1 Abs. 2 Nr. 2 InsVV** wird zunächst durch den allgemeinen Grundsatz verdrängt, dass Aus- und Absonderungsrechte bei erheblicher Befassung in vollem Umfange in die Berechnungsgrundlage einzuschließen sind, sodass Abfindungen für solche Rechte grundsätzlich unberücksichtigt bleiben müssen. Eine **Rückausnahme** gilt jedoch für den Fall der Betriebsfortführung.[361]
- Auch für Aufrechnungslagen gem. **§ 1 Abs. 2 Nr. 3 InsVV** sind die Ausführungen zu den Aus- und Absonderungsrechten entsprechend heranzuziehen. Ergänzend dürfte auch insoweit eine erhebliche Befassung mit der Gegenforderung unter Bewertung der Aufrechnungslage erforderlich sein.[362]
- Gem. **§ 1 Abs. 2 Nr. 4 S. 1 InsVV** sind Verfahrenskosten i.S.d. § 54 InsO nicht abzuziehen.[363] Begrifflich können Masseverbindlichkeiten i.S.d. §§ 53 ff. InsO im vorläufigen Insolvenzverfahren nicht begründet werden. Dennoch ist **§ 1 Abs. 2 Nr. 4 S. 1 InsVV** für solche Verbindlichkeiten entsprechend anwendbar, die entweder von dem starken vorläufigen Insolvenzverwalter oder nach entsprechender Zustimmung von dem schwachen vorläufigen Insolvenzverwalter nach Ver-

---

359 Zimmer, § 11 InsVV Rn 97.
360 Zimmer, § 11 InsVV Rn 98.
361 Siehe hierzu näher: Zimmer, § 11 InsVV Rn 100 f.
362 Zimmer, § 11 InsVV Rn 102; Keller, § 7 Rn 40; Haarmeyer/Mock, § 11 InsVV Rn 102; BK/Blersch, § 11 InsVV Rn 14.
363 Zimmer, § 11 InsVV Rn 103.

fahrenseröffnung als Masseverbindlichkeit nach **§ 1 Abs. 2 Nr. 4 S. 1 InsVV** zu berücksichtigen sind.[364]
- Von der Vergleichbarkeit ist auch bei **§ 1 Abs. 2 Nr. 4 a) InsVV** auszugehen.[365] Die Ausführungen für den endgültigen Insolvenzverwalter unter Rz. 34 gelten daher entsprechend.
- Sowohl für den schwachen vorläufigen Insolvenzverwalter[366] als auch den starken vorläufigen Insolvenzverwalter[367] ist **§ 1 Abs. 2 Nr. 4 b) InsVV** entsprechend anzuwenden, sodass nur der **Überschuss** aus der Betriebsfortführung/Unternehmensfortführung angesetzt werden kann. Darstellung und Ermittlung bedürfen ebenfalls einer **deckungsorientierten Leistungsrechnung**. Bei Abschluss des vorläufigen Verfahrens noch nicht eingezogene Forderungen aus der Betriebsfortführung sowie nicht beglichene Verbindlichkeiten erhöhen oder vermindern daher das Ergebnis. Der reine Auftragsbestand ist jedoch auszuklammern.[368] Vereinfacht dargestellt ergibt sich folgende Berechnung am Ende der vorläufigen Insolvenzverwaltung:[369]

Kontenbestand zum Ende des vorläufigen Insolvenzverfahrens
+ während der vorläufigen Verwaltung realisierte aber noch nicht zugegangene Forderungen zum Verkehrswert
− in der vorläufigen Verwaltung begründete noch nicht ausgeglichene Verbindlichkeiten zum Verkehrswert
− Abfindungen vorinsolvenzlicher Gläubiger
Überschuss vorläufige Verwaltung

- **§ 1 Abs. 2 Nr. 4 InsVV** gilt für Vorschüsse einer anderen Person im vorläufigen Insolvenzverfahren in gleicher Weise (Rz. 50 ff.)[370]

6. Darlegender Vortrag zur Berechnungsgrundlage im Vergütungsantrag

Abzustellen ist auf das Datum der Entscheidung über die der Eröffnung des Insolvenzverfahrens oder den Stichtag des vorzeitigen Ausscheidens des vorläufigen Insolvenzverwalters.[371] Spätere Erkenntnisse können jedoch in gleicher Weise noch

160

---

364 BK/Blersch, § 11 InsVV Rn 15; Haarmeyer/Mock, § 11 InsVV Rn 103; differenzierter: Zimmer, § 11 InsVV Rn 103.
365 BK/Blersch, § 11 InsVV Rn 16; Zimmer, § 11 InsVV Rn 104.
366 BGH, 9.6.2011 – IX ZB 47/10, ZInsO 2011, 1519, 1520.
367 BGH, 27.9.2012 – IX ZB 243/11, ZInsO 2013, 840, 841.
368 Näher: Zimmer, § 11 InsVV Rn 105, BK/Blersch, § 11 InsVV Rn 17.
369 Differenzierter: Zimmer, § 11 InsVV Rn 107.
370 Zimmer, § 11 InsVV Rn 108.
371 Haarmeyer/Mock, § 11 InsVV Rn 93.

nachträglich auch nach Einreichung des Vergütungsantrages entsprechend dem zum endgültigen Verfahren entwickelten Vorgehensweisen bis zur letzten tatrichterlichen Entscheidung auch durch das Beschwerdegericht noch berücksichtigt werden (vgl. insoweit auch Rz. 29)[372] Da die wesentlichen Vermögenswerte zum Stichtag nicht verwertet sind, kommt nur eine Schätzung des Verkehrswertes unter Berücksichtigung der zeitlichen und sachlichen Rahmenbedingungen in Betracht.[373]

161 Grundlage des Vortrages im Rahmen des Vergütungsantrages **kann** das Gutachten zur Insolvenzeröffnung sein, auch wenn es nicht dessen Sinn und Zweck ist, die Vergütung für den vorläufigen Insolvenzverwalter darzustellen.[374] Jedenfalls reicht aber eine reine Bezugnahme auf Buchwerte oder Bilanzwerte des späteren Insolvenzschuldners nicht aus.[375] Weder das Insolvenzgericht noch der vorläufige Insolvenzverwalter sind jedoch an die Angaben in diesem Eröffnungsgutachten gebunden.[376] Auch in sonstiger Weise wird hierdurch keine verbindliche Prognose für die angesetzten Werte festgelegt.[377] Nur im **Rahmen eines Insolvenzplanes** wird eine weitergehende Bindung angenommen, da die dort angegebene Höhe der Vergütung Einfluss auf die Entscheidung der Gläubiger im Erörterungs- und Abstimmungstermin haben wird.[378] Mit dieser Ausnahme ist es möglich, spätere Erkenntnisse auch im Rahmen des Veräußerungsprozesses im endgültigen Insolvenzverfahren bei dem Vortrag zur Festsetzung der Vergütung des vorläufigen Insolvenzverwalters zu berücksichtigen. In keiner Weise kann der tatsächliche Wert besser bestimmt werden als durch dessen tatsächliche Verwertung.[379] Im Rahmen seiner substantiierten Nachweispflichten wird der Antragsteller daher entsprechend der Darlegung im Vermögensverzeichnis regelmäßig folgende Darstellung wählen:

162 **Grundlage Vermögensübersicht**

Vermögensgegenstand	Buchwert	Verkehrswert	Verkehrswert aufgrund weitergehender Erkenntnisse aus dem endgültigen Insolvenzverfahren

163 Wird aber eine entsprechende Anpassung gewählt, so können sich nicht nur vorteilhafte Entwicklungen herausgepickt werden. Die **gesamte Vermögensübersicht** ist dann entsprechend der tatsächlichen Entwicklung anzupassen.

---

372 Haarmeyer/Mock, § 11 InsVV Rn 94 im Anschluss an die ständige Rechtsprechung.
373 Haarmeyer/Mock, § 11 InsVV Rn 93; Keller, § 7 Rn 134.
374 Keller, § 7 Rn 132.
375 BGH, 14.12.2005 – IX ZB 256/04, ZInsO 2006, 337 ff.; Haarmeyer/Mock, § 11 InsVV Rn 95; Graeber/Graeber, § 11 InsVV Rn 160.
376 Graeber/Graeber, § 11 InsVV Rn 160.
377 Keller, § 7 Rn 137 ff.
378 Keller, § 7 Rn 139.
379 Siehe insoweit ausführlich: Keller, § 7 Rn 135–141.

III. Besondere Verfahrensarten

Die allgemeinen Verfahrensgrundsätze gelten aufgrund der besonderen Verweise regelmäßig auch die besonderen Verfahrensarten nach der InsO und der EuInsVO. Aus der Zuordnung der jeweiligen Vermögensmassen können sich jedoch insbesondere im internationalen Verfahren schon für die Berechnungsgrundlage Besonderheiten ergeben. 164

1. Partikular- und Sekundärinsolvenzverfahren

Bei grenzüberschreitendem Bezug und der Konkurrenz zwischen Hauptinsolvenzverfahren, isolierten Partikularinsolvenzverfahren sowie Sekundärinsolvenzverfahren ist zwischen dem Universalitätsprinzip und dem Territorialitätsprinzip auch im Rahmen der Berechnungsgrundlage und der Vergütung der einzubeziehenden Insolvenzverwalter abzugrenzen. Vor allem stellt sich die Frage, ob in die Berechnungsgrundlage für den Hauptinsolvenzverwalter auch Bestandteile der extraterritorialen Vermögensmassen einzubeziehen sind. 165

a) Partikularinsolvenzverfahren

Vor Eröffnung eines Hauptinsolvenzverfahrens ist ein Partikularverfahren nach Art. 3 Abs. 4 a) und b) EuInsVO möglich, soweit die weiteren Voraussetzungen hierfür erfüllt sind. Dieses Partikularverfahren wird nach Eröffnung eines Hauptinsolvenzverfahrens automatisch in sein Sekundärverfahren überführt.[380] Da ein Partikularverfahren auf das inländische Vermögen beschränkt ist, über welches der Partikularinsolvenzverwalter die Verwaltungshoheit hat, kann Berechnungsgrundlage für dessen Vergütung nur das inländische Vermögen sein, welches dessen Verfügungshoheit unterliegt.[381] 166

b) Sekundärinsolvenzverfahren

Auch das Sekundärinsolvenzverfahren stellt ein Partikularinsolvenzverfahren dar. Die Vergütung des Sekundärinsolvenzverwalters richtet sich nach dem Recht des Staates, in welchem das Sekundärverfahren eröffnet wurde.[382] Da damit das Sekundärinsolvenzverfahren ein **„Eigenleben"** gegenüber dem Hauptinsolvenzverfahren 167

---

[380] Prager/Ch. Keller, in: Bork/Hölzle, HdB. InsR, Internationales Insolvenzrecht Rn 23.
[381] Keller, § 3 Rn 30.
[382] Prager/Ch. Keller, in: Bork/Hölzle, HdB. InsR, Internationales Insolvenzrecht Rn 136; LG Aachen, 17.7.2014 – 6 T 44/14, ZIP 2015, 191; dazu Anm. Mankowski, EWiR 2015, 123, 124.

führt, sind auch die beiden Insolvenzmassen getrennt.[383] Daher stellt ebenso wie bei dem Partikularinsolvenzverfahren nur die Vermögensmasse des Schuldners die Berechnungsgrundlage des Sekundärinsolvenzverwalters dar, über das er Verwaltungs- und Verfügungsbefugnis hat, also regelmäßig nur das inländische Vermögen.[384]

c) Abgrenzung zwischen Haupt- und Partikularinsolvenzverfahren

168 Unterschiede ergeben sich insoweit zwischen dem isolierten Partikularinsolvenzverfahren und dem Sekundärinsolvenzverfahren.

aa) Partikularinsolvenzverfahren

169 Nach den Regelungen der EuInsVO sind Partikularinsolvenzverfahren noch vor Eröffnung eines Hauptinsolvenzverfahrens möglich. Der Verwaltungshoheit des Partikularinsolvenzverwalters **unterliegende Vermögensmassen** unterlagen daher nie der Verwaltungsbefugnis des Hauptinsolvenzverwalters. Dasselbe gilt auch nach Eröffnung eines Hauptinsolvenzverfahrens für das sich **anschließende Sekundärinsolvenzverfahren** nach **Art. 3 Abs. 4 S. 2 EuInsVO**. Für den Hauptinsolvenzverwalter kann damit allenfalls ein Überschuss aus der Abwicklung des Partikularinsolvenzverfahrens in die Berechnungsgrundlage fallen.[385]

bb) Sekundärinsolvenzverfahren

170 Anderes kommt jedoch dann in Betracht, wenn ein Sekundärinsolvenzverfahren **erst nach Eröffnung des Hauptinsolvenzverfahrens** eingeleitet wird. Der Hauptinsolvenzverwalter muss sich dann notwendigerweise auch mit den ausländischen Vermögensbestandteilen befasst haben. Da das im Ausland befindliche Vermögen in die Insolvenzmasse und damit in die Berechnungsgrundlage der Vergütung des Hauptinsolvenzverwalters einzubeziehen ist, diese Vermögensbestandteile jedoch später aus seiner Verwaltungshoheit ausgeschieden sind, müssen die Grundsätze zur Einbeziehung der Vermögensgegenstände greifen, die Bestandteile der Anfangsmasse waren (siehe insoweit Rz. 20). Nicht nur ein möglicher aus dem Sekundärinsolvenzverfahren **erzielter Überschuss** erhöht damit die Berechnungsgrundlage.[386] Um einen doppelten Ansatz zu vermeiden, kann aber nur die Anfangsmasse oder der Überschuss aus dem Sekundärinsolvenzverfahren einbezogen werden.

---

383 Mankowski, EWiR 2015, 123, 124.
384 LG Aachen, 17.7.2014 – 6 T 44/14. ZIP 2015, 191, 192; Mankowski, EWiR 2015, 123, 124.
385 Im Anschluss an Mankowski in EWiR 2015, 123, 124, der eine Separierung für das Sekundärinsolvenzverfahren erst nach Überschussauskehrung annimmt.
386 Siehe hierzu näher: Keller, § 3 Rn 156–160.

2. Gruppeninsolvenz

Zu unterscheiden ist zwischen dem **Verfahrenskoordinator** nach der InsO und dem **Gruppenkoordinator** nach der EuInsVO. 171

a) Berechnungsgrundlage für den Verfahrenskoordinator

Dem **Verfahrenskoordinator** steht mit § 269g InsO ein eigenständiger Vergütungsanspruch zu, dessen Berechnungsgrundlage in § 269g Abs. 1 S. 2 InsO geregelt ist. 172

Danach findet eine Addition der Insolvenzmassen der dem Koordinationsverfahren angehörigen Insolvenzverfahren statt, also eine Addition der Berechnungsgrundlagen nach § 1 InsVV der einzelnen Verfahren.[387]

Dabei wird diskutiert, wie mit gruppeninternen Forderungen umzugehen ist. Der Regierungsentwurf zu § 269 g) InsO-E sieht vor, dass addierte Insolvenzmassen um die gruppeninternen Forderungen „zu bereinigen" sind. Sollte sich der Verfahrenskoordinator dennoch mit diesen befassen, so wird als zweckmäßig erachtet, dies im Einzelfall und im Rahmen von Zu- und Abschlägen zu berücksichtigen.[388] Dabei wird allerdings offengelassen, wie und nach welchen Regeln eine solche „Bereinigung" vorzunehmen ist.

Zum einen wird vertreten, dass eine solche Bereinigung dem deutschen Konzerninsolvenzrecht fremd ist und dem klaren Bekenntnis gegen eine materiellrechtliche Konsolidierung aus § 269d InsO widerspricht. Auch würde durch die Bereinigung die Eigenständigkeit und Trennung der einzelnen Insolvenzmassen unterlaufen. Hinzukommt, dass sich das Gebot zur Bereinigung nicht aus dem Gesetzeswortlaut des § 269g Abs. 1 S. 2 InsO ableiten lasse.[389] Andererseits wird diskutiert, ob entsprechend konzernrechtlichen Konsolidierungsgrundsätzen gruppeninterne Ansprüche und Verbindlichkeiten zu saldieren sind. Abgesehen von der schwierigen Ermittlung solcher Aktiv- und Passivposten, gelten Handelsrecht und Konzernrecht allgemein nicht für das insolvenzrechtliche Vergütungsverfahren. Hinzu kommt, dass ja gerade solche Tatbestände einen Verfahrenskoordinator erfordern, der sich hiermit auch im besonderen Umfange zu befassen hat.[390] Dabei wird allerdings verkannt, dass nach der Begründung des Regierungsentwurfes mittels Zu- und Abschlägen für den Verfahrenskoordinator dem Grundsatz Rechnung getragen wird, dass eine Vergütung nur für Tätigkeiten möglich sein kann, die auch tatsächlich ausgeführt wurden.

---

387 Uhlenbruck/Mock, § 269g InsO Rn 4; Zimmer, § 1 InsVV Rn 191.
388 RegE zu § 269g InsO, BT-Drucks. 18/407 S. 38.
389 Braun/Esser, InsO § 269g Rn 4.
390 So: Uhlenbruck/Mock, § 269g InsO Rn 4, Zimmer, § 1 InsVV Rn 191 a.A.; KPB/Thole, § 269g InsO Rn 4.

Somit ist Berechnungsgrundlage der Vergütung des Verfahrenskoordinators der Wert der um die gruppeninternen Forderungen bereinigten und addierten Insolvenzmassen der am Koordinationsverfahren teilnehmenden Insolvenzverfahren zzgl. der Zu- und Abschläge. Auf Grundlage des so ermittelten Wertes erhält der Verfahrenskoordinator seine nach § 2 InsVV gestaffelte Vergütung.

b) Berechnungsgrundlage für den Gruppenkoordinator

173 Die Vergütung des **Gruppenkoordinators** nach Art. 77 Abs. 1 EuInsVO ist weder in der EuInsVO noch im nationalen Insolvenzrecht bestimmt. Die EuInsVO verlangt allein eine angemessene und verhältnismäßige Vergütung.[391] Insoweit werden daher verschiedene Vergütungsansätze diskutiert. So wird bspw. eine Vergütung auf Stundenbasis vorgeschlagen. Dabei wird ein Vergütungssatz von EUR 300,00–600,00, entsprechend international tätiger Unternehmensberater als sinnvoll erachtet.[392] Letztendlich dürfte als Grundlage nur eine entsprechende Abstimmung zwischen den Verfahrensbeteiligten in Betracht kommen. Neben einer Orientierung an den Werten wird ein sogenanntes Mehrwertmodell (siehe unten Rz. 174) vorgeschlagen, dass sich insbesondere an den ergriffenen Maßnahmen des Koordinators auf Basis dessen Erfolges orientiert.[393]

174	Maßnahme	Beschreibung	Prognose (Antrag)	Umsetzung am Ende (Qualität)	Zu-/Abschlag (Qualität)	Summen
	Maßnahme 1	Mehrwert 1	500 (= 100%)	250 (= 50%)	150% wg. Mehraufwand	375
	Maßnahme 2	Mehrwert 2	400 (= 100%)	300 (= 75%)	100% da i.R.	300
	Maßnahme 3	Ersparte Kosten 1	600 (= 100%)	200 (= 33,33%)	100% da i.R.	200
	Maßnahme 4	Ersparte Kosten 2	600 (= 100%)	400 (= 66,66%)	75% wg. Minderaufwand	300
	Geplante Berechnungsgrundlage		**2.100**	Angepasste Berechnungsgrundlage		1.175
				Pauschaler Zu- bzw. Abschlag (150%)		**1.763**

---

391 Zimmer, § 1 InsVV Rn 196.
392 Haarmeyer/Mock, § 1 InsVV Rn 123.
393 Dazu ausführlich: Vallender/Fritz, Art. 77 EuInsVO Rn 14–20, vgl. insbesondere das Berechnungsmodell unter Rn 18; Zimmer, § 1 InsVV Rn 197, Vallender, ZInsO 2015, 57, 63.

Um die entstehenden Kosten unter Kontrolle bzw. „im Rahmen" zu halten, obliegt es dem Gruppenkoordinator nach Art. 72 Abs. 6 EUInsVO vor Tätigkeiten, die eine erhebliche Kostensteigerung zur Folgen haben, eine Genehmigung einzuholen.

3. Vorläufige und endgültige Sachwaltung

Gem. § 10 InsVV sind auch für die Festsetzung der Vergütung des vorläufigen und endgültigen Sachwalters die allgemeinen Bestimmungen der §§ 1–9 InsVV anwendbar, soweit in den §§ 11–13 InsVV nichts anderes bestimmt ist. Heranzuziehen sind § 12 InsVV und der neu eingeführte § 12a InsVV für den vorläufigen Insolvenzverwalter (siehe unten Rz. 176). 175

a) Einheitliche Berechnungsgrundlage für den vorläufigen und endgültigen Sachwalter

Grundlegend waren für bis zum 31.12.2020 gestellte Anträge die Entscheidungen des BGH vom 22.9.2016 und vom 22.6.2017.[394] Ein selbständiger Vergütungsanspruch des vorläufigen Sachwalters wird danach klar verneint. Aufgrund der **Einheitlichkeit der überwachenden Tätigkeit** während der gesamten Dauer der Eigenverwaltung sei dessen Vergütung lediglich ein Bestandteil der Vergütung des endgültigen Sachwalters.[395] Weder das ESUG noch die nachfolgenden gesetzgeberischen Maßnahmen hätten eine eigenständige Regelung für den vorläufigen Sachwalter geschaffen.[396] Die intensive Befassung des Gesetzgebers mit der Bestellung auch eines vorläufigen Sachwalters in dem ESUG vom 7.12.2011[397] und dessen hierin enthaltenen beschränkten Befugnisse zeigten, dass die fehlende Regelung für die Vergütung des vorläufigen Sachwalters nicht auf dem Vergessen der Notwendigkeit einer solchen Regelung beruhe. Vielmehr komme hierdurch zum Ausdruck, dass eine Vergleichbarkeit mit der Tätigkeit eines vorläufigen Insolvenzverwalters **abgelehnt** werde.[398] Damit ist die Vergütung des vorläufigen Sachwalters in einem Zuschlag für den endgültigen Sachwalter enthalten, der regelmäßig 25% der Regelvergütung beträgt. Zur Abmilderung wird dem personenidentischen vorläufigen und endgültigen Sachwalter jedoch zugebilligt, zeitnah einen entsprechenden Vorschuss zu beantra- 176

---

[394] **BGH** vom 22.9.2016 – IX ZB 71/14, ZIP 2016, 1981–1987 im Anschluss hieran BGH vom 22.6.2017 – IX ZB 91/15, DZWIR 2017, 529–532.
[395] BGH, 22.9.2016 – IX ZB 71/14, ZIP 2016, 1981, 1982; BGH, 22.6.2017 – IX ZB 91/15, DZWIR 2017, 529, 530.
[396] BGH, 22.6.2017 – IX ZB 91/15, DZWIR 2017, 529, 530; AG Köln, 25.1.2017 – 73 IN 411/16, ZIP 2017, 980, 981; Haarmeyer/Mock, ZInsO 2016, 1829, 1830; Graeber, DZWIR 2014, 514, 516, 517.
[397] BGBl. I 2011, 285.
[398] Mit ausführlicher Begründung: BGH, 22.9.2016 – IX ZB 71/14, ZIP 2016, 1981, 1982; näher hierzu: Haarmeyer/Mock, ZInsO 2016, 1829, 1831, 1832, Graeber, DZWIR 2016, 514, 515.

gen.³⁹⁹ Ein eigener Antrag auf Festsetzung der Vergütung des vorläufigen Sachwalters vor Verfahrensabschluss war danach als unbegründet zurückzuweisen.⁴⁰⁰

Konsequenterweise muss damit die Berechnungsgrundlage sowohl für den vorläufigen als auch den endgültigen Sachwalter identisch sein. Einheitlich sei nach § 10 InsVV grundsätzlich § 1 InsVV heranzuziehen. Der §§ 11 Abs. 1, 3 und 4 InsVV n.F., 63 Abs. 3 S. 1–3 InsO n.F. bedürfe es ebenso wenig wie der Korrekturmöglichkeit nach §§ 63 Abs. 3 S. 4 InsO n.F., 11 Abs. 2 InsVV n.F.⁴⁰¹ Dem schließt sich die Literatur überwiegend an.⁴⁰² Sowohl die Berechnungsgrundlage für den vorläufigen als auch den endgültigen Sachwalter ist damit einheitlich zu ermitteln. Teilweise wird zwar der Grundsatz einer sogenannten wirtschaftlichen Einheitsvergütung vertreten, wonach vor allem aus dem „vorläufigen" Verfahren übernommene Bestände nicht doppelt berücksichtigt werden sollen.⁴⁰³ Da die Ergebnisse aber im Wesentlichen gleich sind, erübrigt sich eine weitere Vertiefung.

Das Gesetz zur Fortentwicklung des Sanierungs- und Insolvenzrechtes (BBGl. 2020, I, 3256, 3289) hat in Art. 6 einen neuen § 12a in die InsVV mit Wirkung ab dem 1.1.2021 gemäß neuem § 19 Abs. 5 InsVV eingefügt. Die bisherige Regelungslücke nach Auffassung des BGH wurde beseitigt, indem dem vorläufigen Sachwalter ein gesonderter Vergütungsanspruch zugebilligt wurde. Diese Vorschrift entspricht weitestgehend den Regelungen für den vorläufigen Insolvenzverwalter oder eingesetzten Gutachter, sodass auf die Ausführungen zur Berechnungsgrundlage und Festsetzung für den vorläufigen Insolvenzverwalter verwiesen wird.

b) Schlussrechnung des Schuldners

177 Basis ist zunächst die eigene **Schlussrechnung des Schuldners**, da der Sachwalter nicht zur Aufstellung, sondern nur zur Prüfung verpflichtet ist.⁴⁰⁴ Diese Schlussrechnung ist jedoch eigenständig durch den Sachwalter um realisierte Anfechtungsansprüche zu erweitern, die damit auch die Vergütung des vorläufigen Sachwalter erhöhen.⁴⁰⁵ Denn diese Anfechtungen obliegen dem eigenen gesetzlichen Aufgabenbereich des vorläufigen und endgültigen Sachwalters. Soweit dem Sach-

---

399 BGH, 22.9.2016 – IX ZB 71/14, ZIP 2016, 1981, 1983; BGH, 22.6.2017 – IX ZB 91/15, DZWIR 2017, 529, 530; Graeber, DZWIR 2016, 514, 516, 517.
400 Graeber, DZWIR 2016, 514, 517.
401 BGH, 22.9.2016 – IX ZB 71/14, ZIP 2016, 1981, 1983; *Steh* in Graf-Schlicker, § 12 InsVV Rn 12; MüKo/Stephan, § 12 InsVV Rn 30.
402 Mit ausführlicher Darlegung: Zimmer, § 12 InsVV Rn 101, 106–109; Haarmeyer/Mock, § 12 InsVV Rn 21 ff., Lorenz, in: Lorenz/Klanke, § 12 InsVV Rn 42–44; Graeber/Graeber, § 12 InsVV Rn 14 ff.
403 Zimmer, § 12 InsVV Rn 118 ff.
404 Zimmer, § 12 InsVV Rn 25; Lorenz, in: Lorenz/Klanke, § 12 InsVV Rn 5.
405 Graeber, DZWIR 2016, 514, 517; Zimmer, § 12 InsVV Rn 33.

walter auch die Geltendmachung von Ansprüchen nach §§ 92, 93 InsO übertragen ist, gelten die Ausführungen unter Rz. 114 und 120 entsprechend.[406]

c) Berechnungsgrundlage

Damit sind gem. § 10 InsVV die §§ 1–9 InsVV entsprechend zugrunde zu legen. Die obigen Ausführungen unter Rz. 12ff. gelten daher. Aufgrund des konkreten Verweises ausschließlich auf § 1 InsVV[407] wird geschlossen, dass entgegen den Grundsätzen für den vorläufigen Insolvenzverwalter Vermögensgegenstände unberücksichtigt bleiben, an denen Aus- und Absonderungsrechte bestehen.[408] Entsprechend allgemeinen Grundsätzen für den endgültigen Insolvenzverwalter ist jedoch ein **Überschuss** aus der Verwertung einzustellen. **Feststellungskostenbeiträge** oder **Verwertungskostenbeiträge** sind jedoch **nicht** zu berücksichtigen.[409]

178

Für die **Betriebsfortführung** wird diskutiert, ob § 1 Abs. 2 Nr. 4 b) InsVV überhaupt anwendbar sein soll, was zu Folge hätte, dass noch nicht einmal der Überschuss zu berücksichtigen wäre, nach anderer Auffassung aber die Einnahmen ohne Abzug der Ausgaben.[410] Vor dem Hintergrund der Rechtsprechung des BGH ist jedoch eindeutig geklärt, dass bei der Berechnungsgrundlage gem. § 10 InsVV i.V.m. § 1 Abs. 2 Nr. 4 b) InsVV der Überschuss aus der Betriebsfortführung nicht außer Acht gelassen werden kann.[411] Für die Schlussrechnungslegung gelten damit für die Betriebsfortführung die Ausführungen unter Rz. 86ff.

179

d) Vorzeitige Beendigung

Kommt es überhaupt nicht zur Eröffnung eines Eigenverwaltungsverfahrens, so ist § 26a InsO analog anzuwenden.[412] Auch für die übrigen Fälle des Amtswechsels[413] sind unter Berücksichtigung der Besonderheiten für die Sachwaltung die Grundsätze zur vorzeitigen Verfahrensbeendigung und zur Ermittlung der Berechnungsgrundlage einzubeziehen (siehe hierzu Rz. 113ff.).

180

---

406 Zimmer, § 12 InsVV Rn 32.
407 BGH, 22.6.2017 – IX ZB 91/15, DZWIR 2017, 529 [Rn 11].
408 Haarmeyer/Mock, § 12 InsVV Rn 23; Haarmeyer/Mock, ZInsO 2016, 1637, 1832; Zimmer, § 12 InsVV Rn 28ff.
409 Zimmer, § 12 InsVV Rn 28.
410 Siehe hierzu näher: Zimmer, § 12 InsVV Rn 27.
411 BGH, 22.9.2016 – IX ZB 71/14, ZIP 2016, 1981, 1985.
412 BGH, 22.9.2016 – IX ZB 71/14, ZIP 2016, 1981, 1984; *Haarmeyer/Mock*, ZInsO 2016, 1837; Graeber, DZWIR 2016, 514, 519.
413 Siehe hierzu: Zimmer, § 12 Rn 145ff.

4. Berechnungsgrundlage der Vergütung des Insolvenzverwalters im Verbraucherinsolvenzverfahren nach § 13 InsVV

181 Für die ab dem 1.7.2014 beantragten Verfahren sind die bisherigen Vorschriften zum vereinfachten Insolvenzverfahren nach §§ 311–314 InsO durch das Gesetz zur Verkürzung des Restschuldbefreiungsverfahrens und zur Stärkung der Gläubigerrechte vom 18.7.2013 abgeschafft. Es entfällt also eine gesonderte Vergütung des Treuhänders, da dieser gänzlich abgeschafft wurde. Auch hier wird nun ein Insolvenzverwalter bestellt. Die bisherige Vergütungsregelung im **vereinfachten Insolvenzverfahren** nach § 13 InsVV ist damit für die Vergütung des Treuhänders ebenfalls ersatzlos gestrichen. Der an dessen Stelle getretene § 13 InsVV n.F. beschränkt bei Vorliegen der Voraussetzung einer Vorbereitung der Unterlagen nach § 305 Abs. 1 Nr. 3 InsO die Vergütung auf einen Betrag von EUR 800,00.

182 Regelungsansätze für eine Vergütung des Insolvenzverwalters in einem Verbraucherinsolvenzverfahren enthält § 13 InsVV aber nicht. Rechtsgrundlage hierfür ist vielmehr § 63 Abs. 1 InsO i.V.m. den Vorschriften des ersten Abschnittes der InsVV.[414] Entsprechend dem Verweis in § 10 InsVV ist für die Berechnungsgrundlage damit § 1 InsVV heranzuziehen.[415] Letztendlich gelten die Regeln für die Berechnungsgrundlage für § 13 InsVV a.F. und n.F., da § 13 InsVV n.F. nur eine ergänzende Regelung zur Mindestvergütung des Insolvenzverwalters im § 2 Abs. 2 InsVV enthält.[416] Damit ist auf die allgemeinen Regelungen der §§ 1–9 InsVV zurückzugreifen (Rz. ff.), insbesondere für die Berechnungsgrundlage also § 1 InsVV[417] mit folgenden Besonderheiten:[418]

– Grundlage der Ermittlung ist die **Schlussrechnung** gem. § 313 Abs. 1 Satz 1 InsO und § 66 InsO. Zugrunde zu legen ist die Summe aller Einnahmen sowie des Zuerwerbes.
– Bei **natürlichen Personen** ist der Neuerwerb aus nichtpfändbarem Einkommen zur **Restschuldbefreiung** detailliert abzugrenzen.
– Wird soweit zulässig selbstständige Tätigkeit fortgeführt, so gilt § 1 Abs. 2 Nr. 4 b) InsVV.[419] Regelmäßig kommt eine Fortführung aber nur aufgrund der Besonderheiten des Verbraucherinsolvenzverfahrens bei einer **geringfügigen Nebentätigkeit** mit unregelmäßigen bzw. geringfügigen Einnahmen in Betracht.[420]

---

414 MüKo/Stephan, § 13 InsVV Rn 4.
415 Lorenz, in: Lorenz/Klanke, § 13 InsVV Rn 6; KPB/Prasser/Stoffler, § 13 InsVV Rn 12 ff.
416 KPB/Prasser/Stoffler, § 13 InsVV Rn 12.
417 Graeber/Graeber, § 13 InsVV Rn c, b; Zimmer, § 13 InsVV Rn 14.
418 Vgl. insoweit ausführlich: Zimmer, § 13 InsVV Rn 15 ff.; Lorenz, in: Lorenz/Klanke, § 13 InsVV Rn 6, 7.
419 Lorenz, in: Lorenz/Klanke, § 6 InsVV Rn 6, Zimmer, § 13 InsVV Rn 20; BK/Blersch, § 13 InsVV Rn 14.
420 Zimmer, § 13 InsVV Rn 20.

- Entgegen dem Regelinsolvenzverfahren sind allerdings nur **diejenigen Masseschulden** abzuziehen, die durch **erstmaliges Verwalterhandeln** neu begründet wurde, nicht aber die sogenannten Auslaufverbindlichkeiten.[421]
- Einzubeziehen ist auch das verwaltete Anlagevermögen, auch wenn es nicht mitverwertet wird, entsprechend dem Grundgedanken der mitverwalteten Anfangsmasse.[422]
- **Überschüsse** bei der Verwertung von **Aus- und Absonderungsrech**ten unterliegenden Vermögensgegenständen sind einzubeziehen. Kostenbeiträge gem. § 171 InsO sind nicht zu berücksichtigen.
- Die Abzugsregelung in **§ 1 Abs. 2 Nr. 3 InsVV** gilt.
- Dasselbe gilt für den Einsatz besonderer Sachkunde gem. § 1 Abs. 2 Nr. 4 InsVV.

Bei vorzeitiger Verfahrensbeendigung oder des Amtes gelten die Ausführungen für den Insolvenzverwalter (Rz. 113).[423]

5. Berechnungsgrundlage der Vergütung des Treuhänders in der Wohlverhaltensphase nach § 14 InsVV

Die Vergütung des Treuhänders in der Wohlverhaltensphase ist von der Vergütung des Insolvenzverwalters, der zuvor tätig war, zu unterscheiden.[424] § 14 Abs. 1 InsVV stellt abweichend zu § 1 InsVV **eine eigenständige Berechnungsgrundlage** dar.[425] Nicht nur die **Zuflüsse** aufgrund der **Abtretung** des Schuldners, sondern auch alle **weiteren** Zuflüsse aus der verwalteten Masse sind einzubeziehen. Das gilt insbesondere für die **Erbschaft** des Schuldners gem. § 295 Abs. 2 InsO.[426] Auch Leistungen Dritter sind zu berücksichtigen.[427]

183

Ausgeschlossen sind:

184

- Zahlungen des Schuldners gem. § 298 Abs. 1 InsO auf die Mindestvergütung.[428]
- Erhaltene Beträge nach dem vierten oder fünften Jahr der Wohlverhaltensperiode.[429]

---

421 Lorenz, in: Lorenz/Klanke, § 13 InsVV Rn 6.
422 Lorenz, in: Lorenz/Klanke, § 13 InsVV Rn 6.
423 Lorenz, in: Lorenz/Klanke, § 13 InsVV Rn 8.
424 Graeber/Graeber, § 13 InsVV Rn c, b; Zimmer, § 14 InsVV Rn 1.
425 Zimmer, § 14 InsVV Rn 22; Lorenz, in: Lorenz/Klanke, § 14 InsVV Rn 4.
426 Haarmeyer/Mock, § 14 InsVV Rn 12; Lorenz, in: Lorenz/Klanke, § 14 InsVV Rn 4; Zimmer, § 14 InsVV Rn 23.
427 KPB/Prasser/Stoffler, § 14 InsVV Rn 5; Lorenz, in: Lorenz/Klanke, § 14 InsVV Rn 4.
428 MüKo/Stephan, § 14 InsVV Rn 8; Lorenz, in: Lorenz/Klanke, § 14 InsVV Rn 4.
429 Lorenz, in: Lorenz/Klanke, § 14 InsVV Rn 4.

– Ungerechtfertigte Bereicherung, bei Fehlüberweisungen, eingeschränkter Betriebsfortführung.[430]

IV. Sonderinsolvenzverwaltung

185 In Fällen von Interessenkonflikten des Insolvenzverwalters wird regelmäßig ein sogenannter Sonderinsolvenzverwalter bestellt. Das ist oftmals bei Konzerninsolvenzen der Fall, wenn ein Insolvenzverwalter bei verschiedenen konzernangehörigen Gesellschaften bestellt ist und zwischen diesen Ansprüche bestehen und insbesondere Forderungen anzumelden sind.[431]

1. Grundlage der Berechnung

186 Die Vergütung eines Sonderinsolvenzverwalters ist in der InsVV und InsO nicht ausdrücklich geregelt. Zwar werden die fehlenden gesetzlichen Regelungen und die nur begrenzten Aufgaben des Sonderinsolvenzverwalters als Argument für eine Vergütung des Sonderinsolvenzverwalters nach RVG oder den Regeln des Ergänzungspflegers, §§ 1915, 1835, 1836 BGB, genutzt. Nach höchstrichterlicher Klarstellung sind diese Ansichten aber abzulehnen. Auch wenn der Sonderinsolvenzverwalter gegenüber dem „eigentlichen" Insolvenzverwalter nur beschränkte Aufgaben wahrnimmt und seine Vergütung gesetzlich nicht ausdrücklich geregelt ist, hat er doch die **Stellung eines Insolvenzverwalters**.[432] Gleichwohl bestimmt sich die Vergütung des Sonderinsolvenzverwalters grundsätzlich nach dem **Charakter der konkret wahrgenommenen Tätigkeit**. Diese kann eine „typische Verwaltertätigkeit" sein oder die eines Rechtsanwalts.

2. Typische Verwaltertätigkeit

187 Bestellt das Gericht weder einen Sachverständigen noch eine andere Person und nimmt die Bestellung ausdrücklich mit der Bezeichnung als Sonderinsolvenzverwalter vor, richtet sich die Vergütung des bestellten Sonderinsolvenzverwalters nach den allgemeinen Regeln der InsVV.[433]

188 Für die Berechnungsgrundlage der Vergütung des Sonderinsolvenzverwalters ist grundsätzlich der Wert des Vermögensgegenstandes maßgebend, auf den sich die Tätigkeit des Sonderinsolvenzverwalters, entsprechend der Aufgabenbeschrei-

---

430 Siehe hierzu näher: Zimmer, § 14 InsVV Rn 27–31.
431 Uhlenbruck/Mock, § 63 InsO Rn 12.
432 BGH, 26.3.2015 – IX ZB 62/13, NZI 2015, 730; BGH, 21.1.2010 – IX ZB 163/08, FD-InsR 2010, 298515; BGH, 29.5.2008 – IX ZB 303/05, NJW-RR 2008, 1580.
433 BGH, 26.3.2015 – IX ZB 62/13, NZI 2015, 730; BGH, 21.1.2010 – IX ZB 163/08, FD-InsR 2010, 298515; LG Münster, 14.3.2018 – 5 T 488/17, NZI 2018, 418.

bung im gerichtlichen Bestellungsbeschluss, bezieht.[434] Regelmäßig wird somit der Wert des dem Sonderinsolvenzverwalter zugeordneten Vermögens(-teils) maßgeblich sein. Um dem Sonderinsolvenzverwalter nicht das Risiko der Nichteinbringlichkeit, fehlenden Nachweißbarkeit etc. aufzubürden, ist für die Wertbestimmung des Vermögensteils irrelevant, ob der Anspruch tatsächlich berechtigt, durchsetzbar, nachweisbar und oder einbringlich ist. Maßgeblich ist allein der vermeintliche Wert des dem Sonderinsolvenzverwalter zugeordneten Vermögens im **Zeitpunkt der Bestellung**. Ist dem Sonderinsolvenzverwalter etwa eine konkrete Forderung zugewiesen worden, so ist deren Wert in Höhe der im Verfahren zu erwartenden oder tatsächlich ausgeschütteten Quote maßgeblich.[435]

Auf eine dieser Berechnungsgrundlage entsprechenden Vergütung nach § 2 Abs. 1 InsVV erhält der Sonderinsolvenzverwalter in der Regel Zu-[436] und Abschläge nach § 3 Abs. 1 und 3 InsVV.[437] Die in § 2 Abs. 2 InsVV normierte Mindestvergütung findet, aufgrund der beschränkten Aufgaben des Sonderinsolvenzverwalters, keine Anwendung. Hier könnte eine festzusetzende Mindestvergütung sogar unangemessen sein.[438]

3. Anwaltliche Tätigkeit

Für Tätigkeiten des als Rechtsanwalt zugelassenen Sonderinsolvenzverwalters, die ein nicht als Rechtsanwalt zugelassener Sonderinsolvenzverwalter einem Rechtsanwalt übertragen hätte, kann sich unter Umständen die Vergütung nach RVG bemessen.[439] Dies gilt ausnahmsweise dann, wenn sich die Tätigkeit des Sonderinsolvenzverwalters in der anwaltlichen Tätigkeit erschöpft und seine Tätigkeit mit der eines Insolvenzverwalters nicht als vergleichbar anzusehen ist.[440] Der BGH hat klargestellt, dass sich die Vergütung des Sinderinsolvenzverwalters nach § 5 InsVV i.V.m. RVG richtet, wenn sich die Tätigkeit des Sonderinsolvenzverwalters allein auf die **Anmeldung**[441] **oder Prüfung** von (einzelnen) Forderungen, einer der Kernaufgaben des Insolvenzverwalters,[442] beschränkt. Der dabei anzusetzende Gegenstandwert wird durch das Gericht nach billigem Ermessen bestimmt, §§ 28 Abs. 3 iVm. 23 Abs. 3

---

434 Graeber/Graeber, vor § 1 InsVV Rn 42; Graeber, in: Beck/Depré, Praxis der Insolvenz, § 53 Rn 1.
435 Graeber/Graeber, vor § 1 InsVV Rn 42.
436 Graeber/Graeber, vor § 1 InsVV Rn 44.
437 BGH, 26.3.2015 – IX ZB 62/13, NZI 2015, 730; BGH, 29.5.2008 – IX ZB 303/05, NJW-RR 2008, 1580.
438 BGH, 26.3.2015 – IX ZB 62/13, NZI 2015, 730.
439 BeckOK KostR/Budnik, 30. Ed. 1.6.2020, InsVV § 5 Rn 11.
440 BGH, 26.3.2015 – IX ZB 62/13; BGH, 29.5.2008 – IX ZB 303/05; LG Krefeld, 30.11.2005 – 6 T 253/05; AG Göttingen, 7.12.1999 – 71 N 57/98.
441 BGH, 29.5.2008 – IX ZB 303/05, NJW-RR 2008, 1580.
442 BGH, 7.5.2020 – IX ZB 29/18, ZInsO 2020, 1329.

S. 2 RVG. Regelmäßig entspricht er der auf die Forderung entfallenden Quote im **Zeitpunkt des erstmaligen Tätigwerdens** des Sonderinsolvenzverwalters. Dabei hat das Gericht dafür Sorge zu tragen, dass der Sonderinsolvenzverwalter eine angemessene Vergütung erhält. Liegen besondere Umstände vor, die die Ansetzung der auf die Forderung entfallenden Quote im Zeitpunkt des ersten Tätigwerdens unbillig erscheinen lassen, ist dem Gericht unbenommen. im Rahmen seines Ermessens einen anderen Gegenstandswert zu bestimmen.[443] Besondere Umstände können bspw. umfangreiche Tatsachenermittlungen, komplizierte rechtliche Prüfungen etc. sein[444], was aber auch im Rahmen von Nr. 2300 VV RVG mit einer erhöhten Gebühr von bis zu 2,5 berücksichtigt werden kann.[445] Gem. § 182 InsO ist eine auf diese Forderung entfallende Quote (bzw. spätere Vollstreckungsaussichten) zu schätzen.[446] War es Aufgabe des Sonderinsolvenzverwalters eine Forderung des Insolvenzverwalters zu prüfen, beträgt die vom Sonderinsolvenzverwalter abzurechnende Gebühr gem. Nr. 3317 VV RVG 1,0. Die Geltendmachung von Haftungsansprüchen durch den Sonderinsolvenzverwalter wird gem. § 92 InsO mit einer Gebühr entsprechend der „normalen" Forderungsbeitreibung (außerhalb eines Insolvenzverfahrens) nach Nr. 3100 VV RVG in Höhe von 1,3 abgerechnet. Für außergerichtliche Einigungen gilt entsprechend Nr. 3101 VV RVG mit 0,8. Wenn der Sonderinsolvenzverwalter von der dargestellten Abrechnung abweichen möchte, hat er vor Beginn seiner (entgeltlichen) Tätigkeit das Gericht darüber zu informieren. Dadurch soll das Gericht in die Lage versetzt werden, Maßnahmen ergreifen zu können, die erhöhte Kosten vermeiden.[447]

C. Gebühren des Insolvenzverwalters

190 Gem. § 2 InsVV ist zunächst die Höhe der Vergütung für sog. Normalfälle festzulegen. Gemäß dieser Vorschrift wird eine Vergütungshöhe für sog. Normalverfahren festgelegt. Diese Regelvergütung ist auch in jedem Fall besonders zu errechnen.[448]

191 Nach Festlegung der Regelvergütung, ist in einem weiteren Schritt gem. § 3 InsVV auf die Besonderheiten des jeweiligen Verfahrens in Form von Zu- und Abschlägen einzugehen (s. zugleich unten unter Rz. 206 ff.). Diese Entscheidung des Verordnungsgebers, für eine Vergütung nach Regelsätzen, von denen mittels Zu- und Abschlägen abgewichen werden kann, stellt keinen Verstoß gegen das Bestimmtheitsgebot, gegen einen Gesetzesvorbehalt oder gegen das Willkürverbot dar.[449]

---

443 BGH, 7.5.2020 – IX ZB 29/18., ZinsO 2020,1329.
444 Graeber/Graeber, vor § 1 InsVV Rn 44.
445 BGH, 7.5.2020 – IX ZB 29/18, ZInsO 2020, 1329.
446 BGH, 28.5.2015 – III ZR 260/14, NZI 2015, 757.
447 Graeber/Graeber, vor § 1 InsVV Rn 44a.
448 Keller, § 4 Rn 1.
449 BGH, 12.9.19 – IX ZB 2/19, ZIP 2019, 1680.

I. Regelvergütung

Die in § 2 InsVV zuletzt geändert durch Art. 6 des Gesetzes zur Fortentwicklung des Sanierungs- und Insolvenzrechtes (BGBl. 2020, I, 3256 ff.) festgelegten Regelsätze umfassen nunmehr neun anstelle bislang sieben Stufen. In der ersten Stufe beläuft sich der Regelsatz für die ersten EUR 35.000,00 der maßgeblichen Berechnungsgrundlage auf 40%. Dieser Prozentsatz reduziert sich bis zur neunten und letzten Stufe auf 0,2%. Mit dieser Staffelung sollen „exorbitant hohe Vergütungen begrenzt werden, die vom Arbeitsaufwand, von der Leistung und von der Verantwortung des Insolvenzverwalters nicht mehr zu rechtfertigen sind".[450] Um bei hoher Insolvenzmasse und im Einzelfall hoher Arbeitsbelastung des Insolvenzverwalters gleichwohl einen Ausgleich zu schaffen, wurde als Ausgleich nach § 3 Abs. 1 c) InsVV ein sog. Degressionszuschlag eingeführt (vgl. unten unter Rz. 222 ff.).[451]

Aufgrund der Staffelung von bis zu neun degressiv verlaufenden Prozentsätzen ist für jede Stufe eine Teilvergütung zu berechnen. Soweit über die erste bzw. die weiteren Stufen hinaus nach Abzug der Differenz aus der vorangegangenen Stufe noch ein Betrag übrigbleibt, sind somit insgesamt bis zu neun Teilvergütungen auszurechnen. Alle bis zu neun Teilvergütungen werden anschließend addiert und ergeben so die Gesamtvergütung als Regelvergütung i.S.d. § 2 InsVV.

Beispiel nach bisheriger Rechtslage (bis 31.12.2020)

Berechnungsgrundlage: EUR 65 Mio.

	Masse bis	Mehrbetrag	Satz	Teilvergütung
1. Stufe	EUR 25.000,00	EUR 25.000,00	40%	EUR 10.000,00
2. Stufe	EUR 50.000,00	EUR 25.000,00	25%	EUR 6.250,00
3. Stufe	EUR 250.000,00	EUR 200.000,00	7%	EUR 14.000,00
4. Stufe	EUR 500.000,00	EUR 250.000,00	3%	EUR 7.500,00
5. Stufe	EUR 25.000.000,00	EUR 24.500.000,00	2%	EUR 490.000,00
6. Stufe	EUR 50.000.000,00	EUR 25.000.000,00	1%	EUR 250.000,00
7. Stufe	über EUR 50 Mio.	EUR 15.000.000,00	0,5%	EUR 75.000,00
Gesamtvergütung:				EUR 852.750,00

---

450 Haarmeyer/Mock, InsVV § 2 Rn 52 mit zudem kritischen Anmerkungen zur Vergütung bei Milliardenfällen.
451 Keller, § 2 Rn 52 ff.

Beispiel nach neuer Rechtslage (ab 1.1.2021)

Berechnungsgrundlage: EUR 65 Mio.

	Masse bis	Mehrbetrag	Satz	Teilvergütung
1. Stufe	EUR 35.000,00	EUR 35.000,00	40%	EUR 14.000,00
2. Stufe	EUR 70.000,00	EUR 35.000,00	26%	EUR 9.100,00
3. Stufe	EUR 350.000,00	EUR 280.000,00	7,5%	EUR 21.000,00
4. Stufe	EUR 700.000,00	EUR 350.000,00	3,3%	EUR 11.500,00
5. Stufe	EUR 35.000.000,00	EUR 34.300.000,00	2,2%	EUR 754.600,00
6. Stufe	EUR 70.000.000,00	EUR 35.000.000,00	1,1%	EUR 385.000,00
7. Stufe	EUR 350 Mio.	EUR 280.000.000,00	0,5%	EUR 0,00
8. Stufe	EUR 700 Mio.	EUR 350.000.000,00	0,4%	EUR 0,00
9. Stufe	über EUR 700 Mio.	EUR 350.000.000,00	0,2%	EUR 0,00
Gesamtvergütung:				EUR 1.195.200

195 Mit dieser Staffelung hat der Gesetzgeber den immer wieder laut gewordenen Vorwurf überhöhter Vergütungen berücksichtigt. Eine weitere Kürzung über die bereits in der Staffelvergütung zum Ausdruck kommende Degression ist insoweit nicht zulässig und wird zu Recht als unangemessen angesehen.[452]

Mit dieser Erhöhung der Regelsätze für Verfahren, die ab dem 1.1.2021 beantragt worden sind, ist der Gesetzgeber somit einer jahrelangen Forderung auf Anpassung der über 20 Jahre alten Vergütungsregelung nachgekommen.

In der Praxis wird die Vergütung weiterhin auf Ebene der Zu- und Abschläge angepasst werden.

II. Mindestvergütung

196 Neben der nach § 2 Abs. 1 InsVV zu ermittelnden Regelvergütung ist bei Insolvenzverfahren, die nach dem 1.1.2021 beantragt wurden, die alternative Kontrollberechnung gem. § 2 Abs. 2 InsVV zu beachten. Mit dieser Vorschrift soll eine Mindestvergütung bei massearmen Regelinsolvenzverfahren bzw. Verbraucherinsolvenzverfahren geschaffen werden. Nach § 2 Abs. 2 S. 1 InsVV soll die Vergütung in Verfahren, bei denen nicht mehr als zehn Gläubiger ihre Forderung angemeldet haben, i.d.R. mindestens EUR 1.400,00 betragen. Bei 11–30 Gläubigern erhöht sich die Vergütung für je angefangene fünf Gläubiger um EUR 210,00. Ab 31 Gläubiger wird für je angefangene weitere fünf Gläubiger ein weiterer Betrag von EUR 140,00

---

[452] Haarmeyer/Mock, § 2 InsVV Rn 7 ff.

in Ansatz gebracht. Bei derartigen Verfahren mit vielen Gläubigern kann auf diese Art eine durchaus nennenswerte Vergütung entstehen.[453]

Beispiel 37 Gläubiger 197
Aufstellung:

bis zehn Gläubiger	EUR 1.400,00 Mindestsatz	EUR 1.400,00
11 bis 30 Gläubiger	EUR 210,00 je 5 angefangene Gläubiger	EUR + 840,00
mehr als 31 Gläubiger	EUR 140,00 je 5 angefangene Gläubiger	EUR + 280,00
Mindestvergütung		**= EUR 2.520,00**

Hinweis 198
Diese Mindestvergütung ist sowohl auf das eröffnete als auch auf das Eröffnungsverfahren anzuwenden.[454] Wie sich schon aus dem Verordnungswortlaut ergibt, kommt es auf die Anzahl der angemeldeten Forderungen an. Eine spätere Rücknahme der Forderung oder eine Zurückweisung der Aufnahme in die Tabelle führt nicht zu einer Reduzierung der Anzahl der anmeldenden Gläubiger im Sinne dieser Vorschrift.[455]

III. Vergütung für Normalverfahren

Die um die soeben erläuterte Mindestvergütung ergänzte Regelvergütung soll sog. 199 Normalverfahren, also durchschnittliche Insolvenzverfahren, angemessen vergüten. Sowohl Rechtsprechung als auch Literatur haben zwischenzeitlich zahlreiche Kriterien entwickelt, die ein Normalverfahren kennzeichnen. Auf Basis einer Gesamtschau der quantitativen wie auch der qualitativen Umstände des jeweiligen Verfahrens ist zu überprüfen, ob das Verfahren als Regelverfahren anzusehen ist. Dabei muss nicht jedes einzelne Kriterium erfüllt sein. Entscheidend ist der bei der Verfahrensbearbeitung entstandene Aufwand.[456]

Folgende quantitative Kriterien kennzeichnen ein Normalverfahren:[457] 200
- Umsatz bis zu EUR 1.500.000,00 (Im Fall des § 267 HGB und der Schwelle von 50 Arbeitnehmern und EUR 4 Mio. Umsatz liegt jedenfalls nach quantitativen Maßstäben kein Regelfall mehr vor),
- Verfahrensdauer bis zu 2 Jahre (allein eine längere Verfahrensdauer rechtfertigt jedoch keinen Zuschlag, allenfalls sich hieraus ergebende zusätzliche Tätigkeiten wie etwa häufige Zwischenberichte);

---
453 AG Charlottenburg, 1.3.2019 – 36a IN 4295/17, ZIP 2019, 727.
454 BGH, 13.7.2006 – IX ZB 104/05, ZInsO 2006, 811 [Rn 8ff.].
455 Haarmeyer/Mock, InsVV § 2 Rn 55.
456 Lorenz, in: Lorenz/Klanke, § 2 InsVV Rn 13f.
457 Lorenz, in: Lorenz/Klanke, § 2 InsVV Rn 13f.

- Bis zu 20 Arbeitnehmer (vgl. die Schwellenwerte für eine Massenentlassungsanzeige nach §§ 17, 18 KSchG);[458]
- nicht mehr als eine Betriebsstätte (im Inland);
- Forderungsanmeldungen von bis zu 100 Gläubigern (teilweise wird eine Anzahl von bis zu 50 Gläubigern als ausreichend erachtet);
- Bearbeitung von bis zu 100 Debitoren sowie von bis zu 300 Buchungsvorgängen;
- Einzug von bis zu 50 Forderungen aus Lieferungen und Leistungen;
- Keine Auslandsberührung;
- Ordnungsgemäße Buchhaltung des schuldnerischen Unternehmens;
- Keine Erarbeitung eines Insolvenzplanes durch den Insolvenzverwalter;
- Keine Haus- oder Grundstücksverwaltung;
- Keine Betriebsfortführung;
- Rechtliche Prüfung und Bearbeitung von Massegegenständen mit Aus- und Absonderungsrechten in einem Umfang von höchstens 30% der Aktivmasse bzw. nach a.A. 50% der Schuldenmasse.[459]

201 Im sachgemäß abzuwägenden Wechselspiel zu diesen quantitativen Kriterien sind ergänzend auch die weiteren qualitativen Kriterien zu berücksichtigen:[460]
- Inbesitznahme und Sicherung der Masse;
- Aufbau des Masseverzeichnisses und der Vermögensübersicht;
- Aufbau der Buchhaltung;
- Prüfung der Fortführungsmöglichkeiten des schuldnerischen Unternehmens;
- Prüfung von insolvenzspezifischen Ansprüchen, insb. Anfechtungsansprüchen;
- Erklärungen nach §§ 103 ff. InsO, insb. Vertragsabwicklung und Kündigung;
- Entscheidungen über die Aufnahme von Rechtsstreitigkeiten (§ 240 ZPO);
- Erstellung des Gläubigerverzeichnisses;
- Prüfung der angemeldeten Forderungen;
- **Führung der Tabelle** bzw. Prüfen der Tabelleneintragungen;
- Prüfung von Aus- und Absonderungsrechten;
- Masseverwertung sowie Befriedigung der Massegläubiger und Quotenausschüttung.[461]

202 Mittlerweile wird aber auch vertreten, das der Vergütung für ein Normalverfahren zugrunde zu legende fiktive „Normalverfahren" vor allem an den Aufgaben eines sog. normalen Unternehmensinsolvenzverfahrens zu messen ist. Diese Aufgaben

---

[458] BGH, 22.2.2007 – IX ZB 120/06, ZInsO 2007, 438; KPB/Prasser/Stoffler, § 3 InsVV Rn 61.
[459] Haarmeyer/Mock, InsVV § 2 Rn 28.
[460] Vgl. Lorenz, in: Lorenz/Klanke, § 2 InsVV Rn 15.
[461] Vgl. zum Zusammenspiel von Qualität und Quantität auch Keller, § 4 Rn 9.

entsprechen freilich weitgehend den zuvor genannten qualitativen Merkmalen.[462] Zutreffend ist insoweit bei der Fokussierung auf die Aufgaben, dass die Vergütung auch immer in Relation zu dem konkreten Aufwand und der tatsächlich entfalteten Tätigkeit stehen muss. Daher sollten alle vorgenannten Kriterien als Gradmesser herangezogen werden, ob ein Mehr- oder Minderaufwand und insoweit eine Abweichung vom Normalverfahren vorliegt. Darüber hinaus haben sich die Anforderungen in einem Insolvenzverfahren zum Beispiel durch Auslandsberührungen etc. generell verlagert. Diese weitergehenden Anforderungen haben aber gleichfalls dazu geführt, dass sich auch der Aufwand erheblich erhöht hat. Ausgangspunkt der Vergütung ist dagegen nach wie vor das Jahr 1999, in dem Anforderungsprofil und Kostenprofil mit Sicherheit erheblich niedriger lagen. Will man daher den Anwendungsbereich des sogenannten Normalfalles – auch zu Recht – erweitern, so müsste man im nächsten Schritt auch die Grundvergütung diesen geänderten Bedingungen anpassen. Solange dieser Schritt nicht getan ist, muss auf dem alten System der Zu- und Abschläge aufgebaut werden.

Hält sich die konkrete Tätigkeit des jeweiligen Insolvenzverwalters im Rahmen dieser quantitativen und qualitativen Kriterien und lässt sich daher ein durchschnittlicher Aufwand darstellen, so ist von einem Regelverfahren i.S.d. § 2 Abs. 1 InsVV auszugehen. Entsprechend steht dem Verwalter ein dem Aufwand angemessener Anspruch auf die gerichtliche Festsetzung der Regelvergütung zu.[463] Die Entscheidung des Verordnungsgebers, für die Vergütung des Insolvenzverwalters Regelsätze vorzusehen, von denen mittels Zu- und Abschlägen abgewichen werden kann, verstößt weder gegen das Bestimmtheitsgebot noch gegen einen Gesetzesvorbehalt oder das Willkürverbot.[464]

Strittig ist, ob die Regelung des § 2 InsVV Raum lässt, die Regelvergütung unter Berücksichtigung des konkreten Sachverhalts weiter anzupassen. Nach den Erhöhungen gemäß § 3 InsVV wären dann nur noch darüberhinausgehende Besonderheiten zu berücksichtigen. Da die einfache Vergütung nur die „in der Regel" angemessene Vergütung darstellt, soll das Gericht schon in dem Rahmen der Festlegung der Regelvergütung nach § 2 InsVV nachprüfen können, ob das konkrete Verfahren nach qualitativen oder quantitativen Maßstäben über den Normalfall hinaus als überdurchschnittlich gewertet werden kann.[465] Bereits auf dieser Stufe sollte z.B. eine zweifache Regelvergütung angesetzt werden können.[466] Diese Auffassung birgt jedoch die Gefahr einer Doppelberücksichtigung mit sich. Die Regelvergütung könnte so bereits i.R.d. § 2 InsVV erhöht werden. Darüber hinaus und damit in doppelter

---

462 Haarmeyer/Mock, § 2 InsVV Rn 12f. mit ausführlicher Beschreibung dieser Aufgaben.
463 Vgl. Haarmeyer/Mock, § 2 InsVV Rn 10ff.
464 BGH, 12.9.2019 – IX ZB 2/19, ZIP 2019, 2021.
465 LG Frankfurt (Oder), 27.1.1998 – 16 T 515/97, ZInsO 1998, 43.
466 Haarmeyer/Mock, § 2 InsVV Rn 49 m.w.N. aus der Rechtsprechung.

Weise wäre eine weitere Erhöhung in Form eines Zuschlags gem. § 3 InsVV möglich. Schon nach dem Wortlaut der §§ 2 und 3 InsVV soll nach § 2 InsVV jedoch der in Form der Staffelvergütung festzusetzende Regelsatz für das Normalverfahren festgelegt werden. Erst im nächsten Schritt ist nach den Kriterien des § 3 InsVV die angemessene Vergütung für das jeweils konkrete Insolvenzverfahren in Form von Zu- und/oder Abschlägen zu ermitteln.[467] Aus dem System der §§ 2 und 3 InsVV folgt, dass Zuschläge nur dann möglich sind, wenn Umfang und Art der Tätigkeit vom Normalfall abweichen.[468]

204 Hinweis
Auch die Mindestvergütung nach § 2 Abs. 2 InsVV schließt die Möglichkeit der Erhöhung der Mindestvergütung nach § 2 Abs. 2 InsVV in Anwendung des § 3 Abs. 1 InsVV nicht aus.[469] Dies ist zwischenzeitlich vom BGH bestätigt.[470] Daher ist § 2 Abs. 2 InsVV nicht als abschließend anzusehen. Auch im Anwendungsbereich des § 2 Abs. 2 und einer recht hohen Vergütung für viele Gläubiger kann aufgrund einer besonders hohen Anzahl von Gläubigern gleichwohl noch auf die Erhöhungskriterien des § 3 Abs. 1 InsVV in der nächsten Stufe der Vergütungsberechnung zugegriffen werden, insb. wenn die hohe Anzahl von Gläubigern für den Verwalter eine außergewöhnliche Arbeitsbelastung zur Folge hatte.[471]

205 Bei der Berechnung der Regelvergütung gem. § 2 Abs. 1 InsVV, dem Vergleich mit der Mindestvergütung gem. § 2 Abs. 2 InsVV und der Einbeziehung etwaiger Erhöhungsfaktoren nach § 3 Abs. 1 InsVV ist daher wie folgt vorzugehen:
1. Im ersten Schritt ist die Regelvergütung des § 2 Abs. 1 InsVV festzulegen.
2. Im zweiten Schritt ist zu ermitteln, ob aufgrund der Gläubigerzahl die Mindestvergütung des § 2 Abs. 2 InsVV höher ausfällt als die Regelvergütung. In diesem Fall ist die Mindestvergütung des § 2 Abs. 2 InsVV maßgebend.
3. Im dritten Schritt ist zu prüfen, ob die Regelvergütung des § 2 Abs. 1 wegen der besonders hohen Anzahl von Gläubigern und des damit einhergehenden Arbeitsaufwandes nach § 3 Abs. 1 InsVV (vgl. hierzu Rz. 207 ff.) erhöht werden muss. Dieser erhöhte Betrag ist nochmals mit der Mindestvergütung zu vergleichen.
4. Übrige Erhöhungstatbestände sind bei dieser Vergleichsberechnung zunächst außer Acht zu lassen. Sie sind in einem nächsten Schritt hinzuzurechnen. Dies dient aber nicht der Abgrenzung zwischen Regel- und Mindestvergütung.[472]

---

467 Graeber/Graeber, § 2 InsVV Rn 4.
468 Lorenz, in: Lorenz/Klanke, § 2 InsVV Rn 27.
469 BGH, 25.6.2009 – IX ZB 118/08, ZInsO 2009, 1511 [Rn 2].
470 BGH, 25.6.2009 – IX ZB 118/08, ZInsO 2009.
471 Keller, § 4 Rn 103.
472 Vgl. zu der Prüfungsreihenfolge Keller, § 2 Rn 105 ff.

IV. Zuschläge

Soll § 2 InsVV den Normalfall der Vergütung darstellen, regelt § 3 InsVV die Frage von Zu- und Abschlägen. Die Vorschrift sichert somit die Berücksichtigung individueller, konkreter und tätigkeitsbezogener Merkmale und dient damit dem Erfordernis einer auf Umfang und Schwierigkeit des jeweiligen Verfahrens abzustellenden angemessenen Vergütung.[473] § 3 InsVV ist die Schlüsselnorm der InsVV.[474]   **206**

Die möglichen Zuschläge sind in § 3 Abs. 1 InsVV geregelt. § 3 Abs. 1 InsVV ist verfassungsrechtlich zwingend zu beachten und gewährleistet ggf. eine über den Regelsatz liegende Vergütung. Wie der Zusatz „insbesondere" zum Ausdruck bringt, ist die Aufzählung in § 3 Abs. 1 InsVV nicht abschließend.[475] Ein Zuschlag ist dann gerechtfertigt, wenn die entsprechende Tätigkeit den Verwalter tatsächlich über das gewöhnliche Maß hinaus beschäftigt hat,[476] oder, wenn wie vom BGH formuliert, festgestellt werden kann, dass ein Arbeitsaufwand vorliegt, der denjenigen eines vergleichbaren Verfahrens übersteigt.[477] Aber nicht jede Abweichung vom Normalfall rechtfertigt einen Zuschlag. Sie muss in für jedermann erkennbarer Weise signifikant sein. Die Nichtberücksichtigung dieses Umstandes muss in einem Missverhältnis zur angemessenen Vergütung stehen.[478] Kommen mehrere Zuschlagsfaktoren in Betracht, muss auch insgesamt das Ergebnis der Zusammenfassung aller in Frage kommenden Zuschläge wiederum angemessen sein.[479]   **207**

Zu Recht wird von *Haarmeyer/Mock* kritisiert, dass sich mittlerweile eine nahezu undurchschaubare Kasuistik der Rechtsprechung entwickelt hat. Er kommt auf 120 Kriterien zuschlagsfähiger Tätigkeiten.[480] Bei *Graeber/Graeber* finden sich sogar 123 sogenannte „unbenannte Zuschlagsgründe.[481] Dies kann man darauf zurückführen, dass dieser Wildwuchs auf einer Verkennung des Normalfalls beruht.[482] Dies erscheint jedoch selbst als Argument schwierig, da es dem fiktiven Normalfall immanent ist, dass es ihn gar nicht gibt. Überzeugender ist die Argumentation, dass die Praxis in der Vergangenheit – große Zuschläge immer mehr scheuend – dazu   **208**

---

473 BGH, 18.12.2003 – IX ZB 50/03, ZInsO 2004, 265, 265 ff.
474 Haarmeyer/Mock, InsVV § 3 Rn 1.
475 BGH, 11.5.2006 – IX ZB 249/04, ZInsO 2006, 642.
476 BGH, 28.9.2006 – IX ZB 230/05, ZInsO 2006, 1160 [Rn 20 ff.]; BGH, 18.12.2003 – IX ZB 50/03, ZInsO 2004, 265, 265 f.; BGH, 24.7.2003 – IX ZB 607/02, ZInsO 2003, 790, 791.
477 BGH, 17.4.2013 – IX ZB 141/11, ZInsO 2013, 1104. BGH, 21.9.2017 – IX ZB 28/14, ZInsO 2017, 2309; ebenso LG Münster, 1.6.2017 – 5 T 557/16, ZInsO 2017, 2033.
478 Haarmeyer/Mock, InsVV § 3 Rn 1a.
479 Vgl. hierzu die kritische Stellungnahme von Heyrath/Ebeling/Reck, Schlussrechnungsprüfung im Insolvenzverfahren, 2008, Rn 320 f.
480 Haarmeyer/Mock, § 2 InsVV Rn 54 f.
481 Graeber/Graeber, § 3 InsVV Rn 103 bis 299d.
482 Haarmeyer/Mock, § 2 InsVV Rn 54.

übergegangen ist, anstelle der gerade auch in der InsVV benannten Fallgruppen immer neue Untergruppen und Sonderkonstellationen zu kreieren. Dies lässt sich gut am Beispiel der Betriebsfortführung darstellen, wo anstelle der allgemeinen Fortführung Zuschläge für Einzelaufgaben, die auch nur der Fortführung dienten, eingeführt wurden (z.B. operative Geschäftsführung, betriebswirtschaftliche Steuerung, Arbeitgeberfunktion etc.). Hierbei wäre eine Rückbesinnung auf die Kernbereiche der Zuschlagsfaktoren der InsVV, wie der Aufgaben des Insolvenzverwalters nach der InsO anzuraten. Dabei sollte dann innerhalb der Gewichtung der Zuschläge eben auch für die „großen" Aufgaben ein großer Zuschlag und für wirtschaftlich und damit haftungsrechtlich geringfügige Tätigkeiten ein geringerer Zuschlag gewährt werden. Ist es etwa angemessen, bei einer Masse von EUR 30 Mio. für die schwierige Abwicklung im Ausland belegenen und mit Drittrechten belasteten Vermögens im Wert von EUR 3 Mio. immerhin 20% Zuschlag aufzurufen, hingegen für die sechsmonatige Fortführung eines Unternehmens bei monatlichen Umsätzen von etwa EUR 10 Mio. „nur" effektiv (vgl. Kappung im § 3 Abs. 1 b) InsVV) 50% Zuschlag zu gewähren? Dies zeigt schon, dass ein quantitatives Mehr bei den Zuschlagsfaktoren nicht immer ein qualitatives Mehr zur Folge hat.

Die Rechtsprechung hat ein System von Zu- und Abschlägen entwickelt, das schwer überschaubar ist. Bei einer Darstellung kann sich daher nur auf wesentliche Zuschlagsfaktoren beschränkt werden.

1. Zuschläge wegen Bearbeitung von Aus- und Absonderungsrechten

209 Die Erhöhung nach § 3 Abs. 1 a) InsVV korrespondiert in besonderer Weise mit der Einbeziehung solcher Aus- und Absonderungsrechte in die Berechnungsgrundlage nach § 1 Abs. 2 Nr. 1 InsVV und § 1 Abs. 2 Nr. 2 InsVV (s. hierzu Rz. 146 ff.). Ein Zuschlag kommt danach in Betracht, wenn und soweit sich die Bearbeitung von Aus- und Absonderungsrechten nicht bereits in der Berechnungsgrundlage und bei der Regelvergütung durch Einbeziehung des halben Feststellungsbeitrages ausgewirkt hat. Denn die Bearbeitung von Aus- und Absonderungsrechten kann im besonderen Umfange für den Verwalter einen erheblichen Arbeitsaufwand darstellen. § 3 Abs. 1 InsVV soll daher auch nur die den Regelfall übersteigenden Bearbeitungsfälle vergüten.[483]

210 Der Zuschlag erfordert, dass der Insolvenzverwalter solche Sicherheiten rechtlich, abwicklungstechnisch und in seiner Überwachungsfunktion tatsächlich bearbeitet hat Allein die rechtliche Prüfung, ob ein Gegenstand tatsächlich im Eigentum des Schuldners steht, rechtfertigt noch keinen Zuschlag.[484] Beispiele hierfür sind die Prüfung komplizierter Fallgestaltungen von Eigentumsvorbehalten, insb. die Be-

---

483 Lorenz, in: Lorenz/Klanke, § 3 InsVV Rn 18.
484 Vgl. BGH, 25.10.2017 – IX ZB 55/06, ZInsO 2007, 1272.

handlung von Sicherungsvereinbarungen sowie vergleichsweiser Regelungen mit den Gläubigern bei der Verarbeitung von Beständen. Dasselbe gilt bei rechtlich oder tatsächlich schwierigen Belastungen von Immobilien,[485] z.B. der Wirksamkeit von Grundschulden, Bauhandwerker- oder Sicherungshypotheken etc. Auch Fälle besonders strukturierter oder konkurrierender Sicherungsrechte sowie spezielle Poolvereinbarungen oder Situationen, in denen bei komplexer Sicherungslage auch der Gläubiger anwaltlich beraten ist, rechtfertigen Zuschläge.[486] Die Bearbeitung der Aus- und Absonderungsrechte ist entscheidend, nicht deren Verwertung.[487] Die Verwertung ist bereits in die Berechnungsgrundlage und Regelvergütung durch den halben Feststellungsbeitrag eingeflossen ist.

Der Umfang der Bearbeitung dieser Rechte muss vom sog. Normalverfahren abweichen und einen erheblichen Teil der Arbeit des Insolvenzverwalters ausmachen.[488] Quantitativ soll die Bearbeitung der Grundrechte in dem konkreten Verfahren 30% im Wesentlichen übersteigen, was regelmäßig bei einem Umfang von 40% angenommen wird.[489] In qualitativer Hinsicht ist jedoch bei hoch komplizierten Sicherungsrechten auch bei in quantitativ niedrigeren Umfange eine Erhöhung möglich, insb. wenn keine Kostenbeiträge die Masse erhöhen.[490] Der Verwalter hat den tatsächlich erhöhten Aufwand seiner Tätigkeit in seinem Vergütungsantrag entsprechend konkret darzulegen.[491] Der Verwalter muss die konkreten Erschwernisse darlegen, die eine höhere als die regelmäßige Staffelvergütung rechtfertigen. Dabei wird die hier erhöhte Darlegungsschwelle damit begründet, dass die Prüfung einfacher Fälle zu den Standardaufgaben gehört.[492]

211

Hinweis
Delegiert der Insolvenzverwalter die Prüfung der Bearbeitung der Aus- und Absonderungsrechte an Dritte, ist in jedem Einzelfall zu prüfen, inwieweit beim Insolvenzverwalter selbst noch ein tatsächlicher Arbeitsanfall vorliegt und eine Erhöhung gerechtfertigt ist.[493] Delegiert der Verwalter Regelaufgaben an Dritte, stellt sich allenfalls die Frage der Minderung der Regelvergütung, ein Zuschlag ist dann aber nicht zu rechtfertigen. Vgl. zur Problematik der Delegation an Dritte unter Rz. 258ff.

212

---

485 Lorenz, in: Lorenz/Klanke, § 3 InsVV Rn 19.
486 Haarmeyer/Mock, § 3 InsVV Rn 17.
487 Haarmeyer/Mock, § 3 InsVV Rn 12; ff.; Lorenz, in: Lorenz/Klanke, § 3 InsVV Rn 19.
488 Stephan, in: Nerlich/Römermann, § 3 InsVV Rn 7.
489 Lorenz, in: Lorenz/Klanke, § 3 InsVV Rn 20.
490 Haarmeyer/Mock, § 3 InsVV Rn 16f.
491 BGH, 2.2.2006 – IX ZB 167/04, ZInsO 2006, 254 [Rn 20ff.]; Lorenz, in: Lorenz/Klanke, § 3 InsVV Rn 21.
492 Haarmeyer/Mock, § 3 InsVV Rn 17, § 8 InsVV Rn 9f.
493 Haarmeyer/Mock, § 3 InsVV Rn 14.

213 Hat der Insolvenzverwalter sich sowohl mit Sicherungsrechten befasst, die zu einer Erhöhung der Berechnungsgrundlage oder durch den hälftigen Feststellungsbeitrag der Regelvergütung geführt haben, als auch andere Sicherungsrechte, die sich nicht bereits in dieser Weise ausgewirkt haben, ist eine Differenzierung erforderlich. Um eine Doppelberücksichtigung zu vermeiden, sind bei der Ermittlung des Zuschlages für die reine Bearbeitung der Sicherungsrechte die Berechnungsgrundlage und der Zuschlag auf die Regelvergütung zu eliminieren.[494]

214 Die Höhe des Zuschlages ist variabel. Alle Umstände des Einzelfalles sind einzubeziehen. Vor allem das Wertverhältnis der Absonderungsrechte zur Insolvenzmasse insgesamt ist wesentlich.[495] Das kann in Einzelfällen sogar eine Erhöhung um bis zu 100% der Regelvergütung nach sich ziehen.[496]

2. Zuschlag für Unternehmensfortführung und Hausverwaltung, § 3 Abs. 1 b) InsVV

215 Bei der Ermittlung der Berechnungsgrundlage gem. § 1 InsVV kommt nur der sich aus der Betriebsfortführung ergebende Überschuss zum Tragen. Nach einhelliger Auffassung stellt diese Erhöhung der Berechnungsgrundlage alleine aber keinen adäquaten Ausgleich für die vom Verwalter übernommenen Arbeiten und Risiken dar.[497] Bei der Rechtfertigung eines Zuschlages ist z.B. darauf abzustellen, dass der Verwalter das Unternehmen fortgeführt hat und die Masse nicht entsprechend größer geworden ist. Dies ist insb. der Fall, wenn der Verwalter durch die Unternehmensfortführung keinen Gewinn erwirtschaftet hat, da bei der Berechnung der Masse nur der Überschuss aus der Betriebsfortführung Berücksichtigung finden kann.[498] Die operative Fortführung des Unternehmens führt zu einem Zuschlag, wenn sie die Arbeitskraft des Insolvenzverwalters selbst oder seiner Mitarbeiter in erheblichem Umfang gefordert.[499]

216 Letztendlich soll aber auch der Insolvenzverwalter, der durch die Betriebsforderung die Masse gemehrt hat, vergütungsmäßig nicht schlechter gestellt werden, als wenn er die Masse nicht angereichert hätte. Die Betriebsfortführung soll gerade auch im Sinne des § 1 InsO den Erhalt des Unternehmenswertes sichern, ohne dass hierfür auf den daraus ggf. erzielbaren Gewinn abgestellt wird. Die Erfüllung dieser

---

[494] Keller, § 5 Rn 72.
[495] BGH, vom 23.7.2004 – IX ZB 257/03, WM 2004, 1842; Lorenz, in: Lorenz/Klanke, § 3 InsVV Rn 29.
[496] Vgl. auch die ausführliche Tabelle mit einer Übersicht der verschiedenen Zuschlagsfaktoren bei Haarmeyer/Mock, § 3 InsVV Rn 86 bis 110.
[497] Vgl. Lorenz, in: Lorenz/Klanke, § 3 InsVV Rn 30; Haarmeyer/Mock, § 3 InsVV Rn 20i.
[498] Haarmeyer/Mock, § 3 InsVV Rn 20.
[499] BGH, 27.9.2012 – IX ZB 243/11, ZInsO 2013, 840; BGH, 11.20.2007 – IX ZB 15/07, ZInsO 2007, 1269; Keller, § 5 Rn 161.

Aufgabe soll der Zuschlag fördern.⁵⁰⁰ Das Insolvenzgericht hat jedenfalls immer dann einen Zuschlag zu gewähren, wenn sich die aus der Massemehrung (aus dem Überschuss) ergebende Erhöhung der Vergütung niedriger darstellt als die Erhöhung, die über den Zuschlag ohne Massemehrung verdient worden wäre.⁵⁰¹ Eine Doppelhonorierung ist aber wiederum zu vermeiden.⁵⁰² Daher ist nur die aus der um die aus der vergrößerten Rechnungsgrundlage ohnehin erhöhten Regelvergütung und dem anzusetzenden Zuschlag folgenden Differenz auszugleichen.⁵⁰³

Als grundsätzlich von der Vergütungspflicht umfasst ist nicht nur die unmittelbare operative Fortführung des Unternehmens durch den Verwalter selbst, sondern auch die mittelbare Fortführung des Unternehmens durch einen, nur die Aufsicht führenden, „schwachen Insolvenzverwalter". Aufgrund der unterschiedlichen Belastung ist auch hier eine differenzierte vergütungsrechtliche Betrachtung erforderlich.⁵⁰⁴ In einer nachfolgenden Entscheidung des BGH⁵⁰⁵ wurde geklärt, dass die überwachte Betriebsfortführung des eigenverantwortlichen Schuldners durch einen Sachwalter ein für die Eigenverwaltung typischer Normalfall ist, welcher nur ausnahmsweise einen geringen Zuschlag unter dem Gesichtspunkt einer Fortführung rechtfertigen kann. Vergütungsrechtlich liegt keine originäre Fortführung durch den Insolvenzverwalter vor. Für einen möglichen Zuschlag ist die Intensität der Überwachung entscheidend.⁵⁰⁶

Bei der Höhe des Zuschlages ist insb. auf quantitative Umstände abzustellen. **217** Dessen Bestimmung steht im Ermessen des Gerichtes. Hierzu gehören die Dauer der Unternehmensfortführung, die Größe des Unternehmens (Betriebsstätten, Mitarbeiter, Größe nach HGB), die Komplexität, des Unternehmens, die übernommenen Haftungsrisiken sowie die zusätzliche Arbeitsbelastung.⁵⁰⁷ Einzubeziehen sind aber auch der persönliche Einsatz des Verwalters und seiner Mitarbeiter sowie die übernommenen Risiken.⁵⁰⁸

Der Mindestzuschlag von 25% ist schon bei einer kurzen Betriebsfortführung **218** von bis zu 3 Monaten und wenigen Arbeitnehmern zu gewähren. Bereits solche Verfahren bringen einen entsprechenden Mehraufwand für die Insolvenzverwaltung mit sich. Denn Kunden- und Lieferantenverhältnisse sind abzuwickeln, z.B. durch Erfüllungserklärungen. Es ergeben sich schwierige steuerliche Fragestellungen, z.B.

---

500 Haarmeyer/Mock, § 3 InsVV Rn 20.
501 Lorenz, in: Lorenz/Klanke, § 3 InsVV Rn 32.
502 BGH, 16.10.2008 – IX ZB 179/07, ZInsO 2008, 1262 [Rn 28].
503 Stephan, in: Nerlich/Römermann, InsVV § 3 Rn 8.
504 BGH, 22.2.2007 – IX ZB 106,06, ZInsO 2007, 437.
505 BGH, 22.9.2016 – IX ZB 71/ 14, ZInsO 2016, 2077.
506 LG Hannover, 17.12.2018 – 11 T 8/18, ZInsO 2019, 1027.
507 **Lorenz, in:** Lorenz/Klanke, § 3 InsVV Rn 36.
508 Haarmeyer/Mock, § 3 InsVV Rn 24.

bei teilweise erfüllten Aufträgen. Kleinverfahren sind daher besonders arbeitsintensiv, da sie zwar weniger Haftungsrisiken bergen, aber aufgrund ihrer operativen Aufstellung oft besonders intensiv betreut werden müssen.[509]

219 Bei der Fortführung von Großunternehmen und ggf. mehrjährigen Betriebsfortführungen wird mindestens ein Zuschlag von bis zu 150% als angemessen erachtet.[510] Dabei kann es sich jedoch nur um Richtzahlen handeln. Wird z.B. ein Großkonzern über mehrere Jahre aufrechterhalten, so sind starre Obergrenzen nicht angebracht. Denn die Verantwortung eines Insolvenzverwalters ist auch bei einer nicht abdingbaren Fremddelegation der Aufgaben mindestens der eines Unternehmensvorstandes gleichzusetzen. Vgl. im Übrigen zur Problematik der Delegation an Dritte unter Rz. 258ff.

220 **Hinweis**
Soweit ein Zuschlag zur Vergütung für die Betriebsfortführung zu gewähren ist, soll ein weiterer Zuschlag für den Aufwand im Zusammenhang mit der Finanzbuchhaltung und der Implementierung betriebswirtschaftlicher Steuerungselemente unzulässig sein, da diese Tätigkeiten dem Kernbereich der Unternehmensfortführung zuzurechnen sind.[511] Allerdings sollte dann bei der Höhe des Zuschlages wiederum berücksichtigt werden, wie hoch der Aufwand für diese Steuerungstools war und ob ggf. ein weiterer besonderer Aufwand durch die Begleitung der Betriebsfortführung im Tagesgeschäft des Unternehmens erforderlich war. Entscheidend ist weiterhin, ob und in welchem Umfange eine den üblichen und betrieblichen Anforderungen entsprechende Buchhaltung und Controlling zur Verfügung stehen oder erst durch den Verwalter implementiert werden müssen. Zumindest bei der Bemessung des Zuschlages für die Betriebsfortführung müssen diese Umstände einbezogen werden.

221 Für eine Hausverwaltung gelten die obigen Ausführungen entsprechend. Generelle Gründe für einen Zuschlag sind bspw. die Instandsetzung einer Immobilie, um die Veräußerungsmöglichkeiten zu verbessern, intensive Überprüfungen der Grundstücksbelastungen oder umfangreiche Verhandlungen mit Gläubigern bzw. mit Grundpfandrechtsgläubigern.[512] Daher kann auch eine sogenannte kalte Zwangsverwaltung einen Zuschlag rechtfertigen, wenn sie mit Tätigkeiten verbunden ist, die in der Gesamtschau eine Immobilienbewirtschaftung darstellen.[513] Ausgegangen wird daher konkret von einem Mindestzuschlag von 25%, der sich ebenfalls bis auf 150% erhöhen kann, etwa im Fall der Abwicklung von Immobiliengesellschaften mit einem großem Immobilienbestand oder einer entsprechend aufwendigen und

---

509 Vgl. **Lorenz**, in: Lorenz/Klanke, § 3 InsVV Rn 36.
510 LG Flensburg, 2.10.2019 – 5 T 108/18, ZInsO 2020, 161; KPB/Prasser/Stoffler, § 3 InsVV Rn 44.
511 LG Heilbronn, 21.12.2010 – 1 T 593/10 Bm, ZInsO 2011, 352.
512 Keller, § 5 Rn 96.
513 LG Heilbronn, 4.4.2012 – 1 T 89/12, ZIP 2012, 2077.

langjährigen Verfahrensabwicklung bzw. in Fällen, in denen der Verwalter den Immobilienbestand erst einmal (teils umfangreich) Instandsetzen muss oder in denen er über die bloße Verwaltung hinaus auch immobilienwirtschaftliche Aufgaben, wie Herstellung der Verwertungsreife, übernimmt.[514] Hinsichtlich der Höchstgrenze gelten wiederum die obigen Ausführungen.

3. Zuschlag für Degressionsausgleich, § 3 Abs. 1 c) InsVV

Die Regelvergütung wurde bei bis Ende 2020 beantragten Verfahren bei großen Massen im Rahmen der sieben Stufen durch eine hohe Abstufung ermittelt. Erwirtschaftete der Insolvenzverwalter diese hohe Masse auf Basis einer besonders arbeitsintensiven und risikoträchtigen Insolvenzabwicklung, wurde diese Degression dem Wesen einer angemessenen Vergütung nicht gerecht. Ein besonders tüchtiger Insolvenzverwalter wurde daher benachteiligt, was zur **Verfassungswidrigkeit der eingeführten Degression** geführt hätte. Dem sollte durch einen besonderen Zuschlag nach § 3 Abs. 1 c) InsVV begegnet werden.[515] Es bleibt abzuwarten, wie die Gerichte hinsichtlich des Degressionsausgleichs bei der ab 1.1.2021 geltenden Regelung mit neun Stufen entscheiden werden, zumal die Kappung der Vergütung auf 0,2% nunmehr erst bei EUR 700 Mio. greift, statt bislang bereits bei EUR 50 Mio. und 0,5%.

222

a) Einbeziehung in die InsVV, Ermittlung im Rahmen einer Gesamtschau, Berücksichtigung für den vorläufigen Insolvenzverwalter und Sachwalter, Ermessen des Gerichtes

In der Insolvenzordnung wurden die Degressionsstufen eingeführt, um Missständen nach der alten Vergütungsverordnung zu begegnen, die vor allem in den neuen Ländern dazu geführt hatten, dass nach Auffassung des Verordnungsgebers weitestgehend unbelastete Vermögensmassen ohne besonderen Arbeitsaufwand für den Insolvenzverwalter zu erheblichen Vergütungen geführt hatten.[516] Da dies bei besonderem Einsatz des Insolvenzverwalters trotz und gerade wegen der hohen Berechnungsgrundlage zu unangemessenen Ergebnissen führen kann, wurde zur Vermeidung einer Verfassungswidrigkeit die Regelung des § 3 Abs. 1 c) InsVV in das Vergütungssystem eingefügt, die auch ab 1.1.2021 weiterhin gilt.[517]

223

---

514 Lorenz, in: Lorenz/Klanke, § 3 InsVV Rn 39.
515 BGH; 8.11.2012 – IX ZB 139/10, DZWIR 2013, 166, 167; Lorenz, in: Lorenz/Klanke, § 3 InsVV Rn 40; Haarmeyer/Mock, § 3 InsVV Rn 31; BK/Blersch, § 3 InsVV Rn 13, 14.
516 BGH, 8.11.2012 – IX ZB 139/10, DZWIR 2013, 166, 167; *Zimmer*, § 3 InsVV Rn 111.
517 BK/Blersch, § 3 InsVV Rn 14; Büttner, ZVI 2013, 289, 294; Keller, § 4 Rn 52.

224 Überwiegend entgegen teilweise früher vertretener Auffassungen stellt § 3 Abs. 1 c) InsVV einen zusätzlichen Zuschlagsfaktor dar und soll nicht zu einer Erhöhung der zugrunde liegenden Regelvergütung nach § 2 InsVV führen.[518]

225 Dieser Zuschlag soll nach dem BGH auf Grundlage einer Gesamtschau ermittelt werden.[519] Demgegenüber wird zu Recht betont, dass eine solche Vorgehensweise den gesamten Erhöhungstatbestand vollständig verwässern kann, dass der Zuschlag vollständig **„wegargumentiert"** wird.[520] Auch für den Degressionsausgleich hat man daher dem allgemeinen Schema zu folgen, dass zunächst jeder einzelne Erhöhungstatbestand für sich beurteilt wird und sich erst danach die Gesamtbetrachtung anschließt. Jedenfalls ist in der Praxis immer zu betonen, welche tatsächlich relevanten Umstände eines Mehraufwandes noch nicht bereits bei den anderen Zuschlägen berücksichtigt wurden.[521]

226 Fraglich ist, ob der Degressionsausgleich auch für den (vorläufigen) Sachwalter und den (vorläufigen) Insolvenzverwalter in Betracht kommt. Teilweise wird deren Einbeziehung abgelehnt, da die eigene Verwertungskompetenz fehle. Der Degressionsausgleich stelle ein **„strukturelles Alleinstellungsmerkmal des Insolvenzverwalters"** dar.[522] Zumindest für den starken vorläufigen Insolvenzverwalter wird man dem jedoch nur eingeschränkt folgen können.

227 Liegen die Voraussetzungen des § 3 Abs. 1 c) InsVV vor, **ist** die Mehrbelastung durch einen Zuschlag auszugleichen. Ein Ermessen steht dem Gericht also weiterhin nicht zu. Gleichermaßen zwingend ist bei einer großen Masse **ohne** besondere arbeitsintensive Tätigkeiten ein Abschlag nach § 3 Abs. 2 d) InsVV.

b) Große Masse

228 Ab welcher Grenze eine große Masse anzunehmen ist, wird in der Verordnung selbst nicht geregelt. Grundlage für die Bemessung ist insoweit die Schlussrechnung des Insolvenzverwalters.[523]

229 Ob hierbei schon eine besondere Größe **bei Beginn des Insolvenzverfahrens** zu fordern ist, wird streitig erörtert.[524] In der Tat ist aber nicht einzusehen, warum der Insolvenzverwalter benachteiligt werden soll, der aus Nichts viel macht gegen-

---

[518] BGH, 8.11.2012 – IX ZB 139/10, DZWIR 2013, 166, 167; MüKo/Riedel, § 3 InsVV Rn 29; anders möglicherweise: Graeber/Graeber, § 3 InsVV Rn 90.
[519] BGH, 8.11.2012 – IX ZB 139/10, DZWIR 2013, 166; dem folgend insbesondere: Haarmeyer/Mock, § 3 InsVV Rn 31; MüKo/Riedel, § 3 InsVV Rn 30; anders vor allem: Keller, § 4 Rn 59 ff.; ders. in NZI 2013, 19, 20; Lorenz, in: Lorenz/Klanke, § 3 InsVV Rn 48.
[520] Mit weiterer Begründung: Keller, insbesondere NZI 2013, 19, 20; ders. § 4 Rn 59, 60.
[521] Zimmer, § 3 InsVV Rn 114.
[522] Büttner, ZVI 2013, 289, 295.
[523] Graeber/Graeber, § 3 InsVV Rn 86 m.w.N.
[524] Dafür insbesondere: Keller, § 4 Rn 56; dagegen: Graeber/Graeber, § 3 InsVV Rn 86.

über demjenigen der aus Viel noch mehr Masse generiert.[525] Allein der Einwand, das Level werde sich im Wesentlichen ohnehin nivellieren, verfängt insoweit nicht.[526]

Die Prozentsätze wurden bislang von der zweiten zur dritten Stufe der Regelvergütung, also von 25% auf 7% sowie insbesondere weiter von der dritten zur vierten Stufe der Regelvergütung, also von 7% auf 3%, in besonderem Umfange vermindert. Allgemein wurde daher ab diesem **Grenzwert** von **EUR 250.000,00** von einer **großen Masse** ausgegangen.[527] Mutmaßlich werden sich die Gerichte hier mit der ab 1.1.2021 geltenden Regelung neu auseinandersetzen. 230

c) Erheblicher Mehraufwand

Die große Masse alleine reicht für den Zuschlag gem. § 3 Abs. 1 c) InsVV zur Gewährung des Zuschlages nicht aus. Hinzu kommen muss ein **erheblicher Mehraufwand**, der zu dieser Masse geführt hat.[528] Entsprechend dem Wortlaut des § 3 Abs. 1 c) InsVV braucht der konkrete Arbeitsaufwand nicht darauf zu basieren, dass die Masse tatsächlich im Erfolg gemehrt wurde. Allein ein Zusammenhang mit der **Feststellung** solcher Massen genügt.[529] Eine erhebliche Arbeitsbefassung kann nicht schon damit abgelehnt werden, die Regelvergütung reiche allein für eine Angemessenheit aus.[530] 231

Den Insolvenzverwalter trifft die **konkrete Darlegungslast**, auch hinsichtlich der reinen Feststellung solcher Massen.[531] Ausgangspunkt der Überlegungen können dabei durchaus auch die **ursprünglichen Erwartungen** sein, die sich vor allem in dem **ersten Vermögensstatus** niedergeschlagen haben.[532] Entsprechend der von dem BGH vorgegebenen „**Gesamtschau**" sollte dabei vor allem darauf abgestellt werden, welcher besondere Arbeitsaufwand sich für solche Massebestandteile ergab, die nicht bereits zu anderen Zuschlägen geführt haben. Die „**kritische**" soll zur „**unproblematischen**" Masse im Rahmen dieser Darlegung in ein angemessenes Verhältnis gesetzt werden.[533] Woraus allerdings hergeleitet werden soll und kann, 232

---

525 Näher: Graeber/Graeber, § 3 InsVV Rn 86.
526 So im Anschluss an BGH 8.11.2012 – IX ZB 139/10, DZWIR 2013, 166; Keller, § 4 Rn 56.
527 BGH, 8.11.2012 – IX ZB 139/10, DZWIR 2013, 166; Lorenz, in: Lorenz/Klanke, § 3 InsVV Rn 42; Haarmeyer/Mock, § 3 InsVV Rn 31.
528 Stephan, in: Nerlich/Römermann, § 3 InsVV Rn 18; BK/Blersch, § 3 InsVV Rn 16; Haarmeyer/Mock, § 3 InsVV Rn 34; so auch Lorenz, in: Lorenz/Klanke, § 3 InsVV Rn 47, der allerdings auch nach dem Beschluss des BGH keine besondere Bedeutung der hohen Anfangsmasse annimmt.
529 *Blersch* in BK-InsR, § 3 InsVV Rn 16.
530 So zu Recht: Keller, § 4 Rn 47.
531 Haarmeyer/Mock, § 3 InsVV Rn 34.
532 BK/Blersch, § 3 InsVV Rn 16; Haarmeyer/Mock, § 3 InsVV Rn 34.
533 BK/Blersch, § 3 InsVV Rn 18; Lorenz, in: Lorenz/Klanke, § 3 InsVV Rn 45; Zimmer, § 3 InsVV Rn 114.

dass diese Tätigkeiten das „**Doppelte**" eines anderen vergleichbaren Verfahrens überschritten haben muss,[534] erschließt sich schon bei der fraglichen Quantifizierung des „**Einfachen**" nicht.

d) Berechnung des Degressionsausgleiches

233 Der BGH hat noch keine „**verbindliche**" Berechnung des Degressionsausgleiches vorgegeben. In seiner Entscheidung vom 8.11.2012 stellt er jedoch fest, dass es verfehlt wäre, die Berechnung des Regelsatzes nach § 2 Abs. 1 InsVV abändern zu wollen. Im Wesentlichen wurden bislang drei Modelle zur Berechnung des Degressionsausgleiches vorgegeben.

234 Teilweise wurde der Zuschlag für den Degressionsausgleich im Rahmen einer **Differenzbetrachtung** ermittelt. In einem ersten Schritt wurde der erzielte Mehrerlös für Erträge größer als EUR 250.000,00 mit dem Vergütungssatz des jeweils **vorhergehenden** Staffelsatzes berechnet, wobei für Erlöse über EUR 25,0 Mio. generell 2% angesetzt wurden. Von diesem Zwischenergebnis wurde dann in einem zweiten Schritt die Regelvergütung abgezogen.[535]

235 Nach differenzierter Auffassung in der Literatur wurde eine **Alternativberechnung** vorgenommen, bei der einerseits die „**normale**" Masse bestimmt und andererseits auf die zusätzlich erwirtschaftete „**problematische**" Masse addiert und sodann erneut vergütungsrechtlich abgegrenzt wurde. Als „**problematische**" Masse war dabei der Anteil zu verstehen, der durch einen entsprechenden Mehraufwand realisiert wurde.[536]

236 Ebenso wurde vertreten, den Zuschlag aus dem **Verhältnis** der **gesamten** Insolvenzmasse zum Anteil der „**unproblematischen**" Masse zu errechnen.[537] Danach war der entstandene Mehraufwand zur Erzielung des „**problematischen**" Masseanteils des Verwalters ebenso zu vergüten wie die Erzielung des unproblematischen Masseanteiles.

237 Entsprechend den Motiven des Gesetzgebers galt es, insbesondere den starken Degressionsverlust der (alten) Staffelsätze von 1% und 0,5% für die besonders arbeitsintensiv erwirtschafteten großen Massen auszugleichen. Daher sollte der von *Haarmeyer/Mock* entwickelten Berechnungsgrundlage Vorzug gegeben werden. Ggf. bot es sich im Einzelfall auch an, entsprechende Mittelwerte aus diesen drei Berechnungsmethoden zu bilden, solange diese Frage noch nicht höchstrichterlich geklärt ist.

---

534 Haarmeyer/Mock, § 3 InsVV Rn 34.
535 Keller, § 4 Rn 65; Ahrens/Gehrlein/Ringstmeier, 2. Auflage, § 3 InsVV Rn 89.
536 Haarmeyer/Mock, § 3 InsVV Rn 36.
537 BK/Blersch, § 3 InsVV Rn 18.

4. Zuschlag für die Bearbeitung arbeitsrechtlicher Sachverhalte

Kann der Insolvenzverwalter darlegen, dass er durch die große Anzahl von Arbeitnehmern und der Bearbeitung arbeitsrechtlicher Themen zusätzlich über das Regelverfahren hinaus besonders belastet war,[538] kommt ein weiterer Zuschlag nach § 3 Abs. 1 d) InsVV in Betracht. Die Anzahl der Arbeitnehmer des schuldnerischen Unternehmens rechtfertigt für sich allerdings noch keinen Zuschlag für arbeitsrechtliche Sonderaufgaben.[539] Diese Tätigkeit muss er selbst entfaltet haben, sodass eine Delegation sich grds. vergütungsmindernd auswirkt (vgl. hierzu auch unter Rz. 212; Rz. 258 ff.).[540] Die Grenze für einen Zuschlag bilden die Kosten, die im Rahmen einer Verlagerung auf einen professionellen Dienstleister entstehen würden.[541] Da besondere Tätigkeiten entfaltet werden müssen, ist ein Zuschlag für die reine Funktion als Arbeitgeber ausgeschlossen. Die Abwicklung von Arbeitsverhältnissen gehört zu den Aufgaben eines Insolvenzverwalters.[542] Aufgaben, die ein Insolvenzverwalter ohne volljuristische Ausbildung im Allgemeinen nicht lösen kann, darf er, auch wenn er selbst Volljurist ist, auf einen Rechtsanwalt übertragen und die dadurch entstehenden Aufwendungen aus der Masse entnehmen.[543] Überträgt der Insolvenzverwalter eine ihm obliegende Aufgabe, die ein Verwalter ohne volljuristische Ausbildung nicht lösen kann, einem Rechtsanwalt und entnimmt er die dadurch entstehenden Aufwendungen der Insolvenzmasse, ist bei der Entscheidung über einen beantragten Zuschlag zur Vergütung zu berücksichtigen, dass dem Verwalter im Umfang der Delegation kein Mehraufwand entstanden ist.[544]

Gerade die Bearbeitung arbeitsrechtlicher Themen stellt einen wesentlichen Bestandteil der vom Insolvenzverwalter zu erbringenden Aufgaben bei einer Unternehmensinsolvenz dar. Namentlich genannt werden die Bearbeitung von Insolvenzgeldansprüchen sowie die Vorfinanzierung dieser Ansprüche, Kündigungsschutz oder Verhandlung von Sozialplänen. Dabei handelt es sich jedoch um keine abschließende Regelung. Der Insolvenzverwalter hat unter Einsatz qualifizierter Mitarbeiter und oft kostenintensiv zu agieren. Soweit für das Normalverfahren weniger als 20 Arbeitnehmer zugrunde gelegt werden, kann somit im Fall des Überschreitens dieser Anzahl grds. ein Zuschlag für die Bearbeitung arbeitsrechtlicher Sachverhalte gewährt werden. Dieser Grenzwert entspricht auch den Regelungen

---

538 Lorenz, in: Lorenz/Klanke, § 3 InsVV Rn 30.
539 BGH, 12.9.2019 – IX ZB 65/18, ZIP 2019, 2018.
540 Haarmeyer/Mock, InsVV § 3 Rn 44.
541 Ebd.
542 BGH, 12.9.2019 – IX ZB 1/17, ZIP 2019, 2016.
543 BGH, 23.3.2006 – IX ZB 130/05, ZIP 2006, 825; BGH, 3.7.2008 – IX ZB 167/07, Rn 10, jeweils. m.w.N.
544 BGH, 12.9.2019 – IX ZB 1/17, ZIP 2019, 2016.

der §§ 111ff. BetrVG, wonach i.d.R. bei Überschreitungen dieses Grenzwertes auch Verhandlungen mit den Betriebsräten über einen Sozialplan usw. geboten sind. Der vom BGH diesbezüglich entwickelte Faktor von 20 Arbeitnehmern ist grundsätzlich ein Richtwert nicht jedoch ein Formalwert, der zwingend einzuhalten ist. Dieser kann im Einzelfall auch unter- oder überschritten werden.[545] Gerade in diesen Fällen sind Zuschläge von 10–50% angemessen.[546]

240 Bei der Höhe der Zuschläge haben sich verschiedene Fälle manifestiert. Die Absicherung von Renten oder umfangreiche Verhandlungen zur Herabsetzung von Gehältern oder der Änderung der jeweiligen Arbeitsbedingungen werden mit Zuschlägen von 10–25% vergütet. Für die Durchführung von Kurzarbeit mit entsprechenden intensiven Verhandlungen mit der Agentur für Arbeit, dem Betriebsrat oder der Personalverwaltung finden sich Zuschläge von 5–20%. Ebenfalls sind auch Massenentlassungsanzeigen nebst entsprechenden Meldungen an die Arbeitsbehörden als Grundlage für einen Zuschlag von 10–25% anzusehen.[547] Auch Sozialplanverhandlungen nach § 123 InsO sind laut dem Wortlaut von § 3 Abs. 1 d) InsVV regelmäßig nicht bereits mit der Regelvergütung abgegolten und zuschlagsfähig. Auch die Gründung und Verwaltung von sog. Beschäftigungs- und Qualifizierungsgesellschaften bzw. von Transfergesellschaften kann mit einem erheblichen zusätzlichen Aufwand verbunden sein, jedenfalls wenn deren Geschäfts- und Arbeitsbereich und die damit einhergehende Belastung für den Verwalter über die eigentliche Tätigkeit der Schuldnerin in nennenswertem Umfang hinausgeht.[548]

241 **Hinweis**
Solange jedoch nur die Belange einzelner Arbeitnehmer (etwa im Hinblick auf schwerbeschädigte Mitarbeiter, Mutterschutz oder Vorruhestandsverhältnisse) betroffen sind und keine besonders aufwendige Abwicklung vorliegt, sind für derartige Einzelfallbearbeitungen i.d.R. keine Zuschläge anzusetzen, es sei denn, es entstehen ein erheblicher Aufwand und ggf. umfangreiche Abwicklungsvereinbarungen.[549] Im Ausnahmefall sind aber auch Zuschläge von bis zu 100% möglich. Hierbei ist insb. auf die Anzahl der Arbeitnehmer und das Vorhandensein umfangreicher arbeitsrechtlicher Probleme abzustellen. Somit kann der Zuschlag auch bei weniger Arbeitnehmern und komplexer, aufwendiger Tätigkeit verdient, oder bei mehr als 20 Arbeitnehmern, aber routinemäßiger Bearbeitung weniger angebracht sein.[550]

---

545 LG Münster, 7.11.2018 – 5 T 496/18, ZInsO 2019, 1188.
546 Lorenz, in: Lorenz/Klanke, § 3 InsVV Rn 58.
547 BeckOK/Budnik, § 3 InsVV Rn 32.
548 LG Neubrandenburg, 26.11.2002 – 4 T 257/02, ZInsO 2003, 26, 27f.
549 Haarmeyer/Mock, § 3 InsVV Rn 45.
550 MüKo/Riedel, § 3 InsVV Rn 31.

5. Zuschlag für Ausarbeitung eines Insolvenzplanes

Ein Insolvenzplan kann vom Verwalter aus eigenem Recht oder aufgrund einer Beauftragung durch die Gläubigerversammlung (vgl. § 218 InsO) aufgestellt werden. Rechtfertigung für den Zuschlag nach § 3 Abs. 1 e) InsVV ist schon die Ausarbeitung des Planes. Auf die Annahme des Planes kommt es für den Zuschlag nicht an.[551]

242

Bei der Höhe des Zuschlages sind alle Umstände einzubeziehen, insb. der Umfang des Insolvenzplanes. Relevante Faktoren sind außerdem die Anzahl der Gläubiger, die besonderen Problemstellungen bei der Gruppenbildung oder zusätzliche gestaltende Elemente des Planes. Von besonderer Bedeutung ist auch, inwieweit der Insolvenzverwalter bei der Annahme des Planes durch die Insolvenzgläubiger moderiert hat.

243

Je nach Fallgestaltung ist dabei ein Mindestzuschlag von 20% bis zu einem mehrfachen des Regelsatzes möglich.[552] Gerade bei einer relativ geringen Masse auf der einen Seite und einem besonders aufwendigen Insolvenzplan auf der anderen Seite ist ein besonders hoher Zuschlag angemessen. Verdichtet sich die ansonsten gebotene Abwicklung des Verfahrens in einem umfassenden Plan, der erst aufgrund umfangreicher Vorarbeiten und Verhandlungen mit zahlreichen Beteiligten zustande kommt, soll sogar die Verdoppelung der Grundvergütung nicht unbedingt schon die Grenze sein, zumal dann, wenn das Verfahren damit auch zügig erledigt wird.[553]

244

Hinweis 245

Bereits nach dem alten Recht waren besondere zu berücksichtigende Elemente die Übertragung von GmbH-Geschäftsanteilen sowie die Durchführung von Kapitalherabsetzungen oder Kapitalerhöhungen. Die Neufassung der InsO durch das ESUG hat gerade im Planverfahren zusätzliche Aufgaben für den Planersteller mit sich gebracht. Der Insolvenzplan kann nunmehr auch mit Wirkung für und gegen die Anteilsinhaber beschlossen werden und erlaubt einen Debt-Equity-Swap. Daraus ergeben sich weitere erhebliche Erhöhungsfaktoren bzw. Zuschläge, wenn im Plan besondere Regelungen für die Anteilsinhaber (Gruppenbildung gem. § 245 Abs. 3 InsO sowie ein Vorsorgebetrag zur Abgeltung des Minderheitenschutzes nach § 251 Abs. 3 InsO) Berücksichtigung finden und dies mit einer Mehrbelastung des Planerstellers bzw. Sachwalters verbunden war.[554]

6. Zuschlag für Inflationsausgleich

Teilweise wurde für die bis 31.12.2020 geltende Regelung ein allgemeiner Zuschlag für inflationsbedingte Effekte als zulässig erachtet, der daraus folge, dass seit dem Jahre 1999 die Gebührenansätze der InsVV nicht angepasst wurden.[555] Dem wird

246

---

551 *Ders.*, in: Stephan/Riedel, § 3 InsVV Rn 21.
552 Lorenz, in: Lorenz/Klanke, § 3 InsVV Rn 62.
553 Haarmeyer/Mock, § 3 InsVV Rn 50.
554 Vgl. Haarmeyer/Mock, § 3 InsVV Rn 50.
555 Haarmeyer/Mock, § 3 InsVV Rn 87.

nicht nur in dieser Allgemeinheit, sondern generell widersprochen.[556] Wesentliches Argument dagegen ist, dass in dem gleichen Zeitraum auch die Teilungsmassen zumindest im gleichen Umfange gestiegen seien.[557] Auch fehle für einen solchen Zuschlag die gesetzliche Grundlage.[558] Das Thema wird durch die Neuregelung für ab 1.1.2021 beantragte Verfahren zunehmend an Aktualität verlieren.

7. Weitere Zuschlagsfaktoren

247 Die ausdrücklich normierten Tatbestände des § 3 Abs. 1 InsVV sind nicht abschließend. Demnach sind Zuschläge auch bei weiteren, nicht in den Regelbeispielen enthaltenen Umständen des Einzelfalls zu gewähren. Die Regelbeispiele können jedoch als Maßstab herangezogen werden, bei welchem Ausmaß an erweiterter Tätigkeit dann ein Zuschlag grds. zu gewähren ist.[559]

248 Folgende weitere Erhöhungstatbestände sind anerkannt:[560]
- Verfahrensdauer von über 2 Jahren (10% Zuschlag für jedes weitere Jahr, aber nicht bei zögerlicher Bearbeitung durch den Verwalter und konkreter Mehrarbeit in den Folgejahren bzw. in dieser Zeit erbrachten Tätigkeit[561]), jedoch nur dann, wenn und soweit während dieser Zeit die konkrete Tätigkeit relevant war.[562]
- Obstruierender bzw. destruktiver Schuldner im Fall eines unkooperativen oder flüchtigen Schuldners werden auch Zuschläge von bis zu 40% als gerechtfertigt angesehen.[563]
- Fehlen einer ordnungsgemäßen bzw. vollständigen Buchhaltung (bei Aufarbeitung durch den Verwalter Zuschlag von bis zu 25–50%).[564] Soweit *Haarmeyer/Mock* in ihrer 5. Auflage die Auffassung vertreten, eine unzureichende Buchhaltung sei der Normalfall und nicht vergütungserhöhend[565], steht dies in

---

556 LG Köln, 13.5.2019 – 13 T 167/18, ZIP 2019, 1132; LG Hamburg, 7.1.2019 – 326 T 118/16, ZInsO 2019, 637.
557 Haarmeyer/Mock, ZInsO 2014, 573 ff.
558 Haarmeyer/Mock, ZInsO 2014, 573, 575.
559 Lorenz, in: Lorenz/Klanke, § 3 InsVV Rn 64.
560 Vgl. ausführliche Aufstellungen bei Lorenz, in: Lorenz/Klanke, § 3 InsVV Rn 35; Haarmeyer/Mock, § 3 InsVV Rn 86 ff. jeweils m.w.N. aus der Rechtsprechung sowie ausführlich dazu Dornieden, InsbürO 2007, 54 ff.
561 Vgl. die klarstellende Entscheidung des BGH, 16.9.2010 – IX ZB 154/09, ZInsO 2010, 1949 [Rn 3 ff.]; siehe auch BGH, 26.2.2015 – IX ZB 34/13, ZInsO 2015, 765.
562 BGH, 5.7.2018 – IX ZB 63/17, NZI 2018, 822.
563 BGH, 24.1.2008 – IX ZB 120/07, WM 2008, 488; LG Münster, 27.9.2010 – 5 T 318/10, BeckRS 2011, 21030.
564 AG Freiburg, 18.8.2016 – 8 IN 144/06, ZInsO 2016, 2270 (m. Anm. Haarmeyer).
565 Haarmeyer/Mock, 5. Aufl., § 3 InsVV Rn 68.

eklatantem Widerspruch zur eigenen Vorauflage⁵⁶⁶. Es ist nicht Erkennbar, dass der Verordnungsgeber des Jahres 1999 eine ungeordnete Buchhaltung als Regelfall gesehen hat.
- Übersteigen der Gläubigeranzahl von 100 Gläubigern, z.B. 5% Zuschlag bei 350 Gläubigern, sowie anderer Auffassung nach auch grds. ein Zuschlag von 10% je weiterer 100 Gläubiger. Hier gibt es eine kaum überschaubare Zahl von Einfallentscheidungen⁵⁶⁷. Interessant insoweit auch der Ansatz von Zimmer, den Zuschlag als fixen Betrag pro Gläubiger (EUR 120,00 – EUR 150,00) zu gewähren.⁵⁶⁸
- Mehrere Betriebsstätten oder ausländische Betriebsstätten bzw. Auslandsvermögen (die Zuschläge haben auch hier eine enorme Bandbreite, je nach Einzelfall), insb. bei der Anwendung ausländischen Rechts sowie des Einsatzes besonderer Sprach- und Rechtskenntnisse des Insolvenzverwalters.⁵⁶⁹
- Große Anzahl von Rechtsstreitigkeiten. Soweit der Insolvenzverwalter als Rechtsanwalt tätig wird, kann er seine Gebühren als Anwalt der Masse entnehmen. Soweit der Insolvenzverwalter einen Rechtsanwalt einbezieht, muss er diesen mandatieren, informieren und überwachen, was grundsätzlich zu seiner Regelaufgabe gehört. Dennoch wird vertreten, dass dies bei einer Vielzahl derartiger Rechtsstreite durchaus zu Zuschlägen führen kann.
- Verwertung von Grundstücken mit Altlasten.
- Verwertung von Massegegenständen, bewegliche Gegenstände wie auch Grundstücke mit erheblichen Schwierigkeiten, mit erheblichem Arbeitsaufwand (Zuschlag von bis zu 25% bei beweglichen Gegenständen und bis 75% bei Grundstücken)
- Umfangreiche und aufwendige Prüfung von Anfechtungsfragen (Zuschlag von bis zu 50%)⁵⁷⁰
- Besondere Beanspruchung des Insolvenzverwalters bei Konzerninsolvenzen, insb. aber nicht nur im Fall wechselseitiger konzernrechtlicher Verflechtungen und Ansprüche (Zuschlag von 25 –100%).
- Verhandlung bzw. Durchführung einer übertragenden Sanierung (je nach Umfang und Tätigkeit Zuschlag von bis zu 100%, insb. wenn dies mit Betriebsteilstilllegungen, der Erstellung von Sozialplänen und dem Einsatz einer Beschäftigungs- und Qualifizierungsgesellschaft verbunden ist).⁵⁷¹

---

566 Haarmeyer/Wutzke/Förster, § 3 InsVV Rn 78.
567 Graeber/Graeber, § 3 Rn 133.
568 Zimmer, § 3 InsVV Rn 142.
569 Graeber/Graeber, § 3 Rn 145.
570 Einfache Anfechtungsfälle rechtfertigen einen Zuschlag jedoch nicht, s. dazu Graeber/Graeber, InsbürO 2010, 187f., sowie BGH, 8.3.2012 – IX ZB 162/11, NZI 2012, 372ff.; BGH, 20.7.2017 – IX ZR 310/14, NJW 2017, 2613.
571 Graeber/Graeber, § 3 InsVV Rn 254.

- Besondere Schwierigkeiten bei Bauinsolvenzen, insb. im Bereich der Fortführung von Bauvorhaben[572] und bezüglich der Erfüllungswahl rechtfertigen ebenfalls Zuschläge (Zuschläge von 10–50%).
- Die besonderen Verpflichtungen bei börsennotierten Unternehmen (etwa aus dem AktG, WPHG und BörsG) führen zu weiteren Haftungsrisiken und damit zu deren Vermeidung auch über Aufwand, der über ein Normalverfahren hinausgeht.[573]

249 Soweit zur Höhe der jeweiligen Zuschläge in Literatur und Rechtsprechung auf unterschiedliche und weit voneinander abweichende Auffassungen vertreten werden, herrscht jedoch Einigkeit, dass es stets auf die Beurteilung des Einzelfalles ankommt und dass hier sowohl quantitative wie auch qualitative Merkmale relevant sind.[574]

V. Abschläge

250 Nicht nur eine Erhöhung der Regelvergütung wird im konkreten Einzelfall den Anforderungen an die Tätigkeit des Insolvenzverwalters gerecht. In gleicher Weise kommt eine Kürzung in Betracht, wenn das jeweilige Verfahren unter der durchschnittlichen Arbeitsintensität liegt und der Verwalter nur unterdurchschnittlichen Anforderungen ausgesetzt war.[575] Aus § 3 Abs. 2 InsVV ergibt sich keine Verpflichtung des Insolvenzgerichtes, den Regelsatz zu mindern Danach ist lediglich ein Abschlag gerechtfertigt, d.h. er ist nicht zwingend.[576] Das Insolvenzgericht soll letztlich angehalten werden zu prüfen, ob die Tätigkeit des Verwalters den Normalfall deutlich unterschritten hat und die Gewährung einer Regelvergütung unbillig wäre. Einen Anlass für eine solche Überprüfung soll erst dann bestehen, wenn das Missverhältnis eine Grenze von 20% bzw. noch weiter darüber hinaus unterschreitet.[577] Das Insolvenzgericht ist jedenfalls gehalten, im Rahmen einer dann im Ergebnis angemessenen Gesamtwürdigung zu prüfen, ob Zu- oder eben Abschläge gerechtfertigt sind.[578]

---

572 LG Freiburg, 23.8.2017 – 3 T 246/16, ZInsO 2017, 2083.
573 Haarmeyer/Mock, § 3 InsVV Rn 99, freilich auch mit dem Hinweis, dass hier genau zu prüfen ist, ob dieser Mehraufwand tatsächlich beim Verwalter anfällt (und nicht bei den Organen) und ob dies nicht durch die meist höhere Masse solcher Unternehmen ggf. schon abgegolten ist. AG Hannover, 7.11.2018 – 5 T 496/18, ZInsO 2016, 2107.
574 MüKo/Riedel, § 3 InsVV Rn 4, Haarmeyer/Mock, § 3 InsVV Rn 54 f. sowie Lorenz, in: Lorenz/Klanke, § 3 InsVV Rn 81.
575 Keller, Vergütung und Kosten im Insolvenzverfahren, § 5 Rn 177.
576 Lorenz, in: Lorenz/Klanke, § 3 InsVV Rn 81.
577 Haarmeyer/Mock, § 3 InsVV Rn 111.
578 BGH, 17.4.2013 – IX ZB 141/11, ZInsO 2013, 1104.

1. Vermeidung einer Doppelberücksichtigung durch gleichzeitige Erhöhung der Berechnungsgrundalge und Gewährung von Zuschüssen

Wie ein roter Faden zieht sich durch die Rechtsprechung des BGH, dass nicht derselbe Umstand mehrmals zugunsten des Verwalters i.R.d. Gebührenfestsetzung berücksichtigt werden soll.[579] Gerade bei einer Multiplikation kann hieraus eine in der Sache nicht gerechtfertigte wesentliche Erhöhung der Vergütung folgen.

251

Hinweis
Bereits mit Entscheidungen in den Jahren 2007 und 2008 hatte der BGH in grundlegenden Beschlüssen zum sog. „ausgleichenden" Zuschlag beim Überschuss aus der Unternehmensfortführung Position bezogen.[580] In seinem Beschluss vom 12.5.2011 hat der BGH zu diesem Ausgleich weitere Klarheit zur Berechnung der Zuschläge auf die Insolvenzverwaltervergütung im Fall der Betriebsfortführung geschaffen.[581] Danach ist eine Doppelvergütung zwar auszuschließen. Der Erfolg des Verwalters bei der Fortführung des Unternehmens muss aber in jedem Falle angemessen bei der Bestimmung der Höhe des Zuschlages berücksichtigt werden.[582] Der BGH bestätigt damit, dass sich alle nach § 3 Abs. 1 InsVV zu gewährenden Zuschläge nach der um den Überschuss einer Betriebsfortführung erhöhten Berechnungsgrundlage bemessen. Demnach sind alle Zuschläge, die sich nicht auf den Umstand der Betriebsfortführung stützen, auf Basis der erhöhten Berechnungsgrundlage, d.h. der Berechnungsgrundlage inklusive eines etwaigen positiven Betriebsfortführungsergebnisses zu bemessen. Nur wenn zudem für die Betriebsfortführung ein Zuschlag gewährt werden soll, ist allein bei diesem Zuschlag durch eine Vergleichsrechnung eine doppelte Berücksichtigung zu vermeiden. Mittels dieser isolierten Vergleichsrechnung ist der angemessene Prozentsatz für die Zuschlagsgewährung für die Betriebsfortführung zu ermitteln.[583]

Vorzugehen ist also in zwei Stufen. Zunächst ist völlig unabhängig von der Berechnungsgrundlage der angemessene Zuschlag festzulegen. Danach ist der sich aus der Erhöhung der Berechnungsgrundlage ergebende Mehrbetrag der Vergütung in einer Vergleichsrechnung von dem Mehrbetrag abzuziehen, der sich aus dem zu gewährenden Zuschlag nach § 3 Abs. 1 b) InsVV über den Gesetzestext ergibt. Dies erfordert eine weitere Vergleichsrechnung. Der sich aus der Erhöhung der Berechnungsgrundlage ergebende Mehrbetrag der Vergütung ist von dem Mehrbetrag abzuziehen, der sich aus dem zu gewährenden Zuschlag nach § 3 Abs. 1 b) ergibt.

252

---

579 BGH, 16.10.2008 – IX ZB 179/07, ZInsO 2008, 1262; BGH, 22.2.2007 – IX ZB 106/06, ZInsO 2007, 436; BGH, 24.1.2008 – IX ZB 120/07, ZInsO 2008, 266; BGH, 14.7.2016 – IX ZB 31/14, NZI 2016, 824.
580 So BGH, 22.2.2007 – IX ZB 106/06, ZInsO 2007, 436; BGH, 24.10.2008 – IX ZB 120/07, ZInsO 2008, 266–267.
581 BGH, 12.5.2011 – IX ZB 143/08, ZInsO 2011, 1422 ff.
582 Haarmeyer/Mock, § 3 InsVV Rn 20.
583 Vgl. Rauschenbusch, Anmerkung zu BGH, 12.5.2011 – IX ZB 143/08, ZInsO 2011, 1730 ff.

253 **Beispiel 1 (aufgrund der abnehmenden Relevanz nachfolgend zur Vergütungsregelung für bis 31.12.2020 beantragten Verfahren)**
Der Insolvenzverwalter erwirtschaftet durch Unternehmensfortführung einen Überschuss von EUR 1.000.000,00. Die Insolvenzmasse erhöht sich hierdurch von EUR 1.000.000,00 auf EUR 2.000.000,00. Das Gericht will hierfür einen Zuschlag von 100% gewähren.

Aufstellung

Regelvergütung EUR 2 Mio.	EUR 67.750,00
Regelvergütung EUR 1 Mio.	EUR 47.750,00
Mehrvergütung aus Massemehrung mithin:	EUR 20.000,00
100% Zuschlag damit auf Regelvergütung aus EUR 2 Mio. ergibt	EUR 67.750,00
Endgültige Vergütung:	
Regelvergütung	EUR 67.750,00
Erhöhung wegen Betriebsfortführung:	EUR 67.750,00
./. Erhöhung aus Massemehrung	./. EUR 20.000,00
Erhöhung insgesamt	EUR 47.750,00
Vergütung insgesamt:	**EUR 115.500,00**

254 Eine Doppelberücksichtigung desselben Sachverhaltes durch Erhöhung der Berechnungsgrundlage und Gewährung eines Zuschlages soll ausgeschlossen werden. Das gilt zunächst auch bei der Bearbeitung von Absonderungsrechten sowie der Betriebsfortführung. Ist ein Überschuss bereits in die Berechnungsgrundlage nach § 1 Abs. 2 Nr. 1 InsVV und § 1 Abs. 2 Nr. 4 b) InsVV eingeflossen, so ist der sich allein aus dieser Verbreiterung der Berechnungsgrundlage ergebende Mehrbetrag der Regelvergütung von demjenigen Betrag abzusetzen, der sich aus dem Zuschlag isoliert ergibt. Nach dem BGH steht dem Verwalter ein Wahlrecht zu. Er kann entweder die erhöhte Berechnungsgrundlage oder die Sondervergütung in Anspruch nehmen.[584] Daraus lässt sich der allgemeine Rechtsgedanke erkennen, auch in anderen Bereichen solche Doppelberücksichtigungen zu vermeiden, wobei sich im Einzelfall erhebliche Schwierigkeiten ergeben können. Wird z.B. ein Betrieb veräußert, so müsste zunächst der sich aus der Veräußerung ergebende Mehrerlös ermittelt werden, um ggf. bei den Verwertungs- und Sanierungsbemühungen einen entsprechenden Abschlag vorzunehmen. Das dürfte im Einzelfall auf erhebliche Schwierigkeiten stoßen. Darüber hinaus ist zu würdigen, ob sich die Erhöhung der Berechnungsgrundlage und der Zuschlagsfaktor überhaupt entsprechen. Wird ein Zuschlag z.B. allein für Bemühungen gewährt, so kann der erzielte Überschuss nicht zu Lasten des erfolgreichen Verwalters gehen.

Eine alternative Vorgehensweise schlagen *Graeber/Graeber* vor. Er knüpft daran an, ob sich im Rahmen des § 1 Abs. 2 Nr. 1 InsVV die Berechnungsgrundlage als Folge der wesentlichen Befassung erhöht hat. Wenn dann diese Erhöhung dem hohen

---

[584] BGH, 10.10.2013 – IX ZB 169/11, ZInsO 2013, 2288.

Aufwand nicht gerecht wird, kommt ein Zuschlag nach § 3 Abs. 2 a) in Betracht. Dieser Zuschlag möge dann bei einer Belastung, die dem Doppelten des Normalverfahrens entspricht, 100% betragen. Dann hätte man aber die Doppelbelastung bei der Bemessungsgrundlage und den Zuschlag. Zur sachgerechten Lösung soll nach *Graeber/Graeber* ein Vergleich herangezogen werden, um den Zuschlag um den Betrag zu kürzen, der schon im Rahmen des § 1 Abs. 2 Nr. 1 InsVV anfiel. Dies soll nach Auffassung von *Graeber/Graeber* bei jedem massemehrenden Zuschlag in dieser Weise verglichen werden.[585] Dabei ist wiederum der Zuschlag nur prozentual zu kürzen. Sonst ergäbe sich nicht die Vermeidung einer Doppelbelastung der Masse, sondern eine doppelte Kürzung der Vergütung.

Beispiel 2 (aufgrund der abnehmenden Relevanz nachfolgend zur Vergütungsregelung für bis 31.12.2020 beantragten Verfahren)
Der Insolvenzverwalter erwirtschaftet durch Unternehmensfortführung einen Überschuss von 25.000 EUR.[586] Die Insolvenzmasse erhöht sich hierdurch von EUR 125.000,00 auf EUR 150.000,00. Das Gericht will hierfür einen Zuschlag von 25% gewähren, da es einen entsprechenden Mehraufwand des Verwalters annimmt.

Aufstellung

Regelvergütung EUR 125.000,00	EUR 21.500,00
Regelvergütung EUR 150.000,00	EUR 23.250,00
Mehrvergütung aus Massemehrung mithin:	**EUR 1.750,00**

Der zunächst in Höhe von 25% angemessene Zuschlag ist entsprechend dieser Mehrvergütung aus Massemehrung, d.h. proportional zu diesen EUR 1.750,00 zu berichtigen. EUR 1.750,00 sind bezogen auf die Regelvergütung von EUR 23.250,00 7,5%. Der Zuschlag für die Unternehmensfortführung ist daher 25% – 7,5% = 17,5%

Der Vorgehensweise von *Graeber/Graeber* erscheint sachgerechter und angemessen. Sie entspricht der Systematik der InsVV, wonach in Ebene 1 die angemessene Berechnungsgrundlage und in Ebene 2 die angemessene Höhe von Zu- und Abschlägen zu finden ist. Dabei ist eine Klärung auf Ebene 2 angemessen, um eine Berücksichtigung schon auf Ebene 1 aufzufangen. Dieser proportionale Ansatz auch auf Ebene 2 entspricht der Systematik der InsVV. Das kann indes auch zu einer faktisch gänzlichen Versagung des Zuschlages führen:

Beispiel 3 (aufgrund der abnehmenden Relevanz nachfolgend zur Vergütungsregelung für bis 31.12.2020 beantragten Verfahren)
Die Insolvenzmasse beläuft sich wieder auf EUR 150.000,00.[587] Davon folgen EUR 100.000,00 aus der Bearbeitung von Aus- und Absonderungsrechten. Das Gericht will hierfür einen Zuschlag von 15% gewähren, da es einen entsprechenden Mehraufwand sieht des Verwalters annimmt.

---

[585] Graeber/Graeber, § 3 InsVV Rn 17.
[586] Nach Graeber/Graeber, NZI 2012, 355, 357.
[587] Nach Graeber/Graeber, NZI 2012, 355.

Aufstellung

Regelvergütung EUR 50.000,00	EUR 16.250,00
Regelvergütung EUR 150.000,00	EUR 23.250,00
Mehrvergütung aus Massemehrung mithin:	**EUR 7.000,00**

EUR 7.000,00 sind bezogen auf die Regelvergütung von EUR 23.500,00 30%. Der Zuschlag für die Unternehmensfortführung ist daher 15% − 30% = − 15%. Ein negativer Zuschlag ist nicht möglich. Der Zuschlag entfällt also vollständig.[588]

Treffen mehrere Sachverhalte zusammen, die sowohl die Berechnungsgrundlage erhöhen als auch einen Zuschlag rechtfertigen, z.B. Betriebsfortführung und sanierende Übertragung oder Bearbeitung von Aus- und Absonderungsrechten, ist eine Berechnung für jeden einzelnen Faktor erforderlich, unabhängig von der Art und Weise der Berücksichtigung.

2. Berücksichtigung mehrerer Zuschlagsfaktoren

255 Eine Doppelberücksichtigung ist darüber hinaus aber auch zwischen verschiedenen Zuschlägen möglich. Eine solche Überschneidung liegt vor, wenn i.R.d. entfalteten Tätigkeit Arbeiten angefallen sind, die auch für den anderen Zuschlagsfaktor erforderlich waren. Eine Unternehmensfortführung erfordert z.B. in gleicher Weise wie die Sanierung eines Unternehmens regelmäßig bestimmte Planungsberechnungen und Planungsvergleiche. Dienen diese Unterlagen beiden durch die jeweiligen Zuschläge vergüteten Tätigkeitsbereichen, so können nicht beide Zuschläge in voller Höhe gewährt werden. Bei einem dieser Zuschlagsfaktoren ist daher zu ermitteln, in welchem Umfang hierbei auf Arbeiten zurückgegriffen werden konnte, die bereits i.R.d. anderen Zuschlagfaktors vergütet wurden. Eine typisierende Vergleichsrechnung ist dann erforderlich. Andererseits gibt es keinen Automatismus, wonach ein Zuschlagfaktor ganz oder teilweise in einem anderen Zuschlagsfaktor aufgeht. Erfordert eine Sanierung z.B. ganz andere Planungsrechnungen oder andere Unterlagen als die Unternehmensfortführung, so ist eine Minderung einer der beiden Zuschläge nicht gerechtfertigt (vgl. dazu auch Rz. 221).[589]

256 Im Rahmen seines Antrages hat der Insolvenzverwalter diese Umstände im Einzelnen darzulegen. Eine schlichte Addition von Vergütungsfaktoren ist ausgeschlossen, anderenfalls setzt er sich des erheblichen Risikos aus, dass das Gericht in einer pauschalisierenden Betrachtungsweise einzelne Erhöhungsfaktoren kürzt oder ganz streicht.

---

[588] Graeber/Graeber, NZI 2012, 358.
[589] Vgl. hierzu LG Heilbronn, 21.12.2010 – 1 T 593/10 Bm, BeckRS 2011, 4138, welches im Fall eines Zuschlages für die Betriebsfortführung einen weiteren Zuschlag für die Finanzbuchhaltung gewährt, wenn diese Faktoren aufeinander aufbauen.

3. Delegation verschiedener Aufgaben auf Hilfspersonen

Ein weiteres in der Praxis sehr bedeutsames Thema im Bereich der Abschläge bildet die vergütungsrechtlich angemessene Berücksichtigung des Einsatzes von Hilfspersonen bzw. die Beauftragung Dritter durch den Insolvenzverwalter. Aufgaben, die der Verwalter nicht **höchstpersönlich** ausführen muss, kann er grds. delegieren. Neben dem Einsatz von eigenen Mitarbeitern (vgl. hierzu unter Rn 294 f.) geht es vor allem um den Einsatz fremder Hilfskräfte oder Spezialisten z.B. Gutachter, Verwerter, Interimsmanager sowie die Mitarbeiter des Schuldners.[590] Aufgrund des klaren Wortlautes von § 4 Abs. 1 InsVV ist unumstritten, dass der Verwalter die dadurch entstandenen Kosten aus der Masse entnehmen kann. Es handelt sich hierbei letztlich um Masseverbindlichkeiten gem. § 55 Abs. 1 Nr. 1 InsO.[591]

257

Allgemeine Voraussetzung für die Anerkennung der Delegation ist, dass der Insolvenzverwalter solche Verträge mit Dritten zivilrechtlich wirksam und zu angemessenen Konditionen abgeschlossen hat.[592] Anderenfalls liegt in der Mandatierung zu nicht marktüblichen Konditionen für sich schon eine gravierende Pflichtverletzung, die auch zum Schadensersatz führen kann.[593] Damit eine gerichtliche Kontrolle gewährleistet ist, hat der Verwalter daher nach § 8 Abs. 2 InsVV in seinem Vergütungsantrag genau darzulegen, welche Werk- oder Dienstverträge er für die Masse abgeschlossen hat.[594]

258

Besondere Schwierigkeiten bereitet die Frage, ob und inwieweit die durch diese Hinzuziehung Dritter verursachten Ausgaben bei der Vergütung des Verwalters als Abschlag oder in Form einer Kürzung zu berücksichtigen sind. Zu den Regelaufgaben gehören beispielsweise die Ermittlung von Anfechtungsansprüchen[595] und die Erstellung von einfachen Steuererklärungen.[596] Insbesondere jedoch im Falle spezieller Sonderrechtsprobleme, gerade bei internationalen Sicherheitsstrukturen, ist die Hinzuziehung besonderer Sachkunde unschädlich. Es kann auch dann ein Zuschlag gewährt werden.[597]

259

Als Maßstab, ob die Delegation an Dritte zu einem Abschlag bzw. zu einer Kürzung der Vergütung führen soll, wird unterschieden zwischen der Delegation von Aufgaben, die das Normalverfahren mit sich bringt, und Tätigkeiten, die ggf. eine Vergütungserhöhung nach sich ziehen könnten.[598]

---

[590] Graeber, Vergütung in Insolvenzverfahren von A–Z, Rn 138.
[591] Keller, § 13 Rn 6.
[592] BGH, 19.1.2012 – IX ZB 25/11, NZI 2012, 247.
[593] BGH, 19.1.2012 – IX ZB 25/11, NZI 2012, 247.
[594] Keller, § 13 Rn 6.
[595] BGH, 14.11.2012 – IX ZB 95/10, ZInsO 2013, 152; BGH, 19.9.2013 – IX ZB 122/11, ZInsO 2013, 2180.
[596] BGH, 14.11.2013 – IX ZB 161/11, NZI 2014, 21 f.
[597] Haarmeyer/Mock, § 3 InsVV Rn 17.
[598] Keller, § 2 Rn 182; Lorenz, in: Lorenz/Klanke, § 4 InsVV Rn 10.

260 Hinweis
Zu unterscheiden ist zwischen der Erfüllung von Aufgaben des Normalverfahrens, sog. „Regelaufgaben" und höchstpersönlichen Aufgaben. Höchstpersönliche Aufgaben darf der Verwalter schon gar nicht delegieren. Hierzu gehören die ggü. dem Gericht wahrzunehmenden Aufgaben (z.B. Teilnahme an der Gläubigerversammlung, die Rechnungslegung nach § 66 InsO oder die Bearbeitung von Forderungsanmeldungen. Dabei ist freilich die Unterstützung und Zuarbeit durch Mitarbeiter aus dem eigenen Büro nicht als Delegation zu verstehen.[599] Vergütet ein Verwalter gleichwohl eine derartige, höchstpersönliche Aufgabe an einen Dritten, kommt ein Abschlag von der Vergütung i.H.d. für diese „verbotene" Delegation aus der Masse bezahlten Kosten in Betracht.[600]

Auch hierbei muss jedoch genauer differenziert werden. So gehören die Tabellenführung in der Kanzlei des Verwalters und die Prüfung der Forderungen im formellen Sinne, etwa im Prüftermin zu den höchstpersönlichen Aufgaben des Verwalters. Das darf aber nicht so verstanden werden, dass der Insolvenzverwalter sich bei der Prüfung von Forderungen nicht in angemessener Weise der Mitarbeiter des schuldnerischen Unternehmens bedienen darf. Insbesondere kommt in Betracht, dass die Prüfung von Forderungen der Hilfe von Mitarbeitern bedarf, die spezielle kaufmännische oder technische Qualifikationen (etwa als Maschinenbauer oder Bauingenieur) haben, um die Forderung prüfen zu können. Der Einsatz von solchen Mitarbeitern, gerade bei großen Verfahren, berührt nicht die höchstpersönliche Amtsführung, wenn der Verwalter letztlich nur auf die Vorarbeit dieser Mitarbeiter zugreift, diese aber nicht für ihn die Tabelle „führen". Es darf sich aber nur um Vorarbeiten handeln. Die eigentliche Entscheidung müssen der Insolvenzverwalter und sein Team treffen.

261 Demnach bleibt die Frage nach der Berücksichtigung des Einsatzes Dritter im Bereich des Normalverfahrens und im Bereich der über die Regelaufgaben hinausgehenden Aufgaben.

262 Herrschende Meinung ist, dass eine Delegation an Dritte im Bereich der Aufgaben, die ein Regelverfahren mit sich bringt (vgl. hierzu Rz. 202f.), die also von der Regelvergütung des § 2 InsVV abgegolten sind, zu einer Kürzung (der Regelvergütung) führen soll.[601] Delegiert der Verwalter hingegen Aufgaben, die über ein Regelverfahren hinausgehen, soll es nicht zu einer Kürzung der Regelvergütung kommen. Einem Verwalter soll nicht zugemutet werden, persönlich oder auch lediglich mit den Mitarbeitern seines Büros die Verwaltung eines auch nur mittelgroßen Verfahrens zu meistern Dies würde zu unzumutbaren Vorhaltekosten führen.[602] Daher

---

599 Keller, § 13 Rn 6.
600 Vgl. etwa BGH, 4.12.2014 – IX ZB 60/13, NZI 2015, 141 zur Beauftragung eines Rechtsanwalts mit dem Forderungseinzug.
601 KPB/Stoffler, § 4 InsVV Rn 41; Keller, § 13 Rn 6.
602 Haarmeyer/Mock, § 4 InsVV Rn 13.

ist allein zu prüfen, ob die Beauftragung Dritter einen für diese Aufgaben ansonsten gerechtfertigten Zuschlag ausschließen oder mindern.[603]

Der BGH hat sich dieser Sichtweise angeschlossen und 2012 entschieden: *„Das Insolvenzgericht ist berechtigt und verpflichtet zu prüfen, ob die Beauftragung Externer berechtigt war. Kommt es zu dem Ergebnis, dass die Beauftragung eines Rechtsanwalts nicht erforderlich war, hat es die Vergütung um den zu Unrecht aus der Masse entnommenen Betrag zu kürzen."*[604]

§ 63 InsO erfordert aber auch, dass bei Abweichungen vom Regelsatz, dem Umfang und der Schwierigkeiten der Geschäftsführung des Verwalters Rechnung zu tragen ist. Es kommt damit bei der Würdigung aller Umstände auf den konkreten Fall an. Schematische Vorgehensweisen sind ausgeschlossen. Auch der BGH hat sich mit der Frage der angemessenen Vergütung im Zusammenhang mit dem Einsatz von Dritten ausführlich befasst und klargestellt, dass im Einzelnen zu prüfen ist, ob es sich um (nicht die Vergütung mindernde) Sonderaufgaben handelt.[605] Das Insolvenzgericht hat insoweit bei der Prüfung, wie die Delegation zu bewerten ist, den Maßstab eines wirtschaftlichen und sinnvollen Handelns anzulegen.[606]

263

In mittleren und größeren Verfahren wird ein Verwalter, um allen Anforderungen des Falles gerecht zu werden, die er oft gar nicht selbst und zeitgleich erfüllen kann, vor allem bei folgenden Themen Dritte einschalten müssen, um das Verfahren ordnungsgemäß abwickeln zu können:
– Unternehmensfortführung mit Hilfe von Interimsmanagern
– Betreuung von Patenten
– Vertragsverhandlungen
– Betriebswirtschaftliche Betreuung
– Spezialkenntnisse in dem jeweiligen Sachbereich
– Unterstützung beim betriebswirtschaftlichen Controlling.

264

Vergleicht man derartige Aufgaben mit dem Katalog der typischen, ein Normalverfahren ausmachenden Tätigkeiten (vgl. oben Rz. 202f.), wird sich schon regelmäßig nicht die Frage eines Abschlages ergeben, da die Delegation gar nicht den Bereich der „normalen" Verwaltertätigkeit umfasst.

265

Eine dem Einzelfall gerechte Abwägung ist nur möglich, wenn man die Maßstäbe des Normalverfahrens nicht über Gebühr anlegt. Bspw. kennzeichnet es ein Normalverfahren i.S.d. § 2 InsVV, dass das schuldnerische Unternehmen nicht mehr als eine Betriebsstätte aufweist (vgl. oben Rz. 200). Hieraus kann dann aber nicht der Schluss gezogen werden, dass bei jedem Unternehmen, das nur eine Betriebsstätte

266

---

603 Keller, § 5 Rn 183, Lorenz in: Lorenz/Klanke, § 4 InsVV Rn 10.
604 BGH, 14.11.2012 – IX ZB 95/10, ZInsO 2013, 152.
605 BGH, 11.11.2004 – IX ZB 48/04, NZI 2005, 103 ff.
606 Keller, § 13 Rn 5.

aufweist, der Einsatz eines Interimsmanagers zu Lasten der Masse eine Kürzung der Regelvergütung rechtfertigt, wenn sich das Verfahren ansonsten etwa aufgrund der Höhe der Umsätze des Unternehmens oder der Schwierigkeiten bei der Fortführung als überdurchschnittlich aufwendig erweist. Auch bei der Höhe der Vergütung eines Interimsmanagers ist auf das Postulat einer wirtschaftlichen Betrachtungsweise zu achten. Handelt es sich um ein entsprechend großes Unternehmen, wird sich die Vergütung eines Interimsmanagers an der eines Geschäftsleiters eines vergleichbaren Unternehmens orientieren müssen. Um im Interesse der besten Gläubigerbefriedigung eine übertragende Sanierung mittels eines fachkundigen Interimsmanagers vorzubereiten, kann im Einzelfall dann auch ein sehr hohes Gehalt bei Gesamtbetrachtung angemessen sein und rechtfertigt keinen Abschlag.

Daher trifft es nicht zu, ganz allgemein schon den bloßen Einsatz eines Interimsmanagers als Grund für eine Herabsetzung oder gar Streichung des Zuschlages zu berücksichtigen.[607]

Eine Einschränkung ist zunächst nicht angebracht, wenn in dem Unternehmen kein angemessenes Management mehr zur Verfügung steht oder von Bord gegangen ist. Der sogenannte Normalfall umfasst, dass auf ein wenigstens im Ansatz noch taugliches Management zurückgegriffen werden kann. Fehlt es hieran, so erfüllt ein sogenannter Insolvenzmanager nur Aufgaben im Rahmen einer üblichen Betriebsorganisation, die bei der Bestimmung des Normalfalles vorausgesetzt wird. Abschläge sind aber dann zu Lasten des Zuschlages möglich, wenn der Insolvenzverwalter die Delegation so weit treibt, dass er selbst nur noch eine generelle Aufsicht über diesen Interimsmanager oder (neudeutsch) *Chief Restructuring Officer* (CRO) ausübt. Abschläge sind aber dann unangebracht, wenn der Verwalter die Geschicke weiterhin selbst steuert und umfassend für die wirtschaftlichen Entscheidungen bzw. die Entscheidungsprozesse verantwortlich ist. Steuert der Verwalter die Geschicke weiterhin selbst und zeichnet umfassend für die wirtschaftlichen Entscheidungen bzw. Entscheidungsprozesse verantwortlich, ist der Einsatz eines Interimsmanagers, der nur standardmäßige Entscheidungen im Tagesgeschäft fällt, aber bei relevanten Sachverhalten die Entscheidungsfindung des Verwalters etwa durch betriebswirtschaftliche Steuerungselemente oder branchenspezifische Fachkenntnisse vorbereitet, kein angemessener Grund, einen Vergütungszuschlag zu verweigern. Der Einsatz eines Interimsmanagers allein bedingt also noch keine Beschränkung des Zuschlages, wenn dessen Einsatz zur ordnungsgemäßen Ausübung und Aufrechterhaltung des Betriebes geboten ist. Der BGH-Beschluss vom 11.3.2010 sieht generell zwar eine solche Kürzung als möglich an, geht aber nicht darauf ein, wann eine Kürzung oder Verweigerung tatsächlich in Frage kommt.[608]

---

607 So Haarmeyer/Mock, § 3 InsVV Rn 20f.
608 BGH, 11.3.2010 – IX ZB 122/08, ZInsO, 2010, 730; vgl. auch LG Münster, 18.2.2013 – 5 T 490/12, ZInsO 2013, 841 zur Kürzung des Zuschlags bei Übertragung von Aufgaben auf Dritte im Rahmen der

Weitere Beispiele, bei denen eine Delegation an Dritte statthaft ist und nicht zu einem Abschlag führen sollte:[609]

Einschaltung eines Steuerberaters/Buchhalters:[610] Während die laufende Insolvenzbuchhaltung (Kassenführung) zu den Regelaufgaben gehört, zählt die Erstellung von Bilanzen und Jahresabschlüssen zweifelsfrei zu den delegationsfähigen Sonderaufgaben. Handelt es sich um ein überdurchschnittliches Großverfahren mit Tausenden von Buchungsvorgängen ist es nicht angebracht, die Beschäftigung eines Buchhalters, der auch die Grundlagen für die Erfüllung der steuerlichen Verpflichtungen erbringt, mit einem Abschlag zu „honorieren". Der Verwalter ist in solchen Verfahren auch unter Hinzuziehung eines üblichen Büroapparates gar nicht in der Lage, derartiges selbst zu leisten. Lediglich einfach zu erstellende Steuererklärungen sind mit der Regelvergütung abgegolten.[611]

Einschaltung eines Wirtschaftsprüfers: ist aufgrund handelsrechtlicher Vorschriften eine Abschlussprüfung zu besorgen, handelt es sich auch hier um eine Sonderaufgabe, sodass Ausgaben für den Wirtschaftsprüfer nicht zu einem Abschlag führen dürfen, da diese Aufgabe handelsrechtlich zwingend extern zu erfolgen hat.

Einschaltung eines Unternehmensberaters/Einholung betriebswirtschaftlicher Gutachten: Derartige Gutachten bilden oft die Grundlage für Insolvenzpläne und übertragende Sanierungen, aber auch für die Entscheidungsfindung der Gremien der Gläubiger. Als grundlegende Arbeit sollte dies demnach nicht zu einem Abschlag führen, jedenfalls dann nicht, wenn dieses betriebswirtschaftliche Knowhow auch für verfahrensleitende Entscheidungen oder Verhandlungen von Relevanz ist. Es werden üblicherweise Tagessätze vergütet, die inzwischen schon deutlich über EUR 1.000,00 pro Manntag marktkonform sind.[612] Laut Ermittlungen der Wirtschaftswoche kann der Tagessatz für einen erfahrenen Sanierer auch schnell bei mehr als EUR 3.500,00 liegen[613]. Auch bei der Frage der Höhe eines Zuschlages, z.B. für Planerstellung, sollten derartige Grundlagen nicht schematisch zu einer (relevanten) Reduzierung eines Zuschlages nach § 3 Abs. 1 b) oder e) InsVV führen.

Personalverwaltung: Auch die Aufrechterhaltung einer Personalverwaltung mag in kleineren Verfahren mit bis zu 20 Arbeitnehmern zu den Regelaufgaben gehören.[614] Bei Großverfahren ist dies aber nicht mehr der Fall.[615]

Betriebsfortführung wie etwa die Inventarisierung des Schuldnervermögens und der Installierung eines Controllings durch Dritte.
609 Vgl. Haarmeyer/Mock, § 4 InsVV Rn 12 ff. mit weiteren Bsp.
610 Haarmeyer/Mock, § 4 InsVV Rn 38.
611 BGH, 14.11.2013 – IX ZB 161/11, NZI 2014, 21 f.
612 Haarmeyer/Mock, § 4 InsVV Rn 44.
613 Wirtschaftswoche v. 4.3.2019, Wenke Wensing, „Gekommen, um zu gehen"; Handelsblatt v. 28.3.2019, Camilla Flocke, „Nur mal kurz das Geld retten – Was Interimsmanager antreibt".
614 LG Flensburg, 4.11.2003 – 5 T 323/03, ZInsO 2003, 1093.
615 Vgl. Haarmeyer/Mock, § 4 InsVV Rn 67.

Auch Rechtsanwälte können mit delegationsfähigen Aufgaben betraut werden.[616]

In diesem Kontext ist die vorerwähnte wirtschaftliche Betrachtungsweise auch bei der Frage geboten, welche Organisation ein Insolvenzverwalter in Zeiten von ESUG vorhalten muss. Wann und inwieweit kann er Aufträge an Dritte vergeben, ohne dass dieses Vorgehen zu Lasten seiner Vergütung geht? Da die Gläubiger verstärkt Mitspracherechte haben und die Marktentwicklung einen Trend zu Full-Service-Verwaltern mit angeschlossenen Sozietäten von in den Verfahren tätigen Rechtsanwälten, Steuerberatern und Wirtschaftsprüfern einerseits und andererseits zu personell sehr abgespeckten schlanken reinen Verwalterboutiquen zeigt, wird es verstärkt zu Fällen kommen, bei denen sich die Frage der Hinzuziehung Dritter und hieraus folgender Abschläge stellt.

Dabei sind gerade die Fälle, in denen die eigenen Sozien hinzugezogen und als Rechtsanwälte mit delegierbaren Aufgaben mandatiert werden, nach Maßgabe der Kappung auf die Vergütung im Rahmen des § 5 InsVV („Einsatz besonderer Sachkunde") nach RVG eher masseschonend. Dagegen sind bei Beauftragung dritter Rechtsanwälte solche Kappungsgrenzen bei komplexen und haftungsträchtigen Sachverhalten gar nicht machbar. Es werden dann marktübliche, oft hohe Stundensätze aufgerufen. Der Insolvenzverwalter ist gut beraten, weder dem einem noch dem anderen Modell stereotypisch zu folgen. Mandatiert er auch bei schwierigen Fällen nur eigene Sozien, macht er sich dafür angreifbar; mandatiert er nur Externe, die selbst oft in der Position des „Königsmachers" sind und bei ESUG-Verfahren die Verwalterauswahl dominieren, entsteht der Anschein von sog. „Dienstleistungskartellen".[617] Letztlich ist der Verwalter verpflichtet, die Verfahren kostenmäßig effektiv und günstig zu managen und die Gläubiger bzw. das Gericht in transparenter Weise über die Auswahl, Auswahlkriterien und das Kostenmanagement der Dienstleister, seien es Sozien oder Externe, zu informieren. Bei atypischen Rechtsfragen oder Auslandsbezügen ist es auch zur Haftungsvermeidung effektiver, ggf. auch teurere Spezialisten hinzuzuziehen. Letztlich muss dies im Einzelfall immer sachgerecht nach Kapazität und Kompetenz des Dienstleisters sowie nach dem Gebot der effektiven Verfahrensabwicklung abgewogen werden.

268 Als Fazit lässt sich festhalten, dass bei der Frage, ob bei Drittvergabe ein Abschlag oder eine Reduktion eines ansonsten „verdienten" Zuschlages gerechtfertigt sind, zum einen darauf abzustellen ist, ob der Verwalter höchstpersönliche Aufgaben und Tätigkeiten, die ein Regelverfahren kennzeichnen, oder darüber hinausgehende Aufgaben delegiert. Zum anderen muss immer dem Umfange der Geschäftstätigkeit und der Schwierigkeit i.S.d. § 63 Abs. 1 InsO Rechnung gezollt werden. Es ist demnach auch eine Unterscheidung zwischen großen und kleinen Verfahren ange-

---

616 Haarmeyer/Mock, § 4 InsVV Rn 44a.
617 Haarmeyer/Mock, § 4 InsVV Rn 13.

bracht. Bei großen Verfahren ist der Einsatz von betriebseigenem Personal bzw. fremden Dritten unausweichlich und kann damit nicht in gleicher Weise berücksichtigt werden wie bei kleineren Verfahren. In kleineren Verfahren mag der Insolvenzverwalter ohne weiteres aufgrund seiner Erfahrung und seiner Büroorganisation die Kräfte selbst bereitstellen können. In großen Verfahren ist das regelmäßig nicht möglich und daher entsprechend bei der im Ermessen des Gerichtes liegenden Entscheidung über einen Abschlag zu berücksichtigen. Denn in großen Verfahren obliegt dem Verwalter wie bei dem Vorstand oder Aufsichtsrat eines Unternehmens vor allem die begleitende und führende Aufsicht über das Unternehmen. Allein diese Aufsicht bindet fast alle Ressourcen des Insolvenzverwalters persönlich und seiner Büroorganisation. Daher kann auch die Delegation an Dritte im Sinne einer wirtschaftlichen Verfahrensabwicklung geboten sein, soweit marktübliche Honorare bezahlt werden und der Insolvenzverwalter ein transparentes Kostenmanagement betreibt. Entledigt sich der Verwalter aber nahezu vollständig wesentlicher Aufgaben, die ansonsten einen Zuschlag rechtfertigten, verbleibt auch bei einem großen und komplexen Verfahren kein Raum mehr für einen Zuschlag. Anknüpfungspunkt für Vergütungshöhe oder Zuschlag ist stets ein Arbeitsaufwand beim Verwalter oder innerhalb seines Büros. Ohne jedweden oder nur geringfügigen Aufwand ist eine Vergütung für die Erledigung einer Aufgabe nicht gerechtfertigt.

4. Abschläge bei vorheriger Bestellung als vorläufiger Insolvenzverwalter/Gutachter

Nach § 3 Abs. 2 a) InsVV kann unter dem Regelsatz geblieben werden, wenn bereits ein vorläufiger Insolvenzverwalter in dem Verfahren tätig geworden war. Das gilt jedoch nicht allgemein bei vorheriger Bestellung eines vorläufigen Verwalters. Ein Abschlag ist nur dann gerechtfertigt, wenn sich die Arbeiten des vorläufigen Verwalters auf das Ausmaß der Abwicklungen im eröffneten Verfahren ausgewirkt und zu einer Minderbelastung geführt haben. Der Aufwand muss damit vom Regelverfahren abweichen.[618] Die Vergütung des endgültigen Insolvenzverwalters kann insbesondere nicht mit der Begründung gekürzt werden, seine Vergütung als vorläufiger Verwalter sei zu hoch gewesen.[619] 269

Der vorläufige Verwalter muss für seine Tätigkeit auch bereits eine Vergütung erhalten haben.[620] Diese Aufgaben müssen also Bestandteile der Regelvergütung als vorläufiger Insolvenzverwalter oder eines besonderen Zuschlages gewesen sein. Die Rechtsprechung sieht schon in der Vorbereitung der Verwertung (etwa durch Inventarisierung) des vorläufigen Verwalters eine erhebliche Erleichterung für das eröff- 270

---

618 Haarmeyer/Mock, § 3 InsVV Rn 113.
619 BGH, 10.10.2013 – IX ZB 38/11, ZIP 2013, 2164; Lorenz, in: Lorenz/Klanke, § 3 InsVV Rn 82.
620 BGH, 11.5.2006 – IX ZB 249/04, ZInsO 2006, 642 ff.

nete Verfahren.[621] Die Gutachtenserstellung und Inventarisierung durch einen Sachverständigen bzw. vorläufigen Verwalter und die Bestellung derselben Person als Insolvenzverwalter stellen jedoch den Regelfall dar. Auch die Kürzung gem. § 3 Abs. 2 a) InsVV griffe damit allgemein.[622] Weiter stellt das Gutachten nur eine Momentaufnahme zum Zeitpunkt seiner Erstellung dar und kann aufgrund des eingeschränkten Auftrags (Feststellung eines Insolvenzgrundes und ausreichender Masse) und der Eilbedürftigkeit niemals vollständige Grundlage späterer Entscheidungen des Insolvenzverwalters sein. Es mag dem Verwalter als Grundlage dienen und seine Arbeit erleichtern. Der sorgfältige Verwalter wird dadurch aber nicht davon entbunden, die im Gutachten nieder gelegten Verhältnisse im eröffneten Verfahren laufend zu überprüfen, da sich oft durch weitere Ermittlungen Abweichungen zu den gutachterlichen Feststellungen ergeben.

271 Die Ersparnisse aufgrund vorheriger Tätigkeit als vorläufiger Verwalter müssen daher so erheblich sein, dass ein Abschlag von mindestens 5% gerechtfertigt ist.[623] Der Abschlag kann aber nicht höher sein als das, was dem vorläufigen Verwalter für diese Tätigkeit, z.B. die Betriebsfortführung, als Regelsatz oder Zuschlag gewährt worden ist. Abschläge in der Größenordnung zwischen 5% und 20% werden mitunter als angemessen angesehen.[624] Grundlage dieser Abschläge kann dabei nur schon allein wegen der unterschiedlichen Berechnungsgrundlagen die dem vorläufigen Insolvenzverwalter gewährte Vergütung sein. Da weiterhin der Grundsatz der angemessenen Vergütung in gleicher Weise für den vorläufigen wie den endgültigen Insolvenzverwalter gilt, kann der Abschlag wegen des Verbotes einer Doppelvergütung immer nur auf die bereits erhaltene Vergütung als vorläufiger Insolvenzverwalter bezogen werden. Hat der vorläufige Verwalter etwa Zuschläge für normalerweise dem endgültigen Verwalter obliegende Aufgaben erhalten (z.B. vorgezogene Verwertung oder Notverkäufe), könnte in entsprechender Höhe ein Abschlag beim Insolvenzverwalter gerechtfertigt sein.[625] Das folgt schon noch aus dem allgemeinen Verbot der Doppelvergütung. Daher kann entgegen der Vorgehensweise einiger Gerichte der Abschlag nicht aus der Vergütung des endgültigen Verwalters einfach herausgerechnet werden. Ausgangsgrundlage müssen die dem vorläufigen Insolvenzverwalter konkret gewährte Regelvergütung sowie die ihm gewährten Zuschläge sein. Soweit (!) die diesen Vergütungsbestandteilen zugrundeliegenden Arbeiten den Aufwand im eröffneten Verfahren gemindert haben, ist die Vergütung des endgültigen Verwalters um einen angemessenen Betrag aus der Vergütung des vorläufigen Verwalters zu kürzen, so dass für den (vorläufigen) Verwalter im Ergebnis

---

621 Ebd. Rn 20.
622 Haarmeyer/Mock, § 3 InsVV Rn 113.
623 BGH, 11.5.2006 – IX ZB 249/04, ZInsO 2006, 642 ff. Rn 24; Haarmeyer/Mock, § 4 InsVV Rn 113.
624 BGH 10.10.2013 – IX ZB 38/11, NZI 2013, 1014 (mit Anm. Keller).
625 Haarmeyer/Mock, § 4 InsVV Rn 113.

noch ein angemessener Betrag verbleibt. Anderenfalls wäre bei Identität von vorläufigem und endgültigem Insolvenzverwalter in extremen Fällen es sogar angemessen, auf die vorläufige Verwaltervergütung generell zu verzichten. Dementsprechend darf die Vergütung des endgültigen Verwalters nicht schematisch um einen bestimmten Prozentsatz gekürzt werden; denn letztlich ist der InsVV der Gedanke immanent, dass die Vergütung des vorläufigen Verwalters und Vergütung des Verwalters im eröffneten Verfahren zusammen 100% der angemessenen Vergütung ausmachen sollen.[626] Würde man daher die Gesamtvergütung von EUR 250.000,00 des Verwalters um 10% kürzen wegen einer Tätigkeit, welche die Vergütung des vorläufigen Verwalters nur um EUR 3.000,00 erhöht hat, wäre dies in der Gesamtschau unangemessen. Vielmehr darf die Kürzung nicht das „Mehr" für den vorläufigen Verwalter übersteigen.

Hinweis 272
Ist der Insolvenzverwalter im Insolvenzeröffnungsverfahren nur als Sachverständiger tätig gewesen, soll dies in aller Regel keinen Abschlag bei der Festsetzung seiner Vergütung rechtfertigen.[627]

5. Abschläge bei vorheriger Verwertung der Masse

Wenn die Masse bereits zu einem wesentlichen Teil verwertet worden war, bevor der Insolvenzverwalter das Amt übernommen hatte, ist das Tätigkeitsfeld des Insolvenzverwalters regelmäßig eingeschränkt. Ein Abschlag kommt daher in Betracht. Allerdings muss es sich um einen wesentlichen Teil der Masse gehandelt haben, wovon bei einem Verwertungsanteil von mindestens 50% ausgegangen wird.[628] 273

Ergänzt man dies um eine Schwankungsbreite von 20%, müsste sogar ein Verwertungsanteil von 70% überschritten worden sein.[629] Die Spannbreite der Abschläge beläuft sich von 10% bis zu 50% (in Ausnahmefällen).[630] 274

6. Abschlag wegen vorzeitiger Verfahrens- oder Amtsbeendigung

Endet das Mandat des Insolvenzverwalters vorzeitig, so fällt regelmäßig für den Insolvenzverwalter ein niedrigerer Arbeitsaufwand an. Daher ist in diesen Fällen nach § 3 Abs. 2 c) InsVV ein weiterer Abschlag möglich. Vorzeitige Beendigungsgründe sind: 275

---

626 Haarmeyer/Mock, § 11 InsVV Rn 104.
627 BGH, 18.6.2009 – IX ZB 97/08, ZInsO 2009, 1367f.
628 Lorenz, in: Lorenz/Klanke, § 3 InsVV Rn 44.
629 Lorenz, in: Lorenz/Klanke, § 3 InsVV Rn 89.
630 Keller, § 5 Rn 194; sowie AG Goslar, 24.4.2010 – 33 IN 94/09, ZInsO 2010, 1120.

- Abwahl durch die Gläubigerversammlung gem. § 57 InsO
- Entlassung nach § 59 Abs. 2 InsO
- Vorzeitige Beendigung des Verfahrens, z.B. durch Einstellung mangels Masse nach § 207 InsO
- Einstellung mit Zustimmung der Gläubiger gem. § 213 InsO.

276 Auch diesem Abschlag liegt wiederum ein Vergleich zwischen einem normal abgewickelten Verfahren und dem erbrachten Arbeitsumfang in einem vorzeitig beendigten Verfahren zugrunde.[631] Dabei kann nicht schematisch auf den Zeitablauf abgestellt werden. Auch rechtfertigen die Pflichtverletzung oder die Ungeeignetheit noch nicht per se eine Kürzung. Es stellen sich indes die Fragen einer Haftung oder der Verwirkung (siehe dazu weiter unten unter Rz. 405 ff.).[632] Entscheidend ist die Intensität der in den jeweiligen Verfahrensstadien erbrachten Abwicklungsarbeiten. Da in der Anfangsphase regelmäßig ein erhöhter Arbeitsaufwand erforderlich ist, kann dies bei späterer Verfahrensbeendigung nur einen geringeren Abschlag nach sich ziehen.[633] Die Reduzierungen wegen vorzeitiger Verfahrensbeendigung und den Normalvergütungen können nebeneinander treten.[634] Soweit Zuschläge zu gewähren sind, ist der Abschlag wegen vorzeitiger Verfahrensbeendigung nicht schematisch von der insgesamt um die Zuschläge erhöhten Masse vorzunehmen (Beispiel 2), sondern zunächst von der Regelvergütung (Beispiel 1).[635] Bei jedem einzelnen Zuschlag ist wiederum zu fragen, ob und inwieweit dieser Zuschlagfaktor bereits insgesamt oder wiederum nur teilweise erfüllt ist.[636]

277 Beispiel

Aufstellung

Regelvergütung		100%
./. Abschlag wegen vorzeitiger Verfahrensbeendigung	./. 50%	
Umfangreiche Aus- und Absonderungsrechte	+ 50%	
Gläubigerzahl bis 200	+ 10%	
Übertragung von Zustellung	+ 25%	
Behandlung schwerwiegender Eigentumsfragen	+ 10%	
Besondere Schwierigkeiten des Verfahrens	+ 50%	
Zuschlag insgesamt:		95%
Gesamtvergütung:		195%
	und nicht:	

---

631 Lorenz, in: Lorenz/Klanke, § 3 InsVV Rn 91.
632 Ebd.
633 Ebd.
634 AG Goslar, 29.4.2010 – 33 IN/94/09, ZInsO 2010, 1120.
635 So eingehend BGH, 16.12.2004 – IX ZG 301/03, ZIP 2005, 180, 181.
636 BGH 16.12.2004 – IX ZG 301/03, ZIP 2005, 180 Fn. 108; *Keller*, § 6 Rn 6 ff.

Regelvergütung		100%
Wahrung von Aus- und Absonderungsrechten	50%	
Gläubigerzahl bis 200	10%	
Übertragung von Zustellung	25%	
Behandlung schwerwiegender Eigentumsfragen	10%	
Besondere Schwierigkeiten des Verfahrens	50%	
Zuschlag insgesamt:		145%
Zwischensumme:		245%
Daraus Kürzung wegen vorzeitiger Verfahrensbeendigung	50%	**122,5%**
Gesamtvergütung		

Werden mehrere Insolvenzverwalter hintereinander bestellt, hat der neu bestellte Insolvenzverwalter grds. Anspruch auf die Regelvergütung. Für ihn kommt jedoch eine Kürzung nach § 3 Abs. 2 b) InsVV in Betracht, da die Masse bereits weitgehend verwertet worden war. Um genau abzugrenzen, sind die Leistungen des ausgeschiedenen und des neuen Verwalters in das Verhältnis zu setzen.[637] Regelmäßig dürfte aber bei der Bestellung zweier Insolvenzverwalter die Insolvenzmasse höher belastet werden als bei nur einem Insolvenzverwalter.

7. Abschlag der Vergütung bei hoher Insolvenzmasse und geringer Arbeitsbelastung

Wenn die InsVV dem Insolvenzverwalter einen Zuschlag nach § 3 Abs. 1 c) InsVV bei großer Masse und erheblichem Arbeitsaufwand des Insolvenzverwalters gewährt, muss der Insolvenzverwalter in gleicher Weise einen Abschlag hinnehmen, wenn die Masse groß war und deren Verwaltung nur geringe Anforderungen an ihn stellt (§ 3 Abs. 2 d) InsVV). Beiden Vergütungsfaktoren ist es gemeinsam, dass die Masse groß sein muss. Wie bei einem Zuschlag wird diese Voraussetzung – nach bisheriger Regelung bis Ende 2020 – ab einem Massebetrag i.H.v. ca. EUR 250.000,00 erfüllt sein.[638] Als weitere Voraussetzung für einen Abschlag muss hinzutreten, dass der Arbeitsaufwand außerordentlich niedrig war.[639] Denn bei der Berechnung der Regelvergütung wurde bereits in § 2 Abs. 1 InsVV eine besonders starke Degression vorgenommen. Aus diesem Grunde werden die Abschläge auch grds. auf 30% beschränkt.[640]

---

637 Stephan, in: Nerlich/Römermann, § 3 InsVV Rn 45.
638 Lorenz, in: Lorenz/Klanke, § 3 InsVV Rn 96.
639 Lorenz, in: Lorenz/Klanke, § 3 InsVV Rn 95.
640 Lorenz, in: Lorenz/Klanke, § 3 InsVV Rn 96.

8. Minderung wegen überschaubarer Vermögensverhältnisse

280 Ein weiterer Minderungsgrund wegen überschaubarer Vermögensverhältnisse gilt für Verfahren ab dem 1.7.2014.[641] Damit soll den geringeren Anforderungen eines Kleinverfahrens Rechnung getragen werden. Da zugleich auch die Mindestvergütung in § 13 InsVV von EUR 1.000,00 auf EUR 800,00 gesenkt wurde, kann es gegebenenfalls zu einer doppelten Minderung kommen, was auf Kritik stößt.[642] Die Minderungsvergütung des § 13 wurde per 1.1.2021 auf EUR 1.120 erhöht

Ein Abschlag nach § 3 Abs. 2 e) InsVV setzt aber auch bei einer Verbraucherinsolvenz eine erhebliche Abweichung vom Durchschnitt eines massearmen Verfahrens voraus.[643] Tatbestandsvoraussetzung für ein Kleinverfahren ist, dass dieses im schriftlichen Verfahren durchgeführt wird.[644] Weiterhin setzt ein Kleinverfahren geringe Vermögensverhältnisse des Schuldners voraus. Eine verbindliche Regelung, ab wann die Vermögensverhältnisse des Schuldners als gering anzusehen sind, besteht nicht. Die Verhältnisse sind in jedem Einzelfall zu bewerten und im Rahmen einer Gesamtschau zu gewichten.[645] Bei der Einordnung kann von Bedeutung sein, ob durch den Insolvenzverwalter Anfechtungen vorgenommen oder mit Absonderungsrechten belastete Gegenstände verwertet werden mussten.[646] Die Anzahl der Forderungen ist nicht entscheidend[647], es wird nur die Anzahl der am Verfahren teilnehmenden Gläubiger berücksichtigt.

Soweit man generell von überschaubaren Vermögensverhältnissen ausgeht, wenn der Schuldner zum Zeitpunkt des Eröffnungsantrags weniger als 20 Gläubiger hat, stellt dies aber nicht schon automatisch einen entsprechenden Minderungsgrund dar. So können Faktoren wie die Vielzahl ausländischer Gläubiger, Beteiligungen an Immobiliengesellschaften, das Bestehen komplexer Anfechtungssachverhalte oder vieler strittiger Forderungen wiederum gegen überschaubare Vermögensverhältnisse im Sinne des § 3 Abs. 2 e) InsVV sprechen. Zu Recht soll dieser Tatbestand daher eher restriktiv zur Anwendung kommen.[648] Die Neuregelung ist nicht auf Verbraucherinsolvenzen im Sinne der §§ 304 ff. InsO begrenzt.[649]

---

641 Vgl. Gesetz zur Verkürzung des Restschuldbefreiungsverfahrens und zur Stärkung der Gläubigerrechte v. 15.7.2013 (BGBl. I, S. 2379).
642 Haarmeyer/Mock, § 3 InsVV Rn 119.
643 Ebd.
644 BGH, 6.4.2017 – IX ZB 3/16, ZInsO 2017, 1118.
645 LG Münster, 23.8.2017 – 05 T 484/17, ZInsO 2017, 2248.
646 BGH, 14.12.2017 – IX ZB 101/15, ZInsO 2018, 350.
647 LG Düsseldorf, 2.6.2017 – 25 T 406/16, ZInsO 2018, 621.
648 BGH, 6.4.2017 – IX ZB 48/16, ZInsO 2017, 901.
649 BGH, 14.12.2017 – IX ZB 101/15, ZInsO 2018, 350.

9. Abschlag im Koordinationsverfahren, mit Bestellung eines Verfahrenskoordinators

Mit dem Gesetz zu Erleichterung der Bewältigung von Konzerninsolvenzen vom 13.4.2017 welches am 21.4.2018 in Kraft trat, wurde § 3 Abs. 2 f) InsVV eingefügt.[650] Demnach kann ein Abschlag von der Regelvergütung gerechtfertigt sein, wenn der Schuldner in Koordinationsverfahren einbezogen ist, in dem ein Verfahrenskoordinator nach § 269e InsO bestellt worden ist.

10. Weitere Kürzungstatbestände

Wie bei den Zuschlägen ist auch die Aufzählung für die Abschläge in § 3 Abs. 2 InsVV nicht abschließend. Je nach Art des Verfahrens sind weitere Abschlagsfaktoren möglich. Einigkeit besteht darin, dass diese Abweichung einen erheblichen Umfang vom Normalfall entweder in qualitativer oder in quantitativer Hinsicht darstellen muss.[651] Der erforderliche Aufwand muss erheblich niedriger liegen. Dabei ist Zurückhaltung geboten, um dem Verwalter trotz der Abzüge eine angemessene auch für ihn persönlich und seiner Qualifikation entsprechende Gesamtvergütung zu ermöglichen. Daher ist auch eine kurze Verfahrensdauer nicht per se ein Grund für einen Abschlag.[652] Auch der Umstand, dass ein Verfahren keine besonderen Schwierigkeiten aufwies oder der Verwalter auch in einem Parallelverfahren bestellt war, rechtfertigt für sich noch keinen Abschlag.[653]

(weggefallen)

VI. Arithmetische Berechnung von Zu- und Abschlägen

Jeder dieser Zu- und Abschlagsfaktoren ist grds. auf den Regelsatz zu beziehen.[654] Die einzelnen Zu- und Abschläge werden in Prozentsätzen erfasst, die im Vergleich zu der Regelvergütung nach § 2 InsVV zu setzen sind. Dabei sollte der BGH nicht so verstanden werden, dass Zu- und Abschlage unter dem Feigenblatt einer Gesamtbetrachtung gegeneinander abgewogen werden.[655] Vielmehr ist eine Summe aller Zu-

---

650 Haarmeyer/Mock, § 3 InsVV Rn 120 f.
651 Haarmeyer/Mock, § 4 InsVV Rn 111 ff. m.w.N.
652 Haarmeyer/Mock, § 3 InsVV Rn 123.
653 Haarmeyer/Mock, § 3 InsVV Rn 124.
654 BGH, 12.5.2011 – IX ZB 125/08, BeckRS 2011, 14444; BGH, 16.12.2004 – IX ZG 361/03, ZIP 2005, 180.
655 BGH, 17.4.2013 – IX ZB 141/11, ZInsO 2013, 1104, der ausführt: *„Zwar ist es möglich, dass für alle Zu- und Abschlagstatbestände zunächst gesonderte Zu- und Abschläge festzusetzen sind; ein solches Vorgehen ist möglich, aber nicht erforderlich. Es genügt bei den einzelnen geltend gemachten oder zu prüfenden Zu- und Abschlagstatbeständen eine Prüfung dem Grunde nach. Maßgebend ist dann in jedem Fall lediglich eine im Ergebnis angemessene Gesamtwürdigung."*

und Abschläge zu bilden. Das Insolvenzgericht ist allerdings nicht verpflichtet, für jeden in Betracht kommenden Zu- oder Abschlagstatbestand isolierte Feststellungen zu treffen, in welcher Höhe dieser eine Erhöhung oder Ermäßigung rechtfertigt.[656] Etwaige Überschneidungen sind nicht unter dem Strich, sondern bei jedem Merkmal einzubeziehen, um Willkür zu vermeiden.[657] Die sich danach ergebenden einzelnen Prozentsätze für Zu- und Abschläge sind zu saldieren. Der sich hiernach ergebende einheitliche Prozentsatz ist dann als Zu- oder Abschlag der Regelvergütung zu verstehen.[658]

285 Beispiel

Aufstellung

Regelvergütung		100%
+ Zuschläge	250%	
./. Abschläge	50%	
Zuschlag insgesamt:		200%
Gesamtvergütung:		**300%**

Es ist also nicht die Regelvergütung zunächst zu mindern und hieraus die Zuschläge zu errechnen, was zu folgender Berechnungsweise führte:

Aufstellung

Regelvergütung		100%
./. Minderung		50%
Zugrunde zu legende Regelvergütung:		50%
Darauf Erhöhung von	250% =	125%
Gesamtvergütung:		**175%**

VII. Gesamtwürdigung

286 Dem hat sich dann eine Gesamtabwägung aller Umstände anzuschließen. Unter Abwägung aller Umstände muss die gewährte Vergütung angemessen sein. Eine starre Addition oder Subtraktion von Zu- und Abschlägen ist daher ausgeschlossen. Die Zu- und Abschlagstatbestände dürfen nicht nur isoliert geprüft und bewertet werden, sondern sind in einer Gesamtschau gegenüberzustellen.[659] Der Gesetzgeber

---

[656] BGH, 20.5.2010 – IX ZB 11/07, ZInsO 2010, 1407; BGH, 12.5.2011 – IX ZB 125/08, ZInsO 2011, 1128.
[657] BGH, 11.5.2006 – IX ZB 249/04, ZInsO 2006, 642; Haarmeyer/Mock, § 3 InsVV Rn 126.
[658] Lorenz, in: Lorenz/Klanke, § 3 InsVV Rn 106 m.w.N.
[659] BGH, 24.7.2003 – IX ZB 607/02. ZIP 2003, 2757, 2758.

hat bewusst von Vorgaben für die Bemessung von Zu- und Abschlägen abgesehen, weil für die Festsetzung der Vergütung alle in Betracht kommenden Faktoren zu berücksichtigen sind und im Vordergrund stehen. Auf die Einbeziehung eines einzelnen Erhöhungstatbestandes kann dann verzichtet werden, wenn diesem mehrere Ermäßigungsfaktoren gegenüberstehen, die sich in ihrer Gesamtheit nicht verringerten. Im Ergebnis wird eine Kompensation für angemessen erachtet. Diese Vorgehensweise dient dem Zweck, eine angemessene Vergütung des Insolvenzverwalters festzusetzen. Ausreißer nach oben oder nach unten sollen vermieden werden. Zwar erhält der Insolvenzverwalter keine erfolgsabhängige Vergütung. Unter Abwägung aller Umstände muss die konkret gewährte Vergütung aber als gerecht vermittelbar sein. Da zutreffender Weise Überschneidungen schon bei den einzelnen Zu- oder Abschlägen zu berücksichtigen sind, darf die Gesamtwürdigung kein Einfallstor für Willkür sein, sondern nur eine Gegenprüfung erlauben, ob das Ergebnis am Ende angemessen ist.[660]

Was ist aber angemessen? Ein solches Tatbestandsmerkmal eröffnet weitgehende subjektive Würdigungen, die sich einer inhaltlichen Nachprüfung verschließen. Welche Umstände sind bei dieser Prüfung einzubeziehen? Darüber hinaus stellt sich die Frage, wie die notwendigen Informationen erlangt werden sollen. Hat der Insolvenzverwalter z.B. seine interne Gewinnkalkulation oder die seiner Sozietät offen zu legen? Kleinere Insolvenzverfahren werden unstreitig durch die größeren Insolvenzverfahren querfinanziert. Dennoch wird sicherlich kein Richter zu dem Ergebnis kommen können, dass zu Lasten der Gläubiger eines Insolvenzverfahrens z.B. tausend defizitäre andere Verfahren finanziert werden. Jeder Insolvenzverwalter wird zwar weiterhin einen internen Erfahrungsschatz bei seiner Darlegung zugrunde legen können, wie von ihm betreute vergleichbare Verfahren honoriert wurden. Wie soll aber ein Fremdvergleich gezogen werden, wenn keine empirischen Erfahrungen zugänglich sind, die sich nicht nur auf ein einzelnes Gericht beschränken? Ein externer Fremdvergleich ist damit so gut wie ausgeschlossen. Auch die höchstrichterliche Rechtsprechung hat insoweit jeweils nur Einblick in bestimmte Verfahren, in denen es tatsächlich zu gravierenden Ausreißern kam. Da die Tätigkeit eines Insolvenzverwalters aber in jedem Falle den Tätigkeiten eines Geschäftsführers, Vorstandes oder Aufsichtsrates vergleichbar ist, muss es erlaubt sein, im Rahmen eines Fremdvergleiches auch auf vergleichbare Vergütung solcher Organe zurückzugreifen. Dabei muss einbezogen werden, dass ein Insolvenzverwalter keine Nettovergütung erhält, sondern einen erheblichen Aufwand zu betreiben hat. Es kann sich dabei allenfalls um den ihm persönlich verbleibenden Gewinn handeln.

---

660 BGH, 17.4.2013 – IX ZB 141/11, ZInsO 2013, 1104.

287 Da eine schematische Betrachtung ausgeschlossen ist, können nach der Rechtsprechung mögliche Zuschläge auch nicht einfach z.B. auf Basis feststehender Multiplikatoren zugrunde gelegt werden. Das gilt z.B. für Zuschläge wegen hoher Gläubigerzahl, die arithmetisch bei einer hohen Gläubigerzahl nicht in das Unendliche fortgesetzt werden dürfen. Der erforderliche Aufwand verdoppelt sich nicht in gleichem Verhältnis, ob 10.000 oder 20.000 Gläubigern in einem Verfahren zu betreuen sind. Bei manchen Zuschlagsfaktoren, wie z.B. bei einer hohen Gläubigerzahl, ergibt sich daher von vornherein eine natürliche Kappungsgrenze, da z.B. im Fall der Gläubiger (Erhöhung pro weitere 100 um jeweils 0,3 bis 0,5) ab einer bestimmten Gläubigerzahl nicht mehr mit einer signifikanten Vergrößerung des Arbeitsaufwandes zu rechnen ist. Das ist i.R.d. Gesamtwürdigung im Einzelfall einzubeziehen. Mit Hilfe solcher starrer Vervielfältiger wird dem Missbrauch Tür und Tor geöffnet. Ohne dass tatsächlich eine besondere Verantwortung besteht, werden Beträge aufgerufen, die schlichtweg nicht zu rechtfertigen sind. Daher ist gerade bei derart starren Vervielfältigern nach oben Vorsicht geboten, um die Masse nicht übermäßig zu beeinträchtigen. Allerdings steht dagegen die Intention des § 2 Abs. 2 InsVV (s.o. unter Rz 196).[661]

288 Auf der anderen Seite kann bei Zuschlagsfaktoren mit einem hohen Arbeitsaufwand, Verantwortungsbereich und Haftungsrisiko nicht ohne Weiteres eine Höchstgrenze angesetzt werden (wie z.B. bei einer Betriebsfortführung auf 150%). Das Zuschlagssystem krankt daran, dass diese im besonderen Gläubigerinteresse vorgenommenen und mit hohem Aufwand und Verantwortung verbundene Tätigkeiten unterbewertet werden, die doch gerade auch den Erfolg eines Insolvenzverfahrens ausmachen. Aufgrund dieser Unterbewertung wird dann zu anderen Zuschlagsfaktoren gegriffen, die nach subjektiver Würdigung des jeweiligen Verwalters eine angemessene Vergütung ermöglichen. Dem kann nur begegnet werden, indem man von diesem starren System abweicht. Denn ein Unternehmen kann nicht einfach mit einem anderen Unternehmen verglichen werden. Gerade die Betriebsfortführung entspricht in besonderem Umfange dem Interesse aller Beteiligten und trägt in besonderer Weise zum Erfolg eines Verfahrens bei. Dasselbe gilt für die Sanierung oder die sanierende Übertragung sowie ein Insolvenzplanverfahren. Starre Grenzen werden diesen Herausforderungen nicht gerecht. Im Einzelfalle muss es möglich sein weit über die von der bisherigen Rechtsprechung entwickelten prozentualen Zuschläge hinaus zu gehen. Dasselbe gilt umgekehrt auch für mögliche Abschlagsfaktoren. Zu Recht wird eine solch starre Vorgehensweise im Rahmen eines fast mathematischen Prozesses abgelehnt.[662]

---

661 AG Charlottenburg, 1.3.2019 – 36a IN 4295/17, ZIP 2019, 727.
662 Vgl. etwa BGH, 12.5.2011 – IX ZB 125/08, BeckRS 2011, 14444.

VIII. Darlegungs- und Beweislast des Insolvenzverwalters

Der Insolvenzverwalter muss zur Darlegung seiner Vergütungsansprüche zunächst in nachvollziehbarer Form den konkreten Betrag der Regelvergütung des § 2 InsVV herleiten. Möchte er von der Regelvergütung abweichen, sind auch die Zu- und Abschläge gemäß § 3 InsVV vom antragstellenden Insolvenzverwalter darzulegen. Die Zuschläge sind im Einzelnen genau zu begründen, etwa unter Verweisung auf konkrete Ausführungen in der Schlussrechnung bzw. Berichterstattung gegenüber dem Insolvenzgericht. Dabei sind die konkreten Tätigkeiten und die einzelnen Vorgänge, welche die Berechnungsgrundlage beeinflussen, aber auch Zu- oder Abschläge rechtfertigen, ausführlich im Einzelnen darzulegen.[663] Das Insolvenzgericht soll bei Überprüfung des Vergütungsantrages in der Lage sein, das Vorbringen des Insolvenzverwalters genau zu überprüfen und alle in Frage kommenden Tatbestände zu beurteilen. Die vom Verwalter geltend gemachten Zuschlagstatbestände sind im Einzelnen zu beurteilen.[664] 289

Eine derart detaillierte Darlegung ist auch im Hinblick auf etwaige Rechtsmittelverfahren geboten. Nur durch ausdrückliche Darlegungen des Insolvenzverwalters wird das Insolvenzgericht in die Lage versetzt, sich mit den konkreten Vorgängen auseinanderzusetzen und infolgedessen auch etwaige Zuerkennung oder abweichende Einschätzungen zu begründen.[665] Auch wenn die Vergütung kein Zeithonorar ist, wird man den besonderen Aufwand ergänzend auch unter Darlegung der aufgewandten Zeit begründen können und müssen. Hinzukommen müssen die weiteren übernommenen Risiken und möglichen Haftungstatbestände.

IX. Zulässigkeit von Vergütungsvereinbarungen

Mit Einführung der Insolvenzordnung wurde zunächst von einer generellen Unzulässigkeit von Vergütungsvereinbarungen mit daraus folgender Nichtigkeit gemäß § 134 BGB ausgegangen.[666] Allerdings wurde bereits vor Inkrafttreten des ESUG anerkannt, dass Gläubiger im Rahmen eines Insolvenzplanes die dem Verwalter zustehende Vergütung im allseitigen Einverständnis selbst bestimmen können. Dabei darf auch die Regelvergütung überschritten werden, insbesondere soweit dies als 290

---

663 Haarmeyer/Mock, § 3 InsVV Rn 1 b.
664 BGH, 11.5.2006 – IX ZB 249/04, ZInsO 2006, 642, 643, Fortführung von BGH, 18.12.2003 – IX ZB 50/03, ZIP 2004, 518, 520.
665 Haarmeyer/Mock, § 8 InsVV Rn 9.
666 Haarmeyer/Mock, vor § 1 InsVV Rn 82; MüKo/Stephan, § 14 InsVV Rn 19; Ders., in: Nerlich/Römermann, InsVV § 14 Rn 4–10.

besondere Anerkennung der erfolgsbezogenen Tätigkeiten des Verwalters gerechtfertigt erscheint.[667]

Von diesen Vergütungsvereinbarungen der insolvenzverwalterspezifischen Tätigkeiten sind sonstige Vergütungsvereinbarungen zu unterscheiden, die sich auf die Abwicklung und Verwertung freigegebener Gegenstände oder Pflichten außerhalb des Pflichtenkreises der Insolvenzverwaltung beziehen.[668] Vergütungsansprüche aus gesonderten (zulässigen) Vereinbarung stellen aber keine Ansprüche des Insolvenzverwalters gegen die Masse, sondern sonstige Masseverbindlichkeiten gemäß § 55 Abs. 1 Nr. 1 InsO dar.[669] Auch nach Inkrafttreten des ESUG hat sich an dieser Differenzierung nichts geändert. Zwar wird vereinzelt vertreten, dass aus der Kompetenz der Auswahl des Insolvenzverwalters und einem systematischen Vergleich mit anderen gerichtlichen Amtswaltern neuerdings den Gläubigern nicht nur die Bestimmung des Verwalters sondern auch die Möglichkeit einer Vergütungsvereinbarung mit diesem in jedweder Hinsicht gegeben sei.[670] Die wohl herrschende Meinung sieht dies aber weiterhin nicht so.[671] Grundsätzlich schuf der Verordnungsgeber in der InsVV aber ein abschließendes System für die Festsetzung der Vergütung. Hätte er Vergütungsvereinbarungen für zulässig erachtet, wäre eine entsprechende Eröffnungsklausel angebracht gewesen.[672] Insbesondere fordert die Insolvenzordnung auch weiterhin einen unabhängigen Insolvenzverwalter. Er hat zwar die Interessen der Gläubiger zu vertreten. Das bezieht sich jedoch auf die Gläubigergesamtheit. Wenn insoweit eine Gläubigermehrheit Einfluss auf die Vergütung des Insolvenzverwalters gewinnt, kann die Unabhängigkeit weiteren Schaden nehmen.

Die Streitfrage, ob Vergütungsvereinbarungen in Insolvenzplanverfahren wirksam getroffen werden können, hat inzwischen der Bundesgerichtshof entschieden und derartigen Vereinbarungen eine Absage erteilt.[673]

X. Auslagen, besondere Sachkunde und Umsatzsteuer

291 § 4 InsVV regelt die Erstattungsfähigkeit der Geschäftskosten des Insolvenzverwalters sowie der Aufwendungen für Auslagen, Beschäftigungsverhältnisse und Haft-

---

667 Haarmeyer/Mock, vor § 1 InsVV Rn 82.
668 BGH, 14.7.2016 – IX ZB 31/14 zur Vergütung des Insolvenzverwalters bei stiller (kalter) Zwangsverwaltung; Haarmeyer/Mock, § 5 InsVV Rn 29, 30.
669 Uhlenbruck/Mock, § 63 InsO Rn 66.
670 Haarmeyer/Mock, vor § 1 InsVV Rn 83.
671 K. Schmidt/Vuia, § 63 InsO Rn 10 mit Verweis auf Rechtsprechung zur KO; ebenso MüKo/Stephan, § 14 InsVV Rn 19 jedenfalls für die Vergütung des Treuhänders.
672 Vgl. hierzu Graeber, ZIP 2013, 916 ff.; Madaus/Heßel, ZIP 2013, 2088.
673 BGH, 16.2.2017 – IX ZB 103/15.

pflichtversicherungen. Die Aufwendungen eines Insolvenzverwalters sollen fallbezogen und nicht typisierend berücksichtigt werden. Der Grundgedanke des § 4 InsVV entspricht dem der §§ 670, 675 BGB für den Aufwendungsersatz. Der Verwalter hat daher einen Anspruch auf Ersatz seiner Aufwendungen, wenn er ex ante, also bei Begründung annehmen durfte, dass sie im Interesse des Verfahrens liegen.[674]

Hinweis 292

Soweit § 4 Abs. 1 S. 3 InsVV dem Verwalter ein Recht einräumt, zur Erledigung besonderer Aufgaben i.R.d. Verwaltung für die Masse Dienst- oder Werkverträge abzuschließen und eine angemessene Vergütung aus der Masse zu zahlen, ist für die Frage der Zulässigkeit der Delegation vom Gericht auch keine Zweckmäßigkeits- bzw. Angemessenheitsprüfung vorzunehmen. Es hat vielmehr die Rechtmäßigkeit zu prüfen.[675] Derartige Aufwendungen sind dann im Zusammenhang mit der Frage eines Vergütungsabschlages gem. § 3 Abs. 2 InsVV (s.o. unter Rz 258 ff.) zu berücksichtigen.

---

1. Allgemeine Auslagen

Allgemeine Geschäftskosten gem. § 4 Abs. 1 S. 2 InsVV sind solche Aufwendungen, 293 die dem Verwalter unabhängig von einem konkreten Insolvenzverfahren regelmäßig entstehen.[676] Dazu zählen insb. die Kosten des eigenen Büros inklusive Miete und Nebenkosten, ferner Anschaffungs- und laufende Kosten für die Büroausstattung, Prämien für die allgemeine Versicherung sowie die Kosten der Kommunikation.[677] Die Kosten für ein elektronisches Gläubigerinformationssystem zählen ebenfalls zu den allgemeinen Geschäftskosten. Dies gilt auch, wenn das System einem bestimmten Verfahren zuzuordnen ist.[678]

Hinweis 294

Auch solche Aufwendungen, die einem Insolvenzverwalter zwar anlässlich eines bestimmten Insolvenzverfahrens entstehen, die aber ganz allgemein seinen Kanzleibetrieb als Insolvenzverwalter betreffen, stellen allgemeine Kosten dar, z.B. die Anschaffung einer speziellen Insolvenzverwaltungssoftware, die aus Anlass eines großen Verfahrens angeschafft wird, künftig aber auch dem Büroapparat dient. Auch solche Aufwendungen können nicht auf das Verfahren umgelegt werden. Der nicht gesondert erstattungsfähige Büroaufwand gem. § 4 Abs. 1 S. 1 InsVV umfasst auch die Mitarbeiter des Insolvenzverwalters. Dies gilt selbst dann, wenn der Verwalter anlässlich eines besonders großen Insolvenzverfahrens zusätzliches Personal beschäftigt.[679]

---

674 MüKo/Riedel, § 4 InsVV Rn 7.
675 Ebd.
676 Haarmeyer/Mock, § 4 InsVV Rn 7.
677 Lorenz, in: Lorenz/Klanke, § 4 InsVV Rn 4.
678 BGH, 14.7.2016 – IX ZB 62/15, ZInsO 2016, 1647.
679 MüKo/Riedel, § 4 InsVV Rn 6; Lorenz, in: Lorenz/Klanke, § 4 InsVV Rn 6.

Davon zu unterscheiden sind Gehälter für freie oder auf ähnlicher Basis beschäftigte Mitarbeiter, die mit einem Insolvenzverwalter oder über seine Sozietät abgeschlossen werden, aber lediglich ein konkretes Insolvenzverfahren betreffen. Diese Aufwendungen können der Masse belastet werden; sie sind gem. § 8 Abs. 1 InsVV vom Verwalter bei seinem Vergütungsantrag aber im Einzelnen offenzulegen.

2. Besondere Auslagen

295 Anders als die allgemeinen Geschäftskosten bzw. der Büroaufwand sind gem. § 4 Abs. 2 InsVV besondere Kosten, die dem Verwalter im Einzelfall entstehen, also durch das jeweilige Verfahren unmittelbar veranlasst sind, als Auslagen gesondert zu erstatten. Es muss sich nicht um außergewöhnliche Kosten handeln.[680] § 4 Abs. 2 und 3 InsVV wurden durch Art. 6 des Gesetzes zur Fortentwicklung des Sanierungs- und Insolvenzrechtes (BGBl. 2020, I, 3256 ff.) geändert. Präzisiert wurden die Regelungen der Zustellungskosten und der Haftpflichtversicherung.

In Betracht kommen folgende Positionen:[681]
– Telefon und Telefax sowie Kopierkosten und Porto
– Fahrt- und Reisekosten
– Kosten der Veröffentlichung nach § 188 InsO
– Kosten für die Sicherung von Daten und Archivierung der Unterlagen des schuldnerischen Rechnungswesens

296 **Hinweis**
Die Auslagen nach § 4 InsVV sind grds. nur auf Nachweis erstattungsfähig. Insb. die geltend gemachten Kosten für Auslagen müssen nach § 8 Abs. 1 InsVV für das jeweilige konkrete Verfahren einzeln dargestellt und belegt werden.
Alternativ besteht für den Verwalter nach § 8 Abs. 3 InsVV die Möglichkeit, Auslagen pauschal geltend zu machen.[682] Dann muss der Verwalter nicht darlegen, dass ihm diese Kosten in der Höhe der Pauschale auch tatsächlich entstanden sind. Es gelten dann aber die Kappungsgrenzen des § 8 Abs. 3 InsVV. Entscheidet sich der Verwalter dafür, sich die einzelnen Auslagen konkret erstatten zu lassen, kann er gleichwohl auch einzelne Auslagenpositionen, die schwer oder nur mit besonderem Aufwand abrechenbar sind (z.B. Porto), pauschal abrechnen. In diesem Fall greifen die Grenzen des § 8 Abs. 3 InsVV nicht.[683]

---

680 Haarmeyer/Mock, § 4 InsVV Rn 86.
681 Haarmeyer/Mock, § 4 InsVV Rn 86 ff.
682 Haarmeyer/Mock, § 4 InsVV Rn 86.
683 Ebd.

3. Besondere Haftpflichtversicherung

Gem. § 4 Abs. 3 InsVV sind mit der Vergütung grds. auch die Kosten einer Haftpflichtversicherung abgegolten. Ist die Verwaltung jedoch mit einem besonders hohen Haftungsrisiko verbunden, sind die Kosten einer angemessenen zusätzlichen Versicherung gemäß § 4 Abs. 3 InsVV als Auslage zu erstatten. Es ist nicht auf ein durchschnittliches Insolvenzverfahren abzustellen, sondern auf die durchschnittlichen Risiken eines Insolvenzverfahrens. Auch ein durchschnittliches Insolvenzverfahren kann überdurchschnittliche Risiken mit sich bringen.[684] Zum 1.1.2021 wurden hier konkrete Höchstsummen vorgegeben, soweit kein darüber hinausgehendes Haftungsrisiko eine höhere Versicherungssumme angeraten erscheinen lässt.

Gem. § 4 Abs. 3 InsVV ist eine zusätzliche Haftpflichtversicherung dann angemessen, wenn die vorhandene Berufshaftpflichtversicherung nur um das mit dem konkreten Verfahren verbundene erhöhte Risiko aufgestockt wird.[685] Im Interesse der Verfahrensbeteiligten ist dabei eine großzügige Bewertung angemessen. Diese Aufwendungen stellen keine sonstigen Masseverbindlichkeiten, sondern erstattungspflichtige Auslagen dar.[686] Sie können damit nicht einfach aus der Masse entnommen werden, sondern bedürfen gerichtlicher Festsetzung.

Hinweis

Auslagen werden erst endgültig i.R.d. Vergütungsfestsetzung am Schluss des Verfahrens genehmigt. Es empfiehlt sich daher, den Abschluss dieser Einzelpolice zur Höherdeckung bereits im Vorfeld mit dem Gericht bzw. dem Gläubigerausschuss abzustimmen. Dabei ist es sinnvoll, mehrere Angebote einzuholen.[687]

Es ist dem Verwalter nicht zuzumuten, dass er einerseits umgehend für ausreichenden und rechtzeitigen Versicherungsschutz sorgen muss, ihm dann aber später die Erstattung dieser Auslagen versagt wird. Insoweit entspricht es auch der Praxis, dass die Gerichte bereits im vorläufigen Verfahren den Abschluss einer angemessenen Haftpflichtversicherung und die Erstattung und Entnahme von Auslagen in Form der Prämienrechnung genehmigen. Will der Verwalter schon vor Ende des Verfahrens die Aufwendungen für die Einzelhaftpflichtversicherung entnehmen, muss er die Entnahme eines Vorschusses gem. § 9 InsVV beantragen. Anderenfalls setzt er sich dem Risiko einer Strafbarkeit wegen Veruntreuung aus.[688]

Anlass für eine Höherdeckung sind i.d.R. Betriebsfortführungen, insb. bei Konzernstrukturen. Aber auch die Verwertung oder Erfassung von gewerblichen Schutzrechten oder die Verwaltung und Verwertung von Grundvermögen kann entsprechende höhere Risiken (Stichwort Altlasten) mit sich bringen.

---

684 Vgl. Riedel, in: Stephan/Riedel, § 4 InsVV Rn 27 f.
685 Lorenz, in: Lorenz/Klanke, § 4 InsVV Rn 26.
686 Graeber/Graeber, § 4 InsVV Rn 69.
687 Haarmeyer/Mock, § 4 InsVV Rn 100.
688 Lorenz, in: Lorenz/Klanke, § 5 InsVV Rn 28.

4. Besondere Sachkunde

301 Ein als Rechtsanwalt zugelassener Insolvenzverwalter, der seine besondere Sachkunde der Masse zur Verfügung stellt, kann zusätzliche Vergütungsansprüche gem. § 5 Abs. 1 InsVV geltend machen. Nach § 5 Abs. 2 InsVV gilt das entsprechend auch für Wirtschaftsprüfer und Steuerberater sowie in anderen Fällen besonderer Qualifikationen. Denn nicht derart qualifizierte Insolvenzverwalter müssten regelmäßig für diese Spezialtätigkeit einen Dritten gem. § 55 Abs. 1 Nr. 1 InsO zu Lasten der Masse beauftragen und entlohnen.[689]

---

302 **Hinweis**

Die Masse kann aber nur dann belastet werden, wenn auch ein als Rechtsanwalt tätiger Insolvenzverwalter für die jeweilige Aufgabenstellung einen besonders qualifizierten Rechtsanwalt, Steuerberater oder Wirtschaftsprüfer beauftragen würde. Dabei ist der Maßstab eines geschäftskundigen erfahrenen Insolvenzverwalters anzulegen.[690] Der Insolvenzverwalter hat auch hier bei der Beauftragung bzw. Mandatierung einen Ermessensspielraum ex ante, wobei aus den oben unter Rz. 263 ff. genannten Gründen gerade bei der Beauftragung externer Anwälte immer berücksichtigt werden muss, ob dies eine kostenmäßig vertretbare Beauftragung darstellt.[691] Einfache Aufgaben wie z.B. Zwangsvollstreckungen, leichte Steuererklärungen etc. können dabei nach neuerer Rechtsprechung nicht mehr zu Lasten der Masse delegiert werden.[692]

---

5. Umsatzsteuer

303 Der Insolvenzverwalter kann gem. § 7 InsVV zusätzlich zu seiner Vergütung und den zu erstattenden Auslagen den vollen Betrag der von ihm abzuführenden Umsatzsteuer verlangen.

304 Der Insolvenzverwalter hat über die sich aus dem Festsetzungsbeschluss ergebende Vergütung und die entsprechenden Auslagen mit gesondertem Umsatzsteuernachweis der Insolvenzschuldnerin eine Rechnung gem. den Vorgaben von § 14 UStG zu stellen. Auf Basis dieser Rechnung kann der Insolvenzschuldner die Vorsteuer abziehen, wenn die weiteren Voraussetzungen des UStG erfüllt sind, er also insb. ein zum Vorsteuerabzug berechtigter Unternehmer ist.[693] Diese Unternehmerschaft endet nicht durch die Insolvenzeröffnung. Bei der Rechnungsstellung, insbesondere bei der Einbeziehung des Insolvenzverwalters in eine Gesellschaft, ist darauf zu achten, dass derjenige die Rechnung ausstellt, der die sonstige Leistung erbracht hat.

---

689 Stephan, in: Nerlich/Römermann, § 5 InsVV Rn 2.
690 Lorenz, in: Lorenz/Klanke, § 5 InsVV Rn 2.
691 Haarmeyer/Mock, § 5 InsVV Rn 13.
692 Einfache Zwangsvollstreckungen: LG Lübeck, 2.7.2009 – 7 T 230/09, NZI 2009, 559 oder LG Hannover, 20.4.2009 – 6 T 16/09, NZI 2009, 560; leichte Steuererklärungen: BGH, 14.11.2013 – IX ZB 161/11, NZI 2014, 21.
693 Lorenz, in: Lorenz/Klanke, § 7 InsVV Rn 2ff.

XI. Sonderfälle

Regelmäßig endet das Amt des Insolvenzverwalters mit der Aufhebung des Insolvenzverfahrens. Entfaltet er auch danach noch Tätigkeiten, so hat er hierfür ebenfalls einen Anspruch auf Vergütung. **305**

1. Nachtragsverteilungen

Nach § 6 InsVV ist die Tätigkeit eines Insolvenzverwalters im Rahmen einer Nachtragsverteilung durch eine gesonderte Vergütung nach billigem Ermessen des Gerichts abzugelten. Ist bei der Festsetzung der Vergütung für das Insolvenzverfahren eine Nachtragsverteilung voraussehbar, kann sich das Insolvenzgericht die Entscheidung über die Vergütung für die Nachtragsverteilung vorbehalten und die Vergütung für das Insolvenzverfahren festsetzen, ohne die voraussehbare Nachtragsverteilung zu berücksichtigen.[694] Es handelt sich um ein gebührenrechtlich selbständiges, gesondert zu vergütendes Verfahren.[695] Eine gesonderte Festsetzung ist nach § 6 Abs. 1 S. 2 InsVV jedoch dann ausgeschlossen, wenn die Nachtragsverteilung voraussehbar und schon bei der Festsetzung der Verwaltervergütung für das reguläre Insolvenzverfahren eine entsprechende Berücksichtigung gefunden hat. Ausreichend für die Vorhersehbarkeit ist es noch nicht, dass eine Nachtragsverteilung möglich oder allenfalls wahrscheinlich ist.[696] Das Entstehen eines gesonderten Vergütungsanspruches setzt zunächst die formelle[697] Anordnung der Nachtragsverteilung durch das Insolvenzgericht und ihren Vollzug nach §§ 203 bis 206 InsO bzw. nach § 211 Abs. 3 InsO voraus.[698] **306**

Hinweis **307**
Hat der Insolvenzverwalter vorsorglich bestimmte Beträge hinterlegt, z.B. im Hinblick auf bedingte Forderungen (vgl. § 191 InsO), bedeutet das noch nicht eine Vorhersehbarkeit; denn zum Zeitpunkt der Hinterlegung ist oft noch nicht abzusehen, ob die Beträge zur Befriedigung eines einzelnen Anspruches verwendet werden müssen oder später zur Masse gezogen werden können bzw. zur Befriedigung der Gläubigergesamtheit und somit im Rahmen einer Nachtragsverteilung Verwendung finden.[699]

Berechnungsgrundlage ist die für die Nachtragsverteilung zur Verfügung stehende Masse. Es gelten auch insoweit die Bestimmungen der § 1 bis § 3 InsVV.[700] In der An- **308**

---

694 BGH, 12.9.2019 – IX ZB 2/19, ZIP 2019, 2021.
695 Haarmeyer/Mock, § 6 InsVV Rn 4.
696 Lorenz, in: Lorenz/Klanke, § 6 InsVV Rn 5f.
697 BGH, 21.9.2006 – IX ZB 287/05, ZInsO 2006, 1105.
698 OLG Köln, 12.1.2017 – 7 U 12/16, ZInsO 2017, 564.
699 So auch Lorenz, in: Lorenz/Klanke, § 6 InsVV Rn 5.
700 BGH, 12.10.2006 – IX ZB 294/05, ZInsO 2006, 1205.

nahme, dass die Nachtragsverteilung keine weiteren Besonderheiten mit sich bringt, dürfte eine Vergütung i.H.v. 35% der Regelvergütung gem. § 2 InsVV (vgl. dazu Rz. 193) angemessen sein. Auch im Fall der Nachtragverteilung kommen in folgenden Fällen ggf. Zuschläge in Betracht:[701]

Gläubigeranzahl: Nehmen mehr als 100 bis ca. 200 Gläubiger an der Abschlagsverteilung teil, dürfte ein weiterer Zuschlag von 10% angemessen sein. Für je weitere 100 Gläubiger kann wiederum ein Zuschlag von 5% verlangt werden.

Verwertungshandlungen: Werden i.R.d. Nachtragsverteilung noch Lagerbestände verwertet, so könnte z.B. bei Grundstücken ein Zuschlag von bis 25%, bei beweglichen Sachen von bis 20% gerechtfertigt sein.

Bereicherungs-, Anfechtungs- bzw. sonstige Ansprüche: Sind noch Rechtsstreitigkeiten zu führen oder Forderungen beizutreiben, kann ebenfalls im Falle gerichtlicher Rechtsstreitigkeiten ein Zuschlag von bis zu 40% und bei Forderungsbeitreibung ohne solche Prozesse von bis 25% als angemessen betrachtet werden.[702]

2. Insolvenzplanverfahren

309 Der Insolvenzverwalter kann für die Überwachung der Erfüllung eines Insolvenzplanes nach den §§ 262 bis 269 InsO eine gesonderte Vergütung beanspruchen. Das Amt des Insolvenzverwalters und ggf. auch des Gläubigerausschusses sowie die Aufsicht des Insolvenzgerichtes bestehen trotz Aufhebung des Verfahrens allein zum Zwecke der Überwachung des Planes fort (vgl. § 261 Abs. 1 S. 2 InsO).[703]

310 Es gelten die §§ 1 bis 3 InsVV wiederum entsprechend. Berechnungsgrundlage ist die im Insolvenzplan dargestellte Vermögensmasse. Die Einzelheiten der Ermittlung dieser Berechnungsgrundlage sind oben bereits unter Rn 6 ff.) umfassend dargestellt.

311 Die Vergütung für diese besondere Tätigkeit ermittelt sich ausgehend von der Berechnungsgrundlage nach § 1 InsVV und der Staffelvergütung nach § 2 InsVV für ein Normalverfahren. Bei Überwachung der Erfüllung der Gläubigeransprüche wird ein Normalverfahren noch dann angenommen, wenn nicht mehr als 100 Gläubiger vorhanden sind und dem Verwalter keine weiteren Zusatzverpflichten gem. § 263 und § 264 InsO obliegen. In einem solchen Normalfall werden 50% der Verwaltervergütung gem. § 2 InsVV als angemessen erachtet,[704] teilweise aber auch niedrigere Prozentsätze.[705]

---

[701] Lorenz, in: Lorenz/Klanke, § 6 InsVV Rn 10.
[702] Lorenz, in: Lorenz/Klanke, § 6 InsVV Rn 11.
[703] K. Schmidt/Spliedt, § 261 InsO Rn 1.
[704] Lorenz, in: Lorenz/Klanke, § 6 InsVV Rn 17 f.
[705] KPB/Prasser, § 6 InsVV Rn 11.

Soweit durch den Insolvenzverwalter i.R.d. Überwachung des Insolvenzplanes **weitere Verpflichtungen** gem. § 263 und § 264 InsO oder gem. § 249 InsO übernommen werden, ist jeweils ein weiterer Zuschlag in Abhängigkeit von der jeweiligen Größenordnung von 5–25% möglich.[706]   312

Hinweis   313
Bereits bei der Plangestaltung sollte hervorgehoben werden, dass durch die Überwachung des Planes nach Aufhebung des Verfahrens entsprechende Kosten insb. nach § 6 Abs. 2 InsVV entstehen und nach welchen Regeln bzw. Maßstäben die Vergütung des Insolvenzverwalters i.R.d. Überwachung des Insolvenzplans gemessen wird. Damit es später nicht zu Abweichungen von der Annahme des Planes kommt, sollte sich der Insolvenzverwalter bereits in dieser Phase mit dem Insolvenzgericht abstimmen und klären, ob die geplante Vergütungsregelung später im Gebührenfestsetzungsverfahren vom Insolvenzgericht auch als angemessen angesehen wird.[707]

Nicht geregelt ist, wie die Vergütung des Insolvenzverwalters als Planüberwacher sichergestellt wird. So kann die Vergütung auch erst nach Überwachung des Planes entnommen werden. Der Insolvenzverwalter trägt damit das Risiko, dass der Schuldner oder die Übernahmegesellschaft, die ggf. die Vergütung schuldet, während der Planphase oder danach erneut insolvent wird.   314

Hinweis   315
Zur Einschränkung dieses Risikos ist die Festsetzung von Vorschüssen gegenüber dem Schuldner oder der Übernahmegesellschaft möglich.[708] In Betracht kommt auch, die Summe von vornherein für den planüberwachenden Verwalter zu hinterlegen.

Da die Vergütung für die Planüberwachung nicht zuletzt aufgrund andauernder Intensität dieser Aufgabe durchaus einen erheblichen Umfang annehmen kann, sollte dem Insolvenzverwalter in entsprechender Anwendung der Regelung des § 292 Abs. 2 S. 3 InsO die Übernahme dieser Überwachungsaufgabe nur dann zugemutet werden, wenn die ihm hierfür zustehende zusätzliche Vergütung gedeckt oder durch einen Vorschuss gesichert ist.

Trägt der Insolvenzschuldner die Kosten der Planüberwachung, ist eine Festsetzung durch das Insolvenzgericht notwendig.[709] Nach § 64 InsO ist der Festsetzungsbeschluss öffentlich bekannt zu machen und unterliegt der sofortigen Beschwerde.

---

706 Lorenz, in: Lorenz/Klanke, § 6 InsVV Rn 18.
707 Vgl. Graeber, InsbürO 2005, 339 ff.
708 Lorenz, in: Lorenz/Klanke, § 7 InsVV Rn 20.
709 Haarmeyer/Mock, a.a.O. unter Verweis auf LG Memmingen, ZInsO 2011, 1567.

D. Vergütung und Auslagen des vorläufigen Insolvenzverwalters

316 Gesetzliche Grundlage für die Vergütung des vorläufigen Insolvenzverwalters sind § 65 InsO i.V.m. §§ 63, 64 InsO i.V.m. §§ 10, 11 InsVV. Soweit in § 11 InsVV nichts Anderes bestimmt ist, gelten gem. § 10 InsVV die Vorschriften des ersten Abschnittes der InsVV, somit die §§ 1 bis 9 InsVV entsprechend. Nachstehend wird daher nur auf Besonderheiten eingegangen. Im Übrigen wird auf die Ausführung zur endgültigen Verwaltervergütung und dem besonderen Kapitel zur Berechnungsgrundlage verwiesen.

I. Änderung der Rechtslage seit 2014

317 Seit der 2. Auflage wurde die insolvenzrechtliche Vergütungsverordnung insbesondere hinsichtlich der Regelsätze in § 2 InsVV durch Art. 6 des Gesetzes zur Fortentwicklung des Sanierungs- und Insolvenzrechtes (BGBl. 2020, I, 3256 ff.) geändert, was sich auch auf die Vergütung des vorläufigen Verwalters auswirkt.

In § 26a Abs. 2 InsO ist geregelt, dass die Vergütung grundsätzlich gegen den Schuldner festgesetzt wird, es sei denn, der Eröffnungsantrag ist unzulässig oder unbegründet und den antragstellenden Gläubiger trifft ein grobes Verschulden. Zudem ist in § 63 Abs. 3 InsO und § 11 InsVV die Vergütungshöhe und der Bezugszeitpunkt für die Berechnung der Vergütung des vorläufigen Verwalters sowie die Frage der Einbeziehung von Aus- und Absonderungsrechten geregelt.

Wie in der BT-Drucks. 17/13535 vom 16.5.2013, Beschluss und Bericht des Rechtsausschusses nachzulesen ist, entsprach die Rechtsprechung des BGH[710] nicht der gesetzlichen Konzeption und der auf ihr beruhenden Verordnungsregelungen, soweit Aussonderungsrechten oder Absonderungsrechten unterliegende Gegenstände nicht in die Berechnungsgrundlage des vorläufigen Insolvenzverwalters einbezogen wurden.

318 Vor dem Hintergrund der Sicherung einer angemessenen Vergütung kann die Tätigkeit des vorläufigen Insolvenzverwalters daher nicht über Zuschläge nach § 3 InsVV auf der Grundlage einer „Soll-Masse" abgegolten werden, da der vorläufige Insolvenzverwalter sich nur mit der „Ist-Masse" befasst.[711] Hierbei kann die Vergütung des vorläufigen Insolvenzverwalters auch die des Insolvenzverwalters übersteigen.[712]

---

710 BGH, 15.11.2012 – IX ZB 88/09; BGH, 15.11.2012 –IX ZB 130/10; BGH, 7.2.2013 – IX ZB 286/11, ZInsO 2013, 515.
711 BGH, 14.12.2000 – IX ZB 105/00, NZI 2001, 191 [Rn 21]; BGH, 12.9.2019 – IX ZB 28/18, ZIP 2019, 1969.
712 Vgl. amtliche Begründung des Entwurfs einer Zweiten Verordnung zur Änderung der Insolvenzrechtlichen Vergütungsverordnung, abgedruckt in ZInsO 2007, 27, 29.

II. Allgemeines

Der vorläufige Insolvenzverwalter hat einen eigenständigen Anspruch,[713] unabhängig von der Vergütung des Insolvenzverwalters. Berücksichtigung findet die Vergütung des vorläufigen Insolvenzverwalters allenfalls bei der Festsetzung der Vergütung des endgültigen Insolvenzverwalters gem. § 3 Abs. 2 Buchst. a) InsVV (s. dazu Rz. 270). — 319

Zum grundlegenden Verständnis der Vergütung des vorläufigen Verwalters hat der Gesetzgeber i.R.d. 2. Verordnung zur Änderung der InsVV Folgendes ausgeführt:[714] — 320

> „Weder aus dem Wortlaut, noch aus Sinn und Zweck oder aus der Entstehungsgeschichte der InsVV lässt sich ein allgemeiner Grundsatz dergestalt ableiten, dass die Vergütung des vorläufigen Insolvenzverwalters nicht die des Insolvenzverwalters übersteigen dürfe. Eine solche einengende Interpretation würde zudem der Lebenswirklichkeit nicht gerecht. Erinnert sei in diesem Zusammenhang lediglich an den Fall, dass eine übertragende Sanierung sich abzeichnet, der vorläufige Insolvenzverwalter die Durchführung einer Due Diligence veranlasst, die ersten sondierenden Gespräche mit Übernahmeinteressenten führt und die einschlägigen Verträge bereits formuliert werden. Nach Verfahrenseröffnung wird somit lediglich die Übertragung vollzogen und der Kaufpreis an die Gläubiger verteilt. Wie dieses Beispiel zeigt, sind somit vielfältige Fallkonstellationen denkbar, in denen der vorläufige Insolvenzverwalter durch einen erheblichen Einsatz die Weichenstellung für das Verfahren vornimmt und nach Verfahrenseröffnung lediglich noch die Ausführung des bereits im Eröffnungsverfahren Konzipierten zu erfolgen hat."

Liegen solche Umstände vor, so soll die Vergütung des vorläufigen Insolvenzverwalters der Vergütung des endgültigen Insolvenzverwalters in voller Höhe entsprechen können.

Auf den Punkt gebracht: die Tätigkeit des vorläufigen Insolvenzverwalters ist angemessen zu vergüten.[715] — 321

Mit der Vergütung des vorläufigen Insolvenzverwalters wird gem. § 63 Abs. 3 S. 1 InsO dessen Tätigkeit, nicht sein Erfolg oder sein Aufwand, abgegolten. Als Faustregel erhält der vorläufige Verwalter gem. § 63 Abs. 3 S. 2 InsO 25% der Vergütung des endgültigen Verwalters, allerdings bezogen auf das Vermögen, auf das sich die Tätigkeit des vorläufigen Verwalters erstreckt hat. Gem. § 11 Abs. 3 InsO sind Art, Dauer und Umfang der Tätigkeit bei der Festsetzung der Vergütung zu berücksichtigen. — 322

---

713 Jaeger/Schilken, § 63 InsO Rn 72.
714 Abgedruckt in ZInsO 2007, 27, 29.
715 BVerfG, 30.3.1993 – 1 BvR 1045/89, ZIP 1993, 838, 841; BGH, 14.12.2000 – IX ZB 105/00, ZInsO 2001, 165, 167.

323 Maßgeblicher Zeitpunkt für die Bewertung des der vorläufigen Verwaltung unterliegenden Vermögens ist gem. § 63 Abs. 3 S. 3 InsO grds. der Zeitpunkt der Beendigung der vorläufigen Verwaltung. Soweit ein Vermögensgegenstand jedoch zuvor und ohne entsprechenden Wertausgleich aus dem vorläufig verwalteten Vermögen ausscheidet, ist auf diesen Zeitpunkt abzustellen. Da zu diesen Zeitpunkten systemimmanent oftmals noch keine insolvenzrechtliche Verwertung durchgeführt worden ist, können insoweit die jeweilgen Wertansätze von den später tatsächlich realisierten Werten abweichen. Dem trägt § 63 Abs. 3 S. 4 InsO dergestalt Rechnung, dass bei erheblichen Abweichungen von 20%, bezogen auf die Gesamtheit aller Vermögenswerte, zwischen Schlussrechnung des endgültigen Verwalters und der (vorläufigen) Werteinschätzung des vorläufigen Verwalters das Gericht noch nachträglich die bereits festgesetzte Vergütung des vorläufigen Verwalters entsprechend abändern kann.

III. Gebühren des vorläufigen Insolvenzverwalters

324 Auch die Gebühren des vorläufigen Insolvenzverwalters folgen im Wesentlichen denselben Grundsätzen wie die Vergütung des endgültigen Insolvenzverwalters. Es ist also wiederum zwischen der Regelvergütung einschließlich der Mindestvergütung sowie den Zu- und Abschlägen zu unterscheiden.

1. Regelvergütung und Mindestvergütung

325 Die Regelvergütung des vorläufigen Insolvenzverwalters beträgt 25% der Vergütung nach § 2 Abs. 1 InsVV. Auf Grundlage dieser Regelvergütung ist durch Zu- bzw. Abschläge die richtige, angemessene Vergütung zu ermitteln.

326 Soweit der Schuldner nur über geringes Vermögen verfügt, steht dem vorläufigen Verwalter die Mindestvergütung gem. § 2 Abs. 2 InsVV zu. Die Mindestvergütung lag bis 31.12.2020 bei EUR 1.000,00 und ist nicht weiter zu kürzen.[716] Sie liegt für Verfahren ab 1.1.2021 nunmehr bei EUR 1.400. Je nach Anzahl der Gläubiger kann sie sich zusätzlich erhöhen. Bis zu einer Anzahl von 10 Gläubigern erhält der vorläufige Insolvenzverwalter eine Mindestvergütung von EUR 1.00,00 (ab 1.1.2021: EUR 1.400). Von 11 bis 30 Gläubigern erhöht sich die Vergütung je angefangene 5 Gläubiger um EUR 150,00 (ab 1.1.2021: EUR 210). Ab einer Anzahl von 31 Gläubigern erfolgt eine Erhöhung der Vergütung von EUR 100,00 je angefangene 5 Gläubiger (ab 1.1.2021: EUR 140). Entscheidend für die Berechnung der Höhe der Min-

---

[716] HK/Keller, § 11 InsVV Rn 28, Graeber/Graeber, § 2 Rn 60.

destvergütung ist die Anzahl der Gläubiger, denen nach den Unterlagen des Schuldners offene Forderungen gegen den Gläubiger zustehen und mit einer Forderungsanmeldung im Insolvenzverfahren zu rechnen ist.[717] Diese Vergütung ist auch für den vorläufigen Insolvenzverwalter nicht auf 25% zu kürzen. Soweit allerdings lediglich die Mindestvergütung anfällt, stellt sich die Frage, ob die Anordnung der vorläufigen Verwaltung überhaupt angemessen und erforderlich war. Sollte der (spätere) vorläufige Verwalter hier bei Anregung der Anordnung von Sicherungsmaßnahmen ggü. dem Gericht falsch oder unvollständig berichtet haben, dürfte sich die weiter unten (vgl. Rz. 405 ff.) näher erörterte Problematik der Verwirkung des Vergütungsanspruches stellen.

Wegen der Bezugnahme von § 63 Abs. 3 S. 2 InsO auf die in § 2 InsVV geregelte Vergütung des Insolvenzverwalters kann hinsichtlich der Kriterien eines Normal- bzw. Regelverfahrens auf die obigen Ausführungen (s. hierzu Rz. 200 ff.) zum eröffneten Verfahren Bezug genommen werden. Erweist sich die Regelvergütung von 25% als nicht dem tatsächlichen Aufwand hinreichend bemessen, kann auch eine Erhöhung des Satzes angemessen sein.[718] Es gelten in gleicher Weise die entwickelten quantitativen und qualitativen Merkmale. **327**

2. Zuschläge, § 3 InsVV

Auch für die zu gewährenden Zuschläge gelten die für den endgültigen Insolvenzverwalter entwickelten Kriterien im Wesentlichen (s. hierzu Rz. 207 ff.). Es ergeben sich jedoch einzelne Abweichungen. **328**

a) Allgemeines

Art, Dauer und der Umfang der Tätigkeit des vorläufigen Insolvenzverwalters gem. § 11 Abs. 3 InsVV sind bei der Höhe seiner Vergütung zu berücksichtigen. Neben den auch im eröffneten Verfahren einschlägigen Zuschlägen (s. hierzu Rz. 207 ff.) gibt es aber typische Zuschlagsfaktoren, welche nur während der vorläufigen Verwaltung relevant sein können. Da die tatsächliche Tätigkeit zu vergüten ist, spielt es keine Rolle, ob es sich um einen „schwachen" oder einen „starken" vorläufigen Insolvenzverwalter gehandelt hat.[719] **329**

Die Anrechnung eines Zuschlages kommt nur in Betracht, wenn Erschwernisse vorliegen, die sich tatsächlich in erheblicher Weise belastend auf die Tätigkeit des

---

717 BGH, 4.2.2010 – IX ZB 129/08, ZInsO 2010, 493; kritisch: Blersch, NZI 2019, 529.
718 Haarmeyer/Mock, § 11 InsVV Rn 64 f.
719 BGH, 24.7.2003 – IX ZB 607/02, ZInsO 2003, 790 f.; BGH, 17.7.2003 – IX ZB 10/03, ZInsO 2003, 748, 749.

vorläufigen Verwalters ausgewirkt haben und nicht bereits durch eine höhere Berechnungsgrundlage nach § 63 Abs. 3 InsO ausgeglichen sind.[720] Die Vergütung ist grundsätzlich in der Weise zu berechnen, dass besondere Umstände, welche die Tätigkeit erleichtern oder erschweren, unmittelbar den für den vorläufigen Insolvenzverwalter maßgeblichen Bruchteil verringern oder erhöhen.[721] Hierbei muss das Leistungsbild der entfalteten Tätigkeit des vorläufigen Insolvenzverwalters – losgelöst von der Tätigkeit des späteren Insolvenzverwalters – im Einzelfall gewürdigt und zum Grundsatz einer im Ganzen leistungsangemessenen Vergütung in Beziehung gesetzt werden.[722]

330 Die Abweichungen müssen ggü. der Regelvergütung signifikant sein. Bagatellabweichungen sind unerheblich. Zu- und Abschläge auf die Vergütung sind erst dann möglich, wenn die Abweichung vom Normalfall eine Erhöhung oder Herabsetzung der Regelvergütung von mindestens 5% – Punkte rechtfertigt.[723]

b) Zuschläge im Einzelnen

331 Soweit dem vorläufigen Insolvenzverwalter die Führung eines Sonderkontos[724] bzw. zur Sicherung der Rechte des Zessionars ein offenes Treuhandkonto[725] auferlegt wurde und er eine entsprechende Tätigkeiten entfaltet hat, ist dies zuschlagsrelevant.

332 Auch und insb. bei Betriebsfortführungen steht dem vorläufigen Verwalter ein Zuschlag zu. Hierbei ist allerdings darauf zu achten, dass eine eventuelle Massemehrung nicht zu einer doppelten Berücksichtigung führt. Die Ausführungen zum endgültigen Insolvenzverwalter Rz. 216 ff. gelten entsprechend.

333 Typischer Zuschlagsfaktor ist insb. die Insolvenzgeldvorfinanzierung. Auch kann ein Mehraufwand des vorläufigen Verwalters für arbeitsrechtliche Sonderaufgaben berücksichtigt werden.[726] Unterhalb der Schwelle von 20 Arbeitnehmern ist die zusätzliche Belastung des vorläufigen Insolvenzverwalters grundsätzlich unerheblich und mit der Regelvergütung abgegolten.[727] Daraus folgt laut BGH noch nicht, dass die Insolvenzgeldvorfinanzierung ab dieser Schwelle ohne Weiteres zu einem erheblichen Mehraufwand des Insolvenzverwalters führt. Ein erheblicher Mehraufwand für die Insolvenzgeldvorfinanzierung kann sich nichtsdestotrotz aus

---

720 BGH, 18.12.2003 – IX ZB 50/03, ZIP 2004, 518; Haarmeyer/Mock, § 11 InsVV Rn 60, 71.
721 BGH, 28.9.2006 – IX ZB 212/03, ZInsO 2007, 439.
722 BGH, 5.7.2018 – IX ZB 63/17, ZInsO 2018, 2611.
723 BGH, 11.5.2006 – IX ZB 249/04, ZInsO 2006, 642.
724 BGH, 7.2.2019 – IX ZR 47/18, ZIP 2019, 718.
725 BGH, 24.1.2019 – IX ZR 110/17, NZI 2019, 274.
726 BGH, 12.9.2019 – IX ZB 65/18, ZInsO 2020, 35.
727 Vgl. BGH, 18.12.2003 – IX ZB 50/03, ZIP 2004, 518, 520 zu Sozialplanverhandlungen; BGH, 22.2.2007 – IX ZB 120/06, NZI 2007, 343 Rn 9 zur Insolvenzgeldvorfinanzierung.

den notwendigen Abläufen bei einer großen Zahl von Arbeitnehmern ergeben.[728] Auch die Vorbereitung von Personalmaßnahmen, insb. Sozialplanvorbereitungen, Massenentlassungen, Transfergesellschaften sind durch Zuschläge gesondert zu vergüten. Regelmäßig wird auch ein erheblicher Mehraufwand des vorläufigen Insolvenzverwalters für arbeitsrechtliche Sonderaufgaben durch eine höhere Berechnungsgrundlage nicht aufgefangen und rechtfertigt einen Zuschlag auf die Vergütung.[729]

Ebenfalls nicht als Normalfall und somit zuschlagserhöhend sind – zulässige – Verwertungsmaßnahmen außerhalb der regulären Betriebsfortführung. Derartige Verwertungsmaßnahmen vor Insolvenzeröffnung stellen grundrechtserhebliche Eingriffe in das Eigentum des Schuldners dar, sodass sie nur ausnahmsweise zulässig sind, wie bspw. bei der Verwertung von verderblichen Waren oder der Chancennutzung einzigartiger Verwertungsmöglichkeiten.[730] Davon sind insbesondere solche Verwertungsmaßnahmen umfasst, die besonders zeitaufwendig sind. 334

Wird der vorläufige Insolvenzverwalter im Rahmen des ihm zustehenden Aufgabenkreises in erheblichem Umfang zur Vorbereitung einer Sanierung tätig, ist der damit verbundene Mehraufwand im Rahmen eines Zuschlags zu vergüten.[731] 335

Schließlich kann auch eine besonders aufwendige Inventaraufstellung (soweit nicht in der Vergütung als Sachverständiger berücksichtigt und nicht delegiert) ebenfalls einen Zuschlag für den vorläufigen Insolvenzverwalter rechtfertigen. Das gilt insb. bei Streuvermögen, Kleininventarteile in großer Zahl, ungeordneter oder vollkommen veralteter Buchführung oder fehlender wie gefälschter Belege.[732] 336

Soweit gemäß § 5 InsVV im eröffneten Verfahren für den Einsatz besonderer Sachkunde ein Anspruch auf Festsetzung gesonderter Auslagen und Gebühren besteht, dürfte dies während der vorläufigen Verwaltung eher problematisch sein. Allerdings sind derartige Sonderaufgaben im Rahmen der allgemeinen Zuschlagsfaktoren zu berücksichtigen.[733] 337

c) Ausschluss von doppelter Berücksichtigung bei der Berechnungsgrundlage und gleichzeitig bei den einzelnen Zuschlagsfaktoren, Überschneidungen einzelner Faktoren

In gleicher Weise wie bei endgültigen Verfahren ist bei allen Zuschlägen darauf zu achten, dass eine doppelte Berücksichtigung vermieden werden muss (s. hierzu all- 338

---

728 BGH, 12.9.2019 – IX ZB 65/18, ZInsO 2020, 35.
729 Ebd.
730 BGH, 14.12.2000 – IX ZB 105/00, ZInsO 2001, 165 ff.
731 BGH, 12.9.2019 – IX ZB 65/18, ZIP 2019, 2018.
732 Graeber/Graeber, InsbürO 2010, 347 f.; LG Cottbus v. 2.9.2009 – 7 T 422/05, ZInsO 2009, 2114.
733 BGH, 12.9.2019 – IX ZB 65/18, ZIP 2019, 2018.

Hermann/Bähr/Fritz

gemein Rn 251ff.). Dies betrifft zum einen inhaltliche Überlagerungen, insb. für tatsächliche Tätigkeiten, denen immanent ist, dass das vorläufige Verfahren außergewöhnlich lange dauerte. Anderseits kann auch eine Betriebsfortführung oder eine aufwendige, optimale Verwertung als solches zu Zuschlägen führen. Dann muss aber im Rahmen einer Vergleichsrechnung die insoweit erhöhte Bemessungsgrundlage wiederum gegenläufig Berücksichtigung finden.

3. Abschläge

339 Wie auch bei den Zuschlägen sind Abschläge erst dann relevant, sofern sie die Bagatellgrenze von 5%-Punkten bezogen auf die Regelvergütung übersteigen. Typische Abzugsfaktoren sind ungewöhnlich kurze Verfahrensdauer von nur einigen Tagen, kein Geschäftsbetrieb, keine Arbeitnehmer, keine oder wenige Gläubiger. Auch insoweit wird auf die vorstehenden Ausführungen unter Rz. 251ff. verwiesen.

IV. Auslagen des vorläufigen Insolvenzverwalters

340 Entsprechend § 10 InsVV gelten die gleichen Regelungen wie für den Insolvenzverwalter gem. §§ 4, 7 und 8 InsVV. Insoweit gelten die obigen Ausführungen unter Rz. 293ff.

V. Kostenschuldner der vorläufigen Verwaltervergütung

341 Gem. § 54 Nr. 2 InsO gehört die Vergütung des vorläufigen Insolvenzverwalters zu den Kosten des Insolvenzverfahrens. Auch in einem nicht zur Eröffnung gelangten Verfahren, gleich aus welchem Grunde, sind die Kosten des vorläufigen Verwalters grundsätzlich vom Schuldner zu tragen.[734] Nur wenn der Eröffnungsantrag unzulässig oder unbegründet war und den antragstellenden Gläubiger insoweit ein grobes Verschulden trifft, sind seit der Gesetzesänderung zum 1.7.2014 gem. § 26a Abs. 2 Satz 2 InsO die Kosten gegen den Antragsteller festzusetzen.

342 Soweit ein starker vorläufiger Verwalter bestellt worden war, darf die übergegangene Verfügungsbefugnis erst aufgehoben werden, sofern gem. § 25 Abs. 2 InsO die Vergütung des vorläufigen Verwalters berichtigt worden ist.

---

[734] BGH, 13.12.2007 – IX ZR 196/06, Rn 33, ZInsO 2008, 151.

Im Fall der Verfahrenskostenstundung gem. § 4a InsO hat der vorläufige Insol- 343
venzverwalter gem. §§ 63 Abs. 2, 21 Abs. 2 S. 1 Nr. 1 InsO einen Sekundäranspruch
gegen die Staatskasse, begrenzt auf die Mindestvergütung[735].

VI. Vorläufiger Verwalter zugleich als Sachverständiger

Hat das Insolvenzgericht den vorläufigen Insolvenzverwalter zugleich als Sachver- 344
ständigen beauftragt, so steht ihm eine gesonderte Vergütung nach dem Justizvergütungs- und -entschädigungsgesetz (JVEG) zu. Dies gilt sowohl für den starken vorläufigen Verwalter, der gem. § 22 Abs. 1 S. 2 Nr. 3 InsO qua Gesetz zu prüfen hat, ob das Vermögen des Schuldners die Kosten des Verfahrens deckt, als auch für den vom Gericht ausdrücklich und isoliert bestellten Gutachter, im Regelfall ergänzend zum vorläufigen schwachen Insolvenzverwalter.

Durch Gesetz v. 21.12.2020 BGBl. I S. 3229 (Nr. 66) wurde in Artikel 6 – Kostenrechtsänderungsgesetz 2021 (KostRÄG 2021) die Regelung zur Sachverständigenvergütung neu geregelt.

Zum 1.1.2021 wurde insoweit in § 9 Abs. 4 JVEG folgendes neu aufgenommen:

> „Das Honorar des Sachverständigen für die Prüfung, ob ein Grund für die Eröffnung eines Insolvenzverfahrens vorliegt und welche Aussichten für eine Fortführung des Unternehmens des Schuldners bestehen, beträgt 120 Euro je Stunde. 2Ist der Sachverständige zugleich der vorläufige Insolvenzverwalter oder der vorläufige Sachwalter, so beträgt sein Honorar 95 Euro je Stunde."

Neben seiner Stundenvergütung hat der Sachverständige weiterhin nach JVEG An- 345
spruch auf Erstattung seiner Aufwendungen.

Entsprechend § 4 InsO i.V.m. §§ 407 ff. ZPO ist der gerichtlich bestellte Gutachter 346
verpflichtet, das Gutachten persönlich zu erstellen und umfassend zu verantworten. Soweit er sich der Mitarbeit einer anderen Person bedient, hat er diese namhaft zu machen und den Umfang ihrer Tätigkeit anzugeben, falls es sich nicht um Hilfsdienste von untergeordneter Bedeutung handelt (§ 407a Abs. 2 S. 2 ZPO). Bedient sich der Sachverständige, was in der gerichtlichen Praxis bekannt und regelmäßig gebilligt wird, seiner qualifizierten Mitarbeiter, müssen die von Gesetzes wegen vorgegebenen Grenzen beachtet werden. Die Hilfsarbeiten, die die Mitarbeiter erbringen, werden entsprechend § 9 JVEG geringer honoriert. Soweit der Sachverständige selbst nicht in der Lage ist, gutachtensrelevante Feststellungen zu treffen (z.B. Be-

---

[735] BGH, 7.2.2013 – IX ZB 245/111, 2013, 351.

wertungen von bestimmten Vermögenswerten), hat er dies dem Gericht mitzuteilen, damit dieses erforderlichenfalls ergänzend einen weiteren Sachverständigen (Hilfsgutachter) bestellt.

347 Gem. § 2 JVEG erlischt der Anspruch des Sachverständigen auf Vergütung oder Entschädigung, wenn er nicht binnen 3 Monaten bei der beauftragenden Stelle geltend gemacht wird.

E. Besondere Verfahrensarten

I. Vergütung des (vorläufigen) Sachwalters

348 Die Vergütung des Sachwalters im Eigenverwaltungsverfahren gem. §§ 270 ff. InsO, ist in §§ 10, 13 InsVV normiert. Demzufolge gelten ergänzend die allgemeinen Bestimmungen der §§ 1–9 InsVV.

Die Eigenverwaltung, zeichnet sich durch eine grundsätzliche Beschränkung des Aufgabenumfangs des Sachwalters gegenüber dem Insolvenzverwalter im Regelverfahren aus.[736] Dieser Besonderheit muss auch das Vergütungsrecht entsprechen. Mit dem Gesetz zur weiteren Erleichterung der Sanierung von Unternehmen („ESUG") wurde zum 1.3.2012 der vorläufige Sachwalter neu eingeführt. Erklärtes Ziel des ESUG war es, die Eigenverwaltung zu stärken. Das Rechtsinstitut der Eigenverwaltung hat vorrangig das Ziel der Vereinfachung, Beschleunigung und Verbilligung des Insolvenzverfahrens, wobei eine wesentliche Kostensenkung von der erheblich niedrigeren Gebühr des Sachwalters ausgehen soll.[737] Der eigenverwaltende Schuldner oder seine organschaftlichen Vertreter sind in der Realität fast nie in der Lage, ohne professionellen externen Sachverstand die ihnen gesetzlich obliegenden Aufgaben der Eigenverwaltung sachgerecht zu bewältigen. Die Heranziehung dieses Sachverstands führt damit nicht nur in aller Regel zu einer deutlichen Verteuerung des Verfahrens, sondern auch geradezu zwangsläufig zu einer vom Gericht oder von den Gläubigern nur noch schwer zu kontrollierenden Nebeninsolvenzverwaltung, deren Gefahrenpotential bisher erheblich unterschätzt wird.[738]

349 Zuletzt wurde bekanntlich die InsVV durch Art. 6 des Gesetzes zur Fortentwicklung des Sanierungs- und Insolvenzrechtes (BGBl. 2020, I, 3256 ff.) geändert. Durch den neugeschaffenen § 12a InsVV wurde insbesondere ein eigenständiger Vergütungsanspruch für den vorläufigen Sachwalter eingefügt.

---

[736] Haarmeyer/Mock, § 12 InsVV Rn 1.
[737] So schon Begr. RegE InsO, BT-Drucks. 12/2443, 223.
[738] Hammes, NZI 2017, 233 ff.

Zu Verfahren, welche vor dem 31. Dezember 2020 beantragt wurden, gilt weiter Folgendes: seit den Vorauflagen hat der Bundesgerichtshof die bislang praktizierte Berechnung und Festsetzung der Vergütung des (vorläufigen und endgültigen) Sachwalters grundlegen neu entschieden.[739]

Der (endgültige) Sachwalter erhält gem. § 12 Abs. 1 InsVV im Regelfall eine Vergütung lediglich in Höhe von 60% der Vergütung eines Insolvenzverwalters.

Dem (vorläufigen) Sachwalter steht nach zwischenzeitlichen Entscheidungen des BGH kein selbständiger Vergütungsanspruch zu. Vielmehr erhöht sich die Vergütung des Sachwalters von 60% um 25%-Punkte auf 85%.

Da (nunmehr) die Vergütung des vorläufigen Sachwalters nicht besonders geregelt wurde, ist für ihre Bestimmung maßgeblich, welche Aufgaben er wahrzunehmen hat und welcher anderen vom Gesetzgeber geregelten Tätigkeit dies entspricht. Dies ist nicht nur entscheidend für die Bestimmung des richtigen Regelbruchteils der in Bezug zu nehmenden Berechnung der Vergütung des Insolvenzverwalters nach § 2 Abs. 1 InsVV, sondern auch für die Bestimmung der Berechnungsgrundlage.

Zu vergüten sind alle Tätigkeiten, die dem (vorläufigen) Sachwalter vom Gesetz selbst oder vom Insolvenzgericht oder den Verfahrensbeteiligten in gesetzlicher Weise wirksam übertragen worden sind. Aufgaben, die der (vorläufige) Sachwalter in Überschreitung seiner ihm gesetzlich zukommenden Aufgaben ausgeübt hat, sind nicht zu vergüten. Der (vorläufige) Sachwalter kann seine Aufgaben nicht eigenmächtig in zu Lasten der Masse in vergütungspflichtiger Weise erweitern.

Die Berechnung der Vergütung des (vorläufigen) Sachwalters orientiert sich an nachfolgendem Schema:[740]
– Ermittlung der Berechnungsgrundlage gem. § 1 InsVV.
– Ermittlung des Regelsatzes gem. § 2 InsVV.
– Ermittlung der Zu- und Abschläge gem. § 3 InsVV.
– Gesamtwürdigung auf Angemessenheit.

Auch bei der Vergütung des Sachwalters geht die Regelvergütung von einem sog. Normalfall aus.[741] Bei der Ermittlung der angemessenen Zu- und Abschläge ist auf die allgemeinen Grundsätze abzustellen. Von Besonderheit ist allerdings, dass in jedem Einzelfall zu prüfen ist, ob auch der zunächst regulär für einen Insolvenzverwalter als allgemein anerkannter Zuschlag ebenfalls auf 60% zu kürzen ist. Soweit die Tätigkeit des Sachwalters nicht von der eines Insolvenzverwalters abweicht, bspw. bei übertragenen Zustellungen, ist insoweit eine Kürzung auf 60% ausgeschlossen. Denn er erbringt dieselbe Tätigkeit und hat denselben Aufwand. Auch

350

---

[739] BGH, 21.7.2016 – IX ZB 70/14; BGH, 22.9.2016 – IX ZB 71/14.
[740] Stephan, in: Nerlich/Römermann, § 12 InsVV Rn 3.
[741] Haarmeyer/Mock, § 12 InsVV Rn 4.

die Prüfung eines vom Schuldner vorgelegten Insolvenzplanes unterscheidet sich beim Sachwalter nicht ggü. der vergleichbaren Tätigkeit des Insolvenzverwalters.

Gesetzlich normiert wurde ausdrücklich ein gesonderter Zuschlag in § 12 Abs. 2 InsVV, wenn das Insolvenzgericht gem. § 277 Abs. 1 InsO angeordnet hat, dass bestimmte Rechtsgeschäfte des Schuldners nur mit Zustimmung des Sachwalters wirksam sind. Hierfür sind nach der Literatur Zuschläge von 10 bis 40%-Punkten zusätzlich zur 60%-Punkt Grundvergütung gerechtfertigt.[742]

Eine Erhöhung der Vergütung des Sachwalters kommt jedoch nicht nur für den in § 12 Abs. 2 InsVV geregelten Fall der Anordnung eines Zustimmungsvorbehaltes in Betracht, vielmehr findet auch § 3 InsVV Anwendung.

Nach dem Beschluss des BGH vom 22.9.2016 ist es unerheblich, ob die zuschlagsbegründende Tätigkeit in der Zeit der vorläufigen Sachwaltung oder im eröffneten Verfahren erbracht wurde. Im Leitsatz der Entscheidung vom 21.7.2016 hat der BGH festgestellt, dass Zuschläge insbesondere in Betracht kommen bei:
- einer Unternehmensfortführung,
- begleitenden Bemühungen zu einer übertragenden Sanierung,
- einer Zusammenarbeit mit einem eingesetzten vorläufigen Gläubigerausschuss,
- einer hohen Zahl von Mitarbeitern des fortgeführten Unternehmens,
- der Übernahme des Zahlungsverkehrs,
- der Überwachung der Vorfinanzierung der Löhne und Gehälter.

Ein Zuschlag zur Regelvergütung kann insbesondere auch in Betracht kommen,
- wenn die Kassenführung durch den Sachwalter übernommen worden ist (§ 275 Abs. 2 InsO),[743]
- für die Ausarbeitung eines im Auftrag des (vorläufigen) Gläubigerausschusses ausgearbeiteten Insolvenzplans,[744]
- bei einer hohen Zahl von Mitarbeitern und der Wahrnehmung von Arbeitnehmerbelangen, wenn damit ein ungewöhnlicher, über das Übliche hinausgehender Arbeitsaufwand in der Überwachungstätigkeit verbunden war,[745]
- wenn eine der Regelaufgaben des Sachwalters sich quantitativ oder qualitativ besonders hervorhebt, entweder durch den überdurchschnittlichen Umfang oder durch besondere rechtliche oder tatsächliche Schwierigkeiten.[746] Dies gilt für die Mitwirkung bei Betriebsänderungen und Massenentlassungen (§§ 120,

---

[742] Lorenz, in: Lorenz/Klanke, § 12 InsVV Rn 11; Haarmeyer/Mock, § 12 InsVV Rn 66; Stephan, in: Nerlich/Römermann, § 12 InsVV Rn 6.
[743] AG Köln, 25.1.2017 – 73 IN 411/16, ZInsO 2017, 514.
[744] BGH, 22.9.2016 – IX ZB 71/14, ZInsO 2016, 2077 (m. Anm. Haarmeyer/Mock)
[745] BGH, 22.9.2016 – IX ZB 71/14, ZInsO 2016, 2077; BGH, 11.5.2006 – IX ZB 249/04, ZInsO 2006, 642.
[746] MüKo/Stephan, § 12 InsVV Rn 10.

122, 126, 279 S. 3 InsO), bei der Geltendmachung von Ansprüchen nach den §§ 92 und 93 InsO, bei der Durchsetzung von Anfechtungsansprüchen (§§ 129 ff. InsO), bei einer besonders aufwendigen Prüfung der Forderungsanmeldungen oder bei einer besonders aufwendigen Prüfung der Schlussrechnung des Schuldners.[747]

Der BGH grenzt in seinem Beschluss vom 21.7.2016 die Aufgaben und Befugnisse des vorläufigen Sachwalters ab, was in einem konkreten Fall Auswirkungen auf den Umfang der Befassung und damit die Höhe des Zuschlags haben kann.[748]

Keller[749] weist jedoch zu Recht auf folgendes hin:

Ob die vom BGH erwähnte strikte Aufgabentrennung in der Realität durchgehalten werden kann, ist wiederum fraglich. Er sieht die Aufgaben des vorläufigen Sachwalters wesentlich in der Überwachung der Geschäftsführung mit dauerhafter Einbindung in den Prozess der Betriebsfortführung, nicht aber in Information von Kunden und Lieferanten. Wie bereits erwähnt, wird aber auch im Rahmen der Unternehmensfortführung ein vorläufiger Sachwalter eingreifen und beispielsweise mit Lieferanten verhandeln, wenn anderenfalls die Unternehmensfortführung gefährdet ist. Auch hier wird der erfahrene Sachwalter sagen, keine Vorschrift der Insolvenzordnung und auch nicht der BGH werden ihn davon abhalten, ein Unternehmen zu sanieren. Diesen Ausführungen von Keller kann aus Sicht eines langjährig praktizierenden Insolvenzverwalters nur uneingeschränkt zugestimmt werden.

Nach § 10 InsVV gelten für die Vergütung des Sachwalters auch die Regelungen der §§ 5 bis 9 InsVV entsprechend, sodass auch der Sachwalter bei Einsatz besonderer Sachkunde Anspruch auf eine gesonderte Vergütung bzw. auf Zubilligung einer Auslagenpauschale nach Maßgabe der Sonderregelung von § 12 Abs. 3 InsVV hat.[750] Allerdings darf sich dies nicht auf Aufgaben beziehen, die originär dem eigenverwaltenden Schuldner obliegen, dieser dazu jedoch nicht in der Lage ist. Eine direkte Mandatierung des Sachwalters oder seiner Kanzlei durch den Schuldner wäre insolvenzzweckwidrig und gem. § 45 Abs. 1 Nr. 1 BRAO nichtig.[751]

Wenn es nicht zur Eröffnung des Insolvenzverfahrens kommt, ist § 26a InsO entsprechend anzuwenden.[752] Im Wege einer teleologischen Auslegung ist § 26a InsO analog auch auf den vorläufigen Sachwalter anzuwenden.[753]

351

---

747 *Ders.*, in: Nerlich/Römermann, § 12 InsVV Rn 8 m.w.N.
748 BGH, 21.7.2016 – IX ZB 70/14, NZI 2016, 796 [Rn 67].
749 Keller, NZI 2016, 753 ff.
750 Haarmeyer/Mock, InsVV § 12 Rn 13.
751 Graeber/Graeber, § 12 Rn 18.
752 BGH, 21.7.2016 – IX ZB 70/14, ZInsO 2016, 1637; AG Köln, 25.1.2017 – 73 IN 411/16, ZInsO 2017, 514.
753 Zimmer, ZInsO 2012, 1658; Stephan, in: Nerlich/Römermann, § 12 InsVV Rn 22.

II. Vergütung des Treuhänders im Restschuldbefreiungsverfahren

1. Verbraucherinsolvenzverfahren

352 Wie oben unter Rz. 181 dargestellt wird in ab dem 1.7.2014 beantragten Verbraucherinsolvenzverfahren nach §§ 304 ff. InsO kein Treuhänder mehr bestellt, sondern wie im Regelinsolvenzverfahren ein Insolvenzverwalter. Es entfällt also insoweit eine gesonderte Vergütung des Treuhänders, den es nicht mehr gibt. Damit wurde auch die bisherige Vergütungsregelung zum Treuhänder im vereinfachten Insolvenzverfahren in § 13 InsVV ersatzlos gestrichen. Demzufolge gelten für dessen Vergütung die allgemeinen Regeln der §§ 1–9 InsVV. D.h., dass auch in einem (Verbraucher-) Insolvenzverfahren hinsichtlich der Berechnungsgrundlage § 1 InsVV gilt (siehe dazu oben unter Rz. 182), § 2 InsVV die Regelvergütung bemisst und § 3 InsVV regelt, welche Zu- und Abschläge anzusetzen sind.

353 § 13 InsVV regelt in Ergänzung hierzu nun nur, dass bei einer Vorbereitung der Unterlagen nach § 305 Abs. 1 Nr. 3 InsO durch eine geeignete Person oder Stelle für den Insolvenzverwalter lediglich eine Vergütung von EUR 800,00 anfällt (für bis 31. Dezember 2020 beantragte Verfahren); ab 1. Januar 2021 wurde der Betrag auf EUR 1.120,00 erhöht.

Die Treuhänderschaft im vereinfachten Verfahren wird für bis zum 30.6.2014 gestellte Insolvenzanträge nach § 13 InsVV a.F. und im Restschuldbefreiungsverfahren nach §§ 14 bis 16 InsVV vergütungsrechtlich berücksichtigt. Es ist daher – für „Altverfahren" zwischen diesen beiden Verfahrensstadien zu unterscheiden.

2. Restschuldbefreiungsverfahren

354 § 293 InsO i.V.m § 14 InsVV regelt die Höhe der Vergütung des Treuhänders in der Treuhandphase. Dieser Zeitabschnitt wird auch als Wohlverhaltensperiode oder Wohlverhaltensphase bezeichnet.[754] Gem. § 287 Abs. 2 InsO beginnt die Treuhandphase mit der Aufhebung bzw. Einstellung des Insolvenzverfahrens und endet mit dem Ablauf der Abtretungsfrist bzw. nach vorzeitiger Erteilung der Restschuldbefreiung gemäß § 300 Abs. 1 S. 2 InsO. Gemäß § 293 InsO steht dem Treuhänder in der Treuhandphase des Restschuldbefreiungserfahrens steht eine eigene Vergütung zu.

Im Gegensatz zu allen sonstigen Vergütungsregelungen der InsVV basiert die im dritten Abschnitt normierte Vergütung des Treuhänders nach § 293 InsO auf dieser Norm und nicht auf § 63 InsO. Aufgrund der gesetzlichen Ermächtigung in § 293 InsO regelt dieser Abschnitt das besondere Verfahren der Festsetzung der Vergütung des Treuhänders im Restschuldbefreiungsverfahren nach §§ 286 ff. InsO. Denn

---

[754] BGH, 17.3.2005 – IX ZB 214/04, ZInsO 2005, 597 (m. Anm. Pape).

das Amt des Treuhänders hat entsprechend der Konzeption des Verordnungsgebers im geltenden Recht kein Gegenstück.

Basis für die Berechnung der Treuhändervergütung sind die Beträge, die beim Treuhänder aufgrund der Abtretungserklärung des Schuldners gem. § 287 Abs. 2 InsO sowie auf andere Weise zur Befriedigung der Gläubiger eingehen.[755] Nach § 300a Abs. 1 S. 1 InsO gehört jedoch das Vermögen, das der Schuldner bei vorzeitiger Erteilung der Restschuldbefreiung gemäß § 300 InsO nach Eintritt der Voraussetzungen des § 300 Abs. 1 S. 2 InsO erwirbt, nicht mehr zur Insolvenzmasse. Die Ausnahmen sind im § 300a Abs. 1 S. 2 InsO geregelt. Wie mit den Einnahmen in dem Zeitraum zwischen dem Ende der Abtretungsfrist bzw. dem Eintritt der Voraussetzungen des § 300 Abs. 1 S. 2 InsO bis zur rechtskräftigen Erteilung der Restschuldbefreiung zu verfahren ist, regelt § 300a Abs. 2 und 3 InsO. Die stark degressive Staffelvergütung ergibt sich aus § 14 Abs. 2 InsVV. Zu- und Abschläge sind nicht vorgesehen.

Als Mindestvergütung sieht § 14 Abs. 3 InsVV EUR 100,00 (für bis 31. Dezember 2020 beantragte Verfahren; ab 1. Januar 2021 wurde der Betrag auf EUR 140,00 erhöht) pro Jahr der Tätigkeit des Treuhänders vor. Diese Mindestvergütung kommt somit insb. zum Tragen, wenn keinerlei Geldeingänge zu verzeichnen sind. Sie erhöht sich, soweit tatsächlich eingegangene Beträge an mehr als fünf Gläubiger verteilt werden, für jeweils fünf Gläubiger um EUR 50,00 (für bis 31.Dezember 2020 beantragte Verfahren; ab 1. Januar 2021 wurde der Betrag auf EUR 7 0,00 erhöht). Die Mindestvergütung kommt nur zum Ansatz, soweit während der Gesamtdauer der Wohlverhaltensperiode die Staffelvergütung unterhalb der Mindestvergütung liegt. Eine jährliche Betrachtungsweise ist unzulässig.[756] Auch die Regelvergütung des Treuhänders wurde in § 14 Abs. 2 InsVV zum 1. Januar 2021 etwas erhöht.

355

Soweit die Gläubigerversammlung den Treuhänder gem. § 292 Abs. 2 S. 1 InsO mit der Überwachung der Obliegenheiten beauftragt hat, beträgt im Rahmen einer ausschließlichen Stundenvergütung gem. § 15 InsVV der Stundensatz regelmäßig EUR 35,00 (für bis 31. Dezember 2020 beantragte Verfahren; ab 1. Januar 2021 wurde der Betrag auf EUR 50,00 erhöht). Gem. § 16 InsVV ist die Höhe des Stundensatzes vom Insolvenzgericht bereits bei der Ankündigung der Restschuldbefreiung festzusetzen.

356

Hinweis

Diese zusätzliche Vergütung darf den Gesamtbetrag der Vergütung nach § 14 InsVV nicht überschreiten, es sei denn, die Gläubigerversammlung hat insoweit eine abweichende Regelung getroffen. Nicht zuletzt aus Vereinfachungsgründen wird i.Ü. die Vergütung des Treuhänders einmalig und ohne gerichtliche Vorschussfestsetzung am Ende des Verfahrens festgesetzt. Als Ausgleich

357

---

755 MüKo/Stephan, § 14 InsVV Rn 2.
756 Graeber/Graeber, § 14 Rn 13.

kann jedoch der Treuhänder gem. § 16 Abs. 2 InsVV aus den bei ihm eingegangenen Beträgen selbständig Vorschüsse auf seine Vergütung entnehmen. Allerdings dürfen diese den von ihm bereits verdienten Teil der Vergütung und die Mindestvergütung nicht überschreiten. Im Fall einer Verfahrenskostenstundung kann das Gericht antragsgemäß Vorschüsse bewilligen.

358 Grundsätzlich gilt auch in Verbraucherinsolvenzverfahren mit Wirkung ab 1.7.2014 die Mindestvergütungsregelung des § 2 Abs. 2 InsVV, wobei der dortige Basisbetrag von EUR 1.000,00 entsprechend § 13 InsVV auf EUR 800,00 (für bis 31. Dezember 2020 beantragte Verfahren; ab 1. Januar 2021 wurde der Betrag auf EUR 1.12,00 erhöht) reduziert wird, wenn die Unterlagen nach § 305 Abs. 1 Nr. 3 InsO von einer geeigneten Person oder Stelle erstellt wurden. Diese Kürzung findet allerdings nur auf die Mindestvergütung Anwendung.[757]

III. Sonderinsolvenzverwaltung

359 Der Sonderinsolvenzverwalter kann nur Tätigkeiten abrechnen, die von dem im Bestellungsbeschluss beschriebenen Auftrag umfasst sind. Andere, nicht ausdrücklich vom Beschluss umfasste Aufgaben, sind nur dann abrechenbar, wenn deren Übernahme in Rücksprache mit dem Gericht tatsächlich vom Sonderinsolvenzverwalter zu übernehmen sind. Die Übernahme von **Sachverständigentätigkeiten** gehört regelmäßig nicht zum Ausgabenumfang und bedarf einer besonderen Feststellung im Bestellungsbeschluss, falls diese auch vom Sonderinsolvenzverwalter übernommen werden sollen. Fehlt es an einer solchen Klarstellung oder Feststellung, ist es dem Sonderinsolvenzverwalter verwehrt neben der anwaltlichen Tätigkeit nach JVEG abzurechnen.[758] Zur Bemessungsgrundlage siehe oben unter Rz. 186.

Im Falle der rein **anwaltlichen Tätigkeit** des Sonderinsolvenzverwalters bemisst sich dessen Vergütung nach dem (tatsächlichen oder auch nur vermeintlichen) Wert der jeweiligen Forderung. Vgl. dazu schon oben unter Rz. 189.

„Hat der Sonderinsolvenzverwalter lediglich die Aufgabe einzelne Ansprüche zu prüfen, anzumelden oder auf dem Rechtsweg durchzusetzen, kann seine Vergütung nicht höher festgesetzt werden, als der Vergütungsanspruch eines Rechtsanwalts nach RVG".[759]

360 Die **Vergütungsfestsetzung** des Sonderinsolvenzverwalters wird in gleicher Art und Weise festgesetzt, wie die des Insolvenzverwalters. Insofern kann hier auf die Ausführungen zum Insolvenzverwalter verwiesen werden (Rz. 370ff.). Vergütung

---

757 Haarmeyer/Mock, § 13 InsVV Rn 2.
758 Graeber/Graeber, vor § 1 InsVV Rn 44.
759 Leitsatz Nr. 3, BGH, 29.5.2008 – IX ZB 303/05, NZI 2008, 485.

und Auslagen des Sonderinsolvenzverwalters sind Verfahrenskosten, § 54 InsO, und der Sonderinsolvenzverwalter hat über seine Tätigkeiten zu berichten. Das Gericht hat die Angemessenheit der Berechnung zu prüfen, wenn die Vergütung zumindest teilweise über § 5 Abs. 1 InsVV erfolgt. Für den Fall, dass der Sonderinsolvenzverwalter über einen Teil der Masse die Verfügungsbefugnis erhalten hat, kann er die nach RVG darauf entfallene Vergütung direkt aus der Masse entnehmen, § 5 Abs. 1 InsVV entsprechend. Für den Fall, dass eine solche Möglichkeit für den Sonderinsolvenzverwalter nicht besteht, so hat er seine Vergütung als Massenkosten, § 54 Abs. 2 InsO, aus der Masse zu begleichen.[760]

IV. Partikular- und Sekundärinsolvenzverfahren

Bei Verfahren mit internationalem Bezug stellt sich vorrangig die Frage, welches Recht auf die Vergütung des Verwalters im hiesigen Partikular- oder Sekundärverfahren anzuwenden ist. Bei einem solchen wäre oder ist schließlich das Hauptinsolvenzverfahren im Ausland zu führen. Insoweit ergibt sich aber schon aus Art. 7 Abs. 2 S. 2 l) EuInsVO, dass sich die Frage nach den Kosten und Auslagen des Verfahrens nach dem Recht des Staates der Verfahrenseröffnung zu orientieren hat. Auch die Kosten des Insolvenzverwalters bzw. des Vergütungsansprüche fallen somit unter das Insolvenzstatut, des Eröffnungsstaates[761] Damit bemisst sich die Frage der Vergütung bei einem inländischen Partikular- oder Sekundärinsolvenzverfahren nach hiesigem Recht.[762] Somit kann auf die vorgehenden Ausführungen, insbesondere aber auch die zu den Besonderheiten bei der Bemessungsgrundlage verwiesen werden (vgl. oben unter Rz. 165 ff.). **361**

V. Festsetzung der Vergütung der Koordinatoren von Gruppeninsolvenzen nach der InsO und der EuInsVO

1. Nach der InsO

Die Vergütung des Verfahrenskoordinators nach InsO ist gem. §§ 269 g) Abs. 1 S. 4 i.V.m. 64 InsO i.V.m. § 8 InsVV festzusetzen. Somit ist hier auf die entsprechenden Ausführungen unter Rz. 371 ff. zu verweisen. **362**

---

760 Graeber/Graeber, vor § 1 InsVV Rn 45.
761 Vallender/Liersch, Art. 7 EuInsVO Rn 42.
762 Graeber/Graeber, § 17 Rn 33b unter Verweis auf LG Aachen, 17.7.2014 – 6 T 44/14, ZInsO 2014, 2395.

2. Nach der EuInsVO

363 Bei Einleitung eines Koordinationsverfahrens nach EuInsVO müssen sich gem. Art. 66 Abs. 1 EuInsVO die Verwalter der an dem Koordinationsverfahren teilnehmenden Schuldner ein Gericht bestimmen, das für eines der Insolvenzverfahren der Gruppenmitglieder zuständig ist. Zur Wahl stehen hier nur Gerichte, die originär (ohne Gerichtsstandsvereinbarung) für eines der Insolvenzverfahren zuständig sind und in einem „anderen Mitgliedstaat" liegen, als die zuvor angerufenen Gerichte.

364 Fraglich ist dann, sollte die Wahl auf ein deutsches Gericht fallen, wie dieses die Vergütung für den Gruppenkoordinator festzusetzen hätte. Wie die Berechnungsgrundlage ist auch die Festsetzung der Vergütung des Gruppenkoordinators in der EuInsVO nicht ausdrücklich geregelt. Zudem finden weder EGInsO noch InsVV noch InsO auf den Gruppenkoordinator (direkt) Anwendung.[763]

Ist das Koordinationsverfahren beendet, hat der Gruppenkoordinator nach Art. 77 Abs. 2 EuInsVO eine detaillierte Endabrechnung zu erstellen, die Auskunft über seine Tätigkeiten und den von jedem Gruppenmitglied zutragenden Kostenanteil ausweißt. Diese Endabrechnung ist sowohl den Verwaltern der an dem Koordinationsverfahren beteiligten Insolvenzmassen und dem Koordinationsgericht zu übermitteln.[764]

365 Entsprechend Erwägungsgrund Nr. 58 der EuInsVO sind die Kosten des Koordinationsverfahrens im Einklang mit den Vorschriften des Mitgliedsstaates festzulegen, in dem das Koordinationsverfahren eröffnet wurde. Das deutsche Koordinationsverfahren kommt dem Gruppenkoordiantionsverfahren der EuInsVO am nächsten, sodass hier eine entsprechende Anwendung der Vorschriften §§ 269 g) Abs. 1 S. 4 i.V.m. § 64 InsO in Betracht kommt. Mangels anderer anwendbarer Vorschriften und der Ähnlichkeit der beiden Verfahren erscheint eine entsprechende Anwendung sinnvoll.

366 Unter der Annahme der entsprechenden Anwendung würde das Koordinationsgericht die Vergütung des Gruppenkoordinator unter Beachtung der Verfahrensvorschriften des Art. 77 EuInsVO nach **§ 269 g) Abs. 1 S. 4 InsO (analog) i.V.m § 64 InsO i.V.m- § 8 InsVV** festsetzen.

Ein solches Vorgehen legt auch Art. 102 c) § 26 S. 1 EGInsO nahe. Danach ist gegen eine Kostenentscheidung im Gruppenkoordinationsverfahren nach Art. 77 Abs. 4 EuInsVO die sofortige Beschwerde statthaft. Dies sieht auch § 64 InsO bei der Festsetzung der Kosten über das deutsche Koordinationsverfahren vor. Dieser Ansatz widerspricht auch nicht § 23 Abs. 5 GKG. Die Norm erfasst wörtlich „die Kosten Gruppen-Koordinationsverfahrens". Unter den Verfahrenskosten sind, § 54 InsO zugrunde gelegt, zum einen die Gerichtskosten (Nr. 1) und u.a. die Vergütung des Verwalters (Nr. 2). Jedoch fallen unter den Verfahrenskosten nach § 23 Abs. 5 GKG

---

[763] Haarmeyer/Mock, § 9 InsVV Rn 3b.
[764] Dazu ausführlich: Vallender/Fritz, Art. 77 EuInsVO Rn 26–33.

allein die Kosten des Gerichtes. Für die Kosten des Koordinators bleibt allerdings Art. 77 EuInsVO maßgeblich.[765] Somit ist hier auf die entsprechenden Ausführungen unter Rz. 371 ff. zu verweisen.

F. Geltendmachung der Vergütungsansprüche

§ 8 InsVV bestimmt, dass die Festsetzung der Vergütung einen entsprechenden Antrag des Verwalters voraussetzt und dass Vergütung und Auslagen gesondert festgesetzt werden. § 8 Abs. 2 InsVV bestimmt die die notwendigen Inhalte des Festsetzungsantrags. 367

Gem. § 10 InsVV gelten für die Geltendmachung der Vergütungsansprüche mittels Antrag für alle Beteiligten im Wesentlichen die gleichen im Folgenden dargestellten Voraussetzungen.

I. Fälligkeit des Vergütungsanspruches

Ein Antrag auf Festsetzung der Vergütungen nach der InsVV kann erst bei Fälligkeit gestellt werden.[766] Als Tätigkeitsvergütungen entstehen die Vergütungsansprüche schon mit der Erledigung der jeweils zu vergütenden Tätigkeit. Sie werden aber erst fällig mit der tatsächlichen Beendigung der Tätigkeit.[767] Gleiches gilt für den vorläufigen Verwalter.[768] Der Vergütungsanspruch entsteht somit unabhängig von der Festsetzung der Vergütung gem. § 8 InsVV. Er wird durch den Festsetzungsbeschluss des Insolvenzgerichtes i.R. dessen Beurteilungsspielraumes nur konkretisiert. Das Verfahren ist beendet, wenn der Insolvenzverwalter entlassen worden ist oder er eine besonders zu vergütende Tätigkeit erledigt hat (z.B. die Überwachung eines Insolvenzplanes).[769] 368

Hinweis 369
Zu dem vom Verwalter zu erledigenden Aufgaben gehört nach § 66 Abs. 1 InsO die Rechnungslegung ggü. der Gläubigerversammlung. Auch bei vorzeitiger Beendigung des Amtes schuldet der Insolvenzverwalter eine derartige Rechnungslegung,[770] sodass erst mit dieser Rechnungslegung für den ausgeschiedenen Insolvenzverwalter der Vergütungsanspruch entsteht.

---

765 Vallender/Fritz, Art. 77 EuInsVO Rn 6–10.
766 Haarmeyer/Mock, § 8 InsVV Rn 6.
767 Ebd.
768 BGH, 5.12.1991 – IX ZR 275/90, BGHZ 116, 233, 242; BGH, 4.12.2003 – IX ZB 69/03, ZInsO 2004, 268, 269.
769 Stephan, in: Nerlich/Römermann, § 8 InsVV Rn 2f.
770 BGH, 10.11.2005 – IX ZB 168/04, NZI 2006, 165.

II. Festsetzung durch das Insolvenzgericht

370 Als öffentlich-rechtlicher Anspruch ist der Vergütungsanspruch des (vorläufigen) Verwalters, des Treuhänders, des (vorläufigen) Sachwalters wie des einzelnen Gläubigerausschussmitgliedes gerichtlich festzusetzen.

1. Zuständigkeit des Richters oder Rechtspflegers für den Antrag

371 Gem. § 8 Abs. 1 Satz 1 InsVV setzt die Festsetzung der Vergütung und Auslagen, deren Fälligkeit wie auch einen entsprechenden Antrag voraus. Zuständig ist gem. § 8 Abs. 1 InsVV das Insolvenzgericht.

372 Funktionell zuständig für die Kostenentscheidung nach § 26a InsO ist gem. § 18 RpflG der Insolvenzrichter. Alle Entscheidungen, die das Eröffnungsverfahren betreffen, sind dem Insolvenzrichter zugewiesen.[771]

Vergütungsschuldner ist grundsätzlich der Insolvenzschuldner.

Mit Wirkung zum 1.7.2014 hat § 26a InsO einen neuen Absatz 2 erhalten. Dieser lautet wie folgt:

> *„Die Festsetzung erfolgt gegen den Schuldner, es sei denn, der Eröffnungsantrag ist unzulässig oder unbegründet und den antragstellenden Gläubiger trifft ein grobes Verschulden. In diesem Fall sind die Vergütung und die zu erstattenden Auslagen des vorläufigen Insolvenzverwalters ganz oder teilweise dem Gläubiger aufzuerlegen und gegen ihn festzusetzen. Ein grobes Verschulden ist insbesondere dann anzunehmen, wenn der Antrag von vornherein keine Aussicht auf Erfolg hatte und der Gläubiger dies erkennen musste. Der Beschluss ist dem vorläufigen Verwalter und demjenigen, der die Kosten des vorläufigen Insolvenzverwalters zu tragen hat, zuzustellen. Die Vorschriften der Zivilprozessordnung über die Zwangsvollstreckung aus Kostenfestsetzungsbeschlüssen gelten entsprechend."*

Damit bedarf eine Belastung des antragstellenden Gläubigers zweier Voraussetzungen. Zum ersten muss der Eröffnungsantrag des Gläubigers unzulässig oder unbegründet gewesen sein. Das ist spätestens im Festsetzungsbeschluss näher zu begründen. Eigentlich hätte in solchen Fällen aber auch schon gar kein vorläufiger Insolvenzverwalter bestellt werden dürfen.[772] Zweitens setzt die Kostentragungslast ein grobes Verschulden des Gläubigers voraus. Dabei enthält § 26a Abs. 2 S. 3 InsO nur beispielhafte Fälle, etwa, dass der Gläubiger von vornherein erkennen musste, sein Eröffnungsantrag hätte keine Aussicht auf Erfolg gehabt. Zudem haben die Gläubiger auch nach Antragstellung wenig Einfluss auf den Gang des Verfahrens. Sie können oft die Bestellung eines vorläufigen Insolvenzverwalters durch das In-

---

771 AG Hamburg, 4.2.2015 – 67c IN 500/14, NZI 2015, 224.
772 Mönning/Zimmermann, in: Nerlich/Römermann, § 26a InsO Rn 8a.

solvenzgericht gar nicht vermeiden, haben dann aber gegebenenfalls die Kosten zu tragen.[773]

Als geeignete Fälle, in welchen die Kosten der vorläufigen Verwaltung dem antragstellenden Gläubiger nach Ermessen des Gerichtes aufzubürden seien, werden folgende Konstellationen diskutiert:[774]
- Der Gläubiger hat die Eröffnung aufgrund eines Titels beantragt, der offensichtlich keinen Bestand haben konnte.
- Der Gläubiger hat einen Eröffnungsantrag im Bewusstsein gestellt, dass sehr wahrscheinlich kein Eröffnungsgrund vorliegt.
- Der Gläubiger zeigt ein Verhalten, welches erkennbar vorrangig auf Befriedigung nur seiner eigenen Forderung gerichtet ist, aber keinesfalls auf der Eröffnung eines Insolvenzverfahrens, welches der Befriedigung aller Gläubiger dient.

Insoweit sollten auch andere Fälle, die Gläubiger mit Kosten belasten, ähnlich schwer wiegen und letztlich Missbrauchsfälle darstellen. Dabei wird aber auch zu berücksichtigen sein, ob und inwieweit der Schuldner selbst eine Verantwortung für das Verhalten des Gläubigers trägt.

Soweit ersichtlich, sind bislang jedoch noch keine Entscheidungen zur Kostentragungspflicht des Gläubigers ergangen.

Funktionell ist im Übrigen jedoch grundsätzlich der Rechtspfleger zuständig. 373
Der BGH hat in einer grundsätzlichen Entscheidung klargestellt, dass auch die funktionelle Zuständigkeit zur Festsetzung der Vergütung des vorläufigen Verwalters ab Eröffnung des Insolvenzverfahrens auf den Rechtspfleger übergeht, sofern der Richter nicht bereits vor Insolvenzeröffnung die Vergütung festgesetzt hat und er sich nicht die Entscheidung vorbehalten hat.[775]

Nach Eingang des Antrages auf Festsetzung der Vergütung sollte das Insolvenz- 374
gericht zügig entscheiden. Insbesondere bei größeren Verfahren wäre der Verwalter sonst gezwungen, die laufenden Kosten seines Verwalterbüros vorzufinanzieren. Gleichwohl wird grundsätzlich auch bei verzögerten Vergütungsentscheidungen eine Verzinsung abgelehnt.[776] Denn das Risiko einer verzögerten Festsetzung könne der vorläufige Insolvenzverwalter durch die Beantragung von Vorschüssen auf seine Vergütung vermindern.[777] Für den Fall der schuldhaften Verzögerung oder Versagung eines beantragten Kostenvorschusses durch das Gericht, kommt ein Scha-

---

773 Andres/Leithaus, §§ 26a, 26a InsO a.F. Rn 3.
774 Uhlenbruck/Vallender, § 26a InsO Rn 18 ff.; K. Schmidt/Vuia, § 26a InsO Rn 13.
775 BGH, 22.9.2010 – IX ZB 195/09, ZInsO 2010, 2103 [Rn 23 ff.].
776 Wimmer/Dauernheim/Wagner/Gietl, Kap. 2926, Rn 300.
777 MüKo/Stephan, § 9 InsO Rn 18; BGH, 1.10.2002 – IX ZB 53/02, NZI 2003, 31.

densersatzanspruch wegen Amtspflichtverletzung in Betracht.[778] Da dieser Hinweis auf die Geltendmachung von Amtshaftungsansprüchen in der Praxis aus naheliegenden Gründen nicht zum Tragen kommen dürfte, könnte allenfalls ein bereicherungsrechtlicher Anspruch ggü. der Masse in Betracht kommen.[779]

375 Die Entscheidung über die Festsetzung von Vergütung und Auslagen ist gem. § 64 Abs. 1 InsO i.V.m. § 8 Abs. 1 InsVV als Beschluss zu fassen. Der Tenor des Beschlusses hat die jeweiligen Beträge für die Vergütung und Auslagen und i.Ü. die auf die Vergütung und Auslagen zu erstattende Umsatzsteuer getrennt auszuweisen.[780]

2. Mitwirkung der Beteiligten

376 Nach dem Prinzip des rechtlichen Gehörs sind auch die Beteiligten des Insolvenzverfahrens in das Festsetzungsverfahren einzubeziehen. Nach herrschender Meinung ist jedoch das rechtliche Gehör vor Festsetzung der Vergütung nicht zu gewähren.[781] Insbesondere ist der Antrag des Insolvenzverwalters nicht allen Gläubigern zu übersenden, da dies praktisch und technisch kaum durchführbar ist. Selbst eine Anhörung des Gläubigerausschusses zum Antrag ist nicht geboten, zumal weder der Ausschuss noch seine einzelnen Mitglieder ein Beschwerderecht besitzen.[782] Notwendig ist allein die § 64 Abs. 2 InsO vorgeschriebene öffentliche Bekanntmachung und Zustellung des Festsetzungsbeschlusses. Dieser ist dann dem Verwalter, dem Schuldner, und soweit ein Gläubigerausschuss bestellt ist, den einzelnen Mitgliedern des Ausschusses besonders zuzustellen.

Der Bundesgerichtshof hat insoweit entschieden, dass das Insolvenzgericht den Beschluss selbst und von anderen Beschlüssen getrennt öffentlich bekannt zu machen habe.[783] Diese Entscheidung wird insbesondere aus datenschutzrechtlicher Sicht stark kritisiert und von vielen Insolvenzgerichten bewusst nicht beachtet, da die Veröffentlichung der Höhe der Vergütung problematisch sei. Der Gesetzgeber hatte sich aktuell mit einer Änderung der Regelung hierzu beschäftigt[784], zu einer solchen kam es dann aber im Rahmen der Neufassung der InsO und InsVV durch das Gesetz zur Fortentwicklung des Sanierungs- und Insolvenzrechts (SanInsFoG) zum 1. Januar .2021 nicht.

---

778 BGH, 16.10.2014 – IX ZR 190/13, NZI 2015, 24.
779 Haarmeyer/Wutzke/Förster, § 64 InsO Rn 13.
780 Stephan/Riedel, § 8 InsVV Rn 12.
781 MüKo/Riedel, § 64 InsO Rn 7.
782 Lorenz, in: Lorenz/Klanke, § 8 InsVV Rn 16.
783 BGH, 14.12.2017 – IX ZB 65/16, NZI 2018, 235.
784 BT-Drucks. 19/18736 vom 22.4.2020.

3. Beschluss des Insolvenzgerichtes

Der Beschluss bedarf einer Begründung. Ansonsten wäre der Beschluss im Rechtsmittelverfahren nicht überprüfbar. Dabei muss sich die Begründung auch mit dem Vergütungsantrag und dem ihm zugrunde gelegten Sachverhalt auseinandersetzen und jeweils eine entsprechende rechtliche Würdigung vornehmen.[785] Insbesondere muss sich die Begründung, soweit nicht lediglich eine Regelvergütung gefordert wird, mit dem gem. § 3 InsVV relevanten Zu- und Abschlägen ausdrücklich befassen.[786]

4. Rechtsbehelfe

Gem. § 64 Abs. 3 S. 1 InsO steht dem (vorläufigen) Insolvenzverwalter, dem Insolvenzschuldner und jedem Insolvenzgläubiger der Rechtsbehelf der sofortigen Beschwerde gem. § 6 Abs. 1 InsO zu. Dies gilt auch dann, wenn der Rechtspfleger über den Antrag entschieden hat (vgl. § 11 RPflG).[787] Die Rechtmittelfrist beginnt entsprechend der Regelung in § 9 InsO, wenn auf den Tag der Veröffentlichung 2 weitere Tage verstrichen sind.

Hinweis

Für die Praxis bedeutsam ist aufgrund zweier höchstrichterlicher Entscheidungen der genaue Wortlaut der öffentlichen Bekanntmachung. So stellt es keine richtige Bekanntmachung dar, wenn in der öffentlichen Bekanntmachung fälschlicherweise mitgeteilt wird, die Vergütung des Insolvenzverwalters sei festgesetzt worden, anstatt dass es sich um die Vergütung des vorläufigen Insolvenzverwalters gehandelt habe.[788] Das hat zur Folge, dass die Rechtsmittelfrist nicht zu laufen begonnen hat. Auch die Veröffentlichung, wonach die „Vergütung vorläufiger Mitglieder des Gläubigerausschusses" festgesetzt worden sei, wenn es sich korrekterweise um die Vergütung des „vorläufigen Gläubigerausschusses" handelt, setzt mangels richtiger Veröffentlichung die Rechtsmittelfristen nicht in Lauf.[789]

Voraussetzung für die Einlegung der sofortigen Beschwerde ist allerdings eine entsprechende Beschwer. So ist beispielsweise ein Insolvenzgläubiger nicht beschwert, wenn Masseaarmut vorliegt, es sei denn, sie wird gerade durch die Vergütungshöhe herbeigeführt.[790] Ebenfalls fehlt es an der notwendigen Beschwer, wenn der Gläubiger etwa im Wege der Absonderung befriedigt ist oder mit Sicherheit befriedigt werden kann.[791]

---

785 BGH, 14.12.2017 – IX ZB 65/16, ZInsO 2018, 135 (m. Anm. Haarmeyer).
786 BGH, 18.12.2003 – IX ZB 50/03, ZIP 2004, 518.
787 Andres/Leithaus, § 64 InsO Rn 9.
788 BGH, 10.11.2011 – IX ZB 165/10, WM 2012, 141 f.
789 BGH, ebd.
790 Andres/Leithaus, § 64 InsO Rn 11.
791 OLG Brandenburg 28.1.2001 – 8 W 260/00, ZInsO 2001, 257; Haarmeyer/Mock, § 8 InsVV Rn 47.

Voraussetzung für die Beschwer ist zudem, dass der Gläubiger seine Forderung auch zur Tabelle angemeldet hat. Dabei kommt es nicht darauf an, ob diese Forderung letztendlich besteht.[792] Daher ist ein Gläubiger, der an dem Insolvenzverfahren gar nicht teilgenommen hat, auch nicht beschwert, da er ohnehin auf seine Forderung keine Quote erhält. Die Beschwer entfällt immer auch dann, wenn der Gläubiger in jedem Falle voll befriedigt wird. Damit kann eine Beschwerdebefugnis auch für die Gesellschafter des Schuldners bestehen, soweit in diesem Verfahren ein Überschuss nach § 199 S. 2 InsO in Betracht kommt.[793] Wenn somit nach dem BGH sogar für Gesellschafter unter Umständen eine Beschwer besteht bzw. bestehen kann, besteht diese auch für nachrangige Insolvenzgläubiger im Range des § 39 bzw. § 327 InsO. Auch hier gelten die Grundsätze:

Ändert die Vergütung nichts an dem Umstand der vollständigen Befriedigung, liegt keine Beschwer vor. Ebenfalls liegt keine Beschwer vor, wenn die Gläubiger überhaupt nicht mit einer Befriedigung rechnen können. Somit verbleibt es bei jedem der benannten Beteiligten immer davon abhängig, ob er eine quotale Befriedigung erwarten kann und die Höhe der Quote wiederum in Abhängigkeit zur beantragten Vergütung zu sehen ist.

---

381 Hinweis

Auch ein neu gewählter Verwalter kann den Festsetzungsbeschluss für den alten Verwalter anfechten. Allerdings sind Massegläubiger nicht beschwerdeberechtigt, soweit ihre Rechte nicht durch die Verwaltervergütung bzw. deren Höhe berührt werden. Anderes gilt nur in massearmen Verfahren aufgrund des Vorranges gem. § 209 Abs. 1 Nr. 1 InsO. Auch Gläubigerausschussmitglieder sind nicht zur Beschwerde befugt. Schließlich sind auch nachrangige Insolvenzgläubiger gem. § 39 InsO nicht beschwert, wenn sie selbst im Fall der Festsetzung der Mindestvergütung keine Quote erhalten würden oder wenn sie im Fall des § 174 Abs. 3 an der Verteilung gar nicht teilnehmen.[794]

---

382 I.Ü. ist die sofortige Beschwerde gem. § 64 Abs. 3 S. 2 InsO i.V.m. § 567 Abs. 2 ZPO erst ab einer Beschwer von mindestens EUR 200,00 zulässig. Zur Berechnung dieser Beschwer ist die mögliche Verbesserung der Position des Rechtsmittelführers durch Einlegen des Rechtsmittels wirtschaftlich zu betrachten.[795]

Gegen die Entscheidung des Beschwerdegerichts ist nach Aufhebung des § 7 InsO nur die Rechtsbeschwerde gem. § 574 ZPO zulässig.[796]

---

[792] BGH, 7.12.2006 – IX ZB 1/04, NZI 2007, 241.
[793] BGH, 20.2.2014 – IX ZB 32/12, NZI 2014, 383.
[794] Haarmeyer/Mock, § 8 InsVV Rn 47.
[795] Lorenz, in: Lorenz/Klanke, § 8 InsVV Rn 57.
[796] BGH, 3.3.2016 – IX ZB 5/16, BeckRS 2016, 5798.

5. Rechtskraft

Der Festsetzungsbeschluss erwächst nach Ablauf der Rechtsmittelfrist in formelle Rechtskraft. Gleiches ist der Fall nach Wirksamwerden der den Rechtszug abschließenden Entscheidung.[797] Der Vergütungs- und auch Auslagenfestsetzungsbeschluss ist entsprechend den Grundsätzen der §§ 103 ff. ZPO der materiellen Rechtskraft fähig[798]. 383

Hinweis 384
Lediglich bei nachträglichem Massezufluss ist trotz Rechtskraft der ersten Festsetzung eine weitere Festsetzung zulässig, wenn sich durch neue Tatsachen – bspw. Entdeckung bisher unbekannter Vermögenswerte, nachträgliche Massezuflüsse – die Sachlage nach der Erstfestsetzung zugunsten des Antragstellers änderte.[799] Nach Verfahrensaufhebung ist ein weiterer Vergütungsantrag nicht mehr zulässig.

6. Nachträgliche Änderung der ursprünglichen Festsetzung für den vorläufigen Verwalter

Eine wesentliche Änderung zum früheren Recht hat die Regelung des § 11 Abs. 2 InsVV durch die zweite Verordnung zur Änderung der insolvenzrechtlichen Vergütungsverordnung vom 21.12.2006 mit sich gebracht.[800] Die Regelung durchbricht den bislang geltenden Grundsatz, dass nachträgliche Änderungen der Bewertung einzelner Vermögenswerte keinen Einfluss auf eine rechtskräftige Festsetzung haben.[801] So sollte dem Problem Rechnung getragen werden, dass die Vergütungsfestsetzung kurz nach Eröffnung des Verfahrens zumeist auf Schätzwerten beruhte, welche sich im späteren Laufe des Verfahrens als falsch herausstellen könnten.[802] War die Festsetzung der Vergütung des vorläufigen Verwalters beantragt, bevor die der Verwaltung unterliegenden Gegenstände veräußert worden sind, hat der endgültige Insolvenzverwalter das Insolvenzgericht spätestens mit Vorlage der Schlussrechnung auf eine Abweichung des tatsächlichen Wertes hinzuweisen, sofern die Wertdifferenz 20 vom 100 bezogen auf die Gesamtheit dieser Gegenstände übersteigt. Bei einer solchen Wertdifferenz kann das Gericht den Beschluss bis zur Rechtskraftentscheidung über die Vergütung des (endgültigen) Insolvenzverwalters ändern. Diese gesetzliche Änderung wird damit begründet, dass dem Ansatz „völlig 385

---

797 Weiß, in: Nerlich/Römermann, § 64 InsO Rn 12.
798 BGH, 20.5.2010 – IX ZB 11/07, NZI 2010, 643.
799 BGH, 20.7.2017 – IX ZB 75/16, ZIP 2017, 1629; BGH, 26.1.2006 – IX ZB 183/04, WM 2006, 1494.
800 BGBl. I 2006, S. 3389.
801 Begr. zum Entwurf der Zweiten VO zur Änderung der InsVV, zu § 11 letzter Abs.; bisher BGHZ 165, 266; BGH, 15.10.2003 – VIII ZR 358/02, NZI 2004, 25.
802 MüKo/Stephan, § 11 InsVV Rn 104.

unrealistischer Werte" i.R.d. Vergütung des vorläufigen Verwalters entgegengetreten werden soll.

386 Hieraus ergibt sich, dass nicht jede spätere Wertveränderung zu einer Herabsetzung der Vergütung – sofern die 20%-Schwelle überschritten wird – führen darf. So ist es nicht gerechtfertigt, Wertverluste, die eindeutig in den Zeitraum nach Abschluss der vorläufigen Verwaltung fallen, vergütungsmindernd zu berücksichtigen. Insbesondere bei Vermögensgegenständen, für die ein täglicher „Börsenkurs" festgelegt wird, kann ein nachträglicher Wertverlust nicht zu Lasten des vorläufigen Verwalters gehen.[803] Dazu gehören insb. Aktiendepots, Festgeldanlagen oder Kontoguthaben in ausländischer Währung. Faktisch schwieriger, wenn auch rechtlich vergleichbar, ist der nachträgliche Wertverlust bei Immobilien oder Forderungen zu behandeln. So kann z.B. ein – nicht versicherter – Brandschaden einer Immobilie mit entsprechendem Wertverlust im eröffneten Verfahren nicht zu Lasten der Vergütung des vorläufigen Verwalters gehen. Haftungsfragen zu Lasten des Verwalters bleiben hier außen vor. Ebenso verhält es sich mit zum Zeitpunkt des Abschlusses der vorläufigen Verwaltung werthaltigen Forderungen, welche erst vom (endgültigen) Insolvenzverwalter nach einem jahrelangen Rechtsstreit vollstreckt werden können, aber durch eine zwischenzeitlich eingetretene Insolvenz des Drittschuldners nun nicht mehr werthaltig sind. Diese Änderungsgrundsätze müssen spiegelbildlich allerdings auch für Wertsteigerungen erst im eröffneten Insolvenzverfahren gelten. Derartige nachträgliche Wertsteigerungen können daher auch nicht zu einer Anpassung der Vergütung nach oben führen.

387 Die Abänderungsbefugnis des Gerichtes steht in dessen pflichtgemäßen Ermessen. Gem. § 11 Abs. 2 S. 1 InsVV ist es Aufgabe des Verwalters, das Insolvenzgericht spätestens mit Vorlage der Schlussrechnung auf eine Abweichung des tatsächlichen Wertes von den der Vergütung – des vorläufigen Verwalters – zugrundeliegenden Wertes hinzuweisen, sofern die Wertdifferenz von 20 von 100 überstiegen wurde. Soweit dies zu einer höheren Vergütung des vorläufigen Verwalters führen kann, setzt dies allerdings einen entsprechenden Antrag voraus.

388 In der Möglichkeit der Rechtskraftdurchbrechung der einmal festgesetzten Vergütung des vorläufigen Verwalters auch noch nach Ablauf der Rechtsmittelfrist wird teilweise eine Kompetenzüberschreitung des Verordnungsgebers gesehen.[804]

---

389 **Hinweis**
Soweit die Ermittlung der Wertdifferenz mit entsprechenden Erschwernissen verbunden ist, kann der (endgültige) Verwalter hierfür wiederum einen Zuschlag auf seine Vergütung beantragen.[805]

---

803 HK/Keller, § 11 InsVV, Rn 45.
804 Graeber, ZInsO 2007, 133 ff.; AG Leipzig, 27.8.2007 – 401 IN 1541/07, DZWIR 2008, 39–42; Küpper/Heinze, ZInsO 2007, 231 ff.; a.A.: Bork/Muthorst, ZIP 2010, 1627.
805 HK/Büttner, § 11 InsVV Rn 95; Vill, FS Fischer, 547, 561.

7. Vorschüsse auf Vergütung und Auslagen

Gem. § 9 InsVV können der (vorläufige) Insolvenzverwalter, der Sachwalter und der Treuhänder aus der Insolvenzmasse einen Vorschuss auf Vergütung und Auslagen entnehmen, wenn das Gericht dem zustimmt.[806] Für die Mitglieder des Gläubigerausschusses ist eine Vorschussmöglichkeit nicht vorgesehen. Nach herrschender Meinung sollen sie jedoch auch vorschussberechtigt sein, sodass § 9 InsVV entsprechend anzuwenden ist.[807] Für den Insolvenzverwalter im Planüberwachungsverfahren (§§ 260–269 InsO) gibt es keine Insolvenzmasse, auf die der Verwalter zugreifen könnte. § 9 InsVV ist nicht unmittelbar anwendbar. Nichtsdestotrotz ist ihm ein Anspruch auf Festsetzung von Teilvergütungen während der Dauer der Planüberwachung zuzubilligen, der der im Abrechnungszeitraum geleisteten Tätigkeit entspricht, da ihm ansonsten ein unbilliges Ausfallrisiko droht.[808]

390

Der Insolvenzverwalter soll für die ihm entstehenden Eigenkosten und insb. hinsichtlich seiner Auslagen nicht vorleistungspflichtig sein.[809] Dementsprechend soll durch die Gewährung eines Vorschusses auch das Ausfallrisiko des Insolvenzverwalters in Fällen der Masselosigkeit nach § 207 InsO vermieden werden.[810] Erhielt der Insolvenzverwalter demnach im Fall einer späteren Masselosigkeit im Rahmen eines Vorschusses bereits eine Vorwegbefriedigung, muss er diese bei der Berechnung der Anteile in Befriedigung nach § 207 Abs. 3 Satz 1 InsO auch nicht mehr zurück erstatten.[811]

391

Der Höhe nach ist der Vorschuss in der Größenordnung zu beanspruchen, in der der Insolvenzverwalter bereits seine Verwalterleistungen erbracht hat. Als Berechnungsgrundlage bei der Ermittlung des Vorschusses ist nach den §§ 1 und 2 InsVV die zum jeweiligen Bewilligungszeitpunkt des Vorschusses tatsächlich vorhandene oder als wahrscheinlich anzusehende Teilungsmasse zu bestimmen. I.S.d. § 1 Abs. 1 S. 2 InsVV ist hier die zum Ende des Verfahrens verfügbare Masse einschließlich der Abzugsfaktoren gem. § 1 Abs. 2 InsVV zu berücksichtigen.[812] Ebenfalls sind die zum Zeitpunkt der Vorschussbeanspruchung bereits gegebenen oder zumindest als wahrscheinlich erkennbaren Voraussetzungen für Zu- und Abschläge nach § 3 InsVV zu berücksichtigen.[813] Im Übrigen wird auf Kapitel B. Berechnungsgrundlage verwiesen.

392

---

806 Für den vorläufigen Verwalter, den Sachwalter und den Treuhänder gilt § 9 InsVV gem. § 10 InsVV in entsprechender Anwendung.
807 LG Aachen, 20.7.1992 – 3 T 265/91, ZIP 1993, 137; AG Ansbach, 12.12.1989 – N 36/88, ZIP 1990, 249; obschon vorstehende Entscheidungen noch zur VerVO ergangen sind, soll sich dies auch nach der InsVV ergeben.
808 Stephan, in: Nerlich/Römermann, InsVV § 9 Rn 3f.
809 MüKo/Stephan, § 9 InsVV Rn 33.
810 BGH, 5.12.1991 – IX ZR 275/9, ZIP 1992, 120; MüKo/Stephan, § 9 InsVV Rn 2.
811 BGH a.a.O.
812 Lorenz, in: Lorenz/Klanke, § 9 InsVV Rn 1ff.
813 BGH, 1.10.2002 – IX ZB 53/02, ZIP 2002, 2223.

393 Der Vorschuss ist beim Insolvenzgericht zu beantragen. Die Voraussetzung an diesen Antrag entsprechen weitgehend denen des späteren Vergütungsantrages. Da dem Gericht in diesem Verfahrensstadium noch keine Unterlagen für die Schlussrechnung des Verwalters vorliegen, wird der Antrag in seiner Begründung entsprechende Ausführungen beinhalten müssen, aus der sich die Berechnungsgrundlage gem. § 1 InsVV sowie Zu- und Abschläge ergeben. Maßstab ist in jedem Fall die gesamte erwartete, d.h. zukünftige Masse.[814] Hierbei sind auch die zum Zeitpunkt der Antragstellung erkennbaren Umstände zu berücksichtigen, sodass im Ergebnis die insgesamt für das Verfahren zu erwartende Vergütung auf Basis des bisherigen Kenntnisstandes zugrunde gelegt werden kann.[815] Der Vorschuss ist in seiner Höhe auch nicht auf die Regelvergütung begrenzt. Der Verwalter muss aber darlegen, dass die endgültige Vergütung sich auf einen über den Regelsatz hinausgehenden Betrag belaufen wird.[816]

394 Soweit § 9 S. 2 InsVV bestimmt, dass die Zustimmung erteilt werden soll, wenn das Insolvenzverfahren länger als 6 Monate dauert oder wenn besonders hohe Auslagen erforderlich werden, ist dies im Sinne eines berechtigten Interesses zu verstehen. Liegt diese Voraussetzung vor, besteht ein berechtigtes Interesse des Verwalters an einer Vorschussgewährung.[817] Das Insolvenzgericht ist bei seiner Ermessensentscheidung, ob ein Vorschuss gewährt werden kann, dann gebunden, wenn die Voraussetzung des § 9 S. 2 InsVV vorliegen. Eine Ablehnung kommt dann nur unter besonderen Voraussetzungen in Betracht.[818]

395 Für die Frage, wann ein Vorschuss zu gewähren ist, ist nicht nur der zeitliche Faktor erheblich, vielmehr ist auch darauf abzustellen, ob es sich um ein großes Verfahren handelt, bei dem der Verwalter einen enormen Apparat finanzieren muss oder ob im Fall eines kleineren Verfahrens der Verwalter keine weiteren Hilfskräfte aus eigener Kasse bezahlen muss. Unter den gleichen Voraussetzungen kann der Insolvenzverwalter auch mehrmals einen Vorschuss beantragen.

396 Ergibt sich nach Abschluss des Verfahrens, dass die insgesamt festzusetzende Vergütung über die bereits entnommenen Vorschüsse hinausgeht, ist der Insolvenzverwalter zur Rückzahlung des Mehrbetrages verpflichtet.[819]

397 Begehrt der Verwalter einen Auslagenvorschuss, so hat er eine Aufstellung nebst Nachweis der bereits vorgenommenen bzw. noch anfallenden Auslagen zu erbringen. Diese Aufwendungen müssen in jedem Fall hinreichend bestimmbar

---

[814] MüKo/Stephan, § 9 InsVV Rn 16 f.; Riedel, in: Stephan/Riedel, § 9 InsVV Rn 16.
[815] Vgl. hierzu LG Göttingen, 2.8.2001 – 10 T 40/01, InVo 2002, 330.
[816] MüKo/Stephan, § 9 InsVV Rn 21.
[817] Haarmeyer/Mock, § 9 InsVV Rn 4.
[818] Nicht/Schildt, NZI 2010, 466, 467.
[819] BGH, 1.10.2002 – IX ZB 53/02, ZIP 2002; BGHZ 165, 96, ZInsO 2006, 27.

sein.⁸²⁰ Somit können also auch Vorschüsse über noch zu erwartende Auslagen geltend gemacht werden, wenn diese einen erheblichen Umfang haben und dargelegt werden.⁸²¹ Macht der Verwalter alternativ bei den Auslagen von seiner Pauschalisierungsmöglichkeit nach § 8 Abs. 3 InsVV n.F. Gebrauch, hat er sich bei seinem Antrag auf Vorschussgewährung an dem fortlaufenden Betrag von max. EUR 350,00 monatlich zu orientieren. Bei den Auslagen wird jedoch von einem Grenzwert von EUR 500,00 ausgegangen.⁸²² Dieser Betrag dürfte auch nach der Erhöhung des Pauschalsatzes um EUR 100,00 durch das SanInsFoG (mit Wirkung zum 1. Januar 2021) weiterhin als Obergrenze anzunehmen sein.

Anders als die Festsetzung der Vergütung i.S.d. § 4 Abs. 1 InsO ist die Zustimmungserklärung des Insolvenzgerichts zu einem Vorschuss nicht öffentlich bekannt zu machen. Es handelt sich insoweit lediglich um eine vorläufige Regelung, die nicht veröffentlichungspflichtig ist.⁸²³ Indes ist dem Verwalter aber auch gegen die Versagung der Zustimmungserteilung ein Rechtsmittel gem. § 64 Abs. 3 InsO gegeben. Es besteht lediglich eine eingeschränkte Überprüfungsmöglichkeit, wenn der Rechtspfleger über den Vorschussantrag entschieden hat. In diesem Fall ist gem. § 11 Abs. 1 und Abs. 2 RPflG die befristete Erinnerung möglich.⁸²⁴ **398**

Hat jedoch der Insolvenzrichter im eröffneten Verfahren gem. § 18 Abs. 2 RPflG das Verfahren an sich gezogen, so ist dessen Entscheidung über den Vorschussantrag grds. unanfechtbar. Dem Insolvenzverwalter verbleibt dann allein die Möglichkeit, eine Rüge zum rechtlichen Gehör nach § 321a ZPO, verbunden mit dem Antrag zur erneuten Überprüfung durch den Richter.⁸²⁵ **399**

8. Entnahme und Vergütung des (vorläufigen) Insolvenzverwalters

Der Beschluss über die Festsetzung der Vergütung entfaltet eine vorläufige Vollstreckbarkeit, sodass eine Entnahme bereits vor Rechtskraft des Beschlusses zulässig ist.⁸²⁶ Die Festsetzung der Vergütung berechtigt den Verwalter zugleich, den festgesetzten Betrag der Masse zu entnehmen.⁸²⁷ Eine hiervon abweichende Regelung, insb. die insolvenzgerichtliche Auflage, die Vergütung erst nach Rechtskraft des Vergütungsbeschlusses entnehmen zu dürfen, entkleidet die Vergütungsfestsetzung einer wesentlichen Rechtsfolge und kann das Gericht nur in einem formellen **400**

---

820 Haarmeyer/Mock, § 9 InsVV Rn 11.
821 Ebd.
822 Lorenz, in: Lorenz/Klanke, § 9 InsVV Rn 12.
823 BGH, 1.10.2002 – IX ZB 53/02, ZIP 2002, 2223.
824 Lorenz, in: Lorenz/Klanke, § 9 InsVV Rn 21.
825 Haarmeyer/Mock, § 9 InsVV Rn 28.
826 BGH, 17.11.2005 – IX ZR 179/04, ZInsO 2006, 27, 28.
827 BGH, 22.9.2010 – IX ZB 195/09, ZInsO 2010, 2103 [Rn 9].

Festsetzungsverfahren gem. § 64 InsO, § 8 InsVV treffen.[828] Eine dergestalt zumindest förmlich korrekte gerichtliche Entscheidung verstieße jedoch materiell weiterhin gegen das sofortige Entnahmerecht. Soweit der (vorläufige) Insolvenzverwalter seine Vergütung aufgrund abweichender Entscheidung im Beschwerdeverfahren wieder zu erstatten hat, schuldet er analog § 717 Abs. 2 ZPO auch Prozesszinsen gem. § 291 BGB.[829]

9. Verjährung und Berücksichtigung des Vergütungsanspruches bei Masseunzulänglichkeit

401 Nach rechtskräftiger Festsetzung verjährt der titulierte Vergütungsanspruches für den Insolvenzverwalter, einen vorläufigen Verwalter oder ein Mitglied des Gläubigerausschusses nach dreißig Jahren gem. § 197 Abs. 1 Nr. 3 BGB.[830] Eine fällige, noch nicht festgesetzte Vergütung unterliegt dagegen der verkürzten regelmäßigen dreijährigen Verjährungsfrist nach § 195 BGB. Diese Verjährung beginnt nach § 199 Abs. 1 BGB mit dem Schluss des Jahres, in welchem der Vergütungsanspruch entstanden ist und der Insolvenzverwalter als Forderungsgläubiger von den Anspruch begründenden Umständen und der Person des Vergütungsschuldners Kenntnis erlangt hat bzw. ohne grobe Fahrlässigkeit hätte erlangen müssen. Mit Stellung des Antrages auf Festsetzung wird diese Verjährungsfrist gehemmt.[831] Allerdings muss das Festsetzungsverfahren gem. § 204 Abs. 2 BGB binnen 6 Monaten weiterbetrieben werden. Ebenso ist die Verjährung bis zum Abschluss des eröffneten Insolvenzverfahrens in Anlehnung an den Rechtsgedanken des § 8 Abs. 2 S. 1 RVG gehemmt.[832] Das gilt auch für die Vergütung des vorläufigen Insolvenzverwalters.

402 Nach § 209 Abs. 1 Nr. 1 InsO sind die Verfahrenskosten durchgängig vorrangig vor allen anderen Ansprüchen im Insolvenzverfahren zu bedienen. Die Regelung umfasst unter Berücksichtigung von § 54 Nr. 2 InsO die Vergütungs- und Auslagenerstattungsansprüche des vorläufigen Insolvenzverwalters, des endgültigen Insolvenzverwalters, des Sachwalters und des Treuhänders sowie auch der Mitglieder des Gläubigerausschusses.[833] Eine Sperrwirkung, wie für andere Gläubiger, tritt bei diesen Massekosten nicht ein. Die Anzeige der Masseunzulänglichkeit ist daher für die Entnahme und Festsetzung der Vergütungsansprüche dieser Beteiligten nicht

---

828 BGH, ebenda [Rn 15].
829 MüKo/Riedel, § 63 InsO Rn 40; Uhlenbruck/Mock, § 63 InsO Rn 73.
830 Haarmeyer/Mock, § 8 InsVV Rn 52.
831 BGH, 29.3.2007 – IX ZB 153/06, NZI 2007, 397.
832 BGH, 20.1.2011 – IX ZB 190/09, BeckRS 2011, 02859; BGH, 22.9.2010 – IX ZB 195/09, ZInsO 2010, 2103.
833 Andres/Leithaus, § 54 InsO Rn 1.

maßgeblich. Es ist daher nicht zu differenzieren, ob sie sich auf die Zeit vor oder nach Anzeige der Masseunzulänglichkeit beziehen.[834]

G. Verwirkung der Vergütungsansprüche

Erfüllt der Insolvenzverwalter seine Aufgaben schlecht oder mangelhaft, so führt das nicht zu einer generellen Versagung des Vergütungsanspruches. Auch die Höhe der Vergütung wird hierdurch nicht beeinflusst.[835] Die Ungeeignetheit für das Amt allein rechtfertigt keine Versagung der Vergütungsfestsetzung. Denn der Insolvenzverwalter schuldet keinen Erfolg, sondern erhält i.R.d. besonderen Ausgestaltung seines Dienstverhältnisses nur eine Tätigkeitsvergütung.[836] Liegen die weiteren Voraussetzungen der einschlägigen Normen vor, sind jedoch Schadensersatzansprüche ggü. dem Insolvenzverwalter möglich. In entsprechender Anwendung der Grundsätze des § 654 BGB kann ein Gebühren- oder Vergütungsanspruch sogar verwirkt sein. Den Rechtsgrundsatz des § 654 BGB legt der BGH dahingehend aus, dass nach vorsätzlicher oder grob leichtfertiger Verletzung wesentlicher Vertragspflichten den Interessen der Auftraggeber in wesentlicher Weise zuwidergehandelt wird. Unter diesen Voraussetzungen sei der Anspruch auf Zahlung der Vergütung verwirkt. Die Verwirkung habe insoweit Strafcharakter, um den jeweiligen Auftraggeber zur Wahrung seiner Treuepflichten ggü. dem Auftraggeber einzuhalten.[837] Diese Grundsätze gälten auch für Konkurs- oder Insolvenzverwalter. Allerdings müsse es sich um besonders schwerwiegende schuldhafte Pflichtverletzungen in Form von strafbaren Handlungen zum Nachteil der Masse halten. Dasselbe gälte, wenn er sich das Amt des Insolvenzverwalters arglistig erschlichen habe, indem er z.B. über seine persönliche und fachliche Eignung wahrheitswidrige Angaben gemacht habe.[838] Denn die Qualifikation eines Insolvenzverwalters sei von besonderer Bedeutung für dessen Bestellung. Diese Grundsätze sollen auch schon dann gelten, wenn der Insolvenzverwalter noch nicht konkret verurteilt worden ist, sondern nur der dringende Verdacht solcher Vermögensstraftaten vorliegt.[839]

Hat der vorläufige Insolvenzverwalter anfechtbare Zahlungen des Schuldners in der Insolvenzeröffnungsphase an den Insolvenzantragsteller geduldet, die zur Erledigung des Antrags geführt haben, kann die Vergütung der vorläufigen Verwaltung

403

---

834 Uhlenbruck/Ries, § 209 InsO Rn 12.
835 So grundlegend: BGH, 6.5.2004 – IX ZB 349/02, ZInsO 2004, 669, 671.
836 MüKo/Stephan, § 63 InsO Rn 27.
837 BGH, 6.5.2004 – IX ZB 349/02, ZInsO 2004, 669, 671; zuletzt BGH 16.10.2014 – IX ZB 190/13, ZInsO 2014, 2390, 2343.
838 BGH, 6.5.2004 – IX ZB 349/02, ZInsO 2004, 669, 671f.
839 BGH, 17.3.2011 – IX ZB 192/10, ZInsO 2011, 724 [Rn 12ff.].

verwirkt sein.⁸⁴⁰ Der Vergütungsanspruch des vorläufigen Insolvenzverwalters verwirkt dieser allerdings nicht durch Pflichtverletzungen, die er als Insolvenzverwalter im eröffneten Verfahren begangen hat.⁸⁴¹ Die Bestellung zum vorläufigen Insolvenzverwalter durch das Insolvenzgericht nach § 21 Abs. 2 S. 1 Nr. 1 InsO begründet ein privates Amt mit eigenen Rechten und Pflichten, das vom Amt des Insolvenzverwalters zu unterscheiden ist. Die Verwirkung des Anspruchs eines Insolvenzverwalters auf Vergütung beruht auf dem schweren Treuebruch gegenüber dem Insolvenzgericht, das ihn bestellt hat.⁸⁴² Deshalb kann die Verwirkung des Vergütungsanspruchs regelmäßig nur auf Pflichtverletzungen des Verwalters bei der Ausübung des konkreten Amtes gestützt werden, für das er eine Vergütung beansprucht.

404   In konsequenter Verfolgung dieser Grundsätze kommt eine Verwirkung danach nicht nur dann in Betracht, wenn der Insolvenzverwalter konkret in diesem Verfahren einen „Eingehungsbetrug" begangen hat. Der BGH hat die Möglichkeit einer Verwirkung allgemein dann angenommen, wenn auch in anderen Verfahren schon zu Beginn der Bestellung in den jeweiligen konkreten Verfahren solche Pflichtverletzungen begangen worden seien.⁸⁴³ Denn die charakterliche Eignung sei unabhängig von den jeweiligen Verfahren zu beurteilen. Da auf den Beginn des Verfahrens abgestellt wird, können diese Grundsätze dann nicht gelten, wenn solche Pflichtverletzungen erst nach der Bestellung zum Insolvenzverwalter begangen worden sind. Dann käme höchstens eine Verwirkung in dem jeweiligen konkreten Falle in Betracht.

405   Bedenklich ist die Erstreckung des Grundgedankens der Verwirkung auf solche Verfahren, in denen den Verwalter keinen Vorwurf trifft. Fraglich ist schon, ob der Rechtsgedanke des § 654 BGB hierauf überhaupt allgemeine Anwendung finden kann, da er speziell nur die Honorierung des Maklers betrifft. Jedenfalls stößt diese Erweiterung des Gedankens der Verwirkung auch auf Fälle, in denen der Insolvenzverwalter in dem jeweiligen Verfahren selbst keine Verfehlung begangen hat, auf Bedenken. Denn grds. haben Sanktionsüberlegungen im Vergütungsrecht der InsVV keinen Raum. Die Verwaltervergütung ist eine verfassungsrechtlich verbürgte Tätigkeitsvergütung und keine Erfolgsvergütung.⁸⁴⁴ Die sich aus Verfehlungen ergebenden Ansprüche sind von dem neuen Verwalter gegen den entlassenen Verwalter geltend zu machen, soweit solche Ansprüche in dem konkreten Verfahren gegeben sind, aber nicht mit Fehlern, die in anderen Verfahren begangen worden sind, be-

---

840   AG Hamburg, 24.10.2000 – 67 c IN 56/00, ZInsO 2001, 70.
841   BGH, 21.9.2017 – IX ZB 28/14, ZInsO 2017, 2309.
842   BGH, 14.7.2016 – IX ZB 52/15, ZInsO 2016, 1656.
843   BGH, 9.6.2011 – IX ZB 248/09, ZinsO 2011, 1520 [Rn 4 ff.].
844   BGH, 24.6.2003 – IX ZB 453/02, ZIP 2003, 1759; BGH, 14.12.2000 – IX ZB 105/00, NZI 2001, 191; MüKo/Stephan, § 11 InsVV Rn 24; a.A. Haarmeyer/Mock, § 1 InsVV Rn 18.

gründbar. Schadensersatz mit Strafcharakter ist dem deutschen Recht unbekannt und verstößt gegen den in Art. 103 Abs. 3 GG grds. geschützten, in allen Rechtsbereichen geltenden Grundsatz „ne bis in idem". Vor allem aber führte die strikte Verfolgung dieser Grundsätze im Fall der Insolvenz des abberufenen Insolvenzverwalters zu einer Ungleichbehandlung der Gläubigergruppen. In den Verfahren, in welchen Schadensersatzansprüche wegen konkret begangener Verstöße des Insolvenzverwalters möglich sind, würden die Gläubiger doppelt benachteiligt. Zum einen minderte sich ihre Quote aufgrund der Verstöße des Insolvenzverwalters, da keine Haftpflichtversicherung für vorsätzliche Verfehlungen des Insolvenzverwalters eintritt. Zum anderen partizipieren diese Gläubiger aber nicht mehr an den Vergütungsansprüchen in erfolgreich abgewickelten Verfahren, da auch dort Vergütungsansprüche verwirkt wären. Im Gegensatz hierzu erhielten die dortigen Gläubiger sogar eine höhere Quote, da der neu bestellte Insolvenzverwalter regelmäßig eine niedrigere Vergütung erhält als bei einer Bestellung während des gesamten Verfahrens.

H. Vergütung des Gläubigerausschusses

Nach § 73 InsO haben die Mitglieder des Gläubigerausschusses einen Anspruch auf Vergütung für ihre Tätigkeit und auf Erstattung angemessener Auslagen. Dabei ist dem Zeitaufwand und dem Umfang der Tätigkeit Rechnung zu tragen. Die Vergütung des Gläubigerausschusses ist sodann im Übrigen in § 17 InsVV geregelt. Dabei betrifft § 17 Abs. 2 InsVV den vorläufigen Gläubigerausschuss und die InsVV unterscheidet für die Frage der Vergütung hier nochmals zwischen der Tätigkeit im Rahmen der Entscheidung über die Auswahl des (vorläufigen) Insolvenzverwalters oder Sachwalters und der Eigenverwaltung sowie den sonstigen Aufgaben des Ausschusses (§ 17 Abs. 2 S. 1 InsVV).[845] **406**

Für die drei verschiedenen Varianten des Gläubigerausschusses (vorläufiger Gläubigerausschuss im vorläufigen Verfahren, Interimsgläubigerausschuss nach Eröffnung und bis Berichtstermin und endgültiger Gläubigerausschuss nach Berichtstermin) regelt § 17 InsVV die Vergütung der Mitglieder ansonsten einheitlich. Soweit § 17 Abs. 2 InsVV die Vergütung der Mitglieder des vorläufigen Gläubigerausschusses zwar gesondert regelt, stellt § 17 Abs. 2 S. 2 InsVV letztlich klar, dass nach Erfüllung der Auswahlaufgaben des vorläufigen Gläubigerausschusses nach § 17 Abs. 2 S. 2 sich die weitere Vergütung wiederum nach Abs. 1 richtet. Demnach gilt mit der Ausnahme der Vergütung für die Erfüllung der dem vorläufigen Gläubigerausschuss nach § 56 Abs. 2 und § 270 Abs. 3 InsO zugewiesenen Aufgaben für alle **407**

---

[845] Graf-Schlicker, § 22a InsO Rn 29.

Erscheinungsformen des Gläubigerausschusses jeweils grds. die Regelung des § 17 Abs. 1 InsVV.

I. Gebühren

408 Die Gebühren für die Mitglieder des Gläubigerausschusses können in verschiedener Weise festgesetzt werden. § 17 InsVV sieht zwei Konstellationen vor:

1. Einmalige Vergütung nach § 17 Abs. 2 S. 1 InsVV

409 Gem. § 17 Abs. 2 InsVV sollen die Mitglieder des vorläufigen Gläubigerausschusses für die Erfüllung ihrer ihnen nach § 56a Abs. 2 und § 270 Abs. 3 InsO zugewiesenen Aufgaben eine **einmalige Vergütung von EUR 500,00** erhalten. Offensichtlich handelte es sich bei der bis 30.6.2014 anwendbaren Fassung mit einem damaligen Verweis in § 17 Abs. 2 InsVV a.F. auf § 56 Abs. 2 InsO, um ein Redaktionsversehen. Denn die Sonderaufgaben des vorläufigen Gläubigerausschusses sind vom § 56a bzw. in § 21 Abs. 2 Nr. 1a) InsO umfasst. Richtigerweise bezieht sich § 17 Abs. 2 InsVV somit in der ab 1.7.2015 geltenden Fassung auf § 56a InsO.

410 Gem. § 17 Abs. 2 InsVV in Verbindung mit § 21 Abs. 2 Nr. 1a) und § 56a InsO wird die Vergütung für die **Ausübung des Anhörungsrechtes des Gläubigerausschusses** bei der Entscheidung über die **Auswahl des vorläufigen Insolvenzverwalters** bzw. des vorläufigen Sachwalters gem. § 270a InsO geregelt. Die Gläubigervertreter handeln hierbei nach dem RefE im eigenen Interesse. Um eine Auszehrung der Masse zu verhindern, sollte die Vergütung klar begrenzt werden. Der Vergütungssatz von pauschal EUR 500,00 entspräche in etwa der Vergütung für eine eineinhalbstündige Tätigkeit zum grundsätzlichen Maximalstundensatz von EUR 300,00 (vgl. § 17 Abs. 1 InsVV n.F.).[846]

411 Die weitere Vergütung des vorläufigen Gläubigerausschusses nach Bestellung eines vorläufigen Insolvenzverwalters oder eines vorläufigen Sachwalters richtet sich gem. § 17 Abs. 2 S. 2 InsVV wiederum nach § 17 Abs. 1 InsVV. In der Begründung des RefE wird entsprechend ausgeführt, dass der vorläufige Gläubigerausschuss mehrere Entscheidungen zu treffen hat. Die Vergütung für weitere, möglicherweise arbeitsintensivere Aufgaben soll sich dann nach den allgemeinen Regeln über die Vergütung der Mitglieder des Gläubigerausschusses richten. Damit gelten für diese weitere Vergütung die nachstehenden Grundsätze. Indes sollte § 17 Abs. 2 S. 2 nicht so eng ausgelegt werden, dass die regelmäßige Vergütung lediglich für alle zeitlich nach der Auswahl des Verwalters vorkommenden Aufgaben anfällt. Ist der Aus-

---

[846] Graf-Schlicker, § 22a InsO Rn 30.

schuss schon zuvor mit Aufgaben bzw. der Vorbereitung der Sanierung befasst, sollte hierfür auch schon vor der Auswahl des Verwalters die regelmäßige Vergütung einschlägig sein.[847] Nicht eindeutig ist leider die hierzu ergangene Entscheidung des AG Konstanz.[848] Nach dem Tenor dieses noch zu der vor dem 1. Januar 2021 geltenden Fassung des § 17 InsVV ergangenen Beschlusses, soll die zeitliche Vergütung neben der Pauschale von seinerzeit EUR 300,00 beantragt werden können. In der Begründung legt das Amtsgericht aber eine zeitlich nachgelagerte Tätigkeit der Zeitvergütung zu Grunde. Jedenfalls erkennt das AG Konstanz zutreffender Weise an, dass für die Rechtfertigung der Pauschale für die Verwalterauswahl auch die Abstimmung in einem designierten Ausschuss vor Antragstellung herangezogen werden kann. Entscheidend ist daher in jedem Fall, anhand einer entsprechenden Stundenaufstellung die jeweilgen Tätigkeitsbereiche voneinander abzugrenzen.[849] So können dann die Tätigkeiten, welche über die der §§ 56a bzw. § 270 Abs. 3 InsO hinausgehen, nach § 17 Abs. 1 InsVV vergütet werden.[850]

2. Regelmäßige Vergütung des vorläufigen Gläubigerausschusses und endgültigen Gläubigerausschusses

a) Vergütung nach Stunden gem. § 17 Abs. 1 InsVV

§ 17 Abs. 1 InsVV in der vor dem 1. Januar 2021 geltenden Fassung entspricht § 17 InsVV a.F. Trotz der vielfältigen **Kritik an der Angemessenheit eines Stundensatzes von EUR 35,00 bis 95,00** wollte der Gesetzgeber diese Vorschrift zunächst nicht ändern.[851] Die damals geltenden Stundensätze von EUR 35,00 bis 95,00 und nunmehr von EUR 50,00 bis 300,00 stellen jedoch nur die regelmäßige Vergütung dar, wobei nach § 17 Abs. 1 S. 2 InsVV der Umfang und die Tätigkeit der Gläubigerausschussmitglieder einzubeziehen sind. In berechtigten Ausnahmefällen kann der Stundensatz selbst erhöht werden; siehe dazu sogleich unten. Soll sich die Vergütung nur im Rahmen der Regelstundensätze bewegen ist schon ohne weitere Begründung zumindest ein Stundensatz von EUR 50,00 angemessen.[852]

412

Alternativ kann die Vergütung des Gläubigerausschusses auch unter anderem in Anlehnung an die Vergütung des Insolvenzverwalters pauschaliert werden (siehe zu letzterer Alternative sogleich unten Rz. 418 ff.).

---

847 Haarmeyer/Mock, § 17 InsVV Rn 15.
848 AG Konstanz, 11.8.2015 – 40 IN 408/14, ZInsO 2015, 1755.
849 MüKo/Stephan, § 17 InsVV Rn 28.
850 Ebd.
851 MüKo/Stephan, § 17 InsVV Rn 17.
852 AG Potsdam, 5.8.2019 – 35 IN 51/18, ZIP 2019, 2422 (noch zur a.F.).

413 Nach § 67 Abs. 3 InsO können zu Mitgliedern des Interims- oder endgültigen Gläubigerausschusses auch Personen bestellt werden, die keine Gläubiger sind, nicht jedoch für den vorläufigen Gläubigerausschuss. Um **besonders qualifizierte Personen** für Gläubigerausschüsse gewinnen zu können, wurde für solche Mitglieder schon nach altem Recht ein Stundensatz von bis zu EUR 300,00 als angemessen angesehen.[853] Das *AG Hamburg* hat eine solche Vergütung dann auch insbesondere bei einem Mitglied, welches als Insolvenzverwalter bzw. Fachanwalt für Steuer und Insolvenzrecht besonders qualifiziert ist, für angemessen erachtet.[854]

Zur Angemessenheit der Vergütung haben sich in der Literatur im Übrigen bestimmte Fallgruppen herausgebildet. Eine Erhöhung wird bei nachstehenden Fallgruppen für angemessen erachtet:[855]
- Besondere Qualifikation des Ausschussmitglieds (berufliche Stellung, Sachkunde, Qualifikation)
- Aktive Mitwirkung außerhalb der Sitzungen, etwa bei Verhandlungen;
- Aktiv begleitete umfangreiche Betriebsfortführung
- Haus- und Grundstücksverwaltung
- Besonders hohe Anzahl von Gläubigern
- Auslandsbezüge tatsächlicher wie rechtlicher Natur
- Besondere faktische und juristische Probleme, bei denen die Mitglieder zur Lösung beigetragen haben
- Besondere, insbesondere nicht versicherbare Haftungsrisiken;
- Prüfung mehrerer Rechnungslegungen
- Besondere Tätigkeiten (z.B. Kassenprüfung).

Dann soll der Stundensatz bis zu EUR 200,00 oder 300,00 betragen können.[856] Der Höchstsatz von EUR 300,00 wurde im Rahmen des SanInsFoG nunmehr ausdrücklich in § 17 Abs. 1 S. 1 InsVV übernommen und ist nach § 19 Abs. 5 InsVV in allen Verfahren maßgeblich, deren Insolvenzantrag am oder nach dem 1. Januar 2021 gestellt wurde. Liegen bei einem einzelnen Mitglied besondere Umstände vor, aus denen eine erhöhte **Übernahme von Verantwortung** oder ein **besonderer Tätigkeitsumfang** folgt, soll für dieses einzelne Mitglied ein **erhöhter Stundensatz** innerhalb der Grenzen der Neufassung des § 17 Abs. 1 S. 1 InsVV festgesetzt werden können.[857] Ausgehend von dieser Systematik kann sodann das Gericht die individuelle Festsetzung für einzelne Mitglieder aufgrund von außergewöhnlichen Beson-

---

[853] AG Bremen, 15.12.2015 – 40 IN 588/05 L, ZIP 2016, 633; Lorenz, in: Lorenz/Klanke, § 17 InsVV Rn 22, 23, Keller, § 12 Rn 49; so jetzt auch Graeber/Graeber, § 17 Rn 6.
[854] AG Hamburg, 25.7.2018 – 67c IN 237/16, ZIP 2018, 1562.
[855] MüKo/Stephan, § 17 InsVV Rn 24; Haarmeyer/Mock, § 17 InsVV Rn 28 f.
[856] Haarmeyer/Mock, § 17 InsVV Rn 29; LG Hamburg, 3.8.2018 – 326 T 41/17, 326 T 43/17.
[857] LG Köln, 13.2.2015 – 13 T 196/14, ZInsO 2015, 873 (m. Anm. Mock).

derheiten oder Erschwernissen des Verfahrens, aber auch den besonderen Tätigkeiten oder Leistungen und Fähigkeiten des Gremienmitgliedes vornehmen.[858] Als **erhöhende Faktoren** werden die besondere berufliche Stellung, Sachkunde und Qualifikation des Mitgliedes, aktive Mitwirkung auch außerhalb der Sitzungen, umfangreiche Betriebsfortführung, erfolgreiche Beteiligung an Verhandlungen, besondere tatsächliche und rechtliche Probleme, Auslandsbezüge tatsächlicher und rechtlicher Art, besondere Haftungsrisiken, Prüfung mehrerer Rechnungslegungen, besondere Tätigkeiten wie z.B. die Kassenprüfung erachtet.[859]

Der erhöhte Stundensatz wird aber nicht nur wegen der Qualifikation der Mitglieder bzw. dem qualifizierten Umfang der Aufgaben,[860] sondern wegen zusätzlicher Verantwortung gewährt. Kritisch zu diesen Auffassungen zur alten Rechtslage stellt sich das LG Köln.[861] Es erkennt zwar die vorgenannten Kriterien grundsätzlich an, hält eine Erhöhung aber nur für gerechtfertigt, wenn diese auch noch in außergewöhnlichem Umfang oder außergewöhnlicher Schwierigkeit auftraten. Das Kriterium der Außergewöhnlichkeit öffnet aber der Willkür Tür und Tor. Es ist letztlich subjektiv wertend. Die vorgenannten Kriterien bieten dagegen objektive Ansatzpunkte, wobei auch bei ihnen eine wertmäßige (und insoweit messbare) Relevanz vorhanden sein sollte. Eine Forderung gegenüber einen ausländischen Gläubiger ist noch kein relevanter Auslandbezug. Eine ausländische Niederlassung mit über 50 Mitarbeitern wäre aber gegebenenfalls ein wesentliches und mit diversen Risiken verbundenes Thema, etwa in Form des Risikos der Eröffnung eines Sekundärinsolvenzverfahrens. Durch die Erhöhung der Stundensätze im Rahmen des SanInsFoG wird diese Diskussion weitgehend obsolet. Insoweit § 17 Abs. 1 S. 1 InsVV nunmehr Stundensätze bis zu EUR 300,00 ausdrücklich vorsieht, können diese bei Vorliegen der o.g. Kriterien auch ohne Bedenken ausgeschöpft werden.

In Bezug auf die für Verfahren mit Insolvenzanträgen vor dem 1. Januar 2021 geltende Fassung ist festzustellen, dass soweit die regelmäßigen Stundensätze von damals EUR 35,00 bis 95,00 auf Basis der o.g. Kriterien erhöht werden können, im Umkehrschluss diese Stundensätze in Ausnahmefällen auch reduziert werden können müssen. Es ist davon auszugehen, dass eine **Absenkung** nur bis zu einer Grenze von etwa der Hälfte der „Regelvergütung" als angemessen zu bezeichnen sein dürfte.[862] Ein unterdurchschnittliches Insolvenzverfahren, eine vorzeitige Verfahrensbeendigung, fehlende Aktivität des Mitglieds oder auf persönlicher Ebene feh-

414

---

858 LG Hamburg, 3.8.2018 – 326 T 41/17, 326 T 43/17, ZInsO 2018, 2050; LG Köln, 13.2.2015 – 13 T 196/14, ZInsO 2015, 873; AG Bremen, 15.12.2015 – 40 IN 588/05 L, ZInsO 2016, 1276; KPB/Lüke, § 73 Rn 8.
859 LG Köln, 13.2.2015 – 13 T 196/14, ZInsO 2015, 873 (m. Anm. *Mock*).
860 Haarmeyer/Mock, § 17 InsVV Rn 1.
861 LG Köln, 13.2.2015 – 13 T 196/14, ZInsO, 2015, 873.
862 Haarmeyer/Mock, § 17 InsVV Rn 32.

lendes Fachwissen oder fehlende berufliche Qualifikation stellen solche Ausnahmefälle dar.[863] Möglich ist es zudem, bei der Frage der Minderung einen Vergleich zu Abschlägen bei der Verwaltervergütung heranzuziehen.[864]

Auch nach dem 1. Janaur 2021 dürfte eine weitere Anhebung oder Reduktion der Stundensätze außerhalb der Grenzen von EUR 50,00 und 300,00 nach den vorstehend erläuterten Grundsätzen prinzipiell zulässig sein. Denn auch dort sind die Stundensätze „regelmäßig" (§ 17 Abs. 1 S. 1 InsVV) zugrunde zu legen. Die Beibehaltung dieser Formulierung legt nahe, dass der Gesetzgeber einen Spielraum für Einzelfalle in der Praxis lassen wollte. Gleichwohl spricht die erhebliche Anhebung der Stundensätze auch dafür, dass Abweichungen hiervon – ob nach oben oder unten – eines höheren Begründungsaufwands bedürften, als unter Geltung der Vorfassung.

Im Falle einer Vergütung nach Stunden ist nicht nur die Teilnahme an Sitzungen bzw. Besprechungen des Ausschusses zu vergüten, sondern auch **Reisezeiten** und notwendige Vor- und Nachbereitung,[865] z.B. das Studium eines Klageentwurfes.[866] Bei der Festsetzung des Stundensatzes kann für Reisezeiten ein geringerer Stundensatz gewährt werden.[867]

415   Abschließend mag hier darauf hingewiesen werden, dass es zunehmend schwieriger wird, Mitglieder für einen Gläubigerausschuss zu finden. Kritisch ist dies in den Fällen, wo der Gesetzgeber gem. § 22a InsO zwingend einen Gläubigerausschuss vorschreibt. Die teilweise rigide Rechtsprechung zur Vergütung auf Basis der gesetzlichen Vorgaben mag hierzu beigetragen haben. In seiner Entscheidung vom 3.8.2018 greift das LG Hamburg diese Thematik auf und merkt an, dass nur bei einer Anhebung der Stundensätze für Gläubigerausschussmitglieder eine sachverständige und kompetente Besetzung der Gläubigerausschüsse gewährleistet werden kann,[868] „weil man nicht erwarten könne, dass hochqualifizierte Personen aus Idealismus altruistische Sonderopfer erbringen."[869] Daher wurden in diesem Falle berechtigter Weise Stundensätze von EUR 200,00, mithin den Regelsatz in angemessener Weise deutliche überschreitende Beträge angesetzt.[870] Derartige Fälle zeigen, dass die im Wege des SanInsFoG eingeführten Anpassungen dringend notwendig und lange überfällig waren.

---

[863] Haarmeyer/Mock, § 17 InsVV Rn 30.
[864] MüKo/Stephan, § 17 InsVV Rn 25; Lorenz, in: Lorenz/Klanke, § 17 InsVV Rn 15.
[865] Graf-Schlicker, § 17 InsVV, Rn 5; MüKo/Stephan, § 17 InsVV Rn 21.
[866] LG Göttingen, 10.1.2005 – 10 T 1/05, ZInsO 2005, 143.
[867] AG Potsdam, 5.8.2019 – 35 IN 51/18.
[868] Blersch/Bremen, ZIP 2014, 1 ff.
[869] LG Hamburg, 3.8.2018 – 326 T 41/17, 326 T 43/17, ZInsO 2018, 2050.
[870] Zustimmend auch: Graf-Schlicker, § 17 InsVV, Rn 6.

b) Möglichkeit einer Pauschalierung in Anlehnung an die Vergütung des Insolvenzverwalters

Der BGH hat die vielfach geübte Kritik an der als unangemessen empfundenen Vergütung der Gläubigerausschussmitglieder nach Stunden schon im Jahre 2009 aufgegriffen. Auch im Anwendungsbereich der InsVV sollen Mitglieder des Gläubigerausschusses in berechtigten Ausnahmefällen mit einem – „niedrigeren" – **Pauschalbetrag** vergütet werden können, der sich an der Vergütung des Insolvenzverwalters orientiert.[871] Eine solche Pauschalierung soll sowohl nach oben oder unten möglich sein.[872] Nach der Entscheidung des LG Aurich im Jahre 2013 soll dagegen wiederum eine an der Vergütung des Insolvenzverwalters orientierte Pauschalvergütung unzulässig sein.[873]

Da die Vergütungen des Insolvenzverwalters wie des Ausschusses vom Gericht festgesetzt werden, wird es auf dieser Ebene die Angemessenheit überprüfen. Gerade die Festsetzung der Vergütung der Verfahrensorgane durch das Gericht und nicht etwa durch die Gläubiger sollte dafür Sorge tragen, dass kein Interessenkonflikt entsteht.

In besonders gelagerten Fällen kann auch eine pauschalierte und nicht die streng zeitbezogene Vergütung zulässig sein, um den Schwierigkeiten des Verfahrens, der Art und dem Umfang der Tätigkeit sowie der Verantwortung und dem Haftungsrisiko der Ausschussmitglieder Rechnung zu tragen.[874] Die Tätigkeit der Ausschussmitglieder ist auf das Verfahren sowie dessen Gegebenheiten und die Arbeit des Verwalters zugeschnitten, ihr Tätigkeitsaufwand und ihr Haftungsrisiko korrespondiert im Rahmen der Aufsicht regelmäßig mit dem des Verwalters.[875] Daher ist es konsequent, nur in den Fällen in **Anlehnung an die Vergütung des Verwalters** zu pauschalieren, wenn es sich um besonders umfangreiche Insolvenzverfahren handelt, in denen die Tätigkeit der Gläubigerausschussmitglieder einen solchen Umfang angenommen hat, der der Tätigkeit des Verwalters besonders nahe ist, also fast gleich kommt.[876] Das ist oft bei **Großverfahren** der Fall.[877] Hier gilt es die Intensität der durch das Mitglied zu leistenden Zweckmäßigkeitskontrolle des Verwalterhandelns zu berücksichtigen.[878] Die Gläubigerausschussmitglieder können hierfür nicht nur vereinzelt, sondern in vielen verfahrensleitenden Verfahrensprozessen unmit-

---

871 BGH, 8.10.2009 – IX ZB 11/08, ZIP 2009, 2453.
872 Graeber/Graeber, § 17 Rn 8; BeckOK InsO, InsVV § 17 Rn 29; a.A.: LG Aurich, 6.3.2013 – 4 T 204/10, ZInsO 2013, 631, 633; Haarmeyer/Mock, § 17 InsVV Rn 32f.
873 LG Aurich, 6.3.2013 – 4 T 204/10, ZInsO 2013, 631.
874 Stephan, in: Stephan/Riedel, § 17 InsVV Rn 25.
875 Haarmeyer/Mock, § 17 InsVV Rn 27.
876 BeckOK/Budnik, § 17 InsVV Rn 32.
877 Stephan, in: Stephan/Riedel, § 17 InsVV Rn 25.
878 Ebd.

telbar einbezogen gewesen sein. Versendet der Verwalter aber auch bei besonders großen Verfahren lediglich Entscheidungsvorlagen zur Abstimmung im Umlaufverfahren, die nicht regelmäßig ausführlich unter Einbeziehung der einzelnen Mitglieder besprochen und diskutiert worden sind, dürfte eine Pauschalierung demnach nicht gerechtfertigt sein. Wenn dagegen – wie in großen Verfahren üblich – Gläubigerausschussmitglieder in zahlreichen Sitzungen oder Telefonkonferenzen in verfahrensentscheidenden Phasen nahezu tagtäglich oder wöchentlich mit dem Verwalter herausragende, für das Verfahren von besonderer Bedeutung gewesene Entscheidungen, mittragen und unter Einbeziehung ihrer Sach- und Fachkenntnisse vorbereitet haben, ist diese Pauschalierung angemessen. Das Gericht sollte insoweit nach Abwägung der Umstände zu dem Schluss kommen, dass der Ausschuss in besonderem Maße Verantwortung übernommen hatte und diese haftungsrechtliche Komponente durch eine Vergütung nach Stunden nicht ausreichend gewürdigt würde. So wird auch § 73 Abs. 1 S. 2 InsO Genüge getan, wonach bei der Bemessung der Vergütung dem Zeitaufwand und dem Umfang der Tätigkeit Rechnung zu tragen ist.[879] Das rechtfertigt in diesem Rahmen auch eine Pauschale. Dabei haben sich in der Praxis Bruchteile von 1% bis 5% der Verwaltervergütung entwickelt.[880]

c) Persönliche oder institutionelle Mitgliedschaft

419 Natürliche Personen oder juristische Personen, letztere als **institutionelle Mitglieder** können Mitglieder von Gläubigerausschüssen sein. Im Fall der Bestellung eines institutionellen Mitglieds hat der jeweilige Vertreter für seine persönliche Mitwirkung keinen Vergütungsanspruch.[881] Der Anspruch steht vielmehr der von ihm vertretenen Körperschaft zu.[882] Auch institutionelle Gläubigergruppen (z.B.: Pensionsversicherungsverein, Gewerkschaft oder Sozialversicherungsträger) haben Anspruch auf angemessene Vergütung, insb. wenn ein festangestellter Vertreter im Gremium tätig ist.[883]

d) Sonderfälle

420 Da Behörden nach dem BGH nicht Mitglied in einem Ausschuss werden können, weil ihnen hierzu die personale Rechtsfähigkeit fehlt, kann nur der Angehörige der Behörde Mitglied werden.[884] Er ist bei seinem Vergütungsanspruch gegenüber der

---

879 Vgl. BGH, 8.10.2009 – IX ZB 11/08, ZInsO, 2009, 2165.
880 HK/Riedel, § 73 InsO Rn 3.
881 MüKo/Stephan, § 17 InsVV Rn 32.
882 MüKo/Stephan, § 17 InsVV Rn 31 f.
883 KPB/Prasser, Vor § 17 InsVV Rn 8; MüKo/Stephan, § 17 InsVV Rn 33. f.
884 MüKo/Stephan, § 17 InsVV Rn 32; vgl. BGH, 11.11.1993 – IX ZR 35/93, BGHZ 124, 86.

Masse wie jede andere natürliche Person zu behandeln. Die Frage der Zulässigkeit der Tätigkeit und deren Abführung ist dann Frage des Dienstverhältnisses.[885]

Soweit bei bestimmten Mitgliedern angenommen wird, eine Vergütung sei von vorneherein als **unzulässige Doppelvergütung** ausgeschlossen, da sie aufgrund berufsspezifischer Umstände von einem Dienstherrn oder Auftraggeber entlohnt werden,[886] wird verkannt, dass die Mitglieder nicht einem Auftraggeber oder Dienstherrn verpflichtet sein dürfen, sondern die Interessen der Gläubigergesamtheit zu wahren haben.

Gerade bei **Konzerninsolvenzen** ist es bislang auch ohne die Regelungen zum Konzerninsolvenzrecht nicht unüblich, die die einzelnen Ausschüsse bei den verschiedenen, einzelnen Insolvenzverfahren über das Vermögen konzernangehöriger Gesellschaften (weitgehend) personenidentisch zu besetzen und die Ausschüsse auch zeitgleich tagen zu lassen. Solche Fälle machen deutlich, dass eine Vergütung nach Stunden zu nicht sachgerechten Ergebnissen führen kann. Um dieser Konstellation dann gleichwohl gerecht zu werden, sollte der gemeinsame Zeitaufwand erfasst und dann entsprechend der Gewichtung nach Größe bzw. Masse der Verfahren angesetzt werden.[887]

Nach den Regelungen zum Konzerninsolvenzrecht kann zudem nach §§ 269a bis 269j InsO jetzt auch ein verfahrensübergreifender Gruppen-Gläubigerausschuss gebildet werden. In diesen werden die Mitglieder der einzelnen für die jeweiligen Verfahren gebildeten Mitglieder entsandt. Entsprechend ist die Tätigkeit im Gruppen-Gläubigerausschuss dann als Tätigkeit im bzw. für den jeweiligen Ausschuss des einzelnen konzernangehörigen Schuldners auf dieser Ebene zu vergüten.[888]

II. Auslagen und Umsatzsteuer

Die einzelnen Mitglieder des Gläubigerausschusses können gem. § 73 Abs. 1 InsO **421** neben der Vergütung ihre Auslagen verlangen. Sie haben aber nicht die Möglichkeit zur Pauschalierung. Dies ist auch berechtigt, da gerade im Vergleich zum Insolvenzverwalter die Frage der Auslagen der Ausschussmitglieder sehr überschaubar und regelmäßig konkret belegbar ist.[889] Eine dem § 8 Abs. 3 InsVV entsprechende Vorschrift zugunsten der Mitglieder des Gläubigerausschusses findet sich daher weder in § 17 InsVV noch in der grundlegenden Norm des § 73 Abs. 1 InsO. Vielmehr

---

885 Stephan in Nerlich/Römermann, § 17 InsVV Rn 15.
886 Stephan in Nerlich/Römermann, § 17 InsVV Rn 12; MüKo/Stephan, § 17 InsVV Rn 30.
887 So auch Großkomm-InsO/Hess, Anh. A, InsVV, § 17 Rn 12 und AG Duisburg, 20.6.2003 – 62 IN 167/02, ZInsO 2003, 940, **a.A.** Graeber/Graeber, § 17 InsVV Rn 30.
888 Graeber/Graeber, § 17 InsVV Rn 30a.
889 Graf-Schlicker, § 18 InsVV, Rn 1.

regelt § 18 InsVV ausdrücklich, dass Auslagen der Gläubigerausschussmitglieder einzeln anzuführen und auch zu belegen sind.[890] Erstattungsfähig sind konkret belegte **Reisespesen**, Telefon- und Telefaxkosten sowie nachweisbarer Aufwand für Büro- und Schreibematerial oder für Kopien, nicht jedoch der allgemeinen Büroaufwand, der dem Ausschussmitglied anlässlich seiner Tätigkeit entsteht.[891] Zu den erstattungsfähigen Auslagen gehören auch die **Kosten einer Haftpflichtversicherung**.[892] Gerade bei Großverfahren handelt es sich hier um oft um erhebliche Beträge. Da es den Ausschussmitgliedern nicht zuzumuten ist, diese vorzustrecken ist es in solchen Verfahren gute Übung, einen Antrag auf Vorschuss auf die Auslagen zu stellen und diese Kosten dann im Range von Massekosten direkt aus der Masse zu erstatten. Insoweit dient die Versicherung dem Schutze aller Gläubiger, weshalb diese wie die einzelnen Mitglieder ein Interesse daran haben, den Haftungsschutz durch rechtzeitige Prämienzahlung aufrechtzuerhalten.

Nach § 18 Abs. 2 InsVV ist für jedes einzelne Mitglied auch die USt gesondert festzusetzen, soweit er umsatzsteuerpflichtig ist.

III. Fälligkeit, Verjährung und Festsetzung

422 Die Festsetzung geschieht erfolgt auf Antrag des einzelnen[893] Ausschussmitglieds durch das Insolvenzgericht (§ 73 Abs. 2, § 64 InsO) Für jeden Tätigkeitsabschnitt ergibt sich ein eigener Vergütungsanspruch.[894]

Das Festsetzungsverfahren bei der Vergütung der Gläubigerausschussmitglieder unterscheidet sich nicht vom Festsetzungsverfahren bei der Vergütung des Insolvenzverwalters. § 73 Abs. 2 InsO verweist dabei auch für die Vergütung des Ausschusses und auf das Verfahren der gerichtlichen Festsetzung wie beim Insolvenzverwalter nach § 64 InsO. Daher kann in vollem Umfang auf obige Ausführungen (vgl. Rz. 370 ff.) verwiesen werden. Auch die Ausführungen zur Fälligkeit und Verjährung (vgl. oben unter Rz. 368 f. und Rz. 401 f.) sowie zu den Rechtsmitteln (vgl. oben unter Rz. 378 ff.) sind sinngemäß heranzuziehen. Wegen der Möglichkeit Vorschüsse zu entnehmen siehe unter Rz. 392 ff. In entsprechender Anwendung von § 9 InsVV sind auch Voschüsse auf Vergütung und Auslagen möglich.[895]

---

890 AG Hannover, 30.8.2016 – 908 IN 460/16, ZInsO 2016, 1875.
891 Haarmeyer/Mock, § 18 InsVV Rn 3.
892 AG Hannover, 30.8.2016 – 908 IN 460/16, ZInsO 2016, 1875.
893 Graeber/Graeber, § 17 InsVV Rn 12.
894 Graf-Schlicker, § 172 InsVV, Rn 10.
895 Graeber/Graeber, § 17 InsVV Rn 23.

Wie auch die Vergütung des Insolvenzverwalters ist auch die der Ausschussmitglieder einer Vereinbarung nicht zugänglich, auch nicht durch Festsetzung durch die Gläubigerversammlung, die Entscheidung obliegt damit allein dem Gericht.[896]

---

896 Graeber/Graeber, § 17 InsVV Rn 6b.

§ 17 Rechnungslegung in der Insolvenz

Übersicht

A. Vorbemerkungen —— 1
  I. Bilanzielle Begriffe —— 1
  II. Duale vs. Harmonisierte Rechnungslegung —— 3
B. Interne Rechnungslegung —— 7
  I. Allgemeines —— 7
  II. Masseverzeichnis —— 13
    1. Ansatz —— 14
    2. Bewertung —— 17
    3. Ausweis —— 20
  III. Gläubigerverzeichnis —— 22
    1. Ansatz —— 23
    2. Bewertung —— 24
    3. Ausweis —— 28
  IV. Vermögensübersicht —— 31
    1. Ansatz —— 32
    2. Bewertung —— 33
    3. Ausweis —— 34
  V. Zwischenrechnungen —— 39
  VI. Schlussrechnung —— 49
    1. Bestandteile der Schlussrechnung —— 51
      a) Einnahmen-Ausgaben-Rechnung —— 52
      b) Insolvenzschlussbilanz —— 55
    2. Schlussbericht —— 56
    3. Schlussverzeichnis —— 58
    4. Schlussrechnungen als Basis der Verwaltervergütung —— 60
    5. Prüfung der Schlussrechnung —— 63
    6. Schlussrechnung im Planverfahren —— 71
  VII. Rechnungen im Planverfahren —— 73
    1. Bedeutung aus gesetzlicher Sicht —— 73
    2. Planungssystematik —— 77
    3. Planbilanz —— 81
    4. Planerfolgsrechnung —— 89
    5. Planliquiditätsrechnung (Finanzplan) —— 93
C. Externe Rechnungslegung —— 97
  I. Pflicht zur externen Rechnungslegung —— 98
  II. Grundlegende Fragen der externen Rechnungslegung —— 102
  III. Insolvenzeröffnungsbilanz —— 115
    1. Vorbemerkung —— 115
    2. Rechtsnormen —— 116
    3. Zuordnung der handelsrechtlichen Rechnungslegung zu den einzlnen Verfahrensabschnitten —— 117
    4. Verfahrenseröffnung – Entstehung des Sondervermögens —— 118
    5. Eröffnung des Verfahrens —— 119
    6. Beendigung – Abwicklung des Sondervermögens —— 120
    7. Insolvenzplan —— 121
    8. Besonderheiten bei Eigenverwaltung —— 122
    9. Abweichendes Wirtschaftsjahr —— 123
    10. Externe Rechnungslegung —— 124
    11. Bewertung —— 125
    12. Ausweis —— 126
    13. Gliederungsinsolvenzeröffnung Bilanz Aktiva —— 127
    14. Gliederungsinsolvenzeröffnung Bilanz Passiva —— 128
  IV. Erläuterungsbericht und Schlussbilanz der insolventen Gesellschaft —— 129
  V. Prüfung der externen Rechnungslegung —— 130
D. Fazit —— 131

A. Vorbemerkungen

I. Bilanzielle Begriffe

1 Im Insolvenzverfahren sind unterschiedliche Rechnungen anzufertigen, die in Theorie und Praxis mit Begriffen wie „Insolvenzbilanzen" oder „Insolvenzrechnungslegung" belegt werden.[1] Um in diesem Zusammenhang zu einer eindeutigen Unterscheidung der erforderlichen Rechnungen zu gelangen, ist es zweckmäßig zu unterscheiden zwischen einer handels- und steuerrechtlichen Rechnungslegung – auch externe Rechnungslegung genannt – einerseits und einer insolvenzspezifischen Rechnungslegung – auch interne Rechnungslegung genannt – andererseits. Konzeptionell ergibt sich daraus die Frage, ob es sich um strikt voneinander zu trennende Rechnungen handelt oder ob Rechnungen zusammengelegt werden können. Verfechter des Trennungsprinzips sprechen von der Notwendigkeit einer dualen – d.h. internen und externen – Rechnungslegung, während sich andere für eine zumindest teilweise Harmonisierung der Rechnungen einsetzen.[2]

2 Ferner stellen sich die „üblichen" bilanziellen Fragen nach Ansatz, Bewertung und Ausweis. Dieser Thematik kommt gerade bei den insolvenzspezifischen Rechnungen eine große Bedeutung zu, denn in der InsO ist in vielen Fällen nur festgelegt, dass Rechnungen, wie etwa ein Masseverzeichnis, ein Gläubigerverzeichnis, eine Vermögensübersicht, Planungs- und Schlussrechnungen, zu erstellen sind. Wie die Rechnungen im Einzelnen auszusehen haben bleibt indes weitgehend ungeregelt.

II. Duale vs. Harmonisierte Rechnungslegung

3 Ob interne und externe Rechnungslegung strikt zu trennen sind (duale Rechnungslegung) oder ob eine Zusammenlegung sinnvoll erscheint (harmonisierte Rechnungslegung), ist anhand der gesetzlichen Normen und der Zwecke der Rechnungslegung zu thematisieren. Beginnt man mit der internen Rechnungslegung, so sind in der InsO eine Fülle von Vorschriften (z.B. §§ 21 Abs. 2 Ziff. 1, 66, 69, 151, 152, 153, 211 Abs. 2, 229, 251, 281 Abs. 3 InsO) enthalten. Gerade bei diesen Vorschriften regelt der Gesetzgeber aber eben nur das „Ob", jedoch nicht das „Wie".[3] Dies führt in Theorie und Praxis zu teilweise erheblichen Meinungsunterschieden, wie die betreffenden Rechnungen zu gestalten sind. Im Gegensatz dazu liegt für die handels- und steuerrechtliche Rechnungslegung ein geradezu engmaschiges Netz an Vorschriften vor.

---

[1] Vgl. statt vieler Möhlmann-Mahlau/Schmitt, S. 191ff.
[2] Vgl. dazu etwa Förschle/Weisang (2008), Anm. 105.
[3] Bilanzielle Einzelfragen werden bei sog. Sonderbilanzen i.d.R. gesetzlich nicht normiert; vgl. dazu Veit, S. 1ff.

Diese bekannten Vorschriften sind im Insolvenzverfahren „entsprechend anzuwenden" (vgl. dazu § 155 InsO). Streitig ist, ob eine entsprechende Anwendung die Aufnahme von insolvenzspezifischen Werten in Handels- und Steuerbilanzen nach sich zieht oder ob eine parallele Anwendung i.S.e. Dualismus geboten ist.

Heni spricht sich für eine konsequente Zweiteilung der Rechnungslegung aus.[4] Nach seiner Auffassung sind Versuche, an dem Trennungsprinzip zu rütteln, nicht zukunftsfähig. Er begründet dies mit den unterschiedlichen Ausrichtungen der Rechnungen. Interne Rechnungen, wie etwa das Masseverzeichnis (§ 151 InsO) oder das Gläubigerverzeichnis (§ 152 InsO), seien in erster Linie formfreie Entscheidungs- und Planungsrechnungen, auf deren Basis Insolvenzverwalter und Gläubiger den Fortgang des Verfahrens bestimmten. Demgegenüber stünde die externe Rechnungslegung, die dezidiert geregelt die Vergangenheit dokumentiert. Die Tabelle 1 zeigt die wesentlichen Unterschiede zwischen den Rechnungslegungskreisen auf:[5]

Tab. 1: Unterschiede Interne und Externe Insolvenzrechnungslegung

Interne Insolvenzrechnungslegung	Externe Insolvenzrechnungslegung
Verarbeitung von überwiegend zukunftsbezogenen Daten, primär Rechenwerke für eine Entscheidungsbasis	Dokumentation vergangenheitsbezogener Daten als Informationsbasis (Handelsbilanz) und zu steuerlichen Zwecken (Steuerbilanz)
Durchführung oft nur situativ, d.h. die Rechenwerke werden nur bei Eintritt bestimmter insolvenzrechtlicher Ereignisse aufgestellt (z.B. Verfahrenseröffnung, Gläubigerversammlung). Keine zwingende Fortschreibung der Daten.	Durchführung erfolgt in periodischen Abständen nach handelsrechtlichem Muster („Geschäftsjahrsprinzip")
Kaum gesetzliche Vorgaben für die konkrete Ausgestaltung vorhanden; geregelt ist nur, welche Rechenwerke zu welchen Zeitpunkten zu erstellen sind	Umfassendes gesetzliches Normengerüst für die Ausgestaltung der Rechenwerke (HGB)
Datenbasis ist überwiegend prognostisch, Daten sind oft sensibel bzw. geheimhaltungsbedürftig	Datenbasis ist objektiviert, z.B. durch Rückgriff auf historische Anschaffungs- oder Herstellungskosten

Die unterschiedliche Grundausrichtung der Rechnungen ist unstrittig. Fraglich ist indes, welchen Zweck insb. eine handelsrechtliche Rechnungslegung im Insolvenzverfahren noch erfüllen kann. Die Informationsfunktion ggü. Gläubigern, welche die Handelsbilanz im werbenden Stadium der Gesellschaft übernimmt, wird nunmehr weitgehend von internen Rechnungen dargestellt. Insoweit bliebe als Funktion, insbesondere mit Blick auf § 55 Abs. 4 InsO, noch die Basisrechnung für Zwe-

---

4 Vgl. Scherrer/Heni, S. 9.
5 In enger Anlehnung an Scherrer/Heni, S. 11.

cke der Besteuerung gem. § 5 Abs. 1 Satz 1 EStG sowie die Informationsbereitstellung ggü. Massegläubigern.

6 Zu klären ist, ob eine handels- und steuerrechtliche Rechnungslegung völlig unabhängig vom Eintritt der Insolvenz in der bisherigen Form weitergeführt werden kann oder ob Anpassungen vorzunehmen sind, die zu Rechenwerken führen, die einerseits die Zwecke der Informationsvermittlung und Entscheidungsfindung abdecken (interne Rechnungslegung) und gleichzeitig die gesetzlichen Vorgaben des Handels- und Steuerrechts erfüllen (externe Rechnungslegung).

B. Interne Rechnungslegung

I. Allgemeines

7 Die interne Rechnungslegung ist – für das (eröffnete) Regelverfahren – chronologisch aufgebaut: Dazu gehören zunächst Rechnungen zum Zeitpunkt der Verfahrenseröffnung. Dies sind erstens Masseverzeichnis (§ 151 InsO), Gläubigerverzeichnis (§ 152 InsO) und Vermögensübersicht (§ 153 InsO). Zweitens schließen sich Zwischenrechnungen (§ 66 Abs. 3 InsO) an und drittens ist die Schlussrechnung (§ 66 Abs. 1 InsO) zur Beendigung des Verfahrens vorgesehen. Für das Planverfahren finden daneben die Rechnungslegungsvorschrift aus § 229 InsO Anwendung.

8 Anknüpfend an die Inventarisierung des Vermögens des Schuldners durch den Gutachter bzw. den vorläufigen Insolvenzverwalter hat der Verwalter Masseverzeichnis, Gläubigerverzeichnis und Vermögensübersicht zu erstellen. Dabei hat sich in der Praxis herausgestellt, dass nahezu jedes Insolvenzgericht eigene Vorstellungen im Hinblick auf die Ausgestaltung der Rechnungen hat. Insoweit sind nachführende Ausführungen als Mindestanforderungen zu begreifen.

9 Zweck der Rechnungen ist es, den Beteiligten einen Überblick sowohl über das insolvenzbeschlagene Vermögen als auch über die Gläubigeransprüche zu geben (Dokumentationszwecke).[6] Letztendlich sind die Rechnungen aber auch Entscheidungsbasis für den weiteren Fortgang des Verfahrens (vgl. dazu § 156 InsO), indem Informationen über die zu erwartenden Quoten und die Verteilung der Masse bereitgestellt werden (Entscheidungszwecke).[7]

10 Zu erwähnen ist die Rolle des Schuldners im Zusammenhang mit der Anfertigung der Rechnungen. Neben seiner Auskunfts- und Mitwirkungspflicht aus § 97 InsO kann dem Schuldner, auf Antrag des Verwalters (oder eines Gläubigers) aufgegeben werden, die Vollständigkeit der Vermögensübersicht nach § 153 InsO eides-

---

[6] Vgl. IDW RH HFA 1.011, Rn 4.
[7] Vgl. Braun/*Haffa/Leichtle* InsO § 153 Rn 4.

stattlich zu versichern. Damit wird der Schuldner in die Pflicht genommen, den Wahrheitsgehalt der zusammengetragenen Informationen zu bestätigen.[8]

Im Hinblick auf den Zeitpunkt der Übersichtserstellung enthält das Gesetz nur für die Vermögensübersicht eine klare Regelung: § 153 Abs. 1 Satz 1 InsO schreibt dem Insolvenzverwalter vor, die Vermögensübersicht auf den Zeitpunkt der Verfahrenseröffnung zu beziehen. Im Ergebnis ergibt sich damit auch für die beiden Verzeichnisse (§§ 151, 152 InsO) der Tag der Verfahrenseröffnung als Stichtag.[9] 11

Hinsichtlich der Publizität der Verzeichnisse bestimmt § 154 InsO, dass Masse- und Gläubigerverzeichnis sowie Vermögensübersicht in der Geschäftsstelle des Gerichts zur Einsicht der Beteiligten niederzulegen sind. 12

II. Masseverzeichnis

I.R.d. bilanziellen Erwägungen des Verzeichnisses der Massegegenstände lassen sich Ansatz, Bewertung und Ausweis unterscheiden. Nachfolgend wird diese Strukturierung aufgegriffen.[10] 13

1. Ansatz

Nach § 151 Abs. 1 Satz 1 InsO sind in dem Masseverzeichnis alle Gegenstände grds. einzeln anzusetzen, wobei die Massegegenstände genau zu bezeichnen sind. Abgewichen werden darf von diesem Grundsatze des Einzelansatzes nur bei der Berücksichtigung gleichartiger Masse, etwa bei Roh-, Hilfs- und Betriebsstoffen.[11] Im Ergebnis weist das Masseverzeichnis allein Aktiva aus; es lässt sich demgemäß auch von einer Rohvermögensaufstellung sprechen.[12] 14

Von den bekannten Aktivierungsvorschriften der externen Rechnungslegung muss man sich bei Anfertigung des Masseverzeichnisses weitgehend lösen. Im Ergebnis ist nur noch das Vollständigkeitsgebot anwendbar.[13] Generell gilt, dass sämtliche Vermögenswerte, die eine Anreicherung der Teilungsmasse erwarten lassen, aktivierungspflichtig sind. Viele Ansatzverbote bzw. Ansatzgebote, wie sie aus (externen) HGB-Bilanzen bekannt sind, werden insoweit gegenstandslos.[14] Das bedeutet konkret etwa: 15

---

8 Vgl. Begründung zu § 172 RegE (§ 153 InsO).
9 Vgl. Braun/*Haffa/Leichtle* InsO § 153 Rn 2.
10 Vgl. dazu deutlich detaillierter auch Möhlmann, S. 127 ff. m.w.N.
11 Basis kann das Inventar gem. § 240 GmbH sein.
12 Vgl. IDW RH HFA 1.011, Rn 10.
13 Vgl. Braun/*Haffa/Leichtle* InsO § 153 Rn 2.
14 Vgl. Braun/*Haffa/Leichtle* InsO § 153 Rn 2.

- Privatvermögen von Einzelkaufleuten, welches in handelsrechtlichen Bilanzen nicht erscheinen darf, muss, da es sich um Haftungsmasse handelt, grundsätzlich aktiviert werden.
- Zukünftige Erträge und Rechtsansprüche, die noch nicht sicher realisiert sind, müssen entgegen § 252 Abs. 1 Nr. 4 HGB aktiviert werden. Dies gilt jedenfalls dann, wenn diese Ansprüche nach vernünftiger kaufmännischer Beurteilung dem Grunde nach als zumindest „quasisicher" einzustufen sind. Konkret können z.B. aussichtsreiche Anfechtungsklagen, Forderungen aus schwebenden Geschäften oder auch pfändungsfreier Neuerwerb (§ 35 InsO) eine Aktivierung rechtfertigen.[15]
- Erwartete Kostenbeiträge von Sicherungsgläubigern, die aufgrund zwingender gesetzlicher Regelungen (§ 171 InsO; § 10 Abs. 1 Nr. 1a ZVG) der Masse zufließen, sind aktivierungspflichtig. Eine Saldierung dieser Kostenbeiträge mit den Sicherungsrechten ist aus Gründen der Bilanzklarheit zu vermeiden.
- Auch selbst geschaffene immaterielle Vermögensgegenstände sind, sofern ein Einzelveräußerungswert feststellbar ist, aktivierungspflichtig. Das handelsrechtliche Aktivierungsverbot (§ 248 Abs. 2 Satz 2 HGB) und Wahlrecht (§ 248 Abs. 2 Satz 1 HGB) ist für das insolvenzrechtliche Masseverzeichnis irrelevant.
- Nicht mehr in der Handelsbilanz aktivierte geringwertige Wirtschaftsgüter sind – bei noch vorhandener Verwertungsmöglichkeit – aufzunehmen.
- Handelsrechtliche Ansatzpflichten werden gegenstandslos, wenn den betreffenden Aktivposten keine konkret zu erwartenden Vermögenszuflüsse gegenüberstehen. Dies ist vielfach, aber auch nicht immer, bei Rechnungsabgrenzungsposten der Fall. Im Einzelfall ist stets zu prüfen, ob vorab bezahlte Beträge wieder vom Insolvenzverwalter zurückgefordert werden können (etwa vorausbezahlte Versicherungsprämien bei Stilllegung von Kfz).

16 Gegenstände, die mit Aussonderungsrechten besichert sind, zählen gem. § 47 InsO nicht zur Insolvenzmasse; eine Aufnahme in das Verzeichnis der Massegegenstände erübrigt sich mithin.[16] Allerdings kann der Verwalter eine Verzeichniserweiterung vornehmen, um die mit Aussonderungsrechten belasteten Gegenstände zu kennzeichnen.[17] Absonderungsfähige Gegenstände gehören dagegen zur Insolvenzmasse und sind dementsprechend auch zwingend im Masseverzeichnis aufzunehmen.

2. Bewertung

17 Jeder angesetzte Massegegenstand ist gem. § 151 Abs. 2 Satz 1 InsO zu bewerten. In der Praxis wird die Bewertung zumeist durch einen externen Gutachter vorgenom-

---

15 Vgl. Braun/*Haffa/Leichtle* InsO § 153 Rn 3.
16 Vgl. Förschle/Weisang, Anm. 13.
17 Vgl. Braun/*Haffa/Leichtle* InsO § 153 Rn 4.

men. Bei größter Unsicherheit der Bewertung erfolgt die Aktivierung mit 1,00 EUR (so z.B. bei Insolvenzanfechtungsansprüchen). In den Fällen, in denen eine Fortführung des Unternehmens (sei es durch eine übertragende Sanierung oder durch einen Insolvenzplan) möglich erscheint, sind neben Liquidationswerten auch Fortführungswerte anzugeben. Die gleichzeitige Angabe von Fortführungs- und Liquidationswerten ist Ausdruck der Ergebnisoffenheit des Insolvenzverfahrens, in dem die Gläubiger zu einem späteren Zeitpunkt über die geeignete Verwertungsform entscheiden. Insoweit kann der Verwalter auch nicht berechtigt sein, die Entscheidung über Fortführung oder Veräußerung nach seinem Ermessen zu präjudizieren.[18]

Bei der Bewertung der Massegegenstände unter Annahme der Liquidation muss von einer einzelnen und zügigen Veräußerung ausgegangen werden. Optimistischere Prämissen der Veräußerung – etwa der Verkauf verbundener Aktiva oder die sukzessive, gestreckte Veräußerung – sollten nur zur Anwendung kommen, sofern objektiv nachvollziehbare Anhaltspunkte für derartige Annahmen vorhanden sind. Dies kann etwa der Fall sein bei konkreten Verkaufsverhandlungen, Abschluss von Vorverträgen oder bei Abschluss eines sog. Letter of Intent. Liegt dies nicht vor, so stellt die Bewertungspraxis zumeist auf eine „Versilberung" des Vermögens durch zügige Einzelveräußerung ab.[19] Insofern lässt sich die Bewertung der Masse mit Liquidationswerten auch als eine mit hinreichender Sicherheit erzielbare Wertuntergrenze interpretieren, wobei Veräußerungsausgaben sowie Abbruch- und Beseitigungsausgaben angemessen zu berücksichtigen sind.

Größere Probleme als die Bewertung der Aktiva mit Liquidationswerten bereitet die Bemessung des Rohvermögens bei angenommener Unternehmensfortführung.[20] Weder dem Gesetz noch den erläuternden Materialien kann entnommen werden, wie die Bewertung bei Fortführung zu erfolgen hat. Die Praxis geht zumeist den – theoretisch bedenklichen – Weg, auf Reproduktionskosten zurückzugreifen.[21] Im Ergebnis handelt es sich dabei um einen geschätzten Geldbetrag, der erforderlich wäre, die vorhandenen Aktiva in ihrer selben Beschaffenheit erneut zu erwerben.[22]

Festzuhalten ist, dass es sich sowohl unter der Annahme der Liquidation als auch unter der Prämisse der Fortführung um Schätzwerte handelt, denen ein erhebliches Gestaltungspotential innewohnt, denn weder für die Bemessung von Liquidationswerten noch für die nach Fortführungswerten gibt es objektive Messkriterien.

---

18 Vgl. Begründung zu § 170 RegE (§ 151 InsO).
19 Vgl. Braun/*Haffa/Leichtle* InsO § 151 Rn 5.
20 Vgl. Förschle/Weisang, Anm. 14, die den Sinn dieser Angabe – zu Recht – bezweifeln.
21 Theoretisch korrekt wäre eine Bewertung, die zukünftige Unternehmensergebnisse diskontiert; vgl. im Detail Möhlmann, S. 133f.
22 Vgl. Braun/*Haffa/Leichtle* InsO § 151 Rn 8ff.

3. Ausweis

20 Gliederungsvorschriften sind der InsO für Zwecke des Masseverzeichnisses nicht zu entnehmen. Im Hinblick auf die vertikale Strukturierung sollte eine Umkehrung des handelsrechtlichen Schemas gewählt werden. Hintergrund ist der veränderte Gesellschaftszweck, nämlich die Gläubigerbefriedigung durch Transformation von unbaren Vermögensgegenständen in Geld. Das Masseverzeichnis weist damit zunächst die Position Kasse aus und endet mit Sachanlagen bzw. immateriellen Werten. Gleichwohl zeigt die Praxis oftmals eine Orientierung an dem handelsrechtlichen Schema des § 266 HGB.[23] Dies lässt sich wohl auf Gewohnheit zurückführen. Im Ergebnis ist die Frage der Vertikalgliederung die subjektive Entscheidung des Verwalters.

21 Die horizontale Gliederung soll Informationen über die jeweiligen Rechte an den Vermögenswerten bereitstellen. Zweckmäßigerweise wurde bereits in der konkursrechtlichen Literatur erwogen, eine solche „Mehrdimensionalität der einzelnen Bilanzpositionen"[24] durch die Hinzufügung von mehreren Spalten zu gewährleisten. Im Ergebnis lassen sich so die Massegegenstände (erste Spalte) ausweisen, denen die dazugehörigen Liquidationswerte (zweite Spalte) und entsprechende Fortführungswerte (dritte Spalte) zugewiesen werden. Ferner sind die Drittsicherungs- bzw. Fremdrechte (vierte Spalte) sowie die freie Masse, d.h. nach Abzug der Kostenbeiträge nach § 171 InsO (fünfte Spalte) auszuweisen. Überdies kann eine Ergänzung sinnvoll sein, in der Erläuterungen, etwa über die Art und Qualität der Vermögensgegenstände (sechste Spalte) zum Ausdruck kommen. Ein entsprechendes Masseverzeichnis zeigt – im Ansatz – die nachfolgende Tabelle.[25]

Tab. 2: Struktur des Masseverzeichnisses

Massegegenstände	Liquidationswerte	Fortführungswerte	Fremdrechte	Freie Masse/ Kostenbeiträge	Art, Qualität

III. Gläubigerverzeichnis

22 Ebenso wie für Zwecke des Masseverzeichnisses soll auch für das Gläubigerverzeichnis eine Strukturierung der Erwägungen in Ansatz, Bewertung und Ausweis erfolgen.[26]

---

23 Vgl. Braun/*Haffa/Leichtle* InsO § 157 Rn 7.
24 Arians (1985), S. 108.
25 Weitere eingehende Erläuterungen finden sich bei Möhlmann, S. 135 ff.
26 Siehe zu weiteren Einzelheiten insb. Möhlmann, S. 141 ff.

1. Ansatz

In dem Gläubigerverzeichnis sind nach § 152 Abs. 1 InsO alle Verpflichtungen des Schuldners anzusetzen, die aus Büchern und Geschäftspapieren, durch Anmeldung, Angaben des Schuldners oder auf andere Weise dem Insolvenzverwalter bekannt geworden sind. Insoweit stellt das Gläubigerverzeichnis eine Kreditorenliste dar, welche allein Passiva erfasst.[27] Genauso wie i.R.d. Masseverzeichnisses auf den Ansatz der mit Aussonderungsrechten besicherten Vermögensgegenstände verzichtet werden kann, ist ein Ansatz von aussonderungsberechtigten Gläubigerforderungen im „passiven Pendant" nicht erforderlich.[28]

2. Bewertung

Den angesetzten Passiva des Gläubigerverzeichnisses hat der Verwalter im Regelfall die Beträge beizumessen, die von den Gläubigern geltend gemacht werden.[29] Soweit die Forderungen der Gläubiger über die Buchhaltung des Schuldners verifizierbar sind, bereitet deren Bewertung kaum Probleme.

Tragendes Prinzip der Bewertung der Passiva ist die Einzelbewertung.[30] Problematisch erscheint eine Einzelbewertung in den Fällen, in denen die Gläubigerforderungen nicht sicher sind, sondern dem Grunde oder der Höhe nach bestritten werden. Denkbar erscheinen Lösungsmöglichkeiten, die von einer Bemessung eines situativen Abschlages bis zu einer durchschnittlichen Bewertung der Risiken reichen. An dieser Stelle wird – im Einklang mit der Praxis – empfohlen, auch zweifelhafte und umstrittene Gläubigeransprüche zum vollen Forderungsbetrag zu bewerten.[31] Grund bzw. Höhe des bestrittenen Betrags ist dann zu vermerken.

Erwartete Ausfälle der absonderungsberechtigten Gläubiger sind nach § 152 Abs. 2 Satz 3 InsO in dem Gläubigerverzeichnis gesondert zu berechnen. Dies erfolgt durch Subtraktion zwischen dem ausgewiesenen Gläubigeranspruch und dem Wert des als Sicherheit dienenden Massegegenstands nach Abzug des Kostenbeitrages.[32] Rein rechnerisch lassen sich zwei unterschiedliche Differenzen bilden, sofern auf der Aktivseite Liquidations- und Fortführungswerte zum Ansatz gebracht wurden. Allerdings macht die Angabe eines Forderungsausfalls zu Fortführungswerten wenig Sinn, denn die Gläubigerbefriedigung vollzieht sich im Fortführungsfall nicht

---

27 Vgl. Braun/*Haffa*/*Leichtle* InsO § 152 Rn 1 ff.
28 Vgl. Förschle/Weisang, Anm. 15.
29 Dies betrifft nachrangige Forderungen gem. § 39 InsO erst nach Aufforderung des Insolvenzgerichts.
30 Dies stellt eine Anlehnung an § 240 HGB dar. Berechtigt erscheint eine solche Anlehnung, da Masse- und Gläubigerverzeichnis letztlich eine Inventarisierung von Aktiva und Passiva darstellen; vgl. mit weiteren Einzelheiten Möhlmann, S. 144 ff. m.w.N.
31 In diesen Fällen muss der Verwalter nach § 176 InsO bestreiten.
32 Vgl. Braun/*Haffa*/*Leichtle* InsO § 152 Rn 7.

über die – mit der Differenzenbildung implizit unterstellten – Versilberung der Aktiva, sondern über die Generierung von zukünftigen Einzahlungsüberschüssen. Eine Abschätzung des mutmaßlichen Ausfalls im Fortführungsfall kann daher über eine rein bilanzielle Betrachtung von Schulden und Vermögen nicht gelingen und sollte infolgedessen unterbleiben.

27   Nach § 152 Abs. 3 Satz 1 InsO sind i.R.d. Gläubigerverzeichnisses auch Aufrechnungsmöglichkeiten darzustellen und entsprechend zu bewerten. Nach Auffassung des Gesetzgebers kann eine bestehende Aufrechnungslage ebenso zur vollen Befriedigung des Gläubigers führen wie ein Absonderungsrecht. Gläubigerforderungen, die sich mit noch ausstehenden Zahlungen an den Schuldner gem. §§ 94, 95, 96 InsO verrechnen lassen, sind vom Verwalter anhand der vorliegenden schriftlichen Unterlagen zu bewerten und in dem Gläubigerverzeichnis entsprechend zu vermerken. Weitgehend unproblematisch erscheint die gem. § 152 Abs. 3 Satz 2 InsO vorzunehmende Bemessung der Masseverbindlichkeiten,[33] denn es ist vom Fall einer zügigen Verwertung auszugehen. Eine Bewertung der Masseverbindlichkeiten im Fortführungsfall wird in den Gesetzesmaterialien aufgrund der damit verbundenen Bewertungsproblematik explizit ausgeschlossen.[34]

3. Ausweis

28   § 152 Abs. 2 Satz 1 InsO schreibt vor, die unterschiedlich besicherten Gläubiger entsprechend ihrer Rangklasse zu gruppieren. § 152 Abs. 2 Satz 2 InsO verlangt, Forderungsbetrag und -grund anzugeben und die Anschrift eines jeden anspruchsberechtigten Gläubigers zu vermerken. Überdies ist nach § 152 Abs. 2 Satz 3 InsO eine Bezeichnung der besicherten Massegegenstände erforderlich. Ferner sind, wie skizziert, Aufrechnungsmöglichkeiten und Ausfallerwartungen darzustellen sowie die geschätzten Masseverbindlichkeiten auszuweisen.

29   Im Hinblick auf die zweckmäßigste Vertikalgliederung empfiehlt sich für die Praxis die Positionen konsequent nach der Stärke des Rechtsanspruchs. Insofern sind zunächst – fakultativ – aussonderungsberechtigte Gläubigerforderungen auszuweisen. Dem folgen Angaben über die geschätzten Verfahrenskosten (§ 54 InsO) und weitere als Masseverbindlichkeiten auszuweisenden Positionen (so z.B. §§ 55, 123, 169, 172 InsO). Im Anschluss sind absonderungsberechtigte Gläubigerforderungen, einfache Insolvenzforderungen sowie ggf. einzelne Rangklassen nachrangiger Gläubigerforderungen gem. § 39 InsO aufzunehmen.

---

33 Darunter fallen etwa die geschätzte Verwaltervergütung sowie voraussichtliche Gerichtskosten. Nicht auszuweisen sind Ausgaben im Zusammenhang mit der Fortführung der Gesellschaft, etwa für Material oder Personal.
34 Vgl. Begründung zu § 171 RegE (§ 152 InsO).

Die horizontale Strukturierung resultiert letztlich aus den gesetzlichen Anforderungen des § 152 InsO. Insoweit sind zunächst Name und Anschrift der unterschiedlich besicherten Gläubiger (erste Spalte) zu vermerken. Ferner müssen Forderungsbetrag (zweite Spalte), Grund der Forderung und ggf. Grund des Bestreitens (dritte Spalte) Berücksichtigung finden. Überdies sollten die besicherten Gegenstände der absonderungsberechtigten Gläubiger vermerkt und bewertet (vierte Spalte) sowie die mutmaßlichen Forderungsausfälle (fünfte Spalte) und Aufrechnungen (sechste Spalte) ausgewiesen werden. Den horizontalen Aufbau des Gläubigerverzeichnisses illustriert die folgende Tabelle:

Tab. 3: Struktur des Gläubigerverzeichnisses

Gläubigergruppen	Forderungsbetrag	Grund der Forderung/des Bestreitens	Besicherter Gegenstand	Ausfall	Aufrechnung
Verfahrenskosten, Masseverbindlichkeiten, Absonderungsgläubiger, Insolvenzgläubiger, Nachranggläubiger					

IV. Vermögensübersicht

Die Vermögensübersicht kann als eine verdichtete Zusammenfügung der angefertigten Masse- und Gläubigerverzeichnisse bezeichnet werden. Ansatz und Bewertungsfragen nehmen in der Vermögensübersicht – materiell gesehen – demnach nur noch einen geringen Raum ein, da diese Fragen in den zugrunde liegenden Verzeichnissen bereits behandelt wurden. Im Zentrum stehen vornehmlich Ausweisfragen, denn die Vermögensübersicht soll die Insolvenzsachverhalte komprimiert und übersichtlich darbieten.[35]

1. Ansatz

Im Hinblick auf den Ansatz von Aktiva und Passiva hat der Insolvenzverwalter die aktivierten Gegenstände des Masseverzeichnisses und die passivierten Schulden des Gläubigerverzeichnisses in die Vermögensübersicht zu übertragen.[36] Die Vermögensübersicht soll Aufschluss über eine mögliche Befriedigungsquote geben[37] und

---

35 S. zur Vermögensübersicht ausführlich Möhlmann, S. 153 ff. m.w.N.
36 Vgl. IDW RH HFA 1.010, Rn 74.
37 Vgl. Braun/*Haffa/Leichtle* InsO § 153 Rn 4.

dabei erkennen lassen, welche Art von Verwertung – Stilllegung oder Fortführung – für die Gläubiger vorzuziehen ist.

2. Bewertung

33 Für die Bewertung der in der Vermögensübersicht angesetzten Werte findet sich für die Aktiva die gesetzliche Vorschrift, die Maßstäbe aus dem Masseverzeichnis zu übernehmen. Demzufolge müssen den Aktivpositionen sowohl Fortführungs- als auch Liquidationswerte zugewiesen werden. Grundlage dafür ist das Masseverzeichnis.[38] Zwar lässt sich der InsO keine explizite Vorschrift zur Bewertung der in der Vermögensübersicht passivierten Positionen entnehmen, am Ergebnis kann indes kein Zweifel bestehen: Die in dem Gläubigerverzeichnis zugrunde gelegte Bewertung ist für die Passiva der Vermögensübersicht zu übernehmen.

3. Ausweis

34 Die Vermögensübersicht soll die Gegenstände der Insolvenzmasse und die Verbindlichkeiten ähnlich wie in einer Bilanz zusammenfassen und gegenüberstellen. Damit erhält die Vermögensübersicht den Charakter einer komprimierten Darstellung, die Details zugunsten von Transparenz und Übersichtlichkeit vernachlässigt,[39] die aus den Verzeichnissen nach §§ 151, 152 im Bedarfsfalle jedoch zu entnehmen sind. Die Kernaufgabe der Übersicht liegt in der Bereitstellung entscheidungsrelevanter Informationen, die für die Insolvenzbeteiligten eindeutig und unzweifelhaft erkennbar sein müssen.[40] In diesem Sinne ist auch einer Kontoform der Vorzug vor einer staffelmäßigen Darstellung zu geben.[41]

35 Eine gesetzliche Vorschrift zur Vertikalgliederung der Aktiva fehlt in der InsO. Die Praxis strukturiert die Aktiva zumeist in Anlehnung an § 266 HGB. Im Hinblick auf die horizontale Untergliederung der Vermögensübersicht ist zu untersuchen, ob die entsprechenden spaltenmäßigen Strukturierungen der zugrunde liegenden Verzeichnisse zu übernehmen sind. Ausgehend vom Zweck der Vermögensübersicht, die ökonomischen Sachverhalte komprimiert und übersichtlich darzustellen, erscheint eine vielspaltige Darlegung wenig sachgerecht. Das Gesetz schreibt für die Strukturierung der Aktiva vor, Fortführungs- und Liquidationswerte auszuweisen.[42] Insoweit erhält die Vermögensübersicht auf der Aktivseite drei Spalten. Auf eine

---

38 Vgl. Begründung zu § 172 RegE (§ 153 InsO).
39 Vgl. Braun/*Haffa/Leichtle* InsO § 153 Rn 1.
40 Vgl. weiterführend Möhlmann, S. 156 ff.
41 Vgl. Braun/*Haffa/Leichtle* InsO § 153 Rn 2.
42 Vgl. dazu die erläuternden Materialien zu den Vorschriften § 170 RegE (§ 151 InsO) und § 172 RegE (§ 153 InsO).

weitere Untergliederung der Aktivseite könnte aber i.S.d. vorgebrachten Argumentation verzichtet werden.

In § 153 Abs. 1 Satz 2 Halbs. 2 InsO findet sich eine gesetzliche Normierung zur Vertikalgliederung der Passiva. Demnach sind die Schuldpositionen entsprechend ihrer Rechtstellung zu gruppieren, sodass zunächst der fakultative Ausweis der aussonderungsberechtigten Gläubigerforderungen erfolgt. Daraufhin gliedern sich die Abschätzung der Verfahrenskosten und Masseverbindlichkeiten sowie die Angaben über absonderungsberechtigte Gläubigerforderungen, Insolvenzforderungen und ggf. nachrangige Gläubigerforderungen.

Hinsichtlich der horizontalen Anordnung der Passiva sind dem Gesetz keine Vorschriften zu entnehmen. Ebenso wie bei den Aktiva erscheint es auch bei den Schuldpositionen wenig zweckmäßig, die gesamten Informationen aus dem zugrunde liegenden Verzeichnis übertragen zu wollen (s. nachf. Tabelle).

Tab. 4: Struktur der Vermögensübersicht

Aktiva	Fortführungswert	Liquidationswert	Passiva	Betrag	Liquidationsquote
Anlagevermögen			Verfahrenskosten		
Umlaufvermögen			Masseverbindlichkeiten		
			Absonderungsgläubiger		
			Insolvenzgläubiger		
			Nachranggläubiger		

Dementsprechend wird der Verwalter den jeweiligen Gruppen von Gläubigerforderungen die jeweiligen Beträge zuweisen. Zur Abschätzung der voraussichtlichen Befriedigungsquoten im Liquidationsfall ist den beiden Passivspalten eine dritte Spalte hinzuzufügen, sodass im Ergebnis sowohl aufseiten der Aktiva als auch aufseiten der Passiva eine dreispaltige Strukturierung, wie dies die obige Tabelle zeigt, erfolgt.

V. Zwischenrechnungen

Gläubigerversammlung und Insolvenzgericht haben das Recht, Zwischenberichte und -rechnungen zu bestimmten Zeitpunkten während des Verfahrens zu verlangen.[43]

---

[43] Ein derartiges Recht der Gläubiger, den Verwalter zu der Anfertigung von Zwischenrechnungen zu veranlassen, wurde aus § 132 Abs. 2 KO übernommen.

Insb. in massereichen, längeren Verfahren wird dieses Recht auch verstärkt in Anspruch genommen.[44]

40   Wie Zwischenrechnungen nach §§ 66 Abs. 3, 58 Abs. 1 InsO auszusehen haben, lässt das Gesetz offen. Explizit bestimmt ist aber, dass i.R.d. Feststellung von Forderungen ungesicherter Gläubiger gem. § 175 InsO eine Forderungstabelle zu erstellen ist. Darüber hinaus fordert § 188 InsO die Aufstellung eines Verteilungsverzeichnisses im Vorfeld von Abschlagsverteilungen. Letztere Vorschrift kommt freilich nur in sehr massereichen Verfahren zur Geltung. Die Praxis zeigt, dass vorgezogene Verteilungen die Ausnahme darstellen.

41   Einerseits kann die Gläubigerversammlung Zwischenrechnungen vom Verwalter einfordern, andererseits kann es für den Verwalter sinnvoll sein, solche Rechnungen freiwillig zu erstellen und mit verbalen Berichten zusammen bei Gericht einzureichen. Der Vorteil solch freiwilliger Zwischenberichterstattung ist ein zweifacher: Zum einen erspart sich das Verwalterbüro die Beantwortung vieler, oft ähnlicher Sachstandsanfragen durch die Gläubiger, indem das Verwalterbüroer die Gerichtsakte verweist, und zum anderen werden die Gläubiger durch laufende und transparente Informationen quasi mit „in die Verantwortung genommen". Letzteres ist insb. bei risikoträchtigen Betriebsfortführungen und bei Fehlen eines Gläubigerausschusses bedeutsam.

42   Wer als Gläubiger regelmäßig aussagefähige Zahlen zu Stand und Verlauf einer Betriebsfortführung vorgelegt bekommt – ggf. verbunden mit der Aufforderung, zu diesen Zahlen Stellung zu beziehen –, tut sich schwer, bei etwaigem späteren Scheitern der Fortführung gegen den Verwalter vorzugehen.

43   Fraglich ist sodann die zweckmäßige Abfolge von zwischenzeitlich zu erstellenden Rechnungen,[45] denn auf der einen Seite besteht seitens vieler Gläubiger ein Wunsch nach möglichst lückenloser Dokumentation, auf der anderen Seite hat der Verwalter ein Interesse daran, die Arbeitsbelastung mit administrativen Vorgängen gering zu halten. Um beiden Gesichtspunkten Rechnung zu tragen, ist in Bezug auf die Länge der gesamten Abwicklung zu differenzieren. Plausibel ist, bei kurzen und übersichtlichen Verwertungsvorgängen eine quartalsmäßige Berichterstattung, bei längeren Verfahren eine halbjährliche Quantifizierung der Liquidierungs- und Verteilungsergebnisse durchzuführen.[46]

44   Das insolvenzrechtliche Regelverfahren ist durch die Parallelität von Verwertung und Verteilung der Masse gekennzeichnet. Insofern ergeben sich zwei Bereiche der begleitenden Quantifizierung. Zum einen bedarf der Prozess der Geldentstehung einer Dokumentation. Zum anderen ist über die Geldverwendung Bericht zu erstatten.

---

[44] Professionell arbeitende Insolvenzverwalter informieren die Gläubiger turnusmäßig auf freiwilliger Basis. Das geschah traditionell über Gläubigerrundschreiben, heute nahezu ausschließlich über internetbasierte Kommunikation durch Abruf des Gläubigers.
[45] Ausführliche Erwägungen finden sich dazu bei Möhlmann, S. 245 ff.
[46] Vgl. IDW RH HFA 1.011, Rn 35.

Rechnungen kommt in diesem Zusammenhang die Aufgabe zu, den aktuellen Stand der Abwicklung wiederzugeben. Einerseits dienen sie der Selbstinformation, Planung und Verantwortungsdarlegung des Verwalters, andererseits fungieren sie – bei entsprechender Publizität – als Kontrollinstrument der übrigen Verfahrensbeteiligten.[47]

Aus systematischen Gründen ist eine zwischenzeitliche Rechnungslegung zu empfehlen, die an die i.R.d. Verfahrenseröffnung vom Verwalter angefertigten Verzeichnisse nach §§ 151, 152 InsO sowie an die Übersicht nach § 153 InsO anknüpft. Eine solche Anbindung ermöglicht eine größtmögliche Transparenz und Nachvollziehbarkeit des Abwicklungsvorganges.[48] Im Hinblick auf den Prozess der Monetisierung sind Rechnungen erforderlich, die den liquidationstypischen Verlauf – das Schwinden des gebundenen Vermögens und die Zunahme des Kassenbestands – abbilden. 45

Zweckgerecht erscheinen insofern Bestandsrechnungen, welche den Aktivtausch aufzeigen. Dies kann durch eine einfache tabellarische Übersicht – Massetableau genannt – geleistet werden. Ein Massetableau, das an das Verzeichnis nach § 151 InsO anknüpft und an ein handelsrechtliches Anlagengitter nach § 268 Abs. 2 HGB erinnert, nimmt dabei folgende Form an: Den Massegegenständen (erste Spalte) sind zunächst die ursprünglichen Liquidationswerte zu den Zeitpunkten der Verfahrenseröffnung (zweite Spalte) und des Zerschlagungsbeginns (dritte Spalte) zuzuweisen. Sodann wird man die Höhe der Besicherung der jeweigen Vermögensgegenstände (vierte Spalte) festhalten und die entsprechenden Liquidationszeitpunkte im Verfahren (fünfte Spalte) notieren. Schließlich sind die realisierten Liquidationserlöse aufzuzeichnen (sechste Spalte) sowie die realisierten Massemehrungen und -minderungen (siebte Spalte) auszuweisen. Ein Massetableau lässt in der horizontalen Anordnung folgende Darstellung erkennen:[49] 46

Tab. 5: Struktur des Massetableaus

Masse-gegenstände	Liquidations-wert gem. § 151 InsO	Wert zu Zerschlagungs-beginn	Höhe der Be-sicherung	Liquidations-zeitpunkt	Liquidations-erlös	Masse-änderung

Auch der Prozess der Schuldentilgung durch Verteilung der Geldmittel lässt sich durch eine einfache, tabellarische Übersicht – ein Forderungstableau – dokumentieren. In einem Forderungstableau, das an das Gläubigerverzeichnis nach § 152 InsO anknüpft, werden den Passiva (erste Spalte) die Forderungsbeträge zu den Zeitpunkten der Verfahrenseröffnung (zweite Spalte) und des Zerschlagungsbeginns 47

---

47 Vgl. IDW RH HFA 1.011, Rn 33.
48 So für Konkursverfahren bereits Plate, S. 63.
49 Vgl. im Detail Möhlmann, S. 250.

(dritte Spalte) zugewiesen. Ferner sind Befriedigungszeitpunkt (vierte Spalte) und Höhe der Gläubigerbefriedigung (fünfte Spalte) zu erfassen. Zweckmäßig erscheint es, als Ergänzung die Befriedigungsquote und den Quotienten aus Forderung und Befriedigung (sechste Spalte) zu berechnen. Schließlich wird man den Kostenbeitrag der besicherten Gläubiger in seiner absoluten Höhe (siebte Spalte) aufzeichnen. Die skizzierte Struktur ergibt sich demnach wie folgt.[50]

Tab. 6: Horizontale Struktur des Forderungstableaus

Gläubiger-forderungen	Forderungs-betrag gem. § 152 InsO	Wert zu Zerschlagungs-beginn	Befriedigungs-zeitpunkt	Höhe der Befriedigung	Quote	Kosten-beitrag

48 Während die skizzierten Tableaus an die Verzeichnisse nach §§ 151 und 152 InsO anschließen, würde eine zwischenzeitliche Vermögenszwischenübersicht an die Vermögensübersicht nach § 153 InsO anknüpfen. Eine solche Rechnung zeigt die noch zu versilbernden Gegenstände, die noch zu verteilenden Barmittel auf der Aktivseite sowie die noch offen Gläubigerforderungen auf der Passivseite. Allerdings wird nur unter Heranziehen der aufgezeigten Tableaus deutlich, durch welche Verkäufe, zu welchem Zeitpunkt, mit welchem Erfolg Barmittel erlöst wurden und inwieweit Tilgungen an wen und in welcher Höhe stattgefunden haben.

VI. Schlussrechnung

49 Der Verwalter hat bei Beendigung seines Amtes der Gläubigerversammlung Rechnung zu legen und Rechenschaft abzugeben. Aber nicht nur für die Gläubiger, sondern auch für den Insolvenzverwalter selbst sind Schlussrechnungen von besonderem Interesse, da zum einen auf deren Basis seine Vergütung bestimmt wird und zum anderen die Erstellung einer ordnungsgemäßen Schlussrechnung die Chance auf eine erneute Beauftragung durch die Insolvenzgerichte und neuerdings auch durch die Gläubiger erhöht. Nachfolgend wird den genannten Sachverhalten Rechnung getragen[51] und überdies die Prüfung von Schlussrechnungen erläutert.

50 Zum einen verlangt § 66 Abs. 1 InsO, dass der Verwalter Schlussrechnung zu legen hat. Zum anderen sind unter dem Gesichtspunkt der abschließenden Rechenschaftslegung Gläubiger und Gericht über die Tätigkeit des Insolvenzverwalters zu

---

50 Detaillierter Möhlmann, S. 255.
51 Siehe zur Rechnungslegung i.R.d. Verfahrensbeendigung insb. Möhlmann, S. 327 ff. m.w.N.

informieren.[52] Die Schlussrechnung soll den Verfahrensbeteiligten, insb. den Gläubigern und dem Insolvenzgericht, ein vollständiges Bild über die Tätigkeit des Insolvenzverwalters vermitteln und ihnen sämtliche Informationen über den Verfahrensablauf zur Verfügung stellen.[53] Überdies kommt der Rechnungslegung aus der Perspektive des Verwalters eine Entlastungsfunktion zu, indem haftungsrechtlich relevante Sachverhalte dokumentiert werden.[54]

1. Bestandteile der Schlussrechnung

Eine Regelung, wie die insolvenzrechtliche Schlussrechnung aufgebaut und gegliedert sein muss, um als ordnungsgemäß eingestuft werden zu können, enthält die InsO nicht. Aufbau und Inhalt bestimmen sich daher aus der ratio legis und dem Zweck der Schlussrechnungslegung.[55] Schließlich muss die Rechnungslegung so beschaffen sein, dass sie einem sachverständigen Dritten innerhalb einer angemessenen Zeit einen Überblick über den Ablauf des Insolvenzverfahrens vermittelt.[56] Aus diesem Grund ist die Schlussrechnung zur Verbesserung ihrer Klarheit, Übersichtlichkeit und Nachvollziehbarkeit zweckmäßigerweise in eine Einnahmen-Ausgaben-Rechnung, eine Insolvenzschlussbilanz, einen Schlussbericht und ein Schlussverzeichnis zu gliedern.[57]

51

a) Einnahmen-Ausgaben-Rechnung

In der insolvenzrechtlichen Liquidation hat die Einnahmen-Ausgaben-Rechnung, die eigentlich Einzahlungs-Auszahlungs-Rechnung heißen müsste, Auskunft zu geben über sämtliche Zahlungsvorgänge, die während des Insolvenzverfahrens angefallen sind. *Heni* spricht in diesem Sinne von einer „sachlich geordneten Darstellung sämtlicher Zahlungsvorgänge der Abwicklung, ausgehend vom vorgefundenen Zahlungsmittelbestand bei Verfahrenseröffnung bis hin zur Quotenausschüttung an die Gläubiger als letztem Auszahlungsvorgang".[58] Einerseits ist also über den Prozess der Monetisierung, d.h. über Einzahlungen aus der Betriebsfortführung und der Masseverwertung zu berichten. Andererseits sind Auszahlungen an Massegläubiger, Auskehrungen an aus- und absonderungsberechtigte Gläubiger sowie (Abschlags-)Verteilungen zur Gläubigerbefriedigung durch Barmittel zu dokumentieren.[59] Zu-

52

---

52 Vgl. Heni, S. 172.
53 Vgl. Weitzmann, ZInsO 2007, 449.
54 Vgl. Braun/*Blümle* InsO § 66 Rn 1.
55 Vgl. Bähner/Berger/Braun, ZIP 1993, 1283, 1285.
56 Vgl. Lièvre/Stahl/Ems, KTS 1999, 1, 3.
57 Vgl. IDW RH HFA 1.011, Rn 43.
58 Heni, S. 175.
59 Vgl. Förschle/Weisang, Anm. 30.

dem gilt es zu beachten, dass mit der Einnahmen-Ausgaben-Rechnung sämtliche (interne und externe) Belege zu den Zahlungsbewegungen vorzulegen sind.[60]

53 Für eine solche Zahlungsrechnung liefert das Gesetz keinerlei Gliederungsvorschriften, sodass auf Gesichtspunkte der Zweckmäßigkeit abzustellen ist. Insoweit kann man folgende Anforderungen an Schlussrechnungen formulieren:[61]
   – Trennung der Ein- und Auszahlungen aus der Versilberung von Aktiva einerseits und Ein- und Auszahlungen aus der zeitlich begrenzten Fortführung andererseits
   – Strikte Beachtung des Saldierungsverbots bei der Verwertung von besicherten Aktiva, d.h. es sollen nicht nur Überschüsse über die besicherten Gläubigerforderungen dokumentiert werden; vielmehr muss erkennbar sein, welche Preise und Kostenbeiträge für den Verkauf von Sicherungsgütern erzielt wurden und welche hierauf entfallende Beträge ausgekehrt wurden
   – Strukturierungen der Auszahlungen anhand der Gläubigersystematik.

54 Demnach könnte eine solche Rechnung wie folgt aussehen:

Tab. 7: Einnahmen-Ausgaben-Rechnung

Finanzmittelbestand zum Zeitpunkt der Verfahrenseröffnung (gemäß Masseverzeichnis)[1]
+ Einzahlungen aus der Verwertung von Massegegenständen
+ Einzahlungen aus Forderungseinzug
+ Sonstige Einzahlungen
+ Einzahlungen aus der Fortführung
./. Auszahlungen aus der Abwicklung
./. Auszahlungen an aus- und absonderungsberechtigte Gläubiger
./. Auszahlungen an Insolvenzgläubiger (Abschlagsverteilungen)
./. Auszahlungen aus der Fortführung
= Finanzmittelbestand zum Stichtag der Schlussrechnung (vor Schlussverteilung)
./. erwartete Verfahrens- bzw. Massekosten bis zur Vornahme der Schlussverteilung
= liquide Masse, die voraussichtlich zur Befriedigung der Insolvenzgläubiger bereitsteht

1 Anschluss an die Schlussrechnung des vorläufigen Insolvenzverwalters (§ 21 Abs. 2 Ziffer 1 i.V.m. § 66 InsO).

b) Insolvenzschlussbilanz

55 Die Insolvenzschlussbilanz soll den Verfahrensbeteiligten durch eine Gegenüberstellung das zahlenmäßige Ergebnis der gesamten Verwertungs- und Abwicklungstätigkeit des Insolvenzverwalters aufzeigen.[62] Zudem fungiert die Insolvenzschluss-

---

60 Vgl. Heyrath/Ebeling/Reck, Rn 40.
61 Vgl. Heni, S. 179ff.
62 Vgl. Hillebrand, BB 2007, 266, 270.

bilanz als Nachweis darüber, ob die Voraussetzungen für eine Schlussverteilung vorliegen, mithin ob die Insolvenzmasse vollständig verwertet worden ist und ob noch Vermögen zur Masse gezogen werden kann. Anknüpfungspunkt sind die Verzeichnisse i.S.d. §§ 151, 152 InsO bzw. die Vermögensübersicht nach § 153 InsO. Über den zu Beginn des Insolvenzverfahrens vorgefundene und zu bewertende Masse- und Schuldenstand soll der Verbleib des Vermögens und die Entwicklung der Gläubigerstruktur nachvollziehbar dargestellt werden. Der Insolvenzschlussbilanz geht insofern eine Fortschreibung des Vermögensverzeichnisses voraus.[63] Allerdings stellt sich die Frage, ob diese Bewegungsübersicht zwingend erforderlich ist. Sollte die Einnahmen-Ausgaben-Rechnung (ggf. i.V.m. dem Schlussbericht) die konstatierte Zweckfunktion der Insolvenzbilanz erfüllen, so kann auf die Aufstellung der Übersicht verzichtet werden.[64] In größeren bzw. umfangreicheren Verfahren erscheint aus Gründen der Übersichtlichkeit, Klarheit und Nachvollziehbarkeit die Erstellung einer Insolvenzschlussbilanz jedoch vorzugswürdig.

2. Schlussbericht

Der Schlussbericht, der eine Art Anhang zu den rechnerischen Bestandteilen bildet, ist der zentrale verbalisierte Tätigkeits- und Rechenschaftsbericht des Insolvenzverwalters.[65] Dem handelsrechtlichen Anhang vergleichbar, stehen die Funktionen der Erläuterung, Ergänzung und Aufgliederung im Vordergrund. Der Bericht soll als „erläuterndes Bindeglied"[66] Aufschluss über die liquiditätswirksamen Vorgänge während des Insolvenzverfahrens geben und die Gläubiger sowie das Gericht dazu befähigen, sowohl einen Überblick über das Verfahren zu gewinnen als auch Detailinformationen zu erhalten.[67] Dies bedeutet, dass, neben einer Darstellung des Verfahrensablaufs, die in der Einnahmen-Ausgaben-Rechnung zusammengefassten Positionen erläutert und aufgegliedert werden sollten. Dabei können etwaige Abweichungen zwischen dem geplanten Verwertungserlös und dem tatsächlich erzielten Verkaufspreis begründet werden. Insofern geht es in dem Bericht um eine umfassende Informationsvermittlung, die auch der Entlastung des Insolvenzverwalters dient.[68] 56

Grundsätzlich empfiehlt sich eine Zweiteilung des Schlussberichtes: In einem ersten Teil hat der Bericht demnach zunächst den Verfahrensablauf darzustellen. 57

---

63 Vgl. Heyrath/Ebeling/Reck, Rn 121.
64 Vgl. Becker, S. 71.
65 Vgl. Heni, S. 175.
66 Plate, S. 203.
67 Vgl. Braun/*Blümle* InsO § 66 Rn 9.
68 Vgl. Braun/*Blümle* InsO § 66 Rn 1.

Dies beinhaltet etwa den Verlauf der Abwicklung, die Verwertung von Sicherungsrechten, den Ablauf von Rechtsstreitigkeiten oder die Regelungen von Sozialplänen, um einige wenige Bestandteile zu nennen. An den ersten „allgemeinen Teil" schließt sich sodann die Darlegung der liquiditätswirksamen Abwicklungsmaßnahmen an. Dazu gehören insb. die Aktivitäten zur Versilberung der Insolvenzmasse sowie ggf. bereits durchgeführte Abschlagsverteilungen. Ebenfalls aufgeführt werden sollte Vermögen, welches nicht verwertet werden konnte bzw. noch zu verwerten ist. In Anlehnung an das *IDW* ergäbe sich daraus folgendes komprimiertes Muster:[69]

Tab. 8: Schlussbericht in zweiteiliger Form

1.)	Allgemeiner Teil	
	a)	Ausgangslage und Verlauf der Abwicklung
	b)	Besonderheiten/Schwierigkeiten des Verfahrens
2.)	Darstellung der Verwaltermaßnahmen	
	a)	Verwertung der Masse
	b)	Unverwertbares (und ggfs. noch zu verwertendes Vermögen)
	c)	Abschlagsverteilungen
	d)	Ergebnis und Quoten

3. Schlussverzeichnis

58 Neben der abschließenden Einnahmen-Ausgaben-Rechnung nebst Schlussbericht und einer etwaigen Insolvenzschlussbilanz ist nach § 188 InsO ein Verzeichnis vorzulegen, welches die bisherigen und abschließend geplanten Verteilungen von Zahlungsmitteln an die Gläubiger dokumentiert.[70] Bei der Schlussverteilung wird das Verteilungsverzeichnis als Schlussverzeichnis beschrieben. Ausgangspunkt bei der Berechnung des zur Schlussverteilung bereitstehenden Betrags ist die bis zum Tag der Einreichung der Schlussrechnung beim Insolvenzgericht generierte Insolvenzmasse abzgl. etwaiger Abschlagsverteilungen. Der Betrag ergibt sich aus der erwirtschafteten (freien) Insolvenzmasse und entspricht i.d.R. dem Ergebnis der Einnahmen-Ausgaben-Rechnung. Das Schlussverzeichnis stellt damit eine Liste dar, die den jeweiligen Gläubigerforderungen die in der Schlussverteilung auszuschüttenden Geldmittel gegenüberstellt und damit die entsprechende Befriedigungsquote ermittelt.

---

69 Vgl. IDW RH HFA 1.011, 21 ff.
70 Vgl. Braun/*Blümle* InsO § 66 Rn 11 m. w. N.

Aus dieser Aufgabenstellung resultiert die nachfolgende horizontale Aufgliederung: Den einzelnen Gläubigern und den dazugehörigen persönlichen Angaben (erste Spalte), Grund der Forderung (zweite Spalte), Höhe der Forderung (dritte Spalte), bereits geleistete Zahlungen (vierte Spalte), in der anstehenden Schlussverteilung zu leistende Zahlungen (fünfte Spalte) und die sich daraus errechnende Quote (sechste Spalte) zuzuweisen. Ein entsprechendes Schlussverzeichnis zeigt – im Ansatz – die nachfolgende Tabelle.

Tab. 9: Struktur des Schlussverzeichnisses

Name und Wohnort des Gläubigers	Forderungsgrund	Festgestellte Forderung	Entrichtet	Zu zahlen	Quote

Quelle: In enger Anlehnung an Möhlmann, (1999), S. 343.

4. Schlussrechnungen als Basis der Verwaltervergütung

Neben der Rechenschaftslegung ist die Vergütungsfestsetzung Hauptzweck der Schlussrechnung. Der Vergütungsantrag des Insolvenzverwalters i.S.d. § 8 InsVV stellt zwar keinen wesentlichen Bestandteil der Schlussrechnung dar, ist jedoch gem. § 8 Abs. 1 Satz 3 InsO mit dieser beim Insolvenzgericht einzureichen. Gleichwohl übt der Vergütungsantrag bzw. die Berechnung der Verwaltervergütung erheblichen Einfluss auf die Schlussrechnung aus. Nach § 1 InsVV richtet sich die Vergütung des Verwalters *„nach dem Wert der Insolvenzmasse, auf die sich die Schlussrechnung bezieht"*. Die Vergütungsfestsetzung ist somit akzessorisch an die Schlussrechnung gebunden, d.h. das Gericht darf zur Vergütungsfestsetzung keine eigenständige Schlussrechnung entwickeln, sondern hat von der ordnungsgemäßen Schlussrechnung des Verwalters auszugehen. Im Umkehrschluss bedeutet dies, dass eine ordnungsgemäße Schlussrechnung sämtliche für die Bemessung der Verwaltervergütung relevanten Rechnungsposten, Tatbestände und Begründungen enthalten muss.

Bemessungsgrundlage der Verwaltervergütung ist das zu Geld gewordene insolvenzbefangene Aktivvermögen des Schuldners. Dieses Vermögen wird ermittelt, indem sämtliche in der Schlussrechnung nachgewiesenen Einnahmen summiert werden. Der so ermittelte Vermögenswert ist sodann nach den Vorschriften der §§ 1 bis 9 InsVV zu korrigieren, um zu der im jeweiligen Einzelfall konkreten und maßgeblichen Bemessungsgrundlage zu kommen, die dann der Staffelvergütung des § 2 InsVV unterliegt. Ebenso wie die Einnahmenaufstellung unterliegen die Korrekturmaßnahmen bei der Vergütungsfestsetzung der richterlichen Nachprüfung. Eine ordnungsgemäße Schlussrechnung, die auch für die Vergütungsfestsetzung tauglich sein muss, muss demzufolge sämtliche Korrekturtatbestände rechnerisch gesondert ausweisen und in nachprüfbarer Weise erläutern.

62 Rechnerisch getrennt und nachvollziehbar erläutert sind deshalb in der Schlussrechnung darzustellen:[71]
1. Verwertungsüberschüsse aus den mit Absonderungsrechten belasteten Massegütern,
2. vereinnahmte Feststellungskostenbeiträge für die mit Absonderungsrechten belasteten Massegegenstände,
3. Beträge, die der Verwalter nach § 5 InsVV als Sondervergütung für den Einsatz besonderer Sachkunde der Masse entnommen hat,
4. die Darstellung des Einnahmenüberschusses aus einer Betriebsfortführung,
5. die dem Verwalter zu erstattenden Auslagen, sofern nicht deren Pauschalierung nach § 8 Abs. 3 InsVV verlangt wird,
6. Bestimmungsfaktoren, die im Vergleich zum typisierenden „Normalverfahren" im konkreten Fall eine Abweichung vom allgemeinen Regelsatz der Vergütung erzwingen,
7. Zahlungen aus der Masse an Hilfskräfte für die Insolvenzabwicklung,
8. Wertdifferenzen zwischen Masseverzeichnis und Schlussrechnung, soweit die Gesamtdifferenz mehr als 20% beträgt (§ 11 Abs. 2 InsVV).

5. Prüfung der Schlussrechnung

63 Gem. § 66 Abs. 2 InsO ist die Schlussrechnung durch das Insolvenzgericht zu prüfen. Die Prüfung ist Ausfluss der Aufsichtspflicht des Gerichts nach § 58 InsO, in deren Mittelpunkt die Überwachung und Erfüllung der insolvenzrechtlichen Pflichten steht. Folglich ist Ziel der Prüfung zu kontrollieren, ob die Schlussrechnung ein vollständiges und wahres Bild über die Verwaltertätigkeit wiedergibt und ob der Insolvenzverwalter seinen gesetzlichen Aufgaben und Pflichten entsprochen hat.[72]

64 Im Allgemeinen kann die Schlussrechnungsprüfung in eine formelle und materielle Ordnungsmäßigkeitsprüfung systematisiert werden.[73] Daneben ist die Prüfung aus zwei Gründen nötig: Erstens kann ohne Prüfung der Schlussrechnung die Verwaltervergütung nicht sach- und einzelfallgerecht festgesetzt werden, und zweitens verlangt die Auswahl eines geeigneten Insolvenzverwalters i.S.d. § 56 InsO, dass sich das Gericht anhand der Prüfung der Schlussrechnung ein Bild über die Leistungen seiner Verwalter verschafft („Verknüpfung von Auswahl und Aufsicht").[74]

65 Funktionell zuständig für die Schlussrechnungsprüfung ist der Rechtspfleger. In zunehmendem Maße wird seitens der Gerichte die Prüfung jedoch an externe Sachverständige delegiert (bisher i.d.R. an Wirtschaftsprüfer, Steuerberater, Fach-

---

71 Vgl. sehr detailliert Heni, S. 184 ff. m.w.N.
72 Vgl. Lièvre/Stahl/Ems, KTS 1999, 1, 16.
73 Vgl. Braun/*Blümle* InsO § 66 Rn 17 ff.
74 Vgl. Braun/*Blümle* InsO § 66 Rn 15 ff.

anwälte). Die hierdurch entstehenden Kosten sind Verfahrenskosten i.S.d. § 54 InsO.[75] Für den seit Jahren beobachtbaren Trend zur Delegation der Prüfungsaufgaben an Sachverständige ist u.a. die Arbeitsüberlastung und Absicherungsmentalität der Gerichte verantwortlich, aber auch der Umstand, dass in der Vergangenheit eine Häufung von Unregelmäßigkeiten bei der Abwicklung von Insolvenzen festzustellen war. Den besonders bedenklichen Fällen der Veruntreuung von Massegeldern soll zudem die Geldverkehrsprüfung des Gläubigerausschusses entgegenwirken (vgl. § 69 InsO), welche ebenfalls auf Sachverständige delegiert werden kann. In einem derartigen Fall haben die Mitglieder des Gläubigerausschusses die mit der Prüfung beauftrage Person jedoch sorgfältig auszuwählen und zu überwachen.[76] Anderenfalls können Schadensersatzansprüche nach § 71 InsO ausgelöst werden.

Die formelle Ordnungsmäßigkeitsprüfung umfasst neben der äußeren Form die vollständige und richtige Erfassung der Geschäftsvorfälle sowie die rechnerische Richtigkeit des gesamten Zahlenwerks der Schlussrechnungslegung.[77] Demgegenüber umfasst die materielle Ordnungsmäßigkeitsprüfung die vollständige Verwertung der Insolvenzmasse und die inhaltliche Richtigkeit, d.h. Rechtmäßigkeit des Verwalterhandelns.[78] Dabei geht es nicht um eine Zweckmäßigkeits- oder Wirtschaftlichkeitskontrolle des Verwalterhandelns. Allerdings sind die Grenzen fließend. So stützt sich etwa die gerichtliche Prüfung, ob der Verwalter Anwalts- und Steuerberaterhonorare zu Recht der Masse entnommen hat (§ 5 InsVV) im Wesentlichen auch auf Zweckmäßigkeitserwägungen (hier konkret etwa auf Klärung der Frage, ob ein durchschnittlich befähigter Insolvenzverwalter für bestimmte Aufgaben die Hilfe eines RA bzw. Steuerberaters in Anspruch genommen hätte). 66

Die Prüfung der Schlussrechnung ist so durchzuführen, dass ein verlässliches Prüfungsurteil mit möglichst geringem personellem und zeitlichem Prüfungseinsatz erreicht wird (Grundsatz der Wirtschaftlichkeit/Verhältnismäßigkeit).[79] Dabei hat sich der Prüfungsaufwand i.d.R. an der Art des insolventen Unternehmens, Verfahrensgröße und Insolvenzmasse zu orientieren. Des Weiteren ist die Prüfung so durchzuführen, dass etwaige Fehler in der Schlussrechnung aufgedeckt werden, die aufgrund ihrer Art und Bedeutung allein oder zusammen mit anderen Fehlern wesentlich sind (Grundsatz der Wesentlichkeit).[80] Zudem kann angesichts der Stofffülle regelmäßig keine Vollprüfung, sondern nur eine Stichprobenprüfung erfolgen, sodass risikoanfällige Prüffelder, wie bspw. die ersten Fortführungsmonate nach Insolvenzeröffnung, intensiver zu kontrollieren sind. 67

---

75 Vgl. OLG Stuttgart, Beschl. v. 15.10.2009 – 8 W 265/09.
76 Vgl. BGH, Urt. v. 9.10.2014 – IX ZR 140/11.
77 Vgl. Braun/*Blümle* InsO § 66 Rn 9 f.
78 Vgl. BGH, Beschl. v. 11.11.2004 – IX ZB 48/04.
79 Vgl. Dreyer/Wedeking, KSI 2007, 214, 227.
80 Vgl. Dreyer/Wedeking, KSI 2007, 214, 227.

68 Im Folgenden ist eine Auswahl von einzelnen Prüfungshandlungen zur Feststellung und Beurteilung der formellen und materiellen Ordnungsmäßigkeit aufgeführt, die i.R.d. Schlussrechnungsprüfung abzuarbeiten sind:
- Stimmt der Kontostand laut Bankkontoauszug mit dem Ergebnis der Einnahmen-Ausgaben-Rechnung überein?
- Ist die Masseverwertung abgeschlossen oder existieren nach Abgleich mit dem Masseverzeichnis noch Vermögensgegenstände (Vollständigkeitsprüfung, vgl. § 196 InsO)?
- Sind die Konten des Insolvenzverfahrens strikt von den Konten anderer Verfahren (und insb. von persönlichen Konten des Verwalters) getrennt und sind sämtliche Bankkonten aufgeführt?
- Können die Posten der Schlussrechnung (= Einnahmen-Ausgaben-Rechnung) den Bankauszügen des eingerichteten Anderkontos und den eingereichten Belegen des Insolvenzverwalters zweifelsfrei zugeordnet werden?
- Lässt die Schlussrechnung eine zeitnahe laufende Buchführung erkennen, oder wurde die Rechnung nur am Ende aus den gesammelten Belegen „zusammengeflickt"?
- Ist das finanzielle Ergebnis einer Betriebsfortführung nachvollziehbar, d.h. wurden die „Fortführungserlöse" und „Fortführungsaufwendungen" korrekt ermittelt?
- Sind bei der Verwertung von Sicherungsgut „stille Saldierungen" vorgenommen worden, d.h. sind Verwertungserlöse direkt auf Konten von Sicherungsgläubigern geflossen und nur etwaige Verwertungsüberschüsse in die Schlussrechnung eingegangen? Bei umfangreichen Sachverhalten: Existiert eine nachvollziehbare Erlösabrechnung für die Sicherungsgüter?
- Ist in masseunzulänglichen Verfahren (§ 208 InsO) über die „Altmasseschulden" (die nur noch quotal bezahlt werden) und die „Neumasseschulden" (die voll zu befriedigen sind) nach Anzeige der Masseunzulänglichkeit „gesondert Schlussrechnung gelegt worden" (vgl. § 211 Abs. 2 InsO)?

69 Nicht zu den Aufgaben der Schlussrechnungsprüfung gehört es, die materielle Richtigkeit des Verteilungsverzeichnisses nach § 188 InsO zu kontrollieren. Diese Prüfungsaufgabe obliegt den einzelnen Insolvenzgläubigern, die grds. selbst darauf achten müssen, dass ihre Forderung in der Tabelle mit dem richtigen Betrag berücksichtigt wird. Versäumen die Gläubiger diese Prüfung und wird deshalb ihre Forderung bei der Verteilung nicht berücksichtigt, so gehen sie leer aus. Auch Regressansprüche gegen den Insolvenzverwalter, etwa weil dieser Forderungen versehentlich nicht in das Verzeichnis aufgenommen hat, bestehen nur beschränkt, weil die Gläubiger zumindest ein Mitverschulden trifft, wenn sie mangels Prüfung keine Einwendungen gegen das Verteilungsverzeichnis erhoben haben.

70 Das Ergebnis der Schlussrechnungsprüfung ist in einem Prüfungsvermerk zu dokumentieren. Wird für die Schlussrechnungsprüfung ein Sachverständiger bestellt, wird von diesem auch ein Prüfungsbericht erwartet. Es gehört auch zur guten Übung, dass der Schlussrechnungsprüfer vor der Ablieferung seines Berichts ein „Entwurfsexemplar" oder eine „Frageliste" an den Insolvenzverwalter übermittelt und ihm so die Möglichkeit zur Stellungnahme bzw. zur Klärung von prüfungsrelevanten Sachverhalten gibt. Dies gebietet nicht nur die Fairness dem Verwalter ggü., sondern verhindert auch, dass der Prüfer später seine Beanstandungen bei Gericht wieder zurücknehmen muss und damit Reputationsverluste erleidet. In diesem Kontext empfiehlt es sich auch, vor Abgabe des Prüfungsberichts eine „Vollständigkeitserklärung" vom Insolvenzverwalter einzuholen.

6. Schlussrechnung im Planverfahren

Auch im Rahmen des Planverfahrens besteht die Pflicht zur Erstellung einer Schlussrechnung i.S.d. § 66 InsO. Hierbei gilt es jedoch zu beachten, dass das Insolvenzverfahren erst nach Rechtskraft der Planbestätigung gem. § 258 Abs. 1 InsO aufgehoben werden kann, wenn der Insolvenzverwalter Schlussrechnung gelegt hat. Aufgrund der hieraus resultierenden zeitlichen Verzögerung in Bezug auf die Aufhebung des Insolvenzplans kann im gestaltenden Planteil, nach § 66 Abs. 4 InsO eine abweichende Regelung getroffen werden. Der Plan kann nunmehr sowohl einen vollständigen Verzicht als auch eine zeitliche Verschiebung vorsehen.[81] Im Falle eines Verzichts hat der Insolvenzverwalter keine Einnahmen-Ausgaben-Rechnung, keine Insolvenzschlussbilanz und keinen Schlussbericht, wohl aber weiterhin ein Schlussverzeichnis zu erstellen.[82]

71

Die Regelung in § 66 Abs. 4 InsO bezieht sich nicht nur auf die Schlussrechnungslegungspflicht gegenüber der Gläubigerversammlung, sondern auch gegenüber dem Insolvenzgericht.[83] Hinsichtlich der Vergütungsfestsetzung ist eine Schlussrechnungslegung insofern entbehrlich, als im Rahmen eines Insolvenzplans nicht die Schlussrechnung zugrunde zu legen ist, sondern der Schätzwert der Masse zur Zeit der Beendigung des Verfahrens (§ 1 Abs. 1 Satz 2 InsVV).

72

VII. Rechnungen im Planverfahren

1. Bedeutung aus gesetzlicher Sicht

Entscheidet sich die Gläubigermehrheit nicht für die unverzügliche Liquidation als insolvenzrechtliches Regelverfahren, sondern für ein Insolvenzplanverfahren, ist,

73

---

81 Vgl. Begr. RegE ESUG BT-Drucks 17/57/12, S. 27.
82 Vgl. Becker, S. 71.
83 Vgl. Becker, S. 71.

sofern die Befriedigung der Gläubiger aus zukünftigen Erträgen bzw. Einzahlungsüberschüssen vorgesehen ist, gem. § 229 InsO eine integrierte, d.h. untereinander verzahnte Planrechnung zu erstellen. Im Einzelnen handelt es sich dabei um eine Plan(eröffnungs-)bilanz, eine Planerfolgsrechnung (Plan-GuV) und eine Planliquiditätsrechnung (Finanzplan).[84] Diese Planrechnungen, die vom Gesetzgeber als Plananlagen bezeichnet werden, transferieren die im darstellenden und gestaltenden Teil des Insolvenzplans enthaltenen qualitativen Regelungen auf eine quantitative Ebene.[85]

74 Die genannten Planrechnungen besitzen zunächst eine Entscheidungsfunktion, d.h. anhand dieser Rechnungen sollen die Gläubiger zur rationalen Entscheidung über Annahme bzw. Ablehnung des Plans befähigt werden.[86] Demnach wird eine Annahme des Plans überwiegend wahrscheinlich sein, wenn aus den zukünftigen Einzahlungsüberschüssen eine höhere Quote für die Gläubiger erzielt werden kann als im Rahmen einer Liquidation. Neben der Entscheidungsfunktion haben die Planrechnungen auch eine Kontrollfunktion.[87] Denn nach § 260 Abs. 1 InsO kann die Überwachung der Planerfüllung im gestaltenden Teil des Insolvenzplans vereinbart werden. Gegenstand der Überwachung bilden neben der Erfüllung der Ansprüche aus dem gestaltenden Planteil die Geschäftsentwicklung des Schuldners und die Umsetzung von Sanierungsmaßnahmen.

75 Regelmäßig führt der Insolvenzverwalter die Planüberwachung durch. In diesem Rahmen muss der Verwalter dem Insolvenzgericht, und ggf. dem Gläubigerausschuss, alljährlich einen Überwachungsbericht abliefern (§ 261 Abs. 2 InsO). Hierbei gilt es zu beachten, dass dem Insolvenzverwalter keine Eingriffsrechte mehr zustehen, sodass er weder die Verpflichtung noch die Möglichkeit hat, das Handeln des Schuldners zu steuern. Die Aufgaben i.R.d. Planüberwachung beschränken sich daher auf die Informationsbeschaffung. Dabei empfiehlt es sich, bereits im Insolvenzplan zu regeln, wie die Buchhaltung des Schuldners im Überwachungszeitraum aufgebaut sein muss, damit alle relevanten Daten erfasst und ausgewertet werden können.[88] Diese sind zudem durch Belege, Kontoauszüge und weitere Dokumente, wie z.B. Verträge, Debitoren- und Kreditorenlisten, zu verifizieren.

76 Schwerpunkt des Überwachungsberichts bildet folglich die Fortschreibung, d.h. Aktualisierung und Anpassung, der ursprünglichen Planrechnungen sowie die Erläuterung etwaiger Abweichungen. Vor diesem Hintergrund fungieren die Planrechnungen gem. § 229 InsO als „Sollgrößen", deren Erreichung bzw. Abweichung

---

84 Vgl. Braun/*Braun*/*Frank* InsO § 229 Rn 1.
85 Vgl. grundlegend Möhlmann, S. 323 ff.
86 Vgl. Braun/*Braun*/*Frank* InsO § 229 Rn 4.
87 Vgl. Heni, S. 208.
88 Vgl. Braun/*Braun*/*Frank* InsO § 260 Rn 1.

der Insolvenzverwalter später dokumentieren und begründen muss („Insolvenzcontrolling").[89]

2. Planungssystematik

Der Finanzplan ist eine möglichst vollständige, zeit- und betragsgenaue Darstellung aller Ein- und Auszahlungen im Planungszeitraum; er dient dazu, die Realisierbarkeit des Plans und die Zahlungsfähigkeit des Schuldners zu belegen. Die Plan-GuV muss auf handelsrechtlichen Maßstäben fußen, also Aufwendungen und Erträge so definieren, wie sie ein werbendes Unternehmen nach den Spielregeln des HGB zu definieren hat. Nur so kann gezeigt werden, ob das insolvente Unternehmen unter den vergleichbaren Bedingungen seiner Wettbewerber in der Lage wäre, Überschüsse zu erzielen. Eines der Hauptprobleme dieser Plan-GuV ist die korrekte Abgrenzung zwischen „außerordentlichen" (d.h. sanierungsbedingten und nicht wiederholbaren) Ergebnisbestandteilen einerseits und regulären, nachhaltigen Ergebnisbestandteilen andererseits.[90]

Die Planbilanz lässt sich als „Brücke zur Plan-GuV" und dem Finanzplan interpretieren. Sie vermittelt zwar selbst kaum unmittelbar entscheidungsrelevante Daten, ist aber „Datenlieferant" für die anderen beiden Planrechnungen. So muss die Plan-GuV z.B. die planmäßigen Abschreibungen auf das Anlagevermögen enthalten; die Bemessungsgrundlagen für diese Abschreibungen sind der Planbilanz zu entnehmen. Ebenso finden die in der Plan-GuV ausgewiesenen Zinsaufwendungen in dem Fremdkapital lt. Planbilanz ihre Berechnungsgrundlage.[91]

Darüber hinaus nimmt die Planbilanz alle die in der Finanzplanung und Planerfolgsrechnung herausgearbeiteten Bewegungen und Veränderungen in aggregierter Form auf, sodass die ergänzende Aufstellung einer Planbilanz das Kontrollinstrument für die Plausibilität und Konsistenz der gesamten Planung darstellt.[92] Sofern in einem geschlossenen bzw. integrierten Planungssystem nach dem Prinzip der Doppik alle Daten korrekt verarbeitet wurden, kann die Planbilanz durch Übernahme der Ergebnisse aus der Planerfolgsrechnung und des Liquiditätsbestandes aus dem Finanzplan vervollständigt und abgeschlossen werden.[93]

Ausgehend von einer stichtagsbezogenen (Plan-) Eröffnungsbilanz[94] werden die Bilanzpositionen anhand der Informationen aus der Ergebnis- und Finanzplanung fortgeschrieben. Aktiva und Passiva müssen daher unter Einbeziehung des Finanz-

---

89 Vgl. Heni, S. 209.
90 Vgl. Braun/*Braun/Frank* InsO § 229 Rn 12 ff.
91 Vgl. Heni, S. 218.
92 Vgl. Dobler, S. 23 f.
93 Vgl. Plagens/Brunow, DStR 2004, 155.
94 Vgl. Becker, S. 63.

mittelbestandes und des Ergebnisses identische Salden ausweisen. Hierdurch wird der formale Beweis erbracht, dass die Planungsrechnung insgesamt schlüssig, d.h. rechnerisch richtig ist.[95]

3. Planbilanz

81 Nach dem Wortlaut von § 229 Satz 1 InsO ist dem Insolvenzplan eine Vermögensübersicht beizufügen. Anders als die Vermögensübersicht i.S.d. § 153 InsO stellt die in § 229 InsO verlangte Übersicht jedoch nicht auf den Insolvenzeröffnungs- sondern auf den Zeitpunkt der Wirksamkeit des Insolvenzplans ab. Gleichwohl fungiert die Vermögensübersicht nach § 153 InsO als Ausgangsbasis zur Erstellung der Übersicht nach § 229 InsO. Folgt man der Auffassung, dass die Vermögensübersicht und die Insolvenzeröffnungsbilanz gem. § 155 InsO eine hohe Deckungsgleichheit aufweisen und damit identisch sein müssen,[96] sind die zum Zeitpunkt der Verfahrenseröffnung ausgewiesenen Aktiva und Passiva auf den voraussichtlichen Tag der Planbestätigung fortzuschreiben.

82 Die Planeröffnungsbilanz bildet den rechnerischen Ausgangspunkt der vorgeschriebenen Planerfolgsrechnung und Finanzplanung.[97] Im weiteren Verlauf der Planungsrechnung dienen die Erkenntnisse aus der Ergebnis- und Finanzplanung als Ausgangsmaterial für die Weiterentwicklung der Planeröffnungsbilanz (Planbilanz). Die Planbilanz zeigt Vermögen und Schulden im Zeitablauf, wie sie sich bei einer Umsetzung des Insolvenzplans ergäben. Damit drückt die Planbilanz die im darstellenden Teil des Insolvenzplans aufgelisteten Maßnahmen aus, soweit diese sich auf die Vermögenslage des Schuldners beziehen. In der Sanierung ist die Entwicklung der Vermögenslage allerdings von eher untergeordnetem Interesse, da sich die Gläubigerbefriedigung über die Generierung von Einzahlungsüberschüssen vollzieht.

83 Fragen des bilanziellen Ansatzes bleiben in der InsO unbehandelt. Insoweit sollten Gesichtspunkte der Zweckmäßigkeit für die Gestaltung der Planbilanz zurate gezogen werden. Als Ausgangspunkt fungiert die zur Verfahrenseröffnung angefertigte Vermögensübersicht nach § 153 InsO. Anzusetzen sind in einem ersten Schritt alle Aktiva, die bereits in der retrospektiven Vermögensübersicht ausgewiesen wurden.

84 In einem zweiten Schritt sind die im Insolvenzplan vorgesehenen ökonomischen und rechtlichen Maßnahmen auf ihre Vermögenswirkung zu untersuchen und in der Planbilanz entsprechend zu berücksichtigen. Konkret führt dies zu einer

---

[95] Allerdings gilt es zu beachten, dass die formale Abstimmung nicht für die materielle, d.h. inhaltliche Richtigkeit des Planungsinhalts steht.
[96] Vgl. Möhlmann-Mahlau/Schmitt, S. 703 ff.
[97] Vgl. Heni, S. 214.

Aufnahme oder zu einem Abgang von Vermögenspositionen. Auf der Passivseite sind die Verbindlichkeiten in Ansatz zu bringen, die der Schuldner entsprechend den Regelungen im Insolvenzplan zu begleichen hat.[98] In jedem Fall sollte die Gruppierung der Schulden entsprechend der Rechtsstellung der Gläubiger aus der Vermögensübersicht nach § 152 InsO beibehalten werden. Als Regelfall ergibt sich insoweit die Unterteilung in besicherte, ungesicherte und nachrangige Gläubigerforderungen.

In einem insolvenzrechtlichen Reorganisationsverfahren sind die Aktiva mit Fortführungs- bzw. Wiederbeschaffungswerten zu bemessen, wobei die Höhe der Aktiva zum Abschluss des im Insolvenzplan vorgesehenen Maßnahmenprogramms zu prognostizieren ist. Obwohl die Qualität der Prognose mit zunehmender Zahl der Maßnahmen und andauerndem Zeithorizont meist zurückgeht, erscheint die Bewertung der Passiva vergleichsweise einfach. Dies liegt an der normierten Befriedigungshöhe für die jeweiligen Gläubigergruppen: Nennwert der Forderungen für die besicherten Gläubiger gem. § 223 InsO, vollständiger Ausfall der Forderungen für die nachrangigen Gläubiger gem. § 225 InsO und quotale Befriedigung für die ungesicherten Gläubiger nach § 224 InsO. Variationen dieser gesetzlichen Regelbefriedigungen sind explizit im gestaltenden Teil des Insolvenzplans festzuhalten, sodass sich ein Planungsproblem – rein rechnerisch gesehen – nicht ergibt. 85

Bzgl. der vertikalen Gliederung der Aktiva und Passiva empfiehlt sich die Übernahme der Strukturierung aus der zugrunde liegenden Vermögensübersicht nach § 153 InsO.[99] Damit kommt auf der Vermögensseite der Planbilanz das handelsrechtliche Gliederungsschema nach § 266 HGB zum Tragen. Auf der Passivseite ist die Gruppenbildung der Gläubiger zu beachten, sodass die Schulden der insolventen Gesellschaft entsprechend dem Grad der Besicherung strukturiert werden. Demnach kommt es zum Ausweis der Verbindlichkeiten ggü. Absonderungsgläubigern, Insolvenzgläubigern und nachrangigen Gläubigern. 86

Die Horizontalgliederung ist an dem Zweck der Planbilanz auszurichten. Die Vermögenslage des Schuldners soll den Fall der Insolvenzplanumsetzung darstellen. Insoweit handelt es sich um eine Soll-Rechnung, welche die Entwicklung von Vermögen und Schulden im Zeitablauf vorgibt. Sollte der Insolvenzplan gem. § 260 InsO der Überwachung unterliegen, ist die Planbilanz entsprechend „vorzubereiten", damit die in der Insolvenzplanumsetzung tatsächlich erzielten Ist-Größen den in der Planbilanz enthaltenen Soll-Daten gegenübergestellt werden können.[100] Um eine derartige Abweichungsanalyse zu ermöglichen, werden die Bestandsgrößen nicht nur für den Zeitpunkt der voraussichtlichen Planbestätigung prognostiziert. Vielmehr liegt es nahe, die aus der Planbilanz hervorgehenden Soll- und Ist-Größen 87

---

98 Vgl. Heni, S. 215.
99 Vgl. zu weiteren Einzelheiten Möhlmann, S. 201 ff.
100 Vgl. Heni, S. 226.

auch als zwischenzeitliche Ziele, sog. „Milestones", bis Ablauf des Planungshorizontes vorzugeben.[101] Damit sind sowohl für die Aktiv- als auch für die Passivseite Spalten vorzusehen, die „Milestones" ausweisen.

88 Zudem empfiehlt sich die Aufnahme zweier weiterer Aktiv- und Passivspalten. In diesen sind die Werte aus der retrospektiven Vermögensübersicht und die Aktiv- und Passivwerte für den Zeitpunkt der voraussichtlichen Planbestätigung aufzuzeichnen. Im Ergebnis zeigt die Planbilanz ein zeitliches Bild der Bestände von den vergangenen Werten zum Zeitpunkt der Verfahrenseröffnung, über den Wert zum Zeitpunkt der voraussichtlichen Planbestätigung und den prognostizierten „Milestones" im Verfahrensverlauf bis Ende des Planungshorizontes. Nachfolgend sind Aktiv- und Passivseite der Planbilanz dargestellt.

Tab. 10: Horizontale Struktur der Aktiva der Planbilanz

Aktiva	Wert zu Verfahrensbeginn gem. § 151 InsO	Wert im Zeitpunkt der Planbestätigung (Planeröffnungsbilanz)	Milestone zum ... (Soll)	Milestone zum ... (Ist)

Quelle: In Anlehnung an Möhlmann (1999), S. 204.

Tab. 11: Horizontale Struktur der Passiva der Planbilanz

Passiva	Wert zu Verfahrensbeginn gem. § 152 InsO	Wert im Zeitpunkt der Planbestätigung (Planeröffnungsbilanz)	Milestone zum ... (Soll)	Milestone zum ... (Ist)

Quelle: In Anlehnung an Möhlmann (1999), S. 204.

4. Planerfolgsrechnung

89 In einer Plangewinn- und -verlustrechnung sind die erfolgswirksamen Auswirkungen einer Insolvenzplanumsetzung festzuhalten. Ausgangspunkt der zu erstellenden Planerfolgsrechnung stellt die letzte handelsrechtliche Gewinn- und Verlustrechnung dar. Auf Basis der vorliegenden Ist-GuV geht es für den Ersteller der Planrechnung darum, abzuschätzen, welche der im Insolvenzplan skizzierten Maßnahmen für den Ansatz in dem Ergebnisplan relevant sind.[102] Damit ist die im Insolvenzplan angestrebte Ergebnisentwicklung in die jeweiligen Aufwendungen und Erträge zu untergliedern und zeitlich ab Betätigung des Plans zu strukturieren.

---

101 Vgl. Schimke, S. 33 und Böckenförde, S. 92.
102 Vgl. Becker, S. 63.

Die jeweils zum Ansatz zu bringenden Ergebnisdaten erfolgen in der praktischen Handhabung durch eine schrittweise Aggregation von Teilplänen. Basis dieser Teilpläne, wie etwa Umsatz-, Material-, Personalpläne etc., sind die in dem darstellenden Teil des Insolvenzplans aufgeführten Maßnahmen. Begreift man den Umsatzplan als die wesentliche Ausgangsgröße, schlagen sich bspw. Sortimentsbereinigungen, Veränderungen der Fertigungstiefe, aber auch organisatorische Umstrukturierungen in künftigen Erträgen nieder. Auf der Aufwandsseite sind Maßnahmen wie etwa Personalfreisetzungen, Schließung unrentabler Produktionsstätten sowie die Zusammenlegung von Overheadfunktionen zu nennen.[103]

Die Planerfolgsrechnung, die an die Gliederung des § 275 HGB anknüpft, stellt, wie bereits die Planbilanz, eine Soll-Rechnung dar. Den prognostizierten Aufwendungen und Erträgen sind im Verfahrensablauf – eine Überwachung des Verfahrens vorausgesetzt – die bei der Insolvenzplanumsetzung tatsächlich erzielten Ist-Aufwendungen und Ist-Erträge gegenüberzustellen. Dazu bedarf es wiederum der Festlegung von zwischenzeitlichen Zielen, sog. „Milestones".

Daraus resultiert für die horizontale Gliederung des Erfolgsplans ein mehrspaltiger Ausweis, wobei die Anzahl der Prognosespalten denen in der Planbilanz, aufgrund der Verbindung zwischen Bilanz und Erfolgsrechnung, entsprechen muss. Die folgende Abbildung zeigt eine solche Struktur.

Tab. 12: Horizontale Struktur der Planerfolgsrechnung

Ergebnisposition	Milestone zum ... (Soll)	Milestone zum ... (Ist)

Quelle: In Anlehnung an Möhlmann (1999), S. 208.

5. Planliquiditätsrechnung (Finanzplan)

§ 229 Satz 2 Halbs. 2 InsO verlangt die Anfertigung eines Plans, aus dem die Abfolge von Ein- und Auszahlungen hervorgeht. Der Finanzplan zeigt die zahlungswirksamen Konsequenzen der im Insolvenzplan aufgeführten Maßnahmen auf. Eine Liquiditätsplanung basiert einerseits auf Zahlungsgewohnheiten der Vergangenheit, andererseits sind die zahlungswirksamen Konsequenzen der im Reorganisationsplan beschriebenen Maßnahmen zu erfassen. Dabei kann es zweckmäßig sein, die Liquiditätseffekte der Sanierungsmaßnahmen im darstellenden Teil des Insolvenzplans zu erläutern, denn damit ist ein gewisses Maß an Nachvollziehbarkeit und Plausibilität der zu ergreifenden Maßnahmen möglich.

---

103 Vgl. Heni, S. 227 f.

94   Bei genauer Betrachtung der Liquiditätsbewegungen ist festzustellen, dass der Finanzplan zahlungswirksame Effekte aus der Ergebnisseite des Unternehmens aufnimmt.[104] Daher entspricht ein Teil der Finanzplanung dem Aufbauschema der handelsrechtlichen GuV. Mittelzuflüsse entsprechen, zumeist zeitversetzte, bspw. den Umsatzerlösen. Auch Auszahlungen, wie etwa Löhne und Gehälter, sind – u.U. zeitversetzt – aus der Ergebnisplanung abzuleiten.[105] Letztlich wird die Liquiditätslage v.a. durch die Höhe von zahlungswirksamen Aufwendungen und Erträgen sowie durch Bestandsänderungen bestimmt. I.Ü. werden erfolgsunwirksame Zahlungsbewegungen, wie etwa zusätzliche Kreditaufnahmen oder Tilgungen, direkt im Insolvenzplan geregelt, sodass solche Zahlungsbewegungen direkt überprüfbar sind.

95   Im Hinblick auf die vertikale Untergliederung empfiehlt es sich, mit den Einzahlungen zu beginnen und diesen die Auszahlungen und die ggf. vorhandenen Zahlungsmittel gegenüberzustellen. In der Sanierung ist es dabei essenziell, fortführungsbedingte und liquidationsbedingte Zahlungen zu trennen.[106] Als letzte Position und Resultat einer Planliquiditätsrechnung ergibt sich der Bestand an liquiden Mitteln, der sich naturgemäß auch in der Planbilanz wiederfindet.

96   Bzgl. der horizontalen Gliederung ist, entsprechend der Untergliederung der Planerfolgsrechnung, ein mehrspaltiger Ausweis erforderlich. Ursache hierfür ist die im Verfahrensverlauf durchzuführende Abweichungsanalyse, sofern der Insolvenzplan eine solche verlangt. Aus der Anzahl der vorgesehenen „Milestones" ergibt sich dabei die Zahl der Prognosespalten. Ausgewiesen werden – analog zur Planerfolgsrechnung – zwischenzeitlich anzustrebende Zahlungsziele („Milestones") bis zum Ablauf des Planungshorizontes, wie dies die nächste Abbildung zeigt.

Tab. 13: Horizontale Struktur einer Planliquiditätsrechnung

Zahlungsposition	Milestone zum ... (Soll)	Milestone zum ... (Ist)

Quelle: In Anlehnung an Möhlmann (1999), S. 211.

C. Externe Rechnungslegung

97   Die externe Rechnungslegung, d.h. die Rechnungslegung nach Handels- und Steuerrecht im Rahmen eines Konkurs- bzw. Insolvenzverfahrens, gilt seit jeher als be-

---

104 Vgl. Plagens/Brunow, DStR 2004, 153.
105 Vgl. Dobler, S. 19.
106 Vgl. Heni, S. 231.

sonders umstritten.[107] Während es zzt. der KO noch um die grundsätzliche Frage ging, ob der Konkursverwalter handels- und steuerrechtliche Pflichten zu erfüllen hat, so ist diese Frage mit der InsO in § 155 Abs. 1 vom Gesetzgeber abschließend bejaht worden. Nach dem Gesetzestext bleiben die handels- und steuerrechtlichen Pflichten zur Buchführung und Rechnungslegung unberührt. Insoweit ist nach Auffassung des Schrifttums eine duale Betrachtungsweise der Rechnungslegung evident.[108] Unklar indes sind Inhalt, Umfang und Prüfung einer solchen handels- und steuerlichen Rechnungslegung. Dabei ist die für die Praxis besonders bedeutsame Frage zu klären, inwieweit interne und externe Rechnungslegung (zumindest teilweise) zu harmonisieren sind, um der vom Gesetzgeber zugewiesenen Informationspflicht gerecht zu werden.

I. Pflicht zur externen Rechnungslegung

Während im Konkursverfahren, in dem lediglich das vom Konkursbeschlag betroffene Vermögen zu verwerten war, handelt es sich im Insolvenzverfahren um eine gesellschaftsrechtliche Verwertung. Dies impliziert eine vollumfängliche Bilanzierung, genauso wie diese vom HGB für die außerinsolvenzrechtliche Liquidation normiert ist. Diese Pflicht besteht auch, wenn bereits vor Verfahrenseröffnung der Geschäftsbetrieb eingestellt wurde oder Masseunzulänglichkeit angezeigt wird.[109] 98

Zudem erstreckt sich die Vorschrift des § 155 Abs. 1 InsO auf alle eröffneten Insolvenzverfahren, also auch auf insolvenzrechtliche Liquidationen. Eine Orientierung der Rechnungslegungspflichten an der Art des Insolvenzverfahrens – Liquidation, Übertragung, Sanierung – ist nicht erkennbar. Ferner stellen die Gesetzesmaterialien klar, dass eine Abweichung von den Rechnungslegungspflichten des Insolvenzverwalters nur in den Fällen infrage kommt, in denen der Geschäftsbetrieb nicht mehr die Kriterien eines vollkaufmännischen Unternehmens erfüllt.[110] Damit hat der Verwalter, wie in § 155 Abs. 1 Satz 2 InsO unmissverständlich dargestellt, die handels- und steuerrechtlichen Aufgaben des Schuldners spätestens im eröffneten Verfahren, ggf. bereits schon im Eröffnungsverfahren, zu übernehmen. 99

Im Eröffnungsverfahren ist bei der Verpflichtung zur Rechnungslegung zu differenzieren.[111] Wurde vom Gericht ein starker vorläufiger Verwalter bestellt, so muss dieser den Rechnungslegungspflichten nachkommen. Hat das Gericht jedoch einen 100

---
107 Vgl. statt vieler Möhlmann, S. 4 m.w.N.
108 Vgl. Braun/*Haffa/Leichtle* InsO § 155 Rn 1 m.w.N.
109 Vgl. Braun/*Haffa/Leichtle* InsO § 155 Rn 1 m.w.N.
110 Vgl. Begründung zu § 174 RegE (§ 155 InsO). Ebenso IDW RH HFA 1.012, Rn 6.
111 Vgl. einerseits IDW RH HFA 1.012, Rn 13. Uhlenbruck/Sinz, § 155 InsO Rn 11.

schwachen vorläufigen Verwalter berufen, sind Abschlüsse auch noch im Eröffnungsverfahren von der Unternehmensleitung des Schuldners zu erstellen.

101   Bei den anzufertigenden Abschlüssen handelt es sich im Regelfall um Rumpfabschlüsse, da mit dem Tag der Eröffnung des Insolvenzverfahrens gem. § 155 Abs. 2 Satz 1 InsO ein neues Geschäftsjahr beginnt. Die handelsrechtliche Eröffnungsbilanz des Insolvenzverwalters (sog. Insolvenzeröffnungsbilanz) ist insoweit auf den Tag der Verfahrenseröffnung zu beziehen. Steuerlich ist die durch die Verfahrenseröffnung begründete Veränderung des Geschäftsjahres an die (unproblematische) Zustimmung des FA gebunden.[112]

II. Grundlegende Fragen der externen Rechnungslegung

102   Eine Insolvenz wird regelmäßig massive Wertminderungen bei den Aktiva verursachen, etwa weil Spezialmaschinen bei Veräußerung nur noch Schrottwert besitzen oder unfertige Erzeugnisse abzuwerten sind. Gleichzeitig werden insolvenzbedingte Belastungen neu passiviert werden müssen. Fraglich ist in diesem Zusammenhang, zu welchem Zeitpunkt, also in welcher Bilanz diese insolvenzbedingten Belastungen zu berücksichtigen sind. Infrage kommen namentlich drei Bilanzen:
(1) Erstens die Schlussbilanz der werbenden Gesellschaft, die insoweit mit der externen Insolvenzeröffnungsbilanz identisch wäre; Stichtag beider Bilanzen ist de facto die im Eröffnungsbeschluss des Gerichts verkündete Stunde der Eröffnung (vgl. § 27 Abs. 2 Nr. 3 InsO); die Stichtage beider Bilanzen unterscheiden sich nur um eine logische Sekunde voneinander.
(2) Zweitens die nachfolgende erste Jahresbilanz im Insolvenzverfahren, die entweder 12 Monate umfasst oder nach einem gewählten kürzeren Rumpfgeschäftsjahr nach dem Zeitpunkt der Eröffnung des Insolvenzverfahrens liegt.[113]
(3) Drittens die Insolvenzeröffnungsbilanz, die sich insoweit (durch die logische Sekunde) von der Schlussbilanz der werbenden Gesellschaft unterscheiden würde.

103   Das IDW neigt grds. der ersten Auffassung zu, d.h. der Erfassung von wertmindernden Ereignissen in der Schlussbilanz der werbenden Gesellschaft.[114] Allerdings sind dabei, so das IDW, noch nicht alle insolvenzspezifischen Ansprüche und Verpflichtungen zu erfassen.[115] In diesem Zusammenhang stellt sich für die praktische Umsetzung die Frage, welche insolvenzbedingten Wertminderungen in der Schlussbi-

---

112 Vgl. Begründung zu § 174 RegE (§ 155 InsO). So auch Uhlenbruck/Sinz, § 155 InsO Rn 19.
113 Vgl. Braun/*Haffa*/*Leichtle* InsO § 155 Rn 8.
114 Vgl. IDW RH HFA 1.012, Rn 15.
115 Vgl. IDW RH HFA 1.012, Rn 15.

lanz und welche Eigenkapitalminderungen in einer anderen Bilanz – in welcher? – aufzunehmen wären. Offenkundig ginge mit einer solchen Verfahrensweise ein kaum noch interpretierbares Wertekonglomerat einher, sodass dieser Auffassung nur schwer gefolgt werden kann.

Soweit erkennbar plädiert die vorherrschende Meinung dafür, Wertänderungen erst im Laufe des Verfahrens, d.h. nicht in der Insolvenzeröffnungsbilanz, sondern in der ersten Jahresbilanz im Insolvenzverfahren zu erfassen. Begründet wird dies zumeist mit dem Identitätsprinzip des § 252 Abs. 1 Nr. 1 HGB. Demnach kann es nicht zu einem Auseinanderfallen zwischen Schlussbilanz der werbenden Gesellschaft und Eröffnungsbilanz der insolventen Gesellschaft kommen.[116] Auch dieser Auffassung kann nicht gefolgt werden. Die Besonderheiten der Insolvenz müssen mit dem Tag der Eröffnung des Insolvenzverfahrens auch in die handelsrechtliche Rechnungslegung Eingang finden. Eine Weiterführung der Bilanzierung unter Verweis auf handelsrechtliche Prinzipien erscheint insb. im Hinblick auf die Zwecke der Rechnungslegung nicht sachgerecht. 104

Damit soll an dieser Stelle für die Auffassung geworben werden, insolvenzbedingte Wertänderungen in der Insolvenzeröffnungsbilanz aufzunehmen.[117] Anders gewendet: Die Schlussbilanz der werbenden Gesellschaft ist zu früh, denn zahlreiche Wertänderungen begründen sich erst im Insolvenzverfahren. Die erste Jahresbilanz der insolventen Gesellschaft ist indes zu spät, da zahlreiche Entscheidungen zu Beginn des eröffneten Verfahrens fallen und einer bilanziellen Fundierung bedürfen. Insoweit bleibt die Insolvenzeröffnungsbilanz als zeitgerechte Dokumentation der insolvenzbedingten Veränderungen. Dies hat naturgemäß zur Folge, dass die auf die logische Sekunde entfallenden Wertminderungen zwischen Schlussbilanz der werbenden Gesellschaft und Eröffnungsbilanz der insolventen Gesellschaft in einer Überleitungs-GuV zu erfassen sind. Insofern gibt es keine Fortführung der Schlussbilanz der werbenden Gesellschaft. 105

Demnach hat der Verwalter eine von der Schlussbilanz abweichende Insolvenzeröffnungsbilanz auf den Tag der Verfahrenseröffnung zu erstellen. Zu bewerten sind die Vermögenswerte grds. mit Liquidationswerten. Führt der Verwalter den Geschäftsbetrieb weiter, sind Fortführungswerte zu verwenden. Auf die Vorlage einer Eröffnungsbilanz mit Fortführungswerten kann jedoch verzichtet werden, wenn der Geschäftsbetrieb bereits im Eröffnungsverfahren nach § 22 Abs. 1 Ziff. 2 InsO eingestellt wurde oder mit Eröffnung des Insolvenzverfahrens eingestellt wird.[118] 106

Eine Rechnungslegung, welche die Abbildung der einschneidenden Veränderungen, die durch die Eröffnung einer Insolvenz ausgelöst werden, vernachlässigt, 107

---

116 Vgl. ausführlich Heni, S. 26 ff. sowie Förschle/Weisang (2008), Rn 75.
117 Vgl. Uhlenbruck/Sinz, § 155 InsO Rn 17 f.
118 Vgl. IDW RH HFA 1.012, Rn 15.

indem Bilanzierung und Bewertung aus dem werbenden Stadion der Gesellschaft beibehalten werden, kann keinerlei entscheidungsrelevante Informationen für die Gläubiger liefern. Zu fragen wäre sodann, welchen Zweck eine an Buchwerten orientierte Rechnungslegung in der Insolvenz erfüllen soll.

108 Zum Berichtstermin hat der Verwalter eine Insolvenzeröffnungsbilanz vorzulegen, denn zu diesem Termin hat er gem. § 156 Abs. 1 InsO über die wirtschaftliche Lage des Schuldners zu berichten und darüber Auskunft zu geben, wie sich potenzielle Verfahrenswege – Liquidation, Übertragung, Sanierung – auf die Befriedigung der Gläubiger auswirken würden.[119] Die zum Berichtstermin vorzulegende Insolvenzeröffnungsbilanz ist in diesem Zusammenhang eine wesentliche Entscheidungsgrundlage für die Gläubiger. Diese Funktion kann eine solche Eröffnungsbilanz allerdings nur haben, sofern die Eigenheiten eines Insolvenzverfahrens eine adäquate Abbildung durch eine sachgerechte Bilanzierung und Bewertung des Vermögens des Schuldners finden.

109 I.Ü. erlauben die handelsrechtlichen Prinzipien von Bilanzidentität und -kontinuität bereits bei werbenden Gesellschaften eine flexible Anwendung. In diesem Zusammenhang ist insb. auf den Sachverhalt des § 252 Abs. 2 HGB zu verweisen. Diese Vorschrift gestattet in begründeten Ausnahmefällen, u.a. von den Wertansätzen der Schlussbilanz des vorherigen Geschäftsjahres abzuweichen. Als primärer Anwendungsfall wird in der Literatur die Anpassung der Rechnungslegung an internationale Maßstäbe genannt, da somit ein verbesserter Einblick in die Vermögens-, Finanz- und Ertragslage ermöglicht wird.[120] Warum dann in einer Insolvenz kein begründeter Ausnahmefall vorliegen soll, erscheint kaum ersichtlich, führt doch eine Anpassung der Rechnungslegung zu einer signifikanten Verbesserung des Einblicks in die Vermögens-, Ertrags- und Finanzlage des Schuldners.[121]

110 Diejenigen Literaturstimmen, die für den Grundsatz des Bilanzzusammenhanges votieren, sehen verfahrensspezifische Gegebenheiten in der internen Rechnungslegung des Verwalters bereits ausreichend berücksichtigt.[122] Dabei wird übersehen, dass die internen Rechnungen keine Angaben über Haftungsrisiken aus der Weiterführung der Insolvenzschuldnerin enthalten. Ebenso werden Haftungsansprüche ggü. Geschäftsführern und Gesellschaftern nicht mit erfasst werden können, um die Versicherung gem. § 153 Abs. 2 InsO zu ermöglichen. Ein vollständiges Bild der tatsächlichen Vermögenslage verschafft in diesem Stadium des Verfahrens nur eine Insolvenzeröffnungsbilanz, bei der alle Vermögenswerte der Insolvenzschuldnerin erfasst und aktuell bewertet sind.

---

119 Vgl. im Detail Möhlmann, S. 166 ff.
120 Vgl. Coenenberg/Haller/Schultze, S. 45.
121 Vgl. auch Uhlenbruck/Sinz, § 155 InsO Rn 18 m.w.N.
122 Vgl. Förschle/Weisang, Rn 75.

Auch der Hinweis, die interne Rechnungslegung decke verfahrensspezifische Gegebenheiten bereits ausreichend ab, kann kaum überzeugen, da die Vermögensübersicht nach § 153 InsO ein einmaliges Rechenwerk ist und Zwischenrechnungen des Insolvenzverwalters nach § 66 Abs. 3 InsO nicht obligatorisch sind. Umso wichtiger ist deshalb eine stetig aktualisierte handelsrechtliche Rechnungslegung, aus der der Fortgang des Insolvenzverfahrens für die Beteiligten erkennbar ist. 111

Überdies ist zu konstatieren, dass die Vermögensübersicht nach § 153 InsO nur die Teile des Vermögens der insolventen Gesellschaft abbildet, die eidesstattlich zu versichern der Schuldner auch in der Lage ist. Ansprüche ggü. den Gesellschaftern bzw. der Unternehmensleitung werden regelmäßig nicht in der Vermögensübersicht nach § 153 InsO Berücksichtigung finden. Eine ausschließliche intern geprägte Rechnungslegung ist insoweit – bezogen auf das gesamte zur Verwertung stehende Vermögen – unvollständig und gibt auch keine genaue Auskunft über die Entwicklung des Betrages, mit dem die Gläubiger vermutlich ausfallen werden, und damit auch nicht, welche Quote erreicht werden wird. Vermögen, das während des Verfahrens neu geschaffen wird oder „auftaucht", wäre nicht erfasst. Ein Abgleich der Rechenwerke ist völlig unmöglich, denn potenzielle Vermögensverschiebungen werden nicht geklärt. 112

Letztlich führt die an den Zwecken der handelsrechtlichen Rechnungslegung dargelegte Argumentation zu dem Schluss, die Prinzipien der handelsrechtlichen Rechnungslegung der Insolvenzsituation anzupassen und diese flexibel zu handhaben. Ein strenger Bilanzzusammenhang zwischen Schlussbilanz der werbenden Gesellschaft und Insolvenzeröffnungsbilanz macht wenig Sinn. Demnach hat der Jahresabschluss der werbenden Gesellschaft, der auf den Tag vor der Insolvenzeröffnung zu erstellen ist, den allgemeinen Bilanzierungsvorschriften des HGB Rechnung zu tragen. Für die Insolvenzeröffnungsbilanz gilt dies indes nicht. 113

Die Insolvenzeröffnungsbilanz hat v.a. den Zweck, neue Gläubiger, die mit dem insolventen Unternehmen kontrahieren, zu informieren. Das Problem liegt darin, dass Vermögen und Schulden der Insolvenzschuldnerin – grob formuliert – zwei unterschiedlichen Zeitfenstern zugerechnet werden müssen. So sind etwa Rückstellungen für Prüfungskosten des Jahresabschlusses für die Zeit vor der Insolvenzeröffnung von denen nach Insolvenzeröffnung strikt zu trennen. 114

III. Insolvenzeröffnungsbilanz

1. Vorbemerkung

Die zwingend vom Gesetzgeber vorgeschriebene handelsrechtliche Rechnungslegung im § 155 InsO muss auch im Zusammenhang mit den Regelungen des § 156 InsO erfüllt werden. Die Nicht-Vorlage der gesetzlich vorgeschriebenen Insolvenzeröffnungsbilanz kann zur Nichtigkeit der Beschlüsse des Berichtstermins führen. 115

Eine vollständige und den Rechtsnormen der Insolvenzordnung und den Vorschriften des HGB zur Rechnungslegung entsprechende handelsrechtliche Rechnungslegung bildet auf sehr wenigen Seiten die wirtschaftlichen Sachverhalte[123] des Insolvenzverfahrens vollständig ab. Es informiert alle Gläubiger umfassend über das Verfahren und seinen zu erwartenden wirtschaftlichen Verlauf. Umfassend geregelt ist die Rechnungslegung im § 155 Abs. 2 Insolvenzordnung. Aus der Begründung zum § 174 InsO a.F. ergeben sich die nachfolgend zwingenden Vorgaben zu Art und Umfang der handelsrechtlichen Rechnungslegung in den jeweiligen Verfahrensabschnitten.

2. Rechtsnormen

116 Grundsätzlich ist zu beachten, dass ein Insolvenzverfahren mit den Rechtsnormen[124] der freiwilligen Liquidation[125] vergleichbar ist, dies gilt insbesondere für die Rechnungslegung und Erstellung der verfahrensnotwendigen Bilanzen.

In seiner Begründung[126] zur Einführung der Insolvenzordnung hat der Gesetzgeber deshalb das Folgende formuliert[127]:

> Da nach Absatz 2 mit der Eröffnung des Insolvenzverfahrens ein neues Geschäftsjahr beginnt, hat der Insolvenzverwalter auf den Zeitpunkt der Verfahrenseröffnung eine Eröffnungsbilanz aufzustellen; entsprechende Regelungen enthalten § 154 HGB, § 270 Abs. 1 AktG und § 71 Ab. 1 GmbHG für die gesellschaftsrechtliche Liquidation. Um den Verwalter jedoch in der Eingangsphase des Insolvenzverfahrens nicht allzu stark zu belasten, ist in Absatz 2 Satz 2 vorgesehen, dass die gesetzlichen Fristen für die Aufstellung und die Offenlegung von Jahresabschlüssen (vgl. insbesondere § 264 Abs. 1 Satz 2, § 325 Abs. 1 Satz 1, § 336 Abs. 1 Satz 2 HGB, § 5 Abs. 1 Satz 1, § 9 Abs. 1 Satz 1 Publizitätsgesetz und die §§ 140, 141 AO 1977) – die für die Eröffnungsbilanz entsprechend gelten (§ 242 Abs. 1 Satz 2 HGB) – um die Zeit bis zum Prüfungstermin verlängert werden. In dieser Zeit hat die insolvenzrechtliche Rechnungslegung, also die Aufstellung der Vermögensübersicht nach § 172 des Entwurfs (§ 153 InsO) auf der Grundlage des Verzeichnisses der Massegegenstände und des Gläubigerverzeichnisses, Vorrang vor der handels- und steuerrechtlichen Rechnungslegung.

Damit wird unmissverständlich deutlich, dass die Rechnungslegung im eröffneten Insolvenzverfahren der, wie sie vom HGB § 145ff. geregelt ist, zu entsprechen hat.

---

123 Die Aktiva zeigt die Mittelherkunft und die Passiva die Mittelverwendung der Insolvenzschuldnerin und dient damit den jeweiligen Gläubigern/Gruppen zur Entscheidung im Berichtstermin für den weiteren Verlauf des Verfahrens.
124 Vgl. §§ 130ff. HGB.
125 Vgl. § 154 HGB.
126 Vgl. Die neuen Insolvenzgesetze, Begründung RegE: zu § 174 Handels- und steuerrechtliche Rechnungslegung Balz/Landfermann IDW Verlag 1995 Seite 262ff.
127 Diese Formulierung macht deutlich, dass es sich nicht um eine „kann" sondern um eine „muss" Bestimmung handelt.

Der § 154 HGB regelt das zwingende Erstellen der Liquidationsbilanz[128] und ist deshalb auf das Insolvenzverfahren analog anzuwenden, da der Gesetzgeber selbst direkt hierauf in seiner Begründung Bezug nimmt. Da Ziel und Zweck identisch sind, müssen die Gesellschafter bzw. die Gläubiger darüber informiert werden, wie der vermutliche wirtschaftliche Ausgang der Liquidation und bei Gesellschaftern deren mögliche Zuzahlung und bei den Gläubigern deren zu erwartende Quote sein werden.

3. Zuordnung der handelsrechtlichen Rechnungslegung zu den einzelnen Verfahrensabschnitten

Grundsätzlich ist das vorläufige Verfahren von der Rechnungslegung her Bestandteil der Rechnungslegung der Insolvenzschuldnerin. Unabhängig der Dauer[129] und Art, wie das vorläufige Verfahren bestanden hat, ist erst mit Abschluss der vorläufigen Verwaltung und der Eröffnung des Verfahrens vom Verwalter[130] für den Zeitraum bis zur Eröffnung die Schlussbilanz der werbenden Gesellschaft zu erstellen. Diese Bilanz basiert auf der zu Beginn des Geschäftsjahres vorhandenen Schlussbilanz des vorausgegangenen Geschäftsjahres und schreibt die Werte unverändert fort. Damit ist die Schlussbilanz der werbenden Gesellschaft ausschließlich unter Zugrundelegung der Rechtsnorm des HGB und der Bilanzkontinuität zu stellen. Diese Bilanz hat auch nach dem Erstellen der Insolvenzeröffnungsbilanz bestand, denn in der Regel werden nicht alle Werte der Schlussbilanz der werbenden Gesellschaft in die Insolvenzeröffnungsbilanz übernommen. Dies trifft auf alle Verbindlichkeiten, die unter die Regeln des §§ 39 InsOff. fallen zu. Im Insolvenzverfahren bleibt damit die Schlussbilanz der werbenden Gesellschaft bestehen, falls es zur Befriedigung von Gläubigern kommt, deren Forderungen kraft Gesetz nicht in die Eröffnungsbilanz mit übernommen werden dürfen. Ähnliches gilt für den Fall, dass nach Abschluss des Verfahrens und der Befriedigung aller Gläubiger, die am Verfahren teilgenommen haben, noch Mittel zur Verteilung vorhanden wären. Diese sind dann gem. § 199 InsO an den Schuldner herauszugeben.

117

---

128 Vgl. MüKo/K. Schmidt, § 154 HGB Rn 3 ff.
129 Sofern die vorläufige Verwaltung über den eigentlichen satzungsgemäßen Bilanzstichtag hinausgeht, ist zwingend auf diesen Tag ein Jahresabschluss zu erstellen und zum Ende der vorläufigen Verwaltung dann die Schlussbilanz der werbenden Gesellschaft.
130 Sofern die Verwaltungs- und Verfügungsbefugnis auf diesen übergegangen ist, sofern dies nicht der Fall ist, verbleibt diese Verpflichtung bei den Organen der Insolvenzschuldnerin.

4. Verfahrenseröffnung – Entstehung des Sondervermögens[131]

118 Mittels des rechtskräftigen Eröffnungsbeschlusses entsteht das Sondervermögen der Insolvenzschuldnerin. Nicht zu dem Sondervermögen zum Zeitpunkt der Eröffnung gehören alle Verbindlichkeiten der Insolvenzschuldnerin, die unter die Regelungen des § 39 InsO fallen[132]. Zum Sondervermögen gehören auch alle Ansprüche der Insolvenzschuldnerin auf der Basis des § 138 InsO.

Hier muss auch unterschieden werden, dass der Insolvenzverwalter nicht über den Rechtsträger und seine Beendigung Rechnung zu legen hat, sondern über das von ihm durchgeführte Verfahren[133]. Denn er hat auch nur die Verwaltungs- und Verfügungsbefugnis über das Vermögen und die Schulden, die Bestandteil des Verfahrens sind. Dies bestimmt sich ausschließlich nach der Insolvenzordnung. Hierüber muss der Verwalter Rechnung legen und dies mittels Eröffnungs- und Schlussbilanz.

Eine Fortführung der Schlussbilanz der werbenden Gesellschaft verbietet sich gem. § 238 Abs. 1 Satz 2 HGB. Die Insolvenzeröffnungsbilanz entsteht mittels einer Überleitungsbilanz[134] und einer entsprechenden Gewinn- und Verlustrechnung.

Damit besteht das zur Insolvenz[135] gehörende Vermögen, einschließlich der Schulden, nicht von Beginn an aus allen Schuld-, aber allen Vermögenswerten der Insolvenzantragstellerin.

5. Eröffnung des Verfahrens

119 Es ist zu beachten, dass im Fall einer Weiterführung des Geschäftsbetriebes der Insolvenzschuldnerin der Verwalter für den ersten Berichtstermin zwei Insolvenzeröffnungsbilanzen[136] zu erstellen hat. Eine der Bilanzen ist mit Fortführungs- und die zweite mit Liquidationswerten zu erstellen. Die Erstellung einer Insolvenzeröffnungsbilanz mit Fortführungswerten entfällt, sofern der Geschäftsbetrieb der Insol-

---

131 Das Sondervermögen umfasst immer nur die zum Verfahren gehörenden Werte und stellt als solche eine selbständige, wirtschaftlich und steuerrechtlich zu betrachtende Masse dar, sonst wäre eine Insolvenz in der Insolvenz nicht möglich.
132 Diese werden erst mit einem Beschluss des Insolvenzgerichts gem. § 39 Abs. 5 InsO Bestandteil des Sondervermögens.
133 Vgl. auch MüKo/K. Schmidt, § 154 HGB Rn 8 ff.
134 Diese wird erstellt, in dem die Werte aus den Verzeichnissen gem. § 151 ff. InsO die darin festgestellten Werte, einschließlich der Forderung gegen Gesellschafter und Geschäftsführer bilanziert und die sich daraus ergebenden Wertunterschiede als Gewinn- /Verlustmittel der Neubewertung zu buchen sind.
135 Steuerrechtlich bleiben die Gewinne aus der Fortführung Bestandteil des Sondervermögens und sind mit den Verlusten der werbenden Gesellschaft zu verrechnen.
136 Bei der Insolvenzeröffnungsbilanz wird im Gegensatz zu sonst üblichen Handelsbilanzen das Schema Aktiva – Mittelverwendung / Passiva – Mittelherkunft umgekehrt und zwar sind auf der Aktivseite – Mittelherkunft und auf der Passivseite die Mittelverwendung auszuweisen.

venzschuldnerin eingestellt ist, bzw. definitiv im eröffneten Verfahren aus sonstigen Gründen nicht fortgeführt werden kann.

Da gem. § 29 Insolvenzordnung das Insolvenzgericht den Berichtstermin im Eröffnungsbeschluss sowie den Prüfungstermin bestimmt, beide Termine zwar zusammengelegt werden können, jedoch der Berichtstermin vor dem Prüfungstermin abzuhalten ist, muss die Insolvenzeröffnungsbilanz mit den Werten erstellt werden, die zur Tabelle angemeldet und ungeprüft[137] sind. Damit beginnt, wie vom Gesetzgeber normiert, mit dem Tag der Eröffnung ein neues Wirtschaftsjahr, das längstens 12 Monate, aber auch als Rumpf-Wirtschaftsjahr möglich ist. Zum Ende ist immer ein Jahresabschluss – Geschäftsjahresbilanz zu erstellen.

In der vom Verwalter zu erstellenden Insolvenzeröffnungsbilanz sind damit die Wertansätze zu bilanzieren, die auch den tatsächlichen Verhältnissen entsprechen, also auch die zu erwartenden Gerichtskosten und die Verwaltervergütung. Diese Bilanz gilt dann als die eigentliche Insolvenzeröffnungsbilanz und muss dem Gericht zu den Akten eingereicht werden, denn anhand dieser hat das Gericht das Verfahren zu überwachen und auch gegenüber den Gläubigern den prognostizierten wirtschaftlichen Verlauf zu dokumentieren. Dieser dient auch als Nachweis der ordentlichen und der geschätzten Werte der jeweiligen Wirtschaftsgüter. Nur so können Gericht und Gläubiger nachvollziehen, dass der Verwalter vollständig und zu den von ihm dokumentierten Werten verwertet und die den Gläubigern in Aussicht gestellte Quote auch realisiert werden wird. Größere Abweichungen werden damit zu dem jeweiligen Zeitpunkt des Bilanzstichtages auch offengelegt und damit den Gläubigern eine laufende Information über den Verlauf des Verfahrens bzw. dessen Ausgang ermöglicht. Tritt ein außergewöhnlicher Wertverlust ein, muss der Verwalter dies bekannt machen und die Entscheidung der Gläubiger / Gläubigerausschuss über den weiteren Verfahrensablauf herbeiführen.

6. Beendigung – Abwicklung des Sondervermögens

Grundsätzlich endet das Insolvenzverfahren, nachdem alle Vermögenswerte verwertet sind, also in Geld getauscht wurden und mit dem Geld die Gläubiger den Bestimmungen der Insolvenzordnung folgend befriedigt wurden. Die zur Ermittlung der Werte für die Bestimmung der Quoten zu erstellenden Zwischenbilanzen sollten demnach auf der Aktivseite nur Gelder zeigen und auf der Passivseite ausweisen, wie diese an die jeweiligen Gläubiger entsprechend ihrer Rechtsstellung auszuzahlen sind. Die wesentlichen Voraussetzungen für die Beendigungen des Verfahrens sind

---

137 Nach dem Prüfungstermin muss eine Korrektur bis zu den festgestellten Werten gebucht werden. Vom Verwalter bestrittene Forderungen sind separat auszuweisen bis zur rechtskräftigen Klärung.

die vollständige Verwertung der Vermögenswerte entweder durch Verkauf oder im Rahmen eines Insolvenzplanes und die daraus folgende Befriedigung der Gläubiger. Nicht verwertete Wirtschaftsgüter sind auf Kosten der Insolvenzmasse dann zu entsorgen. Das wirtschaftliche Ergebnis dieses Sondervermögens einschließlich möglicher steuerrechtlicher Verluste, die zur Insolvenzmasse gehören, hat der Verwalter gegenüber dem Finanzamt zu erklären und abzuwickeln. Die Zwischenbilanz zur Quotenbestimmung ist auch die eigentliche Schlussbilanz des Sondervermögens, denn nach Erfüllung der Verpflichtungen des Sondervermögens – Zahlung der Gerichtskosten, der Verwaltervergütung sowie die Zahlungen an die Gläubiger und der Steuern[138] ist das Sondervermögen aufgelöst und nichts mehr vorhanden, das bilanziert werden könnte.

7. Insolvenzplan

121 Der Insolvenzplan ist eine Sonderform der Beendigung eines Insolvenzverfahrens, da hier die Verwertung nur gegenüber einem Erwerber erfolgt.

Wird im Rahmen eines Insolvenzplans verwertet, so gilt dieser als Kaufvertrag[139]. Mit diesem Kaufvertrag wird vom Erwerber nur das Vermögen[140] erworben, das Gegenstand des Insolvenzplans ist. Im Gegenzug zahlt der Erwerber an die Insolvenzmasse – Sondervermögen – den im Plan vereinbarten Kaufpreis. Es obliegt dann dem Verwalter, das Sondervermögen abzuwickeln. In jedem Fall hat der Verwalter zum Ende der Verwertung auch die sich aus der Verwaltung und der Verwertung ergebenden Steuern zu erklären und die Schlussbilanz für das von ihm verwaltete und verantwortete Vermögen zu erstellen.

8. Besonderheiten bei Eigenverwaltung[141]

122 Bei angeordneter Eigenverwaltung fällt die Verpflichtung zur Erstellung der Insolvenzeröffnungsbilanz in die Verantwortung des Eigenverwalters. Der Sachwalter, der zur Aufsicht über den Eigenverwalter bestellt ist, muss die Bilanzen anhand Verzeichnisse gem. 151 InsOff. sowie der von ihm geführten Insolvenztabelle prüfen und zur Vorlage im Berichtstermin freigeben. Eine erneute Freigabe hat dann zu

---

138 Dabei handelt es sich um mögliche Ertrags- und Verbrauchsteuern. Wobei es wegen der MwSt zu einer Nachtragsverteilung kommen kann.
139 Der Insolvenzplan erlaubt rechtswirksam auch die Übertragung von Immobilienvermögen, dingliche Rechte vgl. Jaeger/Kern; Pieckenbrock, InsO, §§ 248 Rn 8 u. § 254 Rn 39, 51.
140 Zum Vermögen kann auch der Firmenmantel der Insolvenzschuldnerin gehören, aber nicht die Verbindlichkeiten, die zum Verfahren geführt haben, oder die gem. § 39 InsO nicht Bestandteil des Verfahrens waren.
141 Auch Schutzschirmverfahren ff §§ 270d InsO.

erfolgen, wenn die sich aus dem Prüfungstermin ergebenden Änderungen in der Bilanz erfasst sind.

9. Abweichendes Wirtschaftsjahr

Mit der Errichtung des Sondervermögens ist es auch dem Insolvenzverwalter überlassen, die Lage des Geschäftsjahres[142] zu bestimmen. Er kann sich für ein abweichendes Wirtschaftsjahr ebenso entscheiden wie für ein dem Kalenderjahr entsprechendes Wirtschaftsjahr. Dies wird in den meisten Fällen mit einem Rumpfgeschäftsjahr beginnen. Hier besteht die Verpflichtung dies gegenüber dem Registergericht anzuzeigen[143].

10. Externe Rechnungslegung

Für den bilanziellen Ansatz der Aktiva lässt sich kein Grund erkennen, der ein Abgehen von den grundlegenden Ansatzprinzipien i.R.d. Vermögensübersicht nach § 153 InsO bzw. dessen Basis, dem Verzeichnis nach § 151 InsO, rechtfertigen würde. Infolgedessen wird auch auf der Vermögensseite der Insolvenzeröffnungsbilanz als maßgebliches Ansatzkriterium die Möglichkeit der Einzelverwertbarkeit bzw. Einzelveräußerbarkeit gelten müssen.[144] Der Übergang von der Schlussbilanz der werbenden Gesellschaft zur Insolvenzeröffnungsbilanz hat in einer Überleitungsbilanz mit der entsprechenden Gewinn-Verlustrechnung zu erfolgen. Basis sind die Werte, wie sich diese aus dem Anlagevermögen der Insolvenzschuldnerin ergeben und mittels Überleitungsbuchungen zu den Werten, wie sich diese aus den Verzeichnungen §§ 151 ff. InsO ergeben.

Auch im Hinblick auf die Bilanzierung der Passiva ist an den Ansatzprinzipien der Vermögensübersicht nach § 153 InsO bzw. dessen Grundlage, dem Verzeichnis nach § 152 InsO, festzuhalten. Demnach wird der Verwalter diejenigen Passiva ansetzen, die wahrscheinlich oder sicher zu Auszahlungen im Laufe des Insolvenzverfahrens führen werden.[145]

Eine für Zwecke der Masse- und Gläubigerverzeichnisse befürwortete Erweiterung des bilanziellen Ansatzes um aussonderungsfähige Gegenstände auf der Aktivseite und aussonderungsberechtigte Verpflichtungen auf der Passivseite kommt in der Insolvenzeröffnungsbilanz nicht in Betracht, denn die Beteiligten des Verfahrens, insb. die Gläubiger, müssen einen möglichst zutreffenden Einblick in die Ver-

---

[142] Vgl. BGH II ZB 20/13.
[143] Vgl. OLG Frankfurt Main 20 W 65/12; OLG Frankfurt Main 20 W 340/12 BGH II ZB 16/15.
[144] Vgl. im Detail Möhlmann, S. 127 ff.
[145] So etwas vager auch zunächst IDW RH HFA 1.012, Rn 19. An anderer Stelle wiederum ablehnend: IDW RH HFA 1.012, Rn 20.

mögenslage des Schuldners erhalten, um i.R.d. Berichts- bzw. Abstimmungstermins über eine adäquate Entscheidungsgrundlage zu verfügen.[146]

Die bisherigen Erwägungen laufen auf eine weitgehend harmonisierte Rechnungslegung und hohe Deckungsgleichheit zwischen Vermögensübersicht nach § 153 InsO und Insolvenzeröffnungsbilanz nach § 155 InsO hinaus. Dies gilt aus folgenden Gründen nicht uneingeschränkt: Der Gesetzgeber hat in § 153 Abs. 2 InsO vorgesehen, dass auf Antrag des Insolvenzverwalters oder eines Gläubigers dem Schuldner oder seinem Vertreter aufgegeben werden kann, die Vollständigkeit der Vermögensübersicht eidesstattlich zu versichern. Da diese Versicherung erzwungen werden kann, dürfen in dem Verzeichnis nur solche Angaben enthalten sein, deren Tatsächlichkeit der Schuldner auch zu versichern in der Lage ist.

Nicht eidesstattlich versichern können wird der Schuldner mögliche Ansprüche gegen Gesellschafter. Nicht eidesstattlich versichern wollen wird der Schuldner mögliche Ansprüche gegen die Unternehmensleitung, also gegen sich selbst. Derartige Vermögenspositionen finden demnach in einer Vermögensübersicht nach § 153 InsO keinen Platz, sind aber gleichwohl – Berechtigung und Werthaltigkeit vorausgesetzt – in einer Insolvenzeröffnungsbilanz anzusetzen. Konkret sind damit Forderungen an die Gesellschafter aus Anfechtungen gem. §§ 129, 130, 131 InsO, Ansprüche aus unentgeltlichen Leistungen nach § 134 InsO und mögliche Forderungen gegenüber Gesellschaftern auf der Grundlage des § 135 InsO in der Insolvenzeröffnungsbilanz zu bilanzieren.[147]

Im Ergebnis ist die Insolvenzeröffnungsbilanz im Hinblick auf den Ansatz von Aktiva und Passiva im Wesentlichen mit der Vermögensübersicht nach § 153 InsO identisch. Unterschiede gibt es bei den Vermögenspositionen nach §§ 129 ff. InsO, die vom Schuldner nicht eidesstattlich versichert werden.

11. Bewertung

125 Erwartungsgemäß findet sich im Gesetz keinerlei Hinweis, dass die Bewertung gem. § 151 Abs. 2. InsO auch als Bilanzansatz zu übernehmen ist. Nach der Gesetzesbegründung zu § 155 InsO soll der Insolvenzverwalter prüfen, *„ob nach den Gegebenheiten des Einzelfalls in der Handelsbilanz das vorhandene Vermögen mit Fortführungs- oder Liquidationswerten anzusetzen ist. Nach der Eröffnung des Insolvenzverfahrens werden jedenfalls dann nur noch Liquidationswerte gerechtfertigt sein, wenn der Geschäftsbetrieb sofort eingestellt wird. Führt der Insolvenzverwalter jedoch das insolvente Unter-*

---

[146] Aussonderungsfähige Gegenstände und aussonderungsberechtigte Verpflichtungen nehmen nicht am Insolvenzverfahren teil. Eine Aufnahme in die Insolvenzeröffnungsbilanz würde insofern zu einem unzutreffenden Bild der Vermögenslage führen.
[147] Vgl. IDW RH HFA 1.012, Rn 19.

nehmen aufgrund eines Beschlusses der Gläubigerversammlung fort, so sind Fortführungswerte anzusetzen."

Demnach geht es um die Frage, wann das Going-Concern-Prinzip des § 252 Abs. 1 Nr. 2 HGB („Fortführungsprämisse") nicht mehr zu beachten ist. Im Grunde ist nur ernüchternd festzustellen, dass hier so gut wie alles umstritten ist. Der Bilanzierende bzw. sein Abschlussprüfer werden fast für jeden denkbaren Zeitpunkt (z.B. Verfahrenseröffnung, Betriebsstilllegung, Schlussverteilung) eine Literaturquelle finden, die ihre Meinung stützt. Rechtsprechung ist zu diesem Fragenkomplex bislang nicht vorhanden. Auch die berufsständischen Verlautbarungen des IDW legen sich diesbezüglich nicht fest, sondern verlangen nur, dass bei Aufgabe der Fortführungsprämisse im Anhang erläutert wird, wie dann im Einzelnen bilanziert wurde.

I.R.d. praktischen Umsetzung sollte sich der Verwalter zunächst an der internen Rechnungslegung orientieren. Dabei stellen die Gesetzesmaterialien zu § 151 InsO klar, dass eine Festlegung des Verwalters auf Liquidationswerte auf der einen Seite oder auf Fortführungswerte auf der anderen Seite nicht in Betracht kommt.[148] In dem Masseverzeichnis nach § 151 InsO sowie in der Vermögensübersicht sind demnach vom Verwalter für die Vermögenspositionen sowohl Liquidations- als auch Fortführungswerte anzugeben.

Auch für die Bewertung von Vermögen und Schulden in der Insolvenzeröffnungsbilanz ist kein Grund ersichtlich, vor der Entscheidung durch die Gläubiger über die Art der Vermögensverwertung – Liquidation, Übertragung, Sanierung – eine Bewertungspräjudizierung durch den Verwalter zuzulassen. In diesem Sinne führt auch das IDW aus, dass die Bilanzierung und Bewertung in der Eröffnungsbilanz sich danach zu richten habe, ob das insolvente Unternehmen nach Insolvenzeröffnung zerschlagen oder (zunächst) fortgeführt wird.[149]

Naturgemäß spielt aber die Frage der Fortführungsbewertung nur in den insolventen Unternehmen eine Rolle, die nach Eröffnung des Verfahrens noch fortführungsfähig sind. Nach den Erfahrungen des Verfassers ist die Fortführungsfähigkeit von insolventen Gesellschaften eher die Ausnahme als die Regel. Dies führt in der Praxis der Insolvenzbilanzerstellung oftmals zu einer ausschließlichen – aber nicht immer gerechtfertigten – Bewertung der Aktiva mit Liquidationswerten.

Zweckmäßig erscheint in allen Verfahren die Erstellung einer Insolvenzeröffnungsbilanz unter der Annahme der Liquidation als praktischem Regelfall der Insolvenz. Sollte eine Fortführungsfähigkeit des insolventen Unternehmens nicht ausgeschlossen sein, muss der Verwalter aber auch Fortführungswerte angeben. Dies kann in die Erstellung einer zweiten Insolvenzeröffnungsbilanz – dann auf Basis von Fortführungswerten – münden. Alternativ könnte der Verwalter, sofern nur wenige Positionen betroffen sind, in seinem Bericht zur ersten Gläubigerversamm-

---

148 Vgl. Begründung zu § 170 RegE (§ 151 InsO).
149 IDW RH HFA 1.012, Rn 13 i.V.m. Rn 18.

lung die Besonderheiten der Fortführungsbewertung für die betroffenen Positionen erläutern. In jedem Fall ist der z.T. in der Praxis bestehenden Neigung entgegenzutreten, keinen Unterschied zwischen Liquidations- und Fortführungswerten zu machen und allein Liquidationswerte zu verwenden.

Im Schrifttum wird eine Bewertung von Vermögensgegenständen oberhalb der fortgeführten Anschaffungs- und Herstellungskosten ohne weitere Begründung abgelehnt.[150] Sieht man den Grundsatz des Bilanzzusammenhanges/das Identitätsprinzip für die Insolvenzsituation als nicht anwendbar an, wäre eine Orientierung an handelsrechtlichen Obergrenzen nicht mehr geboten. Insoweit käme es zu einer deckungsgleichen Bewertung von Vermögen und Schulden von Insolvenzeröffnungsbilanz einerseits und Vermögensübersicht andererseits (sog. radikale Auffassung). Dabei ist jedoch zu beachten, dass für steuerliche Zwecke eine eigenständige Bewertung durchzuführen wäre. Die Maßgeblichkeit der Handelsbilanz für die Steuerbilanz nach § 5 Abs. 1 Satz 1 EStG würde dann nämlich zu unbilligen Steuerpflichten führen. Insoweit neigt die sog. gemäßigte Auffassung dazu, dass tendenziell eine veräußerungsorientierte Bewertung der Vermögensgegenstände und der Ansatz auflösungsbedingter Schulden zu erfolgen hat, wobei die zentralen handelsrechtlichen Bewertungsmaßstäbe aber weiterhin beachtet werden müssen. Verlangt wird insoweit für externe Insolvenzbilanzen gem. § 155 InsO dasselbe wie bei den Bilanzen insolvenzfrei liquidierender Kapitalgesellschaften, nämlich die *„entsprechende Anwendung"* der handelsbilanziellen Vorschriften.

Nach Auffassung des Verfassers ist der radikalen Variante der Vorzug einzuräumen, denn als große Vorteile sind die Aussagefähigkeit der Insolvenzeröffnungsbilanz und die partielle Harmonisierung mit der Vermögensübersicht zu nennen. Der Nachteil der Untauglichkeit der Basierung für steuerliche Zwecke erscheint hinnehmbar. Insoweit wäre ein eigenständiger steuerlicher Abschluss zu erstellen. Für die Besteuerung eines etwaigen Sanierungsgewinns verbleibt die Insolvenzeröffnungsbilanz (zu Fortführungswerten) jedoch als maßgebendes Rechenwerk, auch wenn zu diesem Verfahrenszeitpunkt die Höhe der notwendigen Verzichte für eine Reorganisation nur dem Grunde, nicht aber der tatsächlichen Höhe nach feststeht.

12. Ausweis

126 Auch im Hinblick auf den Ausweis von Aktiva und Passiva wird man erwägen, der Vermögensübersicht weitgehend zu folgen. Demnach wären Vermögen und Schulden nach dem Kriterium der Besicherung bzw. der Sicherungsrechte auszuweisen. Allerdings ist auch der Tatsache Rechnung zu tragen, dass die zu erstellende Bilanz als Bestandteil der handelsrechtlichen Rechnungslegung über die rein verfahrens-

---

150 Vgl. IDW RH HFA 1.012 Rn 20.

spezifische Dokumentation der internen Rechnungslegung hinausgehen sollte. So neigt denn auch die Praxis zu der Verwendung des handelsrechtlichen Gliederungsschemas nach § 266 HGB. Schließt man sich dieser Vorgehensweise an, sollten indes die nachfolgend aufgezeigten insolvenzspezifischen Positionen Eingang in die Bilanz finden. Eine solche Berücksichtigung fußt auf § 265 Abs. 1 Satz 1 HGB. Die Vorschrift gestattet, in – so wie hier vorliegenden – Ausnahmefällen, von dem handelsrechtlichen Gliederungsschema nach § 266 HGB abzuweichen.

Auf Seiten der Aktiva sind zusätzlich zu den Positionen nach § 266 Abs. 2 HGB insolvenzspezifische Vermögenswerte aufzunehmen. Vor dem Anlagevermögen sollten die ausstehenden Einlagen gem. § 272 Abs. 1 Satz 2 HGB um Rückforderungen, Ansprüche und Anfechtungen ergänzt werden. Dieser Darstellung folgt das auszuweisende Anlagevermögen nach § 266 HGB.

I.R.d. Umlaufvermögens sind zunächst im Einklang mit dem Gliederungsschema nach § 266 HGB Vorräte und Forderungen auszuweisen. Dabei spielen Forderungen im Insolvenzfall eine besondere Rolle. Insofern sollten über die üblichen Forderungen und sonstigen Vermögensgegenstände hinaus insolvenzspezifische Forderungen Berücksichtigung finden. Komplettiert wird die Aktivseite der Bilanz von weiteren Werten des Umlaufvermögens sowie den ungedeckten Verbindlichkeiten. Damit ergibt sich folgendes Bild:

Tab. 14: Struktur der Aktiva der Insolvenzeröffnungsbilanz

A.	Forderungen an Gesellschafter	
	I.	Ausstehende Einlagen
	II.	Rückforderungen aus Kapitalerhaltung
	III.	Rückforderungen aus Gewinnausschüttungen
	IV.	Rückforderungen aus Gesellschafterdarlehen gem. § 135 InsO
B.	Haftungsansprüche gegen Organvertreter	
C.	Anlagevermögen	
D.	Umlaufvermögen	
	I.	Vorräte
	II.	Forderungen und sonstige Vermögensgegenstände
	III.	Insolvenzspezifische Forderungen
		1. Forderungen aus der Weiterführung in der Insolvenz
		2. Forderungen gem. § 166 InsO
		3. Forderungen gem. § 171 InsO
		4. Forderungen gem. §§ 129, 130, 131, 132, 133 InsO
		5. Forderungen gem. § 134 InsO
		6. Sonstige Forderungen

IV.		Wertpapiere
V.		Kassenbestand etc.
E.	Nicht gedeckte Verbindlichkeiten	

128 Auf Seiten der Passiva sollten analog zur Vorgehensweise i.R.d. Vermögensübersicht die Verpflichtungen der insolventen Gesellschaft gegenüber den unterschiedlichen Gläubigergruppen sichtbar werden. Eine Aufnahme insolvenzspezifischer Passiva in das Gliederungsschema nach § 266 Abs. 3 HGB könnte wie folgt aussehen:

Tab. 15: Struktur der Passiva der Insolvenzeröffnungsbilanz

A.	Massepassiva	
	I.	Verfahrenskosten gem. § 54 InsO
	II.	Masseverbindlichkeiten gem. §§ 55, 123, 169, 172 InsO
	III.	Masseverbindlichkeiten der vorläufigen Verwaltung
B.	Absonderungspassiva	
	I.	Absonderungsrechte an Grundstücken und Gebäuden
	II.	Absonderungsrechte an Zubehör
	III.	Absonderungsrechte an Betriebs- und Geschäftsausstattung
	IV.	Absonderungsrechte an Finanzanlagen
	V.	Sonstige Absonderungsrechte
C.	Rückstellungen	
D.	Verbindlichkeiten	
E.	Insolvenzverbindlichkeiten gem. § 38 InsO	
	I.	Verbindlichkeiten zur Tabelle angemeldet und festgestellt
	II.	Verbindlichkeiten zur Tabelle angemeldet, dem Grunde anerkannt, der Höhe nach bestritten
	III.	Verbindlichkeiten gem. § 144 Abs. 2 InsO

Im Hinblick auf die horizontale Strukturierung der Insolvenzeröffnungsbilanz ist an die Fragen der Bewertung unmittelbar anzuknüpfen. In den Fällen, in denen eine Fortführung der Gesellschaft ausgeschlossen scheint, erübrigt sich die Diskussion um einen etwaigen mehrspaltigen Ausweis oder um die Erstellung einer zweiten Insolvenzeröffnungsbilanz. Den Aktiva zu Liquidationswerten sind die entsprechenden Passiva, wie diese ggü. dem Verwalter geltend gemacht werden, gegenüberzustellen.

Könnte eine – auch nur einstweilige – Fortführung des insolventen Unternehmens in Betracht kommen, muss der Verwalter für die Aktiva auch Fortführungswerte angeben. Dabei erscheinen drei verschiedene Möglichkeiten des Ausweises grds. sinnvoll. Erstens könnte man – neben einer Bilanz unter Annahme der Liquidation – eine zweite Bilanz, eine Insolvenzeröffnungsbilanz auf Basis der Fortführungsprämisse erstellen. Zweitens ist die Einführung einer weiteren Wertspalte denkbar, sodass die Insolvenzeröffnungsbilanz auf Seiten der Aktiva drei Spalten hätte: Den jeweiligen Aktiva wären sowohl Liquidations-, als auch Fortführungswerte zuzuweisen. Auf der Passivseite bliebe es bei einer zweispaltigen Struktur. Drittens kann es auch angemessen sein, eine Insolvenzeröffnungsbilanz unter Annahme der Liquidation, um Fortführungswerte erläuternd zu ergänzen – etwa unter dem Bilanzstrich oder in einem gesonderten Bericht.

Die Praxis scheint, soweit ersichtlich, letzterer Möglichkeit am ehesten zuzuneigen, wobei der maßgebliche Grund dafür weniger inhaltlicher Natur sein dürfte, sondern in dem verhältnismäßig geringen Arbeitsaufwand liegt.

IV. Erläuterungsbericht und Schlussbilanz der insolventen Gesellschaft

In dem die Insolvenzeröffnungsbilanz begleitenden Erläuterungsbericht, der funktional betrachtet dem handelsrechtlichen Anhang ersetzt, ist eine „sorgfältige Begründung der Aufgabe des Grundsatzes [des Bilanzzusammenhanges]"[151] darzulegen. Dem stimmt auch das IDW zu, welches als zentrale Erläuterungsbestandteile die insolvenzspezifischen Besonderheiten der Eröffnungsbilanz ansieht. Ferner sind Ausführungen zum Verfahrensstand, vermutlichen Dauer des Verfahrens und geplanten bzw. bereits ergriffenen Maßnahmen darzustellen.[152] Ebenso sollten Erkenntnisse über den möglicherweise vorhandenen sanierungsfähigen Kern der Gesellschaft enthalten sein.

Die externe Rechnungslegung in der Insolvenz hat periodisch zu erfolgen. Mit Eröffnung des Insolvenzverfahrens entsteht für das bisher laufende Geschäftsjahr i.d.R. ein Rumpfgeschäftsjahr.[153] Ab Eröffnung des Insolvenzverfahrens beginnt dann regelmäßig ein neuer Geschäftsjahresrhythmus.[154] Der Insolvenzverwalter ist jedoch nach § 80 InsO i.V.m. § 155 Abs. 1 InsO befugt, das Geschäftsjahr wieder so festzulegen, wie es in der Satzung des Schuldners festgelegt ist.[155] Insofern entsteht ein weiteres, zweites Rumpfgeschäftsjahr.[156] Dies ist in den Fällen sinnvoll, in denen zusätzliche Kosten aufgrund der dauerhaften Umstellung vermieden werden kön-

---

151 Uhlenbruck/Sinz, § 155 InsO Rn 18.
152 Vgl. IDW RH HFA 1.012, Rn 21 ff.
153 Vgl. BGH, Beschl. v. 14.10.2014 – II ZB 20/13, ZIP 2015, 88 = ZInsO 2015, 96.
154 Vgl. BGH, Beschl. v. 14.10.2014 – II ZB 20/13, ZIP 2015, 88 = ZInsO 2015, 96.
155 Vgl. BGH, Beschl. v. 14.10.2014 – II ZB 20/13, ZIP 2015, 88 = ZInsO 2015, 96.
156 Vgl. BGH, Beschl. v. 14.10.2014 – II ZB 20/13, ZIP 2015, 88 = ZInsO 2015, 96.

nen. Zum Tag der Beendigung des Insolvenzverfahrens hat der Verwalter wiederum einen Jahresabschluss (sog. Schlussbilanz) zu erstellen, der aus Bilanz, Gewinn- und Verlustrechnung und Anhang besteht. Überdies ist ggf. ein Lagebericht anzufertigen.[157]

V. Prüfung der externen Rechnungslegung

130 Handelt es sich bei dem Insolvenzschuldner um ein prüfungspflichtiges Unternehmen, so verändert die Insolvenz hieran nichts, sodass die Prüfungspflicht auch im Verfahren unverändert fortbesteht.[158] Für kleine Kapitalgesellschaften allerdings, die im werbenden Zustand aufgrund ihrer Satzung prüfungspflichtig waren, entfällt die Prüfungspflicht, da der Verwalter durch die Eröffnung des Insolvenzverfahrens nicht mehr an die Satzung der Gesellschaft gebunden ist.

Wurde kein Abschlussprüfer beauftragt, so hat der Verwalter gem. § 155 Abs. 3 InsO beim Registergericht Antrag auf Bestellung eines Abschlussprüfers zu stellen. Der noch vom werbenden Unternehmen bestellte Prüfer wird i.d.R. nur noch den Jahresabschluss bis zur Eröffnung des Verfahrens prüfen, also das Rumpfgeschäftsjahr des Insolvenzschuldners.

D. Fazit

131 Die Rechnungslegung im Insolvenzverfahren hat als wesentliche Funktionen: Zum Einen ist sie Grundlage für ökonomische und rechtliche Entscheidungen der Insolvenzbeteiligten, insb. für die Alt-, aber auch für die Neu-Gläubiger, damit handelt es sich um Entscheidungsrechnungen. Zum Weiteren hat die Rechnungslegung Stand und Fortgang des Insolvenzverfahrens abzubilden. Insoweit lässt sich von Dokumentationsrechnungen sprechen. Sie dient auch der Überwachung des Verwalters, wie und ob er mit dem Vermögen der Insolvenzschuldnerin redlich umgegangen ist.

132 In der Insolvenzpraxis werden Rechnungslegungsfunktionen, insbesondere bei absehbaren Liquidationen, kaum wahrgenommen. Vornehmlich liegt dies an dem vielfach sehr geringen Interesse der Gläubiger, am Verfahren teilzunehmen. Einerseits sind Gläubiger, insb. Banken, ausreichend besichert, andererseits glauben insb. unbesicherte Gläubiger nicht, in einem Insolvenzverfahren „verlorenes" Geld wiederzuerhalten. Aufgrund dieses mangelnden Interesses wundert es nicht, dass Insolvenzverwalter der Erstellung und Pflege einer Insolvenzrechnungslegung kei-

---

157 Vgl. IDW RH HFA 1.012, Rn 24.
158 Vgl. Förschle/Weisang, Rn 76.

ne allzu gesteigerte Aufmerksamkeit widmen – ohne dabei Konsequenzen auf Gläubigerseite oder vom Insolvenzgericht wegen der nicht Erfüllung zwingender, gesetzlicher Vorschriften befürchten zu müssen. Riskant ist dieses Verhalten dann, wenn ein Gläubiger wegen fehlender Insolvenzeröffnungsbilanz die Beschlüsse der ersten Gläubigerversammlung anficht. Dies kann er sehr leicht, da die zwingenden Voraussetzungen der Information der Gläubiger aus § 156 InsO ohne Vorlage der Insolvenzeröffnungsbilanz nicht erfüllt sind.

In einer mehr theoretisch geleiteten Gedankenführung könnte die Überlegung reifen, die interne Rechnungslegung übernehme die Aufgabe der Fundierung von Entscheidungen, die externe Rechnungslegung dokumentiere den jeweiligen Status. Insoweit ließe sich denn auch eine strikte Trennung der Rechnungslegung – interne Rechnungslegung gleich Entscheidungsrechnungen, externe Rechnungslegung gleich Dokumentationsrechnungen – begründen. Eine solche Sichtweise erscheint indes zu simpel. Ebenso wie die Aufgabenstellungen der Rechnungslegung – Entscheidungsfundierung und Dokumentation – interdependent sind, bedingen sich auch interne und externe Rechnungslegung. Eine Zuweisung von Funktionen an bestimmte Rechnungen scheitert bereits an der Komplexität des Insolvenzverfahrens. So können etwa Zwischenrechnungen, unabhängig davon, ob solche nach § 66 Abs. 3 InsO oder nach § 155 InsO, sowohl Dokumentations- als auch Entscheidungscharakter haben. **133**

Grds. stellt sich die Frage, ob die externe Rechnungslegung Entscheidungs- oder Dokumentationsfunktionen übernehmen könnte, wenn man an den handelsrechtlichen Konventionen festhielte. Die Frage ist mit „nein" zu beantworten. Eine rein handelsrechtliche, von der Insolvenz losgelöste Rechnungslegung hat keinen substanziellen Informationsgehalt. Es wäre eine Rechnungslegung ohne materiellen Adressaten. **134**

Die Rechnungslegung nach § 155 InsO kann nur dann Nutzen stiften, wenn man diese dem veränderten Gesellschaftszweck anpasst, denn in der Insolvenz erfolgt die Umkehrung der Bilanzaussage von: Aktiva = Mittelverwendung; Passiva = Mittelherkunft in: Aktiva = Mittelherkunft und Passiva = Mittelverwendung. **135**

Eine Harmonisierung zwischen der eigentlichen Rechnungslegung für die Erfüllung der Verfahrensvorgaben wird indes nicht in Betracht kommen, handelt es sich doch um ein Sondervermögen. Der Gesetzgeber schreibt manchen Rechnungen, etwa denen nach § 66 Abs. 1 InsO, spezielle Zwecke zu. Die getrennte Rechnungslegung hat auch Aufgaben, die der sachgerechten Besteuerung dienen, gerecht zu werden. Mit dieser legt der Verwalter auch Rechnung über das von ihm geführte und abgewickelte Verfahren, das am Ergebnis des zur Verteilung stehenden Sondervermögens bemessen werden kann. **136**

Schmitt

§ 18 Haftungsfragen und Insolvenzdelikte

Übersicht

A. Insolvenzantragspflicht (§ 15a InsO) —— 1
B. Haftung des Insolvenzverwalters (§§ 60 bis 62 InsO) —— 12
   I. Vorbemerkung —— 12
   II. Insolvenzspezifische Pflichten —— 13
      1. Masseschäden —— 14
         a) Allgemeines und Einzelfälle —— 14
         b) Masseerhaltung und -mehrung durch Unternehmensfortführung —— 15
      2. Pflichtverletzungen gegenüber anderen Beteiligten —— 17
         a) Massegläubiger —— 17
         b) Insolvenzgläubiger —— 19
         c) Ab- und Aussonderungsberechtigte —— 20
         d) Schuldner —— 21
         e) Weitere Beteiligte —— 22
      3. Exkurs: Sachwalter in der Eigenverwaltung —— 23
   III. Nichtinsolvenzspezifische Pflichten —— 24
      1. Zivilrechtliche Anspruchsgrundlagen —— 24
         a) Vertragliche Haftung und Ähnliches —— 25
         b) Deliktische Haftung —— 26
      2. Öffentlich-rechtliche Anspruchsgrundlagen —— 27
         a) Abgabenordnung —— 27
         b) Weitere öffentlich-rechtliche Anspruchsnormen —— 28
   IV. Verschulden —— 29
      1. Haftung – Verschuldensmaßstab – Haftung für Dritte —— 29
      2. Haftung – Prognoseentscheidungen – Rechtskenntnisse – Sachverständige —— 30
      3. Haftung – Mitverschulden —— 31
      4. Haftung – Mitwirken von Gericht, Gläubigerversammlung und Gläubigerausschuss —— 32
   V. Kausalität, Schaden, mehrere Verpflichtete und Beweislast —— 33
   VI. Anspruchsberechtigte – Sonderinsolvenzverwalter – Verjährung – Haftpflichtversicherung —— 36
C. Haftung der Mitglieder des Gläubigerausschusses, § 71 InsO —— 39
   I. Schutzzweck des § 71 InsO —— 39
   II. Pflichtverletzungen —— 40
   III. Verschulden —— 41
   IV. Verjährung —— 42
D. Persönliche Haftung der Gesellschafter (§ 93 InsO) —— 43
   I. Normzweck —— 43
   II. Norminhalt —— 44
      1. Persönlicher Anwendungsbereich —— 45
      2. Sachlicher Anwendungsbereich —— 47
      3. Zeitlicher Anwendungsbereich —— 50
   III. Einzelfragen —— 51
      1. Prozessuale Geltendmachung —— 51
      2. Einwendungen des Gesellschafters —— 59
      3. Bildung von Sondermassen —— 61
E. Insolvenzverschleppungshaftung —— 62
   I. Rechtlicher Hintergrund —— 62
   II. Innenhaftung —— 63
      1. Erstattung verbotener Zahlungen —— 64
         a) Ermittlung der Insolvenzreife —— 65
         b) Ermittlung der verbotenen Zahlungen —— 75
         c) Anspruchsgegner —— 82

d) Verschulden —— 83
  e) Haftungsverlagerung auf Dritte —— 84
 2. Zahlungen an Gesellschafter —— 85
 III. Außenhaftung —— 86
  1. Verstoß gegen § 15a InsO —— 87
   a) Verpflichteter Personenkreis —— 87
   b) Verletzung der Insolvenzantragspflicht —— 88
   c) Anspruchsinhalt —— 89
  2. Beihilfe zur Insolvenzverschleppung —— 90
 IV. Aussetzung der Haftung nach COVInsAG —— 91
  1. Aussetzung der Insolvenzantragspflicht —— 92
   a) Insolvenzreife infolge der COVID-19-Pandemie —— 93
   b) Beseitigungsmöglichkeit der Zahlungsunfähigkeit —— 94
  2. Zulässigkeit von Zahlungen —— 95
  3. Praktische Konsequenzen —— 96
   a) Bedeutung der Zahlungsfähigkeit —— 97
   b) Bedeutung der Überschuldung —— 98
F. Organschaftliche Haftung (§ 101 InsO) —— 99
 I. Normzweck —— 99
 II. Normadressaten und Pflichtenumfang —— 100
  1. Organmitglieder und persönlich haftende Gesellschafter —— 101
  2. Frühere Organmitglieder und persönlich haftende Gesellschafter —— 103
  3. Gesellschafter —— 104
  4. Angestellte und frühere Angestellte —— 105
G. Haftung des Steuerberaters —— 106

H. Insolvenzdelikte —— 127
 I. Überblick und Systematik und die objektive Bedingung der Strafbarkeit —— 127
  1. Überblick —— 127
  2. Systematik der §§ 283 ff. StGB —— 128
  3. § 283 Abs. 6 StGB – Die sog. „objektive Bedingung der Strafbarkeit" —— 129
  4. Die Krise – Überschuldung und (drohende) Zahlungsunfähigkeit —— 133
 II. § 283 StGB – Die Bankrotttatbestände —— 137
  1. Überblick —— 137
  2. § 283 Abs. 1 Nr. 1 StGB – Beeinträchtigung von Vermögensbestandteilen —— 138
  3. § 283 Abs. 1 Nr. 2 StGB – Spekulationsgeschäfte und unwirtschaftliche Ausgaben —— 143
  4. § 283 Abs. 1 Nr. 3 StGB – Verschleuderungsgeschäfte —— 146
  5. § 283 Abs. 1 Nr. 4 StGB – Scheingeschäfte —— 147
  6. § 283 Abs. 1 Nr. 5 StGB – Unterlassene und/oder mangelhafte Buchführung —— 148
  7. § 283 Abs. 1 Nr. 6 StGB – Beiseiteschaffen und Vernichten von Handelsbüchern —— 153
  8. § 283 Abs. 1 Nr. 7 StGB – Mangelhafte oder nicht rechtzeitige Bilanzerstellung —— 155
  9. § 283 Abs. 1 Nr. 8 StGB – Generalklausel —— 158
  10. § 283 Abs. 2 StGB – Herbeiführen der Krise durch tatbestandsrelevante Handlungen —— 159
  11. Vorsatz oder Fahrlässigkeit – § 283 Abs. 4, Abs. 5 StGB —— 160
  12. Versuchsstrafbarkeit – § 283 Abs. 3 StGB —— 162
  13. § 283a StGB – Besonders schwerer Fall des Bankrotts —— 163

III. Verletzung der Buchführungspflicht – Gläubiger- oder Schuldnerbegünstigung —— 165
1. § 283b StGB – Verletzung der Buchführungspflicht —— 165
2. § 283c StGB – Gläubigerbegünstigung —— 168
3. § 283d StGB – Schuldnerbegünstigung —— 170

A. Insolvenzantragspflicht (§ 15a InsO)

Anders als bei natürlichen Personen hat der Gesetzgeber bei juristischen Personen oder Gesellschaftsformen ohne eine natürliche Person als persönlich haftenden Gesellschafter eine Antragspflicht zur Stellung eines Insolvenzeröffnungsantrages in § 15a InsO statuiert[1]. Sie dient nach weitgehend einhelliger Meinung als Ausgleich für die Möglichkeit der Haftungsbeschränkung auf das Vermögen der juristischen Person oder entsprechenden Gesellschaftsform ohne persönlich Haftenden. Gläubiger von beschränkt haftenden Rechtssubjekten[2] und der allgemeine Rechtsverkehr sollen vor Schädigungen durch sich in der Krise befindliche Unternehmen geschützt werden[3]. Mit dem 2012 in Kraft getretenen ESUG[4] wurde die Wortwahl vereinheitlicht und nunmehr der Begriff des Eröffnungsantrages platziert. Im früheren Absatz 6, dem heutigen Absatz 7 wurde klargestellt, dass die Vorschriften über die Antragspflicht auf Vereine und Stiftungen, für die § 42 Abs. 2 BGB gilt, keine Anwendung findet. Die Antragspflicht und damit korrespondierend die Strafdrohung wird allgemein als unangemessen gegenüber ehrenamtlich Tätigen empfunden[5]. Zu den Insolvenzeröffnungsgründen siehe die Ausführungen in § 4.

Von der Antragspflicht betroffen sind juristische Personen deutschen Rechts, vor allem die GmbH und die Aktiengesellschaft. Ferner die Genossenschaft, die GmbH & Co KG und die haftungsbeschränkte Unternehmergesellschaft (UG) sowie Auslandsgesellschaften entsprechender Rechtsform. OHG und KG ohne eine persönlich haftende natürliche Person sind ebenfalls erfasst[6]. Spezialgesetzlich bestehen Antragspflichten insb. für Vereine und Stiftungen[7], der Finanzdienstleistungsaufsicht unterliegende Institute[8] und insolvente juristische Personen des öffentlichen

---

[1] Und damit die bis dahin in diversen Gesetzen geregelte Antragspflicht in § 15a InsO zusammengefasst, zur Entwicklung bis zum sog. MoMiG (BGBL. I, 2008, 2026) vgl. Uhlenbruck/Hirte, InsO, 15. Aufl., § 15a Rn 1 und 2 sowie Graf-Schlicker/Bremen, InsO, 5. Aufl., § 15a Rn 1.
[2] So Uhlenbruck/Hirte, § 15a Rn 1.
[3] Vgl. ua neben den Genannten Andres/Leithaus/Leithaus InsO, 4. Aufl., § 15a Rn 1.
[4] BGBL. I 2011, 2582.
[5] Uhlenbruck/Hirte, § 15a Rn 2.
[6] Graf-Schlicker/Bremen § 15a Rn 4.
[7] §§ 42 Abs. 2, 86 Abs. 2 BGB.
[8] § 46b Abs. 1 KWG.

Rechts[9]. Einzelunternehmen mit einer haftenden natürlichen Person bzw. diese selbst werden vom Geltungsbereich der Norm nicht umfasst, § 15a Abs. 1 Satz 1 InsO.

3   Die in § 15a Abs. 1 S. 1 InsO verankerte Pflicht zur Stellung eines Eröffnungsantrages trifft nach dem unmittelbaren Wortlaut der Norm die Mitglieder des Vertretungsorgans, folglich die Geschäftsführer der GmbH und Vorstände von Aktiengesellschaften und Genossenschaften. Auch Abwickler bzw. Liquidatoren trifft der Gesetzesbefehl[10]. Faktische Geschäftsführer[11] oder Vorstände, die – so die Rechtsprechung[12] – nach außen in Erscheinung getreten sind und ggfs. fehlerhaft bzw. unwirksam bestellte Organe sind ebenfalls zur Antragsstellung verpflichtet, auch wenn sie nach § 15 InsO nicht zum Kreis der dort Antragsberechtigten zu zählen sind.

4   Deutlich hinzuweisen ist darauf, dass Antragsverpflichtete nicht durch Gesellschafterbeschluss – oder bei der AG durch den Aufsichtsrat – von ihrer Pflicht zur Antragsstellung entbunden werden können[13]. Zudem gelten in der Krise geschäftsplanmäßige Aufteilungen von Zuständigkeiten nicht mehr[14]. Sofern die Antragspflicht bereits entstanden ist, führt auch eine Amtsniederlegung nur ex nunc zum Erlöschen der Verpflichtung[15], ebensowenig eine Abberufung[16]. Das bedeutet, dass bereits entstandene Verletzungen der Antragspflicht nicht entfallen[17]. Zudem kann bei der Ein-Mann-Gesellschaft die Amtsniederlegung wegen Missbräuchlichkeit unwirksam sein, sofern die Gesellschaft ohne Führung bleibt[18]. Sofern ein Gläubiger einen Eröffnungsantrag (Fremdantrag) stellt, erlischt die Verpflichtung der Organe ebenfalls nicht, da der Gläubiger den Antrag jederzeit wieder zurücknehmen kann[19]. In der Literatur wird ferner die Ansicht vertreten, dass auch bei Amtsniederlegung oder Abberufung eine fortwirkende Verpflichtung des ehemaligen Amtsinhabers

---

9   §§ 89 Abs. 2, 42 Abs. 2 BGB.
10 Uhlenbruck/Hirte § 15a Rn 7; Andres/Leithaus/Leithaus, § 15a Rn 2, 3.
11 MüKoInsO/Klöhn § 15a Rn 76 bis 78.
12 Vgl. z.B. BGHZ 104, 144; BGH ZinsO 2015, 196 sowie die Darstellung des Diskussionsstandes bei Uhlenbruck/Hirte § 15a Rn 8 – siehe auch BeckOK InsO/Wolfer InsO, 19. Edition, § 15a Rn 7–10.
13 Vgl. Uhlenbruck/Hirte, § 15a Rn 12; Graf-Schlicker/Bremen, § 15a Rn 5 am Ende.
14 Der VII. Senat des Bundesfinanzhofes hat mit Urteil vom 22.10.2019 (VII R 30/18 BeckRS 2019, 41318 mit Anm. Veenhoff FD-InsR 2020, 429112) aktuell nochmals auf seine Rechtsprechung zur Allzuständigkeit in der Krise – hier für die steuerliche Verantwortung – hingewiesen, vgl. Köllner NZI 2020, 555, 557 unter 6.
15 Uhlenbruck/Hirte, § 15a Rn 12; Graf-Schlicker/Bremen § 15a Rn 5.
16 MüKoInsO/Klöhn § 15a Rn 72.
17 Andres/Leithaus/Leithaus § 15a Rn 4.
18 Graf-Schlicker § 15a Rn 5.
19 Uhlenbruck/Hirte § 15a Rn 12; OLG Dresden NZI 1999, 117 – der 1. Strafsenat des OLG Dresden (1 Ws 100/97) entschied dies im Rahmen eines Haftbeschwerdeverfahrens – anders MüKo/Klöhn § 15a Rn 332 m.w.N.

gegeben sei, auf den Nachfolger dergestalt einzuwirken, die Erfüllung einer etwaigen Antragspflicht sicherzustellen[20].

Ein Insolvenzeröffnungsantrag ist zu stellen, wenn ein Eröffnungsgrund vorliegt, § 16 InsO. Ist der Schuldner nicht mehr in der Lage, seine fälligen Zahlungspflichten zu erfüllen, ist er zahlungsunfähig, wobei eine gesetzliche Vermutung für die Zahlungsunfähigkeit spricht, wenn er seine Zahlungen eingestellt hat, § 17 InsO. Deckt das Vermögen der Gesellschaft ihre Verbindlichkeiten nicht mehr und besteht keine positive Fortführungsprognose, ist dies nach § 19 InsO ebenfalls ein Eröffnungsgrund. Dabei sieht § 19 Abs. 2 S. 1 InsO nunmehr als Zeitraum für die zu erstellende Fortführungsprognose einen Betrachtungszeitraum von zwölf Monaten vor[21]. Zu den Einzelheiten der Insolvenzantragsgründe – auch zur drohenden Zahlungsunfähigkeit als Antragsgrund – vgl. die ausführlichen Darlegungen in § 4. Sobald Zahlungsunfähigkeit und/oder Überschuldung gegeben sind, beginnen die Fristen des § 15a Abs. 1 Satz 2 InsO. Im Falle der Zahlungsunfähigkeit sind es höchstens drei, bei Überschuldung maximal sechs Wochen[22]. Zur Feststellung, ob eine Krise bzw. Zahlungsunfähigkeit und/oder Überschuldung gegeben sind, werden – je nach Sichtweise – zwei verschiedene Methoden verwandt. Zum einen – so gehen in der Regel Verwalter vor – durch die betriebswirtschaftliche Methode, die Erstellung einer Liquiditätsbilanz oder – so häufig die Staatsanwaltschaften bzw. Strafgerichte – durch Anwendung der wirtschaftskriminalistischen Methode[23]. Diese stellt auf Beweisanzeichen ab, z.B. das Vorliegen nichtbezahlter Rechnungen, erfolglose Vollstreckungsversuche von Gläubigern, Nichtzahlung von Sozialabgaben und/oder Steuern etc. und ggfs. das Vorhandensein einer sog. „Bugwelle"[24]. Nach Fristbeginn sind den Antragspflichtigen maximal drei bzw. sechs Wochen gegeben, durch sanierende oder restrukturierende Maßnahmen den eingetretenen Insolvenzgrund zu beheben. § 15a Abs. 1 Satz 1 InsO spricht ausdrücklich in negativer Formulierung: „ohne schuldhaftes Zögern" ab dem Vorliegen des Insolvenzgrundes. Nach allgemeiner Ansicht wird dabei heute auf den objektiven Eintritt des Insolvenzgrundes abgestellt, nicht auf die Kenntnis des Antragsverpflichteten[25]. Es genügt, wenn die

---

20 Vgl. ausführlich MüKoInsO/Klöhn § 15a Rn 73 und 74 m.w.N.; Andres/Leithaus/Leithaus § 15a Rn 4.
21 § 19 Abs. 2 S. 1 InsO in der Fassung des Art. 5 Nr. Nr. 11 SanInsFOG, BGBl. Teil I, 3256, 3283.
22 § 15a Abs. 1 S. 2 InsO in der Fassung des Art. 5 Nr. 8 SanInsFOG, in Kraft getreten am 1.1.2021, BGBl. 2020 Teil I, 3256 ff., 3282.
23 Vgl. den informativen und ausführlichen Aufsatz von Baumert, NJW 2019, 1486 mit zahlreichen Nachweisen; Uhlenbruck/Hirte § 15a Rn 65.
24 Siehe Baumert, a.a.O., S. 1490 f. – Zur Bugwelle – oder anders ausgedrückt „revolvierende Optimierung von Forderungen" und zur Verwerfung der sog. Bugwellentheorie und Einbeziehung der sog. Passiva II in den Liquiditätsstatus vgl. BGH II ZR 88/16 v. 19.12.2017, www.Bundesgerichtshof.de.
25 Graf-Schlicker/Bremen § 15a Rn 6; MüKoInsO/Klöhn § 15a Rn 116; BGH 143, 184 f. = NJW 2000, 668 f.

Tatsachen, die den Insolvenzgrund begründen, für den Verpflichteten erkennbar sind[26]. Erkennt der Antragspflichtige bereits vor Ablauf der Höchstfrist von drei bzw. sechs Wochen, dass seine Versuche aussichtslos sind, hat er unverzüglich den Antrag zu stellen[27]. Da Sanierungen von Unternehmen in der Regel mehr als drei oder sechs Wochen in Anspruch nehmen und ein Sanierungsversuch den Fristablauf nicht hemmt, zwingt dies die Verantwortlichen zu frühzeitigen Restrukturierungsversuchen, sobald die Krise am Horizont sichtbar wird[28]. Andererseits ist der „Erhalt des Unternehmens" ebenfalls als Ziel in § 1 Satz1 InsO verankert, so dass eine Sanierung auch in der Insolvenz seitens des Verwalters zu prüfen ist[29]. Die Antragspflicht und entsprechend die Antragsfrist endet bei erfolgreicher Sanierung und der Beseitigung des Insolvenzgrundes[30], wobei die Rechtsprechung im Rahmen der Haftungstatbestände eine gewisse „Nachhaltigkeit" der Beseitigung verlangt[31]. Die Antragsfrist endet auch, wenn das Gericht auf den Antrag eines Gläubigers das Verfahren eröffnet oder mangels Masse abweist[32], weist es dagegen den Antrag als unzulässig zurück, bleibt die Pflicht bestehen. Verlängerbar ist die Frist nicht[33].

6 § 15a Abs. 4 Nr. 2 InsO stellt den „nicht richtig"-en Eröffnungsantrag unter eine Strafandrohung mit Geldstrafe oder Freiheitsstrafe bis zu drei Jahren, bei Fahrlässigkeit Freiheitsstrafe bis zu einem Jahr oder Geldstrafe, § 15a Abs. 5 InsO[34]. In § 13 InsO hat der Gesetzgeber die formellen Voraussetzungen gelistet. Der Schuldnerantrag soll – und im Fall der Beantragung der Eigenverwaltung muss – Angaben zur wesentlichen Gläubigerstruktur und Höhe der Forderungen machen, insb. wenn der Geschäftsbetrieb nicht eingestellt ist. Der Insolvenzrichter fordert den Schuldner bei unzulässigem Antrag zur Mängelbehebung auf und setzt dazu eine angemessene Frist, § 13 Abs. 3 InsO[35]. Zur Eingrenzung der Strafbarkeit hat der Gesetzgeber die

---

26 Z.B. BGH NZI 2012, 567; Graf-Schlicker/Bremen 3 15a Rn 6 m.w.N.
27 Uhlenbruck/Hirte § 15a Rn 15.
28 Der Gesetzgeber hat durch das am 1.1.2021 in Kraft getretene StaRUG, BGBl. 2020 Teil I, S. 3256 ff. – in Umsetzung der Restrukturierungs-Richtlinie der EU 2019/1023, Abl. L 172 v. 26.6.2019 – für diesen Fall ein Instrumentarium geschaffen, dessen Wert sich in der Praxis wird beweisen müssen.
29 Vgl. hierzu und vor allem zur Kritik an der geltenden Regelung Uhlenbruck/Hirte § 15a Rn 16/17.
30 Graf-Schlicker/Bremen § 15a Rn 8.
31 So der II. Zivilsenats des BGH (II ZR 53/18 BeckRS 2019, 32524 = NZI 2020, 167) für eine Dauer von neun bis zwölf Monaten; dazu Köllner NZI 2020, 555, 556 unter 3.
32 Uhlenbruck/Hirte § 15a Rn 18.
33 Graf-Schlicker/Bremen § 15a Rn 7.
34 Zur Gesetzeshistorie und Entwicklung der formellen Verschärfungen in der Antragsstellung siehe Weyand in der Vorauflage, § 18 A Rn 9 m.w.N.; ferner sehr aktuell und instruktiv Rönnau/Wegner, ZinsO 2020, 1561 unter Einbeziehung der Corona-Gesetzgebung, S. 1571f.
35 Inwieweit hier der ebenfalls neu eingefügte § 10a InsO – Anspruch auf ein Vorgespräch bei größeren Unternehmen iSd § 22a InsO – zur Vermeidung unrichtiger Anträge hilfreich sein kann, wird sich ebenfalls in der Praxis – angesichts der mangelnden personellen Ausstattung der Justiz – zeigen müssen.

Strafandrohung unter eine objektive Bedingung gestellt. Sowohl vorsätzlich als auch fahrlässig ist die Tat nur strafbar, wenn der Eröffnungsantrag rechtskräftig als unzulässig zurückgewiesen worden ist, § 15a Abs. 6 InsO. In der Praxis wird dieser Straftatbestand selten im Rahmen der Strafverfolgung aufgegriffen.

Im Oktober 2008 hat der Gesetzgeber im Rahmen des MoMiG[36] in § 15a Abs. 3 InsO eine Antragspflicht der GmbH-Gesellschafter sowie des Aufsichtsrats einer Aktiengesellschaft statuiert. Eine Ausnahme soll nur gelten, wenn die Betroffenen keine Kenntnis von den Insolvenzgründen oder der Führungslosigkeit hatten, § 15a Abs. 3 2. Halbsatz InsO[37]. Führungslos sind die genannten Gesellschaften, wenn die bestellten Organe niedergelegt haben oder verstorben sind[38]. Bei der GmbH kommt es auf die Höhe des Gesellschaftsanteils nicht an. Bei kleinen Gesellschaftsanteilen wird aber eher zu vermuten sein, dass die erforderliche Kenntnis fehlt[39]. Uneinigkeit besteht in der Frage, ob bei Vorhandensein eines faktischen Geschäftsführers Führungslosigkeit vorliegt[40]. Ist die Gesellschafterstellung vererblich, gehen die entsprechenden Pflichten – neben der Haftung – auf die Erben über[41]. Hat eine juristische Person die Gesellschafterstellung inne, sind deren Organe zur Antragsstellung verpflichtet, bei deren Führungslosigkeit deren Gesellschafter oder ggfs. Aufsichtsräte[42]. In der Praxis wird dieser Straftatbestand selten im Rahmen der Strafverfolgung aufgegriffen. Es stellt sich häufiger das Problem der Führungslosigkeit. Ist die Gesellschaft „organlos", ist sie grundsätzlich nicht prozessfähig[43]. Die Gerichte behelfen sich daher mit der Anwendung des § 57 ZPO über die Verweisung in § 4 InsO[44].

Ob § 15a Abs. 1 Satz 1 InsO auf Auslandsgesellschaften anzuwenden ist, ist bislang streitig[45]. Lehnt man die Anwendbarkeit ab, könnte dies in der Wirtschaft die Neigung verstärken, den wirtschaftlichen Schwerpunkt der jeweiligen Unternehmung ins Ausland zu verlagern[46] und sich damit auf einfachem Wege der Verant-

---

36 BGBl. I 2008, 2026, 2033.
37 Kritisch zu dieser Regelung Uhlenbruck/Hirte, § 15a Rn 61; Knof/Mock, 2007, 852f.
38 Siehe die Regelungen in § 73 Abs. 1 AktG, § 35 Abs. 1 Satz 2 GmbHG, § 24 Abs. 1 Satz 2 GenG.
39 Uhlenbruck/Hirte § 15a Rn 63 unter Bezugnahme auf die Begründung des damaligen Regierungsentwurfs, Begr RegE, BT-Drs. 16/6140, S. 55; ebenso MüKoInso/Klöhn § 15a Rn 91.
40 Vgl. einerseits Uhlenbruck/Hirte, § 15a Rn 62, MüKoInsO/Klöhn § 15a Rn 88, anderseits Graf-Schlicker/Bremen § 15a Rn 12 – für die Beratung wird die bejahende Ansicht zur Haftungsvermeidung maßgebend zu sein haben.
41 MüKoInsO/Klöhn § 15a Rn 86.
42 MüKoInsO/Klöhn § 15a Rn 85.
43 Darauf weist BeckOK InsO/Wolfer, § 15a Rn 16a ausdrücklich hin.
44 So z.B. LG Berlin, Beschluss vom 11.12.2001 – 86 T 645/01, NZI 2002, 163.
45 Vgl. dazu die ausführliche Darstellung des Meinungsstreits – unter letztlicher Ablehnung der Anwendbarkeit – in MüKoInsO/Klöhn § 15a Rn 53 bis 60; BeckOK InsO/Wolfer, § 15a Rn 15.
46 Auf dieses Risiko weist Uhlenbruck/Hirte, § 15a Rn 4 deutlich hin.

wortung zu entziehen. Der EuGH hat es allerdings in einer Entscheidung zur Anwendbarkeit des § 64 II 1 GmbHG a.F. für zulässig erachtet, diese Norm auf die deutsche Insolvenz einer Gesellschaft britischen Rechts anzuwenden und dies nicht als Verstoß gegen die Art. 49 und Art. 54 AEUV gesehen[47]. Möglicherweise wird sich daher der EuGH in Zukunft für die grundsätzliche Zulässigkeit der Anwendung des deutschen Insolvenzrechts auf Auslandsgesellschaften – und damit der Antragspflicht nach § 15a Abs. 1 Satz 1 InsO – aussprechen. Für den Fall der sog. Partikularinsolvenz, wenn Vermögensteile eines ausländischen Unternehmens im Inland belegen sind, ist die Zulässigkeit ebenfalls umstritten[48]. Ferner soll § 15a Abs. 3 InsO auf Auslandsgesellschaften nicht anwendbar sein, da in dieser Norm die betroffenen Gesellschaftsformen enumerativ gelistet seien[49].

9 § 15a Abs. 4 Nr. 1, Abs. 5 InsO stellt neben der bereits erörterten Strafbarkeit nach § 15a Abs. Abs. 4 Nr. 2 InsO – bei nicht richtig gestelltem Antrag – die Nichtstellung oder nicht rechtzeitige Stellung des Eröffnungsantrags unter Strafe. Dabei behandelt Abs. 4 die vorsätzliche, Abs. 5 die fahrlässige Begehungsweise. Als Sanktionen sind Freiheitsstrafe bis zu drei Jahren oder Geldstrafe im Falle des vorsätzlichen Handelns, bis zu einem Jahr oder Geldstrafe bei Fahrlässigkeit vorgesehen[50]. Hinsichtlich der Verantwortlichkeit für die Stellung des Eröffnungsantrages gilt das oben Gesagte. GmbH-Geschäftsführer, AG-Vorstände und andere Organe mit Ausnahme der im BGB geregelten Vereine sind strafrechtlich verantwortlich, bei Führungslosigkeit die sonstigen Antragspflichtigen. Auch der faktischen Geschäftsführer unterliegt der Strafbarkeit[51]. Es genügt bedingter Vorsatz, der sich auf die Tatsachen erstrecken muss, die die Stellung des Antragspflichtigen betreffen[52]. Ferner liegt dann keine Fahrlässigkeit, vielmehr Vorsatz vor, wenn der Täter die Krise erkennt, aber nicht handelt, da er die Verletzung der Antragspflicht billigend und damit wissen- und willentlich in Kauf nimmt[53].

10 Haftungstechnisch sind vor allem vier Gruppen zivilrechtlich denkbarer Haftungslagen zu nennen. Erstens aus § 823 Abs. 2 BGB, da es sich bei § 15a Abs. 1 InsO

---

47 EuGH NJW 2016, 223.
48 Vgl. MüKoInsO/Klöhn, § 15a Rn 61.
49 Graf-Schlicker/Bremen, § 15a Rn 12.
50 Graf-Schlicker/Bremen, § 15a Rn 13 weist zu Recht darauf hin, dass der Tatbestand der Insolvenzverschleppung aufgrund der potentiellen zahlreichen Diskussionsmöglichkeiten selten ausermittelt bzw. angeklagt wird. Die meist zusätzlich verwirklichten Tatbestände der §§ 263, 266, 266a StGB und ähnliche Delikte sind idR einfacher nachzuweisen. Zur dogmatischen Einordnung der Insolvenzverschleppung siehe MüKoInsO/Klöhn, § 15a Rn 323.
51 MüKoInsO/Klöhn, § 15a Rn 328 ablehnend, aber unter ausführlicher Darstellung des Streitstandes.
52 Graf-Schlicker/Bremen, § 15a Rn 17.
53 Graf-Schlicker/Bremen, § 15a Rn 18.

nach fast einhelliger Ansicht um ein Schutzgesetz handelt[54]. Zweitens kommt eine Haftung aufgrund der Strafbarkeit bei Teilnahme nach den §§ 823 Abs. 2 iVm § 15a InsO und den §§ 26, 27 StGB für Gläubiger, Anwälte, Wirtschaftsprüfer und Steuerberater in Betracht[55]. Drittens – dies sei zusammengefasst – aus Culpa in Contrahendo, § 826 BGB und weiterer Schutzgesetze, ebenfalls in Verbindung mit § 823 Abs. 2 BGB. Als vierte Gruppe seien die Fälle der Innenhaftung, der Haftung der Geschäftsleiter gegenüber der Gesellschaft bzw. dem Verwalter genannt, die bislang in z.B. in den § 64 Satz 1 GmbH, § 92 Abs. 2 Satz 1 AktG[56] geregelt waren. Im Rahmen des SanInsFOG hat der Gesetzgeber diese Fälle weitgehend in einem neuen § 15b InsO zusammengefasst. § 15b Abs. 1 InsO enthält die ab dem 1.1.2021 geltende Regelung, dass ab Eintritt der Insolvenzgründe keine Zahlungen mehr geleistet werden dürfen, die nicht mit der Sorgfalt eines ordentlichen und gewissenhaften Geschäftsleiters vereinbar sind[57]. Für die Innenhaftung ergibt sich der Anspruch der Gesellschaft unmittelbar aus § 15b Abs. 4 S. 1 InsO. Ein Verzicht der Gesellschaft auf diesen Anspruch ist unwirksam, es sei denn, der Erstattungspflichtige ist selbst insolvent, Abs. 4 S. 4 und S. 5.

Aufgrund der aktuellen Pandemielage hat der Bundestag in einer Eilaktion einen sehr umfassenden Gesetzesentwurf mit zahlreichen Maßnahmen zur Unterstützung sowohl von Unternehmen als auch natürlichen Personen verabschiedet und bezogen auf die Aussetzung der Insolvenzantragspflicht rückwirkend ab dem 1.3.2020 in Kraft gesetzt[58]. Art. 1 des „Gesetz(es) zur Abmilderung der Folgen der COVID-19-Pandemie im Zivil-, Insolvenz- und Strafverfahrensrecht" vom 27.3.2020 beinhaltet das „Gesetz zur vorübergehenden Aussetzung der Insolvenzantragspflicht und zur Begrenzung der Organhaftung bei einer durch die COVID-19-Pandemie bedingten Insolvenz". Dieses ist unterteilt in vier Paragrafen. § 1 COVInsAG Satz 1 bis 3 setzen die Antragspflicht aus § 15a Abs. 1 Satz 1 InsO partiell außer Kraft. Nach Satz 1 ist die Pflicht zur Stellung eines Insolvenzantrages nach § 15a InsO sowie nach § 42 Abs. 2 BGB bis zum 30.9.2020 ausgesetzt. Satz 2 grenzt den Anwendungsbereich der Aussetzung ein, in dem festgelegt wird, dass die Pflicht nicht ausgesetzt ist, wenn die Insolvenzreife nicht auf den Folgen der Pandemie beruht oder – und dies wird aktuell trotz aller Unterstützungsmaßnahmen von Bund und Ländern der bedeutendere Regelungsteil sein – wenn keine Aussicht besteht, eine bestehende Zahlungsunfähigkeit zu beseitigen. Satz 3 bringt zur Beweiserleichterung für Schuldner eine doppelte Vermutung: war der Schuldner am

---

54 MüKoInso/Klöhn, § 15a Rn 140; Nerlich/Römermann/Mönning, § 15a Rn 42b; Andres/Leithaus/Leithaus, § 15a Rn 11.
55 MüKoInsO/Klöhn, § 15a Rn 274.
56 Vgl. hierzu MüKoInsO/Klöhne, § 15a Rn 317.
57 BGBl. 2020, Teil I S. 3256, 3282 – dazu dezidiert siehe Wagner in diesem Kapitel unter E.
58 COVInsAG BGBl. I 2020, 569 – zu den Motiven vgl. BT-Drs. 19/18110, S. 16.

31.12.2019 nicht zahlungsunfähig, wird unterstellt, dass die Insolvenzreife auf den Folgen der Pandemie beruht und zudem Aussichten darauf bestehen, eine bestehende Zahlungsunfähigkeit zu beseitigen. § 2 COVInsAG regelt die Folgen der Aussetzung. Insbesondere werden Zahlungen im sog. ordnungsgemäßen Geschäftsgang, Neukredite, deren Besicherung und deren Rückzahlung bis 30.9.2023 sowie zahlreiche Begünstigungen für Neu-Gläubiger verankert, die das Überleben in der Krise für diese haftungsfrei möglich machen sollen. Erstaunlicherweise regelt § 2 Abs. 2 dies auch für Schuldner, die weder zahlungsunfähig noch überschuldet sind. Durch § 3 werden Gläubigerinsolvenzanträge faktisch ausgeschlossen, da der Insolvenzgrund bereits am 1.3.2020 vorgelegen haben muss. Und zu guter Letzt enthält § 4 eine Verordnungsermächtigung, die das BMJV befugt, die Regelungen der §§ 1 und 3 bis zum 31.3.2021 zu verlängern, sofern „dies aufgrund bestehender Nachfrage nach verfügbaren öffentlichen Hilfen, andauernder Finanzierungsschwierigkeiten oder sonstiger Umstände[59] geboten erscheint". Zwischenzeitlich sind bereits zahlreiche – auch sehr kritische – Stimmen zu dieser Ausnahme-Gesetzgebung laut geworden. Einerseits wird das Tempo der Erstellung und Verabschiedung des Gesetzes bewundert, andererseits wird deutlich, dass eine derart einseitige temporäre Schuldnerbegünstigung nicht nur eine Versorgungsmentalität bei den Unternehmen und den Ruf nach ständigen öffentlichen Hilfen verstärkt, auch wird die Gefahr betont, dass durch diese Regelungen ohnehin schwache Unternehmungen, sog. Zombieunternehmen, am Markt gehalten werden, die ansonsten durch die reinigende Wirkung der Insolvenzantragsverpflichtung entweder beseitigt oder der Sanierung in der Insolvenz zugeführt worden wären[60]. Hervorgehoben wird die Missachtung der Interessen der Alt-Gläubiger[61] sowie die Tatsache, dass durch dieses Gesetz die Möglichkeit zwar nicht ausgeschlossen ist, „freiwillig" in das Insolvenzverfahren zu gehen, aber weit in den Hintergrund gedrängt wird[62]. Denn es sei zu bedenken, dass insb. nach Ablauf der Geltungsdauer des COVInsAG spätestens zum 31.3.2021 nach bisherigem Stand die Regelung des § 15a Abs. 1 Satz 1 InsO wieder gilt. Und dann werde es voraussichtlich zu einer Welle von Insolvenzen kommen, die „staatlichen Überbrückungshilfen wären umsonst verpulvert"[63]. Der Gesetzgeber bürdet die Folgelasten vorab aber den Gläubigern auf[64], so dass sich Frage nach der Rechtfertigung eines solchen Sonderopfers auch verfassungsrechtlich stellen wird.

---

59 Ob eine derartig umfassende und unsubstantiierte Ermächtigung verfassungskonform ist, lässt sich trefflich bestreiten.
60 Aus der Vielzahl der Stimmen seien hier Pape, NZI 2020, 393 sowie Richter, ZinsO 2020, 997 genannt. Letzterer stellt seinem Aufsatz eine vollständig zu nennende Übersicht der bis dato erschienen Artikel voraus.
61 Pape, a.a.O., S. 396.
62 Pape, a.a.O., S. 396 r. Sp.
63 Pape, a.a.O., S. 397 l. Sp. 2. Abs. am Ende.
64 Pape, a.a.O., S. 404.

Inzwischen haben Bundesregierung bzw. der Gesetzgeber mehrfach die Aussetzung der Insolvenzantragspflicht verlängert, wobei die Voraussetzungen der Aussetzung modifiziert worden sind. Ab dem 1.10.2020 gilt die Aussetzung allein für Überschuldung[65], am 20.1.2021 hat die Bundesregierung in einer weiteren „Formulierungshilfe" beschlossen zu beantragen, der Bundestag möge das Gesetz bis zum 30.4.2021 verlängern. Nach diesem Beschluss soll die Pflicht zur Stellung des Insolvenzantrages nur dann ausgesetzt werden, wenn die Unternehmenskrise pandemiebedingt ist, mit einer Auszahlung beantragter Hilfen zu rechnen sei und hierdurch eine Überlebenschance für das Unternehmen bestehe[66]. Aufgrund der verschiedenartigen Voraussetzungen der Aussetzung der Antragspflicht in den unterschiedlichen Zeiträumen wird es Unternehmensverantwortlichen erheblich erschwert, klare Abgrenzungen und damit Risikoeinschätzungen im Hinblick auf die Strafbarkeit ihres Handelns vorzunehmen. Und die von den genannten kritischen Stimmen vorgebrachten Argumente gelten zweifelsohne auch für die – wenn auch sachlich beschränkte – Fortgeltung der Aussetzung.

Während der Rechtshängigkeit der Restrukturierungssache ist seit dem 1.1.2021 die Pflicht zur Stellung eines Insolvenzantrages nach § 15a InsO und § 42 BGB ausgesetzt. Rechtshängig ist eine Restrukturierungssache mit der Anzeige des Restrukturierungsvorhaben bei dem zuständigen Restrukturierungsgericht, § 31 Abs. 3 StaRUG[67]. Dabei ist gleichgültig, ob die Anzeige den vom Gesetz vorgesehenen Anforderungen genügt[68]. Der Gesetzgeber hat es dem Schuldner bzw. seinen Organen damit ermöglicht, den Eintritt der Rechtshängigkeit selbst zu bestimmen – mit der entsprechenden Folge der Aussetzung der Insolvenzantragspflicht nach eigenem Gusto[69].

Nach § 42 Abs. 1 S. 2 StaRUG sind die Antragspflichtigen nach Rechtshängigkeit der Restrukturierungssache im Falle des Eintritts eines Insolvenzgrundes verpflichtet, den Eintritt des Insolvenzgrundes „ohne schuldhaftes Zögern anzuzeigen". Bei Nichtanzeige droht das gleiche Sanktionenregime wie bei § 15a InsO, Geldstrafe oder Freiheitsstrafe bis drei Jahre bei vorsätzlichem Handeln, Geldstrafe oder Freiheitsstrafe bis ein Jahr bei Fahrlässigkeit. Erstaunlich ist – dass trotz Übernahme der Sanktionsregelung wie bei § 15a InsO – die dortigen Fristen nicht mit übernommen

---

[65] Gesetz zur Änderung des COVID-19-Insolvenzaussetzungsgesetzes v. 25.9.2020, BGBl. 2020, Teil I, 2016.
[66] www.bmjv.de.
[67] BGBl. 2020 Teil I, S. 3256, 3264.
[68] So die Begründung des Regierungsentwurfs (damals noch § 33), BT-Drs. 19/24181 135, 136. – „Denn an die Rechtshängigkeit der Restrukturierungssache knüpfen sich weitergehende Folgen, die eine Rechtsunsicherheit in der Frage, ob Rechtshängigkeit eingetreten ist, nicht vertragen. Dazu gehört vor allem die Umwandlung der nach § 15a InsO bestehenden Insolvenzantragspflicht in eine Anzeigepflicht gegenüber dem Restrukturierungsgericht (§ 44 Abs. 1).", S. 136 2. Absatz.
[69] Hierzu siehe Köllner, Sonderbeilage SanInsFOG/StaRUG zur NZI 2021, Heft 5, S. 71.

worden sind. In der Begründung zum Regierungsentwurf findet sich dazu nichts. Letztendlich hat der Gesetzgeber damit die Strafbarkeit – wenn der Schuldner die Restrukturierung anhängig gemacht hat – zeitlich um mindestens drei bzw. sechs Wochen vorverlagert, da dem Restrukturierungswilligen diese Fristen fehlen. Und ob der Täter wegen Nicht- oder verspäteter Anzeige oder wegen unterlassenem oder verspäteten Insolvenzantrag bestraft wird, bleibt für diesen gleich[70]. Und welche Strafbarkeitskonkurrenzen auftreten werden, wird jeweils zu prüfen sein.

Entsprechend der neuen Regelung in § 15b InsO ist auch im Rahmen der Restrukturierung die zivilrechtliche Haftung der Geschäftsleiter als Innenhaftung gegenüber der Gesellschaft geregelt worden. § 43 Abs. 1 S. 2 StaRUG statuiert einen Anspruch der Gesellschaft gegenüber den Geschäftsleitern, sofern sie die aus Abs. 1 resultierende Verpflichtung verletzen. Verzichte sind unwirksam, Abs. 2, und die die Verjährung beträgt ebenfalls fünf Jahre, Abs. 3[71].

B. Haftung des Insolvenzverwalters (§§ 60 bis 62 InsO)

I. Vorbemerkung

12 Dem Insolvenzverwalter kommt in der Insolvenz eine zentrale und starke Stellung zu. Die Zielsetzung der heutigen Regelung versucht einen Ausgleich zu schaffen zwischen dieser Stellung und den Interessen aller am Insolvenzverfahren Beteiligter[72]. Nachdem ursprünglich der Verwalter die Sorgfalt eines ordentlichen Hausvaters anzuwenden hatte[73], wurden bereits in der Novellierung von 1898 in § 82 KO Sorgfaltspflichten gegenüber allen am Verfahren Beteiligten statuiert. Das Reichsgericht, das zuerst primär die Konkursgläubiger als geschützt ansah, kam später zu einem erweiterten Beteiligtenbegriff, der alle umfasste, denen der Verwalter aus Gesetz oder Vertrag verpflichtet war[74]. Nachdem der Bundesgerichtshof anfangs diese Rechtsprechung eines weiten Beteiligtenbegriffs fortgeführt hatte[75], zeigte sich in der umfassenden Haftung ein Hemmnis für die in vielen Fällen sinnvolle Fortführung von insolventen Unternehmen. In BGHZ 99, 151 änderte der Bundesgerichtshof seine Linie. Die Unternehmensfortführung sollte neben bzw. an Stelle der Liquidie-

---

70 Auch hierzu siehe Köllner, Sonderbeilage zur NZI 2021, Heft 5, S. 71.
71 Hier sei auf die Ausführungen von Vallender in § 1 Rn 29 bis 31 verwiesen.
72 **Vgl.** MüKoInso/Schoppmeyer, § 60 Rn 1.
73 § 74 der Konkursordnung von 1877.
74 Z.B. RGZ 144, 179, 181; 149, 182 – vgl. die Darstellung bei MüKoInso/Schoppmeyer, § 60 Rn 2.
75 Beispielhaft BGH NJW 1980, 55; BGHZ 93, 278, 281.

rung möglich sein.[76] Er schränkte den Beteiligtenbegriff dahingehend ein, dass der Verwalter aus der Verletzung insolvenzspezifischer Pflichten, die ihm nach der KO oblagen, hafte[77]. In § 60 InsO hat der Gesetzgeber diese Rechtsprechung im Wesentlichen übernommen. Hinzugefügt hat er in § 61 S. 1 InsO eine Haftung für Masseschulden, wenn die Masse zur Tilgung nicht ausreicht und dies erkennbar war, § 61 S. 2 InsO.

II. Insolvenzspezifische Pflichten

Der Verwalter ist allen Beteiligten zum Schadenersatz verpflichtet, wenn er schuldhaft Pflichten verletzt, die ihm nach der InsO obliegen, § 60 Abs. 1 S. 1 InsO. Zwischen ihm und den am Verfahren Beteiligten besteht ein gesetzliches Schuldverhältnis, das durch die Annahme des Amtes entsteht.[78] Die insolvenzspezifischen Pflichten lassen sich insb. nach ihren Schutzrichtungen unterscheiden, beginnend bei der Masse, deren Sicherung und Erhaltung, weiter zur Rechtsstellung der Massegläubiger und danach anderen potentiellen Anspruchsberechtigten, die durch eine Pflichtverletzung Schaden erleiden können.[79]

13

1. Masseschäden

a) Allgemeines und Einzelfälle

Der Verwalter hat nach der Eröffnung des Insolvenzverfahrens das gesamte zur Insolvenzmasse gehörende Vermögen des Schuldners im In- und Ausland[80] sofort in Besitz und Verwaltung zu nehmen, § 148 Abs. 1 InsO. Grundsätzlich ist er zur Massesicherung, Masseerhaltung, Massemehrung und optimalen Masseverwertung und -verteilung verpflichtet.[81] Konkrete Pflichten sind beispielhaft:
- Geltendmachung deliktischer Ansprüche wegen Schädigung der Masse;[82]
- Prüfung von Anfechtungsgründen;[83]
- Prüfung von Ansprüchen nach § 64 GmbHG etc.;

14

---

76 Siehe auch BGH IX ZR 125/17 vom 12.3.2020 – www.bundesgerichtshof.de.
77 Vgl. MüKoInsO/Schoppmeyer § 60 Rn 2 m.w.N.
78 MüKoInsO/Schoppmeyer § 60 Rn 8 und 9 m.w.N. – nicht bereits durch die gerichtliche Bestellung.
79 Vgl. die übersichtlichen Darstellungen in MüKoInsO/Schoppmeyer § 60 ab Rn 10 bis 88 sowie BeckOK InsO/Graßmann/Desch/Hochdorfer § 60 Rn 15 bis 54.
80 BGHZ 88, 147, 150.
81 MüKoInsO/Schoppmeyer, § 60 Rn 11.
82 BGH NJW 1986, 1174.
83 Vgl. MüKoInsO/Schoppmeyer § 60 Rn 12 m.w.N.; LG Krefeld NZI 2014, 410.

- Prüfung der Kapitalaufbringung und -erhaltung;[84]
- Prüfung etwaiger Forderungen auf Steuererstattungen unter Berücksichtigung von eventuellen Aufrechnungslagen gegenüber dem Finanzamt;[85]
- Prüfung von Haftungsansprüchen gegenüber Vorständen und ggfs. Beratern;[86]
- Abschluss erforderlicher Versicherung zur Absicherung der Masse;[87]
- Nichtanerkennung unberechtigter Forderungen;[88]
- Fortführung der Buchhaltung oder deren Wiederherstellung zur Vermeidung steuerlicher Nachteile, z.B. Schätzungen durch das Finanzamt;[89]
- Massemehrung durch zinsgünstige Anlagen;[90]
- Vermeidung masseminderner Geschäfte, z.B. keine eigennützige Wahrnehmung von Geschäftschancen durch den Verwalter;[91]
- Begründung von Masseverbindlichkeiten nur bei erkennbar vorhandener Haftungsmasse, § 61 S. 1 InsO.

b) Masseerhaltung und -mehrung durch Unternehmensfortführung

15 Das Ziel des Insolvenzverfahrens – die bestmögliche Befriedigung der vorhandenen Gläubiger – kann anerkanntermaßen auch durch eine Betriebsfortführung erfüllt werden. Ob dies wirtschaftlich sinnvoll ist, haben der vorläufige wie auch der bestellte Verwalter durch eine Vergleichsrechnung[92] zu ermitteln. Der Bundesgerichtshof hat in einer Entscheidung vom 12.3.2020[93] umfangreich dargelegt, Maßstab aller unternehmerischen Entscheidungen des Insolvenzverwalters im Rahmen einer Betriebsfortführung ist der Insolvenzzweck der bestmöglichen gemeinschaftlichen Befriedigung der Insolvenzgläubiger sowie das von den Gläubigern gemeinschaftlich beschlossene Verfahrensziel – Abwicklung des Unternehmens, Veräußerung oder Insolvenzplan – als Mittel der Zweckerreichung.[94] Weiter führt der 9. Zivilsenat aus: der dem Insolvenzverwalter bei unternehmerischen Entscheidungen zustehende Ermessensspielraum ist überschritten, wenn die Maßnahme aus der Perspektive

---

[84] BGH NZI 2009, 771.
[85] LG Düsseldorf NZI 2011, 190.
[86] MüKoInsO/Schoppmeyer § 60 Rn 13; Ehlers NZI 2008, 211 – als spektakulärer Fall ist auf die Insolvenz der Praktiker AG hinzuweisen, in der 80 Millionen Euro Beraterhonorar in Rede stand – vgl. Manager-Magazin vom 28.4.2017.
[87] Vgl. Weyand in der Vorauflage § 18 Rn 26.
[88] MüKoInsO/Schoppmeyer § 60 Rn 18.
[89] MüKoInsO/Schoppmeyer § 60 Rn 21, 22; Graf-Schlicker/Webel § 60 Rn 5.
[90] Vgl. MüKoInsO/Schoppmeyer 3 60 Rn 30.
[91] BGH NJW 2017, 1749; BeckOK InsO/Graßmann/Desch/Hochdorfer § 60 Rn 15.
[92] MüKoInsO/Schoppmeyer § 60 Rn 23.
[93] IX ZR 125/17 – www.bundesgerichtshof.de.
[94] Leitsatz 1 a) der Entscheidung – siehe unter www.bundesgerichtshof.de.

ex ante angesichts der Kosten, Aufwendungen und Risiken im Hinblick auf die Pflicht des Insolvenzverwalters, die Masse zu sichern und zu wahren, nicht mehr vertretbar ist.[95]

Der 9. Zivilsenat stellt weiter fest, § 93 Abs. 1 Satz 2 AktG ist nicht entsprechend auf die Haftung des Insolvenzverwalters bei unternehmerischen Entscheidungen anzuwenden.[96] Insbesondere in Auseinandersetzung mit den Stimmen in der Literatur erklärt der Senat, § 60 Abs. 1 Satz 2 InsO eröffne einen ausreichenden Rahmen, um die nicht ausdrücklich geregelten Pflichten und die Sorgfaltsanforderungen eines Insolvenzverwalters bei unternehmerischen Entscheidungen sachgerecht zu bestimmen. Der Insolvenzverwalter habe hiernach immer für die Sorgfalt eines ordentlichen und gewissenhaften Insolvenzverwalters einzustehen. Die insolvenzspezifische Festlegung eines objektiven Mindestmaßstabs ermögliche es, den besonderen Umständen, unter denen der Insolvenzverwalter ein Unternehmen in der Insolvenz des Unternehmensträgers fortzuführen hat, hinreichend Rechnung zu tragen.[97]

2. Pflichtverletzungen gegenüber anderen Beteiligten

a) Massegläubiger

§ 53 InsO schreibt vor, dass die Kosten des Verfahrens sowie die sonstigen Masseverbindlichkeiten aus der Insolvenzmasse „vorweg zu berichtigen" sind. Die Kosten sind in § 54 InsO und die sonstigen Masseverbindlichkeiten in § 55 InsO genannt. Daraus ergibt sich für den Verwalter die Pflicht, die Gläubiger entsprechend der gesetzlichen Reihenfolge nach zu befriedigen.[98] Die Pflichtenstellung des Verwalters ist in den §§ 208 ff. InsO weiter konkretisiert. Die Pflicht zur Anzeige der Masseunzulänglichkeit nach § 208 Abs. 1 InsO besteht nach der Formulierung des Gesetzes gegenüber dem Gericht. Verletzt der Verwalter die sich aus § 209 Abs. 1 InsO ergebende Rangfolge, haftet er.[99] In Abgrenzung dazu ist in § 61 InsO nur die Haftung des Verwalters wegen der pflichtwidrigen Begründung von Masseverbindlichkeiten geregelt.[100] Zeigt der Verwalter die Masseunzulänglichkeit zu früh oder zu spät an, haf-

---

95 Amtlicher Leitsatz unter 1.b).
96 Amtlicher Leitsatz unter 1.c).
97 BGH a.a.O. Rn 33 unter ausführlicher Begründung und Abgrenzung des § 60 InsO von dem Regelungsgedanken des § 93 Abs. 1 S. 2 AktG – ähnlich MüKoInsO/Schoppmeyer § 60 Rn 28a.
98 BGH WM 1982, 1352; Uhlenbruck/Sinz § 60 Rn 26 m.w.N.
99 MüKoInsO/Schoppmeyer § 60 Rn 44 m.N. aus der Rechtsprechung in Fn. 138; Uhlenbruck/Sinz § 60 Rn 27.
100 Ebenso Uhlenbruck/Sinz § 60 Rn 27; Graf-Schlicker/Webel § 60 Rn 12.

tet er den jeweils benachteiligten und geschädigten Gläubigern.[101] Sofern die Anzeige der Masseunzulänglichkeit zu Unrecht erfolgt, haftet er ebenfalls.[102]

18   Bei zu führenden Prozessen ist der Verwalter im Rahmen einer Abwägung gehalten, die Aussichten von ggfs. zu führenden Prozessen sorgfältig einzuschätzen. Diese Pflicht besteht gegenüber den Insolvenzgläubigern und dem Schuldner gegenüber,[103] nicht gegenüber dem Prozessgegner.[104] Dem Prozessgegner steht nur dann ein Anspruch zu, wenn der Verwalter im Laufe des Prozesses erkennt, dass der Prozessausgang offen ist und er – ohne den potenziellen Kostenerstattungsanspruch des Gegners zu berücksichtigen – eine Verteilung nach § 208 Abs. 1 InsO vornimmt.[105]

b) Insolvenzgläubiger

19   Neben den Pflichten zur Massesicherung, Masseerhaltung und Massemehrung, die auch gegenüber den Insolvenzgläubigern bestehen,[106] hat der Verwalter gemäß § 188 ein sog. Verteilungsverzeichnisses zu erstellen, für dessen Unrichtigkeit er haftet. Nimmt er eine angemeldete Forderung nicht auf, haftet er dem betroffenen Gläubiger.[107] Bei der Verteilung der Masse nach den §§ 187 ff. InsO ist er allen Insolvenzgläubigern gegenüber verpflichtet, die dort geregelten Grundsätze zu beachten. Dabei hat er die in § 39 InsO normierte Reihenfolge zwingend einzuhalten.[108] Wenn seitens des Verwalters Interessenkollisionen vorliegen und er teilt diese nicht mit, haftet er wegen Nichtanzeige einer persönlichen Verhinderung auf die daraus entstehenden Kosten.[109] Lässt er Forderungen der Masse verjähren, die mit vernünftigem Aufwand durchzusetzen gewesen wären, haftet er ebenfalls.[110] Nach allgemeiner Ansicht schuldet der Verwalter keine Rechtsbelehrung gegenüber Gläubigern.[111]

---

101 MüKoInsO/Schoppmeyer § 60 Rn 43 (zu spätes Anzeigen) und Rn 46 (zu frühes Anzeigen).
102 MüKoInsO/Schoppmeyer § 60 Rn 46.
103 MüKoInsO/Schoppmeyer § 60 Rn 38.
104 Siehe diesen und weitere Einzelfälle Uhlenbruck/Sinz § 60 Rn 28.
105 MüKoInsO/Schoppmeyer § 60 Rn 45.
106 Uhlenbruck/Sinz § 60 Rn 14.
107 BGH NJW 1994, 2286; Uhlenbruck/Sinz § 60 Rn 21 unter Hinweis auf ein etwaiges Mitverschulden des Gläubigers, wenn dieser gegen das Schlussverzeichnis keine Einwendungen erhoben hat; MüKoInsO/Schoppmeyer § 60 Rn 48; Graf-Schlicker/Webel § 60 Rn 10.
108 Uhlenbruck/Sinz § 60 Rn 22.
109 BGH NJW 1991, 982; siehe auch Graf-Schlicker/Webel § 60 Rn 10.
110 BGH NJW 1994, 323; BGH NZI 2009, 771.
111 Z.B. MüKoInsO/Schoppmeyer § 60 Rn 53 für eine fehlerhafte Forderungsanmeldung.

c) Ab- und Aussonderungsberechtigte

Auf den Verwalter geht gemäß § 80 InsO das Recht über, dass zur Insolvenzmasse gehörenden Vermögen zu verwalten und darüber zu verfügen. Da in der Insolvenzmasse häufig im heutigen Wirtschaftsleben Vermögenswerte, an denen Rechte Dritter bestehen, beim Schuldner vorhanden sind, wird von der Ist-Masse im Vergleich zur Soll-Masse gesprochen.[112] Aussonderungsgut hat der Verwalter in Besitz zu nehmen[113], gegen Schäden zu schützen[114], ggfs. zu versichern[115] und bei der Feststellung des Aussonderungsrechts und der Herausgabe des Gegenstandes mitzuwirken[116]. Grenze der Mitwirkungspflicht ist die Zumutbarkeit[117]. Der Aussonderungsberechtigte hat den Verwalter auf sein Recht hinzuweisen, ansonsten trifft ihn der Vorwurf des Mitverschuldens[118]. Die Beweislast für Aussonderungsrechte trifft den Aussonderungsberechtigten[119]. Grundsätzlich sprechen die Vermutungen des § 1006 BGB, wenn sich die Sache im Besitz des Schuldners befindet, für sein Eigentum.[120] Aufgrund der heute branchenüblichen Eigentumsvorbehalte muss sich der Verwalter jedoch veranlasst sehen, das Vorliegen derartiger Gestaltungen zu prüfen[121]. Ist ein sog. verlängerter Eigentumsvorbehalt vereinbart, so gilt dieser in der Regel nur im Rahmen des gewöhnlichen Geschäftsverkehrs, wozu die Veräußerung durch den Verwalter nicht zu zählen ist.[122]

20

d) Schuldner

Entsprechend den Verpflichtungen gegenüber den Insolvenzgläubigern ist der Verwalter auch gegenüber dem Schuldner zur Massesicherung, -erhaltung und -mehrung angehalten[123]. Das Interesse des Schuldners an einer Enthaftung oder

21

---

112 MüKoInsO/Schoppmeyer § 60 Rn 54 unter Hinweis auf HambKommInsO/Weitzmann § 60 Rn 19; ähnlich Uhlenbruck/Sinz § 60 Rn 29.
113 Nerlich/Römermann/Rein § 60 Rn 20; Uhlenbruck/Sinz § 60 Rn 30 mit weiteren zahlreichen Nachweisen aus der Rspr.
114 Uhlenbruck/Sinz § 60 31; HambKomm/Weitmann § 60 Rn 19; MüKoInsO/Schoppmeyer § 60 Rn 54a.
115 Uhlenbruck/Sinz § 60 Rn 31; BGHZ 105, 230; OLG Köln ZIP 1981, 977.
116 Graf-Schlicker/Webel § 60 Rn 13.
117 Z.B. OLG Jena ZinsO 2005, 44; Uhlenbruck/Sinz § 60 Rn 33.
118 OLG Jena ZinsO 2005, 44; Uhlenbruck/Sinz § 60 Rn 34.
119 Vgl. Uhlenbruck/Sinz § 60 Rn 36.
120 Graf-Schlicker/Webel § 60 Rn 14.
121 Graf-Schlicker/Webel § 60 Rn 14 am Ende.
122 OLG Celle EWiR 2004, 117; Uhlenbruck/Sinz § 60 Rn 38.
123 So ua Uhlenbruck/Sinz § 60 Rn 46 mit der Formulierung, der Verwalter sei zur „optimalen Verfahrensabwicklung" verpflichtet.

überwiegenden Entschuldung ist dem Verfahren immanent[124]. Wenn es daher aufgrund von Fehlentscheidungen oder der Untätigkeit des Verwalters zu Masseschmälerungen kommt, haftet dieser auch gegenüber dem Schuldner. Veräußert er ein Unternehmen oder Teile davon unter Wert, kann dies insoweit eine Pflichtverletzung darstellen[125]. Die Unterlassung ordnungsgemäßer Buchführung kann den Schuldner in seiner Position als Steuersubjekt schädigen[126]. Der Verwalter hat gegen den Schuldner ergehende Steuerbescheide zu prüfen und ggfs. anzufechten.[127]

e) Weitere Beteiligte

22 Weitere Beteiligte im Sinne des § 60 InsO sind der Justizfiskus hinsichtlich der Gerichtskosten[128], Gesellschafter von Personen- und Kapitalgesellschaften oder die Genossen bei Genossenschaften[129], der Nacherbe[130] und der Staat als Insolvenzgläubiger[131]. Verletzt der Verwalter diesen gegenüber bestehende Pflichten, haftet er dementsprechend. Nicht beteiligt im Sinne des § 60 InsO sind der Bürge[132], solange die verbürgte Forderung nicht auf ihn übergegangen ist, Organe juristischer Personen[133], bislang auch nicht bei Inanspruchnahme nach den § 64 GmbHG oder den §§ 92, 93 Abs. 2 AktG[134], der Zwangsverwalter und der Prozessgegner[135].

3. Exkurs: Sachwalter in der Eigenverwaltung

23 Im Verfahren der Eigenverwaltung verweist § 274 Abs. 1 InsO auf die entsprechende Anwendung der §§ 56 bis 60, 62 bis 65 InsO. Aufgrund der Besonderheiten des Verfahrens der Eigenverwaltung beschränken sich die Pflichten des Sachwalters auf seine Aufsichts- und Überwachungspflichten nach den §§ 274 Abs. 2, 284 Abs. 2 InsO, ergänzt durch Anzeigepflichten nach § 274 Abs. 3 InsO. Zum Verfahren der Eigenverwaltung ist eine Entscheidung des 9. Zivilsenats des Bundesgerichts aus dem Jahre 2018 zu erwähnen. In diesem Urteil wendet der 9. Zivilsenat die §§ 60, 61

---

124 Graf-Schlicker/Webel § 60 Rn 3 unter Hervorhebung der Pflicht zur sorgfältigen und bestmöglichen Masseverwertung.
125 Graf-Schlicker/Webel § 60 Rn 5.
126 Zur Verpflichtung des Verwalters zur ordnungsgemäßen Buchführung siehe § 155 Abs. 1 InsO.
127 Vgl. Uhlenbruck/Sinz § 60 Rn 65.
128 OLG Schleswig ZIP 1984, 619.
129 MüKoInsO/Schoppmeyer § 60 Rn 69.
130 Uhlenbruck/Sinz § 60 Rn 10.
131 Uhlenbruck/Sinz § 60 Rn 10.
132 BGHZ 55, 117, 120.
133 MüKoInsO/Schoppmeyer § 60 Rn 71.
134 Ob dies auch für die Ansprüche aus § 15b InsO zu gelten hat, wird zu prüfen sein
135 MüKoInsO/Schoppmeyer § 60 Rn 71.

InsO auf die Organe bzw. den Geschäftsleiter der in Eigenverwaltung befindlichen Gesellschaft an.[136] Er begründet dies im Wesentlichen damit, dass das Gesetz eine unbeabsichtigte Regelungslücke enthalte, weil die Verweisung des § 270 Abs. 1 S. 2 InsO auf die § 3 60, 61 InsO die Organe der Schuldnerin nicht unmittelbar erfasse.[137] Unter Berücksichtigung der Grundsätze dieser Entscheidung ist die Überwachungspflicht des Sachwalters ebenfalls neu zu betrachten und dürfte sich nicht nur konkretisieren, sondern auch verschärfen.[138]

III. Nichtinsolvenzspezifische Pflichten

1. Zivilrechtliche Anspruchsgrundlagen

Neben den Pflichten aus der Insolvenzordnung obliegen dem Verwalter im Umgang mit anderen Rechtssubjekten, die nicht Beteiligte des Verfahrens sind, die sich aus anderen Gesetzen und Rechtsgründen ergebenden Pflichten. 24

a) Vertragliche Haftung und Ähnliches

Der Verwalter, der mit einem am Verfahren nicht Beteiligten eine Vereinbarung schließt, haftet für diese wie der Schuldner selbst.[139] Nur wenn der Verwalter besonderes Vertrauen für sich in Anspruch nimmt oder eine Garantie abgibt, haftet er persönlich nach den allgemeinen Grundsätzen, z.B. nach § 311 Abs. 3 BGB aus Culpa in Contrahendo.[140] Hinweisen auf die besonderen Risiken eines Insolvenzverfahrens muss der Verwalter nicht[141]. Im Rahmen seines Geltungsbereichs geht § 61 InsO den allgemeinen Haftungstatbeständen als lex specialis vor.[142] 25

b) Deliktische Haftung

Grundsätzlich stehen deliktische Ansprüche aus den §§ 823 ff. BGB und solche aus § 60 InsO nebeneinander und schließen sich nicht aus.[143] Dazu gehören u.a. Ver- 26

---

136 BGH v. 26.4.2018 – IX ZR 238/17 – www.bundesgerichtshof.de.
137 BGH a.a.O. Rn 16.
138 Nach Ansicht von Graf-Schlicker/Webel § 60 Rn 16 am Ende – ist damit eine durch das ESUG entstandene Haftungslücke geschlossen.
139 Uhlenbruck/Sinz § 60 Rn 54; BGHZ 100, 346.
140 Uhlenbruck/Sinz § 60 Rn 55; Graf-Schlicker/Webel § 60 Rn 23.
141 Uhlenbruck/Sinz § 60 Rn 55.
142 Uhlenbruck/Sinz § 60 Rn 54.
143 Nerlich/Römermann/Rein § 60 Rn 114.

kehrssicherungspflichten[144] und die Verletzung wettbewerbsrechtlicher Normen[145]. Verwirklicht der Verwalter strafrechtlich relevante Tatbestände wie Betrug oder Untreue, haftet er gemäß § 823 II BGB wegen Verletzung von Schutzgesetzen[146].

2. Öffentlich-rechtliche Anspruchsgrundlagen

a) Abgabenordnung

27 In Abgrenzung zur Haftung aus § 60 InsO haftet der Insolvenzverwalter nach den Vorschriften der AO, wenn er Normen verletzt, die steuerrechtliche Pflichten zum Zwecke der Sicherung einer ordnungsgemäßen Besteuerung regeln.[147] Entstandene und fällige Steuern hat der Verwalter anteilig zu Forderungen anderer Gläubiger zu bezahlen.[148] Nur im Fall der Masseunzulänglichkeit hat er die Reihenfolge des § 209 InsO zu beachten.[149] Das Finanzamt kann nach den §§ 69, 34, 35 AO Haftungsbescheide gegen den Verwalter erlassen, wenn er spezifisch steuerrechtliche Pflichten verletzt. § 69 AO geht § 60 InsO als Spezialgesetz vor.[150]

b) Weitere öffentlich-rechtliche Anspruchsnormen

28 Der Verwalter haftet nach § 321 SGB III gegenüber der Bundesanstalt für Arbeit, wenn er die nach den §§ 320, 321 SGB III ihm als Arbeitgeber auferlegten Pflichten nicht, nicht richtig oder unvollständig erfüllt oder das Insolvenzgeld nicht errechnet oder auszahlt.[151] Setzt er Arbeitsverhältnisse fort oder begründet er im Verfahren neue, hat er die Arbeitgeberpflichten der Sozialversicherung zu erfüllen. Kommt er dem schuldhaft nicht nach, haftet er zivilrechtlich nach § 823 Abs. 2 BGB in Verbindung mit § 266a StGB.[152]

---

144 Uhlenbruck/Sinz § 60 Rn 58.
145 Uhlenbruck/Sinz § 60 Rn 597.
146 zu einer „milden" Entscheidung des BGH gegenüber einem treulosen Treuhänder in einem Verbraucherinsolvenzverfahren siehe BGH BeckRS 2019, 24564 mit den Anmerkungen von Köllner in NZI 2020, 15, 17.
147 Uhlenbruck/Sinz § 60 Rn 62 m.w.N.
148 BFH DB 1988, 377.
149 BFH ZIP 1995, 229.
150 MüKoInso/Schoppmeyer § 60 Rn 81.
151 MüKoInso/Schoppmeyer § 60 Rn 86, u.a. BSG ZIP 1982, 1336.
152 MüKoInso/Schoppmeyer § 60 Rn 87.

IV. Verschulden

1. Haftung – Verschuldensmaßstab – Haftung für Dritte

Vorsätzliches oder fahrlässiges Handeln ist weitere Voraussetzung der Haftung nach § 60 InsO.[153] Maßstab ist die Sorgfalt eines ordentlichen und gewissenhaften Insolvenzverwalters, § 60 Abs. 1 S. 2 InsO. Dies legt einen objektiven Mindestsorgfaltsmaßstab fest; den Besonderheiten der jeweiligen Verfahren und der Tatsache, dass der Verwalter neu in einen Betrieb kommt, ist jeweils Rechnung zu tragen.[154] Verletzt der Sachwalter seine Pflichten aus den §§ 274, 275 InsO, haftet er ebenfalls.[155] Bei der Haftung für Dritte ist zu unterscheiden, ob es sich um Mitarbeiter bzw. Hilfspersonal des Verwalters oder Personal des Schuldners handelt.[156] Für eigenes Hilfspersonal einschließlich eines hinzugezogenen Rechtsanwalts oder Sachverständigen haftet der Verwalter nach § 278 BGB, wenn es um die Erfüllung insolvenzspezifischer Pflichten geht.[157] Nach § 60 Abs. 2 InsO gilt dies nicht, wenn der Verwalter Personal des Schuldners einsetzt. Aufgrund dieser Privilegierung haftet er nur für eine Verletzung von Überwachungspflichten und für Entscheidungen von besonderer Bedeutung.[158]

29

2. Haftung – Prognoseentscheidungen – Rechtskenntnisse – Sachverständige

Wie bereits oben dargelegt, gilt nach der Rechtsprechung des 9. Zivilsenats die Business Judgement Rule für den Verwalter nicht.[159] Nach Ansicht des Senats und der überwiegenden Meinung in der Literatur genügt die Regelung des § 60 InsO, um den Besonderheiten des Insolvenzverfahrens und den damit verbundenen Interessen der Beteiligten Rechnung zu tragen.[160] Insofern führen Prognoseentscheidungen des Verwalters, die sich nicht erfüllen, nicht zwangsläufig zu seiner Haftung. Unterliegt er jedoch einem Rechtsirrtum, haftet er, da Rechtskenntnis – auch vertiefte – vorauszusetzen sind.[161] Dies gilt insbesondere, wenn der Verwalter Rechtsanwalt ist. Andernfalls ist er gehalten, sich die Rechtskenntnis durch Dritte zu verschaffen. Außerhalb des Rechts gilt dies für alle Sachfragen, die der Verwalter selbst, wie z.B.

30

---

153 Uhlenbruck/Sinz § 60 Rn 90; MüKoInso/Schoppmeyer § 60 Rn 89.
154 Uhlenbruck/Sinz § 60 Rn 91; relativ ausführlich Graf-Schlicker/Webel § 60 Rn 17; Weyand in der Vorauflage, Rn 34.
155 Uhlenbruck/Sinz § 60 Rn 93; siehe oben die Ausführungen unter Rn 23.
156 Vgl. Uhlenbruck/Sinz § 60 Rn 97 ff.
157 BGH IX ZR 119/15 v. 3.3.2016, NZI 2016, 352 mit Anm. Kluth = BeckRS 2016, 5553.
158 Nerlich/Römermann/Rein § 60 Rn 90.
159 Siehe oben Rn 15 und 16 sowie IX ZR 125/17 vom 12.3.2020 – www.bundesgerichtshof.de.
160 Vgl. den Diskussionsstand bei MüKoInso/Schoppmeyer § 60 Rn 90a.
161 MüKoInso/Schoppmeyer § 60 Rn 92; Graf-Schlicker/Webel § 60 Rn 19.

bei technischen Abläufen oder Immobilienbewertungen, aus eigener Sachkunde nicht zu beurteilen vermag.[162]

3. Haftung – Mitverschulden

31 Nach allgemeiner Meinung ist § 254 BGB im Rahmen der Verwalterhaftung anwendbar.[163] Wenn z.B. ein Aussonderungsberechtigter nicht auf die Freigabe seines Eigentums hinweist und ggfs. klagt, vermag dies ein Mitverschulden darzustellen.[164]

4. Haftung – Mitwirken von Gericht, Gläubigerversammlung und Gläubigerausschuss

32 Für Handlungen des Verwalters, die der Zustimmung des Insolvenzgerichts bedürfen oder die es untersagt, etwa für den Fall der vom Verwalter beantragten Unternehmensstillegung nach § 22 Abs. 1 Nr. 2 InsO, tritt eine Haftung entsprechend der Reichweite der Gerichtsentscheidung nicht ein. Führt der Verwalter aber – wenn das Gericht einer Stilllegung nicht zustimmt – die Geschäfte weiter, haftet er den Gläubigern der in der Fortführung begründeten Masseschulden, wenn er diese nicht auf die von ihm vorgefundene Lage hinweist.[165] Die Zustimmung des Gläubigerausschusses oder der Gläubigerversammlung befreit den Verwalter ebenfalls nicht umfassend von eigener Haftung.[166] Der Verwalter ist – anders als das Organ einer juristischen Person – der Masse bzw. der Gläubigergesamtheit verpflichtet, nicht den Gesellschaftern oder einzelnen Gläubigern.[167] Und unter Berücksichtigung seiner spezifischen Pflichten gegenüber dem Schuldner und allen anderen Beteiligten am Insolvenzverfahren haftet er diesen gegenüber, wenn er rechtswidrige masseschmälernde Beschlüsse der Gläubigerversammlung ausführt.[168]

---

[162] MüKoInsO/Schoppmeyer § 60 Rn 94.
[163] Uhlenbruck/Sinz § 60 Rn 105 unter Hinweis auf die Beweislast des Verwalters für diesen Einwand in Rn 107.
[164] So BGH IX ZR 217/91 v. 24.9.1992, NJW 1993, 552.
[165] Vgl. die Übersicht bei MüKoInsO/Schoppmeyer § 60 Rn 96.
[166] Vgl. MüKoInsO/Schoppmeyer § 60 Rn 98; Graf-Schlicker/Webel § 60 Rn 20, der die Zustimmung des Gläubigerausschusses oder der Gläubigerversammlung als Indiz für richtiges Verhalten des Verwalters sieht.
[167] Ggfs. hat er die Aufhebung des Beschlusses nach § 78 InsO durch das Gericht zu beantragen.
[168] MüKoInsO/Schoppmeyer § 60 Rn 102 m.w.N.

V. Kausalität, Schaden, mehrere Verpflichtete und Beweislast

Die erforderliche Kausalität zwischen Pflichtverletzung und Schaden bestimmt sich nach den allgemeinen Regeln der §§ 249 ff. BGB.[169] So gilt der Beweis des ersten Anscheins, wenn die verletzte Pflicht den Zweck hat, den eingetretenen Schaden zu verhindern.[170] Zu beachten ist der jeweilige Schutzbereich der Norm.[171] Zu ersetzen ist grundsätzlich das negative Interesse, d.h., der Geschädigte ist so zu stellen, wie er ohne das pflichtwidrige Handeln des Verwalters stehen würde.[172] Auch ein ggfs. vorhandener Vorteilsausgleich ist zu berücksichtigen.[173] Unterschieden werden der Gesamt- und der Einzelschaden. Der Gesamtschaden ist in § 92 S. 1 InsO definiert als Schaden der Insolvenzgläubiger durch eine Verminderung des zur Insolvenzmasse gehörenden Vermögens vor oder nach Eröffnung des Verfahrens. Ein Einzelschaden ist gegeben bei einer individuellen Vermögenseinbuße eines einzelnen Gläubigers.[174] Kein Gesamtschaden ist ein Schaden der Massegläubiger durch eine Handlung des Verwalters vor Eintritt der Masseunzulänglichkeit, da der Wortlaut des § 92 S. 1 InsO ausdrücklich nur Insolvenzgläubiger erfasst.[175]

33

Nach Ansicht der Rechtsprechung kann der Verwalter den Geschädigten nicht primär auf die Haftung der Masse verweisen.[176] Vielmehr haften er und die Masse in der Regel als Gesamtschuldner.[177] Aufgrund der unterschiedlichen Haftungsnormen, § 60 InsO einerseits und § 71 InsO andererseits, besteht zwischen der Haftung des Verwalters und der Mitglieder des Gläubigerausschusses ein unechtes Gesamtschuldverhältnis, ebenso im Verhältnis zum Insolvenzgericht.[178]

34

Mit Beschluss vom 15.10.2015 hat der 9. Zivilsenat deutlich ausgesprochen, dass dem Geschädigten die volle Darlegungs- und Beweislast für seinen anspruchsbegründenden Vortrag obliegt.[179] Die Regelung des § 93 Abs. 2 AktG sei nicht anwendbar, da immer auf die „besonderen Erschwernisse" beim Verwalter zu achten sei und der Gesetzgeber ausdrücklich davon abgesehen habe, diese Regelung zu übernehmen.[180]

35

---

169 Nerlich/Römermann/Rein § 60 Rn 66; MüKoInsO/Schoppmeyer § 60 Rn 105.
170 Vgl. Uhlenbruck/Sinz § 60 Rn 89 am Ende.
171 zB BGH IX ZR 35/93 v. 11.11.1993, NJW 1994, 453 = BeckRS 9998, 166495.
172 Vgl. MüKoInsO/Schoppmeyer § 60 Rn 106, 107.
173 MüKoInsO/Schoppmeyer § 60 Rn 111.
174 Uhlenbruck/Sinz § 60 Rn 122.
175 Uhlenbruck/Sinz § 60 Rn 123.
176 Vgl. die Übersicht bei Uhlenbruck/Sinz § 60 Rn 112, 113.
177 So BGH IX ZR 115/01 v. 1.12.2005, ZIP 2006, 194 = NZI 2006, 169.
178 Uhlenbruck/Sinz § 60 Rn 130, 131 m.w.N. aus der Rechtsprechung.
179 IX ZR 296/14, NZI 2016, 52 = BeckRS 2015, 18933.
180 BGH a.a.O. in Fn. 167, Rn 3, 4; vgl. MüKoInsO/Schoppmeyer § 60 Rn 121 m.w.N.

VI. Anspruchsberechtigte – Sonderinsolvenzverwalter – Verjährung – Haftpflichtversicherung

36 Entsprechend den Ausführungen zu den Beteiligten des Insolvenzverfahrens und zum Schaden sind alle genannten Beteiligten Anspruchsberechtigte gegenüber dem seine insolvenzspezifischen Pflichten verletzenden Verwalter. Die Geltendmachung einer pflichtwidrigen Masseminderung vor oder nach Eröffnung des Verfahrens regelt § 92 S. 1 InsO. Einzelne Gläubiger können während des Laufs des Verfahrens diese Ansprüche nicht geltend machen. Die Norm schützt den ungestörten Ablauf des Verfahrens und damit die gleichmäßige Befriedigung aller Gläubiger.[181] Sofern der Verwalter wegen derartiger Masseschmälerungen der Gläubigergesamtheit haftet, können diese Ansprüche gemäß § 92 S. 2 InsO nur durch einen neuen Verwalter oder einen Sonderinsolvenzverwalter während der Dauer des Verfahrens geltend gemacht werden. Bei Individualschäden ist der Gläubiger auf seinen Quotenschaden begrenzt.[182]

37 Die Verjährung richtet sich gemäß § 62 InsO nach den Regelungen des BGB. Dabei bestimmt § 62 S. 2 InsO unabhängig von der Kenntnis des Geschädigten einen objektiv bestimmbaren Zeitpunkt der Verjährung bzw. eine „eigenständige Höchstfrist".[183] Die Verjährung tritt spätestens in drei Jahren von der Aufhebung oder der Rechtskraft der Einstellung des Verfahrens an. Der Verwalter soll sich nicht noch nach vielen Jahren Ersatzansprüchen Dritter ausgesetzt sehen.[184]

38 Sinnvoll für jeden Verwalter, auch in Insolvenzen mit kleineren Unternehmen, ist der Abschluss einer Haftpflichtversicherung – neben der Berufshaftpflicht. Die obligatorische Berufshaftpflichtversicherung des Rechtsanwalts, Wirtschaftsprüfers oder Steuerberaters deckt aufgrund zahlreicher Klauseln in den Bedingungen der Versicherer meist die z.B. mit der Fortführung eines Betriebes verbundenen Risiken nicht ab. Selbst die sog. „Besonderen Versicherungsbedingungen für Insolvenzverwalter" schließen unternehmerische Risiken aus.[185] Dabei sollten jeweils für den Abschluss der Versicherung und die damit verbundenen Kosten die Zustimmung des Gerichts und des Gläubigerausschusses eingeholt werden.[186] Ob die Kosten der Versicherung von der Vergütung umfasst werden oder als Auslagen erstattungsfähig sind, richtet sich nach § 4 Abs. 3 InsVV.[187]

---

181 MüKoInsO/Gehrlein § 92 Rn 1.
182 MüKoInsO/Gehrlein § 92 Rn 36, 37.
183 Vgl. MüKoInsO/Schoppmeyer § 62 Rn 5.
184 MüKoInsO/Schoppmeyer § 62 Rn 6; BT-Drs. 15/3653 S. 15.
185 Vgl die ausf. Darstellung bei Uhlenbruck/Sinz § 60 Rn 132 bis 135 sowie Nerlich/Römermann/Rein § 60 Rn 116 bis 118.
186 Nerlich/Römermann/Rein § 60 Rn 116.
187 Dazu siehe Nerlich/Römermann/Rein § 60 Rn 117.

C. Haftung der Mitglieder des Gläubigerausschusses, § 71 InsO

I. Schutzzweck des § 71 InsO

Mitglieder des Gläubigerausschusses sind verpflichtet, den absonderungsberechtigten Gläubigern und den Insolvenzgläubigern den entstandenen Schaden zu ersetzen, wenn sie schuldhaft insolvenzspezifische Pflichten verletzen, § 71 S. 1 InsO. Anders als unter der Geltung der KO haften die Mitglieder des Ausschusses nicht mehr allen Beteiligten am Verfahren nach dieser Norm.[188] Schuldner, Massegläubiger und Aussonderungsberechtigte werden durch die Norm nicht geschützt.[189] Diese können aber – bei Vorliegen der Voraussetzungen – auf die §§ 823 Abs. 2 BGB in Verbindung mit einem Schutzgesetz, z.B. § 266 StGB oder auf § 826 BGB zurückgreifen, wenn die Voraussetzungen vorliegen und beweisbar sind.[190]

II. Pflichtverletzungen

Die Ausschussmitglieder haften individuell, nur in Ausnahmefällen, z.B. bei Überwachungsverschulden durch alle Mitglieder des Ausschusses, haften alle.[191] Es muss stets – entsprechend dem oben beim Verwalter Dargestellten – eine spezifische Pflicht verletzt sein, die dem Ausschuss und seinen Mitgliedern nach der InsO obliegen. In § 69 InsO sind die Überwachungs- und Unterstützungsfunktion genannt. Ebenso die Pflicht, sich über den Gang der Geschäfte unterrichten zu lassen, die Bücher und Geschäftspapiere einzusehen und den Geldverkehr und Geldbestand prüfen zu lassen, § 69 S. 2 InsO. Ferner sind sie zur Verschwiegenheitspflicht verpflichtet, die nicht zum Nachteil der Gläubigergesamtheit gebrochen werden darf.[192]

III. Verschulden

Wie der Verwalter haften die Mitglieder des Gläubigerausschusses für jede Form des Verschuldens.[193] Es sind aber die individuellen Kenntnisse und Fähigkeiten des jeweiligen Ausschussmitgliedes zu berücksichtigen.[194] In der Literatur wird zum Teil – an-

---

188 Früher § 89 KO – vgl. Nerlich/Römermann/Weiß § 71 Rn 2.
189 MüKoInsO/Schmid-Burgk § 71 Rn 2.
190 Vgl. MüKoInsO/Schmid-Burgk § 71 Rn 21.
191 Vgl. Uhlenbruck/Knof § 71 Rn 3; MüKoInsO/Schmid-Burgk § 71 Rn 15.
192 Uhlenbruck/Knof § 71 Rn 5.
193 MüKoInsO/Schmid-Burgk § 71 Rn 7; Nerlich/Römermann/Weiß § 71 Rn 10.
194 Uhlenbruck/Knof § 71 Rn 8.

ders als die aktuelle Rechtsprechung beim Verwalter[195] – die Business Judgement Rule bemüht, um die Haftung des Einzelnen zu begrenzen.[196] Grundsätzlich gilt aber, dass Unkenntnis nicht entlastet.[197] Da beim Verschulden auf den Individualverstoß abzustellen ist, kann sich ein Ausschussmitglied dadurch entlastet, dass es vorträgt – und ggfs. anhand der Ausschussprotokolle beweist – dass es gegen einen haftungsbegründenden Beschluss des Ausschusses gestimmt oder sich enthalten hat.[198] Grundsätzlich hat der Geschädigte die Kausalität zu beweisen. Die Rechtsprechung hat jedoch – etwa bei Veruntreuungen oder Unterschlagungen durch den Verwalter – den Beweis des ersten Anscheins zugunsten des Anspruchsstellers gelten lassen.[199]

IV. Verjährung

42 Die Verjährung ist in § 71 S. 2 InsO entsprechend der Verjährung von Ansprüchen gegen den Verwalter geregelt.[200] Für die Frage, auf wessen Kenntnis im Sinne des § 199 Abs. 1 Nr. 2 BGB abzustellen ist, hat der BGH auf die Kenntnis eines neuen Verwalters oder Sachwalters abgestellt.[201]

D. Persönliche Haftung der Gesellschafter (§ 93 InsO)

I. Normzweck

43 Durch die Regelung des § 93 InsO soll primär dem Grundsatz der Gläubigergleichbehandlung dadurch Rechnung getragen werden, dass ein Gläubigerwettlauf um die Befriedigung aus dem Vermögen der persönlich haftenden Gesellschafter unterbunden wird. Darüber hinaus soll die Vorschrift auch einen Beitrag zur Überwindung der Massearmut in den Verfahren leisten, in denen die schuldnerische Gesellschaft auf der einen Seite nicht selbst das ausreichende Vermögen aufweist, um die Verfahrenskosten zu decken, andererseits aber über wirtschaftlich leistungsfähige Gesellschafter verfügt, die für die Gesellschaftsverbindlichkeiten haften. Dadurch wird die Ordnungsfunktion des Insolvenzverfahrens besonders betont.

---

195 Siehe oben Rn 15, 16.
196 Vgl. die Übersicht über den Meinungsstand bei MüKoInsO/Schmid-Burgk § 71 Rn 7.
197 Uhlenbruck/Weiß § 71 Rn 10 am Ende; MüKoInsO/Schmid-Burgk § 71 Rn 8.
198 MüKoInsO/Schmid-Burgk § 71 Rn 10.
199 zB BGH IX ZR 142/13 v. 25.6.2015, NZI 2015, 799 = BeckRS 2015, 12164.
200 Uhlenbruck/Knof § 71 Rn 20.
201 BGH IX ZR 54/07 v. 8.5.2008, NZI 2008, 491 = BeckRS 2008, 12235 – anders OLG Rostock 3 U 45/06 v. 12.2.2007, ZInsO 2007, 1052.

II. Norminhalt

§ 93 InsO bestimmt, dass während der Dauer des Insolvenzverfahrens nur der Insolvenzverwalter dazu befugt ist, bestimmte Haftungsansprüche gegen die persönlich haftenden Gesellschafter der insolventen Gesellschaft geltend zu machen. Der Insolvenzverwalter erhält dadurch die Einziehungs- und Prozessführungsbefugnis, jedoch wird ihm damit nicht zugleich auch die materielle Rechtsinhaberschaft übertragen.[202] Diese verbleibt den Gesellschaftsgläubigern, denen jedoch untersagt ist, ihre Ansprüche selbst gegen die persönlich haftenden Gesellschafter des Insolvenzschuldners durchzusetzen.[203] § 93 InsO beinhaltet insoweit eine Ermächtigungswirkung und eine Sperrwirkung.[204]

1. Persönlicher Anwendungsbereich

Von der Regelung des § 93 InsO werden in persönlicher Hinsicht Ansprüche gegen Gesellschafter einer GbR und OHG, Komplementäre einer KG, Kommanditisten einer KG nach Maßgabe von § 171 HGB, Mitglieder einer EWIV, persönlich haftende Gesellschafter einer KGaA sowie Partner einer Partnerschaftsgesellschaft erfasst.

Der persönliche Anwendungsbereich von § 93 InsO ist nicht auf die Gesellschafter beschränkt, die zum Zeitpunkt der Geltendmachung der Ansprüche noch Gesellschafter sind oder bereits zu dem Zeitpunkt Gesellschafter waren, als der Schuldgrund für die Haftung seitens der Gesellschaft gelegt worden ist. Insoweit kann sich der Anwendungsbereich grundsätzlich auch auf bereits ausgeschiedene Gesellschafter[205] sowie auf Neugesellschafter[206] erstrecken.

2. Sachlicher Anwendungsbereich

In sachlicher Hinsicht ist die Wirkung von § 93 InsO auf die persönliche Außenhaftung der Gesellschafter gegenüber Gesellschaftsgläubigern aufgrund ihrer Gesellschafterstellung beschränkt.[207] Nicht erfasst werden hingegen Ansprüche von Gesellschaftsgläubigern, die ihre Ansprüche aus anderen, nicht zur Gesellschafterstellung akzessorischen Haftungstatbeständen herleiten, z.B. wenn der persönlich haf-

---

202 **BGH,** ZIP 2007, 79, 80.
203 BGH, BeckRS 2012, 17495.
204 BGH, BeckRS 2012, 17495.
205 KG, BeckRS 2014, 06105; HambKomm/Pohlmann, § 93 InsO Rn 25 ff.; Uhlenbruck/Hirte, § 93 InsO Rn 10.
206 Siehe BGH, ZIP 2007, 79, 80; dazu Schmidt, EWiR 2007, 115.
207 Uhlenbruck/Hirte, § 93 InsO Rn 4.

tende Gesellschafter im Rahmen seiner ihm auch obliegenden Geschäftsführung Haftungstatbestände etwa nach § 69 AO i.V.m. § 34 AO erfüllt hat.[208]

48 Für den Anwendungsbereich des § 93 InsO ist es unbeachtlich, ob die Ansprüche des Gesellschaftsgläubigers Insolvenzforderungen nach § 38 InsO oder aber Masseverbindlichkeiten i.S.v. § 55 Abs. 1 Nr. 2 InsO darstellen. Gleiches gilt für die Erfüllungsansprüche des Gläubigers, wenn der Insolvenzverwalter Erfüllung des gegenseitigen Vertrages nach § 103 InsO gewählt hat.[209] Lediglich im Anwendungsbereich von § 55 Abs. 1 Nr. 1 und 3 InsO ist keine Haftung des Gesellschafters gegeben, so dass diese Masseverbindlichkeiten ohne Rückgriff auf den persönlich haftenden Gesellschafter aus der Masse bedient werden müssen.[210] Fraglich erscheint der Anwendungsbereich des § 93 InsO für die Fälle des § 55 Abs. 4 InsO, bei denen durch oder mit Zustimmung des schwachen vorläufigen Insolvenzverwalters vor Verfahrenseröffnung Steuerverbindlichkeiten begründet worden sind. Dies betrifft insbesondere Zahlungsverpflichtungen für während des Insolvenzeröffnungsverfahrens nicht abgeführte Umsatzsteuer ab Anordnung der vorläufigen Insolvenzverwaltung. Grundsätzlich ist in diesen Fällen von einer Haftung der Gesellschafter nach § 93 InsO auszugehen.[211] Bei geschäftsführenden Gesellschaftern wird es im Anwendungsbereich des § 55 Abs. 4 InsO in der Praxis jedoch zu einer direkten Inanspruchnahme der Gesellschafter durch die Finanzverwaltung auf der Grundlage von § 69 AO i.V.m. § 34 AO kommen,[212] so dass sich die Praxisfälle von § 93 InsO i.V.m. § 55 Abs. 4 InsO auf die Inanspruchnahme der nicht geschäftsführenden Gesellschafter in den Verfahren reduzieren dürften, in denen der Insolvenzverwalter nach Verfahrenseröffnung Masseunzulänglichkeit anzeigen muss und daher die Steuerverbindlichkeiten im Sinne von § 55 Abs. 4 InsO nicht mehr mit Massemitteln begleichen kann.

49 Umstritten ist der sachliche Anwendungsbereich von § 93 InsO für den Fall, dass der persönlich haftende Gesellschafter einem Gesellschaftsgläubiger für die Gesellschaftsverbindlichkeiten nicht nur infolge seiner Gesellschafterstellung, sondern darüber hinaus auch noch aus persönlich abgegebenen Verpflichtungserklärungen wie Bürgschaft oder Schuldbeitritt haftet. Für diesen Fall wird teilweise in der Literatur vertreten, dass man § 93 InsO zumindest analog auf die Fälle anwenden müsse, in denen die Haftung des Gesellschafters ohnehin in gleicher Höhe aus seiner Gesellschafterstellung herrührt, weil anderenfalls der Sinn und Zweck von § 93 InsO unterlaufen werde.[213] Nach h.M in Rechtsprechung und Literatur ist der

---

208 Siehe BGH, ZIP 2002, 179, 180 f.; BFH, ZIP 2002, 1492, 1493 f.; ähnlich BSG, ZIP 2008, 1965 f.
209 HambKomm/Pohlmann, § 93 InsO Rn 18.; MüKo/Brandes/Gehrlein, § 93 InsO Rn 12.
210 HambKomm/Pohlmann, § 93 InsO Rn 17.; Uhlenbruck/Hirte, § 93 InsO Rn 37.
211 So auch Zimmer, ZInsO 2011, 1081, 1086.
212 Zimmer, ZInsO 2011, 1081, 1088.
213 Bork, NZI 2002, 362, 364 f.; Oepen ZInsO 2002, 162, 168, Kesseler, ZIP 2002, 1974, 1976 ff.

Anwendungsbereich von § 93 InsO jedoch auf die rein akzessorische Gesellschafterhaftung beschränkt.[214] Eine analoge Anwendung von § 93 InsO scheidet jedenfalls für Haftungsansprüche nach § 133 Abs. 1 UmwG aus.[215]

3. Zeitlicher Anwendungsbereich

§ 93 InsO setzt von seinem Wortlaut her ein bereits eröffnetes und noch nicht beendetes Insolvenzverfahren voraus. Eine analoge Anwendung auf das Insolvenzeröffnungsverfahren scheidet vor dem Hintergrund des klaren Wortlauts der Norm und dem Umstand aus, dass § 93 InsO auf die Vermögensverwertung durch Haftungsrealisierung und nicht auf die Vermögenssicherung abzielt.[216] 50

III. Einzelfragen

1. Prozessuale Geltendmachung

Dem Insolvenzverwalter obliegt es, die in den Anwendungsbereich des § 93 InsO fallenden Haftungsansprüche gegen die persönlich haftenden Gesellschafter zu verfolgen. Dafür hat der Insolvenzverwalter im Regelfall eine Leistungsklage zu erheben, soweit keine außergerichtliche Einigung mit dem Gesellschafter getroffen werden kann. Die Kosten für die gerichtliche Beitreibung, also insbesondere Anwalts- und Gerichtskosten, hat der Insolvenzverwalter zunächst aus der freien Masse aufzubringen; er kann diese jedoch wieder in Abzug bringen, ehe eine Auskehrung des realisierten Erlöses an den Gläubiger erfolgt.[217] Dem Insolvenzverwalter steht es frei, welchen der Gesellschafter er in welcher Höhe in Anspruch nimmt. Ein Ausgleich zwischen den Gesellschaftern hat dann im Innenverhältnis im Rahmen des Gesamtschuldnerausgleichs nach § 426 BGB zu erfolgen. Soweit sich der Gesellschafter selbst im Insolvenzverfahren befindet, hat der Insolvenzverwalter die Forderungen dort zur Tabelle anzumelden. 51

Im Rahmen der Realisierung der Ansprüche hat der Insolvenzverwalter die einzelnen Ansprüche der Gesellschaftsgläubiger substantiiert und im Einzelnen vorzutragen.[218] Dabei kann der Insolvenzverwalter nur in dem Umfang tätig werden, in denen die Gesellschaftsgläubiger selbst am Insolvenzverfahren teilnehmen und ihre 52

---

214 Siehe BGH, ZInsO 2006, 328, 329; ZInsO 2008, 1275, 1277; MüKo/Brandes/Gehrlein, § 93 InsO Rn 21; Uhlenbruck/Hirte, § 93 InsO Rn 17 ff.
215 BGH, NZG 2013, 1072, 1073.
216 HambKomm/Pohlmann, § 93 InsO Rn 46.
217 HambKomm/Pohlmann, § 93 InsO Rn 90.
218 OLG Hamm, BeckRS 2013, 13752.

Forderungen zur Tabelle angemeldet haben.[219] Für die anderen Gesellschaftsgläubiger darf der Insolvenzverwalter die Ansprüche nicht durchsetzen, allerdings sind auch diese an der Geltendmachung gegenüber dem persönlich haftenden Gesellschafter gehindert.[220]

53 Vor der Geltendmachung des Anspruchs hat der Insolvenzverwalter vorab zu prüfen, in welchem Umfang er Zahlungen des persönlich haftenden Gesellschafters benötigt, um die Insolvenzgläubiger zu befriedigen. Denn dem Gesellschafter steht die dolo-agit-Einrede nach § 242 BGB zu, soweit der Insolvenzverwalter beim Gesellschafter Gelder einfordert, die offensichtlich nicht zur Befriedigung der Insolvenzgläubiger benötigt werden.[221]

54 Da der Insolvenzverwalter im Rahmen des § 93 InsO fremde Rechte geltend macht, ist bei der Ermittlung der Rechtswegzuständigkeit das Rechtsverhältnis zwischen Gesellschaft und Gesellschaftsgläubiger bedeutsam. Demnach kann es dem Insolvenzverwalter im Einzelfall auch obliegen, Zahlungsklage auf dem Arbeitsgerichts-, Finanzgerichts- oder auch Sozialgerichtsweg zu erheben.[222] Dabei führt der Umstand, dass die angemeldete Insolvenzforderung erst infolge der erfolgreichen Insolvenzanfechtung durch den Insolvenzverwalter nach § 144 InsO wieder auflebt, nicht dazu, dass für die klageweise Geltendmachung dieses Anspruchs automatisch der Zivilrechtsweg eröffnet wäre; insoweit ist allein die ursprüngliche Rechtsnatur der Gläubigeransprüche zur Bestimmung des Rechtswegs maßgeblich.[223]

55 Grundsätzlich ist der Insolvenzverwalter zur Vermeidung eigener Haftungsrisiken angehalten, die Ansprüche nach § 93 InsO umgehend geltend zu machen. Vorab sollte der Insolvenzverwalter allerdings sorgsam prüfen, ob die klageweise Geltendmachung der Ansprüche erfolgversprechend ist, insbesondere ob die Ansprüche als nachweisbar und werthaltig zu beurteilen sind. Hier hat der Insolvenzverwalter alle Risiken abzuwägen und sollte sich aussagekräftige Auskünfte über die Vermögensverhältnisse der persönlich haftenden Gesellschafter einholen und dies auch entsprechend dokumentieren. Dem Insolvenzverwalter steht es dabei frei, mit den persönlich haftenden Gesellschaftern Vergleiche abzuschließen, die auch die Gesellschaftsgläubiger rechtlich binden.[224] Der Insolvenzverwalter ist im Einzelfall auch dazu befugt, die Sperrwirkung des § 93 InsO dadurch aufzuheben, dass er die Haftungsansprüche aus der Masse freigibt.[225] In diesem Fall ist es jedoch geboten, sämtliche am Insolvenzverfahren teilnehmenden Gesellschaftsgläubiger in einem

---

219 HambKomm/Pohlmann, § 93 InsO Rn 37; MüKo/Brandes/Gehrlein, § 93 InsO Rn 14.
220 HambKomm/Pohlmann, § 93 InsO Rn 30 f.; MüKo/Brandes/Gehrlein, § 93 InsO Rn 13.
221 HambKomm/Pohlmann, § 93 InsO Rn 64 ff.
222 Umfassend dazu HambKomm/Pohlmann, § 93 InsO Rn 97 ff.
223 OLG Frankfurt am Main, BeckRS 2014, 06770.
224 BAG, ZIP 2008, 846, 848; BGH, 17.12.2015 – IX ZR 143/13, ZInsO 2016, 330 = ZIP 2016, 274.
225 Kritisch dazu aber BGH, ZIP 2008, 365, 369, OLG Dresden, ZIP 2005, 1680, 1682.

Rundschreiben entsprechend zu informieren, so dass alle Gläubiger die gleichen Chancen haben, auf die Privatvermögen der Gesellschafter Zugriff zu nehmen.

Sofern ein Gesellschaftsgläubiger bereits vor Eröffnung des Insolvenzverfahrens einen in den Anwendungsbereich des § 93 InsO fallenden Anspruch gerichtlich geltend gemacht hat, wird dieser Rechtsstreit gemäß § 17 Abs. 1 Satz 1 AnfG analog bis zu einer Aufnahme durch den Insolvenzverwalter unterbrochen.[226] Der Insolvenzverwalter kann den Rechtsstreit dann aufnehmen oder auch eine eigene Klage erheben.[227]

Soweit der Gläubiger im Fall von Rdn 89 bereits einen Vollstreckungstitel erlangt hat, ist es ihm untersagt, aus diesem Titel gegen den Gesellschafter vorzugehen, ungeachtet dessen, ob der Gläubiger am Insolvenzverfahren teilnimmt oder nicht.[228] Nimmt der Gläubiger am Insolvenzverfahren teil, kann der Insolvenzverwalter aufgrund der Ermächtigungswirkung des § 93 InsO nach § 727 ZPO analog den Titel auf sich umschreiben lassen und selbst die Zwangsvollstreckung gegen den Gesellschafter betreiben.[229]

Hat der persönlich haftende Gesellschafter in Kenntnis des Insolvenzverfahrens unter Verstoß gegen § 93 InsO bereits an den Gesellschaftsgläubiger geleistet, so ist er wegen § 82 InsO zur erneuten Zahlung gegenüber dem Insolvenzverwalter verpflichtet.[230] Im Falle seiner Unkenntnis kann der Insolvenzverwalter die Zahlung beim Gesellschaftsgläubiger über § 816 Abs. 2 BGB kondizieren.[231] Im Regelfall ist davon auszugehen, dass dem Gesellschafter die Insolvenzeröffnung tatsächlich bekannt sein wird, so dass der Insolvenzverwalter nur in Ausnahmefällen den vom Gesellschafter bereits befriedigten Gesellschaftsgläubiger in Anspruch nehmen muss. Dagegen ist viel eher anzunehmen, dass Gesellschafter in Unkenntnis der Sperrwirkung von § 93 InsO noch Zahlungen leisten. Diese Leistung beruht aber dann auf einem Rechtsirrtum, so dass eine erneute Zahlungsverpflichtung gegenüber dem Insolvenzverwalter besteht. Leistet der Gesellschafter vor der Verfahrenseröffnung, kann darin eine anfechtbare Leistung nach §§ 129 InsO ff. vorliegen.[232]

2. Einwendungen des Gesellschafters

Gegen den Zahlungsanspruch des Insolvenzverwalters kann der Gesellschafter neben seinen persönlichen Einwendungen (z.B. kein Status als persönlich haftender

---

226 BGH ZInsO 2003, 28; BGH, ZInsO 2009, 101.
227 HambKomm/Pohlmann, § 93 InsO Rn 93; MüKo/Brandes/Gehrlein, § 93 InsO Rn 42.
228 HambKomm/Pohlmann, § 93 InsO Rn 102.
229 OLG Dresden, ZInsO 2000, 607, 608; OLG Stuttgart, NZI 2002, 495, 496.
230 HambKomm/Pohlmann, § 93 InsO Rn 58.
231 HambKomm/Pohlmann, § 93 InsO Rn 59.
232 Siehe BGH, ZInsO 2008, 1275, 1276; BGH, ZInsO 2009, 101.

Gesellschafter) auch die Einwendungen der Gesellschaft gegen die Hauptforderung nach § 129 HGB geltend machen. Die Einwendungsbefugnis entfällt, wenn der Gesellschafter am Forderungsprüfungsverfahren beteiligt war und dort keinen Widerspruch erklärt hat, so dass die Hauptforderung rechtskräftig zur Insolvenztabelle der Gesellschaft festgestellt wurde.[233] Insoweit sollte der Insolvenzverwalter darauf achten, dass die persönlich haftenden Gesellschafter im Rahmen der Forderungsprüfung entsprechend angehört werden.

60 Gegen die im Wege von § 93 InsO durch den Insolvenzverwalter geltend gemachten Forderungen kann der Gesellschaftsgläubiger nicht mit eigenen Forderungen gegen die Gesellschaft aufrechnen, weil es hierbei an der notwendigen Gegenseitigkeit der Forderungen fehlt, da die Forderungen des Insolvenzverwalters materiell den Gesellschaftsgläubigern zustehen. Anders verhält es sich hingegen mit eigenen Forderungen des Gesellschafters gegen die Gläubiger, soweit die Aufrechnungslage schon vor der Verfahrenseröffnung bestand. Insoweit ist der Gesellschafter nach den Voraussetzungen gemäß §§ 94 InsO analog zur Aufrechnung berechtigt.[234]

3. Bildung von Sondermassen

61 Die im Rahmen von § 93 InsO vereinnahmten Gelder lassen sich jeweils genau einzelnen Gläubigern zuordnen, die am Insolvenzverfahren teilnehmen. Insoweit ist der Insolvenzverwalter verpflichtet, aus den realisierten Beträgen Sondermassen für die einzelnen Gesellschaftsgläubiger zu bilden.[235] Daher erscheint es zweckmäßig, die zu bildenden Sondermassen auch auf getrennten Treuhandkonten körperlich zu separieren.[236] Vor der Ausschüttung der Beträge an die Gläubiger ist der Insolvenzverwalter befugt, die dafür angefallenen Einziehungskosten in Abzug zu bringen.[237]

Da das gesetzgeberische Ziel des § 93 InsO auch darin liegt, an sich massearme Insolvenzverfahren zur Eröffnung zu bringen, soweit an der insolventen Gesellschaft liquide persönlich haftende Gesellschafter beteiligt sind, muss es dem Insolvenzverwalter zwangsläufig auch gestattet sein, notfalls in voller Höhe die gesamten Verfahrenskosten von den über § 93 InsO von den Gesellschaftern eingezogenen Mitteln vorab zu entnehmen.[238]

---

[233] BGH, ZInsO 2007, 35, 36.
[234] Siehe HambKomm/Pohlmann, § 93 InsO Rn 55 m.w.N.
[235] BGH, ZInsO 2009, 101, 102.
[236] HambKomm/Pohlmann, § 93 InsO Rn 89; Uhlenbruck/Hirte, § 93 InsO Rn 3.
[237] HambKomm/Pohlmann, § 93 InsO Rn 90 f.
[238] AG Hamburg, ZInsO 2007, 1283; HambKomm/Pohlmann, § 93 InsO Rn 23; MüKo/Brandes/Gehrlein, § 93 InsO Rn 10; Pohlmann, ZInsO 2008, 21, ff.; Heitsch, ZInsO 2008, 793, 794 f.

E. Insolvenzverschleppungshaftung

I. Rechtlicher Hintergrund

Der Gesetzgeber hat für juristischen Personen und Gesellschaften ohne Rechtspersönlichkeit eine Insolvenzantragspflicht normiert, um die Geschäftsführer zu einer frühzeitigen Antragstellung zu zwingen. Die Insolvenzantragspflicht zielt darauf ab, das Vermögen potentieller neuer Vertragspartner des Insolvenzschuldners vor Gefährdungen zu schützen und darüber hinaus den Bestand des schuldnerischen Vermögens zu erhalten. Ein Verstoß gegen die Erfüllung der Insolvenzantragspflicht ist daher zulasten der Geschäftsführung zivil- und strafrechtlich sanktioniert.

II. Innenhaftung

Im Rahmen der Innenhaftung nimmt der Insolvenzverwalter über § 80 InsO die Geschäftsführung für Ansprüche der insolventen Gesellschaft in Regress.

1. Erstattung verbotener Zahlungen

Bei der Rückforderung verbotener Zahlungen handelt es sich um einen Ersatzanspruch eigener Art.[239] Die Inanspruchnahme der Geschäftsführung zielt darauf ab, der Masse die Beträge zu erstatten, um die das Gesellschaftsvermögen aufgrund der unzulässigen Zahlungen verringert worden ist. Der Insolvenzverwalter ist befugt, einen ermittelten Erstattungsanspruch an Dritte abzutreten oder auf ihn im Wege des Vergleichs unter Beachtung von § 60 InsO zu verzichten; § 9b Abs. 1 Satz 1 GmbHG gilt insoweit nicht für den Insolvenzverwalter.[240] Dem Geschäftsführer ist es untersagt, mit eigenen Insolvenzforderungen die Aufrechnung gegen Erstattungsansprüche wegen Insolvenzverschleppung zu erklären.[241] Für Erstattungsansprüche gegen die Gesellschaftsorgane ist nach § 29 Abs. 1 ZPO ein Gerichtsstand am Sitz der Gesellschaft begründet.[242]

Die Anspruchsgrundlage für den Erstattungsanspruch fand sich je nach Rechtsform der Gesellschaft in den jeweiligen Spezialgesetzen, also in § 64 Satz 1 GmbHG, § 92 Abs. 2 Satz 1 i.V.m. § 93 Abs. 3 Nr. 6 AktG, § 130a Abs. 2 Satz 1 HGB und § 34 Abs. 3 Nr. 4 i.V.m. § 99 GenG. Der EuGH hat festgestellt, dass § 64 Satz 1 GmbH auch als Haftungsgrundlage gegen den Geschäftsführer einer ausländischen Kapitalge-

---

239 BGHZ 146, 264, 278; BGH, NJW 1974, 1088, 1089.
240 BGH, NZG 2019, 34, 36.
241 BGH, NZI 2019, 932.
242 BGH, NJW-RR 2019, 1181.

sellschaft herangezogen werden kann, so dass der Insolvenzverwalter befugt ist, den Geschäftsführer vor einem deutschen Gericht zu verklagen, wenn über das Vermögen der ausländischen Gesellschaft in Deutschland das Insolvenzverfahren eröffnet worden ist.[243] Die anspruchsbegründenden Voraussetzungen waren nach den vorstehenden Normen nahezu identisch, sodass die nachfolgenden Ausführungen nicht nur bei einer bestimmten Rechtsform Berücksichtigung finden. Mit dem Gesetz zur Fortentwicklung des Sanierungs- und Insolvenzrechts (Sanierungs- und Insolvenzrechtsfortentwicklungsgesetz – SanInsoFoG) vom 22.12.2020, das am 1.1.2021 in Kraft trat, wurde mit § 15b InsO in der InsO eine zentrale Vorschrift für die Erstattungspflicht verbotener Zahlungen etabliert. Mit der Einführung des § 15b InsO entfallen zugleich die oben genannten gesellschaftsrechtlichen Normen. Diese behalten jedoch zumindest für Altfälle noch ihre Gültigkeit. Da § 15b InsO einige neue Vorgaben enthält, bleibt abzuwarten, ob die bisherige Rechtsprechung zur Geschäftsführerhaftung wegen verbotener Zahlungen auch für nach dem 1.1.2021 verwirklichte Haftungstatbestände uneingeschränkt Anwendung finden wird. Ungeachtet dessen ist zumindest davon auszugehen, dass die bisher geltenden Haftungsvoraussetzungen dem Grunde nach gerade nicht durch die Einführung des § 15b InsO wesentlich verändert werden sollten.

a) Ermittlung der Insolvenzreife

65 Von der Geschäftsführung veranlasste Zahlungen sind nur dann unzulässig, wenn diese in unmittelbarem zeitlichem Zusammenhang mit dem Eintritt der Insolvenzreife der Gesellschaft erfolgt sind. Daher ist es für die Geltendmachung des Ersatzanspruchs notwendig, zu einem bestimmten Zeitpunkt die Zahlungsunfähigkeit oder die Überschuldung der Gesellschaft nachzuweisen.

aa) Zahlungsunfähigkeit

66 Zahlungsunfähigkeit liegt nach § 17 Abs. 2 Satz 1 InsO dann vor, wenn der Schuldner nicht in der Lage ist, die fälligen Zahlungsverpflichtungen zu erfüllen. Indiziert wird die Zahlungsunfähigkeit gemäß § 17 Abs. 2 Satz 2 InsO dadurch, dass der Schuldner seine Zahlungen eingestellt hat. Da der Insolvenzverwalter für sämtliche anspruchsbegründenden Tatsachen der Insolvenzverschleppungshaftung beweisbelastet ist,[244] hat dieser auch zum Vorliegen der Zahlungsunfähigkeit substantiiert vorzutragen. Dabei stehen dem Insolvenzverwalter verschiedene Möglichkeiten zur Verfügung.

---

243 EuGH, BeckRS 2015, 81978.
244 BGH, ZIP 2009, 956, 957 (Rn 14).

Die Zahlungsunfähigkeit kann zunächst durch die Vorlage einer **stichtagsbezogenen Liquiditätsbilanz** nachgewiesen werden.[245] Dabei werden die im maßgeblichen Zeitpunkt verfügbaren sowie die innerhalb von drei Wochen liquidierbaren Mittel aktiviert und den Passiva gegenüber gestellt, die zum Stichtag fällig und ernsthaft eingefordert sind; hinzu kommen die Verbindlichkeiten, die bis zum Ablauf von drei Wochen nach dem Stichtag als fällig zu bedienen sind.[246] Der BGH hat nunmehr klar gestellt, dass im Rahmen der Liquiditätsbilanz auch die sog. „Passiva II" Berücksichtigung finden müssen.[247] Schwierigkeiten bei der Erstellung einer Liquiditätsbilanz treten insbesondere dann auf, wenn sich die Finanzbuchhaltung der Gesellschaft in einem desolaten Zustand befindet. In vielen Fällen wird es dem Insolvenzverwalter daher nur mit sehr großem eigenen Aufwand möglich sein, eine belastbare Liquiditätsbilanz zu erstellen.

67

Alternativ dazu kann der Insolvenzverwalter die Zahlungsunfähigkeit unter Bezugnahme auf das Merkmal der **Zahlungseinstellung** auch dadurch belegen, dass er den Nachweis führt, dass die Gesellschaft ihre Zahlungen zu einem bestimmten Zeitpunkt eingestellt hat. Nach der Rechtsprechung des BGH lassen im Einzelfall die besonderen Umstände bei bestimmten Sachverhaltskonstellationen entsprechende Rückschlüsse auf das Vorliegen von Zahlungsunfähigkeit wegen Zahlungseinstellung zu. Bejaht wurde die Zahlungseinstellung z.B. bei der Nichtzahlung wesentlicher und ernsthaft eingeforderter Verbindlichkeiten,[248] im Fall von Stundungsbitten des Schuldners bei Gläubigern,[249] bei der Schließung des Geschäftslokals und Flucht des Geschäftsinhabers,[250] bei der Nichtabführung von Sozialversicherungsbeiträgen trotz der Strafandrohung von § 266a StGB[251] und bei der nur schleppenden Zahlung von Löhnen und Gehältern.[252]

68

Der Nachweis der Zahlungseinstellung dürfte dem Insolvenzverwalter selbst dann gelingen, wenn die Finanzbuchhaltung des Schuldners unbrauchbar oder unauffindbar ist. Besonders wichtig ist es dabei, die zur Tabelle angemeldeten Forderungen dahingehend zu überprüfen, wann genau diese fällig waren. Daraus lassen sich Rückschlüsse im Hinblick auf den Zeitpunkt der Zahlungseinstellung und damit auch der Zahlungsunfähigkeit ziehen.[253] Denn nach Ansicht des BGH kann die Zahlungsunfähigkeit des Schuldners zu einem bestimmten Zeitpunkt auch nachträglich dadurch festgestellt werden, dass damals bereits fällige Verbindlichkeiten

69

---

245 BGH, ZIP 2005, 1426, 1428.
246 Baumbach/Hueck/Haas, Vorbem. vor § 64 GmbHG Rn 22.
247 BGH, NZG 2018, 343, 345 f.
248 BGH, ZIP 2008, 706, 707 (Rn 15).
249 BGH, ZIP 2008, 420, 422 (Rn 21).
250 BGH, ZIP 2006, 1056, 1057 (Rn 14).
251 BGH, ZIP 2006, 1056, 1057 (Rn 14).
252 BGH, ZIP 2008, 706, 707 (Rn 20).
253 Siehe dazu Wagner, EWiR 2007, 113, 114.

bestanden haben, die bis zur Verfahrenseröffnung nicht mehr beglichen worden sind.[254] Eine Einschränkung erfährt diese Beurteilung lediglich dann, wenn aufgrund konkreter Umstände zum damaligen Zeitpunkt angenommen werden konnte, dass der Schuldner die fälligen Verbindlichkeiten doch noch rechtzeitig werde erfüllen können.[255] Fraglich ist bei dieser Berechnungsmethode nach wie vor, ob und ggf. in welchem Umfang die dabei erfassten Verbindlichkeiten in einem bestimmten Größenverhältnis etwa zum Gesamtumsatz oder zu den durchschnittlichen Gesamtverbindlichkeiten des Schuldners stehen müssen.[256] Der BGH geht insoweit davon aus, dass die Verbindlichkeiten zumindest beträchtlich sein müssen,[257] so dass es wohl auf eine Wertung im Einzelfall ankommen wird.[258]

Da die Vertretungsorgane grundsätzlich zu den zur Tabelle angemeldeten Forderungen angehört werden sollten, sind diese zugleich dazu aufzufordern, etwaige Einwendungen schriftlich zu formulieren. Dadurch dürfte es den Organvertretern in einem späteren Haftungsprozess schwerer fallen, die Rechtmäßigkeit der in der Aufstellung berücksichtigten Forderungen in Abrede zu stellen, wenn sie vorher keine Einwendungen gegen die Feststellung der Forderungen zur Insolvenztabelle erhoben haben.

---

70 In der Verwaltungspraxis hat es sich bewährt, zum Nachweis der Zahlungsunfähigkeit zu einem bestimmten Stichtag eine Übersicht zu erstellen, in der unter Bezugnahme auf die Insolvenztabelle die per Stichtag zu berücksichtigen Verbindlichkeiten mit den folgenden Angaben erfasst sind: Name des Gläubigers, laufende Tabellennummer, Rechtsgrund der Forderung, Forderungsbetrag und dessen Fälligkeit.

bb) Überschuldung

71 Ebenso wie bei der Zahlungsunfähigkeit ist der Geschäftsführung auch bei vorliegender Überschuldung ein Zahlungsverbot auferlegt. Die Überschuldung ist dabei nicht als bilanzielle Überschuldung, sondern als **insolvenzrechtliche Überschuldung im Sinne von § 19 Abs. 2 InsO** zu verstehen. Nach § 19 Abs. 2 InsO liegt die insolvenzrechtliche Überschuldung dann vor, wenn das Vermögen des Schuldners die bestehenden Verbindlichkeiten nicht deckt, es sei denn, die Fortführung des Unternehmens in den nächsten zwölf Monaten ist nach den Umständen überwiegend wahrscheinlich.

---

254 BGH, ZIP 2006, 2222, 2224 (Rn 28), BGH, ZIP 2011, 1416, 1417 (Rn 15).
255 BGH, ZIP 2006, 2222, 2224 (Rn 28).
256 So OLG Frankfurt/M, ZInsO 2010, 1328, 1329; **a.A.** OLG Hamburg, ZInsO 2009, 1698, 1701.
257 BGH, ZIP 2011, 1416, 1417 (Rn 15).
258 Siehe auch Henkel, EWiR 2011, 571, 572.

Die Überschuldung ist durch die Erstellung einer **Überschuldungsbilanz** zu 72
ermitteln, wobei die Aktiva mit ihren Liquidationswerten zu berücksichtigen sind
und stille Reserven aufgedeckt werden.[259] Die Vorlage einer Handelsbilanz reicht
zum Nachweis der insolvenzrechtlichen Überschuldung grundsätzlich nicht aus,
allerdings ist ein in der Handelsbilanz ausgewiesener, nicht durch Eigenkapital gedeckter Fehlbetrag ein gewichtiges Indiz dafür, dass die Überschuldung nicht nur
bilanzieller Natur ist, sondern auch im insolvenzrechtlichen Sinne vorliegt.[260] Der
Insolvenzverwalter genügt insoweit seiner Darlegungslast, wenn er unter Bezugnahme auf die Einzelpositionen der Handelsbilanz, die ein negatives Eigenkapital
ausweist, darlegt, dass stille Reserven nicht vorliegen.[261] Es ist sodann Aufgabe des
verklagten Geschäftsführers, das Vorliegen von Vermögenswerten zu beweisen, die
in der Handelsbilanz nicht ersichtlich sind.[262]

Nach dem derzeit geltenden Recht ist eine insolvenzrechtliche Überschuldung 73
ausgeschlossen, soweit eine positive Fortbestehensprognose besteht. Dieses Merkmal wird in der Verwaltungspraxis seitens der Gesellschaftsorgane jedoch oftmals
dahingehend missverstanden, dass eine solche positive Fortbestehensprognose
ohne weiteres angenommen werden konnte, solange der Geschäftsbetrieb noch aufrecht erhalten wurde. Tatsächlich kann eine solche positive Fortbestehensprognose
nur auf der Grundlage einer aussagekräftigen Liquiditäts- und Ertragsplanung angenommen werden,[263] die einen Zeitraum von ca. 12 bis 18 Monaten umfassen sollte.[264] Die Beweislast für die Annahme einer positiven Fortbestehensprognose trifft
die Geschäftsführung, sodass diese aussagekräftige Planungsunterlagen vorlegen
muss.[265] Ist dem Geschäftsführer dies nicht möglich, kann er sich folglich nicht auf
den Wegfall der Überschuldung wegen einer positiven Fortbestehensprognose berufen.

Die Belastbarkeit einer Liquiditäts- und Ertragsplanung lässt sich im Einzelfall leicht durch den 74
Abgleich der Planungszahlen mit den Ergebnissen der BWA und dem Kontoverlauf überprüfen. Hier
wird sich der Geschäftsführer schwerlich entlasten können, wenn in den BWA fortlaufend Verluste
ausgewiesen werden, in der Planung hingegen stets von einem zumindest ausgeglichenen Ergebnis
ausgegangen worden ist.

---

259 Baumbach/Hueck/Haas, Vorbem. vor § 64 GmbHG Rn 42 ff.
260 BGH, ZIP 2001, 235, 236; BGH, ZIP 2005, 807.
261 BGH, ZIP 2001, 235, 236; BGH, ZIP 2005, 807; BGH, ZIP 2009, 860 (Rn 10).
262 BGH, ZIP 2009, 860 (Rn 10).
263 BGH, ZIP 2006, 2171 (Rn 3).
264 Siehe dazu Bork, ZIP 2000, 1709, 1710 ff.; Sikora, ZInsO 2010, 1761, 1762 ff.
265 BGH, ZIP 2006, 2171 (Rn 3).

b) Ermittlung der verbotenen Zahlungen

75 Nachdem der Zeitpunkt des Eintritts der Insolvenzreife der Gesellschaft positiv bestimmt worden ist, kann in einem zweiten Schritt die Summe der verbotenen Zahlungen ermittelt werden, um den Erstattungsanspruch der Masse berechnen und belegen zu können.

aa) Berechnung des Erstattungsanspruchs

76 Vom Zahlungsverbot werden vom Grundsatz her sämtliche Leistungen zulasten des Gesellschaftsvermögens erfasst, durch die der Gesellschaft nach Eintritt der Insolvenzreife Liquidität entzogen wurde.[266] Der Zahlungsbegriff ist dabei grundsätzlich weit auszulegen, so dass auch die Lieferung von Sachen, die Erbringung von Dienstleistungen sowie die Übertragung von Rechten als sanktionierbare Verfügungen anzusehen sind.[267] Eine erstattungspflichtige Zahlung ist jedoch ausgeschlossen, wenn der Gesellschaft infolge der Masseschmälerung unmittelbar auch ein Massezufluss zugerechnet werden kann, der bei Verfahrenseröffnung nicht mehr unbedingt im Gesellschaftsvermögen vorhanden sein muss.[268] Maßgeblich soll dabei für die Bewertung der Zeitpunkt sein, in dem die Masseverkürzung durch einen Massezufluss ausgeglichen wird.[269] Entscheidend ist dabei, ob die Insolvenzgläubiger die Gegenleistung hätten verwerten können, wenn zum Zeitpunkt der Gegenleistung das Insolvenzverfahren eröffnet worden wäre.[270] Von einer gleichwertigen Gegenleistung kann daher regelmäßig nicht ausgegangen werden, wenn Arbeits- oder Dienstleistungen oder Entgelte für Entsorgungs- und Telekommunikationsleistungen, das Internet oder Kabelfernsehen gezahlt werden.[271] Auch sind geringwertige Verbrauchsgüter regelmäßig nicht dazu geeignet, einen aufrechenbaren Gegenwert zu begründen.[272] Der Grundgedanke des Bargeschäfts nach § 142 InsO a.F., über den ein Vorteilsausgleich dem Grunde nach berechnet werden könnte, findet demnach auch in analoger Anwendung keine Berücksichtigung.[273]

77 Verboten sind grundsätzlich Zahlungen und Überweisungen, die von einem Guthabenkonto oder aus einem Barbestand geleistet werden. Erlaubt sind hingegen Zahlungen von einem debitorisch geführten Bankkonto, weil hier lediglich ein Gläubigertausch stattfindet und dadurch die Insolvenzmasse im Regelfall nicht be-

---

266 Baumbach/Hueck/Haas, § 64 GmbHG Rn 63.
267 Baumbach/Hueck/Haas, § 64 GmbHG Rn 65.
268 BGH, NZI 2015, 133, 134.
269 BGH, NZI 2015, 133, 134.
270 BGH, DStR 2017, 2060, 2061.
271 BGH, DStR 2017, 2060, 2061.
272 BGH, DStR 2017, 2060, 2062.
273 BGH, DStR 2017, 2060, 2061.

rührt wird.²⁷⁴ Zahlungen von einem debitorischen Bankkonto sind im Ausnahmefall aber dann unzulässig, wenn die kontoführende Bank über absonderungsfähige Sicherungsmittel aus dem Gesellschaftsvermögen verfügt.²⁷⁵

Zu beachten ist insbesondere, dass bei einem **debitorisch geführten Konto** verbotene Zahlungen auch dadurch ausgeführt werden, dass der Geschäftsführer weiterhin **Zahlungseingänge** auf das debitorische Konto **zulässt**. Denn dadurch wird die Kreditlinie gegenüber der Bank zurückgeführt, was einer verbotenen Auszahlung gleichzusetzen ist.²⁷⁶ Dabei besteht die Erstattungspflicht des Geschäftsführers auch dann, wenn er Vorauszahlungen auf ein debitorisch geführtes Konto einzieht, selbst wenn diese Zahlungen bei pflichtgemäßem Verhalten nicht zur Masse gelangt wären.²⁷⁷ Diese Konstellation ist für den Geschäftsführer insoweit besonders haftungsrelevant, weil er sich dabei weder mit Hinweis auf die Sorgfalt eines ordentlichen Geschäftsmann exkulpieren kann noch auf Gegenwerte verweisen können wird, die durch die Zahlung in das Gesellschaftsvermögen gelangt sind. Von einem ordentlichen Geschäftsmann wird vielmehr verlangt, dass er nach dem Eintritt der Insolvenzreife den Forderungseinzug auf ein kreditorisch geführtes Konto umleitet.²⁷⁸ 78

Ebenfalls als verbotene Zahlung ist es haftungsbewehrt, wenn der Geschäftsführer es unterlässt, noch nicht genehmigten Lastschriftzahlungen im Einzugsermächtigungsverfahren zu widersprechen, obwohl er dazu noch die rechtliche Möglichkeit hat.²⁷⁹ 79

bb) Erlaubte Zahlungen

Zahlungen sind jedoch trotz des Eintritts der Insolvenzreife ausnahmsweise dann erlaubt, wenn diese mit der Sorgfalt eines ordentlichen Geschäftsmannes vereinbar sind. Dazu zählen insbesondere Zahlungen von Arbeitnehmeranteilen an Sozialversicherungsträger²⁸⁰ sowie Lohnsteuerzahlungen an das Finanzamt.²⁸¹ Dem Geschäftsführer soll es nunmehr auch möglich sein, sanktionslos Forderungen auf ein debitorisch geführtes Konto einzuziehen, wenn zugunsten der kontoführenden Bank eine Globalzession vereinbart worden war.²⁸² Diese Ansicht überzeugt nicht, 80

---

274 BGH, ZIP 2000, 184, 186; BGH, ZIP 2007, 1006, 1007 (Rn 8).
275 BGH, ZIP 2007, 1006, 1007 (Rn 8).
276 BGH, ZIP 2000, 184, 185 f.; BGH, NZI 2020, 425, 426.
277 BGH, NZI 2020, 425, 426.
278 BGH, ZIP 2000, 184, 185 f.
279 BGH, ZIP 2009 (Rn 12 f.); Baumbach/Hueck/Haas, § 64 GmbHG Rn 63.
280 BGH, ZIP 2008, 1275, (Rn 6); BGH ZIP 2007, 1265, 1266 (Rn 12).
281 BGH, ZIP 2007, 1265, 1266 (Rn 12).
282 Siehe BGH, NZG 2015, 998, 999 f.; so auch Strohn, NZG 2011, 1161, 1166; OLG Hamburg ZIP 2015, 867.

denn grundsätzlich darf der Geschäftsführer Forderungen auch auf andere Konten einziehen, sofern die Bank nicht bereits die Kredite fällig und den Sicherungsfall festgestellt hat und gegenüber der insolventen Gesellschaft die Einziehungsbefugnis widerrufen wurde. Sofern der Geschäftsführer aber ein Wahlrecht für den Forderungseinzug hat, muss er nach Eintritt der Insolvenzreife in erster Linie die Masseerhaltung im Blick haben.

Praxistipp
Bei inhabergeführten Kapitalgesellschaften wird der geschäftsführende Gesellschafter oftmals für die Gesellschaftsverbindlichkeiten eine Bürgschaft gegenüber der Bank abgegeben haben. Sollte eine Haftung nach § 15b InsO aufgrund der neuen Rechtsprechung des BGH ausscheiden, ist immer noch zu prüfen, ob die Rückführung der Kontokorrentlinie die Insolvenzanfechtung gegen den geschäftsführenden Gesellschafter nach § 135 InsO ermöglicht.

---

81 Im Einzelfall können auch Zahlungen zulässig sein, die erfolgen müssen, um eine vorzeitige Betriebseinstellung zu verhindern. Dazu können insbesondere Zahlungen auf Dauerschuldverhältnisse wie Miet- und Lohnzahlungen zählen.[283] Erforderlich ist dabei jedoch stets, dass zu diesem Zeitpunkt noch ernsthafte und zumindest nicht aussichtslose Sanierungsbemühungen erfolgt sind.[284]

c) Anspruchsgegner

82 Der Anspruch kann sich auch auf faktische und bereits ausgeschiedene Geschäftsführer erstrecken.[285] Eine intern vereinbarte Aufgabenteilung zwischen den einzelnen Geschäftsführern lässt eine Haftung nicht per se entfallen.[286] Der Geschäftsführer kann sich im Falle einer Inanspruchnahme aber entlasten, wenn es eine klare und eindeutige Abgrenzung der Geschäftsführungsaufgaben gibt, die auf der Basis einer von allen Mitgliedern des Organs mitgetragenen Aufgabenzuweisung erfolgt.[287]

d) Verschulden

83 Die Haftung des Geschäftsführers setzt dessen Verschulden voraus.[288] Der Geschäftsführer hat somit für Vorsatz und Fahrlässigkeit einzustehen. Ein Verschulden kann

---

283 Baumbach/Hueck/Haas, § 64 GmbHG Rn 91.
284 BGH, ZIP 2007, 1501 (Rn 5).
285 Baumbach/Hueck/Haas, § 64 GmbHG Rn 15, 16.
286 Baumbach/Hueck/Haas, § 64 GmbHG Rn 13.
287 BGH, DStR 2019, 455, 456.
288 BGHZ 75, 96, 111; BGHZ 126, 181, 199.

dann entfallen, wenn sich der Geschäftsführer im Rahmen eines insolvenzrechtlichen Mandates von einem Fachmann hat beraten lassen.[289] Hingegen ist es dem Geschäftsführer verwehrt, sich auf die Grundsätze des innerbetrieblichen Schadensausgleichs zu berufen.[290]

e) Haftungsverlagerung auf Dritte

Da Haftungsansprüche gegen Geschäftsführer oftmals nicht werthaltig sind, ist im Einzelfall zu prüfen, ob eine Haftungsverlagerung auf den Rechtsanwalt oder Steuerberater in Betracht kommt, der den Geschäftsführer oder die Gesellschaft im Vorfeld falsch beraten hat. Der Insolvenzverwalter muss hier auf Schadensersatzansprüche des Geschäftsführers wegen der Verletzung von Pflichten aus einem Vertrag mit Schutzwirkung zugunsten Dritter durch Pfändung oder Abtretung zurückgreifen.[291] Der BGH hat zwischenzeitlich bestätigt, dass der Steuerberatungsvertrag zwischen Steuerberater und GmbH vertraglichen Drittschutz für den Geschäftsführer bewirken kann und dass der Steuerberatungsvertrag den Geschäftsführer dergestalt in den vertraglichen Schutzbereich mit einbezieht, dass der Steuerberater auch für den Erstattungsanspruch nach § 64 GmbH anteilig zur Haftung herangezogen werden kann.[292]

84

Weiterhin ist stets zu prüfen, ob und in welchem Umfang für die antragspflichtigen Organe eine D&O Versicherung abgeschlossen worden ist, über die entsprechende Erstattungsansprüche liquidiert werden können. Dabei ist besonderer Augenmerk auf den Wortlaut der Vertragsbedingungen zu legen. Nach Ansicht des OLG Düsseldorf[293] sollte der Versicherungsschutz jedenfalls dann nicht gelten, wenn in den Versicherungsbedingungen von einer Inanspruchnahme auf Schadensersatz die Rede ist. Diese Entscheidung ist zu Recht kritisiert worden, weil sie den berechtigten Interessen der Unternehmen als Versicherungsnehmer, ihre Organe umfassend zu schützen, nicht gerecht wird und eine allein auf den Wortlaut der Begriffsbestimmungen abstellende Vertragsauslegung an den Vorgaben der einschlägigen BGH-Rechtsprechung vorbeigeht.[294] Der BGH hat nunmehr mit Urteil vom 18.11.2020 bestätigt, dass entsprechende Erstattungsansprüche als gesetzliche Haftungsansprüche von der D&O Versicherung abgedeckt sind.[295] Umso mehr hat der Insolvenzverwalter auf jeden Fall Sorge dafür zu tragen, dass die Beiträge für die D&O

---
289 BGH, ZIP 2007, 1265, 1266 (Rn 16).
290 BGH, NZI 2020, 180, 181.
291 Siehe dazu Wagner/Zabel, NZI 2008, 660 ff.; ebenso LG Wuppertal, NZI 2011, 877 ff.
292 BGH, ZIP 2012, 1353, 1357 ff.
293 OLG Düsseldorf, NZI 2018, 758, 760.
294 Kritisch insoweit Markgraf/Henrich, NZG 2018, 1290 ff.; Geissler, GWR 2018, 407 ff.
295 BGH, Urt. v. 18.11.2020 – IV ZR 217/19.

Versicherung bis zur Inanspruchnahme der Versicherung auch gezahlt werden, weil er ansonsten den Versicherungsschutz verlieren kann, wenn er die Erstattungsansprüche über die Versicherungsgesellschaft zu liquidieren beabsichtigt.

2. Zahlungen an Gesellschafter

85 Über § 64 Satz 3 GmbHG, § 92 Abs. 2 Satz 3 i.V.m. § 93 Abs. 3 Nr. 6 AktG und § 130a Abs. 1 Satz 3 HGB wurden auch Zahlungen der Geschäftsführung an Gesellschafter sanktioniert, wenn diese Zahlungen erkennbar zur Zahlungsunfähigkeit der Gesellschaft führen mussten. Eine entsprechende Regelung findet sich nunmehr in § 15b Abs. 5 InsO.

III. Außenhaftung

86 Im Rahmen der Außenhaftung nehmen die Gesellschaftsgläubiger die Geschäftsführung unmittelbar selbst in Anspruch. Eine solche Außenhaftung wird insbesondere durch die Verletzung der Insolvenzantragspflicht begründet.

1. Verstoß gegen § 15a InsO

a) Verpflichteter Personenkreis

87 Die Insolvenzantragspflicht ist seit der Einführung des MoMiG[296] nunmehr zentral in § 15a InsO für juristische Personen und Gesellschaften ohne Rechtspersönlichkeit normiert. Eine Verletzung der Insolvenzantragspflicht kommt demnach nur für die Personen in Betracht, die von § 15a InsO erfasst werden.[297] Vgl. dazu auch Rdn 2ff.

b) Verletzung der Insolvenzantragspflicht

88 Die in § 15a InsO normierte Insolvenzantragspflicht wird dadurch verletzt, dass es die Geschäftsführung unterlässt, trotz Vorliegens von Zahlungsunfähigkeit oder Überschuldung binnen der Höchstfrist von 3 Wochen nach Eintritt des Insolvenzgrundes einen Insolvenzantrag beim zuständigen Amtsgericht – Insolvenzgericht – einzureichen. Die 3-Wochen-Frist ist als absolute Höchstfrist zu verstehen, die auch nur dann ausgeschöpft werden darf, wenn die Geschäftsführung noch ernsthafte

---

[296] Siehe Art. 9 Nr. 3 MoMiG vom 23.10.2008 (BGBl. I S. 2026).
[297] Siehe zum von § 15a InsO erfassten Personenkreis Vallender/Undritz.

Sanierungsbemühungen durchführt.[298] Anderenfalls ist die Geschäftsführung gehalten, unverzüglich Insolvenzantrag zu stellen.

c) Anspruchsinhalt

Da es sich bei § 15a Abs. 1 InsO um ein **Schutzgesetz i.S.v. § 823 Abs. 2 BGB** handelt,[299] steht dem Gesellschaftsgläubiger ein Schadensersatzanspruch gegen den Geschäftsführer zu. Dabei ist jedoch zu unterscheiden, ob es sich um einen **Alt- oder Neugläubiger** handelt. Altgläubiger, also Gläubiger, deren Forderungen schon gegen die insolvente Gesellschaft begründet worden waren, ehe die Geschäftsführung zur Stellung des Insolvenzantrages verpflichtet war, können lediglich den Quotenverschlechterungsschaden geltend machen.[300] Dieser ist über § 92 InsO durch den Insolvenzverwalter zu realisieren; allerdings wird dieser Anspruch in der Praxis kaum nachweisbar sein.[301] Neugläubiger hingegen können sich im Hinblick auf ihren gesamten Vertrauensschaden beim Geschäftsführer schadlos halten.[302] Schwierig kann für die Neugläubiger aber der Nachweis zu führen sein, ab wann ein Insolvenzgrund vorlag.

89

Gesellschaftsgläubiger sollten durch Einsichtnahme in das Insolvenzgutachten feststellen, ob sie mit ihren Forderungen zu den Neugläubigern zählen, um auf dieser Grundlage ihren Vertrauensschaden direkt beim Geschäftsführer einzuklagen.

2. Beihilfe zur Insolvenzverschleppung

Soweit der Geschäftsführer die Insolvenz vorsätzlich verschleppt hat und die Gesellschaft extern beraten wurde, bietet es sich im Einzelfall ggf. an, eine deliktische Mithaftung des Steuerberaters oder Rechtsanwalts der insolventen Gesellschaft nach § 823 Abs. 2 BGB i.V.m. § 15a Abs. 4 InsO, §§ 830 Abs. 2, 840 Abs. 1 BGB zu prüfen.[303]

90

IV. Aussetzung der Haftung nach COVInsAG

Mit Verkündung des Gesetzes zur vorübergehenden Aussetzung der Insolvenzantragspflicht und zur Begrenzung der Organhaftung bei einer durch COVID-19-Pan-

91

---

298 Uhlenbruck/Hirte, § 15a InsO Rn 16.
299 Siehe BGHZ 171, 46, 49 f; BGHZ 138, 211, 214; BGHZ 29, 100, 104.
300 BGHZ 138, 211, 221.
301 Siehe zu den Schwierigkeiten der Berechnung Wagner, ZInsO 2009, 449, 454 f.
302 BGHZ 175, 58, 61 (Rn 10); BGHZ 126, 181, 190 ff.
303 Umfassend dazu Wagner, ZInsO 2009, 449, 457.

demie bedingten Insolvenz (COVID-19-Insolvenzaussetzungsgesetz – COVInsAG) zum 27.3.2020[304] wurde die Insolvenzantragspflicht und die bei einem Verstoß dagegen resultierende Organhaftung temporär ausgesetzt. Das COVInsAG trat rückwirkend zum 1.3.2020 in Kraft. Nach § 1 Satz 1 COVInsAG wurde die Insolvenzantragspflicht zunächst bis zum Ablauf des 30.9.2020 ausgesetzt, jedoch konnte nach Maßgabe von § 4 CoVInsAG das Bundesministerium für Justiz und für Verbraucherschutz die Aussetzung der Insolvenzantragspflicht durch Rechtsverordnung ohne Zustimmung des Bundesrates bis höchstens zum Ablauf des 31.3.2021 verlängern. Die Aussetzung der Pflicht wurde zunächst bis zum Ablauf des 31.1.2021 verlängert, jedoch wird aktuell (Januar 2021) unter bestimmten Voraussetzungen eine weitere Aussetzung der Antragspflicht in der Bundesregierung geplant.[305] Es ist derzeit also nicht abschließend abzusehen, wie lange und unter welchen Voraussetzungen die Insolvenzantragspflicht ausgesetzt sein soll. Bezeichnend ist insoweit, dass bereits Rechtskommentare in Arbeit sind, die sich dem Regelungsgehalt des COVInsAG widmen. Insoweit können im Rahmen dieses Beitrags naturgemäß nur die Grundzüge dargestellt werden.

1. Aussetzung der Insolvenzantragspflicht

92 Die Aussetzung der Insolvenzantragspflicht ist an die Erfüllung bestimmter Voraussetzungen geknüpft, die näher in § 1 COVInsAG geregelt sind.

a) Insolvenzreife infolge der COVID-19-Pandemie

93 Nach Maßgabe von § 1 Satz 2, 1. Alt. COVInsAG wird die Insolvenzantragspflicht zum einen nur dann ausgesetzt, wenn die Insolvenzreife auf den Folgen der COVID-19-Pandemie beruht. Gemäß § 1 Satz 3 COVInsAG wird dabei zur Entlastung der Organe vermutet, dass die Insolvenzreife auf die Folgen der COVID-19-Pandemie zurückzuführen ist, wenn die Gesellschaft am 31.12.2019 noch zahlungsfähig war. Durch diese Regelung soll gewährleistet werden, dass Unsicherheiten und Schwierigkeiten im Hinblick auf die Kausalität und Prognostizierbarkeit der weiteren Entwicklungen nicht zu Lasten der Antragspflichtigen gehen.[306] Nach dem Willen des Gesetzgebers sind dabei an die Widerlegung dieser Vermutung höchste Anforderungen zu stellen.[307]

---

304 BGBl. I S. 569.
305 https://www.bmjv.de/SharedDocs/Pressemitteilungen/DE/2021/0120_Insolvenz.html.
306 Siehe dazu die Aufführungen im Gesetzesentwurf, BT-Drucks. 19/18110, S. 22.
307 Siehe dazu die Aufführungen im Gesetzesentwurf, BT-Drucks. 19/18110, S. 23.

b) Beseitigungsmöglichkeit der Zahlungsunfähigkeit

Weiterhin wird die Insolvenzantragspflicht gemäß § 1 Satz 2, 2. Alt. COVInsAG suspendiert, wenn Aussichten darauf bestehen, eine während der zeitlichen Geltungsdauer des COVInsAG vorliegende Zahlungsunfähigkeit wieder zu beseitigen. Hier wird gleichfalls zugunsten der Antragspflichtigen über § 1 Satz 3 COVInsAG vermutet, dass Aussichten bestehen, die Zahlungsunfähigkeit zu beseitigen, wenn der Rechtsträger zum 31.12.2019 noch zahlungsfähig war.

Umstritten ist insoweit, innerhalb welchen Zeitraums die Zahlungsunfähigkeit zu beseitigen ist.[308] Vom Sinn und Zweck des COVInsAG her betrachtet ist dabei davon auszugehen, dass die Aussetzung der Insolvenzantragspflicht nur dann gerechtfertigt ist, wenn die Zahlungsunfähigkeit innerhalb des Zeitraums beseitigt werden kann, solange des COVInsAG in Kraft ist. Demnach sind der 30.9.2020 bzw. der 31.3.2021 maßgeblich.[309]

2. Zulässigkeit von Zahlungen

Über § 2 Abs. 1 Nr. 1 COVInsAG werden für den Fall, dass die Insolvenzantragspflicht nach § 1 COVInsAG ausgesetzt ist, Zahlungen, die im ordnungsgemäßen Geschäftsgang erfolgen, als Zahlungen klassifiziert, die mit der Sorgfalt eines ordentlichen und gewissenhaften Geschäftsleiters veranlasst werden, so dass für diese Zahlungen die persönliche Innenhaftung der Organe gegenüber dem Insolvenzverwalter gesetzlich ausgeschlossen wird. Zu diesen privilegierten Zahlungen sollen nach dem Gesetzeswortlaut insbesondere solche Zahlungen zählen, die der Aufrechterhaltung oder Wiederaufnahme des Geschäftsbetriebes oder der Umsetzung eines Sanierungskonzepts dienen. Nach dem Willen des Gesetzgebers sollten die Geschäftsleiter bei der Fortführung und ggf. Neuausrichtung des Unternehmens nicht durch die engen Grenzen der Kapitalschutzvorschriften der § 64 Satz 2 GmbHG, § 92 Abs. 2 Satz 2 AktG, §§ 130a Abs. 1 Satz 2 i.V.m 177a Satz 1 HGB, § 99 Satz 2 GenG übermäßig eingeschränkt werden.[310]

3. Praktische Konsequenzen

Die temporären Vorschriften des COVInsAG haben mitunter erhebliche Auswirkungen auf die Realisierung von Haftungsansprüchen aus Insolvenzverschleppung gegen die antragspflichtigen Organe, weil unter den vorstehend dargestellten Vor-

---

[308] Vgl. Gehrlein, DB 2020, 713, 714; Bitter, ZIP 2020, 685, 689 f.; Thole, ZIP, 2020, 650, 653; Hölze/Schulenberg, ZIP 2020, 633, 644.
[309] Bitter, ZIP 2020, 685, 690; Römermann NJW 2020, 1108, 1109.
[310] Siehe dazu die Aufführungen im Gesetzesentwurf, BT-Drucks. 19/18110, S. 23.

aussetzungen eine Beweislastumkehr zugunsten des Antragspflichtigen konstruiert wird, die der Insolvenzverwalter/Gläubiger nach dem Willen des Gesetzgebers nur unter sehr erschwerten Bedingungen widerlegen kann.

a) Bedeutung der Zahlungsfähigkeit

97 Dreh- und Angelpunkt für die Haftungserleichterungen ist nach § 1 CoVInsAG der Nachweis, dass zum 31.12.2019 noch keine Zahlungsunfähigkeit vorlag. Für diesen Umstand ist das antragspflichtige Organ beweisbelastet.[311] Die Privilegierung der antragspflichtigen Personen durch das COVInsAG hängt demnach maßgeblich davon ab, in welcher Qualität und Umfang diese die Zahlungsfähigkeit zum 31.12.2019 belegen können.

Im Übrigen bietet sich bei der Prüfung der Haftungsvoraussetzungen im Einzelfall eine weitergehende zeitliche Differenzierung dahingehend an, wann die Zahlungsunfähigkeit ggf. im Jahr 2020 eingetreten ist,[312] wobei auch immer geprüft werden muss, ob, wann, wodurch und in welchem Umfang die Geschäftstätigkeit des Rechtsträgers überhaupt von den Auswirkungen der COVID-19-Pandemie betroffen war. Es liegt insoweit auf der Hand, dass beim örtlichen Handwerker im Regelfall ein anderer Maßstab anzusetzen ist als bei einem global handelnden Konzern.

b) Bedeutung der Überschuldung

98 Keine rechtliche Privilegierung durch das COVInsAG sollen die Rechtsträger erfahren, die bereits zum 31.12.2019 insolvenzreif waren oder deren Insolvenzreife in keinem Zusammenhang mit der COVID-19-Pandemie stehen.[313] Dabei ist der Insolvenzgrund der Überschuldung durch das COVInsAG ausdrücklich nicht suspendiert.[314] Der Insolvenzverwalter wird insoweit ein besonderes Augenmerk darauf zu richten haben, ob der Rechtsträger mangels einer positiven Fortbestehensprognose schon vor dem 31.12.2019, spätestens aber vor dem 1.3.2020, überschuldet war und ob demnach schon vor den Auswirkungen der COVID-19-Pandemie die Insolvenzantragspflicht bestand. Da die Geschäftsführerhaftung in der Praxis primär auf den Tatbestand der Überschuldung nach § 19 InsO gestützt wird, weil die Überschuldung im Regelfall zeitlich vor der Zahlungsunfähigkeit eintritt und der Zeitraum, über den verbotene Zahlungen geleistet werden, somit länger ist, so dass sich dadurch zwangsläufig auch der Haftungsumfang erhöht, ist es eher unwahrscheinlich,

---

311 Bitter, ZIP 2020, 685, 688.
312 Siehe Bitter, ZIP2020, 685, 688 f.
313 So auch Bitter, ZIP2020, 685, 688; Hölzle/Schulenberg, ZIP 2020, 633, 636 f.
314 Thole, ZIP2020, 650, 653.

dass die Regelungen des CovInsAG im Anwendungsbereich der § 64 Satz 2 GmbHG, § 92 Abs. 2 Satz 2 AktG, §§ 130a Abs. 1 Satz 2 i.V.m 177a Satz 1 HGB, § 99 Satz 2 GenG eine wesentliche Rolle in der Praxis für klassische Alt-Sanierungsfälle oder sog. „Zombie-Unternehmen"[315] spielen werden. Zwar kann die Überschuldung nach § 19 Abs. 2 Satz 1 InsO im Falle einer positiven Fortbestehensprognose durchaus zu verneinen sein, allerdings setzt die Annahme einer positiven Fortbestehensprognose dann zwangsläufig eine entsprechende belastbare Liquiditäts- und Ertragsplanung voraus, deren Erstellung in Zeiten der Auswirkungen der Corona-Pandemie noch schwieriger als früher wird, weil nunmehr in allen Bereichen des Wirtschaftslebens große Unsicherheitsfaktoren vorherrschen.

F. Organschaftliche Haftung (§ 101 InsO)

I. Normzweck

Zur ordnungsgemäßen Abwicklung des Insolvenzverfahrens ist der Insolvenzverwalter darauf angewiesen, sämtliche verfahrensrelevante Informationen in Erfahrung bringen zu können. Wichtigster Ansprechpartner ist dabei im Regelfall der Schuldner selbst. § 101 InsO soll sicherstellen, dass dem Insolvenzverwalter diese Informationen auch dann zur Verfügung gestellt werden, wenn es sich bei dem Schuldner gerade nicht um eine natürliche Person handelt, für die § 97 InsO konkrete Auskunfts- und Mitwirkungspflichten statuiert. Insoweit regelt § 101 InsO den in der Insolvenzverwaltungspraxis besonders häufigen und wirtschaftlich mit Abstand bedeutendsten Fall, dass sich das Insolvenzverfahren auf das Vermögen einer juristischen Person oder einer Personengesellschaft bezieht.

99

II. Normadressaten und Pflichtenumfang

Unter Verweis auf §§ 97 bis 99 InsO statuiert § 101 InsO bestimmte Rechtspflichten für am Insolvenzverfahren beteiligte Personenkreise und normiert dabei zugleich Sanktionsmöglichkeiten, sofern diese Personen ihren Mitwirkungspflichten nicht nachkommen. § 101 InsO gestaltet dabei diese Mitwirkungspflichten und Zwangsmaßnahmen je nach Personenkreis unterschiedlich intensiv aus.

100

---

315 Siehe zum Begriff des „Zombie-Unternehmens" Hölzle/Schulenberg, ZIP 2020, 633, 636 f.

1. Organmitglieder und persönlich haftende Gesellschafter

101 Zum erfassten Personenkreis nach § 101 Abs. 1 Satz 1 InsO zählen insbesondere
- Geschäftsführer einer UG/GmbH und deren Aufsichtsratsmitglieder;
- Vorstandsmitglieder einer AG und deren Aufsichtsratsmitglieder;
- Vorstandsmitglieder einer eingetragenen Genossenschaft;
- Vertretungsorgane von Kapitalgesellschaften, die nach ausländischem Recht gegründet wurden und ihren Sitz in Deutschland haben (z.B. Director einer englischen Limited);
- faktische organschaftliche Vertreter;[316]
- Komplementäre einer KG; soweit eine GmbH & Co. KG betroffen ist, geht die Verpflichtung auf den Geschäftsführer der Komplementär-GmbH über;
- Gesellschafter einer oHG und GbR, soweit sie nicht wirksam von der Vertretung der Gesellschaft ausgeschlossen worden sind.

102 Der vorstehende Personenkreis ist in vollem Umfang zur Mitwirkung an der Sachverhaltsaufklärung nach Maßgabe von § 97 InsO verpflichtet. Zudem ist er ohne Einschränkungen den Zwangsmitteln gemäß §§ 98, 99 InsO unterworfen. Die Auskunftspflicht des Organs beschränkt sich jedoch auf sämtliche rechtlichen, wirtschaftlichen und tatsächlichen Verhältnisse der insolventen Gesellschaft; die Organe von juristischen Personen müssen insoweit keine näheren Angaben zu ihren persönlichen Vermögensverhältnissen machen, selbst wenn dem Insolvenzverwalter gegen diese Personen unstreitig Haftungsansprüche zustehen sollten.[317] Die Auskunftsansprüche gegen den Geschäftsführer umfassen daher nicht Angaben hinsichtlich der gegen ihn gerichteter Haftungsansprüche.[318] Eine fehlerhafte Bestellung zum Vertretungsorgan ist für die verfahrensrechtlichen Mitwirkungspflichten ohne Belang;[319] auch bei einem fehlerhaft bestellten Aufsichtsorgan ist die Mitwirkungspflicht gegeben, wenn und soweit es sein Amt angenommen und ausgeübt hat.[320]

2. Frühere Organmitglieder und persönlich haftende Gesellschafter

103 Personen, die während des Insolvenzverfahrens keine der Funktionen im Sinne von § 101 Abs. 1 Satz 1 InsO mehr erfüllen, aber eine solche Funktion noch innerhalb von 2 Jahren innehatten, ehe der Insolvenzantrag gestellt wurde, der letztendlich (mit) zur Verfahrenseröffnung geführt hat,[321] sind nach § 101 Abs. 1 Satz 2 Halbs. 1 InsO gleich-

---

316 Uhlenbruck/Zipperer, § 101 InsO Rn 4; HambKomm/Herchen, § 101 InsO Rn 3.
317 BGH, NJW-RR 2015, 683.
318 BGH, NJW-RR 2015, 683.
319 Uhlenbruck/Zipperer, § 101 InsO Rn 4; Vallender, ZIP 1996, 529, 531.
320 Uhlenbruck/Zipperer, § 101 InsO Rn 6.
321 HambKomm/Herchen, § 101 InsO Rn 5.

falls zur Auskunftserteilung nach Maßgabe von § 97 Abs. 1 InsO verpflichtet. Insoweit ist der entsprechende Insolvenzeröffnungsbeschluss dahingehend zu prüfen, aufgrund welcher Insolvenzanträge die Verfahrenseröffnung erfolgt ist. Wurden mehrere Insolvenzanträge gestellt, so werden diese im Regelfall vom Insolvenzgericht im Eröffnungsbeschluss auch mit ihrem Eingangsdatum bei Gericht aufgeführt. Allerdings obliegt es diesem Personenkreis i.S.v. §§ 101 Abs. 1 Satz 1, Satz 2 Halbsatz 1 InsO nicht, den Verwalter bei der Erfüllung seiner Aufgaben nach § 97 Abs. 2 InsO zu unterstützen. Die Erfüllung der Mitwirkungspflichten kann mit den Mitteln des § 98 InsO erzwungen werden. Die Anordnung einer Postsperre nach § 99 InsO ist hingegen unzulässig. Maßgeblich für die Fristberechnung ist das tatsächliche Datum des Ausscheidens; auf eine entsprechende Veröffentlichung im Handelsregister ist insoweit nicht abzustellen.

3. Gesellschafter

Über § 101 Abs. 1 Satz 2 Halbs. 2 InsO werden den Gesellschaftern der insolventen Gesellschaft die gleichen Auskunfts- und Mitwirkungspflichten auferlegt wie der Personengruppe gemäß Rdn 128. Dies erfolgt allerdings nur für den Fall, dass die insolvente Gesellschaft führungslos ist, also ohne Vertretungsorgan dasteht. Durch diese Regelung soll insbesondere Missbrauchsfällen vorgebeugt werden, falls es zu unlauteren Amtsniederlegungen oder Abberufungen der Vertretungsorgane im Vorfeld des Insolvenzantrages kommt.[322] Führungslosigkeit soll aber nicht vorliegen, soweit die Insolvenzschuldnerin eine juristische Person ist, bei der noch ein Vertretungsorgan vorhanden ist, jedoch das Vertretungsorgan vorübergehend nicht für die Erteilung von Auskünften zur Verfügung steht.[323] Auslegungsbedürftig ist insoweit im Einzelfall, wann die Führungslosigkeit nur „vorübergehend" ist. In der Praxis sind insbesondere die Fälle bedeutsam, in denen sich das Vertretungsorgan für längere Zeit bekanntermaßen im Ausland befindet, so dass eine zeitnahe Auskunftserteilung durch das Vertretungsorgan zumindest faktisch kaum erzwingbar ist.

104

4. Angestellte und frühere Angestellte

Personen, die beim schuldnerischen Unternehmen beschäftigt sind oder waren und nicht früher als zwei Jahre vor dem Insolvenzantrag aus dem Unternehmen ausgeschieden sind, sind gleichfalls zur Auskunft verpflichtet. Eine zwangsweise Durchsetzung der Mitwirkungspflichten über § 98 InsO scheidet aus. Ebenso ist die Anordnung einer Postsperre nach § 99 InsO unzulässig. Der Insolvenzverwalter muss insoweit Auskunftsklage vor dem Zivilgericht erheben.[324]

105

---

[322] Uhlenbruck/Zipperer, § 101 InsO Rn 1.
[323] AG Hamburg, NZI 2009, 63; AG Potsdam, BeckRS 2013, 04856.
[324] HambKomm/Herchen, § 101 InsO Rn 6.

G. Haftung des Steuerberaters

106 Der Steuerberatungsvertrag zwischen dem Steuerberater/Wirtschaftsprüfer und dem Mandanten ist in aller Regel Dienstvertrag i.S.e. Geschäftsbesorgungsvertrages.[325] Dies gilt auch dann, wenn einzelne vom Steuerberater geschuldete Leistungen zu konkreten Ergebnissen führen sollen/müssen.[326] Allerdings kommt auch die Anwendung von Werkvertragsrecht in Betracht, wenn der Auftrag auf einen einmaligen, durch fachliche Arbeit herbeizuführenden Erfolg gerichtet ist, z.B. auf ein Gutachten, einen Vertragsentwurf oder die Erstellung oder Prüfung eines Jahresabschlusses.

107 Typisch für die steuerberatenden Berufe ist dabei die Übertragung eines Dauermandats (vgl. § 314 BGB), in welchem selbstständige Einzelaufträge zusammengefasst und die vom Steuerberater erbrachten Leistungen rechtlich verbunden werden.[327] Die Übernahme eines solchen Dauermandats führt dazu, dass der Berater verpflichtet ist, seinem Mandanten auch zur Beratung in anderen Steuerrechtsfragen zur Verfügung zu stehen. Der zweite Leitsatz des Urteils des BGH v. 25.11.1987[328] lautet:

> „Ein Steuerberater, der sich im Rahmen eines Dauermandats hauptsächlich den üblichen Routinearbeiten widmet, muss seinen Mandanten auch zur Beratung in anderen Steuerrechtsfragen zur Verfügung stehen. Das gilt auf jeden Fall dann, wenn es sich um Fragen handelt, die keine besonderen steuerlichen Schwierigkeiten bieten. Er schuldet dann insoweit als vertragliche Leistung eine sachgerechte Beratung."

108 In diesem vorgenannten Zitat aus der Rechtsprechung des BGH kommt die Pflicht des Steuerberaters zur „umfassenden Belehrung und Beratung" zum Ausdruck.[329] Zwar muss der Steuerberater seine Beratungsempfehlung nicht mit besonderem Nachdruck oder besonderer Eindringlichkeit wiederholen; jedoch dient die rechtliche oder steuerliche Beratung des Mandanten seiner Information für eine freie Entscheidung. Daraus folgt, dass der Steuerberater verpflichtet ist, sämtliche Entscheidungsgrundlagen, die für die Entscheidung des Mandanten maßgeblich sein können, aufzubereiten und den Mandanten in die Lage zu versetzen, eine wirtschaftlich an seinen Bedürfnissen ausgerichtete Entscheidung zu treffen.

---

325 Zugehör, Grundsätze der zivilrechtlichen Haftung der RA, Steuerberater und Wirtschaftsprüfer, 2009, Rz. 1.
326 Nur in einzelnen Fällen kommt die Anwendung des Werkvertragsrechts auch für Steuerberatungsverträge in Betracht, vgl. Palandt/Sprau, § 631 Rz. 20b.
327 BGH, 25.11.1987 – IVa ZR 162/86, WM 1988, 166.
328 A.a.O.
329 BGH, 22.9.2005 – IX ZR 205/01, NJW-RR 2006, 195 (= NZI 2006, 34).

109 Der Steuerberater, der von dem Mandanten umfassend mandatiert ist und deshalb Einblick in die wirtschaftlichen Verhältnisse des Mandanten hat, hat neben diesen unstreitig bestehenden steuerlichen Beratungspflichten aber möglicherweise auch die aus dem Beratungsvertrag und dem Gebot der umfassenden Beratung[330] resultierende Nebenpflicht,[331] den Mandanten auf eingetretene Insolvenzantragsgründe hinzuweisen, wenn und soweit diese erkennbar zutage treten.[332] Diese Pflicht resultiert ggf. daraus, dass der Steuerberater grundsätzlich verpflichtet ist, seinen Mandanten auch ungefragt[333] über die bei der Erledigung des Auftrages auftauchenden Fragen und Erkenntnisse zu belehren[334] und Warnhinweise[335] zu geben. Jedenfalls aber besteht eine umfassende Aufklärungs- und Prüfungspflicht des Steuerberaters, wenn er sich zu Aussagen über das Bestehen oder Nichtbestehen von Insolvenzantragspflichten hat hinreißen lassen.[336]

110 Verletzt der Steuerberater die ausdrücklich beauftragte oder konkludent begründete Pflicht, den Mandanten (auch) über das Vorliegen von Insolvenzantragsgründen zu belehren und/oder zu beraten durch Unterlassen oder einen fehlerhaften Hinweis,[337] haftet er wegen Schlechtleistung aus § 675 BGB i.V.m. § 280 Abs. 1, § 241 Abs. 2 BGB auf alle hieraus entstehenden Vermögensschäden. In den Schutzbereich der Schadensersatzhaftung sind dann auch die Organe der Gesellschaft einbezogen, die für ihnen gegenüber geltend gemachte Ansprüche z.B. aus § 64 GmbHG a.F./§ 15b InsO n.F. beim Steuerberater Regress nehmen können.[338] Die Haftung kann daher sehr schnell Dimensionen annehmen, die die Deckung üblicher Vermögenschadenhaftpflichtversicherungen übersteigen.

111 Die Entwicklung der Rechtsprechung zur Frage wann und unter welchen Umständen der Steuerberater insbesondere auch ungefragten Rat schuldet und/oder

---

330 BGH, 23.3.2006 – IX ZR 140/03, NJW-RR 2006, 1070; BGH, 18.12.1997 – IX ZR 153/96, DStRE 1998, 334.
331 BGH, 28.11.1996 – IX ZR 39/96, WM 1997, 321.
332 Dazu ausführlich Späth, Die zivilrechtliche Haftung des Steuerberaters, Rz. 139; Zugehör, NZI 2008, 652; einschränkend BGH ZIP 2013, 829.
333 BGH, 19.7.2001 – IX ZR 246/00, NJW 2001, 3477; BGH, 12.2.2004 – IX ZR 246/02, DStR 2004, 2221; Herrmann, in: MünchKomm/Herrmann, § 675 BGB Rz. 43.
334 BGH, 19.7.2001 – IX ZR 246/00, NJW 2001, 3477; Goetz, in: Steuerberater-Handbuch, 1 B. Rz. 20.
335 BGH, 22.2.1991 – V ZR 299. 89, DB 1991, 1374.
336 BGH ZIP 2013, 1332, jedoch ergänzt durch den 2. Leitsatz BGH Urt. v. 26.1.2017 – IX ZR 285/14, wonach die Verpflichtung besteht, zu prüfen ob tatsächliche oder rechtliche Gegebenheiten gegeben sind, die einer Fortführung entgegenstehen. Gleichwohl bestehe keine Verpflichtung, von sich aus eine Fortführungsprognose zu erstellen und die dafür erheblichen Tatsachen zu ermitteln.
337 BGH, 30.9.1999 – IX ZR 139/98, DStR 1999, 1863.
338 BGH ZIP 2012, 1352.

ein konkludentes Beratungsverhältnis zustande kommt, war unstet.[339] Zuletzt sind die Anforderungen an den Steuerberater und ist damit dessen Haftungsgefahr allerdings deutlich verschärft worden: Der mit der Erstellung eines Jahresabschlusses für eine GmbH beauftragte Steuerberater ist verpflichtet zu prüfen, ob sich auf der Grundlage der ihm zur Verfügung stehenden Unterlagen und der ihm sonst bekannten Umstände tatsächliche oder rechtliche Gegebenheiten ergeben, die einer Fortführung der Unternehmenstätigkeit entgegenstehen können. Hingegen ist er nicht verpflichtet, von sich aus eine Fortführungsprognose zu erstellen und die hierfür erheblichen Tatsachen zu ermitteln. Der mit der Erstellung eines Jahresabschlusses für eine GmbH beauftragte Steuerberater hat die Mandantin allerdings auf einen möglichen Insolvenzgrund und die daran anknüpfende Prüfungspflicht ihres Geschäftsführers hinzuweisen, wenn entsprechende Anhaltspunkte offenkundig sind und er annehmen muss, dass die mögliche Insolvenzreife der Mandantin nicht bewusst ist. Grundlegend soll der Steuerberater seiner Aufklärungspflicht aber durch einen deutlichen Hinweis genügen; eine Pflicht, den Mandanten an der Fortführung seines Unternehmens ohne Insolvenzantrag zu hindern, oder selbst die Arbeit einzustellen, soll demgegenüber nicht bestehen.[340] Ob letzteres indes richtig ist, darf bezweifelt werden, jedenfalls soweit dem Steuerberater bewusst sein muss, dass seine Arbeitsergebnisse (auch) dazu verwendet werden, das Unternehmen im geschäftlichen Verkehr weiter auftreten zu lassen, z.B. durch die Vorlage von Abschlüssen bei Vertragspartnern, Banken etc.

Die durch das – soweit erkennbar – jüngste Urteil des BGH aus dem Jahre 2017 sehr weitgehenden Pflichten sollten im Rahmen des Gesetzes zur Fortentwicklung des Sanierungs- und Insolvenzrechts (SanInsFoG) durch Ergänzung des § 57 StBerG um einen Absatz 5 und des § 43 der WPO durch einen Absatz 7 unter nahezu wortgleicher Übernahme der Leitsätze des BGH gesetzlich geadelt werden. Die Vorschriften sind dann jedoch nicht Gesetz geworden, was an der Fortgeltung der Rechtsprechung jedoch nichts ändert.

112 Dies entspricht der wohl überwiegenden Ansicht in der Literatur, die schon seit jeher über die Instanzrechtsprechung hinaus ging und der Auffassung war, dass eine Aufklärungs- und Hinweispflicht des Steuerberaters (auch ungefragt) ggü. seinem Mandanten in Bezug auf eingetretene Insolvenzantragspflichten oder jedenfalls die Notwendigkeit, solche fachkundig prüfen zu lassen, grundsätzlich besteht. Bei *Zugehör*[341] heißt es dazu:

---

339 BGH ZIP 2013, 829; BGH, 6.2.2014 – IX ZR 53/13, ZIP 2014, 583; BGH Urt. v. 26.1.2017 – IX ZR 285/14, ZIP 2017, 427.
340 OLG Schleswig, 9.4.2020 – 17 U 80/19, NZI 2020, 539.
341 Zugehör, NZI 2008, 652.

„Mit Rücksicht auf die vorstehenden Ausführungen hat der Steuerberater, der auf Grund eines einheitlichen (Dauer-)Mandats eine GmbH allgemein zu betreuen hat (Buchführung, Jahresabschluss, Steuererklärungen, Prüfung der Steuerbescheide), schon im Rahmen seiner umfassenden vertraglichen Beratungspflicht den Geschäftsführer der Auftraggeberin, von dessen Belehrungsbedürftigkeit er auszugehen hat, grundsätzlich über eine erkannte oder erkennbar drohende oder eingetretene Insolvenzreife der Gesellschaft infolge Überschuldung aufzuklären: eine solche Pflicht erstreckt sich auf den Hinweis, zur Klärung des Sachverhalts eine Überschuldungsbilanz im Sinne des § 19 Abs. 2 InsO aufzustellen und bei Vorliegen des Eröffnungsgrundes der Überschuldung (§ 19 Abs. 1 InsO) den Insolvenzantrag gemäß § 64 Abs. 1 (neue Fassung: § 64 Satz 1) GmbHG zu stellen."

113 Diese Ansicht wird in der Literatur verschiedentlich bestätigt.[342] Dies auch zu Recht, da sich die Hinweispflicht auf eine eingetretene Überschuldung nicht erst aus dem Grundsatz der Haftung für die Verletzung von vertraglichen Nebenpflichten ergibt, sondern bereits aus den Kardinalpflichten des Steuerberatungsvertrages, wenn der Steuerberater (auch) mit der Erstellung der Jahresabschlüsse beauftragt ist.

114 Nach § 252 Abs. 1 Nr. 2 HGB hat der Steuerberater bei der Bewertung der verschiedenen Bilanzansätze zu überprüfen und zu beurteilen, ob von der Fortführung der Unternehmenstätigkeit (Going-Concern-Prämisse) auszugehen ist. Eine solche Einschätzung ist der Steuerberater nur abzugeben in der Lage, wenn er bei Erledigung des Auftrages auch prüft, ob und inwieweit die Gesellschaft in der Zukunft in der Lage sein wird, ihren fälligen Verbindlichkeiten nachzukommen. Zeichnet sich für den Berater bereits bei der handelsrechtlichen Bilanzierung eine Überschuldung ab, so folgt daraus eine gesteigerte Ermittlungs- und Aufklärungspflicht. Andernfalls dürfte der Berater nämlich schon keine Bilanzierung nach der Going-Concern-Prämisse vornehmen.

115 Der Umfang der Prüfung und die Grundlage für den gewählten Bilanzansatz hat der Steuerberater in seiner Handakte zu dokumentieren, um sich entsprechend zu entlasten.

116 Weist der Insolvenzverwalter nach, dass bereits zu einem Zeitpunkt, zu dem noch Going-Concern bilanziert worden ist, aufgrund einer in die insolvenzrechtliche Überschuldungsbilanz zu überführenden handelsrechtlichen Überschuldung Anlass zur Bilanzierung nach Zerschlagungswerten bestanden hätte, liegt bereits insoweit eine Verletzung der originären steuerlichen Leistungspflichten als wesentlichem Vertragsbestandteil des Steuerberatungsvertrages vor.

117 Verletzt der Steuerberater diese Hinweis- und Beratungspflicht, so ist zunächst nach dem Grundsatz beratungsrichtigen Verhaltens davon auszugehen, dass der Mandant Insolvenzantrag gestellt haben würde, wäre er auf den Eintritt der – recht-

---

[342] Vgl. z.B. Gessner, ZIP 2020, 544 (für Wirtschaftsprüfer); Brinkmeiner, GmbH-StB 2020, 271; Brete, GmbHR 2018, 410; Hüttemann, BB 2017, 689; Wagner/Zabel, NZI 2008, 660; Ehlers, NZI 2008, 211, 212.

lich verpflichtenden – Insolvenzantragspflichten hingewiesen worden. In diesem Fall droht dem Steuerberater die Haftung für sämtliche Insolvenzverschleppungsschäden als Gesamtschuldner neben dem Geschäftsführer, weil dessen Einbeziehung in den Schutzbereich des Steuerberatungsvertrages anzunehmen ist.[343] Wesentlichste Schadensposition hierbei dürfte das Anwachsen von Verbindlichkeiten im Verschleppungszeitraum sein.[344] Jede zusätzliche Passivschuld ist deshalb ein nach § 249 BGB zu ersetzender Schaden.

118 Eine unmittelbare Haftung des Steuerberaters z.B. aus § 64 Satz 3 GmbHG/§ 15b Abs. 1 InsO kommt demgegenüber nicht in Betracht.[345] Dies auch nicht über die Haftungsüberleitungsnorm des § 830 BGB, der eine gesamtschuldnerische Haftung mehrerer „Täter" anordnet. Obwohl in der Literatur[346] der Versuch unternommen wird, die Haftung des Geschäftsführers aus § 64 GmbHG auf den Steuerberater überzuleiten, hat der BGH dem eine Absage erteilt. In seinem Urt. v. 11.2.2008[347] hat der BGH in seinem dritten Leitsatz festgestellt:

> „§ 64 Abs. 2 GmbHG statuiert einen ‚Ersatzanspruch eigener Art' gegen den Geschäftsführer (vgl. BGH, 8. Januar 2001, II ZR 88/99, BGHZ 146, 264, 278) und ist kein einer Teilnahme Dritter (§ 830 BGB) zugänglicher Deliktstatbestand."

119 Obwohl man dies mit guten Gründen auch anders beurteilen kann, dürften die Aussichten für Insolvenzverwalter, den Steuerberater als Mittäter einer Masseverkürzung nach § 64 GmbHG/§ 15b Abs. 1 InsO über § 830 Abs. 1 BGB in die Haftung zu nehmen, deutlich reduziert sein.

120 Demgegenüber besteht für Steuerberater jedoch das ganz nennenswerte Risiko, Teilnehmer einer Insolvenzverschleppung zu werden und über originär deliktische Vorschriften in die Haftung zu geraten.

121 Die in §§ 15a InsO für alle haftungsbeschränkende Gesellschaftsformen einheitlich geregelten Insolvenzantragspflichten sind strafbewehrt (vgl. § 84 GmbHG). Nach ständiger Rechtsprechung stellte schon § 64 Abs. 1 GmbHG a. F. ein Schutzgesetz i.S.d. § 823 Abs. 2 BGB dar.[348] Zwar kommt als tauglicher Täter einer Insolvenzverschleppung nur das Organ der jeweiligen Gesellschaft, als z.B. der Geschäftsführer einer GmbH, in Betracht; jedoch kann auch zu einem solchen *Sonderdelikt* nach den allgemeinen Vorschriften des Strafgesetzbuches Hilfe geleistet werden. I.R.d.

---

343 Vgl. BGH, 7.12.2017 – IX ZR 25/17, GmbHR 2018, 410.
344 Vgl. Zugehör, NZI 2008, 652, 656.
345 Vgl. Lange, DStR 2007, 954.
346 Wagner/Zabel, NZI 2008, 660.
347 BGH, 11.2.2008 – II ZR 291/06, ZIP 2008, 1026.
348 Vgl. zu diesem Themenkomplex ausführlich Lange, DStR 2007, 954.

§ 830 BGB ist der Begriff der „Teilnahme" im strafrechtlichen Sinne zu verstehen und deshalb anhand des § 27 StGB zu ermitteln.

Der Tatbestand des § 27 StGB setzt dabei auf subjektiver Ebene den 122
- Vorsatz des Haupttäters in Bezug auf die Haupttat, also eine vorsätzliche Insolvenzverschleppung des Organs, sowie
- doppelten Gehilfenvorsatz des Beraters voraus, nämlich Vorsatz in Bezug auf die Haupttat des Täters und Vorsatz in Bezug auf die eigene Beihilfehandlung.

In diesen subjektiven Elementen liegen die wesentlichen Nachweisschwierigkeiten für Insolvenzverwalter, wollen sie den Steuerberater in die Haftung nehmen.

Außerdem muss der Berater eine Handlung vollzogen haben, die als Unterstüt- 123
zungshandlung die Haupttat zumindest zu fördern geeignet war. Hierbei kann aber selbstverständlich die bloße objektive Beratung des Geschäftsführers der nachmaligen Insolvenzschuldnerin als ureigenste Aufgabe der Angehörigen der rechts- und steuerberatenden Berufe nicht ausreichend sein.[349]

Die nötige Abgrenzung zu strafbarem Handeln ermöglicht dabei das Institut der 124
so genannten professionellen Adäquanz,[350] wonach im Einzelfall zu prüfen ist, ob das im deliktischen Zusammenhang stehende Verhalten des Beraters tatsächlich strafrechtlich relevant ist. Der BGH[351] hat dazu ausdrücklich klargestellt:

„Für den Beihilfevorsatz eines herangezogenen firmenexternen Beraters (...) sind grundsätzlich folgende – allgemein für berufstypische ‚neutrale' Handlungen geltende – Grundsätze zu beachten: Zielt das Handeln des Haupttäters ausschließlich darauf ab, eine strafbare Handlung zu begehen und weiß dies der Hilfe Leistende, so ist sein Tatbeitrag als Beihilfehandlung zu werten. In diesem Fall verliert sein Tun stets den ‚Alltagscharakter'; es ist als ‚Solidarisierung' mit dem Täter zu deuten (...) und dann auch nicht mehr als ‚sozial-adäquat' anzusehen (...). Weiß der Hilfe Leistende dagegen nicht, wie der von ihm geleistete Beitrag vom Haupttäter verwendet wird, hält er es lediglich für möglich, dass sein Tun zur Begehung einer Straftat genutzt wird, so ist sein Handeln regelmäßig noch nicht als strafbare Beihilfehandlung zu beurteilen, es sei denn, das von ihm erkannte Risiko strafbaren Verhaltens des von ihm Unterstützten war derart hoch, dass er sich mit seiner Hilfeleistung ‚die Förderung eines erkennbar tatgeneigten Täters angelegen sein' ließ (...).[352]

Nach *Geyer*[353] folgt daraus, dass sich der Berater wegen Beihilfe strafbar macht, 125
wenn er definitiv weiß, dass sein Rat die Tat des anderen fördern wird. Aber auch in anderen Fällen besteht nicht grundsätzlich Straflosigkeit. Vielmehr kann die Mög-

---

349 Geyer, in: Bittmann (Hrsg.), Insolvenzstrafrecht, § 28 Rz. 27.
350 Ausführlich Hassemer, Wistra 1995, 41.
351 BGH, 20.9.1999 – 5 StR 729/98, NStZ 2000, 34.
352 Dazu zustimmend Geyer, in: Bittmann, Insolvenzstrafrecht, § 820 Rz. 27; Weyand, ZInsO 2000, 413.
353 Geyer, in: Bittmann, a.a.O.

lichkeit der deliktischen Umsetzung eines Ratschlages ausreichen, wenn die Bereitschaft des Mandanten für den Berater im Einzelfall erkennbar war und er diese quasi billigend in Kauf genommen hat.[354] Als mögliche Beihilfehandlungen des Steuerberaters kommen hier, in der Reihenfolge des Gewichts des Tatbeitrages, die Folgenden in Betracht:
- Begleitung von Sanierungsbemühungen, Vertretung bei Aussetzungs- und Stundungsanträgen und bei der Verhandlung von Moratorien trotz bereits eingetretener Insolvenzantragspflicht und Überschreitung der „Drei-Wochen-Frist",
- Bilanzierung entgegen § 252 Abs. 1 Nr. 2 HGB zu Going-Concern statt zu Zerschlagungswerten, obwohl eine Überprüfung der Going-Concern-Prämisse geboten gewesen wäre oder bereits erkennbar ist, dass nicht mehr zu Going-Concern-Werten bilanziert werden durfte;[355]
- Fortsetzung der Buchführung und Übermittlung monatlicher Reports (BWA, SuSa), wenn erkennbar oder nicht auszuschließen ist, dass diese Berichte Verwendung ggü. anderen Gläubigern finden und so der Geschäftsbetrieb aufrechterhalten bleibt und die Insolvenzverschleppung vertieft wird;
- Erstellung und Abgabe von Steuererklärungen in dem erkennbaren Bestreben des Mandanten, hierdurch den Eindruck von Normalität zu erwecken.

126 Bei Vorliegen eines oder mehrerer der vorgenannten potenziellen Beihilfehandlungen in Kenntnis der eingetretenen Insolvenzgründe und in Kenntnis der Tatsache, dass auch dem Mandanten die Insolvenzantragspflicht bewusst ist, leistet der Steuerberater psychische Beihilfe auch mit dem nötigen – jedenfalls bedingten – Vorsatz. Es reicht nämlich aus, wenn der Berater die Erfüllung oder Vertiefung der Haupttat (die Insolvenzverschleppung ist ein Dauerdelikt!) jedenfalls billigend in Kauf nimmt. Dass der Berater den Erfolg der Haupttat positiv will und als eigenes Ziel verfolgt, ist demgegenüber nicht erforderlich.[356]

---

[354] Ebenso Weyand, ZInsO 2000, 413.
[355] Aus diesem Grunde geht auch die Entscheidung des LG Koblenz, Urt. v. 22.7.2009 – 15 O 397/08, DstRE 2010, 647, fehl, wonach eine Pflichtverletzung des Steuerberaters in der fortschreitenden Bilanzierung nicht zu erkennen ist, weil die Buchführungs- und Bilanzierungspflichten auch nach Eintritt der Insolvenzantragspflicht fortgelten und deshalb mit dieser Leistung des Beraters eine Pflichtverletzung des Beratungsvertrages gerade nicht verbunden sei, fehl, weil der Berater im Regelfall nämlich dazu neigt, nicht dem Eintritt des Insolvenzereignisses entsprechend eine Korrektur sämtlicher Bilanzansätze vorzunehmen und die bilanziell auszuweisenden Verluste dadurch noch erheblich zu erhöhen.
[356] Auch dazu Lange, DStR 2007, 954 ff.

H. Insolvenzdelikte

I. Überblick und Systematik und die objektive Bedingung der Strafbarkeit

1. Überblick

Sobald sich ein Unternehmen in der Krise befindet, sind zahlreiche Handlungen der Unternehmensverantwortlichen denkbar, die entweder mit dem Zweck des Insolvenzverfahrens – Befriedigung der Gesamtgläubigerschaft – oder mit den Interessen einzelner Beteiligter kollidieren. Um derartiges Verhalten einzudämmen bzw. zu verhindern, sind zahlreiche Handlungsvarianten unter Strafe gestellt. Dabei kann zwischen Insolvenzdelikten im engeren und solchen im weiteren Sinne unterschieden werden. Insolvenzdelikte im engeren Sinne sind die Tatbestände der §§ 283 ff. StGB, die hier näher dargestellt werden sollen. Die Rechtsfolgen der Verletzung der Insolvenzantragspflicht nach § 15a InsO wurden bereits oben erörtert[357]. Insolvenzdelikte im weiteren Sinne sind die häufig mit einer Insolvenz einhergehenden Tatbestände Betrug, Kreditbetrug, Untreue, Hinterziehung von Sozialabgaben und Steuerhinterziehung, wobei diese Auflistung nicht abschließend ist.[358] Aktuell ist ferner die Entwicklung der Gesetzgebung im Rahmen der Covid19-Pandemie zu beachten, die unter wechselnden Voraussetzungen zur teilweisen Aussetzung der Antragspflicht nach § 15a InsO führt[359] sowie die ab dem 1.1.2021 geltende Strafbarkeit der Nichtanzeige des Eintritts eines Insolvenzgrundes während eines Restrukturierungsverfahrens nach § 42 Abs. 3 StaRUG[360].

127

2. Systematik der §§ 283 ff. StGB

Die Tatbestände des Insolvenzstrafrechts im engeren Sinne schützen nach herrschender Meinung die Vermögensinteressen der Gläubiger an gemeinschaftlicher Befriedigung.[361] Systematisch handelt es sich bei den Straftatbeständen teilweise um abstrakte Gefährdungsdelikte, z.B. § 283b StGB,[362] teilweise um konkrete[363] oder – wie § 283c StGB – um Erfolgsdelikte[364].

128

---

357 **Unter** A., insb. zur Strafbarkeit Rn 6.
358 Insoweit siehe Weyand in der Vorauflage Rn 152.
359 Siehe BT-Drs. 19/22178 – die Verlängerung der Aussetzung der Antragsfrist gilt nur für überschuldete, aber zahlungsfähige Unternehmen.
360 BGBl. 2020 Teil I S. 3256, 3266; siehe oben unter A. Rn 14.
361 MüKoStGB/Petermann Vorbem. zu § 283 Rn 11; zu den voneinander abweichenden Meinungen zur Konzeption siehe MüKoStGB/Petermann a.a.O. Rn 14 bis 19.
362 MüKoStGB/Petermann Vorbem. zu § 283 Rn 21.
363 Vgl. MüKoStGB/Petermann a.a.O., Rn 23 zu § 283 Abs. 1, Abs. 2 StGB.
364 Schönke/Schröder/Heine/Schuster § 283c Rn 1.

3. § 283 Abs. 6 StGB – Die sog. „objektive Bedingung der Strafbarkeit"

129 Gemäß § 283 Abs. 6 StGB sind die Tatbestände des § 283 Abs. 1 Nr. 1 bis 8, Abs. 2 StGB strafbarkeitseinschränkend unter die objektive Bedingung gestellt, dass der Täter entweder seine Zahlungen eingestellt hat oder über sein Vermögen das Insolvenzverfahren eröffnet oder der Eröffnungsantrag mangels Masse abgewiesen worden ist. Diese 1975 eingeführte „objektive Bedingung der Strafbarkeit"[365] schränkt den Anwendungsbereich der Tatbestände ein, da der Gesetzgeber die Grenze zu nicht strafrechtlich relevantem Verhalten im Interesse von Sanierung oder Restrukturierung nicht zu eng ziehen wollte.

130 Zahlungseinstellung – im Gegensatz zur Zahlungsunfähigkeit – ist ein nach außen in Erscheinung getretenes Verhalten des Schuldners.[366] Die Zahlungsunfähigkeit stellt auf die wirtschaftliche Lage ab, während die Zahlungseinstellung das „generelle Aufhören mit der Begleichung von Schulden, deren Erfüllung seine Gläubiger ernsthaft fordern" ist.[367] Abzugrenzen ist die Zahlungseinstellung ebenso wie die Zahlungsunfähigkeit von der Zahlungsstockung. Sofern es dem Schuldner in einem absehbaren Zeitraum gelingt, seine Zahlungen wieder aufzunehmen, wird die Zahlungseinstellung beseitigt.[368]

131 Die Beschlüsse über die Eröffnung des Verfahrens oder dessen Ablehnung mangels Masse nach den §§ 26, 27 InsO sind für den Strafrichter bindend, auch deren Aufhebung im Beschwerdeverfahren nach § 34 InsO.[369]

132 Zwischen den tatbestandsverwirklichenden Handlungen und der Zahlungseinstellung bzw. Verfahrenseröffnung muss ein zeitlicher und tatsächlicher Zusammenhang bestehen, es ist keine Kausalität erforderlich.[370] Hat der Schuldner die Krise nachhaltig überwunden, entfällt die objektive Bedingung der Strafbarkeit. Problematisch war und ist, ab welchem Zeitraum eine nachhaltige Überwindung anzunehmen ist, wenn der Schuldner danach wieder in die Krise gerät. Hier hat der BGH aktuell einen Zeitraum von neun bis zwölf Monaten genannt.[371] Weiterhin ist

---

365 BT-Drs. 7/3441 – dort insb. S. 33 zur Begründung; MüKoStGB/Petermann Vorbem. zu § 283 Rn 94 mit kritischem Unterton zur Gesamtkonzeption im Rahmen der weiteren Entwicklung des Insolvenzrechts in Rn 95 und Rn 106 bis 109.
366 Fischer, StGB, Vor § 283 Rn 13; MüKoStGB/Petermann Vorbem. zu § 283 Rn 99; BeckOK StGB/Beukelmann § 283 Rn 32, 18.
367 So Fischer Vor § 283 Rn 13; nach Ansicht von Fischer unter Bezugnahme auf BGHSt 7, 146 hat der Strafrichter das Vorliegen selbständig zu prüfen, anders Weyand in der Vorauflage Rn 156.
368 Vgl. hierzu die Ausführungen BGH II ZR 53/18 v. 19.11.2019, NZI 2020, 167 und IX ZR 171/18 v. 5.3.2020, NZI 2020, 520 – beide beschrieben in Köllner, Aktuelle strafrechtliche Fragen in Insolvenz und Krise, NZI 2020, 555.
369 Fischer Vor § 283 Rn 14, 15.
370 Fischer Vor § 283 Rn 17; ausf. MüKoStGB/Petermann Vorbem. zu § 283 Rn 106 bis 109.
371 Vgl. die oben genannten Entscheidung II ZR 53/18, NZI 2020, 167; dazu Köllner, NZI 2020, 555, 556.

fraglich, ob bei Zweifeln am Eintritt der objektiven Strafbarkeitsbedingung die „in dubio pro reo"-Regel anzuwenden ist. Die wohl aktuell herrschende Meinung[372] tendiert zur Nichtanwendbarkeit, ist aber[373] erheblichen verfassungsrechtlichen und rechtsstaatlichen Einwendungen ausgesetzt.[374]

4. Die Krise – Überschuldung und (drohende) Zahlungsunfähigkeit

133 Voraussetzungen der Krise sind Überschuldung, eingetretene oder drohende Zahlungsunfähigkeit, § 283 Abs. 1 StGB. Umstritten ist, ob die Legaldefinitionen der §§ 17 Abs. 2, 18 Abs. 2 und 19 Abs. 2 InsO für die strafrechtliche Anwendung bindend sind.[375]

134 Bei einer juristischen Person ist u.a. Überschuldung Eröffnungsgrund, § 19 Abs. 1 InsO. Überschuldung liegt nach dem Gesetzeswortlaut, § 19 Abs. 2 S. 1 InsO vor, wenn das Vermögen des Schuldners die bestehenden Verbindlichkeiten nicht mehr deckt, es sei denn, die Fortführung des Unternehmens ist nach den Umständen überwiegend wahrscheinlich. § 19 Abs. 2 S. 2 InsO schreibt vor, dass Forderungen aus Gesellschafterdarlehen oder ähnlichen Rechtshandlungen bei den Verbindlichkeiten nicht zu berücksichtigen sind.[376] Zur Feststellung der Überschuldung ist ein Überschuldungsstatus auf der Grundlage der tatsächlichen Vermögenswerte aufzustellen.[377] Ist jedoch die gesetzlich verlangte Fortführungsprognose positiv, wird letztlich die Feststellung der rechnerischen Überschuldung obsolet.[378] Die Fortführungsprognose ist eine wertende Betrachtung aller Besonderheiten des Unternehmens.[379] Sofern auf die Prognose der Liquidität abgestellt wird, müssen nachvollziehbare Liquiditätspläne erstellt werden.

---

372 Fischer Vor § 283 Rn 17 m.w.N.; Quedenfeld/Richter in Handbuch des Fachanwalts Strafrecht, Kap. 21 Rn 221.
373 Aus diesseitiger Sicht berechtigten Argumenten.
374 MüKoStGB/Petermann Vorbem. zu § 283 Rn 108; Lackner/Kühl/Heger § 283 Rn 29 – mit der Nichtanwendung der „in dubio"-Regel rücken die Bankrotttatbestände in Erweiterung der Strafbarkeit in bedenkliche Nähe zu § 156 StGB Österreich, der sog. betrügerischen Krida, die zur Begründung der Strafbarkeit von Vermögensentnahmen keine Krise, sondern nur einen – irgendwann eingetretenen – Vermögensnachteil eines Gläubigers voraussetzt, so dass zur Zeit der Tatbegehung an jeder Form der Bestimmbarkeit und Bestimmtheit i.S.d. Art. 103 Abs. 2 GG fehlt.
375 Fischer Vor § 283 Rn 6 mit einer ausf. Übersicht über den Meinungsstand; ebenso MüKoStGB/Petermann Vorbem. zu § 283 Rn 5 bis 10 mit zahlr. Nachw., der für eine „insolvenzrechtsorientierte Auslegung" ist.
376 Eingeführt durch das Finanzmarktstabilisierungsergänzungsgesetz (FMStErgG, BGBl. I 2009, 725.
377 Fischer Vor § 283 Rn 7d; MüKoStGB/Petermann Vorbem. zu § 283 Rn 69.
378 MüKoStGB/Petermann Vorbem. zu § 283 Rn 66.
379 MüKoStGB/Petermann Vorbem. zu § 283 Rn 67; BeckOK StGB/Beukelmann § 283 Rn 13.

135 Zahlungsunfähigkeit kann auf zweifache Weise ermittelt werden. Betriebswirtschaftlich wird durch eine stichtagsbezogene Gegenüberstellung[380] der fälligen Verbindlichkeiten und den vorhandenen und zu beschaffenden Mitteln ein Saldo ermittelt.[381] Nach der Rechtsprechung sollen auch Feststellungen über sog. wirtschaftskriminalistische Beweisanzeichen genügen. Bei der betriebswirtschaftlichen Methode wird ein Liquiditätsstatus erstellt und zwischen den Aktiva I und II sowie den Passiva I und II unterschieden.[382] Ende 2017 hat der 2. Zivilsenat des BGH erneut formuliert: „Zahlungsunfähigkeit und nicht nur eine vorübergehende Zahlungsstockung liegt vor, wenn der Schuldner nicht in der Lage ist, sich innerhalb von drei Wochen die zur Begleichung der fälligen Forderungen benötigten finanziellen Mittel zu beschaffen und die Liquiditätslücke auf unter 10% zurückzuführen".[383] Wirtschaftskriminalistische Beweisanzeichen können u.a. sein: Mahn- und Vollstreckungsbescheide, Kreditkündigungen, Insolvenzanträge, Steuer- und Sozialversicherungsrückstände.[384]

136 Drohende Zahlungsunfähigkeit liegt nach der Legaldefinition des § 18 Abs. 2 InsO vor, wenn der Schuldner voraussichtlich nicht in der Lage sein wird, die bestehenden Forderungen zum Fälligkeitszeitpunkt zu erfüllen. Damit enthält die Definition ein prognostisches Element, bei dem die Dauer des Prognosezeitraums insolvenzstrafrechtlich uneinheitlich beantwortet wurde. Nunmehr ist in § 18 Abs. 2 S. 2 InsO ein Prognosezeitraum von 24 Monaten gesetzlich verankert.[385] Dazu hat der BGH darauf hingewiesen, dass erst fällig werdende Verbindlichkeiten nur dann in die Prognose einzubeziehen sind, wenn ihr Fälligwerden überwiegend wahrscheinlich ist.[386]

II. § 283 StGB – Die Bankrotttatbestände

1. Überblick

137 § 283 Abs. 1 Nr. 1 bis Nr. 7 StGB beinhaltet konkrete Fallgestaltungen, Nr. 8 ist eine Generalklausel.[387] Die Norm ist in Abs. 1 und Abs. 2 ein echtes Sonderdelikt.[388] Täter

---

380 Durch betriebswirtschaftliche Gutachter – häufig die sog. Wirtschaftsreferenten der Staatsanwaltschaft.
381 Fischer Vor § 283 Rn 9b; MüKoStGB/Petermann Vorbem. zu § 283 Rn 85; BeckOK StGB/Beukelmann § 283 Rn 22; Vgl auch die ausf. Darstellung von Baumert, NJW 2019, 1486.
382 Vgl. umfassend das Urteil des 2. Zivilsenat II ZR 88/16 v. 19.12.2017, BeckRS 2017, 140127.
383 BGH BeckRS 2017, 140127 Rn 32.
384 MüKoStGB/Petermann Vorbem. zu § 283 Rn 86.
385 MüKoStGB/Petermann Vorbem. zu § 283 Rn 87 bis 90 m.w.N.
386 BGH 3 StR 314/09 v. 29.4.2010, NJW 2010, 2894 Rn 52 mit Anm. Brockhaus; BGH II ZR 93/11 v. 5.12.2013 NZG 2014, 273.
387 MüKoStGB/Petermann § 283 Rn 4.
388 Fischer § 283 Rn 2, 38; BeckOK StGB/Beukelmann § 283 Rn 86.

kann nur sein, wer Schuldner oder Organ, auch faktisches,[389] des Schuldners ist. Dabei kommt es auf die zivilrechtliche Wirksamkeit der Bestellung nicht an.[390]

2. § 283 Abs. 1 Nr. 1 StGB – Beeinträchtigung von Vermögensbestandteilen

Schutzobjekt des § 283 Abs. 1 Nr. 1 StGB ist das Vermögen des Schuldners oder der insolventen Gesellschaft, welches im Falle eines Insolvenzverfahrens zur Masse gehört und das er während des Verfahrens erlangt, § 35 Abs. 1 InsO. Davon zu unterscheiden sind Gegenstände im Sinne des § 36 Abs. 1[391] und Abs. 3[392] InsO, die nicht der Masse zuzuschlagen sind. Nicht erfasst werden ferner nicht im Eigentum des Schuldners befindliche Sachen, z.B. unter Eigentumsvorbehalt gelieferte Gegenstände, die den Gläubiger zur Aussonderung berechtigen, § 47 InsO.[393] 138

In § 283 Abs. 1 Nr. 1 StGB sind fünf Handlungsvarianten erfasst: Beiseiteschaffen, Verheimlichen, Zerstören, Beschädigen und Unbrauchbarmachen.[394] 139

Die erste Alternative des § 283 Abs. 1 Nr. 1, Beiseiteschaffen, liegt vor, wenn der Schuldner Handlungen vornimmt, die den Gläubigern oder dem Insolvenzverwalter den Zugriff auf den Massebestandteil erschweren oder unmöglich machen, gleichgültig, ob es sich um rechtliche oder tatsächliche Verfügungen handelt.[395] Auch wenn der Wortlaut des § 283 Abs. 1 Nr. 1 StGB die Einschränkung „in einer den Anforderungen einer ordnungsgemäßen Wirtschaft widersprechenden Weise" nur auf die Varianten des Zerstörens, Beschädigens und Unbrauchbarmachens bezieht, erstreckt die herrschende Meinung dieses Merkmals auch auf die in der Norm erstgenannten Alternativen des Beiseiteschaffens und Verheimlichens.[396] 140

Bereits nach der Rechtsprechung des Reichsgerichts ist Verheimlichen jedes Verhalten, durch das ein Vermögensbestandteil oder dessen Zugehörigkeit zur Masse der Kenntnis der Gläubiger oder der des Verwalters entzogen wird.[397] Die Tat des fortdauernden Verheimlichens ist im Falle der Restschuldbefreiung erst beendet, 141

---

389 BGH 3 StR 199/12 v. 15.11.2012 NStZ 2013, 284, 285 Rn 22 = NZI 2013, 365, 367 Rn 22 mit Anm. Köllner.
390 Fischer § 283 Rn 38.
391 Pfändungsschutzvorschriften der ZPO: §§ 850 ff. ZPO.
392 Gegenstände des gewöhnlichen Hausrats.
393 Fischer § 283 Rn 3a.
394 Vgl. die Übersicht bei Schönke/Schröder/Heine/Schuster § 283 Rn 3.
395 BGH 3 StR 314/09 v. 29.4.2010, NJW 2010, 2894 mit Anm. Brockhaus = BeckRS 2010, 15108 = NZI 2010, 698; MüKoStGB/Petermann § 283 Rn 13.
396 MüKoStGB/Petermann § 283 Rn 14 m.w.N. in Fn. 50; Schönke/Schröder/Heine/Schuster § 283 Rn 4; Fischer § 283 Rn 4b; siehe auch zur Geltung bei Verbraucherinsolvenz Schönke/Schröder/Heine/Schuster § 283 Rn 7a.
397 RGSt 64, 138, 140; MüKoStGB/Petermann § 283 Rn 17.

wenn die Restschuldbefreiung erteilt wird, mit entsprechenden verlängernden Auswirkungen auf die Verfolgungsverjährung.[398]

142　Diese Begriffe werden in Anlehnung an die Begrifflichkeiten des § 303 StGB verstanden.[399] Da Handlungen im Rahmen einer ordnungsgemäßen Bewirtschaftung nicht darunterfallen, verbleiben letztlich nur mutwillige Handlungen des Schuldners, die zur wirtschaftlichen ersatzlosen Schmälerung der Masse führen, an denen auch der Schuldner meist kein Interesse hat.[400]

3. § 283 Abs. 1 Nr. 2 StGB – Spekulationsgeschäfte und unwirtschaftliche Ausgaben

143　§ 283 Abs. 1 Nr. 2 StGB beinhaltet zwei Handlungsalternativen. Zum einen werden Verlust-, Spekulations – und Differenzgeschäfte, die einer ordnungsgemäßen Wirtschaft widersprechen, unter Strafe gestellt, andererseits werden unwirtschaftliche Ausgaben und bei Spiel und Wette übermäßig verbrauchte Beträge sanktioniert.

144　Verlustgeschäfte sind solche, deren negatives wirtschaftliche Ergebnis bereits bei Eingehen des Geschäftes absehbar ist.[401] Der Vorsatz des Täters muss bereits von Beginn auch das Verlustrisiko umfassen.[402] Spekulativ ist ein Geschäft, wenn sein Erfolg zufallsbedingt ist.[403] Bei Differenzgeschäften spekuliert der Täter – je nach Marktsituation – auf steigende oder fallende Werte oder Börsenkurse.[404] Verlustgeschäfte können trotzdem wirtschaftlich sein, z.B. zum Erhalt von Arbeitsplätzen zur Überbrückung von wirtschaftsschwachen Zeiten.[405] Erfüllt sich ein spekulatives Geschäft und tritt der Erfolg ein, entfällt die Strafbarkeit.[406]

145　Betreibt der Schuldner einen wirtschaftlich nicht mehr vertretbaren Aufwand, unterfallen seine Handlungen der 2. Alternative.[407] Übermäßig ist der Aufwand, wenn er in keinem Verhältnis zur aktuellen Vermögenssituation zur Zeit der Tat-

---

398　Worauf Weyand in der Vorauflage Rn 167 zu Recht hinweist.
399　Vgl. MüKoStGB/Petermann § 283 Rn 20–22 unter Hinweis auf BGH 1 StR 296/59 v. 14.7.1959, NJW 1959, 1547 = BGHSt 13, 207.
400　Fischer § 283 Rn 6.
401　MüKoStGB/Petermann § 283 Rn 24; Fischer § 283 Rn 7.
402　MüKoStGB/Petermann § 283 Rn 24.
403　So bereits das Reichsgericht RGSt 16, 238; Fischer § 283 Rn 8.
404　Für die Geltung der Norm bei inländischen Börsentermingeschäften Lackner/Kühl/Heger § 283 Rn 12; Fischer § 283 Rn 9, abw. u.a. Weyand/Diversy, Insolvenzdelikte 73.
405　MüKoStGB/Petermann § 283 Rn 27.
406　Fischer § 283 Rn 10 m.w.N.
407　Lackner/Kühl/Heger § 283 Rn 13.

handlung⁴⁰⁸ steht.⁴⁰⁹ Schuldig werden bedeutet die Belastung der späteren Masse mit Verbindlichkeiten.⁴¹⁰

4. § 283 Abs. 1 Nr. 3 StGB – Verschleuderungsgeschäfte

Die § 283 Abs. 1 Nr. 3 StGB unterfallende Handlung muss in zwei Stufen unterteilt sein: einerseits das Beschaffen der Waren oder Wertpapiere auf Kredit und zweitens deren Veräußerung (oder Verschenken) deutlich unter Wert.⁴¹¹ Die Norm stellt einen Unterfall des Verlustgeschäfts iSd § 283 Abs. 1 Nr. 2 StGB dar, den der Gesetzgeber besonders hervorheben wollte.⁴¹² Abzustellen ist bei der Veräußerung nicht auf den Einkaufspreis, sondern auf den Wert zur Zeit der Abgabe.⁴¹³ Entspricht das Geschäft ordnungsgemäßem Wirtschaften – so z.B. Schleuderverkäufe zum Durchstehen eines Konkurrenzkampfes oder zum Gewinn eines neuen Marktes – ist das Handeln nicht tatbestandsmäßig.⁴¹⁴

146

5. § 283 Abs. 1 Nr. 4 StGB – Scheingeschäfte

Die Tat des § 283 Abs. 1 Nr. 4 StGB besteht im Vortäuschen von Rechten anderer sowie in der Anerkennung nicht bestehender, erdichteter Rechte Dritter. Die Insolvenzmasse soll durch eine fiktive Mehrung der Passiva nicht verkürzt werden.⁴¹⁵ Die Tat geschieht häufig durch falsche Angaben des Schuldners oder seiner Organe nach den §§ 97 InsO, auch durch falsche Eidesstattliche Versicherungen nach § 98 Abs. 1 InsO.⁴¹⁶ Der Tatbestand ist ein Gefährdungsdelikt, da es auf den Eintritt eines Erfolges – tatsächliche Verkürzung der Masse – nicht ankommt.⁴¹⁷

147

6. § 283 Abs. 1 Nr. 5 StGB – Unterlassene und/oder mangelhafte Buchführung

Diese Norm stellt einen Fall der sog. informationsbezogenen Bankrotthandlungen dar.⁴¹⁸ Grundsätzlich dient die Buchhaltung der Eigeninformation des Schuldners; im Rahmen des Insolvenzverfahrens, aber auch den Interessen der Gläubigerge-

148

---

408 Anders Fischer § 283 Rn 13, abstellend auf die „kritische Zeit".
409 Schönke/Schröder/Heine/Schuster § 283 Rn 14 m.w.N. aus der Rechtsprechung.
410 BGH 5 StR 59/69 v. 18.3.1969 NJW 1969, 1038 = BGHSt 22, 360 = BeckRS 9998, 109777.
411 NK-StGB/Urs Kindhäuser § 283 Rn 45 bis 47.
412 Fischer § 283 StGB Rn 7.
413 NK-StGB/Urs Kindhäuser § 283 Rn 48 m.w.N. zum früheren Streitstand.
414 NK-StGB/Urs Kindhäuser § 283 Rn 49.
415 Fischer § 283 Rn 17.
416 Fischer § 283 Rn 17.
417 NK-StGB/Urs Kindhäuser § 283 Rn 50.
418 NK-StGB/Urs Kindhäuser 3 283 Rn 54; MüKoStGB/Petermann § 283 Rn 42.

samtheit, vertreten durch den Verwalter, um diesem die Übersicht über die Masse zu erleichtern.[419] Sind mehrere Verstöße gegen die Buchhaltungsvorschriften gegeben, stellen diese eine einheitliche Straftat dar.[420]

149 Die Pflicht zur Führung von Handelsbüchern ergibt sich aus § 238 ff. HGB. Das HGB schreibt nicht vor, welche Bücher der Kaufmann, § 1 ff. HGB, zu führen hat. Vielmehr verlangt § 283 Abs. 1 S. 2 HGB, dass die Buchführung so beschaffen sein muss, dass sie einem sachverständigen Dritten innerhalb angemessener Zeit einen Überblick über die Geschäftsvorfälle und die Lage des Unternehmens vermitteln kann. Neben dem HGB ergeben sich aus gesellschaftsrechtlichen Normen Pflichten zur Buchführung, etwa §§ 41 ff. GmbHG, §§ 150, 152 AktG.[421]

150 Der Schuldner bzw. das bestellte Organ[422] des Schuldners und der faktische Geschäftsführer sind potenzielle Täter. Gibt es mehrere Geschäftsführer oder Vorstände, kann eine Aufteilung der Zuständigkeiten zwar Entlastung für die „Nicht-Zuständigen" bedeuten, diese sind aber zur effektiven Kontrolle des Zuständigen verpflichtet.[423] Gleiches gilt bei Übertragung der Buchhaltung auf einen Steuerberater. Dieser kann nach § 14 Abs. 3 StGB selbst Täter sein.[424]

151 Es handelt sich um ein echtes Unterlassungsdelikt. Wenn der Täter nicht alle gesetzlich vorgeschriebenen Bücher führt, ist zu prüfen, ob der Informationszweck dennoch erfüllt ist und die Strafbarkeit daher entfällt. Weiterhin muss dem Täter die Führung der Bücher möglich sein, er muss etwa die finanziellen Mittel haben, um die Erstellung der Buchhaltung bezahlen zu können.[425] Ist der Schuldner dauerhaft nicht zur Erstellung der Buchhaltung in der Lage, muss er seine pflichtenbegründende Tätigkeit einstellen.[426]

152 Eine Buchhaltung ist mangelhaft, wenn sie nicht den Grundsätzen der ordnungsgemäßen Buchführung entspricht: Wahrheit, Klarheit, Vollständigkeit und Zeitgerechtigkeit.[427] Ermittlung und Feststellung des erforderlichen Buchführungsumfangs obliegt den Gerichten im jeweiligen Einzelfall. Der Grundsatz „in dubio pro

---

419 NK-StGB/Urs Kindhäuser § 283 Rn 54.
420 Schönke/Schröder/Heine/Schuster § 283 Rn 37.
421 Fischer § 283 Rn 19; ob eine Limited nach den deutschen HGB-Normen buchführungspflichtig ist, ist umstritten, vgl. die Übersicht zum Streitstand bei NK-StGB/Urs Kindhäuser § 283 Rn 56 und dort in Fn. 241.
422 auch – so die h.M. – auch bei fehlender eigener Einflussmöglichkeit auf die Buchhaltung bei Übermacht eines faktischen Geschäftsführers – vgl. NK-StGB/Urs Kindhäuser § 283 Rn 57 mit Nachw. dort in den Fn. 254, 255.
423 U.a. Schönke/Schröder/Heine/Schuster § 283 Rn 32; ausf. NK-StGB/Urs Kindhäuser § 283 Rn 57.
424 NK-StGB/Urs Kindhäuser § 283 Rn 58.
425 MüKoStGB/Petermann § 283 Rn 47.
426 MüKoStGB/Petermann § 283 Rn 47; NK-StGB/Urs Kindhäuser § 283 Rn 59; Fischer § 283 Rn 23a unter Darstellung abw. Auffassungen.
427 NK-StGB/Urs Kindhäuser § 283 Rn 61; Schönke/Schröder/Heine/Schuster § 283 Rn 34.

reo" gilt auch hier.[428] Lückenhaftigkeit, nachträgliche Veränderungen, z.B. Streichungen oder Unkenntlichmachen sind typische Beispiele für mängelbehaftete Buchhaltungen. Die Mängel müssen ferner einem sachverständigen Dritten die Übersicht über die Lage des Schuldners erschweren.[429]

7. § 283 Abs. 1 Nr. 6 StGB – Beiseiteschaffen und Vernichten von Handelsbüchern

Anders als in § 283 Abs. 1 Nr. 5 StGB umfasst Nr. 6 alle geführten Handelsbücher, auch solche, die nicht aufgrund gesetzlicher Verpflichtung geführt werden.[430] Werden diese geführt, sind sie nach § 257 Abs. 1 HGB aufbewahrungspflichtig. Dies umfasst u.a. Inventare, Bilanzen, Jahresabschlüsse und auch Buchungsbelege.[431] Da solche Handlungen nicht nur von Kaufleuten begangen werden können, ist § 283 Abs. 1 Nr. 6 StGB kein Sonderdelikt des betroffenen Kaufmanns.[432] Auch hier muss durch die Tathandlung die Übersicht über den Vermögensstand erschwert werden.

153

Problematisch ist die teilweise – vom Wortlaut möglicherweise abgedeckte – vertretene Einbeziehung der Freiberufler in den Anwendungsbereich der Vorschrift.[433] Dagegen wird überwiegend zu Recht eine einschränkende Auslegung des Tatbestandes vertreten und vorgenommen.[434] Nur ein Kaufmann, der nach dem HGB zur Führung von Handelsbüchern verpflichtet ist, kann den Schutzbereich der Norm des § 283 Abs. 1 Nr. 6 StGB berühren; ein Nichtkaufmann, dem derartige Pflichten nach dem HGB nicht obliegen, kann den Schutzbereich nicht verletzen.

154

8. § 283 Abs. 1 Nr. 7 StGB – Mangelhafte oder nicht rechtzeitige Bilanzerstellung

§ 283 Abs. 1 Nr. 7 StGB umfasst ein Begehungsdelikt, die Erstellung einer mangelhaften Bilanz, sowie ein echtes Unterlassungsdelikt, die unterlassene Bilanzierung.[435] Es handelt sich, anders als Nr. 6, um ein Sonderdelikt, dass nur von Kaufleuten begangen werden kann.

155

---

428 NK-StGB/Urs Kindhäuser § 283 Rn 61.
429 Schönke/Schröder/Heine/Schuster § 283 Rn 36 m.w.N. aus Rspr. und Lit.
430 MüKoStGB/Petermann § 283 Rn 51.
431 NK-StGB/Urs Kindhäuser § 283 Rn 66.
432 So Schönke/Schröder/Heine/Schuster § 283 Rn 39.
433 So vertreten von Weyand in der Vorauflage Rn 191, dezidierter in Weyand/Diversy Rn 93; ähnlich Müller-Gugenberger/Richter § 85 Rn 12 – (wobei beide Autoren bekanntlich staatliche Strafverfolger, d.h., Staatsanwälte sind).
434 Vgl. die Darstellung des Streits bei MüKoStGB/Petermann § 283 Rn 53; NK-StGB/Urs Kindhäuser § 283 Rn 67, 68; Schönke/Schröder/Heine/Schuster § 283 Rn 39; kritisch auch Fischer § 283 Rn 24 am Ende.
435 MüKoStGB/Petermann § 283 Rn 55.

156 Eine Bilanz ist mangelhaft im Sinne des § 283 Abs. 1 Nr. 7a StGB, wenn sie nicht den Grundsätzen der Wahrheit, Klarheit und Vollständigkeit entspricht[436] und die Übersicht über den Vermögensstand erschwert. Nach den §§ 264 ff. HGB haben Kapital- und Personengesellschaften ohne einen persönlich haftenden Gesellschafter die dortigen Vorschriften zu beachten, auch die internationalen Buchhaltungsstandards IAS[437] und IFRS.[438]

157 Nach § 283 Abs. 1 Nr. 7b StGB ist die unterlassene fristgerechte Bilanzierung und Inventarisierung strafbar. Die Fristen zur Erstellung einer Bilanz ergeben sich aus dem HGB. Danach hat der Kaufmann zu Beginn seines Handelsgewerbes und zum Schluss eines Geschäftsjahres eine Bilanz zu erstellen ist, § 242 Abs. 1 HGB, innerhalb der einem ordnungsgemäßen Geschäftsgang entsprechenden Zeit, § 243 Abs. 3 HGB. Für Kapitalgesellschaften gilt nach § 264 Abs. 1 S. 2 HGB eine Frist von drei Monaten, für kleine Kapitalgesellschaften gilt die verlängerte Frist des § 264 Abs. 1 S. 4 HGB[439]. Nach § 240 Abs. 1 HGB hat der Kaufmann ferner ein Inventar zu erstellen, sowohl zu Beginn des Geschäftes als auch zum Ende des Geschäftsjahres in angemessener Zeit. Wenn der Täter aus wirtschaftlichen Gründen nicht zur Erstellung der Bilanz in der Lage ist, kommt nach der Rechtsprechung eine Verurteilung wegen Unmöglichkeit nicht in Betracht.[440]

9. § 283 Abs. 1 Nr. 8 StGB – Generalklausel

158 § 283 Abs. 1 Nr. 8 StGB ist erstens ein Auffangtatbestand für zukünftige Entwicklungen im Insolvenz- und Bankrottstrafrecht, zweitens aber vor allem eine Generalklausel für Handlungen, die bestandsbezogen eine Schmälerung der Insolvenzmasse bedeuten und nicht den Nummer 1 bis 4 unterfallen und die – insoweit als informationsbezogene Delikte – auf Verstecken oder Verheimlichen von Massebestandteilen gerichtet sind.[441] Ein immer wieder auftretenden Fall des Verheimlichens liegt bei den sog. Firmenbestattungen vor, bei denen krisenbehaftete Gesellschaften ohne Fortsetzung des Geschäftsbetriebes an einen Strohmann unter Sitzverlagerung ins Ausland verkauft werden.[442] Grundsätzlich wird hier die Absicht „verschleiert",

---

436 Vgl. §§ 239, 242, 243, 246 ff. HGB.
437 International Accounting Standards.
438 International Financial Reporting Standards; vgl. dazu MüKoStGB/Petermann § 283 Rn 56.
439 „... innerhalb der ersten sechs Monate des Geschäftsjahres."
440 Vgl. MüKoStGB/Petermann § 283 Rn 63 mit zahlr. Nachw. aus der Rspr., der aber auf Unstimmigkeiten zur Rechtsprechung zB bei § 266a StGB verweist, wo der Täter gehalten sein soll, Liquiditätsvorsorge nach den Grundsätzen der omissio libera in causa zu treffen; so auch Fischer § 283 Rn 29c.
441 NK-StGB/Urs Kindhäuser § 283 Rn 89; Fischer § 283 Rn 30; Schönke/Schröder/Heine/Schuster § 283 Rn 49.
442 Schönke/Schröder/Heine/Schuster § 283 Rn 49 m.w.N. unter Hinweis auf BGH NJW 2013, 1892 mit Anm. Köllner.

die Gesellschaft letztendlich zu liquidieren. Bagatellfälle sollen durch die Gesetzesformulierung unter Hinweis auf grobe Verstöße gegen die Anforderungen einer ordnungsgemäßen Wirtschaft ausgeschlossen werden.[443]

10. § 283 Abs. 2 StGB – Herbeiführen der Krise durch tatbestandsrelevante Handlungen

Gemäß § 283 Abs. 2 StGB wird bestraft, wer durch eine der in Abs. 1 genannten Handlungen seine Überschuldung oder Zahlungsunfähigkeit herbeiführt. Der grundlegende Unterschied zu Abs. 1 ist, dass die Krise zum Zeitpunkt der Bankrotthandlung noch nicht besteht, sondern durch diese erst herbeigeführt wird,[444] insoweit ist der Tatbestand als Erfolgsdelikt ausgestaltet.[445]

159

11. Vorsatz oder Fahrlässigkeit – § 283 Abs. 4, Abs. 5 StGB

In § 283 Abs. 4 StGB hat der Gesetzgeber die vorsätzliche Begehung der Bankrotthandlungen nach § 283 Abs. 1 und Abs. 2 StGB auch für die Fälle unter Strafe gestellt, in denen der Täter den Eintritt der Krise fahrlässig nicht erkennt oder diesen leichtfertig verursacht. Dies kann z.B. gegeben sein, wenn der Täter seinen buchhalterischen Pflichten nicht nachkommt und daher keinen Überblick über den wirtschaftlichen Stand des Unternehmens hat.[446] Oder wenn er zu einem Zeitpunkt, in dem die Krise bereits vorliegt, überhöhte Privatentnahmen tätigt oder ungesicherte Kredite vergibt, also leichtfertig seinen Vermögensbestand verringert.[447]

160

§ 283 Abs. 5 StGB stellt die Tatbestandsalternativen des § 283 Abs. 1 Nr. 2, 5 und 7 auch bei Fahrlässigkeit unter Strafe, sofern der Täter zusätzlich zumindest fahrlässig die Krise nicht kennt oder durch die Handlungen diese „wenigstens leichtfertig" herbeiführt. Vor allem Buchhaltungsdelikte stehen hier im Fokus, wenn der Täter den mit der Buchhaltung Beauftragten nicht mit genügender Sorgfalt auswählt und überwacht[448] oder nicht genügend Mittel zur Verfügung stellt, um eine erforderliche und funktionierende Buchhaltung zu implementieren.[449]

161

---

443 Schönke/Schröder/Heine/Schuster § 283 Rn 49 unter Hinweis auf die abw. Ansicht von NK-StGB/Urs Kindhäuser, § 283 Rn 92, der dieses Merkmal nur für deklaratorisch hält.
444 Lackner/Kühl/Heger § 283 Rn 22; Fischer § 283 Rn 31.
445 Leipziger Kommentar/Tiedemann § 283 Rn 2, 179; Krause NStZ 1999, 161, 162; abw. MüKoStGB/Petermann § 283 Rn 69, der ein konkretes Gefährdungsdelikt annimmt.
446 So MüKoStGB/Petermann § 283 Rn 75.
447 Vgl. Schönke/Schröder/Heine/Schuster § 283 Rn 57.
448 Schönke/Schröder/Heine/Schuster § 283 Rn 58.
449 Wobei hier die Abgrenzung zum Organisationsverschulden und damit ggfs. Vorsatz problematisch sein kann, vgl. ähnlich NK-StGB/Urs Kindhäuser § 283 Rn 109.

12. Versuchsstrafbarkeit – § 283 Abs. 3 StGB

162 Nach § 283 Abs. 3 StGB ist der Versuch eines Bankrottdeliktes strafbar. Dies bezieht sich dogmatisch allein auf die Handlungen des § 283 Abs. 1 und 2 StGB, die vorsätzlich begehbar sind. Dabei ist zu beachten, dass auch die Versuchsstrafbarkeit nur unter der Voraussetzung des Eintritts der Krise im Sinne des § 283 Abs. 6 StGB in Betracht kommt.[450]

13. § 283a StGB – Besonders schwerer Fall des Bankrotts

163 In § 283a StGB hat der Gesetzgeber Regelbeispiele angeführt, die zu einer erheblichen Strafrahmenverschärfung führen. Umfasst sind die Taten nach den Abs. 1 bis 3, folglich auch der Versuch eines besonders schweren Falls.[451] Aufgrund des Charakters als Regelbeispiel kann das Gericht trotz des Vorliegens der dort genannten Voraussetzungen einen „nicht schweren Fall" bejahen.

164 Gewinnsucht liegt nach der Rechtsprechung vor, wenn das Erwerbsstreben des Täters ein ungewöhnliches, ungesundes und sittlich anstößiges Maß erreicht.[452] Dies ist vom normalen Gewinnstreben des ordentlichen Kaufmanns abzugrenzen. Gefährdung eines größeren Personenkreises, dem Täter anvertraute Vermögenswerte zu verlieren, bedeutet nach überwiegender Ansicht eine Zahl von mindestens 10 Personen.[453] Bezüglich der Gefahr des Vermögensverlustes muss der Täter mit direktem Vorsatz handeln.[454] Das „in wirtschaftliche Not" bringen von vielen Personen bedeutet, dass die Geschädigten auch lebenswichtige Aufwendungen nicht mehr bestreiten können.[455] Die Bankrotthandlungen müssen kausal für die bei den Geschädigten auftretenden Nachteile sein.

III. Verletzung der Buchführungspflicht – Gläubiger- oder Schuldnerbegünstigung

1. § 283b StGB – Verletzung der Buchführungspflicht

165 Anders als in § 283 Abs. 1 Nr. 5 bis 7 StGB handelt der Täter des § 283b StGB entweder außerhalb der Krisensituation oder erkennt diese nicht, nicht einmal fahrlässig.[456]

---

450 MüKoStGB/Petermann § 283 Rn 82.
451 NK-StGB/Urs Kindhäuser § 283a Rn 3.
452 Vgl. Fischer § 283a Rn 2; Schönke/Schröder/Heine/Schuster § 283a Rn 4.
453 Siehe Fischer § 283 Rn 3 m.w.N., abw. Schönke/Schröder/Heine/Schuster § 283a Rn 5 – eine numerische Angabe könne nur eine „Richtschnur" sein.
454 Schönke/Schröder/Heine/Schuster § 283a Rn 5 am Ende.
455 MüKoStGB/Petermann § 283a Rn 10; Fischer § 283a Rn 4.
456 Vgl. die systematische Einordnung bei Fischer § 283b Rn 2.

Die Vorschrift ist ein Auffangtatbestand und abstraktes Gefährdungsdelikt und erfasst als Buchdelikt Verstöße gegen Buchführungs- und Bilanzierungspflichten.[457]

Während in § 283 Abs. 1 Nr. 6 StGB auch ein Nichtkaufmann Täter zu sein vermag, ist bei § 283b StGB nur bei Vorliegen der Kaufmannseigenschaft eine täterschaftliche Begehung möglich. Damit ist die Norm ein echtes Sonderdelikt. Die Tathandlungen sind denen des § 283 Abs. 1 Nr. 5 bis 7 StGB entsprechend. Auch hier wird diskutiert, ob die Grundsätze der omissio libera in causa – vergleichbar der Rechtsprechung zu § 266a StGB – anzuwenden sind.[458] Die in § 283b Abs. 1 StGB aufgelisteten Tathandlungen bedingen vorsätzliches Handeln, wobei Eventualvorsatz genügt. Die Fahrlässigkeitsstrafbarkeit nach § 283b Abs. 2 StGB für die Fälle des Abs. 1 Nr. 1 und 3 sollen Strafbarkeitslücken verhindern.[459]

Nach § 283b Abs. 3 StGB gilt § 283 Abs. 6 StGB entsprechend. Daraus folgern zahlreiche Stimmen in Rechtsprechung und Literatur einen zumindest zeitlichen Zusammenhang zwischen dem Buchdelikt des § 283b StGB und dem Eintritt der objektiven Strafbarkeitsbedingung. Beispielwird wird die mangelhafte oder unterlassene Buchhaltung und damit ein nicht gegebener Überblick über die tatsächliche Vermögenslage beschrieben. Sofern der Mangel behoben wird und die Krise erst danach eintritt, soll es keinen sachlichen und/oder zeitlichen Zusammenhang geben, die Handlung bleibt straflos. Wirkt sich jedoch der Buchhaltungsmangel bis zur Krise aus, tritt Strafbarkeit ein.[460]

2. § 283c StGB – Gläubigerbegünstigung

§ 283c StGB stellt gegenüber § 283 Abs. 1 Nr. 1 StGB eine Privilegierung dar, der Strafrahmen ist erheblich abgesenkt. Das geschützte Rechtsgut ist – wie bei den anderen Insolvenzdelikten auch – das Interesse der Gesamtgläubigerschaft an einer gleichmäßigen Befriedigung.[461] Als Täter kommt – daher ein Sonderdelikt – nur der Schuldner in Betracht, der zahlungsunfähig und dem dies auch bekannt ist, § 283c Abs. 3 StGB unter Verweis auf § 283 Abs. 6 StGB. Gläubiger ist jeder, der einen Anspruch auf einen Teil der Insolvenzmasse hat.[462] Der Gläubiger kann als Gehilfe oder

---

457 MüKoStGB/Petermann § 283b Rn 1, 2, 4.
458 Siehe die ausf. Darstellung des Streitstandes bei MüKoStGB/Petermann § 283b Rn 13 sowie die dort für mangelnde Liquiditätsvorsorge die Strafbarkeit bejahende Stellungnahme in Rn 14.
459 MüKoStGB/Petermann § 283b Rn 15 unter Hinweis auf die Gesetzesmaterialien in Fn. 42.
460 Vgl. die Darstellung des Streitstandes bei MüKoStGB/Petermann § 283b Rn 19 bis 24; Fischer § 283b Rn 5; NK-StGB/Urs Kindhäuser § 283b Rn 8, der im Anschluss an BGH-Rspr von einem Risikozusammenhang spricht.
461 MüKoStGB/Petermann § 283c Rn 4.
462 Schönke/Schröder/Heine/Schuster § 283c Rn 12.

169 § 283c StGB verbietet die sog. inkongruente Deckung.[464] Dies bedeutet, der Schuldner darf dem Gläubiger keine Sicherheit oder Befriedigung gewähren, auf die dieser zum Tatzeitpunkt keinen Anspruch hat.[465] Er darf ihn nicht im Verhältnis zu anderen Gläubigern begünstigen. Dies betrifft sowohl die Erfüllung des Anspruchs als auch die Verschaffung von Sicherheiten aus der Masse. Dabei ist im Rahmen eines hypothetischen Kausalverlaufs festzustellen, wie der Gläubiger ohne die Tathandlung stehen würde.[466]

Anstifter nach den allgemeinen Regeln in Betracht kommen, wenn er entsprechende Handlungen vorgenommen hat.[463]

3. § 283d StGB – Schuldnerbegünstigung

170 Rechtsgut ist das Interesse der Gesamtgläubigerschaft an einer gleichmäßigen Verteilung der Insolvenzmasse.[467] Der Tatbestand ergänzt § 283 Abs. 1 Nr. 1 StGB, wenn ein Außenstehender[468] und nicht der Schuldner die in § 283 Abs. 1 Nr. 1 StGB beschriebenen Tathandlungen[469] begeht. Die Tat muss nach dem Gesetzeswortlaut entweder mit Einwilligung – nicht nachträglicher Genehmigung – des Schuldners geschehen oder zu dessen Gunsten in der Krise, § 283d Abs. 4 StGB, erfolgen. Auch die Regelungen der besonderes schweren Fälle in § 238a StGB findet ihr Pendant in § 283d Abs. 3 StGB. Insofern wird auf die Erläuterungen dort verwiesen.[470] Der Täter muss vom Drohen oder Vorliegen der Zahlungsunfähigkeit wissen, insofern wird direkter Vorsatz verlangt. Für die übrigen Tatbestandsmerkmale genügt Eventualvorsatz.[471]

---

463 An dieser Stelle verweist Weyand in der Vorauflage in Rn 291 auf die Fälle von Bankmitarbeitern, denen die Krise eines Unternehmens in der Regel frühzeitig bekannt wird und die versuchen, mehr Sicherheiten zu erlangen.
464 NK-StGB/Urs Kindhäuser § 283c Rn 12.
465 Vgl. die Auflistung der Einzelfälle bei NK-StGB/Urs Kindhäuser § 283c Rn 14; MüKoStGB/Petermann § 283c Rn 17 vor allem zur früheren Problematik des § 266a StGB bei divergierenden Ansichten der Zivil- und Strafsenate des BGH.
466 MüKoStGB/Petermann § 283c Rn 19.
467 MüKoStGB/Petermann § 283d Rn 2; Lackner/Kühl/Heger § 283d Rn 1.
468 Auch der Verwalter selbst – siehe NK-StGB/Urs Kindhäuser § 283d Rn 1.
469 Siehe oben unter Rn 163 bis 167.
470 Siehe oben Rn 188, 189.
471 MüKoStGB/Petermann § 283d Rn 15.

§ 19 Nachlassinsolvenz

Übersicht

A. Nachlassinsolvenzverfahren —— 1
   I. Haftungsbeschränkung und Verfahrenseröffnung —— 2
   II. Haftungsbeschränkende Einreden —— 5
B. Das Antragsverfahren —— 8
   I. Zuständigkeit —— 8
   II. Zulässigkeit —— 10
   III. Insolvenzgründe —— 12
   IV. Antragsberechtigung —— 23
   V. Antragspflicht —— 29
   VI. Glaubhaftmachung —— 39
   VII. Verfahrenskostenstundung oder Insolvenzkostenhilfe —— 41
C. Das eröffnete Nachlassinsolvenzverfahren —— 43
   I. Wirkungen der Eröffnung —— 43
   II. Masseverbindlichkeiten —— 50
   III. Nachlassverbindlichkeiten —— 56
   IV. Umfang der Haftungsmasse —— 61
      1. Verwaltungshandeln des Erben —— 64
      2. Berichtigung von Nachlassverbindlichkeiten —— 67
      3. Rückschlagsperre —— 71
      4. Ansprüche in der Hand des Verwalters —— 73
   V. Massemehrung – nicht ordnungsgemäße Verwaltung —— 75
   VI. Massemehrung – Haftungsansprüche nach Handelsrecht —— 78
      1. Fortführung eines Handelsgeschäfts durch den Erben —— 83
      2. Fortsetzung der OHG mit dem Erben eines OHG-Gesellschafters —— 100
      3. Unternehmensfortführung mit Erben des Kommanditisten —— 110
      4. Unternehmensnachfolge mit Erben des Komplementärs —— 122
      5. Unternehmensnachfolge mit dem Erben eines BGB Gesellschafters —— 131
      6. Die führungslose GmbH und der Gesellschaftererbe —— 134
   VII. Massemehrung durch Anfechtung —— 138
   VIII. Der Tod des Schuldners im Insolvenzverfahren —— 141
   IX. Stellung der Nachlassgläubiger im eröffneten Insolvenzverfahren des Schuldners —— 148
   X. Der Schuldner als Erbe – der Nachlass unter Testamentsvollstreckung —— 156

A. Nachlassinsolvenzverfahren

Das Nachlassinsolvenzverfahren ist ein Sonderinsolvenzverfahren und unterscheidet sich in seiner Zielrichtung vom Regelinsolvenzverfahren. Nicht die Haftungsverwirklichung und die gleichmäßige Befriedigung der Gläubiger stehen in sehr vielen Fällen im Mittelpunkt des Verfahrens, sondern das Nachlassinsolvenzverfahren dient oft allein der Beschränkung der Haftung des Erben für Nachlassverbindlichkeiten auf den Nachlass. 1

I. Haftungsbeschränkung und Verfahrenseröffnung

2   Wenn die mit sechs Wochen recht kurz bemessene Ausschlagungsfrist abgelaufen ist, haftet der Erbe mit seinem gesamten Eigenvermögen für die Nachlassverbindlichkeiten. Ist der Nachlass überschuldet, stellt sich dann für den Erben die Frage, wie er trotz erfolgter Annahme der Erbschaft seine Haftung auf den dürftigen Nachlass begrenzen kann.

3   Das Inventar ist entgegen einer weit verbreiteten Meinung dafür nicht das richtige Verfahren. Zwar wird nach § 2009 BGB vermutet, dass zur Zeit des Erbfalls weitere Nachlassgegenstände als die im Inventar angegebenen nicht vorhanden waren, eine Aussage darüber, ob der Nachlass dürftig war, ist damit jedoch noch nicht getroffen.

Deshalb wählen in dieser Situation viele Anwälte der Erben den Gang zum Insolvenzgericht.

4   Wird das Nachlassinsolvenzverfahren bei Kostendeckung **eröffnet**, tritt eine Nachlasssonderung ein. Es kommt zu einer Trennung von Eigenvermögen und Nachlass. Die Haftung für Nachlassverbindlichkeiten wird damit auf den Nachlass beschränkt, so dass Nachlassgläubiger nicht mehr auf das Eigenvermögen des Erben zugreifen können. Andererseits werden die Nachlassgläubiger geschützt, indem nun ihnen allein der Nachlass zur Befriedigung zur Verfügung steht. Außerdem wird dem Erben die Verwaltungs- und Verfügungsmacht über den Nachlass entzogen. An seine Stelle tritt der Nachlassinsolvenzverwalter. Er bietet Gewähr für eine ordnungsgemäße Abwicklung des Verfahrens und eine gleichmäßige Befriedigung der Nachlassgläubiger.

II. Haftungsbeschränkende Einreden

5   Im Jahr 2019 wurden von 3757 Anträgen auf Eröffnung eines Nachlassinsolvenzverfahrens nur 2108 Verfahren, also kaum mehr als 50%, eröffnet. Die Eröffnungsquote in der Regelinsolvenz betrug demgegenüber gut 90%.[1] Der Abweisungsbeschluss des Insolvenzgerichts reicht jedoch dem Erben, denn damit kann er ohne weiteres die Dürftigkeit des Nachlasses unter Beweis stellen und sich auf die **haftungsbeschränkenden Einreden** nach §§ 1990 ff. BGB berufen oder die Dürftigkeit im Rahmen der Vollstreckungsabwehrklage nach §§ 785, 767, 769, 770 ZPO geltend machen.

6   In der Praxis fehlen den Insolvenzgerichten hinreichende Informationen über die wahre Vermögenslage des Nachlasses, der sich seit dem Erbfall bis zur Antrag-

---

[1] Statistisches Bundesamt, Wiesbaden 2015.

stellung naturgemäß verändert hat. Nicht selten, so behauptet Nöll, werde die Ausplünderung des Nachlasses vor Stellung des Insolvenzantrags vorsätzlich betrieben.[2]

Grundbücher, Korrespondenzen, Kontoauszüge und Versicherungspolicen sind sicher zur Abklärung der Vermögenslage aufschlussreich. Zu selten aber werden die Erben selbst angehört, obwohl sie nach §§ 20, 97 InsO zur Auskunft verpflichtet sind. Von den Druckmitteln des § 98 InsO – Versicherung an Eides statt, Vorführungs- oder Haftbefehl – wird kein Gebrauch gemacht. Die Situation wird noch dadurch erschwert, dass einige Nachlässe über mehrere Länder verstreut sind.

Hinweis
Das seit dem 17.8.2015 eingeführte **Europäische Nachlasszeugnis** könnte als Informationsquelle hilfreich sein. Nach Art. 68 l) und 68 m) der Verordnung (EU) Nr. 650/2012,[3] enthält es nämlich ein Verzeichnis der Rechte oder der Vermögenswerte, die einem bestimmten Erben oder einem Vermächtnisnehmer zustehen. Dagegen weist der deutsche Erbschein nur die Erbquoten aus, so dass daraus Rückschlüsse auf die Vermögensverhältnisse nicht möglich sind. Die Bundesregierung erwartet, dass pro Jahr immerhin 6.000 bis 7.000 solcher Europäischer Nachlasszeugnisse von deutschen Nachlassgerichten ausgestellt werden.[4]

B. Das Antragsverfahren

I. Zuständigkeit

Die in § 315 InsO normierte **örtliche Zuständigkeit** der Insolvenzgerichte für Verfahren über den Nachlass ist der Regelung des § 3 InsO nachgebildet worden. Sie stellt ganz auf den Erblasser ab, obwohl verfahrensrechtlich in der Nachlassinsolvenz der Erbe, jeder Miterbe, der Vorerbe bis zum Eintritt des Nacherbfalls und danach der Nacherbe die Stellung des Schuldners einnehmen.[5]

Das Nachlassinsolvenzverfahren wird, wie jedes andere Insolvenzverfahren, nur auf Antrag eröffnet (§ 13 Abs. 1 InsO). Der Antrag kann nach § 13 Abs. 2 InsO bis zur Eröffnung oder bis zur rechtskräftigen Abweisung zurückgenommen werden. Wirksam wird der Eröffnungsbeschluss, wenn er Außenwirkung erlangt und damit aufhört, eine innere Angelegenheit des Gerichts zu sein.[6] Die insolvenzrechtlichen

---

[2] Nöll, ZInsO 2012, 814 ff.
[3] Europäische Erbverordnung.
[4] Begründung zum „Gesetz zum Internationalen Erbrecht und zur Änderung von Vorschriften zum Erbschein sowie zur Änderung sonstiger Vorschriften" vom 29.6.2015, BGBl. I 2015, S. 41.
[5] OLG Köln, Beschl. v. 14.4.2005 – 2 Wx 43/04, ZIP 2005, 1435, 1436.
[6] Uhlenbruck/Wegener, § 13 InsO Rn 80.

Wirkungen des Beschlusses wie der Insolvenzbeschlag treten jedoch bereits mit der Unterzeichnung des Eröffnungsbeschlusses durch den Richter ein.[7]

II. Zulässigkeit

10 Der Antrag ist **zulässig**, wenn der Insolvenzgrund nachvollziehbar dargelegt wird.[8] Stellt bei einer Mehrheit von Antragsberechtigten nur einer von ihnen den Insolvenzantrag, müssen die Insolvenzgründe glaubhaft gemacht werden. So sollen z.B. bei bestehenden Meinungsverschiedenheiten unter Miterben willkürliche Anträge vermieden werden.[9] Vor der gerichtlichen Entscheidung sind die weiteren Berechtigten anzuhören.

11 Nach der KO hatte der Erbe allein den Insolvenzgrund der Überschuldung zu beachten. Die Konkursordnung ging von der Erwägung aus, dass der Nachlass ein abgeschlossenes Vermögen darstellt, das keine Erwerbsfähigkeit mehr besitzt.[10] Das wird heute anders gesehen. Denn tatsächlich ist der Nachlass keine statische, abgeschlossene Vermögensmasse, vielmehr kann sie zunehmen oder sich auch verringern. Die Gründe dafür sind vielfältig. Anhängige Zivilprozesse, Kursgewinne oder -verluste von Wertpapieren, die zum Nachlass gehören, können den Bestand des Nachlasses nachhaltig verändern.

Veränderungen des wirtschaftlichen Wertes des Nachlasses werden aber auch immer dann eintreten, wenn zum Nachlass ein Unternehmen gehört, das nach dem Erbfall fortgeführt wird.

III. Insolvenzgründe

12 Die **Insolvenzgründe** der Nachlassinsolvenz und die der Regelinsolvenz – drohende **Zahlungsunfähigkeit, Zahlungsunfähigkeit, Überschuldung** – sind identisch. Als vorteilhaft erweist sich das, wenn das Regelinsolvenzverfahren nach dem Tod des Schuldners von Amts wegen als Nachlassinsolvenzverfahren mit dem Erben als verfahrensrechtlichem Schuldner fortzuführen ist.[11] Für den unbekannten Erben ist ein Nachlasspfleger zu bestellen.

---

7 Uhlenbruck, ZInsO 2001, 977, 978; BGH, Urt. v. 12.6.1968 – VIII ZR 92/66, BGHZ 50,242.
8 BGH, Beschl. v. 12.12.2002 – IX ZB 426/02, NJW 2003, 1187; ZInsO 2003, 217; LG Göttingen, Beschl. v. 22.12.2003 – 10 T 142/03, ZInsO 2004, 215.
9 MüKo/Siegmann/Scheuing, § 317 InsO Rn 3.
10 Balz/Landfermann, Die neuen Insolvenzgesetze, 2. Aufl., S. 582.
11 Balz/Landfermann, Die neuen Insolvenzgesetze, S. 583; MüKo/Siegmann/Scheuing, vor § 315 bis 331 InsO Rn 3.

Bei der Prüfung, ob **Zahlungsunfähigkeit** bzw. drohende Zahlungsunfähigkeit 13
vorliegt, sind in der Nachlassinsolvenz lediglich die im Nachlass vorhandenen flüssigen Mittel zu berücksichtigen. Die sonstigen Vermögenswerte des Schuldners
bleiben außer Betracht.

Ob tatsächlich Zahlungsunfähigkeit oder drohende Zahlungsunfähigkeit gege- 14
ben ist, beantwortet sich nach den Grundsätzen zu §§ 17 und 18 InsO.

Nach § 17 i.V.m. § 320 InsO ist von der Zahlungsunfähigkeit des Nachlasses aus- 15
zugehen, wenn die fälligen Zahlungspflichten aus dem Nachlass nicht mehr zu erfüllen sind. Das ist er in der Regel spätestens dann der Fall, wenn Zahlungen aus
dem Nachlass eingestellt worden sind (§ 17 Abs. 2 InsO).

Abzugrenzen ist die Zahlungsunfähigkeit von der vorübergehend eingetretenen 16
Zahlungsstockung. Letztere liegt z.B. dann vor, wenn dem Nachlass in einem bestimmten Zeitpunkt liquide Mittel zwar fehlen, um fällige Zahlungsverpflichtungen
zu erfüllen, der Erbe sich diese Mittel aber kurzfristig wieder für den Nachlass beschaffen kann. Das könnte er auch durch die Aufnahme neuer Bankkredite tun. Ein
entsprechender Zeitrahmen ist ihm dafür zuzubilligen. Nach der Rechtsprechung
des BGH liegt Zahlungsunfähigkeit vor, wenn eine Liquiditätslücke von mindestens
10% besteht und diese nicht innerhalb von drei Wochen zu beseitigen ist.[12]

Dagegen begründet die Zahlungseinstellung nach § 17 Abs. 2 InsO die stärkste 17
Form der Zahlungsunfähigkeit.

Die **drohende Zahlungsunfähigkeit** ist nur dann ein möglicher Eröffnungs- 18
grund, wenn der Erbe, der Nachlassverwalter, ein anderer Nachlasspfleger oder ein
Testamentsvollstrecker, dem die Verwaltung des Nachlasses zusteht, die Eröffnung
beantragt.

Der wesentliche Unterschied zwischen der bereits eingetretenen und der drohenden Zahlungsunfähigkeit ist darin zu sehen, dass bei der drohenden Zahlungsunfähigkeit auch die noch nicht fälligen, aber bereits absehbaren Verbindlichkeiten
des Nachlasses mit einzubeziehen sind.[13] Dabei ist nach § 18 Abs. 2 InsO in aller Regel ein Prognosezeitraum von 24 Monaten zugrunde zu legen.

§ 19 Abs. 2 InsO enthält die Legaldefinition der **Überschuldung**. Schuldner ist, 19
ebenso wie bei Zahlungsunfähigkeit bzw. drohender Zahlungsunfähigkeit, der
Nachlass bzw. der Erbe als Träger des Nachlasses.

Der Nachlass ist überschuldet, wenn dessen Wert im Zeitpunkt der Verfahrenseröffnung die Nachlassverbindlichkeiten nicht mehr deckt.

Vorauszugehen hat also eine konkrete Wertfeststellung der Vermögensgesamtheit des Nachlasses. Diesem Wert ist der Wert der ermittelten Nachlassverbindlichkeiten gegenüberzustellen.

---

12 Dazu BGH, 24.5.2005 – IX ZR 123/04, ZInsO 2005, 807.
13 Kübler/Prütting/Pape, § 18 InsO Rn 5.

20 Zu den **Nachlassverbindlichkeiten** gehören nach §§ 1967 Abs. 2 BGB, 325 InsO die vom Erblasser herrührenden Schulden (Erblasserschulden) und die den Erben als solchen treffenden Verbindlichkeiten (Erbfallschulden). Zu den ersteren zählen vorrangig die Verbindlichkeiten aus schuldrechtlichen Verpflichtungen, aber auch Verbindlichkeiten aus Steuer- und Haftungsschulden des Erblassers. Erbfallschulden umfassen die aus Anlass des Erbfalls entstandenen Schulden, zu denen insbesondere die Verbindlichkeiten aus Pflichtteilsrechten, Vermächtnissen und Auflagen, aber auch die durch den Erbfall anfallende Erbschaftssteuer[14] und Verpflichtungen zum Ausgleich des Zugewinns und zur Zahlung nachehelichen Unterhalts (§ 1586b BGB) sowie die Beerdigungskosten gehören. Auch für Masseverbindlichkeiten nach § 324 InsO haftet der Nachlass. Nachlasserbenschulden dagegen treffen den Nachlass und das Eigenvermögen des Erben (s. dazu näher unten Rdn 56 ff.). Zu den nachrangigen Verbindlichkeiten nach § 327 InsO zählen die Verbindlichkeiten gegenüber Pflichtteilsberechtigten und denen aus Vermächtnissen und Auflagen.[15] Überwiegen die Nachlassverbindlichkeiten den Wert des Nachlasses, liegt Überschuldung vor.

21 Besonderheiten sind zu beachten, wenn Bestandteil des Nachlasses ein **Unternehmen** ist (s. dazu näher Rdn 78 ff.). Hier muss bei der Wertermittlung berücksichtigt werden, ob das Unternehmen fortgeführt werden kann (Fortführungswerte) oder ob es zerschlagen werden muss (Zerschlagungs- oder Liquidationswerte).[16] Die Fortführungsprognose soll sich dabei auf die nächsten zwölf Monate beziehen. Zwar ist es richtig, dass für den Nachlass als solchen eine Fortbestehensprognose nicht in Betracht kommt,[17] das kann jedoch für die einzelnen Bestandteile desselben ganz anders aussehen. Deshalb kann die Überschuldung nicht nur anhand von Liquidationswerten festgestellt werden.[18] Nach dem vorübergehend wieder eingeführten zweistufigen Überschuldungsbegriff soll trotz rechnerischer Überschuldung zu Liquidationswerten bei positiver Fortführungsprognose Überschuldung nicht vorliegen.[19] Fortführungswerte werden regelmäßig die Liquidationswerte übertreffen, fallen doch im letzteren Fall nicht selten darüber hinaus Entsorgungskosten an.

22 Maßgeblicher Zeitpunkt zur Feststellung des Insolvenzgrundes ist der der **Insolvenzeröffnung**, nicht der des Erbfalls. Dabei sind die in § 324 Abs. 1 Nr. 1 bis 6 InsO erwähnten Verbindlichkeiten im Fall der Eröffnung Masseschulden, obwohl sie bereits vor Eröffnung des Verfahrens entstanden sind. Solche Verbindlichkeiten sind deshalb bereits zum Zeitpunkt der Eröffnung als Passiva zu bilanzieren.

---

14 BFH, Urt. v. 4.6.2019 – VII R 16/18, ErbR 2020, 39, allerdings ohne Möglichkeit der Haftungsbeschränkung auf den Nachlass.
15 Kübler/Prütting/Holzer, § 320 InsO Rn 4a.
16 Uhlenbruck/Lüer, § 320 InsO Rn 3 a.E.
17 Uhlenbruck/Kuhn, § 215 KO Rn 2.
18 So wohl aber BayObLG, Beschl. v. 11.1.1999 – 1 Z BR 113/98, NJW-RR 1999, 590, 591.
19 HambKomm/Schröder, § 19 Rn 4 ff.

IV. Antragsberechtigung

Zum Antrag auf Eröffnung eines Nachlassinsolvenzverfahrens **berechtigt** ist nach § 317 InsO **jeder Erbe**. Also auch der vorläufige Erbe, dem noch das Recht zusteht, das Erbe ausschlagen zu können. Der Nachlass soll so nicht nur vor dem Zugriff Dritter geschützt werden, sondern das Gesetz berücksichtigt auch die in § 1959 BGB zum Ausdruck gekommene Regelung, dass der vorläufige Erbe nach den Regeln der Geschäftsführung ohne Auftrag berechtigt ist, Geschäfte für den Nachlass zu besorgen.

Der Antrag ist nicht nur schon vor Annahme der Erbschaft, sondern auch dann zulässig, wenn die unbeschränkte Erbenhaftung eingetreten ist oder der Nachlass bereits geteilt wurde (§ 316 Abs. 1 InsO).

Grund dafür ist, dass das Nachlassinsolvenzverfahren nicht allein dem Schutz des Erben dient, sondern auch die Befriedigung der Nachlassgläubiger sicherstellen soll.

Schlägt der Erbe die Erbschaft aus, verliert er sein Recht, die Eröffnung des Nachlassinsolvenzverfahrens zu beantragen.[20]

Dasselbe gilt, wenn der Erbe die Versäumung der Ausschlagungsfrist anficht und meint, damit die Erbschaft wirksam ausschlagen zu können.[21] Gefahr droht in diesem Fall dem Erben, der mit einem überschuldeten Nachlass konfrontiert ist. Will er nicht riskieren, die Beschränkung seiner Haftung auf den Nachlass zu verlieren, muss er die Anordnung der Nachlasspflegschaft beantragen und auf eine Beantragung des Nachlassinsolvenzverfahrens durch den Nachlasspfleger hinwirken.[22] Unterlässt der Nachlasspfleger pflichtwidrig die Beantragung des Nachlassinsolvenzverfahrens, wäre er dem Erben zum Schadensersatz verpflichtet.[23]

Neben jedem Erben, **Miterben, Vor- und Nacherben sind auch Erbschaftskäufer, Nachlassverwalter, Nachlasspfleger** und **verwaltender Testamentsvollstrecker** berechtigt, einen Nachlassinsolvenzantrag zu stellen, § 317 Abs. 1 InsO.

Schließlich sind auch die **Nachlassgläubiger** antragsberechtigt. Nach § 319 InsO müssen sie den Antrag auf Eröffnung eines Nachlassinsolvenzverfahrens binnen einer **Frist** von zwei Jahren stellen. Die Frist läuft ab Annahme der Erbschaft.

---

20 BGH, Beschl. v. 19.5.2011 – IX ZB 74/10 Rn 7; FK/Schallenberg/Rafiqpoor, § 317 InsO Rn 5; MüKo/Siegmann/Scheuing, § 317 InsO Rn 2; OLG Koblenz, Rpfleger 1989, 510.
21 BGH, Beschl. v. 19.5.2011 – IX ZB 74/10 Rn 7.
22 BGH, Beschl. v. 19.5.2011 – IX ZB 74/10 Rn 12.
23 BGH, Urt. v. 8.12.2004 – IV ZR 199/03.

V. Antragspflicht

29 Das Zusammenspiel der bürgerlich-rechtlichen Vorschriften zur Haftung des Erben für die Nachlassverbindlichkeiten ist von besonderer Relevanz, wenn die Frage zu beantworten ist, wann der Erbe den Antrag auf Eröffnung des Nachlassinsolvenzverfahrens stellen muss, also danach, ob es für ihn eine **Insolvenzantragspflicht** zu beachten gilt.

30 Einschlägig ist insoweit § 1980 BGB. Hat der Erbe von der Zahlungsunfähigkeit oder Überschuldung des Nachlasses Kenntnis erlangt, hat er **unverzüglich** die Eröffnung des Nachlassinsolvenzverfahrens zu beantragen (§ 1980 Abs. 1 Satz 1 BGB).

31 Diese Antragspflicht trifft den vorläufigen Erben nicht. Mit der Annahme wird der werdende Erbe zum endgültigen. Seine hierdurch begründete Pflichtenstellung einschließlich der Insolvenzantragspflicht aus § 1980 Abs. 1 Satz 1 BGB wird nicht dadurch wieder in Frage gestellt, dass andere seine Erbenstellung in Zweifel ziehen. Wird die Erbenstellung bestritten und ist wegen eines schwebenden Erbprätendentenstreits eine Nachlasspflegschaft angeordnet worden, ist der Erbe dennoch zur Stellung eines Insolvenzantrags verpflichtet.[24] Da damit jedoch unklar bleibt, wer der wirkliche Erbe ist, müsste sich der Erbe gegenüber dem Insolvenzgericht durch Vorlage eines Erbscheins legitimieren,[25] denn es ist nicht Aufgabe des Insolvenzgerichts, die Erbenstellung zu klären.[26] Da der Erbe unter diesen Umständen einen Erbschein nicht wird vorlegen können, wird das Insolvenzgericht die Akte dem Nachlassgericht vorlegen, damit ein Nachlasspfleger bestellt wird, der berechtigt und gegenüber dem Erben auch verpflichtet ist, Insolvenzantrag zu stellen, will er sich gegenüber dem Erben nicht schadensersatzpflichtig machen.

32 Hat der Erbe von der Zahlungsunfähigkeit oder der Überschuldung des Nachlasses Kenntnis oder hätte er bei pflichtgemäßer Sorgfalt Kenntnis davon erlangen können, hat er **unverzüglich** die Eröffnung des **Nachlassinsolvenzverfahrens zu beantragen.** Verletzt er diese Antragspflicht, die sich nicht auch auf den Insolvenzgrund der drohenden Zahlungsunfähigkeit bezieht, schuldhaft, so ist er den Gläubigern für den daraus entstandenen Schaden verantwortlich. Fahrlässig handelt der Erbe bereits dann, wenn er das **Aufgebot** der Nachlassgläubiger nicht beantragt, obwohl er Anlass hatte, das Vorhandensein unbekannter Nachlassverbindlichkeiten anzunehmen (§ 1980 Abs. 2 Satz 2 BGB). Eines weiteren Verschuldens bedarf es nicht.[27] Man kann deshalb wohl mit Recht sagen, dass es sich hier um eine äußerst strenge Insolvenzantragspflicht des Erben im deutschen Recht handelt.[28]

---

24 BGH, Urt. v. 8.12.2004 – IV ZR 199/03, ZInsO 2005, 375.
25 LG Köln, Beschl. v. 24.6.2003 – 19 T 84/03, ZInsO 2003, 720.
26 BGH, Urt. v. 8.12.2004 – IV ZR 199/03, ZInsO 2005, 375.
27 BGH, Urt. v. 2.7.1992 – IX ZR 256/91, NJW 1992, 2694.
28 Poertzgen, ZInsO 2013, 517.

Hinweis
Die **Kosten für das Aufgebot** von Nachlassgläubigern nach §§ 454 ff. FamFG sind überschaubar. Bei einem möglicherweise überschuldeten Nachlass wird man von einem Geschäftswert von 5000,– EUR ausgehen dürfen. Es fallen dann nach §§ 3, 34, 36 GNotKG Anlage 1.1.5.2.1.2 Unterabschnitt 1 Nr. 3 bei einem Gebührensatz von 0,5 Kosten in Höhe von 111,– EUR zzgl. 234,40 EUR als Vergütung für einen eingeschalteten Rechtsanwalt nach dem Rechtsanwaltsvergütungsgesetz an. Da die aufgezeigten Risiken in keinem Verhältnis zu den möglichen Kosten eines Aufgebots der Nachlassgläubiger stehen, sollte das Aufgebot mehr Beachtung finden.

Der Erbe muss bei gebotenem Anlass ein Inventar errichten oder als Miterbe ein privates Aufgebot nach § 2061 BGB beantragen, um sich so über den Bestand des Nachlasses Gewissheit zu verschaffen.[29]

Im Rahmen der Schadensersatzpflicht aus § 1980 Abs. 1 Satz 2 BGB ist dem Erben die schuldhaft verspätete Stellung des Insolvenzantrages durch den Nachlasspfleger nicht gem. §§ 166 Abs. 1, 278 BGB zuzurechnen, denn dieser ist hierzu weder gegenüber den Nachlassgläubigern verpflichtet, noch handelt er insoweit als Vertreter oder als Hilfsperson des Erben.[30]

Bei der Feststellung der Überschuldung des Nachlasses sind zwar alle Nachlassverbindlichkeiten, also auch Verbindlichkeiten aus Vermächtnissen und Auflagen zu berücksichtigen,[31] diese bleiben aber dann unberücksichtigt, wenn es um die materielle Insolvenzantragspflicht des Erben nach § 1980 BGB geht. Dem Erben soll so die Möglichkeit erhalten bleiben, die Überschwerungseinrede nach §§ 1992, 1990, 1991 BGB zu erheben und eine Selbstregulierung vorzunehmen.

Haftet der Erbe bereits unbeschränkt, besteht nach § 2013 Abs. 1 BGB die Antragspflicht nicht mehr. Er ist dann insolvenzrechtlich mit jeder anderen natürlichen Person zu vergleichen, die auch keine Insolvenzantragspflicht trifft. Dasselbe gilt gegenüber bereits ausgeschlossenen Gläubigern.[32]

Kraft ausdrücklicher gesetzlicher Anordnung in § 1985 Abs. 1 BGB trifft auch den **Nachlassverwalter** eine Insolvenzantragpflicht. Für Schäden aus unterlassenem oder verzögertem Antrag ist er den Gläubigern verantwortlich.

Im Umkehrschluss muss gelten, dass weder der Nachlasspfleger noch der Testamentsvollstrecker eine Insolvenzantrags**pflicht** nach § 1980 BGB zu beachten haben. Unabhängig davon können sich aber beide gegenüber dem Erben nach §§ 1915 Abs. 1, 1833, 2216, 2219 BGB **schadensersatzpflichtig** machen, wenn sie durch das Unterlassen der Antragstellung ihre ihm gegenüber bestehenden Pflichten schuldhaft verletzen.[33]

---

29 Erman/Schlüter, § 1980 BGB Rn 4.
30 BGH, Urt. v. 8.12.2004 – IV ZR 199/03, ZInsO 2005, 375.
31 Kübler/Prütting/Kemper, § 320 InsO Rn 4.
32 Erman/Schlüter, § 1980 BGB Rn 2.
33 FK/Schallenberg/Rafiqpoor, § 317 InsO Rn 16, 18.

Gegenüber den Gläubigern haben sie eine solche Verpflichtung nicht.[34]

38 Ist der Antrag beim örtlich zuständigen Insolvenzgericht gestellt worden, ist der Antragsteller antragsberechtigt und macht er das Vorliegen von Insolvenzgründen glaubhaft, wird das Insolvenzgericht **von Amts wegen** seine Ermittlungen aufnehmen. Regelmäßig sollten zunächst die Erben unter Hinweis auf ihre Auskunftspflicht gehört werden. Danach wird in der Praxis oft ein Sachverständigengutachten eingeholt und – wenn nötig – ein vorläufiger Insolvenzverwalter bestellt werden. Insoweit kann auf die Ausführungen zum Regelinsolvenzverfahrens verwiesen werden.

VI. Glaubhaftmachung

39 Einer **Glaubhaftmachung der Insolvenzgründe** bedarf es **nicht**, wenn Alleinerbe, Nachlassverwalter, Nachlasspfleger[35] oder Testamentsvollstrecker[36] den Eröffnungsantrag stellen. Es genügt, dass sie Tatsachen mitteilen, die die **wesentlichen Merkmale eines Eröffnungsgrundes erkennen lassen**. Etwas anderes gilt nach § 317 Abs. 2 InsO, wenn der Erbe den Antrag nicht als Alleinerbe, sondern als Mitglied einer Erbengemeinschaft stellt oder nach § 14 InsO, wenn der Antrag von einem Gläubiger gestellt wird. In diesen Fällen ist das Vorliegen der Insolvenzgründe glaubhaft zu machen.

Sind die Insolvenzgründe **glaubhaft zu machen**, ist Folgendes zu beachten:
– In der Regel wird der Antragsteller zur Glaubhaftmachung der **Zahlungsunfähigkeit** darzulegen haben, welche fälligen Zahlungsansprüche gegen den Nachlass bestehen und über welche Mittel der Nachlass zur Befriedigung dieser Ansprüche verfügt. Sicher sind an diese **Liquiditätsberechnung** keine überspannten Anforderungen zu stellen. Es reicht aus, wenn der Antragsteller das Bestehen fälliger Verbindlichkeiten in einem Umfang darlegt, welcher bereits die verfügbaren Zahlungsmittel deutlich übersteigt. Allein die Behauptung, der Nachlass sei zahlungsunfähig, wird jedoch auch dann dem Insolvenzgericht nicht ausreichen, wenn der Antragsteller zugleich die Richtigkeit an Eides statt versichert.
– Dasselbe gilt für den Insolvenzgrund der **drohenden Zahlungsunfähigkeit**, der sich von dem der bereits eingetretenen Zahlungsunfähigkeit nur darin unterscheidet, dass auch diejenigen Zahlungspflichten mit einbezogen werden, die zwar schon bestehen, aber noch nicht fällig sind und die der Nachlass wahrscheinlich auch zukünftig nicht befriedigen kann. Des Weiteren kann dieser In-

---

34 BGH, Urt. v. 8.12.2004 – IV ZR 199/03, ZInsO 2005, 375.
35 BGH, Beschl. v. 12.7.2007 – IX ZB 82/04, ZInsO 2007, 887.
36 MüKo/Siegmann/Scheuing, § 317 InsO Rn 11.

solvenzgrund nur vom Erben, Nachlassverwalter, Nachlasspfleger oder Testamentsvollstrecker geltend gemacht werden.
- Stützt der Antragsteller seinen Antrag auf den Insolvenzgrund der **Überschuldung**, wird er Bewertungsproblemen häufig nicht aus dem Wege gehen können, denn in der Praxis ist es recht schwierig, die realistischen Bewertungsansätze nach Liquidations- oder Zerschlagungswerten zu ermitteln und diese dann dem Gericht auch noch nachvollziehbar so darzulegen, dass das Gericht das Vorliegen der Überschuldung für überwiegend wahrscheinlich hält.

Ist der Insolvenzgrund glaubhaft gemacht, sind die weiteren Beteiligten dazu anzuhören. 40

VII. Verfahrenskostenstundung oder Insolvenzkostenhilfe

Verfahrenskostenstundung nach §§ 4a ff. InsO gibt es für den Schuldner im Nachlassinsolvenzverfahren nicht. 41

Zum einen ist der Nachlass keine natürliche Person, zum anderen kann im Nachlassinsolvenzverfahren kein Antrag auf Restschuldbefreiung gestellt werden. Gerade das setzt § 4a Abs. 1 InsO aber voraus.

Insolvenzkostenhilfe für den Erben, der seine Haftung auf den Nachlass durch Beantragung der Nachlassinsolvenz beschränken möchte, gibt es nicht, da ihm die Geltendmachung der Dürftigkeitseinrede nach § 1990 BGB offensteht. Sind die Verfahrenskosten durch die Nachlassmasse nicht gedeckt, bedarf es der Durchführung eines Nachlassinsolvenzverfahrens nicht. 42

C. Das eröffnete Nachlassinsolvenzverfahren

I. Wirkungen der Eröffnung

Für die Verfahrenseröffnung und für den Ablauf des eröffneten Verfahrens bis zu dessen Aufhebung gelten die Vorschriften, die auch den Ablauf des Regelinsolvenzverfahrens bestimmen. 43

Jedoch ist darauf hinzuweisen, dass mit Verfahrenseröffnung eine schon angeordnete **Nachlassverwaltung** oder ein erlassenes **Aufgebot** nach § 1988 Abs. 1 BGB, § 457 Abs. 2 FamFG enden, weil ihr Sinn und Zweck im Nachlassinsolvenzverfahren aufgeht. Dagegen bleibt eine angeordnete **Nachlasspflegschaft** gemäß § 1960 BGB bestehen.[37] 44

---

37 Joachim, Die Haftung des Erben für Nachlassverbindlichkeiten, Rn 184.

45 Auch das **Amt des Testamentsvollstreckers** endet nicht mit Eröffnung der Nachlassinsolvenz, aber die Rechte des Testamentsvollstreckers beschränken sich auf die unpfändbaren oder freigegebenen Teile des Nachlasses und auf die Wahrnehmung der Interessen des verstorbenen Schuldners, für den er neben dem Erben Forderungen nach § 178 Abs. 1 InsO bestreiten kann.[38] Die Befugnisse des Testamentsvollstreckers werden während des Verfahrens durch die Verfügungsmacht des Nachlassinsolvenzverwalters zurückgedrängt.[39]

46 Ist das Nachlassinsolvenzverfahren beendet, leben die Befugnisse des Testamentsvollstreckers wieder auf.[40]

47 Etwas anderes gilt dann, wenn der der Testamentsvollstreckung unterliegende Nachlass in die Insolvenzmasse des **insolventen Erben** fällt.

48 Ist der **Schuldner** vor oder nach Eröffnung des Insolvenzverfahrens Erbe geworden, fällt der Nachlass vorläufig in die Masse. Das gilt selbst dann, wenn der Nachlass unter **Testamentsvollstreckung** steht. Schlägt der insolvente Erbe das Erbe nicht aus, bildet der Nachlass in seinem Insolvenzverfahren eine **Sondermasse**, auf die nur die Nachlassgläubiger und nicht die Eigengläubiger des Erben zugreifen können.[41] Dasselbe gilt für den Insolvenzverwalter, solange die Testamentsvollstreckung besteht.[42] Erst nach Beendigung der Testamentsvollstreckung unterliegt auch der Nachlass dem Verwertungsrecht des Insolvenzverwalters (siehe dazu näher unten zu Rdn 156 ff.).

49 Das gilt auch für die **Dauervollstreckung**, die höchstens 30 Jahre andauern darf, §§ 2209, 2210 BGB. Während der Dauervollstreckung ist allein der Testamentsvollstrecker zur Verfügung über den Nachlass berechtigt, § 2205 BGB. Eigengläubiger des Erben können sich während der Dauervollstreckung nicht an die Nachlassgegenstände halten (§ 2214 BGB). Dazu sind **nur** Nachlassgläubiger berechtigt. Die Eigengläubiger können ihre Forderungen nur gegenüber dem Insolvenzverwalter geltend machen.

II. Masseverbindlichkeiten

50 Die Regelung des § 324 InsO **erweitert** die Masseverbindlichkeiten der Regelinsolvenz. Außer den in den §§ 54, 55 InsO bezeichneten Verbindlichkeiten sind in Nachlassinsolvenzverfahren Masseverbindlichkeiten auch **Aufwendungsersatzansprüche**, die typischerweise bei **ordnungsgemäßer Verwaltung** einer Erbschaft

---

38 MüKo/Zimmermann, § 2205 BGB Rn 96.
39 MüKo/Siegmann/Scheuing, § 317 InsO Rn 4.
40 MüKo/Zimmermann, § 2205 BGB Rn 96.
41 BGH, Urt. v. 11.5.2006 – IX ZR 42/05, NJW 2006, 2698.
42 BGH, Urt. v. 11.5.2006 – IX ZR 42/05, NJW 2006, 2698.

anfallen. Hierzu zählen Ansprüche des Erben nach §§ 1978, 1979 BGB auf Ersatz seiner Aufwendungen, die im Rahmen einer sinnvollen bzw. ordnungsgemäßen Nachlassverwaltung oder Regulierung der Nachlassverbindlichkeiten angefallen sind.

Auch **Beerdigungskosten**, die der Erbe zu tragen hat, die Kosten der **Todeserklärung**, der Eröffnung der letztwilligen Verfügung, der Nachlasssicherung, der Nachlasspflegschaft und der Nachlassverwaltung sowie der Inventarerrichtung gehören zu den Masseverbindlichkeiten (§ 324 Abs. 1 Nr. 2–4 InsO). 51

Wegen dieser Ansprüche steht dem Erben nach § 323 InsO ein **Zurückbehaltungsrecht nicht** zu, damit eine schnelle und zügige Abwicklung des Verfahrens garantiert ist. 52

Ebenso zählen **Verpflichtungen, die vom Nachlasspfleger, Nachlassverwalter und Testamentsvollstrecker für den Nachlass** eingegangen wurden, zu den Masseverbindlichkeiten (§ 324 Abs. 1 Nr. 5 InsO). Diese Privilegierung kann dazu führen, dass bei jahrelanger Dauervollstreckung nur noch Masseverbindlichkeiten vorhanden sind.[43] 53

Geschäftsführungskosten der Nachlasspfleger bzw. Nachlassverwalter und Testamentsvollstrecker sowie des vorläufigen Erben, für die der endgültige Erbe haftet, sind Masseverbindlichkeiten, wenn diese Personen die Geschäfte im Interesse der Nachlassgläubiger geführt haben (§ 324 Abs. 1 Nr. 6 InsO). 54

Hinweis
Die **Vergütung des Testamentsvollstreckers** ist nur insoweit Masseverbindlichkeit, als sie angemessen ist. Auch dann, wenn der Erblasser sie großzügiger bemessen hatte. Für die Frage der Angemessenheit ist die Tabelle des Deutschen Notarvereins ein unverbindlicher Anhaltspunkt.[44]

Bei Masseunzulänglichkeit haben die vorgenannten Masseverbindlichkeiten den Rang des § 209 Abs. 1 Nr. 3 InsO. Sie stehen in ihrem Nachrang damit neben den sonstigen Masseverbindlichkeiten nach § 55 InsO und sind vor Unterhaltsforderungen und Ansprüchen aus einem Sozialplan zu befriedigen. 55

III. Nachlassverbindlichkeiten

Nach § 325 InsO können im Nachlassinsolvenzverfahren nur Nachlassverbindlichkeiten geltend gemacht werden. Eigentlich ist das eine Selbstverständlichkeit, aber dennoch ist die Bestimmung, was unter einer Nachlassverbindlichkeit nach § 1967 BGB zu verstehen ist, nicht einfach zu treffen. 56

Eigenverbindlichkeiten des Erben zählen dazu jedenfalls nicht. 57

---

43 MüKo/Siegmann/Scheuing, § 324 InsO Rn 9.
44 ZEV 2000, 181.

58 Ausgehend von § 1967 Abs. 2 BGB sind **Nachlassverbindlichkeiten** die vom Erblasser selbst noch begründeten Verpflichtungen. Daneben zählt man die **Erbfallschulden**, die mit dem Erbfall als solchen entstehen – Vermächtnisse Auflagen, Beerdigungskosten, Kosten der Abwicklung des Nachlasses etc. – sowie **Nachlasserbenschulden** dazu; Letztere allerdings nur, wenn sie Folge einer ordnungsgemäßen Nachlassverwaltung oder Nachlassabwicklung sind. Kraft des Doppelcharakters der Nachlasserbenschulden stehen den Gläubigern sowohl das Privatvermögen des Erben als auch der Nachlass selbst als Haftungsmasse zur Verfügung.[45] Vorteilhaft erweist sich dieser Doppelcharakter für die Gläubiger, wenn der Erbe ausschlägt, denn von der Ausschlagung bleibt die persönliche Haftung des vorläufigen Erben aus seiner bereits begründeten Eigenschuld unberührt.

59 Die vom vorläufigen Erben oder Vorerben begründeten Verbindlichkeiten sind ebenfalls **Nachlassverbindlichkeiten**, wenn sie vom Standpunkt eines sorgfältigen Verwalters in ordnungsgemäßer Verwaltung des Nachlasses eingegangen wurden. Auch hier haftet für diese Verbindlichkeiten neben dem Nachlass das Eigenvermögen des Erben.

60 Etwas anders soll gelten, wenn eine **trans- oder postmortale Vollmacht** vom Erblasser als Verwaltungsvollmacht erteilt worden ist. Diese Bevollmächtigten vertreten den Erben als solchen, d.h. als Träger des Nachlasses. Sie begründen unter der Voraussetzung ordnungsgemäßer Verwaltung beschränkbare **Nachlassverbindlichkeiten**.

IV. Umfang der Haftungsmasse

61 Da in der Regel zwischen Erbfall und Eröffnung des Nachlassinsolvenzverfahrens mehrere Monate, ja Jahre vergehen, ist die Frage, **was zur Haftungsmasse Nachlass gehört,** nicht leicht zu beantworten.

62 Ausgehend von den allgemeinen Regeln bestimmt sich der Umfang des insolvenzrechtlichen Beschlags nach § 35 InsO, da die §§ 315 ff. InsO keine Sonderregelung enthalten. Erfasst ist daher das gesamte Vermögen, das zum Zeitpunkt der Verfahrenseröffnung (noch) zum Nachlass gehört.[46]

63 Eine **dingliche Surrogation** sieht das Gesetz im Fall der Alleinerbschaft nicht vor.[47] Veräußert der Erbe Nachlassgegenstände, vermischt sich die daraus gewon-

---

[45] Busch, Die Haftung des Erben, Rn 30 ff.; MüKo/Siegmann, § 1967 BGB Rn 26 ff.
[46] Busch, a.a.O., Rn 225; Roth, ZInsO 2010, 118; MüKo/Siegmann/Scheuing, Anh § 315 InsO Rn 29.
[47] Surrogation ist vorgesehen bei Erbschaftsbesitz (§ 2019 BGB), der Miterbengemeinschaft (§ 2041 BGB) und der Vorerbschaft (§ 2111 BGB). Auch Handeln der Testamentsvollstrecker, Nachlasspfleger und Nachlassverwalter führt zur Annahme einer dinglichen Surrogation, weil sie nur für den Nachlass handeln.

nene Einnahme auch mit seinem Privatvermögen, das durch den Beschlag im Nachlassinsolvenzverfahren unberührt bleibt. Aber dennoch stehen die Gläubiger hinsichtlich der Vermögensverminderung nicht rechtlos. Ihr Interesse an der **Werterhaltung des Nachlasses** wird durch die Vorschriften zur Regelung der Haftung des Erben für seine bisherige Verwaltung des Nachlasses nach §§ 1978 ff. BGB gewahrt.

1. Verwaltungshandeln des Erben

Für sein Verwaltungshandeln haftet der **vorläufige Erbe vor Annahme** der Erbschaft nach den Regeln der Geschäftsführung ohne Auftrag gem. § 1978 Abs. 1 Satz 2 i.V.m. §§ 677–684 BGB. Bestehen solche Ansprüche, weil er den Interessen der Nachlassgläubiger zuwiderhandelte, richten sie sich gegen das Eigenvermögen des Erben und reichern insoweit die Nachlassmasse an. 64

Für die Zeit **ab Annahme** der Erbschaft hat der Erbe die Erbschaft bis zur Nachlasssonderung durch Nachlassverwaltung oder Nachlassinsolvenz so zu verwalten, wie er es als Beauftragter hätte tun müssen. Ihn treffen u.a. Auskunfts-, Rechenschafts-, Herausgabe- und Verzinsungspflichten gem. §§ 666–668 BGB. Grundsätzlich hat aber auch damit der Erbe das mit Nachlassmitteln Angeschaffte nicht herauszugeben, sondern nur **Ersatz zu leisten**. Geld, das der Erbe für sich selbst verwendet hat, hat er zurückzuerstatten und zu verzinsen (§ 668 BGB). 65

Zwar hat der Erbe gegen den Nachlass für seine Aufwendungen auch einen entsprechenden **Aufwendungsersatzanspruch**. Dies setzt jedoch voraus, dass der Erbe im Rahmen einer ordnungsgemäßen Verwaltung handelte (§ 1978 BGB). 66

2. Berichtigung von Nachlassverbindlichkeiten

Nachlassverbindlichkeiten darf der Erbe erst berichtigen, wenn er davon ausgehen kann, dass der Nachlass zur Befriedigung sämtlicher Nachlassgläubiger ausreichen würde (§ 1979 BGB). Er hat vor **Berichtigung von Nachlassverbindlichkeiten** sorgfältig zu **prüfen**, ob er in der Lage ist, mit den vorhandenen Nachlassmitteln alle Nachlassgläubiger zu befriedigen. Andernfalls muss er die Nachlassgläubiger anteilig gleichmäßig befriedigen. **Ansprüche aus Vermächtnissen und Auflagen** sowie ausgeschlossene und säumige Gläubiger bleiben außer Betracht (§ 1980 Abs. 1 Satz 3 BGB). 67

An die **Sorgfaltspflicht** werden hohe Anforderungen gestellt. Vor Bezahlung der Nachlassverbindlichkeiten hat der Erbe sämtliche erreichbaren Unterlagen zu sichten und Erkundigungen zur Wertigkeit und zu Verbindlichkeiten des Nachlasses einzuholen. Selbst Forderungen aus rechtskräftigen Urteilen darf er nicht unbesehen befriedigen. Der Erbe hat gegebenenfalls Nachlassinsolvenz zu beantragen, um Einzelzwangsvollstreckungen nach § 89 Abs. 1 InsO zu verhindern. Vor Eintritt der Rechtskraft muss der Erbe bei unklarer Vermögenslage die Zwangsvollstreckung verhindern, bis die Frage der Überschuldung geklärt ist (§§ 712, 719 ZPO). 68

Der bloße Einwand des Erben, er habe keine Kenntnis von weiteren Verbindlichkeiten gehabt, entlastet ihn nicht, denn nach § 1980 Abs. 2 BGB steht der Kenntnis der Zahlungsunfähigkeit oder der Überschuldung die auf Fahrlässigkeit beruhende Unkenntnis gleich.[48]

> **Hinweis**
> Die Zahlung verweigern kann der Erbe jedoch nicht mit der allgemeinen Befürchtung, es könnten noch weitere ungedeckte, die Unzulänglichkeit des Nachlasses ergebende Verbindlichkeiten vorhanden sein.[49] Vor der Berichtigung von Nachlassverbindlichkeiten sollte er aber auf jeden Fall ein Inventar errichten oder das Aufgebotsverfahren beantragen (zu den Kosten des Aufgebots siehe oben Rdn 32). Er handelt ansonsten fahrlässig, wenn er trotz unzureichenden Nachlasses Nachlassverbindlichkeiten befriedigt.

69 Bezahlt der Erbe Nachlassverbindlichkeiten mit **Eigenmitteln**, beachtet er dabei aber die ihm obliegenden Sorgfaltspflichten nicht, tritt er nach § 326 Abs. 2 InsO an die Stelle des befriedigten Nachlassgläubigers. Er wird so zum Insolvenzgläubiger und kann nur noch auf eine quotale Befriedigung hoffen.

70 Beachtet der Erbe die Grundsätze ordnungsgemäßer Verwaltung, steht er unter dem Schutz der Insolvenzordnung. Seine Ansprüche auf **Aufwendungsersatz** sind Masseverbindlichkeiten (§ 324 Abs. 1 Nr. 1 InsO).

3. Rückschlagsperre

71 Die Insolvenzordnung schützt den Bestand der Nachlassmasse durch eine **nachlassspezifische Rückschlagsperre** in § 321 InsO, indem sie Zwangsvollstreckungen in den Nachlass, die nach Eintritt des Erbfalls erfolgt sind, kein Recht zur abgesonderten Befriedigung gewährt, es sei denn, die Zwangsvollstreckungsmaßnahme hat bereits zur Befriedigung des Gläubigers geführt. In diesem Fall gelten dieselben Grundsätze wie zur allgemeinen Rückschlagsperre nach § 88 InsO.

72 Zweifelhaft ist, ob § 321 InsO auch bei abgeschlossener Vollstreckung durch den Eigengläubiger des Erben eingreift, denn der **Eigengläubiger** hat etwas aus einer Vermögensmasse erhalten, die ihm eigentlich zu seiner Befriedigung nicht zur Verfügung stehen sollte. Zu berücksichtigen ist, dass die Vermögenssonderung erst nach erfolgter Vollstreckung eingetreten ist. Verhindern können und müssen hätte die Vollstreckung deshalb der Erbe, der, wenn er die Grundsätze ordnungsgemäßer Verwaltung beachtet hätte, möglichen Vollstreckungsschutz nach §§ 783, 782 ZPO hätte in Anspruch nehmen müssen. Gegen ihn besteht deshalb sowohl ein Bereiche-

---

48 MüKo/Küpper, § 1979 BGB Rn 2.
49 Ebenda.

rungsanspruch der Masse, als auch ein Anspruch auf Schadensersatz, falls die Zwangsversteigerung unter Wert erfolgt sein sollte.[50]

4. Ansprüche in der Hand des Verwalters

Da nach § 1978 Abs. 2 BGB Ansprüche der Nachlassgläubiger aus pflichtwidrigem Handeln des Erben bei Verwaltung des Nachlasses oder bei Befriedigung der Nachlassverbindlichkeiten zum Nachlass gehören, können und sollten sie vom Nachlassinsolvenzverwalter gegen den Erben und gegen dessen Eigenvermögen geltend gemacht werden. Hier findet sich viel Potential zur **Anreicherung der Masse**.

Auch **Schadensersatzansprüche,** die sich ergeben, weil der Erbe die Pflicht zur unverzüglichen Stellung des Nachlassinsolvenzantrags nicht beachtet hat, können vom Nachlassinsolvenzverwalter zwecks Anreicherung der Insolvenzmasse geltend gemacht werden.

V. Massemehrung – nicht ordnungsgemäße Verwaltung

Die Statistik weist aus, dass nur die Hälfte aller Antragsverfahren zur Eröffnung kommen. Für den erfolgreichen Ablauf des Nachlassinsolvenzverfahrens ist deshalb von entscheidender Bedeutung, dass der Verwalter Ansprüche zugunsten der Masse aktiviert. Der Erbe selbst hat an der Eröffnung kein Interesse, da er zum einen den Nachlass schon ausgeplündert hat, zum anderen genügt ihm der Abweisungsbeschluss, um im Fall seiner Inanspruchnahme für Nachlassverbindlichkeiten die Dürftigkeit des Nachlasses durch Vorlage des Abweisungsbeschlusses nachweisen zu können.

Die Situation ist aber nicht so aussichtslos, wie es zunächst erscheint.

Ansprüche gegen den Erben und damit gegen dessen Eigenvermögen müssen stärkere Beachtung finden.

Nimmt der **vorläufige Erbe** erbschaftliche Geschäfte wahr, muss er ebenso wie der **endgültige Erbe** die Regeln der ordnungsgemäßen Verwaltung beachten. Der Erbe hat dabei im Rahmen seiner Verwaltung auch die Interessen der Nachlassgläubiger zu wahren. Entsprechende Regelungen finden sich in §§ 1959, 1978, 1979 BGB i.V.m den Vorschriften der Geschäftsführung ohne Auftrag bzw. den Regeln zum Auftragsrecht.

Auch Haftungsansprüche gegen den vorläufigen und den endgültigen Erben aus nicht ordnungsgemäßer Verwaltung des Nachlasses, wegen Verletzung der Sorgfaltspflichten bei Begleichung der Nachlassverbindlichkeiten und wegen Ver-

---

50 MüKo/Siegmann/Scheuing, § 321 InsO Rn 5.

letzung der Insolvenzantragspflicht bestimmen den Umfang der Haftungsmasse „Nachlass". Insoweit kann auf die vorstehenden Ausführungen in Rdn 61 ff. verwiesen werden.

VI. Massemehrung – Haftungsansprüche nach Handelsrecht

78   Zu beachten sind aber auch Ansprüche, die sich im Rahmen der Fortführung eines Handelsgeschäfts, einer Personengesellschaft oder einer BGB-Gesellschaft ergeben. Hier sind Regelungen des **Erbrechts**, des **Handels- und des Gesellschaftsrechts** wie auch der **ZPO** stark miteinander verknüpft. Leider wird diesen Problemen zu wenig Beachtung geschenkt.

79   Der Erbe des Kaufmanns eines **Handelsgeschäfts**, eines Gesellschafters einer **Personengesellschaft** oder eines Mitglieds einer **BGB-Gesellschaft** unterscheidet sich zunächst von dem Erben anderer natürlicher Personen oder anderer Vermögensteile nicht. Für beide gelten die Regeln über die Annahme und die Ausschlagung der Erbschaft. Grundlegend verschieden stellen sich dagegen die Haftungsprobleme dar.

80   Da mit dem Erbfall das Vermögen des Erblassers im Wege der **Universalsukzession** als Ganzes auf den Erben übergeht, folgt der Erbe dem Erblasser in seine volle Rechtsposition nach. Es geht also das gesamte Vermögen,[51] bestehend aus der Gesamtheit aller Rechtsverhältnisse des Erblassers, auf den Erben über.[52]

81   Gehört zum Nachlass auch ein Unternehmen, treten durch die **Wechselwirkung des Handels- und Erbrechts** Besonderheiten auf, die in Bezug auf den einzelkaufmännischen Betrieb und die verschiedenen Gesellschaftsformen bei den Personen- bzw. Kapitalgesellschaften recht unterschiedlich ausfallen können. Es ist zu unterscheiden zwischen den Geschäftsschulden des **kaufmännischen Handelsgewerbes**, den Verbindlichkeiten einer **offenen Handelsgesellschaft**, denen der **Kommanditgesellschaft** und schließlich den Verbindlichkeiten einer **Gesellschaft bürgerlichen Rechts**.

82   Sowohl der Einzelkaufmann als auch die Mitglieder einer Personengesellschaft haften ihren Gläubigern nicht nur mit dem Geschäfts- oder Gesellschaftsvermögen, sondern darüber hinaus oft auch **unbeschränkt** persönlich. Beim Erbfall kann es deshalb zu einem Konflikt zwischen den Interessen der Nachlassgläubiger und dem Interesse des Erben kommen. Die Nachlassgläubiger wollen auch weiterhin eine unbeschränkte und persönliche Haftung für die Geschäftsschulden einfordern, der Erbe jedoch möchte nicht mit seinem persönlichen Vermögen für die Schuld einste-

---

51 BGH, Urt. v. 14.5.86 – IVa ZR 155/84, BGHZ 98, 48, 53 ff.; BGH, Urt. v. 4.5.1983 – IVa ZR 229/81, NJW 1983, 2376 ff.
52 Erman/Schlüter, § 1922 BGB Rn 7.

hen, sondern seine Haftung nach den bürgerlich-rechtlichen Grundsätzen **auf den Nachlass z.B. durch Beantragung der Nachlassinsolvenz beschränken** können. Es stellt sich für ihn also die Frage, für welche Verbindlichkeiten er haftet und wie er sein Privatvermögen vor dem Zugriff der Nachlassgläubiger schützen und die Nachlassgläubiger allein auf den Nachlass verweisen kann.

1. Fortführung eines Handelsgeschäfts durch den Erben

Nach handelsrechtlichen Grundsätzen haftet der Erbe bei Fortführung des Handelsgeschäfts für die bereits vom Erblasser begründeten Geschäftsverbindlichkeiten auch mit seinem Privatvermögen (§ 27 Abs. 1 HGB). 83

Diese früheren Geschäftsverbindlichkeiten des Erblassers sind Nachlassverbindlichkeiten i.S.d. § 1967 Abs. 1 BGB. Dazu zählt auch die noch vom Erblasser selbst begründete Einkommenssteuerschuld, wenn sie zum Zeitpunkt des Erbfalls bereits rechtlich entstanden war.[53] Die im Rahmen der **Fortführung** entstandenen Verbindlichkeiten sind Eigenverbindlichkeiten. Insoweit haftet der Erbe mit seinem Eigenvermögen. 84

Da das HGB die Fortführung des Handelsgeschäfts durch den Erben der Geschäftsübernahme unter Lebenden nach § 25 HGB **gleichstellt**, wäre es eigentlich konsequent, wenn grundsätzlich eine Beschränkung dieser Haftung für die vom Erblasser begründeten Geschäftsschulden für den Erben ebenso wenig möglich wäre, wie dieses für den Erwerb unter Lebenden der Fall ist. 85

Der Gesetzgeber hat den sich hieraus ergebenden Konflikt zwischen **handelsrechtlich unbeschränkbarer Haftung** und der Möglichkeit der **Beschränkung der Erbenhaftung nach bürgerlich-rechtlichen Grundsätzen** gelöst. Kein Erbe eines Handelsgeschäfts soll in die unbeschränkte persönliche Haftung für Verbindlichkeiten aus dem Handelsgeschäft gezwungen werden. Auch wenn der Erbe eines Handelsgeschäfts zunächst für diese Verbindlichkeiten wie für andere Nachlassverbindlichkeiten unbeschränkt mit seinem Privatvermögen haftet, ist seine Haftung **nach** Geschäftseinstellung noch nach den **bürgerlich-rechtlichen Grundsätzen** auf den Nachlass **beschränkbar**. 86

§ 27 Abs. 2 HGB bestimmt deshalb, dass die unbeschränkte Haftung nach § 25 Abs. 1 HGB für den Erben dann nicht eintritt, wenn dieser die Fortführung des Geschäfts vor Ablauf von **drei Monaten** nach Kenntnis vom Anfall der Erbschaft **einstellt**. 87

Hinsichtlich des Ablaufs dieser Frist gelten die allgemeinen Verjährungsregeln (§ 27 Abs. 2 Satz 2 HGB).[54] 88

---

53 BFH, Urt. V. 11.7.2019 – II R 36/16, ErbR 2020, 213.
54 Das Minderjährigenhaftungsbegrenzungsgesetz vom 25.8.1998, das es dem Minderjährigen noch mit Eintritt der Volljährigkeit erlaubt, sich auf die Beschränkung der Haftung als Erbe zu berufen

89 Was unter einer **Einstellung des Geschäftsbetriebs** zu verstehen ist, wird nicht einheitlich beantwortet. Man wird aber wohl davon ausgehen müssen, dass der Erbe die werbende Tätigkeit für das Geschäft **vollständig aufgibt**. Dieses gebietet der den §§ 25 ff. HGB zugrundeliegende Gedanke des Gläubigerschutzes.

90 Ist **Vor- und Nacherbschaft** angeordnet, haftet auch der Nacherbe nach § 27 Abs. 1 HGB unbeschränkt für die vom Vorerben begründeten Geschäftsverbindlichkeiten, wenn das Handelsgeschäft im Zeitpunkt des Wirksamwerdens des Nacherbfalls noch zur Nacherbmasse gehört.[55]

91 Ein Wechsel des Unternehmensträgers durch Veräußerung des Unternehmens an einen Dritten oder die Überlassung des Unternehmens zur Nutzung oder die Einbringung desselben in eine andere Gesellschaft, an der der Erbe selbst beteiligt ist, reicht nicht aus, um eine Einstellung des Geschäftsbetriebs annehmen zu können.

92 Damit der Erbe binnen der 3-Monatsfrist nicht schon für die alten Geschäftsverbindlichkeiten mit seinem Privatvermögen geradestehen muss, stehen ihm die **aufschiebenden Einreden** nach §§ 2014, 2015 BGB zur Verfügung. Wird aus einem gegen ihn als Erben ergangenen Titel vollstreckt, muss dieser Titel den **Vorbehalt** der Beschränkung der Haftung auf den Nachlass enthalten. Die Einrede selbst muss mit der **Vollstreckungsabwehrklage** geltend gemacht werden (§§ 785, 767, 769, 770 ZPO).

93 Der Erbe wird in der Regel das **Handelsgeschäft** des Erblassers nicht sofort aufgeben oder **einstellen** können. Vielmehr wird er in der Überlegungsfrist von drei Monaten selbst dann, wenn er zur Geschäftseinstellung entschlossen ist, den Nachlass verwalten und zur Abwicklung Verbindlichkeiten selbst begründen müssen. Für diese Verbindlichkeiten haftet der Erbe stets mit seinem eigenen Vermögen, wenn er nicht **ausdrücklich** seine Haftung gegenständlich auf den Nachlass beschränkt. Fügt der Erbe seinen Namen dem Firmenstempel bei, so soll dieses nach Ansicht des BGH für den Geschäftsverkehr bereits erkennbar machen, dass der Erbe nur für den Nachlass handeln will.[56]

94 Der Erbe mag auch einen **Haftungsausschluss** nach § 25 HGB in das **Handelsregister** eintragen lassen.[57]

95 Verzichtet der Erbe während des Schwebezustandes nach §§ 25, 27 Abs. 2 HGB darauf, begründet er bei ordnungsgemäßer und fristgerechter Abwicklung und Einstellung des Handelsgeschäfts **Nachlasserbenverbindlichkeiten**, für die er zunächst selbst auch mit seinem Privatvermögen einzustehen hat. Der Doppelcharakter dieser Verbindlichkeit erweist sich für die Gläubiger als vorteilhaft, wenn der

---

(§ 1629a Abs. 1 BGB) wird hier jedoch kaum eine Rolle spielen, da der Minderjährige zur selbstständigen Geschäftsfortführung nach § 112 BGB ermächtigt gewesen sein wird.

55 BGH, Urt. v. 10.2.1960 – V ZR 39/58, NJW 1969, 959.
56 BGH, Urt. v. 25.3.1968 – II ZR 99/65, DB 1968, 2126.
57 OLG Hamm, Beschl. v. 17.9.1998 – 15 W 297/98, NJW-RR 1999, 396.

Erbe ausschlägt, denn von der Ausschlagung bleibt seine persönliche Haftung als vorläufiger Erbe aus der Eigenschuld unberührt. Andererseits steht dem Erben bei ordnungsgemäßem Handeln ein Aufwendungsersatzanspruch zu.

Ersatz seiner **Aufwendungen** kann der Erbe im Fall der erfolgreichen Haftungsbeschränkung auf den Nachlass nach § 1978 Abs. 3 BGB entsprechend den Vorschriften über den Auftrag vom Nachlass verlangen.[58] In Fall der Nachlassinsolvenz sind dies Masseverbindlichkeiten nach § 324 Abs. 1 Nr. 1 InsO. Allerdings trägt der Erbe das Risiko, dass diese Rückgriffsansprüche insolvenzbedingt auch ins Leere gehen können. 96

Ob die reine **Geschäftsabwicklung**, die über den 3-Monatszeitraum hinausgeht, den Rückgriff auf die bürgerlich-rechtlichen Möglichkeiten der Beschränkung der Erbenhaftung auf den Nachlass hindert, ist ungeklärt. Vorsicht ist auf jeden Fall geboten. Eine Einhaltung der Frist scheint unabdingbar! 97

Der **vorläufige Erbe** kann gem. §§ 670, 683 BGB Anspruch auf **Aufwendungsersatz** und auf Befreiung von Verbindlichkeiten geltend machen, wenn er ein zum Nachlass gehörenden Handelsgeschäft fortführt[59] und damit die Interessen des Erben und der Nachlassgläubiger wahrt. 98

Zusammenfassend bleibt festzuhalten, dass dem Erben nur dann, wenn er innerhalb der 3-monatigen Überlegungsfrist das ererbte Handelsgeschäft **einstellt**, der Weg zu der bürgerlich-rechtlichen Haftungsbeschränkung offensteht. Ist ein Titel gegen ihn ergangen, muss er sicherstellen, dass der Titel den Vorbehalt der Haftungsbeschränkung auf den Nachlass enthält. Geltend machen muss er anschließend die konkrete Haftungsbeschränkung im Wege der Vollstreckungsabwehrklage. 99

Hinweis
Schlägt der Erbe nicht aus, **ficht** er aber später erfolgreich die **Annahme** der Erbschaft an, wird man von dem Grundsatz, wer sich einmal in der handelsrechtlichen Haftung befindet, kann nicht mehr zurück zur Haftungsbeschränkung nach bürgerlich-rechtlichen Grundsätzen, eine Ausnahme machen müssen, denn die Anfechtung wirkt ex tunc, so dass der nun ausschlagende Erbe nie wirklicher Erbe geworden ist.

---

2. Fortsetzung der OHG mit dem Erben eines OHG-Gesellschafters

Grundsätzlich wird die **OHG** nach § 131 Abs. 3 Nr. 1 HGB mit dem Tod des Gesellschafters aufgelöst. Dasselbe gilt, wenn nur ein Gesellschafter übrig bleibt, denn eine Ein-Mann-OHG ist unzulässig. 100

---

58 Busch, a.a.O., Rn 30 ff.; MüKo/Siegmann, § 1967 BGB Rn 26 ff.
59 MüKo/Siegmann/Scheuing, § 324 InsO Rn 12.

In diesen Fällen kann der Erbe seine Haftung für die Altverbindlichkeiten des Gesellschafters ohne weiteres nach den allgemeinen bürgerlich-rechtlichen Regeln beschränken.[60]

101 Allerdings wird der Erbe darauf achten müssen, dass das **Ausscheiden** des von ihm beerbten OHG-Gesellschafters im **Handelsregister eingetragen** wird. Sonst kommt nach §§ 15 Abs. 1, 128 HGB eine Rechtsscheinshaftung für die nach dem Erbfall entstehenden Gesellschaftsverbindlichkeiten in Betracht, für die der Erbe einzustehen hätte.[61]

Von besonderem Interesse sind die Fälle, die abweichend vertraglich eine Fortsetzung mit dem Erben bzw. den Erben vorsehen. In der Praxis ist das die Regel.

102 Abweichend von der allgemeinen Regel der Universalsukzession ist nach gefestigter Rechtsprechung dann, wenn ein Gesellschafter einer OHG von mehreren Erben beerbt wird, von einer direkten **Sonderrechtsnachfolge** in den Gesellschaftsanteil des Verstorbenen entsprechend dem jeweiligen auf die Miterben entfallenden Erbteil auszugehen.[62] Wird der Gesellschafter von einem Alleinerben beerbt, macht dieses nach den allgemeinen Regeln des Erbrechts keine Probleme. Der Alleinerbe tritt dann mit dem Tod des bisherigen Gesellschafters automatisch an dessen Stelle als „neuer" Gesellschafter der OHG. Dagegen kann eine Erbengemeinschaft wegen der starken persönlichkeitsbezogenen Elemente des gesellschaftlichen Zusammenschlusses und ebenso wegen der persönlichkeitsbezogenen Haftungsgemeinschaft nicht Mitglied einer OHG sein. Das ist auch der Grund dafür, dass die Rechtsprechung hier die Sonderrechtsnachfolge zulässt.

Ist der Erbfall eingetreten, stehen dem bzw. den Erben eines OHG-Gesellschafters nach dem HGB Möglichkeiten offen, die persönliche Haftung zu vermeiden.

Entscheidende Vorschrift ist insoweit § 139 HGB, der die Fortsetzung der Gesellschaft mit den Erben regelt.

103 Will der **Erbe** die OHG-Gesellschaft als Mitgesellschafter **fortsetzen**, **haftet** er nach § 139 Abs. 1 HGB sowohl für die alten als auch für die neuen Gesellschaftsschulden persönlich mit seinem eigenen Vermögen (§§ 130, 128 HGB). Ein Rückgriff auf die bürgerlich-rechtlichen Regeln zur **Haftungsbeschränkung** auf den Nachlass stehen ihm dann **nicht** mehr zur Verfügung.

104 Der Erbe kann sich diese Rechte aber erhalten, wenn er binnen einer Frist von drei Monaten aus der Gesellschaft **austritt** oder wenn die Gesellschaft **aufgelöst** wird.

105 Wichtig ist, dass es sich hier nicht um eine Beschränkung der Haftung nach Erbrecht, sondern um eine **gesellschaftsrechtliche Einschränkung der Haftung** handelt. Diese Schritte – Austritt, Auflösung der Gesellschaft – sind aber Vorausset-

---

[60] BGH, Urt. v. 21.9.1995 – II ZR 273/93, NJW 1995, 3314; Erbfall nach Auflösung einer Gesellschaft.
[61] BGH, Urt. v. 4.3.1976 – II ZR 145/75, NJW 1976, 848.
[62] BGH, Urt. v. 22.11.1956 – II ZR 222/55, NJW 1957, 180.

zung dafür, dass dem Erben hinsichtlich der bis dahin entstandenen Verbindlichkeiten der Gesellschaft eine Haftungsbeschränkung wie für Nachlassverbindlichkeiten möglich bleibt.

Der Erbe kann sein Verbleiben in der Gesellschaft auch davon abhängig machen, dass ihm die **Stellung eines Kommanditisten** eingeräumt wird. Dazu muss natürlich die OHG in eine KG umgewandelt werden. Der Erbe haftet dann handelsrechtlich nur mit seiner Kommanditeinlage, die der Höhe nach der ehemaligen OHG-Einlage des Erblassers entsprechen wird. 106

Zwar haftet der Erbe, dem die Stellung eines Kommanditisten eingeräumt wird, nach § 139 Abs. 4 HGB für die bis dahin entstandenen Gesellschaftsschulden nur wie für Nachlassverbindlichkeiten, also nach den bürgerlich-rechtlichen Grundsätzen beschränkbar auf den Nachlass, aber er wird darüber hinaus zu beachten haben, dass entsprechend § 176 Abs. 2 HGB sein **Eintritt als Kommanditist im Handelsregister eingetragen** wird. Sonst könnte er nach § 176 Abs. 1 HGB für die in der Zwischenzeit begründeten Verbindlichkeiten doch noch persönlich und nicht nur mit der Einlage haften müssen. Ob all dieses binnen der Überlegungsfrist von drei Monaten zu erfolgen hat, sagt das Gesetz nicht. Auf jeden Fall muss die Eintragung im Handelsregister **ohne jedes schuldhafte Zögern** bewirkt werden.[63] 107

Das **Ausscheiden** aus der Gesellschaft ist nach § 143 HGB im Handelsregister **einzutragen**. Sonst kommt eine Rechtsscheinshaftung in Betracht. 108

Zusammenfassend ist festzuhalten, dass streng zwischen den Haftungsregeln nach Gesellschaftsrecht und den Möglichkeiten der Beschränkung der Haftung des Erben zu **unterscheiden** ist. Ist der Erbe in die Gesellschaft als Rechtsnachfolger des Erblassers eingetreten und hat er die 3-monatige Überlegungsfrist ungenutzt verstreichen lassen, dann bleiben ihm nur noch die Haftungsbeschränkungsmöglichkeiten, die ihm das Gesellschaftsrecht bietet. Ein Zurückkommen auf die bürgerlich-rechtlichen Möglichkeiten der Haftungsbeschränkung als Erbe gibt es dann nicht mehr! 109

3. Unternehmensfortführung mit Erben des Kommanditisten

Das Handelsrecht sieht die Rechtsnachfolge des verstorbenen **Kommanditisten** recht unspektakulär. Nach § 177 HGB wird grundsätzlich beim Tod des Kommanditisten die Gesellschaft mit dem Erben fortgesetzt. 110

Da die Rechtsprechung davon ausgeht, dass eine Erbengemeinschaft nicht Mitglied einer Personengesellschaft sein kann, greift hier, ebenso wie bei der OHG, bei einer Mehrheit von Erben die Sonderrechtsnachfolge.

---

63 BGH, Urt. v. 21.3.1983 – II ZR 113/82, NJW 1983, 2258.

111   Auch bei der Rechtsnachfolge in den Kommanditistenanteil ist streng zwischen den Möglichkeiten nach dem Gesellschaftsrecht und den bürgerlich-rechtlichen Möglichkeiten der Haftungsbegrenzung zu trennen. **Der Berater muss sich immer darüber im Klaren sein, dass es für den Rückgriff auf die Haftungsbeschränkung auf den Nachlass nur ein kleines Zeitfenster gibt.** Ist dieses zugeschlagen und der Erbe in die Gesellschaft eingetreten, bleibt nur eine gesellschaftsrechtliche Lösung. Soweit eine **Anfechtung der Annahme** der Erbschaft erfolgreich sein sollte, gilt, dass der Anfechtende Erbe nie geworden ist. Er kann deshalb seine Haftung nach bürgerlich-rechtlichen Grundsätzen beschränken.

Was kommt auf den Erben zu, der diese gesellschaftsrechtliche Lösung gewählt hat?

112   Mit dem Erbfall tritt der Erbe als Kommanditist in die Gesellschaft ein. Es gilt deshalb in vollem Umfang § 173 HGB, der die Rechtsfolgen beschreibt, die den Kommanditisten beim Eintritt in die Gesellschaft treffen.

113   Danach haftet der Erbe nun nach Maßgabe der §§ 171, 172 HGB:

Als Rechtsnachfolger des verstorbenen Kommanditisten haftet der Erbe bis zur Höhe der Kommanditeinlage für Alt- und Neuverbindlichkeiten der Gesellschaft grds. nur mit der **Einlage**. Gefährlich wird es für ihn aber dann, wenn er in eine Kommanditeinlage einsteigt, die **nicht vollständig erbracht** worden ist. Dann haftet er bis zur Höhe der zu leistenden Einlage nicht nur mit dem Nachlass, sondern auch persönlich, also auch mit seinem eigenen Vermögen. Es gilt in vollem Umfang das Gesellschaftsrecht, das in diesem Fall eine Haftungsbegrenzung nicht kennt. Ein Rückgriff auf die Beschränkung der Erbenhaftung ist ausgeschlossen.

114   Besonders wichtig für den eintretenden Erben des Kommanditisten ist weiter, dass sowohl sein Eintritt in die Gesellschaft als Kommanditist als auch das Ausscheiden des verstorbenen Kommanditisten im **Handelsregister einzutragen** sind. Daneben ist einzutragen, dass der Wechsel der Kommanditisten aufgrund Gesamt- oder Sonderrechtsnachfolge erfolgte. Dieses Erfordernis ergibt sich aus dem Zweck des Handelsregisters, der darin besteht, dass die die Gesellschaft betreffenden einzutragenden Tatsachen – insbesondere ihre Haftungsverhältnisse – zuverlässig und vollständig, also lückenlos, wiederzugeben sind. Ist die entsprechende Eintragung im Handelsregister vorgenommen, sagt dieses den Gesellschaftsgläubigern, dass der neue Kommanditist nur als Erbe in die Rechtsstellung seines Vorgängers, nicht aber als zusätzlicher Kommanditist in die Gesellschaft eingetreten ist.

115   Ist eine **Eintragung im Handelsregister nicht** erfolgt, haftet der Erbe nach § 176 Abs. 2 HGB **unbeschränkt**, nicht nur mit dem Nachlass, sondern auch mit seinem Privatvermögen. Dieses ist dann eine gesellschaftsrechtliche Haftung, die nach den bürgerlich-rechtlichen Grundsätzen nicht mehr beschränkbar ist.

Beispiel

Kommanditist H verstirbt. Nach dem Testament wird er von seinen drei Söhnen A, B und C zu gleichen Teilen beerbt. Das Nachlassgericht hat einen entsprechenden Erbschein erteilt.

Wie ist die Erbfolge in den Kommanditanteil des H?

Lösung: Der Kommanditanteil ist gemäß § 177 HGB vererblich. Bei der Personengesellschaft erfolgt der Wechsel der Kommanditisten bei einer Mehrheit von Erben im Wege der Sonderrechtsnachfolge. Zu welchem Anteil die Erben in den Kommanditanteil nachfolgen, ist dem Testament zu entnehmen. Die Haftung der nachfolgenden Kommanditisten bestimmt sich gemäß § 173 HGB. Sie treten in den Gesellschaftsanteil des Verstorbenen ein, sie übernehmen aber darüber hinaus keine zusätzliche Haftung.

Was ist im Handelsregister einzutragen?

Zunächst sind das Ausscheiden des verstorbenen Kommanditisten sowie der Eintritt seiner Erben aufgrund Erbfolge anzumelden und einzutragen. Der Nachweis der Erbfolge ist durch Vorlage eines Erbscheins zu führen. Da mehrere Erben nicht in Erbengemeinschaft Kommanditisten werden können, sondern der Kommanditanteil auf die Erben als Einzelne im Wege der Sonderrechtsnachfolge übergeht, ist im Handelsregister zu vermerken, dass die Erben entsprechend ihren Erbquoten Kommanditanteile erworben haben.[64]

Zu Recht stellt sich die Frage, wie können die Erben des H der Haftung des § 176 Abs. 2 HGB entgehen?

Wird die Rechtsnachfolge nach dem verstorbenen Kommanditisten durch seine Erben wie ein Eintritt in die Gesellschaft gewertet, dann müssten diese nämlich für die Geschäfte, die zwischen Eintritt und Eintragung im Handelsregister von der Gesellschaft getätigt werden, mit ihrem persönlichen Vermögen haften. **116**

Jeder andere eintretende Kommanditist kann dieses Ergebnis vermeiden, indem er die Wirksamkeit seines Beitritts zur Gesellschaft von der **aufschiebenden Bedingung** der jeweiligen Eintragung im Handelsregister abhängig macht. Der Erbe aber tritt ohne seinen eigenen Willen kraft erbrechtlicher Nachfolge mit dem Zeitpunkt des Todes des Erblassers unmittelbar in die Gesellschaft ein. Unmöglich kann er dafür sorgen, dass er sofort im Zeitpunkt des Erbfalls als nachfolgender Kommanditist im Handelsregister eingetragen ist. **117**

Der BGH hat hier Rechtsfortbildung betrieben. Er billigt dem Erben eines Gesellschafters eine „**Schonfrist**" zu, bevor bei ihm die fehlende Eintragung im Handelsregister zur unbeschränkten Haftung führt.[65] Sicher wird ein Handeln ohne schuldhaftes Zögern dieser Schonfrist genügen. **118**

Als Sonderfall ist zu erwähnen, dass sich die Vererbung von Anteilen an einer **Liquidationsgesellschaft** nur nach den erbrechtlichen Regeln vollzieht. Gesellschaftsrecht, das zur unbeschränkbaren Haftung des Erben führen kann, spielt hier keine Rolle.[66] **119**

Wie der **Kommanditistenerbe** seine Haftung auf den Nachlass beschränken kann, ergibt sich aus den Vorschriften zur Kommanditgesellschaft unmittelbar **120**

---

64 Nachgebildet, KG, Beschl. v. 30.5.2000 – 1 W 931/99, NJW-RR 2000, 1704.
65 BGH, Urt. v. 21.3.1983 – II ZR 113/82, NJW 1983, 2259.
66 BGH, Urt. v. 21.9.1995 – II ZR 273/93, NJW 1995, 3314.

nicht. Es finden insoweit über § 161 Abs. 2 HGB ergänzend die Vorschriften für die OHG Anwendung.

Damit ist auch hier § 139 HGB einschlägig, wenn es um die Lösung der Fragen im Zusammenhang mit der Rechtsnachfolge der Erben in den Kommanditanteil des verstorbenen Kommanditisten geht.

Ebenso wie der Erbe des verstorbenen OHG-Gesellschafters kann auch der Erbe des Kommanditisten sich nur binnen **drei Monaten** nach Kenntnis vom Anfall der Erbschaft entscheiden, ob er den gesellschaftsrechtlichen Weg beschreiten und damit die beschriebenen Risiken in Kauf nehmen oder ob er mehr Wert auf Sicherheit legen und sich die Möglichkeit der Begrenzung seiner Haftung auf den Nachlass offenhalten will.

§ 139 Abs. 4 HGB bietet insoweit dem Erben des verstorbenen Kommanditisten zwei Möglichkeiten: Er kann fristgerecht aus der Gesellschaft ausscheiden oder er sorgt dafür, dass diese aufgelöst wird.

121 Nimmt der Erbe diese Rechte **rechtzeitig** wahr, **haftet** er für die bis dahin entstandenen **Gesellschaftsschulden** nur, wie er allgemein für **Nachlassverbindlichkeiten** haftet. Er kann, entgegen der oben skizzierten gesellschaftsrechtlichen Lösung, nun von der Haftungsbeschränkung auf den Nachlass, zu dem wirtschaftlich auch der Kommanditanteil des Verstorbenen gehört, Gebrauch machen. Wie er in diesem Fall vorzugehen und was er zu beachten hat, haben die einführenden allgemeinen Ausführungen zur Begrenzung der Erbenhaftung auf den Nachlass gezeigt. Erinnert werden soll wegen der besonderen Wichtigkeit daran, dass dem Erben der Schlüssel zum Glück, nämlich zur Beschränkung seiner Haftung, nur erhalten bleibt, wenn der gegen ihn gerichtete Titel den Vorbehalt zur Beschränkung seiner Haftung auf den Nachlass enthält. Hierfür muss insbesondere der Rechtsvertreter des Erben sorgen. Durchzusetzen sind die verschiedenen Möglichkeiten der Haftungsbeschränkung erst in der Vollstreckung aus dem gegen den Erben ergangenen Titel im Wege der Vollstreckungsabwehrklage (§ 785 ZPO).

4. Unternehmensnachfolge mit Erben des Komplementärs

122 Da der **Komplementär** der persönlich haftende Gesellschafter der Kommanditgesellschaft ist, soll dieser nach dem Gesetz mit seinem Tod ausscheiden. Die Gesellschaft wird grundsätzlich nicht mit dem Erben fortgesetzt. Andere vertragliche Vereinbarungen sind möglich und auch regelmäßig anzutreffen.

123 Enthält der Gesellschaftsvertrag eine **Fortsetzungsklausel** mit dem Erben, so gelten über § 161 Abs. 2 HGB die Regeln, die bei Fortsetzung der OHG mit dem Erben eines Gesellschafters gelten. Einschlägig ist also auch hier § 139 HGB.

124 Der Erbe des Komplementärs kann aus der Gesellschaft ausscheiden; er kann, wenn ihm der Gesellschaftsvertrag diese Möglichkeit bietet, die Stellung eines Kommanditisten wählen, oder die Gesellschaft mag als solche aufgelöst werden. Hierfür steht die bekannte Überlegungsfrist von drei Monaten zur Verfügung.

Zur Vermeidung von Wiederholungen kann hier auf die Ausführungen zur Haftung und Haftungsbeschränkung des Erben der OHG verwiesen werden.

125 Hervorzuheben ist, dass der Erbe des Komplementärs, der seine persönliche Haftung vermeiden will, auf die **Eintragungserfordernisse** im Handelsregister zu achten hat. Das Ausscheiden des verstorbenen Komplementärs ist unbedingt einzutragen, sonst haftet auch der Erbe, der von den Möglichkeiten nach § 139 HGB Gebrauch gemacht hat, aus Rechtsscheinsgründen. Der zuvor der Gesellschaft nicht angehörende Erbe hat dann aber das Privileg, dass er diese **Haftung nach den bürgerlich-rechtlichen Grundsätzen auf den Nachlass beschränken** kann.

126 Nicht selten sieht der Gesellschaftsvertrag vor, dass der Erbe den Gesellschaftsanteil des Komplementärs unter **Umwandlung** in eine Kommanditbeteiligung erwirbt. Dieses soll den Erben vor der persönlichen Haftung bewahren.

127 In diesem Fall muss der Erbe unverzüglich die erforderlichen **Registereintragungen** – Ausscheiden des Komplementärs und seinen Eintritt als Kommanditist kraft Universal- oder Sonderrechtsnachfolge – herbeiführen. Andernfalls droht ihm die persönliche Haftung nach § 176 Abs. 2 HGB.

128 Gehörte der Erbe als Kommanditist der Gesellschaft bereits an, soll § 176 Abs. 2 HGB nicht eingreifen, weil es hier nur zu einer Erhöhung des Kapitalanteils kommt. Auf eine zwar vereinbarte, aber noch nicht eingetragene Erhöhung der Haftsumme können sich aber die Gläubiger auch ansonsten nicht berufen.[67] Will der Erbe aber auch in diesem Fall seine persönliche Haftung insgesamt vermeiden, muss er daran denken, dass das Ausscheiden des Komplementärs im Handelsregister **einzutragen** ist. Sonst haftet der Erbe aus **Rechtsscheinsgründen** für die nach dem Tod des Komplementärs begründeten Gesellschaftsverbindlichkeiten persönlich. Allerdings, da der Erbe nicht als persönlich haftender Gesellschafter eingetreten, sondern als Kommanditist in der Gesellschaft verblieben ist, trifft ihn diese Haftung nur als Erbe mit der Möglichkeit der Haftungsbeschränkung auf den Nachlass.

129 Hatte die Gesellschaft nur einen Komplementär und einen Kommanditisten und beerbt dieser den Komplementär, dann fällt die Kommanditgesellschaft sprichwörtlich zusammen. Die Gesellschaft wird nämlich in diesem Fall nicht nur aufgelöst, sondern sie wird beendet.[68] Für den erbenden Kommanditisten wird es nun gefährlich, denn er wird nun **Alleininhaber** des Gesellschaftsvermögens. Sein Haftungsrisiko beschreibt § 27 HGB. Danach tritt die unbeschränkte Haftung auch für die Altschulden der Gesellschaft ein, wenn der Erbe das Handelsgeschäft fortführt und die Fortführung nicht innerhalb von drei Monaten nach Kenntnis von der Erbfolge einstellt.

130 Beerbt dagegen in dem gerade beschriebenen Fall der Komplementär den einzigen Kommanditisten, ändert sich für dessen Haftung für die Altschulden nichts,

---

67 BGH, Urt. v. 4.3.1976 – II ZR 145/75, NJW 1976, 848.
68 BGH, Urt. v. 10.12.1990 – II ZR 256/89, NJW 1991, 507.

denn seine persönliche Haftung bestand bereits als Komplementär und besteht nun als Alleininhaber des Handelsgeschäfts. Er ist jetzt Einzelkaufmann mit weitgehender persönlicher Haftung.

5. Unternehmensnachfolge mit dem Erben eines BGB Gesellschafters

131 Wegen der starken **persönlichkeitsbezogenen Elemente** des gesellschaftlichen Zusammenschlusses bestimmt das Gesetz in § 727 Abs. 1 BGB, dass mit dem Tod eines Gesellschafters die BGB-Gesellschaft **aufgelöst** wird. Allerdings gibt es auch hier die Möglichkeit, im Gesellschaftsvertrag etwas Anderes zu vereinbaren.

Im Fall der Auflösung der Gesellschaft ist die Haftung des Erben des BGB-Gesellschafters recht unspektakulär. Er haftet erbrechtlich beschränkbar auf den Nachlass.

132 Tritt der Erbe in die Gesellschaft ein, haftet er für Alt- und Neuverbindlichkeiten entgegen gewichtiger Stimmen[69] analog § 130 HGB mit seinem Eigen- und dem Anteil am Gesellschaftsvermögen.

133 Dieses Ergebnis ist der Fortentwicklung der Rechtsprechung zum geänderten Verständnis vom Rechtsstatus der BGB-Gesellschaft geschuldet, das dahin geht, dass der Gesellschaft bürgerlichen Rechts insoweit **Rechtsfähigkeit** zugesprochen wird, als sie als sogen. **Außengesellschaft** agiert.[70] Dieses muss auch zu einem anderen Verständnis der Haftung für Altverbindlichkeiten der Gesellschaft führen.[71] Zu befürworten ist eine analoge Anwendung des § 139 Abs. 4 HGB. Der kraft Nachfolgeklausel eintretende Erbe des verstorbenen BGB-Gesellschafters kann aus der Gesellschaft austreten oder deren Auflösung verlangen. Der Erbe haftet dann für Altverbindlichkeiten nur wie für Nachlassverbindlichkeiten mit der Möglichkeit der Beschränkung der Haftung auf den Nachlass. Auch müsste dieser Erbe verlangen können, dass die BGB-Gesellschaft in eine KG umgewandelt und ihm die Stellung eines Kommanditisten eingeräumt wird.[72]

Festzustellen bleibt, dass der Nachlassinsolvenzverwalter insbesondere dann, wenn der Erbe
- ein Handelsgewerbe des Erblassers fortführt,
- den OHG-Anteil des Erblassers übernimmt,
- als Kommanditist dem Erblasser in dessen Kommanditanteil nachfolgt,
- als Komplementär dem Erblasser nachfolgt,
- oder als Erbe in die BGB-Gesellschaft als Erbe eintritt,

---

69 MüKo/Küpper, § 1967 BGB Rn 46.
70 BGH, Urt. v. 29.1.2001 – II ZR 331/00, NJW 2001, 1056; MüKo/Schäfer, § 705 BGB Rn 252ff.
71 BGH, Urt. v. 7.4.2003 – II ZR 56/02, ZIP 2003, 899.
72 **A.A.** MüKo/Küpper, § 1967 BGB Rn 46.

zu prüfen hat, ob Verbindlichkeiten, die gegen den Nachlass geltend gemacht werden, nicht vielmehr Eigenverbindlichkeiten des Erben geworden sind, für die dieser mit seinem Eigenvermögen einzustehen hat. Anspruchsgrundlagen hierfür finden sich, wie oben dargestellt, im Handels- oder im materiellen Erbrecht. Eine Beschränkung der Haftung des Erben auf den Nachlass scheidet aus, wenn die handelsrechtliche Haftung begründet worden ist.

6. Die führungslose GmbH und der Gesellschaftererbe

Es bleibt auf eine weitere recht neue Schnittstelle zwischen Insolvenz- und Erbrecht hinzuweisen, die sich in § 1980 BGB, § 15a InsO findet. **134**

§ 1980 BGB regelt die Pflicht des Erben, bei Kenntnis von Zahlungsunfähigkeit oder Überschuldung **Insolvenzantrag** über den Nachlass zu stellen. Verletzt der Erbe diese Pflicht, ist er den Nachlassgläubigern zum Schadensersatz verpflichtet.

§ 15a InsO, der als Teil des MoMiG erst am 1.11.2008 in Kraft getreten ist, verpflichtet den bzw. die Gesellschafter einer führungslosen GmbH zur Stellung des Insolvenzantrags über das Vermögen der Gesellschaft, es sei denn, Zahlungsunfähigkeit oder Überschuldung und Führungslosigkeit der Gesellschaft sind ihnen unbekannt. Diese Pflicht trifft nun, obwohl in § 15a InsO jeglicher erbrechtliche Bezug fehlt, auch den **Gesellschaftererben**, wenn der vormalige Alleingesellschafter und alleinige Geschäftsführer verstorben und dadurch die Gesellschaft führungslos geworden ist. Der Gesellschaftererbe hat in diesem Fall nicht nur zu prüfen, ob er für den Nachlass, sondern darüber hinaus, ob er auch für die eigenständige juristische Person „GmbH" nach § 15a InsO einen Insolvenzantrag zu stellen hat, denn zum Nachlassvermögen gehört nur die Mitgliedschaft des Erblassers in der GmbH, nicht auch deren Vermögen selbst.[73] **135**

Geschützt ist der Erbe nur insoweit, als ihm sowohl die Insolvenzgründe als auch die Führungslosigkeit der Gesellschaft bekannt sein müssen. Verletzt der Erbe seine Insolvenzantragspflicht, ist er aus § 823 Abs. 2 BGB i.V.m. § 15a Abs. 3 bis 5 InsO zum Schadensersatz aus seinem Eigenvermögen verpflichtet. Eine Beschränkung der Haftung auf den Nachlass kommt für ihn deshalb auch nicht in Frage.[74] **136**

Da die Verletzung der **Insolvenzantragspflicht** nach § 15a Abs. 4 und Abs. 5 InsO mit Geld- oder sogar mit Freiheitsstrafe bedroht ist, sollte der Erbe diese Pflicht, will er sich nicht vor dem Strafgericht verantworten müssen, nicht auf die leichte Schulter nehmen und dies bereits bei seinen Überlegungen, ob der das Erbe überhaupt annehmen will, berücksichtigen.[75] **137**

---

73 Vgl. du Carrois, ZInsO 2009, 373.
74 Marotzke, ErbR 2010, 115, 116 f.

VII. Massemehrung durch Anfechtung

138 Die Masse in einem Nachlassinsolvenzverfahren kann nicht nur infolge der Rückschlagsperre und der Haftungsansprüche gegen den Erben, sondern auch durch Anfechtung nach § 322 InsO angereichert werden.

139 Natürlich gelten zunächst die Anfechtungsregeln des allgemeinen Insolvenzverfahrens. Darüber hinaus stellt § 322 InsO klar, dass die Erfüllung von Pflichtteilsansprüchen, Vermächtnissen oder Auflagen seitens des Erben aus dem ihm zugefallenen Nachlass wie eine **unentgeltliche Leistung** des Erben zu werten ist. Über § 322 InsO wird der Zustand wiederhergestellt, in dem sich der Nachlass zum Zeitpunkt des Erbfalls befunden hat. Die Anfechtbarkeit folgt letztlich auch aus dem Nachrang, den § 327 InsO für diese erbrechtlichen Ansprüche feststellt.

140 Was aufgrund einer anfechtbaren Rechtshandlung zurückzugewähren ist, darf nicht zur Erfüllung der nachrangigen Verbindlichkeiten verwendet werden (§ 328 InsO). Nur Insolvenzgläubiger sollen hieraus befriedigt werden.

VIII. Der Tod des Schuldners im Insolvenzverfahren

141 Der **Tod** des Schuldners im Insolvenzverfahren bewirkt nach Antragstellung **ohne weiteres eine Überleitung** des Eröffnungsverfahrens vom Regel- in das Nachlassinsolvenzverfahren. Die Eröffnungsgründe sind nunmehr in beiden Verfahrensarten dieselben (vgl. § 320 Satz 1 InsO).[76] Das Eröffnungsverfahren wird von Amts wegen ohne Unterbrechung mit dem Erben als neuem Schuldner als Nachlassinsolvenzverfahren nach den §§ 315 ff. InsO fortgesetzt.

Dieser Grundsatz gilt uneingeschränkt allerdings nur dann, wenn das Insolvenzverfahren aufgrund eines **Fremdantrags** eingeleitet worden ist.

142 Ist das Verfahren vom **Schuldner selbst beantragt** worden, wird es zwar ebenfalls in ein Nachlassinsolvenzverfahren übergeleitet und ohne Unterbrechung fortgesetzt, der Eröffnungsantrag kann jedoch bis zur Eröffnung von den Erben, so wie jeder andere Eigenantrag auch, zurückgenommen werden. Die Erben sind deshalb vor der gerichtlichen Entscheidung anzuhören.

143 Auch das **Verbraucherinsolvenzverfahren** geht mit dem Tod des Schuldners übergangslos in ein Nachlassinsolvenzverfahren über. Das Verfahren muss als Nachlassinsolvenzverfahren fortgesetzt werden, weil das Verbraucherinsolvenzverfahren, anders als das Nachlassinsolvenzverfahren, auf einen bestimmten Perso-

---

[75] Zu den Antragspflichten des Vor- und Nacherben, des Miterben, des Nachlasspflegers sowie des Nachlassverwalters, Nachlassinsolvenzverwalters und des Testamentsvollstreckers s. Marotzke, ErbR 2010, 115, 118 ff.
[76] BGH, Urt. v. 22.1.2004 – IX ZR 39/03, NJW 2004, 1444, 1445.

nenkreis begrenzt ist. Erfüllt der Erbe die persönlichen Voraussetzungen für das Verbraucherinsolvenzverfahren nach § 304 InsO nicht, weil er z.B. selbstständig tätig ist, käme ansonsten eine Fortsetzung des Verfahrens nicht in Betracht. Das Verbraucherinsolvenzverfahren unterliegt nach dem Tod des Schuldners als Nachlassinsolvenzverfahren nur noch den Bestimmungen des Nachlassinsolvenzverfahrens.

Für die Fortsetzung des Verbraucherinsolvenzverfahrens als Nachlassinsolvenzverfahren spricht zudem auch, dass **mit dem Tod des Schuldners sein Ziel der Restschuldbefreiung nicht mehr erreicht werden kann.** Dabei soll nicht unerwähnt bleiben, dass dennoch das AG Duisburg[77] die Erteilung der Restschuldbefreiung für die Erben dann für möglich hält, wenn der Schuldner zwischen dem Ende der Abtretungszeit und der durch gerichtlichen Beschluss erteilten Restschuldbefreiung verstorben ist. 144

Gegen eine Fortführung mit den Erben sprechen jedoch zahlreiche Gründe:

Zum einen ist der **Antrag auf Restschuldbefreiung,** der nach § 287 Abs. 1 InsO bereits mit dem Antrag auf Eröffnung zu verbinden ist, nicht vom Erben, sondern nur vom Schuldner selbst gestellt worden. Damit fehlt es für die Restschuldbefreiung bereits an einer essenziellen Voraussetzung. Restschuldbefreiung darf nur demjenigen erteilt werden, der sie auch beantragt hat. Deshalb trifft das Insolvenzgericht nach § 287 Abs. 1 i.V.m. § 20 Abs. 2 InsO eine besondere Belehrungspflicht dann, wenn der Schuldner seinen Antrag auf Restschuldbefreiung nicht mit dem Eröffnungsantrag verbunden hat. 145

Zum anderen soll nach § 1 InsO nur dem **redlichen Schuldner** Restschuldbefreiung erteilt werden. Ihm wird die persönliche Chance auf Restschuldbefreiung eingeräumt, wenn er die ihn treffenden Obliegenheiten erfüllt. Diese Obliegenheiten sind höchstpersönlicher Natur, sie treffen den Erben nicht.[78] Etwas anderes kann auch dann nicht gelten, wenn der Schuldner nach Ablauf der Wohlverhaltenszeit, aber vor Erteilung der Restschuldbefreiung stirbt.[79] Zwar steht zu diesem Zeitpunkt fest, ob die Obliegenheiten eingehalten worden sind oder nicht, aber es fehlt auch hier der nicht nachholbare Antrag des Erben nach § 287 Abs. 1 InsO, und es wird zudem das Ziel der Insolvenzordnung nach § 1 InsO verfehlt, nämlich dem Schuldner die Chance auf einen Neuanfang zu ermöglichen. Darüber hinaus käme die Erteilung der Restschuldbefreiung an den Erben einer neuen Form der Haftungsbeschränkung gleich, die das Gesetz aber nach § 1975 BGB ausdrücklich nur zulässt, wenn eine Separation des Eigenvermögens des Erben vom Nachlassvermögen 146

---

77 AG Duisburg, Beschl. v. 25.5.2009 – 62 IK 59/00, ZVI 2009, 390.
78 MüKo/Siegmann/Scheuing, vor §§ 315 – 331 InsO Rn 7; zweifelnd FK/Wimmer/Ahrens, § 286 InsO Rn 40f.
79 So aber AG Duisburg, Beschl. v. 25.5.2009 – 62 IK 59/00, ZVI 2009.

durch die amtlichen Verfahren der Nachlassverwaltung oder Nachlassinsolvenz erfolgt.

147 Im Gegensatz zum Verbraucherinsolvenzverfahren, verbunden mit der sich anschließenden Restschuldbefreiungszeit, dient das **Nachlassinsolvenzverfahren** neben der Befriedigung der Nachlassgläubiger insbesondere dem Ziel des Erben, seine **Haftung auf den Nachlass zu beschränken**. Diesem Interesse der Gläubiger und dem des Erben kann, entgegen Schmerbach,[80] nur durch möglichst zügige Fortsetzung des Verfahrens als Nachlassinsolvenzverfahren Rechnung getragen werden.[81]

IX. Stellung der Nachlassgläubiger im eröffneten Insolvenzverfahren des Schuldners

148 Erbt der Schuldner, über dessen Vermögen bereits das Insolvenzverfahren eröffnet worden ist, und schlägt er die Erbschaft nicht aus, fallen alle Aktiva des Nachlasses als Neuerwerb nach § 35 InsO in die Insolvenzmasse über sein Vermögen.[82] Verstirbt dieser Schuldner nach Eröffnung des Insolvenzverfahrens, wird das bisherige Insolvenzverfahren in ein Nachlassinsolvenzverfahren überführt.

149 Die Abwicklung des Verfahrens erscheint zunächst unkompliziert. Verwickelt wird die Situation aber im Hinblick auf die Stellung der **Nachlassgläubiger**, die am Insolvenzverfahren des Schuldners als **Neugläubiger** grundsätzlich nicht teilnehmen würden, denn ihre Vermögensansprüche sind erst **nach Eröffnung** des Insolvenzverfahrens über das Vermögen des Schuldners entstanden.

Welche Stellung haben nun diese Nachlassgläubiger, die auf einen werthaltigen Vermögensteil als Sicherheit für ihre Forderungen vertrauten, im Verfahren des insolventen Erben? Wie stellt sich die Rechtslage dar, wenn auch der Nachlass zahlungsunfähig oder überschuldet ist?

Die Beantwortung dieser Frage ist höchst streitig:

150 Zum einen wird vertreten, die Nachlassgläubiger seien Neugläubiger in dem Moment geworden, als das Nachlassvermögen als Neuerwerb endgültig Bestandteil der Insolvenzmasse des Insolvenzverfahrens des Erben wurde. Ob sie dann **Insolvenzgläubiger**[83] oder **Massegläubiger**[84] in der Insolvenz des Erben sind oder am Verfahren als **Neugläubiger** gar nicht beteiligt wären, weil ihre Forderungen zur Zeit der Verfahrenseröffnung noch nicht bestanden und auch im eröffneten Verfah-

---

80 Schmerbach, Insbüro 2009, 251, 252.
81 BGH, Beschl. v. 21.2.2008 – IX ZB 62/05, Rn 11.
82 MüKo/Siegmann/Scheuing, vor §§ 315 bis 331 InsO Rn 3.
83 Vallender, NZI 2005, 318, 320; MüKo/Schumann, § 83 InsO Rn 6f.
84 Roth/Pfeuffer, Praxishandbuch Nachlassinsolvenzverfahren, 2. Aufl., S. 509f.

ren nicht vom Insolvenzverwalter begründet wurden,[85] wird sehr unterschiedlich beantwortet.

Letzteres wäre eine Bevorzugung der bisherigen Insolvenzgläubiger zu Lasten der Neugläubiger. Würde die Insolvenzmasse andererseits auch für **nach** Verfahrenseröffnung begründete Verbindlichkeiten des Schuldners haften, ginge dieses zu Lasten der Insolvenzgläubiger, denn sie müssten sich nun die Insolvenzmasse mit den Nachlassgläubigern teilen, was sie dann, wenn der Nachlass völlig überschuldet sein sollte, erheblich benachteiligen würde. 151

Wäre über das Eigenvermögen des Erben nicht das Insolvenzverfahren eröffnet worden, wären diese Gläubiger **Nachlassgläubiger**. Sie könnten ihre Forderungen als Nachlassverbindlichkeiten **gegen die Erben** oder im Fall der Nachlassinsolvenz nach § 325 InsO im Insolvenzverfahren über den Nachlass als **Nachlassverbindlichkeiten** geltend machen. Nur ihnen stünde der Nachlass als Haftungsmasse zur Befriedigung ihrer Forderungen zur Verfügung. 152

Wenn aus einem Teil der Masse nur bestimmte Gläubiger befriedigt werden, während den anderen Gläubigern nur die übrige Masse haftet, ist die Bildung einer Sondermasse zwecks angemessener und gleichmäßiger Befriedigung der unterschiedlichen Gläubigergruppen geboten.[86] Die den Insolvenzgläubigern und den Nachlassgläubigern zugewiesenen Vermögensmassen sind strikt zu trennen. Bekannt ist eine vergleichbare Trennung der Vermögensmassen unter Bildung eines Sondervermögens bei **Freigabe** von Vermögensteilen aus der Insolvenzmasse. Ist dieses **Sondervermögen** zahlungsunfähig oder überschuldet, ist über diese Vermögensmasse ein **zweites** Insolvenzverfahren zu eröffnen oder aber die freigegebene Vermögensmasse fällt mit dem Tod des Schuldners dessen Erben zu.

Sollte beim Tod des Schuldners auch über das vom Insolvenzverwalter freigegebene Vermögen ein Insolvenzverfahren zu eröffnen sein, werden beide Verfahren in entsprechender Anwendung der vorstehenden Grundsätze in **selbstständige** Nachlassinsolvenzverfahren übergeleitet Eine Zusammenführung beider Vermögensmassen scheidet aus.[87] 153

Die Trennung der jeweiligen Vermögensmassen unter Entstehung eines **Sondervermögens** erfolgt also auch dann, wenn der insolvente Schuldner verstirbt und der ihm zufallende Nachlass insolvent ist. 154

Hat der Schuldner **nach Eröffnung** des Insolvenzverfahrens über sein Vermögen **neue Verbindlichkeiten** begründet und verstirbt er danach, ist zwar das Insolvenzverfahren ohne Unterbrechung in ein Nachlassinsolvenzverfahren überzuleiten, die **nach Eröffnung** entstandenen Vermögensansprüche sind aber nach § 38 InsO **keine Insolvenzforderungen.** Es handelt sich vielmehr um **Nachlassver-** 155

---

85 MüKo/Siegmann/Scheuing, § 331 InsO Rn 8; Messner, ZVI 2004, 433, 434.
86 MüKo/Peters, § 35 InsO Rn 72, 74.
87 Roth/Pfeuffer, a.a.O. S. 509 f.

bindlichkeiten, die nicht gegen die Insolvenzmasse, sondern zunächst gegen die Erben gerichtet sind.[88] Die Erben ihrerseits können zur Beschränkung ihrer Haftung **Nachlassinsolvenz** beantragen, so dass dann das Insolvenzverfahren des Schuldners und das Nachlassinsolvenzverfahren selbstständig nebeneinander geführt werden.

Hinweis
Befindet sich der Schuldner im Insolvenzverfahren, kommt es nicht selten vor, dass der Insolvenzverwalter einen Vermögensgegenstand freigibt, weil er ihn nicht sinnvoll für die Masse verwerten kann. Über dieses Vermögen kann dann der insolvente Schuldner wieder frei verfügen. Er kann neue Verbindlichkeiten begründen, deren Gläubiger sich auf den freigegebenen Vermögensgegenstand als Haftungsmasse verlassen. Stirbt nun der Schuldner, stellt sich eine ähnliche Problematik ein wie im vorausgegangenen Teil erörtert. Die vom Schuldner nach Insolvenzeröffnung, aber noch vor seinem Tod begründeten Neuverbindlichkeiten sind nach § 1967 BGB Nachlassverbindlichkeiten. Für diese haften die Erben mit dem Nachlass und ihrem Privatvermögen, weil sich beide Vermögensmassen infolge der Universalsukzession vereinigt haben. Ist der Nachlass dürftig, weil zahlungsunfähig oder überschuldet, können die Erben zwecks Haftungsbeschränkung Nachlassinsolvenz beantragen. Nachlass und Eigenvermögen des Schuldners bilden nun zwei getrennte Massen, so dass über das Sondervermögen Nachlass ein zweites Insolvenzverfahren eröffnet werden muss. Damit sind sowohl Insolvenzgläubiger als auch Nachlassgläubiger nur auf die Vermögensteile beschränkt, die ihnen als Haftungsmassen von Anfang an zwecks Befriedigung zur Verfügung standen.

Stellen die Erben den Nachlassinsolvenzantrag nicht, können das auch die Nachlassgläubiger oder der Insolvenzverwalter tun.

X. Der Schuldner als Erbe – der Nachlass unter Testamentsvollstreckung

156 Ist der Schuldner vor oder nach Eröffnung des Insolvenzverfahrens Erbe geworden, fällt der Nachlass in die Masse. Das gilt auch dann, wenn der Nachlass unter **Testamentsvollstreckung** steht. Die Testamentsvollstreckung besteht jedoch auch während des Insolvenzverfahrens fort, so dass das Verwaltungs- und Verfügungsrecht über die Nachlassgegenstände nur dem Testamentsvollstrecker zusteht. Erst nach **Beendigung** der Testamentsvollstreckung unterliegt das gesamte Erbe dem **Verwertungsrecht des Nachlassinsolvenzverwalters.**[89] Der unter Testamentsvollstreckung stehende **Nachlass** bildet im Insolvenzverfahren des Schuldners eine **Sondermasse,** aus der nur die Nachlassgläubiger zu befriedigen sind. Das Erfordernis der Sondermasse ergibt sich hier aus § 2214 BGB.

---

88 BGH, Urt. v. 26.9.2013 – IX ZR 3/13, ZIP 2014, 137 Rn 16 f.
89 BGH, Urt. v. 11.5.2006 – IX ZR 42/05, NJW 2006, 2698.

Das gilt auch für die **Dauervollstreckung**, die höchstens 30 Jahre andauern 157 darf, §§ 2209, 2210 BGB. Während der Dauervollstreckung ist allein der Testamentsvollstrecker zur Verwaltung und zur Verfügung über den Nachlass berechtigt, § 2205 BGB. **Eigengläubiger** des Erben können sich während der Dauervollstreckung **nicht** an die Nachlassgegenstände halten, § 2214 BGB. Sie können ihre Forderungen nur gegenüber dem Insolvenzverwalter geltend machen. Nachlassgläubiger können sich an die der Testamentsvollstreckung unterliegenden Nachlassgegenstände halten.

Nutzungen, die der Testamentsvollstrecker aufgrund seiner ihm nach § 2216 158 Abs. 1 BGB obliegenden Verwaltungspflicht zu ziehen verpflichtet ist, fallen in vollem Umfang, soweit pfändbar, in die schuldnerische **Insolvenzmasse**. Der Insolvenzverwalter wird deshalb sein Amt bis zur Beendigung der Testamentsvollstreckung ausüben müssen, obwohl das Insolvenzgericht bestrebt sein wird, die Akten alsbald zu schließen. Hebt das Insolvenzgericht das Verfahren frühzeitig auf, kann im Wege der **Nachtragsverteilung** nach § 203 InsO eine Verwertung des restlichen Nachlasses zugunsten der Insolvenzgläubiger erfolgen. Allerdings ist darauf zu achten, dass das Insolvenzgericht bereits mit Aufhebung des Insolvenzverfahrens die Nachtragsverteilung anordnet, weil sonst nach Aufhebung die an den Schuldner zurückfließenden Beträge oder Gegenstände frei würden mit der Folge, dass jeder Gläubiger des Schuldners Zwangsvollstreckungsmaßnahmen ausbringen und diese Beträge oder Gegenstände allein für sich verwerten könnte.

Die **Antragsberechtigung auf Entlassung** des **Testamentsvollstreckers**, 159 die im Übrigen auch eine Pflichtverletzung desselben voraussetzt, geht trotz § 80 InsO nicht auf den Insolvenzverwalter über. Sollte ein Entlassungsgrund gegeben sein, könnte der Schuldner, bei dem das Antragsrecht auf Entlassung verblieb, aufgrund seiner **Mitwirkungspflicht** – § 97 Abs. 2 InsO – zur Antragstellung verpflichtet sein.

Hinweis
Sollte der Erblasser eine Dauertestamentsvollstreckung mit anschließender Nacherbfolge verknüpft haben, ist der Nachlass mit Ausnahme der zu ziehenden Nutzungen der Insolvenzmasse und damit den Insolvenzgläubigern in vollem Umfang entzogen.

Wird die Testamentsvollstreckung vor Befriedigung sämtlicher Nachlassverbind- 160 lichkeiten z.B. durch Tod des Testamentsvollstreckers beendet, ist der Insolvenzverwalter zur Befriedigung der Gläubiger nicht verpflichtet, die ihre Forderung gegen den Nachlass **erst durch Handeln des Testamentsvollstreckers** während des eröffneten Insolvenzverfahrens erworben haben. **Diese Gläubiger sind weder Masse- noch Insolvenz-, sondern Neugläubiger.** Sie können ihre Rechte nur wahren, indem sie gem. § 1981 Abs. 2 BGB Nachlassverwaltung oder gem. §§ 317, 320 InsO Nachlassinsolvenz beantragen. Es ist deshalb Vorsorge dafür zu treffen, dass das Amt des Testamentsvollstreckers durch eine weitere Person übernommen wird, bis sämtliche Nachlassverbindlichkeiten aus dem Nachlass befriedigt sind. Ansonsten ist nicht auszuschließen, dass die Testamentsvollstreckung deshalb Schaden leidet, weil nach Eröffnung des Insolvenzverfahrens über das Vermögen des Erben niemand mehr mit dem Testamentsvollstrecker Verträge eingehen wollte.

§ 20 Konzerninsolvenzrecht

Übersicht

A. Konzernbegriff —— 1
B. Konzerninsolvenz —— 3
C. Nationaler und europäischer Rechtsrahmen für die Bewältigung von Konzerninsolvenzen —— 6
    I. Die Bewältigung von Konzerninsolvenzen in Deutschland bis zum Inkrafttreten des Gesetzes zur Erleichterung der Bewältigung von Konzerninsolvenzen —— 8
        1. Der Weg der Praxis —— 11
        2. Erste Initiativen für eine gesetzliche Regelung von Konzerninsolvenzen —— 13
        3. Gesetzgebungsarbeiten —— 15
    II. Die Bewältigung von Konzerninsolvenzen in Deutschland seit dem 21.4.2018 auf Grund des Gesetzes zur Erleichterung der Bewältigung von Konzerninsolvenzen —— 21
        1. Ziele des Gesetzgebers —— 22
            a) Rechtliche Selbständigkeit der Einzelverfahren —— 23
            b) Entscheidung gegen Konsolidierungslösungen —— 25
            c) Kernpunkte der Reform —— 27
            d) Eigenverwaltung als Sanierungsoption bei Konzerninsolvenzen —— 30
        2. Begriff der Unternehmensgruppe —— 31
        3. Gruppen-Gerichtsstand —— 33
            a) Erfordernis von zwei Anträgen —— 35
            b) Antragsbefugnis —— 37
            c) Bedeutung des Schuldners innerhalb der Unternehmensgruppe —— 38
            d) Zentralisierung, § 2 Abs. 3 InsO —— 40
            e) Richterliche Zuständigkeit —— 41
            f) Gerichtliche Entscheidung —— 42
            g) Fortbestehen des Gruppen-Gerichtsstands, § 3b InsO —— 45
            h) Verweisung an den Gruppen-Gerichtsstand, § 3d InsO —— 46
        4. Verwalterbestellung bei Schuldnern derselben Unternehmensgruppe —— 47
            a) Abstimmungskriterien —— 50
            b) Einbindung des vorläufigen Gläubigerausschusses, § 56b Abs. 2 InsO —— 52
            c) Art und Weise der Abstimmung —— 55
            d) Anträge auf Anordnung der Eigenverwaltung —— 56
        5. Kooperationspflichten —— 57
            a) Zusammenarbeit der Insolvenzverwalter —— 59
            b) Zusammenarbeit der Insolvenzgerichte —— 66
            c) Zusammenarbeit der Gläubigerausschüsse —— 72
            d) Koordinationsverfahren —— 74
                aa) Einleitung des Koordinationsverfahrens —— 74
                bb) Bestellung eines Verfahrenskoordinators —— 77
                cc) Der Koordinationsplan —— 82
    III. Bewältigung von Konzerninsolvenzen nach der EuInsVO 2000 —— 88
        1. Praktische Lösungen —— 90
        2. Das europäische Gesetzgebungsverfahren zur Reform der EuInsVO —— 91
            a) Vorschlag der Kommission vom 12.12.2012 —— 92
            b) Weiterer Verfahrensgang —— 94

IV. Bewältigung von Konzerninsolvenzen nach der EuInsVO 2015 —— 95
1. Systematik und Anwendungsbereich von Kapitel V —— 96
2. Verhältnis zu Drittstaaten —— 99
3. Insolvenzverfahren i.S.d. Art 1 EuInsVO über das Vermögen von zwei oder mehr Mitgliedern einer Unternehmensgruppe —— 100
4. Gesetzliche Anpassung an nationales Recht —— 102
5. Zusammenarbeit und Koordination in Insolvenzverfahren über das Vermögen von Mitgliedern einer Unternehmensgruppe, (Art. 56–60 EuInsVO) —— 103
   a) Zusammenarbeit und Kommunikation der Verwalter —— 105
   b) Zusammenarbeit und Kommunikation der Gerichte —— 112
   c) Zusammenarbeit und Kommunikation zwischen Verwaltern und Gerichten —— 117
   d) Rechte des Verwalters bei Verfahren über das Vermögen von Mitgliedern einer Unternehmensgruppe —— 119
6. Koordinierung —— 121
   a) Antrag und Antragsbefugnis —— 124
   b) Zuständiges Gericht —— 128
   c) Eröffnung des Gruppen-Koordinationsverfahrens und Bestellung eines Verfahrenskoordinators —— 130
   d) Der Verfahrenskoordinator —— 132
      aa) Aufgaben und Befugnisse des Verfahrenskoordinators —— 134
      bb) Abberufung des Verfahrenskoordinators —— 136
      cc) Vergütung des Verfahrenskoordinators —— 139

A. Konzernbegriff

1 Der **Konzern** wird allgemein definiert als jede **Zusammenfassung mehrerer rechtlich selbstständiger Unternehmen** (sog Konzernunternehmen) unter **einheitlicher Leitung**. Diese – gesetzliche – Definition gilt sowohl für den Unterordnungskonzern (siehe § 18 Abs. 1 AktG) als auch für den Gleichordnungskonzern (siehe § 18 Abs. 2 AktG).[1] Nach Abs. 1 der vorgenannten Bestimmung bilden ein *herrschendes* und ein oder mehrere *abhängige Unternehmen* einen Konzern, wenn sie **unter einheitlicher Leitung** des herrschenden Unternehmens zusammengefasst sind *(Unterordnungskonzern)*. Nach § 18 Abs. 2 AktG bilden rechtlich selbstständige Unternehmen, auch ohne dass das eine von dem anderen Unternehmen abhängig ist, einen Konzern, wenn sie unter einheitlicher Leitung zusammengefasst sind *(Gleichordnungskonzern)*. Die Einzelnen zusammengefassten Unternehmen sind

---

[1] MüKo/Bayer, § 18 AktG Rn 1.

Konzernunternehmen. Sowohl beim Unterordnungs- als auch beim Gleichordnungskonzern ist die *einheitliche Leitung* das entscheidende Kriterium für den Begriff des Konzerns.[2] In aller Regel sind Konzerne Unterordnungskonzerne. Innerhalb dieser Unterscheidung erfolgt eine weitere Differenzierung zwischen Vertragskonzernen und faktischen Konzernen.[3] Regelmäßig sind in einer auf die Schaffung eines Mehrwerts ausgerichteten Konzernarchitektur eine Vielzahl von Rechts- bzw. Leistungsbeziehungen vorzufinden, die zu den allgemeinen Konzernleistungsstrukturen hinzutreten.[4] Dazu zählen insbesondere Personenidentität bei den Gesellschaftsorganen, Cash-Pool System[5] zur Optimierung der Liquiditätssteuerung, Gewährung von Darlehen (sog. upstream- bzw. downstream-loans), Besicherung von Konzern-Darlehen durch Vermögen einzelner oder aller Konzerngesellschaften sowie die Vermietung von Betriebsstätten und Betriebsmitteln.[6]

Die Konzerndefinition des Aktiengesetzes wird allgemein auch auf die GmbH angewandt.[7] Dagegen knüpft die Insolvenzordnung nicht an diesen Konzernbegriff an, sondern verwendet in § 3e einen eigenen Begriff der Unternehmensgruppe. Dabei setzt die Vorschrift des § 290 HGB den Maßstab für die Entscheidung, ob eine Unternehmensgruppe im Sinne der Bestimmung vorliegt.[8]

2

B. Konzerninsolvenz

Eine Konzerninsolvenz liegt dann vor, wenn zumindest **eine Konzerngesellschaft insolvent** ist. Mangels eigener Rechtspersönlichkeit kann für den Konzern kein Insolvenzverfahren eröffnet werden. Allerdings führt der Konzernverbund häufig dazu, dass die Insolvenz der Muttergesellschaft die Insolvenz von Tochtergesellschaften nach sich zieht oder umgekehrt.[9] Dieses spezielle Konzernphänomen wird als sog. **Dominoeffekt** bezeichnet; er kann gleichzeitig aber auch zeitversetzt erfolgen.[10] Die Gründe für diesen Effekt sind mannigfach. Sie beruhen z.B. darauf, dass die Muttergesellschaft zugunsten der Tochtergesellschaft Bürgschaften, Garantien oder (harte) Patronatserklärungen abgegeben hat und die Insolvenz der Tochterge-

3

---

2 MüKo/Busse von Colbe, 3. Aufl., 2013, § 290 HGB Rn 7.
3 Näher dazu Scholz/Emmerich, GmbHG, 10. Aufl., Anhang § 13 Rn 30. Zum Nachteilsausgleich im faktischen Aktienkonzern siehe BGH NJW 2009, 850.
4 Kühne, in: Beck/Depre, Praxis der Insolvenz, § 32 Rn 29.
5 Näher dazu Kaeser, DStR 2003, 655, 657; Morsch NZG 2003, 97 ff.
6 Siehe weitere Beispiele bei Kühne, a.a.O.
7 Scholz/Emmerich, a.a.O.
8 Laroche, ZInsO 2017, 2585, 2586; Pleister/Sturm, ZIP 2017, 2329, 2332; Uhlenbruck/Pape, § 3e InsO Rn 2.
9 Deyda, Der Konzern im europäischen internationalen Insolvenzrecht, 2007, S. 27.
10 Verhoeven, Die Konzerninsolvenz, 2011, S. 3 m.w.N.

sellschaft zur Inanspruchnahme der Muttergesellschaft führt. Befindet sich diese selbst in einer wirtschaftlichen Schieflage, kann dies zur eigenen Zahlungsunfähigkeit oder Überschuldung führen. Das Cash-Clearing[11], ein Mittel zur Optimierung der Konzernfinanzierung,[12] kann im Falle der Insolvenz der die Barmittel verwaltenden Konzerngesellschaft zur Zahlungsunfähigkeit der liquiditätsbedürftigen Konzerngesellschaften führen.[13] Den Gläubiger-Konzerngesellschaften droht demgegenüber die Überschuldung, weil sie ihre Rückzahlungsansprüche abschreiben müssen.[14]

4 Werden in einem Konzern mehrere Unternehmen insolvent, muss für jeden Unternehmensträger ein Insolvenzverfahren eröffnet und ein Insolvenzverwalter bestellt werden. Denn der **Grundsatz „eine Person, ein Vermögen, eine Insolvenz"** beansprucht auch dann Geltung, wenn es sich um konzernverbundene Unternehmensträger handelt.[15]

5 Auch wenn nicht insolvente Konzerngesellschaften von der Eröffnung des Insolvenzverfahrens anderer Konzerngesellschaften rechtlich nicht unmittelbar betroffen sind, ergeben sich aus dieser Situation gleichwohl **Folgewirkungen**. Unter der **Geltung der Konkursordnung** führte nach Auffassung des BGH die Eröffnung des Konkursverfahrens automatisch zur **Beendigung von Beherrschungs- und Gewinnabführungsverträgen**.[16] Für das geltende Recht ist diese Frage nicht abschließend geklärt.[17] Während die instanzgerichtliche Rechtsprechung[18] und zahlreiche Stimmen im juristischen Schrifttum der vorgenannten Auffassung des BGH sowohl für den Fall der Insolvenz der Obergesellschaft als auch der Untergesellschaft folgen, sprechen sich zahlreiche Stimmen in der Literatur[19] dafür aus, dass der Beherrschungs- und Gewinnabführungsvertrag weder mit Eröffnung des Insolvenzverfahrens über das Vermögen der Obergesellschaft automatisch ende noch

---

11 Dabei handelt es sich um die Verrechnung von konzerninternen Forderungen und Verbindlichkeiten zur Verringerung der konzerninternen Zahlungsflüsse. Das cash-clearing stellt ein wichtiges Element von cash-Management-Systemen dar (Morsch, NZG 2003, 97).
12 Piepenburg, NZI 2004, 231, 233.
13 Siehe z.B. LAG Düsseldorf, Urt. v. 10.12.2004 – 9(6) Sa 96/04, ZIP 2005, 999; Deyda, a.a.O., S. 28.
14 Hauptmann/Müller-Dott, BB 2003, 2525.
15 BT-Drucks. 18/407, S. 15. Dementsprechend hat das LAG Stuttgart durch Urteil v. 23.6.2015 – 22 Sa 61/14 – (ZIP 2016, 232) entschieden, dass die Zuständigkeit eines Konzernbetriebsrats für Interessenausgleichsverhandlungen auch dann spätestens mit der Insolvenzeröffnung endet, wenn eine geplante Betriebsänderung die Betriebe verschiedener Unternehmen betrifft. Dies gelte auch bei Eigenverwaltung mit Sachwalterbestellung.
16 BGH DNotZ 1988, 621 ff.
17 Zum Meinungsstand siehe Pleister/Theusinger, in: Flöther, Handbuch zum Konzerninsolvenzrecht, § 4 Rn 473 ff.
18 Siehe statt vieler OLG Hamburg NZG 2002, 189 ff.; Emmerich, in: Emmerich/Habersack, Aktien- und GmbH-Konzernrecht, § 297 Rn 52b.
19 Trendelenburg, NJW 2002, 647, 650; Rotstegge, Konzerninsolvenz, 2006, S. 271/272; Freudenberg, ZIP 2009, 2037, 2046.

dessen Suspendierung für die Dauer des Verfahrens eintrete. Vielmehr unterstehe der Vertrag in der Insolvenz der Obergesellschaft dem Rechtsregime des allgemeinen Insolvenzvertragsrechts (§ 103 InsO). Er ende nur im Falle einer Kündigung, insbesondere nach § 297 Abs. 1 S. 2 AktG oder wegen Verlustes der Unternehmenseigenschaft durch Stilllegung bzw. Übertragung des Schuldnerunternehmens. Eine außerordentliche Kündigung aus wichtigem Grund kommt z.B. in Betracht bei andauernder Erteilung unzulässiger Weisungen durch die Obergesellschaft oder andauernder Nichtbefolgung zulässiger Weisungen durch die abhängige Gesellschaft, desgleichen im Falle der Eröffnung des Insolvenzverfahrens über einen der Vertragspartner.[20]

C. Nationaler und europäischer Rechtsrahmen für die Bewältigung von Konzerninsolvenzen

Ebenso wenig wie die Insolvenzordnung erfasste die Verordnung (EG) Nr. 1346/2000 des Rates vom 29. Mai 2000 (EuInsVO), die am 31. Mai 2002 in Kraft getreten ist, bis zum Jahre 2017 ausdrücklich die Insolvenz von Konzernen. Diese Situation änderte sich am 21.4.2018 für das nationale Insolvenzrecht durch das an diesem Tag in Kraft getretene **Gesetz zur Erleichterung der Bewältigung von Konzerninsolvenzen**[21] grundlegend. Allerdings hat der deutsche Gesetzgeber davon abgesehen, das Konzerninsolvenzrecht als eigenständigen Teil der Insolvenzordnung zu gestalten. Es handelt sich bei den neuen Bestimmungen eher um eine vergleichsweise kleine Anzahl von Einzelvorschriften, die entsprechend ihrer inhaltlichen Zugehörigkeit die Insolvenzordnung ergänzen.[22] 6

Der Europäische Verordnungsgeber hat insoweit einen anderen Weg eingeschlagen. In **Kapitel V der Verordnung** (EU) 2015/848,[23] die nach ihrem Artikel 84 Abs. 1 S. 1 auf solche Insolvenzverfahren anzuwenden sind, die ab dem 26.6.2017 eröffnet worden sind, wurde ein **spezieller Rechtsrahmen für Konzerninsolvenzen** geschaffen, der eine effiziente Abwicklung und Koordination von Insolvenzverfahren betreffend die Mitglieder einer Unternehmensgruppe ermöglichen soll. Der Europäische Verordnungsgeber hat der Erkenntnis Rechnung getragen, dass im Falle der Insolvenz konzernverbundener Unternehmen die Gefahr besteht, dass die wirtschaftliche Einheit von Unternehmen dadurch auseinandergerissen wird, dass 7

---

20 Göhmann/Winnen, RNotZ 2015, 53, 57 m.w.N.
21 BGBl. I 2017, 866.
22 Riggert, NZI Beilage 1/2018, S. 3.
23 Inkraftgetreten ist die reformierte EuInsVO bereits am 25.6.2015 (Art. 92 Abs. 1). Die vorgenannte Bestimmung belegt in besonderer Weise, dass der Zeitpunkt des Inkrafttretens und der Geltung eines Gesetzes von einander abweichen können (Vallender, in: Vallender, EuInsVO, Art. 92 Rn 1).

einzelne Unternehmensteile ohne Rücksicht auf operative, betriebliche oder finanzielle Erfordernisse unterschiedlichen verfahrensrechtlichen Regimen und der Kontrolle mehrerer Verwalter unterworfen werden. Aus diesem Grunde sollen die Vorschriften in Kapitel V einerseits eine effiziente Abwicklung und Koordination von einzelnen Insolvenzverfahren gegen die Mitglieder derselben Unternehmensgruppe ermöglichen, ohne die bei stark integrierten Unternehmensgruppen übliche Praxis zu unterbinden, den Mittelpunkt der hauptsächlichen Interessen aller Mitglieder der Gruppe an ein und demselben Ort anzunehmen und die Verfahren demzufolge nur an einem Ort zu eröffnen[24]. Erwägungsgrund 54 S. 2 hebt ausdrücklich hervor, dass die eigene Rechtspersönlichkeit jedes einzelnen Gruppenmitglieds zu achten ist. Damit stellt der Europäische Gesetzgeber gleichzeitig klar, dass er an dem Grundprinzip „eine Person, ein Vermögen, eine Insolvenz" weiterhin festhält.

I. Bewältigung von Konzerninsolvenzen in Deutschland bis zum Inkrafttreten des Gesetzes zur Erleichterung der Bewältigung von Konzerninsolvenzen

8   Die Insolvenzordnung enthielt bis zum Inkrafttreten des Gesetzes zur Erleichterung der Bewältigung von Konzerninsolvenzen[25] am 21.4.2018 keine besonderen Regelungen zur Bewältigung der Insolvenz verbundener Unternehmen. Dies verwundert nicht, denn schon die Kommission für Insolvenzrecht lehnte 1985 in ihrem ersten Bericht eine entsprechende gesetzliche Regelung ab, weil sie über den Bereich des Insolvenzrechts weit hinausgreifen und zu grundlegenden Änderungen im geltenden Recht der verbundenen Unternehmen führen würde[26]. Ein gesetzlich geregelter einheitlicher Konzerngerichtsstand beeinträchtige die Interessen der abhängigen Gesellschaften oder ihrer Gläubiger[27].

9   Es trifft zwar zu, dass die Gläubiger die Befriedigung ihrer Forderungen dort suchen sollen, wo sie ihr Vertrauen im Rechtsverkehr gelassen haben[28]. Da aber Gläubiger bei Eingehung der Geschäftsbeziehung mit dem Schuldner sich in der Regel kaum Gedanken darüber machen dürften, wo die örtliche Zuständigkeit für die Eröffnung eines Insolvenzverfahrens belegen ist, fällt das Vertrauen der Gläubiger insoweit nicht ins Gewicht. Hinzu kommt, dass – anders als bei einem Insolvenzverfahren, das nach einer fremden Rechtsordnung abzuwickeln ist – die Geltendmachung der Forderung aufgrund bundeseinheitlicher Geltung der Insolvenzordnung

---

24 Vorschlag der Kommission vom 12.12.2012, 2012/060 (COD), S. 10.
25 BGBl. I 2017, 866.
26 Erster Bericht der Kommission für Insolvenzrecht, S. 292.
27 Uhlenbruck attestiert der Kommission insoweit „eine bemerkenswerte Abstinenz" (KTS 1986, 419, 428).
28 Uhlenbruck/Uhlenbruck, 12. Aufl., § 3 InsO Rn 2.

erfolgt. Die Problematik einer Rechtswahl („forum shopping") besteht bei nationalen Konzern- oder Gruppeninsolvenzen jedenfalls nicht in dem Umfang wie bei grenzüberschreitenden Insolvenzverfahren[29]. Selbst wenn ein Gläubiger bei einer Zuständigkeitskonzentration z.B. am Sitz des Gerichtes, bei dem zuerst der Insolvenzantrag eines konzernangehörigen Unternehmens eingegangen ist, den Insolvenzantrag gleichwohl an dem aus seiner Sicht zuständigen Gericht am Sitz des Schuldners stellt, droht ihm dadurch kein Nachteil. Zum einen trifft ihn keine Rechtspflicht, den Insolvenzantrag am örtlich zuständigen Insolvenzgericht einzureichen. Zum anderen hat das angerufene Gericht auf seine örtliche Zuständigkeit hinzuweisen und einen Antrag des Gläubigers auf Verweisung an das örtlich zuständige Gericht anzuregen. Bei entsprechendem Verweisungsantrag hat das unzuständige Gericht die Verweisung auszusprechen.

Selbst Minimalforderungen aus der Praxis nach einem einheitlichen Konzerninsolvenzgerichtsstand oder nach einer einheitlichen Insolvenzverwaltung des Vermögens mehrerer Konzernunternehmen erteilte die Kommission eine Absage. Der Grundsatz der Haftungstrennung mache es erforderlich, dass die Vermögen sämtlicher von der Insolvenz betroffener Konzernunternehmen allein im Interesse der jeweiligen Verfahrensbeteiligten, insbesondere der jeweiligen Gläubiger, verwaltet würden. Das **deutsche Konzernverständnis** setzte die **Eigenständigkeit der jeweiligen konzernangehörigen Gesellschaften** voraus, weshalb eine Vereinheitlichung von Rechts wegen weder materiell-rechtlich noch verfahrensrechtlich stattfand[30]. Dies hatte zur Folge, dass jedwedes konzernangehörige Unternehmen individuell ihren Gerichtsstand am jeweiligen Sitz hat.[31] 10

1. Der Weg der Praxis

Auch wenn spektakuläre Großinsolvenzen der Geschichte der Bundesrepublik nicht 11 fremd waren, trat die Insolvenz verbundener Unternehmen vor allem seit Beginn der Wirtschafts- und Finanzkrise im Jahre 2008 wieder in das allgemeine Blickfeld[32]. Bereits in den frühen Jahren der Nachkriegszeit waren Konzernkonkursverfahren zu verzeichnen[33]. Dies hinderte aber manche Autoren noch in den 70er des vergangenen Jahrhunderts nicht daran, die Auffassung zu vertreten, Konzernkonstrukte

---

29 Siehe zur Problematik auch Rotstegge, Konzerninsolvenz, 2005, S. 411.
30 Rotstegge, ZIP 2008, 955, 956.
31 Vgl. Ehricke, Das abhängige Unternehmen in der Insolvenz: Wege zur Vergrößerung der Haftungsmasse abhängiger Konzernunternehmen im Konkurs und Verfahrensfragen, 1998, § 6. II., S. 470 ff.; ders., DZWIR 1999, 353, 353; ders., ZInsO 2002, 393, 393; Eidenmüller, ZZP 114 (2001), 3, 7 f.; Uhlenbruck, NZI 1999, 41, 44.
32 Arcandor, PIN-AG; Quimonda, Hertie, Märklin, Sinn-Leffers, Wehmeyer.
33 U.a. Borgward, Herstatt Bank, AEG, Arbed Stahl.

könnten auf Grund ihrer Wirtschaftsmacht und ihres wirtschaftlichen Zusammenspiels nicht insolvent werden[34]. Die zahlreichen Beispiele von Großinsolvenzen der zurückliegenden Jahrzehnte und der jüngsten Vergangenheit belegen in eindrucksvoller Weise, dass diese Auffassung möglicherweise zu keinem Zeitpunkt haltbar war. Häufig führt die Insolvenz einer Gesellschaft dazu, dass davon auch andere Gesellschaften des Konzerns erfasst werden. Verantwortlich dafür sind neben der finanziellen Abhängigkeit der Konzerngesellschaften voneinander auch funktionale Verflechtungen innerhalb des Konzerns[35]. Rechtliche Probleme und wirtschaftliche Verluste treten in der Praxis vor allem dann auf, wenn die Verfahren über die einzelnen Konzerngesellschaften bei unterschiedlichen Insolvenzgerichten und von unterschiedlichen Insolvenzverwaltern geführt werden. Sieht man von vereinzelten Stimmen in der Literatur[36] ab, herrschte weitgehend Einigkeit darüber, dass die gebündelte Zuständigkeit in den Parallelverfahren Grundvoraussetzung für eine Koordinierung ist[37]. *Braun*[38] bezeichnet es gar als einen gravierenden Mangel der Insolvenzordnung, dass man auf eine Regelung der Konzerninsolvenz wenigstens durch eine Zuständigkeitskonzentration verzichtet habe.

12   Da die Insolvenzordnung bis zum 21.4.2018 die Insolvenz verbundener Unternehmen weder im Text noch konzeptionell berücksichtigte[39], wurden Konzerninsolvenzen von der gerichtlichen Praxis – wie zu Zeiten der Konkursordnung – zumeist pragmatisch bewältigt[40]. Um den Herausforderungen wirksam begegnen zu können, bildeten sich in der Insolvenzpraxis „best practice"-Standards heraus. Insolvenzgerichte und Insolvenzverwalter behalfen sich mit einer **flexiblen Interpretation des geltenden Insolvenzrechts** und ermöglichten auf diese Weise eine koordinierte Abwicklung der einzelnen Insolvenzverfahren über konzernverbundene Unternehmen.[41]

---

34 So z.B. Peltzer, AG 1975, 309, 310.
35 Wenner/Schuster, ZIP 2008, 1512, 1513.
36 Frind, ZInsO 2008, 261.
37 Die Kommission für Insolvenzrecht hat dagegen dem Gedanken eines einheitlichen Konzerninsolvenzgerichtsstands eine Absage mit der Begründung erteilt, ein solcher Gerichtsstand sei mit dem Zweck des Konzernrechts, den Schutz abhängiger Gesellschaften, ihrer Gesellschafter und Gläubiger zu gewährleisten, nicht vereinbar (Erster Bericht der Kommission für Insolvenzrecht, 1985, S. 292). Ob diese Ansicht tatsächlich zutrifft, soll an anderer Stelle näher untersucht werden.
38 Braun/Uhlenbruck, Unternehmensinsolvenz, 1997, S. 521.
39 Noack, Gesellschaftsrecht, 1999, Rn 712. Da der Konzern kein Rechtssubjekt ist, ist er auch nicht insolvenzfähig (§ 11 InsO). Von der Insolvenz betroffen sind die jeweiligen Konzerngesellschaften.
40 Uhlenbruck, KTS 1986, 419. Beispiele dafür sind die Verfahren Arcondor, PIN-AG, Babcock Borsig, KirchMedia, Herlitz. Rieble/Kolbe, KTS 2009, 281, 285 vertreten hierzu die Auffassung, der in diesen Verfahren erprobte modus operarandi lote die Grenzen des verfahrensrechtlich Erlaubten aus, ein Konzerninsolvenzrecht praeter legem schaffe er nicht.
41 Madaus, NZI Beilage 1/2018, S. 4. Das PIN-AG-Verfahren ist hierfür ein beredtes Beispiel (AG Köln ZIP 2008, 423).

2. Erste Initiativen für eine gesetzliche Regelung von Konzerninsolvenzen

Nachdem das Bundesjustizministerium bereits im Jahre 2007 eine Arbeitsgruppe zum Thema „Konzerninsolvenz" eingerichtet hatte, um Möglichkeiten für die Kodifizierung eines Konzerninsolvenzrechts auszuloten, wurde Bundesjustizministerin Leutheusser-Schnarrenberger bei ihrer Rede vor dem 7. Deutschen Insolvenzrechtstag am 17.3.2010 in Berlin hinsichtlich der zeitlichen und inhaltlichen Vorgaben für ein künftiges Konzerninsolvenzrecht konkret. Sie wies zunächst darauf hin, dass auch die Politik aus der Finanzkrise lernen müsse, die richtigen Schlüsse zu ziehen und das Recht so zu verändern, dass die Krise erfolgreich bewältigt werden könne und man besonders für die Zukunft besser gerüstet sei. Die Bundesregierung habe sich entschlossen, diese Aufgabe angesichts ihrer Größe in drei Stufen anzugehen. Längerfristige Ziele, die das Ministerium in einer dritten Stufe angehen werde, seien Regelungen für die Konzerninsolvenzen und die Insolvenzverwalter. Ziel müsse es sein, zu verhindern, dass ein Konzern unkontrolliert auseinanderfalle; es gelte, die Sanierungschancen zu erhalten. Eines der größten Hindernisse für die koordinierte Durchführung eines Insolvenzverfahrens sei bislang die Verteilung der einzelnen Konzerngesellschaften auf unterschiedliche Gerichte und verschiedene Verwalter. Dies führe nicht nur zu rechtlichen Problemen, sondern auch zu wirtschaftlichen Verlusten, die oft vermeidbar seien. Ihr sei – so die Ministerin – dabei wichtig, dass die bewährten Grundstrukturen der Insolvenzordnung beibehalten und die Regelung für Konzerne in das vorhandene System eingefügt würden. Es sei nicht möglich, die Vermögensmassen der einzelnen Konzernmitglieder einfach in einen großen Topf zu werfen und die Gläubiger daraus anteilig zu befriedigen. Dies wäre eine teilweise Enteignung der Gläubiger der solventen Konzerngesellschaften und wäre mit der Eigentumsgarantie des Grundgesetzes nicht zu vereinbaren. Deshalb müsse vermieden werden, dass es durch eine Verbindung der Verfahren zu einer faktischen Konsolidierung komme. Es sollte daher zwar für jede Konzerngesellschaft ein eigenes Verfahren erhalten bleiben, aber diese Verfahren müssten besser miteinander koordiniert werden. Hierzu gehöre die Festlegung eines einheitlichen Gerichtsstands. Regelungen auf Gerichtsseite reichten jedoch nicht aus. Mindestens ebenso wichtig sei eine enge Verzahnung auf Verwalterseite. So könne es in Einzelfällen sinnvoll sein, für alle Gesellschaften eines Konzerns einen gemeinsamen Verwalter zu bestellen; zumindest aber müssten die Verwalter zu einer engen Zusammenarbeit verpflichtet werden. Zu einer ganz besonderen Herausforderung würden Konzerninsolvenzen, wenn die Unternehmen in verschiedenen Ländern tätig sind. Wie dies am besten zu regeln sei, dazu gebe es Anregungen auf der Ebene der Vereinten Nationen, von der dortigen Handelsrechtskommission, und auch die EU werde sich damit künftig befassen. Beim deutsch-französischen Ministerrat habe sie Anfang des Jahres mit ihrer Amtskollegin vereinbart, dass Deutschland und Frankreich hier eng zusammenarbeiten und bei einem europäischen Konzerninsolvenzrecht gemeinsam vorgehen.

Darüber hinaus sah die Bundesregierung konzernrechtliche Sonderregelungen insbesondere für die Fälle als empfehlenswert an, in denen die durch den Konzern oder einen seiner Teile gebildete wirtschaftliche Einheit erhalten und saniert werden solle, sei es im Wege einer Reorganisation oder auch im Wege einer übertragenden Sanierung. Dabei liege es insbesondere in der Konsequenz des mit dem Gesetz zur weiteren Erleichterung der Sanierung von Unternehmen vom 7. Dezember 2011[42] eingeschlagenen Weges, die Möglichkeiten der Sanierung von Unternehmen auch im Konzernkontext zu verbessern. Dies gelte umso mehr, als bei einer Konzerninsolvenz erhebliche wirtschaftliche Werte und eine Vielzahl von Arbeitsplätzen auf dem Spiel stehen könnten. Bei einer Liquidation hingegen erscheine die Erhaltung der – ohnehin zu zerschlagenden – wirtschaftlichen Einheit weniger zwingend. Dennoch könne im Einzelfall eine koordinierte Liquidationsstrategie auch hier zur Vermeidung unnötiger Wertverluste beitragen.[43]

3. Gesetzgebungsarbeiten

15 Am 3.1.2013 legte das Bundesjustizministerium der Justiz den Diskussionsentwurf eines Gesetzes zur Erleichterung der Bewältigung von Konzerninsolvenzen vor[44] und leitete damit die dritte Stufe der in jener Legislaturperiode vorgesehenen Reformen im Insolvenzrecht ein.

Am 28.3.2013, kurz vor Ablauf der 17. Legislaturperiode, folgte der **Regierungsentwurf**[45], der nach den Wahlen zum 18. Deutschen Bundestag unverändert übernommen wurde.

16 Dieser sieht im Wesentlichen **vier Regelungsschwerpunkte** vor. Durch Einführung der §§ 3a bis 3d InsO-E sollen die Voraussetzungen zur Errichtung eines sogenannten Gruppen-Gerichtsstandes geschaffen werden. Dies soll die verfahrensmäßige Konzentration der über die gruppenangehörigen Schuldner eröffneten Einzelverfahren bei einem Gericht ermöglichen. § 3c InsO-E enthält als flankierende Maßnahme zu den allgemeinen Gerichtsstandsbestimmungen eine innergerichtliche Zuständigkeitsregel. Die Führung sogenannter Gruppenfolgeverfahren wird demjenigen Richter zugewiesen, der für das Verfahren zuständig ist, kraft dessen der Gruppengerichtsstand begründet wurde.[46]

17 § 56b InsO-E regelt für den Fall, dass Einzelverfahren trotz der Möglichkeit zur Begründung des Gruppen-Gerichtsstandes an unterschiedlichen Insolvenzgerichten geführt werden, eine entsprechende Prüfungs- und zwischengerichtliche Abstimmungspflicht. Danach haben die für die Abwicklung der Gruppenverfahren zustän-

---

42 BGBl. I S. 2583.
43 BT-Drucks. 18/407, S. 16.
44 Näher dazu Brünkmans, ZIP 2013, 193.
45 BT-Drucks. 18/407.
46 Flöther, Handbuch zum Konzerninsolvenzrecht, § 1 Rn 8.

digen Gerichte darüber zu entscheiden, ob es im Interesse der Gläubiger liegt, einen einzigen Verwalter für mehrere oder sämtliche Verfahren zu bestellen.

Die §§ 269a ff. InsO-E enthalten im Falle der Bestellung mehrerer Verwalter für die gruppenangehörigen Schuldner Regelungen, die eine Pflicht der Beteiligten zur Kooperation begründen. So sind die Insolvenzverwalter gruppenangehöriger Schuldner untereinander zur Unterrichtung und Zusammenarbeit verpflichtet, soweit hierdurch nicht die Interessen der Beteiligten des Verfahrens beeinträchtigt werden, für das sie bestellt sind. 18

Darüber hinaus sieht der Regierungsentwurf die Ermöglichung von „Koordinationsverfahren" vor (§§ 269d ff. InsO-E). Nach diesem Konzept wird einer der im Rahmen einer **Konzerninsolvenz** tätigen Verwalter zum „Verfahrenskoordinator" ernannt, der sich um die Abstimmung zwischen den einzelnen Insolvenzverfahren zu kümmern hat. 19

In der ersten Beratung des Regierungsentwurfs am 14.2.2014 lobten die Koalitionsfraktionen, dass damit an die bestehende Rechtspraxis angeknüpft werde. Die Opposition beklagte dagegen mangelnden Mut. Der Entwurf wurde zur weiteren Beratung in den Rechtsausschuss überwiesen. Es dauerte dann noch drei Jahre bis zur Verkündung des Gesetzes zur Erleichterung der Bewältigung von Konzerninsolvenzen im Bundesgesetzblatt[47] am 13.4.2017.[48] 20

II. Die Bewältigung von Konzerninsolvenzen in Deutschland seit dem 21.4.2018 auf Grund des Gesetzes zur Erleichterung der Bewältigung von Konzerninsolvenzen

Die am 21.4.2018 in Kraft getretenen Regelungen zum Konzerninsolvenzrecht auf Grund des Gesetzes zur Erleichterung der Bewältigung von Konzerninsolvenzen[49] bilden **keinen eigenständigen Teil der Insolvenzordnung**, sondern finden sich als Einzelnormen bei den Zuständigkeitsvorschriften (§§ 3a bis 3e) und in einem besonderen Kapitel, dem siebten Teil der InsO (Koordinierung der Verfahren von Schuldnern, die derselben Unternehmensgruppe angehören, §§ 269a bis 269i). 21

---

[47] BGBl. I 2017, 866.
[48] Siehe ferner Drucksachen BR-Drucks. 663/13 (Gesetzentwurf), BT-Drucks. 18/407 (Gesetzentwurf), BT-Drucks. 18/11436 (Beschlussempfehlung und Bericht); Plenum: 1. Durchgang: BR-PlPr 915, S. 511 B; 1. Beratung: BT-PlPr 18/15 S. 1141B–1148D, 2. Beratung: BT-PlPr 18/221 S. 22262C–22262D, 3. Beratung: BT-PlPr 18/221 S. 22262D, 2. Durchgang: BR-PlPr 956 S. 174A.
[49] BGBl. I 2017, 866.

1. Ziele des Gesetzgebers

22 Durch die Einführung besonderer Regelungen zur Bewältigung von Konzerninsolvenzen wollte der Gesetzgeber die Grundsätze und Zielbestimmungen des geltenden Insolvenzrechts (§ 1 InsO) nicht in Frage stellen oder abändern. Die neuen Bestimmungen zielen vielmehr darauf ab, diesen Grundsätzen und Zielbestimmungen im Konzernkontext Geltung zu verschaffen.[50] Einerseits soll der Wert konzernförmig organisierter Unternehmen vor solchen Verlusten bewahrt werden, die infolge einer dezentralisierten Insolvenzabwicklung im Rahmen einer Mehrzahl von Verfahren über die Vermögen der einzelnen Konzerngesellschaften eintreten können. Andererseits soll verhindert werden, dass es zu Verteilungseffekten zwischen den Gläubigern unterschiedlicher Konzerngesellschaften kommt.[51] Soweit eine konzernweite Sanierung angestrebt wird, bietet das Insolvenzplanverfahren weiterhin den entsprechenden rechtlichen Rahmen an.

a) Rechtliche Selbständigkeit der Einzelverfahren

23 Da das neue Konzernrecht weiterhin von der rechtlichen **Selbständigkeit der Einzelinsolvenzverfahren** ausgeht, ist eine alle Rechtsträger erfassende koordinierte Konzernsanierung durch **inhaltliche abgestimmte Insolvenzpläne** der einzelnen Unternehmen möglich.[52] Die Grundlage hierfür schafft der **Koordinationsplan** als zentrales Element des Koordinationsverfahrens (§ 269h InsO). Voraussetzung für ein abgestimmtes Vorgehen ist Zustimmung der Gläubiger in allen parallelen Verfahren für die Durchführung eines solchen Planverfahrens und die Annahme des jeweiligen Insolvenzplans in allen Insolvenzverfahren der einzelnen Gruppengesellschaften.

24 Letztlich sollen die einzelnen Verfahren stärker aufeinander abgestimmt werden, um so im Idealfall Synergieeffekte heben zu können. Gleichzeitig soll eine privatautonome Abstimmung dadurch verbessert werden, dass ein **Gruppen-Wahlgerichtsstand** sowie Informations- und Kooperationspflichten der Verfahrensbeteiligten geschaffen werden. Damit steuern die neuen konzernrechtlichen Vorschriften eine verstärkte Verfahrenskooperation und -koordination an. Ziel dieser Abstimmungen ist die Massevergrößerung zugunsten der Gläubiger, indem die wirtschaftliche Einheit des Konzerns erhalten und so ein höherer Wert für die Gläubiger realisiert wird.[53]

---

50 BT-Drucks. 18/407, S. 16.
51 BT-Drucks. 18/407, S. 16.
52 Specovius, NZI Beilage 1/2018, 35; Pleister, ZIP 2013, 1013, 1016.
53 Pleister/Sturm, ZIP 2017, 2329/2330.

b) Entscheidung gegen Konsolidierungslösungen

Mit dem am 21.4.2018 in Kraft getretenen Gesetz zur Erleichterung der Bewältigung von Konzerninsolvenzen hat der deutsche Gesetzgeber sich **gegen** die Einführung eines einheitlichen Konzerninsolvenzrechts, insbesondere gegen **Konsolidierungslösungen** entschieden. Materiell-rechtliche Fragestellungen im Zusammenhang mit der Insolvenz von Unternehmensgruppen werden durch das neue Konzernrecht nicht gelöst.[54]

25

Grund für diese Enthaltsamkeit ist, dass sich – so die Gesetzesbegründung – eine solche Lösung nicht mit den im Gesellschafts- und Konzernrecht verwirklichten Grundsätzen der Haftungstrennung und der rechtlichen Selbständigkeit vereinbaren lasse.[55] Eine Massekonsolidierung durchbreche den Grundsatz der Haftungstrennung und gehe damit zulasten der Gläubiger solcher Konzerngesellschaften, deren Vermögensausstattung bei isolierter Insolvenzabwicklung höhere Befriedigungsquoten erwarten lassen würde, als sie im Rahmen einer Massekonsolidierung erzielbar seien. Damit würden nicht nur legitime Haftungserwartungen von Gläubigern enttäuscht. Vielmehr wäre auch ein Anstieg der Kosten für künftigen Kredit zu befürchten. Denn Gläubiger könnten ihre Kreditvergabeentscheidung nicht mehr nur allein auf eine Kreditwürdigkeitsprüfung der Schuldnergesellschaften stützen, sondern müssten zusätzlich auch die Verhältnisse im Gesamtkonzern prüfen und ggf. überwachen.[56]

Ebenso hat der Gesetzgeber von einer verfahrensrechtlichen Zusammenfassung abgesehen, weil die Unterstellung einer Mehrzahl von Konzerngesellschaften unter das Dach eines einheitlichen Konzernverfahrens nicht nur in Bezug auf lose strukturierte Konzernverbindungen übermäßig erscheine, sondern darüber hinaus auch bei integrierten Konzernstrukturen eine Vielzahl von Fragen im Zusammenhang mit der verfahrensinternen Bewältigung von Interessenkonflikten zwischen den beteiligten Konzerngesellschaften und deren Gläubigern aufwerfe.

26

c) Kernpunkte der Reform

Mit den Regelungen in §§ 3a–3e InsO hat der Gesetzgeber die verfahrensrechtliche Grundlage für eine koordinierte Insolvenzabwicklung im Konzernverbund geschaffen. Über den einheitlichen Gerichtsstand wird in der Praxis eine einheitliche Verwalterbestellung und damit ein abgestimmtes wirtschaftliches Vorgehen ermög-

27

---

54 Commandeur/Römer, NZG 2017, 776, 779; Föther, NZI Beilage 1/2018, 6.
55 BT-Drucks. 18/407, S. 17.
56 Kritisch zu diesen Erwägungen Madaus, NZI Beilage 1/2018, 6, der beanstandet, dass diese kategorischen Annahmen weder belegt seien noch den Erfahrungen mit dieser Verfahrensoption im Ausland, insbesondere in den USA, entsprächen, wo das Gericht Konzerninsolvenzverfahren im Ausnahmefall auch materiell konsolidieren dürfe. Ähnlich Humbeck, NZI 2013, 957.

licht. Mit den vorgenannten Bestimmungen legitimiert der Gesetzgeber die bisherige Praxis, in geeigneten Fällen die Verfahren für alle Gruppenunternehmen an einem Gericht zu konzentrieren und in allen Verfahren einen einheitlichen Insolvenzverwalter einzusetzen.[57]

28 Den bereits nach geltendem Recht bestehenden Kooperationspflichten der Verwalter trägt der Gesetzgeber mit der Regelung des § 269a InsO Rechnung und schafft damit Grundlagen für die zwischengerichtliche Zusammenarbeit. Darüber hinaus nimmt er die Gerichte „in die Pflicht". Sie haben sich in der Frage abzustimmen, ob zur Minimierung von Reibungsverlusten im Zuge von Abstimmungserfordernissen eine Person in mehreren oder allen Verfahren zum Verwalter bestellt werden kann (siehe § 269b Abs. 1 S. 2 Nr. 3 InsO).

29 Einen wesentlichen Schwerpunkt der Reform bildet die Einführung des **Koordinationsverfahrens** in den §§ 269d ff. InsO. Entsprechende Regelungen finden sich auf europäischer Ebene in den Art. 61 bis 77 EuInsVO. Das in den §§ 269d ff. InsO geregelte Verfahren soll die Abstimmung der Einzelverfahren verbessern, ohne deren Selbständigkeit in Frage zu stellen. In seinem Rahmen wird eine Person, die sowohl von den gruppenangehörigen Unternehmen als auch von den für diese bestellten Insolvenzverwaltern und Sachwaltern unabhängig sein soll, als Verfahrenskoordinator mit der Koordination der Einzelverfahren betraut (§ 269e Abs. 1 S. 2 InsO). Seine Aufgabe besteht darin, Vorschläge für die abgestimmte Insolvenzverwaltung auszuarbeiten. Eine besondere Stellung nimmt dabei der vom Verfahrenskoordinator vorzulegende und vom Koordinierungsgericht zu bestätigende Koordinationsplan ein, der als Referenzplan für die auf der Ebene der Einzelverfahren, insbesondere auf der Grundlage von Insolvenzplänen, zu ergreifenden Maßnahmen dient.[58]

d) Eigenverwaltung als Sanierungsoption bei Konzerninsolvenzen

30 Als **Sanierungsoption** bietet sich die **Eigenverwaltung** auch bei der Insolvenz konzernverbundener Unternehmen an.[59] Dies gilt z.B. für Umstrukturierungsmaßnahmen, die nicht nur im von der Insolvenz betroffenen Unternehmen, sondern auch in abhängigen Tochterunternehmen aufgrund der Kenntnisse des Managements und der ggfls. bestehender Personenidentität leichter umgesetzt werden können.[60] Während der Diskussionsentwurf des Bundesjustizministeriums[61] noch von

---

57 Madaus, NZI Beilage 1/2018, 4.
58 BT-Drucks. 18/407, S. 18.
59 Näher dazu Vallender, NZI 2020, 761, 763.
60 Pleister/Theusinger, in: Kübler, Handbuch der Restrukturierung in der Insolvenz, § 50 Rn 24.
61 Abrufbar auf der homepage des BMJV, Stichwort: Diskussionsentwurf des Bundesministeriums der Justiz Entwurf eines Gesetzes zur Erleichterung der Bewältigung von Konzerninsolvenzen.

einer Regelung zur **Eigenverwaltung in der Konzerninsolvenz** abgesehen hatte[62], enthält das Gesetz zur Erleichterung der Bewältigung von Konzerninsolvenzen erstmals eine Vorschrift zur Eigenverwaltung bei gruppenangehörigen Schuldnern.[63] **§ 270d InsO** bestimmt, dass bei Anordnung der Eigenverwaltung oder der vorläufigen Eigenverwaltung bei einem gruppenangehörigen Schuldner der Schuldner den Kooperationspflichten des § 269a InsO unterliegen soll. Abs. 2 der Vorschrift sieht vor, dass dem eigenverwaltenden Schuldner nach Verfahrenseröffnung die Antragsrechte nach § 3a Abs. 3 InsO (Begründung des Gruppen-Gerichtsstands), § 3d Abs. 2 InsO (Verweisung an das Gericht des Gruppen-Gerichtsstands) und § 269d Abs. 2 InsO (Einleitung eines Koordinationsverfahrens) zustehen sollen. Zur Aufrechterhaltung des Konzernverbundes in der Eigenverwaltung bedarf es nicht nur der Anordnung der Eigenverwaltung in allen Konzerngesellschaften, sondern im Regelfall auch der Bestellung eines (vorläufigen) Sachwalters für alle Konzerngesellschaften.[64] Dazu kann die auch in Eigenverwaltungsverfahren rechtlich zulässige Begründung eines Gruppengerichtsstandes beitragen (§§ 270d S. 2, 3a InsO), wobei im Idealfall derselbe Richter für alle Verfahren zuständig ist.[65]

Die Frage, ob auch den (vorläufigen) Sachwalter und die Organe der eigenverwalteten Gesellschaften eines Konzerns untereinander eine Kooperationspflicht trifft und ob eine solche zwischen Schuldner und Verfahrenskoordinator besteht, beantwortet die Vorschrift nicht. Während *Brünkmans*[66] sich für Kooperationspflichten von Sachwaltern und Organen einzelner Konzerngesellschaften ausspricht, gehen *Thole*[67] und *Specovius*[68] von einer nur mittelbaren Pflichtenbindung der Organe über die Legalitätspflicht im Innenverhältnis aus. Nach Auffassung von *Pleister/Theusinger*[69] ergibt sich für Organe die entsprechende Verpflichtung aus § 276a InsO, der die Kooperation über die Eigentümer gerade ausschließe, so dass ohne Kooperation der Organe eine vollkommen ungeordnete Eigenverwaltung drohe. Für die (vorläufigen) Sachwalter folge die Kooperationspflicht aus der praktischen Notwendigkeit, eventuelle konzernweite Anfechtungsfragen zu klären.

---

62 Kritisch dazu Brünkmans, ZIP 2013, 193, 199; Andres/Möhlenkamp, BB 2013, 579, 587.
63 Zutreffend weist Westphal (NZI-Beilage 1/2018, 44) darauf hin, dass die Komplexität eines Konzerns die Anordnung der Eigenverwaltung nahelegt, weil auf diese Weise der für das Gelingen einer Sanierung so wichtige Konzernverbund aufrechterhalten werden könne.
64 Vallender, NZI 2020, 761, 765; Westphal, NZI Beilage 1/2018, 42.
65 Näher dazu Ausführungen Rn 41.
66 ZIP 2013, 193, 199 ff.
67 in KPB, § 269a InsO Rn 14.
68 in Braun, § 270d InsO Rn 8.
69 in Kübler, Handbuch der Restrukturierung in der Insolvenz, § 50 Rn 28.

2. Begriff der Unternehmensgruppe

31 Der Gesetzgeber knüpft mit der **Legaldefinition einer Unternehmensgruppe** nicht an einen bestimmten Konzernbegriff an. Vielmehr hat er in **§ 3e InsO** einen eigenen Begriff der Unternehmensgruppe geschaffen.[70] Danach besteht die Unternehmensgruppe aus **rechtlich** selbständigen Unternehmen, die den Mittelpunkt ihrer hauptsächlichen Interessen im Inland haben und die unmittelbar oder mittelbar verbunden sind durch die Möglichkeit der Ausübung beherrschenden Einflusses oder eine Zusammenfassung unter einheitlicher Leitung. Diese Regelung soll vermeiden helfen, dass bei der Frage, ob die konzernrechtlichen Regelungen Anwendung finden, komplexe Rechts- und Tatsachenprüfungen zu erfolgen haben.[71] Darüber hinaus soll die **weite Fassung** der Vielgestaltigkeit des Konzernphänomens hinreichend Rechnung tragen.[72] Die Möglichkeit der Ausübung eines beherrschenden Einflusses[73] kann ebenso wie die Verbindung durch einheitliche Leitung der Gruppenunternehmen[74] eine Verbindung schaffen, die dazu führt, dass eine Unternehmensgruppe besteht.

32 Auszulegen ist der Begriff der Unternehmensgruppe in Anlehnung an die bilanzrechtlichen Regelungen zum Konzernabschluss, namentlich **§ 290 HGB**, wobei ein Zurückgreifen auf den Prüfungsmaßstabs des Abs. 3 der Vorschrift naheliegt.[75] § 3e InsO geht insoweit allerdings noch einen Schritt weiter, als auch die Muttergesellschaft, die nicht Kapitalgesellschaft ist, zur Unternehmensgruppe i.S.d. Vorschrift zählt. Von § 18 AktG weicht der insolvenzrechtliche Konzernbegriff insoweit ab, als bereits die bloße Möglichkeit der Beherrschung durch die Muttergesellschaft ausreicht.[76] Dieser **weite Konzernbegriff** ermöglicht zwar einerseits eine schnelle Prüfung des Konzerninsolvenzgerichtsstandes, umfasst aber unter Umständen auch Firmenkonglomerate, deren einzelne Unternehmen völlig getrennten Geschäftsgegenständen nachgehen und damit von einem Konzern weit entfernt sind.[77] In einem solchen Fall ist nicht zu erkennen, dass eine Koordination der einzelnen Verfahren wirtschaftliche Vorteile für die Gläubigergemeinschaft erwarten lässt.

33 Die **grundlegende Bedeutung des § 3e InsO** für die Behandlung der Insolvenz konzernverbundener Unternehmen ist darin zu sehen, dass sie den Anwendungsbe-

---

[70] Spezielle Konzernbegriffe für die jeweilige Rechtsmaterie zugrunde zu legen, ist dem deutschen Recht nicht fremd (Wilhelm, in: Wilhelm, Konzerninsolvenzrecht, S. 51).
[71] Graf-Schlicker, in: Graf-Schlicker, § 3e InsO Rn 2.
[72] Graf-Schlicker, in: Bankrechtstag 2013, S. 27, 30.
[73] § 3e InsO erklärt die Kapitalgesellschaft &Co. KG ausdrücklich als gruppenzugehörig, ohne dass es insoweit auf die Frage eines beherrschenden Einflusses ankommt.
[74] Diese ist zwar kennzeichnend für den Konzernbegriff, § 3e InsO lässt es aber ausreichen, die Möglichkeit einer beherrschenden Einflussnahme bestand.
[75] BT-Drucks. 18/407, S. 23 ff., 28; Flöther/Thole, Handbuch Konzerninsolvenz, § 2 Rn 29.
[76] BT-Drucks. 18/407, S. 28 ff.
[77] Frind, ZInsO, 2013, 429, 430.

reich der in der InsO enthaltenen Regelungen über das Konzerninsolvenzrecht (§§ 3a ff., 13a, 56b, 269a ff., 270d) näher festlegt.[78] Die Zugehörigkeit eines Unternehmens zur Unternehmensgruppe entscheidet darüber, ob ein einheitlicher Gruppengerichtsstand beantragt werden kann, bei dem Insolvenzverfahren über Gesellschaften derselben Unternehmensgruppe konzentriert werden (§ 3a InsO) sowie über etwaige Koordinationspflichten der §§ 269a ff., 270d InsO.[79] Darüber hinaus ermöglicht sie die Durchführung eines eigenständigen Koordinationsverfahrens (§§ 269d ff. InsO) und die Einrichtung eines Gruppen-Gläubigerausschusses.

3. Gruppen-Gerichtsstand

§ 3a InsO enthält Gerichtsstandsregelungen, die eine **Konzentration der Insolvenzverfahren** über Vermögen von Unternehmensträgern, die derselben Unternehmensgruppe i.S.d. § 3e InsO angehören, an ein und demselben Insolvenzgericht ermöglichen (Gruppen-Gerichtsstand). Dies trägt zur Erhöhung der Transaktionsvorteile bei und schafft eine bessere Grundlage, die Wertschöpfung durch die wirtschaftliche Einheit der Gruppe möglichst für die Gläubiger zu erhalten.[80] Die Vorschrift schafft keine Verfahrenskonzentration am Sitz der Muttergesellschaft, sondern verschafft dem Prioritätsprinzip Geltung.[81] Bei dem Gruppen-Gerichtsstand handelt es sich um einen **Wahlgerichtsstand**[82] und nicht um einen ausschließlichen Gerichtsstand. Er entfaltet **keine Sperrwirkung** gegenüber dem Gerichtsstand des Mittelpunkts der selbständigen wirtschaftlichen Tätigkeit gem. § 3 Abs. 1 S. 2 InsO. Soweit ein Gruppen-Gerichtsstand begründet ist, verliert § 3 Abs. 1 InsO seine Stellung als ausschließlicher Gerichtsstand.[83] Der Gruppengerichtsstand tritt neben die nach § 3 Abs. 1 InsO bestehenden Gerichtsstände; er ist insoweit gleichberechtigt neben dem Gruppen-Gerichtsstand.[84] Jedes schuldnerische Unternehmen kann selbst entscheiden, ob es seinen Eröffnungsantrag am nach § 3 InsO oder § 3a InsO zuständigen Gericht stellt. Der Gerichtsstand nach § 3 InsO steht insoweit gleichbe-

34

---

[78] Sternal, in: Kayser/Thole, § 3e InsO Rn 1.
[79] Prosteder, NZI Beilage 1/2018, S. 9.
[80] Graf-Schlicker, in: Graf-Schlicker, § 3a Rn 1; ähnlich Laroche, ZInsO 2017, 2586, 2587.
[81] Baumert in Braun, InsO, § 3a Rn 18, der zutreffend darauf hinweist, dass die Regelung ein gewisses Druckpotenzial gegenüber der operativen Konzernleitung ermöglicht, allerdings könne das angerufene Gericht dem insoweit entgegensteuern, als es den Antrag mit der Begründung ablehnen könne, eine Verfahrenskonzentration am angerufenen Gericht liege nicht im gemeinsamen Interesse der Gläubiger.
[82] Laroche, ZInsO 2017, 2585, 2589.
[83] BT-Drucks. 18/407, S. 20.
[84] Gelbrich/Flöther, in: BeckOK InsO, Fridgen/Geiwitz/Göpfert, § 3a Rn 32, 18. Edition, Stand: 15.1.2020.

rechtigt neben dem Gruppen-Gerichtsstand.[85] Von einer Zusammenführung verschiedener Gerichtsstände sollte regelmäßig abgesehen werden, wenn Synergieeffekte durch eine einheitliche Bearbeitung nicht zu erwarten sind oder hinter die Nachteile, die eine getrennte ortsnahe Bearbeitung im Einzelfall haben kann, zurücktreten.[86] Eine solche Verfahrensweise liegt bei horizontalen oder anorganischen Konzernen nahe.

34a Die Vorschrift des § 3a wurde durch Art. 5 Nr. 3 des **SaninsFoG**[87], in Kraft getreten am 1.1.2021, um einen **Absatz 4** ergänzt. Danach erklärt sich auf Antrag des Schuldners unter den Voraussetzungen des Absatzes 1 das für Gruppen-Folgeverfahren zuständige Gericht, sofern es nach § 34 des Unternehmensstabilisierungs- und -restrukturierungsgesetzes (StaRUG) für Entscheidungen in Restrukturierungssachen zuständig ist, als Restrukturierungsgericht auch für Gruppen-Folgeverfahren in Insolvenzsachen nach Absatz 1 für zuständig.[88] Die Vorschrift ergänzt § 37 StaRUG. Nach Abs. 1 dieser Bestimmung erklärt sich auf Antrag eines Schuldners, der einer Unternehmensgruppe i.S.d. § 3e InsO angehört, das angerufene Restrukturierungsgericht für Restrukturierungssachen anderer gruppenangehöriger Schuldner (Gruppen-Folgeverfahren) für zuständig, wenn dieser Schuldner einen zulässigen Antrag in der Restrukturierungssache gestellt hat und er nicht offensichtlich von untergeordneter Bedeutung für die gesamte Unternehmensgruppe ist. Die Regelung des § 3a Abs. 4 InsO bezweckt eine möglichst weitgehende **Zusammenfassung der Insolvenz- und Restrukturierungssachen** innerhalb einer Unternehmensgruppe, indem alle Gruppen-Folgeverfahren bei einem Insolvenzgericht, das auch Restrukturierungsgericht ist, zusammengefasst werden können.[89]

a) Erfordernis von zwei Anträgen

35 Die Errichtung eines Gruppen-Gerichtsstands setzt zunächst einen **zulässigen Insolvenzeröffnungsantrag**[90] des Schuldners oder eines Gläubigers nach §§ 13, 14 InsO bei dem für das Insolvenzverfahren zuständigen Gericht voraus.[91] Dieser An-

---

85 Gelbrich/Flöther, in: BeckOK InsO, Fridgen/Geiwitz/Göpfert,§ 3a Rn 32, 18. Edition, Stand: 15.1.2020.
86 Laroche ZInsO 2017, 2585, 2591.
87 Gesetz zur Fortentwicklung des Sanierungs- und Insolvenzrechts (Sanierungs- und Insolvenzrechtsfortentwicklungsgesetz), BGBl. I 2020, S. 3256.
88 Begr. RegE SanInsFoG S. 226.
89 Begr. RegE SanInsFoG S. 226.
90 Nicht erforderlich ist, dass der Eröffnungsantrag begründet ist. Diese Prüfung würde zeit- und aufwandsintensive Ermittlungen tatsächlicher und rechtlicher Art erfordern und damit einer möglichst frühzeitigen Festlegung des Gruppengerichtsstandes schon im Eröffnungsstadium entgegenstehen (BT-Drucks. 18/407, S. 26).
91 AG Hannover NZI 2019, 115=ZIP 2018, 2285, 2286.

trag ist von dem daneben erforderlichen **Antrag nach §§ 3a, 13a InsO** auf Begründung eines Gruppen-Gerichtsstandes für alle Folgeverfahren der gruppenangehörigen insolventen Unternehmen zu unterscheiden. Dieser Antrag bedarf umfangreicher Darlegungen gemäß dem in § 13a Nr. 1–5, 13a Abs. 2 InsO aufgeführten Katalog. Er hat neben Angaben zur Unternehmensgruppe, zur Mitarbeiterzahl sowie zu den relevanten Finanzkennzahlen auch Darlegungen darüber zu enthalten, ob eine Fortführung oder Sanierung der Unternehmensgruppe oder eines Teils davon angestrebt wird (§ 13a Abs. 3 InsO).[92] Bereits aus Gründen der Zeitersparnis empfiehlt es sich, **beide Anträge gleichzeitig** zu stellen.

Der Gruppen-Gerichtsstand kann nur dort begründet werden, wo der erste Antrag auf Begründung dieses Gerichtsstand gestellt wurde (**Prioritätsprinzip**). Besteht insoweit Unklarheit, ist der Antrag des Schuldners maßgeblich, der im abgeschlossenen Geschäftsjahr die meisten Arbeitnehmer beschäftigt hat. Die anderen Anträge sind unzulässig (§ 3a Abs. 1 S. 3 InsO). 36

b) Antragsbefugnis

Nach dem eindeutigen Gesetzeswortlaut des § 3a InsO ist **nur der Schuldner** berechtigt, diesen Antrag stellen. Abs. 3 sieht indes vor, dass das Antragsrecht des Schuldners mit der Eröffnung des Insolvenzverfahrens auf den Insolvenzverwalter übergeht. Wird vor Verfahrenseröffnung ein vorläufiger Insolvenzverwalter bestellt, auf den die Verwaltungs- und Verfügungsbefugnis über das schuldnerische Vermögen übertragen wird, so geht die Antragsbefugnis ebenfalls auf diesen über. 37

c) Bedeutung des Schuldners innerhalb der Unternehmensgruppe

Als weitere Zulässigkeitsvoraussetzung nennt das Gesetz in § 3a Abs. 1 S. 1 InsO, dass der – einer Unternehmensgruppe[93] zugehörige – Schuldner **nicht offensichtlich von untergeordneter Bedeutung für die gesamte Unternehmensgruppe** i.S.d. § 3e InsO ist. § 3a Abs. 1 S. 2 InsO stellt hierfür eine negative widerlegbare gesetzliche Vermutung auf.[94] Diese stützt sich auf drei Kriterien, die Arbeitnehmerzahl, die Bilanzsumme und die Umsatzerlöse. Danach ist eine untergeordnete Bedeutung in der Regel nicht anzunehmen, wenn im vorangegangenen abgeschlossenen Geschäftsjahr die Zahl der vom Schuldner im Jahresdurchschnitt beschäftigten Arbeitnehmer mehr als 15 Prozent der in der Unternehmensgruppe im Jahresdurchschnitt beschäftigten Arbeitnehmer ausmachte und die Bilanz des Schuldners mehr als 15 Prozent der zusammengefassten Bilanzsumme der Unternehmensgrup- 38

---

92 Birnbreier, NZI Beilage 1/2018, 11, 12.
93 Näher dazu Ausführungen II 2.
94 Harder, NJW-Spezial 2017, 469; Laroche, ZInsO 2017, 2585, 2590; HK/Pannen, § 3a InsO Rn 14.

pe betrug oder die Umsatzerlöse des Schuldners mehr als 15 Prozent der zusammengefassten Umsatzerlöse der Unternehmensgruppe betrugen. Die **Schwellenwerte haben keinen abschließenden Charakter**. Das kann nach nicht unbestrittener Auffassung zur Folge haben, dass bspw. am Sitz einer Holding ein Gruppen-Gerichtsstand selbst dann begründet werden kann, wenn die gesamte Arbeitnehmerschaft in Tochtergesellschaften beschäftigt wird.[95] Können dem Gericht keine Konzernabschlüsse vorgelegt werden, hat es seine nach freiem Ermessen zu treffende Entscheidung auf sonstige Dokumentationen wie BWA zu stützen. Vermag der Schuldner keine eine gerichtliche Prüfung ermöglichenden Unterlagen vorzulegen, ist das Gericht befugt, gem. § 5 InsO von Amts wegen Ermittlungen anzustellen. Da hierdurch wertvolle Zeit verloren gehen kann, sollte der Schuldner alles daran setzen, dem Gericht durch Unterbreitung von belastbaren Unterlagen eine hinreichende Entscheidungsgrundlage zu schaffen. Eine Zurückweisung des Eröffnungs- und Gruppen-Gerichtsstandsantrags kommt nur als Ultima Ratio in Betracht.[96]

39 Erfüllt keines der gruppenangehörigen Unternehmen die vorgenannten Voraussetzungen, stellt § 3a Abs. 1 S. 4 InsO zur Vermeidung von Unklarheiten für die Begründung des Gruppen-Gerichtsstandes klar, dass auf die Anzahl der Arbeitnehmer im vergangenen abgeschlossenen Geschäftsjahr abzustellen ist. Mithin kann als Gruppen-Gerichtsstand das Gericht bestimmt werden, das für den gruppenangehörigen Schuldner mit der höchsten Arbeitnehmerzahl zuständig ist.

d) Zentralisierung, § 2 Abs. 3 InsO

40 Bevor sich das angerufene Gericht für zuständig erklärt, hat es zusätzlich zu prüfen, ob eine für den Gruppen-Gerichtsstand abweichende Bestimmung eines Insolvenzgerichts durch Rechtsverordnung gem. § 2 Abs. 3 InsO eingeführt wurde. Das Vorhandensein einer **Zentralisierungsvorschrift** macht es möglich, einen Gruppen-Gerichtsstand an einem anderen Insolvenzgericht als dem für den Insolvenzantrag zuständigen Gericht zu begründen. Das Land NRW hat von der in § 2 Abs. 3 S. 1 InsO vorgesehenen Möglichkeit der Konzentration mit der Verordnung über die gerichtliche Zuständigkeit in Insolvenzsachen bei Begründung eines Gruppen-Gerichtsstands nach § 3a InsO vom 21.4.2018, in Kraft getreten am 1.6.2018,[97] Gebrauch gemacht. Mit der Regelung in § 2 Abs. 3 InsO verspricht sich der Gesetzgeber eine sachdienliche und/oder schnellere Erledigung der Konzerninsolvenzverfahren.[98] § 1 der VO sieht vor, dass auf Antrag eines gruppenangehörigen Schuldners ein Grup-

---

95 Harder, NJW-Spezial 2017, 469; Laroche, ZInsO 2017, 2585, 2590; HK/Pannen, § 3a InsO Rn 14; **a.A.** Stahlschmidt/Barthelheimer, ZInsO 2017, 1010, 1013.
96 Fölsing ZInsO 20113, 416; HK/Pannen,§ 3a InsO Rn 21.
97 GV. NRW 2018, S. 239.
98 BT-Drucks. 18/407 S. 26.

pen-Gerichtsstand nach § 3a InsO ausschließlich bei den Insolvenzgerichten Düsseldorf, Köln, Essen und Bielfeld begründet werden kann. Für den OLG-Bezirk Düsseldorf ist das AG Düsseldorf Konzerninsolvenzgericht, für den OLG Bezirk Köln das AG Köln, während für den OLG-Bezirk Hamm aufgrund seiner Größe zwei Gerichten, dem AG Essen und dem AG Bielefeld, die Zuständigkeit für Konzerninsolvenzverfahren zugewiesen wurde.

e) Richterliche Zuständigkeit

Nach § 3c Abs. 1 InsO ist am Gericht des Gruppen-Gerichtsstandes der Richter zuständig, der für das Verfahren zuständig ist in dem der Gruppen-Gerichtsstand begründet wurde. Diese Regelung gewährleistet, dass der nach der Geschäftsverteilung für das Verfahren zuständige Richter auch für die Gruppen-Folgeverfahren zuständig ist. Die **Festlegung der einheitlichen Zuständigkeit** innerhalb des Insolvenzgerichts entspricht dem Zweck des Gruppen-Gerichtsstandes. Eine für den Rechtspfleger vergleichbare Vorschrift im RPflG fehlt. Von einer Regelungslücke dürfte nicht auszugehen sein. Auch wenn eine entsprechende Anwendung des § 3c InsO auf den Rechtspfleger unnötige Reibungsverluste vermeiden helfen dürfte, kommt eine Analogie angesichts des sehr weitgehenden Eingriffs in die Organisationshoheit der Gerichte nicht in Betracht.[99]

41

f) Gerichtliche Entscheidung

Das Gericht hat über jeden Antrag gesondert zu entscheiden. Der Antrag auf Eröffnung des Insolvenzverfahrens und der Antrag auf Begründung eines Gruppen-Gerichtsstandes sind gleichwohl in dem Sinne miteinander verknüpft, als der Erfolg des Antrags auf Begründung des Gruppen-Gerichtsstands von der Zulässigkeit des Insolvenzeröffnungsantrags abhängt[100] Die Entscheidung ergeht durch Beschluss, gegen den das Gesetz keine sofortige Beschwerde vorsieht.

42

Erklärt sich das angerufene Gericht gem § 3a Abs. 1 InsO für die Verfahren über weitere gruppenangehörige Schuldner für zuständig, tritt dieser Gruppen-Gerichtsstand neben die nach § 3 InsO bestehenden Gerichtsstände. Liegen die Antragsvoraussetzungen der §§ 3a, 13a InsO dagegen nicht vor, weist das Gericht den Antrag zurück. Diese Befugnis umfasst auch den Fall, dass Zweifel daran Bestehen, dass eine Verfahrenskonzentration am angerufenen Insolvenzgericht im gemeinsamen Interesse der Gläubiger liegt (§ 3a Abs. 2 InsO). Davon ist nach der Gesetzesbegründung auszugehen, wenn sich durch eine koordinierte Abwicklung der Einzelverfah-

43

---

[99] Laroche, ZInsO 2017, 2585, 2589.
[100] BT-Drucks. 18/407, S. 20. Gelbrich/Flöther, a.a.O.

ren Koordinationsgewinne erzielen lassen, die einigen Insolvenzmassen zugute kommen, ohne dabei die übrigen Massen zu benachteiligen.[101] Dabei ist auf die Interessen der Gläubiger sämtlicher gruppenangehöriger Schuldner abzustellen. Ob eine sachgerechte Entscheidung allein auf der Grundlage der Angaben nach § 13a Abs. 1 Nr. 2 InsO getroffen werden kann, erscheint fraglich.[102] Da das Gesetz bereits Zweifel ausreichen lässt, um den Antrag zurückzuweisen, sollte der die Begründung eines Gruppen-Gerichtsstandes anstrebende Schuldner in seinem Antrag näher darlegen, aus welchen Gründen ein Gruppen-Gerichtsstand für die Unternehmensgruppe vorteilhaft ist und welche Vorteile eine koordinierte Abwicklung bietet. Diese Darlegung verringert das Risiko einer Zurückweisung des Antrags und der Einholung eines zeitraubenden Sachverständigengutachtens zu dieser Frage. *Laroche*[103] empfiehlt mit Recht eine **großzügige Verfahrensweise der Gerichte** und regt an, den Antrag nicht zu formalistisch zu prüfen, sondern am konkreten Informationsbedürfnis zu messen. Entscheidend sei, ob das Gericht unter Berücksichtigung der unterbreiteten Angaben in der Lage sei, die aufgeworfenen Rechtsfragen zu entscheiden.

44 Es empfiehlt sich, den Beschluss an den Antragsteller sowie an einen etwaigen (vorläufigen) Insolvenzverwalter zu übersenden. *Blankenburg*[104] hält es darüber hinaus für sachgerecht, den Beschluss nach pflichtgemäßem Ermessen öffentlich bekannt zu machen.

g) Fortbestehen des Gruppengerichtsstandes, § 3b InsO

45 Ein nach § 3a InsO begründeter Gruppen-Gerichtsstand bleibt von der Nichteröffnung, Aufhebung oder Einstellung des Insolvenzverfahrens über den antragstellenden Schuldner unberührt, solange an diesem Gerichtsstand ein Verfahren über einen anderen gruppenangehörigen Schuldner anhängig ist (§ 3b InsO). Die Regelung geht über die Grundsätze der perpetuatio fori insoweit hinaus, als der Gruppen-Gerichtsstand auch für weitere, noch nicht anhängig gemachte Gruppen-Folgeverfahren fortbesteht, solange dort zumindest noch ein Verfahren über einen gruppenangehörigen Schuldner anhängig ist.[105] Dadurch wird die erneute Begründung eines Gruppen-Gerichtsstandes vermieden.

---

101 BT-Drucks. 18/407, S. 27.
102 Vallender, Der Konzern, 2013, 162, 165; ebenso Thole, KTS 2014, 351, 359; Uhlenbruck/Pape, § 3a InsO 16.
103 ZInsO 2017, 2585, 2591.
104 ZInsO 2018, 897, 901.
105 Birnbreier, NZI Beilage 1/2018, 13.

h) Verweisung an den Gruppen-Gerichtsstand, § 3d InsO

§ 3d Abs. 1 S. 1 bestimmt, dass ein angerufenes Gericht von Amts wegen oder auf entsprechenden Antrag das Verfahren an das Gericht des Gruppen-Gerichtsstandes verweisen kann, wenn ein gruppenangehöriger Schuldner bei diesem Gericht die Eröffnung eines Insolvenzverfahrens beantragt hat. Das Gericht hat seine Entscheidung nach pflichtgemäßem Ermessen auszuüben. Liegt die Verweisung an den Gruppen-Gerichtsstand im Interesse der Gläubiger, wird das Gericht dem entsprechenden Antrag stattgeben. Sein Verweisungsbeschluss nach Maßgabe des § 4 InsO i.V.m. § 281 Abs. 2 S. 4 ZPO ist für das Gericht, an das verwiesen wird, bindend[106], es sei denn, der Beschluss verletzt den Grundsatz des rechtlichen Gehörs.

Nach § 3d Abs. 3 InsO kann das Gericht des Gruppen-Gerichtsstands den vom Erstgericht bestellten vorläufigen Insolvenzverwalter entlassen, wenn dies erforderlich ist, um nach § 56b eine Person zum Insolvenzverwalter in mehreren oder allen Verfahren über die gruppenangehörigen Schuldner zu bestellen. Ein erst im eröffneten Verfahren ergangener Verweisungsbeschluss berechtigt das Gericht nicht zur Entlassung nach Maßgabe des § 3d Abs. 3 InsO, sondern nur bei Vorliegen der Voraussetzungen des § 59 InsO.

4. Verwalterbestellung bei Schuldnern derselben Unternehmensgruppe

Zutreffend heißt es in der Gesetzesbegründung zu **§ 56b InsO** (Verwalterbestellung bei Schuldnern derselben Unternehmensgruppe), dass der Erfolg eines Insolvenzverfahrens für die Beteiligten in besonderem Maße bei der Bewältigung einer Konzerninsolvenz von der Person und der Strategie des Insolvenzverwalters abhängt.[107] Diesem Gesichtspunkt versucht die Vorschrift als **verfahrensrechtliche Spezialregelung** zu den unverändert gebliebenen §§ 56 und 56a InsO dadurch Rechnung zu tragen, dass sie die angerufenen Gerichte zur Abstimmung darüber verpflichtet, ob es im Interesse der Gläubiger liegt, lediglich eine Person zum Insolvenzverwalter zu bestimmen. Das Wort „haben" ist mehr als nur ein Appell[108] an die Insolvenzgerichte zu verstehen; es bringt eine **Amtspflicht**[109] zum Ausdruck, deren schuldhafte Verletzung zu einer Amtshaftung gem. Art. 34 GG i.V.m. § 839 Abs. 1 BGB führen kann. Davon ist auszugehen, wenn das Gericht sich jeglicher Abstimmung entzieht oder ohne Begründung einen Abstimmungsbedarf verneint. Eine Pflicht des Gerichts zur Bestellung nur eines Insolvenzverwalters ist § 56b InsO indes nicht zu entnehmen.[110]

---

106 Uhlenbruck/Pape, § 3d InsO Rn 12.
107 BT-Drucks. 18/407, S. 30.
108 So aber HK/Frind, § 56b InsO Rn 5.
109 Uhlenbruck/Zipperer, § 56b InsO Rn 5.
110 Brünkmans, ZInsO 2013, 193, 198.

48 § 56b InsO gilt auch für das **Eröffnungsverfahren**, wie sich aus dem geänderten § 21 Abs. 2 Nr. 1 InsO ergibt, der auf die Vorschrift verweist. Die Bestimmung setzt Anträge auf Eröffnung des Insolvenzverfahrens über das Vermögen **mehrerer gruppenangehöriger Schuldner** voraus. Dabei kommt es nicht darauf an, ob der Insolvenzantrag von dem Schuldner oder einem Gläubiger gestellt wird.[111] Da auch § 3a InsO es nicht verhindert, dass in einer Konzerninsolvenz Eröffnungsanträge bei unterschiedlichen Insolvenzgerichten gestellt werden können, sei es, dass kein Antrag auf Begründung eines Gruppen-Gerichtsstandes gestellt bzw. dieser Antrag zurückgewiesen wurde, sei es, dass Schuldner derselben Unternehmensgruppe – in zulässigerweise Weise[112] – Anträge bei dem nach § 3 InsO zuständigen Insolvenzgericht stellen, bedurfte es einer Regelung, die eine unter den Gerichten abgestimmte Verwalterbestellung ermöglicht. Auf diese Weise kann einer Gefährdung wirtschaftlicher Werte in gruppenverbundenen Unternehmen bei Bestellung mehrerer Verwalter wirksam begegnet werden.

49 Soweit gruppenangehörige Unternehmen i.S.d. § 3e InsO zugleich einer **Unternehmensgruppe i.S.d. Art. 2 Nr. 13 EuInsVO** angehören, findet die Vorschrift des § 56b InsO gem. Art. 102c § 22 Abs. 1 Nr. 2 EGInsO, eingeführt durch das Gesetz zur Durchführung der Verordnung (EU) 2015/848 über Insolvenzverfahren vom 5.6.2017[113], keine Anwendung. Vielmehr wird ein **Anwendungsvorrang von Art. 57 EuInsVO** angeordnet.[114]

a) Abstimmungskriterien

50 Die angerufenen Gerichte haben bei ihrer Abstimmung zu berücksichtigen, ob die einheitliche Verwalterbestellung geeignet erscheint, die **Verluste der Gläubiger** durch die Insolvenz ihres Schuldners **möglichst gering** zu halten. Darüber hinaus haben sie zu überprüfen, ob die zu bestellende Person über die **erforderliche Unabhängigkeit** verfügt.[115] Mit Recht beschreibt *Blümle*[116] die Unabhängigkeit des Verwalters als zentralen Punkt bei der Abstimmung. Sie ist gefährdet, wenn konzernin-

---

111 BT-Drucks. 18/407, S. 31.
112 Siehe Ausführungen E III.
113 BGBl. I S. 1476.
114 Näher dazu Uhlenbruck/Zipperer, § 56b InsO Rn 2 m.w.N.
114 BT-Drucks. 18/407, S. 31.
115 Frind (in Hamburger Kommentar zum Insolvenzrecht, § 56b Rn 11) empfiehlt ein **zweistufiges Abstimmungsverfahren**. Im ersten Schritt müsse es um die Abschichtung zwischen den Themen wirtschaftlicher Synergieeffekt oder wirtschaftlicher Interessenkonflikt versus rechtlicher Interessenkonflikt gehen. Im Anschluss daran sei zu besprechen, ob mittels einem (oder mehrerer) Sonderinsolvenzverwalter den identifizierten Problemen abgeholfen werden könne.
116 In Braun, InsO, § 56b Rn 15.

terne Interessenkonflikte bestehen.[117] Es geht nicht um die Unabhängigkeit von den Verfahrensbeteiligten sondern um das Fehlen oder die Behebbarkeit von Interessenkonflikten zwischen den Interessen der einzelnen Gruppengesellschaften.[118] Dabei haben die Gerichte etwaige Vorteile aufgrund einer Person als Gruppeninsolvenzverwalter mit etwaigen Nachteilen abzuwägen.

Lassen sich konzerninterne Interessenkonflikte durch die **Bestellung von** – unabhängigen – **Sonderverwaltern** (siehe § 56b Abs. 1 S. 2), die auch bereits im Eröffnungsverfahren eingesetzt werden können, ausräumen, ist von der Bestellung eines einzigen Verwalters nur dann abzusehen, wenn die Bestellung von Sonderverwaltern unverhältnismäßig zu den Vorteilen einer einheitlichen Verwalterbestellung ist.[119] Wird die Quotenverbesserung durch eine einheitliche Verwalterbestellung durch die Kosten der Sonderinsolvenzverwaltung aufgezehrt, sollten die Gerichte bei ihrer Abstimmungsentscheidung für jedes Verfahren jeweils einen eigenen Verwalter bestellen. Dies gilt gleichermaßen, wenn Vermögen eines insolventen Unternehmens aus nicht feststehenden Ansprüchen gegen andere insolvente gruppenangehörige Unternehmen besteht.[120] Angesichts der Komplexität dieser Thematik und der zeitlichen Komponente muss den bei der Abstimmung beteiligten Gerichten eine grobe Einschätzung erlaubt sein, die kosten- und zeitaufwendige Gutachten vermeiden hilft.[121] 51

b) Einbindung des vorläufigen Gläubigerausschusses, § 56b Abs. 2 InsO

Die Bezugnahme auf § 56a InsO in § 56b Abs. 2 InsO macht deutlich, dass die jeweiligen Insolvenzrichter vor ihrer Abstimmung die von ihnen bestellten (vorläufigen) Gläubigerausschüsse anzuhören haben. Der von diesen unterbreitete Vorschlag ist den anderen Gerichten zur Kenntnisnahme zu übersenden. Das Insolvenzgericht kann von dem Vorschlag (§ 56a Abs. 2 InsO) oder den Vorgaben (§ 56a Abs. 1 InsO) seines **eigenen Gläubigerausschusses** zugunsten einer einheitlichen Verwalterbestellung abweichen, wenn ein anderer vorläufiger Gläubigerausschuss eines gruppenangehörigen Schuldners eine andere Person einstimmig vorschlägt, die sich für eine Tätigkeit nach Abs. 1 S. 1 eignet. (Abs. 2 S. 1). Diese Geeignetheit meint die einheitliche Verwalterbestellung für die konzernverbundenen Verfahren. Diese Regelung findet ihre Rechtfertigung in der Konzernverbindung der Schuldner.[122] 52

---

117 Uhlenbruck/Zipperer, § 56b InsO Rn 6.
118 Blümle, in: Braun, § 56b InsO Rn 15.
119 BT-Drucks. 18/407 S. 30.
120 BT-Drucks. 18/407 S. 30
121 So auch Uhlenbruck/Zipperer, § 56b InsO Rn 6.
122 Riedel, in: Kayser/Thole, Insolvenzordnung, 9. Aufl., 2018, § 56b Rn 11 m.w.N.

53 Bei der Durchbrechung des Votums des eigenen (vorläufigen) Gläubigerausschusses hat das Gericht sein pflichtgemäßes Ermessen („kann") in der Weise auszuüben, dass die Bestellung der einstimmig vorgeschlagenen Person für die Gläubiger vorteilhafter sein muss. Dem vorläufigen Gläubigerausschuss, dessen Vorschlag nicht übernommen wird, ist vor der Bestellung des von dem (vorläufigen) Gläubigerausschuss des anderen gruppenangehörigen Schuldners vorgeschlagenen Kandidaten **rechtliches Gehör** zu gewähren (§ 56b Abs. 2 S. 2 InsO). Soll diese Anhörung nicht ins Leere laufen, muss diesem gestattet sein, sich zu der vorgeschlagenen Person zu äußern und ggfls. Bedenken vorzutragen. Konsequenterweise müsste der Abstimmungsprozess in einem solchen Fall erneut beginnen. Die dadurch eintretenden Verzögerungen stünden indes der erfolgreichen Abwicklung einer Konzerninsolvenz zu einem frühen Verfahrenszeitpunkt entgegen.[123] Es spricht einiges dafür, dass sich nicht alle beteiligten Insolvenzgerichte an einem weiteren Durchgang beteiligen werden. Auch vor diesem Hintergrund wird deutlich, dass der Begründung eines einheitlichen Gruppen-Gerichtsstands gem. § 3a InsO der Vorzug gegenüber einem Verfahren nach § 56b InsO zu geben ist.

54 **§ 56b Abs. 2 S. 3 InsO** stellt klar, dass die Vorschriften über die Gläubigerbeteiligung (§ 56a InsO) auch für die **Bestellung von Sonderinsolvenzverwaltern** gelten. Dass diese Regelung zu einer weiteren Verzögerung des Verfahrens führen dürfte, liegt auf der Hand. Sie ist indes hinzunehmen, weil sie der Wahrung der rechtsträgerbezogenen Gläubigerinteressen dient.[124] Die Einbindung des (vorläufigen) Gläubigerausschusses kann nicht von dem Umfang der Aufgaben des Sonderinsolvenzverwalters abhängig gemacht werden.

c) Art und Weise der Abstimmung

55 Wie die Abstimmung konkret zu erfolgen hat, lässt das Gesetz offen. Es kommen **sämtliche Kommunikationsmittel** in Betracht. Sinnvoll und effizient erscheint es, sich – so zutreffend *Frind*[125] – zunächst schriftlich oder per Mail die Informationen und Entscheidungsgrundlagen zuzusenden und sich im Anschluss daran in einer Telefon- oder Videokonferenz vertraulich auszutauschen. Dies bedeutet indes nicht, dass die Überlegungen zu einem späteren Zeitpunkt nicht transparent zu machen sind. Dies gilt umso mehr, als die Bestellung im Interesse der Gläubiger, denen ein Rechtsmittel gegen die gerichtliche Entscheidung nicht zusteht, zu erfolgen hat. Soweit die Gerichte sich nicht zu einigen vermögen und verschiedene Verwalter

---

[123] Ähnlich HK/Frind, § 56b InsO Rn 18; Paulus (NZI Beilage 1/2018, S. 47, 48) weist mit Recht darauf hin, dass der Abstimmungsprozess bei Vorhandensein von Schwerpunktgerichten leichter durchzuführen sein dürfte.
[124] Uhlenbruck/Zipperer, § 56b InsO Rn 11).
[125] In HK, § 56b InsO Rn 6.

bestellen, ordnen die §§ 269aff. InsO an, wie bei uneinheitlicher Verwalterbestellung zu verfahren ist.

d) Anträge auf Anordnung der Eigenverwaltung

Sind bei den Gerichten **Anträge von gruppenangehörigen Schuldnern auf Anordnung der Eigenverwaltung** anhängig, findet § 56b InsO keine unmittelbare Anwendung, weil § 270d InsO hierauf nicht verweist. Den Gesetzesmaterialien ist indes klar zu entnehmen, dass sich aus der Anwendung der allgemeinen Bestimmungen die Zulässigkeit der **Bestellung eines einheitlichen Sachwalters** in den Fällen, in denen bei mehreren gruppenangehörigen Unternehmen die Eigenverwaltung angeordnet wird, ergibt. Nach § 274 InsO in Verbindung mit § 56b InsO haben sich die befassten Gerichte in dieser Frage abzustimmen.[126] Die einheitliche Sachwalterbestellung kommt erst recht in Betracht, wenn sämtliche Verfahren an einem Gericht anhängig sind, insbesondere weil dort nach § 3a Absatz 1 InsO ein Gruppen-Gerichtsstand begründet wurde.[127] Abgesehen davon erscheint es sachgerecht, dass sich die Gerichte über die Bestellung eines einheitlichen vorläufigen Sachwalters abstimmen. Soweit *Streit*[128] die Auffassung vertritt, einer verfahrensübergreifenden Zuständigkeit eines Gruppen-Sachwalters bedürfe es nicht, vielmehr seien etwaige Mehrwerte aufgrund der Konzernverbindung bzw. Gruppenzugehörigkeit durch das Rechtsinstitut der Eigenverwaltung zu heben, ist ihm darin beizupflichten, dass eine planwidrige Regelungslücke nicht vorliegt. Gleichwohl sollten die angerufenen Gerichte auszuloten versuchen, ob die gemeinsame Bestellung im Gläubigerinteresse liegt. Weigert sich ein Gericht, sich an dieser Abstimmung zu beteiligen, bleibt dies sanktionslos, weil eine Pflichtverletzung – anders als bei einer Weigerung eines Gerichts, sich an einer Abstimmung über die Verwalterbestellung bei Schuldnern derselben Unternehmensgruppe zu beteiligen (§ 56b InsO)[129] – nicht vorliegt.

5. Kooperationspflichten

Scheitert eine gemeinsame Verwalterbestellung nach § 56b InsO, verpflichtet **§ 269a InsO** die Verwalter der einzelnen Verfahren zur Unterrichtung und Zusammenarbeit. „Als zentrale Figur" des Verfahrens sind sie dazu berufen, im Hinblick auf eine optimale Gläubigerbefriedigung **für eine abgestimmte Abwicklung der Insolvenzverfahren** über das Vermögen der gruppenangehörigen Schuldner zu sorgen[130]

---

126 BT-Drucks. 18/407 S. 42.
127 BT-Drucks. 18/407, S. 41.
128 In NZI Beilage 1/2018, S, 14, 17.
129 Näher dazu Ausführungen Rn 47.
130 BT-Drucks. 18/407, S. 32.

Die auf Grund des Gesetzes zur Erleichterung der Bewältigung von Konzerninsolvenzen[131] neu eingeführte Vorschrift des § 269a InsO soll dazu beitragen, den in der konzernrechtlichen Verflechtung angelegten wirtschaftlichen Mehrwert zu bewahren und Effizienzverluste zu vermeiden, um eine bestmögliche Befriedigung der Gläubiger zu erreichen.[132] Ziel sollte sein, eine Lösung zu finden, durch die Synergien innerhalb der Gruppe ausgeschöpft werden. Ebenso wie § 269a InsO bezweckt auch **§ 269b InsO** eine Erhöhung der Effizienz bei der Abwicklung von Konzerninsolvenzen.[133]. Streben die Beteiligten eine Lösung für die gesamte Gruppe oder wesentliche Teile der Gruppe an, besteht nicht nur bei den beteiligten Verwaltern sondern auch bei den involvierten **Insolvenzgerichten** ein besonderes Bedürfnis, die Verfahrensführung abzustimmen[134]

58 Eine Gesamtstrategie zur Bewältigung der Konzerninsolvenz kann nach der Vorstellung des Gesetzgebers nur erfolgreich sein, wenn sie über die in § 56b InsO vorgesehene Abstimmung bei der Bestellung des (vorläufigen) Insolvenzverwalters hinausgeht. Es sei erforderlich, die Entscheidungen der einzelnen Insolvenzgerichte, die Bedeutung für weitere oder alle gruppenangehörigen Schuldner haben, zu harmonisieren[135] Schließlich soll der nach **§ 269c InsO** zu bildende **Gruppen-Gläubigerausschuss** eine institutionalisierte Vertretung der Gläubiger auf Gruppenebene gewährleisten. Nach Abs. 2 S. 1 der vorgenannten Bestimmung hat er zwischen den Insolvenzverwaltern und den vorläufigen Gläubigerausschüssen in den einzelnen Verfahren zu vermitteln. Auf diese Weise bringt er das Gläubigerinteresse im Bemühen um eine abgestimmte Insolvenzabwicklung auf Gruppenebene zur Geltung.

a) Zusammenarbeit der Insolvenzverwalter

59 Die Verwalter der einzelnen Verfahren haben sich unabhängig von einem möglichen Koordinationsplan über die gesamte Unternehmensgruppe sachkundig zu machen und Lösungen zu erarbeiten, die für die Beteiligten ihres Verfahrens möglichst vorteilhaft sind. Die Verpflichtung zur Zusammenarbeit besteht auch dann, wenn diese für die eigene Masse weder Vor- noch Nachteile zeitigt, also neutral ist.[136]

60 Bei der in § 269a InsO normierten Pflicht zur Kooperation und Kommunikation handelt es sich um eine **höchstpersönliche Pflicht des Verwalters**, die nicht dele-

---

131 BGBl. I 2017, 866.
132 MüKo/Ganter/Lohmann, § 1 InsO Rn 2.
133 KPB/Thole, § 269b InsO Rn 3.
134 Graf-Schlicker/Bornemann, in: Graf-Schlicker § 269b Rn 1.
135 BT-Drucks. 18/407 S. 33.
136 Pluta,, in: NZI Beilage 1/2018.

giert werden kann.¹³⁷ Da der Einsatz von Mitarbeitern jedenfalls in größeren Verfahren praktisch unvermeidbar ist und unter Umständen geradezu geboten sein kann, dürfen Verwalter auch im Rahmen ihrer Kooperationspflicht Mitarbeiter heranziehen und sich der Unterstützung anderer Rechtsanwälte bedienen.¹³⁸ Soweit es um die Übermittlung von Informationen geht, kann diese Aufgabe delegiert werden. Allerdings hat der Verwalter zu entscheiden, welche Informationen ausgetauscht werden können. Der Abschluss von Vereinbarungen verlangt eine höchstpersönliche Pflichtenwahrnehmung der beteiligten Verwalter.¹³⁹

Adressaten der Kooperationsrechte- und pflichten nach § 269a InsO sind die Insolvenzverwalter und die vorläufigen Insolvenzverwalter (§ 21 Abs. 2 S. 1 Nr. 1 InsO). Ordnet das Gericht die Eigenverwaltung an, sind die gruppenangehörigen Schuldner über die Verweisungsvorschrift des § 270d S. 1 InsO zur Zusammenarbeit verpflichtet. 61

Als einen der zentralen Bereiche der Zusammenarbeit nennt das Gesetz die **Übermittlung von Informationen**, die in den anderen Verfahren nützlich sind.¹⁴⁰ Dabei stellt die Unterrichtung einen bedeutsamen Unterfall der Zusammenarbeit dar. Die Pflicht zur Informationsweitergabe besteht indes nur soweit, als dadurch **keine Nachteile für die eigene Masse** entstehen oder diese Nachteile kompensiert werden können.¹⁴¹ 62

Der Gesetzgeber hat den Verwaltern die Entscheidung über die Zulässigkeit und Notwendigkeit sowie den Umfang von Koordinationshandlungen überlassen.¹⁴² Dabei können die Vorschriften zu den Aufgaben und der Rechtsstellung des Verfahrenskoordinators (§ 269f InsO) sowie zum Koordinationsplan (§ 269h InsO) eine wertvolle Auslegungshilfe bieten, weil sie Regelbeispiele für die Verfahrensabstimmung auf der Ebene der Insolvenzverwalter enthalten.¹⁴³ Die **Koordinationshandlungen**, die **abhängig vom Stand des Verfahrens** sind, werden sich primär auf die Wiederherstellung der wirtschaftlichen Leistungsfähigkeit der einzelnen Konzernunternehmen und des Konzerns insgesamt, Maßnahmen zur Beilegung gruppeninterner Streitigkeiten¹⁴⁴ sowie den **Abschluss von Insolvenzverwaltungsverträgen** erstrecken. 63

Die **Klärung und Verwertung der Aus- und Absonderungsrechte** erfordert in besonderem Maße eine Zusammenarbeit der verschiedenen Verwalter. Darüber hin- 64

---

137 Vgl BVerfG NZI 2009, 641 Rn 23.
138 Uhlenbruck/Vallender, § 269a InsO Rn 10.
139 Uhlenbruck/Vallender, § 269a InsO Rn 10..
140 Wimmer jurisPR-InsR 8/2017 Anm 1.
141 Leutheusser-Schnarrenberger, ZIP 2013, 97, 101; MüKo/Brünkmans, KonzerninsolvenzR Rn 79.
142 Uhlenbruck/Vallender, § 269a InsO Rn 18.
143 Flöther HdB KonzerninsolvenzR/Frege/Nicht, § 4 Rn 322; Kübler, FS Vallender, S 295.
144 Flöther HdB KonzerninsolvenzR/Frege/Nicht, § 4 Rn 324.

aus können im Falle einer Betriebsfortführung zu den Unterstützungsmaßnahmen auch die Leistungen gehören, die im bisherigen Konzernverbund erbracht wurden.[145] Da die Zusammenarbeit nicht die Interessen der Beteiligten des Verfahrens beeinträchtigen darf, für das der Verwalter bestellt ist, kann die Kooperationspflicht keine Pflicht zur **Selbstaufopferung** des Insolvenzverwalters eines Verfahrens zwecks Förderung der anderen Verfahren begründen.[146] Dem steht bereits die Selbständigkeit der jeweiligen Einzelverfahren entgegen. Der Insolvenzverwalter darf die eigene Masse des Insolvenzverfahrens, für das er bestellt ist, nicht im Interesse der Vermögensmasse in anderen Insolvenzverfahren schmälern. Aus diesem Grunde ist es ihm bereits aus Haftungsgründen verwehrt, in entsprechende Maßnahmen einzuwilligen oder Informationen zu erteilen, die zwar den Nutzen für die Unternehmensgruppe mehren, aber in dem von ihm geführten Verfahren zu unkompensiert bleibenden Nachteilen führen. Überschreitet er diese Grenze, läuft der Verwalter Gefahr, nach § 60 in Anspruch genommen zu werden.[147]

65 Das Gesetz enthält keine Regelung zur **Durchsetzung der Kooperationspflichten**. Lehnt ein (vorläufiger) Verwalter bzw. der gruppenangehöriger Schuldner bei Anordnung der Eigenverwaltung jegliche Kooperation ab, ohne dass durch die ihm gebotene Kooperation die Interessen der Gläubiger seines Verfahrens beeinträchtigt würden, stellt dies eine Pflichtverletzung dar, die **Aufsichtsmaßnahmen des Gerichts gem. § 58** InsO rechtfertigt. Darüber hinaus kommt eine **Schadensersatzverpflichtung des (vorläufigen) Verwalters gem. §§ 60, 21 Abs. 2 S. 1 Nr. 1 InsO** in Betracht.[148] Der Schadensnachweis dürfte nicht einfach zu führen sein.

b) Zusammenarbeit der Insolvenzgerichte

66 **§ 269b InsO** verpflichtet die Gerichte zur Zusammenarbeit für den Fall der Insolvenz mehrerer zum Konzern gehörenden Unternehmensgruppen an unterschiedlichen Gerichtsständen, sofern kein Gruppen- Gerichtsstand gem. § 3a InsO begründet wurde.

Namentlich erwähnt die Norm die Anordnung von Sicherungsmaßnahmen, die Eröffnung des Verfahrens, die Bestellung eines Insolvenzverwalters, wesentliche verfahrensleitende Entscheidungen, Umfang der Insolvenzmasse sowie Vorlage von Insolvenzplänen sowie sonstige Maßnahmen zur Beendigung des Insolvenzverfahrens.

---

145 HK/Pannen, § 269a InsO Rn 34, nennt als Beispiele die Bereitstellung von EDV oder die Fortführung des Vertriebs.
146 BT-Drucks. 18/407 S. 21.
147 Uhlenbruck/Vallender, § 269a InsO Rn 22.
148 Näher dazu Uhlenbruck/Vallender, § 269a InsO Rn 34 ff.

Die Auswahl eines gemeinsamen (vorläufigen) Verwalters zählt zu den zentralen Themen, bei denen eine Abstimmung zwischen den Insolvenzgerichten erforderlich wird.[149] Die näheren Einzelheiten regelt § 56b InsO. Soweit die Gefahr von Interessenkonflikten besteht, kommt die Bestellung eines Sonderinsolvenzverwalters in Betracht. Daneben bietet sich eine gerichtliche Zusammenarbeit bei der Terminierung von Gläubigerversammlungen an. Im Falle der Anordnung eines Schutzschirmverfahrens (§ 270d InsO) bzw. (vorläufigen) Eigenverwaltungsverfahrens (§ 270b InsO) über das Vermögen gruppenangehöriger Schuldner bei angestrebter Sanierung des Konzerns gewinnt die Pflicht zur Zusammenarbeit besondere Bedeutung; dies gilt z.B. für die abgestimmte Begründung von Masseverbindlichkeiten durch Einzelermächtigungen, die Bestellung eines gemeinsamen vorläufigen Sachwalters oder die Besetzung des vorläufigen Gläubigerausschusses.[150]

Ob eine Kooperation von Gerichten die wirksame Abwicklung der Verfahren erleichtern hilft, beurteilt sich nach den **Umständen des Einzelfalls**. Soll die Konzernstruktur nicht erhalten werden bzw wird eine konzernweite Sanierung aufgrund der wirtschaftlichen Lage der einzelnen Gruppenmitglieder nicht angestrebt, wird sich die Zusammenarbeit der Gerichte im Regelfall auf die Übersendung von Beschlussabschriften verfahrensleitender Entscheidungen beschränken.[151] Allerdings haben die Gerichte auch insoweit zunächst zu ermitteln, welcher Weg beschritten werden soll. Kristallisiert sich dabei eine konzernbezogene Liquidationsstrategie heraus, verliert bei der Kooperation mit anderen Gerichten zB eine Abstimmung über die Bestellung nur eines Insolvenzverwalters für alle Verfahren an Bedeutung. Beabsichtigen die konzernverbundenen Unternehmen eine Sanierung des gesamten Konzerns oder eines Teils davon, bedarf es einer frühzeitigen Abstimmung über etwa anzuordnende Sicherungsmaßnahmen.

Der deutsche Gesetzgeber hat davon abgesehen, eine dem **Art 58 EuInsVO** vergleichbare Vorschrift, die im Anwendungsbereich der Verordnung (EU) 2015/848 über Insolvenzverfahren eine Pflicht zur Zusammenarbeit zwischen Verwaltern und Gerichten normiert, in das deutsche Konzerninsolvenzrecht aufzunehmen. Dies dürfte angesichts der Tatsache, dass die EuInsVO zwei Jahre vor der Verkündung des Gesetzes zur Erleichterung der Bewältigung von Konzerninsolvenzen in Kraft getreten ist, eine bewusste Entscheidung gewesen sein. Vor diesem Hintergrund erscheint es zu weitgehend, Art 58 EuInsVO analog anzuwenden.[152] Es besteht demzufolge **keine sanktionsbewehrte Pflicht** der Insolvenzgerichte zur Kommunikation und Kooperation mit den Verwaltern der anderen Verfahren. Es dürfte indes dem Selbstverständnis der Insolvenzgerichte entsprechen, entsprechende Ersuchen

---

149 Webel in NZI Beilage 1/2018, S. 24.
150 Webel a.a.O. S. 25.
151 Uhlenbruck/Vallender, § 269b InsO Rn 5.
152 Uhlenbruck/Vallender, § 269b InsO Rn 6; **a.A.** KPB/Thole, § 269a InsO Rn 41.

von Verwaltern nicht zu ignorieren. Vielmehr sollten sie, wenn dies eine **wirkungsvolle Verfahrensführung erleichtern** hilft, nach vorheriger Absprache mit dem Verwalter des eigenen Verfahrens dem Auskunftsbegehren des Verwalters nachkommen. In jedem Fall haben sie zu berücksichtigen, dass der von ihnen bestellte Verwalter bei der Weitergabe von Informationen und einer Koordination darauf zu achten hat, dass dadurch keine Nachteile für die Gläubiger des eigenen Verfahrens entstehen.[153]

70 Ebenso wenig wie die Verwalter der Insolvenzverfahren über das Vermögen von Mitgliedern einer Unternehmensgruppe sind die Gerichte zu einer **Selbstaufopferung** dahingehend verpflichtet, dass sie zur Förderung der in einem anderen Verfahren verfolgten Interessen die in dem von ihnen geführten Verfahren zu beachtenden Interessen der Verfahrensbeteiligten zurückstellen müssten. Letztlich findet die Unterstützung des anderen Gerichts in den Interessen der Gläubiger des eigenen Verfahrens an einer bestmöglichen Befriedigung ihre Grenzen. Das Gericht hat darauf zu achten, dass eine Informationsweitergabe oder eine Abstimmung nicht „offenkundig" dazu führt, dass die Gläubiger in dem bei diesem Gericht geführten Verfahren Nachteile erleiden.[154]

71 Zwar handelt es sich bei der Kooperationspflicht der Insolvenzgerichte um eine **echte, proaktive Handlungspflicht**[155]. Gleichwohl hat der Gesetzgeber davon abgesehen, kooperationsunwillige Insolvenzrichter- und Rechtspfleger ausdrücklich Sanktionen zu unterwerfen. Dem liegt der Gedanke zugrunde, dass die Insolvenzgerichte ohnehin zur Zusammenarbeit von Amts wegen verpflichtet sind.[156] Sehen Insolvenzgerichte pflichtwidrig und schuldhaft davon ab, den in § 269b InsO normierten Kooperations- und Kommunikationspflichten nachzukommen, kann dies haftungsrechtliche Konsequenzen haben. Da es sich bei der **Kooperationspflicht** um eine **von Amts wegen** zu beachtende Pflicht handelt[157], findet mangels einer ausdrücklichen Regelung die **maßgebliche Haftungsnorm** des **§ 839 BGB iVm Art 34 GG** Anwendung.[158]

c) Zusammenarbeit der Gläubigerausschüsse

72 **§ 269c InsO** regelt die Zusammenarbeit der Gläubigerausschüsse. Die Vorschrift stellt eine Ergänzung zu den §§ 269a und 269b InsO dar. „Zentrale Neuerung"[159] ist

---

153 Vallender, a.a.O.
154 BT-Drucks. 18/407 S. 33.
155 Thole, KTS 2014, 364; Braun/Fendel, § 269b InsO Rn 6.
156 BT-Drucks. 18/407 S. 33.
157 BT-Drucks. 18/407 S. 33.
158 Thole, KTS 2014, 360.
159 Hoegen/Kranz, NZI Beilage 1/2018, S. 20.

die Möglichkeit, einen Gruppen-Gläubigerausschuss zu bestellen. Dies setzt voraus, dass ein Gruppen-Gerichtsstand besteht (Abs. 1 S, 1). Das Antragsrecht steht nicht einem einzelnen Mitglied eines Gläubigerausschusses sondern dem (vorläufigen) Gläubigerausschuss als Kollegium zu.[160] Der Antrag ist nur zulässig, wenn eine Mehrheit gem. § 72 InsO den entsprechenden Beschluss gefasst hat.

Das Gruppen-Gerichtsstandsgericht, das seine Entscheidung nach pflichtgemäßem Ermessen trifft, hat vor seiner Entscheidung die anderen Gläubigerausschüsse anzuhören. Die Bestellung soll dazu dienen, die im Konzern divergierenden Gläubigerinteressen organisatorisch zu bündeln und sie dem Mehrheitsprinzip zu unterwerfen. Jeder Gläubigerausschuss oder vorläufige Gläubigerausschuss eines gruppenangehörigen Schuldners, der nicht von offensichtlich untergeordneter Bedeutung für die gesamte Unternehmensgruppe ist, stellt ein Mitglied des Gruppen-Gläubigerausschusses. Zur Förderung eines besseren Informationsflusses und zur Stärkung des gegenseitigen Vertrauens sollte das Gericht nur Mitglieder in den Gesamtgläubigerausschuss bestellen, die zugleich Mitglieder in den Gläubigerausschüssen sind. Ein weiteres Mitglied dieses Ausschusses, der ein Forum zum wechselseitigen Austausch der Mitglieder bietet, wird aus dem Kreis der Vertreter der Arbeitnehmer bestimmt. (Abs. 1 S. 2 und 3). Besonderes Gewicht ist der Tätigkeit des Gruppen-Gläubigerausschusses im Rahmen des Koordinationsverfahrens[161] beizumessen. So hat er bei der Bestellung des Verfahrenskoordinators und bei der Verabschiedung eines Koordinationsplans mitzuwirken. 73

Nach **§ 269c Abs. 2 InsO** hat der Gruppen-Gläubigerausschuss die Aufgabe, den Insolvenzverwalter und die anderen Gläubigerausschüsse bei der Abwicklung des Verfahrens zu unterstützen, um eine abgestimmte Abwicklung der Verfahren zu erreichen. Diese Aufgabe kommt ihm auch gegenüber dem Verfahrenskoordinator als dem für eine abgestimmte Abwicklung zuständigen Insolvenzverwalter zu.[162]

d) Koordinationsverfahren

Einen **wesentlichen Schwerpunkt** des neuen Konzerninsolvenzrechts bildet die **Einführung des Koordinationsverfahrens** in den §§ 269d ff. InsO, das auch auf europäischer Ebene Einzug gehalten hat und in den Art. 61 bis 77 EuInsVO verankert wurde. Dieses Verfahren stellt eine **weitere Möglichkeit der Koordination und Abstimmung der Einzelverfahren** dar, ohne deren Selbständigkeit in Frage zu stellen. Es bietet sich insbesondere an, wenn keine einheitliche Verwalterbestellung und eine Koordination der einzelnen Verfahren auch nicht über die allgemeinen Kooperationsregeln hinreichend erreicht werden konnte. In seinem Rahmen wird 74

---

160 Specovius, in: Kayser/Thole, Insolvenzordnung, 9. Aufl., § 269c Rn 4.
161 Näher dazu Ausführungen E.4.
162 BT-Drucks. 18/407 S. 34.

eine Person, die regelmäßig nicht dem Kreis der Verwalter angehören soll (§ 269e InsO), als **Verfahrenskoordinator** mit der Koordination der Einzelverfahren betraut. Seine Aufgabe besteht darin, Vorschläge für die abgestimmte Insolvenzverwaltung auszuarbeiten. Eine besondere Stellung nimmt dabei der vom Verfahrenskoordinator vorzulegende und vom Koordinierungsgericht zu bestätigende **Koordinationsplan** ein, der als Referenzplan für die auf der Ebene der Einzelverfahren, insbesondere auf der Grundlage von Insolvenzplänen, zu ergreifenden Maßnahmen dient.[163]

aa) Einleitung des Koordinationsverfahrens

75 Die Einleitung eines Koordinationsverfahrens gem. § 269d InsO ist an drei Voraussetzungen geknüpft: Zunächst bedarf es eines entsprechenden **Antrags**, den entweder jeder gruppenangehörige Schuldner bzw. nach Übergang der Verwaltungs- und Verfügungsbefugnis der (starke vorläufige) Insolvenzverwalter sowie der (vorläufige) Gläubigerausschuss auf der Grundlage eines einstimmigen Beschlusses stellen kann[164]; im Falle der Anordnung der Eigenverwaltung kann der eigenverwaltende Schuldner erst nach Verfahrenseröffnung den Antrag stellen. Es empfiehlt sich, im Antrag die maßgeblichen Erwägungen für die Einleitung des Koordinationsverfahrens näher darzustellen. Als weitere Zulässigkeitsvoraussetzung bedarf es der Zulassung von mehreren (mindest zwei) Insolvenzanträgen bzw. Verfahrenseröffnungen in den Einzelverfahren und eine Zuständigkeitserklärung für Gruppenfolgeverfahren gem. § 3a Abs. 1 InsO.

Zuständiges Gericht (Koordinationsgericht) ist das für die Eröffnung von Gruppenfolgeverfahren zuständige Insolvenzgericht (§ 3a Abs. 1 S. 1 InsO). Ohne die Zuständigkeitserklärung dieses Gerichts, die nur dann in Betracht kommt, wenn ein zulässiger Antrag auf Begründung eines Gruppen-Gerichtsstands gestellt worden ist, kommt ein Koordinationsverfahren nach Maßgabe des § 269d InsO nicht in Betracht; die Durchführung eines „isolierten" Koordinationsverfahrens bei dem (fiktiven) Gruppengericht ist angesichts des klaren Wortlauts des § 269d InsO nicht möglich.[165]

76 Bei Vorliegen eines **grenzüberschreitenden Bezugs in dem Konzern** hat das Koordinationsgericht zunächst zu prüfen, welches Verfahrensrecht Anwendung findet. **Art. 102 § 22 Abs. 2 EGInsO** normiert einen Vorrang der EuInsVO vor den nationalen Vorschriften des deutschen Insolvenzrechts, wenn das deutsche Koordinationsverfahren das europäische Gruppen-Koordinationsverfahren beeinträch-

---

163 BT-Drucks. 18/407, S. 18.
164 Der Gruppen-Gläubigerausschuss ist nicht antragsbefugt.
165 Langer, in: NZI Beilage 1/2018, S. 28.

tigt.¹⁶⁶ Die Vorschrift gibt aber keine Antwort auf die Frage, ob ein inländisches Mitglied eines grenzüberschreitenden Konzerns überhaupt einen Gruppen-Gerichtsstand für Folgeverfahren nach § 3a InsO begründen kann.¹⁶⁷ Schließlich hat das Gericht im Auge zu behalten, ob im Ausland bereits ein Insolvenzverfahren über das Vermögen eines gruppenangehörigen Schuldners eröffnet wurde. In einem solchen Fall hätten die Regelungen der EuInsVO Vorrang. Das deutsche Koordinationsverfahren wäre einzustellen.¹⁶⁸

Nach Prüfung des anwendbaren Rechts und der einzelnen Antragsvoraussetzungen entscheidet das Gericht **nach pflichtgemäßen Ermessen** über die Einleitung des Koordinationsverfahrens. Maßgebend dafür ist, ob das Koordinationsverfahren zumindest für ein Verfahren Vorteile bringen kann und für die anderen Verfahren nicht nachteilig ist.¹⁶⁹

bb) Bestellung eines Verfahrenskoordinators

Gibt das Gericht dem Antrag auf Einleitung des Gruppen-Koordinationsverfahrens statt, hat es nach § 269e Abs. 1 InsO einen **Verfahrenskoordinator** zu bestellen, der sowohl von den gruppenangehörigen Schuldnern als auch von deren Gläubiger unabhängig sein *muss*. Ebenso *soll* er von den Insolvenzverwaltern und Sachwalter der gruppenangehörigen Schuldner unabhängig sein. Der Wortlaut der Vorschrift („soll") macht deutlich, dass es im Ausnahmefall auch zur Bestellung eines Insolvenzverwalters aus einem Einzelverfahren zum Verfahrenskoordinator kommen kann.¹⁷⁰ Nach § 269e Abs. 1 S. 2 InsO ist die Bestellung eines eigenverwaltenden gruppenangehörigen Schuldners ausgeschlossen.

77

Der Verfahrenskoordinator soll als **neutraler Dritter** keinen Interessenkonflikten ausgesetzt sein und zwischen den einzelnen Verwaltern quasi als **Mediator**¹⁷¹ moderierend tätig werden, um so für eine abgestimmte Abwicklung der Verfahren über die gruppenangehörigen Schuldner zu sorgen (§ 269f Abs. 1 InsO).¹⁷² Nach § 269e Abs. 2 InsO ist dem Gruppen-Gläubigerausschuss vor der Bestellung des Verfahrenskoordinators Gelegenheit zu geben, sich zu dessen Person und zu den an ihn zu stellenden Anforderungen zu äußern. Bei einstimmigem Votum des Gruppen-Gläubigerausschusses hat das Koordinationsgericht den vorgeschlagenen Verfah-

78

---

166 Näher dazu Hermann, in: Vallender, EuInsVO, Art. 102c § 22 EGInsO Rn 8.
167 Langer a.a.O., S. 27, hält ein Nebeneinander von zwei Koordinationsverfahren für zulässig.
168 So zutreffend Langer, a.a.O.
169 Graf-Schlicker/Bornemann, in: Graf-Schlicker, § 269d InsO Rn 6.
170 Wilhelm, in: Wilhelm, Konzerninsolvenzrecht, S. 67, führt als Beispiel eine besondere Expertise und Erfahrung dieser Person an; ebenso Graf-Schlicker/Bornemann, in Graf-Schlicker, § 269e Rn 2.
171 Näher zur Mediation im Insolvenzverfahren Vallender, FS Prütting, S. 897 ff.
172 Wimmer, jurisPR-InsR 8/2017 Anm 1; Wilhelm, in: Wilhelm, a.a.O.

renskoordinator zu bestellen (§§ 269f Abs. 3, 56a InsO). Sieht das Koordinationsgericht von der Anhörung ab, führt dies nicht zu einer Anfechtbarkeit der Bestellungsentscheidung. Eine Sanktion für die Verletzung des rechtlichen Gehörs sieht das Gesetz nicht vor.

79 **§ 269f InsO** beschreibt die **Aufgaben und die Rechtsstellung des Verfahrenskoordinators,** der unter der Aufsicht des Koordinationsgerichts steht. Er hat für eine abgestimmte Abwicklung der Verfahren über die gruppenangehörigen Schuldner zu sorgen, soweit dies im Interesse der Gläubiger liegt. Dazu zählt, eine Strategie für die Gesamtverwertung bzw. für die Gesamtsanierung der Gruppe zu entwickeln.[173] Ein Weisungsrecht gegenüber den am Verfahren beteiligten Insolvenzverwaltern steht ihm nicht zu. Vor diesem Hintergrund ist fraglich, ob er über die jeweiligen Insolvenzverwalter Zugang zu den einzelnen Unternehmen, zu den Geschäftsunterlagen und auch zu den Mitarbeitern erhält.[174]

80 Die wichtigste Befugnis ist die **Vorlage eines Koordinationsplans**, den der Verfahrenskoordinator in den Gläubigerversammlungen erläutern und für dessen Umsetzung er werben kann. Ohne die Unterstützung der in der Unternehmensgruppe bestellten Insolvenzverwalter wird der Verfahrenskoordinator die ihm übertragenen Aufgaben nicht effektiv erledigen können. Dem trägt § 269f Abs. 2 InsO dadurch Rechnung, dass die Insolvenzverwalter und vorläufigen Insolvenzverwalter zur Kooperation mit ihm verpflichtet sind und ihm insbesondere die für seine Tätigkeit notwendigen Informationen mitzuteilen haben.

81 Der Verfahrenskoordinator hat nach **§ 269g InsO** einen **Anspruch auf Vergütung**, die sich entsprechend § 63 Abs. 1 InsO nach der Höhe der zusammengefassten Massen bestimmt. Die Vergütung hat das Koordinationsgericht auf **Antrag** festzusetzen. Bei seiner Entscheidung hat es Zu- und Abschläge je nach Umfang und Schwierigkeit der Koordinationsaufgabe festzulegen. Die **Mittel für die Vergütung** des Verfahrenskoordinators sind **anteilig** aus den Insolvenzmassen der gruppenangehörigen Schuldner zu entnehmen, wobei das Verhältnis des Werts der einzelnen Massen zueinander maßgebend sein soll (§ 269g Abs. 2 InsO). Die Kosten des Verfahrenskoordinators sind **Masseverbindlichkeiten** (§ 269f Abs. 3 i.V.m. §§ 53, 54 InsO).

cc) Der Koordinationsplan

82 Der Koordinationsplan stellt das **wesentliche Instrument** des Verfahrenskoordinators dar, um seiner Aufgabe, für eine abgestimmte Abwicklung der Einzelverfahren zu sorgen, hinreichend nachkommen zu können. Er ist ein Novum im deutschen Insolvenzrecht. Da er keine verbindlichen Regelungen treffen kann, hat er keinen

---

[173] Wilhelm, in: Wilhelm, Konzerninsolvenzrecht, S. 68.
[174] So aber BT-Drucks. 18/407 S. 37.

gestaltenden Teil. Aus diesem Grund wird er vielfach als **kupierter Insolvenzplan** bezeichnet. Der Koordinationsplan entfaltet deshalb **keine Bindungswirkung** in den Einzelverfahren, sondern ist darauf verwiesen, durch seine Plausibilität auf die Entscheidungsbildung in den Verfahren einzuwirken.[175]

Soweit **Rechtsänderungen** vorgesehen sind, hat **deren Umsetzung auf der Ebene der Einzelgesellschaften in deren Insolvenzplänen** zu erfolgen.[176] Dem Insolvenzverwalter in dem jeweiligen Einzelverfahren wird ein Abweichen vom Koordinationsplan dadurch erschwert, dass er nach § 269i Abs. 1 InsO im Berichtstermin erläutern muss, warum er den Vorgaben des Koordinationsplans nicht nachkommen will. Folgt er dem Koordinationsplan nicht und entsteht den Insolvenzgläubigern seines Verfahrens hierdurch ein Schaden, so kann er sich nach § 60 InsO schadensersatzpflichtig machen. Abgesehen davon kann die Gläubigerversammlung dem Insolvenzverwalter nach § 269i Abs. 2 InsO vorgeben, den Koordinationsplan einem auszuarbeitenden Insolvenzplan zugrundezulegen. Bei einem entsprechenden Beschluss ist der Insolvenzverwalter nur noch frei darin, über Detailfragen, die in jedem Verfahren unterschiedlich sein können, in der Umsetzung des Koordinationsplans zu entscheiden.[177] 83

Ist ein zur Vorlage eines Koordinationsplans befugter Verfahrenskoordinator nicht bestellt, können die Insolvenzverwalter der gruppenangehörigen Schuldner *gemeinsam* dem Koordinationsgericht nach § 269h Abs. 1 InsO einen Koordinationsplan zur Bestätigung vorlegen. Eine Regelung für die Eigenverwaltung enthält § 269h InsO nicht. 84

Die Anforderungen an den **Inhalt des Koordinationsplans** beschreibt **§ 269h Abs. 2 InsO** fest. Beispielhaft nennt die Vorschrift Vorschläge zur Wiederherstellung der wirtschaftlichen Leistungsfähigkeit der einzelnen gruppenangehörigen Schuldner und der Gruppe als Ganzes, Vorschläge zur Lösung von Streitigkeiten oder vertragliche Vereinbarungen zwischen den Insolvenzverwaltern. Strenge Vorgaben sind an den Inhalt des Plans nicht zu stellen.[178] *Höfer* und *Harig*[179] halten in der Praxis folgende Regelungen für einen Koordinationsplan denkbar und sinnvoll: Festsetzung von Preisen für gegenseitigen Leistungsaustausch, die auch die Aufteilung von Gewinnen und Verlusten aus der Unternehmensfortführung umfassen sollte; koordinierte Liquiditätsbeschaffung unter Definition der von der jeweiligen Masse zu gewährenden Sicherheiten; Poolvereinbarungen; Anstoßen eines koordinierten M&A-Prozesses mit vorheriger Aufteilung der Kosten; Regelungen zum Umgang mit Marken, Lizenzen und Beteiligungen; Regelung von Ausgleichsansprüchen bei Be- 85

---

175 Wimmer, jurisPR-InsR 8/2017 Anm 1.
176 Specovius, NZI Beilage 1/2018, S. 35.
177 BT-Drucks. 18/407, S. 41.
178 BT-Drucks. 18/407, S. 40.
179 In NZI Beilage 1/2018 S. 39 ff.

endigung von zwischen den Gruppenunternehmen bestehenden gegenseitigen Verträge; Regelungen zur Behandlung von Anfechtungsansprüchen, die sich aus vorinsolvenzlichem Leistungsaustausch innerhalb des Konzerns sowie wechselseitiger Gesellschafterstellungen ergeben können; Koordination des Umgangs mit den Gesellschaftern bei identischer Gesellschafterstruktur i.S.d. § 3e InsO.

86   Streben die insolventen Unternehmen eine Sanierung der Unternehmensgruppe oder zumindest ihrer wesentlichen Teile an, bietet es sich an, den **Koordinationsplan als Masterplan** zu gestalten, der den Insolvenzplänen in den einzelnen Verfahren zugrunde zu legen ist. Vor diesem Hintergrund erscheint die Kritik, bei dem Koordinationsplan handele es sich um ein „bloßes Informationsprospekt"[180] unberechtigt. Vielmehr bieten sich das Koordinationsverfahren und der Koordinationsplan als sinnvolle Sanierungsinstrumente an.

87   Das **Koordinationsgericht** in Person des Richters entscheidet nach § 269h Abs. 1 S. 3 InsO über die **Zulassung** des Koordinationsplans. Zuvor hat es den Plan einem bestellten Gruppen-Gläubigerausschuss zur Stellungnahme zuzuleiten. Es ist darüber hinaus zuständig für die **Bestätigung** des Koordinationsplans. Seine Prüfungskompetenz ist gegenüber dem Insolvenzplanverfahren eingeschränkt. Gegen die **Versagung der Planbestätigung** ist die **sofortige Beschwerde** statthaft (§ 269h Abs. 3 InsO). Diese steht dem Vorlegenden zu. Sonstige Verfahrensbeteiligte haben kein Beschwerderecht.[181]

III. Bewältigung von Konzerninsolvenzen nach der EuInsVO 2000

88   Trotz des Schweigens der EuInsVO 2000 zu Konzernsachverhalten[182] war die Insolvenz von europaweit tätigen Konzernen Realität, mit der sich die Geschäftsführer oder Vorstände der insolventen Gesellschaften, Gläubiger, Berater, Gerichte und Verwalter auseinanderzusetzen hatten.[183] Für die Eröffnung oder Verbindung von Insolvenzverfahren gegen einen Unternehmensträger, der einem Konzern angehört, galt die allgemeine Regelung, dass für jeden betroffenen Schuldner mit eigener Rechtspersönlichkeit die Zuständigkeit nach der EuInsVO zu prüfen ist[184].

---

180   Madaus, in: Ahrens/Gehrlein/Ringsmeier, Anhang VII Rn 93.
181   Graf-Schlicker/Bornemann, in: Graf-Schlicker, InsO, § 269h Rn 12.
182   Wimmer (jurisPR-InsR 13/2012 Anm. 1) weist darauf hin, dass das Problem der Insolvenz von Unternehmensgruppen bewusst ausgeklammert wurde, weil ansonsten die Gefahr bestanden hätte, dass das gesamte Projekt EuInsVO an dem Versuch gescheitert wäre, für die Abwicklung von Konzerninsolvenzen angemessene Regelungen zu schaffen. Siehe erläuternder Bericht Virgos-Schmidt Nr. 76.
183   Ausführlich zur Behandlung von Konzerninsolvenzen unter Geltung der EuInsVO: Deyda a.a.O.
184   Pannen/Riedemann, Europäische Insolvenzordnung, 2007, Art. 1 Rn 134.

Zu einem **einheitlichen Konzerngerichtsstand am Sitz der Muttergesellschaft** gelangte man nur dann, wenn alle Tochtergesellschaften dort den Mittelpunkt ihrer hauptsachlichen Interessen (im Folgenden abgekürzt mit „COMI", von centre of main interests) haben[185]. Die Praxis hatte wegen fehlender Regelungen zur Bewältigung von Konzerninsolvenzen Modelle entwickelt, die bei grenzüberschreitenden Konzerninsolvenzen zur bestmöglichen Befriedigung der Konzerngläubiger führen können[186]. Dazu zählten unter anderem der **Einsatz vertragsrechtlicher Instrumentarien wie protocols oder Insolvenzverwaltungsverträge**. Es mussten Wege gefunden werden, zentralisierte Strukturen zum Zwecke einer möglichst einheitlichen Verwertung oder Sanierung aufrechtzuerhalten. Darüber hinaus hatte die Praxis zu berücksichtigen, dass ein Rechtsträger durch die Insolvenzantragstellung in einem anderen europäischen Mitgliedstaat einer Rechtsordnung unterstellt wird, die einerseits auf den Rechtsträger nicht zugeschnitten, andererseits den Gläubigern des Schuldners meist unbekannt ist und für sie von Nachteil sein kann[187]. Wurden in verschiedenen Staaten eigene Hauptverfahren über das Vermögen selbständiger juristischer Personen eröffnet, bestand die besondere Herausforderung für die Akteure darin, diese Verfahren aufeinander abzustimmen. Erschwert wurde die Koordination dadurch, dass gerade für die Eröffnung mehrerer Hauptinsolvenzverfahren keinerlei Regelungen bezüglich deren Kooperation vorgesehen sind[188]. Dass dies Strategieüberlegungen von einer Konzernzentrale aus erschwert[189], liegt auf der Hand.

---

185 Kindler, in: Kindler/Nachmann, Handbuch Insolvenzrecht in Europa, § 2 Rn 43; Vallender, in: Wilhelm, Konzerninsolvenzrecht, Teil II Rn 1.
186 Vallender, in: Wilhelm, Konzerninsolvenzrecht, Teil 2 Rn 1; Vallar, The insolvency of members of a group of companies in the proposal for amendment of the European Insolvency Regulation, S. 89 f. in: The Grand Project: Reform of the European Insolvency Regulation, 2014.; Reinhart, NZI 2012, 304, 11 weist ebenfalls zutreffend darauf hin, dass die zumeist mit Fragen der Praktikabilität begründete Steuerung der Konzerninsolvenz über einen einzigen Insolvenzverwalter bereits heute auf der Grundlage der EuInsVO umgesetzt werden kann, solange die nationalen Rechtsordnungen über hinreichende Flexibilität verfügen. Dagegen begegnet *Verhoeven*, Die Konzerninsolvenz, 2011, S. 158 der derzeitigen Praxis besonders kritisch. Er attestiert den Beteiligten "einen Einfallsreichtum im Erfinden von Umgehungstaktiken", konzediert aber gleichzeitig, dass angesichts des Vorgehens englischer Gerichte bei der Behandlung von Konzerninsolvenzen „faktisch" ein europäisches Konzerninsolvenzrecht existiere.
187 Vallender, in: Wilhelm, Konzernisnolvenzrecht, Teil 2, S. 210, Rn 1: Rotstegge, ZIP 2008, 955, 959.
188 Die Koordinierung kann sich nicht nach einer nationalen Rechtsordnung richten, weil sich wegen der Regelung in Art. 4 Abs. 1 EuInsVO die Hauptinsolvenzverfahren nach dem Recht verschiedener Staaten richten.
189 Bufford, Col. J. of European Law (Vol. 12 2006), S. 468 ff.

Vallender

1. Praktische Lösungen

90 Zahlreiche Gerichte in Europa hatten sich indes nicht den Bedürfnissen der Praxis verschlossen und nach einer Bündelung der gruppenangehörigen Unternehmen an dem Ort, wo sich etwa der Mittelpunkt der hauptsächlichen Interessen der Muttergesellschaft befindet[190], das Insolvenzverfahren eröffnet. Im Crisscross Telecommunications Group wurde interessanterweise das Insolvenzverfahren nicht am Sitz der Mutter des Konzerns eröffnet sondern am Sitz der Tochtergesellschaften in London, weil dort die tatsächlichen „headquarter- Aktivitäten" stattfanden[191]. In Deutschland wurden – anders als im Vereinigten Königreich – praxisgerechte Entscheidungen einiger Instanzgerichte zur Bewältigung von grenzüberschreitenden Konzerninsolvenzen teilweise heftig kritisiert.[192]

2. Das europäische Gesetzgebungsverfahren zur Reform der EuInsVO

91 Um eine dynamische Entwicklung der EuInsVO zu ermöglichen, sieht Art. 46 EuInsVO 2000 die Vorlage eines Berichts durch die Europäische Kommission an das Europäische Parlament, den Rat und den Wirtschafts- und Sozialausschuss bis zum 1.6.2012 vor[193]. Dieser Bericht dient der Evaluierung der Anwendung der Verordnung und kann Vorschläge zu deren Änderung enthalten[194].

a) Vorschlag der Kommission vom 12.12.2012

92 Dementsprechend hatte die Kommission am 29.3.2012 die Öffentlichkeit aufgefordert, Vorschläge zur Reform der EuInsVO zu unterbreiten. Die Auswertung der eingegangenen Antworten und Ergebnisse mündete schließlich in dem am 12.12.2012 veröffentlichten Vorschlag der Europäischen Kommission für eine Änderung der EuInsVO[195]. Dieser lässt sich wie folgt zusammenfassen: Der Anwendungsbereich der Verordnung soll durch die Aufnahme von Verfahren in Eigenverwaltung und Vorinsolvenzverfahren in die Definition des Insolvenzverfahrens sowie durch die Aufnahme von Entschuldungsverfahren und sonstigen Insolvenzverfahren für natürliche Personen, die nicht zur derzeitigen Definition passen, erweitert werden. Die

---

190 Tribunal de Commerce de Paris, Beschl. v. 2.8.2006 – 2006/47530, dazu m.w.N. Schmidt, ZIP 2007, 405, 408; AG Köln (PIN-AG S.A.) ZIP 2008, 423. Im spanischen Recht besteht z.B. die Möglichkeit, Insolvenzverfahren mehrerer Konzerngesellschaften an einem Gerichtsstand zu bündeln (Art. 10 Abs. 4 Ley Concursal).
191 Pannen/Riedemann, NZI 2004, 646, 648.
192 Näher dazu Vallender, in: Wilhelm, Konzerninsolvenzrecht, Teil 2, S. 212 Rn 4.
193 Vallender, in: Wilhelm, Konzerninsolvenzrecht, Teil 2, S. 226 Rn 33; Riedemann, in: Pannen, Europäische Insolvenzverordnung, Art. 46 Rn 1.
194 Riedemann, a.a.O.
195 Näher dazu, Prager/Keller, NZI 2013, 57; Paulus, BB 2013, Heft 4, I.

Zuständigkeitsvorschriften wurden präzisiert und die Verfahrensvorschriften zur Bestimmung der gerichtlichen Zuständigkeit verbessert. Das Gericht soll die Eröffnung eines Sekundärinsolvenzverfahrens ablehnen können, wenn dieses Verfahren zum Schutz der Interessen der einheimischen Gläubiger, d.h. der Gläubiger am Ort der Niederlassung, nicht erforderlich ist. Abgeschafft wird ferner das Erfordernis, wonach Sekundärinsolvenzverfahren als Liquidationsverfahren ausgestaltet sein müssen. Durch Ausweitung der Kooperationspflicht auf die involvierten Gerichte soll die Abstimmung zwischen Haupt- und Sekundärverfahren verbessert werden. Mit diesen Maßnahmen ist eine effizientere Handhabung der Insolvenzverfahren gewährleistet. Dem Vorschlag zufolge müssen die Mitgliedstaaten die einschlägigen Gerichtsentschidungen in grenzüberschreitenden Insolvenzfällen in einem öffentlich zugänglichen, elektronischen Register bekanntmachen. Darüber hinaus sieht der Vorschlag die Vernetzung der nationalen Insolvenzregister vor. Für die Anmeldung der Forderungen soll ein Standardformular eingeführt werden.

Die Erwägungsgründe 20a und 20b enthalten grundlegende Erwägungen der Kommission zur Behandlung von Konzerninsolvenzen.[196] Erwägungsgrund 20b zeigt zwei verschiedene Konstellationen bei der Insolvenz konzernverbundener Unternehmen auf, indem er klarstellt, dass durch die Einführung über die Insolvenz von Unternehmensgruppen ein Gericht nicht in seiner Möglichkeit eingeschränkt werden soll, Insolvenzverfahren gegen mehrere Gesellschaften, die derselben Unternehmensgruppe angehören, nur an einem Gerichtsstand zu eröffnen.[197] Voraussetzung dafür ist die Feststellung, dass der Mittelpunkt der hauptsächlichen Interessen dieser Gesellschaften in einem einzigen Mitgliedstaat liegt. Gleichzeit schlägt die Kommission vor, dass in diesen Fällen das Gericht für alle Verfahren gegebenenfalls dieselbe Person als Verwalter bestellen können sollte. Mit der aufgezeigten Regelung in Erwägungsgrund Nr. 20b S. 2 bringt die Kommission inzidenter zum Ausdruck, dass grundsätzlich die Insolvenzverfahren gruppenangehöriger Unternehmen an ihrem jeweiligen Sitz zu eröffnen sind. Nur für diesen Fall enthält der Kommissionsvorschlag in Erwägungsgrund 20a Anleitungen zur Kooperation und Kommunikation, die wiederum in Kapitel 4a in eine gesetzliche Fassung eingebettet werden.[198]

93

b) Weiterer Verfahrensgang

In seiner legislative Entschließung nahm das Europäische Parlament am 5.2.2014 zu dem Vorschlag für eine Verordnung des Europäischen Parlaments und des Rates

94

---

196 Vallender, in: Wilhelm, Konzerninsolvenzrecht, Teil 2, S. 226 Rn 34.
197 Vallender, in: Wilhelm, Konzerninsolvenzrecht, S. 226 Rn 34.
198 Vallender a.a.O.

zur Änderung der Verordnung (EG) Nr. 1346/2000 des Rates über Insolvenzverfahren[199] Stellung und unterbreitete zahlreiche Änderungsvorschläge zu dem Entwurf der Kommission. Der Rat der Europäischen Union hat in seiner Entschließung vom 3.6.2014[200] vor allem zu den Regelungen der Konzerninsolvenz eine Vielzahl von Ergänzungsvorschlägen unterbreitet. Das Europaparlament billigte mit Lesungen am 7. und 20.5.2015 die „first reading petition" des Rates, woraufhin der formale Akt der Unterschrift durch die Präsidenten des Parlaments und des Rates erfolgte. Am 20.5.2015 wurde die EuInsVO in ihrer neuen Fassung als Verordnung (EU) 2015/848 erlassen.

IV. Bewältigung von Konzerninsolvenzen nach der EuInsVO 2015

95   Die revidierte EuInsVO[201] ist am 26.7.2015 in Kraft getreten und gilt im Wesentlichen ab dem 26.6.2017. Der europäische Gesetzgeber hat sich nicht für eine Neuausrichtung der EuInsVO entschieden, sondern **punktuelle, systemimmanente Verbesserungen** zur möglichst reibungslosen Bewältigung grenzüberschreitender Insolvenzverfahren vorgenommen.[202] Zu den wesentlichen Änderungen zählen die Erweiterung des Anwendungsbereichs um Verfahren, für die kein Insolvenzgrund vorhanden sein muss (Art. 1 Abs. 1 und Unterabs. 2), Konkretisierung der internationalen Zuständigkeit gem. Art. 3 Abs. 1, Verfahren und Rechtsbehelf zu den Eröffnungsentscheidungen (Art. 4 und 5), Regelung zu den Annexverfahren (Art. 6), Schaffung von Insolvenzregistern (Artt. 24–30), Zurückdrängung und Koordinierung von Haupt- und Sekundärverfahren (Artt. 34–52) sowie die Vereinfachung der Forderungsanmeldung und das in Kapitel 5 (Artt. 56–77) geregelte Insolvenzverfahren über das Vermögen von Mitgliedern einer Unternehmensgruppe.

1. Systematik und Anwendungsbereich von Kapitel V

96   Mit dem neuen **Kapitel V, einem Kernstück der Reform**[203], hat der europäische Normgeber einen speziellen Rechtsrahmen für Insolvenzverfahren über das Vermögen von Mitgliedern einer Unternehmensgruppe geschaffen (Artt. 56–77). Die Erkenntnis, dass ohne entsprechende Regelungen eine effiziente Abwicklung von

---

199 COM (2012) 0744 – C7-0413/2012 – 2012/0360 (COD); Vallender, in: Wilhelm, Konzerninsolvenzrecht, Teil 2, S. 229 Rn 38.
200 10284/14.
201 Verordnung (EU) 2015/848 des Europäischen Parlaments und Rates v. 20.5.2015 über Insolvenzverfahren, ABl. (EU) L 141/19 ff. v. 5.6.2015.
202 Zipperer, in: Vallender, EuInsVO 2. Auf., 2020, Einl. Rn 4.
203 Vgl. COM(2012)744,3.1.5.

Konzerninsolvenzen erheblich erschwert sei, beruht unter anderem auf einer von der Kommission in Auftrag gegebenen Studie[204] sowie einer öffentlichen Konsultation.[205]

Am **Trennungsprinzip** („eine Person, ein Vermögen, eine Insolvenz") wurde nicht gerüttelt. Da der europäische Normgeber ebenso wie der Deutsche Bundestag von einer materiellen Konsolidierung abgesehen hat, ist jeweils ein Insolvenzverfahren über eine eigenständige Vermögensmasse zu eröffnen. Einen **gemeinsamen Konzerninsolvenzgerichtsstand**[206] sieht die reformierte EuInsVO anders als das deutsche Konzerninsolvenzrecht (§§ 3a–3d InsO) nicht vor. Damit gilt allgemein Art. 3 EuInsVO für die Zuständigkeit der nationalen Gerichte.[207]

97

Das **Schwergewicht** der neuen Bestimmungen bildet die **Verfahrenskoordination**. Dazu ordnet Abschnitt 1 – erstrangig – die Zusammenarbeit zwischen den Beteiligten an (Artt. 56–58), die unter dem Vorbehalt der effektiven Verfahrensführung stehen.[208] Abschnitt 2 regelt die Einzelheiten eines speziellen Gruppen-Koordinationsverfahrens mit opt-out und opt-in Befugnissen (Artt. 61–77). Geleitet wird dieses Verfahren von einem Verfahrenskoordinator.

98

2. Verhältnis zu Drittstaaten

Kapitel V enthält keine ausdrückliche Regelung des Verhältnisses zu Drittstaaten. Zwar hatte die Kommission eine Erweiterung des Anwendungsbereichs erwogen, letztlich aber von dieser Möglichkeit abgesehen, weil eine entsprechende Regelung Drittstaaten nicht binden würde.[209] Bindungswirkung mit Bezug zu Drittstaaten erzielen aus diesem Grunde allein internationale Übereinkommen. Erwägungsgrund 62 ist zu entnehmen, dass eine Kooperationspflicht von Gerichten und Verwaltern voraussetzt, das zumindest Verfahren in zwei verschiedenen Mitgliedstaaten eröffnet sein müssen.[210] Dies schließt indes nicht aus, dass der Sitz der Mutter in einem Drittstaat belegen ist. Entscheidend ist, wenn auf der Ebene der nachgeordneten

99

---

204 Oberhammer, in: Hess/Oberhammer/Pfeiffer, European Insolvency Law, The Heidelberg-Luxembourg-Vienna Report on the Application of Regulation Nr. 1346/2000/EC on Insolvency Proceedings (Ec'xternal Evaluation JUST/2011/PR/0049/A4)2011/JCIV/PR/A4), 2014, 5.2.1.
205 Consultation on the Future of Insolvency Law, Frage 11 (Konsultationsseite: http://ec.europa.eu/justice/newsroom/civil/opinion/120326_en.htm.
206 Näher dazu Vallender, in: Wilhelm, Konzerninsolvenzrecht, Teil 2 S. 233 Rn 44.
207 Hermann, in: Vallender, EuInsVO, Art. 56 Rn 7.
208 Zipperer a.a.O., Rn 10.
209 Vgl. Bericht der Kommission an das Europäische Parlament, den Rat und den Europäischen Wirtschafts- und Sozialausschuss über die Anwendung der Verordnung (EG) Nr. 1346 des Rates vom 29.5.2000 über Insolvenzverfahren, COM (2012) 743, final S. 21.
210 Hermann, in: Vallender, EuInsVO, Art. 56 Rn 28.

Gesellschaften Insolvenzverfahren in mindestens zwei Mitgliedstaaten der EU anhängig sind.[211]

Gerichten und Verwaltern bleibt es trotz der fehlenden Regelung unbenommen, in Verfahren, in denen in einem Drittstaat ein Verfahren über das Vermögen eines Mitglieds einer Unternehmensgruppe eröffnet worden ist, zu kooperieren, soweit diese Zusammenarbeit eine effektive Verfahrensführung erleichtern kann, mit den für die einzelnen Verfahren geltenden Rechtsvorschriften vereinbar ist und keine Interessenkonflikte nach sich zieht.[212]

3. Insolvenzverfahren i.S.d. Art 1 EuInsVO über das Vermögen von zwei oder mehr Mitgliedern einer Unternehmensgruppe

100 Die Regelungen von Kapitel V finden Anwendung, wenn Insolvenzverfahren i.S.d. Art. 1 EuInsVO das Vermögen von zwei oder mehr Mitgliedern einer Unternehmensgruppe i.S.v. Art. 2 Nr. 13 ff. EuInsVO betreffen. Zu den Verfahren i.S.d Art 1 EuInsVO zählen öffentliche Gesamtverfahren, die vorläufige Verfahren einschließen. Diese Verfahren finden auf der Grundlage gesetzlicher Regelungen zur Insolvenz statt. Sie ziehen bestimmte Einschränkungen der individuellen Rechte von Gläubigern und Schuldner nach sich (Art. 1 Abs. 1 Unterabs. 1 lit a und b). Die Verfahren müssen in Anhang A aufgeführt sein.[213]

101 Die Regelungen in Abschnitt V gelten gem. der Definition in Art. 2 Nr. 13 EuInsVO für ein Mutterunternehmen und alle seine Tochterunternehmen, wobei die Tochterunternehmen ihrerseits Tochterunternehmen haben können.[214] Neben Kapitalgesellschaften, Personengesellschaften und natürlichen Personen als Einzelkaufmann kann die Unternehmensgruppe auch andere unternehmerisch tätige Rechtsträger umfassen.[215]

Entscheidendes Kriterium für die rechtliche Einordnung des Mutterunternehmens ist die **Kontrollbeziehung**. Die Kontrolle kann unmittelbar oder mittelbar erfolgen. Art. 2 Nr. 14 EuInsVO enthält die unwiderlegliche Vermutung, dass ein Unternehmen, das einen konsolidierten Abschluss gemäß der Richtlinie 2013/34 des

---

211 MüKo/Reinhart, Vor Art. 56 EuInsVO 2015, Rn 11.
212 Weitergehend J. Schmidt, in: Mankowski/Müller/J. Schmidt, EuInsVO, 2016, Art. 56 Rn 13, die unter Berufung auf die Judikatur des EuGH eine entsprechende Verpflichtung bejaht.
213 Vallender, in: Vallender, EuInsVO, Art. 1 Rn 14.
214 Sutschet, in: Vallender, EuInsVO, Art. 2 Rn 60.
215 Tashiro, in: Braun, InsO, Art. 2 EuInsVO Rn 81, schließt dies zutreffend aus dem Verweis auf die Bilanz-RL und die in Nr. 14 kodifizierte Vermutungswirkung zugunsten von Unternehmen, die einen konsolidierten Abschluss aufstellen. Über Art. 1 und Art. 21 der RL 2013/34 (Bilanz-RL) werde der Anwendungsbereich für alle Gesellschaften eröffnet, die in Anhang I und II der Bilanz-RL aufgeführt sind.

Europäischen Parlaments und des Rates erstellt, als Mutterunternehmen anzusehen ist.[216]

4. Gesetzliche Anpassung an nationales Recht

Die gesetzliche Anpassung an das deutsche Recht wurde durch das **Gesetz zur Durchführung der Verordnung (EU) 2015/848 über Insolvenzverfahren**, das nach seinem Art. 6 am 26.6.2017 in Kraft getreten ist, geschaffen.[217] In Teil 3 dieses Gesetzes (Insolvenzverfahren über das Vermögen von Mitgliedern einer Unternehmensgruppe) finden sich Regelungen zur eingeschränkten Anwendbarkeit des § 56b InsO und der §§ 269a bis 269i InsO (§ 22), zur Beteiligung der Gläubiger (§ 23), zur Aussetzung der Verwertung (§ 24) und zu Rechtsbehelfen (§ 25, 26).

5. Zusammenarbeit und Koordination in Insolvenzverfahren über das Vermögen von Mitgliedern einer Unternehmensgruppe, Art. 56–60 EuInsVO

Art. 56–60 EuInsVO schaffen die rechtliche Grundlage für die Beteiligten, auf allen Ebenen unmittelbar zusammenzuarbeiten.[218] **Allgemeine Voraussetzung** dafür ist, dass die Zusammenarbeit von Verwaltern mit Verwaltern, von Gerichten mit Gerichten und Gerichten mit Verwaltern die **wirksame Abwicklung der Verfahren erleichtern** kann, mit den für die einzelnen Verfahren geltenden Vorschriften vereinbar ist und keine Interessenkonflikte nach sich zieht.

Eine effektive Zusammenarbeit der einzelnen Entscheidungsträger setzt zunächst die Kenntnis voraus, mit wem zusammengearbeitet werden soll. Darüber hinaus bedarf es eines Grundverständnisses des anderen Rechts. **Art. 86 EuInsVO** bietet insoweit Hilfestellung an. Danach haben die Mitgliedstaaten eine **allgemeine Information** des nationalen Rechts und der Verfahren zum Insolvenzrecht zu übermitteln. Eingestellt werden diese Informationen in die Website „Europäisches Justizportal" (https://e-justice.europa.eu), dort unter „Arbeitshilfen für Gerichte und Juristen" unter dem Stichwort „Insolvenz". Das Justizielle Netz für Zivil und Handelssachen (EJN) unterhält Kontaktstellen in allen Mitgliedstaaten, in Deutschland u.a. bei den Landesjustizverwaltungen und beim Bundesamt für Justiz in Bonn. Dieses Amt steht zwar den Gerichten, nicht aber den Verwaltern als unmittelbare Anlaufstelle zur Verfügung.[219] Verwalter sollten sich ggfl. bei unzureichenden Informationen an das für sie zuständige Gericht wenden und dort wegen der weiter-

---

216 Sutschet a.a.O. Rn 65; J. Schmidt, in: Mankowski/Müller/J. Schmidt, Art, 2 Rn 79; **a.A.** Eble, NZI 2016, 115, 117.
217 BGBl. I 2017, 1476.
218 Laroche, ZInsO 2017, 2585, 2592.
219 Laroche, ZInsO 2017, 2585, 2593.

reichenden Informationsquellen des Gerichtes um ergänzende Informationen ersuchen.

a) Zusammenarbeit und Kommunikation der Verwalter

105 Ebenso wie für Haupt- und Sekundärverfahren (Art. 41 EuInsVO) hat der europäische Verordnungsgeber in Kapitel V mit der Vorschrift des **Art. 56 EuInsVO** eine besondere Regelung für die Zusammenarbeit und Kommunikation der Verwalter geschaffen. Dies war notwendig, weil es bei Insolvenzverfahren über das Vermögen von Mitgliedern einer Unternehmensgruppe nicht um die Abwicklung ein und desselben Schuldners in verschiedenen, gleichwohl miteinander in Bezug gesetzten Verfahren geht, sondern um die **Koordination von verschiedenen, eigenständigen Hauptinsolvenzverfahren**.[220] Die Unterschiede ergeben sich aus der fehlenden Priorität eines Insolvenzverwalters, den unterschiedlichen Vermögensmassen und Gläubigerschaften.[221]

106 **Beteiligte der Zusammenarbeit** sind in erster Linie die (vorläufigen) Insolvenzverwalter. Im Falle einer Eigenverwaltung finden Art. 56 ff. EuInsVO entsprechende Anwendung, allerdings nur in dem Umfang, als sie auf die Eigenverwaltung passen (Art. 76 EuInsVO).[222] Träger der Rechte und Pflichten ist nicht das Organ des Schuldners sondern der Schuldner bzw. Rechtsträger selbst.[223]

107 Art. 56 EuInsVO gelangt zur Anwendung bei Verfahren, die über das Vermögen verschiedener **Mitglieder derselben Unternehmensgruppe** in mehr als einem Mitgliedstaat eröffnet worden sind (ErwG 62). Unternehmensgruppe ist nach Art. 2 Nr. 13 EuInsVO ein Mutterunternehmen und alle seine Tochterunternehmen. Darüber hinaus müssen die Verfahren einen **grenzüberschreitenden Bezug** aufweisen.

108 Die Verwalter sind zur Zusammenarbeit verpflichtet, wenn Kommunikation und Kooperation der Erleichterung der wirksamen Abwicklung der Verfahren dienen können (Art. 56 Abs. 1 S. 1 EuInsVO). Für die Begründung der Pflichtenstellung ist nicht zwingend, dass sich für das eigene Insolvenzverfahren unmittelbare Vorteile ergeben. Eine Pflicht zur Selbstopferung der Beteiligten eines Verfahrens zwecks Förderung der anderen Verfahren lässt sich aus Art. 56 EuInsVO nicht herleiten. Bei Möglichkeit sollte die Kooperation **frühzeitig** beginnen. Da Art. 1 Abs. 1 EuInsVO ausdrücklich das vorläufige Insolovenzverfahren umfasst, ist die Vorschrift unmittelbar nach Erlass der Maßnahmen gem. §§ 21, 22 InsO anzuwenden. Ihre Grenze findet sie dort, wo **Interessenkonflikte** drohen.

---

[220] Paulus, EuInsVO, Art. 56 Rn 6.
[221] Hermann, in: Vallender, EuInsVO, Art. 56 Rn 29.
[222] Hermann, in: Vallender, EuInsVO, Art. 56 Rn 16 m.w.N.
[223] Fritz, in: Vallender, EuInsVO, Art. 76 Rn 4.

Die **Zusammenarbeit** ist in beliebiger Form möglich und zulässig. Im Vordergrund stehen dabei **formelle Verträge oder sog. Protokolle**.[224] Art. 56 Abs. 2 EuInsVO konkretisiert die Pflicht zur Zusammenarbeit in Gestalt eines **Katalogs von Durchführungsmaßnahmen**, ohne dass diesem abschließender Charakter beizumessen wäre. Die Vorschrift nennt zunächst die Informationspflicht (Abs. 2 lit. a), die gegenseitig zu erfüllen ist. Es empfiehlt sich, dem Verwalter des anderen Verfahrens die eigenen Planungen über den möglichen weiteren Verfahrensablauf mitzuteilen und den Verwalter des anderen Verfahrens zu bitten, seinerseits anzugeben, welche weiteren Informationen er aus seiner Sicht benötigt.[225] Ihre Grenzen findet die Informationspflicht in datenschutzrechtlichen Bestimmungen. Maßgebend sind insoweit die **Datenschutzrichtlinie**[226] und ihre jeweiligen nationalen Umsetzungsgesetze[227]. 109

Nach Art. 56 Abs. 2 lit. b EuInsVO haben die Verwalter zu prüfen, ob Möglichkeiten einer Koordinierung der Verwaltung und Überwachung der Geschäfte der Gruppenmitglieder, über deren Vermögen ein Insolvenzverfahren eröffnet wurde, bestehen.[228] Dabei gilt es zunächst, das Koordinierungspotenzial der jeweiligen Verfahren auszuloten. Diese Suche gilt den Synergieeffekten und ihrer Umsetzung.[229] 110

Dass auch der europäische Verordnungsgeber dem Sanierungsgedanken innerhalb des Regelungswerks der EuInsVO einen besonderen Stellenwert einräumt, erschließt sich aus der Regelung des Art. 56 Abs. 2 lit. c EuInsVO. Danach haben die Verwalter zu prüfen, ob und inwieweit die Unternehmensgruppe als Ganzes, Teile davon oder aber auch nur einzelne Gruppenmitglieder im Wege einer gemeinsamen Vorgehensweise saniert werden können.[230] Die Umsetzung erfolgt durch einen **Sanierungsplan**, der gem. Art. 60 EuInsVO Voraussetzung dafür ist, um eine Aussetzung der Verwertungshandlungen anderer Gesellschaften durchzusetzen. 111

Um eine effektivere Zusammenarbeit der Verwalter zu ermöglichen, sieht **Art. 56 Abs. 2 Unterabs. 2 EuInsVO** vor, dass zum Zwecke der Zusammenarbeit zusätzliche Befugnisse einem Verwalter aus der Mitte der betroffenen Verwalter übertragen werden können. Diese ändert indes nichts an der **Eigenverantwortlichkeit jedes Insolvenzverwalters** in der Gruppe. Ob diese Möglichkeit dem Koordinationsverfahren nach Maßgabe der Art. 61 ff. EuInsVO wegen der geringeren Anforderungen den Rang ablaufen wird, bleibt abzuwarten.

---

224 Hermann, in: Vallender, EuInsVO, Art. 56 Rn 40.
225 Vgl. Zipperer, in: Vallender, EuInsVO, Art. 41 Rn 19.
226 Richtlinie 95/46/EG vom 24.10.1995 zum Schutz natürlicher Personen bei der Verarbeitung personenbezogener Daten und zum freien Datenverkehr.
227 In Deutschland Bundesdatenschutzgesetz (BDSG) v. 30.6.2017 (BGBl. I S. 2097), zuletzt geändert durch Art. 12 G v. 20.11.2019 I 1626.
228 Näher dazu Hermann in Vallender, EuInsVO, Art. 56 Rn 47 ff.
229 Paulus, EuInsVO, Art. 56 Rn 14.
230 Paulus, EuInsVO, Art. 56 Rn 17.

b) Zusammenarbeit und Kommunikation der Gerichte

112 Art. 57 EuInsVO normiert bei Insolvenzverfahren über das Vermögen von Mitgliedern einer Unternehmensgruppe eine allgemeine **Pflicht der Insolvenzgerichte**[231] **der Mitgliedstaaten**.[232] zur Zusammenarbeit und Kommunikation. Gleichzeitig beschreibt die Vorschrift deren **Grenzen** („... soweit diese Zusammenarbeit eine wirksame Verfahrensführung erleichtern kann, mit den für die einzelnen Verfahren geltenden Vorschriften vereinbar ist und keine Interessenkonflikte nach sich zieht. Ziel der Vorschrift ist die Effizienzsteigerung der Verfahrensabwicklung (ErwG 51); sie soll die Dezentralisierung der Entscheidungsträger ausgleichen.

Art. 57 Abs. 2 und 3 EuInsVO regeln mögliche Formen der Zusammenarbeit. Die Zusammenarbeit ist nach Art. 57 Abs. 3 Satz 1 EuInsVO in das **Gestaltungsermessen** des Gerichts gestellt: Sie ist auf jedem Weg zulässig, sofern das Gericht ihn für geeignet erachtet.

Art. 57 EuInsVO findet Anwendung auf Insolvenzverfahren über das Vermögen von **zwei oder mehr Mitgliedern** derselben Unternehmensgruppe. Art. 57 Abs. 1 Satz 1 EuInsVO verpflichtet die **Gerichte** zur Zusammenarbeit. Den Begriff Gericht definiert Art. 2 Nr. 6 EuInsVO. Im Anwendungsbereich des Art. 57 EUinsVO umfasst der Begriff sowohl ein **Justizorgan** als auch **jede sonstige zuständige Stelle** eines Mitgliedstaats, die befugt ist, ein Insolvenzverfahren zu eröffnen, die Eröffnung eines solchen Verfahrens zu bestätigen oder i.R. des Verfahrens Entscheidungen zu treffen (Art. 2 Nr. 6 (ii)).[233]

113 Die Zusammenarbeit und Kommunikation setzt zunächst voraus, dass bereits **ein Gericht** eines Mitgliedstaates das **Insolvenzverfahren** über das Vermögen einer zur Unternehmensgruppe gehörenden Gesellschaft **eröffnet hat**. Dieses Gericht hat mit Gerichten, die mit einem **Antrag auf Eröffnung eines Insolvenzverfahrens** über das Vermögen eines anderen Mitglieds derselben Unternehmensgruppe befasst sind oder ein solches **Verfahren eröffnet haben**, zusammenzuarbeiten.

114 Art. 57 Abs. 2 EuInsVO gestattet den Gerichten oder der von ihnen bestellten Person oder Stelle i.S.des Absatzes 1 **direkt miteinander zu kommunizieren** oder einander direkt um Informationen und Unterstützung zu ersuchen.

115 Art. 57 Abs. 3 EuInsVO nennt exemplarisch Themenfelder der Kooperation und Kommunikation. Dazu zählen die Koordinierung bei der Bestellung von Verwaltern, die Mitteilung von Informationen auf jedem von dem betreffenden Gericht als geeignet erachteten Weg; die Koordinierung der Verwaltung und Überwachung der Insolvenzmasse und Geschäfte der Mitglieder der Unternehmensgruppe, die Koor-

---

[231] Wimmer, jurisPR-InsR 7/2015, Anm. 1, Vallender, FS Beck, S. 537, 545; Bork/van Zwieten/J. Schmidt, Commentary on the European Insolvency Regulation, Art. 57 Rn 57.04.
[232] S. Art. 2 Nr. 6 (ii), der ausdrücklich „das Justizorgan oder jede sonstige Stelle eines Mitgliedstaats" nennt.
[233] Vallender, in: Vallender, EuInsVO, Art. 57 Rn 5.

dinierung der Verhandlungen sowie, soweit erforderlich, die Koordinierung der Zustimmung zu einer Verständigung der Verwalter.

Bei der Zusammenarbeit mit anderen Gerichten können die Gerichte „bei Bedarf eine **unabhängige Person oder Stelle** bestellen bzw. bestimmen" (Art. 57 Abs. 1 S. 2 EuInsVO). Die Vorschrift überlässt diese Entscheidung dem **pflichtgemäßen Ermessen** des einzelnen Richters. Soweit aus Sicht des Gerichtes die bestellten Verwalter ihren Kooperations- und Kommunikationspflichten vollumfänglich nachkommen, besteht für eine solche Maßnahme keine Veranlassung. Sie bietet sich unter Umständen bei **Sprachbarrieren** an, doch können aus Kostengründen dem Gericht vertraute Verwalter mit der Zusammenarbeit beauftragt werden.[234]

Art. 57 EuInsVO enthält **keine Sanktion** für den kooperationsunwilligen Insolvenzrichter. Da die Bestimmung als sekundäres Gemeinschaftsrecht eine Amtspflicht zur Kooperation begründet,[235] kommt nach der deutschen lex fori concursus eine Haftung gem. **§§ 839 Abs. 1 Satz 1 und Abs. 2 Satz 2 BGB** in Betracht.[236]

116

c) Zusammenarbeit und Kommunikation zwischen Verwaltern und Gerichten

Art. 58 EuInsVO beschreibt die **Zusammenarbeit zwischen Gerichten und Verwaltern**. Danach kann jeder Verwalter mit jedem Gericht, das mit einem Antrag auf Eröffnung eines Insolvenzverfahrens über das Vermögen eines anderen Mitglieds derselben Unternehmensgruppe befasst ist oder das ein solches Verfahren eröffnet hat, zusammenarbeiten und mit diesem kommunizieren und kann dieses Gericht um Informationen zum Verfahren über das Vermögen des anderen Mitgliedes der Unternehmensgruppe oder um Unterstützung in dem Verfahren, für das er bestellt worden ist, ersuchen.

117

Die Pflicht zur Zusammenarbeit besteht, wenn sie der Erleichterung der wirkungsvollen Verfahrensdurchführung dient, keine Interessenkonflikte nach sich zieht und mit den nationalstaatlichen Vorschriften vereinbar ist. Ob eine Kooperation von Verwalter und Gericht die wirksame Abwicklung des Verfahrens erleichtern hilft, beurteilt sich nach den **Umständen des Einzelfalls**. Soll die Konzernstruktur nicht erhalten werden bzw. wird eine konzernweite Sanierung aufgrund der wirtschaftlichen Lage der einzelnen Gruppenmitglieder nicht angestrebt, dürfte die Basis für eine Koordination grenzüberschreitender Betriebsfortführung fehlen, so dass es regelmäßig an den Voraussetzungen für eine Kooperation fehlt.

118

---

[234] Fritz, DB 2015, 1882, 1887.
[235] MüKo/Zimmermann, § 1 GVG Rn 31 und 42.
[236] MüKo/Papier, § 839 BGB Rn 321.

Vallender

d) Rechte des Verwalters bei Verfahren über das Vermögen von Mitgliedern einer Unternehmensgruppe

119 **Art. 60 Abs. 1 EuInsVO** sieht eine Reihe von Befugnissen des Verwalters eines über das Vermögen eines Mitglieds einer Unternehmensgruppe eröffneten Insolvenzverfahrens vor. Dieser kann, soweit dies eine effektive Verfahrensführung erleichtern hilft, in jedem über das Vermögen eines anderen Mitglieds derselben Unternehmensgruppe eröffneten Verfahren gehört werden.

120 Ihm steht ferner die Befugnis zu, eine **Aussetzung jeder Maßnahme** im Zusammenhang mit der Verwertung der Masse in jedem Verfahren über das Vermögen eines anderen Mitglieds derselben Unternehmensgruppe zu beantragen, sofern für alle oder einige Mitglieder der Unternehmensgruppe ein Sanierungsplan gem. Art. 56 Abs. 2 lit. c EuInsVO vorgeschlagen wurde und dieser hinreichende Aussicht auf Erfolg hat. Die beantragte Aussetzung muss notwendig sein, um die ordnungsgemäße Durchführung des Sanierungsplans sicherzustellen. Darüber hinaus muss der Sanierungsplan den Gläubigern des Verfahrens, für das die Aussetzung beantragt wird, zugute kommen. Schließlich darf das Verfahren, für das der Verwalter gem. Abs. 1 bestellt wurde, noch das Verfahren, für das die Aussetzung beantragt wird, einer Koordinierung nach Maßgabe der Art. 61ff. EuInsVO unterliegen. Damit soll sichergestellt werden, dass die Zusammenarbeit in den jeweils vorgesehenen Verfahrensbahnen verläuft, die Art. 56 EuInsVO auf der einen Seite und die Bestimmungen des zweiten Abschnitts von Kapitel V (Art. 61ff. EuInsVO) auf der anderen Seite aufstellen.[237] Auch vorbereitende Maßnahmen werden von dem Aussetzungsantrag des Verwalters umfasst.[238] Die Aussetzung kann für jeden Zeitraum bis zu **drei Monaten** angeordnet werden, den das Gericht für angemessen hält und der mit den für das Verfahren geltenden Vorschriften vereinbar ist (Art. 60 Abs. 2 Unterabs. 2 S. 2 EuInsVO). Die Maßnahmen und Anordnungen sind auf **maximal 6 Monate** beschränkt. Die Überschreitung der 3-Monatsfrist ist an bestimmte Voraussetzungen geknüpft.

6. Koordinierung

121 Das in **Art. 61ff. EuInsVO** geregelte **Gruppen-Koordinationsverfahren** soll die verfahrensrechtlichen Voraussetzungen für eine **engere Koordinierung der Einzelverfahren** schaffen. Zwar ist es hilfreich und für eine Gesamtabwicklung konzernverbundener Unternehmen unverzichtbar, dass Gerichte und Verwalter kommunizieren und kooperieren. Erfolg ist einer solchen Verfahrensweise indes nur beschieden, wenn dies koordiniert geschieht und auf ein einheitliches Ziel ausgerichtet ist. Dem tragen die Regelungen zum Koordinationsverfahren Rechnung. Das

---

[237] Paulus, EuInsVO, Art. 60 Rn 15.
[238] Hermann, in: Vallender, EuInsVO, Art. 60 Rn 32.

Verfahren selbst ist vom **Grundsatz der Freiwilligkeit** geprägt (Erw. 56). Koordiniert werden sollen grundsätzlich **mehrere Hauptinsolvenzverfahren** in mindestens zwei verschiedenen Mitgliedstaaten („multilateraler Koordininationsmechanismus").[239] Die entsprechenden Verfahrensvorschriften sollen die Koordinierung der Insolvenzverfahren über das Vermögen von Mitgliedern einer Unternehmensgruppe weiter verbessern und eine koordinierte Sanierung der Gruppe ermöglichen.[240] Den Erwägungsgründen 54–60 ist zu entnehmen, dass das Gruppen-Koordinationsverfahren als eine **besondere Erscheinungsform eines Mediationsverfahrens** gedacht ist.[241] Es stellt den freiwillig teilnehmenden Gruppenmitgliedern einen Koordinator an die Seite, dessen Aufgabe es ist, als unbeteiligter Dritter eine Gesamtlösung der Insolvenzsituation zu suchen, auszuarbeiten und schließlich zu empfehlen.[242]

Nach der Vorstellung des Verordnungsgebers sollte mit einer derartigen Koordinierung angestrebt werden, dass die Effizienz der Koordinierung gewährleistet wird, wobei gleichzeitig die eigene Rechtspersönlichkeit jedes einzelnen Gruppenmitglieds zu achten ist (Erwägungsgrund 54 S. 2). Ihre Entsprechung finden Art. 61 ff. EuInsVO in den §§ 269 d ff. InsO des Gesetzes vom 13.4.2017 zur Erleichterung der Bewältigung von Konzerninsolvenzen[243], die eine noch weitergehende Harmonisierung von Sanierungsmaßnahmen auf nationaler Ebene anstreben. Dies soll – ebenso wie auf europäischer Ebene – vor allem durch die Erarbeitung eines **Koordinationsplans** erreicht werden.[244]

122

Die Vorschriften zum Koordinationsverfahren haben den Vorteil, dass die Beteiligten von der konfliktträchtigen Aufgabe entlastet werden, sich zunächst auf eine Person zu einigen, der die Steuerung und Leitung des Gesamtprozesses anvertraut werden soll.[245] Sodann sorgen Verfahrensvorkehrungen dafür, dass sich die Verwalter mit den im Rahmen des Koordinationsverfahrens unterbreiteten Vorschlägen

123

---

239 Bornemann, in: Wimmer/Bornemann/Lienau, Die Neufassung der EuInsVO, Rn 553; Jaufer, in: Nummer-Krautgasser/Garber/Jaufer (Hrsg.), Grenzüberschreitende Insolvenzen im europäischen Binnenmarkt, 2017, S. 264.
240 Erwägungsgrund 54 S. 1; Vallender, in: Wilhelm, Konzerninsolvenzrecht, S. 241.
241 Paulus, EuInsVO, Art. 61 Rn 2; Hermann, in: Vallender, EuInsVO, Art. 61 Rn 5; Vallender, FS Prütting, S. 897, 910.
242 Hermann a.a.O.
243 BGBl. I 866; näher dazu Wilhelm, in: Wilhelm, Konzerninsolvenzrecht, Rn 60 ff.; Wimmer, juris-PR-InsR 8/2017 Anm. 1; Stahlschmidt/Barthelheimer, ZInsO 2017, 1010.
244 Vallender, in: Wilhelm, Konzerninsolvenzrecht, Teil 2, Rn 54.
244 Madaus, in: Vallender (Hrsg.), EuInsVO, Art. 61 Rn 1; Commandeur/Römer, NZG 2015, 988, 990; Wimmer, juris-PR-InsR 8/2017 Anm. 1.
245 Vallender, in: Wilhelm, Konzerninsolvenzrecht, a.a.O.

auseinandersetzen müssen und von diesen nicht ohne Grund abweichen dürfen. So trifft sie vor allem die in Art. 70 Abs. 1 EuInsVO statuierte Pflicht, die Empfehlungen des Verfahrenskoordinators und den Gruppen-Koordinationsplan zu berücksichtigen.

a) Antrag und Antragsbefugnis

124 Das Gruppen-Koordinationsverfahren findet nicht von Amts wegen statt. Vielmehr bedarf es eines **Antrag**s, der **von jedem Verwalter** gestellt werden kann, der in einem Verfahren über das Vermögen eines Mitglieds der Unternehmensgruppe bestellt wurde. Beabsichtigt der deutsche Verwalter, die Einleitung dieses Verfahrens zu beantragen und ist die Durchführung eines solchen Verfahrens von besonderer Bedeutung für (sein eigenes) Insolvenzverfahren, hat er gem. **Art. 102c § 23 Abs. 1 EGInsO** die Zustimmung der Gläubigerorgane nach den §§ 160 und 161 InsO einzuholen. Der Vorschrift kommt im Hinblick auf den Wortlaut des § 160 InsO im Wesentlichen klarstellende Funktion zu.

125 Der Antrag kann bei jedem Gericht gestellt werden, das für die Durchführung eines Insolvenzverfahrens eines der gruppenangehörigen Unternehmen zuständig ist. Dieses wird damit zum **Koordinationsgericht**.[246] Der Antrag muss auf Eröffnung eines Gruppen-Koordinationsverfahrens gerichtet sein.

126 Art. 61 Abs. 3 EuInsVO verlangt nachfolgende **Pflichtangaben**:
- Begründeter Vorschlag der Person des Koordinators
- Darlegung des Koordinationsvorteils
- Liste notwendiger Beteiligter
- Kostenschätzung

127 Der Wortlaut der vorgenannten Bestimmung („ist") macht deutlich, dass diese Angaben Zulässigkeitsvoraussetzung für die Einleitung eines Gruppen-Koordinationsverfahrens sind. Genügt ein Antrag diesen Anforderungen nicht, hat das angerufene Gericht den Antragsteller konkret aufzufordern, entsprechenden Sachvortrag innerhalb einer bestimmten gerichtlichen Frist nachzureichen. Dies gebietet allein der auch im europäischen Recht zu beachtende Grundsatz des rechtlichen Gehörs.[247] Kommt der Antragsteller dem nicht nach, ist der Antrag als unzulässig abzuweisen. Die **Antragbefugnis** richtet sich nach der lex **fori concursus** (Art. 60 Abs. 2 EuInsVO).

---

246 Paulus, EuInsVO, Art. 61 Rn 6.
247 Siehe EuGH „Eurofood", Urt. v. 2.5.2006 – Rs C 341/04, NZI 2006, 360 Rn 66.

b) Zuständiges Gericht

Der Antrag kann bei jedem Gericht gestellt werden, das für ein Insolvenzverfahren über ein Mitglied der Unternehmensgruppe zuständig ist (Art. 61 Abs. 1 EuInsVO). Die Vorschrift regelt direkt die **internationale, örtliche und funktionelle Zuständigkeit**.[248] Da es nach dem Wortlaut der Vorschrift nicht auf die Eröffnung des Verfahrens, sondern allein auf die Zuständigkeit ankommt, ist nicht auszuschließen, dass Gerichte mit Anträgen auf Anordnung eines Koordinationsverfahrens befasst werden, bei denen kein Insolvenzverfahren über das Mitglied der Gruppe anhängig ist. *Paulus*[249] nimmt deshalb mit Recht an, dass die Wahl zu einem strategischen Mittel werden kann. 128

Bei **mehreren Anträgen** ist der zuerst eingegangene Antrag maßgebend (Art. 62 EuInsVO). Art. 63 EuInsVO sieht eine Mitteilungspflicht des mit dem Antrag befassten Gerichts vor. **Art. 66 EuInsVO** enthält für das internationale Insolvenzrecht ein **Novum**: Nach dieser Bestimmung können sich mindestens zwei Drittel aller Verwalter, die für Insolvenzverfahren über das Vermögen der Mitglieder bestellt wurden, auf die ausschließliche Zuständigkeit eines Gerichtes eines bestimmten Mitgliedsstaats verständigen (einverständliche Gerichtszuständigkeit). Die entsprechende Vereinbarung muss vor dem Eröffnungsbeschluss des Art. 68 EuInsVO getroffen werden. 129

c) Eröffnung des Gruppen-Koordinationsverfahrens und Bestellung eines Verfahrenskoordinators

Liegen die allgemeinen Zulässigkeitsvoraussetzungen vor und ist dass mit einem Koordinationsantrag befasste Gericht davon überzeugt, dass seine Entscheidung die effektive Führung der Insolvenzverfahren über das Vermögen der verschiedenen Mitglieder der Gruppe erleichtern kann (Art. 68 Abs. 1, Art. 63 Abs. 1 lit. a EuInsVO), hat es das Verfahren zu eröffnen. Es wird dadurch zum Koordinationsgericht. 130

In seiner Eröffnungsentscheidung bestellt das Gericht einen Verfahrenskoordinator, der nach dem Recht eines Mitgliedsstaats geeignet ist, als Verwalter tätig zu werden und keiner der Verwalter sein darf, die für ein Mitglied der Gruppe bestellt sind (Art. 71 Abs. 2 EuInsVO). Ferner entscheidet es über den Entwurf der Koordination und die Kostenschätzung und den Anteil, der von den Mitgliedern der Gruppe zu tragen ist. Weder die Eröffnungsentscheidung, die den beteiligten Verwaltern und dem Koordinator mitzuteilen ist (Art. 68 Abs. 2 EuInsVO), noch die den Antrag zurückweisende Entscheidung ist einem Rechtsmittel zugänglich. 131

---

248 Braun/Esser, InsO, Art, 61 Rn 7.
249 EuInsVO, Art. 61 Rn 6.

d) Der Verfahrenskoordinator

132 Der **Verfahrenskoordinator** ist die **zentrale** und zugleich neue **Figur** des Koordinationsverfahrens.[250] Art. 71 Abs. 1 EuInsVO beschreibt die **Minimalanforderungen**, die an die zu bestellende Person zu stellen sind. In Betracht kommen sowohl natürliche als auch juristische Personen, wobei diese nicht aus einem Mitgliedstaat der Europäischen Union stammen müssen.

133 Es liegt entscheidend an den Fähigkeiten des Koordinators, wie erfolgreich das Koordinationsverfahren im Ergebnis ist. Für die Mammutaufgabe der Koordinierung eines international agierenden insolventen Konzerns bedarf es dementsprechend einer geeigneten Person, die neben den in Art. 71 Abs. 1 EuInsVO normierten Anforderungen zusätzlich zu der juristischen und ökonomischen Qualifikation über besondere Sprachkenntnisse, diplomatisches Geschick, Überzeugungskraft, Führungsfähigkeiten und eine über den eigenen Mitgliedstaat hinausgehende Reputation verfügt.[251] Wichtigste Eigenschaft ist indes, dass der Verfahrenskoordinator unabhängig und frei von Interessenkonflikten ist (Art. 72 Abs. 5 EuInsVO). Seine Unparteilichkeit ist insbesondere bei „Verteilungskämpfen" gefragt.

aa) Aufgaben und Befugnisse des Verfahrenskoordinators

134 **Art. 72 EuInsVO** beschreibt die Aufgaben und Rechte des Kordinators. Nach Abs. 1 lit. a hat er Empfehlungen für die koordinierte Durchführung der Insolvenzverfahren auszusprechen sowie einen so genannten **Gruppen-Koordinationsplan** vorzuschlagen (vgl. 72 Abs. 1 lit. b EuInsVO), der den Verwaltern ein Maßnahmenpaket zur Sanierung der jeweiligen gruppenangehörigen Unternehmen empfiehlt. Dazu zählen Maßnahmen, die zur Wiederherstellung der wirtschaftlichen Leistungsfähigkeit und der Solvenz der Gruppe oder einzelner Mitglieder zu ergreifen sind, Vorschläge zur Beilegung gruppeninterner Streitigkeiten in Bezug auf gruppeninterne Transaktionen und Anfechtungsklagen sowie Vereinbarungen zwischen Verwaltern der insolventen Gruppenmitglieder. Gerade bei den letztgenannten Tätigkeiten wird deutlich, dass der Verfahrenskoordinator auch über Fähigkeiten verfügen muss, die einen guten **Mediator** ausmachen. Die vorgenannten Befugnisse erstrecken sich nicht auf Mitglieder der Gruppe, die nicht am Gruppen-Koordinationsverfahren beteiligt sind (Art. 72 Abs. 4 EuInsVO).

135 Die **Empfehlungen** und Vorschläge des Koordinators sind für die jeweiligen Insolvenzverwalter jedoch **nicht bindend**. Sie sind nicht verpflichtet, den Empfehlungen des Koordinators oder dem Gruppen-Koordinationsplan ganz oder teilweise Folge zu leisten (Art. 70 Abs. 2 EuInsVO).[252] Folgt ein Insolvenzverwalter den Emp-

---

250 Fritz, in: Vallender (Hrsg.), EuInsVO, Art. 71 Rn 1; Commandeur/Römer, NZG 2015, 988, 990.
251 Paulus, EuInsVO, Art. 71 Rn 3.
252 Commandeur/Römer, NZG 2015, 988, 990.

fehlungen nicht, hat er die die Personen oder Stellen, denen er nach nationalem Recht Bericht erstatten muss, und den Koordinator über die Gründe dafür zu informieren (Art. 70 Abs. 2 Unterabs. 2 EuInsVO). Ein deutscher Verwalter hat eine entsprechende Abweichung auf der Gläubigerversammlung zu erläutern. Folglich sind die Insolvenzverwalter zur Prüfung der Frage angehalten, ob die im Rahmen des Koordinationsverfahrens vorgeschlagenen Maßnahmen die Gläubiger ihres Verfahrens voraussichtlich besserstellen als alternative Verwertungsstrategien.[253]

Auch wenn der Koordinator nur mit schwachen Befugnissen ausgestattet ist, kann er mittelbar erheblichen Einfluss auf den weiteren Verfahrenslauf nehmen. Mit seiner Befugnis, ein ganzes Insolvenzverfahren aussetzen zu lassen[254] (vgl. Art. 72 Abs. 2 lit. e EuInsVO), verfügt über ein sehr scharfes Schwert.[255]

bb) Abberufung des Verfahrenskoordinators

Das Koordinationsgericht beruft den Koordinator von Amts wegen oder auf Antrag eines Verwalters eines beteiligten Gruppenmitglieds ab, wenn der Koordinator zum Schaden der Gläubiger eines beteiligten Gruppenmitglieds handelt oder nicht seinen in Kapitel V normierten Verpflichtungen nachkommt (Art. 75 EuInsVO.). Nach dem klaren Wortlaut der Vorschrift reicht bereits die Nichterfüllung irgendeiner Pflicht aus Kapitel V aus. Auf die **Schwere oder Erheblichkeit der Pflichtverletzung** kommt es nicht an.[256] Allerdings genügt nicht bereits die Gefahr eines möglichen Schadens. Der Schaden muss vielmehr tatsächlich eingetreten sein. 136

Ob und nach welchen Kriterien der Verfahrenskoordinator für den von ihm verursachten **Schaden** haftet, ist in der EuInsVO nicht geregelt. Zutreffend weist *Fritz*[257] darauf hin, eine **Haftung** setze voraus, dass es nach der lex fori concursus eine entsprechende, sei es insolvenzrechtlich oder allgemeiner Natur, Haftungsnorm gibt und diese in der speziellen Konstellation des Koordinators auch eine Haftung für mittelbare Schäden vorsieht. 137

Zuständig für die Abberufung des Verfahrenskoordinators ist das Koordinationsgericht, das zur Bestellung des Verfahrenskoordinators berufen ist (Art. 68 Abs. 1 lit. a EuInsVO). Bei der Abberufungsentscheidung handelt es sich um den actus contrarius zur Bestellung des Koordinators.[258] Die EuInsVO regelt nicht die Folgen einer Abberufung. Solange ein Koordinationsverfahren anhängig ist, bedarf es auch eines Koordinators. Folglich ist dem Koordinationsgericht ein entsprechen- 138

---

253 Vallender, in: Wilhelm, Konzerninsolvenzrecht, Teil, S. 242 Rn 57.
254 Kindler/Sakka, EuZW 2015, 460, 466.
255 Fritz, in: Vallender (Hrsg.), EuInsVO, Art. 71 Rn 4.
256 J. Schmidt, in: Mankowski/Müller/J. Schmidt, EuInsVO, Art. 75 Rn 13.
257 In Vallender EuInsVO, Art. 75 Rn 25.
258 J. Schmidt, in: Mankowski/Müller/J. Schmidt, EuInsVO, Art. 75 Rn 4, 21.

der Vorschlag zu unterbreiten. Eine Bestellung von Amts wegen kommt nicht in Betracht. Solange kein Verfahrenskoordinator bestellt ist, ruht das Verfahren. Der neu bestellte Verfahrenskoordinator muss die Anforderungen des Art. 71 EuInsVO erfüllen.[259]

cc) Vergütung des Verfahrenskoordinators

139 Der Verfahrenskoordinator erhält für seine Tätigkeit eine **angemessene Vergütung auf Basis der von ihm wahrgenommenen Aufgaben** (Art. 77 EuInsVO), ohne dass die Verordnung hierzu detaillierte Regelungen enthält.[260] Soweit es den Beteiligten nicht gelingt, über die anfallenden Kosten bereits vor Einleitung eines Koordinationsverfahrens eine einverständliche Regelung zu treffen, könnte sich die Vorschrift als „materielle Achillesferse"[261] dieses Verfahrens erweisen.

140 **Art. 77 EuInsVO** regelt allein die allgemeinen Grundsätze für die Vergütung des Koordinationsverfahrens. Danach muss die Vergütung des Verfahrenskoordinators angemessen, verhältnismäßig zu den wahrgenommenen Aufgaben sein; sie hat darüber hinaus angemessene Aufwendungen zu berücksichtigen. Der Verfahrenskoordination hat seine Endabrechnung jedem beteiligten Verwalter bzw. bei Anordnung einer Eigenverwaltung dem Schuldner (vgl. Art. 76 EuInsVO) und dem Koordinationsgericht vorzulegen. Dabei sind im Bereich der Kosten der Koordination die Bereiche Kosten des Koordinators, Kosten des Koordinationsgerichts und Kosten der Teilnahme an der Koordination voneinander abzugrenzen.[262]

141 Die Abrechnung des Verfahrenskoordinators hat neben den Kosten den von jedem Mitglied zu tragenden Anteil zu enthalten. Legt keiner der Verwalter innerhalb von 30 Tagen nach Eingang der Abrechnung Widerspruch ein, gelten die Kosten und der von jedem Mitglied zu tragende Anteil als gebilligt (Art. 77 Abs. 3 S. 1 EuInsVO). Im Falle eines Widerspruchs entscheidet das Gericht, das das Gruppenkoordinationsverfahren eröffnet hat, auf Antrag des Koordinators oder eines beteiligten Verwalters über die Kosten und den von jedem Mitglied zu tragenden Anteil im Einklang mit den Kriterien gem. Art. 77 Abs. 1 EuInsVO und unter Berücksichtigung der Kostenschätzung gem. Art. 68 Abs. 1 und ggfls. Art 72 Abs. 6 EuInsVO.

142 Im Falle eines Gruppen-Koordinationsverfahrens vor einem deutschen Gericht bestimmt Art. 102c § 26 EGInsO, dass gegen die Entscheidung über die Kosten des Gruppen-Koordinationsverfahrens nach Art. 77 Abs. 4 EuInsVO die **sofortige Beschwerde** statthaft ist. Es findet folglich ein Verfahren nach den §§ 567 ff. ZPO statt.[263]

---

259 J. Schmidt, in; Mankowski/Müller/J. Schmidt, EuInsVO, Art. 75 Rn 21.
260 Vallender, in :Wilhelm, Konzerninsolvenzrecht, Teil 2, S. 243 Rn 58.
261 Paulus, EuInsVO, Art. 77 Rn 1.
262 Fritz, in: Vallender, EuInsVO, Art. 77 Rn 3.
263 Madaus, in: Vallender, EuInsVO, Art. 102c § 26 Rn 3 EGInO.

Register

§ 15b InsO § 13 Rn 52, 64, 68
§ 26 InsO § 2 Rn 53, 56
§ 1360a Abs. 4 BGB § 2 Rn 54
§§ 276a Abs. 2 und 3 InsO § 13 Rn 64
2-Wochen-Frist § 12 Rn 137

A

Abänderungsbefugnis des Gerichtes § 16 Rn 389
Abberufung § 2 Rn 208
Abfindung § 16 Rn 84
Abführungspflicht § 11 Rn 229
Abgabenordnung § 18 Rn 27
Abgrenzung Aktiv-/Passivprozess § 2 Rn 90
Abgrenzung zur Gläubigerversammlung § 2 Rn 201
Abhilfebefugnis § 2 Rn 121
Abkürzung der Abtretungszeit § 11 Rn 285
Ablauf § 8 Rn 38
Ablauf des Termins § 2 Rn 184
Ablehnung der Anordnung der Eigenverwaltung § 9 Rn 34
Ablehnung der Aufnahme § 2 Rn 94
Ablehnung des Antrags mangels Masse § 13 Rn 16
Ablehnung mangels Masse § 13 Rn 2, 10, 14
Ablösung der Masse § 11 Rn 103
Abmahnung § 12 Rn 136
Abschlag § 16 Rn 99, 251
Abschlagsverteilung § 2 Rn 253, 254, 255, 275
Abschlagszahlung § 12 Rn 237
abschließende Gläubigerversammlung § 2 Rn 158
Abschluss von Verträgen § 1 Rn 62
Absenkung § 16 Rn 416
Absichtsanfechtung § 7 Rn 342
absolut unwirksam § 2 Rn 75
absolute Obergrenze § 12 Rn 233
absolute Priorität § 10 Rn 23
Absonderungsberechtigter § 2 Rn 101
absonderungsberechtiger Gläubiger § 1 Rn 73; § 2 Rn 189
Absonderungsrecht § 2 Rn 87; § 5 Rn 221; § 8 Rn 84, 113; § 11 Rn 85; § 16 Rn 69
Absonderungsrecht der verbleibenden Gesellschafter § 2 Rn 87
Absonderungsrecht nach § 110 VVG § 2 Rn 249

Abstandszahlung § 16 Rn 84
Abstimmung § 8 Rn 203
Abstimmung über den Restrukturierungsplan § 10 Rn 23
Abteilung § 2 Rn 28
Abtretung § 5 Rn 251; § 11 Rn 250; § 14 Rn 98
Abtretung oder Verpfändung § 11 Rn 133
Abtretungserklärung § 11 Rn 16, 124
Abtretungsfrist § 11 Rn 286e; § 16 Rn 355
Abtretungsverbot § 11 Rn 135
Abwahl des Verwalters § 2 Rn 197
Abwahl eines gewählten Ausschussmitglieds § 2 Rn 208
abweichende Festsetzung § 11 Rn 378
Abweichung vom Normalverfahren § 16 Rn 203
Abweisung mangels Masse § 2 Rn 53, 56
Abweisungsbeschluss § 2 Rn 55; § 19 Rn 5
Abwendung der Überschuldung § 4 Rn 162
Abwendung der Zahlungsunfähigkeit § 4 Rn 78
Abwickler § 2 Rn 10
Abwicklung § 2 Rn 56
Abwicklungskosten § 4 Rn 144
Abwicklungsverfahren § 13 Rn 4
Abwicklungsverhältnis zwischen Schuldner und Insolvenzverwalter § 2 Rn 174
Abzug der Kostenbeiträge § 2 Rn 237
abzugfähige Vorsteuer § 16 Rn 36
Abzugspflicht § 16 Rn 36
Addition § 16 Rn 172
Änderung am Verteilungsverzeichnis § 2 Rn 273
Änderung des Verteilungsverzeichnisses § 2 Rn 273
Änderungskündigung § 12 Rn 5, 45, 126
Änderungsverfahren § 11 Rn 45
Ahndung von Obliegenheitspflichtverletzung § 11 Rn 261
Akkordstörer § 10 Rn 15
Akkordstörerproblematik § 10 Rn 5, 10
Aktivtausch § 13 Rn 58
Aktiv- und Passivposten § 16 Rn 172
Aktivvermögen § 16 Rn 130
akzessorische Sicherheit § 11 Rn 68
alle Arten von Gewinnspielen § 11 Rn 255d
allgemeine Kosten der Insolvenzverwaltung § 2 Rn 236
allgemeiner Gerichtsstand § 2 Rn 28

allgemeiner Kündigungsschutz § 12 Rn 139
allgemeiner Zustimmungsvorbehalt des vorläufigen Sachwalters § 9 Rn 62
allgemeines Verfügungsverbot § 7 Rn 51; § 12 Rn 10
allgemeines Vollstreckungsverbot § 2 Rn 115
allgemeines Zustimmungserfordernis § 9 Rn 160
Alternativberechnung § 16 Rn 236
Altersgruppe § 12 Rn 219
Altersvorsorge § 5 Rn 21
am Schuldner beteiligte Person § 8 Rn 88
am Verfahren teilgenommen § 11 Rn 261
amtlicher Vordruck § 11 Rn 16
Amtsbetrieb § 1 Rn 52
Amtsermittlung § 2 Rn 41
Amtsermittlungsgrundsatz § 2 Rn 41
Amtsermittlungspflicht § 5 Rn 162; § 11 Rn 178
Amtshaftung § 1 Rn 85
Amtslöschung im Handelsregister § 2 Rn 172
Amtspflicht § 20 Rn 47
Amtspflichtverletzung § 2 Rn 136
Amtswechsel § 16 Rn 180
an die Stelle des Schlusstermins § 2 Rn 291
Analogieverbot § 11 Rn 158
andere Hilfsmöglichkeit § 11 Rn 360
anderer Straftatbestand § 11 Rn 180
anderweitige Verwertungsmöglichkeit § 2 Rn 240
Anerkennungsverfahren § 11 Rn 356
anfängliche Besicherung § 7 Rn 459
Anfangsmasse § 16 Rn 20
anfechtbare Befriedigung § 7 Rn 499
anfechtbare Rechtshandlung § 3 Rn 121
anfechtbare Sicherung § 7 Rn 497
Anfechtung § 12 Rn 5; § 14 Rn 101; § 19 Rn 138
Anfechtung der Beschlüsse § 2 Rn 196
Anfechtungsanspruch § 16 Rn 202
Anfechtungsberechtigte § 7 Rn 581
Anfechtungsfrage § 16 Rn 249
Anfechtungsgegner § 7 Rn 462, 586
Anfechtungsgesetz § 7 Rn 16
Anfechtungsrecht § 11 Rn 84, 100
Anfechtungszeitraum § 7 Rn 310
Anfragen an andere Gerichte oder Behörden § 2 Rn 42
angemessene Beteiligung § 8 Rn 234
angemessene Erwerbstätigkeit § 11 Rn 204, 241

angemessene Vergütung § 16 Rn 3, 319
Anhörung § 16 Rn 377
Anhörung der Gläubiger § 11 Rn 33, 216
Anhörung des Betriebsrates § 12 Rn 27
Anhörung des Schuldners § 2 Rn 39, 43
Anhörung und Stellungnahme zum Antrag des Schuldners auf Eigenverwaltung § 2 Rn 218
Anhörung vor Einstellung des Insolvenzverfahrens § 2 Rn 204
Anhörung zur Vergütung der Mitglieder des Gläubigerausschusses § 2 Rn 289
Anhörungspflichten § 2 Rn 145
Anhörungsrecht des Gläubigerausschusses § 16 Rn 412
Anhörungsverfahren § 11 Rn 262
Ankündigung der RSB § 11 Rn 108
Ankündigungsbeschluss § 11 Rn 29
Anmeldeberechtigung § 2 Rn 100
Anmeldefrist § 2 Rn 64, 102; § 15 Rn 67
Anmeldung § 2 Rn 103; § 14 Rn 3; § 16 Rn 190
Anmeldungsmängel § 2 Rn 108
Anmeldungs- und Prüfungsverfahren § 11 Rn 298
Annahmeverzug § 12 Rn 13, 315
Anordnung der Eigenverwaltung § 9 Rn 28
Anordnung eines Zustimmungsvorbehaltes (§ 277 InsO) § 9 Rn 154
Anordnung über Mitteilungen in Zivilsachen (MiZi) § 2 Rn 58, 70
Anordnungsvoraussetzung § 9 Rn 46
Anpassungsklausel § 11 Rn 61
Anrechnung § 14 Rn 57; § 16 Rn 36
Anschaffungsdarlehen § 11 Rn 183
Anschaffungsprinzip § 16 Rn 139
Anschluss an einen Gläubigerantrag § 11 Rn 38
Anspruchsentstehung § 7 Rn 537
Anspruch auf Arbeitsentgelt § 11 Rn 9
Anspruch gegen den Geschäftsführer § 2 Rn 136
Anteilsinhaber § 8 Rn 117
Antike § 1 Rn 1
Antrag § 9 Rn 12, 85; § 12 Rn 296; § 16 Rn 368
Antrag auf Entlassung § 11 Rn 222
Antrag auf Eröffnung des Insolvenzverfahrens § 13 Rn 14
Antrag auf Erteilung der RSB § 2 Rn 290
Antrag auf RSB § 11 Rn 308
Antrag auf Versagung der RSB § 2 Rn 158

Antrag auf Eigenverwaltung § 1 Rn 62
Antrag eines Einzelgläubigers § 9 Rn 214
Antrag im Schutzschirmverfahren § 2 Rn 20
Antragsausschuss § 2 Rn 217
Antragsbefugnis § 11 Rn 163
Antragsberechtigung § 19 Rn 23
Antragspflicht (§ 15a InsO) § 10 Rn 13
Antragsrecht bei führungsloser Gesellschaft § 2 Rn 25
Antragsrücknahme § 9 Rn 76; § 11 Rn 28, 41
Antragstellung abhanden gekommener Vermögensgegenstände § 16 Rn 130
Antragstellung bei mehreren Vertretungsorganen bzw. persönlich haftenden Gesellschaftern § 2 Rn 23
Antragsverfahren – Amtsverfahren § 1 Rn 51
Antragsverpflichtete § 18 Rn 4
Antragswiederholung § 11 Rn 41
anwaltliche Mandatstätigkeit § 3 Rn 58
Anwartschaft § 16 Rn 155
Anwartschaftsrecht § 16 Rn 142
Anwendung der §§ 850 ff. ZPO § 11 Rn 92
Anwendungsbereich § 8 Rn 32; § 9 Rn 9
Anzahl von Arbeitnehmern § 16 Rn 239
Anzeige der Masseunzulänglichkeit § 2 Rn 156; § 9 Rn 194; § 11 Rn 279
Anzeige der Restrukturierungssache § 10 Rn 21
Anzeige des Restrukturierungsvorhabens § 10 Rn 21
Anzeige weiterer Masseunzulänglichkeit § 2 Rn 155
Anzeigepflicht (§ 15 WpHG) § 10 Rn 13
Anzeigepflicht des Verwalters § 2 Rn 149
Apotheke § 9 Rn 10
Apotheker § 2 Rn 138
Arbeitgeberfunktion § 3 Rn 105
Arbeitnehmer § 2 Rn 17, 28; § 8 Rn 96; § 16 Rn 201
Arbeitnehmervergütung § 7 Rn 253
Arbeitseinkommen § 11 Rn 130
Arbeitskraft § 7 Rn 130
Arbeitslosengeld § 14 Rn 59
Arbeitslosengeld II § 11 Rn 95
arbeitsrechtliche Unverfallbarkeit § 5 Rn 24
Arbeitsverhältnis § 7 Rn 197
Anwendung des deutschen Insolvenzrechts auf Auslandsgesellschaften § 18 Rn 8
Arbeitsverhältnis gem. § 613a BGB § 10 Rn 156
Art der Berichterstattung § 2 Rn 185

Arzt- und Steuerberatungspraxis § 9 Rn 10
Asset Deal § 10 Rn 70
Asset-Tracing § 5 Rn 79
asymmetrisches Insolvenzverfahren § 11 Rn 146
asymmetrisches Verfahren § 11 Rn 112, 180, 216, 286d, 287
Aufbewahrungspflicht § 2 Rn 174; § 3 Rn 155
Aufgabe § 9 Rn 63; § 10 Rn 27
Aufgabe der Gläubigerversammlung § 2 Rn 178
Aufgabe des vorläufigen Gläubigerausschusses § 2 Rn 218
Aufgabe und Befugnis der Gläubigerversammlung § 1 Rn 99
Aufgabe und Befugnis des Sachwalters § 9 Rn 166, 172
Aufgabe und Befugnis des Schuldners § 9 Rn 122
Aufgaben unparteiisch und eigenverantwortlich wahrnehmen § 2 Rn 211
Aufgabenverteilung zwischen Schuldner und Sachwalter § 9 Rn 118
Aufgebot § 19 Rn 32, 44
aufgelöst § 2 Rn 137
Aufhebung § 8 Rn 330; § 14 Rn 64
Aufhebung auf Gläubigerantrag § 9 Rn 82
Aufhebung der Anordnung/Entscheidung über den Fortgang des Verfahrens § 9 Rn 113
Aufhebung der Eigenverwaltung (§ 272 InsO) § 9 Rn 209
Aufhebung der Kostenstundung § 11 Rn 154
Aufhebung des Insolvenzverfahrens § 2 Rn 284, 292
Aufhebung von Amts wegen § 9 Rn 78
Aufhebung von Beschlüssen § 2 Rn 197
Aufhebung von Verfügungsbeschränkungen § 3 Rn 88
Aufhebungsbeschluss § 2 Rn 292
Aufklärungspflicht § 18 Rn 111
Aufklärungs- und Prüfungspflicht des Steuerberaters § 18 Rn 109
auflösende Bedingung § 5 Rn 116
Auflösung § 13 Rn 16
Auflösung der Gesellschaft § 13 Rn 2, 14
Aufnahme bestimmter Passivprozesse § 2 Rn 96
Aufnahme durch den Insolvenzverwalter § 2 Rn 91

Aufnahme nach den Regelungen der ZPO § 2 Rn 90
Aufnahme von Aktivprozessen § 2 Rn 89, 91
Aufrechnung § 2 Rn 101; § 5 Rn 279; § 7 Rn 20, 148, 221; § 14 Rn 21, 24, 82, 85
Aufrechnungslage § 7 Rn 89; § 14 Rn 24; § 16 Rn 57
Aufrechnungsverbot § 2 Rn 153; § 5 Rn 82, 288; § 11 Rn 276; § 14 Rn 18, 64, 69, 71
Aufrechnungsvorbehalt § 11 Rn 63
aufschiebend bedingte Forderung § 2 Rn 100, 189, 271; § 5 Rn 115
aufschiebend bedingter Rechtserwerb § 2 Rn 133
aufschiebende Bedingung § 19 Rn 117
Aufsicht des Insolvenzgerichts § 11 Rn 235
Aufsichtsbefugnis § 3 Rn 157
Aufsichtsmaßnahme des Gerichts § 20 Rn 65
Aufstellung der Massegläubiger § 2 Rn 145
Aufstockung § 11 Rn 365
Aufteilungsmaßstab § 14 Rn 28
Aufteilungsvertrag § 11 Rn 255
Auftrag zur Erstellung eines Insolvenzplanes § 9 Rn 139
Auftragsbestand § 16 Rn 138
aufwändige Urlaubsreise § 11 Rn 199
Aufwendung § 7 Rn 569; § 19 Rn 96
Aufwendungsersatzanspruch § 19 Rn 50
aus wichtigem Grund entlassen § 2 Rn 209
Ausbildung und Qualifikation § 11 Rn 252
Auseinandersetzung einer Gesellschaft oder Gemeinschaft § 2 Rn 84
Ausfall § 2 Rn 270
ausgenommene Forderung § 11 Rn 113, 296, 319
ausgewechselt § 11 Rn 169
Ausgleichsanspruch § 7 Rn 514
Ausgleichsanspruch gegen Mitschuldner § 11 Rn 209
Auskehrung des Verwertungserlöses § 2 Rn 237
Auskunfteien § 11 Rn 370
Auskunftsanspruch § 5 Rn 104; § 7 Rn 615; § 11 Rn 22
Auskunftserteilung § 14 Rn 26
Auskunftspflicht § 11 Rn 316
Auskunfts- oder Mitwirkungspflicht § 11 Rn 201a
Auskunftsrecht § 3 Rn 41
Auskunftsrecht von Gericht und Gläubiger § 9 Rn 129
Auskunfts- und Mitwirkungspflicht § 1 Rn 64; § 5 Rn 164; § 11 Rn 256
Auslage § 11 Rn 79; § 16 Rn 292
Auslandsberührung § 16 Rn 201, 203
Auslandsbezug § 7 Rn 3
Auslandsgesellschaft § 18 Rn 8
Auslandsvermögen § 5 Rn 77; § 16 Rn 249
Ausschlagung der Erbschaft § 11 Rn 254
Ausschluss sonstigen Rechtserwerb § 2 Rn 133
Ausschlussfrist § 2 Rn 113; § 11 Rn 51, 121; § 12 Rn 298
Ausschüttung § 11 Rn 228
Außenverhältnis § 13 Rn 32
außerbetrieblicher Grund § 12 Rn 36
außergerichtliche Sanierung § 10 Rn 1, 2, 5, 7
außerordentliche Gläubigerversammlung § 3 Rn 163
außerordentliche Kündigung § 12 Rn 5, 132, 189
außergerichtliche Schuldenbereinigung § 11 Rn 16, 352
außergerichtlicher Schuldenbereinigungsplan § 11 Rn 16, 357
außergerichtliches Schuldenbereinigungsplanverfahren § 11 Rn 15a
außergerichtliches Schuldenbereinigungsverfahren § 11 Rn 5, 25
Aussetzung § 2 Rn 42
Aussetzung der Insolvenzantragspflicht § 18 Rn 11
Aussetzung von Verwertung und Verteilung § 8 Rn 174
Aussonderungsanspruch § 7 Rn 517
Aussonderungsberechtigte § 2 Rn 101
aussonderungsberechtigter Gläubiger § 1 Rn 72
Aussonderungsrecht § 5 Rn 192; § 16 Rn 67
Ausproduktion § 16 Rn 96
Ausübung des Anfechtungsrechts § 7 Rn 583
Aus- und Absonderungsrecht § 16 Rn 201, 202, 210; § 20 Rn 64
Auswahl § 9 Rn 61
Auswahl und Bestellung § 10 Rn 26
Auswahlliste § 3 Rn 17
Auswahlrichtlinie § 12 Rn 64
Ausweitung der Abführungspflicht § 11 Rn 250

autonomes deutsches internationales Insolvenzrecht § 15 Rn 6
autonomes internationales Insolvenzrecht § 15 Rn 10

B
BaFin § 2 Rn 14
Bagatelldelikt § 11 Rn 267
Bagatellgrenze § 11 Rn 255d; § 16 Rn 340
Bagatellstrafe § 11 Rn 181
Bankguthaben § 16 Rn 137
bankmäßiger Geschäftsverkehr § 7 Rn 156, 194, 286
Bankrott § 10 Rn 14
Bargeschäft § 7 Rn 23, 27, 186
Bargeschäftsprivileg § 1 Rn 25
Bauabzugsteuer § 14 Rn 3, 99, 100
Bauinsolvenz § 16 Rn 249
Bauleistung § 14 Rn 98
Bauträgerfall § 14 Rn 98
Bauträgervertrag § 6 Rn 24
Beachtung der Vorschriften über Sacheinlagen im Wege einer Kapitalerhöhung § 13 Rn 19
Bedarfsgemeinschaft § 11 Rn 93, 376
Beeinträchtigung der Befriedigung des Insolvenzgläubigers § 11 Rn 346
Beendigung der vorläufigen Eigenverwaltung § 9 Rn 77
Beendigungskündigung § 12 Rn 54
Beerdigungskosten § 19 Rn 51
Befriedigung § 7 Rn 216, 220
Befriedigung bzw. Sicherung der Masseansprüche § 2 Rn 168
Befriedigungsaussicht § 11 Rn 202
Befugnis § 9 Rn 63
Befugnis des Sachverständigen § 3 Rn 110
Befugnis und Pflichten § 2 Rn 202
Befugnis zur Berufsausübung § 1 Rn 67
Begründung unangemessener Verbindlichkeit § 11 Rn 260a
Begründung von Masseverbindlichkeit § 9 Rn 74, 111
Beherrschungs- und Gewinnabführungsvertrag § 20 Rn 5
beigeordneter Rechtsanwalt § 11 Rn 292
beihilfeberechtigter Privatversicherte
beihilferechtliche Haftung § 10 Rn 161
Beitragspflicht ggü. der Gesellschaft § 13 Rn 35

Bekanntmachung des Eröffnungsbeschlusses § 2 Rn 69
Belange des Gläubigers § 11 Rn 366
Belehrungspflicht § 11 Rn 47
Bemessung und Festsetzung der Vergütung § 11 Rn 238
Bemühung, eine angemessene Erwerbstätigkeit § 11 Rn 343
Benachteiligung des Insolvenzgläubigers § 11 Rn 257
Beratungshilfe § 11 Rn 330, 359
Berechnung der Quote § 2 Rn 256
Berechnungsgrundlage § 11 Rn 77, 251; § 16 Rn 13
Bereicherungsanspruch § 11 Rn 253a; § 16 Rn 38
Bereicherungsrecht § 7 Rn 19
Bereinigung § 16 Rn 172
bereits vorhandene Masse zu Beginn des Insolvenzverfahrens § 16 Rn 100
Bericht § 3 Rn 131
Bericht des Verwalters § 2 Rn 185
Berichterstattung, Erstellung von Verzeichnissen (§ 281 InsO) § 9 Rn 128
Berichtigung von Nachlassverbindlichkeit § 19 Rn 67
Berichtstermin § 2 Rn 63, 181, 220; § 11 Rn 87
Beruf § 3 Rn 5
Berufshaftpflicht § 18 Rn 38
berufs- und gewerberechtliche Konsequenz § 2 Rn 2
Berufsrecht § 1 Rn 87; § 3 Rn 5
Berufsrecht der Insolvenzverwalter § 1 Rn 118
berufsrechtliche Einschränkung § 11 Rn 295
berufsrechtliche Folge § 2 Rn 138
berufsrechtliche Folge der Eröffnung § 2 Rn 138
Berufsunfähigkeitsrente § 11 Rn 97
Beschäftigungs- und Transfergesellschaft § 3 Rn 105
Beschäftigungsstelle § 11 Rn 256
Bescheinigung § 11 Rn 16, 18, 352
Bescheinigung nach § 305 Abs. 1 Nr. 1 InsO § 11 Rn 357
beschlagfreies Vermögen § 1 Rn 62
Beschluss der Gläubigerversammlung § 1 Rn 101; § 9 Rn 37
Beschlussverfahren § 12 Rn 241
Beschränkung der Haftung des Erben § 19 Rn 1
Beschränkung des Schuldners § 9 Rn 147

Beschwer § 16 Rn 381
Beschwerdebefugnis § 16 Rn 381
Beschwerderecht § 11 Rn 178
Beschwerdeverfahren § 11 Rn 350
Beseitigungspflicht § 5 Rn 104
Besetzung des Gläubigerausschusses § 2 Rn 206
Besitzmittlungsverhältnis § 14 Rn 91
Besitzüberlassungsvertrag § 16 Rn 146
besondere Antragsvoraussetzungen bei nicht eingestelltem Geschäftsbetrieb § 2 Rn 17
besondere Arten des Insolvenzverfahrens § 2 Rn 294
besondere Darlegungslast § 16 Rn 149
besondere Klagefrist § 2 Rn 113
besonderer Prüfungstermin § 2 Rn 183, 288
Besonderheiten des jeweiligen Verfahrens § 16 Rn 192
Besonderheiten im Insolvenzplanverfahren § 13 Rn 18
Besserungsklausel § 11 Rn 61
Bestätigung, dass eine Sanierung nicht offensichtlich aussichtslos ist § 9 Rn 99
Bestätigung des Insolvenzplans § 8 Rn 244
Bestätigung des Koordinationsplans § 20 Rn 87
Bestätigung eines vom Gericht eingesetzten Gläubigerausschusses § 2 Rn 207
Bestandserhöhung § 16 Rn 108
Bestellung des Sachwalters § 9 Rn 166
Bestellung vom Sonderinsolvenzverwalter § 20 Rn 54
Bestellung zum Ausschussmitglied § 2 Rn 206
Bestellungsurkunde § 3 Rn 3
Besteuerungsmerkmal § 14 Rn 28
bestimmte Trägerschaft § 11 Rn 356
Bestimmtheitsgrundsatz § 5 Rn 196, 242
Bestimmung der Verfahrensart § 2 Rn 21
Bestimmung des Insolvenzverwalters § 2 Rn 62
Bestreiten von Forderungen (§ 283 InsO) § 9 Rn 134
bestrittene Forderungen § 2 Rn 268
betagte oder auflösend bedingte Forderung § 2 Rn 189
Beteiligung an Gemeinschaften § 2 Rn 86
Beteiligung des Schuldners an Gesellschaften § 2 Rn 84
Beteiligungserwerb § 14 Rn 51, 52

Beteiligung an juristischen Personen, nicht rechtsfähigen Vereinen, Partenreedereien und Kapitalanlagegesellschaften § 2 Rn 85
Betreuer § 2 Rn 138
Betreuung § 11 Rn 21
Betreuungsleistung § 11 Rn 93
Betriebsänderung § 12 Rn 192, 195, 226
betriebsbedingte Kündigung § 12 Rn 35
Betriebsfortführung § 16 Rn 201, 333; § 18 Rn 15
betriebsmittelarmer Betrieb § 12 Rn 261
betriebsmittelintensiver Betrieb § 12 Rn 261
Betriebsrat § 12 Rn 28, 225
Betriebsratsanhörung § 12 Rn 113
Betriebsschließung § 12 Rn 65
Betriebsstätte § 16 Rn 201, 249
Betriebsstilllegung im Eröffnungsverfahren § 2 Rn 252
Betriebsübergang § 12 Rn 256
betriebs- und personen/verhaltensbedingter Kündigungsgrund § 12 Rn 32
Betriebsveräußerung § 10 Rn 31
Betriebsvereinbarung § 12 Rn 12, 181
Betriebsvermögen § 16 Rn 91
Betriebsvermögensvergleich § 14 Rn 35
Betriebsverpachtung § 10 Rn 40
betriebswirtschaftliche Methode § 18 Rn 5
Bewährungsauflage § 11 Rn 303
Beweisanzeichen § 7 Rn 373
Beweislast § 7 Rn 201
Bewerbung § 11 Rn 242
Bewertung § 16 Rn 133
Bewilligung von PKH § 11 Rn 82
Bezüge aus einem Dienstverhältnis § 2 Rn 78
Bezugnahme § 11 Rn 165
BGB-Gesellschaft § 19 Rn 79
Bieterverfahren § 10 Rn 95
Bilanzierung § 18 Rn 157
Bilanzsumme § 2 Rn 17, 28
Bild- und Tonübertragung § 11 Rn 18
Bildung einer Sondermasse § 9 Rn 199
Bildung eines Gläubigerausschusses § 1 Rn 103
Billigkeitserlass § 14 Rn 38
börsennotiertes Unternehmen § 16 Rn 249
Brexit § 10 Rn 17
Bruchteilsgemeinschaft § 2 Rn 86
Bruttoeinnahme § 16 Rn 99

Bruttoerlös § 16 Rn 73
Bruttoprinzip § 16 Rn 22, 133
Buchführung § 14 Rn 1
Buchführungspflicht § 14 Rn 58; § 18 Rn 165
Buchhaltung § 14 Rn 31; § 16 Rn 201, 202, 249
Buchungsvorgang § 16 Rn 201
Bürge § 2 Rn 100
Bürgschaft § 5 Rn 128
Büroaufwand § 16 Rn 296
Bund-Länder-Arbeitsgruppe § 1 Rn 11
Business Judgement Rule § 18 Rn 30

C

Cash-Clearing § 20 Rn 3
Cash-Flow-Rechnung § 16 Rn 18
Chief Restructuring Officer (CRO) § 10 Rn 4; § 16 Rn 266
„closed shop" § 3 Rn 13
COMI § 1 Rn 41
COVID-19 Pandemie § 1 Rn 28, 32; § 2 Rn 17, 26, § 7 Rn 33
COVInsAG § 7 Rn 33; § 9 Rn 6
Cram-down § 10 Rn 23
Cross-class Cram-down § 10 Rn 5, 23

D

Dänemark § 15 Rn 14
Darlegungs- und Beweislast § 4 Rn 42, 149; § 7 Rn 181, 263, 315; § 12 Rn 26
Darlehensvertrag § 11 Rn 183
darstellender Teil § 8 Rn 73
darstellender Teil des Restrukturierungsplans § 10 Rn 22
Darstellung der Mehr- oder Minderkosten § 9 Rn 19
Darstellung des Stands bisheriger Verhandlungen § 9 Rn 17
Dateiformate § 2 Rn 107
Datenschutzrecht § 16 Rn 377
Datenschutzrichtlinie § 20 Rn 109
Dauer der Betriebszugehörigkeit, Lebensalter, Unterhaltpflicht § 12 Rn 57
Dauer und Umfang des „Schutzschirms" § 9 Rn 104
Dauerbaustelle Insolvenzordnung § 11 Rn 3, 106
Dauerschuldverhältnis § 4 Rn 135
Debitor § 16 Rn 201
debitorisches Konto § 13 Rn 60

Debt-Equity-Swap § 4 Rn 185; § 8 Rn 16, 124; § 13 Rn 18; § 16 Rn 246
Deckung der Mindestvergütung § 11 Rn 40, 326
Deckung der Verfahrenskosten § 11 Rn 346
Deckungsanfechtung § 7 Rn 84, 589
Deckungshandlung § 7 Rn 25, 277, 404
Deckungskostenbeitragsrechnung § 16 Rn 98
deckungsorientierte Leistungsrechnung § 16 Rn 159
Degressionszuschlag § 16 Rn 193
Delegierung § 2 Rn 180; § 16 Rn 213
Deliktseigenschaft § 2 Rn 113
Deliktsrecht § 7 Rn 17
Delisting § 3 Rn 19
deutsches Gericht § 16 Rn 365
Deutsch-Österreichische Konkursvertrag § 15 Rn 8
Dienstwagen § 11 Rn 93
Differenzbetrachtung § 16 Rn 235
Differenzvergütungsanspruch § 11 Rn 95
digitale Assets § 16 Rn 140
dingliche Recht § 5 Rn 200
Direktversicherung § 12 Rn 322
Dominoeffekt § 20 Rn 3
Doppelberücksichtigung § 16 Rn 84, 255, 256
Doppelinsolvenz § 7 Rn 84, 584
Doppellieferung § 14 Rn 94
Doppelsicherung § 7 Rn 506, 508
doppelte Berücksichtigung § 16 Rn 339
Doppelvergütung § 16 Rn 422
drei Berufsverbände § 1 Rn 119
Dreifachumsatz § 14 Rn 92
dreijährige Nachhaftung § 11 Rn 294
dreistufiges Aufhebungsverfahren § 3 Rn 90
dringendes betriebliches Erfordernis § 12 Rn 40
Drittmittel-Insolvenzplan § 11 Rn 49
Drittschuldner § 2 Rn 66; § 11 Rn 228
Drittsicherheit § 4 Rn 171
Drittwiderspruchsklagen § 2 Rn 96
drohende Zahlungsunfähigkeit § 2 Rn 15; § 4 Rn 91; § 10 Rn 21; § 11 Rn 75; § 18 Rn 133; § 19 Rn 18
Druckantrag § 2 Rn 38
Due Diligence § 10 Rn 100; § 16 Rn 321
Dürftigkeit § 19 Rn 5
durch laufende Zahlungen ausgleichen § 2 Rn 242

Durchführung nach Ermessen des Verwalters § 2 Rn 255
durchlaufender Posten § 16 Rn 38, 42
Durchsetzbarkeit § 11 Rn 293
Durchsetzung privat-ärztlicher Honorarforderung § 11 Rn 204

E

Eckpunktepapier § 1 Rn 119
ehrenamtliche Richter § 2 Rn 138
ehrenamtliche Tätigkeit § 11 Rn 94
eidesstattliche Versicherung § 11 Rn 247, 263
Eigenantrag § 2 Rn 14, 16, 29; § 11 Rn 118
Eigengeld von Strafgefangenen § 11 Rn 93
Eigengläubiger § 19 Rn 157
eigenhändige schriftliche Abgabe § 11 Rn 184
Eigentümergrundschuld § 2 Rn 283
Eigentumsvorbehalt § 5 Rn 215; § 6 Rn 27
Eigentumsvorbehalt (einfacher) § 5 Rn 256
Eigentumsvorbehalt (erweitert) § 5 Rn 257
Eigentumsvorbehalt (Konzernvorbehalt) § 5 Rn 258
Eigentumsvorbehalt (verlängert) § 5 Rn 259
Eigenverantwortlichkeit jedes Insolvenzverwalters § 20 Rn 111
Eigenverbindlichkeit § 19 Rn 57
Eigenvermögen § 19 Rn 2
Eigenverwaltung § 1 Rn 14, 16; § 2 Rn 18, 67; § 8 Rn 59; § 11 Rn 84; § 12 Rn 12; § 14 Rn 2, 75, 97; § 18 Rn 23; § 20 Rn 30
Eigenverwaltung im Insolvenzeröffnungsverfahren § 9 Rn 42
Eigenverwaltung in der Konzerninsolvenz § 20 Rn 30
Eigenverwaltungsplanung § 9 Rn 14, 93
Eigenverwaltungsverfahren § 16 Rn 349
Einberufung auf Antrag § 2 Rn 182
Einberufung der Gläubigerversammlung § 2 Rn 177, 181
Einberufung der Hauptversammlung § 13 Rn 8
Einberufung von Amts wegen § 2 Rn 181
einfache Einnahmen-Ausgaben Rechnung § 16 Rn 18
einfache Summenmehrheit § 2 Rn 188
Einfluss der Organe § 9 Rn 58
Einforderung rückständiger Einlagen § 13 Rn 12
Eingangsentscheidung nach § 287a InsO § 2 Rn 66

Eingehen von Verbindlichkeit (§ 275 Abs. 1 InsO) § 9 Rn 147
eingeschränkte Anfechtbarkeit § 7 Rn 406
Eingliederung § 14 Rn 97
Einheitsprinzip § 15 Rn 25
Einheitsverfahren § 1 Rn 54
Einkommensteuererstattung § 14 Rn 28
Einkommensteuerzahlung § 14 Rn 65
Einlagenrückgewähr § 7 Rn 527
Einleitungsentscheidung § 11 Rn 27
Einnahme-/Ausgaberechnung § 16 Rn 98
Einnahmen-Überschuss-Rechnung § 14 Rn 35
Einrichtung eines Girokontos § 11 Rn 368
Einsatz/Ersatz besonderer Sachkunde § 16 Rn 36
Einsatz qualifizierter Mitarbeiter § 16 Rn 240
Einschränkung der Vorsatzanfechtung für Deckungsgeschäfte § 1 Rn 24
Einschränkung des Insolvenzantragsrecht § 2 Rn 26
einseitig dem Schuldner oder einen Dritten einen Vorteil verschaffen § 2 Rn 199
Einsetzung eines/des Gläubigerausschusses § 2 Rn 200, 205
Einspruchsentscheidung § 14 Rn 15
Einstellung auf Antrag des Schuldners mit Zustimmung der Gläubiger § 2 Rn 164
Einstellung des Geschäftsbetriebs § 19 Rn 89
Einstellung des Insolvenzverfahrens § 2 Rn 139
Einstellung mangels Masse § 2 Rn 140, 141, 142
Einstellung mit Zustimmung der Gläubiger § 2 Rn 140
Einstellung wegen Masseunzulänglichkeit § 2 Rn 140, 141, 148
Einstellung wegen Wegfall des Eröffnungsgrundes § 2 Rn 140, 162
Einstellungsbeschluss § 2 Rn 147
Einstellungsgründe § 2 Rn 140
Einstellungsverfahren § 2 Rn 144
einstweilige Einstellung der Zwangsversteigerung bzw. Zwangsverwaltung § 2 Rn 283
Eintragungserfordernis § 19 Rn 125
Eintritt der Pfandreife § 2 Rn 230, 249
Eintritt der Zahlungsunfähigkeit § 9 Rn 112
Eintrittsrecht, § 168 Abs. 3 InsO § 2 Rn 245
einvernehmliche Änderung § 12 Rn 184
Einwendung des Schuldners § 2 Rn 33

Einwendung gegen das Schlussverzeichnis § 2 Rn 257, 284, 286
Einwendung gegen das Verteilungsverzeichnis § 2 Rn 274
Einwendung gegen die Schlussrechnung § 2 Rn 285
Einwendungsfrist § 2 Rn 275
Einzelauskünfte § 2 Rn 185
Einzelbewertungsgrundsatz § 16 Rn 134
Einzelermächtigung § 3 Rn 99
Einzelfall § 16 Rn 250
Einzelschaden § 18 Rn 33
Einzelveranlagung § 14 Rn 28, 60
Einziehung des Abtretungsbetrages § 11 Rn 258
Einziehungs- und Prozessführungsbefugnis § 2 Rn 135
Einziehungsermächtigung § 5 Rn 216
einzige Gläubiger § 11 Rn 15
elektronische Gerichtsakte § 2 Rn 107
elektronisches Gläubigerinformationssystem § 3 Rn 49
Empfangsbevollmächtigte § 7 Rn 79
Endabrechnung § 16 Rn 365
Ende der Laufzeit der Abtretungserklärung § 11 Rn 142
Ende der Wohlverhaltensphase § 11 Rn 253
Ende des Amtes § 2 Rn 208
Ende des Kalendermonats § 11 Rn 364
endgültiger Gläubigerausschuss § 16 Rn 409
Enthaftungserklärung § 6 Rn 45
Entlassung § 3 Rn 165; § 12 Rn 123
Entlassung des Treuhänders § 11 Rn 236
Entlassung durch das Insolvenzgericht § 2 Rn 209
Entlassungsgrund § 11 Rn 236
Entlastungsbeweis § 11 Rn 248, 262
Entnahme § 16 Rn 402
Entnahme von Unterhalt (§ 278 InsO) § 9 Rn 141
Entnahmeberechtigung für geschäftsführende Gesellschafter § 9 Rn 146
Entscheidung der Gläubiger über die nicht verwertbaren Gegenstände der Insolvenzmasse § 2 Rn 284
Entscheidung der Gläubigerversammlung im Berichtstermin § 2 Rn 224
Entscheidung durch Beschluss § 2 Rn 276
Entscheidung über den Antrag § 2 Rn 45

Entscheidung über den Fortgang des Verfahrens § 9 Rn 113
Entscheidung über die Eigenverwaltung § 2 Rn 67
Entscheidung über nicht verwertbare Gegenstände § 2 Rn 287
Entscheidung über Versagungsanträge § 2 Rn 290
Entscheidungsfrist von drei Jahren § 11 Rn 286a
entscheidungsorientierte Deckungskostenbeitragsrechnung § 16 Rn 98
Entschuldung von Unternehmern § 11 Rn 280
entsprechende Anwendung auf Neugläubiger § 2 Rn 118
Erbbaurecht § 5 Rn 260
Erbbauzins § 11 Rn 98
Erbe eines BGB § 19 Rn 131
Erbengemeinschaft § 2 Rn 86
Erbfallschulden § 19 Rn 58
Erbschaft § 2 Rn 82
Erbteile § 2 Rn 231
erforderliche Mehrheit § 8 Rn 211
Erfüllungswahl § 16 Rn 152
ergänzende Vergütungsfestsetzung § 16 Rn 29
Ergänzungsrechnung § 16 Rn 106
Erhaltung der Haftungsmasse § 7 Rn 126
erhebliche Befassung § 16 Rn 148
erhebliche Beeinträchtigung § 11 Rn 287
erhebliche Pflichtverletzung § 11 Rn 236
erheblicher Mehraufwand § 16 Rn 232
erheblicher Umfang § 16 Rn 146, 148
erhöhender Faktor § 16 Rn 415
erhöhter Stundensatz § 16 Rn 415
Erhöhung der Mindestvergütung § 16 Rn 205
Erhöhung der Regelgebühr § 16 Rn 73
Erhöhungstatbestand § 16 Rn 249
Erkennbarkeit des Eintritts der Insolvenzreife § 13 Rn 55
Erkenntnisverfahren § 2 Rn 113
Erklärung § 9 Rn 20
erlaubnispflichtige Tätigkeit § 11 Rn 295
Erledigung im Eröffnungsverfahren § 2 Rn 46
Erledigungserklärung § 2 Rn 48, 50
Erlöschen von Vollmachten § 6 Rn 74
Ermächtigungsmodell § 3 Rn 78
Ermäßigung der Mindestvergütung § 11 Rn 238
Ermessen § 16 Rn 228
Ermittlung § 11 Rn 167

Ermittlung von Auslandsvermögen § 11 Rn 347
Ernennung des Sachverständigen § 1 Rn 115
ernsthafter Einigungsversuch § 2 Rn 190
ernsthaftes Einfordern § 4 Rn 30
Eröffnung des Insolvenzverfahrens § 13 Rn 4, 11
Eröffnungsantrag § 7 Rn 244; § 18 Rn 1
Eröffnungsbilanz § 14 Rn 29, 35
Eröffnungsgrund § 18 Rn 5
Eröffnungsverfahren § 2 Rn 2; § 11 Rn 203
Erörterung der Schlussrechnung § 2 Rn 285
Erörterung der Schlussrechnung des Insolvenzverwalters § 2 Rn 284
Erörterungs- und Abstimmungstermin § 8 Rn 183
Erprobungszeit § 11 Rn 251a
Erreichung der Verfahrensziele objektiv nachhaltig gefährdet § 2 Rn 209
Ersatzabsonderung § 2 Rn 278
Ersatzaussonderungsanspruch § 5 Rn 210
Erschleichung der Stundung § 11 Rn 338
Erschwerniszulage § 11 Rn 94
Erstattung § 14 Rn 66
Erstattung der Auslagen § 16 Rn 6
Erstreckung auf Dienstbezüge § 2 Rn 78
erstvollstreckender Gläubiger § 11 Rn 371
Ertragslage § 14 Rn 41
Erwerb von Geschäftsanteilen § 11 Rn 204
Erwerberkonzept § 3 Rn 105; § 10 Rn 160; § 12 Rn 275
Erwerbsobliegenheit § 11 Rn 110, 205, 212, 240
Erwerbstätigkeit § 11 Rn 242, 343; § 14 Rn 83
erwirtschaftete Einkünfte § 11 Rn 98
Erzwingung von Unterlassungen und Duldungen § 2 Rn 117
Erzwingungshaft § 11 Rn 276
ESUG-Evaluierung § 1 Rn 17
EuInsVO § 1 Rn 27; § 2 Rn 103; § 15 Rn 6
Europäische Insolvenzverordnung § 1 Rn 40
Europäische Zentralbank § 2 Rn 232
Evaluationsbericht § 11 Rn 107
Evaluierung § 11 Rn 284
Evaluierung der Laufzeitverkürzung § 11 Rn 286g
Eventualverbindlichkeit § 4 Rn 139
Exekutiv- noch Unterorgan § 2 Rn 201
Existenzvernichtungshaftung § 5 Rn 86; § 10 Rn 13

Existenzvernichtungshaftung des Kommanditisten § 13 Rn 40

F
„Face-to-Face"-Beratung § 11 Rn 18
Fachgerichtsbarkeit § 2 Rn 113
fachliche Eignung § 3 Rn 7
Factoring § 5 Rn 262
fällige Zahlungspflichten § 4 Rn 27
faktischer Geschäftsführer § 18 Rn 3, 7
fakultative Gruppe § 8 Rn 93
fakultative Mündlichkeit § 1 Rn 53
fakultativer Inhalt des Eröffnungsbeschlusses § 2 Rn 68
fakultativer Restrukturierungsbeauftragter § 10 Rn 28
fakultatives Verfahren § 11 Rn 46
Familienimmobilie § 2 Rn 282
familienrechtliche Ansprüche § 5 Rn 104
familienrechtliche Verpflichtung § 11 Rn 212
fehlende Gläubigerbenachteiligung § 7 Rn 110
fehlerhafte Gesellschaft § 7 Rn 524
Fehlerhaftigkeit des Eröffnungsbeschlusses § 16 Rn 121
Fernkommunikationsmittel § 11 Rn 18
Festsetzung und Auszahlung der Quote § 2 Rn 256
Festsetzungsverfahren § 16 Rn 9
Feststellung § 16 Rn 232
Feststellung der Bemessungsgrundlage § 11 Rn 251
Feststellung und Nachweis der Überschuldung § 4 Rn 147
Feststellung und Nachweis der Zahlungsunfähigkeit § 4 Rn 41
Feststellung und Nachweis der drohenden Zahlungsunfähigkeit § 4 Rn 94
Feststellungsbeitrag § 2 Rn 234; § 11 Rn 102; § 16 Rn 76
Feststellungsbescheid § 14 Rn 14, 25
Feststellungsklage § 2 Rn 112, 268
Feststellungskosten § 2 Rn 236
Feststellungskostenbeitrag § 16 Rn 73, 178
Feststellungspauschale § 2 Rn 234
Feststellungs- und Verwertungsbeitrag § 9 Rn 132
Feststellungsvermerk § 2 Rn 110
fiktiver Überschuss § 16 Rn 81
Finanzamt § 2 Rn 32

Finanzbehörde § 11 Rn 278
Finanzgeschäft § 2 Rn 232
Finanzierungsfolgenverantwortung § 7 Rn 484
Finanzleistung § 6 Rn 19
Finanzplan § 9 Rn 15
Finanzsektor § 2 Rn 14
Finanzsicherheit § 2 Rn 232
Finanzverwalter § 14 Rn 11
Finanzverwaltung § 14 Rn 32
Firmenänderung § 13 Rn 8
Firmenbestattung § 18 Rn 158
Firmenbezeichnung § 5 Rn 11
Firmen- oder Unternehmenswert § 16 Rn 139
Fiskus § 11 Rn 305
Fixgeschäfte § 6 Rn 18
„flexibler" Plan § 11 Rn 67
Folgekosten § 16 Rn 102
Folgemonat § 11 Rn 376, 379
folgender Kalendermonat § 11 Rn 364
Forderung § 16 Rn 201
Forderung absonderungsberechtigter Gläubiger § 2 Rn 270
Forderung auf Bezüge aus einem Dienstverhältnis § 2 Rn 119
Forderung aus Arbeitsverhältnis § 11 Rn 6, 8
Forderung der Insolvenzgläubiger § 2 Rn 99
Forderungsabtretung § 7 Rn 59
Forderungsanmeldung § 2 Rn 99, 103; § 15 Rn 47, 83; § 16 Rn 201
Forderungsanmeldung und -feststellung § 2 Rn 99
Forderungseinzug § 3 Rn 76, 139; § 14 Rn 75
Forderungsfeststellung § 2 Rn 99
Forderungsprüfung § 2 Rn 107
Forderungsverzicht § 4 Rn 181; § 14 Rn 40
Form der Anmeldung § 2 Rn 102
Fortbestehen nach § 108 Abs. 1 Satz 1 InsO § 6 Rn 35
Fortbestehensprognose § 10 Rn 21
fortgesetzter Aussonderungsanspruch § 16 Rn 41
Fortführung § 3 Rn 70
Fortführung eines Geschäftsbetriebes § 5 Rn 179
Fortführung eines Handelsgeschäfts § 19 Rn 83
Fortführung nach Zahlung § 2 Rn 47
Fortführungsfähigkeit § 3 Rn 124
Fortführungsklausel § 5 Rn 64
Fortführungsmöglichkeit § 16 Rn 202

Fortführungsprognose § 4 Rn 106; § 18 Rn 134
fortgesetzte Gütergemeinschaft § 2 Rn 12, 295
Fortsetzung der Gesellschaft § 2 Rn 172
Fortsetzungsbeschluss § 2 Rn 56; § 8 Rn 120
Fortsetzungsklausel § 19 Rn 123
fortzuführende Anfechtungsrechtsstreitigkeit § 8 Rn 343
forum shopping § 1 Rn 41; § 20 Rn 9
Fortgesetzte Gütergemeinschaft § 2 Rn 82
freiberufliche Tätigkeit § 9 Rn 10
freie Sanierung § 10 Rn 2, 3, 4
Freigabe § 1 Rn 66, 94; § 2 Rn 282; § 3 Rn 122; § 11 Rn 98, 134; § 14 Rn 22; § 19 Rn 152
Freigabe der selbstständigen Tätigkeit § 2 Rn 8; § 11 Rn 203
Freigabe und Verwertung durch Überlassung an den Schuldner § 2 Rn 282
Freigabe von Massegegenstand § 13 Rn 8
Freigabe von Vermögen § 5 Rn 25
freigegebener Gegenstand § 2 Rn 131
freihändige Verwertung § 2 Rn 278
Freistellung § 12 Rn 311
Freistellungsbescheinigung § 14 Rn 100, 104
Fremdantrag § 2 Rn 31
Fremdantrag eines Gläubigers § 2 Rn 26
Fremdgeld § 16 Rn 63
früherer Pfändungsschutz § 11 Rn 365
Führung der Insolvenztabelle (§ 270c Satz 2 InsO) § 9 Rn 193
Führung der Tabelle § 16 Rn 202
Führung von Prozessen § 13 Rn 8
führungslos § 18 Rn 7
führungslose GmbH § 19 Rn 134
Führungslosigkeit § 18 Rn 7
Fürsorgepflicht § 11 Rn 335
funktionelle Zuständigkeit § 1 Rn 81
Funktions-/Auftragsnachfolge § 12 Rn 268

G
Gantprozess § 1 Rn 2
GbR § 13 Rn 16, 25
gebräuchliches Gelegenheitsgeschenk § 7 Rn 472; § 11 Rn 255b
Gebrauchsüberlassungsvertrag § 16 Rn 154
geeignete Person § 11 Rn 221
Gefälligkeitsbescheinigung § 11 Rn
Gefahr einer Interessenkollision § 2 Rn 211
Gefahrengemeinschaft § 10 Rn 11
Gegenbeweis § 13 Rn 68

Gegenglaubhaftmachung § 2 Rn 35
Gegenleistung § 7 Rn 604
gegenseitiger Vertrag § 9 Rn 125
Gegenstand § 16 Rn 149
Gegenstand von geringem Wert § 7 Rn 472
Gegenstandswert § 11 Rn 215; § 16 Rn 190
Gehaltsabtretung und -verpfändung § 11 Rn 60
Geldstrafe § 11 Rn 296
Geltendmachung eines Gesamtschadens § 2 Rn 134
Geltendmachung von Einlageanspruch § 13 Rn 8
Geltendmachung von Haftungs- und Anfechtungsanspruch (§ 280 InsO) § 9 Rn 187
gemeinsames Gläubigerinteresse § 2 Rn 198
gemeinsames Interesse der Gläubiger § 2 Rn 28
gemeinschaftlicher Betrieb § 12 Rn 71
Gemeinschaftsbetrieb § 12 Rn 65, 66
Gemeinschaftskonten § 2 Rn 86
Genehmigung § 2 Rn 133; § 16 Rn 174
Genehmigung der Schlussverteilung § 2 Rn 261
Genehmigung für den Einzug von Lastschriften § 11 Rn 199
Generalbevollmächtigter § 10 Rn 4
Generalunternehmerinsolvenz § 6 Rn 2
gerichtliche Feststellung § 11 Rn 251
gerichtliche Sanierung § 10 Rn 1
gerichtliche Zustimmungsersetzung § 11 Rn 65
gerichtlicher Hinweis § 11 Rn 122
gerichtlicher Vergleich § 11 Rn 301
gerichtliches Schuldenbereinigungsverfahren § 11 Rn 46, 53
geringe Befriedigungsquote § 11 Rn 354
geringfügige Nebentätigkeit § 16 Rn 182
Geringfügigkeit § 11 Rn 108
Geringfügigkeit des zu verteilenden Betrages § 11 Rn 232
geringwertiges Geschenk und geringwertiger Gewinn § 11 Rn 255a
Gesamtgläubigerschaft § 14 Rn 28
Gesamtgut § 2 Rn 12, 296
Gesamthandsgemeinschaft § 5 Rn 37
Gesamtrechtsnachfolger § 7 Rn 596
Gesamtschaden § 2 Rn 135; § 16 Rn 65; § 18 Rn 33
Gesamtschau § 16 Rn 200, 233
Gesamtschuldner § 2 Rn 100; § 5 Rn 125
Gesamtschuldnerschaft § 14 Rn 28

Gesamtstrafe § 11 Rn 180
Gesamtvermögensmasse § 16 Rn 129
Gesamtvollstreckungsrecht § 1 Rn 34
Gesamtvollstreckungsverfahren § 2 Rn 14; § 5 Rn 1
Gesamtwürdigung § 16 Rn 251, 287
Geschäftsabwicklung § 19 Rn 97
Geschäftsanteile § 2 Rn 231
Geschäftsbesorgungsvertrag § 6 Rn 66
Geschäftsbetrieb § 14 Rn 52
Geschäftsbücher § 2 Rn 293
Geschäftsführungskosten § 19 Rn 54
Geschäftskosten § 16 Rn 292
Geschäftsordnung § 2 Rn 210
Geschäftsstelle § 1 Rn 84
Geschäftsunterlagen § 2 Rn 174; § 14 Rn 27
Gesellschaft ohne Rechtspersönlichkeit § 2 Rn 6, 11
Gesellschafter von Kapitalgesellschaften § 11 Rn 10
gesellschafterbesicherte Drittdarlehen § 5 Rn 134
Gesellschafterdarlehen § 7 Rn 473, 488
Gesellschafter-Geschäftsführer § 11 Rn 10
Gesellschaftersicherheit § 7 Rn 573
Gesellschaftsanteil § 2 Rn 84
Gesellschaftsanteil an Kapitalgesellschaften § 5 Rn 62
gesellschaftsrechtliche Folgen der Einstellung § 2 Rn 172
gesellschaftsrechtliche Folgen der Eröffnung § 2 Rn 137
gesellschaftsrechtlicher Kapitalerhaltungsgrundsatz § 7 Rn 163
Gesellschaftsschuld § 19 Rn 121
Gesetz über den Stabilisierungs- und Restrukturierungsrahmen für Unternehmer (Unternehmensstabilisierungs- und -restrukturierungsgesetz – StaRuG) § 10 Rn 18
Gesetz zur Neuordnung des Internationalen Insolvenzrechts § 1 Rn 10
Gesetz zur Verbesserung der Rechtssicherheit bei Anfechtungen nach der Insolvenzordnung und nach dem Anfechtungsgesetz § 1 Rn 23
Gesetz zur weiteren Erleichterung der Sanierung von Unternehmen (ESUG) § 1 Rn 14; § 9 Rn 2

gesetzliche Lösungsklausel § 6 Rn 14
gesetzliche Pfandrechte § 2 Rn 248
gesetzliche Richter § 1 Rn 47
Gesetzmäßigkeit der Verfahrensabwicklung § 1 Rn 76
gesonderter Prüfungstermin § 2 Rn 102
gesplittete Einlagen § 13 Rn 37
gestaltender Teil § 8 Rn 106
gestaltender Teil des Restrukturierungsplans § 10 Rn 22
Gestaltungsrecht § 5 Rn 104
Gewerbesteuer § 16 Rn 27
Gewerbesteuerpflicht § 3 Rn 6
gewerbe- und gaststättenrechtliche Folge § 11 Rn 295
gewerblicher Schuldenberater § 11 Rn 355
Gewerkschaftsvertreter § 2 Rn 216
Gewinn § 11 Rn 107
Gewinnerhöhung § 14 Rn 36
Gewinnermittlung § 14 Rn 35
Gewinnermittlungsart § 14 Rn 35
gewöhnliches Maß § 16 Rn 149
Girovertrag § 6 Rn 67
Gläubiger § 1 Rn 34
Gläubigerantrag § 2 Rn 14; § 11 Rn 42, 49, 121
Gläubigeranzahl § 16 Rn 249
Gläubigerausschuss § 1 Rn 98, 102; § 2 Rn 199, 200; § 12 Rn 69; § 18 Rn 39
Gläubigerautonomie § 1 Rn 47, 97
Gläubigerbegünstigung § 10 Rn 14; § 18 Rn 168
Gläubigerbeirat § 2 Rn 219
Gläubigerbenachteiligung § 7 Rn 101, 365
Gläubigerbenachteiligungsvorsatz § 7 Rn 346, 369
Gläubigergleichbehandlung § 14 Rn 12
Gläubigerinformationssystem § 2 Rn 185; § 16 Rn 294
Gläubigerkenntnis § 7 Rn 251
Gläubigerliste § 3 Rn 114
Gläubigerpool § 5 Rn 242
Gläubigertausch § 11 Rn 141
Gläubigervereinbarung § 10 Rn 22
Gläubigerversammlung § 1 Rn 35, 49, 97, 98; § 2 Rn 145, 181
Gläubigerversammlung auf Antrag § 2 Rn 182
Gläubigerverzeichnis § 11 Rn 208; § 16 Rn 202
Gläubigerwechsel § 7 Rn 108
Glaubhaftmachung § 9 Rn 216; § 11 Rn 165; § 19 Rn 39

Glaubhaftmachung der Antragsvoraussetzungen § 2 Rn 32
Glaubhaftmachung der Forderung § 2 Rn 32
Glaubhaftmachung einer wirtschaftlichen Benachteiligung § 11 Rn 246
Glaubhaftmachung von Forderung und Insolvenzgrund § 2 Rn 31
Glaubhaftmachungslast § 11 Rn 251
Gleichbehandlung § 11 Rn 58
Gleichbehandlung des Gläubigers § 11 Rn 259
Gleichbehandlung des Insolvenzgläubigers § 7 Rn 204
gleichbleibendes Verhältnis § 11 Rn 61
Gleichordnungskonzern § 20 Rn 1
Glücksspiel § 11 Rn 199
GmbH § 13 Rn 9
GmbH-Geschäftsführer § 13 Rn 53
GOI § 3 Rn 13
Going-Concern-Prämisse § 18 Rn 114
Grauverwalter § 3 Rn 26
grds. persönlich zu erstatten § 2 Rn 222
grenzüberschreitendes Verfahren § 3 Rn 171
grobe Fahrlässigkeit § 11 Rn 260a
grobe Fehlerhaftigkeit § 12 Rn 103
große Masse § 16 Rn 229, 231
Grundbuchberichtigungsansprüche § 2 Rn 96
Grunderwerbsteuer § 14 Rn 22
Grundfreibetrag § 11 Rn 365
Grundpfandgläubiger § 2 Rn 283
Grundsatz der Doppelberücksichtigung § 2 Rn 100
Grundsatz der Verhältnismäßigkeit § 1 Rn 59
Grundschuld § 5 Rn 265
Grundstück mit Altlast § 16 Rn 249
Gruppenbildung § 8 Rn 79, 160; § 11 Rn 58
Gruppen-Gerichtsstand § 2 Rn 28; § 20 Rn 34, 45
Gruppeninsolvenz § 16 Rn 171
gruppeninterne Drittsicherheit § 8 Rn 23b, 113a
gruppeninterne Forderung § 16 Rn 172
Gruppenkoordinationsverfahren § 16 Rn 367
Gruppenkoordinator § 16 Rn 173
Gruppen-Wahlgerichtsstand § 20 Rn 24
günstige Verwertungsmöglichkeit § 2 Rn 238, 240
Gütergemeinschaft § 2 Rn 12
Gütertrennung § 5 Rn 37
Gutachtermodell § 3 Rn 107

Gutgläubigkeit des Beauftragten § 6 Rn 72
Gutglaubenserwerb § 2 Rn 76
Gutglaubensschutz § 2 Rn 79
Guthabenbasis § 11 Rn 368
GVG § 2 Rn 184

H
Hafteinlage § 13 Rn 33
Haftpflichtversicherung § 2 Rn 212; § 16 Rn 298; § 18 Rn 38
Haftung § 2 Rn 212; § 20 Rn 71, 116, 137
Haftung aus Firmenfortführung gem. § 25 HGB § 10 Rn 152
Haftung der Gesellschafter in der Insolvenz § 13 Rn 27
Haftung der Organe § 9 Rn 59
Haftung des Insolvenzverwalters § 2 Rn 136; § 18 Rn 12
Haftung des Sachwalters § 9 Rn 204
Haftung des Schuldners bzw. seiner Organe § 9 Rn 163
Haftung des Treuhänders § 11 Rn 237
Haftung für Altlasten § 10 Rn 154
Haftung für Betriebssteuern gem. § 75 AO § 10 Rn 153
Haftung für Masseschulden § 18 Rn 12
Haftung im Außenverhältnis § 13 Rn 33
Haftungsanspruch gegen den Insolvenzverwalter § 1 Rn 95
Haftungsanspruch nach Handelsrecht § 19 Rn 78
Haftungsdurchgriff § 13 Rn 27
Haftungsmasse § 19 Rn 61
haftungsrechtliche Konsequenz § 20 Rn 71
Haftungsschuld § 14 Rn 22
Haftungstatbestand § 14 Rn 29
Haftungsverwirklichung § 19 Rn 1
Haftungsvorschrift für die Vornahme verbotswidriger Zahlung § 13 Rn 52
Halbteilungsgrundsatz § 11 Rn 132, 241, 254
Handelsbuch § 18 Rn 153
Handelsregister § 19 Rn 114
Handels-, Genossenschafts-, Partnerschafts- oder Vereinsregister § 2 Rn 58, 70
Hauptinsolvenzverfahren § 15 Rn 26; § 16 Rn 362
Hauptniederlassung § 15 Rn 33
Hauptversammlung § 2 Rn 201; § 13 Rn 3
Haushaltsbegleitgesetz § 14 Rn 2, 3

Haushaltsbegleitgesetz 2011 § 14 Rn 75
Haus- oder Grundstücksverwaltung § 16 Rn 201
Hausverwaltung § 16 Rn 91, 222
Heilberuf § 2 Rn 138
Hemmung der Verjährung § 2 Rn 106
Herausgabe anderer Schenkungen § 11 Rn 241
Herausgabeklagen § 2 Rn 96
Herbeiführung einer Aufrechnungslage § 7 Rn 554
Hinblick auf die zu erwartende Insolvenzmasse unverhältnismäßig § 2 Rn 217
Hinterlegungsstelle § 2 Rn 68
Hin- und Herzahlen § 5 Rn 84; § 13 Rn 12
Hinweis auf anderweitige Verwertungsmöglichkeit § 2 Rn 240
Hinweispflicht § 11 Rn 119
Höchstgrenze § 11 Rn 255b
höchstpersönliche Leistungserbringung § 3 Rn 24
höchstpersönliches Recht § 7 Rn 129
Höhe der Verwertungskosten § 2 Rn 236
Höhe des Insolvenzgeldes § 12 Rn 299
Höhe des Zuschlags § 16 Rn 241, 244
Hypothek § 5 Rn 266
hypothetische Vergleichsberechnung § 11 Rn 59

I
IAS § 18 Rn 156
IFRS § 18 Rn 156
Immaterialgüterrecht § 2 Rn 231
Immobilie § 2 Rn 227; § 3 Rn 140
Inbesitznahme § 16 Rn 202
Individualvereinbarung § 11 Rn 277
Indizien § 4 Rn 77
in dubio pro reo § 18 Rn 132
in dubio pro creditore § 2 Rn 191
Inflationsausgleich § 16 Rn 247
Information der Gläubigerversammlung § 3 Rn 133
Information der StA § 2 Rn 293
Infrastruktur § 3 Rn 14
Inhalt der Anzeige § 2 Rn 239
Inhalt des Berichts § 2 Rn 222
Inhalt des Eröffnungsbeschlusses § 2 Rn 60
Inhalt des Koordinationsplans § 20 Rn 85
Inhalt und Bekanntmachung des Eröffnungsbeschlusses sowie Zustellung § 2 Rn 59
Inkassoinstitut § 1 Rn 109

inkongruente Befriedigung § 7 Rn 281
inkongruente Deckung § 7 Rn 267, 274, 282, 289, 385
inkongruente Rechtshandlung § 7 Rn 385
inkongruente Sicherung § 7 Rn 301
Innenhaftung § 18 Rn 10
Innenhaftung für Masseschmälerung § 13 Rn 51
Innenverhältnis § 13 Rn 51
innerbetrieblicher Umstand § 12 Rn 36
inneres Konkurrenzverhältnis § 7 Rn 12
Insolvenz des Gesellschafters § 13 Rn 23
Insolvenz des Gesellschafters einer OHG/KG § 13 Rn 24
Insolvenz des Mieters § 6 Rn 40
Insolvenz des Vermieters § 6 Rn 55
Insolvenz des Vorbehaltskäufers § 6 Rn 33
Insolvenz des Vorbehaltsverkäufers § 6 Rn 27
Insolvenz des Werkunternehmers § 6 Rn 16
Insolvenzanfechtung § 5 Rn 82; § 11 Rn 204; § 13 Rn 8; § 14 Rn 21
Insolvenzanfechtungsansprüche § 8 Rn 133
Insolvenzantrag der Staatsanwaltschaft § 2 Rn 26
Insolvenzantragspflicht § 1 Rn 12; § 19 Rn 29, 36
Insolvenzbeschlag § 5 Rn 3; § 11 Rn 143
Insolvenzbeschlag bei Nachtragsverteilung § 2 Rn 266
Insolvenzdelikte § 18 Rn 127
Insolvenzeröffnung § 14 Rn 97
Insolvenzeröffnungsantrag § 18 Rn 5; § 20 Rn 35
Insolvenzeröffnungsverfahren § 9 Rn 42, § 12 Rn 2
Insolvenzfähigkeit § 1 Rn 63; § 2 Rn 6; § 13 Rn 13, 16
Insolvenzfähigkeit der AG § 13 Rn 1
Inslovenzfähigkeit der GmbH § 13 Rn 9
Insolvenzfähigkeit öffentlich-rechtlich § 2 Rn 13
Insolvenzforderung § 1 Rn 62; § 5 Rn 100; § 11 Rn 291; § 12 Rn 3; § 14 Rn 2, 3, 28, 56
insolvenzfreies Vermögen § 2 Rn 131
insolvenzfremder Zweck § 2 Rn 38
Insolvenzgeld § 2 Rn 57; § 12 Rn 3, 283
Insolvenzgeldvorfinanzierung § 3 Rn 73; § 12 Rn 305; § 16 Rn 334
Insolvenzgeldzeitraum § 12 Rn 293
Insolvenzgericht § 1 Rn 76

Insolvenzgläubiger § 1 Rn 34, 61, 68; § 14 Rn 21; § 19 Rn 150
Insolvenzgläubiger als Anfechtungsgegner § 7 Rn 211
Insolvenzgrund § 2 Rn 31, 33; § 11 Rn 75
Insolvenzkultur § 1 Rn 2
Insolvenzmasse § 14 Rn 4, 28
Insolvenzordnung § 1 Rn 5
Insolvenzplan § 1 Rn 36; § 2 Rn 183, 188; § 3 Rn 135; § 14 Rn 3, 40; § 16 Rn 201, 243
Insolvenzplanverfahren § 2 Rn 192; § 10 Rn 3; § 11 Rn 7, 68, 85, 114, 116
Insolvenzrecht § 1 Rn 11
insolvenzrechtliche Vergütungsordnung (InsVV) § 16 Rn 4
insolvenzrechtliches Zahlungsverbot § 9 Rn 55
Insolvenzrechtsänderungsgesetz § 1 Rn 8
Insolvenzrechtsänderungsgesetz 2001 § 11 Rn 106
Insolvenzrechtsreform § 1 Rn 5
Insolvenz-Sonderkonto § 3 Rn 125
insolvenzspezifische Haftung § 11 Rn 237
insolvenzspezifisches Sondervermögen § 5 Rn 81
Insolvenzstatut § 16 Rn 362
Insolvenzstraftat § 11 Rn 110, 180, 267
Insolvenztabelle § 14 Rn 12, 22, 74
Insolvenzverbindlichkeit § 14 Rn 3
Insolvenzverfahren über das Gesamtgut einer Gütergemeinschaft § 2 Rn 296
Insolvenzverwalter § 1 Rn 86; § 2 Rn 62; § 3 Rn 1; § 14 Rn 5, 11, 27, 57, 96, 102
Insolvenzverwalter gewählt § 2 Rn 224
Insolvenzverwalter im Verbraucherinsolvenzverfahren § 11 Rn 84
Insolvenzverwaltungsvertrag § 20 Rn 89
Insolvenzverzicht § 2 Rn 164
Insolvenzzweck § 18 Rn 15
Insolvenzzweckwidrigkeit § 5 Rn 156
institutionelle Mitglieder § 16 Rn 421
Interbankenverkehr § 2 Rn 232
Intercreditor Agreements § 10 Rn 22
Interessenausgleich § 12 Rn 192, 205
Interessenausgleich mit Namensliste § 12 Rn 100
Interessenkollision § 1 Rn 92; § 3 Rn 28
Interessenkonflikt § 11 Rn 221
Interimsgläubigerausschuss § 16 Rn 409
Interimsmanager § 16 Rn 267

internationale und örtliche Zuständigkeit § 11 Rn 136
internationale Zuständigkeit § 1 Rn 80; § 15 Rn 27
internationale, örtliche und funktionelle Zuständigkeit § 20 Rn 128
internationaler Bezug § 16 Rn 362
internationales Insolvenzanfechtungsrecht § 15 Rn 84
internationales Insolvenzkollisionsrecht § 15 Rn 3
internationales Insolvenzverfahrensrecht § 15 Rn 2
Internetveröffentlichung § 11 Rn 298
Inventar § 19 Rn 3
Inventaraufstellung § 16 Rn 337
Irrtumsfalle § 7 Rn 440
isolierter Antrag § 11 Rn 50, 122
isolierter Antrag auf RSB § 11 Rn 47
isolierter Sachverständige § 3 Rn 107
isolierter Widerspruch § 2 Rn 113
isolierter Zustimmungsvorbehalt § 9 Rn 62
Ist-Besteuerung § 14 Rn 75
Ist-Masse § 16 Rn 147

J
jährliche Mindestvergütung § 11 Rn 238
juristische Person § 11 Rn 223
juristische Person des öffentlichen Rechts § 2 Rn 13
juristische Person des Privatrechts § 2 Rn 9

K
kalenderjährlich bis § 11 Rn 250
kalte Zwangsverwaltung § 2 Rn 281; § 3 Rn 148; § 16 Rn 69
Kapitalaufbringungs- und Kapitalerhaltungsregeln § 5 Rn 83
Kapitalerhöhung § 13 Rn 8
Kapitalertragsteuer § 16 Rn 27
Kapitalgesellschaft § 13 Rn 23, 27
Kapitalherabsetzungsbeschluss § 13 Rn 8
Kapitalmarkt- bzw. Finanzsicherheiten § 2 Rn 232
Kardinalpflichten des Steuerberatungsvertrages § 18 Rn 113
kaufmännisches Zurückbehaltungsrecht § 2 Rn 133
Kaufoption § 16 Rn 155

Kaufpreisrate § 11 Rn 98
Kausalität § 7 Rn 174
Kautionsrückzahlungsanspruch § 11 Rn 99
Kautionsversicherungsvertrag § 6 Rn 68
kein Verwertungsrecht des Verwalters bei Kapitalmarkt- und Finanzsicherheiten § 2 Rn 232
keine Anspruchsnorm § 2 Rn 135
keine Einstellung bei Kostenvorschuss § 2 Rn 143
Kenntnis des Anfechtungsgegners § 7 Rn 389
Kenntnis des Gläubigers § 7 Rn 393
Kenntnis des Zahlungsmittlers § 7 Rn 403
Kenntnis von Vertretern bzw. Organen § 7 Rn 258
Kenntniszurechnung § 7 Rn 392
Kinderbetreuung § 11 Rn 212
Kindergeld § 11 Rn 93
Klärungsbeschluss § 11 Rn 241
Klärungsentscheidung des Insolvenzgerichts § 11 Rn 255c
Klageänderung § 7 Rn 631
Klageantrag § 7 Rn 630
Klageart § 7 Rn 627
Klagefrist § 12 Rn 140
Klagegegner § 12 Rn 145
klassischer Vermögensbegriff § 16 Rn 129
Kleingläubiger § 8 Rn 97
Kleinstbeträge § 2 Rn 257
KO für das Deutsche Reich § 1 Rn 4
Körperschaftsteuer § 16 Rn 27
kollektives Vollstreckungsverfahren § 1 Rn 44
Kollektivorgan § 2 Rn 202
Kommanditgesellschaft § 14 Rn 53
Kommanditist § 13 Rn 32; § 19 Rn 110
Kommanditistenerbe § 19 Rn 120
Kommanditistenhaftung im Außenverhältnis § 13 Rn 34
Kompetenz des Gläubigerausschusses § 2 Rn 204
Kompetenzabgrenzung § 13 Rn 6
Kompetenzübertragung auf Insolvenzverwalter und Insolvenzgericht § 2 Rn 180
Komplementär § 19 Rn 122
kongruente Deckung § 7 Rn 202
kongruente Rechtshandlung § 7 Rn 378
Kongruenz § 7 Rn 279
Kongruenzvereinbarung § 7 Rn 278
konkludente Freigabe § 2 Rn 287

konkludentes Erfüllungsverlangen § 6 Rn 6
konkret messbare Schlechterstellung § 11 Rn 245
konkrete Befassung § 16 Rn 131
konkrete Tätigkeit § 16 Rn 203
konkretes Planziel § 9 Rn 139
Konsolidierungsgrundsatz § 16 Rn 172
Konsultationsverfahren § 12 Rn 122
Kontoführung § 3 Rn 125
Kontoführungsgebühr § 11 Rn 373
Kontokorrent § 7 Rn 156
Kontokorrentverrechnung § 7 Rn 95
Kontoverrechnung § 7 Rn 225
Kontraindikation § 9 Rn 25, 48, 50
Konzept für die Durchführung des Insolvenzverfahrens § 9 Rn 16
Konzern § 20 Rn 1
Konzernbegriff § 20 Rn 32
Konzernfinanzierung § 20 Rn 3
Konzerngesellschaft § 20 Rn 3
Konzerninsolvenz § 2 Rn 297; § 3 Rn 172a; § 10 Rn 65; § 16 Rn 249
Konzerninsolvenzplan § 8 Rn 37
Konzerninsolvenzrecht § 1 Rn 26
Konzernverrechnung § 7 Rn 95
Kooperationspflicht § 20 Rn 57
Kooperationsrechte- und pflichten § 20 Rn 61
Koordinationsgericht § 16 Rn 365; § 20 Rn 75, 87, 125
Koordinationsplan § 20 Rn 23, 74, 80, 122
Koordinations- und Kooperationspflicht § 3 Rn 172
Koordinationsverfahren § 20 Rn 29, 74
Koordinierung § 20 Rn 121
Kopfmehrheit § 9 Rn 37
Kopf- und Summenmehrheit § 9 Rn 213; § 11 Rn 21, 57
Korrektur falscher Angabe § 11 Rn 187
Kosten der Nebenklage § 11 Rn 302
Kosten des Insolvenzverfahrens § 5 Rn 150
Kosten des vereinfachten Insolvenzverfahrens § 11 Rn 76
Kosten des Verfahrens § 2 Rn 51
Kostenanteil § 16 Rn 365
Kostendeckung § 11 Rn 107
Kostensteigerung § 16 Rn 174
Kostenstellenrechnung separat § 16 Rn 95
Kostentragung bei Erledigungserklärung § 2 Rn 51

Kostenvorschuss § 2 Rn 53
Kostenvorteil § 10 Rn 4
Kreditaufnahme § 11 Rn 182
Kreditrahmenregelung § 8 Rn 360
Kreditwürdigkeit § 11 Rn 370
Kreditwürdigkeit des Schuldners § 2 Rn 170
Krise § 18 Rn 5, 133
Kriterium § 16 Rn 200
Kündigung § 12 Rn 15, 123
Kündigung – materielle Voraussetzung § 12 Rn 31
Kündigung des Schuldenbereinigungsplans § 11 Rn 66
Kündigung von Betriebsvereinbarungen § 12 Rn 180
Kündigungsfrist § 12 Rn 2, 21
Kündigungsklausel § 6 Rn 14
Kündigungsschreiben § 12 Rn 7
Kündigungsschutz § 12 Rn 138
Kündigungsschutzklage § 12 Rn 249
Kündigungssperre § 6 Rn 52
künftiger Anspruch § 11 Rn 131; § 16 Rn 144
künftiger Erwerb § 11 Rn 311
künftiges Erbrecht § 11 Rn 254
Kürzung § 16 Rn 251
kursorische Prüfung § 2 Rn 191
kurzfristiger Kredit § 11 Rn 199

L

Ladung der Beteiligten § 8 Rn 188
Lästigkeitsprämie § 2 Rn 279; § 5 Rn 156
landesrechtliche Vorschrift § 11 Rn 355
Lastschrifteinzug § 7 Rn 69
Lastschriftverfahren § 7 Rn 230
laufende Einkommen § 2 Rn 258
laufende Zinszahlung § 2 Rn 241
Laufzeit der Abtretungserklärung § 11 Rn 286a
Leasing § 5 Rn 267
Leasingvertrag § 16 Rn 155
Lebensversicherung § 2 Rn 228
Leiharbeitnehmer § 12 Rn 39
Leistung an den Schuldner § 2 Rn 79
Leistung an Erfüllung Statt § 7 Rn 292
Leistungsbereich § 12 Rn 136
Leistungsempfänger § 14 Rn 98
Leistungsfähigkeit § 11 Rn 260a
Leistungsfähigkeit des Ehegatten § 11 Rn 309
Leistungskette § 7 Rn 74, 85
Leistungsverweigerungsrecht § 7 Rn 614

letzte Tatsachenentscheidung § 11 Rn 327
lex fori concursus § 20 Rn 127
Limited (Ltd.) § 2 Rn 9
Liquidation des Vermögens § 2 Rn 148
Liquidationsgesellschaft § 2 Rn 10, 137; § 19
 Rn 119
Liquidationsverfahren § 9 Rn 11
Liquidationswert § 3 Rn 152; § 4 Rn 111
Liquidator § 2 Rn 10, 56
Liquide Mittel § 4 Rn 23
Liquiditätsplan § 18 Rn 134
Liquiditätsplanung § 9 Rn 15
Liquiditätsstatus/-plan § 4 Rn 48
Löschungsvoraussetzung § 11 Rn 180
Lösungsklausel § 6 Rn 13
Lohnsteuerklasse § 14 Rn 62

M
Mahn- und Vollstreckungsbescheid § 11 Rn 210
Maklerbüro § 1 Rn 109
Mangel der Eigenverwaltungsplanung § 9
 Rn 47
Mangelfall § 2 Rn 26; § 11 Rn 251a
mangelhafte oder nicht rechtzeitige Bilanzer-
 stellung § 18 Rn 155
Marke § 2 Rn 231
Masseanspruch § 1 Rn 71; § 8 Rn 333
Massearmut § 2 Rn 141
Massebeiträge § 2 Rn 233
Massedarlehen § 16 Rn 54
Masseerhaltung § 18 Rn 14
Masseforderung § 12 Rn 3, 315; § 14 Rn 28
massefremder Zufluss § 16 Rn 38
Massegegenstand § 16 Rn 249
Massegläubiger § 1 Rn 71; § 2 Rn 101, 156, 283;
 § 19 Rn 150
Masseinsuffizienz § 2 Rn 141
Massekostenbeitrag § 14 Rn 89
Massekredit § 3 Rn 101
Masselosigkeit § 16 Rn 393
Massemehrung § 18 Rn 14 ; § 19 Rn 75
Massenentlassung § 12 Rn 121
massenneutrale Zahlung § 13 Rn 61
Massesicherung § 18 Rn 14
Massesicherungspflicht § 9 Rn 55
Masseunzulänglichkeit § 2 Rn 149; § 3 Rn 123;
 § 5 Rn 301; § 8 Rn 29, 100; § 12 Rn 13, 315;
 § 14 Rn 3, 18, 22, 81, 82; § 16 Rn 403; § 18
 Rn 17

Masseverbindlichkeit § 2 Rn 129; § 5 Rn 103;
 § 11 Rn 291; § 14 Rn 2, 3, 11, 35, 56, 72, 75,
 80, 84, 88; § 19 Rn 50
Masseverwertung § 16 Rn 202
Masseverzeichnis § 3 Rn 113; § 16 Rn 202
Maßnahme der Schadenswiedergutmachung
 § 11 Rn 303
Masterplan § 20 Rn 86
Maximalfrist § 9 Rn 104
Mediator § 20 Rn 78, 134
mehraktige Rechtshandlung § 7 Rn 56
mehrere Rechtshandlungen § 7 Rn 53
Mehrerlös § 2 Rn 245
Mehrpersonenverhältnis § 7 Rn 214, 424, 447,
 606
Mehrwert durch den Plan § 8 Rn 234
Mehrwertmodell § 16 Rn 173
Mieteinkunft § 11 Rn 98
Mietkaution § 6 Rn 47; § 16 Rn 63
Miet- und Pachtverhältnis § 6 Rn 35
Mietverhältnis § 6 Rn 40
Minderheitenschutz § 8 Rn 257
Mindestbefriedigungsquote § 11 Rn 286
Mindestquote § 11 Rn 107
Mindeststandard § 11 Rn 356
Mindestvergütung § 11 Rn 79, 150; § 16 Rn 197,
 327, 356
Mindestvergütung des Treuhänders § 11 Rn 271
Mischgruppe § 8 Rn 88
Missbrauch des Verfahrens § 11 Rn 38
Missbrauchspotenzial § 11 Rn 251
Mitgliedschaftsrecht § 2 Rn 231
Mitgliedsstaat § 16 Rn 364
Mitteilung der Veräußerungsabsicht § 2 Rn 238
Mittelalter § 1 Rn 2
mittelbare Gläubigerbenachteiligung § 7
 Rn 120, 273, 381
mittelbare Zuwendung § 7 Rn 463, 590
Mittelpunkt der hauptsächlichen Interessen
 § 15 Rn 29
Mittelpunkt der wirtschaftlichen Tätigkeit § 2
 Rn 28
Mittelsperson § 7 Rn 73, 594
Mitwirkung bei Aufstellung des Insolvenzplans
 § 2 Rn 204
Mitwirkung bei der Bestellung eines vorläufigen
 Insolvenzverwalters § 2 Rn 218
Mitwirkung des Gläubigerausschusses (§ 276
 InsO) § 9 Rn 160

Mitwirkungspflicht § 11 Rn 264
Mitwirkungs- und Zustimmungsrecht § 2 Rn 178
MiZi § 2 Rn 70
modernes Kommunikationsmittel § 11 Rn 18
modifizierte Freigabe § 2 Rn 223
MoMiG § 1 Rn 12
Motivationsrabatt § 11 Rn 108, 231
mündlich im Schlusstermin § 2 Rn 275
mündliches Verfahren § 11 Rn 88
Mündlichkeit § 1 Rn 53

N

nach Anzeige der Masseunzulänglichkeit § 2 Rn 132
Nachforderungsanspruch § 14 Rn 98
Nachgesellschaft § 2 Rn 10
Nachhaftung § 2 Rn 111, 176
Nachhaftung beschränktes Bestreitens durch den Schuldner § 2 Rn 111
Nachkündigung § 12 Rn 119
nachlässiges Verhalten § 11 Rn 353
Nachlässigkeit § 11 Rn 119
Nachlass § 2 Rn 12
Nachlasserbenschuld § 19 Rn 58
Nachlasserbenverbindlichkeit § 19 Rn 95
Nachlassgläubiger § 19 Rn 149
Nachlassinsolvenzverfahren § 2 Rn 294; § 9 Rn 11; § 11 Rn 104
Nachlasspflegschaft § 19 Rn 44
Nachlasssonderung § 19 Rn 4
Nachlassverbindlichkeit § 19 Rn 20, 56, 59, 152
Nachlassverwalter § 2 Rn 138; § 19 Rn 36
Nachlassverwaltung § 19 Rn 44
nachlaufende Masseverbindlichkeit § 16 Rn 103, 112
nachrangiger Gläubiger § 2 Rn 100; § 8 Rn 87
nachrangiger Insolvenzgläubiger § 1 Rn 69; § 8 Rn 116
Nachschieben § 11 Rn 162, 177
Nachteil für den Gläubiger § 9 Rn 68
nachteilige Veränderung der Vermögenslage § 9 Rn 31
Nachteilsausgleich § 2 Rn 240, 272; § 12 Rn 197
nachträglich angemeldete Forderung § 2 Rn 102
nachträgliche Anordnung § 9 Rn 36
nachträgliche Berücksichtigung § 2 Rn 272

nachträgliche Besicherung § 7 Rn 459
nachträgliche Zahlung § 11 Rn 271
nachträglicher Widerruf der RSB § 11 Rn 111, 287
Nachtragsverteilung § 2 Rn 161, 253, 264, 266, 270; § 8 Rn 341; § 11 Rn 163, 204, 275, 279; § 14 Rn 22
Nachweis § 14 Rn 45
Nachweis des Vorliegens der Anordnungsvoraussetzung § 9 Rn 94
Nachweis eines für die Gläubigerschaft geringeren Schadens § 13 Rn 68
Nachweispflicht § 16 Rn 161
Nachzügler § 8 Rn 303
nahestehende Person § 7 Rn 317, 493
Namensrecht § 5 Rn 11
natürliche Person § 11 Rn 8, 115, 286a, 307
Naturalunterhalt § 11 Rn 93
Nebeneinander des Verwertungsrechts von Insolvenzverwalter und absonderungsberechtigtem Gläubiger § 2 Rn 277
negative Einnahme § 16 Rn 43
nennenswerte Befassung § 16 Rn 149
neue Verbindlichkeit § 11 Rn 275
Neuerwerb § 2 Rn 258; § 11 Rn 142, 148; § 14 Rn 56; § 16 Rn 26
Neuerwerb des Schuldners § 11 Rn 132
Neuforderung § 14 Rn 22
Neugläubiger § 1 Rn 70; § 2 Rn 118; § 11 Rn 227, 274; § 19 Rn 149, 150
Neumasseunzulänglichkeit § 14 Rn 82
Neuzeit § 1 Rn 3
nicht fällige Forderung § 2 Rn 100
nicht mehr erzwingbar § 11 Rn 292
nicht nachrangiger Gläubiger § 8 Rn 86
nicht nachrangiger Insolvenzgläubiger § 8 Rn 114
nicht verbrauchter Teil § 11 Rn 379
nicht verwerteter Vermögensgegenstand § 16 Rn 113
nicht vollzogenes Miet- oder Pachtverhältnis § 6 Rn 50
nicht zu beanspruchende Befriedigung § 7 Rn 282
Nichtabführen von Beiträgen des Arbeitnehmers § 11 Rn 300
Nichtabgabe gebotener Erklärung § 11 Rn 187
Nichtausübung einer angemessenen Erwerbstätigkeit § 11 Rn 343

Nichtigkeit § 7 Rn 19
Nichtigkeit des Eröffnungsbeschlusses § 11 Rn 11
nicht-öffentlich § 2 Rn 184
Niederlassung § 15 Rn 38
Niederlegung des Plans § 8 Rn 179
Nießbrauch § 5 Rn 269
Normalverfahren § 16 Rn 191, 200
Notgeschäftsführung § 6 Rn 71; § 13 Rn 68
Notverkauf § 7 Rn 326
Novellenregel § 7 Rn 473
Null-Plan § 11 Rn 23, 61, 354
Numerus clausus des Versagungsgrundes § 11 Rn 178
Nutzung § 7 Rn 557; § 14 Rn 35; § 19 Rn 158
Nutzung durch den Insolvenzverwalter und Ersatz für Wertverlust § 2 Rn 242
Nutzungsüberlassung § 7 Rn 510
Nutzungsüberlassungsverhältnis § 5 Rn 188

O
objektive Bedingung § 18 Rn 6
objektive Bedingung der Strafbarkeit § 18 Rn 129
Obliegenheit § 1 Rn 32; § 11 Rn 4a, 107; § 16 Rn 357
Obliegenheitspflicht § 11 Rn 157
Obliegenheitsverletzung § 14 Rn 68
obstruierender bzw. destruktiver Schuldner § 16 Rn 249
Obstruktion § 8 Rn 224
Obstruktionspotential § 5 Rn 62
„Oder"-Konto § 2 Rn 86
öffentliche Bekanntmachung § 11 Rn 43, 224, 226; § 16 Rn 377
öffentliche Bekanntmachung des Einstellungsbeschlusses § 2 Rn 170
öffentliche Bekanntmachung und Zustellung an Massegläubiger § 2 Rn 156
öffentlicher Glaube von Registereintragungen § 2 Rn 133
öffentlich-rechtliche Ordnungspflicht § 3 Rn 128
öffentlich-rechtliche Verstrickung § 11 Rn 134, 367
örtliche Zuständigkeit § 1 Rn 78; § 2 Rn 28; § 7 Rn 5
offenbare Unrichtigkeiten § 2 Rn 273
offene, mündliche Stimmabgabe § 2 Rn 188
offener Arrest § 2 Rn 65
offenes Treuhandkonto § 16 Rn 332
Offenkundigkeitsprinzip § 5 Rn 54
Offenlegungspflicht § 9 Rn 23, 49
offensichtlich für die Übernahme des Amtes ungeeignet § 9 Rn 108
offensichtliche Aussichtslosigkeit der angestrebten Sanierung § 9 Rn 89
OHG § 19 Rn 100
OHG, KG § 13 Rn 14
oktroyierte Masseverbindlichkeit § 2 Rn 151; § 11 Rn 275; § 16 Rn 102
optimale Masseverwertung § 18 Rn 14
ordentliche Kündigung § 12 Rn 186
ordnungsgemäße Verwaltung § 19 Rn 50
Ordnungshaft § 2 Rn 184
ordre public § 15 Rn 166
Organ der insolvenzrechtlichen Selbstverwaltung § 1 Rn 98
Organ der Insolvenzverwaltung § 2 Rn 201
Organ der Rechtspflege § 3 Rn 2
Organgesellschaft § 14 Rn 97
Organhaftungsanspruch § 16 Rn 144
Organkompetenz § 13 Rn 3
Organschaft § 14 Rn 97
Organstellung des Aufsichtsrats § 13 Rn 3
Organträger § 14 Rn 97
originäres Verwertungsrecht § 2 Rn 248
Ort des gewöhnlichen Aufenthalts § 15 Rn 35
Ort, Zeit und Tagesordnung öffentlich bekannt machen § 2 Rn 284

P
Pächterpfandrecht § 2 Rn 248
pagatorisches Prinzip § 16 Rn 18, 98
Pandemielage § 18 Rn 11
par condicio creditorum § 1 Rn 3, 34, 44; § 5 Rn 2
Partei kraft Amtes § 12 Rn 11
Partikularinsolvenz § 18 Rn 8
Partikularinsolvenzverfahren § 5 Rn 77
Partikular- und Sekundärinsolvenzverfahren § 16 Rn 362
Partikularverfahren § 16 Rn 166
Patent § 2 Rn 231
Patronatserklärung § 4 Rn 88, 165
Pauschalbetrag § 16 Rn 418
pauschaler Feststellungsbeitrag § 2 Rn 234

Pauschalierung der Auslagen § 11 Rn 238
Pensionsverpflichtung § 4 Rn 137
Pensionszusage § 9 Rn 49
periodische Abführungspflicht § 11 Rn 253
persönlich haftende Gesellschafter § 11 Rn 115; § 13 Rn 28
persönliche Anwesenheit des Verwalters § 2 Rn 185
persönliche Beratung § 11 Rn 17, 20, 352
persönliche Haftung des Schuldners nach Verfahrenseinstellung § 2 Rn 176
Persönlichkeitsrecht § 7 Rn 129
Persönlichkeitstypus § 3 Rn 10
Person § 12 Rn 32
Personalakten § 2 Rn 293
Personalexekution § 1 Rn 1
Personalmaßnahme § 16 Rn 334
Personalverwaltung § 16 Rn 268
personelle Anforderung an den Aussteller § 9 Rn 101
Personengesellschaft § 13 Rn 13, 24, 28; § 19 Rn 79
Personenhandelsgesellschaft § 14 Rn 57
personenverschieden von dem Aussteller der Bescheinigung § 9 Rn 110
pfändbare Forderung § 11 Rn 127
pfändbarer Bezug § 11 Rn 128
pfändbares Einkommen § 11 Rn 311
Pfändung § 7 Rn 63
Pfändungsgrenze § 11 Rn 93
Pfändungspfandrecht § 11 Rn 134
Pfändungsschutz der privaten Altersvorsorge § 11 Rn 97
Pfändungsschutzbestimmung § 14 Rn 22
Pfändungsschutzkonto § 11 Rn 364
Pfändungsschutzkonto umgewandelt § 11 Rn 364
Pfändungs- und Überweisungsbeschluss § 11 Rn 276
Pfändungs- und Vollstreckungsschutzvorschrift § 5 Rn 10
Pfändungsverbot § 11 Rn 276
Pfandrecht § 2 Rn 283; § 5 Rn 229, 270
Pfandrecht des Frachtführers § 2 Rn 248
Pfandrecht des Gastwirtes § 2 Rn 248
Pfandrecht des Kommissionärs § 2 Rn 248
Pfandrecht des Lagerhalters § 2 Rn 248
Pfandrecht des Spediteurs § 2 Rn 248
Pfleger § 2 Rn 138

Pflicht des Verwalters § 20 Rn 60
Pflicht zur Antragsstellung § 18 Rn 4
Pflicht zur Auskunftserteilung gegenüber einzelner Gläubiger § 9 Rn 181
Pflicht zur Stellung des Insolvenzantrags § 13 Rn 49
Pflicht zur Überwachung und Unterstützung des Verwalters § 2 Rn 212
Pflicht zur unabhängigen Wahrnehmung des Amtes § 2 Rn 211
Pflichtaufgaben § 3 Rn 113
Pflichtausschuss § 2 Rn 217
Pflichteinlage § 13 Rn 32, 35
Pflichtenkollision § 13 Rn 68
Pflichtenkreis § 9 Rn 172
Pflichtenprogramm § 9 Rn 55
Pflichtteilsanspruch § 2 Rn 82; § 11 Rn 255
Pflichtverletzung § 16 Rn 405
PKH § 3 Rn 121
Planänderung § 8 Rn 193
Plananlage § 8 Rn 142
Planbedingung § 8 Rn 137, 247
Planberichtigung § 8 Rn 140, 280
Planbestätigung § 8 Rn 330
Plankonkurrenz § 8 Rn 62
Planmaßnahme § 8 Rn 78
Planüberwachung § 8 Rn 345
Planüberwachungsverfahren § 16 Rn 392
Planvorlagerecht § 8 Rn 45
Pluralitätsprinzip § 15 Rn 26
Poolanmeldung § 2 Rn 105
positive Ausgabe § 16 Rn 43
positive Fortführungsprognose § 18 Rn 5
Postsperre § 2 Rn 68; § 9 Rn 180
Präklusion nicht angemeldeter Forderung § 8 Rn 304
Präklusionsklausel § 8 Rn 115
Prepackaged Plan § 8 Rn 57
Pressevertreter § 2 Rn 184
Prioritätsprinzip § 20 Rn 36
Privatdarlehen § 11 Rn 64
private Versicherungsrente § 11 Rn 94
privater Krankenversicherungsvertrag § 11 Rn 292
Privatvermögen § 16 Rn 91
Privilegierung des Fiskus § 11 Rn 299
Privilegierung von Zahlungen § 13 Rn 68
procédure de rétablissement personnel § 15 Rn 9

procédure de traitement du surendettement § 15 Rn 9
Progressionsvorbehalt § 14 Rn 59
protocols § 20 Rn 89
Protokolle über eine fruchtlose Pfändung § 2 Rn 33
Protokollierung der Sitzung § 2 Rn 187
Prozessfinanzierer § 16 Rn 53
Prozessführungsbefugnis § 2 Rn 175
Prozessgericht § 2 Rn 113
Prozesshandlung § 7 Rn 42
prozessuale Erklärung § 11 Rn 124
prozessuale Folge § 2 Rn 154
prozessuale Waffengleichheit § 11 Rn 335
Prüf- und Kontrollpflichten des Sachwalters § 9 Rn 173
Prüfung § 16 Rn 190
Prüfung der angemeldeten Forderung § 16 Rn 202
Prüfung der Antragsunterlagen § 11 Rn 352
Prüfung der Zulässigkeit des Insolvenzantrags § 2 Rn 29
Prüfungsdichte § 9 Rn 64
Prüfungsergebnis § 2 Rn 149
Prüfungsintensität § 9 Rn 64
Prüfungsintensität, -intervall und -umfang § 9 Rn 177
Prüfungstermin § 2 Rn 99, 110, 181; § 14 Rn 20
Prüfungs- und Kontrollpflicht § 9 Rn 64
Prüfungsvermerk § 2 Rn 285
Prüfvermerk § 2 Rn 109
Punkteschema § 12 Rn 95

Q
Qualitätsmerkmale § 3 Rn 12
qualitativer Umstand § 16 Rn 200
quantitativer Umstand § 16 Rn 200
„quasi-streitiges" Parteiverfahren § 2 Rn 14
Quotenvorbehalt § 13 Rn 62

R
Rahmenvertrag § 6 Rn 20
Rangfolge der Massegläubiger § 2 Rn 151
Rangrücktritt § 4 Rn 88, 172
Rangrücktrittsvereinbarung § 7 Rn 274
Ratenzahlung § 11 Rn 314
Ratenzahlungsanforderung § 11 Rn 313
Realakte § 7 Rn 43
Realisationsprinzip § 16 Rn 117

Realisationswert § 16 Rn 137
Reallast § 5 Rn 274
rechnerische Zeitbestimmung § 11 Rn 124
Rechnungslegung § 3 Rn 59; § 11 Rn 235; § 14 Rn 1; § 16 Rn 370
Rechnungslegung verpflichtet § 11 Rn 91
Rechnungslegungspflicht § 13 Rn 8
Recht auf Information § 3 Rn 137
Recht und Pflicht § 1 Rn 89
Recht und Pflicht des Treuhänders § 1 Rn 90
Recht der Absonderungsberechtigten am Grundstück § 2 Rn 279
Recht zur Stellungnahme § 2 Rn 223
rechtliches Gehör § 1 Rn 47, 55; § 2 Rn 55; § 15 Rn 170; § 16 Rn 377; § 20 Rn 53
rechtliches Interesse § 2 Rn 31
rechtliches Interesse an der Änderung des Verteilungsverzeichnisses § 2 Rn 274
rechtliches Interesse an der Eröffnung des Insolvenzverfahrens § 2 Rn 26
rechtliches Interesse an der Eröffnung des Verfahrens § 2 Rn 31
Rechtmittelfrist § 16 Rn 379
Rechtsanwalt § 9 Rn 10; § 16 Rn 268
Rechtsanwaltsbeiordnung § 11 Rn 335
Rechtsaufsicht § 2 Rn 255
Rechtsaufsicht über die Mitglieder des Gläubigerausschusses § 2 Rn 209
rechtsberatender Beruf § 11 Rn 355
Rechtsbeschwerde zum BGH § 11 Rn 219
Rechtsfähigkeit § 2 Rn 7
Rechtsgeschäft § 7 Rn 41
rechtsgeschäftsähnliche Handlung § 7 Rn 43
Rechtshängigkeit der Restrukturierungssache § 10 Rn 21; § 18 Rn 11
Rechtshandlung § 2 Rn 203; § 7 Rn 38
Rechtshandlung des Gläubigers § 7 Rn 50
Rechtshandlung des Schuldners § 7 Rn 360
Rechtshandlung eines Dritten § 7 Rn 50, 493
Rechtsirrtum § 18 Rn 30
rechtskräftige Versagung § 11 Rn 192
„rechtskräftige" Verurteilung § 11 Rn 267
Rechtskraft § 8 Rn 286
Rechtskraft der Erteilung der Restschuldbefreiung außer Kraft § 2 Rn 138
Rechtskraftdurchbrechung § 16 Rn 390
Rechtsmittelersatz § 2 Rn 193
Rechtsnatur § 8 Rn 3

Rechtsnatur der Erklärung des Insolvenz-
  verwalters § 6 Rn 4
Rechtspfleger § 1 Rn 83; § 11 Rn 152, 218
Rechtsprechung § 11 Rn 180
Rechtsschutzbedürfnis § 2 Rn 29, 37
Rechtsstaatsprinzip § 1 Rn 47
Rechtsstellung des Sachwalters § 9 Rn 166, 172
Rechtsstellung des Schuldners § 9 Rn 119
Rechtsstreitigkeit § 3 Rn 119; § 16 Rn 202, 249
redlicher Empfänger § 7 Rn 571
Redlichkeitsprüfung § 11 Rn 158
Referentenentwurf § 11 Rn 4a
refinanzierte Leasingverträge § 6 Rn 37
Reform des Vergütungsrechtes § 16 Rn 10
reformierte Europäische Insolvenzordnung § 1 Rn 41
Reformkommission § 1 Rn 6
Regelaltersrente § 11 Rn 95
Regelaufgaben des Insolvenzverwalters § 1 Rn 110
Regelungsbereich § 8 Rn 65
Regelungslücke § 11 Rn 192
Regelvergütung § 16 Rn 200
Regierungsentwurf § 11 Rn 4a; § 16 Rn 172
Registergericht § 8 Rn 299
Regressanspruch § 2 Rn 100; § 11 Rn 292
Regressforderung § 11 Rn 68
Reisespese § 16 Rn 423
Reisezeit § 16 Rn 416
Rekursionsberechnung § 16 Rn 27
relative Obergrenze § 12 Rn 235
relative Verfügungsverbote § 2 Rn 72
Remanenzkosten § 4 Rn 135
Repräsentationsschema § 2 Rn 206
Restmandat § 12 Rn 167
Restrukturierung des Unternehmens § 3 Rn 120
Restrukturierungen von Anleihen § 10 Rn 23
Restrukturierungsbeauftragter § 10 Rn 25
restrukturierungsfähig § 10 Rn 21
Restrukturierungsgericht § 10 Rn 30
Restrukturierungsplan § 1 Rn 30; § 10 Rn 3, 19, 22
Restrukturierungsrichtlinie § 10 Rn 17, 18; § 11 Rn 4a, 286a
Restrukturierungsverfahren § 2 Rn 17
Restschuldbefreiung § 14 Rn 3
Restschuldbefreiungsverfahren § 1 Rn 38; § 16 Rn 353

Richter § 1 Rn 82
richterliche Stimmrechtsfestsetzung § 2 Rn 193
richterliche Zuständigkeit § 20 Rn 41
Richtervorbehalt § 2 Rn 290
Richtlinie über Restrukturierung und Insolvenz § 9 Rn 3
RSB bei Einstellung wegen Masse-
  unzulänglichkeit § 2 Rn 141
RSB-Antrag des Strafgefangenen § 11 Rn 326
Rückdeckungsversicherung § 5 Rn 24
Rückgewähr in Natur § 7 Rn 547
Rückgewähr verbotswidrig erbrachter Leistung § 13 Rn 8
Rückgewähranspruch § 7 Rn 544
Rückkaufswert § 16 Rn 141
Rückkehr ins reguläre Verfahren § 2 Rn 160
Rücklage § 11 Rn 313
Rücknahme des Insolvenzantrags § 11 Rn 71
Rücknahme seines Restschuldbefreiungsan-
  trags § 11 Rn 39
Rücknahmefiktion § 11 Rn 20, 126, 352
Rückschlagsperre § 2 Rn 122; § 5 Rn 225; § 7 Rn 15, 269; § 11 Rn 84, 86; § 19 Rn 71
Rückstand mit gerichtlich angeordneter Zahlung § 11 Rn 342
Rückstellung § 4 Rn 134; § 11 Rn 230, 333; § 16 Rn 108
Rückumwandlung § 11 Rn 368
rückwirkend die Stundung § 11 Rn 328
rückwirkende Verfahrenserleichterung § 11 Rn 4a
rückwirkende Verkürzung § 11 Rn 286f
Rückzahlung des gestundenen Betrages § 11 Rn 349
Ruhen des Verfahrens § 2 Rn 42; § 11 Rn 45
Rumpfwirtschaftsjahr § 14 Rn 34

S
sachenrechtliche Publizität § 5 Rn 196
Sachexekution § 1 Rn 1
sachgerechte Abgrenzung § 8 Rn 91
Sachgesamtheit § 5 Rn 15
Sachkunde § 16 Rn 338
sachliche Zuständigkeit § 1 Rn 77
Sach- und Rechtsfrucht § 7 Rn 557
Sachverständigenbestellung § 2 Rn 44
Sachverständiger § 1 Rn 112; § 2 Rn 43, 44; § 16 Rn 273

Sachverständiger im Insolvenzverfahren § 1 Rn 114
Sachwalter § 1 Rn 91; § 2 Rn 67; § 8 Rn 59; § 16 Rn 175, 349; § 18 Rn 23
Sachzuwendung oder -gewinn § 11 Rn 255b
Säumniszuschlag § 11 Rn 299; § 14 Rn 18, 19
Säumniszuschlag und Zinsforderung § 11 Rn 299
salvatorische Entschädigungsklausel § 8 Rn 263
Sammelanmeldung § 2 Rn 105
Sammelkündigung § 12 Rn 12
Sanierung § 14 Rn 2, 40; § 16 Rn 336
Sanierung von Unternehmen § 1 Rn 14
Sanierungsabsicht § 14 Rn 40, 44
Sanierungsbedürftigkeit § 14 Rn 40, 41
Sanierungseignung § 14 Rn 40, 42
Sanierungsertrag § 14 Rn 39
Sanierungsfähigkeit § 14 Rn 40, 42
Sanierungsgewinn § 8 Rn 129; § 14 Rn 37, 39
Sanierungsklausel § 14 Rn 39, 52
Sanierungskonzept § 12 Rn 275
Sanierungs-Migration § 10 Rn 18
Sanierungsplan § 8 Rn 25
Sanierungs- und Insolvenzrechtsfortentwicklungsgesetz § 10 Rn 19; § 14 Rn 75
SanInsFoG § 1 Rn 29; § 9 Rn 4; § 10 Rn 19
Schadensersatz § 12 Rn 24
Schadensersatzanspruch § 6 Rn 49; § 16 Rn 14, 405
Schadensersatzanspruch aus Insolvenzverschleppung § 2 Rn 136
Schadensersatzanspruch der Masse § 16 Rn 21
Schadensersatzforderung § 11 Rn 204
Schätzung § 16 Rn 114
Scheingeschäft § 18 Rn 147
Scheme of Arrangement § 10 Rn 17
Schenkung § 11 Rn 107
Schenkung und Gewinn § 11 Rn 255a
Schenkungsanfechtung § 7 Rn 84, 418, 591
Schichtarbeit § 11 Rn 242
Schiedsabrede § 7 Rn 626
Schlechterstellung § 8 Rn 228, 261; § 11 Rn 156
schlüssige Entlassung § 11 Rn 220
Schlussrechnung § 1 Rn 117; § 2 Rn 158; § 16 Rn 12, 13
Schlussrechnung des Schuldners § 16 Rn 177
Schlussrechnungslegung § 8 Rn 337

Schlusstermin § 2 Rn 158, 181, 284; § 11 Rn 137, 160, 173
Schlusstermin als besonderer Prüfungstermin § 2 Rn 288
Schlusstermin im schriftlichen Verfahren § 11 Rn 298
Schlussverteilung § 2 Rn 253, 257, 270, 271, 275
Schlussverzeichnis § 2 Rn 157, 267; § 11 Rn 228
Schmerzensgeldanspruch § 16 Rn 41
Schonfrist § 19 Rn 118
Schornsteinhypothek § 2 Rn 279
Schriftform § 12 Rn 15, 227
schriftliche Stimmabgabe § 2 Rn 188
schriftlicher Antrag § 2 Rn 14
schriftliches Verfahren § 2 Rn 226, 291; § 11 Rn 88, 161
Schufa-Auskunft § 11 Rn 187
Schufa-Eintrag pp. § 11 Rn 294
Schuldenbereinigungsplan § 11 Rn 23, 195
Schuldenbereinigungsverfahren § 11 Rn 1
Schuldenmasse § 7 Rn 126
schuldhaftes Handeln § 11 Rn 262
schuldhaftes Zögern § 12 Rn 20
Schuldner § 1 Rn 61; § 11 Rn 276
Schuldner als Darlehensgeber § 6 Rn 39
Schuldner als Mitmieter § 6 Rn 60
Schuldner als Zwischenmieter § 6 Rn 61
Schuldnerbegünstigung § 10 Rn 14; § 18 Rn 170
Schuldnerunterlagen § 5 Rn 175
Schuldnerverzeichnis § 2 Rn 56; § 11 Rn 108, 273
schuldrechtlicher Versorgungsausgleich § 11 Rn 97
Schuldrechtsorganismus § 14 Rn 2
Schutzfrist § 11 Rn 121
Schutzgesetz § 11 Rn 297
Schutzschirm § 9 Rn 45
Schutzschirmverfahren § 1 Rn 16; § 2 Rn 18, 20; § 9 Rn 84; § 10 Rn 4; § 14 Rn 2
Schutzschirmverfahren gem. § 270b InsO § 13 Rn 64
Schutzzeitraum § 11 Rn 365
schwacher vorläufiger Insolvenzverwalter § 3 Rn 99
Schwellenwert § 20 Rn 38
sechsjährige Abtretungsfrist § 11 Rn 283

Sekundäranspruch gegen die Staatskasse § 11 Rn 334
Sekundärinsolvenzverfahren § 9 Rn 11; § 15 Rn 26, 38; § 16 Rn 167
Selbstaufopferung § 20 Rn 64
selbstbestimmtes Verhalten § 7 Rn 45
Selbsteintritt des Gläubigers § 2 Rn 245
selbstständig tätiger Schuldner § 11 Rn 214
selbstständige Nebentätigkeit § 11 Rn 12
selbstständige Tätigkeit § 11 Rn 120, 128, 244
Selbstständigkeit des Einzelinsolvenzverfahrens § 20 Rn 23
Selbstverwaltungsorgan der Gläubiger § 2 Rn 177, 200
Separierung § 11 Rn 253a
Share Deal § 10 Rn 70
Sicherheit § 7 Rn 232
Sicherheitengewährung § 7 Rn 458
Sicherheitentausch § 7 Rn 131, 133
Sicherstellung § 7 Rn 301
Sicherung § 16 Rn 202
Sicherungsabtretung § 2 Rn 230; § 5 Rn 204, 251
Sicherungsanordnung § 3 Rn 79
Sicherungseigentum § 5 Rn 215
Sicherungsgeber § 14 Rn 91
Sicherungsgut verbinden, vermischen, verarbeiten § 2 Rn 243
Sicherungsmaßnahme § 3 Rn 118a; § 11 Rn 44
Sicherungsnehmer § 14 Rn 92
Sicherungsrecht § 7 Rn 160; § 11 Rn 60
Sicherungsrechte an Forderungen § 2 Rn 249
Sittenwidrigkeit § 7 Rn 17
Sitzungspolizei § 2 Rn 184
Sitzverlegung § 15 Rn 32
Sockelfreibetrag § 11 Rn 364
sofortige Beschwerde § 8 Rn 268; § 9 Rn 35; § 16 Rn 367, 379
Softwarelizenzen § 2 Rn 231
sogenannter Sonderinsolvenzverwalter § 16 Rn 186
Soll-Besteuerung § 14 Rn 75
Soll-Masse § 5 Rn 5; § 16 Rn 147
Sonderaufgabe § 16 Rn 264
Sonderinsolvenzverfahren § 19 Rn 1
Sonderinsolvenzverwalter § 1 Rn 92; § 3 Rn 160; § 16 Rn 65, 187
Sonderinsolvenzverwaltung § 16 Rn 186
Sonderkonto § 16 Rn 332

Sonderkonto der „Insolvenzmasse" § 3 Rn 76
Sonderkündigungsfristen § 3 Rn 127
Sonderkündigungsschutz § 12 Rn 150
Sondermasse § 16 Rn 63, 64; § 19 Rn 156
Sondernormen § 3 Rn 153
Sonderprüfung § 14 Rn 78
Sondervergütung § 16 Rn 76
Sondervermögen § 2 Rn 6, 12, 296; § 19 Rn 152, 154
Sonderverwalter § 20 Rn 51
Sonderverwaltung § 16 Rn 63
Sondervorteile § 11 Rn 239
sonstige Masseverbindlichkeit § 5 Rn 150
Sorgfalt eines ordentlichen Geschäftsmannes § 13 Rn 61
Sorgfalt eines ordentlichen und gewissenhaften Geschäftsleiters § 13 Rn 68; § 18 Rn 10
Sowieso Kosten § 16 Rn 102
Sozialauswahl § 12 Rn 56
Sozialleistungen, Kindergeld oder Unterhalt § 11 Rn 376
Sozialplan § 12 Rn 223
Sozialplanansprüche § 2 Rn 132
Sozialversicherungsbeitrag § 2 Rn 33; § 14 Rn 35
Sozialversicherungsträger § 2 Rn 32; § 9 Rn 49; § 11 Rn 275
Sperre von drei Jahren § 11 Rn 119
Sperrfrist § 2 Rn 30; § 11 Rn 34, 119, 190, 273, 286e
Spruchrichterprivileg § 1 Rn 85
Stabilisierung (Vollstreckungs- und Verwertungssperre) § 10 Rn 20
Stabilisierungsanordnung § 10 Rn 24
– Antrag § 10 Rn 24
– Dauer § 10 Rn 24
– Folge § 10 Rn 24
– Folge- oder Neuanordnung § 10 Rn 24
– Moratorium § 10 Rn 24
– vertragsrechtliche Wirkung § 10 Rn 24
Stabilisierungs- und Restrukturierungsmaßnahmen des StaRUG § 10 Rn 1
Stabilisierungs- und Restrukturierungsrahmen § 2 Rn 28; § 10 Rn 2, 4, 20
Staffelung § 12 Rn 88
Staffelung der Verfahrensdauer § 11 Rn 4a
Staffelvergütung § 11 Rn 238
starker vorläufiger Verwalter § 2 Rn 91

starker vorläufiger Insolvenzverwalter § 3 Rn 92
StaRUG § 1 Rn 29; § 18 Rn 11
Stellenanzeige § 11 Rn 242
Stellung § 19 Rn 149
Stellung des Insolvenzverwalters § 1 Rn 88
Stellungnahme zum Insolvenzplan § 2 Rn 204
Stellungnahme zum Plan § 8 Rn 170
Stellungnahmefrist § 2 Rn 291
Steuerberater § 14 Rn 10
Steuerberatungsvertrag § 18 Rn 106
Steuerberatungs- oder Rechtsberatungsvertrag § 6 Rn 69
Steuerberechnung § 14 Rn 28
Steuerbescheid § 14 Rn 14
Steuererklärung § 11 Rn 78; § 14 Rn 7, 9, 30, 34
Steuererstattung § 14 Rn 28, 62, 68; § 16 Rn 26, 60
Steuererstattungsanspruch § 11 Rn 130, 311; § 14 Rn 22, 69, 86; § 16 Rn 27
Steuerforderung § 11 Rn 299; § 14 Rn 2
Steuerhinterziehung § 11 Rn 180; § 14 Rn 99
Steuerklasse § 11 Rn 243; § 14 Rn 62
Steuernummer § 14 Rn 83, 87
Steuerschuldnerschaft § 14 Rn 98
Steuerschuldverhältnis § 11 Rn 305; § 14 Rn 2, 11, 25
Steuerstraftat nach den §§ 370, 373 oder § 374 AO § 11 Rn 299
Steuerzahlung § 16 Rn 60
Stichtagseröffnung § 2 Rn 61
stiller Gesellschafter § 7 Rn 521
Stimmberechtigung § 2 Rn 189
Stimmrecht ausgeschlossen § 2 Rn 189
Stimmrecht neu festgesetzt § 2 Rn 193
Stimmrechtsentscheidung § 2 Rn 190, 193, 194
Stimmrechtsfestsetzung § 2 Rn 190; § 8 Rn 195
Strafbarkeit bei Teilnahme § 18 Rn 10
Strafbefehlsverfahren § 11 Rn 180
streitige Antragsforderung § 2 Rn 35
streitige Forderung § 11 Rn 64
streitige Masseverbindlichkeit § 2 Rn 159
streitige Verbindlichkeit § 4 Rn 133, 159
streitige Zahlungspflicht § 4 Rn 32
Streitwert § 11 Rn 298
Strohmann § 11 Rn 10; § 18 Rn 158
Stundenvergütung § 16 Rn 357
Stundung § 11 Rn 271, 307

Stundung (mit Ratenzahlungsvereinbarung) § 4 Rn 83
Stundungsfall § 11 Rn 138
Stundungsvorschrift § 11 Rn 81
subsidiärer Ersatzanspruch § 11 Rn 230
Subsidiärhaftung § 11 Rn 238
Subsidiarität der Beratungshilfe § 11 Rn 360
Subsidiarität der Stundung § 11 Rn 330
Summenmehrheit § 9 Rn 37; § 10 Rn 23
Suspendierung der Insolvenzantragspflicht § 10 Rn 21
Systembruch § 11 Rn 260a

T
Tabellenblätter § 2 Rn 107
Tabellendokumente § 2 Rn 107
Tabelleneintrag § 2 Rn 176
Tabellenführung § 2 Rn 107
Tätigkeitsverbote § 3 Rn 55
Tätigkeitsvergütung § 16 Rn 369
Täuschung § 11 Rn 341
Tag der Anmeldung § 2 Rn 107
Tag und Stunde der Insolvenzeröffnung § 2 Rn 61
Tagesordnung § 2 Rn 284
Tagesordnung der Gläubigerversammlung § 2 Rn 63
tatsächlich erforderliche Kosten § 2 Rn 235
Teilanfechtung § 7 Rn 99
teilbare Leistung (§ 105 InsO) § 6 Rn 10
Teilbetrieb § 16 Rn 91
Teilgesamtschaden § 2 Rn 135
Teilkollektivität § 10 Rn 20
Teilnahme an der Gläubigerversammlung § 1 Rn 101
Teilungsmassegegenstreit § 2 Rn 90
Teilungsmassestreit § 2 Rn 90
Teilzeitarbeitnehmer § 12 Rn 76
Teilzeitbeschäftigung § 11 Rn 242
Terminbestimmung § 2 Rn 183
Terminierung § 2 Rn 63, 221
Territorialitätsprinzip § 15 Rn 23; § 16 Rn 165
Testamentsvollstreckung § 2 Rn 83; § 19 Rn 48, 156
Theorienstreit § 7 Rn 532
Tilgung einer fremden Schuld § 7 Rn 83
Tilgungsfrist § 11 Rn 180
Titel § 2 Rn 268
Titelwirkung des Insolvenzplans § 8 Rn 326

titulierte Forderung § 11 Rn 210
Tod des Schuldners § 19 Rn 141
Transfergesellschaft § 10 Rn 159
Trennung von Rechtsinhaberschaft und Verwaltungs- und Verfugungsbefugnis § 2 Rn 72
Trennungsprinzip § 13 Rn 27; § 20 Rn 97
Trennungsunterhalt § 11 Rn 52
Treuhänder § 1 Rn 90; § 11 Rn 4, 89, 91
Treuhand § 5 Rn 275
Treuhandkonto § 11 Rn 204; § 16 Rn 39, 137
Treuhandphase § 16 Rn 355
Treuhandverhältnis § 5 Rn 47; § 7 Rn 142
Trihotel-Entscheidung § 13 Rn 27

U
Überbrückungszeitraum § 12 Rn 51
Übererfüllung der Abführungspflicht § 11 Rn 253a
Übererlös § 2 Rn 237
Übergang der Verwaltungs- und Verfügungsbefugnis § 2 Rn 72
Übergangsphase § 11 Rn 286b
Übergangsregelung § 11 Rn 4a
Übergangsvorschrift § 11 Rn 114
Übermittlung von Informationen § 20 Rn 62
übernommene Verbindlichkeit § 16 Rn 30
Überprüfung § 11 Rn 251
Überprüfung der Eigenverwaltungsplanung § 9 Rn 53
Überprüfungs- und Berichtigungslast § 11 Rn 55
Überschuldung § 2 Rn 15; § 4 Rn 100; § 11 Rn 75; § 14 Rn 42; § 18 Rn 133; § 19 Rn 19
Überschuldungsstatus § 4 Rn 157; § 18 Rn 134
Überschuss § 16 Rn 69, 86
Überschuss bei der Schlussverteilung § 2 Rn 263
Überschuss für die Insolvenzmasse § 16 Rn 76
Überschussprinzip § 16 Rn 69
Übersicherung § 16 Rn 41
Übersicherung (§ 138 BGB) § 5 Rn 196
übertragende Sanierung § 3 Rn 136; § 10 Rn 31, 53; § 13 Rn 8; § 16 Rn 249
– Bestimmtheitsgrundsatz § 10 Rn 78
– Due Diligence § 10 Rn 96, 100
– Firma § 10 Rn 83
– Gewährleistung § 10 Rn 80
– Grundformen § 10 Rn 62

– Insolvenzplanverfahren § 10 Rn 167
– Management Buy Out (MBO) § 10 Rn 84
– Signing/Closing § 10 Rn 105
– Unternehmensbewertung § 10 Rn 98
– Vorteil § 10 Rn 60
– Wettbewerbsverbot § 10 Rn 82
– Zeitpunkt § 10 Rn 110
Überwachung § 8 Rn 141; § 11 Rn 234
Überwachung des Schuldners § 11 Rn 67
Überwachungsverschulden § 18 Rn 40
Überweisung § 7 Rn 68
überwiegende Wahrscheinlichkeit § 16 Rn 117
UK Restructuring Plan § 10 Rn 17
Ultima ratio § 12 Rn 42
Umbuchungsmitteilung § 14 Rn 24
Umfang § 16 Rn 149
Umsatz § 16 Rn 201
Umsatzerlöse § 2 Rn 17, 28
Umsatzsteuer § 14 Rn 23, 78, 83; § 16 Rn 292
Umsatzsteuerverbindlichkeit § 14 Rn 74
Umsatzsteuervergütungsanspruch § 14 Rn 22
Umsatzsteuervoranmeldung § 14 Rn 80
Umschulungs- oder Fortbildungsmaßnahme § 12 Rn 47
Umwandlung im Rahmen des Insolvenzplans § 13 Rn 22
Umwandlungsantrag § 11 Rn 367
unabhängig § 1 Rn 115
Unabhängigkeit § 3 Rn 15
Unabhängigkeit des Bescheinigers § 9 Rn 102
unabhängige und selbstständige Stellung § 2 Rn 201
unangemessene Verbindlichkeit § 11 Rn 241
unangemessener luxuriöser Lebensstil § 11 Rn 199
unbeschränktes Nachforderungsrecht § 2 Rn 292
unbestrittene Angabe § 11 Rn 165
unbezifferte Ansprüche § 2 Rn 103
„Und"-Konto § 2 Rn 86
unechte Freigabe § 2 Rn 246, 247
uneingeschränkte Nachhaftung § 11 Rn 105
unentgeltliche Leistung § 7 Rn 418, 571
Unentgeltlichkeit § 7 Rn 431
unerlaubte Handlung § 11 Rn 210
Ungeeignetheit der Person § 9 Rn 170
ungefragter Rat § 18 Rn 111
ungelesene Unterzeichnung § 11 Rn 339
ungerechtfertigte Bereicherung § 16 Rn 39

Universalitätsprinzip § 5 Rn 77; § 15 Rn 24
unmittelbare Gläubigerbenachteiligung § 7 Rn 114
Unmittelbarkeitsprinzip § 5 Rn 53
unparteiisch § 1 Rn 115
unpfändbare Forderung § 11 Rn 129
unpfändbare Teile des Einkommens § 16 Rn 130
unpfändbarer Gegenstand § 7 Rn 129
unpfändbares Einkommen § 16 Rn 41
Unterbleiben der Forderungsanmeldung § 11 Rn 163
Unterbrechung § 2 Rn 42
Unterbrechung von Gerichtsverfahren mit Insolvenzeröffnung § 2 Rn 89
Unterbrechungswirkung § 2 Rn 89
Unterhaltsforderung § 11 Rn 377
Unterhaltsgläubiger § 11 Rn 97
Unterhaltspflicht § 11 Rn 94
Unterhalts- und Deliktsforderung § 2 Rn 119
Unterhaltsvorschuss § 11 Rn 320
Unterhaltsvorschusskassen § 11 Rn 305
Unterhaltszahlung § 11 Rn 93, 367
Unterlassen § 7 Rn 47
unterlassene und/oder mangelhafte Buchführung § 18 Rn 148
Unterlassungsanspruch § 5 Rn 104
Unterlassungsklage § 2 Rn 96
Untermiete § 6 Rn 62
Unternehmen § 19 Rn 21
Unternehmen des Schuldners stillgelegt oder vorläufig fortgeführt § 2 Rn 224
Unternehmenseinheit § 14 Rn 2
Unternehmensberater § 16 Rn 173
Unternehmensfortführung § 18 Rn 15
Unternehmensgruppe § 20 Rn 31, 49
Unternehmenskauf § 16 Rn 32
Unternehmensstabilisierungs- und -restrukturierungsgesetz (StaRUG) § 9 Rn 4; § 10 Rn 18
Unternehmensteile § 14 Rn 75
Unternehmer § 3 Rn 5
Unternehmereinheit § 14 Rn 75
Unternehmerinsolvenz § 2 Rn 7
unternehmerische Entscheidung § 12 Rn 41
Unternehmerlohn § 16 Rn 102
Unterordnungskonzern § 20 Rn 1
Unterstützung und Kontrolle des Insolvenzverwalters § 2 Rn 202

Unterstützungs- und Kontrollaufgaben § 2 Rn 219
unvertretbare Handlung § 2 Rn 117
unvertretbarer Massegegenstand § 2 Rn 259
unverzinsliche Forderung § 5 Rn 110
unvollkommene Verbindlichkeit § 5 Rn 104; § 11 Rn 105, 286d, 293
unvollständige Auskunft § 11 Rn 201a
Unwirksamkeit abweichender Vereinbarungen § 6 Rn 12
Unwirksamkeit der Freigabe einer selbstständigen Tätigkeit des Schuldners § 2 Rn 199
Unwirksamkeit einer Freigabe § 2 Rn 203
Unwirksamkeit vertraglicher und letztwilliger Beschränkung § 2 Rn 88
Unwirksamkeit von Verfügungen § 2 Rn 74
Unzulässigkeit § 2 Rn 138
Unzulässigkeitsgründe § 11 Rn 28
unzulässiger Antrag § 2 Rn 40
unzutreffende Verfahrensart § 11 Rn 13
Urheberrecht § 2 Rn 231
Urlaubsgeld § 11 Rn 94
Urlaubs- und Urlaubsabgeltungsanspruch § 12 Rn 316
USt § 2 Rn 236

V

Veränderung § 16 Rn 108
Veräußerung des Miet- oder Pachtobjekts § 6 Rn 58
Veräußerung des Unternehmens § 13 Rn 8
Verantwortlichkeit der Mitglieder des Vertretungsorgans in der Insolvenz § 13 Rn 49
Verbergen eines Vermögensgegenstandes § 11 Rn 200
Verbindlichkeit § 14 Rn 74
Verbindlichkeit aus Arbeitsverhältnis, Pensionszusage § 9 Rn 21
Verbindlichkeit aus gegenseitigen Verträgen und Dauerschuldverhältnissen § 2 Rn 151
Verbindlichkeit, die erst nach Eröffnung des Insolvenzverfahrens entsteht § 13 Rn 29
Verbotene Ausschüttung bei der GmbH & Co. KG § 13 Rn 41
Verbraucherinsolvenz- und Restschuldbefreiungsverfahren § 1 Rn 19

Verbraucherinsolvenzverfahren § 1 Rn 8, 90; § 11 Rn 5, 8, 48, 120; § 14 Rn 58; § 16 Rn 353
Verbraucherinsolvenzvordruckverordnung § 11 Rn 24, 309
verdeckte Sacheinlage § 13 Rn 12
Vereinbarung mit dem Treuhänder § 11 Rn 249
vereinfachtes Insolvenzverfahren § 11 Rn 4, 83, 86; § 16 Rn 181
vereinfachtes Verfahren § 11 Rn 74
Verfahren bei Einstellung nach § 212 und § 213 InsO § 2 Rn 166
Verfahrensabschnitt § 11 Rn 332
Verfahrensdauer § 11 Rn 180; § 16 Rn 201, 249
Verfahrenskoordination § 20 Rn 98
Verfahrenskoordinator § 3 Rn 172a; § 16 Rn 172; § 20 Rn 74, 77, 132
Verfahrenskosten bei Anerkenntnis § 2 Rn 98
Verfahrenskosten § 11 Rn 286; § 16 Rn 367
Verfahrenskostenstundung § 11 Rn 2, 30, 153, 238; § 19 Rn 41
Verfahrenskostenvorschuss § 2 Rn 54
Verfahrensleitender § 8 Rn 17
verfahrensleitender Plan § 8 Rn 28
Verfahrensstau § 11 Rn 4a, 286f
Verfalls- und Wiederauflebensklausel § 11 Rn 23
verfassungsrechtliche Schranken § 11 Rn 286f
Verfügungen des Schuldners § 2 Rn 73
Verfügungsbefugnis § 3 Rn 82
Verfügungsbeschränkung § 3 Rn 82
Vergleich i.S.d. § 779 BGB § 11 Rn 66, 358
vergleichbare Tätigkeit § 11 Rn 252
vergleichbare abhängige Tätigkeit § 11 Rn 252
Vergleichsgruppenbildung § 12 Rn 59
Vergleichsordnung § 1 Rn 5
Vergleichsrechnung § 8 Rn 73, 101; § 10 Rn 22; § 16 Rn 253
erfolgsabhängige Vergütung § 16 Rn 287
Vergütung § 8 Rn 139; § 10 Rn 29
Vergütung auf Stundenbasis § 16 Rn 173
Vergütung des Insolvenzverwalters im Verbraucherinsolvenzverfahren § 16 Rn 181
Vergütung des Sachwalters § 9 Rn 207
Vergütung des Treuhänders in der Wohlverhaltensphase § 16 Rn 184
Vergütung des Verfahrenskoordinators § 20 Rn 139

Vergütung des vorläufigen Insolvenzverwalters § 16 Rn 317
Vergütung des vorläufigen Sachwalters § 9 Rn 73
Vergütung und Auslagen § 11 Rn 78
Vergütungsanspruch § 14 Rn 77; § 16 Rn 172
Vergütungsfestsetzung § 8 Rn 339
Vergütungssatz § 16 Rn 173
Vergütungsstaffel § 11 Rn 79
Vergütungsvereinbarung § 16 Rn 122, 291
Verhältnis der gesamten Insolvenzmasse zum Anteil der „unproblematischen" Masse § 16 Rn 237
Verhältnismäßigkeitsgrundsatz § 11 Rn 171
Verhandlung über einen vom Schuldner gestellten Antrag auf Erteilung der RSB § 2 Rn 284
verheimlichtes Vermögen § 11 Rn 279
Verheimlichung § 11 Rn 256
verjährt § 16 Rn 403
Verjährung § 16 Rn 403; § 18 Rn 37
Verjährungsfrist für Insolvenzforderung § 8 Rn 312
Verkürzung § 11 Rn 107
Verkürzung der Restschuldbefreiung § 1 Rn 32
Verkürzung des Restschuldbefreiungsverfahrens § 11 Rn 4a, 107, 160
Verkürzung der Verfahrensdauer § 11 Rn 4a
Verkürzung des Verfahrens § 11 Rn 3, 286a
Verkürzungsgesetz § 11 Rn 139
Verkürzungstatbestand § 11 Rn 286
Verletzung der Geheimhaltungspflicht § 2 Rn 212
Verletzung der Unterhaltspflicht § 11 Rn 300
Verletzung seiner Auskunfts- und Mitwirkungspflichten § 2 Rn 30
Verlust § 16 Rn 89
Verlust i.H.d. Hälfte des Stammkapitals (§ 49 Abs. 3 GmbHG) § 10 Rn 13
Verlustabzug § 14 Rn 51
Verlustausgleichsanspruch § 4 Rn 141
Vermächtnis § 2 Rn 82
Vermieterpfandrecht § 2 Rn 133, 248; § 3 Rn 152; § 7 Rn 66
Vermögensbetreuer § 3 Rn 2
Vermögenshaftung § 1 Rn 46
Vermögensübersicht § 11 Rn 54; § 16 Rn 163, 202
Vermögensverfall § 3 Rn 56

Vermögensverschwendung § 11 Rn 198
Vermögensverwalter § 14 Rn 4
Vermögensverzeichnis § 2 Rn 33
Vermutung beratungsgerechten Verhaltens
    § 11 Rn 353
Vermutungswirkung § 12 Rn 220
Vernichtung der Akten § 2 Rn 293
Veröffentlichung § 16 Rn 377
Verordnungsermächtigung § 18 Rn 11
Verpfändung § 2 Rn 230; § 7 Rn 63
Verrechnung § 7 Rn 148
Verrechnungslage § 7 Rn 89
Versagung des Vergütungsanspruches § 16
    Rn 405
Versagung oder Widerruf der RSB § 11 Rn 347
Versagung oder Widerruf einer Gewerbe-
    erlaubnis § 2 Rn 138
Versagung von Amts wegen § 11 Rn 164
Versagungsantrag § 2 Rn 290; § 11 Rn 217, 262
Versagungsgrund § 8 Rn 248; § 11 Rn 29, 32,
    37, 108, 187, 309
Versagungsverfahren § 11 Rn 251
Versammlungsprotokoll § 2 Rn 187
Verschaffungsanspruch § 5 Rn 203
verschlechtertes Arbeitseinkommen § 11 Rn 99
Verschlechterung der Befriedigungsaussicht
    § 11 Rn 170
Verschleuderungsgeschäft § 7 Rn 326; § 18
    Rn 146
Verschmelzung § 13 Rn 8
Verschulden § 18 Rn 29
Verschuldungsstruktur § 11 Rn 10
Verschweigen dieses Bargeldbetrages § 11
    Rn 204
Verschwiegenheitspflicht § 3 Rn 34
Versicherung der Vollständigkeit und Richtig-
    keit § 11 Rn 31
Versicherungs- und Finanzsektor § 2 Rn 68
Versorgungszusage § 5 Rn 24
Verstrickung § 11 Rn 276
Verteilung der Masse § 2 Rn 253; § 9 Rn 136
Verteilung der Masse und Einstellung des
    Verfahrens § 2 Rn 159
Verteilung der vorhandenen Barmittel § 2
    Rn 146
Verteilung des Vermögens § 2 Rn 146
Verteilungsverzeichnis § 2 Rn 253, 267
Vertrag zugunsten Dritter § 7 Rn 464
vertragliche Pfandrechte § 2 Rn 248

Vertragsfreiheit § 11 Rn 23
Vertrauensbereich § 12 Rn 136
Vertrauensschutz § 11 Rn 332
Vertretung durch sachkundige Mitarbeiter § 2
    Rn 185
Verursachungsprinzip § 16 Rn 102
Verwahrungsvertrag § 16 Rn 154
Verwalter beauftragen, einen Insolvenzplan
    auszuarbeiten § 2 Rn 224
Verwalterbericht § 2 Rn 222
Verwalterwechsel § 16 Rn 121
Verwaltungsantrag § 2 Rn 14
Verwaltungshandeln § 19 Rn 64
Verwaltungs- und Verfügungsbefugnis § 3
    Rn 116; § 5 Rn 158; § 9 Rn 8, 119; § 12 Rn 9
Verwarnung mit Strafvorbehalt § 11 Rn 180
Verweisung § 20 Rn 46
Verwendung § 7 Rn 569
Verwerfung des Antrags auf RSB § 11 Rn 152
Verwertung § 3 Rn 35; § 14 Rn 73, 88, 90
Verwertung beweglicher Sachen § 2 Rn 228,
    229
Verwertung beweglicher Sachen und
    Forderungen § 2 Rn 228
Verwertung der Insolvenzmasse und Erlös-
    verteilung § 2 Rn 227
Verwertung durch den absonderungs-
    berechtigten Gläubiger § 2 Rn 244
Verwertung durch den Gläubiger § 2 Rn 283
Verwertung durch den Insolvenzverwalter § 2
    Rn 278
Verwertung durch den vorläufigen Insolvenz-
    verwalter § 2 Rn 252
Verwertung erst in ferner Zukunft möglich § 2
    Rn 260
Verwertung im vereinfachten Verfahren § 2
    Rn 251
Verwertung sonstiger Rechte § 2 Rn 231
Verwertung von Forderungen § 2 Rn 230
Verwertung von Gesellschaftsanteilen § 3
    Rn 147
Verwertung von Immaterialgütern § 3 Rn 147
Verwertung von Sachen und Forderungen mit
    Absonderungsrecht § 2 Rn 229
Verwertung von Sicherungsgut § 9 Rn 131; § 11
    Rn 89
Verwertungsbeitrag § 2 Rn 235; § 11 Rn 102
Verwertungsentscheidung § 2 Rn 199
Verwertungserlös § 2 Rn 233; § 14 Rn 93

Verwertungskompetenz § 11 Rn 85
Verwertungskosten § 2 Rn 235; § 14 Rn 89
Verwertungskostenbeitrag § 16 Rn 178
Verwertungspauschale § 16 Rn 72
Verwertungspflicht § 2 Rn 146, 227; § 3 Rn 138
Verwertungsrecht von sonstigen Rechten § 2 Rn 231
Verwertungsvereinbarung § 2 Rn 279, 281
Verwirkung des Vergütungsanspruchs § 11 Rn 238
Verzeichnis § 11 Rn 206
Verzeichnis der Gläubiger § 11 Rn 21
Verzeichnis des vorhandenen Vermögens und Einkommens § 11 Rn 21
Verzicht auf ihre Geltendmachung § 2 Rn 165
Verzögerung bei der Insolvenzantragstellung § 11 Rn 200
Verzögerung der Aufnahme § 2 Rn 93
Vollmacht § 12 Rn 16
vollstreckbare Ausfertigung der Insolvenztabelle § 11 Rn 105
Vollstreckung durch Massegläubiger § 2 Rn 127
Vollstreckung entgegen § 89 InsO/Folgen § 2 Rn 120
Vollstreckung vertretbarer Handlungen § 2 Rn 117
Vollstreckung vorbereitender Maßnahmen § 2 Rn 117
Vollstreckung wegen Beiträgen aus Wohnungseigentum § 2 Rn 283
Vollstreckung wegen öffentlicher Lasten § 2 Rn 283
Vollstreckung wegen Reallasten § 2 Rn 283
Vollstreckungsabwehrklage § 19 Rn 5
Vollstreckungsbeamter des Finanzamts § 11 Rn 185
Vollstreckungsbescheid § 11 Rn 301
vollstreckungsfreies Vermögen § 5 Rn 3
Vollstreckungsgegenklage § 11 Rn 105
Vollstreckungsgericht § 1 Rn 60; § 2 Rn 121; § 11 Rn 374
Vollstreckungsmöglichkeit § 11 Rn 66
Vollstreckungsrechtspfleger § 2 Rn 121
Vollstreckungsschutz § 8 Rn 306
Vollstreckungsschutzantrag § 11 Rn 233
Vollstreckungs- und Verwertungssperre § 9 Rn 22; § 10 Rn 20

Vollstreckungs- und Verwertungsstopp (Stabilisierungsanordnung) § 10 Rn 24
Vollstreckungsverbot § 2 Rn 119, 152; § 11 Rn 149
Vollstreckungsverbot der Massegläubiger § 2 Rn 121
Vollstreckungsverbot des § 210 InsO § 2 Rn 146
Vollstreckungsverbot für künftige Forderungen aus Dienstverhältnissen § 2 Rn 119
Vollstreckungsverbot für oktroyierte Masseverbindlichkeiten § 2 Rn 128
Volumen von Sozialplänen § 12 Rn 232
von besonderer Bedeutung § 2 Rn 203
Vorabinformation § 2 Rn 170
Voraussetzung für die Aufhebung der vorläufigen Eigenverwaltung § 9 Rn 27
Voraussetzung für die Bestellung des vorläufigen Gläubigerausschusses im Eröffnungsverfahren § 2 Rn 217
Voraussetzung und Verfahren der Nachtragsverteilung § 2 Rn 265
voraussichtlicher Ausfall § 2 Rn 270
Vorausverfügung § 5 Rn 75
Vorausverfügung über die Miete § 6 Rn 56
Vorauswahlliste § 1 Rn 116
Vorbefassung des vorläufigen Sachwalters § 9 Rn 109, 166
Vorbehalt der unerlaubten Handlung § 2 Rn 104
vorinsolvenzliche Sanierung § 10 Rn 1, 4, 19
vorinsolvenzliches Sanierungsverfahren § 10 Rn 18
Vorkehrung zur Erfüllung insolvenzrechtlicher Pflichten § 9 Rn 18
„vorläufig" bestritten § 2 Rn 269
vorläufige Eigenverwaltung § 9 Rn 44, 46; § 10 Rn 4
vorläufiger Gläubigerausschuss § 1 Rn 15, 49; § 2 Rn 68, 205, 213; § 9 Rn 28; § 11 Rn 44; § 12 Rn 12; § 16 Rn 409; § 20 Rn 52
vorläufiger Gläubigerausschuss im eröffneten Verfahren § 2 Rn 214
vorläufiger Gläubigerausschuss im Eröffnungsverfahren § 2 Rn 215
vorläufiger Insolvenzverwalter § 3 Rn 69
vorläufiger Sachwalter § 9 Rn 60, 63

vorläufiges Bestreiten § 2 Rn 114
vorläufiges Erbe § 19 Rn 98
Vorlauffrist § 11 Rn 201
Vorlage eines Insolvenzplanes § 9 Rn 138, 200
Vorleistung des Zahlungsempfängers § 13 Rn 58
Vormerkung § 6 Rn 22
Vormund § 2 Rn 138
Vorprüfung § 8 Rn 39, 153
Vorprüfungsrecht § 11 Rn 29
Vorprüfungs- und Zurückweisungsrecht § 2 Rn 108
Vorrang der Einigung vor der gerichtlichen Entscheidung § 2 Rn 190
vorsätzlich begangene unerlaubte Handlung § 11 Rn 36, 120, 296, 322
vorsätzliche Benachteiligung § 7 Rn 342
vorsätzliche Obliegenheitspflichtverletzung § 11 Rn 287
Vorsatzanfechtung § 7 Rn 354, 373
Vorschlagsrecht § 11 Rn 221
Vorschuss § 16 Rn 392
Vorschussleistung § 11 Rn 312
Vorsteuer § 14 Rn 80; § 16 Rn 27
Vorsteueranspruch § 14 Rn 78
Vorsteuerberichtigungsanspruch § 14 Rn 73
Vorsteuererstattung § 16 Rn 27
Vorsteuererstattungsanspruch § 16 Rn 59
Vorsteuervergütung § 14 Rn 76
Vorstrafen § 3 Rn 56
Vorteilsausgleichung § 7 Rn 178
Vor- und Zuschuss eines Dritten § 16 Rn 51
vor-vorläufiger Gläubigerausschuss § 2 Rn 215
„Vorwirkung" des Versagungsgrundes § 11 Rn 318
Vorwirkungsrechtssprechung § 11 Rn 155, 325
vorzeitige Beendigung § 16 Rn 115
vorzeitige endgültige RSB § 11 Rn 137
vorzeitige Erteilung § 11 Rn 193
vorzeitige RSB § 11 Rn 139
vorzeitige Verfahrensbeendigung § 2 Rn 139; § 16 Rn 106

W

während des Eröffnungsverfahrens § 16 Rn 132
Wahlgerichtsstand § 20 Rn 34
Wahlrecht § 16 Rn 76
Wahlrecht des Insolvenzverwalters § 6 Rn 1
Wahlrecht gem. § 103 InsO § 9 Rn 125

Warnhinweis § 18 Rn 109
Wechsel seines Wohnsitzes § 11 Rn 204, 241, 256
Wegfall des Arbeitsplatzes § 12 Rn 38
Wegfall des Eröffnungsgrundes § 11 Rn 145
Weisungsrecht § 12 Rn 39
Weiterbeschäftigungsmöglichkeit § 12 Rn 42
weiter Zahlungsbegriff § 13 Rn 56
weitere Folge der Einstellung § 2 Rn 172
weiteres Vollstreckungsverbot § 2 Rn 132
Weiterveräußerungsermächtigung § 5 Rn 215
Werbungskosten § 14 Rn 63
Werkunternehmerpfandrecht § 2 Rn 248
Wert § 16 Rn 127
Wertberichtigung § 16 Rn 118
Wertersatz § 7 Rn 562
Wertfestsetzung § 11 Rn 215
Wertmehrungspflicht § 3 Rn 118
Wertveränderung § 16 Rn 387
Wertverlust § 2 Rn 242
Wesentlichkeitsgrenze § 11 Rn 207
Wettbewerb der Rechtsordnung § 10 Rn 16
wichtiger Grund § 12 Rn 135
Widerruf der RSB § 11 Rn 144
Widerspruch im Abstimmungstermin § 8 Rn 260
Widerspruchsrecht § 9 Rn 152; § 11 Rn 298
Wiederaufleben der Forderung § 7 Rn 601
Wiederaufleben der Haftung § 13 Rn 33
Wiederauflebensklausel § 8 Rn 315; § 11 Rn 61
Wiederauflebens- oder Verfallsklausel § 11 Rn 63, 358
Wiederaufnahme § 11 Rn 73
Wiedereinstellungsanspruch § 12 Rn 114
Wiederholung der Abstimmung § 2 Rn 194
Wirksamwerden der RSB § 11 Rn 286d
Wirkung der Anzeige § 2 Rn 150
Wirkung der Aufhebung § 8 Rn 340
Wirkung der Einstellung § 2 Rn 171
Wirkung der Rückschlagsperre § 2 Rn 125
Wirkung der Stimmrechtsfestsetzung § 2 Rn 192
Wirkung des bestätigten Insolvenzplans § 8 Rn 286
Wirkung des Eröffnungsbeschlusses § 2 Rn 72
Wirkung für Dritte § 8 Rn 300
Wirkung von Beschlüssen der Gläubigerversammlung § 2 Rn 195

wirtschaftlich selbstständige Nebentätigkeit § 11 Rn 252
wirtschaftlich selbstständige Tätigkeit § 11 Rn 99
wirtschaftliche Schlechterstellung § 11 Rn 262
wirtschaftskriminalistische Methode § 18 Rn 5
Wissensvertreter § 2 Rn 79
WOHA § 10 Rn 17
Wohlverhaltensperiode § 16 Rn 355
Wohlverhaltensphase § 11 Rn 90; § 14 Rn 64; § 16 Rn 355
Wohnrecht § 5 Rn 276
Wohnsitz des Schuldners § 2 Rn 28
Wohnsitzverlegung § 11 Rn 204

Z
Zäsurwirkung des § 291 InsO § 2 Rn 290
Zahlung Dritter § 7 Rn 106
Zahlung eines Vorschusses § 2 Rn 143
Zahlungseinstellung § 4 Rn 46; § 7 Rn 239; § 18 Rn 130
Zahlungsrückstand gegenüber Arbeitnehmer § 9 Rn 49
Zahlungsunfähigkeit § 2 Rn 15; § 4 Rn 17; § 7 Rn 236; § 11 Rn 75; § 18 Rn 5, 130; § 19 Rn 13
Zahlungsunwilligkeit § 2 Rn 33
Zahlungsverbot nach § 15b InsO § 10 Rn 13
Zahlungsverjährung von Steuerforderungen § 2 Rn 106
Zahlungsvorgang § 11 Rn 364
Zeit und Ort § 2 Rn 183
zeitliche Sperre § 11 Rn 70
Zeitpunkt der Aufhebung § 2 Rn 292
Zeitpunkt der Eröffnung § 2 Rn 61
Zeitpunkt des erstmaligen Tätigwerdens § 16 Rn 190
Zentralbank der EU § 2 Rn 232
Zentralisierung § 20 Rn 40
Zeuge § 2 Rn 43
Zinsforderung § 11 Rn 302
Zinsgutschrift § 16 Rn 26
zinsloses Darlehen § 11 Rn 296, 304
Zinszahlung bei verzögerter Verwertung § 2 Rn 241
zivilrechtliche Forderungsabtretung § 11 Rn 127
Zombieunternehmen § 18 Rn 11
Zugang § 12 Rn 25
Zugewinngemeinschaft § 5 Rn 37

zulässiger Antrag § 2 Rn 41
zulässiger Insolvenzgrund § 9 Rn 87
Zulässigkeit § 19 Rn 10
Zulässigkeit vom Versagungsantrag § 11 Rn 176
Zulassung des Antrags § 2 Rn 17, 34
Zulassungsverfahren § 11 Rn 356
Zumutbarkeit § 11 Rn 242
Zuordnung des Verwertungsrechts an den Absonderungsberechtigten § 2 Rn 231
Zurückbehaltung § 11 Rn 232
Zurückbehaltungsrecht § 5 Rn 170, 277; § 7 Rn 570
Zurückweisung § 8 Rn 157
zusätzliche Belastung § 16 Rn 149
Zusammenarbeit der Gläubigerausschüsse § 20 Rn 72
Zusammenarbeit der Insolvenzgerichte § 20 Rn 66
Zusammenarbeit der Insolvenzverwalter § 20 Rn 59
Zusammenarbeit und Kommunikation der Verwalter § 20 Rn 105
Zusammenrechnung § 11 Rn 95, 96
Zusammenveranlagung § 14 Rn 28, 60, 61
Zuschlag § 11 Rn 80; § 16 Rn 329
Zuständigkeit § 1 Rn 77; § 8 Rn 22; § 11 Rn 299; § 19 Rn 8
Zuständigkeit des Insolvenzgerichts § 2 Rn 27
Zuständigkeit des Insolvenzverwalters § 13 Rn 6
Zuständigkeit für Rechtsbehelfe § 2 Rn 121
Zuständigkeit mehrerer Insolvenzgerichte § 2 Rn 28
Zuständigkeitskonzentration § 2 Rn 27
Zustandsverantwortlichkeit § 5 Rn 29
Zustellung § 2 Rn 71
Zustellung durch Aufgabe zur Post § 2 Rn 71
Zustellungsaufgabe § 3 Rn 76
Zustellungserleichterung § 11 Rn 55
Zustellungswesen § 11 Rn 80
Zustimmung § 12 Rn 9, 69
Zustimmung des Gerichts zur Schlussverteilung § 2 Rn 261
Zustimmung des Schuldners § 9 Rn 38
Zustimmung zu Veräußerung und Stilllegung des Geschäftsbetriebs § 2 Rn 204
Zustimmungserfordernis § 9 Rn 149
Zustimmungsersetzung § 8 Rn 224; § 11 Rn 153

Zustimmungsersetzungsverfahren § 11 Rn 57, 156
Zustimmungsverfahren § 11 Rn 56
Zustimmungsverpflichtung des § 160 InsO § 2 Rn 203
Zustimmungsvorbehalt § 9 Rn 62; § 12 Rn 18
ZVG § 2 Rn 277
Zwangsgeld § 3 Rn 160; § 11 Rn 235
Zwangssicherungshypothek § 11 Rn 276, 292
Zwangsversteigerung § 2 Rn 278; § 3 Rn 142
Zwangsversteigerung und Zwangsverwaltung § 2 Rn 253
Zwangsverwaltung § 2 Rn 277; § 3 Rn 145
Zwangsverwaltung auf Antrag des Insolvenzverwalters § 2 Rn 280
Zwangsverwaltung gem. § 172 ZVG § 2 Rn 281
Zwangsvollstreckung § 2 Rn 115; § 7 Rn 42, 44; § 11 Rn 276
Zwangsvollstreckungsmaßnahme § 14 Rn 70
Zwangsvollstreckung in die Masse § 2 Rn 152
Zweck der Rückschlagsperre § 2 Rn 123
Zweckbindung § 7 Rn 147
zweckgebundener Vor- und Zuschuss § 16 Rn 50
zweifelsfrei vorliegender Versagungsgrund § 11 Rn 322
zweites Insolvenzverfahren § 19 Rn 152
Zweitverfahren § 11 Rn 286e